D1652338

Langenscheidt Abitur-Wörterbuch

Englisch

Englisch – Deutsch
Deutsch – Englisch

Neubearbeitung

Herausgegeben von der
Langenscheidt-Redaktion

Langenscheidt
München · Wien

Projektleitung: Dr. Heike Pleisteiner

Lexikografische Arbeiten: Dr. Vincent J. Docherty, Horst Kopleck,
Dr. Helen Galloway, Dr. Heike Pleisteiner, Jany Milena Schneider, Veronika Schnorr

Neue deutsche Rechtschreibung nach den gültigen amtlichen Regeln
und DUDEN-Empfehlungen

Wörterbuch-Verlag Nr. 1:
Langenscheidt belegt laut Marktforschungsinstitut Media Control GmbH
den 1. Platz beim Verkauf von Fremdsprachen-Wörterbüchern in Deutschland.
Weitere Informationen auf www.langenscheidt.com

Als Marken geschützte Wörter werden in diesem Wörterbuch in der Regel durch
das Zeichen ® kenntlich gemacht. Das Fehlen eines solchen Hinweises begründet
jedoch nicht die Annahme, eine nicht gekennzeichnete Ware oder eine Dienstleistung
sei frei.

Ergänzende Hinweise, für die wir jederzeit dankbar sind, bitten wir zu richten an:
Langenscheidt Verlag, Neumarkter Straße 61, 81673 München
redaktion.wb@langenscheidt.de

© 2017 Langenscheidt GmbH & Co. KG, München
Typografisches Konzept: Kochan & Partner GmbH, München,
und uteweber-grafikdesign, Geretsried
Corporate Design Umschlag: KW43 BRANDDESIGN, Düsseldorf
Satz: uteweber-grafikdesign, Geretsried, und preXtension, Grafrath
Druck und Bindung: Druckerei C.H. Beck, Nördlingen
Printed in Germany
ISBN 978-3-468-13070-0

Inhalt

Vorwort ... 5

Tipps für die Benutzung
Was steht wo im Wörterbuch? ... 6
Die Aussprache des britischen Englisch ... 13
Die Aussprache des amerikanischen Englisch ... 15

Englisch – Deutsch ... 17

Deutsch – Englisch ... 781

Extras
Unregelmäßige englische Verben ... 1476
Abkürzungen und Symbole ... 1483

Vorwort

Das **Abitur-Wörterbuch Englisch** eignet sich besonders für schriftliche und mündliche Prüfungen an weiterführenden Schulen. Es kann im Unterricht begleiten, aber auch in Prüfungen und Prüfungsvorbereitungen zum Einsatz kommen. Das Abitur-Wörterbuch ist in Bayern verbindlich zur Verwendung in Klausuren bis zum Abitur zugelassen.

Nun legt **Langenscheidt** eine Ausgabe mit aktuellem Neuwortschatz vor, kombiniert mit einer eigenständigen **Wörterbuch-App** für iOS und Android. Die App wird einfach per Code heruntergeladen. So können Schülerinnen und Schüler z. B. in der Schule mit dem Buch und nachmittags zu Hause mit Tablet oder Smartphone lernen und nachschlagen.

Die rund **140.000 Stichwörter und Wendungen** bilden einen umfassenden Querschnitt der modernen englischen Sprache. Schulrelevante Themenbereiche sind ebenso enthalten wie geläufige Umgangssprache oder Fachwortschatz. Wichtige US-amerikanische Varianten sind neben den britischen Varianten selbstverständlich ebenfalls berücksichtigt. Typische Beispielsätze und Wendungen erleichtern das Verstehen und das eigenständige Formulieren in der Fremdsprache.

Durch die Berücksichtigung von wichtigem Fachwortschatz eignet sich das Abitur-Wörterbuch auch für weiterführende berufsbildende Schulen.

Das Layout von Buch und App haben wir auf die Bedürfnisse der Schülerinnen und Schüler ausgerichtet:

- Im **Buch** machen die große Schrift und der klare Aufbau – jedes Stichwort auf einer neuen Zeile – das schnelle und gezielte Nachschlagen leicht.
- In der **App** finden auch ungeübte Buch-User sekundenschnell zur gesuchten Übersetzung.
  Alle englischen Stichwörter können durch Klicken auf das Lautsprechersymbol 🔊 beliebig oft angehört werden, selbstverständlich in Studioqualität.

Verschiedene Ausgaben können problemlos nebeneinander verwendet werden.

Ihr Langenscheidt Wörterbuch-Team

Tipps für die Benutzung

Was steht wo im Wörterbuch?

1 Alphabetische Reihenfolge

Die Stichwörter sind alphabetisch geordnet. Die deutschen Umlaute **ä**, **ö** und **ü** werden wie die Buchstaben **a**, **o** bzw. **u** eingeordnet. Das **ß** ist dem (in der Schweiz ausschließlich verwendeten) **ss** gleichgestellt:

---

offline *adv* IT offline, off-line
Offlinebetrieb *m* IT off-line mode
öffnen A *v/t & v/i* to open B *v/r* to open; (≈ weiter werden) to open out; **sich j-m ~** to confide in sb
Öffner *m* opener
Öffnung *f* opening
Öffnungszeiten *pl* hours *pl* of business, opening times *pl*
Offsetdruck *m* offset (printing)

Fußbodenheizung *f* (under)floor heating
Fußbremse *f* foot brake
Fussel *f* fluff *kein pl*; **ein(e) ~** a bit of fluff
fusselig *adj* covered in fluff, linty US; **sich** (*dat*) **den Mund ~ reden** to talk till one is blue in the face
fusseln *v/i* to give off fluff
fußen *v/i* to rest (**auf** +*dat* on)

Einige weibliche Formen sind mit der männlichen zusammengefasst:

Athlet(in) *m(f)* athlete
Athletik *f* athletics *sg*
athletisch *adj* athletic

Einige britische Varianten sind mit der US-amerikanischen Variante zusammengefasst:

colour ['kʌləʳ], **color** US A *s* 1 Farbe *f*; **what ~ is it?** welche Farbe hat es?; **red in ~** rot; **the movie was in ~** der Film war in Farbe; **~ illustration** farbige Illustration; **to add ~ to a**

Zudem durchbrechen die englischen **phrasal verbs** die strikte alphabetische Anordnung. Sie sind immer ihrem jeweiligen Grundverb zugeordnet und werden mithilfe eines grauen Kastens „phrasal verbs mit …" eingeleitet:

> **attend** [ə'tend] **A** v/t besuchen, teilnehmen an (+dat); *Hochzeit* anwesend sein bei; **well ~ed** gut besucht **B** v/i anwesend sein; **are you going to ~?** gehen Sie hin?
> phrasal verbs mit attend:
> **attend to** v/i ⟨+obj⟩ sich kümmern um; *Arbeit etc* Aufmerksamkeit widmen (+dat); *Lehrer etc* zuhören (+dat); *Kunden etc* bedienen; **are you being attended to?** werden Sie schon bedient?; **that's being attended to** das wird (bereits) erledigt
> **attendance** [ə'tendəns] s **1** Anwesenheit f (**at** bei), Teilnahme f (**at an** +dat); **to be in ~ at sth** bei etw anwesend sein **2** Teilnehmerzahl

2 Rechtschreibung

Für die Schreibung der deutschen Wörter gelten die aktuellsten DUDEN-Empfehlungen.

Der Bindestrich wird am Zeilenanfang wiederholt, wenn das getrennte Wort ursprünglich bereits einen Bindestrich enthält:

> world-
> -famous

> Aha-
> -Erlebnis

3 Aussprache

Die Aussprache der englischen Stichwörter steht in eckigen Klammern jeweils direkt nach dem blau gedruckten Stichwort und wird durch die Zeichen der *International Phonetic Association* wiedergegeben (vgl. auch die beiden Kapitel **Die Aussprache des britischen Englisch** und **Die Aussprache des amerikanischen Englisch**):

> **penguin** ['peŋgwɪn] s Pinguin m

Wenn sich die Aussprache leicht aus den Wortelementen oder der Grundform herleiten lässt, steht keine Lautschrift: **pen friend**, **good-natured**, **hopefully** usw.

> ❶ In der Wörterbuch-App kann man sich jedes englische Stichwort durch Tippen auf das Lautsprecher-Symbol 🔊 vorsprechen lassen.

4 Grammatische Hinweise

Verben

v/aux	Hilfsverb (Verb, mit dem zusammengesetzte Formen eines Verbs gebildet werden)	**can**¹ [kæn] v/aux ⟨prät could⟩ können; (≈ *Erlaubnis haben a.*) dürfen; **can you come tomorrow?** kannst du morgen kommen?; **I can't** od **cannot go to the theatre** ich kann nicht ins Theater (gehen); **he'll help you all he can** er wird
		wollen² **A** v/aux to want; **ich will gehen** I want to go; **etw haben ~** to want (to have) sth; **etw gerade tun ~** to be going to do sth; **keiner wollte etwas gehört haben** nobody would admit to hearing anything; **~ wir uns nicht set-**
v/i	intransitiver Gebrauch (ohne direktes Objekt)	**losmüssen** v/i umg **jetzt müssen wir aber los** we have to be off, we must be going
		skyrocket v/i umg *Preis* in die Höhe schießen
v/r	reflexiver (rückbezüglicher) Gebrauch des englischen bzw. deutschen Verbs	**surpass** [sɜː'pɑːs] **A** v/t übertreffen **B** v/r sich selbst übertreffen
		abspielen A v/t to play; SPORT *Ball* to pass **B** v/r (≈ *sich ereignen*) to happen; (≈ *stattfinden*) to take place
v/t	transitiver Gebrauch (mit direktem Objekt)	**crush on** US umg v/t **to crush on sb** für j-n schwärmen, in j-n verliebt/verknallt sein; **she's crushing on Steve** sie schwärmt total für Steve, sie ist in Steve verliebt/verknallt
		abchecken v/t sl to check out
⟨unpers⟩	unpersönliches Verb (Verb, das nur mit „es" benutzt wird)	**rain** [reɪn] **A** s **1** Regen m **2** fig von Schlägen etc Hagel m **B** v/i ⟨unpers⟩ regnen; **it is ~ing** es regnet; **it never ~s but it pours** Br sprichw, **when it ~s, it pours** US sprichw ein Unglück kommt selten allein sprichw **C** v/t ⟨unpers⟩ **it's ~ing cats and dogs** umg es gießt wie aus Kü-
		regnen v/t & v/i to rain; **es regnet Proteste** pro-

Was steht wo im Wörterbuch? **Tipps für die Benutzung** • 9

| ⟨prät swam; pperf swum⟩ | Besonderheiten bei der Konjugation: unregelmäßige Formen | **swim** [swɪm] ⟨v: prät swam; pperf swum⟩ **A** v/t schwimmen; *Fluss* durchschwimmen **B** v/i schwimmen; **my head is ~ming** mir dreht sich alles **C** s **that was a nice ~** das Schwimmen hat Spaß gemacht!; **to have a ~** schwimmen |

Weitere Informationen im Kapitel **Unregelmäßige englische Verben** im Anhang.

Substantive und Adjektive

| m(f) | Genus der Substantive | **talent scout** s Talentsucher(in) *m(f)* |

= der Talentsucher, die Talentsucherin

| m/f(m) | Genus der Substantive | **Alleinstehende(r)** *m/f(m)* single person |

= der Alleinerziehende, die Alleinerziehende, ein Alleinerziehender

Hinweise zur Formenbildung in spitzen Klammern:

| ⟨pl children⟩ | Angaben zu unregelmäßiger Pluralform: | **child** [tʃaɪld] s ⟨pl children⟩ Kind *n*; **when I was a ~** in *od* zu meiner Kindheit |

| ⟨kein pl⟩ | Das Substantiv bildet keinen Plural: | **information** [ˌɪnfəˈmeɪʃən] s ⟨kein pl⟩ Informationen *pl*; **a piece of ~** eine Auskunft *od* Information; **for your ~** zu Ihrer Information; *ungehalten* damit Sie es wissen; **to give ~** Information(en) angeben; **to give sb ~ about** *od* **on sb/** |

| ⟨komp tackier⟩ | Angaben zu orthografisch schwierigen Steigerungsformen: | **tacky¹** [ˈtækɪ] adj ⟨komp tackier⟩ klebrig
tacky² *umg* adj ⟨komp tackier⟩ billig; *Viertel* heruntergekommen; *Kleidung* geschmacklos |

= Komparativ (*1. Steigerungsstufe*): tackier

| ⟨komp better; sup best⟩ | Angaben zu unregelmäßigen Steigerungsformen: | **good** [gʊd] **A** adj ⟨komp better; sup best⟩ **1** gut; **that's a ~ one!** das ist ein guter Witz, der ist gut *umg*; *mst iron bei Ausrede* wer's glaubt, wird selig! *umg*; **you've done a ~ day's work** du |

= Komparativ (*1. Steigerungsstufe*): better
und Superlativ (*2. Steigerungsstufe*): best

❓ In der Wörterbuch-App kann man sich jede Abkürzung ausgeschrieben anzeigen lassen, indem man sie antippt.

5 Erläuternde Hinweise, Sachgebiete, Präpositionen

Zahlreiche zusätzliche Hinweise erleichtern die Wahl der richtigen Übersetzung:

Kollokatoren	Wörter, die üblicherweise mit dem Stichwort in einem Satz oder einer Wendung kombiniert werden:	**break into** v/i ⟨+obj⟩ **1** *Haus* einbrechen in (+akk); *Safe, Auto* aufbrechen **2** *Ersparnisse* anbrechen **3** **to break into song** zu singen an-
		verhandlungssicher adj *Sprachkenntnisse* business fluent; **sein Englisch ist ~** his English is business fluent
Oberbegriffe	Oberbegriffe oder allgemeine Erläuterungen:	**ash cloud** s *nach Vulkanausbruch* Aschewolke f
		Samstagsziehung f *beim Lotto* Saturday draw
Synonyme	Wörter oder Wendungen mit nahezu gleicher Bedeutung stehen mit doppelter Tilde in Klammern:	**cute** [kju:t] adj ⟨komp cuter⟩ **1** umg süß, niedlich **2** *bes US* umg (≈ *schlau*) prima umg; (≈ *raffiniert*) schlau, clever umg
		sein lassen v/t **etw ~** (≈ *aufhören*) to stop sth/doing sth; (≈ *nicht tun*) to leave sth; **lass das sein!** stop that!
SACHGEBIETE	Sachgebiete werden meistens abgekürzt und stehen in verkleinerten Großbuchstaben:	**credit crisis** s WIRTSCH, FIN Kreditkrise f
		Update n IT update **updaten** v/t & v/i IT to update **Upgrade** n IT, FLUG upgrade **upgraden** v/t IT, FLUG to upgrade
Präpositionen	Zum Verb gehörende Präpositionen werden angeführt. Im Deutschen ist bei Präpositionen mit wechselndem Kasus dieser mit angegeben:	**cross-refer** v/t verweisen (**to** auf +akk)
		entwischen umg v/i to get away (+dat od **aus** from)

Was steht wo im Wörterbuch? **Tipps für die Benutzung** • 11

6 Lexikografische Zeichen

~	Die Tilde ~ (das Wiederholungszeichen) steht für das Stichwort innerhalb des Artikels:	**text** [tekst] **A** s **1** Text m **2** Textnachricht f, SMS f; **to send sb a ~** j-m eine Textnachricht od eine SMS schicken **B** v/t **to ~ sb** j-m eine Textnachricht od eine SMS schicken

= to send somebody a text
= to text somebody

≈	Die doppelte Tilde ≈ bedeutet „entspricht in etwa, ist vergleichbar mit":	**AA**¹ abk (= Automobile Association) britischer Automobilklub ≈ ADAC
¹, ²	Hochzahlen unterscheiden Wörter gleicher Schreibung, aber völlig unterschiedlicher Bedeutung, sogenannte Homonyme:	**seal**¹ [siːl] s ZOOL Seehund m, Robbe f **seal**² **A** s **1** Siegel n; **~ of approval** offizielle Zustimmung **2** Verschluss m **B** v/t versiegeln; mit Wachs siegeln; Bereich abriegeln, abdichten; fig besiegeln; **~ed envelope** verschlossener Briefumschlag; **my lips are ~ed** meine Lippen sind versiegelt; **this ~ed his fate** dadurch war sein Schicksal besiegelt
A, **B**, **C**	Grammatische Unterscheidungen werden mit Großbuchstaben gegliedert:	**seaside** **A** s (Meeres)küste f; **at the ~** am Meer; **to go to the ~** ans Meer fahren **B** adj ⟨attr⟩ See-; Stadt am Meer

buchstäblich **A** adj literal **B** adv literally

1, **2**, **3**	Arabische Ziffern gliedern Übersetzungen mit unterschiedlicher Bedeutung:	**Bio-** zssgn **1** (≈ das Leben betreffend) bio-, biological **2** Bauer, Kost organic

snugly ['snʌglɪ] adv **1** gemütlich, behaglich **2** schließen fest; passen gut

phrasal verbs mit	Kennzeichnung der englischen phrasal verbs, die direkt beim Grundverb stehen:	**snow** [snəʊ] **A** s Schnee m; **as white as ~** schneeweiß **B** v/i schneien phrasal verbs mit snow: **snow in** v/t ⟨trennb; mst passiv⟩ **to be** od **get snowed in** einschneien **snow under** v/t ⟨trennb; mst passiv⟩ umg **to be snowed under** mit Arbeit reichlich eingedeckt sein

Tipps für die Benutzung Was steht wo im Wörterbuch?

→ Der Pfeil bedeutet „siehe":

Caesarian, **Cesarian** [siːˈzɛərɪən] *US s* → **Cae-sarean**

= komplette Info unter dem Stichwort Caesarean:

Caesarean [siːˈzɛərɪən] *s*, **Cesarean** *US s*, **Caesarean section** *s* MED Kaiserschnitt *m*; **she had a (baby by)** ~ sie hatte einen Kaiserschnitt

August *m* August; → **März**

= mehr Info unter verwandtem Stichwort März:

März *m* March; **im** ~ in March; **im Monat** ~ in the month of March; **heute ist der zweite** ~ today is March the second *od* March second *US*; *geschrieben* today is 2nd March *od* March 2nd; **Berlin, den 4.** ~ **2018** *in Brief* Berlin, March 4th, 2018, Berlin, 4th March 2018; **am Mittwoch, dem** *od* **den 4.** ~ on Wednesday the 4th of March; **im Laufe des** ~ during March; **Anfang/Ende** ~ at the beginning/end of March

---

❶ In der Wörterbuch-App sind alle Stichwörter und Wendungen sowie alle Wortformen ausgeschrieben.

Die Aussprache des britischen Englisch

Phonetische Zeichen

einfache Vokale

[ʌ]	kurzes a wie in *Matsch*, *Kamm*, aber dunkler	**much** [mʌtʃ], **come** [kʌm]
[ɑː]	langes a, etwa wie in *Bahn*	**after** [ˈɑːftəʳ], **park** [pɑːk]
[ã]	etwa wie **En** in *Ensemble*	**fiancé** [fɪˈãːŋseɪ]
[æ]	mehr zum a hin als ä in *Wäsche*	**flat** [flæt], **madam** [ˈmædəm]
[ə]	wie das End-**e** in *Berge*, *mache*, *bitte*	**after** [ˈɑːftəʳ], **arrival** [əˈraɪvəl]
[e]	**e** wie in *Brett*	**let** [let], **men** [men]
[ɜː]	etwa wie **ir** in *flirten*, aber offener	**first** [fɜːst], **learn** [lɜːn]
[ɪ]	kurzes **i** wie in *Mitte*, *billig*	**in** [ɪn], **city** [ˈsɪti]
[iː]	langes **i** wie in *nie*, *lieben*	**see** [siː], **evening** [ˈiːvnɪŋ]
[ɒ]	wie **o** in *Gott*, aber offener	**shop** [ʃɒp], **job** [dʒɒb]
[ɔː]	wie **o** in *Lord*	**morning** [ˈmɔːnɪŋ], **course** [kɔːs]
[ʊ]	kurzes **u** wie in *Mutter*	**good** [gʊd], **look** [lʊk]
[uː]	langes **u** wie in *Schuh*, aber offener	**too** [tuː], **shoot** [ʃuːt]

Diphthonge

[aɪ]	etwa wie in *Mai*, *weit*	**my** [maɪ], **night** [naɪt]
[aʊ]	etwa wie in *blau*, *Couch*	**now** [naʊ], **about** [əˈbaʊt]
[əʊ]	von [ə] zu [ʊ] gleiten	**home** [həʊm], **know** [nəʊ]
[ɛə]	wie **är** in *Bär*, aber kein **r** sprechen	**air** [ɛəʳ], **square** [skwɛəʳ]
[eɪ]	klingt wie **äi**	**eight** [eɪt], **stay** [steɪ]
[ɪə]	von [ɪ] zu [ə] gleiten, etwa wie in *Bier*	**near** [nɪəʳ], **here** [hɪəʳ]
[ɔɪ]	etwa wie **eu** in *neu*	**join** [dʒɔɪn], **choice** [tʃɔɪs]
[ʊə]	wie **ur** in *nur*, aber kein richtiges **r** sprechen	**you're** [jʊəʳ], **tour** [tʊəʳ]

Halbvokale

[j]	wie **j** in *jetzt*	**yes** [jes], **tube** [tjuːb]
[w]	mit gerundeten Lippen ähnlich wie [uː] gebildet – kein deutsches **w**!	**way** [weɪ], **one** [wʌn], **quick** [kwɪk]

Konsonanten

[b]	wie **B** in *Ball*	**back** [bæk]

[d]	wie d in *dann*	do [duː]
[f]	wie F in *Farbe*	father [ˈfɑːðər]
[g]	wie G in *Geld*	go [gəʊ]
[h]	wie h in *haben*	house [haʊs]
[k]	wie k in *kalt*	keep [kiːp]
[l]	wie l in *leise*	low [ləʊ]
[m]	wie M in *Mann*	man [mæn]
[n]	wie N in *Nase*	nose [nəʊz]
[ŋ]	wie ng in *Ding*	thing [θɪŋ], English [ˈɪŋglɪʃ]
[p]	wie P in *Park*	happy [ˈhæpɪ]
[r]	Zunge liegt zurückgebogen am Gaumen auf. Nicht gerollt und nicht im Rachen gebildet!	room [ruːm], hurry [ˈhʌrɪ]
[ʳ]	Bindungs-R – r, das vor einem Vokal gesprochen wird	near [nɪəʳ], air [ɛəʳ]
[s]	stimmloses s wie in *lassen*, *Liste*	see [siː], famous [ˈfeɪməs]
[t]	wie T in *Tisch*	tall [tɔːl]
[z]	stimmhaftes s wie in *lesen*, *Hase*	zero [ˈzɪərəʊ], is [ɪz], runs [rʌnz]
[ʃ]	wie sch in *Schuh*, *Fisch*	shop [ʃɒp], fish [fɪʃ]
[tʃ]	wie tsch in *tschüs*, *Matsch*	cheap [tʃiːp], much [mʌtʃ]
[ʒ]	stimmhaftes sch wie in *Genie*, *Garage*	television [ˈtelɪˌvɪʒən]
[dʒ]	wie in *Job*, *Gin*	just [dʒʌst], bridge [brɪdʒ]
[θ]	wie ss in *Fluss*, aber mit der Zungenspitze hinten an den Schneidezähnen	thanks [θæŋks], both [bəʊθ]
[ð]	wie s in *Sonne*, aber mit der Zungenspitze hinten an den Schneidezähnen	that [ðæt], with [wɪð]
[v]	etwa wie deutsches w in *wer*, mit den Schneidezähnen auf der Oberkante der Unterlippe	very [ˈverɪ], over [ˈəʊvər]
[x]	wie ch in *ach*	loch [lɒx]

Sonstiges

[ː]	bedeutet, dass der vorhergehende Vokal lang zu sprechen ist
[ˈ]	Hauptton
[ˌ]	Nebenton

Vokale und Konsonaten, die häufig nicht ausgesprochen werden, sind kursiv dargestellt, z. B. **convention** [kənˈvenʃ*ə*n], **attempt** [əˈtem*p*t].

Die Aussprache des amerikanischen Englisch

Der größte Unterschied zwischen der britischen und der amerikanischen Aussprache ist die Aussprache der Vokale. Im amerikanischen Englisch werden viele von ihnen länger als im britischen Englisch gesprochen, sodass den Briten die amerikanische Sprechweise gedehnter erscheint. Für Amerikaner klingt hingegen die britische Aussprache eher kurz und zackig. Unten ist eine Übersicht über die Lautschrift derjenigen Laute, die man im amerikanischen Englisch anders als im britischen Englisch ausspricht.

Einfache Vokale

Lautschrift-zeichen	Erklärung	Amerikanische Aussprache	Britische Aussprache
[æ]	dasselbe Lautschriftzeichen wie im britischen Englisch, aber viel länger gesprochen, etwa wie *mähen*	man [mæn]	man [mæn]
[æ]	das lange *ah* im britischen *laugh* wird kürzer gesprochen	laugh [læf]	laugh [lɑ:f]
[ɒ:]	der britische *or*-Laut wird im amerikanischen Englisch kürzer und ähnelt der deutschen Aussprache von *hat*, nur etwas länger	call [kɒ:l]	call [kɔ:l]
[ɑ:]	das kurze *o* im britischen *shop* wird zu einem langen *a* wie in *Bahn*	shop [ʃɑ:p]	shop [ʃɒp]

Zudem werden alle einfachen Vokale im amerikanischen Englisch fast diphthongiert ausgesprochen: So wird **man** fast wie *mähen* ausgesprochen und **good** wie das bayrische *guot*.

Diphthonge

Lautschrift-zeichen	Erklärung	Amerikanische Aussprache	Britische Aussprache
[oʊ]	von [o] zu [ʊ] gleiten, nicht wie im britischen Englisch von [ə] zu [ʊ], so wie in *Ton*	home [hoʊm]	home [həʊm]

Der einzige weitere Unterschied zwischen Diphthongen im britischen und im amerikanischen Englisch ist, dass einige Diphthonge im amerikanischen Englisch wie einfache Vokale ausgesprochen werden.

Beispiele:

	Amerikanische Aussprache	Britische Aussprache
air	[er]	[ɛəʳ]
near	[nɪr]	[nɪəʳ]
sure	[ʃʊr]	[ʃʊəʳ]

Konsonanten

Im britischen Englisch ist ein **r** am Ende einer Silbe fast stumm, während die Amerikaner jedes **r** realisieren. Hingegen wird ein **t** in der Mitte eines Wortes in der amerikanischen Aussprache deutlich weicher als im Britischen gesprochen, nämlich fast wie ein **d**.

Beispiele:

	Amerikanische Aussprache	Britische Aussprache
air	[er]	[ɛəʳ]
further	[ˈfɜːrðər]	[ˈfɜːðəʳ]
matter	[ˈmædər]	[ˈmætəʳ]

Halbvokale

Im britischen Englisch wird ein **u** hinter **d**, **n** oder **t** immer *ju* ausgesprochen, im amerikanischen Englisch fehlt dieser *j*-Laut.

Beispiele:

	Amerikanische Aussprache	Britische Aussprache
dew	[duː]	[djuː]
new	[nuː]	[njuː]
Tuesday	[ˈtuːzdeɪ]	[ˈtjuːzdeɪ]

Englisch – Deutsch

A¹, a [eɪ] s A n, a n; SCHULE (≈ Note) Eins f; **A sharp** MUS Ais n, ais n; **A flat** MUS As n, as n
A² abk (= answer) Antwort f
a [eɪ, ə] unbest art ⟨vor Vokallaut an⟩ **1** ein(e); **such a large school** so eine große od eine so große Schule; **a young man** ein junger Mann **2** in negativen Verbindungen **not a** kein(e); **he didn't want a present** er wollte kein Geschenk **3** **he's a doctor/Frenchman** er ist Arzt/Franzose; **he's a famous doctor/Frenchman** er ist ein berühmter Arzt/Franzose; **as a young girl** als junges Mädchen; **to be of an age** gleich alt sein **4** pro; **50p a kilo** 50 Pence das od pro Kilo; **once/twice a week** einmal/zweimal in der od pro Woche; **50 km an hour** 50 Kilometer pro Stunde
AA¹ abk (= Automobile Association) britischer Automobilklub ≈ ADAC
AA² abk (= Alcoholics Anonymous) AA, Anonyme Alkoholiker
A & E abk (= accident and emergency) Notaufnahme f
AB US abk UNIV → BA
aback [əˈbæk] adv **to be taken ~** erstaunt sein
abandon [əˈbændən] v/t **1** verlassen, im Stich lassen; Auto (einfach) stehen lassen; **to ~ ship** das Schiff verlassen **2** Projekt, Hoffnung aufgeben
abandoned [əˈbændənd] adj Haus, Ehefrau, Auto verlassen; **the car was later found ~** das Auto wurde später verlassen vorgefunden
abandonment [əˈbændənmənt] s **1** Verlassen n **2** von Projekt, Hoffnung Aufgabe f
abase [əˈbeɪs] v/t **to ~ oneself** sich (selbst) erniedrigen
abashed [əˈbæʃt] adj beschämt; **to feel ~** sich schämen
abate [əˈbeɪt] v/i nachlassen; Hochwasser zurückgehen
abattoir [ˈæbətwɑːʳ] s Schlachthof m
abbey [ˈæbɪ] s Abtei f
abbot [ˈæbət] s Abt m
abbr., abbrev. abk (= abbreviation) Abk.
abbreviate [əˈbriːvɪeɪt] v/t abkürzen (**to** mit)

abbreviation [əˌbriːvɪˈeɪʃən] s Abkürzung f
ABC¹ s Abc n; **it's as easy as ABC** das ist doch kinderleicht
ABC² abk (= American Broadcasting Company) amerikanische Rundfunkgesellschaft
abdicate [ˈæbdɪkeɪt] **A** v/t verzichten auf (+akk); **to ~ the throne** auf den Thron verzichten **B** v/i abdanken
abdication [ˌæbdɪˈkeɪʃən] s Abdankung f
abdomen [ˈæbdəmen] s Unterleib m; von Insekten Hinterleib m
abdominal [æbˈdɒmɪnl] adj **~ pain** Unterleibsschmerzen pl
abduct [æbˈdʌkt] v/t entführen
abduction [æbˈdʌkʃən] s Entführung f
abductor [æbˈdʌktəʳ] s Entführer(in) m(f)
aberration [ˌæbəˈreɪʃən] s Anomalie f; von Kurs Abweichung f
abet [əˈbet] v/t → aid
abeyance [əˈbeɪəns] s ⟨kein pl⟩ **to be in ~** Gesetz ruhen; Amt, Brauch nicht mehr ausgeübt werden
abhor [əbˈhɔːʳ] v/t verabscheuen
abhorrence [əbˈhɒrəns] s Abscheu f (**of** vor +dat)
abhorrent [əbˈhɒrənt] adj abscheulich; **the very idea is ~ to me** schon der Gedanke daran ist mir zuwider
abide [əˈbaɪd] v/t (≈ tolerieren) ausstehen; **I cannot ~ living here** ich kann es nicht aushalten, hier zu leben
phrasal verbs mit abide:
abide by v/i ⟨+obj⟩ sich halten an (+akk); **I abide by what I said** ich bleibe bei dem, was ich gesagt habe
abiding [əˈbaɪdɪŋ] liter adj unvergänglich, bleibend
ability [əˈbɪlɪtɪ] s Fähigkeit f; Talent n, Begabung f; **~ to pay/hear** Zahlungs-/Hörfähigkeit f; **to the best of my ~** nach (besten) Kräften
abject [ˈæbdʒekt] adj Zustand erbärmlich; Armut bitter
ablaze [əˈbleɪz] adv & adj ⟨präd⟩ **1** wörtl in Flammen; **to be ~** in Flammen stehen; **to set sth ~** etw in Brand stecken **2** fig **to be ~ with light** hell erleuchtet sein
able [ˈeɪbl] adj fähig; Student gut, begabt; **to be ~ to do sth** etw tun können; etw tun dürfen; **if you're not ~ to understand that** wenn Sie nicht fähig sind, das zu verstehen; **I'm afraid**

I am not ~ to give you that information ich bin leider nicht in der Lage, Ihnen diese Informationen zu geben

able-bodied [ˌeɪblˈbɒdɪd] *adj* (gesund und) kräftig; nicht behindert; MIL tauglich

able(-bodied) seaman *s* Vollmatrose *m*

ablution [əˈbluːʃən] *s* **to perform one's ~s** *bes hum* seine Waschungen vornehmen

ably [ˈeɪblɪ] *adv* gekonnt, fähig

abnormal [æbˈnɔːməl] *adj* anormal; MED abnorm

abnormality [ˌæbnɔːˈmælɪtɪ] *s* Anormale(s) *n*; MED Abnormität *f*

abnormally [æbˈnɔːməlɪ] *adv* abnormal

aboard [əˈbɔːd] **A** *adv* an Bord, im Zug, im Bus; **all ~!** alle an Bord!; *im Zug, Bus* alle einsteigen!; **to go ~** an Bord gehen **B** *präp* **~ the ship/plane** an Bord des Schiffes/Flugzeugs; **~ the train/bus** im Zug/Bus

abode [əˈbəʊd] *s* JUR *a*. **place of ~** Wohnsitz *m*; **of no fixed ~** ohne festen Wohnsitz

abolish [əˈbɒlɪʃ] *v/t* abschaffen

abolition [ˌæbəʊˈlɪʃən] *s* Abschaffung *f*

abominable [əˈbɒmɪnəbl] *adj* grässlich; **~ snowman** Schneemensch *m*

abominably [əˈbɒmɪnəblɪ] *adv* grässlich; **~ rude** furchtbar unhöflich

abomination [əˌbɒmɪˈneɪʃən] *s* Scheußlichkeit *f*

Aboriginal [ˌæbəˈrɪdʒənl] **A** *adj* der (australischen) Ureinwohner; **the ~ people** die Ureinwohner/innen Australiens **B** *s* → Aborigine

Aborigine [ˌæbəˈrɪdʒɪnɪ] *s* Ureinwohner(in) *m(f)* (Australiens), Aborigine *m*

abort [əˈbɔːt] *v/i von Tier* einen Abgang *od* eine Fehlgeburt haben; IT abbrechen **B** *v/t* MED abtreiben; RAUMF, IT abbrechen; **an ~ed attempt** ein abgebrochener Versuch

abortion [əˈbɔːʃən] *s* Abtreibung *f*; **to get** *od* **have an ~** eine Abtreibung vornehmen lassen

abortion pill *s* Abtreibungspille *f*

abortive [əˈbɔːtɪv] *adj Plan* gescheitert

abound [əˈbaʊnd] *v/i* im Überfluss vorhanden sein, reich sein (*in* an +*dat*)

about [əˈbaʊt] **A** *adv* **1** *bes Br* herum, umher, in der Nähe; **to run ~** umherrennen; **I looked (all) ~** ich sah ringsumher; **to leave things (lying) ~** Sachen herumliegen lassen; **to be up and ~** again wieder auf den Beinen sein; **there's a thief ~** ein Dieb geht um; **there was nobody ~ who could help** es war niemand in der Nähe, der hätte helfen können **2 to be ~ to** im Begriff sein zu; (≈ *Absicht haben*) vorhaben, zu …; **I was ~ to go out** ich wollte gerade ausgehen; **it's ~ to rain** es regnet gleich; **he's ~ to start school** er kommt demnächst in die Schule **3** ungefähr; **he's ~ 40** ist ungefähr 40; **he is ~ the same, doctor** sein Zustand hat sich kaum geändert, Herr Doktor; **that's ~ it** das ist so ziemlich alles; **that's ~ right** das stimmt (so) ungefähr; **I've had ~ enough of this** jetzt reicht es mir aber allmählich *umg* **B** *präp* **1** *bes Br* in (+*dat*) (… herum); **scattered ~ the room** im ganzen Zimmer verstreut; **there's something ~ him** er hat so etwas an sich; **while you're ~ it** wenn du gerade *od* schon dabei bist; **and be quick ~ it!** und beeil dich damit! **2** (≈ *betreffend*) über (+*akk*); **tell me all ~ it** erzähl doch mal; **he knows ~ it** er weiß davon; **what's it all ~?** worum geht es (eigentlich)?; **the book is ~ slavery** das Buch handelt von der Sklaverei; **they fell out ~ money** sie haben sich wegen Geld zerstritten; **this is ~ Mr Green** es geht um Mr Green; **he's promised to do something ~ it** er hat versprochen, (in der Sache) etwas zu unternehmen; **what ~ …?** was ist mit …?; wie wärs mit …?; **how** *od* **what ~ me?** und ich, was ist mit mir? *umg*; **how** *od* **what ~ it/going to the cinema?** wie wär's damit/mit (dem) Kino?; **what ~ you?** und du?

about-face [əˌbaʊtˈfeɪs], **about-turn** [əˌbaʊtˈtɜːn] **A** *s* MIL, *a. fig* Kehrtwendung *f*; **to do an ~** *fig* sich um hundertachtzig Grad drehen **B** *int* **about face** *od* **turn!** (und) kehrt!

above [əˈbʌv] **A** *adv* oben; (≈ *höher*) darüber; **from ~** von oben; **the apartment ~** die Wohnung oben *od* darüber **B** *präp* über (+*dat*); *mit Richtungsangabe* über (+*akk*); **~ all** vor allem; **~ 1,000 metres** *Br*, **~ 1,000 meters** *US* oberhalb 1000 Meter; **I couldn't hear ~ the din** ich konnte bei dem Lärm nichts hören; **he valued money ~ his family** er schätzte Geld mehr als seine Familie; **to be a notch ~** eine Klasse besser sein als; **he's ~ that sort of thing** er ist über so etwas erhaben; **it's ~ my head** *od* me das ist mir zu hoch; **children aged five and ~** Kinder im Alter von fünf und darüber; **to get ~ oneself** *umg* größenwahnsinnig werden *umg* **C** *adj* ⟨*attr*⟩ **the ~ persons** die oben genannten Personen; **the ~ paragraph** der vorangehende Abschnitt **D** *s* **the ~** (≈ *Gesagtes, Geschriebenes*) Obiges *n form*; (≈ *Person*) der/die Obengenannte

above-average *adj* überdurchschnittlich

above board ⟨*präd*⟩, **aboveboard** *adj* ⟨*attr*⟩ korrekt; **open and ~** offen und ehrlich

above-mentioned *adj* oben erwähnt

above-named *adj* oben genannt

abracadabra [ˌæbrəkəˈdæbrə] *int* Abrakadabra

abrasion [əˈbreɪʒən] *s* Abrieb *m*; MED (Haut)abschürfung *f*

abrasive [əˈbreɪsɪv] *adj Reinigungsmittel* scharf; *Oberfläche* rau; *fig Mensch* aggressiv
abrasively [əˈbreɪsɪvli] *adv etw sagen* scharf; *kritisieren* harsch
abreast [əˈbrest] *adv* Seite an Seite; **to march four** ~ zu viert nebeneinander marschieren; ~ **of sb/sth** neben j-m/etw; **to keep** ~ **of the news** mit den Nachrichten auf dem Laufenden bleiben
abridge [əˈbrɪdʒ] *v/t Buch* kürzen; **~d version** gekürzte Fassung
abridgement [əˈbrɪdʒmənt] *s Vorgang* Kürzen *n*; (≈ *Buch*) gekürzte Ausgabe
abroad [əˈbrɔːd] *adv* ◼ im Ausland; **to go** ~ ins Ausland gehen/fahren; **from** ~ aus dem Ausland ◼ **there is a rumour** ~ **that** ... *Br*, **there is a rumor** ~ **that** ... *US* ein Gerücht geht um, dass ...
abrupt [əˈbrʌpt] *adj* ◼ abrupt; **to come to an** ~ **end** ein abruptes Ende nehmen; **to bring sth to an** ~ **halt** *wörtl* etw abrupt zum Stehen bringen; *fig* etw plötzlich stoppen ◼ (≈ *brüsk*) schroff
abruptly [əˈbrʌptli] *adv* abrupt; *antworten* schroff
abs [æbz] *umg pl* Bauchmuskeln *pl*
ABS *abk* (= **anti-lock braking system**) ABS *n*; **ABS brakes** ABS-Bremsen *pl*
abscess [ˈæbsɪs] *s* Abszess *m*
abscond [əbˈskɒnd] *v/i* sich (heimlich) davonmachen
abseil [ˈæbseɪl] *v/i* sich abseilen
absence [ˈæbsəns] *s* ◼ Abwesenheit *f*; *bes von Schule* Fehlen *n*, Absenz *f österr, schweiz*; **in the** ~ **of the chairman** in Abwesenheit des Vorsitzenden; ~ **makes the heart grow fonder** *sprichw* die Liebe wächst mit der Entfernung *sprichw* ◼ Fehlen *n*; **in the** ~ **of further evidence** in Ermangelung weiterer Beweise
absent [ˈæbsənt] △ *adj* ◼ abwesend; **to be** ~ **from school/work** in der Schule/am Arbeitsplatz fehlen; ~! *SCHULE* fehlt!; **to go** ~ **without leave** *MIL* sich unerlaubt von der Truppe entfernen; ~ **parent** nicht betreuender Elternteil; **to** ~ **friends!** auf unsere abwesenden Freunde! ◼ geistig (geistes)abwesend ◼ (≈ *nicht vorhanden*) **to be** ~ fehlen ᗷ [æbˈsent] *v/r* **to** ~ **oneself (from)** fernbleiben (+*dat* od von); (≈ *zeitweise*) sich zurückziehen (von)
absentee [ˌæbsənˈtiː] *s* Abwesende(r) *m/f(m)*; **there were a lot of** ~**s** es fehlten viele
absentee ballot *bes US s* ≈ Briefwahl *f*
absenteeism [ˌæbsənˈtiːɪzəm] *s* häufige Abwesenheit; *pej Krankfeiern an*; *SCHULE* Schwänzen *n*; **the rate of** ~ **among workers** die Abwesenheitsquote bei Arbeitern

absently [ˈæbsəntli] *adv* (geistes)abwesend
absent-minded [ˌæbsəntˈmaɪndɪd] *adj* geistesabwesend, zerstreut
absent-mindedly [ˌæbsəntˈmaɪndɪdli] *adv* sich *verhalten* zerstreut; *blicken* (geistes)abwesend
absent-mindedness [ˌæbsəntˈmaɪndɪdnɪs] *s* Geistesabwesenheit *f*, Zerstreutheit *f*
absolute [ˈæbsəluːt] *adj* absolut; *Lüge, Idiot* ausgemacht; **you're an** ~ **genius!** du bist ein absolutes Genie!; **the divorce was made** ~ die Scheidung wurde ausgesprochen
absolutely [ˌæbsəˈluːtli] *adv* absolut; *wahr* völlig; *fantastisch* wirklich; *ablehnen* strikt; *verboten* streng; *notwendig* unbedingt; *beweisen* eindeutig; ~! durchaus; (≈ *einverstanden*) genau!; **do you agree?** — ~ sind Sie einverstanden? — vollkommen; **you're** ~ **right** Sie haben völlig recht
absolute majority *s* absolute Mehrheit
absolute zero *s* ⟨*kein pl*⟩ absoluter Nullpunkt
absolution [ˌæbsəˈluːʃən] *s KIRCHE* Absolution *f*
absolve [əbˈzɒlv] *v/t von Schuld, Sünde etc.* freisprechen (**from/of** von); *aus Verantwortung* entlassen (**from** aus)
absorb [əbˈsɔːb] *v/t* absorbieren; *Wucht, Stoß* dämpfen; *Wissen, Neuigkeit* (in sich) aufnehmen; *Kosten* tragen; *Zeit* in Anspruch nehmen; **to be** ~**ed in a book** *etc* in ein Buch *etc* vertieft sein; **she was completely** ~**ed in her family** sie ging völlig in ihrer Familie auf
absorbent *adj* absorbierend, saugfähig
absorbent cotton *US s* Watte *f*
absorbing *adj* fesselnd
absorption [əbˈsɔːpʃən] *s* Absorption *f*; *von Wucht, Stoß* Dämpfung *f*; *von Wissen* Aufnahme *f*; *von Kosten* Tragen *n*; *von Zeit* Inanspruchnahme *f*; **her total** ~ **in her studies** ihr vollkommenes Aufgehen in ihrem Studium
abstain [əbˈsteɪn] *v/i* ◼ sich enthalten (**from** +*gen*); **to** ~ **from alcohol** sich des Alkohols enthalten ◼ *bei Wahl* sich der Stimme enthalten
abstention [əbˈstenʃən] *s bei Wahl* (Stimm)enthaltung *f*; **were you one of the** ~**s?** waren Sie einer von denen, die sich der Stimme enthalten haben?
abstinence [ˈæbstɪnəns] *s* Abstinenz *f*, Enthaltung *f* (**from** von)
abstract[1] [ˈæbstrækt] △ *adj* abstrakt; ~ **noun** Abstraktum *n* ᗷ *s* (kurze) Zusammenfassung *f*; **in the** ~ abstrakt
abstract[2] [æbˈstrækt] *v/t* abstrahieren; *Informationen* entnehmen (**from** aus)
abstraction [æbˈstrækʃən] *s* Abstraktion *f*; (≈ *Ausdruck a.*) Abstraktum *n*
absurd [əbˈsɜːd] *adj* absurd; **don't be** ~! sei nicht albern!; **what an** ~ **waste of time!** so ei-

ne blödsinnige Zeitverschwendung!

absurdity [əbˈsɜːdɪtɪ] s Absurdität f

absurdly [əbˈsɜːdlɪ] adv sich verhalten absurd; *teuer* unsinnig

abundance [əˈbʌndəns] s (großer) Reichtum, Überfluss m (**of** an +dat); **in ~** in Hülle und Fülle; **a country with an ~ of oil** ein Land mit reichen Ölvorkommen

abundant [əˈbʌndənt] adj reich, üppig; *Zeit* reichlich; *Energie* ungeheuer; **apples are in ~ supply** es gibt Äpfel in Hülle und Fülle

abundantly [əˈbʌndəntlɪ] adv reichlich; **to make it ~ clear that ...** mehr als deutlich zu verstehen geben, dass ...

abuse **A** [əˈbjuːs] s **1** ⟨kein pl⟩ Beschimpfungen pl; **a term of ~** ein Schimpfwort n; **to shout ~ at sb** j-m Beschimpfungen an den Kopf werfen **2** ⟨kein pl⟩ Missbrauch m; **~ of authority** Amtsmissbrauch m; **the system is open to ~** das System lässt sich leicht missbrauchen **3** von *Gefangenen etc* Misshandlung f **B** [əˈbjuːz] v/t **1** beschimpfen **2** missbrauchen **3** *Gefangene etc* misshandeln

abuser [əˈbjuːzər] s Missbraucher(in) m(f)

abusive [əˈbjuːsɪv] adj beleidigend; *Beziehung* abusiv; *Ehemann* prügelnd; **~ language** Beleidigungen pl

abusively [əbˈjuːsɪvlɪ] adv beleidigend

abysmal [əˈbɪzməl] fig adj entsetzlich; *Leistung etc* miserabel

abysmally [əˈbɪzməlɪ] adv entsetzlich; *abschneiden* miserabel

abyss [əˈbɪs] s wörtl, fig Abgrund m

AC[1] *abk* (= alternating current) Wechselstrom m

AC[2] *abk* (= air conditioning) Klimaanlage f

A/C *abk* (= account) FIN Kto.

academic [ˌækəˈdemɪk] **A** adj akademisch; *Vorgehensweise, Interesse* wissenschaftlich; *Diskussion, Fußballspiel etc* bedeutungslos, irrelevant; **~ advisor** US Studienberater(in) m(f); **~ year** akademisches Jahr; SCHULE Schuljahr n **B** s Akademiker(in) m(f)

academically [ˌækəˈdemɪkəlɪ] adv **1** wissenschaftlich; **to be ~ inclined** geistige Interessen haben; **~ gifted** intellektuell begabt **2** **she is not doing well ~** SCHULE sie ist in der Schule nicht gut; UNIV sie ist mit ihrem Studium nicht sehr erfolgreich

academy [əˈkædəmɪ] s Akademie f; **Academy Award** Oscar m; **Academy Awards** Oscar-Verleihung f

acc. *abk* (= account) FIN Kto.

accede [ækˈsiːd] v/i **1 to ~ to the throne** den Thron besteigen **2** zustimmen (**to** +dat)

accelerate [ækˈseləreɪt] **A** v/t beschleunigen **B** v/i beschleunigen; *Wandel* sich beschleunigen;

Wachstum etc zunehmen; **he ~d away** er gab Gas und fuhr davon

acceleration [ækˌseləˈreɪʃən] s Beschleunigung f

accelerator [ækˈseləreɪtər] Br s **1** (a. **~ pedal**) Gaspedal n; **to step on the ~** aufs Gas treten **2** PHYS Beschleuniger m

accent [ˈæksənt] s Akzent m; **to speak without/with an ~** akzentfrei/mit Akzent sprechen; **to put the ~ on sth** fig den Akzent auf etw (akk) legen; **the ~ is on the first syllable** die Betonung liegt auf der ersten Silbe

accentuate [ækˈsentjʊeɪt] v/t betonen; *beim Sprechen, a.* MUS akzentuieren

accept [əkˈsept] **A** v/t **1** akzeptieren; *Entschuldigung, Geschenk, Einladung* annehmen; *Verantwortung* übernehmen; *Darstellung* glauben **2** *Notwendigkeit* einsehen; *Mensch, Pflicht* akzeptieren; **it is generally** od **widely ~ed that ...** es ist allgemein anerkannt, dass ...; **we must ~ the fact that ...** wir müssen uns damit abfinden, dass ...; **I ~ that it might take a little longer** ich sehe ein, dass es etwas länger dauern könnte; **to ~ that sth is one's responsibility/duty** etw als seine Verantwortung/Pflicht akzeptieren **3** *Schicksal, Konditionen* hinnehmen **4** HANDEL *Scheck* annehmen **B** v/i annehmen

acceptability [əkˌseptəˈbɪlɪtɪ] s Annehmbarkeit f

acceptable [əkˈseptəbl] adj akzeptabel (**to** für); *Verhalten* zulässig; *Geschenk* passend; **any job would be ~ to him** ihm wäre jede Stelle recht

acceptably [əkˈseptəblɪ] adv **1** *behandeln, sich verhalten* anständig, korrekt **2** **~ safe** ausreichend sicher

acceptance [əkˈseptəns] s **1** Annahme f; *von Verantwortung* Übernahme f; *von Darstellung* Glauben n; **to find** od **win** od **gain ~** anerkannt werden **2** *von Fakten* Anerkennung f **3** (= Tolerieren) Hinnahme f **4** HANDEL *von Scheck* Annahme f

accepted adj *Tatsache* (allgemein) anerkannt

access [ˈækses] **A** s **1** Zugang m (**to** zu); *bes zu Zimmer etc* Zutritt m (**to** zu); **to give sb ~** j-m Zugang gewähren; **to refuse sb ~** j-m den Zugang verwehren (**to** zu); **to have ~ to sb/sth** Zugang zu j-m/etw haben; **to gain ~ to sb/sth** sich (dat) Zugang zu j-m/etw verschaffen; **"access only"** „nur für Anlieger"; *österr* „nur für Anrainer"; **the father has ~ to the children** der Vater hat das Recht auf Umgang mit den Kindern **2** IT Zugriff m **B** v/t IT zugreifen auf (+akk)

access code s Zugangscode m

access course s Brückenkurs m

accessibility [ækˌsesɪˈbɪlɪtɪ] s Zugänglichkeit f

accessible [æk'sesəbl] *adj* zugänglich (**to** +*dat*)
accession [æk'seʃən] *s* **1** (*a.* **~ to the throne**) Thronbesteigung *f* **2** Antritt *m*, Beitritt *m*; **the ~ of a country to the EU** der Beitritt eines Landes zur EU **3** *in Bücherei* (Neu)anschaffung *f*
accessory [æk'sesərɪ] *s* **1** Extra *n*; *modisch* Accessoire *n* **2 accessories** *pl* Zubehör *n*; **toilet accessories** Toilettenartikel *pl* **3** JUR Helfershelfer(in) *m(f)*
access road *s* Zufahrt(sstraße) *f*
accident ['æksɪdənt] *s* Unfall *m*, Havarie *f österr*; BAHN, FLUG Unglück *n*; (≈ *Peinlichkeit*) Missgeschick *n*; (≈ *Fügung*) Zufall *m*; **~ and emergency (department/unit)** Notaufnahme *f*; **she has had an ~** sie hat einen Unfall gehabt; *beim Kochen etc* ihr ist ein Missgeschick passiert; **by ~** zufällig; (≈ *unbeabsichtigt*) aus Versehen; **~s will happen** *sprichw* so was kann vorkommen; **it was an ~** es war ein Versehen
accidental [ˌæksɪ'dentl] *adj* **1** *Zusammentreffen etc* zufällig; *Schlag* versehentlich **2** *Verletzung, Tod* durch Unfall
accidentally [ˌæksɪ'dentəlɪ] *adv* zufällig; (≈ *unbeabsichtigt*) versehentlich
accident insurance *s* Unfallversicherung *f*
accident prevention *s* Unfallverhütung *f*
accident-prone *adj* vom Pech verfolgt
acclaim [ə'kleɪm] **A** *v/t* feiern (**as** *als*) **B** *s* Beifall *m*; *von Kritikern* Anerkennung *f*
acclaimed [ə'kleɪmd] *adj* bejubelt, gefeiert
acclimate ['æklɪmeɪt] *US v/t* → acclimatize
acclimatization [əˌklaɪmətaɪ'zeɪʃən] *s*, **acclimation** [ˌæklaɪ'meɪʃən] *US s* Akklimatisierung *f* (**to** an +*akk*); *an neue Umgebung etc* Gewöhnung *f* (**to** an +*akk*)
acclimatize [ə'klaɪmətaɪz] **A** *v/t* **to become ~d** sich akklimatisieren, sich eingewöhnen **B** *v/i a.* **~ oneself** sich akklimatisieren (**to** an +*akk*)
accolade ['ækəʊleɪd] *s* Auszeichnung *f*, Lob *n kein pl*
accommodate [ə'kɒmədeɪt] *v/t* **1** unterbringen **2** Platz haben für **3** *form* dienen (+*dat*); **I think we might be able to ~ you** ich glaube, wir können Ihnen entgegenkommen
accommodating [ə'kɒmədeɪtɪŋ] *adj* entgegenkommend
accommodation [əˌkɒmə'deɪʃən] *s* **1** *US a.* **~s** Unterkunft *f*, Zimmer *n*, Wohnung *f* **2** *US a.* **~s** Platz *m*; **seating ~**, **sitting ~** Sitzplätze *pl*; **sleeping ~ for six** Schlafgelegenheit *f* für sechs Personen
accompaniment [ə'kʌmpənɪmənt] *s a.* MUS Begleitung *f*; **with piano ~** mit Klavierbegleitung
accompanist [ə'kʌmpənɪst] *s* MUS Begleiter(in) *m(f)*
accompany [ə'kʌmpənɪ] *v/t a.* MUS begleiten; **~ing letter** Begleitschreiben *n*

accomplice [ə'kʌmplɪs] *s* Komplize *m*, Komplizin *f*; **to be an ~ to a crime** Komplize bei einem Verbrechen sein
accomplish [ə'kʌmplɪʃ] *v/t* schaffen; **that didn't ~ anything** damit war nichts erreicht
accomplished *adj Sportler* fähig; *Leistung* vollendet; *Lügner* versiert
accomplishment [ə'kʌmplɪʃmənt] *s* **1** ⟨*kein pl*⟩ *von Aufgabe* Bewältigung *f* **2** Fertigkeit *f*, Leistung *f*
accord [ə'kɔːd] **A** *s* Übereinstimmung *f*; POL Abkommen *n*; **of one's/its own ~** von selbst; **with one ~** geschlossen; *singen, rufen etc* wie aus einem Mund(e) **B** *v/t* gewähren; *Titel* verleihen (**sb sth** j-m etw)
accordance [ə'kɔːdəns] *s* **in ~ with** entsprechend (+*dat*)
accordingly [ə'kɔːdɪŋlɪ] *adv* (dem)entsprechend
according to [ə'kɔːdɪŋtuː] *präp* zufolge (+*dat*), nach, entsprechend (+*dat*); **the map of the Karte nach**; **~ Peter** laut Peter, Peter zufolge; **to go ~ plan** nach Plan verlaufen; **we did it ~ the rules** wir haben uns an die Regeln gehalten
accordion [ə'kɔːdɪən] *s* Akkordeon *n*
accost [ə'kɒst] *v/t* ansprechen, anpöbeln *pej*
account [ə'kaʊnt] *s* **1** Darstellung *f*, Bericht *m*; **to keep an ~ of one's expenses** über seine Ausgaben Buch führen; **by** *od* **from all ~s** nach allem, was man hört; **to give an ~ of sth** über etw (*akk*) Bericht erstatten; **to give an ~ of oneself** Rede und Antwort stehen; **to give a good ~ of oneself** sich gut schlagen; **to be called** *od* **held to ~ for sth** über etw (*akk*) Rechenschaft ablegen müssen **2 to take ~ of sb/ sth**, **to take sb/sth into ~** j-n/etw in Betracht ziehen, j-n/etw berücksichtigen; **to take no ~ of sb/sth** j-n/etw außer Betracht lassen; **on no ~** auf (gar) keinen Fall; **on this/that ~** deshalb; **on ~ of the weather** wegen *od* aufgrund des Wetters; **on my ~** meinetwegen; **of no ~** ohne Bedeutung **3** FIN, HANDEL Konto *n* (**with** bei); **to buy sth on ~** etw auf (Kunden)kredit kaufen; **please charge it to my ~** stellen Sie es mir bitte in Rechnung; **to settle** *od* **square ~s** *od* **one's ~ with sb** *fig* mit j-m abrechnen **4 ~s** *pl von Firma, Verein* (Geschäfts)bücher *pl*; *Abteilung* Buchhaltung *f*; **to keep the ~s** die Bücher führen

phrasal verbs mit account:

account for *v/i* ⟨+*obj*⟩ **1** erklären; *Verhalten, Ausgaben* Rechenschaft ablegen über (+*akk*), verantwortlich sein für; **all the children were accounted for** der Verbleib aller Kinder war bekannt; **there's no accounting for taste** über Geschmack lässt sich (nicht) streiten **2** der

Grund sein für; **this area accounts for most of the country's mineral wealth** aus dieser Gegend stammen die meisten Bodenschätze des Landes
accountability [əˌkaʊntəˈbɪlɪtɪ] s Verantwortlichkeit f (**to sb** j-m gegenüber)
accountable [əˈkaʊntəbl] adj verantwortlich (**to sb** j-m); **to hold sb ~ (for sth)** j-n (für etw) verantwortlich machen
accountancy [əˈkaʊntənsɪ] s Buchführung f
accountant [əˈkaʊntənt] s Buchhalter(in) m(f), Steuerberater(in) m(f)
account book s Geschäftsbuch n
account holder s Kontoinhaber(in) m(f)
accounting [əˈkaʊntɪŋ] s Buchhaltung f
accounting department US s Buchhaltung f
accounting period s Abrechnungszeitraum m
account number s Kontonummer f
accounts department Br s Buchhaltung f
accoutrements [əˈkuːtrəmənts] pl, **accouterments** [əˈkuːtərmənts] US pl Ausrüstung f
accreditation [əkrediˈteɪʃən] s Beglaubigung f; (≈ *Genehmigung*) Zulassung f; POL Akkreditierung f
accrue [əˈkruː] v/i sich ansammeln
acct abk ⟨nur geschrieben⟩ (= account) Konto n
accumulate [əˈkjuːmjʊleɪt] **A** v/t ansammeln **B** v/i sich ansammeln
accumulation [əˌkjuːmjʊˈleɪʃən] s Ansammlung f
accumulative [əˈkjuːmjʊlətɪv] adj sich anhäufend, zunehmend
accuracy [ˈækjʊrəsɪ] s Genauigkeit f; von Rakete Zielgenauigkeit f
accurate [ˈækjʊrɪt] adj genau; exakt, korrekt; Rakete zielgenau; **the clock is ~** die Uhr geht genau; **the test is 90 per cent ~** der Test ist 90%ig sicher
accurately [ˈækjʊrɪtlɪ] adv genau
accusation [ˌækjʊˈzeɪʃən] s Beschuldigung f; JUR Anklage f; (≈ *Tadel*) Vorwurf m
accusative [əˈkjuːzətɪv] **A** s Akkusativ m; **in the ~** im Akkusativ **B** adj Akkusativ-; **~ case** Akkusativ m
accusatory [əˈkjuːzətərɪ] adj anklagend
accuse [əˈkjuːz] v/t **1** JUR anklagen (**of** wegen od +gen); **he is ~d of murder** er ist des Mordes angeklagt **2** beschuldigen; **to ~ sb of doing** od **having done sth** j-n beschuldigen, etw getan zu haben; **are you accusing me of lying?** willst du (damit) vielleicht sagen, dass ich lüge?
accused s **the ~** der/die Angeklagte
accusing [əˈkjuːzɪŋ] adj anklagend; **he had an ~ look on his face** sein Blick klagte an
accusingly [əˈkjuːzɪŋlɪ] adv anklagend
accustom [əˈkʌstəm] v/t **to be ~ed to sth** an etw (akk) gewöhnt sein; **to be ~ed to doing sth** gewohnt sein, etw zu tun; **to become** od **get ~ed to sth** sich an etw (akk) gewöhnen; **to become** od **get ~ed to doing sth** sich daran gewöhnen, etw zu tun
AC/DC [ˌeɪsiːˈdiːsiː] abk (= alternating current/direct current) WS/GS, Allstrom
ace [eɪs] **A** s Ass n; **the ace of clubs** das Kreuzass; **to have an ace up one's sleeve** noch einen Trumpf in der Hand haben; **to hold all the aces** fig alle Trümpfe in der Hand halten; **to be an ace at sth** ein Ass in etw (dat) sein; **to serve an ace** Tennis ein Ass servieren **B** adj ⟨attr⟩ (≈ *ausgezeichnet*) Star- **C** US umg v/t **to ace a test** in einer Prüfung hervorragend abschneiden
acerbic [əˈsɜːbɪk] adj Bemerkung, Stil bissig
acetate [ˈæsɪteɪt] s Azetat n
acetic acid [əˌsiːtɪkˈæsɪd] s Essigsäure f
ache [eɪk] **A** s (dumpfer) Schmerz m **B** v/i **1** wehtun, schmerzen; **my head ~s** mir tut der Kopf weh; **it makes my head/arms ~** davon tut mir der Kopf/tun mir die Arme weh; **I'm aching all over** mir tut alles weh; **it makes my heart ~ to see him** fig es tut mir in der Seele weh, wenn ich ihn sehe **2** fig **to ~ to do sth** sich danach sehnen, etw zu tun
achieve [əˈtʃiːv] v/t erreichen; *Erfolg* erzielen; **she ~d a great deal** sie hat eine Menge geleistet; (≈ *erfolgreich*) sie hat viel erreicht; **he will never ~ anything** er wird es nie zu etwas bringen; **to ~ an end** ein Ziel erreichen
achievement [əˈtʃiːvmənt] s Leistung f; von *Gesellschaft, Technik* Errungenschaft f
achiever [əˈtʃiːvəʳ] s Leistungstyp m umg; **to be an ~** leistungsorientiert sein; **high ~** SCHULE leistungsstarkes Kind
Achilles [əˈkɪliːz] s **~ heel** fig Achillesferse f
aching [ˈeɪkɪŋ] adj ⟨attr⟩ schmerzend
achy [ˈeɪkɪ] umg adj schmerzend; **I feel ~ all over** mir tut alles weh
acid [ˈæsɪd] **A** adj **1** sauer **2** fig ätzend; *Bemerkung* bissig, beißend **B** s **1** CHEM Säure f **2** umg (≈ *LSD*) Acid n sl
acidic [əˈsɪdɪk] adj sauer
acidity [əˈsɪdɪtɪ] s **1** Säure f **2** Magensäure f
acid rain s saurer Regen
acid test s Feuerprobe f
acknowledge [əkˈnɒlɪdʒ] v/t anerkennen; *Wahrheit, Niederlage* zugeben; *Brief* den Empfang bestätigen von; *Gruß* erwidern; *Hilfe* sich bedanken für; **to ~ sb's presence** j-s Anwesenheit zur Kenntnis nehmen
acknowledgement s Anerkennung f; von *Wahrheit, Niederlage* Eingeständnis n; von *Brief* Empfangsbestätigung f; **he waved in ~** er winkte zurück; **in ~ of** in Anerkennung

(+gen); **~s** *in Buch* Danksagung *f*; **~s are due to …** ichhabe/wir haben … zu danken; *in Buch* mein/unser Dank gilt …

acne ['æknɪ] *s* Akne *f*

acorn ['eɪkɔːn] *s* BOT Eichel *f*

acoustic [ə'kuːstɪk] *adj* akustisch

acoustic guitar *s* Akustikgitarre *f*

acoustics *s* **1** ⟨+sg v⟩ *Fach* Akustik *f* **2** ⟨pl⟩ *von Zimmer* Akustik *f*

ACP [eɪsiː'piː] *s abk* (= Africa, Caribbean and Pacific) AKP

ACP country *s* AKP-Staat *m*

acquaint [ə'kweɪnt] *v/t* **1** bekannt machen; **to be ~ed with sth** mit etw bekannt sein; **to become ~ed with sth** etw kennenlernen; *Tatsachen, Wahrheit* etw erfahren; **to ~ oneself** *od* **to make oneself ~ed with sth** sich mit etw vertraut machen **2** **to be ~ed with sb** mit j-m bekannt sein; **we're not ~ed** wir kennen uns nicht; **to become** *od* **get ~ed** sich (näher) kennenlernen

acquaintance *s* **1** Bekannte(r) *m/f(m)*; **we're just ~s** wir kennen uns bloß flüchtig; **a wide circle of ~** ein großer Bekanntenkreis **2** *von Mensch* Bekanntschaft *f*; *von Thema, Sachgebiet* Kenntnis *f* (**with** +*gen*); **to make sb's ~** j-s Bekanntschaft machen

acquiesce [ˌækwɪ'es] *v/i* einwilligen (**in** in +*akk*); **to ~ in sth** ohne es zu wollen etw hinnehmen

acquiescence [ˌækwɪ'esns] *s* Einwilligung *f* (**in** +*akk*)

acquire [ə'kwaɪə^r] *v/t* erwerben, sich (*dat*) aneignen, annehmen; **where did you ~ that?** woher hast du das?; **to ~ a taste/liking for sth** Geschmack/Gefallen an etw (*dat*) finden; **caviar is an ~d taste** Kaviar ist (nur) für Kenner

acquisition [ˌækwɪ'zɪʃən] *s* **1** Erwerb *m*, Aneignung *f* **2** (≈ *Gegenstand*) Anschaffung *f*

acquisitive [ə'kwɪzɪtɪv] *adj* habgierig

acquit [ə'kwɪt] **A** *v/t* freisprechen; **to be ~ted of a crime** von einem Verbrechen freigesprochen werden **B** *v/r* **he ~ted himself well** er hat seine Sache gut gemacht

acquittal [ə'kwɪtl] *s* Freispruch *m* (**on** von)

acre ['eɪkə^r] *s* Flächenmaß ≈ Morgen *m*

acrid ['ækrɪd] *adj Geschmack* bitter; *Geruch* säuerlich; *Rauch* beißend

acrimonious [ˌækrɪ'məʊnɪəs] *adj* erbittert; *Scheidung* verbittert ausgefochten

acrimony ['ækrɪmənɪ] *s* Schärfe *f*, Verbitterung *f*, Erbitterung *f*

acrobat ['ækrəbæt] *s* Akrobat(in) *m(f)*

acrobatic [ˌækrəʊ'bætɪk] *adj* akrobatisch

acrobatics *pl* Akrobatik *f*

acronym ['ækrənɪm] *s* Akronym *n*

across [ə'krɒs] **A** *adv* **1** hinüber, herüber, (quer)durch, darüber; **shall I go ~ first?** soll ich zuerst hinüber(gehen)?; **~ from your house** eurem Haus gegenüber **2** *Maß* breit; *von Kreis etc* im Durchmesser **3** *Kreuzworträtsel* waagerecht **B** *präp* **1** *Richtung* über (+*akk*); (≈ *diagonal*) quer durch (+*akk*); **to run ~ the road** über die Straße laufen; **to wade ~ a river** durch einen Fluss waten; **a tree fell ~ the path** ein Baum fiel quer über den Weg; **~ country** querfeldein **2** *Position* über (+*dat*); **a tree lay ~ the path** ein Baum lag quer über dem Weg; **he was sprawled ~ the bed** er lag quer auf dem Bett; **from ~ the sea** von der anderen Seite des Meeres; **he lives ~ the street from us** er wohnt uns gegenüber; **you could hear him (from) ~ the hall** man konnte ihn von der anderen Seite der Halle hören

across-the-board [ə'krɒsðə'bɔːd] *adj* ⟨*attr*⟩ allgemein; → board

acrylic [ə'krɪlɪk] **A** *s* Acryl *n* **B** *adj* Acryl-; *Kleid* aus Acryl

act [ækt] **A** *s* **1** Tat *f*; (≈ *offizielle Handlung*) Akt *m*; **an act of mercy** ein Gnadenakt *m*; **an act of God** höhere Gewalt *kein pl*; **an act of war** eine kriegerische Handlung; **an act of madness** ein Akt *m* des Wahnsinns; **to catch sb in the act of doing sth** j-n dabei ertappen, wie er etw tut **2** PARL Gesetz *n* **3** THEAT Akt *m*; (≈ *Auftritt*) Nummer *f*; **a one-act play** ein Einakter *m*; **to get in on the act** *fig umg* mit von der Partie sein; **he's really got his act together** *umg* bei Vorhaben *etc* er hat die Sache wirklich im Griff; *in seinem Dasein* er hat im Leben erreicht, was er wollte; **she'll be a hard** *od* **tough act to follow** man wird es ihr nur schwer gleichmachen **4** *fig* Theater *n*; **to put on an act** Theater spielen; **to act the innocent** die gekränkte Unschuld spielen **C** *v/i* **1** THEAT spielen; THEAT schauspielern; *fig* Theater spielen; **he's only acting** er tut (doch) nur so; **to act innocent** *etc* sich unschuldig *etc* stellen **2** *Droge* wirken; **to act as …** wirken als …, fungieren als …; **to act on behalf of sb** j-n vertreten **3** sich verhalten, sich benehmen; **she acted as if** *od* **as though she was surprised** sie tat so, als ob sie überrascht wäre **4** handeln; **the police couldn't act** die Polizei konnte nichts unternehmen

phrasal verbs mit act:

act on *v/i* ⟨+*obj*⟩ **1** wirken auf (+*akk*) **2** *Warnung* handeln auf (+*akk*) …hin; *Rat* folgen (+*dat*); **acting on an impulse** einer plötzlichen Eingebung folgend

act out *v/t* ⟨*trennb*⟩ durchspielen; nachspielen

act up *umg v/i* j-m Ärger machen; *Mensch* Theater machen *umg*, sich aufspielen; *Maschine*

verrückt spielen *umg*; **my back is acting up** mein Rücken macht mir Ärger
act upon *v/i* ⟨+obj⟩ → act on
acting ['æktɪŋ] **A** *adj* **1** stellvertretend *attr* **2** ⟨*attr*⟩ THEAT schauspielerisch **B** *s* THEAT Darstellung *f*; (≈ *Aktivität*) Spielen *n*; (≈ *als Beruf*) Schauspielerei *f*; **he's done some ~** er hat schon Theater gespielt
acting time *s* LIT Handlungszeit *f* (*Zeitraum, der in einem fiktionalen Text dargestellt wird. Die Handlungszeit ist i. d. R. länger als die Erzählzeit; z. B. Beschreibung mehrerer Jahre auf wenigen Seiten*)
action ['ækʃən] *s* **1** ⟨*kein pl*⟩ Handeln *n*; von Roman etc Handlung *f*; **a man of ~** ein Mann der Tat; **to take ~** etwas unternehmen, handeln; **course of ~** Vorgehen *n*; **no further ~** keine weiteren Maßnahmen *pl* **2** Tat *f* **3** **in/out of ~** in/nicht in Aktion; *Maschine* in/außer Betrieb; **to go into ~** in Aktion treten; **to put a plan into ~** einen Plan in die Tat umsetzen; **he's been out of ~ since he broke his leg** er war nicht mehr einsatzfähig, seit er sich das Bein gebrochen hat **4** Action *f*; **there's no ~ in this movie** in dem Film passiert nichts; **~!** *Kommando* Action! **5** MIL Aktionen *pl*; **enemy ~** feindliche Handlungen *pl*; **killed in ~** gefallen; **the first time they went into ~** bei ihrem ersten Einsatz **6** *von Maschine* Arbeitsweise *f*; *von Uhr, Gewehr* Mechanismus *m*; *von Sportler etc* Bewegung *f* **7** Wirkung *f* (**on** auf +*akk*) **8** JUR Klage *f*; **to bring an ~ (against sb)** eine Klage (gegen j-n) anstrengen
action film *Br s* Actionfilm *m*
action group *s* Aktionsgruppe *f*
action movie *s* Actionfilm *m*
action-packed *adj* aktionsgeladen
action replay *s bes in Zeitlupe* Wiederholung *f*
action shot *s* FOTO Actionfoto *n*; FILM Actionszene *f*
action stations *pl* Stellung *f*; **~!** Stellung!; *fig* an die Plätze!
activate ['æktɪveɪt] *v/t Mechanismus* betätigen; *Schalter* in Gang setzen; *Alarm* auslösen; *Bombe* zünden; CHEM, PHYS aktivieren
active ['æktɪv] *adj* aktiv; *Verstand, Leben* rege; *Bürger* engagiert; **to be politically/sexually ~** politisch/sexuell aktiv sein; **on ~ service** MIL im Einsatz; **to be on ~ duty** *bes US* MIL aktiven Wehrdienst leisten; **he played an ~ part in it** er war aktiv daran beteiligt; **~ ingredient** CHEM aktiver Bestandteil; **~ (voice)** LING Aktiv *n*
actively ['æktɪvlɪ] *adv* aktiv; *Abneigung zeigen* offen
activism ['æktɪvɪzm] *s* Aktivismus *m*
activist ['æktɪvɪst] *s* Aktivist(in) *m(f)*

activity [æk'tɪvɪtɪ] *s* **1** ⟨*kein pl*⟩ Aktivität *f*; *in Stadt, Büro* geschäftiges Treiben **2** (≈ *Zeitvertreib*) Betätigung *f*; **the church organizes many activities** die Kirche organisiert viele Veranstaltungen; **criminal activities** kriminelle Aktivitäten *pl*
activity camera *s* Actionkamera *f*, Helmkamera *f*
activity centre *s*, **activity center** *US s* Jugendzentrum *n*
activity holiday *Br s* Aktivurlaub *m*
activity tracker *s* Aktivitätsarmband *n*
actor ['æktə^r] *s* Schauspieler(in) *m(f)*
actress ['æktrɪs] *s* Schauspielerin *f*
actual ['æktjʊəl] *adj* eigentlich; *Resultat* tatsächlich; *Fall, Beispiel* konkret; **in ~ fact** eigentlich; **what were his ~ words?** was genau hat er gesagt?; **this is the ~ house** das ist hier das Haus; **~ size** Originalgröße *f*
actually ['æktjʊəlɪ] *adv* **1** *als Füllwort: meist nicht übersetzt* **~ I haven't started yet** ich habe noch (gar) nicht damit angefangen **2** eigentlich, übrigens; **as you said before, and ~ you were quite right** wie Sie schon sagten, und eigentlich hatten Sie völlig recht; **~ you were quite right, it was a bad idea** Sie hatten übrigens völlig recht, es war eine schlechte Idee; **I'm going soon, tomorrow ~** ich gehe bald, nämlich morgen **3** tatsächlich, wirklich; **if you ~ own an apartment** wenn Sie tatsächlich eine Wohnung besitzen; **oh, you're ~ in/ready!** oh, du bist sogar da/fertig!; **I haven't ~ started yet** ich habe noch nicht angefangen; **as for ~ doing it** wenn es dann daran geht, es auch zu tun
actuary ['æktjʊərɪ] *s Versicherungswesen* Aktuar(in) *m(f)*
acumen ['ækjʊmen] *s* **business ~** Geschäftssinn *m*
acupuncture ['ækjʊˌpʌŋktʃə^r] *s* Akupunktur *f*
acute [ə'kjuːt] *adj* **1** akut; *Peinlichkeit* riesig; *Gefühl, Schmerz* heftig; *Angst, Verlegenheit* stark, groß **2** *Sehvermögen* scharf; *Gehör* fein **3** MATH *Winkel* spitz **4** LING **~ accent** Akut *m*
acutely [ə'kjuːtlɪ] *adv* akut; *spüren* intensiv; *verlegen, sensibel* äußerst; **to be ~ aware of sth** sich (*dat*) einer Sache (*gen*) genau bewusst sein
AD *abk* (= *Anno Domini*) n. Chr., A.D.
ad [æd] *s abk* (= *advertisement*) *von Anzeige f*, Inserat *n*; Werbespot *m*
adage ['ædɪdʒ] *s* Sprichwort *n*
Adam ['ædəm] *s* **~'s apple** Adamsapfel *m*; **I don't know him from ~** *umg* ich habe keine Ahnung, wer er ist *umg*
adamant ['ædəmənt] *adj* hart; *Weigerung* hartnäckig; **to be ~** unnachgiebig sein; **he was**

adamantly – adjacent · 25

~ **about going** er bestand hartnäckig darauf zu gehen
adamantly ['ædəməntlɪ] *adv* hartnäckig; **to be ~ opposed to sth** etw scharf ablehnen
adapt [ə'dæpt] **A** *v/t* anpassen (**to** +*dat*); *Maschine* umstellen (**to, for** auf +*akk*); *Fahrzeug, Gebäude* umbauen (**to, for** für); *Text* bearbeiten (**for** für); **~ed from the Spanish** aus dem Spanischen übertragen und bearbeitet **B** *v/i* sich anpassen (**to** +*dat*)
adaptability [ə,dæptə'bɪlɪtɪ] *s* Anpassungsfähigkeit *f*
adaptable [ə'dæptəbl] *adj* anpassungsfähig
adaptation [,ædæp'teɪʃən] *s von Buch etc* Bearbeitung *f*
adapter [ə'dæptəʳ] *s* ELEK Adapter *m*
adaptor [ə'dæptəʳ] *s* → adapter
ADD *abk* (= Attention Deficit Disorder) ADS, Aufmerksamkeitsdefizit-Syndrom *n*
add [æd] **A** *v/t* **1** MATH addieren, dazuzählen (**to** zu); **to add 8 to 5** 8 zu 5 hinzuzählen **2** *Zutaten, Bemerkung etc* hinzufügen (**to** zu); *Hoch- und Tiefbau* anbauen; **added to which ...** hinzu kommt, dass ...; **transport adds 10% to the cost** es kommen 10% Transportkosten hinzu; **they add 10% for service** sie rechnen 10% für Bedienung dazu; **to add value to sth** den Wert einer Sache *(gen)* erhöhen **B** *v/i* **1** MATH addieren; **she just can't add** sie kann einfach nicht rechnen **2** **to add to sth** zu etw beitragen; **it will add to the time the job takes** es wird die Arbeitszeit verlängern

<u>phrasal verbs mit add:</u>

add on *v/t* ⟨*trennb*⟩ *Betrag* dazurechnen; *Zimmer* anbauen; *Bemerkungen* anfügen
add up **A** *v/t* ⟨*trennb*⟩ zusammenzählen **B** *v/i Zahlen* stimmen; *fig* sich reimen; **it all adds up** *wörtl* es summiert sich; *fig* es passt alles zusammen; **to add up to** *Zahlen* ergeben; *Fakten* führen zu

added ['ædɪd] *adj* ⟨*attr*⟩ zusätzlich; **~ value** Mehrwert *m*
adder ['ædəʳ] *s* Viper *f*, Natter *f*
addict ['ædɪkt] *s* Süchtige(r) *m*/*f*(*m*); **he's a television/heroin ~** er ist fernseh-/heroinsüchtig
addicted [ə'dɪktɪd] *adj* süchtig (**to** nach); **to be ~ to sth** von etw abhängig sein, nach etw süchtig sein; **to be/become ~ to heroin/drugs** heroin-/rauschgiftsüchtig sein/werden; **he is ~ to sport** Sport ist bei ihm zur Sucht geworden
addiction [ə'dɪkʃən] *s* Sucht *f* (**to** nach); **~ to drugs/alcohol** Rauschgift-/Trunksucht *f*
addictive [ə'dɪktɪv] *adj* **to be ~** süchtig machen; **these drugs/watching TV can become ~** diese Drogen können/Fernsehen kann zur Sucht werden; **~ drug** Suchtdroge *f*

add-in ['ædɪn] *s* IT Add-in *n* (*Programm, das die Funktion eines anderen erweitert*)
addition [ə'dɪʃən] *s* **1** MATH Addition *f* **2** Zusatz *m* (**to** zu); *schriftlich* Nachtrag *m* (**to** zu); *zu Liste* Ergänzung *f* (**to** zu); **in ~** außerdem; **in ~ (to this) he said ...** und außerdem sagte er ...; **in ~ to** zusätzlich zu; **in ~ to her other hobbies** zusätzlich zu ihren anderen Hobbys
additional *adj* zusätzlich; **~ charge** Aufpreis *m*
additionally *adv* zusätzlich
additive ['ædɪtɪv] *s* Zusatz *m*, Zusatzstoff *m*
add-on ['ædɒn] *s* Zusatz *m*; **~ card** IT Erweiterungssteckkarte *f*
address [ə'dres] **A** *s* **1** Adresse *f*; **home ~** Privatadresse *f*; *von Reisenden* Heimatadresse *f*; **what's your ~?** wo wohnen Sie?; **I've come to the wrong ~** ich bin hier falsch *od* an der falschen Adresse; **at this ~** unter dieser Adresse; **"not known at this ~"** „Empfänger unbekannt" **2** Ansprache *f*; **form of ~** (Form *f* der) Anrede *f* **3** IT Adresse *f* **B** *v/t* **1** *Brief* adressieren (**to** an +*akk*) **2** *Beschwerde* richten (**to** an +*akk*) **3** *Versammlung* sprechen zu; *Mensch* anreden; **don't ~ me as "Colonel"** nennen Sie mich nicht „Colonel" **4** *Problem* angehen **C** *v/r* **to ~ oneself to sb** j-n ansprechen
address book *s* Adressbuch *n*
addressee [,ædre'siː] *s* Empfänger(in) *m*(*f*)
address label *s* Adressenaufkleber *m*
adenoids ['ædɪnɔɪdz] *pl* Rachenmandeln *pl*
adept ['ædept] *adj* geschickt (**in, at** in +*dat*)
adequacy ['ædɪkwəsɪ] *s* Adäquatheit *f*
adequate ['ædɪkwɪt] *adj* adäquat; *Zeit* genügend *inv*; *Bezahlung* angemessen; **to be ~** (aus)reichen; (≈ *gut genug*) zulänglich *od* adäquat sein; **this is just not ~** das ist einfach unzureichend; **more than ~** mehr als genug; *Beheizung etc* mehr als ausreichend
adequately ['ædɪkwɪtlɪ] *adv* **1** ausreichend **2** angemessen
ADHD *abk* (= Attention Deficit Hyperactivity Disorder) ADHS *n*

<u>phrasal verbs mit adhere:</u>

adhere to *v/i* ⟨+*obj*⟩ *Plan, Prinzip* festhalten an (+*dat*); *Regel* sich halten an (+*akk*)
adherence [əd'hɪərəns] *s* Festhalten *n* (**to an** +*dat*); *von Regel* Befolgung *f* (**to** +*gen*)
adherent [əd'hɪərənt] *s* Anhänger(in) *m*(*f*)
adhesion [əd'hiːʒən] *s von Partikeln etc* Adhäsion *f*, Haftfähigkeit *f*; *von Leim* Klebefestigkeit *f*
adhesive [əd'hiːzɪv] **A** *s* Klebstoff *m*, Pick *m* österr **B** *adj* haftend; *Oberfläche* klebend
adhesive tape *s* Klebestreifen *m*
ad hoc [,æd'hɒk] *adj & adv* ad hoc *inv*
ad infinitum [,ædɪnfɪ'naɪtəm] *adv* für immer
adjacent [ə'dʒeɪsənt] *adj* angrenzend; **to be ~**

to sth an etw (*akk*) angrenzen; **the ~ room** das Nebenzimmer

adjectival *adj*, **adjectivally** [ˌædʒekˈtaɪvəl, -ɪ] *adv* adjektivisch

adjective [ˈædʒɪktɪv] *s* Adjektiv *n*

adjoin [əˈdʒɔɪn] **A** *v/t* grenzen an (+*akk*) **B** *v/i* aneinandergrenzen

adjoining [əˈdʒɔɪnɪŋ] *adj* benachbart; *bes* ARCH anstoßend; *Feld* angrenzend; **the ~ room** das Nebenzimmer; **in the ~ office** im Büro nebenan

adjourn [əˈdʒɜːn] **A** *v/t* **1** vertagen (**until** auf +*akk*); **he ~ed the meeting for three hours** er unterbrach die Konferenz für drei Stunden **2** *US* beenden **B** *v/i* **1** sich vertagen (**until** auf +*akk*); **to ~ for lunch/one hour** zur Mittagspause/für eine Stunde unterbrechen **2** **to ~ to the living room** sich ins Wohnzimmer begeben

adjournment *s* Vertagung *f* (**until** auf +*akk*); *kurzzeitig* Unterbrechung *f*

adjudicate [əˈdʒuːdɪkeɪt] **A** *v/t Wettbewerb* Preisrichter(in) sein bei **B** *v/i* bei *Wettbewerb etc* als Preisrichter(in) fungieren; *bei Streitigkeiten* die Entscheidung treffen

adjudication [əˌdʒuːdɪˈkeɪʃən] *s* Entscheidung *f*; (≈ *Resultat a.*) Urteil *n*

adjudicator [əˈdʒuːdɪkeɪtəʳ] *s bei Wettbewerb etc* Preisrichter(in) *m(f)*

adjust [əˈdʒʌst] **A** *v/t* **1** einstellen (richtig); *Hebel* (richtig) stellen; (≈ *korrigieren*) nachstellen; *Höhe, Geschwindigkeit* regulieren; *Zahlen* korrigieren; *Bedingungen* ändern; *Hut, Krawatte* zurechtrücken; **do not ~ your set** ändern Sie nichts an der Einstellung Ihres Geräts **2 to ~ oneself to sth** sich einer Sache (*dat*) anpassen; **to ~ sth to sth** etw auf etw (*akk*) einstellen **3** *Versicherungswesen: Schaden* regulieren **B** *v/i* sich anpassen (**to** +*dat*), sich einstellen (**to** auf +*akk*)

adjustable [əˈdʒʌstəbl] *adj* verstellbar; *Geschwindigkeit, Temperatur* regulierbar

adjustment [əˈdʒʌstmənt] *s* **1** Einstellung *f*; *von Hebel* (richtige) Stellung; (≈ *Korrektur*) Nachstellung *f*; *von Höhe, Geschwindigkeit* Regulierung *f*; *von Bedingungen* Änderung *f*; **to make ~s** Änderungen vornehmen; **to make ~s to one's plans** seine Pläne ändern **2** *gesellschaftlich etc* Anpassung *f* **3** *Versicherungswesen* Regulierung *f*

adjutant [ˈædʒətənt] *s* MIL Adjutant(in) *m(f)*

ad lib [ædˈlɪb] *adv* aus dem Stegreif

ad-lib *v/t & v/i* improvisieren

admin [ˈædmɪn] *s abk* (= administration) Verwaltung *f*

administer [ədˈmɪnɪstəʳ] *v/t* **1** *Institution, Fonds* verwalten; *Geschäfte* führen **2** *Strafe* verhängen (**to** über +*akk*); **to ~ justice** Recht sprechen **3** *Medikament* verabreichen (**to sb** j-m)

administrate [ædˈmɪnɪstreɪt] *v/t* → administer

administration [ədˌmɪnɪˈstreɪʃən] *s* **1** ⟨*kein pl*⟩ Verwaltung *f*; *von Projekt etc* Organisation *f*; **to spend a lot of time on ~** viel Zeit auf Verwaltungsangelegenheiten verwenden **2** Regierung *f*; **the Merkel ~** die Regierung Merkel **3** ⟨*kein pl*⟩ **the ~ of justice** die Rechtsprechung **4** WIRTSCH (gerichtlich angeordnete) Konkursverwaltung; (gerichtlich angeordnete) Insolvenzverwaltung; **to go into ~** unter (gerichtlich angeordnete) Insolvenzverwaltung gestellt werden, unter (gerichtlich angeordnete) Konkursverwaltung gestellt werden

administrative [ədˈmɪnɪstrətɪv] *adj* administrativ

administrative body *s* Verwaltungsbehörde *f*

administrative costs *pl* Verwaltungskosten *pl*

administrator [ədˈmɪnɪstreɪtəʳ] *s* **1** Verwalter(in) *m(f)*; JUR Verwaltungsbeamte(r) *m*/-beamtin *f* **2** WIRTSCH Konkursverwalter(in) *m(f)*; Insolvenzverwalter(in) *m(f)*; **the company is in the hands of the ~s** die Firma steht unter Aufsicht der Konkursverwaltung

admirable *adj*, **admirably** [ˈædmərəbl, -ɪ] *adv* bewundernswert, ausgezeichnet

admiral [ˈædmərəl] *s* Admiral(in) *m(f)*

Admiralty [ˈædmərəltɪ] *Br s* Admiralität *f*; (≈ *Abteilung*) britisches Marineministerium

admiration [ˌædməˈreɪʃən] *s* Bewunderung *f*; **to win the ~ of all/of the world** von allen/von aller Welt bewundert werden

admire [ədˈmaɪəʳ] *v/t* bewundern

admirer [ədˈmaɪərəʳ] *s* Verehrer(in) *m(f)*

admiring *adj*, **admiringly** [ədˈmaɪərɪŋ, -lɪ] *adv* bewundernd

admissible [ədˈmɪsɪbl] *adj* zulässig

admission [ədˈmɪʃən] *s* **1** Zutritt *m*; *zu Universität* Zulassung *f*; *in Krankenhaus* Einlieferung *f* (**to in** +*akk*); (≈ *Preis*) Eintritt *m*; **to gain ~ to a building** Zutritt zu einem Gebäude erhalten; **~ fee** Eintrittspreis *m* **2** JUR *von Beweismaterial* Zulassung *f* **3** Eingeständnis *n*; **on** *od* **by his own ~** nach eigenem Eingeständnis; **that would be an ~ of failure** das hieße, sein Versagen eingestehen

admission charge *s* Eintrittspreis *m*

admit [ədˈmɪt] *v/t* **1** hereinlassen; *als Mitglied* aufnehmen (**to in** +*akk*); **children not ~ted** kein Zutritt für Kinder; **to be ~ted to hospital** ins Krankenhaus eingeliefert werden; **this ticket ~s two** die Karte ist für zwei (Personen) **2** zugeben; **do you ~ (to) stealing his hat?** geben Sie zu, seinen Hut gestohlen zu haben?

phrasal verbs mit admit:

admit to *v/i* ⟨+*obj*⟩ eingestehen; **I have to ad-**

mit to a certain feeling of admiration ich muss gestehen, dass mir das Bewunderung abnötigt

admittance [əd'mɪtəns] *s zu Gebäude* Zutritt *m* (**to** zu); *in Klub* Aufnahme *f* (**to** in +*akk*); **I gained ~ to the hall** mir wurde der Zutritt zum Saal gestattet; **no ~ except on business** Zutritt für Unbefugte verboten

admittedly [əd'mɪtɪdlɪ] *adv* zugegebenermaßen; **~ this is true** zugegeben, das stimmt

admonish [əd'mɒnɪʃ] *v/t* **1** tadeln **2** ermahnen (**for** wegen)

admonishment [əd'mɒnɪʃmənt] *s*, **admonition** [ˌædməʊ'nɪʃən] *form s* **1** Tadel *m* **2** Ermahnung *f*

ad nauseam [ˌæd'nɔːzɪæm] *adv* bis zum Überdruss

ado [ə'duː] *s* **much ado about nothing** viel Lärm um nichts; **without more** *od* **further ado** ohne Weiteres

adolescence [ˌædəʊ'lesns] *s* **1** Jugend *f* **2** Pubertät *f*

adolescent [ˌædəʊ'lesnt] **A** *s* Jugendliche(r) *m/f(m)* **B** *adj* **1** Jugend- **2** pubertär

adopt [ə'dɒpt] *v/t* **1** *Kind* adoptieren; **your cat has ~ed me** *umg* deine Katze hat sich mir angeschlossen **2** *Idee, Methode* übernehmen; *Angewohnheiten* annehmen; *Politik* sich entscheiden für

adopted *adj* Adoptiv-, adoptiert; **~ child** Adoptivkind *n*; **her ~ country** ihre Wahlheimat

adoption [ə'dɒpʃən] *s* **1** *von Kind* Adoption *f*; **to give up for ~** zur Adoption freigeben **2** *von Idee, Methode* Übernahme *f*; *von Angewohnheiten* Annahme *f*

adoption agency *s* Adoptionsagentur *f*

adoptive [ə'dɒptɪv] *adj* Adoptiv-; **~ parents** Adoptiveltern *pl*; **~ home/country** Wahlheimat *f*

adorable [ə'dɔːrəbl] *adj* bezaubernd; **she is ~** sie ist ein Schatz

adoration [ˌædə'reɪʃən] *s* **1** *von Gott* Anbetung *f* **2** *von Familie, Ehefrau* grenzenlose Liebe (**of** für)

adore [ə'dɔː(r)] *v/t* **1** *Gott* anbeten, verehren **2** *Familie, Ehefrau* über alles lieben **3** *umg Whisky etc* (über alles) lieben

adoring *adj*, **adoringly** [ə'dɔːrɪŋ, -lɪ] *adv* bewundernd

adorn [ə'dɔːn] *v/t* schmücken

adrenalin(e) [ə'drenəlɪn] *s* MED Adrenalin *n*; **working under pressure gets the ~ going** Arbeiten unter Druck weckt ungeahnte Kräfte

Adriatic (Sea) [ˌeɪdrɪ'ætɪk('siː)] *s* Adria *f*

adrift [ə'drɪft] *adv & adj* ⟨*präd*⟩ **1** SCHIFF treibend; **to be ~** treiben **2** *fig* **to come ~** *Draht etc* sich lösen

adroit [ə'drɔɪt] *adj* geschickt

adroitly [ə'drɔɪtlɪ] *adv* geschickt

ADSL *abk* (= asymmetric digital subscriber line) TEL ADSL *n*, asymmetrischer digitaler Teilnehmeranschluss

adulation [ˌædjʊ'leɪʃən] *s* Verherrlichung *f*, Vergötterung *f*; Schmeichelei *f*

adult ['ædʌlt, *US* ə'dʌlt] **A** *s* Erwachsene(r) *m/f(m)*; **~s only** nur für Erwachsene **B** *adj* **1** erwachsen; *Tier* ausgewachsen; **his ~ life** sein Leben als Erwachsener **2** *Film, Kurs* für Erwachsene; **~ education** Erwachsenenbildung *f*

adulterate [ə'dʌltəreɪt] *v/t* Wein etc panschen; *Lebensmittel* abwandeln

adulteration [əˌdʌltə'reɪʃən] *s von Wein* Panschen *n*; *von Lebensmitteln* Abwandlung *f*

adulterer [ə'dʌltərə(r)] *s* Ehebrecher *m*

adulteress [ə'dʌltərɪs] *s* Ehebrecherin *f*

adulterous [ə'dʌltərəs] *adj* ehebrecherisch

adultery [ə'dʌltərɪ] *s* Ehebruch *m*; **to commit ~** Ehebruch begehen

adulthood ['ædʌlthʊd, *US* ə'dʌlthʊd] *s* Erwachsenenalter *n*; **to reach ~** erwachsen werden

advance [əd'vɑːns] **A** *s* **1** Fortschritt *m* **2** MIL Vormarsch *m* **3** (=*Zahlung*) Vorschuss *m* (on auf +*akk*) **4** **~s** *pl fig* Annäherungsversuche *pl* **5** **in ~** im Voraus; **to send sb on in ~** j-n vorausschicken; **£100 in ~** £ 100 als Vorschuss; **to arrive in ~ of the others** vor den anderen ankommen; **to be (well) in ~ of sb** j-m (weit) voraus sein **B** *v/t* **1** *Termin, Zeit* vorverlegen **2** MIL *Truppe* vorrücken lassen **3** weiterbringen; *Sache, Karriere* fördern; *Wissen* vergrößern **4** *Zahlung* (als) Vorschuss geben **C** *v/i* **1** MIL vorrücken **2** vorankommen; **~ toward(s) sb/sth** auf j-n/etw zugehen **3** *fig* Fortschritte *pl* machen

advance booking *s* Reservierung *f*; THEAT Vorverkauf *m*

advance booking office *s* THEAT Vorverkaufsstelle *f*

advance copy *s* Vorausexemplar *n*

advanced *adj* **1** *Student, Stufe, Alter, Technologie* fortgeschritten; *Studium* höher; *Modell* weiterentwickelt; *Gesellschaft* hoch entwickelt; **~ English** Englisch für Fortgeschrittene; **he is very ~ for his age** er ist für sein Alter sehr weit **2** *Plan* ausgefeilt; **in the ~ stages of the disease** im fortgeschrittenen Stadium der Krankheit

advancement *s* **1** Förderung *f* **2** *stellungsmäßig* Aufstieg *m*

advance notice *s* frühzeitiger Bescheid, Vorwarnung *f*; **to be given ~** frühzeitig Bescheid/eine Vorwarnung erhalten

advance payment *s* Vorauszahlung *f*

advance warning *s* → advance notice

advantage [əd'vɑːntɪdʒ] *s* Vorteil *m*; **to have an**

~ (over sb) (j-m gegenüber) im Vorteil sein; **that gives you an ~ over me** damit sind Sie mir gegenüber im Vorteil; **to have the ~ of sb** j-m überlegen sein; **to take ~ of sb** j-n (aus)nutzen; *euph sexuell* j-n missbrauchen; **to take ~ of sth** etw ausnutzen; **he turned to his own ~** er machte es sich (*dat*) zunutze; **to use sth to one's ~** etw für sich nutzen

advantageous [ˌædvən'teɪdʒəs] *adj* vorteilhaft; **to be ~ to sb** für j-n von Vorteil sein

advent ['ædvənt] *s* **1** *von Ära etc* Beginn *m*; *von Düsenflugzeugen etc* Aufkommen *n* **2** KIRCHE **Advent** Advent *m*

Advent calendar *s* Adventskalender *m*

adventure [əd'ventʃəʳ] **A** *s* **1** Abenteuer *n*; **to have an ~** ein Abenteuer erleben **2** ⟨*kein pl*⟩ **love/spirit of ~** Abenteuerlust *f*; **to look for ~** (das) Abenteuer suchen **B** *attr* Abenteuer-

adventure playground *s* Abenteuerspielplatz *m*

adventurer [əd'ventʃərəʳ] *s* Abenteurer(in) *m(f)*

adventurous [əd'ventʃərəs] *adj Mensch* abenteuerlustig; *Reise* abenteuerlich

adverb ['ædvɜːb] *s* Adverb *n*; **~ of manner** Adverb *n* der Art und Weise

adverbial *adj*, **adverbially** [əd'vɜːbɪəl, -lɪ] *adv* adverbial

adversary ['ædvəsərɪ] *s* Widersacher(in) *m(f)*; *bei Wettbewerb* Gegner(in) *m(f)*

adverse ['ædvɜːs] *adj* ungünstig; *Umstände* widrig; *Reaktion* negativ

adversely [əd'vɜːslɪ] *adv* negativ

adversity [əd'vɜːsɪtɪ] *s* ⟨*kein pl*⟩ Not *f*; **in ~** im Unglück

advert ['ædvɜːt] *Br umg s abk* (= advertisement) Anzeige *f*, Inserat *n*; TV, RADIO Werbespot *m*

advertise ['ædvətaɪz] **A** *v/t* **1** werben für, Werbung machen für; **I've seen that soap ~d on television** ich habe die Werbung für diese Seife im Fernsehen gesehen **2** *in Zeitung*: *Wohnung etc* inserieren; *Stelle* ausschreiben; **to ~ sth in a shop window/on local radio** etw durch eine Schaufensteranzeige/im Regionalsender anbieten **3** bekannt geben **B** *v/i* **1** HANDEL werben, Werbung machen **2** *in Zeitung* inserieren; **to ~ for sb/sth** j-n/etw (per Anzeige) suchen; **to ~ for sth on local radio/in a shop window** etw per Regionalsender/durch Anzeige im Schaufenster suchen

advertisement [əd'vɜːtɪsmənt, *US* ˌædvəʳ'taɪzmənt] *s* **1** HANDEL Werbung *f*; *bes in Zeitung* Anzeige *f*; TV Werbespot *m* **2** (≈ Bekanntgabe) Anzeige *f*; **to put** *od* **place an ~ in the paper** eine Anzeige in die Zeitung setzen

advertiser ['ædvətaɪzə(r)] *s in Zeitung* Inserent(in) *m(f)*

advertising ['ædvətaɪzɪŋ] *s* Werbung *f*, Reklame *f*; **he works in ~** er ist in der Werbung (tätig)

advertising agency *s* Werbeagentur *f*
advertising budget *s* Werbeetat *m*
advertising campaign *s* Werbekampagne *f*
advertising revenue *s* Werbeeinnahmen *pl*
advertising slogan *s* Werbeslogan *m*

advice [əd'vaɪs] *s* ⟨*kein pl*⟩ Rat *m kein pl*; **a piece of ~** ein Rat(schlag) *m*; **let me give you a piece of ~** *od* **some ~** ich will Ihnen einen guten Rat geben; **to take sb's ~** j-s Rat (be)folgen; **take my ~** höre auf mich; **to seek (sb's) ~** (j-n) um Rat fragen; **to take legal ~** einen Rechtsanwalt zurate ziehen

advisability [əd,vaɪzə'bɪlɪtɪ] *s* Ratsamkeit *f*
advisable [əd'vaɪzəbl] *adj* ratsam
advise [əd'vaɪz] **A** *v/t* j-m raten (+*dat*); *professionell* beraten; **to ~ sb to do sth** j-m raten, etw zu tun; **I would ~ you to do it/not to do it** ich würde dir zuraten/abraten; **to ~ sb against doing sth** j-m abraten, etw zu tun; **what would you ~ me to do?** wozu würden Sie mir raten? **B** *v/i* **1** raten; **I shall do as you ~** ich werde tun, was Sie mir raten **2** *US* **to ~ with sb** sich mit j-m beraten

advisedly [əd'vaɪzɪdlɪ] *adv* richtig; **and I use the word ~** ich verwende bewusst dieses Wort

adviser [əd'vaɪzəʳ] *s* Ratgeber(in) *m(f)*; *professionell* Berater(in) *m(f)*; **legal ~** Rechtsberater(in) *m(f)*

advisory [əd'vaɪzərɪ] *adj* beratend; **to act in a purely ~ capacity** rein beratende Funktion haben

advocacy ['ædvəkəsɪ] *s* Eintreten *n* (**of** für); *von Plan* Befürwortung *f*

advocate A ['ædvəkɪt] *s* **1** *von Sache* Befürworter(in) *m(f)* **2** *bes schott* JUR (Rechts)anwalt *m*/-anwältin *f* **B** ['ædvəkeɪt] *v/t* eintreten für; *Plan etc* befürworten

Aegean [iː'dʒiːən] *adj* **the ~ (Sea)** die Ägäis
aeon ['iːən] *s* Ewigkeit *f*
aerate ['ɛəreɪt] *v/t* mit Kohlensäure anreichern; *Erde* auflockern

aerial ['ɛərɪəl] **A** *s Br* Antenne *f* **B** *adj* Luft-; **~ photograph** Luftbild *n*

aerobatics [ˌɛərəʊ'bætɪks] *pl* Kunstfliegen *n*
aerobic [ɛəʳ'əʊbɪk] *adj* **1** BIOL aerob; **~ exercise** atmungsintensive Bewegung **2** Aerobic-
aerobics [ɛəʳ'əʊbɪks] *s* Aerobic *n*
aerodrome ['ɛərədrəʊm] *Br s* Flugplatz *m*
aerodynamic *adj*, **aerodynamically** [ˌɛərəʊdaɪ'næmɪk, -lɪ] *adv* aerodynamisch
aerodynamics *s* Aerodynamik *f*
aeronautic(al) [ˌɛərə'nɔːtɪk(əl)] *adj* aeronautisch

aeronautical engineering s Flugzeugbau m
aeronautics s Luftfahrt f
aeroplane ['ɛərəpleɪn] Br s Flugzeug n
aerosol ['ɛərəsɒl] s Spraydose f; **~ paint** Sprayfarbe f; **~ spray** Aerosolspray n
aerospace ['ɛərəʊspeɪs] zssgn Luft- und Raumfahrt-
aesthete ['iːsθiːt] s, **esthete** US s Ästhet(in) m(f)
aesthetic(al) [iːs'θetɪk(əl)] adj, **esthetic(al)** US adj ästhetisch
aesthetically [iːs'θetɪkəlɪ] adv, **esthetically** US adv in ästhetischer Hinsicht; **~ pleasing** ästhetisch schön
aesthetics [iːs'θetɪks] s, **esthetics** US s Ästhetik
afar [ə'fɑː] liter adv **from ~** aus der Ferne
affable adj, **affably** ['æfəbl, -ɪ] adv umgänglich
affair [ə'fɛə] s **1** Sache f; **the Watergate ~** die Watergate-Affäre; **this is a sorry state of ~s!** das sind ja schöne Zustände!; **your private ~s don't concern me** deine Privatangelegenheiten sind mir egal; **financial ~s have never interested me** Finanzfragen haben mich nie interessiert; **that's my ~!** das ist meine Sache! **2** Verhältnis n; **to have an ~ with sb** ein Verhältnis mit j-m haben
affect [ə'fekt] v/t **1** sich auswirken auf (+akk), beeinflussen; negativ angreifen; Gesundheit schaden (+dat) **2** betreffen **3** berühren **4** Krankheiten befallen, infizieren
affectation [ˌæfek'teɪʃən] s Affektiertheit f kein pl; **an ~** eine affektierte Angewohnheit
affected adj, **affectedly** [ə'fektɪd, -lɪ] adv affektiert
affecting [ə'fektɪŋ] adj rührend
affection [ə'fekʃən] s Zuneigung f kein pl (**for**, **towards** zu); **I have** od **feel a great ~ for her** ich mag sie sehr gerne; **you could show a little more ~ toward(s) me** du könntest mir gegenüber etwas mehr Gefühl zeigen; **he has a special place in her ~s** er nimmt einen besonderen Platz in ihrem Herzen ein
affectionate [ə'fekʃənɪt] adj liebevoll
affectionately adv liebevoll; **yours ~, Wendy** am Briefende in Liebe, Deine Wendy
affidavit [ˌæfɪ'deɪvɪt] s JUR eidesstattliche Erklärung
affiliate [ə'fɪlɪeɪt] **A** v/t angliedern (**to** +dat); **the two banks are ~d** die zwei Banken sind aneinander angeschlossen; **~d company** Schwestergesellschaft f **B** v/i sich angliedern, sich anschließen (**with** an +akk)
affiliation [əˌfɪlɪ'eɪʃən] s Angliederung f (**to**, **with** an +akk); **what are his political ~s?** was ist seine politische Zugehörigkeit?
affinity [ə'fɪnɪtɪ] s **1** Neigung f (**for**, **to** zu) **2** (≈ Ähnlichkeit) Verwandtschaft f
affirm [ə'fɜːm] v/t versichern, beteuern
affirmation [ˌæfə'meɪʃən] s Versicherung f, Beteuerung f
affirmative [ə'fɜːmətɪv] **A** s **to answer in the ~** mit Ja antworten **B** adj bejahend; **the answer is ~** die Antwort ist bejahend od ja; **~ action** US ≈ positive Diskriminierung (bei der Vergabe von Arbeits- und Studienplätzen etc) **C** int richtig
affirmatively [ə'fɜːmətɪvlɪ] adv bejahend
affix [ə'fɪks] v/t anbringen (**to** auf +dat)
afflict [ə'flɪkt] v/t plagen; Unruhen, Verletzungen heimsuchen; **to be ~ed by a disease** an einer Krankheit leiden
affliction [ə'flɪkʃən] s Gebrechen n, Beschwerde f
affluence ['æfluəns] s Wohlstand m
affluent adj reich, wohlhabend
afford [ə'fɔːd] v/t **1** sich (dat) leisten; **to be able to ~ sth** sich (dat) etw leisten können; **I can't ~ to buy both of them/to make a mistake** ich kann es mir nicht leisten, beide zu kaufen/einen Fehler zu machen; **I can't ~ the time** ich habe einfach nicht die Zeit **2** liter gewähren (**sb sth** j-m etw); Vergnügen bereiten
affordable [ə'fɔːdəbl] adj, **affordably** adv erschwinglich, finanziell möglich od tragbar
afforestation [æˌfɒrɪs'teɪʃən] s Aufforstung f
affray [ə'freɪ] s bes JUR Schlägerei f
affront [ə'frʌnt] s Affront m (**to** gegen)
Afghan ['æfgæn] **A** s **1** Afghane m, Afghanin f **2** (a. **~ hound**) Afghane m **B** adj afghanisch
Afghanistan [æf'gænɪstæn] s Afghanistan n
aficionado [əˌfɪʃjə'nɑːdəʊ] s ⟨pl -s⟩ Liebhaber(in) m(f)
afield [ə'fiːld] adv **countries further ~** weiter entfernte Länder; **to venture further ~** wörtl, fig sich etwas weiter (vor)wagen
aflame [ə'fleɪm] adv & adj ⟨präd⟩ in Flammen
afloat [ə'fləʊt] adv & adj ⟨präd⟩ **1** SCHIFF **to be ~** schwimmen; **to stay ~** sich über Wasser halten; Gegenstand schwimmen; **at last we were ~ again** endlich waren wir wieder flott **2** fig **to get/keep a business ~** ein Geschäft auf die Beine stellen/über Wasser halten
afoot [ə'fʊt] adv **there is something ~** da ist etwas im Gange
aforementioned [əˌfɔː'menʃənd], **aforesaid** [ə'fɔːsed] form adj ⟨attr⟩ oben genannt
afraid [ə'freɪd] adj ⟨präd⟩ **1 to be ~ (of sb/sth)** (vor j-m/etw) Angst haben, sich (vor j-m/etw) fürchten; **don't be ~!** keine Angst!; **there's nothing to be ~ of** Sie brauchen keine Angst zu haben; **I am ~ of hurting him** ich fürchte, ich könnte ihm wehtun; **to make sb ~** j-m

Angst machen; **I am ~ to leave her alone** ich habe Angst davor, sie allein zu lassen; **I was ~ of waking the children** ich wollte die Kinder nicht wecken; **he's not ~ to say what he thinks** er scheut sich nicht zu sagen, was er denkt; **that's what I was ~ of**, I was ~ that would happen das habe ich befürchtet; **to be ~ for sb/sth** Angst um j-n/etw haben **2** **I'm ~ I can't do it** leider kann ich es nicht machen; **are you going? — I'm ~ not/I'm ~ so** gehst du? — leider nicht/ja, leider; **can I go now? — I'm ~ not** kann ich jetzt gehen? — nein, tut mir leid, noch nicht

afresh [əˈfreʃ] *adv* noch einmal von Neuem

Africa [ˈæfrɪkə] *s* Afrika *n*

African [ˈæfrɪkən] **A** *s* Afrikaner(in) *m(f)* **B** *adj* afrikanisch

African-American [ˌæfrɪkənəˈmerɪkən] **A** *adj* afroamerikanisch **B** *s* Afroamerikaner(in) *m(f)*

Afrikaans [ˌæfrɪˈkɑːns] *s* Afrikaans *n*

Afrikaner [ˌæfrɪˈkɑːnəʳ] *s* Afrika(a)nder(in) *m(f)*

Afro [ˈæfrəʊ] *s* Afrolook *m*

Afro-American **A** *adj* afroamerikanisch **B** *s* Afroamerikaner(in) *m(f)*

Afro-Caribbean **A** *adj* afrokaribisch **B** *s* Afrokaribe *m*, Afrokaribin *f*

aft [ɑːft] *adv* SCHIFF *sitzen* achtern; *gehen* nach achtern

after [ˈɑːftəʳ] **A** *präp* nach (+*dat*); **~ dinner** nach dem Essen; **~ that** danach; **the day ~ tomorrow** übermorgen; **the week ~ next** übernächste Woche; **ten ~ eight** US zehn nach acht; **~ you** nach Ihnen; **I was ~ him** *in Schlange etc* ich war nach ihm dran; **he shut the door ~ him** er machte die Tür hinter ihm zu; **about a mile ~ the village** etwa eine Meile nach dem Dorf; **to shout ~ sb** hinter j-m herrufen; **~ what has happened** nach allem, was geschehen ist; **~ all** schließlich; immerhin; **~ all I've done for you!** und das nach allem, was ich für dich getan habe!; **~ all my trouble** trotz all meiner Mühe; **you tell me lie ~ lie** du erzählst mir eine Lüge nach der anderen; **it's just one thing ~ another** od **the other** es kommt eins zum anderen; **one ~ the other** eine(r, s) nach der/dem anderen; **day ~ day** Tag für Tag; **before us lay mile ~ mile of barren desert** vor uns erstreckte sich meilenweit trostlose Wüste; **~ El Greco** in der Art von El Greco; **she takes ~ her mother** sie kommt ganz nach ihrer Mutter; **to be ~ sb/sth** hinter j-m/etw her sein; **she asked ~ you** sie hat sich nach dir erkundigt; **what are you ~?** was willst du?; **he's just ~ a free meal** er ist nur auf ein kostenloses Essen aus **B** *adv* danach, nachher; hinterher; **the week ~** die Woche darauf; **soon ~** kurz danach **C** *konj* nachdem; **~ he had closed the door he began to speak** nachdem er die Tür geschlossen hatte, begann er zu sprechen; **what will you do ~ he's gone?** was machst du, wenn er weg ist?; **~ finishing it I will …** wenn ich das fertig habe, werde ich …

afterbirth *s* Nachgeburt *f*

aftercare *s für Genesende* Nachbehandlung *f*

after-dinner *adj* nach dem Essen; **~ nap** Verdauungsschlaf *m*; **~ speech** Tischrede *f*

aftereffect *s* Nachwirkung *f*

afterglow *fig s* angenehme Erinnerung

after-hours *adj* nach Geschäftsschluss

afterlife *s* Leben *n* nach dem Tode

aftermath *s* Nachwirkungen *pl*; **in the ~ of sth** nach etw

afternoon [ˌɑːftəˈnuːn] **A** *s* Nachmittag *m*; **in the ~, ~s** US nachmittags; **at three o'clock in the ~** (um) drei Uhr nachmittags; **on Sunday ~** (am) Sonntagnachmittag; **on Sunday ~s** am Sonntagnachmittag, sonntagnachmittags; **on the ~ of December 2nd** am Nachmittag des 2. Dezember; **this/tomorrow/yesterday ~** heute/morgen/gestern Nachmittag; **good ~!** guten Tag!; **~!** Tag!; *umg;* servus! *österr,* grüezi! *schweiz* **B** *adj* 〈*attr*〉 Nachmittags-; **~ performance** Nachmittagsvorstellung *f*

afternoon tea *Br s* (Nachmittags)tee *m*

afters [ˈɑːftəz] *Br s* Nachtisch *m*; **what's for ~?** was gibts zum Nachtisch?

after-sales service *s* Kundendienst *m*

after-school *adj* nach dem Unterricht stattfindend

aftershave (lotion) *s* Aftershave *n*

aftershock *s* Nachbeben *n*

after-sun *adj* **~ lotion** After-Sun-Lotion *f*

aftertaste *s* Nachgeschmack *m*; **to leave an unpleasant ~** einen unangenehmen Nachgeschmack hinterlassen

afterthought *s* nachträgliche Idee; **the window was added as an ~** das Fenster kam erst später dazu

afterward [ˈɑːftəwəd] *US adv* → afterwards

afterwards [ˈɑːftəwədz] *adv* nachher, danach, später; **this was added ~** das kam nachträglich dazu

again [əˈgen] *adv* **1** wieder; **~ and ~, time and ~** immer wieder; **to do sth ~** etw noch (ein)mal tun; **never** *od* **not ever ~** nie wieder; **if that happens ~** wenn das noch einmal passiert; **all over ~** noch (ein)mal von vorn; **what's his name ~?** wie heißt er noch gleich?; **to begin ~** von Neuem anfangen; **not ~!** (nicht) schon wieder!; **it's me ~** da bin ich wieder; *am Telefon* ich bin's noch (ein)mal **2** *bei Mengenangaben* **as much ~** noch (ein)mal so viel; **he's**

as old ~ as Mary er ist doppelt so alt wie Mary **3** (≈ *andererseits*) wiederum; (≈ *überdies*) außerdem; **but then** *od* **there ~, it may not be true** vielleicht ist es auch gar nicht wahr

against [əˈgenst] *präp* **1** gegen (+*akk*); **he's ~ her going** er ist dagegen, dass sie geht; **to have something/nothing ~ sb/sth** etwas/nichts gegen j-n/etw haben; **~ their wishes** entgegen ihrem Wunsch; **push all the chairs right back ~ the wall** stellen Sie alle Stühle direkt an die Wand; **to draw money ~ security** gegen Sicherheit Geld abheben **2** (≈ *in Erwartung von Alter*) für (+*akk*); Unheil im Hinblick auf (+*akk*) **3** (≈ *verglichen mit*) **(as) ~** gegenüber (+*dat*); **she had three prizes (as) ~ his six** sie hatte drei Preise, er hingegen sechs; **the advantages of flying (as) ~ going by boat** die Vorteile von Flugreisen gegenüber Schiffsreisen

agave [əˈgɑːveɪ] *s* Agave *f*; **~ nectar** Agavensirup *m*

age [eɪdʒ] **A** *s* **1** Alter *n*; **what is her age?, what age is she?** wie alt ist sie?; **he is ten years of age** er ist zehn Jahre alt; **at the age of 15, at age 15** mit 15 Jahren, im Alter von 15 Jahren; **she's the same age as me** sie ist so alt wie ich; **she's my age** sie ist in meinem Alter; **we're the same age** wir sind gleichaltrig; **at your age** in deinem Alter; **but he's twice your age** aber er ist ja doppelt so alt wie du; **she doesn't look her age** man sieht ihr ihr Alter nicht an; **be** *od* **act your age!** sei nicht kindisch! **2** JUR **to come of age** volljährig werden; *fig* den Kinderschuhen entwachsen; **under age** minderjährig; **age of consent** Ehemündigkeitsalter *n*; **intercourse with girls under the age of consent** Unzucht *f* mit Minderjährigen **3** Zeit *f*, Zeitalter *n*; **the age of technology** das technologische Zeitalter; **the Stone age** die Steinzeit; **the Edwardian age** die Zeit *od* Ära Edwards VII; **down the ages** durch alle Zeiten **4** *umg* **ages, an age** eine Ewigkeit *umg*; **for ages** ewig lange *umg*; **to take ages** eine Ewigkeit dauern *umg*; Mensch ewig brauchen *umg* **B** *v/i* altern; Wein reifen; **you have aged** du bist alt geworden

age bracket *s* Altersklasse *f*

aged[1] [eɪdʒd] *adj* im Alter von; **a boy ~ ten** ein zehnjähriger Junge; **to be ~ 17** 17 Jahre alt sein

aged[2] [ˈeɪdʒɪd] **A** *pl* **the ~** die Alten **B** *adj* Mensch betagt

age difference, age gap *s* Altersunterschied *m*

age group *s* Altersgruppe *f*

ag(e)ing [ˈeɪdʒɪŋ] *adj* Mensch alternd *attr*; Bevölkerung älter werdend *attr*; **the ~ process** das Altern

ageism [ˈeɪdʒɪzəm] *s* Altersdiskriminierung *f*

ageless *adj* zeitlos

age limit *s* Altersgrenze *f*

agency [ˈeɪdʒənsɪ] *s* **1** HANDEL Agentur *f*; **translation ~** Übersetzungsbüro *n* **2** (≈ *ausführendes Organ*) Behörde *f*, Amt *n*

agenda [əˈdʒendə] *s* Tagesordnung *f*; **they have their own ~** sie haben ihre eigenen Vorstellungen; **on the ~** auf dem Programm

agent [ˈeɪdʒənt] *s* **1** HANDEL Vertreter(in) *m(f)*; (≈ *Organisation*) Vertretung *f* **2** Agent(in) *m(f)*; **business ~** Agent(in) *m(f)* **3** CHEM **cleansing ~** Reinigungsmittel *n*

age-old *adj* uralt

age range *s* Altersgruppe *f*

age-related *adj* altersbedingt; **~ allowance** FIN Altersfreibetrag *m*

aggravate [ˈægrəveɪt] *v/t* **1** verschlimmern **2** aufregen, reizen

aggravating [ˈægrəveɪtɪŋ] *adj* ärgerlich; Kind lästig

aggravation [ˌægrəˈveɪʃən] *s* **1** Verschlimmerung *f* **2** Ärger *m*; **she was a constant ~ to him** sie reizte ihn ständig

aggregate [ˈægrɪgɪt] **A** *s* Gesamtmenge *f*; **on ~** SPORT in der Gesamtwertung **B** *adj* gesamt, Gesamt-

aggression [əˈgreʃən] *s* ⟨*kein pl*⟩ Aggression *f*, Aggressivität *f*; **an act of ~** ein Angriff *m*

aggressive [əˈgresɪv] *adj* aggressiv; Vertreter aufdringlich *pej*

aggressively *adv* aggressiv, energisch

aggressiveness [əˈgresɪvnɪs] *s* Aggressivität *f*; *von Vertreter* Aufdringlichkeit *f pej*

aggressor [əˈgresər] *s* Aggressor(in) *m(f)*

aggrieved [əˈgriːvd] *adj* betrübt (**at, by** über +*akk*), verletzt (**at, by** durch)

aggro [ˈægrəʊ] *Br umg s* ⟨*kein pl*⟩ **1** **don't give me any ~** mach keinen Ärger *umg*; **all the ~ of moving** das ganze Theater mit dem Umziehen *umg* **2** Schlägerei *f*

aghast [əˈgɑːst] *adj* ⟨*präd*⟩ entgeistert (**at** über +*akk*)

agile [ˈædʒaɪl] *adj* **1** wendig; Bewegungen gelenkig; Tier flink; **he has an ~ mind** er ist geistig sehr wendig **2** Methoden, Arbeitsweise agil

agility [əˈdʒɪlɪtɪ] *s* Wendigkeit *f*; von Tier Flinkheit *f*

aging *adj & s* → **ageing**

agitated, agitatedly [ˈædʒɪteɪtɪd, -lɪ] *adj, adv* aufgeregt

agitation [ˌædʒɪˈteɪʃən] *s* **1** *fig* Erregung *f* **2** POL Agitation *f*

agitator [ˈædʒɪteɪtər] *s* Agitator(in) *m(f)*

aglow [əˈgləʊ] *adj* ⟨*präd*⟩ **to be ~** glühen

AGM *abk* (= **annual general meeting**) JHV *f*

agnostic [ægˈnɒstɪk] **A** adj agnostisch **B** s Agnostiker(in) m(f)
agnosticism [æɡˈnɒstɪsɪzəm] s Agnostizismus m
ago [əˈɡəʊ] adv vor; **years/a week ago** vor Jahren/einer Woche; **a little while ago** vor Kurzem; **that was years ago** das ist schon Jahre her; **how long ago is it since you last saw him?** wie lange haben Sie ihn schon nicht mehr gesehen?; **that was a long time** od **long ago** das ist schon lange her; **as long ago as 1950** schon 1950
agog [əˈɡɒɡ] adj ⟨präd⟩ gespannt; **the whole village was ~ (with curiosity)** das ganze Dorf platzte fast vor Neugierde
agonize [ˈæɡənaɪz] v/i sich (dat) den Kopf zermartern (**over** über +akk)
agonized adj gequält
agonizing [ˈæɡənaɪzɪŋ] adj qualvoll
agonizingly [ˈæɡənaɪzɪŋlɪ] adv qualvoll; **~ slow** aufreizend langsam
agony [ˈæɡənɪ] s Qual f; **that's ~** das ist eine Qual; **to be in ~** Qualen leiden
agony aunt Br umg s Briefkastentante f umg
agony column Br umg s Kummerkasten m umg
agoraphobia [ˌæɡərəˈfəʊbɪə] s MED Platzangst f
agoraphobic [ˌæɡərəˈfəʊbɪk] **A** adj MED agoraphobisch fachspr **B** s MED an Platzangst Leidende(r) m/f(m)
agrarian [əˈɡrɛərɪən] adj Agrar-
agree [əˈɡriː] ⟨prät, pperf agreed⟩ **A** v/t **1** Preis etc vereinbaren **2** to ~ to do sth sich bereit erklären, etw zu tun **3** zugeben **4** zustimmen (+dat); **we all ~ that …** wir sind alle der Meinung, dass …; **it was ~d that …** man einigte sich darauf, dass …; **we ~d to do it** wir haben beschlossen, das zu tun; **we ~ to differ** wir sind uns einig, dass wir uns uneinig sind **B** v/i **1** einer Meinung sein; (≈ Vereinbarung erzielen) sich einigen (**about** über +akk); **to ~ with sb** j-m zustimmen, mit j-m einer Meinung sein; **I ~** der Meinung bin ich auch; **I couldn't ~ more/less** ich bin völlig/überhaupt nicht dieser Meinung; **it's too late now, don't** od **wouldn't you ~?** meinen Sie nicht auch, dass es jetzt zu spät ist?; **to ~ with sth** mit etw einverstanden sein; **to ~ with a theory** etc eine Theorie etc akzeptieren **2** Behauptungen, Zahlen, a. GRAM übereinstimmen **3** **whisky doesn't ~ with me** ich vertrage Whisky nicht

phrasal verbs mit agree:
agree on v/i ⟨+obj⟩ sich einigen auf (+akk); einer Meinung sein über (+akk)
agree to v/i ⟨+obj⟩ zustimmen (+dat)
agreeable [əˈɡriːəbl] adj **1** angenehm **2** ⟨präd⟩ **is that ~ to you?** sind Sie damit einverstanden?
agreeably [əˈɡriːəblɪ] adv angenehm
agreed adj **1** ⟨präd⟩ einig; **to be ~ on sth** sich über etw (akk) einig sein; **to be ~ on doing sth** sich darüber einig sein, etw zu tun; **are we ~?** sind wir uns da einig?, sind alle einverstanden? **2** vereinbart; **it's all ~** es ist alles abgesprochen; **~?** einverstanden?; **~!** abgemacht, stimmt
agreement [əˈɡriːmənt] s **1** Übereinkunft f, Abkommen n; **to enter into an ~** einen Vertrag (ab)schließen; **to reach (an) ~** zu einer Einigung kommen, sich einigen **2** Einigkeit f; **by mutual ~** in gegenseitigem Einvernehmen; **to be in ~ with sb** mit j-m einer Meinung sein; **to be in ~ with sth** mit etw übereinstimmen; **to be in ~ about sth** über etw (akk) einig sein **3** Einwilligung f (**to** zu)
agribusiness [ˈæɡrɪbɪznɪs] s Agroindustrie f
agricultural [ˌæɡrɪˈkʌltʃərəl] adj landwirtschaftlich; Land, Reform Agrar-
agricultural college s Landwirtschaftsschule f
agriculture [ˈæɡrɪkʌltʃəʳ] s Landwirtschaft f; **Minister of Agriculture** Br Landwirtschaftsminister(in) m(f)
aground [əˈɡraʊnd] adv **to go** od **run ~** auf Grund laufen
ah [ɑː] int ah; Schmerz au; Mitleid o, ach
ahead [əˈhed] adv **1** **the mountains lay ~** vor uns etc lagen die Berge; **the German runner was/drew ~** der deutsche Läufer lag vorn/zog nach vorne; **he is ~ by about two minutes** er hat etwa zwei Minuten Vorsprung; **to stare straight ~** geradeaus starren; **keep straight ~** immer geradeaus; **full speed ~** SCHIFF, a. fig volle Kraft voraus; **we sent him on ~** wir schickten ihn voraus; **the road ~** die Straße vor uns; **in the months ~** in den bevorstehenden Monaten; **we've a busy time ~** vor uns liegt eine Menge Arbeit; **to plan ~** vorausplanen **2** **~ of sb/sth** vor j-m/etw, j-m/etw voraus; **walk ~ of me** geh voran; **we arrived ten minutes ~ of time** wir kamen zehn Minuten vorher an; **to be/get ~ of schedule** schneller als geplant vorankommen; **to be ~ of one's time** fig seiner Zeit voraus sein
ahold [əˈhəʊld] bes US s **to get ~ of sb** j-n erreichen; **to get ~ of sth** sich (dat) etw besorgen; **to get ~ of oneself** sich zusammenreißen
ahoy [əˈhɔɪ] int **ship ~!** Schiff ahoi!
AI abk (= artificial intelligence) KI f
aid [eɪd] **A** s **1** ⟨kein pl⟩ Hilfe f; **(foreign) aid** Entwicklungshilfe f; **with the aid of a screwdriver** mithilfe eines Schraubenziehers; **to come** od **go to sb's aid** j-m zu Hilfe kommen; **in aid**

of the blind zugunsten der Blinden; **what's all this in aid of?** *umg* wozu soll das gut sein? **2** Hilfsmittel *n* **B** *v/t* unterstützen, helfen; **to aid sb's recovery** j-s Heilung fördern; **to aid and abet sb** JUR j-m Beihilfe leisten; *nach Verbrechen* j-n begünstigen

aid agency *s* Hilfsorganisation *f*
aide [eɪd] *s* Helfer(in) *m(f)*, (persönlicher) Berater
aide-memoire ['eɪdmem'wɑː] *s* Gedächtnisstütze *f*, Aide-Memoire *n*
aiding and abetting ['eɪdɪŋəndə'betɪŋ] *s* JUR Beihilfe *f*; *nach Verbrechen* Begünstigung *f*
AIDS, Aids [eɪdz] *s abk* (= acquired immune deficiency syndrome) Aids *n*
AIDS-infected *adj* Aids-infiziert
AIDS-related *adj* aidsbedingt
AIDS sufferer Aids-Kranke(r) *m/f(m)*
AIDS test *s* Aidstest *m*
Aids victim *s* Aidskranke(r) *m/f(m)*
aikido [aɪ'kiːdəʊ] *s* SPORT Aikido *n*
ailing ['eɪlɪŋ] *adj wörtl* kränklich; *fig Wirtschaft etc* schwächelnd, krankend
ailment ['eɪlmənt] *s* Leiden *n*; **minor ~s** leichte Beschwerden *pl*
aim [eɪm] **A** *s* **1** Zielen *n*; **to take aim** zielen (**at** auf +*akk*); **his aim was bad/good** er zielte schlecht/gut **2** Ziel *n*; **with the aim of doing sth** mit dem Ziel, etw zu tun; **what is your aim in life?** was ist Ihr Lebensziel?; **to achieve one's aim** sein Ziel erreichen **B** *v/t* **1** *Rakete, Kamera* richten (**at** auf +*akk*); *Stein, Pistole etc* zielen mit (**at** auf +*akk*); **he aimed a punch at my stomach** sein Schlag zielte auf meinen Bauch **2** *fig Bemerkung* richten (**at** gegen); **this book is aimed at the general public** dieses Buch wendet sich an die Öffentlichkeit; **to be aimed at sth** *neue Gesetze etc* auf etw (*akk*) abgezielt sein **C** *v/i* **1** **to aim at sth** *mit Waffe etc* auf etw (*akk*) zielen **2** **isn't that aiming a bit high?** wollen Sie nicht etwas hoch hinaus?; **to aim at** *od* **for sth** *fig* auf etw (*akk*) abzielen; **with this TV series we're aiming at a much wider audience** mit dieser Fernsehserie wollen wir eine breitere Zielgruppe ansprechen; **we aim to please** bei uns ist der Kunde König **3** *umg* **to aim to do sth** vorhaben, etw zu tun
aimless *adj*, **aimlessly** ['eɪmlɪs, -lɪ] *adv* ziellos; *handeln* planlos
aimlessness ['eɪmlɪsnɪs] *s* Ziellosigkeit *f*; *von Handlung* Planlosigkeit *f*
ain't [eɪnt] *abk* (= am not, is not, are not, has not, have not) → are; → have
air [ɛə] **A** *s* **1** Luft *f*; **a change of air** eine Luftveränderung; **to go out for a breath of (fresh) air** frische Luft schnappen (gehen); **to go by air** fliegen; *Güter* per Flugzeug transportiert werden **2** *fig* **there's something in the air** es liegt etwas in der Luft; **it's still all up in the air** *umg* es ist noch alles offen; **to clear the air** die Atmosphäre reinigen; **to be walking** *od* **floating on air** wie auf Wolken gehen; **to pull** *od* **pluck sth out of the air** *fig* etw auf gut Glück nennen; → thin **3** RADIO, TV **to be on the air** *Programm* gesendet werden; *Sender* senden; **to go off the air** *Moderator* die Sendung beenden; *Sender* das Programm beenden **4** Auftreten *n*; (≈ Gesichtsausdruck) Miene *f*; **with an air of bewilderment** mit bestürzter Miene; **she had an air of mystery about her** sie hatte etwas Geheimnisvolles an sich **B** *v/t* **1** lüften **2** *Unmut* Luft machen (+*dat*); *Meinung* darlegen **3** RADIO, TV senden **C** *v/i* **1** *Kleider* nachtrocknen, lüften **2** RADIO, TV gesendet werden, laufen *umg*

air ambulance *s* Rettungsflugzeug *n*, Rettungshubschrauber *m*
air bag *s* Airbag *m*
air base *s* Luftwaffenstützpunkt *m*
air bed *Br s* Luftmatratze *f*
airboard ['ɛəbɔːd] *s* Airboard *n* (*aufblasbarer Schlitten*)
airboarding ['ɛəbɔːdɪŋ] *s* Airboarding *n* (*Fahren mit aufblasbarem Schlitten*)
airborne *adj* **1** **to be ~** sich in der Luft befinden **2** MIL **~ troops** Luftlandetruppen *pl* **3** MED *Krankheit* durch die Luft übertragen
air brake *s* Druckluftbremse *f*
airbrush *v/t* KUNST mit der Airbrush *od* dem Luftpinsel bearbeiten
air cargo *s* Luftfracht *f*
air-conditioned *adj* klimatisiert
air conditioning *s* ⟨*kein pl*⟩ Klimatisierung *f*; (≈ *System*) Klimaanlage *f*
aircraft *s* ⟨*pl* aircraft⟩ Flugzeug *n*
aircraft carrier *s* Flugzeugträger *m*
air crash *s* Flugzeugabsturz *m*
aircrew *s* Flugpersonal *n*
airer ['ɛərə] *s* Trockenständer *m*
airfare *s* Flugpreis *m*
airfield *s* Flugplatz *m*
air force *s* Luftwaffe *f*
air freight *s* Luftfracht *f*
air freshener *s* Lufterfrischer *m*
air frost *s* METEO Luftfrost *m*
air guitar *s* Luftgitarre *f*
air gun *s* Luftgewehr *n*
airhead *pej umg s* Hohlkopf *m umg*
air hole *s* Luftloch *n*
air hostess *s* Stewardess *f*
airily ['ɛərɪlɪ] *adv etw sagen etc* leichthin
airing ['ɛərɪŋ] *s* **1** *von Bettwäsche etc* Lüften *n*; **to give sth a good ~** etw gut durchlüften lassen

2 *von Fernsehsendung* Ausstrahlung *f*
airing cupboard *Br s* Trockenschrank *m*
air kiss *s* angedeuteter Wangenkuss
airless *adj Zimmer* stickig
airlift **A** *s* Luftbrücke *f* **B** *v/t* **to ~ sth in** etw über eine Luftbrücke hineinbringen
airline *s* Fluggesellschaft *f*
airliner *s* Verkehrsflugzeug *n*
airlock *s* **1** *in Raumschiff* Luftschleuse *f* **2** *in Rohr* Luftsack *m*
airmail ['ɛəmeɪl] **A** *s* Luftpost *f*; **to send sth (by) ~** etw per Luftpost schicken **B** *v/t* per Luftpost schicken
airmail letter *s* Luftpostbrief *m*
airman *s* ⟨*pl* -men⟩ Flieger *m*; *US in Luftwaffe* Gefreite(r) *m*
air mattress *s* Luftmatratze *f*
Air Miles® *pl* Flugmeilen *pl*
airplane *US s* Flugzeug *n*
air pocket *s* Luftloch *n*
air pollution *s* Luftverunreinigung *f*, Luftverschmutzung *f*
airport ['ɛəpɔːt] *s* Flughafen *m*
airport bus *s* Flughafenbus *m*
airport tax *s* Flughafengebühr *f*
air pressure *s* Luftdruck *m*
air pump *s* Luftpumpe *f*
air rage *s* aggressives Verhalten von Flugpassagieren
air raid *s* Luftangriff *m*
air-raid shelter *s* Luftschutzkeller *m*
air-raid warning *s* Fliegeralarm *m*
air rifle *s* Luftgewehr *n*
air-sea rescue *s* Rettung *f* durch Seenotflugzeuge
airship *s* Luftschiff *n*
airshow *s* Luftfahrtausstellung *f*; *in der Luft* Flugschau *f*
airsick *adj* luftkrank
airside **A** *s* Teil des Flughafens nach der Sicherheitskontrolle **B** *adv* **to be located ~** *Restaurant etc* sich nach *od* hinter der Sicherheitskontrolle befinden
airspace *s* Luftraum *m*
airspeed *s* Fluggeschwindigkeit *f*
airstrike *s* Luftangriff *m*
airstrip *s* Start-und-Lande-Bahn *f*
air terminal *s* Terminal *m/n*
airtight *wörtl adj* luftdicht; *fig Argument* hieb- und stichfest
airtime *s* **1** RADIO, TV Sendezeit *f* **2** TEL Sprechzeit *f*
air-to-air *adj* MIL Luft-Luft-
air traffic *s* Flugverkehr *m*, Luftverkehr *m*
air-traffic control *s* Flugleitung *f*
air-traffic controller *s* Fluglotse *m*, Fluglotsin *f*

air vent *s* **1** Ventilator *m* **2** Belüftungsschacht *m*
airwaves *pl* Radiowellen *pl*
airway *s* MED Atemwege *pl*
airworthy *adj* flugtüchtig
airy ['ɛərɪ] *adj* ⟨*komp* airier⟩ *Zimmer* luftig
airy-fairy ['ɛərɪ'fɛərɪ] *Br umg adj* versponnen; *Ausrede* windig
aisle [aɪl] *s* Gang *m*; *in Kirche* Seitenschiff *n*; *im Zentrum* Mittelgang *m*; **~ seat** Sitz *m* am Gang; **to walk down the ~ with sb** j-n zum Altar führen; **he had them rolling in the ~s** *umg* er brachte sie so weit, dass sie sich vor Lachen kugelten *umg*
aisle seat *s* FLUG Gangplatz *m*
ajar [ə'dʒɑː^r] *adj & adv* angelehnt
aka *abk* (= also known as) alias
akimbo [ə'kɪmbəʊ] *adj* **with arms ~** die Arme in die Hüften gestemmt
akin [ə'kɪn] *adj* ⟨*präd*⟩ ähnlich (**to** +*dat*)
à la ['ɑːlɑː] *präp* à la
à la carte [ɑːlɑː'kɑːt] *adj & adv* à la carte
alacrity [ə'lækrɪtɪ] *s* Eifer *m*; **to accept with ~** ohne zu zögern annehmen
à la mode [ɑːlɑː'məʊd] *US adj* mit Eis
alarm [ə'lɑːm] **A** *s* **1** ⟨*kein pl*⟩ Sorge *f*; **to be in a state of ~** besorgt sein, erschreckt sein; **to cause sb ~** j-n beunruhigen **2** Alarm *m*; **to raise** *od* **give** *od* **sound the ~** Alarm geben; *fig* Alarm schlagen **3** Alarmanlage *f*; **~ (clock)** Wecker *m*; **car ~** Autoalarmanlage *f* **B** *v/t* beunruhigen, erschrecken; **don't be ~ed** erschrecken Sie nicht
alarm bell *s* Alarmglocke *f*; **to set ~s ringing** *fig* die Alarmglocken klingeln lassen
alarm clock *s* Wecker *m*
alarming [ə'lɑːmɪŋ] *adj* beunruhigend, erschreckend; *Nachricht* alarmierend
alarmingly [ə'lɑːmɪŋlɪ] *adv* erschreckend
alarmist [ə'lɑːmɪst] **A** *s* Panikmacher(in) *m(f)* **B** *adj Rede* Unheil prophezeiend *attr*; *Politiker* Panik machend *attr*
alas [ə'læs] *obs int* leider
Alaska [ə'læskə] *s* Alaska *n*
Albania [æl'beɪnɪə] *s* Albanien *n*
Albanian [æl'beɪnɪən] **A** *adj* albanisch **B** *s* **1** Albaner(in) *m(f)* **2** (≈ *Sprache*) Albanisch *n*
albatross ['ælbətrɒs] *s* Albatros *m*
albeit [ɔːl'biːɪt] *bes liter konj* obgleich
albino [æl'biːnəʊ] **A** *s* ⟨*pl* -s⟩ Albino *m* **B** *adj* Albino-
album ['ælbəm] *s* Album *n*
alcohol ['ælkəhɒl] *s* Alkohol *m*
alcohol-free [,ælkəhɒl'friː] *adj* alkoholfrei
alcoholic [,ælkə'hɒlɪk] **A** *adj Getränk* alkoholisch; *Mensch* alkoholsüchtig **B** *s* Alkoholiker(in)

m(f); **to be an ~** Alkoholiker(in) sein; **Alcoholics Anonymous** Anonyme Alkoholiker *pl*
alcoholism ['ælkəhɒlɪzəm] *s* Alkoholismus *m*
alcopop ['ælkəʊpɒp] *s* Alcopop *m*
alcove ['ælkəʊv] *s* Nische *f*
alder ['ɔ:ldə^r] *s* Erle *f*
ale [eɪl] *s* Ale *n*
alert [ə'lɜ:t] **A** *adj* aufmerksam; **to be ~ to sth** vor etw (*dat*) auf der Hut sein **B** *v/t* warnen (**to** vor +*dat*); *Truppen* in Gefechtsbereitschaft versetzen; *Feuerwehr etc* alarmieren **C** *s* Alarm *m*; **to be on (the) ~** einsatzbereit sein; (≈ *wachsam*) auf der Hut sein (**for** vor +*dat*)
alertness *s* Aufmerksamkeit *f*
A level ['eɪˌlevl] *Br s* Abschluss *m* der Sekundarstufe II (*qualifiziert zum Hochschulstudium*); **to take** *od* **do one's ~s** ≈ das Abitur machen, ≈ maturieren *österr*; **3 ~s** ≈ das Abitur in 3 Fächern, die Matura in 3 Fächern *österr, schweiz*
alfresco [æl'freskəʊ] *adv & adj* ⟨*präd*⟩ im Freien
algae ['ælgiː] *pl* Algen *pl*
algebra ['ældʒɪbrə] *s* Algebra *f*
Algeria [æl'dʒɪərɪə] *s* Algerien *n*
Algerian **A** *s* Algerier(in) *m(f)* **B** *adj* algerisch
algorithm ['ælgəˌrɪðəm] *s* Algorithmus *m*
alias ['eɪlɪæs] **A** *adv* alias **B** *s* Deckname *m*
alibi ['ælɪbaɪ] *s* Alibi *n*
alien ['eɪlɪən] **A** *s* ADMIN Ausländer(in) *m(f)*; *Science-Fiction* außerirdisches Wesen **B** *adj* **1** ausländisch; *Science-Fiction* außerirdisch **2** fremd; **to be ~ to sb/sth** j-m/einer Sache fremd sein
alienate ['eɪlɪəneɪt] *v/t Menschen* befremden; *öffentliche Meinung* gegen sich aufbringen; **to ~ oneself from sb/sth** sich j-m/einer Sache entfremden
alienated ['eɪlɪəneɪtɪd] *adj* **to feel ~** sich ausgeschlossen fühlen
alienation [ˌeɪlɪə'neɪʃən] *s* Entfremdung *f* (**from** von)
alight¹ [ə'laɪt] *form v/i Mensch* aussteigen (**from** aus); *Vogel* sich niederlassen (**on** auf +*dat*); **his eyes ~ed on the ring** sein Blick fiel auf den Ring
alight² *adj* ⟨*präd*⟩ **to be ~** brennen; **to keep the fire ~** das Feuer in Gang halten; **to set sth ~** etw in Brand setzen
align [ə'laɪn] *v/t* **to ~ sth with sth** etw auf etw (*akk*) ausrichten; **they have ~ed themselves against him** sie haben sich gegen ihn zusammengeschlossen
alignment *s* Ausrichtung *f*; **to be out of ~** nicht richtig ausgerichtet sein (**with** nach)
alike [ə'laɪk] *adv & adj* ⟨*präd*⟩ gleich; **they're/they look very ~** sie sind/sehen sich (*dat*) sehr ähnlich; **they always think ~** sie sind immer einer Meinung; **winter and summer ~** Sommer wie Winter
alimentary [ˌælɪ'mentərɪ] *adj* ANAT **~ canal** Verdauungskanal *m*
alimony ['ælɪmənɪ] *s* Unterhaltszahlung *f*; **to pay ~** Unterhalt zahlen
alive [ə'laɪv] *adj* ⟨*präd*⟩ **1** lebendig; **to be ~** leben, am Leben sein; **the greatest musician ~** der größte lebende Musiker; **to stay ~** am Leben bleiben; **to keep sb/sth ~** *wörtl, fig* j-n/etw am Leben erhalten; **to be ~ and kicking** *hum umg* gesund und munter sein; **~ and well** gesund und munter; **to come ~** lebendig werden; **to bring sth ~** *Geschichte* etw lebendig werden lassen **2 ~ with** erfüllt von; **to be ~ with tourists/insects** *etc* von Touristen/Insekten *etc* wimmeln
alkali ['ælkəlaɪ] *s* ⟨*pl* **-(e)s**⟩ Base *f*; *Metall, a.* AGR Alkali *n*
alkaline ['ælkəlaɪn] *adj* alkalisch
all [ɔ:l] **A** *adj* ⟨*pl*⟩ alle; *sg* ganze(r, s), alle(r, s); **all the children** alle Kinder; **all kinds** *od* **sorts of people** alle möglichen Leute; **all the tobacco** der ganze Tabak; **all you boys can come with me** ihr Jungen könnt alle mit mir kommen; **all the time** die ganze Zeit; **all day (long)** den ganzen Tag; **to dislike all sport** jegliche Sport ablehnen; **in all respects** in jeder Hinsicht; **all my books** alle meine Bücher; **all my life** mein ganzes Leben (lang); **they all came** sie sind alle gekommen; **he took it all** er hat alles genommen; **he's seen/done it all** für ihn gibt es nichts Neues mehr; **I don't understand all that** ich verstehe das alles nicht; **what's all this/that?** was ist denn das?; *verärgert* was soll denn das!; **what's all this I hear about you leaving?** was höre ich da! Sie wollen gehen?; **with all possible speed** so schnell wie möglich; **with all due care** mit angemessener Sorgfalt **B** *pron* **1** alles; **I'm just curious, that's all** ich bin nur neugierig, das ist alles; **that's all that matters** darauf allein kommt es an; **that is all (that) I can tell you** mehr kann ich Ihnen nicht sagen; **it was all I could do not to laugh** ich musste an mich halten, um nicht zu lachen; **all of London/of the house** ganz London/das ganze Haus; **all of it** alles; **all of £5** ganze £ 5; **in all** insgesamt, im Ganzen; **all or nothing** alles oder nichts; **the whole family came, children and all** die Familie kam mit Kind und Kegel **2 at all** überhaupt; **nothing at all** gar nichts; **no ... at all** überhaupt kein(e) ...; **not ... at all** überhaupt nicht ...; **I'm not angry at all** ich bin überhaupt nicht wütend; **it's not bad at all** das ist gar nicht schlecht; **if at all possible** wenn irgend möglich; **why me of all people?** warum

ausgerechnet ich? **3 happiest** *etc* **of all** am glücklichsten *etc*; **I like him best of all** von allen mag ich ihn am liebsten; **most of all** am meisten; **all in all** alles in allem; **it's all one to me** das ist mir (ganz) egal; **for all I know she could be ill** wer weiß ich, vielleicht ist sie krank **4 alle** *pl*; **all of them** (sie) alle; **the score was two all** es stand zwei zu zwei **C** *adv* **1** ganz; **all excited** *etc* ganz aufgeregt *etc*; **all by myself** ganz allein; **that's all very fine** *od* **well** das ist alles ganz schön und gut; **all over** überall; **it was all over** es war ganz rot; **all over London** überall in London; **to start all over again** ganz von vorne anfangen; **he was all over her at the party** er hat sie bei der Party voll begrapscht; **all down the front of her dress** überall vorn auf ihrem Kleid; **all along the road** die ganze Straße entlang; **to know the answer all along** die Antwort die ganze Zeit wissen; **all around** überall; ringsumher; rundherum; **I'm all for it!** ich bin ganz dafür **2 all the happier** *etc* noch glücklicher *etc*; **all the funnier because ...** umso lustiger, weil ...; **all the same** trotzdem; **all the same, it's a pity** trotzdem ist es schade; **it's all the same to me** das ist mir (ganz) egal; **he's all there/not all there** er ist voll da/nicht ganz da *umg*; **it's not all that bad** so schlimm ist es nun auch wieder nicht; **the party won all but six of the seats** die Partei hat alle bis auf sechs Sitze gewonnen **D** *s* **one's all** alles; **the horses were giving their all** die Pferde gaben ihr Letztes

Allah ['ælə] *s* Allah *m*

all-American *adj* uramerikanisch; *Mannschaft, Sportler* Auswahl- (*der landesweiten Bestenauswahl*); **an ~ boy** ein durch und durch amerikanischer Junge

all-around *US adj* → all-round

allay [ə'leɪ] *v/t* verringern; *Zweifel, Angst* zerstreuen

all clear *s* Entwarnung *f*; **to give/sound the ~** Entwarnung geben; **the new project has been given the ~** für das neue Projekt gab es grünes Licht

all-consuming *adj Leidenschaft* überwältigend

all-day *adj* ganztägig; **it was an ~ meeting** die Sitzung dauerte den ganzen Tag

allegation [ˌælɪ'geɪʃən] *s* Behauptung *f*

allege [ə'ledʒ] *v/t* behaupten; **he is ~d to have said that ...** er soll angeblich gesagt haben, dass ...

alleged [ə'ledʒd] *adj*, **allegedly** [ə'ledʒɪdlɪ] *adv* angeblich

allegiance [ə'liːdʒəns] *s* Treue *f* (**to** *+dat*); **oath of ~** Treueeid *m*

allegoric(al) [ˌælɪ'gɒrɪk(əl)] *adj*, **allegorically** [ˌælɪ'gɒrɪkəlɪ] *adv* allegorisch

allegory ['ælɪgərɪ] *s* Allegorie *f* (*Bildliche Darstellung eines Gedankens oder eines abstrakten Begriffs* (*systematisierte Metapher*); *z. B. die Justitia als Frauengestalt mit verbundenen Augen und einer Waage in der Hand als Personifikation der Gerechtigkeit.*)

alleluia [ˌælɪ'luːjə] **A** *int* (h)alleluja **B** *s* (H)alleluja *n*

all-embracing [ˌɔːlɪm'breɪsɪŋ] *adj* (all)umfassend

allergic [ə'lɜːdʒɪk] *wörtl, fig adj* allergisch (**to** gegen)

allergy ['ælədʒɪ] *s* Allergie *f* (**to** gegen)

allergy ID *s* Allergiepass *m*

alleviate [ə'liːvɪeɪt] *v/t* lindern

alleviation [əˌliːvɪ'eɪʃən] *s* Linderung *f*

alley ['ælɪ] *s* **1** (enge) Gasse **2** *zum Kegeln etc* Bahn *f*

alleyway ['ælɪweɪ] *s* Durchgang *m*

alliance [ə'laɪəns] *s* Verbindung *f*; *von Staaten* Bündnis *n*; *historisch* Allianz *f*

allied ['ælaɪd] *adj* verbunden; *bei Angriff etc* verbündet; **the Allied forces** die Alliierten

Allies ['ælaɪz] *pl* HIST **the ~** die Alliierten *pl*

alligator ['ælɪgeɪtə'] *s* Alligator *m*

all-important *adj* außerordentlich wichtig; **the ~ question** die Frage, auf die es ankommt

all-in *adj* ⟨*attr*⟩, **all in** *adj* ⟨*präd*⟩ Inklusiv-; **~ price** Inklusivpreis *m*

all-inclusive *adj* Pauschal-; **~ holiday** *Br*, **~ vacation** *US* Pauschalurlaub *m*, All-inclusive-Urlaub *m*; **the hotel was ~** es handelte sich um ein All-inclusive-Hotel

all-inclusive offer *s* Pauschalangebot *n*

all-inclusive price *s* Inklusivpreis *m*, Pauschalpreis *m*

all-in-one *adj Taucheranzug etc* einteilig

alliteration [əˌlɪtə'reɪʃən] *s* Alliteration *f* (*zwei benachbarte Wörter beginnen mit demselben Laut; z. B. long life*)

all-night [ˌɔːl'naɪt] *adj* ⟨*attr*⟩ *Café* (die ganze Nacht) durchgehend geöffnet; *Wache* die ganze Nacht andauernd *attr*; **we had an ~ party** wir haben die ganze Nacht durchgemacht; **there is an ~ bus service** die Busse verkehren die ganze Nacht über

all-nighter [ˌɔːl'naɪtə'] *umg* **to pull an ~** *umg* eine Nachtschicht einlegen

allocate ['æləkeɪt] *v/t* zuteilen (**to sb** j-m), verteilen (**to** auf *+akk*); *Aufgaben* vergeben (**to** an *+akk*); **to ~ money to** *od* **for a project** Geld für ein Projekt bestimmen

allocation [ˌæləʊ'keɪʃən] *s* Zuteilung *f*, Verteilung *f*; (≈ *Summe*) Zuwendung *f*

allot [əˈlɒt] v/t zuteilen (**to sb/sth** j-m/etw); *Zeit* vorsehen (**to** für); *Geldmittel* bestimmen (**to** für)

allotment [əˈlɒtmənt] *Br s* Schrebergarten *m*

all out *adv* **to go ~ to do sth** alles daransetzen, etw zu tun

all-out *adj Krieg* total; *Angriff* massiv; *Anstrengung* äußerste(r, s)

allow [əˈlaʊ] **A** v/t **1** erlauben; *Verhalten etc* zulassen; **to ~ sb sth** j-m etw erlauben; **to ~ sb to do sth** j-m erlauben, etw zu tun; **to be ~ed to do sth** etw tun dürfen; **smoking is not ~ed** Rauchen ist nicht gestattet; **"no dogs ~ed"** „Hunde müssen draußen bleiben"; **to ~ oneself sth** sich (*dat*) etw erlauben, sich (*dat*) etw gönnen; **to ~ oneself to be waited on/persuaded** *etc* sich bedienen/überreden *etc* lassen; **~ me!** gestatten Sie *form*; **to ~ sth to happen** zulassen, dass etw geschieht; **to be ~ed in/out** hinein-/hinausdürfen **2** *Anspruch, Tor* anerkennen **3** *Rabatt, Summe* geben; *Raum* lassen; *Zeit* einplanen; **~ (yourself) an hour to cross the city** rechnen Sie mit einer Stunde, um durch die Stadt zu kommen; **~ing** *od* **if we ~ that …** angenommen, (dass) … **B** v/i **if time ~s** falls es zeitlich möglich ist

phrasal verbs mit allow:

allow for v/i ⟨+*obj*⟩ berücksichtigen; *Kosten* einplanen; **allowing for the fact that …** unter Berücksichtigung der Tatsache, dass …; **after allowing for** nach Berücksichtigung (+*gen*)

allowable [əˈlaʊəbl] *adj* zulässig; FIN steuerlich absetzbar

allowance [əˈlaʊəns] *s* **1** finanzielle Unterstützung, Zuwendung *f*; staatlich Beihilfe *f*; *für Überstunden etc* Zulage *f*; US *für Kinder* Taschengeld *n*; **clothing ~** Kleidungsgeld *n*; **he gave her an ~ of £500 a month** er stellte ihr monatlich £ 500 zur Verfügung **2** FIN Freibetrag *m* **3** (≈ *Ration*) Zuteilung *f* **4** **to make ~(s) for sth** etw berücksichtigen; **to make ~s for sb** bei j-m Zugeständnisse machen

alloy [ˈælɔɪ] *s* Legierung *f*

all-party *adj* POL Allparteien-

all-powerful *adj* allmächtig

all-purpose *adj* Allzweck-

all right [ˌɔːlˈraɪt] **A** *adj* ⟨*präd*⟩ in Ordnung, okay *umg*; **it's ~** es geht; (≈ *funktioniert*) es ist in Ordnung; **that's** *od* **it's ~** als Antwort auf Dank, Entschuldigung schon gut; **to taste ~** ganz gut schmecken; **is it ~ for me to leave early?** kann ich früher gehen?; **it's ~ by me** ich habe nichts dagegen; **it's ~ for you (to talk)** du hast gut reden; **he's ~** *umg* der ist in Ordnung *umg*; **are you ~?** ist alles in Ordnung?; (≈ *gesund*) geht es Ihnen gut?; (≈ *unverletzt*) ist Ihnen etwas passiert?; **are you feeling ~?** fehlt Ihnen was?

B *adv* **1** gut; **did I do it ~?** habe ich es recht gemacht?; **did you get home ~?** bist du gut nach Hause gekommen?; **did you find it ~?** haben Sie es denn gefunden? **2** (≈ *sicherlich*) schon; **that's the boy ~** das ist der Junge; **oh yes, we heard you ~** o ja, und ob wir dich gehört haben **C** *int* gut, in Ordnung; **may I leave early? — ~** kann ich früher gehen? — ja; **~ that's enough!** komm, jetzt reicht's (aber)!; **~, ~! I'm coming** schon gut, ich komme ja!

all-round *bes Br adj* Allround-; **a good ~ performance** eine rundum gute Leistung

all-rounder *Br s* Allroundmann *m*/-frau *f*; SPORT Allroundsportler(in) *m(f)*

All Saints' Day *s* Allerheiligen *n*

all-seater *adj Br* SPORT *Stadion* ohne Stehplätze

All Souls' Day *s* Allerseelen *n*

allspice *s* Piment *m/n*

all-star *adj* Star-; **~ cast** Starbesetzung *f*

all-terrain bike *s* Mountainbike *n*

all-terrain vehicle *s* Geländefahrzeug *n*

all-time **A** *adj* aller Zeiten; **the ~ record** der Rekord aller Zeiten; **an ~ high/low** der höchste/niedrigste Stand aller Zeiten; **my ~ favourite** *Br*, **my ~ favorite** *US* mein Liebling aller Zeiten **B** *adv* **~ best** beste(r, s) aller Zeiten

allude [əˈluːd] v/i ⟨+*obj*⟩ **to ~ to** anspielen auf (+*akk*)

allure [əˈljʊə^r] *s* Reiz *m*

alluring *adj*, **alluringly** *adv* verführerisch

allusion [əˈluːʒən] *s* **1** Anspielung *f* (**to** auf +*akk*) **2** LIT Bezug auf etwas Bekanntes, z. B. auf ein geschichtliches Ereignis oder auf eine berühmte Person

all-weather [ˌɔːlˈweðə^r] *adj* Allwetter-; **~ pitch** Allwetterplatz *m*

all-wheel drive *s* Allradantrieb *m*

ally [ˈælaɪ] **A** *s* Verbündete(r) *m/f(m)*; HIST Alliierte(r) *m* **B** [əˈlaɪ] v/t verbinden (**with, to** mit); *zum Angriff etc* verbünden (**with, to** mit); **to ~ oneself with** *od* **to sb** sich mit j-m verbünden

almighty [ɔːlˈmaɪtɪ] **A** *adj* **1** allmächtig; **Almighty God, God Almighty** KIRCHE der Allmächtige; *in Gebet* allmächtiger Gott; **God** *od* **Christ Almighty!** *umg* Allmächtiger! *umg* **2** *umg Streit* mordsmäßig *umg*; **there was an ~ bang and …** es gab einen Mordsknall und … *umg* **B** *s* **the Almighty** der Allmächtige

almond [ˈɑːmənd] *s* Mandel *f*

almost [ˈɔːlməʊst] *adv* fast, beinahe; **he ~ fell** er wäre fast gefallen; **she'll ~ certainly come** es ist ziemlich sicher, dass sie kommt

alms [ɑːmz] *pl* Almosen *pl*

aloe vera [ˌæləʊˈvɪərə] *s* Aloe Vera *f*

aloft [əˈlɒft] *adv* empor, hoch droben

alone [əˈləʊn] **A** *adj* ⟨präd⟩ allein(e) **B** *adv* allein(e); **Simon ~ knew the truth** nur Simon kannte die Wahrheit; **to stand ~** *fig* einzig dastehen; **to go it ~** *umg* (= *unabhängig sein*) auf eigenen Beinen stehen, es allein schaffen

along [əˈlɒŋ] **A** *präp Richtung* entlang (+*akk*); *Position* entlang (+*dat*); **~ the road** die Straße entlang; **he walked ~ the river** er ging den Fluss entlang; **somewhere ~ the way** irgendwo auf dem Weg **B** *adv* **1** weiter-; **to move ~** weitergehen; **run ~** nun geh halt!, nun geh endlich!; jetzt kannst du gehen; **he'll be ~ soon** er muss gleich da sein; **I'll be ~ in a minute** ich komme gleich **2** **~ with** zusammen mit; **to come ~ with sb** mit j-m mitkommen; **take an umbrella ~** nimm einen Schirm mit

alongside [əˈlɒŋˈsaɪd] **A** *präp* neben (+*dat*); **he works ~ me** er ist ein Kollege von mir, er arbeitet neben mir **B** *adv* daneben; **a police car drew up ~** ein Polizeiauto fuhr neben mich/ihn *etc* heran

aloof [əˈluːf] **A** *adv* abseits; **to remain ~** sich abseitshalten **B** *adj* unnahbar

aloud [əˈlaʊd] *adv* laut

alphabet [ˈælfəbet] *s* Alphabet *n*; **does he know the** *od* **his ~?** kann er schon das Abc?

alphabetic(al) [ˌælfəˈbetɪk(əl)] *adj* alphabetisch; **in ~al order** in alphabetischer Reihenfolge

alphabetically [ˌælfəˈbetɪkəlɪ] *adv* alphabetisch

alphabetize [ˈælfəbetaɪz] *v/t* alphabetisieren, alphabetisch ordnen

alpine [ˈælpaɪn] *adj* alpin; **~ flower** Alpenblume *f*; **~ scenery** Berglandschaft *f*

Alps [ælps] *pl* Alpen *pl*

already [ɔːlˈredɪ] *adv* schon, bereits; **I've ~ seen it, I've seen it ~** ich habe es schon gesehen

alright [ˌɔːlˈraɪt] *adj & adv* → **all right**

Alsace [ˈælsæs] *s* das Elsass

Alsace-Lorraine [ˈælsæsləˈreɪn] *s* Elsass-Lothringen *n*

alsatian [ælˈseɪʃən] *s a.* **alsation dog** *Br* (Deutscher) Schäferhund

also [ˈɔːlsəʊ] *adv* auch, außerdem; **her cousin ~ came** *od* **came ~** ihre Cousine kam auch; **not only ... but ~** nicht nur ... sondern auch; **~, I must explain that ...** außerdem muss ich erklären, dass ...

altar [ˈɒltər] *s* Altar *m*

altar boy *s* Ministrant *m*

altar piece *s* Altarbild *n*

alter [ˈɒltər] **A** *v/t* ändern; **to ~ sth completely** etw vollkommen verändern; **it does not ~ the fact that ...** das ändert nichts an der Tatsache, dass ... **B** *v/i* sich ändern

alteration [ˌɒltəˈreɪʃən] *s* Änderung *f*; *äußerlich* Veränderung *f*; **to make ~s to sth** Änderungen an etw (*dat*) vornehmen; **(this timetable is) subject to ~** Änderungen (im Fahrplan sind) vorbehalten; **closed for ~s** wegen Umbau geschlossen

altercation [ˌɒltəˈkeɪʃən] *s* Auseinandersetzung *f*

alter ego [ˈæltərˈiːgəʊ] *s* Alter ego *n*

alternate A [ɒlˈtɜːnɪt] *adj* **1** **on ~ days** jeden zweiten Tag; **they put down ~ layers of brick and mortar** sie schichteten (immer) abwechselnd Ziegel und Mörtel aufeinander **2** alternativ; **~ route** Ausweichstrecke *f* **B** [ˈɔːltəneɪt] *v/t* abwechseln lassen; **to ~ one thing with another** zwischen einer Sache und einer anderen (ab)wechseln **C** [ˈɔːltəneɪt] *v/i* (sich) abwechseln; ELEK alternieren

alternately [ɒlˈtɜːnɪtlɪ] *adv* **1** wechselweise **2** → **alternatively**

alternating [ˈɒltəˈneɪtɪŋ] *adj* wechselnd; **~ current** Wechselstrom *m*

alternation [ˌɒltəˈneɪʃən] *s* Wechsel *m*

alternative [ɒlˈtɜːnətɪv] **A** *adj* Alternativ-; **~ energy** Alternativenergie *f*; **~ route** Ausweichstrecke *f* **B** *s a.* MUS Alternative *f*; **I had no ~ (but ...)** ich hatte keine andere Wahl (als ...)

alternatively [ɒlˈtɜːnətɪvlɪ] *adv* als Alternative; **or ~, he could come with us** oder aber, er kommt mit uns mit; **a prison sentence of three months or ~ a fine of £5000** eine Gefängnisstrafe von drei Monaten oder wahlweise eine Geldstrafe von £ 5000

alternative medicine *s* Alternativmedizin *f*

alternator [ˈɒltɜːneɪtər] *s* ELEK Wechselstromgenerator *m*; AUTO Lichtmaschine *f*

although [ɔːlˈðəʊ] *konj* obwohl; **the house, ~ small ...** obwohl das Haus klein ist ...

altimeter [ˈæltɪmiːtər] *s* Höhenmesser *m*

altitude [ˈæltɪtjuːd] *s* Höhe *f*; **what is our ~?** in welcher Höhe befinden wir uns?; **we are flying at an ~ of ...** wir fliegen in einer Höhe von ...

alt key [ˈɒltkiː] *s* COMPUT Alt-Taste *f*

alto [ˈæltəʊ] **A** *s* ⟨*pl* -s⟩ Alt *m* **B** *adj* Alt- **C** *adv* **to sing ~** Alt singen

altogether [ˌɔːltəˈgeðər] *adv* **1** insgesamt; **~ it was very pleasant** alles in allem war es sehr nett **2** vollkommen, ganz und gar; **he wasn't ~ surprised** er war nicht übermäßig überrascht; **it was ~ a waste of time** es war vollkommene Zeitverschwendung; **that is another matter ~** das ist etwas ganz anderes

altruism [ˈæltrʊɪzəm] *s* Altruismus *m*

altruistic *adj*, **altruistically** [ˌæltrʊˈɪstɪk, -əlɪ] *adv* altruistisch

aluminium [ˌæljʊˈmɪnɪəm] s, **aluminum** [əˈluːmɪnəm] US s Aluminium n; **~ foil** Alufolie f

alumna [əˈlʌmnə] s ⟨US pl -e [əˈlʌmniː]⟩ ehemalige Schülerin/Studentin

alumnus [əˈlʌmnəs] s ⟨US pl alumni [əˈlʌmnaɪ]⟩ ehemaliger Schüler/Student

always [ˈɔːlweɪz] adv immer; **we could ~ go by train** wir könnten doch auch den Zug nehmen

always-connected adj IT ständig online

always-on [ˌɔːlweɪzˈɒn] adj IT ständig online; **an ~ Internet connection** eine ständige Internetverbindung

Alzheimer's (disease) [ˈæltsˌhaɪməz(dɪˌziːz)] s Alzheimerkrankheit f

AM[1] abk (= amplitude modulation) RADIO AM

AM[2] abk (= Assembly Member Br) POL Mitglied n der walisischen Versammlung

am[1] [æm] ⟨1. Person sg präs⟩ → be

am[2], **a. m.** abk (= ante meridiem) **2 am** 2 Uhr morgens od vormittags; **12 am** 0 Uhr

amalgam [əˈmælgəm] s Amalgam n; fig Mischung f

amalgamate [əˈmælgəmeɪt] **A** v/t fusionieren **B** v/i fusionieren

amalgamation [əˌmælgəˈmeɪʃən] s Fusion f

amass [əˈmæs] v/t anhäufen

amateur [ˈæmətəʳ] **A** s **1** Amateur(in) m(f) **2** pej Dilettant(in) m(f) **B** adj **1** ⟨attr⟩ Amateur-; **~ painter** Hobbymaler(in) m(f) **2** pej → amateurish

amateur dramatics [ˌæmətədrəˈmætɪks] pl Laiendrama n

amateurish adj, **amateurishly** pej adv dilettantisch

amaze [əˈmeɪz] v/t erstaunen; **I was ~d to learn that ...** ich war erstaunt zu hören, dass ...; **to be ~d at sth** über etw (akk) erstaunt sein; **it ~s me that ...** ich finde es erstaunlich, dass ...

amazement s Erstaunen n; **much to my ~** zu meinem großen Erstaunen

amazing [əˈmeɪzɪŋ] adj erstaunlich; **that's ~!** das ist fantastisch!

amazingly [əˈmeɪzɪŋlɪ] adv erstaunlich; **~ (enough), he got it right first time** erstaunlicherweise hat er es gleich beim ersten Mal richtig gemacht

Amazon [ˈæməzən] s Amazonas m; Mythologie, a. fig Amazone f

ambassador [æmˈbæsədəʳ] s Botschafter(in) m(f)

amber [ˈæmbəʳ] **A** s Bernstein m; Farbe Bernsteingelb n; Br von Ampel Gelb n **B** adj aus Bernstein, bernsteinfarben; Br Ampel gelb

ambidextrous [ˌæmbɪˈdekstrəs] adj beidhändig

ambience [ˈæmbɪəns] s Atmosphäre f

ambient [ˈæmbɪənt] adj **~ temperature** Umgebungstemperatur f; **~ music** Hintergrundmusik f

ambiguity [ˌæmbɪˈgjuːtɪ] s **1** Zweideutigkeit f, Mehrdeutigkeit f **2** LIT Formulierung, die verschiedene Interpretationen zulässt

ambiguous adj, **ambiguously** [æmˈbɪgjʊəs, -lɪ] adv zweideutig, mehrdeutig

ambition [æmˈbɪʃən] s **1** Ambition f; **she has ~s in that direction/for her son** sie hat Ambitionen in dieser Richtung/ehrgeizige Pläne für ihren Sohn; **my ~ is to become prime minister** es ist mein Ehrgeiz, Premierminister zu werden **2** Ehrgeiz m

ambitious [æmˈbɪʃəs] adj ehrgeizig; Unterfangen kühn

ambitiously [æmˈbɪʃəslɪ] adv ehrgeizig; **rather ~, we set out to prove the following** wir hatten uns das ehrgeizige Ziel gesteckt, das Folgende zu beweisen

ambivalence [æmˈbɪvələns] s Ambivalenz f

ambivalent [æmˈbɪvələnt] adj ambivalent

amble [ˈæmbl] v/i schlendern

ambulance [ˈæmbjʊləns] s Krankenwagen m, Rettung f schweiz

ambulance driver s Krankenwagenfahrer(in) m(f), Rettungsfahrer(in) m(f) schweiz

ambulanceman s ⟨pl -men⟩ Sanitäter m

ambulance service s Rettungsdienst m, Rettung f schweiz; System Rettungswesen n

ambush [ˈæmbʊʃ] **A** s Überfall m (aus dem Hinterhalt); **to lie in ~ for sb** MIL, a. fig j-m im Hinterhalt auflauern **B** v/t (aus dem Hinterhalt) überfallen

ameba US s → amoeba

amen [ˌɑːˈmen] int amen; **~ to that!** fig umg ja, wahrlich od fürwahr! hum

amenable [əˈmiːnəbl] adj zugänglich (**to** +dat)

amend [əˈmend] v/t Gesetz, Text ändern, ergänzen; Gewohnheiten, Verhalten verbessern

amendment s von Gesetz, in Text Änderung f (**to** +gen); (= Ergänzung) Zusatz m (**to** zu); **the First/Second** etc **Amendment** US POL Zusatz m 1/2 etc

amends [əˈmendz] pl **to make ~ for sth** etw wiedergutmachen; **to make ~ to sb for sth** j-n für etw entschädigen

amenity [əˈmiːnɪtɪ] s (**public**) **~** öffentliche Einrichtung; **close to all amenities** in günstiger Einkaufs- und Verkehrslage

Amerasian [æmeˈreɪʃn] s Mensch amerikanisch-asiatischer Herkunft

America [əˈmerɪkə] s Amerika n

American [əˈmerɪkən] **A** adj amerikanisch; **~ English** amerikanisches Englisch; **the ~ Dream** der amerikanische Traum **B** s **1** Amerikaner(in) m(f) **2** LING Amerikanisch n

American football – amusement

American football s Football m
American Indian neg! s Indianer(in) m(f) neg!
Americanism [əˈmerɪkənɪzəm] s LING Amerikanismus m
Americanization [əˌmerɪkənaɪˈzeɪʃən] s Amerikanisierung f
Americanize [əˈmerɪkənaɪz] v/t amerikanisieren
Americano [əmerɪˈkɑːnəʊ] s ⟨pl -s⟩ GASTR Espresso mit heißem Wasser verlängert
American plan s Vollpension f
Amerindian [æməˈrɪndɪən] **A** s Indianer(in) m(f) **B** adj indianisch
amethyst [ˈæmɪθɪst] s Amethyst m
Amex [ˈæmeks] US s abk (= American Stock Exchange) Amex f
amiable adj, **amiably** [ˈeɪmɪəbl, -ɪ] adv liebenswürdig
amicable [ˈæmɪkəbl] adj Mensch freundlich; Beziehungen freundschaftlich; Diskussion friedlich; JUR Übereinkunft gütlich; **to be on ~ terms** freundschaftlich miteinander verkehren
amicably [ˈæmɪkəblɪ] adv freundlich; diskutieren friedlich; JUR sich einigen gütlich
amid(st) [əˈmɪd(st)] präp inmitten (+gen)
amino acid [əˈmiːnəʊˈæsɪd] s Aminosäure f
Amish [ˈɑːmɪʃ] adj amisch
amiss [əˈmɪs] **A** adj ⟨präd⟩ **there's something ~** da stimmt irgendetwas nicht **B** adv **to take sth ~** Br (j-m) etw übel nehmen; **a drink would not go ~** etwas zu trinken wäre gar nicht verkehrt
ammo [ˈæməʊ] umg s ⟨kein pl⟩ Munition f
ammonia [əˈməʊnɪə] s Ammoniak n
ammunition [ˌæmjʊˈnɪʃən] s Munition f
ammunition belt s Patronengurt m
ammunition dump s Munitionslager n
amnesia [æmˈniːzɪə] s Amnesie f
amnesty [ˈæmnɪstɪ] s Amnestie f
amoeba [əˈmiːbə] s, **ameba** US s Amöbe f
amok [əˈmɒk] adv → amuck
among(st) [əˈmʌŋ(st)] präp unter (+akk od dat); (= in der Mitte von) inmitten von; **~ other things** unter anderem; **she had sung with Madonna ~ others** sie hatte unter anderem mit Madonna gesungen; **to stand ~ the crowd** (mitten) in der Menge stehen; **they shared it out ~ themselves** sie teilten es untereinander auf; **talk ~ yourselves** unterhaltet euch; **he's ~ our best players** er gehört zu unseren besten Spielern; **to count sb ~ one's friends** j-n zu seinen Freunden zählen; **this habit is widespread ~ the French** diese Sitte ist bei den Franzosen weitverbreitet
amoral [eɪˈmɒrəl] adj amoralisch
amorous [ˈæmərəs] adj amourös; Blick verliebt
amorphous [əˈmɔːfəs] adj amorph; Stil, Ideen, Roman strukturlos
amount [əˈmaʊnt] **A** s **1** Betrag m; **total ~** Gesamtsumme f; **debts to the ~ of £2000** Br, **debts in the ~ of £2000** US Schulden in Höhe von £ 2000; **in 12 equal ~s** in 12 gleichen Beträgen; **a small ~ of money** eine geringe Summe; **large ~s of money** Unsummen pl **2** Menge f; an Geschicklichkeit etc Maß n (**of** an +dat); **an enormous ~ of work** sehr viel Arbeit; **any ~ of time/food** beliebig viel Zeit/Essen; **no ~ of talking would persuade him** kein Reden würde ihn überzeugen **B** v/i **1** sich belaufen (**to** auf +akk) **2** gleichkommen (**to** +dat); **it ~s to the same thing** das kommt (doch) aufs Gleiche hinaus; **he will never ~ to much** aus ihm wird nie etwas werden
amp|ère [ˈæmp(ɛəʳ)] s Ampere n
ampersand [ˈæmpəsænd] s Et-Zeichen f, Und--Zeichen n
amphetamine [æmˈfetəmiːn] s Amphetamin n
amphibian [æmˈfɪbɪən] s Amphibie f
amphibious [æmˈfɪbɪəs] adj amphibisch; **~ vehicle/aircraft** Amphibienfahrzeug n/-flugzeug n
amphitheatre [ˈæmfɪˌθɪətəʳ] s, **amphitheater** US s Amphitheater n
ample [ˈæmpl] adj ⟨komp ampler⟩ **1** reichlich **2** Figur, Proportionen üppig
amplification [ˌæmplɪfɪˈkeɪʃən] s RADIO Verstärkung f
amplifier [ˈæmplɪfaɪəʳ] s RADIO Verstärker m
amplify [ˈæmplɪfaɪ] v/t RADIO verstärken
amply [ˈæmplɪ] adv reichlich
amputate [ˈæmpjʊteɪt] v/t & v/i amputieren
amputation [ˌæmpjʊˈteɪʃən] s Amputation f
amputee [ˌæmpjʊˈtiː] s Amputierte(r) m/f(m)
amuck [əˈmʌk] adv **to run ~** wörtl, fig Amok laufen
amuse [əˈmjuːz] **A** v/t amüsieren, unterhalten; **let the children do it if it ~s them** lass die Kinder doch, wenn es ihnen Spaß macht **B** v/r **the children can ~ themselves for a while** die Kinder können sich eine Zeit lang selbst beschäftigen; **to ~ oneself (by) doing sth** etw zu seinem Vergnügen tun; **how do you ~ yourself now you're retired?** wie vertreiben Sie sich (dat) die Zeit, wo Sie jetzt im Ruhestand sind?
amused adj amüsiert; **she seemed ~ at my suggestion** sie schien über meinen Vorschlag amüsiert (zu sein); **to keep sb/oneself ~** j-m/sich (dat) die Zeit vertreiben; **give him his toys, that'll keep him ~** gib ihm sein Spielzeug, dann ist er friedlich
amusement [əˈmjuːzmənt] s **1** Vergnügen n; **to do sth for one's own ~** etw zu seinem Vergnügen tun **2** **~s** pl Br auf Jahrmarkt Attraktio-

nen *pl*; *in Seebad* Spielautomaten *pl*
amusement arcade *Br s* Spielhalle *f*
amusement park *s* Vergnügungspark *m*
amusing [ə'mju:zɪŋ] *adj* amüsant; **how ~** das ist aber lustig!; **I don't find that very ~** das finde ich gar nicht lustig
amusingly [ə'mju:zɪŋlɪ] *adv* amüsant
an [æn, ən, n] *unbest art* → **a**
anabolic steroid [ˌænə'bɒlɪk'stɪərɔɪd] *s* Anabolikum *n*
anachronism [ə'nækrənɪzəm] *s* Anachronismus *m*
anachronistic [əˌnækrə'nɪstɪk] *adj* anachronistisch
anaemia [ə'ni:mɪə] *s*, **anemia** *US s* Anämie *f*, Blutarmut *f*
anaemic [ə'ni:mɪk] *adj*, **anemic** *US adj* anämisch
anaesthesia [ˌænɪs'θi:zɪə] *s*, **anesthesia** *US s* Anästhesie *f*
anaesthetic [ˌænɪs'θetɪk] *s*, **anesthetic** *US s* Narkose *f*, Narkosemittel *n*; **general ~** Vollnarkose *f*; **local ~** örtliche Betäubung; **the nurse gave him a local ~** die Schwester gab ihm eine Spritze zur örtlichen Betäubung
anaesthetist [æ'ni:sθɪtɪst] *s*, **anesthetist** *US s* Anästhesist(in) *m(f)*
anaesthetize [æ'ni:sθɪtaɪz] *v/t*, **anesthetize** *US v/t* betäuben
anagram ['ænəgræm] *s* Anagramm *n*
anal ['eɪnəl] *adj* **1** anal, Anal-; **~ intercourse** Analverkehr *m* **2** *a.* **~ retentive** *pej* pingelig
analgesic [ˌænæl'dʒi:sɪk] *s* Schmerzmittel *n*
analog(ue) ['ænəlɒg] *adj* TECH analog
analogy [ə'nælədʒɪ] *s* **1** Analogie *f* **2** LIT Darstellung einer Idee durch eine andere mit ähnlichen oder parallelen Merkmalen
analyse ['ænəlaɪz] *v/t*, **analyze** *US v/t* analysieren
analysis [ə'næləsɪs] *s* ⟨*pl* **analyses** [ə'næləsi:z]⟩ Analyse *f*; **what's your ~ of the situation?** wie beurteilen Sie die Situation?; **on (closer) ~** bei genauerer Untersuchung
analyst ['ænəlɪst] *s* Analytiker(in) *m(f)*
analytical *adj*, **analytically** [ˌænə'lɪtɪkəl, -lɪ] *adv* analytisch
analyze ['ænəlaɪz] *US v/t* → **analyse**
anaphora [ə'næfərə] *s* Anapher *f* (*Wiederholung eines Wortes oder einer Phrase am Anfang aufeinanderfolgender Zeilen, Sätze oder Teilsätze*)
anarchic(al) [æ'nɑ:kɪk(əl)] *adj* anarchisch
anarchism ['ænəkɪzəm] *s* Anarchismus *m*
anarchist ['ænəkɪst] *s* Anarchist(in) *m(f)*
anarchy ['ænəkɪ] *s* Anarchie *f*
anathema [ə'næθɪmə] *s* ein Gräuel *m*; **voting Labour was ~ to them** der Gedanke, Labour zu wählen, war ihnen ein Gräuel *od* widerstrebte ihnen zutiefst
anatomical *adj*, **anatomically** [ˌænə'tɒmɪkəl, -lɪ] *adv* anatomisch
anatomy [ə'nætəmɪ] *s* Anatomie *f*
ANC *abk* (= African National Congress) ANC *m*, Afrikanischer Nationalkongress
ancestor ['ænsɪstəʳ] *s* Vorfahr *m*, Vorfahrin *f*
ancestral [æn'sestrəl] *adj* seiner/ihrer Vorfahren; **~ home** Stammsitz *m*
ancestry ['ænsɪstrɪ] *s* Abstammung *f*; (≈ *die Vorfahren*) Ahnenreihe *f*; **to trace one's ~** seine Abstammung zurückverfolgen
anchor ['æŋkəʳ] **A** *s* **1** SCHIFF Anker *m*; **to drop ~** vor Anker gehen; **to weigh ~** den Anker lichten **2** *bes US* TV Anchorman *m*, Anchorwoman *f*, Nachrichtenmoderator(in) *m(f)* **B** *v/t* SCHIFF, *a. fig* verankern **C** *v/i* SCHIFF vor Anker gehen
anchorman ['æŋkəmæn] *s* ⟨*pl* **-men** [-mən]⟩ *bes US* TV Anchorman *m*, Nachrichtenmoderator *m*
anchorwoman ['æŋkəwʊmən] *s* ⟨*pl* **-women** [-wɪmɪn]⟩ *bes US* TV Anchorwoman *f*, Nachrichtenmoderatorin *f*
anchovy ['æntʃəvɪ] *s* Sardelle *f*
ancient ['eɪnʃənt] **A** *adj* **1** alt; **in ~ times** im Altertum; **in ~ Rome** im alten Rom; **the ~ Romans** die alten Römer; **~ cities** antike Städte; **~ monument** *Br* historisches Denkmal; **the ~ world** die Antike **2** *umg Mensch etc* uralt **B** *s* **the ~s** die Völker *od* Menschen des Altertums
ancient history *wörtl* Alte Geschichte; **that's ~** *fig* das ist schon längst Geschichte
ancillary [æn'sɪlərɪ] *adj* Neben-, Hilfs-; **~ course** UNIV Begleitkurs *m*; **~ staff/workers** Hilfskräfte *pl*
and [ænd, ənd, nd, ən] *konj* **1** und; **nice and early** schön früh; **and now for ...** und jetzt; **try and come** versuch zu kommen; **wait and see!** abwarten!; **don't go and spoil it!** nun verdirb nicht alles!; **one more and I'm finished** noch eins, dann bin ich fertig; **and so on and so forth** und so weiter und so fort **2** *bei Aufzählung* und; **better and better** immer besser; **for days and days** tagelang; **for miles and miles** meilenweit **3** **three hundred and ten** dreihundert(und)zehn; **one and a half** anderthalb
Andes ['ændi:z] *pl* Anden *pl*
androgynous [æn'drɒdʒɪnəs] *adj* androgyn
android ['ændrɔɪd] *s* Androide *m*
anecdotal [ˌænɪk'dəʊtəl] *adj* anekdotisch
anecdote ['ænɪkdəʊt] *s* **1** Anekdote *f* **2** LIT kurze, meist unterhaltsame Geschichte über einen

Vorfall oder eine Person

anemia [əˈniːmɪə] *US s* → anaemia

anemic [əˈniːmɪk] *US adj* → anaemic

anemone [əˈnemənɪ] *s BOT* Anemone *f*

anew [əˈnjuː] *adv* **1** aufs Neue; **let's start ~** fangen wir wieder von Neuem an **2** auf eine neue Art und Weise

angel [ˈeɪndʒəl] *s* **1** Engel *m* **2** *Unterstützer von Existenzgründer* Business-Angel *m*

angelic [ænˈdʒelɪk] *adj* engelhaft

anger [ˈæŋɡəʳ] **A** *s* Ärger *m*; Wut *f*; Zorn *m*; **a fit of ~** ein Wutanfall *m*; **public ~** öffentliche Entrüstung; **to speak in ~** im Zorn sprechen; **to be filled with ~** wütend sein **B** *v/t* ärgern

angina (pectoris) [ænˈdʒaɪnə(ˈpektərɪs)] *s* Angina Pectoris *f*

angle¹ [ˈæŋɡl] **A** *s* **1** Winkel *m*; **at an ~ of 40°** in einem Winkel von 40°; **at an ~** schräg; **he was wearing his hat at an ~** er hatte seinen Hut schief aufgesetzt **2** Ecke *f* **3** (≈ *Aspekt*) Seite *f* **4** (≈ *Meinung*) Standpunkt *m* **B** *v/t* Lampe etc ausrichten; *Schuss* im Winkel schießen/schlagen

angle² *bes Br v/i* angeln

phrasal verbs mit angle:

angle for *fig v/i (+obj)* fischen nach; **to angle for sth** auf etw (*akk*) aus sein

Anglepoise (lamp)® [ˈæŋɡlpɔɪz(ˈlæmp)] *s* Gelenkleuchte *f*

angler [ˈæŋɡləʳ] *s* Angler(in) *m(f)*

Anglican [ˈæŋɡlɪkən] **A** *s* Anglikaner(in) *m(f)* **B** *adj* anglikanisch

Anglicanism [ˈæŋɡlɪkənɪzəm] *s* Anglikanismus *m*

anglicism [ˈæŋɡlɪsɪzəm] *s* Anglizismus *m*

anglicize [ˈæŋɡlɪsaɪz] *v/t* anglisieren

angling [ˈæŋɡlɪŋ] *bes Br s* Angeln *n*

Anglo-American A *s* Angloamerikaner(in) *m(f)* **B** *adj* angloamerikanisch

Anglo-Indian A *s* in Indien lebender Engländer *m*/lebende Engländerin *f*; (≈ *Eurasier*) Angloinder(in) *m(f)* **B** *adj* angloindisch

Anglo-Irish A *pl* **the ~** die Angloiren *pl* **B** *adj* angloirisch

Anglophile [ˈæŋɡləʊfaɪl] *s* Anglophile(r) *m/f(m)*

Anglo-Saxon [ˈæŋɡləʊˈsæksən] **A** *s* **1** (≈ *Mensch*) Angelsachse *m*, Angelsächsin *f* **2** LING Angelsächsisch *n* **B** *adj* angelsächsisch

angora [æŋˈɡɔːrə] **A** *adj* Angora-; **~ wool** Angorawolle *f* **B** *s* Angorawolle *f*

angrily [ˈæŋɡrɪlɪ] *adv* wütend

angry [ˈæŋɡrɪ] *adj* ⟨*komp* angrier⟩ zornig; *Brief, Blick* wütend; **to be ~** wütend sein; **to be ~ with** *od* **at sb** über j-n verärgert sein; **to be ~ at** *od* **about sth** sich über etw (*akk*) ärgern; **to get ~ (with** *od* **at sb/about sth)** (mit j-m/über etw *akk*) böse werden; **you're not ~ (with me), are you?** du bist (mir) doch nicht böse(, oder)?; **to be ~ with oneself** sich über sich (*akk*) selbst ärgern; **to make sb ~** j-n ärgern

anguish [ˈæŋɡwɪʃ] *s* Qual *f*; **to be in ~** Qualen leiden; **he wrung his hands in ~** er rang die Hände in Verzweiflung; **the news caused her great ~** die Nachricht bereitete ihr großen Schmerz; **the decision caused her great ~** die Entscheidung bereitete ihr große Qual(en)

anguished *adj* qualvoll

angular [ˈæŋɡjʊləʳ] *adj Form* eckig; *Gesichtszüge, Stil* kantig

animal [ˈænɪməl] **A** *s* Tier *n*; (≈ *brutaler Mensch*) Bestie *f*; **man is a social ~** der Mensch ist ein soziales Wesen **B** *adj* ⟨*attr*⟩ Tier-; *Produkte* tierisch; *Bedürfnisse, Instinkte* animalisch; **~ experiments** Tierversuche *pl*; **~ magnetism** rein körperliche Anziehungskraft

Animal Liberation Front *Br s* militante Tierschützerorganisation

animal lover *s* Tierfreund(in) *m(f)*

animal rights *pl* Tierrechte *pl*; **~ activist** Tierschützer(in) *m(f)*

animal welfare *s* Tierschutz *m*

animate [ˈænɪmɪt] *adj* belebt, lebend

animated *adj* lebhaft; **~ cartoon** Zeichentrickfilm *m*

animatedly *adv* rege; *reden* lebhaft

animation [ˌænɪˈmeɪʃən] *s* Lebhaftigkeit *f*; FILM Animation *f*

animé [ˌænɪˈmeɪ] *s* animierter Manga

animosity [ˌænɪˈmɒsɪtɪ] *s* Feindseligkeit *f* (**towards** gegenüber)

aniseed [ˈænɪsiːd] *s* Anis *m*

ankle [ˈæŋkl] *s* (Fuß)knöchel *m*

anklebone *s* Sprungbein *n*

ankle bracelet *s* Fußkettchen *n*

ankle-deep A *adj* knöcheltief **B** *adv* **he was ~ in water** er stand bis an die Knöchel im Wasser

ankle sock *s* Söckchen *n*

anklet [ˈæŋklət] *s* Fußkettchen *n*

annals [ˈænəlz] *pl* Annalen *pl*; *von Verein etc* Bericht *m*

annex A [əˈneks] *v/t* annektieren **B** [ˈæneks] *s* **1** *von Dokument* Anhang *m* **2** Nebengebäude *n*, Anbau *m*

annexation [ˌænekˈseɪʃən] *s* Annexion *f*

annexe [ˈæneks] *Br s* → annex B 2

annihilate [əˈnaɪəleɪt] *v/t* vernichten

annihilation [əˌnaɪəˈleɪʃən] *s* Vernichtung *f*

anniversary [ˌænɪˈvɜːsərɪ] *s* Jahrestag *m*; *von Hochzeit* Hochzeitstag *m*; **~ gift** Geschenk *n* zum Jahrestag/Hochzeitstag; **the ~ of his death** sein Todestag *m*

annotate [ˈænəʊteɪt] *v/t* mit Anmerkungen versehen

announce [əˈnaʊns] v/t bekannt geben, ankündigen, verkünden; *Radiosendung* ansagen; *über Lautsprecher* durchsagen; *Heirat etc* anzeigen; **to ~ sb** j-n melden; **the arrival of flight BA 742 has just been ~d** soeben ist die Ankunft des Fluges BA 742 gemeldet worden

announcement s Bekanntmachung f; *von Sprecher* Ankündigung f; *über Lautsprecher etc* Durchsage f; *im Radio etc* Ansage f; *von Heirat etc* Anzeige f

announcer [əˈnaʊnsəʳ] s RADIO, TV Ansager(in) m(f)

annoy [əˈnɔɪ] v/t ärgern, aufregen, belästigen; **to ~ sb** j-n (ver)ärgern, j-m auf die Nerven gehen; **to be ~ed** verärgert sein, weil ...; **to be ~ed with sb/about sth** sich über j-n/etw ärgern; **to get ~ed** sich aufregen

annoyance [əˈnɔɪəns] s ⟨kein pl⟩ Ärger m; **to his ~** zu seinem Ärger

annoying [əˈnɔɪɪŋ] adj ärgerlich; *Gewohnheit* lästig; **the ~ thing (about it) is that ...** das Ärgerliche (daran) ist, dass ...

annoyingly [əˈnɔɪɪŋlɪ] adv aufreizend; **~, the bus didn't turn up** ärgerlicherweise kam der Bus nicht

annual [ˈænjʊəl] A s 1 BOT einjährige Pflanze 2 (≈ *Buch*) Jahresalbum n B adj jährlich, Jahres-; **~ accounts** Jahresbilanz f

annual general meeting s Jahreshauptversammlung f

annually [ˈænjʊəlɪ] adv jährlich

annual report s Geschäftsbericht m

annuity [əˈnjuːɪtɪ] s (Leib)rente f

annul [əˈnʌl] v/t annullieren; *Vertrag* auflösen

annulment [əˈnʌlmənt] s Annullierung f; *von Vertrag* Auflösung f

Annunciation [əˌnʌnsɪˈeɪʃən] s BIBEL Mariä Verkündigung f

anoint [əˈnɔɪnt] v/t salben; **to ~ sb king** j-n zum König salben

anomaly [əˈnɒməlɪ] s Anomalie f

anon[1] [əˈnɒn] adv **see you ~** *hum* bis demnächst

anon[2] adj abk (= *anonymous*) anonym

anonymity [ˌænəˈnɪmɪtɪ] s Anonymität f

anonymous adj, **anonymously** [əˈnɒnɪməs, -lɪ] adv anonym

anorak [ˈænəræk] *Br* s Anorak m; *umg* (≈ *langweiliger Mensch*) Langweiler m, uncooler Typ

anorexia (nervosa) [ænəˈreksɪə(nɜːˈvəʊsə)] s Magersucht f, Anorexie f

anorexic [ænəˈreksɪk] adj magersüchtig

another [əˈnʌðəʳ] A adj 1 noch eine(r, s); **~ one** noch eine(r, s); **take ~ ten** nehmen Sie noch (weitere) zehn; **~ 70 metres** *Br*, **~ 70 meters** *US* noch 70 Meter; **I don't want ~ drink!** ich möchte nichts mehr trinken; **without ~ word** ohne ein weiteres Wort 2 *fig* ein zweiter, eine zweite, ein zweites; **there is not ~ man like him** so einen Mann gibt es nur einmal 3 ein anderer, eine andere, ein anderes; **that's quite ~ matter** das ist etwas ganz anderes; **~ time** ein andermal B *pron* ein anderer, eine andere, ein anderes; **have ~!** nehmen Sie (doch) noch einen!; **they help one ~** sie helfen einander; **at one time or ~** irgendwann; **what with one thing and ~** bei all dem Trubel

Ansaphone® [ˈɑːnsəfəʊn] s Anrufbeantworter m

ANSI abk (= *American National Standards Institute*) amerikanischer Normenausschuss

answer [ˈɑːnsəʳ] A s 1 Antwort f (**to** +akk); **to get an/no ~** Antwort/keine Antwort bekommen; **there was no ~** am Telefon, auf Klingelzeichen es hat sich niemand gemeldet; **in ~ to my question** auf meine Frage hin 2 Lösung f (**to** +gen); **there's no easy ~** es gibt dafür keine Patentlösung B v/t 1 antworten auf (+akk), antworten (+dat); *Prüfungsfragen, Kritik* beantworten; **to ~ the telephone** das Telefon abnehmen, ans Telefon gehen; **to ~ the bell** *od* **door** die Tür öffnen; **shall I ~ it?** *Telefon* soll ich rangehen?; *Tür* soll ich hingehen?; **to ~ the call of nature** *hum* dem Ruf der Natur folgen 2 *Hoffnung, Erwartung* erfüllen; *Bedürfnis* befriedigen; **people who ~ that description** Leute, auf die diese Beschreibung zutrifft C v/i antworten; **if the phone rings, don't ~** wenn das Telefon läutet, geh nicht ran

phrasal verbs mit answer:

answer back A v/i widersprechen; **don't answer back!** keine Widerrede! B v/t ⟨trennb⟩ **to answer sb back** j-m widersprechen

answer for v/i ⟨+obj⟩ verantwortlich sein für; **he has a lot to answer for** er hat eine Menge auf dem Gewissen

answer to v/i ⟨+obj⟩ 1 **to answer to sb for sth** j-m für etw Rechenschaft schuldig sein 2 **to answer to a description** einer Beschreibung entsprechen 3 **to answer to the name of ...** auf den Namen ... hören

answerable [ˈɑːnsərəbl] adj verantwortlich; **to be ~ to sb (for sth)** j-m gegenüber (für etw) verantwortlich sein

answering machine [ˈɑːnsərɪŋməˈʃiːn] s Anrufbeantworter m

answerphone [ˈɑːnsəfəʊn] *Br* s Anrufbeantworter m; **~ message** Ansage f auf dem Anrufbeantworter

ant [ænt] s Ameise f

antacid [æntˈæsɪd] s Mittel n gegen Sodbrennen

antagonism [ænˈtægənɪzəm] s Antagonismus

antagonist – antithesis

m, Feindseligkeit *f* (**towards** gegenüber)
antagonist [æn'tægənɪst] *s* Gegner(in) *m(f)*
antagonistic [æn,tægə'nɪstɪk] *adj* feindselig; **to be ~ to** *od* **toward(s) sb/sth** j-m/gegen etw feindselig gesinnt sein
antagonize [æn'tægənaɪz] *v/t* gegen sich aufbringen
Antarctic [ænt'ɑ:ktɪk] **A** *adj* antarktisch **B** *s* **the ~** die Antarktis
Antarctica [ænt'ɑ:ktɪkə] *s* die Antarktis
Antarctic Circle *s* südlicher Polarkreis
Antarctic Ocean *s* Südpolarmeer *n*
ante ['æntɪ] *s* **to up the ~** *fig* seinen Einsatz erhöhen
anteater ['ænt,i:təʳ] *s* Ameisenbär *m*
antelope ['æntɪləʊp] *s* Antilope *f*
antenatal ['æntɪ'neɪtl] *adj* vor der Geburt; **~ care** Schwangerschaftsfürsorge *f*; **~ clinic** Sprechstunde *f* für Schwangere
antenna [æn'tenə] *s* **1** ‹*pl* -e [æn'teni:]› ZOOL Fühler *m* **2** ‹*pl* -e *od* -s› RADIO, TV Antenne *f*
anteroom ['æntɪru:m] *s* Vorzimmer *n*
anthem ['ænθəm] *s* Hymne *f*
ant hill *s* Ameisenhaufen *m*
anthology [æn'θɒlədʒɪ] *s* Anthologie *f*
anthrax ['ænθræks] *s* Milzbrand *m*, Anthrax *m fachspr*
anthropological [,ænθrəpə'lɒdʒɪkəl] *adj* anthropologisch
anthropologist [,ænθrə'pɒlədʒɪst] *s* Anthropologe *m*, Anthropologin *f*
anthropology [,ænθrə'pɒlədʒɪ] *s* Anthropologie *f*
anti ['æntɪ] *umg* **A** *adj* ‹*präd*› in Opposition *umg* **B** *präp* gegen (+*akk*)
anti- ['æntɪ] *präf* anti-, Anti-
anti-abortionist *s* Abtreibungsgegner(in) *m(f)*
anti-aircraft *adj* Flugabwehr-
anti-American *adj* antiamerikanisch
antibacterial *adj* antibakteriell
antibiotic [,æntɪbaɪ'ɒtɪk] *s* Antibiotikum *n*
antibody *s* Antikörper *m*
anticipate [æn'tɪsɪpeɪt] *v/t* erwarten, vorhersehen; **as ~d** wie erwartet
anticipation [æn,tɪsɪ'peɪʃən] *s* Erwartung *f*; **to wait in ~** gespannt warten
anticlimax *s* Enttäuschung *f*; LIT Antiklimax *f* (*Gegenteil von Klimax*; „abfallende Steigerung": Wörter oder Phrasen sind so angeordnet, dass sie sich vom stärksten zum schwächsten Ausdruck „steigern")
anticlockwise *bes Br adv* gegen den Uhrzeigersinn
antics ['æntɪks] *pl* Eskapaden *pl*, Streiche *pl*; **he's up to his old ~ again** er macht wieder seine Mätzchen *umg*

anticyclone *s* Hoch(druckgebiet) *n*
anti-dandruff *adj* gegen Schuppen
antidepressant *s* Antidepressivum *n*
antidote ['æntɪdəʊt] *s* Gegenmittel *n* (**against, to, for** gegen); *gegen Gift* Gegengift *n*
anti-EU [,æntii:'ju:] *adj* EU-feindlich
anti-European [,æntɪjʊərə'pɪən] *adj* POL antieuropäisch
antifreeze *s* Frostschutz *m*, Frostschutzmittel *n*
antiglare *US adj* blendfrei
anti-globalist [,æntɪ'gləʊbəlɪst], **anti-globalization protester** [æntɪgləʊbəlaɪ'zeɪʃənprə'testə(r)] *s* POL Globalisierungsgegner(in) *m(f)*
anti-globalization *adj* **~ protester** Globalisierungsgegner(in) *m(f)*
anti-government protester *s* Regierungsgegner(in) *m(f)*
antihero *s* Antiheld *m*
antihistamine *s* Antihistamin(ikum) *n*
anti-lock *adj* **~ braking system** ABS-Bremsen *pl*
anti-male *adj* männerfeindlich
antimatter *s* Antimaterie *f*
antinuclear *adj* **~ protesters** Atomwaffengegner *pl*
antipathy [æn'tɪpəθɪ] *s* Antipathie *f* (**towards** gegen)
antipersonnel *adj* **~ mine** Antipersonenmine *f*
antiperspirant *s* Antitranspirant *n*
antipodean [æn,tɪpə'di:ən] *Br adj* australisch und neuseeländisch
Antipodes [æn'tɪpədi:z] *Br pl* Australien und Neuseeland
antiquarian [,æntɪ'kweərɪən] *adj* Bücher antiquarisch; **~ bookshop** Antiquariat *n*
antiquated ['æntɪkweɪtɪd] *adj* antiquiert
antique [æn'ti:k] **A** *adj* antik; **~ pine** Kiefer *f* antik **B** *s* Antiquität *f*
antique dealer *s* Antiquitätenhändler(in) *m(f)*
antique shop *s* Antiquitätengeschäft *n*
antiquity [æn'tɪkwɪtɪ] *s* **1** das Altertum; *römisch* die Antike; **in ~** im Altertum/in der Antike **2 antiquities** *pl* (≈ *alte Sachen*) Altertümer *pl*
anti-Semite *s* Antisemit(in) *m(f)*
anti-Semitic *adj* antisemitisch
anti-Semitism *s* Antisemitismus *m*
antiseptic **A** *s* Antiseptikum *n* **B** *adj* antiseptisch
anti-smoking *adj* Kampagne Antiraucher-
antisocial *adj* Benehmen asozial; Mensch ungesellig; **I work ~ hours** ich arbeite zu Zeiten, wo andere freihaben
antiterrorist *adj* zur Terrorismusbekämpfung
antitheft device *s* Diebstahlsicherung *f*
antithesis [æn'tɪθɪsɪs] *s* ‹*pl* antitheses [æn'tɪθɪsi:z]› Antithese *f* (**to, of** zu) (*Gegenüberstellung gegensätzlicher Begriffe, meist im Zusammen-*

spiel mit ähnlichen Satzmustern)
antiviral [ˌæntɪˈvaɪrəl] *adj* MED antiviral
anti-virus program *s* IT Virenschutzprogramm *n*
anti-virus protection *s* IT Virenschutz *m*
anti-virus scanner *s* IT Virenscanner *m*
anti-virus software *s* IT Antivirensoftware *f*
antivivisectionist *s* Gegner(in) *m(f)* der Vivisektion
anti-wrinkle *adj* ~ **cream** Antifaltencreme *f*
antler [ˈæntləʳ] *s* Geweihstange *f*; (**set** *od* **pair of**) ~**s** Geweih *n*
antonym [ˈæntənɪm] *s* Antonym *n*
antsy [ˈæntsɪ] *umg adj* hibbelig, zappelig
anus [ˈeɪnəs] *s* After *m*
anvil [ˈænvɪl] *s a.* ANAT Amboss *m*
anxiety [æŋˈzaɪətɪ] *s* Sorge *f*; (= *Verlangen*) Bedürfnis *n*; **to cause sb** ~ j-m Sorgen machen; **in his** ~ **to get away** weil er unbedingt wegkommen wollte
anxiety attack *s* Angstattacke *f*
anxious [ˈæŋkʃəs] *adj* **1** besorgt; *Mensch, Gedanken* ängstlich; **to be** ~ **about sb/sth** um j-n/etw besorgt sein; **to be** ~ **about doing sth** Angst haben, etw zu tun **2** *Augenblick, Warten* bang; **it's been an** ~ **time for us all** wir alle haben uns (in dieser Zeit) große Sorgen gemacht **3** **to be** ~ **to do sth** bestrebt sein, etw zu tun; **I am** ~ **that he should do it** *od* **for him to do it** mir liegt viel daran, dass er es tut
anxiously [ˈæŋkʃəslɪ] *adv* **1** besorgt **2** gespannt
any [ˈenɪ] **A** *adj* **1** *interrogativ, konditional, verneinend: nicht übersetzt mit Singular Substantiv* irgendein(e); *mit Plural Substantiv* irgendwelche; *mit unzählbaren Substantiven* etwas; **not any** kein/keine; **if I had any plan/money (at all)** wenn ich irgendein Plan/etwas Geld hätte; **if it's any help (at all)** wenn das (irgendwie) hilft; **it won't do any good** es wird nichts nützen; **without any difficulty** ohne jede Schwierigkeit; **are there any problems?** gibt es Probleme? **2** jede(r, s) (beliebige ...); *mit Plural und unzählbaren Substantiven* alle; **any one will do** es ist jede(r, s) recht; **any one you like** was du willst; **at any time** jederzeit; **thank you — any time** danke! — bitte!; **any old ...** *umg* jede(r, s) x-beliebige ... *umg* **B** *pron* **1** *interrogativ, konditional, verneinend* welche; **I want to meet a psychologist, do you know any?** ich würde gerne einen Psychologen kennenlernen, kennen Sie einen?; **I need some butter/stamps, do you have any?** ich brauche Butter/Briefmarken, haben Sie welche?; **have you seen any of my ties?** haben Sie eine von meinen Krawatten gesehen?; **don't you have any (at all)?** haben Sie (denn) (überhaupt) keinen/keine/keines?; **he wasn't having any (of it/that)** *umg* er wollte nichts davon hören; **few, if any, will come** wenn überhaupt, werden nur wenige kommen; **if any of you can sing** wenn (irgend)jemand von euch singen kann **2** alle; **any who do come ...** alle, die kommen ... **C** *adv* kälter *etc* noch; **not any better** *etc* nicht besser *etc*; **(not) any more** (nicht) mehr; **we can't go any further** wir können nicht mehr weiter gehen; **are you feeling any better?** geht es dir etwas besser?; **do you want any more soup?** willst du noch etwas Suppe?; **don't you want any more tea?** willst du keinen Tee mehr?; **any more offers?** noch weitere Angebote?; **I don't want any more (at all)** ich möchte überhaupt nichts mehr

anybody [ˈenɪbɒdɪ] **A** *pron* **1** (irgend)jemand; **not** ~ niemand, keine(r); **(does)** ~ **want my book?** will jemand mein Buch?; **I can't see** ~ ich kann niemand(en) sehen **2** jede(r); **it's** ~'**s game** das Spiel kann von jedem gewonnen werden; **is there** ~ **else I can talk to?** gibt es sonst jemand(en), mit dem ich sprechen kann?; **I don't want to see** ~ **else** ich möchte niemand anderen sehen **B** *s* jemand; **he's not just** ~ er ist nicht einfach irgendjemand; **everybody who is** ~ **was there** alles, was Rang und Namen hat, war dort
anyhow [ˈenɪhaʊ] *adv* → anyway
anymore [ˌenɪˈmɔːʳ] *adv* ‹+*Verb*› nicht mehr; **not** ~ nicht mehr; → any
anyone [ˈenɪwʌn] *pron* & *s* → anybody
anyplace [ˈenɪpleɪs] *US umg adv* → anywhere
anything [ˈenɪθɪŋ] **A** *pron* **1** (irgend)etwas; **not** ~ nichts; **is it/isn't it worth** ~? ist es etwas/gar nichts wert?; **did/didn't he say** ~ **else?** hat er (sonst) noch etwas/sonst (gar) nichts gesagt?; **can you think of** ~ **else?** kannst du noch an irgendetwas anderes denken?; **did/didn't they give you** ~ **at all?** haben sie euch überhaupt etwas/überhaupt nichts gegeben?; **are you doing** ~ **tonight?** hast du heute Abend schon etwas vor?; **did you do** ~ **special?** habt ihr irgendetwas Besonderes gemacht?; ~ **else?** *im Laden* darf es noch etwas sein?; **he's as smart as** ~ er ist clever wie noch was *umg* **2** alles; ~ **you like** (alles,) was du willst; **I wouldn't do it for** ~ ich würde es um keinen Preis tun; ~ **else is impossible** alles andere ist unmöglich; ~ **but that!** alles, nur das nicht!; ~ **but!** nicht wegen! **B** *adv umg* **it isn't** ~ **like him** das sieht ihm überhaupt nicht ähnlich; **it didn't cost** ~ **like £100** es kostete bei Weitem keine £ 100
anytime [ˈenɪtaɪm] *adv* jederzeit; → any A 2

anyway ['enɪweɪ] *adv* jedenfalls; (≈ *ungeachtet dessen*) trotzdem, sowieso; **~, ... also, ..., wie dem auch sei, ...**; **~, that's what I think** das ist jedenfalls meine Meinung; **~, it's time I was going** also *od* übrigens, ich muss jetzt gehen; **I told him not to, but he did it ~** ich habe es ihm verboten, aber er hat es trotzdem gemacht; **who cares ~?** wen kümmert es denn schon?

anyways ['enɪweɪz] *US, dial adv* → anyway

anywhere ['enɪweə] *adv* **1** irgendwo; *gehen* irgendwohin, **not ~** nirgends/nirgendwohin; **he'll never get ~** er wird es zu nichts bringen; **I wasn't getting ~** ich kam (einfach) nicht weiter; **could he be ~ else?** könnte er irgendwo anders sein?; **I haven't found ~ to live yet** ich habe noch nichts gefunden, wo ich wohnen kann; **the cottage was miles from ~** das Häuschen lag jwd *umg*; **there could be ~ between 50 and 100 people** es könnten (schätzungsweise) 50 bis 100 Leute sein **2** überall; *gehen* überallhin; **they could be ~** sie könnten überall sein; **~ you like** wo/wohin du willst

AOB *abk* (= *any other business*) Sonstiges

apart [ə'pɑːt] *adv* **1** auseinander; **I can't tell them ~** ich kann sie nicht auseinanderhalten; **to live ~** getrennt leben; **to come** *od* **fall ~** entzweigehen; **her marriage is falling ~** ihre Ehe geht in die Brüche; **to take sth ~** etw auseinandernehmen **2** beiseite, abseits (**from** +*gen*); **he stood ~ from the group** er stand abseits von der Gruppe **3** **~ from** abgesehen von; **~ from that, the gearbox is also faulty** außerdem ist (auch) das Getriebe schadhaft

apartheid [ə'pɑːteɪt] *s* Apartheid *f*

apartment [ə'pɑːtmənt] *bes US s* Wohnung *f*; **~ house** *od* **block** *od* **building** Wohnblock *m*

apathetic [ˌæpə'θetɪk] *adj* apathisch

apathy ['æpəθɪ] *s* Apathie *f*

ape [eɪp] **A** *s* Affe *m* **B** *v/t* nachäffen, nachmachen

apéritif [əˌperɪ'tiːf] *s* Aperitif *m*

aperture ['æpətʃʊə] *s* Öffnung *f*; FOTO Blende *f*

apex ['eɪpeks] *s* ⟨*pl* **-es** *od* **apices**⟩ Spitze *f*; *fig* Höhepunkt *m*

aphrodisiac [ˌæfrəʊ'dɪzɪæk] *s* Aphrodisiakum *n*

apices ['eɪpɪsiːz] *pl* → apex

apiece [ə'piːs] *adv* pro Stück, pro Person; **I gave them two ~** ich gab ihnen je zwei; **they had two cakes ~** sie hatten jeder zwei Kuchen

aplomb [ə'plɒm] *s* Gelassenheit *f*; **with ~** gelassen

Apocalypse [ə'pɒkəlɪps] *s* Apokalypse *f*

apocalyptic [əˌpɒkə'lɪptɪk] *adj* apokalyptisch

apolitical [ˌeɪpə'lɪtɪkəl] *adj* apolitisch

apologetic [əˌpɒlə'dʒetɪk] *adj* entschuldigend *attr*, bedauernd *attr*; **she wrote me an ~ letter** sie schrieb mir und entschuldigte sich vielmals; **he was most ~ (about it)** er entschuldigte sich vielmals (dafür)

apologetically [əˌpɒlə'dʒetɪkəlɪ] *adv* entschuldigend

apologize [ə'pɒlədʒaɪz] *v/i*, **apologise** *Br v/i* sich entschuldigen (**to sb for sth** bei j-m für etw); **to ~ for sb/sth** sich für j-n/etw entschuldigen

apology [ə'pɒlədʒɪ] *s* Entschuldigung *f*; **to make** *od* **offer sb an ~ for ...** j-n um Verzeihung bitten; **he owes her an ~ for ...** er muss sich bei ihr dafür entschuldigen, dass ...; **Mr Jones sends his apologies** Herr Jones lässt sich entschuldigen; **I owe you an ~** ich muss dich um Verzeihung bitten; **I make no ~** *od* **apologies for the fact that ...** ich entschuldige mich nicht dafür, dass ...

apoplectic [ˌæpə'plektɪk] *umg adj* cholerisch; **~ fit** MED Schlaganfall *m*

apoplexy ['æpəpleksɪ] *s* Schlaganfall *m*

apostle [ə'pɒsl] *wörtl, fig s* Apostel *m*

apostrophe [ə'pɒstrəfɪ] *s* GRAM Apostroph *m*

app [æp] *s* IT *kurz für* application App *f*, Anwendung *f*

appal [ə'pɔːl] *v/t*, **appall** *US v/t* entsetzen; **to be ~led (at** *od* **by sth)** (über etw *akk*) entsetzt sein

appalling *adj*, **appallingly** [ə'pɔːlɪŋ, -lɪ] *adv* entsetzlich

apparatus [ˌæpə'reɪtəs] *s* ⟨*kein pl*⟩ Apparat *m*; *in Turnhalle* Geräte *pl*; **a piece of ~** ein Gerät *n*

apparel [ə'pærəl] *s* ⟨*kein pl*⟩ *liter od US* HANDEL Kleidung *f*

apparent [ə'pærənt] *adj* **1** offensichtlich; **to be ~ to sb** j-m klar sein; **to become ~** sich (deutlich) zeigen; **for no ~ reason** aus keinem ersichtlichen Grund **2** scheinbar

apparently [ə'pærəntlɪ] *adv* anscheinend

apparition [ˌæpə'rɪʃən] *s* Erscheinung *f*

app developer *s* IT App-Entwickler(in) *m(f)*

appeal [ə'piːl] **A** *s* **1** Appell *m* (**for** um); **~ for funds** Spendenappell *m*; **to make an ~ to sb** an j-n appellieren, einen Appell an j-n richten; **to make an ~ to sb for sth** j-n um etw bitten, j-n zu etw aufrufen **2** *gegen Entscheidung* Einspruch *m*; JUR *gegen Urteil* Berufung *f*; *Verhandlung* Revision *f*; **he lost his ~** er verlor in der Berufung; **Court of Appeal** Berufungsgericht *n* **3** Reiz *m* (**to** für); **his music has (a) wide ~** seine Musik spricht weite Kreise an **B** *v/i* **1** (dringend) bitten; **to ~ to sb for sth** j-n um etw bitten; **to ~ to the public to do sth** die Öffentlichkeit (dazu) aufrufen, etw zu tun **2** *gegen Entscheidung* Einspruch erheben (**to** bei); JUR Be-

rufung einlegen (**to** bei) ◨ appellieren (**to an** +*akk*); SPORT Beschwerde einlegen ◨ (≈ *attraktiv sein*) reizen (**to sb** j-n); *Bewerber, Idee* zusagen (**to sb** j-m)
appealing [əˈpiːlɪŋ] *adj* ◨ attraktiv ◨ *Blick, Stimme* flehend
appear [əˈpɪə] *v/i* ◨ erscheinen; **to ~ from behind sth** hinter etw (*dat*) auftauchen; **to ~ in public** sich in der Öffentlichkeit zeigen; **to ~ in court** vor Gericht erscheinen; **to ~ as a witness** als Zeuge/Zeugin auftreten; **to ~ in a play/movie** in einem Stück/Film auftreten *od* mitwirken ◨ scheinen; **he ~ed (to be) drunk** er schien betrunken zu sein; **it ~s that …** es hat den Anschein, dass …; **it ~s not** anscheinend nicht; **there ~s to be a mistake** da scheint ein Irrtum vorzuliegen; **it ~s to me that …** mir scheint, dass …
appearance [əˈpɪərəns] *s* ◨ Erscheinen *n*; *unerwartet* Auftauchen *n kein pl*; THEAT Auftritt *m*; **to put in** *od* **make an ~** sich sehen lassen ◨ Aussehen *n*; *bes von Mensch* Äußere(s) *n*; **for the sake of ~s** um den Schein zu wahren; **to keep up ~s** den (äußeren) Schein wahren
appease [əˈpiːz] *v/t* beschwichtigen
appeasement [əˈpiːzmənt] *s* Beschwichtigung *f*
append [əˈpend] *v/t Anmerkungen etc, a.* IT anhängen (**to an** +*akk*)
appendage [əˈpendɪdʒ] *fig s* Anhängsel *n*
appendectomy [ˌæpenˈdektəmɪ] *s* Blinddarmoperation *f*
appendicitis [əˌpendɪˈsaɪtɪs] *s* Blinddarmentzündung *f*
appendix [əˈpendɪks] *s* ◨ ⟨*pl* appendixes⟩ ANAT Blinddarm *m*; **to have one's ~ out** sich (*dat*) den Blinddarm herausnehmen lassen ◨ ⟨*pl* appendices [əˈpendɪsiːz]⟩ *von Buch etc* Anhang *m*
appetite [ˈæpɪtaɪt] *s* Appetit *m*; **to have an/no ~ for sth** Appetit/keinen Appetit auf etw (*akk*) haben; *fig* Verlangen/kein Verlangen nach etw haben; **I hope you've got an ~** ich hoffe, ihr habt Appetit!; **to spoil one's ~** sich (*dat*) den Appetit verderben
appetizer [ˈæpɪtaɪzə] *s* Appetitanreger *m*, Vorspeise *f*
appetizing [ˈæpɪtaɪzɪŋ] *adj* appetitlich; *Geruch* lecker
applaud [əˈplɔːd] ◭ *v/t* applaudieren; *Anstrengungen, Mut* loben; *Entscheidung* begrüßen ◧ *v/i* applaudieren
applause [əˈplɔːz] *s* ⟨*kein pl*⟩ Applaus *m*
apple [ˈæpl] *s* Apfel *m*; **to be the ~ of sb's eye** j-s Liebling *od* ganzer Stolz sein
apple-green *adj* apfelgrün
apple juice *s* Apfelsaft *m*

apple pie *s* ≈ gedeckter Apfelkuchen
apple sauce *s* GASTR Apfelmus *n*
applet [ˈæplɪt] *s* COMPUT Applet *n*
appliance [əˈplaɪəns] *s* Vorrichtung *f*; *im Haushalt* Gerät *n*
applicable [əˈplɪkəbl] *adj* anwendbar (**to** auf +*akk*); *auf Formular* zutreffend (**to** für); **that isn't ~ to you** das trifft auf Sie nicht zu
applicant [ˈæplɪkənt] *s für Stelle* Bewerber(in) *m(f)* (**for** um, für); *für Darlehen* Antragsteller(in) *m(f)* (**for** für, auf +*akk*)
application [ˌæplɪˈkeɪʃən] *s* ◨ *für Stelle etc* Bewerbung *f* (**for** um, für); *für Darlehen* Antrag *m* (**for** auf +*akk*) ◨ *von Farbe, Salbe* Auftragen *n*; *von Regeln, Wissen* Anwendung *f*; **"for external ~ only"** MED „nur zur äußerlichen Anwendung" ◨ Fleiß *m* ◨ IT Anwendung *f*
application documents *pl für Job* Bewerbungsmappe *f*
application form *s* Antragsformular *n*; *für Job* Bewerbungsformular *n*
application program *s* IT Anwendungsprogramm *n*
application software *s* IT Anwendersoftware *f*
applicator [ˈæplɪkeɪtə] *s* Aufträger *m*; *für Tampons* Applikator *m*
applied [əˈplaɪd] *adj* ⟨*attr*⟩ *Mathematik etc* angewandt
appliqué [æˈpliːkeɪ] ◭ *s* Handarbeiten Applikationen *pl* ◧ *adj* ⟨*attr*⟩ **~ work** Stickerei *f*
apply [əˈplaɪ] ◭ *v/t Farbe, Salbe* auftragen (**to** auf +*akk*); *Verband* anlegen; *Druck, Regeln, Wissen* anwenden (**to** auf +*akk*); *Bremse* betätigen; **to ~ oneself (to sth)** sich (bei etw) anstrengen; **that term can be applied to many things** dieser Begriff trifft auf viele Dinge zu ◧ *v/i* ◨ sich bewerben (**for** um, für); **to ~ to sb for sth** *für Job, Stipendium* sich bei j-m für etw bewerben; **~ within** Anfragen im Laden; **she has applied to college** sie hat sich um einen Studienplatz beworben ◨ gelten (**to** für)

phrasal verbs mit apply:

apply for *v/t Stelle* sich bewerben um; *Pass, Sozialhilfe* beantragen
apply to *v/t Kontaktperson* sich wenden an; *Firma* sich bewerben bei; *bestimmte Person* betreffen, gelten für

appoint [əˈpɔɪnt] *v/t* einstellen, ernennen; **to ~ sb to an office** j-n in ein Amt berufen; **to ~ sb sth** j-n zu etw ernennen; **to ~ sb to do sth** j-n dazu bestimmen, etw zu tun
appointed [əˈpɔɪntɪd] *adj Zeit, Ort* festgesetzt; *Aufgabe* zugewiesen; *Vertreter* ernannt
appointee [əpɔɪnˈtiː] *s* Ernannte(r) *m/f(m)*
appointment [əˈpɔɪntmənt] *s* ◨ Verabredung *f*; *geschäftlich, bei Arzt etc* Termin *m* (**with** bei);

a doctor's ~ ein Termin beim Arzt; **to make an ~ with sb** mit j-m eine Verabredung treffen/einen Termin vereinbaren; **I made an ~ to see the doctor** ich habe mir beim Arzt einen Termin geben lassen; **do you have an ~?** sind Sie angemeldet?; **to keep an ~** einen Termin einhalten; **by ~** auf Verabredung; *geschäftlich, bei Arzt, Anwalt etc* nach Vereinbarung **2** Einstellung *f*, Ernennung *f*

appointment(s) book *s* Terminkalender *m*
appointments diary *s* Terminkalender *m*
apportion [ə'pɔːʃən] *v/t* aufteilen; *Aufgaben* zuteilen; **to ~ sth to sb** j-m etw zuteilen
appraisal [ə'preɪzəl] *s von Wert, Schaden* Abschätzung *f*; *von Fähigkeiten* Beurteilung *f*
appraise [ə'preɪz] *v/t Wert, Schaden* schätzen; *Fähigkeiten* einschätzen
appreciable *adj*, **appreciably** [ə'priːʃəbl, -ɪ] *adv* beträchtlich
appreciate [ə'priːʃɪeɪt] **A** *v/t* **1** *Gefahren, Probleme etc* sich (*dat*) bewusst sein (+*gen*); *j-s Wünsche etc* Verständnis haben für; **I ~ that you cannot come** ich verstehe, dass ihr nicht kommen könnt **2** zu schätzen wissen; **thank you, I ~ it** vielen Dank, sehr nett von Ihnen; **I would ~ it if you could do this by tomorrow** könnten Sie das bitte bis morgen erledigen? **3** *Kunst, Musik* schätzen **B** *v/i* FIN **to ~ (in value)** im Wert steigen
appreciation [ə,priːʃɪ'eɪʃən] *s* **1** *von Problemen, Gefahren* Erkennen *n* **2** Anerkennung *f*; *von Mensch* Wertschätzung *f*; **in ~ of sth** zum Dank für etw; **to show one's ~** seine Dankbarkeit (be)zeigen **3** Verständnis *n*; *für Kunst* Sinn *m* (**of** für); **to write an ~ of sb/sth** einen Bericht über j-n/etw schreiben **4** (Wert)steigerung *f* (**in** bei)
appreciative [ə'priːʃɪətɪv] *adj* anerkennend, dankbar
apprehend [,æprɪ'hend] *v/t* festnehmen
apprehension [,æprɪ'henʃən] *s* Besorgnis *f*; **a feeling of ~** eine dunkle Ahnung
apprehensive [,æprɪ'hensɪv] *adj* ängstlich; **to be ~ of sth** etw befürchten; **he was ~ about the future** er schaute mit ängstlicher Sorge in die Zukunft
apprehensively [,æprɪ'hensɪvlɪ] *adv* ängstlich
apprentice [ə'prentɪs] **A** *s* Lehrling *m*, Auszubildende(r) *m/f(m)*; **~ electrician** Elektrikerlehrling *m* **B** *v/t* **to be ~d to sb** bei j-m in die Lehre gehen
apprenticeship [ə'prentɪʃɪp] *s* Lehre *f*, Ausbildung *f*; **to serve one's ~** seine Lehre absolvieren
approach [ə'prəʊtʃ] **A** *v/i* sich nähern; *Termin etc* nahen **B** *v/t* **1** sich nähern (+*dat*); FLUG anfliegen; *fig* heranreichen an (+*akk*); **to ~ thirty** auf die dreißig zugehen; **the train is now ~ing platform 3** der Zug hat Einfahrt auf Gleis 3; **something ~ing a festive atmosphere** eine annähernd festliche Stimmung **2** *j-n, Organisation* herantreten an (+*akk* **about** wegen) **3** *Problem, Aufgabe* angehen **C** *s* **1** (Heran)nahen *n*; *von Truppen* Heranrücken *n*; FLUG Anflug *m* (**to an** +*akk*) **2** *an j-n, Organisation* Herantreten *n* **3** (≈ *Haltung*) Ansatz *m* (**to** zu); **a positive ~ to teaching** eine positive Einstellung zum Unterrichten; **his ~ to the problem** seine Art, an das Problem heranzugehen; **try a different ~** versuchs doch mal anders

approachable [ə'prəʊtʃəbl] *adj Mensch* leicht zugänglich
approach path *s* FLUG Einflugschneise *f*
approach road *s* Zufahrtsstraße *f*, (Autobahn)zubringer *m*, Auffahrt *f*
appropriate¹ [ə'prəʊprɪɪt] *adj* **1** passend, geeignet (**for, to** für); *für Situation, Gelegenheit* angemessen (**to** +*dat*); *Name, Bemerkung* treffend; **to be ~ for doing sth** geeignet sein, etw zu tun **2** entsprechend; *Behörde* zuständig; **put a tick where ~** Zutreffendes bitte ankreuzen; **as ~** wie zutreffend; **delete as ~** Nichtzutreffendes streichen
appropriate² [ə'prəʊprɪeɪt] *v/t* sich (*dat*) aneignen
appropriately [ə'prəʊprɪɪtlɪ] *adv* treffend; *gekleidet* passend (**for, to** für)
appropriateness [ə'prəʊprɪɪtnɪs] *s* Eignung *f*; *von Kleidung, Bemerkung, Name* Angemessenheit *f*
appropriation [ə,prəʊprɪ'eɪʃən] *s von Land, Besitz* Beschlagnahmung *f*; *von Ideen* Aneignung *f*
approval [ə'pruːvəl] *s* **1** Anerkennung *f*, Zustimmung *f* (**of** zu); **to win sb's ~ (for sth)** j-s Zustimmung (für etw) gewinnen; **to give one's ~ for sth** seine Zustimmung zu etw geben; **to meet with/have sb's ~** j-s Zustimmung finden/haben; **to show one's ~ of sth** zeigen, dass man einer Sache (*dat*) zustimmt **2** HANDEL **on ~** zur Probe, zur Ansicht
approve [ə'pruːv] **A** *v/t Entscheidung* billigen; *Projekt* genehmigen **B** *v/i* **to ~ of sb/sth** von j-m/etw etwas halten; **I don't ~ of him/it** ich halte nichts von ihm/davon; **I don't ~ of children smoking** ich bin dagegen, dass Kinder rauchen; **to ~ of the plan** dem Plan zustimmen
approved [ə'pruːvd] *adj* anerkannt
approving *adj* anerkennend, zustimmend
approvingly *adv* anerkennend
approx. *abk* (= **approximately**) ca.
approximate [ə'prɒksɪmɪt] **A** *adj* ungefähr;

these figures are only ~ dies sind nur ungefähre Werte; **three hours is the ~ time needed** man braucht ungefähr drei Stunden **B** [ə-ˈprɒksəmeɪt] v/i **to ~ to sth** einer Sache (dat) in etwa entsprechen **C** [əˈprɒksəmeɪt] v/t **to ~ sth** einer Sache (dat) in etwa entsprechen

approximately [əˈprɒksɪmətlɪ] adv ungefähr

approximation [əˌprɒksɪˈmeɪʃən] s Annäherung f ⟨**of, to** an +akk⟩; (≈ Zahl) (An)näherungswert m; **his story was an ~ of the truth** seine Geschichte entsprach in etwa der Wahrheit

Apr abk (= April) Apr.

APR abk (= annual percentage rate) Jahreszinssatz m

après-ski [ˌæpreɪˈskiː] **A** s Après-Ski n **B** adj ⟨attr⟩ Après-Ski-

apricot [ˈeɪprɪkɒt] **A** s Aprikose f, Marille f österr **B** adj (a. **apricot-coloured**) aprikosenfarben

April [ˈeɪprəl] s April m; **~ shower** Aprilschauer m; → September

April fool s Aprilnarr m; **~!** ≈ April, April!; **to play an ~ on sb** j-n in den April schicken

April Fools' Day s der erste April

apron [ˈeɪprən] s Schürze f

apron strings pl **to be tied to sb's ~** j-m am Rockzipfel hängen umg

apropos [ˌæprəˈpəʊ] präp, (a. **apropos of**) apropos

apse [æps] s ARCH Apsis f

apt [æpt] adj ⟨+er⟩ **1** passend **2 to be apt to do sth** dazu neigen, etw zu tun

Apt. abk (= apartment) Z, Zi

aptitude [ˈæptɪtjuːd] s Begabung f

aptitude test s Eignungsprüfung f

aptly [ˈæptlɪ] adv passend

aquacycling [ˈækwəsaɪklɪŋ] s Aquabiking n, Aquacycling n

aquajogging [ˈækwədʒɒɡɪŋ] s Aquajogging n

aqualung [ˈækwəlʌŋ] s Tauchgerät n

aquamarine [ˌækwəməˈriːn] **A** s Aquamarin m; (≈ Farbe) Aquamarin n **B** adj aquamarin

aquaplane [ˈækwəpleɪn] v/i Auto etc (auf nasser Straße) ins Rutschen geraten

aquaplaning [ˈækwəpleɪnɪŋ] s Aquaplaning n

aquarium [əˈkwɛərɪəm] s Aquarium n

Aquarius [əˈkwɛərɪəs] s ASTROL Wassermann m; **to be (an) ~** (ein) Wassermann sein

aquarobics [ˌækwərˈəʊbɪks] s Aquarobic n Wassergymnastik f

aquaspinning [ˈækwəspɪnɪŋ] s Aquabiking n, Aquacycling n

aquathlon [əˈkwæθlɒn] Aquathlon m, Swim and Run n (Wettkampf bestehend aus Schwimmen und Laufen)

aquatic [əˈkwætɪk] adj Wasser-; **~ sports** Wassersport m

aqueduct [ˈækwɪdʌkt] s Aquädukt m/n

AR [ˌeɪˈɑː] abk (= augmented reality) IT AR f, erweiterte Realität

Arab [ˈærəb] **A** s Araber m, Araberin f; **the ~s** die Araber **B** adj ⟨attr⟩ arabisch; **~ horse** Araber m

Arabia [əˈreɪbɪə] s Arabien n

Arabian adj arabisch

Arabic [ˈærəbɪk] **A** s Arabisch n **B** adj arabisch

arable [ˈærəbl] adj Acker-; **~ farming** Ackerbau m; **~ land** Ackerland n

arbitrarily [ˈɑːbɪtrərəlɪ] adv willkürlich

arbitrary [ˈɑːbɪtrərɪ] adj willkürlich

arbitrate [ˈɑːbɪtreɪt] **A** v/t schlichten **B** v/i vermitteln

arbitration [ˌɑːbɪˈtreɪʃən] s Schlichtung f; **to go to ~** vor eine Schlichtungskommission gehen

arbitrator [ˈɑːbɪtreɪtəʳ] s Vermittler(in) m(f); bes IND Schlichter(in) m(f)

arc [ɑːk] s Bogen m

arcade [ɑːˈkeɪd] s ARCH Arkade f; (≈ mit Geschäften) Passage f

arcane [ɑːˈkeɪn] adj obskur

arch¹ [ɑːtʃ] **A** s **1** Bogen m **2** von Fuß Wölbung f **B** v/t Rücken krümmen; Augenbrauen hochziehen; **the cat ~ed its back** die Katze machte einen Buckel

arch² adj ⟨attr⟩ Erz-; **~ enemy** Erzfeind(in) m(f)

archaeological [ˌɑːkɪəˈlɒdʒɪkəl] adj, **archeological** US adj archäologisch

archaeologist [ˌɑːkɪˈɒlədʒɪst] s, **archeologist** US s Archäologe m, Archäologin f

archaeology [ˌɑːkɪˈɒlədʒɪ] s, **archeology** US s Archäologie f

archaic [ɑːˈkeɪɪk] adj veraltet

archaism [ˈɑːkeɪɪzəm] s veralteter Ausdruck

archangel [ˈɑːkˌeɪndʒl] s Erzengel m

archbishop s Erzbischof m

archdeacon s Erzdiakon m

arched [ɑːtʃt] adj gewölbt; **~ window** (Rund)bogenfenster n

archeological etc US → **archaeological**

archer [ˈɑːtʃəʳ] s Bogenschütze m/-schützin f

archery [ˈɑːtʃərɪ] s Bogenschießen n

archetypal [ˈɑːkɪtaɪpəl] adj archetypisch geh, typisch; **he is the ~ millionaire** er ist ein Millionär, wie er im Buche steht

archetype [ˈɑːkɪtaɪp] s Archetyp(us) m form

archipelago [ˌɑːkɪˈpelɪɡəʊ] s ⟨pl -(e)s⟩ Archipel m

architect [ˈɑːkɪtekt] s Architekt(in) m(f); **he was the ~ of his own downfall** er hat seinen Ruin selbst verursacht

architectural adj, **architecturally** [ˌɑːkɪˈtektʃərəl, -ɪ] adv architektonisch

architecture [ˈɑːkɪtektʃəʳ] s Architektur f

archive [ˈɑːkaɪv] s a. IT Archiv n; **~ material** Archivmaterial n
archives pl Archiv n
archivist [ˈɑːkɪvɪst] s Archivar(in) m(f)
arch-rival [ˌɑːtʃˈraɪvəl] s Erzrivale m, Erzrivalin f
archway [ˈɑːtʃweɪ] s Torbogen m
arctic [ˈɑːktɪk] **A** adj arktisch; eiskalt **B** s **the Arctic** die Arktis
Arctic Circle s nördlicher Polarkreis
Arctic Ocean s Nordpolarmeer n
ardent [ˈɑːdənt] adj leidenschaftlich
ardently [ˈɑːdəntlɪ] adv leidenschaftlich; wünschen, bewundern glühend
arduous [ˈɑːdjʊəs] adj beschwerlich; Arbeit anstrengend; Aufgabe mühselig
are [ɑːʳ] ⟨2. Person sg, 1., 2., 3. Person pl präs⟩ → be
area [ˈeərɪə] s **1** Fläche f; **20 sq metres in ~** Br, **20 sq meters in ~** US eine Fläche von 20 Quadratmetern **2** Gebiet n, Region f, Gegend f, Gelände n; in Diagramm etc Bereich m; **in the ~** in der Nähe; **do you live in the ~?** wohnen Sie hier (in der Gegend)?; **in the London ~** im Londoner Raum; **protected ~** Schutzgebiet n; **dining/sleeping ~** Ess-/Schlafbereich m; **no smoking ~** Nichtraucherzone f; **the (penalty) ~** bes Br FUSSB der Strafraum; **a mountainous ~** eine bergige Gegend; **a wooded ~** ein Waldstück n, ein Waldgebiet n; **the infected ~s of the lungs** die befallenen Teile od Stellen der Lunge **3** fig Bereich m; **his ~ of responsibility** sein Verantwortungsbereich m; **~ of interest** Interessengebiet n
area code s TEL Vorwahl(nummer) f
area manager s Gebietsleiter m
area office s Bezirksbüro n
arena [əˈriːnə] s Arena f
aren't [ɑːnt] abk (= are not, am not) → be
Argentina [ˌɑːdʒənˈtiːnə] s Argentinien n
Argentine[1] [ˈɑːdʒəntaɪn] s **the ~** Argentinien n
Argentine[2] [ˈɑːdʒəntaɪn], **Argentinian** [ˌɑːdʒənˈtɪnɪən] **A** s Argentinier(in) m(f) **B** adj argentinisch
arguable [ˈɑːgjʊəbl] adj **it is ~ that ...** es lässt sich der Standpunkt vertreten, dass ...; **it is ~ whether ...** es ist (noch) die Frage, ob ...
arguably [ˈɑːgjʊəblɪ] adv wohl; **this is ~ his best book** dies dürfte sein bestes Buch sein
argue [ˈɑːgjuː] **A** v/i **1** streiten, sich streiten, sich zanken; **there's no arguing with him** mit ihm kann man nicht reden; **don't ~ with your mother!** du sollst deiner Mutter nicht widersprechen!; **there is no point in arguing** da erübrigt sich jede (weitere) Diskussion **2** argumentieren; **to ~ for** od **in favour of/against sth** Br, **to ~ for** od **in favor of/against sth** US für/gegen etw sprechen od argumentieren; **this ~s in his favour** Br, **this ~s in his favor** US das spricht zu seinen Gunsten **B** v/t **1** Sache, Fall diskutieren; **a well ~d case** ein gut begründeter Fall **2** behaupten; **he ~s that ...** er vertritt den Standpunkt, dass ...

phrasal verbs mit argue:
argue out v/t ⟨trennb⟩ Problem ausdiskutieren; **to argue sth out with sb** etw mit j-m durchsprechen

argument [ˈɑːgjʊmənt] s **1** Diskussion f; **for the sake of ~** rein theoretisch **2** Auseinandersetzung f, Streit m; **to have an ~** sich streiten, sich zanken **3** Argument n; **Professor Ayer's ~ is that ...** Professor Ayers These lautet, dass ...
argumentative [ˌɑːgjʊˈmentətɪv] adj streitsüchtig; **~ writing** Erörterung f
aria [ˈɑːrɪə] s Arie f
arid [ˈærɪd] adj dürr
Aries [ˈeəriːz] s ASTROL Widder m; **to be (an) ~** (ein) Widder sein
arise [əˈraɪz] v/i ⟨prät arose [əˈrəʊz]; pperf arisen [əˈrɪzn]⟩ **1** sich ergeben, entstehen; Frage, Problem aufkommen; **should the need ~** falls sich die Notwendigkeit ergibt **2** **to ~ out of** od **from sth** sich aus etw ergeben
aristocracy [ˌærɪsˈtɒkrəsɪ] s Aristokratie f
aristocrat [ˈærɪstəkræt] s Aristokrat(in) m(f)
aristocratic [ˌærɪstəˈkrætɪk] adj aristokratisch
arithmetic [əˈrɪθmətɪk] s Rechnen n
ark [ɑːk] s **Noah's ark** die Arche Noah
arm[1] [ɑːm] s **1** ANAT Arm m; **in one's arms** im Arm; **to give sb one's arm** Br j-m den Arm geben; **to take sb in one's arms** j-n in die Arme nehmen; **to hold sb in one's arms** j-n umarmen; **to put** od **throw one's arms around sb** die Arme um j-n schlingen geh; **arm in arm** Arm in Arm; **to welcome sb with open arms** j-n mit offenen Armen empfangen; **within arm's reach** in Reichweite; **it cost him an arm and a leg** umg es kostete ihn ein Vermögen **2** Ärmel m **3** (Fluss)arm m; von Sessel (Arm)lehne f
arm[2] **A** v/t bewaffnen; **to arm sth with sth** etw mit etw ausrüsten; **to arm oneself with sth** sich mit etw bewaffnen **B** v/i aufrüsten
armaments [ˈɑːməmənts] pl Ausrüstung f
armband [ˈɑːmbænd] s Armbinde f; **~s** Br Schwimmflügel pl
armchair [ˈɑːmtʃeəʳ] s Sessel m, Fauteuil n österr; **~ philosopher** Stubengelehrte(r) m/f(m)
armed [ɑːmd] adj bewaffnet
armed forces pl Streitkräfte pl
armed robbery s bewaffneter Raubüberfall
Armenia [ɑːˈmiːnɪə] s Armenien n
Armenian [ɑːˈmiːnɪən] **A** adj armenisch **B** s **1** (≈ Mensch) Armenier(in) m(f) **2** LING Armenisch n

armful s Arm m voll kein pl
armhole s Armloch n
armistice ['ɑːmɪstɪs] s Waffenstillstand m
Armistice Day s 11.11. *Tag des Waffenstillstands (1918)*
armour ['ɑːmə^r] s, **armor** US s Rüstung f; **suit of ~** Rüstung f
armoured ['ɑːməd] adj, **armored** US adj Panzer-; **~ car** Panzerwagen m; **~ personnel carrier** Schützenpanzer(wagen) m
armoured vehicle s, **armored vehicle** [ɑːməd'viːɪkl] US s gepanzertes Fahrzeug
armour plating s, **armor plating** US s Panzerung f
armoury ['ɑːmərɪ] s, **armory** US s **1** Arsenal n, Waffenlager n **2** US Munitionsfabrik f
armpit s Achselhöhle f
armrest s Armlehne f
arms [ɑːmz] pl **1** Waffen pl; **to take up ~ (against sb/sth)** (gegen j-n/etw) zu den Waffen greifen; *fig* (gegen j-n/etw) zum Angriff übergehen; **to be up in ~ (about sth)** *fig umg* (über etw *akk*) empört sein **2** *Wappenkunde* Wappen n
arms control s Rüstungskontrolle f
arms race s Wettrüsten n
army ['ɑːmɪ] **A** s **1** Armee f; **~ of occupation** Besatzungsarmee f; **to be in the ~** beim Militär sein; **to join the ~** zum Militär gehen **2** *fig* Heer n **B** *attr* Militär-; **~ life** Soldatenleben n; **~ officer** Offizier(in) m(f) in der Armee
A-road ['eɪrəʊd] *Br* s ≈ Bundesstraße f
aroma [ə'rəʊmə] s Aroma n
aromatherapy [ə,rəʊmə'θerəpɪ] s Aromatherapie f
aromatic [,ærəʊ'mætɪk] adj aromatisch
arose [ə'rəʊz] *prät* → arise
around [ə'raʊnd] **A** adv herum, umher, rum *umg*; **all ~** überall; rundherum; rings umher; **I looked all ~** ich sah mich nach allen Seiten um; **he turned ~** er drehte sich um; **for miles ~** meilenweit im Umkreis; **to travel ~** herumreisen; **to be ~** da sein; in der Nähe sein; **is he ~?** ist er da?; **see you ~!** *umg* bis bald!; **that's been ~ for ages** das ist schon uralt, das gibt's schon ewig **B** *präp* **1** um, um … herum; **the lake** um den See (herum) **2** **to wander ~ the town** durch die Stadt spazieren; **to travel ~ Scotland** durch Schottland reisen; **the church must be ~ here somewhere** die Kirche muss hier irgendwo sein; **is there a bank ~ here?** gibt es hier in der Nähe *od* irgendwo eine Bank? **3** *bei Datum* um; *bei Uhrzeit* gegen; *bei Gewicht, Preis* etwa, ungefähr; → round
arouse [ə'raʊz] v/t erregen
arr *abk* (= arrival, arrives) Ank.
arrange [ə'reɪndʒ] v/t **1** ordnen; *Gegenstände* aufstellen; *Bücher in Regal* anordnen; *Blumen* arrangieren **2** vereinbaren; *Party* arrangieren; **I'll ~ for you to meet him** ich arrangiere für Sie ein Treffen mit ihm; **I've ~d for her to pick us up** ich habe mit ihr abgemacht, dass sie uns abholt; **an ~d marriage** eine arrangierte Ehe; **if you could ~ to be there at five** wenn du es so einrichten kannst, dass du um fünf Uhr da bist; **a meeting has been ~d for next month** nächsten Monat ist ein Treffen angesetzt **3** *MUS* arrangieren
arrangement s **1** Anordnung f; **a flower ~** ein Blumenarrangement n **2** Vereinbarung f, Verabredung f; **a special ~** eine Sonderregelung; **to have/come to an ~ with sb** eine Regelung mit j-m getroffen haben/treffen **3** ⟨*mst pl*⟩ Pläne pl, Vorbereitungen pl; **to make ~s for sb/sth** für j-n/etw Vorbereitungen treffen; **to make ~s for sth to be done** veranlassen, dass etw getan wird; **to make one's own ~s** selber zusehen(, wie …); **seating ~s** Sitzordnung f **4** *MUS Version* Bearbeitung f; *Unterhaltungsmusik* Arrangement n
array [ə'reɪ] s **1** Ansammlung f; *von Gegenständen* stattliche Reihe **2** *IT* (Daten)feld n
arrears [ə'rɪəz] pl Rückstände pl; **to get** *od* **fall into ~** in Rückstand kommen; **to have ~ of £5000** mit £ 5000 im Rückstand sein; **to be paid in ~** rückwirkend bezahlt werden
arrest [ə'rest] **A** v/t festnehmen, verhaften **B** s Festnahme f, Verhaftung f; **to be under ~** festgenommen/verhaftet sein
arrest warrant s Haftbefehl m
arrival [ə'raɪvəl] s Ankunft f kein pl; *von Waren, Neuigkeiten* Eintreffen n kein pl; **on ~** bei Ankunft; **he was dead on ~** bei seiner Einlieferung ins Krankenhaus wurde der Tod festgestellt; **~ time** Ankunftszeit f; **~s** BAHN, FLUG Ankunft f **2** (≈ *Mensch*) Ankömmling m; **new ~** Neuankömmling m; *Baby* Familienzuwachs m, neuer Erdenbürger
arrivals lounge [ə'raɪvəlz,laʊndʒ] s Ankunftshalle f
arrive [ə'raɪv] v/i ankommen; **to ~ home** nach Hause kommen; *bes nach Reise* zu Hause ankommen; **to ~ at a town/the airport** in einer Stadt/am Flughafen ankommen; **the train will ~ at platform 10** der Zug fährt auf Gleis 10 ein; **to ~ at a decision/result** zu einer Entscheidung/einem Ergebnis kommen
arrogance ['ærəgəns] s Arroganz f
arrogant adj, **arrogantly** adv arrogant
arrow ['ærəʊ] s Pfeil m
arrow key s COMPUT Pfeiltaste f
arse [ɑːs] *Br sl* **A** s Arsch m *sl*; **get your ~ in gear!** setz mal deinen Arsch in Bewegung! *sl*; **tell**

him to get his ~ into my office sag ihm, er soll mal in meinem Büro antanzen *umg;* **my ~!** dass ich nicht lache! **B** *v/t* **I can't be ~d** ich hab keinen Bock *sl*

phrasal verbs mit arse:

arse about, arse around *Br umg v/i* rumblödeln *umg*

arsehole ['ɑːshəʊl] *Br vulg s* Arschloch *n vulg*

arsenal ['ɑːsɪnl] *s* MIL Arsenal *n; fig* Waffenlager *n*

arsenic ['ɑːsnɪk] *s* Arsen *n*

arson ['ɑːsn] *s* Brandstiftung *f*

arsonist *s* Brandstifter(in) *m(f)*

art [ɑːt] **A** *s* **1** Kunst *f;* **the arts** die schönen Künste; **there's an art to it** das ist eine Kunst; **arts and crafts** Kunsthandwerk *n* **2 arts** UNIV Geisteswissenschaften *pl;* **arts minister** Kulturminister(in) *m(f)* **B** *adj* ⟨*attr*⟩ Kunst-

art college *s* Kunsthochschule *f*

artefact *Br,* **artifact** ['ɑːtɪfækt] *s* Artefakt *n*

arterial [ɑːˈtɪərɪəl] *adj* **~ road** AUTO Hauptverkehrsstraße *f*

artery ['ɑːtərɪ] *s* **1** ANAT Arterie *f* **2** (*a.* **traffic ~**) Verkehrsader *f*

art gallery *s* Kunstgalerie *f*

art-house *adj* ⟨*attr*⟩ **~ movie** Experimentalfilm *m;* **~ cinema** *Br,* **~ movie theater** *US* ≈ Programmkino *n*

arthritic [ɑːˈθrɪtɪk] *adj* arthritisch; **she is ~** sie hat Arthritis

arthritis [ɑːˈθraɪtɪs] *s* Arthritis *f*

artichoke ['ɑːtɪtʃəʊk] *s* Artischocke *f*

article ['ɑːtɪkl] *s* **1** Gegenstand *m; auf Liste* Posten *m;* HANDEL Artikel *m;* **~ of furniture** Möbelstück *n;* **~s of clothing** Kleidungsstücke *pl* **2** *in Zeitung, Verfassung, a.* GRAM Artikel *m; von Vertrag* Paragraf *m;* **Article 50** Artikel 50 (*der den Austritt aus der EU regelt*); **to trigger Article 50** Artikel 50 auslösen *od* in Anspruch nehmen

articulate A [ɑːˈtɪkjʊlɪt] *adj* klar; **to be ~** sich gut *od* klar ausdrücken können **B** [ɑːˈtɪkjʊleɪt] *v/t* **1** artikulieren **2** darlegen **C** [ɑːˈtɪkjʊleɪt] *v/i* artikulieren

articulated lorry *Br,* **articulated truck** [ɑːˈtɪkjʊleɪtɪd-] *s* Sattelschlepper *m*

articulately [ɑːˈtɪkjʊlɪtlɪ] *adv* aussprechen artikuliert; *sich ausdrücken* klar

artifact *s* → artefact

artificial [ˌɑːtɪˈfɪʃəl] *adj* künstlich; *pej Lächeln etc* gekünstelt; **~ leather/silk** Kunstleder *n*/-seide *f;* **~ limb** Prothese *f;* **you're so ~** du bist nicht echt

artificial insemination *s* künstliche Befruchtung

artificial intelligence *s* künstliche Intelligenz

artificially [ˌɑːtɪˈfɪʃəlɪ] *adv* künstlich, gekünstelt

artificial respiration *s* künstliche Beatmung *f*

artillery [ɑːˈtɪlərɪ] *s* Artillerie *f*

artisan ['ɑːtɪzæn] *s* Handwerker(in) *m(f)*

artisan bakery *s* Kleinbäckerei *f,* (Handwerker-) Bäckerei *f*

artist ['ɑːtɪst] *s* Künstler(in) *m(f);* **~'s impression** Zeichnung *f*

artiste [ɑːˈtiːst] *s* Künstler(in) *m(f);* (≈ *im Zirkus*) Artist(in) *m(f)*

artistic [ɑːˈtɪstɪk] *adj* künstlerisch, kunstvoll, kunstverständig; **she's very ~** sie ist künstlerisch veranlagt *od* begabt/sehr kunstverständig

artistically [ɑːˈtɪstɪkəlɪ] *adv* künstlerisch, kunstvoll

artistic director *s* künstlerischer Direktor, künstlerische Direktorin

artistry ['ɑːtɪstrɪ] *s* Kunst *f*

Art Nouveau ['ɑːnuːˈvəʊ] *s* Jugendstil *m*

art school *s* Kunsthochschule *f*

arts degree *s* Abschlussexamen *n* der philosophischen Fakultät

Arts Faculty, Faculty of Arts *s* philosophische Fakultät

artwork ['ɑːtwɜːk] *s* **1** *in Buch* Bildmaterial *n* **2** *für Anzeige etc* Druckvorlage *f* **3** (≈ *Bild etc*) Kunstwerk *n*

arty ['ɑːtɪ] *adj* ⟨*komp* artier⟩ *umg* Künstler-; *Mensch* auf Künstler machend *pej; Film* geschmäcklerisch

arty-farty ['ɑːtɪˈfɑːtɪ] *hum umg adj* → arty

as [æz, əz] **A** *konj* **1** (≈ *zeitlich*) als, während **2** (≈ *kausal*) da, weil **3** (≈ *obwohl*) **rich as he is I won't marry him** obwohl er reich ist, werde ich ihn nicht heiraten; **much as I admire her, …** sosehr ich sie auch bewundere, …; **be that as it may** wie dem auch sei **4** *Art* wie; **do as you like** machen Sie, was Sie wollen; **as you know** wie Sie wissen; **leave it as is** is lass das so; **the first door as you go in** die erste Tür, wenn Sie hereinkommen; **knowing him as I do** so wie ich ihn kenne; **it is bad enough as it is** es ist schon schlimm genug; **as it were** sozusagen **5 as if** *od* **though** als ob; **it isn't as if he didn't see me** schließlich hat er mich ja gesehen; **as for him** (und) was ihn angeht; **as from now** ab jetzt; **so as to** (≈ *Zweck*) um zu +*inf;* (≈ *Art*) so, dass; **he's not so silly as to do that** er ist nicht so dumm, das zu tun **B** *adv* **as … as** so … wie; **twice as old** doppelt so alt; **just as nice as you** genauso nett wie du; **late as usual!** wie immer zu spät!; **as recently as yesterday** erst gestern; **she is very clever, as is her brother** sie ist sehr intelligent, genau(so) wie ihr Bruder; **as many/ much as I could** so viele/so viel ich (nur) konnte; **there were as many as 100 people there** es waren bestimmt 100 Leute da; **the same man as was here yesterday** derselbe Mann, der gestern hier war **C** *präp* **1** als; **to treat sb as a child** j-n wie ein Kind behandeln **2** wie (zum Beispiel)

asap ['eɪsæp] *abk* (= as soon as possible) baldmöglichst

asbestos [æz'bestəs] *s* Asbest *m*

ascend [ə'send] **A** *v/i* aufsteigen; **in ~ing order** in aufsteigender Reihenfolge **B** *v/t* Treppe hinaufsteigen; Berg erklimmen *geh*

ascendancy, ascendency [ə'sendənsɪ] *s* Vormachtstellung *f*; **to gain (the) ~ over sb** die Vorherrschaft über j-n gewinnen

Ascension [ə'senʃən] *s* **the ~** (Christi) Himmelfahrt *f*

Ascension Day *s* Himmelfahrt *n*, Himmelfahrtstag *m*

ascent [ə'sent] *s* Aufstieg *m*; **the ~ of Ben Nevis** der Aufstieg auf den Ben Nevis

ascertain [ˌæsə'teɪn] *v/t* ermitteln

ascetic [ə'setɪk] **A** *adj* asketisch **B** *s* Asket *m*

ASCII ['æskɪ] *abk* (= American Standard Code for Information Interchange) **~ file** ASCII-Datei *f*

ascorbic acid [ə'skɔːbɪk'æsɪd] *s* Askorbinsäure *f*

ascribe [ə'skraɪb] *v/t* zuschreiben (**sth to sb** j-m etw); Bedeutung, Gewicht beimessen (**to sth** einer Sache *dat*)

asexual [eɪ'seksjʊəl] *adj* Fortpflanzung ungeschlechtlich; Mensch asexuell

ash¹ [æʃ] *s*, (*a*. **ash tree**) Esche *f*

ash² *s* Asche *f*; **ashes** Asche *f*; **to reduce sth to ashes** etw völlig niederbrennen; **to rise from the ashes** *fig* aus den Trümmern wiederauferstehen

ashamed [ə'ʃeɪmd] *adj* beschämt; **to be** *od* **feel ~ (of sb/sth)** sich schämen (für j-n/etw); **it's nothing to be ~ of** deswegen braucht man sich nicht zu schämen; **you ought to be ~ (of yourself)** du solltest dich (was) schämen!

ash cloud *s* nach Vulkanausbruch Aschewolke *f*

ashen-faced [ˌæʃn'feɪst] *adj* kreidebleich

ashore [ə'ʃɔːʳ] *adv* an Land; **to run ~** stranden; **to put ~** an Land gehen

ashtray *s* Aschenbecher *m*

Ash Wednesday *s* Aschermittwoch *m*

Asia ['eɪʃə] *s* Asien *n*

Asia Minor *s* Kleinasien *n*

Asian ['eɪʃn] **A** *adj* **1** asiatisch **2** *Br* indopakistanisch **B** *s* **1** Asiat(in) *m(f)* **2** *Br* Indopakistaner(in) *m(f)*

Asian-American [ˌeɪʃnə'merɪkən] **A** *adj* asiatisch-amerikanisch **B** *s* Amerikaner(in) *m(f)* asiatischer Herkunft

aside [ə'saɪd] *adv* **1** zur Seite; **to set sth ~ for sb** etw für j-n beiseitelegen; **to turn ~** sich abwenden **2** *bes US* **~ from** außer; **~ from being chairman of this committee he is ...** außer Vorsitzender dieses Ausschusses ist er auch ...

A-side ['eɪsaɪd] *s* A-Seite *f*

ask [ɑːsk] **A** *v/t* **1** fragen; *Frage* stellen; **to ask sb the way** j-n nach dem Weg fragen; **don't ask me!** *umg* frag mich nicht, was weiß ich! *umg* **2** einladen; *zum Tanz* auffordern **3** bitten (**sb for sth** j-n um etw), verlangen (**sth of sb** etw von j-m); **to ask sb to do sth** j-n darum bitten, etw zu tun; **that's asking too much** das ist zu viel verlangt **4** HANDEL *Preis* verlangen **B** *v/i* **1** fragen; **to ask about sb/sth** sich nach j-m/etw erkundigen, nach j-m/etw fragen **2** bitten (**for sth** um etw); **there's no harm in asking** Fragen kostet nichts!; **that's asking for trouble** das kann ja nicht gut gehen; **to ask for Mr X** Herrn X verlangen

<u>phrasal verbs mit ask:</u>

ask after *v/i* (+*obj*) sich erkundigen nach; **tell her I was asking after her** grüß sie schön von mir

ask around *v/i* herumfragen

ask back *v/t* ⟨*trennb*⟩ **1** zu sich einladen **2** **they never asked me back again** sie haben mich nie wieder eingeladen

ask in *v/t* ⟨*trennb*⟩ hereinbitten

ask out *v/t* ⟨*trennb*⟩ einladen; sich verabreden mit

ask over *v/t* ⟨*trennb*⟩ zu sich einladen

ask round *bes Br v/t* ⟨*trennb*⟩ → ask over

askance [ə'skɑːns] *adv* **to look ~ at sb** j-n entsetzt ansehen; **to look ~ at a suggestion** *etc* über einen Vorschlag *etc* die Nase rümpfen

askew [ə'skjuː] *adj & adv* schief

asking ['ɑːskɪŋ] *s* ⟨*kein pl*⟩ **to be had for the ~** umsonst *od* leicht *od* mühelos zu haben sein; **he could have had it for the ~** er hätte es leicht bekommen können

asking price ['ɑːskɪŋˌpraɪs] *s* Verkaufspreis *m*

asleep [ə'sliːp] *adj* ⟨präd⟩ **1** schlafend; **to be (fast** *od* **sound) ~** (fest) schlafen; **to fall ~** einschlafen **2** *umg* (=gefühllos) eingeschlafen

A/S level ['eɪes,levl] *Br s abk* (= Advanced Supplementary level) SCHULE ≈ Fachabitur *n*, ≈ Berufsmatura *f* österr, schweiz

asocial [eɪ'səʊʃəl] *adj* ungesellig

asparagus [əs'pærəgəs] *s* ⟨*kein pl*⟩ Spargel *m*

aspect ['æspekt] *s* **1** Erscheinung *f*, Aussehen *n* **2** *von Thema* Aspekt *m*; **what about the security ~?** was ist mit der Sicherheit? **3** *von Haus* **to have a southerly ~** Südlage haben

asphalt ['æsfælt] *s* Asphalt *m*

asphyxiate [æs'fɪksɪeɪt] *v/t & v/i* ersticken; **to be**

~d ersticken
asphyxiation [æs,fɪksɪˈeɪʃən] *s* Erstickung *f*
aspic [ˈæspɪk] *s* GASTR Aspik *m/n*
aspirate [ˈæspəreɪt] *v/t* aspirieren
aspiration [ˌæspəˈreɪʃən] *s* Ambitionen *pl*, Aspiration *f geh*; LING Aspiration *f*
aspire [əˈspaɪəʳ] *v/i* **to ~ to sth** nach etw streben; **to ~ to do sth** danach streben, etw zu tun
aspirin® [ˈæsprɪn] *s* Aspirin® *n*; Kopfschmerztablette *f*
aspiring [əˈspaɪərɪŋ] *adj* aufstrebend
ass[1] [æs] *s wörtl, fig umg s* Esel *m*; **to make an ass of oneself** sich lächerlich machen
ass[2] *US sl s* Arsch *m sl*; **to kick ass** mit der Faust auf den Tisch hauen *umg*; **to work one's ass off** sich zu Tode schuften *umg*; **kiss my ass!** du kannst mich mal am Arsch lecken! *vulg*
assail [əˈseɪl] *v/t* angreifen; **to be ~ed by doubts** von Zweifeln geplagt werden
assailant [əˈseɪlənt] *s* Angreifer(in) *m(f)*
assassin [əˈsæsɪn] *s* Attentäter(in) *m(f)*
assassinate [əˈsæsɪneɪt] *v/t* ein Attentat verüben auf (*+akk*); **Kennedy was ~d in Dallas** Kennedy wurde in Dallas ermordet
assassination [əˌsæsɪˈneɪʃən] *s* (geglücktes) Attentat (**of** auf *+akk*); **~ attempt** Attentat *n*
assault [əˈsɔːlt] **A** *s* **1** MIL Sturm(angriff) *m* (**on** auf *+akk*); *fig* Angriff *m* (**on gegen**) **2** Körperverletzung *f*; **sexual ~** Notzucht *f* **B** *v/t* **1** JUR tätlich werden gegen; *sexuell* herfallen über (*+akk*); (≈ *vergewaltigen*) sich vergehen an (*+dat*) **2** MIL angreifen
assault course *s* Übungsgelände *n*
assault rifle *s* Maschinengewehr *n*
assault troops *pl* Sturmtruppen *pl*
assemble [əˈsembl] **A** *v/t* zusammensetzen; *Fakten* zusammentragen; *Mannschaft* zusammenstellen **B** *v/i* sich versammeln
assembly [əˈsemblɪ] *s* **1** Versammlung *f*; **the Welsh Assembly** die walisische Versammlung **2** SCHULE Morgenappell *m* **3** Zusammenbau *m*; *von Maschine* Montage *f*
assembly hall *s* SCHULE Aula *f*
assembly line *s* Montageband *n*
Assembly Member *s* Mitglied *n* des walisischen Parlaments
assembly plant *s* Montagewerk *n*
assembly point *s* Sammelplatz *m*
assembly worker *s* Montagearbeiter(in) *m(f)*
assent [əˈsent] **A** *s* Zustimmung *f* **B** *v/i* zustimmen; **to ~ to sth** einer Sache (*dat*) zustimmen
assert [əˈsɜːt] *v/t* behaupten; *Unschuld* beteuern; **to ~ one's authority** seine Autorität geltend machen; **to ~ one's rights** sein Recht behaupten; **to ~ oneself** sich durchsetzen (**over** gegenüber)
assertion [əˈsɜːʃən] *s* Behauptung *f*; **to make an ~** eine Behauptung aufstellen
assertive *adj*, **assertively** [əˈsɜːtɪv, -lɪ] *adv* bestimmt
assertiveness *s* Bestimmtheit *f*
assess [əˈses] *v/t* **1** einschätzen, bewerten; *Vorschlag* abwägen; *Schaden* abschätzen **2** *Grundbesitz* schätzen
assessment *s* **1** Einschätzung *f*; *von Schaden* Schätzung *f*; **what's your ~ of the situation?** wie sehen *od* beurteilen Sie die Lage? **2** *von Grundbesitz* Schätzung *f*
assessor [əˈsesəʳ] *s* *Versicherungswesen* (Schadens)gutachter(in) *m(f)*; UNIV Prüfer(in) *m(f)*
asset [ˈæset] *s* **1** ⟨*mst pl*⟩ Vermögenswert *m*; *in Bilanz* Aktivposten *m*; **~s** Vermögen *n*; *in Bilanz* Aktiva *pl*; **personal ~s** persönlicher Besitz **2** Vorteil *m*; *fig* **he is one of our great ~s** er ist einer unserer besten Leute
asshole [ˈæshəʊl] *US sl s* Arschloch *n vulg*
assiduous *adj*, **assiduously** [əˈsɪdjʊəs, -lɪ] *adv* gewissenhaft
assign [əˈsaɪn] *v/t* **1** zuweisen (**to sb** j-m) **2** berufen; *mit Aufgabe etc* beauftragen (**to** mit); **she was ~ed to this school** sie wurde an diese Schule berufen
assignment *s* **1** Aufgabe *f*, Auftrag *m*; **to be on (an) ~** einen Auftrag haben **2** *in der Schule* Referat *n*, Arbeit *f*; **to do one's history ~** an seinem Geschichtsreferat arbeiten **3** Berufung *f*; *mit Aufgabe etc* Beauftragung *f* (**to** mit) **4** Zuweisung *f*
assimilate [əˈsɪmɪleɪt] *v/t* aufnehmen
assimilation [əˌsɪmɪˈleɪʃən] *s* Aufnahme *f*
assist [əˈsɪst] **A** *v/t* helfen (*+dat*), assistieren (*+dat*); unterstützen; **to ~ sb with sth** j-m bei etw behilflich sein; **to ~ sb in doing sth** j-m helfen, etw zu tun **B** *v/i* helfen; **to ~ with sth** bei etw helfen; **to ~ in doing sth** helfen, etw zu tun **C** *s* FUSSBALL Assist *m*
assistance [əˈsɪstəns] *s* Hilfe *f*; **to come to sb's ~** j-m zu Hilfe kommen; **can I be of any ~?** kann ich Ihnen irgendwie helfen?
assistance dog *s* Assistenzhund *m*
assistant [əˈsɪstənt] **A** *s* Assistent(in) *m(f)*; *in Geschäft* Verkäufer(in) *m(f)* **B** *adj* ⟨*attr*⟩ stellvertretend
assistant director *s* *einer Organisation* stellvertretender Direktor, stellvertretende Direktorin
assistant manager *s* stellvertretender Geschäftsführer, stellvertretende Geschäftsführerin
assistant professor *US s* Assistenz-Professor(in) *m(f)*
assistant referee *s* FUSSB Schiedsrichterassis-

tent(in) *m(f)*
assisted dying *s* aktive Sterbehilfe
assisted suicide [ə͵sɪstɪd'suːɪsaɪd] *s* aktive Sterbehilfe
assistive technology [ə'sɪstɪv] *s* Unterstützungstechnologie *f*, assistierende Technologie, Rehabilitationstechnologie *f*
associate **A** [ə'səʊʃɪt] *s* Kollege *m*, Kollegin *f*; HANDEL Teilhaber(in) *m(f)* **B** [ə'səʊʃɪeɪt] *v/t* assoziieren, in Verbindung bringen; **to ~ oneself with sb/sth** sich j-m/einer Sache anschließen **C** [ə'səʊʃɪeɪt] *v/i* **to ~ with** verkehren mit
associated company [ə͵səʊʃɪeɪtɪd'kʌmpənɪ] *Br s* Schwestergesellschaft *f*
associate director *s* Direktor einer Firma, der jedoch nicht offiziell als solcher ernannt wurde
associate member *s* außerordentliches Mitglied
associate professor *US s* außerordentlicher Professor, außerordentliche Professorin
association [ə͵səʊsɪ'eɪʃən] *s* **1** ⟨*kein pl*⟩ Umgang *m*, Zusammenarbeit *f*; Verbindung *f* **2** Verband *m* **3** *geistig* Assoziation *f* (**with** an *+akk*)
assonance ['æsənəns] *s* Assonanz *f* (*Wiederholung gleicher oder ähnlicher betonter Vokale in benachbarten Wörtern; z. B. sweet dreams*)
assorted [ə'sɔːtɪd] *adj* gemischt
assortment [ə'sɔːtmənt] *s* Mischung *f*; *von Waren* Auswahl *f* (**of** an *+dat*)
asst *abk* (= **assistant**) Assistent(in) *m(f)*
assume [ə'sjuːm] *v/t* **1** annehmen, voraussetzen; **let us ~ that you are right** nehmen wir an, Sie hätten recht; **assuming (that)** ... angenommen(, dass) ...; **to ~ office** sein Amt antreten; **to ~ a look of innocence** eine unschuldige Miene aufsetzen **2** *Kontrolle* übernehmen
assumed *adj* **~ name** angenommener Name
assumption [ə'sʌmpʃən] *s* **1** Annahme *f*, Voraussetzung *f*; **to go on the ~ that** ... von der Voraussetzung ausgehen, dass ... **2** *von Macht* Übernahme *f* **3** KIRCHE **the Assumption** Mariä Himmelfahrt *f*
assurance [ə'ʃʊərəns] *s* **1** Versicherung *f*, Zusicherung *f* **2** (≈ *Selbstvertrauen*) Sicherheit *f* **3** *Br* (Lebens)versicherung *f*
assure [ə'ʃʊəʳ] *v/t* **1** **to ~ sb of sth** j-n einer Sache *(gen)* versichern, j-m etw zusichern; **to ~ sb that** ... j-m versichern/zusichern, dass ... **2** *Erfolg* sichern; **he is ~d of a warm welcome wherever he goes** er kann sich überall eines herzlichen Empfanges sicher sein **3** *Br Leben* versichern
assured [ə'ʃʊəd] *adj* sicher; **to rest ~ that** ... sicher sein, dass ...
assuredly [ə'ʃʊərɪdlɪ] *adv* mit Sicherheit
asterisk ['æstərɪsk] *s* Sternchen *n*

astern [ə'stɜːn] *adv* SCHIFF achtern
asteroid ['æstərɔɪd] *s* Asteroid *m*
asthma ['æsmə] *s* Asthma *n*
asthma attack ['æsməə͵tæk] *s* Asthmaanfall *m*
asthmatic [æs'mætɪk] **A** *s* Asthmatiker(in) *m(f)* **B** *adj* asthmatisch
astonish [ə'stɒnɪʃ] *v/t* erstaunen; **to be ~ed** erstaunt sein
astonishing *adj*, **astonishingly** [ə'stɒnɪʃɪŋ, -lɪ] *adv* erstaunlich; **~ly (enough)** erstaunlicherweise
astonishment *s* Erstaunen *n* (**at** über *+akk*); **she looked at me in ~** sie sah mich erstaunt an
astound [ə'staʊnd] *v/t* sehr erstaunen; **to be ~ed** (**at** *od* **by**) höchst erstaunt sein (über *+akk*)
astounding *adj*, **astoundingly** [ə'staʊndɪŋ, -lɪ] *adv* erstaunlich
astray [ə'streɪ] *adj* **to go ~** verloren gehen; **to lead sb ~** *fig* j-n vom rechten Weg abbringen
astride [ə'straɪd] *präp* rittlings auf (*+dat*)
astringent [əs'trɪndʒənt] *adj* **A** *adj* **1** MED adstringierend, blutstillend **2** *Bemerkung, Humor* beißend **B** *s* MED Adstringens *n*
astrologer [əs'trɒlədʒəʳ] *s* Astrologe *m*, Astrologin *f*
astrological [͵æstrə'lɒdʒɪkəl] *adj* astrologisch
astrology [əs'trɒlədʒɪ] *s* Astrologie *f*
astronaut ['æstrənɔːt] *s* Astronaut(in) *m(f)*
astronomer [əs'trɒnəməʳ] *s* Astronom(in) *m(f)*
astronomical *adj*, **astronomically** [͵æstrə'nɒmɪkəl, -lɪ] *adv* astronomisch
astronomy [əs'trɒnəmɪ] *s* Astronomie *f*
astrophysics [͵æstrəʊ'fɪzɪks] *s* Astrophysik *f*
astute [ə'stjuːt] *adj* schlau; *Geist* scharf
astutely [ə'stjuːtlɪ] *adv* scharfsinnig
astuteness *s* Schlauheit *f*
asunder [ə'sʌndəʳ] *liter adv* auseinander, entzwei
asylum [ə'saɪləm] *s* **1** Asyl *n*; **to ask for (political) ~** um (politisches) Asyl bitten **2** (Irren)anstalt *f*
asylum-seeker [ə'saɪləm͵siːkəʳ] *s* Asylbewerber(in) *m(f)*
asymmetric(al) [͵eɪsɪ'metrɪk(əl)] *adj* asymmetrisch
asymmetry [æ'sɪmɪtrɪ] *s* Asymmetrie *f*
at [æt] *präp* **1** *Position* an (*+dat*), bei (*+dat*); *mit Ortsangabe* in (*+dat*); **at that table** an dem Tisch; **at the top** oben, an der Spitze; **at home** zu Hause; **at the university** *US*, **at university** an *od* auf der Universität; **at school** in der Schule; **at the hotel** im Hotel; **at the baker's** beim Bäcker; **at my brother's** bei meinem Bruder; **at the Burtons' (house)** bei den Burtons; **at Dave's** bei Dave (zu Hause); **at 7 Hamilton Street** in der Hamiltonstraße 7; **at a party** auf *od* bei einer

Party; **at the station** am Bahnhof ❷ *Richtung* **to point at sb/sth** auf j-n/etw zeigen; **to look at sb/sth** j-n/etw ansehen ❸ *zeitlich* **at ten o'clock** um zehn Uhr; **at night** bei Nacht; nachts; **at Christmas/Easter** *etc* zu Weihnachten/Ostern *etc*; **at your age/16 (years of age)** in deinem Alter/mit 16 (Jahren); **at the age of 10** im Alter von 10 Jahren; **three at a time** drei auf einmal; **at the start/end** am Anfang/Ende ❹ *Aktivität* **at play** beim Spiel; **at work** bei der Arbeit; **good at sth** gut in etw (*dat*); **while we are at it** *umg* wenn wir schon mal dabei sind ❺ *Zustand* **to be at an advantage** im Vorteil sein; **at a profit** mit Gewinn; **I'd leave it at that** ich würde es dabei belassen ❻ *auf* (+*akk*) ... (hin); **at his request** auf seine Bitte (hin); **at that he left the room** daraufhin verließ er das Zimmer ❼ *wütend etc* über (+*akk*) ❽ *Tempo, Maß* **at 50 km/h** mit 50 km/h; **at 50p a pound** für *od* zu 50 Pence pro Pfund; **at 5% interest** zu 5% Zinsen; **at a high price** zu einem hohen Preis; **when the temperature is at 90°** wenn die Temperatur auf 90° ist

ate [eɪt, et] *prät* → eat
atheism ['eɪθɪɪzəm] *s* Atheismus *m*
atheist ['eɪθɪɪst] *s* Atheist(in) *m(f)*
atheistic [,eɪθɪ'ɪstɪk] *adj* atheistisch
Athens ['æθɪnz] *s* Athen *n*
athlete ['æθliːt] *s* Athlet(in) *m(f)*; Leichtathlet(in) *m(f)*
athlete's foot [,æθliːts'fʊt] *s* Fußpilz *m*
athletic [æθ'letɪk] *adj* sportlich; *Körperbau* athletisch
athletics *s* Leichtathletik *f*; **~ meeting** Leichtathletikwettkampf *m*
atishoo [ə'tɪʃuː] *int* hatschi
Atlantic [ət'læntɪk] Ⓐ *s* (*a.* **Atlantic Ocean**) Atlantik *m* Ⓑ *adj* ⟨*attr*⟩ atlantisch
atlas ['ætləs] *s* Atlas *m*
ATM[1] [,eɪtiː'em] *abk* (= automated teller machine) Geldautomat *m*
ATM[2] *abk* (= active traffic management) **ATM system** Verkehrsleitsystem *n*
atmosphere ['ætməsfɪə] *s* Atmosphäre *f*; Stimmung *f*
atmospheric [,ætməs'ferɪk] *adj* atmosphärisch
atmospheric pollution [ætməsferɪkpə'luːʃn] *s* Luftverschmutzung *f*
atmospheric pressure *s* Luftdruck *m*
atom ['ætəm] *s* Atom *n*
atom bomb *s* Atombombe *f*
atomic [ə'tɒmɪk] *adj* atomar
atomic bomb *s* Atombombe *f*
atomic energy *s* Kernenergie *f*
Atomic Energy Authority *Br s*, **Atomic Energy Commission** *US s* Atomkommission *f*
atomic power *s* ❶ Atomkraft *f* ❷ Atomantrieb *m*
atomic structure *s* Atombau *m*
atomic waste *s* Atommüll *m*
atomizer ['ætəmaɪzə] *s* Zerstäuber *m*
atone [ə'təʊn] *v/i* **to ~ for sth** (für) etw büßen
atonement *s* Sühne *f*; **in ~ for sth** als Sühne für etw
A to Z® *s* Stadtplan *m* ⟨*mit Straßenverzeichnis*⟩
atrocious *adj*, **atrociously** [ə'trəʊʃəs, -lɪ] *adv* grauenhaft
atrocity [ə'trɒsɪtɪ] *s* Grausamkeit *f*; Gräueltat *f*
atrophy ['ætrəfɪ] Ⓐ *s* Schwund *m* Ⓑ *v/i* verkümmern, schwinden
at sign *s* IT At-Zeichen *n*, Klammeraffe *m umg*
att *abk* (= attorney) RA
attach [ə'tætʃ] *v/t* ❶ befestigen (**to** an +*dat*); einem Brief beiheften; an eine E-Mail anhängen; **please find ~ed** ... beigeheftet ...; angehängt ...; **to ~ conditions to sth** Bedingungen an etw (*akk*) knüpfen ❷ **to be ~ed to sb/sth** an j-m/etw hängen ❸ *Wichtigkeit* beimessen (**to** +*dat*)
attaché [ə'tæʃeɪ] *s* Attaché *m*
attaché case [ə'tæʃeɪ] *s* Aktenkoffer *m*
attachment [ə'tætʃmənt] *s* ❶ *von Werkzeug etc* Zusatzteil *n* ❷ Zuneigung *f* (**to** zu) ❸ IT Anhang *m*, Attachment *n*
attack [ə'tæk] Ⓐ *s* ❶ Angriff *m* (**on** auf +*akk*); **to be under ~** angegriffen werden; **to go on to the ~** zum Angriff übergehen ❷ MED *etc* Anfall *m*; **to have an ~ of nerves** plötzlich Nerven bekommen Ⓑ *v/t* ❶ angreifen; *bei Raub etc* überfallen ❷ *Problem* in Angriff nehmen Ⓒ *v/i* angreifen; **an ~ing side** eine offensive Mannschaft
attacker [ə'tækə] *s* Angreifer(in) *m(f)*
attain [ə'teɪn] *v/t Ziel, Rang* erreichen, erlangen; *Glück* gelangen in
attainable [ə'teɪnəbl] *adj* erreichbar; *Glück, Macht* zu erlangen
attainment [ə'teɪnmənt] *s* von *Glück, Macht* Erlangen *n*
attempt [ə'tempt] Ⓐ *v/t* versuchen; *Aufgabe* sich versuchen an (+*dat*); **~ed murder** Mordversuch *m* Ⓑ *s* Versuch *m*; (≈ *Angriff*) (Mord)anschlag *m* (**on** auf +*akk*); **an ~ on the record** ein Versuch, den Rekord zu brechen; **to make an ~ at doing sth** *od* **to do sth** versuchen, etw zu tun; **at the first ~** beim ersten Versuch
attend [ə'tend] Ⓐ *v/t* besuchen, teilnehmen an (+*dat*); *Hochzeit* anwesend sein bei; **well ~ed** gut besucht Ⓑ *v/i* anwesend sein; **are you going to ~?** gehen Sie hin?
phrasal verbs mit attend:
  attend to *v/i* ⟨+*obj*⟩ sich kümmern um; *Arbeit*

etc Aufmerksamkeit widmen (*+dat*); *Lehrer etc* zuhören (*+dat*); *Kunden etc* bedienen; **are you being attended to?** werden Sie schon bedient?; **that's being attended to** das wird (bereits) erledigt

attendance [əˈtendəns] *s* **1** Anwesenheit *f* (**at** bei), Teilnahme *f* (**at an** *+dat*); **to be in ~ at sth** bei etw anwesend sein **2** Teilnehmerzahl *f*

attendance book *s* Anwesenheitsliste *f*; *in Schule* Klassentagebuch *n*

attendance record *s* **he doesn't have a very good ~** er fehlt oft

attendant [əˈtendənt] **A** *s in Museum* Aufseher(in) *m(f)* **B** *adj* Probleme *etc* (da)zugehörig

attention [əˈtenʃən] *s* **1** ⟨*kein pl*⟩ Aufmerksamkeit *f*; **to call** *od* **draw sb's ~ to sth, to call** *od* **draw sth to sb's ~** j-n auf etw (*akk*) aufmerksam machen; **to turn one's ~ to sb/sth** seine Aufmerksamkeit auf j-n/etw richten; **to pay ~** Acht geben, aufpassen; **to pay ~/no ~ to sb/sth** j-n/etw beachten/nicht beachten; **to pay ~ to the teacher** dem Lehrer zuhören; **to give one's ~ to sb/sth** j-n/etw beachten; **to attract/catch/grab sb's ~** j-m ins Auge fallen; sich bei j-m aufmerksam machen; **to hold sb's ~** j-n fesseln; **~!** Achtung!; **your ~, please** ich bitte um Aufmerksamkeit; *bei offizieller Ankündigung* Achtung, Achtung!; **it has come to my ~ that …** ich bin darauf aufmerksam geworden, dass …; **for the ~ of Miss Smith** zu Händen von Frau Smith **2** MIL **to stand to ~** stillstehen; **~!** stillgestanden!

Attention Deficit Disorder *s* MED Aufmerksamkeitsdefizit-Syndrom *n*

Attention-Deficit Hyperactivity Disorder *s* MED Aufmerksamkeitsdefizit-Hyperaktivitätsstörung *f*

attention span *s* Konzentrationsvermögen *n*

attentive [əˈtentɪv] *adj* aufmerksam; **to be ~ to sb** sich j-m gegenüber aufmerksam verhalten; **to be ~ to sb's needs** sich um j-s Bedürfnisse kümmern

attentively [əˈtentɪvlɪ] *adv* aufmerksam

attenuate [əˈtenjʊeɪt] *v/t* abschwächen; **attenuating circumstances** mildernde Umstände

attest [əˈtest] *v/t* bescheinigen; *eidlich* beschwören

phrasal verbs mit attest:

attest to *v/i* ⟨*+obj*⟩ bezeugen

attestation [ˌætesˈteɪʃən] *s* (≈ *Dokument*) Bescheinigung *f*

attic [ˈætɪk] *s* Dachboden *m*, Estrich *m schweiz*; *bewohnt* Mansarde *f*; **in the ~** auf dem (Dach)boden

attire [əˈtaɪəʳ] **A** *v/t* kleiden (**in** in *+akk*) **B** *s* ⟨*kein pl*⟩ Kleidung *f*; **ceremonial ~** Festtracht *f*

attitude [ˈætɪtjuːd] *s* Einstellung *f* (**to, towards** zu), Haltung *f* (**to, towards** gegenüber); **women with ~** kämpferische Frauen

attn *abk* (= **attention**) z. Hd. von

attorney [əˈtɜːnɪ] *s* **1** Bevollmächtigte(r) *m/f(m)*; **letter of ~** (schriftliche) Vollmacht **2** *US* (Rechts)anwalt *m*/-anwältin *f*

Attorney General *s* ⟨*pl* **Attorneys General** *od* **Attorney Generals**⟩ *US* Generalbundesanwalt *m*/-anwältin *f*; *Br* ≈ Justizminister(in) *m(f)*

attract [əˈtrækt] *v/t* **1** anziehen; *Idee etc* ansprechen; **she feels ~ed to him** sie fühlt sich von ihm angezogen **2** *Aufmerksamkeit etc* auf sich (*akk*) ziehen; *neue Mitglieder etc* anziehen; **to ~ publicity** (öffentliches) Aufsehen erregen; **to ~ attention** Aufmerksamkeit erregen

attraction [əˈtrækʃən] *s* **1** PHYS, *a. fig* Anziehungskraft *f*; *bes von Großstadt etc* Reiz *m* **2** Attraktion *f*, Sehenswürdigkeit *f*

attractive [əˈtræktɪv] *adj* attraktiv; *Lächeln* anziehend; *Haus, Kleid* reizvoll, fesch *österr*

attractively [əˈtræktɪvlɪ] *adv* attraktiv; *gekleidet, möbliert* reizvoll; **~ priced** zum attraktiven Preis (**at** von)

attractiveness [əˈtræktɪvnɪs] *s* Attraktivität *f*; *von Aussicht etc* Reiz *m*

attributable [əˈtrɪbjʊtəbl] *adj* **to be ~ to sb/sth** j-m/einer Sache zuzuschreiben sein

attribute[1] [əˈtrɪbjuːt] *v/t* **to ~ sth to sb** j-m etw zuschreiben; **to ~ sth to sth** etw auf etw (*akk*) zurückführen; *Bedeutung etc* einer Sache (*dat*) etw beimessen

attribute[2] [ˈætrɪbjuːt] *s* Attribut *n*

attrition [əˈtrɪʃən] *fig s* Zermürbung *f*

attune [əˈtjuːn] *fig v/t* abstimmen (**to** auf *+akk*); **to become ~d to sth** sich an etw (*akk*) gewöhnen

atypical [ˌeɪˈtɪpɪkəl] *adj* atypisch

aubergine [ˈəʊbəʒiːn] *s Br* Aubergine *f*, Melanzani *f österr*

auburn [ˈɔːbən] *adj Haar* rot-braun

auction [ˈɔːkʃən] **A** *s* Auktion *f*; **to sell sth by ~** etw versteigern; **to put sth up for ~** etw zur Versteigerung anbieten **B** *v/t* (*a.* **auction off**) versteigern

auctioneer [ˌɔːkʃəˈnɪəʳ] *s* Auktionator(in) *m(f)*

auction room(s) *s(pl)* Auktionshalle *f*

audacious *adj*, **audaciously** [ɔːˈdeɪʃəs, -lɪ] *adv* **1** dreist **2** kühn

audacity [ɔːˈdæsɪtɪ], **audaciousness** [ɔːˈdeɪʃəsnɪs] *s* **1** Dreistigkeit *f*; **to have the ~ to do sth** die Dreistigkeit besitzen, etw zu tun **2** Kühnheit *f*

audible *adj*, **audibly** [ˈɔːdɪbl, -ɪ] *adv* hörbar

audience ['ɔːdɪəns] s **1** Publikum n kein pl, Zuschauer pl; RADIO Zuhörerschaft f **2** Audienz f (**with** bei)
audio ['ɔːdɪəʊ] adj Audio-; **~ equipment** Hi-Fi--Geräte pl; **~ tape** Tonband n
audio book s Hörbuch n
audio card s COMPUT Soundkarte f
audio cassette s Audiokassette f
audio equipment s in Studio Audiogeräte pl; (≈ Hi-Fi) Stereoanlage f
audio file s Audiodatei f
audio guide s elektronischer Museumsführer Audioguide m
audiotape **A** s **1** (Ton)band m **2** US Kassette f **B** v/t auf (Ton)band/Kassette aufnehmen
audio typist s Phonotypistin f
audiovisual adj audiovisuell
audit ['ɔːdɪt] **A** s Buchprüfung f **B** v/t prüfen; US Kurs als Gasthörer belegen
audition [ɔːˈdɪʃən] **A** s THEAT Vorsprechprobe f; von Musiker Probespiel n; von Sänger Vorsingen n; von Tänzer Vortanzen n **B** v/t vorsprechen/vorspielen/vorsingen/vortanzen lassen **C** v/i vorsprechen/vorspielen/vorsingen/vortanzen
auditor ['ɔːdɪtə^r] s HANDEL Buchprüfer(in) m(f); FIN Auditor(in) m(f); US bei Kurs Gasthörer(in) m(f)
auditorium [ˌɔːdɪˈtɔːrɪəm] s Auditorium n
au fait [ˌəʊˈfeɪ] adj **to be ~ with sth** mit etw vertraut sein
Aug abk (= August) Aug.
augment [ɔːɡˈment] **A** v/t vermehren **B** v/i zunehmen
augmentation [ˌɔːɡmənˈteɪʃən] s Vermehrung f; zahlenmäßig Zunahme f; MUS Augmentation f; **breast ~** Brustvergrößerung f
augmented reality s IT erweiterte Realität
augur ['ɔːɡə^r] v/i **to ~ well/ill** etwas Gutes/ nichts Gutes verheißen
August ['ɔːɡəst] s August m; → September
auld [ɔːld] schott adj ⟨+er⟩ alt; **for ~ lang syne** um der alten Zeiten willen
aunt [ɑːnt] s Tante f
auntie, aunty ['ɑːntɪ] bes Br umg s Tante f; **~!** Tantchen! umg
au pair [ˌəʊˈpeə] s ⟨pl - -s⟩ a. **~ girl** Au-pair(-Mädchen) n
aura ['ɔːrə] s Aura f geh
aural ['ɔːrəl] adj Gehör-; **~ examination** Hörtest m
auspices ['ɔːspɪsɪz] pl **under the ~ of** unter der Schirmherrschaft (+gen)
auspicious [ɔːˈspɪʃəs] adj günstig; Beginn vielversprechend
auspiciously [ɔːˈspɪʃəslɪ] adv vielversprechend
Aussie ['ɒzɪ] umg **A** s Australier(in) m(f) **B** adj australisch

austere [ɒsˈtɪə^r] adj streng; Zimmer karg; Lebensstil asketisch
austerely [ɒsˈtɪəlɪ] adv streng; möblieren karg; leben asketisch
austerity [ɒsˈterɪtɪ] s **1** Strenge f, Schmucklosigkeit f **2** **~ budget** Sparhaushalt m; **~ measures** Sparmaßnahmen pl
Australasia [ˌɔːstrəˈleɪsjə] s Australien und Ozeanien n
Australasian **A** s Ozeanier(in) m(f) **B** adj ozeanisch
Australia [ɒsˈtreɪlɪə] s Australien n
Australian [ɒsˈtreɪlɪən] **A** s Australier(in) m(f) **B** adj australisch
Austria ['ɒstrɪə] s Österreich n
Austrian ['ɒstrɪən] **A** s Österreicher(in) m(f) **B** adj österreichisch
authentic [ɔːˈθentɪk] adj authentisch; Antiquitäten, Tränen echt
authentically [ɔːˈθentɪkəlɪ] adv echt, authentisch
authenticate [ɔːˈθentɪkeɪt] v/t bestätigen; Dokument beglaubigen, visieren schweiz
authentication [ɔːˌθentɪˈkeɪʃən] s Bestätigung f; von Dokument Beglaubigung f
authenticity [ˌɔːθenˈtɪsɪtɪ] s Echtheit f; von Anspruch Berechtigung f
author ['ɔːθə^r] s Autor(in) m(f); Schriftsteller(in) m(f); von Bericht Verfasser(in) m(f)
authoritarian [ˌɔːθɒrɪˈteərɪən] **A** adj autoritär **B** s autoritärer Mensch; **to be an ~** autoritär sein
authoritarianism [ˌɔːθɒrɪˈteərɪənɪzəm] s Autoritarismus m
authoritative [ɔːˈθɒrɪtətɪv] adj **1** bestimmt; Verhalten Respekt einflößend **2** zuverlässig
authoritatively [ɔːˈθɒrɪtətɪvlɪ] adv bestimmt, zuverlässig
authority [ɔːˈθɒrɪtɪ] s **1** Autorität f, Befugnis f, Vollmacht f; des Staates etc Gewalt f; **who's in ~ here?** wer ist hier der Verantwortliche?; **parental ~** Autorität der Eltern; JUR elterliche Gewalt; **to be in** od **have ~ over sb** Weisungsbefugnis gegenüber j-m haben form; **on one's own ~** auf eigene Verantwortung; **to have the ~ to do sth** berechtigt sein, etw zu tun; **to give sb the ~ to do sth** j-m die Vollmacht erteilen, etw zu tun **2** a. pl Behörde f, Verwaltung f, Amt n; **the local ~** od **authorities** die Gemeindeverwaltung; **you must have respect for ~** du musst Achtung gegenüber Respektspersonen haben **3** (anerkannte) Autorität; **to have sth on good ~** etw aus zuverlässiger Quelle wissen
authorization [ˌɔːθəraɪˈzeɪʃən] s Genehmigung f, Recht n

authorize [ˈɔːθəraɪz] v/t **1** ermächtigen; **to be ~d to do sth** das Recht haben, etw zu tun **2** genehmigen

authorized adj Person, Bank bevollmächtigt; Biografie autorisiert; **"authorized personnel only"** „Zutritt nur für Befugte"; **~ signature** Unterschrift f eines bevollmächtigten Vertreters

authorship [ˈɔːθəʃɪp] s Urheberschaft f

autism [ˈɔːtɪzəm] s Autismus m

autistic [ɔːˈtɪstɪk] adj autistisch

auto [ˈɔːtəʊ] s ⟨pl **-s**⟩ US Auto n

autobiographical [ˈɔːtəʊˌbaɪəʊˈɡræfɪkəl] adj autobiografisch

autobiography [ˌɔːtəʊbaɪˈɒɡrəfɪ] s Autobiografie f

autocomplete [ˌɔːtəʊkəmˈpliːt] s IT Autovervollständigen n

autocrat [ˈɔːtəʊkræt] s Autokrat(in) m(f)

autocratic [ˌɔːtəʊˈkrætɪk] adj autokratisch

Autocue® [ˈɔːtəʊkjuː] s Br TV Teleprompter® m

autofocus [ˈɔːtəʊfəʊkəs] s FOTO Autofokus m

autogenic [ˌɔːtəʊˈdʒenɪk] adj **~ training** autogenes Training

autograph [ˈɔːtəɡrɑːf] **A** s Autogramm n **B** v/t signieren

automat [ˈɔːtəmæt] US s Automatenrestaurant n

automate [ˈɔːtəmeɪt] v/t automatisieren

automated teller machine [ˌɔːtəmeɪtɪdˈteləməʃiːn] s Geldautomat m

automatic [ˌɔːtəˈmætɪk] **A** adj automatisch; **~ rifle** od **weapon** Schnellfeuergewehr n **B** s **1** Automatikwagen m **2** automatische Waffe **3** Waschautomat m

automatically [ˌɔːtəˈmætɪkəlɪ] adv automatisch

automatic teller machine s Geldautomat m

automation [ˌɔːtəˈmeɪʃən] s Automatisierung f

automaton [ɔːˈtɒmətən] s ⟨pl **-s** od **automata** [-ətə]⟩ Roboter m

automobile [ˈɔːtəməbiːl] s Auto(mobil) n

automotive [ˌɔːtəˈməʊtɪv] adj Auto-, Fahrzeug-

autonomous adj, **autonomously** [ɔːˈtɒnəməs, -lɪ] adv autonom

autonomy [ɔːˈtɒnəmɪ] s Autonomie f

autopilot [ˌɔːtəʊˈpaɪlət] s Autopilot m; **on ~** wörtl mit Autopilot; **he was on ~** fig er funktionierte wie ferngesteuert

autopsy [ˈɔːtɒpsɪ] s Autopsie f

autostart [ˈɔːtəʊstɑːt] s IT Autostart m (automatisches Starten von Programmen)

autoteller s Geldautomat m

autumn [ˈɔːtəm] bes Br **A** s Herbst m; **in (the) ~** im Herbst **B** adj ⟨attr⟩ Herbst-, herbstlich; **~ leaves** bunte (Herbst)blätter pl

autumnal [ɔːˈtʌmnəl] adj herbstlich

auxiliary [ɔːɡˈzɪlɪərɪ] **A** adj Hilfs-, zusätzlich; **~ nurse** Hilfspfleger m, Schwesternhelferin f; **~ verb** Hilfsverb n **B** s Hilfskraft f; **nursing ~** Schwesternhelferin f

Av abk (= avenue) Allee f

avail [əˈveɪl] **A** v/r **to ~ oneself of sth** von etw Gebrauch machen **B** s **to no ~** vergebens

availability [əˌveɪləˈbɪlɪtɪ] s Erhältlichkeit f, Vorrätigkeit f, Verfügbarkeit f; **offer subject to ~** nur solange der Vorrat reicht; **because of the limited ~ of seats** weil nur eine begrenzte Anzahl an Plätzen zur Verfügung steht

available [əˈveɪləbl] adj erhältlich, vorrätig; Zeit, Sitzplätze frei; Ressourcen verfügbar; **to be ~** vorhanden sein, zur Verfügung stehen, frei sein; (≈ nicht in Beziehung) (wieder) zu haben sein, nicht vergeben sein; **to make sth ~ to sb** j-m etw zur Verfügung stellen; Informationen j-m etw zugänglich machen; **the best dictionary ~** das beste Wörterbuch, das es gibt; **when will you be ~ to start in the new job?** wann können Sie die Stelle antreten?

avalanche [ˈævəlɑːnʃ] wörtl, fig s Lawine f

avant-garde [ˌævɒŋˈɡɑːd] **A** s Avantgarde f **B** adj avantgardistisch

avatar [ˈævətɑːʳ] s IT Avatar m

Ave abk (= avenue) Allee f

avenge [əˈvendʒ] v/t rächen; **to ~ oneself on sb (for sth)** sich an j-m (für etw) rächen

avenue [ˈævənjuː] s Allee f; fig Weg m; **~s of approach** Verfahrensweisen pl; **to explore every ~** alle sich bietenden Wege prüfen

average [ˈævərɪdʒ] **A** s Durchschnitt m; **an ~ of** durchschnittlich; **to do an ~ of 50 miles a day/ 3% a week** durchschnittlich 50 Meilen pro Tag fahren/3% pro Woche erledigen; **on ~** durchschnittlich; **above ~** überdurchschnittlich; **below ~** unterdurchschnittlich; **by the law of ~s** aller Wahrscheinlichkeit nach **B** adj durchschnittlich, mittelmäßig; **above/below ~** über-/unterdurchschnittlich; **the ~ man** der Durchschnittsbürger; **of ~ height** von mittlerer Größe **C** v/t Geschwindigkeit etc auf einen Schnitt von ... kommen; Exemplare etc im Durchschnitt betragen; **we ~d 80 km/h** wir sind durchschnittlich 80 km/h gefahren

phrasal verbs mit average:

average out A v/t ⟨trennb⟩ **if you average it out** im Durchschnitt; **it'll average itself out** es wird sich ausgleichen **B** v/i **1** durchschnittlich ausmachen (**at, to** +akk) **2** sich ausgleichen

averse [əˈvɜːs] adj ⟨präd⟩ abgeneigt; **I am not ~ to a glass of wine** einem Glas Wein bin ich nicht abgeneigt

aversion [əˈvɜːʃən] s Abneigung f (**to** gegen); **he**

has an ~ to getting wet er hat eine Abscheu davor, nass zu werden
avert [əˈvɜːt] v/t abwenden; *Unfall* verhüten
avian flu [ˌeɪviənˈfluː] s Vogelgrippe f
aviary [ˈeɪviəri] s Vogelhaus n
aviation [ˌeɪviˈeɪʃən] s die Luftfahrt
avid [ˈævɪd] adj; **I am an ~ reader** ich lese leidenschaftlich gern
avocado [ˌævəˈkɑːdəʊ] s ⟨pl -s⟩ a. **~ pear** Avocado(birne) f
avoid [əˈvɔɪd] v/t vermeiden; *j-n* meiden; *Hindernis* ausweichen (+dat); *Unglück* verhindern; *Pflicht* umgehen; **to ~ doing sth** es vermeiden, etw zu tun; **in order to ~ being seen** um nicht gesehen zu werden; **I'm not going if I can possibly ~ it** wenn es sich irgendwie vermeiden lässt, gehe ich nicht
avoidable [əˈvɔɪdəbl] adj vermeidbar
avoidance [əˈvɔɪdəns] s Vermeidung f, Umgehung f
await [əˈweɪt] v/t erwarten; *Entscheidung* entgegensehen (+dat); **the long ~ed day** der lang ersehnte Tag; **he is ~ing trial** sein Fall steht noch zur Verhandlung an
awake [əˈweɪk] ⟨*prät* awoke; *pperf* awoken *od* awaked [əˈweɪkt]⟩ **A** v/i erwachen **B** v/t wecken **C** adj ⟨*präd*⟩ wach; **to be/lie/stay ~** wach sein/liegen/bleiben; **to keep sb ~** j-n wach halten; **wide ~** hellwach
awaken [əˈweɪkən] v/t & v/i → awake
awakening [əˈweɪkənɪŋ] s Erwachen n; **a rude ~** *wörtl, fig* ein böses Erwachen
award [əˈwɔːd] **A** v/t *Preis, Strafe* zuerkennen (**to sb** j-m); *akademischen Grad etc* verleihen (**to sb** j-m); **to be ~ed damages** Schadenersatz zugesprochen bekommen **B** s Preis m; *für Tapferkeit etc* Auszeichnung f; **to make an ~ (to sb)** einen Preis (an j-n) vergeben
award(s) ceremony s FILM, THEAT, TV Preisverleihung f
award-winning adj preisgekrönt
aware [əˈwɛə] adj ⟨*bes präd*⟩ ■ bewusst; **to be ~ of sb/sth** sich (dat) j-s/einer Sache bewusst sein; **I was not ~ that ...** es war mir nicht bewusst, dass ...; **not that I am ~ (of)** nicht dass ich wüsste; **as far as I am ~** so viel ich weiß; **to make sb ~ of sth** j-m etw bewusst machen ■ wachsam, vorsichtig
awareness s Bewusstsein n
away [əˈweɪ] **A** adv ■ weg; **three miles ~ (from here)** drei Meilen von hier; **lunch seemed a long time ~** es schien noch lange bis zum Mittagessen zu sein; **but he was ~ before I could say a word** aber er war fort *od* weg, bevor ich den Mund auftun konnte; **to look ~** wegsehen; **~ we go** los (geht's)!; **they're ~** *Pferde, Läufer etc* sie sind gestartet; **to give ~** weggeben; **to gamble ~** verspielen ■ fort, weg; **he's ~ in London** er ist in London ■ SPORT **to play ~** auswärts spielen; **they're ~ to Arsenal** sie spielen auswärts bei Arsenal ■ **to work ~** vor sich (akk) hin arbeiten ■ **ask ~** frag nur!; **right *od* straight ~** sofort **B** adj ⟨*attr*⟩ SPORT Auswärts-; **~ goal** Auswärtstor m; **~ match** Auswärtsspiel n; **~ team** Gastmannschaft f
awe [ɔː] s Ehrfurcht f; **to be in awe of sb** Ehrfurcht vor j-m haben
awe-inspiring [ˈɔːɪnˌspaɪərɪŋ] adj Ehrfurcht gebietend
awesome [ˈɔːsəm] adj beeindruckend; *bes US umg* (≈ ausgezeichnet) irre *umg*
awe-stricken [ˈɔːˌstrɪkən], **awe-struck** [ˈɔːˌstrʌk] adj von Ehrfurcht ergriffen
awful [ˈɔːfəl] *umg* adj schrecklich; **an ~ lot of money** furchtbar viel Geld *umg*
awfully [ˈɔːflɪ] *umg* adv schrecklich *umg*
awfulness [ˈɔːfʊlnɪs] s Schrecklichkeit f
awhile [əˈwaɪl] *liter* adv ein Weilchen
awkward [ˈɔːkwəd] adj ■ schwierig; *Zeit, Winkel* ungünstig; **to make things ~ for sb** j-m Schwierigkeiten machen; **~ customer** übler Bursche *umg* ■ peinlich, verlegen; *Schweigen* betreten; **I feel ~ about doing that** es ist mir unangenehm, das zu tun; **to feel ~ in sb's company** sich in j-s Gesellschaft (dat) nicht wohlfühlen ■ unbeholfen
awkwardly [ˈɔːkwədlɪ] adv ■ ungeschickt; *liegen* unbequem ■ peinlich, verlegen
awkwardness s ■ Schwierigkeit f; *von Zeit, Winkel* Ungünstigkeit f ■ Peinlichkeit f ■ Verlegenheit f ■ Unbeholfenheit f
awning [ˈɔːnɪŋ] s Markise f; *von Wohnwagen* Vordach n
awoke [əˈwəʊk] *prät* → awake
awoken [əˈwəʊkən] *pperf* → awake
AWOL [ˈeɪwɒl] *abk* (= absent without leave) MIL **to go ~** sich unerlaubt von der Truppe entfernen
awry [əˈraɪ] adv & adj ⟨*präd*⟩ **to go ~** schiefgehen
axe [æks], **ax** US **A** s Axt f; **to get *od* be given the axe** *Angestellter* abgesägt werden; *Projekt* eingestellt werden **B** v/t streichen; *j-n* entlassen
axis [ˈæksɪs] s ⟨*pl* axes [ˈæksiːz]⟩ Achse f
axle [ˈæksl] s Achse f
ay(e) [aɪ] s PARL Jastimme f
aye [aɪ] *bes schott, dial int* ja; **aye, aye, Sir** SCHIFF jawohl, Herr Admiral *etc*
A-Z [eɪtəˈzed] s Stadtplan m
azalea [əˈzeɪlɪə] s Azalee f
Azores [əˈzɔːz] *pl* Azoren *pl*
Aztec [ˈæztek] **A** s Azteke m, Aztekin f **B** adj az-

tekisch
azure ['æʒə'] *adj* azurblau; **~ blue** azurblau

B

B, b [biː] *s* B *n*, b *n*; SCHULE zwei, gut; MUS H *n*, h *n*; **B flat** B *n*, b *n*; **B sharp** His *n*, his *n*
b *abk* (= **born**) geb.
BA *abk* (= **Bachelor of Arts**) B.A.
babble ['bæbl] **A** *s* Gemurmel *n*, Geplapper *n*; **~ (of voices)** Stimmengewirr *n* **B** *v/i* plappern *umg*
babe [beɪb] *s* **1** *bes US umg* Baby *n umg* **2** *umg* (≈ *attraktive, junge Frau*) Babe *n umg*; *als Anrede* Schätzchen *n umg*
baboon [bə'buːn] *s* Pavian *m*
baby ['beɪbɪ] **A** *s* **1** Baby *n*; *von Tier* Junge(s) *n*; **to have a ~** ein Baby bekommen; **since he/she was a ~** von klein auf; **don't be such a ~!** stell dich nicht so an! *umg*; **to be left holding the ~** *Br umg* der Dumme sein *umg*; **to throw out the ~ with the bathwater** das Kind mit dem Bade ausschütten **2** *bes US umg als Anrede* Schätzchen *n umg* **B** *v/t umg* wie einen Säugling behandeln
baby blue *s* Himmelblau *n*
baby-blue *umg adj* himmelblau
baby boom *s* Babyboom *m*
baby bouncer *s* (Baby)wippe *f*
baby boy *s* kleiner Junge
baby brother *s* kleiner Bruder
baby buggy *s US* Kinderwagen *m*
baby carriage *US s* Kinderwagen *m*
baby changing room *s* Babywickelraum *m*, Wickelraum *m*
baby clothes *pl* Babywäsche *f*
baby-faced *adj* milchgesichtig
baby food *s* Babynahrung *f*
baby girl *s* kleines Mädchen
babyhood *s* früheste Kindheit; Babyalter *n*
babyish ['beɪbɪʃ] *adj* kindisch
baby seat *s* Baby(sicherheits)sitz *m*
baby sister *s* kleine Schwester
baby-sit *v/i* ⟨*prät, pperf* baby-sat⟩ babysitten; **she ~s for them** sie geht bei ihnen babysitten
baby-sitter *s* Babysitter(in) *m(f)*
baby-sitting *s* Babysitting *n*
baby stroller *s US für Kinder* Sportwagen *m*
baby-talk *s* Kindersprache *f*
baby tooth *s* Milchzahn *m*
baby-walker *s* Laufstuhl *m*
bachelor ['bætʃələ'] *s* **1** Junggeselle *m*; **he's a ~** er ist Junggeselle **2** UNIV **Bachelor of Arts/Science/Education** Bachelor *m* (der philosophischen/naturwissenschaftlichen Fakultät/der Erziehungswissenschaft); **Bachelor of Engineering/Medicine** Bachelor *m* der Ingenieurwissenschaften/Medizin; **~'s (degree)** Bachelorabschluss *m*; Bachelorstudiengang *m*
bachelorette [ˌbætʃələ'ret] *US s* Junggesellin *f*
bachelorette party *US s* Junggesellinnenabschied *m*
bachelor flat *Br s* Junggesellenwohnung *f*
bachelor party *US s* Junggesellenabschied *m*
bacillus [bə'sɪləs] *s* ⟨*pl* bacilli [bə'sɪlaɪ]⟩ Bazillus *m*
back [bæk] **A** *s* **1** *von Mensch, Tier, Buch* Rücken *m*; *von Stuhl* (Rücken)lehne *f*; **to break one's ~** *wörtl* sich (*dat*) das Rückgrat brechen; *fig* sich abrackern; **behind his ~** *fig* hinter seinem Rücken; **to put one's ~ into sth** *fig* sich bei etw anstrengen; **to put** *od* **get sb's ~ up** *fig* j-n gegen sich aufbringen; **to turn one's ~ on sb** *wörtl* j-m den Rücken zuwenden; *fig* sich von j-m abwenden; **get off my ~!** *umg* lass mich endlich in Ruhe!; **he's got the boss on his ~** er hat seinen Chef am Hals; **to have one's ~ to the wall** *fig* in die Enge getrieben sein; **I was pleased to see the ~ of them** *umg* ich war froh, sie endlich los zu sein *umg* **2** Rückseite *f*; *von Hand, Kleid* Rücken *m*; *von Stoff* linke Seite; **I know London like the ~ of my hand** ich kenne London wie meine Westentasche; **(right) at the ~ of the cupboard** (ganz) hinten im Schrank; **he drove into the ~ of me** er ist mir hinten reingefahren *umg*; **at/on the ~ of the bus** hinten im/am Bus; **in the ~ (of a car)** hinten (im Auto); **it's been at the ~ of my mind** es hat mich beschäftigt; **at the ~ of beyond** am Ende der Welt **B** *adj* Hinter- **C** *adv* **1** zurück; (*stand*) **~!** zurück(treten)!; **~ and forth** hin und her; **to pay sth ~** etw zurückzahlen; **to come ~** zurückkommen; **there and ~** hin und zurück **2** wieder; **I'll never go ~** da gehe ich nie wieder hin; **~ in London** zurück in London; **~ home** zu Hause **3** (≈ *zeitlich*) **a week ~** vor einer Woche; **as far ~ as the 18th century** bis ins 18. Jahrhundert zurück, schon im 18. Jahrhundert; **~ in March 1997** im März 1997 **D** *v/t* **1** unterstützen **2** wetten auf (+*akk*) **3** *Auto* zurücksetzen; **he ~ed his car into the tree/garage** er fuhr rückwärts gegen den Baum/in die Garage **E** *v/i Auto* zurücksetzen; **she ~ed into me** sie fuhr rückwärts in mein Auto

phrasal verbs mit back:

back away *v/i* zurückweichen (**from** vor +*dat*)
back down *fig v/i* nachgeben

back off v/i **1** zurückweichen **2** sich zurückhalten; **back off!** verschwinde!

back on to v/i ⟨+obj⟩ hinten angrenzen an (+akk)

back out v/i **1** Auto etc rückwärts herausfahren **2** fig aus Geschäft etc aussteigen umg (**of**, **from** aus)

back up **A** v/i **1** Auto etc zurücksetzen **2** Verkehr sich stauen **3** US let me back up ich muss etwas weiter ausholen **B** v/t ⟨trennb⟩ **1** unterstützen; Darstellung bestätigen; **he can back me up in this** er kann das bestätigen **2** Auto etc zurückfahren **3** IT sichern

backache s Rückenschmerzen pl

back alley s Gasse f

back bench bes Br s **the ~es** das Plenum

backbencher bes Br s Hinterbänkler(in) m(f)

backbiting s Lästern n

backbone s Rückgrat n

backbreaking ['bækbreɪkɪŋ] adj erschöpfend

back burner s **to put sth on the ~** fig umg etw zurückstellen

back catalogue s MUS ältere Aufnahmen pl, Back-Katalog m

backchat umg s ⟨kein pl⟩ Widerrede f

back copy s alte Ausgabe

back cover s Rückseite f

backdate v/t (zu)rückdatieren; **salary increase ~d to May** Gehaltserhöhung rückwirkend ab Mai

back door s Hintertür f; **by the ~** fig durch die Hintertür

backdrop s Hintergrund m

back end s hinteres Ende; **at the ~ of the year** gegen Ende des Jahres

backer ['bækəʳ] s **1 his ~s** (diejenigen,) die ihn unterstützen **2** HANDEL Geldgeber(in) m(f)

backfire v/i **1** AUTO Fehlzündungen haben **2** umg Plan etc ins Auge gehen umg; **it ~d on us** der Schuss ging nach hinten los umg

backgammon s Backgammon n

back garden s Garten m (hinterm Haus)

background ['bækgraʊnd] **A** s **1** Hintergrund m; **in the ~** im Hintergrund **2** bildungsmäßig Werdegang m; gesellschaftlich Verhältnisse pl; (= familiär) Herkunft f kein pl; **children from all ~s** Kinder aus allen Schichten **B** adj Hintergrund-; Lektüre vertiefend; **~ file** Hintergrundinformationen pl; **~ music** Hintergrundmusik f; **~ information** Hintergrundinformationen pl

backhand **A** s SPORT Rückhand f kein pl, Rückhandschlag m **B** adj **~ stroke** Rückhandschlag m **C** adv mit der Rückhand

backhanded adj Kompliment zweifelhaft

backhander s **1** SPORT Rückhandschlag m **2** umg Schmiergeld n; **to give sb a ~** j-n schmieren umg

backing ['bækɪŋ] s **1** Unterstützung f **2** MUS Begleitung f; **~ group** Begleitband f; **~ singer** Begleitsänger(in) m(f); **~ vocals** Begleitung f

backlash fig s Gegenreaktion f

backless adj Kleid rückenfrei

back line s Grundlinie f

backlog s Rückstände pl; **I have a ~ of work** ich bin mit der Arbeit im Rückstand

backpack s Rucksack m

backpacker s Rucksacktourist(in) m(f)

backpacking s Rucksacktourismus m; **to go ~** als Rucksacktourist unterwegs sein

back pain s Rückenschmerzen pl

back pay s Nachzahlung f

back-pedal wörtl v/i rückwärtstreten; fig umg einen Rückzieher machen umg (**on** bei)

back pocket s Gesäßtasche f

back rest s Rückenstütze f

back road s kleine Landstraße

back seat s Rücksitz m; **to take a ~** fig in den Hintergrund treten

back-seat driver s **she is a terrible ~** sie redet beim Fahren immer rein

backside Br umg s Hintern m umg

backslash s IT Backslash m, umgekehrter Schrägstrich

backslide fig v/i rückfällig werden

backspace v/t & v/i IT zurücksetzen

backspace key s Rücktaste f

backstabbing s Intrigieren n

backstage adv & adj hinter der Bühne

backstairs pl Hintertreppe f

backstreet s Seitensträßchen n

backstreet abortion s illegale Abtreibung

backstroke s Rückenschwimmen n; **can you do the ~?** können Sie rückenschwimmen?

back to back adv Rücken an Rücken; Gegenstände mit den Rückseiten aneinander

back-to-back [ˌbæktəˈbæk] adj **1** Spiele direkt aufeinanderfolgend attr **2** Br **~ terraced house** Reihenhaus n mit einer gemeinsamen Rückwand zu einem anderen Gebäude

back to front adv verkehrt herum

back tooth s Backenzahn m, Stockzahn m österr

backtrack v/i denselben Weg zurückgehen; fig einen Rückzieher machen (**on sth** bei etw)

backup **A** s **1** für Menschen Unterstützung f **2** Gegenstand Ersatz m; **I'll take this as a ~** ich nehme sicherheitshalber noch dies mit **3** IT Sicherungskopie f **4** TECH Ersatzgerät n **B** adj **1** zur Unterstützung; **~ plan** Ausweichplan m **2** IT **~ copy** Sicherungskopie f **3** Ersatz-

backward ['bækwəd] **A** adj **1 a ~ glance** ein Blick m zurück; **a ~ step** fig ein Schritt m zurück **2** fig rückständig; pej Kind entwicklungsverzö-

gert, zurückgeblieben *neg!* **B** *adv* → backwards
backwardness ['bækwədnıs] *s geistig* Entwicklungsverzögerung *f*, Zurückgebliebenheit *f neg!*; *von Gebiet* Rückständigkeit *f*
backwards ['bækwədz] *adv* rückwärts; **to fall ~** nach hinten fallen; **to walk ~ and forwards** hin und her gehen; **to bend over ~ to do sth** *umg* sich (*dat*) ein Bein ausreißen, um etw zu tun *umg*; **I know it ~** *Br*, **I know it ~ and forwards** *US* das kenne ich in- und auswendig
back yard *s* Hinterhof *m*; **in one's own ~** *fig* vor der eigenen Haustür
bacon ['beɪkən] *s* Bacon *m*, Frühstücksspeck *m*; **~ and eggs** Eier mit Speck; **to bring home the ~** *umg* die Brötchen verdienen *umg*
bacteria [bæk'tıərıə] *pl* → bacterium
bacterial [bæk'tıərıəl] *adj* bakteriell
bacterium [bæk'tıərıəm] *s* ⟨*pl* bacteria [bæk'tıərıə]⟩ Bakterie *f*
bad¹ [bæd] **A** *adj* ⟨*komp* worse; *sup* worst⟩ **1** schlecht; *Geruch* übel, unanständig, böse, unartig; **it was a bad thing to do** das hättest du *etc* nicht tun sollen; **he went through a bad time** er hat eine schlimme Zeit durchgemacht; **I've had a really bad day** ich hatte einen furchtbaren Tag; **to go bad** schlecht werden; **to be bad at French** schlecht in Französisch sein; **that's not a bad idea** das ist keine schlechte Idee!; **too bad you couldn't make it** (es ist) wirklich schade, dass Sie nicht kommen konnten; **I feel really bad about not having told him** es tut mir wirklich leid, dass ich ihm das nicht gesagt habe; **don't feel bad about it** machen Sie sich (*dat*) keine Gedanken (darüber); **2** schlimm; *Unfall, Fehler, Kälte* schwer; *Kopfschmerzen, Erkältung* stark; **he's got it bad** *umg* ihn hat's schwer erwischt *umg*; **you're just as bad as your brother** du bist genauso schlimm wie dein Bruder; **3** (≈ *ungünstig*) *Zeit* ungünstig; **4** *Magen* krank; *Bein* schlimm; **to be in a bad way** *Person* in schlechter Verfassung sein; **the economy is in a bad way** es steht schlecht mit der Wirtschaft; **I feel bad** *gesundheitlich* mir ist nicht gut, ich fühle mich schlecht; **how is he? — he's not so bad** wie geht es ihm? — nicht schlecht **B** *bes US umg s* **my bad!** mein Fehler! *umg*, ich bin dran schuld
bad² *prät* → bid
bad blood *s* böses Blut; **there is ~ between them** sie haben ein gestörtes Verhältnis
bad cheque *s*, **bad check** *US s* ungedeckter Scheck
baddie ['bædı] *umg s* Bösewicht *m hum*
bade [beɪd] *prät* → bid

badge [bædʒ] *s* Abzeichen *n*, Button *m*, Plakette *f*, Aufkleber *m*, Pickerl *n österr*
badger ['bædʒə\] **A** *s* Dachs *m* **B** *v/t* zusetzen (+*dat*); **to ~ sb for sth** j-m mit etw in den Ohren liegen
bad hair day *umg s* Scheißtag *m umg*, Tag, an dem alles schiefgeht
bad language *s* Schimpfwörter *pl*; **to use ~** Schimpfwörter benutzen
badly ['bædlı] *adv* **1** schlecht; **to do ~** *in Prüfung etc* schlecht abschneiden; FIN schlecht stehen; HANDEL schlecht gehen; **to go ~** schlecht laufen; **to be ~ off** schlecht dran sein; **to think ~ of sb** schlecht von j-m denken **2** *verletzt, im Irrtum* schwer **3** *sehr*; **to want sth ~** etw unbedingt wollen; **I need it ~** ich brauche es dringend
bad-mannered [,bæd'mænəd] *adj* unhöflich
badminton ['bædmıntən] *s* Federball *n*; SPORT Badminton *n*
badminton racket *s* Federballschläger *m*
bad-tempered [,bæd'tempəd] *adj* schlecht gelaunt; **to be ~** schlechte Laune haben; *ständig* ein übellauniger Mensch sein
baffle ['bæfl] *v/t* verblüffen, vor ein Rätsel stellen; **it really ~s me how ...** es ist mir wirklich ein Rätsel, wie ...
baffling ['bæflıŋ] *adj Fall* rätselhaft; **I find it ~** es ist mir ein Rätsel
bag [bæg] **A** *s* **1** Tasche *f*, Beutel *m*, Schultasche *f*, Tüte *f*, Sack *m*, Reisetasche *f*; **bags** (Reise)gepäck *n*; **to pack one's bags** seine Sachen packen; **it's in the bag** *fig umg* das ist gelaufen *umg*; **bags under the eyes** Ringe *pl* unter den Augen, Tränensäcke *pl* **2** *umg* **bags of** jede Menge *umg* **3** *pej umg* (**old**) **bag** Schachtel *f pej umg*; **ugly old bag** Schreckschraube *f umg* **B** *v/t* in Tüten/Säcke verpacken
bag drop *s am Flughafen* Gepäckschalter *m*
bagel ['beɪgəl] *s* Bagel *m* (*kleines, rundes Brötchen*)
bagful ['bægfʊl] *s* **a ~ of groceries** eine Tasche voll Lebensmittel
baggage ['bægɪdʒ] *s* (Reise)gepäck *n*; *fig* Ballast *m*
baggage allowance *s* Freigepäck *n*
baggage car *US s* Gepäckwagen *m*
baggage check *s* Gepäckkontrolle *f*
baggage check-in *s* Gepäckabfertigung *f*
baggage checkroom *s US* Gepäckaufbewahrung *f*
baggage claim *s* Gepäckausgabe *f*
baggage drop-off *s* Gepäckabgabe *f*
baggage handler *s* Gepäckmann *m*
baggage label *s* Gepäckanhänger *m*
baggage locker *s* Gepäckschließfach *n*

baggage reclaim s Gepäckausgabe f
baggage room s US Gepäckaufbewahrung f
baggage tag s Gepäckanhänger m
baggage tracing s Gepäckermittlung f
baggage trolley s Kofferkuli m
baggy ['bægɪ] adj ⟨komp baggier⟩ Kleidung zu weit; ⟨≈ unförmig⟩ Hose ausgebeult; Pullover ausgeleiert
bag lady s Stadtstreicherin f
bagpipes ['bægpaɪps] pl Dudelsack m; **to play the ~** Dudelsack spielen
bag-snatcher ['bæg,snætʃə^r] s Handtaschendieb(in) m(f)
bag tag s Gepäckanhänger m
baguette [bæ'get] s Baguette f/n
Bahamas [bə'hɑːməz] **the ~** die Bahamas pl
bail[1] [beɪl] s JUR Kaution f; **to stand ~ for sb** für j-n (die) Kaution stellen; **to be out on ~** auf Kaution entlassen sein, gegen Kaution freigelassen sein
bail[2] v/i SCHIFF schöpfen
[phrasal verbs mit bail:]
bail out A v/i [1] FLUG abspringen (**of** aus) [2] SCHIFF schöpfen B v/t ⟨trennb⟩ SCHIFF Wasser schöpfen; Schiff ausschöpfen; fig aus der Patsche helfen (+dat) umg
bailiff ['beɪlɪf] s JUR Br a. **sheriff's ~** Amtsdiener(in) m(f); Br Gerichtsvollzieher(in) m(f); US Gerichtsdiener(in) m(f)
bait [beɪt] A s Köder m; **to take the ~** anbeißen B v/t [1] Haken mit einem Köder versehen [2] j-n quälen
bake [beɪk] A v/t GASTR backen; **~d apples** pl Bratäpfel pl; **~d beans** pl weiße Bohnen pl in Tomatensoße; **~d potatoes** pl in der Schale gebackene Kartoffeln pl B v/i GASTR backen; Kuchen im (Back)ofen sein
baker ['beɪkə^r] s Bäcker(in) m(f); **~'s (shop)** Bäckerei f
baker's dozen ['beɪkəz'dʌzn] s 13 (Stück)
bakery ['beɪkərɪ] s Bäckerei f
baking ['beɪkɪŋ] A s GASTR Backen n B adj umg **I'm ~** ich komme um vor Hitze; **it's ~ (hot) today** es ist eine Affenhitze heute umg
baking dish s Backform f
baking mitt US s Topfhandschuh m
baking pan US s Backblech n
baking powder s ⟨kein pl⟩ Backpulver n
baking sheet s Backblech n
baking soda s ≈ Backpulver n
baking tin Br s Backform f
baking tray Br s Kuchenblech n
Balaclava [,bælə'klɑːvə] s Kapuzenmütze f
balance ['bæləns] A s [1] Gleichgewicht n; **to keep/lose one's ~** das Gleichgewicht (be)halten/verlieren; **to throw sb off (his) ~** j-n aus dem Gleichgewicht bringen; **the right ~ of personalities in the team** eine ausgewogene Mischung verschiedener Charaktere in der Mannschaft; **the ~ of power** das Gleichgewicht der Kräfte; **on ~** fig alles in allem [2] Waage f; **to be** od **hang in the ~** fig in der Schwebe sein [3] Gegengewicht n (**to** zu); fig Ausgleich m (**to** für) [4] HANDEL, FIN Saldo m; von Bankkonto Kontostand m; von Firma Bilanz f; **~ in hand** HANDEL Kassen(be)stand m; **~ carried forward** Saldoübertrag m; **~ of payments/trade** Zahlungs-/Handelsbilanz f; **~ of trade surplus/deficit** Handelsbilanzüberschuss m/-defizit n [5] Rest m; **to pay off the ~** den Rest bezahlen; **my father has promised to make up the ~** mein Vater hat versprochen, die Differenz zu (be)zahlen B v/t [1] im Gleichgewicht halten, ins Gleichgewicht bringen; **the seal ~s a ball on its nose** der Seehund balanciert einen Ball auf der Nase [2] abwägen (**against** gegen); **to ~ sth against sth** etw einer Sache (dat) gegenüberstellen [3] ausgleichen [4] HANDEL, FIN Konto abschließen, ausgleichen; Budget ausgleichen; **to ~ the books** die Bilanz ausgleichen; die Endabrechnung machen; die Bilanz ziehen od machen C v/i [1] Gleichgewicht halten; Waage sich ausbalancieren; **he ~d on one foot** er balancierte auf einem Bein [2] HANDEL, FIN ausgeglichen sein; **the books don't ~** die Abrechnung stimmt nicht; **to make the books ~** die Abrechnung ausgleichen
[phrasal verbs mit balance:]
balance out A v/t ⟨trennb⟩ ausgleichen; **they balance each other out** sie halten sich die Waage B v/i sich ausgleichen
balance bike s Laufrad n
balanced adj ausgewogen; **~ budget** ausgeglichener Haushalt
balance of payments s Zahlungsbilanz f
balance sheet s FIN Bilanz f, Bilanzaufstellung f
balancing act ['bælənsɪŋækt] s Balanceakt m
balcony ['bælkənɪ] s [1] Balkon m [2] THEAT oberster Rang
bald [bɔːld] adj ⟨+er⟩ [1] kahl; **he is ~** er hat eine Glatze; **to go ~** kahl werden; **~ head** Kahlkopf m, Glatze f; **~ patch** Platte f, Glatze f, kahle Stelle [2] Reifen abgefahren
bald eagle s weißköpfiger Seeadler
bald-faced US adj Lüge unverfroren, unverschämt
baldheaded adj kahl- od glatzköpfig
balding ['bɔːldɪŋ] adj **he is ~** er bekommt langsam eine Glatze
baldly ['bɔːldlɪ] fig adv unverblümt, grob
baldness ['bɔːldnɪs] s Kahlheit f
baldy ['bɔːldɪ] umg s Glatzkopf m umg

bale¹ [beɪl] s Heu etc Bündel n; Watte Ballen m
bale² v/i Br SCHIFF → bail²
phrasal verbs mit bale:
bale out Br v/t & v/i → bail out
Balearic [ˌbælɪˈærɪk] adj **the ~ Islands** die Balearen pl
baleful [ˈbeɪlfʊl] adj böse
balk, baulk [bɔːk] v/i zurückschrecken (**at** vor +dat)
Balkan [ˈbɔːlkən] **A** adj Balkan- **B** s **the ~s** der Balkan
ball¹ [bɔːl] s **1** Ball m, Kugel f; aus Wolle Knäuel m; Billard Kugel f; **to play ~** Ball/Baseball spielen; **the cat lay curled up in a ~** die Katze hatte sich zusammengerollt; **to keep the ~ rolling** das Gespräch in Gang halten; **to start the ~ rolling** den Stein ins Rollen bringen; **the ~ is in your court** Sie sind am Ball umg; **to be on the ~** umg am Ball sein umg; **to run with the ~** US umg die Sache mit Volldampf vorantreiben umg **2** ANAT **~ of the foot** Fußballen m **3** sl (≈ Hoden) Ei n mst pl sl; pl Eier pl sl; **~s** (≈ Mut) Schneid m umg
ball² s **1** (≈ Tanz) Ball m **2** umg **to have a ~** sich prima amüsieren umg
ballad [ˈbæləd] s MUS, LIT Ballade f
ball-and-socket joint [ˌbɔːlənˈsɒkɪtdʒɔɪnt] s Kugelgelenk n
ballast [ˈbæləst] s SCHIFF, FLUG, a. fig Ballast m
ball bearing s Kugellager n, Kugellagerkugel f
ball boy s Balljunge m
ballerina [ˌbæləˈriːnə] s Ballerina f, Primaballerina f
ballet [ˈbæleɪ] s Ballett n; **to do ~** Ballett tanzen
ballet dancer s Balletttänzer(in) m(f)
ballet shoe s Ballettschuh m
ball game s Ballspiel n; **it's a whole new ~** fig umg das ist eine ganz andere Chose umg
ball girl s Ballmädchen n
ballistic [bəˈlɪstɪk] adj ballistisch; **to go ~** umg an die Decke gehen umg
ballistic missile s Raketengeschoss n
ballistics [bəˈlɪstɪks] s Ballistik f
balloon [bəˈluːn] **A** s FLUG (Frei)ballon m; als Spielzeug (Luft)ballon m; **that went down like a lead ~** umg das kam überhaupt nicht an **B** v/i sich blähen
ballot [ˈbælət] **A** s Abstimmung f, Wahl f; **first/second ~** erster/zweiter Wahlgang; **to hold a ~** abstimmen **B** v/t Mitglieder abstimmen lassen
ballot box s Wahlurne f
ballot paper s Stimmzettel m
ballot rigging s Wahlbetrug m
ballpark s **1** US Baseballstadion n **2 ~ figure** Richtzahl f

ballpoint (pen) s Kugelschreiber m; **to write in ballpoint** mit Kugelschreiber schreiben
ballroom s Ballsaal m
ballroom dancing s Gesellschaftstänze pl
balls-up [ˈbɔːlzʌp] s, **ball up** bes US umg s Durcheinander n; **he made a complete ~ of the job** er hat bei der Arbeit totale Scheiße gebaut sl
phrasal verbs mit balls:
balls up v/t, **ball up** bes US umg v/t ⟨trennb⟩ verhunzen umg
balm [bɑːm] s Balsam m
balmy [ˈbɑːmɪ] adj ⟨komp balmier⟩ sanft
baloney [bəˈləʊnɪ] s **1** umg Quatsch m umg **2** US (≈ Wurst) Mortadella f
balsamic vinegar [bɔːlˈsæmɪk ˈvɪnɪɡəʳ] s Balsamico(essig) m
Baltic [ˈbɔːltɪk] **A** adj Ostsee-, baltisch; **the ~ States** die baltischen Staaten **B** s **the ~** die Ostsee
Baltic Sea s Ostsee f
balustrade [ˌbæləˈstreɪd] s Balustrade f
bamboo [bæmˈbuː] **A** s ⟨pl -s⟩ Bambus m **B** attr **~ shoots** pl Bambussprossen pl
bamboozle [bæmˈbuːzl] umg v/t übers Ohr hauen umg
ban [bæn] **A** s Verbot n; HANDEL Embargo n; **to put a ban on sth** etw verbieten; **a ban on smoking** Rauchverbot n **B** v/t verbieten; Sportler etc sperren; **to ban sb from doing sth** j-m verbieten, etw zu tun; **she was banned from driving** ihr wurde Fahrverbot erteilt; **he was banned from teaching** er wurde vom Lehrberuf ausgeschlossen
banal [bəˈnɑːl] adj banal
banana [bəˈnɑːnə] s Banane f
banana peel s Bananenschale f
bananas adj ⟨präd⟩ umg (≈ verrückt) bescheuert umg; **to go ~** durchdrehen umg
banana skin s Bananenschale f; **to slip on a ~** fig über eine Kleinigkeit stolpern
banana split s GASTR Bananensplit n
band¹ [bænd] s **1** aus Stoff, Eisen, a. RADIO Band n; an Maschine Riemen m **2** Streifen m
band² s **1** Schar f; von Dieben etc Bande f **2** MUS Band f, Tanzkapelle f, (Musik)kapelle f; Rockband f, Gruppe f
phrasal verbs mit band:
band together v/i sich zusammenschließen
bandage [ˈbændɪdʒ] **A** s Verband m **B** v/t (a. **bandage up**) verbinden
Band-Aid® [ˈbændeɪd] US s Heftpflaster n
bandan(n)a [bænˈdænə] s (buntes) Tuch n
B & B [ˌbiːənˈbiː] s abk (= **bed and breakfast**) **1** Übernachtung f mit Frühstück **2** Frühstückspension f
bandit [ˈbændɪt] s Bandit(in) m(f)

band leader s Bandleader(in) m(f)
bandmaster s Kapellmeister m
bandsman ['bændzmən] s ⟨pl -men⟩ Musiker m; **military ~** Mitglied n eines Musikkorps
bandstand s Musikpavillon m
bandwagon s **to jump** od **climb on the ~** fig umg auf den fahrenden Zug aufspringen
bandwidth s RADIO, IT Bandbreite f
bandy ['bændɪ] adj **~ legs** O-Beine

> phrasal verbs mit bandy:

bandy about Br, **bandy around** v/t ⟨trennb⟩ j-s Namen immer wieder nennen; Ideen verbreiten; Zahlen, Worte um sich werfen mit

bane [beɪn] s Fluch m; **it's the ~ of my life** das ist noch mal mein Ende umg
bang¹ [bæŋ] A s 1 Knall m, Plumps m; **there was a ~ outside** draußen hat es geknallt 2 Schlag m B adv 1 **to go ~** knallen; Ballon zerplatzen 2 umg genau; **his answer was ~ on** seine Antwort war genau richtig; **she came ~ on time** sie war auf die Sekunde pünktlich; **~ up to date** brandaktuell umg C int peng; **~ goes my chance of promotion** umg und das war's dann mit der Beförderung umg D v/t 1 schlagen; **he ~ed his fist on the table** er schlug mit der Faust auf den Tisch 2 Tür zuschlagen; mit Faust fest klopfen 3 Kopf, Schienbein sich (dat) anschlagen (**on** an +dat); **to ~ one's head** etc **on sth** mit dem Kopf etc gegen etw knallen umg 4 vulg (≈ schlafen mit) bumsen umg, vögeln vulg E v/i Tür zuschlagen; Feuerwerk, Pistole knallen; **to ~ on** od **at sth** gegen od an etw (akk) schlagen

> phrasal verbs mit bang:

bang about Br, **bang around** A v/i Krach machen B v/t ⟨trennb⟩ Krach machen mit
bang down v/t ⟨trennb⟩ (hin)knallen umg, zuknallen umg; **to bang down the receiver** den Hörer aufknallen umg
bang into v/i ⟨+obj⟩ prallen auf (+akk)
bang on about Br umg v/i ⟨+obj⟩ schwafeln von umg
bang out v/t ⟨trennb⟩ **to bang out a tune on the piano** eine Melodie auf dem Klavier hämmern umg
bang up sl v/t ⟨trennb⟩ Straftäter einbuchten umg

bang² US s Pony m; **~s** Ponyfrisur f
banger ['bæŋə'] s 1 Br umg Wurst f 2 umg (≈ altes Auto) Klapperkiste f umg 3 Br (≈ Feuerwerk) Knallkörper m
Bangladesh [,bæŋglə'deʃ] s Bangladesch n
Bangladeshi [,bæŋglə'deʃi] A s Bangladeshi m/f B adj aus Bangladesch
bangle ['bæŋgl] s Armreif(en) m
bangs pl US (≈ Frisur) Pony m

banish ['bænɪʃ] v/t j-n verbannen, vertreiben
banishment s Verbannung f
banister, bannister ['bænɪstə'] s a. **~s** Geländer n
banjo ['bændʒəʊ] s ⟨pl -es od US -s⟩ Banjo n; **to play the ~** Banjo spielen
bank¹ [bæŋk] A s 1 von Erde Damm m; (≈ Abhang) Böschung f; **~ of snow** Schneeverwehung f; **~ of cloud** Wolkenwand f 2 von Fluss, See Ufer n; **we sat on the ~s of a river** wir saßen an einem Flussufer B v/i FLUG in die Querlage gehen
bank² [bæŋk] A s Bank f; **to keep** od **be the ~** die Bank halten B v/t zur Bank bringen C v/i **where do you ~?** bei welcher Bank haben Sie Ihr Konto?

> phrasal verbs mit bank:

bank on v/i ⟨+obj⟩ sich verlassen auf (+akk); **I was banking on your coming** ich hatte fest damit gerechnet, dass du kommst

bank account s Bankkonto n
bank balance s Kontostand m
bankbook s Sparbuch n
bank card s Scheckkarte f; US Kreditkarte f
bank charge s Kontoführungsgebühr f
bank clerk s Bankangestellte(r) m/f(m)
bank code Br s Bankleitzahl f
bank draft s Bankwechsel m
banker ['bæŋkə'] s FIN Bankier m, Banker(in) m(f) umg; beim Glücksspiel Bankhalter(in) m(f)
banker's card s Scheckkarte f
banker's cheque Br s, **banker's draft** US s Bankscheck m
banker's order s Dauerauftrag m
bank giro s Banküberweisung f
bank holiday Br s öffentlicher Feiertag
banking ['bæŋkɪŋ] A s Bankwesen n; **he wants to go into ~** er will ins Bankfach gehen B adj ⟨attr⟩ Bank-
banking app s Bank-App f
bank loan s Bankkredit m
bank machine s Geldautomat m
bank manager s Filialleiter(in) m(f); **my ~** der Filialleiter/die Filialleiterin meiner Bank
banknote s Br Geldschein m
bank raid s Banküberfall m
bank rate Br s Diskontsatz m
bank robber s Bankräuber(in) m(f)
bank robbery s Bankraub m
bankrupt ['bæŋkrʌpt] A s Bankrotteur(in) m(f) B adj bankrott; **to go ~** Bankrott machen C v/t zugrunde richten
bankruptcy ['bæŋkrəptsɪ] s Bankrott m, Konkurs m
bankruptcy proceedings pl Konkursverfahren n
bank sort code s Bankleitzahl f

bank statement s Kontoauszug m
bank transfer s Banküberweisung f
banned substance s SPORT illegale od verbotene Substanz
banner ['bænəʳ] s Banner n, Transparent n
banner ad s INTERNET Bannerwerbung f, Banner n
banner headlines ['bænə'hedlaınz] pl Schlagzeilen pl
banning ['bænıŋ] s Verbot n; **the ~ of cars from city centres** Br, **the ~ of cars from downtown areas** US das Fahrverbot in den Innenstädten
bannister ['bænıstəʳ] s → banister
banns [bænz] pl KIRCHE Aufgebot n; **to read the ~** das Aufgebot verlesen
banquet ['bæŋkwıt] s Festessen n
banter ['bæntəʳ] s Geplänkel n
bap (bun) ['bæp(bʌn)] Br s weiches Brötchen
baptism ['bæptızəm] s Taufe f; **~ of fire** fig Feuertaufe f
Baptist ['bæptıst] s Baptist(in) m(f); **the ~ Church** die Baptistengemeinde; (≈ Lehre) der Baptismus
baptize [bæp'taız] v/t taufen
bar[1] [baːʳ] **A** s **1** Stange f; FUSSB umg Latte f, Querlatte f; (≈ Süßigkeit) Riegel m; **bar of gold** Goldbarren m; **a bar of chocolate, a chocolate bar** eine Tafel Schokolade, ein Schokoladenriegel m; **a bar of soap** ein Stück n Seife; **a two-bar electric fire** ein Heizgerät n mit zwei Heizstäben; **the window has bars** das Fenster ist vergittert; **to put sb behind bars** j-n hinter Gitter bringen **2** von Käfig (Gitter)stab m **3** SPORT horizontal Reck n; für Hochsprung etc Latte f; **bars** pl Barren m; **(wall) bars** Sprossenwand f **4** fig **to be a bar to sth** einer Sache (dat) im Wege stehen **5** JUR **the Bar** die Anwaltschaft; **to be called to the Bar, to be admitted to the Bar** US als Verteidiger zugelassen werden **6** (≈ Kneipe) Lokal n, Bar f; Teil der Gaststätte Gaststube f; (≈ Ausschank) Theke f **7** MUS Takt m, Taktstrich m **B** v/t **1** blockieren; **to bar sb's way** j-m den Weg versperren **2** Fenster, Tür versperren **3** j-n ausschließen; Handlung etc untersagen; **they've been barred from the club** sie haben Klubverbot
bar[2] präp **bar none** ohne Ausnahme; **bar one** außer einem
barb [baːb] s Widerhaken m
Barbados [baːˈbeıdɒs] s Barbados f
barbarian [baːˈbɛərıən] **A** s Barbar(in) m(f) **B** adj barbarisch
barbaric [baːˈbærık] adj barbarisch, grausam; fig umg Verhältnisse grauenhaft
barbarism ['baːbərızəm] s Barbarei f
barbarity [baːˈbærıtı] s Barbarei f; fig Primitivität f, Grausamkeit f

barbarous ['baːbərəs] adj HIST, a. fig barbarisch, grausam; Wache etc roh; Akzent grauenhaft
barbecue ['baːbıkjuː] **A** s GASTR Grill m; (≈ Fest) Grillparty f, Barbecue n; **to have a ~** grillen, eine Grillparty feiern **B** v/t grillen
barbed [baːbd] fig adj Bemerkung bissig
barbed wire s Stacheldraht m
barbed-wire fence s Stacheldrahtzaun m
barbell ['baːbel] s Langhantel f
barber ['baːbəʳ] s (Herren)friseur m; **at/to the ~'s** beim/zum Friseur
barbershop ['baːbəʃɒp] **A** s US (Herren)friseurgeschäft n **B** adj **~ quartet** Barbershop-Quartett n
barbiturate [baːˈbıtjʊrıt] s Barbiturat n
bar chart s Balkendiagramm n, Säulendiagramm n
bar code s Strichcode m, Bar-Code m
bar code reader s Strichcodeleser m
bar crawl US s Kneipenbummel m
bare [bɛəʳ] **A** adj ⟨komp barer⟩ **1** nackt; Zimmer leer; **~ patch** kahle Stelle; **the ~ facts** die nackten Tatsachen; **with his ~ hands** mit bloßen Händen **2** knapp; **the ~ minimum** das absolute Minimum **B** v/t Brust, Beine entblößen; beim Arzt frei machen; Zähne fletschen; **to ~ one's soul** seine Seele entblößen
bareback adv & adj ohne Sattel
barefaced fig adj unverschämt
barefoot(ed) **A** adv barfuß **B** adj barfüßig
bareheaded adj & adv ohne Kopfbedeckung
barelegged adj mit bloßen Beinen
barely ['bɛəlı] adv kaum; **it's ~ good enough** es ist gerade noch gut genug
bareness s von Baum Kahlheit f; von Zimmer Leere f
barf [baːf] US umg v/i kotzen umg
bargain ['baːgın] **A** s **1** Handel m; **to make** od **strike a ~** sich einigen; **I'll make a ~ with you** ich mache Ihnen ein Angebot; **to keep one's side of the ~** sich an die Abmachung halten; **you drive a hard ~** Sie stellen ja harte Forderungen!; **into the ~** obendrein **2** billig Sonderangebot n; (≈ Erworbenes) Schnäppchen n, Occasion f schweiz; **what a ~!** das ist aber günstig! **B** v/i handeln (**for** um), verhandeln
<ins>phrasal verbs mit bargain:</ins>
bargain for v/i ⟨+obj⟩ **I got more than I bargained for** ich habe vielleicht mein blaues Wunder erlebt! umg
bargain on v/i ⟨+obj⟩ zählen auf (+akk)
bargain hunter s Schnäppchenjäger(in) m(f)
bargain-hunting s **to go ~** auf Schnäppchenjagd gehen
bargaining ['baːgınıŋ] s Handeln n, Verhandeln n; **~ position** Verhandlungsposition f

bargain offer s Sonderangebot n
bargain price s Sonderpreis m; **at a ~** zum Sonderpreis
bargain sale s Ausverkauf m
barge [bɑːdʒ] **A** s Frachtkahn m, Schleppkahn m, Hausboot n **B** v/t **he ~d his way into the room** er ist (ins Zimmer) hereingeplatzt umg; **he ~d his way through the crowd** er hat sich durch die Menge geboxt umg **C** v/i **to ~ into a room** (in ein Zimmer) hereinplatzen umg; **to ~ out of a room** aus einem Zimmer hinausstürmen; **he ~d through the crowd** er drängte sich durch die Menge

▸ phrasal verbs mit barge:
barge in umg v/i **1** in Zimmer hereinplatzen umg **2** (≈ unterbrechen) dazwischenplatzen umg (**on** bei)
barge into v/i (+obj) j-n (hinein)rennen in (+akk) umg; Objekt rennen gegen umg

bargepole [ˈbɑːdʒpəʊl] s **I wouldn't touch him with a ~** Br umg den würde ich noch nicht mal mit der Kneifzange anfassen umg
bar graph s IT Balkendiagramm n
bar hop US umg s Kneipenbummel m
bar hopping US umg s **to go ~** eine Kneipentour machen umg
baritone [ˈbærɪtəʊn] **A** s Bariton m **B** adj Bariton-
bark¹ [bɑːk] s von Baum Rinde f, Borke f
bark² s von Hund Bellen n; **his ~ is worse than his bite** sprichw Hunde, die bellen, beißen nicht sprichw **B** v/i bellen; **to ~ at sb** j-n anbellen; Mensch j-n anfahren; **to be ~ing up the wrong tree** fig umg auf dem Holzweg sein umg

▸ phrasal verbs mit bark:
bark out v/t ⟨trennb⟩ Befehle bellen

barkeep(er) [ˈbɑːkiːp(əʳ)] US s Gastwirt m, Barkeeper m
barking [ˈbɑːkɪŋ] s Bellen n
barking (mad) [ˈbɑːkɪŋ(ˈmæd)] umg adj total verrückt umg
barley [ˈbɑːlɪ] s Gerste f
barmaid Br s Bardame f
barman Br s ⟨pl -men⟩ Barkeeper m
barmy [ˈbɑːmɪ] adj ⟨komp barmier⟩ Br umg bekloppt umg; Idee etc blödsinnig umg
barn [bɑːn] s **1** Scheune f, Stadel m österr, schweiz **2** US für Lkws Depot n
barn dance s Bauerntanz m
barn owl s Schleiereule f
barnyard s (Bauern)hof m
barometer [bəˈrɒmɪtəʳ] s Barometer n
baron [ˈbærən] s Baron m; **oil ~** Ölmagnat m; **press ~** Pressezar m
baroness [ˈbærənɪs] s Baronin f; unverheiratet Baronesse f

baroque [bəˈrɒk] **A** adj barock, Barock- **B** s Barock m/n
barracks [ˈbærəks] s MIL Kaserne f; **to live in ~** in der Kaserne wohnen
barrage [ˈbærɑːʒ] s **1** über Fluss Staustufe f **2** MIL Sperrfeuer n **3** fig Hagel m; **he faced a ~ of questions** er wurde mit Fragen beschossen
barred [bɑːd] adj **~ window** Gitterfenster n
barrel [ˈbærəl] s **1** Fass n; für Öl Tonne f; (≈ Maßeinheit) Barrel n; **they've got us over a ~** umg sie haben uns in der Zange umg; **it wasn't exactly a ~ of laughs** umg es war nicht gerade komisch; **he's a ~ of laughs** umg er ist eine echte Spaßkanone umg **2** von Pistole Lauf m
barrel organ s Leierkasten m
barren [ˈbærən] adj unfruchtbar; Land, Wüste öde, (≈ unattraktiv) öde, trostlos; (≈ ohne Erfolg) erfolglos
barrenness s Unfruchtbarkeit f; von Land, Wüste Öde f; mangelnder Attraktivität Trostlosigkeit f; mangelnder Erfolg Erfolglosigkeit f
barrette [bəˈret] US s (Haar)spange f
barricade [ˌbærɪˈkeɪd] **A** s Barrikade f **B** v/t verbarrikadieren
barrier [ˈbærɪəʳ] s **1** Barriere f, Schranke f, (Leit)planke f **2** fig Hindernis n; zwischen Menschen Schranke f; **trade ~s** Handelsschranken pl; **language ~** Sprachbarriere f; **a ~ to success** etc ein Hindernis n für den Erfolg etc; **to break down ~s** Zäune niederreißen
barrier contraceptive s mechanisches Verhütungsmittel
barrier cream s Haut(schutz)creme f
barrier method s mechanische Verhütung
barring [ˈbɑːrɪŋ] präp **~ accidents** falls nichts passiert; **~ one** außer einem
barrister [ˈbærɪstəʳ] Br s Rechtsanwalt m/-anwältin f
barrow [ˈbærəʊ] s Karren m
bar stool s Barhocker m
bartender [ˈbɑːtendəʳ] US s Barkeeper m; **~!** hallo!
barter [ˈbɑːtəʳ] v/t & v/i tauschen (**for** gegen)
base¹ [beɪs] **A** s **1** Basis f; von Statue etc Sockel m; von Lampe, Berg Fuß m; **at the ~ (of)** unten (an +dat) **2** im Urlaub, a. MIL Stützpunkt m, Basis f; **to return to ~** zum Stützpunkt od zur Basis zurückkehren **3** Baseball Mal n, Base n; **at** od **on second ~** auf Mal od Base 2; **to touch ~** US umg sich melden (**with** bei); **to touch** od **cover all the ~s** US fig an alles denken **B** v/t **1** fig Hoffnungen, Theorie basieren, gründen (**on** auf +akk); Beziehung bauen (**on** auf +akk); **to be ~d on sth** auf etw (dat) basieren od beruhen; **to ~ one's technique on sth** in seiner Technik von etw ausgehen **2** stationieren; **the company is**

~d in London die Firma hat ihren Sitz in London; **my job is ~d in Glasgow** ich arbeite in Glasgow

base² *adj* ⟨*komp* baser⟩ *Metall* unedel; *Motive, Charakter* niedrig

baseball ['beɪsbɔːl] *s* Baseball *m/n*

baseball bat *s* Baseballschläger *m*

baseball cap *s* Baseballmütze *f*

baseball player *s* Baseballspieler(in) *m(f)*

base camp *s* Basislager *n*

-based [-beɪst] *adj* ⟨*suf*⟩ **London-based** mit Sitz in London; **to be computer-based** auf Computerbasis arbeiten

base jumping *s* Basejumping *n*

baseless *adj* unbegründet

baseline ['beɪslaɪn] *s Tennis* Grundlinie *f*

basement ['beɪsmənt] *s* Untergeschoss *n*; *im Haus a.* Keller *m*; **~ flat** *Br*, **~ apartment** Souterrainwohnung *f*

base rate *s* Leitzins *m*

bash [bæʃ] *umg* **A** *s* **1** Schlag *m* **2 I'll have a ~ (at it)** ich probier's mal *umg* **B** *v/t Auto* eindellen *umg*; **to ~ one's head (against** *od* **on sth)** sich (*dat*) den Kopf (an etw (*dat*)) anschlagen; **to ~ sb on** *od* **over the head with sth** j-m mit etw auf den Kopf hauen

phrasal verbs mit bash:

bash in *umg v/t* ⟨*trennb*⟩ *Tür* einschlagen; *Hut, Auto* eindellen *umg*; **to bash sb's head in** j-m den Schädel einschlagen *umg*

bash up *bes Br umg v/t* ⟨*trennb*⟩ *Auto* demolieren *umg*

bashful ['bæʃfʊl] *adj*, **bashfully** ['bæʃfəlɪ] *adv* schüchtern, gschamig *österr*

Basic ['beɪsɪk] *abk* (= beginner's all-purpose symbolic instruction code) IT BASIC *n*

basic ['beɪsɪk] **A** *adj* **1** Grund-; *Grund, Thema* Haupt-; *Punkte* wesentlich; *Absicht* eigentlich; **there's no ~ difference** es besteht kein grundlegender Unterschied; **the ~ thing to remember is …** woran man vor allem denken muss, ist …; **his knowledge is rather ~** er hat nur ziemlich elementare Kenntnisse; **the furniture is rather ~** die Möbel sind ziemlich primitiv; **~ income** Grundeinkommen *n*; **~ salary** Grundgehalt *n*; **~ vocabulary** Grundwortschatz *m* **2** notwendig **B** *pl* **the ~s** das Wesentliche; **to get down to (the) ~s** zum Kern der Sache kommen; **to get back to ~s** sich auf das Wesentliche besinnen

basically ['beɪsɪkəlɪ] *adv* im Grunde, hauptsächlich; **is that correct? — yes** stimmt das? — im Prinzip, ja; **that's ~ it** das wär's im Wesentlichen

basic English *s* englischer Grundwortschatz

basic law *s* Grundgesetz *n*

basic rate *s* Eingangssteuersatz *m*; **the ~ of income tax** der Eingangssteuersatz bei Lohn- und Einkommensteuer

basil ['bæzl] *s* BOT Basilikum *n*

basin ['beɪsn] *s* **1** Schüssel *f*, (Wasch)becken *n* **2** GEOG Becken *n*

basis ['beɪsɪs] *s* ⟨*pl* bases ['beɪsiːz]⟩ Basis *f*; Grundlage *f*; **we're working on the ~ that …** wir gehen von der Annahme aus, dass …; **to be on a sound ~** auf festen Füßen stehen; **on the ~ of this evidence** aufgrund dieses Beweismaterials

bask [bɑːsk] *v/i in der Sonne* sich aalen (**in** in +*dat*); *in j-s Gunst etc* sich sonnen (**in** in +*dat*)

basket ['bɑːskɪt] *s* Korb *m*, Körbchen *n*; **a ~ of apples** ein Korb Äpfel

basketball *s* Basketball *m*

basket case *sl s* Spinner(in) *m(f)*

Basle [bɑːl] *s* Basel *n*

Basque [bæsk] **A** *s* **1** Baske *m*, Baskin *f* **2** (≈ *Sprache*) Baskisch *n* **B** *adj* baskisch

bass¹ [beɪs] **A** *s* MUS Bass *m*; Kontrabass *m*; Bassgitarre *f* **B** *adj* MUS Bass-

bass² [bæs] *s* ⟨*pl* -(es)⟩ ZOOL Barsch *m*

bass clef *s* Bassschlüssel *m*

bass drum *s* große Trommel

bass guitar *s* Bassgitarre *f*

bassoon [bə'suːn] *s* Fagott *n*; **to play the ~** Fagott spielen

bastard ['bɑːstəd] *s* **1** *wörtl* uneheliches Kind **2** *sl* Scheißkerl *m umg*; **poor ~** armes Schwein *umg*; **this question is a real ~** diese Frage ist wirklich hundsgemein *umg*

baste [beɪst] *v/t* GASTR (mit Fett) begießen

bastion ['bæstɪən] *s* Bastion *f*

bat¹ [bæt] *s* ZOOL Fledermaus *f*; **he drove like a bat out of hell** er fuhr, wie wenn der Teufel hinter ihm her wäre; **(as) blind as a bat** stockblind *umg*

bat² **A** *s* SPORT *Baseball, Kricket* Schlagholz *n*; *Tischtennis* Schläger *m*; **off one's own bat** *Br umg* auf eigene Faust *umg*; **right off the bat** *US* prompt **B** *v/t & v/i* SPORT *Baseball, Kricket* schlagen

bat³ *v/t* **not to bat an eyelid** *Br*, **not to bat an eye** *US* nicht mal mit der Wimper zucken

batch [bætʃ] *s von Menschen* Schwung *m umg*; (≈ *Versandgut*) Sendung *f*; *von Briefen, Arbeit* Stoß *m*

batch command *s* Batchbefehl *m*

batch file *s* IT Batchdatei *f*

batch job *s* Stapelverarbeitung *f*

batch processing *s* IT Stapelverarbeitung *f*

bated ['beɪtɪd] *adj* **with ~ breath** mit angehaltenem Atem

bath [bɑːθ] **A** *s* **1** Bad *n*; **to have** *od* **take a ~** baden; **to give sb a ~** j-n baden **2** (Bade)wanne f ③ **(swimming)** ~s pl (Schwimm)bad n; **(public)** ~s pl Badeanstalt f **B** v/t Br baden **C** v/i Br (sich) baden

bathe [beɪð] **A** v/t ❶ baden, waschen; **to ~ one's eyes** ein Augenbad machen; **~d in tears** tränenüberströmt; **to be ~d in sweat** schweißgebadet sein ❷ US → bath **B** v/i baden **C** s Bad n; **to have** od **take a ~** baden

bather ['beɪðəʳ] s Badende(r) m/f(m)

bathing ['beɪðɪŋ] **A** s Baden n **B** adj Bade-

bathing cap Br s Badekappe f

bathing costume Br, **bathing suit** s Badeanzug m

bathing trunks Br pl Badehose f

bathmat ['bɑːθmæt] s Badematte f

bathrobe ['bɑːθrəʊb] s Bademantel m

bathroom ['bɑːθruːm] s Bad n, Badezimmer n; US Toilette f

bathroom cabinet s Toilettenschrank m

bathroom scales pl Personenwaage f

bath salts pl Badesalz n

bathtowel s Badetuch n

bathtub s Badewanne f

baton ['bætən, US bæ'tɒn] s ❶ MUS Taktstock m ❷ von Polizist Schlagstock m ❸ in Staffellauf Stab m

baton charge s **to make a ~** Schlagstöcke einsetzen

batsman ['bætsmən] s ⟨pl -men [-mən]⟩ SPORT Schlagmann m

battalion [bə'tælɪən] s MIL fig Bataillon n

batten ['bætn] s Latte f

phrasal verbs mit batten:

batten down v/t ⟨trennb⟩ **to batten down the hatches** (≈ Türen schließen) alles dicht machen; (≈ vorbereitet sein) sich auf etwas gefasst machen

batter¹ ['bætəʳ] s GASTR Teig m

batter² s SPORT Schlagmann m

batter³ **A** v/t einschlagen auf (+akk), prügeln; Kind, Frau misshandeln **B** v/i schlagen; **to ~ at the door** an die Tür trommeln umg

phrasal verbs mit batter:

batter down v/t ⟨trennb⟩ Tür einschlagen

battered ['bætəd] adj übel zugerichtet, misshandelt; Hut, Auto verbeult; Möbel, Ruf ramponiert umg

battering ['bætərɪŋ] wörtl s Prügel pl; **he/it got** od **took a real ~** er/es hat ganz schön was abgekriegt umg

battery¹ ['bætərɪ] s Batterie f

battery² ['bætərɪ] s JUR Tätlichkeit f, Körperverletzung f; **~ and assault** schwere Körperverletzung

battery charger s Ladegerät n

battery farm s Legebatterie f

battery farming s Legebatterien pl

battery hen s AGR Batteriehuhn n

battery life s Akkulaufzeit f

battery-operated adj batteriegespeist

battery-powered adj batteriebetrieben

battle ['bætl] **A** s wörtl Schlacht f; fig Kampf m; **to fight a ~** eine Schlacht schlagen; fig einen Kampf führen; **to do ~ for sb/sth** sich für j-n/etw einsetzen; **killed in ~** (im Kampf) gefallen; **~ of wits** geistiger Wettstreit; **~ of words** Wortgefecht n; **~ of wills** Machtkampf m; **that's half the ~** damit ist schon viel gewonnen; **getting an interview is only half the ~** damit, dass man ein Interview bekommt, ist es noch nicht getan **B** v/i sich schlagen; fig kämpfen **C** v/t fig **to ~ one's way through four qualifying matches** sich durch vier Qualifikationsspiele durchschlagen

phrasal verbs mit battle:

battle out v/t ⟨trennb⟩ **to battle it out** sich einen harten Kampf liefern

battle-axe s, **battle-ax** US s umg (≈ Frau) Drachen m umg

battle cry s Schlachtruf m

battlefield s Schlachtfeld n

battleground s Schlachtfeld n

battlements ['bætlmənts] pl Zinnen pl

battleship s Schlachtschiff n

batty ['bætɪ] adj ⟨komp battier⟩ Br umg verrückt

bauble ['bɔːbl] s ❶ wertloses Schmuckstück ❷ Br Christbaumkugel f

baud [bɔːd] s IT Baud n

baulk [bɔːk] v/i → balk

Bavaria [bə'veərɪə] s Bayern n

Bavarian [bə'veərɪən] **A** s ❶ Bayer(in) m(f) ❷ (≈ Dialekt) Bayrisch n **B** adj bay(e)risch

bawdy ['bɔːdɪ] adj ⟨komp bawdier⟩ derb

bawl [bɔːl] **A** v/i brüllen; umg (≈ weinen) heulen umg **B** v/t Befehl brüllen

phrasal verbs mit bawl:

bawl out v/t ⟨trennb⟩ Befehl brüllen; Person anbrüllen

bay¹ [beɪ] s Bucht f; **Hudson Bay** die Hudson Bay

bay² s ❶ Ladeplatz m ❷ Parkbucht f

bay³ s **to keep** od **hold sb/sth at bay** j-n/etw in Schach halten

bay⁴ **A** adj Pferd (kastanien)braun **B** s (≈ Pferd) Braune(r) m

bay leaf s Lorbeerblatt n

bayonet ['beɪənɪt] s Bajonett n

bayonet fitting s ELEK Bajonettfassung f

bay window s Erkerfenster n

bazaar [bə'zɑːʳ] s Basar m

BBC abk (= British Broadcasting Corporation) BBC f

BBQ abk (= barbecue) Grillparty f

BC *abk* (= before Christ) v. Chr., vor Christus

be [biː] ⟨*präs* am; is; are; *prät* was; were; *pperf* been⟩ **A** *v/i* ⟨*kopulativ*⟩ **1** sein; **be sensible** sei vernünftig; **who's that? — it's me/that's Mary** wer ist das? — ich bin's/das ist Mary; **he is a soldier/a German** er ist Soldat/Deutscher; **he wants to be a doctor** er möchte Arzt werden; **he's a good student** er ist ein guter Student; **he's five** er ist fünf; **two times two is four** zwei mal zwei ist vier **2** **how are you?** wie geht's?; **she's not at all well** es geht ihr gar nicht gut; **to be hungry** Hunger haben; **I am hot** mir ist heiß **3** kosten; **how much is that?** wie viel kostet das?; **the pencils are £1** die Bleistifte kosten £1 **4** gehören (+*dat*); **that book is his** das Buch gehört ihm **5** stehen; **the verb is in the present** das Verb steht in der Gegenwart **B** *v/aux* **1** *in Verlaufsform* **what are you doing?** was machst du da?; **they're coming tomorrow** sie kommen morgen; **I have been waiting for you for half an hour** ich warte schon seit einer halben Stunde auf Sie; **will you be seeing her tomorrow?** sehen *od* treffen Sie sie morgen?; **I was packing my case when ...** ich war gerade beim Kofferpacken, als ... **2** *im Passiv* werden; **he was run over** er ist überfahren worden; **it is being repaired** es wird gerade repariert; **I will not be intimidated** ich lasse mich nicht einschüchtern; **they are to be married** sie werden heiraten; **the car is to be sold** das Auto soll verkauft werden; **what is to be done?** was soll geschehen? **3** **to be ... to do sth** *Pflicht ausdrückend* etw tun sollen; *Pflicht ausdrückend* **I am to look after her** ich soll mich um sie kümmern; **I am not to be disturbed** ich möchte nicht gestört werden; **I wasn't to tell you his name** ich hätte Ihnen eigentlich nicht sagen sollen, wie er heißt **4** (≈ *Bestimmung ausdrückend*) **she was never to return** sie sollte nie zurückkehren **5** *Möglichkeit ausdrückend* **he was not to be persuaded** er ließ sich nicht überreden; **if it were** *od* **was to snow** falls es schneien sollte; **and if I were to tell him?** und wenn ich es ihm sagen würde? **6** *in Fragen und Antworten* **he's always late, isn't he? — yes he is** er kommt doch immer zu spät, nicht? — ja, das stimmt; **he's never late, is he? — yes he is** er kommt nie zu spät, oder? — oh, doch; **it's all done, is it? — yes it is/no it isn't** es ist also alles erledigt? — ja/nein **C** *v/i* sein, bleiben; **we've been here a long time** wir sind schon lange hier; **let me be** lass mich; **be that as it may** wie dem auch sei; **I've been to Paris** ich war schon (ein)mal in Paris; **the milkman has already been** der Milchmann war schon da; **he has been and gone** er war da und ist wieder gegangen; **here is a book/are two books** hier ist ein Buch/sind zwei Bücher; **here/there you are** *bei Begrüßung* da sind Sie ja; (≈ *bitte schön*) hier/da, bitte; **there he was sitting at the table** da saß er nun am Tisch; **nearby there are two churches** in der Nähe sind zwei Kirchen **D** *v/i* ⟨*unpers*⟩ sein; **it is dark** es ist dunkel; **tomorrow is Friday** morgen ist Freitag; **it is 5 km to the nearest town** es sind 5 km bis zur nächsten Stadt; **it was us who found it, it was we who found it** *form* WIR haben das gefunden; **were it not for the fact that I am a teacher, I would ...** wenn ich kein Lehrer wäre, dann würde ich ...; **were it not for him, if it weren't** *od* **wasn't for him** wenn er nicht wäre; **had it not been** *od* **if it hadn't been for him** wenn er nicht gewesen wäre

phrasal verbs mit be:

be in for *v/t* **he's in for a big surprise** auf ihn wartet e-e Überraschung; *drohend* er kann was erleben; **be in for trouble** Ärger bekommen

beach [biːtʃ] *s* Strand *m*; **on the ~** am Strand

beach ball *s* **1** Wasserball *m* **2** SPORT Beachball *m*

beach buggy *s* Strandbuggy *m*

beachfront *adj* ⟨*attr*⟩ am Strand (gelegen); **~ café** Strandcafé *n*

beach holiday *Br s* Strandurlaub *m*

beach shelter *s* Strandmuschel *f*

beach towel *s* Strandtuch *n*

beach vacation *US s* Strandurlaub *m*

beach volleyball *s* Beachvolleyball *m*

beachwear *s* Strandkleidung *f*

beacon ['biːkən] *s* Leuchtfeuer *n*, Funkfeuer *n*

bead [biːd] *s* **1** Perle *f*; **(string of) ~s** Perlenschnur *f*, Perlenkette *f* **2** *von Schweiß* Tropfen *m*

beady ['biːdɪ] *adj* **~ eyes** wache Äuglein *pl*; Glotzerchen *pl umg*; **I've got my ~ eye on you** *umg* ich beobachte Sie genau!

beagle ['biːgl] *s* Beagle *m*

beak [biːk] *s* Schnabel *m*

beaker ['biːkəʳ] *s* **1** *Br* Becher *m* **2** CHEM *etc* Becherglas *n*

be-all and end-all ['biːɔːlənd'endɔːl] *s* **the ~** das A und O; **it's not the ~** das ist auch nicht alles

beam [biːm] **A** *s* **1** Hoch- und Tiefbau, *von Waage* Balken *m* **2** *von Licht* Strahl *m*; **to be on full** *od* **high ~** das Fernlicht eingeschaltet haben **B** *v/i* strahlen; **to ~ down** *Sonne* niederstrahlen; **she was ~ing with joy** sie strahlte übers ganze Gesicht **C** *v/t* RADIO, TV ausstrahlen

beaming ['biːmɪŋ] *adj* strahlend

bean [biːn] *s* **1** Bohne *f*; **he hasn't (got) a ~** *Br umg* er hat keinen roten Heller *umg* **2** *fig* **to be full of ~s** *umg* putzmunter sein *umg*

beanbag s Sitzsack m
beanburger s vegetarischer Hamburger (*mit Bohnen*)
beanfeast umg s Schmaus m umg
beanpole s Bohnenstange f
bean sprout s Sojabohnensprosse f
bear[1] [bɛəʳ] ⟨*prät* bore; *pperf* borne⟩ **A** *v/t* **1** tragen; *Geschenk etc* mit sich führen; *Kennzeichen, Ähnlichkeit* aufweisen; **he was borne along by the crowd** die Menge trug ihn mit (sich); **it doesn't ~ thinking about** man darf gar nicht daran denken **2** *Liebe, Groll* empfinden **3** ertragen; *Schmerzen* aushalten; *Kritik, Geruch, Lärm etc* vertragen; **she can't ~ being laughed at** sie kann es nicht vertragen, wenn man über sie lacht **4** gebären; → born **B** *v/i* **to ~ left/north** sich links/nach Norden halten **C** *v/r* sich halten

phrasal verbs mit bear:
bear away *v/t* ⟨*trennb*⟩ **1** forttragen **2** *Sieg etc* davontragen
bear down *v/i* sich nahen *geh*
bear on *v/i* ⟨+*obj*⟩ → bear upon
bear out *v/t* ⟨*trennb*⟩ bestätigen; **to bear sb out in sth** j-n in etw bestätigen
bear up *v/i* sich halten; **how are you? — bearing up!** wie gehts? — man lebt!
bear (up)on *v/i* ⟨+*obj*⟩ betreffen
bear with *v/i* ⟨+*obj*⟩ **if you would just bear with me for a couple of minutes** wenn Sie sich vielleicht zwei Minuten gedulden wollen

bear[2] s **1** Bär m; **he is like a ~ with a sore head** er ist ein richtiger Brummbär umg **2** ASTRON **the Great/Little Bear** der Große/Kleine Bär *od* Wagen **3** BÖRSE Baissespekulant m
bearable ['bɛərəbl] adj erträglich
beard [bɪəd] s Bart m
bearded adj bärtig
bearer ['bɛərəʳ] s Träger(in) m(f); *von Neuigkeiten, Scheck* Überbringer m; *von Namen, Pass* Inhaber(in) m(f)
bear hug s kräftige Umarmung
bearing ['bɛərɪŋ] s **1** Haltung f **2** Auswirkung f (**on** auf +*akk*), Bezug m (**on** zu); **to have some/no ~ on sth** von Belang/belanglos für etw sein, einen gewissen/keinen Bezug zu etw haben **3** ~**s** *pl* Position f, Orientierung f; **to get** *od* **find one's ~s** sich zurechtfinden; **to lose one's ~s** die Orientierung verlieren
bear market s BÖRSE Baisse f
beast [biːst] s **1** Tier n **2** umg (≈ *Mensch*) Biest n
beastly ['biːstlɪ] umg adj scheußlich
beat [biːt] ⟨*v: prät* beat; *pperf* beaten⟩ **A** *v/t* **1** schlagen; **to ~ a/one's way through sth** ei-nen/sich (*dat*) einen Weg durch etw bahnen; **to ~ a/the drum** trommeln; **~ it!** *fig umg* hau ab! *umg*; **the bird ~s its wings** der Vogel schlägt mit den Flügeln; **to ~ time (to the music)** den Takt schlagen **2** (≈ *Niederlage beibringen*) schlagen, besiegen; *Rekord* brechen; **to ~ sb into second place** j-n auf den zweiten Platz verweisen; **you can't ~ real wool** es geht doch nichts über reine Wolle; **if you can't ~ them, join them** umg wenn dus nicht besser machen kannst, dann mach es genauso; **coffee ~s tea any day** Kaffee ist allemal besser als Tee; **it ~s me (how/why …)** umg es ist mir ein Rätsel(, wie/warum …) umg **3** *Etat, Menschenmassen* zuvorkommen (+*dat*); **I'll ~ you down to the beach** ich bin vor dir am Strand; **to ~ the deadline** vor Ablauf der Frist fertig sein; **to ~ sb to it** j-m zuvorkommen **B** *v/i* schlagen; *Regen* trommeln; **to ~ on the door (with one's fists)** (mit den Fäusten) gegen die Tür schlagen **C** *s* **1** Schlag m; *wiederholt* Schlagen n; **to the ~ of the drum** zum Schlag der Trommeln **2** *von Polizist* Runde f; (≈ *Bezirk*) Revier n; **to be on the ~** seine Runde machen **3** *Dichtung, a.* MUS Takt m; *mit Taktstock* Taktschlag m **D** *adj* **1** umg (≈ *erschöpft*) **to be (dead)** *~* total kaputt sein umg **2** umg (≈ *besiegt*) **to be ~(en)** aufgeben müssen umg; **he doesn't know when he's ~(en)** er gibt nicht auf umg; **this problem's got me ~** mit dem Problem komme ich nicht klar umg

phrasal verbs mit beat:
beat back *v/t* ⟨*trennb*⟩ zurückschlagen
beat down A *v/i Regen* herunterprasseln; *Sonne* herunterbrennen **B** *v/t* ⟨*trennb*⟩ **1 I managed to beat him down (on the price)** ich konnte den Preis herunterhandeln **2** *Tür* einrennen
beat in *v/t* ⟨*trennb*⟩ **1** *Tür* einschlagen **2** GASTR *Eier etc* unterrühren
beat off *v/t* ⟨*trennb*⟩ abwehren
beat out *v/t* ⟨*trennb*⟩ *Feuer* ausschlagen; *Rhythmus* schlagen, trommeln; **to beat sb's brains out** umg j-m den Schädel einschlagen umg
beat up *v/t* ⟨*trennb*⟩ j-n zusammenschlagen, verprügeln
beat up on *v/i* ⟨+*obj*⟩ US umg (≈ *schlagen*) verhauen umg; (≈ *schikanieren*) einschüchtern

beaten ['biːtn] **A** *pperf* → beat **B** *adj Erde* festgetreten; **to be off the ~ track** *fig* abgelegen sein
beating ['biːtɪŋ] s **1** Prügel *pl*; **to give sb a ~** j-n verprügeln; **to get a ~** verprügelt werden **2** *von Trommel, Herz, Flügeln* Schlagen n **3** Niederlage f; **to take a ~ (at the hands of sb)** (von j-m) nach allen Regeln der Kunst geschlagen werden **4** **to take some ~** nicht leicht zu übertreffen sein

beat-up ['bi:t'ʌp] *umg adj* ramponiert *umg*
beautician [bju:'tɪʃən] *s* Kosmetiker(in) *m(f)*
beautiful ['bju:tɪfʊl] *adj* schön; *Idee, Mahlzeit* wunderbar; *Schwimmer, Arbeit* hervorragend
beautifully ['bju:tɪfəlɪ] *adv* schön; *zubereitet, einfach* herrlich; *schwimmen* sehr gut
beautify ['bju:tɪfaɪ] *v/t* verschönern
beauty ['bju:tɪ] *s* **1** Schönheit *f*; **~ is in the eye of the beholder** *sprichw* schön ist, was (einem) gefällt; **the ~ of it is that ...** das Schöne *od* Schönste daran ist, dass ... **2** Prachtexemplar *n*
beauty contest *s* Schönheitswettbewerb *m*
beauty parlour *s*, **beauty parlor** *US s* Schönheitssalon *m*
beauty queen *s* Schönheitskönigin *f*
beauty salon, **beauty shop** *s* Schönheitssalon *m*
beauty sleep *hum s* Schönheitsschlaf *m*
beauty spot *s* **1** Schönheitsfleck *m* **2** (≈ *Ort*) schönes Fleckchen
beauty treatment *s* kosmetische Behandlung
beaver ['bi:vəʳ] *s* Biber *m*
phrasal verbs mit beaver:
beaver away *umg v/i* schuften *umg* (**at an** +*dat*)
became [bɪ'keɪm] *prät* → become
because [bɪ'kɒz] **A** *konj* weil, da; **it was the more surprising ~ we were not expecting it** es war umso überraschender, als wir es nicht erwartet hatten; **why did you do it? — just ~** *umg* warum hast du das getan? — darum **B** *präp* **~ of** wegen (+*gen od* (*umg*) *dat*); **I only did it ~ of you** ich habe es nur deinetwegen getan
beck [bek] *s* **to be at sb's ~ and call** j-m voll und ganz zur Verfügung stehen
beckon ['bekən] *v/t & v/i* winken; **he ~ed to her to follow (him)** er gab ihr ein Zeichen, ihm zu folgen
become [bɪ'kʌm] *v/i* ⟨*prät* became; *pperf* become⟩ werden; **it has ~ a rule** es ist jetzt Vorschrift; **it has ~ a nuisance/habit** es ist lästig/zur Gewohnheit geworden; **to ~ interested in sb/sth** anfangen, sich für j-n/etw zu interessieren; **to ~ king/a doctor** König/Arzt werden; **what has ~ of him?** was ist aus ihm geworden?; **what's to ~ of him?** was soll aus ihm werden?
B Ed *abk* (= Bachelor of Education) Bachelor *m* der Erziehungswissenschaft
bed [bed] *s* **1** Bett *n*; **to go to bed** zu *od* ins Bett gehen; **to put sb to bed** j-n ins *od* zu Bett bringen; **to get into bed** sich ins Bett legen; **to get into bed with sb** mit j-m ins Bett steigen *umg*; **to get out of bed** aufstehen; **he must have got out of bed on the wrong side** *umg* er ist wohl mit dem linken Fuß zuerst aufgestanden; **to be in bed** im Bett sein; **to make the bed** das Bett machen; **can I have a bed for the night?** kann ich hier/bei euch *etc* übernachten?; **bed and board** Kost und Logis **2** *von Erz, Kohle* Lager *n*; **a bed of clay** Lehmboden *m* **3** *von Meer* Grund *m*; *von Fluss* Bett *n* **4** *für Blumen* Beet *n*
phrasal verbs mit bed:
bed down *v/i* sein Lager aufschlagen; **to bed down for the night** sein Nachtlager aufschlagen
bed and breakfast *s* Übernachtung *f* mit Frühstück; (*a*. **~ place**) Frühstückspension *f*; **"bed and breakfast"** „Fremdenzimmer"
bedbug *s* Wanze *f*
bedclothes *Br pl* Bettzeug *n*
bedcover *s* Tagesdecke *f*; **~s** *pl* Bettzeug *n*
bedding ['bedɪŋ] *s* Bettzeug *n*; *für Kaninchen etc* (Lager)streu *f*
bedevil [bɪ'devl] *v/t* erschweren
bedlam ['bedləm] *fig s* Chaos *n*
bed linen *s* Bettwäsche *f*
bedpan *s* Bettpfanne *f*
bedpost *s* Bettpfosten *m*
bedraggled [bɪ'dræɡld] *adj* **1** triefnass **2** verdreckt **3** ungepflegt
bed rest *s* Bettruhe *f*; **to follow/keep ~** die Bettruhe befolgen/einhalten
bedridden ['bedrɪdn] *adj* bettlägerig
bedrock *s* Grundgestein *n*; *fig* Grundlage *f*, Fundament *n*
bedroom ['bedru:m] *s* Schlafzimmer *n*
bedside ['bedsaɪd] *s* **to be at sb's ~** an j-s Bett (*dat*) sein
bedside lamp *s* Nachttischlampe *f*
bedside table *s* Nachttisch *m*
bedsit(ter) ['bedsɪt(əʳ)] *umg*, **bedsitting room** [,bed'sɪtɪŋrʊm] *Br s* möbliertes Zimmer
bedsore *s* wund gelegene Stelle; **to get ~s** sich wund liegen
bedspread *s* Tagesdecke *f*
bedstead *s* Bettgestell *n*
bedtime *s* Schlafenszeit *f*; **it's ~** es ist Schlafenszeit; **his ~ is 10 o'clock** er geht um 10 Uhr schlafen; **it's past your ~** du müsstest schon lange im Bett sein
bedtime story *s* Gutenachtgeschichte *f*
bed-wetting *s* Bettnässen *n*
bee [bi:] *s* Biene *f*; **to have a bee in one's bonnet** *umg* einen Tick haben *umg*
beech [bi:tʃ] *s* **1** Buche *f* **2** Buche *f* Buchenholz *n*
beef [bi:f] **A** *s* Rindfleisch *n* **B** *v/i umg* meckern *umg* (**about** über +*akk*)

phrasal verbs mit beef:
beef up v/t ⟨trennb⟩ aufmotzen *umg*
beefburger s Hamburger m
Beefeater s Beefeater m
beefsteak s Beefsteak n
beefy ['biːfɪ] adj ⟨komp beefier⟩ **1** *Person* muskulös, bullig *umg* **2** (≈ *effizient*) stark, leistungsstark **3** *nach Rindfleisch schmeckend* fleischig
beehive s Bienenstock m
beekeeper s Imker(in) m(f)
beeline s **to make a ~ for sb/sth** schnurstracks auf j-n/etw zugehen
been [biːn] pperf → be
beep [biːp] *umg* **A** s Tut(tut) n *umg*; **leave your name and number after the ~** hinterlassen Sie Ihren Namen und Ihre Nummer nach dem Signalton **B** v/t **to ~ the** *od* **one's horn** hupen **C** v/i tuten *umg*; **~ ~!** tut, tut *umg*
beeper ['biːpə^r] s akustischer Zeichengeber, Piepser m *umg*
beer [bɪə^r] s Bier n; **two ~s, please** zwei Bier, bitte
beer belly *umg* s Bierbauch m *umg*
beer bottle s Bierflasche f
beer garden Br s Biergarten m
beer glass s Bierglas n
beer mat Br s Bierdeckel m
bee sting s Bienenstich m
beeswax ['biːzwæks] s Bienenwachs n
beet [biːt] s Rübe f
beetle ['biːtl] s Käfer m
beetroot [biːtruːt] s Rote Bete *od* Rübe f
befit [bɪ'fɪt] *form* v/t j-n sich ziemen für *geh*; *Anlass* angemessen sein (+*dat*)
before [bɪ'fɔː^r] **A** *präp* vor (+*dat*); *mit Richtungsangabe* vor (+*akk*); **the year ~ last** das vorletzte Jahr; **the day ~ yesterday** vorgestern; **the day ~ that** der Tag davor; **~ then** vorher; **you should have done it ~ now** das hättest du schon (eher) gemacht haben sollen; **~ long** bald; **~ everything else** zuallererst; **to come ~ sb/sth** vor j-m/etw kommen; **ladies ~ gentlemen** Damen haben den Vortritt; **~ my (very) eyes** vor meinen Augen; **the task ~ us** die Aufgabe, vor der wir stehen **B** *adv* davor, vorher; **have you been to Scotland ~?** waren Sie schon einmal in Schottland?; **I have seen** *etc* **this ~** ich habe das schon einmal gesehen *etc*; **never ~** noch nie; **(on) the evening/day ~** am Abend/Tag vorher; **(in) the year ~** im Jahr davor; **two hours ~** zwei Stunden vorher; **two days ~** zwei Tage davor *od* zuvor; **things continued as ~** alles war wie gehabt; **life went on as ~** das Leben ging seinen gewohnten Gang; **that chapter and the one ~** dieses Kapitel und das davor **C** *konj* bevor; **~ doing sth** bevor man etw tut; **you can't go ~ this is done** du kannst erst gehen, wenn das gemacht ist; **it will be a long time ~ he comes back** es wird lange dauern, bis er zurückkommt
beforehand [bɪ'fɔːhænd] *adv* im Voraus; **you must tell me ~** Sie müssen mir vorher Bescheid sagen
before-tax [bɪ'fɔːtæks] *adj* vor Steuern
befriend [bɪ'frend] v/t sich *akk* mit j-m anfreunden; *auf Facebook®* etc. Freund werden mit
beg [beg] **A** v/t **1** *Geld* betteln um **2** *Vergebung* bitten um; **to beg sth of sb** j-n um etw bitten; **he begged to be allowed to ...** er bat darum, ... zu dürfen; **I beg to differ** ich erlaube mir, anderer Meinung zu sein **3** *j-n* anflehen; **I beg you!** ich flehe dich an! **4** **to beg the question** an der eigentlichen Frage vorbeigehen **B** v/i **1** betteln; *Hund* Männchen machen **2** *um Hilfe etc* bitten (**for** um); **I beg of you** ich bitte Sie **3** **to go begging** *umg* noch zu haben sein, keine Abnehmer finden
began [bɪ'gæn] *prät* → begin
beggar ['begə^r] **A** s **1** Bettler(in) m(f); **~s can't be choosers** *sprichw* in der Not frisst der Teufel Fliegen *sprichw* **2** *Br umg* Kerl m *umg*; **poor ~!** armer Kerl! *umg*; **a lucky ~** ein Glückspilz m **B** v/t *fig* **to ~ belief** nicht zu fassen sein
begin [bɪ'gɪn] ⟨*prät* began; *pperf* begun⟩ **A** v/t **1** beginnen, anfangen; *Arbeit* anfangen mit; *Aufgabe* in Angriff nehmen; **to ~ to do sth** *od* **doing sth** anfangen *od* beginnen, etw zu tun; **to ~ working on sth** mit der Arbeit an etw (*dat*) beginnen; **she ~s the job next week** sie fängt nächste Woche (bei der Stelle) an; **to ~ school** in die Schule kommen; **she began to feel tired** sie wurde langsam müde; **she's ~ning to understand** sie fängt langsam an zu verstehen; **I'd begun to think you weren't coming** ich habe schon gedacht, du kommst nicht mehr **2** anfangen; *Brauch* einführen; *Firma, Bewegung* gründen; *Krieg* auslösen **B** v/i anfangen, beginnen; *neues Stück etc* anlaufen; **to ~ by doing sth** etw zuerst (einmal) tun; **he began by saying that ...** er sagte einleitend, dass ...; **~ning from Monday** ab Montag; **~ning from page 10** von Seite 10 an; **it all began when ...** es fing alles damit an, dass ...; **to ~ with there were only three** anfänglich waren es nur drei; **to ~ with, this is wrong, and ...** erstens einmal ist das falsch, dann ...; **to ~ on sth** mit etw anfangen *od* beginnen
beginner [bɪ'gɪnə^r] s Anfänger(in) m(f); **~'s luck** Anfängerglück n
beginning [bɪ'gɪnɪŋ] s Anfang m; Beginn m; *von Brauch, Bewegung* Entstehen n *kein pl*; **at the ~**

zuerst; **at the ~ of sth** am Anfang einer Sache ⟨gen⟩; zeitlich a. zu Beginn einer Sache ⟨gen⟩; **at the ~ of July** Anfang Juli; **from the ~** von Anfang an; **from the ~ of the week/poem** seit Anfang der Woche/vom Anfang des Gedichtes an; **read the paragraph from the ~** lesen Sie den Paragrafen von (ganz) vorne; **from ~ to end** von vorn bis hinten, von Anfang bis Ende; **to start again at** od **from the ~** noch einmal von vorn anfangen; **to begin at the ~** ganz vorn anfangen; **it was the ~ of the end for him** das war der Anfang vom Ende für ihn; **his humble ~s** seine einfachen Anfänge

begonia [bɪˈgəʊnɪə] s Begonie f

begrudge [bɪˈgrʌdʒ] v/t ◼︎ widerwillig tun ◼︎ missgönnen (**sb sth** j-m etw)

begrudgingly [bɪˈgrʌdʒɪŋlɪ] adv widerwillig

beguiling [bɪˈgaɪlɪŋ] adj betörend

begun [bɪˈgʌn] pperf → begin

behalf [bɪˈhɑːf] s **on ~ of**, **in ~ of** US für, im Interesse von, im Namen von, im Auftrag von

behave [bɪˈheɪv] ◼︎ v/i sich verhalten, sich benehmen; **to ~ well/badly** sich gut/schlecht benehmen; **what a way to ~!** was für ein Benehmen!; **to ~ badly/well toward(s) sb** j-n schlecht/gut behandeln; **~!** benimm dich! ◼︎ v/r **to ~ oneself** sich benehmen; **~ yourself!** benimm dich!

behaviour [bɪˈheɪvjəʳ] s, **behavior** US s ◼︎ Benehmen n; **to be on one's best ~** sich von seiner besten Seite zeigen ◼︎ Verhalten n (**towards** gegenüber)

behead [bɪˈhed] v/t enthaupten, köpfen

beheld [bɪˈheld] prät & pperf → behold

behind [bɪˈhaɪnd] ◼︎ präp hinter (+dat); mit Richtungsangabe hinter (+akk); **come out from ~ the door** komm hinter der Tür (her)vor; **he came up ~ me** er trat von hinten an mich heran; **walk close ~ me** gehen Sie dicht hinter mir; **put it ~ the books** stellen Sie es hinter die Bücher; **what is ~ this incident?** was steckt hinter diesem Vorfall?; **to be ~ sb** hinter j-m zurück sein; **to be ~ schedule** im Verzug sein; **to be ~ the times** fig hinter seiner Zeit zurück(-geblieben) sein; **you must put the past ~ you** Sie müssen Vergangenes vergangen sein lassen; **she has years of experience ~ her** sie hat viel Erfahrung vorzuweisen ◼︎ adv ◼︎ hinten, dahinter; **from ~** von hinten; **to look ~** zurückblicken ◼︎ **to be ~ with one's studies** mit seinen Studien im Rückstand sein ◼︎ s umg Hinterteil n umg

behold [bɪˈhəʊld] v/t ⟨prät, pperf **beheld**⟩ liter erblicken liter

beige [beɪʒ] ◼︎ adj beige ◼︎ s Beige n

being [ˈbiːɪŋ] s ◼︎ Dasein n; **to come into ~** entstehen; **to bring into ~** ins Leben rufen ◼︎ (Lebe)wesen n; **~s from outer space** Wesen pl aus dem All

Belarus [ˈbelərʊs] s GEOG Belarus n, Weißrussland n

belated adj, **belatedly** [bɪˈleɪtɪd, -lɪ] adv verspätet

belch [beltʃ] ◼︎ v/i rülpsen ◼︎ v/t (a. **belch forth** od **out**) Rauch ausstoßen ◼︎ s Rülpser m umg

beleaguered [bɪˈliːgəd] fig adj unter Druck stehend

belfry [ˈbelfrɪ] s Glockenstube f

Belgian [ˈbeldʒən] ◼︎ s Belgier(in) m(f) ◼︎ adj belgisch

Belgium [ˈbeldʒəm] s Belgien n

Belgrade [belˈgreɪd] s Belgrad n

belie [bɪˈlaɪ] v/t ◼︎ widerlegen ◼︎ hinwegtäuschen über (+akk)

belief [bɪˈliːf] s Glaube m (**in** an +akk), Lehre f; **beyond ~** unglaublich; **in the ~ that …** im Glauben, dass …; **it is my ~ that …** ich bin der Überzeugung, dass …

believable [bɪˈliːvəbl] adj glaubwürdig

believe [bɪˈliːv] ◼︎ v/t glauben; **I don't ~ you** das glaube ich (Ihnen) nicht; **don't you ~ it** wer's glaubt, wird selig umg; **~ you me!** umg das können Sie mir glauben!; **~ it or not** ob Sie's glauben oder nicht; **would you ~ it!** umg ist das (denn) die Möglichkeit umg; **I would never have ~d it of him** das hätte ich nie von ihm geglaubt; **he couldn't ~ his eyes** er traute seinen Augen nicht; **he is ~d to be ill** es heißt, dass er krank ist; **I ~ so/not** ich glaube schon/nicht ◼︎ v/i an Gott glauben

phrasal verbs mit **believe**:

believe in v/i ⟨+obj⟩ ◼︎ glauben an (+akk); **he doesn't believe in doctors** er hält nicht viel von Ärzten ◼︎ **to believe in sth** (prinzipiell) für etw sein; **he believes in getting up early** er ist überzeugter Frühaufsteher; **he believes in giving people a second chance** er gibt prinzipiell jedem noch einmal eine Chance; **I don't believe in compromises** ich halte nichts von Kompromissen

believer [bɪˈliːvəʳ] s ◼︎ REL Gläubige(r) m/f(m) ◼︎ **to be a (firm) ~ in sth** (grundsätzlich) für etw sein

Belisha beacon [bɪˌliːʃəˈbiːkən] Br s gelbes Blinklicht an Zebrastreifen

belittle [bɪˈlɪtl] v/t herabsetzen; **to ~ oneself** sich schlechter machen, als man ist

bell [bel] s ◼︎ Glocke f, Glöckchen n; in Schule, an Tür, von Fahrrad Klingel f; **as clear as a ~** Stimme glasklar; hören, klingen laut und deutlich ◼︎ **there's the ~** es klingelt od läutet

bellboy bes US s Page m

bellhop US s → bellboy
belligerence [bɪˈlɪdʒərəns] s Kriegslust f, Streitlust f
belligerent adj Staat kriegslustig; Mensch streitlustig; Rede aggressiv
belligerently adv streitlustig
bellow [ˈbeləʊ] **A** v/t & v/i brüllen; **to ~ at sb** j-n anbrüllen **B** s Brüllen n
bellows [ˈbeləʊz] pl Blasebalg m; **a pair of ~** ein Blasebalg
bell pepper US s Paprikaschote f
bell pull s Klingelzug m
bell push s Klingel f
bell-ringer s Glöckner m
bell-ringing s Glockenläuten n
belly [ˈbelɪ] s Bauch m
bellyache umg **A** s Bauchschmerzen pl **B** v/i murren (**about** über +akk)
bellybutton umg s Bauchnabel m
belly dance s Bauchtanz m
belly dancer s Bauchtänzerin f
bellyflop s Bauchklatscher m umg; **to do a ~** einen Bauchklatscher machen umg
bellyful [ˈbelɪfʊl] umg s **I've had a ~ of writing these letters** ich habe die Nase voll davon, immer diese Briefe zu schreiben umg
belly laugh s dröhnendes Lachen; **he gave a great ~** er lachte lauthals los
belly up adv **to go ~** umg Firma pleitegehen umg
belong [bɪˈlɒŋ] v/i gehören (**to sb** j-m od **to sth** zu etw); **who does it ~ to?** wem gehört es?; **to ~ together** zusammengehören; **to ~ to a club** einem Klub angehören; **to feel that one doesn't ~** das Gefühl haben, dass man nicht dazugehört; **it ~s under the heading of ...** das fällt in die Rubrik der ...
belonging [bɪˈlɒŋɪŋ] s Zugehörigkeit f
belongings [bɪˈlɒŋɪŋz] pl Sachen pl, Besitz m; **personal ~** persönlicher Besitz; **all his ~** sein ganzes Hab und Gut
Belorussia [ˌbjeləʊˈrʌʃə] s GEOG Weißrussland n
beloved [bɪˈlʌvɪd] **A** adj geliebt **B** s **dearly ~** REL liebe Brüder und Schwestern im Herrn
below [bɪˈləʊ] präp unterhalb (+gen), unter (+dat od mit Richtungsangabe +akk); **her skirt comes well ~ her knees** od **the knee** ihr Rock geht bis weit unters Knie; **to be ~ sb** (rangmäßig) unter j-m stehen **B** adv **1** unten; **in the valley ~** drunten im Tal; **one floor ~** ein Stockwerk tiefer; **the apartment ~** die Wohnung darunter, die Wohnung unter uns; **down ~** unten; **see ~** siehe unten **2** **15 degrees ~** 15 Grad unter null
belt [belt] **A** s **1** Gürtel m; zum Tragen, im Auto Gurt m; **that was below the ~** das war ein Schlag unter die Gürtellinie; **to tighten one's ~** fig den Gürtel enger schnallen; **to get sth under one's ~** etw in der Tasche haben; **industrial ~** Industriegürtel m **2** TECH (Treib)riemen m; zur Warenbeförderung Band n **B** v/t umg knallen umg; **she ~ed him one in the eye** sie knallte ihm eins aufs Auge umg **C** v/i umg rasen umg

phrasal verbs mit belt:

belt out umg v/t ⟨trennb⟩ Melodie schmettern umg; auf Klavier hämmern umg
belt up umg v/i die Klappe halten umg
beltway US s Umgehungsstraße f, Ringstraße f
bemoan [bɪˈməʊn] v/t beklagen
bemused [bɪˈmjuːzd] adj ratlos; **to be ~ by sth** einer Sache (dat) ratlos gegenüberstehen
bench [bentʃ] s **1** Bank f **2** Werkbank f **3** SPORT **on the ~** auf der Reservebank
benchmark [ˈbentʃmaːk] fig s Maßstab m
bench press s SPORT Bankdrücken n
bend [bend] ⟨v: prät, pperf bent⟩ **A** v/t **1** biegen; Kopf beugen; **to ~ sth out of shape** etw verbiegen **2** fig Regeln, Wahrheit es nicht so genau nehmen mit **B** v/i **1** sich biegen; Mensch sich beugen; **this metal ~s easily** dieses Metall verbiegt sich leicht, dieses Metall lässt sich leicht biegen; **my arm won't ~** ich kann den Arm nicht biegen **2** Fluss eine Biegung machen; Straße eine Kurve machen **C** s Biegung f; in Straße Kurve f; **there is a ~ in the road** die Straße macht (da) eine Kurve; **to go/be round the ~** Br umg verrückt werden/sein umg; **to drive sb round the ~** Br umg j-n verrückt machen umg

phrasal verbs mit bend:

bend back A v/i sich zurückbiegen, sich nach hinten biegen **B** v/t ⟨trennb⟩ zurückbiegen
bend down A v/i sich bücken; **she bent down to look at the baby** sie beugte sich hinunter, um das Baby anzusehen **B** v/t ⟨trennb⟩ Kanten nach unten biegen
bend over A v/i sich bücken; **to bend over to look at sth** sich nach vorn beugen, um etw anzusehen **B** v/t ⟨trennb⟩ umbiegen
bender [ˈbendə(r)] s umg Sauftour f
bendy [ˈbendɪ] umg adj **1** (≈ elastisch) biegsam **2** Straße kurvenreich, kurvig
bendy bus Br s Gelenkbus m
beneath [bɪˈniːθ] **A** präp **1** unter (+dat od mit Richtungsangabe +akk), unterhalb (+gen) **2** **it is ~ him** das ist unter seiner Würde **B** adv unten
benefactor [ˈbenɪfæktə^r] s Wohltäter m
beneficial [ˌbenɪˈfɪʃəl] adj gut (**to** für), günstig
beneficiary [ˌbenɪˈfɪʃərɪ] s Nutznießer(in) m(f); von Nachlass Begünstigte(r) m/f(m)
benefit [ˈbenɪfɪt] **A** s **1** Vorteil m, Gewinn m; **to derive** od **get ~ from sth** aus etw Nutzen zie-

hen; **for the ~ of the poor** für das Wohl der Armen; **for your ~** Ihretwegen; **we should give him the ~ of the doubt** wir sollten das zu seinen Gunsten auslegen **2** Unterstützung *f*; **to be on ~(s)** staatliche Unterstützung erhalten; **~s tourism** Sozialtourismus *m* **B** *v/t* guttun (+*dat*); zugutekommen (+*dat*); begünstigen **C** *v/i* profitieren (**from, by** von); **he would ~ from a week off** eine Woche Urlaub würde ihm guttun; **I think you'll ~ from the experience** ich glaube, diese Erfahrung wird Ihnen nützlich sein

benefit concert *s* Benefizkonzert *n*
benefit fraud *s* Sozialbetrug *m*
Benelux ['benɪlʌks] *s* **~ countries** Beneluxstaaten *pl*
benevolence [bɪ'nevələns] *s* Wohlwollen *n*
benevolent [bɪ'nevələnt] *adj* wohlwollend
BEng *abk* (= Bachelor of Engineering) B.Eng.
Bengali [beŋ'gɔ:li] **A** *s* (≈ *Sprache*) Bengali *n*; (≈ *Mensch*) Bengale *m*, Bengalin *f* **B** *adj* bengalisch
benign [bɪ'naɪn] *adj* **1** gütig **2** MED *Tumor* gutartig
bent [bent] **A** *prät & pperf* → bend **B** *adj* **1** gebogen, verbogen **2** **to be ~ on sth/doing sth** etw unbedingt wollen/tun wollen **3** *Br umg* (≈ *bestechlich*) korrupt **4** *Br umg* (≈ *homosexuell*) schwul **C** *s* Neigung *f* (**for** zu); **people with od of a musical ~** Menschen mit einer musikalischen Veranlagung
benzene ['benzi:n] *s* Benzol *n*
bequeath [bɪ'kwi:ð] *v/t* vermachen (**to sb** j-m)
bequest [bɪ'kwest] *s* (≈ *Vorgang*) Vermachen *n* (**to** an +*akk*); (≈ *Erbe*) Nachlass *m*
berate [bɪ'reɪt] *liter v/t* schelten
bereaved [bɪ'ri:vd] *adj* leidtragend; **the ~** die Hinterbliebenen *pl*
bereavement *s* Trauerfall *m*
bereft [bɪ'reft] *adj* **1** **to be ~ of sth** einer Sache (*gen*) bar sein **2** *nach Tod* allein und verlassen
beret ['bereɪ] *s* Baskenmütze *f*
Bering Sea ['berɪŋ-] *s* Beringmeer *n*
Bering Strait ['berɪŋ-] *s* Beringstraße *f*
berk [bɜ:k] *Br umg s* Dussel *m umg*
Berlin [bɜ:'lɪn] *s* Berlin *n*
Bermuda shorts [bɜ:'mju:də-] *pl* Bermudashorts *pl*
Berne [bɜ:n] *s* Bern *n*
berry ['berɪ] *s* Beere *f*
berserk [bə'sɜ:k] *adj* wild; **to go ~** fuchsteufelswild werden; *Publikum* zu toben anfangen, überschnappen *umg*
berth [bɜ:θ] **A** *s* **1** *auf Schiff* Koje *f*; *im Zug* Schlafwagenplatz *m* **2** SCHIFF *für Schiff* Liegeplatz *m* **3** **to give sb/sth a wide ~** *fig* einen (weiten) Bo-

gen um j-n/etw machen **B** *v/i* anlegen **C** *v/t* **where is she ~ed?** wo liegt es?
beseech [bɪ'si:tʃ] *v/t liter* j-n anflehen
beset [bɪ'set] *v/t* ⟨*prät, pperf* beset⟩ **to be ~ with difficulties** voller Schwierigkeiten sein; **~ by doubts** von Zweifeln befallen
beside [bɪ'saɪd] *präp* **1** neben (+*dat od mit Richtungsangabe* +*akk*); *Straße, Fluss* an (+*dat od mit Richtungsangabe* +*akk*); **~ the road** am Straßenrand **2** **to be ~ the point** damit nichts zu tun haben; **to be ~ oneself** außer sich sein (**with** vor +*dat*)
besides [bɪ'saɪdz] **A** *adv* außerdem; **many more ~** noch viele mehr; **have you got any others ~?** haben Sie noch andere? **B** *präp* außer; **others ~ ourselves** außer uns noch andere; **there were three of us ~ Mary** Mary nicht mitgerechnet, waren wir zu dritt; **~ which he was unwell** außerdem fühlte er sich nicht wohl
besiege [bɪ'si:dʒ] *v/t* belagern
besotted [bɪ'sɒtɪd] *adj* völlig vernarrt (**with** in +*akk*)
bespoke [bɪ'spəʊk] *adj* **a ~ tailor** ein Maßschneider *m*
best [best] **A** *adj* ⟨*sup*⟩ **1** beste(r, s) *attr*; **to be ~** am besten sein; **to be ~ of all** am allerbesten sein; **what was the ~ thing about her?** was war das Beste an ihr?; **it's ~ to wait** das Beste ist zu warten; **may the ~ man win!** dem Besten der Sieg!; **the ~ part of the year/my money** fast das ganze Jahr/all mein Geld **2** → good **B** *adv* ⟨*sup*⟩ **1** am besten; *mögen* am liebsten; **the ~ fitting dress** das am besten passende Kleid; **her ~ known novel** ihr bekanntester Roman; **he was ~ known for ...** er war vor allem bekannt für ...; **~ of all** am allerbesten/-liebsten; **as ~ I could** so gut ich konnte; **I thought it ~ to go** ich hielt es für das Beste zu gehen; **do as you think ~** tun Sie, was Sie für richtig halten; **you know ~** Sie müssen es (am besten) wissen; **you had ~ go now** am besten gehen Sie jetzt **2** → well[2] **C** *s* **the ~** der/die/das Beste; **his last book was his ~** sein letztes Buch war sein bestes; **they are the ~ of friends** sie sind enge Freunde; **to do one's ~** sein Bestes tun; **do the ~ you can!** machen Sie es so gut Sie können!; **it's the ~ I can do** mehr kann ich nicht tun; **to get the ~ out of sb/sth** das Beste aus j-m/etw herausholen; **to play the ~ of three** nur so lange spielen, bis eine Partei zweimal gewonnen hat; **to make the ~ of it/a bad job** das Beste daraus machen; **to make the ~ of one's opportunities** seine Chancen voll nützen; **it's all for the ~** es ist nur zum Guten; **to do sth for the ~** etw in bester Absicht tun; **to the ~ of my ability** so gut

ich kann/konnte; **to the ~ of my knowledge** meines Wissens; **to look one's ~** besonders gut aussehen; **it's not enough (even) at the ~ of times** das ist schon normalerweise nicht genug; **at ~** bestenfalls; **all the ~** alles Gute!; *in Brief* viele Grüße

best-before date *s* Haltbarkeitsdatum *n*
best-dressed *adj* bestgekleidet *attr*
bestial ['bestɪəl] *adj* bestialisch
bestiality [ˌbestɪ'ælɪtɪ] *s* **1** *von Verhalten* Bestialität *f*; *von Mensch* Brutalität *f* **2** (≈ *Handlung*) Gräueltat *f*
best man *s* ⟨*pl* -men⟩ Trauzeuge *m* (*des Bräutigams*)
bestow [bɪ'stəʊ] *v/t Ehre* erweisen; *Titel, Medaille* verleihen; **~ upon sb** j-m etw schenken
bestseller *s* Verkaufsschlager *m*; (≈ *Buch*) Bestseller *m*
bestselling *adj Artikel* absatzstark; *Autor* Erfolgs-; **a ~ novel** ein Bestseller *m*
bet [bet] ⟨*v: prät, pperf* bet(ted)⟩ **A** *v/t* **1** wetten; **I bet him £5** ich habe mit ihm (um) £ 5 gewettet **2** *umg* wetten; **I bet he'll come!** wetten, dass er kommt! *umg*; **bet you I can!** *umg* wetten, dass ich das kann! *umg* **B** *v/i* wetten; **to bet on a horse** auf ein Pferd setzen; **don't bet on it** darauf würde ich nicht wetten; **you bet!** *umg* und ob! *umg*; **want to bet?** wetten? **C** *s* Wette *f* (on auf +*akk*); **to make** *od* **have a bet with sb** mit j-m etw wetten
beta-blocker ['bi:tə,blɒkə^r] *s* Betablocker *m*
beta release, beta version ['bi:tə] *s* IT Betaversion *f*
betray [bɪ'treɪ] *v/t* verraten (**to an** +*dat*); *Vertrauen* enttäuschen; **to ~ a trust** etwas Vertrauliches ausplaudern
betrayal [bɪ'treɪəl] *s* Verrat *m* (**of an** +*dat*); **a ~ of trust** ein Vertrauensbruch *m*
better **A** *adj* ⟨*komp*⟩ **1** besser; **he's ~** es geht ihm besser, er fühlt sich besser; er ist wieder gesund; **his foot is getting ~** seinem Fuß geht es schon viel besser; **I hope you get ~ soon** hoffentlich sind Sie bald wieder gesund; **~ and ~** immer besser; **that's ~!** Zustimmung so ist es besser!; *Erleichterung* so!; **it couldn't be ~** es könnte gar nicht besser sein; **the ~ part of an hour/my money** fast eine Stunde/mein ganzes Geld; **it would be ~ to go early** es wäre besser, früh zu gehen; **you would be ~ to go early** Sie gehen besser früh; **to go one ~** einen Schritt weiter gehen; *bei Angebot* höhergehen; **this hat has seen ~ days** dieser Hut hat auch schon bessere Tage gesehen *umg* **2** → **good** **B** *adv* ⟨*komp*⟩ **1** besser; *mögen* lieber; **to like sth ~** etw lieber mögen; **they are ~ off than we are** sie sind besser dran als wir; **he is ~ off where he is** er ist besser dran, wo er ist *umg*; **to be ~ off without sb/sth** ohne j-n/etw besser dran sein *umg*; **I'd ~ …** ich sollte lieber …; **I had ~ go** ich gehe jetzt wohl besser; **you'd ~ do what he says** tun Sie lieber, was er sagt; **I won't touch it — you'd ~ not!** ich fasse es nicht an — das will ich dir auch geraten haben **2** → **well**² **C** *s* **all the ~, so much the ~** umso besser; **the sooner the ~** je eher, desto besser; **to get the ~ of sb** j-n unterkriegen *umg*; *Problem etc* j-m schwer zu schaffen machen; **I'll get the ~ of it** damit werde ich fertig, das schaffe ich; **nerves got the ~ of her** sie war mit den Nerven am Ende **D** *v/r sozial* sich verbessern
better-off *adj* besser dran; *finanziell* wohlhabender
betting ['betɪŋ] *s* Wetten *n*
betting shop *s* Wettannahme *f*
betting slip *s* Wettschein *m*
between [bɪ'twi:n] **A** *präp* **1** zwischen (+*dat*); *mit Richtungsangabe* zwischen (+*akk*); **I was sitting ~ them** ich saß zwischen ihnen; **sit down ~ those two boys** setzen Sie sich zwischen diese beiden Jungen; **in ~** zwischen (+*dat* od *akk*); **~ now and next week we must …** bis nächste Woche müssen wir …; **there's nothing ~ them** *keine Beziehung* zwischen ihnen ist nichts **2** unter (+*dat* od *akk*); **divide the sweets ~ the children** verteilen Sie die Süßigkeiten unter die Kinder; **we shared an apple ~ us** wir teilten uns (*dat*) einen Apfel; **that's just ~ ourselves** das bleibt aber unter uns **3** (≈ *gemeinsam*) **~ us/them** zusammen; **we have a car ~ the three of us** wir haben zu dritt ein Auto **B** *adv* dazwischen; **in ~** dazwischen; **the space/time ~** der Raum/die Zeit dazwischen
beverage ['bevərɪdʒ] *s* Getränk *n*
bevvy ['bevɪ] *Br umg s* alkoholisches Getränk; **to have a few bevvies** ein paar zischen *umg*
beware [bɪ'weə^r] *v/i* ⟨*nur Imperativ u. inf*⟩ **to ~ of sb/sth** sich vor j-m/etw hüten *od* in Acht nehmen; **to ~ of doing sth** sich davor hüten, etw zu tun; **"beware of the dog"** „Vorsicht, bissiger Hund"; **"beware of pickpockets"** „vor Taschendieben wird gewarnt"
bewilder [bɪ'wɪldə^r] *v/t* verwirren
bewildered [bɪ'wɪldəd] *adj* verwirrt
bewildering [bɪ'wɪldərɪŋ] *adj* verwirrend
bewilderment [bɪ'wɪldəmənt] *s* Verwirrung *f*; **in ~** verwundert
bewitch [bɪ'wɪtʃ] *fig v/t* bezaubern
bewitching [bɪ'wɪtʃɪŋ] *adj* bezaubernd
beyond [bɪ'jɒnd] **A** *präp* **1** (≈ *auf der anderen Seite*) jenseits (+*gen*) *geh*; (≈ *weiter als*) über (+*akk*) … hinaus; **~ the Alps** jenseits der Alpen **2** *zeitlich*

~ 6 o'clock nach 6 Uhr; ~ the middle of June über Mitte Juni hinaus ❸ (≈ *übertreffend*) a task ~ her abilities eine Aufgabe, die über ihre Fähigkeiten geht; that is ~ human understanding das übersteigt menschliches Verständnis; ~ repair nicht mehr zu reparieren; that's ~ me das geht über meinen Verstand ❹ *verneinend, in Fragen* außer; have you any money ~ what you have in the bank? haben Sie außer dem, was Sie auf der Bank haben, noch Geld?; ~ this/that sonst ❑ *adv* (≈ *auf der anderen Seite*) jenseits davon *geh; zeitlich* danach; (≈ *weiter*) darüber hinaus; India and the lands ~ Indien und die Gegenden jenseits davon; ... a river, and ~ is a small field ... ein Fluss, und danach kommt ein kleines Feld

bez [bez] *s*, **bezzie** ['bezi] *Br umg s* bester Freund, beste Freundin

bff [ˌbiːef'ef] *abk* (= **best friend forever** *umg*) bester Freund, beste Freundin

biannual *adj*, **biannually** [baɪ'ænjʊəl, -ɪ] *adv* ❶ zweimal jährlich ❷ halbjährlich

bias ['baɪəs] *s* ❶ *von Zeitung etc* (einseitige) Ausrichtung *f* (**towards** auf +*akk*); *von Mensch* Vorliebe *f* (**towards** für); **to have a ~ against sth** *Zeitung etc* gegen etw eingestellt sein; *Mensch* eine Abneigung gegen etw haben; **to have a left-/right-wing ~** nach links/rechts ausgerichtet sein ❷ Voreingenommenheit *f*

biased ['baɪəst] *adj*, **biassed** *US adj* voreingenommen; **~ in favour of/ against** *Br,* **biassed in favor of/ against** *US* voreingenommen für/gegen

bib [bɪb] *s* Lätzchen *n*

Bible ['baɪbl] *s* Bibel *f*

Bible-basher *umg s* aufdringlicher Bibelfritze *sl*

Bible story *s* biblische Geschichte

biblical ['bɪblɪkəl] *adj* biblisch

bibliography [ˌbɪblɪ'ɒɡrəfɪ] *s* Bibliografie *f*

BIC [bɪk] *abk* (= **Bank Identifier Code**) BIC *m*

bicarbonate of soda [baɪˌkɑː'bənɪtəv'səʊdə] *s* GASTR ≈ Backpulver *n*

bicentenary [ˌbaɪsen'tiːnərɪ], **bicentennial** [ˌbaɪsen'tenɪəl] *US* ❑ *s* zweihundertjähriges Jubiläum ❑ *adj* zweihundertjährig

biceps ['baɪseps] *pl* Bizeps *m*

bicker ['bɪkə^r] *v/i* sich zanken; **they are always ~ing** sie liegen sich dauernd in den Haaren

bickering ['bɪkərɪŋ] *s* Gezänk *n*

bicycle ['baɪsɪkl] *s* Fahrrad *n*, Velo *n* *schweiz*; **to ride a ~** Fahrrad fahren; → **cycle**

bid [bɪd] ❑ *v/t* ❶ ⟨*prät, pperf* bid⟩ *bei Auktion* bieten (**for** auf +*akk*) ❷ ⟨*prät, pperf* bid⟩ KART reizen ❸ ⟨*prät* bade *od* bad; *pperf* bidden⟩ **to bid sb farewell** von j-m Abschied nehmen ❑ *v/i* ❶ ⟨*prät, pperf* bid⟩ *bei Auktion* bieten ❷ ⟨*prät, pperf* bid⟩ KART reizen ❑ *s* ❶ *bei Auktion* Gebot *n* (**for** auf +*akk*); HANDEL Angebot *n* (**for** für) ❷ KART Gebot *n* ❸ Versuch *m*; **to make a bid for freedom** versuchen, die Freiheit zu erlangen; **in a bid to stop smoking** um das Rauchen aufzugeben

bidden ['bɪdn] *pperf* → **bid**

bidder ['bɪdə^r] *s* **to sell to the highest ~** an den Meistbietenden verkaufen

bidding ['bɪdɪŋ] *s* ❶ *bei Auktion* Bieten *n* ❷ KART Reizen *n*

bide [baɪd] *v/t* **to ~ one's time** den rechten Augenblick abwarten

bidet ['biːdeɪ] *s* Bidet *n*

biennial [baɪ'enɪəl] *adj* zweijährlich

bifocal [baɪ'fəʊkəl] ❑ *adj* Bifokal- ❑ *s* **bifocals** *pl* Bifokalbrille *f*

big [bɪɡ] ❑ *adj* ⟨*komp* bigger⟩ ❶ groß; *Buch* dick; **a big man** ein großer, schwerer Mann; **my big brother** mein großer Bruder ❷ (≈ *wichtig*) groß; **to be big in publishing** eine Größe im Verlagswesen sein; **to be onto something big** *umg* einer großen Sache auf der Spur sein ❸ (≈ *eingebildet*) **big talk** Angeberei *f umg*; **he's getting too big for his boots** *umg* Angestellter er wird langsam größenwahnsinnig; **to have a big head** *umg* eingebildet sein ❹ *iron* großzügig, großmütig; **he was big enough to admit he was wrong** er hatte die Größe zuzugeben, dass er unrecht hatte ❺ *umg* (≈ *modisch*) in *umg* ❻ *fig* **to earn big money** das große Geld verdienen *umg*; **to have big ideas** große Pläne haben; **to have a big mouth** *umg* eine große Klappe haben *umg*; **to do things in a big way** alles im großen Stil tun; **it's no big deal** *umg* das ist nichts Besonderes, (das ist) schon in Ordnung; **big deal!** *iron umg* na und? *umg*; **what's the big idea?** *umg* was soll denn das? *umg*; **our company is big on service** *umg* unsere Firma ist ganz groß in puncto Kundendienst ❑ *adv* **to talk big** groß daherreden *umg*; **to think big** im großen Maßstab planen; **to make it big (as a singer)** (als Sänger(in)) ganz groß rauskommen *umg*

bigamist ['bɪɡəmɪst] *s* Bigamist *m*

bigamy ['bɪɡəmɪ] *s* Bigamie *f*

Big Apple *s* **the ~** *umg* New York *n*

big bang *s* ASTRON Urknall *m*

big business *s* Großkapital *n*; **to be ~** das große Geschäft sein

big cat *s* Großkatze *f*

big data *pl* Big Data *pl* (*Massendaten*)

big dipper *s* ❶ *Br* Achterbahn *f* ❷ *US* ASTRON **Big Dipper** Großer Bär *od* Wagen

big game *s* JAGD Großwild *n*

bighead *umg s* Angeber(in) *m(f) umg*

bigheaded *umg adj* angeberisch *umg*

bigmouth *umg s* Angeber(in) *m(f) umg*, Schwätzer(in) *m(f) pej*
big name *s umg* (≈ *Mensch*) Größe *f* (**in** +*gen*); **all the ~s were there** alles, was Rang und Namen hat, war da
bigoted ['bɪɡətɪd] *adj* eifernd; REL bigott
bigotry ['bɪɡətrɪ] *s* eifernde Borniertheit; REL Bigotterie *f*
big screen *s* Kino *n*
big shot *s* hohes Tier *umg*
big time *umg s* **to make** *od* **hit the ~** groß einsteigen *umg*
big-time *umg adv* **they lost ~** sie haben gewaltig verloren *umg*
big toe *s* große Zehe
big top *s* Hauptzelt *n*
big wheel *Br s* Riesenrad *n*
bigwig *umg s* hohes Tier *umg*; **the local ~s** die Honoratioren des Ortes
bike [baɪk] *umg* A *s* (Fahr)rad *n*, Velo *n schweiz*; Motorrad *n*, Töff *m schweiz*; **to go by ~** mit dem Fahrrad fahren; **to ride a ~** (Fahr)rad fahren; **to go on a ~ ride** eine Radtour machen; **on your ~!** *Br* verschwinde! *umg* B *v/i* radeln *umg*
bike helmet *s* (Fahr)radhelm *m*
bike path *umg s* Radweg *m*
biker ['baɪkə^r] *umg s* Motorradfahrer(in) *m(f)*, Töfffahrer(in) *m(f) schweiz*
bike tour *s* Radtour *f*
bikini [bɪ'kiːnɪ] *s* Bikini *m*
bikini bottoms *pl* Bikiniunterteil *n*
bikini line *s* Bikinizone *f*
bikini top *s* Bikinioberteil *n*
bilateral *adj*, **bilaterally** [baɪ'lætərəl, -ɪ] *adv* bilateral
bilberry ['bɪlbərɪ] *s* Heidelbeere *f*
bile [baɪl] *s* 1 MED Galle *f* 2 *fig* Übellaunigkeit *f*
bilingual *adj*, **bilingually** [baɪ'lɪŋɡwəl, -ɪ] *adv* zweisprachig; **~ secretary** Fremdsprachensekretär(in) *m(f)*
bill¹ [bɪl] *s von Vogel, Schildkröte* Schnabel *m*
bill² A *s* 1 *Br* Rechnung *f*; **could we have the ~ please?** zahlen bitte! 2 *US* Geldschein *m*; **five-dollar ~** Fünfdollarschein *m* 3 THEAT Programm *n*; **to head** *od* **top the ~**, **to be top of the ~** Star *m* des Abends/der Saison sein 4 PARL (Gesetz)entwurf *m*; **the ~ was passed** das Gesetz wurde verabschiedet 5 *bes* HANDEL, FIN **~ of exchange** Wechsel *m*; **~ of sale** Verkaufsurkunde *f*; **to give sb a clean ~ of health** j-m (gute) Gesundheit bescheinigen; **to fit the ~** *fig* der/die/das Richtige sein B *v/t* eine Rechnung ausstellen (+*dat*); **we won't ~ you for that, sir** wir werden Ihnen das nicht berechnen

billboard ['bɪlbɔːd] *s* Reklametafel *f*
billet ['bɪlɪt] *v/t* MIL einquartieren (**on sb** bei j-m)
billfold ['bɪlfəʊld] *s US* Brieftasche *f*
billiards ['bɪljədz] *s* Billard *n*
billion ['bɪljən] *s* Milliarde *f*; **~s of ...** *umg* Tausende von ...
billionaire [bɪljə'nɛə^r] *s* Milliardär(in) *m(f)*
billionth ['bɪljənθ] A *adj* milliardste(r, s) B *s* Milliardstel *n*
bill of lading [bɪləv'leɪdɪŋ] *s* ECON Frachtbrief *m*
Bill of Rights *s Br* ≈ Verfassung *f*; *US* Zusatzartikel *pl* zur Verfassung
billow ['bɪləʊ] *v/i Segel* sich blähen; *Kleid etc* sich bauschen; *Rauch* in Schwaden vorüberziehen
billposter ['bɪlpəʊstə^r], **billsticker** ['bɪlstɪkə^r] *s* Plakatkleber *m*
billy goat ['bɪlɪɡəʊt] *s* Ziegenbock *m*
bimbo ['bɪmbəʊ] *s* ⟨*pl* -s⟩ *pej umg* Häschen *n umg*
bin [bɪn] *bes Br s* Mülleimer *m*, Mistkübel *m österr*, Mülltonne *f*, Abfallbehälter *m*
binary ['baɪnərɪ] *adj* binär
binary code *s* IT Binärcode *m*
binary number *s* MATH binäre Zahl
binary system *s* MATH Dualsystem *n*, binäres System
binational [baɪ'næʃnəl] *adj* binational
bin bag ['bɪn,bæɡ] *Br s* Müllsack *m*
bind [baɪnd] ⟨*v*: *prät*, *pperf* bound⟩ A *v/t* 1 binden (**to** an +*akk*); *j-n* fesseln; *Wunde* verbinden (**to** mit); **bound hand and foot** an Händen und Füßen gefesselt 2 *Wunde, Arm etc* verbinden 3 *vertraglich* **to ~ sb to sth** j-n zu etw verpflichten; **to ~ sb to do sth** j-n verpflichten, etw zu tun B *s umg* **to be (a bit of) a ~** *Br* recht lästig sein

> phrasal verbs mit bind:

bind together *wörtl v/t* ⟨*trennb*⟩ zusammenbinden; *fig* verbinden
bind up *v/t* ⟨*trennb*⟩ 1 *Wunde* verbinden 2 *fig* **to be bound up with** *od* **in sth** eng mit etw verknüpft sein

binder ['baɪndə^r] *s* Hefter *m*
binding ['baɪndɪŋ] A *s* 1 *von Buch* Einband *m*; (≈ *Vorgang*) Binden *n* 2 *von Skiern* Bindung *f* B *adj* bindend (**on** für)
binge [bɪndʒ] *umg* A *s* **to go on a ~** auf eine Sauftour gehen *umg*; eine Fresstour machen *umg* B *v/i* auf eine Sauf-/Fresstour gehen *umg*; **to ~ on sth** sich mit etw vollstopfen *umg*
binge drinking ['bɪndʒˌdrɪŋkɪŋ] *s* Kampftrinken *n*
binge-watch *v/t* **to ~ sth** mehrere Folgen von etw am Stück ansehen
binge-watching *s* Binge-Watching *n*, Komaglotzen *n umg*, Serienmarathon *m*

bingo ['bɪŋgəʊ] s ⟨kein pl⟩ Bingo n
bin liner Br s Mülltüte f
binman s ⟨pl -men⟩ Br Müllmann m
binoculars [bɪ'nɒkjʊləz] pl Fernglas n; **a pair of ~** ein Fernglas n
bio ['baɪəʊ] präf Bio-
biochemical adj biochemisch
biochemist s Biochemiker(in) m(f)
biochemistry s Biochemie f
biodefence s, **biodefense** [ˌbaɪəʊdɪ'fens] US s Biowaffenschutz m
biodegradable adj biologisch abbaubar
biodiesel s Biodiesel m
biodiversity s Artenvielfalt f
biodynamic adj biodynamisch
bioenergy [ˌbaɪəʊ'enədʒɪ] s Bioenergie f
bioethanol [ˌbaɪəʊ'eθənɒl] s Bioethanol n
biofuel s Biokraftstoff m, Biosprit m
biogas plant s ÖKOL Biogasanlage f
biographer [baɪ'ɒgrəfəʳ] s Biograf(in) m(f)
biographic(al) [ˌbaɪəʊ'græfɪk(əl)] adj biografisch
biography [baɪ'ɒgrəfɪ] s Biografie f
biological [ˌbaɪə'lɒdʒɪkəl] adj biologisch; **the ~ clock** die biologische Uhr; **~ defence** Br, **~ defense** US Biowaffenschutz m; **~ detergent** Biowaschmittel n; **~ waste** Bioabfall m
biologist [baɪ'ɒlədʒɪst] s Biologe m, Biologin f
biology [baɪ'ɒlədʒɪ] s Biologie f; **~ lesson** Biologiestunde f; **~ teacher** Biologielehrer(in) m(f)
biomarker ['baɪəʊˌmɑːkəʳ] s Biomarker m (messbarer Parameter biologischer Prozesse)
biomass s Biomasse f
biomass plant s Biomassekraftwerk n
biometric adj biometrisch; **~ passport** biometrischer Pass; **~ scan** Erfassung f der biometrischen Daten
bionic [baɪ'ɒnɪk] adj bionisch
biopic ['baɪəʊpɪk] s (≈ Filmbiografie) Biopic n
biopsy ['baɪɒpsɪ] s Biopsie f
biosphere s Biosphäre f
biosphere reserve s Biosphärenreservat n
biosynthesis [ˌbaɪəʊ'sɪnθəsɪs] s Biosynthese f
biosynthetic [ˌbaɪəʊsɪn'θetɪk] adj biosynthetisch
biotechnology [ˌbaɪəʊtek'nɒlədʒɪ] s Biotechnologie f
bioterrorism s Bioterrorismus m
bioweapon s Biowaffe f
bipolar [baɪ'pəʊləʳ] adj bipolar, manisch-depressiv
bipolar disorder s bipolare Störung, manisch-depressive Erkrankung
birch [bɜːtʃ] s **1** Birke f **2** als Peitsche Rute f
bird [bɜːd] s **1** Vogel m; **to tell sb about the ~s and the bees** j-m erzählen, wo die kleinen Kinder herkommen **2** Br umg (≈ Mädchen) Tussi f umg pej
birdbath s Vogelbad n
bird box s Vogelhäuschen n
bird brain umg s **to be a ~** ein Spatzenhirn haben umg
birdcage s Vogelbauer
bird flu s Vogelgrippe f
bird of prey s Raubvogel m
bird sanctuary s Vogelschutzgebiet n
birdseed s Vogelfutter n
bird's-eye view s Vogelperspektive f; **to get a ~ of the town** die Stadt aus der Vogelperspektive sehen
bird's nest s Vogelnest n
birdsong s Vogelgesang m
bird table s Futterplatz m (für Vögel)
bird-watcher s Vogelbeobachter(in) m(f)
bird-watching s das Beobachten von frei lebenden Vögeln (als Hobby)
Biro® ['baɪərəʊ] Br s Kugelschreiber m, Kuli m umg
birth [bɜːθ] s Geburt f; von Bewegung etc Aufkommen n; von neuem Zeitalter Anbruch m; **the country of his ~** sein Geburtsland n; **blind from** od **since ~** von Geburt an blind; **to give ~ to** gebären; **to give ~** entbinden; Tier jungen; **Scottish by ~** gebürtiger Schotte; **of low** od **humble ~** von niedriger Geburt
birth certificate s Geburtsurkunde f
birth control s Geburtenkontrolle f
birthdate s Geburtsdatum n
birthday ['bɜːθdeɪ] s Geburtstag m; **what did you get for your ~?** was hast du zum Geburtstag bekommen?; **my ~ is in May** ich habe im Mai Geburtstag; **my ~ is on 13th June** ich habe am 13. Juni Geburtstag; **when's your ~?** wann hast du Geburtstag?
birthday cake s Geburtstagskuchen m od -torte f
birthday card s Geburtstagskarte f
birthday party s Geburtstagsfeier f, Kindergeburtstag m
birthday suit umg s **in one's ~** im Adams-/Evaskostüm umg
birthmark s Muttermal n
birth mother s leibliche Mutter
birthplace s Geburtsort m
birthrate s Geburtenrate f
birthright s Geburtsrecht n
Biscay ['bɪskeɪ] s **the Bay of ~** der Golf von Biskaya
biscuit ['bɪskɪt] s **1** Br Keks m, Biscuit n schweiz; für Hund Hundekuchen m; **that takes the ~!** Br umg das übertrifft alles **2** US Brötchen n
bisect [baɪ'sekt] v/t in zwei Teile teilen; MATH hal-

bieren

bisexual [ˌbaɪˈseksjʊəl] **A** *adj* bisexuell **B** *s* Bisexuelle(r) *m/f(m)*

bishop [ˈbɪʃəp] *s* **1** KIRCHE Bischof *m*, Bischöfin *f* **2** *Schach* Läufer *m*

bishopric [ˈbɪʃəprɪk] *s* Bistum *n*

bison [ˈbaɪsn] *s amerikanisch* Bison *m*; *europäisch* Wisent *m*

bistro [ˈbiːstrəʊ] *s* ⟨*pl* -s⟩, **bistro bar** *s* Bistro *n*

bit[1] [bɪt] *s* **1** *für Pferd* Gebissstange *f* **2** *von Bohrer* (Bohr)einsatz *m*

bit[2] **A** *s* **1** Stück *n*, Stückchen *n*; *von Glas* Scherbe *f*; *in Buch etc* Stelle *f*, Teil *m*; **a few bits of furniture** ein paar Möbelstücke; **a bit of bread** ein Stück *n* Brot; **I gave my bit to my sister** ich habe meiner Schwester meinen Teil gegeben; **a bit** ein bisschen; **a bit of advice** ein Rat *m*; **we had a bit of trouble** wir hatten ein wenig Ärger; **it wasn't a bit of help** das war überhaupt keine Hilfe; **there's quite a bit of bread left** es ist noch eine ganze Menge Brot da; **in bits and pieces** (≈ *zerbrochen*) in tausend Stücken; **bring all your bits and pieces** bring deine Siebensachen; **to pull** *od* **tear sth to bits** *wörtl* etw in Stücke reißen; *fig* keinen guten Faden an etw (*dat*) lassen; **bit by bit** Stück für Stück, nach und nach; **it/he is every bit as good as …** es/er ist genauso gut, wie …; **to do one's bit** sein(en) Teil tun; **a bit of a bruise** ein kleiner Fleck; **he's a bit of a rogue** er ist ein ziemlicher Schlingel; **she's a bit of a connoisseur** sie versteht einiges davon; **it's a bit of a nuisance** das ist schon etwas ärgerlich; **not a bit of it** keine Spur davon **2** *zeitlich* **a bit** ein Weilchen *n*; **he's gone out for a bit** er ist mal kurz weggegangen **3** *mit Bezug auf Kosten* **a bit** eine ganze Menge; **it cost quite a bit** das hat ganz schön (viel) gekostet *umg* **B** *adv* **a bit** ein bisschen; **wasn't she a little bit surprised?** war sie nicht etwas erstaunt?; **I'm not a (little) bit surprised** das wundert mich überhaupt nicht; **quite a bit** ziemlich viel

bit[3] *s* IT Bit *n*

bit[4] *prät* → **bite**

bitch [bɪtʃ] *s* **1** Hündin *f* **2** *sl* (≈ *Frau*) Miststück *n umg*, Zicke *f*; **silly ~** blöde Kuh *umg* **3** *umg* **to have a ~ (about sb/sth)** (über j-n/etw) meckern *umg* **B** *v/i umg* meckern (**about** über +*akk*)

bitchiness [ˈbɪtʃɪnɪs] *s* Gehässigkeit *f*

bitchy [ˈbɪtʃɪ] *adj* ⟨*komp* bitchier⟩ *umg* gehässig

bitcoin [ˈbɪtkɔɪn] *s* IT *digitale Geldeinheit* Bitcoin *f*

bite [baɪt] ⟨*v: prät* bit, *pperf* bitten⟩ **A** *v/t* beißen; *Insekt* stechen; **to ~ one's nails** an den Nägeln kauen; **to ~ one's tongue/lip** *sich* (*dat*) auf die Zunge/Lippen beißen; **he won't ~ you** *fig umg* er wird dich schon nicht beißen *umg*; **to ~ the dust** *umg* dran glauben müssen *umg*; **he had been bitten by the travel bug** ich hatte das Reisefieber erwischt *umg*; **once bitten twice shy** *sprichw* (ein) gebranntes Kind scheut das Feuer *sprichw* **B** *v/i* **1** beißen; *Insekten* stechen **2** *Fisch fig umg* anbeißen **C** *s* **1** Biss *m*; *durch Insekt* Stich *m*; **he took a ~ (out) of the apple** er biss in den Apfel **2** *Angeln* **I've got a ~** es hat einer angebissen **3** *zu essen* Happen *m*; **do you fancy a ~ (to eat)?** möchten Sie etwas essen?

phrasal verbs mit bite:
bite into *v/i* ⟨+*obj*⟩ (hinein)beißen in (+*akk*)
bite off *v/t* ⟨*trennb*⟩ abbeißen; **he won't bite your head off** *umg* er wird dir schon nicht den Kopf abreißen; **to bite off more than one can chew** *sprichw* sich (*dat*) zu viel zumuten

bite-size(d) [ˈbaɪtsaɪz(d)] *adj* mundgerecht

biting [ˈbaɪtɪŋ] *adj* beißend; *Wind* schneidend

bitmap *s* **1** ⟨*kein pl*⟩ IT Bitmap *n* **2** IT (*a.* **~ped image**) Bitmap-Abbildung *f*

bitmapped *adj* IT Bitmap-; **~ graphics** Bitmapgrafik *f*

bit part *s* kleine Nebenrolle

bitten [ˈbɪtn] *pperf* → **bite**

bitter [ˈbɪtə*r*] **A** *adj* ⟨+*er*⟩ bitter; *Wind* eisig; *Gegner, Kampf* erbittert; *Mensch* verbittert; **it's ~ today** es ist heute bitterkalt; **to the ~ end** bis zum bitteren Ende **B** *adv* **~ cold** bitterkalt **C** *s Br* halbdunkles obergäriges Bier

bitterly [ˈbɪtəlɪ] *adv* **1** enttäuscht, kalt bitter; *weinen, sich beschweren* bitterlich; *bekämpfen* erbittert **2** verbittert

bitterness *s* Bitterkeit *f*; *von Wind* bittere Kälte; *von Kampf* Erbittertheit *f*

bittersweet [ˈbɪtəˌswiːt] *adj* bittersüß

biweekly [ˌbaɪˈwiːklɪ] **A** *adj* **1** **~ meetings** Konferenzen, die zweimal wöchentlich stattfinden **2** vierzehntäglich **B** *adv* **1** zweimal in der Woche **2** vierzehntäglich

bizarre [bɪˈzɑː*r*] *adj* bizarr

blab [blæb] **A** *v/i* quatschen *umg*; (≈ *Geheimnis ausplaudern*) plappern **B** *v/t* (*a.* **blab out**) Geheimnis ausplaudern

black [blæk] **A** *adj* ⟨+*er*⟩ **1** schwarz; **~ man/woman** Schwarze(r) *m/f(m)*; **~ and blue** grün und blau; **~ and white photography** Schwarz-Weiß-Fotografie *f*; **the situation isn't so ~ and white as that** die Situation ist nicht so eindeutig schwarz-weiß **2** *Aussichten, Stimmung* düster; **maybe things aren't as ~ as they seem** vielleicht ist alles gar nicht so schlimm, wie es aussieht; **this was a ~ day for …** das war ein schwarzer Tag für … **3** *fig* böse **B** *s* **1** Schwarz *n*; **he is dressed in ~** er trägt Schwarz; **it's written down in ~ and white**

es steht schwarz auf weiß geschrieben; **in the ~** FIN in den schwarzen Zahlen **2** *a.* **Black** (≈ *Mensch*) Schwarze(r) *m/f(m)*

phrasal verbs mit black:

black out **A** *v/i* das Bewusstsein verlieren **B** *v/t* ⟨*trennb*⟩ *Fenster* verdunkeln
black-and-white *adj* schwarz-weiß
blackberry *s* Brombeere *f*
blackbird *s* Amsel *f*
blackboard *s* Tafel *f*; **to write sth on the ~** etw an die Tafel schreiben
black book *s* **to be in sb's ~s** bei j-m schlecht angeschrieben sein *umg*
black box *s* FLUG Flugschreiber *m*
black comedy *s* schwarze Komödie
blackcurrant *s* Schwarze Johannisbeere, Schwarze Ribisel *österr*
black economy *s* Schattenwirtschaft *f*
blacken *v/t* **1** schwarz machen; US GASTR schwärzen; **the walls were ~ed by the fire** die Wände waren vom Feuer schwarz **2** *fig* **to ~ sb's name** *od* **reputation** j-n schlechtmachen
black eye *s* blaues Auge; **to give sb a ~** j-m ein blaues Auge schlagen
Black Forest *s* Schwarzwald *m*
Black Forest gateau *bes Br s* Schwarzwälder Kirschtorte *f*
Black Friday *s* schwarzer Freitag (*vierter Freitag im November, der den Start des Weihnachtsgeschäfts mit vielen Rabatten markiert*)
blackhead *s* Mitesser *m*, Bibeli *n schweiz*
black hole *s* ASTRON, *a. fig* schwarzes Loch
black humour *s*, **black humor** US *s* schwarzer Humor
black ice *s* Glatteis *n*
blackleg *s* Streikbrecher(in) *m(f)*
black list *s* schwarze Liste
blacklist *v/t* auf die schwarze Liste setzen
black magic *s* Schwarze Magie
blackmail **A** *s* Erpressung *f* **B** *v/t* erpressen; **to ~ sb into doing sth** j-n durch Erpressung dazu zwingen, etw zu tun
blackmailer *s* Erpresser(in) *m(f)*
black market **A** *s* Schwarzmarkt *m* **B** *adj* ⟨*attr*⟩ Schwarzmarkt-
black marketeer *s* Schwarzhändler(in) *m(f)*
blackness ['blæknɪs] *s* Schwärze *f*
blackout *s* **1** MED Ohnmachtsanfall *m*; **I must have had a ~** ich muss wohl in Ohnmacht gefallen sein **2** Stromausfall *m* **3** Nachrichtensperre *f*
black pepper *s* schwarzer Pfeffer
black pudding *s* ≈ Blutwurst *f*
Black Sea *s* Schwarzes Meer
black sheep *fig s* schwarzes Schaf

blacksmith *s* Hufschmied *m*
black spot *s*, (*a.* **accident black spot**) Gefahrenstelle *f*
black tie **A** *s bei Einladung* Abendgarderobe *f* **B** *adj* mit Smokingzwang, in Abendgarderobe
bladder ['blædə^r] *s* ANAT, BOT Blase *f*
blade [bleɪd] *s* **1** *von Messer, Werkzeug* Klinge *f* **2** *von Propeller* Blatt *n* **3** *von Gras* Halm *m* **4** *von Schlittschuh* Kufe *f*
blame [bleɪm] **A** *v/t* die Schuld geben (+*dat*); **to ~ sb for sth**, **to ~ sth on sb** j-m die Schuld an etw (*dat*) geben; **to ~ sth on sth** die Schuld an etw (*dat*) auf etw (*akk*) schieben; **you only have yourself to ~** das hast du dir selbst zuzuschreiben; **who/what is to ~ for this accident?** wer/was ist schuld an diesem Unfall?; **to ~ oneself for sth** sich für etw verantwortlich fühlen; **well, I don't ~ him** das kann ich ihm nicht verdenken **B** *s* Schuld *f*; **to put the ~ for sth on sb** j-m die Schuld an etw (*dat*) geben; **to take the ~** die Schuld auf sich (*akk*) nehmen
blameless *adj* schuldlos
blanch [blɑːntʃ] **A** *v/t* GASTR *Gemüse* blanchieren; *Mandeln* brühen **B** *v/i Mensch* blass werden (**with** vor +*dat*)
blancmange [bləˈmɒnʒ] *s* Pudding *m*
bland [blænd] *adj* ⟨+*er*⟩ *Essen* fad
blank [blæŋk] **A** *adj* ⟨+*er*⟩ **1** *Seite, Wand* leer; **~ CD** CD-Rohling *m*; **~ DVD** DVD-Rohling *m*; **a ~ space** eine Lücke; *auf Formular* ein freies Feld; **please leave ~** bitte frei lassen **2** ausdruckslos, verständnislos; **to look ~** verständnislos dreinschauen; **my mind** *od* **I went ~** ich hatte ein Brett vor dem Kopf *umg* **B** *s* **1** Leere *f*; **my mind was a complete ~** ich hatte totale Mattscheibe *umg*; **to draw a ~** *fig* kein Glück haben **2** Platzpatrone *f*

phrasal verbs mit blank:

blank out *v/t* ⟨*trennb*⟩ *Gedanken etc* ausschalten
blank cheque *s*, **blank check** US *s* Blankoscheck *m*; **to give sb a ~** *fig* j-m freie Hand geben
blanket ['blæŋkɪt] **A** *s* Decke *f*; **a ~ of snow** eine Schneedecke **B** *adj* ⟨*attr*⟩ *Behauptung* pauschal; *Verbot* generell
blankly ['blæŋklɪ] *adv* ausdruckslos, verständnislos; **he just looked at me ~** sie sah mich nur groß an *umg*
blank verse *s* Blankvers *m* (*reimloser fünfhebiger Jambus*)
blare [bleə^r] **A** *s* Plärren *n*; *von Trompeten* Schmettern *n* **B** *v/i* plärren; *Trompeten* schmettern

phrasal verbs mit blare:

blare out *v/i* schallen; *Trompeten* schmettern

blasé ['blɑːzeɪ] *adj* gleichgültig
blaspheme [blæs'fiːm] *v/i* Gott lästern; **to ~ against sb/sth** *wörtl, fig* j-n/etw schmähen *geh*
blasphemous ['blæsfɪməs] *wörtl, fig adj* blasphemisch
blasphemy ['blæsfɪmɪ] *s* Blasphemie *f*
blast [blɑːst] **A** *s* **1** Windstoß *m*; *von Warmluft* Schwall *m*; **a ~ of wind** ein Windstoß; **an icy ~** ein eisiger Wind; **a ~ from the past** *umg* eine Erinnerung an vergangene Zeiten **2 the ship gave a long ~ on its foghorn** das Schiff ließ sein Nebelhorn ertönen **3** Explosion *f*; **with the heating on (at) full ~** mit der Heizung voll aufgedreht **B** *v/t* **1** sprengen **2** *Rakete* schießen; *Luft* blasen **C** *int* **~ (it)!** verdammt! *umg*; **~ this car!** dieses verdammte Auto! *umg*

phrasal verbs mit blast:
blast off *v/i Rakete* abheben
blast out *v/i Musik* dröhnen

blasted *umg adj & adv* verdammt *umg*
blast furnace *s* Hochofen *m*
blastoff ['blɑːstɒf] *s* Abschuss *m*
blatant ['bleɪtənt] *adj* offensichtlich; *Fehler* krass; *Lügner* unverfroren; *Verachtung* offen
blatantly ['bleɪtəntlɪ] *adv* offensichtlich, offen; **she ~ ignored it** sie hat das schlicht und einfach ignoriert
blaze[1] [bleɪz] **A** *s* **1** Feuer *n*; **six people died in the ~** sechs Menschen kamen in den Flammen um **2 a ~ of lights** ein Lichtermeer *n*; **a ~ of colour** *Br*, **a ~ of color** *US* ein Meer *n* von Farben **B** *v/i* **1** *Sonne, Feuer* brennen; **to ~ with anger** vor Zorn glühen **2** *Waffen* feuern; **with all guns blazing** aus allen Rohren feuernd
blaze[2] *v/t* **to ~ a trail** *fig* den Weg bahnen
blazer ['bleɪzə[r]] *s a.* SCHULE Blazer *m*
blazing ['bleɪzɪŋ] *adj* **1** brennend; *Feuer* lodernd; *Sonne* grell **2** *fig Streit* furchtbar
bleach [bliːtʃ] **A** *s* Bleichmittel *n*, Reinigungsmittel *n* **B** *v/t* bleichen
bleachers ['bliːtʃəz] *US pl* unüberdachte Zuschauertribüne
bleak [bliːk] *adj* ‹+er› **1** *Ort, Landschaft* öde **2** *Wetter* rau **3** *fig* trostlos
bleakness ['bliːknɪs] *s* **1** *von Landschaft* Öde *f* **2** *fig* Trostlosigkeit *f*; *von Aussichten* Trübheit *f*
bleary ['blɪərɪ] *adj* ‹komp blearier› *Augen* trübe, verschlafen
bleary-eyed ['blɪərɪˌaɪd] *adj* verschlafen
bleat [bliːt] *v/i Schaf, Kalb* blöken; *Ziege* meckern
bled [bled] *pret & past part* → **bleed**
bleed [bliːd] ‹*präs, pperf* bled [bled]› **A** *v/i* bluten; **to ~ to death** verbluten **B** *v/t* **1 to ~ sb dry** j-n total ausnehmen *umg* **2** *Heizkörper* (ent)lüften
bleeding ['bliːdɪŋ] **A** *s* Blutung *f*; **internal ~** innere Blutungen *pl* **B** *adj* **1** blutend **2** *Br umg* verdammt *umg* **C** *adv Br umg* verdammt *umg*
bleep [bliːp] **A** *s* RADIO, TV Piepton *m* **B** *v/i* piepen **C** *v/t Arzt* rufen
bleeper ['bliːpə[r]] *s* Piepser *m umg*
blemish ['blemɪʃ] **A** *s* Makel *m* **B** *v/t* Ruf beflecken; **~ed skin** unreine Haut
blend [blend] **A** *s* Mischung *f*; **a ~ of tea** eine Teemischung **B** *v/t* **1** (ver)mischen **2** GASTR einrühren; *in Küchenmaschine* mixen **C** *v/i* **1** *Stimmen, Farben* verschmelzen **2** (*a.* **~ in**) harmonieren

phrasal verbs mit blend:
blend in A *v/t* ‹trennb› einrühren; *Farbe* darunter mischen **B** *v/i* → **blend C**

blender ['blendə[r]] *s* Mixer *m*
bless [bles] *v/t* segnen; **God ~ (you)** behüt dich/euch Gott; **~ you!** *bei Niesen* Gesundheit!; **to be ~ed with** gesegnet sein mit
blessed ['blesɪd] *adj* **1** REL heilig; **the Blessed X** der selige X **2** *euph umg* verflixt *umg*
Blessed Virgin *s* Heilige Jungfrau (Maria)
blessing ['blesɪŋ] *s* Segen *m*; **he can count his ~s** da kann er von Glück sagen; **it was a ~ in disguise** es war schließlich doch ein Segen
blew [bluː] *prät* → **blow**[2]
blight [blaɪt] **A** *s fig* **these slums are a ~ upon the city** diese Slums sind ein Schandfleck für die Stadt **B** *v/t fig Hoffnungen* vereiteln; **to ~ sb's life** j-m das Leben verderben
blimey ['blaɪmɪ] *Br umg int* verflucht *umg*
blind [blaɪnd] **A** *adj* ‹+er› **1** blind; **to go ~** erblinden; **a ~ man/woman** ein Blinder/eine Blinde; **~ in one eye** auf einem Auge blind; **to be ~ to sth** *fig* für etw blind sein; **to turn a ~ eye to sth** bei etw ein Auge zudrücken; **~ faith (in sth)** blindes Vertrauen (in etw *akk*) **2** *Ecke* unübersichtlich **B** *v/t* **1** *Licht, Sonne* blenden; **the explosion ~ed him** er ist durch die Explosion blind geworden **2** *fig Liebe etc* blind machen (**to** für, gegen) **C** *s* **1 the ~** die Blinden *pl* **2** *an Fenster* Rollo *n*, Jalousie *f*; *außen* Rollladen *m* **D** *adv* **1** FLUG fliegen blind **2** GASTR **to bake sth ~** etw vorbacken **3 ~ drunk** *umg* sinnlos betrunken
blind alley *s* Sackgasse *f*
blind date *s* Rendezvous *n* mit einem/einer Unbekannten
blinder ['blaɪndə[r]] *US s* Scheuklappe *f*
blindfold ['blaɪndfəʊld] **A** *v/t* die Augen verbinden (+*dat*) **B** *s* Augenbinde *f* **C** *adj a.* **~ed** mit verbundenen Augen; **I could do it ~(ed)** *umg* das mach ich mit links *umg*
blinding ['blaɪndɪŋ] *adj Licht* blendend; *Kopfschmerzen* furchtbar
blindingly ['blaɪndɪŋlɪ] *adv* **it is ~ obvious** das

sieht doch ein Blinder *umg*
blindly ['blaɪndlɪ] *adv* blind(lings)
blindness *s* Blindheit *f* (**to** gegenüber)
blind spot *s* AUTO, FLUG toter Winkel; **to have a ~ about sth** einen blinden Fleck in Bezug auf etw (*akk*) haben
blind summit *s* AUTO unübersichtliche Kuppe
bling (bling) [blɪŋ('blɪŋ)] *s umg* (≈ *Schmuck*) Klunker *m umg*
blink [blɪŋk] **A** *s* Blinzeln *n*; **in the ~ of an eye** im Nu; **to be on the ~** *umg* kaputt sein *umg* **B** *v/i* **1** *Mensch* blinzeln **2** *Licht* blinken **C** *v/t* **to ~ one's eyes** mit den Augen zwinkern
blinker ['blɪŋkə^r] *s* **1** *a.* **~s** *pl* für Pferde Scheuklappen *pl* **2** *US* AUTO Blinker *m*
blinkered *adj* **1** *fig* engstirnig **2** *Pferd* mit Scheuklappen
blinking ['blɪŋkɪŋ] *Br umg adj & adv* verflixt *umg*
blip [blɪp] *s* leuchtender Punkt; *fig* kurzzeitiger Tiefpunkt
bliss [blɪs] *s* Glück *n*; **this is ~!** das ist herrlich!
blissful *adj Zeit, Gefühl* herrlich; *Lächeln* (glück)selig; **in ~ ignorance of the fact that …** *iron* in keinster Weise ahnend, dass …
blissfully *adv* herrlich; **~ happy** überglücklich; **he remained ~ ignorant of what was going on** er ahnte in keinster Weise, was eigentlich vor sich ging
blister ['blɪstə^r] **A** *s* Blase *f* **B** *v/i Haut* Blasen bekommen; *Lack* Blasen werfen
blistered ['blɪstəd] *adj* **to have ~ skin/hands** Blasen auf der Haut/an den Händen haben; **to be ~** Blasen haben
blistering ['blɪstərɪŋ] *adj* **1** *Hitze, Sonne* glühend; *Tempo* mörderisch **2** *Angriff* vernichtend
blister pack *s* (Klar)sichtpackung *f*
blithely ['blaɪðlɪ] *adv* weitermachen munter; *behaupten* unbekümmert
blitz [blɪts] *s* heftiger Luftangriff; *fig* Blitzaktion *f*
blitzed [blɪtst] *adj umg* stockbesoffen *umg*; **get ~** sich besaufen *umg*
blizzard ['blɪzəd] *s* Schneesturm *m*
bloated ['bləʊtɪd] *adj* **1** aufgedunsen; **I feel absolutely ~** *umg* ich bin zum Platzen voll *umg* **2** *fig vor Stolz* aufgeblasen (**with** vor +*dat*)
blob [blɒb] *s von Tinte* Klecks *m*; *von Lack* Tupfer *m*; *von Eiscreme* Klacks *m*
bloc [blɒk] *s* POL Block *m*
block [blɒk] **A** *s* **1** Block *m*; *von Scharfrichter* Richtblock *m*; **~s** *pl* (≈ *Spielzeug*) (Bau)klötze *pl*; **to put one's head on the ~** *fig* Kopf und Kragen riskieren; **~ of flats** *Br* Wohnblock *m*; **she lived in the next ~** *bes US* sie wohnte im nächsten Block **2** *in Rohr* MED Verstopfung *f*; **I've a mental ~ about it** da habe ich totale Mattscheibe *umg* **3** *umg* (≈ *Kopf*) **to knock sb's ~ off** j-m eins

überziehen *umg* **4** *a.* **starting ~** *mst pl* Startblock *m* **B** *v/t* **1** blockieren, verstellen; *Verkehr, Fortschritt* aufhalten; *Rohr* verstopfen; **to ~ sb's way** j-m den Weg versperren **2** IT blocken
<u>phrasal verbs mit block:</u>
block in *v/t* einkeilen
block off *v/t* ⟨*trennb*⟩ *Straße* absperren
block out *v/t* ⟨*trennb*⟩ **1** *Licht* nicht durchlassen; **the trees are blocking out all the light** die Bäume nehmen das ganze Licht weg **2** *Schmerz, Vergangenheit* verdrängen; *Lärm* unterdrücken
block up *v/t* ⟨*trennb*⟩ **1** *Gang* blockieren; *Rohr* verstopfen; **my nose is** *od* **I'm all blocked up** meine Nase ist völlig verstopft **2** (≈ *füllen*) *Loch* zustopfen
blockade [blɒ'keɪd] **A** *s* MIL Blockade *f* **B** *v/t* blockieren
blockage ['blɒkɪdʒ] *s* Verstopfung *f*
blockbuster *umg s* Knüller *m umg*; (≈ *Film*) Kinohit *m umg*
blockhead *umg s* Dummkopf *m umg*
block letters *pl* Blockschrift *f*
block vote *s* Stimmenblock *m*
blog [blɒg] *s* INTERNET Blog *n/m*; **~ entry** Blogeintrag *m*
blogger ['blɒgə^r] *s* INTERNET Blogger(in) *m(f)*
blogosphere ['blɒgəsfɪə^r] *s* INTERNET Blogosphäre *f*
blog post *s* Blogeintrag *m*, Blogbeitrag *m*
bloke [bləʊk] *Br umg s* Typ *m umg*
blond [blɒnd] *adj* blond
blonde [blɒnd] **A** *adj* blond **B** *s* Blondine *f*
blond(e)-haired *adj* blond
blood [blʌd] *s* **1** Blut *n*; **to give ~** Blut spenden; **to shed ~** Blut vergießen; **it makes my ~ boil** das macht mich rasend; **his ~ ran cold** es lief ihm eiskalt über den Rücken; **this firm needs new ~** diese Firma braucht frisches Blut; **it is like trying to get ~ from a stone** *sprichw* das ist verlorene Liebesmüh **2** *fig* **it's in his ~** das liegt ihm im Blut
blood alcohol level *s* Alkoholspiegel *m*
blood bank *s* Blutbank *f*
blood bath *s* Blutbad *n*
blood clot *s* Blutgerinnsel *n*
bloodcurdling *adj* grauenerregend; **they heard a ~ cry** sie hörten einen Schrei, der ihnen das Blut in den Adern erstarren ließ *geh*
blood donor *s* Blutspender(in) *m(f)*
blood group *s* Blutgruppe *f*
bloodless *adj* unblutig
blood poisoning *s* Blutvergiftung *f*
blood pressure *s* Blutdruck *m*; **to have high ~** hohen Blutdruck haben
blood-red *adj* blutrot

blood relation s Blutsverwandte(r) m/f(m)
blood sample s MED Blutprobe f
bloodshed s Blutvergießen n
bloodshot adj blutunterlaufen
blood sports pl Jagdsport, Hahnenkampf etc
bloodstain s Blutfleck m
bloodstained adj blutbefleckt
bloodstream s Blutkreislauf m
blood sugar s Blutzucker m; **~ level** Blutzuckerspiegel m
blood test s Blutprobe f
bloodthirsty adj blutrünstig
blood transfusion s (Blut)transfusion f
blood type US s Blutgruppe f
blood vessel s Blutgefäß n
bloody ['blʌdɪ] **A** adj ⟨komp bloodier⟩ **1** wörtl blutig **2** Br umg verdammt umg; Genie, Wunder echt umg; **~ hell!** verdammt! umg; erstaunt Menschenskind! umg **B** adv Br umg verdammt umg; blöd, dumm sau- umg; toll echt umg; **not ~ likely** da ist überhaupt nichts drin umg; **he can ~ well do it himself** das soll er schön alleine machen, verdammt noch mal! umg
bloody-minded ['blʌdɪ'maɪndɪd] Br umg adj stur umg
bloom [bluːm] **A** s Blüte f; **to be in (full) ~** in (voller) Blüte stehen; **to come into ~** aufblühen **B** v/i blühen
blooming ['bluːmɪŋ] umg adj verflixt
blooper ['bluːpəʳ] US umg s Schnitzer m umg
blossom ['blɒsəm] **A** s Blüte f; **in ~** in Blüte **B** v/i blühen
blot [blɒt] **A** s **1** (Tinten)klecks m **2** fig auf Ruf, Ansehen Fleck m (**on** auf +dat); **a ~ on the landscape** ein Schandfleck m in der Landschaft **B** v/t Tinte ablöschen
phrasal verbs mit blot:
blot out fig v/t ⟨trennb⟩ Sonne, Landschaft verdecken; Erinnerungen auslöschen
blotch [blɒtʃ] s Fleck m
blotchy adj ⟨komp blotchier⟩ Haut fleckig; Farbe klecksig
blouse [blaʊz] s Bluse f
blow¹ [bləʊ] s wörtl, fig Schlag m; **to come to ~s** handgreiflich werden; **at a (single) od one ~** v/t mit einem Schlag umg; **to deal sb/sth a ~** fig j-m/einer Sache einen Schlag versetzen; **to strike a ~ for sth** fig einer Sache (dat) einen großen Dienst erweisen
blow² ⟨v: prät blew, pperf blown⟩ **A** v/i **1** Wind wehen; **there was a draught ~ing in from the window** Br, **there was a draft ~ing in from the window** US es zog vom Fenster her; **the door blew open/shut** die Tür flog auf/zu **2** Mensch blasen (**on** auf +akk); **then the whistle blew** SPORT da kam der Pfiff **3** Sicherung durchbrennen **B** v/t **1** Luftzug wehen; starker Wind, Mensch blasen; Sturm treiben; **the wind blew the ship off course** der Wind trieb das Schiff vom Kurs ab; **to ~ sb a kiss** j-m eine Kusshand zuwerfen **2** **to ~ one's nose** sich (dat) die Nase putzen **3** Trompete blasen; Blasen machen; **the referee blew his whistle** der Schiedsrichter pfiff; **to ~ one's own trumpet** Br, **to ~ one's own horn** US fig sein eigenes Lob singen **4** Ventil, Dichtung platzen lassen; **I've ~n a fuse** mir ist eine Sicherung durchgebrannt; **to be ~n to pieces** in die Luft gesprengt werden; Mensch zerfetzt werden **5** umg Geld verpulvern umg **6** Br umg **~!** Mist! umg; **~ the expense!** das ist doch wurschat, was es kostet umg **7** umg **to ~ one's chances of doing sth** es sich (dat) verscherzen, etw zu tun; **I think I've ~n it** ich glaube, ich hab's versaut umg
phrasal verbs mit blow:
blow away **A** v/i wegfliegen **B** v/t ⟨trennb⟩ wegblasen
blow down wörtl v/t ⟨trennb⟩ umwehen
blow in v/t ⟨trennb⟩ Fenster etc eindrücken
blow off **A** v/i wegfliegen **B** v/t ⟨trennb⟩ wegblasen; **to blow sb's head off** j-m eine Kugel durch den Kopf jagen umg
blow out v/t ⟨trennb⟩ **1** Kerze ausblasen **2** **to blow one's/sb's brains out** sich/j-m eine Kugel durch den Kopf jagen umg **B** v/r Sturm sich legen
blow over **A** v/i sich legen **B** v/t ⟨trennb⟩ Baum umstürzen
blow up **A** v/i **1** in die Luft fliegen; Bombe explodieren **2** Sturm, Streit ausbrechen **B** v/t ⟨trennb⟩ **1** Brücke, Mensch in die Luft jagen **2** Reifen, Ballon aufblasen **3** Foto vergrößern **4** fig (= übertreiben) aufbauschen (**into** zu)
blow-dry ['bləʊdraɪ] **A** s **to have a cut and ~** sich (dat) die Haare schneiden und föhnen lassen **B** v/t föhnen
blow dryer s Haartrockner m
blow job vulg s **to give sb a ~** j-m einen blasen vulg
blown pperf → blow²
blow-out s von Auto geplatzter Reifen; umg Essen Schlemmerei f
blowtorch s Lötlampe f
blow-up s von Foto Vergrößerung f
blowy ['bləʊɪ] adj ⟨komp blowier⟩ windig
BLT abk (= bacon, lettuce and tomato) Sandwich mit Schinkenspeck, Salat und Tomate
blubber ['blʌbəʳ] **A** s Walfischspeck m **B** v/t & v/i umg heulen umg
bludgeon ['blʌdʒən] v/t **to ~ sb to death** j-n zu Tode prügeln
blue [bluː] **A** adj ⟨komp bluer⟩ **1** blau; **~ with**

cold blau vor Kälte; **until you're ~ in the face** *umg* bis zum Gehtnichtmehr *umg*; **once in a ~ moon** alle Jubeljahre (einmal) *umg* **2** *umg* melancholisch; **to feel ~** deprimiert *od* down sein *umg* **3** *umg Sprache* derb; *Witz* schlüpfrig, Porno- **B** *s* **1** Blau *n*; **out of the ~** *fig umg* aus heiterem Himmel *umg*; **to have the ~s** *umg* deprimiert *od* down sein *umg* **2** MUS **the ~s** der Blues

bluebell *s* Sternhyazinthe *f*
blue beret *s* Blauhelm *m*
blueberry *s* Blau- *od* Heidelbeere *f*
blue-blooded *adj* blaublütig
bluebottle *s* Schmeißfliege *f*
blue cheese *s* Blauschimmelkäse *m*
blue-chip *adj Unternehmen* erstklassig; *Aktien* Bluechip-
blue-collar *adj* **~ worker** Arbeiter *m*
blue-eyed *adj* blauäugig; **sb's ~ boy** *fig* j-s Liebling(sjunge) *m*
blue jeans *pl* Bluejeans *pl*
blue movie *s* Pornofilm *m*
blueprint *s* Blaupause *f*; *fig* Plan *m*
blue-sky [ˌbluːˈskaɪ] *adj* **we need to do some ~ thinking** wir müssen außerhalb der gewohnten Grenzen denken
bluetit *s* Blaumeise *f*
bluff **A** *v/t & v/i* bluffen; **he ~ed his way through it** er hat sich durchgeschummelt *umg* **B** *s* Bluff *m*; **to call sb's ~** es darauf ankommen lassen
<u>phrasal verbs mit bluff:</u>
bluff out *v/t* ⟨*trennb*⟩ **to bluff one's way out of sth** sich aus etw rausreden *umg*
bluish [ˈbluːɪʃ] *adj* bläulich
blunder [ˈblʌndə^r] **A** *s* (dummer) Fehler; **to make a ~** einen Bock schießen *umg*, einen Fauxpas begehen **B** *v/i* **1** einen Bock schießen *umg*, sich blamieren **2** *beim Gehen* tappen (**into** gegen)
blunt [blʌnt] **A** *adj* ⟨+er⟩ **1** stumpf **2** *Mensch* geradeheraus *präd*; *Botschaft* unverblümt; **he was very ~ about it** er hat sich sehr deutlich ausgedrückt **B** *v/t* stumpf machen
bluntly [ˈblʌntlɪ] *adv sprechen* geradeheraus; **he told us quite ~ what he thought** er sagte uns ganz unverblümt seine Meinung
bluntness *s* Unverblümtheit *f*
blur [blɜː^r] **A** *s* verschwommener Fleck; **the trees became a ~** man konnte die Bäume nur noch verschwommen erkennen; **a ~ of colours** *Br*, **a ~ of colors** *US* ein buntes Durcheinander von Farben; **I can't remember - it's all such a ~** ich kann mich nicht erinnern, es ist alles so vage **B** *v/t* **1** *Umrisse, Foto* unscharf machen; **to have ~red vision** nur noch verschwommen sehen; **to be/become ~red**

undeutlich sein/werden **2** *fig Sinne, Urteilsvermögen* trüben; *Bedeutung* verwischen **C** *v/i* verschwimmen
Blu-ray disc [ˌbluːreɪˈdɪsk] *s* Blu-ray(-Disc) *f*, BD *f* (*optisches Speichermedium*)
blurb [blɜːb] *s* Kurzinfo *f*; *von Buch* Klappentext *m*
blurred [blɜːd] *adj* verschwommen, undeutlich
blurt (out) [blɜːt(ˈaʊt)] *v/t* ⟨*trennb*⟩ herausplatzen mit *umg*
blush [blʌʃ] **A** *v/i* erröten, rot werden (**with** vor +*dat*) **B** *s* Erröten *n kein pl*
blusher [ˈblʌʃə^r] *s* Rouge *n*
bluster [ˈblʌstə^r] **A** *v/i* ein großes Geschrei machen **B** *v/t* **to ~ one's way out of sth** etw lautstark abstreiten
blustery [ˈblʌstərɪ] *adj* stürmisch
Blu-Tack® [ˈbluːtæk] *s* blaue Klebmasse, mit der z. B. Papier auf Beton befestigt werden kann
Blvd. *abk* (= boulevard) Boulevard *m*
BMA *abk* (= British Medical Association) britischer Ärzteverband
BMI *abk* (= body mass index) BMI *m*
B-movie [ˈbiːˌmuːvɪ] *s* B-Movie *n*
BMX *abk* (= bicycle motocross) BMX-Radsport *m*; (≈*Fahrzeug*) BMX-Rad *n*
BO *umg abk* (= body odour) Körpergeruch *m*
boa [ˈbəʊə] *s* Boa *f*; **boa constrictor** Boa constrictor *f*
boar [bɔː^r] *s* Eber *m*, Keiler *m*
board [bɔːd] **A** *s* **1** Brett *n*, Tafel *f*, Schwarzes Brett, Schild *n*; *von Fußboden* Diele *f*; **on the ~** an der/die Tafel **2** Verpflegung *f*; (**full**) **~ and lodging** Unterkunft und Verpflegung; **full/half ~** Voll-/Halbpension *f* **3** Ausschuss *m*, Beirat *m*, Behörde *f*; *von Firma a.* **~ of directors** Vorstand *m*; *von britischer/amerikanischer Firma* Verwaltungsrat *m*; *einschließlich Aktionären etc* Aufsichtsrat *m*; **to have a seat on the ~** im Vorstand/Aufsichtsrat sein; **~ of governors** *Br* SCHULE Verwaltungsrat *m*; **Board of Trade** *n* Handelsministerium *n*; *US* Handelskammer *f* **4** SCHIFF, FLUG **on ~** an Bord; **to go on ~** an Bord gehen; **on ~ the ship/plane** an Bord des Schiffes/Flugzeugs; **on ~ the bus** im Bus **5** *fig* **across the ~** allgemein; *zustimmen, ablehnen* pauschal; **to go by the ~** *Vorschläge etc* unter den Tisch fallen; **to take sth on ~** etw begreifen **B** *v/t Schiff, Flugzeug* besteigen; *Zug, Bus* einsteigen in (+*akk*) **C** *v/i* **1** in Pension sein (**with** bei) **2** FLUG die Maschine besteigen; **flight ZA173 now ~ing at gate 13** Passagiere des Fluges ZA173, bitte zum Flugsteig 13
<u>phrasal verbs mit board:</u>
board up *v/t* ⟨*trennb*⟩ *Fenster* mit Brettern vernageln
boarder [ˈbɔːdə^r] *s* **1** Pensionsgast *m* **2** SCHULE

Internatsschüler(in) m(f)
board game s Brettspiel n
boarding ['bɔːdɪŋ] s FLUG Boarding n (*Besteigen des Flugzeugs*); **~ will commence at 5pm** das Boarden beginnt um 17 Uhr
boarding card ['bɔːdɪŋ-] s Bordkarte f
boarding house s Pension f
boarding kennel s Hundepension f
boarding pass s Bordkarte f
boarding school s Internat n; **to go to ~** ins Internat gehen
board meeting s Vorstandssitzung f
board member s Vorstandsmitglied n
boardroom s Vorstandsetage f
board shorts pl Boardshorts pl (*Badehose bis zu den Knien oder kurz darüber, wie man sie zum Surfen oder Schwimmen trägt*)
boardwalk US s Holzsteg m; *am Strand* hölzerne Uferpromenade
boast [bəʊst] **A** s Prahlerei f **B** v/i prahlen (**about, of** mit *od* to sb j-m gegenüber) **C** v/t **1** sich rühmen (+gen) *geh* **2** prahlen
boastful adj, **boastfully** adv prahlerisch
boasting ['bəʊstɪŋ] s Prahlerei f (**about, of** mit)
boat [bəʊt] s Boot n, Schiff n; **by ~** mit dem Schiff; **to miss the ~** *fig umg* den Anschluss verpassen; **to push the ~ out** *fig umg* (≈ *feiern*) auf den Putz hauen *umg*; **we're all in the same ~** *fig umg* wir sitzen alle in einem *od* im gleichen Boot
boat hire s Bootsverleih m
boathouse s Bootshaus n
boating ['bəʊtɪŋ] s Bootfahren n; **to go ~** eine Bootsfahrt machen; **~ trip** Bootsfahrt f
boatload s Bootsladung f
boat race s Regatta f
boat train s Zug m mit Fährenanschluss
boatyard s Bootshandlung f; *Trockendock* Liegeplatz m
bob[1] [bɒb] **A** v/i sich auf und ab bewegen; **to bob (up and down) in** *od* **on the water** auf dem Wasser schaukeln; *Korken etc* sich im Wasser auf und ab bewegen; **he bobbed out of sight** er duckte sich **B** v/t Kopf nicken mit **C** s *von Kopf* Nicken *n kein pl*
phrasal verbs mit bob:
bob down A v/i sich ducken **B** v/t ⟨*trennb*⟩ *Kopf* ducken
bob up A v/i auftauchen **B** v/t ⟨*trennb*⟩ **he bobbed his head up** sein Kopf schnellte hoch
bob[2] s **1** (≈ *Haarschnitt*) Bubikopf m **2 a few bits and bobs** so ein paar Dinge
bobbin ['bɒbɪn] s Spule f, Rolle f
bobble hat *Br* s Pudelmütze f
bobby pin ['bɒbɪpɪn] s *US* Haarklemme f
bobsleigh, bobsled US **A** s Bob m **B** v/i Bob fahren
bode [bəʊd] v/i **to ~ well/ill** ein gutes/schlechtes Zeichen sein
bodge [bɒdʒ] v/t → botch
bodice ['bɒdɪs] s Mieder n
bodily ['bɒdɪlɪ] **A** adj körperlich; **~ needs** leibliche Bedürfnisse pl; **~ functions** Körperfunktionen pl **B** adv gewaltsam
body ['bɒdɪ] s **1** Körper m; **the ~ of Christ** der Leib des Herrn; **just enough to keep ~ and soul together** gerade genug, um Leib und Seele zusammenzuhalten **2** Leiche f **3** *von Kirche, Rede, Armee a.* **main ~** Hauptteil m; **the main ~ of the students** das Gros der Studenten **4** *von Menschen* Gruppe f; **the student ~** die Studentenschaft; **a large ~ of people** eine große Menschenmenge; **in a ~** geschlossen **5** (≈ *Organisation*) Organ n, Gremium n, Körperschaft f **6** (≈ *Menge*) **a ~ of evidence** Beweismaterial n; **a ~ of water** ein Gewässer n **7** (*a.* **~ stocking**) Body m
body armour s, **body armor** US s Schutzkleidung f
body blow *fig* s harter *od* schwerer Schlag (**to, for** für)
body builder s Bodybuilder(in) m(f)
body building s Bodybuilding n
body cam ['bɒdɪ kæm] s Körperkamera f
body clock s innere Uhr
body fat s Körperfett n
body groomer ['gruːməʳ] s Bodygroomer m (*Körperrasierer*)
bodyguard s Leibwächter m, Leibwächterin f; *Gruppe* Leibwache f
body language s Körpersprache f
body lotion s Körperlotion f
body mass index s Body-Mass-Index m
body odour s, **body odor** US s Körpergeruch m
body piercing s Piercing n
body (repair) shop s Karosseriewerkstatt f
body search s Leibesvisitation f
body stocking s Body(stocking) m
body warmer s Thermoweste f
bodywork s AUTO Karosserie f
bog [bɒg] s **1** Sumpf m **2** *Br umg* Klo n *umg*, Häus(e)l n *österr*
phrasal verbs mit bog:
bog down v/t ⟨*trennb*⟩ **to get bogged down** stecken bleiben; *in Einzelheiten* sich verzetteln
bogey, bogy ['bəʊgɪ] s ⟨pl bogeys; bogies⟩ **1** *fig* Schreckgespenst n **2** *Br umg* Popel m *umg*
bogeyman ['bəʊgɪmæn] s ⟨pl -men [-mən]⟩ Butzemann m; *fig* Bösewicht m
boggle ['bɒgl] v/i **the mind ~s** das ist kaum auszumalen *umg*

boggy ['bɒgɪ] *adj* ⟨*komp* boggier⟩ sumpfig
bog-standard [,bɒg'stændəd] *Br umg adj* stinknormal *umg*
bogus ['bəʊgəs] *adj Name* falsch; *Papiere* gefälscht; *Firma* Schwindel-; *Behauptung* erfunden
Bohemia [bəʊ'hiːmɪə] *s* **1** GEOG Böhmen *n* **2** *fig* Boheme *f*
bohemian [bəʊ'hiːmɪən] **A** *s* Bohemien *m* **B** *adj Lebensstil* unkonventionell
boil¹ [bɔɪl] *s* MED Furunkel *m*
boil² **A** *v/i wörtl* kochen; **the kettle was ~ing** das Wasser im Kessel kochte **2** *fig umg* **~ing hot water** kochend heißes Wasser; **it was ~ing (hot) in the office** es war eine Affenhitze im Büro *umg*; **I was ~ing (hot)** mir war fürchterlich heiß **B** *v/t* kochen; **~ed/hard ~ed egg** weich/hart gekochtes Ei; **~ed potatoes** Salzkartoffeln *pl* **C** *s* **to bring sth to the ~** *Br*, **to bring sth to a ~** *US* etw aufkochen lassen; **to come to/go off the ~** zu kochen anfangen/aufhören

phrasal verbs mit boil:

boil down A *v/i Soße* dicker werden, eindicken; *fig* **to boil down to sth** auf etw (*akk*) hinauslaufen; **what it boils down to is that ...** das läuft darauf hinaus, dass ... **B** *v/t Soße* eindicken

boil over *wörtl v/i* überkochen
boiled [bɔɪld] *adj* gekocht
boiled sweet [bɔɪld'swiːt] *s* Bonbon *n*, Zuckerl *n österr*
boiler ['bɔɪlə*ʳ*] *s im Haushalt* Boiler *m*; *von Schiff* (Dampf)kessel *m*
boiler room *s* Kesselraum *m*
boiler suit *Br s* Overall *m*
boiling point ['bɔɪlɪŋpɔɪnt] *s* Siedepunkt *m*; **at ~** auf dem Siedepunkt; **to reach ~** den Siedepunkt erreichen; *Mensch* auf dem Siedepunkt anlangen
boisterous ['bɔɪstərəs] *adj* ausgelassen
bok choy [bɒk'tʃɔɪ] *s* ≈ pak-choi
bold [bəʊld] *adj* ⟨*+er*⟩ **1** mutig **2** dreist **3** *Farben etc* kräftig; *Stil* kraftvoll **4** TYPO fett, halbfett; **in ~ (type)** im Fettdruck
boldly ['bəʊldlɪ] *adv* **1** mutig **2** dreist **3** auffallend
boldness *s* **1** Mut *m* **2** Dreistigkeit *f* **3** *von Farben etc* Kräftigkeit *f*; *von Stil* Ausdruckskraft *f*
Bolivia [bə'lɪvɪə] *s* Bolivien *n*
bollard ['bɒləd] *s* Poller *m*
bollocking ['bɒləkɪŋ] *Br sl s* Schimpfkanonade *f umg*; **to give sb a ~** j-n zur Sau machen *umg*
bollocks ['bɒləks] *sl pl* **1** Eier *pl sl* **2** (≈ *Unsinn*) **(that's) ~!** Quatsch mit Soße! *umg* **3** **~!** Scheiße! *umg*; **~ to you!** du kannst mich mal! *umg*
Bolshevik ['bɒlʃəvɪk] **A** *s* Bolschewik *m* **B** *adj* bolschewistisch

bolster ['bəʊlstə*ʳ*] **A** *s* Nackenrolle *f* **B** *v/t fig a.* **~ up** *Wirtschaft* Auftrieb geben (+*dat*)
bolt [bəʊlt] **A** *s* **1** *an Tür etc* Riegel *m* **2** TECH Bolzen *m* **3** Blitzstrahl *m*; **it was like a ~ from the blue** *fig* das war wie ein Blitz aus heiterem Himmel **4** **he made a ~ for the door** er machte einen Satz zur Tür; **to make a ~ for it** losrennen **B** *adv* **~ upright** kerzengerade **C** *v/i* **1** *Pferd* durchgehen; *Mensch* Reißaus nehmen *umg* **2** rasen **D** *v/t Tür* verriegeln **2** TECH verschrauben (**to** mit); **to ~ together** verschrauben **3** (*a.* **~ down**) *Essen* hinunterschlingen
bomb [bɒm] **A** *s* **1** Bombe *f* **2** *Br umg* **the car goes like a ~** das ist die reinste Rakete von Wagen *umg*; **the car cost a ~** das Auto war schweineteuer *umg*; **to make a ~** ein Bombengeld verdienen *umg*; **to go down a ~** Riesenanklang finden (**with** bei) *umg* **B** *v/t* bombardieren **C** *v/i* **1** *umg* (≈ *rasen*) fegen *umg* **2** *US umg* (≈ *versagen*) durchfallen *umg*

phrasal verbs mit bomb:

bomb along *umg v/i* dahinrasen *umg*
bombard [bɒm'bɑːd] *v/t* MIL, *a. fig* bombardieren
bombardment *s* MIL, *a. fig* Bombardierung *f*
bombastic [bɒm'bæstɪk] *adj* bombastisch
bomb attack *s* Bombenangriff *m*
bomb disposal *s* Bombenräumung *f*
bomb disposal squad *s* Bombenräumtrupp *m*
bomber ['bɒmə*ʳ*] *s* **1** (≈ *Flugzeug*) Bomber *m* **2** (≈ *Terrorist*) Bombenattentäter(in) *m(f)*
bomber jacket *s* Fliegerjacke *f*
bombing ['bɒmɪŋ] **A** *s* Bombenangriff *m* (**of** auf +*akk*) **B** *adj Angriff* Bomben-
bombproof *adj* bombensicher
bomb scare *s* Bombenalarm *m*
bombshell *fig s* **this news was a ~** die Nachricht schlug wie eine Bombe ein; **to drop a** *od* **the ~, to drop a ~** die Bombe platzen lassen
bomb shelter *s* Luftschutzkeller *m*
bomb site *s* Trümmergrundstück *n*; *größer* Trümmerfeld *n*
bomb threat *s* Bombendrohung *f*
bona fide ['bəʊnə'faɪdɪ] *adj* bona fide, echt; **it's a ~ offer** es ist ein Angebot auf Treu und Glauben
bonanza [bə'nænzə] *fig s* Goldgrube *f*; **the oil ~** der Ölboom
bond [bɒnd] **A** *s* **1** *fig* Bindung *f* **2** **~s** *pl wörtl* Fesseln *pl*; *fig* Bande *pl geh* **3** HANDEL, FIN Pfandbrief *m*; **government ~** Staatsanleihe *f* **B** *v/i* **1** Leim binden **2** **to ~ with one's baby** Liebe zu seinem Kind entwickeln; **we ~ed immediately** wir haben uns auf Anhieb gut verstanden

bondage ['bɒndɪdʒ] s **1** fig liter **in ~ to sth** einer Sache (dat) unterworfen **2** sexuell Fesseln n; **~ gear** Sadomasoausrüstung f
bonded warehouse s Zolllager n
bone [bəʊn] **A** s Knochen m; von Fisch Gräte f; **~s** pl von Toten Gebeine pl; **chilled to the ~** völlig durchgefroren; **to work one's fingers to the ~** sich (dat) die Finger abarbeiten; **~ of contention** Zankapfel m; **to have a ~ to pick with sb** umg mit j-m ein Hühnchen zu rupfen haben umg; **to make no ~s about doing sth** umg kein(en) Hehl daraus machen, dass man etwas tut; **I can feel it in my ~s** das spüre ich in den Knochen **B** v/t die Knochen lösen aus; Fisch entgräten

phrasal verbs mit bone:
bone up on umg v/i ‹+obj› pauken umg
bone china s feines Porzellan
bone dry adj ‹präd›, **bone-dry** umg adj ‹attr› knochentrocken umg
bone idle Br umg adj stinkfaul umg
bone marrow s Knochenmark n
bone structure s Gesichtszüge pl
bonfire ['bɒnfaɪə'] s Feuer n, Freudenfeuer n
bonfire night s 5. November (Jahrestag der Pulververschwörung)
bonk [bɒŋk] umg v/t & v/i nicht sehr fest/leicht schlagen; (≈ Sex haben mit) bumsen umg
bonkers ['bɒŋkəz] bes Br umg adj meschugge umg; **to be ~** spinnen umg
bonnet ['bɒnɪt] s **1** von Frau Haube f; von Baby Häubchen n **2** Br AUTO Motorhaube f
bonnie, **bonny** ['bɒnɪ] bes schott adj schön; Baby prächtig
bonus ['bəʊnəs] s **1** Prämie f; zu Weihnachten etc Gratifikation f; **~ scheme** Prämiensystem n; **~ point** Bonuspunkt m **2** umg Zugabe f
bony ['bəʊnɪ] adj ‹komp bonier› knochig
boo[1] [buː] **A** int buh; **he wouldn't say boo to a goose** umg er ist ein schüchternes Pflänzchen umg **B** v/t Redner, Schiedsrichter auspfeifen **C** v/i buhen **D** s ‹pl -s› Buhruf m
boo[2] US umg s ‹pl -s› Freund(in) m(f), Partner(in) m(f)
boob [buːb] **A** s **1** Br umg (≈ Fehler) Schnitzer m umg **2** umg Brust f; **big ~s** große Titten pl od Möpse pl sl **B** v/i Br umg einen Schnitzer machen umg
booboo ['buːbuː] s umg Schnitzer m; → boob
booby prize s Scherzpreis für den schlechtesten Teilnehmer
booby trap **A** s MIL etc versteckte Bombe **B** v/t **the suitcase was booby-trapped** in dem Koffer war eine Bombe versteckt
booing ['buːɪŋ] s Buhrufen n
book [bʊk] **A** s **1** Buch n, Heft n; **the Book of Genesis** die Genesis, das 1. Buch Mose; **to bring sb to ~** j-n zur Rechenschaft ziehen; **to throw the ~ at sb** umg j-n nach allen Regeln der Kunst fertigmachen umg; **to go by the ~** sich an die Vorschriften halten; **to be in sb's good/bad ~s** bei j-m gut/schlecht angeschrieben sein umg; **I can read him like a ~** ich kann in ihm lesen wie in einem Buch; **he'll use every trick in the ~** umg er wird alles und jedes versuchen; **that counts as cheating in my ~** umg für mich ist das Betrug **2** Heft n; **~ of stamps** Briefmarkenheftchen n **3** **~s** pl HANDEL, FIN Bücher pl; **to do the ~s for sb** j-m die Bücher führen **B** v/t **1** bestellen; Platz, Zimmer buchen; Künstler engagieren; **fully ~ed** Vorstellung ausverkauft; Flug ausgebucht; Hotel voll belegt; **to ~ sb through to Hull** BAHN j-n bis Hull durchbuchen **2** umg Fahrer aufschreiben umg; Fußballspieler verwarnen; **to be ~ed for speeding** wegen zu schnellen Fahrens aufgeschrieben werden **C** v/i bestellen, buchen; **to ~ through to Hull** bis Hull durchlösen

phrasal verbs mit book:
book in **A** v/i in Hotel etc einchecken; **we booked in at** od **into the Hilton** wir sind im Hilton abgestiegen **B** v/t ‹trennb› **to book sb into a hotel** j-m ein Hotelzimmer reservieren lassen; **we're booked in at** od **into the Hilton** unsere Zimmer sind im Hilton reserviert
book up v/t ‹trennb› **to be (fully) booked up** (ganz) ausgebucht sein; Vorstellung, Theater ausverkauft sein
bookable ['bʊkəbl] adj **1** im Vorverkauf erhältlich **2** SPORT **a ~ offence** Br, **a ~ offense** US ein Verstoß m, für den eine Verwarnung gibt
bookcase s Bücherregal n, Bücherschrank m
book club s Buchgemeinschaft f, Buchklub m
book end s Bücherstütze f
bookie ['bʊkɪ] umg s Buchmacher(in) m(f)
booking ['bʊkɪŋ] s Buchung f; von Künstler Engagement n; **to make a ~** buchen; **to cancel a ~** den Tisch/die Karte etc abbestellen, die Reise/den Flug etc stornieren
booking clerk s Fahrkartenverkäufer(in) m(f)
booking fee s Buchungsgebühr f
booking office s BAHN Fahrkartenschalter m; THEAT Vorverkaufsstelle f
booking system s Buchungssystem n
book-keeper s Buchhalter(in) m(f)
book-keeping s Buchhaltung f
book launch s (≈ Markteinführung) Buchvorstellung f
booklet s Broschüre f
book lover s Bücherfreund(in) m(f)
bookmaker s Buchmacher(in) m(f)
bookmark **A** s Lesezeichen n; IT Bookmark n **B**

v/t IT ein Bookmark einrichten für
bookseller *s* Buchhändler(in) *m(f)*
bookshelf *s* Bücherbord *n*
bookshelves *pl* Bücherregal *n*
bookshop *bes Br s*, **bookstore** *US s* Buchhandlung *f*
bookstall *s* Bücherstand *m*
bookstand *US s* **1** Lesepult *n* **2** Bücherregal *n* **3** *auf Bahnhof, Flughafen* Bücherstand *m*
book token *s* Buchgutschein *m*
bookworm *fig s* Bücherwurm *m*
boom¹ [buːm] *s* SCHIFF Baum *m*
boom² **A** *s von Waffen* Donnern *n*; *von Stimme* Dröhnen *n* **B** *v/i Stimme a.* ~ **out** dröhnen; *Waffen* donnern **C** *int* bum
boom³ **A** *v/i Handel* boomen *umg*; **business is** ~**ing** das Geschäft blüht **B** *s geschäftlich, a. fig* Boom *m*
boomerang ['buːməræŋ] *s* Bumerang *m*
booming¹ ['buːmɪŋ] *adj* Geräusch dröhnend
booming² *adj* Wirtschaft, Handel boomend
boon [buːn] *s* Segen *m*
boorish *adj*, **boorishly** ['bʊərɪʃ, -lɪ] *adv* rüpelhaft
boost [buːst] **A** *s* Auftrieb *m kein pl*; ELEK, AUTO Verstärkung *f*; **to give sb/sth a** ~ j-m/einer Sache Auftrieb geben; **to give a ~ to sb's morale** j-m Auftrieb geben **B** *v/t* Produktion, Absatz, Wirtschaft ankurbeln; Gewinne, Einkommen erhöhen; *Selbstvertrauen* stärken; *Moral* heben
booster ['buːstə^r] *s* MED Wiederholungsimpfung *f*, Auffrischimpfung *f*
booster cushion *s* Sitz ohne Rückenteil Kindersitz *m*, Sitzerhöhung *f*
booster seat *s* Sitz für das Auto oder für einen Stuhl am Tisch Kindersitz *m*
booster shot *s* → booster
boot [buːt] **A** *s* **1** Stiefel *m*; **the ~ is on the other foot** *fig* es ist genau umgekehrt; **to give sb the** ~ *umg* j-n rausschmeißen *umg*; **to get the** ~ *umg* rausgeschmissen werden *umg*; **to put the ~ into sb/sth** *Br fig umg* j-n/etw niedermachen **2** *Br von Auto* Kofferraum *m* **B** *v/t* **1** *umg* (≈ *treten*) einen (Fuß)tritt geben (+*dat*) **2** IT laden, booten **C** *v/i* IT laden
phrasal verbs mit boot:
boot out *umg v/t* ⟨*trennb*⟩ rausschmeißen *umg*
boot up *v/t & v/i* ⟨*trennb*⟩ IT booten
boot camp *s* **1** *US* MIL Armee-Ausbildungslager *n* **2** Erziehungslager *n* (*für junge Straftäter*)
bootee [buːˈtiː] *s* **1** *gestrickt oder gehäkelt* Babyschuh *m* **2** *für Damen* Stiefelette *f*
booth [buːð] *s* **1** (Markt)bude *f*, (Messe)stand *m* **2** *zum Telefonieren* Zelle *f*; *bei Wahlen* Kabine *f*; *in Restaurant* Nische *f*
bootlace *s* Schnürsenkel *m*

bootleg *adj Whisky etc* schwarzgebrannt; *Waren* schwarz hergestellt; ~ **copy** Raubkopie *f*
bootlicker *pej umg s* Speichellecker *m pej umg*
boot polish *s* Schuhcreme *f*
bootstrap *s* **to pull oneself up by one's (own)** ~**s** *umg* sich aus eigener Kraft hocharbeiten
booty ['buːtɪ] *s* Beute *f*
booze [buːz] **A** *s* Alkohol *m*; **keep off the** ~ lass das Saufen sein *umg*; **bring some** ~ bring was zu schlucken mit *umg* **B** *v/i* saufen *umg*; **to go out boozing** saufen gehen *umg*
boozer ['buːzə^r] *s* **1** *pej umg* Säufer(in) *m(f) pej umg* **2** *Br umg* Kneipe *f umg*
booze-up ['buːzʌp] *umg s* Besäufnis *n umg*
boozy ['buːzɪ] *adj* ⟨*komp* boozier⟩ *umg* Blick, Gesicht versoffen *umg*; ~ **party** Sauferei *f umg*; ~ **lunch** Essen *n* mit reichlich zu trinken
bop [bɒp] **A** *s* **1** *umg* (≈ *Tanz*) Schwof *m umg* **2** *umg* **to give sb a bop on the nose** j-m eins auf die Nase geben **B** *v/i umg* (≈ *tanzen*) tanzen **C** *v/t umg* **to bop sb on the head** j-m eins auf den Kopf geben
border ['bɔːdə^r] **A** *s* **1** Rand *m* **2** Grenze *f*; **on the French** ~ an der französischen Grenze; **north/south of the** ~ *Br* in/nach Schottland/England **3** *in Garten* Rabatte *f* **4** *an Kleid* Bordüre *f* **B** *v/t* **1** *Weg* säumen; *Grundstück* begrenzen, umschließen **2** grenzen an (+*akk*)
phrasal verbs mit border:
border on, **border upon** *v/i* ⟨+*obj*⟩ grenzen an (+*akk*)
border check *s*, **border control** *s* Grenzkontrolle *f*
border dispute *s* Grenzstreitigkeit *f*
border fence *s* Grenzzaun *m*
border guard *s* Grenzsoldat *m*
bordering *adj* angrenzend
borderline **A** *s* Grenze *f*; **to be on the** ~ an der Grenze liegen **B** *adj fig* **a** ~ **case** ein Grenzfall *m*; **it was a** ~ **pass** er *etc* ist ganz knapp durchgekommen
border security *s* Grenzsicherung *f*
border town *s* Grenzstadt *f*
bore¹ [bɔː^r] **A** *v/t Loch* bohren **B** *v/i* bohren (**for** nach) **C** *s* Kaliber *n*; **a 12 ~ shotgun** eine Flinte vom Kaliber 12
bore² **A** *s* **1** (≈ *Mensch*) Langweiler(in) *m(f)* **2** (≈ *Situation etc*) **to be a** ~ langweilig sein, fad sein *österr*; **it's such a** ~ **having to go** es ist wirklich zu dumm, dass ich *etc* gehen muss **B** *v/t* langweilen; **to** ~ **sb stiff** *od* **to tears** *umg* j-n zu Tode langweilen; **to be/get** ~**d** sich langweilen; **I'm** ~**d** mir ist langweilig; **he is** ~**d with his job** seine Arbeit langweilt ihn
bore³ *prät* → bear¹
bored [bɔːd] *adj* gelangweilt

boredom ['bɔːdəm] s Lang(e)weile f
boring ['bɔːrɪŋ] adj langweilig, fad österr
born [bɔːn] **A** pperf **1** → bear¹ **2 to be ~** geboren werden; **I was ~ in 1988** ich bin od wurde 1988 geboren; **when were you ~?** wann sind Sie geboren?; **he was ~ into a rich family** er wurde in eine reiche Familie hineingeboren; **to be ~ deaf** von Geburt an taub sein; **the baby was ~ dead** das Baby war eine Totgeburt; **I wasn't ~ yesterday** umg ich bin nicht von gestern umg; **there's one ~ every minute!** fig umg die Dummen werden nicht alle! **B** adj ⟨suf⟩ **he is Chicago-born** er ist ein gebürtiger Chicagoer; **his French-born wife** seine Frau, die gebürtige Französin ist **C** adj geboren; **he is a ~ teacher** er ist der geborene Lehrer; **an Englishman ~ and bred** ein echter Engländer
born-again ['bɔːnəˌgen] adj Christ etc evangelikal
borne [bɔːn] pperf → bear¹
borough ['bʌrə] s, (a. **municipal borough**) (Verwaltungs)bezirk m; in London Stadtteil m
borrow ['bɒrəʊ] **A** v/t (sich dat) leihen, (sich dat) borgen (**from** von); von Bank sich (dat) leihen; Buch ausleihen; fig Idee übernehmen (**from** von); **to ~ money from the bank** Kredit bei der Bank aufnehmen **B** v/i borgen; bei Bank Kredit m aufnehmen
borrower ['bɒrəʊəʳ] s von Kapital etc Kreditnehmer(in) m(f)
borrowing ['bɒrəʊɪŋ] s **government ~** staatliche Kreditaufnahme; **consumer ~** Verbraucherkredit m; **~ requirements** Kreditbedarf m
Bosnia ['bɒznɪə] s Bosnien n
Bosnia-Herzegovina ['bɒznɪəˌhɜːtsəgəʊ-'viːnə] s Bosnien und Herzegowina n
Bosnian A adj bosnisch **B** s Bosnier(in) m(f)
bosom ['bʊzəm] **A** s **1** Busen m **2** fig **in the ~ of his family** im Schoß der Familie **B** adj ⟨attr⟩ Busen-; **~ buddy** Busenfreund(in) m(f)
boss [bɒs] s Chef(in) m(f), Boss m umg; **his wife is the ~** seine Frau hat das Sagen; **OK, you're the ~** in Ordnung, du hast zu bestimmen

phrasal verbs mit boss:
boss about Br, **boss around** umg v/t ⟨trennb⟩ rumkommandieren umg

bossy ['bɒsɪ] adj ⟨komp bossier⟩ herrisch
botanic(al) [bə'tænɪk(əl)] adj botanisch
botanist ['bɒtənɪst] s Botaniker(in) m(f)
botany ['bɒtənɪ] s Botanik f
botch [bɒtʃ] v/t etw a. **~ up** verpfuschen; Pläne vermasseln umg; **a ~ed job** ein Pfusch m umg
botch-up ['bɒtʃʌp] umg s Pfusch m umg
both [bəʊθ] **A** adj beide; **~ (the) boys** beide Jungen **B** pron beide, beides; **~ of them were there, they were ~ there** sie waren (alle) beide da; **~ of these answers are wrong** beide Antworten sind falsch **C** adv **~ ... and ...** sowohl ... als auch ...; **~ you and I** wir beide; **John and I ~ came** John und ich sind beide gekommen; **is it black or white? — ~** ist es schwarz oder weiß? — beides; **you and me ~** umg wir zwei beide umg
bother ['bɒðəʳ] **A** v/t **1** stören, belästigen; (≈ beunruhigen) Sorgen machen (+dat); Problem, Frage keine Ruhe lassen (+dat); **I'm sorry to ~ you but ...** es tut mir leid, dass ich Sie damit belästigen muss, aber ...; **don't ~ your head about that** zerbrechen Sie sich (dat) darüber nicht den Kopf; **I shouldn't let it ~ you** machen Sie sich mal keine Sorgen **2 I can't be ~ed** ich habe keine Lust; **I can't be ~ed with people like him** für solche Leute habe ich nichts übrig; **I can't be ~ed to do that** ich habe einfach keine Lust, das zu machen; **do you want to stay or go? — I'm not ~ed** willst du bleiben oder gehen? — das ist mir egal; **I'm not ~ed about him/the money** seinetwegen/wegen des Geldes mache ich mir keine Gedanken; **to ~ to do sth** sich (dat) die Mühe machen, etw zu tun; **don't ~ to do it again** das brauchen Sie nicht nochmals zu tun; **she didn't even ~ to ask** sie hat gar nicht erst gefragt; **please don't ~ getting up** od **to get up** bitte, bleiben Sie doch sitzen **B** v/i sich kümmern (**about** um); (≈ beunruhigt sein) sich (dat) Sorgen machen (**about** um); **don't ~ about me!** machen Sie sich meinetwegen keine Sorgen; sarkastisch ist ja egal, was ich will; **he/it is not worth ~ing about** über ihn/darüber brauchen wir gar nicht zu reden; **I'm not going to ~ with that** das lasse ich; **don't ~!** nicht nötig!; **you needn't have ~ed!** das wäre nicht nötig gewesen! **C** s **1** Plage f; **I know it's an awful ~ for you but ...** ich weiß, dass Ihnen das fürchterliche Umstände macht, aber ... **2** Ärger m, Schwierigkeiten pl; **we had a spot** od **bit of ~ with the car** wir hatten Ärger mit dem Auto; **I didn't have any ~ getting the visa** es war kein Problem, das Visum zu bekommen; **it's no ~** kein Problem; **it wasn't any ~** (≈ nicht erwähnenswert) das ist gern geschehen; (≈ nicht schwierig) das war ganz einfach; **the children were no ~ at all** wir hatten mit den Kindern überhaupt keine Probleme; **to go to a bit of ~ to do sth** sich (dat) mit etw viel Mühe geben
bottle ['bɒtl] **A** s **1** Flasche f; **a ~ of wine** eine Flasche Wein; **to take to the ~** zur Flasche greifen **2** Br umg Mumm m umg **B** v/t in Flaschen abfüllen

phrasal verbs mit bottle:
bottle out Br umg v/i die Nerven verlieren

bottle up v/t ⟨trennb⟩ Emotionen in sich (dat) aufstauen
bottle bank s Altglascontainer m
bottled adj Gas in Flaschen (abgefüllt); Bier Flaschen-
bottle-feed v/t aus der Flasche ernähren
bottleneck s Engpass m
bottle-opener s Flaschenöffner m
bottle top s (Flaschen-)Deckel m
bottom ['bɒtəm] A s 1 von Kiste, Glas Boden m; von Berg, Säule Fuß m; von Seite, Bildschirm unteres Ende; von Liste, Straße Ende n; **which end is the ~?** wo ist unten?; **at the ~** unten, im unteren Teil; **at the ~ of the page/league/hill** etc unten auf der Seite/in der Tabelle/am Berg etc; **at the ~ of the table** am unteren Ende des Tisches; **at the ~ of the mountain** am Fuß des Berges; **to be (at the) ~ of the class** der/die Letzte in der Klasse sein; **at the ~ of the garden** hinten im Garten; **~s up!** hoch die Tassen umg; **from the ~ of my heart** aus tiefstem Herzen; **at ~** fig im Grunde; **the ~ dropped** od **fell out of the market** die Marktlage hat einen Tiefstand erreicht 2 Unterseite f; **on the ~ of the tin** unten an der Dose 3 von Meer, Fluss Grund m; **at the ~ of the sea** auf dem Meeresboden 4 von Mensch Hintern m umg 5 fig **to be at the ~ of sth** hinter etw (dat) stecken, einer Sache (dat) zugrunde liegen; **to get to the ~ of sth** einer Sache (dat) auf den Grund kommen 6 Br AUTO **~ (gear)** erster Gang; **in ~ (gear)** im ersten Gang 7 **tracksuit ~s** Trainingsanzughose f; **bikini ~(s)** Bikiniunterteil n B adj ⟨attr⟩ untere(r, s), unterste(r, s); **~ half** von Kiste untere Hälfte; von Liste, Klasse zweite Hälfte

phrasal verbs mit bottom:
bottom out v/i die Talsohle erreichen

bottomless adj **a ~ pit** fig ein Fass ohne Boden
bottom line fig s **that's the ~** (≈ Faktor) das ist das Entscheidende (dabei); (≈ Resultat) darauf läuft es im Endeffekt hinaus
bough [baʊ] s Ast m
bought [bɔːt] prät & pperf → buy
bouillon ['buːjɒŋ] s Bouillon f, Rindsuppe f österr
boulder ['bəʊldə] s Felsblock m
bouldering ['bəʊldərɪŋ] s SPORT Bouldern n (Klettern an Felsblöcken)
bouldering wall s SPORT Boulderingwand f
boulevard ['buːləvɑːd] s Boulevard m
bounce [baʊns] A v/i 1 Ball springen; **the child ~d up and down on the bed** das Kind hüpfte auf dem Bett herum 2 umg Scheck platzen umg 3 IT → bounce back B v/t 1 Ball aufprallen lassen; **he ~d the ball against the wall** er warf den Ball gegen die Wand; **he ~d the baby on his knee** er ließ das Kind auf den Knien reiten 2 IT → bounce back

phrasal verbs mit bounce:
bounce back A v/i 1 IT E-Mail als nicht zustellbar zurückkommen 2 fig umg sich nicht unterkriegen lassen umg B v/t IT E-Mail als nicht zustellbar zurückschicken
bounce off A v/t ⟨immer getrennt⟩ **to bounce sth off sth** etw von etw abprallen lassen; **to bounce an idea off sb** fig umg eine Idee an j-m testen B v/i abprallen

bouncer ['baʊnsə] s 1 umg Mensch Türsteher(in) m(f), Rausschmeißer(in) m(f) umg 2 für Babys (Baby)wippe f
bouncy ['baʊnsɪ] adj ⟨komp bouncier⟩ Ball gut springend; Matratze federnd
bouncy castle® s Hüpfburg f
bouncy chair s Br (Baby)wippe f
bound¹ [baʊnd] s ⟨mst pl⟩ Grenze f; **within the ~s of probability** im Bereich des Wahrscheinlichen; **his ambition knows no ~s** sein Ehrgeiz kennt keine Grenzen; **the bar is out of ~s** das Betreten des Lokals ist verboten; **this part of town is out of ~s** dieser Stadtteil ist Sperrzone
bound² A s Sprung m B v/i springen; **the dog came ~ing up** der Hund kam angesprungen
bound³ A prät & pperf → bind B adj 1 gebunden; **~ hand and foot** an Händen und Füßen gebunden 2 **to be ~ to do sth** etw bestimmt tun; **it's ~ to happen** das muss so kommen 3 **but I'm ~ to say …** umg aber ich muss schon sagen …
bound⁴ adj ⟨präd⟩ **to be ~ for London** auf dem Weg nach London sein; vor dem Aufbruch nach London gehen; **all passengers ~ for London will …** alle Passagiere nach London werden …
boundary ['baʊndərɪ] s Grenze f
boundary line s Grenzlinie f; SPORT Spielfeldgrenze f
boundless adj grenzenlos
bountiful ['baʊntɪfʊl] adj großzügig; Ernte, Geschenke (über)reich
bounty ['baʊntɪ] s Belohnung Kopfgeld n
bouquet ['bʊkeɪ] s 1 Strauß m 2 von Wein Bukett n
bourbon ['bɜːbən] s, (a. **bourbon whiskey**) Bourbon m
bourgeois ['bʊəʒwɑː] A s Bürger(in) m(f); pej Spießbürger(in) m(f) B adj bürgerlich; pej spießbürgerlich
bourgeoisie [ˌbʊəʒwɑːˈziː] s Bürgertum n
bout [baʊt] s 1 von Grippe etc Anfall m; **a ~ of fever** ein Fieberanfall m; **a drinking ~** eine Zecherei 2 SPORT Kampf m
boutique [buːˈtiːk] s Boutique f
bow¹ [bəʊ] s 1 Waffe, für Geige Bogen m; **a bow**

and arrow Pfeil und Bogen pl ❷ (≈ Knoten) Schleife f

bow² [baʊ] Ⓐ s Verbeugung f; **to take a bow** sich verbeugen Ⓑ v/i ❶ sich verbeugen (**to sb** vor j-m) ❷ fig sich beugen (**before** vor +dat od **under** unter +dat od **to** +dat); **to bow to the inevitable** sich in das Unvermeidliche fügen Ⓒ v/t **to bow one's head** den Kopf senken; bei Gebet sich verneigen

phrasal verbs mit bow:
bow down wörtl v/i sich beugen; **to bow down to** od **before sb** fig sich j-m beugen
bow out fig v/i sich verabschieden; **to bow out of sth** sich aus etw zurückziehen

bow³ [baʊ] s ⟨oft pl⟩ von Schiff Bug m; **on the port bow** backbord(s) voraus

bowed¹ [bəʊd] adj Beine krumm
bowed² [baʊd] adj Mensch gebeugt; Schultern hängend

bowel ['baʊəl] s ⟨mst pl⟩ ❶ ANAT Eingeweide n mst pl; **a ~ movement** Stuhl(gang) m ❷ fig **the ~s of the earth** das Erdinnere

bowl¹ [bəʊl] s ❶ Schüssel f, Schale f; für Zucker etc Schälchen n; **a ~ of milk** eine Schale Milch ❷ von WC Becken n

bowl² Ⓐ v/i ❶ Bowling spielen ❷ Kricket werfen Ⓑ v/t ❶ Ball rollen ❷ Kricket: Ball werfen

phrasal verbs mit bowl:
bowl over fig v/t ⟨trennb⟩ umwerfen; **he was bowled over by the news** die Nachricht hat ihn (einfach) überwältigt

bow-legged [ˌbəʊˈlegɪd] adj o-beinig
bowler¹ ['bəʊləʳ] s Kricket Werfer m
bowler² s Br Hut a. **~ hat** Melone f
bowling ['bəʊlɪŋ] s ❶ Kricket Werfen n ❷ Bowling n; **to go ~** bowlen gehen
bowling alley s Bowlingbahn f
bowling green s Rasenfläche für ein dem Boccia ähnliches Spiel
bowls [bəʊlz] s ein dem Boccia ähnliches Spiel
bow tie [baʊ-] s Fliege f

box¹ [bɒks] Ⓐ v/t & v/i SPORT boxen; **to box sb's ears** j-n ohrfeigen, j-n watschen österr Ⓑ s **a box on the ears** eine Ohrfeige, eine Watsche österr

box² s ❶ aus Holz Kiste f; aus Pappe Karton m; für Streichhölzer etc Schachtel f; mit Pralinen etc Packung f ❷ auf Formular Kästchen n ❸ THEAT Loge f ❹ FUSSB Strafraum m, Torraum m ❺ bes Br umg (≈ Fernseher) Glotze f umg; **what's on the box?** was gibts im Fernsehen?; **I was watching the box** ich habe geglotzt umg

phrasal verbs mit box:
box in v/t ⟨trennb⟩ geparktes Auto einklemmen, zuparken

boxcar ['bɒkskɑːʳ] s US BAHN (geschlossener) Güterwagen

boxer ['bɒksəʳ] s ❶ SPORT Boxer(in) m(f) ❷ (≈ Hund) Boxer m
boxer briefs pl Boxershorts pl (eng anliegend)
boxer shorts pl Boxershorts pl
boxing ['bɒksɪŋ] s Boxen n
Boxing Day Br s zweiter Weihnachts(feier)tag
boxing gloves pl Boxhandschuhe pl
boxing match s Boxkampf m
boxing ring s Boxring m
box junction s Verkehr gelb schraffierte Kreuzung (in die bei Stau nicht eingefahren werden darf)
box number s Chiffre f; in Postamt Postfach n
box office Ⓐ s (Theater-/Kino)kasse f, Kassa f österr Ⓑ adj ⟨attr⟩ **~ success/hit** Kassenschlager m
boxroom Br s Abstellraum m
box set s Zusammenstellung mehrerer CDs oder DVDs Boxset n

boy [bɔɪ] s ❶ Junge m, Bub m österr, schweiz; **the Jones boy** der Junge von Jones; **boys will be boys** Jungen sind nun mal so ❷ umg (≈ Kumpel) Knabe m umg; **the old boy** (≈ Chef) der Alte umg; (≈ Vater) mein etc alter Herr ❸ (≈ Freund) **the boys** meine/seine Kumpels; **our boys** (≈ Mannschaft) unsere Jungs ❹ (**oh**) **boy!** umg Junge, Junge! umg
boy band s MUS Boygroup f
boycott ['bɔɪkɒt] Ⓐ s Boykott m Ⓑ v/t boykottieren
boyfriend s Freund m
boyhood s Kindheit f, Jugend(zeit) f
boyish ['bɔɪɪʃ] adj jungenhaft; Frau knabenhaft
boy scout s Pfadfinder m
Boy Scouts s ⟨+sg v⟩ Pfadfinder pl
boy toy s US umg jugendlicher Liebhaber
bpi, BPI abk (= bits per inch) IT BPI
bps, BPS abk (= bits per second) IT BPS
bra [brɑː] s abk (= brassière) BH m
brace [breɪs] Ⓐ s MED Stützapparat m; Br für Zähne Klammer f Ⓑ v/r sich bereithalten; **to ~ oneself for sth** sich auf etw (akk) gefasst machen; **~ yourself, I've got bad news for you** mach dich auf eine schlechte Nachricht gefasst
bracelet ['breɪslɪt] s Armband n, Armreif(en) m
braces ['breɪsɪz] pl ❶ Br Hosenträger pl; **a pair of ~** (ein Paar) Hosenträger ❷ US für Zähne Klammer f
bracing ['breɪsɪŋ] adj anregend; Klima Reiz-
bracken ['brækən] s Adlerfarn m
bracket ['brækɪt] Ⓐ s ❶ Winkelträger m, (Regal)träger m ❷ TYPO, MUS Klammer f; US TYPO eckige Klammer; **in ~s** in Klammern ❸ Gruppe f; **the lower income ~** die untere Einkom-

mensgruppe **B** v/t (a. **bracket together**) fig zusammenfassen
brag [bræg] **A** v/i angeben (**about, of** mit) **B** v/t **to ~ that** damit angeben, dass
bragging ['brægɪŋ] s Angeberei f
braid [breɪd] **A** s **1** von Haar Zopf m **2** (≈ Besatz) Borte f **B** v/t Zopf flechten
Braille [breɪl] **A** s Blindenschrift f **B** adj Blindenschrift-
brain [breɪn] s **1** ANAT Gehirn n; **he's got sex on the ~** umg er hat nur Sex im Kopf **2** ~s pl ANAT Gehirn n; GASTR Hirn n **3** Verstand m; ~s pl Intelligenz f, Grips m umg; **he has ~s** er ist intelligent; **use your ~s** streng mal deinen Kopf an
brainbox hum umg s Schlauberger m umg
brainchild s Erfindung f; (≈ Idee) Geistesprodukt n
brain-damaged adj hirngeschädigt
braindead adj (ge)hirntot
brain drain s Abwanderung f von Wissenschaftlern, Braindrain m
brain haemorrhage s, **brain hemorrhage** US s (Ge)hirnblutung f
brainless adj hirnlos, dumm
brain scan s Computertomografie f des Schädels
brainstorm **A** v/i brainstormen (so viele Ideen wie möglich sammeln) **B** s Geistesblitz m
brainstorming s Brainstorming n; **to have a ~ session** ein Brainstorming veranstalten
brain surgeon s Hirnchirurg(in) m(f)
brain surgery s Neurochirurgie f
brain tumour s, **brain tumor** US s Gehirntumor m
brainwash v/t einer Gehirnwäsche (dat) unterziehen; **to ~ sb into believing** etc **that ...** j-m (ständig) einreden, dass ...
brainwashing s Gehirnwäsche f
brainwave Br s Geistesblitz m
brainy ['breɪnɪ] adj ⟨komp brainier⟩ umg gescheit
braise [breɪz] v/t GASTR schmoren
brake [breɪk] **A** s TECH Bremse f; **to put the ~s on** bremsen **B** v/i bremsen
brake disc s Bremsscheibe f
brake fluid s Bremsflüssigkeit f
brake light s Bremslicht n
brake lining s Bremsbelag m
brake pad s Bremsklotz m
brake pedal s Bremspedal n
braking s Bremsen n
braking distance s Bremsweg m
bralet ['brɑːlɪt] s Bralette f (miederartiges Top)
bramble ['bræmbl] s Brombeerstrauch m
bran [bræn] s Kleie f
branch [brɑːntʃ] **A** s **1** BOT Zweig m, Ast m **2** von Fluss Arm m; von Straße Abzweigung f; von Familie Zweig m; von Gleis Abzweig m **3** in Fluss, Straße, Gleis Gabelung f **4** HANDEL Zweigstelle f, Ablage f schweiz; **main** – Haupt(geschäfts)stelle f; von Laden Hauptgeschäft n **5** von Fach Zweig m **6** (≈ Wirtschaftszweig) Branche f, Sparte f **B** v/i Fluss, Straße sich gabeln, sich verzweigen

phrasal verbs mit branch:
branch off v/i abzweigen
branch out fig v/i sein Geschäft ausdehnen (**into** auf +akk); **to branch out on one's own** sich selbstständig machen

branch line s BAHN Nebenlinie f
branch manager s Filialleiter m
branch office s Zweigstelle f, Ablage f schweiz
brand [brænd] **A** s **1** Marke f **2** fig Sorte f, Art f; **his ~ of humour** seine Art von Humor **3** von Vieh Brandzeichen n **B** v/t **1** Waren mit seinem Warenzeichen versehen; **~ed goods** Markenartikel pl **2** Vieh mit einem Brandzeichen kennzeichnen **3** (≈ denunzieren) brandmarken
brand- präf brand-
brand awareness s Markenbewusstsein n
brand conscious adj markenbewusst
branded product [brændɪd'prɒdʌkt] s Markenartikel m, Markenerzeugnis n
brand image s Markenimage n
branding ['brændɪŋ] s Markenkennzeichnung f
brandish ['brændɪʃ] v/t schwingen
brand leader s führende Marke
brand loyalty s Markentreue f
brand name s Markenname m
brand-new adj nagelneu
brandy ['brændɪ] s Weinbrand m
brash [bræʃ] adj ⟨+er⟩ dreist; Farbe etc laut, aufdringlich
brass [brɑːs] **A** s **1** Messing n **2** **the ~** MUS die Blechbläser pl **3** umg **the top ~** die hohen Tiere umg **B** adj Messing-; MUS Blech-; **~ player** Blechbläser m; **~ section** Blechbläser pl
brass band s Blaskapelle f
brassière ['bræsɪəʳ] obs, form s Büstenhalter m
brat [bræt] pej umg s **1** Balg m/n umg; Mädchen Göre f umg **2** US GASTR Bratwurst f
bravado [brə'vɑːdəʊ] s ⟨kein pl⟩ **1** Draufgängertum n **2** gespielte Tapferkeit
brave [breɪv] **A** adj ⟨komp braver⟩ mutig, tapfer, unerschrocken; **be ~!** nur Mut!; **~ new world** schöne neue Welt **B** v/t die Stirn bieten (+dat); Wetter trotzen (+dat)
bravely ['breɪvlɪ] adv tapfer
bravery ['breɪvərɪ] s Mut m
bravo [brɑː'vəʊ] int bravo!
brawl [brɔːl] **A** v/i sich schlagen **B** s Schlägerei f
brawling ['brɔːlɪŋ] s Schlägereien pl
brawn [brɔːn] s Muskelkraft f; **he's all ~ and no brains** er hat Muskeln, aber kein Gehirn

brawny ['brɔːnɪ] *adj* ⟨*komp* brawnier⟩ muskulös
bray [breɪ] *v/i Esel* schreien
brazen ['breɪzn] *adj* dreist; *Lüge* schamlos
  phrasal verbs mit brazen:
  brazen out *v/t* ⟨*trennb*⟩ **to brazen it out** durchhalten; *durch Lügen* sich durchmogeln *umg*
brazenly ['breɪznlɪ] *adv* dreist; *lügen* schamlos
Brazil [brə'zɪl] *s* Brasilien *n*
brazil *s*, (*a.* **brazil nut**) Paranuss *f*
Brazilian [brə'zɪlɪən] **A** *s* Brasilianer(in) *m(f)* **B** *adj* brasilianisch
breach [briːtʃ] **A** *s* **1** Verstoß *m* (**of** gegen); **a ~ of contract** ein Vertragsbruch; **~ of the peace** JUR öffentliche Ruhestörung; **a ~ of security** ein Verstoß *m* gegen die Sicherheitsbestimmungen; **~ of trust** FIN Untreue *f* **2** *in Mauer, Überwachungssystem* Lücke *f* **B** *v/t* **1** *Mauer* eine Bresche schlagen in (+*akk*); *Überwachungssystem, Verteidigungslinien* durchbrechen **2** *Vertrag* verletzen
breach of contract *s* JUR Vertragsbruch *m*
breach of the peace *s* JUR Landfriedensbruch *m*
bread [bred] *s* ⟨*kein pl*⟩ **1** Brot *n*; **a piece of ~ and butter** ein Butterbrot *n*; **he knows which side his ~ is buttered (on)** er weiß, wo was zu holen ist **2** **writing is his ~ and butter** er verdient sich seinen Lebensunterhalt mit Schreiben **3** *umg* (≈ *Geld*) Kohle *f umg*
breadbin *Br s* Brotkasten *m*
breadbox *US s* Brotkasten *m*
breadcrumbs *pl* GASTR Paniermehl *n*; **in ~** paniert
breadknife *s* Brotmesser *n*
breadline *s* **to be on the ~** *fig* nur das Allernotwendigste zum Leben haben
bread machine *s*, **breadmaker** *s* Brotbackautomat *m*, Brotbackmaschine *f*
bread roll *s* Brötchen *n*
breadstick *s* Knabberstange *f*
breadth [bretθ] *s* Breite *f*; **a hundred metres in ~** *Br*, **a hundred meters in ~** *US* hundert Meter breit
breadwinner ['bredwɪnəʳ] *s* Brotverdiener(in) *m(f)*

break [breɪk] ⟨*v: prät* broke; *pperf* broken⟩ **A** *v/t* **1** *Knochen* sich (*dat*) brechen; *Stock* zerbrechen, kaputt schlagen; *Glas* zerbrechen; *Fenster* einschlagen; *Ei* aufbrechen; **to ~ one's leg** sich (*dat*) das Bein brechen **2** *Spielzeug, Stuhl* kaputt machen **3** *Versprechen, Rekord* brechen; *Gesetz, Regel* verletzen, verstoßen gegen **4** *Reise, Stille* unterbrechen; **to ~ a habit** eine schlechte Gewohnheit aufgeben, sich (*dat*) etwas abgewöhnen **5** *Haut* ritzen; *Oberfläche* durchbrechen **6** (≈ *zerstören*) *j-n* mürbemachen; *Streik* brechen; *Code* entziffern; **to ~ sb (financially)** j-n ruinieren; **37p, well that won't exactly ~ the bank** 37 Pence, na, davon gehe ich/gehen wir noch nicht bankrott **7** *Fall* dämpfen **8** *Neuigkeiten* mitteilen; *in Zeitung: Nachricht, Skandal* veröffentlichen; **how can I ~ it to her?** wie soll ich es ihr sagen? **B** *v/i* **1** *Knochen, Stimme* brechen; *Seil* zerreißen; *Fenster* kaputtgehen; *Glas* zerbrechen; **his voice is beginning to ~** er kommt in den Stimmbruch **2** *Uhr, Stuhl* kaputtgehen **3** (eine) Pause machen); **to ~ for lunch** Mittagspause machen **4** *Wetter* umschlagen **5** *Welle* sich brechen **6** *Tag* anbrechen; *Sturm* losbrechen **7** *Neuigkeiten* bekannt werden **8** *Firma* **to ~ even** seine (Un)kosten decken **C** *s* **1** Bruch *m* **2** Lücke *f*; **row upon row of houses without a ~** Häuserzeile auf Häuserzeile, ohne Lücke **3** *a. Br* SCHULE Pause *f*; **without a ~** ununterbrochen; **to take** *od* **have a ~** (eine) Pause machen; **at ~** SCHULE in der Pause; **to give sb a ~** j-m schonen, j-m eine Chance geben; **give me a ~!** *umg* nun mach mal halblang! *umg* **4** Abwechslung *f*; **~ in the weather** Wetterumschwung *m* **5** Erholung *f* **6** Urlaub *m* **7** **at ~ of day** bei Tagesanbruch **8** *umg* **they made a ~ for it** sie versuchten zu entkommen; **we had a few lucky ~s** wir haben ein paarmal Glück gehabt **9** *im Beruf* Durchbruch *m*; **she had her first big ~ in a Broadway play** sie bekam ihre erste große Chance in einem Broadwaystück
  phrasal verbs mit break:
  break away *v/i* **1** weglaufen; *Gefangener* sich losreißen; **he broke away from the rest of the field** er hängte das ganze Feld ab **2** sich trennen
  break down **A** *v/i* **1** zusammenbrechen; *Verhandlungen, Ehe* scheitern **2** *Fahrzeug* eine Panne haben; *Maschine* versagen, kaputtgehen *umg*; *Motor* stehen bleiben **3** *Ausgaben* sich aufschlüsseln; CHEM *Substanz* sich aufspalten (**into** in +*akk*) **B** *v/t* ⟨*trennb*⟩ **1** *Tür* einrennen; *Mauer* niederreißen **2** *Ausgaben* aufschlüsseln; (≈ *Zusammensetzung ändern*) umsetzen
  break in **A** *v/i* **1** unterbrechen (**on sb/sth** j-n/etw) **2** einbrechen **B** *v/t* ⟨*trennb*⟩ **1** *Tür* aufbrechen **2** *Schuhe* einlaufen **3** *Pferd* einreiten
  break into *v/i* (+*obj*) **1** *Haus* einbrechen in (+*akk*); *Safe, Auto* aufbrechen **2** *Ersparnisse* anbrechen **3** **to break into song** zu singen anfangen
  break off **A** *v/i* abbrechen **B** *v/t* ⟨*trennb*⟩ abbrechen; *Verlobung* lösen; **to break it off** Schluss machen
  break open *v/t* ⟨*trennb*⟩ aufbrechen

break out v/i ▪ *Feuer, Krieg* ausbrechen ▪ **to break out in a rash** einen Ausschlag bekommen; **he broke out in a sweat** ihm brach der Schweiß aus ▪ ausbrechen (**from, of** aus)
break through Ⓐ v/i durchbrechen Ⓑ v/i ⟨+obj⟩ durchbrechen
break up Ⓐ v/i ▪ *Straße, Eisdecke* aufbrechen ▪ *Menge* auseinanderlaufen; *Versammlung, Partnerschaft* sich auflösen; *Ehe* in die Brüche gehen; *Freunde* sich trennen; Schluss machen *umg*; **to break up with sb** sich von j-m trennen ▪ *Br* SCHULE aufhören; **when do you break up?** wann hört bei euch die Schule auf? ▪ TEL **you're breaking up** ich kann Sie nicht verstehen Ⓑ v/t ⟨trennb⟩ ▪ *Boden* aufbrechen ▪ *Ehe, Gemeinschaft* zerstören; *Versammlung durch Polizei* auflösen; **he broke up the fight** er trennte die Kämpfer; **break it up!** auseinander!
breakable [ˈbreɪkəbl] adj zerbrechlich
breakage [ˈbreɪkɪdʒ] s **to pay for ~s** für zerbrochene Ware bezahlen
breakaway [ˈbreɪkəˌweɪ] adj *Gruppe* Splitter-
break command s IT Unterbrechungsbefehl m
break dance v/i Breakdance tanzen
breakdown [ˈbreɪkdaʊn] s ▪ *von Maschine* Betriebsschaden m; *von Fahrzeug* Panne f ▪ *von System, a.* MED Zusammenbruch m ▪ *von Zahlen etc* Aufschlüsselung f
breakdown service s Pannendienst m
breakdown truck s Abschleppwagen m
breaker [ˈbreɪkər] s ▪ (≈ *Welle*) Brecher m ▪ (*a.* ~**'s (yard)**) **to send a vehicle to the ~'s (yard)** ein Fahrzeug abwracken
breakfast [ˈbrekfəst] Ⓐ s Frühstück n, Morgenessen n *schweiz*; **to have ~** frühstücken; **for ~** zum Frühstück Ⓑ v/i frühstücken; **he ~ed on bacon and eggs** er frühstückte Eier mit Speck
breakfast cereal s Frühstücksflocken pl, Zerealien pl
breakfast television s Frühstücksfernsehen n
breakfast time s Frühstückszeit f
break-in [ˈbreɪkɪn] s Einbruch m; **we've had a ~** bei uns ist eingebrochen worden
breaking [ˈbreɪkɪŋ] s **~ and entering** JUR Einbruch m
breaking news s TV Eilmeldung f
breaking point *fig* s **she is at** *od* **has reached ~** sie ist nervlich völlig am Ende (ihrer Kräfte)
breakneck adj **at ~ speed** *Br* mit halsbrecherischer Geschwindigkeit
break-out s Ausbruch m
breakthrough s MIL, *a. fig* Durchbruch m
break-up s *von Freundschaft* Bruch m; *von Ehe* Zerrüttung f; *von Partnerschaft* Auflösung f
breakwater s Wellenbrecher m
breast [brest] s Brust f
breastbone s Brustbein n; *von Vogel* Brustknochen m
breast cancer s Brustkrebs m
-breasted [-ˈbrestɪd] adj ⟨suf⟩ **a double-/single--breasted jacket** ein Einreiher m/Zweireiher m
breast-fed adj **to be ~** gestillt werden
breast-feed v/t & v/i stillen
breast-feeding s Stillen n
breast milk s Muttermilch f
breast pocket s Brusttasche f
breaststroke s Brustschwimmen n; **to swim** *od* **do the ~** brustschwimmen
breath [breθ] s ▪ Atem m; **to take a deep ~** einmal tief Luft holen; **to have bad ~** Mundgeruch haben; **to be out of ~** außer Atem sein; **short of ~** kurzatmig; **to get one's ~ back** wieder zu Atem kommen; **in the same ~** im selben Atemzug; **to take sb's ~ away** j-m den Atem verschlagen; **to say sth under one's ~** etw vor sich ⟨akk⟩ hin murmeln; **you're wasting your ~** du redest umsonst ▪ **~ of wind** Lüftchen n
breathable [ˈbriːðəbl] adj *Stoff, Kleidung* atmungsaktiv
breathalyze [ˈbreθəlaɪz] v/t blasen lassen
Breathalyzer® [ˈbreθəlaɪzər] s Alkomat m
breathe [briːð] Ⓐ v/i atmen; **now we can ~ again** jetzt können wir wieder frei atmen; **I don't want him breathing down my neck** ich will nicht, dass er mir die Hölle heiß macht *umg* Ⓑ v/t ▪ *Luft* einatmen; **to ~ one's last** seinen letzten Atemzug tun ▪ atmen (**into** in +akk); **he was breathing garlic all over me** er verströmte einen solchen Knoblauchgeruch; **he ~d new life into the firm** er brachte neues Leben in die Firma ▪ **to ~ a sigh of relief** erleichtert aufatmen; **don't ~ a word of it!** sag kein Sterbenswörtchen darüber!

phrasal verbs mit breathe:
breathe in v/i & v/t ⟨trennb⟩ einatmen
breathe out v/i & v/t ⟨trennb⟩ ausatmen

breather [ˈbriːðər] s Atempause f; **to take** *od* **have a ~** sich verschnaufen
breathing [ˈbriːðɪŋ] s Atmung f
breathing apparatus s Sauerstoffgerät n
breathing space *fig* s Atempause f
breathless [ˈbreθlɪs] adj atemlos; *nach Bewegung a.* außer Atem; **~ with excitement** ganz atemlos vor Aufregung
breathlessness [ˈbreθlɪsnɪs] s Atemlosigkeit f; Kurzatmigkeit f
breathtaking [ˈbreθteɪkɪŋ] adj atemberaubend
breath test s Atemalkoholtest m
bred [bred] prät & pperf → breed
-bred adj ⟨suf⟩ -erzogen
breeches [ˈbrɪtʃɪz] pl Kniehose f, Reithose f

breed [briːd] ⟨v: prät, pperf bred⟩ **A** v/t Tiere züchten **B** v/i Tiere Junge haben; Vögel brüten **C** s Art f
breeder ['briːdə'] s Züchter(in) m(f)
breeding ['briːdɪŋ] s **1** Fortpflanzung und Aufzucht f der Jungen **2** Zucht f **3** (≈ Erziehung) a. **good ~** gute Erziehung
breeding ground s fig Nährboden m (**for** für)
breeze [briːz] s Brise f

phrasal verbs mit breeze:

breeze in v/i **he breezed into the room** er kam fröhlich ins Zimmer geschneit

breeze block s Br Hoch- und Tiefbau Ytong® m
breezily ['briːzɪlɪ] fig adv frisch-fröhlich
breezy ['briːzɪ] adj ⟨komp breezier⟩ **1** Tag, Ort windig **2** Art und Weise frisch-fröhlich
brevity ['brevɪtɪ] s Kürze f
brew [bruː] **A** s **1** (≈ Bier) Bräu n **2** Tee m **B** v/t Bier brauen; Tee aufbrühen **C** v/i **1** Bier gären; Tee ziehen **2** fig **there's trouble ~ing** da braut sich ein Konflikt zusammen
brewer ['bruːə'] s Brauer m
brewery ['bruːərɪ] s Brauerei f
Brexit ['breksɪt] s Austieg Großbritanniens aus der EU Brexit m; **the majority were in favour of ~** die Mehrheit hat für den Brexit gestimmt
Brexit referendum s Brexit-Referendum n
Brexit vote s Brexit-Abstimmung f
bribe [braɪb] **A** s Bestechung f; **to take a ~** sich bestechen lassen; **to offer sb a ~** j-n bestechen wollen **B** v/t bestechen; **to ~ sb to do sth** j-n bestechen, damit er etw tut
bribery ['braɪbərɪ] s Bestechung f
bric-a-brac ['brɪkəbræk] s Nippes m
brick [brɪk] s **1** Hoch- und Tiefbau Backstein m, Ziegelstein m; **he came** od **was down on me like a ton of ~s** umg er hat mich unheimlich fertiggemacht umg **2** (≈ Spielzeug) (Bau)klotz m; **box of (building) ~s** Baukasten m

phrasal verbs mit brick:

brick up v/t ⟨trennb⟩ Fenster zumauern

bricklayer s Maurer(in) m(f)
brick-red adj ziegelrot
brick wall fig umg s **I might as well be talking to a ~** ich könnte genauso gut gegen eine Wand reden; **it's like banging one's head against a ~** es ist, wie wenn man mit dem Kopf gegen die Wand rennt; **to come up against** od **hit a ~** plötzlich vor einer Mauer stehen
brickwork s Backsteinmauerwerk n
BRICS countries [brɪks] pl (= Brazil, Russia, India, China and South Africa) BRICS-Staaten pl
bridal ['braɪdl] adj Braut-; **~ gown** Hochzeitskleid n
bridal suite s Hochzeitssuite f

bride [braɪd] s Braut f
bridegroom ['braɪdɡruːm] s Bräutigam m
bridesmaid ['braɪdzmeɪd] s Brautjungfer f
bridge¹ [brɪdʒ] **A** s Brücke f; von Nase Sattel m; **to build ~s** fig Brücken schlagen **B** v/t fig überbrücken; **to ~ the gap** fig die Zeit überbrücken
bridge² s KART Bridge n
bridle ['braɪdl] **A** s von Pferd Zaum m **B** v/i sich entrüstet wehren (**at** gegen)
bridle path s Reitweg m
brief [briːf] **A** adj ⟨+er⟩ kurz; **in ~** kurz; **the news in ~** Kurznachrichten pl; **to be ~** sich kurz fassen; **to be ~, …** um es kurz zu machen, … **B** s **1** JUR Auftrag m (**an einen Anwalt**); (≈ Dokumente) Unterlagen pl zu dem/einem Fall **2** Auftrag m **C** v/t a. JUR instruieren
briefcase ['briːfkeɪs] s (Akten)tasche f
briefing ['briːfɪŋ] s, (a. **briefing session**) Instruktionen pl; von Polizei, Militär Einsatzbesprechung f
briefly ['briːflɪ] adv kurz; **~, I suggest …** kurz gesagt, ich schlage vor …
briefs [briːfs] pl Slip m; **a pair of ~** ein Slip
brigade [brɪ'ɡeɪd] s MIL Brigade f
bright [braɪt] adj ⟨+er⟩ **1** hell; Farbe leuchtend; Stern, Augen strahlend; Tag, Wetter heiter; **~ red** knallrot; **it was really ~ outside** es war wirklich sehr hell draußen; **~ intervals** METEO Aufheiterungen pl **2** fröhlich; **I wasn't feeling too ~** es ging mir nicht besonders gut; **~ and early** in aller Frühe **3** gescheit; Kind aufgeweckt; Idee glänzend; iron intelligent **4** Aussichten glänzend; **things aren't looking too ~** es sieht nicht gerade rosig aus
brighten (up) ['braɪtn(ʌp)] **A** v/t ⟨trennb⟩ **1** aufheitern **2** aufhellen **B** v/i **1** Wetter sich aufklären od aufheitern **2** Mensch fröhlicher werden
brightly ['braɪtlɪ] adv **1** scheinen, brennen hell; **~ lit** hell erleuchtet **2** fröhlich
brightness s Helligkeit f; von Farbe Leuchten n; von Stern, Augen Strahlen n
brill Br umg adj super umg, toll umg
brilliance ['brɪljəns] s **1** Strahlen n **2** fig Großartigkeit f; von Geist, Wissenschaftler Brillanz f
brilliant ['brɪljənt] **A** adj **1** fig großartig a. iron; Geist, Wissenschaftler brillant, genial; Student hervorragend; **he is ~ with my children** er versteht sich großartig mit meinen Kindern; **to have a ~ time** sich blendend amüsieren; **to be ~ at sth/doing sth** etw hervorragend können/tun können **2** Sonnenschein, Farbe strahlend **B** int umg toll, klasse umg
brilliantly ['brɪljəntlɪ] adv **1** scheinen, beleuchtet hell; **~ coloured** Br, **~ colored** US in kräftigen Farben **2** großartig; etw leisten brillant; komisch, einfach herrlich

brim [brɪm] **A** s Rand m; **full to the ~ (with sth)** randvoll (mit etw) **B** v/i strotzen (**with** von, vor +dat); **her eyes were ~ming with tears** ihre Augen schwammen in Tränen

phrasal verbs mit brim:

brim over v/i überfließen (**with** vor +dat)
brimful ['brɪm'fʊl] *wörtl adj* randvoll; *fig* voll (**of**, **with** von)
brine [braɪn] s Sole f; *zum Einlegen* Lake f
bring [brɪŋ] v/t ⟨*prät, pperf* brought⟩ bringen; (*a.* **~ with one**) mitbringen; **did you ~ the car?** *etc* haben Sie den Wagen *etc* mitgebracht?; **to ~ sb inside** j-n hereinbringen; **to ~ tears to sb's eyes** j-m die Tränen in die Augen treiben; **I cannot ~ myself to speak to him** ich kann es nicht über mich bringen, mit ihm zu sprechen; **to ~ sth to a close** *od* **an end** etw zu Ende bringen; **to ~ sth to sb's attention** j-n auf etw (*akk*) aufmerksam machen

phrasal verbs mit bring:

bring about v/t ⟨*trennb*⟩ herbeiführen
bring along v/t ⟨*trennb*⟩ mitbringen
bring back v/t ⟨*trennb*⟩ ① zurückbringen ② *Brauch* wiedereinführen; **to bring sb back to life** j-n wieder lebendig machen
bring down v/t ⟨*trennb*⟩ ① *durch Schüsse* herunterholen; (≈ *landen*) herunterbringen; **you'll bring the boss down on us** da werden wir es mit dem Chef zu tun bekommen ② *Regierung* zu Fall bringen ③ senken; *Schwellung* reduzieren
bring forward v/t ⟨*trennb*⟩ ① *j-n, Stuhl* nach vorne bringen ② *Termin* vorverlegen ③ *Zeuge* vorführen; *Beweis* vorbringen, unterbreiten ④ HANDEL **amount brought forward** Übertrag *m*
bring in v/t ⟨*trennb*⟩ ① *wörtl* hereinbringen; *Ernte, Einkünfte* einbringen ② *fig Mode* einführen; PARL *Gesetz* einbringen; **to bring sth into fashion** etw in Mode bringen ③ *Polizei etc* einschalten (**on** bei); **don't bring him into it** lass ihn aus der Sache raus; **why bring that in?** was hat das damit zu tun?
bring off v/t ⟨*trennb*⟩ zustande bringen; **he brought it off!** er hat es geschafft! *umg*
bring on v/t ⟨*trennb*⟩ ① herbeiführen ② SPORT *Spieler* einsetzen ③ **to bring sth (up)on oneself** sich (*dat*) etw selbst aufladen; **you brought it (up)on yourself** das hast du dir selbst zuzuschreiben
bring out v/t ⟨*trennb*⟩ ① *wörtl* (heraus)bringen (**of** aus); *aus Tasche* herausholen (**of** aus) ② j-n die Hemmungen nehmen (+*dat*) ③ **to bring out the best in sb** das Beste in j-m zum Vorschein bringen ④ (*a.* **bring out on strike**) auf die Straße schicken ⑤ *Produkt, Buch* herausbringen ⑥ hervorheben ⑦ **to bring sb out in a rash** bei j-m einen Ausschlag verursachen
bring over *wörtl* v/t ⟨*trennb*⟩ herüberbringen
bring round *bes Br* v/t ⟨*trennb*⟩ ① vorbeibringen ② *Gespräch* bringen (**to** auf +*akk*) ③ *Bewusstlosen* wieder zu Bewusstsein bringen ④ (≈ *überzeugen*) herumkriegen *umg*
bring to v/t ⟨*immer getrennt*⟩ **to bring sb to** j-n wieder zu Bewusstsein bringen
bring together v/t ⟨*trennb*⟩ zusammenbringen
bring up v/t ⟨*trennb*⟩ ① *nach oben* heraufbringen; *nach vorn* hinbringen ② *Summe* erhöhen (**to** auf +*akk*); *Standard, Niveau* anheben; **to bring sb up to a certain standard** j-n auf ein gewisses Niveau bringen ③ *Kind* großziehen, erziehen, aufziehen; **to bring sb up to do sth** j-n dazu erziehen, etw zu tun ④ *Gegessenes* brechen ⑤ (≈ *erwähnen*) zur Sprache bringen ⑥ **to bring sb up short** j-n innehalten lassen
bring upon v/t ⟨*trennb*⟩ → bring on 3
bring-and-buy (sale) ['brɪŋən'baɪ(ˌseɪl)] *Br* s Basar *m* (*wo mitgebrachte Sachen angeboten und verkauft werden*)
brink [brɪŋk] s Rand *m*; **to the ~** an den Rand; **on the ~ of sth** am Rande von etw; **on the ~ of doing sth** nahe daran, etw zu tun
brisk [brɪsk] *adj* ⟨+*er*⟩ ① *Mensch* forsch; *Tempo* flott; **to go for a ~ walk** einen ordentlichen Spaziergang machen ② *fig Geschäft* lebhaft
briskly ['brɪsklɪ] *adv* sprechen, handeln forsch; *gehen* flott
bristle ['brɪsl] **A** s Borste f; *von Bart* Stoppel f **B** v/i *fig* zornig werden; **to ~ with anger** vor Wut schnauben
bristly ['brɪslɪ] *adj* ⟨*komp* bristlier⟩ *Kinn* stoppelig; *Haar, Bart* borstig
Brit [brɪt] *umg* s Brite *m*, Britin *f*
Britain ['brɪtən] s Großbritannien *n*
British ['brɪtɪʃ] **A** *adj* britisch; **I'm ~** ich bin Brite/Britin; **~ English** britisches Englisch **B** s **the ~** *pl* die Briten *pl*
British-Asian [ˌbrɪtɪʃ'eɪʃn] **A** *adj* britisch-asiatisch **B** s Brite *m*/Britin *f* asiatischer Herkunft
British Council s British Council *m* (*Organisation zur Förderung britischer Kultur im Ausland*)
British Empire s Britisches Weltreich
British Isles *pl* **the ~** die Britischen Inseln
Briton ['brɪtən] s Brite *m*, Britin *f*
Brittany ['brɪtənɪ] s die Bretagne
brittle ['brɪtl] *adj* spröde; *Nägel, Stimme* brüchig; **~ bones** schwache Knochen; **a ~ laugh** ein schrilles Lachen
bro [brəʊ] *umg* s Freund *m*, Kumpel *m* *umg*
broach [brəʊtʃ] v/t *Thema* anschneiden
B-road ['biːrəʊd] *Br* s ≈ Landstraße *f*
broad [brɔːd] **A** *adj* ⟨+*er*⟩ ① breit; **to make ~er**

verbreitern **2** *Theorie* umfassend, allgemein **3** *Unterscheidung, Umriss* grob; *Sinn* weit **4** *Akzent* stark **5** *s US sl* (≈ *Frau*) Tussi *f pej umg*
broadband **A** *adj* IT Breitband- **B** *s* IT Breitband *n*
broad bean *s* Saubohne *f*
broadcast ['brɔːdkɑːst] ⟨*v*: *prät, pperf* broadcast(ed)⟩ **A** *v/t* **1** RADIO, TV senden; *Veranstaltung* übertragen **2** *fig Gerücht* verbreiten **B** *v/i* RADIO, TV senden **C** *s* RADIO, TV Sendung *f*; *von Fußballspiel etc* Übertragung *f*
broadcaster ['brɔːdkɑːstəʳ] *s* RADIO, TV Rundfunk-/Fernsehsprecher(in) *m(f)*, Rundfunk-/Fernsehpersönlichkeit *f*
broadcasting ['brɔːdkɑːstɪŋ] **A** *s* RADIO, TV Sendung *f*; *von Veranstaltung* Übertragung *f*; **to work in ~** beim Rundfunk/Fernsehen arbeiten **B** *adj* ⟨*attr*⟩ RADIO Rundfunk-; TV Fernseh-
broaden (out) ['brɔːdn(aʊt)] **A** *v/t* ⟨*trennb*⟩ *fig Haltung, Einstellung* aufgeschlossener machen; **to ~one's horizons** *fig* seinen Horizont erweitern **B** *v/i* sich verbreitern
broad jump *s US* SPORT Weitsprung *m*
broadly ['brɔːdlɪ] *adv* allgemein; *beschreiben* grob; *zustimmen* weitgehend; *grinsen* breit; **~ speaking** ganz allgemein gesprochen
broad-minded *adj* tolerant
broadsheet *s Presse* großformatige Zeitung
Broadway *s* Broadway *m*
brocade [brəʊˈkeɪd] **A** *s* Brokat *m* **B** *adj* ⟨*attr*⟩ Brokat-
broccoli ['brɒkəlɪ] *s* Brokkoli *pl*
brochure ['brəʊʃjʊəʳ] *s* Broschüre *f*
broil [brɔɪl] *v/t & v/i* GASTR grillen
broke [brəʊk] **A** *prät* → **break** **B** *adj* ⟨*präd*⟩ *umg* pleite *umg*; **to go ~** Pleite machen *umg*; **to go for ~** alles riskieren
broken ['brəʊkən] **A** *pperf* → **break** **B** *adj* **1** kaputt; *Knochen* gebrochen; *Glas etc* kaputt, zerbrochen **2** *fig Herz, Mann, Versprechen, Englisch* gebrochen; *Ehe* zerrüttet; **~ home** nicht intakte Familie; **from a ~ home** aus zerrütteten Familienverhältnissen
broken-down ['brəʊkən'daʊn] *adj* kaputt *umg*
brokenhearted ['brəʊkən'hɑːtɪd] *adj* untröstlich
broker ['brəʊkəʳ] **A** *s* BÖRSE, FIN Makler(in) *m(f)* **B** *v/t* aushandeln
brolly ['brɒlɪ] *Br umg s* (Regen)schirm *m*
bromance ['brəʊmæns] *umg s* Männerfreundschaft *f*, innige Männerbeziehung
bronchitis [brɒŋˈkaɪtɪs] *s* Bronchitis *f*
bronze [brɒnz] **A** *s* Bronze *f* **B** *adj* Bronze-
Bronze Age *s* Bronzezeit *f*
bronzed *adj Gesicht, Mensch* braun
bronze medal *s* Bronzemedaille *f*

bronze medallist *s* Bronzemedaillengewinner(in) *m(f)*
bronzing *adj* Bräunungs-
brooch [brəʊtʃ] *s* Brosche *f*
brood [bruːd] **A** *s* Brut *f* **B** *v/i fig* grübeln
phrasal verbs mit brood:
 brood over, brood (up)on *v/i* ⟨+*obj*⟩ nachgrübeln über (+*akk*)
broody ['bruːdɪ] *adj* **1 to be feeling ~** *hum umg* den Wunsch nach einem Kind haben **2** grüblerisch, schwerblütig
brook [brʊk] *s* Bach *m*
broom [bruːm] *s* Besen *m*
broomstick *s* Besenstiel *m*; **a witch on her ~** eine Hexe auf ihrem Besen
Bros. *pl abk* (= Brothers) HANDEL Gebr.
broth [brɒθ] *s* Fleischbrühe *f*, Rindsuppe *f österr*, Suppe *f*
brothel ['brɒθl] *s* Bordell *n*
brother ['brʌðəʳ] *s* ⟨*pl* -s; *obs* KIRCHE brethren⟩ Bruder *m*; **they are ~ and sister** sie sind Geschwister; **my ~s and sisters** meine Geschwister; **the Clarke ~s** die Brüder Clarke; HANDEL die Gebrüder Clarke; **oh ~!** *bes US umg* Junge, Junge! *umg*; **his ~ officers** seine Offizierskameraden
brotherhood *s* (≈ *Vereinigung*) Bruderschaft *f*
brother-in-law *s* ⟨*pl* brothers-in-law⟩ Schwager *m*
brotherly ['brʌðəlɪ] *adj* brüderlich
brought [brɔːt] *prät & pperf* → **bring**
brow [braʊ] *s* **1** *von Auge* Braue *f* **2** Stirn *f* **3** (Berg)kuppe *f*
browbeat ['braʊbiːt] *v/t* ⟨*prät* browbeat; *pperf* browbeaten⟩ unter (moralischen) Druck setzen; **to ~ sb into doing sth** j-n so unter Druck setzen, dass er etw tut
brown [braʊn] **A** *adj* ⟨+*er*⟩ braun **B** *s* Braun *n* **C** *v/t* bräunen; *Fleisch* anbraten **D** *v/i* braun werden
phrasal verbs mit brown:
 brown off *v/t* **to be browned off with sb/sth** *bes Br umg* j-n/etw satthaben *umg*
brown ale *s* Malzbier *n*
brown bear *s* Braunbär *m*
brown bread *s* Grau- *od* Mischbrot *n*, Vollkornbrot *n*
brownfield ['braʊnfiːld] *adj Gelände* Brachflächen-
brownie ['braʊnɪ] *s* **1** kleiner Schokoladenkuchen **2 Brownie** *bei Pfadfindern* Wichtel *m*
Brownie points *pl* Pluspunkte *pl*; **to score ~ with sb** sich bei j-m beliebt machen
brownish *adj* bräunlich
brown paper *s* Packpapier *n*
brown rice *s* brauner Reis, Vollkornreis *m*

brown sauce s Br GASTR braune Soße
brown sugar s brauner Zucker
browse [braʊz] **A** v/i **1** INTERNET browsen, surfen **2** **to ~ through a book** in einem Buch blättern; **to ~ (around)** sich umsehen **B** v/t IT browsen **C** s **to have a ~ (around)** sich umsehen; **to have a ~ through the books** in den Büchern blättern
browser ['braʊzə^r] s IT Browser m
bruise [bruːz] **A** s blauer Fleck; MED Prellung f, Bluterguss m; auf Obst Druckstelle f **B** v/t einen blauen Fleck/blaue Fleck(en) schlagen (+dat); Obst beschädigen; **to ~ one's elbow** sich (dat) einen blauen Fleck am Ellbogen holen
bruised adj **1** **to be ~** einen blauen Fleck/blaue Flecke haben; Obst eine Druckstelle/Druckstellen haben; **she has a ~ shoulder, her shoulder is ~** sie hat einen blauen Fleck auf der Schulter **2** fig Ego verletzt
bruising ['bruːzɪŋ] s Prellungen pl
brunch [brʌntʃ] s Brunch m
brunette [bruːˈnet] **A** s Brünette f **B** adj brünett
brunt [brʌnt] s **to bear the (main) ~ of the attack** die volle Wucht des Angriffs tragen; **to bear the (main) ~ of the costs** die Hauptlast der Kosten tragen; **to bear the ~** das meiste abkriegen
brush [brʌʃ] **A** s **1** Bürste f; zum Malen, Rasieren, Backen Pinsel m; am Kamin Besen m; mit Schaufel Handbesen od -feger m; **to give sth a ~** etw bürsten; **to give one's hair a ~** sich die Haare bürsten **2** Unterholz n **3** (≈ Streit) **to have a ~ with sb** mit j-m aneinandergeraten; **to have a ~ with the law** mit dem Gesetz in Konflikt kommen **B** v/t **1** bürsten; Kleidung abbürsten; **to ~ one's teeth** sich (dat) die Zähne putzen; **to ~ one's hair** sich (dat) das Haar bürsten **2** fegen, wischen schweiz **3** (≈ leicht berühren) streifen

phrasal verbs mit brush:

brush against v/i ⟨+obj⟩ streifen
brush aside v/t ⟨trennb⟩ j-n, Hindernis zur Seite schieben
brush away v/t ⟨trennb⟩ verscheuchen
brush off v/t ⟨trennb⟩ **1** Schmutz abbürsten **2** umg j-n abblitzen lassen umg; Vorschlag, Kritik zurückweisen
brush past v/i streifen (**sth** etw)
brush up v/t ⟨trennb⟩ fig a. **brush up on** Thema auffrischen

brushoff umg s **to give sb the ~** j-n abblitzen lassen umg
brushstroke s Pinselstrich m
brusque adj ⟨komp brusquer⟩, **brusquely** [bruːsk, -lɪ] adv brüsk; Antwort schroff

Brussels ['brʌslz] s Brüssel n
Brussels sprouts pl Rosenkohl m, Kohlsprossen pl österr
brutal ['bruːtl] adj brutal
brutality [bruːˈtælɪtɪ] s Brutalität f
brutalize ['bruːtəlaɪz] v/t **1** seelisch brutalisieren, verrohen lassen **2** körperlich brutal behandeln
brutally ['bruːtəlɪ] adv brutal
brute [bruːt] **A** s brutaler Kerl **B** adj ⟨attr⟩ roh; **by ~ force** mit roher Gewalt
brutish ['bruːtɪʃ] adj viehisch, brutal
BSc abk (= Bachelor of Science) B.Sc.
BSE abk (= bovine spongiform encephalopathy) BSE f
B-side ['biːsaɪd] s B-Seite f
BST abk (= British Summer Time) britische Sommerzeit
BT abk (= British Telecom) britisches Telekommunikationsunternehmen
BTW abk (= by the way) übrigens
bubble ['bʌbl] **A** s Blase f; **to blow ~s** Blasen machen; **the ~ has burst** fig alles ist wie eine Seifenblase zerplatzt **B** v/i **1** Flüssigkeit sprudeln; Wein perlen **2** mit Geräusch blubbern umg; Soße etc brodeln; Bach plätschern **3** fig **to ~ with enthusiasm** fast platzen vor Begeisterung

phrasal verbs mit bubble:

bubble over wörtl v/t überschäumen; fig übersprudeln (**with** vor +dat)

bubble bath s Schaumbad n
bubble gum s Bubblegum m
bubble-jet printer s COMPUT Bubblejet-Drucker m
bubble pack s (Klar)sichtpackung f; (a. **bubble wrap**) Luftpolsterfolie f
bubbly ['bʌblɪ] **A** adj ⟨komp bubblier⟩ **1** wörtl sprudelnd **2** fig umg Persönlichkeit temperamentvoll, quirlig **B** s umg Schampus m umg
Bucharest [ˌbjuːkəˈrest] s Bukarest n
buck [bʌk] **A** s **1** (≈ Rotwild) Bock m; (≈ Kaninchen) Rammler m **2** US umg Dollar m; **20 ~s** 20 Dollar; **to make a ~** Geld verdienen; **to make a fast** od **quick ~** a. Br schnell Kohle machen umg **3** **to pass the ~** den schwarzen Peter weitergeben **B** v/i Pferd bocken **C** v/t **you can't ~ the market** gegen den Markt kommt man nicht an; **to ~ the trend** sich dem Trend widersetzen **D** adj US umg völlig; **~ naked** splitternackt umg

phrasal verbs mit buck:

buck up umg **A** v/i **1** sich ranhalten umg **2** aufleben; **buck up!** Kopf hoch! **B** v/t ⟨trennb⟩ **1** aufmuntern **2** **to buck one's ideas up** sich zusammenreißen umg

bucket ['bʌkɪt] **A** s Eimer m; **a ~ of water** ein Eimer m Wasser **B** Br umg v/i **it's ~ing (down)!**

es gießt wie aus Kübeln *umg*
bucketful *s* Eimer *m*; **by the ~** *fig umg* tonnenweise *umg*
bucket shop *s* FIN Schwindelmakler *m*, Agentur *f* für Billigreisen
Buckingham Palace ['bʌkɪŋəm'pælɪs] *s* der Buckingham-Palast
buckle ['bʌkl] **A** *s* Schnalle *f* **B** *v/t* **1** Gürtel, Schuhe zuschnallen **2** Rad etc verbiegen, verbeulen **C** *v/i* sich verbiegen
phrasal verbs mit buckle:
buckle down *umg v/i* sich dahinterklemmen *umg*; **to buckle down to a task** sich hinter eine Aufgabe klemmen *umg*
buckskin *s* Wildleder *n*
buckwheat ['bʌkwiːt] *s* BOT Buchweizen *m*
bud [bʌd] **A** *s* Knospe *f*; **to be in bud** Knospen treiben **B** *v/i* Knospen treiben; Baum a. ausschlagen
Budapest [ˌbjuːdə'pest] *s* Budapest *n*
Buddha ['budə] *s* Buddha *m*
Buddhism ['budɪzəm] *s* Buddhismus *m*
Buddhist ['budɪst] **A** *s* Buddhist(in) *m(f)* **B** *adj* buddhistisch
budding ['bʌdɪŋ] *fig adj* Dichter etc angehend
buddy ['bʌdɪ] US *umg s* **1** Kumpel *m umg*, Freund(in) *m(f)*, Spezi *m* österr *umg* **2** Tauchbegleiter(in) *m(f)*
budge [bʌdʒ] **A** *v/i* **1** sich bewegen; **~ up** *od* **over!** mach Platz! **2** *fig* nachgeben; **I will not ~ an inch** ich werde keinen Fingerbreit nachgeben **B** *v/t* (von der Stelle) bewegen
budgerigar ['bʌdʒərɪɡɑː'] *s* Wellensittich *m*
budget ['bʌdʒɪt] **A** *s* Etat *m*, Budget *n* **B** *v/i* haushalten **C** *v/t* Geld, Zeit verplanen; Kosten einplanen
phrasal verbs mit budget:
budget for *v/i* ⟨+obj⟩ (im Etat) einplanen
-budget *suf* **low-budget** mit bescheidenen Mitteln finanziert; **big-budget** aufwendig (finanziert)
budget airline *s* Billigfluglinie *f*
budget day *s* PARL ≈ Haushaltsdebatte *f*
budget deficit *s* Haushaltsdefizit *n*
budget holiday *Br s* Billigreise *f*
budgeting ['bʌdʒɪtɪŋ] *s* Budgetierung *f*
budget speech *s* PARL Etatrede *f*
budgie ['bʌdʒɪ] *umg s abk* (= budgerigar) Wellensittich *m*
buff[1] [bʌf] **A** *s* **1 in the ~** nackt **2** (≈ Farbe) Gelbbraun *n* **B** *adj* gelbbraun **C** *v/t* Metall, Nägel polieren
buff[2] *s umg* Kino-, Computer- etc Fan *m umg*
buffalo ['bʌfələʊ] *s* ⟨*pl* -es; kollektiv: *pl* -⟩ Büffel *m*
buffer ['bʌfə'] *s a.* IT Puffer *m*; BAHN Prellbock *m*
buffering ['bʌfərɪŋ] *s* IT Pufferung *f*

buffer state *s* POL Pufferstaat *m*
buffer zone *s* Pufferzone *f*
buffet[1] ['bʌfɪt] *v/t* hin und her werfen; **~ed by the wind** vom Wind gerüttelt
buffet[2] ['bʊfeɪ] *s* Büfett *n*; Br BAHN Speisewagen *m*; (≈ Mahlzeit) Stehimbiss *m*; **kalt** kaltes Büfett; **~ lunch** Stehimbiss *m*
buffet car *s Br* BAHN Speisewagen *m*
bug [bʌɡ] **A** *s* **1** *a.* IT Wanze *f*; *umg* Käfer *m*; **bugs** *pl* Ungeziefer *n* **2** *umg* Bazillus *f*; **he picked up a bug** er hat sich (dat) eine Krankheit geholt; **there must be a bug going about** das geht zurzeit um **3** *umg* **she's got the travel bug** die Reiselust hat sie gepackt **B** *v/t* **1** Zimmer Wanzen *pl* installieren in (+dat) *umg*; **this room is bugged** das Zimmer ist verwanzt *umg* **2** *umg* stören, nerven *umg*
bugbear ['bʌɡbeə'] *s* Schreckgespenst *n*
bugger ['bʌɡə'] **A** *s umg* Scheißkerl *m umg*; **you lucky ~!** du hast vielleicht ein Schwein! *umg* **B** *Br umg int* **~** (it)! Scheiße! *umg*; **~ this car!** dieses Scheißauto! *umg*; **~ him** dieser Scheißkerl *umg*, der kann mich mal *umg*
phrasal verbs mit bugger:
bugger about, **bugger around** *Br umg* **A** *v/i* rumgammeln *umg*; **to bugger about with sth** an etw (dat) rumpfuschen *umg* **B** *v/t* ⟨trennb⟩ verarschen *umg*
bugger off *Br umg v/i* abhauen *umg*
bugger up *Br umg v/t* ⟨trennb⟩ versauen *umg*
bugger all [ˌbʌɡər'ɔːl] *Br umg s* rein gar nichts *umg*
buggered *Br umg adj* im Arsch *sl*; **I'm ~ if I'll do it** ich denke nicht im Traum daran, es zu tun *umg*
bugging device ['bʌɡɪŋdɪˌvaɪs] *s* Abhörgerät *n*
bugging operation *s* Lauschangriff *m*
buggy ['bʌɡɪ] *s*, (*a.* **baby buggy®**) *Br* Sportwagen *m*; US Kinderwagen *m*
bugle ['bjuːɡl] *s* Bügelhorn *n*
build [bɪld] ⟨*v: prät, pperf* built⟩ **A** *s* **1** Körperbau *m*, Statur *f* **2** IT Version *f* **3** von Auto Konstruktion *f* **4** der Handlung eines Stücks etc Steigerung *f* **B** *v/t* **1** bauen; **the house is being built** das Haus ist im Bau; **the ship was built in Bristol** das Schiff wurde in Bristol gebaut **2** *fig* Karriere etc aufbauen; Zukunft schaffen **C** *v/i* bauen
phrasal verbs mit build:
build in *wörtl, fig v/t* ⟨trennb⟩ einbauen
build on A *v/t* ⟨trennb⟩ anbauen; **to build sth onto sth** etw an etw (akk) anbauen **B** *v/i* ⟨+obj⟩ bauen auf (+akk)
build up A *v/i* Geschäft wachsen; Rückstand sich ablagern; Druck zunehmen; Verkehr sich verdichten; Schlange sich bilden; **the music builds up to a huge crescendo** die Musik stei-

gert sich zu einem gewaltigen Crescendo **B** v/t ⟨trennb⟩ aufbauen (**into** zu); Druck steigern; j-s Selbstvertrauen stärken; **porridge builds you up** von Porridge wirst du groß und stark; **to build up sb's hopes** j-m Hoffnung(en) machen; **to build up a reputation** sich (dat) einen Namen machen

builder ['bɪldə^r] s Bauarbeiter(in) m(f), Bauunternehmer(in) m(f); **~'s merchant** Baustoffhändler(in) m(f)

building ['bɪldɪŋ] s **1** Gebäude n; **it's the next ~ but one** das ist zwei Häuser weiter **2** Bauen n

building and loan association s US Bausparkasse f

building block s Bauklotz m; fig Baustein m

building contractor s Bauunternehmer m

building materials pl Baumaterial n

building site s Baustelle f

building society Br s Bausparkasse f

building trade s Baugewerbe n

build-up s **1** umg Werbung f; **the chairman gave the speaker a tremendous ~** der Vorsitzende hat den Redner ganz groß angekündigt **2** von Druck, Handlung Steigerung f; **a ~ of traffic** eine Verkehrsverdichtung

built [bɪlt] **A** prät & pperf → build **B** adj **heavily/slightly ~** kräftig/zierlich gebaut

built-in adj Schrank etc Einbau-

built-up adj **~ area** bebautes Gebiet; Verkehr geschlossene Ortschaft

bulb [bʌlb] s **1** Zwiebel f; von Knoblauch Knolle f **2** ELEK (Glüh)birne f

bulbous ['bʌlbəs] adj Pflanze knollig; Triebe etc knotig; **~ nose** Knollennase f

Bulgaria [bʌl'gɛərɪə] s Bulgarien n

Bulgarian A adj bulgarisch **B** s **1** Bulgare m, Bulgarin f **2** LING Bulgarisch n

bulge [bʌldʒ] **A** s Wölbung f, Unebenheit f; **what's that ~ in your pocket?** was steht denn in deiner Tasche so vor? **B** v/i **1** (a. **~ out**) (an)schwellen, sich wölben, vorstehen; **his eyes were bulging** fig er bekam Stielaugen umg **2** prall gefüllt sein, voll sein

bulging ['bʌldʒɪŋ] adj Magen prall; Taschen prall gefüllt

bulgur ['bʌlgər] s Bulgur m (gekochter, getrockneter Weizen)

bulimia [bə'lɪmɪə] s Bulimie f

bulimic [bə'lɪmɪk] **A** adj bulimisch **B** s Bulimiker(in) m(f)

bulk [bʌlk] s **1** Größe f, massige Form; von Mensch massige Gestalt **2** (a. **great ~**) größter Teil **3** HANDEL **in ~** en gros

bulk buying s Großeinkauf m

bulky ['bʌlkɪ] adj ⟨komp bulkier⟩ **1** Gegenstand sperrig; **~ goods** Sperrgut n **2** Mensch massig

bull [bʊl] s **1** Stier m, Bulle m; **to take the ~ by the horns** fig den Stier bei den Hörnern packen; **like a ~ in a china shop** umg wie ein Elefant im Porzellanladen umg **2** (≈ Elefant, Wal) Bulle m; **a ~ elephant** ein Elefantenbulle m **3** BÖRSE Haussespekulant(in) m(f) **4** umg Quatsch m umg

bulldog ['bʊldɒg] s Bulldogge f

bulldozer ['bʊldəʊzə^r] s Bulldozer m

bullet ['bʊlɪt] s Kugel f; **to bite the ~** in den sauren Apfel beißen umg

bullet hole s Einschuss m, Einschussloch n

bulletin ['bʊlɪtɪn] s Bulletin n

bulletin board s US IT Schwarzes Brett

bullet point s Aufzählungszeichen n

bulletproof adj kugelsicher

bullet wound s Schussverletzung f

bullfighting s Stierkampf m

bullion ['bʊljən] s ⟨kein pl⟩ Gold-/Silberbarren pl

bullish ['bʊlɪʃ] adj **to be ~ about sth** in Bezug auf etw (akk) zuversichtlich sein

bull market s BÖRSE Haussemarkt m

bullock ['bʊlək] s Ochse m

bullring s Stierkampfarena f

bull's-eye s Scheibenmittelpunkt m; (≈ Treffer) Schuss m ins Schwarze

bullshit sl **A** s fig Scheiß m umg **B** int ach Quatsch umg **C** v/i Scheiß erzählen umg **D** v/t **to ~ sb** j-m Scheiß erzählen umg

bully ['bʊlɪ] **A** s Tyrann m, Rabauke m; **you great big ~** du Rüpel **B** v/t tyrannisieren, drangsalieren; **to ~ sb into doing sth** j-n so unter Druck setzen, dass er etc etw tut; **to ~ one's way into sth** sich gewaltsam Zutritt zu etw verschaffen

bully-boy ['bʊlɪbɔɪ] adj ⟨attr⟩ **~ tactics** Einschüchterungstaktik f

bullying ['bʊlɪɪŋ] **A** adj tyrannisch **B** s Tyrannisieren n, Drangsalieren n, Anwendung f von Druck (**of** auf +akk); am Arbeitsplatz Mobbing n

bulwark ['bʊlwək] wörtl, fig s Bollwerk n

bum¹ [bʌm] Br umg s Hintern m umg

bum² umg **A** s US Rumtreiber m umg, Penner m umg **B** adj beschissen umg **C** v/t Geld, Nahrung schnorren umg (**off sb** bei j-m); **could I bum a lift into town?** kannst du mich in die Stadt mitnehmen?

phrasal verbs mit bum:

bum about Br, **bum around** umg **A** v/i rumgammeln umg **B** v/i ⟨+obj⟩ ziehen durch umg

bum bag s Gürteltasche f

bumblebee ['bʌmblbiː] s Hummel f

bumbling ['bʌmblɪŋ] adj schusselig umg; **some ~ idiot** irgend so ein Vollidiot umg

bumf [bʌmf] s → bumph

bummer ['bʌmə^r] umg s **what a ~** (≈ Ärgernis etc)

so 'ne Scheiße *umg*
bump [bʌmp] **A** *s* **1** Bums *m umg*; **to get a ~ on the head** sich (*dat*) den Kopf anschlagen; **the car has had a few ~s** mit dem Auto hat es ein paarmal gebumst *umg*; **to give sb the ~s** jemanden an Armen und Beinen ein Stück vom Boden hochheben und ihn so oft wieder ablegen, wie er Jahre alt geworden ist **2** Unebenheit *f*; *am Kopf etc* Beule *f*; *am Auto* Delle *f* **B** *v/t* stoßen (**sth gegen etw**); *eigenes Auto* eine Delle fahren in (+*akk*); *fremdes Auto* auffahren auf (+*akk*); **to ~ one's head** sich (*dat*) den Kopf anstoßen (**on, against** an +*dat*) **2** *umg* **to get ~ed (from a flight)** von der Passagierliste gestrichen werden, vom Flug ausgeschlossen werden (*weil der Flug überbucht war*) **3** *US umg im Job* **to ~ sb** j-n rausschmeißen, j-n abservieren

phrasal verbs mit bump:
  bump into *v/i* <+*obj*> **1** stoßen gegen; *Fahrer, Auto* fahren gegen; *fremdes Auto* fahren auf (+*akk*) **2** *umg* begegnen (+*dat*), treffen
  bump off *umg v/t* <*trennb*> abmurksen *umg*
  bump up *v/t* <*trennb*> *Preise, Betrag* erhöhen (**to** auf +*akk*); *Gehalt* aufbessern (**to** auf +*akk*)

bumper ['bʌmpə'] **A** *s von Auto* Stoßstange *f* **B** *adj* **~ crop** Rekordernte *f*; **a special ~ edition** eine Riesensonderausgabe
bumper car *s* Autoskooter *m*
bumper sticker *s* AUTO Aufkleber *m*, Pickerl *m österr*
bumph [bʌmf] *Br umg s* Papierkram *m umg*
bumpkin ['bʌmpkɪn] *s*, (*a.* **country bumpkin**) (Bauern)tölpel *m*
bumpy ['bʌmpɪ] *adj* <*komp* bumpier> *Oberfläche* uneben; *Straße, Fahrt* holp(e)rig; *Flug* unruhig
bun [bʌn] *s* **1** Brötchen *n*, süßes Teilchen; **to have a bun in the oven** *umg* einen Braten in der Röhre haben *umg* **2** Knoten *m* **3** **buns** *US umg* Pobacken *pl umg*
bunch [bʌntʃ] *s* **1** *von Blumen* Strauß *m*; *von Bananen* Büschel *n*; **a ~ of roses** ein Strauß *m* Rosen; **a ~ of flowers** ein Blumenstrauß *m*; **~ of grapes** Weintraube *f*; **~ of keys** Schlüsselbund *m*; **the best of the ~** die Allerbesten, das Beste vom Besten **2** *umg von Menschen* Haufen *m umg*; **a small ~ of tourists** eine kleine Gruppe Touristen **3** *umg* **thanks a ~** *bes iron* schönen Dank

phrasal verbs mit bunch:
  bunch together, bunch up *v/i Menschen* Grüppchen bilden

bundle ['bʌndl] **A** *s* **1** Bündel *n*; **to tie sth in a ~** etw bündeln **2** *fig* **a ~ of** eine ganze Menge; **he is a ~ of nerves** er ist ein Nervenbündel; **it cost a ~** *umg* das hat eine Stange Geld gekostet *umg* **B** *v/t* **1** bündeln; **~d software** IT Softwarepaket *n* **2** *Sachen* stopfen; *Menschen* verfrachten

phrasal verbs mit bundle:
  bundle off *v/t* <*trennb*> j-n schaffen, verfrachten; **he was bundled off to boarding school when he was only seven** er wurde schon mit sieben in ein Internat gesteckt
  bundle up *v/t* <*trennb*> bündeln

bung [bʌŋ] *Br* **A** *s von Fass* Spund(zapfen) *m* **B** *v/t Br umg* schmeißen *umg*

phrasal verbs mit bung:
  bung up *umg v/t* <*trennb*> *Rohr* verstopfen; **I'm all bunged up** meine Nase ist verstopft

bungalow ['bʌŋɡələʊ] *s* Bungalow *m*
bungee jumping ['bʌndʒiː'dʒʌmpɪŋ] *s* Bungeespringen *n*
bungle ['bʌŋɡl] *v/t & v/i* verpfuschen
bunion ['bʌnjən] *s* entzündeter Fußballen
bunk[1] [bʌŋk] *s* **to do a ~** *Br umg* türmen *umg*

phrasal verbs mit bunk:
  bunk off *v/i Br* SCHULE *umg* schwänzen

bunk[2] *s auf Schiff* Koje *f*; *in Schlafsaal* Bett *n*
bunk bed *s* Etagenbett *n*
bunker ['bʌŋkə'] *s* Golf, *a.* MIL Bunker *m*
bunny ['bʌnɪ] *s*, (*a.* **bunny rabbit**) Hase *m*
Bunsen (burner) ['bʌnsn('bɜːnə')] *s* Bunsenbrenner *m*
bunting ['bʌntɪŋ] *s* Wimpel *pl*
buoy [bɔɪ] *s* Boje *f*

phrasal verbs mit buoy:
  buoy up *v/t* <*trennb*> *fig, a.* FIN Auftrieb geben (+*dat*); *j-s Hoffnung* beleben

buoyancy ['bɔɪənsɪ] *s* **1** *von Schiff* Schwimmfähigkeit *f* **2** FIN *von Markt* Festigkeit *f*
buoyant ['bɔɪənt] *adj* **1** *Schiff* schwimmend **2** *fig Stimmung* heiter **3** FIN *Markt* fest; *Geschäfte* rege
burble ['bɜːbl] *v/i* **1** *Bach* plätschern **2** *fig* plappern; *Baby* gurgeln; **what's he burbling (on) about?** *umg* worüber quasselt er eigentlich? *umg*
burden ['bɜːdn] **A** *s* **1** *wörtl* Last *f* **2** *fig* Belastung *f* (**on, to** für); **I don't want to be a ~ to you** ich möchte Ihnen nicht zur Last fallen; **the ~ of proof is on him** er muss den Beweis dafür liefern **B** *v/t* belasten
bureau [bjʊə'rəʊ] *s* <*Br pl* -x; *US* -s> **1** *Br* (≈ *Schreibtisch*) Sekretär *m* **2** *US* Kommode *f* **3** Büro *n* **4** Behörde *f*
bureaucracy [bjʊə'rɒkrəsɪ] *s* Bürokratie *f*
bureaucrat ['bjʊərəʊkræt] *s* Bürokrat(in) *m(f)*
bureaucratic [,bjʊərəʊ'krætɪk] *adj* bürokratisch
bureau de change [,bjʊərəʊdɪ'ʃɒndʒ] *s* <*pl* bureaux de change> Wechselstube *f*

burgeoning [ˈbɜːdʒənɪŋ] *adj Industrie, Markt* boomend; *Karriere* Erfolg versprechend; *Nachfrage* wachsend

burger [ˈbɜːgəʳ] *umg s* Hamburger *m*

burger bar *s* Imbissstube *f*

burglar [ˈbɜːgləʳ] *s* Einbrecher(in) *m(f)*

burglar alarm *s* Alarmanlage *f*

burglarize [ˈbɜːgləraɪz] *US v/t* einbrechen in (+*akk*); **the place/he was ~d** in dem Gebäude/bei ihm wurde eingebrochen

burglarproof [ˈbɜːgləpruːf] *adj* einbruchsicher

burglary [ˈbɜːglərɪ] *s* Einbruch *m*, (Einbruchs)-diebstahl *m*

burgle [ˈbɜːgl] *Br v/t* einbrechen in (+*akk*); **the place/he was ~d** in dem Gebäude/bei ihm wurde eingebrochen

burgundy [ˈbɜːgəndɪ] *s* (≈ *Farbe*) Burgunderrot *n*

burial [ˈberɪəl] *s* Beerdigung *f*; **Christian ~** christliches Begräbnis

burial ground *s* Begräbnisstätte *f*

Burkina Faso [bɜː,kiːnəˈfæsəʊ] *s* Burkina Faso *n*

burkini [bɜːˈkiːnɪ] *s* Burkini *m* (*Ganzkörperbadeanzug*)

burly [ˈbɜːlɪ] *adj* ⟨*komp* burlier⟩ kräftig

Burma [ˈbɜːmə] *s* Birma *n*

burn [bɜːn] ⟨*v: prät, pperf* burnt; burned⟩ **A** *v/t* **1** verbrennen; *Gebäude* niederbrennen; **to ~ oneself** sich verbrennen; **to be ~ed to death** verbrannt werden; *bei Unfall* verbrennen; **to ~ a hole in sth** ein Loch in etw (*akk*) brennen; **to ~ one's fingers** sich (*dat*) die Finger verbrennen; **he's got money to ~** *fig* er hat Geld wie Heu; **to ~ one's bridges** *Br fig* alle Brücken hinter sich (*dat*) abbrechen **2** *Toast etc* verbrennen lassen, anbrennen lassen; *Sonne Haut* verbrennen **3** *IT CD, DVD* brennen **B** *v/i* **1** brennen; **to ~ to death** verbrennen **2** *Gebäck* verbrennen, anbrennen; **she ~s easily** sie bekommt leicht eine Sonnenbrand **C** *s* Brandwunde *f*, Brandfleck *m*; **severe ~s** schwere Verbrennungen *pl*

phrasal verbs mit burn:

burn down **A** *v/i Haus* abbrennen, niederbrennen; *Kerze* herunterbrennen **B** *v/t* ⟨*trennb*⟩ abbrennen, niederbrennen

burn out **A** *v/i Feuer, Kerze* ausgehen **B** *v/t* **1** *Kerze* herunterbrennen; *Feuer* ausbrennen **2** *fig umg* **to burn oneself out** sich kaputtmachen *umg* **C** *v/t* ⟨*trennb mst passiv*⟩ **burned out cars** ausgebrannte Autos; **he is burned out** *umg* er hat sich völlig verausgabt

burn up *v/t* ⟨*trennb*⟩ *Kraftstoff, Energie* verbrauchen

burner [ˈbɜːnəʳ] *s von Gasherd, Lampe* Brenner *m*

burning [ˈbɜːnɪŋ] **A** *adj* brennend; *Ehrgeiz* glühend **B** *s* **I can smell ~** es riecht verbrannt

burnout *s umg* totale Erschöpfung

burnt [bɜːnt] *Br adj* verbrannt

burp [bɜːp] *umg* **A** *v/i* rülpsen *umg*; *Baby* aufstoßen **B** *s* Rülpser *m umg*

burqa [ˈbɜːkə] *s* Ganzkörperschleier Burka *f*

burrow [ˈbʌrəʊ] **A** *s von Kaninchen etc* Bau *m* **B** *v/i* graben

bursary [ˈbɜːsərɪ] *Br s* Stipendium *n*

burst [bɜːst] ⟨*v: prät, pperf* burst⟩ **A** *v/i* **1** platzen; **to ~ open** aufspringen; **to be full to ~ing** zum Platzen voll sein; **to be ~ing with health** vor Gesundheit strotzen; **to be ~ing with pride** vor Stolz platzen; **if I eat any more, I'll ~** *umg* wenn ich noch mehr esse, platze ich *umg*; **I'm ~ing** *umg* ich muss ganz dringend *umg* **2** **to ~ into tears** in Tränen ausbrechen; **to ~ into flames** in Flammen aufgehen; **he ~ into the room** er platzte ins Zimmer; **to ~ into song** lossingen **B** *v/t Ballon, Blase, Reifen* zum Platzen bringen; *j-n* kaputtmachen *umg*; *Rohr* sprengen; **the river has ~ its banks** der Fluss ist über die Ufer getreten **C** *s* **1** *von Granate etc* Explosion *f* **2** *in Rohr etc* Bruch *m* **3** *von Aktivität* Ausbruch *m*; **~ of laughter** Lachsalve *f*; **~ of applause** Beifallssturm *m*; **~ of speed** Spurt *m*; **a ~ of automatic gunfire** eine Maschinengewehrsalve

phrasal verbs mit burst:

burst in *v/i* hineinstürzen; **he burst in on us** er platzte bei uns herein

burst out *v/i* **1** **to burst out of a room** aus einem Zimmer stürzen **2** **to burst out laughing** in Gelächter ausbrechen

Burundi [bʊˈrʊndɪ] *s* Burundi *n*

bury [ˈberɪ] *v/t* **1** begraben; *Schatz* vergraben; **where is he buried?** wo liegt *od* ist er begraben?; **that's all dead and buried** *fig* das ist schon lange passé *umg*; **buried by an avalanche** von einer Lawine verschüttet; **to ~ one's head in the sand** *fig* den Kopf in den Sand stecken **2** *Finger* vergraben (**in** in +*dat*); *Klauen, Zähne* schlagen (**in** in +*akk*); **to ~ one's face in one's hands** das Gesicht in den Händen vergraben

bus¹ [bʌs] **A** *s* ⟨*pl* ~-es; *US* -ses⟩ Bus *m*; **to be on the bus** im Bus sitzen; **by bus** mit dem Bus; **to take the bus** mit dem Bus fahren; **to take a bus tour** eine Busfahrt machen **B** *v/t bes US* mit dem Bus befördern

bus² *s IT* (Daten)bus *m*

bus boy *US s* Bedienungshilfe *f*

bus conductor *s* Busschaffner *m*

bus driver *s* Busfahrer(in) *m(f)*

bush [bʊʃ] *s* **1** Busch *m*; (*a.* ~**es**) Gebüsch *n*; **to beat about the ~** *Br*, **to beat around the ~** *US fig* um den heißen Brei herumreden **2** *in*

Afrika, Australien Busch *m*, Wildnis *f*
bushfire *s* Buschfeuer *n*
bushy ['bʊʃɪ] *adj* <*komp* bushier> buschig
busily ['bɪzɪlɪ] *adv* eifrig
business ['bɪznɪs] *s* **1** Geschäft *n*, Branche *f*; **to go into/set up in ~ with sb** mit j-m ein Geschäft gründen; **what line of ~ is she in?** was macht sie beruflich?; **to be in the publishing/insurance ~** im Verlagswesen/in der Versicherungsbranche tätig sein; **to go out of ~** zumachen; **to do ~ with sb** Geschäfte *pl* mit j-m machen; **"business as usual"** das Geschäft bleibt geöffnet; **it's ~ as usual** alles geht wie gewohnt weiter; **how's ~?** wie gehen die Geschäfte?; **~ is good** die Geschäfte gehen gut; **on ~** geschäftlich; **you shouldn't mix ~ with pleasure** man sollte Geschäftliches und Vergnügen trennen; **a shady ~** ein dunkles Gewerbe **2** Geschäft *n*, Laden *m*; Unternehmen *n*, Betrieb *m*; **a small ~** ein kleines Unternehmen; **a family ~** ein Familienunternehmen **3** *fig umg* **to mean ~** es ernst meinen **4** Sache *f*; **that's my ~** das ist meine Sache; **that's no ~ of yours, that's none of your ~** das geht dich nichts an; **to know one's ~** seine Sache verstehen; **to get down to ~** zur Sache kommen; **to make it one's ~ to do sth** es sich (*dat*) zur Aufgabe machen, etw zu tun; **you've no ~ doing that** du hast kein Recht, das zu tun; **moving house can be a stressful ~** ein Umzug kann ganz schön stressig sein **5 to do one's ~** *Kind, Hund* sein Geschäft machen
business activity *s* Geschäftstätigkeit *f*
business address *s* Geschäftsadresse *f*
business associate *s* Geschäftspartner(in) *m(f)*
business card *s* (Visiten)karte *f*
business centre *s*, **business center** US *s* Geschäftszentrum *n*
business class *s* Businessklasse *f*
business connections *pl* Geschäftsbeziehungen *pl* (**zu** with)
business expenses *pl* Spesen *pl*
business-fluent *adj* Sprachkenntnisse verhandlungssicher
business hours *pl* Geschäftszeiten *pl*
business letter *s* Geschäftsbrief *m*
businesslike *adj* Art und Weise geschäftsmäßig; *Mensch* nüchtern
business lunch *s* Geschäftsessen *n*
businessman *s* <*pl* -men> Geschäftsmann *m*
business management *s* Betriebswirtschaft (-slehre) *f*
business meeting *s* Geschäftstreffen *n*
business park *s* Gewerbegebiet *n*
business people *pl* Geschäftsleute *pl*
business practice *s* Geschäftspraxis *f*

business proposition *s* Geschäftsangebot *n*; (≈ *Idee*) Geschäftsvorhaben *n*
business school *s* Wirtschaftsschule *f*
business section *s von Zeitung* Wirtschaftsteil *m*
business sector *s* Geschäftsbereich *m*
business sense *s* Geschäftssinn *m*
business strategy *s* Unternehmensstrategie *f*, Geschäftsstrategie *f*
business studies *pl* Wirtschaftslehre *f*
business suit *s für Mann* (Straßen)anzug *m*; *für Frau* (Damen)kostüm *n*, Schneiderkostüm *n*; *mit Hosen* Hosenanzug *m*
business trip *s* Geschäftsreise *f*
businesswoman *s* <*pl* -women> Geschäftsfrau *f*
busk [bʌsk] *v/i* als Straßenmusikant vor Kinos etc spielen
busker ['bʌskə^r] *s* Straßenmusikant(in) *m(f)*
bus lane *s* Busspur *f*
busload *s* **a ~ of children** eine Busladung Kinder
bus pass *s* **1** Seniorenkarte *f* für Busse, Behindertenkarte *f* für Busse **2** Bus-Monatskarte *f*
bus ride *s* Busfahrt *f*
bus route *s* Buslinie *f*; **we're not on a ~** wir haben keine Busverbindung
bus service *s* Busverbindung *f*; (≈ *Netz*) Busverbindungen *pl*
bus shelter *s* Wartehäuschen *n*
bus station *s* Busbahnhof *m*
bus stop *s* Bushaltestelle *f*
bust¹ [bʌst] *s* Büste *f*; ANAT Busen *m*; **~ measurement** Oberweite *f*
bust² <*v*: *prät, pperf* bust> **A** *umg adj* **1** kaputt *umg* **2** pleite *umg* **B** *adv* **to go ~** pleitegehen *umg* **C** *v/t* kaputt machen *umg* **D** *v/i* kaputtgehen *umg*
-buster *umg suf* -brecher; **crime-buster** Verbrechensbekämpfer(in) *m(f)*
bus ticket *s* Busfahrschein *m*
bustle ['bʌsl] **A** *s* Betrieb *m* (**of** in +*dat*) **B** *v/i* **to ~ about** geschäftig hin und her eilen; **the marketplace was bustling with activity** auf dem Markt herrschte ein reges Treiben
bustling ['bʌslɪŋ] *adj* **1** *Straße* belebt **2** *Person* geschäftig
bust-up ['bʌstʌp] *umg s* Krach *m umg*; **they had a ~** sie haben Krach gehabt *umg*
busway ['bʌsweɪ] US *s* Busspur *f*
busy ['bɪzɪ] **A** *adj* <*komp* busier> **1** *Mensch* beschäftigt; **are you ~?** haben Sie gerade Zeit?; *geschäftlich* haben Sie viel zu tun?; **I'll come back when you're less ~** ich komme wieder, wenn Sie mehr Zeit haben; **to keep sb/oneself ~** j-n/sich selbst beschäftigen; **I was ~ studying** ich war gerade beim Lernen **2** *Leben, Zeit*

bewegt; arbeitsreich; *Ort* belebt; *Markt, Laden* voller Menschen; *Straße* stark befahren; **it's been a ~ day/week** heute/diese Woche war viel los; **have you had a ~ day?** hast du heute viel zu tun gehabt?; **he leads a very ~ life** bei ihm ist immer etwas los 3 *bes US Telefonleitung* besetzt B *v/r* **to ~ oneself doing sth** sich damit beschäftigen, etw zu tun; **to ~ oneself with sth** sich mit etw beschäftigen

busybody ['bɪzɪˌbɒdɪ] *s* Wichtigtuer(in) *m(f)*, Gschaftlhuber(in) *m(f) österr*; **she's such a ~** sie steckt ihre Nase in alles

busy signal *s bes US* TEL Besetztzeichen *n*

but [bʌt] A *konj* 1 aber; **but you must know that ...** Sie müssen aber wissen, dass ...; **they all went but I didn't** sie sind alle gegangen, nur ich nicht; **but then he couldn't have known that** aber er hat das ja gar nicht wissen können; **but then you must be my brother!** dann müssen Sie ja mein Bruder sein!; **but then it is well paid** aber dafür wird es gut bezahlt 2 **not X but Y** nicht X, sondern Y B *adv* **I cannot (help) but think that ...** ich kann nicht umhin zu denken, dass ...; **one cannot (help) but admire him** man kann ihn nur bewundern; **you can but try** du kannst es immerhin versuchen; **I had no alternative but to leave** mir blieb keine andere Wahl als zu gehen C *präp* außer; **no one but me could do it** nur ich konnte es tun; **anything but that!** (alles,) nur das nicht!; **it was anything but simple** das war alles andere als einfach; **he was nothing but trouble** er hat nur Schwierigkeiten gemacht; **the last house but one** das vorletzte Haus; **the next street but one** die übernächste Straße; **but for you I would be dead** wenn Sie nicht gewesen wären, wäre ich tot; **I could definitely live in Scotland, but for the weather** ich könnte ganz bestimmt in Schottland leben, wenn das Wetter nicht wäre

butane ['bju:teɪn] *s* Butan *n*

butch [bʊtʃ] *adj* maskulin

butcher ['bʊtʃə^r] A *s* Fleischer(in) *m(f)*, Fleischhauer(in) *m(f) österr*, Metzger(in) *m(f) österr, schweiz, südd*; **~'s (shop)** Fleischerei *f*; **at the ~'s** beim Fleischer B *v/t* schlachten; *Menschen* abschlachten

butler ['bʌtlə^r] *s* Butler *m*

butt¹ [bʌt] *s*, (*a.* **butt end**) dickes Ende, (Gewehr)kolben *m*; *von Zigarette* Stummel *m*

butt² *s umg* (≈ *Zigarette*) Kippe *f umg*

butt³ *fig s* **she's always the ~ of his jokes** sie ist immer (die) Zielscheibe seines Spottes

butt⁴ *v/t* mit dem Kopf stoßen

phrasal verbs mit butt:

butt in *v/i* sich einmischen (**on** in +*akk*)

butt⁵ *US umg s* Arsch *m vulg*; **get up off your ~** setz mal deinen Arsch in Bewegung *sl*

butt call *US umg s* unbeabsichtigter Anruf durch Sitzen auf dem Handy

butter ['bʌtə^r] A *s* Butter *f*; **she looks as if ~ wouldn't melt in her mouth** sie sieht aus, als ob sie kein Wässerchen trüben könnte B *v/t Brot* buttern

phrasal verbs mit butter:

butter up *umg v/t* ⟨*trennb*⟩ um den Bart gehen (+*dat*) *umg*

butter bean *s* Mondbohne *f*

buttercup *s* Butterblume *f*

butter dish *s* Butterdose *f*

butterfingered ['bʌtəˌfɪŋɡəd] *umg adj* tollpatschig *umg*

butterfly ['bʌtəflaɪ] *s* 1 Schmetterling *m*; **I've got/I get butterflies (in my stomach)** mir ist/wird ganz flau im Magen *umg* 2 *Schwimmen* Butterfly *m*

buttermilk *s* Buttermilch *f*

butter mountain *s* EU Butterberg *m*

butternut squash *s* Butternusskürbis *m*

butterscotch *adj* Karamell-

buttock ['bʌtək] *s* Pobacke *f umg*; **~s** *pl* Hinterteil *n umg*, Gesäß *n*

button ['bʌtn] A *s* 1 Knopf *m*; *an Geräte a.* Taste *f*; IT Button *m*; **his answer was right on the ~** *umg* seine Antwort hat voll ins Schwarze getroffen *umg*; **to push sb's ~s** j-n provozieren, j-n auf die Palme bringen 2 *US* Anstecker *m* B *v/t* zuknöpfen C *v/i Kleidungsstück* geknöpft werden

phrasal verbs mit button:

button up *v/t* ⟨*trennb*⟩ zuknöpfen

button-down ['bʌtndaʊn] *adj* **~ collar** Button-down-Kragen *m*

buttonhole A *s* 1 Knopfloch *n* 2 Blume *f* im Knopfloch B *v/t fig* zu fassen bekommen

button mushroom *s* junger Champignon

buxom ['bʌksəm] *adj* drall

buy [baɪ] ⟨*v: prät, pperf* bought⟩ A *v/t* 1 kaufen; **to buy and sell goods** Waren an- und verkaufen 2 *fig Zeit* gewinnen 3 **to buy sth** *umg* etw glauben; **she didn't buy it** *umg* sie hat es mir nicht abgekauft *umg* B *v/i* kaufen C *s umg* Kauf *m*; **to be a good buy** ein guter Kauf sein

phrasal verbs mit buy:

buy back *v/t* ⟨*trennb*⟩ zurückkaufen

buy in *v/t* ⟨*trennb*⟩ Waren einkaufen

buy into *v/i* ⟨+*obj*⟩ HANDEL sich einkaufen in (+*akk*)

buy off *v/t* ⟨*trennb*⟩ *umg* (≈ *bestechen*) kaufen *umg*

buy out *v/t* ⟨*trennb*⟩ Aktionäre auszahlen; Firma aufkaufen

buy up v/t ⟨trennb⟩ aufkaufen
buyer [ˈbaɪəʳ] s Käufer(in) m(f); (≈ Agent) Einkäufer(in) m(f)
buyout [ˈbaɪaʊt] s Aufkauf m
buzz [bʌz] **A** v/i **1** summen **2** my ears are ~ing mir dröhnen die Ohren; my head is ~ing mir schwirrt der Kopf; the city was ~ing with excitement die Stadt war in heller Aufregung **B** v/t (mit dem Summer) rufen **C** s **1** von Insekt Summen n **2** von Stimmen Gemurmel n; ~ of anticipation erwartungsvolles Gemurmel **3** umg (≈ Anruf) to give sb a ~ j-n anrufen **4** umg I get a ~ from driving fast ich verspüre einen Kitzel, wenn ich schnell fahre

phrasal verbs mit buzz:
buzz around v/i wörtl, fig herumschwirren
buzz off Br umg v/i abzischen umg
buzzard [ˈbʌzəd] s Bussard m
buzzer [ˈbʌzəʳ] s Summer m
buzz word s Modewort n
b/w abk (= black and white) S/W
by [baɪ] **A** präp **1** bei, an (+dat); mit Richtungsangabe an (+akk); (≈ in direkter Nachbarschaft) neben (+dat); mit Richtungsangabe neben (+akk); by the window am od beim Fenster; by the sea an der See; come and sit by me komm, setz dich neben mich **2** (≈ via) über (+akk) **3** to rush etc by sb/sth an j-m/etw vorbeieilen etc **4** by day/night bei Tag/Nacht **5** bis; can you do it by tomorrow? kannst du es bis morgen machen?; by the end of the song bis zum Ende des Lieds; by tomorrow I'll be in France morgen werde ich in Frankreich sein; by the time I got there, he had gone bis ich dorthin kam, war er gegangen; but by that time od by then it will be too late aber dann ist es schon zu spät; by now inzwischen **6** by the hour stundenweise; one by one einer nach dem anderen; two by two paarweise; letters came in by the hundred Hunderte von Briefen kamen **7** von; killed by a bullet von einer Kugel getötet **8** by bus/car/bicycle mit dem Bus/Auto/Fahrrad; to pay by cheque Br, to pay by check US mit Scheck bezahlen; made by hand handgearbeitet; to know sb by name/sight j-n dem Namen nach/vom Sehen her kennen; to lead sb by the hand j-n an der Hand führen; by myself/himself etc allein **9** by cheating indem er mogelte; by saving hard he managed to … durch eisernes Sparen gelang es ihm …; by turning this knob wenn Sie an diesem Knopf drehen **10** nach; by my watch nach meiner Uhr; to call sb/sth by his/its proper name j-n/etw beim richtigen Namen nennen; if it's OK by you etc wenn es Ihnen etc recht ist; it's all right by me von mir aus gern **11** um; by two degrees/ten per cent um zwei Grad/zehn Prozent; broader by a foot um einen Fuß breiter; it missed me by inches es verfehlte mich um Zentimeter **12** to divide/multiply by dividieren durch/multiplizieren mit; 20 feet by 30 20 mal 30 Fuß; I swear by Almighty God ich schwöre beim allmächtigen Gott; by the way übrigens **B** adv **1** to pass by etc vorbeikommen etc **2** to put by beiseitelegen **3** by and large im Großen und Ganzen
bye [baɪ] umg int tschüs(s) umg, servus! österr; **bye for now!** bis bald!
bye-bye [ˈbaɪˈbaɪ] umg int tschüs(s) umg, servus! österr
by(e)-election [baɪɪˈlekʃən] s Nachwahl f
bygones [ˈbaɪɡɒnz] pl let ~ be ~! lass(t) das Vergangene ruhen!
Byelorussia [ˌbjeləʊˈrʌʃə] s Weißrussland n
bylaw, bye-law [ˈbaɪlɔː] s Verordnung f; ~s pl US von Firma Satzung f
bypass [ˈbaɪpɑːs] **A** s Umgehungsstraße f, Umfahr(ungs)straße f österr; MED Bypass m **B** v/t umgehen
bypass operation s Bypassoperation f
bypass surgery s Bypasschirurgie f
by-product [ˈbaɪprɒdʌkt] s Nebenprodukt n
byroad s Neben- od Seitenstraße f
bystander [ˈbaɪstændəʳ] s Zuschauer(in) m(f); innocent ~ unbeteiligter Zuschauer
byte [baɪt] s IT Byte n
byword [ˈbaɪwɜːd] s to become a ~ for sth gleichbedeutend mit etw werden

C

C¹, c [siː] s C, c n; **C sharp** Cis n; **C flat** Ces n
C² abk (= century) Jh
C³ abk (= centigrade) C
c abk (= cent) c, ct
CA¹ abk (= chartered accountant) staatlich geprüfter Buchhalter, staatlich geprüfte Buchhalterin
CA² abk (= Central Amerika) Mittelamerika n
c/a abk (= current account) Girokonto n
cab [kæb] s **1** Taxi n **2** von Lkw Führerhaus n
cabaret [ˈkæbəreɪ] s Varieté n; Lokal Nachtklub m mit Varietéaufführungen
cabbage [ˈkæbɪdʒ] s Kohl m
cabbie, cabby [ˈkæbɪ] umg s Taxifahrer(in) m(f)
cab driver s Taxifahrer(in) m(f)
cabin [ˈkæbɪn] s **1** Hütte f **2** SCHIFF Kajüte f **3**

FLUG Passagierraum *m*
cabin attendant *s* FLUG Flugbegleiter(in) *m(f)*
cabin baggage *s* Handgepäck *n*
cabin crew *s* FLUG Flugbegleitpersonal *n*
cabinet ['kæbɪnɪt] *s* **1** Schränkchen *n*, Vitrine *f* **2** PARL Kabinett *n*
cabinet minister *s* Minister(in) *m(f)*
cabinet reshuffle *s Br* POL Kabinettsumbildung *f*
cable ['keɪbl] *s* **1** Tau *n*; *aus Draht* Kabel *n* **2** ELEK Kabel *n* **3** Telegramm *n* **4** TV Kabelfernsehen *n*
cable car *Br s* Drahtseilbahn *f*
cable channel *s* Kabelkanal *m*
cable railway *s* Bergbahn *f*
cable television *s* Kabelfernsehen *n*
cable TV connection *s* TV Kabelanschluss *m*
cable TV network *s* Kabelfernsehnetz *n*
caboodle [kə'buːdl] *umg s* **the whole (kit and) ~** das ganze Zeug(s) *n*, der ganze Kram *umg*
cacao [kə'kɑːəʊ] *s* ⟨*kein pl*⟩ Kakao *m*
cache [kæʃ] *s* **1** Versteck *n* **2** COMPUT *a.* **~ memory** Zwischenspeicher *m*
cackle ['kækl] **A** *s* **1** *von Hühnern* Gackern *n* **2** (meckerndes) Lachen **B** *v/i Hühner* gackern; *Mensch* meckernd lachen
cactus ['kæktəs] *s* ⟨*pl* -es *od* cacti ['kæktaɪ]⟩ Kaktus *m*
CAD [kæd] *s abk* (= computer-aided design) CAD
cadaver [kə'dævə] *s* Kadaver *m*, Leiche *f*
CAD/CAM ['kæd'kæm] *s abk* (= computer-aided design/computer-aided manufacture) CAD/CAM
caddie ['kædɪ] **A** *s Golf* Caddie *m* **B** *v/i* Caddie sein
caddy ['kædɪ] *s* **1** *für Tee* Büchse *f* **2** *US* Einkaufswagen *m* **3** → caddie A
cadence ['keɪdəns] *s* MUS Kadenz *f*
cadet [kə'det] *s* MIL *etc* Kadett *m*
cadge [kædʒ] *v/t & v/i Br umg* schnorren *umg* (**from sb** bei j-m, von j-m); **could I ~ a lift with you?** könnten Sie mich vielleicht (ein Stück) mitnehmen?
Caesar ['siːzə] *s* Cäsar *m*
Caesarean [siː'zɛərɪən] *s*, **Cesarean** *US s*, **Caesarean section** *s* MED Kaiserschnitt *m*; **she had a (baby by) ~** sie hatte einen Kaiserschnitt
Caesarian, Cesarian [siː'zɛərɪən] *US s* → Caesarean
café ['kæfeɪ] *s* Café *n*, Kaffeehaus *n österr*
cafeteria [ˌkæfɪ'tɪərɪə] *s* Cafeteria *f*
cafetière [ˌkæfə'tjɛə] *s* Kaffeebereiter *m*
caff [kæf] *Br umg s* Café *n*, Kaffeehaus *n österr*
caffein(e) ['kæfiːn] *s* Koffein *n*
caffè latte [ˌkæfeɪ'lɑːteɪ] *s* Caffè Latte *m*, Milchkaffee *m*
caffè macchiato [ˌkæfeɪmækɪ'ɑːtəʊ] *s* Caffè macchiato *m*, Espresso *m* mit Milchschaum
cage [keɪdʒ] *s* Käfig *m*
cagey ['keɪdʒɪ] *umg adj* vorsichtig, ausweichend
cagoule [kə'guːl] *s* Regenjacke *f*
cahoots [kə'huːts] *umg s* **to be in ~ with sb** mit j-m unter einer Decke stecken
cairn [kɛən] *s* Steinpyramide *f*
Cairo ['kaɪərəʊ] *s* Kairo *n*
cajole [kə'dʒəʊl] *v/t* gut zureden (+*dat*); **to ~ sb into doing sth** j-n dazu bringen, etw zu tun
cake [keɪk] **A** *s* Kuchen *m*, Torte *f*, Gebäckstück *n*; **a piece of ~** *fig umg* ein Kinderspiel *n*; **to sell like hot ~s** weggehen wie warme Semmeln *umg*; **you can't have your ~ and eat it** *sprichw* beides auf einmal geht nicht **B** *v/t* **my shoes are ~d with** *od* **in mud** meine Schuhe sind völlig verdreckt
cake mix *s* Backmischung *f*
cake mixture *s* Kuchenteig *m*
cake pan *US s* Kuchenform *f*
cake pop *s* Kuchenlolli *m*, Cake Pop *m* (*Kuchen am Stiel*)
cake shop *s* Konditorei *f*
cake tin *s Br zum Backen* Kuchenform *f*; *zur Aufbewahrung* Kuchenbüchse *f*
calamity [kə'læmɪtɪ] *s* Katastrophe *f*
calcium ['kælsɪəm] *s* Kalzium *n*
calculate ['kælkjʊleɪt] *v/t* **1** berechnen **2** *fig* kalkulieren
calculated *adj* (≈ *absichtlich*) berechnet; **a ~ risk** ein kalkuliertes Risiko
calculating *adj* berechnend
calculation [ˌkælkjʊ'leɪʃən] *s* Berechnung *f*, Schätzung *f*; **you're out in your ~s** du hast dich verrechnet
calculator ['kælkjʊleɪtə] *s* Taschenrechner *m*
calculus ['kælkjʊləs] *s* MATH Infinitesimalrechnung *f*
Caledonia [ˌkælə'dəʊnɪə] *s* Kaledonien *n*
calendar ['kælɪndə] *s* **1** Kalender *m* **2** Terminkalender *m*; **~ of events** Veranstaltungskalender *m*
calendar month *s* Kalendermonat *m*
calf[1] [kɑːf] *s* ⟨*pl* calves⟩ **1** Kalb *n* **2** (≈ *Elefant, Robbe etc*) Junge(s) *n*
calf[2] *s* ⟨*pl* calves⟩ ANAT Wade *f*
calfskin ['kɑːfskɪn] *s* Kalb(s)leder *n*
calibre ['kælɪbə] *s*, **caliber** *US wörtl, fig s* Kaliber *n*
California [ˌkælɪ'fɔːnɪə] *s* Kalifornien *n*
Californian [ˌkælɪ'fɔːnɪən] **A** *adj* kalifornisch **B** *s* Kalifornier(in) *m(f)*
call [kɔːl] **A** *s* **1** Ruf *m*; **a ~ for help** ein Hilferuf *m* **2** TEL Gespräch *n*, Anruf *m*; **to give sb a ~** j-n anrufen; **to make a ~** telefonieren; **to take a ~** ein Gespräch entgegennehmen **3** Aufruf *m*;

fig anlockend Ruf *m*; **to be on ~** Bereitschaftsdienst haben; **he acted above and beyond the ~ of duty** er handelte über die bloße Pflichterfüllung hinaus **4** Besuch *m*; **I have several ~s to make** ich muss noch einige Besuche machen **5** Inanspruchnahme *f*; HANDEL Nachfrage *f* (**for** nach); **to have many ~s on one's time** zeitlich sehr in Anspruch genommen sein **6** Grund *m*; **there is no ~ for you to worry** es besteht kein Grund zur Sorge **7** Entscheidung *f*; **it's your ~** das ist deine Entscheidung **B** *v/t* **1** rufen; *Versammlung* einberufen; *Wahlen* ausschreiben; *Streik* ausrufen; JUR *Zeugen* aufrufen; **the landlord ~ed time** der Wirt rief „Feierabend"; **the ball was ~ed out** der Ball wurde für „aus" erklärt **2** nennen; **to be ~ed** heißen; **what's he ~ed?** wie heißt er?; **what do you ~ your cat?** wie heißt deine Katze?; **she ~s me lazy** sie nennt mich faul; **what's this ~ed in German?** wie heißt das auf Deutsch?; **let's ~ it a day** machen wir Schluss für heute; **~ it £5** sagen wir £ 5; **that's what I ~** ... das nenne ich ... **3** TEL anrufen; *per Funkruf* rufen; **I ~ed her on my mobile** *Br*, **I ~ed her on my cell phone** *US* ich habe sie von meinem Handy aus angerufen **C** *v/i* **1** rufen; **to ~ for help** um Hilfe rufen; **to ~ to sb** j-m zurufen **2** vorbeikommen; **she ~ed to see her mother** sie machte einen Besuch bei ihrer Mutter; **the gasman ~ed** der Gasmann kam **3** TEL anrufen; *per Funkruf* rufen; **who's ~ing, please?** wer spricht da, bitte?; **thanks for ~ing** vielen Dank für den Anruf

phrasal verbs mit call:

call (a)round *umg v/i* vorbeikommen

call at *v/i ⟨+obj⟩* vorbeigehen bei; BAHN halten in (*+dat*); **a train for Lisbon calling at ...** ein Zug nach Lissabon über ...

call away *v/t ⟨trennb⟩* wegrufen; **I was called away on business** ich wurde geschäftlich abgerufen; **he was called away from the meeting** er wurde aus der Sitzung gerufen

call back *v/t & v/i ⟨trennb⟩* zurückrufen

call for *v/i ⟨+obj⟩* **1** rufen; *Speisen* kommen lassen **2** verlangen (nach); *Mut* verlangen; **that calls for a drink!** darauf müssen wir einen trinken!; **that calls for a celebration!** das muss gefeiert werden! **3** abholen

call in A *v/i* vorbeigehen (**at, on** bei) **B** *v/i ⟨+obj⟩ Arzt* zurate ziehen

call off *v/t ⟨trennb⟩ Termin, Streik* absagen; *Vereinbarung* rückgängig machen; (*≈beenden*) abbrechen; *Verlobung* lösen; *Hund* zurückrufen

call on *v/i ⟨+obj⟩* **1** besuchen **2** → **call upon**

call out A *v/i* rufen **B** *v/t ⟨trennb⟩* **1** Namen aufrufen **2** *Arzt* rufen; *Feuerwehr* alarmieren **3** *Arbeiter* zum Ausstand aufrufen **4** *US* **to call sb out on sth** jdn für etw kritisieren

call out for *v/i ⟨+obj⟩ Nahrung* verlangen; *Hilfe* rufen um

call over *v/t ⟨trennb⟩* herbeirufen, zu sich rufen

call up A *v/t ⟨trennb⟩* **1** *Br* MIL *Reservist* einberufen; *Verstärkung* mobilisieren **2** SPORT berufen (**to** in *+akk*) **3** TEL anrufen **4** *fig Erinnerungen* (herauf)beschwören **B** *v/i* TEL anrufen

call upon *v/i ⟨+obj⟩* **to call upon sb to do sth** j-n bitten, etw zu tun; **to call upon sb's generosity** an j-s Großzügigkeit (*akk*) appellieren

call box *Br s* Telefonzelle *f*

call centre *Br s* Callcenter *n*

caller ['kɔːləʳ] *s* **1** Besucher(in) *m(f)* **2** TEL Anrufer(in) *m(f)*

caller display *s* TEL Rufnummernanzeige *f*, Anruferkennung *f*

caller ID *s* TEL Rufnummernanzeige *f*, Anruferkennung *f*

call forwarding *s* TEL Anrufweiterschaltung *f*

callgirl ['kɔːlɡɜːl] *s* Callgirl *n*

calligraphy [kəˈlɪɡrəfɪ] *s* Kalligrafie *f*

call-in *US s* → **phone-in**

calling ['kɔːlɪŋ] *s* Berufung *f*

calling card *s* Visitenkarte *f*

callisthenics [ˌkælɪsˈθenɪks] *pl*, **calisthenics** *US sg* Gymnastik *f*

callous *adj*, **callously** ['kæləs, -lɪ] *adv* herzlos

callousness *s* Herzlosigkeit *f*

call-out charge, **call-out fee** ['kɔːlaʊt-] *s* Anfahrtkosten *pl*

call screening *s* TEL Call Screening *n* (*Sperrung bestimmter Rufnummern*)

call-up *Br s* MIL Einberufung *f*; SPORT Berufung *f* (**to** in *+akk*)

call-up papers *pl Br* MIL Einberufungsbescheid *m*

callus ['kæləs] *s* MED Schwiele *f*

call waiting *s* TEL Anklopffunktion *f*

calm [kɑːm] **A** *adj ⟨+er⟩* ruhig; **keep ~!** bleib ruhig!; (**cool,**) **~ and collected** ruhig und gelassen **B** *s* Ruhe *f*; **the ~ before the storm** die Ruhe vor dem Sturm **C** *v/t* beruhigen; **to ~ sb's fears** j-n beruhigen

phrasal verbs mit calm:

calm down A *v/t ⟨trennb⟩* beruhigen **B** *v/i* sich beruhigen; *Wind* abflauen

calming *adj* beruhigend

calmly ['kɑːmlɪ] *adv* ruhig

calmness *s* Ruhe *f*

calorie ['kælərɪ] *s* Kalorie *f*; **low on ~s** kalorienarm

calorie-conscious *adj* kalorienbewusst

calves [kɑːvz] *pl* → **calf**; → **calf**

CAM [kæm] *s abk* (= computer-aided manufacture) CAM
cam [kæm] *umg s abk* (= camera) Kamera *f*
camaraderie [ˌkæmə'rɑːdərɪ] *s* Kameradschaft *f*
Cambodia [kæm'bəʊdɪə] *s* Kambodscha *n*
camcorder ['kæmkɔːdə^r] *s* Camcorder *m*
came [keɪm] *prät* → come
camel ['kæməl] **A** *s* Kamel *n* **B** *adj* ⟨*attr*⟩ Mantel kamelhaarfarben
cameo ['kæmɪəʊ] *s* ⟨*pl* -s⟩ **1** (≈ *Schmuck*) Kamee *f* **2** (*a.* ~ **part**) Miniaturrolle *f*
camera ['kæmərə] *s* Kamera *f*, Fotoapparat *m*
camera crew *s* Kamerateam *n*
cameraman *s* ⟨*pl* -men⟩ Kameramann *m*
camera operator *s* Kameramann *m*, Kamerafrau *f*
cameraphone *s* Fotohandy *n*
camera-shy *adj* kamerascheu
camerawoman *s* ⟨*pl* -women⟩ Kamerafrau *f*
camerawork *s* Kameraführung *f*
camisole ['kæmɪsəʊl] *s* Mieder *n*
camomile ['kæməʊmaɪl] *s* Kamille *f*; ~ **tea** Kamillentee *m*
camouflage ['kæməflɑːʒ] **A** *s* Tarnung *f*; ~ **jacket** Tarnjacke *f* **B** *v/t* tarnen
camp¹ [kæmp] **A** *s* Lager *n*; **to pitch** ~ Zelte *od* ein Lager aufschlagen; **to strike** *od* **break** ~ das Lager *od* die Zelte abbrechen; **to have a foot in both ~s** mit beiden Seiten zu tun haben **B** *v/i* zelten, MIL lagern; **to go ~ing** zelten (gehen)

phrasal verbs mit camp:
camp out *v/i* zelten

camp² *adj* tuntenhaft *umg*
campaign [kæm'peɪn] **A** *s* **1** MIL Feldzug *m* **2** *fig* Kampagne *f*, Aktion *f*; **to launch a** ~ eine Kampagne starten **B** *v/i* **1** *a. fig* kämpfen **2** *fig* sich einsetzen, sich engagieren (**for/against** für/gegen)
campaigner [kæm'peɪnə^r] *s* für etw Befürworter(in) *m(f)* (**for** +*gen*); gegen etw Gegner(in) *m(f)* (**against** +*gen*)
camp bed *Br s* Campingliege *f*
camper ['kæmpə^r] *s* **1** Camper(in) *m(f)* **2** Wohnmobil *n*
camper van *Br s* Wohnmobil *n*
campfire *s* Lagerfeuer *n*
campground *US s* Campingplatz *m*
camping ['kæmpɪŋ] *s* Camping *n*
camping gas *US s* Campinggas *n*
camping gear *s* Campingausrüstung *f*
camping pod *s* Podhaus *n*, Campinghütte *f*, Campinghaus *n*
camping site, campsite *Br s* Campingplatz *m*
campus ['kæmpəs] *s* Campus *m*
can¹ [kæn] *v/aux* ⟨*prät* could⟩ können; (≈ *Erlaubnis haben a.*) dürfen; **can you come tomorrow?** kannst du morgen kommen?; **I can't** *od* **cannot go to the theatre** ich kann nicht ins Theater (gehen); **he'll help you all he can** er wird tun, was in seinen Kräften steht; **as soon as it can be arranged** sobald es sich machen lässt; **could you tell me …** können *od* könnten Sie mir sagen, …; **can you speak German?** können *od* sprechen Sie Deutsch?; **can I come too?** kann ich mitkommen?; **can** *od* **could I take some more?** darf ich mir noch etwas nehmen?; **how can/could you say such a thing!** wie können/konnten Sie nur *od* bloß so etwas sagen!; **where can it be?** wo kann das bloß sein?; **you can't be serious** das kann doch wohl nicht dein Ernst sein; **it could be that he's got lost** vielleicht hat er sich verlaufen; **you could try telephoning him** Sie könnten ihn ja mal anrufen; **you could have told me** das hätten Sie mir auch sagen können; **we could do with some new furniture** wir könnten neue Möbel gebrauchen; **I could do with a drink now** ich könnte jetzt etwas zu trinken vertragen; **this room could do with a coat of paint** das Zimmer könnte mal wieder gestrichen werden; **he looks as though he could do with a haircut** ich glaube, er müsste sich (*dat*) mal wieder die Haare schneiden lassen
can² *s* **1** Kanister *m*; *bes US für Abfall* (Müll)eimer *m* **2** Dose *f*, Büchse *f*; **a can of beer** eine Dose Bier; **a beer can** eine Bierdose
Canada ['kænədə] *s* Kanada *n*
Canadian [kə'neɪdɪən] **A** *adj* kanadisch **B** *s* Kanadier(in) *m(f)*
canal [kə'næl] *s* Kanal *m*
canapé ['kænəpeɪ] *s* Appetithappen *m*
Canaries [kə'nɛərɪz] *pl* → Canary Islands
canary [kə'nɛərɪ] *s* Kanarienvogel *m*
Canary Islands [kə'nɛərɪˌaɪləndz], **Canary Isles** [kə'nɛərɪˌaɪlz] *pl* Kanarische Inseln *pl*
can bank *s* Dosencontainer *m*
cancel ['kænsəl] **A** *v/t* **1** absagen; *offiziell* stornieren; *Pläne* aufgeben; *Zug* streichen; **the train has been ~led** *Br*, **the train has been ~ed** *US* der Zug fällt aus **2** rückgängig machen; *Auftrag* stornieren; *Abonnement* kündigen **3** *Fahrkarte* entwerten **B** *v/i* absagen

phrasal verbs mit cancel:
cancel out *v/t* ⟨*trennb*⟩ MATH aufheben; *fig* zunichtemachen; **to cancel each other out** MATH sich aufheben; *fig* sich gegenseitig aufheben

cancellation [ˌkænsə'leɪʃən] *s* **1** Absage *f*; *offiziell* Stornierung *f*; *von Plänen* Aufgabe *f*; *von Zug* Streichung *f* **2** Rückgängigmachung *f*; *von Auftrag* Stornierung *f*; *von Abonnement* Kündigung *f*

cancellation fee s Stornierungsgebühr f
cancer ['kænsəʳ] s **1** MED Krebs m; **~ of the throat** Kehlkopfkrebs m **2** ASTROL **Cancer** Krebs m; **to be (a) Cancer** (ein) Krebs sein
cancerous ['kænsərəs] adj krebsartig
candelabra [,kændɪ'lɑːbrə] s Armleuchter m, Kandelaber m
candid ['kændɪd] adj offen, ehrlich
candidacy ['kændɪdəsɪ] s Kandidatur f
candidate ['kændɪdeɪt] s Kandidat(in) m(f); **to stand as (a) ~** kandidieren; **the obese are prime ~s for heart disease** Fettleibige stehen auf der Liste der Herzinfarktkandidaten ganz oben
candidly ['kændɪdlɪ] adv offen; **to speak ~** offen od ehrlich sein
candied ['kændɪd] adj GASTR kandiert; **~ peel** Zitronat n, Orangeat n
candle ['kændl] s Kerze f
candlelight s Kerzenlicht n; **by ~** im Kerzenschein; **a ~ dinner** ein Essen n bei Kerzenlicht
candlestick s Kerzenhalter m
candour ['kændəʳ] s, **candor** US s Offenheit f
candy ['kændɪ] US s Bonbon m/n, Zuckerl n österr; allg Süßigkeiten pl
candy bar US s Schokoladenriegel m
candyfloss Br s Zuckerwatte f
candy store US s Süßwarenhandlung f
candystorm s auf sozialen Medien Candystorm m (positive Kritik im Internet)
cane [keɪn] **A** s **1** aus Bambus Rohr n; für Pflanzen Stock m **2** (Spazier)stock m, Stecken m bes österr, schweiz; zur Bestrafung (Rohr)stock m; **to get the ~** Prügel bekommen **B** v/t mit dem Stock schlagen
cane sugar s Rohrzucker m
canine ['keɪnaɪn] **A** s (a. **canine tooth**) Eckzahn m **B** adj Hunde-
canister ['kænɪstəʳ] s Behälter m
cannabis ['kænəbɪs] s Cannabis m
canned [kænd] adj **1** US Dosen-; **~ beer** Dosenbier n; **~ goods** Konserven pl **2** umg **~ music** Musikberieselung f umg; **~ laughter** Gelächter n vom Band
cannibal ['kænɪbəl] s Kannibale m, Kannibalin f
cannibalism ['kænɪbəlɪzəm] s Kannibalismus m
cannibalization [,kænɪbəlaɪ'zeɪʃən] s WIRTSCH Kannibalisierung f
cannibalize ['kænɪbəlaɪz] v/t altes Auto etc ausschlachten
cannon ['kænən] s MIL Kanone f
cannonball s Kanonenkugel f
cannot ['kænɒt] ⟨Verneinung⟩ → can¹
canny ['kænɪ] adj ⟨komp cannier⟩ vorsichtig
canoe [kə'nuː] **A** s Kanu n **B** v/i Kanu fahren

canoeing [kə'nuːɪŋ] s Kanusport m; **to go ~** Kanu fahren
canon s (≈ Priester) Kanoniker m
canonize ['kænənaɪz] v/t KIRCHE heiligsprechen
canon law s KIRCHE kanonisches Recht
can-opener ['kæn,əʊpnəʳ] s Dosenöffner m
canopy ['kænəpɪ] s Markise f; von Bett Baldachin m
can't [kɑːnt] abk (= can not) → can¹
cantaloup(e) ['kæntəluːp] s Honigmelone f
cantankerous [kæn'tæŋkərəs] adj mürrisch
canteen [kæn'tiːn] s Kantine f; UNIV Mensa f
canter ['kæntəʳ] v/i langsam galoppieren
canton ['kæntɒn] s Kanton m
Cantonese [,kæntə'niːz] **A** adj kantonesisch **B** s ⟨pl -⟩ **1** Kantonese m, Kantonesin f **2** LING Kantonesisch n
canvas ['kænvəs] s Leinwand f, Segeltuch n, Zeltbahn f; **under ~** im Zelt; **~ shoes** Segeltuchschuhe pl
canvass ['kænvəs] **A** v/t **1** POL Bezirk Wahlwerbung machen in (+dat); j-n für seine Partei zu gewinnen suchen **2** Kunden werben; Meinungen erforschen **B** v/i **1** POL um Stimmen werben **2** HANDEL werben
canvasser ['kænvəsəʳ] s **1** POL Wahlhelfer(in) m(f) **2** HANDEL Vertreter(in) m(f)
canvassing ['kænvəsɪŋ] s **1** POL Wahlwerbung f **2** HANDEL Klinkenputzen n umg
canyon ['kænjən], **cañon** US s Cañon m
canyoning ['kænjənɪŋ] s SPORT Canyoning n
CAP abk (= Common Agricultural Policy) GAP f, Gemeinsame Agrarpolitik
cap [kæp] **A** s **1** Mütze f, Kappe f; **if the cap fits(, wear it)** Br sprichw wem die Jacke passt(, der soll sie sich (dat) anziehen) **2** Br SPORT **he has won 50 caps for Scotland** er ist 50 Mal mit der schottischen Mannschaft angetreten **3** Verschluss m; von Stift, Ventil Kappe f **4** Limit n; **cap on spending** Ausgabenlimit n **5** (≈ Verhütungsmittel) Pessar n **B** v/t **1** SPORT **capped player** Nationalspieler(in) m(f); **he was capped four times for England** er wurde viermal für die englische Nationalmannschaft aufgestellt **2 and then to cap it all** … und, um dem Ganzen die Krone aufzusetzen …; **they capped spending at £50,000** die Ausgaben wurden bei £ 50.000 gedeckelt
capability [,keɪpə'bɪlɪtɪ] s **1** Fähigkeit f; **sth is within sb's capabilities** j-d ist zu etw fähig; **sth is beyond sb's capabilities** etw übersteigt j-s Fähigkeiten **2** MIL Potenzial n
capable ['keɪpəbl] adj **1** kompetent **2 to be ~ of doing sth** etw tun können; **to be ~ of sth** zu etw fähig sein; **it's ~ of speeds of up to** … es erreicht Geschwindigkeiten bis zu …

capably ['keɪpəblɪ] *adv* kompetent
capacity [kə'pæsɪtɪ] *s* **1** Fassungsvermögen *n*, Kapazität *f*; **seating ~ of 400** 400 Sitzplätze; **working at full ~** voll ausgelastet; **the Stones played to ~ audiences** die Stones spielten vor ausverkauften Sälen **2** Fähigkeit *f*; **his ~ for learning** seine Aufnahmefähigkeit **3** Eigenschaft *f*; **speaking in his official ~ as mayor, he said …** er sagte in seiner Eigenschaft als Bürgermeister …
cape[1] [keɪp] *s* Cape *n*, Umhang *m*
cape[2] *s* GEOG Kap *n*
Cape gooseberry *s* Kapstachelbeere *f*, Physalis *f*
Cape Horn *s* Kap *n* Hoorn
Cape of Good Hope *s* Kap *n* der Guten Hoffnung
caper[1] ['keɪpə[r]] **A** *v/i* herumtollen **B** *s* Eskapade *f*
caper[2] *s* BOT, GASTR Kaper *f*
Cape Town *s* Kapstadt *n*
Cape Verde Islands [ˌkeɪp'vɜːd'aɪləndz] *pl* Kapverden *pl*
capful ['kæpfʊl] *s* **one ~ to one litre of water** eine Verschlusskappe auf einen Liter Wasser
capillary [kə'pɪlərɪ] *s* Kapillare *f*
capital ['kæpɪtl] **A** *s* **1** (*a.* **~ city**) Hauptstadt *f*; *fig* Zentrum *n* **2** (*a.* **~ letter**) Großbuchstabe *m*; **small ~s** Kapitälchen *pl fachspr*; **please write in ~s** bitte in Blockschrift schreiben! **3** ⟨*kein pl*⟩ FIN, *a. fig* Kapital *n*; **intellectual ~** intellektuelles Kapital; **to make ~ out of sth** *fig* aus etw Kapital schlagen **B** *adj* **1** Buchstabe Groß-; **love with a ~ L** die große Liebe **2** Kapital- **3** Todes-
capital assets *pl* Kapitalvermögen *n*
capital crime *s* Kapitalverbrechen *n*
capital expenditure *s* Kapitalaufwendungen *pl*
capital gains tax *s* Kapitalertragssteuer *f*
capital investment *s* Kapitalanlage *f*
capitalism ['kæpɪtəlɪzəm] *s* Kapitalismus *m*
capitalist ['kæpɪtəlɪst] **A** *s* Kapitalist(in) *m(f)* **B** *adj* kapitalistisch
capitalize ['kæpɪtəlaɪz] *v/t Buchstabe, Wort* großschreiben
 phrasal verbs mit capitalize:
 capitalize on *fig v/i* ⟨+präp⟩ Kapital schlagen aus
capital offence *s* Kapitalverbrechen *n*
capital punishment *s* die Todesstrafe
Capitol ['kæpɪtl] *s* Kapitol *n*
capitulate [kə'pɪtjʊleɪt] *v/i* kapitulieren (**to** vor +*dat*)
capitulation [kəˌpɪtjʊ'leɪʃən] *s* Kapitulation *f*
cappuccino [ˌkæpʊ'tʃiːnəʊ] *s* ⟨*pl* -s⟩ Cappuccino *m*

caprice [kə'priːs] *s* Laune(nhaftigkeit) *f*
capricious [kə'prɪʃəs] *adj* launisch
Capricorn ['kæprɪkɔːn] *s* ASTROL Steinbock *m*; **to be (a) ~** (ein) Steinbock sein
capsicum ['kæpsɪkəm] *s* Pfefferschote *f*
capsize [kæp'saɪz] **A** *v/i* kentern **B** *v/t* zum Kentern bringen
capsule ['kæpsjuːl] *s* Kapsel *f*
captain ['kæptɪn] **A** *s* MIL Hauptmann *m*; SCHIFF, FLUG, SPORT Kapitän(in) *m(f)*; **yes, ~!** jawohl, Frau/Herr Hauptmann/Kapitän!; **~ of industry** Industriekapitän(in) *m(f)* **B** *v/t Mannschaft* anführen; *Schiff* befehligen
captaincy ['kæptənsɪ] *s* Befehl *m*; SPORT Führung *f*; **under his ~** mit ihm als Kapitän
caption ['kæpʃən] **A** *s* Überschrift *f*, Bildunterschrift *f* **B** *v/t* betiteln
captivate ['kæptɪveɪt] *v/t* faszinieren
captivating ['kæptɪveɪtɪŋ] *adj* bezaubernd
captive ['kæptɪv] **A** *s* Gefangene(r) *m/f(m)*; **to take sb ~** j-n gefangen nehmen; **to hold sb ~** j-n gefangen halten **B** *adj* **a ~ audience** ein unfreiwilliges Publikum
captive market *s* Monopol-Absatzmarkt *m*
captivity [kæp'tɪvɪtɪ] *s* Gefangenschaft *f*
captor ['kæptə[r]] *s* **his ~s treated him kindly** er wurde nach seiner Gefangennahme gut behandelt
capture ['kæptʃə[r]] **A** *v/t* **1** *Stadt* einnehmen; *Schatz* erobern; *j-n* gefangen nehmen; *Tier* (ein)fangen **2** *fig Aufmerksamkeit* erregen; *Stimmung* einfangen **3** IT *Daten* erfassen **B** *s* Eroberung *f*; *von entflohenem Häftling* Gefangennahme *f*; *von Tier* Einfangen *n*; IT *von Daten* Erfassung *f*
car [kɑː[r]] *s* **1** Auto *n*; **to go by car** mit dem Auto fahren; **car ride** Autofahrt *f* **2** *von Zug* Waggon *m*; *von Straßenbahn* Wagen *m*
car accident *s* Autounfall *m*, Havarie *f* österr
carafe [kə'ræf] *s* Karaffe *f*
car alarm *s* Auto-Alarmanlage *f*
caramel ['kærəməl] *s* Karamell *m*; (≈ *Bonbon*) Karamelle *f*
carat ['kærət] *s* Karat *n*; **nine ~ gold** neunkarätiges Gold
caravan ['kærəvæn] *s* **1** *Br* AUTO Wohnwagen *m*; **~ holiday** Ferien *pl* im Wohnwagen **2** Zirkuswagen *m*
caravan site *Br s* Campingplatz *m* für Wohnwagen
caraway ['kærəweɪ] *s* ⟨*kein pl*⟩ Kümmel *m*
caraway seeds ['kærəweɪsiːdz] *pl* Kümmel *m*, Kümmelkörner *pl*
carb [kɑːb] *umg s* → carbohydrate
carbohydrate ['kɑːbəʊ'haɪdreɪt] *s* **1** Kohle(n)hydrat *n* **2** kohle(n)hydratreiche Nahrung
car bomb *s* Autobombe *f*

car bomb attack s Autobombenanschlag m
carbon ['kɑːbən] s CHEM Kohlenstoff m
carbonated ['kɑːbə,neɪtəd] adj mit Kohlensäure (versetzt)
carbon copy s Durchschlag m; **to be a ~ of sth** das genaue Ebenbild einer Sache (gen) sein
carbon credit s Emissionsrechte pl
carbon dating s Kohlenstoffdatierung f
carbon dioxide s Kohlendioxid n
carbon emissions pl Kohlendioxidemissionen pl
carbon footprint s Kohlenstofffußabdruck m, CO_2-Bilanz f
carbon monoxide s Kohlenmonoxid n
carbon-neutral adj klimaneutral, CO_2-neutral
carbon offsetting s CO_2-Ausgleich m
car-boot sale s ≈ Flohmarkt m
carburettor [,kɑːbə'retəʳ] s, **carburetor** US s Vergaser m
carcass ['kɑːkəs] s Leiche f, Kadaver m
car chase s Verfolgungsjagd f (mit dem Auto)
carcinogen [kɑː'sɪnədʒen] s Karzinogen n
carcinogenic [,kɑːsɪnə'dʒenɪk] adj karzinogen
car crash s (Auto)unfall m, Havarie f österr
card [kɑːd] s **1** ⟨kein pl⟩ Pappe f **2** (≈ Postkarte | Visitenkarte) Karte f **3** (Scheck-/Kredit)karte f **4** (Spiel)karte f; **to play ~s** Karten spielen; **to lose money at ~s** Geld beim Kartenspiel verlieren; **game of ~s** Kartenspiel n **5** fig **to put** od **lay one's ~s on the table** seine Karten aufdecken; **to play one's ~s right** geschickt taktieren; **to hold all the ~s** alle Trümpfe in der Hand haben; **to play** od **keep one's ~s close to one's chest, to play** od **keep one's ~s close to the vest** US sich (dat) nicht in die Karten sehen lassen; **it's on the ~s** das ist zu erwarten
cardamom ['kɑːdəməm] s Kardamom m/n
cardboard **A** s Pappe f, Karton m **B** adj ⟨attr⟩ Papp-
cardboard box s (Papp)karton m
card game s Kartenspiel n
cardholder s Karteninhaber(in) m(f)
cardiac ['kɑːdɪæk] adj Herz-
cardiac arrest s Herzstillstand m
cardigan ['kɑːdɪgən] s Strickjacke f, Janker m österr
cardinal ['kɑːdɪnl] **A** s KIRCHE Kardinal m **B** adj Haupt-
cardinal number s Kardinalzahl f
cardinal sin s schwerer Fehler; Todsünde f
card index s Kartei f; in Bücherei Katalog m
cardio- ['kɑːdɪəʊ-] präf Kardio-; **cardiogram** Kardiogramm n
cardiologist [,kɑːdɪ'ɒlɪdʒɪst] s Kardiologe m, Kardiologin f
cardiology [,kɑːdɪ'ɒlədʒɪ] s Kardiologie f

cardiovascular [,kɑːdɪəʊ'væskjʊləʳ] adj kardiovaskulär
card key s im Hotel Chipkarte f
card payment s Kartenzahlung f
cardphone s Kartentelefon n
card player s Kartenspieler(in) m(f)
card reader s Kartenlesegerät n
card trick s Kartenkunststück n
care [keəʳ] **A** s **1** Sorge f (of um); **he hasn't a ~ in the world** er hat keinerlei Sorgen **2** Sorgfalt f; **this word should be used with ~** dieses Wort sollte sorgfältig od mit Sorgfalt gebraucht werden; **paint strippers need to be used with ~** Abbeizmittel müssen vorsichtig angewandt werden; **"handle with ~"** „Vorsicht, zerbrechlich"; **to take ~** aufpassen; **take ~ he doesn't cheat you** sehen Sie sich vor, dass er Sie nicht betrügt; **bye-bye, take ~** tschüs(s), mach's gut; **to take ~ to do sth** sich bemühen, etw zu tun; **to take ~ over** od **with sth/in doing sth** etw sorgfältig tun **3** Pflege f; **to take ~ of sth** sein Äußeres, Auto etw pflegen, etw schonen; **to take ~ of oneself** sich um sich selbst kümmern; gesundheitlich sich schonen **4** von alten Menschen Versorgung f; **medical ~** ärztliche Versorgung, ärztliche Betreuung; **to take ~ of sb** sich um j-n kümmern; seine Familie für j-n sorgen **5** Obhut f; **~ of** Br, **in ~ of** US bei; **in** od **under sb's ~** in j-s (dat) Obhut; **to take a child into ~** ein Kind in Pflege nehmen; **to be taken into ~** in Pflege gegeben werden; **to take ~ of sth** Wertgegenstände etc. auf etw (akk) aufpassen; Tiere etc sich um etw kümmern; **that takes ~ of him/it** das wäre erledigt; **let me take ~ of that** überlassen Sie das mir; **that can take ~ of itself** das wird sich schon irgendwie geben **B** v/i **I don't ~** das ist mir egal; **for all I ~** meinetwegen; **who ~s?** na und?; **to ~ about sth** Wert auf etw (akk) legen, sich (dat) etwas aus etw machen, sich um etw kümmern; **that's all he ~s about** alles andere ist ihm egal; **not to ~ about sth** sich (dat) aus etw nichts machen; **he ~s deeply about her/the environment** sie/die Umwelt liegt ihm sehr am Herzen; **he doesn't ~ about her** sie ist ihm gleichgültig; **I don't ~ about money** Geld ist mir egal **C** v/t **1 I don't ~ what people say** es ist mir egal, was die Leute sagen; **what do I ~?** was geht mich das an?; **I couldn't ~ less** das ist mir doch völlig egal **2 to ~ to do sth** etw gerne tun wollen; **I wouldn't ~ to meet him** ich würde keinen gesteigerten Wert darauf legen, ihn kennenzulernen

phrasal verbs mit care:
care for v/i ⟨+obj⟩ **1** sich kümmern um; Möbel

etc pflegen; **well cared-for** gepflegt **2 I don't care for that suggestion/him** dieser Vorschlag/er sagt mir nicht zu; **would you care for a cup of tea?** hätten Sie gerne eine Tasse Tee?; **I've never much cared for his movies** ich habe mir noch nie viel aus seinen Filmen gemacht; **but you know I do care for you** aber du weißt doch, dass du mir viel bedeutest

career [kəˈrɪəʳ] **A** s Karriere f, Beruf m, Laufbahn f; **to make a ~ for oneself** Karriere machen **B** *adj* ⟨*attr*⟩ Karriere-; *Soldat* Berufs-; **a good/bad ~ move** ein karrierefördernder/karriereschädlicher Schritt **C** v/i rasen

careers advice s Berufsberatung f
careers adviser s Berufsberater(in) m(f)
careers guidance s Berufsberatung f
careers officer s Berufsberater(in) m(f)
career woman s ⟨pl - women⟩ Karrierefrau f
carefree [ˈkɛəfriː] *adj* sorglos
careful [ˈkɛəfʊl] *adj* sorgfältig, vorsichtig; *mit Geld etc* sparsam; **~!** Vorsicht!; **to be ~** aufpassen (**of** *auf +akk*); **be ~ with the glasses** sei mit den Gläsern vorsichtig; **she's very ~ about what she eats** sie achtet genau darauf, was sie isst; **to be ~ about doing sth** es sich (*dat*) gut überlegen, ob man etw tun soll; **be ~ (that) they don't hear you** gib acht, damit *od* dass sie dich nicht hören; **be ~ not to drop it** pass auf, dass du das nicht fallen lässt; **he is very ~ with his money** er hält sein Geld gut zusammen

carefully [ˈkɛəfəlɪ] *adv* sorgfältig, vorsichtig; *überlegen* gründlich; *zuhören* gut; *erläutern* genau
carefulness s Sorgfalt f, Vorsicht f
care giver *US* s → carer
care home *Br* s Pflegeheim n
care label s Pflegeetikett n
careless [ˈkɛəlɪs] *adj* nachlässig; *Fahrer* leichtsinnig; *Bemerkung* gedankenlos; **~ mistake** Flüchtigkeitsfehler m; **how ~ of me!** wie dumm von mir, wie ungeschickt von mir
carelessly [ˈkɛəlɪslɪ] *adv* **1** unvorsichtigerweise **2** *etw sagen* gedankenlos; *wegwerfen* achtlos
carelessness s Nachlässigkeit f
carer [ˈkɛərəʳ] *Br* s Pflegeperson f; **the elderly and their ~s** Senioren und ihre Fürsorgenden *od* und die, die sie pflegen
caress [kəˈres] **A** s Liebkosung f **B** v/t streicheln, liebkosen
caretaker s Hausmeister(in) m(f), Abwart(in) m(f) *schweiz*; **~ government** geschäftsführende Regierung, Übergangsregierung f
care worker *Br* s Betreuer(in) für Kinder, Geisteskranke oder alte Menschen
careworn *adj* von Sorgen gezeichnet

car ferry s Autofähre f
cargo [ˈkɑːgəʊ] s ⟨*pl* -es⟩ Fracht f
cargo pants *pl* Cargohose f
car hire *Br* s Autovermietung f
car hire company *Br* s Leihwagenfirma f
Caribbean [ˌkærɪˈbiːən, *US* kæˈrɪbɪən] **A** *adj* karibisch; **~ Sea** Karibisches Meer; **a ~ island** eine Insel in der Karibik **B** s Karibik f
caricature [ˈkærɪkətjʊəʳ] **A** s Karikatur f **B** v/t karikieren
caries [ˈkɛərɪːz] s MED Karies f
caring [ˈkɛərɪŋ] *adj* *Wesen* mitfühlend; *Ehemann* liebevoll; *Gesellschaft* mitmenschlich; **~ profession** Sozialberuf m
car insurance s Kfz-Versicherung f
Carinthia [kəˈrɪnθɪə] s GEOG Kärnten n
car jack s Wagenheber m
carjacking [ˈkɑːˌdʒækɪŋ] s Carjacking n, Autoraub m
car keys *pl* Autoschlüssel *pl*
carload s **1** AUTO Wagenladung f **2** *US* BAHN Waggonladung f
car mechanic s Automechaniker(in) m(f)
carnage [ˈkɑːnɪdʒ] s Blutbad n
carnal [ˈkɑːnl] *adj* fleischlich; **~ desires** sinnliche Begierden *pl*
carnation [kɑːˈneɪʃən] s Nelke f
carnival [ˈkɑːnɪvəl] **A** s Volksfest n, Karneval m **B** *adj* ⟨*attr*⟩ Fest-, Karnevals-
carnivore [ˈkɑːnɪvɔːʳ] s Fleischfresser m
carnivorous [kɑːˈnɪvərəs] *adj* fleischfressend
carol [ˈkærəl] s Weihnachtslied n
carol singers *pl* ≈ Sternsinger *pl*
carol singing s Weihnachtssingen n
carousel [ˌkæruːˈsel] s **1** Karussell n, Ringelspiel n *österr* **2** *am Flughafen* Gepäckausgabeband n
car owner s Autohalter(in) m(f)
carp¹ [kɑːp] s Karpfen m
carp² v/i nörgeln, raunzen *österr*, sempern *österr*
car park *Br* s Parkplatz m, Parkhaus n; **~ ticket** Parkschein m
car parking s **~ facilities are available** Parkplatz vorhanden
carpenter [ˈkɑːpɪntəʳ] s Zimmermann m, Zimmerfrau f, Tischler(in) m(f)
carpentry [ˈkɑːpɪntrɪ] s Zimmerhandwerk n; *als Hobby* Tischlern n
carpet [ˈkɑːpɪt] **A** s Teppich m, Teppichboden m **B** v/t (mit Teppichen/Teppichboden) auslegen
carpet-sweeper s Teppichkehrer m
carpet tile s Teppichfliese f
car phone s Autotelefon n
carpool s **1** Fahrgemeinschaft f **2** Fuhrpark m
carport s Einstellplatz m
car radio s Autoradio n
car rental *US* s Autovermietung f

carriage ['kærɪdʒ] s **1** Kutsche f **2** Br BAHN Wagen m **3** HANDEL Beförderung f; **~ paid** frei Haus
carriageway ['kærɪdʒweɪ] Br s Fahrbahn f
carrier ['kærɪə'] s **1** Spediteur m **2** von Krankheit Überträger m **3** Flugzeugträger m **4** Br a. **~ bag** Tragetasche f
carrier pigeon s Brieftaube f
carrion ['kærɪən] s Aas n
carrot ['kærət] s Mohrrübe f; fig Köder m
carrot-and-stick adj **~ policy** Politik f von Zuckerbrot und Peitsche
carrot cake s Karottenkuchen m
carry ['kærɪ] **A** v/t **1** tragen; Geld bei sich haben; **to ~ sth about** od **around with one** etw mit sich herumtragen **2** Fahrzeug befördern; **this coach carries 30 people** dieser Bus kann 30 Personen befördern; **to ~ along** von Fluss, Lawine mitreißen, mitführen **3** fig **this job carries a lot of responsibility** dieser Posten bringt viel Verantwortung mit sich; **the offence carries a penalty of £50** darauf steht eine Geldstrafe von £ 50 **4** HANDEL Waren führen **5** TECH Rohr führen; Draht übertragen **6** **the motion was carried unanimously** der Antrag wurde einstimmig angenommen **7** **he carries himself well** er hat eine gute Haltung **8** MED **people ~ing the AIDS virus** Menschen, die das Aidsvirus in sich (dat) tragen; **to be ~ing a child** schwanger sein **9** MATH **... and ~ 2** ... übertrage od behalte 2 **B** v/i Ton tragen; **the sound of the alphorn carried for miles** der Klang des Alphorns war meilenweit zu hören
phrasal verbs mit carry:
carry away v/t ⟨trennb⟩ **1** wörtl wegtragen, hinwegtragen **2** fig **to get carried away** sich nicht mehr bremsen können umg; **don't get carried away!** übertreib's nicht!; **to be carried away by one's feelings** sich (in seine Gefühle) hineinsteigern
carry forward v/t ⟨trennb⟩ FIN vortragen
carry off v/t ⟨trennb⟩ **1** wegtragen **2** Preise gewinnen **3** **to carry it off** es hinkriegen umg
carry on A v/i **1** weitermachen; Leben weitergehen **2** umg reden und reden; (≈ Szene machen) ein Theater machen umg; **to carry on about sth** sich über etw (akk) auslassen **3** (≈ Affäre haben) etwas haben umg **B** v/t ⟨trennb⟩ **1** Tradition, Geschäft fortführen **2** Gespräch führen
carry out v/t ⟨trennb⟩ **1** wörtl heraustragen **2** fig Befehl, Arbeit ausführen; Versprechen erfüllen; Plan, Suche durchführen; Drohungen wahr machen
carry over v/t ⟨trennb⟩ FIN vortragen
carry through v/t ⟨trennb⟩ zu Ende führen
carryall US s (Einkaufs-/Reise)tasche f

carrycot Br s Babytragetasche f
carry-on umg s Theater n umg
carry-on bag s Handgepäck n
carry-on trolley case Br s, **carry-on roller** US s Kabinentrolley m
carry-out US, schott s Speisen pl/Getränke pl zum Mitnehmen; **let's get a ~** kaufen wir uns etwas zum Mitnehmen
car seat s Sitz m (im Auto)
car sharing s Carsharing n (organisierte Nutzung eines Autos von mehreren Personen)
carsick ['kɑːsɪk] adj **I used to get ~** früher wurde mir beim Autofahren immer schlecht
cart [kɑːt] **A** s **1** Karren m **2** US Einkaufswagen m; Kofferkuli m **B** v/t fig umg (mit sich) schleppen, herumschleppen
phrasal verbs mit cart:
cart away, **cart off** v/t ⟨trennb⟩ abtransportieren
carte blanche ['kɑːt'blɑːnʃ] s ⟨kein pl⟩ **to give sb ~** j-m eine Blankovollmacht geben
car technician ['kɑː tek,nɪʃn] s Mechaniker(in) m(f)
cartel [kɑːˈtel] s Kartell n
carthorse ['kɑːthɔːs] s Zugpferd n
cartilage ['kɑːtɪlɪdʒ] s Knorpel m
cartload ['kɑːtləʊd] s Wagenladung f
carton ['kɑːtən] s (Papp)karton m; Zigaretten Stange f; Milch Tüte f
cartoon [kɑːˈtuːn] s **1** Cartoon m/n, Karikatur f **2** FILM, TV (Zeichen)trickfilm m
cartoon character s Comicfigur f
cartoonist [ˌkɑːˈtuːnɪst] s **1** Karikaturist(in) m(f) **2** FILM, TV Trickzeichner(in) m(f)
cartoon strip bes Br s Cartoon m/n
cartridge ['kɑːtrɪdʒ] s für Gewehr, Stift Patrone f; FOTO Kassette f
cartridge belt s Patronengurt m
cartwheel ['kɑːtwiːl] wörtl s Wagenrad n; SPORT Rad n; **to turn** od **do ~s** Rad schlagen
carve [kɑːv] **A** v/t **1** Holz schnitzen; Stein etc (be)hauen; **~d in(to) the wood** in das Holz geschnitzt; **~d in(to) the stone** in den Stein gehauen **2** GASTR tranchieren **B** v/i GASTR tranchieren
phrasal verbs mit carve:
carve out v/t ⟨trennb⟩ **to carve out a career for oneself** sich eine Karriere aufbauen
carve up v/t ⟨trennb⟩ **1** Fleisch aufschneiden **2** fig Erbe verteilen; Land aufteilen
carvery ['kɑːvərɪ] s Büfett n
carving ['kɑːvɪŋ] s KUNST Skulptur f, Holzschnitt m
carving knife s Tranchiermesser n
carwash ['kɑːwɒʃ] s Autowaschanlage f
cascade [kæsˈkeɪd] **A** s Kaskade f; Wasserfall m

B v/i a. **~ down** (in Kaskaden) herabfallen (**onto** auf +akk)

case[1] [keɪs] s **1** Fall m; **is that the ~ with you?** ist das bei Ihnen der Fall?; **as the ~ may be** je nachdem; **in most ~s** meist(ens); **in ~ falls**; **(just) in ~** für alle Fälle; **in ~ of emergency** im Notfall; **in any ~** sowieso; **in this/that ~** in dem Fall; **to win one's ~** JUR seinen Prozess gewinnen; **the ~ for the defence** die Verteidigung; **in the ~ Higgins v Schwarz** in der Sache Higgins gegen Schwarz; **the ~ for/against capital punishment** die Argumente für/gegen die Todesstrafe; **to have a good ~** JUR gute Chancen haben durchzukommen; **there's a very good ~ for adopting this method** es spricht sehr viel dafür, diese Methode zu übernehmen; **to put one's ~** seinen Fall darlegen; **to put the ~ for sth** etw vertreten; **to be on the ~** am Ball sein **2** GRAM Fall m; **in the genitive ~** im Genitiv **3** umg (≈ Mensch) Type f umg; **a hopeless ~** ein hoffnungsloser Fall

case[2] [keɪs] s **1** Koffer m; aus Holz Kiste f; zum Ausstellen Vitrine f **2** für Brille Etui n; für CD Hülle f; für Musikinstrument Kasten m **3** TYPO **upper/lower** groß-/kleingeschrieben

case history s MED Krankengeschichte f; SOZIOL, PSYCH Vorgeschichte f

casement ['keɪsmənt] s Flügelfenster n

case study s Fallstudie f

cash [kæʃ] **A** s Bargeld n; **~ in hand** Barbestand m; **to pay (in) ~** bar bezahlen; **how much do you have in ready ~?** wie viel Geld haben Sie verfügbar?; **~ in advance** Vorauszahlung f; **~ on delivery** per Nachnahme **2** Geld n; **to be short of ~** knapp bei Kasse sein umg; **I'm out of ~** ich bin blank umg **B** v/t Scheck einlösen

phrasal verbs mit cash:

cash in A v/t ⟨trennb⟩ einlösen **B** v/i **to cash in on sth** aus etw Kapital schlagen

cash-and-carry s Cash and Carry m, Verbrauchermarkt m

cashback s Barauszahlung f (zusätzlich zu dem Preis der gekauften Ware, wenn man mit Bankkarte bezahlt); **I'd like £50 ~, please** und ich hätte gern zusätzlich £ 50 in bar

cashbook s Kassenbuch n

cash box s (Geld)kassette f

cash card s (Geld)automatenkarte f

cash desk Br s Kasse f, Kassa f österr

cash discount s Skonto m/n

cash dispenser Br s Geldautomat m

cashew [kæˈʃuː] s Cashewnuss f

cash flow A s Cashflow m **B** adj ⟨attr⟩ **cash--flow problems** Liquiditätsprobleme pl

cashier [kæˈʃɪəʳ] s Kassierer(in) m(f)

cashier's check US s Bankscheck m

cashless ['kæʃləs] adj bargeldlos

cash machine Br s Geldautomat m

cashmere ['kæʃmɪəʳ] s Kaschmir m

cash payment s Barzahlung f

cash point Br s Geldautomat m

cash price s Bar(zahlungs)preis m

cash register s Registrierkasse f

cash transaction s Bargeldtransfer m

casing ['keɪsɪŋ] s TECH Gehäuse n

casino [kəˈsiːnəʊ] s ⟨pl -s⟩ (Spiel)kasino n

cask [kɑːsk] s Fass n

casket ['kɑːskɪt] s **1** Schatulle f **2** US Sarg m

Caspian Sea ['kæspɪənˈsiː] s Kaspisches Meer

casserole ['kæsərəʊl] s GASTR Schmortopf m; **a lamb ~** eine Lammkasserolle

cassette [kæˈset] s Kassette f

cassette deck s Kassettendeck n

cassette player, cassette recorder s Kassettenrekorder m

cassette radio s Radiorekorder m

cassock ['kæsək] s Talar m

cast [kɑːst] ⟨v: prät, pperf cast⟩ **A** v/t **1** werfen; Netz auswerfen; **to ~ one's vote** seine Stimme abgeben; **to ~ one's eyes over sth** einen Blick auf etw (akk) werfen; **to ~ a shadow** einen Schatten werfen (**on** auf +akk) **2** TECH, KUNST gießen **3** THEAT **they ~ him as the villain** sie haben ihm die Rolle des Schurken gegeben **B** v/i Angeln die Angel auswerfen **C** s **1** Gipsverband m **2** THEAT Besetzung f

phrasal verbs mit cast:

cast about Br, **cast around for** v/i ⟨+obj⟩ zu finden versuchen; **he was casting about** od **around for something to say** er suchte nach Worten

cast aside v/t ⟨trennb⟩ Sorgen ablegen; j-n fallen lassen

cast back v/t ⟨trennb⟩ **to cast one's thoughts** od **mind back** seine Gedanken zurückschweifen lassen (**to** in +akk)

cast off v/t & v/i ⟨trennb⟩ **1** SCHIFF losmachen **2** Handarbeiten abketten

cast on v/t & v/i ⟨trennb⟩ Handarbeiten anschlagen

cast out liter v/t ⟨trennb⟩ vertreiben; Dämonen austreiben

castaway ['kɑːstəweɪ] s Schiffbrüchige(r) m/f(m)

caste [kɑːst] **A** s Kaste f **B** adj ⟨attr⟩ Kasten-

caster ['kɑːstəʳ] s → castor

caster sugar Br s Sandzucker m

castigate ['kæstɪgeɪt] v/t geißeln

casting s Casting n, Rollenbesetzung f

casting vote s ausschlaggebende Stimme

cast iron s Gusseisen n

cast-iron adj **1** wörtl gusseisern **2** fig Konstitution eisern; Alibi hieb- und stichfest

castle ['kɑːsl] s **1** Schloss n, Burg f **2** Schach Turm m

castoffs ['kɑːstɒfs] Br umg pl abgelegte Kleider pl; **she's one of his ~** fig umg sie ist eine seiner ausrangierten Freundinnen umg

castor ['kɑːstəʳ] s Rad n

castor oil s Rizinus(öl) n

castrate [kæs'treɪt] v/t kastrieren

castration [kæs'treɪʃən] s Kastration f

casual ['kæʒjʊl] adj **1** zufällig; Bekannter, Blick flüchtig **2** (≈ sorglos) lässig; Haltung gleichgültig; Bemerkung beiläufig; **it was just a ~ remark** das habe ich/hat er etc nur so gesagt; **he was very ~ about it** es war ihm offensichtlich gleichgültig, das hat ihn kaltgelassen umg; **the ~ observer** der oberflächliche Betrachter **3** zwanglos; Kleidung leger, Freizeit-; **a ~ shirt** ein Freizeithemd n; **he was wearing ~ clothes** er war leger gekleidet **4** Arbeit Gelegenheits-; Beziehung locker

casually ['kæʒjʊlɪ] adv **1** (≈ emotionslos) ungerührt **2** beiläufig, lässig; gekleidet leger

casualty ['kæʒjʊltɪ] s **1** Opfer n **2** Br (a. ~ **unit**) Notaufnahme f; **to go to ~** in die Notaufnahme gehen; **to be in ~** in der Notaufnahme sein

casualty ward Br s Unfallstation f

cat [kæt] s Katze f; **to let the cat out of the bag** die Katze aus dem Sack lassen; **to play a cat-and-mouse game with sb** mit j-m Katz und Maus spielen; **there isn't room to swing a cat** umg man kann sich nicht rühren(, so eng ist es); **to be like a cat on hot bricks** od **on a hot tin roof** wie auf glühenden Kohlen sitzen; **that's put the cat among the pigeons!** da hast du etc aber was (Schönes) angerichtet!; **he doesn't have a cat in hell's chance of winning** er hat nicht die geringste Chance zu gewinnen; **when** od **while the cat's away the mice will play** sprichw wenn die Katze aus dem Haus ist, tanzen die Mäuse sprichw; **has the cat got your tongue?** umg du hast wohl die Sprache verloren?

catacombs ['kætəkuːmz] pl Katakomben pl

catalogue ['kætəlɒg], **catalog** US **A** s **1** Katalog m **2** **a ~ of errors** eine Serie von Fehlern **B** v/t katalogisieren

catalyst ['kætəlɪst] s Katalysator m

catalytic converter [ˌkætəlɪtɪkkən'vɜːtəʳ] s AUTO Katalysator m

catamaran [ˌkætəmə'ræn] s Katamaran m

catapult ['kætəpʌlt] **A** s Br Schleuder f **B** v/t katapultieren

cataract ['kætərækt] s MED grauer Star

catarrh [kə'tɑːʳ] s Katarrh m

catastrophe [kə'tæstrəfɪ] s Katastrophe f; **to end in ~** in einer Katastrophe enden

catastrophic [ˌkætə'strɒfɪk] adj katastrophal

catcall s THEAT ~s pl Pfiffe und Buhrufe pl

catch [kætʃ] ⟨v: prät, pperf caught⟩ **A** v/t **1** fangen; Dieb fassen; umg (≈ erreichen) erwischen umg; **to ~ sb's arm, to ~ sb by the arm** j-n am Arm fassen; **glass which ~es the light** Glas, in dem sich das Licht spiegelt; **to ~ sight/a glimpse of sb/sth** j-n/etw erblicken; **to ~ sb's attention/eye** j-n auf sich (akk) aufmerksam machen **2** erwischen; **to ~ sb by surprise** j-n überraschen; **to be caught unprepared** nicht darauf vorbereitet sein; **to ~ sb at a bad time** j-m ungelegen kommen; **I caught him flirting with my wife** ich habe ihn (dabei) erwischt, wie er mit meiner Frau flirtete; **you won't ~ me signing any contract** umg ich unterschreibe doch keinen Vertrag; **caught in the act** auf frischer Tat ertappt; **we were caught in a storm** wir wurden von einem Unwetter überrascht; **to ~ sb on the wrong foot** od **off balance** fig j-n überrumpeln; **~ you later!** umg bis später! **3** Bus etc nehmen **4** (≈ rechtzeitig eintreffen für) Bus erreichen; **if I hurry I'll ~ the end of the movie** wenn ich mich beeile kriege ich das Ende des Films noch mit umg **5** **I caught my finger in the car door** ich habe mir den Finger in der Wagentür eingeklemmt; **he caught his foot in the grating** er ist mit dem Fuß im Gitter hängen geblieben **6** (≈ hören) mitkriegen umg **7** **to ~ an illness** sich (dat) eine Krankheit zuziehen; **he's always ~ing cold(s)** er erkältet sich leicht; **you'll ~ your death (of cold)!** du holst dir den Tod! umg; **to ~ one's breath** Luft holen; **the blow caught him on the arm** der Schlag traf ihn am Arm; **you'll ~ it!** Br umg du kannst (aber) was erleben! umg **B** v/i klemmen, sich verfangen; **her dress caught in the door** sie blieb mit ihrem Kleid in der Tür hängen **C** s **1** von Ball etc **to make a (good) ~** (gut) fangen; **he missed an easy ~** er hat einen leichten Ball nicht gefangen **2** Angeln Fang m **3** (≈ Schwierigkeit) Haken m; **there's a ~!** die Sache hat einen Haken **4** Verschluss m

[phrasal verbs mit catch:]

catch on umg v/i **1** (≈ populär werden) ankommen **2** (≈ verstehen) kapieren umg

catch out fig v/t ⟨trennb⟩ überraschen; mit Fangfrage etc hereinlegen umg

catch up A v/i aufholen; **to catch up on one's sleep** Schlaf nachholen; **to catch up on** od **with one's work** Arbeit nachholen; **to catch up with sb** j-n einholen **B** v/t ⟨trennb⟩ **1** **to catch sb up** j-n einholen **2** **to get caught up in sth** sich in etw (dat) verfangen; im Stra-

ßenverkehr in etw (akk) verwickelt werden
catch-22 [ˌkætʃtwentɪ'tuː] s **a ~ situation** umg eine Zwickmühle
catchall ['kætʃɔːl] s allgemeine Bezeichnung/Klausel etc
catcher ['kætʃəʳ] s Fänger(in) m(f)
catching adj MED, a. fig ansteckend
catchment area ['kætʃmənt,ɛərɪə] s Einzugsgebiet n
catch phrase s Slogan m
catch-up service TV, RADIO, IT Mediathek f
catchword ['kætʃwɜːd] s Schlagwort n
catchy ['kætʃɪ] adj ⟨komp catchier⟩ Melodie eingängig; Titel einprägsam
catechism ['kætɪkɪzəm] s Katechismus m
categorical [ˌkætɪ'gɒrɪkəl] adj kategorisch; **he was quite ~ about it** er hat das mit Bestimmtheit gesagt
categorically [ˌkætɪ'gɒrɪkəlɪ] adv behaupten, abstreiten kategorisch; etw sagen mit Bestimmtheit
categorize ['kætɪgəraɪz] v/t kategorisieren
category ['kætɪgərɪ] s Kategorie f

phrasal verbs mit category:

cater for v/i ⟨+obj⟩ **1** mit Speisen und Getränken versorgen **2** ausgerichtet sein auf (+akk); (a. **cater to**) Bedürfnisse, Geschmack gerecht werden (+dat)
caterer ['keɪtərəʳ] s Lieferfirma f für Speisen und Getränke, Partyservice m
catering s Versorgung f mit Speisen und Getränken (**for** +gen); **who's doing the ~?** wer liefert das Essen und die Getränke?; **~ trade** (Hotel- und) Gaststättengewerbe n
catering service ['keɪtərɪŋ,sɜːvɪs] s Partyservice m
caterpillar ['kætəpɪləʳ] s ZOOL Raupe f
catfish s Wels m, Katzenfisch m
cat flap s Katzenklappe f
cathartic [kə'θɑːtɪk] adj Philosophie, a. LIT kathartisch
cathedral [kə'θiːdrəl] s Dom m, Kathedrale f; **~ town/city** Domstadt f
catheter ['kæθɪtəʳ] s Katheter m
cathode-ray tube [ˌkæθəud'reɪtjuːb] s Kat(h)odenstrahlröhre f
Catholic ['kæθəlɪk] **A** adj KIRCHE katholisch; **the ~ Church** die katholische Kirche **B** s Katholik(in) m(f)
Catholicism [kə'θɒlɪsɪzəm] s Katholizismus m
catkin s BOT Kätzchen n
cat litter s Katzenstreu f
catnap **A** s **to have a ~** ein Nickerchen n machen umg **B** v/i dösen
CAT scan ['kæt,skæn] s Computertomografie f
Catseye® ['kæts,aɪ] s Br AUTO Katzenauge n
catsup ['kætsəp] US s → ketchup

cattle ['kætl] pl Rindvieh n; **500 head of ~** 500 Rinder
cattle drive s Viehtrieb m
cattle-grid s, **cattle guard** US s Weiderost m
cattle market s Viehmarkt m
cattle shed s Viehstall m
cattle truck s BAHN Viehwagen m
catty ['kætɪ] adj ⟨komp cattier⟩ gehässig
catwalk ['kætwɔːk] s Laufsteg m
Caucasian [kɔː'keɪzɪən] **A** adj kaukasisch **B** s Kaukasier(in) m(f)
caucus ['kɔːkəs] US s Sitzung f
caught [kɔːt] prät & pperf → catch
cauldron ['kɔːldrən] s großer Kessel
cauliflower ['kɒlɪflauəʳ] s Blumenkohl m, Karfiol m österr
cause [kɔːz] **A** s **1** Ursache f (**of** für); **~ and effect** Ursache und Wirkung; **what was the ~ of the fire?** wodurch ist das Feuer entstanden? **2** Grund m; **the ~ of his failure** der Grund für sein Versagen; **with (good) ~** mit (triftigem) Grund; **there's no ~ for alarm** es besteht kein Grund zur Aufregung; **you have every ~ to be worried** du hast allen Anlass zur Sorge **3** (≈ Zweck) Sache f; **to work for** od **in a good ~** sich für eine gute Sache einsetzen; **he died for the ~ of peace** er starb für den Frieden; **it's all in a good ~** es ist für eine gute Sache **B** v/t verursachen; hervorrufen; **to ~ sb grief** j-m Kummer machen; **to ~ sb to do sth** form j-n veranlassen, etw zu tun form
causeway ['kɔːzweɪ] s Damm m
caustic ['kɔːstɪk] adj CHEM, a. fig ätzend; Bemerkung bissig
caustic soda s Ätznatron n
caution ['kɔːʃən] **A** s **1** Vorsicht f; **"caution!"** „Vorsicht!"; **to act with ~** Vorsicht walten lassen **2** Warnung f; offiziell Verwarnung f **B** v/t **to ~ sb** j-n warnen (**against** vor +dat); offiziell j-n verwarnen; **to ~ sb against doing sth** j-n davor warnen, etw zu tun
cautious ['kɔːʃəs] adj vorsichtig; **to give sth a ~ welcome** etw mit verhaltener Zustimmung aufnehmen
cautiously ['kɔːʃəslɪ] adv vorsichtig; **~ optimistic** verhalten optimistisch
cavalcade [ˌkævəl'keɪd] s Kavalkade f
cavalier [ˌkævə'lɪəʳ] adj unbekümmert
cavalry ['kævəlrɪ] s Kavallerie f
cavalry officer s Kavallerieoffizier m
cave [keɪv] s Höhle f

phrasal verbs mit cave:

cave in v/i **1** einstürzen **2** umg nachgeben
caveman s ⟨pl -men⟩ Höhlenmensch m
cave painting s Höhlenmalerei f
cavern ['kævən] s Höhle f

cavernous ['kævənəs] *adj* tief
caviar(e) ['kævɪɑːʳ] *s* Kaviar *m*
cavity ['kævɪtɪ] *s* Hohlraum *m*; *in Zahn* Loch *n*; **nasal ~** Nasenhöhle *f*
cavity wall *s* Hohlwand *f*; **~ insulation** Schaumisolierung *f*
cayenne pepper ['keɪən'pepəʳ] *s* Cayennepfeffer *m*
CBE *Br abk* (= Commander of the Order of the British Empire) *britischer Verdienstorden*
CBI *Br abk* (= Confederation of British Industry) ≈ BDI *m*
CBS *abk* (= Columbia Broadcasting) CBS
cc[1] *abk* (= cubic centimetre) cc, cm³
cc[2] *abk* (= carbon copy) Kopie *f*; **cc:** ... Kopie (an): ...
CCTV *abk* (= closed-circuit television) Videoüberwachung *f*; Überwachungskamera *f*
CCTV image *s* Bild/Foto der Videoüberwachung
CD *s abk* (= compact disc) CD *f*; **CD burner** CD-Brenner *m*; **CD player** CD-Spieler *m*; **CD writer** CD-Brenner *m*
CD-R *s abk* (= compact disk - recordable) COMPUT CD-R *f*, (einmal) beschreibbare CD
CD-ROM ['siː'diː'rɒm] *s abk* (= compact disk - read only memory) CD-ROM *f*; **~ drive** CD-ROM-Laufwerk *n*
CD-RW *s abk* (= compact disk - rewritable) COMPUT CD-RW *f*, wiederbeschreibbare CD
CDT *US abk* (= Central Daylight Time) *minus sechs Stunden mitteleuropäischer Zeit*
cease [siːs] **A** *v/i* enden; *Lärm* verstummen **B** *v/t* beenden; *Feuer, Geschäftstätigkeit* einstellen; **to ~ doing sth** aufhören, etw zu tun
cease-fire [siːs'faɪəʳ] *s* Feuerpause *f*, Waffenruhe *f*
ceaseless *adj* endlos
ceaselessly *adv* unaufhörlich
cedar ['siːdəʳ] *s* **1** Zeder *f* **2** (*a.* **~wood**) Zedernholz *n*
cede [siːd] *v/t Territorium* abtreten (**to an** +*akk*)
ceilidh ['keɪlɪ] *Musik- und Tanzveranstaltung, vor allem in Schottland und Irland*
ceiling ['siːlɪŋ] *s* **1** (*Zimmer*)decke *f* **2** *fig* Höchstgrenze *f*, Plafond *m schweiz*
celeb [sə'leb] *s umg* Promi *m/f*
celebrate ['selɪbreɪt] **A** *v/t* **1** feiern **2** *Messe* zelebrieren; *Kommunion* feiern **B** *v/i* feiern
celebrated *adj* gefeiert (**for** wegen)
celebration [ˌselɪ'breɪʃən] *s* **1** Feier *f*, Feiern *fpl*; **in ~ of** zur Feier (+*gen*) **2** *von Messe* Zelebration *f*; *von Kommunion* Feier *f*
celebratory [ˌselɪ'breɪtərɪ] *adj Mahlzeit, Drink* zur Feier des Tages
celebrity [sɪ'lebrɪtɪ] *s* Berühmtheit *f*
celebrity chef *s* Starkoch *m*, Starköchin *f*

celeriac [sə'lerɪæk] *s* (Knollen)sellerie *f*
celery ['selərɪ] *s* Stangensellerie *m/f*; **three stalks of ~** drei Stangen Sellerie
celestial [sɪ'lestɪəl] *adj* ASTRON Himmels-
celibacy ['selɪbəsɪ] *s* Zölibat *n/m*
celibate ['selɪbɪt] *adj* REL keusch
cell [sel] *s* **1** Zelle *f*; **~ wall** Zellwand *f* **2** *US umg* → cellphone
cellar ['selaʳ] *s* Keller *m*
cellist ['tʃelɪst] *s* Cellist(in) *m(f)*
cello ['tʃeləʊ] *s* ⟨*pl* -s⟩ Cello *n*; **to play the ~** Cello spielen
Cellophane® ['seləfeɪn] *s* Cellophan® *n*
cell phone *US s* Handy *n*, Mobiltelefon *n*
cell phone camera *US s* Handykamera *f*
cell phone case *US s* Handyhülle *f*
cell phone number *US s* Handynummer *f*
cell phone reception *US s* Handyempfang *m*; **we couldn't get ~** wir hatten kein Netz
cellular ['seljʊləʳ] *adj* zellular, Zell-
cellular phone *US s* Mobiltelefon *n*
cellulite ['seljʊˌlaɪt] *s* Cellulitis *f*
celluloid ['seljʊlɔɪd] *s* Zelluloid *n*
cellulose ['seljʊləʊs] *s* Zellstoff *m*
Celsius ['selsɪəs] *adj* Celsius-; **30 degrees ~** 30 Grad Celsius
Celt [kelt, selt] *s* Kelte *m*, Keltin *f*
Celtic ['keltɪk, 'seltɪk] *adj* keltisch
cement [sə'ment] **A** *s* Zement *m* **B** *v/t* zementieren; *fig* festigen
cement mixer *s* Betonmischmaschine *f*
cemetery ['semɪtrɪ] *s* Friedhof *m*
cenotaph ['senətɑːf] *s* Mahnmal *n*
censor ['sensəʳ] **A** *s* Zensor *m* **B** *v/t* zensieren
censorship *s* Zensur *f*; **press ~, ~ of the press** Pressezensur *f*
census ['sensəs] *s* Volkszählung *f*
cent [sent] *s* Cent *m*; **thirty ~s** dreißig Cent; **I haven't a ~** *US* ich habe keinen Cent
centenary [sen'tiːnərɪ] *s* hundertster Jahrestag
centennial [sen'tenɪəl] *bes US s* Hundertjahrfeier *f*
center *US s* → centre
centigrade ['sentɪgreɪd] *adj* Celsius-; **one degree ~** ein Grad Celsius
centilitre ['sentɪˌliːtəʳ] *s*, **centiliter** *US s* Zentiliter *m/n*
centimetre ['sentɪˌmiːtəʳ] *s*, **centimeter** *US s* Zentimeter *m/n*
centipede ['sentɪpiːd] *s* Tausendfüßler *m*
central ['sentrəl] *adj* **1** zentral, Zentral-, Haupt-; **the ~ area of the city** das Innenstadtgebiet; **~ London** das Zentrum von London **2** *fig* wesentlich; *Bedeutung, Thema* zentral; **to be ~ to sth** das Wesentliche an etw (*dat*) sein
Central African Republic *s* Zentralafrikani-

sche Republik
Central America s Mittelamerika n
Central American adj mittelamerikanisch
central bank s FIN Zentral(noten)bank f
Central Europe s Mitteleuropa n
Central European adj mitteleuropäisch
Central European Time s mitteleuropäische Zeit
central government s Zentralregierung f
central heating s Zentralheizung f
centralization [ˌsentrəlaɪˈzeɪʃən] s Zentralisierung f
centralize [ˈsentrəlaɪz] v/t zentralisieren
central locking [ˌsentrəlˈlɒkɪŋ] s Zentralverriegelung f
centrally [ˈsentrəlɪ] adv zentral; ~ **heated** zentralbeheizt
central nervous system s Zentralnervensystem n
central processing unit s COMPUT Zentraleinheit f
central reservation Br s Mittelstreifen m
Central Standard Time s Central Standard Time f
central station s Hauptbahnhof m
centre [ˈsentəʳ], **center** US **A** s **1** Zentrum n **2** a. POL Mitte f; von Kreis Mittelpunkt m; von Ort Stadtmitte f, Zentrum n; ~ **of gravity** Schwerpunkt m; **she always wants to be the ~ of attention** sie will immer im Mittelpunkt stehen; **the man at the ~ of the controversy** der Mann im Mittelpunkt der Kontroverse; **left of ~** POL links der Mitte; **party of the ~** Partei f der Mitte **B** v/t **1** zentrieren **2** **to be ~d on sth** sich auf etw (akk) konzentrieren
phrasal verbs mit centre:
centre around v/i ⟨+obj⟩ Gedanken kreisen um; **village life centres around the pub** die Kneipe ist der Mittelpunkt des Dorflebens
centre (up)on v/i ⟨+obj⟩ sich konzentrieren auf (+akk)
centre back s, **center back** US s SPORT Vorstopper(in) m(f)
centrefold s, **centerfold** US s doppelseitiges Bild in der Mitte einer Zeitschrift
centre forward obs s, **center forward** US obs s SPORT Mittelstürmer(in) m(f)
centre half obs s, **center half** US obs s SPORT Stopper(in) m(f)
centre party s, **center party** US s Partei f der Mitte
centrepiece s, **centerpiece** US fig s von Treffen, Rede Kernstück n; von Roman, Arbeit Herzstück n; von Konzert, Show Hauptattraktion f
centrifugal [ˌsentrɪˈfjuːɡəl] adj ~ **force** Fliehkraft f

century [ˈsentjʊrɪ] s Jahrhundert n; **in the twentieth ~** im zwanzigsten Jahrhundert, im 20. Jahrhundert
CEO abk (= chief executive officer) Generaldirektor(in) m(f)
ceramic [sɪˈræmɪk] adj keramisch
ceramics s **1** (≈ Kunst) Keramik f **2** (≈ Artikel) Keramik f, Keramiken pl
cereal [ˈsɪərɪəl] s **1** Getreide n **2** Frühstücksflocken pl, Zerealien pl
cerebral [ˈserɪbrəl] adj ~ **palsy** zerebrale Lähmung
ceremonial [ˌserɪˈməʊnɪəl] adj zeremoniell
ceremonious [serɪˈməʊnjəs] adj zeremoniell, förmlich
ceremoniously [ˌserɪˈməʊnɪəslɪ] adv mit großem Zeremoniell
ceremony [ˈserɪmənɪ] s **1** Zeremonie f **2** Förmlichkeit f, Förmlichkeiten pl; **to stand on ~** förmlich sein
cert[1] [sɜːt] abk (= certificate) Bescheinigung f
cert[2] [sɜːt] Br umg s **a (dead) ~** eine todsichere Sache umg
certain [ˈsɜːtən] **A** adj **1** sicher, gewiss; **are you ~ of** od **about that?** sind Sie sich (dat) dessen sicher?; **is he ~?** weiß er das genau?; **I don't know for ~, but ...** ich bin mir nicht ganz sicher, aber ...; **I can't say for ~** ich kann das nicht genau sagen; **he is ~ to come** er wird ganz bestimmt kommen; **to make ~ of sth** sich einer Sache vergewissern; **be ~ to tell him** vergessen Sie bitte nicht, ihm das zu sagen **2** ⟨attr⟩ gewiss; Bedingungen bestimmt; **a ~ gentleman** ein gewisser Herr; **to a ~ extent** od **degree** in gewisser Hinsicht; **of a ~ age** in einem gewissen Alter **B** pron einige; ~ **of you** einige von euch
certainly [ˈsɜːtənlɪ] adv sicher(lich), bestimmt; ~ **not!** ganz bestimmt nicht; **I ~ will not!** ich denke nicht daran!; ~**!** sicher!
certainty [ˈsɜːtəntɪ] s Gewissheit f; **his success is a ~** er wird mit Sicherheit Erfolg haben; **it's a ~ that ...** es ist absolut sicher, dass ...
certifiable [ˌsɜːtɪˈfaɪəbl] umg adj nicht zurechnungsfähig
certificate [səˈtɪfɪkɪt] s Bescheinigung f, Urkunde f, Zeugnis n; FILM Freigabe f
certified mail US s Einschreiben n
certify [ˈsɜːtɪfaɪ] v/t bescheinigen; JUR beglaubigen; **this is to ~ that ...** hiermit wird bestätigt, dass ...; **she was certified dead** sie wurde für tot erklärt; **the painting has been certified (as) genuine** das Gemälde wurde als echt erklärt
certitude [ˈsɜːtɪtjuːd] s Sicherheit f, Gewissheit f
cervical cancer [ˈsɜːvɪkəl-, səˈvaɪkəl-] s Gebärmutterhalskrebs m

cervical smear s Abstrich m
Cesarean, Cesarian [siːˈzɛərɪən] US s → Caesarean
cessation [seˈseɪʃən] s Ende n; *von Feindseligkeiten* Einstellung f
cesspit [ˈsespɪt], **cesspool** [ˈsespuːl] s Jauchegrube f, Güllengrube f *schweiz*
CET *abk* (= Central European Time) MEZ
cf *abk* (= confer) vgl.
CFC *abk* (= chlorofluorocarbon) FCKW m
CGI *abk* (= computer-generated imagery) computergenerierte Grafikeffekte pl
chador [tʃæˈdɔː] s Ganzkörperschleier Tschador m
chafe [tʃeɪf] **A** v/t (auf)scheuern; **his shirt ~d his neck** sein (Hemd)kragen scheuerte (ihn) **B** v/i **1** sich aufscheuern **2** *fig* sich ärgern (**at, against** über +*akk*)
chaffinch [ˈtʃæfɪntʃ] s Buchfink m
chain [tʃeɪn] **A** s Kette f, (Berg)kette f; **~ of shops** Ladenkette f; **~ of events** Kette von Ereignissen; **~ of command** MIL Befehlskette f; *in Firma* Weisungskette f **B** v/t anketten; **to ~ sb/sth to sth** j-n/etw an etw (*akk*) ketten

> phrasal verbs mit chain:
> **chain up** v/t ⟨*trennb*⟩ *Gefangenen* in Ketten legen; *Hund* an die Kette legen

chain letter s Kettenbrief m
chain mail s Kettenhemd n
chain reaction s Kettenreaktion f
chain saw s Kettensäge f
chain-smoke v/i kettenrauchen
chain smoker s Kettenraucher(in) m(f)
chain store s Kettenladen m
chair [tʃɛə] **A** s **1** Stuhl m, Sessel m *österr*; Sessel m, Fauteuil m *österr*; **please take a ~** bitte nehmen Sie Platz! **2** *in Ausschuss etc* Vorsitz m; **to be in/take the ~** den Vorsitz führen **3** UNIV Lehrstuhl m (**of** für) **4** *US umg* **the ~** der elektrische Stuhl **B** v/t den Vorsitz führen bei
chairlift s Sessellift m
chairman s ⟨*pl* -men⟩ Vorsitzende(r) m/f(m); **Mr/Madam Chairman** Herr Vorsitzender/Frau Vorsitzende
chairmanship s Vorsitz m
chairperson s Vorsitzende(r) m/f(m)
chairwoman s ⟨*pl* -women⟩ Vorsitzende f
chalet [ˈʃæleɪ] s Chalet n
chalk [tʃɔːk] s Kreide f; **not by a long ~** *Br umg* bei Weitem nicht; **they're as different as ~ and cheese** *Br* sie sind (so verschieden) wie Tag und Nacht
challenge [ˈtʃælɪndʒ] **A** s **1** Herausforderung f (**to** an +*akk*); *fig* Anforderung f, Anforderungen *pl*; **to issue a ~ to sb** j-n herausfordern; **this job is a ~** bei dieser Arbeit ist man gefordert; **I see this task as a ~** ich sehe diese Aufgabe als Herausforderung; **those who rose to** *od* **met the ~** diejenigen, die sich der Herausforderung stellten **2** *nach Führungsposten etc* Griff m (**for** nach); **a direct ~ to his authority** eine direkte Infragestellung seiner Autorität **B** v/t **1** *zu Rennen etc* herausfordern; **to ~ sb to do sth** wetten, dass j-d etw (nicht tun) kann; **to ~ sb to a duel** j-n zum Duell fordern; **to ~ sb to a game** j-n zu einer Partie herausfordern **2** *fig* fordern **3** *fig* j-s Autorität infrage stellen
-challenged [-ˈtʃælɪndʒd] *mst hum adj* ⟨*suf*⟩ **vertically-challenged** zu kurz geraten *hum*; **intellectually-challenged** geistig minderbemittelt *umg*
challenger [ˈtʃælɪndʒə] s Herausforderer m, Herausforderin f
challenging [ˈtʃælɪndʒɪŋ] *adj* **1** herausfordernd **2** anspruchsvoll
chamber [ˈtʃeɪmbə] s **1** *obs* Gemach n *obs* **2** **Chamber of Commerce** Handelskammer f; **the Upper/Lower Chamber** PARL die Erste/Zweite Kammer
chambermaid s Zimmermädchen n
chamber music s Kammermusik f
chamber orchestra s Kammerorchester n
chamber pot s Nachttopf m
chameleon [kəˈmiːlɪən] s ZOOL, *a. fig* Chamäleon n
champagne [ʃæmˈpeɪn] s Champagner m; **~ glass** Champagnerglas n
champion [ˈtʃæmpjən] **A** s **1** SPORT Meister(in) m(f); **~s** (≈ *Team*) Meister m; **world ~** Weltmeister(in) m(f); **heavyweight ~ of the world** Weltmeister m im Schwergewicht **2** *von Sache* Verfechter(in) m(f) **B** v/t eintreten für
championship [ˈtʃæmpjənʃɪp] s **1** SPORT Meisterschaft f **2** **~s** *pl* Meisterschaftskämpfe *pl*
chance [tʃɑːns] **A** s **1** Zufall m, Glück n; **by ~** zufällig; **would you by any ~ be able to help?** könnten Sie mir vielleicht behilflich sein? **2** Chance f, Chancen *pl*; Möglichkeit f; **(the) ~s are that …** wahrscheinlich …; **what are the ~s of his coming?** wie groß ist die Wahrscheinlichkeit, dass er kommt?; **is there any ~ of us meeting again?** könnten wir uns vielleicht wiedersehen?; **he doesn't stand** *od* **hasn't got a ~** er hat keine(rlei) Chance(n); **he has a good ~ of winning** er hat gute Aussicht zu gewinnen; **to be in with a ~** eine Chance haben; **no ~!** *umg* nee! *umg*; **you won't get another ~** das ist eine einmalige Gelegenheit; **I had the ~ to go** *od* **of going** ich hatte (die) Gelegenheit, dahin zu gehen; **now's your ~!** das ist deine Chance!; **to take one's ~** etw wagen **3** Risiko n; **to take a ~** es darauf ankommen lassen; **he's not taking any**

~s er geht kein Risiko ein **B** *adj* ⟨*attr*⟩ zufällig; ~ **meeting** zufällige Begegnung **C** *v/t* **I'll ~ it!** *umg* ich versuchs mal *umg*

phrasal verbs mit chance:

chance (up)on *v/i* ⟨*+obj*⟩ zufällig treffen, zufällig stoßen auf (*+akk*)

chancellor ['tʃɑːnsələʳ] *s* Kanzler(in) *m(f)*; **Chancellor (of the Exchequer)** *Br* Finanzminister(in) *m(f)*; *Br* Schatzkanzler(in) *m(f)*

chandelier [ˌʃændə'lɪəʳ] *s* Kronleuchter *m*

change [tʃeɪndʒ] **A** *s* **1** Veränderung *f*, Änderung *f* (**to** *+gen*); **a ~ for the better/worse** eine Verbesserung/Verschlechterung; **~ of address** Adressenänderung *f*; **a ~ in the weather** eine Wetterveränderung; **no ~** unverändert; **I need a ~ of scene** ich brauche Tapetenwechsel; **to make ~s (to sth)** (an etw *dat*) (Ver)änderungen *pl* vornehmen; **I didn't have a ~ of clothes with me** ich hatte nichts zum Wechseln mit **2** Abwechslung *f*; **(just) for a ~** zur Abwechslung (mal); **that makes a ~** das ist mal was anderes **3** Wechsel *m*; **a ~ of government** ein Regierungswechsel *m* **4** ⟨*kein pl*⟩ Wechselgeld *n*, Kleingeld *n*; **can you give me ~ for a pound?** können Sie mir ein Pfund wechseln?; **I haven't got any ~** ich habe kein Kleingeld; **you won't get much ~ out of £5** von £ 5 wird wohl nicht viel übrig bleiben; **keep the ~** der Rest ist für Sie **B** *v/t* **1** wechseln; *Adresse, Namen* ändern; **to ~ trains** *etc* umsteigen; **to ~ one's clothes** sich umziehen; **to ~ a wheel/the oil** ein Rad/das Öl wechseln; **to ~ a baby's nappy** *Br*, **to ~ a baby's diaper** *US* (bei einem Baby) die Windeln wechseln; **to ~ the sheets** *od* **the bed** die Bettwäsche wechseln; **to ~ hands** den Besitzer wechseln; **she ~d places with him** er und sie tauschten die Plätze; **to ~ stations** RADIO umschalten **2** (ver)ändern; *j-n, Ideen* ändern; (≈ *transformieren*) verwandeln; **to ~ sb/sth into sth** j-n/etw in etw (*akk*) verwandeln **3** umtauschen; **she ~d the dress for one of a different colour** sie tauschte das Kleid gegen ein andersfarbiges um **4** *Br* AUTO **to ~ gear** schalten **C** *v/i* **1** sich ändern; *Ampel* umspringen (**to** auf *+akk*); **to ~ from sth into ...** aus etw in ... (*akk*) verwandeln **2** sich umziehen; **she ~d into an old skirt** sie zog sich einen alten Rock an; **I'll just ~ out of these old clothes** ich muss mir noch die alten Sachen ausziehen **3** umsteigen; **all ~!** alle aussteigen! **4 to ~ to a different system** auf ein anderes System umstellen; **I ~d to philosophy from chemistry** ich habe von Chemie zu Philosophie gewechselt

phrasal verbs mit change:

change around *v/t* ⟨*trennb*⟩ → change round

change down *v/i Br* AUTO in einen niedrigeren Gang schalten

change over A *v/i* **1** sich umstellen (**to** auf *+akk*); **we have just changed over from gas to electricity** hier *od* bei uns ist gerade von Gas auf Strom umgestellt worden **2** *zu anderer Tätigkeit etc* wechseln **B** *v/t* ⟨*trennb*⟩ austauschen

change round *bes Br* **A** *v/i* → change over A **B** *v/t* ⟨*trennb*⟩ Zimmer umräumen; *Möbel* umstellen

change up *v/i Br* AUTO in einen höheren Gang schalten

changeable ['tʃeɪndʒəbl] *adj Charakter* unbeständig; *Wetter* wechselhaft; *Stimmung* wechselnd

change machine *s* Geldwechsler *m*

changeover ['tʃeɪndʒəʊvəʳ] *s* Umstellung *f* (**to** auf *+akk*)

changing ['tʃeɪndʒɪŋ] *adj* wechselnd

changing room *s* Ankleideraum *m*; SPORT Umkleideraum *m*

channel ['tʃænl] **A** *s* **1** Kanal *m*; TV, RADIO *a.* Sender *m*, Programm *n*; **the (English) Channel** der Ärmelkanal **2** ⟨*mst pl*⟩ *fig von Bürokratie etc* Dienstweg *m*; *von Informationen etc* Kanal *m*; **to go through the official ~s** den Dienstweg gehen **3** Furche *f* **B** *v/t* **1** *Wasser* (hindurch)leiten **2** *fig* lenken (**into** auf *+akk*)

Channel ferry *Br s* Kanalfähre *f*

channel-hopping *s Br* TV *umg* Zappen *n umg*

Channel Islands *pl* Kanalinseln *pl*

channel search *s* TV Sendersuchlauf *m*

channel-surfing *s bes US* TV *umg* → channel-hopping

Channel Tunnel *s* Kanaltunnel *m*

chant [tʃɑːnt] **A** *s* Gesang *m*; *von Fußballfans etc* Sprechchor *m* **B** *v/t* im (Sprech)chor rufen; KIRCHE singen **C** *v/i* Sprechchöre anstimmen; KIRCHE singen

chaos ['keɪɒs] *s* Chaos *n*; **complete ~** ein totales Durcheinander

chaotic [keɪ'ɒtɪk] *adj* chaotisch

chap¹ [tʃæp] *v/t* spröde machen; **~ped lips** aufgesprungene Lippen *pl*

chap² *Br umg s* Typ *m umg*

chapel ['tʃæpl] *s* Kapelle *f*

chaperon(e) ['ʃæpərəʊn] **A** *s* Anstandsdame *f* **B** *v/t* Anstandsdame spielen bei

chaplain ['tʃæplɪn] *s* Kaplan *m*

chaplaincy ['tʃæplənsɪ] *s* Dienstäume *pl* eines Kaplans

chapter ['tʃæptəʳ] *s* Kapitel *n*

char [tʃɑːʳ] *v/t* verkohlen

character ['kærɪktəʳ] *s* **1** Charakter *m*; *von Mensch* Wesen *n kein pl*; **it's out of ~ for him**

to do that es ist eigentlich nicht seine Art, so etwas zu tun; **to be of good/bad ~** ein guter/schlechter Mensch sein; **she has no ~** sie hat keine eigene Note **2** (Roman)figur *f*; THEAT Gestalt *f* **3** (≈ *Mensch*) Original *n*; *umg* Typ *m umg* **4** TYPO, IT Zeichen *n*

characteristic [ˌkærɪktəˈrɪstɪk] **A** *adj* charakteristisch (**of** für) **B** *s* (typisches) Merkmal, Charaktereigenschaft *f*

characteristically [kærəktəˈrɪstɪklɪ] *adv* in charakteristischer Weise, typischerweise

characterization [ˌkærɪktəraɪˈzeɪʃən] *s* Personenbeschreibung *f*, Charakterisierung *f*

characterize [ˈkærɪktəraɪz] *v/t* charakterisieren; beschreiben

character set *s* IT Zeichensatz *m*

character space *s* IT Zeichenplatz *m*

charade [ʃəˈrɑːd] *s* Scharade *f*; *fig* Farce *f*

char-broiled [ˈtʃɑːˌbrɔɪld] *US adj* → char-grilled

charcoal [ˈtʃɑːkəʊl] *s* **1** Holzkohle *f* **2** KUNST Kohle *f*, Kohlestift *m*; Kohlezeichnung *f*

charge [tʃɑːdʒ] **A** *s* **1** JUR Anklage *f* (**of** wegen); **convicted on all three ~s** in allen drei Anklagepunkten für schuldig befunden; **on a ~ of murder** wegen Mordverdachts **2** Angriff *m* **3** Gebühr *f*; **what's the ~?** was kostet das?; **to make a ~ (of £5) for sth** (£ 5 für) etw berechnen; **there's an extra ~ for delivery** die Lieferung wird zusätzlich berechnet; **free of ~** kostenlos, gratis; **delivered free of ~** Lieferung frei Haus **4** (Spreng)ladung *f*; ELEK, PHYS Ladung *f* **5** **to be in ~** die Verantwortung haben; **who is in ~ here?** wer ist hier der/die Verantwortliche?; **to be in ~ of sth** für etw die Verantwortung haben; *Abteilung* etw leiten; **to put sb in ~ of sth** j-m die Verantwortung für etw übertragen; *von Abteilung* j-m die Leitung von etw übertragen; **the children were placed in their aunt's ~** die Kinder wurden der Obhut der Tante anvertraut; **to take ~ of sth** etw übernehmen; **he took ~ of the situation** er nahm die Sache in die Hand **B** *v/t* **1** JUR anklagen; *fig* beschuldigen; **to ~ sb with sth** j-n wegen etw anklagen; *fig* j-n wegen etw beschuldigen; **to ~ sb with doing sth** j-m vorwerfen, etw getan zu haben **2** (≈ *angreifen*) stürmen **3** *Gebühr* berechnen; **I won't ~ you for that** ich berechne Ihnen nichts dafür **4** in Rechnung stellen; **to ~ sb a sum of money** j-m einen Geldbetrag in Rechnung stellen; **please ~ all these purchases to my account** bitte setzen Sie diese Einkäufe auf meine Rechnung **5** *Batterie* (auf)laden **6** *form* **to ~ sb with sth** j-n mit etw beauftragen **C** *v/i* **1** stürmen, angreifen (**at sb** j-n); **~!** vorwärts! **2** *umg* rennen; **he ~d into the room** er stürmte ins Zimmer

chargeable [ˈtʃɑːdʒəbl] *adj* **to be ~ to sb** auf j-s Kosten (*akk*) gehen

charge account *US s* Kunden(kredit)konto *n*

charge card *s* Kundenkreditkarte *f*

charged [tʃɑːdʒd] *adj* geladen

chargé d'affaires [ˈʃɑːʒeɪdæˈfeəʳ] *s* Chargé d'affaires *m*

charger [ˈtʃɑːdʒəʳ] *s* für *Batterie, Handy etc* Ladegerät *n*

charging point [ˈtʃɑːdʒɪŋ] *s* für *Elektroautos etc* Ladestation *f*

charging station *s* Ladestation *f*

charging time *s* für *Elektrofahrzeuge usw* Ladezeit *f*

char-grilled [ˈtʃɑːˌɡrɪld] *Br adj* vom Holzkohlengrill

chariot [ˈtʃærɪət] *s* Streitwagen *m liter*

charisma [kæˈrɪzmə] *s* Charisma *n*

charismatic [ˌkærɪzˈmætɪk] *adj* charismatisch

charitable [ˈtʃærɪtəbl] *adj* menschenfreundlich; *Organisation* karitativ; **to have ~ status** als gemeinnützig anerkannt sein

charity [ˈtʃærɪtɪ] *s* **1** Menschenfreundlichkeit *f* **2** Barmherzigkeit *f* **3** **to live on ~** von Almosen leben **4** karitative Organisation, Wohltätigkeitsorganisation *f*; **to work for ~** für wohltätige Zwecke arbeiten; **a collection for ~** eine Sammlung für wohltätige Zwecke

charlady [ˈtʃɑːˌleɪdɪ] *Br obs s* Reinemache- *od* Putzfrau *f*

charlatan [ˈʃɑːlətən] *s* Scharlatan *m*

charm [tʃɑːm] **A** *s* **1** Charme *m kein pl*; **feminine ~s** (weibliche) Reize *pl*; **to turn on the ~** seinen (ganzen) Charme spielen lassen **2** Bann *m* **3** Talisman *m* **B** *v/t* bezaubern; **to ~ one's way out of sth** sich mit Charme vor etw (*dat*) drücken

charming [ˈtʃɑːmɪŋ] *adj* charmant; **~!** *iron* wie reizend! *iron*

chart [tʃɑːt] **A** *s* **1** Tabelle *f*, Diagramm *n*, Karte *f*; **on a ~** in einer Tabelle/einem Diagramm **2** **~s** *pl* (≈ *Top Twenty*) Charts *pl* **B** *v/t* Fortschritt auswerten

charter [ˈtʃɑːtəʳ] **A** *s* Charta *f*; *von Stadt* Gründungsurkunde *f* **B** *v/t* Flugzeug chartern

chartered accountant [ˌtʃɑːtədəˈkaʊntənt] *Br s* staatlich geprüfter Bilanzbuchhalter, staatlich geprüfte Bilanzbuchhalterin

charter flight *s* Charterflug *m*

charter plane *s* Charterflugzeug *n*

charwoman [ˈtʃɑːˌwʊmən] *obs s* ⟨*pl* -women [-wɪmɪn]⟩ *Br* → charlady

chase [tʃeɪs] **A** *s* Verfolgungsjagd *f*; **a car ~** eine Verfolgungsjagd im Auto; **to give ~** die Verfolgung aufnehmen; **to cut to the ~** *bes US umg* zum Kern der Sache kommen **B** *v/t* jagen, verfolgen; *Mädchen* nachlaufen **C** *v/i* **to ~ after sb** hinter j-m herrennen, j-m nachlaufen; *in Auto* hinter j-m herrasen *umg;* **to ~ around** herumrasen *umg*

phrasal verbs mit chase:

chase away, **chase off** *v/t ⟨trennb⟩* wegjagen, verjagen

chase down *US v/t ⟨trennb⟩* aufspüren

chase up *v/t ⟨trennb⟩* j-n *umg* rankriegen; *Informationen etc* ranschaffen *umg*

chaser ['tʃeɪsəʳ] *s* **have a whisky ~** trinken Sie einen Whisky dazu

chasm ['kæzəm] *s* Kluft *f*

chassis ['ʃæsɪ] *s* Chassis *n*, Fahrgestell *n*

chaste [tʃeɪst] *adj ⟨komp* chaster*⟩* keusch

chasten ['tʃeɪsn] *v/t* **~ed by …** durch … zur Einsicht gelangt

chastise [tʃæsˈtaɪz] *v/t* schelten

chastity ['tʃæstɪti] *s* Keuschheit *f*

chat [tʃæt] **A** *s* Unterhaltung *f;* **could we have a ~ about it?** können wir uns mal darüber unterhalten? **B** *v/i* plaudern (**with/to** mit); **to ~ on the Internet** im Internet chatten

phrasal verbs mit chat:

chat up *Br umg v/t ⟨trennb⟩* j-n einreden auf (*+akk*); *um Beziehung anzuknüpfen* anquatschen *umg*

chatbot ['tʃætbɒt] *s* IT Chatbot *m* (*textbasiertes Dialogsystem*)

chat line *s* IT Chatline *f*

chat partner *s* IT Chatpartner(in) *m(f)*

chat room *s* IT Chatroom *m*

chat show *Br s* Talkshow *f*

chat show host *s* Talkmaster *m*, Talkshow-Moderator(in) *m(f)*

chatter ['tʃætəʳ] **A** *s* Plauderei *f; pej* Geschwätz *n* **B** *v/i* schwatzen; *Zähne* klappern

chatterbox ['tʃætəbɒks] *s* Quasselstrippe *f umg*

chattering ['tʃætərɪŋ] **A** *s* Geschwätz *n* **B** *adj* **the ~ classes** *Br pej umg* das Bildungsbürgertum

chatty ['tʃætɪ] *adj ⟨komp* chattier*⟩* gesprächig; *pej* geschwätzig; **written in a ~ style** im Plauderton geschrieben

chat-up line *s umg* Anmache *f*

chauffeur ['ʃəʊfəʳ] *s* Chauffeur *m*

chauffeur-driven ['ʃəʊfədrɪvn] *adj* mit Chauffeur

chauvinism ['ʃəʊvɪnɪzəm] *s* Chauvinismus *m*

chauvinist ['ʃəʊvɪnɪst] **A** *s* männlicher Chauvinist **B** *adj* (**male**) **~ pig** Chauvi *m umg*

chauvinistic [ˌʃəʊvɪˈnɪstɪk] *adj* chauvinistisch

cheap [tʃiːp] **A** *adj & adv ⟨+er⟩* billig, preiswert; **to feel ~** sich (*dat*) schäbig vorkommen; **~ flight** Billigflug *m;* **it doesn't come ~** es ist nicht billig; **it's ~ at the price** es ist spottbillig **B** *s* **to buy sth on the ~** *umg* etw für einen Pappenstiel kaufen *umg;* **to make sth on the ~** *umg* etw ganz billig produzieren

cheapen ['tʃiːpən] *fig v/t* schlechtmachen

cheaply ['tʃiːplɪ] *adv* billig; *leben* günstig

cheapness *s* billiger Preis

cheapskate ['tʃiːpskeɪt] *umg s* Knauser *m umg*

cheat [tʃiːt] **A** *v/t* betrügen; **to ~ sb out of sth** j-n um etw betrügen **B** *v/i* betrügen; *in Prüfung etc* mogeln *umg* **C** *s* Betrüger(in) *m(f); in Prüfung etc* Mogler(in) *m(f) umg*

phrasal verbs mit cheat:

cheat on *v/i* (*+obj*) betrügen

cheating ['tʃiːtɪŋ] *s* Betrug *m; in Prüfung etc* Mogeln *n umg*

cheat sheet *s umg* Spickzettel *m umg*

Chechenia [tʃeˈtʃɛnɪə], **Chechnya** ['tʃetʃnɪə] *s* Tschetschenien *n*

check [tʃek] **A** *s* **1** Überprüfung *f*, Kontrolle *f;* **to keep a ~ on sb/sth** j-n/etw überwachen **2** Eindämmung *f;* **a ~ on growing rates of unemployment** eine Eindämmung der zunehmenden Arbeitslosenzahlen; **to act as a ~ on sth** sich hemmend auswirken auf (*+akk*); **to hold** *od* **keep sb in ~** j-n in Schach halten; **to keep one's temper in ~** sich beherrschen **3** Karo (-muster) *n* **4** *US* Scheck *m* **5** *US* Rechnung *f* **6** *US* (≈ *Markierung*) Haken *m* **B** *v/t* **1** überprüfen; **to ~ whether** *od* **if …** nachprüfen, ob …; **to ~ who's there** nachsehen, wer da ist **2** kontrollieren **3** aufhalten **4** FLUG *Gepäck* einchecken; *US Mantel etc* abgeben **5** *US* (≈ *markieren*) abhaken **C** *v/i* nachfragen (**with** bei), nachsehen; **I was just ~ing** ich wollte nur nachprüfen; **let's ~!** lass uns überprüfen!

phrasal verbs mit check:

check in **A** *v/i* auf *Flughafen* einchecken; *in Hotel* sich anmelden; **what time do you have to check in?** wann musst du am Flughafen sein? **B** *v/t ⟨trennb⟩* auf *Flughafen: Gepäck* einchecken; *in Hotel* anmelden

check off *US v/t ⟨trennb⟩* abhaken

check on *v/i* (*+obj*) **1** **to check on sb/sth** (≈ *schauen, ob alles in Ordnung ist*) nach j-m/etw sehen **2** → check up on

check out **A** *v/i* sich abmelden; *Hotel* abreisen, auschecken **B** *v/t ⟨trennb⟩* **1** *Fakten* überprüfen; **to check sb/sth out** j-n/etw unter die Lupe nehmen; **check it out with the boss** klären Sie das mit dem Chef ab **2** sich informieren über (*+akk*) **3** sich (*dat*) ansehen **4** *US Buch* ausleihen

check over *v/t ⟨trennb⟩* überprüfen

check through *v/t ⟨trennb⟩* **1** *Rechnung* durchsehen **2** **they checked my bags through to Berlin** mein Gepäck wurde nach Berlin durchgecheckt

check up v/i überprüfen

check up on v/i ⟨+obj⟩ überprüfen; j-n kontrollieren

check with v/t fragen nachfragen bei; *gleich sein* sich decken mit, übereinstimmen mit

checkbook ['tʃekbʊk] *US s* Scheckbuch *n*

checked [tʃekt] *adj* Muster kariert; **~ pattern** Karomuster *n*

checkerboard ['tʃekəbɔːd] *s US* Damebrett *n*

checkers ['tʃekəz] *US s* Damespiel *n*; **to play ~** Dame spielen

check-in (desk) ['tʃekɪn(ˌdesk)] *s* FLUG Abflugschalter *m*, Abfertigungsschalter *m*; *US in Hotel* Rezeption *f*

check-in counter *s* FLUG Abfertigungsschalter *m*

checking ['tʃekɪŋ] *s* Kontrolle *f*

checking account *US s* Girokonto *n*

check-in time *s* Eincheckzeit *f*

check list *s* Checkliste *f*

checkmark *s US* Häkchen *n*

checkmate **A** *s* Schachmatt *n*; **~!** matt! **B** *v/t* matt setzen

checkout *s* Kasse *f*, Kassa *f* österr

check-out time *s im Hotel* Abreise(zeit) *f*

checkpoint *s* Kontrollpunkt *m*

checkroom *s US* THEAT Garderobe *f*; BAHN Gepäckaufbewahrung *f*

checkup *s* MED Check-up *m*, Routineuntersuchung *f*; **to have a ~/go for a ~** sich routinemäßig untersuchen lassen, einen Check-up machen lassen

cheddar ['tʃedə^r] *s* Cheddar(käse) *m*

cheek [tʃiːk] *s* **1** Backe *f*; **to turn the other ~** die andere Wange hinhalten **2** *Br* Frechheit *f*; **to have the ~ to do sth** die Frechheit haben, etw zu tun; **enough of your ~!** jetzt reicht's aber!

cheekbone ['tʃiːkbəʊn] *s* Wangenknochen *m*

cheekily ['tʃiːkɪlɪ] *Br adv* frech

cheeky ['tʃiːkɪ] *adj* ⟨komp cheekier⟩ *Br* frech; **it's a bit ~ asking for another pay rise so soon** es ist etwas unverschämt, schon wieder eine Gehaltserhöhung zu verlangen

cheep [tʃiːp] **A** *s* Piep *m*, Piepser *m* **B** *v/i* piepsen

cheer [tʃɪə^r] **A** *s* **1** Beifallsruf *m*, Jubel *m*; **three ~s for Mike!** ein dreifaches Hurra für Mike!; **~s!** *umg* prost!; *Br zum Abschied* tschüss!; *Br um sich zu bedanken* danke! **2** Aufmunterung *f* **B** *v/t* j-m zujubeln (+dat); *Ereignis* bejubeln **C** *v/i* jubeln

phrasal verbs mit cheer:

cheer on v/t ⟨trennb⟩ anfeuern

cheer up **A** v/t ⟨trennb⟩ aufmuntern; *Wohnung* aufheitern **B** v/i *Mensch* vergnügter werden; *Verhältnisse* besser werden; **cheer up!** lass den Kopf nicht hängen!

cheerful ['tʃɪəfʊl] *adj* fröhlich; *Ort, Farbe etc* heiter; *Nachrichten* erfreulich, gefreut *schweiz*; *Melodie* fröhlich; **to be ~ about sth** in Bezug auf etw optimistisch sein

cheerfully ['tʃɪəfʊlɪ] *adv* fröhlich

cheering ['tʃɪərɪŋ] **A** *s* Jubel *m* **B** *adj* jubelnd

cheerio ['tʃɪərɪ'əʊ] *bes Br umg int* Wiedersehen *umg*, tschüs(s) *umg*, servus! *österr*

cheerleader ['tʃɪəliːdə^r] *s* Cheerleader(in) *m(f)*; *fig* Anführer(in) *m(f)*

cheerleading ['tʃɪəliːdɪŋ] *s* Cheerleading *n*

cheerless ['tʃɪəlɪs] *adj* freudlos

cheers [tʃɪəz] *int* → cheer A

cheery ['tʃɪərɪ] *adj* ⟨komp cheerier⟩ fröhlich, vergnügt

cheese [tʃiːz] *s* Käse *m*; **say ~!** FOTO bitte recht freundlich

cheeseboard *s* Käsebrett *n*; (≈ *Auswahl*) Käseplatte *f*

cheeseburger *s* Cheeseburger *m*

cheesecake *s* GASTR Käsekuchen *m*

cheesed off [tʃiːzd'ɒf] *Br umg adj* angeödet *umg*

cheesy ['tʃiːzɪ] *adj* **1** käsig **2** *Lied, Film* schmalzig

cheetah ['tʃiːtə] *s* Gepard *m*

chef [ʃef] *s* Küchenchef *m*; Koch *m*, Köchin *f*

chemical ['kemɪkəl] **A** *adj* chemisch; **~ toilet** Chemietoilette *f* **B** *s* Chemikalie *f*

chemical engineering *s* Chemotechnik *f*

chemical toilet *s* Chemietoilette *f*

chemist ['kemɪst] *s* **1** Chemiker(in) *m(f)* **2** *Br* Drogist(in) *m(f)*, Apotheker(in) *m(f)*; **~'s (shop)** Drogerie *f*, Apotheke *f*; **at the ~'s** bei der Drogerie, bei der Apotheke

chemistry ['kemɪstrɪ] *s* Chemie *f*; **the ~ between us was perfect** wir haben uns sofort vertragen

chemo ['kiːməʊ] *s* ⟨kein pl⟩ *umg* Chemo *f umg*

chemotherapy [ˌkiːməʊ'θerəpɪ] *s* Chemotherapie *f*

cheque [tʃek] *s*, **check** *US s* Scheck *m*; **a ~ for £100** ein Scheck über £ 100; **to pay by ~** mit (einem) Scheck bezahlen

chequebook ['tʃekbʊk] *s*, **checkbook** *US s* Scheckbuch *n*

chequered ['tʃekəd] *adj*, **checkered** *US fig adj Geschichte* bewegt

cherish ['tʃerɪʃ] *v/t Gefühle, Hoffnung* hegen; *Idee* sich hingeben (+dat); **to ~ sb's memory** j-s Andenken in Ehren halten

cherished *adj Überzeugung* lang gehegt; **her most ~ possessions** die Dinge, an denen sie am meisten hängt

cherry ['tʃerɪ] **A** *s* Kirsche *f* **B** *adj Farbe* kirschrot; GASTR Kirsch-

cherry blossom s Kirschblüte f
cherry-pick fig umg **A** v/t die Rosinen herauspicken aus umg **B** v/i sich (dat) die Rosinen herauspicken umg
cherry tomato s Kirschtomate f
cherub ['tʃerəb] s **1** ⟨pl -im ['tʃerəbɪm]⟩ KIRCHE Cherub m **2** ⟨pl -s⟩ KUNST Putte f
chess [tʃes] s Schach(spiel) n
chessboard s Schachbrett n
chessman ⟨pl -men⟩, **chesspiece** s Schachfigur f
chess set s Schachspiel n
chest[1] [tʃest] s Kiste f, Truhe f; **~ of drawers** Kommode f
chest[2] s ANAT Brust f; **to get sth off one's ~** fig umg sich (dat) etw von der Seele reden; **~ muscle** Brustmuskel m; **~ pains** Schmerzen pl in der Brust
chest infection s Lungeninfekt m
chestnut ['tʃesnʌt] **A** s **1** Kastanie f **2** (≈ Farbe) Kastanienbraun n **3** (≈ Pferd) Fuchs m **B** adj kastanienbraun
chesty ['tʃestɪ] Br umg adj ⟨komp chestier⟩ Husten rau
chew [tʃuː] v/t kauen; **to ~ gum** Kaugummi kauen; **don't ~ your fingernails** kaue nicht an den Nägeln

phrasal verbs mit chew:

chew on v/i ⟨+obj⟩ **1** wörtl (herum)kauen auf (+dat) **2** umg a. **chew over** Problem sich (dat) durch den Kopf gehen lassen
chew up v/t ⟨trennb⟩ Essen, Bleistift zerkauen; Hund zerbeißen; Papier zerfressen

chewing gum ['tʃuːɪŋɡʌm] s ⟨kein pl⟩ Kaugummi m/n; **two pieces of ~** zwei Kaugummis
chewy ['tʃuːɪ] adj Fleisch zäh; Bonbon weich
chiasmus [kaɪˈæzməs] s Chiasmus m (Überkreuzstellung; Umkehrung des Satzmusters bzw. Abfolge der Wortguppen in zwei aufeinanderfolgenden Sätzen)
chic [ʃiːk] adj ⟨+er⟩ chic
chick [tʃɪk] s **1** Küken n; (≈ junger Vogel) Junge(s) n **2** umg (≈ attraktive, junge Frau) Babe n umg
chicken ['tʃɪkɪn] **A** s **1** Huhn n; GASTR Hähnchen n, Hendl n österr; **~ liver** Geflügelleber f; **to run around like a headless ~** wie ein kopfloses Huhn herumlaufen; **don't count your ~s (before they're hatched)** sprichw man soll den Tag nicht vor dem Abend loben sprichw **2** umg Feigling m **B** adj umg feig; **he's ~** er ist ein Feigling

phrasal verbs mit chicken:

chicken out umg v/i kneifen umg
chicken farmer s Hühnerzüchter(in) m(f)
chicken feed s umg (≈ geringer Betrag) Peanuts pl umg
chickenpox s Windpocken pl
chickenshit US sl **A** adj **1** (≈ Feigling) Memme f pej umg **2** ⟨kein pl⟩ **to be ~** Scheiße sein sl **B** adj **1** feige **2** beschissen umg
chicken wing s Hähnchenflügel m
chicken wire s Hühnerdraht m
chickpea ['tʃɪkpiː] s Kichererbse f
chicory ['tʃɪkərɪ] s Chicorée f/m
chief [tʃiːf] **A** s ⟨pl -s⟩ Leiter(in) m(f); von Stamm Häuptling m; von Staat, Clan Oberhaupt m; umg (≈ Boss) Chef(in) m(f); **~ of police** Polizeipräsident(in) od -chef(in) m(f); **~ of staff** MIL Stabschef(in) m(f) **B** adj **1** wichtigste(r, s) **2** Haupt-; **~ executive** leitender Direktor, leitende Direktorin; **~ executive officer** Generaldirektor(in) m(f), Geschäftsführer(in) m(f)
chief constable Br s Polizeipräsident(in) m(f)
chiefly ['tʃiːflɪ] adv hauptsächlich
child [tʃaɪld] s ⟨pl children⟩ Kind n; **when I was a ~** in od zu meiner Kindheit
child abuse s Kindesmisshandlung f; sexuell Kindesmissbrauch m
child-bearing **A** s Mutterschaft f; Schwangerschaften pl **B** adj **of ~ age** im gebärfähigen Alter
child benefit Br s Kindergeld n
childbirth s Geburt f; **to die in ~** bei der Geburt sterben
childcare s Kinderbetreuung f
childhood s Kindheit f
childish adj, **childishly** ['tʃaɪldɪʃ, -lɪ] pej adv kindisch
childishness pej s kindisches Gehabe
child labour s, **child labor** US s Kinderarbeit f
childless adj kinderlos
childlike adj kindlich
child lock s Kindersicherung f
childminder Br s Tagesmutter f
childminding Br s Beaufsichtigung f von Kindern
child molester s Kinderschänder(in) m(f)
child poverty s Kinderarmut f
child prodigy s Wunderkind n
childproof adj kindersicher
children ['tʃɪldrən] pl → child
children's home s Kinderheim n
child seat s Kindersitz m
child's play s ein Kinderspiel n
child support s Unterhaltszahlung f für Kinder
Chile ['tʃɪlɪ] s Chile n
Chilean ['tʃɪlɪən] **A** adj chilenisch **B** s Chilene m, Chilenin f
chili s → chilli
chill [tʃɪl] **A** s **1** Frische f, Kälte f; **there's quite a ~ in the air** es ist ziemlich frisch **2** MED fieberhafte Erkältung; **to catch a ~** sich verkühlen **B**

adj frisch **C** *v/t* **1** kühlen; **I was ~ed to the bone** die Kälte ging mir bis auf die Knochen **2** *fig Blut* gefrieren lassen **D** *v/i umg* chillen *sl*, relaxen *sl*

phrasal verbs mit chill:

chill out *umg v/i* relaxen *sl*, chillen *sl*

chilli ['tʃɪlɪ] *s*, **chili** *US s* Peperoni *pl*; (≈ *Gewürz, Gericht*) Chili *m*

chillin' ['tʃɪlɪn] *adj sl* chillig *sl*

chilling ['tʃɪlɪŋ] *adj* schreckenerregend

chilly ['tʃɪlɪ] *adj* ⟨*komp* chillier⟩ kühl; **I feel ~** mich fröstelts

chime [tʃaɪm] **A** *s* Glockenspiel *n*; *von Türklingel* Läuten *n kein pl* **B** *v/i* läuten

phrasal verbs mit chime:

chime in *umg v/i* sich einschalten

chimney ['tʃɪmnɪ] *s* Schornstein *m*; *von Fabrik a.* Schlot *m*

chimneypot *s* Schornsteinkopf *m*

chimney sweep *s* Schornsteinfeger *m*

chimp [tʃɪmp] *umg*, **chimpanzee** [ˌtʃɪmpæn-'ziː] *s* Schimpanse *m*

chin [tʃɪn] *s* Kinn *n*; **keep your ~ up!** Kopf hoch!; **he took it on the ~** *fig umg* er hat's mit Fassung getragen

China ['tʃaɪnə] *s* China *n*

china ['tʃaɪnə] **A** *s* Porzellan *n* **B** *adj* Porzellan-

Chinatown *s* Chinesenviertel *n*

Chinese [tʃaɪ'niːz] **A** *s* ⟨*pl* -⟩ **1** Chinese *m*, Chinesin *f* **2** (≈ *Sprache*) Chinesisch *n* **B** *adj* chinesisch; **~ restaurant** Chinarestaurant *n*

Chinese leaves *pl* Chinakohl *m*

chink¹ [tʃɪŋk] *s* Ritze *f*, Spalt *m*; **a ~ of light** ein dünner Lichtstrahl

chink² *v/i* klirren; *Münzen* klimpern

chinos ['tʃiːnəʊz] *pl in der Mode* Chinos *pl*

chin strap *s* Kinnriemen *m*

chip [tʃɪp] **A** *s* **1** Splitter *m*; *von Holz* Span *m*; *chocolate* **~s** ≈ Schokoladenstreusel *pl*; **he's a ~ off the old block** er ist ganz der Vater; **to have a ~ on one's shoulder** einen Komplex haben (**about** wegen) **2** *Br* **~s** *pl* Pommes frites *pl* **3** *US* **~s** *pl* Chips *pl* **4** *in Porzellan etc* abgestoßene Ecke; **this cup has a ~** diese Tasse ist angeschlagen; **a ~ on your windscreen** ein Steinschlag (*auf die Windschutzscheibe*) **5** *Poker, a.* COMPUT Chip *m*; **when the ~s are down** wenn es drauf ankommt **B** *v/t* **1** *Tasse, Stein* anschlagen; *Lack* abstoßen; *Holz* beschädigen **2** SPORT *Ball* chippen

phrasal verbs mit chip:

chip away at *v/i* ⟨+*obj*⟩ *Autorität, System* unterminieren; *Schulden* reduzieren, verringern

chip in *umg v/i* **1** (≈ *unterbrechen*) sich einschalten **2 he chipped in with £3** er steuerte £ 3 bei

chip off *v/t* ⟨*trennb*⟩ *Lack etc* wegschlagen

chipboard ['tʃɪpbɔːd] *s* Spanholz *n*

chipmunk ['tʃɪpmʌŋk] *s* Backenhörnchen *n*

chip pan *Br s* Fritteuse *f*

chipped [tʃɪpt] *adj* **1** *Tasse* angeschlagen; *Lack* abgesplittert **2** *Br* GASTR **~ potatoes** Pommes frites *pl*

chippings ['tʃɪpɪŋz] *pl auf Straße* Schotter *m*; *Br von Holz* Späne *pl*

chippy ['tʃɪpɪ] *Br umg s* Pommesbude *f umg*

chip shop *Br s* Imbissbude *f*

chip shot *s Golf* Chip(shot) *m*; *Tennis* Chip *m*

chiropodist [kɪ'rɒpədɪst] *s* Fußpfleger(in) *m(f)*

chiropody [kɪ'rɒpədɪ] *s* Fußpflege *f*

chiropractor ['kaɪərəʊˌpræktəʳ] *s* Chiropraktiker(in) *m(f)*

chirp [tʃɜːp] *v/i Vögel* zwitschern; *Grillen* zirpen

chirpy ['tʃɜːpɪ] *adj* ⟨*komp* chirpier⟩ *umg* munter

chisel ['tʃɪzl] **A** *s* Meißel *m*; *für Holz* Beitel *m* **B** *v/t* meißeln; *in Holz* stemmen

chit [tʃɪt] *s*, (*a.* **chit of paper**) Zettel *m*

chitchat ['tʃɪttʃæt] *umg s* Geschwätz *n*

chivalrous *adj*, **chivalrously** ['ʃɪvəlrəs, -lɪ] *adv* ritterlich

chivalry ['ʃɪvəlrɪ] *s* Ritterlichkeit *f*

chives [tʃaɪvz] *pl* Schnittlauch *m*

chlorine ['klɔːriːn] *s* Chlor *n*

chlorofluorocarbon [ˌklɒrəʊfluərə'kɑːbən] *s* Chlorfluorkohlenwasserstoff *m*

chloroform ['klɒrəfɔːm] *s* Chloroform *n*

chlorophyll ['klɒrəfɪl] *s* Chlorophyll *n*

chocaholic [tʃɒkə'hɒlɪk] *s* **to be a ~** *umg* nach Schokolade süchtig sein

choc-ice ['tʃɒkaɪs] *Br s* Eismohrle *n neg!* (*Eiscreme mit Schokoladenüberzug*)

chock-a-block ['tʃɒkəblɒk] *bes Br adj*, **chock-full** ['tʃɒkfʊl] *umg adj* knüppelvoll *umg*

chocoholic [ˌtʃɒkə'hɒlɪk] *umg s* Schokoladensüchtige(r) *m/f(m)*, Schokosüchtige(r) *m/f(m) umg*; **to be a ~** nach Schokolade süchtig sein

chocolate ['tʃɒklɪt] **A** *s* Schokolade *f*; **hot ~** heiße Schokolade; **a ~** eine Praline **B** *adj* Schokoladen-

chocolate bar *s* Tafel *f* Schokolade, Schokoladenriegel *m*

chocolate biscuit *s* Schokoladenkeks *m*

chocolate cake *s* Schokoladenkuchen *m*

chocolate sauce *s* Schokosoße *f*

choice [tʃɔɪs] **A** *s* **1** Wahl *f*; **it's your ~** du hast die Wahl; **to make a ~** eine Wahl treffen; **I didn't do it from ~** ich habe es mir nicht ausgesucht; **he had no** *od* **little ~ but to obey** er hatte keine (andere) Wahl als zu gehorchen; **it was your ~** du wolltest es ja so; **the drug/ weapon of ~** die bevorzugte Droge/Waffe **2** Auswahl *f* (**of** an +*dat od* von) **B** *adj* HANDEL Qualitäts-

choir ['kwaɪəʳ] s Chor m
choirboy s Chorknabe m
choir master s Chorleiter m
choir stalls pl Chorgestühl n
choke [tʃəʊk] **A** v/t j-n ersticken, (er)würgen; **in a voice ~d with tears/emotion** mit tränenerstickter/tief bewegter Stimme **B** v/i ersticken (**on** an +dat) **C** s AUTO Choke m
phrasal verbs mit choke:
  choke back v/t ⟨trennb⟩ Tränen unterdrücken
choking ['tʃəʊkɪŋ] adj Rauch beißend
cholera ['kɒlərə] s Cholera f
cholesterol [kɒ'lestərəl] s Cholesterin n
chomp [tʃɒmp] v/t laut mahlen; *beim Essen* mampfen *umg*
choose [tʃuːz] ⟨prät chose; pperf chosen⟩ **A** v/t **1** (aus)wählen; **to ~ a team** eine Mannschaft auswählen *od* zusammenstellen; **they chose him as their leader** *od* **to be their leader** sie wählten ihn zu ihrem Anführer **2 to ~ to do sth** es vorziehen, etw zu tun, sich dafür entscheiden, etw zu tun **B** v/i **to ~ (between** *od* **among/from)** wählen (zwischen +dat/aus *od* unter +dat); **there is nothing** *od* **little to ~ between them** sie sind gleich gut, sie geben sich nicht viel
choosy ['tʃuːzɪ] adj ⟨komp choosier⟩ wählerisch
chop¹ [tʃɒp] **A** s **1** GASTR Kotelett n **2** umg **to get the ~** *Arbeitsplätze etc* dem Rotstift zum Opfer fallen; *Arbeiter* rausgeschmissen werden *umg* **B** v/t hacken; *Fleisch etc* klein schneiden
phrasal verbs mit chop:
  chop down v/t ⟨trennb⟩ Baum fällen
  chop off v/t ⟨trennb⟩ abschlagen
  chop up v/t ⟨trennb⟩ zerhacken
chop² v/i **to ~ and change (one's mind)** ständig seine Meinung ändern
chopper ['tʃɒpəʳ] s **1** Hackbeil n **2** umg Hubschrauber m
chopping block ['tʃɒpɪŋ-] s Hackklotz m; *für Holz, bei Hinrichtung* Block m
chopping board Br s Hackbrett n
chopping knife Br s Hackmesser n; *mit runder Klinge* Wiegemesser n
choppy ['tʃɒpɪ] adj ⟨komp choppier⟩ Meer kabbelig, unruhig
chopstick s (Ess)stäbchen n
choral ['kɔːrəl] adj Chor-; **~ society** Gesangverein m
chord [kɔːd] s MUS Akkord m; **to strike the right ~** *fig* den richtigen Ton treffen
chore [tʃɔːʳ] s lästige Pflicht; **~s** pl Hausarbeit f; **to do the ~s** die Hausarbeit erledigen
choreographer [ˌkɒrɪ'ɒɡrəfəʳ] s Choreograf(in) m(f)
choreography [ˌkɒrɪ'ɒɡrəfɪ] s Choreografie f

chorister ['kɒrɪstəʳ] s (Kirchen)chormitglied n, Chorknabe m
chorizo [tʃə'riːtsəʊ, tʃɒ'riːθəʊ] s GASTR Chorizo f (*Art Salami*)
chortle ['tʃɔːtl] v/i glucksen
chorus ['kɔːrəs] s **1** Refrain m; **they spoke in ~** sie sprachen im Chor **2** (≈ *Sänger*) Chor m; (≈ *Tänzer*) Tanzgruppe f
chose [tʃəʊz] prät → choose
chosen ['tʃəʊzn] **A** pperf → choose **B** adj **the ~ few** die wenigen Auserwählten
choux pastry ['ʃuː'peɪstrɪ] s Brandteig m
chowder ['tʃaʊdəʳ] s sämige Fischsuppe
Christ [kraɪst] **A** s Christus m **B** int sl Herrgott *umg*
christen ['krɪsn] v/t taufen; **to ~ sb after sb** j-n nach j-m (be)nennen
christening ['krɪsnɪŋ] s Taufe f
Christian ['krɪstɪən] **A** s Christ(in) m(f) **B** adj christlich
Christianity [ˌkrɪstɪ'ænɪtɪ] s Christentum n
Christian name s Vorname m
Christmas ['krɪsməs] s Weihnachten n; **at ~** an *od* zu Weihnachten; **for ~** zu Weihnachten; **are you going home for ~?** fährst du (über) Weihnachten nach Hause?; **what did you get for ~?** was hast du zu Weihnachten bekommen?; **merry** *od* **happy ~!** frohe *od* fröhliche Weihnachten!
Christmas box Br s Trinkgeld n zu Weihnachten
Christmas cake s Früchtekuchen mit Zuckerguss zu Weihnachten
Christmas card s Weihnachtskarte f
Christmas carol s Weihnachtslied n
Christmas Day s der erste Weihnachtstag; **on ~** am ersten (Weihnachts)feiertag
Christmas Eve s Heiligabend m; **on ~** Heiligabend
Christmas present s Weihnachtsgeschenk n, Christkindl n österr
Christmas pudding s Plumpudding m
Christmastide, Christmas time s Weihnachtszeit f
Christmas tree s Weihnachtsbaum m
chrome [krəʊm] s Chrom n
chromosome ['krəʊməsəʊm] s Chromosom n
chronic ['krɒnɪk] adj **1** chronisch; **Chronic Fatigue Syndrome** chronisches Erschöpfungssyndrom **2** umg miserabel umg
chronically ['krɒnɪklɪ] adv chronisch
chronicle ['krɒnɪkl] **A** s Chronik f **B** v/t aufzeichnen
chronological [ˌkrɒnə'lɒdʒɪkəl] adj chronologisch; **in ~ order** in chronologischer Reihenfolge

chronologically [ˌkrɒnəˈlɒdʒɪkəlɪ] adv chronologisch; **~ arranged** in chronologischer Reihenfolge
chronology [krəˈnɒlədʒɪ] s Chronologie f
chrysanthemum [krɪˈsænθəməm] s Chrysantheme f
chubby [ˈtʃʌbɪ] adj ⟨komp chubbier⟩ rundlich; **~ cheeks** Pausbacken pl
chuck [tʃʌk] umg v/t **1** schmeißen umg **2** umg wegschmeißen umg; Job hinschmeißen umg; **to ~ sb** Freundin fig Schluss machen mit
  phrasal verbs mit chuck:
  chuck away umg v/t ⟨trennb⟩ wegschmeißen umg; Geld aus dem Fenster schmeißen umg
  chuck in Br umg v/t ⟨trennb⟩ Job hinschmeißen umg; **to chuck it (all) in** den Laden hinschmeißen umg
  chuck out umg v/t ⟨trennb⟩ rausschmeißen umg; **to be chucked out** rausfliegen (of aus) umg
  chuck up Br umg v/i sich übergeben
chuckle [ˈtʃʌkl] v/i leise in sich (akk) hineinlachen
chuffed [tʃʌft] Br umg adj vergnügt und zufrieden
chug [tʃʌɡ] v/i tuckern
  phrasal verbs mit chug:
  chug along v/i entlangtuckern; fig umg gut vorankommen
chum [tʃʌm] umg s Kumpel m umg, Spezi m österr
chummy [ˈtʃʌmɪ] adj ⟨komp chummier⟩ umg kameradschaftlich; **to be ~ with sb** mit j-m sehr dicke sein umg
chunk [tʃʌŋk] s (großes) Stück; (≈ Fleisch) Batzen m; (≈ Stein) Brocken m
chunky [ˈtʃʌŋkɪ] adj ⟨komp chunkier⟩ umg stämmig; Wollsachen dick, klobig
Chunnel [ˈtʃʌnəl] umg s Kanaltunnel m
church [tʃɜːtʃ] s Kirche f; **to go to ~** in die Kirche gehen; **the Church of England** die anglikanische Kirche
churchgoer [ˈtʃɜːtʃˌɡəʊəʳ] s Kirchgänger(in) m(f)
church hall s Gemeindesaal m
church service s Gottesdienst m
church wedding s kirchliche Trauung
churchyard s Friedhof m
churn [tʃɜːn] **A** s **1** Butterfass n **2** Br Milchkanne f **B** v/t Schlamm etc aufwühlen **C** v/i **his stomach was ~ing** sein Magen revoltierte
  phrasal verbs mit churn:
  churn out v/t ⟨trennb⟩ am laufenden Band produzieren
  churn up v/t ⟨trennb⟩ aufwühlen
chute [ʃuːt] s Rutsche f; für Abfall Müllschlucker m
chutney [ˈtʃʌtnɪ] s Chutney m

CIA s abk (= Central Intelligence Agency) CIA m
CID Br s abk (= Criminal Investigation Department) ≈ Kripo f
cider [ˈsaɪdəʳ] s Cidre m
cig [sɪɡ] umg s Zigarette f
cigar [sɪˈɡɑːʳ] s Zigarre f
cigarette [ˌsɪɡəˈret] s Zigarette f
cigarette butt s Zigarettenstummel m
cigarette case s Zigarettenetui n
cigarette end s Zigarettenstummel m
cigarette holder s Zigarettenspitze f
cigarette lighter s Feuerzeug n
cigarette machine s Zigarettenautomat m
cigarette paper s Zigarettenpapier n
cinch [sɪntʃ] umg s **it's a ~** das ist ein Kinderspiel
cinder [ˈsɪndəʳ] s **~s** pl Asche f; **burnt to a ~** Br fig verkohlt
cinder block s US Ytong® m
Cinderella [ˌsɪndəˈrelə] wörtl, fig s Aschenputtel n
cine camera [ˈsɪnɪ-] Br s (Schmal)filmkamera f
cine film Br s Schmalfilm m
cinema [ˈsɪnəmə] s **1** Film als Medium Kino n **2** Br Filmtheater Kino n; **at/to the ~** im/ins Kino; **to go to the ~** ins Kino gehen
cinemagoer [ˈsɪnəməɡəʊəʳ] Br s Kinogänger(in) m(f)
cinematographer [ˌsɪnɪməˈtɒɡrəfəʳ] s Kameramann m, Kamerafrau f
cinematography [ˌsɪnɪməˈtɒɡrəfɪ] s Kameraführung f
cinnamon [ˈsɪnəmən] **A** s Zimt m **B** adj ⟨attr⟩ Zimt-
cipher [ˈsaɪfəʳ] s Chiffre f; **in ~** chiffriert
circa [ˈsɜːkə] präp zirka
circle [ˈsɜːkl] **A** s **1** Kreis m; **to stand in a ~** im Kreis stehen; **to have come full ~** fig wieder da sein, wo man angefangen hat; **we're just going round in ~s** fig wir bewegen uns nur im Kreise; **a close ~ of friends** ein enger Freundeskreis; **in political ~s** in politischen Kreisen; **he's moving in different ~s now** er verkehrt jetzt in anderen Kreisen **2** Br THEAT Rang m **B** v/t **1** kreisen um; **the enemy ~d the town** der Feind kreiste die Stadt ein **2** einen Kreis machen um; **~d in red** rot umkringelt **C** v/i kreisen
  phrasal verbs mit circle:
  circle around v/i Vögel Kreise ziehen; Flugzeug kreisen
circuit [ˈsɜːkɪt] s **1** Rundgang m/-fahrt f/-reise f (of um); **to make a ~ of sth** um etw herumgehen/-fahren; **three ~s of the racetrack** drei Runden auf der Rennbahn **2** ELEK Stromkreis m, Schaltung f
circuit board s TECH Platine f

circuit breaker s Stromkreisunterbrecher m
circuit diagram s Schaltplan m
circuitous [sɜːˈkjʊɪtəs] adj umständlich; **~ path** Schlängelpfad m; **by a ~ route** auf Umwegen
circuitry [ˈsɜːkətrɪ] s Schaltkreise pl
circuit training s Zirkeltraining n
circular [ˈsɜːkjʊlə(r)] **A** adj kreisförmig; **~ motion** Kreisbewegung f **B** s in Firma Rundschreiben n; (≈ Werbung) Wurfsendung f
circulate [ˈsɜːkjʊleɪt] **A** v/i **1** zirkulieren; Verkehr fließen; Gerücht kursieren **2** auf Party etc die Runde machen **B** v/t Gerücht in Umlauf bringen; Memo etc zirkulieren lassen
circulation [ˌsɜːkjʊˈleɪʃən] s **1** MED Kreislauf m; **to have poor ~** Kreislaufstörungen haben; **this coin was withdrawn from** od **taken out of ~** diese Münze wurde aus dem Verkehr gezogen; **to be out of ~** umg Mensch von der Bildfläche verschwunden sein; Verbrecher, Politiker aus dem Verkehr gezogen worden sein **2** von Zeitung Auflage(nhöhe) f
circulatory [ˌsɜːkjʊˈleɪtərɪ] adj Kreislauf-; **~ system** Blutkreislauf m
circumcise [ˈsɜːkəmsaɪz] v/t MED, REL beschneiden
circumcision [ˌsɜːkəmˈsɪʒən] s MED, REL Beschneidung f
circumference [səˈkʌmfərəns] s Umfang m; **the tree is 15 ft in ~** der Baum hat einen Umfang von 10 Fuß
circumnavigate [ˌsɜːkəmˈnævɪgeɪt] v/t umfahren
circumnavigation [ˈsɜːkəmˌnævɪˈgeɪʃən] s Fahrt f (**of** um); in Jacht a. Umseglung f; **~ of the globe** Fahrt f um die Welt, Weltumseglung f
circumscribe [ˈsɜːkəmskraɪb] v/t eingrenzen
circumspect [ˈsɜːkəmspekt] adj umsichtig
circumstance [ˈsɜːkəmstəns] s Umstand m; **in** od **under the ~s** unter diesen Umständen; **in** od **under no ~s** unter gar keinen Umständen; **in certain ~s** unter Umständen
circumstantial [ˌsɜːkəmˈstænʃəl] adj JUR **~ evidence** Indizienbeweis m; **the case against him is purely ~** sein Fall beruht allein auf Indizienbeweisen
circumvent [ˌsɜːkəmˈvent] v/t umgehen
circus [ˈsɜːkəs] s Zirkus m
cirrhosis [sɪˈrəʊsɪs] s Zirrhose f
CIS abk (= Commonwealth of Independent States) GUS f
cissy [ˈsɪsɪ] s → sissy
cistern [ˈsɪstən] s Zisterne f; von WC Spülkasten m
cite [saɪt] v/t zitieren
citizen [ˈsɪtɪzn] s **1** Bürger(in) m(f) **2** (Staats)bürger(in) m(f); **French ~** französischer Staatsbürger, französische Staatsbürgerin
Citizens' Advice Bureau Br s ≈ Bürgerberatungsstelle f
citizen science s Bürgerwissenschaft f, Citizen Science f
citizen scientist s Bürgerwissenschaftler(in) m(f)
citizenship s **1** Staatsbürgerschaft f **2** Schulfach Sozialkunde f
citizenship test Br s Einbürgerungstest m
citric acid [ˈsɪtrɪkˈæsɪd] s Zitronensäure f
citrus [ˈsɪtrəs] s **~ fruits** Zitrusfrüchte pl
city [ˈsɪtɪ] s **1** Stadt f, Großstadt f; **the ~ of Glasgow** die Stadt Glasgow **2** in London **the City** das Londoner Banken- und Börsenviertel
city break s Städtereise f
city car s Stadtauto n
city centre Br s Stadtzentrum n
city dweller s Stadtbewohner(in) m(f)
city father s Stadtverordnete(r) m; **the ~s** die Stadtväter pl
city hall s Rathaus n; US Stadtverwaltung f
city life s (Groß)stadtleben n
cityscape s (Groß)stadtlandschaft f
civic [ˈsɪvɪk] adj Bürger-; Pflichten als Bürger; Behörden städtisch
civil [ˈsɪvl] adj **1** bürgerlich **2** höflich; **to be ~ to sb** höflich zu j-m sein **3** JUR zivilrechtlich
civil defence s, **civil defense** US s Zivilschutz m
civil disobedience s ziviler Ungehorsam
civil engineer s Bauingenieur(in) m(f)
civil engineering s Hoch- und Tiefbau m
civilian [sɪˈvɪlɪən] **A** s Zivilist(in) m(f) **B** adj zivil, Zivil-; **in ~ clothes** in Zivil; **~ casualties** Verluste pl unter der Zivilbevölkerung; **to do ~ service** Zivildienst leisten
civilization [ˌsɪvɪlaɪˈzeɪʃən] s **1** Zivilisation f **2** der Griechen etc Kultur f
civilize [ˈsɪvɪlaɪz] v/t zivilisieren
civilized adj **1** zivilisiert; **all ~ nations** alle Kulturnationen **2** Bedingungen, Uhrzeit zivil
civil law s bürgerliches Recht
civil liberty s Bürgerrecht n
civil marriage s standesamtliche Trauung
civil partnership Br s eingetragene Lebenspartnerschaft
civil rights A pl Bürgerrechte pl **B** adj ⟨attr⟩ Bürgerrechts-; **Civil Rights Act** Bürgerrechtsgesetz n; **~ movement** Bürgerrechtsbewegung f
civil servant s ≈ (Staats)beamte(r) m, (Staats)beamtin f
civil service s ≈ Staatsdienst m (ohne Richter und Lehrer); Beamtenschaft f

civil society *s* Bürgergesellschaft *f*, Zivilgesellschaft *f*
civil union US *s* eingetragene Lebenspartnerschaft
civil war *s* Bürgerkrieg *m*
CJD *abk* (= Creutzfeldt-Jakob disease) CJK *f*
cl *abk* (= centilitres) cl
clad [klæd] *liter adj* gekleidet
claim [kleɪm] **A** *v/t* **1** Anspruch *m* erheben auf (+*akk*); *Sozialhilfe etc* beantragen, beanspruchen; **to ~ sth as one's own** etw für sich beanspruchen; **the fighting ~ed many lives** die Kämpfe forderten viele Menschenleben **2** behaupten **B** *v/i* **1** *Versicherungswesen* Ansprüche geltend machen **2** to ~ **for sth** sich (*dat*) etw zurückzahlen lassen; **you can ~ for your travelling expenses** Sie können sich (*dat*) Ihre Reisekosten zurückerstatten lassen **C** *s* **1** Anspruch *m*; *auf Lohn* Forderung *f*; **his ~ to the property** sein Anspruch auf das Grundstück; **to lay ~ to sth** Anspruch auf etw (*akk*) erheben; **to put in a ~ (for sth)** etw beantragen; **~ for damages** Schadensersatzanspruch *m* **2** Behauptung *f*; **to make a ~** eine Behauptung aufstellen; **I make no ~ to be a genius** ich erhebe nicht den Anspruch, ein Genie zu sein

> phrasal verbs mit claim:
> **claim back** *v/t* ⟨*trennb*⟩ zurückfordern; **to claim sth back (as expenses)** sich (*dat*) etw zurückzahlen lassen

claimant ['kleɪmənt] *s* für *Sozialhilfe etc* Antragsteller(in) *m(f)*; JUR Kläger(in) *m(f)*
clairvoyant [kleə'vɔɪənt] *s* Hellseher(in) *m(f)*
clam [klæm] *s* (Klaff)muschel *f*

> phrasal verbs mit clam:
> **clam up** *umg v/i* keinen Piep (mehr) sagen *umg*

clamber ['klæmbə'] *v/i* klettern; **to ~ up a hill** auf einen Berg klettern
clam chowder *s* dicke Suppe aus Muscheln, Sellerie, Zwiebeln und verschiedenen Gemüsen
clammy ['klæmɪ] *adj* ⟨*komp* clammier⟩ feucht
clamour ['klæmə'], **clamor** US **A** *s* lautstark erhobene Forderung (**for** nach) **B** *v/i* **to ~ for sth** nach etw schreien; **the men were ~ing to go home** die Männer forderten lautstark die Heimkehr
clamp [klæmp] **A** *s* Schraubzwinge *f*; MED, ELEK Klemme *f*; *für Auto* Parkkralle *f* **B** *v/t* (ein)spannen; *Auto* eine Parkkralle befestigen an (+*dat*)

> phrasal verbs mit clamp:
> **clamp down** *fig v/i* rigoros durchgreifen
> **clamp down on** *v/i* ⟨+*obj*⟩ j-n an die Kandare nehmen; *Aktivitäten* einen Riegel vorschieben (+*dat*)

clampdown ['klæmpdaʊn] *s* Schlag *m* (**on** gegen)
clamshell (phone) [klæmʃel('fəʊn)] *s* Klapphandy *n*
clan [klæn] *s* **1** *in Schottland* Clan *m*, Stamm *m* **2** *hum* (= Familie) Sippe *f*
clandestine [klæn'destɪn] *adj* geheim; *Treffen* Geheim-
clang [klæŋ] **A** *s* Klirren *n* **B** *v/i* klirren; *Glocke, Tor* schlagen
clanger ['klæŋə'] *Br umg s* Schnitzer *m umg*; **to drop a ~** ins Fettnäpfchen treten *umg*
clank [klæŋk] **A** *s* Klirren *n*; *dumpfer* Dröhnen *n* **B** *v/t* klirren mit **C** *v/i* klirren; *dumpfer* dröhnen
clap [klæp] **A** *s* Klatschen *n kein pl*; **a ~ of thunder** ein Donnerschlag *m*; **give him a ~!** klatscht ihm Beifall!; **a ~ on the back** ein Schlag *m* auf die Schulter **B** *v/t* Beifall klatschen (+*dat*); **to ~ one's hands** in die Hände klatschen; **to ~ sb on the back** j-m auf die Schulter klopfen; **he ~ped his hand over my mouth** er hielt mir den Mund zu; **to ~ eyes on sb/sth** *umg* j-n/etw zu sehen kriegen *umg* **C** *v/i* (Beifall) klatschen
clapped-out ['klæptaʊt] *adj* ⟨*attr*⟩, **clapped out** ['klæpt'aʊt] *umg adj* ⟨*präd*⟩ klapprig; **a ~ old car** eine alte Klapperkiste *umg*
clapper ['klæpə'] *s* **to go/drive/work like the ~s** *Br umg* ein Mordstempo draufhaben *umg*
clapping *s* Beifall *m*
claptrap ['klæptræp] *umg s* Geschwafel *n umg*
claret ['klærət] *s* roter Bordeauxwein
clarification [ˌklærɪfɪ'keɪʃən] *s* Klarstellung *f*; **I'd like a little ~ on this point** ich hätte diesen Punkt gerne näher erläutert
clarify ['klærɪfaɪ] *v/t* klären; *Text* erklären; *Behauptung* näher erläutern
clarinet [ˌklærɪ'net] *s* Klarinette *f*; **to play the ~** Klarinette spielen
clarity ['klærɪtɪ] *s* Klarheit *f*
clash [klæʃ] **A** *v/i* **1** *Demonstranten* zusammenstoßen **2** *Farben* sich beißen; *Sendungen* sich überschneiden; **we ~ too much** wir passen einfach nicht zusammen **B** *s* **1** *von Demonstranten* Zusammenstoß *m*; *zwischen Menschen* Konflikt *m* **2** *von Persönlichkeiten* Unvereinbarkeit *f*; **a ~ of interests** eine Interessenkollision
clasp [klɑːsp] **A** *s* (Schnapp)verschluss *m* **B** *v/t* (er)greifen; **to ~ sb's hand** j-s Hand ergreifen; **to ~ one's hands (together)** die Hände falten; **to ~ sb in one's arms** j-n in die Arme nehmen
class [klɑːs] **A** *s* **1** (≈ Gruppe), *a.* SCHULE Klasse *f*; (≈ Kurs) Unterricht *m*; **in ~** in der Klasse; **they're just not in the same ~** man kann sie einfach nicht vergleichen; **to be in a ~ of its own** eine Klasse für sich sein; **I don't like her ~es** ihr Un-

terricht gefällt mir nicht; **the French ~** (≈ *Unterricht*) die Französischstunde; (≈ *Schüler*) die Französischklasse; **the ~ of 1980** der Jahrgang 1980 (*die Schul-/Universitätsabgänger etc des Jahres 1980*) **2** gesellschaftliche Stellung; **the ruling ~** die herrschende Klasse **3** *Br UNIV* Prädikat *n*; **a first-class degree** ein Prädikatsexamen *n*; **second-class degree** ≈ Prädikat Gut **4** *umg* Stil *m*; **to have ~** *Mensch* Format haben **B** *adj umg* erstklassig **C** *v/t* einordnen
class-conscious *adj* standesbewusst, klassenbewusst
class distinction *s* Klassenunterschied *m*
classic ['klæsɪk] **A** *adj* klassisch; **a ~ example of sth** ein klassisches Beispiel für etw **B** *s* Klassiker *m*
classical ['klæsɪkəl] *adj* klassisch; *Architektur* klassizistisch; *Ausbildung* humanistisch; **~ music** klassische Musik; **the ~ world** die antike Welt
classics ['klæsɪks] *s UNIV* Altphilologie *f*
classification [ˌklæsɪfɪ'keɪʃən] *s* Klassifizierung *f*
classified ['klæsɪfaɪd] *adj* in Klassen eingeteilt; **~ ad(vertisement)** Kleinanzeige *f*; **~ information** *MIL* Verschlusssache *f*; *POL* Geheimsache *f*
classify ['klæsɪfaɪ] *v/t* klassifizieren
classless *adj Gesellschaft* klassenlos
classmate *s* Mitschüler(in) *m(f)*, Klassenkamerad(in) *m(f)*
class reunion *s* Klassentreffen *n*
classroom *s* Klassenzimmer *n*
classroom assistant *s* Assistenzlehrkraft *f*
class schedule *US s* Stundenplan *m*
class system *s* Klassensystem *n*
class teacher *s* Klassenlehrer(in) *m(f)*
classy ['klɑːsɪ] *adj* ⟨*komp* classier⟩ *umg* nobel *umg*
clatter ['klætəʳ] **A** *s* Geklapper *n* **B** *v/i* klappern
clause [klɔːz] *s* **1** *GRAM* Satz *m* **2** *JUR etc* Klausel *f*
claustrophobia [ˌklɔːstrə'fəʊbɪə] *s* Klaustrophobie *f*
claustrophobic [ˌklɔːstrə'fəʊbɪk] *adj* klaustrophob(isch); **it's so ~ in here** hier kriegt man Platzangst *umg*
claw [klɔː] **A** *s* Kralle *f*; *von Hummer* Schere *f* **B** *v/t* kratzen; **they ~ed their way out from under the rubble** sie wühlten sich aus dem Schutt hervor; **he ~ed his way to the top** *fig* er hat sich an die Spitze durchgeboxt **C** *v/i* **to ~ at sth** sich an etw (*akk*) krallen
clay [kleɪ] *s* Lehm *m*
clay court *s Tennis* Sandplatz *m*
clay pigeon shooting *s* Tontaubenschießen *n*
clean [kliːn] **A** *adj* ⟨+*er*⟩ **1** sauber; **to wash sth ~** etw abwaschen; **to make a ~ start** ganz von vorne anfangen, ein neues Leben anfangen; **he has a ~ record** gegen ihn liegt nichts vor; **a ~ driving licence** ein Führerschein *m* ohne Strafpunkte; **a ~ break** *fig* ein klares Ende **2** *Witz* stubenrein **3** **to make a ~ breast of sth** etw gestehen **4** ⟨*attr*⟩ *Drogenabhängiger* clean **B** *adv* glatt; **I ~ forgot** das habe ich glatt(weg) vergessen *umg*; **he got ~ away** er verschwand spurlos; **to cut ~ through** etw ganz durchschneiden/durchschlagen *etc*; **to come ~** *umg* auspacken *umg*; **to come ~ about sth** etw gestehen **C** *v/t* sauber machen; *Nägel, Pinsel* reinigen; *Fenster, Schuhe, Gemüse* putzen; *Fisch, Wunde* säubern; *mit Wasser* (ab)waschen; *mit Tuch* abwischen; **to ~ one's hands** sich (*dat*) die Hände waschen; *mit Tuch* sich (*dat*) die Hände abwischen; **to ~ one's teeth** sich (*dat*) die Zähne putzen; **~ the dirt off your face** wisch dir den Schmutz vom Gesicht! **D** *v/i* reinigen **E** *s* **to give sth a ~** sauber machen; *Nägel, Pinsel* reinigen; *Fenster, Schuhe, Gemüse* putzen; *Fisch, Wunde* säubern; *mit Wasser* (ab)waschen; *mit Tuch* abwischen

phrasal verbs mit clean:

clean off *v/t* ⟨*trennb*⟩ abwaschen; *mit Tuch* abwischen; *Schmutz* entfernen
clean out *wörtl v/t* ⟨*trennb*⟩ gründlich sauber machen; **that last holiday completely cleaned me out** *Br*, **that last vacation completely cleaned me out** *US* nach dem letzten Urlaub war ich pleite *umg*
clean up A *v/t* ⟨*trennb*⟩ **1** *wörtl* sauber machen; *Gebäude* reinigen; *Durcheinander* aufräumen **2** *fig* **the new mayor cleaned up the city** der neue Bürgermeister hat für Sauberkeit in der Stadt gesorgt; **to clean up television** den Bildschirm (von Gewalt, Sex *etc*) säubern **B** *v/i* *wörtl* aufräumen; *US* (≈ *Profit machen*) absahnen *umg*

clean-cut ['kliːn'kʌt] *adj Mensch* gepflegt; **~ features** klare Gesichtszüge *pl*
clean eating *s* gesundes Essen (*bei dem Wert auf Vollwertkost und frische Zutaten gelegt wird*)
cleaner ['kliːnəʳ] *s* **1** Reinemachefrau *f*, Putzkraft *f*; **the ~s** das Reinigungspersonal **2** (≈ *Geschäft*) **~'s** Reinigung *f* **3** Reinigungsmittel *n*
cleaning ['kliːnɪŋ] *s* **the ladies who do the ~** die Frauen, die (hier) sauber machen; **~ fluid** Reinigungsflüssigkeit *f*
cleaning lady *s* Reinemachefrau *f*
cleanliness ['klenlɪnɪs] *s* Reinlichkeit *f*
clean-living ['kliːn'lɪvɪŋ] *adj* anständig
cleanly ['kliːnlɪ] *adv* sauber; **the bone broke ~** es war ein glatter Knochenbruch
cleanness *s* Sauberkeit *f*
clean-out ['kliːnaʊt] *s* **to give sth a ~** etw sauber machen
cleanse [klenz] *v/t* reinigen

cleanser ['klenzəʳ] s Reinigungsmittel n; *für Haut* Reinigungsmilch f
clean-shaven ['kliːn'ʃeɪvn] adj glatt rasiert
cleansing ['klenzɪŋ] adj Reinigungs-
cleansing department s Stadtreinigung f
clear [klɪəʳ] **A** adj ⟨+er⟩ **1** klar; *Fall, Vorteil a.* eindeutig; *Teint* rein; *Foto* scharf; **on a ~ day** bei klarem Wetter; **to be ~ to sb** j-m klar sein; **you weren't very ~** du hast dich nicht sehr klar ausgedrückt; **is that ~?** alles klar?; **let's get this ~, I'm the boss** wenn wir mal klarstellen, ich bin hier der Chef; **to be ~ on** *od* **about sth** (sich *dat*) über etw (*akk*) im Klaren sein; **to make oneself ~** sich klar ausdrücken, sich verständlich machen; **to make it ~ to sb that …** es j-m (unmissverständlich) klarmachen, dass …; **a ~ profit** ein Reingewinn m; **to have a ~ lead** klar führen **2** frei; **to be ~ of sth** frei von etw sein; **we're now ~ of debts** jetzt sind wir schuldenfrei; **the bottom of the door should be about 3 mm ~ of the floor** zwischen Tür und Fußboden müssen etwa 3 mm Luft sein; **at last we were/got ~ of the prison walls** endlich hatten wir die Gefängnismauern hinter uns **3** *Br* (≈ *Vorsprung habend*) **Rangers are now three points ~ of Celtic** Rangers liegt jetzt drei Punkte vor Celtic **B** s **to be in the ~** frei von jedem Verdacht sein; **we're not in the ~ yet** wir sind noch nicht aus allem heraus **C** adv **1** laut und deutlich **2** (≈ *vollständig*) **he got ~ away** er verschwand spurlos **3** **he leapt ~ of the burning car** er rettete sich durch einen Sprung aus dem brennenden Auto; **to steer** *od* **keep ~ of sb** j-m aus dem Wege gehen; **to steer** *od* **keep ~ of sth** etw meiden; **to steer** *od* **keep ~ of a place** um einen Ort einen großen Bogen machen; **exit, keep ~** Ausfahrt frei halten!; **stand ~ of the doors!** bitte von den Türen zurücktreten! **D** v/t **1** *Rohr* reinigen; *Verstopfung* beseitigen; *Landstück, Straße* räumen; IT *Bildschirm* löschen; **to ~ the table** den Tisch abräumen; **to ~ a space for sth** für etw Platz schaffen; **to ~ the way for sb/sth** den Weg für j-n/etw frei machen; **to ~ a way through the crowd** sich (*dat*) einen Weg durch die Menge bahnen; **to ~ a room** *von Menschen* ein Zimmer räumen; *von Sachen* ein Zimmer ausräumen; **to ~ one's head** (wieder) einen klaren Kopf bekommen; **to ~ the ball** klären **2** *Schnee, Unrat* räumen **3** JUR *j-n* freisprechen; *seinen Namen* rein waschen **4** **he ~ed the bar easily** er übersprang die Latte mit Leichtigkeit; **raise the bar till the wheel ~s the ground** das Auto anheben, bis das Rad den Boden nicht mehr berührt **5** *Schuld* begleichen **6** *Warenlager* räumen **7** (≈ *amtlich genehmigen*) abfertigen; **to ~ a cheque** *Br*, **to ~ a check** *US* bestätigen, dass ein Scheck gedeckt ist; **you'll have to ~ that with management** Sie müssen das mit der Firmenleitung regeln; **~ed by security** von den Sicherheitsbehörden für unbedenklich erklärt **E** v/i *Wetter* aufklaren; *Nebel, Rauch* sich auflösen, sich verziehen

phrasal verbs mit clear:
clear away **A** v/t ⟨trennb⟩ wegräumen **B** v/i **1** *Nebel etc* sich auflösen **2** den Tisch abräumen
clear off *Br umg* v/i abhauen *umg*
clear out **A** v/t ⟨trennb⟩ ausräumen **B** v/i *umg* verschwinden *umg*
clear up **A** v/t ⟨trennb⟩ **1** *Angelegenheit* klären; *Geheimnis* aufklären **2** aufräumen; *Gerümpel* wegräumen **B** v/i **1** *Wetter* (sich) aufklären; sich aufhellen **2** aufräumen

clearance ['klɪərəns] s **1** Beseitigung f **2** *durch Zoll* Abfertigung f; *durch Sicherheitsbehörden* Unbedenklichkeitserklärung f
clearance sale s HANDEL Räumungsverkauf m
clear-cut ['klɪə'kʌt] adj klar; *Thema* klar umrissen
clear-headed ['klɪə'hedɪd] adj *Mensch, Entscheidung* besonnen
clearing s *im Wald* Lichtung f
clearing house s Clearingstelle f
clearly ['klɪəlɪ] adv **1** klar; **~ visible** klar zu sehen **2** eindeutig, offensichtlich; **~ we cannot allow …** wir können keinesfalls zulassen …; **this ~ can't be true** das kann auf keinen Fall stimmen
clearness s Klarheit f; *von Teint* Reinheit f
clear-out s *Br* **I'm having a big ~** ich muss mal wieder gründlich ausmisten
clear-sighted ['klɪə'saɪtɪd] *fig* adj scharfsichtig
cleavage ['kliːvɪdʒ] s Dekolleté n
cleaver ['kliːvəʳ] s Hackbeil n
clef [klef] s (Noten)schlüssel m
cleft [kleft] **A** adj gespalten; **a ~ chin** ein Kinn n mit Grübchen **B** s Spalte f; *in Kinn* Grübchen n
cleft palate s Gaumenspalte f
clematis ['klemətɪs] s Klematis f
clemency ['klemənsɪ] s Milde f (**towards sb** j-m gegenüber); **the prisoner was shown ~** dem Gefangenen wurde eine milde Behandlung zuteil
clementine ['kleməntaɪn] s Klementine f
clench [klentʃ] v/t *Faust* ballen; *Zähne* zusammenbeißen; *mit Hand* packen
clergy ['klɜːdʒɪ] pl Klerus m
clergyman ['klɜːdʒɪmən] s ⟨pl -men [-mən]⟩ Geistliche(r) m
clergywoman ['klɜːdʒɪ,wʊmən] s ⟨pl -women [-wɪmɪn]⟩ Geistliche f
cleric ['klerɪk] s Geistliche(r) m

clerical ['klerɪkəl] *adj* **1** ~ **work/job** Schreib- od Büroarbeit *f*; ~ **worker** Schreib- od Bürokraft *f*; ~ **staff** Schreibkräfte *pl*; ~ **error** Versehen *n*, Schreibfehler *m* **2** KIRCHE geistlich

clerk [klɑːk, *US* klɜːrk] *s* **1** (Büro)angestellte(r) *m/f(m)* **2** Schriftführer(in) *m(f)* **3** *US* Verkäufer(in) *m(f)* **4** *US* Rezeptionist(in) *m(f)*, Empfangschef(in) *m(f)*

clever ['klevəʳ] *adj* **1** schlau **2** klug; *Gerät* raffiniert; **to be** ~ **at sth** in etw (*dat*) geschickt sein; **he is** ~ **at raising money** er ist geschickt, wenn es darum geht, Geld aufzubringen

cleverly ['klevəlɪ] *adv* geschickt, schlau

cleverness *s* **1** Schlauheit *f* **2** Klugheit *f* **3** (≈ *Listigkeit*) Schläue *pl*

cliché ['kliːʃeɪ] *s* **1** Klischee *n* **2** LIT häufig gebrauchte (*und daher meist abgedroschen wirkende*) Formulierung

clichéd *adj* klischeehaft

click [klɪk] **A** *s* Klicken *n*; *von Schalter* Knipsen *n*; *von Fingern* Schnipsen *n* **B** *v/i* **1** klicken; *Schalter* knipsen; *Finger* schnipsen **2** *umg* **suddenly it all** ~**ed** (**into place**) plötzlich ist der Groschen gefallen, plötzlich war alles glasklar; **to** ~ (**with sb**) sich (mit j-m) auf Anhieb verstehen **C** *v/t* Finger schnippen mit; IT *Maustaste* anklicken, drücken; **to** ~ **sth into place** etw einschnappen lassen

phrasal verbs mit click:

click on *v/i* IT **to click on the mouse** mit der Maus klicken; **to click on an icon** ein Icon anklicken

clickable ['klɪkəbl] *adj* IT anklickbar

clickjacking ['klɪkdʒækɪŋ] *s* Clickjacking *n* (*Internetbetrug durch Überlagern von Internetseiten*)

client ['klaɪənt] *s* Kunde *m*, Kundin *f*; *von Anwalt* Klient(in) *m(f)*

clientele [ˌkliːɒnˈtel] *s* Kundschaft *f*

cliff [klɪf] *s* Klippe *f*

cliffhanger *s* Cliffhanger *m*; **the last episode ended on a real** ~ die letzte Folge hatte ein spannendes offenes Ende

clifftop *s* **a house on a** ~ ein Haus oben auf einem Felsen

climactic [klaɪˈmæktɪk] *adj* **a** ~ **scene** ein Höhepunkt

climate ['klaɪmɪt] *s* Klima *n*; **to move to a warmer** ~ in eine wärmere Gegend ziehen; ~ **conference**, ~ **change conference** Klimakonferenz *f*

climate catastrophe *s* Klimakatastrophe *f*

climate change *s* Klimawandel *m*, Klimaveränderung *f*

climate change sceptic ['skeptɪk] *s* Klimaskeptiker(in) *m(f)*

climate conference *s* POL Klimakonferenz *f*, Klimagipfel *m*

climatic [klaɪˈmætɪk] *adj* Klima-

climax ['klaɪmæks] *s* Höhepunkt *m*; LIT Klimax *f* (*Wörter oder Phrasen sind so angeordnet, dass sie sich vom schwächsten zum stärksten Ausdruck steigern*)

climb [klaɪm] **A** *v/t* **1** (*a*. ~ **up**) klettern auf (+*akk*); *Berg* steigen auf (+*akk*); *Leiter* hoch- od hinaufsteigen; *Klippe* hochklettern; **my car can't** ~ **that hill** mein Auto schafft den Berg nicht; **to** ~ **a rope** an einem Seil hochklettern **2** (*a*. ~ **over**) klettern über (+*akk*) **B** *v/i* klettern, bergsteigen; *in Zug, Auto etc* steigen (**into** in +*akk*); *Preise, Flugzeug* steigen **C** *s* **1** **we're going out for a** ~ wir machen eine Bergtour, wir gehen bergsteigen **2** *von Flugzeug* Steigflug *m*; **the plane went into a steep** ~ das Flugzeug zog steil nach oben

phrasal verbs mit climb:

climb down **A** *v/i von Baum* herunterklettern; *von Leiter* heruntersteigen **B** *v/i* ⟨+*obj*⟩ *Baum* herunterklettern von; *Leiter* heruntersteigen

climb in *v/i* einsteigen

climb up **A** *v/i* → climb **B** *v/i* ⟨+*obj*⟩ *Leiter etc* hinaufsteigen; *Baum* hochklettern

climb-down ['klaɪmdaʊn] *fig s* Rückzieher *m*

climber ['klaɪməʳ] *s* Bergsteiger(in) *m(f)*, Kletterer(in) *m(f)*

climbing ['klaɪmɪŋ] **A** *adj* **1** Berg(steiger)-, Kletter-; *Unfall* beim Bergsteigen **2** *Pflanze* Kletter- **B** *s* Bergsteigen *n*, Klettern *n*; **to go** ~ bergsteigen/klettern gehen

climbing shoe *s* Kletterschuh *m*

clinch [klɪntʃ] *v/t Sache* zum Abschluss bringen; **to** ~ **the deal** den Handel perfekt machen; **that** ~**es it** damit ist der Fall erledigt

clincher ['klɪntʃəʳ] *umg s* **that was the** ~ das gab den Ausschlag

cling [klɪŋ] *v/i* ⟨*prät, pperf* clung⟩ sich festklammern (**to an** +*akk*); *Kleidung* sich anschmiegen (**to** +*dat*); **to** ~ **together** sich aneinanderklammern; *Liebespaar* sich umschlingen; **she clung around her father's neck** sie hing ihrem Vater am Hals

clingfilm ['klɪŋfɪlm] *Br s* Frischhaltefolie *f*

clinging ['klɪŋɪŋ] *adj Kleidungsstück* sich anschmiegend

clingwrap ['klɪŋræp] *US s* Frischhaltefolie *f*

clingy ['klɪŋɪ] *adj* klammernd; **she's the** ~ **sort** sie klammert furchtbar, sie ist wie eine Klette *umg*

clinic ['klɪnɪk] *s* Klinik *f*

clinical ['klɪnɪkəl] *adj* **1** MED klinisch **2** *fig* nüchtern

clinical depression *s* klinische Depression

clinically ['klɪnɪkəlɪ] *adv* klinisch; **~ depressed** klinisch depressiv

clink [klɪŋk] **A** *v/t* klirren lassen; **to ~ glasses with sb** mit j-m anstoßen **B** *v/i* klirren

clip[1] [klɪp] **A** *s* Klammer *f* **B** *v/t* **to ~ sth onto sth** etw an etw *(akk)* anklemmen **C** *v/i* **to ~ on (to sth)** (an etw *akk*) angeklemmt werden; **to ~ together** zusammengeklemmt werden

clip[2] **A** *v/t* **1** scheren; *Hecke a.*, *Fingernägel* schneiden **2** *(a. ~ out) Zeitungsartikel* ausschneiden; *(a. ~ off) Haar* abschneiden **3** *Auto, Kugel* streifen **B** *s* **1 to give the hedge a ~** die Hecke (be)schneiden **2 he gave him a ~ round the ear** er gab ihm eins hinter die Ohren *umg* **3** *von Film* Clip *m*

clip art *s* IT Clip-Art *f*

clipboard *s* **1** Klemmbrett *n* **2** IT Zwischenablage *f*

clip-on *adj Krawatte* zum Anstecken; **~ earrings** Klips *pl*; **~ sunglasses** Sonnenclip *m*

clippers ['klɪpəz] *pl*, (*a.* **pair of clippers**) Schere *f*, Haarschneidemaschine *f*, Nagelzange *f*

clipping *s von Zeitungsartikel* Ausschnitt *m*

clique [kliːk] *s* Clique *f*

clitoris ['klɪtərɪs] *s* Klitoris *f*

cloak [kləʊk] **A** *s wörtl* Umhang *m*; *fig* Schleier *m*; **under the ~ of darkness** im Schutz der Dunkelheit **B** *v/t fig* verhüllen

cloak-and-dagger *adj* geheimnisumwittert

cloakroom *s* **1** *Br zur Kleiderabgabe* Garderobe *f* **2** *Br euph* Toilette *f*

clobber ['klɒbə^r] *umg* **A** *s Br* (≈ *Habseligkeiten*) Zeug *n umg*; (≈ *Kleider*) Klamotten *pl umg* **B** *v/t* (≈ *besiegen*) **to get ~ed** eins übergebraten kriegen *umg*

clock [klɒk] *s* **1** Uhr *f*; **round the ~** rund um die Uhr; **against the ~** SPORT nach *od* auf Zeit; **to work against the ~** gegen die Uhr arbeiten; **to beat the ~** schneller als vorgesehen fertig sein; **to put the ~ back/forward** die Uhr zurückstellen/vorstellen; **to turn the ~ back** *fig* die Zeit zurückdrehen; **to watch the ~** *umg* dauernd auf die Uhr sehen **2** *umg* **it's got 100,000 miles on the ~** es hat einen Tachostand von 100.000 Meilen

<u>phrasal verbs mit clock:</u>

clock in, **clock on** *v/i* (den Arbeitsbeginn) stempeln *od* stechen

clock off, **clock out** *v/i* (das Arbeitsende) stempeln *od* stechen

clock up *v/t* ⟨*trennb*⟩ *Geschwindigkeit, Zeit* erzielen

clock face *s* Zifferblatt *n*
clockmaker *s* Uhrmacher(in) *m(f)*
clock radio *s* Radiouhr *f*
clock tower *s* Uhrenturm *m*

clock-watching *s* Auf-die-Uhr-Schauen *n*
clockwise *adj & adv* im Uhrzeigersinn
clockwork **A** *s von Spielzeug* Aufziehmechanismus *m*; **like ~** wie am Schnürchen **B** *adj* ⟨*attr*⟩ **1** *Spielzeugauto etc* aufziehbar **2 with ~ regularity** mit der Regelmäßigkeit eines Uhrwerks

clod [klɒd] *s* Klumpen *m*

clog [klɒɡ] **A** *s* Holzschuh *m*; **~s** *pl* Clogs *pl* **B** *v/t Rohr etc a.* **~ up** verstopfen; **~ged with traffic** verstopft **C** *v/i Rohr etc a.* **~ up** verstopfen

<u>phrasal verbs mit clog:</u>

clog up [klɒɡ] *v/t & v/i* ⟨-gg-⟩ verstopfen

cloister ['klɔɪstə^r] *s* **1** Kreuzgang *m* **2** Kloster *n*
cloistered *fig adj* weltabgeschieden
clone [kləʊn] **A** *s* Klon *m* **B** *v/t* klonen

close[1] [kləʊs] **A** *adj* ⟨*komp* closer⟩ **1** in der Nähe (**to** +*gen od* von); **is Glasgow ~ to Edinburgh?** liegt Glasgow in der Nähe von Edinburgh?; **you're very ~** *bei Ratespiel etc* du bist dicht dran; **at ~ quarters** aus unmittelbarer Nähe; **we use this pub because it's the ~st** wir gehen in dieses Lokal, weil es am nächsten ist **2** *zeitlich* nahe (bevorstehend) **3** *fig Freund, Beziehung* eng; *Verwandter* nahe; *Ähnlichkeit* groß; **they were very ~ (to each other)** sie standen sich sehr nahe **4** *Prüfung* genau; **now pay ~ attention to me** jetzt hör mir gut zu; **you have to pay very ~ attention to the traffic signs** du musst genau auf die Verkehrszeichen achten **5** schwül; *in Zimmer* stickig **6** *Kampf, Ergebnis* knapp; **a ~(-fought) match** ein (ganz) knappes Spiel; **a ~ finish** ein Kopf-an-Kopf-Rennen *n*; **that was ~**, **that was a ~ one** das war knapp!; **it was a ~ thing** *od* **call** das war knapp!; **the vote was too ~ to call** der Ausgang der Abstimmung war völlig offen **B** *adv* ⟨*komp* closer⟩ nahe; **~ by** in der Nähe; **stay ~ to me** bleib dicht bei mir; **~ to the ground** am Boden; **he followed ~ behind me** er ging dicht hinter mir; **don't stand too ~ to the fire** stell dich nicht zu nahe ans Feuer; **to be ~ to tears** den Tränen nahe sein; **~ together** nahe zusammen; **this pattern comes ~st to the sort of thing we wanted** dieses Muster kommt dem, was wir uns vorgestellt haben, am nächsten; **(from) ~ up** von Nahem

close[2] [kləʊz] **A** *v/t* **1** schließen; *Fabrik* stilllegen; *Straße* sperren; **to ~ one's eyes/ears to sth** sich einer Sache gegenüber blind/taub stellen; **to ~ ranks** MIL, *a. fig* die Reihen schließen **2** *Versammlung* beenden; *Konto etc* auflösen; **the matter is ~d** der Fall ist abgeschlossen **B** *v/i* **1** sich schließen, zugehen; *Laden, Fabrik* schließen, zumachen; *auf Dauer* stillgelegt werden; **his eyes ~d** die Augen fielen ihm zu **2** BÖRSE schließen **C** *s* Ende *n*; **to come to a ~** enden;

to draw to a ~ sich dem Ende nähern; **to bring sth to a ~** etw beenden

phrasal verbs mit close:

close down A v/i Firma etc schließen, zumachen umg; Fabrik: auf Dauer stillgelegt werden B v/t ⟨trennb⟩ Firma schließen; Fabrik auf Dauer stilllegen

close in v/i Nacht hereinbrechen; Tage kürzer werden; Feind etc bedrohlich nahe kommen; **to close in on sb** j-m auf den Leib rücken; **the police are closing in on him** die Polizei zieht das Netz um ihn zu, die Polizisten umzingeln ihn

close off v/t ⟨trennb⟩ (ab)sperren

close on v/i ⟨+obj⟩ einholen

close up v/t ⟨trennb⟩ Haus, Laden zumachen

closed adj geschlossen; zu; Straße gesperrt; **behind ~ doors** hinter verschlossenen Türen; **"closed"** „geschlossen"; **sorry, we're ~** tut uns leid, wir haben geschlossen; **~ circuit** ELEK geschlossener Stromkreis

closed-circuit television [ˌkləʊzdˌsɜːkɪtˈtelɪvɪʒən] s Videoüberwachung f, Überwachungskamera f

closedown [ˈkləʊzdaʊn] s eines Geschäfts Schließung f; einer Fabrik Stilllegung f

closed shop s **we have a ~** wir haben Gewerkschaftszwang

close-fitting [ˈkləʊs-] adj eng anliegend

close-knit [ˈkləʊs-] adj ⟨komp closer-knit⟩ Gemeinschaft eng od fest zusammengewachsen

closely [ˈkləʊslɪ] adv **1** eng; verwandt nah(e); folgen, zeitlich dicht; **he was ~ followed by a policeman** ein Polizist ging dicht hinter ihm; **the match was ~ contested** der Spielausgang war hart umkämpft **2** zuhören genau, sorgfältig; **to look ~ at sth** etw genau anschauen; **a ~-guarded secret** ein streng gehütetes Geheimnis

closeness [ˈkləʊsnɪs] s **1** Nähe f **2** fig von Freundschaft Innigkeit f

close-run adj ⟨komp closer-run⟩ **it was a ~ thing** es war eine knappe Sache

close season s **1** FUSSB Saisonpause f **2** Angeln, a. JAGD Schonzeit f

close-set adj ⟨komp closer-set⟩ Augen eng zusammenstehend

closet [ˈklɒzɪt] s Wandschrank m, Wandkasten m österr, schweiz; US Kleiderschrank m; **to come out of the ~** fig sich outen

close-up [ˈkləʊsʌp] s Nahaufnahme f; **in ~** in Nahaufnahme; Gesicht in Großaufnahme

closing [ˈkləʊzɪŋ] A s von Fabrik: auf Dauer Stilllegung f B adj **1** Bemerkungen abschließend; **~ arguments** JUR Schlussplädoyers pl **2** BÖRSE **~ prices** Schlusskurse pl

closing date s bei Preisausschreiben, Bewerbungen Einsendeschluss m; für Kurs etc Anmeldeschluss m

closing-down sale [ˌkləʊzɪŋˈdaʊnseɪl] s HANDEL Räumungsverkauf m

closing time s Ladenschluss m; Br von Kneipe Sperrstunde f

closure [ˈkləʊʒə^r] s Schließung f; von Straße Sperrung f

clot [klɒt] A s (Blut)gerinnsel n B v/i Blut gerinnen

cloth [klɒθ] s **1** Stoff m **2** Tuch n, Lappen m **3** Tischdecke f

clothe [kləʊð] v/t ⟨prät, pperf clothed, clad⟩ bekleiden

clothes [kləʊz] pl Kleider pl; Kleidung f; **his mother still washes his ~** seine Mutter macht ihm immer noch die Wäsche; **with one's ~ on/off** an-/ausgezogen; **to put on/take off one's ~** sich an-/ausziehen

clothes basket s Wäschekorb m

clothes brush s Kleiderbürste f

clothes hanger s Kleiderbügel m

clothes horse Br s Wäscheständer m

clothes line s Wäscheleine f

clothes peg s, **clothes pin** US s Wäscheklammer f

clothes shop s Bekleidungsgeschäft n

clothing [ˈkləʊðɪŋ] s Kleidung f, Gewand n österr; **piece of ~** Kleidungsstück n

clotted cream [ˈklɒtɪdˈkriːm] s dicke Sahne (aus erhitzter Milch)

cloud [klaʊd] A s Wolke f; von Rauch Schwaden m; IT Cloud f; **to have one's head in the ~s** in höheren Regionen schweben; **to be on ~ nine** umg im siebten Himmel schweben umg; **every ~ has a silver lining** sprichw kein Unglück ist so groß, es hat sein Glück im Schoß sprichw B v/t fig trüben; **to ~ the issue** die Angelegenheit verschleiern

phrasal verbs mit cloud:

cloud over v/i Himmel sich bewölken

cloudburst s Wolkenbruch m

cloud computing s IT Zugriff auf IT-Infrastrukturen über ein nicht lokales Netzwerk Cloud-Computing n

cloud-cuckoo-land s **you're living in ~** du lebst auf dem Mond umg

cloudless adj wolkenlos

cloudy [ˈklaʊdɪ] adj ⟨komp cloudier⟩ **1** Himmel bewölkt; **it's getting ~** es bewölkt sich **2** Flüssigkeit etc trüb

clout [klaʊt] A s **1** umg Schlag m; **to give sb a ~** j-m eine runterhauen umg **2** politisch Schlagkraft f B v/t umg hauen umg

clove [kləʊv] A s **1** Gewürznelke f **2** **~ of garlic**

Knoblauchzehe f
clover ['kləʊvə^r] s Klee m
clown [klaʊn] **A** s Clown m; pej umg Trottel m; **to act the ~** den Clown spielen **B** v/i (a. **clown about** od **around**) herumblödeln umg
club [klʌb] **A** s **1** (≈ Waffe) Knüppel m **2** Golfschläger m **3** **~s** pl KART Kreuz n; **the nine of ~s** die Kreuzneun **4** Klub m, Verein m; (≈ Nachtklub) Klub m; FUSSB Verein m; **join the ~!** umg willkommen im Klub!; **the London ~ scene** das Nachtleben von London **B** v/t einknüppeln auf (+akk) **C** v/i **to go ~bing** clubben gehen, in die Disco/in einen Klub gehen

phrasal verbs mit club:

club together Br v/i zusammenlegen
clubhouse s Klubhaus n
club member s Vereins- od Klubmitglied n
cluck [klʌk] v/i gackern
clue [kluː] s Anhaltspunkt m; in Kreuzworträtsel Frage f; **to find a/the ~ to sth** den Schlüssel zu etw finden; **I'll give you a ~** ich gebe dir einen Tipp; **I haven't a ~!** (ich hab) keine Ahnung!

phrasal verbs mit clue:

clue up umg v/t ⟨trennb⟩ **to be clued up on** od **about sth** über etw (akk) im Bilde sein, mit etw vertraut sein
clued-up [kluːd'ʌp] adj **to be ~** umg sich auskennen
clueless umg adj ahnungslos
clump [klʌmp] **A** s von Bäumen Gruppe f; von Erde Klumpen m **B** v/i trampeln
clumsily ['klʌmzɪlɪ] adv ungeschickt, schwerfällig
clumsiness s Ungeschicklichkeit f, Schwerfälligkeit f
clumsy ['klʌmzɪ] adj ⟨komp clumsier⟩ **1** ungeschickt, schwerfällig **2** Fehler dumm; **hey, ~!** he, du Tollpatsch!
clung [klʌŋ] prät & pperf → cling
clunk [klʌŋk] s dumpfes Geräusch
cluster ['klʌstə^r] **A** s Gruppe f **B** v/i Menschen sich drängen od scharen
clutch [klʌtʃ] **A** s **1** AUTO Kupplung f; **to let in/out the ~** ein-/auskuppeln **2** fig **to fall into sb's ~es** j-m in die Hände fallen **B** v/t umklammern, umklammert halten

phrasal verbs mit clutch:

clutch at wörtl v/i ⟨+obj⟩ schnappen nach (+dat); fig sich klammern an (+akk)
clutter ['klʌtə^r] **A** s Durcheinander n **B** v/t (a. **clutter up**) zu voll machen umg, zu voll stellen; **to be ~ed with sth** Kopf, Zimmer, Schublade mit etw vollgestopft sein; Boden, Schreibtisch mit etw übersät sein
cm abk (= centimetres) cm

CMS abk (= content management system) IT Content-Management-System n
CO[1] abk (= Commanding Officer) befehlshabender Offizier
CO[2] abk (= Colorado) Colorado
CO$_2$ [siːəʊ'tuː] s CO_2
Co[1] abk (= company) KG f
Co[2] abk (= county) Br Grafschaft f
co- [kəʊ-] präf Mit-, mit-
c/o abk (= care of) bei, c/o
coach [kəʊtʃ] **A** s **1** Kutsche f **2** BAHN (Eisenbahn)wagen m **3** Br (Reise)bus m; **by ~** mit dem Bus; **~ travel/journeys** Busreisen pl; **~ driver** Busfahrer m **4** SPORT Trainer m **B** v/t **1** SPORT trainieren **2** **to ~ sb for an exam** j-n aufs Examen vorbereiten
coaching ['kəʊtʃɪŋ] s SPORT Training n; SCHULE Nachhilfe f
coachload Br s → busload
coach party Br s Busreisegruppe f
coach station Br s Busbahnhof m
coach tour s Busreise f (**of** durch)
coach trip Br s Busfahrt f
coagulate [kəʊ'ægjʊleɪt] v/i Blut gerinnen; Milch dick werden
coal [kəʊl] s Kohle f
coalesce [ˌkəʊə'les] fig v/i sich vereinigen
coalface Br s Streb m
coal fire s Kamin m
coal-fired adj Kohle(n)-; **~ power station** Kohlekraftwerk n
coalition [ˌkəʊə'lɪʃən] s Koalition f; **~ agreement** Koalitionsvereinbarung f; **~ government** Koalitionsregierung f
coalition government s Koalitionsregierung f
coalition partner s Koalitionspartner m
coal mine s Zeche f
coal miner s Bergmann m
coal-mining s Kohle(n)bergbau m
coarse [kɔːs] adj ⟨komp coarser⟩ **1** grob **2** (≈ ordinär) gewöhnlich; Witz derb
coarsen ['kɔːsn] v/t Haut gerben
coarseness ['kɔːsnɪs] s **1** Grobheit f **2** fig (≈ Vulgarität) Gewöhnlichkeit f; von Benehmen Grobheit f; von Witz Unanständigkeit f; von Ausdrucksweise Derbheit f
coast [kəʊst] **A** s Küste f; **on the ~** am Meer; **we're going to the ~** wir fahren ans Meer; **the ~ is clear** fig die Luft ist rein **B** v/i **1** Auto, Radfahrer (im Leerlauf) fahren **2** fig **to be ~ing along** mühelos vorankommen
coastal ['kəʊstəl] adj Küsten-; **~ traffic** Küstenschifffahrt f
coaster ['kəʊstə^r] s Untersetzer m
coastguard s Küstenwache f
coastline s Küste f

coat [kəʊt] **A** s **1** Mantel m **2** *Wappenkunde* **~ of arms** Wappen n **3** *von Tier* Fell n **4** *von Lack etc* Anstrich m; **to give sth a second ~** etw noch einmal streichen; **B** v/t *mit Lack etc* streichen; **to be ~ed with mud** mit einer Schmutzschicht überzogen sein

coat hanger s Kleiderbügel m
coat hook s Kleiderhaken m
coating ['kəʊtɪŋ] s Überzug m
coat rack s (Wand)garderobe f
coat stand s Garderobenständer m
co-author ['kəʊ,ɔːθə^r] s Mitautor(in) m(f)
coax [kəʊks] v/t überreden; **to ~ sb into doing sth** j-n beschwatzen, etw zu tun *umg*; **to ~ sth out of sb** j-m etw entlocken
cob [kɒb] s **corn on the cob** Maiskolben m
cobble ['kɒbl] **A** s (a. **cobblestone**) Kopfstein m **B** v/t **a ~d street** eine Straße mit Kopfsteinpflaster

phrasal verbs mit cobble:
cobble together *umg* v/t ⟨*trennb*⟩ zusammenschustern *umg*

cobbler ['kɒblə^r] s Schuster m
cobblestone ['kɒblstəʊn] s Kopfstein m
cobweb ['kɒbweb] s Spinnennetz n; **a brisk walk will blow away the ~s** *fig* ein ordentlicher Spaziergang und man hat wieder einen klaren Kopf
cocaine [kə'keɪn] s Kokain n
cock [kɒk] **A** s **1** Hahn m **2** (≈ *Vogel*) *allg.* Männchen n **3** *sl* (≈ *Penis*) Schwanz m *sl* **B** v/t Ohren spitzen

phrasal verbs mit cock:
cock up *Br umg* v/t ⟨*trennb*⟩ versauen *umg*

cock-a-doodle-doo s ⟨*pl* -s⟩ Kikeriki n
cock-a-hoop *adj* ganz aus dem Häuschen
cock-a-leekie (soup) s Lauchsuppe f mit Huhn
cockatiel [,kɒkə'tiːl] s Nymphensittich m
cockatoo [,kɒkə'tuː] s ⟨*pl* -s⟩ Kakadu m
cockerel ['kɒkərəl] s junger Hahn
cockeyed ['kɒkaɪd] *umg adj* schief
cockily ['kɒkɪlɪ] *umg adv* großspurig
cockle ['kɒkl] s Herzmuschel f
cockney ['kɒknɪ] **A** s **1** (≈ *Dialekt*) Cockney n **2** (≈ *Mensch*) Cockney m **B** *adj* Cockney-
cockpit ['kɒkpɪt] s Cockpit n
cockroach ['kɒkrəʊtʃ] s Kakerlak m
cocktail ['kɒkteɪl] s Cocktail m
cocktail bar s Cocktailbar f
cocktail cabinet s Hausbar f
cocktail lounge s Cocktailbar f
cocktail stick s Cocktailspieß m
cocktail waiter *bes US* s Getränkekellner m
cocktail waitress *bes US* s Getränkekellnerin f
cockup ['kɒkʌp] *Br umg* s **to be a ~** in die Hose gehen *umg*; **to make a ~ of sth** bei *od* mit etw Scheiße bauen *umg*

cocky ['kɒkɪ] *adj* ⟨*komp* **cockier**⟩ *umg* großspurig
cocoa ['kəʊkəʊ] s Kakao m
coconut ['kəʊkənʌt] **A** s Kokosnuss f **B** *adj* ⟨*attr*⟩ Kokos-
coconut oil s Kokosöl n
cocoon [kə'kuːn] **A** s Kokon m **B** v/t einhüllen
COD *abk* (= **cash on delivery** *Br*, **collect on delivery** *US*) per Nachnahme
cod [kɒd] s ⟨*pl* -⟩ Kabeljau m
code [kəʊd] **A** s **1** *a.* IT Code m; **in ~** verschlüsselt; **to put into ~** verschlüsseln **2** (≈ *Regeln*) Kodex m; **~ of behaviour** *Br*, **~ of behavior** *US* Verhaltenskodex m; **~ of conduct** Verhaltenskodex m; **~ of practice** Verfahrensregeln *pl* **3** TEL Vorwahl f **4** **post ~** *Br*, **zip ~** *US* Postleitzahl f **B** v/t verschlüsseln; IT codieren
coded ['kəʊdɪd] *adj* **1** codiert **2** *Hinweis* versteckt; **in ~ language** in verschlüsselter *od* codierter Sprache
codeine ['kəʊdiːn] s Codein n
code name s Deckname m
code number s Kennziffer f
co-determination [,kəʊdɪtɜːmɪ'neɪʃən] s IND Mitbestimmung f
code word s Codewort n
coding ['kəʊdɪŋ] s **1** Chiffrieren n; **a new ~ system** ein neues Chiffriersystem **2** IT Codierung f, Codierungen *pl*
cod-liver oil ['kɒdlɪvər,ɔɪl] s Lebertran m
co-ed, coed ['kəʊ'ed] **A** s *Br umg* gemischte Schule **B** *adj* gemischt, für Mädchen und Jungen
coeducational ['kəʊ,edjʊ'keɪʃənl] *adj Schule* gemischt, für Mädchen und Jungen, Koedukations-
coerce [kəʊ'ɜːs] v/t zwingen; **to ~ sb into doing sth** j-n dazu zwingen, etw zu tun
coercion [kəʊ'ɜːʃən] s Zwang m
coexist [,kəʊɪg'zɪst] v/i nebeneinander bestehen; **to ~ with** *od* **alongside sb/sth** neben j-m/etw bestehen
coexistence [,kəʊɪg'zɪstəns] s Koexistenz f
C of E *abk* (= **Church of England**) anglikanische Kirche
coffee ['kɒfɪ] s Kaffee m; **two ~s, please** zwei Kaffee, bitte
coffee bar s Café n, Kaffeehaus n *österr*
coffee bean s Kaffeebohne f
coffee break s Kaffeepause f
coffee capsule s Kaffeekapsel f
coffee capsule machine s Kaffeekapselmaschine f
coffee cup s Kaffeetasse f
coffee filter s Kaffeefilter m
coffee grinder s Kaffeemühle f

coffee grounds pl Kaffeesatz m
coffee machine s **1** Br Kaffeemaschine f **2** gegen Geldeinwurf Kaffeeautomat m
coffee maker s Kaffeemaschine f
coffee mill s Kaffeemühle f
coffee pad s Kaffeepad n
coffee pad machine s Kaffeepadmaschine f
coffee pod s aus Papier Kaffeepad n; aus Plastik Kaffeekapsel f
coffee pod machine s Kaffeeautomat m
coffeepot s Kaffeekanne f
coffee shop s Café n, Kaffeehaus n österr; Imbissstube f
coffee table s Couchtisch m
coffee-table adj ~ **book** Bildband m
coffer ['kɒfəʳ] fig s **the ~s** pl das Geldsäckel
coffin ['kɒfɪn] s Sarg m
cog [kɒg] s TECH Zahn m, Zahnrad n; **he's only a cog in the machine** fig er ist nur ein Rädchen im Getriebe
cognac ['kɒnjæk] s Kognak m; französisch Cognac® m
cognate ['kɒgneɪt] adj verwandt
cognitive ['kɒgnɪtɪv] adj kognitiv
cogwheel s Zahnrad n
cohabit [kəʊ'hæbɪt] v/i zusammenleben
cohere [kəʊ'hɪəʳ] v/i **1** wörtl zusammenhängen **2** fig Gemeinschaft eine Einheit bilden; Argumente etc kohärent sein
coherence [kəʊ'hɪərəns] s von Argumenten Kohärenz f; **his speech lacked ~** seiner Rede (dat) fehlte der Zusammenhang
coherent [kəʊ'hɪərənt] adj **1** zusammenhängend **2** Logik, Argumente schlüssig, kohärent
coherently [kəʊ'hɪərəntlɪ] adv **1** zusammenhängend **2** kohärent
cohesion [kəʊ'hi:ʒən] s von Gruppe Zusammenhalt m
coiffure [kwɒ'fjʊəʳ] s Haartracht f
coil [kɔɪl] **A** s **1** von Seil etc Rolle f; von Rauch Kringel m; von Haaren Kranz m **2** ELEK Spule f **3** (≈ Verhütungsmittel) Spirale f **B** v/t aufwickeln; **to ~ sth round sth** etw um etw wickeln
coin [kɔɪn] **A** s **1** Münze f, Geldstück n; **the other side of the ~** fig die Kehrseite der Medaille; **they are two sides of the same ~** das sind zwei Seiten derselben Sache **B** v/t Ausdruck prägen; **..., to ~ a phrase** ..., um mich ganz originell auszudrücken
coinage ['kɔɪnɪdʒ] s Währung f
coin box s Münzfernsprecher m
coincide [ˌkəʊɪn'saɪd] v/i **1** örtlich, zeitlich zusammenfallen **2** übereinstimmen; **the two concerts ~** die beiden Konzerte finden zur gleichen Zeit statt
coincidence [kəʊ'ɪnsɪdəns] s Zufall m; **what a ~!** welch ein Zufall!
coincidental adj, **coincidentally** [kəʊˌɪnsɪ'dentl, -təlɪ] adv zufällig
coin-operated ['kɔɪn'ɒpəreɪtɪd] adj Münz-; **~ machine** Münzautomat m
Coke® [kəʊk] s umg (≈ Coca-)Cola® f
coke s umg (≈ Kokain) Koks m umg
Col abk (= Colonel) Oberst m
col abk (= column) Sp.
cola ['kəʊlə] s Cola f
colander ['kʌləndəʳ] s Sieb n
cold [kəʊld] **A** adj ⟨+er⟩ **1** kalt; **I am ~** mir ist kalt; **my hands are ~** ich habe kalte Hände; **if you get ~** wenn es dir zu kalt wird; **in ~ blood** kaltblütig; **to get ~ feet** fig umg kalte Füße kriegen umg; **that brought him out in a ~ sweat** dabei brach ihm der kalte Schweiß aus; **to throw ~ water on sb's plans** umg j-m eine kalte Dusche geben **2** fig kalt; Empfang betont kühl; (≈ leidenschaftslos) kühl; **to be ~ to sb** j-n kühl behandeln; **that leaves me ~** das lässt mich kalt **3** umg **to be out ~** bewusstlos sein, k. o. sein **B** s **1** Kälte f; **to feel the ~** kälteempfindlich sein; **to be left out in the ~** fig ausgeschlossen werden **2** MED Erkältung f, Schnupfen m; **to have a ~** erkältet sein, einen Schnupfen haben; **a bad ~** eine starke Erkältung; **to catch (a) ~** sich erkälten
cold-blooded adj ZOOL, a. fig kaltblütig
cold calling s HANDEL unaufgeforderte Telefonwerbung
cold cuts US pl Aufschnitt m
cold-hearted adj kaltherzig
coldly ['kəʊldlɪ] adv kalt; Antwort, Empfang betont kühl
cold meat s Aufschnitt m
coldness s Kälte f; von Antwort, Empfang betonte Kühle
cold remedy s Erkältungsmittel n
cold shoulder umg s **to give sb the ~** j-m die kalte Schulter zeigen
cold sore s MED Herpes m; Bläschenausschlag m
cold storage s Kühllagerung f
cold turkey umg **A** adj **a ~ cure** ein kalter Entzug sl **B** adv **to come off drugs ~** einen kalten Entzug machen sl
cold war s Kalter Krieg
coleslaw ['kəʊlslɔ:] s Krautsalat m
colic ['kɒlɪk] s Kolik f
collaborate [kə'læbəreɪt] v/i **1 to ~ with sb on** od **in sth** mit j-m bei etw zusammenarbeiten **2** mit Feind kollaborieren
collaboration [kəˌlæbə'reɪʃən] s **1** Zusammenarbeit f, Mitarbeit f **2** mit Feind Kollaboration f
collaborative [kə'læbərətɪv] adj gemeinschaftlich

collaborator [kəˈlæbəreɪtəʳ] s **1** Mitarbeiter(in) m(f) **2** mit Feind Kollaborateur(in) m(f)
collage [kɒˈlɑːʒ] s Collage f
collagen [ˈkɒlədʒən] s MED Kollagen n
collapse [kəˈlæps] **A** v/i **1** zusammenbrechen; Verhandlungen scheitern; Preise, Regierung stürzen; **they all ~d with laughter** sie konnten sich alle vor Lachen nicht mehr halten; **she ~d onto her bed, exhausted** sie plumpste erschöpft aufs Bett **2** Tisch sich zusammenklappen lassen **B** s Zusammenbruch m; von Verhandlungen Scheitern n; von Regierung Sturz m
collapsible [kəˈlæpsəbl] adj Tisch zusammenklappbar; **~ umbrella** Taschenschirm m
collar [ˈkɒləʳ] **A** s **1** Kragen m; **he got hold of him by the ~** er packte ihn am Kragen **2** für Hund Halsband n **B** v/t fassen
collarbone [ˈkɒləʳbəʊn] s Schlüsselbein n
collar size s Kragenweite f
collate [kɒˈleɪt] v/t zusammentragen
collateral [kɒˈlætərəl] s FIN (zusätzliche) Sicherheit
collateral damage s MIL, POL Kollateralschaden m
colleague [ˈkɒliːg] s Kollege m, Kollegin f, Mitarbeiter(in) m(f)
collect [kəˈlekt] **A** v/t **1** sammeln; leere Gläser einsammeln; Abfall aufsammeln; Preis bekommen; Hab und Gut zusammenpacken; Steuern einziehen; Fahrgeld kassieren; (≈akkumulieren) ansammeln; Staub anziehen **2** abholen (**from** bei) **B** v/i **1** sich ansammeln; Staub sich absetzen **2** kassieren; für Wohlfahrt sammeln **C** adv US **to pay ~** bei Empfang bezahlen; **to call ~** ein R-Gespräch führen
phrasal verbs mit collect:
collect up v/t ⟨trennb⟩ einsammeln; Abfall aufsammeln; Hab und Gut zusammenpacken
collect call US s R-Gespräch n
collected adj **1 the ~ works of Oscar Wilde** Oscar Wildes gesammelte Werke **2** ruhig
collection [kəˈlekʃən] s **1** von Menschen, Dingen Ansammlung f; von Briefmarken, Kunstwerken Sammlung f **2** von Briefkasten Leerung f; für Wohlfahrt Sammlung f; in Kirche Kollekte f; **to hold a ~ for sb/sth** für j-n/etw eine Sammlung durchführen
collective [kəˈlektɪv] adj kollektiv
collective bargaining s Tarifverhandlungen pl
collectively [kəˈlektɪvlɪ] adv gemeinsam
collective noun s GRAM Kollektivum n
collector [kəˈlektəʳ] s Sammler(in) m(f); **~'s Stück** Sammler-
college [ˈkɒlɪdʒ] s **1** College n; **to go to ~, to be at ~** studieren; **to start ~** sein Studium beginnen; **we met at ~** wir haben uns im Studium kennengelernt **2** für Musik etc Fachhochschule f; **College of Art** Kunstakademie f
collegiate [kəˈliːdʒɪɪt] adj College-; **~ life** das Collegeleben
collide [kəˈlaɪd] wörtl v/i zusammenstoßen; SCHIFF kollidieren; **to ~ with sb** mit j-m zusammenstoßen; **to ~ with sth** gegen etw prallen
colliery [ˈkɒlɪərɪ] s Zeche f
collision [kəˈlɪʒən] wörtl s Zusammenstoß m; fig Konflikt m; SCHIFF Kollision f; **on a ~ course** auf Kollisionskurs
collocation [ˌkɒləˈkeɪʃən] s Kollokation f (Wörter, die oft zusammen vorkommen)
colloquial [kəˈləʊkwɪəl] adj umgangssprachlich
colloquialism [kəˈləʊkwɪəlɪzəm] s umgangssprachlicher Ausdruck
collude [kəˈluːd] v/i gemeinsame Sache machen
collusion [kəˈluːʒən] s (geheime) Absprache; **they're acting in ~** sie haben sich abgesprochen
Cologne [kəˈləʊn] s Köln n
cologne [kəˈləʊn] s Kölnischwasser n
colon[1] [ˈkəʊlən] s ANAT Dickdarm m
colon[2] s GRAM Doppelpunkt m
colonel [ˈkɜːnl] s Oberst m; als Anrede Herr Oberst
colonial [kəˈləʊnɪəl] adj Kolonial-, kolonial
colonialism [kəˈləʊnɪəlɪzəm] s Kolonialismus m
colonialist [kəˈləʊnɪəlɪst] **A** adj kolonialistisch **B** s Kolonialist(in) m(f)
colonist [ˈkɒlənɪst] s Siedler(in) m(f)
colonization [ˌkɒlənaɪˈzeɪʃən] s Kolonisation f
colonize [ˈkɒlənaɪz] v/t kolonisieren
colonnade [ˌkɒləˈneɪd] s Säulengang m
colony [ˈkɒlənɪ] s Kolonie f
color etc US → colour
colossal [kəˈlɒsl] adj gewaltig; Fehler ungeheuer; Mann, Stadt riesig
colostomy [kəˈlɒstəmɪ] s MED Kolostomie f; **~ bag** Kolostomiebeutel m
colour [ˈkʌləʳ], **color** US **A** s **1** Farbe f; **what ~ is it?** welche Farbe hat es?; **red in ~** rot; **the movie was in ~** der Film war in Farbe; **~ illustration** farbige Illustration; **to add ~ to a story** einer Geschichte (dat) Farbe geben **2** (Gesichts)farbe f; **to bring the ~ back to sb's cheeks** j-m wieder Farbe geben; **he had gone a funny ~** er nahm eine komische Farbe an **3** Hautfarbe f; **people of ~** Farbige pl **4** **~s** pl SPORT (Sport)abzeichen n; **to show one's true ~s** fig sein wahres Gesicht zeigen **B** v/t anmalen; KUNST kolorieren; mit Farbstoff färben **2** fig beeinflussen **C** v/i Mensch a. **~ up** erröten

phrasal verbs mit colour:
colour in v/t ⟨trennb⟩ anmalen; KUNST kolorieren
colourant ['kʌlərənt] s, **colorant** US s Farbstoff m
colour-blind adj, **color-blind** US adj farbenblind
colour-code v/t, **color-code** US v/t farbig kennzeichnen od codieren
coloured ['kʌləd], **colored** US **A** adj **1** bunt **2** pej Mensch farbig **B** s Farbige(r) m/f(m)
-coloured adj ⟨suf⟩, **-colored** US **yellow-coloured** gelb; **straw-coloured** strohfarben
colourfast ['kʌləfɑːst] adj, **colorfast** US adj farbecht
colourful adj, **colorful** US adj **1** wörtl bunt; Anblick farbenprächtig, farbenfroh **2** fig Darstellung etc farbig; Leben (bunt) bewegt; Persönlichkeit (bunt) schillernd; **his ~ past** seine bewegte Vergangenheit **3** euph Sprache derb
colourfully adv, **colorfully** US adv bunt
colouring ['kʌlərɪŋ] s, **coloring** US s **1** Farbstoff m **2** Farben pl
colouring book s, **coloring book** US s Malbuch n
colourless ['kʌləlɪs] adj, **colorless** US adj farblos
colour photograph s, **color photograph** US s Farbfoto n
colour printer s, **color printer** US s Farbdrucker m
colour scheme s, **color scheme** US s Farbzusammenstellung f
colour supplement s, **color supplement** US s Magazin n
colour television s, **color television** US s Farbfernsehen n, Farbfernseher m
colt [kəʊlt] s Hengstfohlen n
Co Ltd abk (= company limited) GmbH f
Columbus Day US s amerikanischer Feiertag am zweiten Montag im Oktober, an dem die Entdeckung Amerikas durch Kolumbus gefeiert wird
column ['kɒləm] s **1** ARCH, a. von Rauch Säule f **2** von Fahrzeugen Kolonne f; auf gedruckter Seite Spalte f; (≈ Zeitungsartikel) Kolumne f
columnist ['kɒləmnɪst] s Kolumnist(in) m(f)
coma ['kəʊmə] s Koma n; **to be in a ~** im Koma liegen; **to fall** od **go into a ~** ins Koma fallen
comb [kəʊm] **A** s **1** Kamm m **2 to give one's hair a ~** sich kämmen **B** v/t **1** Haare kämmen; **to ~ one's hair** sich kämmen **2** durchkämmen; Zeitungen durchforsten
phrasal verbs mit comb:
comb out v/t ⟨trennb⟩ Haare auskämmen
comb through v/i ⟨+obj⟩ Dateien etc durchgehen; Läden durchstöbern
combat ['kɒmbæt] **A** s Kampf m **B** v/t bekämpfen
combatant ['kɒmbətənt] s Kombattant m
combative ['kɒmbətɪv] adj kämpferisch, aggressiv
combat jacket s Feldjacke f
combats Br pl Armeehose f
combat troops pl Kampftruppen pl
combat trousers Br pl Armeehose f
combination [ˌkɒmbɪ'neɪʃən] s Kombination f, Vereinigung f; von Ereignissen Verkettung f; **in ~** zusammen, gemeinsam; **an unusual colour ~** eine ungewöhnliche Farbzusammenstellung
combination lock s Kombinationsschloss n
combination sandwich US s gemischt belegtes Sandwich
combine A [kəm'baɪn] v/t kombinieren, verbinden; Zutaten vermischen **B** [kəm'baɪn] v/i sich zusammenschließen **C** ['kɒmbaɪn] s **1** WIRTSCH Konzern m **2** AGR a. **~ harvester** Mähdrescher m
combined [kəm'baɪnd] adj gemeinsam; Anstrengungen vereint; Kräfte vereinigt; **~ with** in Kombination mit
combustible [kəm'bʌstɪbl] adj brennbar
combustion [kəm'bʌstʃən] s Verbrennung f
come [kʌm] ⟨prät came; pperf come⟩ **A** v/i **1** kommen, reichen (to an/in/bis +akk); **they came to a town/castle** sie kamen in eine Stadt/zu einem Schloss; **would you like to ~?** möchtest du mitkommen?; **~ and get it!** (das) Essen ist fertig!; **I don't know whether I'm coming or going** ich weiß nicht (mehr), wo mir der Kopf steht umg; **~ and see me soon** besuchen Sie mich bald einmal; **he has ~ a long way** er hat einen weiten Weg hinter sich; fig er ist weit gekommen; **he came running into the room** er kam ins Zimmer gerannt; **he came hurrying/laughing into the room** er eilte/kam lachend ins Zimmer; **coming!** ich komme (gleich)!; **Christmas is coming** bald ist Weihnachten; **May ~s before June** Mai kommt vor Juni; **the adjective must ~ before the noun** das Adjektiv muss vor dem Substantiv stehen; **the weeks to ~** die nächsten Wochen; **that must ~ first** das muss an erster Stelle kommen **2** geschehen; **~ what may** ganz gleich, was geschieht; **you could see it coming** das konnte man ja kommen sehen; **she had it coming (to her)** umg sie hat es verdient **3 how ~?** umg wieso?; **how ~ you're so late?** wieso kommst du so spät? **4** werden; **his dreams came true** seine Träume wurden wahr; **the handle has ~ loose** der Griff hat sich gelockert **5** HANDEL erhältlich sein; **milk now**

~s in plastic bottles es gibt jetzt Milch in Plastikflaschen 6 ⟨+inf⟩ I have ~ to believe him mittlerweile glaube ich ihm; (now I) ~ to think of it wenn ich es mir recht überlege 7 umg I've known him for three years ~ January im Januar kenne ich ihn drei Jahre; ~ again? wie bitte?; she is as vain as they ~ sie ist so eingebildet wie nur was umg 8 umg (≈ Orgasmus haben) kommen umg B v/t Br umg spielen; don't ~ the innocent with me spielen Sie hier bloß nicht den Unschuldigen!

phrasal verbs mit come:

come about v/i ⟨unpers⟩ passieren; **this is why it came about** das ist so gekommen

come across A v/i 1 herüberkommen 2 verstanden werden 3 wirken; **he wants to come across as a tough guy** er mimt gerne den starken Mann umg B v/t ⟨+obj⟩ treffen auf (+akk); **if you come across my watch ...** wenn du zufällig meine Uhr siehst

come after A v/t ⟨+obj⟩ 1 **the noun comes after the verb** das Substantiv steht nach dem Verb 2 herkommen hinter (+dat) 3 nachkommen B v/i nachkommen

come along v/i 1 (≈ sich beeilen) a. **come on** kommen 2 mitkommen; **come along with me** kommen Sie mal (bitte) mit 3 **to be coming along, to be coming on** sich (gut) machen; **how is your broken arm? — it's coming along nicely** was macht dein gebrochener Arm? — dem geht's ganz gut 4 (≈ erscheinen) kommen, sich ergeben

come apart v/i auseinanderfallen, zerlegbar sein

come (a)round v/i 1 **the road was blocked and we had to come (a)round by the farm** die Straße war blockiert, sodass wir einen Umweg über den Bauernhof machen mussten 2 vorbeikommen 3 es sich (dat) anders überlegen, einlenken; **eventually he came (a)round to our way of thinking** schließlich machte er sich (dat) unsere Denkungsart zu eigen 4 wieder zu sich (dat) kommen

come at v/t ⟨+obj⟩ (≈ angreifen) j-n losgehen auf (+akk)

come away v/i 1 (weg)gehen; **come away with me for a few days** fahr doch ein paar Tage mit mir weg!; **come away from there!** komm da weg! 2 (≈ sich lösen) abgehen

come back v/i 1 zurückkommen, zurückfahren; **to come back to sth** auf etw (akk) zurückkommen; **can I come back to you on that one?** kann ich dir später darauf zurückkommen?; **the colour is coming back to her cheeks** langsam bekommt sie wieder Farbe 2 **his name is coming back to me** langsam erinnere ich mich wieder an seinen Namen; **ah yes, it's all coming back** ach ja, jetzt fällt mir alles wieder ein; **they came back into the game with a superb goal** sie fanden mit einem wunderbaren Tor ins Spielgeschehen zurück

come before v/t JUR gebracht werden vor (+akk)

come between v/i ⟨+obj⟩ Liebespaar treten zwischen (+akk)

come by A v/i ⟨+obj⟩ kriegen B v/i (≈ besuchen) vorbeikommen

come close to v/i ⟨+obj⟩ → come near to

come down v/i 1 herunterkommen; Regen fallen; Nebel sich legen; **come down from there at once!** komm da sofort runter! 2 Preise sinken 3 (≈ abhängen von) ankommen (**to** auf +akk); **when it comes down to it** letzten Endes 4 **you've come down in the world a bit** du bist aber ganz schön tief gesunken 5 reichen (**to** bis auf +akk od zu); **her hair comes down to her shoulders** die Haare gehen ihr bis auf die Schultern 6 Tradition, Erzählung überliefert werden

come down on v/i ⟨+obj⟩ **you've got to come down on one side or the other** du musst dich so oder so entscheiden

come down with v/i ⟨+obj⟩ Krankheit kriegen

come for v/i ⟨+obj⟩ 1 kommen wegen 2 abholen

come forward v/i 1 sich melden 2 **to come forward with help** Hilfe anbieten; **to come forward with a good suggestion** mit einem guten Vorschlag kommen

come from v/i ⟨+obj⟩ kommen aus; **where does he/it come from?** wo kommt er/das her?; **I know where you're coming from** umg ich weiß, was du meinst

come in v/i 1 (he)reinkommen; **come in!** herein! 2 ankommen 3 Flut kommen 4 Meldung etc hereinkommen; **a report has just come in of ...** uns ist gerade eine Meldung über ... zugegangen 5 **he came in fourth** er wurde Vierter 6 **he has £15,000 coming in every year** er hat £ 15.000 im Jahr 7 **where do I come in?** welche Rolle spiele ich dabei?; **that will come in handy** umg, **that will come in useful** das kann ich/man noch gut gebrauchen

come in for v/i ⟨+obj⟩ Aufmerksamkeit erregen; Kritik einstecken müssen

come in on v/i ⟨+obj⟩ Vorhaben sich beteiligen an (+dat)

come into v/i ⟨+obj⟩ 1 erben 2 **I don't see where I come into all this** ich verstehe nicht, was ich mit der ganzen Sache zu tun habe; **to come into one's own** zeigen, was in einem steckt; **to come into being** entstehen; **to come**

into sb's possession in j-s Besitz *(akk)* gelangen; **come near to** *v/i ⟨+obj⟩* nahe kommen *(+dat)*; **to come near to doing sth** drauf und dran sein, etw zu tun; **he came near to committing suicide** er war *od* stand kurz vor dem Selbstmord

come of *v/i ⟨+obj⟩* **nothing came of it** es ist nichts daraus geworden; **that's what comes of disobeying!** das kommt davon, wenn man nicht hören will!

come off **A** *v/i* **1** von Fahrrad etc runterfallen **2** *Knopf, Lack* abgehen **3** *Flecken* weg- *od* rausgehen **4** stattfinden **5** *Versuch* klappen *umg* **6** *in Bezug auf Leistung* abschneiden; **he came off well in comparison to his brother** im Vergleich zu seinem Bruder ist er gut weggekommen **B** *v/i ⟨+obj⟩* **1** *Fahrrad etc* fallen von **2** *Knopf, Lack, Fleck* abgehen von **3** *Drogen, Medikamente* aufhören mit **4** *umg* **come off it!** nun mach mal halblang!

come on **A** *v/i* **1** *Br* → **come along** **2** **come on!** komm schon!, na los! **3** **I've a cold coming on** ich kriege eine Erkältung **4** *Sendung* anfangen **5** SPORT ins Spiel kommen; THEAT auftreten **6** **oh come on!** jetzt hör aber auf! **B** *v/i ⟨+obj⟩* → **come upon**

come on to *bes US umg v/i ⟨+obj⟩* anmachen *umg*

come out *v/i* **1** (he)rauskommen; *Haare* ausgehen; **to come out of a room** *etc* aus einem Zimmer *etc* kommen; **to come out fighting** *fig* sich kämpferisch geben; **he came out in a rash** er bekam einen Ausschlag; **to come out against/in favour of sth** sich gegen/für etw aussprechen; **to come out of sth badly/ well** bei etw schlecht/nicht schlecht wegkommen; **to come out on top** sich durchsetzen **2** *Buch* erscheinen; *Produkt* auf den Markt kommen; *Film* (in den Kinos) anlaufen; (≈ *Popularität erlangen*) bekannt werden **3** IND **to come out (on strike)** in den Streik treten **4** FOTO **the photo of the hills hasn't come out very well** das Foto von den Bergen ist nicht sehr gut geworden **5** *Splitter, Flecken etc* (he)rausgehen **6** (≈ *Summe*) betragen; **the total comes out at £500** das Ganze beläuft sich auf (+akk) £ 500, das Ganze macht £ 500 *umg* **7** sich outen

come out with *v/i ⟨+obj⟩* Bemerkungen loslassen *umg*

come over **A** *v/i* **1** *wörtl* herüberkommen; **he came over to England** er kam nach England **2** vorbeikommen **3** **he came over to our side** er trat auf unsere Seite über **4** *umg* werden; **I came over (all) queer** mir wurde ganz komisch *umg* **B** *v/i ⟨+obj⟩ Gefühle* überkommen; **what's come over you?** was ist denn (auf einmal) mit dir los?

come round *v/i* **1** vorbeikommen *od* -schauen **2** **Christmas has come round again** nun ist wieder Weihnachten **3** es sich *(dat)* anders überlegen, wieder vernünftig werden *umg* **4** wieder zu sich kommen

come through **A** *v/i* durchkommen; **your papers haven't come through yet** Ihre Papiere sind noch nicht fertig; **his divorce has come through** seine Scheidung ist durch *umg* **B** *v/i ⟨+obj⟩* Krankheit, Gefahr überstehen

come to **A** *v/i* (*a.* **come to oneself**) wieder zu sich kommen **B** *v/i ⟨+obj⟩* **1** **that didn't come to anything** daraus ist nichts geworden **2** ⟨*unpers*⟩ **when it comes to mathematics ...** wenn es um Mathematik geht, ...; **let's hope it never comes to a court case** *od* **to court** wollen wir hoffen, dass es nie zum Prozess kommt; **it comes to the same thing** das läuft auf dasselbe hinaus **3** *Preis, Rechnung* **how much does it come?** wie viel macht das?; **it comes to £20** es kommt auf £ 20 **4** **to come to a decision** zu einer Entscheidung kommen; **what is the world coming to!** wohin soll das noch führen!

come together *v/i* zusammenkommen

come under *v/i ⟨+obj⟩ Kategorie* kommen unter *(+akk)*

come up *v/i* **1** *wörtl* hochkommen; *Sonne, Mond* aufgehen; **do you come up to town often?** kommen Sie oft in die Stadt?; **he came up to me with a smile** er kam lächelnd auf mich zu; **to come up behind sb** sich j-m von hintern nähern **2** *Pflanzen* herauskommen **3** zum Thema werden aufkommen; *Name* erwähnt werden; **I'm afraid something has come up** ich bin leider verhindert **4** *Lottozahl etc* gewinnen; **to come up for sale** zum Verkauf kommen; **my contract will soon come up for renewal** mein Vertrag muss bald verlängert werden **5** *Position, Job* frei werden **6** *Prüfung, Wahlen* bevorstehen

come up against *v/i ⟨+obj⟩* stoßen auf *(+akk)*; *gegnerische Mannschaft* treffen auf *(+akk)*

come (up)on *v/i ⟨+obj⟩* stoßen auf *(+akk)*

come up to *v/i ⟨+obj⟩* **1** reichen bis zu *od* an *(+akk)* **2** *Erwartungen* entsprechen *(+dat)* **3** *umg* (≈ *sich nähern*) **she's coming up to twenty** sie wird bald zwanzig; **it's just coming up to 10 o'clock** es ist gleich 10 Uhr

come up with *v/i ⟨+obj⟩ Antwort, Idee* haben; *Plan* sich *(dat)* ausdenken; *Vorschlag* machen; **let me know if you come up with anything** sagen Sie mir Bescheid, falls Ihnen etwas einfällt

comeback ['kʌmbæk] *s* THEAT *etc, a. fig* Come-

back n; **to make** od **stage a ~** ein Comeback machen
comedian [kəˈmiːdɪən] s Komiker(in) m(f)
comedienne [kəˌmiːdɪˈen] s Komikerin f
comedown [ˈkʌmdaʊn] umg s Abstieg m
comedy [ˈkɒmɪdɪ] s Komödie f
come-on [ˈkʌmɒn] s umg (≈ Verlockung) Köder m fig; **to give sb the ~** j-n anmachen umg
comer [ˈkʌmə(r)] s **this competition is open to all ~s** an diesem Wettbewerb kann sich jeder beteiligen
comet [ˈkɒmɪt] s Komet m
comeuppance [ˌkʌmˈʌpəns] umg s **to get one's ~** die Quittung kriegen umg
comfort [ˈkʌmfət] **A** s **1** Komfort m; **to live in ~** komfortabel leben; **with all modern ~s** mit allem Komfort **2** Trost m; **to take ~ from the fact that ...** sich damit trösten, dass ...; **you are a great ~ to me** es beruhigt mich sehr, dass Sie da sind; **it is no ~ od of little ~ to know that ...** es ist nicht sehr tröstlich zu wissen, dass ...; **too close for ~** bedrohlich nahe **B** v/t trösten
comfortable [ˈkʌmfətəbl] adj **1** bequem; Zimmer komfortabel; Temperatur angenehm; **to make sb/oneself ~** es j-m/sich bequem machen; **the patient is ~** der Patient ist wohlauf **2** fig Leben angenehm; Führung sicher; Sieger überlegen; **to feel ~ with sb/sth** sich bei j-m/etw wohlfühlen; **I'm not very ~ about it** mir ist nicht ganz wohl bei der Sache
comfortably [ˈkʌmfətəblɪ] adv **1** bequem; eingerichtet komfortabel **2** fig siegen sicher; leben angenehm; sich leisten können gut und gern; **they are ~ off** es geht ihnen gut
comfort break bes US s Toilettenpause f
comfort eating s Frustessen n umg
comforter [ˈkʌmfətə(r)] US s Deckbett n
comforting [ˈkʌmfətɪŋ] adj tröstlich
comfort station US s öffentliche Toilette
comfort zone s Komfortzone f; **to be in/out of one's ~** in seiner Komfortzone sein/seine Komfortzone verlassen haben
comfy [ˈkʌmfɪ] adj ⟨komp **comfier**⟩ umg Sessel bequem; Zimmer gemütlich; **are you ~?** sitzt/liegst du bequem?
comic [ˈkɒmɪk] **A** adj komisch; **~ actor** Komödiendarsteller(in) m(f); **~ verse** humoristische Gedichte pl **B** s **1** Komiker(in) m(f) **2** Comicheft (-chen) n **3** US **~s** Comics pl
comical adj, **comically** [ˈkɒmɪkəl, -ɪ] adv komisch
comic book s Comicbuch n
comic strip s Comicstrip m
coming [ˈkʌmɪŋ] **A** s Kommen n; **~(s) and going(s)** Kommen und Gehen n; **~ of age** Erreichung f der Volljährigkeit **B** adj wörtl, fig kommend; **the ~ election** die bevorstehende Wahl
coming-out [ˌkʌmɪŋˈaʊt] s Coming-out n, Outing n (Bekenntnis zur Homosexualität)
comma [ˈkɒmə] s Komma n, Beistrich m österr
command [kəˈmɑːnd] **A** v/t **1** befehlen **2** Armee, Schiff kommandieren **3** **to ~ sb's respect** j-m Respekt abnötigen **B** s **1** a. IT Befehl m; **at/by the ~ of** auf Befehl +gen; **on ~** auf Befehl **2** MIL Kommando n; **to be in ~** das Kommando haben (**of** über +akk); **to take ~** das Kommando übernehmen (**of** +gen); **under his ~** unter seinem Kommando; **to be second in ~** zweiter Befehlshaber sein **3** fig Beherrschung f; **his ~ of English is excellent** er beherrscht das Englische ausgezeichnet; **I am at your ~** ich stehe zu Ihrer Verfügung
commandant [ˌkɒmənˈdænt] s MIL Kommandant(in) m(f)
commandeer [ˌkɒmənˈdɪə(r)] v/t MIL, a. fig beschlagnahmen
commander [kəˈmɑːndə(r)] s MIL, FLUG Kommandant(in) m(f); SCHIFF Fregattenkapitän(in) m(f)
commander in chief s ⟨pl **commanders in chief**⟩ Oberbefehlshaber(in) m(f)
commanding [kəˈmɑːndɪŋ] adj Stelle führend; Stimme Kommando- pej; **to have a ~ lead** überlegen führen
commanding officer s MIL befehlshabender Offizier
commandment [kəˈmɑːndmənt] s BIBEL Gebot n
commando [kəˈmɑːndəʊ] s ⟨pl **-s**⟩ MIL Angehörige(r) m eines Kommando(trupp)s; (≈ Einheit) Kommando n, Kommandotrupp m
commemorate [kəˈmeməreɪt] v/t gedenken (+gen)
commemoration [kəˌmeməˈreɪʃən] s Gedenken n; **in ~ of** zum Gedenken an (+akk)
commemorative [kəˈmemərətɪv] adj Gedenk-
commence [kəˈmens] form **A** v/i beginnen **B** v/t beginnen (+obj mit); **to ~ doing sth** mit etw anfangen
commencement [kəˈmensmənt] s **1** form Beginn m **2** US Graduierungsfeier f (von Highschool etc)
commend [kəˈmend] v/t loben
commendable [kəˈmendəbl] adj lobenswert
commendation [ˌkɒmenˈdeɪʃən] s Auszeichnung f
commensurate [kəˈmenʃərɪt] adj entsprechend (**with** +dat); **to be ~ with sth** einer Sache (dat) entsprechen
comment [ˈkɒment] **A** s Bemerkung f (**on, about** über +akk od zu); offiziell Kommentar m (**on** zu); in Text etc Anmerkung f; **no ~** kein Kom-

mentar!; **to make a ~** eine Bemerkung machen **B** *v/i* **1** sich äußern (**on** über +*akk od* zu) **2** *offiziell* einen Kommentar abgeben (**on** zu) **C** *v/t* bemerken

commentary ['kɒməntərɪ] *s* Kommentar *m* (**on** zu)

commentate ['kɒmənteɪt] *v/i* RADIO, TV Reporter(in) *m(f)* sein (**on** bei)

commentator ['kɒmənteɪtəʳ] *s* RADIO, TV Reporter(in) *m(f)*

commerce ['kɒmɜːs] *s* Handel *m*

commercial [kəˈmɜːʃəl] **A** *adj* Handels-; *Räume, Fahrzeug* Geschäfts-; *Produktion, Radio, Erfolg* kommerziell; *pej Musik etc* kommerziell; *Pause* Werbe-; **of no ~ value** ohne Verkaufswert; **it makes good ~ sense** das lässt sich kaufmännisch durchaus vertreten **B** *s* RADIO, TV Werbespot *m*; **during the ~s** während der (Fernseh)werbung

commercial bank *s* Handelsbank *f*
commercial break *s* Werbepause *f*
commercial drone *s* kommerzielle Drohne
commercialism [kəˈmɜːʃəlɪzəm] *s* Kommerzialisierung *f*
commercialization [kə,mɜːʃəlaɪˈzeɪʃən] *s* Kommerzialisierung *f*
commercialize [kəˈmɜːʃəlaɪz] *v/t* kommerzialisieren
commercially [kəˈmɜːʃəlɪ] *adv* geschäftlich; *herstellen* kommerziell
commercial television *s* kommerzielles Fernsehen

commiserate [kəˈmɪzəreɪt] *v/i* mitfühlen (**with** mit)

commiseration [kə,mɪzəˈreɪʃən] *s* **my ~s** herzliches Beileid (**on** zu)

commission [kəˈmɪʃən] **A** *s* **1** *für Gemälde etc* Auftrag *m* **2** HANDEL Provision *f*; **on ~** auf Provision(sbasis); **to charge ~** eine Kommission berechnen **3** Kommission *f*; **the (EU) Commission** die EU-Kommission **B** *v/t Gemälde* in Auftrag geben; **to ~ sb to do sth** j-n damit beauftragen, etw zu tun

commissioned officer *s* Offizier *m*
commissioner [kəˈmɪʃənəʳ] *s* Polizeipräsident(in) *m(f)*
commit [kəˈmɪt] **A** *v/t* **1** begehen; **to ~ a crime** ein Verbrechen begehen **2** **to ~ sb (to prison)** j-n ins Gefängnis einweisen; **to have sb ~ted (to an asylum)** j-n in eine Anstalt einweisen lassen; **to ~ sb for trial** j-n einem Gericht überstellen; **to ~ sb/sth to sb's care** j-n/etw j-s Obhut (*dat*) anvertrauen **3** festlegen (**to** auf +*akk*); **to ~ resources to a project** Mittel für ein Projekt einsetzen; **that doesn't ~ you to buying the book** das verpflichtet Sie nicht zum Kauf des Buches **B** *v/i* **to ~ to sth** sich zu etw verpflichten **C** *v/r* sich festlegen (**to** auf +*akk*); **you have to ~ yourself totally to the cause** man muss sich voll und ganz für die Sache engagieren; **the government has ~ted itself to reforms** die Regierung hat sich zu Reformen verpflichtet

commitment *s* Verpflichtung *f*, Engagement *n*; **his family ~s** seine familiären Verpflichtungen *pl*; **his teaching ~s** seine Lehrverpflichtungen *pl*; **to make a ~ to do sth** *form* sich verpflichten, etw zu tun; **he is frightened of ~** er hat Angst davor, sich festzulegen

committed *adj* engagiert; **to be ~ to doing sth** sich zur Aufgabe machen, etw zu tun; **he is so ~ to his work that …** er geht so in seiner Arbeit auf, dass …; **all his life he has been ~ to this cause** er hat sich sein Leben lang für diese Sache eingesetzt

committee [kəˈmɪtɪ] *s* Ausschuss *m*; **to be** *od* **sit on a ~** in einem Ausschuss sitzen; **~ meeting** Ausschusssitzung *f*; **~ member** Ausschussmitglied *n*

commode [kəˈməʊd] *s* **1** Kommode *f* **2** (Nacht)stuhl *m*

commodity [kəˈmɒdɪtɪ] *s* Ware *f*; *landwirtschaftlich* Erzeugnis *n*

common ['kɒmən] **A** *adj* ⟨+*er*⟩ **1** gemeinsam; **~ land** Allmende *f*; **it is ~ knowledge that …** es ist allgemein bekannt, dass …; **to find ~ ground** eine gemeinsame Basis finden; **sth is ~ to everyone/sth** alle haben/etw hat etw gemein; **to have sth in ~ (with sb)** (mit j-m) etw gemeinsam haben; **I have nothing in ~ with him** ich habe mit ihm nichts gemein **2** häufig; *Vogel* (weit)verbreitet; *Glauben, Brauch* (weit)verbreitet **3** normal; **it's quite a ~ sight** das sieht man ziemlich häufig; **it's ~ for visitors to feel ill here** Besucher fühlen sich hier häufig krank **4** gewöhnlich, üblich; **the ~ man** der Normalbürger; **the ~ people** die einfachen Leute **B** *s* **1** (≈ *Landstück*) Anger *m* **2** **to have sth in ~ (with sb/sth)** etw (mit j-m/etw) gemein haben; **to have a lot/nothing in ~** viele/keine Gemeinsamkeiten haben; **in ~ with many other people …** (genauso) wie viele andere …

common cold *s* Erkältung *f*
common denominator *s* **lowest ~** MATH, *a. fig* kleinster gemeinsamer Nenner
commoner ['kɒmənəʳ] *s* Bürgerliche(r) *m/f(m)*
common factor *s* gemeinsamer Teiler
common law *s* Gewohnheitsrecht *n*
common-law *adj* **she is his ~ wife** sie lebt mit ihm in eheähnlicher Gemeinschaft
commonly ['kɒmənlɪ] *adv* häufig, gemeinhin; **a**

~ **held belief** eine weitverbreitete Ansicht; **(more)** ~ **known as ...** besser bekannt als ...
Common Market *s* Gemeinsamer Markt
common-or-garden *Br adj* Feld-, Wald- und Wiesen- *umg*
commonplace **A** *adj* alltäglich **B** *s* Gemeinplatz *m*
common room *s* Aufenthaltsraum *m*
Commons ['kɒmənz] *pl* **the** ~ PARL das Unterhaus
common sense *s* gesunder Menschenverstand
common-sense *adj* vernünftig
commonwealth ['kɒmənwelθ] *s* **the (British) Commonwealth** das Commonwealth
commotion [kə'məʊʃən] *s* Aufregung *f mst kein unbest art*, Lärm *m*; **to cause a** ~ Aufsehen erregen
communal ['kɒmjuːnl] *adj* Gemeinde-; ~ **life** Gemeinschaftsleben *n* 2 gemeinsam
communally ['kɒmjuːnəlɪ] *adv* gemeinsam; **to be** ~ **owned** Gemein- *od* Gemeinschaftseigentum sein
commune ['kɒmjuːn] *s* Kommune *f*
communicate [kə'mjuːnɪkeɪt] **A** *v/t* übermitteln; Ideen, Gefühle vermitteln, kommunizieren; **to** ~ **sth to sb** etw auf j-n übertragen **B** *v/i* 1 in Verbindung stehen 2 sich verständigen
communication [kə,mjuːnɪ'keɪʃən] *s* 1 Kommunikation *f*; von Ideen, Informationen Vermittlung *f*; **means of** ~ Kommunikationsmittel *n*; **to be in** ~ **with sb** mit j-m in Verbindung stehen **(about** wegen**)**; ~**s breakdown** gestörte Kommunikation *f* 2 Verständigung *f* 3 Mitteilung *f* 4 ~**s** (≈ Straßen etc) Kommunikationsnetz *n*; **they're trying to restore** ~**s** man versucht, die Verbindung wiederherzustellen 5 ~**s** TEL Telekommunikation *f*
communication cord *s Br* BAHN ≈ Notbremse *f*
communication skills *pl* Kommunikationsfähigkeit *f*
communications officer *s* Pressesprecher(in) *m(f)*
communications satellite *s* Nachrichtensatellit *m*
communications software *s* Kommunikationssoftware *f*
communications tower *s* Fernmeldeturm *m*; Sendemast *m*
communicative [kə'mjuːnɪkətɪv] *adj* mitteilsam
communion [kə'mjuːnɪən] *s* 1 Zwiesprache *f* 2 *a.* **Communion** KIRCHE *protestantisch* Abendmahl *n*; *katholisch* Kommunion *f*; **to take** ~ die Kommunion/das Abendmahl empfangen
communiqué [kə'mjuːnɪkeɪ] *s* Kommuniqué *n*

communism ['kɒmjʊnɪzəm] *s* Kommunismus *m*
communist ['kɒmjʊnɪst] **A** *s* Kommunist(in) *m(f)* **B** *adj* kommunistisch
Communist Party *s* kommunistische Partei
community [kə'mjuːnɪtɪ] *s* Gemeinschaft *f*, Gemeinde *f*; **the** ~ **at large** das ganze Volk; **a sense of** ~ (ein) Gemeinschaftsgefühl *n*; **to work in the** ~ im Sozialbereich tätig sein
community centre *s*, **community center** *US s* Gemeindezentrum *n*
community chest *US s* Wohltätigkeitsfonds *m*
community college *US s* College zur Berufsausbildung und Vorbereitung auf ein Hochschulstudium
community hall *s* Gemeinschaftshalle *f*
community service *s* JUR Sozialdienst *m*
commute [kə'mjuːt] **A** *v/t* umwandeln **B** *v/i* pendeln **C** *s* Pendelfahrt *f*
commuter [kə'mjuːtə] *s* Pendler(in) *m(f)*; **the** ~ **belt** das Einzugsgebiet; ~ **train** Pendlerzug *m*
commuter traffic *s* Pendlerverkehr *m*
commuting *s* Pendeln *n*; **within** ~ **distance** nahe genug, um zu pendeln
compact[1] [kəm'pækt] **A** *adj* ⟨+er⟩ kompakt; Boden, Schnee fest **B** *v/t* Schnee, Erde festtreten/-fahren *etc*
compact[2] ['kɒmpækt] *s* Puderdose *f*
compact disc *s* Compact Disc *f*; ~ **player** CD-Spieler *m*
companion [kəm'pænjən] *s* 1 Begleiter(in) *m(f)*; **travelling** ~ Reisebegleiter(in) *m(f)*; **drinking** ~ Zechgenosse *m*, -genossin *f* 2 Freund(in) *m(f)*
companionship *s* Gesellschaft *f*
company ['kʌmpənɪ] **A** *s* 1 Gesellschaft *f*; **to keep sb** ~ j-m Gesellschaft leisten; **I enjoy his** ~ ich bin gern mit ihm zusammen; **he's good** ~ seine Gesellschaft ist angenehm; **she has a cat, it's** ~ **for her** sie hält sich eine Katze, da hat sie (wenigstens) Gesellschaft; **you'll be in good** ~ **if ...** wenn du ..., bist du in guter Gesellschaft 2 Besuch *m* 3 HANDEL Firma *f*, Unternehmen *n*; **Smith & Company, Smith & Co.** Smith & Co.; **publishing** ~ Verlag *m*; **a clothes** ~ ein Textilbetrieb *m* 4 THEAT (Schauspiel)truppe *f* 5 MIL Kompanie *f* **B** *adj* ⟨attr⟩ Firmen-
company car *s* Firmenwagen *m*
company director *s* Direktor(in) *m(f)*
company law *s* Gesellschaftsrecht *n*
company pension *s* Betriebsrente *f*
company policy *s* Geschäftspolitik *f*
comparable ['kɒmpərəbl] *adj* vergleichbar **(with, to** mit**)**
comparably ['kɒmpərəblɪ] *adv* ähnlich
comparative [kəm'pærətɪv] *adj* 1 *Religion etc*

comparatively – complement

vergleichend **2** relativ; **to live in ~ luxury** relativ luxuriös leben **B** s GRAM Komparativ m

comparatively [kəmˈpærətɪvlɪ] adv vergleichsweise, relativ

compare [kəmˈpɛəʳ] **A** v/t vergleichen (**with, to** mit); **~d with** od **to** im Vergleich zu; **to ~ notes** Eindrücke/Erfahrungen austauschen **B** v/i sich vergleichen lassen (**with** mit); **it ~s badly/well** es schneidet vergleichsweise schlecht/gut ab; **how do the two cars ~ in terms of speed?** wie sieht ein Geschwindigkeitsvergleich der beiden Wagen aus?

comparison [kəmˈpærɪsn] s Vergleich m (**to** mit); **in** od **by ~** vergleichsweise; **in** od **by ~ with** im Vergleich zu; **to make** od **draw a ~** einen Vergleich anstellen; **there's no ~** das ist gar kein Vergleich

compartment [kəmˈpɑːtmənt] s in Schreibtisch etc Fach n; BAHN Abteil n

compartmentalize [ˌkɒmpɑːtˈmentəlaɪz] v/t aufsplittern; in verschiedene Gruppen aufgliedern; **to ~ one's life** die unterschiedlichen Bereiche seines Lebens voneinander trennen

compass [ˈkʌmpəs] s **1** Kompass m **2 ~es** pl (a. **pair of ~es**) Zirkel m

compassion [kəmˈpæʃən] s Mitleid n (**for** mit)

compassionate [kəmˈpæʃənɪt] adj mitfühlend; **on ~ grounds** aus familiären Gründen

compassionate leave s Beurlaubung f wegen einer dringenden Familienangelegenheit

compatibility [kəmˌpætəˈbɪlɪtɪ] s Vereinbarkeit f; MED Verträglichkeit f; IT Kompatibilität f

compatible [kəmˈpætɪbl] adj vereinbar; MED verträglich; IT kompatibel; **to be ~** zueinanderpassen; **an IBM-compatible computer** ein IBM-kompatibler Computer

compatriot [kəmˈpætrɪət] s Landsmann m, Landsmännin f

compel [kəmˈpel] v/t zwingen

compelling [kəmˈpelɪŋ] adj zwingend; Leistung bezwingend; **to make a ~ case for sth** schlagende Beweise für etw liefern

compendium [kəmˈpendɪəm] s Handbuch n; **~ of games** Spielemagazin n

compensate [ˈkɒmpənseɪt] v/t entschädigen; MECH ausgleichen

phrasal verbs mit compensate:
  compensate for v/i ⟨+obj⟩ mit Geld ersetzen; anderweitig wieder wettmachen

compensation [ˌkɒmpənˈseɪʃən] s Entschädigung f; **in ~** als Entschädigung

compensatory [kəmˈpensətərɪ] adj kompensierend

compère [ˈkɒmpɛəʳ] Br **A** s Conférencier m, Moderator(in) m(f); **B** v/t **to ~ a show** bei einer Show der Conférencier od Moderator/die Moderatorin sein

compete [kəmˈpiːt] v/i **1** konkurrieren; **to ~ with each other** sich (gegenseitig) Konkurrenz machen, miteinander wetteifern; **to ~ for sth** um etw kämpfen; **his poetry can't ~ with Eliot's** seine Gedichte können sich nicht mit denen Eliots messen **2** SPORT teilnehmen; **to ~ with/against sb** gegen j-n kämpfen

competence [ˈkɒmpɪtəns], **competency** [ˈkɒmpɪtənsɪ] s Fähigkeit f; **his ~ in handling money** sein Geschick im Umgang mit Geld

competent [ˈkɒmpɪtənt] adj fähig, kompetent; **to be ~ to do sth** kompetent od fähig sein, etw zu tun

competently [ˈkɒmpɪtəntlɪ] adv kompetent

competition [ˌkɒmpɪˈtɪʃən] s **1** ⟨kein pl⟩ Konkurrenz f (**for** um); **unfair ~** unlauterer Wettbewerb; **to be in ~ with sb** mit j-m konkurrieren **2** Wettbewerb m, Preisausschreiben n

competitive [kəmˈpetɪtɪv] adj **1** Haltung vom Konkurrenzdenken geprägt; Sport (Wett)kampf-; **~ spirit** Konkurrenzgeist m; von Mannschaft Kampfgeist m; **he's very ~** beruflich etc er ist sehr ehrgeizig **2** HANDEL wettbewerbsfähig; **a highly ~ market** ein Markt mit starker Konkurrenz

competitively [kəmˈpetɪtɪvlɪ] adv **1 to be ~ priced** im Preis konkurrenzfähig sein **2** in Wettkämpfen

competitiveness s **1** Konkurrenzgeist m **2** HANDEL Wettbewerbsfähigkeit f

competitor [kəmˈpetɪtəʳ] s **1** SPORT Teilnehmer(in) m(f); **to be a ~** teilnehmen **2** HANDEL Konkurrent(in) m(f); **our ~s** unsere Konkurrenz

compilation [ˌkɒmpɪˈleɪʃən] s Zusammenstellung f; von Materialien Sammlung f

compile [kəmˈpaɪl] v/t zusammenstellen; Materialien sammeln; IT kompilieren

compiler [kəmˈpaɪləʳ] s von Wörterbuch Verfasser(in) m(f); IT Compiler m

complacency [kəmˈpleɪsnsɪ] s Selbstzufriedenheit f

complacent adj, **complacently** [kəmˈpleɪsənt, -lɪ] adv selbstzufrieden

complain [kəmˈpleɪn] v/i sich beklagen (**about** über +akk), sich beschweren (**about** über +akk od **to** bei); **(I) can't ~** umg ich kann nicht klagen umg; **to ~ of sth** über etw (akk) klagen; **she's always ~ing** sie muss sich immer beklagen

complaint [kəmˈpleɪnt] s **1** Klage f, Beschwerde f (**to** bei); **I have no cause for ~** ich kann mich nicht beklagen; **~s department** HANDEL Reklamationsabteilung f **2** (≈ Krankheit) Beschwerden pl; **a very rare ~** eine sehr seltene Krankheit

complement **A** [ˈkɒmplɪmənt] s volle Stärke; **we've got our full ~ in the office now** unser

Büro ist jetzt voll besetzt **B** ['kɒmplɪment] *v/t* ergänzen, vervollkommnen; **to ~ each other** sich ergänzen

complementary [ˌkɒmplɪ'mentərɪ] *adj Farbe* Komplementär-; *Winkel* Ergänzungs-; **~ medicine** Alternativ- *od* Komplementärmedizin *f*; **they are ~ to one another** sie ergänzen einander

complete [kəm'pliːt] **A** *adj* **1** ganz *attr*, vollzählig; **my happiness was ~** mein Glück war vollständig; **the ~ works of Shakespeare** die gesammelten Werke Shakespeares; **~ with** komplett mit **2** *⟨attr⟩* völlig; *Anfänger, Katastrophe* total; *Überraschung* voll; **we were ~ strangers** wir waren uns völlig fremd **3** (≈ *zu Ende gebracht*) fertig **B** *v/t* **1** vervollständigen; *Mannschaft* vollzählig machen; *Ausbildung* abrunden; *Schule, Studium* absolvieren; **that ~s my collection** damit ist meine Sammlung vollständig **2** beenden; *Bauwerk, Arbeit* fertigstellen; *Haftstrafe* verbüßen; **~ this phrase** ergänzen Sie diese Wendung; **it's not ~d yet** es ist noch nicht fertig **3** *Formular* ausfüllen

completely [kəm'pliːtlɪ] *adv* vollkommen, ganz; **he's ~ wrong** er hat völlig unrecht

completeness [kəm'pliːtnɪs] *s* Vollständigkeit *f*

completion [kəm'pliːʃən] *s* Fertigstellung *f*; *von Projekt, Kurs* Abschluss *m*; **to be near ~** kurz vor dem Abschluss stehen; **to bring sth to ~** etw zum Abschluss bringen; **on ~ of the course** nach Abschluss des Kurses

complex ['kɒmpleks] **A** *adj* komplex, kompliziert **B** *s* Komplex *m*; **industrial ~** Industriekomplex *m*; **he has a ~ about his ears** er hat Komplexe wegen seiner Ohren

complexion [kəm'plekʃən] *s* **1** Teint *m*, Gesichtsfarbe *f* **2** *fig* Anstrich *m*, Aspekt *m*; **to put a new** *etc* **~ on sth** etw in einem neuen *etc* Licht erscheinen lassen

complexity [kəm'pleksɪtɪ] *s* Komplexität *f*

compliance [kəm'plaɪəns] *s* Einverständnis *n*; *von Regeln etc* Einhalten *n* (**with** +*gen*); **in ~ with the law** dem Gesetz gemäß

compliant *adj* entgegenkommend, nachgiebig

complicate ['kɒmplɪkeɪt] *v/t* komplizieren

complicated *adj* kompliziert

complication [ˌkɒmplɪ'keɪʃən] *s* Komplikation *f*

complicity [kəm'plɪsɪtɪ] *s* Mittäterschaft *f* (**in** bei)

compliment A ['kɒmplɪmənt] *s* **1** Kompliment *n* (**on** zu, wegen); **to pay sb a ~** j-m ein Kompliment machen; **my ~s to the chef** mein Kompliment dem Koch/der Köchin **2** **~s** *pl form* Grüße *pl*; **"with the ~s of Mr X/the management"** „mit den besten Empfehlungen von Herrn X/der Geschäftsleitung" **B** ['kɒmplɪment] *v/t* ein Kompliment/Komplimente machen (+*dat*) (**on** wegen, zu)

complimentary [ˌkɒmplɪ'mentərɪ] *adj* **1** schmeichelhaft; **to be ~ about sb/sth** sich schmeichelhaft über j-n/etw äußern **2** (≈ *gratis*) Frei-; **~ copy** Freiexemplar *n*; *von Magazin* Werbenummer *f*

compliments slip *s* HANDEL Empfehlungszettel *m*

comply [kəm'plaɪ] *v/i* einwilligen; *System etc* die Bedingungen erfüllen; **to ~ with sth** einer Sache (*dat*) entsprechen; *System* in Einklang mit etw stehen; **to ~ with a request** einer Bitte nachkommen; **to ~ with the rules** sich an die Regeln halten

component [kəm'pəʊnənt] **A** *s* (Bestand)teil **B** *adj* **a ~ part** ein (Bestand)teil *m*; **the ~ parts of a machine** die einzelnen Maschinenteile *pl*

compose [kəm'pəʊz] *v/t* **1** *Musik* komponieren; *Brief* abfassen; *Gedicht* verfassen **2** bilden; **to be ~d of** sich zusammensetzen aus; **water is ~d of ...** Wasser besteht aus ... **3** **to ~ oneself** sich sammeln; **to ~ one's thoughts** Ordnung in seine Gedanken bringen

composed *adj* gelassen

composer [kəm'pəʊzə^r] *s* MUS Komponist(in) *m(f)*

composite ['kɒmpəzɪt] *adj* zusammengesetzt

composition [ˌkɒmpə'zɪʃən] *s* **1** MUS, KUNST Komposition *f* **2** SCHULE Aufsatz *m* **3** Zusammensetzung *f*

compost ['kɒmpɒst] *s* Kompost *m*; **~ bin** Komposttonne *f*; **~ heap** Komposthaufen *m*

composure [kəm'pəʊʒə^r] *s* Beherrschung *f*; **to lose one's ~** die Beherrschung verlieren; **to regain one's ~** seine Selbstbeherrschung wiederfinden

compound¹ ['kɒmpaʊnd] **A** *s* **1** CHEM Verbindung *f* **2** GRAM Kompositum *n* (*zusammengesetztes Wort*) **B** *adj* GRAM zusammengesetzt; **~ noun** Kompositum *n* **C** [kəm'paʊnd] *v/t* verschlimmern; *Problem* vergrößern

compound² ['kɒmpaʊnd] *s* Lager *n*; (≈ *Unterkünfte*) Siedlung *f*; *in Zoo* Gehege *n*

compound fracture *s* MED offener *od* komplizierter Bruch

compound interest *s* FIN Zinseszins *m*

comprehend [ˌkɒmprɪ'hend] *v/t* verstehen

comprehensible [ˌkɒmprɪ'hensəbl] *adj* verständlich

comprehension [ˌkɒmprɪ'henʃən] *s* **1** Verständnis *n*, Begriffsvermögen *n*; **that is beyond my ~** das übersteigt mein Begriffsvermögen; *Verhalten* das ist mir unbegreiflich **2** SCHULE Fragen *pl* zum Textverständnis

comprehensive [ˌkɒmprɪ'hensɪv] **A** *adj* umfas-

send; (**fully**) ~ **insurance** Vollkasko n, Vollkaskoversicherung f **B** s Br Gesamtschule f
comprehensively [ˌkɒmprɪˈhensɪvlɪ] adv umfassend
comprehensive school Br s Gesamtschule f
compress [kəmˈpres] v/t komprimieren (**into** auf +akk); Materialien zusammenpressen (**into** zu)
compressed air [kəmˌprestˈɛəʳ] s Druck- od Pressluft f
compression sock s Kompressionsstrumpf m
comprise [kəmˈpraɪz] v/t bestehen aus; **to be ~d of sth** aus etw bestehen
compromise [ˈkɒmprəmaɪz] **A** s Kompromiss m; **to reach a ~** einen Kompromiss schließen **B** adj ⟨attr⟩ Kompromiss- **C** v/i Kompromisse schließen (**about** in +dat); **we agreed to ~** wir einigten uns auf einen Kompromiss **D** v/t j-n kompromittieren; **to ~ oneself** sich kompromittieren; **to ~ one's reputation** seinem guten Ruf schaden; **to ~ one's principles** seinen Prinzipien untreu werden
compromising adj kompromittierend
compulsion [kəmˈpʌlʃən] s Zwang m; PSYCH innerer Zwang; **you are under no ~** niemand zwingt Sie
compulsive [kəmˈpʌlsɪv] adj zwanghaft; **he is a ~ eater** er hat die Esssucht; **he is a ~ liar** er hat einen krankhaften Trieb zu lügen; **it makes ~ reading** das muss man einfach lesen
compulsively [kəmˈpʌlsɪvlɪ] adv zwanghaft
compulsory [kəmˈpʌlsərɪ] adj obligatorisch; Maßnahmen Zwangs-; Fach Pflicht-
computation [ˌkɒmpjʊˈteɪʃən] s Berechnung f
computational adj Computer-
compute [kəmˈpjuːt] v/t berechnen (**at** auf +akk), errechnen
computer [kəmˈpjuːtəʳ] s Computer m; **to put/have sth on ~** etw im Computer speichern/(-gespeichert) haben; **it's all done by ~** das geht alles per Computer; **~ skills** Computerkenntnisse pl
computer-aided adj computergestützt
computer-aided design s rechnergestützter Entwurf, computerunterstütztes Design
computer-aided manufacturing s computerunterstützte Fertigung
computer-based adj computergestützt
computer-controlled adj rechnergesteuert
computer dating s Partnervermittlung f per Computer
computer-designed adj mit Computerunterstützung entworfen
computer error s Computerfehler m
computer fraud s Computerbetrug m, Computerkriminalität f

computer freak umg s Computerfreak m umg
computer game s Computerspiel n
computer-generated adj computergeneriert; **~ imagery** FILM computergenerierte Grafikeffekte pl
computer graphics pl Computergrafik f
computer hacker s Computerhacker(in) m(f)
computerization [kəmˌpjuːtəraɪˈzeɪʃən] s Computerisierung f; **the ~ of the factory** die Umstellung der Fabrik auf Computer
computerize [kəmˈpjuːtəraɪz] v/t computerisieren; Firma, Arbeitsweise auf Computer umstellen
computer language s Computersprache f
computer literate adj **to be ~** sich mit Computern auskennen
computer model s Computermodell n
computer network s Computernetzwerk n
computer-operated adj computergesteuert
computer operator s Operator(in) m(f)
computer printout s (Computer)ausdruck m
computer program s (Computer)programm n
computer programmer s Programmierer(in) m(f)
computer-readable adj computerlesbar
computer science s Informatik f
computer scientist s Informatiker(in) m(f)
computer studies pl Informatik f
computer virus s Computervirus m
computing [kəmˈpjuːtɪŋ] s (≈ Fach) Computerwissenschaft f; **her husband's in ~** ihr Mann ist in der Computerbranche
comrade [ˈkɒmrɪd] s Kamerad m; POL Genosse m, Genossin f
comradeship s Kameradschaft(lichkeit) f
con[1] [kɒn] adv & s → pro[2]
con[2] umg **A** s Schwindel m, Pflanz m österr; **it's a con!** das ist alles Schwindel **B** v/t hereinlegen umg; **to con sb out of sth** j-n um etw bringen; **to con sb into doing sth** j-n durch einen faulen Trick dazu bringen, dass er etw tut umg
con artist umg s Trickbetrüger(in) m(f)
concave [ˈkɒnkeɪv] adj konkav; Spiegel Konkav-
conceal [kənˈsiːl] v/t verbergen; **why did they ~ this information from us?** warum hat man uns diese Informationen vorenthalten?
concealed adj verborgen; Eingang verdeckt
concealer stick s Abdeckstift m
concealment [kənˈsiːlmənt] s von Tatsachen Verheimlichung f; von Beweismitteln Unterschlagung f
concede [kənˈsiːd] v/t **1** Land abtreten (**to** an +akk); **to ~ victory to sb** vor j-m kapitulieren; **to ~ a match** aufgeben; (≈ verlieren) ein Match abgeben; **to ~ a penalty** einen Elfmeter verursachen; **to ~ a point to sb** SPORT einen Punkt an j-n abgeben **2** zugeben; Rechte zugestehen

(to sb j-m); **to ~ defeat** sich geschlagen geben
conceit [kən'siːt] s Einbildung f
conceited adj eingebildet
conceivable [kən'siːvəbl] adj denkbar; **it is hardly ~ that ...** es ist kaum denkbar, dass ...
conceivably [kən'siːvəblɪ] adv **she may ~ be right** es ist durchaus denkbar, dass sie recht hat
conceive [kən'siːv] **A** v/t **1** Kind empfangen **2** sich (dat) vorstellen; Idee haben **B** v/i Frau empfangen

phrasal verbs mit conceive:

conceive of v/i ‹+obj› sich (dat) vorstellen
concentrate ['kɒnsəntreɪt] **A** v/t konzentrieren **(on** auf +akk); **to ~ all one's energies on sth** sich (voll und) ganz auf etw (akk) konzentrieren; **to ~ one's mind on sth** sich auf etw (akk) konzentrieren **B** v/i sich konzentrieren; **to ~ on doing sth** sich darauf konzentrieren, etw zu tun
concentrated adj konzentriert; **~ orange juice** Orangensaftkonzentrat n
concentration [ˌkɒnsən'treɪʃən] s **1** Konzentration f; **powers of ~** Konzentrationsfähigkeit f **2** Ansammlung f
concentration camp s Konzentrationslager n, KZ n
concentric [kən'sentrɪk] adj konzentrisch
concept ['kɒnsept] s Begriff m, Vorstellung f; **our ~ of the world** unser Weltbild n; **his ~ of marriage** seine Vorstellungen von der Ehe
conception [kən'sepʃən] s **1** Vorstellung f, Konzeption f; **he has no ~ of how difficult it is** er hat keine Vorstellung, wie schwer das ist **2** von Kind die Empfängnis
conceptual [kən'septjʊəl] adj Denkweise begrifflich
conceptualize [kən'septjʊəlaɪz] v/t in Begriffe fassen
concern [kən'sɜːn] **A** s **1** Angelegenheit f, Angelegenheiten pl; (≈ wichtige Sache) Anliegen n; **the day-to-day ~s of government** die täglichen Regierungsgeschäfte; **it's no ~ of his** das geht ihn nichts an **2** HANDEL Konzern m **3** Sorge f; **the situation is causing ~** die Lage ist besorgniserregend; **there's some/no cause for ~** es besteht Grund/kein Grund zur Sorge; **to do sth out of ~ for sb** etw aus Sorge um j-n tun; **he showed great ~ for your safety** er war sehr um Ihre Sicherheit besorgt **4** Bedeutung f; **issues of national ~** Fragen pl von nationalem Interesse; **to be of little/great ~ to sb** j-m nicht/sehr wichtig sein **B** v/t **1** handeln von; **it ~s the following issue** es geht um die folgende Frage; **the last chapter is ~ed with ...** das letzte Kapitel behandelt ... **2** betreffen; **that doesn't ~ you** das betrifft Sie nicht; brüskierend **das geht Sie nichts an**; **where money is ~ed** wenn es um Geld geht; **as far as ... is/are ~ed ...** was ... betrifft, ..., was ... angeht, ...; **as far as the money is ~ed** was das Geld betrifft od angeht; **as far as he is ~ed it's just another job, but ...** für ihn ist es nur ein anderer Job, aber ...; **as far as I'm ~ed you can do what you like** von mir aus kannst du tun und lassen, was du willst; **the department ~ed** die betreffende Abteilung; **the persons ~ed** die Betroffenen; **To whom it may ~** US in Brief Sehr geehrte Damen und Herren **3** **he is only ~ed with facts** ihn interessieren nur die Fakten; **we should be ~ed more with** od **about quality** Qualität sollte uns ein größeres Anliegen sein; **there's no need for you to ~ yourself about that** darum brauchen Sie sich nicht zu kümmern **4** **to be ~ed about sb/sth** sich (dat) um j-n/etw Sorgen machen; **I was very ~ed to hear about your illness** ich habe mir Sorgen gemacht, als ich von Ihrer Krankheit hörte; **I am ~ed to hear that ...** es beunruhigt mich, dass ...; **~ed parents** besorgte Eltern
concerned adj besorgt, beunruhigt
concerning präp bezüglich (+gen)
concert ['kɒnsət] s MUS Konzert n; **were you at the ~?** waren Sie in dem Konzert?; **Madonna in ~** Madonna live
concerted [kən'sɜːtɪd] adj konzertiert
concertgoer s Konzertbesucher(in) m(f)
concert hall s Konzerthalle f
concertina [ˌkɒnsə'tiːnə] s Konzertina f; **to play the ~** Konzertina spielen
concerto [kən'tʃɜːtəʊ] s ‹pl -s› Konzert n
concert pianist s Pianist(in) m(f)
concession [kən'seʃən] s **1** Zugeständnis n **(to an** +akk); HANDEL Konzession f; **to make ~s to sb** j-m Zugeständnisse machen **2** Br preislich Preisermäßigung f; ermäßigter Preis; ermäßigter Eintritt; **£3 ~s** 3 £ ermäßigter Eintritt
concessionary [kən'seʃənərɪ] adj Tarif, Fahrpreis ermäßigt
conciliation [kənˌsɪlɪ'eɪʃən] s Schlichtung f
conciliatory [kən'sɪlɪətərɪ] adj versöhnlich
concise adj, **concisely** [kən'saɪs, -lɪ] adv präzis(e)
conclude [kən'kluːd] **A** v/t **1** beenden, schließen **2** Vertrag abschließen **3** folgern **(from** aus) **4** zu dem Schluss kommen **B** v/i enden; **I would like to ~ by saying ...** abschließend möchte ich sagen ...
concluding [kən'kluːdɪŋ] adj Bemerkungen abschließend
conclusion [kən'kluːʒən] s **1** Abschluss m; von

Aufsatz etc Schluss *m*; **in ~** abschließend, zum Abschluss **2** Schluss *m*, Schlussfolgerung *f*; **to draw a ~** einen Schluss ziehen; **what ~ do you draw** *od* **reach from all this?** welchen Schluss ziehen Sie daraus? **3** Ergebnis *n*
conclusive [kən'klu:sɪv] *adj* überzeugend; JUR *Beweise* einschlägig, eindeutig
conclusively [kən'klu:sɪvlɪ] *adv* **beweisen** eindeutig
concoct [kən'kɒkt] *v/t* **1** GASTR *etc* (zu)bereiten, kreieren *hum* **2** *fig* sich (*dat*) ausdenken
concoction [kən'kɒkʃən] *s* (≈ *Speise*) Kreation *f*; (≈ *Getränk*) Gebräu *n*
concourse ['kɒŋkɔːs] *s* Eingangshalle *f*; *US* in *Park* freier Platz
concrete[1] ['kɒŋkriːt] *adj Maßnahmen* konkret
concrete[2] **A** *s* Beton *m* **B** *adj* Beton-
concrete mixer *s* Betonmischmaschine *f*
concur [kən'kɜː[r]] *v/i* übereinstimmen
concurrent [kən'kʌrənt] *adj* gleichzeitig; **to be ~ with sth** mit etw zusammentreffen
concurrently [kən'kʌrəntlɪ] *adv* gleichzeitig
concuss [kən'kʌs] *v/t* **to be ~ed** eine Gehirnerschütterung haben
concussion [kən'kʌʃən] *s* Gehirnerschütterung *f*
condemn [kən'dem] *v/t* **1** verurteilen; **to ~ sb to death** j-n zum Tode verurteilen **2** *fig* verdammen (**to** zu); **3** *Gebäude* für abbruchreif erklären
condemnation [ˌkɒndem'neɪʃən] *s* Verurteilung *f*
condensation [ˌkɒnden'seɪʃən] *s an Fensterscheibe etc* Kondenswasser *n*; **the windows are covered with ~** die Fenster sind beschlagen
condense [kən'dens] **A** *v/t* **1** kondensieren **2** (≈ *kürzen*) zusammenfassen **B** *v/i Gas* kondensieren
condensed milk [kən,denst'mɪlk] *s* Kondensmilch *f*
condescend [ˌkɒndɪ'send] *v/i* **to ~ to do sth** sich herablassen, etw zu tun
condescending *pej adj* herablassend; **to be ~ to** *od* **toward(s) sb** j-n herablassend behandeln
condescendingly *pej adv* herablassend
condescension [ˌkɒndɪ'senʃən] *pej s* Herablassung *f*, herablassende Haltung
condiment ['kɒndɪmənt] *s* Würze *f*
condition [kən'dɪʃən] **A** *s* **1** Bedingung *f*, Voraussetzung *f*; **on ~ that ...** unter der Bedingung, dass ...; **on no ~** auf keinen Fall; **he made it a ~ that ...** er machte es zur Bedingung, dass ... **2** **~s** *pl* Verhältnisse *pl*, Bedingungen *pl*; **working ~s** Arbeitsbedingungen *pl*; **living ~s** Wohnverhältnisse *pl*; **weather ~s** die Wetterlage **3** ⟨*kein pl*⟩ Zustand *m*; **it is in bad ~** es ist in schlechtem Zustand; **he is in a critical ~** sein Zustand ist kritisch; **you're in no ~ to drive** du bist nicht mehr fahrtüchtig; **to be out of ~** keine Kondition haben; **to keep in/get into ~** in Form bleiben/kommen **4** MED Beschwerden *pl*; **heart ~** Herzleiden *n*; **he has a heart ~** er ist herzkrank **B** *v/t* **1** bedingen; **to be ~ed by** bedingt sein durch **2** PSYCH *etc* konditionieren
conditional [kən'dɪʃənl] **A** *adj* **1** bedingt **2** GRAM konditional, Konditional-; **the ~ tense** der Konditional **B** *s* GRAM Konditional *m*
conditioner [kən'dɪʃənə[r]] *s* **1** *für Haare* Pflegespülung *f* **2** *Br für Waschgang* Weichspüler *m*
conditioning shampoo [kən'dɪʃənɪŋʃæm-'puː] *s* Pflegeshampoo *n*
condo ['kɒndəʊ] *s* ⟨*pl* -**s**⟩ *umg* → condominium
condolence [kən'dəʊləns] *s* **please accept my ~s on the death of your mother** (meine) aufrichtige Anteilnahme zum Tode Ihrer Mutter
condom ['kɒndɒm] *s* Kondom *n/m*
condominium [ˌkɒndə'mɪnɪəm] *US s* **1** ≈ Haus *n* mit Eigentumswohnungen **2** ≈ Eigentumswohnung *f*
condone [kən'dəʊn] *v/t* (stillschweigend) hinwegsehen über (+*akk*)
conducive [kən'djuːsɪv] *adj* förderlich (**to** +*dat*)
conduct A ['kɒndʌkt] *s* Benehmen *n* (**towards** gegenüber) **B** [kən'dʌkt] *v/t* **1** führen; *Untersuchung* durchführen; **~ed tour (of)** Führung *f* (durch); **he ~ed his own defence** er übernahm seine eigene Verteidigung **2** MUS dirigieren **3** PHYS leiten; *Blitz* ableiten **C** [kən'dʌkt] *v/i* MUS dirigieren **D** [kən'dʌkt] *v/r* sich benehmen
conductor [kən'dʌktə[r]] *s* **1** MUS Dirigent(in) *m(f)* **2** *in Bus* Schaffner(in) *m(f)*, Kondukteur(in) *m(f)* *schweiz*; *US* BAHN Zugführer(in) *m(f)* **3** PHYS Leiter *m*, Blitzableiter *m*
conduit ['kɒndɪt] *s* Leitungsrohr *n*; ELEK Rohrkabel *n*
cone [kəʊn] *s* **1** Kegel *m*; *zur Verkehrsführung* Leitkegel *m* **2** BOT Zapfen *m* **3** (*Eis*)tüte *f*
confectioners' sugar [kən'fekʃənəz] *s US* Puderzucker *m*
confectionery [kən'fekʃənərɪ] *s* Süßwaren *pl*
confederacy [kən'fedərəsɪ] *s* POL Bündnis *n*; *von Nationen* Konföderation *f*
confederate [kən'fedərɪt] *adj* konföderiert
confederation [kənˌfedə'reɪʃən] *s* Bund *m*; **the Swiss Confederation** die Schweizerische Eidgenossenschaft
confer [kən'fɜː[r]] **A** *v/t* verleihen (**on, upon sb** j-m) **B** *v/i* sich beraten
conference ['kɒnfərəns] *s* Konferenz *f*, Tagung *f*; *informell* Besprechung *f*

conference call s Telefonkonferenz f
conference hall s Sitzungssaal m
conference room s Konferenzzimmer n
conference venue s Tagungsort m
confess [kənˈfes] **A** v/t **1** zugeben; bekennen; *dem Priester* beichten **B** v/i **1** gestehen (**to** +akk); **to ~ to sth** etw gestehen **2** KIRCHE beichten
confession [kənˈfeʃən] s **1** Eingeständnis n; *von Schuld, Verbrechen* Geständnis n; **I have a ~ to make** ich muss dir etwas gestehen **2** KIRCHE Beichte f; **to hear ~** (die) Beichte hören
confessional [kənˈfeʃənl] s Beichtstuhl m
confetti [kənˈfetiː] s ⟨*kein pl*⟩ Konfetti n
confidant [ˌkɒnfɪˈdænt] s Vertraute(r) m
confidante [ˌkɒnfɪˈdænt] s Vertraute f
confide [kənˈfaɪd] v/t anvertrauen (**to sb** j-m)
phrasal verbs mit confide:
confide in v/i ⟨+obj⟩ sich anvertrauen (+dat); **to confide in sb about sth** j-m etw anvertrauen
confidence [ˈkɒnfɪdəns] s **1** Vertrauen n (**in** zu), Zuversicht f; **to have (every/no) ~ in sb/sth** (volles/kein) Vertrauen zu j-m/etw haben; **I have every ~ that …** ich bin ganz zuversichtlich, dass …; **to put one's ~ in sb/sth** auf j-n/etw bauen; **motion/vote of no ~** Misstrauensantrag m/-votum n **2** (Selbst)vertrauen n **3 in (strict) ~** (streng) vertraulich; **to take sb into one's ~** j-n ins Vertrauen ziehen
confidence trick s Trickbetrug m, Pflanz m *österr*
confidence trickster s → con man
confident [ˈkɒnfɪdənt] adj **1** überzeugt; *Blick* zuversichtlich; **to be ~ of success** vom Erfolg überzeugt sein; **to be/feel ~ about sth** in Bezug auf etw zuversichtlich sein **2** (selbst)sicher, selbstbewusst
confidential [ˌkɒnfɪˈdenʃəl] adj vertraulich; **to treat sth as ~** etw vertraulich behandeln
confidentiality [ˌkɒnfɪˌdenʃɪˈælɪtɪ] s Vertraulichkeit f
confidentially [ˌkɒnfɪˈdenʃəlɪ] adv vertraulich, im Vertrauen
confidently [ˈkɒnfɪdəntlɪ] adv **1** zuversichtlich **2** selbstsicher
configure [kənˈfɪɡə] v/t IT konfigurieren
confine A [kənˈfaɪn] v/t **1** (ein)sperren; **to be ~d to the house** nicht aus dem Haus können; **to be ~d to barracks** Kasernenarrest haben **2** *Bemerkungen* beschränken (**to** auf +akk); **to ~ oneself to doing sth** sich darauf beschränken, etw zu tun **B** [ˈkɒnfaɪn] ~**s** pl Grenzen pl
confined adj *Raum* begrenzt
confinement [kənˈfaɪnmənt] s (≈ *Handlung*) Einsperren n; (≈ *Zustand*) Eingesperrtsein n

confirm [kənˈfɜːm] v/t **1** bestätigen **2** KIRCHE konfirmieren; *Katholik* firmen
confirmation [ˌkɒnfəˈmeɪʃən] s **1** Bestätigung f **2** KIRCHE Konfirmation f; *von Katholiken* Firmung f
confirmed adj **1** erklärt; *Atheist* überzeugt; *Junggeselle* eingefleischt **2** *Buchung* bestätigt
confiscate [ˈkɒnfɪskeɪt] v/t beschlagnahmen; **to ~ sth from sb** j-m etw abnehmen
confiscation [ˌkɒnfɪsˈkeɪʃən] s Beschlagnahme f
conflate [kənˈfleɪt] v/t zusammenfassen
conflict A [ˈkɒnflɪkt] s Konflikt m, Zusammenstoß m; **to be in ~ with sb/sth** mit j-m/etw im Konflikt liegen; **to come into ~ with sb/sth** mit j-m/etw in Konflikt geraten; **~ of interests** Interessenkonflikt m **B** [kənˈflɪkt] v/i im Widerspruch stehen (**with** zu)
conflicting [kənˈflɪktɪŋ] adj widersprüchlich
conform [kənˈfɔːm] v/i entsprechen (**to** +dat); *Menschen* sich anpassen (**to an** +akk)
conformist [kənˈfɔːmɪst] **A** adj konformistisch **B** s Konformist m
conformity [kənˈfɔːmɪtɪ] s **1** Konformismus m **2** Übereinstimmung f; *sozial* Anpassung f (**with an** +akk)
confound [kənˈfaʊnd] v/t verblüffen
confounded *umg* adj verflixt *umg*
confront [kənˈfrʌnt] v/t **1** gegenübertreten (+dat); *Probleme, Entscheidungen* sich stellen (+dat) **2 to ~ sb with sb/sth** j-n mit j-m/etw konfrontieren; **to be ~ed with sth** mit etw konfrontiert sein
confrontation [ˌkɒnfrənˈteɪʃən] s Konfrontation f, Auseinandersetzung f
confrontational [kɒnfrənˈteɪʃnl] adj konfrontativ
confuse [kənˈfjuːz] v/t **1** *j-n* verwirren; *Situation* verworren machen; **don't ~ the issue!** bring (jetzt) nicht alles durcheinander! **2** verwechseln
confused adj konfus; *Mensch a.* verwirrt, durcheinander
confusing [kənˈfjuːzɪŋ] adj verwirrend
confusion [kənˈfjuːʒən] s **1** Durcheinander n; **to be in ~** durcheinander sein; **to throw everything into ~** alles durcheinanderbringen **2** *geistig* Verwirrung f **3** (≈ *Irrtum*) Verwechslung f
congeal [kənˈdʒiːl] v/i erstarren; *Blut* gerinnen
congenial [kənˈdʒiːnɪəl] adj ansprechend; *Atmosphäre* angenehm
congenital [kənˈdʒenɪtl] adj angeboren
congested [kənˈdʒestɪd] adj überfüllt; *mit Verkehr* verstopft
congestion [kənˈdʒestʃən] s Stau m; **the ~ in**

the city centre is getting so bad ... die Verstopfung in der Innenstadt nimmt derartige Ausmaße an ...
congestion charge s City-Maut f
conglomerate [kənˈglɒmərɪt] s Konglomerat n
congratulate [kənˈgrætjʊleɪt] v/t gratulieren (+dat), beglückwünschen
congratulations [kənˌgrætjʊˈleɪʃənz] **A** pl Glückwünsche pl; **to offer one's ~** j-m gratulieren **B** int herzlichen Glückwunsch!; **~ on ...!** herzlichen Glückwunsch zu ...!
congratulatory [kənˈgrætjʊlətərɪ] adj Glückwunsch-
congregate [ˈkɒŋgrɪgeɪt] v/i sich sammeln
congregation [ˌkɒŋgrɪˈgeɪʃən] s KIRCHE Gemeinde f
congress [ˈkɒŋgres] s **1** Kongress m; von Partei Parteitag m **2 Congress** US etc POL der Kongress
congressional [kɒŋˈgreʃənl] adj Kongress-
Congressman [ˈkɒŋgresmən] s ‹pl -men› Kongressabgeordnete(r) m
Congresswoman [ˈkɒŋgresˌwʊmən] s ‹pl -women [-wɪmɪn]› Kongressabgeordnete f
conical [ˈkɒnɪkl] adj kegelförmig
conifer [ˈkɒnɪfəʳ] s Nadelbaum m; **~s** Nadelhölzer pl
coniferous [kəˈnɪfərəs] adj Nadel-
conjecture [kənˈdʒektʃəʳ] **A** v/t vermuten **B** v/i Vermutungen anstellen **C** s Vermutung f
conjugal [ˈkɒndʒʊgəl] adj ehelich; Stand Ehe-
conjugate [ˈkɒndʒʊgeɪt] v/t GRAM konjugieren
conjugation [ˌkɒndʒʊˈgeɪʃən] s GRAM Konjugation f
conjunction [kənˈdʒʌŋkʃən] s **1** GRAM Konjunktion f, Bindewort n **2 in ~ with the new evidence** in Verbindung mit dem neuen Beweismaterial; **the series was produced in ~ with NBC** die Serie wurde in Zusammenarbeit mit NBC aufgezeichnet
conjunctivitis [kənˌdʒʌŋktɪˈvaɪtɪs] s MED Bindehautentzündung f
conjure [ˈkʌndʒəʳ] v/t & v/i zaubern; **to ~ something out of nothing** etwas aus dem Nichts herbeizaubern

phrasal verbs mit conjure:

conjure up v/t ‹trennb› Erinnerungen etc heraufbeschwören

conjurer [ˈkʌndʒərəʳ] s Zauberkünstler(in) m(f)
conjuring [ˈkʌndʒərɪŋ] s Zaubern n; **~ trick** Zaubertrick m
conjuror [ˈkʌndʒərəʳ] s → conjurer
conk [kɒŋk] s Br umg (≈ Nase) Riecher m umg

phrasal verbs mit conk:

conk out umg v/i den Geist aufgeben umg
conker [ˈkɒŋkəʳ] s Br umg (Ross)kastanie f
con man s ‹pl - men› umg Trickbetrüger m

connect [kəˈnekt] **A** v/t **1** a. IT verbinden (**to, with** mit); a. **~ up** ELEK etc anschließen (**to** an +akk); **I'll ~ you** TEL ich verbinde (Sie); **to be ~ed** miteinander verbunden sein; **to be ~ed with** Ideen in Verbindung stehen zu; **to be well ~ed with** gute Beziehungen haben; **he's ~ed with the university** er hat mit der Universität zu tun; **to get ~ed** verbunden werden **2** fig in Verbindung bringen; **I always ~ Paris with springtime** ich verbinde Paris immer mit Frühling **B** v/i **1** Kontakt haben; **~ing rooms** angrenzende Zimmer pl (mit Verbindungstür) **2** BAHN, FLUG etc Anschluss haben (**with** an +akk); **~ing flight** Anschlussflug m

phrasal verbs mit connect:

connect up v/t ‹trennb› ELEK etc anschließen (**to, with** an +akk)

connected device s IT angeschlossenes Gerät
connected TV s Smart-TV n, Hybrid-TV n
connection [kəˈnekʃən] s **1** Verbindung f (**to, with** zu, mit); an Stromnetz Anschluss m (**to** an +akk); **~ charge** TEL Anschlussgebühr f **2** fig Zusammenhang m; **in ~ with** in Zusammenhang mit **3** (≈ geschäftlich) Beziehung f (**with** zu); **to have ~s** Beziehungen haben **4** BAHN etc Anschluss m
connector [kəˈnektəʳ] s Verbindungsstück n; ELEK Lüsterklemme f
connive [kəˈnaɪv] v/i sich verschwören
connoisseur [ˌkɒnəˈsɜːʳ] s Kenner(in) m(f)
connotation [ˌkɒnəʊˈteɪʃən] s Assoziation f; LIT Konnotation f (zusätzliche, oft emotionale Bedeutung eines Wortes)
conquer [ˈkɒŋkəʳ] v/t **1** wörtl Land erobern; Feind besiegen **2** fig bezwingen
conqueror [ˈkɒŋkərəʳ] s Eroberer m, Eroberin f
conquest [ˈkɒŋkwest] s Eroberung f; über Feind Sieg m (**of** über +akk)
conscience [ˈkɒnʃəns] s Gewissen n; **to have a clear/guilty ~** ein reines/schlechtes Gewissen haben (**about** wegen); **with an easy ~** mit ruhigem Gewissen; **she/it is on my ~** ich habe ihretwegen/deswegen Gewissensbisse
conscientious [ˌkɒnʃɪˈenʃəs] adj gewissenhaft
conscientiously [ˌkɒnʃɪˈenʃəslɪ] adv gewissenhaft
conscientiousness [ˌkɒnʃɪˈenʃəsnəs] s Gewissenhaftigkeit f
conscientious objector s MIL Kriegsdienstverweigerer m, Kriegsdienstverweigerin f (aus Gewissensgründen)
conscious [ˈkɒnʃəs] adj **1** MED bei Bewusstsein **2** bewusst; **to be ~ of sth** sich (dat) einer Sache (gen) bewusst sein; **I was ~ that** es war mir bewusst, dass; **environmentally ~** umweltbewusst

-conscious adj ⟨suf⟩ -bewusst
consciously [ˈkɒnʃəslɪ] adv bewusst
consciousness s Bewusstsein n; **to lose ~** das Bewusstsein verlieren
conscript [kənˈskrɪpt] **A** v/t einberufen **B** [ˈkɒnskrɪpt] s Br Einberufene(r) m/f(m)
conscripted [kənˈskrɪptɪd] adj Soldat einberufen; Truppe aus Wehrpflichtigen bestehend
conscription [kənˈskrɪpʃən] s Wehrpflicht f; (= das Einberufen) Einberufung f
consecrate [ˈkɒnsɪkreɪt] v/t weihen
consecration [ˌkɒnsɪˈkreɪʃən] s Weihe f; in Messe Wandlung f
consecutive [kənˈsekjʊtɪv] adj aufeinanderfolgend; Zahlen fortlaufend; **on four ~ days** vier Tage hintereinander
consecutively [kənˈsekjʊtɪvlɪ] adv nacheinander; nummeriert fortlaufend
consensus [kənˈsensəs] s Übereinstimmung f; **what's the ~?** was ist die allgemeine Meinung?; **the ~ is that ...** man ist allgemein der Meinung, dass ...; **there was no ~ (among them)** sie waren sich nicht einig
consent [kənˈsent] **A** v/i zustimmen (**to** +dat); **~ to do sth** sich bereit erklären, etw zu tun; **~ to sb doing sth** damit einverstanden sein, dass j-d etw tut **B** s Zustimmung f (**to** zu); **he is by general ~ ...** man hält ihn allgemein für ...
consequence [ˈkɒnsɪkwəns] s **1** Folge f, Konsequenz f; **in ~** folglich; **as a ~ of ...** als Folge (+gen); **to face the ~s** die Folgen tragen **2** Wichtigkeit f; **it's of no ~** das spielt keine Rolle
consequent [ˈkɒnsɪkwənt] adj ⟨attr⟩ daraus folgend
consequently [ˈkɒnsɪkwəntlɪ] adv folglich, infolgedessen
conservation [ˌkɒnsəˈveɪʃən] s **1** Erhaltung f **2** Naturschutz m
conservation area s Naturschutzgebiet n; in Stadt unter Denkmalschutz stehendes Gebiet
conservationist s Umweltschützer(in) m(f), Denkmalpfleger(in) m(f)
conservatism [kənˈsɜːvətɪzəm] s Konservatismus m
conservative [kənˈsɜːvətɪv] **A** adj konservativ, vorsichtig; **the Conservative Party** Br die Konservative Partei **B** s POL a. **Conservative** Konservative(r) m/f(m)
conservatively [kənˈsɜːvətɪvlɪ] adv konservativ; schätzen, investieren vorsichtig
conservatory [kənˈsɜːvətrɪ] s Wintergarten m
conserve [kənˈsɜːv] v/t erhalten; Kräfte schonen; Energie sparen
consider [kənˈsɪdə[r]] v/t **1** Idee, Angebot nachdenken über (+akk); Möglichkeiten sich (dat) überlegen **2** in Erwägung ziehen; **to ~ doing sth** überlegen od erwägen, etw zu tun; **I'm ~ing going abroad** ich spiele mit dem Gedanken, ins Ausland zu gehen **3** in Betracht ziehen; **I won't even ~ it!** ich denke nicht daran!; **I'm sure he would never ~ doing anything criminal** ich bin überzeugt, es käme ihm nie in den Sinn, etwas Kriminelles zu tun **4** denken an (+akk); Kosten, Schwierigkeiten, Fakten berücksichtigen; **when one ~s that ...** wenn man bedenkt, dass ...; **all things ~ed** alles in allem; **~ my position** überlegen Sie sich meine Lage; **~ this case, for example** nehmen Sie zum Beispiel diesen Fall; **have you ~ed going by train?** haben Sie daran gedacht, mit dem Zug zu fahren? **5** betrachten als; j-n halten für; **to ~ sb to be sth** j-n für etw halten; **to ~ oneself lucky** sich glücklich schätzen; **~ it done!** schon so gut wie geschehen! **6** (eingehend) betrachten
considerable [kənˈsɪdərəbl] adj beträchtlich; Interesse, Einkommen groß; Anzahl, Leistung beachtlich; **to a ~ extent** od **degree** weitgehend; **for some ~ time** für eine ganze Zeit
considerably [kənˈsɪdərəblɪ] adv beträchtlich
considerate [kənˈsɪdərɪt] adj rücksichtsvoll (**towards** gegenüber), aufmerksam
considerately [kənˈsɪdərɪtlɪ] adv rücksichtsvoll
consideration [kənˌsɪdəˈreɪʃən] s **1** ⟨kein pl⟩ Überlegung f; **I'll give it my ~** ich werde es mir überlegen **2** ⟨kein pl⟩ **to take sth into ~** etw berücksichtigen; **taking everything into ~** alles in allem; **the matter is under ~** die Sache wird zurzeit geprüft form; **in ~ of** mit Rücksicht auf (+akk) **3** ⟨kein pl⟩ Rücksicht f (**for** auf +akk); **to show** od **have ~ for sb** Rücksicht auf j-n nehmen; **his lack of ~ (for others)** seine Rücksichtslosigkeit (anderen gegenüber) **4** Faktor m; **money is not a ~** Geld spielt keine Rolle
considered adj Ansicht ernsthaft
considering [kənˈsɪdərɪŋ] **A** präp wenn man ... (akk) bedenkt **B** konj wenn man bedenkt **C** adv **it's not too bad ~** es ist eigentlich gar nicht so schlecht
consign [kənˈsaɪn] v/t übergeben (**to** +dat); **it was ~ed to the rubbish heap** Br es landete auf dem Abfallhaufen
consignment [kənˈsaɪnmənt] s Sendung f
consignment note s HANDEL Frachtbrief m
consist [kənˈsɪst] v/i **to ~ of** bestehen aus; **his happiness ~s in helping others** sein Glück besteht darin, anderen zu helfen
consistency [kənˈsɪstənsɪ] s **1** ⟨kein pl⟩ Konsequenz f; **his statements lack ~** seine Aussagen widersprechen sich **2** ⟨kein pl⟩ von Leistung Ste-

tigkeit f; von Stil Einheitlichkeit f **3** Konsistenz f
consistent [kənˈsɪstənt] adj **1** konsequent **2** Leistung stetig; Stil einheitlich **3** **to be ~ with sth** einer Sache (dat) entsprechen
consistently [kənˈsɪstəntlɪ] adv **1** sich verhalten konsequent; versagen ständig; ablehnen hartnäckig **2** einheitlich
consolation [ˌkɒnsəˈleɪʃən] s Trost m kein pl; **it is some ~ to know that ...** es ist tröstlich zu wissen, dass ...; **old age has its ~s** das Alter hat auch seine guten Seiten
consolation prize s Trostpreis m
console[1] [kənˈsəʊl] v/t trösten
console[2] [ˈkɒnsəʊl] s (Kontroll)pult n
consolidate [kənˈsɒlɪdeɪt] v/t **1** festigen **2** zusammenlegen; Unternehmen zusammenschließen
consolidation [kənˌsɒlɪˈdeɪʃən] s Festigung f
consommé [kɒnˈsɒmeɪ] s Kraftbrühe f
consonance [ˈkɒnsənəns] s Konsonanz f (Wiederholung gleicher oder ähnlicher Konsonanten in benachbarten Wörtern; z. B. coming home)
consonant [ˈkɒnsənənt] s Konsonant m
consortium [kənˈsɔːtɪəm] s Konsortium n
conspicuous [kənˈspɪkjʊəs] adj auffällig, offensichtlich; **to be/make oneself ~** auffallen; **he was ~ by his absence** er glänzte durch Abwesenheit
conspicuously [kənˈspɪkjʊəslɪ] adv auffällig
conspiracy [kənˈspɪrəsɪ] s Verschwörung f; **a ~ of silence** ein verabredetes Schweigen
conspirator [kənˈspɪrətər] s Verschwörer(in) m(f)
conspiratorial [kənˌspɪrəˈtɔːrɪəl] adj verschwörerisch
conspire [kənˈspaɪər] v/i sich verschwören (**against** gegen); **to ~ (together) to do sth** sich verabreden, etw zu tun
constable [ˈkʌnstəbl] Br s Polizist(in) m(f)
constabulary [kənˈstæbjʊlərɪ] Br s Polizei f kein pl
Constance [ˈkɒnstəns] s Stadt Konstanz n; **Lake ~** der Bodensee
constancy [ˈkɒnstənsɪ] s Beständigkeit f; von Freund, Liebhaber Treue f
constant [ˈkɒnstənt] **A** adj **1** Unterbrechungen ständig **2** Störungen dauernd **3** Temperatur konstant **4** Zuneigung beständig **B** s Konstante f
constantly [ˈkɒnstəntlɪ] adv (an)dauernd
constellation [ˌkɒnstəˈleɪʃən] s Konstellation f
consternation [ˌkɒnstəˈneɪʃən] s Bestürzung f, Sorge f; **in ~** bestürzt; **to cause ~** Grund zur Sorge geben; Nachricht Bestürzung auslösen
constipated [ˈkɒnstɪpeɪtɪd] adj **he is ~** er hat Verstopfung

constipation [ˌkɒnstɪˈpeɪʃən] s ⟨kein pl⟩ Verstopfung f
constituency [kənˈstɪtjʊənsɪ] s POL Wahlkreis m
constituent [kənˈstɪtjʊənt] **A** adj **~ part** Bestandteil m **B** s **1** POL Wähler(in) m(f) **2** Bestandteil m
constitute [ˈkɒnstɪtjuːt] v/t **1** bilden **2** darstellen; **that ~s a lie** das ist eine glatte Lüge
constitution [ˌkɒnstɪˈtjuːʃən] s **1** POL Verfassung f; von Verein etc Satzung f **2** von Mensch Konstitution f; **to have a strong ~** eine starke Konstitution haben
constitutional [ˌkɒnstɪˈtjuːʃənl] adj POL Verfassungs-; **~ monarchy** konstitutionelle Monarchie
constrained [kənˈstreɪnd] adj gezwungen; **to feel ~ by sth** sich durch etw eingeengt sehen
constraint s **1** Zwang m **2** Beschränkung f
constrict [kənˈstrɪkt] v/t **1** einzwängen **2** behindern
constriction [kənˈstrɪkʃən] s von Bewegungsfreiheit Behinderung f
construct [kənˈstrʌkt] v/t bauen, konstruieren; Satz bilden; Roman etc aufbauen; Theorie entwickeln
construction [kənˈstrʌkʃən] s **1** von Gebäude, Straße Bau m; **under ~** in od im Bau; **sentence ~** Satzbau m **2** (≈ Werk) Bau m; (≈ Brücke), a. GRAM Konstruktion f
construction industry s Bauindustrie f
construction site s Baustelle f
construction worker s Bauarbeiter(in) m(f)
constructive adj, **constructively** [kənˈstrʌktɪv, -lɪ] adv konstruktiv
consul [ˈkɒnsəl] s Konsul m
consulate [ˈkɒnsjʊlɪt] s Konsulat n
consult [kənˈsʌlt] **A** v/t konsultieren; Wörterbuch nachschlagen in (+dat); Landkarte nachsehen auf (+dat); **he did it without ~ing anyone** er hat das getan, ohne jemanden zu fragen **B** v/i sich beraten
consultancy [kənˈsʌltənsɪ] s Beratung f; (≈ Firma) Beratungsbüro n
consultant [kənˈsʌltənt] **A** s **1** Br MED Facharzt m/-ärztin f (im Krankenhaus) **2** Berater(in) m(f); **~s** (≈ Firma) Beratungsbüro n **B** adj ⟨attr⟩ beratend
consultation [ˌkɒnsəlˈteɪʃən] s Besprechung f; durch Arzt, Anwalt Konsultation f (**of** +gen); **in ~ with** in gemeinsamer Beratung mit
consulting hours pl MED Sprechstunde f, Ordination f österr
consulting room s MED Sprechzimmer n, Ordination f österr
consumable [kənˈsjuːməbl] s Konsumgut n; **~s** COMPUT Verbrauchsmaterial n

consume [kənˈsjuːm] v/t **1** *Speisen, Getränke* zu sich nehmen; WIRTSCH konsumieren **2** *Feuer* vernichten; *Kraftstoff* verbrauchen; *Energie* aufbrauchen

consumer [kənˈsjuːmə^r] s Verbraucher(in) m(f), Konsument(in) m(f)

consumer borrowing s Kreditaufnahme f durch Verbraucher

consumer confidence s Verbrauchervertrauen n

consumer credit s Verbraucherkredit m

consumer demand s Nachfrage f

consumer goods pl Konsumgüter pl

consumer group s Verbrauchergruppe f

consumer habits pl Konsumverhalten n

consumerism [kənˈsjuːmərɪzəm] s Konsumdenken n

consumerist [kənˈsjuːmərɪst] adj konsumfreudig

consumer profile s Verbraucherprofil n

consumer protection s Verbraucherschutz m

consumer society s Konsumgesellschaft f

consumer spending s Verbraucherausgaben pl

consuming [kənˈsjuːmɪŋ] adj *Ehrgeiz, Interesse* glühend; *Sehnsucht, Verlangen* verzehrend; **football is his ~ passion** Fußball ist sein ein und alles

consummate **A** [kənˈsʌmɪt] adj *Können* vollendet **B** [ˈkɒnsəmeɪt] v/t *Ehe* vollziehen

consumption [kənˈsʌmpʃən] s Konsum m, Verbrauch m; **not fit for human ~** zum Verzehr ungeeignet; **world ~ of oil** Weltölverbrauch m

contact [ˈkɒntækt] **A** s **1** Kontakt m; **to be in ~ with sb/sth** mit j-m/etw in Kontakt stehen; **to keep in ~ with sb** mit j-m in Kontakt bleiben; **to come into ~ with sb/sth** mit j-m/etw in Berührung kommen; **he has no ~ with his family** er hat keinen Kontakt zu seiner Familie; **I'll get in ~** ich werde von mir hören lassen; **how can we get in(to) ~ with him?** wie können wir ihn erreichen?; **to make ~** sich miteinander in Verbindung setzen; **to lose ~ (with sb/sth)** den Kontakt (zu j-m/etw) verlieren **2** (≈ *Mensch*) Kontaktperson f; **~s** pl Kontakte pl **3** umg Kontaktlinse f **B** v/t j-n sich in Verbindung setzen mit, kontaktieren; *Polizei* sich wenden an (+akk); **I've been trying to ~ you for hours** ich versuche schon seit Stunden, Sie zu erreichen

contact clause s GRAM *Relativsatz ohne Relativpronomen*

contact details pl Kontaktdaten pl

contact lens s Kontaktlinse f

contact lens solution s Kontaktlinsenmittel n

contactless [ˈkɒntæktlɪs] adj PHYS, TECH *Sensor, Schalter, Bezahlung* berührungslos; **to pay using ~ payment** berührungslos bezahlen

contact number s Telefonnummer f

contagious [kənˈteɪdʒəs] adj MED, a. fig ansteckend

contain [kənˈteɪn] v/t **1** enthalten **2** *Behälter, Zimmer* fassen **3** sich, *Emotionen* beherrschen; *Krankheit, Inflation* in Grenzen halten; **he could hardly ~ himself** er konnte kaum an sich (akk) halten

container [kənˈteɪnə^r] **A** s **1** Behälter m **2** HANDEL Container m **B** adj ⟨attr⟩ Container-; **~ ship** Containerschiff n

contaminate [kənˈtæmɪneɪt] v/t verschmutzen, vergiften; *durch Radioaktivität* verseuchen

contamination [kən.tæmɪˈneɪʃən] s ⟨kein pl⟩ Verschmutzung f, Vergiftung f; *durch Radioaktivität* Verseuchung f

contd abk (= continued) Forts., Fortsetzung f

contemplate [ˈkɒntempleɪt] v/t **1** betrachten **2** nachdenken über (+akk), in Erwägung ziehen; **he would never ~ violence** der Gedanke an Gewalttätigkeit würde ihm nie kommen; **to ~ doing sth** daran denken, etw zu tun

contemplation [.kɒntemˈpleɪʃən] s ⟨kein pl⟩ Besinnung f

contemporary [kənˈtempərərɪ] **A** adj **1** *Ereignisse* gleichzeitig; *Literatur* zeitgenössisch **2** *Leben* heutig; *Kunst* zeitgenössisch **B** s Altersgenosse m/-genossin f; *geschichtlich* Zeitgenosse m/-genossin f

contempt [kənˈtempt] s **1** Verachtung f; **to hold in ~** verachten; **beneath ~** unter aller Kritik **2** JUR **to be in ~ (of court)** das Gericht missachten

contemptible adj verachtenswert

contemptuous [kənˈtemptjʊəs] adj verächtlich; *Mensch* herablassend

contend [kənˈtend] **A** v/i **1** kämpfen; **then you'll have me to ~ with** dann bekommst du es mit mir zu tun **2** **to ~ with sb/sth** mit j-m/etw fertig werden **B** v/t behaupten

contender [kənˈtendə^r] s Kandidat(in) m(f); SPORT Wettkämpfer(in) m(f) (**for** um)

content[1] [kənˈtent] **A** adj ⟨präd⟩ zufrieden; **to be/feel ~** zufrieden sein; **she's quite ~ to stay at home** sie bleibt ganz gern zu Hause **B** v/t **to ~ oneself with sth** sich zufriedengeben mit; **to ~ oneself with doing sth** sich damit zufriedengeben, etw zu tun

content[2] [ˈkɒntent] s **1** ⟨mst pl⟩ Inhalt m; **(table of) ~s** Inhaltsverzeichnis n **2** ⟨kein pl⟩ Gehalt m

contented adj, **contentedly** [kənˈtentɪd, -lɪ] adv zufrieden

contention [kənˈtenʃən] s **1** **that is no longer in ~** das steht nicht mehr zur Debatte **2** Behauptung f ❸ *bei Wettbewerb* **to be in ~ (for sth)** Chancen (auf etw *akk*) haben

contentious [kənˈtenʃəs] *adj* umstritten

content management system *s* IT Content--Management-System *n*

contentment [kənˈtentmənt] *s* Zufriedenheit *f*

contest **Ⓐ** [ˈkɒntest] *s* Kampf *m* (**for** um), Wettbewerb *m* (**for** um); **it's no ~** das ist ein ungleicher Kampf **Ⓑ** [kənˈtest] *v/t* ❶ kämpfen um ❷ *Aussage* bestreiten; JUR *Testament* anfechten

contestant [kənˈtestənt] *s* (Wettbewerbs)teilnehmer(in) *m(f)*; *in Quiz* Kandidat(in) *m(f)*

context [ˈkɒntekst] *s* Zusammenhang *m*; **(taken) out of ~** aus dem Zusammenhang gerissen

continent [ˈkɒntɪnənt] *s* GEOG Kontinent *m*, Erdteil *m*; (≈ *Landmasse*) Festland *n*; **the Continent (of Europe)** *Br* Kontinentaleuropa *n*; **on the Continent** in Europa

continental [ˌkɒntɪˈnentl] *adj* ❶ GEOG kontinental ❷ *Br* europäisch; *Urlaub* in Europa

continental breakfast *s* kleines Frühstück

continental Europe *s* Kontinentaleuropa *n*

continental quilt *s* Steppdecke *f*

contingency [kənˈtɪndʒənsɪ] *s* Eventualität *f*

contingency plan *s* Notfallplan *m*

contingent [kənˈtɪndʒənt] *s* Kontingent *n*; MIL Trupp *m*

continual *adj*, **continually** [kənˈtɪnjʊəl, -ɪ] *adv* ständig, ununterbrochen

continuation [kənˌtɪnjʊˈeɪʃən] *s* ❶ Fortsetzung *f* ❷ Wiederaufnahme *f*

continue [kənˈtɪnjuː] **Ⓐ** *v/t* fortsetzen; **to ~ doing** *od* **to do sth** etw weiter tun; **to ~ to read, to ~ reading** weiterlesen; **to be ~d** Fortsetzung folgt; **~d on p 10** Fortsetzung auf Seite 10 **Ⓑ** *v/i* weitermachen; *Krise* (an)dauern; *Wetter* anhalten; *Straße, Konzert etc* weitergehen; **to ~ on one's way** weiterfahren, weitergehen; **he ~d after a short pause** er redete/schrieb/las *etc* nach einer kurzen Pause weiter; **to ~ with one's work** mit seiner Arbeit weitermachen; **please ~** bitte machen Sie weiter, fahren Sie fort; **he ~s to be optimistic** er ist nach wie vor optimistisch; **to ~ at university/with a company/as sb's secretary** auf der Universität/bei einer Firma/j-s Sekretärin bleiben

continuity [ˌkɒntɪˈnjuːɪtɪ] *s* Kontinuität *f*

continuous [kənˈtɪnjʊəs] *adj* dauernd; *Linie* durchgezogen; *Anstieg, Bewegung* stetig; **to be in ~ use** ständig in Benutzung sein; **~ tense** GRAM Verlaufsform *f*

continuously [kənˈtɪnjʊəslɪ] *adv* dauernd, ununterbrochen; *ansteigen, sich bewegen* stetig

contort [kənˈtɔːt] *v/t* verziehen (**into** zu); **a face ~ed with pain** ein schmerzverzerrtes Gesicht

contortion [kənˈtɔːʃən] *s* *von Akrobat etc* Verrenkung *f*; *von Gesicht* Verzerrung *f*

contortionist [kənˈtɔːʃənɪst] *s* Schlangenmensch *m*

contour [ˈkɒntʊə^r] *s* ❶ Kontur *f* ❷ GEOG Höhenlinie *f*

contour line *s* Höhenlinie *f*

contour map *s* Höhenlinienkarte *f*

contra- [ˈkɒntrə-] *präf* Gegen-, Kontra-

contraband [ˈkɒntrəbænd] *s* ⟨*kein pl*⟩ Schmuggelware *f*

contraception [ˌkɒntrəˈsepʃən] *s* Empfängnisverhütung *f*

contraceptive [ˌkɒntrəˈseptɪv] **Ⓐ** *s* empfängnisverhütendes Mittel **Ⓑ** *adj* empfängnisverhütend; *Pille* Antibaby-

contraceptive patch *s* Verhütungspflaster *n*

contract[1] **Ⓐ** [ˈkɒntrækt] *s* Vertrag *m*; HANDEL Auftrag *m*; **to enter into** *od* **make a ~** einen Vertrag eingehen; **to be under ~** unter Vertrag stehen (**to** bei, mit) **Ⓑ** [kənˈtrækt] *v/t Schulden* machen; *Grippe etc* erkranken an (+*dat*) **Ⓒ** [kənˈtrækt] *v/i* HANDEL **to ~ to do sth** sich vertraglich verpflichten, etw zu tun

phrasal verbs mit contract:

contract out Ⓐ *v/i* sich nicht anschließen (**of** +*dat*) **Ⓑ** *v/t* ⟨*trennb*⟩ HANDEL außer Haus machen lassen (**to** von)

contract[2] [kənˈtrækt] *v/i Muskel, Metall* sich zusammenziehen

contract bridge [ˈkɒntrækt-] *s* Kontrakt-Bridge *n*

contraction [kənˈtrækʃən] *s* ❶ *von Muskel, Metall* Zusammenziehen *n* ❷ *bei Geburt* ~**s** Wehen *pl*

contractor [kənˈtræktə^r] *s* Auftragnehmer(in) *m(f)*; *im Baugewerbe* Bauunternehmer(in) *m(f)*; **that is done by outside ~s** damit ist eine andere Firma beauftragt

contractual [kənˈtræktʃʊəl] *adj* vertraglich

contradict [ˌkɒntrəˈdɪkt] *v/t* j-m widersprechen (+*dat*); **to ~ oneself** sich (*dat*) widersprechen

contradiction [ˌkɒntrəˈdɪkʃən] *s* Widerspruch *m* (**of** zu); **full of ~s** voller Widersprüchlichkeiten; **a ~ in terms** ein Widerspruch in sich

contradictory [ˌkɒntrəˈdɪktərɪ] *adj* widersprüchlich

contraflow [ˈkɒntrəfləʊ] *s Verkehr* Gegenverkehr *m*

contraindication [kɒntrəɪndɪˈkeɪʃn] *s* MED Gegenanzeige *f*

contralto [kənˈtræltəʊ] **Ⓐ** *s* ⟨*pl* -s⟩ Alt *m* **Ⓑ** *adj Stimme* Alt-

contraption [kənˈtræpʃən] *umg s* Apparat *m umg*

contrary[1] [ˈkɒntrərɪ] **Ⓐ** *adj* entgegengesetzt, gegensätzlich; **sth is ~ to sth** etw steht im Gegensatz zu etw; **~ to what I expected** entgegen meinen Erwartungen **B** s Gegenteil n; **on the ~** im Gegenteil; **unless you hear to the ~** sofern Sie nichts Gegenteiliges hören; **quite the ~** ganz ins Gegenteil

contrary[2] [ˈkɒnˈtreərɪ] adj Mensch widerspenstig

contrast A [ˈkɒntrɑːst] s Gegensatz m (**with, to** zu od **between** zwischen); (= deutlicher Unterschied), a. TV Kontrast m (**with, to** zu); **by** od **in ~** im Gegensatz (**with** +dat); **to be in ~ with** od **to sth** im Gegensatz/in Kontrast zu etw stehen **B** [kənˈtrɑːst] v/t gegenüberstellen (**with** +dat) **C** [kənˈtrɑːst] v/i im Gegensatz od in Kontrast stehen (**with** zu)

contrasting [kənˈtrɑːstɪŋ] adj Meinungen gegensätzlich; Farben kontrastierend

contravene [ˌkɒntrəˈviːn] v/t verstoßen gegen

contravention [ˌkɒntrəˈvenʃən] s Verstoß m (**of** gegen); **to be in ~ of ...** gegen ... verstoßen

contribute [kənˈtrɪbjuːt] **A** v/t beitragen (**to** zu); Geld, Mittel beisteuern (**to** zu); für Wohlfahrt spenden (**to** für) **B** v/i beitragen (**to** zu); zu Rentenkasse, Zeitung, Gesellschaft einen Beitrag leisten (**to** zu); zu Geschenk beisteuern (**to** zu); zu Wohlfahrt spenden (**to** für)

contribution [ˌkɒntrɪˈbjuːʃən] s Beitrag m (**to** zu); **to make a ~ to sth** einen Beitrag zu etw leisten

contributor [kənˈtrɪbjʊtəʳ] s an Magazin etc Mitarbeiter(in) m(f) (**to an** +dat); von Waren, Geld Spender(in) m(f)

contributory [kənˈtrɪbjʊtərɪ] adj **1** **it's certainly a ~ factor** es ist sicherlich ein Faktor, der mit eine Rolle spielt **2** Rentenkasse beitragspflichtig

con trick umg s Trickbetrug m, Pflanz m österr

contrive [kənˈtraɪv] v/t **1** entwickeln, fabrizieren; **to ~ a means of doing sth** einen Weg finden, etw zu tun **2** bewerkstelligen; **to ~ to do sth** es fertigbringen, etw zu tun

contrived adj gekünstelt

control [kənˈtrəʊl] **A** s **1** ⟨kein pl⟩ Aufsicht f (**of** über +akk); von Geldmitteln Verwaltung f (**of** +gen); von Situation, Emotionen Beherrschung f (**of** +gen); (= Selbstkontrolle) (Selbst)beherrschung f; über Territorium Gewalt f (**over** über +akk); von Preisen, Seuche Kontrolle f (**of** +gen); **his ~ of the ball** seine Ballführung; **to be in ~ of sth, to have ~ of sth** Firma, Büro etw leiten; Geldmittel etw verwalten; **to be in ~ of sth, to have sth under ~** etw in der Hand haben; Auto, Umweltverschmutzung etw unter Kontrolle haben; **to have no ~ over sb/sth** keinen Einfluss auf j-n/etw haben; **to lose ~ (of sth)** (etw) nicht mehr in der Hand haben; über Auto die Kontrolle (über etw akk) verlieren; **to lose ~ of oneself** die Beherrschung verlieren; **to be/get out of ~** Kind, Schulklasse außer Rand und Band sein/geraten; Situation, Auto außer Kontrolle sein/geraten; Preise, Seuche, Umweltverschmutzung sich jeglicher Kontrolle (dat) entziehen; **to be under ~** nicht in unsere Kontrolle sein; Kinder, Schulklasse sich benehmen; **to take ~** die Kontrolle übernehmen; **everything is under ~** wir/sie etc haben die Sache im Griff umg; **circumstances beyond our ~** nicht in unserer Hand liegende Umstände **2** Regler m; von Fahrzeug, Maschine Schalter m; **to be at the ~s** von Flugzeug am Kontrollpult sitzen **B** v/t kontrollieren; Firma leiten; Auto steuern; Organisation in der Hand haben; Tier, Kind fertig werden mit; Verkehr regeln; Emotionen, Bewegungen beherrschen; Temperatur, Geschwindigkeit regulieren; **to ~ oneself** sich beherrschen

control centre s, **control center** US s Kontrollzentrum n

control desk s Steuer- od Schaltpult n; TV, RADIO Regiepult n

control freak umg s **most men are total ~s** die meisten Männer müssen immer alles unter Kontrolle haben

control key s COMPUT Control-Taste f

controlled [kənˈtrəʊld] adj **~ drugs** od **substances** verschreibungspflichtige Medikamente pl

controller [kənˈtrəʊləʳ] s **1** RADIO (≈ Direktor) Intendant(in) m(f) **2** Leiter(in) m(f) des Rechnungswesens **3** Steuergerät n

controlling adj ⟨attr⟩ Behörde Aufsichts-

control panel s Schalttafel f; in Flugzeug, an Fernsehgerät Bedienungsfeld n

control room s Kontrollraum m; MIL (Operations)zentrale f; von Polizei Zentrale f

control stick s FLUG, COMPUT Steuerknüppel m

control tower s FLUG Kontrollturm m

controversial [ˌkɒntrəˈvɜːʃəl] adj umstritten

controversy [ˈkɒntrəvɜːsɪ, kənˈtrɒvəsɪ] s Kontroverse f

conundrum [kəˈnʌndrəm] s Rätsel n

conurbation [ˌkɒnɜːˈbeɪʃən] s Ballungsgebiet n

convalesce [ˌkɒnvəˈles] v/i genesen (**from, after** von)

convalescence [ˌkɒnvəˈlesəns] s Genesung(szeit) f

convection oven US s Umluftofen m

convene [kənˈviːn] **A** v/t Versammlung einberufen **B** v/i zusammenkommen; Parlament etc zusammentreten

convenience [kənˈviːnɪəns] s **1** ⟨kein pl⟩ Annehmlichkeit f; **for the sake of ~** aus praktischen Gründen; **with all modern ~s** mit allem modernen Komfort **2** ⟨kein pl⟩ **at your own ~** wann es Ihnen passt umg; **at your earliest ~**

HANDEL möglichst bald
convenience foods pl Fertiggerichte pl
convenience store s kleiner Laden, häufig mit verlängerten Öffnungszeiten Minimarkt m
convenient [kənˈviːnɪənt] adj praktisch; Gebiet günstig gelegen; Zeit günstig; **if it is ~** wenn es Ihnen (so) passt; **is tomorrow ~ (for you)?** passt (es) Ihnen morgen?; **the trams are very ~** (≈ in der Nähe) die Straßenbahnhaltestellen liegen sehr günstig; (≈ nützlich) die Straßenbahn ist sehr praktisch
conveniently [kənˈviːnɪəntlɪ] adv günstigerweise; gelegen günstig
convent [ˈkɒnvənt] s (Frauen)kloster n
convention [kənˈvenʃən] s **1** Brauch m; (≈ Regel) Konvention f **2** Abkommen nt **3** Konferenz f; POL Versammlung f
conventional [kənˈvenʃənl] adj konventionell, herkömmlich; Stil traditionell; **~ medicine** konventionelle Medizin
conventionally [kənˈvenʃnəlɪ] adv konventionell
converge [kənˈvɜːdʒ] v/i Linien zusammenlaufen (**at in, an** +dat); MATH, PHYS konvergieren (**at in** +dat); **to ~ on sb/sth/New York** von überallher zu j-m/etw/nach New York strömen
convergence [kənˈvɜːdʒəns] s fig von Ansichten Annäherung f; **~ criteria** in EU Konvergenzkriterien pl
conversation [ˌkɒnvəˈseɪʃən] s Unterhaltung f; SCHULE Konversation f; **to make ~** Konversation machen; **to get into/be in ~ with sb** mit j-m ins Gespräch kommen/im Gespräch sein; **to have a ~ with sb (about sth)** sich mit j-m (über etw akk) unterhalten
conversational [ˌkɒnvəˈseɪʃənl] adj Unterhaltungs-; **~ German** gesprochenes Deutsch
conversationalist [ˌkɒnvəˈseɪʃnəlɪst] s guter Gesprächspartner, gute Gesprächspartnerin; **not much of a ~** nicht gerade ein Konversationsgenie
conversationally [ˌkɒnvəˈseɪʃnəlɪ] adv schreiben im Plauderton
converse¹ [kənˈvɜːs] form v/i sich unterhalten
converse² [ˈkɒnvɜːs] s Gegenteil n
conversely [kɒnˈvɜːslɪ] adv umgekehrt
conversion [kənˈvɜːʃən] s **1** Konversion f (**into** in +akk); von Fahrzeug Umrüstung f; von Haus Umbau m (**into** zu); **~ table** Umrechnungstabelle f **2** REL, a. fig Bekehrung f
convert **A** [ˈkɒnvɜːt] s Bekehrte(r) m/f(m); zu anderem Glauben Konvertit m; **to become a ~ to sth** wörtl, fig sich zu etw bekehren **B** [kənˈvɜːt] v/t **1** konvertieren (**into** in +akk); Fahrzeug umrüsten; Dachboden ausbauen (**into** zu); Haus umbauen (**into** zu) **2** REL, a. fig bekehren (**to** zu); zu anderem Glauben konvertieren **C** [kənˈvɜːt] v/i sich verwandeln lassen (**into** in +akk)
converted adj umgebaut; Dachboden ausgebaut
convertible [kənˈvɜːtəbl] **A** adj verwandelbar **B** s (≈ Auto) Cabrio n
convex [kɒnˈveks] adj konvex, Konvex-
convey [kənˈveɪ] v/t **1** befördern **2** Meinung, Idee vermitteln, ausdrücken; Bedeutung klarmachen; Nachricht, Grüße übermitteln
conveyancing [kənˈveɪənsɪŋ] s JUR (Eigentums)übertragung f
conveyor belt [kənˈveɪəbelt] s Fließband n, Förderband n
convict **A** [ˈkɒnvɪkt] s Sträfling m **B** [kənˈvɪkt] v/t JUR verurteilen (**of** wegen); **a ~ed criminal** ein verurteilter Verbrecher, eine verurteilte Verbrecherin
conviction [kənˈvɪkʃən] s **1** JUR Verurteilung f; **previous ~s** Vorstrafen pl **2** Überzeugung f; **his speech lacked ~** seine Rede klang wenig überzeugend; **his fundamental political ~s** seine politische Gesinnung
convince [kənˈvɪns] v/t überzeugen; **I'm trying to ~ him that …** ich versuche, ihn davon zu überzeugen, dass …
convinced adj überzeugt
convincing, convincingly [kənˈvɪnsɪŋ, -lɪ] adv überzeugend
convivial [kənˈvɪvɪəl] adj **1** heiter und unbeschwert **2** gesellig
convoluted [ˌkɒnvəˈluːtɪd] adj verwickelt
convoy [ˈkɒnvɔɪ] fig s Konvoi m; **in ~** im Konvoi
convulsion [kənˈvʌlʃən] s MED Schüttelkrampf m kein pl
coo [kuː] v/i gurren
cook [kʊk] **A** s Koch m, Köchin f; **she is a good ~** sie kocht gut; **too many ~s (spoil the broth)** sprichw viele Köche verderben den Brei sprichw **B** v/t Speisen zubereiten, kochen, braten; **a ~ed meal** eine warme Mahlzeit; **a ~ed breakfast** ein Frühstück n mit warmen Gerichten **C** v/i kochen, braten; **the pie takes half an hour to ~** die Pastete ist in einer halben Stunde fertig

phrasal verbs mit cook:

cook up umg v/t ⟨trennb⟩ Geschichte etc erfinden, sich (dat) ausdenken
cookbook [ˈkʊkbʊk] s Kochbuch n
cooker [ˈkʊkə^r] Br s Herd m
cooker hood Br s Abzugshaube f
cookery [ˈkʊkərɪ] s Kochen n; **French ~** französische Küche
cookery book Br s Kochbuch n
cookie [ˈkʊkɪ] s **1** US Keks m, Biscuit n schweiz; **Christmas ~** Weihnachtsplätzchen n **2** IT Cookie n

cookie jar US s Keksdose f
cooking ['kʊkɪŋ] s Kochen n; (≈ Zubereitetes) Essen n; **to do the ~** kochen; **French ~** französisches Essen; **his ~ is atrocious** er kocht miserabel
cooking apple s Kochapfel m
cooking sauce s Fertigsauce f
cool [kuːl] **A** adj ⟨+er⟩ **1** kühl; **serve ~** kalt od (gut) gekühlt servieren; **"keep in a ~ place"** "kühl aufbewahren" **2** besonnen; **to keep** od **stay ~** einen kühlen Kopf behalten, ruhig bleiben; **keep** od **stay ~!** reg dich nicht auf! **3** kaltblütig; **a ~ customer** umg ein cooler Typ umg **4** umg (≈ toll) cool sl; **to act ~** sich cool geben sl **B** s **1** Kühle f **2** umg **keep your ~!** reg dich nicht auf!; **to lose one's ~** durchdrehen umg **C** v/t **1** kühlen, abkühlen **2** umg **~ it!** reg dich ab! umg **D** v/i abkühlen
phrasal verbs mit cool:
cool down A v/i **1** wörtl abkühlen; Mensch sich abkühlen **2** sich beruhigen; **to let things cool down** die Sache etwas ruhen lassen **B** v/t ⟨trennb⟩ abkühlen
cool off v/i sich abkühlen
cool bag s Kühltasche f
cool box Br s Kühlbox f
cooler ['kuːlə'] s **1** für Wein Kühler m **2** US Kühlbox f
coolheaded [ˌkuːl'hedɪd] adj besonnen
cooling ['kuːlɪŋ] adj Getränk, Dusche kühlend; Effekt (ab)kühlend; Zuneigung abnehmend; Begeisterung, Interesse nachlassend
coolly ['kuːlɪ] adv **1** ruhig **2** (≈ unfreundlich) kühl **3** kaltblütig
coolness s **1** Kühle f **2** Besonnenheit f **3** Kaltblütigkeit f
coop [kuːp] s, (a. **hen coop**) Hühnerstall m
phrasal verbs mit coop:
coop up v/t ⟨trennb⟩ j-n einsperren; Gruppe zusammenpferchen umg
co-op ['kəʊ'ɒp] s (≈ Laden) Konsum m, Coop-Markt m
cooper ['kuːpə'] s Böttcher m
cooperate [kəʊ'ɒpəreɪt] v/i zusammenarbeiten, kooperieren
cooperation [kəʊˌɒpə'reɪʃən] s Zusammenarbeit f
cooperative [kəʊ'ɒpərətɪv] **A** adj **1** kooperativ **2** Firma auf Genossenschaftsbasis; **~ farm** Bauernhof m auf Genossenschaftsbasis **B** s Genossenschaft f
cooperative bank US s Genossenschaftsbank f
coopt [kəʊ'ɒpt] v/t selbst (hinzu)wählen; **he was ~ed onto the committee** er wurde vom Komitee selbst dazugewählt
coordinate [kəʊ'ɔːdnɪt] **A** s Koordinate f; **~s** Kleidung f zum Kombinieren **B** [kəʊ'ɔːdɪneɪt] v/t koordinieren; **to ~ one thing with another** eine Sache auf eine andere abstimmen
coordinated adj koordiniert
coordination [kəʊˌɔːdɪ'neɪʃən] s Koordination f
coordinator [kəʊ'ɔːdɪneɪtə'] s Koordinator(in) m(f)
cop [kɒp] **A** s umg Polizist(in) m(f), Bulle m pej umg **B** v/t umg **you're going to cop it** Br du wirst Ärger kriegen umg
phrasal verbs mit cop:
cop out umg v/i aussteigen umg (**of** aus)
cope [kəʊp] v/i zurechtkommen; arbeitsmäßig es schaffen; **to ~ with** fertig werden mit, bewältigen; **I can't ~ with all this work** ich bin mit all der Arbeit überfordert
Copenhagen [ˌkəʊpn'heɪgən] s Kopenhagen n
copier ['kɒpɪə'] s Kopierer m
co-pilot ['kəʊpaɪlət] s Kopilot(in) m(f)
copious ['kəʊpɪəs] adj reichlich; **~ amounts of sth** reichliche Mengen von etw
cop-out ['kɒpaʊt] umg s Rückzieher m umg; **this solution is just a ~** diese Lösung weicht dem Problem nur aus
copper ['kɒpə'] s **1** Kupfer n **2** (≈ Farbe) Kupferrot n **3** bes Br umg (≈ Münze) **~s** Kleingeld n **4** Br umg Polizist(in) m(f), Bulle m pej umg
co-produce [ˌkəʊprə'djuːs] v/t koproduzieren
copse [kɒps] s Wäldchen n
copulate ['kɒpjʊleɪt] v/i kopulieren
copulation [ˌkɒpjʊ'leɪʃən] s Kopulation f
copy ['kɒpɪ] **A** s **1** Kopie f; FOTO Abzug m; **to take** od **make a ~ of sth** eine Kopie von etw machen; **to write out a fair ~** etw ins Reine schreiben **2** von Buch etc Exemplar n; **a ~ of today's "Times"** die „Times" von heute **3** Presse Text m **B** v/i nachahmen; SCHULE etc abschreiben **C** v/t **1** kopieren, abschreiben; **to ~ sth onto a stick** etw auf (einen) Stick kopieren **2** nachmachen **3** SCHULE etc von j-m abschreiben; **to ~ Brecht** (von) Brecht abschreiben
copycat A s umg Nachahmer(in) m(f) **B** adj ⟨attr⟩ **his was a ~ crime** er war ein Nachahmungstäter
copy editor s Presse Redakteur(in) m(f)
copying machine ['kɒpɪɪŋ-] s Kopiergerät n
copy-protected adj IT kopiergeschützt
copyright ['kɒpɪraɪt] s Urheberrecht n
copywriter ['kɒpɪraɪtə'] s Werbetexter(in) m(f)
cor [kɔː'] int Mensch!
coral ['kɒrəl] s Koralle f
coral reef s Korallenriff n
cord [kɔːd] **A** s **1** Schnur f, Kordel f; Kabel n **2** **~s** pl (a. **a pair of ~s**) Cordhose f, Schnürlsamthose f österr **B** adj ⟨attr⟩ Br Cord-, Schnürlsamt-

österr
cordial ['kɔːdɪəl] **A** adj freundlich **B** s Fruchtsaftkonzentrat n
cordless ['kɔːdlɪs] adj schnurlos; **~ phone** schnurloses Telefon
cordon ['kɔːdn] s Kordon m
phrasal verbs mit cordon:
  cordon off v/t ⟨trennb⟩ absperren
cordon bleu [ˌkɔːdɒnˈbləː] adj Koch vorzüglich; Rezept, Gericht exquisit
corduroy ['kɔːdərɔɪ] s Kordsamt m, Schnürlsamt m österr
core [kɔːʳ] **A** s Kern m; von Apfel Kerngehäuse n; von Fels Innere(s) n; **rotten to the ~** fig durch und durch schlecht; **shaken to the ~** zutiefst erschüttert **B** adj ⟨attr⟩ Thema Kern-; Fach Haupt-; **~ activity** od **business** HANDEL Kerngeschäft n **C** v/t Obst entkernen; Apfel das Kerngehäuse (+gen) entfernen
corer ['kɔːrəʳ] s GASTR Apfelstecher m
Corfu [kɔːˈfuː] s Korfu n
coriander [ˌkɒrɪˈændəʳ] s Koriander m
cork [kɔːk] **A** s **1** ⟨kein pl⟩ Kork m **2** Korken m **B** v/t zu- od verkorken **C** adj Kork-
corked adj **the wine is ~** der Wein schmeckt nach Kork
corkscrew ['kɔːkskruː] s Korkenzieher m
corn[1] [kɔːn] s **1** ⟨kein pl⟩ Br Getreide n **2** Korn n **3** ⟨kein pl⟩ bes US Mais m; **~ on the cob** Maiskolben m
corn[2] s Hühnerauge n; **~ plaster** Hühneraugenpflaster n
corn bread US s Maisbrot n
corncob s Maiskolben m
cornea ['kɔːnɪə] s von Auge Hornhaut f
corned beef ['kɔːndˈbiːf] s Corned Beef n
corner ['kɔːnəʳ] **A** s Ecke f; FUSSB a. Corner m österr, schweiz; von Mund, Ort Winkel m; in Straße Kurve f; **at** od **on the ~** an der Ecke; **on the ~ of Sand Street and London Road** Sand Street, Ecke London Road; **it's just round the ~** örtlich es ist gleich um die Ecke; umg zeitlich das steht kurz bevor; **to turn the ~** wörtl um die Ecke biegen; **we've turned the ~ now** fig wir sind jetzt über den Berg; **out of the ~ of one's eye** aus dem Augenwinkel (heraus); **to cut ~s** fig das Verfahren abkürzen; **to drive** od **force sb into a ~** fig j-n in die Enge treiben; **to fight one's ~** bes Br fig für seine Sache kämpfen; **in every ~ of Europe/the globe** in allen (Ecken und) Winkeln Europas/der Erde; **an attractive ~ of Britain** eine reizvolle Gegend Großbritanniens; **to take a ~** FUSSB eine Ecke ausführen **B** v/t **1** in die Enge treiben **2** HANDEL Markt monopolisieren **C** v/i **this car ~s well** dieses Auto hat eine gute Kurvenlage

-cornered adj ⟨suf⟩ -eckig; **three-cornered** dreieckig
corner kick s FUSSB Eckstoß m, Corner m österr, schweiz
corner seat s BAHN Eckplatz m
corner shop s Laden m an der Ecke
cornerstone US s Grundstein m
corner store US s → corner shop
cornet ['kɔːnɪt] s **1** MUS Kornett n; **to play the ~** Kornett spielen **2** Br (Eis)tüte f
cornfield Br s Kornfeld n; US Maisfeld n
cornflakes pl Cornflakes pl
cornflour Br s Stärkemehl n
cornflower s Kornblume f
cornice ['kɔːnɪs] s ARCH (Ge)sims n
Cornish ['kɔːnɪʃ] adj aus Cornwall
Cornish pasty Br s Gebäckstück aus Blätterteig mit Fleischfüllung
cornmeal US s Maismehl n
cornstarch US s Stärkemehl n
cornucopia [kɔːnjʊˈkəʊpɪə] fig s Fülle f
corny ['kɔːnɪ] adj ⟨komp cornier⟩ **1** umg Witz blöd umg **2** kitschig
coronary ['kɒrənərɪ] **A** adj MED Koronarfachspr; **~ failure** Herzversagen n umg **B** s Herzinfarkt m
coronary care unit s Herzklinik f
coronation [ˌkɒrəˈneɪʃən] s Krönung f
coroner ['kɒrənəʳ] s Beamter, der Todesfälle untersucht, die nicht eindeutig eine natürliche Ursache haben
coronet ['kɒrənɪt] s Krone f
corp. abk → corporation
corporal ['kɔːpərəl] s MIL Stabsunteroffizier(in) m(f)
corporal punishment s Prügelstrafe f
corporate ['kɔːpərɪt] adj **1** gemeinsam **2** korporativ, Firmen-; JUR Korporations-; **~ finance** Unternehmensfinanzen pl; **~ identity** Corporate Identity f; **~ image** Firmenimage n; **~ strategy** Unternehmensstrategie f; **to move up the ~ ladder** in der Firma aufsteigen
corporate hospitality s Unterhaltung und Bewirtung von Firmenkunden
corporate law s Gesellschaftsrecht n
corporation [ˌkɔːpəˈreɪʃən] s **1** Gemeinde f **2** Br HANDEL Handelsgesellschaft f; US HANDEL Gesellschaft f mit beschränkter Haftung; **joint--stock ~** US Aktiengesellschaft f; **private ~** Privatunternehmen n; **public ~** staatliches Unternehmen
corporation tax s Körperschaftssteuer f
corps [kɔːʳ] s ⟨pl ->⟩ MIL Korps n
corps de ballet s Corps de Ballet n
corpse [kɔːps] s Leiche f
corpulent ['kɔːpjʊlənt] adj korpulent

corpus ['kɔːpəs] s **1** (≈ *Sammlung*) Korpus m **2** Großteil m; **the main ~ of his work** der Hauptteil seiner Arbeit

Corpus Christi ['kɔːpəs'krɪstɪ] s KIRCHE Fronleichnam m

corpuscle ['kɔːpʌsl] s **blood ~** Blutkörperchen n

corral [kəˈrɑːl] s Korral m

correct [kəˈrekt] **A** *adj* **1** richtig; **to be ~** Mensch recht haben; **am I ~ in thinking that …?** gehe ich recht in der Annahme, dass …?; **~ change only** nur abgezähltes Geld **2** korrekt; **it's the ~ thing to do** das gehört sich so; **she was ~ to reject the offer** es war richtig, dass sie das Angebot abgelehnt hat **B** *v/t* korrigieren; **~ me if I'm wrong** Sie können mich gern berichtigen; **I stand ~ed** ich nehme alles zurück

correction [kəˈrekʃən] s Korrektur f; **to do one's ~s** SCHULE die Verbesserung machen

correctional US *adj* **the ~ system** das Justizvollzugssystem; **~ facility** Justizvollzugsanstalt f

correction fluid s Korrekturflüssigkeit f

correction pen s Tintenkiller m

corrective [kəˈrektɪv] **A** *adj* korrigierend; **to take ~ action** korrigierend eingreifen; **to have ~ surgery** sich einem korrigierenden Eingriff unterziehen **B** s Korrektiv n

correctly [kəˈrektlɪ] *adv* **1** richtig; **if I remember ~** wenn ich mich recht entsinne **2** *sich verhalten* korrekt

correctness s *von Verhalten* Korrektheit f

correlate ['kɒrɪleɪt] **A** *v/t* zueinander in Beziehung setzen **B** *v/i* sich entsprechen; **to ~ with sth** mit etw in Beziehung stehen

correlation [ˌkɒrɪˈleɪʃən] s Beziehung f, enger Zusammenhang

correspond [ˌkɒrɪsˈpɒnd] *v/i* **1** entsprechen (**to, with** +*dat*); *gegenseitig* sich entsprechen **2** brieflich korrespondieren (**with** mit)

correspondence s **1** Übereinstimmung f **2** brieflich Korrespondenz f; *in Zeitung* Leserbriefe pl; **to be in ~ with sb** mit j-m korrespondieren; *privat* mit j-m in Briefwechsel stehen

correspondence course s Fernkurs m

correspondent s *Presse* Korrespondent(in) m(f)

corresponding [ˌkɒrɪsˈpɒndɪŋ] *adj* entsprechend

correspondingly [ˌkɒrɪsˈpɒndɪŋlɪ] *adv* (dem)entsprechend

corridor ['kɒrɪdɔː] s Korridor m; *in Zug, Bus* Gang m; **in the ~s of power** an den Schalthebeln der Macht

corroborate [kəˈrɒbəreɪt] *v/t* bestätigen

corroboration [kəˌrɒbəˈreɪʃən] s Bestätigung f; **in ~ of** zur Unterstützung (+*gen*)

corroborative [kəˈrɒbərətɪv] *adj* erhärtend *attr*

corrode [kəˈrəʊd] **A** *v/t* zerfressen **B** *v/i* korrodieren

corroded *adj* korrodiert

corrosion [kəˈrəʊʒən] s Korrosion f

corrosive [kəˈrəʊzɪv] *adj* korrosiv

corrugated ['kɒrəgeɪtɪd] *adj* gewellt; **~ cardboard** dicke Wellpappe

corrugated iron s Wellblech n

corrupt [kəˈrʌpt] **A** *adj* verdorben, korrupt **B** *v/t* verderben; *form* bestechen; IT *Daten* zerstören; **to become ~ed** Text korrumpiert werden

corruptible [kəˈrʌptəbl] *adj* korrumpierbar

corruption [kəˈrʌpʃən] s **1** Korruption f; IT *von Daten* Zerstörung f **2** Verdorbenheit f

corruptly [kəˈrʌptlɪ] *adv* korrupt

corset ['kɔːsɪt] s, **corsets** pl Korsett n

Corsica ['kɔːsɪkə] s Korsika f

cortège [kɔːˈteɪʒ] s Prozession f, Leichenzug m

cortisone ['kɔːtɪzəʊn] s Kortison n

cos[1] [kɒz] *abk* (= cosine) cos

cos[2] [kɒs] s, (*a.* **cos lettuce**) Romanasalat m

(ˈ)cos [kəz] *umg konj* → because

cosily ['kəʊzɪlɪ] *adv*, **cozily** US *adv* behaglich

cosine ['kəʊsaɪn] s Kosinus m

cosiness ['kəʊzɪnɪs] s, **coziness** US s Gemütlichkeit f, mollige Wärme

cosmetic [kɒzˈmetɪk] **A** *adj* kosmetisch **B** s Kosmetikum n; **~s** pl Kosmetik f

cosmetic case US s Waschbeutel m, Kulturbeutel m

cosmetic surgery s kosmetische Chirurgie; **she's had ~** sie hat eine Schönheitsoperation gehabt

cosmic ['kɒzmɪk] *adj* kosmisch

cosmology [kɒzˈmɒlədʒɪ] s Kosmologie f

cosmopolitan [ˌkɒzməˈpɒlɪtən] *adj* kosmopolitisch

cosmos ['kɒzmɒs] s Kosmos m

cosset ['kɒsɪt] *v/t* verwöhnen

cost [kɒst] ⟨*v:* prät, pperf cost⟩ **A** *v/t* **1** kosten; **how much does it ~?** wie viel kostet es?; **how much will it ~ to have it repaired?** wie viel kostet die Reparatur?; **it ~ him a lot of time** es kostete ihn viel Zeit; **that mistake could ~ you your life** der Fehler könnte dich das Leben kosten; **it'll ~ you** *umg* das kostet dich was *umg* **2** ⟨*prät, pperf* costed⟩ (≈ *berechnen*) veranschlagen **B** s **1** *wörtl* Kosten pl (of für); **to bear the ~ of sth** die Kosten für etw tragen; **the ~ of petrol these days** die Benzinpreise heutzutage; **at little ~ to oneself** ohne große eigene Kosten; **to buy/sell at ~** zum Selbstkostenpreis kaufen/verkaufen; **to cut ~s** die Kosten senken **2** *fig* Preis m; **at all ~s, at any ~** um jeden Preis; **at the ~ of one's health** *etc* auf Kosten seiner Gesundheit *etc*; **at great personal ~** unter großen eigenen Kosten; **he found out to his ~ that ...** er machte die bittere Erfahrung, dass ... **C** **~s** *pl* JUR Kosten *pl*; **to be ordered to pay ~s** zur Übernahme der Kosten verurteilt werden

co-star [ˈkəʊstɑːʳ] **A** *s* einer der Hauptdarsteller; **Burton and Taylor were ~s** Burton und Taylor spielten die Hauptrollen **B** *v/t* **the movie ~s R. Burton** der Film zeigt R. Burton in einer der Hauptrollen **C** *v/i* als Hauptdarsteller auftreten

Costa Rica [ˈkɒstəˈriːkə] *s* Costa Rica *n*
cost-conscious *adj* kostenbewusst
cost-cutting **A** *s* Kostenverringerung *f* **B** *adj* ⟨*attr*⟩ **~ exercise** kostendämpfende Maßnahmen *pl*
cost driver *s* WIRTSCH, FIN Kostentreiber *m*
cost-effective *adj* rentabel
cost-effectiveness *s* Rentabilität *f*
costing [ˈkɒstɪŋ] *s* Kalkulation *f*
costly [ˈkɒstlɪ] *adj* teuer
cost of living *s* Lebenshaltungskosten *pl*
cost price *s* Selbstkostenpreis *m*
cost-saving *adj* kostensparend
costume [ˈkɒstjuːm] *s* Kostüm *n*; Tracht *f*; *Br zum Baden* Badeanzug *m*
costume drama *s* Kostümfilm *m*; TV Serie *f* in historischen Kostümen
costume jewellery *s* Modeschmuck *m*
cosy [ˈkəʊzɪ], **cozy** US **A** *adj* ⟨*komp* cosier⟩ gemütlich, mollig warm; *fig Plausch* gemütlich **B** *s für Teekanne* Wärmer *m*
cot [kɒt] *bes Br s* Kinderbett *n*; US Feldbett *n*
cot death *Br s* plötzlicher Kindstod
cottage [ˈkɒtɪdʒ] *s* (Land)häuschen *n*
cottage cheese *s* Hüttenkäse *m*
cottage industry *s* Manufaktur *f*
cottage pie *s* Hackfleisch mit Kartoffelbrei überbacken
cotton [ˈkɒtn] **A** *s* Baumwolle *f*, Baumwollstoff *m*, (Baumwoll)garn *n*; **absorbent ~** US Watte *f* **B** *adj* Baumwoll-
  phrasal verbs mit cotton:
  cotton on *Br umg v/i* es kapieren *umg*; **to cotton on to sth** etw checken *umg*
cotton bud *Br s* Wattestäbchen *n*
cotton candy US *s* Zuckerwatte *f*
cotton farming *s* Baumwollanbau *m*
cotton pad *s* Wattepad *n*
cotton-picking US *umg adj* verflucht *umg*
cotton wool *Br s* Watte *f*
couch [kaʊtʃ] *s* Sofa *n*; *in Arztpraxis* Liege *f*; *in psychiatrischer Praxis* Couch *f*
couchette [kuːˈʃet] *s Br* BAHN Liegewagen(platz) *m*
couch potato *umg s* Stubenhocker *m umg*, Couchpotato *f umg*

couchsurf *v/i* couchsurfen
couchsurfing *s* Couchsurfen *n*
cougar [ˈkuːɡəʳ] *s* Puma *m*
cough [kɒf] **A** *s* Husten *m*; **he has a bit of a ~** er hat etwas Husten; **a smoker's ~** Raucherhusten *m* **B** *v/t & v/i* husten
  phrasal verbs mit cough:
  cough up A *v/t* ⟨*trennb*⟩ *wörtl* aushusten **B** *v/t* ⟨*untrennb*⟩ *fig umg Geld* rausrücken *umg* **C** *v/i fig umg* blechen *umg*
cough drop *Br s* → cough sweet
cough mixture *s* Hustensaft *m*
cough sweet *Br s* Hustenbonbon *n*, Hustenzuckerl *n* österr
cough syrup *s* Hustensaft *m*
could [kʊd] *prät* → can¹
couldn't [ˈkʊdnt] *abk* (= could not) → can¹
could've [ˈkʊdəv] *abk* (= could have) → can¹
council [ˈkaʊnsl] **A** *s* Rat *m*; **city/town ~** Stadtrat *m*; **to be on the ~** Ratsmitglied sein; **Council of Europe** Europarat *m*; **Council of Ministers** POL Ministerrat *m* **B** *adj* ⟨*attr*⟩ **~ meeting** Ratssitzung *f*
council estate *Br s* Sozialwohnungssiedlung *f*
council flat *Br s* Sozialwohnung *f*; **~s** Sozialwohnungen *pl*
council house *Br s* Sozialwohnung *f*
council housing *s* sozialer Wohnungsbau
councillor [ˈkaʊnsələʳ] *s*, **councilor** US *s* Ratsmitglied *n*, ≈ Stadtrat *m*/Stadträtin *f*; **~ Smith** Herr Stadtrat/Frau Stadträtin Smith
council tax *Br s* Kommunalsteuer *f*
counsel [ˈkaʊnsəl] **A** *s* **1** *form* Rat(schlag) *m*; **to keep one's own ~** seine Meinung für sich behalten **2** ⟨*pl* -⟩ JUR Rechtsanwalt *m*; **~ for the defence/prosecution** Verteidiger(in) *m(f)*/Vertreter(in) *m(f)* der Anklage **B** *v/t j-n* beraten; *Vorgehensweise* empfehlen; **to ~ sb to do sth** j-m raten, etw zu tun
counselling [ˈkaʊnsəlɪŋ] *s*, **counseling** US *s* Beratung *f*; *ärztlich etc* Therapie *f*; **to need ~** professionelle Hilfe brauchen; **to go for** *od* **have ~** zur Beratung/Therapie gehen
counsellor [ˈkaʊnsələʳ] *s*, **counselor** US *s* **1** Berater(in) *m(f)* **2** US, Ir Rechtsanwalt *m*/-anwältin *f*

count¹ [kaʊnt] **A** *s* **1** Zählung *f*; **she lost ~ when she was interrupted** sie kam mit dem Zählen durcheinander, als sie unterbrochen wurde; **I've lost all ~ of her boyfriends** ich habe die Übersicht über ihre Freunde vollkommen verloren; **to keep ~ (of sth)** (etw) mitzählen; **at the last ~** bei der letzten Zählung; **on the ~ of three** bei drei geht's los **2** JUR Anklagepunkt *m*; **you're wrong on both ~s** *fig* Sie haben in beiden Punkten unrecht **B** *v/t* **1** (ab)-

zählen; *Wahlstimmen* (aus)zählen; **I only ~ed ten people** ich habe nur zehn Leute gezählt **2** (≈ *betrachten*) ansehen; (≈ *einschließen*) mitrechnen; **to ~ sb (as) a friend** j-n als Freund ansehen; **you should ~ yourself lucky to be alive** Sie können von Glück sagen, dass Sie noch leben; **not ~ing the children** die Kinder nicht mitgerechnet **C** *v/i* **1** zählen; **to ~ to ten** bis zehn zählen; **~ing from today** von heute an (gerechnet) **2** angesehen werden, mitgerechnet werden, wichtig sein; **the children don't ~** die Kinder zählen nicht; **that doesn't ~** das zählt nicht; **every minute/it all ~s** jede Minute ist/das ist alles wichtig; **to ~ against sb** gegen j-n sprechen
<u>phrasal verbs mit count:</u>
count among *v/i* ‹+*obj*› zählen zu
count down *v/i* den Countdown durchführen
count for *v/i* ‹+*obj*› **to count for sth** zählen, etw gelten; **to count for a lot** sehr viel bedeuten; **to count for nothing** nichts gelten
count in *v/t* ‹*trennb*› mitzählen; **to count sb in on sth** davon ausgehen *od* damit rechnen, dass j-d bei etw mitmacht; **you can count me in!** Sie können mit mir rechnen
count on *v/i* ‹+*obj*› rechnen mit; **to count on doing sth** die Absicht haben, etw zu tun; **you can count on him to help you** du kannst auf seine Hilfe zählen
count out *v/t* ‹*trennb*› **1** *Geld* abzählen **2** *umg* **(you can) count me out!** ohne mich!
count up *v/t* ‹*trennb*› zusammenzählen
count² *s* Graf *m*
countable ['kaʊntəbl] *adj* GRAM zählbar
countdown ['kaʊntdaʊn] *s* Countdown *m*
countenance ['kaʊntɪnəns] *s* Gesichtsausdruck *m*
counter ['kaʊntəʳ] **A** *s* **1** Ladentisch *m*, Theke *f*; *in Bank etc* Schalter *m*; **medicines which can be bought over the ~** Medikamente, die man rezeptfrei bekommt **2** Spielmarke *f* **3** TECH Zähler *m* **B** *v/t & v/i* SPORT kontern **C** *adv* **~ to** gegen (+*akk*); **the results are ~ to expectations** die Ergebnisse widersprechen den Erwartungen
counteract *v/t* entgegenwirken (+*dat*)
counterargument *s* Gegenargument *n*
counterattack **A** *s* Gegenangriff *m* **B** *v/t & v/i* zurückschlagen
counterbalance **A** *s* Gegengewicht *n* **B** *v/t* ausgleichen
counterclaim *s* JUR Gegenanspruch *m*
counter clerk *s in Bank etc* Angestellte(r) *m/f(m)* im Schalterdienst; *in Postamt etc* Schalterbeamte(r) *m*/-beamtin *f*

counterclockwise *US adj & adv* → anticlockwise
counterespionage *s* Spionageabwehr *f*
counterfeit ['kaʊntəfiːt] **A** *adj* gefälscht; **~ money** Falschgeld *n* **B** *s* Fälschung *f* **C** *v/t* fälschen
counterfoil ['kaʊntəfɔɪl] *s* Kontrollabschnitt *m*
counterintelligence *s* → counterespionage
countermand ['kaʊntəmɑːnd] *v/t* aufheben
countermeasure *s* Gegenmaßnahme *f*
counteroffensive *s* MIL Gegenoffensive *f*
counterpart *s* Gegenstück *n*
counterpoint *s* MUS, *a. fig* Kontrapunkt *m*
counterproductive *adj* widersinnig; *Kritik, Maßnahmen* kontraproduktiv
counter-revolution *s* Konterrevolution *f*
counter-revolutionary *adj* konterrevolutionär
countersign *v/t* gegenzeichnen
counter staff *pl in Laden* Verkäufer *pl*
counterweight *s* Gegengewicht *n*
countess ['kaʊntɪs] *s* Gräfin *f*
countless ['kaʊntlɪs] *adj* unzählig *attr*
country ['kʌntrɪ] *s* **1** Land *n*; **his own ~** seine Heimat; **to go to the ~** POL Neuwahlen ausschreiben; **~ of origin** HANDEL Ursprungsland *n* **2** ‹*kein pl*› im Gegensatz zu Stadt Land *n*; (≈ *Gegend*) Landschaft *f*; **in/to the ~** auf dem/aufs Land; **this is good fishing ~** das ist eine gute Fischgegend; **this is mining ~** dies ist ein Bergbaugebiet **3** Countrymusik *f*
country and western *s* Country-und-Western-Musik *f*
country-and-western *adj* Country- und Western-
country club *s* Sport- und Gesellschaftsklub *m* (*auf dem Lande*)
country code *s* **1** TEL internationale Vorwahl **2** *Br* Verhaltenskodex *m* für Besucher auf dem Lande
country dancing *s* Volkstanz *m*
country dweller *s* Landbewohner(in) *m(f)*
country house *s* Landhaus *n*
country life *s* das Landleben
countryman *s* ‹*pl* -men› **1** Landsmann *m*; **his fellow countrymen** seine Landsleute **2** (≈ *Dorfbewohner etc*) Landmann *m*
country music *s* Countrymusik *f*
country people *pl* Leute *pl* vom Land(e)
country road *s* Landstraße *f*
countryside *s* Landschaft *f*, Land *n*
country-wide *adj* landesweit
countrywoman *s* ‹*pl* -women [-wɪmɪn]› **1** Landsmännin *f* **2** (≈ *Dorfbewohnerin etc*) Landfrau *f*
county ['kaʊntɪ] *Br s* Grafschaft *f*; *US* (Verwal-

tungs)bezirk *m*
county council *Br s* Grafschaftsrat *m*
county seat *US s* Hauptstadt *eines Verwaltungsbezirkes*
county town *Br s* Hauptstadt *einer Grafschaft*
coup [kuː] *s* Coup *m*, Staatsstreich *m*
coup de grâce [ˌkuːdəˈɡrɑːs] *s* Gnadenstoß *m*
coup d'état [ˈkuːdeɪˈtɑː] *s* Staatsstreich *m*
couple [ˈkʌpl] **A** *s* **1** Paar *n*, Ehepaar *n*; **in ~s** paarweise **2** *umg* **a ~ (of)** ein paar, einige; **a ~ of letters** *etc* ein paar Briefe *etc*; **a ~ of times** ein paarmal; **a ~ of hours** ungefähr zwei Stunden **B** *v/t* verbinden, koppeln; **smoking ~d with poor diet** ... Rauchen in Verbindung mit schlechter Ernährung ...
coupler [ˈkʌplə^r] *s* COMPUT Koppler *m*
couplet [ˈkʌplɪt] *s* Verspaar *n*
coupling *s* **1** Verbindung *f*, Kopplung *f* **2** Kupplung *f*
coupon [ˈkuːpɒn] *s* **1** Gutschein *m* **2** Bestellschein *m*, Formular *n*
courage [ˈkʌrɪdʒ] *s* Mut *m*, Tapferkeit *f*; **to have the ~ of one's convictions** Zivilcourage haben; **to take one's ~ in both hands** sein Herz in beide Hände nehmen
courageous [kəˈreɪdʒəs] *adj* mutig, couragiert
courageously [kəˈreɪdʒəslɪ] *adv* kämpfen mutig; *kritisieren* couragiert
courgette [kʊəˈʒet] *Br s* Zucchini *f*
courier [ˈkʊrɪə^r] *s* **1** Kurier *m*; **by ~** per Kurier **2** Reiseleiter(in) *m(f)*
course [kɔːs] *s* **1** *von Flugzeug, Rennbahn* Kurs *m*; *von Fluss, Geschichte* Lauf *m*; *für Golf* Platz *m*; *fig von Beziehung* Verlauf *m*; *bei Aktion etc* Vorgehensweise *f*; **to change** *od* **alter ~** den Kurs ändern; **to be on/off ~** auf Kurs sein/vom Kurs abgekommen sein; **to be on ~ for sth** *fig* gute Aussichten auf etw *(akk)* haben; **to let sth take** *od* **run its ~** einer Sache *(dat)* ihren Lauf lassen; **the affair has run its ~** die Angelegenheit ist zu einem Ende gekommen; **which ~ of action did you take?** wie sind Sie vorgegangen?; **the best ~ of action would be ...** das Beste wäre ...; **in the ~ of the meeting** während der Versammlung; **in the ~ of time** im Laufe der Zeit **2 of ~** natürlich; **of ~!** natürlich!; **don't you like me? — of ~ I do** magst du mich nicht? — doch, natürlich; **he's rather young, of ~, but ...** er ist natürlich ziemlich jung, aber ... **3** SCHULE, UNIV Studium *n*, Kurs(us) *m*; *beruflich* Lehrgang *m*; **to go on a French ~** einen Französischkurs(us) besuchen; **a ~ in first aid** ein Erste-Hilfe-Kurs; **a ~ of lectures, a lecture ~** eine Vorlesungsreihe **4** GASTR Gang *m*; **a three-course meal** ein Essen *n* mit drei Gängen

court [kɔːt] **A** *s* **1** JUR Gericht *n*, Gerichtssaal *m*; **to appear in ~** vor Gericht erscheinen; **to take sb to ~** j-n verklagen; **to go to ~ over a matter** eine Sache vor Gericht bringen **2** *königlich* Hof *m* **3** SPORT Platz *m*; *für Squash* Halle *f* **B** *v/t* werben um; *Gefahr* herausfordern **C** *v/i obs* **they were ~ing at the time** zu der Zeit gingen sie zusammen
court appearance *s* Erscheinen *n* vor Gericht
court case *s* JUR Gerichtsverfahren *n*, Prozess *m*
courteous *adj*, **courteously** [ˈkɜːtɪəs, -lɪ] *adv* höflich
courtesy [ˈkɜːtɪsɪ] *s* Höflichkeit *f*; **~ of** freundlicherweise zur Verfügung gestellt von
courtesy bus *s* gebührenfreier Bus, Gratis--Shuttle *m od n*
court fine *s* JUR Ordnungsgeld *n*
court hearing *s* JUR Gerichtsverhandlung *f*
courthouse *s* JUR Gerichtsgebäude *n*
court martial *s* ⟨*pl* court martials *od* courts martial⟩ MIL Militärgericht *n*
court-martial *v/t* vor das/ein Militärgericht stellen (**for** wegen)
court order *s* JUR gerichtliche Verfügung
courtroom *s* JUR Gerichtssaal *m*
courtship [ˈkɔːtʃɪp] *obs s* (Braut)werbung *f* (**of** um) *obs*; **during their ~** während er um sie warb
court shoes *Br pl* Pumps *m*
court trial *s* Gerichtsverhandlung *f*
courtyard *s* Hof *m*
couscous [ˈkuːskuːs] *s* Couscous *m*
cousin [ˈkʌzn] *s* Cousin *m*, Cousine *f*; **Kevin and Susan are ~s** Kevin und Susan sind Cousin und Cousine
cove [kəʊv] *s* GEOG (kleine) Bucht
covenant [ˈkʌvɪnənt] *s* Schwur *m*; BIBEL Bund *m*; JUR Verpflichtung *f* zu regelmäßigen Spenden
Coventry [ˈkɒvəntrɪ] *s* **to send sb to ~** *Br umg* j-n schneiden *umg*
cover [ˈkʌvə^r] **A** *s* **1** Deckel *m*; *aus Stoff* Bezug *m*; *für Schreibmaschine etc* Hülle *f*; *von Lkw* Plane *f*; (≈ *Betttuch*) (Bett)decke *f*; **he put a ~ over it** er deckte es zu; **she pulled the ~s up to her chin** sie zog die Decke bis ans Kinn (hoch) **2** *von Buch* Einband *m*; *von Magazin* Titelseite *f*; *dünner* (Schutz)umschlag *m*; **to read a book from ~ to ~** ein Buch von der ersten bis zur letzten Seite lesen; **on the ~** auf dem Einband/Umschlag; *von Magazin* auf der Titelseite **3** ⟨*kein pl*⟩ Schutz *m* (**from** vor +*dat od* gegen); MIL Deckung *f* (**from** vor +*dat od* gegen); **to take ~** *bei Regen* sich unterstellen; MIL in Deckung gehen (**from** vor +*dat*); **the car should be kept under ~** das Auto sollte abgedeckt sein; **under ~ of darkness** im Schutz(e) der Dunkelheit **4**

Br HANDEL, FIN Deckung *f*, Versicherung *f*; **to take out ~ for a car** ein Auto versichern; **to take out ~ against fire** eine Feuerversicherung abschließen; **to get ~ for sth** etw versichern (lassen); **do you have adequate ~?** sind Sie ausreichend versichert? 5 Tarnung *f*; **to operate under ~** als Agent tätig sein 6 *bei der Arbeit* Vertretung *f* B *v/t* 1 bedecken, zudecken, überziehen; *Sessel* beziehen; **a ~ed path** ein überdachter Weg; **the mountain was ~ed with** *od* **in snow** der Berg war schneebedeckt; **you're all ~ed with dog hairs** du bist voller Hundehaare 2 *Fehler, Spuren* verdecken; **to ~ one's face with one's hands** sein Gesicht in den Händen verbergen 3 (≈ *schützen*) decken; *Versicherungswesen* versichern; **will £30 ~ the drinks?** reichen £ 30 für die Getränke?; **he gave me £30 to ~ the drinks** er gab mir £ 30 für Getränke; **he only said that to ~ himself** er hat das nur gesagt, um sich abzusichern 4 *mit Waffe* sichern; **to keep sb ~ed** j-n in Schach halten 5 behandeln; *Eventualitäten* vorsehen; **what does your travel insurance ~ you for?** was deckt deine Reiseversicherung ab? 6 *Presse* berichten über (+*akk*) 7 *Strecke* zurücklegen 8 MUS *Lied* neu interpretieren

phrasal verbs mit cover:
cover for *v/i* ⟨+*obj*⟩ 1 *Mitarbeiter* vertreten 2 *durch Lügen* **to cover for sb** j-n decken
cover over *v/t* ⟨*trennb*⟩ zudecken; *zum Schutz* abdecken
cover up A *v/i* **to cover up for sb** j-n decken B *v/t* ⟨*trennb*⟩ 1 zudecken 2 *Wahrheit* vertuschen

coverage ['kʌvərɪdʒ] *s* ⟨*kein pl*⟩ *in Medien* Berichterstattung *f* (**of** über +*akk*); **the games got excellent TV ~** die Spiele wurden ausführlich im Fernsehen gebracht
coverall *US s* ⟨*mst pl*⟩ Overall *m*
cover charge *s* Kosten *pl* für ein Gedeck
covered market [,kʌvəd 'mɑːkɪt] *s* überdachter Markt
cover girl *s* Titelmädchen *n*, Covergirl *n*
covering ['kʌvərɪŋ] *s* Decke *f*; **a ~ of snow** eine Schneedecke
covering letter *s*, **cover letter** *US s* Begleitbrief *m*
cover note *s* Deckungszusage *f*
cover page *s* Titelseite *f*; *von Buch* Umschlagseite *f*; *von Seminararbeit etc* Deckblatt *n*
cover price *s* Einzel(exemplar)preis *m*
cover story *s* Titelgeschichte *f*
covert *adj*, **covertly** ['kʌvət, -lɪ] *adv* heimlich
cover-up ['kʌvərʌp] *s* Vertuschung *f*
cover version *s* MUS Coverversion *f*
covet ['kʌvɪt] *v/t* begehren

cow[1] [kaʊ] *s* 1 Kuh *f*; **till the cows come home** *fig umg* bis in alle Ewigkeit *umg* 2 *pej umg* dumm Kuh *f umg*; *boshaft* gemeine Ziege *umg*; **cheeky cow!** freches Stück! *umg*
cow[2] *v/t* einschüchtern
coward ['kaʊəd] *s* Feigling *m*
cowardice ['kaʊədɪs], **cowardliness** ['kaʊədlɪnɪs] *s* Feigheit *f*
cowardly ['kaʊədlɪ] *adj* feig(e)
cowbell *s* Kuhglocke *f*
cowboy *s* 1 Cowboy *m*; **to play ~s and Indians** Indianer spielen 2 *fig umg* Gauner *m umg*
cowboy hat *s* Cowboyhut *m*
cower ['kaʊə^r] *v/i* sich ducken, kauern; **he stood ~ing in a corner** er stand geduckt in einer Ecke
cowgirl *s* Cowgirl *n*
cowl [kaʊl] *s* Kapuze *f*
coworker ['kəʊwɜːkə(r)] *s* Kollege *m*, Kollegin *f*
coworking space ['kəʊwɜːkɪŋ] *s*, **cowork space** ['kəʊwɜːk] *s* Bürogemeinschaftsräume *pl*
cowpat *s* Kuhfladen *m*
cowshed *s* Kuhstall *m*
cox [kɒks] *s* Steuermann *m*
coy [kɔɪ] *adj* ⟨+*er*⟩ verschämt; (≈ *kokett*) neckisch; **to be coy about sth** in Bezug auf etw (*akk*) verschämt tun
coyly ['kɔɪlɪ] *adv* schüchtern, gschamig *österr*
coyote [kɔɪ'əʊtɪ] *s* Kojote *m*
cozy *US adj* → **cosy**
C/P *abk* (= **carriage paid**) HANDEL frachtfrei
CPU *abk* (= **central processing unit**) CPU *f*, Zentraleinheit *f*
crab [kræb] *s* Krabbe *f*
crab apple *s* 1 Holzapfel *m* 2 Holzapfelbaum *m*
crabby ['kræbɪ] *adj* ⟨*komp* crabbier⟩ griesgrämig
crabmeat ['kræbmiːt] *s* Krabbenfleisch *n*
crack [kræk] A *s* 1 Riss *m*, Ritze *f*, Spalte *f*; *in Keramik* Sprung *m*; **leave the window open a ~** lass das Fenster einen Spalt offen; **at the ~ of dawn** in aller Frühe; **to fall** *od* **slip through the ~s** *US fig* durch die Maschen schlüpfen 2 (≈ *Geräusch*) Knacks *m*; *von Pistole, Peitsche* Knall *m*, Knallen *n kein pl* 3 Schlag *m*; **to give oneself a ~ on the head** sich (*dat*) den Kopf anschlagen 4 *umg* Witz *m*; **to make a ~ about sb/sth** einen Witz über j-n/etw reißen 5 *umg* **to have a ~ at sth** etw mal probieren *umg* 6 (≈ *Droge*) Crack *n* B *adj* ⟨*attr*⟩ erstklassig; MIL Elite-; **~ shot** Meisterschütze *m*, Meisterschützin *f* C *v/t* 1 *Tasse etc* einen Sprung machen in (+*akk*); *Eis* einen Riss/Risse machen in (+*akk*) 2 *Nüsse, Safe* knacken; *fig umg Code* knacken; *Fall, Problem* lösen; **I've ~ed it** ich habs! 3 *Witz* reißen 4

Peitsche knallen mit; *Finger* knacken mit; **to ~ the whip** *fig* die Peitsche schwingen **5** **he ~ed his head against the pavement** er krachte mit dem Kopf aufs Pflaster **D** *v/i* **1** *Tasse etc* einen Sprung/Sprünge bekommen; *Eis* einen Riss/Risse bekommen; *Lippen* rissig werden **2** brechen **3** knacken; *Peitsche, Pistole* knallen **4** *umg* **to get ~ing** loslegen *umg*; **to get ~ing with** *od* **on sth** mit etw loslegen *umg*; **get ~ing!** los jetzt! **5** **he ~ed under the strain** er ist unter der Belastung zusammengebrochen **6** → **crack up A**

phrasal verbs mit crack:
crack down *v/i* hart durchgreifen (**on** bei)
crack on *Br umg v/i* weitermachen
crack open *v/t* ⟨*trennb*⟩ aufbrechen; **to crack open the champagne** die Sektkorken knallen lassen
crack up A *fig umg v/i* **1** durchdrehen *umg*; *unter Druck* zusammenbrechen; **I/he must be cracking up** *hum* so fängts an *umg* **2** laut lachen **B** *v/t* ⟨*trennb*⟩ *umg* **it's not all it's cracked up to be** so toll ist es dann auch wieder nicht

crackdown ['krækdaʊn] *umg s* scharfes Durchgreifen
cracked *adj Tasse, Eis* gesprungen; *Knochen* angebrochen, gebrochen; *Oberfläche* rissig; *Lippen* aufgesprungen
cracker ['krækə^r] *s* **1** Cracker *m* **2** Knallbonbon *n*
crackers ['krækəz] *Br umg adj* ⟨*präd*⟩ übergeschnappt *umg*
cracking ['krækɪŋ] *umg adj Tempo* scharf; *Roman, Film etc* toll *umg*
crackle ['krækl] **A** *v/i Feuer* knistern; *Telefonleitung* knacken **B** *s* Knacken *n*
crackling ['kræklɪŋ] *s* ⟨*kein pl*⟩ **1** → **crackle 2** *GASTR* Kruste *f* (*des Schweinebratens*)
crackpot ['krækpɒt] *umg* **A** *s* Spinner(in) *m(f)* *umg* **B** *adj* verrückt
cradle ['kreɪdl] **A** *s* Wiege *f*; *von Telefon* Gabel *f*; **from the ~ to the grave** von der Wiege bis zur Bahre **B** *v/t* an sich (*akk*) drücken; **he was cradling his injured arm** er hielt sich (*dat*) seinen verletzten Arm; **to ~ sb/sth in one's arms** j-n/etw fest in den Armen halten
craft [krɑːft] *s* **1** Kunsthandwerk *n* **2** ⟨*kein pl*⟩ Kunst *f* **3** ⟨*pl* craft⟩ Boot *n*
craft fair *s* Kunstgewerbemarkt *m*
craftily ['krɑːftɪlɪ] *adv* clever
craftiness ['krɑːftɪnɪs] *s* Cleverness *f*
craftsman ['krɑːftsmən] *s* ⟨*pl* -men⟩ Kunsthandwerker *m*
craftsmanship ['krɑːftsmənʃɪp] *s* Handwerkskunst *f*
craftswoman ['krɑːftswʊmən] *s* ⟨*pl* -women

[-wɪmɪn]⟩ Kunsthandwerkerin *f*
crafty ['krɑːftɪ] *adj* ⟨*komp* craftier⟩ clever; **he's a ~ one** *umg* er ist ein ganz Schlauer *umg*
crag [kræg] *s* Fels *m*
craggy ['krægɪ] *adj* ⟨*komp* craggier⟩ zerklüftet; *Gesicht* kantig
cram [kræm] **A** *v/t* vollstopfen, hineinstopfen (**into** in +*akk*); *Menschen* hineinzwängen (**into** in +*akk*); **the room was ~med (with furniture)** der Raum war (mit Möbeln) vollgestopft; **we were all ~med into one room** wir waren alle in einem Zimmer zusammengepfercht **B** *v/i* pauken *umg*

phrasal verbs mit cram:
cram in A *v/i* sich hineinquetschen (**-to** +*akk*) **B** *v/t* ⟨*trennb*⟩ *Besuch* unterbringen, einschieben; *in Koffer etc* hineinquetschen

cram-full [,kræm'fʊl] *umg adj* vollgestopft (**of** mit)
cramp [kræmp] **A** *s MED* Krampf *m*; **stomach ~s** *pl* Magenkrämpfe *pl*; **to have ~ in one's leg** einen Krampf im Bein haben **B** *v/t fig* **to ~ sb's style** j-m im Weg sein
cramped *adj Platz* beschränkt; *Zimmer* beengt; **we are very ~ (for space)** wir sind räumlich sehr beschränkt
crampon ['kræmpən] *s* Steigeisen *n*
cranberry ['krænbərɪ] *s* Preiselbeere *f*; **~ juice** Cranberrysaft *m*; **~ sauce** Preiselbeersoße *f*
crane [kreɪn] **A** *s* **1** Kran *m*; **~ driver** Kranführer(in) *m(f)* **2** *ORN* Kranich *m* **B** *v/t* **to ~ one's neck** sich (*dat*) fast den Hals verrenken *umg* **C** *v/i* (*a.* **crane forward**) den Hals recken
cranefly ['kreɪnflaɪ] *s* Schnake *f*
cranium ['kreɪnɪəm] *s* ⟨*pl* crania ['kreɪnɪə]⟩ *ANAT* Schädel *m*
crank[1] [kræŋk] *s* Spinner(in) *m(f) umg*; *US* Griesgram *m*
crank[2] **A** *s MECH* Kurbel *f* **B** *v/t* (*a.* **crank up**) ankurbeln
crankshaft ['kræŋkʃɑːft] *s AUTO* Kurbelwelle *f*
cranky ['kræŋkɪ] *adj* ⟨*komp* crankier⟩ **1** verrückt **2** *bes US* griesgrämig
cranny ['krænɪ] *s* Ritze *f*
crap [kræp] **A** *s* **1** *sl* Scheiße *f vulg* **2** *umg* (≈ *Unsinn*) Scheiße *f umg*; *umg* (≈ *Zeug*) Scheiß *m umg*; **a load of ~** große Scheiße *umg* **B** *v/i sl* scheißen *vulg* **C** *adj* ⟨*attr*⟩ *umg* Scheiß- *umg*
crap game *US s* Würfelspiel *n* (*mit zwei Würfeln*)
crappy ['kræpɪ] *adj* ⟨*komp* crappier⟩ *umg* beschissen *umg*
crash [kræʃ] **A** *s* **1** Krach *m kein pl*, Krachen *n kein pl*; **there was a ~ upstairs** es hat oben gekracht; **with a ~** krachend **2** Unfall *m*, Havarie *f österr*, Karambolage *f*; (*Flugzeug*)unglück *n*; **to be in a (car) ~** in einen (Auto)unfall verwickelt

sein; **to have a ~** einen (Auto)unfall haben, einen Unfall verursachen **3** FIN Zusammenbruch *m*; BÖRSE Börsenkrach *m* **4** IT Absturz *m* **B** *adv* krach; **he went ~ into a tree** er krachte gegen einen Baum **C** *int* **~!** bumm! krach! **D** *v/t* **1** *Auto* einen Unfall haben mit; *Flugzeug* abstürzen mit; **to ~ one's car into sth** mit dem Auto gegen etw krachen **2** IT *Programm, System* zum Absturz bringen **3** *umg* **to ~ a party** uneingeladen zu einer Party gehen **E** *v/i* **1** einen Unfall haben; *Flugzeug, a.* IT abstürzen; **to ~ into sth** gegen etw (*akk*) krachen **2** krachen; **to ~ to the ground** zu Boden krachen; **the whole roof came ~ing down (on him)** das ganze Dach krachte auf ihn herunter **3** FIN Pleite machen *umg* **4** *a.* **~ out** *umg* (≈ *schlafen*) knacken *sl*; *bei jemandem* übernachten

crash barrier *s* Leitplanke *f*
crash course *s* Intensivkurs *m*
crash diet *s* Radikalkur *f*
crash helmet *s* Sturzhelm *m*
crash-land A *v/i* bruchlanden **B** *v/t* bruchlanden mit
crash-landing *s* Bruchlandung *f*
crash test *s* AUTO Crashtest *m*
crass [kræs] *adj* ⟨+*er*⟩ krass; (≈ *grob*) unfein
crassly ['kræslɪ] *adv* krass; *sich benehmen* unfein
crassness ['kræsnɪs] *s* Krassheit *f*, Derbheit *f*
crate [kreɪt] *s* Kiste *f*; *mit Bier* Kasten *m*
crater ['kreɪtəʳ] *s* Krater *m*
cravat(te) [krə'væt] *s* Halstuch *n*
crave [kreɪv] *v/t* sich sehnen nach
  phrasal verbs mit crave:
  crave for *v/i* ⟨+*obj*⟩ sich sehnen nach
craving ['kreɪvɪŋ] *s* Verlangen *n*; **to have a ~ for sth** Verlangen nach etw haben
crawfish ['krɔːfɪʃ] *s* ⟨*pl* -⟩ US → crayfish
crawl [krɔːl] **A** *s* **1** **we could only go at a ~** wir kamen nur im Schneckentempo voran **2** *beim Schwimmen* Kraul(stil) *m*; **to do the ~** kraulen **B** *v/i* **1** *Mensch, Verkehr* kriechen; *Baby* krabbeln; **he tried to ~ away** er versuchte wegzukriechen **2** wimmeln (**with** von); **the street was ~ing with police** die Straße wimmelte es von Polizisten **3** **he makes my skin ~** wenn ich ihn sehe, kriege ich eine Gänsehaut **4** *umg* kriechen (**to** vor +*dat*); **he went ~ing to teacher** er ist gleich zum Lehrer gerannt
crawler lane ['krɔːlələɪn] *s* Br AUTO Kriechspur *f*
crayfish ['kreɪfɪʃ] *Br*, **crawfish** ['krɔːfɪʃ] *US s* ⟨*pl* -⟩ **1** Flusskrebs *m* **2** *im Meer* Languste *f*
crayon ['kreɪən] **A** *s* Buntstift *m*, Wachs(mal)stift *m*, Pastellstift *m* **B** *v/t* & *v/i* (mit Bunt-/Wachsmalstiften) malen
craze [kreɪz] **A** *s* Fimmel *m* *umg*; **there's a ~ for collecting old things just now** es ist zurzeit große Mode, alte Sachen zu sammeln **B** *v/t* **a ~d gunman** ein Amokschütze *m*; **he had a ~d look on his face** er hatte den Gesichtsausdruck eines Wahnsinnigen

crazily ['kreɪzɪlɪ] *adv* **1** *herumwirbeln etc* wie verrückt **2** (≈ *irre*) verrückt
craziness ['kreɪzɪnɪs] *s* Verrücktheit *f*
crazy ['kreɪzɪ] *adj* ⟨*komp* crazier⟩ verrückt, wahnsinnig (**with** vor +*dat*); **to drive sb ~** j-n verrückt machen; **to go ~** verrückt werden; (≈ *sich aufregen*) durchdrehen, ausflippen *umg*; **like ~** *umg* wie verrückt *umg*; **to be ~ about sb/sth** ganz verrückt auf j-n/etw sein *umg*; **football-crazy** fußballverrückt *umg*
crazy golf *Br s* Minigolf *n*
crazy paving *s* Mosaikpflaster *n*
creak [kriːk] **A** *s* Knarren *n kein pl*; *von Scharnier, Bettfeder* Quietschen *n kein pl* **B** *v/i* knarren; *Scharnier, Bettfeder* quietschen
creaky ['kriːkɪ] *adj* ⟨*komp* creakier⟩ *wörtl* knarrend; *Scharnier, Bettfeder* quietschend
cream [kriːm] **A** *s* **1** Sahne *f*, Obers *m* österr, Nidel *m/f* schweiz; (≈ *Lotion*) Creme *f*; **~ of asparagus/chicken soup** Spargel-/Hühnercremesuppe *f* **2** (≈ *Farbe*) Creme *n*, Cremefarbe *f* **3** *fig* die Besten; **the ~ of the crop** (≈ *Menschen*) die Elite; (≈ *Dinge*) das Nonplusultra **B** *adj* **1** Farbe creme *inv*, cremefarben **2** *Torte* Sahne-, Creme- **C** *v/t* *Butter* cremig rühren
  phrasal verbs mit cream:
  cream off *fig v/t* ⟨*trennb*⟩ absahnen
cream cake *s* Sahnetorte *f*, Sahnetörtchen *n*
cream cheese *s* (Doppelrahm)frischkäse *m*
creamer ['kriːməʳ] *s* **1** US Sahnekännchen *n* **2** (≈ *Milchpulver*) Kaffeeweißer *m*
cream puff *s* Windbeutel *m*
cream tea *s* Nachmittagstee *m*
creamy ['kriːmɪ] *adj* ⟨*komp* creamier⟩ sahnig, cremig
crease [kriːs] **A** *s* Falte *f*; *in Stoff* Kniff *m*; *in Hose* (Bügel)falte *f* **B** *v/t* *Kleidungsstück* Falten/eine Falte machen in (+*akk*); *Stoff, Papier* Kniffe/einen Kniff machen in (+*akk*); *unabsichtlich* zerknittern
creased [kriːst] *adj* zerknittert
crease-proof ['kriːspruːf], **crease-resistant** ['kriːsrɪzɪstənt] *adj* knitterfrei
create [kriː'eɪt] *v/t* schaffen; *Mode a.* kreieren; *die Welt* erschaffen; *Durchzug, Lärm* verursachen; *Eindruck* machen; *Probleme* schaffen; *durch Ereignis* hervorgerufen verursachen; IT *Datei* anlegen
creation [kriː'eɪʃən] *s* **1** ⟨*kein pl*⟩ Schaffung *f*; *von Welt* Erschaffung *f* **2** ⟨*kein pl*⟩ **the Creation** die Schöpfung; **the whole of ~** die Schöpfung **3** KUNST Werk *n*
creative [kriː'eɪtɪv] *adj* *Kraft* schöpferisch; *Vorgehensweise, Mensch* kreativ; **the ~ use of lan-**

guage kreativer Sprachgebrauch
creative accounting s kreative Buchführung f (um einen falschen Eindruck vom erzielten Gewinn zu erwecken)
creatively [kri:'eɪtɪvlɪ] adv kreativ
creative writing s dichterisches Schreiben
creativity [ˌkri:eɪ'tɪvɪtɪ] s schöpferische Begabung; von Vorgehensweise Kreativität f
creator [kri:'eɪtəʳ] s Schöpfer(in) m(f)
creature ['kri:tʃəʳ] s Geschöpf n, Lebewesen n, Kreatur f
creature comforts pl leibliches Wohl
crèche [kreʃ] Br s (Kinder)krippe f; US Weihnachtskrippe f
credence ['kri:dəns] s <kein pl> **to lend ~ to sth** etw glaubwürdig machen; **to give** od **attach ~ to sth** einer Sache (dat) Glauben schenken
credentials [krɪ'denʃəlz] pl Referenzen pl, (Ausweis)papiere pl; **to present one's ~** seine Papiere vorlegen
credibility [ˌkredə'bɪlɪtɪ] s Glaubwürdigkeit f
credible ['kredɪbl] adj glaubwürdig
credibly ['kredɪblɪ] adv glaubhaft
credit ['kredɪt] **A** s **1** <kein pl> FIN Kredit m; in Kneipe etc Stundung f; **the bank will let me have £5,000 ~** die Bank räumt mir einen Kredit von £ 5.000 ein; **to buy on ~** auf Kredit kaufen; **his ~ is good** er ist kreditwürdig; bei kleineren Beträgen er ist vertrauenswürdig; **to give sb (unlimited) ~** j-m (unbegrenzt) Kredit geben **2** FIN (Gut)haben n; HANDEL Kreditposten m; **to be in ~** Geld n auf dem Konto haben; **to keep one's account in ~** sein Konto nicht überziehen; **the ~s and debits** Soll und Haben n; **how much have we got to our ~?** wie viel haben wir auf dem Konto? **3** <kein pl> Ehre f, Anerkennung f; **he's a ~ to his family** er macht seiner Familie Ehre; **that's to his ~** das ehrt ihn; **her generosity does her ~** ihre Großzügigkeit macht ihr alle Ehre; **to come out of sth with ~** ehrenvoll aus etw hervorgehen; **to get all the ~** die ganze Anerkennung einstecken; **to take the ~ for sth** das Verdienst für etw in Anspruch nehmen; **~ where ~ is due** sprichw Ehre, wem Ehre gebührt sprichw **4** <kein pl> Glaube m; **to give ~ to sth** etw glauben **5** bes US UNIV Schein m **6** **~s** pl FILM etc Vor-/Nachspann m **B** v/t **1** glauben; **would you ~ it!** ist das denn die Möglichkeit! **2** zuschreiben (+dat); **I ~ed him with more sense** ich habe ihn für vernünftiger gehalten; **he was ~ed with having invented it** die Erfindung wurde ihm zugeschrieben **3** FIN gutschreiben; **to ~ a sum to sb's account** j-s Konto (dat) einen Betrag gutschreiben (lassen)
creditable ['kredɪtəbl] adj lobenswert
creditably ['kredɪtəblɪ] adv löblich
credit account s Kreditkonto n
credit balance s Kontostand m
credit card s Kreditkarte f
credit check s Überprüfung f der Kreditwürdigkeit; **to run a ~ on sb** j-s Kreditwürdigkeit überprüfen
credit crisis s WIRTSCH, FIN Kreditkrise f
credit crunch s, **credit squeeze** s WIRTSCH, FIN Kreditknappheit f, Kreditklemme f
credit facilities pl Kreditmöglichkeiten pl
credit limit s Kreditrahmen m
credit note s Gutschrift f
creditor ['kredɪtəʳ] s Gläubiger(in) m(f)
credit rating s Kreditwürdigkeit f
credit risk s **to be a good/poor ~** ein geringes/großes Kreditrisiko darstellen
credit side s Habenseite f; **on the ~ he's young** für ihn spricht, dass er jung ist
credit status s Kreditstatus m
credit union s Kreditgenossenschaft f
creditworthiness s Kreditwürdigkeit f
creditworthy adj kreditwürdig
credo ['kreɪdəʊ] s <pl -s> Glaubensbekenntnis n
credulity [krɪ'dju:lɪtɪ] s <kein pl> Leichtgläubigkeit f
credulous ['kredjʊləs] adj leichtgläubig
creed [kri:d] fig s Credo n
creek [kri:k] bes Br s (kleine) Bucht; US Bach m; **to be up the ~ (without a paddle)** umg in der Tinte sitzen umg
creep [kri:p] <v: prät, pperf crept> **A** v/i schleichen, kriechen; **the water level crept higher** der Wasserspiegel kletterte höher; **the story made my flesh ~** bei der Geschichte bekam ich eine Gänsehaut **B** s **1** umg (≈ Mensch) Widerling m umg **2** umg **he gives me the ~s** er ist mir nicht geheuer; **this old house gives me the ~s** in dem alten Haus ist es mir nicht geheuer
phrasal verbs mit creep:
creep in v/i Fehler, Zweifel sich einschleichen (-to in +akk)
creep up v/i sich heranschleichen (**on** an +akk); Preise (in die Höhe) klettern
creepy ['kri:pɪ] adj <komp creepier> unheimlich, gruselig
creepy-crawly ['kri:pɪ'krɔ:lɪ] umg s Krabbeltier n
cremate [krɪ'meɪt] v/t einäschern
cremation [krɪ'meɪʃən] s Einäscherung f
crematorium [ˌkremə'tɔ:rɪəm] s, **crematory** ['kremə,tɔ:rɪ] bes US s Krematorium n
crème de la crème ['kremdəlæ'krem] s Crème de la Crème f
Creole ['kri:əʊl] **A** s LING Kreolisch n **B** adj kreolisch; **he is ~** er ist Kreole

creosote ['krɪəsəʊt] **A** s Kreosot n **B** v/t mit Kreosot streichen
crêpe [kreɪp] **A** s 1 Textilien Krepp m 2 GASTR Crêpe m **B** adj Krepp-
crêpe paper s Krepppapier n
crept [krept] prät & pperf → creep
crescendo [krɪ'ʃendəʊ] s ⟨pl -s⟩ MUS Crescendo n; fig Zunahme f
crescent ['kresnt] s Halbmond m; in Straßennamen Weg m (halbmondförmig verlaufende Straße)
cress [kres] s (Garten)kresse f
crest [krest] s 1 von Vogel Haube f; von Hahn, Berg, Welle Kamm m; **he's riding on the ~ of a wave** fig er schwimmt im Augenblick oben 2 Wappenkunde Helmzierde f; (≈ Abzeichen) Wappen n
crestfallen ['krest,fɔːlən] adj niedergeschlagen
Crete [kriːt] s Kreta n
cretin ['kretɪn] umg s Schwachkopf m umg
cretinous ['kretɪnəs] umg adj schwachsinnig
Creutzfeldt-Jakob disease [,krɔɪtsfelt'jækɒbdɪ,ziːz] s ⟨kein pl⟩ Creutzfeldt-Jakob-Krankheit f
crevasse [krɪ'væs] s (Gletscher)spalte f
crevice ['krevɪs] s Spalte f
crew [kruː] s 1 Besatzung f; **50 passengers and 20 ~** 50 Passagiere und 20 Mann Besatzung 2 Br umg Bande f, Freundeskreis m
crew cut s Bürstenschnitt m
crew member s Besatzungsmitglied n
crew neck s runder Halsausschnitt; (a. **crew-neck pullover** od **sweater**) Pullover m mit rundem Halsausschnitt
crib [krɪb] s 1 US Kinderbett n 2 Krippe f
crib death US s plötzlicher Kindstod
crick [krɪk] **A** s **a ~ in one's neck** ein steifes Genick **B** v/t **to ~ one's back** sich (dat) einen steifen Rücken zuziehen
cricket¹ ['krɪkɪt] s Grille f
cricket² s SPORT Kricket n; **that's not ~** fig umg das ist nicht fair
cricket bat s (Kricket)schlagholz n
cricketer ['krɪkɪtəʳ] s Kricketspieler(in) m(f)
cricket match s Kricketspiel n
cricket pitch s Kricketfeld n
crime [kraɪm] s Straftat f; (≈ schweres Vergehen), a. fig Verbrechen n; (≈ Verbrechertum) Kriminalität f; **it's a ~ to throw away all that good food** es ist eine Schande, all das gute Essen wegzuwerfen; **~ is on the increase** die Zahl der Verbrechen nimmt zu
Crimea [kraɪ'mɪə] s GEOG Krim f
Crimean [kraɪ'mɪən] adj Krim-
crime film Br s, **crime movie** US s Krimi m
crime prevention s Verbrechensverhütung f
crime rate s Verbrechensrate f

crime scene s Tatort m
crime story s Krimi m
crime wave s Verbrechenswelle f
criminal ['krɪmɪnl] **A** s Straftäter(in) m(f) form, Kriminelle(r) m/f(m); fig Verbrecher(in) m(f) **B** adj 1 kriminell; **~ law** Strafrecht n; **to have a ~ record** vorbestraft sein; **~ responsibility** Schuldfähigkeit f 2 fig kriminell
criminal charge s **she faces ~s** sie wird eines Verbrechens angeklagt
criminal code s Strafgesetzbuch n
criminal court s Strafkammer m
criminality [,krɪmɪ'nælɪtɪ] s Kriminalität f
criminalize ['krɪmɪnəlaɪz] v/t kriminalisieren
criminal lawyer s Anwalt m/Anwältin f für Strafsachen, Strafverteidiger(in) m(f)
criminally ['krɪmɪnəlɪ] adv kriminell, verbrecherisch
criminal offence s, **criminal offense** US s strafbare Handlung
criminologist [,krɪmɪ'nɒlədʒɪst] s Kriminologe m, Kriminologin f
criminology [,krɪmɪ'nɒlədʒɪ] s Kriminologie f
crimp [krɪmp] v/t (mit der Brennschere) wellen
crimson ['krɪmzn] **A** adj purpurrot; **to turn** od **go ~** knallrot werden umg **B** s Purpurrot n
cringe [krɪndʒ] v/i zurückschrecken (**at** vor +dat); fig schaudern; **he ~d at the thought** er od ihn schauderte bei dem Gedanken; **he ~d when she mispronounced his name** er zuckte zusammen, als sie seinen Namen falsch aussprach
crinkle ['krɪŋkl] **A** s (Knitter)falte f **B** v/t (zer)knittern **C** v/i knittern
crinkled adj zerknittert
crinkly ['krɪŋklɪ] adj ⟨komp crinklier⟩ Papier zerknittert; Ecken wellig
cripple ['krɪpl] **A** s Krüppel m **B** v/t j-n zum Krüppel machen; Schiff, Flugzeug aktionsunfähig machen; fig lähmen; **~d with rheumatism** von Rheuma praktisch gelähmt
crippling ['krɪplɪŋ] adj lähmend; Steuern erdrückend; **a ~ disease** ein Leiden, das einen bewegungsunfähig macht; **a ~ blow** ein schwerer Schlag
crisis ['kraɪsɪs] s ⟨pl crises ['kraɪsiːz]⟩ Krise f; **to reach ~ point** den Höhepunkt erreichen; **in times of ~** in Krisenzeiten
crisis centre s Einsatzzentrum n (für Krisenfälle)
crisis management s Krisenmanagement n
crisis-proof adj krisensicher
crisp [krɪsp] **A** adj ⟨+er⟩ Apfel knackig; Keks knusprig, resch österr; Schnee verharscht; Art knapp; Luft frisch; Geldschein brandneu **B** s Br **~s** Chips pl; **burned to a ~** völlig verbrutzelt

phrasal verbs mit crisp:
crisp up v/t aufbacken
crispbread ['krɪspbred] s Knäckebrot n
crisply ['krɪsplɪ] adv knackig, knusprig, resch österr; schreiben, sich ausdrücken knapp
crispy ['krɪspɪ] adj ‹komp crispier› umg knusprig, resch österr
crisscross ['krɪskrɒs] adj Muster Kreuz-
criterion [kraɪ'tɪərɪən] s ‹pl criteria [kraɪ'tɪərɪə]› Kriterium n
critic ['krɪtɪk] s Kritiker(in) m(f); literary ~ Literaturkritiker(in) m(f); **he's his own worst ~** er kritisiert sich selbst am meisten; **she is a constant ~ of the government** sie kritisiert die Regierung ständig
critical ['krɪtɪkəl] adj kritisch; MED Patient in kritischem Zustand; **the book was a ~ success** das Buch kam bei den Kritikern an; **to cast a ~ eye over sth** sich (dat) etw kritisch ansehen; **to be ~ of sb/sth** j-n/etw kritisieren; **it is ~ (for us) to understand what is happening** es ist (für uns) von entscheidender Bedeutung zu wissen, was vorgeht; **of ~ importance** von entscheidender Bedeutung
critically ['krɪtɪkəlɪ] adv **1** kritisch **2** krank schwer **3** **to be ~ important** von entscheidender Bedeutung sein **4** **~ acclaimed** in den Kritiken gelobt
criticism ['krɪtɪsɪzəm] s Kritik f; literary ~ Literaturkritik f; **to come in for a lot of ~** schwer kritisiert werden
criticize ['krɪtɪsaɪz] v/t & v/i kritisieren; **to ~ sb for sth** j-n für etw kritisieren; **I ~d her for always being late** ich kritisierte sie dafür, dass sie immer zu spät kommt
critique [krɪ'ti:k] s Kritik f
critter ['krɪtəʳ] US, dial s → creature
CRM abk (= customer relationship management) WIRTSCH CRM n
croak [krəʊk] v/t & v/i Frosch quaken; Rabe, Mensch krächzen
Croat ['krəʊæt] s Kroate m, Kroatin f; LING Kroatisch n
Croatia [krəʊ'eɪʃə] s Kroatien n
Croatian **A** s → Croat **B** adj kroatisch; **she is ~** sie ist Kroatin
crochet ['krəʊʃeɪ] **A** s (a. **crochet work**) Häkelei f; **~ hook** Häkelnadel f **B** v/t & v/i häkeln
crockery ['krɒkərɪ] Br s Geschirr n
crocodile ['krɒkədaɪl] s Krokodil n
crocodile tears pl Krokodilstränen pl; **to shed ~** Krokodilstränen vergießen
crocus ['krəʊkəs] s Krokus m
croissant ['krwɑ:sɒŋ] s Hörnchen n, Kipferl n österr
crony ['krəʊnɪ] s Kumpan(in) m(f); in der Politik Amigo m
crook [krʊk] **A** s **1** Gauner(in) m(f) umg **2** Hirtenstab m **B** v/t Finger krümmen; Arm beugen
crooked ['krʊkɪd] adj krumm; Lächeln schief; Mensch unehrlich
crookedly ['krʊkɪdlɪ] adv schief
croon [kru:n] **A** v/t leise singen **B** v/i leise singen
crooner ['kru:nəʳ] s Sänger m (sentimentaler Lieder)
crop [krɒp] **A** s **1** Ernte f, (Feld)frucht f; fig (= große Zahl) Schwung m; **a good ~ of potatoes** eine gute Kartoffelernte; **to bring the ~s in** die Ernte einbringen; **a ~ of problems** umg eine Reihe von Problemen **2** von Vogel Kropf m **3** Reitpeitsche f **B** v/t Haar stutzen; **the goat ~ped the grass** die Ziege fraß das Gras ab; **~ped hair** kurz geschnittenes Haar
phrasal verbs mit crop:
crop up v/i aufkommen; **something's cropped up** es ist etwas dazwischengekommen
cropper ['krɒpəʳ] Br umg s **to come a ~** wörtl hinfliegen umg; fig (= versagen) auf die Nase fallen
crop top s bauchfreies Shirt od Top
croquet ['krəʊkeɪ] s Krocket(spiel) n
croquette [krəʊ'ket] s Krokette f
cross¹ [krɒs] **A** s **1** Kreuz n; **to make the sign of the Cross** das Kreuzzeichen machen; **we all have our ~ to bear** wir haben alle unser Kreuz zu tragen **2** Kreuzung f; fig Mittelding n; **a ~ between a laugh and a bark** eine Mischung aus Lachen und Bellen **3** FUSSB Flanke f **B** adj ‹attr› Straße, Linie Quer- **C** v/t **1** Straße, Fluss, Berge überqueren; Streikpostenkette überschreiten; Land, Zimmer durchqueren; **to ~ the street** die Straße überqueren, über die Straße gehen; **to ~ sb's path** fig j-m über den Weg laufen; **it ~ed my mind that …** es fiel mir ein, dass …; **we'll ~ that bridge when we come to it** lassen wir das Problem mal auf uns zukommen **2** kreuzen; **to ~ one's legs** die Beine übereinanderschlagen; **to ~ one's arms** die Arme verschränken; **to ~ one's fingers** die Daumen drücken; **I'll keep my fingers ~ed (for you)** ich drücke (dir) die Daumen **3** Buchstabe, T einen Querstrich machen durch; **a ~ed cheque** ein Verrechnungsscheck m; **to ~ sth through** etw durchstreichen **4** **to ~ oneself** sich bekreuzigen **5** **to ~ sb** j-n verärgern **D** v/i **1** die Straße überqueren; über Ärmelkanal etc hinüberfahren **2** Wege, Briefe sich kreuzen; **our paths have ~ed several times** fig unsere Wege haben sich öfters gekreuzt

phrasal verbs mit cross:
cross off v/t ⟨trennb⟩ streichen (obj aus, von)
cross out v/t ⟨trennb⟩ durchstreichen
cross over v/i **1** die Straße überqueren **2** überwechseln (**to** zu)

cross² adj ⟨+er⟩ böse, verärgert; **to be ~ with sb** mit j-m od auf j-n böse sein
crossbar s von Fahrrad Stange f; SPORT Querlatte f
cross-border adj HANDEL grenzüberschreitend
crossbreed **A** s Kreuzung f **B** v/t kreuzen
cross-Channel adj ⟨attr⟩ Kanal-
crosscheck v/t überprüfen
cross-country **A** adj Querfeldein-; **~ skiing** Langlauf m **B** adv querfeldein **C** s Querfeldeinrennen n
cross-dress v/i sich als Transvestit kleiden
cross-dresser s Transvestit m
cross-dressing s Transvestismus m
cross-examination s Kreuzverhör n (**of** über +akk)
cross-examine v/t ins Kreuzverhör nehmen
cross-eyed adj schielend; **to be ~** schielen
cross-fertilization s ⟨kein pl⟩ BOT Kreuzbefruchtung f
cross-fertilize v/t BOT kreuzbefruchten
crossfire s Kreuzfeuer n; **to be caught in the ~** ins Kreuzfeuer geraten
crossing ['krɒsɪŋ] s **1** Überquerung f; von Meer Überfahrt f **2** Übergang m, Kreuzung f
cross-legged [ˌkrɒs'leg(ɪ)d] adj & adv auf dem Boden im Schneidersitz
crossly ['krɒslɪ] adv böse
cross-media adj medienübergreifend
cross-party adj POL parteiübergreifend, überparteilich
cross-platform adj IT plattformübergreifend
cross-purposes pl **to be** od **talk at ~** aneinander vorbeireden
cross-refer v/t verweisen (**to** auf +akk)
cross-reference s (Quer)verweis m (**to** auf +akk)
crossroads Br wörtl s Kreuzung f; fig Scheideweg m
cross section s Querschnitt m; **a ~ of the population** ein Querschnitt durch die Bevölkerung
cross-stitch s Handarbeiten Kreuzstich m
cross-town US adj quer durch die Stadt
cross trainer s Fitnessgerät Crosstrainer m, Crossstepper m
crosswalk US s Fußgängerüberweg m
crossways, **crosswise** adv quer
crossword (puzzle) s Kreuzworträtsel n; **to do crosswords** Kreuzworträtsel lösen
crotch [krɒtʃ] s von Hose Schritt m; ANAT Unterleib m
crotchet ['krɒtʃɪt] s Br MUS Viertelnote f; **~ rest** Viertelpause f
crotchety ['krɒtʃɪtɪ] umg adj miesepetrig umg
crouch [kraʊtʃ] v/i sich zusammenkauern; **to ~ down** sich niederkauern
croupier ['kruːpɪeɪ] s Croupier m
crouton ['kruːtɒn] s Croûton m
crow¹ [krəʊ] s ORN Krähe f; **as the ~ flies** (in der) Luftlinie
crow² **A** s von Hahn Krähen n kein pl **B** v/i **1** Hahn krähen **2** fig angeben, hämisch frohlocken (**over** über +akk)
crowbar ['krəʊbɑː] s Brecheisen n
crowd [kraʊd] **A** s **1** Menschenmenge f; SPORT, THEAT Zuschauermenge f; **to get lost in the ~(s)** in der Menge verloren gehen; **~s of people** Menschenmassen pl; **there was quite a ~** es waren eine ganze Menge Leute da; **a whole ~ of us** ein ganzer Haufen von uns umg **2** Clique f; **the university ~** die Uni-Clique; **the usual ~** die üblichen Leute **3** ⟨kein pl⟩ **to follow the ~** mit der Herde laufen; **she hates to be just one of the ~** sie geht nicht gern in der Masse unter **B** v/i (sich) drängen; **to ~ (a)round** sich herumdrängen; **to ~ (a)round sb/sth** (sich) um j-n/etw herumdrängen **C** v/t **to ~ the streets** die Straßen bevölkern
phrasal verbs mit crowd:
crowd out v/t ⟨trennb⟩ **the pub was crowded out** das Lokal war gerammelt voll umg

crowded ['kraʊdɪd] adj **1** Zug etc überfüllt; **the streets/shops are ~** es ist voll auf den Straßen/in den Geschäften; **~ with people** voller Menschen **2** Stadt überbevölkert
crowdfunding ['kraʊdˌfʌndɪŋ] s (≈ Schwarmfinanzierung) Crowdfunding n
crowd pleaser ['kraʊdpliːzə] s Publikumsliebling m; (≈ Veranstaltung) Publikumserfolg m
crowd puller ['kraʊdpʊlə] s Kassenmagnet m
crowdsourcing ['kraʊdˌsɔːsɪŋ] s Auslagerung von Teilaufgaben an Mitarbeiter im Internet Crowdsourcing n
crowdworking s Crowdworking n (Abwicklung von Aufträgen durch viele Mitarbeiter im Netz)
crown [kraʊn] **A** s **1** Krone f; **to be heir to the ~** Thronfolger(in) m(f) sein **2** von Kopf Wirbel m; von Berg Kuppe f **B** v/t krönen; **he was ~ed king** er ist zum König gekrönt worden
crown court s Bezirksgericht für Strafsachen
crowning ['kraʊnɪŋ] adj **that symphony was his ~ glory** diese Sinfonie war die Krönung seines Werkes
crown jewels pl Kronjuwelen pl
crown prince s Kronprinz m
crown princess s Kronprinzessin f
crow's feet pl Krähenfüße pl
crow's nest s SCHIFF Mastkorb m

crucial ['kru:ʃəl] *adj* **1** entscheidend (**to** für) **2** äußerst wichtig
crucially ['kru:ʃəlɪ] *adv* ausschlaggebend; **~ important** von entscheidender Bedeutung
crucible ['kru:sɪbl] *s* (Schmelz)tiegel *m*
crucifix ['kru:sɪfɪks] *s* Kruzifix *n*
crucifixion [,kru:sɪ'fɪkʃən] *s* Kreuzigung *f*
crucify ['kru:sɪfaɪ] *v/t* **1** *wörtl* kreuzigen **2** *fig umg* j-n in der Luft zerreißen *umg*
crude [kru:d] **A** *adj* ⟨*komp* cruder⟩ **1** Roh-, roh **2** derb **3** primitiv; *Zeichnung* grob; *Versuch* unbeholfen **B** *s* Rohöl *n*
crudely ['kru:dlɪ] *adv* **1** derb **2** primitiv; *sich benehmen* ungehobelt; **to put it ~** um es ganz grob auszudrücken
crudeness ['kru:dnɪs], **crudity** ['kru:dɪtɪ] *s* **1** Derbheit *f* **2** Primitivität *f*
crude oil *s* Rohöl *n*
crudités ['kru:dɪteɪz] *pl* Rohkost *f* (*rohes Gemüse, serviert mit Dips*)
cruel ['kroəl] *adj* **1** grausam (**to** zu); **to be ~ to animals** ein Tierquäler sein; **to be ~ to one's dog** seinen Hund quälen; **don't be ~!** sei nicht so gemein! **2** hart, unbarmherzig **3** *Hitze* schrecklich
cruelly ['kroəlɪ] *adv* grausam
cruelty ['kroəltɪ] *s* Grausamkeit *f* (**to** gegenüber); **~ to children** Kindesmisshandlung *f*; **~ to animals** Tierquälerei *f*
cruelty-free *adj Kosmetika* nicht an Tieren getestet
cruet ['kru:ɪt] *s* Gewürzständer *m*
cruise [kru:z] **A** *v/i* **1** *Auto* Dauergeschwindigkeit fahren; **we were cruising along the road** wir fuhren (gemächlich) die Straße entlang; **we are now cruising at a height of …** wir fliegen nun in einer Flughöhe von … **2** *fig* **to ~ to victory** einen leichten Sieg erringen **B** *v/t Schiff* befahren; *Auto: Straßen* fahren auf (+*dat*); *Gebiet* abfahren **C** *s* Kreuzfahrt *f*; **to go on a ~** eine Kreuzfahrt machen
cruise control *s* AUTO Tempomat *m*, Tempostat *m*
cruise liner *s* Kreuzfahrtschiff *n*
cruise missile *s* Marschflugkörper *m*
cruiser ['kru:zə^r] *s* SCHIFF Kreuzer *m*, Vergnügungsjacht *f*
cruise ship *s* Kreuzfahrtschiff *n*
cruising speed ['kru:zɪŋ] *s* Reisegeschwindigkeit *f*
crumb [krʌm] *s* Krümel *m*; **that's one ~ of comfort** das ist (wenigstens) ein winziger Trost
crumble ['krʌmbl] **A** *v/t* zerkrümeln; **to ~ sth into/onto sth** etw in/auf etw (*akk*) krümeln **B** *v/i* Ziegelstein bröckeln; *Kuchen* krümeln; *Erde, Gebäude* zerbröckeln; *fig Widerstand* sich auflösen **C** *s Br* GASTR Obst *n* mit Streusel; *auf Kuchen* Streusel *pl*; **rhubarb ~** *mit Streuseln bestreutes, überbackenes Rhabarberdessert*
crumbly ['krʌmblɪ] *adj* ⟨*komp* crumblier⟩ *Stein, Erde* bröckelig; *Kuchen* krümelig
crummy ['krʌmɪ] *adj* ⟨*komp* crummier⟩ *umg* mies *umg*
crumpet ['krʌmpɪt] *s* GASTR *kleines Hefegebäck zum Toasten*
crumple ['krʌmpl] **A** *v/t* (*a.* **crumple up**) zerknittern, zusammenknüllen; *Metall* eindrücken **B** *v/i* zusammenbrechen; *Metall* zusammengedrückt werden
crunch [krʌntʃ] **A** *v/t* **1** *Keks etc* mampfen *umg*; **he ~ed the ice underfoot** das Eis zersplitterte unter seinen Füßen; **to ~ the gears** AUTO die Gänge reinwürgen *umg* **2** IT verarbeiten **B** *v/i Kies* knirschen; **he ~ed across the gravel** er ging mit knirschenden Schritten über den Kies; **he was ~ing on a carrot** er mampfte eine Möhre *umg* **C** *s* **1** (≈ *Geräusch*) Krachen *n*; *von Kies etc* Knirschen *n* **2** *umg* **the ~** der große Krach; **when it comes to the ~** wenn der entscheidende Moment kommt; **it's ~ time** jetzt ist der kritische Moment, jetzt geht's um die Wurst *umg* **3** SPORT **~ machine** Bauchmuskelmaschine *f*; **~es** *pl* Bauchpressen *pl*
crunchy ['krʌntʃɪ] *adj* ⟨*komp* crunchier⟩ *Apfel* knackig; *Keks* knusprig, resch *österr*
crusade [kru:'seɪd] **A** *s* Kreuzzug *m* **B** *v/i* einen Kreuzzug/Kreuzzüge führen
crusader [kru:'seɪdə^r] *s* HIST Kreuzfahrer *m*; *fig* Apostel *m*
crush [krʌʃ] **A** *s* **1** Gedränge *n*; **it'll be a bit of a ~** es wird ein bisschen eng werden **2** *umg* **to have a ~ on sb** in j-n verschossen sein *umg*; **schoolgirl ~** Schulmädchenschwärmerei *f* **3** Saftgetränk *n* **B** *v/t* **1** quetschen; *Obst* zerdrücken, zerquetschen; (≈ *töten*) zu Tode quetschen; *Knoblauchzehe* (zer)stoßen; *Eis* stoßen; *Metall* zusammenpressen; *Kleidung, Papier* zerknittern; **I was ~ed between two enormous men in the plane** ich war im Flugzeug zwischen zwei fetten Männern eingequetscht; **to ~ sb into sth** j-n in etw (*akk*) quetschen; **to ~ sth into sth** etw in etw (*akk*) stopfen **2** *fig Feind* vernichten; *Opposition* niederschlagen

phrasal verbs mit crush:

crush on *US umg v/t* **to crush on sb** für j-n schwärmen, in j-n verliebt/verknallt sein; **she's crushing on Steve** sie schwärmt total für Steve, sie ist in Steve verliebt/verknallt
crush barrier *s* Barriere *f*, Absperrung *f*
crushing ['krʌʃɪŋ] *adj Niederlage* zerschmetternd; *Schlag* vernichtend
crust [krʌst] *s* Kruste *f*; **the earth's ~** die Erdkrus-

te; **to earn a ~** *umg* seinen Lebensunterhalt verdienen
crustacean [krʌsˈteɪʃən] *s* Schalentier *n*
crusty [ˈkrʌstɪ] *adj* ⟨*komp* crustier⟩ knusprig, resch *österr*
crutch [krʌtʃ] *s* **1** Krücke *f* **2** → crotch
crux [krʌks] *s* Kern *m*
cry [kraɪ] **A** *s* **1** Schrei *m*, Ruf *m*; **to give a cry** (auf)schreien; **a cry of pain** ein Schmerzensschrei *m*; **a cry for help** ein Hilferuf *m*; **he gave a cry for help** er rief um Hilfe **2** **to have a good cry** sich einmal richtig ausweinen **B** *v/i* **1** weinen; *Baby* schreien; **she was crying for her teddy bear** sie weinte nach ihrem Teddy **2** rufen, schreien; **to cry for help** um Hilfe rufen/schreien **C** *v/t* **1** rufen, schreien **2** weinen; **to cry one's eyes out** sich (*dat*) die Augen ausweinen; **to cry oneself to sleep** sich in den Schlaf weinen
phrasal verbs mit cry:
cry off *Br v/i* einen Rückzieher machen
cry out *v/i* **1** aufschreien; **to cry out to sb** j-m etwas zuschreien; **well, for crying out loud!** *umg* na, das darf doch wohl nicht wahr sein! *umg* **2** *fig* **to be crying out for sth** nach etw schreien
crybaby [ˈkraɪbeɪbɪ] *umg s* Heulsuse *f umg*
crying [ˈkraɪɪŋ] **A** *adj fig* **it is a ~ shame** es ist jammerschade **B** *s* Weinen *n*; *von Baby* Schreien *n*
crypt [krɪpt] *s* Krypta *f*; (≈ *Grab*) Gruft *f*
cryptic [ˈkrɪptɪk] *adj Bemerkung* kryptisch; *Hinweis etc* verschlüsselt, rätselhaft
cryptically [ˈkrɪptɪkəlɪ] *adv* hintergründig
crystal [ˈkrɪstl] **A** *s* Kristall *m* **B** *adj* Kristall-
crystal ball *s* Glaskugel *f*
crystal-clear *adj* glasklar
crystallize [ˈkrɪstəlaɪz] *wörtl v/i* kristallisieren; *fig* feste Form annehmen
crystallized *adj* kristallisiert; *Früchte* kandiert
CS gas *s* ≈ Tränengas *n*
CST *abk* (= Central Standard Time) *minus sieben Stunden mitteleuropäischer Zeit*
ct¹ *abk* (= cent) ct
ct² *abk* (= carat) Karat
CT scan *s* (= computer tomography scan) CT *n* / *f*
cu [ˈsiːjuː] *abk* (= see you) *in SMS* bis dann, bis später
cub [kʌb] **A** *s* **1** *von Tier* Junge(s) *n* **2** **Cub** *bei Pfadfindern* Wölfling *m*
Cuba [ˈkjuːbə] *s* Kuba *n*
Cuban **A** *adj* kubanisch **B** *s* Kubaner(in) *m(f)*
cubbyhole [ˈkʌbɪhəʊl] *s* Kabuff *n*
cube [kjuːb] **A** *s* **1** Würfel *m* **2** MATH dritte Potenz **B** *v/t* MATH hoch 3 nehmen; **four ~d** vier hoch drei

cube root *s* Kubikwurzel *f*
cube sugar *s* Würfelzucker *m*
cubic [ˈkjuːbɪk] *adj* Kubik-; **~ metre** Kubikmeter *m*
cubic capacity *s* Fassungsvermögen *n*; *von Motor* Hubraum *m*
cubicle [ˈkjuːbɪkəl] *s* Kabine *f*; *in WC* (Einzel)toilette *f*
cubism [ˈkjuːbɪzəm] *s* Kubismus *m*
cubist [ˈkjuːbɪst] **A** *s* Kubist(in) *m(f)* **B** *adj* kubistisch
Cub Scout *s* Wölfling *m*
cuckoo [ˈkʊkuː] *s* ⟨*pl* -s⟩ Kuckuck *m*
cuckoo clock *s* Kuckucksuhr *f*
cucumber [ˈkjuːkʌmbəʳ] *s* (Salat)gurke *f*; **as cool as a ~** seelenruhig
cud [kʌd] *s* **to chew the cud** *wörtl* wiederkäuen
cuddle [ˈkʌdl] **A** *s* Liebkosung *f*; **to give sb a ~** j-n in den Arm nehmen; **to have a ~** schmusen **B** *v/t* in den Arm nehmen **C** *v/i* schmusen
phrasal verbs mit cuddle:
cuddle up *v/i* sich kuscheln (**to, against** an +*akk*); **to cuddle up in bed** sich im Bett zusammenkuscheln
cuddly [ˈkʌdlɪ] *adj* ⟨*komp* cuddlier⟩ knuddelig *umg*
cuddly toy *s* Schmusetier *n umg*
cudgel [ˈkʌdʒəl] *Br s* Knüppel *m*
cue [kjuː] *s* **1** THEAT, *a. fig* Stichwort *n*; FILM, TV Zeichen *n* zum Aufnahmebeginn; MUS Einsatz *m*; **to take one's cue from sb** sich nach j-m richten **2** *Billard* Queue *n*
cue ball *s* Spielball *m*
cuff¹ [kʌf] *s* **1** Manschette *f*; **off the ~** aus dem Stegreif **2** *US* (Hosen)aufschlag *m*
cuff² *v/t* einen Klaps geben (+*dat*)
cuff link *s* Manschettenknopf *m*
cuisine [kwɪˈziːn] *s* Küche *f*
cul-de-sac [ˈkʌldəsæk] *s* Sackgasse *f*
culinary [ˈkʌlɪnərɪ] *adj* kulinarisch; *Geschick* im Kochen
cull [kʌl] **A** *s Erlegen überschüssiger Tierbestände*; *von kranken Tieren* Keulung *f* **B** *v/t* (als überschüssig) erlegen; *kranke Tiere* keulen
culminate [ˈkʌlmɪneɪt] *fig v/i* gipfeln (**in** in +*dat*), herauslaufen (**in** auf +*akk*)
culmination [ˌkʌlmɪˈneɪʃən] *fig s* Höhepunkt *m*, Ende *n*
culottes [kjuːˈlɒts] *pl* Hosenrock *m*; **a pair of ~** ein Hosenrock
culpability [ˌkʌlpəˈbɪlɪtɪ] *form s* Schuld *f*
culpable [ˈkʌlpəbl] *form adj* schuldig
culprit [ˈkʌlprɪt] *s* Schuldige(r) *m/f(m)*; JUR Täter(in) *m(f)*; *umg* Übeltäter(in) *m(f)*
cult [kʌlt] **A** *s* REL, *a. fig* Kult *m* **B** *adj* ⟨*attr*⟩ Kult-
cultivate [ˈkʌltɪveɪt] *v/t* **1** *wörtl* kultivieren; *Getreide etc* anbauen **2** *fig Beziehungen* pflegen

cultivated *adj* AGR, *a. fig* kultiviert
cultivation [ˌkʌltɪˈveɪʃən] *s* **1** *wörtl* Kultivieren *n*; *von Getreide etc* Anbau *m* **2** *fig von Beziehungen* Pflege *f* (**of** von)
cultivator [ˈkʌltɪveɪtəʳ] *s* (≈ *Maschine*) Grubber *m*
cult movie *s* Kultfilm *m*
cultural [ˈkʌltʃərəl] *adj* Kultur-, kulturell; **~ differences** kulturelle Unterschiede *pl*
cultural exchange *s* Kulturaustausch *m*
culturally [ˈkʌltʃərəlɪ] *adv* kulturell
culture [ˈkʌltʃəʳ] *s* Kultur *f*; *von Tieren* Zucht *f*; **a man of ~/of no ~** ein Mann mit/ohne Kultur; **to study German ~** die deutsche Kultur studieren
cultured *adj* kultiviert
culture shock *s* Kulturschock *m*
cum [kʌm] *präp* **a sort of sofa-cum-bed** eine Art von Sofa und Bett in einem
cumbersome [ˈkʌmbəsəm] *adj Kleidung* (be)hinderlich; *Stil* schwerfällig; *Prozedur* beschwerlich
cumin [ˈkʌmɪn] *s* Kreuzkümmel *m*
cumulative [ˈkjuːmjʊlətɪv] *adj* kumulativ, gesamt
cumulative interest *s* FIN Zins und Zinseszins
cumulatively [ˈkjuːmjʊlətɪvlɪ] *adv* kumulativ
cunnilingus [ˌkʌnɪˈlɪŋɡəs] *s* Cunnilingus *m*
cunning [ˈkʌnɪŋ] **A** *s* Schlauheit *f* **B** *adj Plan, Mensch* schlau, gerissen; *Miene* verschmitzt
cunningly [ˈkʌnɪŋlɪ] *adv* schlau; **a ~ designed little gadget** ein clever ausgedachtes Ding
cunt [kʌnt] *vulg s* Fotze *f vulg*; *als Schimpfwort* Arsch *m vulg*
cup [kʌp] **A** *s* Tasse *f*; (≈ *Trophäe*) Pokal *m*; *mit Henkel* Becher *m*; GASTR Maßeinheit 8 fl oz = 0,22 l; **a cup of tea** eine Tasse Tee; **that's not my cup of tea** *fig umg* das ist nicht mein Fall; **they're out of the Cup** sie sind aus dem Pokal(wettbewerb) ausgeschieden **B** *v/t Hände* hohl machen; **to cup one's hand to one's ear** die Hand ans Ohr halten
cupboard [ˈkʌbəd] *s* Schrank *m*, Kasten *m österr, schweiz*
cupcake *s* kleiner, runder Kuchen
Cup Final *s* Pokalendspiel *n*
cupful *s* ⟨*pl* cupsful; cupfuls⟩ Tasse(voll) *f*
cupid [ˈkjuːpɪd] *s* Amorette *f*; **Cupid** Amor *m*
cupola [ˈkjuːpələ] *s* ARCH Kuppel *f*
cuppa [ˈkʌpə] *s Br umg* Tasse Tee *f*
cup size *s von BH* Körbchengröße *f*
cup tie *s* Pokalspiel *n*
curable [ˈkjʊərəbl] *adj* heilbar
curate [ˈkjʊərɪt] *s katholisch* Kurat *m*; *protestantisch* Vikar(in) *m(f)*
curator [kjʊəˈreɪtəʳ] *s von Museum etc* Kurator(in) *m(f)*
curb [kɜːb] **A** *s* **1** *fig* Behinderung *f*; **to put a ~ on sth** etw einschränken **2** *US* Bordsteinkante *f* **B** *v/t fig* zügeln; *Ausgaben* dämpfen; *Immigration* bremsen *umg*
curbside *US adj* Straßenrand *m*; **~ parking** Kurzparken *n*
curd [kɜːd] *s oft pl* Quark *m*, Topfen *m österr*
curd cheese *s* Weißkäse *m*
curdle [ˈkɜːdl] **A** *v/t* gerinnen lassen **B** *v/i* gerinnen; **his blood ~d** das Blut gerann ihm in den Adern
cure [kjʊəʳ] **A** *v/t* **1** MED heilen; **to be ~d (of sth)** (von etw) geheilt sein **2** *fig Inflation etc* abhelfen (+*dat*); **to ~ sb of sth** j-m etw austreiben **3** *Speisen* haltbar machen; *mit Salz* pökeln; *mit Rauch* räuchern, selchen *österr*; *mit Wärme* trocknen **B** *v/i* **it is left to ~** es wird zum Pökeln eingelegt, es wird zum Räuchern aufgehängt, es wird zum Trocknen ausgebreitet **C** *s* MED (Heil)mittel *n* (**for** gegen); (≈ *Behandlung*) Heilverfahren *n* (**for sb** für j-n *od* **for sth** gegen etw); *in Heilbad etc* Kur *f*; *fig* Mittel *n* (**for** gegen); **there's no ~ for that** *wörtl* das ist unheilbar; *fig* dagegen kann man nichts machen
cure-all [ˈkjʊərɔːl] *s* Allheilmittel *n*
curfew [ˈkɜːfjuː] *s* Ausgangssperre *f*; **to be under ~** unter Ausgangssperre stehen
curio [ˈkjʊərɪəʊ] *s* ⟨*pl* -s⟩ Kuriosität *f*
curiosity [ˌkjʊərɪˈɒsɪtɪ] *s* ⟨*kein pl*⟩ Neugier *f*, Wissbegier(de) *f*; **out of ~** aus Neugier
curious [ˈkjʊərɪəs] *adj* **1** neugierig; **I'm ~ to know what he'll do** ich bin mal gespannt, was er macht; **I'm ~ to know how he did it** ich bin neugierig zu erfahren, wie er das gemacht hat; **why do you ask? — I'm just ~** warum fragst du? — nur so **2** sonderbar; **how ~!** wie seltsam!
curiously [ˈkjʊərɪəslɪ] *adv* **1** neugierig **2** seltsam; **~ (enough), he didn't object** merkwürdigerweise hatte er nichts dagegen
curl [kɜːl] **A** *s von Haar* Locke *f* **B** *v/t Haare* locken, in Locken legen, kräuseln; *Ecken* umbiegen **C** *v/i Haar* sich locken, sich kräuseln; *von Natur aus* lockig sein; *Papier* sich wellen

phrasal verbs mit curl:
curl up A *v/i* sich zusammenrollen; *Papier* sich wellen; **to curl up in bed** sich ins Bett kuscheln; **to curl up with a good book** es sich (*dat*) mit einem guten Buch gemütlich machen **B** *v/t* ⟨*trennb*⟩ wellen; *Ecken* hochbiegen; **to curl oneself/itself up** sich zusammenkugeln

curler [ˈkɜːləʳ] *s* Lockenwickler *m*; **to put one's ~s in** sich (*dat*) die Haare eindrehen; **my hair was in ~s** ich hatte Lockenwickler im Haar
curlew [ˈkɜːljuː] *s* Brachvogel *m*
curling [ˈkɜːlɪŋ] *s* SPORT Curling *n*
curling tongs *pl*, **curling iron** *US s* Locken-

schere *f*, Lockenstab *m*
curly ['kɜːlɪ] *adj* ⟨komp **curlier**⟩ *Haar* lockig, kraus; *Schwanz* geringelt; *Muster* verschnörkelt
curly-haired ['kɜːlɪ'heəd] *adj* lockig, krausköpfig
currant ['kʌrənt] *s* **1** Korinthe *f* **2** BOT Johannisbeere *f*, Ribisel *f* österr; **~ bush** Johannisbeerstrauch *m*, Ribiselstrauch *m* österr
currant bun *s* Rosinenbrötchen *n*
currency ['kʌrənsɪ] *s* **1** FIN Währung *f*; **foreign ~** Devisen *pl* **2** **to gain ~** sich verbreiten
currency market *s* Devisenmarkt *m*
current ['kʌrənt] **A** *adj* gegenwärtig; *Politik, Preis* aktuell; *Forschung, Monat* laufend; *Ausgabe* letzte(r, s); *Meinung* verbreitet; **~ affairs** aktuelle Fragen *pl*, Tagesgeschehen *n*; **in ~ use** allgemein gebräuchlich **B** *s* **1** Strömung *f*, Luftströmung *f*; **with/against the ~**, **up/down ~** mit dem/gegen den Strom **2** ELEK Strom *m* **3** *fig von Ereignissen etc* Trend *m*
current account *s* Girokonto *n*
current assets *pl* Umlaufvermögen *n*
current capital US *s* Betriebskapital *n*
current expenses *pl* laufende Ausgaben *pl*
currently ['kʌrəntlɪ] *adv* gegenwärtig, zurzeit, momentan
curricula [kəˈrɪkjʊlə] *pl* → curriculum
curricular [kəˈrɪkjʊlə] *adj* lehrplanmäßig
curriculum [kəˈrɪkjʊləm] *s* ⟨*pl* **curricula**⟩ Lehrplan *m*; **to be on the ~** auf dem Lehrplan stehen
curriculum vitae [kəˈrɪkjʊləmˈviːtaɪ] *Br s* Lebenslauf *m*
curry[1] ['kʌrɪ] *s* GASTR Curry *m/n*; (≈ *Gericht*) Curry *n*; **~ sauce** Currysoße *f*
curry[2] *v/t* **to ~ favour (with sb)** sich (bei j-m) einschmeicheln
curry powder *s* Currypulver *n*
curse [kɜːs] **A** *s* Fluch *m*; *umg* Plage *f umg*; **the ~ of drunkenness** der Fluch des Alkohols; **to be under a ~** unter einem Fluch stehen; **to put sb under a ~** j-n mit einem Fluch belegen **B** *v/t* **1** verfluchen; **~ you/it!** *umg* verflucht! *umg*; **where is he now, ~ him!** wo steckt er jetzt, der verfluchte Kerl! *umg* **2** fluchen über (+akk) **3** *fig* **to be ~d with sb/sth** mit j-m/etw geschlagen sein **C** *v/i* fluchen
cursed ['kɜːsɪd] *umg adj* verflucht *umg*
cursor ['kɜːsə] *s* IT Cursor *m*
cursorily ['kɜːsərɪlɪ] *adv* flüchtig
cursory ['kɜːsərɪ] *adj* flüchtig
curt [kɜːt] *adj* ⟨+er⟩ *Mensch* kurz angebunden; *Brief, Ablehnung* knapp; **to be ~ with sb** zu j-m kurz angebunden sein
curtail [kɜːˈteɪl] *v/t* kürzen
curtain ['kɜːtn] *s* **1** *Br aus dichtem Material* Vorhang *m*, Gardine *f*; **to draw** *od* **pull the ~s** (≈ *öffnen*) den Vorhang/die Vorhänge aufziehen; (≈ *schließen*) den Vorhang/die Vorhänge zuziehen **2** US *aus durchsichtigem Material* Store *m*, Tüllgardine *f* **3** THEAT Vorhang *m*; **the ~ rises/falls** der Vorhang hebt sich/fällt

phrasal verbs mit curtain:
curtain off *v/t* ⟨trennb⟩ durch einen Vorhang/Vorhänge abtrennen

curtain call *s* THEAT Vorhang *m*; **to take a ~** vor den Vorhang treten
curtain hook *s* Gardinengleithaken *m*
curtain pole *s* Vorhangstange *f*
curtain rail *s* Vorhangschiene *f*
curtain ring *s* Gardinenring *m*
curtly ['kɜːtlɪ] *adv antworten* knapp; *sich weigern* kurzerhand
curtsey ['kɜːtsɪ], **curtsy** US **A** *s* Knicks *m* **B** *v/i* knicksen (**to** vor +dat)
curvaceous [kɜːˈveɪʃəs] *adj* üppig
curvature ['kɜːvətʃə] *s* Krümmung *f*, Verkrümmung *f*; **~ of the spine** Rückgratkrümmung *f*; *abnormal* Rückgratverkrümmung *f*
curve [kɜːv] **A** *s* Kurve *f*; *von Körper, Vase* Rundung *f*; *von Fluss* Biegung *f*; **there's a ~ in the road** die Straße macht einen Bogen **B** *v/t* biegen **C** *v/i* **1** *Linie, Straße* einen Bogen machen; *Fluss* eine Biegung machen **2** sich wölben; *Metallstreifen* sich biegen
curved [kɜːvd] *adj Linie* gebogen; *Oberfläche* gewölbt
curved screen *s* gebogener Bildschirm, Curved Screen *m*
curved TV *s* gebogener Fernseher
cushion ['kʊʃən] **A** *s* Kissen *n*; *a. fig* Polster *n*; **~ cover** Kissenbezug *m* **B** *v/t Fall, Schlag* dämpfen
cushy ['kʊʃɪ] *adj* ⟨komp **cushier**⟩ *umg* bequem; **a ~ job** ein ruhiger Job
cusp [kʌsp] *s* **on the ~ of** *fig* an der Schwelle zu
cussword ['kʌswɜːd] US *umg s* Kraftausdruck *m*
custard ['kʌstəd] *s* ≈ Vanillesoße *f*, ≈ Vanillepudding *m*
custodial [kʌsˈtəʊdɪəl] *form adj* **~ sentence** *Br* Gefängnisstrafe *f*
custodian [kʌsˈtəʊdɪən] *s von Museum* Aufseher(in) *m(f)*; *von Schatz* Hüter(in) *m(f)*
custody ['kʌstədɪ] *s* **1** Obhut *f*; JUR *für Kinder* Sorgerecht *n* (**of** für, über +akk), Vormundschaft *f* (**of** für, über +akk); **to put** *od* **place sth in sb's ~** etw j-m zur Aufbewahrung anvertrauen; **the mother was awarded ~ of the children after the divorce** der Mutter wurde bei der Scheidung das Sorgerecht über die Kinder zugesprochen **2** (polizeilicher) Gewahrsam; **to take sb into ~** j-n verhaften
custom ['kʌstəm] **A** *s* **1** Brauch *m*, Sitte *f* **2** (An)-

gewohnheit *f*; **it was his ~ to rest each afternoon** er pflegte am Nachmittag zu ruhen *geh* **3** ⟨*kein pl*⟩ HANDEL Kundschaft *f*; **to take one's ~ elsewhere** woanders Kunde werden **4** **~s** *pl* Zoll *m*; **to go through ~s** durch den Zoll gehen **B** *adj US* Anzug maßgefertigt; *Schreiner* auf Bestellung arbeitend

customarily ['kʌstəməralı] *adv* üblicherweise

customary ['kʌstəmərɪ] *adj* üblich, gewohnt; **it's ~ to wear a tie** man trägt normalerweise *od* gewöhnlich eine Krawatte

custom-built ['kʌstəmˈbɪlt] *adj* speziell angefertigt

customer ['kʌstəmə] *s* **1** HANDEL Kunde *m*, Kundin *f*; **our ~s** unsere Kundschaft **2** *umg* (≈ *Mensch*) Zeitgenosse *m*, Zeitgenossin *f umg*

customer portal *s* IT Kundenportal *n*

customer rating *s* Kundenbewertung *f*

customer relationship management *s* WIRTSCH Kundenpflege *f*

customer service(s) *s* Kundendienst *m*; **~ department** Kundendienstabteilung *f*

customize ['kʌstəmaɪz] *v/t* auf Bestellung fertigen

custom-made ['kʌstəmmeɪd] *adj Kleidung* maßgefertigt; *Möbel*, *Auto* speziell angefertigt

customs authorities *pl* Zollbehörden *pl*

customs declaration *s* Zollerklärung *f*

customs officer *s* Zollbeamte(r) *m*, Zollbeamtin *f*

cut [kʌt] ⟨*v*: *prät, pperf* cut⟩ **A** *v/t* **1** schneiden; *Kuchen* anschneiden; *Seil* durchschneiden; **to cut one's finger** sich (*dat*) am Finger schneiden; **to cut one's nails** sich (*dat*) die Nägel schneiden; **to cut oneself (shaving)** sich (beim Rasieren) schneiden; **to cut sth in half/three** etw halbieren/dritteln; **to cut a hole in sth** ein Loch in etw (*akk*) schneiden; **to cut to pieces** zerstückeln; **to cut open** aufschneiden; **he cut his head open** er hat sich (*dat*) den Kopf aufgeschlagen; **to have** *od* **get one's hair cut** sich (*dat*) die Haare schneiden lassen; **to cut the grass** den Rasen mähen; **to cut sb loose** j-n losschneiden ⟨ *Glas, Diamant* schleifen; *Stoff* zuschneiden; *Schlüssel* anfertigen **3** *Verbindungen* abbrechen; **4** *Preise* herabsetzen; *Arbeitszeit*, *Ausgaben, Gehalt, Film* kürzen; *Produktion* verringern **5** *Teile von Text, Film* streichen; **to cut and paste text** IT Text ausschneiden und einfügen **6** KART **to cut the cards/the pack** abheben **7** *Motor* abstellen **8** **to cut sb short** j-m das Wort abschneiden; **to cut sth short** etw vorzeitig abbrechen; **to cut a long story short** der langen Rede kurzer Sinn; **to cut sb dead** *Br* j-n wie Luft behandeln; **to cut a tooth** zahnen; **aren't you cutting it a bit fine?** *Br* ist das nicht ein bisschen knapp?; **to cut one's losses** eine Sache abschließen, ehe der Schaden (noch) größer wird **B** *v/i* **1** *Messer, Schere* schneiden; **to cut loose** *fig* sich losmachen; **to cut both ways** *fig* ein zweischneidiges Schwert sein; **to cut and run** abhauen *umg* **2** FILM überblenden (**to** zu), abbrechen; **cut!** Schnitt! **C** *s* **1** Schnitt *m*, Schnittwunde *f*; **to make a cut in sth** in etw (*akk*) einen Einschnitt machen; **his hair could do with a cut** seine Haare könnten mal wieder geschnitten werden; **it's a cut above the rest** es ist den anderen um einiges überlegen; **the cut and thrust of politics** das Spannungsfeld der Politik; **the cut and thrust of the debate** die Hitze der Debatte **2** *von Preis* Senkung *f*; *von Gehältern, Ausgaben, Text, Film od Arbeitszeit* (Ver)kürzung *f*; *von Produktion* Einschränkung *f*; **a cut in taxes** eine Steuersenkung; **a 1% cut in interest rates** eine 1%ige Senkung des Zinssatzes; **he had to take a cut in salary** er musste eine Gehaltskürzung hinnehmen **3** *von Fleisch* Stück *n* **4** *umg* (An)teil *m*; **to take one's cut** sich (*dat*) seinen Teil *od* Anteil nehmen **5** *Br* ELEK **power/electricity cut** Stromausfall *m* **D** *adj* **1** geschnitten; *Rasen* gemäht; **to have a cut lip** eine Schnittwunde an der Lippe haben; **cut flowers** Schnittblumen *pl* **2** MED, REL *Mann* beschnitten

phrasal verbs mit cut

cut across *v/i* ⟨+*obj*⟩ **1** *wörtl* hinübergehen/-fahren *etc* (*obj* über +*akk*); **if you cut across the fields** wenn Sie über die Felder gehen **2** *fig* **this problem cuts across all ages** dieses Problem betrifft alle Altersgruppen

cut back **A** *v/i* **1** zurückgehen/-fahren; FILM zurückblenden **2** sich einschränken; **to cut back on expenses** *etc* die Ausgaben *etc* einschränken; **to cut back on smoking/sweets** weniger rauchen/Süßigkeiten essen **B** *v/t* ⟨*trennb*⟩ **1** *Pflanzen* zurückschneiden **2** *Produktion* zurückschrauben; *Ausgaben* einschränken

cut down **A** *v/t* ⟨*trennb*⟩ **1** *Baum* fällen **2** *Zahl, Ausgaben* einschränken; *Text* zusammenstreichen (**to** auf +*akk*); **to cut sb down to size** j-n auf seinen Platz verweisen **B** *v/i* sich einschränken; **to cut down on sth** etw einschränken; **to cut down on sweets** weniger Süßigkeiten essen

cut in *v/i* **1** sich einschalten (**on** in +*akk*); **to cut in on sb** j-n unterbrechen **2** AUTO sich direkt vor ein anderes/das andere Auto hineindrängen; **to cut in in front of sb** j-n schneiden

cut into *v/i* ⟨+*obj*⟩ **1** *Kuchen* anschneiden **2** *fig Ersparnisse* ein Loch reißen in (+*akk*); *Urlaub* verkürzen

cut off *v/t* ⟨*trennb*⟩ **1** abschneiden; **we're very**

cut off out here wir leben hier draußen sehr abgeschieden; **to cut sb off in the middle of a sentence** j-n mitten im Satz unterbrechen 2 enterben 3 *Gas etc* abstellen; **we've been cut off** TEL wir sind unterbrochen worden

cut out A *v/i Motor* aussetzen B *v/t ⟨trennb⟩* 1 ausschneiden; *Kleid* zuschneiden 2 (heraus)streichen; *Rauchen* aufhören mit; **double glazing cuts out the noise** Doppelfenster verhindern, dass der Lärm hereindringt; **cut it out!** *umg* lass das (sein)!; **and you can cut out the self-pity for a start!** und mit Selbstmitleid brauchst du gar nicht erst zu kommen! 3 *fig* **to be cut out for sth** zu etw geeignet sein; **he's not cut out to be a doctor** er ist nicht zum Arzt geeignet 4 **to have one's work cut out** alle Hände voll zu tun haben

cut through *v/t ⟨trennb⟩* **we cut through the housing estate** wir gingen/fuhren durch die Siedlung

cut up¹ *v/t ⟨trennb⟩* 1 *Fleisch* aufschneiden; *Holz* spalten 2 AUTO **to cut sb up** j-n schneiden

cut-and-dried [ˌkʌtənˈdraɪd] *fig adj* festgelegt; **as far as he's concerned the whole issue is now ~** für ihn ist die ganze Angelegenheit erledigt

cut-and-paste [ˌkʌtənˈpeɪst] *US adj* **a ~ job** eine zusammengestückelte Arbeit *mst pej*

cutback [ˈkʌtbæk] *s* Kürzung *f*

cute [kjuːt] *adj ⟨komp* **cuter**⟩ 1 *umg* süß, niedlich 2 *bes US umg* (≈ *schlau*) prima *umg*; (≈ *raffiniert*) schlau, clever *umg*

cut glass *s* geschliffenes Glas

cut-glass [ˈkʌtɡlɑːs] *wörtl adj* aus geschliffenem Glas

cuticle [ˈkjuːtɪkl] *s* Nagelhaut *f*

cutlery [ˈkʌtləri] *bes Br s ⟨kein pl⟩* Besteck *n*

cutlet [ˈkʌtlɪt] *s* Schnitzel *m*; *mit Knochen* Kotelett *n*

cut loaf *s* aufgeschnittenes Brot

cutoff *s* 1 TECH Ausschaltmechanismus *m* 2 (*a.* **~ point**) Trennlinie *f*

cut-off date *s* Stichtag *m*

cutout A *s* 1 Ausschneidemodell *n* 2 ELEK Sperre *f* B *adj* 1 *Modell etc* zum Ausschneiden 2 ELEK Abschalt-

cut-price *adj* zu Schleuderpreisen; **~ offer** Billigangebot *n*

cut-rate *adj* zu verbilligtem Tarif

cutter [ˈkʌtə*r*] *s* **a pair of (wire) ~s** eine Drahtschere

cut-throat [ˈkʌtθrəʊt] *adj Wettbewerb* mörderisch

cutting [ˈkʌtɪŋ] A *s* 1 Schneiden *n*; *von Rasen* Mähen *n*; *von Kuchen* Anschneiden *n* 2 *von Glas, Edelstein* Schliff *m*; *von Schlüssel* Anfertigung *f* 3 *von Preisen* Herabsetzung *f*; *von Arbeitszeit* Verkürzung *f*; *von Ausgaben, Gehalt* Kürzung *f* 4 FILM Schnitt *m*; *teilweise* Streichung *f* 5 *Br* BAHN Durchstich *m* 6 *Br aus Zeitung* Ausschnitt *m* 7 *Gartenbau* Ableger *m*; **to take a ~** einen Ableger nehmen B *adj* 1 scharf; **to be at the ~ edge of sth** in etw (*dat*) führend sein 2 *fig Bemerkung* spitz

cutting board *US s →* chopping board

cutting edge *s* 1 Schneide *f*, Schnittkante *f* 2 ⟨*kein pl*⟩ neuester Stand (**of** *gen*)

cutting room *s* FILM Schneideraum *m*; **to end up on the ~ floor** *fig* im Papierkorb enden

cuttlefish [ˈkʌtlfɪʃ] *s* Sepie *f*

cut up² *umg adj* **he was very ~ about it** das hat ihn schwer getroffen

CV *abk* (= curriculum vitae) Lebenslauf *m*

cwt *abk* (= hundredweight) Zentner *m*

cyanide [ˈsaɪənaɪd] *s* Zyanid *n*

cyber attack [ˈsaɪbə-] *s* Cyberangriff *m*

cyberbullying [ˈsaɪbə-] *s* Cybermobbing *n*

cybercafé [ˈsaɪbə-] *s* Internetcafé *n*

cyberchondria [saɪbəˈkɒndrɪə] *s* Cyberchondrie *f* (*Selbstdiagnose im Internet und dadurch Überängstlichkeit*)

cybercrime [ˈsaɪbəkraɪm] *s* Computerkriminalität *f*

cyber espionage [ˈsaɪbə-] *s* IT Cyberspionage *f*

Cyber Monday *s* Cyber-Montag *m* (*Montag nach Thanksgiving, an dem die meisten Onlinekäufe abgewickelt werden*)

cybernetics *s* Kybernetik *f*

cyber security [ˈsaɪbə-] *s* IT Cybersicherheit *f*

cyberspace *s* Cyberspace *m*

cybersquatter [ˈsaɪbəˌskwɒtə, *US* ˈsaɪbərˌskwɑːtər] *s* IT Cybersquatter(in) *m(f)* (*j-d, der bekannte Firmen- oder Eigennamen als Webadressen registriert, um sie dann an die betreffende Firma oder Person zu verkaufen*)

cybersquatting [ˈsaɪbəˌskwɒtɪŋ, *US* ˈsaɪbərˌskwɑːtɪŋ] *s* IT Cybersquatting *n* (*das Registrieren von bekannten Firmen- oder Eigennamen als Webadresse, um diese dann an die betreffende Firma oder Person weiterzuverkaufen*)

cyberstalking [ˈsaɪbəˌstɔːkɪŋ] *s* Cybermobbing *n*, Cyberstalking *n*

cyberterrorism [ˈsaɪbəˌterərɪzm] *s* Cyberterrorismus *m*

cyberterrorist [ˈsaɪbəˌterərɪst] *s* Cyberterrorist(in) *m(f)*

cycle [ˈsaɪkl] A *s* 1 Zyklus *m*; *von Ereignissen* Gang *m* 2 (Fahr)rad *n* B *v/i* mit dem (Fahr)rad fahren; Rad fahren

cycle courier *s* Fahrradkurier(in) *m(f)*

cycle helmet *s* (Fahr)radhelm *m*

cycle lane *Br s* (Fahr)radweg *m*

cycle path *Br s* (Fahr)radweg *m*
cycler ['saɪklə^r] *US s* → cyclist
cycle race *s* Radrennen *n*
cycle rack *s* Fahrradständer *m*
cycle shed *s* Fahrradstand *m*
cycle track *s* (Fahr)radweg *m*; SPORT Radrennbahn *f*
cyclic(al) ['saɪklɪk(əl)] *adj* zyklisch; WIRTSCH konjunkturbedingt
cycling ['saɪklɪŋ] *s* Radfahren *n*; **I enjoy ~** ich fahre gern Rad
cycling holiday *Br s* Urlaub *m* mit dem Fahrrad
cycling shorts *pl* Radlerhose *f*
cycling tour *s* Radtour *f*
cyclist ['saɪklɪst] *s* (Fahr)radfahrer(in) *m(f)*
cyclone ['saɪkləʊn] *s* Zyklon *m*; **~ cellar** *US* tiefer Keller zum Schutz vor Zyklonen
cygnet ['sɪgnɪt] *s* Schwanjunge(s) *n*
cylinder ['sɪlɪndə^r] *s* MATH, AUTO Zylinder *m*; **a four-cylinder car** ein vierzylindriges Auto; **to be firing on all ~s** *fig* in Fahrt sein
cylinder capacity *s* AUTO Hubraum *m*
cylinder head *s* AUTO Zylinderkopf *m*
cylindrical [sɪ'lɪndrɪkəl] *adj* zylindrisch
cymbal ['sɪmbəl] *s* Beckenteller *m*; **~s** Becken *n*
cynic ['sɪnɪk] *s* Zyniker(in) *m(f)*
cynical *adj*, **cynically** ['sɪnɪkəl, -klɪ] *adv* zynisch; **he was very ~ about it** er äußerte sich sehr zynisch dazu
cynicism ['sɪnɪsɪzəm] *s* Zynismus *m*
cypher *s* → cipher
Cypriot ['sɪprɪət] A *adj* zypriotisch B *s* Zypriot(in) *m(f)*
Cyprus ['saɪprəs] *s* Zypern *n*
Cyrillic ['sɪrɪlɪk] *adj* kyrillisch
cyst [sɪst] *s* Zyste *f*
cystic fibrosis [ˌsɪstɪkfaɪ'brəʊsɪs] *s* zystische Fibrose
cystitis [sɪ'staɪtɪs] *s* Blasenentzündung *f*
czar [zɑː^r] *s* Zar *m*
Czech [tʃek] A *adj* tschechisch B *s* 1 Tscheche *m*, Tschechin *f* 2 LING Tschechisch *n*
Czechoslovakia [tʃekəʊsləˈvækɪə] *s* HIST die Tschechoslowakei
Czech Republic *s* Tschechien *n*, Tschechische Republik

D

D, d [diː] *s* D *n*, d *n*; SCHULE ausreichend; **D sharp** Dis *n*, dis *n*; **D flat** Des *n*, des *n*
d¹ *Br obs abk* (= **pence**) Pence
d² *abk* (= **died**) gest.
'd *abk* (= **had, would**) → have; → would
DA *US abk* (= **District Attorney**) Bezirksstaatsanwalt *m*, Bezirksstaatsanwältin *f*
DAB *abk* (= **Digital Audio Broadcasting**) DAB *n*, Digitalradio *n*
dab¹ [dæb] A *s* Klecks *m*; *von Creme, Puder etc* Tupfer *m*; *von Flüssigkeit, Leim* Tropfen *m*; **a dab of ointment** *etc* ein bisschen Salbe *etc*; **to give sth a dab of paint** etw überstreichen B *v/t mit Puder etc* betupfen; *mit Handtuch* tupfen; **to dab one's eyes** sich (*dat*) die Augen tupfen; **she dabbed ointment on the wound** sie betupfte sich (*dat*) die Wunde mit Salbe
dab² *umg adj* **to be a dab hand at sth** *Br* gut in etw (*dat*) sein; **to be a dab hand at doing sth** *Br* sich darauf verstehen, etw zu tun

phrasal verbs mit dab:
dab off *v/t* ⟨-bb-⟩ abtupfen
dab on *v/t* ⟨-bb-⟩ auftragen

dabble ['dæbl] *fig v/i* **to ~ in/at sth** sich (nebenbei) mit etw beschäftigen; **he ~s in stocks and shares** er versucht sich an der Börse
dacha ['dætʃə] *s* Datsche *f*
dachshund ['dækshʊnd] *s* Dackel *m*
dad [dæd], **daddy** ['dædɪ] *umg s* Papa *m umg*, Vati *m umg*
daddy-longlegs [ˌdædɪ'lɒŋlegz] *s* ⟨*pl* -⟩ *Br* Schnake *f*; *US* Weberknecht *m*
Daesh [dɑːʃ, daɪ'eʃ] *abk* (= **al-Dawla al-Islamiyah fi al-Iraq wa-al-Sham**) (≈ *ISIS*) Daesch *m*
daffodil ['dæfədɪl] *s* Narzisse *f*
daft [dɑːft] *adj* ⟨+*er*⟩ doof *umg*; **what a ~ thing to do** so was Doofes *umg*; **he's ~ about football** *umg* er ist verrückt nach Fußball *umg*
dagger ['dægə^r] *s* Dolch *m*; **to be at ~s drawn with sb** *fig* mit j-m auf (dem) Kriegsfuß stehen; **to look ~s at sb** *Br* j-n mit Blicken durchbohren
dahlia ['deɪlɪə] *s* Dahlie *f*
daily ['deɪlɪ] A *adj & adv* täglich; **~ newspaper** Tageszeitung *f*; **~ wage** Tageslohn *m*; **~ grind** täglicher Trott; **~ life** der Alltag, das Alltagsleben; **he is employed on a ~ basis** er ist tageweise angestellt B *s* Tageszeitung *f*
daily bread *fig s* **to earn one's ~** sich (*dat*) sein

Brot verdienen
daintily ['deɪntɪlɪ] *adv* zierlich; *sich bewegen* anmutig
dainty ['deɪntɪ] *adj* ⟨*komp* daintier⟩ **1** zierlich; *Bewegung* anmutig **2** geziert
dairy ['deərɪ] *s* Molkerei *f*
dairy cattle *pl* Milchvieh *n*
dairy cow *s* Milchkuh *f*
dairy farm *s* auf Milchviehhaltung spezialisierter Bauernhof
dairy farming *s* Milchviehhaltung *f*
dairy foods *pl* Milchprodukte *pl*
dairy-free *adj* milchfrei, laktosefrei
dairy produce *s*, **dairy products** *pl* Milchprodukte *pl*
dais ['deɪɪs] *s* Podium *n*
daisy ['deɪzɪ] *s* Gänseblümchen *n*; **to be pushing up the daisies** *umg* sich (*dat*) die Radieschen von unten besehen *hum*
daisywheel ['deɪzɪwiːl] *s* TYPO, COMPUT Typenrad *m*
daisywheel printer *s* Typenraddrucker *m*
dale [deɪl] *nordenglisch liter s* Tal *n*
Dalmatian [dæl'meɪʃən] *s* (≈ *Hund*) Dalmatiner *m*
dam [dæm] **A** *s* Damm *m* **B** *v/t* (*a.* **dam up**) (auf)stauen; *Tal* eindämmen
damage ['dæmɪdʒ] **A** *s* **1** Schaden *m* (**to** an +*dat*); **to do a lot of ~** großen Schaden anrichten; **to do sb/sth a lot of ~** j-m/einer Sache (*dat*) großen Schaden zufügen; **it did no ~ to his reputation** das hat seinem Ruf nicht geschadet; **the ~ is done** *fig* es ist passiert **2** **~s** *pl* JUR Schadenersatz *m* **3** *umg* (≈ *Kosten*) **what's the ~?** was kostet der Spaß? *umg* **B** *v/t* schaden (+*dat*); *Maschine, Möbel, Baum* beschädigen; **to ~ one's eyesight** sich (*dat*) die Augen verderben; **to ~s one's chances** sich (*dat*) die Chancen verderben
damage assessment *s* Schadensfeststellung *f*
damaged ['dæmɪdʒd] *adj Ware* schadhaft, beschädigt
damage limitation *s* Schadensbegrenzung *f*
damaging ['dæmɪdʒɪŋ] *adj* schädlich; *Bemerkungen* abträglich; **to be ~ to sb/sth** schädlich für j-n/etw sein
dame [deɪm] *s* **1** Dame *Br Titel der weiblichen Träger des „Order of the British Empire"* **2** THEAT (komische) Alte
dammit ['dæmɪt] *umg int* verdammt *umg*; **it weighs 2 kilos as near as ~** es wiegt so gut wie 2 Kilo
damn [dæm] **A** *int umg* verdammt *umg* **B** *s umg* **he doesn't give a ~** er schert sich einen Dreck (darum) *umg*; **I don't give a ~** das ist mir piepegal *umg* **C** *adj* ⟨*attr*⟩ *umg* verdammt; **it's a ~ nuisance** das ist ein verdammter Mist *umg*; **a ~ sight better** verdammt viel besser *umg*; **I can't see a ~ thing** verdammt (noch mal), ich kann überhaupt nichts sehen *umg* **D** *adv umg* verdammt; **I should ~ well think so** das will ich doch stark annehmen; **pretty ~ good/quick** verdammt gut/schnell *umg*; **you're ~ right** du hast völlig recht **E** *v/t* **1** REL verdammen **2** verurteilen; *Buch etc* verreißen **3** *umg* **~ him/you!** verdammt! *umg*; **~ it!** verdammt (noch mal)! *umg*; **well, I'll be ~ed!** Donnerwetter! *umg*; **I'll be ~ed if I'll go there** ich denk nicht (im Schlaf) dran, da hinzugehen *umg*; **I'll be ~ed if I know** weiß der Teufel *umg*
damnation [dæm'neɪʃən] **A** *s* KIRCHE Verdammung *f*, Verdammnis *f* **B** *int obs umg* verdammt *umg*
damned [dæmd] **A** *adj* **1** verdammt **2** *umg* → damn C **B** *adv* → damn D **C** *s* KIRCHE *liter* **the ~** *pl* die Verdammten *pl*
damnedest ['dæmdɪst] *s* **to do** *od* **try one's ~** *umg* verdammt noch mal sein Möglichstes tun *umg*
damning ['dæmɪŋ] *adj* vernichtend; *Beweise* belastend
damp [dæmp] **A** *adj* ⟨+er⟩ feucht **B** *s* Feuchtigkeit *f* **C** *v/t* **1** anfeuchten **2** *Geräusche, Begeisterung* dämpfen; (*a.* **~ down**) *Feuer* ersticken
dampen ['dæmpən] *v/t* → damp C
damper ['dæmpə'] *s* **to put a ~ on sth** einer Sache (*dat*) einen Dämpfer aufsetzen
dampness *s* Feuchtigkeit *f*
damp-proof ['dæmppruːf] *adj* **~ course** Dämmschicht *f*
damson ['dæmzən] *s* Damaszenerpflaume *f*
dance [dɑːns] **A** *s* Tanz *m*; **~ class** Tanzstunde *f*; **may I have the next ~?** darf ich um den nächsten Tanz bitten?; **to go to a ~** tanzen gehen **B** *v/t* tanzen **C** *v/i* **1** tanzen; **would you like to ~?** möchten Sie tanzen? **2** (≈ *sich bewegen*) **to ~ about** (herum)tänzeln; **to ~ up and down** auf- und abhüpfen; **to ~ for joy** einen Freudentanz aufführen
dance band *s* Tanzkapelle *f*
dance floor *s* Tanzfläche *f*
dance hall *s* Tanzhalle *f*
dancehall *s* MUS Dancehall *m*
dance music *s* Tanzmusik *f*
dancer ['dɑːnsə'] *s* Tänzer(in) *m(f)*
dance theatre *s*, **dance theater** *US s* Tanztheater *n*
dancing ['dɑːnsɪŋ] **A** *s* Tanzen *n* **B** *adj* ⟨*attr*⟩ Tanz-; **~ lessons** *pl* Tanzstunden *pl*
dancing girl *s* Tänzerin *f*
dandelion ['dændɪlaɪən] *s* Löwenzahn *m*
dandruff ['dændrəf] *s* Schuppen *pl*

Dane [deɪn] s Däne m, Dänin f
danger ['deɪndʒə'] s **1** Gefahr f; **the ~s of smoking** die mit dem Rauchen verbundenen Gefahren; **to put sb/sth in ~** j-n/etw gefährden; **to be in ~ of doing sth** Gefahr laufen, etw zu tun; **the species is in ~ of extinction** die Art ist vom Aussterben bedroht; **out of ~** außer Gefahr; **there is a ~ of fire** es besteht Feuergefahr; **there is a ~ of his getting lost** besteht die Gefahr, dass er sich verirrt; **to be a ~ to sb/sth** für j-n/etw eine Gefahr bedeuten; **he's a ~ to himself** er bringt sich selbst in Gefahr **2** "**danger**" "Achtung, Lebensgefahr!"; Verkehr "Gefahrenstelle"; "**danger, keep out**" "Zutritt verboten, Lebensgefahr!"
danger money s Gefahrenzulage f
dangerous ['deɪndʒrəs] adj gefährlich; Fahrweise rücksichtslos; **the Bronx can be a ~ place** die Bronx kann gefährlich sein; **this is a ~ game we're playing** wir spielen hier gefährlich
dangerously ['deɪndʒrəslɪ] adv gefährlich; niedrig, hoch bedenklich; fahren rücksichtslos; **the deadline is getting ~ close** der Termin rückt bedenklich nahe; **she was ~ ill** sie war todkrank; **let's live ~ for once** lass uns einmal etwas riskieren
danger signal s Warnsignal n
dangle ['dæŋgl] **A** v/t baumeln lassen **B** v/i baumeln
Danish ['deɪnɪʃ] **A** adj dänisch **B** s **1** (≈ Sprache) Dänisch n **2** → Danish pastry
Danish blue (cheese) s Blauschimmelkäse m
Danish pastry s Plundergebäck n
dank [dæŋk] adj (unangenehm) feucht
Danube ['dænjuːb] s Donau f
dappled ['dæpld] adj **1** gefleckt **2** Pferd scheckig
dare [dɛə'] **A** v/i es wagen, sich trauen; **he wouldn't ~!** er wird sich schwer hüten; **you ~!** untersteh dich!; **how ~ you!** was fällt dir ein! **B** v/t **1** **to ~ (to) do sth** (es) wagen, etw zu tun, sich trauen, etw zu tun; **he wouldn't ~ say anything bad about his boss** er wird sich hüten, etwas Schlechtes über seinen Chef zu sagen; **how ~ you say such things?** wie kannst du es wagen, so etwas zu sagen? **2** (≈ herausfordern) **go on, I ~ you!** trau dich doch, du Feigling!; **are you daring me?** wetten, dass? umg; **(I) ~ you to jump off** spring doch, du Feigling! **C** s Mutprobe f; **to do sth for a ~** etw als Mutprobe tun
daredevil ['dɛəˌdevl] **A** s Draufgänger(in) m(f) **B** adj waghalsig
daring A adj **1** mutig; Versuch kühn; Flucht waghalsig **2** (≈ dreist) wagemutig; Buch gewagt **B** s Wagemut m
daringly ['dɛərɪŋlɪ] adv mutig, kühn geh
dark [dɑːk] **A** adj ‹+er› **1** dunkel; **it's getting ~** es wird dunkel; **a ~ blue** ein dunkles Blau **2** dunkelhaarig **3** (≈ übel) finster **4** Gedanken düster **B** s **1** **the ~** die Dunkelheit; **they aren't afraid of the ~** sie haben keine Angst vor der Dunkelheit; **after/before ~** nach/vor Einbruch der Dunkelheit; **we'll be back after ~** wir kommen wieder, wenn es dunkel ist **2** fig **to be in the ~ (about sth)** keine Ahnung (von etw) haben; **to keep sb in the ~ (about sth)** j-n (über etw akk) im Dunkeln lassen
dark age s **the Dark Ages** das frühe Mittelalter; **to be living in the ~s** pej im finstersten Mittelalter leben
dark chocolate s Zartbitterschokolade f
darken ['dɑːkən] **A** v/t wörtl dunkel machen **B** v/i wörtl dunkel werden; Himmel sich verdunkeln; vor Sturm sich verfinstern
dark energy s PHYS Dunkle Energie
dark-eyed adj dunkeläugig
dark glasses pl Sonnenbrille f; von Blinden dunkle Brille
dark horse fig s stilles Wasser
dark matter s PHYS Dunkle Materie
darkness wörtl s Dunkelheit f; **in total ~** in völliger Dunkelheit; **the house was in ~** das Haus lag im Dunkeln
darkroom s FOTO Dunkelkammer f
dark-skinned adj dunkelhäutig
dark web s IT schwarzes Internet
darling ['dɑːlɪŋ] s **1** Schatz m, Schätzchen n; **he is the ~ of the crowds** er ist der Publikumsliebling; **be a ~ and …** sei ein Schatz und … **2** als Anrede Liebling m
darn¹ [dɑːn] v/t Handarbeiten stopfen
darn², (a. **darned**) umg **A** adj verdammt umg; **a ~ sight better** ein ganzes Ende besser umg **B** adv verdammt umg; **we'll do as we ~ well please** wir machen genau das, was wir wollen; **~ near impossible** so gut wie unmöglich **C** v/t **~ it!** verflixt noch mal! umg
darned [dɑːnd] adj adv & adv → darn²
dart [dɑːt] **A** s **1** Bewegung Satz m **2** SPORT (Wurf)pfeil m **B** v/i flitzen; Fisch schnellen; **to ~ out** hinausflitzen; Fisch, Zunge herausschnellen; **to ~ in** hereinstürzen; **he ~ed behind a bush** er hechtete hinter einen Busch **C** v/t Blick werfen; **to ~ a glance at sb** j-m einen Blick zuwerfen
dart board s Dartscheibe f
darts [dɑːts] s Darts n
dash [dæʃ] **A** s **1** Jagd f; **he made a ~ for the door** er stürzte auf die Tür zu; **she made a ~ for it** sie rannte, so schnell sie konnte; **to**

make a ~ for freedom versuchen, in die Freiheit zu entkommen; **it was a mad ~ to the hospital** wir/sie *etc* eilten Hals über Kopf zum Krankenhaus **2** a ~ of etwas; **a ~ of colour** *Br*, **a ~ of color** *US* ein Farbtupfer *m* **3** TYPO Gedankenstrich *m* **B** *v/t* schleudern; **to ~ sth to pieces** etw in tausend Stücke zerschlagen; *j-s Hoffnungen* zunichtemachen **3** *umg* → **darn**² **C** *v/i* sausen *umg*; **to ~ into a room** in ein Zimmer stürmen; **to ~ away/back/up** fort-/zurück-/hinaufstürzen **2** schlagen; *Wellen* peitschen

phrasal verbs mit dash:
dash off A *v/i* losstürzen; **sorry to have to dash off like this** es tut mir leid, dass ich so forthetzen muss **B** *v/t* ⟨*trennb*⟩ *Brief, Aufsatz* hinwerfen

dashboard ['dæʃbɔːd] *s* Armaturenbrett *n*
dashboard camera *s* Armaturenbrettkamera *f*, Dashcam *f*
dashcam, dash cam ['dæʃkæm] *s abk* (= dashboard camera) Armaturenbrettkamera *f*, Dashcam *f*
dashing ['dæʃɪŋ] *obs adj* **1** schneidig, flott, fesch *bes österr* **2** temperamentvoll, dynamisch; **a ~ young officer** ein zackiger junger Offizier
DAT *abk* (= digital audio tape) DAT *n*
data ['deɪtə] *pl* Daten *pl*; **personal ~** persönliche Angaben
data analysis *s* Datenanalyse *f*
data bank *s* Datenbank *f*
database *s* Datenbank *f*; **~ manager** Datenbankmanager(in) *m(f)*
data breach *s beabsichtigt* Datenleck *n*; *unbeabsichtigt* Datenpanne *f*
data capture *s* Datenerfassung *f*
data carrier *s* Datenträger *m*
data file *s* Datei *f*
data format *s* Dateiformat *n*
data gathering *s* Datenerhebung *f*
data processing *s* Datenverarbeitung *f*
data projector *s* Beamer *m*
data protection *s* Datenschutz *m*
data retrieval *s* Datenabruf *m*
data traffic *s* Datenverkehr *m*
data transfer *s* Datentransfer *m*
data transmission *s* Datenübertragung *f*
dataveillance ['deɪtəveɪləns] *s* Datenüberwachung *f*, Überwachung *f* von Kunden- und Personendaten
date¹ [deɪt] *s* Dattel *f*
date² [deɪt] **A** *s* **1** Datum *n*; *historisch* Jahreszahl *f*; *geschäftlich etc* Termin *m*; **~ of birth** Geburtsdatum *n*; **what's the ~ today?** welches Datum haben wir heute?; **to ~** bis heute **2** Verabredung *f*; *mit Freund, Freundin* Rendezvous *n*; **who's his ~?** mit wem trifft er sich?; **his ~ didn't show up** diejenige, mit der er ausgehen wollte, hat ihn versetzt *umg*; **to go on a ~ with sb** mit j-m ausgehen; **to make a ~ with sb** sich mit j-m verabreden; **I've got a lunch ~ today** ich habe mich heute zum Mittagessen verabredet **B** *v/t* **1** mit dem Datum versehen; *Brief* datieren; **a letter ~d the seventh of August** ein vom siebten August datierter Brief **2** (≈ *Alter ermitteln*) *Kunstwerk etc* datieren **3** *Freund, Freundin* ausgehen mit; *regelmäßig* gehen mit *umg* **C** *v/i* **1** **to ~ back to** zurückdatieren auf (+*akk*); **to ~ from** zurückgehen auf (+*akk*); *Antiquität etc* stammen aus **2** *Paar* miteinander gehen
datebook *s US* Terminkalender *m*
dated ['deɪtɪd] *adj* altmodisch
date rape *s* Vergewaltigung nach einem Rendezvous
date-rape drug *s* Vergewaltigungsdroge *f*
date stamp *s* Datumsstempel *m*; *für eingehende Post* Eingangsstempel *m*
dating agency ['deɪtɪŋ-] *s* Partnervermittlung *f*
dating site *s* INTERNET Partnerbörse *f*
dative ['deɪtɪv] **A** *s* Dativ *m*; **in the ~** im Dativ **B** *adj* **~ object** Dativobjekt *n*; **the ~ case** der Dativ
daub [dɔːb] *v/t Wände* beschmieren; *Farbe* schmieren; *Fett, Schlamm* streichen
daughter ['dɔːtə] *s* Tochter *f*
daughter-in-law ['dɔːtərɪnlɔː] *s* ⟨*pl* daughters-in-law⟩ Schwiegertochter *f*
daunt [dɔːnt] *v/t* **to be ~ed by sth** sich von etw entmutigen lassen
daunting ['dɔːntɪŋ] *adj* entmutigend
dawdle ['dɔːdl] *v/i* trödeln
dawdler ['dɔːdlə] *s* Trödler(in) *m(f)*, Tandler(in) *m(f) österr*
dawn [dɔːn] **A** *s* (Morgen)dämmerung *f*, Tagesanbruch *m*; **at ~** bei Tagesanbruch; **it's almost ~** es ist fast Morgen; **from ~ to dusk** von morgens bis abends **B** *v/i* **1** **day was already ~ing** es dämmerte schon **2** *fig neues Zeitalter etc* anbrechen **3** *umg* **to ~ (up)on sb** j-m zum Bewusstsein kommen; **it ~ed on him that ...** es wurde ihm langsam klar, dass ...
dawn chorus *s* Morgenkonzert *n* der Vögel
dawn raid *s durch Polizei* Razzia *f* (*in den frühen Morgenstunden*)
day [deɪ] *s* **1** Tag *m*; **any day (now)** jeden Tag; **what day is it today?** welcher Tag ist heute?; **twice a day** zweimal täglich; **the day before yesterday** vorgestern; **the day after/before, the following/previous day** am Tag danach/zuvor; **the day after tomorrow** übermorgen; **that day** an jenem Tag; **from that day**

on(wards) von dem Tag an; **two years ago to the day** auf den Tag genau vor zwei Jahren; **one day** eines Tages; **one of these days** irgendwann (einmal); **every day** jeden Tag; **day in, day out** tagein, tagaus; **they went to London for the day** sie machten einen Tagesausflug nach London; **for days** tagelang; **day after day** Tag für Tag; **day by day** jeden Tag; **the other day** neulich; **at the end of the day** *fig* letzten Endes; **to live from day to day** von einem Tag auf den andern leben; **today of all days** ausgerechnet heute; **some day soon** demnächst; **I remember it to this day** daran erinnere ich mich noch heute; **all day (long)** den ganzen Tag; **to travel during the day** *od* **by day** tagsüber reisen; **at that time of day** zu der Tageszeit; **to be paid by the day** tageweise bezahlt werden; **let's call it a day** machen wir Schluss; **to have a nice day** einen schönen Tag verbringen; **to have a lazy day** einen Tag faulenzen; **have a nice day!** viel Spaß!; *bes US* schönen Tag noch!; **did you have a nice day?** war's schön?; **did you have a good day at the office?** wie war's im Büro?; **what a day!** *schrecklich* so ein fürchterlicher Tag!; **that'll be the day** das möcht ich sehen; **days** *pl* **of the week** Wochentage *pl* **2** **these days** heutzutage; **what are you doing these days?** was machst du denn so?; **in this day and age** heutzutage; **in days to come** künftig; **in his younger days** als er noch jünger war; **the happiest days of my life** die glücklichste Zeit meines Lebens; **those were the days** das waren noch Zeiten; **in the old days** früher; **in the good old days** in der guten alten Zeit; **it's early days yet** es ist noch zu früh; **this material has seen better days** dieser Stoff hat (auch) schon bessere Tage gesehen; **famous in her day** in ihrer Zeit berühmt **3** ⟨*kein pl*⟩ (≈ *Kampf, Wettbewerb*) **to win** *od* **carry the day** den Sieg bringen; **to save the day** den Kampf retten

daybreak *s* Tagesanbruch *m*; **at ~** bei Tagesanbruch

daycare *s* **to be in ~** in einer Tagesstätte untergebracht sein

day(care) centre *s*, **day(care) center** *US s* Tagesstätte *f*, Altentagesstätte *f*

daycation [deɪˈkeɪʃən] *s US* Tagesausflug *m*, Tagestrip *m*; **to take a few ~s** ein paar Tage freinehmen

daydream **A** *s* Tagtraum *m* **B** *v/i* (mit offenen Augen) träumen

daydreamer *s* Träumer(in) *m(f)*

day labourer *s*, **day laborer** *US s* Tagelöhner(in) *m(f)*

daylight [ˈdeɪlaɪt] *s* Tageslicht *n*; **in broad ~** am helllichten Tage; **to scare the living ~s out of sb** *umg* j-m einen fürchterlichen Schreck einjagen *umg*

daylight robbery *Br umg s* Halsabschneiderei *f umg*

daylight saving time *bes US s* Sommerzeit *f*

day nursery *s* Kindertagesstätte *f*

day-old *adj Streik, Waffenstillstand* seit einem Tag andauernd; *Essen, Zeitung* vom Vortag

day out *s* Ausflug *m*, Tagesausflug *m*

day pupil *s* SCHULE Externe(r) *m/f(m)*

day release *Br s* tageweise Freistellung von Angestellten zur Weiterbildung

day return (ticket) *s Br* BAHN Tagesrückfahrkarte *f*

day ticket *s Br* BAHN Tagesrückfahrkarte *f*

daytime [ˈdeɪtaɪm] **A** *s* Tag *m*; **in the ~** tagsüber **B** *adj* ⟨*attr*⟩ am Tage; **what's your ~ phone number?** unter welcher Nummer sind Sie tagsüber erreichbar?; **~ television** Vor- und Nachmittagsprogramm *n*

day-to-day *adj* täglich, alltäglich; **on a ~ basis** tageweise

day trader *s* BÖRSE Day-Trader(in) *m(f)*

day trading *s* BÖRSE Day-Trading *n*, Tagesspekulation *f*

day travel card *s* Tagesfahrkarte *f*

day trip *s* Tagesausflug *m*

day-tripper *s* Tagesausflügler(in) *m(f)*

daze [deɪz] *s* Benommenheit *f*; **in a ~** ganz benommen

dazed *adj* benommen

dazzle [ˈdæzl] *v/t* blenden

dazzle-free *adj Br* blendfrei

dazzling [ˈdæzlɪŋ] *wörtl, fig adj* blendend

DC[1] *abk* (= *direct current*) Gleichstrom *m*

DC[2] *abk* (= *District of Columbia*) Bundesdistrikt von Washington

D/D *abk* (= *direct debit*) Einzugsauftrag *m*

D-day [ˈdiːdeɪ] *s* HIST, *a. fig* der Tag X

deactivate [diːˈæktɪˌveɪt] *v/t* entschärfen

dead [ded] **A** *adj* **1** tot; **he has been ~ for two years** er ist seit zwei Jahren tot; **to shoot sb ~** j-n erschießen; **over my ~ body** *umg* nur über meine Leiche *umg*; **I wouldn't be seen ~ in that dress** *umg* das Kleid würde ich ums Verrecken nicht tragen *umg* **2** *Glieder* abgestorben; **my hand's gone ~** ich habe kein Gefühl in meiner Hand; **to be ~ to the world** tief und fest schlafen **3** *Batterie* leer **4** TEL tot; **to go ~** ausfallen **5** völlig; **~ silence** Totenstille *f*; **to come to a ~ stop** völlig zum Stillstand kommen **6** *umg* (≈ *erschöpft*) völlig kaputt *umg*; **she looked half ~** sie sah völlig kaputt aus *umg*; **I'm ~ on my feet** ich bin zum Umfallen kaputt *umg* **B** *adv* **1** genau; **~ straight** schnurgerade; **to be ~ on time** auf die Minute pünktlich kommen **2** *Br umg* (≈ *sehr*) total *umg*; **~ tired** totmüde; **you're ~ right** Sie haben völlig recht; **he was ~ lucky** er hat irrsinnig Glück gehabt; **~ slow** ganz langsam; **to be ~ certain about sth** *umg* bei etw todsicher sein; **he's ~ against it** er ist total dagegen **3 to stop ~** abrupt stehen bleiben **C** *s* **1 the ~** *pl* die Toten *pl*; **to rise from the ~** von den Toten auferstehen **2 in the** *od* **at ~ of night** mitten in der Nacht

dead centre *s*, **dead center** *US s* genaue Mitte; **to hit sth ~** etw genau in die Mitte treffen

deaden ['dɛdn] *v/t Schmerz* mildern; *Geräusch* dämpfen; *Gefühle* abstumpfen

dead end *s* Sackgasse *f*; **to come to a ~** *wörtl Straße* in einer Sackgasse enden; *Fahrer* an eine Sackgasse kommen; *fig* in eine Sackgasse geraten

dead-end *adj* ⟨*attr*⟩ **~ street** *bes US* Sackgasse *f*; **a ~ job** ein Job *m* ohne Aufstiegsmöglichkeiten

dead heat *s* totes Rennen

deadline *s* (letzter) Termin; **to fix** *od* **set a ~** eine Frist setzen; **to work to a ~** auf einen Termin hinarbeiten

deadlock *s* **to reach (a) ~** in eine Sackgasse geraten; **to end in ~** sich festfahren

deadlocked ['dɛdlɒkt] *adj Verhandlungen etc* festgefahren

dead loss *s* Totalverlust *m*; **to be a ~** zu nichts nutze sein

deadly ['dɛdlɪ] **A** *adj* ⟨*komp* deadlier⟩ tödlich; **their ~ enemy** ihr Todfeind *m* **B** *adv* **1** *dull* todlangweilig *umg*; **he was ~ serious** er meinte es todernst; **~ poisonous** tödlich

deadpan *adj Gesicht* unbewegt; *Stil, Humor* trocken; **with a ~ expression** mit unbeweglicher Miene

Dead Sea *s* Totes Meer

dead weight *s* **1** schwere Last **2** (≈ *Behinderung*) Belastung *f* **3** TECH Eigengewicht *n*

deaf [dɛf] **A** *adj* ⟨*+er*⟩ **~ as a (door)post** stocktaub **B** *s* **the ~** *pl* die Tauben *pl*

deaf aid *s* Hörgerät *n*

deaf-and-dumb [ˌdɛfən'dʌm] *adj* gehörlos, taubstumm *neg!*

deafen *wörtl v/t* taub machen

deafening ['dɛfnɪŋ] *adj Lärm* ohrenbetäubend; **a ~ silence** Totenstille *f*

deaf-mute ['dɛf'mjuːt] *s* Gehörlose(r) *m/f(m)*, Taubstumme(r) *m/f(m) neg!*

deafness *s* Taubheit *f* (**to** gegenüber)

deal[1] [diːl] **A** *s* Menge *f*; **a good** *od* **great ~ of** eine Menge; **not a great ~ of** nicht (besonders) viel; **and that's saying a great ~** und damit ist schon viel gesagt; **to mean a great ~ to sb** j-m viel bedeuten **B** *adv* **a good** *od* **great ~** viel

deal[2] ⟨*v: prät, pperf* dealt⟩ **A** *v/t* **1** (*a.* **~ out**) Karten geben **2** *Drogen* dealen *umg* **B** *v/i* **1** KART geben **2** *mit Drogen* dealen *umg* **C** *s* **1** (*a.* **business ~**) Geschäft *n*, Handel *m*; Abmachung *f*; **to do** *od* **make a ~ with sb** mit j-m ein Geschäft machen; mit j-m eine Abmachung treffen; **it's a ~** abgemacht! **2** *umg* **to give sb a fair ~** j-n anständig behandeln; **a better ~ for the workers** bessere Bedingungen für die Arbeiter; **the boss offered them a new ~** der Chef hat ihnen ein neues Angebot gemacht

phrasal verbs with deal:

deal in *v/i* ⟨*+obj*⟩ HANDEL handeln mit

deal out *v/t* ⟨*trennb*⟩ verteilen (**to** an +*akk*); *Karten* (aus)geben (**to** +*dat*); **to deal out punishment** Strafen verhängen

deal with *v/i* ⟨*+obj*⟩ **1** (≈ *geschäftlich*) verhandeln mit **2** sich kümmern um; *Gefühle* umgehen mit; HANDEL *Aufträge* erledigen; **let's deal with the adjectives first** behandeln wir zuerst die Adjektive; **you bad boy, I'll deal with you later** *umg* dich nehm ich mir später vor, du Lausebengel! *umg* **3** *Buch etc* handeln von; *Autor* sich befassen mit

dealer ['diːlə[r]] *s* **1** HANDEL Händler(in) *m(f)*, Großhändler(in) *m(f)* **2** *mit Drogen* Dealer(in) *m(f) umg* **3** KART Kartengeber *m*

dealing ['diːlɪŋ] *s* **1** Handel *m*; *mit Drogen* Dealen *n* **2** **~s** *pl* HANDEL Geschäfte *pl*; *allg* Umgang *m*; **to have ~s with sb** mit j-m zu tun haben

dealt [dɛlt] *prät & pperf* → deal[2]

dean [diːn] *s* KIRCHE, UNIV Dekan(in) *m(f)*

dear [dɪə[r]] **A** *adj* ⟨*+er*⟩ **1** lieb; **she is a ~ friend of mine** sie ist eine sehr gute Freundin von mir; **that is my ~est wish** das ist mein sehnlichster Wunsch; **these memories are very ~ to him** diese Erinnerungen sind ihm teuer **2** (≈ *reizend*) süß **3** *in Brief* **Dear John** Lieber John!; **Dear Sir** Sehr geehrter Herr X!; **Dear Madam** Sehr geehrte Frau X!; **Dear Sir or Madam** Sehr geehrte Damen und Herren!; **Dear Mr Kemp** Sehr geehrter Herr Kemp!, Lieber Herr Kemp! **4** teuer **B** *int* **oh ~!** oje!, du meine Güte! **C** *s* **hello/thank you ~** hallo/vielen Dank; **Robert ~** (mein lieber) Robert; **yes, ~** *zwischen Mann und Frau* ja, Liebling **D** *adv* teuer; **this will cost them ~** das wird sie teuer zu stehen kommen

dearly ['dɪəlɪ] *adv* **1** *lieben* von ganzem Herzen; **I would ~ love to marry** ich würde liebend gern heiraten **2** *fig* **he paid ~ (for it)** er hat es teuer bezahlt

death [dɛθ] *s* Tod *m*; Todesfall *m*; **~ by drowning** Tod durch Ertrinken; **to be burned to ~** verbrennen; *auf dem Scheiterhaufen* verbrannt

werden; **to starve to ~** verhungern; **to bleed to ~** verbluten; **to freeze to ~** erfrieren; **to fall to one's ~** zu Tode stürzen; **a fight to the ~** ein Kampf auf Leben und Tod; **to put sb to ~** j-n hinrichten; **to drink oneself to ~** sich zu Tode trinken; **to be at ~'s door** an der Schwelle des Todes stehen; **it will be the ~ of you** *umg* das wird dein Tod sein; **he will be the ~ of me** *umg* er bringt mich noch ins Grab; **to catch one's ~ (of cold)** *umg* sich (*dat*) den Tod holen; **I am sick to ~ of all this** *umg* ich bin das alles gründlich satt; **he looked like ~ warmed up** *Br umg*, **he looked like ~ warmed over** *US umg* er sah wie der Tod auf Urlaub aus *umg*
deathbed *s* Sterbebett *n*; **to be on one's ~** auf dem Sterbebett liegen
deathblow *s* Todesstoß *m*
death camp *s* Vernichtungslager *n*
death certificate *s* Totenschein *m*
death duties *Br pl* Erbschaftssteuern *pl*
deathly ['deθlɪ] **A** *adj* **~ hush** *od* **silence** Totenstille *f* **B** *adv* **~ pale** totenblass; **~ quiet** totenstill
death penalty *s* Todesstrafe *f*
death rate *s* Sterberate *f*
death row *s* Todestrakt *m*
death sentence *s* Todesurteil *n*
death threat *s* Morddrohung *f*
death toll *s* Zahl *f* der (Todes)opfer
deathtrap *s* Todesfalle *f*
death warrant *s* **to sign one's own ~** *fig* sein eigenes Todesurteil unterschreiben
death watch cell *s* Todeszelle *f*
débâcle [de'bɑ:kl] *s* Debakel *n* (**over** bei)
debase [dɪ'beɪs] *v/t* **1** j-n entwürdigen **2** Fähigkeiten herabsetzen
debatable [dɪ'beɪtəbl] *adj* fraglich
debate [dɪ'beɪt] **A** *v/t & v/i* debattieren, diskutieren (**with** mit), **about** über +*akk*; **he was debating whether or not to go** er überlegte hin und her, ob er gehen sollte **B** *s* Debatte *f*, Diskussion *f*
debauchery [dɪ'bɔ:tʃərɪ] *s* Ausschweifung *f*; **a life of ~** ein ausschweifendes Leben
debilitate [dɪ'bɪlɪteɪt] *v/t* schwächen
debilitating [dɪ'bɪlɪteɪtɪŋ] *adj* schwächend; *Geldmangel etc* lähmend
debit ['debɪt] **A** *s* Debet *n*; *bei Bank* Sollsaldo *n*; **~ account** Debetkonto *n* **B** *v/t* **to ~ sb/sb's account (with a sum)** j-n/j-s Konto (mit einer Summe) belasten
debit card *s* Debitkarte *f* (*Zahlungskarte, bei deren Nutzung das Konto sofort belastet wird*)
debrief [ˌdi:'bri:f] *v/t* befragen; **to be ~ed** Bericht erstatten

debris ['debri:] *s* Trümmer *pl*; GEOL Geröll *n*
debt [det] *s* Schuld *f*; (≈ *Geld*) Schulden *pl*; **to be in ~** verschuldet sein (**to** gegenüber); **to be £5 in ~** £ 5 Schulden haben (**to** bei); **he is in my ~** *finanziell* er hat Schulden bei mir; *wegen Hilfeleistung etc* er steht in meiner Schuld; **to run** *od* **get into ~** sich verschulden, Schulden machen; **to get out of ~** aus den Schulden herauskommen; **to repay a ~** eine Schuld begleichen
debt mountain *s* Schuldenberg *m*
debtor ['detə^r] *s* Schuldner(in) *m(f)*
debt relief *s* Schuldenerleichterung *m*
debug [ˌdi:'bʌg] *v/t* IT entwanzen; **~ging program** Fehlerkorrekturprogramm *n*
debugger [ˌdi:'bʌgə^r] *s* IT Debugger *m*
début ['deɪbju:] *s* Debüt *n*; **to make one's ~** THEAT debütieren; **~ album** Debütalbum *n*
débutant ['debjʊtɑ:nt] *s*, **debutant** *US s* Debütant *m*
débutante ['debjʊtɑ:nt] *s*, **debutante** *US s* Debütantin *f*
Dec *abk* (= **December**) Dez.
decade ['dekeɪd] *s* Jahrzehnt *n*
decadence ['dekədəns] *s* Dekadenz *f*
decadent *adj* dekadent
decaf(f) ['di:kæf] *umg s abk* (= **decaffeinated**) Koffeinfreie(r) *m umg*
decaffeinated [ˌdi:'kæfɪneɪtɪd] *adj* koffeinfrei
decal ['di:kæl] *US s* Abziehbild *n*
decamp [dɪ'kæmp] *v/i umg* verschwinden
decanter [dɪ'kæntə^r] *s* Karaffe *f*
decapitate [dɪ'kæpɪteɪt] *v/t* enthaupten *geh*
decathlete [dɪ'kæθli:t] *s* Zehnkämpfer *m*
decathlon [dɪ'kæθlən] *s* Zehnkampf *m*
decay [dɪ'keɪ] **A** *v/i* verfallen; *Fleisch, Gemüse* verwesen; *Zahn* faulen **B** *s* Verfall *m*; *von Fleisch, Gemüse* Verwesung *f*; **tooth ~** Zahnfäule *f*; **to fall into ~** verfallen
decayed [dɪ'keɪd] *adj* Zahn faul; Körper, Gemüse verwest
deceased [dɪ'si:st] **A** *adj* JUR *form* verstorben **B** *s* der/die Tote *od* Verstorbene; *pl* die Verstorbenen *pl*
deceit [dɪ'si:t] *s* Täuschung *f*
deceitful *adj* betrügerisch
deceitfully [dɪ'si:tfʊlɪ] *adv* betrügerischerweise; *sich verhalten* betrügerisch
deceitfulness *s* Falschheit *f*
deceive [dɪ'si:v] *v/t* täuschen; *Ehepartner* betrügen; **to ~ oneself** sich (*dat*) selbst etwas vormachen
decelerate [di:'seləreɪt] *v/i Auto, Zug* langsamer werden; *Fahrer* die Geschwindigkeit herabsetzen
December [dɪ'sembə^r] *s* Dezember *m*; → Sep-

tember

decency ['di:sənsɪ] s Anstand m; **it's only common ~ to …** es gehört sich einfach, zu …; **he could have had the ~ to tell me** er hätte es mir anständigerweise auch sagen können

decent ['di:sənt] adj **1** anständig; **are you ~?** umg bist du schon salonfähig? umg; **to do the ~ thing** das einzig Anständige tun **2** passabel, annehmbar

decently ['di:səntlɪ] adv anständig

decentralization ['di:ˌsentrəlaɪ'zeɪʃən] s Dezentralisierung f

decentralize [di:'sentrəlaɪz] v/t & v/i dezentralisieren

decentralized adj dezentral

deception [dɪ'sepʃən] s Täuschung f; von Ehepartner Betrug m

deceptive [dɪ'septɪv] adj irreführend; **to be ~** täuschen; **appearances can be ~** der Schein trügt

deceptively [dɪ'septɪvlɪ] adv einfach täuschend; stark überraschend; mild trügerisch; **to look ~ like sb/sth** j-m/einer Sache täuschend ähnlich sehen

decide [dɪ'saɪd] **A** v/t (sich) entscheiden, beschließen; **what did you ~?** wie habt ihr euch entschieden?, was habt ihr beschlossen?; **did you ~ anything?** habt ihr irgendwelche Entscheidungen getroffen?; **I have ~d we are making a mistake** ich bin zu der Ansicht gekommen, dass wir einen Fehler machen; **I'll ~ what we do!** ich bestimme, was wir tun!; **B** v/i (sich) entscheiden; **to ~ for/against sth** (sich) für/gegen etw entscheiden

phrasal verbs mit decide:

decide on v/i ⟨+obj⟩ sich entscheiden für

decided [dɪ'saɪdɪd] adj Verbesserung entschieden; Vorteil deutlich

decidedly [dɪ'saɪdɪdlɪ] adv entschieden; **he's ~ uncomfortable about it** es ist ihm gar nicht wohl dabei; **~ dangerous** ausgesprochen gefährlich

decider [dɪ'saɪdə^r] Br s Entscheidungsspiel n; (≈ Tor) Entscheidungstreffer m

deciding [dɪ'saɪdɪŋ] adj entscheidend

deciduous [dɪ'sɪdjʊəs] adj **~ tree/forest** Laubbaum m/-wald m

decimal ['desɪməl] **A** adj Dezimal- **B** s Dezimalzahl f

decimal point s Komma n

decimate ['desɪmeɪt] v/t dezimieren

decipher [dɪ'saɪfə^r] v/t entziffern

decision [dɪ'sɪʒən] s Entscheidung f (**on** über +akk), Entschluss m; bes von Gremium etc Beschluss m; **to make a ~** eine Entscheidung treffen; **it's your ~** das musst du entscheiden; **to come to a ~** zu einer Entscheidung kommen; **I've come to the ~ that it's a waste of time** ich bin zu dem Schluss gekommen, dass es Zeitverschwendung ist; **~s, ~s!** immer diese Entscheidungen!

decision-maker s Entscheidungsträger(in) m(f)

decision-making adj ⟨attr⟩ **~ skills** Entschlusskraft f; **the ~ process** der Entscheidungsprozess

decision-making body s Entscheidungsinstanz f

decision-making process s Entscheidungsverfahren n

decisive [dɪ'saɪsɪv] adj **1** entscheidend **2** Vorgehensweise entschlossen; Mensch entschlussfreudig

decisively [dɪ'saɪsɪvlɪ] adv ändern entscheidend; besiegen deutlich

decisiveness s Entschlossenheit f

deck [dek] s **1** von Bus, Schiff Deck n; **on ~** auf Deck; **to go up on ~** an Deck gehen; **top** od **upper ~** Oberdeck n **2** **a ~ of cards** ein Kartenspiel n **3** (≈ Holzboden) Holzterrasse f; nicht ebenerdig Veranda f

deck chair s Liegestuhl m

-decker [-'dekə^r] s ⟨suf⟩ -decker m

decking ['dekɪŋ] s (≈ Holzboden) Holzterrasse f

declaration [ˌdeklə'reɪʃən] s Erklärung f; beim Zoll Deklaration f form; **~ of bankruptcy** Konkursanmeldung f; **to make a ~** eine Erklärung abgeben; **~ of war** Kriegserklärung f

declare [dɪ'kleə^r] v/t Absicht erklären; Ergebnis bekannt geben; Waren angeben; **have you anything to ~?** haben Sie etwas zu verzollen?; **to ~ one's support** seine Unterstützung zum Ausdruck bringen; **to ~ war (on sb)** (j-m) den Krieg erklären; **to ~ a state of emergency** den Notstand ausrufen; **to ~ independence** sich für unabhängig erklären; **to ~ sb bankrupt** j-n für bankrott erklären; **to ~ sb the winner** j-n zum Sieger erklären

declared adj erklärt

declension [dɪ'klenʃən] s GRAM Deklination f

decline [dɪ'klaɪn] **A** s Rückgang m; von Reich Niedergang m; **to be on the** od **in ~, to go** od **fall into ~** Geschäfte zurückgehen; Reich verfallen **B** v/t **1** Einladung ablehnen **2** GRAM deklinieren **C** v/i **1** Geschäfte zurückgehen; Preise a. sinken; Wert geringer werden; Beliebtheit, Einfluss abnehmen **2** GRAM dekliniert werden

decode [ˌdi:'kəʊd] v/t decodieren, entschlüsseln

decoder [ˌdi:'kəʊdə^r] s Decoder m

décolletage [deɪ'kɒltɑ:ʒ] s Dekolleté n

decompose [ˌdi:kəm'pəʊz] v/i sich zersetzen

decomposition [ˌdiːkɒmpə'zɪʃən] s Zersetzung f

decompression [ˌdiːkəm'preʃən] s Dekompression f, Druckverminderung f

decongestant [ˌdiːkən'dʒestənt] s abschwellendes Mittel

decontaminate [ˌdiːkən'tæmɪneɪt] v/t entgiften; *radioaktiven Bereich* entseuchen

decontamination [ˌdiːkəntæmɪ'neɪʃn] s Entgiftung f; *eines radioaktiven Bereichs* Entseuchung f

décor ['deɪkɔːʳ] s Ausstattung f

decorate ['dekəreɪt] v/t **1** *Kuchen* verzieren; *Straße, Weihnachtsbaum* schmücken; *Zimmer* tapezieren, (an)streichen; *für besonderen Anlass* dekorieren **2** *Soldat* auszeichnen

decorated adj geschmückt

decorating ['dekəreɪtɪŋ] s Tapezieren n, Streichen n

decoration [ˌdekə'reɪʃən] s Verzierung f, Schmuck m kein pl; **Christmas ~s** Weihnachtsschmuck m; **interior ~** Innenausstattung f

decorative ['dekərətɪv] adj dekorativ

decorator ['dekəreɪtəʳ] bes Br s Maler(in) m(f), Tapezierer(in) m(f)

decorum [dɪ'kɔːrəm] s Anstand m

decoy ['diːkɔɪ] s Köder m; *Mensch* Lockvogel m; **police ~** Lockvogel m der Polizei; **~ manoeuvre** Br, **~ maneuver** US Falle f

decrease **A** [diː'kriːs] v/i abnehmen; *Kräfte* nachlassen **B** [diː'kriːs] v/t reduzieren, vermindern **C** ['diːkriːs] s Abnahme f, Verminderung f; *von Produktion etc* Rückgang m; *von Kräften* Nachlassen n

decreasingly [diː'kriːsɪŋli] adv immer weniger

decree [dɪ'kriː] **A** s Anordnung f; POL *von König etc* Erlass m; JUR Verfügung f; *von Gericht* Entscheid m **B** v/t verordnen; **he ~d an annual holiday on 1st April** er erklärte den 1. April zum Feiertag

decree absolute s Br JUR endgültiges Scheidungsurteil

decree nisi [dɪˌkriː'naɪsaɪ] s Br JUR vorläufiges Scheidungsurteil

decrepit [dɪ'krepɪt] adj altersschwach; *Haus* baufällig

dedicate ['dedɪkeɪt] v/t widmen (**to sb** j-m); **to ~ oneself** od **one's life to sb/sth** sich od sein Leben j-m/einer Sache widmen

dedicated adj **1** *Haltung* hingebungsvoll; *Dienste, Fans* treu; *beruflich* engagiert; **a ~ nurse** eine Krankenschwester, die mit Leib und Seele bei der Sache ist; **she's ~ to her students** sie engagiert sich sehr für ihre Studenten **2** **~ word processor** dediziertes Textverarbeitungssystem

dedication [ˌdedɪ'keɪʃən] s **1** Hingabe f (**to** an +akk) **2** *in Buch* Widmung f

deduce [dɪ'djuːs] v/t schließen (**from** aus)

deduct [dɪ'dʌkt] v/t abziehen (**from** von); **to ~ sth from the price** etw vom Preis ablassen; **after ~ing 5%** nach Abzug von 5%

deductible [dɪ'dʌktəbl] adj abziehbar; *steuerlich* absetzbar

deduction [dɪ'dʌkʃən] s **1** Abzug m; *von Preis* Nachlass m (**from** für, auf +akk) **2** **by a process of ~** durch Folgern

deed [diːd] s **1** Tat f; **good ~** gute Tat; **evil ~** Übeltat f **2** JUR Übertragungsurkunde f; **~ of covenant** Vertragsurkunde f

deem [diːm] v/t **to ~ sb/sth (to be) sth** j-n/etw für etw erachten geh, j-n/etw für etw halten; **it was ~ed necessary** man hielt es für nötig

deep [diːp] **A** adj ⟨+er⟩ tief, breit; (≈ profund) tiefsinnig; *Sorge* groß; *Farbe* dunkel; **the pond/snow was 4 feet ~** der Teich war/der Schnee lag 4 Fuß tief; **two feet ~ in snow** mit zwei Fuß Schnee bedeckt; **two feet ~ in water** zwei Fuß tief unter Wasser; **the ~ end** *von Schwimmbad* das Tiefe; **to go off (at) the ~ end** *fig umg* auf die Palme gehen *umg*; **to be thrown in at the ~ end** *fig* gleich zu Anfang richtig ranmüssen *umg*; **the spectators stood ten ~** die Zuschauer standen zu zehnt hintereinander; **~est sympathy** aufrichtiges Beileid; **~ down, she knew he was right** im Innersten wusste sie, dass er recht hatte; **~ in conversation** ins Gespräch vertieft; **to be in ~ trouble** in großen Schwierigkeiten sein **B** adv ⟨+er⟩ tief; **~ into the night** bis tief in die Nacht hinein

deepen ['diːpən] **A** v/t vertiefen; *Rätsel* vergrößern; *Krise* verschärfen **B** v/i tiefer werden; *Kummer* zunehmen; *Rätsel* größer werden; *Streit* sich vertiefen; *Krise* sich verschärfen

deepening ['diːpənɪŋ] adj *Sorge* zunehmend; *Krise* sich verschärfend; *Rätsel* sich vertiefend

deep-fat fryer s Fritteuse f

deepfreeze s Tiefkühltruhe f, Gefrierschrank m

deep-fried adj frittiert

deep-fry v/t frittieren

deep fryer s Fritteuse f

deeply ['diːpli] adv tief; *besorgt, unglücklich, misstrauisch* äußerst; *schockiert, dankbar* zutiefst; *lieben* sehr; **~ committed** stark engagiert; **they are ~ embarrassed by it** es ist ihnen äußerst peinlich; **to fall ~ in love** sich sehr verlieben

deep-pan pizza s Pfannenpizza f

deep-rooted adj ⟨komp deeper-rooted⟩ *fig* tief verwurzelt

deep-sea adj Tiefsee-

deep-seated adj ⟨komp deeper-seated⟩ tief sitzend

deep-set adj ⟨komp deeper-set⟩ tief liegend

deep space s der äußere Weltraum
deep vein thrombosis s MED tiefe Venenthrombose
deer [dɪəʳ] s ⟨pl ->⟩ Reh n, Hirsch m; kollektiv Rotwild n
de-escalate [ˌdiːˈeskəleɪt] v/t deeskalieren
deface [dɪˈfeɪs] v/t verunstalten
defamatory [dɪˈfæmətərɪ] adj diffamierend
default[1] [dɪˈfɔːlt] **A** s **to win by ~** kampflos gewinnen **B** v/i in Bezug auf Pflichten etc säumig sein; **to ~ on one's payments** seinen Zahlungsverpflichtungen nicht nachkommen
default[2] [ˈdiːfɔːlt] **A** s IT Default m, Voreinstellung f **B** adj ⟨attr⟩ IT voreingestellt; **~ drive** Standardlaufwerk n
defeat [dɪˈfiːt] **A** s Niederlage f; von Gesetzesvorlage Ablehnung f; **their ~ of the enemy** ihr Sieg über den Feind; **to admit ~** sich geschlagen geben; **to suffer a ~** eine Niederlage erleiden **B** v/t Armee, Mannschaft besiegen, schlagen; Gesetzesvorlage ablehnen; **that would be ~ing the purpose of the exercise** dann verliert die Übung ihren Sinn
defect[1] [ˈdiːfekt] s Fehler m, Defekt m
defect[2] [dɪˈfekt] v/i POL sich absetzen; **to ~ to the enemy** zum Feind überlaufen
defection [dɪˈfekʃən] s POL Überlaufen n
defective [dɪˈfektɪv] adj fehlerhaft; Maschine: allg defekt
defence [dɪˈfens] s, **defense** US s **1** ⟨kein pl⟩ Verteidigung f kein pl; **in his ~** zu seiner Verteidigung; **to come to sb's ~** j-n verteidigen; **his only ~ was ...** seine einzige Rechtfertigung war ... **2** Abwehrmaßnahme f; MIL Befestigung f; **as a ~ against** als Schutz gegen; **his ~s were down** er war wehrlos
defence counsel s, **defense counsel** US s Verteidiger(in) m(f)
defenceless adj, **defenseless** US adj schutzlos, wehrlos
defence mechanism s, **defense mechanism** US s PHYSIOL, PSYCH Abwehrmechanismus m
defence minister s, **defense minister** US s Verteidigungsminister(in) m(f)
defend [dɪˈfend] v/t verteidigen (**against** gegen)
defendant s Angeklagte(r) m/f(m), Beklagte(r) m/f(m)
defender [dɪˈfendəʳ] s Verteidiger(in) m(f)
defending adj **the ~ champions** die Titelverteidiger pl
defense etc US s **defence**
defensive [dɪˈfensɪv] **A** adj defensiv **B** s **to be on the ~** MIL, a. fig in der Defensive sein
defensively [dɪˈfensɪvlɪ] adv a. SPORT defensiv
defer [dɪˈfɜːʳ] v/t verschieben; **to ~ doing sth** es verschieben, etw zu tun
deference [ˈdefərəns] s Achtung f; **out of** od **in ~ to** aus Achtung (dat) vor
deferential [ˌdefəˈrenʃəl] adj respektvoll
deferred payment s Zahlungsaufschub m; US Ratenzahlung f
defiance [dɪˈfaɪəns] s Trotz m (**of sb** j-m gegenüber; von Befehl, Gesetz Missachtung f (**of** +gen); **an act of ~** eine Trotzhandlung; **in ~ of sb/sth** j-m/etw zum Trotz
defiant adj trotzig, aufsässig, herausfordernd
defiantly adv trotzig; sich weigern standhaft
defibrillator [dɪˈfɪbrəˌleɪtəʳ] s MED Defibrillator m
deficiency [dɪˈfɪʃənsɪ] s Mangel m; FIN Defizit n; von Character, System Schwäche f; **iron ~** Eisenmangel m
deficient adj unzulänglich; **sb/sth is ~ in sth** j-m/einer Sache fehlt es an etw (dat)
deficit [ˈdefɪsɪt] s Defizit n
definable [dɪˈfaɪnəbl] adj definierbar; Grenzen, Pflichten bestimmbar
define [dɪˈfaɪn] v/t definieren; Pflichten etc festlegen
defining relative clause s GRAM notwendiger Relativsatz
definite [ˈdefɪnɪt] adj **1** definitiv, Antwort, Entscheidung klar; Abkommen, Termin, Plan fest; **is that ~?** ist das sicher?; **for ~** mit Bestimmtheit **2** Zeichen deutlich; Vorteil, Verbesserung eindeutig; Möglichkeit echt **3** Auftreten bestimmt; **she was very ~ about it** sie war sich (dat) sehr sicher
definite article s GRAM bestimmter Artikel
definitely [ˈdefɪnɪtlɪ] adv **1** entscheiden, bestimmen endgültig; **it's not ~ arranged/agreed yet** es steht noch nicht fest **2** (≈ klar) eindeutig, bestimmt, auf jeden Fall; **~ not** auf keinen Fall; **he ~ wanted to come** er wollte bestimmt kommen
definition [ˌdefɪˈnɪʃən] s **1** Definition f, Erklärung f; **by ~** definitionsgemäß **2** von Aufgaben, Grenzen Festlegung f **3** FOTO, TV Bildschärfe f
definitive [dɪˈfɪnɪtɪv] adj Sieg, Antwort entscheiden; Buch maßgeblich (**on** für)
deflate [ˌdiːˈfleɪt] v/t die Luft ablassen aus; **he felt a bit ~d when ...** es war ein ziemlicher Dämpfer für ihn, dass ...
deflation [ˌdiːˈfleɪʃən] s FIN Deflation f
deflect [dɪˈflekt] v/t ablenken; Ball abfälschen; PHYS Licht beugen
deflection [dɪˈflekʃən] s Ablenkung f; von Ball Abfälschung f; PHYS von Licht Beugung f
defogger [ˌdiːˈfɒgəʳ] US s Gebläse n
deforestation [diːˌfɒrɪˈsteɪʃən] s Entwaldung f
deformed [dɪˈfɔːmd] adj deformiert; TECH ver-

formt
deformity [dɪˈfɔːmɪtɪ] s Deformität f
defraud [dɪˈfrɔːd] v/t **to ~ sb of sth** j-n um etw betrügen
defrost [ˌdiːˈfrɒst] **A** v/t Kühlschrank abtauen; Lebensmittel auftauen **B** v/i Kühlschrank abtauen; Lebensmittel auftauen
deft adj ‹+er›, **deftly** [ˈdeft, -lɪ] adv geschickt
defunct [dɪˈfʌŋkt] fig adj Institution etc eingegangen; Gesetz außer Kraft
defuse [ˌdiːˈfjuːz] v/t entschärfen
defy [dɪˈfaɪ] v/t **1** j-m sich widersetzen (+dat); Befehle, Gesetz, Gefahr trotzen (+dat) **2** fig widerstehen (+dat); **to ~ description** jeder Beschreibung spotten; **that defies belief!** das ist ja unglaublich!; **to ~ gravity** den Gesetzen der Schwerkraft widersprechen
degenerate [dɪˈdʒenəreɪt] v/i degenerieren; Menschen, Moral entarten; **the demonstration ~d into violence** die Demonstration artete in Gewalttätigkeiten aus
degeneration [dɪˌdʒenəˈreɪʃən] s Degeneration f
degradable [dɪˈgreɪdəbl] adj Müll etc abbaubar
degradation [ˌdegrəˈdeɪʃən] s Erniedrigung f; GEOL Erosion f; CHEM Abbau m
degrade [dɪˈgreɪd] **A** v/t erniedrigen; CHEM abbauen; **to ~ oneself** sich erniedrigen **B** v/i CHEM sich abbauen
degrading [dɪˈgreɪdɪŋ] adj erniedrigend
degree [dɪˈgriː] s **1** Grad m kein pl; **an angle of 90 ~s** ein Winkel m von 90 Grad; **first ~ murder** Mord m; **second ~ murder** Totschlag m **2** von Risiko etc Maß n; **some** od **a certain ~ of** ein gewisses Maß an (+dat); **to some ~, to a (certain) ~** in gewissem Maße; **to such a ~ that …** in solchem Maße, dass … **3** UNIV akademischer Grad; **to get one's ~** seinen akademischen Grad erhalten; **to do a ~** studieren; **when did you do your ~?** wann haben Sie das Examen gemacht?; **I'm doing a ~ in languages** ich studiere Sprachwissenschaften; **I've got a ~ in Business Studies** ich habe einen Hochschulabschluss in Wirtschaftslehre
degree course s Universitätskurs, der mit dem ersten akademischen Grad abschließt
dehumanize [ˌdiːˈhjuːmənaɪz] v/t entmenschlichen
dehydrated [ˌdiːhaɪˈdreɪtɪd] adj dehydriert; Lebensmittel getrocknet; Mensch, Haut ausgetrocknet
dehydration [ˌdiːhaɪˈdreɪʃən] s Austrocknung f
de-ice [diːˈaɪs] v/t enteisen
de-icer [ˌdiːˈaɪsəʳ] s Enteiser m; für Auto Defroster m
deign [deɪn] v/t **to ~ to do sth** sich herablassen, etw zu tun
deity [ˈdiːɪtɪ] s Gottheit f
déjà vu [ˌdeɪʒɑːˈvuː] s Déjà-vu-Erlebnis n; **a feeling** od **sense of ~** das Gefühl, das schon einmal gesehen zu haben
dejected adj, **dejectedly** [dɪˈdʒektɪd, -lɪ] adv entmutigt
dejection [dɪˈdʒekʃən] s Niedergeschlagenheit f
delay [dɪˈleɪ] **A** v/t **1** verschieben, aufschieben; **to ~ doing sth** es verschieben, etw zu tun; **he ~ed paying until …** er wartete so lange mit dem Zahlen, bis …; **rain ~ed play** der Beginn des Spiels verzögerte sich wegen Regens **2** j-n, Verkehr aufhalten; **the bus was ~ed** der Bus hatte Verspätung **B** v/i warten; **to ~ in doing sth** es verschieben, etw zu tun; **he ~ed in paying the bill** er schob die Zahlung der Rechnung hinaus **C** s in Verkehrsfluss Stockung f; von Zug, Flug Verspätung f; (≈ Zeitverzug) Verzögerung f; **roadworks are causing ~s of up to 1 hour** Straßenbauarbeiten verursachen Staus bis zu 1 Stunde; **"delays possible (until …)"** „Staugefahr! (bis …)"; **there are ~s to all flights** alle Flüge haben Verspätung; **without ~** unverzüglich; **without further ~** ohne weitere Verzögerung
delaying [dɪˈleɪɪŋ] adj verzögernd; **~ tactics** Verzögerungstaktik f
delegate A [ˈdelɪgeɪt] **A** v/t delegieren; Befugnisse übertragen (**to sb** j-m); **to ~ sb to do sth** j-n damit beauftragen, etw zu tun **B** v/i delegieren **C** [ˈdelɪgət] s Delegierte(r) m/f(m)
delegation [ˌdelɪˈgeɪʃən] s Delegation f
delete [dɪˈliːt] v/t streichen; IT löschen, entfernen; **"delete where applicable"** „Nichtzutreffendes (bitte) streichen"
delete key s COMPUT Löschtaste f, Entfernungstaste f
deletion [dɪˈliːʃən] s Streichung f; IT Löschung f; **to make a ~** etwas streichen
deli [ˈdelɪ] umg s → delicatessen
deliberate A [dɪˈlɪbərət] adj **1** absichtlich; Versuch, Beleidigung, Lüge bewusst **2** besonnen; Bewegung bedächtig **B** [dɪˈlɪbəreɪt] v/i nachdenken (**on, upon** über +akk); mit anderen sich beraten (**on, upon** über +akk od wegen) **C** [dɪˈlɪbəreɪt] v/t bedenken; (≈ diskutieren) beraten
deliberately [dɪˈlɪbərətlɪ] adv **1** absichtlich; **the blaze was started ~** der Brand wurde vorsätzlich gelegt **2** überlegt; sich bewegen bedächtig
deliberation [dɪˌlɪbəˈreɪʃən] s **1** Überlegung f (**on** zu) **2** ~**s** pl (≈ Diskussionen) Beratungen pl (**of, on** über +akk)
delicacy [ˈdelɪkəsɪ] s **1** → delicateness **2** (≈ Speise) Delikatesse f

delicate ['delɪkɪt] **A** *adj* **1** fein; *Gesundheit* zart; *Mensch, Porzellan* zerbrechlich; *Magen* empfindlich; **she's feeling a bit ~ after the party** nach der Party fühlt sie sich etwas angeschlagen **2** *Unternehmen, Thema, Situation* heikel; *Problem* delikat **B** *pl* **~s** Feinwäsche *f*

delicately ['delɪkɪtlɪ] *adv* **1** *sich bewegen* zart **2** *parfümiert* fein; **~ flavoured** *Br*, **delivately flavored** *US* mit einem delikaten Geschmack **3** taktvoll

delicateness *s* **1** Zartheit *f* **2** Feinheit *f* **3** *von Unternehmen, Thema, Situation* heikle Natur

delicatessen [ˌdelɪkə'tesn] *s* Feinkostgeschäft *n*

delicious [dɪ'lɪʃəs] *adj* **1** *Speise etc* köstlich, lecker **2** *(≈ wunderbar)* herrlich

deliciously [dɪ'lɪʃəslɪ] *adv* **1** *zart* köstlich **2** *warm, duftend* herrlich

delight [dɪ'laɪt] **A** *s* Freude *f*; **to my ~** zu meiner Freude; **he takes great ~ in doing that** es bereitet ihm große Freude, das zu tun; **he's a ~ to watch** es ist eine Freude, ihm zuzusehen **B** *v/i* sich erfreuen (**in** an +*dat*)

delighted [dɪ'laɪtɪd] *adj* erfreut (**with** über +*akk*); **to be ~** sich sehr freuen (**at** über +*akk od* **that** dass); **absolutely ~** hocherfreut; **~ to meet you!** sehr angenehm!; **I'd be ~ to help you** ich würde Ihnen sehr gern helfen

delightful [dɪ'laɪtfʊl] *adj* reizend; *Wetter, Party* wunderbar

delightfully [dɪ'laɪtfəlɪ] *adv* wunderbar

delinquency [dɪ'lɪŋkwənsɪ] *s* Kriminalität *f*

delinquent [dɪ'lɪŋkwənt] **A** *adj* straffällig **B** *s* Straftäter(in) *m(f)*

delirious [dɪ'lɪrɪəs] *adj* MED im Delirium; *fig* im Taumel; **to be ~ with joy** im Freudentaumel sein

deliriously [dɪ'lɪrɪəslɪ] *adv* **~ happy** euphorisch; MED im Delirium

delirium [dɪ'lɪrɪəm] *s* MED Delirium *n*; *fig* Taumel *m*

deliver [dɪ'lɪvə^r] **A** *v/t* **1** *Waren* liefern, ausliefern; *Nachricht* überbringen; *regelmäßig* zustellen; **to ~ sth to sb** j-m etw liefern/überbringen/zustellen; **he ~ed the goods to the door** er lieferte die Waren ins Haus; **~ed free of charge** frei Haus (geliefert); **to ~ the goods** *fig umg* es bringen *sl* **2** *Rede* halten; *Ultimatum* stellen; *Urteil* verkünden; **to ~ a speech** eine Rede halten **3** MED *Kind* zur Welt bringen **B** *v/i* liefern

delivery [dɪ'lɪvərɪ] *s* **1** *von Waren* (Aus)lieferung *f*; *von Post* Zustellung *f*; **please allow 28 days for ~** die Lieferzeit kann bis zu 28 Tage betragen **2** MED Entbindung *f* **3** *von Sprecher* Vortragsweise *f*

delivery boy *s* Bote *m*

delivery charge *s* Lieferkosten *pl*; *für Post* Zustellgebühr *f*

delivery costs *pl* Versandkosten *pl*

delivery date *s* Liefertermin *m*

delivery man *s* ⟨*pl* **- men**⟩ Lieferant *m*

delivery note *s* Lieferschein *m*

delivery room *s* Kreißsaal *m*

delivery service *s* Zustelldienst *m*, Lieferservice *m*

delivery van *s* Lieferwagen *m*

delta ['deltə] *s* Delta *n*

delude [dɪ'luːd] *v/t* täuschen; **to ~ oneself** sich (*dat*) etwas vormachen; **stop deluding yourself that ...** hör auf, dir vorzumachen, dass ...

deluded *adj* voller Illusionen

deluge ['deljuːdʒ] *wörtl s* Überschwemmung *f*; *von Regen* Guss *m*; *fig* Flut *f*

delusion [dɪ'luːʒən] *s* Illusion *f*; PSYCH Wahnvorstellung *f*; **to be under a ~** in einem Wahn leben; **to have ~s of grandeur** den Größenwahn haben

de luxe [dɪ'lʌks] *adj* Luxus-; **~ model** Luxusmodell *n*; **~ version** De-Luxe-Ausführung *f*

delve [delv] *v/i in Buch* sich vertiefen (**into** in +*akk*); **to ~ in(to) one's pocket** tief in die Tasche greifen; **to ~ into the past** die Vergangenheit erforschen

demand [dɪ'mɑːnd] **A** *v/t* verlangen, fordern; *Aufgabe* erfordern; *Zeit* beanspruchen; **he ~ed money** er wollte Geld haben; **he ~ed to know what had happened** er verlangte zu wissen, was passiert war; **he ~ed to see my passport** er wollte meinen Pass sehen **B** *s* **1** Forderung *f*, Verlangen *n* (**for** nach); **by popular ~** auf allgemeinen Wunsch; **to be available on ~** auf Wunsch erhältlich sein; **to make ~s on sb** Forderungen an j-n stellen **2** ⟨*kein pl*⟩ HANDEL Nachfrage *f*, Bedarf *m*; **there's no ~ for it** es besteht keine Nachfrage danach; **to be in (great) ~** sehr gefragt sein

demanding [dɪ'mɑːndɪŋ] *adj Kind, Job* anstrengend; *Lehrer, Vorgesetzter* anspruchsvoll

demarcate ['diːmɑːkeɪt] *v/t* abgrenzen, demarkieren

demean [dɪ'miːn] **A** *v/r* sich erniedrigen; **I will not ~ myself by doing that** ich werde mich nicht dazu hergeben, das zu tun **B** *v/t* erniedrigen

demeaning [dɪ'miːnɪŋ] *adj* erniedrigend

demeanour [dɪ'miːnə^r] *s*, **demeanor** *US s* Benehmen *n*, Haltung *f*

demented [dɪ'mentɪd] *adj* verrückt, wahnsinnig

dementia [dɪ'menʃɪə] *s* Demenz *f*

demerara (sugar) [ˌdeməˈreərə(ˈʃʊgə^r)] *s* brauner Rohrzucker

demerge [ˌdiːˈmɜːdʒ] v/t Unternehmen entflechten

demerger s Entflechtung f; Ausgliederung f; Spaltung f

demi [ˈdemɪ] präf Halb-, halb-

demigod [ˈdemɪɡɒd] s Halbgott m, Halbgöttin f

demilitarization [ˌdiːˌmɪlɪtəraɪˈzeɪʃən] s Entmilitarisierung f

demilitarize [ˌdiːˈmɪlɪtəraɪz] v/t entmilitarisieren; ~**d zone** entmilitarisierte Zone

demise [dɪˈmaɪz] s Tod m; fig Ende n

demisemiquaver [ˌdemɪˈsemɪkweɪvəʳ] s Br MUS Zweiunddreißigstel(note) f

demister [ˌdiːˈmɪstəʳ] Br s Gebläse n

demo [ˈdeməʊ] s (= demonstration) **A** s abk ⟨pl -s⟩ **1** Demo(nstration) f **2** App, Software Demoversion f **B** adj abk ⟨attr⟩ ~ **tape** Demoband n

demobilize [diːˈməʊbɪlaɪz] v/t demobilisieren

democracy [dɪˈmɒkrəsɪ] s Demokratie f

democrat [ˈdeməkræt] s Demokrat(in) m(f); **Democrat** US POL Demokrat(in) m(f) (Mitglied bzw. Anhänger der demokratischen Partei)

democratic [ˌdeməˈkrætɪk] adj **1** demokratisch; **the Social Democratic Party** die Sozialdemokratische Partei; **the Christian Democratic Party** die Christlich-Demokratische Partei **2** **Democratic** US POL der Demokratischen Partei; **the Democratic Party** die Demokratische Partei

democratically [ˌdeməˈkrætɪkəlɪ] adv demokratisch

demographic [deməˈɡræfɪk] **A** adj demografisch **B** s US Zielgruppe f

demolish [dɪˈmɒlɪʃ] v/t Haus abbrechen; fig Gegner vernichten; hum Kuchen etc vertilgen

demolition [ˌdeməˈlɪʃən] s Abbruch m

demolition squad s Abbruchkolonne f

demon [ˈdiːmən] s Dämon m; umg (≈ Kind) Teufel m

demonic [dɪˈmɒnɪk] adj dämonisch

demonize [ˈdiːmənaɪz] v/t dämonisieren

demonstrate [ˈdemənstreɪt] **A** v/t beweisen, demonstrieren; Gerät etc vorführen **B** v/i demonstrieren

demonstration [ˌdemənˈstreɪʃən] s Beweis m, Demonstration f; POL Demonstration f; von Gerät etc Vorführung f; **he gave us a** ~ er zeigte es uns

demonstration model s Vorführmodell m

demonstrative [dɪˈmɒnstrətɪv] adj **1** demonstrativ **2** **to be** ~ seine Gefühle (offen) zeigen

demonstrator [ˈdemənstreɪtəʳ] s **1** HANDEL Vorführer(in) m(f) (von technischen Geräten) **2** POL Demonstrant(in) m(f)

demoralize [dɪˈmɒrəlaɪz] v/t entmutigen; Truppen etc demoralisieren

demoralizing adj entmutigend; für Truppen etc demoralisierend

demote [dɪˈməʊt] v/t MIL degradieren (**to** zu); in Job zurückstufen

demotion [dɪˈməʊʃən] s MIL Degradierung f; in Job Zurückstufung f; SPORT Abstieg m

demotivate [ˌdiːˈməʊtɪveɪt] v/t demotivieren

den [den] s **1** von Löwe etc Höhle f; von Fuchs Bau m **2** (≈ Zimmer) Bude f umg

denationalize [ˌdiːˈnæʃnəlaɪz] v/t entstaatlichen

denial [dɪˈnaɪəl] s **1** Leugnen n **2** Ablehnung f; von Rechten Verweigerung f **3** **to be in** ~ PSYCH sich der Realität verschließen

denim [ˈdenɪm] **A** s **1** Jeansstoff m **2** ~**s** pl Jeans pl **B** adj ⟨attr⟩ Jeans-

Denmark [ˈdenmɑːk] s Dänemark n

denomination [dɪˌnɒmɪˈneɪʃən] s **1** KIRCHE Konfession f **2** Bezeichnung f **3** von Geld Nennbetrag m

denote [dɪˈnəʊt] v/t bedeuten; Symbol, Wort bezeichnen

denounce [dɪˈnaʊns] v/t **1** anprangern, denunzieren (**sb to sb** j-n bei j-m) **2** Alkoholkonsum etc verurteilen

dense [dens] adj ⟨komp denser⟩ **1** dicht; Menge dicht gedrängt **2** umg begriffsstutzig umg

densely [ˈdenslɪ] adv bevölkert, bewaldet dicht

density [ˈdensɪtɪ] s Dichte f; **population** ~ Bevölkerungsdichte f

dent [dent] **A** s in Metal Beule f; in Holz Kerbe f; **that made a** ~ **in his savings** umg das hat ein Loch in seine Ersparnisse gerissen umg **B** v/t Auto verbeulen; Holz eine Delle machen in (+akk); umg Stolz anknacksen umg

dental [ˈdentl] adj Zahn-; Behandlung zahnärztlich

dental floss s Zahnseide f

dental flosser s, **dental floss pick** s Zahnseidestick m

dental hygiene s Zahnpflege f

dental nurse s Zahnarzthelfer(in) m(f)

dental surgeon s Zahnarzt m/-ärztin f

dental surgery s **1** Zahnheilkunde f **2** zahnärztliche Praxis, Zahnarztpraxis f

dentist [ˈdentɪst] s Zahnarzt m, Zahnärztin f; **at the** ~**('s)** beim Zahnarzt

dentistry [ˈdentɪstrɪ] s Zahnmedizin f

denture fixative s Haftcreme f

dentures [ˈdentʃəz] pl Zahnprothese f, Gebiss n

denunciation [dɪˌnʌnsɪˈeɪʃən] s Anprangerung f, Denunziation f, Verurteilung f

Denver boot [ˈdenvəˈbuːt] s US Parkkralle f

deny [dɪˈnaɪ] v/t **1** bestreiten, leugnen; offiziell dementieren; **do you** ~ **having said that?** bestreiten od leugnen Sie, das gesagt zu haben?;

there's no ~ing it das lässt sich nicht bestreiten ◨2◨ **to ~ sb's request** j-m seine Bitte abschlagen; **to ~ sb his rights** j-m seine Rechte vorenthalten; **to ~ sb access (to sth)** j-m den Zugang (zu etw) verwehren; **to ~ sb credit** j-m den Kredit verweigern; **I can't ~ her anything** ich kann ihr nichts abschlagen; **why should I ~ myself these little comforts?** warum sollte ich mir das bisschen Komfort nicht gönnen?

deodorant [diːˈəʊdərənt] s Deodorant n

deoxyribonucleic acid [dɪˌɒksɪˌraɪbəʊnjuː-ˈkleɪɪkˌæsɪd] s Desoxyribonukleinsäure f

dep. abk (= departs, departure) Abf.

depart [dɪˈpɑːt] v/i weggehen, abreisen; Zug abfahren; **the train at platform 6 ~ing for ...** der Zug auf Bahnsteig 6 nach ...; **to be ready to ~** startbereit sein; **the visitors were about to ~** die Gäste waren im Begriff aufzubrechen

departed [dɪˈpɑːtɪd] ◨A◨ adj (≈ tot) verstorben ◨B◨ s **the (dear) ~** der/die (liebe) Verstorbene

department [dɪˈpɑːtmənt] s ◨1◨ Abteilung f; von Behörde Ressort n; **Department of Transport** Br, **Department of Transportation** US Verkehrsministerium n; **Department for Exiting the European Union** Br Abteilung f für den EU-Austritt, Brexit-Ministerium n ◨2◨ SCHULE, UNIV Fachbereich m

departmental [ˌdiːpɑːtˈmentl] adj Abteilungs-; SCHULE, UNIV Fachbereichs-; in Behörde des Ressorts

department store s Kaufhaus n

departure [dɪˈpɑːtʃə^r] s ◨1◨ Weggang m, Abreise f (**from** aus), Abfahrt f; FLUG Abflug m; **"departures"** „Abfahrt"; FLUG „Abflug" ◨2◨ fig (≈ Veränderung) neue Richtung

departure board s BAHN Abfahrtstafel f; FLUG Abfluganzeige f

departure gate s Ausgang m

departure lounge s Abflughalle f, Warteraum m

departure time s FLUG Abflugzeit f; BAHN, a. von Bus Abfahrtzeit f

depend [dɪˈpend] v/i ◨1◨ abhängen (**on sb/sth** von j-m/etw); **it all ~s on ...** das kommt ganz auf ... an; **~ing on** je nach(dem); **~ing on his mood** je nach seiner Laune; **~ing on how late we arrive** je nachdem, wie spät wir ankommen ◨2◨ sich verlassen (**on, upon** auf +akk); **you can ~ (up)on it!** darauf können Sie sich verlassen! ◨3◨ Mensch **to ~ on** angewiesen sein auf (+akk)

dependable [dɪˈpendəbl] adj zuverlässig

dependant, dependent [dɪˈpendənt] s Abhängige(r) m/f(m); **do you have ~s?** haben Sie Angehörige?

dependence s Abhängigkeit f (**on, upon** von); **drug/alcohol ~** Drogen-/Alkoholabhängigkeit f

dependency [dɪˈpendənsɪ] s → dependence

dependent ◨A◨ adj abhängig; **~ on insulin** insulinabhängig; **to be ~ on** od **upon sb/sth** von j-m/etw abhängig sein; **to be ~ on charity/sb's goodwill** auf Almosen/j-s Wohlwollen angewiesen sein; **to be ~ on** od **upon sb/sth for sth** für etw auf j-n/etw angewiesen sein ◨B◨ s → dependant

depict [dɪˈpɪkt] v/t darstellen

depiction [dɪˈpɪkʃən] s Darstellung f

depilatory [dɪˈpɪlətərɪ] ◨A◨ adj enthaarend; **~ cream** Enthaarungscreme f ◨B◨ s Enthaarungsmittel n

deplete [dɪˈpliːt] v/t ◨1◨ erschöpfen ◨2◨ verringern

depletion [dɪˈpliːʃən] s ◨1◨ Erschöpfung f ◨2◨ Verringerung f; von Vorräten, Mitgliedern Abnahme f

deplorable [dɪˈplɔːrəbl] adj schrecklich, schändlich; **it is ~ that ...** es ist eine Schande, dass ...

deplore [dɪˈplɔː^r] v/t ◨1◨ bedauern ◨2◨ missbilligen

deploy [dɪˈplɔɪ] v/t MIL fig einsetzen; **the number of troops ~ed in Germany** die Zahl der in Deutschland stationierten Streitkräfte

deployment [dɪˈplɔɪmənt] s MIL fig Einsatz m, Stationierung f

deport [dɪˈpɔːt] v/t Gefangenen deportieren; Ausländer abschieben

deportation [ˌdiːpɔːˈteɪʃən] s von Ausländer Abschiebung f; von Häftling Deportation f

depose [dɪˈpəʊz] v/t absetzen

deposit [dɪˈpɒzɪt] ◨A◨ v/t ◨1◨ hinlegen, hinstellen ◨2◨ Geld deponieren (**in, with** bei); **I ~ed £500 in my account** ich zahlte £ 500 auf mein Konto ein ◨B◨ s ◨1◨ HANDEL Anzahlung f; als Sicherheit Kaution f; für Flasche etc Pfand n, Depot n schweiz; **to put down a ~ of £1000 on a car** eine Anzahlung von £ 1000 für ein Auto leisten ◨2◨ FIN Einlage f; (≈ das Einzahlen) Einzahlung f ◨3◨ in Wein, a. GEOL Ablagerung f; von Erz (Lager)stätte f

deposit account s Sparkonto n

deposit slip s US Einzahlungsschein m

depot [ˈdepəʊ] s ◨1◨ Depot n, Lager(haus) n ◨2◨ US BAHN Bahnhof m

depraved [dɪˈpreɪvd] adj verworfen

depravity [dɪˈprævɪtɪ] s Verworfenheit f

deprecating adj, **deprecatingly** [ˈdeprɪkeɪtɪŋ, -lɪ] adv missbilligend

depreciate [dɪˈpriːʃɪeɪt] v/i an Wert verlieren

depress [dɪˈpres] v/t j-n deprimieren; Markt schwächen

depressed *adj* **1** deprimiert (**about** über +akk); MED depressiv; **to look ~** niedergeschlagen aussehen **2** WIRTSCH *Markt* flau; *Wirtschaft* geschwächt; **~ area** Notstandsgebiet *n*

depressing *adj* deprimierend; **these figures make ~ reading** es ist deprimierend, diese Zahlen zu lesen

depressingly *adv* deprimierend; **it all sounded ~ familiar** es hörte sich alles nur zu vertraut an

depression [dɪˈpreʃən] *s* **1** ⟨*kein pl*⟩ Depression *f*; MED Depressionen *pl* **2** METEO Tief(-druckgebiet) *n* **3** WIRTSCH Flaute *f*; **the Depression** die Weltwirtschaftskrise

deprivation [ˌdeprɪˈveɪʃən] *s* **1** Entzug *m*, Verlust *m*; *von Rechten* Beraubung *f* **2** (≈*Zustand*) Entbehrung *f*

deprive [dɪˈpraɪv] *v/t* **to ~ sb of sth** j-n einer Sache (*gen*) berauben; *seiner Rechte* j-m etw vorenthalten; **the team was ~d of the injured Owen** die Mannschaft musste ohne den verletzten Owen auskommen; **she was ~d of sleep** sie litt an Schlafmangel

deprived *adj* Gegend, Familie, Gegend benachteiligt; *Kindheit* arm; **the ~ areas of the city** die Armenviertel der Stadt

dept *abk* (= department) Abt.

depth [depθ] *s* **1** Tiefe *f*; **at a ~ of 3 feet** in 3 Fuß Tiefe; **to be out of one's ~** *wörtl, fig* den Boden unter den Füßen verlieren; **in ~** eingehend; *Interview* ausführlich **2** **~(s)** Tiefen *pl*; **in the ~s of despair** in tiefster Verzweiflung; **in the ~s of winter/the forest** im tiefsten Winter/Wald; **in the ~s of the countryside** auf dem flachen Land; **to sink to new ~s** so tief wie nie zuvor sinken

deputize [ˈdepjʊtaɪz] *v/i* vertreten (**for sb** j-n)

deputy [ˈdepjʊtɪ] **A** *s* **1** Stellvertreter(in) *m(f)* **2** (*a*. **~ sheriff**) Hilfssheriff *m* **B** *adj* ⟨*attr*⟩ stellvertretend

deputy head [ˌdepjʊtɪˈhed] *Br s* Konrektor(in) *m(f)*

derail [dɪˈreɪl] *v/t* entgleisen lassen; *fig* scheitern lassen; **to be ~ed** entgleisen

derailment *s* Entgleisung *f*

deranged [dɪˈreɪndʒd] *adj* *Verstand* verwirrt; *Mensch* geistesgestört

Derby [ˈdɑːbɪ] *Br s*, **derby** [ˈdɜːbɪ] *US s* Derby *n* (*Pferderennen oder lokales sportliches Spiel*)

derby [ˈdɜːbɪ] *s US* (≈ *Hut*) Melone *f*

deregulate [diːˈregjʊleɪt] *v/t* deregulieren, dem freien Wettbewerb überlassen

deregulation [ˌdiːregjʊˈleɪʃən] *s* Deregulierung *f*, Wettbewerbsfreiheit *f* (**of** für)

derelict [ˈderɪlɪkt] *adj* verfallen

deride [dɪˈraɪd] *v/t* verspotten

derision [dɪˈrɪʒən] *s* Spott *m*; **to be greeted with ~** mit Spott aufgenommen werden

derisive [dɪˈraɪsɪv] *adj* spöttisch

derisory [dɪˈraɪsərɪ] *adj* **1** *Betrag* lächerlich **2** → derisive

derivation [ˌderɪˈveɪʃən] *s* Ableitung *f*; CHEM Derivation *f*

derivative [dɪˈrɪvətɪv] **A** *adj* abgeleitet; *fig* nachgeahmt **B** *s* Ableitung *f*

derive [dɪˈraɪv] **A** *v/t* Idee, Name ableiten (**from** von); *Gewinn* ziehen (**from** aus); *Genugtuung* gewinnen (**from** aus) **B** *v/i* **to ~ from** sich ableiten von; *Macht, Reichtum* beruhen auf (+*dat*); *Ideen* stammen von

dermatitis [ˌdɜːməˈtaɪtɪs] *s* Hautentzündung *f*

dermatologist [ˌdɜːməˈtɒlədʒɪst] *s* Hautarzt *m*, Hautärztin *f*

dermatology [ˌdɜːməˈtɒlədʒɪ] *s* Dermatologie *f*

derogatory [dɪˈrɒgətərɪ] *adj* abfällig

descale [diːˈskeɪl] *v/t* entkalken

descend [dɪˈsend] **A** *v/i* **1** hinuntergehen, hinunterfahren; *Straße* hinunterführen; *Berg* abfallen **2** abstammen (**from** von) **3** (≈ *angreifen*) herfallen (**on, upon** über +*akk*); *Trauer* befallen (**on, upon sb** j-n); *Stille* sich senken (**on, upon** über +*akk*) **4** *umg* (≈ *besuchen*) **to ~ (up)on** j-n überfallen *umg*; **thousands of fans are expected to ~ on the city** man erwartet, dass Tausende von Fans die Stadt überlaufen **5** **to ~ to sth** sich zu etw herablassen; **to ~ into chaos** in Chaos versinken **B** *v/t* **1** *Treppe* hinuntergehen **2** **to be ~ed from** abstammen von

descendant *s* Nachkomme *m*

descent [dɪˈsent] *s* **1** Hinuntergehen *n*, Abstieg *m*; **~ by parachute** Fallschirmabsprung *m* **2** Abstammung *f*, Herkunft *f*; **of noble ~** von adliger Abstammung **3** *fig in Verbrechen etc* Absinken *n* (**into** in +*akk*); *in Chaos, Irrsinn* Versinken *n* (**into** in +*akk*)

descramble [diːˈskræmbl] *v/t* TEL entschlüsseln

describe [dɪˈskraɪb] *v/t* beschreiben; **~ him for us** beschreiben Sie ihn uns (*dat*); **to ~ oneself/sb as ...** sich/j-n als ... bezeichnen; **the police ~ him as dangerous** die Polizei bezeichnet ihn als gefährlich; **he is ~d as being tall with short fair hair** er wird als groß mit kurzen blonden Haaren beschrieben

description [dɪˈskrɪpʃən] *s* **1** Beschreibung *f*; **she gave a detailed ~ of what had happened** sie beschrieb ausführlich, was vorgefallen war; **to answer (to)** *od* **fit the ~ of ...** der Beschreibung als ... entsprechen; **do you know anyone of this ~?** kennen Sie jemanden, auf den diese Beschreibung zutrifft? **2** Art *f*; **vehicles of every ~** *od* **of all ~s** Fahrzeuge aller Art

descriptive [dɪˈskrɪptɪv] *adj* beschreibend; *Schilderung* anschaulich
desecrate [ˈdesɪkreɪt] *v/t* schänden
desecration [ˌdesɪˈkreɪʃən] *s* Schändung *f*
desegregation [ˈdiːˌsegrɪˈɡeɪʃən] *s* Aufhebung *f* der Rassentrennung (**of** in +*dat*), Desegregation *f*
desensitize [ˌdiːˈsensɪtaɪz] *v/t* MED desensibilisieren; **to become ~d to sth** *fig* einer Sache (*dat*) gegenüber abstumpfen
desert[1] [ˈdezət] **A** *s* Wüste *f* **B** *adj* ⟨*attr*⟩ Wüsten-
desert[2] [dɪˈzɜːt] **A** *v/t* verlassen, im Stich lassen; **by the time the police arrived the place was ~ed** als die Polizei eintraf, war niemand mehr da; **in winter the place is ~ed** im Winter ist der Ort verlassen **B** *v/i* MIL, *a. fig* desertieren
deserted [dɪˈzɜːtɪd] *adj* verlassen; *Ort* unbewohnt; *Straße* menschenleer
deserter [dɪˈzɜːtə^r] *s* MIL *fig* Deserteur(in) *m(f)*
desertion [dɪˈzɜːʃən] *s* Verlassen *n*; MIL Desertion *f*; *fig* Fahnenflucht *f*
desert island [ˈdezət-] *s* einsame Insel
deserts [dɪˈzɜːts] *pl* **to get one's just ~** seine verdiente Strafe bekommen
deserve [dɪˈzɜːv] *v/t* verdienen; **he ~s to win** er verdient den Sieg; **he ~s to be punished** er verdient es, bestraft zu werden; **she ~s better** sie hat etwas Besseres verdient
deservedly [dɪˈzɜːvɪdlɪ] *adv* verdientermaßen; **and ~ so** und das zu Recht
deserving [dɪˈzɜːvɪŋ] *adj* verdienstvoll; *Sieger* verdient
desiccated [ˈdesɪkeɪtɪd] *adj* getrocknet
design [dɪˈzaɪn] **A** *s* **1** *von Haus, Bild, Kleid* Entwurf *m*; *von Auto, Maschine* Konstruktion *f*; **it was a good/faulty ~** es war gut/schlecht konstruiert **2** ⟨*kein pl*⟩ Design *n*, Gestaltung *f* **3** Muster *n* **4** Absicht *f*; **by ~** absichtlich; **to have ~s on sb/sth** es auf j-n/etw abgesehen haben **B** *v/t* **1** (≈ *zeichnen*) entwerfen; *Maschine* konstruieren; **a well ~ed machine** eine gut durchkonstruierte Maschine **2** **to be ~ed for sb/sth** für j-n/etw bestimmt sein; **this magazine is ~ed to appeal to young people** diese Zeitschrift soll junge Leute ansprechen
designate [ˈdezɪɡneɪt] *v/t* **1** ernennen; **to ~ sb as sth** j-n zu etw ernennen **2** bestimmen; **smoking is permitted in ~d areas** Rauchen ist in den dafür bestimmten Bereichen erlaubt; **to be the ~d driver** als Fahrer bestimmt sein
designer [dɪˈzaɪnə^r] **A** *s* **1** Designer(in) *m(f)* **2** Modeschöpfer(in) *m(f)* **3** *von Maschinen* Konstrukteur(in) *m(f)* **B** *adj* ⟨*attr*⟩ Designer-; **~ clothes** Designerkleider *pl*; **~ stubble** Dreitagebart *m*
design fault *s* Designfehler *m*
design hotel *s* Designhotel *n* (*individuell geführtes Hotel*)
design school *s* Kunsthochschule *f*
desirability [dɪˌzaɪərəˈbɪlɪtɪ] *s* Wünschbarkeit *f*
desirable [dɪˈzaɪərəbl] *adj* **1** wünschenswert, erwünscht; *Ziel* erstrebenswert **2** *Position, Angebot* reizvoll **3** *Person* begehrenswert
desire [dɪˈzaɪə^r] **A** *s* Wunsch *m* (**for** nach), Sehnsucht *f* (**for** nach); *sexuell* Verlangen *n* (**for** nach); **a ~ for peace** ein Verlangen *n* nach Frieden; **heart's ~** Herzenswunsch *m*; **I have no ~ to see him** ich habe kein Verlangen, ihn zu sehen; **I have no ~ to cause you any trouble** ich möchte Ihnen keine Unannehmlichkeiten bereiten **B** *v/t* wünschen; *etw* sich (*dat*) wünschen; *Person* begehren; *Frieden* verlangen nach; **if ~d** auf Wunsch; **to have the ~d effect** die gewünschte Wirkung haben; **it leaves much** *od* **a lot to be ~d** das lässt viel zu wünschen übrig; **it leaves something to be ~d** es lässt zu wünschen übrig
desk [desk] *s* Schreibtisch *m*; SCHULE Pult *n*; *in Laden* Kasse *f*, Kassa *f österr*; *in Hotel* Empfang *m*
desk calendar US *s* Tischkalender *m*
desk clerk US *s* Rezeptionist(in) *m(f)*, Empfangschef(in) *m(f)*
desk diary *s* Tischkalender *m*
desk job *s* Bürojob *m*
desk lamp *s* Schreibtischlampe *f*
desktop *s* Schreibtisch *m*, Schreibtischfläche *f*; COMPUT Desktop-PC *m*; *am Bildschirm* Benutzeroberfläche *f*
desktop computer *s* Desktop-PC *m*
desktop publishing *s* Desktop-Publishing *n*
desolate [ˈdesəlɪt] *adj* trostlos; *Ort* verwüstet; *Gefühl, Schrei* verzweifelt
desolation [ˌdesəˈleɪʃən] *s* **1** *durch Krieg* Verwüstung *f* **2** *von Landschaft* (≈ *Kummer*) Trostlosigkeit *f*
desoxyribonucleic acid [dɪsˌɒksɪˌraɪbəʊnjuːˈkleɪɪkˌæsɪd] *s* Desoxyribonukleinsäure *f*
despair [dɪˈspeə^r] **A** *s* Verzweiflung *f* (**about, at** über +*akk*); **he was filled with ~** Verzweiflung überkam ihn; **to be in ~** verzweifelt sein **B** *v/i* verzweifeln; **to ~ of doing sth** alle Hoffnung aufgeben, etw zu tun
despairing *adj*, **despairingly** [dɪsˈpeərɪŋ, -lɪ] *adv* verzweifelt
despatch [dɪˈspætʃ] *bes Br v/t & s* → **dispatch**
desperate [ˈdespərɪt] *adj* **1** verzweifelt; *Verbrecher zu Äußerstem* entschlossen; *Lösung* extrem; **to get** *od* **grow ~** verzweifeln; **things are ~** die Lage ist extrem; **the ~ plight of the refugees** die schreckliche Not der Flücht-

linge; **to be ~ to be/do sth** etw unbedingt sein/tun wollen; **to be ~ for sth** etw unbedingt brauchen; **are you going out with Jim? you must be ~!** umg hum du gehst mit Jim aus?: dir muss es ja wirklich schlecht gehen!; **I'm not that ~!** so schlimm ist es auch wieder nicht! ❷ Not, Bedarf dringend; **to be in ~ need of sth** etw dringend brauchen; **a building in ~ need of repair** ein Gebäude, das dringend repariert werden muss

desperately ['despərıtlı] adv ❶ kämpfen, suchen, probieren verzweifelt ❷ benötigen dringend; wollen unbedingt ❸ wichtig, traurig äußerst; **~ ill** schwer krank; **to be ~ worried (about sth)** sich (dat) (über etw akk) schreckliche Sorgen machen; **I'm not ~ worried** ich mache mir keine allzu großen Sorgen; **to be ~ keen to do sth** etw unbedingt tun wollen; **I'm not ~ keen on …** ich bin nicht besonders scharf auf (akk) …; **~ unhappy** todunglücklich; **to try ~ hard to do sth** verzweifelt versuchen, etw zu tun

desperation [ˌdespəˈreɪʃən] s Verzweiflung f

despicable [dɪˈspɪkəbl] adj verabscheuungswürdig; Mensch verachtenswert

despicably [dɪˈspɪkəblɪ] adv ⟨+v⟩ abscheulich

despise [dɪˈspaɪz] v/t verachten; **to ~ oneself (for sth)** sich selbst (wegen etw) verachten

despite [dɪˈspaɪt] präp trotz (+gen); **~ his warnings** seinen Warnungen zum Trotz; **~ what she says** trotz allem, was sie sagt

despondent [dɪˈspɒndənt] adj niedergeschlagen

despot ['despɒt] s Despot(in) m(f)

dessert [dɪˈzɜːt] s Nachtisch m; **for ~** zum Nachtisch

dessertspoon [dɪˈzɜːtspuːn] s Dessertlöffel m

destabilization [ˌdiːsteɪbɪlaɪˈzeɪʃən] s Destabilisierung f

destabilize [diːˈsteɪbɪlaɪz] v/t destabilisieren

destination [ˌdestɪˈneɪʃən] s Reiseziel n; von Waren Bestimmungsort m

destination airport s Zielflughafen m

destine ['destɪn] v/t bestimmen; **to be ~d to do sth** dazu bestimmt sein, etw zu tun; **we were ~d to meet** das Schicksal hat es so gewollt, dass wir uns begegnen; **I was ~d never to see them again** ich sollte sie nie (mehr) wiedersehen

destined adj **~ for** unterwegs nach; Waren für

destiny ['destɪnɪ] s Schicksal n; **to control one's own ~** sein Schicksal selbst in die Hand nehmen

destitute ['destɪtjuːt] adj mittellos

destitution [ˌdestɪˈtjuːʃn] s (völlige) Armut

destroy [dɪˈstrɔɪ] v/t zerstören, kaputt machen; Dokumente, Spuren, j-n vernichten; Tier einschläfern; Hoffnungen, Chancen zunichtemachen; **to be ~ed by fire** durch Brand vernichtet werden

destroyer [dɪˈstrɔɪə] s SCHIFF Zerstörer m

destruction [dɪˈstrʌkʃən] s ❶ (≈ Vorgang) Zerstörung f; von Menschen, Dokumenten Vernichtung f ❷ (≈ Schaden) Verwüstung f

destructive [dɪˈstrʌktɪv] adj destruktiv; Kraft, Natur zerstörerisch

destructiveness [dɪˈstrʌktɪvnɪs] s Destruktivität f; von Feuer, Krieg zerstörende Wirkung; von Waffe Zerstörungskraft f

detach [dɪˈtætʃ] v/t loslösen; Formular abtrennen; Maschinenteil, Abdeckung abnehmen (**from** von)

detachable [dɪˈtætʃəbl] adj Maschinenteil, Kragen abnehmbar; Formular abtrennbar (**from** von)

detached adj ❶ Art und Weise distanziert ❷ Br **~ house** Einzelhaus n

detail ['diːteɪl] s Detail n, Einzelheit f; **in ~** im Detail; **please send me further ~s** bitte schicken Sie mir nähere Einzelheiten; **to go into ~s** ins Detail gehen; **his attention to ~** seine Aufmerksamkeit für das Detail

detailed adj ausführlich; Analyse eingehend; Wissen, Arbeit, Ergebnisse, Bild detailliert

detain [dɪˈteɪn] v/t ❶ in Haft nehmen; **to be ~ed** Vorgang verhaftet werden; Zustand sich in Haft befinden; **to ~ sb for questioning** j-n zur Vernehmung festhalten ❷ aufhalten

detect [dɪˈtekt] v/t entdecken, ausfindig machen; Verbrechen aufdecken; Trauer, Verärgerung bemerken; Bewegung, Geräusche wahrnehmen

detection [dɪˈtekʃən] s ❶ von Verbrechen, Fehler Entdeckung f; **to avoid** od **escape ~** nicht entdeckt werden ❷ von Gas, Minen Aufspürung f

detective [dɪˈtektɪv] s Detektiv(in) m(f); Kriminalbeamte(r) m/-beamtin f

detective agency s Detektivbüro n

detective constable Br s Kriminalbeamte(r) m/-beamtin f

detective inspector s Kriminalinspektor(in) m(f)

detective novel s Kriminalroman m

detective sergeant s Kriminalmeister(in) m(f)

detective story s Kriminalgeschichte f, Krimi m umg

detective work s kriminalistische Arbeit

detector [dɪˈtektə] s TECH Detektor m

détente ['deɪtɒnt] s POL Entspannung f

detention [dɪˈtenʃən] s Haft f; Vorgang Festnahme f; SCHULE Nachsitzen n; **to get ~** SCHULE nachsitzen müssen; **he's in ~** SCHULE er sitzt nach

detention centre s, **detention center** US s Jugendstrafanstalt f; für Flüchtlinge Auffanglager n

deter [dɪˈtɜːʳ] v/t abhalten, abschrecken; **to ~ sb from sth** j-n von etw abhalten; **to ~ sb from doing sth** j-n davon abhalten, etw zu tun

detergent [dɪˈtɜːdʒənt] s Reinigungsmittel n, Waschmittel n

deteriorate [dɪˈtɪərɪəreɪt] v/i sich verschlechtern; *Materialien* verderben; *Gewinne* zurückgehen

deterioration [dɪˌtɪərɪəˈreɪʃən] s Verschlechterung f; *von Materialien* Verderben n

determinate [dɪˈtɜːmɪnɪt] adj *Anzahl, Richtung* bestimmt; *Vorstellung* festgelegt

determination [dɪˌtɜːmɪˈneɪʃən] s Entschlossenheit f; **he has great ~** er ist ein Mensch von großer Entschlusskraft

determine [dɪˈtɜːmɪn] v/t bestimmen; *Grund a.* ermitteln; *Bedingungen, Preis* festlegen, feststellen

determined [dɪˈtɜːmɪnd] adj entschlossen; **to make a ~ effort** *od* **attempt to do sth** sein Möglichstes tun, um etw zu tun; **he is ~ that ...** er hat (fest) beschlossen, dass ...; **to be ~ to do sth** fest entschlossen sein, etw zu tun; **he's ~ to make me lose my temper** er legt es darauf an, dass ich wütend werde

deterrent [dɪˈterənt] **A** s Abschreckungsmittel n; **to be a ~** abschrecken **B** adj abschreckend

detest [dɪˈtest] v/t hassen; **I ~ having to get up early** ich hasse es, früh aufstehen zu müssen

detestable [dɪˈtestəbl] adj widerwärtig, abscheulich

detonate [ˈdetəneɪt] **A** v/i zünden; *Bombe* detonieren **B** v/t zur Explosion bringen

detonator [ˈdetəneɪtəʳ] s Zündkapsel f

detour [ˈdiːtʊəʳ] s **1** Umweg m; **to make a ~** einen Umweg machen **2** *US, von Verkehr* Umleitung f

detox [ˈdiːtɒks] *umg* s Entzug m *umg*

detoxification [ˌdiːtɒksɪfɪˈkeɪʃən] s Entgiftung f

detoxify [ˌdiːˈtɒksɪfaɪ] v/t entgiften

detract [dɪˈtrækt] v/i **to ~ from sth** einer Sache (*dat*) Abbruch tun

detriment [ˈdetrɪmənt] s Schaden m; **to the ~ of sth** zum Schaden von etw

detrimental [ˌdetrɪˈmentl] adj schädlich; *einer Sache* abträglich (**to** +*dat*); **to be ~ to sb/sth** j-m/einer Sache (*dat*) schaden

deuce [djuːs] s *Tennis* Einstand m

Deutschmark [ˈdɔɪtʃmɑːk] s HIST D-Mark f

devaluation [ˌdiːvæljʊˈeɪʃən] s Abwertung f

devalue [diːˈvæljuː] v/t abwerten

devastate [ˈdevəsteɪt] v/t **1** *Stadt, Land* verwüsten; *Wirtschaft* zugrunde richten **2** *umg* umhauen *umg*; **to be ~d** am Boden zerstört sein; **they were ~d by the news** die Nachricht hat sie tief erschüttert

devastating [ˈdevəsteɪtɪŋ] adj **1** verheerend; **to be ~ to** *od* **for sth, to have a ~ effect on sth** verheerende Folgen für etw haben **2** *fig Effekt* schrecklich; *Nachricht* niederschmetternd; *Angriff, Leistung* unschlagbar; *Niederlage, Schlag* vernichtend; **a ~ loss** ein vernichtender Verlust; **to be ~ for sb** j-n niederschmettern

devastation [ˌdevəˈsteɪʃən] s Verwüstung f

develop [dɪˈveləp] **A** v/t **1** entwickeln; *Plan a.* erarbeiten **2** *Gebiet* erschließen; *Altstadt* sanieren; *Erkältung* sich (*dat*) zuziehen **B** v/i sich entwickeln (**from** aus); *Talent, Handlung etc* sich entfalten; **to ~ into sth** sich zu etw entwickeln

developer [dɪˈveləpəʳ] s **1** → **property developer 2 late ~** Spätentwickler(in) m(f)

developing [dɪˈveləpɪŋ] adj *Krise* aufkommend; *Wirtschaft* sich entwickelnd; **the ~ world** die Entwicklungsländer pl

developing country s Entwicklungsland n

development [dɪˈveləpmənt] s **1** Entwicklung f; **to await (further) ~s** neue Entwicklungen abwarten **2** *von Gebiet* Erschließung f; *von Altstadt* Sanierung f; **industrial ~** Gewerbegebiet n; **office ~** Bürokomplex m; **we live in a new ~** wir leben in einer neuen Siedlung

developmental [dɪveləpˈmentl] adj Entwicklungs-; **~ aid** *od* **assistance** POL Entwicklungshilfe f; **~ stage** Entwicklungsphase f

development grant s Entwicklungsförderung f

deviate [ˈdiːvɪeɪt] v/i abweichen (**from** von)

deviation [ˌdiːvɪˈeɪʃən] s Abweichung f

device [dɪˈvaɪs] s **1** Gerät n; **(explosive) ~** Sprengkörper m **2 to leave sb to his own ~s** j-n sich (*dat*) selbst überlassen

devil [ˈdevl] s **1** Teufel m; (≈ *Sache*) Plage f; **you little ~!** du kleiner Satansbraten!; **go on, be a ~** los, nur zu, riskiers! *umg* **2** **I had a ~ of a job getting here** es war verdammt schwierig, hierherzukommen *umg*; **who the ~ ...?** wer zum Teufel ...? **3 to be between the Devil and the deep blue sea** sich in einer Zwickmühle befinden; **go to the ~!** scher dich zum Teufel! *umg*; **talk of the ~!** wenn man vom Teufel spricht!; **better the ~ you know (than the ~ you don't)** *sprichw* von zwei Übeln wählt man besser das, was man schon kennt

devilish [ˈdevlɪʃ] adj teuflisch

devil's advocate s **to play ~** den Advocatus Diaboli spielen

devious [ˈdiːvɪəs] adj *Mensch* verschlagen; *Mittel* hinterhältig; *Plan, Spiel* trickreich; **by ~ means** auf die krumme Tour *umg*; **to have a ~ mind** ganz schön schlau sein

deviously [ˈdiːvɪəslɪ] adv ⟨+v⟩ mit List und Tücke

deviousness ['diːvɪəsnɪs] *s* Verschlagenheit *f*
devise [dɪ'vaɪz] *v/t* sich (*dat*) ausdenken; *Mittel* finden; *Plan* schmieden; *Strategie* ausarbeiten
devoid [dɪ'vɔɪd] *adj* ~ **of** ohne
devolution [ˌdiːvə'luːʃən] *s* von *Macht* Übertragung *f* (**from ... to** von ... auf +*akk*); POL Dezentralisierung *f*
devolve [dɪ'vɒlv] *v/t* übertragen (**on, upon** auf +*akk*); **a ~d government** eine dezentralisierte Regierung
devote [dɪ'vəʊt] *v/t* widmen (**to** +*dat*); *Kräfte* konzentrieren (**to** auf +*akk*); *Gebäude* verwenden (**to** für)
devoted *adj* *Ehefrau, Vater* liebend; *Diener, Fan* treu; *Bewunderer* eifrig, begeistert; **to be ~ to sb** j-n innig lieben; *Diener, Fan* j-m treu ergeben sein; **to be ~ to one's family** in seiner Familie völlig aufgehen
devotedly [dɪ'vəʊtɪdlɪ] *adv* hingebungsvoll; *dienen, folgen* treu; *unterstützen* eifrig
devotion [dɪ'vəʊʃən] *s* gegenüber *Freund, Ehefrau etc* Ergebenheit *f* (**to** gegenüber); *an Arbeit* Hingabe *f* (**to** an +*akk*); **~ to duty** Pflichteifer *m*
devour [dɪ'vaʊəʳ] *v/t* verschlingen
devout [dɪ'vaʊt] *adj* *Mensch, Muslim* fromm; *Marxist, Anhänger* überzeugt
devoutly [dɪ'vaʊtlɪ] *adv* REL *mit Adjektiv* tief; *mit Verb* fromm
dew [djuː] *s* Tau *m*
dexterity [deks'terɪtɪ] *s* Geschick *n*
diabetes [ˌdaɪə'biːtiːz] *s* Diabetes *m*
diabetic [ˌdaɪə'betɪk] **A** *adj* **1** zuckerkrank **2** *Schokolade, Medikamente* für Diabetiker **B** *s* Diabetiker(in) *m(f)*
diabolic [ˌdaɪə'bɒlɪk], **diabolical** [ˌdaɪə'bɒlɪkəl] *umg adj* entsetzlich; **~al weather** Sauwetter *n umg*
diagnose ['daɪəgnəʊz] *v/t* diagnostizieren
diagnosis [ˌdaɪəg'nəʊsɪs] *s* ⟨*pl* **diagnoses** [ˌdaɪəg'nəʊsiːz]⟩ Diagnose *f*; **to make a ~** eine Diagnose stellen
diagnostic [ˌdaɪəg'nɒstɪk] *adj* diagnostisch
diagnostics *s* Diagnose *f*
diagonal [daɪ'ægənəl] **A** *adj* diagonal **B** *s* Diagonale *f*
diagonally [daɪ'ægənəlɪ] *adv* diagonal, schräg; **he crossed the street ~** er ging schräg über die Straße; **~ opposite sb/sth** j-m/einer Sache (*dat*) schräg gegenüber
diagram ['daɪəgræm] *s* Diagramm *n*; (≈ *Tabelle*) grafische Darstellung; **as shown in the ~** wie das Diagramm/die grafische Darstellung zeigt
dial ['daɪəl] **A** *s* *von Uhr* Zifferblatt *n*; *von Messgerät* Skala *f*; *an Radio etc* Einstellskala *f* **B** *v/t & v/i* TEL wählen; **to ~ direct** durchwählen; **you can ~ London direct** man kann nach London

durchwählen; **to ~ 999** *Br*, **to ~ 911** *US* den Notruf wählen
dialect ['daɪəlekt] **A** *s* Dialekt *m*, Mundart *f*; **the country people spoke in ~** die Landbevölkerung sprach Dialekt **B** *adj* ⟨*attr*⟩ Dialekt-
dialling code ['daɪəlɪŋ-] *s Br* TEL Vorwahl (-nummer) *f*
dialling tone *s Br* TEL Amtszeichen *n*
dialogue ['daɪəlɒg] *s*, **dialog** *US s* Dialog *m*; **~ box** IT Dialogfeld *n*
dial tone *s US* TEL Amtszeichen *n*
dial-up ['daɪəlʌp] *adj* ⟨*attr*⟩ IT Wähl-; **~ link** Wählverbindung *f*; **~ modem** (Wähl)modem *n*
dialysis [daɪ'ælɪsɪs] *s* Dialyse *f*
diameter [daɪ'æmɪtəʳ] *s* Durchmesser *m*; **to be one foot in ~** einen Durchmesser von einem Fuß haben
diametrically [ˌdaɪə'metrɪkəlɪ] *adv* **~ opposed** genau entgegengesetzt
diamond ['daɪəmənd] *s* **1** Diamant *m* **2** **~s** *pl* KART Karo *n*; **the seven of ~s** die Karosieben; **~ bracelet** Diamantarmband *n*
diamond jubilee *s* 60-jähriges Jubiläum
diamond-shaped *adj* rautenförmig
diamond wedding *s* diamantene Hochzeit
diaper ['daɪəpəʳ] *US s* Windel *f*
diaphragm ['daɪəfræm] *s* ANAT, PHYS Diaphragma *n*; FOTO Blende *f*; (≈ *Verhütungsmittel*) Pessar *n*
diarrhoea [ˌdaɪə'riːə] *s*, **diarrhea** *US s* Durchfall *m*
diary ['daɪərɪ] *s* Tagebuch *n*; *im Büro* (Termin)kalender *m*; **to keep a ~** ein Tagebuch/einen Terminkalender führen; **desk/pocket ~** Schreibtisch-/Taschenkalender *m*; **I've got it in my ~** es steht in meinem (Termin)kalender
dice [daɪs] **A** *s* ⟨*pl* -⟩ Würfel *m*; **to roll** *od* **throw the ~** würfeln **B** *v/t* GASTR in Würfel schneiden
dick [dɪk] *s* **1** *sl* (≈ *Penis*) Schwanz *m sl* **2** *Br pej umg* Arsch *m vulg*
dickhead ['dɪkhed] *pej umg s* Arsch *m vulg*
dicky bow ['dɪkɪ,baʊ] *s Br* (≈ *Krawatte*) Fliege *f*
dictate [dɪk'teɪt] *v/t & v/i* diktieren
 phrasal verbs mit dictate:
dictate to *v/i* ⟨+*obj*⟩ diktieren (+*dat*); **I won't be dictated to** ich lasse mir keine Vorschriften machen
dictation [dɪk'teɪʃən] *s* Diktat *n*
dictator [dɪk'teɪtəʳ] *s* Diktator(in) *m(f)*
dictatorial *adj*, **dictatorially** [ˌdɪktə'tɔːrɪəl, -ɪ] *adv* diktatorisch
dictatorship [dɪk'teɪtəʃɪp] *s* POL, *a. fig* Diktatur *f*
diction ['dɪkʃən] *s* (≈ *Art des Sprechens*) Diktion *f*
dictionary ['dɪkʃənrɪ] *s* Wörterbuch *n*
did [dɪd] *prät* → do
didactic [dɪ'dæktɪk] *adj* didaktisch

didn't ['dɪdənt] *abk* (= did not) → do
die [daɪ] **A** *v/i* **1** *wörtl* sterben; **to die of** *od* **from hunger/pneumonia** vor Hunger/an Lungenentzündung sterben; **he died from his injuries** er erlag seinen Verletzungen; **he died a hero** er starb als Held; **to be dying** im Sterben liegen; **never say die!** nur nicht aufgeben!; **to die laughing** *umg* sich totlachen *umg*; **I'd rather die!** *umg* lieber würde ich sterben! **2** *fig umg* **to be dying to do sth** darauf brennen, etw zu tun; **I'm dying to know what happened to me** ich bin schrecklich gespannt zu hören, was passiert ist; **I'm dying for a cigarette** ich brauche jetzt unbedingt eine Zigarette; **I'm dying of thirst** ich verdurste fast; **I'm dying for him to visit** ich kann seinen Besuch kaum noch abwarten **3** *Motor* absterben **B** *v/t* **to die a hero's/a violent death** den Heldentod/eines gewaltsamen Todes sterben
phrasal verbs mit die:
die away *v/i* *Ton, Geräusch* schwächer werden; *Wind* sich legen
die down *v/i* nachlassen; *Feuer* herunterbrennen; *Ton, Geräusch* schwächer werden
die off *v/i* (hin)wegsterben
die out *v/i* aussterben
die-hard ['daɪhɑːd] *adj* zäh; *pej* reaktionär
diesel ['diːzəl] *s* Diesel *m*
diesel oil *s* Dieselöl *n*
diet ['daɪət] **A** *s* Nahrung *f*, Ernährung *f*; *für Diabetiker etc* Diät *f*; *zum Abnehmen* Schlankheitskur *f*; **to put sb on a ~** j-m eine Schlankheitskur verordnen; **to be/go on a ~** eine Schlankheitskur machen **B** *v/i* eine Schlankheitskur machen **C** *adj Getränk* Diät-, light; **~ cola** Cola light
dietary fibre ['daɪətrɪ] *s*, **dietary fiber** *US s* Ballaststoff *m*
dietary supplement ['daɪətrɪ] *s* Nahrungsergänzungsmittel *n*
dietician [ˌdaɪə'tɪʃən] *s*, **dietitian** *s* Ernährungsberater(in) *m(f)*, Ernährungswissenschaftler(in) *m(f)*, Diätist(in) *m(f)*
differ ['dɪfə'] *v/i* **1** sich unterscheiden (**from** von), **2 to ~ with sb over sth** über etw *(akk)* anderer Meinung sein als j-d
difference ['dɪfrəns] *s* **1** Unterschied *m* (**in, between** zwischen +*dat*); **that makes a big ~ to me** das ist für mich ein großer Unterschied; **to make a ~ to sth** einen Unterschied bei etw machen; **that makes a big** *od* **a lot of ~, that makes all the ~** das ändert die Sache völlig; **what ~ does it make if ...?** was macht es schon, wenn ...?; **it makes no ~, it doesn't make any ~** es ist egal; **it makes no ~ to me** das ist mir egal; **for all the ~ it makes** obwohl es ja eigentlich egal ist; **I can't tell the ~** ich kann keinen Unterschied erkennen; **a job with a ~** *umg* ein Job, der mal was anderes ist **2** *zwischen Beträgen, Summen* Differenz *f* **3** Auseinandersetzung *f*; **a ~ of opinion** eine Meinungsverschiedenheit; **to settle one's ~s** die Differenzen beilegen
different ['dɪfrənt] **A** *adj* andere(r, s), anders *präd* (**from, to** als), verschieden, unterschiedlich; **completely ~** völlig verschieden, völlig verändert; **that's ~!** das ist was anderes!; **in what way are they ~?** wie unterscheiden sie sich?; **to feel (like) a ~ person** ein ganz anderer Mensch sein; **to do something ~** etwas anderes tun; **that's quite a ~ matter** das ist etwas völlig anderes; **he wants to be ~** er will unbedingt anders sein **B** *adv* anders; **he doesn't know any ~** er weiß es nicht besser
differential [ˌdɪfə'renʃəl] *s* Unterschied *m* (**between** zwischen +*dat*)
differentiate [ˌdɪfə'renʃɪeɪt] *v/t & v/i* unterscheiden
differently ['dɪfrəntlɪ] *adv* anders (**from** als), unterschiedlich; **~ abled person** Behinderte(r) *m/f(m)*
difficult ['dɪfɪkəlt] *adj* schwer; *Mensch, Situation, Buch* schwierig; **the ~ thing is that ...** die Schwierigkeit liegt darin, dass ...; **it was a ~ decision to make** es war eine schwere Entscheidung; **it was ~ for him to leave her** es fiel ihm schwer, sie zu verlassen; **it's ~ for youngsters** *od* **youngsters find it ~ to get a job** junge Leute haben Schwierigkeiten, eine Stelle zu finden; **he's ~ to get on with** es ist schwer, mit ihm auszukommen; **to make it ~ for sb** es j-m nicht leicht machen; **to have a ~ time (doing sth)** Schwierigkeiten haben(, etw zu tun); **to put sb in a ~ position** j-n in eine schwierige Lage bringen; **to be ~ (about sth)** (wegen etw) Schwierigkeiten machen
difficulty ['dɪfɪkəltɪ] *s* Schwierigkeit *f*; **with/ without ~** mit/ohne Schwierigkeiten; **he had ~ (in) setting up in business** es fiel ihm nicht leicht, sich selbstständig zu machen; **she had great ~ (in) breathing** sie konnte kaum atmen; **in ~** *od* **difficulties** in Schwierigkeiten; **to get into difficulties** in Schwierigkeiten geraten
diffident ['dɪfɪdənt] *adj* zurückhaltend, bescheiden; *Lächeln* zaghaft
diffuse [dɪ'fjuːz] *v/t Spannung* abbauen
dig [dɪg] ⟨*v: prät, pperf* dug⟩ **A** *v/t* **1** graben; *Garten* umgraben; *Grab* ausheben **2** bohren (**sth into sth** etw in etw +*akk*); **to dig sb in the ribs** j-n in die Rippen stoßen **3 I dig her a lot** *umg* ich finde sie total cool *umg*, ich stehe total auf

sie *umg* **B** *v/i* graben; TECH schürfen; **to dig for minerals** Erz schürfen; **to dig deep** *finanziell* auf seine letzten Reserven zurückgreifen; *fig* seine letzten Kräfte mobilisieren **C** *s Br* Stoß *m*; **to give sb a dig in the ribs** j-m einen Rippenstoß geben; **to have a dig at sb/sth** über j-n/etw eine spitze Bemerkung machen

phrasal verbs mit dig:

dig around *umg v/i* herumsuchen *umg*

dig in **A** *v/i umg beim Essen* reinhauen *umg* **B** *v/t* ⟨*trennb*⟩ **to dig one's heels in** *fig* sich auf die Hinterbeine stellen *umg*

dig into *v/i* ⟨*+obj*⟩ **to dig (deep) into one's pockets** *fig* tief in die Tasche greifen

dig out *v/t* ⟨*trennb*⟩ ausgraben (**of** aus)

dig up *v/t* ⟨*trennb*⟩ ausgraben; *Erde* aufwühlen; *Garten* umgraben; **where did you dig her up?** *umg* wo hast du die denn aufgegabelt? *umg*

digest [daɪˈdʒest] *v/t & v/i* verdauen

digestible [dɪˈdʒestɪbl] *adj* verdaulich

digestion [dɪˈdʒestʃən] *s* Verdauung *f*

digestive [dɪˈdʒestɪv] **A** *adj* Verdauungs- **B** *s* **1** *US* Aperitif *m* **2** *Br a.* **~ biscuit** Keks aus Weizenmehl

digestive system [dɪˈdʒestɪvsɪstəm] *s* Verdauungssystem *n*

digger [ˈdɪɡəʳ] *s* TECH Bagger *m*

digicam [ˈdɪdʒɪkæm] *s* Digitalkamera *f*

digit [ˈdɪdʒɪt] *s* **1** Finger *m* **2** Zehe *f* **3** MATH Ziffer *f*; **a four-digit number** eine vierstellige Zahl

digital [ˈdɪdʒɪtəl] *adj* Digital-; **~ display** Digitalanzeige *f*; **~ signal** *n* Digitalsignal *n*; **~ signature** digitale Signatur, elektronische Signatur; **~ technology** Digitaltechnik *f*

digital audio broadcasting *s* DAB *n*, Digitalradio *n*

digital audio tape *s* DAT-Band *n*

digital camera *s* Digitalkamera *f*

digital currency *s* digitale Währung

digitally [ˈdɪdʒɪtəli] *adv* digital; **~ remastered** digital aufbereitet; **~ recorded** im Digitalverfahren aufgenommen

digital media *pl* digitale Medien *pl*

digital media streamer *s* IT, TV Mediastreamer *m Abspielgerät für digitale Medien*

digital projector *s* Beamer *m*

digital radio *s* digitales Radio

digital receiver *s* TV Digitalempfänger *m*, Digitalreceiver *m*

digital recording *s* Digitalaufnahme *f*

digital technology *s* Digitaltechnik *f*

digital television, digital TV *s* digitales Fernsehen

digital (video) recorder *s* Festplattenrekorder *m*, digitaler Videorekorder

digitize [ˈdɪdʒɪtaɪz] *v/t* IT digitalisieren

dignified [ˈdɪɡnɪfaɪd] *adj Mensch* (ehr)würdig; *Art, Gesicht* würdevoll

dignitary [ˈdɪɡnɪtəri] *s* Würdenträger(in) *m(f)*

dignity [ˈdɪɡnɪti] *s* Würde *f*; **to die with ~** in Würde sterben; **to lose one's ~** sich blamieren

digress [daɪˈɡres] *v/i* abschweifen

digs [dɪɡz] *pl umg* möbliertes Zimmer

dike [daɪk] *s* → **dyke**

dilapidated [dɪˈlæpɪdeɪtɪd] *adj* verfallen

dilate [daɪˈleɪt] *v/i Pupillen* sich erweitern

dildo [ˈdɪldəʊ] *s* ⟨*pl* -s⟩ Dildo *m*

dilemma [daɪˈlemə] *s* Dilemma *n*; **to be in a ~** sich in einem Dilemma befinden; **to place sb in a ~** j-n in ein Dilemma bringen

diligence [ˈdɪlɪdʒəns] *s* Fleiß *m*

diligent [ˈdɪlɪdʒənt] *adj* fleißig; *Suche, Arbeit* sorgfältig

diligently [ˈdɪlɪdʒəntli] *adv* fleißig; *suchen, arbeiten* sorgfältig

dill [dɪl] *s* Dill *m*

dill pickle *s* saure Gurke (*mit Dill eingelegt*)

dilute [daɪˈluːt] **A** *v/t* verdünnen; **~ to taste** nach Geschmack verdünnen **B** *adj* verdünnt

dim [dɪm] **A** *adj* ⟨*komp* **dimmer**⟩ **1** *Licht* schwach; *Zimmer* dunkel; **the room grew dim** im Zimmer wurde es dunkel **2** undeutlich; *Erinnerung* dunkel; **I have a dim recollection of it** ich erinnere mich nur (noch) dunkel daran **3** *umg* (≈ *dumm*) beschränkt *umg* **B** *v/t Licht* dämpfen; **dimmed headlights** *pl US* Abblendlicht *n*; **to dim the lights** THEAT das Licht langsam ausgehen lassen **C** *v/i Licht* schwach werden

dime [daɪm] *US* **A** *s* Zehncentstück *n* **B** *v/t umg* **to ~ sb off** jdn verpfeifen *umg*

dimension [daɪˈmenʃən] *s* Dimension *f*; (≈ *Abmessung*) Maß *n*

-dimensional [-daɪˈmenʃənl] *adj* ⟨*suf*⟩ -dimensional

diminish [dɪˈmɪnɪʃ] **A** *v/t* verringern **B** *v/i* sich verringern; **to ~ in size** kleiner werden; **to ~ in value** im Wert sinken

diminutive [dɪˈmɪnjʊtɪv] **A** *adj* winzig, klein; GRAM diminutiv **B** *s* GRAM Verkleinerungsform *f*

dimly [ˈdɪmli] *adv* **1** *scheinen* schwach **2** undeutlich; *sehen* verschwommen; **I was ~ aware that …** es war mir undeutlich bewusst, dass …

dimmer [ˈdɪməʳ] *s* ELEK Dimmer *m*; **~s** *pl US* AUTO Abblendlicht *n*, Begrenzungsleuchten *pl*

dimmer switch *s* Dimmer *m*

dimness *s* **1** *von Licht* Schwäche *f*; **the ~ of the room** das Halbdunkel im Zimmer **2** *von Umriss* Undeutlichkeit *f*

dimple [ˈdɪmpl] *s an Backe, Kinn* Grübchen *n*

dimwit *umg s* Schwachkopf *m umg*

dimwitted [ˌdɪmˈwɪtɪd] *umg adj* beschränkt

umg, schwachsinnig
din [dɪn] *s* Lärm *m*; **an infernal din** ein Höllenlärm *m*
dine [daɪn] *v/i* speisen (**on** etw); **they ~d on caviare every night** sie aßen jeden Abend Kaviar
diner ['daɪnə*ʳ*] *s* **1** Speisende(r) *m/f(m)*; *in Restaurant* Gast *m* **2** *US* Esslokal *n* **3** *US* Speisewagen *m*
dinghy ['dɪŋgɪ] *s* Dingi *n*, Schlauchboot *n*
dinginess ['dɪndʒɪnɪs] *s* Unansehnlichkeit *f*
dingo ['dɪŋgəʊ] *s* ‹*pl* -s› Dingo *m* (*australischer Windhund*)
dingy ['dɪndʒɪ] *adj* ‹*komp* dingier› düster
dining car *s* Speisewagen *m*
dining hall *s* Speisesaal *m*
dining room *s* Esszimmer *n*, Speiseraum *m*
dining table *s* Esstisch *m*
dinky ['dɪŋkɪ] *adj* **1** *Br umg* (≈ *niedlich*) schnuckelig *umg* **2** *US umg* (≈ *klein*) winzig
dinner ['dɪnə*ʳ*] *s* Abendessen *n*, Nachtmahl *n österr*, Nachtessen *n schweiz*; *formell* Essen *n*; (≈ *Lunch*) Mittagessen *n*; **to eat** *od* **have (one's) ~** zu Abend/Mittag essen; **we're having people to ~** wir haben Gäste zum Essen; **~'s ready** das Essen ist fertig; **to finish one's ~** zu Ende essen; **to go out to ~** auswärts essen (gehen)
dinner-dance *s Abendessen mit Tanz*
dinner guest *s* Gast *m* zum Abendessen
dinner jacket *s* Smoking(jacke) *m(f)*
dinner money *s Br* SCHULE Essensgeld *n*
dinner party *s* Abendgesellschaft *f* (mit Essen); **to have** *od* **give a small ~** ein kleines Essen geben
dinner plate *s* Tafelteller *m*
dinner service *s* Tafelservice *n*
dinner table *s* Esstisch *m*; **be at the ~** bei Tisch sitzen
dinnertime *s* Essenszeit *f*
dinosaur ['daɪnəsɔː*ʳ*] *s* Dinosaurier *m*
diocese ['daɪəsɪs] *s* Diözese *f*
diode ['daɪəʊd] *s* Diode *f*
dioxide [daɪ'ɒksaɪd] *s* Dioxid *n*
Dip *abk* (= diploma) Diplom *n*
dip [dɪp] **A** *v/t* **1** *in Flüssigkeit* tauchen (**into** in +*akk*); *Brot* (ein)tunken (**into** in +*akk*); **to dip sth in flour/egg** etw in Mehl/Ei wälzen **2** *in Tasche etc*: *Hand* stecken **3** *Br* AUTO *Scheinwerfer* abblenden; **dipped headlights** Abblendlicht *n* **4** *US* **dip your credit card** führen Sie Ihre Kreditkarte ein, bitte Kreditkarte einführen **B** *v/i* Boden sich senken; *Temperatur*, *Preise* fallen **C** *s* **1 to go for a** *od* **to have a dip** kurz mal schwimmen gehen **2** Bodensenke *f*; (≈ *Abhang*) Abfall *m* **3** *von Preisen* Fallen *n* **4** GASTR Dip *m*
phrasal verbs mit dip:
  dip into *v/i* ‹+*obj*› **1** *fig* **to dip into one's pock-**
et tief in die Tasche greifen; **to dip into one's savings** an seine Ersparnisse gehen **2** *Buch* einen kurzen Blick werfen in (+*akk*)
diphtheria [dɪf'θɪərɪə] *s* Diphtherie *f*
diphthong ['dɪfθɒŋ] *s* Diphthong *m*
diploma [dɪ'pləʊmə] *s* Diplom *n*
diplomacy [dɪ'pləʊməsɪ] *s* Diplomatie *f*; **to use ~** diplomatisch vorgehen
diplomat ['dɪpləmæt] *s* Diplomat(in) *m(f)*
diplomatic [ˌdɪplə'mætɪk] *adj* diplomatisch
diplomatic bag *Br s* Diplomatenpost *f*
diplomatic immunity *s* Immunität *f*
diplomatic pouch *US s* Diplomatenpost *f*
diplomatic service *s* diplomatischer Dienst
dipper ['dɪpə*ʳ*] *s US* ASTRON **the Big** *od* **Great/Little Dipper** der Große/Kleine Wagen *od* Bär
dippy ['dɪpɪ] *umg adj* meschugge *umg*
dip rod *US s* → dipstick
dipstick ['dɪpstɪk] *s* Ölmessstab *m*
dip switch *s* AUTO Abblendschalter *m*
dire [daɪə*ʳ*] *adj* **1** *Folgen* verheerend; *Warnung*, *Drohung* unheilvoll; *Effekt* katastrophal; *Situation* miserabel; **in ~ poverty** in äußerster Armut; **to be in ~ need of sth** etw dringend brauchen; **to be in ~ straits** in einer ernsten Notlage sein **2** *umg* (≈ *schrecklich*) mies *umg*
direct [daɪ'rekt] **A** *adj* direkt; *Verantwortung*, *Ursache* unmittelbar; *Zug* durchgehend; *entgegengesetzt* genau; **to be a ~ descendant of sb** ein direkter Nachkomme von j-m sein; **avoid ~ sunlight** direkte Sonneneinstrahlung meiden; **to take a ~ hit** einen Volltreffer einstecken **B** *v/t* **1** *Bemerkung*, *Brief* richten (**to an** +*akk*); *Bemühungen*, *Blick* richten (**towards** auf +*akk*); *Wut* auslassen (**towards** an +*akk*); **the violence was ~ed against the police** die Gewalttätigkeiten richteten sich gegen die Polizei; **to ~ sb's attention to sb/sth** j-s Aufmerksamkeit auf j-n/etw lenken; **can you ~ me to the town hall?** können Sie mir den Weg zum Rathaus sagen? **2** *Firma* leiten; *Verkehr* regeln **3** (≈ *befehlen*) anweisen (**sb to do sth** j-n, etw zu tun) **4** *Film*, *Stück* Regie führen bei; *Sendung* leiten **C** *adv* direkt
direct access *s* IT Direktzugriff *m*
direct action *s* direkte Aktion; **to take ~** direkt handeln
direct current *s* ELEK Gleichstrom *m*
direct debit *s* Einzugsermächtigung *f*; **to pay by ~** per Einzugsermächtigung bezahlen
direct flight *s* Direktflug *m*
direction [dɪ'rekʃən] *s* **1** Richtung *f*; **in the wrong/right ~** in die falsche/richtige Richtung; **in the ~ of Hamburg/the hotel** in Richtung Hamburg/des Hotels; **a sense of ~** Orientierungssinn *m* **2** *von Firma* Leitung *f* **3** *von Film*,

Stück Regie *f; von Sendung* Leitung *f* **4** **~s** *pl* Anweisungen *pl*, Angaben *pl; für Gebrauch* (Gebrauchs)anweisung *f; für Weg* Wegbeschreibung *f;* **to ask for ~s** nach dem Weg fragen; **to give sb ~s** j-m den Weg beschreiben

directive [dɪˈrektɪv] *s* Anweisung *f*, Direktive *f*

direct line *s* TEL Durchwahl *f*

directly [dɪˈrektlɪ] *adv* direkt, sofort; (≈ *in Kürze*) gleich; (≈ *unverblümt*) offen; **he is ~ descended from X** er stammt in direkter Linie von X ab; **~ responsible** unmittelbar verantwortlich

direct object *s* GRAM direktes Objekt

director [dɪˈrektəʳ] *s* Direktor(in) *m(f)*; FILM, THEAT Regisseur(in) *m(f)*

director's chair *s* FILM Regiestuhl *m*

director's cut *s* FILM vom Regisseur geschnittene Fassung, Director's Cut *m*

directory [dɪˈrektərɪ] *s* **1** Adressbuch *n*; TEL Telefonbuch *n*; (≈ *Gelbe Seiten*) Branchenverzeichnis *n*; TEL **~ inquiries** *Br,* **~ assistance** *US* (Fernsprech)auskunft *f* **2** IT Verzeichnis *n*, Directory *n*

dirt [dɜːt] *s* Schmutz *m*, Erde *f*; (≈ *Kot*) Dreck *m*; **to be covered in ~** völlig verschmutzt sein; **to treat sb like ~** j-n wie (den letzten) Dreck behandeln *umg*

dirt bike *s* Geländemotorrad *n*

dirt-cheap *umg adj & adv* spottbillig *umg*

dirt road *s* unbefestigte Straße

dirt track *s* Feldweg *m*; SPORT Aschenbahn *f*

dirty [ˈdɜːtɪ] **A** *adj* ⟨*komp* dirtier⟩ schmutzig, dreckig; *Spieler* unfair; *Buch, Film, Ausdruck* unanständig; **to get sth ~** etw schmutzig machen; **to do the ~ deed** *Br mst hum* die Übeltat vollbringen; **a ~ mind** eine schmutzige Fantasie; **~ old man** *pej, hum* alter Lustmolch *umg*; **to give sb a ~ look** *umg* j-m einen giftigen Blick zuwerfen *umg* **B** *v/t* beschmutzen

dirty bomb *s* MIL *sl* schmutzige Bombe

dirty trick *s* gemeiner Trick

dirty weekend *hum umg s* Liebeswochenende *n*

dirty work *s* **to do sb's ~** *fig* sich (*dat*) für j-n die Finger schmutzig machen

dis [dɪs] *sl v/t abk* (= disrespect) j-n respektlos behandeln, dissen *sl*

disability [ˌdɪsəˈbɪlɪtɪ] *s* Behinderung *f*; Unvermögen *n*

disable [dɪsˈeɪbl] *v/t* **1** j-n zum/zur Behinderten machen **2** *Waffe* unbrauchbar machen

disabled A *adj* behindert; **severely/partially ~** schwer/leicht behindert; **physically ~** körperbehindert; **mentally ~** geistig behindert; **~ toilet** Behindertentoilette *f* **B** *pl* **the ~** die Behinderten *pl*

disadvantage [ˌdɪsədˈvɑːntɪdʒ] *s* Nachteil *m*; **to be at a ~** im Nachteil sein; **to put sb at a ~** j-n benachteiligen

disadvantaged *adj* benachteiligt

disadvantageous *adj*, **disadvantageously** [ˌdɪsædvɑːnˈteɪdʒəs, -lɪ] *adv* nachteilig

disaffected [ˌdɪsəˈfektɪd] *adj* enttäuscht; *Jugendliche, Schüler* demotiviert; *Wähler* politikverdrossen

disagree [ˌdɪsəˈɡriː] *v/i* **1** mit j-m, Ansicht nicht übereinstimmen (**on** zu); *mit Vorschlag* nicht einverstanden sein; *zwei Menschen* sich (*dat*) nicht einig sein **2** eine Meinungsverschiedenheit haben **3** *Klima, Essen* **to ~ with sb** j-m nicht bekommen; **garlic ~s with me** ich vertrage keinen Knoblauch

disagreeable [ˌdɪsəˈɡriːəbl] *adj* unangenehm; *Mensch* unsympathisch

disagreement *s* **1** *in Bezug auf Ansichten* Uneinigkeit *f* **2** Meinungsverschiedenheit *f*

disallow [ˌdɪsəˈlaʊ] *v/t* nicht anerkennen

disappear [ˌdɪsəˈpɪəʳ] *v/i* verschwinden; **he ~ed from sight** er verschwand; **to ~ into thin air** sich in Luft auflösen

disappearance [ˌdɪsəˈpɪərəns] *s* Verschwinden *n*

disappoint [ˌdɪsəˈpɔɪnt] *v/t* enttäuschen

disappointed *adj* enttäuscht; **she was ~ to learn that ...** sie war enttäuscht, als sie erfuhr, dass ...; **to be ~ that ...** enttäuscht (darüber) sein, dass ...; **to be ~ in** *od* **with** *od* **by sb/sth** von j-m/etw enttäuscht sein

disappointing [ˌdɪsəˈpɔɪntɪŋ] *adj* enttäuschend; **how ~!** so eine Enttäuschung!

disappointment *s* Enttäuschung *f*

disapproval [ˌdɪsəˈpruːvl] *s* Missbilligung *f*

disapprove [ˌdɪsəˈpruːv] *v/i* dagegen sein; **to ~ of sb** j-n ablehnen; **to ~ of sth** etw missbilligen

disapproving *adj*, **disapprovingly** [ˌdɪsəˈpruːvɪŋ, -lɪ] *adv* missbilligend

disarm [dɪsˈɑːm] **A** *v/t* entwaffnen **B** *v/i* MIL abrüsten

disarmament [dɪsˈɑːməmənt] *s* Abrüstung *f*

disarming [dɪsˈɑːmɪŋ] *adj Offenheit* entwaffnend

disarray [ˌdɪsəˈreɪ] *s* Unordnung *f*; **to be in ~** *Gedanken, Organisation* durcheinander sein

disassemble [ˌdɪsəˈsembl] *v/t* auseinandernehmen

disassociate [ˈdɪsəˈsəʊʃɪeɪt] *v/t* → dissociate

disaster [dɪˈzɑːstəʳ] *s* Katastrophe *f*, Unheil *n*; Fiasko *n*

disaster area *s* Katastrophengebiet *n*

disaster movie *s* Katastrophenfilm *m*

disastrous [dɪˈzɑːstrəs] *adj* katastrophal; **to be ~ for sb/sth** katastrophale Folgen für j-n/etw haben

disastrously [dɪˈzɑːstrəslɪ] *adv* katastrophal; **it**

all went ~ wrong es was eine Katastrophe
disband [dɪsˈbænd] **A** v/t auflösen **B** v/i Armee, Verein sich auflösen
disbelief [ˈdɪsbəˈliːf] s Ungläubigkeit f; **in ~** ungläubig
disbelieve [ˈdɪsbəˈliːv] v/t nicht glauben
disc [dɪsk] s, **disk** bes US s **1** Scheibe f; ANAT Bandscheibe f **2** (≈ LP), a. COMPUT Platte f; (≈ Compact Disc) CD f; (≈ Digital Versatile Disc) DVD f
discard [dɪˈskɑːd] v/t ausrangieren; Idee, Plan verwerfen
discern [dɪˈsɜːn] v/t mit den Sinnen wahrnehmen; geistig erkennen
discernible [dɪˈsɜːnəbl] adj erkennbar
discerning [dɪˈsɜːnɪŋ] adj Publikum, Leser anspruchsvoll, kritisch; Auge, Ohr fein
discharge A [dɪsˈtʃɑːdʒ] v/t **1** Gefangenen, Patient entlassen; **he ~d himself (from hospital)** er hat das Krankenhaus auf eigene Verantwortung verlassen **2** ELEK entladen; Flüssigkeit, Gas ausstoßen; **the factory was discharging toxic gas into the atmosphere** aus der Fabrik strömten giftige Gase in die Atmosphäre; **to ~ effluents into a river** Abwässer in einen Fluss einleiten **B** [ˈdɪstʃɑːdʒ] s **1** von Soldat Abschied m **2** ELEK Entladung f; von Gas Ausströmen n; von Flüssigkeit Ausfluss m; von Eiter Absonderung f
disciple [dɪˈsaɪpl] wörtl s Jünger(in) m(f); fig Schüler(in) m(f)
disciplinary [ˌdɪsɪˈplɪnərɪ] adj Disziplinar-, disziplinarisch; **~ proceedings** od **procedures** Disziplinarverfahren n
discipline [ˈdɪsɪplɪn] **A** s Disziplin f; **to maintain ~** die Disziplin aufrechterhalten **B** v/t disziplinieren
disciplined adj diszipliniert
disc jockey s Diskjockey m
disclaim [dɪsˈkleɪm] v/t abstreiten; widerrufen
disclaimer [dɪsˈkleɪmə^r] s Dementi n; **to issue a ~** eine Gegenerklärung abgeben
disclose [dɪsˈkləʊz] v/t Geheimnis enthüllen; Nachricht, Identität bekannt geben; Einkommen angeben
disclosure [dɪsˈkləʊʒə^r] s **1** von Geheimnis Enthüllung f; von Nachricht, Identität Bekanntgabe f **2** Mitteilung f
disco [ˈdɪskəʊ] s ⟨pl -s⟩ Disco f
discolour [dɪsˈkʌlə^r], **discolor** US **A** v/t verfärben **B** v/i sich verfärben
discoloured [dɪsˈkʌləd] adj, **discolored** US adj verfärbt
discomfort [dɪsˈkʌmfət] wörtl s Beschwerden pl; fig (≈ Beklommenheit) Unbehagen n
disconcert [ˌdɪskənˈsɜːt] v/t beunruhigen
disconcerting adj beunruhigend

disconnect [ˈdɪskəˈnekt] v/t Rohr etc trennen; Fernseher, Bügeleisen den Stecker ziehen; Gas, Strom abstellen
discontent [ˈdɪskənˈtent] s Unzufriedenheit f
discontented adj, **discontentedly** [ˌdɪskənˈtentɪd, -lɪ] adv unzufrieden
discontinue [ˈdɪskənˈtɪnjuː] v/t aufgeben; Gespräch, Behandlung, Projekt abbrechen; Gebrauch beenden; HANDEL Modell, Serie auslaufen lassen; Produktion einstellen; **a ~d line** HANDEL eine ausgelaufene Serie
discord [ˈdɪskɔːd] s **1** Uneinigkeit f **2** MUS Dissonanz f, Missklang m
discotheque [ˈdɪskəʊtek] s Diskothek f
discount [ˈdɪskaʊnt] s Rabatt m, Skonto n/m; **to give a ~ on sth** Rabatt auf etw (akk) geben; **to give sb a 5% ~** j-m 5% Rabatt/Skonto geben; **at a ~** auf Rabatt/Skonto
discount rate s FIN Diskontsatz m
discount store s Discountgeschäft n
discourage [dɪsˈkʌrɪdʒ] v/t **1** entmutigen **2** **to ~ sb from doing sth** j-m abraten, etw zu tun; mit Erfolg j-n davon abbringen, etw zu tun **3** abhalten; Annäherungsversuche, Spekulationen zu verhindern suchen; Rauchen unterbinden
discouragement [dɪsˈkʌrɪdʒmənt] s Entmutigung f; Zustand Mutlosigkeit f
discouraging adj, **discouragingly** [dɪsˈkʌrɪdʒɪŋ, -lɪ] adv entmutigend
discourse [ˈdɪskɔːs] s **1** form Diskurs m **2** LING Rede f; **direct/indirect ~** US direkte/indirekte Rede
discover [dɪsˈkʌvə^r] v/t entdecken; Schuldigen finden; Geheimnis, Wahrheit herausfinden; Ursache feststellen; Fehler bemerken
discoverer [dɪsˈkʌvərə^r] s Entdecker(in) m(f)
discovery [dɪsˈkʌvərɪ] s Entdeckung f
discredit [dɪsˈkredɪt] **A** v/t diskreditieren **B** s ⟨kein pl⟩ Misskredit m
discredited adj diskreditiert
discreet [dɪˈskriːt] adj diskret; Krawatte dezent; **at a ~ distance** in einer diskreten Entfernung; **to maintain a ~ presence** eine unauffällige Präsenz aufrechterhalten; **to be ~ about sth** etw diskret behandeln
discreetly [dɪˈskriːtlɪ] adv diskret; gekleidet, geschmückt dezent
discrepancy [dɪˈskrepənsɪ] s Diskrepanz f (**between** zwischen +dat)
discretion [dɪˈskreʃən] s **1** Diskretion f **2** Ermessen n; **to leave sth to sb's ~** etw in j-s Ermessen (akk) stellen; **use your own ~** Sie müssen nach eigenem Ermessen handeln
discriminate [dɪˈskrɪmɪneɪt] v/i **1** unterscheiden (**between** zwischen +dat) **2** Unterschiede machen (**between** zwischen +dat); **to ~ in fa-**

vour of sb *Br*, **to ~ in favor of sb** *US* j-n bevorzugen; **to ~ against sb** j-n benachteiligen, j-n diskriminieren

phrasal verbs mit discriminate:

discriminate against *v/i* ⟨+obj⟩ diskriminieren; **they were discriminated against** sie wurden diskriminiert

discriminating [dɪˈskrɪmɪneɪtɪŋ] *adj Mensch* anspruchsvoll; *Auge* kritisch

discrimination [dɪˌskrɪmɪˈneɪʃən] *s* **1** Diskriminierung *f*; **racial ~** Rassendiskriminierung *f*; **sex(ual) ~** Diskriminierung *f* aufgrund des Geschlechts **2** Unterscheidung *f* (**between** zwischen +*dat*)

discriminatory [dɪˈskrɪmɪnətərɪ] *adj* diskriminierend

discus [ˈdɪskəs] *s* Diskus *m*; **in the ~** SPORT im Diskuswerfen

discuss [dɪˈskʌs] *v/t* besprechen, diskutieren

discussion [dɪˈskʌʃən] *s* Diskussion *f* (**of, about** über +*akk*); (≈ *Treffen*) Besprechung *f*; **after much** *od* **a lot of ~** nach langen Diskussionen; **to be under ~** zur Diskussion stehen; **that is still under ~** das ist noch in der Diskussion; **open to ~** zur Diskussion gestellt; **a subject for ~** ein Diskussionsthema *n*; **to come up for ~** zur Diskussion gestellt werden

disdain [dɪsˈdeɪn] **A** *v/t* verachten **B** *s* Verachtung *f*

disdainful [dɪsˈdeɪnfʊl] *adj*, **disdainfully** [dɪsˈdeɪnfəlɪ] *adv* herablassend; *Blick* verächtlich

disease [dɪˈziːz] *s* Krankheit *f*

diseased *adj* krank; *Gewebe* befallen

disembark [ˌdɪsɪmˈbɑːk] *v/i* von Bord gehen

disembarkation [ˌdɪsembɑːˈkeɪʃən] *s* Landung *f*

disenchanted [dɪsənˈtʃɑːntɪd] *adj* ernüchtert, desillusioniert (**with** von)

disenfranchise [ˈdɪsɪnˈfræn*t*ʃaɪz] *v/t* die bürgerlichen Ehrenrechte aberkennen (+*dat*)

disengage [ˌdɪsɪnˈgeɪdʒ] *v/t* **1** lösen (**from** aus) **2 to ~ the clutch** AUTO auskuppeln

disentangle [ˈdɪsɪnˈtæŋgl] *v/t* entwirren; **to ~ oneself (from sth)** *wörtl* sich (aus etw) lösen; *fig* sich (von etw) lösen

disfavour [dɪsˈfeɪvəʳ] *s*, **disfavor** *US s* Ungnade *f*; (≈ *Abneigung*) Missfallen *n*; **to fall into ~ (with)** in Ungnade fallen (bei)

disfigure [dɪsˈfɪgəʳ] *v/t* verunstalten; *Landschaft* verschandeln

disgrace [dɪsˈgreɪs] **A** *s* Schande *f* (**to** für); *Mensch* Schandfleck *m* (**to** +*gen*); **you're a complete ~!** mit dir kann man sich wirklich nur blamieren!; **the cost of rented accommodation is a ~** es ist eine Schande, wie teuer Mietwohnungen sind; **in ~** mit Schimpf und Schande; **to bring ~ (up)on sb** j-m Schande machen; **to be in ~** in Ungnade (gefallen) sein (**with** bei) **B** *v/t* Schande machen (+*dat*); *Familie* Schande bringen über (+*akk*); **to ~ oneself** sich blamieren

disgraceful *adj* erbärmlich (schlecht); *Benehmen, Szenen* skandalös; **it's quite ~ how ...** es ist wirklich eine Schande, wie ...

disgracefully *adv* schändlich

disgruntled [dɪsˈgrʌntld] *adj* verstimmt

disguise [dɪsˈgaɪz] **A** *v/t* unkenntlich machen; *Stimme* verstellen; *Missfallen* verbergen; *Geschmack* kaschieren; *Tatsachen* verschleiern; **to ~ oneself/sb as** sich/j-n verkleiden als **B** *s* Verkleidung *f*; **in ~** verkleidet

disgust [dɪsˈgʌst] **A** *s* Ekel *m*; *über j-s Benehmen* Empörung *f*; **in ~** voller Ekel/Empörung; **much to his ~ they left** sehr zu seiner Empörung gingen sie **B** *v/t Mensch, Anblick* anekeln; *Handlungen* empören

disgusted *adj* angeekelt; *über j-s Benehmen* empört; **to be ~ with sb** empört über j-n sein; **to be ~ with sth** angewidert von etw sein; **I was ~ with myself** ich war mir selbst zuwider

disgusting [dɪsˈgʌstɪŋ] *adj* **1** widerlich, ekelhaft **2** *Buch, Film* anstößig, obszön; **don't be ~** sei nicht so ordinär **3** unerhört

disgustingly [dɪsˈgʌstɪŋlɪ] *adv* ekelhaft

dish [dɪʃ] *s* **1** Schale *f*, Schüssel *f* **2** **~es** *pl* Geschirr *n*; **to do the ~es** abwaschen **3** Gericht *n*; **pasta ~es** Nudelgerichte *pl* **4** **~ aerial** *Br*, **~ antenna** Parabolantenne *f*, Schüssel *f umg*

phrasal verbs mit dish:

dish out *umg v/t* ⟨*trennb*⟩ austeilen

dish up A *v/t* ⟨*trennb*⟩ *wörtl* auf dem Teller anrichten **B** *v/i* anrichten

disharmony [ˈdɪsˈhɑːmənɪ] *s* Disharmonie *f*

dishcloth [ˈdɪʃklɒθ] *s* Geschirrtuch *n*, Spültuch *n*

dishearten [dɪsˈhɑːtn] *v/t* entmutigen

disheartened [dɪsˈhɑːtnd] *adj* entmutigt

disheartening *adj*, **dishearteningly** [dɪsˈhɑːtnɪŋ, -lɪ] *adv* entmutigend

dishevelled [dɪˈʃevəld] *adj*, **disheveled** *US adj Haare* zerzaust; *Mensch* ungepflegt

dishonest [dɪsˈɒnɪst] *adj* unehrlich, verlogen; *Plan* unlauter

dishonestly [dɪsˈɒnɪstlɪ] *adv* **1** unehrlich; *behaupten* unehrlicherweise **2** betrügerisch, in betrügerischer Absicht

dishonesty [dɪsˈɒnɪstɪ] *s* Unehrlichkeit *f*, Verlogenheit *f*; *von Plan* Unlauterkeit *f*

dishonour [dɪsˈɒnəʳ], **dishonor** *US* **A** *s* Schande *f*; **to bring ~ (up)on sb** Schande über j-n bringen **B** *v/t* schänden; *seiner Familie* Schande machen (+*dat*)

dishonourable *adj*, **dishonorable** *US adj*, **dis-**

honourably [dɪsˈɒnərəbl, -ɪ] adv, **dishonorably** US adv unehrenhaft
dishtowel US, schott s Geschirrtuch n
dishwasher s (Geschirr)spülmaschine f
dishwasher-proof adj spülmaschinenfest
dishwashing liquid s US Spülmittel n
dishwater s Spülwasser n
dishy [ˈdɪʃɪ] adj ⟨komp dishier⟩ umg Frau, Mann toll umg
disillusion [ˌdɪsɪˈluːʒən] v/t desillusionieren
disincentive [ˌdɪsɪnˈsentɪv] s Entmutigung f
disinclination [ˌdɪsɪnklɪˈneɪʃən] s Abneigung f
disinclined [ˈdɪsɪnˈklaɪnd] adj abgeneigt
disinfect [ˌdɪsɪnˈfekt] v/t desinfizieren
disinfectant [ˌdɪsɪnˈfektənt] s Desinfektionsmittel n
disinformation [ˌdɪsɪnfəˈmeɪʃn] s ⟨kein pl⟩ Desinformation f, gezielte Falschinformation
disinherit [ˈdɪsɪnˈherɪt] v/t enterben
disintegrate [dɪsˈɪntɪgreɪt] v/i zerfallen; Gestein auseinanderbröckeln; Gruppe sich auflösen; Ehe, Gesellschaft zusammenbrechen
disintegration [dɪsˌɪntɪˈgreɪʃən] s Zerfall m; von Gestein Auseinanderbröckeln n; von Gruppe Auflösung f; von Ehe, Gesellschaft Zusammenbruch m
disinterest [dɪsˈɪntrəst] s Desinteresse n (**in** an +dat)
disinterested [dɪsˈɪntrɪstɪd] adj **1** unvoreingenommen, unparteiisch **2** desinteressiert
disjointed [dɪsˈdʒɔɪntɪd] adj unzusammenhängend
disk [dɪsk] s COMPUT Platte f; (≈ Floppy Disk) Diskette f; **on ~** auf Platte/Diskette
disk drive s Diskettenlaufwerk n, Festplattenlaufwerk n
diskette [dɪsˈket] s Diskette f
disk operating system s Betriebssystem n
disk space s Speicherkapazität f
dislike [dɪsˈlaɪk] **A** v/t nicht mögen; **to ~ doing sth** etw ungern tun; **I ~ him/it intensely** ich mag ihn/es überhaupt nicht; **I don't ~ it** ich habe nichts dagegen **B** s Abneigung f (**of** gegen); **to take a ~ to sb/sth** eine Abneigung gegen j-n/etw entwickeln
dislocate [ˈdɪsləʊkeɪt] v/t MED verrenken; **to ~ one's shoulder** sich (dat) den Arm auskugeln
dislocation [ˌdɪsləʊˈkeɪʃn] s Verrenkung f
dislodge [dɪsˈlɒdʒ] v/t Blockierung lösen, herausstochern
disloyal [dɪsˈlɔɪəl] adj illoyal; **to be ~ to sb** j-m gegenüber nicht loyal sein
disloyalty [dɪsˈlɔɪəltɪ] s Illoyalität f (**to** gegenüber)
dismal [ˈdɪzməl] adj Ort, Aussichten, Wetter trostlos; Leistung miserabel

dismally [ˈdɪzməlɪ] adv versagen kläglich
dismantle [dɪsˈmæntl] v/t auseinandernehmen; Gerüst abbauen
dismay [dɪsˈmeɪ] **A** s Bestürzung f; **in ~** bestürzt **B** v/t bestürzen
dismember [dɪsˈmembəʳ] v/t zerstückeln
dismiss [dɪsˈmɪs] v/t **1** aus Job etc entlassen; Versammlung auflösen; **~!** wegtreten!; **"class ~ed"** „ihr dürft gehen" **2** Spekulationen, Behauptungen abtun; **to ~ sth from one's mind** etw verwerfen **3** JUR Berufung abweisen
dismissal [dɪsˈmɪsəl] s **1** Entlassung f **2** JUR Abweisung f
dismissive [dɪsˈmɪsɪv] adj Bemerkung wegwerfend; Geste abweisend
dismissively [dɪsˈmɪsɪvlɪ] adv abweisend
dismount [dɪsˈmaʊnt] v/i absteigen
disobedience [ˌdɪsəˈbiːdɪəns] s Ungehorsam m (**to** gegenüber)
disobedient [ˌdɪsəˈbiːdɪənt] adj ungehorsam
disobey [ˌdɪsəˈbeɪ] v/t nicht gehorchen (+dat); Gesetz übertreten
disorder [dɪsˈɔːdəʳ] s **1** Durcheinander n; **in ~** durcheinander **2** POL Unruhen pl **3** MED Funktionsstörung f; **eating ~** Essstörung f
disorderly [dɪsˈɔːdəlɪ] adj **1** unordentlich; Warteschlange ungeordnet **2** (≈ ungebärdig) wild; Menge undiszipliniert; Benehmen ungehörig
disorganized [dɪsˈɔːgənaɪzd] adj systemlos, chaotisch; **he is completely ~** bei ihm geht alles drunter und drüber
disorient [dɪsˈɔːrɪent], **disorientate** [dɪsˈɔːrɪənteɪt] v/t desorientieren; fig verwirren
disoriented [dɪsˈɔːrɪəntɪd] adj desorientiert, verwirrt
disown [dɪsˈəʊn] v/t verleugnen
disparaging adj, **disparagingly** [dɪˈspærɪdʒɪŋ, -lɪ] adv geringschätzig
dispatch **A** [dɪˈspætʃ] v/t Brief, Waren senden; j-n, Truppen etc (ent)senden **B** [dɪˈspætʃ, ˈdɪspætʃ] s (≈ Bericht) Depesche f
dispatch note s von Waren Begleitschein m
dispatch rider s Motorradkurier(in) m(f); MIL Kradmelder(in) m(f)
dispel [dɪˈspel] v/t Zweifel, Ängste zerstreuen; Mythos zerstören
dispensable [dɪˈspensəbl] adj entbehrlich
dispense [dɪˈspens] v/t verteilen (**to** an +akk); Automat ausgeben; **to ~ justice** Recht sprechen
<u>phrasal verbs mit dispense:</u>
dispense with v/i ⟨+obj⟩ verzichten auf (+akk)
dispenser [dɪˈspensəʳ] s (≈ Behälter) Spender m; mit Münzeinwurf Automat m
dispensing [dɪˈspensɪŋ] adj **~ chemist** Br Apotheker(in) m(f)
dispersal [dɪˈspɜːsəl] s Verstreuen n; von Menge

Auflösung f
disperse [dɪˈspɜːs] **A** v/t verstreuen; BOT Samen verteilen; *Menge* auflösen; *fig Wissen* verbreiten **B** v/i sich auflösen
dispirited [dɪˈspɪrɪtɪd] adj entmutigt
displace [dɪsˈpleɪs] v/t verschieben; *Menschen* vertreiben
displaced person [dɪsˌpleɪstˈpɜːsn] s Vertriebene(r) m/f(m)
displacement s Verschiebung f; *von Menschen* Vertreibung f; *von Wasser, Luft* Verdrängung f; (≈ *Ersatz*) Ablösung f
display [dɪˈspleɪ] **A** v/t **1** etw zeigen; *Gefühle* zur Schau stellen; *Macht* demonstrieren; *Bekanntmachung* aushängen; *auf Bildschirm* anzeigen **2** *Waren* ausstellen **B** s **1** Zeigen n; *von Gefühlen a.* Zurschaustellung f; *von Macht* Demonstration f; **to make a great ~ of sth** etw groß zur Schau stellen; **to make a great ~ of doing sth** etw betont auffällig tun; **to be/go on ~** ausgestellt sein/werden; **these are only for ~** die sind nur zur Ansicht **2** *von Gemälden etc* Ausstellung f; *von Tänzen* Vorführung f; MIL Schau f; **firework ~** (öffentliches) Feuerwerk **3** HANDEL Auslage f **4** *an Geräten* Anzeige f, Display n
display cabinet s Schaukasten m
display case s Vitrine f
display unit s COMPUT Bildschirmgerät n
displease [dɪsˈpliːz] v/t missfallen (+dat)
displeasure [dɪsˈpleʒəʳ] s Missfallen n (**at** über +akk)
disposable [dɪˈspəʊzəbl] adj **1** Wegwerf-; **~ razor** Wegwerfrasierer m; **~ nappy** Br Wegwerfwindel f; **~ needle** Einwegnadel f; **~ contact lenses** Kontaktlinsen pl zum Wegwerfen **2** *Einkommen* verfügbar
disposal [dɪˈspəʊzəl] s **1** Loswerden n; *von Müll, Leiche* Beseitigung f **2** **the means at sb's ~** die j-m zur Verfügung stehenden Mittel; **to put sth at sb's ~** j-m etw zur Verfügung stellen; **to be at sb's ~** j-m zur Verfügung stehen

phrasal verbs mit dispose:
dispose of v/i (+obj) loswerden; *Müll, Leiche* beseitigen; (≈ *töten*) eliminieren
disposed [dɪˈspəʊzd] form adj **to be ~ to do sth** bereit sein, etw zu tun, etw tun wollen; **to be well ~ to(wards) sth** einer Sache (dat) wohlwollend gegenüberstehen
disposition [ˌdɪspəˈzɪʃən] s Veranlagung f; **her cheerful ~** ihre fröhliche Art
dispossess [ˌdɪspəˈzes] v/t enteignen
disproportionate [ˌdɪsprəˈpɔːʃnɪt] adj **to be ~ (to sth)** in keinem Verhältnis (zu etw) stehen; **a ~ amount of money** ein unverhältnismäßig hoher Geldbetrag

disproportionately [ˌdɪsprəˈpɔːʃnɪtlɪ] adv ⟨+adj⟩ unverhältnismäßig; **~ large numbers of ...** unverhältnismäßig viele ...
disprove [dɪsˈpruːv] v/t widerlegen
dispute **A** [dɪˈspjuːt] v/t **1** *Behauptung* bestreiten; *Anspruch, Testament* anfechten **2** *Thema* sich streiten über (+akk); **the issue was hotly ~d** das Thema wurde hitzig diskutiert **3** kämpfen um; *Gebiet* beanspruchen **B** [dɪˈspjuːt, ˈdɪspjuːt] s **1** ⟨kein pl⟩ Disput m; **to be beyond ~** außer Frage stehen; **there is some ~ about which horse won** es ist umstritten, welches Pferd gewonnen hat **2** Streit m **3** IND Auseinandersetzung f
disqualification [dɪsˌkwɒlɪfɪˈkeɪʃən] s Ausschluss m; SPORT Disqualifikation f; **~ (from driving)** Führerscheinentzug m
disqualify [dɪsˈkwɒlɪfaɪ] v/t ausschließen (**from** von); SPORT etc disqualifizieren; **to ~ sb from driving** j-m den Führerschein entziehen
disquiet [dɪsˈkwaɪət] **A** v/t beunruhigen **B** s Unruhe f
disregard [ˈdɪsrɪˈɡɑːd] **A** v/t ignorieren **B** s Missachtung f (**for** +gen); **to show complete ~ for sth** etw völlig außer Acht lassen
disrepair [ˈdɪsrɪˈpeəʳ] s Baufälligkeit f; **in a state of ~** baufällig; **to fall into ~** verfallen
disreputable [dɪsˈrepjʊtəbl] adj *Mensch, Hotel, Kneipe* verrufen; *Benehmen* unehrenhaft
disrepute [ˈdɪsrɪˈpjuːt] s schlechter Ruf; **to bring sth into ~** etw in Verruf bringen
disrespect [ˌdɪsrɪsˈpekt] s Respektlosigkeit f (**for** gegenüber); **to show ~ for sth** keinen Respekt vor etw (dat) haben
disrespectful adj, **disrespectfully** adv respektlos
disrupt [dɪsˈrʌpt] v/t stören
disruption [dɪsˈrʌpʃən] s Störung f
disruptive [dɪsˈrʌptɪv] adj störend; *Effekt* zerstörerisch
diss [dɪs] sl v/t pej sl abk (= disrespect) j-n respektlos behandeln, dissen sl
dissatisfaction [ˈdɪsˌsætɪsˈfækʃən] s Unzufriedenheit f
dissatisfactory [ˌdɪssætɪsˈfæktərɪ] adj unbefriedigend (**to** für)
dissatisfied [dɪsˈsætɪsfaɪd] adj unzufrieden
dissect [dɪˈsekt] v/t *Tier* sezieren; *fig Bericht, Theorie* zergliedern
dissent [dɪˈsent] s Nichtübereinstimmung f
dissenting [dɪˈsentɪŋ] adj ⟨attr⟩ abweichend
dissertation [ˌdɪsəˈteɪʃən] s wissenschaftliche Arbeit; *für Doktorprüfung* Dissertation f
disservice [dɪsˈsɜːvɪs] s **to do oneself/sb a ~** sich/j-m einen schlechten Dienst erweisen
dissident [ˈdɪsɪdənt] **A** s Dissident(in) m(f), Re-

gimekritiker(in) m(f) **B** adj andersdenkend; *Meinung* abweichend; POL regimekritisch
dissimilar [dɪˈsɪmɪləʳ] adj unterschiedlich (**to** von), verschieden; **not ~ (to sb/sth)** (j-m/einer Sache) nicht ungleich *od* nicht unähnlich
dissipate [ˈdɪsɪpeɪt] v/t Nebel auflösen; *Wärme* ableiten; *Zweifel, Ängste* zerstreuen; *Spannungen* lösen
dissipated [ˈdɪsɪpeɪtɪd] adj ausschweifend
dissociate [dɪˈsəʊʃɪeɪt] v/t trennen (**from** von); **to ~ oneself from sb/sth** sich von j-m/etw distanzieren
dissolute [ˈdɪsəluːt] adj Mensch, Lebensstil zügellos
dissolve [dɪˈzɒlv] **A** v/t auflösen **B** v/i sich (auf-) lösen; **it ~s in water** es ist wasserlöslich, es löst sich in Wasser
dissuade [dɪˈsweɪd] v/t **to ~ sb from doing sth** j-n davon abbringen, etw zu tun
distance [ˈdɪstəns] **A** s Entfernung f, Abstand m; *zurückgelegt* Strecke f; **at a ~ of two feet** in zwei Fuß Entfernung; **the ~ between the tracks** der Abstand zwischen den Eisenbahnschienen; **what's the ~ between London and Glasgow?** wie weit ist es von London nach Glasgow?; **in the ~** in der Ferne; **to gaze into the ~** in die Ferne starren; **he admired her from a ~** *fig* er bewunderte sie aus der Ferne; **it's within walking ~** es ist zu Fuß erreichbar; **a short ~ away** ganz in der Nähe; **it's quite a ~ (away)** es ist ziemlich weit (entfernt); **the race is over a ~ of 3 miles** das Rennen geht über eine Distanz von 3 Meilen; **to keep one's ~** Abstand halten **B** v/t **to ~ oneself/sb from sb/sth** sich/j-n von j-m/etw distanzieren
distant [ˈdɪstənt] **A** adj örtlich, zeitlich fern; *Klang, Verwandter, Erinnerung* entfernt; **the ~ mountains** die Berge in der Ferne; **in the not too ~ future** in nicht allzu ferner Zukunft **B** adv zeitlich, örtlich entfernt
distantly [ˈdɪstəntlɪ] adv **~ related (to sb)** entfernt (mit j-m) verwandt
distaste [dɪsˈteɪst] s Widerwille m (**for** gegen)
distasteful [dɪsˈteɪstfʊl] adj unangenehm
distil [dɪˈstɪl] v/t, **distill** US v/t CHEM destillieren; *Whisky etc* brennen
distillery [dɪˈstɪlərɪ] s Destillerie f, Brennerei f
distinct [dɪˈstɪŋkt] adj **1** verschieden; **as ~ from** im Unterschied zu **2** deutlich; *Geschmack* bestimmt; **to have ~ memories of sb/sth** sich deutlich an j-n/etw erinnern; **to get the ~ idea** *od* **impression that ...** den deutlichen Eindruck bekommen, dass ...; **to have the ~ feeling that ...** das bestimmte Gefühl haben, dass ...; **to have a ~ advantage (over sb)** (j-m gegenüber) deutlich im Vorteil sein; **there is a ~ possibility that ...** es besteht eindeutig die Möglichkeit, dass ...
distinction [dɪˈstɪŋkʃən] s **1** Unterschied m; **to make** *od* **draw a ~ (between two things)** (zwischen zwei Dingen) unterscheiden **2** SCHULE, UNIV Auszeichnung f; **he got a ~ in French** er hat das Französischexamen mit Auszeichnung bestanden
distinctive [dɪˈstɪŋktɪv] adj unverwechselbar; *Merkmal, Klang* unverkennbar; *Stimme, Kleidung* charakteristisch; (≈ *bemerkenswert*) auffällig; **~ features** von Mensch besondere Kennzeichen
distinctly [dɪˈstɪŋktlɪ] adv **1** deutlich **2** eindeutig; *seltsam* ausgesprochen
distinguish [dɪˈstɪŋgwɪʃ] **A** v/t **1** unterscheiden **2** *Gestalt* erkennen; **to ~ A from B** A von B unterscheiden **B** v/i **to ~ between** unterscheiden zwischen (+dat) **C** v/r sich auszeichnen
distinguishable [dɪˈstɪŋgwɪʃəbl] adj unterscheidbar; **to be (barely) ~ from sth** (kaum) von etw zu unterscheiden sein; **to be ~ by sth** an etw (dat) erkennbar sein
distinguished adj Gast, Schriftsteller angesehen; *Karriere* glänzend
distinguishing adj kennzeichnend; **he has no ~ features** er hat keine besonderen Kennzeichen
distort [dɪˈstɔːt] v/t verzerren; *Tatsachen* verdrehen
distorted adj verzerrt; *Gesicht* entstellt
distortion [dɪˈstɔːʃən] s Verzerrung f; *von Tatsachen* Verdrehung f
distract [dɪˈstrækt] v/t ablenken (**from** von); **to ~ sb's attention** j-n ablenken
distracted adj **1** zerstreut **2** beunruhigt
distraction [dɪˈstrækʃən] s **1** ⟨*kein pl*⟩ Unaufmerksamkeit f **2** Ablenkung f **3** **to drive sb to ~** j-n zur Verzweiflung treiben
distraught [dɪˈstrɔːt] adj verzweifelt
distress [dɪˈstres] **A** s **1** Verzweiflung f, Leiden n, Kummer m **2** (≈ *Gefahr*) Not f; **to be in ~** Schiff in Seenot sein; *Flugzeug* in Not sein; **~ call** Notsignal n **B** v/t Kummer machen (+dat); **don't ~ yourself** machen Sie sich (dat) keine Sorgen!
distressed adj bekümmert, erschüttert (**about** von)
distressing [dɪˈstresɪŋ] adj erschreckend
distress signal s Notsignal n
distribute [dɪˈstrɪbjuːt] v/t verteilen (**to** an +akk); HANDEL von Waren vertreiben (**to, among** an +akk)
distribution [ˌdɪstrɪˈbjuːʃən] s Verteilung f, Verbreitung f; HANDEL Vertrieb m; **~ network** Vertriebsnetz n; **~ system** Vertriebssystem n
distribution channels pl ECON Vertriebswege pl

distributor [dɪˈstrɪbjʊtəʳ] s Verteiler(in) m(f); HANDEL Großhändler m, Händler(in) m(f)
district [ˈdɪstrɪkt] s Gebiet n; von Stadt Viertel n; geografisch Gegend f; ADMIN (Verwaltungs)bezirk m; **shopping/business ~** Geschäftsviertel n
district attorney US s Bezirksstaatsanwalt m/-anwältin f
district council Br s Bezirksregierung f
district court s US JUR Bezirksgericht n
district heating s Fernheizung f
distrust [dɪsˈtrʌst] A v/t misstrauen (+dat) B s Misstrauen n (**of** gegenüber)
distrustful [dɪsˈtrʌstfʊl] adj misstrauisch (**of** gegenüber)
disturb [dɪˈstɜːb] A v/t stören, beunruhigen; **sorry to ~ you** entschuldigen Sie bitte die Störung; **to ~ the peace** die Ruhe stören B v/i stören; **"please do not ~"** „bitte nicht stören"
disturbance s **1** Unruhe f; in Straße (Ruhe)störung f; **to cause** od **create a ~** Unruhe/eine Ruhestörung verursachen **2** (≈ Unterbrechung) Störung f
disturbed adj **1** PSYCH gestört **2** beunruhigt (**about, at, by** über +akk)
disturbing [dɪˈstɜːbɪŋ] adj beunruhigend; **some viewers may find these scenes ~** einige Zuschauer könnten an diesen Szenen Anstoß nehmen
disunite [ˈdɪsjuːˈnaɪt] v/t spalten, entzweien
disunity [ˌdɪsˈjuːnɪtɪ] s Uneinigkeit f
disuse [ˈdɪsˈjuːs] s **to fall into ~** nicht mehr benutzt werden
disused [ˈdɪsˈjuːzd] adj Gebäude leer stehend; Zeche stillgelegt
ditch [dɪtʃ] A s Graben m B v/t umg j-n abhängen umg; Freundin abservieren umg; Plan verwerfen
dither [ˈdɪðəʳ] v/i zaudern; **to ~ over sth** mit etw zaudern; **to ~ over how/whether** ... schwanken, wie/ob ...
ditto [ˈdɪtəʊ] s **I'd like coffee — ~ (for me)** umg ich möchte Kaffee — dito od ich auch
divan [dɪˈvæn] s Diwan m; **~ bed** Liege f
dive [daɪv] ⟨v: prät dived; US dove, pperf dived⟩ A v/i **1** einen Kopfsprung machen; unter Wasser tauchen; U-Boot untertauchen; Flugzeug einen Sturzflug machen; **the goalkeeper ~d for the ball** der Torwart hechtete nach dem Ball **2** umg **he ~d under the table** er verschwand blitzschnell unter dem Tisch; **to ~ for cover** eilig in Deckung gehen; **he ~d into a taxi** er stürzte (sich) in ein Taxi B s **1** Kopfsprung m; Tauchgang m; von Flugzeug Sturzflug m; **to make a ~ for sth** umg sich auf etw (akk) stürzen **2** pej umg (≈ Nachtklub etc) Spelunke f umg
<u>phrasal verbs mit dive:</u>
dive in v/i **1** Schwimmer hineinspringen **2** umg beim Essen **dive in!** hau(t) rein! umg
diver [ˈdaɪvəʳ] s Taucher(in) m(f), Turmspringer(in) m(f), Kunstspringer(in) m(f)
diverge [daɪˈvɜːdʒ] v/i abweichen (**from** von); zwei Dinge voneinander abweichen
diverse [daɪˈvɜːs] adj **1** mit Singular gemischt; Auswahl breit **2** mit Plural unterschiedlich; Interessen vielfältig
diversification [daɪˌvɜːsɪfɪˈkeɪʃən] s Abwechslung f; von Unternehmen etc Diversifikation f
diversify [daɪˈvɜːsɪfaɪ] A v/t abwechslungsreich(er) gestalten; Unternehmen etc diversifizieren B v/i HANDEL diversifizieren
diversion [daɪˈvɜːʃən] s **1** Br von Verkehr etc Umleitung f **2** (≈ Entspannung) Unterhaltung f **3** MIL, a. fig Ablenkung f; **to create a ~** ablenken; **as a ~** um abzulenken
diversity [daɪˈvɜːsɪtɪ] s Vielfalt f
divert [daɪˈvɜːt] v/t Verkehr etc umleiten; Aufmerksamkeit ablenken; Schlag abwenden; Ressourcen umlenken
divide [dɪˈvaɪd] A v/t **1** trennen **2** a. MATH teilen (**into** in +akk); zwischen mehreren aufteilen; **the river ~s the city into two** der Fluss teilt die Stadt; **to ~ 6 into 36, to ~ 36 by 6** 36 durch 6 teilen **3** verteilen **4** bei Streit entzweien B v/i sich teilen; **to ~ into groups** sich in Gruppen aufteilen C s **the cultural ~** die Kluft zwischen den Kulturen
<u>phrasal verbs mit divide:</u>
divide off A v/i sich (ab)trennen B v/t ⟨trennb⟩ (ab)trennen
divide out v/t ⟨trennb⟩ aufteilen (**among** unter +akk od dat)
divide up A v/i → divide B v/t ⟨trennb⟩ → divide

divided [dɪˈvaɪdɪd] adj geteilt; Regierung zerstritten; **to have ~ loyalties** nicht zu vereinbarende Pflichten haben; **to be ~ on** od **over sth** sich in etw (dat) nicht einig sein
divided highway US s ≈ Schnellstraße f
dividend [ˈdɪvɪdend] s FIN Dividende f; **to pay ~s** fig sich bezahlt machen
dividing [dɪˈvaɪdɪŋ] adj (ab)trennend
dividing line s Trennlinie f
divine [dɪˈvaɪn] adj REL, a. fig umg göttlich
diving [ˈdaɪvɪŋ] s Tauchen n, Springen n; SPORT Wasserspringen n
diving board s (Sprung)brett n
diving suit s Taucheranzug m
divinity [dɪˈvɪnɪtɪ] s **1** Göttlichkeit f **2** Theologie f
divisible [dɪˈvɪzəbl] adj teilbar (**by** durch)
division [dɪˈvɪʒən] s **1** Teilung f; MATH Teilen n **2** ADMIN Abteilung f; in Firma Geschäftsbereich m **3** fig zwischen sozialen Schichten Schranke f **4**

fig Uneinigkeit *f* **5** SPORT Liga *f*
division of labour *s*, **division of labor** US *s* Arbeitsteilung *f*
divorce [dɪˈvɔːs] **A** *s* JUR Scheidung *f* (**from** von); **he wants a ~** er will sich scheiden lassen; **to get a ~ (from sb)** sich (von j-m) scheiden lassen **B** *v/t* sich scheiden lassen von; **to get ~d** sich scheiden lassen **C** *v/i* sich scheiden lassen
divorced [dɪˈvɔːst] *adj* JUR geschieden (**from** von)
divorcee [dɪˌvɔːˈsiː] *s* Geschiedene(r) *m/f(m)*; **she is a ~** sie ist geschieden
divorce lawyer *s* Scheidungsanwalt *m*, Scheidungsanwältin *f*
divulge [daɪˈvʌldʒ] *v/t* preisgeben
DIY [ˌdiːaɪˈwaɪ] *Br s abk* (= **do-it-yourself**) Heimwerken *n*; **she was doing some DIY** sie machte einige Heimwerkerarbeiten
DIY shop, **DIY store** *s* Baumarkt *m*
DIY store *s* Baumarkt *m*
dizziness [ˈdɪzɪnɪs] *s* Schwindel *m*
dizzy [ˈdɪzɪ] *adj* ⟨*komp* dizzier⟩ schwind(e)lig; **I'm (feeling) ~** mir ist schwind(e)lig (**from** von); **~ spell** Schwindelanfall *m*
DJ *abk* (= **disc jockey**) **A** *s* DJ *m* **B** *v/i* (Musik) auflegen
DNA *abk* (= **desoxyribonucleic acid**) DNS *f*
DNA profiling *s* genetischer Fingerabdruck
DNA sample *s* MED DNA-Probe *f*
DNA test *s* Gentest *m*
do [duː] ⟨*v: prät* did; *pperf* done⟩ **A** *v/aux* **1** *fragend, verneinend* **do you understand?** verstehen Sie?; **I don't** *od* **do not understand** ich verstehe nicht; **what did he say?** was hat er gesagt?; **didn't you** *od* **did you not know?** haben Sie das nicht gewusst?; **don't be silly!** sei nicht albern! **2** *zur Bestätigung* oder; **you know him, don't you?** Sie kennen ihn (doch), oder?; **you don't know him, do you?** Sie kennen ihn also nicht, oder?; **so you know them, do you?** *erstaunt* Sie kennen sie also wirklich!; **he does understand, doesn't he?** das versteht er doch, oder? **3** *als Verbersatz* **you speak better German than I do** Sie sprechen besser Deutsch als ich; **so do I** ich auch; **neither do I** ich auch nicht; **I don't like cheese but he does** ich mag keinen Käse, aber er schon; **they said he would go and he did** sie sagten, er würde gehen und das tat er (dann) auch **4** *bei Antwort* **do you see them often? — yes, I do/no, I don't** sehen Sie sie oft? — ja/nein; **you didn't go, did you? — yes, I did** Sie sind nicht gegangen, oder? — doch; **they speak French — oh, do they?** sie sprechen Französisch — ja?, ach, wirklich?; **they speak German — do they really?** sie sprechen Deutsch — wirklich?; **may I come in? — do!** darf ich hereinkommen? — ja, bitte; **shall I open the window? — no, don't!** soll ich das Fenster öffnen? — nein, bitte nicht!; **who broke the window? — I did** wer hat das Fenster eingeschlagen? — ich **5** *zur Betonung* **DO come!** *bes Br* kommen Sie doch (bitte)!; **DO shut up!** *bes Br* sei doch (endlich) ruhig!; **it's very expensive, but I DO like it** es ist zwar sehr teuer, aber es gefällt mir nun mal; **so you DO know them!** Sie kennen sie also doch! **B** *v/t* **1** machen; **I've done a stupid thing** ich habe da was Dummes gemacht; **it can't be done** es lässt sich nicht machen; **can you do it by yourself?** schaffst du das allein?; **to do the housework/one's homework** die Hausarbeit/seine Hausaufgaben machen; **could you do this letter please** tippen Sie bitte diesen Brief; **you do the painting and I'll do the papering** du streichst an und ich tapeziere; **to do one's make-up** sich schminken; **to do one's hair** sich frisieren; **to do one's teeth** *Br* sich (*dat*) die Zähne putzen; **to do the dishes** spülen; **to do the washing** Wäsche waschen; **to do the ironing** bügeln, glätten *schweiz*; **to do sth about sth** etw gegen etw tun, etw gegen etw unternehmen; **he can't do anything about it** er kann nichts daran ändern; **are you doing anything this evening?** haben Sie heute Abend schon etwas vor?; **we'll have to do something about this** wir müssen da etwas unternehmen; **does that do anything for you?** macht dich das an? *umg*; **Brecht doesn't do anything for me** Brecht sagt mir nichts; **I've done everything I can** ich habe alles getan, was ich kann; **I've got nothing to do** ich habe nichts zu tun; **I shall do nothing of the sort** ich werde nichts dergleichen tun; **he does nothing but complain** er nörgelt immer nur; **what's to be done?** was ist da zu tun?; **but what can you do?** aber was kann man da machen?; **well, do what you can** mach, was du kannst; **what have you done to him?** was haben Sie mit ihm gemacht?; **now what have you done!** was hast du jetzt bloß wieder angestellt *od* gemacht?; **what are you doing on Saturday?** was machen Sie am Sonnabend?; **how do you do it?** *erstaunt* wie machen Sie das bloß?; **what does your father do?** was macht Ihr Vater (beruflich)?; **that's done it** *umg* da haben wir die Bescherung! *umg*; **that does it!** jetzt reicht's mir! **2** (≈ *bereitstellen*) **what can I do for you?** was kann ich für Sie tun?; **sorry, we don't do lunches** wir haben leider keinen Mittags-

tisch; **we do a wide range of herbal teas** wir führen eine große Auswahl an Kräutertees; **who did the food for your reception?** wer hat bei Ihrem Empfang für das Essen gesorgt?; **3** *nur Prät, Part Perf* **the work's done now** die Arbeit ist gemacht *od* fertig; **I haven't done telling you what I think of you** *Br,* **I'm not done telling you what I think of you** mit dir bin ich noch lange nicht fertig; **done!** abgemacht!; **are you done?** *umg* bist du endlich fertig?; **it's all over and done with** das ist alles erledigt; *Geschehenes* das ist alles vorbei **4** SCHULE *etc* durchnehmen; **I've never done any German** ich habe nie Deutsch gelernt **5** GASTR machen *umg*; **to do the cooking** kochen; **well done** durch(gebraten); **is the meat done?** ist das Fleisch durch? **6** **to do a play** ein Stück aufführen; **to do a film** einen Film machen **7** (≈ *imitieren*) nachmachen **8** *Stadt, Sehenswürdigkeiten* besuchen **9** AUTO *etc* fahren; **this car can do 200** das Auto fährt 200 **10** umg passen (**sb** j-m); (≈ *genügen*) reichen (**sb** j-m); **that will do me nicely** das reicht allemal **11** *umg in Gefängnis* absitzen **C** *v/i* **1 do as I do** mach es wie ich; **he did well to take advice** er tat gut daran, sich beraten zu lassen; **he did right** es war richtig von ihm; **he did right/well to go** es war richtig/gut, dass er gegangen ist **2 how are you doing?** wie geht's (Ihnen)?; **I'm not doing so badly** es geht mir gar nicht so schlecht; **he's doing well at school** er ist gut in der Schule; **how am I doing?** wie komme ich voran?; **to do well/badly in a test** bei einer Klassenarbeit gut/schlecht abschneiden; **his business is doing well** sein Geschäft geht gut; **how do you do?** guten Tag! **3** (≈ *sich eignen*) gehen; **that will never do!** das geht nicht!; **this room will do** das Zimmer ist in Ordnung **4** reichen; **will £10 do?** reichen £ 10?; **you'll have to make do with £10** £ 10 müssen Ihnen reichen; **that'll do!** jetzt reicht's aber! **D** *s* ‹*pl* -s› **1** *Br umg* Veranstaltung *f*, Fete *f* **2 the dos** *od* **do's and don'ts** was man tut und nicht tun sollte

phrasal verbs mit do:

do away with *v/i* ‹+*obj*› abschaffen
do down *v/t* ‹trennb› *Br umg* (≈ *kritisieren*) runtermachen *umg*
do for *umg v/i* ‹+*obj*› j-n fertigmachen *umg*; *Projekt* zunichtemachen; **to be done for** *Mensch* erledigt sein *umg*; *Projekt* gestorben sein *umg*
do in *umg v/t* ‹trennb› **1** (≈ *töten*) um die Ecke bringen *umg* **2 to be** *od* **feel done in** fertig sein *umg*
do out of *v/t* **to do sb out of sth** j-n um etw bringen

do up *v/t* ‹trennb› **1** *Kleid etc* zumachen **2** *Haus* (neu) herrichten
do with *v/i* ‹+*obj*› **1** brauchen; **I could do with a cup of tea** ich könnte eine Tasse Tee vertragen *umg*; **it could do with a clean** es müsste mal sauber gemacht werden **2** *what has that got to do with it?* was hat das damit zu tun?; **it's nothing to do with me!** ich habe damit nichts zu tun; **that has** *od* **is nothing to do with you!** das geht Sie gar nichts an!; **it has something to do with her being adopted** es hat etwas damit zu tun, dass sie adoptiert wurde; **it has to do with ...** dabei geht es um ...; **money has a lot to do with it** Geld spielt eine große Rolle dabei **3** **what have you done with my gloves/your hair?** was hast du mit meinen Handschuhen/deinem Haar gemacht?; **he doesn't know what to do with himself** er weiß nicht, was er mit sich anfangen soll **4 to be done with sb/sth** mit j-m/etw fertig sein
do without *v/i* ‹+*obj*› auskommen ohne; **I can do without your advice** Sie können sich Ihren Rat sparen; **I could have done without that!** das hätte mir (wirklich) erspart bleiben können

doable ['duːəbl] *umg adj* machbar
d.o.b. *abk* (= date of birth) geb.
doc [dɒk] *umg s abk* (= doctor) Doktor
docile ['dəʊsaɪl] *adj* sanftmütig
dock[1] [dɒk] **A** *s* **1** Dock *n*; **~s** *pl* Hafen *m* **B** *v/i Schiff* anlegen; *Raumschiff* andocken
dock[2] *s* JUR Anklagebank *f*; **to stand in the ~** auf der Anklagebank sitzen
dock[3] *v/t Lohn* kürzen; *Punkte* abziehen; **to ~ £100 off sb's wages** j-s Lohn um £ 100 kürzen
dock[4] *s* IT Dockingstation *f*, Docking Station *f*
dockland *s* Hafenviertel *n*
dockyard *s* Werft *f*
doctor ['dɒktə] **A** *s* **1** MED Arzt *m*, Ärztin *f*; **at/to the ~'s** (≈ *Praxis*) beim/zum Arzt; **to go to the ~** zum Arzt gehen; **to see a/the ~** zum Arzt gehen; **to send for the ~** den Arzt holen; **he is a ~** er ist Arzt; **a woman ~** eine Ärztin; **to be under ~'s orders** in ärztlicher Behandlung sein; **it's just what the ~ ordered** *fig umg* das ist genau das Richtige **2** UNIV Doktor(in) *m(f)*; **to get one's ~'s degree** promovieren, seinen Doktor machen; **Dear Doctor Smith** Sehr geehrter Herr Dr./Sehr geehrte Frau Dr. Smith **B** *v/t* fälschen
doctorate ['dɒktərɪt] *s* Doktorwürde *f*; **he's still doing his ~** er sitzt immer noch an seiner Doktorarbeit
doctrine ['dɒktrɪn] *s* Doktrin *f*, Lehre *f*
docudrama ['dɒkjʊˌdrɑːmə] *s* Dokudrama *n*
document ['dɒkjʊmənt] **A** *s* Dokument *n* **B** *v/t*

dokumentieren; *Fall* beurkunden
documentary [ˌdɒkjʊˈmentərɪ] **A** *adj* dokumentarisch **B** *s* FILM, TV Dokumentarfilm *m*
documentation [ˌdɒkjʊmenˈteɪʃən] *s* Dokumentation *f*
docusoap [ˈdɒkjʊsəʊp] *s* TV Dokusoap *f*
doddle [ˈdɒdl] *Br umg s* **it was a ~** es war ein Kinderspiel *umg*
dodge [dɒdʒ] **A** *v/t* ausweichen (+*dat*); *Wehrdienst* sich drücken vor (+*dat*) **B** *v/i* ausweichen; **to ~ out of the way** zur Seite springen; **to ~ behind a tree** hinter einen Baum springen
dodgem® [ˈdɒdʒəm] *s* (Auto)skooter *m*
dodgy [ˈdɒdʒɪ] *Br umg adj* **1** *Mensch, Firma* zwielichtig; *Gegend* zweifelhaft; *Plan* unsicher; *Situation* verzwickt *umg*; **there's something ~ about him** er ist nicht ganz koscher *umg*; **he's on ~ ground** er befindet sich auf unsicherem Boden **2** *Rücken, Herz* schwach; *Maschinenteil etc* defekt
doe [dəʊ] *s* Reh *n*, Hirschkuh *f*
doer [ˈduːəʳ] *s* Tatmensch *m*, Macher(in) *m(f)*
does [dʌz] ⟨3. Person sg⟩ → **do**
doesn't [ˈdʌznt] *abk* (= **does not**) → **do**
dog [dɒɡ] **A** *s* **1** Hund *m*; **to walk the dog** den Hund ausführen **2** *fig* **it's dog eat dog** es ist ein Kampf aller gegen alle; **to work like a dog** *umg* wie ein Pferd arbeiten *umg* **B** *v/t* verfolgen; **dogged by controversy** von Kontroversen verfolgt
dog biscuit *s* Hundekuchen *m*
dog collar *wörtl s* Hundehalsband *n*; *von Pfarrer* Kollar *n*
dog-eared [ˈdɒɡɪəd] *adj* mit Eselsohren
dog food *s* Hundefutter *n*
dogged [ˈdɒɡɪd] *adj* zäh; *Widerstand, Verfolgung* hartnäckig
doggedly [ˈdɒɡɪdlɪ] *adv* beharrlich
doggie, **doggy** [ˈdɒɡɪ] *umg s* Hündchen *n*
doggie bag, **doggy bag** *s* Tüte oder Box, in der Essensreste aus dem Restaurant mit nach Hause genommen werden können; **could you put it in a ~ for me, please?** könnten Sie das für mich bitte einpacken?
doggy paddle *s umg beim Schwimmen* Paddeln *n*
dogma [ˈdɒɡmə] *s* Dogma *n*
dogmatic [dɒɡˈmætɪk] *adj* dogmatisch; **to be very ~ about sth** in etw (*dat*) sehr dogmatisch sein
do-gooder [ˌduːˈɡʊdəʳ] *pej s* Weltverbesserer *m*, Weltverbesserin *f*
dog paddle *s umg* → **doggy paddle**
dogsbody [ˈdɒɡzbɒdɪ] *Br s* **she's/he's the general ~** sie/er ist (das) Mädchen für alles
dog show *s* Hundeausstellung *f*
dog sitter *s*, **dog-sitter** *s* Hundesitter(in) *m(f)*

dog-tired *adj* hundemüde
doily [ˈdɔɪlɪ] *s* (Zier)deckchen *n*
doing [ˈduːɪŋ] *s* **1** Tun *n*; **this is your ~** das ist dein Werk; **it was none of my ~** ich hatte nichts damit zu tun; **that takes some ~** da gehört (schon) etwas dazu **2** **~s** *pl umg* Taten *pl*
do-it-yourself [ˈduːɪtjəˈself] *adj & s* → **DIY**
doldrums [ˈdɒldrəmz] *pl* **to be in the ~** Trübsal blasen; *Firma* in einer Flaute stecken
dole [dəʊl] *Br umg s* Arbeitslosenunterstützung *f*, Alu *f umg*; **to go/be on the ~** stempeln (gehen) *umg*
phrasal verbs mit dole:
dole out *v/t* ⟨*trennb*⟩ austeilen
dole money *Br umg s* Arbeitslosenunterstützung *f*
doll [dɒl] *s* Puppe *f*
phrasal verbs mit doll:
doll up *v/t* **to get dolled up** *umg* sich aufdonnern
dollar [ˈdɒləʳ] *s* Dollar *m*; **5 ~s** 5 Dollar
dollar bill *s* Dollarnote *f*
dollarisation *Br s*, **dollarization** *US s* FIN Dollarisierung *f* (*Einführung des Dollars als Währung*)
dollarise *Br v/t & v/i*, **dollarize** *US v/t & v/i* dollarisieren (*den Dollar einführen*)
dollar sign *s* Dollarzeichen *n*
dollop [ˈdɒləp] *umg s* Schlag *m umg*
doll's house, **doll house** *US s* Puppenhaus *n*
dolly [ˈdɒlɪ] *umg s* Püppchen *n*
dolomite [ˈdɒləmaɪt] *s* Dolomit *m*; **the Dolomites** die Dolomiten *pl*
dolphin [ˈdɒlfɪn] *s* Delfin *m*
domain [dəʊˈmeɪn] *fig s* Domäne *f*; IT Domain *f*
domain name *s* IT Domainname *m*
dome [dəʊm] *s* ARCH Kuppel *f*
domestic [dəˈmestɪk] *adj* **1** häuslich; **~ quarrel** Ehekrach *m*; **~ appliances** Haushaltsgeräte *pl*; **for ~ use** für den Hausgebrauch **2** *bes* POL, HANDEL inländisch; *Angelegenheiten* innenpolitisch; **~ trade** Binnenhandel *m*
domestic animal *s* Haustier *n*
domesticated [dəˈmestɪkeɪtɪd] *adj* domestiziert; *Mensch* häuslich
domestic economy *s* POL Binnenwirtschaft *f*
domestic flight *s* Inlandflug *m*
domestic market *s* POL, HANDEL Binnenmarkt *m*
domestic partner *s US* Lebenspartner(in) *m(f)*
domestic policy, **domestic politics** *s* Innenpolitik *f*
domestic servant *s* Hausangestellte(r) *m/f(m)*, Diener(in) *m(f)*
domestic violence *s* Gewalt *f* in der Familie
domicile [ˈdɒmɪsaɪl] *s* Wohnsitz *m*

dominance ['dɒmɪnəns] s Vorherrschaft f (**over** über +akk)
dominant ['dɒmɪnənt] adj dominierend; Gen dominant; **to be ~** od **the ~ force in sth** etw dominieren
dominate ['dɒmɪneɪt] v/t & v/i dominieren
domination [ˌdɒmɪ'neɪʃən] s (Vor)herrschaft f
domineering [ˌdɒmɪ'nɪərɪŋ] adj herrisch
Dominican Republic s Dominikanische Republik
dominion [də'mɪnɪən] s ❶ ⟨kein pl⟩ Herrschaft f (**over** über +akk) ❷ Herrschaftsgebiet n
domino ['dɒmɪnəʊ] s ⟨pl -es⟩ Domino(stein) m; **~es** Domino n; **a game of ~es** ein Dominospiel n
donate [dəʊ'neɪt] v/t & v/i spenden
donation [dəʊ'neɪʃən] s (= Vorgang) Spenden n; (= Geschenk) Spende f; **to make a ~ of £10,000** £ 10.000 spenden
done [dʌn] 🅐 pperf → **do** 🅑 adj ❶ Arbeit erledigt; Gemüse gar; Fleisch durch; Kuchen durchgebacken; **to get sth ~** etw fertig kriegen; **to have/get sth ~** etw machen lassen; **is it ~ yet?** ist es schon erledigt?; **the butter is (all) ~** umg die Butter ist alle ❷ **it's not the ~ thing** das tut man nicht
dongle ['dɒŋgl] s IT Surfstick m; Dongle m
donkey ['dɒŋkɪ] s Esel m
donkey's years Br umg pl **she's been here for ~** sie ist schon eine Ewigkeit hier
donkey-work ['dɒŋkɪwɜːk] Br s Routinearbeit f, Dreckarbeit f umg
donor ['dəʊnə^r] s Spender(in) m(f)
donor card s Organspendeausweis m
don't [dəʊnt] abk (= do not) → **do**
donut ['dəʊnʌt] bes US s → **doughnut**
doodah ['duːdɑː] s, **doodad** ['duːdæd] US umg s Dingsda n umg
doodle ['duːdl] 🅐 v/i Männchen malen 🅑 v/t kritzeln 🅒 s Gekritzel n
doom [duːm] 🅐 s ❶ Schicksal n ❷ Verhängnis n; **it's not all gloom and ~** so schlimm ist es ja alles gar nicht 🅑 v/t verdammen; **to be ~ed** verloren sein; **~ed to failure** zum Scheitern verurteilt
doomsday ['duːmzdeɪ] s der Jüngste Tag
door [dɔː^r] s ❶ Tür f; von Kino etc Eingang m; **there's someone at the ~** da ist jemand an der Tür; **was that the ~?** hat es geklingelt/geklopft?; **to answer the ~** die Tür aufmachen; **on the ~** am Eingang; für Ticketverkauf an der Abendkasse; **to see sb to the ~** j-n zur Tür bringen; **to pay at the ~** an der (Abend)kasse zahlen; **three ~s away** drei Häuser weiter ❷ **by** od **through the back ~** durch ein Hintertürchen; **to have a foot** od **toe in the ~** mit einem Fuß drin sein; **to be at death's ~** an der Schwelle des Todes stehen geh; **to show sb the ~** j-m die Tür weisen; **to shut** od **slam the ~ in sb's face** j-m die Tür vor der Nase zumachen; **out of ~s** im Freien; **behind closed ~s** hinter verschlossenen Türen
doorbell s Türklingel f; **there's the ~** es hat geklingelt
door chain s Sicherheitskette f
doorframe s Türrahmen m
doorhandle s Türklinke f, Türfalle f schweiz, Türknauf m
doorknob s Türknauf m
doorknocker s Türklopfer m
doorman s ⟨pl -men⟩ von Hotel Portier m; von Nachtklub etc Rausschmeißer m
doormat s Fußmatte f; fig Fußabtreter m
doorstep s Eingangsstufe f, Türstufe f; **the bus stop is just on my ~** fig die Bushaltestelle ist direkt vor meiner Tür
doorstop s, **doorstopper** s Türstopper m
door-to-door adj ⟨attr⟩, **door to door** adj ⟨präd⟩ ❶ **~ salesman** Vertreter m ❷ Lieferung von Haus zu Haus; **police are carrying out ~ inquiries** die Polizei befragt alle Anwohner
doorway s von Zimmer Tür f; von Gebäude Eingang m
dope [dəʊp] 🅐 umg s ⟨kein pl⟩ ❶ SPORT Aufputschmittel n ❷ (= Drogen, Marihuana) Stoff m umg ❸ (= Idiot) Trottel m, Dussel m umg 🅑 v/t dopen
dope test s SPORT umg Dopingkontrolle f
dopey, dopy ['dəʊpɪ] adj ⟨+er⟩ umg (= dumm) bekloppt umg; (= nicht bei Sinnen) benebelt umg
doping ['dəʊpɪŋ] s Doping n; **~ ban** Dopingsperre f
dorm [dɔːm] umg s abk (= **dormitory**) Schlafsaal m; US Wohnheim n
dormant ['dɔːmənt] adj Vulkan untätig; Konto ruhend; **~ state** Ruhezustand m; **to remain ~** ruhen; Virus schlummern
dormer (window) ['dɔːmə('wɪndəʊ)] s Mansardenfenster n
dormitory ['dɔːmɪtrɪ] s Schlafsaal m; US Wohnheim n; **~ suburb** od **town** Schlafstadt f
DOS [dɒs] abk (= **disk operating system**) IT DOS n
dosage ['dəʊsɪdʒ] s Dosis f
dose [dəʊs] 🅐 s ❶ MED Dosis f; fig Ration f; **he needs a ~ of his own medicine** fig man sollte es ihm mit gleicher Münze heimzahlen; **in small/large ~s** fig in kleinen/großen Mengen; **she's all right in small ~s** sie ist nur (für) kurze Zeit zu ertragen ❷ umg von Krankheit Anfall m; **she's just had a ~ of the flu** sie hat gerade Grippe gehabt 🅑 v/t j-n Arznei geben (+dat)
doss [dɒs] Br umg 🅐 s Schlafplatz m 🅑 v/i (a.

doss down) sich hinhauen *umg*
dosshouse ['dɒshaʊs] *s Br umg* (≈ *Obdachlosenheim*) Penne *f*
dossier ['dɒsɪeɪ] *s* Dossier *n/m*
dot [dɒt] **A** *s* **1** Punkt *m* **2 to arrive on the dot** auf die Minute pünktlich (an)kommen; **at 3 o'clock on the dot** Punkt 3 Uhr **B** *v/t* **1 dotted line** punktierte Linie; **to tear along the dotted line** entlang der punktierten Linie abtrennen; **to sign on the dotted line** *fig* formell zustimmen **2** verstreuen; **pictures dotted around the room** im Zimmer verteilte Bilder
dotcom, **dot.com** [dɒt'kɒm] *s abk*, **dot-com company** *s* Internetfirma *f*
dote on ['dəʊtɒn] *v/i* ⟨+*obj*⟩ abgöttisch lieben
doting ['dəʊtɪŋ] *adj* **her ~ parents** ihre sie abgöttisch liebenden Eltern
dot matrix (printer) *s* Matrixdrucker *m*
dotty ['dɒtɪ] *adj* ⟨*komp* dottier⟩ *Br umg* kauzig
double ['dʌbl] **A** *adv* **1** doppelt so viel; **~ the size (of)** doppelt so groß (wie); **~ the amount** doppelt so viel; **we paid her ~ what she was getting before** wir zahlten ihr das Doppelte von dem, was sie vorher bekam **2 to bend ~** sich krümmen; **bent ~** zusammengekrümmt; **to fold sth ~** etw einmal falten **B** *adj* **1** doppelt **2** Doppel-; **it is spelled with a ~ p** es wird mit zwei p geschrieben; **my phone number is 9, ~ 3, 2, 4** meine Telefonnummer ist neun drei drei zwei vier **C** *s* **1** das Doppelte **2** (≈ *Mensch*) Doppelgänger(in) *m(f)*; FILM, THEAT Double *n* **3** *Schnaps etc* Doppelte(r) *m* **4** (≈ *Zimmer für zwei*) Doppelzimmer *n* **5 at the ~** *a.* MIL im Laufschritt; *fig* im Eiltempo; **on the ~** *fig* auf der Stelle **D** *v/t* verdoppeln **E** *v/i* **1** sich verdoppeln **2 this bedroom ~s as a study** dieses Schlafzimmer dient auch als Arbeitszimmer

phrasal verbs mit double:
double back *v/i* kehrtmachen
double over *v/i* → double up
double up *v/i* sich krümmen

double act *s bes* THEAT Zweigespann *n*
double agent *s* Doppelagent(in) *m(f)*
double-barrelled name *Br s* Doppelname *m*
double-barrelled shotgun *s*, **double-barreled shotgun** *US s* doppelläufiges Gewehr
double bass *s* Kontrabass *m*; **to play the ~** Kontrabass spielen
double bed *s* Doppelbett *n*
double-book *v/t Zimmer, Platz* doppelt reservieren; *Flug* doppelt buchen
double-breasted *adj* zweireihig
double-check *v/t & v/i* noch einmal (über)prüfen
double chin *s* Doppelkinn *n*

double-click A *v/t & v/i* IT doppelklicken (**on** auf +*akk*) **B** *s* Doppelklick *m*
double cream *Br s* Schlagsahne *f*, Schlag *m österr*, Schlagobers *n österr*, Nidel *m/f schweiz*
double-cross *umg v/t* ein Doppelspiel *od* falsches Spiel treiben mit
double-dealing A *s* Betrügerei(en) *f(pl)* **B** *adj* betrügerisch
double-decker *s* Doppeldecker *m*
double doors *pl* Flügeltür *f*
double Dutch *bes Br s* Kauderwelsch *n*; **it was ~ to me** das waren für mich böhmische Dörfer
double-edged [ˌdʌbl'edʒd] *adj* zweischneidig; *Bemerkung* zweideutig
double entendre ['duːblɒn'tɒndrə] *bes Br s* Zweideutigkeit *f*
double figures *pl* zweistellige Zahlen *pl*
double glazed *adj* doppelt verglast
double glazing *s* Doppelfenster *pl*
double knot *s* Doppelknoten *m*
double life *s* Doppelleben *n*
double meaning *s* **it has a ~** es ist doppeldeutig
double name *US s* Doppelname *m*
double-park *v/i* in der zweiten Reihe parken
double-quick *umg* **A** *adv* im Nu **B** *adj* **in ~ time** im Nu
double room *s* Doppelzimmer *n*
doubles ['dʌblz] *s* SPORT Doppel *n*; **to play ~** im Doppel spielen
double-sided *adj* IT zweiseitig
double-space *v/t* TYPO mit doppeltem Zeilenabstand drucken
double spacing *s* doppelter Zeilenabstand
double take *s* **he did a ~** er musste zweimal hingucken
double vision *s* MED **he suffered from ~** er sah doppelt
double whammy *s* Doppelschlag *m*
double yellow lines *pl* gelbe Doppellinie am Fahrbahnrand zur Kennzeichnung des absoluten Halteverbots
doubly ['dʌblɪ] *adv* doppelt; **to make ~ sure (that …)** ganz sichergehen(, dass …)
doubt [daʊt] **A** *s* Zweifel *m*; **to have one's ~s about sth** (so) seine Bedenken hinsichtlich einer Sache (*gen*) haben; **I have my ~s about her** ich habe bei ihr (so) meine Bedenken; **I have no ~s about taking the job** ich habe keine Bedenken, die Stelle anzunehmen; **there's no ~ about it** daran gibt es keinen Zweifel; **I have no ~ about it** ich bezweifle das nicht; **to cast ~ on sth** etw in Zweifel ziehen; **I am in no ~ as to what** *od* **about what he means** ich bin mir völlig im Klaren darüber, was er meint; **the outcome is still in ~** das Ergebnis ist noch un-

gewiss; **when in ~** im Zweifelsfall; **no ~ he will come tomorrow** höchstwahrscheinlich kommt er morgen; **no ~, without (a) ~** ohne Zweifel, zweifellos ◼ *v/t* bezweifeln; *Ehrlichkeit, Wahrheit* anzweifeln; **to ~ sb** j-m nicht glauben; j-m misstrauen; **I'm sorry I ~ed you** es tut mir leid, dass ich an dir gezweifelt habe; **I don't ~ it** das bezweifle ich (auch gar) nicht; **I ~ whether he will come** ich bezweifle, dass er kommen wird

doubtful ['daʊtfʊl] *adj* ◼ unsicher; **I'm still ~** ich habe noch Bedenken; **to be ~ about sth** an etw (*dat*) zweifeln; **to be ~ about doing sth** Bedenken haben, ob man etw tun soll; **I was ~ whether I could manage it** ich bezweifelte, ob ich es schaffen könnte ◼ unwahrscheinlich; **it is ~ that...** es ist zweifelhaft, ob ... ◼ *Ruf* fragwürdig; *Ergebnis* ungewiss; *Geschmack, Qualität* zweifelhaft; **it is ~ whether ...** es ist fraglich, ob ...

doubtfully ['daʊtflɪ] *adv* unsicher

doubtless ['daʊtləs] *adv* zweifellos, sicherlich

dough [dəʊ] *s* ◼ Teig *m* ◼ *umg* (≈ *Geld*) Kohle *f umg*

doughnut ['dəʊnʌt] *Br s*, **donut** *US s* Donut *m*

dough scraper *s* Teigschaber *m*

dour ['dʊəʳ] *adj* verdrießlich

douse [daʊs] *v/t* Wasser schütten über (+*akk*); **to ~ sb/sth in** *od* **with petrol** *Br*, **to ~ sb/sth in** *od* **with gasolene** *US* j-n/etw mit Benzin übergießen

dove[1] [dʌv] *s* Taube *f*

dove[2] [dəʊv] *US prät* → dive

dowdy ['daʊdɪ] *adj* ⟨*komp* dowdier⟩ ohne jeden Schick

down[1] [daʊn] ◼ *adv* ◼ *bei Richtungsangabe* herunter, hinunter, nach unten; **to jump ~** herunter-/hinunterspringen; **on his way ~ from the summit** auf seinem Weg vom Gipfel herab/hinab; **on the way ~ to London** auf dem Weg nach London runter *umg*; **all the way ~ to the bottom** bis ganz nach unten; **~ with ...!** nieder mit ...! ◼ *Position* unten; **~ there** da unten; **~ here** hier unten; **head ~** mit dem Kopf nach unten; **I'll be ~ in a minute** ich komme sofort runter; **I've been ~ with flu** ich habe mit Grippe (im Bett) gelegen ◼ **he came ~ from London yesterday** er kam gestern aus London; **he's ~ at his brother's** er ist bei seinem Bruder; **he lives ~ South** er wohnt im Süden; **his temperature is ~** sein Fieber ist zurückgegangen; **interest rates are ~ to/by 3%** der Zinssatz ist auf/um 3% gefallen; **he's ~ to his last £10** er hat nur noch £ 10; **they're still three goals ~** sie liegen immer noch mit drei Toren zurück; **I've got it ~ in my diary** ich habe es in meinem Kalender notiert; **let's get it ~ on paper** halten wir es schriftlich fest; **to be ~ for the next race** für das nächste Rennen gemeldet sein; **from the biggest ~** vom Größten angefangen; **~ through the ages** von jeher; **~ to bis zu; from 1700 ~ to the present** von 1700 bis zur Gegenwart; **to be ~ to sb/sth** an j-m/etw liegen; **it's ~ to you to decide** die Entscheidung liegt bei Ihnen; **I've put ~ a deposit on a new bike** ich habe eine Anzahlung für ein neues Fahrrad gemacht ◼ *präp* ◼ **to go ~ the hill** *etc* den Berg *etc* hinuntergehen; **he ran his finger ~ the list** er ging (mit dem Finger) die Liste durch; **he's already halfway ~ the hill** er ist schon auf halbem Wege nach unten; **the other skiers were further ~ the slope** die anderen Skifahrer waren weiter unten; **she lives ~ the street** sie wohnt weiter die Straße entlang; **he was walking ~ the street** er ging die Straße entlang; **if you look ~ this road** wenn Sie diese Straße hinunterblicken; **go ~ Leeds Road** gehen Sie die Leeds Straße entlang ◼ *Br umg* **he's gone ~ the pub** er ist in die Kneipe gegangen; **she's ~ the shops** sie ist einkaufen gegangen ◼ *adj* ◼ **he was (feeling) a bit ~** er fühlte sich ein wenig down *umg* ◼ (≈ *defekt*) **to be ~** außer Betrieb sein; IT abgestürzt sein ◼ *v/t Bier etc* runterkippen *umg*; **to ~ tools** die Arbeit niederlegen

down[2] [daʊn] *s* (≈ *Federn*) Daunen *pl*, Flaumfedern *pl*; *auf Gesicht* Flaum *m*

down-and-out *s* Penner(in) *m(f) umg*

down arrow *s* IT Abwärtspfeil *m*

down-at-heel *adj* vergammelt

downcast *adj* entmutigt

downer ['daʊnəʳ] *s* ◼ Beruhigungsmittel *n* ◼ *umg* **to be on a ~** down sein *umg*

downfall *s* ◼ Sturz *m* ◼ Ruin *m*

downgrade *v/t Hotel, Job* herunterstufen; *j-n* degradieren

down-hearted *adj* entmutigt

downhill ◼ *adv* bergab; **to go ~** heruntergehen/-fahren; *Straße* bergab gehen; **the economy is going ~** mit der Wirtschaft geht es bergab; **things just went steadily ~** es ging immer mehr bergab ◼ *adj* ◼ **~ slope** Abhang *m*; **the path is ~ for two miles** der Weg führt zwei Meilen bergab; **it was ~ all the way after that** danach wurde alles viel einfacher ◼ SKI **skiing** Abfahrtslauf *m* ◼ *s* SKI Abfahrtslauf *m*

Downing Street ['daʊnɪŋ,striːt] *s* die Downing Street; *als Regierungssitz* die britische Regierung

download ◼ *v/t* IT (herunter)laden ◼ *v/i* IT **it won't ~** Runterladen ist nicht möglich ◼ *s* IT Download *m* ◼ *adj* ⟨*attr*⟩ IT ladbar

downloadable adj IT herunterladbar
downloading s Herunterladen n
download store s IT Downloadshop m
down-market **A** adj Produkt für den Massenmarkt; **this restaurant is more ~** dieses Restaurant ist weniger exklusiv **B** adv **to go ~** sich auf den Massenmarkt ausrichten
down payment s FIN Anzahlung f
downplay v/t herunterspielen umg
downpour s Wolkenbruch m
downright **A** adv ausgesprochen; ekelhaft geradezu **B** adj **a ~ lie** eine glatte Lüge
downriver adv flussabwärts (**from** von); **~ from Bonn** unterhalb von Bonn
downscale US adj Ware, Produkt minderwertig; Hotel, Restaurant der unteren Preisklasse
downshift v/i in eine schlechter bezahlte Stelle überwechseln runterschalten umg
downside s Kehrseite f
downsize ['daʊnsaɪz] **A** v/t Firma verschlanken, verkleinern; Arbeitsplätze abbauen **B** v/i sich verschlanken, sich verkleinern
downsizing s HANDEL, IT Downsizing n
Down's syndrome ['daʊnz'sɪndrəʊm] **A** s MED Downsyndrom n **B** adj ⟨attr⟩ MED **a ~ baby** ein an Downsyndrom leidendes Kind
downstairs **A** [ˌdaʊn'steəz] adv gehen nach unten; sich befinden, schlafen unten **B** ['daʊnsteəz] adj **the ~ phone** das Telefon unten; **~ apartment** Parterrewohnung f; **our ~ neighbours** Br, **our ~ neighbors** US die Nachbarn unter uns; **the woman ~** die Frau von unten **C** ['daʊnsteəz] s **the ~** das Erdgeschoss
downstate US adj **in ~ Illinois** im Süden von Illinois
downstream adv flussabwärts
down-to-earth adj nüchtern, sachlich; **he's very ~** er steht mit beiden Füßen auf der Erde
downtown US **A** adv fahren in die (Innen)stadt; wohnen in der (Innen)stadt **B** adj **~ Chicago** die Innenstadt von Chicago; **~ bus** Bus m in Richtung Stadtzentrum
downtrodden adj unterdrückt
downturn s geschäftlich Rückgang m; **to take a ~** zurückgehen; **his fortunes took a ~** sein Glücksstern sank
down under umg **A** s Australien n, Neuseeland n **B** adv leben in Australien/Neuseeland; fliegen nach Australien/Neuseeland
downward ['daʊnwəd] **A** adv ⟨a. **downwards**⟩ nach unten; **to work ~(s)** sich nach unten vorarbeiten; **to slope ~(s)** abfallen; **face ~(s)** Mensch mit dem Gesicht nach unten; Buch mit der aufgeschlagenen Seite nach unten; **everyone from the Queen ~(s)** jeder, bei der Königin angefangen **B** adj nach unten; **~ movement** Abwärtsbewegung f; **~ slope** Abhang m; **~ trend** Abwärtstrend m; **to take a ~ turn** sich zum Schlechteren wenden
downwind ['daʊnwɪnd] adv in Windrichtung (**of, from** +gen)
dowry ['daʊrɪ] s Mitgift f
dowse [daʊs] v/t → douse
doz abk (= dozen) Dtzd.
doze [dəʊz] **A** s Nickerchen n; **to have a ~** dösen **B** v/i (vor sich hin) dösen
phrasal verbs mit doze:
doze off v/i einnicken
dozen ['dʌzn] s Dutzend n; **80p a ~** 80 Pence das Dutzend; **two ~ eggs** zwei Dutzend Eier; **half a ~** ein halbes Dutzend; **~s** jede Menge; fig umg eine ganze Menge; **~s of times** umg x-mal umg; **there were ~s of incidents like this one** umg es gab Dutzende solcher Vorfälle; **~s of people came** umg Dutzende von Leuten kamen
dozy ['dəʊzɪ] adj ⟨komp dozier⟩ **1** schläfrig, verschlafen **2** Br umg schwer von Begriff umg
dpi abk (= dots per inch) IT dpi
dpt abk (= department) Abt.
Dr abk (= doctor) Dr.
drab [dræb] adj ⟨komp drabber⟩ trist; Leben etc eintönig
drably ['dræblɪ] adv gekleidet trist; gemalt in tristen Farben
draft [drɑːft] **A** s **1** Entwurf m **2** US MIL Einberufung f (zum Wehrdienst) **3** US → draught **4** IT Konzeptausdruck m **B** v/t **1** entwerfen **2** US MIL einziehen; **he was ~ed into the England squad** er wurde für die englische Nationalmannschaft aufgestellt **C** attr IT **~ mode** Konzeptmodus m
draft letter s Entwurf m eines/des Briefes
draft version s Entwurf m
drafty ['drɑːftɪ] adj US → draughty
drag [dræg] **A** s **1** **it was a long ~ up to the top of the hill** es war ein langer, mühseliger Aufstieg zum Gipfel **2** umg **what a ~!** langweilig Mann, ist der/die/das langweilig!; ärgerlich so'n Mist umg **3** umg an Zigarette Zug m (**on, at** +dat); **give me a ~** lass mich mal ziehen **4** umg **in ~** in Frauenkleidung **B** v/t **1** schleppen; **he ~ged her out of/into the car** er zerrte sie aus dem/in das Auto; **she ~ged me to the library every Friday** sie schleppte mich jeden Freitag in die Bücherei; **to ~ one's feet** od **heels** fig die Sache schleifen lassen **2** IT mit Maus ziehen **C** v/i **1** schleifen; Füße schlurfen **2** fig Zeit, Arbeit sich hinziehen; Buch sich in die Länge ziehen; Gespräch sich (mühsam) hinschleppen

phrasal verbs mit drag:
drag along v/t ⟨trennb⟩ mitschleppen
drag apart v/t ⟨trennb⟩ auseinanderzerren
drag away v/t ⟨trennb⟩ wegschleppen; **if you can drag yourself away from the television for a second ...** wenn du dich vielleicht mal für eine Sekunde vom Fernsehen losreißen könntest ...
drag behind **A** v/t ⟨+obj⟩ **to drag sb/sth behind one** j-n/etw hinter sich (dat) herschleppen **B** v/i fig zurückbleiben
drag down wörtl v/t ⟨trennb⟩ herunterziehen; fig mit sich ziehen
drag in wörtl v/t ⟨trennb⟩ hineinziehen; **look what the cat's dragged in** fig umg sieh mal, wer da kommt
drag off wörtl v/t ⟨trennb⟩ wegzerren; fig wegschleppen; **to drag sb off to a concert** j-n in ein Konzert schleppen
drag on v/i sich in die Länge ziehen; Gespräch sich hinschleppen
drag out v/t ⟨trennb⟩ **1** Gespräch in die Länge ziehen **2 eventually I had to drag it out of him** schließlich musste ich es ihm aus der Nase ziehen umg
drag up v/t umg Geschichte, Vergangenheit ausgraben

drag and drop s IT Drag-and-Drop n
drag lift s SKI Schlepplift m
dragon ['drægən] s Drache m
dragonfly ['drægən‚flaɪ] s Libelle f
dragon fruit s Drachenfrucht f
drag queen s umg Travestiekünstler m
drain [dreɪn] **A** s **1** Rohr n, Abfluss m, Kanalisationsrohr n; (≈ Abdeckung) Rost m; **to pour money down the ~** fig umg das Geld zum Fenster hinauswerfen; **I had to watch all our efforts go down the ~** ich musste zusehen, wie alle unsere Bemühungen zunichte(gemacht) wurden **2** von Ressourcen etc Belastung f (**on** +gen) **B** v/t **1** wörtl drainieren; Land entwässern; Gemüse abgießen, abtropfen lassen **2** fig **to feel ~ed** sich ausgelaugt fühlen **3** Glas leeren **C** v/i **1** Gemüse, Geschirr abtropfen **2** fig **the blood ~ed from his face** das Blut wich aus seinem Gesicht

phrasal verbs mit drain:
drain away v/i Flüssigkeit ablaufen; Kräfte dahinschwinden
drain off v/t ⟨trennb⟩ abgießen, abtropfen lassen

drainage ['dreɪnɪdʒ] s **1** Dränage f; von Land Entwässerung f **2** Entwässerungssystem n; von Haus, Stadt Kanalisation f
draining board s, **drain board** US s Abtropffläche f
drainpipe s Abflussrohr n
drake [dreɪk] s Enterich m, Erpel m
dram [dræm] Br s Schluck m (Whisky)
drama ['drɑːmə] s **1** Drama n; TV Fernsehspiel n; **to make a ~ out of a crisis** eine Krise dramatisieren **2** Schauspielerei f
drama queen pej umg s Hysterikerin f pej umg; **don't be such a ~** pej umg nun mach mal kein Drama draus pej umg
dramatic [drə'mætɪk] adj dramatisch
dramatically [drə'mætɪklɪ] adv dramatisch
dramatist ['dræmətɪst] s Dramatiker(in) m(f)
dramatize ['dræmətaɪz] v/t dramatisieren
drank [dræŋk] prät → drink
drape [dreɪp] **A** v/t **to ~ sth over etw** etw über etw (akk) drapieren **B** s **drapes** US pl Gardinen pl
drastic ['dræstɪk] adj drastisch; Veränderungen a. einschneidend; **to take ~ action** drastische Maßnahmen ergreifen
drastically ['dræstɪkəlɪ] adv drastisch, radikal
draught [drɑːft] s, **draft** US s **1** (Luft)zug m; **there's a terrible ~ in here** hier zieht es fürchterlich **2** Fassbier n; **on ~** vom Fass **3 ~s** Br Damespiel n; pl Damesteine pl **4** (≈ Skizze) → draft
draught beer s, **draft beer** US s Fassbier n
draughtboard ['drɑːftbɔːd] Br s Damebrett n
draughtsman ['drɑːftsmən] s, **draftsman** US s ⟨pl -men⟩ Zeichner m; von Dokumenten Verfasser m
draughty adj ⟨komp draughtier⟩, **drafty** ['drɑːftɪ] US adj ⟨komp draftier⟩ zugig; **it's ~ in here** hier zieht es
draw¹ [drɔː] ⟨prät drew; pperf drawn⟩ **A** v/t zeichnen; Linie ziehen; **we must ~ the line somewhere** fig irgendwo muss Schluss sein; **I ~ the line at cheating** Mogeln kommt für mich nicht infrage **B** v/i zeichnen
draw² [drɔː] ⟨v: prät drew; pperf drawn⟩ **A** v/t **1** ziehen; Vorhänge aufziehen, zuziehen; **he drew his chair nearer the fire** er rückte seinen Stuhl näher an den Kamin heran **2** holen; **to ~ inspiration from sb/sth** sich von j-m/etw inspirieren lassen; **to ~ strength from sth** Kraft aus etw schöpfen; **to ~ comfort from sth** sich mit etw trösten; **to ~ money from the bank** Geld (vom Konto) abheben; **to ~ dole** Arbeitslosenunterstützung beziehen; **to ~ one's pension** seine Rente bekommen **3 the play has ~n a lot of criticism** das Theaterstück hat viel Kritik auf sich (akk) gezogen; **he refuses to be ~n** er geht nicht darauf ein **4** Interesse erregen; Kunden anlocken; **to feel ~n toward(s) sb** sich zu j-m hingezogen fühlen **5** Schlussfolgerung, Vergleich ziehen; Unterscheidung treffen **6** SPORT

to ~ a match unentschieden spielen **7** *bei Auslosung etc* ziehen; **we've been ~n (to play) away** wir sind für ein Auswärtsspiel gezogen worden **B** *v/i* **1** kommen; **he drew to one side** er ging/fuhr zur Seite; **to ~ to an end** *od* **to a close** zu Ende gehen; **the two horses drew level** die beiden Pferde zogen gleich; **to ~ near** herankommen (**to an** *+akk*); **he drew nearer** *od* **closer (to it)** er kam (immer) näher (heran); **Christmas is ~ing nearer** Weihnachten rückt näher **2** SPORT unentschieden spielen; **they drew 2-2** sie trennten sich 2:2 unentschieden **C** *s* **1** (≈ *Lotterie*) Ziehung *f*; SPORT Auslosung *f* **2** SPORT Unentschieden *n*; **it's a ~** es steht unentschieden; **the match ended in a ~** das Spiel endete unentschieden

phrasal verbs mit draw:

draw alongside *v/i* heranfahren/-kommen (*+obj* an *+akk*)
draw apart *v/i* sich lösen
draw aside *v/t* ⟨*trennb*⟩ j-n beiseitenehmen
draw away *v/i* **1** *Auto* losfahren **2** *Läufer etc* davonziehen (**from sb** j-m) **3** sich entfernen; **she drew away from him when he put his arm around her** sie rückte von ihm ab, als er den Arm um sie legte
draw back A *v/i* zurückweichen **B** *v/t* ⟨*trennb*⟩ *Vorhänge* aufziehen
draw in A *v/i Zug* einfahren; *Auto* anhalten **B** *v/t* ⟨*trennb*⟩ *Publikum* anziehen
draw into *v/t* ⟨*trennb*⟩ hineinziehen
draw off *v/i Auto* losfahren
draw on A *v/i* **as the night drew on** mit fortschreitender Nacht **B** *v/t* ⟨*+obj*⟩ *a.* **draw upon** sich stützen auf (*+akk*); **the author draws on his experiences in the desert** der Autor schöpft aus seinen Erfahrungen in der Wüste
draw out A *v/i Zug* ausfahren; *Auto* herausfahren (**of** aus) **B** *v/t* ⟨*trennb*⟩ **1** herausziehen; *Geld* abheben **2** in die Länge ziehen
draw together *wörtl, fig v/t* ⟨*trennb*⟩ miteinander verknüpfen
draw up A *v/i* (an)halten **B** *v/t* ⟨*trennb*⟩ **1** (≈ *formulieren*) entwerfen, abfassen; *Testament* aufsetzen; *Liste* aufstellen **2** *Stuhl* heranziehen
draw upon *v/t* ⟨*+obj*⟩ → draw on

drawback ['drɔːbæk] *s* Nachteil *m*
drawbridge ['drɔːbrɪdʒ] *s* Zugbrücke *f*
drawer [drɔːʳ] *s* Schublade *f*
drawing ['drɔːɪŋ] *s* Zeichnung *f*; **I'm no good at ~** ich kann nicht gut zeichnen
drawing board *s* Reißbrett *n*; **it's back to the ~** *fig* das muss noch einmal ganz neu überdacht werden
drawing paper *s* Zeichenpapier *n*
drawing pin *Br s* Reißzwecke *f*
drawing room *s* Wohnzimmer *n*; *in Villa* Salon *m*
drawl [drɔːl] **A** *v/t* schleppend aussprechen **B** *s* schleppende Sprache; **a southern ~** ein schleppender südlicher Dialekt
drawn [drɔːn] **A** *pperf* → draw; → draw **B** *adj* **1** *Vorhänge* zugezogen; *Rollos* heruntergezogen **2** von Sorgen abgehärmt **3** *Spiel* unentschieden
drawstring ['drɔːstrɪŋ] *s* Kordel *f* zum Zuziehen
dread [dred] **A** *v/t* sich fürchten vor (*+dat*); **I'm ~ing Christmas this year** dieses Jahr graut es mir vor Weihnachten; **I ~ to think what may happen** ich wage nicht daran zu denken, was passieren könnte; **I'm ~ing seeing her again** ich denke mit Schrecken an ein Wiedersehen mit ihr; **he ~s going to the dentist** er hat schreckliche Angst davor, zum Zahnarzt zu gehen **B** *s* **a sense of ~** ein Angstgefühl *n*; **the thought filled me with ~** bei dem Gedanken wurde mir angst und bange; **to live in ~ of being found out** in ständiger Angst davor leben, entdeckt zu werden
dreadful *adj* schrecklich; *Wetter a.* furchtbar; **what a ~ thing to happen** wie furchtbar, dass das passieren musste; **to feel ~** sich elend fühlen; **I feel ~ about it** (≈ *beschämt*) es ist mir schrecklich peinlich
dreadfully *adv* schrecklich
dreadlocks ['dredlɒks] *pl* Rastalocken *pl*, Dreadlocks *pl*
dream [driːm] ⟨*v: prät, pperf* dreamed; *Br* dreamt⟩ **A** *v/i* träumen (**about, of** von); **~ on!** *umg* träum (du nur) weiter! **B** *v/t* träumen; **he ~s of being free one day** er träumt davon, eines Tages frei zu sein; **I would never have ~ed of doing such a thing** ich hätte nicht im Traum daran gedacht, so etwas zu tun; **I wouldn't ~ of it** das würde mir nicht im Traum einfallen; **I never ~ed (that) …** ich hätte mir nie träumen lassen, dass … **C** *s* Traum *m*; **to have a bad ~** schlecht träumen; **the whole business was like a bad ~** die ganze Angelegenheit war wie ein böser Traum; **sweet ~s!** träume süß!; **to have a ~ about sb/sth** von j-m/etw träumen; **it worked like a ~** *umg* das ging wie im Traum; **she goes round in a ~** sie lebt wie im Traum; **the woman of his ~s** die Frau seiner Träume; **never in my wildest ~s did I think I'd win** ich hätte in meinen kühnsten Träumen nicht gedacht, dass ich gewinnen würde; **all his ~s came true** all seine Träume gingen in Erfüllung; **it was a ~ come true** es war ein Traum, der wahr geworden war **D** *adj* ⟨*attr*⟩ Traum-; **~ house** Traumhaus *n*

phrasal verbs mit dream:
dream up *umg v/t ⟨trennb⟩* sich (*dat*) ausdenken; **where did you dream that up?** wie bist du denn bloß darauf gekommen?
dreamer ['driːməʳ] *s* Träumer(in) *m(f)*
dreamily ['driːmɪli] *adv* verträumt
dreamt [dremt] *Br prät & pperf* → dream
dreamy ['driːmɪ] *adj* ⟨*komp* dreamier⟩ verträumt
dreariness ['drɪərɪnɪs] *s* Trostlosigkeit *f*; *von Job, Leben* Eintönigkeit *f*
dreary ['drɪərɪ] *adj* ⟨*komp* drearier⟩ trostlos; *Job* eintönig; *Buch* langweilig, fad *österr*
dredge [dredʒ] *v/t Fluss, Kanal* ausbaggern, schlämmen
phrasal verbs mit dredge:
dredge up *v/t fig* ans Licht zerren
dregs [dregz] *pl von Kaffee* Bodensatz *m*; **the ~ of society** der Abschaum der Gesellschaft
drench [drentʃ] *v/t* durchnässen; **I'm absolutely ~ed** ich bin durch und durch nass; **to be ~ed in sweat** schweißgebadet sein
dress [dres] **A** *s* Kleid *n* **B** *v/t* **1** anziehen; **to ~ sb in sth** j-m etw anziehen; **~ed in black** schwarz gekleidet; **he was ~ed in a suit** er trug einen Anzug **2** GASTR *Salat* anmachen; *Hähnchen* bratfertig machen; **~ed crab** farcierter Krebs **3** *Wunde* verbinden **C** *v/i* sich anziehen; **to get ~ed** sich anziehen; **to ~ in black** sich schwarz kleiden; **to ~ for dinner** sich zum Essen umziehen
phrasal verbs mit dress:
dress down A *v/t ⟨trennb⟩* **to dress sb down** j-n herunterputzen *umg* **B** *v/i* sich betont lässig kleiden
dress up *v/i* **1** sich fein machen, sich herausputzen **2** sich verkleiden; **he came dressed up as Santa Claus** er kam als Weihnachtsmann (verkleidet)
dress circle *s* erster Rang
dress code *s* Kleiderordnung *f*, Dresscode *m*
dressed [drest] *adj* angezogen, gekleidet
dresser ['dresəʳ] *s* **1** Anrichte *f* **2** *US* Frisierkommode *f*
dressing ['dresɪŋ] *s* **1** MED Verband *m* **2** GASTR Dressing *n*
dressing-down *umg s* Standpauke *f umg*; **to give sb a ~** j-n herunterputzen *umg*
dressing gown *s* Morgenmantel *m*, Bademantel *m*
dressing room *s* THEAT (Künstler)garderobe *f*; SPORT Umkleidekabine *f*
dressing table *s* Frisierkommode *f*
dressmaker *s* (Damen)schneider(in) *m(f)*
dress rehearsal *s* Generalprobe *f*
dress sense *s* **her ~ is appalling** sie zieht sich fürchterlich an
drew [druː] *prät* → draw; → draw
dribble ['drɪbl] **A** *v/i* **1** *Flüssigkeit* tropfen **2** *Mensch* sabbern **3** SPORT dribbeln **B** *v/t* **1** SPORT **to ~ the ball** mit dem Ball dribbeln **2** *Baby* kleckern; **he ~d milk down his chin** er kleckerte sich (*dat*) Milch übers Kinn **C** *s* **1** *von Wasser* ein paar Tropfen **2** *von Speichel* Tropfen *m*
dribs and drabs [,drɪbzən'dræbz] *pl* **in ~** *umg* kleckerweise *umg*
dried [draɪd] **A** *prät & pperf* → dry **B** *adj* getrocknet; *Blut* eingetrocknet; **~ yeast** Trockenhefe *f*
dried flowers *pl* Trockenblumen *pl*
dried fruit *s* Dörrobst *n*
drier *s* → dryer
drift [drɪft] **A** *v/i* **1** treiben; *Sand* wehen **2** *fig Mensch* sich treiben lassen; **to let things ~** die Dinge treiben lassen; **he was ~ing aimlessly along** *in Leben etc* er lebte planlos in den Tag hinein; **young people are ~ing away from the villages** junge Leute wandern aus den Dörfern ab; **the audience started ~ing away** das Publikum begann wegzugehen **B** *s* **1** *von Sand, Schnee* Verwehung *f* **2** (≈ *Bedeutung*) Tendenz *f*; **I caught the ~ of what he said** ich verstand, worauf er hinauswollte; **if you get my ~** wenn Sie mich richtig verstehen
phrasal verbs mit drift:
drift apart *v/i* sich fremd werden; *von Eheleuten etc* sich auseinanderleben
drift off *v/i* **to drift off (to sleep)** einschlafen
drifter ['drɪftəʳ] *s* Gammler(in) *m(f)*; **he's a bit of a ~** he hält sich nirgends lange
driftwood *s* Treibholz *n*
drill[1] [drɪl] **A** *s* Bohrer *m* **B** *v/t* bohren; *Zahn* anbohren **C** *v/i* bohren; **to ~ for oil** nach Öl bohren
drill[2] [drɪl] *s für Notfall* Übung *f*
drilling rig ['drɪlɪŋrɪg] *s* Bohrinsel *f*
drily ['draɪlɪ] *adv bemerken* trocken
drink [drɪŋk] ⟨*v: prät* drank; *pperf* drunk⟩ **A** *v/t* trinken; **is the water fit to ~?** ist das Trinkwasser? **B** *v/i* trinken; **he doesn't ~** er trinkt nicht; **his father drank** sein Vater war Trinker; **to go out ~ing** einen trinken gehen; **to ~ to sb/sth** auf j-n/etw trinken; **I'll ~ to that** darauf trinke ich **C** *s* **1** Getränk *n*; **food and ~** Essen und Getränke; **to have a ~** etw trinken; **may I have a ~?** kann ich etw zu trinken haben?; **would you like a ~ of water?** möchten Sie etwas Wasser? **2** *alkoholisch* Drink *m*; **have a ~!** trink doch was!; **can I get you a ~?** kann ich Ihnen etwas zu trinken holen?; **I need a ~!** ich brauche was zu trinken!; **he likes a ~** er trinkt gern (einen); **the ~s are on me** die Getränke zahle ich; **the ~s are on the house** die Getränke ge-

hen auf Kosten des Hauses **3** ⟨*kein pl*⟩ Alkohol *m*; **he has a ~ problem** er trinkt; **to be the worse for ~** betrunken sein; **to take to ~** zu trinken anfangen; **his worries drove him to ~** vor lauter Sorgen fing er an zu trinken

phrasal verbs mit drink:

drink up *v/i & v/t* ⟨*trennb*⟩ austrinken; **drink up!** trink aus!

drinkable ['drɪŋkəbl] *adj* trinkbar

drink-driver *Br s* angetrunkener Autofahrer, angetrunkene Autofahrerin

drink-driving *Br s* Trunkenheit *f* am Steuer

drinker ['drɪŋkəʳ] *s* Trinker(in) *m(f)*; **he's a heavy ~** er ist ein starker Trinker

drinking ['drɪŋkɪŋ] **A** *s* Trinken *n*; **his ~ caused his marriage to break up** an seiner Trunksucht ging seine Ehe in die Brüche; **underage ~** der Alkoholkonsum von Minderjährigen **B** *adj* Trink-; **~ spree** Saufthour *f umg*

drinking chocolate *s* Trinkschokolade *f*

drinking fountain *s* Trinkwasserbrunnen *m*

drinking problem *s* Alkoholproblem *n*

drinking water *s* Trinkwasser *n*

drinking yoghurt *s* Trinkjoghurt *m/n*

drinks machine *s* Getränkeautomat *m*

drinks reception *s* Stehempfang *m* (*bei dem Getränke gereicht werden*)

drip [drɪp] **A** *v/i* tropfen; **to be ~ping with sweat** schweißgebadet sein; **to be ~ping with blood** vor Blut triefen **B** *v/t* tropfen **C** *s* **1** (≈ *Geräusch*) Tropfen *n* **2** Tropfen *m* **3** *MED* Tropf *m*; **to be on a ~** am Tropf hängen **4** *umg Mensch* Waschlappen *m umg*

drip-dry A *adj Hemd* bügelfrei **B** *v/t* tropfnass aufhängen

dripping ['drɪpɪŋ] **A** *adj* **1 ~ (wet)** tropfnass **2** *Wasserhahn* tropfend **B** *s* Tropfen *n*

drive [draɪv] ⟨*v: prät* drove; *pperf* driven⟩ **A** *v/t* **1** treiben; **to ~ sb out of the country** j-n aus dem Land (ver)treiben; **to ~ sb mad** j-n verrückt machen; **to ~ sb to murder** j-n zum Mord treiben **2** *Auto, Passagier* fahren; **I'll ~ you home** ich fahre Sie nach Hause **3** *Motor* antreiben, betreiben **4** *bei Arbeit etc* hart herannehmen **B** *v/i* **1** fahren; **can you** *od* **do you ~?** fahren Sie Auto?; **he's learning to ~** er lernt Auto fahren; **did you come by train? — no, we drove** sind Sie mit der Bahn gekommen? — nein, wir sind mit dem Auto gefahren; **it's cheaper to ~** mit dem Auto ist es billiger **2** *Regen* schlagen **C** *s* **1** *AUTO* (Auto)fahrt *f*; **to go for a ~** eine ein bisschen (raus)fahren; **he took her for a ~** er machte mit ihr eine Spazierfahrt; **it's about one hour's ~** es ist etwa eine Stunde Fahrt (entfernt) **2** (*a.* **~way**) Einfahrt *f*, Auffahrt *f* **3** *PSYCH etc* Trieb *m*; **sex ~** Se-

xualtrieb *m* **4** (≈ *Energie*) Schwung *m* **5** HANDEL, POL *etc* Aktion *f* **6** MECH **front-wheel/rear-wheel ~** Vorderrad-/Hinterradantrieb *m*; **left-hand ~** Linkssteuerung *f* **7** COMPUT Laufwerk *n*

phrasal verbs mit drive:

drive along *v/i* dahinfahren

drive at *v/i* ⟨+*obj*⟩ *fig* (≈ *meinen*) hinauswollen auf (+*akk*)

drive away A *v/i* wegfahren **B** *v/t* ⟨*trennb*⟩ j-n, *Sorgen* vertreiben

drive back A *v/i* zurückfahren **B** *v/t* ⟨*trennb*⟩ **1** zurückdrängen **2** zurückfahren

drive home *v/t* ⟨*trennb*⟩ *Nagel* einschlagen; *Argument* einhämmern

drive in A *v/i* (hinein)fahren; **he drove into the garage** er fuhr in die Garage **B** *v/t* ⟨*trennb*⟩ *Nagel* (hin)einschlagen

drive off A *v/i* abfahren, wegfahren **B** *v/t* ⟨*trennb*⟩ **1** *Feind* vertreiben **2** **he was driven off in an ambulance** er wurde in einem Krankenwagen weggebracht *od* abtransportiert

drive on *v/i* weiterfahren

drive out *v/t* ⟨*trennb*⟩ hinaustreiben

drive over A *v/i* hinüberfahren **B** *v/t* ⟨*immer getrennt*⟩ hinüberfahren

drive up A *v/i* vorfahren **B** *v/t Preise* in die Höhe treiben

drive-by *adj Schießerei* aus dem fahrenden Auto heraus

drive-in A *adj* **~ movie theater** *US* Autokino *n*; **~ restaurant** Drive-in-Restaurant *n* **B** *s* (≈ *Restaurant*) Drive-in *m*

drivel ['drɪvl] *pej s* Blödsinn

driven ['drɪvn] *pperf* → drive

-driven ['drɪvn] *adj* ⟨*suf*⟩ -betrieben; **battery--driven** batteriebetrieben

driver ['draɪvəʳ] *s* **1** Fahrer(in) *m(f)*; **~'s seat** *wörtl* Fahrersitz *m* **2** COMPUT Treiber *m*

driver awareness course *s* AUTO *bei Verkehrsvergehen* Nachschulung *f*, Aufbauseminar *n*

driverless ['draɪvəlɪs] *adj Fahrzeug* fahrerlos; **~ car** fahrerloses Auto

driver's license *US s* Führerschein *m*

drive-through, drive-thru *bes US* **A** *s* Drive-in *m* **B** *adj Restaurant* Drive-in-

driveway *s* Auffahrt *f*, Zufahrtsstraße *f*

driving ['draɪvɪŋ] **A** *s* Fahren *n*; **I don't like ~** ich fahre nicht gern (Auto) **B** *adj* **the ~ force behind sth** die treibende Kraft bei etw **2**; **~ rain** peitschender Regen; **~ snow** Schneetreiben *n*

driving assistant *s* AUTO Fahrassistent *m*

driving conditions *pl* Straßenverhältnisse *pl*

driving instructor *s* Fahrlehrer(in) *m(f)*

driving lesson *s* Fahrstunde *f*

driving licence *Br s* Führerschein *m*

driving mirror s Rückspiegel m
driving offence s, **driving offense** US s Verkehrsdelikt n
driving school s Fahrschule f
driving seat s Fahrersitz m; **to be in the ~** fig die Zügel in der Hand haben
driving test s Fahrprüfung f
drizzle ['drɪzl] **A** s Nieselregen m **B** v/i nieseln **C** v/t träufeln
drizzly ['drɪzlɪ] adj **it's ~** es nieselt
drone [drəʊn] **A** s **1** von Bienen Summen n; von Motor Brummen n; von Dudelsack Brummer m **2** AVIAT, MIL Drohne f **3** männliche Biene Drohne f **B** v/i **1** Biene summen; Motor brummen **2** (a. **~ on**) eintönig sprechen; **he ~d on and on for hours** er redete stundenlang in seinem monotonen Tonfall
drool [druːl] v/i sabbern; Tier geifern
phrasal verbs mit drool:
drool over v/i <+obj> ins Schwärmen geraten für; **he sat there drooling over a copy of Playboy** er geilte sich an einem Playboyheft auf sl
droop [druːp] v/i **1** wörtl Schultern hängen; Kopf herunterfallen; Lider herunterhängen; vor Müdigkeit zufallen; Blumen die Köpfe hängen lassen **2** fig erlahmen
droopy ['druːpɪ] adj schlaff; Schwanz herabhängend; Schnurrbart nach unten hängend; Lider heruntenhängend
drop [drɒp] **A** s **1** Tropfen m; **a ~ of blood** ein Tropfen m Blut; **a ~ of wine?** ein Schlückchen n Wein? **2** von Temperatur, Preisen Rückgang m (**in** +gen); plötzlich Sturz m (**in** +gen); **a ~ in prices** ein Preisrückgang m/-sturz m **3** Höhenunterschied m; **there's a ~ of ten feet down to the ledge** bis zu dem Felsvorsprung geht es zehn Fuß hinunter; **it was a sheer ~ from the top of the cliff into the sea** die Klippen fielen schroff zum Meer ab **B** v/t **1** fallen lassen; Bombe abwerfen; **I ~ped my watch** meine Uhr ist runtergefallen; **don't ~ it!** lass es nicht fallen!; **he ~ped his heavy cases on the floor** er setzte od stellte seine schweren Koffer auf dem Boden ab **2** mit Auto: j-n absetzen; Waren etc abliefern **3** Bemerkung, Namen fallen lassen; Andeutung machen **4 to ~ sb a note** od **a line** j-m ein paar Zeilen schreiben **5** auslassen, weglassen (**from** +dat); **the paper refused to ~ the story** die Zeitung weigerte sich, die Geschichte fallen zu lassen **6** aufgeben; Idee, Freund fallen lassen; Gespräch abbrechen; JUR Fall niederschlagen; **you'd better ~ the idea** schlagen Sie sich (dat) das aus dem Kopf; **to ~ sb from a team** j-n aus einer Mannschaft nehmen; **to ~ geography** Geografie abwählen; **let's ~ the subject** lassen wir das Thema; **~ it!** umg hör auf (damit)!; **~ everything!** umg lass alles stehen und liegen! **C** v/i **1** (herunter)fallen; Temperatur etc sinken; Wind sich legen **2** fallen; **to ~ to the ground** sich zu Boden fallen lassen; **I'm ready to ~** umg ich bin zum Umfallen müde umg; **she danced till she ~ped** umg sie tanzte bis zum Umfallen umg; **to ~ dead** tot umfallen; **~ dead!** umg geh zum Teufel! umg **3** (= aufhören) Gespräch etc aufhören; **to let sth ~** etw auf sich beruhen lassen; **shall we let it ~?** sollen wir es darauf beruhen lassen?
phrasal verbs mit drop:
drop back v/i zurückfallen
drop behind v/i zurückfallen; **to drop behind sb** hinter j-n zurückfallen
drop by umg v/i vorbeikommen
drop down **A** v/i herunterfallen; **he dropped down behind the hedge** er duckte sich hinter die Hecke; **to drop down dead** tot umfallen; **he has dropped down to eighth** er ist auf den achten Platz zurückgefallen **B** v/t <trennb> fallen lassen
drop in umg v/i vorbeikommen; **I've just dropped in for a minute** ich wollte nur mal kurz hereinschauen
drop off **A** v/i **1** abfallen; Griff etc abgehen **2** einschlafen **B** v/t <trennb> j-n absetzen; Paket abliefern
drop out v/i **1** herausfallen (**of** aus) **2** aus Wettbewerb etc ausscheiden (**of** aus); **to drop out of a race** vor dem Start an einem Rennen nicht teilnehmen; nach dem Start aus dem Rennen ausscheiden; **he dropped out of the course** er gab den Kurs auf; **to drop out of society** aus der Gesellschaft aussteigen umg; **to drop out of school** Br die Schule vorzeitig verlassen; US die Universität vorzeitig verlassen
drop-down menu s IT Dropdown-Menü n, Aufklappmenü n
drop-in centre Br s Tagesstätte f
droplet ['drɒplɪt] s Tröpfchen n
dropout s aus Gesellschaft Aussteiger(in) m(f) umg; UNIV Studienabbrecher(in) m(f); SCHULE Schulabgänger/in m(f)
droppings ['drɒpɪŋz] pl Kot m
drought [draʊt] s Dürre f
drove[1] [drəʊv] prät → drive
drove[2] [drəʊv] s Schar f; **they came in ~s** sie kamen in hellen Scharen
drown [draʊn] **A** v/i ertrinken **B** v/t **1** ertränken; **to be ~ed** ertrinken; **to ~ one's sorrows** seine Sorgen ertränken **2** (a. **~ out**) Lärm, Stimmen übertönen
drowse [draʊz] v/i (vor sich (akk) hin) dösen
drowsiness ['draʊzɪnɪs] s Schläfrigkeit f, Verschlafenheit f; **to cause ~** schläfrig machen

drowsy ['draʊzɪ] *adj* ⟨*komp* drowsier⟩ schläfrig, verschlafen

drudgery ['drʌdʒərɪ] *s* stumpfsinnige Plackerei

drug [drʌg] **A** *s* **1** MED Medikament *n*; *für Narkose* Betäubungsmittel *n*; SPORT Dopingmittel *n*; **he's on ~s** MED er muss Medikamente nehmen **2** Droge *f*; **to be on ~s** drogensüchtig sein; **to take** *od* **do ~s** Drogen nehmen **B** *v/t für Narkose* betäuben

drug abuse *s* Drogenmissbrauch *m*; **~ prevention** Drogenprävention *f*

drug addict *s* Drogensüchtige(r) *m/f(m)*

drug addiction *s* Drogensucht *f*

drug dealer *s* Drogenhändler(in) *m(f)*

drug-driving *s* JUR Fahren *n* unter Drogeneinfluss

drugged [drʌgd] *adj* **to be ~** unter Beruhigungsmitteln stehen; **he seemed ~** er schien wie betäubt

druggist ['drʌgɪst] *US s* Drogist(in) *m(f)*

drug pusher *s* Dealer(in) *m(f)* umg

drug squad *s* Rauschgiftdezernat *n*

drugs raid *s* Drogenrazzia *f*

drugs test *s* Dopingtest *m*

drugstore *US s* Drogerie *f*, Drugstore *m*

drug taking *s* Einnehmen *n* von Drogen

drug traffic, **drug trafficking** *s* Drogenhandel *m*

drug trafficker *s* Drogenschieber(in) *m(f)*

drug trafficking *s* Drogenhandel *m*

drug user *s* Drogenbenutzer(in) *m(f)*

drug victim *s* Drogenopfer *n*

drum [drʌm] **A** *s* **1** MUS Trommel *f*; **the ~s** *Pop, Jazz* das Schlagzeug; **to play the ~s** Schlagzeug spielen **2** *für Öl* Tonne *f* **B** *v/i* MUS, *a. fig* trommeln **C** *v/t* **to ~ one's fingers on the table** mit den Fingern auf den Tisch trommeln

phrasal verbs mit drum:

drum into *v/t* ⟨*immer getrennt*⟩ **to drum sth into sb** j-m etw eintrichtern umg

drum up *v/t* ⟨*trennb*⟩ Begeisterung wecken; Unterstützung auftreiben

drumbeat *s* Trommelschlag *m*

drummer ['drʌmə*ʳ*] *s* Schlagzeuger(in) *m(f)*

drumstick ['drʌmstɪk] *s* **1** MUS Trommelschlägel *od* -stock *m* **2** *von Hähnchen* Keule *f*

drunk [drʌŋk] **A** *pperf* → drink **B** *adj* ⟨(+*er*)⟩ **1** betrunken; **he was slightly ~** er war leicht betrunken; **to get ~** betrunken werden (**on** von), sich betrinken (**on** mit); **to be as ~ as a lord** *od* **skunk** umg blau wie ein Veilchen sein umg **2** *fig* **to be ~ with** *od* **on success** vom Erfolg berauscht sein; **to be ~ with** *od* **on power** im Machtrausch sein **C** *s* Betrunkene(r) *m/f(m)*, Trinker(in) *m(f)*

drunkard ['drʌŋkəd] *s* Trinker(in) *m(f)*

drunk driver *bes US s* angetrunkener Autofahrer, angetrunkene Autofahrerin

drunk driving, **drunken driving** *bes US s* Trunkenheit *f* am Steuer

drunken *adj* betrunken; *Abend* feuchtfröhlich; **in a ~ rage** in einem Wutanfall im Vollrausch; **in a ~ stupor** im Vollrausch

drunkenly ['drʌŋkənlɪ] *adv* betrunken; *sich benehmen* wie ein Betrunkener/eine Betrunkene

drunkenness *s* Betrunkenheit *f*; *gewohnheitsmäßig* Trunksucht *f*

drunkometer [drʌŋ'kɒmɪtə*ʳ*] *s US* → Breathalyzer

drunk tank *s US* umg Ausnüchterungszelle *f*

dry [draɪ] ⟨*prät, pperf* dried⟩ **A** *v/t* trocknen; **to dry oneself** sich abtrocknen; **he dried his hands** er trocknete sich (*dat*) die Hände ab; **to dry the dishes** das Geschirr abtrocknen; **to dry one's eyes** sich (*dat*) die Tränen abwischen **B** *v/i* **1** trocknen **2** *beim Spülen* abtrocknen **C** *adj* trocken; **to run dry** *Fluss* austrocknen; **dry spell** Trockenperiode *f*; **the dry season** die Trockenzeit; **to rub oneself dry** sich abrubbeln; **dry bread** trocken Brot **D** *s* **to give sth a dry** etw trocknen

phrasal verbs mit dry:

dry off **A** *v/i* trocknen **B** *v/t* ⟨*trennb*⟩ abtrocknen

dry out **A** *v/i Kleider* trocknen; *Erde, Haut* austrocknen **B** *v/t* ⟨*trennb*⟩ *Kleider* trocknen; *Erde, Haut* austrocknen

dry up **A** *v/i* **1** *Bach* austrocknen; *Feuchtigkeit* trocknen; *Inspiration, Einkommen* versiegen **2** *beim Spülen* abtrocknen **B** *v/t* ⟨*trennb*⟩ *Geschirr* abtrocknen; *Flussbett* austrocknen

dry-clean *v/t* chemisch reinigen; **to have a dress ~ed** ein Kleid chemisch reinigen lassen

dry-cleaner's *s* chemische Reinigung

dry-cleaning *s* chemische Reinigung

dryer ['draɪə*ʳ*] *s* **1** Wäschetrockner *m* **2** Händetrockner *m* **3** Trockenhaube *f*

dry ice *s* Trockeneis *n*

drying-up *s* Abtrocknen *n*; **to do the ~** abtrocknen

dryness *s* Trockenheit *f*

dry-roasted *adj* trocken geröstet

dry rot *s* (Haus)schwamm *m*

dry run *s* Probe *f*

DSL *abk* (= digital subscriber line) DSL; **DSL connection** DSL-Anschluss *m*

DST *bes US abk* (= daylight saving time) Sommerzeit

DTI *Br abk* (= Department of Trade and Industry) ≈ Handelsministerium *n*

DTP *abk* (= desktop publishing) DTP *n*

dual ['djʊəl] *adj* **1** doppelt **2** zweierlei

dual carriageway Br s ≈ Schnellstraße f
dual nationality s doppelte Staatsangehörigkeit
dual-purpose adj zweifach verwendbar
dub [dʌb] v/t Film synchronisieren; **the movie was dubbed into French** der Film war französisch synchronisiert; **dubbed version** Synchronfassung f
dubbing ['dʌbɪŋ] s FILM Synchronisation f
dubious ['djuːbɪəs] adj 1 zweifelhaft; *Idee, Behauptung, Basis* fragwürdig; **it sounds ~ to me** ich habe da meine Zweifel 2 unsicher; **I was ~ at first, but he convinced me** ich hatte zuerst Bedenken, aber er überzeugte mich; **to be ~ about sth** etw anzweifeln
duchess ['dʌtʃɪs] s Herzogin f
duchy ['dʌtʃi] s Herzogtum n
duck [dʌk] A s Ente f; **to take to sth like a ~ to water** bei etw gleich in seinem Element sein; **it's (like) water off a ~'s back to him** das prallt alles an ihm ab B v/i 1 (*a.* **~ down**) sich ducken 2 **he ~ed out of the room** er verschwand aus dem Zimmer C v/t 1 untertauchen 2 ausweichen (+dat)
duck-billed platypus ['plætɪpəs] s Schnabeltier n
duckling ['dʌklɪŋ] s Entenküken n
duct [dʌkt] s 1 ANAT Röhre f 2 *für Flüssigkeit, Gas* (Rohr)leitung f; ELEK Rohr n
dud [dʌd] umg A adj 1 nutzlos, mies; **dud batteries** Batterien, die nichts taugen 2 gefälscht B s (≈ *Bombe*) Blindgänger m; (≈ *Münze*) Fälschung f; (≈ *Mensch*) Niete f umg; **this battery is a dud** diese Batterie taugt nichts
dude [duːd] *US* umg s Typ m umg, Kumpel m umg
due [djuː] A adj 1 fällig; **to be due** *Flugzeug, Zug, Bus* ankommen sollen; *Wahlen etc* anstehen; **the train was due ten minutes ago** der Zug sollte vor 10 Minuten ankommen; **when is the baby due?** wann soll das Baby kommen?; **the results are due at the end of the month** die Ergebnisse sind Ende des Monats fällig; **he is due back tomorrow** er soll morgen zurückkommen; **to be due out** herauskommen sollen; **to be due to do sth** etw tun sollen; **he is due to speak about now** er müsste jetzt gerade seine Rede halten; **the building is due to be demolished** das Gebäude soll demnächst abgerissen werden; **he is due for a rise** Br, **he is due for a raise** US ihm steht eine Gehaltserhöhung zu; **she is due for promotion** sie ist mit einer Beförderung an der Reihe; **the prisoner is due for release** *od* **due to be released** der Gefangene soll jetzt entlassen werden; **the car is due for a service** das Auto muss zur Inspektion; **due date** FIN Fälligkeitstermin m 2 *Aufmerksamkeit* gebührend; *Pflege* nötig; **in due course** zu gegebener Zeit; **with (all) due respect** bei allem Respekt (**to** für) 3 **to be due** *Geld* ausstehen; **to be due to sb** *Geld, Urlaub* j-m zustehen; **to be due a couple of days off** ein paar freie Tage verdient haben 4 **due to** aufgrund +gen; (≈ *verursacht von*) durch; **his death was due to natural causes** er ist eines natürlichen Todes gestorben B s 1 **dues** pl *an Verein etc* (Mitglieds)beitrag m 2 **to give him his due**, he did at least try eins muss man ihm lassen, er hat es wenigstens versucht C adv **due north** direkt nach Norden; **due east of the village** in Richtung Osten des Dorfes
duel ['djuːəl] A s Duell n B v/i sich duellieren
duet [djuː'et] s Duo n, Duett n
duffel bag s Matchsack m; MIL Seesack m
duffel coat s Dufflecoat m
dug [dʌɡ] *prät & pperf* → dig
duke [djuːk] s Herzog m
dukedom ['djuːkdəm] s Herzogtum n; (≈ *Titel*) Herzogswürde f
dull [dʌl] A adj ⟨+er⟩ 1 *Licht, Wetter* trüb; *Leuchten* schwach; *Farbe, Augen, Metall* matt; **it will be ~ at first** *in Wetterbericht* es wird anfangs bewölkt 2 langweilig, fad *österr*; **there's never a ~ moment** man langweilt sich keinen Augenblick 3 *Geräusch, Schmerz* dumpf B v/t 1 *Schmerz* betäuben; *Sinne* abstumpfen 2 *Geräusch* dämpfen
dullness s 1 *von Licht* Trübheit f; *von Farbe, Augen, Metall* Mattheit f; *von Wetter* Trübheit f; *von Himmel* Bedecktheit f 2 Langweiligkeit f 3 BÖRSE, HANDEL *von Markt* Flauheit f
dully ['dʌlɪ] adv 1 matt, schwach 2 pochen, schmerzen dumpf
duly ['djuːlɪ] adv 1 wählen, unterzeichnen ordnungsgemäß; **to be ~ impressed** gebührend beeindruckt sein 2 wie erwartet; **he ~ obliged** er tat es dann auch
dumb [dʌm] adj ⟨+er⟩ 1 stumm, sprachlos; **she was struck ~ with fear** die Angst verschlug ihr die Sprache 2 *bes US* umg doof umg; **that was a ~ thing to do** wie kann man nur so etwas Dummes machen!; **to play ~** sich dumm stellen

phrasal verbs mit dumb:
dumb down v/t ⟨trennb⟩ anspruchsloser machen

dumbass ['dʌmæs] *US* umg s Nullchecker m umg
dumbbell ['dʌmbel] s SPORT Hantel f
dumbfound ['dʌmfaʊnd] v/t verblüffen
dumbfounded [dʌm'faʊndɪd] adj verblüfft, sprachlos
dumbing down [ˌdʌmɪŋ'daʊn] s Verdummung f
dumb waiter s Speiseaufzug m

dummy ['dʌmi] **A** s **1** Attrappe f, Schaufensterpuppe f **2** Br für Baby Schnuller m **3** umg Idiot m umg **B** adj ⟨attr⟩ unecht; **a ~ bomb** eine Bombenattrappe

dummy run s Probe f, Übung f

dump [dʌmp] **A** s **1** Br Müllkippe f **2** MIL Depot n **3** pej umg (≈ Ort) Kaff n umg; (≈ Gebäude) Dreckloch n pej umg **4** umg **to be down in the ~s** down sein umg **B** v/t **1** (≈ loswerden) abladen; Koffer etc fallen lassen, lassen; umg Freundin abschieben, Schluss machen mit; Auto abstellen; **to ~ sb/sth on sb** j-n/etw bei j-m abladen **2** IT dumpen

dumper truck ['dʌmpə^r] Br s (≈ Lkw) Kipper m

dumping s Abladen n; **"no ~"** Br "Schuttabladen verboten!"

dumping ground fig s Ableplatz m

dumpling ['dʌmplɪŋ] s GASTR Kloß m, Knödel m österr

Dumpster® ['dʌmpstə^r] US s (Müll)container m

dump truck US s Kipper m

dumpy ['dʌmpɪ] adj pummelig

dunce [dʌns] s Dummkopf m

dune [djuːn] s Düne f

dung [dʌŋ] s Dung m; AGR Mist m

dungarees [ˌdʌŋɡə'riːz] pl bes Br Latzhose f; **a pair of ~** eine Latzhose

dungeon ['dʌndʒən] s Verlies n

dunk [dʌŋk] v/t (ein)tunken

dunno ['dʌnəʊ] abk (= I don't know) (ich) weiß nicht

duo ['djuːəʊ] s ⟨pl -s⟩ Duo n

dupe [djuːp] v/t überlisten; **he was ~d into believing it** er fiel darauf rein

duplex ['djuːpleks] bes US s → duplex apartment; → duplex house

duplex apartment bes US s zweistöckige Wohnung

duplex house US s Zweifamilienhaus n

duplicate A ['djuːplɪkeɪt] v/t **1** maschinell kopieren **2** Erfolg wiederholen; unnötigerweise zweimal machen **B** ['djuːplɪkɪt] s Kopie f; von Schlüssel Zweitschlüssel m; **in** ~ in doppelter Ausfertigung **C** ['djuːplɪkɪt] adj zweifach; **a ~ copy** eine Kopie; **a ~ key** ein Zweitschlüssel m

duplication [ˌdjuːplɪ'keɪʃən] s von Dokumenten Vervielfältigung f; von Arbeit, Bemühung Wiederholung f

duplicity [djuː'plɪsɪtɪ] s Doppelspiel n

durability [ˌdjʊərə'bɪlɪtɪ] s **1** von Material Strapazierfähigkeit f **2** von Frieden, Beziehung Dauerhaftigkeit f

durable ['djʊərəbl] adj **1** Material strapazierfähig **2** Frieden, Beziehung dauerhaft

duration [djʊə'reɪʃən] s Dauer f; **for the ~ of** für die Dauer (+gen)

duress [djʊə'res] s **under ~** unter Zwang

Durex® ['djʊəreks] s Gummi m umg

during ['djʊərɪŋ] präp während (+gen)

dusk [dʌsk] s (Abend)dämmerung f; **at ~** bei Einbruch der Dunkelheit

dusky ['dʌskɪ] adj ⟨komp duskier⟩ liter Haut, Farbe dunkel; Mensch dunkelhäutig; **~ pink** altrosa

dust [dʌst] **A** s ⟨kein pl⟩ Staub m; **covered in ~** staubbedeckt; **to gather ~** verstauben; **to give sth a ~** etw abstauben **B** v/t **1** Möbel abstauben; Zimmer Staub wischen in (+dat); **it's (all) done and ~ed** Br fig umg das ist (alles) unter Dach und Fach **2** GASTR bestäuben **C** v/i Staub wischen

phrasal verbs mit dust:

dust down v/t ⟨trennb⟩ abbürsten; mit Hand abklopfen; **to dust oneself down** fig sich reinwaschen

dust off v/t ⟨trennb⟩ Schmutz wegwischen; **to dust oneself off** fig sich reinwaschen

dustbin Br s Mülltonne f

dustbin man Br s → dustman

dust cover s für Buch (Schutz)umschlag m; für Möbel Schonbezug m

duster ['dʌstə^r] s Staubtuch n; SCHULE (Tafel)schwamm m

dusting ['dʌstɪŋ] s **1** Staubwischen n; **to do the ~** Staub wischen **2** **a ~ of snow** eine dünne Schneedecke

dust jacket s (Schutz)umschlag m

dustman s ⟨pl -men⟩ Br Müllmann m

dustpan s Kehrschaufel f

dusty ['dʌstɪ] adj ⟨komp dustier⟩ staubig; Möbel, Buch verstaubt

Dutch [dʌtʃ] **A** adj holländisch; niederländisch; **a ~ man** ein Holländer m; ein Niederländer m; **a ~ woman** eine Holländerin; eine Niederländerin; **he is ~** er ist Holländer; er ist Niederländer **B** s **1** **the ~** die Holländer pl; die Niederländer pl **2** LING Niederländisch n **C** adv **to go ~ (with sb)** umg (mit j-m) getrennte Kasse machen

Dutch cap s Pessar n

Dutch courage umg s **to give oneself ~** sich (dat) Mut antrinken (**from** mit)

Dutchman s ⟨pl -men⟩ Holländer m

Dutchwoman s ⟨pl -women [-wɪmɪn]⟩ Holländerin f

dutiful ['djuːtɪfʊl] adj pflichtbewusst

duty ['djuːtɪ] s **1** Pflicht f; **to do one's ~ (by sb)** seine Pflicht (gegenüber j-m) tun; **to report for ~** sich zum Dienst melden; **to be on ~** Arzt etc im Dienst sein; SCHULE etc Aufsicht haben; **who's on ~ tomorrow?** wer hat morgen Dienst/Aufsicht?; **he went on ~ at 9** sein Dienst fing um 9 an; **to be off ~** nicht im

Dienst sein; he comes off ~ at 9 sein Dienst endet um 9 **2** FIN Zoll *m*; **to pay ~ on sth** Zoll auf etw (akk) zahlen
duty-free [djuːtɪˈfriː] *adj & adv* zollfrei
duty-free allowance *s* Zollkontingent *n*, Freimenge *f*
duty-free shop *s* Duty-free-Shop *m*
duty officer *s* Offizier *m* vom Dienst
duty roster *s* Dienstplan *m*
duvet [ˈduːveɪ] *s* Steppdecke *f*
duvet day Br *s* bezahlter Sonderurlaub von 1 bis 2 Tagen im Jahr
DV cam [diːˈviːkæm] *s* digitale Videokamera, DV-Cam *f*
DVD *s abk* (= digital versatile *od* video disc) DVD *f*; **the movie is out on DVD** den Film gibt es auch als DVD
DVD drive *s* DVD-Laufwerk *n*
DVD player *s* DVD-Player *m*
DVD-Rom *s* DVD-Rom *f*
DVD writer *s* DVD-Brenner *m*
DVR *abk* (= digital video recorder) DVR *m*
DVT *abk* (= deep vein thrombosis) tiefe Venenthrombose, TVT *f*
dwarf [dwɔːf] **A** *s* ⟨*pl* dwarves *od* -s [dwɔːvz]⟩ Zwerg *m* **B** *adj* **~ shrubs** Zwergsträucher *pl* **C** *v/t* **to be ~ed by sb/sth** neben j-m/etw klein erscheinen
dwell [dwel] *liter v/i* ⟨*prät, pperf* dwelt⟩ weilen *geh*
  phrasal verbs mit dwell:
  dwell on [ˈdwelɒn] *v/t* länger nachdenken über +akk; *Autor* sich lange aufhalten bei
  dwell (up)on *v/i* ⟨+obj⟩ verweilen bei; **to dwell (up)on the past** sich ständig mit der Vergangenheit befassen; **let's not dwell (up)on it** wir wollen uns nicht (länger) damit aufhalten
dweller [ˈdwelə^r] *s* **cave ~** Höhlenbewohner(in) *m(f)*
dwelling [ˈdwelɪŋ] *form s* Wohnung *f*; **~ house** Wohnhaus *n*
dwelt [dwelt] *prät & pperf* → dwell
dwindle [ˈdwɪndl] *v/i Zahlen* zurückgehen; *Vorräte* schrumpfen
dwindling [ˈdwɪndlɪŋ] *adj Zahlen* zurückgehend; *Vorräte* schwindend
dye [daɪ] **A** *s* Farbstoff *m*; **hair dye** Haarfärbemittel *n*; **food dye** Lebensmittelfarbe *f* **B** *v/t* färben; **dyed blonde hair** blond gefärbtes Haar
dying [ˈdaɪɪŋ] **A** *ppr* → die **B** *adj* **1** *wörtl* sterbend; *Pflanze* eingehend; *Worte* letzte(r, s) **2** *fig Industrie, Kunst* aussterbend; *Minuten* letzte(r, s) **C** *s* **the ~** *pl* die Sterbenden
dyke [daɪk] *s*, **dike** US *s* **1** Deich *m* **2** *sl* Lesbe *f*
dynamic [daɪˈnæmɪk] **A** *adj* dynamisch **B** *s* Dynamik *f*

dynamics *s Fach, a.* TECH Dynamik *f*; *pl fig* Dynamik *f*
dynamism [ˈdaɪnəmɪzəm] *s* Dynamismus *m*; *von Mensch* Dynamik *f*
dynamite [ˈdaɪnəmaɪt] *wörtl s* Dynamit *n*; *fig* Sprengstoff *m*
dynamo [ˈdaɪnəməʊ] *s* ⟨*pl* -s⟩ Dynamo *m*; AUTO Lichtmaschine *f*
dynasty [ˈdɪnəsti] *s* Dynastie *f*
dysentery [ˈdɪsɪntri] *s* Ruhr *f*
dysfunctional [dɪsˈfʌŋkʃənəl] *adj* dysfunktional
dyslexia [dɪsˈleksɪə] *s* Legasthenie *f*
dyslexic [dɪsˈleksɪk] **A** *adj* legasthenisch; **she is ~** sie ist Legasthenikerin **B** *s* Legastheniker(in) *m(f)*

E¹, e [iː] *s* E *n*, e *n*; **E flat** Es *n*, es *n*; **E sharp** Eis *n*, eis *n*
E² *abk* (= east) O
e- [iː] *präf* E-, elektronisch
each [iːtʃ] **A** *adj* jede(r, s); **~ one of us** jeder von uns; **~ and every one of us** jeder Einzelne von uns **B** *pron* **1** jede(r, s); **~ of them gave their** *od* **his opinion** jeder sagte seine Meinung **2** **~ other** sich; einander; **they haven't seen ~ other for a long time** sie haben sich lange nicht gesehen; **you must help ~ other** ihr müsst euch gegenseitig helfen; **on top of ~ other** aufeinander; **next to ~ other** nebeneinander; **they went to ~ other's house(s)** sie besuchten einander zu Hause **C** *adv* je; **we gave them one apple ~** wir haben ihnen je einen Apfel gegeben; **the books are £10 ~** die Bücher kosten je £ 10; **carnations at 50p ~** Nelken zu 50 Pence das Stück
eager [ˈiːgə^r] *adj* eifrig; *Antwort* begeistert; **to be ~ to do sth** etw unbedingt tun wollen
eagerly [ˈiːgəli] *adv* eifrig; *erwarten* gespannt; *akzeptieren* bereitwillig; **~ awaited** mit Spannung erwartet
eagerness [ˈiːgənɪs] *s* Eifer *m*
eagle [ˈiːgl] *s* Adler *m*
ear¹ [ɪə^r] *s* **1** Ohr *n*; **to keep one's ears open** die Ohren offen halten; **to be all ears** ganz Ohr sein; **to lend an ear** zuhören; **it goes in one ear and out the other** das geht zum einen Ohr hinein und zum anderen wieder hinaus; **to be up to one's ears in work** bis über beide

Ohren in Arbeit stecken; **he's got money** *etc* **coming out of his ears** *umg* er hat Geld *etc* ohne Ende *umg* **2 to have a good ear for music** ein feines Gehör für Musik haben; **to play by ear** nach dem Gehör spielen; **to play it by ear** *fig* improvisieren
ear² *s von Korn* Ähre *f*
earache *s* Ohrenschmerzen *pl*
earbuds *pl* Ohrhörer *pl*, Ohrstöpsel *pl umg*
eardrum *s* Trommelfell *n*
earful *umg s* **to get an ~** mit einer Flut von Beschimpfungen überschüttet werden; **to give sb an ~** j-n zusammenstauchen *umg*
earhole *Br umg s* Ohr *n*, Löffel *m umg*
earl [ɜːl] *s* Graf *m*
earlier ['ɜːlɪə] **A** *adj* ⟨komp⟩ **1** früher; **at an ~ date** früher **2** → **early B** *adv* **~ (on)** früher; **~ (on) in the novel** an einer früheren Stelle in dem Roman; **~ (on) today** heute (vor einigen Stunden); **~ (on) this year** früher in diesem Jahr; **I cannot do it ~ than Thursday** ich kann es nicht eher als Donnerstag machen
ear lobe *s* Ohrläppchen *n*
early ['ɜːlɪ] **A** *adv* ⟨komp earlier⟩ **1 ~ (on)** früh; **~ in 1915/in February** Anfang 1915/Februar; **~ (on) in the year** Anfang des Jahres; **~ (on) in his/her/their** *etc* **life** in jungen Jahren; **~ (on) in the race** zu Anfang des Rennens; **~ (on) in the evening** am frühen Abend; **as ~ as** schon; **~ this month/year** Anfang des Monats/Jahres; **~ today/this morning** heute früh; **the earliest he can come is tomorrow** er kann frühestens morgen kommen **2** früher (als erwartet), zu früh; **she left ten minutes ~** sie ist zehn Minuten früher gegangen; **to be five minutes ~** fünf Minuten zu früh kommen; **he left school ~** er ging früher von der Schule nach Hause; *endgültig* er ging vorzeitig von der Schule ab; **to get up/go to bed ~** früh aufstehen/ins Bett gehen **B** *adj* ⟨komp earlier⟩ **1** früh; *Tod* vorzeitig; **an ~ morning drive** eine Spritztour am frühen Morgen; **we had an ~ lunch** wir aßen früh zu Mittag; **in ~ winter** zu Winteranfang; **the ~ days** die ersten Tage; **~ January** Anfang Januar; **in the ~ 1980s** Anfang der Achtzigerjahre; **to have an ~ night** früh ins Bett gehen; **until** *od* **into the ~ hours** bis in die frühen Morgenstunden; **her ~ life** ihre jungen Jahre; **at an ~ age** in jungen Jahren; **from an ~ age** von klein auf; **to be in one's ~ thirties** Anfang dreißig sein; **it's ~ days (yet)** *bes Br wir etc* wir sind im Anfangsstadium **2** *Mensch* frühgeschichtlich; **~ baroque** Frühbarock *m* **3** bald; **at the earliest possible moment** so bald wie irgend möglich
early bird *s* Frühaufsteher(in) *m(f)*
early closing *s* **it's ~ today** die Geschäfte sind heute Nachmittag geschlossen
early retirement *s* **to take ~** vorzeitig in den Ruhestand gehen
early riser *s* Frühaufsteher(in) *m(f)*
early warning system *s* Frühwarnsystem *n*
earmark *fig v/t* vorsehen
earmuffs *pl* Ohrenschützer *pl*
earn [ɜːn] *v/t* verdienen; FIN *Zinsen* bringen; **to ~ money** Geld verdienen; **to ~ one's keep/a living** Kost und Logis/seinen Lebensunterhalt verdienen; **this ~ed him a lot of respect** das trug ihm große Achtung ein; **he's ~ed it** das hat er sich (*dat*) verdient
earnest ['ɜːnɪst] **A** *adj* ernst; *Diskussion* ernsthaft **B** *s* **in ~** richtig; **to be in ~ about sth** etw ernst meinen
earnestly ['ɜːnɪstlɪ] *adv* ernst; *diskutieren, versuchen, erklären* ernsthaft; *hoffen* innig
earnings ['ɜːnɪŋz] *pl* Verdienst *m*, Einkommen *n*; *von Firma* Einkünfte *pl*
ear, nose and throat *adj* ⟨attr⟩ Hals-Nasen-Ohren-; **~ specialist** Hals-Nasen-Ohren-Facharzt *m*/-ärztin *f*
earphones *pl* Kopfhörer *pl*, Ohrhörer *pl*
earpiece *s* Hörer *m*
ear piercing *s* Durchstechen *n* der Ohrläppchen
earplug *s* Ohropax® *n*
earring *s* Ohrring *m*
earset *s* Earset *n*, Ohrhörer *m*
earshot *s* **out of/within ~** außer/in Hörweite
ear-splitting *adj* ohrenbetäubend
earth [ɜːθ] **A** *s* **1** Erde *f*; **the ~, the Earth** die Erde; **on ~** auf der Erde; **to the ends of the ~** bis ans Ende der Welt; **where/who** *etc* **on ~ …?** *umg* wo/wer *etc* … bloß?; **what on ~ …?** *umg* was in aller Welt …? *umg*; **nothing on ~ will stop me now** keine Macht der Welt hält mich jetzt noch auf; **there's no reason on ~ why …** es gibt keinen erdenklichen Grund, warum …; **it cost the ~** *Br umg* das hat eine schöne Stange Geld gekostet *umg*; **to come back down to ~** *fig* wieder auf den Boden der Tatsachen (zurück)kommen; **to bring sb down to ~ (with a bump)** *fig* j-n (unsanft) wieder auf den Boden der Tatsachen zurückholen **2** *von Fuchs etc* Bau *m* **B** *v/t Br* ELEK erden
earthenware ['ɜːθənweə'] **A** *s* **1** Ton *m* **2** Tongeschirr *n* **B** *adj* aus Ton, Ton-
earthly ['ɜːθlɪ] *adj* **1** irdisch **2** **there's no ~ reason why …** es gibt nicht den geringsten Grund, warum …
earthquake *s* Erdbeben *n*
earth-shattering *fig adj* welterschütternd
earth tremor *s* Erdstoß *m*

earthworm s Regenwurm m
earthy ['ɜːθɪ] adj **1** Geruch erdig **2** fig Mensch urtümlich, urchig schweiz; Humor, Sprache derb
earwax s Ohrenschmalz n
earwig s Ohrwurm m
ease [iːz] **A** s **1** I am never at ~ in his company in seiner Gesellschaft fühle ich mich immer befangen; **to be** od **feel at ~ with oneself** sich (in seiner Haut) wohlfühlen; **to put sb at (his/her) ~** j-m die Befangenheit nehmen; **to put** od **set sb's mind at ~** j-n beruhigen; **(stand) at ~!** MIL rührt euch! **2** Leichtigkeit f; **with (the greatest of) ~** mit (größter) Leichtigkeit; **for ~ of use** um die Benutzung zu erleichtern **B** v/t **1** Schmerz lindern; **to ~ the burden on sb** j-m eine Last abnehmen **2** Seil lockern; Druck, Spannung verringern; Situation entspannen; **he ~d the lid off** er löste den Deckel behutsam ab; **he ~d his way through the hole** er schob sich vorsichtig durch das Loch **C** v/i nachlassen

phrasal verbs mit ease:
ease off, **ease up** v/i **1** langsamer werden; **the doctor told him to ease up a bit at work** der Arzt riet ihm, bei der Arbeit etwas kürzerzutreten **2** Schmerz, Regen nachlassen

easel ['iːzl] s Staffelei f
easily ['iːzɪlɪ] adv **1** leicht; **~ accessible** Ort leicht zu erreichen; **he learnt to swim ~** er lernte mühelos schwimmen; **it could just as ~ happen here** es könnte genauso gut hier passieren **2** **it's ~ 25 miles** es sind gut und gerne 25 Meilen; **they are ~ the best** sie sind mit Abstand die Besten **3** sprechen, atmen ganz entspannt
east [iːst] **A** s **the ~** der Osten; **in the ~** im Osten; **to the ~** nach Osten; **to the ~ of** östlich von; **the wind is coming from the ~** der Wind kommt von Ost(en); **the ~ of France** der Osten Frankreichs; **East-West relations** Ost-West-Beziehungen pl **B** adv nach Osten, ostwärts; **the kitchen faces ~** die Küche liegt nach Osten; **~ of Paris/the river** östlich von Paris/des Flusses **C** adj Ost-; **~ coast** Ostküste f
East Berlin s Ostberlin n
eastbound adj (in) Richtung Osten; **the ~ carriageway of the M4** Br die M4 in Richtung Osten
Easter ['iːstəʳ] **A** s Ostern n; **at ~** an od zu Ostern **B** adj ⟨attr⟩ Oster-
Easter bunny s Osterhase m
Easter Day s Ostersonntag m
Easter egg s Osterei n
easterly ['iːstəlɪ] adj östlich, Ost-; **an ~ wind** ein Ostwind m; **in an ~ direction** in östlicher Richtung

Easter Monday s Ostermontag m
eastern ['iːstən] adj Ost-, östlich; **Eastern Europe** Osteuropa n
easterner ['iːstənəʳ] bes US s Oststaatler(in) m(f); **he's an ~** er kommt aus dem Osten
easternmost ['iːstənməʊst] adj östlichste(r, s)
Easter Sunday s Ostersonntag m
East European **A** adj osteuropäisch **B** s Osteuropäer(in) m(f)
East German **A** adj ostdeutsch **B** s Ostdeutsche(r) m/f(m)
East Germany s Ostdeutschland n; HIST die DDR
eastward **A** adv (a. **eastwards**) nach Osten **B** adj Richtung östlich
eastwardly adv & adj → eastward
easy ['iːzɪ] **A** adj ⟨komp easier⟩ leicht; Lösung einfach; **it's ~ to forget that …** man vergisst leicht, dass …; **it's ~ for her** sie hat es leicht; **that's ~ for you to say** du hast gut reden; **he was an ~ winner** er hat mühelos gewonnen; **that's the ~ part** das ist das Einfache; **it's an ~ mistake to make** den Fehler kann man leicht machen; **to be within ~ reach of sth** etw leicht erreichen können; **as ~ as pie** kinderleicht; **easier said than done** leichter gesagt als getan; **to take the ~ way out** es sich (dat) leicht machen; **she is ~ to get on with** mit ihr kann man gut auskommen; **to have it ~**, **to have an ~ time (of it)** es leicht haben; **~ prey** eine leichte Beute; **to be ~ on the eye/ear** angenehm anzusehen/anzuhören sein; **at an ~ pace** in gemütlichem Tempo; **I don't feel ~ about it** es ist mir nicht recht **B** adv umg **to go ~ on sb** nicht so streng mit j-m sein; **to go ~ on sth** mit etw sparsam umgehen; **to take it ~**, **to take things ~** sich schonen; **take it ~!** immer mit der Ruhe!; **~ does it** immer sachte
easy chair s Sessel m, Fauteuil n österr
easy-going adj gelassen
easy listening s leichte Musik, Unterhaltungsmusik f
easy money s leicht verdientes Geld; **you can make ~** Sie können leicht Geld machen
eat [iːt] v/t & v/i ⟨v: prät ate⟩ pperf eaten⟩ essen; Tier fressen; **to eat one's breakfast** frühstücken; **to eat one's lunch/dinner** zu Mittag/Abend essen; **he was forced to eat his words** er musste alles zurücknehmen; **he won't eat you** umg er wird dich schon nicht fressen umg; **what's eating you?** umg was hast du denn?

phrasal verbs mit eat:
eat away at v/i ⟨+obj⟩ **1** Rost etc anfressen **2** fig Rücklagen angreifen
eat into v/i ⟨+obj⟩ Metall anfressen; Kapital angreifen; Zeit verkürzen
eat out **A** v/i zum Essen ausgehen, essen ge-

hen **B** v/t ⟨trennb⟩ **Elvis Presley, eat your heart out** Elvis Presley, da kannst du vor Neid erblassen
eat up **A** v/t ⟨trennb⟩ **1** wörtl aufessen; Tier auffressen **2** fig verbrauchen **B** v/i aufessen
eatable ['i:təbl] adj die Qualität einer Mahlzeit betreffend essbar, genießbar
eat-by date ['i:tbaɪdeɪt] s von Lebensmitteln Haltbarkeitsdatum n
eaten ['i:tn] pperf → eat
eater ['i:tə'] s Esser(in) m(f)
eating ['i:tɪŋ] s Essen n
eating disorder s Essstörung f
eating habits pl **1** Essgewohnheiten pl **2** bei Tisch Tischmanieren pl
eau de Cologne ['əʊdəkə'ləʊn] s Kölnischwasser n
eaves ['i:vz] pl Dachvorsprung m
eavesdrop ['i:vzdrɒp] v/i (heimlich) lauschen; **to ~ on a conversation** ein Gespräch belauschen
ebb [eb] **A** s Ebbe f; **ebb and flow** fig Auf und Ab n; **at a low ebb** fig auf einem Tiefstand **B** v/i **1** Flut zurückgehen **2** a. **ebb away** fig Begeisterung verebben; Leben zu Ende gehen
ebb tide s Ebbe f
e-bike s E-Bike n, Elektrofahrrad n, Elektrorad n
ebola [ɪ'bəʊlə] s MED Ebola n
e-book ['i:bʊk] s E-Book n (Buchinhalt, der in elektronischer Form vorliegt)
e-book reader s E-Book-Reader m (tragbares digitales Lesegerät für E-Books)
ebullient [ɪ'bʌlɪənt] adj Mensch überschwänglich; Stimmung übersprudelnd
e-business [ˌiː'bɪznɪs] s **1** Internetfirma f **2** E-Business n
EC¹ abk (= European Community) HIST EG f
EC² abk (= European Commission) EuK
e-card ['i:kɑ:d] s E-Card f, elektronische Grußkarte
e-cash ['i:kæʃ] s E-Cash n, elektronische Geldüberweisung
ECB abk (= European Central Bank) EZB f
eccentric [ɪk'sentrɪk] **A** adj exzentrisch **B** s Exzentriker(in) m(f)
eccentricity [ˌeksən'trɪsɪtɪ] s Exzentrizität f
ecclesiastical [ɪˌkliːzɪ'æstɪkəl] adj kirchlich
ECG abk (= electrocardiogram) EKG n
echo ['ekəʊ] **A** s ⟨pl -es⟩ Echo n; fig Anklang m (**of** an +akk) **B** v/t fig wiedergeben **C** v/i Klang widerhallen; Zimmer, Schritte hallen; **her words ~ed in his ears** ihre Worte hallten ihm in den Ohren
e-cigarette ['i:sɪgəˌret] s E-Zigarette f, elektrische Zigarette, elektronische Zigarette
éclair [eɪ'kleə'] s Liebesknochen m

eclectic [ɪ'klektɪk] adj eklektisch
eclipse [ɪ'klɪps] **A** s ASTRON Finsternis f; **~ of the sun/moon** Sonnen-/Mondfinsternis f **B** v/t fig in den Schatten stellen
eco- ['i:kəʊ-] präf Öko-, öko-
ecofriendly [ˌi:kəʊ'frendlɪ] Br adj umweltfreundlich
ecological [ˌi:kəʊ'lɒdʒɪkəl] adj ökologisch; **~ disaster** Umweltkatastrophe f; **~ damage** Umweltschäden pl
ecologist [ɪ'kɒlədʒɪst] s Ökologe m, Ökologin f
ecology [ɪ'kɒlədʒɪ] s Ökologie f
e-commerce ['i:kɒmɜ:s] s E-Commerce m
economic [ˌi:kə'nɒmɪk] adj **1** Wirtschafts-; **~ growth** Wirtschaftswachstum n **2** Preis, Miete wirtschaftlich
economical [ˌi:kə'nɒmɪkəl] adj sparsam; **to be ~ with sth** mit etw haushalten; **they were ~ with the truth** sie haben es mit der Wahrheit nicht so genau genommen; **an ~ style** LIT ein prägnanter Stil
economically [ˌi:kə'nɒmɪkəlɪ] adv **1** wirtschaftlich; **after the war, the country suffered ~** nach dem Krieg litt die Wirtschaft des Landes **2** sparsam; **to use sth ~** mit etw sparsam umgehen
economic climate s Konjunkturklima n
economic crisis s Wirtschaftskrise f
economic downturn s Wirtschaftsabschwung m
economic growth s Wirtschaftswachstum n
economic migrant, economic refugee s Arbeitsmigrant(in) m(f), Armutsmigrant(in) m(f), Wirtschaftsmigrant(in) m(f)
economic miracle s Wirtschaftswunder n
economic policy s Wirtschaftspolitik f
economics s **1** Wirtschaftswissenschaften pl **2** ⟨pl⟩ **the ~ of the situation** die wirtschaftliche Seite der Situation
economic slump s Konjunktureinbruch m
economic upturn s Wirtschaftsaufschwung m
economist [ɪ'kɒnəmɪst] s Wirtschaftswissenschaftler(in) m(f)
economize [ɪ'kɒnəmaɪz] v/i sparen
phrasal verbs mit economize:
economize on v/i ⟨+obj⟩ sparen bei
economy [ɪ'kɒnəmɪ] s **1** Wirtschaft f kein pl **2** Einsparung f; **a false ~** falsche Sparsamkeit
economy class s Touristenklasse f
economy drive s Sparmaßnahmen pl
economy size s Sparpackung f
ecosystem s Ökosystem n
ecotourism s Ökotourismus m
eco-warrior umg s Ökokämpfer(in) m(f), militante(r) Umweltschützer(in) m(f)
ecstasy ['ekstəsɪ] s **1** Ekstase f; **to be in ~** eks-

tatisch sein **2** (≈ *Droge*) Ecstasy *n*
ecstatic [eks'tætɪk] *adj* ekstatisch
eczema ['eksmə] *s* Ekzem *n*
ed[1] *abk* (= editor) Hrsg.
ed[2] *abk* (= edition) Ausg.
edamame bean [,edə'mɑːmeɪ] *s* GASTR Edamame-Bohne *f* (*Sojaschote*)
eddy ['edɪ] *s* Wirbel *m*
Eden ['iːdn] *a. fig s* Garden of ~ Garten *m* Eden
edge [edʒ] **A** *s* **1** *von Messer* Schneide *f*; **to take the ~ off sth** *fig* etw der Wirkung (*gen*) berauben; *Schmerz* etw lindern; **the noise sets my teeth on ~** das Geräusch geht mir durch und durch; **to be on ~** nervös sein; **there was an ~ to his voice** seine Stimme klang ärgerlich; **to have the ~ on sb/sth** j-m/etw überlegen sein; **it gives her/it that extra ~** darin besteht der kleine Unterschied **2** Rand *m*; *von Backstein* Kante *f*; *von See, Fluss, Meer* Ufer *n*; **at the ~ of the road** am Straßenrand; **the movie had us on the ~ of our seats** der Film war unheimlich spannend **B** *v/t* **1** einfassen; **~d in black** mit einem schwarzen Rand **2** **to ~ one's way toward(s) sth** sich allmählich auf etw (*akk*) zubewegen; **she ~d her way through the crowd** sie schlängelte sich durch die Menge **C** *v/i* sich schieben; **to ~ toward(s) the door** sich zur Tür stehlen; **he ~d past me** er schob sich an mir vorbei
phrasal verbs mit edge:
edge out *v/t* ⟨*trennb*⟩ beiseitedrängen; **Germany edged England out of the final** Deutschland verdrängte England aus dem Endspiel
edgeways ['edʒweɪz] *adv*, **edgewise** ['edʒwaɪz] *US adv* hochkant; **I couldn't get a word in ~** ich bin überhaupt nicht zu Wort gekommen
edgy ['edʒɪ] *adj* ⟨*komp* edgier⟩ **1** nervös **2** *Film* provokativ, spannungsgeladen
EDI *abk* (= electronic data interchange) elektronischer Datenaustausch
edible ['edɪbl] *adj* essbar
edict ['iːdɪkt] *s* Erlass *m*
edifice ['edɪfɪs] *s* Gebäude *n*
Edinburgh ['edɪnbərə] *s* Edinburg(h) *n*
edit ['edɪt] *v/t* Zeitung, Magazin herausgeben; Buch, Text redigieren; Film schneiden; IT editieren
phrasal verbs mit edit:
edit out *v/t* ⟨*trennb*⟩ herausnehmen; *aus Film, Band* herausschneiden; *Figur aus Geschichte* herausstreichen
editable ['edɪtəbl] *adj* IT Datei editierbar
editing ['edɪtɪŋ] *s von Zeitung, Magazin* Herausgabe *f*; *von Buch, Text* Redaktion *f*; *von Film* Schnitt

m; IT Editieren *n*
edition [ɪ'dɪʃən] *s* Ausgabe *f*, Auflage *f*
editor ['edɪtə^r] *s* **1** Herausgeber(in) *m(f)*, Redakteur(in) *m(f)*, (Verlags)lektor(in) *m(f)*; FILM Cutter(in) *m(f)*; **sports** ~ Sportredakteur(in) *m(f)* **2** IT Editor *m*
editorial [,edɪ'tɔːrɪəl] **A** *adj* redaktionell **B** *s* Leitartikel *m*
EDP *abk* (= electronic data processing) EDV *f*
educate ['edjʊkeɪt] *v/t* **1** SCHULE, UNIV erziehen, ausbilden; **he was ~d at Eton** er ist in Eton zur Schule gegangen **2** Öffentlichkeit informieren, aufklären; **we need to ~ our children about drugs** wir müssen dafür sorgen, dass unsere Kinder über Drogen Bescheid wissen
educated *adj* gebildet; **to make an ~ guess** eine fundierte *od* wohlbegründete Vermutung anstellen
education [,edjʊ'keɪʃən] *s* Erziehung *f*, Ausbildung *f*; (≈ *Wissen*) Bildung *f*; **College of Education** pädagogische Hochschule; **(local) ~ authority** Schulbehörde *f*; **to get an ~** eine Ausbildung bekommen; **she had a university ~** sie hatte eine Universitätsausbildung; **she had little ~** sie war ziemlich ungebildet
educational *adj* **1** erzieherisch, schulisch; **~ system** Bildungswesen *n*, Bildungssystem *n* **2** *Thema* pädagogisch **3** *Erfahrung* lehrreich; **~ film** Lehrfilm *m*; **~ toy** pädagogisch wertvolles Spielzeug
educationally [,edjʊ'keɪʃnəlɪ] *adv die Bildung betreffend* pädagogisch; *die Schule betreffend* schulisch; **~ disadvantaged** bildungsfern; **~ subnormal** lernbehindert
edutainment [,edjʊ'teɪnmənt] *s* Edutainment *n*
Edwardian [ed'wɔːdɪən] *adj* Edwardianisch; **~ England** England in der Zeit Eduards VII.
EEC *obs abk* (= European Economic Community) EG *f*, EWG *f*
EEG *abk* (= electroencephalogram) EEG *n*
eel [iːl] *s* Aal *m*
eerie, eery ['ɪərɪ] *adj* ⟨*komp* eerier⟩ unheimlich
eerily ['ɪərɪlɪ] *adv mit Verb* unheimlich; *mit Adjektiv* auf unheimliche Weise; **the whole town was ~ quiet** in der ganzen Stadt herrschte eine unheimliche Stille
effect [ɪ'fekt] *s* **1** Wirkung *f*, Auswirkung *f*; **alcohol has the ~ of dulling your senses** Alkohol bewirkt eine Abstumpfung der Sinne; **the ~ of this is that ...** das hat zur Folge, dass ...; **to feel the ~s of the drugs** die Wirkung der Drogen spüren; **to no ~** erfolglos; **to have an ~ on sb/sth** eine Wirkung auf j-n/etw haben; **to have no ~** keine Wirkung haben; **to take ~** *Medikament* wirken; **with immediate ~** mit so-

fortiger Wirkung; **with ~ from 3 March** mit Wirkung vom 3. März; **to create an ~** einen Effekt erzielen; **only for ~** nur zum Effekt; **we received a letter to the ~ that ... that** wir erhielten ein Schreiben des Inhalts, dass ...; **... or words to that ~** ... oder etwas in diesem Sinne **2 in ~** in Wirklichkeit **3** *Gesetz* **to come into** *od* **take ~** in Kraft treten

effective [ɪˈfektɪv] *adj* **1** *Maßnahmen* effektiv; *Behandlung, Abschreckung* wirksam; *Kombination* wirkungsvoll; **to be ~ in doing sth** bewirken, dass etw geschieht; **to be ~ against sth** *Medikament* gegen etw wirken **2** (≈ *geltend*) in Kraft; **a new law, ~ from** *od* **becoming ~ on 1 August** ein neues Gesetz, das am 1. August in Kraft tritt

effectively [ɪˈfektɪvli] *adv* **1** wirksam; *funktionieren, arbeiten* effektiv **2** effektiv

effectiveness *s* Wirksamkeit *f*; *von Strategie* Effektivität *f*

effeminate [ɪˈfemɪnɪt] *adj* verweichlicht, unmännlich

effervescent [ˌefəˈvesnt] *adj* sprudelnd

efficacy [ˈefɪkəsi] *s* Wirksamkeit *f*

efficiency [ɪˈfɪʃənsi] *s* Fähigkeit *f*; *von Maschine, Organisation* Leistungsfähigkeit *f*; *von Methode* Wirksamkeit *f*; *von Motor* Sparsamkeit *f*

efficient *adj* **Mensch** fähig; *Maschine, Organisation* leistungsfähig; *Motor* sparsam; *Service* gut, effizient; (≈ *schnell*) rasch, zügig; *Methode* wirksam; *Art und Weise* rationell; **to be ~ at (doing) sth** etw gut können

efficiently *adv* effektiv; **to work more ~** rationeller arbeiten

effigy [ˈefɪdʒi] *s* Bildnis *n*

effluent [ˈefluənt] *s* Abwasser *n*

effort [ˈefət] *s* **1** Versuch *m*; (≈ *Arbeit*) Anstrengung *f*; **to make an ~ to do sth** sich bemühen, etw zu tun; **to make the ~ to do sth** sich *(dat)* die Mühe machen, etw zu tun; **to make every ~** *od* **a great ~ to do sth** sich sehr bemühen, etw zu tun; **he made no ~ to be polite** er machte sich *(dat)* nicht die Mühe, höflich zu sein; **it's an ~** es kostet einige Mühe; **come on, make an ~** komm, streng dich an; **it's worth the ~** die Mühe lohnt sich **2** Aktion *f* **3** *umg* Unternehmen *n*; **it was a pretty poor ~** das war eine ziemlich schwache Leistung; **it's not bad for a first ~** das ist nicht schlecht für den Anfang

effortless *adj* mühelos

effortlessly *adv* mühelos

effusive [ɪˈfjuːsɪv] *adj* überschwänglich, exaltiert

E-fit [ˈiːfɪt] *s* elektronisch erstelltes Fahndungsfoto

EFL *abk* (= English as a Foreign Language) Englisch als Fremdsprache

e-friend [ˈiːfrend] *s* Brieffreund(in) *m(f)* (*im Internet*)

e.g. *abk* (= exempli gratia) z. B.

EGA *abk* (= enhanced graphics adapter) IT EGA *m*

egalitarian [ɪˌgælɪˈteərɪən] *adj* egalitär

egg [eg] *s* Ei *n*; **to put all one's eggs in one basket** *sprichw* alles auf eine Karte setzen

phrasal verbs mit egg:

egg on *v/t* ⟨*trennb*⟩ anstacheln

egg cup *s* Eierbecher *m*

eggplant *US s* Aubergine *f*, Melanzani *f österr*

eggshell *s* Eierschale *f*

egg timer *s* Eieruhr *f*

egg whisk *s* Schneebesen *m*

egg white *s* Eiweiß *n*

egg yolk *s* Eigelb *n*

ego [ˈiːgəʊ] *s* ⟨*pl* -s⟩ PSYCH Ego *n*; (≈ *Stolz*) Selbstbewusstsein *n*; (≈ *Dünkel*) Einbildung *f*; **his ego won't allow him to admit he is wrong** sein Stolz lässt ihn nie zugeben, dass er unrecht hat

egocentric [ˌegəʊˈsentrɪk] *adj* egozentrisch

egoism [ˈegəʊɪzəm] *s* Egoismus *m*

egoist [ˈiːgəʊɪst] *s* Egoist(in) *m(f)*

egoistic(al) [ˌegəʊˈɪstɪk(əl)] *adj* egoistisch

egotism [ˈegəʊtɪzəm] *s* Ichbezogenheit *f*

egotist [ˈegəʊtɪst] *s* ichbezogener Mensch

egotistic(al) [ˌegəʊˈtɪstɪk(əl)] *adj* ichbezogen

ego trip *umg s* Egotrip *m umg*

Egypt [ˈiːdʒɪpt] *s* Ägypten *n*

Egyptian [ɪˈdʒɪpʃən] **A** *adj* ägyptisch **B** *s* Ägypter(in) *m(f)*

EIB *abk* (= European Investment Bank) EIB *f*

eiderdown [ˈaɪdədaʊn] *s* Federbett *n*

eight [eɪt] **A** *adj* acht; **~-hundred-year-old** achthundert Jahre alt **B** *s* Acht *f*; → six

eighteen [ˈeɪˈtiːn] **A** *adj* achtzehn **B** *s* Achtzehn *f*

eighteenth [ˈeɪˈtiːnθ] **A** *adj* achtzehnte(r, s) **B** *s* **1** Achtzehntel *n* **2** Achtzehnte(r, s); → sixteenth

eighth [eɪtθ] **A** *adj* achte(r, s) **B** *s* **1** Achtel *n* **2** Achte(r, s); → sixth

eighth note *s US* MUS Achtelnote *f*; **~ rest** Achtelpause *f*

eightieth [ˈeɪtɪəθ] **A** *adj* achtzigste(r, s) **B** *s* **1** Achtzigstel *n* **2** Achtzigste(r, s); → sixtieth

eightish [ˈeɪtɪʃ] *adj* ungefähr acht

eighty [ˈeɪti] **A** *adj* achtzig **B** *s* Achtzig *f*; → sixty

Eire [ˈeərə] *s* Irland *n*

either [ˈaɪðəʳ, ˈiːðəʳ] **A** *adj & pron* **1** eine(r, s) (von beiden); **there are two boxes on the table, take ~ (of them)** auf dem Tisch liegen zwei Schachteln, nimm eine davon **2** jede(r,

s), beide *pl*; **~ day would suit me** beide Tage passen mir; **which bus will you take? — ~ (will do)** welchen Bus wollen Sie nehmen? — das ist egal; **on ~ side of the street** auf beiden Seiten der Straße; **it wasn't in ~ (box)** es war in keiner der beiden (Kisten) **B** *adv & konj* **1** *nach Verneinung* auch nicht; **I haven't ~** ich auch nicht **2 ~ ... or** entweder ... oder; *bei Verneinung* weder ... noch; **he must be ~ lazy or stupid** er muss entweder faul oder dumm sein; **I have not been to ~ Paris or Rome** ich bin weder in Paris noch in Rom gewesen **3 she inherited some money and not an insignificant amount ~** sie hat Geld geerbt, und (zwar) gar nicht so wenig
ejaculate [ɪˈdʒækjʊleɪt] *v/i* PHYSIOL ejakulieren
ejaculation [ɪˌdʒækjʊˈleɪʃən] *s* PHYSIOL Ejakulation *f*
eject [ɪˈdʒekt] **A** *v/t* **1** *Angestellten* hinauswerfen **2** *CD, DVD* auswerfen **B** *v/i Pilot* den Schleudersitz betätigen
ejector seat [ɪˈdʒektəsiːt] *s*, **ejection seat** *US s* FLUG Schleudersitz *m*
e-juice [ˈiːdʒuːs] *s* Liquid *n* (*für E-Zigarette*)
eke out [ˈiːkaʊt] *v/t* ⟨*trennb*⟩ *Vorräte* strecken; *Geld* aufbessern; **to ~ a living** sich mehr schlecht als recht durchschlagen
EKG *US s* → ECG
elaborate **A** [ɪˈlæbərɪt] *adj* **1** kompliziert, ausgeklügelt; *Schema* groß angelegt; *Pläne, Vorsichtsmaßnahmen* umfangreich; *Vorbereitungen* ausführlich; *Gestaltung* aufwendig **2** kunstvoll **B** [ɪˈlæbəreɪt] *v/i* **would you care to** *od* **could you ~ on that?** könnten Sie darauf näher eingehen?
elaborately [ɪˈlæbərɪtlɪ] *adv* **1** ausführlich, kompliziert; **an ~ staged press conference** eine mit großem Aufwand veranstaltete Pressekonferenz **2** kunstvoll
élan [eɪˈlæn] *s* Elan *m*
elapse [ɪˈlæps] *v/i* vergehen
elastic [ɪˈlæstɪk] **A** *adj* elastisch; **~ waist** Taille *f* mit Gummizug **B** ⟨*kein pl*⟩ Gummi *m*, Gummiband *n*; **a piece of ~** ein Gummiband *n*
elasticated [ɪˈlæstɪkeɪtɪd] *adj* elastisch; **~ waist** Taille *f* mit Gummizug
elastic band *bes Br s* Gummiband *n*
elasticity [ˌiːlæsˈtɪsɪtɪ] *s* Elastizität *f*
Elastoplast® [ɪˈlæstəʊplɑːst] *Br s* Heftpflaster *n*
elated [ɪˈleɪtɪd] *adj* begeistert
elation [ɪˈleɪʃən] *s* Begeisterung *f* über +*akk*)
elbow [ˈelbəʊ] **A** *s* Ellbogen *m* **B** *v/t* **he ~ed his way through the crowd** er boxte sich durch die Menge; **to ~ sb aside** j-n beiseitestoßen; **he ~ed me in the stomach** er stieß mir *od* mich mit dem Ellbogen in den Magen

elbow grease *umg s* Muskelkraft *f*
elbowroom *umg s* Ellbogenfreiheit *f umg*
elder[1] [ˈeldə] **A** *adj* ⟨*attr komp*⟩ **1** *Bruder etc* ältere(r, s) **2 Pliny the ~** Plinius der Ältere **3** → old **B** *s* **1 respect your ~s** du musst Respekt vor Älteren haben **2** *von Stamm, in Kirche* Älteste(r) *m*
elder[2] *s* Holunder *m*, Holler *m* österr
elderberry [ˈeldəˌberɪ] *s* Holunderbeere *f*, Hollerbeere *f* österr; **~ wine** Holunderwein *m*, Hollerwein *m* österr
elderly [ˈeldəlɪ] *adj* ältlich, ältere(r, s) *attr*; **the ~** *pl* ältere Menschen *pl*
elder statesman *s* (alt)erfahrener Staatsmann
eldest [ˈeldɪst] **A** *adj* ⟨*attr sup*⟩ **1** älteste(r, s) **2** → old **B** *s* **the ~** der/die/das Älteste; *pl* die Ältesten *pl*; **the ~ of four children** das älteste von vier Kindern; **my ~** *umg* mein Ältester, meine Älteste
elect [ɪˈlekt] **A** *v/t* **1** wählen; **to ~ sb sth** j-m etw wählen; **to ~ sb to the Senate** j-n in den Senat wählen **2** sich entscheiden für; **to ~ to do sth** sich dafür entscheiden, etw zu tun **B** *adj* **the president ~** der designierte Präsident
election [ɪˈlekʃən] *s* Wahl *f*
election campaign *s* Wahlkampf *m*
election day *s* Wahltag *m*
electioneering [ɪˌlekʃəˈnɪərɪŋ] *s* Wahlkampf *m*, Wahlpropaganda *f*
election observer *s* Wahlbeobachter(in) *m(f)*
elective [ɪˈlektɪv] *s US* SCHULE, UNIV Wahlfach *n*
elector [ɪˈlektə(r)] *s* Wähler(in) *m(f)*
electoral [ɪˈlektərəl] *adj* Wahl-; **~ college** Wahlausschuss *m*; *US* Wahlmännergremium *n*; **~ process** Wahlverfahren *n*; **~ system** Wahlsystem *n*
electoral register, **electoral roll** *s* Wählerverzeichnis *n*
electorate [ɪˈlektərɪt] *s* Wählerschaft *f*
electric [ɪˈlektrɪk] **A** *adj* **1** elektrisch, Strom-; **~ car** Elektroauto *n*; **~ razor** Elektrorasierer *m*; **~ kettle** elektrischer Wasserkocher; **~ power** elektrischer Strom; **~ vehicle** E-Mobil *n*, Elektromobil *n* **2** *fig* wie elektrisiert **B** *s* **1** *umg* Elektrizität *f* **2 ~s** *pl* Strom *m*; AUTO Elektrik *f*
electrical [ɪˈlektrɪkəl] *adj* elektrisch, Elektro-; **~ appliance** Elektrogerät *n*
electrical engineer *s* Elektrotechniker(in) *m(f)*, Elektroingenieur(in) *m(f)*
electrical engineering *s* Elektrotechnik *f*
electrically [ɪˈlektrɪkəlɪ] *adv* elektrisch; **an ~ powered car** ein Wagen *m* mit Elektroantrieb
electric bike *s* Elektrofahrrad *n*, Elektrorad *n*
electric bill *umg s* Stromrechnung *f*
electric blanket *s* Heizdecke *f*
electric car *s* Elektroauto *n*

electric chair s elektrischer Stuhl
electric cooker s Elektroherd m
electric drill s elektrische Bohrmaschine
electric fence s Elektrozaun m
electric fire s elektrisches Heizgerät
electric guitar s E-Gitarre f
electric heater s elektrisches Heizgerät
electrician [ɪlek'trɪʃən] s Elektriker(in) m(f)
electricity [ɪlek'trɪsɪtɪ] s Elektrizität f, (elektrischer) Strom; **~ price** Strompreis m; **~ production** Stromerzeugung f
electricity meter s Stromzähler m
electric light s elektrisches Licht
electric organ s elektrische Orgel
electric-powered adj elektrisch betrieben
electric shock s Stromschlag m; MED Elektroschock m
electric toothbrush s elektrische Zahnbürste
electrify [ɪ'lektrɪfaɪ] v/t **1** BAHN elektrifizieren **2** fig elektrisieren
electrocardiogram [ɪ,lektrəʊ'kɑːdɪəʊgræm] s Elektrokardiogramm n
electrocute [ɪ'lektrəkjuːt] v/t durch einen (Strom)schlag töten; bei Todesurteil auf dem elektrischen Stuhl hinrichten
electrode [ɪ'lektrəʊd] s Elektrode f
electrolysis [ɪlek'trɒlɪsɪs] s Elektrolyse f
electromagnetic [ɪ,lektrəʊmæg'netɪk] adj elektromagnetisch
electromobility s AUTO Elektromobilität f
electron [ɪ'lektrɒn] s Elektron n
electronic adj, **electronically** [ɪlek'trɒnɪk, -əlɪ] adv elektronisch; **~ signature** elektronische Signatur, digitale Signatur
electronic banking s elektronischer Zahlungsverkehr
electronic cigarette s elektrische od elektronische Zigarette
electronic data interchange s IT elektronischer Datenaustausch
electronic data processing s IT elektronische Datenverarbeitung
electronic engineering s Elektronik f
electronic ink s IT elektronische Tinte
electronic mail s E-Mail f
electronics s **1** Fach Elektronik f **2** von Maschine etc Elektronik f
electronic surveillance s elektronische Überwachung
electronic tagging s elektronische Fußfesseln pl
electroplated [ɪ'lektrəʊpleɪtɪd] adj (galvanisch) versilbert/verchromt etc
electroshock therapy [ɪ'lektrəʊʃɒk'θerəpɪ] s Elektroschocktherapie f
elegance ['elɪɡəns] s Eleganz f

elegant adj, **elegantly** adv elegant
elegy ['elɪdʒɪ] s Elegie f
element ['elɪmənt] s Element n; **one of the key ~s of the peace plan** einer der grundlegenden Bestandteile des Friedensplans; **an ~ of danger** ein Gefahrenelement n; **an ~ of truth** eine Spur von Wahrheit; **a criminal ~** ein paar Kriminelle; **to be in one's ~** in seinem Element sein
elemental [,elɪ'mentl] liter adj elementar; **~ force** Naturgewalt f
elementary [,elɪ'mentərɪ] adj **1** Tatsache grundlegend; **~ mistake** Grundfehler m **2** SCHULE Stufe Elementar-; **~ skills/knowledge** Grundkenntnisse pl; **~ maths** Elementarmathematik f
elementary school US s Grundschule f
elephant ['elɪfənt] s Elefant m
elevate ['elɪveɪt] v/t **1** heben; Blutdruck etc erhöhen **2** fig geistig erbauen **3** **to ~ sb to the peerage** j-n in den Adelsstand erheben
elevated adj **1** erhöht; **~ railway** Br, **~ railroad** US Hochbahn f; **the ~ section of the M4** die als Hochstraße gebaute Strecke der M4 **2** Status, Stil, Sprache gehoben
elevation [,elɪ'veɪʃən] s Höhe f über dem Meeresspiegel
elevator ['elɪveɪtə'] US s Fahrstuhl m
eleven [ɪ'levn] **A** s Elf f; **the second ~** FUSSB die zweite Mannschaft **B** adj elf; → six
elevenses [ɪ'levnzɪz] Br s zweites Frühstück, Znüni n schweiz
eleventh [ɪ'levnθ] **A** adj elfte(r, s); **at the ~ hour** fig fünf Minuten vor zwölf **B** s **1** Elftel n **2** Elfte(r, s); → sixth
elf [elf] s ⟨pl **elves**⟩ Kobold m
elicit [ɪ'lɪsɪt] v/t entlocken (**from sb** j-m); Unterstützung gewinnen (**from sb** j-s)
eligibility [,elɪdʒə'bɪlɪtɪ] s Berechtigung f
eligible ['elɪdʒəbl] adj infrage kommend; für Wettbewerb etc teilnahmeberechtigt; für Stipendium etc berechtigt; für Mitgliedschaft aufnahmeberechtigt; **to be ~ for a post** für einen Posten infrage kommen; **to be ~ for a pension** pensionsberechtigt sein; **an ~ bachelor** ein begehrter Junggeselle
eliminate [ɪ'lɪmɪneɪt] v/t **1** ausschließen; Konkurrent ausschalten; Armut, Verschwendung ein Ende machen (+dat); Problem beseitigen; **our team was ~d** unsere Mannschaft ist ausgeschieden **2** (≈ töten) eliminieren
elimination [ɪ,lɪmɪ'neɪʃən] s **1** Ausschluss m; von Konkurrent Ausschaltung f; von Armut, Verschwendung Beendung f; von Problem Beseitigung f; **by (a) process of ~** durch negative Auslese **2** (≈ Tötung) Eliminierung f

e-liquid [ˈiːˌlɪkwɪd] *s* Liquid *n* (*für E-Zigarette*)
elite [eɪˈliːt] **A** *s oft pej* Elite *f* **B** *adj* Elite-; **~ group** Elitegruppe *f*
elitism [eɪˈliːtɪzəm] *s* Elitedenken *n*
elitist [eɪˈliːtɪst] **A** *adj* elitär **B** *s* elitär Denkende(r) *m/f(m)*; **he's an ~** er denkt elitär
Elizabethan [ɪˌlɪzəˈbiːθən] **A** *adj* elisabethanisch **B** *s* Elisabethaner(in) *m(f)*
elk [elk] *s* Elch *m*
ellipsis [ɪˈlɪpsɪs] *s* ⟨*pl* -ses⟩ Ellipse *f* (*Auslassung eines Wortes oder Satzteils, das | der zum Verständnis nicht unbedingt nötig ist*)
elliptic(al) [ɪˈlɪptɪk(əl)] *adj* MATH *etc* elliptisch
elm [elm] *s* Ulme *f*
elocution [ˌeləˈkjuːʃən] *s* Sprechtechnik *f*; **~ lessons** Sprechunterricht *m*
elongate [ˈiːlɒŋgeɪt] *v/t* verlängern, strecken
elongated *adj* verlängert, ausgestreckt; *Form* länglich
elope [ɪˈləʊp] *v/i* durchbrennen, um zu heiraten *umg*
eloquence [ˈeləkwəns] *s* Redegewandtheit *f*; *von Worten* Gewandtheit *f*
eloquent *adj* Rede, Worte gewandt; *Sprecher* redegewandt
eloquently *adv ausdrücken* mit beredten Worten; *zeigen* deutlich
else [els] *adv* **1** andere(r, s); **anybody** *od* **anyone ~** sonst jemand, jemand ander(e)s; **anybody ~ would have done it** jeder andere hätte es gemacht; **is there anybody ~ there?** ist sonst (noch) jemand da?; **does anybody ~ want it?** will jemand anders es haben?; **somebody** *od* **someone ~** sonst jemand, jemand ander(e)s; **something ~** sonst etwas, etwas anderes; **I'd prefer something ~** ich möchte lieber etwas anderes; **have you anything ~ to say?** haben Sie sonst noch etwas zu sagen?; **anywhere ~** sonst irgendwo(hin); **do you find this species anywhere ~?** findet man die Gattung auch anderswo?; **they haven't got anywhere ~ to go** sie können sonst nirgends anders hingehen; **this is somebody ~'s umbrella** dieser Schirm gehört jemand anders; **that car is something ~** *umg* das Auto ist einfach spitze *umg*; **if all ~ fails** wenn alle Stricke reißen; **above all ~** vor allen Dingen; **anything ~?** *in Laden* sonst noch etwas?; **everyone/everything ~** alle anderen/alles andere; **everywhere ~** überall sonst; **somewhere ~, someplace ~** *bes US* woanders; *mit Richtungsangabe* woandershin; **from somewhere ~** woandersher **2** *bei Verneinung* **nobody ~, no one ~** sonst niemand, niemand anderes; **nothing ~** sonst nichts; **what do you want? — nothing ~, thank you** was möchten Sie? — danke, nichts weiter; **if nothing ~, you'll enjoy it** auf jeden Fall wird es dir Spaß machen; **there's nothing ~ for it but to …** da gibt es keinen anderen Ausweg, als zu …; **nowhere ~** sonst nirgends *od* nirgendwo; *mit Richtungsangabe* sonst nirgendwohin; **there's not much ~ we can do** wir können kaum etwas anderes tun **3** *in Fragen* **where/who/what/why ~?** wo/wer/was/warum sonst?; **who ~ but John?** wer anders als John?; **how ~ can I do it?** wie kann ich es denn sonst machen?; **what ~ could I have done?** was hätte ich sonst tun können? **4** sonst; **or ~** sonst; andernfalls; **do it now (or) ~ you'll be punished** tu es jetzt, sonst setzt es Strafe; **do it or ~ …!** mach das, sonst …!; **he's either a genius or ~ he's mad** er ist entweder ein Genie oder aber verrückt
elsewhere [ˌelsˈweəʳ] *adv* woanders; **to go ~** woandershin gehen; **her thoughts were ~** sie war mit ihren Gedanken woanders
ELT *abk* (= English Language Teaching) Englischunterricht *m* für Nichtmuttersprachler
elucidate [ɪˈluːsɪdeɪt] *v/t Text* erklären; *Situation* erhellen
elude [ɪˈluːd] *v/t Polizei, Feind* entkommen (+*dat*); **to ~ capture** entkommen; **sleep ~d her** sie konnte keinen Schlaf finden; **the name ~s me** der Name ist mir entfallen
elusive [ɪˈluːsɪv] *adj* **1** *Ziel, Erfolg* schwer erreichbar, unerreichbar; **financial success proved ~** der finanzielle Erfolg wollte sich nicht einstellen **2** schwer zu erreichen; *Beute* schwer zu fangen
elves [elvz] *pl* → elf
emaciated [ɪˈmeɪsɪeɪtɪd] *adj* ausgezehrt
email, e-mail [ˈiːmeɪl] **A** *s* E-Mail *f*; **to check one's ~s** (seine) Mails checken **B** *v/t* **to ~ sb** j-m eine E-Mail schicken, j-m mailen; **to ~ sth** etw per E-Mail schicken, etw mailen
email address, e-mail address *s* E-Mail-Adresse *f*
emanate [ˈeməneɪt] *v/i* ausgehen (**from** von); *Geruch* ausströmen (**from** von)
emancipate [ɪˈmænsɪpeɪt] *v/t Frauen* emanzipieren; *Sklaven* freilassen; *Land* befreien
emancipated [ɪˈmænsɪpeɪtɪd] *adj* emanzipiert
emancipation [ɪˌmænsɪˈpeɪʃən] *s* Emanzipation *f*; *von Sklaven* Freilassung *f*; *von Land* Befreiung *f*
emasculate [ɪˈmæskjʊleɪt] *v/t* entkräften
embalm [ɪmˈbɑːm] *v/t* einbalsamieren
embankment [ɪmˈbæŋkmənt] *s* (Ufer)böschung *f*; BAHN Bahndamm *m*; (≈ Deich) (Ufer)damm *m*
embargo [ɪmˈbɑːgəʊ] *s* ⟨*pl* -es⟩ Embargo *n*; **trade ~** Handelsembargo *n*; **to place/lift an**

~ on sth ein Embargo über etw (akk) verhängen/aufheben

embark [ɪmˈbɑːk] v/i **1** SCHIFF sich einschiffen **2** fig **to ~ up(on) sth** etw beginnen

embarkation [ˌembɑːˈkeɪʃən] s Einschiffung f

embarkation papers pl Bordpapiere pl

embarrass [ɪmˈbærəs] v/t in Verlegenheit bringen; *Großzügigkeit etc* beschämen; **she was ~ed by the question** die Frage war ihr peinlich

embarrassed adj verlegen; **I am/feel so ~ (about it)** es ist mir so peinlich; **she was ~ to be seen with him** od **about being seen with him** es war ihr peinlich, mit ihm gesehen zu werden

embarrassing adj peinlich

embarrassingly adv auf peinliche Weise, peinlicherweise; **it was ~ bad** es war so schlecht, dass es schon peinlich war

embarrassment s Verlegenheit f; **to cause ~ to sb** j-n in Verlegenheit bringen; **to my great ~ she …** sie …, was mir sehr peinlich war; **she's an ~ to her family** sie blamiert die ganze Familie *umg*

embassy [ˈembəsɪ] s Botschaft f

embattled [ɪmˈbætld] fig adj *Regierung* bedrängt

embed [ɪmˈbed] v/t **1** einlassen; **the car was firmly ~ded in the mud** das Auto steckte im Schlamm fest; **the bullet ~ded itself in the wall** die Kugel bohrte sich in die Wand **2** IT **~ded commands** eingebettete Befehle

embellish [ɪmˈbelɪʃ] v/t schmücken; fig *Bericht* ausschmücken; *Wahrheit* beschönigen

embers [ˈembəz] pl Glut f

embezzle [ɪmˈbezl] v/t unterschlagen

embezzlement s Unterschlagung f

embitter [ɪmˈbɪtəʳ] v/t verbittern

emblazon [ɪmˈbleɪzən] v/t **the name "Jones" was ~ed on the cover** der Name „Jones" prangte auf der Umschlag

emblem [ˈembləm] s Emblem n

emblematic [ˌembləˈmætɪk] adj emblematisch (**of** für)

embodiment [ɪmˈbɒdɪmənt] s Verkörperung f; **to be the ~ of evil** das Böse in Person sein

embody [ɪmˈbɒdɪ] v/t **1** *Ideal etc* verkörpern **2** enthalten

embolism [ˈembəlɪzm] s Embolie f

embossed [ɪmˈbɒst] adj geprägt; *Muster* erhaben

embrace [ɪmˈbreɪs] **A** v/t **1** umarmen; **they ~d each other** sie umarmten sich **2** *Religion* annehmen; *Sache* sich annehmen (+gen) **3** umfassen **B** v/i sich umarmen **C** s Umarmung f

embroider [ɪmˈbrɔɪdəʳ] **A** v/t *Stoff* besticken; *Muster* sticken **B** v/i sticken

embroidered adj *Stoff* bestickt; *Muster* (auf)gestickt (**on** auf +akk)

embroidery [ɪmˈbrɔɪdərɪ] s Stickerei f

embroil [ɪmˈbrɔɪl] v/t **to become ~ed in a dispute** in einen Streit verwickelt werden

embryo [ˈembrɪəʊ] s ⟨pl -s⟩ Embryo m

embryonic [ˌembrɪˈɒnɪk] bes fig adj keimhaft

emcee [ˈemˈsiː] s Conférencier m, Zeremonienmeister(in) m(f)

emerald [ˈemərəld] **A** s **1** Smaragd m **2** (≈ Farbe) Smaragdgrün n **B** adj smaragden; **~ ring** Smaragdring m

Emerald Isle s **the ~** die Grüne Insel

emerge [ɪˈmɜːdʒ] v/i **1** auftauchen; **one arm ~d from beneath the blanket** ein Arm tauchte unter der Decke hervor; **he ~d from the house** er kam aus dem Haus; **he ~d (as) the winner** er ging als Sieger hervor **2** *Leben, Nation* entstehen **3** *Wahrheit etc* sich herausstellen

emergence [ɪˈmɜːdʒəns] s Auftauchen n; *von Nation* Entstehung f; *von Theorie* Aufkommen n

emergency [ɪˈmɜːdʒənsɪ] **A** s Notfall m, Notlage f; **in an ~, in case of ~** im Notfall; **to declare a state of ~** den Notstand erklären; **the doctor's been called out on an ~** der Arzt ist zu einem Notfall gerufen worden **B** adj **1** Not-; *Hauptversammlung* außerordentlich; *Reparatur* notdürftig; **~ regulations** Notverordnung f; **to undergo ~ surgery** sich einer Notoperation unterziehen; **~ plan/procedure** Plan m/Maßnahmen pl für den Notfall; **for ~ use only** nur für den Notfall **2** Katastrophen-; **~ relief** Katastrophenhilfe f **3** Notstands-; **~ powers** Notstandsvollmachten pl

emergency brake s Notbremse f

emergency call s Notruf m

emergency contraception s Notfallverhütung f (z. B. die Pille danach)

emergency cord s BAHN Notbremse f

emergency doctor s Notarzt m, -ärztin f

emergency exit s Notausgang m

emergency landing s Notlandung f

emergency number s Notruf m, Notrufnummer f

emergency room US s Unfallstation f

emergency services pl Notdienst m

emergency shelter s Notunterkunft f

emergency stop s AUTO Vollbremsung f

emergency telephone s Notrufsäule f

emergency ward s Unfallstation f

emergent [ɪˈmɜːdʒənt] form adj *Nation etc* aufstrebend

emerging economy [ɪmɜːdʒɪŋˈkɒnəmɪ] s Schwellenland n

emeritus [ɪˈmerɪtəs] adj emeritiert; **~ professor, professor ~** Professor emeritus m

emigrant [ˈemɪgrənt] s Auswanderer m, Aus-

wanderin f, Emigrant(in) m(f)
emigrate ['emɪgreɪt] v/i auswandern, emigrieren
emigration [ˌemɪ'greɪʃən] s Auswanderung f, Emigration f
émigré ['emɪgreɪ] s Emigrant(in) m(f)
eminence ['emɪnəns] s hohes Ansehen
eminent adj angesehen
eminently adv vernünftig ausgesprochen; wünschenswert überaus; **~ suitable** vorzüglich geeignet; **to be ~ capable of sth** eindeutig zu etw fähig sein
emir [e'mɪə^r] s Emir m
emirate ['emɪrɪt] s Emirat n
emissary ['emɪsərɪ] s Abgesandte(r) m/f(m)
emission [ɪ'mɪʃən] s Ausstrahlung f; von Abgasen etc Emission f fachspr; von Gas Ausströmen n; von Rauch, Dampf Abgabe f
emission-free adj AUTO schadstofffrei
emission levels pl Emissionswerte pl
emission standards pl Schadstoffnormen pl, Emissionsrichtlinien pl
emissions trading s Emissionshandel m
emit [ɪ'mɪt] v/t Licht ausstrahlen; Strahlung emittieren fachspr; Geräusche abgeben; Gas ausströmen; Rauch, Dampf abgeben
emoji [ɪ'məʊdʒɪ] s IT Emoji n, Emoticon n
emoticon [ɪ'məʊtɪkən] s IT Emoticon n (Zeichenkombination, die eine Gefühlsäußerung wiedergibt)
emotion [ɪ'məʊʃən] s 1 Gefühl n 2 ⟨kein pl⟩ (Gemüts)bewegung f; **to show no ~** unbewegt bleiben
emotional adj emotional; Problem, Trauma seelisch; Unterstützung psychologisch; Abschied gefühlvoll; **to become** od **get ~** sich aufregen; **~ outburst** Gefühlsausbruch m; **~ state** Gemütszustand m
emotional blackmail s psychologische Erpressung
emotionally [ɪ'məʊʃnəlɪ] adv 1 seelisch; **I don't want to get ~ involved** ich will mich emotional nicht darauf einlassen; **~ disturbed** seelisch gestört 2 emotional; **~ charged** spannungsgeladen
emotionless adj Stimme ausdruckslos
emotive [ɪ'məʊtɪv] adj Thema emotional; Ausdruck emotional gefärbt
empathize ['empəθaɪz] v/i sich hineinversetzen (**with** in +akk)
empathy ['empəθɪ] s Einfühlungsvermögen n
emperor ['empərə^r] s Kaiser m
emphasis ['emfəsɪs] s Betonung f; **to put ~ on a word** ein Wort betonen; **to say sth with ~** etw nachdrücklich betonen; **to put the ~ on sth** etw betonen; **to put the ~ on doing sth** Wert darauf legen, etw zu tun; **there is too much ~ on research** die Forschung steht zu sehr im Vordergrund
emphasize ['emfəsaɪz] v/t betonen, hervorheben
emphatic [ɪm'fætɪk] adj 1 entschieden; Leugnen energisch; **to be ~ (that …)** darauf bestehen(, dass …); **to be ~ about sth** auf etw (dat) bestehen 2 Sieg klar; Niederlage schwer
emphatically [ɪm'fætɪkəlɪ] adv 1 nachdrücklich; ablehnen, abstreiten entschieden 2 eindeutig
empire ['empaɪə^r] s 1 Reich n, Weltreich n; **the Holy Roman Empire** das Heilige Römische Reich (deutscher Nation); **the British Empire** das Britische Weltreich 2 fig, a. bes HANDEL Imperium n; **his business ~** sein Geschäftsimperium n
empirical [em'pɪrɪkəl] adj empirisch
employ [ɪm'plɔɪ] v/t 1 j-n beschäftigen, einstellen; Privatdetektiv beauftragen; **he has been ~ed with us for 15 years** er ist schon seit 15 Jahren bei uns; **to be ~ed in doing sth** damit beschäftigt sein, etw zu tun 2 Methode, Können anwenden; **they ~ed the services of a chemist to help them** sie zogen einen Chemiker heran, um ihnen zu helfen
employable [ɪm'plɔɪəbl] adj Arbeiter anstellbar
employee [ˌɪmplɔɪ'iː] s Angestellte(r) m/f(m); **~s and employers** Arbeitnehmer und Arbeitgeber; **the ~s** von Firma die Belegschaft
employer [ɪm'plɔɪə^r] s Arbeitgeber(in) m(f); **~s' federation** Arbeitgeberverband m
employment [ɪm'plɔɪmənt] s 1 Arbeit f; **to seek ~** Arbeit suchen; **how long is it since you were last in ~?** wann hatten Sie Ihre letzte Stellung?; **conditions/contract of ~** Arbeitsbedingungen pl/-vertrag m 2 Beschäftigung f, Einstellen n 3 von Methode, Können Anwendung f
employment ad s Stellenanzeige f
employment agency s Stellenvermittlung f
emporium [em'pɔːrɪəm] s Warenhaus n
empower [ɪm'paʊə^r] v/t 1 **to ~ sb to do sth** j-n ermächtigen, etw zu tun 2 Minderheiten stärken
empress ['emprɪs] s Kaiserin f
emptiness ['emptɪnɪs] s Leere f
empty ['emptɪ] A adj ⟨komp emptier⟩ leer; Haus leer stehend attr; Platz frei; Worte ausdruckslos; **to feel ~** fig ein Gefühl der Leere haben; **there were no ~ seats** es waren keine Plätze frei; **on an ~ stomach** mit leerem Magen; Alkoholkonsum etc auf leeren Magen B s ⟨mst pl⟩ **empties** Leergut n; im Flugzeug **any rubbish or empties?** Br noch Abfall oder leere Dosen/Flaschen etc ?

C v/t **1** leeren; *Kiste, Zimmer* ausräumen; *Tank* ablassen; *Lkw* abladen **2** *Flüssigkeit* ausgießen **D** v/i *Fluss* münden (**into** in +*akk*)
phrasal verbs mit empty:
empty out v/t ⟨*trennb*⟩ ausleeren
empty-handed adj **to return ~** mit leeren Händen zurückkehren
empty-headed adj strohdumm
EMS abk (= European Monetary System) EWS n
EMU abk (= European Monetary Union) EWU f
emulate ['emjʊleɪt] v/t **1** nacheifern (+*dat*); **I tried to ~ his success** ich versuchte, es ihm gleichzutun **2** IT emulieren
emulator ['emjʊleɪtə'] s IT Emulator m
emulsion [ɪ'mʌlʃən] s, (a. **emulsion paint**) Emulsionsfarbe f
enable [ɪ'neɪbl] v/t **to ~ sb to do sth** es j-m ermöglichen, etw zu tun
enact [ɪ'nækt] v/t POL *Gesetz* erlassen
enamel [ɪ'næməl] **A** s Email n, Emaillack m; *von Zähnen* Zahnschmelz m **B** adj Email-; **~ paint** Emaillack m
enamour [ɪ'næmə'] v/t, **enamor** US v/t **to be ~ed of sth** von etw angetan sein; **she was not exactly ~ed of the idea** sie war von der Idee nicht gerade begeistert
encapsulate [ɪn'kæpsjʊleɪt] fig v/t zusammenfassen
encase [ɪn'keɪs] v/t verkleiden (**in** mit); *Drähte* umgeben (**in** mit)
enchant [ɪn'tʃɑːnt] v/t entzücken; **to be ~ed by sth** von etw od über etw (*akk*) entzückt sein
enchanting [ɪn'tʃɑːntɪŋ] adj entzückend
encircle [ɪn'sɜːkl] v/t umgeben; *Truppen* einkreisen; *Gebäude* umstellen
enc(l) abk (= enclosures) Anl.
enclave ['enkleɪv] s Enklave f
enclose [ɪn'kləʊz] v/t **1** umgeben, einzäunen **2** *in Post* beilegen (**in, with** +*dat*); **I am enclosing the original with the translation** anbei die Übersetzung sowie der Originaltext
enclosed adj **1** *Bereich* geschlossen **2** *in Post* beiliegend; **a photo was ~ in the letter** dem Brief lag ein Foto bei; **please find ~ …** in der Anlage *od* beiliegend finden Sie …
enclosure [ɪn'kləʊʒə'] s **1** eingezäuntes Grundstück; *für Tiere* Gehege n **2** (≈ *Dokumente*) Anlage f
encode [ɪn'kəʊd] v/t a. IT codieren
encompass [ɪn'kʌmpəs] v/t umfassen
encore ['ɒŋkɔː'] **A** int Zugabe **B** s Zugabe f
encounter [ɪn'kaʊntə'] **A** v/t treffen auf (+*akk*); *Schwierigkeiten, Widerstand* stoßen auf (+*akk*); *liter* j-n begegnen (+*dat*) **B** s Begegnung f; **sexual ~** sexuelle Erfahrung
encourage [ɪn'kʌrɪdʒ] v/t j-n ermutigen, anregen; *Projekt, Investition* fördern; *Mannschaft* anfeuern; **to be ~d by sth** durch etw neuen Mut schöpfen; **to ~ sb to do sth** j-n ermutigen, etw zu tun
encouragement s Ermutigung f, Anregung f, Unterstützung f; **to give sb (a lot of) ~** j-n (sehr) ermuntern
encouraging [ɪn'kʌrɪdʒɪŋ] adj ermutigend; **I found him very ~** er hat mir sehr viel Mut gemacht
encouragingly [ɪn'kʌrɪdʒɪŋlɪ] adv ermutigend; *mit Adjektiv* erfreulich; *Satz einleitend* erfreulicherweise
encroach [ɪn'krəʊtʃ] v/i **to ~ (up)on** *Land* vordringen in (+*akk*); *Rechte* eingreifen in (+*akk*); *Zeit* in Anspruch nehmen
encroachment [ɪn'krəʊtʃmənt] s *in Land* Vordringen n; *in Rechte* Eingriff m; *von Zeit* Beanspruchung f
encrust [ɪn'krʌst] v/t **~ed with earth** erdverkrustet; **a jewel-encrusted brooch** eine juwelenbesetzte Brosche
encryption [ɪn'krɪpʃən] s IT, TEL, TV Verschlüsselung f; **~ program** IT Verschlüsselungsprogramm n
encumbrance [ɪn'kʌmbrəns] s Belastung f, Last f
encyclop(a)edia [ɪn,saɪkləʊ'piːdɪə] s Lexikon n
encyclop(a)edic [ɪn,saɪkləʊ'piːdɪk] adj enzyklopädisch
end [end] **A** s **1** Ende n; *von Finger* Spitze f; **our house is the fourth from the end** unser Haus ist das viertletzte; **to the ends of the earth** bis ans Ende der Welt; **from end to end** von einem Ende zum anderen; **who'll meet you at the other end?** wer holt dich ab, wenn du ankommst?; **Lisa's on the other end (of the phone)** Lisa ist am Telefon; **for hours on end** stundenlang ununterbrochen; **end to end** mit den Enden aneinander; **to change ends** SPORT die Seiten wechseln; **to make ends meet** fig zurechtkommen *umg*; **to see no further than the end of one's nose** nicht weiter sehen als seine Nase (reicht); **at our/your end** bei uns/Ihnen; **how are things at your end?** wie sieht es bei Ihnen aus?; **at the end** schließlich; **at/toward(s) the end of December** Ende/gegen Ende Dezember; **at the end of the war** am Ende des Krieges; **at the end of the book** am Schluss des Buches; **at the end of the day** fig letzten Endes; **as far as I'm concerned, that's the end of the matter!** für mich ist die Sache erledigt; **we shall never hear the end of it** das werden wir noch lange zu hören kriegen; **to be at an end** zu Ende sein; **to be at the end of one's patience/strength** mit seiner

Geduld/seinen Kräften am Ende sein; **to watch a movie to the end** einen Film bis zu Ende ansehen; **that's the end of him** er ist erledigt; **that's the end of that** das ist damit erledigt; **to bring to an end** zu Ende bringen; **to come to an end** zu Ende gehen; **to get to the end of the road/book** ans Ende der Straße/zum Schluss des Buches kommen; **in the end** schließlich, letzten Endes; **to put an end to sth** einer Sache (*dat*) ein Ende setzen; **he met a violent end** er starb einen gewaltsamen Tod **2** *von Kerze, Zigarette* Stummel *m* **3** **no end of trouble** *bes Br* reichlich Ärger; **it pleased her no end** *bes Br* das hat ihr irrsinnig gefallen *umg* **4** **to what end?** *form* zu welchem Zweck?; **an end in itself** Selbstzweck *ohne art* **B** *adj ⟨attr⟩* letzte(r, s); **the end house** das letzte Haus **C** *v/t* beenden; **to end it all** (≈ *Selbstmord begehen*) Schluss machen **D** *v/i* enden; **we ended with a song** zum Schluss sangen wir ein Lied; **to be ending** zu Ende gehen; **to end by doing sth** schließlich etw tun; **to end in an "s"** auf „s" enden; **an argument which ended in a fight** ein Streit, der mit einer Schlägerei endete

phrasal verbs mit end:

end up *v/i* enden; **to end up doing sth** schließlich etw tun; **to end up (as) a lawyer** schließlich Rechtsanwalt werden; **to end up (as) an alcoholic** als Alkoholiker enden; **we ended up at Joe's** wir landeten schließlich bei Joe *umg*; **you'll end up in trouble** Sie werden noch Ärger bekommen

endanger [ɪnˈdeɪndʒə^r] *v/t* gefährden
endangered *adj* vom Aussterben bedroht
end consumer *s* Endkunde *m*
endear [ɪnˈdɪə^r] *v/t* beliebt machen (**to** bei); **to ~ oneself to sb** sich bei j-m beliebt machen
endearing [ɪnˈdɪərɪŋ] *adj* liebenswert
endearment *s* **term of ~** Kosename *m*
endeavour [ɪnˈdevə^r], **endeavor** *US* **A** *s* Anstrengung *f*; **in an ~ to please her** um ihr eine Freude zu machen **B** *v/t* sich anstrengen
endemic [enˈdemɪk] *adj* endemisch; **~ to** endemisch in (*dat*)
endgame [ˈendɡeɪm] *s* Endspiel *n*
ending [ˈendɪŋ] *s* Ende *n*, Schluss *m*; *von Geschichte* Ausgang *m*, Ende *n*; *von Wort* Endung *f*; **a happy ~** ein Happy End; **to have an open ~** offen sein
endive [ˈendaɪv] *s* Endiviensalat *m*
endless [ˈendlɪs] *adj* **1** endlos; *Vielfalt* unendlich; *Vorrat* unbegrenzt; **the list is ~** die Liste nimmt kein Ende **2** unzählig; **the possibilities are ~** es gibt unendlich viele Möglichkeiten **3** *Straße* endlos (lang); *Warteschlange* endlos lang

endlessly *adv* endlos
endorse [ɪnˈdɔːs] *v/t* **1** *Scheck* indossieren **2** *Br JUR* **I had my licence ~d** ich bekam einen Strafvermerk auf meinem Führerschein **3** billigen; *Produkt, Firma* empfehlen
endorsement *s von Ansicht* Billigung *f*; *von Produkt, Firma* Empfehlung *f*
endow [ɪnˈdaʊ] *v/t* **1** eine Stiftung machen an (+*akk*) **2** *fig* **to be ~ed with a natural talent for singing** ein sängerisches Naturtalent sein; **she's well ~ed** *hum* sie ist von der Natur reichlich ausgestattet (worden)
endowment *s* Stiftung *f*
endowment mortgage *s* Hypothek *f* mit Lebensversicherung
endowment policy *s* Kapitallebensversicherung *f*
end product *s* Endprodukt *n*; *fig* Produkt *n*
end result *s* Endergebnis *n*
end rhyme *s* Endreim *m*
endurance [ɪnˈdjʊərəns] *s* Durchhaltevermögen *n*
endurance test *s* Belastungsprobe *f*
endurance training *s* SPORT Ausdauertraining *n*
endure [ɪnˈdjʊə^r] **A** *v/t* **1** *Schmerz* erleiden **2** ertragen, aushalten; **she can't ~ being laughed at** sie kann es nicht vertragen, wenn man über sie lacht **B** *v/i* bestehen
enduring [ɪnˈdjʊərɪŋ] *adj* dauerhaft; *Liebe, Glaube* beständig; *Popularität* bleibend
end user *s* Endverbraucher(in) *m(f)*
endways [ˈendweɪz], **endwise** [ˈendwaɪz] *adv* mit dem Ende zuerst, mit den Enden aneinander
enema [ˈenɪmə] *s* Einlauf *m*
enemy [ˈenəmɪ] **A** *s wörtl, fig* Feind(in) *m(f)*; **to make enemies** (*dat*) Feinde machen; **he is his own worst ~** er schadet sich (*dat*) selbst am meisten **B** *adj ⟨attr⟩* feindlich; *Position* des Feindes
energetic [ˌenəˈdʒetɪk] *adj* energiegeladen, aktiv; (≈ *mühevoll*) anstrengend; *Aufführung, Rede* schwungvoll; **to be very ~** viel Energie haben
energetically [ˌenəˈdʒetɪkəlɪ] *adv* energisch; *tanzen* voller Energie
energize [ˈenədʒaɪz] *fig v/t* neue Energie geben (+*dat*)
energy [ˈenədʒɪ] *s ⟨kein pl⟩* Energie *f*; **chocolate gives you ~** Schokolade gibt neue Energie; **to save one's ~ for sth** seine Kräfte für etw aufsparen
energy conservation *s* Energieeinsparung *f*
energy crisis *s* Energiekrise *f*
energy drink *s* Energydrink *m* (*Energie spendendes Getränk*)

energy efficiency s Energieeffizienz f; **~ rating** Energieeffizienzklasse f
energy-efficient adj energiesparend
energy policy s Energiepolitik f
energy-saving adj energiesparend; **~ light bulb** Energiesparlampe f; **~ measures** Energiesparmaßnahmen pl
energy supplies pl Energievorräte pl
energy supply s Energieversorgung f
energy tax s Energiesteuer f
e-newsletter [ˌiːˈnjuːzletəʳ] s Newsletter m regelmäßig erscheinender Internetbeitrag
e-newspaper [ˌiːˈnjuːzpeɪpəʳ] s E-Paper n, elektronische Zeitung, E-Zeitung f
enforce [ɪnˈfɔːs] v/t durchführen; Disziplin sorgen für; Entscheidung, Verbot durchsetzen; **the police ~ the law** die Polizei sorgt für die Einhaltung der Gesetze
enforcement s Durchführung f
Eng.¹ abk (= **England**) England
Eng.² abk (= **English**) engl.
engage [ɪnˈɡeɪdʒ] **A** v/t **1** Arbeiter anstellen; Künstler engagieren; Anwalt sich (dat) nehmen; **to ~ the services of sb** j-n anstellen/engagieren; Anwalt sich (dat) j-n nehmen **2** Aufmerksamkeit in Anspruch nehmen; **to ~ sb in conversation** j-n in ein Gespräch verwickeln **3** AUTO **to ~ the clutch** (ein)kuppeln **B** v/i **to ~ in sth** sich an etw (dat) beteiligen; **to ~ in conversation** sich unterhalten; **to ~ with the enemy** MIL den Feind angreifen
engaged [ɪnˈɡeɪdʒd] adj **1** ~ **(to be married)** verlobt (**to** mit); **to get** od **become ~ (to sb)** sich (mit j-m) verloben **2** Toilette, Telefonleitung besetzt **3** form **to be otherwise ~** derzeitig anderweitig beschäftigt sein; **to be ~ in sth** mit etw beschäftigt sein; **to be ~ in doing sth** dabei sein, etw zu tun
engaged tone s TEL Besetztzeichen n
engagement s **1** Verabredung f; **a dinner ~** eine Verabredung zum Essen **2** Verlobung f
engagement ring s Verlobungsring m
engaging [ɪnˈɡeɪdʒɪŋ] adj Mensch angenehm; Charakter einnehmend
engender [ɪnˈdʒendəʳ] fig v/t erzeugen
engine [ˈendʒɪn] s **1** Maschine f; von Auto, Flugzeug Motor m **2** BAHN Lokomotive f
-engined [-ˈendʒɪnd] adj ⟨suf⟩ -motorig; **twin- -engined** zweimotorig
engine driver Br s Lok(omotiv)führer(in) m(f)
engineer [ˌendʒɪˈnɪəʳ] **A** s **1** TECH Techniker(in) m(f), Ingenieur(in) m(f) **2** US BAHN Lokführer(in) m(f) **B** v/t **1** TECH konstruieren **2** fig Kampagne organisieren; Niedergang einfädeln
engineering [ˌendʒɪˈnɪərɪŋ] s TECH Technik f, Maschinenbau m, Ingenieurwesen n; **a brilliant piece of ~** eine Meisterkonstruktion
England [ˈɪŋɡlənd] **A** s England n **B** adj ⟨attr⟩ **the ~ team** die englische Mannschaft
English [ˈɪŋɡlɪʃ] **A** adj englisch; **he is ~** er ist Engländer; **he's an ~ teacher** er ist Englischlehrer; (**full**) **~ breakfast** englisches Frühstück **B** s **1 the ~** pl die Engländer pl **2** LING Englisch n; UNIV Anglistik f; **can you speak ~?** können Sie Englisch?; **he doesn't speak ~** er spricht kein Englisch; **what's … in ~?** was heißt … auf Englisch?; **"English spoken"** „hier wird Englisch gesprochen"; **they were speaking ~** sie unterhielten sich auf Englisch; **he speaks very good ~** er spricht ein sehr gutes Englisch; **in ~** auf Englisch; **to translate sth into/from ~** etw ins Englische/aus dem Englischen übersetzen
English Channel s Ärmelkanal m
Englishman s ⟨pl -men⟩ Engländer m
English speaker s Englischsprachige(r) m/f(m)
English-speaking adj englischsprachig
Englishwoman s ⟨pl -women [-wɪmɪn]⟩ Engländerin f
engrave [ɪnˈɡreɪv] v/t Metall gravieren; Muster eingravieren
engraved adj Glas, Metall graviert; Muster, Buchstabe eingraviert
engraving s (Kupfer-/Stahl)stich m, Holzschnitt m; (≈ Muster) Gravierung f
engross [ɪnˈɡrəʊs] v/t **to become ~ed in one's work** sich in seine Arbeit vertiefen; **to be ~ed in conversation** ins Gespräch vertieft sein
engrossing [ɪnˈɡrəʊsɪŋ] adj fesselnd
engulf [ɪnˈɡʌlf] v/t verschlingen; **to be ~ed by flames** in Flammen stehen
enhance [ɪnˈhɑːns] v/t verbessern; Preis, Wert erhöhen
enigma [ɪˈnɪɡmə] s Rätsel n
enigmatic adj, **enigmatically** [ˌenɪɡˈmætɪk, -əlɪ] adv rätselhaft
enjambement [ɪnˈdʒæm(b)mənt] s Enjambement n (im Gedicht: Weiterführen einer Satz- und Sinneinheit über das Versende hinaus)
enjoy [ɪnˈdʒɔɪ] **A** v/t genießen; Erfolg haben; gute Gesundheit sich erfreuen (+gen) geh; Musik mögen; **he ~s swimming** er schwimmt gern; **he ~ed writing the book** es hat ihm Freude gemacht, das Buch zu schreiben; **I ~ed the concert** das Konzert hat mir gefallen; **he ~ed the meal** das Essen hat ihm gut geschmeckt; **I didn't ~ it at all** es hat mir überhaupt keinen Spaß gemacht; **to ~ life** das Leben genießen; **~ your meal!** guten Appetit!; **did you ~ your meal?** hat Ihnen das Essen geschmeckt? **B** v/r **to ~ oneself** sich amüsieren; **~ yourself!** viel Spaß!

enjoyable [ɪnˈdʒɔɪəbl] *adj* nett; *Film, Buch* unterhaltsam; *Abend* angenehm

enjoyment *s* Vergnügen *n*; **she gets a lot of ~ from reading** Lesen macht ihr großen Spaß

enlarge [ɪnˈlɑːdʒ] **A** *v/t* vergrößern; *Öffnung a.* erweitern **B** *v/i* **to ~ (up)on sth** auf etw *(akk)* näher eingehen

enlargement *s* FOTO Vergrößerung *f*

enlighten [ɪnˈlaɪtn] *v/t* aufklären (**on, as to, about** über *+akk*)

enlightened *adj* aufgeklärt

enlightening *adj* aufschlussreich

enlightenment *s* **the Enlightenment** die Aufklärung

enlist [ɪnˈlɪst] **A** *v/i* sich melden (**in** zu) **B** *v/t* Rekruten einziehen; *Unterstützung* gewinnen; **I had to ~ his help** ich musste seine Hilfe in Anspruch nehmen

enliven [ɪnˈlaɪvn] *v/t* beleben

en masse [ˌɑ̃ˈmæs] *adv* alle zusammen

enmity [ˈenmɪtɪ] *s* Feindschaft *f*

enormity [ɪˈnɔːmɪtɪ] *s* **1** 〈*kein pl*〉 ungeheures Ausmaß **2** *von Verbrechen* Ungeheuerlichkeit *f*

enormous [ɪˈnɔːməs] *adj* riesig; *Mensch* ungeheuer dick, riesig groß; *Menge, Anstrengung, Erleichterung* ungeheuer; **he has ~ talent** er hat enorm viel Talent; **~ amounts of money** Unsummen *pl*; **an ~ amount of work** eine Unmenge Arbeit

enormously [ɪˈnɔːməslɪ] *adv mit Verb* enorm; *mit Adjektiv* ungeheuer

enough [ɪˈnʌf] **A** *adj* genug; **~ sugar/apples** genug *od* genügend Zucker/Äpfel; **~ trouble/problems** genug Ärger/Probleme; **proof ~** Beweis genug **B** *pron* genug (**of** von); **I had not seen ~ of his work** ich hatte noch nicht genug von seiner Arbeit gesehen; **I hope it's ~** ich hoffe, es reicht; **two years was ~** zwei Jahre reichten; **this noise is ~ to drive me mad** dieser Lärm macht mich noch ganz verrückt; **one song was ~ to show he couldn't sing** ein Lied genügte, um zu zeigen, dass er nicht singen konnte; **I've got ~ to worry about** ich habe genug Sorgen; **~ is ~** was zu viel ist, ist zu viel; **~ said** mehr braucht man nicht zu sagen; **I've had ~** ich habe genug, jetzt reicht's mir aber umg; **that's ~!** jetzt reicht es aber! **C** *adv* **1** genug; **to be punished ~** genug bestraft sein; **he knows well ~ what I said** er weiß ganz genau, was ich gesagt habe **2** **to be happy ~** einigermaßen zufrieden sein; **to be happy ~ to do sth** etw so weit ganz gern tun; **she sounded sincere ~** sie schien so weit ganz ehrlich; **it is easy ~ to make them yourself** man kann sie ohne Weiteres selbst machen; **easily ~** ohne größere Schwierigkeiten **3** **oddly** *od* **funnily ~** komischerweise

enquire *etc* [ɪnˈkwaɪə^r] → inquire

enrage [ɪnˈreɪdʒ] *v/t* wütend machen

enraged [ɪnˈreɪdʒd] *adj* wütend

enrapture [ɪnˈræptʃə^r] *v/t* entzücken, bezaubern

enrich [ɪnˈrɪtʃ] *v/t* bereichern; *Boden, Nahrung* anreichern

enriched [ɪnˈrɪtʃt] *adj* **~ with vitamins** mit Vitaminen angereichert

enrol [ɪnˈrəʊl], **enroll** US **A** *v/t* einschreiben; *Mitglieder* aufnehmen; *Schüler* anmelden **B** *v/i* sich einschreiben (**for, on** für); SCHULE *etc* sich anmelden (**for, on** für)

enrolment [ɪnˈrəʊlmənt] *s*, **enrollment** US *s* Einschreibung *f*; SCHULE *etc* Anmeldung *f*; UNIV Immatrikulation *f*

en route [ɒŋˈruːt] *adv* unterwegs; **~ to/for/from** auf dem Weg zu/nach/von

ensemble [ɑːnˈsɑːmbl] *s* **1** Ensemble *n* **2** Ansammlung *f*

enshrine [ɪnˈʃraɪn] *fig v/t* bewahren

enslave [ɪnˈsleɪv] *v/t* zum Sklaven machen

ensue [ɪnˈsjuː] *v/i* folgen (**from** aus)

ensuing [ɪnˈsjuːɪŋ] *adj* darauf folgend *attr*

en suite [ˈɒnˈswiːt] *adj* **~ room** Zimmer *n* mit eigenem Bad

ensure [ɪnˈʃʊə^r] *v/t* sicherstellen, sichern; **will you ~ that I get a seat?** sorgen Sie dafür, dass ich einen Platz bekomme?

ENT *abk* (= ear, nose and throat) HNO; **ENT department** HNO-Abteilung *f*

entail [ɪnˈteɪl] *v/t* mit sich bringen; *Arbeit* erforderlich machen; **what is ~ed in buying a house?** was ist zum Hauskauf alles erforderlich?; **this will ~ (my) buying a new car** das bringt mit sich *od* macht es erforderlich, dass ich mir ein neues Auto kaufen muss

entangle [ɪnˈtæŋgl] *v/t* **1 to become ~d in sth** sich in etw *(dat)* verfangen **2 to become ~d** sich verwirren **3** *fig in Affäre etc* verwickeln (**in** in *+akk*)

enter [ˈentə^r] **A** *v/t* **1** hereinkommen in (+*akk*), hineingehen in (+*akk*); *Haus a.* betreten; *Parkplatz* einfahren in (+*akk*); **to ~ a country** in ein Land einreisen; **the dispute is ~ing its fifth year** die Auseinandersetzung zieht sich jetzt schon ins fünfte Jahr hin; **the thought never ~ed my head** *od* **mind** so etwas wäre mir nie eingefallen **2** *Organisation etc* eintreten in (+*akk*); **to ~ the Church** Geistlicher werden; **to ~ a profession** einen Beruf ergreifen **3** eintragen (**in** in +*akk*); IT eingeben; **to ~ sb's/one's name** j-n/sich eintragen **4** *für Prüfung etc* anmelden **5** *Rennen* sich beteiligen an (+*dat*) **B** *v/i* **1** hereinkommen, hineingehen, eintreten; *mit*

Auto einfahren **2** THEAT auftreten **3** *zu Rennen, Prüfung* sich melden (**for** zu) **C** *s* IT **hit ~ Enter** drücken

`phrasal verbs mit enter:`

enter into *v/i* (+*obj*) **1** *Beziehungen, Verhandlungen* aufnehmen; *Bündnis* schließen; **to enter into conversation with sb** ein Gespräch mit j-m anknüpfen; **to enter into correspondence with sb** mit j-m in Briefwechsel treten **2** eine Rolle spielen bei

enter key *s* COMPUT Enter-Taste *f*

enterprise ['entəpraɪz] *s* **1** ⟨*kein pl*⟩ Initiative *f* **2** (≈ *Firma*) Unternehmen *n*; **private ~** privates Unternehmertum

enterprising ['entəpraɪzɪŋ] *adj Mensch* einfallsreich; unternehmungslustig

entertain [,entə'teɪn] **A** *v/t* **1** bewirten **2** unterhalten, belustigen **3** *Gedanken* sich tragen mit; *Verdacht* hegen; *Hoffnung* nähren **B** *v/i* Gäste haben

entertainer [,entə'teɪnə^r] *s* Entertainer(in) *m(f)*

entertaining [,entə'teɪnɪŋ] **A** *adj* unterhaltsam, amüsant **B** *s* die Bewirtung von Gästen; **she does a lot of ~** sie hat oft Gäste

entertainment [,entə'teɪnmənt] *s* Unterhaltung *f*, Entertainment *n*

entertainment industry *s* Unterhaltungsindustrie *f*

enthral [ɪn'θrɔːl] *v/t*, **enthrall** US *v/t* begeistern

enthralling *adj* spannend

enthuse [ɪn'θjuːz] *v/i* schwärmen (**over** von)

enthusiasm [ɪn'θjuːzɪæzəm] *s* **1** Begeisterung *f*, Enthusiasmus *m*; **she showed little ~ for the scheme** sie zeigte sich von dem Plan nicht sehr begeistert; **I can't work up any ~ for the idea** ich kann mich für die Idee nicht begeistern **2** Leidenschaft *f*

enthusiast [ɪn'θjuːzɪæst] *s* Enthusiast(in) *m(f)*; **he's a rock-and-roll ~** er ist begeisterter Rock 'n' Roll-Anhänger

enthusiastic [ɪn,θjuːzɪ'æstɪk] *adj* begeistert, enthusiastisch; **to be ~ about sth** von etw begeistert sein; **to be ~ about doing sth** etw mit Begeisterung tun

enthusiastically [ɪn,θjuːzɪ'æstɪkəlɪ] *adv* begeistert

entice [ɪn'taɪs] *v/t* locken; **to ~ sb to do sth** *od* **into doing sth** j-n dazu verleiten, etw zu tun; **to ~ sb away** j-n weglocken

enticing [ɪn'taɪsɪŋ] *adj* verlockend

entire [ɪn'taɪə^r] *adj* ganz; *Kosten, Karriere* gesamt

entirely [ɪn'taɪəlɪ] *adv* **1** ganz; **the accident was ~ the fault of the other driver** der andere Fahrer hatte die ganze Schuld an dem Unfall **2** *emph* völlig; **I agree ~** ich stimme voll und ganz zu; **to be another matter ~** *od* **an ~ different matter** etwas ganz *od* völlig anderes sein

entirety [ɪn'taɪərətɪ] *s* **in its ~** in seiner Gesamtheit

entitle [ɪn'taɪtl] *v/t* **1 it is ~d** ... es hat den Titel ... **2 to ~ sb to sth** j-n zu etw berechtigen; *zu Entschädigung etc* j-m den Anspruch auf etw (*akk*) geben; **to ~ sb to do sth** j-n dazu berechtigen, etw zu tun; **to be ~d to sth** das Recht auf etw (*akk*) haben; *auf Entschädigung etc* Anspruch auf etw (*akk*) haben; **to be ~d to do sth** das Recht haben, etw zu tun; **I'm ~d to my own opinion** ich kann mir meine eigene Meinung bilden

entitled [ɪn'taɪtld] *adj* **to be ~** ... *Buch* den Titel ... haben

entitlement *s* Berechtigung *f* (**to** zu); *auf Entschädigung etc* Anspruch *m* (**to** auf +*akk*); **what is your holiday ~?** *Br* wie viel Urlaub steht Ihnen zu?; **to have a sense of ~** *pej* eine Anspruchshaltung haben

entity ['entɪtɪ] *s* Wesen *n*

entourage [,ɒntʊ'rɑːʒ] *s* Entourage *f*

entrails ['entreɪlz] *wörtl pl* Eingeweide *pl*

entrance¹ [ɪn'trɑːns] *v/t* in Entzücken versetzen; **to be ~d** verzückt sein; **to be ~d by/with sth** von etw entzückt sein

entrance² ['entrəns] *s* **1** Eingang *m*, Einfahrt *f* **2** Eintritt *m* (**to in** +*akk*); THEAT Auftritt *m*; *zu Klub etc* Zutritt *m* (**to** zu); **to make one's ~** THEAT auftreten; *fig* erscheinen; **to gain ~ to a university** die Zulassung zu einer Universität erhalten

entrance examination *s* Aufnahmeprüfung *f*

entrance fee *s für Museum etc* Eintrittsgeld *n*

entrance hall *s* Eingangshalle *f*

entrance qualifications *pl* Zulassungsanforderungen *pl*

entrant *s bei Wettkampf* Teilnehmer(in) *m(f)*; SCHULE *etc* Prüfling *m*

entreat [ɪn'triːt] *v/t* anflehen

entreaty [ɪn'triːtɪ] *s* dringende Bitte

entrée ['ɒntreɪ] *Br s* Vorspeise *f*; *bes US* Hauptgericht *n*

entrenched [ɪn'trentʃd] *adj Position* unbeugsam; *Überzeugung* fest verwurzelt

entrepreneur [,ɒntrəprə'nɜː^r] *s* Unternehmer(in) *m(f)*

entrepreneurial [,ɒntrəprə'nɜːrɪəl] *adj* unternehmerisch

entrust [ɪn'trʌst] *v/t* anvertrauen (**to sb** j-m); **to ~ a child to sb's care** ein Kind *akk* j-s Obhut *dat* anvertrauen; **to ~ sb with a task** j-n mit einer Aufgabe betrauen; **to ~ sb with a secret** j-m ein Geheimnis anvertrauen

entry ['entrɪ] *s* **1** Eintritt *m* (**into** in +*akk*), Einfahrt *f* (**into** in +*akk*); *in Land* Einreise *f*; **"no ~"** „Zutritt

verboten"; *Verkehr* „keine Einfahrt" **2** Eingang *m*, Einfahrt *f* **3** *in Kalender, Wörterbuch* Eintrag *m*; **the dictionary has 30,000 entries** das Wörterbuch enthält 30.000 Stichwörter **4** *für Wettkampf* Meldung *f*; **the closing date for entries is Friday** der Einsendeschluss ist Freitag
entry form *s* Anmeldeformular *n*
entry-level test *s* SCHULE Einstufungstest *m*
entry permit *s* Passierschein *m*; *für Land* Einreiserlaubnis *f*
entry phone *s* Türsprechanlage *f*
entry visa *s* Einreisevisum *n*
entryway *US s* Eingang *m*, Einfahrt *f*
entwine [ɪnˈtwaɪn] *v/t* ineinanderschlingen
E number *s* E-Nummer *f*
enumerate [ɪˈnjuːməreɪt] *v/t* aufzählen
envelop [ɪnˈvɛləp] *v/t* einhüllen; **flames ~ed the house** das Haus war von Flammen eingehüllt
envelope [ˈɛnvələʊp] *s* (Brief)umschlag *m*
enviable [ˈɛnvɪəbl] *adj* beneidenswert
envious [ˈɛnvɪəs] *adj* neidisch; **to be ~ of sb/sth** auf j-n/etw neidisch sein
enviously [ˈɛnvɪəslɪ] *adv* neidisch
environment [ɪnˈvaɪərənmənt] *s* Umwelt *f*, Umgebung *f*; *kulturell* Milieu *n*
Environment Agency *Br s* Umweltbehörde *f*
environmental [ɪnˌvaɪərənˈmɛntl] *adj* **1** Umwelt-, die Umwelt betreffend; **~ disaster** Umweltkatastrophe *f*; **~ expert** Umweltexperte *m*/-expertin *f*; **~ impact** Auswirkung *f* auf die Umwelt **2** Umweltschutz-; **~ group** Umweltschutzorganisation *f* **3** umgebungsbedingt
environmentalism [ɪnˌvaɪərənˈmɛntəlɪzəm] *s* Umweltbewusstsein *n*
environmentalist [ɪnˌvaɪərənˈmɛntəlɪst] *s* Umweltschützer(in) *m(f)*
environmentally [ɪnˌvaɪərənˈmɛntəlɪ] *adv* umwelt-; **~ compatible** umweltverträglich; **~ correct** umweltgerecht; **~ conscious** *od* **aware** umweltbewusst; **~ friendly/unfriendly** umweltfreundlich/-feindlich
Environmental Protection Agency *s US* ADMIN ≈ Umweltministerium *n*
environs [ɪnˈvaɪərənz] *pl* Umgebung *f*
envisage [ɪnˈvɪzɪdʒ] *v/t* sich (*dat*) vorstellen
envoy [ˈɛnvɔɪ] *s* Bote *m*, Botin *f*; (≈ *Diplomat*) Gesandte(r) *m*, Gesandtin *f*
envy [ˈɛnvɪ] **A** *s* Neid *m* **B** *v/t* beneiden; **to ~ sb sth** j-n um etw beneiden
enzyme [ˈɛnzaɪm] *s* Enzym *n*
e-paper [ˈiːpeɪpəʳ] *s* **1** E-Papier *n* **2** *Zeitung* E-Zeitung *f*, elektronische Zeitung
ephemeral [ɪˈfɛmərəl] *adj* kurzlebig
epic [ˈɛpɪk] **A** *adj* episch; *Roman* monumental; *Leistung, Kampf* gewaltig; *Reise* lang und abenteuerlich; **~ movie** Monumentalfilm *m* **B** *s* Epos *n*
epicentre [ˈɛpɪsɛntəʳ] *s*, **epicenter** *US s* Epizentrum *n*
epidemic [ˌɛpɪˈdɛmɪk] *s a. fig* Epidemie *f*
epidural [ˌɛpɪˈdjʊərəl] *s* Epiduralanästhesie *f*
epilepsy [ˈɛpɪlɛpsɪ] *s* Epilepsie *f*
epileptic [ˌɛpɪˈlɛptɪk] **A** *adj* epileptisch; **~ fit** epileptischer Anfall; **he is ~** er ist Epileptiker **B** *s* Epileptiker(in) *m(f)*
epilogue [ˈɛpɪlɒg] *s*, **epilog** *US s* Epilog *m*
Epiphany [ɪˈpɪfənɪ] *s* das Dreikönigsfest
episcopal [ɪˈpɪskəpəl] *adj* bischöflich
episode [ˈɛpɪsəʊd] *s* **1** Episode *f*; *von Geschichte, a.* TV, RADIO Fortsetzung *f*, Folge *f* **2** (≈ *Ereignis*) Vorfall *m*
episodic [ˌɛpɪˈsɒdɪk] *adj* episodenhaft
epistle [ɪˈpɪsl] *s* BIBEL Brief *m* (**to** an +*akk*)
epitaph [ˈɛpɪtɑːf] *s* Epitaph *n*
epithet [ˈɛpɪθɛt] *s* Beiname *m*
epitome [ɪˈpɪtəmɪ] *s* Inbegriff *m* (**of** +*gen od* an +*dat*)
epitomize [ɪˈpɪtəmaɪz] *v/t* verkörpern
epoch [ˈiːpɒk] *s* Epoche *f*
equal [ˈiːkwəl] **A** *adj* gleich; *rechtlich* gleichberechtigt; **an ~ amount of land** gleich viel Land; **~ numbers of men and women** gleich viele Männer und Frauen; **to be ~ in size (to)** gleich groß sein (wie); **a is ~ to b** a ist gleich b; **an amount ~ to the purchase price** eine dem Kaufpreis entsprechende Summe; **other things being ~** wenn nichts dazwischenkommt; **~ marriage** gleichgeschlechtliche Ehe; **~ opportunities** Chancengleichheit *f*; **~ rights for women** die Gleichberechtigung der Frau; **to be on ~ terms (with sb)** (mit j-m) gleichgestellt sein; **to be ~ to the task** der Aufgabe gewachsen sein; **to feel ~ to sth** sich zu etw imstande fühlen **B** *s* Gleichgestellte(r) *m(f)*; **she is his ~** sie ist ihm ebenbürtig; **to treat sb as an ~** j-n als ebenbürtig behandeln; **to have no ~** nicht seinesgleichen haben, unübertroffen sein **C** *v/i* **two plus three ~s five** zwei plus drei (ist) gleich fünf; **let x ~ 3 x** sei (gleich) 3 **D** *v/t* gleichkommen (+*dat*)
equality [ɪˈkwɒlɪtɪ] *s* Gleichheit *f*; (≈ *gleiches Recht*) Gleichberechtigung *f*
equalize [ˈiːkwəlaɪz] *v/i* SPORT ausgleichen
equalizer [ˈiːkwəlaɪzəʳ] *s* **1** *Br* SPORT Ausgleich *m*; FUSSB *etc* Ausgleichstreffer *m*; **to score** *od* **get the ~** den Ausgleich erzielen **2** *US hum umg* (≈ *Waffe*) Kanone *f sl*
equally [ˈiːkwəlɪ] *adv* **1** *verteilen* gleichmäßig; **~ spaced** in gleichmäßigen Abständen; *zeitlich* in regelmäßigen Abständen **2** ⟨+*adj*⟩ ebenso, gleich; **all foreigners should be treated ~** alle

equals sign ['i:kwəlz'saɪn] s Gleichheitszeichen n

equate [ɪ'kweɪt] v/t **1** gleichsetzen **2** auf die gleiche Stufe stellen

equation [ɪ'kweɪʒən] s MATH, a. fig Gleichung f; **that doesn't even enter the ~** das steht doch überhaupt nicht zur Debatte

equator [ɪ'kweɪtəʳ] s Äquator m; **at the ~** am Äquator

equatorial [ˌekwə'tɔ:rɪəl] adj äquatorial, Äquatorial-

equestrian [ɪ'kwestrɪən] adj Reit-, Reiter-; **~ events** Reitveranstaltung f, Reitturnier n

equidistant ['i:kwɪ'dɪstənt] adj gleich weit entfernt (**from** von)

equilateral ['i:kwɪ'lætərəl] adj gleichseitig

equilibrium [ˌi:kwɪ'lɪbrɪəm] s Gleichgewicht n; **to keep/lose one's ~** das Gleichgewicht halten/verlieren

equinox ['i:kwɪnɒks] s Tagundnachtgleiche f; **the spring ~** die Frühjahrs-Tagundnachtgleiche

equip [ɪ'kwɪp] v/t j-n, Armee ausrüsten; Küche ausstatten; **he is well ~ped for the job** fig er hat das nötige Rüstzeug für die Stelle

equipment s ⟨kein pl⟩ Ausrüstung f; **laboratory ~** Laborausstattung f; **office ~** Büroeinrichtung f; **electrical ~** Elektrogeräte pl; **kitchen ~** Küchengeräte pl

equities ['ekwɪti:z] pl FIN Stammaktien pl

equity ['ekwəti] s ECON (Stamm)Aktien pl

equity capital s ECON Eigenkapital n

equivalent [ɪ'kwɪvələnt] **A** adj **1** gleichwertig; **that's ~ to saying ...** das ist gleichbedeutend damit, zu sagen ... **2** entsprechend; **it is ~ to £30** das entspricht £ 30 **B** s Äquivalent n; (≈ Gegenstück) Pendant n; **that is the ~ of ...** das entspricht ... (dat); **what is the ~ in euros?** was ist der Gegenwert in Euro?; **the American ~ of ...** das amerikanische Pendant zu ...

equivocal [ɪ'kwɪvəkəl] form adj **1** Antwort zweideutig; Position, Resultat unklar **2** Haltung zwiespältig; Mensch ambivalent

equivocate [ɪ'kwɪvəkeɪt] v/i ausweichen

ER US abk (= emergency room) Unfallstation f

era ['ɪərə] s Ära f, Epoche f; GEOL Erdzeitalter n; **the Christian era** (die) christliche Zeitrechnung

eradicate [ɪ'rædɪkeɪt] v/t ausrotten

eradication [ɪˌrædɪ'keɪʃən] s Ausrottung f

erase [ɪ'reɪz] v/t ausradieren; Band, a. IT löschen

eraser [ɪ'reɪzəʳ] s Radiergummi m/n

e-reader ['i:ri:dəʳ] s E-Reader m (Lesegerät für elektronische Bücher)

erect [ɪ'rekt] **A** v/t Haus bauen; Statue, Denkmal errichten (**to sb** j-m); Gerüst aufstellen; Zelt aufschlagen; fig Barriere errichten **B** adj **1** aufrecht; **to stand ~** gerade stehen; **to walk ~** aufrecht gehen **2** PHYSIOL Penis, Nippel steif

erection [ɪ'rekʃən] s **1** von Haus (Er)bauen n; von Statue, Denkmal, Barriere Errichten n **2** PHYSIOL Erektion f

ergonomic [ˌɜ:gə'nɒmɪk] adj ergonomisch

Eritrea [ˌerɪ'treɪə] s Eritrea n

ERM abk (= Exchange Rate Mechanism) Wechselkursmechanismus m

ermine ['ɜ:mɪn] s Hermelin m

erode [ɪ'rəʊd] v/t auswaschen; fig Vertrauen etc untergraben; Autorität unterminieren

erogenous [ɪ'rɒdʒənəs] adj erogen

erosion [ɪ'rəʊʒən] s Erosion f; fig von Autorität Unterminierung f

erotic adj, **erotically** [ɪ'rɒtɪk, -əlɪ] adv erotisch

eroticism [ɪ'rɒtɪsɪzəm] s Erotik f

err [ɜ:ʳ] v/i sich irren; **to err in one's judgement** sich in seinem Urteil irren; **it is better to err on the side of caution** man sollte im Zweifelsfall lieber zu vorsichtig sein

errand ['erənd] s (≈ Einkauf) Besorgung f; für Nachricht Botengang m; **to send sb on an ~** j-n auf Besorgungen/einen Botengang schicken

errant ['erənt] adj Lebenswandel sündig; Ehemann etc untreu

erratic [ɪ'rætɪk] adj unberechenbar; Fortschritt, Rhythmus ungleichmäßig; Leistung variabel; Bewegung unkontrolliert; **to be (very) ~** Verkaufszahlen (stark) schwanken; **~ mood swings** starke Stimmungsschwankungen pl; **his ~ driving** sein unberechenbarer Fahrstil

erroneous [ɪ'rəʊnɪəs] adj falsch; Annahme irrig

erroneously [ɪ'rəʊnɪəslɪ] adv fälschlicherweise

error ['erəʳ] s **1** Fehler m **2** Irrtum m; **in ~** irrtümlicherweise; **to see the ~ of one's ways** seine Fehler einsehen

error message s IT Fehlermeldung f

erudite ['erʊdaɪt] adj gelehrt

erudition [ˌerʊ'dɪʃən] s Gelehrsamkeit f

erupt [ɪ'rʌpt] v/i ausbrechen; fig explodieren; **her face had ~ed in spots** sie hatte im ganzen Gesicht Pickel bekommen

eruption [ɪ'rʌpʃən] s Ausbruch m

escalate ['eskəleɪt] **A** v/t Krieg ausweiten **B** v/i eskalieren; Kosten in die Höhe schnellen

escalation [ˌeskə'leɪʃən] s Eskalation f

escalator ['eskəleɪtəʳ] s Rolltreppe f

escalope [ɪ'skæləp] s Schnitzel n

escapade [ˌeskə'peɪd] s Eskapade f

escape [ɪ'skeɪp] **A** v/i **1** fliehen (**from** aus), entkommen (**from** +dat); aus Gefängnis etc ausbrechen (**from** aus); Wasser auslaufen (**from** aus); Gas ausströmen (**from** aus); **an ~d prisoner/ti-**

ger ein entflohener Häftling/entsprungener Tiger; **he ~d from the fire** er ist dem Feuer entkommen; **to ~ from poverty** der Armut entkommen **2** davonkommen **B** v/t **1** entkommen (+dat) **2** entgehen (+dat); **no department will ~ these cuts** keine Abteilung wird von diesen Kürzungen verschont bleiben; **he narrowly ~d injury** er ist gerade noch unverletzt davongekommen; **he narrowly ~d being run over** er wäre um ein Haar überfahren worden; **but you can't ~ the fact that ...** aber du kannst nicht abstreiten, dass ... **3** **his name ~s me** sein Name ist mir entfallen; **nothing ~s him** ihm entgeht nichts **C** s **1** *aus Gefängnis etc* Ausbruch *m*; *aus Land* Flucht *f* (**from** aus); *fig* Flucht *f* (**from** vor +*dat*); **to make one's ~** ausbrechen, *fig* verschwinden; **to have a miraculous ~** auf wunderbare Weise davonkommen; **there's no ~** *fig* es gibt keinen Ausweg **2** *von Gas* Ausströmen *n*; **due to an ~ of gas** aufgrund ausströmenden Gases **3** IT **hit ~** Escape drücken

escape attempt, **escape bid** s Fluchtversuch *m*

escape chute s Notrutsche *f*

escape clause s JUR Rücktrittsklausel *f*

escape key s COMPUT Escape-Taste *f*

escape room s Escape-Room *m* (*Raum, dem ein Team anhand von Hinweisen und Rätseln entkommen muss*)

escape route s Fluchtweg *m*

escapism [ɪˈskeɪpɪzəm] s Wirklichkeitsflucht *f*

escapist [ɪˈskeɪpɪst] adj eskapistisch

escapologist [ˌeskəˈpɒlədʒɪst] s Entfesselungskünstler(in) *m(f)*

escort **A** [ˈeskɔːt] s **1** Geleitschutz *m*; *Fahrzeuge* Eskorte *f*; **under ~** unter Bewachung; **motorcycle ~** Motorradeskorte *f* **2** Begleiter *m*, Hostess *f* **B** [ɪˈskɔːt] v/t begleiten

escort agency s Hostessenagentur *f*

e-signature [ˈiːˌsɪɡnətʃəʳ] s elektronische Signatur

Eskimo [ˈeskɪməʊ] *pej* **A** adj Eskimo-, eskimoisch **B** s ⟨*pl* -s⟩ Eskimo *m*, Eskimofrau *f*

ESL abk (= English as a Second Language) Englisch *n* als Zweit- oder Fremdsprache

ESL milk s abk (= extended shelf life) ESL-Milch *f*

esophagus *bes US* s → oesophagus

esoteric [ˌesəʊˈterɪk] adj esoterisch

esp. abk (= especially) bes.

especial [ɪˈspeʃəl] adj besondere(r, s)

especially [ɪˈspeʃəlɪ] adv **1** besonders; **not ~** nicht besonders; **(more) ~ as ...** vor allem, weil ...; **~ in summer** vor allem im Sommer; **why Jim ~?** warum gerade Jim? **2** eigens; **I came ~ to see you** ich bin eigens gekommen, um dich zu sehen; **to do sth ~ for sb/sth** etw speziell für j-n/etw tun

espionage [ˌespɪəˈnɑːʒ] s Spionage *f*

esplanade [ˌespləˈneɪd] s (Strand)promenade *f*

espresso [eˈspresəʊ] s ⟨*pl* -s⟩ **~ (coffee)** Espresso *m*

esquire [ɪˈskwaɪəʳ] *Br* s **James Jones, Esq** Herrn James Jones

essay [ˈeseɪ] s Essay *m/n*; *bes* SCHULE Aufsatz *m*

essence [ˈesəns] s **1** Wesen *n*; **in ~** im Wesentlichen; **time is of the ~** Zeit ist von entscheidender Bedeutung; **the novel captures the ~ of life in the city** der Roman fängt das Leben in der Stadt perfekt ein **2** CHEM, GASTR Essenz *f*

essential [ɪˈsenʃəl] **A** adj **1** unbedingt notwendig; *Versorgungsgüter* lebenswichtig; **it is ~ to act quickly** schnelles Handeln ist unbedingt erforderlich; **it is ~ that you understand this** du musst das unbedingt verstehen; **~ for good health** für die Gesundheit unerlässlich **2** wesentlich, *Frage, Rolle* entscheidend; **I don't doubt his ~ goodness** ich zweifle nicht an, dass er im Grunde ein guter Mensch ist **B** s **just bring the ~s** bring nur das Allernotwendigste mit; **with only the bare ~s** nur mit dem Allernotwendigsten ausgestattet; **the ~s of German grammar** die Grundlagen *pl* der deutschen Grammatik

essentially [ɪˈsenʃəlɪ] adv im Wesentlichen, im Grunde genommen

est.[1] abk (= established) gegr.

est.[2] abk (= estimated) geschätzt; *Ankunftszeit* voraussichtlich

establish [ɪˈstæblɪʃ] **A** v/t **1** gründen; *Beziehungen* aufnehmen; *Verbindungen* anknüpfen; *Frieden* stiften; *Ordnung* (wieder) herstellen; *Methode* einführen; *Ruf* sich (*dat*) verschaffen **2** beweisen; **we have ~ed that ...** wir haben bewiesen *od* gezeigt, dass ... **3** *Identität, Fakten* ermitteln **B** v/r sich etablieren; **he has now firmly ~ed himself in the company** er ist jetzt in der Firma fest etabliert

established adj etabliert; **it's an ~ practice** *od* **custom** es ist allgemein üblich; **well ~ as sth** allgemein als etw anerkannt; **it's an ~ fact that ...** es steht fest, dass ...; **~ 1850** HANDEL *etc* gegründet 1850

establishment s **1** *von Beziehungen etc* Aufnahme *f*; *von Firma* Gründung *f* **2** Institution *f*; **commercial ~** kommerzielles Unternehmen **3** **the Establishment** das Establishment

estate [ɪˈsteɪt] s **1** Gut *n*; **country ~** Landgut *n*; **family ~** Familienbesitz *m* **2** JUR Nachlass *m*; **to leave one's ~ to sb** j-m seinen ganzen Besitz vermachen *od* hinterlassen **3** *bes Br* Siedlung *f*

estate agency s Immobilienbüro *n*

estate agent *Br* s Immobilienmakler(in) *m(f)*
estate car *Br* s Kombi(wagen) *m*
esteem [ɪˈstiːm] **A** *v/t* j-n hoch schätzen **B** s Wertschätzung *f*; **to hold sb/sth in (high) ~** j-n/etw (hoch) schätzen; **to be held in great ~** sehr geschätzt werden; **he went down in my ~** er ist in meiner Achtung gesunken
esthete *etc bes US* s → aesthete
estimable [ˈestɪməbl] *adj* schätzenswert
estimate A [ˈestɪmɪt] s **1** Schätzung *f*; **it is just an ~** das ist nur geschätzt; **at a rough ~** grob geschätzt **2** HANDEL (Kosten)voranschlag *m*; **to get an ~** einen (Kosten)voranschlag einholen **B** [ˈestɪmeɪt] *v/t* schätzen; **~d price** Schätzpreis *m*; **~d value** Schätzwert *m*; **his wealth is ~d at …** sein Vermögen wird auf … geschätzt; **I ~ she must be 40** ich schätze sie auf 40
estimation [ˌestɪˈmeɪʃən] s **1** Einschätzung *f* **2** Achtung *f*; **he went up/down in my ~** er ist in meiner Achtung gestiegen/gesunken
Estonia [eˈstəʊnɪə] s Estland *n*
Estonian A *adj* estnisch **B** s **1** Este *m*, Estin *f* **2** LING Estnisch *n*
estrange [ɪˈstreɪndʒ] *v/t* **they are ~d** *Ehepaar* sie haben sich auseinandergelebt; **his ~d wife** seine von ihm getrennt lebende Frau
estrogen [ˈiːstrəʊdʒən] *US* s → oestrogen
estuary [ˈestjʊərɪ] s Mündung *f*
ET *US abk* (= Eastern Time) Ostküstenzeit *f* (*minus sechs Stunden mitteleuropäischer Zeit*)
ETA *abk* (= estimated time of arrival) voraussichtliche Ankunft
e-tailer [ˈiːteɪləʳ] s E-Tailer *m*, elektronischer Einzelhändler
etc. *abk* (= et cetera) etc., usw.
et cetera [ɪtˈsetərə] *adv* und so weiter, et cetera
etch [etʃ] **A** *v/i* ätzen, in Kupfer stechen; *in anderen Metallen* radieren **B** *v/t* ätzen, in Kupfer stechen; *in andere Metalle* radieren; **the event was ~ed on her mind** das Ereignis hatte sich ihr ins Gedächtnis eingegraben
etching [ˈetʃɪŋ] s Ätzung *f*, Kupferstich *m*; *in anderen Metallen* Radierung *f*
eternal [ɪˈtɜːnl] *adj* **1** ewig **2** endlos
eternally [ɪˈtɜːnəlɪ] *adv* ewig; *optimistisch* immer; **to be ~ grateful (to sb/for sth)** (j-m/für etw) ewig dankbar sein
eternity [ɪˈtɜːnɪtɪ] s Ewigkeit *f*; REL das ewige Leben
ether [ˈiːθəʳ] s *poetisch*, *a.* CHEM Äther *m*
ethereal [ɪˈθɪərɪəl] *adj* ätherisch
ethic [ˈeθɪk] s Ethik *f*
ethical [ˈeθɪkəl] *adj* ethisch *attr*; *Philosophie* Moral-; **it is not ~ to …** es ist unethisch, zu …
ethically [ˈeθɪkəlɪ] *adv* ethisch, ethisch einwandfrei

ethics [ˈeθɪks] s **1** Ethik *f* **2** Moral *f*
Ethiopia [ˌiːθɪˈəʊpɪə] s Äthiopien *n*
ethnic [ˈeθnɪk] *adj* **1** ethnisch; **~ group** Volksgruppe *f*; **~ minorities** ethnische Minderheiten *pl*; **~ violence** Rassenkrawalle *pl*; **Germans** Volksdeutsche *pl* **2** *Kleidung* folkloristisch; **~ music** Folklore *f*
ethnically [ˈeθnɪklɪ] *adv* ethnisch
ethnic cleansing *euph* s ethnische Säuberung
ethos [ˈiːθɒs] s Ethos *n*
e-ticket s E-Ticket *n*
etiquette [ˈetɪket] s Etikette *f*
etymological *adj*, **etymologically** [ˌetɪməˈlɒdʒɪkəl, -lɪ] *adv* etymologisch
etymology [ˌetɪˈmɒlədʒɪ] s Etymologie *f*
EU *abk* (= European Union) EU *f*
EU accession s EU-Beitritt *m*
eucalyptus [ˌjuːkəˈlɪptəs] s Eukalyptus *m*
Eucharist [ˈjuːkərɪst] s KIRCHE Abendmahlsgottesdienst *m*; **the ~** das (heilige) Abendmahl
EU citizenship s Unionsbürgerschaft *f*, EU-Bürgerschaft *f*
EU Commission s EU-Kommission *f*
EU Commissioner s EU-Kommissar(in) *m(f)*
EU directive s EU-Richtlinie *f*
EU enlargement s EU-Erweiterung *f*
eulogy [ˈjuːlədʒɪ] s Lobesrede *f*
EU migrant s EU-Migrant(in) *m(f)*
EU migration s EU-Migration *f*
eunuch [ˈjuːnək] s Eunuch *m*
euphemism [ˈjuːfəmɪzəm] s **1** Euphemismus *m* **2** LIT *Beschönigung: Umschreibung eines tabuisierten oder anstößigen Wortes*
euphemistic [ˌjuːfəˈmɪstɪk] *adj* euphemistisch
euphemistically [ˌjuːfəˈmɪstɪkəlɪ] *adv* euphemistisch, verhüllend; **to be ~ described/known as …** beschönigend als … bezeichnet werden/bekannt sein
euphoria [juːˈfɔːrɪə] s Euphorie *f*
euphoric [juːˈfɒrɪk] *adj* euphorisch
EUR *abk* ⟨*nur geschrieben*⟩ (= Euro) EUR
Eurasian [jʊəˈreɪʃn] **A** *adj* eurasisch **B** s Eurasier(in) *m(f)*
EU referendum s EU-Referendum *n*
EU representative s EU-Beauftragte(r) *m/f(m)*; **EU representaive for Foreign Affairs** EU-Außenbeauftragte(r) *m/f(m)*
euro [ˈjʊərəʊ] s ⟨*pl* -s⟩ Euro *m*; **5 ~s** 5 Euro
eurocent s Eurocent *m*
eurocentric *adj* eurozentrisch
Eurocheque [ˈjʊərəʊtʃek] s, **Eurocheck** *US* s Eurocheque *m*
Eurocrat [ˈjʊərəʊkræt] s Eurokrat(in) *m(f)*
Euro MP *umg* s Europaabgeordnete(r) *m/f(m)*
Europe [ˈjʊərəp] s Europa *n*
European [ˌjʊərəˈpiːən] **A** *adj* europäisch **B** s

Europäer(in) m(f)
European Central Bank s Europäische Zentralbank
European Commission s Europäische Kommission
European Community s Europäische Gemeinschaft
European Convention s EU-Konvent m
European Council s Europäischer Rat
European Court of Justice s Europäischer Gerichtshof
European Economic Community s Europäische Wirtschaftsgemeinschaft
European elections pl Europawahlen pl
European Investment Bank s Europäische Investitionsbank
European Monetary System s Europäisches Währungssystem
European Monetary Union s Europäische Währungsunion
European Parliament s Europäisches Parlament
European Union s Europäische Union
Europol ['jʊərəʊpɒl] abk (= European Police Office) Europol f
Euro-sceptic ['jʊərəʊˌskeptɪk] s Euroskeptiker(in) m(f)
euro zone s Eurozone f
euthanasia [ˌjuːθəˈneɪzɪə] s Euthanasie f
EU-wide adj, adv EU-weit
EV [ˌiːˈviː] abk (= electric vehicle) Elektrofahrzeug n
evacuate [ɪˈvækjʊeɪt] v/t räumen; *Bevölkerung* evakuieren (**from** aus od **to** nach)
evacuation [ɪˌvækjʊˈeɪʃən] s Räumung f; *von Bevölkerung* Evakuierung f
evacuee [ɪˌvækjʊˈiː] s Evakuierte(r) m/f(m)
evade [ɪˈveɪd] v/t ausweichen (+dat); *Verfolgern* entkommen (+dat); *Festnahme* sich entziehen (+dat); **to ~ taxes** Steuern hinterziehen
evaluate [ɪˈvæljʊeɪt] v/t *Immobilie, Wert* schätzen (**at** auf +akk); *Schaden* festsetzen (**at** auf +akk); *Chancen, Leistung* beurteilen; *Beweise, Resultate* auswerten
evaluation [ɪˌvæljʊˈeɪʃən] s *von Immobilie, Wert* Schätzung f; *von Chancen, Leistung* Beurteilung f; *von Beweisen, Resultaten* Auswertung f
evangelic(al) [ˌiːvænˈdʒelɪk(əl)] adj evangelikal
evangelist [ɪˈvændʒəlɪst] s Prediger(in) m(f)
evaporate [ɪˈvæpəreɪt] v/i **1** *Flüssigkeit* verdunsten **2** *fig* sich in Luft auflösen; *Hoffnungen* sich zerschlagen
evaporated milk [ɪˈvæpəreɪtɪdˈmɪlk] s Kondensmilch f
evaporation [ɪvæpəˈreɪʃn] s *von Wasser* Verdampfen n, Verdampfung f

evasion [ɪˈveɪʒən] s Ausweichen n (**of** vor +dat); *von Steuern* Hinterziehung f
evasive [ɪˈveɪzɪv] adj ausweichend; **they were ~ about it** sie redeten drum herum; **to take ~ action** ein Ausweichmanöver machen
evasively [ɪˈveɪzɪvlɪ] adv ausweichend
eve [iːv] s Vorabend m; **on the eve of** am Vorabend von od +gen
even ['iːvən] **A** adj **1** *Oberfläche* eben **2** gleichmäßig **3** *Mengen, Werte* gleich; **they are an ~ match** sie sind einander ebenbürtig; **I will get ~ with you for that** das werde ich dir heimzahlen; **that makes us ~** fig damit sind wir quitt; **he has an ~ chance of winning** seine Gewinnchancen stehen fifty-fifty umg; **to break ~** die Kosten decken **4** *Zahl* gerade **B** adv **1** sogar, selbst; **it'll be difficult, impossible ~** das wird schwierig sein, wenn nicht (so)gar unmöglich **2** *mit Komparativ* sogar noch; **that's ~ better** das ist sogar (noch) besser **3** **not ~** nicht einmal; **without ~ a smile** ohne auch nur zu lächeln **4** **~ if** selbst wenn; **~ though** obwohl; **but ~ then** aber sogar dann; **~ so** (aber) trotzdem

phrasal verbs mit even:
even out A v/i Preise sich einpendeln **B** v/t ⟨trennb⟩ **that should even things out a bit** dadurch müsste ein gewisser Ausgleich erzielt werden
even up A v/t ⟨trennb⟩ **that will even things up** das wird die Sache etwas ausgleichen **B** v/i **can we even up later?** können wir später abrechnen?

even-handed adj, **even-handedly** [ˌiːvnˈhændɪd, -lɪ] adv gerecht, fair
evening ['iːvnɪŋ] s Abend m; **in the ~** abends, am Abend; **good ~** guten Abend!; **this/tomorrow/yesterday ~** heute/morgen/gestern Abend; **that ~** an jenem Abend; **on Friday ~** freitagabends, am Freitagabend; **on the ~ of the twenty-ninth** am Abend des 29.; **one ~ as I ...** eines Abends, als ich ...; **every Monday ~** jeden Montagabend; **all ~** den ganzen Abend (lang)
evening class s Abendkurs m; **to go to** od **take ~es** od **an ~ in French** einen Abendkurs in Französisch besuchen
evening dress s Abendanzug m, Abendkleid n
evening gown s Abendkleid n
evening paper s Abendzeitung f
evening wear s Abendkleidung f
evenly ['iːvənlɪ] adv gleichmäßig; *teilen* in gleiche Teile; **the contestants were ~ matched** die Gegner waren einander ebenbürtig; **your weight should be ~ balanced (between your two feet)** Sie sollten Ihr Gewicht gleichmäßig

(auf beide Füße) verteilen; **public opinion seems to be ~ divided** die öffentliche Meinung scheint in zwei gleich große Lager gespalten zu sein

evenness s von Boden Ebenheit f

evensong ['iːvənsɒŋ] s Abendgottesdienst m

event [ɪ'vent] s **1** Ereignis n; **in the normal course of ~s** normalerweise **2** Veranstaltung f; SPORT Wettkampf m **3** **in the ~ of her death** im Falle ihres Todes; **in the ~ of fire** im Brandfall; **in the unlikely ~ that … falls**, was sehr unwahrscheinlich ist, …; **in any ~ I can't give you my permission** ich kann dir jedenfalls nicht meine Erlaubnis geben; **at all ~s** auf jeden Fall

eventful [ɪ'ventfʊl] adj ereignisreich

event management s Eventmanagement n (*Organisieren von Veranstaltungen*)

event manager s Eventmanager(in) m(f)

eventual [ɪ'ventʃʊəl] adj **he predicted the ~ fall of the government** er hat vorausgesagt, dass die Regierung am Ende od schließlich zu Fall kommen würde; **the ~ success of the project is not in doubt** es besteht kein Zweifel, dass das Vorhaben letzten Endes Erfolg haben wird; **he lost to the ~ winner** er verlor gegen den späteren Gewinner

eventuality [ɪˌventʃʊ'ælɪtɪ] s Eventualität f; **be ready for any ~** sei auf alle Eventualitäten gefasst

eventually [ɪ'ventʃʊəlɪ] adv schließlich; (≈ *irgendwann*) eines Tages; (≈ *längerfristig*) auf lange Sicht

ever ['evəʳ] adv **1** je(mals); **not ~** nie; **nothing ~ happens** es passiert nie etwas; **it hardly ~ snows here** hier schneit es kaum (jemals); **if I ~ catch you doing that again** wenn ich dich noch einmal dabei erwische; **seldom, if ~** selten, wenn überhaupt; **he's a rascal if ~ there was one** er ist ein richtig gehender kleiner Halunke; **don't you ~ say that again!** sag das ja nie mehr!; **have you ~ been to Glasgow?** bist du schon einmal in Glasgow gewesen?; **did you ~ see** *od* **have you ~ seen anything so strange?** hast du schon jemals so etwas Merkwürdiges gesehen?; **more than ~** mehr denn je; **more beautiful than ~ (before)** schöner denn je (zuvor); **the first … ~** der *etc* allererste …; **I'll never, ~ forgive myself** das werde ich mir nie im Leben verzeihen **2** **~ since I was a boy** seit ich ein Junge war; **~ since I have lived here** … seitdem ich hier lebe …; **~ since (then)** seitdem; **for ~** für immer; **it seemed to go on for ~** es schien ewig zu dauern; **~ increasing power** ständig wachsende Macht; **an ~ present feeling** ein ständiges Gefühl; **all she ~ does is complain** sie tut nichts anderes als sich ständig zu beschweren **3** **she's the best grandmother ~** sie ist die beste Großmutter, die es gibt; **why ~ not?** warum denn bloß nicht? **4** umg **so/such** unheimlich; **~ so slightly drunk** ein ganz klein wenig betrunken; **he's ~ such a nice man** er ist ein ungemein netter Mensch; **I am ~ so sorry** es tut mir schrecklich leid; **thank you ~ so much** ganz herzlichen Dank

ever-changing adj sich stetig ändernd

Everest ['evərest] s **(Mount) ~** der (Mount) Everest

evergreen ['evəɡriːn] **A** adj immergrün **B** s Nadelbaum m

everlasting [ˌevə'lɑːstɪŋ] adj ewig; **to his ~ shame** zu seiner ewigen Schande

evermore [ˌevə'mɔːʳ] liter adv auf immer und ewig; **for ~** in alle Ewigkeit

every ['evrɪ] adj **1** jede(r, s); **you must examine ~ one** Sie müssen jeden (Einzelnen) untersuchen; **~ man for himself** jeder für sich; **in ~ way** in jeder Hinsicht; **he is ~ bit as clever as his brother** er ist ganz genauso schlau wie sein Bruder; **~ single time I …** immer wenn ich …; **~ fifth day, ~ five days** alle fünf Tage; **~ other** jede(r, s) zweite; **one in ~ twenty people** jeder zwanzigste Mensch; **~ so often, ~ once in a while, ~ now and then** *od* **again** ab und zu; **his ~ word** jedes Wort, das er sagte **2** **I have ~ confidence in him** ich habe volles Vertrauen zu ihm; **I have/there is ~ hope that …** ich habe allen Grund/es besteht aller Grund zu der Hoffnung, dass …; **there was ~ prospect of success** es bestand alle Aussicht auf Erfolg

everybody ['evrɪbɒdɪ] pron jeder(mann), alle pl; **~ else** jeder andere, alle anderen pl; **~ has finished** alle sind fertig; **it's not ~ who can afford a big house** nicht jeder kann sich (*dat*) ein großes Haus leisten

everyday ['evrɪdeɪ] adj (all)täglich; **~ clothes** Alltagskleidung f; **to be an ~ occurrence** (all)täglich vorkommen; **for ~ use** für den täglichen Gebrauch; **~ life** der Alltag, das Alltagsleben

everyone ['evrɪwʌn] pron → everybody

everything ['evrɪθɪŋ] s alles; **~ possible** alles Mögliche; **~ you have** alles, was du hast; **is ~ all right?** ist alles in Ordnung?; **money isn't ~** Geld ist nicht alles

everywhere ['evrɪweəʳ] adv überall, überallhin; **from ~** von überallher; **~ you look there's a mistake** wo man auch hinsieht, findet man Fehler

evict [ɪ'vɪkt] v/t zur Räumung zwingen (**from**

+*gen*); **they were ~ed** sie wurden zum Verlassen ihrer Wohnung / ihres Hauses gezwungen
eviction [ɪˈvɪkʃən] *s* Ausweisung *f*
eviction order *s* Räumungsbefehl *m*
evidence [ˈevɪdəns] *s* ⟨*kein pl*⟩ **1** Beweis *m*, Beweise *pl*; **there is no ~ that ...** es deutet nichts darauf hin, dass ... **2** JUR Beweismaterial *n*, Beweisstück *n*; *von Zeuge* Aussage *f*; **piece of ~** Beweis *m*; **we haven't got any ~** wir haben keinerlei Beweise; **for lack of ~** aus Mangel an Beweisen; **all the ~ was against him** alles sprach gegen ihn; **to give ~** aussagen **3 to be in ~** sichtbar sein
evident *adj*, **evidently** [ˈevɪdənt, -lɪ] *adv* offensichtlich
evil [ˈiːvl] **A** *s* **1** Böse(s) *n* **2** Übel *n*; **the lesser/greater of two ~s** das kleinere/größere Übel **B** *adj* böse; *Einfluss, Ruf* schlecht; *Ort* verhext; **~ deed** Übeltat *f*; **with ~ intent** mit *od* aus böser Absicht
evocative [ɪˈvɒkətɪv] *adj* atmosphärisch; **to be ~ of sth** etw heraufbeschwören
evoke [ɪˈvəʊk] *v/t* heraufbeschwören; *Reaktion* hervorrufen
evolution [ˌiːvəˈluːʃən] *s* Evolution *f*
evolutionary [ˌiːvəˈluːʃnərɪ] *adj* evolutionär; **~ theory** Evolutionstheorie *f*
evolve [ɪˈvɒlv] **A** *v/t* entwickeln **B** *v/i* sich entwickeln
ewe [juː] *s* Mutterschaf *n*
ex [eks] *umg s* Verflossene(r) *m*/f(m) *umg*
ex- [eks-] *präf* ehemalig, Ex-; **ex-wife** Exfrau *f*
exacerbate [ekˈsæsəbeɪt] *v/t* verschlimmern; *Situation a.* verschärfen
exact [ɪgˈzækt] **A** *adj* genau; **to be ~ about sth** etw genau darlegen; **do you have the ~ amount?** haben Sie es passend?; **until this ~ moment** bis genau zu diesem Augenblick; **the ~ same thing** genau das Gleiche; **he's 47 to be ~** er ist 47, um genau zu sein **B** *v/t form Geld, Rache* fordern; *Zahlung* eintreiben
exacting [ɪgˈzæktɪŋ] *adj Mensch, Arbeit* anspruchsvoll; *Niveau* hoch
exactly [ɪgˈzæktlɪ] *adv* genau; **I wanted to know ~ where my mother was buried** ich wollte genau wissen, wo meine Mutter begraben war; **that's ~ what I was thinking** genau das habe ich auch gedacht; **at ~ five o'clock** um Punkt fünf Uhr; **at ~ 9.43 a. m./the right time** genau um 9.43 Uhr/zur richtigen Zeit; **I want to get things ~ right** ich will es ganz richtig machen; **that's not ~ true** das stimmt nicht ganz; **who ~ will be in charge?** wer wird eigentlich die Verantwortung haben?; **you mean we are stuck? — ~** wir sitzen also fest? — stimmt genau; **is she sick? — not ~** ist sie krank? — eigentlich nicht; **not ~** *iron* nicht gerade
exactness [ɪgˈzæktnɪs] *s* Genauigkeit *f*
exaggerate [ɪgˈzædʒəreɪt] **A** *v/t* **1** übertreiben; **he ~d what really happened** er hat das, was wirklich geschehen war, übertrieben dargestellt **2** *Wirkung* verstärken **B** *v/i* übertreiben
exaggerated *adj* übertrieben
exaggeration [ɪgˌzædʒəˈreɪʃən] *s* Übertreibung *f*; **a bit of an ~** leicht übertrieben
exaltation [ˌegzɔːlˈteɪʃən] *s* Begeisterung *f*
exalted [ɪgˈzɔːltɪd] *adj Position* hoch
exam [ɪgˈzæm] *s* Prüfung *f*; **to take an ~** eine Prüfung ablegen
examination [ɪgˌzæmɪˈneɪʃən] *s* **1** SCHULE, UNIV *etc* Prüfung *f*; **geography ~** Geografieprüfung *f* **2** Untersuchung *f*; *von Maschine, Örtlichkeit, Pass* Kontrolle *f*; **the matter is still under ~** die Angelegenheit wird noch geprüft *od* untersucht; **she underwent a thorough ~** sie wurde gründlich untersucht **3** JUR *von Zeuge* Verhör *n*; *von Fall, Papieren* Untersuchung *f*
examine [ɪgˈzæmɪn] *v/t* **1** untersuchen (**for** auf +*akk*); *Papiere etc* prüfen (**for** auf +*akk*); *Maschine, Pass, Gepäck* kontrollieren; **you need (to have) your head ~d** *umg* du solltest dich mal auf deinen Geisteszustand untersuchen lassen **2** *Schüler, Kandidat* prüfen (**in** in +*dat od* **on** über +*akk*) **3** JUR *Zeuge* verhören
examinee [ɪgˌzæmɪˈniː] *s* Prüfling *m*, (Examens)kandidat(in) *m*(f)
examiner [ɪgˈzæmɪnəʳ] *s* SCHULE, UNIV Prüfer(in) *m*(f)
example [ɪgˈzɑːmpl] *s* Beispiel *n*; **for ~** zum Beispiel; **to set a good ~** ein gutes Beispiel geben; **to follow sb's ~** j-s Beispiel *dat* folgen; **to take sth as an ~** sich (*dat*) an etw ein Beispiel nehmen; **to make an ~ of sb** an j-m ein Exempel statuieren
exasperate [ɪgˈzɑːspəreɪt] *v/t* zur Verzweiflung bringen; **to become** *od* **get ~d** verzweifeln (**with** an +*dat*)
exasperated *adj* entnervt
exasperating [ɪgˈzɑːspəreɪtɪŋ] *adj* ärgerlich; *Verzögerung, Arbeit* leidig *attr*; *Mensch* nervig *umg*; **it's so ~ not to be able to buy a newspaper** es ist wirklich zum Verzweifeln, dass man keine Zeitung bekommen kann
exasperation [ɪgˌzɑːspəˈreɪʃən] *s* Verzweiflung *f* (**with** über +*akk*)
excavate [ˈekskəveɪt] *v/t Erdreich* ausschachten, ausbaggern; *Archäologie*: *Gelände* Ausgrabungen machen auf (+*dat*)
excavation [ˌekskəˈveɪʃən] *s* **1** *Archäologie* (Aus)grabung *f*; **~s** (≈ *Gelände*) Ausgrabungsstätte *f* **2** *von Tunnel etc* Graben *n*
excavator [ˈekskəveɪtəʳ] *s* Bagger *m*

exceed [ɪkˈsiːd] v/t **1** übersteigen (**by** um); **to ~ 5 kilos in weight** das Gewicht von 5 kg übersteigen; **a fine not ~ing £500** eine Geldstrafe bis zu £ 500 **2** hinausgehen über (+akk); *Erwartungen* übertreffen; *Grenzen, Befugnisse* überschreiten

exceedingly [ɪkˈsiːdɪŋlɪ] adv ⟨+adj, adv⟩ äußerst

excel [ɪkˈsel] **A** v/i sich auszeichnen **B** v/t **to ~ oneself** *oft iron* sich selbst übertreffen

excellence [ˈeksələns] s hervorragende Qualität; **academic ~** höchste wissenschaftliche Qualität

Excellency [ˈeksələnsɪ] s **Your/His ~** Eure/Seine Exzellenz

excellent adj, **excellently** [ˈeksələnt, -lɪ] adv hervorragend, ausgezeichnet

except [ɪkˈsept] **A** präp **~ (for)** (≈ ausgenommen) außer (+dat); **what can they do ~ wait?** was können sie (anders) tun als warten?; **~ for** (≈ ungeachtet dessen) abgesehen von; **~ that ...** außer dass ...; **~ for the fact that** abgesehen davon, dass ...; **~ if** es sei denn(, dass); **~ when** außer wenn **B** konj doch **C** v/t ausnehmen

excepting [ɪkˈseptɪŋ] präp außer; **not ~ X** X nicht ausgenommen

exception [ɪkˈsepʃən] s **1** Ausnahme f; **to make an ~** eine Ausnahme machen; **with the ~ of** mit Ausnahme von; **this case is an ~ to the rule** dieser Fall ist eine Ausnahme; **the ~ proves the rule** *sprichw* Ausnahmen bestätigen die Regel *sprichw*; **sb/sth is no ~** j-d/etw ist keine Ausnahme **2 to take ~ to sth** Anstoß *m* an etw (*dat*) nehmen

exceptional [ɪkˈsepʃənl] adj außergewöhnlich; **of ~ quality** außergewöhnlich gut; **~ case** Ausnahmefall *m*; **in ~ cases, in** *od* **under ~ circumstances** in Ausnahmefällen

exceptionally [ɪkˈsepʃənəlɪ] adv außergewöhnlich

excerpt [ˈeksɜːp] s Auszug *m*

excess [ɪkˈses] **A** s **1** Übermaß *n* (**of an** +dat); **to drink to ~** übermäßig trinken; **he does everything to ~** er übertreibt bei allem; **to be in ~ of** hinausgehen über (+akk); **a figure in ~ of ...** eine Zahl über (+dat) ... **2 ~es** pl Exzesse pl, Ausschweifungen pl **3** Überschuss *m* **B** adj überschüssig; **~ fat** Fettpolster *n*

excess baggage s Übergewicht *n*
excess fare s Nachlösegebühr f
excess postage s Nachgebühr f

excessive [ɪkˈsesɪv] adj übermäßig; *Preise, Geschwindigkeit* überhöht; *Forderungen* übertrieben; **~ amounts of** übermäßig viel; **~ drinking** übermäßiger Alkoholgenuss

excessively [ɪkˈsesɪvlɪ] adv *mit Verb* übermäßig; *trinken a.* zu viel; *mit Adjektiv* allzu

excess weight s Übergewicht *n*

exchange [ɪksˈtʃeɪndʒ] **A** v/t tauschen; *Geld* wechseln (**for** in +akk); *Informationen, Meinungen, Telefonnummern* austauschen; **to ~ words** einen Wortwechsel haben; **to ~ letters** einen Briefwechsel führen; **to ~ greetings** sich grüßen; **to ~ insults** sich gegenseitig beleidigen; **to ~ one thing for another** eine Sache gegen eine andere austauschen; *in Laden* eine Sache gegen eine andere umtauschen **B** s **1** *von Gefangenen, Meinungen* Austausch *m*; *von Waren* Tausch *m*; *von Gekauftem* Umtausch *m*; (≈ Geldwechsel) Wechsel *m*; **in ~** dafür; **in ~ for money** gegen Geld; **in ~ for lending me your car** dafür, dass Sie mir Ihr Auto geliehen haben **2** BÖRSE Börse f **3** (**telephone**) **~** Fernamt *n*

exchange rate s Wechselkurs *m*
exchange rate mechanism s ECON Wechselkursmechanismus *m*
exchange student s Austauschstudent(in) *m(f)*; *bes US* SCHULE Austauschschüler(in) *m(f)*

exchequer [ɪksˈtʃekə] s Finanzministerium *n*; **Chancellor of the Exchequer** Finanzminister(in) *m(f)*

excise duties [ˈeksaɪz-] *Br pl*, **excise tax** *US* s Verbrauchssteuern *pl*

excitable [ɪkˈsaɪtəbl] adj leicht erregbar

excite [ɪkˈsaɪt] v/t **1** aufregen, begeistern; **the whole village was ~d by the news** das ganze Dorf war über die Nachricht in Aufregung **2** *Leidenschaft etc* erregen; *Interesse, Neugier* wecken

excited [ɪkˈsaɪtɪd] adj aufgeregt, erregt, begeistert; **to be ~ that...** begeistert darüber sein, dass ...; **to be ~ about sth** von etw begeistert sein; *bei Zukünftigem* sich auf etw (*akk*) freuen; **to become** *od* **get ~ (about sth)** sich (über etw *akk*) aufregen; **to get ~** *sexuell* erregt werden; **it was nothing to get ~ about** es war nichts Besonderes

excitedly [ɪkˈsaɪtɪdlɪ] adv aufgeregt

excitement s Aufregung f; **there was great ~ when ...** es herrschte große Aufregung, als ...; **what's all the ~ about?** wozu die ganze Aufregung?; **his novel has caused great ~** sein Roman hat große Begeisterung ausgelöst

exciting [ɪkˈsaɪtɪŋ] adj aufregend; *Spieler* sensationell; *Aussicht* reizvoll; *Krimi* spannend

excl[1] abk (= **excluding**) ohne
excl[2] abk (= **exclusive**) exkl.

exclaim [ɪkˈskleɪm] **A** v/i **he ~ed in surprise when he saw it** er schrie überrascht auf, als er es sah **B** v/t ausrufen

exclamation [ˌekskləˈmeɪʃən] s Ausruf *m*
exclamation mark s, **exclamation point** *US*

s Ausrufezeichen n, Rufzeichen n österr

exclude [ɪkˈskluːd] v/t ausschließen; **to ~ sb from the team/an occupation** j-n aus der Mannschaft/von einer Beschäftigung ausschließen; **to ~ a child from school** ein Kind vom Schulunterricht ausschließen; **to ~ sb from doing sth** j-n davon ausschließen, etw zu tun

excluding [ɪkˈskluːdɪŋ] prep außer; **there are six of us ~ the children** wir sind sechs ohne die Kinder; **£200 ~ VAT** Br £ 200 ohne Mehrwertsteuer; **everything ~ the house** alles ausgenommen das Haus

exclusion [ɪkˈskluːʒən] s Ausschluss m (**from** von); **she thought about her job to the ~ of everything else** sie dachte ausschließlich an ihre Arbeit

exclusive [ɪkˈskluːsɪv] **A** adj **1** exklusiv; Gebrauch a. alleinig; **~ interview** Exklusivinterview n; **~ offer** Exklusivangebot n; **~ rights to sth** Alleinrechte pl an etw (dat); Presse Exklusivrechte pl an etw (dat) **2** exklusive inv; **they are mutually ~** sie schließen einander aus **B** s Presse Exklusivbericht m, Exklusivinterview n

exclusively [ɪkˈskluːsɪvlɪ] adv ausschließlich; Presse exklusiv

excommunicate [ˌekskəˈmjuːnɪkeɪt] v/t exkommunizieren

excrement [ˈekskrɪmənt] s Kot m

excrete [ɪkˈskriːt] v/t ausscheiden

excruciating [ɪkˈskruːʃɪeɪtɪŋ] adj unerträglich; Anblick, Erfahrung fürchterlich; **I was in ~ pain** ich hatte unerträgliche Schmerzen

excursion [ɪkˈskɜːʃən] s Ausflug m; **to go on an ~** einen Ausflug machen

excusable [ɪkˈskjuːzəbl] adj verzeihlich

excuse A [ɪkˈskjuːz] v/t **1** entschuldigen; **he ~d himself for being late** er entschuldigte sich, dass er zu spät kam **2** **to ~ sb** j-m verzeihen; **to ~ sb for having done sth** j-m verzeihen, dass er etw getan hat; **~ me for interrupting** entschuldigen Sie bitte die Störung; **~ me!** Entschuldigung!, entschuldigen Sie bitte!; empört erlauben Sie mal! **3** **to ~ sb from (doing) sth** j-m etw erlassen; **you are ~d** zu Kindern ihr könnt gehen; **can I be ~d?** darf ich mal verschwinden? umg; **and now if you will ~ me I have work to do** und nun entschuldigen Sie mich bitte, ich habe zu arbeiten **B** [ɪksˈkjuːs] s **1** Entschuldigung f; **they had no ~ for attacking him** sie hatten keinen Grund, ihn anzugreifen; **to give sth as an ~** etw zu seiner Entschuldigung vorbringen **2** Ausrede f; **to make ~s for sb/sth** j-m/etw entschuldigen; **I have a good ~ for not going** ich habe eine gute Ausrede, warum ich nicht hingehen kann; **he's only making ~s** er sucht nur nach einer Ausrede; **a good ~ for a party** ein guter Grund, eine Party zu feiern

ex-directory [ˌeksdaɪˈrektərɪ] Br adj **to be ~** nicht im Telefonbuch stehen

execute [ˈeksɪkjuːt] v/t **1** Befehl, Bewegung ausführen **2** Verbrecher hinrichten

execution [ˌeksɪˈkjuːʃən] s **1** von Pflichten Erfüllung f; **in the ~ of his duties** bei der Ausübung seines Amtes **2** als Strafe Hinrichtung f

executioner [ˌeksɪˈkjuːʃnəʳ] s Henker(in) m(f)

executive [ɪɡˈzekjʊtɪv] **A** s **1** Manager(in) m(f); **senior ~** Geschäftsführer(in) m(f) **2** HANDEL, POL Vorstand m; **to be on the ~** Vorstandsmitglied sein **3** POL von Regierung die Exekutive **B** adj **1** Position leitend; **~ power** Exekutivgewalt f; **~ decision** Managemententscheidung f **2** (≈ Luxus) für gehobene Ansprüche

executive board s Vorstand m

executive committee s Vorstand m

executor [ɪɡˈzekjʊtəʳ] s Testamentsvollstrecker(in) m(f)

exemplary [ɪɡˈzemplərɪ] adj beispielhaft (**in sth** in etw dat)

exemplify [ɪɡˈzemplɪfaɪ] v/t veranschaulichen

exempt [ɪɡˈzempt] **A** adj befreit (**from** von); **diplomats are ~** Diplomaten sind ausgenommen **B** v/t befreien; **to ~ sb from doing sth** j-n davon befreien, etw zu tun; **to ~ sth from a ban** etw von einem Verbot ausnehmen

exemption [ɪɡˈzempʃən] s Befreiung f; **~ from taxes** Steuerfreiheit f

exercise [ˈeksəsaɪz] **A** s **1** Übung f; **to do an ~** eine Übung machen; **to do one's ~s in the morning** Morgengymnastik machen; **to go on ~s** MIL eine Übung machen **2** ⟨kein pl⟩ Bewegung f; **physical ~** (körperliche) Bewegung **3** **it was a pointless ~** es war völlig sinnlos; **it was a useful ~ in public relations** war es nützlich für die Public Relations **B** v/t Körper, Geist trainieren; Macht, Rechte ausüben **C** v/i **if you ~ regularly …** wenn Sie regelmäßig Sport treiben …; **you don't ~ enough** du hast zu wenig Bewegung

exercise bike s Heimtrainer m

exercise book s (Übungs)heft n

exert [ɪɡˈzɜːt] **A** v/t Druck, Macht ausüben (**on** auf +akk); Gewalt anwenden **B** v/r sich anstrengen

exertion [ɪɡˈzɜːʃən] s Anstrengung f; **rugby requires strenuous physical ~** Rugby fordert unermüdlichen körperlichen Einsatz; **after the day's ~s** nach des Tages Mühen

exhale [eksˈheɪl] v/i ausatmen

exhaust [ɪɡˈzɔːst] **A** v/t erschöpfen; **we have ~ed the subject** wir haben das Thema erschöpfend behandelt **B** s bes Br AUTO etc Auspuff *m*

exhausted *adj* erschöpft; *Ersparnisse* aufgebraucht; **she was ~ from digging the garden** sie war erschöpft, weil sie den Garten umgegraben hatte; **his patience was ~** er war mit seiner Geduld am Ende

exhaust fumes *pl* Auspuffgase *pl*

exhausting [ɪɡˈzɔːstɪŋ] *adj* anstrengend

exhaustion [ɪɡˈzɔːstʃən] *s* Erschöpfung *f*

exhaustive [ɪɡˈzɔːstɪv] *adj Liste* vollständig; *Suche* gründlich

exhaust pipe *bes Br s* Auspuffrohr *n*

exhibit [ɪɡˈzɪbɪt] **A** *v/t* **1** *Gemälde etc* ausstellen **2** *Können* zeigen **B** *v/i* ausstellen **C** *s* **1** Ausstellungsstück *n* **2** JUR Beweisstück *n*

exhibition [ˌeksɪˈbɪʃən] *s* **1** *von Gemälden etc* Ausstellung *f* **2 to make an ~ of oneself** ein Theater machen *umg*

exhibition centre *s*, **exhibition center** *US s* Ausstellungszentrum *n*, Messegelände *n*

exhibition hall *s* Ausstellungshalle *f*; *bei Messe* Messehalle *f*

exhibitionist [ˌeksɪˈbɪʃənɪst] *s* Exhibitionist(in) *m(f)*

exhibition room *s* Ausstellungsraum *m*

exhibition site *s* Ausstellungsgelände *n*; *bei Messe* Messegelände *n*

exhibitor [ɪɡˈzɪbɪtəʳ] *s* Aussteller(in) *m(f)*

exhilarated [ɪɡˈzɪləreɪtɪd] *adj* **to feel ~** in Hochstimmung sein

exhilarating *adj Erlebnis* aufregend; *Gefühl* berauschend

exhilaration [ɪɡˌzɪləˈreɪʃən] *s* Hochgefühl *n*

exhort [ɪɡˈzɔːt] *v/t* ermahnen

exhume [eksˈhjuːm] *v/t* exhumieren

exile [ˈeksaɪl] **A** *s* **1** Verbannte(r) *m/f(m)* **2** Verbannung *f*; **to go into ~** ins Exil gehen; **in ~** im Exil **B** *v/t* verbannen (**from** aus)

exist [ɪɡˈzɪst] *v/i* existieren; **it doesn't ~** das gibt es nicht; **doubts still ~** noch bestehen Zweifel; **the understanding which ~s between the two countries** das Einvernehmen zwischen den beiden Ländern; **the possibility ~s that ...** es besteht die Möglichkeit, dass ...; **she ~s on very little** sie kommt mit sehr wenig aus

existence [ɪɡˈzɪstəns] *s* **1** Existenz *f*; **to be in ~** existieren, bestehen; **to come into ~** entstehen; **the only one in ~** der / die / das Einzige, den / die / das es gibt **2** Leben *n*; **means of ~** Lebensunterhalt *m*

existent *adj* existent

existentialism [ˌeɡzɪsˈtenʃəlɪzəm] *s* Existenzialismus *m*

existing [ɪɡˈzɪstɪŋ] *adj* bestehend; *Bedingungen* gegenwärtig

exit [ˈeksɪt] **A** *s* **1** *von Bühne* Abgang *m*; *von Wettbewerb* Ausscheiden *n*; **to make an/one's ~** *von Bühne* abgehen; *aus Zimmer* hinausgehen **2** Ausgang *m*, Ausfahrt *f* **B** *v/i* hinausgehen; *von Bühne* abgehen; IT das Programm *etc* verlassen **C** *v/t* IT verlassen

exit permit *s* Ausreiseerlaubnis *f*, Ausreisegenehmigung *f*

exit poll *s bei Wahlen unmittelbar nach Verlassen der Wahllokale durchgeführte Umfrage*

exit visa *s* Ausreisevisum *n*

exodus [ˈeksədəs] *s aus Land* Abwanderung *f*; BIBEL, *a. fig* Exodus *m*; **general ~** allgemeiner Aufbruch

exonerate [ɪɡˈzɒnəreɪt] *v/t* entlasten (**from** von)

exorbitant [ɪɡˈzɔːbɪtənt] *adj* überhöht

exorbitantly [ɪɡˈzɔːbɪtəntlɪ] *adv* **~ priced** *od* **expensive** maßlos teuer

exorcism [ˈeksɔːsɪzəm] *s* Exorzismus *m*

exorcize [ˈeksɔːsaɪz] *v/t* exorzieren

exotic [ɪɡˈzɒtɪk] *adj* exotisch; **~ dancer** exotischer Tänzer, exotische Tänzerin; **~ holiday** *Br*, **~ vacation** *US* Urlaub *m* in exotischen Ländern

expand [ɪkˈspænd] **A** *v/t* ausdehnen, erweitern **B** *v/i* CHEM, PHYS sich ausdehnen; *Wirtschaft* wachsen; *Produktion* zunehmen; *Horizonte* sich erweitern; **we want to ~** wir wollen expandieren *od* (uns) vergrößern; **the market is ~ing** der Markt wächst

phrasal verbs mit expand:

expand (up)on *v/t Thema* weiter ausführen

expanse [ɪkˈspæns] *s* Fläche *f*; *von Meer etc* Weite *f kein pl*; **a vast ~ of grass** eine riesige Grasfläche; **an ~ of woodland** ein Waldgebiet *n*

expansion [ɪkˈspænʃən] *s* Ausdehnung *f*; *von Produktion a.* Erweiterung *f*; *von Wirtschaft* Expansion *f*

expansion board *s* COMPUT Erweiterungsplatine *f*

expansion card *s* COMPUT Erweiterungskarte *f*

expansive [ɪkˈspænsɪv] *adj Mensch* mitteilsam; **to be in an ~ mood** in gesprächiger Stimmung sein

expat [ˈeksˌpæt] *s & adj* → expatriate

expatriate [eksˈpætrɪət] **A** *s* im Ausland Lebende(r) *m/f(m)*; **British ~s** im Ausland lebende Briten **B** *adj* im Ausland lebend; **~ community** Ausländergemeinde *f*

expect [ɪkˈspekt] **A** *v/t* **1** erwarten, rechnen mit; **that was to be ~ed** das war zu erwarten; **I know what to ~** ich weiß, was mich erwartet; **I ~ed as much** das habe ich erwartet; **he failed as (we had) ~ed** er fiel, wie erwartet, durch; **to ~ to do sth** erwarten *od* damit rechnen, etw zu tun; **it is hardly to be ~ed that ...** es ist kaum zu erwarten *od* damit zu rechnen, dass

...; **the talks are ~ed to last two days** die Gespräche sollen zwei Tage dauern; **she is ~ed to resign tomorrow** es wird erwartet, dass sie morgen zurücktritt; **you can't ~ me to agree to that!** Sie erwarten doch wohl nicht, dass ich dem zustimme!; **to ~ sth of** od **from sb** etw von j-m erwarten; **to ~ sb to do sth** erwarten, dass j-d etw tut; **what do you ~ me to do about it?** was soll ich da tun?; **are we ~ed to tip the waiter?** müssen wir dem Kellner Trinkgeld geben?; **I will be ~ing you tomorrow** ich erwarte dich morgen; **we'll ~ you when we see you** *umg* wenn ihr kommt, dann kommt ihr *umg* **2** glauben; **yes, I ~ so** ja, ich glaube schon; **no, I ~ not** nein, ich glaube nicht; **I ~ it will rain** es wird wohl regnen; **I ~ you're tired** Sie werden sicher müde sein; **I ~ he turned it down** ich nehme an, er hat abgelehnt **B** *v/i* **she's ~ing** sie erwartet ein Kind
expectancy [ɪk'spektənsɪ] *s* Erwartung *f*
expectant [ɪk'spektənt] *adj* erwartungsvoll; **~ mother** werdende Mutter
expectantly [ɪk'spektəntlɪ] *adv* erwartungsvoll; *warten* gespannt
expectation [,ekspek'teɪʃən] *s* Erwartung *f*; **against all ~(s)** wider Erwarten; **to exceed all ~(s)** alle Erwartungen übertreffen
expected *adj* erwartet
expedient [ɪk'spiːdɪənt] *adj* zweckdienlich, ratsam
expedite ['ekspɪdaɪt] *v/t* beschleunigen
expedition [,ekspɪ'dɪʃən] *s* Expedition *f*; **shopping ~** Einkaufstour *f*; **to go on an ~** auf (eine) Expedition gehen; **to go on a shopping ~** eine Einkaufstour machen
expel [ɪk'spel] *v/t* **1** *aus Land* ausweisen, ausschaffen *schweiz* (**from** aus); *von Schule* verweisen (**from** od **+gen**); *von Verein* ausschließen (**from** aus) **2** *Gas, Flüssigkeit* ausstoßen
expend [ɪk'spend] *v/t* verwenden (**on** auf *+akk* od **on doing sth** darauf, etw zu tun)
expendable [ɪk'spendəbl] *form adj* entbehrlich
expenditure [ɪk'spendɪtʃəʳ] *s* Ausgaben *pl*
expense [ɪk'spens] *s* **1** Kosten *pl*; **at my ~** auf meine Kosten; **at great ~** mit hohen Kosten; **they went to the ~ of installing a lift** sie gaben viel Geld dafür aus, einen Lift einzubauen; **at sb's ~, at the ~ of sb** auf j-s Kosten (*akk*) **2** *Geschäftsreise* **~s** Spesen *pl*
expense account *s* Spesenkonto *n*
expenses-paid *adj* **an all-expenses-paid holiday** *Br* ein Gratisurlaub *m*
expensive [ɪk'spensɪv] *adj* teuer; **they were too ~ for most people** die meisten Leute konnten sie sich nicht leisten

expensively [ɪk'spensɪvlɪ] *adv* teuer
experience [ɪk'spɪərɪəns] **A** *s* **1** Erfahrung *f*; **to know sth from ~** etw aus Erfahrung wissen; **to speak from ~** aus eigener Erfahrung sprechen; **he has no ~ of living in the country** er kennt das Landleben nicht; **I gained a lot of useful ~** ich habe viele nützliche Erfahrungen gemacht; **have you had any ~ of driving a bus?** haben Sie Erfahrung im Busfahren?; **in a job/in business** Berufs-/Geschäftserfahrung *f*; **to have a lot of teaching ~** große Erfahrung als Lehrer(in) haben; **he is working in a factory to gain ~** er arbeitet in einer Fabrik, um praktische Erfahrungen zu sammeln **2** Erlebnis *n*; **I had a nasty ~** mir ist etwas Unangenehmes passiert; **it was a new ~ for me** es war völlig neu für mich **B** *v/t* **1** *Schmerz, Hunger* erfahren, erleben; *schwere Zeiten* durchmachen; *Probleme* haben **2** fühlen
experienced *adj* erfahren; **we need someone more ~** wir brauchen jemanden, der mehr Erfahrung hat; **to be ~ in sth** in etw (*dat*) Erfahrung haben
experiment [ɪk'sperɪmənt] **A** *s* Versuch *m*; **to do an ~** einen Versuch machen; **as an ~** versuchsweise **B** *v/i* experimentieren (**on, with** mit)
experimental [ɪk,sperɪ'mentl] *adj* experimentell; **to be at an** od **in the ~ stage** sich im Versuchsstadium befinden
experimentation [ɪk,sperɪmen'teɪʃən] *s* Experimentieren *n*
expert ['ekspɜːt] **A** *s* Experte *m*, Expertin *f*, Fachmann *m*, Fachfrau *f*; *JUR* Sachverständige(r) *m/f(m)*; **he is an ~ on the subject** er ist Fachmann auf diesem Gebiet **B** *adj* **1** *Fahrer etc* meisterhaft; **to be ~ at doing sth** es hervorragend verstehen, etw zu tun **2** *Rat, Hilfe* fachmännisch; **an ~ opinion** ein Gutachten *n*
expertise [,ekspɜː'tiːz] *s* Sachverstand *m* (**in** in *+dat* od **auf dem Gebiet** *+gen*)
expertly ['ekspɜːtlɪ] *adv* meisterhaft; *fahren* geschickt
expert witness *s* Sachverständige(r) *m/f(m)*
expiration [ekspɪ'reɪʃn] *s von Vertrag* Ende *n*, Ablauf *m*; *von Kreditkarte* Verfall *m*
expiration date [,ekspə'reɪʃdeɪt] *US s* Verfallsdatum *n*
expire [ɪk'spaɪəʳ] *v/i* Pacht, Pass ablaufen
expiry [ɪk'spaɪərɪ] *s* Ablauf *m*; **~ date** *Br* Verfallsdatum *m*
expiry date *s* Verfallsdatum *n*
explain [ɪk'spleɪn] **A** *v/t* erklären (**to sb** j-m); **that is easy to ~, that is easily ~ed** das lässt sich leicht erklären; **he wanted to see me but wouldn't ~ why** er wollte mich sehen, sagte

aber nicht, warum **B** v/r sich rechtfertigen; ~ **yourself!** was soll das? **C** v/i es erklären; **please ~** bitte erklären Sie das
phrasal verbs mit explain:

explain away v/t ⟨trennb⟩ eine Erklärung finden für

explanation [ˌeksplə'neɪʃən] s Erklärung f; **it needs some ~** es bedarf einer Erklärung

explanatory [ɪk'splænətərɪ] adj erklärend

expletive [ɪk'spli:tɪv] s Kraftausdruck m

explicit [ɪk'splɪsɪt] adj Beschreibung (klar und) deutlich; *Anweisung* ausdrücklich; *bes sexuell* eindeutig; **sexually ~** sexuell explizit

explicitly [ɪk'splɪsɪtlɪ] adv **1** *beschreiben* deutlich **2** *verbieten, erwähnen* ausdrücklich; *mit Adjektiv* eindeutig

explode [ɪk'spləʊd] **A** v/i explodieren; **to ~ with anger** vor Wut platzen *umg* **B** v/t **1** sprengen **2** *fig Theorie* zu Fall bringen

exploit ['eksplɔɪt] **A** s Heldentat f; **~s** Abenteuer pl **B** [ɪks'plɔɪt] v/t *Arbeiter* ausbeuten; *Freund, Schwäche* ausnutzen; *Ressourcen* nutzen

exploitation [ˌeksplɔɪ'teɪʃən] s *von Arbeitern* Ausbeutung f; *von Freund, Schwäche* Ausnutzung f

exploration [ˌeksplɔ:'reɪʃən] s Erforschung f; *von Stadt* Erkundung f

exploratory [ɪk'splɒrətərɪ] adj exploratorisch; **~ talks** Sondierungsgespräche pl; **~ trip/expedition** Erkundungsfahrt f/-expedition f; **an ~ operation** MED eine Explorationsoperation

explore [ɪk'splɔ:ʳ] **A** v/t erforschen; *Gelände* erkunden; *Frage, Aussichten, a.* MED untersuchen; *Möglichkeiten* prüfen **B** v/i **to go exploring** auf Entdeckungsreise gehen; **he went off into the village to ~** er ging auf Entdeckungsreise ins Dorf

explorer [ɪk'splɔ:rəʳ] s Forscher(in) m(f)

explosion [ɪk'spləʊʒən] s Explosion f

explosive [ɪk'spləʊzɪv] **A** s Sprengstoff m **B** adj explosiv; *Laune* aufbrausend; **~ device** Sprengsatz m; **~ charge** Sprengladung f

exponent [ɪk'spəʊnənt] s *von Theorie* Vertreter(in) m(f)

exponential [ˌekspə'nenʃəl] adj exponentiell; **~ growth** exponentielles Wachstum

exponentially [ˌekspə'nenʃəlɪ] adv exponentiell

export A [ɪk'spɔ:t] v/t & v/i exportieren **B** ['ekspɔ:t] s Export m **C** ['ekspɔ:t] adj ⟨attr⟩ Export-

exportation [ekspɔ:'teɪʃən] s Ausfuhr f

export duty ['ekspɔ:t-] s Export- *od* Ausfuhrzoll m

exporter [ɪk'spɔ:təʳ] s **1** Exporteur m (**of** von) **2** Exportland n (**of** für)

exporting country [ekspɔ:tɪŋ'kʌntrɪ] s Exportland n

export trade s Exporthandel m

expose [ɪk'spəʊz] v/t **1** *Felsen, Draht* freilegen **2** *einer Gefahr etc* aussetzen (**to** dat) **3** *Unkenntnis* offenbaren; **to ~ oneself** sich entblößen **4** *Unrecht* aufdecken; *Skandal* enthüllen; *j-n* entlarven **5** FOTO belichten

exposed adj **1** *Position* ungeschützt; *fig* exponiert; **to feel ~** sich verletzlich fühlen; **to be ~ to sth** einer Sache (dat) ausgesetzt sein **2** *Körperteil* unbedeckt; *Drähte* frei liegend; **to feel ~** *fig* sich allen Blicken ausgesetzt fühlen

exposure [ɪk'spəʊʒəʳ] s **1** *an Sonne, Luft* Aussetzung f (**to** +dat); **to be suffering from ~** MED an Unterkühlung leiden; **to die of ~** MED erfrieren **2** *von Mensch* Entlarvung f; *von Verbrechen* Aufdeckung f **3** FOTO Belichtung(szeit) f **4** *in Medien* Publicity f

express [ɪk'spres] **A** v/t ausdrücken; **to ~ oneself** sich ausdrücken; **if I may ~ my opinion** wenn ich meine Meinung äußern darf; **the feeling which is ~ed here** das Gefühl, das hier zum Ausdruck kommt **B** adj **1** *Befehl, Erlaubnis* ausdrücklich; *Zweck* bestimmt **2** *by ~ mail* per Eilzustellung; **~ service** Expressdienst m **C** adv **to send a letter ~** einen Brief per Express schicken **D** s Schnellzug m, Schnellbus m

express delivery s Eilzustellung f

expression [ɪk'spreʃən] s (Gesichts)ausdruck m; **as an ~ of our gratitude** zum Ausdruck unserer Dankbarkeit; **to give ~ to sth** etw zum Ausdruck bringen

expressionism [ɪk'spreʃənɪzəm] s Expressionismus m

expressionist [ɪk'spreʃənɪst] **A** s Expressionist(in) m(f) **B** adj expressionistisch

expressionless adj ausdruckslos

expressive [ɪk'spresɪv] adj ausdrucksvoll

expressly [ɪk'spreslɪ] adv **1** *verbieten, erklären* ausdrücklich **2** **he did it ~ to annoy me** er hat es absichtlich getan, um mich zu ärgern

express train s Schnellzug m

expressway s Schnellstraße f

expulsion [ɪk'spʌlʃən] s *aus Land* Ausweisung f (**from** aus); *von Schule* Verweisung f

exquisite [ɪk'skwɪzɪt] adj erlesen; *Speisen* köstlich; *Aussicht, Anblick* bezaubernd

exquisitely [ɪk'skwɪzɪtlɪ] adv *sich kleiden* erlesen; *gestaltet* aufs kunstvollste

ex-serviceman [eks'sɜ:vɪsmən] s ⟨pl **-men**⟩ Exsoldat m

ex-servicewoman [eks'sɜ:vɪswʊmən] s ⟨pl **-women** [-wɪmɪn]⟩ Exsoldatin f

ext. *abk* (= **extension**) App.

extend [ɪk'stend] **A** v/t **1** *Arme* ausstrecken **2** *Besuch, Frist* verlängern **3** *Macht* ausdehnen;

Haus anbauen an (+akk); *Besitz* vergrößern; **to ~ one's lead** seine Führung ausbauen [4] *Gastfreundschaft* erweisen (**to sb** j-m); *Einladung, Dank* aussprechen; **to ~ a welcome to sb** j-n willkommen heißen [B] *v/i Mauer, Garten* sich erstrecken (**to, as far as** bis); *Leiter* sich ausziehen lassen; *Gespräche etc* sich hinziehen

extended family [ɪkˈstendɪd-] *s* Großfamilie *f*
extension [ɪkˈstenʃən] *s* [1] Verlängerung *f*; *von Haus* Anbau *m* [2] TEL (Neben)anschluss *m*, Nebenstelle *f*; **~ 3714** Apparat 3714
extension cable *s* Verlängerungskabel *n*
extension cord US Verlängerungskabel *n*
extension lead *s* Verlängerungsschnur *f*
extensive [ɪkˈstensɪv] *adj Gebiet, Tour* ausgedehnt; *Pläne, Gewalt* weitreichend; *Forschung, Sammlung, Reparatur, Wissen* umfangreich; *Verbrennungen* großflächig; *Schaden* beträchtlich; *Erfahrung* reich; *Netz* weitverzweigt; **the facilities available are very ~** es steht eine Vielzahl von Einrichtungen zur Verfügung; **we had fairly ~ discussions** wir haben es ziemlich ausführlich diskutiert; **~ pat down** *bes US beim Einchecken am Flughafen* ausführliches Abtasten des Körpers nach Waffen *etc*; **~ reading** extensives Lesen
extensively [ɪkˈstensɪvlɪ] *adv reisen, schreiben* viel; *benutzen* häufig; *erforschen, diskutieren* ausführlich; *verändern* beträchtlich; **the clubhouse was ~ damaged** an dem Klubhaus entstand ein beträchtlicher Schaden; **this edition has been ~ revised** diese Ausgabe ist grundlegend überarbeitet worden
extent [ɪkˈstent] *s* [1] Länge *f*, Ausdehnung *f* [2] *von Wissen, Änderungen, Macht* Umfang *m*; *von Schaden* Ausmaß *n* [3] Grad *m*; **to some ~** bis zu einem gewissen Grade; **to what ~** inwieweit; **to a certain ~** in gewissem Maße; **to a large/lesser ~** in hohem/geringerem Maße; **to such an ~ that ...** dermaßen, dass ...
extenuate [ɪkˈstenjʊeɪt] *v/t* **extenuating circumstances** mildernde Umstände
exterior [ɪkˈstɪərɪəʳ] [A] *s* [1] Äußere(s) *n*; **on the ~** außen [2] Außenaufnahme *f* [B] *adj* Außen-; **~ wall** Außenwand *f*; **~ decoration/paintwork** Außenanstrich *m*
exterminate [ɪkˈstɜːmɪneɪt] *v/t* ausrotten
extermination [ɪkˌstɜːmɪˈneɪʃən] *s* Ausrottung *f*
external [ekˈstɜːnl] *adj* [1] äußere(r, s); *Maße* Außen-; **the ~ walls of the house** die Außenwände des Hauses; **~ appearance** Aussehen *n*; **for ~ use** MED zur äußerlichen Anwendung; **~ call** TEL externes Gespräch [2] *Angelegenheiten, Politik* auswärtig [3] *Prüfer* extern
external borders *pl* Landesgrenzen *pl*
externalize [ekˈstɜːnəlaɪz] *v/t* externalisieren
externally [ekˈstɜːnəlɪ] *adv* [1] *anwenden* äußerlich; **he remained ~ calm** er blieb äußerlich ruhig [2] POL außenpolitisch
external trade *s* Außenhandel *m*
extinct [ɪkˈstɪŋkt] *adj* ausgestorben; *Vulkan* erloschen; *fig Reich* untergegangen; **to become ~** aussterben
extinction [ɪkˈstɪŋkʃən] *s* Aussterben *n*; **this animal was hunted to ~** diese Tierart wurde durch Jagen ausgerottet
extinguish [ɪkˈstɪŋgwɪʃ] *v/t Feuer, Kerze* (aus)löschen; *Zigarette* ausmachen; *Licht* löschen
extinguisher [ɪkˈstɪŋgwɪʃəʳ] *s* Feuerlöscher *m*
extol [ɪkˈstəʊl] *v/t* rühmen
extort [ɪkˈstɔːt] *v/t Geld* erpressen (**from** von)
extortion [ɪkˈstɔːʃən] *s von Geld* Erpressung *f*; **this is sheer ~!** *umg* das ist ja Wucher!
extortionate [ɪkˈstɔːʃənɪt] *adj* horrend; *Miete, Rechnung a.* maßlos hoch; **~ prices** Wucherpreise *pl*
extortionist [ɪkˈstɔːʃənɪst] *s* Erpresser(in) *m(f)*, Wucherer *m*, Wucherin *f*
extra [ˈekstrə] [A] *adj* zusätzlich; **we need an ~ chair** wir brauchen noch einen Stuhl; **to work ~ hours** Überstunden machen; **to make an ~ effort** sich besonders anstrengen; **~ troops were called in** es wurde Verstärkung gerufen; **take ~ care!** sei besonders vorsichtig!; **an ~ £30 a week** £ 30 mehr pro Woche; **send 75p ~ for postage and packing** schicken Sie zusätzlich 75 Pence für Porto und Verpackung; **~ charge** Zuschlag *m*; **there is no ~ charge for breakfast** das Frühstück wird nicht zusätzlich berechnet; **available at no ~ cost** ohne Aufpreis erhältlich [B] *adv* [1] *zahlen, kosten* mehr; **breakfast costs ~** das Frühstück wird zusätzlich berechnet; **post and packing ~** zuzüglich Porto und Verpackung [2] besonders [C] *s* [1] **~s** *pl* zusätzliche Kosten *pl*; *von Maschine* Zubehör *n*; *von Auto* Extras *pl* [2] FILM, THEAT Statist(in) *m(f)*
extra- *präf* [1] außer- [2] extra; **~large** extra groß *Kleidung* übergroß
extract [A] [ɪkˈstrækt] *v/t* [1] herausnehmen; *Korken etc* (heraus)ziehen (**from** aus); *Saft, Öl, DNS* gewinnen (**from** aus); *Zahn* ziehen; *Kugel* entfernen (**from** +*dat*) [2] *fig Informationen* entlocken (**from** +*dat*) [B] [ˈekstrækt] *s* [1] *aus Buch etc* Auszug *m* [2] MED, GASTR Extrakt *m*
extraction [ɪkˈstrækʃən] *s* [1] *von Öl, DNS* Gewinnung *f* [2] *bei Zahnarzt* **he had to have an ~** ihm musste ein Zahn gezogen werden [3] Herkunft *f*
extractor [ɪkˈstræktəʳ] *s* Entsafter *m*
extractor fan *s* Sauglüfter *m*
extracurricular [ˈekstrəkəˈrɪkjʊləʳ] *adj* außer-

halb des Stundenplans; **~ activities** schulische Angebote außerhalb des regulären Unterrichts; bes hum Freizeitaktivitäten pl hum
extradite ['ekstrədaɪt] v/t ausliefern
extradition [ˌekstrə'dɪʃən] s Auslieferung f
extramarital ['ekstrə'mærɪtl] adj außerehelich
extraneous [ɪk'streɪnɪəs] form adj unwesentlich
extraordinarily [ɪk'strɔːdnrɪlɪ] adv außerordentlich; hoch, gut etc ungemein
extraordinary [ɪk'strɔːdnrɪ] adj **1** außergewöhnlich; Erfolg, Mut a. außerordentlich; Verhalten, Erscheinung eigenartig; Geschichte, Abenteuer seltsam; **it's ~ to think that ...** es ist (schon) eigenartig, wenn man denkt, dass ...; **what an ~ thing to say!** wie kann man so nur etwas sagen!; **it's ~ how much he resembles his brother** es ist erstaunlich, wie sehr er seinem Bruder ähnelt **2** Br form Maßnahme außerordentlich; **~ meeting** Sondersitzung f
extraordinary general meeting s außerordentliche Hauptversammlung
extra pay s Zulage f
extrapolate [ek'stræpəleɪt] v/t & v/i extrapolieren (**from** aus)
extrasensory ['ekstrə'sensərɪ] adj außersinnlich; **~ perception** außersinnliche Wahrnehmung
extra-special ['ekstrə'speʃəl] adj ganz besondere(r, s); **to take ~ care over sth** sich (dat) besonders viel Mühe mit etw geben
extraterrestrial ['ekstrətɪ'restrɪəl] **A** adj außerirdisch **B** s außerirdisches Lebewesen
extra time s SPORT Verlängerung f; **we had to play ~** der Schiedsrichter ließ nachspielen
extravagance [ɪk'strævəgəns] s Luxus m kein pl, Verschwendung f; **if you can't forgive her little ~s** wenn Sie es ihr nicht verzeihen können, dass sie sich ab und zu einen kleinen Luxus leistet
extravagant adj **1** Mensch verschwenderisch; Geschmack, Hobby teuer; **your ~ spending habits** deine Angewohnheit, das Geld mit vollen Händen auszugeben **2** Geschenk extravagant; Lebensstil aufwendig **3** Verhalten, Lob, Anspruch übertrieben
extravaganza [ɪkˌstrævə'gænzə] s Ausstattungsstück n
extra work s Mehrarbeit f
extreme [ɪk'striːm] **A** adj äußerste(r, s); Unbehagen, Gefahr größte(r, s); Beispiel, Bedingungen, Verhalten extrem; Maßnahmen drastisch; Schwierigkeit, Druck ungeheuer; Armut bitterste(r, s); of **~ importance** äußerst wichtig; **~ case** Extremfall m; **fascists of the ~ right** extrem rechts stehende Faschisten; **at the ~ left of the picture** ganz links im Bild **B** s Extrem n; **~s of temperature** extreme Temperaturen pl; **in the ~** im höchsten Grade; **to go from one ~ to the other** von einem Extrem ins andere fallen; **to go to ~s** es übertreiben; **to take** od **carry sth to ~s** etw bis zum Extrem treiben
extremely [ɪk'striːmlɪ] adv äußerst, höchst; wichtig, hoch a. extrem; **was it difficult? — ~!** war es schwierig? — sehr!
extreme sport s Extremsportart f, Extremsport m
extremism [ɪk'striːmɪzəm] s Extremismus m
extremist [ɪk'striːmɪst] **A** s Extremist(in) m(f) **B** adj extremistisch; **~ group** Extremistengruppe f
extremity [ɪk'stremɪtɪ] s **1** äußerstes Ende **2** extremities pl (≈ Hände und Füße) Extremitäten pl
extricate ['ekstrɪkeɪt] v/t befreien; fig retten; **to ~ oneself from sth** sich aus etw befreien
extrovert ['ekstrəʊvɜːt] **A** adj extrovertiert **B** s extrovertierter Mensch
extroverted ['ekstrəʊˌvɜːtɪd] bes US adj extrovertiert
exuberance [ɪg'zuːbərəns] s von Mensch Überschwänglichkeit f; von Stil Vitalität f
exuberant [ɪg'zuːbərənt] adj Mensch überschwänglich; Stimmung überschäumend; Stil übersprudelnd
exuberantly [ɪg'zjuːbərəntlɪ] adv überschwänglich; bes Kind übermütig
exude [ɪg'zjuːd] v/t **1** Flüssigkeit ausscheiden; Geruch ausströmen **2** fig Selbstvertrauen ausstrahlen
exult [ɪg'zʌlt] v/i frohlocken; **~ing in his freedom** seine Freiheit genießend
exultant adj Ausdruck, Schrei triumphierend; **he was ~** er jubelte; **~ mood** Jubelstimmung f
eye [aɪ] **A** s Auge n; von Nadel Öhr n; **with tears in her eyes** mit Tränen in den Augen; **with one's eyes closed** mit geschlossenen Augen; **as far as the eye can see** so weit das Auge reicht; **that's one in the eye for him** umg da hat er eins aufs Dach gekriegt umg; **to cast** od **run one's eye over sth** etw überfliegen; **to look sb (straight) in the eye** j-m in die Augen sehen; **to set eyes on sb/sth** j-n/etw zu Gesicht bekommen; **a strange sight met our eyes** ein seltsamer Anblick bot sich uns; **use your eyes!** hast du keine Augen im Kopf?; **with one's own eyes** mit eigenen Augen; **before my very eyes** (direkt) vor meinen Augen; **it was there all the time right in front of my eyes** es lag schon die ganze Zeit da, direkt vor meiner Nase; **I don't have eyes in the back of my head** ich hab doch hinten keine Augen; **to keep an eye on sb/sth** auf j-n/etw aufpassen; **the police are keeping an eye on him** die Po-

lizei beobachtet ihn; **to take one's eyes off sb/ sth** die Augen *od* den Blick von j-m/etw abwenden; **to keep one's eyes open** *od* **peeled** *umg* die Augen offen halten; **to keep an eye open** *od* **out for sb/sth** nach j-m/etw Ausschau halten; **to keep an eye on expenditure** auf die Ausgaben achten *od* aufpassen; **to open sb's eyes to sb/sth** j-m die Augen über j-n/etw öffnen; **to close** *od* **shut one's eyes to sth** die Augen vor etw (*dat*) verschließen; **to see eye to eye with sb** mit j-m einer Meinung sein; **to make eyes at sb** j-m schöne Augen machen; **to catch sb's eye** j-s Aufmerksamkeit erregen; **the dress caught my eye** das Kleid fiel mir ins Auge; **in the eyes of the law** in den Augen des Gesetzes; **with a critical eye** mit kritischem Blick; **with an eye to the future** im Hinblick auf die Zukunft; **with an eye to buying sth** in der Absicht, etw zu kaufen; **I've got my eye on you** ich beobachte dich genau; **to have one's eye on sth** auf etw (*akk*) ein Auge geworfen haben; **to have a keen eye for sth** einen scharfen Blick für etw haben; **he has a good eye for colour** er hat ein Auge für Farbe; **an eye for detail** ein Blick fürs Detail; **to be up to one's eyes in work** *Br umg* in Arbeit ersticken *umg*; **to be up to one's eyes in debt** *Br umg* bis über beide Ohren verschuldet sein *umg* **B** *v/t* anstarren
<small>phrasal verbs mit eye:</small>
eye up *v/t* ⟨*trennb*⟩ mustern
eyeball *s* **1** Augapfel *m*; **to be ~ to ~** sich Auge in Auge gegenüberstehen; **the ~s** *bes Br umg* total zugedröhnt *umg* **2** IT **~s** *pl umg* Besucher *pl* einer Website
eyebath *s* Augenbadewanne *f*
eyebrow *s* Augenbraue *f*; **that will raise a few ~s** da werden sich einige wundern
eyebrow gel *s* Augenbrauengel *n*
eyebrow pencil *s* Augenbrauenstift *m*
eye candy *umg s* Augenschmaus *m*, was fürs Auge *umg*
eye-catching *adj* auffallend; *Plakat* auffällig
eye contact *s* **to make ~ with sb** Blickkontakt mit j-m aufnehmen
eyecup *US s* Augenbadewanne *f*
-eyed [-aɪd] *adj* ⟨*suf*⟩ -äugig; **green-eyed** grünäugig
eyedrops ['aɪdrɒps] *pl* Augentropfen *pl*
eyeful ['aɪfʊl] *s* **he got an ~ of soda water** er bekam Selterswasser ins Auge; **I opened the bathroom door and got quite an ~** ich öffnete die Badezimmertür und sah allerhand *umg*
eyeglasses *US pl* Brille *f*
eyelash *s* Augenwimper *f*

eyelash curlers, eyelash tongs *pl* Wimpernzange *f*
eyelet ['aɪlɪt] *s* Öse *f*
eyelevel *adj* ⟨*attr*⟩ in Augenhöhe
eyelid ['aɪlɪd] *s* Augenlid *n*
eyeliner ['aɪlaɪnəʳ] *s* Eyeliner *m*
eye mask *s* Schlafmaske *f*
eye-opener *s* **that was a real ~ to me** das hat mir die Augen geöffnet
eye patch *s* Augenklappe *f*
eye shadow *s* Lidschatten *m*
eyesight *s* Sehkraft *f*; **to have good/poor ~** gute/schlechte Augen haben; **his ~ is failing** seine Augen lassen nach
eyesore *s* Schandfleck *m*
eye specialist *s* Augenarzt *m*, -ärztin *f*
eyestrain *s* Überanstrengung *f* der Augen
eye test *s* Augentest *m*
eyewash *fig umg* **1** Gewäsch *n umg*; (≈ *Täuschung*) Augenwischerei *f*
eyewitness *s* Augenzeuge *m*/-zeugin *f*
e-zine ['iːziːn] *s* IT Internetmagazin *n*

F¹, f [ef] *s* F *n*, f *n*; SCHULE *Note* Sechs *f*; **F sharp** Fis *n*, fis *n*; **F flat** Fes *n*, fes *n*
F² *abk* (= **Fahrenheit**) F
f *abk* (= **feminine**) f
FA *abk* (= **Football Association**) Britischer Fußballbund
fab [fæb] *umg adj abk* (= **fabulous**) toll *umg*
fable ['feɪbl] *s* Fabel *f*
fabric ['fæbrɪk] *s* **1** Textilien Stoff *m* **2** *fig von Gesellschaft etc* Gefüge *n*
fabricate ['fæbrɪkeɪt] *v/t Geschichte* erfinden; *Beweismaterial* fälschen
fabrication [,fæbrɪ'keɪʃən] *s* Erfindung *f*; **it's (a) pure ~** das ist ein reines Märchen *od* (eine) reine Erfindung
fabulous ['fæbjʊləs] *adj* sagenhaft *umg*
fabulously ['fæbjʊləslɪ] *adv reich, teuer* sagenhaft *umg*; *umg* (≈ *herrlich*) fantastisch *umg*
façade [fə'sɑːd] *s* Fassade *f*
face [feɪs] **A** *s* **1** Gesicht *n*; *von Uhr* Zifferblatt *n*; *von Fels* (Steil)wand *f*; **~ to ~ with** Auge in Auge mit, gegenüber; **to come ~ to ~ with sb** direkt mit j-m konfrontiert werden; **he told him so to his ~** er sagte ihm das (offen) ins Gesicht; **he shut the door in my ~** er schlug mir die Tür vor der Nase zu; **he laughed in my ~** er lachte

mir ins Gesicht; **to be able to look sb in the ~** j-m in die Augen sehen können; **to throw sth back in sb's ~** j-m etw wieder vorhalten; **in the ~ of great difficulties** etc angesichts od trotz größter Schwierigkeiten etc; **to save/lose ~** das Gesicht wahren/verlieren; **to put sth up(wards)/down(wards)** etw mit der Vorderseite nach oben/unten legen; **to be ~ up (-wards)/down(wards)** Mensch mit dem Gesicht nach oben/unten liegen; Objekt mit der Vorderseite nach oben/unten liegen; **the changing ~ of politics** das sich wandelnde Gesicht der Politik; **he/it vanished off the ~ of the earth** umg er/es war wie vom Erdboden verschwunden; **on the ~ of it** so, wie es aussieht ▌2 Gesicht n, Gesichtsausdruck m; **to make** od **pull a ~** das Gesicht verziehen; **to make** od **pull ~s/a funny ~** Grimassen/eine Grimasse schneiden (at sb j-m); **to put a brave ~ on it** sich (dat) nichts anmerken lassen ▌B v/t ▌1 gegenüber sein (+dat), gegenüberstehen/-liegen etc (+dat); (≈ ins Gesicht sehen) ansehen; Fenster: Norden etc gehen nach; Garten liegen zu; Haus, Zimmer: Norden etc liegen nach; **to ~ the light** mit dem Gesicht zum Licht stehen/sitzen etc; **~ the front!** sieh nach vorn!; **~ this way!** bitte sehen Sie hierher!; **the wall facing you** die Wand Ihnen gegenüber ▌2 fig Möglichkeit rechnen müssen mit; **to ~ death** dem Tod ins Auge sehen; **to ~ financial ruin** vor dem finanziellen Ruin stehen; **to be ~d with sth** sich einer Sache (dat) gegenübersehen; **the problem facing us** das Problem, mit dem wir konfrontiert sind; **to be ~d with a bill for £100** eine Rechnung über £ 100 präsentiert bekommen ▌3 Situation, Gefahr, Kritik sich stellen (+dat); Feind gegenübertreten (+dat); **to ~ (the) facts** den Tatsachen ins Auge sehen; **let's ~ it** machen wir uns doch nichts vor ▌4 umg verkraften umg; Stück Kuchen etc runterkriegen umg; **I can't ~ doing it** ich kann es einfach nicht tun; **I can't ~ it** umg ich bringe es einfach nicht über mich ▌C v/i Haus, Zimmer liegen (**towards, onto** zu); Fenster gehen (**onto, towards** auf +akk od zu); **he was facing away from me** er saß mit dem Rücken zu mir; **they were all facing toward(s) the window** sie saßen alle mit dem Gesicht zum Fenster (hin); **the house ~s south/toward(s) the sea** das Haus liegt nach Süden/zum Meer hin

phrasal verbs mit face:

face up to v/i (+obj) Tatsachen ins Gesicht sehen (+dat); Realität, Probleme sich auseinandersetzen mit; **he won't face up to the fact that ...** er will es nicht wahrhaben, dass ...

facebook® ['feɪsbʊk] v/t **to ~**® **sb** j-n auf/durch Facebook® kontaktieren; Infos über j-n auf Facebook® suchen

Facebook® s IT Facebook® n; **to be on ~**® auf od bei Facebook® sein

face cloth s Waschlappen m

face cream s Gesichtscreme f

faceless fig adj anonym

face-lift wörtl s Facelift(ing) n; **to have a ~** sich (dat) das Gesicht liften lassen

face mask s Kosmetik Gesichtsmaske f

face pack s Gesichtspackung f

face powder s Gesichtspuder m

face primer s Face-Primer m (Grundierung für Make-up)

face recognition s Gesichtserkennung f

face-saving adj **a ~ measure** eine Maßnahme, die dazu dient, das Gesicht zu wahren

facet ['fæsɪt] wörtl s Facette f; fig Seite f

facetious [fə'siːʃəs] adj spöttisch

face-to-face adj persönlich; Kontakt direkt

face value s **to take sth at ~** fig etw für bare Münze nehmen

facial ['feɪʃəl] ▌A s kosmetische Gesichtsbehandlung f; **to get a ~** sich einer (kosmetischen) Gesichtsbehandlung unterziehen ▌B adj Gesichts-; **~ expression** Gesichtsausdruck m; **~ recognition** Gesichtserkennung f

facile ['fæsaɪl] pej adj Lösung simpel; Bemerkung nichtssagend

facilitate [fə'sɪlɪteɪt] v/t erleichtern

facility [fə'sɪlɪtɪ] s Einrichtung f; **we have no facilities for disposing of toxic waste** wir haben keine Möglichkeit zur Beseitigung von Giftmüll; **a hotel with all facilities** ein Hotel mit allem Komfort; **facilities for the disabled** Einrichtungen pl für Behinderte; **cooking facilities** Kochgelegenheit f; **toilet facilities** Toiletten pl; **credit ~** Kredit m

facing ['feɪsɪŋ] adj **on the ~ page** auf der gegenüberliegenden Seite

facsimile [fæk'sɪmɪlɪ] s Faksimile n

fact [fækt] s ▌1 Tatsache f; historisch etc Faktum n; **hard ~s** nackte Tatsachen pl; **~s and figures** Fakten und Zahlen; **despite the ~ that ...** der Tatsache zum Trotz, dass ...; **to know for a ~ that ...** ganz sicher wissen, dass; **the ~ (of the matter) is that ...** die Sache ist die, dass ...; **... and that's a ~ ...** darüber besteht kein Zweifel!; **is that a ~?** tatsächlich? ▌2 ⟨kein pl⟩ Wirklichkeit f; **~ and fiction** Dichtung und Wahrheit; **based on ~** auf Tatsachen beruhend ▌3 **in (actual) ~** eigentlich, tatsächlich, genau genommen; **in ~, as a matter of ~** eigentlich; verstärkend sogar; **I don't suppose you know him? — in (actual) ~** od **as a matter of ~ I do** Sie kennen ihn nicht zufällig? — doch, eigentlich schon; **do you know him? — in (actual)** ~ *od* **as a matter of** ~ **I do** kennen Sie ihn? — jawohl; **it won't be easy, in** ~ *od* **as a matter of** ~ **it'll be very difficult** es wird nicht einfach sein, es wird sogar sehr schwierig sein; **as a matter of** ~ **we were just talking about you** wir haben (nämlich) eben von Ihnen geredet

fact file *s* Steckbrief *m*

fact-finding ['fæktfaɪndɪŋ] *adj* ~ **mission** Erkundungsmission *f*

faction ['fækʃən] *s* (Partei)gruppe *f*; POL Fraktion *f*, Splittergruppe *f*

fact of life *s* **1** **that's just a** ~ so ist es nun mal im Leben **2** *sexuell* **to tell sb the facts of life** j-n aufklären; **to know the facts of life** aufgeklärt sein

factor ['fæktə^r] *s* Faktor *m*; **to be a** ~ **in determining sth** etw mitbestimmen; **by a** ~ **of three** *etc* mit einem Faktor von drei *etc*

factory ['fæktərɪ] *s* Fabrik *f*, Werk *n*

factory farm *s* Betrieb mit automatisierter Viehhaltung

factory farming *s* industriell betriebene Viehzucht, automatisierte Viehhaltung

factory floor *s* Produktionsstätte *f*

factsheet ['fæktʃi:t] *s* Informationsblatt *n*

factual ['fæktjʊəl] *adj Beweise* auf Tatsachen beruhend; *Bericht* sachlich; ~ **information** Sachinformationen *pl*; ~ **error** Sachfehler *m*; ~ **text** Sachtext *m*; **the book is largely** ~ das Buch beruht zum größten Teil auf Tatsachen

faculty ['fækəltɪ] *s* **1** Fähigkeit *f*; **mental faculties** geistige Fähigkeiten *pl*; ~ **of hearing/sight** Hör-/Sehvermögen *n*; **to be in (full) possession of (all) one's faculties** im Vollbesitz seiner Kräfte sein **2** UNIV Fakultät *f*; **the medical** ~, **the** ~ **of medicine** die medizinische Fakultät

fad [fæd] *s* Tick *m umg*, Masche *f umg*; **it's just a fad** (= *Mode*) das ist nur ein momentaner Tick *umg*

fade [feɪd] **A** *v/i* **1** verblassen; *Blume, Schönheit* verblühen; *Gefühl* schwinden *geh*; *Hoffnung* zerrinnen; *Musik etc* verklingen; *Signal* schwächer werden; **hopes are fading of finding any more survivors** die Hoffnung, noch weitere Überlebende zu finden, wird immer geringer; **to** ~ **into the background** sich im Hintergrund halten **2** RADIO, TV, FILM **to** ~ **to another scene** (allmählich) zu einer anderen Szene überblenden **B** *v/t* ausbleichen

phrasal verbs mit fade:

fade away *v/i* schwächer werden; *Erinnerung* aus dem Gedächtnis schwinden; *Kranke* sterben; *Musik etc* verklingen

fade in *v/t* ⟨*trennb*⟩ RADIO, TV, FILM allmählich einblenden

fade out *v/t* ⟨*trennb*⟩ RADIO, TV, FILM abblenden

faded ['feɪdɪd] *adj* verblasst; *Blume, Schönheit* verblüht; **a pair of** ~ **jeans** verblichene Jeans *pl*

faeces ['fi:si:z] *pl*, **feces** *US pl* Kot *m*

fag [fæg] *s* **1** *Br umg* (= *Zigarette*) Kippe *f umg* **2** *bes US sl neg!* Schwule(r) *m*

fag end *s Br umg von Zigarette* Kippe *f umg*

fag hag *bes US sl neg! s* beste Freundin (*eines Homosexuellen*); Schwulenmutti *f umg neg!*

fagot ['fægət] *bes US sl neg! s* Schwule(r) *m*

Fahrenheit ['færənhaɪt] *s* Fahrenheit *n*

fail [feɪl] **A** *v/i* **1** keinen Erfolg haben, versagen; *Plan, Experiment, Ehe* scheitern; *Versuch* fehlschlagen; *Kandidat* durchfallen; *Firma* eingehen; **he** ~**ed in his attempt to take control of the company** sein Versuch, die Leitung der Firma zu übernehmen, schlug fehl; **to** ~ **in one's duty** seine Pflicht nicht tun; **if all else** ~**s** wenn alle Stricke reißen; **to** ~ **miserably** kläglich scheitern **2** *Gesundheit* sich verschlechtern; *Sehfähigkeit* nachlassen **3** *Batterie, Motor* ausfallen; *Bremsen, Herz* versagen; **the crops** ~**ed** die Ernte fiel aus **B** *v/t* **1** *Kandidaten* durchfallen lassen; *Fach* durchfallen in (+*dat*); **to** ~ **an exam** eine Prüfung nicht bestehen; **to** ~ **a grade** eine Schulnote nicht erreichen **2** im Stich lassen; **words** ~ **me** mir fehlen die Worte **3** ~ **to do sth** etw nicht tun; versagen (beim Versuch, etw zu tun); **she** ~**ed to lose weight** es gelang ihr nicht abzunehmen; **she never** ~**s to amaze me** sie versetzt mich immer wieder in Erstaunen; **I** ~ **to see why** es ist mir völlig unklar, warum; *empört* ich sehe gar nicht ein, warum **C** *s* **without** ~ auf jeden Fall, garantiert

failed *adj* gescheitert; *Firma* bankrott; *Schriftsteller* verhindert

failing **A** *s* Fehler *m* **B** *präp* ~ **this/that** (oder) sonst, und wenn das nicht möglich ist; ~ **which** ansonsten

fail-safe ['feɪlseɪf] *adj* (ab)gesichert; *Methode* hundertprozentig sicher; *Mechanismus, System* störungssicher

failure ['feɪljə^r] *s* **1** Misserfolg *m*; *von Plan, Experiment, Ehe* Scheitern *n*; *von Versuch* Fehlschlag *m*; *von Firma* Eingehen *n*; (= *Mensch*) Versager(in) *m(f)* (**at** in +*dat*); **because of his** ~ **to act** weil er nicht gehandelt hat **2** *von Generator* Ausfall *m*; *von Bremsen* Versagen *n*; **liver** ~ Leberversagen *n*

faint [feɪnt] **A** *adj* ⟨+*er*⟩ **1** schwach; *Spuren, Linie* undeutlich; *Zeichen* blass; *Farbe* verblasst; *Klang, Hoffnung, Lächeln* leise; **your voice is very** ~ am Telefon man hört dich kaum; **I have a** ~ **memory of that day** ich kann mich schwach an den Tag erinnern; **I haven't the** ~**est idea** *emph* ich habe nicht die geringste Ahnung **2** ⟨*präd*⟩ MED **she was** *od* **felt ~** sie war einer Ohnmacht nahe **B** *v/i* MED in Ohnmacht fallen, ohnmächtig werden (**with, from** vor +*dat*) **C** *s* MED **she fell to the ground in a ~** sie fiel ohnmächtig zu Boden

faint-hearted [feɪntˈhɑːtɪd] *adj* zaghaft; **it's not for the ~** es ist nichts für ängstliche Gemüter

faintly [ˈfeɪntlɪ] *adv scheinen* schwach; *riechen, lächeln* leicht; **the words are just ~ visible** die Worte sind gerade noch sichtbar; **I could hear the siren ~** ich konnte die Sirene gerade noch hören

fair¹ [fɛə] **A** *adj* ⟨+*er*⟩ **1** gerecht, fair (**to** *od* **on sb** j-m gegenüber, gegen j-n); **he tried to be ~ to everybody** er versuchte, allen gegenüber gerecht zu sein; **~ point** *od* **comment** das lässt sich (natürlich) nicht abstreiten; **it is ~ to say that …** man kann wohl sagen, dass …; **to be ~, …** man muss (fairerweise) dazusagen, dass …; **it's only ~ to ask him** man sollte ihn fairerweise fragen; **~ enough!** na gut, schön und gut **2** *Summe* ziemlich groß; **a ~ amount of money** ziemlich viel Geld; **it's a ~ way** es ist ziemlich weit; **a ~ number of students** ziemlich viele Studenten; **a ~ chance of success** ziemlich gute Erfolgsaussichten **3** *Schätzung, Idee* ziemlich gut; **I've a ~ idea that he's going to resign** ich bin mir ziemlich sicher, dass er zurücktreten wird **4** (≈ *Note*) befriedigend; **to mark an essay 'fair'** einen Aufsatz mit „befriedigend" benoten **5** *Mensch, Haare* blond **6** *Mensch* hellhäutig; *Haut* hell **7** *Wetter* heiter **B** *adv* **to play ~** fair sein; SPORT fair spielen; **they beat us ~ and square** sie haben uns deutlich geschlagen

fair² *s* (Jahr)markt *m*, Volksfest *n*; HANDEL Messe *f*

fair copy *s* Reinschrift *f*; **to write out a ~ of sth** etw ins Reine schreiben

fair game *fig s* Freiwild *n*

fairground *s* Festplatz *m*

fair-haired *adj* blond

fairly [ˈfɛəlɪ] *adv* **1** ziemlich; **~ recently** erst kürzlich **2** *behandeln* gerecht **3** geradezu; **we ~ flew along** wir sausten nur so dahin

fair-minded [ˈfɛəmaɪndɪd] *adj* gerecht

fairness [ˈfɛənɪs] *s* Gerechtigkeit *f*; **in all ~** gerechterweise

fair play *s* SPORT, *a. fig* Fairplay *n*

fair trade *s* Fairer Handel (*mit Entwicklungsländern*); *US* Preisbindung *f*

fairtrade shop *s* Fair-Trade-Laden *m*

fairway *s Golf* Fairway *n*

fair-weather *adj* **a ~ friend** ein Freund, der nur in guten Zeiten ein Freund ist

fairy [ˈfɛərɪ] *s* Fee *f*

fairy godmother *s* gute Fee

fairy lights *pl* bunte Lichter *pl*

fairy story, **fairy tale** *s* Märchen *n*

fairy-tale *fig adj* märchenhaft

fait accompli [ˌfeɪtəˈkɒmpliː] *s* vollendete Tatsache

faith [feɪθ] *s* **1** Vertrauen *n* (**in** zu), Glaube *m* (**in** an +*akk*); **to have ~ in sb** j-m (ver)trauen; **to have ~ in sth** Vertrauen in etw (*akk*) haben; **to act in good/bad ~** in gutem Glauben/böser Absicht handeln **2** (≈ *Religion*) Glaube *m kein pl* **3 to keep ~ with sb** j-m treu bleiben, j-m die Treue halten *geh*

faithful [ˈfeɪθfʊl] *adj* **1** treu; **to be ~ to sb/sth** j-m/einer Sache treu sein **2** *Kopie* originalgetreu

faithfully [ˈfeɪθfəlɪ] *adv* **1 Yours ~** *Br in Brief* Hochachtungsvoll; Mit freundlichen Grüßen **2** *wiederherstellen* originalgetreu; *reproduzieren* genau

faith healer *s* Gesundbeter(in) *m(f)*

fake [feɪk] **A** *adj* unecht; *Geldschein, Gemälde* gefälscht; **~ fur** Pelzimitation *f*; **a ~ suntan** Bräune *f* aus der Flasche **B** *s* Fälschung *f*; *von Schmuck* Imitation *f*; (≈ *Mensch*) Schwindler(in) *m(f)*; **the painting was a ~** das Gemälde war gefälscht **C** *v/t* vortäuschen; *Gemälde, Resultat* fälschen; *Einbruch, Unfall* fingieren

fake tan *s* Selbstbräuner *m*

falcon [ˈfɔːlkən] *s* Falke *m*

Falkland Islands [ˈfɔːklənd,aɪləndz], **Falklands** [ˈfɔːkləndz] *pl* Falklandinseln *pl*

fall [fɔːl] ⟨*v*: *prät* fell; *pperf* fallen⟩ **A** *v/i* **1** fallen, SPORT *aus großer Höhe* stürzen; *Objekt* herunterfallen; *Mitgliedschaft etc* abnehmen; **to ~ to one's death** tödlich abstürzen; **to ~ into a trap** in die Falle gehen; **his face fell** er machte ein langes Gesicht; **to ~ in battle** fallen; **her eyes fell on a strange object** *fig* ihr Blick fiel auf einen merkwürdigen Gegenstand **2** *Stadt* eingenommen werden; *Regierung* gestürzt werden **3** *Nacht* hereinbrechen **4** *Ostern etc* fallen (**on** auf +*akk*); *bei Klassifizierung* fallen (**under** unter +*akk*); **that ~s within/outside the scope of …** das fällt in/nicht in den Bereich … **5** sich gliedern (**into** in +*akk*); **to ~ into categories** sich in Kategorien gliedern lassen **6** werden; **to ~ asleep** einschlafen; **to ~ ill** krank werden; **to ~ in love with sb** sich in j-n verlieben; **to ~ out of love** sich entlieben; **to ~ out of love with sb** aufhören, jdn zu lieben **7** **to ~ into decline** *Gebäude* verkommen; **to ~ into a deep sleep** in tiefen Schlaf fallen; **to ~ into bad habits** in schlechte Gewohnheiten verfallen; **to ~ apart** *od* **to pieces** aus dem Leim gehen *umg*; *Firma, Leben* aus den Fugen geraten; **I fell apart**

fallacy – family

when he left me meine Welt brach zusammen, als er mich verließ **B** s **1** Fall m kein pl; **to break sb's ~** j-s Fall auffangen; **she had a bad ~** sie ist schwer gestürzt; **~ of rain** Regenfall m; **there was another heavy ~ (of snow)** es hat wieder viel geschneit **2** von Stadt etc Einnahme f; von Regierung Sturz m **3** Sinken n; plötzlich Sturz m; von Temperatur Abfall m; von Mitgliedschaft Abnahme f **4** (a. **~s**) Wasserfall m; **Niagara Falls** die Niagarafälle **5** US Herbst m; **in the ~** im Herbst

phrasal verbs mit fall:

fall about, (a. **fall about laughing**) Br umg v/i sich kranklachen umg

fall away v/i **1** Boden abfallen **2** → fall off

fall back v/i a. MIL zurückweichen

fall back (up)on v/i ⟨+obj⟩ zurückgreifen auf (+akk)

fall behind v/i **1** SPORT, SCHULE zurückfallen (obj hinter +akk) **2** mit Miete, Arbeit in Rückstand geraten

fall down v/i **1** Mensch hinfallen; Objekt herunterfallen; Haus einstürzen **2** hinunterfallen (obj +akk)

fall for v/i ⟨+obj⟩ **1** I really fell for him er hatte es mir angetan **2** Produktwerbung etc hereinfallen auf (+akk)

fall in v/i **1** hineinfallen **2** einstürzen **3** MIL **fall in!** antreten!

fall in with v/i ⟨+obj⟩ sich anschließen (+dat); schlechte Gesellschaft geraten in (+akk)

fall off v/i **1** wörtl herunterfallen (obj von) **2** abnehmen

fall on v/i ⟨+obj⟩ **1** (≈ stolpern) fallen über (+akk) **2** Entscheidung, Aufgabe zufallen (+dat); Schuld treffen (+akk); **the responsibility falls on your shoulders** Sie tragen od haben die Verantwortung **3** (≈ angreifen) herfallen über (+akk)

fall out v/i **1** herausfallen; **to fall out of sth** aus etw fallen **2** sich (zer)streiten **3** MIL wegtreten

fall over A v/i Mensch hinfallen; Objekt umfallen **B** v/i ⟨+obj⟩ **1** (≈ stolpern) fallen über (+akk); **they were falling over each other to get the book** sie drängelten sich, um das Buch zu bekommen **2** **to fall over oneself to do sth** sich (dat) die größte Mühe geben, etw zu tun

fall through v/i Plan ins Wasser fallen

fall to v/i Verantwortung etc zufallen (+dat)

fallacy ['fæləsi] s Irrtum m

fallen ['fɔːlən] pperf → fall

fall guy bes US umg s Sündenbock m

fallibility [ˌfælɪ'bɪlɪtɪ] s Fehlbarkeit f

fallible ['fæləbl] adj fehlbar

falling ['fɔːlɪŋ] adj fallend; Mitgliederzahl abnehmend

falling-off s → fall-off

falling-out s Streit m

falling star s Sternschnuppe f

fall-off s Abnahme f

fallout ['fɔːlaʊt] s radioaktiver Niederschlag

fallow ['fæləʊ] adj AGR brachliegend; **most of the fields are (lying) ~** die meisten Felder liegen brach

false [fɔːls] adj ⟨komp falser⟩ falsch; Wimpern künstlich; Papiere gefälscht; **that's a ~ economy** das ist am falschen Ort gespart; **~ imprisonment** willkürliche Inhaftierung; **under** od **by ~ pretences** Br, **under** od **by ~ pretenses** US unter Vorspiegelung falscher Tatsachen; **to ring ~** nicht echt klingen

false alarm s falscher Alarm

false friend s LING falscher Freund

falsehood ['fɔːlshʊd] s Unwahrheit f

falsely ['fɔːlslɪ] adv angeklagt, verurteilt zu Unrecht; berichten fälschlicherweise

false move s **one ~, and …** fig ein kleiner Fehler und …

false start s Fehlstart m

false teeth pl (künstliches) Gebiss

falsification [ˌfɔːlsɪfɪ'keɪʃən] s (Ver)fälschung f

falsify ['fɔːlsɪfaɪ] v/t fälschen; Resultat verfälschen

falter ['fɔːltə^r] v/i Sprecher stocken; beim Gehen zögern

faltering adj Stimme stockend; Schritte zögernd; Wirtschaft geschwächt

fame [feɪm] s Ruhm m; **~ and fortune** Ruhm und Reichtum; **hall of ~** Ruhmeshalle f

famed [feɪmd] adj berühmt (**for** wegen)

familial [fə'mɪlɪəl] adj familiär

familiar [fə'mɪljə^r] adj **1** Umgebung, Anblick gewohnt; Gestalt, Stimme vertraut; Mensch bekannt; Titel, Melodie geläufig; Beschwerde häufig; **his face is ~** das Gesicht ist mir bekannt; **to be ~ to sb** j-m bekannt sein; **it looks very ~** es kommt mir sehr bekannt vor; **that sounds ~** das habe ich doch schon mal gehört; **I am ~ with the word** das Wort ist mir bekannt od vertraut; **are you ~ with these modern techniques?** wissen Sie über diese modernen Techniken Bescheid? **2** Ton familiär; (≈ zu freundlich) plumpvertraulich; **to be on ~ terms with sb** mit j-m auf vertrautem Fuß stehen

familiarity [fəˌmɪlɪ'ærɪtɪ] s ⟨kein pl⟩ Vertrautheit f

familiarize [fə'mɪlɪəraɪz] v/t **to ~ sb/oneself with sth** j-n/sich mit etw vertraut machen

family ['fæmɪlɪ] **A** s Familie f; im weiteren Sinne Verwandtschaft f; **to start a ~** eine Familie gründen; **has he any ~?** hat er Familie?; **it runs in the ~** das liegt in der Familie; **he's one of the ~** er gehört zur Familie **B** adj ⟨attr⟩

Familien-; **~ business** Familienunternehmen n; **a ~ friend** ein Freund/eine Freundin der Familie
family business s Familienbetrieb m
family circle s Familienkreis m
family company s Familienbetrieb m
family doctor s Hausarzt m/-ärztin f
family getaway s, **family outing** s Familienausflug m
family man s ⟨pl - men⟩ Familienvater m
family name s Familienname m
family planning s Familienplanung f
family planning clinic s Familienberatungsstelle f
family room s **1** bes US Wohnzimmer n **2** Br für Kinder zugelassener Raum in einem Lokal
family-size adj in Haushaltsgröße; Packung Familien-
family tree s (Familien)stammbaum m
family values pl traditionelle (Familien)werte pl
famine ['fæmɪn] s Hungersnot f
famished ['fæmɪʃt] umg adj ausgehungert; **I'm ~** ich sterbe vor Hunger umg
famous ['feɪməs] adj berühmt (**for** durch, für)
famously ['feɪməslɪ] adv bekanntermaßen
fan¹ [fæn] **A** s **1** Fächer m **2** Ventilator m **B** v/t **to fan sb/oneself** j-m/sich (Luft) zufächeln; **to fan the flames** fig Öl ins Feuer gießen
phrasal verbs mit fan
fan out v/i bei Suche etc ausschwärmen
fan² s Fan m; **I'm quite a fan of yours** ich bin ein richtiger Verehrer von Ihnen
fan-assisted ['fænəˌsɪstɪd] adj **~ oven** Umluftherd m
fanatic [fə'nætɪk] s Fanatiker(in) m(f)
fanatical adj fanatisch; **he is ~ about it** es geht ihm über alles; **I'm ~ about fitness** ich bin ein Fitnessfanatiker
fanaticism [fə'nætɪsɪzəm] s Fanatismus m
fan belt s Keilriemen m
fanciful ['fænsɪfʊl] adj **1** Idee fantastisch **2** unrealistisch; **I think you're being somewhat ~** ich glaube, das ist etwas weit hergeholt
fan club s Fanklub m
fancy ['fænsɪ] **A** v/t **1** (≈ mögen) **I ~ that car** das Auto gefällt mir; **he fancies a house on Crete** er hätte gern ein Haus auf Kreta; **I didn't ~ that job** die Stelle hat mich nicht gereizt; **I ~ a walk/beer** ich habe Lust zu einem Spaziergang/auf ein Bier; **to ~ doing sth** Lust haben, etw zu tun; **she fancies doing that** sie würde das gern tun, sie hätte Lust, das zu tun; **to ~ sb** j-n attraktiv finden; **I don't ~ my chances of getting that job** ich rechne mir keine großen Chancen aus, die Stelle zu bekommen **2** sich (dat) einbilden, glauben **3** **~ doing that!** so

was(, das) zu tun!; **~ that!** umg (nein) so was!; **~ him winning!** wer hätte gedacht, dass er gewinnt! **B** v/r von sich eingenommen sein; **he fancies himself as an expert** er hält sich für einen Experten **C** s **a passing ~** nur so eine Laune; **he's taken a ~ to her** sie hat es ihm angetan; **to take** od **catch sb's ~** j-m gefallen **D** adj ⟨komp fancier⟩ **1** umg Auto schick; Frisur, Bewegung kunstvoll; Speisen raffiniert; **nothing ~** nichts Ausgefallenes **2** oft pej umg Haus, Auto chic umg; Restaurant nobel
fancy dress s (Masken)kostüm n, Verkleidung f; **is it ~?** geht man da verkleidet hin?; **they came in ~** sie kamen verkleidet; **fancy-dress party** Kostümfest n
fancy goods pl Geschenkartikel pl
fanfare ['fænfeə^r] s Fanfare f; **trumpet ~** Trompetenstoß m
fang [fæŋ] s von Schlange Giftzahn m; von Wolf Fang m
fan heater s Heizlüfter m
fan mail s Verehrerpost f
fanny ['fænɪ] s **1** bes US umg Po m umg **2** Br sl Möse f vulg
fanny pack s Gürteltasche f
fan oven s Br Umluftherd m
fantasize ['fæntəsaɪz] v/i fantasieren; im Traum Fantasievorstellungen haben (**about** von)
fantastic [fæn'tæstɪk] **A** int fantastisch! **B** adj umg fantastisch; **a ~ amount of, ~ amounts of** wahnsinnig viel umg
fantastically [fæn'tæstɪkəlɪ] umg adv wahnsinnig umg
fantasy ['fæntəsɪ] s **1** Fantasie f **2** Gattung Fantasy f
fanzine ['fænziːn] s Fanmagazin n
FAQ s abk (= frequently asked questions) IT häufig gestellte Fragen pl
far [fɑː^r] ⟨komp further; farther; sup furthest; farthest⟩ **A** adj hintere(r, s); **the far end of the room** das andere Ende des Zimmers; **the far door** die Tür am anderen Ende des Zimmers; **on the far side of** auf der anderen Seite von; **in the far distance** in weiter Ferne; **it's a far cry from ...** fig das ist etwas ganz anderes als ... **B** adv **1** weit; **we don't live far** od **we live not far from here** wir wohnen nicht weit von hier; **as far as** bis; **I'll go with you as far as the gate** ich begleite dich bis zum Tor; **far and wide** weit und breit; **from far and near** od **wide** von nah und fern; **far away** weit weg, weit entfernt; **I won't be far off** od **away** ich bin ganz in der Nähe; **have you come far?** kommen Sie von weit her?; **how far have you got with your plans?** wie weit sind Sie mit Ihren Plänen (gekommen)?; **far better** weit

besser; **far more interesting** weitaus interessanter ▫2 *zeitlich* **as far back as 1945** schon (im Jahr) 1945; **far into the night** bis spät in die Nacht ▫3 **as** *od* **so far as I'm concerned** was mich betrifft; **it's all right as far as it goes** das ist so weit ganz gut; **by far** bei Weitem, mit Abstand; **by far the best, the best by far** bei Weitem der/die/das Beste; **far from satisfactory** alles andere als befriedigend; **far from liking him I find him quite unpleasant** ich mag ihn nicht, ich finde ihn (im Gegenteil) sogar ausgesprochen unsympathisch; **far from it!** (ganz) im Gegenteil; **far be it from me to …** es sei mir fern, zu …; **so far** bisher, so weit; **so far so good** so weit, so gut; **to go so far** *Vorräte etc* weit reichen; *Mensch* es weit bringen; **I would go so far as to say …** ich würde so weit gehen zu sagen …; **that's going too far** das geht zu weit; **not far off** *räumlich* nicht weit; *bei Vermutung, Wurf etc* fast (getroffen); **the weekend isn't far off now** es ist nicht mehr lang bis zum Wochenende

faraway, far-away ['fɑːrəweɪ] *adj* ▫1 *Ort* entlegen; *Land* fern; *Geräusch* weit entfernt ▫2 *Blick* verträumt

farce [fɑːs] *s* Farce *f*

farcical ['fɑːsɪkl] *fig adj* absurd

fare [feə[r]] ▫A *s* ▫1 Fahrpreis *m*; FLUG Flugpreis *m*; *auf Fähre* Preis *m* für die Überfahrt; (≈ Münzen etc) Fahrgeld *n* ▫2 *obs, form* (≈ Nahrung) Kost *f*; **traditional Christmas ~** ein traditionelles Weihnachtsessen ▫B *v/i* **he ~d well** es ging ihm gut; **how did you ~?** wie ist es dir ergangen?; **the dollar ~d well on the stock exchange** der Dollar schnitt an der Börse gut ab

Far East *s* **the ~** der Ferne Osten

fare-dodger *s* Schwarzfahrer(in) *m(f)*

fare stage *s* Tarifgrenze *f*

farewell [feə'wel] *s* Abschied *m*; **to say** *od* **make one's ~s** sich verabschieden, Abschied nehmen; **to bid sb ~** j-m Auf Wiedersehen sagen; **~ speech** Abschiedsrede *f*

far-fetched *adj* weit hergeholt

far-flung *adj* abgelegen

farm [fɑːm] ▫A *s* Bauernhof *m*, Gutshof *m*; *in USA, Australien* Farm *f*; **chicken ~** Hühnerfarm *f* ▫B *adj* ⟨*attr*⟩ landwirtschaftlich; **~ labourer** *Br*, **~ laborer** *US* Landarbeiter(in) *m(f)*; **~ animals** Tiere *pl* auf dem Bauernhof ▫C *v/t Land* bebauen; *Vieh* halten; *Pelztiere etc* züchten ▫D *v/i* Landwirtschaft betreiben

phrasal verbs mit farm:
farm out *v/t* ⟨*trennb*⟩ *Arbeit* vergeben (**on, to an** +*akk*)

farmer ['fɑːmə[r]] *s* Bauer *m*, Bäuerin *f*; *in USA, Australien* Farmer(in) *m(f)*; **~'s wife** Bäuerin *f*

farmers' market *s* Bauernmarkt *m*

farmhand *s* Landarbeiter(in) *m(f)*

farmhouse *s* Bauernhaus *n*

farming ['fɑːmɪŋ] *s* Landwirtschaft *f*

farmland *s* Ackerland *n*

farm produce *s* landwirtschaftliches Erzeugnis

farmstead ['fɑːmsted] *s* Bauernhof *m*, Gehöft *n*

farmworker *s* Landarbeiter(in) *m(f)*

farmyard *s* Hof *m*

far-off ['fɑːrɒf] *adj* ▫1 *vergangen* weit zurückliegend; *zukünftig* weit entfernt ▫2 *Ort* fern

far-reaching *adj* weitreichend

far-sighted *fig adj* weitblickend

fart [fɑːt] *umg* ▫A *s* ▫1 Furz *m umg* ▫2 **he's a boring old ~** er ist ein langweiliger alter Knacker *umg* ▫B *v/i* furzen *umg*

farther ['fɑːðə[r]] ⟨*komp* → **far**⟩ ▫A *adj* weiter entfernt; **at the ~ end** am anderen Ende ▫B *adv* → **further A**

farthest ['fɑːðɪst] *adj & adv* ⟨*sup*⟩ ▫1 **the ~ point of the island** der am weitesten entfernte Punkt der Insel ▫2 → **far**

fascia ['feɪʃə] *s* ▫1 *für Handy* Oberschale *f* ▫2 *Br im Auto* Armaturenbrett *n*

fascinate ['fæsɪneɪt] *v/t* faszinieren

fascinated ['fæsɪneɪtɪd] *adj* fasziniert

fascinating ['fæsɪneɪtɪŋ] *adj* faszinierend

fascination [ˌfæsɪ'neɪʃən] *s* Faszination *f*; **to watch in ~** gebannt zusehen; **his ~ with the cinema** die Faszination, die das Kino auf ihn ausübt

fascism ['fæʃɪzəm] *s* ▫1 Faschismus *m* ▫2 *fig* Faschismus *m*; **body ~** Körperfaschismus *m*

fascist ['fæʃɪst] ▫A *s* Faschist(in) *m(f)* ▫B *adj* faschistisch

fashion ['fæʃən] ▫A *s* ▫1 ⟨*kein pl*⟩ Art (und Weise) *f*; **(in the) Indian ~** auf Indianerart; **in the usual ~** wie üblich; **in a similar ~** auf ähnliche Weise; **to do sth after a ~** etw recht und schlecht machen ▫2 Mode *f*; **(back) in ~** (wieder) modern; **it's all the ~** es ist große Mode; **to come into/go out of ~** in Mode/aus der Mode kommen; **she always wears the latest ~s** sie ist immer nach der neuesten Mode gekleidet ▫B *v/t* formen

fashionable ['fæʃnəbl] *adj* modisch; *Restaurant, Gegend* chic; **to become ~** in Mode kommen

fashionably ['fæʃnəblɪ] *adv* modisch

fashion-conscious *adj* modebewusst

fashion designer *s* Modedesigner(in) *m(f)*

fashion magazine *s* Modezeitschrift *f*

fashion parade *s* Modenschau *f*

fashion show *s* Modenschau *f*

fashion trend *s* Modetrend *m*

fashion victim *pej umg s* Opfer *n* der Mode, Fashion Victim *n*

fast[1] [fɑːst] *adj & adv* ⟨*-er*⟩ schnell; **she's a runner** sie kann schnell laufen; **to pull a ~ one (on sb)** *umg* j-n übers Ohr hauen *umg*; **to be ~** *Uhr* vorgehen; **to be five minutes ~** fünf Minuten vorgehen

fast[2] **A** *adj* **1** fest **2** *Farbstoff* farbecht **B** *adv* **1** fest; **to stick ~** festsitzen; *mit Klebstoff* festkleben **2 to be ~ asleep** fest schlafen

fast[3] **A** *v/i* fasten **B** *s* Fasten *n*, Fastenzeit *f*

fast-breeder reactor *s* Schneller Brüter

fasten ['fɑːsn] **A** *v/t* befestigen (**to, onto** *an* +*dat*); *Knopf, Kleid etc* zumachen; *Tür* (ab)schließen; **to ~ one's seat belt** sich anschnallen; **to ~ two things together** zwei Dinge aneinander befestigen **B** *v/i* sich schließen lassen; **the dress ~s at the back** das Kleid wird hinten zugemacht; **these two pieces ~ together** diese zwei Teile werden miteinander verbunden

phrasal verbs mit fasten:
fasten on *v/t* ⟨*trennb*⟩ festmachen (*obj*, -**to** *an* +*dat*)
fasten up *v/t* ⟨*trennb*⟩ *Kleid* zumachen; **could you fasten me up?** *umg* kannst du mir zumachen? *umg*

fastener ['fɑːsnə^r], **fastening** ['fɑːsnɪŋ] *s* Verschluss *m*

fast food *s* Fast Food *n*

fast-food restaurant *s* Fast-Food-Restaurant *n*, Schnellrestaurant *n*

fast-forward *v/t & v/i* vorspulen

fastidious [fæsˈtɪdɪəs] *adj* penibel (**about** in Bezug auf +*akk*)

fast lane *s* Überholspur *f*; **life in the ~** *fig* das hektische Leben

fast-track *v/t* im Schnellverfahren durchführen

fat [fæt] **A** *adj* ⟨*komp* fatter⟩ **1** dick, fett; *umg Gewinn* üppig; **to get** *od* **become fat** dick werden **2 iron and fatter it a fat lot of good** das bringt doch überhaupt nichts; **fat lot of help she was** sie war 'ne schöne Hilfe! *iron umg*; **fat chance!** schön wärs! **B** *s* ANAT, GASTR, CHEM Fett *n*; **reduce the fat in your diet** reduzieren Sie den Fettgehalt Ihrer Ernährung

fatal ['feɪtl] *adj* **1** tödlich (**to, for** für); **he had a ~ accident** er ist tödlich verunglückt **2** *Fehler* verhängnisvoll; **to be prove ~ to** *od* **for sb/sth** das Ende für j-n/etw bedeuten; **it would be ~ to do that** es wäre verhängnisvoll, das zu tun

fatalistic [ˌfeɪtəˈlɪstɪk] *adj* fatalistisch

fatality [fəˈtælɪtɪ] *s* Todesfall *m*; *bei Unfall, in Krieg* (Todes)opfer *n*; **there were no fatalities** es gab keine Todesopfer

fatally ['feɪtəlɪ] *adv* **1** *verletzt* tödlich **2** *beschädigen, schwächen* auf Dauer; **to be ~ flawed** fatale Mängel aufweisen

fate [feɪt] *s* Schicksal *n*; **to leave sth to ~** etw dem Schicksal überlassen

fated *adj* **to be ~ to be unsuccessful** zum Scheitern verurteilt sein; **they were ~ never to meet again** es war ihnen bestimmt, sich nie wiederzusehen

fateful ['feɪtfʊl] *adj* Tag schicksalhaft; *Entscheidung* verhängnisvoll

fat-free ['fætfriː] *adj* fettfrei

father ['fɑːðə^r] **A** *s* **1** Vater *m* (**to sb** j-m); (≈ *Geistlicher*) Pater *m*; **like ~ like son** der Apfel fällt nicht weit vom Stamm; (**our**) **Father** Vater *m* (unser) **2 ~s** *pl* (≈ *Vorfahren*) Väter *pl* **B** *v/t Kind* zeugen

Father Christmas *Br s* der Weihnachtsmann

father figure *s* Vaterfigur *f*

fatherhood *s* Vaterschaft *f*

father-in-law *s* ⟨*pl* fathers-in-law⟩ Schwiegervater *m*

fatherland *s* Vaterland *n*

fatherless ['fɑːðəlɪs] *adj* vaterlos

fatherly ['fɑːðəlɪ] *adj* väterlich

Father's Day *s* Vatertag *m*

fathom ['fæðəm] **A** *s* Faden *m* **B** *v/t umg a.* **~ out** verstehen; **I just can't ~ him (out)** er ist mir ein Rätsel; **I couldn't ~ it (out)** ich kam der Sache nicht auf den Grund

fatigue [fəˈtiːg] *s* **1** Erschöpfung *f* **2** TECH *von Metall etc* Ermüdung *f* **3 ~s** *pl* MIL Arbeitsanzug *m*

fat-reduced [ˌfætrɪˈdjuːst] *adj* fettreduziert

fatso ['fætsəʊ] *s* ⟨*pl* -es⟩ *umg* Dickerchen *n umg*

fatten ['fætn] *v/t*, (*a.* **fatten up**) *Tiere* mästen; *Menschen* herausfüttern *umg*

fattening ['fætnɪŋ] *adj* dick machend; **chocolate is ~** Schokolade macht dick

fatty ['fætɪ] **A** *adj* ⟨*komp* fattier⟩ fett, fettig **B** *s umg* Dickerchen *n umg*

fatuous ['fætjʊəs] *adj* albern

faucet ['fɔːsɪt] *US s* Hahn *m*

fault [fɔːlt] **A** *s* **1** Fehler *m*; TECH Defekt *m*; **to find ~ with sb/sth** etwas an j-m/etw auszusetzen haben; **he was at ~** er war im Unrecht **2** ⟨*kein pl*⟩ **it's my/your ~** ich bin/du bist schuld; **it won't be my ~ if ...** es ist nicht meine Schuld, wenn ...; **whose ~ is it?** wer ist schuld (daran)? **3** GEOL Verwerfung *f* **B** *v/t* **I can't ~ it/him** ich habe nichts daran/an ihm auszusetzen

fault-finding ['fɔːltˌfaɪndɪŋ] **A** *adj* krittelig **B** *s* Krittelei *f*

faultless *adj* fehlerlos; *Englisch etc* fehlerfrei

fault line *s* GEOL Verwerfungslinie *f*

faulty ['fɔːltɪ] *adj* ⟨*komp* faultier⟩ TECH defekt; HANDEL fehlerhaft; *Logik* falsch

fauna ['fɔːnə] *s* Fauna *f*

faux pas [fəʊˈpɑː] *s* ⟨*pl* - -⟩ Fauxpas *m*

fava bean [ˈfɑːvəbiːn] US s dicke Bohne
favor etc US → favour
favour [ˈfeɪvəʳ], **favor** US **A** s **1** ⟨kein pl⟩ Gunst f; **to find ~ with sb** bei j-m Anklang finden; **to be in ~ with sb** bei j-m gut angeschrieben sein; Mode, Autor etc bei j-m beliebt sein; **to be/fall out of ~** in Ungnade (gefallen) sein/fallen **2 to be in ~ of sth** für etw sein; **to be in ~ of doing sth** dafür sein, etw zu tun; **a point in his ~** ein Punkt zu seinen Gunsten; **the judge ruled in his ~** der Richter entschied zu seinen Gunsten; **all those in ~ raise their hands** alle, die dafür sind, Hand hoch; **he rejected socialism in ~ of the market economy** er lehnte den Sozialismus ab und bevorzugte stattdessen die Marktwirtschaft **3** Vergünstigung f; **to show ~ to sb** j-n bevorzugen **4** Gefallen m; **to ask a ~ of sb** j-n um einen Gefallen bitten; **to do sb a ~** j-m einen Gefallen tun; **would you do me the ~ of returning my library books?** wären Sie bitte so freundlich und würden meine Bücher in die Bücherei zurückbringen?; **as a ~ to him** ihm zuliebe **B** v/t **1** Idee für gut halten, bevorzugen **2** US ähneln (+dat)

favourable [ˈfeɪvərəbl] adj, **favorable** US adj **1** positiv; **her request met with a ~ response** ihre Bitte stieß auf Zustimmung **2** günstig (**to** für), vorteilhaft; **to show sth in a ~ light** etw in einem günstigen Licht zeigen; **on ~ terms** zu günstigen Bedingungen; **conditions are ~ for development** für die Entwicklung herrschen günstige Bedingungen

favourably [ˈfeɪvərəblɪ] adv, **favorably** US adv **1** reagieren positiv; betrachten wohlwollend; **he was ~ impressed by it** er war davon sehr angetan; **to be ~ disposed** od **inclined to(wards) sb/sth** j-m/einer Sache gewogen sein geh **2** günstig; **to compare ~** im Vergleich gut abschneiden

favourite [ˈfeɪvrɪt], **favorite** US **A** s **1** (=Mensch) Liebling m; HIST, a. pej Günstling m **2 this one is my ~** das gefällt mir am besten; **this book is my ~** das ist mein Lieblingsbuch **3** SPORT Favorit(in) m(f); **Chelsea are the ~s** Chelsea ist (der) Favorit **B** adj ⟨attr⟩ Lieblings-; **my ~ movie** mein Lieblingsfilm m

favouritism [ˈfeɪvərɪtɪzəm] s, **favoritism** US s Vetternwirtschaft f umg

fawn¹ [fɔːn] **A** s **1** Hirschkalb n, Rehkitz n **2** (=Farbe) Beige n **B** adj beige

fawn² fig v/i katzbuckeln (**on, upon** od **over** vor +dat)

fax [fæks] **A** s Fax n; **to send sth by fax** etw faxen **B** v/t faxen

fax machine s → fax

fax number s (Tele)faxnummer f

faze [feɪz] umg v/t verdattern umg; **the question didn't ~ me at all** die Frage brachte mich keineswegs aus der Fassung

FBI US abk (= Federal Bureau of Investigation) FBI n

fear [fɪəʳ] **A** s **1** Angst f (**of** vor +dat), Furcht f (**of** vor +dat); **~ of failure/flying** Versagens-/Flugangst f; **there are ~s that …** es wird befürchtet, dass …; **to be in ~ of sb/sth** Angst vor j-m/etw haben; **for ~ of doing sth** aus Angst davor, etw zu tun; **she talked quietly for ~ of waking the baby** sie sprach leise, um das Baby nicht aufzuwecken **2** ⟨kein pl⟩ **no ~!** umg nie im Leben! umg; **there's no ~ of that happening again** keine Angst, das passiert so leicht nicht wieder **B** v/t (be)fürchten; **he's a man to be ~ed** er ist ein Mann, den man fürchten muss; **many women ~ to go out at night** viele Frauen haben Angst davor, abends auszugehen **C** v/i **to ~ for** fürchten für od um; **never ~!** keine Angst!

fearful adj **1** ängstlich; **to be ~ of sb/sth** Angst vor j-m/etw haben; **I was ~ of waking her** ich befürchtete, dass ich sie aufwecken würde **2** furchtbar

fearless adj, **fearlessly** adv furchtlos; **the ~** die Furchtlosen

fearsome [ˈfɪəsəm] adj furchterregend

feasibility [ˌfiːzəˈbɪlɪtɪ] s von Plan etc Durchführbarkeit f

feasibility study s Machbarkeitsstudie f

feasible [ˈfiːzəbl] adj **1** möglich; Plan durchführbar **2** plausibel

feast [fiːst] **A** s **1** Festessen n; **a ~ for the eyes** eine Augenweide **2** KIRCHE, REL Fest n; **~ day** Feiertag m **B** v/i wörtl Festgelage pl/ein Festgelage halten; **to ~ on sth** sich an etw (dat) gütlich tun **C** v/t **to ~ one's eyes on sb/sth** seine Augen an j-m/etw weiden

feat [fiːt] s Leistung f; heroisch Heldentat f

feather [ˈfeðəʳ] s Feder f; **~s** Gefieder n; **as light as a ~** federleicht; **they are birds of a ~** sie sind vom gleichen Schlag

feather bed s mit Federn gefüllte Matratze

featherbrained adj dümmlich

feather duster s Staubwedel m

feature [ˈfiːtʃəʳ] **A** s **1** (Gesichts)zug m **2** Merkmal n, Kennzeichen n; **special ~** Besonderheit f **3** von Zimmer etc herausragendes Merkmal; **to make a ~ of sth** etw besonders betonen; **the main ~** die Hauptattraktion **4** Presse, a. RADIO, TV Feature n **B** v/t **1** Presse: Meldung bringen **2** **this movie ~s an English actress** in diesem Film spielt eine englische Schauspielerin mit; **the album ~s their latest hit single** auf dem

Album ist auch ihre neueste Hitsingle **C** v/i vorkommen; **the story ~d on all today's front pages** die Geschichte war heute auf allen Titelseiten

feature film Br s Spielfilm m

feature-length adj Film mit Spielfilmlänge

Feb abk (= February) Febr.

February ['februəri] s Februar m, Feber m österr; → September

feces ['fi:si:z] US pl → faeces

Fed US s Zentralbank f der USA

fed[1] [fed] prät & pperf → feed

fed[2] US umg s FBI-Agent(in) m(f)

federal ['fedərəl] adj Bundes-; System etc, a. US HIST föderalistisch; **~ state** Bundesstaat m; **the Federal Republic of Germany** die Bundesrepublik Deutschland; **Federal Reserve (Bank)** US Zentralbank f

Federal Bureau of Investigation s Bundeskriminalpolizei f (der USA)

federalism ['fedərəlɪzəm] s Föderalismus m

federalist ['fedərəlɪst] adj föderalistisch

federation [ˌfedəˈreɪʃən] s Föderation f

fed up umg adj **to be ~ (with sth)** (von etw) die Nase voll haben umg; **I'm ~ with him** ich habe ihn satt; **I'm ~ waiting for him** ich habe es satt, auf ihn zu warten

fee [fi:] s Gebühr f; von Arzt, Anwalt Honorar n; für Mitgliedschaft Beitrag m; **(school) fees** Schulgeld n

feeble ['fi:bl] adj ⟨komp feebler⟩ schwach; Versuch kläglich; Ausrede faul umg

feeble-minded [ˌfi:blˈmaɪndɪd] adj dümmlich

feebly ['fi:blɪ] adv schwach; lächeln kläglich; etw sagen wenig überzeugend

feed [fi:d] ⟨v: prät, pperf fed⟩ **A** v/t **1** (≈ versorgen) j-n, Armee verpflegen; Familie ernähren **2** (≈ zu essen geben) Baby, Tier füttern; Pflanze düngen; **to ~ sth to sb** j-m etw zu essen geben **3** Maschine versorgen; Feuer etwas legen auf (+akk); fig Fantasie nähren; **he steals to ~ his heroin habit** er stiehlt, um sich mit Heroin zu versorgen; **to ~ sth into a machine** etw in eine Maschine geben; **to ~ information (in)to a computer** Informationen in einen Computer eingeben **4** TECH führen **B** v/i Tier fressen; Baby gefüttert werden **C** s **1** von Tieren Fütterung f; von Baby Mahlzeit f **2** Futter n; **when is the baby's next ~?** wann wird das Baby wieder gefüttert? **3** TECH an Computer Eingabe f (**into** in +akk)
phrasal verbs mit feed:

feed in v/t ⟨trennb⟩ Draht etc einführen (obj in +akk); Informationen eingeben (obj in +akk)

feed on A v/i ⟨+obj⟩ sich (er)nähren von; fig sich nähren von **B** v/t ⟨trennb +obj⟩ **to feed sb on sth** Tier, Baby j-n mit etw füttern; Erwachsenen j-n mit etw ernähren

feedback fig s Feedback n, Rückmeldung f; **to provide more ~ on sth** ausführlicher über etw (akk) berichten

feeder ['fi:də^r] **A** s **1** für Vögel Futterhalter m **2** Zubringer m, Zubringerstraße f; von öffentlichen Verkehrsmitteln Zubringerlinie f **B** adj ⟨attr⟩ Zubringer-

feeding bottle s Flasche f

feeding time s für Tier Fütterungszeit f; für Baby Zeit f für die Mahlzeit

feel [fi:l] ⟨v: prät, pperf felt⟩ **A** v/t **1** fühlen, befühlen; **to ~ one's way** sich vortasten; **I'm still ~ing my way (in my new job)** ich versuche noch, mich (in meiner neuen Stelle) zurechtzufinden **2** Stich, Sonne spüren; **I can't ~ anything in my left leg** ich habe kein Gefühl im linken Bein; **I felt it move** ich spürte, wie es sich bewegte **3** Freude, Angst empfinden; Auswirkungen spüren **4** (≈ betroffen sein) Hitze, Verlust leiden unter (+dat); **I felt that!** Schmerz das hat wehgetan! **5** glauben; **what do you ~ about him/it?** was halten Sie von ihm/davon?; **it was felt that ...** man war der Meinung, dass ...; **he felt it necessary** er hielt es für notwendig **B** v/i **1** sich fühlen; **I ~ sick** mir ist schlecht; **to ~ certain/hungry** sicher/hungrig sein; **I ~ cold** mir ist kalt; **I felt sad** mir war traurig zumute; **I felt as though I'd never been away** mir war, als ob ich nie weg gewesen wäre; **I felt as if I was going to be sick** ich dachte, mir würde schlecht werden; **how do you ~ about him?** emotionell was empfinden Sie für ihn?; **you can imagine what I felt like** od **how I felt** Sie können sich (dat) vorstellen, wie mir zumute war; **what does it ~ like** od **how does it ~ to be all alone?** wie fühlt man sich so ganz allein?; **what does it ~ like** od **how does it ~ to be the boss?** wie fühlt man sich als Chef? **2** sich anfühlen; **the room ~s warm** das Zimmer kommt einem warm vor **3** meinen; **how do you ~ about him/going for a walk?** was halten Sie von ihm/von einem Spaziergang?; **that's just how I ~** das meine ich auch **4** **to ~ like** Lust haben auf (+akk); **I ~ like something to eat** ich möchte jetzt gern etwas essen; **to ~ like doing sth** Lust haben, etw zu tun; **I ~ like going for a walk** ich habe Lust spazieren zu gehen; **I felt like screaming** ich hätte am liebsten geschrien; **I don't ~ like it** ich habe keine Lust dazu **C** s ⟨kein pl⟩ **let me have a ~!** lass (mich) mal fühlen!; **it has a papery ~** es fühlt sich wie Papier an; **the room has a cosy ~** das Zimmer hat eine gemütliche Atmosphäre; **to get a ~ for sth** fig ein Gefühl n für etw bekommen

phrasal verbs mit feel:

feel for v/i ⟨+obj⟩ **1** Mitgefühl haben mit; **I feel for you** Sie tun mir leid **2** (≈ suchend) tasten nach; in Tasche etc kramen nach

feel up to v/i ⟨+obj⟩ sich gewachsen fühlen (+dat); **I don't feel up to it** mir ist nicht so wohl, ich gehe da nicht hin

feeler ['fiːlə^r] s **1** ZOOL Fühler m **2** fig **to put out ~s** seine Fühler ausstrecken

feel-good ['fiːlɡʊd] adj Wohlfühl-; **~ factor** Wohlfühlfaktor m

feeling ['fiːlɪŋ] s **1** Gefühl n; **I've lost all ~ in my right arm** ich habe kein Gefühl mehr im rechten Arm; **I know the ~** ich weiß, wie das ist **2** (Vor)gefühl n; **I've a funny ~ she won't come** ich hab so das Gefühl, dass sie nicht kommt **3** (a. ~s) Meinung f (on zu); **there was a general ~ that …** man war allgemein der Ansicht, dass …; **there's been a lot of bad ~ about this decision** wegen dieser Entscheidung hat es viel böses Blut gegeben **4** ~s Gefühle pl; **to have ~s for sb** Gefühle für j-n haben; **you've hurt his ~s** Sie haben ihn verletzt; **no hard ~s?** nimm es mir nicht übel

fee-paying ['fiːpeɪɪŋ] adj Schule gebührenpflichtig; Student Gebühren zahlend

feet [fiːt] pl → foot

feign [feɪn] v/t vortäuschen; **to ~ illness** sich krank stellen

feigned [feɪnd] adj vorgeblich attr

feint [feɪnt] **A** s SPORT Finte f **B** v/i SPORT, a. fig eine Finte anwenden

feisty ['faɪstɪ] adj ⟨komp feistier⟩ robust

feline ['fiːlaɪn] wörtl adj Katzen-; fig katzenhaft

fell[1] [fel] prät → fall

fell[2] s (≈ Haut) Fell n

fell[3] v/t Baum fällen; j-n niederstrecken

fellatio [fɪˈleɪʃɪəʊ] s ⟨kein pl⟩ Fellatio f

fellow[1] ['feləʊ] s **1** Mann m, Typ m umg; **poor ~!** der Arme!; **this journalist ~** dieser komische Journalist **2** Kumpel m umg, Spezi m österr **3** UNIV Fellow m **4** von Verein Mitglied m

fellow[2] präf **our ~ bankers/doctors** unsere Berufskollegen pl; **~ student** Kommilitone m, Kommilitonin f; bes US SCHULE Mitschüler(in) m(f); **~ member** in Verein etc Klubkamerad(in) m(f); POL Parteigenosse m/-genossin f; **~ sufferer** Leidensgenosse m/-genossin f; **~ worker** Kollege m, Kollegin f; **he is a ~ lexicographer** er ist auch Lexikograf; **"my ~ Americans…"** „meine lieben amerikanischen Mitbürger…"

fellow citizen s Mitbürger(in) m(f)

fellow countrymen pl Landsleute pl

fellow men pl Mitmenschen pl

fellowship ['feləʊʃɪp] s **1** ⟨kein pl⟩ Kameradschaft f **2** UNIV Forschungsstipendium n; (≈ Stellung) Position eines Fellow

fellow traveller s, **fellow traveler** US s Mitreisende(r) m/f(m)

felon ['felən] s (Schwer)verbrecher(in) m(f)

felony ['felənɪ] s (schweres) Verbrechen

felt[1] [felt] prät & pperf → feel

felt[2] **A** s Filz m **B** adj ⟨attr⟩ Filz-

felt-tip (pen) ['felttɪp('pen)] s Filzstift m

female ['fiːmeɪl] **A** adj weiblich; Rechte Frauen-; **a ~ doctor** eine Ärztin; **a ~ companion** eine Gesellschafterin; **a ~ football team** eine Damenfußballmannschaft **B** s **1** (≈ Tier) Weibchen n **2** umg Frau f; pej Weib n pej

feminine ['femɪnɪn] **A** adj feminin; Schönheit, Eigenschaften weiblich **B** s GRAM Femininum n

feminine hygiene s Monatshygiene f; **~ products** Monatshygieneartikel pl

femininity [ˌfemɪˈnɪnɪtɪ] s Weiblichkeit f

feminism ['femɪnɪzəm] s Feminismus m

feminist ['femɪnɪst] **A** s Feminist(in) m(f) **B** adj feministisch; **the ~ movement** die Frauenbewegung

femur ['fiːmə^r] s Oberschenkelknochen m

fen [fen] s Moorland n; **the Fens** die Niederungen in East Anglia

fence [fens] **A** s Zaun m; SPORT Hindernis n; **to sit on the ~** fig neutral bleiben **B** v/i SPORT fechten

phrasal verbs mit fence:

fence in v/t ⟨trennb⟩ einzäunen

fence off v/t ⟨trennb⟩ abzäunen

fencer ['fensə^r] s SPORT Fechter(in) m(f)

fencing ['fensɪŋ] s **1** SPORT Fechten n **2** Zaun m

fend [fend] v/i **to ~ for oneself** für sich (selbst) sorgen, alleine auskommen

phrasal verbs mit fend:

fend off v/t ⟨trennb⟩ abwehren

fender ['fendə^r] s **1** Kamingitter n **2** US an Auto Kotflügel m; an Fahrrad Schutzblech n

fennel ['fenl] s BOT Fenchel m

feral ['ferəl] adj ⟨attr⟩ verwildert; **~ cat** Wildkatze f

ferment ['fɜːment] **A** s fig Unruhe f; **the city was in ~** es brodelte in der Stadt **B** [fəˈment] v/i gären **C** [fəˈment] v/t wörtl fermentieren

fermentation [ˌfɜːmenˈteɪʃən] s Gärung f

fern [fɜːn] s Farn m, Farnkraut n

ferocious [fəˈrəʊʃəs] adj wild; Hund äußerst bissig; Blick grimmig; Schlacht erbittert; Streit heftig; Angriff brutal

ferociously [fəˈrəʊʃəslɪ] adv kämpfen, sich streiten heftig; angreifen aufs Schärfste; anstarren grimmig; bellen wütend

ferocity [fəˈrɒsɪtɪ] s von Tier Wildheit f; von Hund Bissigkeit f; von Schlacht, Streit Heftigkeit f; von Angriff Brutalität f

ferret ['ferɪt] **A** s Frettchen n **B** v/i (a. **ferret about** od **around**) herumstöbern
phrasal verbs mit ferret:
ferret out Br umg v/t ⟨trennb⟩ aufstöbern
Ferris wheel ['ferɪs,wiːl] s Riesenrad n
ferrous ['ferəs] adj Eisen-
ferry ['ferɪ] **A** s Fähre f **B** v/t (a. **ferry across** od **over**) übersetzen; *mit Auto* transportieren; **to ~ sb across a river** j-n über einen Fluss setzen; **to ~ sb/sth back and forth** j-n/etw hin- und herbringen
ferryboat s Fähre f
ferryman s ⟨pl -men⟩ Fährmann m
ferry service s Fährdienst m
fertile ['fɜːtaɪl] adj fruchtbar; **this is ~ ground for racists** das ist fruchtbarer Boden für Rassisten
fertility [fə'tɪlɪtɪ] s Fruchtbarkeit f
fertility drug s Fruchtbarkeitspille f
fertilization [ˌfɜːtɪlaɪ'zeɪʃən] s Befruchtung f
fertilize ['fɜːtɪlaɪz] v/t befruchten; *Boden* düngen
fertilizer ['fɜːtɪlaɪzə*] s Dünger m
fervent ['fɜːvənt] adj leidenschaftlich; *Hoffnung* inbrünstig *geh*
fervently ['fɜːvəntlɪ] adv leidenschaftlich; *hoffen, wünschen, beten* inbrünstig *geh*
fervour ['fɜːvə*] s, **fervor** US s Leidenschaftlichkeit f
fester ['festə*] v/i eitern; *fig Ärger* nagen
festival ['festɪvəl] s **1** KIRCHE *etc* Fest n **2** Festival n
festive ['festɪv] adj festlich; **the ~ season** die Weihnachtszeit
festivity [fe'stɪvɪtɪ] s Feier f; **festivities** pl Feierlichkeiten pl
festoon [fe'stuːn] v/t **to ~ sth with sth** etw mit etw schmücken; **to be ~ed with sth** mit etw behängt sein
feta (cheese) ['fetə('tʃiːz)] s Feta(käse) m
fetal ['fiːtl] *bes US* adj → foetal
fetch [fetʃ] **A** v/t **1** holen, abholen; **would you ~ a handkerchief for me** od **~ me a handkerchief?** kannst du mir ein Taschentuch holen (gehen)?; **she ~ed in the washing** sie holte die Wäsche herein **2** *bestimmten Preis etc* (ein)bringen **B** v/i **to ~ and carry for sb** bei j-m Mädchen für alles sein
fetching ['fetʃɪŋ] adj attraktiv
fête [feɪt] **A** s Fest n **B** v/t feiern
fetid ['fetɪd] adj übel riechend
fetish ['fetɪʃ] s Fetisch m; **to have a ~ for leather/cleanliness** einen Leder-/Sauberkeitstick haben *umg*
fetters ['fetəz] pl Fesseln pl
fettle ['fetl] s **to be in fine ~** in bester Form sein; *bes gesundheitsmäßig* in bester Verfassung sein

fetus ['fiːtəs] *US* s → foetus
feud [fjuːd] *wörtl, fig* **A** s Fehde f **B** v/i sich befehden
feudal ['fjuːdl] adj Feudal-, feudal; **~ system** Feudalsystem n
feudalism ['fjuːdəlɪzəm] s Feudalismus m
fever ['fiːvə*] s **1** Fieber n *kein pl*; **to have a ~** Fieber haben **2** *fig* Aufregung f; **election ~** Wahlfieber n; **in a ~ of excitement** in fieberhafter Erregung
feverish ['fiːvərɪʃ] adj **1** fieberhaft **2** MED **to be ~** Fieber haben
feverishly ['fiːvərɪʃlɪ] adv fieberhaft
fever pitch s **to reach ~** den Siedepunkt erreichen
few [fjuː] adj & pron ⟨+er⟩ **1** wenige; **few people come to see him** nur wenige Leute besuchen ihn; **few and far between** dünn gesät; **as few as ten cigarettes a day** schon zehn Zigaretten am Tag; **there were 3 too few** es waren 3 zu wenig da; **he is one of the few people who ...** er ist einer der wenigen, die ...; **few of them came** wenige von ihnen kamen; **there are too few of you** ihr seid zu wenige **2 a few** ein paar, einige; **a few more days** noch ein paar Tage; **a few times** ein paar Male; **there were quite a few waiting** ziemlich viele warteten; **he's had a few (too many)** er hat einen über den Durst getrunken; **quite a few books** ziemlich viele Bücher; **in the next few days** in den nächsten paar Tagen; **every few days** alle paar Tage; **a few more** ein paar mehr; **quite a few** eine ganze Menge; **the few who knew him** die wenigen, die ihn kannten
fewer ['fjuːə*] adj & pron ⟨komp⟩ **1** weniger; **no ~ than** nicht weniger als **2** → few
fewest ['fjuːɪst] ⟨sup → few⟩ **A** adj die wenigsten **B** pron die wenigsten, am wenigsten
fiancé [fɪ'ãːŋseɪ] s Verlobte(r) m
fiancée [fɪ'ãːŋseɪ] s Verlobte f
fiasco [fɪ'æskəʊ] s ⟨pl -s; *US a.* -es⟩ Fiasko n
fib [fɪb] *umg* **A** s Flunkerei f *umg*; **don't tell fibs** flunker nicht! *umg* **B** v/i flunkern *umg*
fibber ['fɪbə*] *umg* s Flunkerer m, Flunkerin f *umg*, Schwindler(in) m(f)
fibre ['faɪbə*] s, **fiber** *US* s **1** Faser f **2** Ballaststoffe pl **3** *fig* **moral ~** Charakterstärke f
fibreglass, **fiberglass** *US* **A** s Glasfaser f **B** adj aus Glasfaser
fibre optics s, **fiber optics** *US* s ⟨+sg v⟩ Faseroptik f
fickle ['fɪkl] adj launenhaft
fiction ['fɪkʃən] s **1** ⟨kein pl⟩ LIT Prosaliteratur f; **you'll find that under ~** das finden Sie unter

Belletristik; **work of ~** Erzählung *f*; *länger* Roman *m* **2** (freie) Erfindung; **that's pure ~** das ist frei erfunden

fictional ['fɪkʃənl] *adj* **1** erfunden; *Drama* fiktional; **~ character** Romanfigur *f* **2** erzählerisch; **his ~ writing** seine erzählenden Schriften

fictitious [fɪk'tɪʃəs] *adj* **1** *Name* falsch **2** LIT *Romanfigur etc* erfunden

fiddle ['fɪdl] **A** *s* **1** MUS *umg* Fiedel *f umg*; **to play the ~** Fiedel spielen; **to play second ~ to sb** *fig* in j-s Schatten (*dat*) stehen; **as fit as a ~** kerngesund **2** *Br umg* (≈ *Schwindel*) Schiebung *f*; *mit Geld* faule Geschäfte *pl umg*; **tax ~** Steuermanipulation *f*; **to be on the ~** krumme Dinger machen *umg* **B** *v/t Br umg Geschäftsbücher* frisieren *umg*; **he ~d it so that …** er hat es so hingebogen, dass … **C** *v/i* **to ~ with sth** an etw (*dat*) herumspielen, mit etw herumspielen

phrasal verbs mit fiddle:

fiddle about *Br*, **fiddle around** *v/i* **to fiddle about** *od* **around with sth** an etw (*dat*) herumspielen, mit etw herumspielen

fiddler ['fɪdlə^r] *s* MUS *umg* Geiger(in) *m(f)*

fiddly ['fɪdlɪ] *adj* ⟨*komp* fiddlier⟩ *Br Arbeit* knifflig *umg*; *Schaltung* unverständlich

fidelity [fɪ'delɪtɪ] *s* Treue *f* (**to** zu)

fidget ['fɪdʒɪt] **A** *v/i* (*a.* **fidget about** *od* **around**) zappeln **B** *s* (≈ *Mensch*) Zappelphilipp *m umg*

fidgety ['fɪdʒɪtɪ] *adj* zappelig; *Publikum* unruhig

field [fiːld] **A** *s* **1** Feld *n*, Wiese *f*, Weide *f*; **corn ~** Getreidefeld *n*; **potato ~** Kartoffelacker *m*; **in the ~s** auf dem Feld; **~ of battle** Schlachtfeld *n*; **~ of vision** Blickfeld *n* **2** *für Fußball etc* Platz *m*; **sports ~** Sportplatz *m* **3** *von Arbeit, Forschung etc* Gebiet *n*; **what ~ are you in?** auf welchem Gebiet arbeiten Sie? **4** Praxis *f*; **work in the ~** Feldforschung *f* **5** IT Datenfeld *n* **B** *v/t* **1** *Ball* auffangen und zurückwerfen; *fig Frage etc* abblocken; **he had to ~ calls from customers** er musste Kunden am Telefon abwimmeln *umg* **2** *Mannschaft* auf den Platz schicken **3** POL *Kandidaten* aufstellen **C** *v/i Baseball etc* als Fänger spielen

field day *fig s* **I had a ~** ich hatte meinen großen Tag

fielder ['fiːldə^r] *s Baseball etc* Fänger(in) *m(f)*

field event *s* SPORT *Disziplin, die nicht auf der Aschenbahn ausgetragen wird*

field hockey *US s* Hockey *n*

field representative *s* Außendienstmitarbeiter(in) *m(f)*

field sports *pl* Sport *m* im Freien (*Jagen und Fischen*)

field study *s* Feldstudie *f*

field test *s* Feldversuch *m*

field-test *v/t* in einem Feldversuch/in Feldversuchen testen

field trip *s* Exkursion *f*

field work *s* Arbeit *f* im Gelände; *soziologisch etc* Feldforschung *f*

fiend [fiːnd] *s* **1** Dämon *m*; (≈ *Mensch*) Teufel *m* **2** *umg* Fanatiker(in) *m(f)*; **tennis ~** Tennisnarr *m*

fiendish *adj* **1** teuflisch; **he took a ~ delight in doing it** es machte ihm eine höllische Freude, es zu tun **2** *umg Plan* höllisch raffiniert *umg* **3** *umg Problem* verzwickt *umg*

fiendishly *umg adv* schwer höllisch *umg*

fierce [fɪəs] *adj* ⟨*komp* fiercer⟩ *Tier* aggressiv; *Mensch, Blick* grimmig; *Kampf, Widerstand* erbittert; *Debatte* heftig; *Angriff, Wettbewerb* scharf; *Hitze* glühend; **he has a ~ temper** er braust schnell auf

fiercely ['fɪəslɪ] *adv bekämpfen* heftig; *kritisieren* scharf; *verteidigen, argumentieren* leidenschaftlich; *kämpferisch, loyal* äußerst; **the fire was burning ~** es brannte lichterloh

fiery ['faɪərɪ] *adj* ⟨*komp* fierier⟩ *Hitze* glühend; *Temperament* hitzig; *Rede* feurig; **to have a ~ temper** ein Hitzkopf *m* sein

FIFA ['fiːfə] *abk* (= Federation of International Football Associations) FIFA *f*

fifteen ['fɪf'tiːn] **A** *adj* fünfzehn **B** *s* Fünfzehn *f*

fifteenth ['fɪf'tiːnθ] **A** *adj* fünfzehnte(r, s) **B** *s* **1** Fünfzehnte(r, s) **2** Fünfzehntel *n*; → sixteenth

fifth [fɪfθ] **A** *adj* fünfte(r, s) **B** *s* **1** Fünfte(r, s) **2** Fünftel *n* **3** MUS Quinte *f* **4** **to take the ~** *US umg* die Aussage verweigern; → sixth

fiftieth ['fɪftɪɪθ] **A** *adj* fünfzigste(r, s) **B** *s* **1** Fünfzigste(r, s) **2** Fünfzigstel *n*; → sixth

fifty ['fɪftɪ] **A** *adj* fünfzig **B** *s* Fünfzig *f*; → sixty

fifty-fifty ['fɪftɪ'fɪftɪ] **A** *adv* fifty-fifty *umg*; **to go ~ (with sb)** (mit j-m) fifty-fifty machen *umg* **B** *adj* **he has a ~ chance of survival** er hat eine fünfzigprozentige Überlebenschance

fig [fɪg] *s* Feige *f*

fig. *abk* (= figures) Abb.

fight [faɪt] ⟨*v: prät, pperf* fought⟩ **A** *v/i* kämpfen, sich schlagen; *mit Worten* sich streiten; **to ~ against disease** Krankheiten bekämpfen; **to ~ for sb/sth** um j-n/etw kämpfen; **to ~ for breath** nach Atem ringen **B** *v/t* kämpfen mit *od* gegen, sich schlagen mit; *Brand, Krankheit, Verbrechen, Inflation* bekämpfen; **to ~ a duel** sich duellieren; **to ~ one's way through the crowd** sich durch die Menge kämpfen **C** *s* **1** Kampf *m*, Schlägerei *f*, Streit *m*; **to have a ~ with sb** sich mit j-m schlagen; *mit Worten* sich mit j-m streiten; **to put up a good ~** sich tapfer schlagen; **do you want a ~?** du willst dich wohl mit mir anlegen?; **he won't give in without a ~** er ergibt sich nicht kampflos; **the ~ for**

survival der Kampf ums Überleben ■2 Kampfgeist *m*; **there was no ~ left in him** sein Kampfgeist war erloschen

`phrasal verbs mit fight:`

fight back Ⓐ *v/i* zurückschlagen; MIL Widerstand leisten; SPORT zurückkämpfen Ⓑ *v/t* ⟨*trennb*⟩ Tränen unterdrücken

fight off *v/t* ⟨*trennb*⟩ abwehren; *Schlaf* ankämpfen gegen; **I'm still trying to fight off this cold** ich kämpfe immer noch mit dieser Erkältung

fight out *v/t* ⟨*trennb*⟩ **to fight it out** es untereinander ausfechten

fighter ['faɪtə^r] *s* ■1 Kämpfer(in) *m(f)*; *Boxen* Fighter *m*; **he's a ~ fig** er ist eine Kämpfernatur ■2 FLUG Jagdflugzeug *n*; **~ jet** Kampfjet *m*

fighter pilot *s* Jagdflieger *m*

fighting ['faɪtɪŋ] *s* MIL Gefecht *n*, Prügeleien *pl*; **~ broke out** Kämpfe brachen aus

fighting chance *s* **he's in with a ~** er hat eine Chance, wenn er sich anstrengt

fighting fit *Br umg adj* topfit *umg*

fighting spirit *s* Kampfgeist *m*

fig leaf *s* Feigenblatt *n*

figment ['fɪgmənt] *s* **it's all a ~ of his imagination** das ist alles eine Ausgeburt seiner Fantasie

figurative ['fɪgjʊrətɪv] *adj Sprache* bildlich; *Bedeutung* übertragen; **~ images** Tropen *pl*, bildhafte Figuren *pl* (*Bewusste Abweichung von der eigentlichen Bedeutung eines Wortes oder von der als normal geltenden Reihenfolge bzw. Kombination von Wörtern, um beim Leser einen bestimmten Effekt hervorzurufen; Oberbegriff für verschiedene Stilmittel wie Euphemismus oder Metapher*)

figuratively ['fɪgjʊrətɪvlɪ] *adv* im übertragenen Sinn

figure ['fɪgə^r] Ⓐ *s* ■1 Zahl *f*, Ziffer *f*; (≈ *Betrag*) Summe *f*; **he didn't want to put a ~ on it** er wollte keine Zahlen nennen; **he's good at ~s** er ist ein guter Rechner; **to reach double ~s** in die zweistelligen Zahlen gehen; **a three-figure sum** eine dreistellige Summe ■2 *geometrisch* Figur *f*; **~ (of) eight** Acht *f*; **to lose one's ~** seine Figur verlieren; **she's a fine ~ of a woman** sie ist eine stattliche Frau; **he's a fine ~ of a man** er ist ein Bild von einem Mann ■3 (≈ *menschlich*) Gestalt *f* ■4 Persönlichkeit *f*; **the great ~s of history** die Großen der Geschichte; **a key public ~** eine Schlüsselfigur des öffentlichen Lebens; **~ of fun** Witzfigur *f* ■5 LIT **~ of speech** Redensart *f*; **it's just a ~ of speech** das sagt man doch nur so Ⓑ *v/t* ■1 *bes US umg* glauben ■2 *US umg* begreifen Ⓒ *v/i* ■1 erscheinen; **he ~d prominently in my plans** er spielte eine bedeutende Rolle in meinen Plänen ■2 *umg* **that ~s** das hätte ich mir denken können

`phrasal verbs mit figure:`

figure on *bes US v/i* ⟨+*obj*⟩ rechnen mit

figure out *v/t* ⟨*trennb*⟩ ■1 begreifen, verstehen ■2 ausrechnen; *Antwort* herausbekommen; *Lösung* herausfinden

figurehead *s* SCHIFF, *a. fig* Galionsfigur *f*

figure skating *s* Eiskunstlaufen *n*

figurine [fɪgə'riːn] *s* Figurine *f*

Fiji ['fiːdʒiː] *s* Fidschiinseln *pl*

filament ['fɪləmənt] *s* ELEK (Glüh)faden *m*

filch [fɪltʃ] *umg v/t* klauen *umg*, stibitzen *umg*

file¹ [faɪl] Ⓐ *s* Feile *f* Ⓑ *v/t* feilen; **to ~ one's nails** sich (*dat*) die Fingernägel feilen

file² Ⓐ *s* ■1 Aktenordner *m*; **it's in the ~s somewhere** das muss irgendwo bei den Akten sein ■2 Akte *f* (**on sb** über j-n *od* **on sth** zu etw); **have we got that on ~?** haben wir das in den Akten?; **to open** *od* **start a ~ on sb/sth** eine Akte über j-n/zu etw anlegen; **to keep sb/sth on ~** j-s Unterlagen/die Unterlagen über etw (*akk*) zurückbehalten; **the Kowalski ~** die Akte Kowalski ■3 IT Datei *f*; **to have sth on ~** etw im Computer gespeichert haben Ⓑ *v/t* ■1 *Akten* ablegen ■2 *Presse: Bericht* einsenden ■3 JUR *Klage* erheben; *Prozess* anstrengen Ⓒ *v/i* **to ~ for divorce** die Scheidung einreichen; **to ~ for bankruptcy** Konkurs anmelden

`phrasal verbs mit file:`

file away *v/t Dokument* zu den Akten legen

file³ Ⓐ *s* Reihe *f*; **in single ~** im Gänsemarsch; MIL in Reihe Ⓑ *v/i* **to ~ in** hereinmarschieren; **they ~d out of the classroom** sie gingen hintereinander aus dem Klassenzimmer; **the troops ~d past the general** die Truppen marschierten am General vorbei

file attachment *s* IT Dateianhang *m*

file cabinet *US s* Aktenschrank *m*

file management *s* IT Dateiverwaltung *f*

file manager *s* IT Dateimanager *m*

filename *s* IT Dateiname *m*

filet [fɪ'leɪ] *US s* → **fillet**

filial ['fɪlɪəl] *adj Pflichten* Kindes-

filing ['faɪlɪŋ] *s von Akten* Ablage *f*; **have you done the ~?** haben Sie die Akten schon abgelegt?

filing cabinet *s* Aktenschrank *m*

filings ['faɪlɪŋz] *pl* Späne *pl*

filing system *s* Ablagesystem *n*

filing tray *s* Ablagekorb *m*

fill [fɪl] Ⓐ *v/t* ■1 füllen; *Zähne* plombieren; *fig* (aus)füllen; **I had three teeth ~ed** ich bekam drei Zähne plombiert *od* gefüllt ■2 erfüllen; **~ed with admiration** voller Bewunderung; **~ed**

filler – financial director

with emotion gefühlsgeladen **3** *Stellung* besetzen; *Rolle* übernehmen; **the position is already ~ed** die Stelle ist schon besetzt **B** *v/i* sich füllen **C** *s* **to drink one's ~** seinen Durst löschen; **to eat one's ~** sich satt essen; **I've had my ~ of him** *umg* ich habe von ihm die Nase voll *umg*

phrasal verbs mit fill:

fill in A *v/i* to fill in for sb für j-n einspringen **B** *v/t* ⟨trennb⟩ **1** *Loch* auffüllen; **he's just filling in time** er überbrückt nur die Zeit **2** *Formular* ausfüllen; *Namen, Wort* eintragen **3** **to fill sb in (on sth)** j-n (über etw *akk*) aufklären

fill out A *v/i Mensch* fülliger werden; *Gesicht* voller werden **B** *v/t Formular* ausfüllen

fill up A *v/i* **1** AUTO (auf)tanken, volltanken **2** *Saal etc* sich füllen **B** *v/t* ⟨trennb⟩ *Tank, Tasse* vollfüllen; *Loch* füllen; **that pie has really filled me up** ich fühle mich wirklich voll nach dieser Pastete; **you need something to fill you up** du brauchst was Sättigendes

filler ['fɪlə] *s* **1** *Hoch- und Tiefbau* Spachtelmasse *f* **2** *Presse, a. TV* (Lücken)füller *m*

fillet ['fɪlɪt] **A** *s* GASTR Filet *n*; **~ of beef** Rinderfilet *n* **B** *v/t* GASTR filetieren

fillet steak *s* Filetsteak *n*

filling ['fɪlɪŋ] **A** *s* **1** Füllung *f*; **I had to have three ~s** ich musste mir drei Zähne plombieren lassen **2** *in Sandwich* (Brot)belag *m* **B** *adj Mahlzeit* sättigend, währschaft *schweiz*

filling station *s* Tankstelle *f*

filly ['fɪlɪ] *s* Stutfohlen *n*

film [fɪlm] **A** *s in Kamera* Film *m*; *Br* (≈ *Spielfilm*) Film *m*; *von Staub* Schicht *f*; **to make** *od* **shoot a ~** einen Film drehen *od* machen; **to make a ~** einen Film machen; **to go to (see) a ~** ins Kino gehen **B** *v/t Stück* verfilmen; *Szene* filmen, drehen; *j-n* einen Film machen von **C** *v/i* filmen; **we start ~ing** *od* **~ing starts tomorrow** die Dreharbeiten fangen morgen an

film clip *Br s* Filmausschnitt *m*

film festival *Br s* Filmfestspiele *pl*

film industry *Br s* Filmindustrie *f*

film maker *Br s* Filmemacher(in) *m(f)*

film script *Br s* Drehbuch *n*

film star *Br s* Filmstar *m*

film studio *Br s* Filmstudio *n*

film version *Br s* Verfilmung *f*

Filofax® ['faɪləʊfæks] *s* Filofax® *m*

filter ['fɪltə] **A** *s* Filter *m*; FOTO, MECH Filter *m/n* **B** *v/t* filtern **C** *v/i Licht* durchscheinen; *Flüssigkeit, Geräusch* durchsickern

phrasal verbs mit filter:

filter in *v/i Menschen* allmählich eindringen

filter out A *v/i Menschen* einer nach dem anderen herausgehen **B** *v/t* ⟨trennb⟩ *wörtl* herausfiltern

filter through *v/i Nachricht, Information* durchsickern

filter coffee *s* Filterkaffee *m*

filter lane *Br s* Abbiegespur *f*

filter paper *s* Filterpapier *n*

filter tip *s* Filter *m*

filter-tipped *adj* **~ cigarette** Filterzigarette *f*

filth [fɪlθ] *wörtl s* Schmutz *m*; *fig* Schweinerei *f umg*

filthy ['fɪlθɪ] *adj* ⟨*komp* filthier⟩ dreckig; *Angewohnheit* ekelhaft; *Magazin* obszön; **to live in ~ conditions** im Dreck leben; **you've got a ~ mind!** du hast eine schmutzige Fantasie!

fin [fɪn] *s* **1** Flosse *f* **2** FLUG Seitenleitwerk *n*

final ['faɪnl] **A** *adj* **1** letzte(r, s), Schluss-; **~ round** letzte Runde, Endrunde *f*; **~ stage(s)** Endstadium *n*; **~ chapter** Schlusskapitel *m* **2** *Resultat, Version* endgültig; **~ score** Endergebnis *n*, Endstand *m*; **that's my ~ offer** das ist mein letztes Angebot; **the judges' decision is ~** der Rechtsweg ist ausgeschlossen; **... and that's ~!** ... und damit basta! *umg* **B** *s* **1** *bes* SPORT Finale *n*; *von Quiz* Endrunde *f*; *von Turnier* Endspiel *n*, Endlauf *m*; **to get to the ~** ins Finale kommen; **World Cup Final** FUSSB Endspiel *n* der Fußballweltmeisterschaft; **the ~s** das Finale, die Endrunde **2** **~s** *pl Br* UNIV Abschlussprüfung *f*

final demand *s* letzte Mahnung *od* Zahlungsaufforderung *f*

finale [fɪ'nɑːlɪ] *s* Finale *n*

finalist ['faɪnəlɪst] *s* SPORT Finalist(in) *m(f)*

finality [faɪ'nælɪtɪ] *s von Entscheidung etc* Endgültigkeit *f*

finalize ['faɪnəlaɪz] *v/t Pläne, Einzelheiten* endgültig festlegen; *Handel* zum Abschluss bringen

finally ['faɪnəlɪ] *adv* **1** schließlich, endlich **2** zum Schluss **3** *entscheidend* endgültig

final whistle *s* FUSSB Schlusspfiff *m*; **to blow the ~** das Spiel abpfeifen

finance [faɪ'næns] **A** *s* **1** Finanzen *pl*; Finanzwesen *n*; **high ~** Hochfinanz *f* **2** Geld *n*; **it's a question of ~** das ist eine Geldfrage; **~s** Finanzen *pl* **B** *v/t* finanzieren

finance director *s* Leiter(in) *m(f)* der Finanzabteilung

financial [faɪ'nænʃəl] *adj* **1** finanziell; **~ aid** Kapitalhilfe *f*; **~ assistance** Finanzhilfe *f*; **~ crisis** Finanzkrise *f*; **~ investor** Finanzinvestor(in) *m(f)*; **~ resources** Geldmittel *pl* **2** BÖRSE, WIRTSCH Finanz-; **on the ~ markets** auf den Finanzmärkten; **~ investment** Geldanlage *f*

financial adviser, **financial consultant** *s* Finanzberater(in) *m(f)*

financial director *s* HANDEL Leiter(in) *m(f)* der

Finanzabteilung

financially [faɪˈnænʃəlɪ] *adv* finanziell; **the company is ~ sound** die Finanzlage der Firma ist gesund; **~ viable** rentabel

financial market *s* Finanzmarkt *m*

financial sector *s* Finanzsektor *m*

financial services *pl* Finanzdienstleistungen *pl*

financial year *Br s* Geschäftsjahr *n*

financier [faɪˈnænsɪəʳ] *s* Finanzier(in) *m(f)*

finch [fɪntʃ] *s* Fink *m*

find [faɪnd] ⟨*v: prät, pperf* found⟩ **A** *v/t* **1** finden; **it's nowhere to be found** es lässt sich nirgendwo finden; **to ~ pleasure in sth** Freude an etw (*dat*) haben; **he was found dead in bed** er wurde tot im Bett aufgefunden; **where am I going to ~ the time?** wo nehme ich nur die Zeit her?; **I don't ~ it easy to tell you this** es fällt mir nicht leicht, Ihnen das zu sagen; **he always found languages easy** ihm fielen Sprachen immer leicht; **I ~ it impossible to understand him** ich kann ihn einfach nicht verstehen; **I found myself smiling** ich musste unwillkürlich lächeln; **I ~ myself in an impossible situation** ich befinde mich in einer unmöglichen Situation; **one day he suddenly found himself out of a job** eines Tages war er plötzlich arbeitslos; **this flower is found all over England** diese Blume findet man in ganz England **2** besorgen (*sb sth* j-m etw); **go and ~ me a needle** hol mir doch mal eine Nadel; **we'll have to ~ him a desk** wir müssen einen Schreibtisch für ihn finden **3** feststellen; *Ursache* herausfinden; **we found the car wouldn't start** es stellte sich heraus, dass das Auto nicht ansprang; **you will ~ that I am right** Sie werden sehen, dass ich recht habe **4** JUR **to ~ sb guilty/not guilty** j-n schuldig sprechen/freisprechen; **how do you ~ the accused?** wie lautet Ihr Urteil? **5** IT suchen; **~ and replace** suchen und ersetzen **B** *v/i* JUR **to ~ for/against the accused** den Angeklagten freisprechen/verurteilen **C** *s* Fund *m*

phrasal verbs mit find:

find out A *v/t* ⟨*trennb*⟩ herausfinden; *bei Missetaten etc* erwischen, auf die Schliche kommen (+*dat*) *umg*; **you've been found out** du bist ertappt *umg* **B** *v/i* es herausfinden; **to find out about sb/sth** j-n/etw entdecken; (≈ *sich orientieren*) sich über j-n/etw informieren; **to help children find out about other countries** Kindern dabei helfen, etwas über andere Länder herauszufinden

finder [ˈfaɪndəʳ] *s* Finder(in) *m(f)*

finding [ˈfaɪndɪŋ] *s* **~s** *pl* Ergebnis(se) *n(pl)*; MED Befund *m*

fine¹ [faɪn] **A** *s* JUR Geldstrafe *f*, Bußgeld *n* **B** *v/t* JUR zu einer Geldstrafe verurteilen; **he was ~d £100** er musste £ 100 Strafe bezahlen; **he was ~d for speeding** er hat einen Strafzettel für zu schnelles Fahren bekommen

fine² **A** *adj* ⟨*komp* finer⟩ **1** ausgezeichnet; *Gebäude, Aussicht* herrlich; *Leistung, Spieler* großartig; **you're doing a ~ job** Sie machen Ihre Sache ganz ausgezeichnet; **she's a ~ woman** sie ist eine bewundernswerte Frau; *in Bezug auf Statur* sie ist eine stattliche Frau **2** in Ordnung; **any more? — no, that's ~** noch etwas? — nein, danke; **everything's going to be just ~** es wird schon alles gut gehen; **these apples are ~ for cooking** diese Äpfel eignen sich (gut) zum Kochen; **the doctor said it was ~ for me to play** der Arzt sagte, ich dürfte ohne Weiteres spielen; **you look ~ (to me)** (ich finde,)du siehst gut aus; **your idea sounds ~** Ihre Idee hört sich gut an; **I'm ~** *gesundheitlich* es geht mir gut; **she is ~** *allgemein* mit ihr ist alles in Ordnung; **how are you? — ~, thanks** wie geht es Ihnen? — danke, gut; **a glass of water and I'll be ~** nach einem Glas Wasser wird es mir wieder gut gehen; **that's ~ with** *od* **by me** ich habe nichts dagegen **3** fein; *Wein, Porzellan* erlesen; *Kleidung* ausgesucht; *Stoff* dünn; *Haus* vornehm; *Gesichtszüge* zart; **the ~st ingredients** die erlesensten Zutaten; **a ~ rain** Nieselregen *m*; **to read the ~ print** das Kleingedruckte lesen; **not to put too ~ a point on it** um ganz offen zu sein **4** *Wetter, Tag* schön; **when it is/was ~** bei schönem Wetter; **one ~ day** eines schönen Tages **5** *iron* Freund *etc* schön *iron*; **you're a ~ one to talk!** du kannst gerade reden! **B** *adv* **1** tadellos; **you're doing ~** Sie machen Ihre Sache gut; *gesundheitlich* Sie machen gute Fortschritte; **we get on ~** wir kommen ausgezeichnet miteinander aus **2** *schneiden* dünn

fine art *s* **1** ⟨*mst pl*⟩ schöne Künste *pl* **2** **he's got it down to a ~** er hat den Bogen heraus *umg*

finely [ˈfaɪnlɪ] *adv* fein; *schneiden* dünn; **the case is ~ balanced** der Fall kann sich so oder so entscheiden; **~ tuned** *Motor* genau eingestellt

finery [ˈfaɪnərɪ] *s* **wedding guests in all their ~** Hochzeitsgäste in vollem Staat

finesse [fɪˈnes] *s* Gewandtheit *f*

fine-tooth comb *s* **to go over sth with a ~** etw genau unter die Lupe nehmen

fine-tune *wörtl, fig* fein abstimmen

fine-tuning *s* Feinabstimmung *f*

finger [ˈfɪŋgəʳ] **A** *s* Finger *m*; **she can twist him round her little ~** sie kann ihn um den (kleinen) Finger wickeln; **I didn't lay a ~ on her** ich habe sie nicht angerührt; **he wouldn't lift a ~ to help me** er würde keinen Finger rühren, um mir zu helfen; **I can't put my ~ on it**,

but ... ich kann es nicht genau ausmachen, aber ...; **you've put your ~ on it there** da haben Sie den kritischen Punkt berührt; **pull your ~ out!** *Br umg* es wird Zeit, dass du Nägel mit Köpfen machst! *umg*; **to give sb the ~** *bes US umg* j-m den Stinkefinger zeigen *umg* **B** *v/t* anfassen

finger buffet *s* Büfett *n* mit Appetithappen
fingermark *s* Fingerabdruck *m*
fingernail *s* Fingernagel *m*
finger-pointing *s* Fingerzeigen *n*, Beschuldigen *n*
fingerprint *s* Fingerabdruck *m*; **to take sb's ~s** j-m Fingerabdrücke abnehmen
finger puppet *s* Fingerpuppe *f*
fingertip *s* Fingerspitze *f*; **to have sth at one's ~s** etw parat haben *umg*
finicky ['fınıkı] *adj* pingelig *umg*; *in Bezug auf Essen* wählerisch
finish ['fınıʃ] **A** *s* **1** Ende *n*; *von Rennen* Finish *n*; (≈ *Linie*) Ziel *n*; **from start to ~** von Anfang bis Ende **2** *von Industrieprodukt* Finish *n*; *von Keramik* Oberfläche *f* **B** *v/t* **1** beenden; *Ausbildung, Kurs* abschließen; *Arbeit* erledigen; **he's ~ed the painting** er ist mit dem Bild fertig; **to have ~ed doing sth** damit fertig sein, etw zu tun; **when I ~ eating ...** wenn ich mit dem Essen fertig bin, ...; **to ~ writing sth** etw zu Ende schreiben; **when do you ~ work?** wann machen Sie Feierabend?; **she never lets him ~** (*what he's saying*) sie lässt ihn nie ausreden; **give me time to ~ my drink** lass mich austrinken; **~ what you're doing** mach fertig, was du angefangen hast **2** ruinieren; (≈ *töten*), *a. umg* (≈ *erschöpfen*) den Rest geben (+*dat*) *umg*; **another strike could ~ the firm** noch ein Streik könnte das Ende für die Firma bedeuten **3** *Oberfläche, Produkt* fertig bearbeiten **C** *v/i* **1** aus sein; *Mensch: mit Arbeit etc* fertig sein; (≈ *Schluss machen*) aufhören; *Musikstück etc* enden; **my course ~es this week** mein Kurs geht diese Woche zu Ende; **we'll ~ by singing a song** wir wollen mit einem Lied schließen; **I'd like to ~ by referring to ...** zuletzt möchte ich auf ... (*akk*) verweisen; **I've ~ed** ich bin fertig **2** SPORT das Ziel erreichen; **to ~ first** als Erster durchs Ziel gehen

phrasal verbs mit finish:

finish off *v/t* ⟨*trennb*⟩ **1** *Arbeit* fertig machen; *Job* erledigen; **to finish off a letter** einen Brief zu Ende schreiben **2** *Suppe etc* aufessen; *Flasche* austrinken **3** (≈ *töten*) den Gnadenstoß geben (+*dat*) **4** j-m den Rest geben (+*dat*) *umg*
finish up *v/i* an einem Ort landen *umg*; **he finished up a nervous wreck** er war zum Schluss ein Nervenbündel; **you'll finish up wishing you'd never started** du wünschst dir bestimmt noch, du hättest gar nicht erst angefangen
finish with *v/i* ⟨+*obj*⟩ **1** nicht mehr brauchen; **I've finished with the paper** ich bin mit der Zeitung fertig **2** **I've finished with him** *mit Freund* ich habe mit ihm Schluss gemacht

finished ['fınıʃt] *adj* **1** fertig; **to be ~** fertig sein; **to be ~ doing sth** damit fertig sein, etw zu tun; **to be ~ with sb/sth** mit j-m/etw fertig sein, von j-m/etw nichts mehr wissen wollen; **I'm ~ with politics** mit der Politik ist es für mich vorbei; **~ goods** Fertigprodukte *pl*; **the ~ article** das fertige Produkt, die endgültige Version **2** aufgebraucht, zu Ende; **the wine is ~** es ist kein Wein mehr da **3** *umg* **to be ~** *Politiker etc* erledigt sein *umg* (**as** als); **we're ~, it's ~ between us** es ist aus zwischen uns **4** *Produkt* fertig bearbeitet
finishing line ['fınıʃıŋ] *s* Ziellinie *f*
finite ['faınaıt] *adj* begrenzt; **a ~ number** eine begrenzte Zahl; MATH eine endliche Zahl; **coal and oil are ~ resources** Kohle und Öl sind nicht erneuerbare Ressourcen
Finland ['fınlənd] *s* Finnland *n*
Finn [fın] *s* Finne *m*, Finnin *f*
Finnish ['fınıʃ] **A** *adj* finnisch; **he is ~** er ist Finne; **she is ~** sie ist Finnin **B** *s* LING Finnisch *n*
fiord [fjɔːd] *s* Fjord *m*
fir [fɜːʳ] *s* Tanne *f*
fir cone *s* Tannenzapfen *m*
fire [faıəʳ] **A** *s* **1** Feuer *n*; **to be on ~** brennen, in Flammen stehen; **to set ~ to sth, to set sth on ~** anzünden, etw in Brand stecken; **to catch ~** Feuer fangen; **you're playing with ~** *fig* du spielst mit dem Feuer; **to open ~ on sb** das Feuer auf j-n eröffnen; **cannon ~** Kanonenschüsse *pl*; **to come under ~** unter Beschuss geraten **2** *in Haus* Brand *m*; **there was a ~ next door** nebenan hat es gebrannt; **to put out a ~** ein Feuer löschen; **where's the ~?** wo brennt's denn?; **~!** Feuer! **3** (Kamin)feuer *n*, Ofen *m* **B** *v/t* **1** *Keramik* brennen **2** *fig Fantasie* beflügeln; **to ~ sb with enthusiasm** j-n begeistern **3** *Waffe, Pfeil* abschießen; *Schuss* abgeben; *Rakete* zünden; **to ~ a gun at sb** auf j-n schießen; **to ~ questions at sb** Fragen auf j-n abfeuern **4** **to ~ sb** *umg* (≈ *entlassen*) j-n feuern *umg* **C** *v/i* **1** schießen (**at** auf +*akk*); **~!** (gebt) Feuer! **2** *Motor* zünden; **the engine is only firing on three cylinders** der Motor läuft nur auf drei Zylindern

phrasal verbs mit fire:

fire away *umg v/i* losschießen *umg*
fire off *v/t* ⟨*trennb*⟩ abfeuern; *Brief* loslassen
fire up *fig v/t* ⟨*trennb*⟩ anfeuern

fire alarm s Feueralarm m, Feuermelder m
firearm s Feuerwaffe f
fireball s ◼ Feuerball m ◼ fig umg (≈ Mensch) Energiebündel n umg
fire brigade Br s Feuerwehr f
firecracker s Knallkörper m
fire department US s Feuerwehr f
fire door s Feuertür f
fire drill s Probealarm m
fire-eater s Feuerschlucker m
fire engine s Feuerwehrauto n
fire escape s Feuertreppe f, Feuerleiter f
fire exit s Notausgang m
fire-extinguisher s Feuerlöscher m
firefighter s Feuerwehrmann m
firefighting adj ⟨attr⟩ Maßnahmen, Team zur Feuerbekämpfung; **~ equipment** Feuerlöschgeräte pl
fireguard s Schutzgitter n
fire hazard s **to be a ~** feuergefährlich sein
firehouse US s Feuerwache f
fire hydrant s Hydrant m
firelight s Schein m des Feuers
firelighter s Feueranzünder m
fireman s ⟨pl -men⟩ Feuerwehrmann m
fireplace s Kamin m
firepower s Feuerkraft f
fire prevention s Brandschutz m
fireproof adj feuerfest
fire raising bes Br s Brandstiftung f
fire regulations pl Brandschutzbestimmungen pl
fire retardant adj Feuer hemmend
fire service s Br Feuerwehr f
fireside s **to sit by the ~** am Kamin sitzen
fire station s Feuerwache f
fire truck US s → fire engine
firewall s IT Firewall f
firewoman s ⟨pl -women [-wɪmɪn]⟩ Feuerwehrfrau n
firewood s Brennholz n
fireworks pl ◼ Feuerwerkskörper pl ◼ Feuerwerk n
firing ['faɪrɪŋ] s MIL Feuer n; von Waffe Abfeuern n
firing line s MIL fig Schusslinie f; **to be in the ~** in der Schusslinie stehen
firing squad s Exekutionskommando n
firm¹ [fɜːm] s Firma f, Unternehmen n; **~ of lawyers** Rechtsanwaltsbüro n
firm² ◼ adj ⟨+er⟩ fest; Bauch straff; Griff sicher, stabil; Entscheidung endgültig; Aktion entschlossen; Maßnahme durchgreifend; **to get** od **take a ~ hold on sth** etw festhalten; **to have a ~ understanding of sth** etw gut verstehen; **to set a ~ date for sth** einen festen Termin für etw vereinbaren; **to be ~ about sth** auf etw (dat) bestehen; **to be ~ with sb** j-m gegenüber bestimmt auftreten; **she's ~ with the children** sie ist streng mit den Kindern; **to take a ~ stand** od **line against sth** energisch gegen etw vorgehen; **they are ~ friends** sie sind eng befreundet; **to be a ~ favourite (with sb)** Br, **to be a ~ favorite (with sb)** US (bei j-m) sehr beliebt sein ◼ adv **to hold sth ~** etw festhalten; **to stand** od **hold ~** standhaft bleiben

▸ phrasal verbs mit firm:
firm up v/t ⟨trennb⟩ Muskeln kräftigen; Schenkel straffen

firmly ['fɜːmlɪ] adv ◼ fest, sicher; **it was held ~ in place with a pin** es wurde von einer Nadel festgehalten; **to be ~ committed to sth** sich voll für etw einsetzen ◼ etw sagen bestimmt; **I shall tell her quite ~ that ...** ich werde ihr klipp und klar sagen, dass ...
firmness s von Mensch, Aktion Entschlossenheit f; (≈ Striktheit) Strenge f
first [fɜːst] ◼ adj erste(r, s); **his ~ novel** sein Erstlingsroman m; **he was ~ in the queue** Br, **he was ~ in line** US er war der Erste in der Schlange; **he was ~ in Latin** er war der Beste in Latein; **to be ~** der/die Erste sein; **who's ~?** wer ist der Erste?; **for the ~ time** zum ersten Mal; **the ~ time I saw her ...** als ich sie zum ersten Mal sah, ...; **in ~ place** SPORT etc an erster Stelle; **in the ~ place** zunächst einmal; **why didn't you say so in the ~ place?** warum hast du denn das nicht gleich gesagt? ◼ adv ◼ zuerst; kommen, gehen als Erste(r, s); **~ come ~ served** sprichw wer zuerst kommt, mahlt zuerst sprichw; **she came ~ in the race** sie wurde Erste in dem Rennen; **you (go) ~** nach Ihnen; **he says ~ one thing then another** er sagt mal so, mal so; **he always puts his job ~** seine Arbeit kommt bei ihm immer vor allen anderen Dingen ◼ zunächst, erstens; **~ of all** zuerst; vor allem; **~ and foremost** zuallererst ◼ zum ersten Mal; **when this model was ~ introduced** zu Anfang, als das Modell herauskam; **when it ~ became known that ...** als erstmals bekannt wurde, dass ...; **this work was ~ performed in 1997** dieses Werk wurde 1997 uraufgeführt ◼ (zu)erst; **I must finish this ~** ich muss das erst fertig machen ◼ **I'd die ~!** lieber würde ich sterben! ◼ s ◼ **the ~** der/die/das Erste, der/die/das Erstere; **he was the ~ to finish** er war als Erster fertig; in Rennen er ging als Erster durchs Ziel; **this is the ~ I've heard of it** das ist mir ja ganz neu; **the ~ he knew about it was when he saw it in the paper** er hat erst davon erfahren, als er es in der Zeitung las; **at ~** zuerst, zunächst; **from the ~** von Anfang

an **2** *Br* UNIV Eins *f*; **he got a ~** er bestand (sein Examen) mit „Eins" *od* „sehr gut" **3** AUTO **~ gear** der erste Gang; **in ~** im ersten Gang
first aid *s* Erste Hilfe
first-aid kit *s* Verband(s)kasten *m*
first-born A *adj* erstgeboren **B** *s* Erstgeborene(r) *m/f(m)*
first class A *s* erste Klasse **B** *adj* ⟨präd⟩ **that's absolutely ~!** das ist einfach spitze! *umg*
first-class A *adj* ⟨attr⟩ **1** erstklassig; **he's a ~ cook** er ist ein erstklassiger Koch **2** *Fahrkarte* erster Klasse; **a ~ compartment** ein Erste-Klasse-Abteil *n*; **~ passengers** Reisende *pl* in der ersten Klasse **3** *Post* **~ stamp** Briefmarke *für die bevorzugt beförderte Post*; **~ letter** bevorzugt beförderter Brief **4** *Br* UNIV **~ (honours) degree** Examen *n* mit „Eins" *od* „sehr gut"; **he graduated with ~ honours** er machte sein Examen mit „Eins" *od* „sehr gut" **B** *adv* **1** *reisen* erster Klasse **2** *Post* **to send sth ~** etw mit der bevorzugt beförderten Post schicken
first cousin *s* Cousin *m*/Cousine *f* ersten Grades
first-degree *adj Verbrennungen etc* ersten Grades *präd*
first edition *s* Erstausgabe *f*
first floor *s* **1** *Br* erster Stock **2** *US* Erdgeschoss *n*, Erdgeschoß *n österr*
first form *s* *Br* SCHULE erste Klasse
first-former *s* *Br* SCHULE Erstklässler(in) *m(f)*
first-hand A *adj* aus erster Hand; **to have ~ knowledge of sth** etw aus eigener Erfahrung kennen; **they have ~ experience of charitable organizations** sie haben persönlich Erfahrungen mit Wohlfahrtsverbänden gemacht **B** *adv* hören, erleben persönlich
First Lady *s* First Lady *f*
first language *s* Muttersprache *f*
firstly ['fɜːstlɪ] *adv* zuerst; **~ it's not yours and secondly** erstens einmal gehört es nicht dir und zweitens ...
First Minister *s* *Br* POL Erster Minister, Erste Ministerin
first name *s* Vorname *m*; **they're on ~ terms** sie reden sich mit Vornamen an
First Nations *pl* die Ersten Nationen *(indianische Ureinwohner/innen Kanadas)*
first night *s* THEAT Premiere *f*
first offender *s* Ersttäter(in) *m(f)*
first-past-the-post system *s* POL (absolutes) Mehrheitswahlrecht
first person *s* **the ~ plural** die erste Person Plural; **the story is in the ~** die Geschichte wird von einem Icherzähler/einer Icherzählerin erzählt
first-person narrator *s* LIT Icherzähler(in) *m(f)* (*Der Erzähler ist selbst an der Handlung beteiligt. Die Informationen sind begrenzt, denn der Leser erfährt nur das, was der Erzähler erlebt oder beobachtet (limited point of view).*)
first-rate *adj* erstklassig
first thing A *s* **she just says the ~ that comes into her head** sie sagt einfach das, was ihr zuerst einfällt; **the ~ (to do) is to ...** als Erstes muss man ...; **the ~ to remember is that she hates formality** man muss vor allem daran denken, dass sie Förmlichkeit nicht mag; **~s first** eins nach dem anderen; (≈ *nach Bedeutung*) das Wichtigste zuerst; **he doesn't know the ~ about cars** von Autos hat er nicht die geringste Ahnung **B** *adv* gleich; **I'll go ~ in the morning** ich gehe gleich morgen früh; **I'm not at my best ~ (in the morning)** früh am Morgen bin ich nicht gerade in Hochform
first-time buyer *s* j-d, der zum ersten Mal ein Haus/eine Wohnung kauft Erstkäufer(in) *m(f)*
First World War *s* **the ~** der Erste Weltkrieg
firth [fɜːθ] *schott* Förde *f*, Meeresarm *m*
fir tree *s* Tannenbaum *m*
fiscal ['fɪskəl] *adj* finanziell; **~ pact** Fiskalpakt *m*; **~ policy** Finanzpolitik *f*; **~ union** Fiskalunion *f*
fish [fɪʃ] **A** *s* ⟨*pl* -⟩ *od verschiedene Arten* **-es** Fisch *m*; **to drink like a ~** *umg* wie ein Loch saufen *umg*; **like a ~ out of water** wie ein Fisch auf dem Trockenen; **there are plenty more ~ in the sea** *fig umg* es gibt noch mehr (davon) auf der Welt **B** *v/i* fischen, angeln; **to go ~ing** fischen/angeln gehen

phrasal verbs mit fish:

fish for *v/i* ⟨+obj⟩ **1** *wörtl* fischen, angeln **2** *fig Komplimente* fischen nach; **they were fishing for information** sie waren auf Informationen aus

fish out *v/t* ⟨*trennb*⟩ herausfischen (**of** *od* **from sth** aus etw)

fish and chips *Br pl* Fish and Chips *n*, Fisch *m* mit Pommes frites
fishbone *s* (Fisch)gräte *f*
fish cake *s* Fischfrikadelle *f*
fisherman ['fɪʃəmən] *s* ⟨*pl* -men⟩ Fischer *m*, Angler *m*
fishery ['fɪʃərɪ] *s* Fischerei *f*
fish farm *s* Fischzucht(anlage) *f*
fishfinger *s* Fischstäbchen *n*
fish-hook *s* Angelhaken *m*
fishing ['fɪʃɪŋ] *s* Fischen *n*, Angeln *n*; IND Fischerei *f*
fishing boat *s* Fischerboot *n*
fishing line *s* Angelschnur *f*
fishing net *s* Fischnetz *n*
fishing rod *s* Angelrute *f*
fishing tackle *s* Angelgeräte *pl*
fishing village *s* Fischerdorf *n*

fishmonger ['fɪʃmʌŋɡəʳ] *Br s* Fischhändler(in) *m(f)*

fishmonger's *Br s* Fischgeschäft *n*

fish pond *s* Fischteich *m*

fish slice *s* Bratenwender *m*

fish stick *US s US* Fischstäbchen *n*

fish tank *s* Aquarium *n*

fishy ['fɪʃɪ] *adj ⟨komp* fishier⟩ **1** ~ **smell** Fischgeruch *m* **2** *umg* verdächtig; **something ~ is going on** hier ist was faul *umg*

fissure ['fɪʃəʳ] *s* Riss *m*; *tief* Kluft *f*; *eng* Spalt *m*

fist [fɪst] *s* Faust *f*

fistful ['fɪstfʊl] *s* Handvoll *f*; **a ~ of pound coins** eine Handvoll Pfundmünzen

fit¹ [fɪt] **A** *adj ⟨komp* fitter⟩ **1** geeignet; **fit to eat** essbar; **fit to drink** trinkbar; **she's not fit to be a mother** sie ist als Mutter völlig ungeeignet **2** richtig; **I'll do as I think** *od* **see fit** ich handle, wie ich es für richtig halte; **to see fit to do sth** es für richtig *od* angebracht halten, etw zu tun **3** gesund; *Sportler* fit; **she is not yet fit to travel** sie ist noch nicht reisefähig **4** **to be fit to drop** *Br* zum Umfallen müde sein **B** *s von Kleidung* Passform *f*; **it is a very good/bad fit** es sitzt wie angegossen/nicht gut; **it's a bit of a tight fit** *Kleidungsstück* es ist etwas eng; *beim Einparken* es geht so gerade (noch) **C** *v/t* **1** Abdeckung etc passen auf (+*akk*); *Schlüssel* passen in (+*akk*); *Kleidung* passen (+*dat*); **"one size fits all"** „Einheitsgröße"; **that part won't fit this machine** das Teil passt nicht für diese Maschine; **she was fitted for her wedding dress** ihr Hochzeitskleid wurde ihr angepasst **2** anbringen (**to** an +*akk*), einbauen (**in** in +*akk*), ausstatten; *Reifen* montieren; **to fit a car with an alarm** eine Alarmanlage in ein Auto einbauen; **to have a new kitchen fitted** eine neue Küche einbauen lassen **3** *den Tatsachen* entsprechen (+*dat*) **D** *v/i* **1** *Kleid, Schlüssel* passen **2** (≈ übereinstimmen) zusammenpassen; **the facts don't fit** die Fakten sind widersprüchlich; **it all fits** es passt alles zusammen

<u>phrasal verbs mit fit:</u>

fit in *v/t* ⟨*trennb*⟩ **1** unterbringen; **you can fit five people into this car** in diesem Auto haben fünf Personen Platz **2** *j-n* einen Termin geben (+*dat*); *Verabredung* unterbringen, einschieben; **Sir Charles could fit you in at 3 o'clock** um 3 Uhr hätte Sir Charles Zeit für Sie **B** *v/i* hineinpassen; *in Gruppe* sich einfügen; **the clothes won't fit in(to) the case** die Sachen passen nicht in den Koffer; **how does this fit in?** wie passt das ins Ganze?; **to fit in with sth** *Pläne* in etw (*akk*) passen; **he doesn't fit in here** er passt nicht hierhin

fit on A *v/i* **1** passen **2** angebracht sein **B** *v/t* ⟨*trennb*⟩ anbringen

fit out *v/t* ⟨*trennb*⟩ *Schiff, j-n* ausstatten; **they've fitted one room out as an office** sie haben eines der Zimmer als Büro eingerichtet

fit up *v/t* ⟨*trennb*⟩ **to fit sb/sth up with sth** j-n/etw mit etw ausstatten

fit² *s* MED, *a. fig* Anfall *m*; **fit of coughing** Hustenanfall *m*; **in a fit of anger** in einem Anfall von Wut; **in fits and starts** stoßweise; **to be in fits (of laughter)** sich vor Lachen biegen *umg*; **to have a fit** *fig* einen Anfall kriegen *umg*

fitful ['fɪtfʊl] *adj* unbeständig; *Fortschritt* stoßweise; *Schlaf* unruhig

fitfully ['fɪtfəlɪ] *adv schlafen* unruhig; *arbeiten* sporadisch

fitness ['fɪtnɪs] *s* Fitness *f*

fitness instructor *s* Fitnesstrainer(in) *m(f)*

fitness tracker *s* Fitnessarmband *n*

fitted ['fɪtɪd] *adj* **1** **to be ~ with sth** mit etw ausgestattet sein **2** Einbau-; *Schlafzimmer* mit Einbauelementen; **~ wardrobe** Einbauschrank *m*; **~ units** Einbauelemente *pl*; **~ kitchen** Einbauküche *f* **3** *Jackett* tailliert; **~ carpet** *Br* Teppichboden *m*; **~ sheet** Spannbetttuch *n* **4** *form* (≈ *geeignet*) **to be ~ to do sth** sich dazu eignen, etw zu tun

fitter ['fɪtəʳ] *s* TECH (Maschinen)schlosser(in) *m(f)*

fitting ['fɪtɪŋ] **A** *adj* passend; *Strafe* angemessen **B** *s* **1** *von Kleidung* Anprobe *f* **2** Zubehörteil *n*; **~s** Ausstattung *f*; **bathroom ~s** Badezimmereinrichtung *f*; **electrical ~s** Elektroinstallationen *pl*

fittingly ['fɪtɪŋlɪ] *adv* ⟨+*adj*⟩ angemessen

fitting room *s* Anproberaum *m*, Anprobekabine *f*

five [faɪv] **A** *adj* fünf **B** *s* Fünf *f*; → six

five-a-side *adj* mit fünf Spielern pro Mannschaft

fivefold A *adj* fünffach **B** *adv* um das Fünffache

fiver ['faɪvəʳ] *umg s* Fünfpfund-/Fünfdollarschein *m*

five-star hotel *s* Fünf-Sterne-Hotel *n*

fix [fɪks] **A** *v/t* **1** festmachen, befestigen (**sth to sth** etw an/auf etw *dat*); *fig Ideen* verankern; **to fix sth in one's mind** sich (*dat*) etw fest einprägen **2** *Augen, Aufmerksamkeit* richten (**on, upon** auf +*akk*); *Kamera* richten (**on** auf +*akk*); **everybody's attention was fixed on her** alle sahen wie gebannt an **3** *Datum, Preis* festlegen; (≈ *sich einigen auf*) ausmachen; **nothing has been fixed yet** es ist noch nichts fest (ausgemacht *od* beschlossen worden) **4** arrangieren; *Tickets etc* besorgen, organisieren *umg*; **have you got anything fixed for tonight?** haben Sie (für) heute Abend schon etwas vor? **5**

umg **I'll fix him** dem werd ichs besorgen *umg* ⑥ (≈ *reparieren*) in Ordnung bringen ⑦ *etwas zu essen/trinken* machen; **to fix one's hair** sich frisieren ⑧ *umg Rennen, Kampf* manipulieren; *Preise* absprechen; **the whole thing was fixed** das war eine abgekartete Sache *umg* Ⓑ *s* ① *umg* **to be in a fix** in der Klemme sitzen *umg* ② *umg von Drogen* Druck *m sl*; **I need my daily fix of chocolate** *umg* ich brauche meine tägliche Schokoladenration ③ *umg* **the fight was a fix** der Kampf war eine abgekartete Sache *umg*

phrasal verbs mit fix:

fix on *v/t* ⟨*trennb*⟩ festmachen (*obj* auf +*dat*), anbringen

fix together *v/t* ⟨*trennb*⟩ zusammenmachen *umg*

fix up *v/t* ⟨*trennb*⟩ ① arrangieren; *Urlaub etc* festmachen; **have you got anything fixed up for this evening?** haben Sie (für) heute Abend schon etwas vor? ② **to fix sb up with sth** j-m etw verschaffen ③ *Haus* einrichten

fixation [fɪkˈseɪʃən] *s* PSYCH Fixierung *f*; **she has a ~ about** *od* **on cleanliness** sie hat einen Sauberkeitsfimmel *umg*

fixative [ˈfɪksətɪv] *s* Fixativ *n*

fixed [fɪkst] *adj* ① *Zeit, Betrag* fest(gesetzt); *Position* unveränderlich; **there's no ~ agenda** es gibt keine feste Tagesordnung; **of no ~ abode** *od* **address** JUR ohne festen Wohnsitz; **~ assets** WIRTSCH Anlagevermögen *n*; **~ price** Festpreis *m*; **~ rate** FIN fester Zinssatz; **~ mortgage rate** festverzinsliches Hypothekendarlehen; **~ penalty** pauschale Geldbuße ② *Idee* fest; *Lächeln* starr ③ *Wahlen, Spiel* manipuliert; **the whole thing was ~** das war eine abgekartete Sache *umg* ④ *umg* **how are we ~ for time?** wie siehts mit der Zeit aus?; **how are you ~ for money?** *etc* wie siehts bei dir mit Geld *etc* aus?

fixed assets *pl* HANDEL feste Anlagen *pl*

fixed-interest *adj* **~ loan** Festzinsanleihe *f*

fixed-line network *s* TEL Festnetz *n*

fixedly [ˈfɪksɪdlɪ] *adv* starr

fixed-rate [ˈfɪkstreɪt] *adj* Festzins-; **~ mortgage** Festzinshypothek *f*

fixed-term contract *s* Zeitvertrag *m*, befristeter Vertrag

fixings [ˈfɪksɪŋz] *pl US* GASTR Beilagen *pl*

fixture [ˈfɪkstʃəʳ] *s* ① **~s** Ausstattung *f*; **~s and fittings** Anschlüsse und unbewegliches Inventar *form* ② *Br* SPORT Spiel *n*, Match *n bes österr*

fizz [fɪz] *v/i* perlen

fizzle [ˈfɪzl] *v/i* zischen

phrasal verbs mit fizzle:

fizzle out *v/i Feuerwerk, Begeisterung* verpuffen; *Plan* im Sande verlaufen

fizzy [ˈfɪzɪ] *adj* ⟨*komp* fizzier⟩ sprudelnd; **to be ~ sprudeln**; **a ~ drink** eine Brause

fjord [fjɔːd] *s* Fjord *m*

F key *s* COMPUT Funktionstaste *f*

fl. *abk* (= **floor**) St.

flab [flæb] *umg s* Speck *m*; **to fight the ~** *hum* etwas für die schlanke Linie tun

flabbergast [ˈflæbəɡɑːst] *umg v/t* verblüffen; **I was ~ed to see him** ich war platt, als ich ihn sah *umg*

flabby [ˈflæbɪ] *adj* ⟨*komp* flabbier⟩ schlaff; **he's getting ~** er setzt Speck an

flaccid [ˈflæksɪd] *liter adj* schlaff; *Prosa* kraftlos

flag¹ [flæɡ] *s* Fahne *f*, Fähnchen *n*; SCHIFF Flagge *f*; **to fly the ~ (for)** *fig* die Fahne hochhalten (für)

phrasal verbs mit flag:

flag down *v/t* ⟨*trennb*⟩ *j-n, Taxi* anhalten

flag² *v/i* erlahmen; **he's ~ging** er wird müde

flag³ *s*, (*a.* **flagstone**) Steinplatte *f*

flag day *s* ① *Br* Tag, an dem eine Straßensammlung für einen wohltätigen Zweck durchgeführt wird ② **Flag Day** *US* 14. Juni, Gedenktag der Einführung der amerikanischen Nationalflagge

flagged [flæɡd] *adj Fußboden* gefliest

flagon [ˈflæɡən] *s* Flasche *f*, Krug *m*

flagpole [ˈflæɡpəʊl] *s* Fahnenstange *f*

flagrant [ˈfleɪɡrənt] *adj* eklatant; *missachten* unverhohlen

flagship Ⓐ *s* Flaggschiff *n* Ⓑ *adj* ⟨*attr*⟩ Vorzeige-; **~ store** Vorzeigeladen *m*

flagstone *s* (Stein)platte *f*, Fliese *f*, Plättli *n schweiz*

flail [fleɪl] Ⓐ *v/t* **he ~ed his arms about** *od* **around wildly** er schlug wild (mit den Armen) um sich Ⓑ *v/i* **to ~ (about)** herumfuchteln

flair [flɛəʳ] *s* Talent *n*, Flair *n*

flak [flæk] *fig s* **he's been getting a lot of ~ (for it)** er ist (dafür) mächtig unter Beschuss geraten *umg*

flake [fleɪk] Ⓐ *s von Schnee, Seife* Flocke *f*; *von Lack* Splitter *m*; *von Haut* Schuppe *f*; *von Schokolade* Raspel *m* Ⓑ *v/i Mauerwerk etc* abbröckeln; *Lack* abblättern

phrasal verbs mit flake:

flake off *v/i Mauerwerk* abbröckeln; *Lack* abblättern; *Haut* sich schälen

flake out *v/i umg vor Erschöpfung* abschlaffen *umg*; *vor Müdigkeit* einpennen *umg*

flak jacket *s* kugelsichere Weste

flaky [ˈfleɪkɪ] *adj* ⟨*komp* flakier⟩ ① *Lack* brüchig; *Kruste* blättrig; *Haut* schuppig ② *bes US* verrückt

flaky pastry *s* Blätterteig *m*

flamboyance [flæmˈbɔɪəns] *s* Extravaganz *f*

flamboyant [flæmˈbɔɪənt] *adj* extravagant; *Geste* großartig

flame [fleɪm] **A** s **1** Flamme f; **the house was in ~s** das Haus stand in Flammen **2** IT Flame f, (persönlicher) Angriff **B** v/t IT **to ~ sb** j-m eine Flame schicken

flame retardant [ˈfleɪmrɪˈtɑːdənt] adj Feuer hemmend

flaming [ˈfleɪmɪŋ] adj **1** lodernd; **~ red hair** feuerrotes Haar; **to have a ~ row (with sb)** sich (mit j-m) streiten, dass die Fetzen fliegen umg **2** Br umg verdammt umg; **it's a ~ nuisance** Mensch, das ist vielleicht ein Mist umg

flamingo [fləˈmɪŋgəʊ] s ‹pl -(e)s› Flamingo m

flammable [ˈflæməbl] adj feuergefährlich

flan [flæn] s Kuchen m; **fruit ~** Obstkuchen m

flan case s Tortenboden m

flank [flæŋk] **A** s von Tier, a. MIL Flanke f **B** v/t flankieren

flannel [ˈflænl] **A** s **1** Flanell m **2** Br Waschlappen m **B** adj Flanell-

flap [flæp] **A** s **1** von Tasche Klappe f; von Zelt Eingang m **2** Br umg **to get in(to) a ~** in helle Aufregung geraten **B** v/i **1** Flügel schlagen; Segel etc flattern; **his coat ~ped about his legs** der Mantel schlackerte ihm um die Beine umg **2** Br umg in heller Aufregung sein; **don't ~ reg** dich nicht auf **C** v/t **to ~ its wings** mit den Flügeln schlagen; **to ~ one's arms** mit den Armen rudern

flapjack [ˈflæpdʒæk] US s Pfannkuchen m; Br Haferkeks m, Haferbiscuit n schweiz

flare [fleə^r] **A** s **1** Leuchtsignal n **2** Hose (**a pair of**) **~s** Br umg eine Schlaghose **B** v/i **1** Streichholz aufleuchten **2** Hose ausgestellt sein **3** fig Unruhen aufflammen; **tempers ~d** die Gemüter erhitzten sich

<u>phrasal verbs mit flare:</u>

flare up v/i Situation aufflackern; **his acne flared up** seine Akne trat wieder auf; **she flared up at me** sie fuhr mich an

flared [fleəd] adj Hose ausgestellt

flash [flæʃ] **A** s **1** Aufblinken n kein pl, Aufblitzen n kein pl; von Metall, Schmuck Blitzen n kein pl; **there was a sudden ~ of light** plötzlich blitzte es hell auf; **~ of lightning** Blitz m **2** fig **~ of colour** Br, **~ of color** US Farbtupfer m; **~ of inspiration** Geistesblitz m; **in a ~** wie der Blitz; **as quick as a ~** blitzschnell **3** FOTO Blitz m, Blitzlicht n; **to use a ~** Blitzlicht benutzen **B** v/i **1** aufblinken, aufblitzen, blinken; Metall, Schmuck blitzen; **to ~ on and off** immer wieder aufblinken **2** **to ~ past** od **by** vorbeisausen etc; Urlaubszeit etc vorbeifliegen; **the thought ~ed through my mind that ...** mir kam plötzlich der Gedanke, dass ... **C** v/t **1** aufleuchten lassen; **to ~ one's headlights at sb** j-n mit der Lichthupe anblinken; **she ~ed him a look of contempt/gratitude** sie blitzte ihn verächtlich/dankbar an **2** umg a. **~ around** protzen mit; Ausweis kurz vorzeigen; **don't ~ all that money around** wedel nicht so mit dem vielen Geld herum umg **D** adj umg protzig pej, chic

<u>phrasal verbs mit flash:</u>

flash back v/i FILM zurückblenden (**to** auf +akk); **his mind flashed back to the events of the last year** er erinnerte sich plötzlich an die Ereignisse des letzten Jahres

flashback s FILM Rückblende f; LIT Rückgriff m (Unterbrechung der fortlaufenden Handlung, um zu früheren Ereignissen zurückzukehren; dient häufig dazu, dem Leser notwendige Hintergrundinformationen zu liefern)

flash card s SCHULE Leselernkarte f

flasher [ˈflæʃə^r] umg s Exhibitionist(in) m(f)

flash flood s flutartige Überschwemmung

flashlight US s Taschenlampe f

flashmob [ˈflæʃmɒb] s Flashmob m (spontaner Menschenauflauf)

flashy [ˈflæʃɪ] adj ‹komp flashier› auffällig

flask [flɑːsk] s **1** Flakon m; CHEM Glaskolben m **2** Flachmann m umg **3** Thermosflasche® f

flat¹ [flæt] **A** adj ‹komp flatter› **1** flach, Reifen, Füße platt; Oberfläche eben; **he stood ~ against the wall** er stand platt gegen die Wand gedrückt; **as ~ as a pancake** umg total platt; Landschaft total flach; **to fall ~ on one's face** auf die Nase fallen; **to lie ~** flach liegen **2** fig fade; Geschäfte lustlos; Batterie leer; Bier schal; **to fall ~** Witz nicht ankommen **3** Weigerung deutlich **4** MUS Instrument zu tief (gestimmt); Stimme zu tief **5** HANDEL Pauschal- **B** adv **1** ablehnen kategorisch; **he told me ~ that ...** er sagte mir klipp und klar, dass ...; **in ten seconds ~** in sage und schreibe (nur) zehn Sekunden; **~ broke** umg total pleite umg; **to go ~ out** voll aufdrehen umg; **to work ~ out** auf Hochtouren arbeiten **2** MUS **to sing/play ~** zu tief singen/spielen **C** s **1** von Hand Fläche f; von Klinge flache Seite **2** MUS Erniedrigungszeichen n **3** AUTO Platte(r) m umg

flat² Br s Wohnung f

flat bench s SPORT Flachbank f

flat character s LIT typisierte Figur (repräsentiert nur einen einzigen oder einige wenige Charakterzüge; sein Verhalten ist oft vorhersehbar. Meist für weniger wichtige Figuren eingesetzt.)

flat-chested adj flachbrüstig

flat feet pl Plattfüße pl

flat-hunting Br s Wohnungssuche f; **to go/be ~** auf Wohnungssuche gehen/sein

flatly [ˈflætlɪ] adv ablehnen, abstreiten kategorisch; widersprechen aufs Schärfste; **to be ~ opposed**

to sth etw rundweg ablehnen
flatmate ['flætmeɪt] *Br s* Mitbewohner(in) *m(f)*
flatness *s von Fläche* Ebenheit *f*
flat-pack *adj* ~ **furniture** Möbel *pl* zur Selbstmontage
flat peach *s* Flachpfirsich *m*
flat racing *s* Flachrennen *n*
flat rate *s* Pauschale *f*; TEL Flatrate *f*, Flat *f*
flat screen *s*, **flat-screen monitor** *s* COMPUT Flachbildschirm *m*
flat-screen TV *s* Flachbildfernseher *m*
flatten ['flætn] **A** *v/t* **1** *Weg etc* ebnen; *Sturm: Getreide* niederdrücken; *Stadt* dem Erdboden gleichmachen **2** *fig* niederschlagen **B** *v/r* **to ~ oneself against sth** sich platt gegen *od* an etw drücken
phrasal verbs mit flatten:
flatten out A *v/i Landschaft* flach(er) werden **B** *v/t ⟨trennb⟩ Weg* ebnen; *Papier* glätten
flatter ['flætə^r] *v/t* schmeicheln (+*dat*); **to be/feel ~ed by sth** sich von etw geschmeichelt fühlen; **don't ~ yourself!** bilde dir ja nichts ein!
flatterer ['flætərə^r] *s* Schmeichler(in) *m(f)*
flattering ['flætərɪŋ] *adj* schmeichelhaft; *Farbe* vorteilhaft
flattery ['flætərɪ] *s* Schmeicheleien *pl*
flattop *s* (≈ *Frisur*) Bürstenschnitt *m*
flatulence ['flætjʊləns] *s* Blähung(en) *f(pl)*
flatware ['flætweə^r] *US s* Besteck *n*
flat white *s* Milchkaffee *m*
flaunt [flɔːnt] *v/t* zur Schau stellen; **to ~ oneself** sich groß in Szene setzen
flautist ['flɔːtɪst] *s* Flötist(in) *m(f)*
flavour ['fleɪvə^r], **flavor** *US* **A** *s* Geschmack *m*, Aroma *n*; *fig* Beigeschmack *m*; **strawberry-flavour ice cream** Eis *n* mit Erdbeergeschmack; **he is ~ of the month** *umg, umg* er ist diesen Monat in **B** *v/t* Geschmack verleihen (+*dat*); **pineapple-flavoured** mit Ananasgeschmack
flavouring ['fleɪvərɪŋ] *s*, **flavoring** *US s* GASTR Aroma *n*, Aromastoff *m*; **rum ~** Rumaroma *n*
flavourless ['fleɪvəlɪs] *adj*, **flavorless** *US adj* geschmacklos
flaw [flɔː] *wörtl s* Fehler *m*
flawed *adj* fehlerhaft; **his logic was ~** seine Logik enthielt Fehler
flawless *adj Leistung* fehlerlos; *Teint* makellos; **~ English** fehlerloses Englisch
flax [flæks] *s* BOT Flachs *m*
flay [fleɪ] *v/t* häuten
flea [fliː] *s* Floh *m*
flea market *s* Flohmarkt *m*
fleck [flek] **A** *s* Tupfen *m*, Fleck(en) *m*, Spritzer *m*; *von Staub* Teilchen *n* **B** *v/t* **~ed wool** melierte Wolle; **blue ~ed with white** blau mit weißen Tupfen

fled [fled] *prät & pperf* → **flee**
fledg(e)ling ['fledʒlɪŋ] **A** *s* ORN Jungvogel *m* **B** *adj Demokratie* jung
flee [fliː] ⟨*prät, pperf* **fled**⟩ **A** *v/i* fliehen, flüchten (**from** vor +*dat*) **B** *v/t Stadt, Land* fliehen aus; *Gefahr* entfliehen (+*dat*)
fleece [fliːs] **A** *s* Vlies *n*; (≈ *Stoff*) Webpelz *m*, Fleece *n*, Faserpelz *m*; (≈ *Jacke*) Fleecejacke *f* **B** *v/t fig umg* **to ~ sb** j-n schröpfen
fleecy ['fliːsɪ] *adj* flauschig
fleet [fliːt] *s* **1** SCHIFF Geschwader *n*, Flotte *f* **2** (≈ *Autos*) (Fuhr)park *m*; **he owns a ~ of trucks** er hat einen Lastwagenpark
fleeting ['fliːtɪŋ] *adj* flüchtig; **a ~ visit** eine Stippvisite *umg*; **to catch a ~ glimpse of sb/sth** einen flüchtigen Blick auf j-n/etw werfen können
Flemish ['flemɪʃ] **A** *adj* flämisch **B** *s* LING Flämisch *n*
flesh [fleʃ] *s* Fleisch *n*, (Frucht)fleisch *n*; *von Gemüse* Mark *n*; **one's own ~ and blood** sein eigen(es) Fleisch und Blut; **I'm only ~ and blood** ich bin auch nur aus Fleisch und Blut; **in the ~** in Person
phrasal verbs mit flesh:
flesh out *v/t ⟨trennb⟩* ausgestalten; *Einzelheiten* eingehen auf (+*akk*)
flesh-coloured *adj*, **flesh-colored** *US adj* fleischfarben
flesh wound *s* Fleischwunde *f*
fleshy ['fleʃɪ] *adj ⟨komp* **fleshier**⟩ fleischig
flew [fluː] *prät* → **fly**²
flex [fleks] **A** *s Br* Schnur *f*, Kabel *n* **B** *v/t Arm etc* beugen; **to ~ one's muscles** seine Muskeln spielen lassen
flexibility [ˌfleksɪ'bɪlɪtɪ] *s* **1** *wörtl* Biegsamkeit *f* **2** *fig* Flexibilität *f*
flexible ['fleksəbl] *adj* **1** *wörtl* biegsam **2** *fig* flexibel; **to work ~ hours** Gleitzeit arbeiten; **to be ~ about sth** in Bezug auf etw (*akk*) flexibel sein
flex(i)time ['fleks(ɪ)taɪm] *s* Gleitzeit *f*
flick [flɪk] **A** *s mit Fingern* Schnipsen *n kein pl*; **with a ~ of the whip** mit einem Peitschenschnalzen; **a ~ of the wrist** eine schnelle Drehung des Handgelenks **B** *v/t Peitsche* knallen mit; *Finger* schnalzen mit; *Schalter* anknipsen; *Staub* wegschnipsen; **she ~ed her hair out of her eyes** sie strich sich (*dat*) die Haare aus den Augen; **he ~ed the piece of paper onto the floor** er schnipste das Papier auf den Fußboden
phrasal verbs mit flick:
flick through *v/i* ⟨+*obj*⟩ *Buch* (schnell) durchblättern; *Seiten* (schnell) umblättern; *TV-Kanäle* (schnell) wechseln
flicker ['flɪkə^r] **A** *v/i Flamme, Licht* flackern; *Bildschirm* flimmern; **a smile ~ed across his face**

ein Lächeln huschte über sein Gesicht **B** *s von Flamme, Licht* Flackern *n*; *von Bildschirm* Flimmern *n*

flicker-free *adj Bildschirm* flimmerfrei

flick knife *Br s* Klappmesser *n*

flicks [flɪks] *umg pl* Kintopp *m umg*; **to/at the ~** in den/im Kintopp *umg*

flier ['flaɪəʳ] *s* **1** FLUG Flieger(in) *m(f)*; **to be a good/bad ~** Fliegen gut/nicht vertragen **2** Flugblatt *n*, Flyer *m*

flies [flaɪz] *Br pl* Hosenschlitz *m*

flight¹ [flaɪt] *s* **1** Flug *m*; **in ~** *Vogel* im Flug; FLUG in der Luft **2** Fliegen *n* **3** **to be in the top ~** *fig* zur Spitze gehören **4** **~ of fancy** geistiger Höhenflug **5** **~ (of stairs)** Treppe *f*, Stiege *f österr*

flight² *s* Flucht *f*; **to put the enemy to ~** den Feind in die Flucht schlagen; **to take ~** die Flucht ergreifen

flight attendant *s* Flugbegleiter(in) *m(f)*

flight bag *s* Schultertasche *f*

flight crew *s* Crew *f*, Besatzung *f*

flight deck *s* **1** SCHIFF Flugdeck *n* **2** FLUG Cockpit *n*

flight number *s* Flugnummer *f*

flight path *s* Flugbahn *f*

flight recorder *s* Flugschreiber *m*

flight-safe mode *s* IT Flugmodus *m*

flight simulator *s* Simulator *m*

flight sock *s* Flugsocke *f*

flight time *s Abflug* Abflugzeit *f*; *Dauer* Flugdauer *f*

flighty ['flaɪtɪ] *adj* 〈*komp* flightier〉 unbeständig, gedankenlos

flimsy ['flɪmzɪ] *adj* 〈*komp* flimsier〉 **1** *Konstruktion* leicht gebaut; *Stoff* dünn; *Kiste* instabil **2** *fig Beweise* dürftig; *Ausrede* fadenscheinig

flinch [flɪntʃ] *v/i* **1** zurückzucken; **without ~ing** ohne mit der Wimper zu zucken **2** *fig* **to ~ from sth** vor etw 〈*dat*〉 zurückschrecken

fling [flɪŋ] **A** *s* **1** *fig umg* **to have a final ~** sich noch einmal richtig austoben **2** *umg* **to have a ~ (with sb)** eine Affäre (mit j-m) haben **B** *v/t* 〈*v: prät, pperf* flung〉 schleudern; **to ~ the window open** das Fenster aufstoßen; **the door was flung open** die Tür flog auf; **to ~ one's arms round sb's neck** j-m die Arme um den Hals werfen; **to ~ oneself into a chair/to the ground** sich in einen Sessel/auf den Boden werfen

phrasal verbs mit fling:

fling off *wörtl v/t* 〈*trennb*〉 *Mantel* abwerfen

fling out *v/t* 〈*trennb*〉 *Objekt* wegwerfen; *j-n* hinauswerfen

fling up *v/t* 〈*trennb*〉 **to fling one's arms up in horror** entsetzt die Hände über dem Kopf zusammenschlagen

flint [flɪnt] *s* Feuerstein *m*

flip [flɪp] **A** *s* **by the ~ of a coin** durch Hochwerfen einer Münze **B** *v/t* schnippen; *Schalter* knipsen; **to ~ a coin** eine Münze werfen **C** *v/i umg* durchdrehen *umg*

phrasal verbs mit flip:

flip over **A** *v/t* 〈*trennb*〉 umdrehen **B** *v/i Flugzeug* sich in der Luft (um)drehen

flip through *v/i* 〈*+obj*〉 *Buch* durchblättern; *Seiten* umblättern

flip chart *s* Flipchart *f*

flip-flop *Br s* Gummilatsche *f umg*

flippant ['flɪpənt] *adj* leichtfertig

flipper ['flɪpəʳ] *s* Flosse *f*

flip phone *s* TEL Klapphandy *n*

flipping ['flɪpɪŋ] *Br emph umg adj & adv* verdammt *umg*

flip side *s von Schallplatte* B-Seite *f*

flirt [flɜːt] **A** *v/i* flirten; **to ~ with an idea** mit einem Gedanken spielen; **to ~ with danger** die Gefahr herausfordern **B** *s* **he is just a ~** er will nur flirten

flirtation [flɜːˈteɪʃən] *s* Flirt *m*, Flirten *n*

flirtatious [flɜːˈteɪʃəs] *adj* kokett

flirty ['flɜːtɪ] *adj* kokett

flit [flɪt] **A** *v/i* flattern; *Mensch* huschen; **to ~ in and out** rein- und rausflitzen **B** *s Br* **to do a (moonlight) ~** bei Nacht und Nebel umziehen

float [fləʊt] **A** *s* **1** *an Angel, in Spülkasten* Schwimmer *m* **2** (≈ *Fahrzeug*) Festwagen *m* **B** *v/i* schwimmen, treiben; *in der Luft* schweben; **the body ~ed (up) to the surface** die Leiche kam an die Wasseroberfläche **C** *v/t* HANDEL, FIN *Firma* gründen; *fig Ideen* in den Raum stellen

floating voter [ˌfləʊtɪŋˈvəʊtəʳ] *fig s* Wechselwähler(in) *m(f)*

flock [flɒk] **A** *s* **1** *von Schafen, a.* KIRCHE Herde *f*; *von Vögeln* Schwarm *m* **2** *von Menschen* Haufen *m umg* **B** *v/i* in Scharen kommen; **to ~ around sb** sich um j-n scharen

flog [flɒg] *v/t* **1** auspeitschen; **you're ~ging a dead horse** *bes Br umg* Sie verschwenden Ihre Zeit **2** *Br umg* verscherbeln *umg*

flogging ['flɒgɪŋ] *s* Tracht *f* Prügel; JUR Prügelstrafe *f*; *von Dieb, Meuterer* Auspeitschen *n*

flood [flʌd] **A** *s* Flut *f*; **~s** Überschwemmung *f*; **the river is in ~** der Fluss führt Hochwasser; **she was in ~s of tears** sie war in Tränen gebadet **B** *v/t* überschwemmen; **to be ~ed** *Keller* überschwemmt *od* überflutet sein, unter Wasser stehen; **to ~ the engine** den Motor absaufen lassen *umg*; **~ed with complaints** mit Beschwerden überhäuft; **~ed with light** lichtdurchflutet **C** *v/i* **1** *Fluss* über die Ufer treten, überborden *schweiz*; *Badewanne* überlaufen; *Keller* unter Wasser stehen; *Land* überschwemmt

werden **B** *Menschen* strömen
<u>phrasal verbs mit flood:</u>
flood back *v/i Erinnerungen* wieder aufwallen
flood in *v/i* **the letters just flooded in** wir/sie *etc* hatten eine Flut von Briefen
floodgate ['flʌdgeɪt] *s* Schleusentor *n*; **to open the ~s** *fig* Tür und Tor öffnen (**to** +*dat*)
flooding ['flʌdɪŋ] *s* Überschwemmung *f*
floodlight *s* Scheinwerfer *m*
floodlighting *s* Flutlicht *n*, Flutlichtanlage *f*
floodlit *adj* **~ football match** Fußballspiel *n* unter Flutlicht
flood protection *s* Hochwasserschutz *m*
flood tide *s* Flut *f*
floodwaters *pl* Hochwasser *n*
floor [flɔːʳ] **A** *s* **1** (Fuß)boden *m*; *von Tanzlokal* Tanzfläche *f*; **ocean ~** Meeresgrund *m*; **stone/tiled ~** Stein-/Fliesenboden *m*; **to take to the ~** (≈ *tanzen*) aufs Parkett gehen; **to hold** *od* **have the ~** *Redner* das Wort haben **2** Stock *m*, Stockwerk *n*; **first ~** *Br* erster Stock; *US* Erdgeschoss *n*, Erdgeschoß *n österr*; **on the second ~** *Br* im zweiten Stock; *US* im ersten Stock **3** Plenarsaal *m*; *von Börse* Parkett *n* **B** *v/t* **1** zu Boden schlagen **2** verblüffen
floor area *s* Bodenfläche *f*
floorboard *s* Diele *f*
floor cloth *s* Scheuer- *od* Putzlappen *m*
floor exercise *s* Bodenübung *f*
flooring ['flɔːrɪŋ] *s* **1** (Fuß)boden *m* **2** Fußbodenbelag *m*
floor lamp *s* Stehlampe *f*
floor leader *s US POL* Fraktionsführer(in) *m(f)*
floor plan *s* Grundriss *m* (*eines Stockwerkes*)
floor polish *s* Bohnerwachs *n*
floor space *s* Stellraum *m*; **if you've got a sleeping bag we have plenty of ~** wenn du einen Schlafsack hast, wir haben viel Platz auf dem Fußboden
floor trading *s BÖRSE* Parketthandel *m*
floorwalker *s US HANDEL* Ladenaufsicht *f*
floozie, floozy ['fluːzɪ] *umg s* Flittchen *n umg*
flop [flɒp] **A** *v/i* **1** *Mensch* sich fallen lassen **2** *Objekt* fallen **3** *umg Plan* ein Reinfall *m* sein *umg*; *Stück, Buch* durchfallen **B** *s umg* Flop *m umg*
floppy ['flɒpɪ] **A** *adj* ⟨*komp* floppier⟩ schlaff; **~ hat** Schlapphut *m* **B** *s* Diskette *f*
floppy disk *s COMPUT* Diskette *f*; **~ drive** Diskettenlaufwerk *n*
flora ['flɔːrə] *s* Flora *f*
floral ['flɔːrəl] *adj* **1** *Tapete* geblümt; **~ design** *od* **pattern** Blumenmuster *n* **2** Blumen-
florid ['flɒrɪd] *mst pej adj Sprache* schwülstig *pej*
florist ['flɒrɪst] *s* Florist(in) *m(f)*; **~'s (shop)** Blumengeschäft *n*
floss [flɒs] **A** *s* Zahnseide *f* **B** *v/t* mit Zahnseide reinigen **C** *v/i* sich (*dat*) die Zähne mit Zahnseide reinigen
flosser ['flɒsəʳ] *s* Interdentalreiniger *m*
flotation [fləʊ'teɪʃən] *s HANDEL von Firma* Gründung *f*; *BÖRSE* Börseneinführung *f*
flotilla [fləʊ'tɪlə] *s* Flotille *f*
flotsam ['flɒtsəm] *s* **~ and jetsam** Treibgut *n*, Strandgut *n*
flounce [flaʊns] *v/i* stolzieren; **to ~ out** herausstolzieren
flounder[1] ['flaʊndəʳ] *s* Flunder *f*
flounder[2] *v/i* sich abstrampeln; **we ~ed about in the mud** wir quälten uns mühselig im Schlamm; **the economy was ~ing** der Wirtschaft ging es schlecht
flour ['flaʊəʳ] *s* Mehl *n*
flourish ['flʌrɪʃ] **A** *v/i* (prächtig) gedeihen; *Geschäfte* florieren; **crime ~ed in poor areas** in den armen Gegenden gedieh das Verbrechen **B** *v/t Stock etc* herumwedeln mit **C** *s* **1** (≈ *Dekoration*) Schnörkel *m* **2** (≈ *Bewegung*) eleganter Schwung
flourishing ['flʌrɪʃɪŋ] *adj* florierend *attr*; *Karriere* erfolgreich; *Pflanze* prächtig gedeihend *attr*
floury ['flaʊərɪ] *adj* mehlig
flout [flaʊt] *v/t* sich hinwegsetzen über (+*akk*)
flow [fləʊ] **A** *v/i* **1** fließen; **where the river ~s into the sea** wo der Fluss ins Meer mündet; **to keep the traffic ~ing** den Verkehr nicht ins Stocken kommen lassen **2** *Haare* wallen **B** *s* Fluss *m*; **the ~ of traffic** der Verkehrsfluss; **to go with the ~** *fig* mit dem Strom schwimmen; **he was in full ~** er war richtig in Fahrt
flow chart, flow diagram *s* Flussdiagramm *n*
flower ['flaʊəʳ] **A** *s Pflanze* Blume *f*; *Teil einer Pflanze* Blüte *f*; **to be in ~** in Blüte stehen **B** *v/i* blühen
flower arrangement *s* Blumengesteck *n*
flower arranging *s* Blumenstecken *n*
flowerbed *s* Blumenbeet *n*
flowering ['flaʊərɪŋ] *adj* Blüten-; **~ plant** Blütenpflanze *f*; **~ shrub** Zierstrauch *m*
flowerpot *s* Blumentopf *m*
flower shop *s* Blumenladen *m*
flowery ['flaʊərɪ] *adj* **1** *Tapete* geblümt **2** *fig* blumig
flowing ['fləʊɪŋ] *adj* fließend; *Gewand* wallend; *Stil* flüssig
flown [fləʊn] *pperf* → **fly**[2]
fl. oz. *abk* (= fluid ounces) *Flüssigkeitsmaß*
flu [fluː] *s* Grippe *f*; **to get** *od* **catch/have (the) flu** (die *od* eine) Grippe bekommen/haben
fluctuate ['flʌktjʊeɪt] *v/i* schwanken
fluctuation [ˌflʌktjʊ'eɪʃən] *s* Schwankung *f*
flue [fluː] *s* Rauchfang *m*
fluency ['fluːənsɪ] *s* **1** *in Fremdsprache* fließendes

Sprechen; **this job requires ~ in German** für diese Stelle ist fließendes Deutsch Voraussetzung; **~ in two foreign languages is a requirement** die Beherrschung von zwei Fremdsprachen ist Voraussetzung **2** *in Muttersprache* Gewandtheit *f*

fluent ['fluːənt] *adj* **1 to be ~** die Sprache fließend sprechen; **to be ~ in German, to speak ~ German** fließend Deutsch sprechen; **she is ~ in six languages** sie beherrscht sechs Sprachen fließend **2** *in Muttersprache* gewandt **3** *Bewegung* flüssig

fluently ['fluːəntlɪ] *adv* sprechen, schreiben in *Fremdsprache* fließend; *in Muttersprache* flüssig

fluff [flʌf] **A** *s* ⟨*kein pl*⟩ *von Tieren* Flaum *m*; *von Stoff* Fusseln *pl*; **a bit of ~** eine Fussel **B** *v/t* **1** *Kissen* aufschütteln **2** *Gelegenheit* vermasseln *umg*

phrasal verbs mit fluff:
fluff up *v/t* ⟨*trennb*⟩ *Kissen* aufschütteln

fluffy ['flʌfɪ] *adj* ⟨*komp* **fluffier**⟩ **1** *Hausschuhe* flauschig; *Kaninchen* flaumweich; **~ white clouds** weiße Schäfchenwolken; **~ toy** Kuscheltier *n* **2** *Reis* locker; *Backmischung* schaumig

fluid ['fluːɪd] **A** *s* Flüssigkeit *f* **B** *adj* flüssig; *Umrisse* fließend

fluid ounce *s* Flüssigkeitsmaß (*Brit:* =28,4 *ml*, *US:* =29,6 *ml*)

flu jab *Br umg s* Grippeschutzimpfung *f*

fluke [fluːk] *umg s* **it was a (pure) ~** das war (einfach) Dusel *umg*

flummox ['flʌməks] *umg v/t* durcheinanderbringen; **to be ~ed by sth** durch etw aus dem Konzept gebracht werden *umg*

flung [flʌŋ] *prät & pperf* → **fling**

flunk [flʌŋk] *umg v/t Prüfung* verhauen *umg*; **to ~ German/an exam** in Deutsch/bei einer Prüfung durchfallen *umg*

fluorescent [fluəˈresənt] *adj Farbe* leuchtend; *Anstrich* fluoreszierend

fluorescent light *s* Neonlampe *f*

fluorescent lighting *s* Neonbeleuchtung *f*

fluoride ['fluəraɪd] *s* Fluorid *n*; **~ toothpaste** Fluorzahnpasta *f*

flurry ['flʌrɪ] *s* **1** *von Schnee* Gestöber *n* **2** *fig* **a ~ of activity** hektische Betriebsamkeit; **a ~ of excitement** hektische Aufregung

flush¹ [flʌʃ] **A** *s* **1** *in WC* (Wasser)spülung *f* **2** *vor Scham etc* Röte *f* **B** *v/i* **1** *Gesicht* rot werden (**with** vor +*dat*) **2** *WC* spülen **C** *v/t* spülen; **to ~ the lavatory** *od* **toilet** spülen; **to ~ sth down the toilet** etw die Toilette hinunterspülen

phrasal verbs mit flush:
flush away *v/t* ⟨*trennb*⟩ wegspülen
flush out *v/t* ⟨*trennb*⟩ **1** *Becken* ausspülen **2** *Spione* aufspüren

flush² *adj* ⟨*präd*⟩ bündig; **cupboards ~ with the wall** Schränke, die mit der Wand abschließen

flushed ['flʌʃt] *adj* **to be ~ with success/happiness** über seinen Erfolg/vor Glück strahlen

flu shot *bes US s* Grippeschutzimpfung *f*

fluster ['flʌstə] *v/t* nervös machen, durcheinanderbringen; **to be ~ed** nervös *od* aufgeregt sein, durcheinander sein

flute [fluːt] *s MUS* Querflöte *f*; **to play the ~** Querflöte spielen

flutist ['fluːtɪst] *US s* → **flautist**

flutter ['flʌtə] **A** *v/i* flattern **B** *v/t Fächer* wedeln mit; *Flügel* flattern mit; **to ~ one's eyelashes** mit den Wimpern klimpern *hum* **C** *s* **1** **all of a ~** in heller Aufregung **2** *Br umg* **to have a ~** sein Glück (beim Wetten) versuchen

flu vaccination *s* Grippeschutzimpfung *f*

flux [flʌks] *s* Fluss *m*; **in a state of ~** im Fluss

fly¹ [flaɪ] *s* Fliege *f*; **he wouldn't hurt a fly** er könnte keiner Fliege etwas zuleide tun; **that's the only fly in the ointment** *umg* das ist das einzige Haar in der Suppe

fly² ⟨*v: prät* **flew**, *pperf* **flown**⟩ **A** *v/i* fliegen; *Zeit* (ver)fliegen; *Fahne* wehen; **time flies!** wie die Zeit vergeht!; **the door flew open** die Tür flog auf; **to fly into a rage** einen Wutanfall bekommen; **to fly at sb** *umg* auf j-n losgehen; **he really let fly** er legte kräftig los; **to send sb/sth flying** j-n/etw umwerfen *umg*; **to go flying** *Mensch* hinfallen; **to fly in the face of authority/tradition** sich über jede Autorität/alle Traditionen hinwegsetzen **B** *v/t* fliegen; *Drachen* steigen lassen; *Fahne* wehen lassen

phrasal verbs mit fly:
fly away *v/i* wegfliegen
fly in *v/t & v/i* einfliegen; **she flew in this morning** sie ist heute Morgen mit dem Flugzeug angekommen
fly off *v/i* **1** abfliegen; *Vogel* wegfliegen; **to fly off to the south** nach Süden fliegen **2** *Hut, Deckel* wegfliegen
fly out A *v/i* ausfliegen; **I fly out tomorrow** ich fliege morgen hin **B** *v/t* ⟨*trennb*⟩ hinfliegen, ausfliegen
fly past A *v/i* **1** vorbeifliegen **2** *Zeit* verfliegen **B** *v/i* (+*obj*) **to fly past sth** an etw (*dat*) vorbeifliegen

fly³ *US s* (Hosen)schlitz *m*

flyboarding *s SPORT* Flyboarden *n* (*Wassersport, bei dem man auf einem Sportgerät, das durch den Wasserstrahl-Rückstoß getrieben wird, durch Wasser oder Luft schwebt*)

fly-by-night *adj FIN,* HANDEL *Aktion* windig *umg*

flyer *s* → **flier**

fly-fishing *s* Fliegenfischen *n*

flying ['flaɪɪŋ] **A** adj Splitter herumfliegend **B** s Fliegen n; **he likes ~** er fliegt gerne; **he's afraid of ~** er hat Flugangst
flying boat s Flugboot n
flying colours pl, **flying colors** US pl **to pass with ~** glänzend abschneiden
flying instructor s Fluglehrer(in) m(f)
flying leap s **to take a ~** einen großen Satz machen
flying saucer s fliegende Untertasse
flying start s **to get off to a ~** SPORT hervorragend wegkommen umg; fig einen glänzenden Start haben
flying visit s Stippvisite f
flyleaf s Vorsatzblatt n
flyover s **1** Überführung f **2** US Luftparade f
flypaper s Fliegenfänger m
fly-past Br s Luftparade f
fly sheet s Überzelt n
fly spray s Fliegenspray m
fly swat(ter) s Fliegenklatsche f
fly-tipping s illegales Müllabladen
flyweight s SPORT Fliegengewichtler(in) m(f)
flywheel s Schwungrad n
FM abk (= frequency modulation) FM
foal [fəʊl] **A** s Fohlen n **B** v/i fohlen
foam [fəʊm] **A** s Schaum m **B** v/i schäumen; **to ~ at the mouth** wörtl Schaum vorm Mund haben; Tier Schaum vorm Maul haben; fig schäumen
foam rubber s Schaumgummi m
foamy ['fəʊmɪ] adj ⟨komp foamier⟩ schäumend
fob [fɒb] bes Br v/t **to fob sb off** j-n abspeisen; **to fob sth off on sb** j-m etw andrehen
focal point ['fəʊkəlpɔɪnt] s Brennpunkt m; **his family is the ~ of his life** seine Familie ist der Mittelpunkt seines Lebens
focus ['fəʊkəs] **A** s ⟨pl foci ['fəʊkɪ]⟩ Brennpunkt m; fig a. Konzentration f; **in ~** Kamera (scharf) eingestellt; Foto scharf; **out of ~** Kamera unscharf eingestellt; Foto unscharf; **to come into ~** scharf werden; **to keep sth in ~** fig etw im Blickfeld behalten; **he was the ~ of attention** er stand im Mittelpunkt **B** v/t Instrument einstellen (**on** auf +akk); Licht bündeln; fig Anstrengungen konzentrieren (**on** auf +akk); **to ~ one's mind** sich konzentrieren; **I should like to ~ your attention on a new problem** ich möchte Ihre Aufmerksamkeit auf ein neues Problem lenken **C** v/i **to ~ on sth** sich auf etw (akk) konzentrieren; **I can't ~ properly** ich kann nicht mehr klar sehen
focus(s)ed ['fəʊkəst] fig adj zielstrebig; Aufmerksamkeit konzentriert
fodder ['fɒdə'] s Futter n
foe [fəʊ] liter s Widersacher(in) m(f) geh

foetal ['fi:tl] adj, **fetal** bes US adj fötal
foetus ['fi:təs] s, **fetus** bes US s Fötus m
fog [fɒg] **A** s Nebel m **B** v/t & v/i (a. **fog up** od **over**) beschlagen
fogbound ['fɒgbaʊnd] adj Schiff, Flugzeug durch Nebel festgehalten; Flughafen wegen Nebel(s) geschlossen; **the main road to Edinburgh is ~** auf der Hauptstraße nach Edinburgh herrscht dichter Nebel
fogey ['fəʊgɪ] umg s **old ~** alter Kauz umg
foggy ['fɒgɪ] adj ⟨komp foggier⟩ **1** neb(e)lig **2** fig **I haven't the foggiest (idea)** umg ich habe keinen blassen Schimmer umg
foghorn s SCHIFF Nebelhorn n
fog lamp, **fog light** s AUTO Nebelscheinwerfer m
fogy s → fogey
foible ['fɔɪbl] s Eigenheit f
foil¹ [fɔɪl] s Folie f
foil² v/t Pläne durchkreuzen; Bemühungen vereiteln
foist [fɔɪst] v/t **to ~ sth (off) on sb** j-m etw andrehen; Aufgabe etw auf j-n abschieben
fold [fəʊld] **A** s Falte f; **~s of skin** Hautfalten pl; **~s of fat** Fettwülste pl **B** v/t **1** Papier, Tuch zusammenfalten; **to ~ a newspaper in two** eine Zeitung falten; **to ~ one's arms** die Arme verschränken; **she ~ed her hands in her lap** sie faltete die Hände im Schoß zusammen **2** einwickeln (**in** in +akk) **3** GASTR **to ~ sth into sth** etw unter etw (akk) heben **C** v/i **1** Tisch sich zusammenklappen lassen **2** Firma eingehen

phrasal verbs mit fold:
fold away v/i Tisch zusammenklappbar sein
fold back v/t ⟨trennb⟩ Bettdecke zurückschlagen
fold down v/t ⟨trennb⟩ Ecke kniffen
fold up v/t ⟨trennb⟩ Papier zusammenfalten

folder ['fəʊldə'] s **1** Aktendeckel m, Ordner m, Mappe f **2** IT Ordner m
folding ['fəʊldɪŋ] adj ⟨attr⟩ Klapp-; **~ bed** Klappbett n; **~ chair** Klappstuhl m
folding doors pl Falttür f
foliage ['fəʊlɪɪdʒ] s Blätter pl
folk [fəʊk] pl **1** umg a. **~s** Leute pl; **a lot of ~(s) believe ...** viele (Leute) glauben ...; **old ~** alte Menschen; **my ~s** meine Leute umg **2** → folk music
folk dance s Volkstanz m
folklore s Folklore f
folk music s traditionelles Liedgut n; Folk m
folk singer s Sänger(in) m(f) von Volksliedern, Folksänger(in) m(f)
folk song s Folksong m
folksy ['fəʊksɪ] US adj Wesensart herzlich
folk tale s Volksmärchen n

follicle ['fɒlɪkl] s Follikel n
follow ['fɒləʊ] **A** v/t folgen (+dat); Kurs, Karriere, Nachrichten verfolgen; Mode mitmachen; Rat, Anweisung befolgen; Sport etc sich interessieren für; Rede (genau) verfolgen; auf Twitter® folgen (sb jdm); **he ~ed me about** er folgte mir überallhin; **he ~ed me out** er folgte mir nach draußen; **we're being ~ed** wir werden verfolgt; **he arrived first, ~ed by the ambassador** er kam als Erster, gefolgt vom Botschafter; **the dinner will be ~ed by a concert** im Anschluss an das Essen findet ein Konzert statt; **how do you ~ that?** das ist kaum zu überbieten; **I love lasagne ~ed by ice cream** besonders gern mag ich Lasagne und danach Eis; **do you ~ me?** können Sie mir folgen?; **to ~ one's heart** auf die Stimme seines Herzens hören; **which team do you ~?** für welche Mannschaft sind Sie? **B** v/i folgen; **his argument was as ~s** er argumentierte folgendermaßen; **to ~ in sb's footsteps** fig in j-s Fußstapfen (akk) treten; **it doesn't ~ that ...** daraus folgt nicht, dass ...; **that doesn't ~** nicht unbedingt!; **I don't ~** das verstehe ich nicht

phrasal verbs mit follow:

follow on v/i nachkommen
follow through v/i **to follow through with sth, to follow sth through** Plan etw zu Ende verfolgen; Drohung etw wahr machen
follow up v/t ⟨trennb⟩ **1** Anfrage nachgehen (+dat); Angebot aufgreifen **2** sich näher beschäftigen mit; Sache weiterverfolgen **3** Erfolg ausbauen
follower ['fɒləʊə'] s Anhänger(in) m(f); auf Twitter® etc Follower(in) m(f); **to be a ~ of fashion** sehr modebewusst sein; **he's a ~ of Blair** er ist Blair-Anhänger
following A adj **1** folgend; **the ~ day** der nächste od (darauf) folgende Tag **2** **~ wind** Rückenwind m **B** s **1** Anhängerschaft f **2** **he said the ~** er sagte Folgendes **C** präp nach
follow-up ['fɒləʊˌʌp] s Fortsetzung f (**to** +gen)
follow-up meeting s Nachbesprechung f
follow-up visit s beim Arzt Nachuntersuchung f
folly ['fɒlɪ] s Dummheit f; **it is sheer ~** es ist der reinste Wahnsinn
fond [fɒnd] adj ⟨+er⟩ **1** **to be ~ of sb/sth** j-n/etw mögen; **she is very ~ of animals** sie ist sehr tierlieb(end); **to become** od **grow ~ of sb/sth** j-n/etw lieb gewinnen; **to be ~ of doing sth** etw gern machen **2** Eltern, Blick liebevoll; **to have ~ memories of sth** schöne Erinnerungen an etw (akk) haben **3** (≈ naiv) **in the ~ hope/belief that ...** in der vergeblichen Hoffnung, dass ...
fondant ['fɒndənt] s Fondant m

fondle ['fɒndl] v/t (zärtlich) spielen mit, streicheln
fondly ['fɒndlɪ] adv **1** liebevoll; **to remember sb ~** j-n in bester Erinnerung behalten; **to remember sth ~** sich gern an etw (akk) erinnern **2** naiverweise
fondness s zu Menschen Zuneigung f (**for** zu); für Speisen, Gegenden etc Vorliebe f (**for** für)
fondue ['fɒndu:] s Fondue n; **~ set** Fondueset n
font [fɒnt] s **1** TYPO Schrift(art) f **2** ARCH, REL Taufbecken n
food [fu:d] s ⟨kein pl⟩ Essen n; für Tiere Futter n; allg Nahrung f, Nahrungsmittel n, Lebensmittel pl; **dog and cat ~** Hunde- und Katzenfutter; **~ and drink** Essen und Trinken; **I haven't any ~** ich habe nichts zu essen; **~ for thought** Stoff m zum Nachdenken
food additives pl chemische Zusätze pl
food aid s Lebensmittelhilfe f
food bank s Tafelladen m
food chain s Nahrungskette f
food combining s Trennkost f
food industry s Lebensmittelindustrie f
food miles pl ÖKOL Transportwege pl für Nahrung
food mixer s Mixer m
food parcel s Lebensmittelpaket n
food poisoning s Lebensmittelvergiftung f
food processor s Küchenmaschine f
food safety s Lebensmittelsicherheit f
food stamp US s Lebensmittelmarke f
foodstuff s Nahrungsmittel n
food supplement s Nahrungsergänzung f, Nahrungsergänzungsmittel n
food technology s Lebensmitteltechnologie f
fool [fu:l] **A** s Dummkopf m; **don't be a ~!** sei nicht (so) dumm!; **he was a ~ not to accept** es war dumm von ihm, nicht anzunehmen; **to be ~ enough to ...** so dumm sein, zu ..., so blöd sein, zu ... umg; **to play** od **act the ~** herumalbern; **to make a ~ of sb** j-n lächerlich machen; **he made a ~ of himself** er hat sich blamiert **B** v/i herumalbern; **to ~ with sb/sth** mit j-m/etw spielen; **stop ~ing (around)!** lass den Blödsinn! **C** v/t zum Narren halten, hereinlegen umg; durch Verkleidung etc täuschen; **I was completely ~ed** ich bin vollkommen darauf hereingefallen; **you had me ~ed** ich habe das tatsächlich geglaubt; **they ~ed him into believing that ...** sie haben ihm weisgemacht, dass ...

phrasal verbs mit fool:

fool about Br, **fool around** v/i **1** herumtrödeln **2** herumalbern; **to fool about** od **around with sth** mit etw Blödsinn machen **3** sexuell **he's fooling around with my wife** er treibt sei-

ne Spielchen mit meiner Frau
foolhardy ['fuːlˌhɑːdɪ] *adj* tollkühn
foolish ['fuːlɪʃ] *adj* dumm; **don't do anything ~** mach keinen Unsinn!; **what a ~ thing to do** wie kann man nur so dumm sein!; **it made him look ~** dadurch hat er sich blamiert
foolishly ['fuːlɪʃlɪ] *adv handeln* unklug; *etw sagen* dummerweise
foolishness *s* Dummheit *f*
foolproof ['fuːlpruːf] *adj Methode* unfehlbar; *Rezept* idiotensicher *umg*
foot [fʊt] **A** *s* ⟨*pl* feet⟩ Fuß *m*; *von Bett* Fußende *n*; **to be on one's feet** auf den Beinen sein; **to get back on one's feet** wieder auf die Beine kommen; **on ~** zu Fuß; **I'll never set ~ here again!** hier kriegen mich keine zehn Pferde mehr her! *umg*; **the first time he set ~ in the office** als er das erste Mal das Büro betrat; **to get to one's feet** aufstehen; **to jump to one's feet** aufspringen; **to put one's feet up** *wörtl* die Füße hochlegen; *fig* es sich *(dat)* bequem machen; **he never puts a ~ wrong** *fig* er macht nie einen Fehler; **3 ~ od feet long** 3 Fuß lang; **he's 6 ~ 3** ≈ er ist 1,90 m; **to put one's ~ down** ein Machtwort sprechen; AUTO Gas geben; **to put one's ~ in it** ins Fettnäpfchen treten; **to find one's feet** sich eingewöhnen; **to get/be under sb's feet** j-m im Wege stehen *od* sein; **to get off on the wrong ~** einen schlechten Start haben; **to stand on one's own two feet** auf eigenen Füßen stehen; **a nice area, my ~!** *umg* und das soll eine schöne Gegend sein! **B** *v/t Rechnung* bezahlen
footage ['fʊtɪdʒ] *s* **1** Filmmaterial *n* **2** Filmmeter *pl*
foot-and-mouth (disease) ['fʊtən'maʊθ(dɪˌziːz)] *Br s* Maul- und Klauenseuche *f*
football ['fʊtbɔːl] *s* **1** *Br* Fußball *m* **2** *US* (American) Football *m*; **to play ~** Fußball/Football spielen
football boot *Br s* Fußballschuh *m*
footballer ['fʊtbɔːlə] *s* **1** *Br* Fußball(spiel)er(in) *m(f)* **2** *im American Football* Footballspieler *m*
football hooligan *Br s* Fußballrowdy *od* -hooligan *m*
football match *s* Fußballspiel *n*
football pitch *s* Fußballplatz *m*
football player *s* **1** *Br* Fußballspieler(in) *m(f)* **2** *im American Football* Footballspieler *m*
football pools *Br pl* Fußballtoto *n/m*
football shirt *s* (Fußball-)Trikot *n*
footbridge *s* Fußgängerbrücke *f*
-footed [-fʊtɪd] *adj* ⟨*suf*⟩ -füßig; **four-footed** vierfüßig
footer ['fʊtə] *s* IT Fußzeile *f*
foothills *pl* (Gebirgs)ausläufer *pl*

foothold *s* Halt *m*; **to gain a ~** *fig* Fuß fassen
footing ['fʊtɪŋ] *s* **1** *wörtl* **to lose one's ~** den Halt verlieren **2** *fig* Basis *f*, Beziehung *f*; **on an equal ~** auf gleicher Basis
footlights *pl* THEAT Rampenlicht *n*
footman *s* ⟨*pl* -men⟩ Lakai *m*
footnote *s* Fußnote *f*; *fig* Anmerkung *f*
foot passenger *s* Fußgänger(in) *m(f)*, Fußpassagier(in) *m(f)*
footpath *s* Fußweg *m*
footprint *s* Fußabdruck *m*
footprints *pl* Fußspuren *pl*
footrest *s* Fußstütze *f*
footsore *adj* **to be ~** wunde Füße haben
footstep *s* Schritt *m*
footstool *s* Fußbank *f*
footwear *s* Schuhe *pl*
footwork *s* ⟨*kein pl*⟩ SPORT Beinarbeit *f*
for [fɔː] **A** *präp* **1** für; *Zweck* zu, für; *Ziel* nach; **a letter for me** ein Brief für mich; **destined for greatness** zu Höherem bestimmt; **what for?** wofür?, wozu?; **what is this knife for?** wozu dient dieses Messer?; **music is for dancing** Musik ist zum Tanzen da; **he does it for pleasure** er macht es zum *od* aus Vergnügen; **what did you do that for?** warum *od* wozu haben Sie das getan?; **what's the English for 'Handy'?** wie sagt man „Handy" auf Englisch?; **a bag for carrying books (in)** eine Tasche, um Bücher zu tragen; **to go to Spain for one's holidays** *Br*, **to go to Spain for one's vacation** *US* nach Spanien in Urlaub fahren; **the train for Stuttgart** der Zug nach Stuttgart; **to leave for the USA** in die USA *od* nach Amerika abreisen; **it's not for me to say** es steht mir nicht zu, mich dazu zu äußern; **I'll speak to her for you if you like** wenn Sie wollen, rede ich an Ihrer Stelle *od* für Sie mit ihr; **D for Daniel** D wie Daniel; **are you for or against it?** sind Sie dafür oder dagegen?; **I'm all for helping him** ich bin sehr dafür, ihm zu helfen; **for my part** was mich betrifft; **as for him** was ihn betrifft; **for breakfast/lunch** zum Frühstück/Mittagessen; **for dinner/supper** zum Abendessen; **what do you want for your birthday?** was wünschst du dir zum Geburtstag?; **it's all very well for you to talk** Sie haben gut reden; **for further information see page 77** weitere Informationen finden Sie auf Seite 77; **his knack for saying the wrong thing** sein Talent, das Falsche zu sagen **2** (≈ *wegen*) aus; **for this reason** aus diesem Grund; **to be in prison for murder** wegen Mordes im Gefängnis sein; **to choose sb for his ability** j-n wegen seiner Fähigkeiten wählen; **if it were not for him** wenn er nicht wäre **3** trotz (+*gen od*

(umg) dat) **4** zeitlich seit; mit Futur für; **I have not seen her for years** ich habe sie seit Jahren nicht gesehen; **for an hour** eine Stunde lang; **to stay for three days/many years** drei Tage/viele Jahre lang bleiben; **I am going away for a few days** ich werde (für od auf) ein paar Tage wegfahren; **I shall be away for a month** ich werde einen Monat (lang) weg sein; **he won't be back for a week** er wird erst in einer Woche zurück sein; **can you get it done for Monday?** können Sie es bis od für Montag fertig haben?; **for a while/time** (für) eine Weile/einige Zeit; **the meeting was scheduled for 9 o'clock** die Besprechung sollte um 9 Uhr stattfinden **5** Strecke **we walked for two miles** wir sind zwei Meilen weit gelaufen; **there are roadworks on the M8 for two miles** auf der M8 gibt es eine zwei Meilen lange Baustelle; **for miles** meilenweit **6** **it's easy for him to do it** er kann das leicht tun; **I brought it for you to see** ich habe es mitgebracht, damit Sie es sich (dat) ansehen können; **the best thing would be for you to leave** das Beste wäre, wenn Sie weggingen; **there's still time for him to come** er kann immer noch kommen; **you're (in) for it!** umg jetzt bist du dran! umg **B** konj denn **C** adj ⟨präd⟩ dafür

forage ['fɒrɪdʒ] v/i nach Futter suchen; fig herumstöbern (**for** nach)

foray ['fɒreɪ] s (Raub)überfall m; fig Ausflug m (**into** in +akk)

forbad(e) [fə'bæd] prät → forbid

forbid [fə'bɪd] v/t ⟨prät forbad(e), pperf forbidden⟩ verbieten; **to ~ sb to do sth** j-m verbieten, etw zu tun; **God** od **Heaven ~!** Gott behüte od bewahre!

forbidden adj verboten; **they are ~ to enter** sie dürfen nicht hereinkommen; **smoking is (strictly) ~** Rauchen ist (streng) verboten; **~ subject** Tabuthema n

forbidding [fə'bɪdɪŋ] adj Mensch Furcht einflößend; Ort unwirtlich; Aussichten düster

force [fɔːs] **A** s **1** ⟨kein pl⟩ Kraft f; von Stoß Wucht f; (≈ Zwang) Gewalt f; **to use ~** Gewalt anwenden; **by** od **through sheer ~ of numbers** aufgrund zahlenmäßiger Überlegenheit; **there is a ~ 5 wind blowing** es herrscht Windstärke 5; **they were there in ~** sie waren in großer Zahl da; **to come into/be in ~** in Kraft treten/sein **2** ⟨kein pl⟩ fig von Argument Überzeugungskraft f; **by ~ of habit** aus Gewohnheit; **the ~ of circumstances** der Druck der Verhältnisse **3** (≈ Autorität) Macht f; **there are various ~s at work here** hier sind verschiedene Kräfte am Werk; **he is a powerful ~ in the reform movement** er ist ein einflussreicher Mann in der Reformbewegung **4** **the ~s** MIL die Streitkräfte pl; **the (police) ~** die Polizei; **to join ~s** sich zusammentun **B** v/t **1** zwingen; **to ~ sb/oneself to do sth** j-n/sich zwingen, etw zu tun; **he was ~d to conclude that …** er sah sich zu der Folgerung gezwungen od gedrängt, dass …; **to ~ sth (up)on sb** j-m etw aufdrängen; **he ~d himself on her** sexuell er tat ihr Gewalt an; **to ~ a smile** gezwungen lächeln **2** erzwingen; **he ~d a confession out of me** er erzwang ein Geständnis von mir; **to ~ an error** SPORT einen Fehler erzwingen **3** aufbrechen **4** **to ~ books into a box** Bücher in eine Kiste zwängen; **if it won't open/go in, don't ~ it** wenn es nicht aufgeht/passt, wende keine Gewalt an; **to ~ one's way into sth** sich (dat) gewaltsam Zugang zu etw verschaffen; **to ~ a car off the road** ein Auto von der Fahrbahn drängen

phrasal verbs mit force:

force back v/t ⟨trennb⟩ unterdrücken

force down v/t ⟨trennb⟩ Essen hinunterquälen

force off v/t ⟨trennb⟩ Deckel etc mit Gewalt abmachen

force up v/t ⟨trennb⟩ Preise hochtreiben

forced [fɔːst] adj **1** Zwangs-; Repatriierung a. gewaltsam; **~ marriage** Zwangsehe f **2** Lächeln, Unterhaltung gezwungen

forced labour s, **forced labor** US s Zwangsarbeit f

forced landing s Notlandung f

forced marriage s Zwangsheirat f

force-feed ['fɔːsfiːd] v/t ⟨v: prät, pperf force-fed⟩ zwangsernähren

forceful adj **1** Schlag kräftig **2** Wesensart energisch; Charakter stark; Stil, Erinnerung eindringlich; Argument überzeugend

forcefully adv **1** entfernen gewaltsam **2** handeln entschlossen; argumentieren eindringlich

forcefulness ['fɔːsfʊlnɪs] s energische od entschlossene Art; von Charakter, Persönlichkeit Stärke f; von Argument Eindringlichkeit f, Überzeugungskraft f

forceps ['fɔːseps] pl, (a. **pair of forceps**) Zange f

forcible adj, **forcibly** ['fɔːsəbl, -ɪ] adv gewaltsam

forcibly ['fɔːsəblɪ] adv zurückhalten gewaltsam

ford [fɔːd] **A** s Furt f **B** v/t durchqueren

fore [fɔː] **A** s **to come to the ~** ins Blickfeld geraten **B** adj ⟨attr⟩ vordere(r, s)

forearm ['fɔːrɑːm] s Unterarm m

forebear ['fɔːbeə] form s Vorfahr(in) m(f)

foreboding [fɔː'bəʊdɪŋ] s (Vor)ahnung f, ungutes Gefühl

forecast ['fɔːkɑːst] **A** v/t voraussagen, vorhersagen **B** s Vorhersage f

forecaster ['fɔːkɑːstəʳ] s METEO Meteorologe m, Meteorologin f
forecourt ['fɔːkɔːt] s Vorhof m
forefather ['fɔːˌfɑːðəʳ] s Ahn m, Vorfahr m
forefinger ['fɔːˌfɪŋgəʳ] s Zeigefinger m
forefront ['fɔːfrʌnt] s **at the ~ of** an der Spitze (+gen)
forego [fɔːˈgəʊ] v/t ⟨prät **forewent**; pperf **foregone**⟩ verzichten auf (+akk)
foregone [fɔːˈgɒn] **A** pperf → forego **B** ['fɔːgɒn] adj **it was a ~ conclusion** es stand von vornherein fest
foreground ['fɔːgraʊnd] s Vordergrund m; **in the ~** im Vordergrund
forehand ['fɔːhænd] **A** s SPORT Vorhand f **B** adj ⟨attr⟩ SPORT Vorhand-
forehead ['fɔːhed, 'fɒrɪd] s Stirn f
foreign ['fɒrən] adj **1** Mensch ausländisch; Essen, Sitten fremdländisch; **to be ~** Ausländer(in) m(f) sein; **~ countries** das Ausland; **~ travel** Auslandsreisen pl; **~ news** Auslandsnachrichten pl **2** Fremd-; **~ body** Fremdkörper m; **to be ~ to sb** j-m fremd sein
foreign affairs pl Außenpolitik f
foreign aid s Entwicklungshilfe f
foreign correspondent s Auslandskorrespondent(in) m(f)
foreign currency s Devisen pl
foreigner ['fɒrənəʳ] s Ausländer(in) m(f)
foreign exchange s **on the ~s** an den Devisenbörsen
foreign language A s Fremdsprache f **B** adj ⟨attr⟩ Film fremdsprachig; **~ assistant** Fremdsprachenassistent(in) m(f)
Foreign Minister s Außenminister(in) m(f)
Foreign Office Br s Auswärtiges Amt
foreign policy s POL Außenpolitik f
Foreign Secretary Br s Außenminister(in) m(f)
foreign trade s Außenhandel m
foreleg ['fɔːleg] s Vorderbein n
foreman ['fɔːmən] s ⟨pl -men⟩ Vorarbeiter m; am Bau Polier m
foremost ['fɔːməʊst] **A** adj führend; **~ among them was John** John führte mit ihnen **B** adv vor allem
forename ['fɔːneɪm] s Vorname m
forensic [fəˈrensɪk] adj forensisch; MED gerichtsmedizinisch
forensic medicine s Gerichtsmedizin f
forensic science s Kriminaltechnik f
forensic scientist s Gerichtsmediziner(in) m(f)
foreplay ['fɔːpleɪ] s Vorspiel n
forerunner ['fɔːˌrʌnəʳ] s Vorläufer m
foresee [fɔːˈsiː] v/t ⟨prät **foresaw** [fɔːˈsɔː]; pperf **foreseen** [fɔːˈsiːn]⟩ vorhersehen
foreseeable [fɔːˈsiːəbl] adj voraussehbar; **in the ~ future** in absehbarer Zeit
foreshadow [fɔːˈʃædəʊ] v/t ahnen lassen
foreshadowing [fɔːˈʃædəʊɪŋ] s Vorahnung f (Hinweise lassen den Leser erahnen, was als nächstes passieren könnte)
foresight ['fɔːsaɪt] s Weitblick m
foreskin ['fɔːskɪn] s Vorhaut f
forest ['fɒrɪst] s Wald m, Forst m
forestall [fɔːˈstɔːl] v/t j-n zuvorkommen (+dat)
forester ['fɒrɪstəʳ] s Förster(in) m(f)
forest ranger US s Förster(in) m(f)
forestry ['fɒrɪstrɪ] s Forstwirtschaft f
foretaste ['fɔːteɪst] s Vorgeschmack m; **to give sb a ~ of sth** j-m einen Vorgeschmack von etw geben
foretell [fɔːˈtel] v/t ⟨prät, pperf **foretold** [fɔːˈtəʊld]⟩ vorhersagen
forever [fərˈevəʳ] adv **1** ewig; weitermachen immer; **Scotland ~!** ein Hoch auf Schottland!; **it takes ~** umg es dauert ewig umg; **these slate roofs last ~** umg diese Schieferdächer halten ewig **2** sich verändern unwiderruflich; **the old social order was gone ~** das alte Gesellschaftssystem war für immer verschwunden; **to be ~ doing sth** umg (an)dauernd od ständig etw tun
forewarn [fɔːˈwɔːn] v/t vorher warnen
forewent [fɔːˈwent] prät → forego
foreword ['fɔːwɜːd] s Vorwort n
forfeit ['fɔːfɪt] **A** v/t **1** bes JUR verwirken **2** fig sein Leben einbüßen; Recht, Platz verlieren **B** s bes JUR Strafe f; fig Einbuße f; in Spiel Pfand n
forfeiture ['fɔːfɪtʃəʳ] s Verlust m, Einbuße f; von Anspruch Verwirkung f
forgave [fəˈgeɪv] prät → forgive
forge [fɔːdʒ] **A** s Schmiede f **B** v/t **1** Metall, Plan schmieden; Bündnis schließen **2** Unterschrift fälschen **C** v/i **to ~ ahead** vorwärtskommen
forger ['fɔːdʒəʳ] s Fälscher(in) m(f)
forgery ['fɔːdʒərɪ] s Fälschung f; **the signature was a ~** die Unterschrift war gefälscht
forget [fəˈget] ⟨prät **forgot**; pperf **forgotten**⟩ **A** v/t vergessen; Fähigkeit, Sprache verlernen; **and don't you ~ it!** und dass du das ja nicht vergisst!; **to ~ to do sth** vergessen, etw zu tun; **I ~ his name** sein Name ist mir entfallen; **not ~ting ...** nicht zu vergessen ...; **~ it!** schon gut!; **you might as well ~ it** umg das kannst du vergessen umg **B** v/i es vergessen; **don't ~!** vergiss (es) nicht!; **I never ~** ich vergesse nie etwas **C** v/r sich vergessen

phrasal verbs mit forget:
forget about v/i ⟨+obj⟩ vergessen

forgetful [fəˈgetfʊl] adj vergesslich
forgetfulness [fəˈgetfʊlnɪs] s Vergesslichkeit f
forget-me-not [fəˈgetmɪnɒt] s BOT Vergiss-

meinnicht *n*

forgettable [fəˈgetəbl] *adj* **it was an instantly ~ game** es war ein Spiel, das man sofort vergessen konnte

forgivable [fəˈgɪvəbl] *adj* verzeihbar

forgive [fəˈgɪv] *v/t* ⟨*prät* forgave; *pperf* forgiven [fəˈgɪvn]⟩ verzeihen; *Sünde* vergeben; **to ~ sb for sth** j-m etw verzeihen; **to ~ sb for doing sth** j-m verzeihen, dass er/sie etw getan hat

forgiven [fəˈgɪvn] *past part* → forgive

forgiveness *s* ⟨*kein pl*⟩ **to ask/beg (sb's) ~** (j-n) um Verzeihung bitten; *bes* KIRCHE j-n um Vergebung bitten

forgiving [fəˈgɪvɪŋ] *adj* versöhnlich

forgo [fɔːˈgəʊ] *v/t* ⟨*prät* forwent; *pperf* forgone⟩ → forego

forgot [fəˈgɒt] *prät* → forget

forgotten [fəˈgɒtn] *pperf* → forget

fork [fɔːk] **A** *s* **1** Gabel *f* **2** *in Straße* Gabelung *f*; **take the left ~** nehmen Sie die linke Abzweigung **B** *v/i Straße, Ast* sich gabeln; **to ~ (to the) right** *Straße* nach rechts abzweigen

phrasal verbs mit fork:

fork out *umg v/i & v/t* ⟨*trennb*⟩ blechen *umg*

forked [fɔːkt] *adj* gegabelt; *Zunge* gespalten

fork-lift (truck) [ˈfɔːklɪft(ˈtrʌk)] *umg s* Gabelstapler *m*

forlorn [fəˈlɔːn] *adj* **1** verlassen, trostlos **2** *Versuch* verzweifelt; **in the ~ hope of finding a better life** in der verzweifelten Hoffnung auf ein besseres Leben

forlornly [fəˈlɔːnlɪ] *adv* **1** *stehen, warten* einsam und verlassen; *starren verloren* **2** *hoffen, versuchen* verzweifelt; (≈ *umsonst*) vergeblich

form [fɔːm] **A** *s* **1** Form *f*, Gestalt *f*; **~ of address** Anrede *f*; **a ~ of apology** eine Art der Entschuldigung; **in the ~ of** in Form von *od* +*gen*; **in tablet ~** in Tablettenform; **to be in fine ~** in guter Form sein; **to be on/off ~** in/außer Form sein; **he was in great ~ that evening** er war an dem Abend in Hochform; **on past ~** auf dem Papier **2** Formular *n* **3** *Br* SCHULE Klasse *f* **B** *v/t* **1** *Objekt, Charakter* formen (**into** zu) **2** *Vorliebe* entwickeln; *Freundschaft* schließen; *Meinung* sich (*dat*) bilden; *Plan* entwerfen **3** *Regierung, Teil, Kreis* bilden; *Firma* gründen; **to ~ a queue** *Br*, **to ~ a line** *US* eine Schlange bilden **C** *v/i* Gestalt annehmen

formal [ˈfɔːməl] *adj* **1** *Mensch, Ausdrucksweise* förmlich; *Gespräche, Ankündigung* formell; *Anlass* feierlich; **to make a ~ apology** sich in aller Form entschuldigen; **~ dress** Gesellschaftskleidung *f*; **~ language** gehobene *od* formelle Sprache **2** *Stil* formal **3** *Ausbildung* ordentlich

formality [fɔːˈmælɪtɪ] *s* **1** ⟨*kein pl*⟩ *von Mensch, Zeremonie* Förmlichkeit *f* **2** Formalität *f*

formalize [ˈfɔːməlaɪz] *v/t Regeln* formalisieren; *Abkommen* formell bekräftigen

formally [ˈfɔːməlɪ] *adv* sich benehmen, kleiden förmlich; *ankündigen* offiziell; *sich entschuldigen* in aller Form; **~ charged** JUR offiziell angeklagt

format [ˈfɔːmæt] **A** *s* Format *n*; *in Bezug auf Inhalt* Aufmachung *f*; RADIO, TV Struktur *f* **B** *v/t* IT formatieren

formation [fɔːˈmeɪʃən] *s* **1** Formung *f*; *von Regierung, Ausschuss* Bildung *f*; *von Firma* Gründung *f* **2** *von Flugzeugen* Formation *f*; **battle ~** Gefechtsaufstellung *f*

formative [ˈfɔːmətɪv] *adj* prägend; **her ~ years** die charakterbildenden Jahre in ihrem Leben

former [ˈfɔːmə^r] **A** *adj* **1** ehemalig, früher; **his ~ wife** seine Exfrau; **in ~ times** *od* **days** in früheren Zeiten **2** **the ~ alternative** die erstere Alternative **B** *s* **the ~** der/die/das Erstere, die Ersteren *pl*

-former [-,fɔːmə^r] *s* ⟨*suf*⟩ *Br* SCHULE -klässler(in) *m(f)*; **fifth-former** Fünftklässler(in) *m(f)*

formerly [ˈfɔːməlɪ] *adv* früher; **the ~ communist countries** die ehemals kommunistischen Länder; **we had ~ agreed that …** wir hatten uns seinerzeit darauf geeinigt, dass …

form feed *s* IT Papiervorschub *m*

Formica® [fɔːˈmaɪkə] *s* Schichtstoff *m*, Schichtstoffplatte *f*

formidable [ˈfɔːmɪdəbl] *adj Herausforderung, Leistung, Kraft* gewaltig; *Mensch, Ruf* beeindruckend; *Gegner* mächtig; *Talente* außerordentlich

formidably [ˈfɔːmɪdəblɪ] *adv* hervorragend; **~ gifted** *od* **talented** außerordentlich begabt *od* talentiert

form letter *s* IT Formbrief *m*

form teacher *Br s* Klassenlehrer(in) *m(f)*

formula [ˈfɔːmjʊlə] *s* ⟨*pl* -s *od* -e [ˈfɔːmjuːliː]⟩ **1** Formel *f*; *von Salbe etc* Rezeptur *f*; **there's no sure ~ for success** es gibt kein Patentrezept für Erfolg; **all his books follow the same ~** alle seine Bücher sind nach demselben Rezept geschrieben **2** ⟨*kein pl*⟩ *a.* **~ milk** Säuglingsmilch *f*

Formula One *s* SPORT Formel 1

formulate [ˈfɔːmjʊleɪt] *v/t* formulieren

formulation [ˌfɔːmjʊˈleɪʃən] *s* Formulierung *f*

forsake [fəˈseɪk] *v/t* ⟨*prät* forsook [fəˈsʊk]; *pperf* forsaken [fəˈseɪkn]⟩ verlassen

forswear [fɔːˈsweə^r] *v/t* ⟨*prät* forswore [fɔːˈswɔː^r]; *pperf* forsworn [fɔːˈswɔːn]⟩ abschwören (+*dat*)

fort [fɔːt] *s* MIL Fort *n*; **to hold the ~** *fig* die Stellung halten

forte [ˈfɔːteɪ] *s* Stärke *f*

forth [fɔːθ] *obs, form adv* **1** heraus-, hervor-; **to come ~** herauskommen **2** **and so ~** und so weiter

forthcoming [fɔːˈθkʌmɪŋ] *form adj* **1** ⟨*attr*⟩ *Ereignis* bevorstehend; *Buch* in Kürze erscheinend; *Film* in Kürze anlaufend **2 to be ~** *Geld* zur Verfügung gestellt werden; *Hilfe* geleistet werden **3 to be ~ about sth** offen über etw (*akk*) reden; **not to be ~ on** *od* **about sth** sich über etw (*akk*) zurückhalten

forthright [ˈfɔːθraɪt] *adj* direkt; (≈ *ehrlich*) offen

fortieth [ˈfɔːtɪɪθ] **A** *adj* vierzigste(r, s) **B** *s* **1** Vierzigstel *n* **2** Vierzigste(r, s); → **sixth**

fortifications [ˌfɔːtɪfɪˈkeɪʃənz] *pl* MIL Befestigungen *pl*

fortified wine [ˌfɔːtɪfaɪdˈwaɪn] *s* weinhaltiges Getränk

fortify [ˈfɔːtɪfaɪ] *v/t* MIL *Stadt* befestigen; *j-n* bestärken

fortitude [ˈfɔːtɪtjuːd] *s* (innere) Kraft

fortnight [ˈfɔːtnaɪt] *bes Br s* vierzehn Tage

fortnightly [ˈfɔːtnaɪtlɪ] *bes Br* **A** *adj* vierzehntäglich; **~ visits** Besuche *pl* alle vierzehn Tage **B** *adv* alle vierzehn Tage

fortress [ˈfɔːtrɪs] *s* Festung *f*

fortuitous *adj*, **fortuitously** [fɔːˈtjuːɪtəs, -lɪ] *adv* zufällig

fortunate [ˈfɔːtʃənɪt] *adj* glücklich; **we are ~ that ...** wir können von Glück reden, dass ...; **it is ~ that ...** es ist ein Glück, dass ...; **it was ~ for him/Mr Fox that...** es war sein Glück/ein Glück für Mr Fox, dass ...

fortunately [ˈfɔːtʃənɪtlɪ] *adv* zum Glück; **~ for me, my friend noticed it** zu meinem Glück hat mein Freund es bemerkt

fortune [ˈfɔːtʃuːn] *s* **1** Schicksal *n*; **she followed his ~s with interest** sie verfolgte sein Geschick mit Interesse; **he had the good ~ to have rich parents** er hatte das Glück, reiche Eltern zu haben; **to tell sb's ~** j-m wahrsagen **2** Vermögen *n*; **to make a ~** ein Vermögen machen; **to make one's ~** sein Glück machen; **it costs a ~** es kostet ein Vermögen

fortune-teller [ˈfɔːtʃuːntelə'] *s* Wahrsager(in) *m(f)*

forty [ˈfɔːtɪ] **A** *adj* vierzig; **to have ~ winks** *umg* ein Nickerchen machen *umg* **B** *s* Vierzig *f*; → **sixty**

forum [ˈfɔːrəm] *s* Forum *n*

forward [ˈfɔːwəd] **A** *adv* **1** (*a*. **~s**) vorwärts, nach vorn; **to take two steps ~** zwei Schritte vortreten; **to rush ~** sich vorstürzen; **to go straight ~** geradeaus gehen; **he drove backward(s) and ~(s) between the station and the house** er fuhr zwischen Haus und Bahnhof hin und her **2** *zeitlich* from this time **~** seitdem; (≈ *zukünftig*) von jetzt an; **going ~** von jetzt an, von nun an, in Zukunft **3 to come ~** sich melden; **to bring ~ new evidence** neue Beweise *pl* vorlegen **B** *adj* **1** vordere(r, s); *mit Richtungsangabe* Vorwärts-; **this seat is too far ~** dieser Sitz ist zu weit vorn **2** *Planung* Voraus- **3** dreist **C** *s* SPORT Stürmer(in) *m(f)* **D** *v/t* **1** *Karriere* voranbringen **2** *Brief* nachsenden; *Gepäck, Dokument* weiterleiten; *bei Spedition* übersenden, transportieren

forwarding address [ˌfɔːwədɪŋəˈdres] *s* Nachsendeadresse *f*

forwarding agent *s* ECON Spediteur(in) *m(f)*

forward-looking [ˈfɔːwədlʊkɪŋ] *adj* fortschrittlich

forwards [ˈfɔːwədz] *adv* → **forward A 1**

forward slash *s* TYPO Slash *m*, Schrägstrich *m*

forwent [fɔːˈwent] *prät* → **forgo**

fossil [ˈfɒsl] *wörtl s* Fossil *n*

fossil fuel *s* fossiler Brennstoff

fossil fuel-free *adj* ÖKOL unabhängig von fossilen Brennstoffen

fossilized [ˈfɒsɪlaɪzd] *adj* versteinert

foster [ˈfɒstə'] **A** *adj* ⟨*attr*⟩ ADMIN Pflege-; **their children are in ~ care** ihre Kinder sind in Pflege **B** *v/t* **1** *Kind* in Pflege nehmen **2** *Entwicklung* fördern

foster child *s* Pflegekind *n*

foster family *s* Pflegefamilie *f*

foster home *s* Pflegestelle *f*

foster parents *pl* Pflegeeltern *pl*

fought [fɔːt] *prät & pperf* → **fight**

foul [faʊl] **A** *adj* **1** *Geschmack* widerlich; *Wasser* faulig; *Luft* stickig; *Geruch* ekelhaft **2** *Benehmen* abscheulich; *Tag* scheußlich *umg*; **he was really ~ to her** er war wirklich gemein zu ihr, er war wirklich fies zu ihr *umg*; **she has a ~ temper** sie ist ein ganz übellauniger Mensch; **to be in a ~ mood** *od* **temper** eine ganz miese Laune haben *umg*; **~ weather** scheußliches Wetter **3** anstößig; **~ language** Schimpfwörter *pl* **4** **to fall ~ of the law** mit dem Gesetz in Konflikt geraten; **to fall ~ of sb** es sich (*dat*) mit j-m verderben **B** *v/t* **1** *Luft* verpesten; *Bürgersteig* verunreinigen **2** SPORT foulen **C** *s* SPORT Foul *n*

foul-mouthed *adj* unflätig

foul play *s* **1** SPORT unfaires Spiel **2** *fig* **the police do not suspect ~** die Polizei hat keinen Verdacht auf einen unnatürlichen Tod

found[1] [faʊnd] *prät & pperf* → **find**

found[2] *v/t* gründen; **to ~ (up)on sth** *Meinung* etw auf etw (*dat*) gründen; **our society is ~ed on this** das ist die Grundlage unserer Gesellschaft; **the novel is ~ed on fact** der Roman basiert auf Tatsachen

foundation [faʊnˈdeɪʃən] *s* **1** Stiftung *f*; **research ~** Forschungsstiftung *f* **2** **~s** *pl* von Haus Fundament *n* **3** *fig* Grundlage *f*; **to be without ~** *Gerüchte* jeder Grundlage entbehren **4**

(≈ *Make-up*) Grundierungscreme *f*
foundation stone *s* Grundstein *m*
founder¹ ['faʊndə'] *s* Gründer(in) *m(f)*; *von Wohlfahrtsorganisation* Stifter(in) *m(f)*
founder² *v/i* **1** *Schiff* sinken **2** *fig Projekt* scheitern
founder member *s* Gründungsmitglied *n*
Founding Fathers ['faʊndɪŋ'fɑːðəz] *US pl* Väter *pl*
foundry ['faʊndrɪ] *s* Gießerei *f*
fount [faʊnt] *s* **1** *fig* Quelle *f* **2** TYPO Schrift *f*
fountain ['faʊntɪn] *s* Brunnen *m*
fountain pen *s* Füllfederhalter *m*
four [fɔː'] **A** *adj* vier **B** *s* Vier *f*; **on all ~s** auf allen vieren; → **six**
four-day *adj* ⟨*attr*⟩ viertägig
four-door *adj* ⟨*attr*⟩ viertürig
four-figure *adj* ⟨*attr*⟩ vierstellig
fourfold **A** *adj* vierfach **B** *adv* um das Vierfache
four-leaf clover *s* vierblättriges Kleeblatt
four-legged *adj* vierbeinig
four-letter word *s* Vulgärausdruck *m*
four-part *adj* ⟨*attr*⟩ *Serie, Programm* vierteilig; *Plan* aus vier Teilen bestehend; MUS für vier Stimmen; *Harmonie, Chor* vierstimmig
four-poster (bed) *s* Himmelbett *n*
four-seater **A** *adj* viersitzig **B** *s* Viersitzer *m*
foursome *s* Quartett *n*
four-star *adj* Vier-Sterne-; **~ hotel/restaurant** Vier-Sterne-Hotel/-Restaurant
four-star petrol *Br s* Super(benzin) *n*
fourteen ['fɔː'tiːn] **A** *adj* vierzehn **B** *s* Vierzehn *f*
fourteenth ['fɔː'tiːnθ] **A** *adj* vierzehnte(r, s) **B** *s* **1** Vierzehntel *n* **2** Vierzehnte(r, s); → **sixteenth**
fourth [fɔːθ] **A** *adj* vierte(r, s) **B** *s* **1** Viertel *n* **2** Vierte(r, s); **in ~** AUTO im vierten Gang; → **sixth**
fourthly ['fɔːθlɪ] *adv* viertens
four-wheel drive *s* Vierradantrieb *m*
four-wheeler *US s* Quad *n* (*vierrädriges Motorrad*)
fowl [faʊl] *s kollektiv* Geflügel *n*; *einzelnes Tier* Huhn *n etc*
fox [fɒks] **A** *s* Fuchs *m* **B** *v/t* verblüffen
foxglove *s* BOT Fingerhut *m*
fox-hunting *s* Fuchsjagd *f*; **to go ~** auf die *od* zur Fuchsjagd gehen
foyer ['fɔɪeɪ] *s* Foyer *n*; *bes US in Wohnhaus* Diele *f*
Fr¹ *abk* (= *Father*) Vater *m*
Fr² *abk* (= *Friar*) Mönch *m*; Bruder *m*
fracas ['frækɑː] *s* Tumult *m*
fracking *s* GEOL Fracking *n* (*Verpressung von Wasser und Chemikalien zum Herauslösen von Erdgas oder Erdöl*)
fraction ['frækʃən] *s* **1** MATH Bruch *m*; **to do ~s** bruchrechnen **2** *fig* Bruchteil *m*; **move it just a ~** verrücke es (um) eine Spur; **for a ~ of a second** einen Augenblick lang
fractional ['frækʃnl] *adj* MATH Bruch-; *fig* geringfügig; **~ part** Bruchteil *m*
fractionally ['frækʃənəlɪ] *adv* weniger, langsamer geringfügig; *steigen* um ein Bruchteil
fractious ['frækʃəs] *adj* verdrießlich; *Kind* aufsässig
fracture ['fræktʃə'] **A** *s* Bruch *m* **B** *v/t & v/i* brechen; **he ~d his shoulder** er hat sich (*dat*) die Schulter gebrochen; **~d skull** Schädelbruch *m*
fragile ['frædʒaɪl] *adj Objekt* zerbrechlich; *Struktur* fragil; **"fragile (handle) with care"** „Vorsicht, zerbrechlich!"; **to feel ~** *umg* sich angeschlagen fühlen
fragility [frə'dʒɪlɪtɪ] *s von Glas, Porzellan* Zerbrechlichkeit *f*; *von Stoff* Feinheit *f*; *von Gesundheit* Zartheit *f*; *von Frieden, Waffenstillstand* Brüchigkeit *f*; *von Geisteszustand, Wirtschaft* Labilität *f*
fragment ['frægmənt] **A** *s* Bruchstück *n*; *von Glas* Scherbe *f*; *von Programm etc* Bruchteil *m* **B** [fræg'ment] *v/i fig Gesellschaft* zerfallen
fragmentary ['frægməntərɪ] *wörtl, fig adj* fragmentarisch, bruchstückhaft
fragmentation [ˌfrægmen'teɪʃən] *s von Gesellschaft* Zerfall *m*
fragmented [fræg'mentɪd] *adj* bruchstückhaft, unzusammenhängend
fragrance ['freɪgrəns] *s* Duft *m*
fragrance-free *adj* unparfümiert; geruchsneutral
fragrant ['freɪgrənt] *adj* duftend; **~ smell** Duft *m*
frail [freɪl] *adj* ⟨*+er*⟩ *Mensch* gebrechlich; *Gesundheit* zart; *Struktur* fragil; **to look ~** *Mensch* schwach aussehen
frailty ['freɪltɪ] *s von Mensch* Gebrechlichkeit *f*
frame [freɪm] **A** *s* **1** Rahmen *m*; *von Bauwerk, Schiff* Gerippe *n* **2** *a*. **~s** Gestell *n* **3** *a*. *fig* (≈ *geistig*) Verfassung *f*; (≈ *Laune*) Stimmung *f*; **in a cheerful ~ of mind** in fröhlicher Stimmung **4** FILM, FOTO (Einzel)bild *n* **B** *v/t* **1** *Bild* rahmen; *fig Gesicht etc* ein- *od* umrahmen **2** *Antwort, Frage* formulieren **3** *umg* **he said he had been ~d** er sagte, man habe ihm die Sache angehängt *umg*
framework *wörtl s* Grundgerüst *n*; *fig von Essay etc* Gerippe *n*; *von Gesellschaft* grundlegende Struktur; **within the ~ of …** im Rahmen (+*gen*) …
France [frɑːns] *s* Frankreich *n*
franchise ['fræntʃaɪz] *s* **1** POL Wahlrecht *n* **2** HANDEL Franchise *f*
Franco- ['fræŋkəʊ-] *zssgn* Französisch-, Franko-
frank¹ [fræŋk] *adj* ⟨*+er*⟩ offen; **to be ~ with sb** offen mit *od* zu j-m sein; **to be (perfectly) ~**

(with you) um (ganz) ehrlich zu sein
frank² v/t *Brief* frankieren, stempeln
frankfurter ['fræŋk,fɜːtəʳ] s (Frankfurter) Würstchen n
frankincense ['fræŋkɪnsens] s Weihrauch m
franking machine ['fræŋkɪŋməˌʃiːn] s Frankiermaschine f
frankly ['fræŋklɪ] adv **1** *sich unterhalten* offen **2** ehrlich gesagt; **quite ~, I don't care** um ganz ehrlich zu sein, es ist mir egal
frankness ['fræŋknɪs] s Offenheit f
frantic ['fræntɪk] adj **1** *Mensch, Suche* verzweifelt; **I was ~** ich war außer mir; **to drive sb ~** j-n zur Verzweiflung treiben **2** *Tag* hektisch; **~ activity** hektisches Treiben, fieberhafte Tätigkeit
frantically ['fræntɪkəlɪ] adv **1** *suchen, versuchen* verzweifelt **2** *arbeiten, herumlaufen* hektisch; *winken, kritzeln* wie wild
frappuccino® [ˌfræpəˈtʃiːnəʊ] s ⟨pl -s⟩ Frapuccino® m (*Kaltgetränk aus gestoßenem Eis, Kaffee und Milch*)
fraternal [frəˈtɜːnl] adj brüderlich
fraternity [frəˈtɜːnɪtɪ] s Vereinigung f; *US* UNIV Verbindung f; **the legal ~** die Juristen pl; **the criminal ~** die Kriminellen pl
fraternize ['frætənaɪz] v/i (freundschaftlichen) Umgang haben **(with** mit**)**
fraud [frɔːd] s **1** ⟨kein pl⟩ Betrug m, Schwindel m **2** Betrüger(in) m(f); *Krankheit vortäuschend* Simulant(in) m(f)
fraudulent ['frɔːdjʊlənt] adj betrügerisch
fraudulently ['frɔːdjʊləntlɪ] adv *sich verhalten* betrügerisch; *sich verschaffen* auf betrügerische Weise
fraught [frɔːt] adj **1** **~ with difficulty** voller Schwierigkeiten; **~ with danger** gefahrvoll **2** *Stimmung* gespannt; *Mensch* angespannt
fray¹ [freɪ] **to enter the ~** *fig* sich in den Kampf *od* Streit einschalten
fray² v/i *Tuch* (aus)fransen; *Seil* sich durchscheuern; **tempers began to ~** die Gemüter begannen sich zu erhitzen
frayed adj *Jeans* ausgefranst; **tempers were ~** die Gemüter waren erhitzt
frazzle ['fræzl] **A** s *umg* **burnt to a ~** *Br* völlig verkohlt; **worn to a ~** (≈ erschöpft) total kaputt *umg* **B** v/t *US umg* ausfransen
freak [friːk] **A** s **1** (≈ *Mensch, Tier*) Missgeburt f; **~ of nature** Laune f der Natur **2** *umg* **health ~** Gesundheitsfreak m *umg* **3** *umg* (≈ *seltsamer Mensch*) Irre(r) m/f(m) **B** adj *Wetter, Bedingungen* anormal; *Sturm* ungewöhnlich stark; *Unfall* verrückt
▸ phrasal verbs mit **freak**:
freak out *umg* **A** v/i ausflippen *umg* **B** v/t ⟨trennb⟩ **it freaked me out** dabei bin ich ausgeflippt *umg*
freakish ['friːkɪʃ] adj *Wetter* launisch
freckle ['frekl] s Sommersprosse f
freckled ['frekld], **freckly** ['freklɪ] adj sommersprossig
free [friː] **A** adj ⟨komp freer⟩ **1** frei; **as ~ as a bird** frei wie ein Vogel; **to go ~** freigelassen werden; **to set sb/sth ~** j-n/etw freilassen; **to break ~** sich befreien; **you're ~ to choose** die Wahl steht Ihnen frei; **you're ~ to go now** Sie können jetzt gehen(, wenn Sie wollen); **(do) feel ~ to ask questions** fragen Sie ruhig; **feel ~!** *umg* bitte, gern(e)!; **his arms were left ~** seine Arme waren frei (gelassen); **~ elections** freie Wahlen pl; **~ from worry** sorgenfrei; **~ from blame** frei von Schuld; **~ of sth** frei von etw; **~ of fear** ohne Angst; **at last I was ~ of her** endlich war ich sie los; **to be ~** (≈ *unbeschäftigt sein*) Zeit haben **2** kostenlos, HANDEL gratis, umsonst; **it's ~** das kostet nichts; **admission ~** Eintritt frei; **to get sth ~** etw umsonst bekommen; **we got in ~** *od* **for ~** *umg* wir kamen umsonst rein; **~ delivery** (porto)freier Versand **3** **to be ~ with one's money** großzügig mit seinem Geld umgehen; **to be ~ with one's advice** Ratschläge erteilen **B** v/t freilassen, befreien, losbinden
▸ phrasal verbs mit **free**:
free up v/t j-n frei machen; *Zeit* freimachen; *Geld* verfügbar machen
-free adj ⟨suf⟩ -frei
free-and-easy ['friːənˈiːzɪ] adj ⟨attr⟩, **free and easy** adj ⟨präd⟩ ungezwungen; *moralisch* locker
freebie, **freebee** ['friːbiː] *umg* s Werbegeschenk n
free church s Freikirche f
freedom ['friːdəm] s Freiheit f; **to give sb (the) ~ to do sth** j-m die Freiheit lassen, etw zu tun; **~ of conscience** Gewissensfreiheit f; **~ of the press** Pressefreiheit f; **~ of religion** Religionsfreiheit f; **~ of speech** Redefreiheit f; **~ of expression** Redefreiheit f; **~ of thought** Gedankenfreiheit f; **~ of trade** Gewerbefreiheit f
freedom fighter s Freiheitskämpfer(in) m(f)
free enterprise s freies Unternehmertum
Freefone® ['friːfəʊn] *Br* s **call ~®** 0800 rufen Sie gebührenfrei unter 0800 an; **~® number** gebührenfreie Telefonnummer
free-for-all s (≈ *Kampf*) allgemeine Schlägerei
free gift s (Gratis)geschenk n
freehand adv aus freier Hand
freehold A s Besitzrecht n **B** adj **~ property** freier Grundbesitz
freeholder s Grundeigentümer(in) m(f)
free house *Br* s Wirtshaus, das nicht an eine bestimmte Brauerei gebunden ist

free kick s SPORT Freistoß m
freelance A adj *Journalist* frei(schaffend); *Arbeit* freiberuflich B adv freiberuflich C s (a. **freelancer**) Freiberufler(in) m(f), freier Mitarbeiter, freie Mitarbeiterin
freeloader umg s Schmarotzer(in) m(f)
freely ['fri:lɪ] adv 1 großzügig; **to use sth ~** reichlich von etw Gebrauch machen; **I ~ admit that …** ich gebe gern zu, dass … 2 *reden, sich bewegen* frei; *fließen* ungehindert; **to be ~ available** ohne Schwierigkeiten zu haben sein
freeman s ⟨pl -men⟩ freier Mann
free-market economy s freie Marktwirtschaft
Freemason s Freimaurer m
freemasonry s Freimaurerei f
Freepost® s **"Freepost"** ≈ „Gebühr zahlt Empfänger"
free-range Br adj *Huhn* frei laufend; *Schwein* aus Freilandhaltung; **~ eggs** Freilandier pl
free sample s Gratisprobe f
free speech s Redefreiheit f
freestanding adj frei stehend
freestyle A s *Schwimmen* Freistil m B sl v/i improvisieren
free time s freie Zeit, Freizeit f
free-time activities pl Freizeitaktivitäten pl
free-to-air adj Br TV *Programm, Kanal* frei empfangbar
free trade s Freihandel m
freeware s IT Freeware f
freeway US s Autobahn f
freewheel v/i im Freilauf fahren
free will s **he did it of his own ~** er hat es aus freien Stücken getan
freeze [fri:z] ⟨v: prät froze; pperf frozen⟩ A v/i 1 METEO frieren, gefrieren; *See* zufrieren; *Rohre* einfrieren; **to ~ to death** wörtl erfrieren; **meat ~s well** Fleisch lässt sich gut einfrieren 2 fig *Lächeln* erstarren 3 *in der Bewegung* verharren; **~!** keine Bewegung! B v/t 1 *Wasser* gefrieren; GASTR einfrieren 2 WIRTSCH *Vermögenswerte* festlegen; *Kredit, Konto* einfrieren; *Film* anhalten C s 1 METEO Frost m 2 WIRTSCH Stopp m; **a wage(s) ~, a ~ on wages** ein Lohnstopp m
phrasal verbs mit freeze:
 freeze over v/i *See, Fluss* überfrieren
 freeze up v/i zufrieren; *Rohre* einfrieren
freeze-dry ['fri:zdraɪ] v/t gefriertrocknen
freezer ['fri:zə^r] s Tiefkühltruhe f, Gefrierschrank m; Br *von Kühlschrank* Gefrierfach n
freezer compartment s Gefrierfach n
freezing ['fri:zɪŋ] A adj 1 wörtl *Temperatur* unter null; **~ weather** Frostwetter n 2 *Wind* eisig; **in the ~ cold** bei klirrender Kälte; **it's ~ (cold)** es ist eiskalt; **I'm ~** mir ist eiskalt; **my hands/feet are ~** meine Hände/Füße sind eiskalt B s 1 GASTR Einfrieren n 2 der Gefrierpunkt; **above/below ~** über/unter null
freezing point s Gefrierpunkt m; **below ~** unter null
freight [freɪt] s Fracht f
freightage ['freɪtɪdʒ] s Frachtkosten pl
freight car s US Waggon m, Güterwagen m
freight depot US s Güterbahnhof m
freighter ['freɪtə^r] s SCHIFF Frachter m
freight train s Güterzug m
French [frentʃ] A adj französisch; **he is ~ and she is ~** er ist Franzose und sie ist Französin B s 1 LING Französisch n; **in ~** auf Französisch 2 **the ~** pl die Franzosen pl
French bean s grüne Bohne, Fisole f österr
French bread s Baguette m
French doors pl Verandatür f
French dressing s 1 GASTR Br Vinaigrette f 2 GASTR US French Dressing n
French fries pl bes US Pommes frites pl
French horn s MUS (Wald)horn n; **to play the ~** Waldhorn spielen
French kiss s Zungenkuss m
French loaf s Baguette f
Frenchman s ⟨pl -men⟩ Franzose m
French stick s Baguette f
French toast s *in Ei getunktes gebratenes Brot*
French windows pl Verandatür f
Frenchwoman s ⟨pl -women [-wɪmɪn]⟩ Französin f
frenemy ['frenəmɪ] umg s falscher Freund, falsche Freundin, Freundfeind(in) m(f)
frenetic [frə'netɪk] adj hektisch; *Tanzen* wild
frenetically [frə'netɪklɪ] adv ⟨+v⟩ wie wild; *arbeiten* fieberhaft; *tanzen* frenetisch
frenzied ['frenzɪd] adj fieberhaft; *Angriff* wild
frenzy ['frenzɪ] s Raserei f; **in a ~** in wilder Aufregung; **he worked himself up into a ~** er steigerte sich in eine Raserei (hinein); **~ of activity** hektische Betriebsamkeit; **~ of excitement** helle Aufregung
frequency ['fri:kwənsɪ] s Häufigkeit f; PHYS Frequenz f; **high/low ~** Hoch-/Niederfrequenz f
frequent A ['fri:kwənt] adj häufig; *Berichte* zahlreich; **there are ~ trains** es verkehren viele Züge; **violent clashes were a ~ occurrence** es kam oft zu gewalttätigen Zusammenstößen B [frɪ'kwent] v/t *form* Ort (oft) besuchen
frequently ['fri:kwəntlɪ] adv oft, häufig
fresco ['freskəʊ] s ⟨pl -(e)s⟩ Fresko(gemälde) n
fresh [freʃ] A adj frisch; *Anweisungen* neu; *Anschuldigungen, Berichte* weitere(r, s); *Angriff* erneut; *Herangehensweise* erfrischend; **~ supplies** Nachschub m; **to make a ~ start** neu anfangen; **as ~ as a daisy** taufrisch B adv 1 (≈ *direkt*) **young men ~ out of university** junge

Männer, die frisch von der Universität kommen; **cakes ~ from the oven** ofenfrische Kuchen ☑ *umg* **we're ~ out of cheese** uns ist gerade der Käse ausgegangen; **they are ~ out of ideas** ihnen sind die Ideen ausgegangen

fresh air *s* frische Luft; **to go out into the ~** an die frische Luft gehen; **to go for a breath of ~** frische Luft schnappen gehen; **to be (like) a breath of ~** *fig* wirklich erfrischend sein

freshen ['freʃn] ☒ *v/i Wind* auffrischen; *Luft* frisch werden ☑ *v/t* ⟨*trennb*⟩ *Kaugummi*, **um den Atem zu erfrischen**
phrasal verbs mit freshen:
  freshen up ☒ *v/i & v/r* sich frisch machen ☑ *v/t* ⟨*trennb*⟩ *Zimmer* frischer aussehen lassen; *Image* aufmöbeln *umg*

fresher ['freʃəʳ] *s Br* UNIV *umg* Erstsemester *n umg*

freshly ['freʃlɪ] *adv* frisch; **a ~ baked cake** ein frisch gebackener Kuchen

freshman ['freʃmən] *s* ⟨*pl* -men⟩ *US* UNIV Erstsemester *n umg*

freshness *s* Frische *f*

freshwater ['freʃwɔːtəʳ] *adj* ⟨*attr*⟩ **~ fish** Süßwasserfisch *m*

fret¹ [fret] *v/i* sich (*dat*) Sorgen machen (**about** um); **don't ~** beruhige dich

fret² *s auf Gitarre etc* Bund *m*

fretful ['fretfʊl] *adj Kind* quengelig; *Erwachsener* wehleidig

fret saw *s* Laubsäge *f*

Freudian slip *s* freudscher Versprecher

FRG *abk* (= *Federal Republic of Germany*) BRD *f*

Fri *abk* (= *Friday*) Fr.

friar ['fraɪəʳ] *s* Mönch *m*; **Friar John** Bruder John

friction ['frɪkʃən] *s* ☒ Reibung *f* ☑ *fig* Reibereien *pl*; **there is constant ~ between them** sie reiben sich ständig aneinander

Friday ['fraɪdɪ] *s* Freitag *m*; → Tuesday

fridge [frɪdʒ] *s* Kühlschrank *m*

fridge-freezer ['frɪdʒ'friːzəʳ] *s* Kühl-Gefrierkombination *f*

fridge magnet *s Br* Kühlschrankmagnet *m*

fried [fraɪd] ☒ *prät & pperf* → fry ☑ *adj* gebraten; **~ chicken** Brathähnchen *n*; **~ egg** Spiegelei *n*; **~ potatoes** Bratkartoffeln *pl*

friend [frend] *s* Freund(in) *m(f)*, Bekannte(r) *m/f(m)*; *auf Facebook* Freund(in) *m(f)*; **to make ~s (with sb)** Freundschaft schließen, sich (mit j-m) anfreunden; **he makes ~s easily** er findet leicht Freunde; **he's no ~ of mine** er ist nicht mein Freund; **to be ~s with sb** mit j-m befreundet sein; **we're just (good) ~s** da ist nichts, wir sind nur gut befreundet

friendliness ['frendlɪnɪs] *s* Freundlichkeit *f*; *von Beziehung* Freundschaftlichkeit *f*

friendly ['frendlɪ] ☒ *adj* ⟨*komp* frendlier⟩ ☒ freundlich; *Auseinandersetzung, Rat* freundschaftlich; *Hund* zutraulich; **to be ~ to sb** freundlich zu j-m sein; **to be ~ (with sb)** (mit j-m) befreundet sein; **~ relations** freundschaftliche Beziehungen *pl*; **to be on ~ terms with sb** mit j-m auf freundschaftlichem Fuße stehen; **to become** *od* **get ~ with sb** sich mit j-m anfreunden ☑ POL *Staat* befreundet; *Regierung* freundlich gesinnt (**to** +*dat*) ☑ *s* (*a*. **friendly match**) SPORT Freundschaftsspiel *n*

friendship ['frendʃɪp] *s* Freundschaft *f*

frier [fraɪəʳ] *s* GASTR Fritteuse *f*

fries [fraɪz] *bes US umg pl* Pommes *pl umg*

Friesian ['friːʒən] *s* (= *Kuhrasse*) Deutsche Schwarzbunte *f*

frieze [friːz] *s* ARCH Fries *m*, Zierstreifen *m*

frigate ['frɪgɪt] *s* SCHIFF Fregatte *f*

fright [fraɪt] *s* Schreck(en) *m*; **to get a ~** sich erschrecken; **to give sb a ~** j-m einen Schreck(en) einjagen

frighten ['fraɪtn] *v/t* erschrecken, Angst machen (+*dat*); **to be ~ed by sth** vor etw (*dat*) erschrecken; **to ~ the life out of sb** j-n zu Tode erschrecken
phrasal verbs mit frighten:
  frighten away, **frighten off** *v/t* ⟨*trennb*⟩ abschrecken; *mit Absicht* verscheuchen

frightened ['fraɪtnd] *adj* ängstlich, verängstigt; *Blick a.* angsterfüllt; **to be ~ (of sb/sth)** (vor j-m/etw) Angst haben, sich (vor j-m/etw) fürchten; **don't be ~** hab keine Angst; **they were ~ (that) there would be another earthquake** sie hatten Angst (davor), dass es noch ein Erdbeben geben könnte

frightening ['fraɪtnɪŋ] *adj Erlebnis* furchterregend; *Situation, Anblick, Gedanke* erschreckend; **to look ~** zum Fürchten aussehen; **it is ~ to think what could happen** es ist beängstigend, wenn man denkt, was alles passieren könnte

frightful ['fraɪtfʊl] *umg adj* furchtbar

frigid ['frɪdʒɪd] *adj* frigide

frill [frɪl] *s* ☒ *an Oberhemd* Rüsche *f* ☑ *fig* **with all the ~s** mit allem Drum und Dran *umg*; **a simple meal without ~s** ein schlichtes Essen

frilly ['frɪlɪ] *adj* ⟨*komp* frillier⟩ *Kleidung* mit Rüschen; **to be ~** Rüschen haben; **~ dress** Rüschenkleid *n*

fringe [frɪndʒ] *s* ☒ *an Schal* Fransen *pl* ☑ *Br* (= *Frisur*) Pony *m* ☒ *fig* Rand *m*; **on the ~ of the forest** am Waldrand; **the ~s of a city** die Randbezirke *pl* einer Stadt

fringe benefits *pl* zusätzliche Leistungen *pl*

fringed [frɪndʒd] *adj Rock, Schal* mit Fransen; *Lampenschirm* mit Fransenkante

fringe group *s* Randgruppe *f*

fringe theatre *s*, **fringe theater** *US s* avant-

gardistisches Theater
Frisbee® [ˈfrɪzbɪ] *s* Frisbee® *n*
frisk [frɪsk] *v/t Verdächtigen etc* filzen *umg*
frisky [ˈfrɪskɪ] *adj* ⟨*komp* friskier⟩ verspielt
fritter[1] [ˈfrɪtə^r] *v/t*, **fritter away** *Br* vergeuden
fritter[2] *s* GASTR Beignet *m*
frivolity [frɪˈvɒlɪtɪ] *s* Frivolität *f*
frivolous [ˈfrɪvələs] *adj Haltung, Bemerkung* frivol; *Handlung* albern
frizzy [ˈfrɪzɪ] *adj* ⟨*komp* frizzier⟩ *Haar* kraus
fro [frəʊ] *adv* → to; → to-ing and fro-ing
frock [frɒk] *s* Kleid *n*
frog [frɒg] *s* Frosch *m*; **to have a ~ in one's throat** einen Frosch im Hals haben
frogman [ˈfrɒgmæn] ⟨*pl* -men⟩ Froschmann *m*
frogmarch *Br v/t* (weg)schleifen
frogspawn *s* Froschlaich *m*
frog suit *s* Taucheranzug *m*
frolic [ˈfrɒlɪk] *v/i* ⟨*v: prät, pperf* frolicked⟩, **frolic about** *od* **around** herumtoben
from [frɒm] *präp* **1** von (+*dat*), aus (+*dat*); **he has come ~ London** er ist von London gekommen; **I come** *od* **am ~ Germany** ich komme aus Deutschland; **where do you come ~?**, **where are you ~?** woher kommst du?; **the train ~ Manchester** der Zug aus Manchester; **the train ~ Manchester to London** der Zug von Manchester nach London; **~ house to house** von Haus zu Haus; **~ all over the UK/England** aus dem gesamten Vereinigten Königreich/aus ganz England; **a representative ~ the company** ein Vertreter der Firma; **to take sth ~ sb** j-m etw wegnehmen; **to steal sth ~ sb** j-m etw stehlen; **where did you get that ~?** wo hast du das her?; **I got it ~ the supermarket/Kathy** ich habe es aus dem Supermarkt/von Kathy; **quotation ~ "Hamlet"/the Bible/Shakespeare** Zitat *n* aus „Hamlet"/aus der Bibel/nach Shakespeare; **dresses ~ the 60s** Kleider *pl* aus den 60er Jahren; **translated ~ the English** aus dem Englischen übersetzt; **made ~ …** aus … hergestellt; **he ran away ~ home** er rannte von zu Hause weg; **he escaped ~ prison** er entkam aus dem Gefängnis; **~ inside** von innen; **~ experience** aus Erfahrung; **to stop sb ~ doing sth** j-n davon zurückhalten, etw zu tun **2** *zeitlich* seit (+*dat*); *in der Zukunft* ab (+*dat*), von (+*dat*) … an; **~ last week until** *od* **to yesterday** von letzter Woche bis gestern; **~ Monday to Friday** von Montag bis Freitag; **~ now on** von jetzt an, ab jetzt; **~ then on** von da an; **~ time to time** von Zeit zu Zeit; **as ~ the 6th May** vom 6. Mai an, ab (dem) 6. Mai; **5 years ~ now** in 5 Jahren **3** von (+*dat*); (… weg); *von Stadt etc* von (+*dat*) … (entfernt); **to work away ~ home** außer Haus arbeiten **4**

ab (+*dat*); **~ £2 (upwards)** ab £ 2 (aufwärts); **dresses (ranging) ~ £60 to £80** Kleider *pl* zwischen £ 60 und £ 80 **5** *Veränderung* **things went ~ bad to worse** es wurde immer schlimmer; **he went ~ office boy to director** er stieg vom Laufjungen zum Direktor auf; **a price increase ~ £1 to £1.50** eine Preiserhöhung von £ 1 auf £ 1,50 **6** *Unterschied* **he is quite different ~ the others** er ist ganz anders als die andern; **to tell black ~ white** Schwarz und Weiß auseinanderhalten **7** (≈ *aufgrund von*) **weak ~ hunger** schwach vor Hunger; **to suffer ~ sth** etw (*dat*) leiden; **to shelter ~ the rain** sich vor dem Regen unterstellen; **to protect sb ~ sth** j-n vor etw (*dat*) schützen; **to judge ~ recent reports …** nach neueren Berichten zu urteilen …; **~ the look of things …** (so) wie die Sache aussieht … **8** MATH 3 ~ 8 **leaves 5** 8 weniger 3 ist 5; **take 12 ~ 18** nimm 12 von 18 weg; **£10 will be deducted ~ your account** £ 10 werden von Ihrem Konto abgebucht **9** ⟨+*präp*⟩ **~ over/across sth** über etw (*akk*) hinweg; **~ beneath sth** unter etw (*dat*) hervor; **~ among the trees** zwischen den Bäumen hervor; **~ inside the house** von drinnen
fromage frais [ˌfrɒmaːʒˈfreɪ] *s* ≈ Quark *m*, ≈ Topfen *m österr*
frond [frɒnd] *s* **1** Farnwedel *m* **2** Palmwedel *m*
front [frʌnt] **A** *s* **1** Vorderseite *f*, Vorderteil *n*; *von Gebäude* Vorderfront *f*; **in ~** vorne; **in ~ of sb/sth** vor j-m/etw; **at the ~** vorne, im vorderen Teil; **at the ~ of** *in etw* vorne in (+*dat*); *außen* vor (+*dat*); (≈ *führend*) an der Spitze (+*gen*); **to the ~** nach vorn; **look in ~ of you** blicken Sie nach vorne; **the ~ of the queue** *Br*, **the ~ of the line** *US* die Spitze der Schlange; **she spilled tea down the ~ of her dress** sie verschüttete Tee vorn über ihr Kleid **2** MIL, POL, METEO Front *f*; **on the wages ~** was die Löhne betrifft **3** *Br* Strandpromenade *f* **4** Fassade *f*; **to put on a bold ~** eine tapfere Miene zur Schau stellen; **it's just a ~** das ist nur Fassade **B** *adv* **up ~** vorne; **50% up ~** 50% Vorschuss £ *v/t Organisation* leiten **D** *adj* vorderste(r, s), Vorder-; *Seite* erste(r, s); **~ tooth/wheel** Vorderzahn *m*/-rad *n*; **~ row** erste *od* vorderste Reihe
frontal [ˈfrʌntl] *adj* ⟨*attr*⟩ **~ attack** Frontalangriff *m*
front bench *s* PARL vorderste Reihe (*wo die führenden Politiker sitzen*)
frontbencher *s* PARL führendes Fraktionsmitglied
front cover *s* Titelseite *f*
front door *s* Haustür *f*
front entrance *s* Vordereingang *m*

front garden s Vorgarten m
frontier [frʌnˈtɪəʳ] s Grenze f
front line s Front(linie) f
frontline adj MIL Front-
front man s ⟨pl - men⟩ pej Strohmann m
front page s Titelseite f
front-page adj ⟨attr⟩ auf der ersten Seite; **to be** od **make ~ news** Schlagzeilen machen
front row s erste Reihe
frontrunner fig s Spitzenreiter(in) m(f)
front seat s Platz m in der ersten Reihe; AUTO Vordersitz m
front-seat passenger s AUTO Beifahrer(in) m(f)
front-wheel drive s Vorderradantrieb m
frost [frɒst] **A** s Frost m; auf Blättern etc Raureif m **B** v/t bes US Kuchen mit Zuckerguss überziehen
phrasal verbs mit frost:
  frost over, od **up** v/i Fenster etc zufrieren
frostbite s Frostbeulen pl; schwerer Erfrierungen pl
frosted [ˈfrɒstɪd] adj bes US Kuchen mit Zuckerguss überzogen
frosted glass s Milchglas n
frosting [ˈfrɒstɪŋ] bes US s Zuckerguss m
frosty [ˈfrɒstɪ] adj ⟨komp frostier⟩ frostig; Boden von Raureif bedeckt; Blick eisig; **~ weather** Frostwetter n
froth [frɒθ] **A** s a. MED Schaum m **B** v/i schäumen; **the dog was ~ing at the mouth** der Hund hatte Schaum vor dem Maul; **he was ~ing at the mouth (with rage)** er schäumte vor Wut
frother [ˈfrɒθəʳ] s Milchschäumer m
frothy [ˈfrɒθɪ] adj ⟨komp frothier⟩ schäumend; Mischung schaumig
frown [fraʊn] **A** s Stirnrunzeln n kein pl; **to give a ~** die Stirn(e) runzeln **B** v/i die Stirn(e) runzeln (**at** über +akk)
phrasal verbs mit frown:
  frown (up)on fig v/i ⟨+obj⟩ missbilligen; **this practice is frowned (up)on** diese Gewohnheit ist verpönt
froze [frəʊz] prät → freeze
frozen [ˈfrəʊzn] **A** pperf → freeze **B** adj **1** Boden gefroren; Rohr eingefroren; **~ hard** hart gefroren; **~ (over)** See zugefroren; **~ solid** ganz zugefroren **2** Fleisch tiefgekühlt; **~ peas** gefrorene Erbsen **3** umg Mensch eiskalt; **I'm ~** mir ist eiskalt; **to be ~ stiff** steif gefroren sein **4** starr; **~ in horror** starr vor Schreck
frozen food s Tiefkühlkost f
fructose [ˈfrʌktəʊs] s Fruktose f
fructose-free adj fruktosefrei
fructose intolerance s Fruktoseunverträglichkeit f
frugal [ˈfruːgəl] adj genügsam; Mahlzeit karg

fruit [fruːt] s kollektiv Obst n; BOT, a. fig Frucht f; **would you like some** od **a piece of ~?** möchten Sie etwas Obst?; **to pick ~** Obst pflücken
fruitcake s englischer Kuchen
fruit cocktail s Obstsalat m
fruitful adj Verhandlungen fruchtbar; Versuch erfolgreich
fruition [fruːˈɪʃən] s **to come to ~** sich verwirklichen
fruit juice s Fruchtsaft m
fruitless adj fruchtlos; Versuch vergeblich
fruit machine Br s Spielautomat m
fruit salad s Obstsalat m
fruit tree s Obstbaum m
fruity [ˈfruːtɪ] adj ⟨komp fruitier⟩ **1** Geschmack fruchtig **2** Stimme volltönend
frump [frʌmp] pej s Vogelscheuche f umg
frumpy [ˈfrʌmpɪ] pej adj ohne jeden Schick, unattraktiv
frustrate [frʌˈstreɪt] v/t j-n frustrieren; Pläne durchkreuzen; **he was ~d in his efforts** seine Anstrengungen waren vergebens
frustrated adj frustriert; **I get ~ when ...** es frustriert mich, wenn ...; **he's a ~ poet** er wäre gern ein Dichter
frustrating [frʌˈstreɪtɪŋ] adj frustrierend
frustration [frʌˈstreɪʃən] s Frustration f kein pl
fry [fraɪ] **A** v/t (in der Pfanne) braten; **to fry an egg** ein Ei in die Pfanne schlagen **B** v/i braten **C** s US Barbecue n
fryer [fraɪəʳ] s GASTR Fritteuse f
frying pan [ˈfraɪɪŋˌpæn] s Bratpfanne f; **to jump out of the ~ into the fire** sprichw vom Regen in die Traufe kommen sprichw
fry-up [ˈfraɪʌp] s Pfannengericht n
FT abk (= Financial Times) britische Wirtschaftszeitung
ft abk (= foot/feet) ft
fuchsia [ˈfjuːʃə] s Fuchsie f
fuck [fʌk] vulg **A** v/t **1** wörtl ficken vulg **2** **~ you!** leck mich am Arsch vulg; **~ him!** der kann mich doch am Arsch lecken vulg **B** v/i ficken vulg **C** s **1** wörtl Fick m vulg **2** **I don't give a ~** ich kümmere mich einen Scheiß darum umg; **who the ~ is that?** wer ist denn das, verdammt noch mal? umg **D** int (verdammte) Scheiße umg
phrasal verbs mit fuck:
  fuck off vulg v/i sich verpissen sl; **fuck off!** verpiss dich! sl
  fuck up vulg **A** v/t ⟨trennb⟩ versauen umg; Arbeit verpfuschen umg; **she is really fucked up** sie ist total verkorkst umg; **heroin will really fuck you up** Heroin macht dich echt kaputt umg **B** v/i Scheiß machen umg
fuck all [ˈfʌkɔːl] vulg s einen Scheiß sl; **he knows**

~ **about it** er hat null Ahnung *umg*; **I've done ~ all day** ich hab den ganzen Tag nichts auf die Reihe gekriegt *umg*

fucker ['fʌkəʳ] *vulg s* Arsch *m vulg*, Arschloch *n vulg*

fucking ['fʌkɪŋ] *vulg* **A** *adj* Scheiß- *umg*; **this ~ machine** diese Scheißmaschine *umg*; **~ hell!** verdammte Scheiße! *umg* **B** *adv* **it's ~ cold** es ist arschkalt *umg*; **a ~ awful movie** ein total beschissener Film *umg*

fuddy-duddy ['fʌdɪˌdʌdɪ] *umg s* **an old ~** ein alter Kauz

fudge [fʌdʒ] **A** *s* GASTR Fondant *m* **B** *v/t* Frage ausweichen (+*dat*)

fuel [fjʊəl] **A** *s* Brennstoff *m*; für Auto Kraftstoff *m*, Benzin *n*; FLUG Treibstoff *m*; **to add ~ to the flames** *od* **fire** *fig* Öl in die Flammen *od* ins Feuer gießen **B** *v/t* antreiben; *fig Konflikt* schüren; *Spekulationen* Nahrung geben (+*dat*); **power stations ~led by oil** *Br*, **power stations ~ed by oil** *US* mit Öl befeuerte Kraftwerke

fuel cell *s* Brennstoffzelle *f*

fuel efficiency *s* Kraftstoffeffizienz *f*

fuel gauge *s* Benzinuhr *f*

fueling station ['fjʊəlɪŋˌsteɪʃən] *US s* Tankstelle *f*

fuel-injected *adj* **~ engine** Einspritzmotor *m*

fuel injection *s* (Benzin)einspritzung *f*

fuel poverty *s* Energiearmut *f*

fuel pump *s* Benzinpumpe *f*

fuel rod *s* Brennstab *m*

fuel tank *s* Öltank *m*

fuel tanker *s US* (Benzin)tankwagen *m*

fuel tax *s Br* Mineralölsteuer *f*

fug [fʌg] *Br umg s* Mief *m umg*

fugitive ['fjuːdʒɪtɪv] **A** *s* Flüchtling *m* (**from** vor +*dat*) **B** *adj* flüchtig

fulfil [fʊl'fɪl] *v/t*, **fulfill** *US v/t* erfüllen; *Aufgabe* ausführen; *Ambition* verwirklichen; **to be** *od* **feel ~led** Erfüllung finden

fulfilling [fʊl'fɪlɪŋ] *adj* **a ~ job** ein Beruf, in dem man Erfüllung findet

fulfilment *s*, **fulfillment** *US s* Erfüllung *f*

full [fʊl] **A** *adj* ⟨+*er*⟩ voll; *Figur* füllig; *Bericht* vollständig; **to be ~ of ...** voller (+*gen*) *od* voll von ... sein; **don't talk with your mouth ~** sprich nicht mit vollem Mund; **with his arms ~** mit vollgeladenen Armen; **I have a ~ day ahead of me** ich habe einen ausgefüllten Tag vor mir; **I am ~ (up)** *umg* ich bin voll (bis obenhin) *umg*; **we are ~ up for July** wir sind für Juli völlig ausgebucht; **at ~ speed** in voller Fahrt; **to make ~ use of sth** etw voll ausnutzen; **that's a ~ day's work** damit habe ich *etc* den ganzen Tag zu tun; **I waited two ~ hours** ich habe zwei ganze Stunden gewartet; **the ~ details** die genauen Einzelheiten; **to be ~ of oneself** von sich (selbst) eingenommen sein; **she was ~ of it** sie hat gar nicht mehr aufgehört, davon zu reden **B** *adv* **it is a ~ five miles from here** es sind gute fünf Meilen von hier; **I know ~ well that ...** ich weiß sehr wohl, dass ... **C** *s* **in ~** ganz, vollständig; **to write one's name in ~** seinen Namen ausschreiben; **to pay in ~** den vollen Betrag bezahlen

fullback *s* SPORT Verteidiger(in) *m(f)*

full beam *s Br* AUTO Fernlicht *n*; **to drive (with one's headlights) on ~** mit Fernlicht fahren

full-blooded [fʊl'blʌdɪd] *adj* kräftig; **he's a ~ Scot** er ist Vollblutschotte

full-blown *adj Krise, Krieg* richtiggehend; *Herzinfarkt* richtig; **~ Aids** Vollbild-Aids *n*

full board *s* Vollpension *f*

full-bodied ['fʊl'bɒdɪd] *adj Wein* vollmundig

full-body scan *s* Ganzkörperscan *m*

full-body scanner *s am Flughafen* Ganzkörperscanner *m*

full-cream milk *s* Vollmilch *f*

full employment *s* Vollbeschäftigung *f*

full-face *adj Porträt* mit zugewandtem Gesicht; **~ photograph** En-Face-Foto *n fachspr*

full-fledged *US adj* → fully fledged

full-frontal *adj* Nackt-; *fig Angriff* direkt; **the ~ nudity in this play** die völlig nackten Schauspieler in diesem Stück

full-grown *adj* ausgewachsen

full house *s bei Konzert etc* volles Haus; **they played to a ~** sie spielten vor vollem Haus

full-length *adj* **1** *Film* abendfüllend; *Roman* vollständig **2** *Kleid* (boden)lang; *Stiefel* hoch; *Vorhang* bodenlang; **~ mirror** großer Spiegel(, in dem man sich ganz sehen kann); **~ portrait** Ganzporträt *n*

full member *s* Vollmitglied *n*

full moon *s* Vollmond *m*

full name *s* Vor- und Zuname *m*

full-page *adj* ganzseitig

full professor *s* UNIV Ordinarius *m*

full-scale *adj* **1** *Krieg, Aufstand* richtiggehend; *Untersuchung* gründlich; *Suche* groß angelegt **2** *Zeichnung* in Originalgröße

full-size(d) *adj Fahrrad etc* richtig (groß)

full-sized *adj Modell* lebensgroß

full stop *s bes Br* GRAM Punkt *m*; **to come to a ~** zum völligen Stillstand kommen; **I'm not going, ~!** *umg* ich gehe nicht und damit basta *umg*

full time A *s* SPORT reguläre Spielzeit; **at ~** nach Ablauf der regulären Spielzeit; **the whistle blew for ~** das Spiel wurde abgepfiffen **B** *adv* arbeiten ganztags

full-time *adj* **1** Ganztags-; *Arbeiter* ganztags angestellt; ~ **job** Ganztagsstelle *f*; **it's a ~ job** *fig umg* es hält einen ganz schön auf Trab *umg*; ~ **work** Ganztagsarbeit *f*; ~ **student** Vollstudent(in) *m(f)* **2** *SPORT* **the ~ score** der Schlussstand

fully ['fʊlɪ] *adv gesund, bewusst* völlig; *in Betrieb, qualifiziert* voll; *verstehen, sich erholen* voll und ganz; ~ **automatic** vollautomatisch; ~ **booked** ausgebucht; ~ **clothed** (ganz) angezogen; **a ~-equipped kitchen** eine komplett ausgestattete Küche

fully fledged *adj Mitglied* richtig; *Arzt etc* voll qualifiziert

fully-grown *adj* ausgewachsen

fully qualified *adj* voll qualifiziert

fumble ['fʌmbl] **A** *v/i* (*a.* **fumble about** *od* **around**) umhertasten; **to ~ (about) for sth** nach etw tasten; *in Tasche, Schublade* nach etw wühlen **B** *v/t* vermasseln *umg*; **to ~ the ball** den Ball nicht sicher fangen

fume [fjuːm] *fig umg v/i* wütend sein

fumes [fjuːmz] *pl* Dämpfe *pl*; *von Auto* Abgase *pl*; **petrol ~** *Br*, **gas ~** *US* Benzindämpfe *pl*

fumigate ['fjuːmɪɡeɪt] *v/t* ausräuchern

fun [fʌn] **A** *s* Spaß *m*, Hetz *f österr*; **to have fun** Spaß haben; **have fun!** viel Spaß!; **to have great fun doing sth** viel Spaß daran haben, etw zu tun; **to be (great** *od* **good) fun** (viel) Spaß machen; **this is fun!** das macht Spaß!; **riding is fun** Reiten macht Spaß; **just for fun** nur zum Spaß; **we just did it for fun** wir haben das nur aus Spaß gemacht; **to spoil the fun** den Spaß verderben; **it's fun doing this** es macht Spaß, das zu tun; **it's no fun living on your own** es macht nicht gerade Spaß, allein zu leben; **he is great fun** man kriegt mit ihm viel Spaß *umg*; **the party was good fun** die Party hat viel Spaß gemacht; **that sounds like fun** das klingt gut; **I was just having a bit of fun** ich hab doch nur Spaß gemacht; **to make fun of sb/sth** sich über j-n/etw lustig machen **B** *adj* ⟨*attr*⟩ lustig; *umg* **squash is a fun game** Squash macht Spaß; **he's fun to be with** er ist lustig

function ['fʌŋkʃən] **A** *s* **1** *a. MATH* Funktion *f* **2** Veranstaltung *f*; *offiziell* Feier *f* **B** *v/i* funktionieren; **to ~ as** fungieren als

functional *adj* **1** funktionsfähig **2** zweckmäßig; ~ **food** Functional Food *n*

functionary ['fʌŋkʃənərɪ] *s* Funktionär(in) *m(f)*

function key *s COMPUT* Funktionstaste *f*

fund [fʌnd] **A** *s* **1** *FIN* Fonds *m* **2** ~**s** *pl* Mittel *pl*; **public ~s** öffentliche Mittel *pl*; **to be short of ~s** knapp bei Kasse sein *umg* **B** *v/t* finanzieren

fundamental [ˌfʌndəˈmentl] **A** *adj* **1** *Thema* grundlegend; *Grund* eigentlich; *Punkt* zentral; *Teil* wesentlich; ~ **principle** Grundprinzip *n*; **of ~ importance** von grundlegender Bedeutung **2** *Problem, Unterschied* grundsätzlich; *Veränderung* grundlegend; *Fehler* fundamental; ~ **structure** Grundstruktur *f* **B** *pl* ~**s** *von Fachgebiet* Grundbegriffe *pl*

fundamentalism [ˌfʌndəˈmentəlɪzəm] *s* Fundamentalismus *m*

fundamentalist [ˌfʌndəˈmentəlɪst] **A** *adj* fundamentalistisch **B** *s* Fundamentalist(in) *m(f)*

fundamentally [ˌfʌndəˈmentəlɪ] *adv* im Grunde (genommen); *anders, falsch* grundlegend; *anderer Meinung sein* grundsätzlich; **the treaty is ~ flawed** der Vertrag enthält grundlegende Fehler

funding ['fʌndɪŋ] *s* Finanzierung *f*

fund manager *s FIN* Fondsmanager(in) *m(f)*

fundraise *v/i* Spenden sammeln

fundraiser *s* Spendensammler(in) *m(f)*

fundraising *s* **A** *s* Geldbeschaffung *f* **B** *adj* Wohltätigkeits-, Benefiz-; ~ **campaign** Aktion *f* zur Geldbeschaffung, Spendenaktion *f*

funeral ['fjuːnərəl] *s* Beerdigung *f*, Begräbnis *n*; **were you at his ~?** waren Sie auf seiner Beerdigung?

funeral director *s* Beerdigungsunternehmer(in) *m(f)*

funeral home *US s* Leichenhalle *f*

funeral parlour *Br s* Leichenhalle *f*

funeral service *s* Trauergottesdienst *m*

funfair ['fʌnfeə] *s* Kirmes *f*

fungal ['fʌŋɡəl] *adj* Pilz-; ~ **infection** Pilzinfektion *f*

fungi ['fʌŋɡaɪ] *pl* → fungus

fungicide ['fʌŋɡɪsaɪd] *s* Fungizid *n*

fungus ['fʌŋɡəs] *s* ⟨*pl* fungi⟩ *BOT, MED* Pilz *m*

funk [fʌŋk] *s MUS* Funk *m*

funky ['fʌŋkɪ] *adj* ⟨-ier; -iest⟩ *sl* abgefahren

fun-loving ['fʌnlʌvɪŋ] *adj* lebenslustig

funnel ['fʌnl] **A** *s* **1** Trichter *m* **2** *SCHIFF, BAHN* Schornstein *m* **B** *v/t fig* schleusen

funnily ['fʌnɪlɪ] *adv* **1** komisch **2** amüsant

funny ['fʌnɪ] **A** *adj* ⟨*komp* funnier⟩ **1** komisch, witzig, lustig; **don't try to be ~** *umg* mach keine Witze!; **to see the ~ side of sth** das Lustige an etw (*dat*) sehen; **it's not ~!** das ist überhaupt nicht komisch!; **there's something ~ about that place** dort ist der Ort ist irgendwie merkwürdig; **(it's) ~ (that) you should say that** komisch, dass Sie das sagen; **I just feel a bit ~** *umg* mir ist ein bisschen komisch; **I feel ~ about seeing her again** *umg* mir ist komisch dabei zumute, sie wiederzusehen; **she's a bit ~ (in the head)** sie spinnt ein bisschen *umg* **2** *umg* ~ **business** faule Sachen *pl umg*; **there's something ~ going on here** hier ist doch was

faul *umg*; **don't try anything ~** keine faulen Tricks! *umg* **B** *pl* **the funnies** *US umg Presse* die Comicstrips *pl*

funny bone *s* Musikantenknochen *m*

fun run *s* Volkslauf *m* (*oft für wohltätige Zwecke durchgeführt*)

fur [fɜːʳ] **A** *s* **1** Fell *n*; *für Kleidung* Pelz *m*; **the cat has beautiful fur** die Katze hat ein wunderschönes Fell; **a fur-lined coat** ein pelzgefütterter Mantel **2** **furs** *pl* Pelze *pl* **B** *adj* ⟨*attr*⟩ Pelz-; **fur coat/collar** Pelzmantel *m*/-kragen *m*

phrasal verbs mit fur:

fur up *v/i Kessel* verkalken

furious ['fjʊərɪəs] *adj* **1** wütend; *Debatte, Angriff* heftig; **he was ~ that they had ignored him** er war wütend darüber, dass sie ihn ignoriert hatten; **to be ~ about sth** wütend über etw (*akk*) sein; **to be ~ at** *od* **with sb (for doing sth)** wütend auf j-n sein(, weil er/sie etw getan hat) **2** *Geschwindigkeit* rasend; **at a ~ pace** in rasendem Tempo; **the jokes came fast and ~** die Witze kamen Schlag auf Schlag

furiously ['fjʊərɪəslɪ] *adv* **1** *reagieren* wütend **2** *kritzeln, rennen* wie wild

furl [fɜːl] *v/t Segel, Flagge* einrollen; *Schirm* zusammenrollen

furlong ['fɜːlɒŋ] *s* Achtelmeile *f*

furnace ['fɜːnɪs] *s* Hochofen *m*; *Metallurgie* Schmelzofen *m*

furnish ['fɜːnɪʃ] *v/t* **1** *Haus* einrichten; **~ed room** möbliertes Zimmer **2 to ~ sb with sth** j-m etw liefern

furnishings ['fɜːnɪʃɪŋz] *pl* Mobiliar *n*, Einrichtung *f*; **with ~ and fittings** voll eingerichtet

furniture ['fɜːnɪtʃəʳ] *s* Möbel *pl*; **a piece of ~** ein Möbelstück *n*; **I must buy some ~** ich muss Möbel kaufen

furore [fjʊəˈrɔːrɪ] *s*, **furor** ['fjʊərɔːʳ] *US s* Protest(e) *m(pl)*; **to cause a ~** einen Skandal verursachen

furred [fɜːd] *adj Zunge* belegt

furrow ['fʌrəʊ] **A** *s AGR* Furche *f*; *an Stirn* Runzel *f* **B** *v/t Stirn* runzeln

furry ['fɜːrɪ] *adj* ⟨*komp* **furrier**⟩ **1** *Körper* haarig; *Schwanz* buschig; **~ animal** Tier *n* mit Pelz; **the kitten is so soft and ~** das Kätzchen ist so weich und kuschelig **2** *Stoff* flauschig; **~ toy** Plüschtier *n*

further ['fɜːðəʳ] **A** *adv* ⟨*komp*⟩ **1** weiter; **~ on** weiter entfernt; **~ back** *örtlich* weiter zurück; (≈ *zeitlich*) früher; **is it much ~ to the airport?** ist es noch weit bis zum Flughafen?; **~ and ~** immer weiter; **nothing could be ~ from the truth** nichts könnte weiter von der Wahrheit entfernt sein; **he has decided not to take the matter any ~** er hat beschlossen, die Angelegenheit auf sich beruhen zu lassen; **in order to make the soup go ~** um die Suppe zu strecken; **~, I would like to say that ...** darüber hinaus möchte ich sagen, dass ... **2** → **far** **B** *adj* **1** → **farther** **2** weiter; **will there be anything ~?** kann ich sonst noch etwas für Sie tun?; **~ details** nähere *od* weitere Einzelheiten *pl* **C** *v/t Interessen, Sache* fördern; **to ~ one's education** sich weiterbilden; **to ~ one's career** beruflich vorankommen

further education *s* Weiterbildung *f*; Erwachsenenbildung *f*

furthermore ['fɜːðəmɔːʳ] *adv* außerdem, weiters *österr*

furthermost ['fɜːðəməʊst] *adj* äußerste(r, s)

furthest ['fɜːðɪst] **A** *adv* am weitesten; **these fields are ~ (away) from his farm** diese Felder liegen am weitesten von seinem Hof entfernt; **this is the ~ north you can go** dies ist der nördlichste Punkt, den man erreichen kann; **it was the ~ the Irish team had ever got** so weit war die irische Mannschaft noch nie gekommen **B** *adj* am weitesten entfernt; **the ~ of the three villages** das entfernteste von den drei Dörfern; **5 km at the ~** höchstens 5 km

furtive ['fɜːtɪv] *adj* verdächtig; *Blick* verstohlen

fury ['fjʊərɪ] *s* Wut *f*; **in a ~** wütend

fuse [fjuːz], **fuze** *US* **A** *v/t* **1** *Metalle* verschmelzen **2** *Br ELEK* **to ~ the lights** die Sicherung durchbrennen lassen **3** *fig* vereinigen **B** *v/i* **1** *Metalle* sich verbinden; *Knochen* zusammenwachsen **2** *Br ELEK* durchbrennen; **the lights ~d** die Sicherung war durchgebrannt **3** *fig a.* **~ together** sich vereinigen **C** *s* **1** *ELEK* Sicherung *f*; **to blow the ~s** die Sicherung durchbrennen lassen **2** *von Bombe etc* Zündschnur *f*; **to light the ~** die Zündschnur anzünden; **she has got a short ~** *fig umg* sie explodiert schnell

fuse box *s* Sicherungskasten *m*

fused *adj Stecker* gesichert

fuselage ['fjuːzəlɑːʒ] *s* (Flugzeug)rumpf *m*

fusillade [ˌfjuːzɪˈleɪd] *s* Salve *f*

fusion ['fjuːʒən] *fig s* Verschmelzung *f*; *PHYS* (Kern)fusion *f*

fuss [fʌs] **A** *s* Theater *n umg*; **I don't know what all the ~ is about** ich weiß wirklich nicht, was der ganze Wirbel soll *umg*; **without (any) ~** ohne großes Theater *umg*; **to cause a ~** Theater machen *umg*; **to kick up a ~** Krach schlagen *umg*; **to make a ~ about sth** viel Wirbel um etw machen *umg*; **to make a ~ of sb** um j-n viel Wirbel machen *umg* **B** *v/i* sich (unnötig) aufregen; **don't ~, mother!** ist ja gut, Mutter!

phrasal verbs mit fuss:
fuss over *v/i* ⟨+*obj*⟩ Theater machen um; *Gäste a.* sich (*dat*) große Umstände machen mit
fussed [fʌst] *Br umg adj* **I'm not ~ (about it)** es ist mir egal
fusspot ['fʌspɒt] *Br umg s* Umstandskrämer(in) *m(f) umg*
fussy ['fʌsɪ] *adj* ⟨*komp* fussier⟩ wählerisch, kleinlich, genau; **to be ~ about one's appearance** großen Wert auf sein Äußeres legen; **she is not ~ about her food** sie ist beim Essen nicht wählerisch; **the child is a ~ eater** das Kind ist beim Essen wählerisch; **I'm not ~** *umg* das ist mir egal
fusty ['fʌstɪ] *adj* ⟨*komp* fustier⟩ muffig
futile ['fju:taɪl] *adj* sinnlos
futility [fju:'tɪlɪtɪ] *s* Sinnlosigkeit *f*
futon ['fu:tɒn] *s* Futon *m*
future ['fju:tʃər] **A** *s* **1** Zukunft *f*; **in ~** in Zukunft; **in the foreseeable ~** in absehbarer Zeit; **what plans do you have for the ~?** was für Zukunftspläne haben Sie?; **the ~** GRAM das Futur **2** BÖRSE **~s** *pl* Termingeschäfte *pl* **B** *adj* ⟨*attr*⟩ **1** (zu)künftig; **at a** *od* **some ~ date** zu einem späteren Zeitpunkt; **his ~ plans** seine Zukunftspläne; **in ~ years** in den kommenden Jahren; **you can keep it for ~ reference** Sie können es behalten, um später darauf Bezug zu nehmen **2** GRAM **the ~ tense** das Futur
futures ['fju:tʃəz] *pl* ECON Termingeschäfte *pl*
futuristic [,fju:tʃə'rɪstɪk] *adj* futuristisch
fuze *US s & v/t & v/i* → fuse
fuzz [fʌz] *s* Flaum *m*
fuzzy ['fʌzɪ] *adj* ⟨*komp* fuzzier⟩ **1** *Stoff* flauschig **2** *Bild, Erinnerung* verschwommen
fwd *abk* (= **forward**) *Brief* nachsenden; *Gepäck, Dokument* weiterleiten; *bei Spedition* übersenden, transportieren
f-word ['ef,wɜ:d] *umg s* **I try not to use the ~ in front of the children** ich versuche, vor den Kindern möglichst keine schlimmen Flüche zu gebrauchen
FYI *abk* (= **for your information**) zu Ihrer Information

G¹, g [dʒi:] *s* G *n*, g *n*; **G sharp** Gis *n*, gis *n*; **G flat** Ges *n*, ges *n*
G² *US abk* (= **general audience**) FILM jugendfrei
g *abk* (= **grams, grammes**) g
gab [gæb] *umg* **A** *s* **to have the gift of the gab** nicht auf den Mund gefallen sein **B** *v/i* quasseln *umg*
gabble ['gæbl] *Br* **A** *v/i* brabbeln *umg* **B** *v/t Gebet* herunterrasseln *umg*; *Entschuldigung* brabbeln *umg*
gable ['geɪbl] *s* Giebel *m*
gabled ['geɪbld] *adj* **~ house/roof** Giebelhaus/-dach *n*
gadget ['gædʒɪt] *s* Gerät *n*; **the latest electronic ~** die neueste elektronische Spielerei
gadgetry ['gædʒɪtrɪ] *s* Geräte *pl*
Gaelic ['geɪlɪk] **A** *adj* gälisch **B** *s* LING Gälisch *n*
gaffe [gæf] *s* Fauxpas *m*, taktlose Bemerkung; **to make a ~** einen Fauxpas begehen, ins Fettnäpfchen treten *umg*
gag [gæg] **A** *s* **1** Knebel *m* **2** (≈ *Witz*) Gag *m* **B** *v/t* knebeln **C** *v/i* **1** würgen (**on an** +*dat*) **2** **to be gagging for sth** *umg* scharf auf etw (*akk*) sein
gaga ['gɑ:gɑ:] *Br umg adj* plemplem *umg*, gaga *umg*; *Greis* verkalkt *umg*
gage *US s & v/t* → gauge
gaggle ['gægl] *s von Gänsen* Herde *f*
gaily ['geɪlɪ] *adv* fröhlich; *bemalt* farbenfroh
gain [geɪn] **A** *s* **1** ⟨*kein pl*⟩ Vorteil *m*, Profit *m*; **his loss is our ~** sein Verlust ist unser Gewinn **2** **~s** *pl* Gewinn *m*, Gewinne *pl* **3** Zunahme *f*; **~ in weight, weight ~** Gewichtszunahme *f* **B** *v/t* gewinnen; *Wissen* erwerben; *Vorteil, Respekt, Zugang* sich (*dat*) verschaffen; *Kontrolle, Führung* übernehmen; *Punkte etc* erzielen, erreichen; **what does he hope to ~ by it?** was verspricht er sich (*dat*) davon?; **to ~ independence** unabhängig werden; **to ~ sb's confidence** j-s Vertrauen erlangen; **to ~ experience** Erfahrungen sammeln; **to ~ ground** (an) Boden gewinnen; *Gerüchte* sich verbreiten; **to ~ time** Zeit gewinnen; **he ~ed a reputation as …** er hat sich (*dat*) einen Namen als … gemacht; **to ~ speed** schneller werden; **to ~ weight** zunehmen; **to ~ popularity** an Beliebtheit (*dat*) gewinnen; **my watch ~s five minutes each day** meine Uhr geht fünf Minuten pro Tag vor **C** *v/i* **1** *Uhr* vorgehen **2** aufholen **3** profitieren (**by** von); **society would ~ from that** das wäre für die Gesellschaft von Vorteil; **we stood to ~**

from the decision die Entscheidung war für uns von Vorteil **4 to ~ in confidence** mehr Selbstvertrauen bekommen; **to ~ in popularity** an Beliebtheit (dat) gewinnen

phrasal verbs mit gain:

gain on v/i ‹+obj› einholen

gainful ['geɪnfʊl] adj einträglich; **to be in ~ employment** erwerbstätig sein

gainfully ['geɪnfʊlɪ] adv **~ employed** erwerbstätig

gait [geɪt] s Gang m; von Pferd Gangart f

gala ['gɑːlə] s großes Fest; THEAT, FILM Galaveranstaltung f; **swimming/sports ~** großes Schwimm-/Sportfest

galaxy ['gæləksɪ] s ASTRON Sternsystem n; **the Galaxy** die Milchstraße

gale [geɪl] s **1** Sturm m; **it was blowing a ~** ein Sturm tobte; **~ force 8** Sturmstärke 8 **2** fig **~s of laughter** Lachsalven pl

gale-force winds pl orkanartige Winde

gale warning s Sturmwarnung f

gall [gɔːl] **A** s umg **to have the ~ to do sth** die Frechheit besitzen, etw zu tun **B** v/t fig maßlos ärgern

gallant ['gælənt] adj **1** tapfer **2** ritterlich

gallantly ['gæləntlɪ] adv **1** tapfer **2** ritterlich

gallantry ['gæləntrɪ] s **1** Tapferkeit f **2** in Bezug auf Frauen Galanterie f

gall bladder s Gallenblase f

galleon ['gælɪən] s Galeone f

gallery ['gælərɪ] s **1** Galerie f; THEAT Balkon m; von Kirche Empore f **2** KUNST (Kunst)galerie f

galley ['gælɪ] s SCHIFF Galeere f; (≈ Küche) Kombüse f

Gallic ['gælɪk] adj gallisch

galling ['gɔːlɪŋ] adj äußerst ärgerlich

gallivant [,gælɪ'vænt] v/i **to ~ about** od **around** sich herumtreiben, strawanzen österr

gallon ['gælən] s Gallone f

gallop ['gæləp] **A** s Galopp m; **at a ~** im Galopp; **at full ~** im gestreckten Galopp **B** v/i galoppieren

gallows ['gæləʊz] pl Galgen m; **to send/bring sb to the ~** j-n an den Galgen bringen

gallstone ['gɔːlstəʊn] s Gallenstein m

galore [gə'lɔːʳ] adv in Hülle und Fülle

galvanize ['gælvənaɪz] fig v/t elektrisieren; **to ~ sb into doing** od **to do sth** j-m einen Stoß geben, etw sofort zu tun

galvanized adj Stahl galvanisiert

Gambia ['gæmbɪə] s Gambia n

gamble ['gæmbl] **A** s fig Risiko n; **it's a ~** es ist riskant; **I'll take a ~ on it/him** ich riskiere es/es mit ihm **B** v/i **1** wörtl (um Geld) spielen (**with** mit); auf Pferde etc wetten **2** fig **to ~ on sth** sich auf etw (akk) verlassen **C** v/t **1** Geld einsetzen;

to ~ sth on sth etw auf etw (akk) setzen **2** fig aufs Spiel setzen

phrasal verbs mit gamble:

gamble away v/t ‹trennb› verspielen

gambler ['gæmbləʳ] s Spieler(in) m(f)

gambling s Spielen n (um Geld); auf Pferde etc Wetten n

gambol ['gæmbəl] v/i herumtollen, herumspringen

game[1] [geɪm] s **1** Spiel n, Sport m, Sportart f; (≈ Plan) Vorhaben n; von Billard, Brettspiel etc Partie f; **a ~ of football** ein Fußballspiel n; **to have** od **play a ~ of football/chess** etc Fußball/Schach etc spielen; **do you fancy a quick ~ of chess?** hättest du Lust, ein bisschen Schach zu spielen?; **he had a good ~** er spielte gut; **~ of chance** Glücksspiel n; **~ set and match to X** Satz und Spiel (geht an) X; **one ~ all** eins beide; **to play ~s with sb** fig mit j-m spielen; **the ~ is up** das Spiel ist aus; **two can play at that ~** wie du mir, so ich dir umg; **to beat sb at his own ~** j-n mit den eigenen Waffen schlagen; **to give the ~ away** alles verderben; **I wonder what his ~ is?** ich frage mich, was er im Schilde führt; **to be ahead of the ~** fig um eine Nasenlänge voraus sein **2 ~s** pl SPORT Spiele pl **3 ~s** SCHULE Sport m **4** umg Branche f; **how long have you been in this ~?** wie lange machen Sie das schon? **5** ‹kein pl› JAGD, GASTR Wild n

game[2] adj mutig; **to be ~** mitmachen; **to be ~ for anything** für alles zu haben sein; **to be ~ for a laugh** jeden Spaß mitmachen

game bird s Federwild n kein pl

game changer ['tʃeɪndʒəʳ] s bahnbrechende Neuerung; **this is a real ~** das ist wirklich bahnbrechend

game console s Spielkonsole f

gamekeeper ['geɪmkiːpəʳ] s Wildhüter(in) m(f)

gamely ['geɪmlɪ] adv mutig

gamer ['geɪməʳ] s Gamer m

game reserve s Wildschutzgebiet n

game show s TV Spielshow f

gamesmanship ['geɪmzmənʃɪp] s Ablenkungsmanöver pl

games software s Software f für Computerspiele

game warden s Jagdaufseher m

gamification [,geɪmɪfɪ'keɪʃən] s Gamifikation f, Gamifizierung f, Spielifikation f, Spielifizierung f (Integration spieltypischer Elemente)

gaming ['geɪmɪŋ] s → gambling

gammon ['gæmən] s leicht geräucherter Vorderschinken, (gekochter) Schinken, leicht geselchter Vorderschinken österr; **~ steak** dicke Scheibe Vorderschinken zum Braten oder Grillen

gammy ['gæmɪ] *Br umg adj* lahm
gamut ['gæmət] *fig s* Skala *f*
gander ['gændəʳ] *s* Gänserich *m*
gang [gæŋ] *s* Haufen *m*; *von Kriminellen, Jugendlichen* Bande *f*; *von Freunden etc* Clique *f*; **there was a whole ~ of them** es war ein ganzer Haufen

phrasal verbs mit gang:

gang up *v/i* sich zusammentun; **to gang up against** *od* **on sb** sich gegen j-n verbünden
gangland ['gæŋlænd] *adj* Unterwelt-
gangling ['gæŋglɪŋ] *adj* schlaksig
gangplank ['gæŋplæŋk] *s* Laufplanke *f*
gang rape *s* Gruppenvergewaltigung *f*
gangrene ['gæŋgriːn] *s* Brand *m*
gangster ['gæŋstəʳ] *s* Gangster(in) *m(f)*
gangway ['gæŋweɪ] *s* **1** SCHIFF Landungsbrücke *f* **2** Gang *m*
gantry ['gæntrɪ] *s für Kran* Portal *n*; *auf Autobahn* Schilderbrücke *f*; BAHN Signalbrücke *f*
gaol [dʒeɪl] *s & v/t* → **jail**
gap [gæp] *s* Lücke *f*, Spalt *m*, Riss *m*; *fig in Unterhaltung* Pause *f*; (≈ *Abgrund*) Kluft *f*; **to close the gap** *in Rennen* (den Abstand) aufholen; **a gap in one's knowledge** eine Bildungslücke; **a four-year gap** ein Abstand *m* von vier Jahren
gape [geɪp] *v/i* **1** *Abgrund* klaffen **2** gaffen; **to ~ at sb/sth** j-n/etw (mit offenem Mund) anstarren
gaping ['geɪpɪŋ] *adj Loch* riesig; *Abgrund* klaffend
gap year *s Br* SCHULE Überbrückungsjahr *n*
garage ['gærɑːʒ, *US* gə'rɑːʒ] *s* **1** Garage *f* **2** *Br* Tankstelle *f*, (Reparatur)werkstatt *f*
garage sale *s* Garagenverkauf *m*
garbage ['gɑːbɪdʒ] *s US wörtl* Müll *m*, Abfall *m*; *fig* Schund *m*; (≈ *Unsinn*) Quatsch *m umg*; IT Garbage *m*, Müll *m*
garbage bag *US s* Mülleimerbeutel *m*
garbage can *US s* Mülleimer *m*, Mistkübel *m österr*, Mülltonne *f*
garbage collection *US s* Müllabfuhr *f*
garbage collector *US s* Müllarbeiter *m*; **the ~s** die Müllabfuhr
garbage disposal unit *US s* Müllschlucker *m*
garbage dump *US s* Mülldeponie *f*
garbage man *s* ⟨*pl* - men⟩ *US* → **garbage collector**
garbage truck *US s* Müllwagen *m*
garble ['gɑːbl] *v/t* **to ~ one's words** sich beim Sprechen überschlagen
garbled ['gɑːbld] *adj Nachricht etc* konfus; *Darstellung* wirr
garden ['gɑːdn] **A** *s* Garten *m*; **the Garden of Eden** der Garten Eden **B** *v/i* im Garten arbeiten
garden apartment *US s* Souterrainwohnung *f*
garden centre *s*, **garden center** *US s* Gartencenter *n*
gardener ['gɑːdnəʳ] *s* Gärtner(in) *m(f)*
garden flat *Br s* Souterrainwohnung *f*
gardening ['gɑːdnɪŋ] *s* Gartenarbeit *f*; **she loves ~** sie arbeitet gerne im Garten; **~ tools** Gartengeräte *pl*
garden party *s* Gartenparty *f*
garden path *s* **to lead sb up the ~** *bes Br*, **to lead sb down the ~** *bes US fig* j-n an der Nase herumführen *umg*
gargantuan [gɑːˈgæntjʊən] *adj* gewaltig
gargle ['gɑːgl] **A** *v/i* gurgeln **B** *s* Gurgelwasser *n*
gargoyle ['gɑːgɔɪl] *s* Wasserspeier *m*
garish ['gɛərɪʃ] *pej adj Farben* grell; *Kleidung* knallbunt
garland ['gɑːlənd] *s* Girlande *f*
garlic ['gɑːlɪk] *s* Knoblauch *m*
garlic bread *s* Knoblauchbrot *n*
garlic butter *s* Knoblauchbutter *f*
garlic crusher *s* Knoblauchpresse *f*
garlic mushrooms *pl* frittierte Pilze mit Knoblauch
garlic press *s* Knoblauchpresse *f*
garment ['gɑːmənt] *s* Kleidungsstück *n*
garner ['gɑːnəʳ] *v/t* sammeln; *Unterstützung* gewinnen
garnet ['gɑːnɪt] *s* Granat *m*
garnish ['gɑːnɪʃ] **A** *v/t* garnieren **B** *s* Garnierung *f*
garret ['gærət] *s* Mansarde *f*
garrison ['gærɪsən] **A** *s* Garnison *f* **B** *v/t Truppen* in Garnison legen; **to be ~ed in** Garnison liegen
garrulous ['gærʊləs] *adj* geschwätzig
garter ['gɑːtəʳ] *s* Strumpfband *n*; *US* Strumpfhalter *m*
garter belt *US s* Strumpfgürtel *m*
gas [gæs] **A** *s* **1** Gas *n*; **to cook with gas** mit Gas kochen **2** ⟨*kein pl*⟩ *US* Benzin *n*; **to step on the gas** Gas geben **3** *für Narkose* Lachgas *n* **4** MIL (Gift)gas *n* **B** *v/t* vergasen; **to gas oneself** sich mit Gas vergiften
gasbag *umg s* Quasselstrippe *f umg*
gas can *s US* Reservekanister *m*
gas cap *s US* Tankdeckel *m*
gas chamber *s* Gaskammer *f*
gas cooker *s* Gasherd *m*
gaseous ['gæsɪəs] *adj* gasförmig
gas fire *s* Gasofen *m*
gas-fired power station [,gæsˈfaɪəd] *s* Gaskraftwerk *n*
gas gauge *s US* Benzinuhr *f*
gash [gæʃ] **A** *s* klaffende Wunde, tiefe Kerbe **B** *v/t* aufschlitzen; **he fell and ~ed his knee** er ist gestürzt und hat sich (*dat*) dabei das Knie aufgeschlagen

gas heater s Gasofen m
gas heating s Gasheizung f
gas jet s Gasdüse f
gasket ['gæskɪt] s TECH Dichtung f
gas main s Gasleitung f
gasman s ⟨pl -men⟩ Gasmann m umg
gas mask s Gasmaske f
gas meter s Gasuhr f
gasolene, **gasoline** ['gæsəʊliːn] US s Benzin n
gas oven s Gasherd m
gasp [gɑːsp] **A** s tiefer Atemzug; **to give a ~ (of surprise/fear** etc **)** (vor Überraschung/Angst etc) nach Luft schnappen umg **B** v/i keuchen, tief einatmen; überrascht etc nach Luft schnappen umg; **to ~ for breath** od **air** nach Atem ringen; **he ~ed with astonishment** er war so erstaunt, dass es ihm den Atem verschlug; **I'm ~ing for a cup of tea** umg ich lechze nach einer Tasse Tee umg
gas pedal s US Gaspedal n
gas pipe s Gasleitung f
gas pipeline s Gasleitung f
gas pump US s Zapfsäule f
gas ring s Gasbrenner m, Gaskocher m
gas station US s Tankstelle f
gas stove s Gasherd m, Gaskocher m
gas tank US s Benzintank m
gas tanker s US (Benzin)tankwagen m
gas tap s Gashahn m
gastric ['gæstrɪk] adj Magen-, gastrisch fachspr
gastric band s MED Magenband n
gastric flu s Darmgrippe f
gastric juices pl Magensäfte pl
gastric ulcer s Magengeschwür n
gastroenteritis [,gæstrəʊ,entəˈraɪtɪs] s Magen-Darm-Entzündung f
gastronomic [,gæstrəˈnɒmɪk] adj gastronomisch
gastronomy [gæsˈtrɒnəmɪ] s Gastronomie f
gasworks ['gæswɜːks] s Gaswerk n
gate [geɪt] s Tor n; von Garten Pforte f; FLUG Flugsteig m, Gate n
gateau ['gætəʊ] s ⟨pl gateaux ['gætəʊz]⟩ bes Br Torte f
gate-crash umg v/t **to ~ a party** in eine Party reinplatzen umg
gate-crasher s ungeladener Gast
gatehouse s Pförtnerhaus n
gate money s SPORT Einnahmen pl
gatepost s Torpfosten m
gateway s Tor n (**to** zu)
gather ['gæðə'] **A** v/t **1** sammeln; Menschen versammeln; Blumen pflücken; Ernte einbringen; Unterstützung gewinnen; Glasscherben etc aufsammeln; Hab und Gut (zusammen)packen; **to ~ one's strength** Kräfte sammeln; **to ~ one's thoughts** seine Gedanken ordnen; **it just sat there ~ing dust** es stand nur da und verstaubte **2 to ~ speed** schneller werden; **to ~ strength** stärker werden **3** schließen (**from** aus); **I ~ed that** das dachte ich mir; **from what** od **as far as I can ~** (so) wie ich es sehe; **I ~ she won't be coming** ich nehme an, dass sie nicht kommt; **as you might have ~ed ...** wie Sie vielleicht bemerkt haben ... **4** Handarbeiten raffen; an Saum fassen **B** v/i Menschen sich versammeln; Objekte, Staub sich (an)sammeln; Wolken sich zusammenziehen

phrasal verbs mit gather:

gather (a)round v/i zusammenkommen; **come on, children, gather (a)round!** kommt alle her, Kinder!
gather together v/t ⟨trennb⟩ einsammeln; Hab und Gut zusammenpacken; Menschen versammeln
gather up v/t ⟨trennb⟩ aufsammeln; Hab und Gut zusammenpacken; Rock (hoch)raffen
gathering ['gæðərɪŋ] **A** s Versammlung f; **family ~** Familientreffen n; **a social ~** ein geselliges Beisammensein **B** adj Sturm aufziehend
gaudily ['gɔːdɪlɪ] adv knallbunt
gaudy ['gɔːdɪ] adj ⟨komp gaudier⟩ knallig umg
gauge [geɪdʒ] **A** s **1** Messgerät n; **pressure ~** Druckmesser m **2** BAHN Spurweite f **3** fig Maßstab m (**of für**) **B** v/t fig Charakter, Fortschritt beurteilen; Reaktion abschätzen; Stimmung einschätzen; (≈ raten) schätzen; **I tried to ~ whether she was pleased or not** ich versuchte zu beurteilen, ob sie sich freute oder nicht
gaunt [gɔːnt] adj hager, abgezehrt
gauntlet[1] ['gɔːntlɪt] s **to throw down the ~** fig den Fehdehandschuh hinwerfen
gauntlet[2] s **to (have to) run the ~ of sth** einer Sache (dat) ausgesetzt sein
gauze [gɔːz] s Gaze f
gave [geɪv] prät → give
gawk [gɔːk] v/i umg → gawp
gawky ['gɔːkɪ] adj schlaksig
gawp [gɔːp] Br umg v/i glotzen umg; **to ~ at sb/sth** j-n/etw anglotzen umg
gay [geɪ] **A** adj ⟨+er⟩ Mensch schwul umg; **gay bar** Schwulenkneipe f; **the gay community** die Schwulen pl; **gay couple** Homopaar n **B** s Schwule(r) m
gay-friendly adj schwulenfreundlich; schwulen- und lesbenfreundlich
gay marriage s gleichgeschlechtliche Ehe; umg Homoehe f
gaze [geɪz] **A** s Blick m; **in the public ~** im Blickpunkt der Öffentlichkeit **B** v/i starren; **to ~ at sb/sth** j-n/etw anstarren; **they ~d into each other's eyes** sie blickten sich tief in die Augen

gazebo [gəˈziːbəʊ] s ⟨pl -s⟩ Gartenlaube f
gazelle [gəˈzel] s Gazelle f
gazette [gəˈzet] s Zeitung f; regierungsamtlich Amtsblatt n
GB abk (= Great Britain) GB n, Großbritannien n
gbh abk (= grievous bodily harm) schwere Körperverletzung
GCSE (exam) Br abk (= General Certificate of Secondary Education) ≈ mittlere Reife
GDP abk (= gross domestic product) BIP n
GDR abk (= German Democratic Republic) HIST DDR f
gear [gɪəʳ] **A** s **1** AUTO etc Gang m; **~s** pl Getriebe n; von Fahrrad Gangschaltung f; **a bicycle with three ~s** ein Fahrrad n mit Dreigangschaltung; **the car is in ~** der Gang ist eingelegt; **the car is/you're not in ~** das Auto ist im Leerlauf; **to change ~** bes Br, **to shift ~** US schalten; **to change into third ~** bes Br, **to shift into third ~** US in den dritten Gang schalten; **to get one's brain in(to) ~** umg seine Gehirnwindungen in Gang setzen **2** ⟨kein pl⟩ umg Zeug n umg, Ausrüstung f; (≈ Kleidung etc) Sachen pl umg **B** v/t fig ausrichten (to auf +akk); **to be ~ed to (-wards) sb/sth** auf j-n/etw abgestellt sein; Bedürfnisse auf j-n/etw ausgerichtet sein
phrasal verbs mit gear:
  gear up v/t ⟨trennb⟩ **to gear oneself up for sth** fig sich auf etw (akk) einstellen
gearbox s Getriebe n
gear lever s, **gear shift** US, **gear stick** s Schaltknüppel m
gee [dʒiː] int **1** bes US umg Mensch umg **2** **gee up!** hü!
geek [giːk] umg s Waschlappen m umg
geek-speak [ˈgiːkspiːk] bes US umg s Fachchinesisch n umg
geese [giːs] pl → goose
geezer [ˈgiːzəʳ] umg s Kerl m umg; **old ~** Opa m pej umg
Geiger counter [ˈgaɪɡəˌkaʊntəʳ] s Geigerzähler m
gel [dʒel] **A** s Gel n **B** v/i gelieren; fig Menschen sich verstehen
gelatin(e) [ˈdʒeləti:n] s Gelatine f
gelatinous [dʒɪˈlætɪnəs] adj gelatineartig
gelignite [ˈdʒelɪɡnaɪt] s Plastiksprengstoff m
gem [dʒem] s Edelstein m; fig (≈ Mensch) Juwel n; von Sammlung etc Prachtstück n; **thanks Pat, you're a gem** danke, Pat, du bist ein Schatz
Gemini [ˈdʒemɪnaɪ] s ASTROL Zwillinge pl; **to be (a) ~** (ein) Zwilling sein
gemstone [ˈdʒemstəʊn] s Edelstein m
gen [dʒen] Br umg s Informationen pl
phrasal verbs mit gen:
  gen up Br umg v/i **to gen up on sth** sich über etw (akk) informieren
gen. abk (= generally) allg.
gender [ˈdʒendəʳ] s Geschlecht n; **what ~ is this word?** welches Geschlecht hat dieses Wort?; **the feminine/masculine/neuter ~** das Femininum/Maskulinum/Neutrum
gene [dʒiːn] s Gen n
genealogy [ˌdʒiːnɪˈælədʒɪ] s Genealogie f
gene editing s MED, BIOL Genom-Editing n
genera [ˈdʒenərə] pl → genus
general [ˈdʒenərəl] **A** adj allgemein; **to be ~** Formulierung allgemein gehalten sein; (≈ vage) unbestimmt sein; **his ~ appearance** sein Aussehen im Allgemeinen; **there was ~ agreement among the two groups** die beiden Gruppen waren sich grundsätzlich einig; **I've got the ~ idea** ich habe eine Vorstellung, worum es geht; **in ~ terms** generell; **in the ~ direction of the village** ungefähr in Richtung des Dorfes; **as a ~ rule** im Allgemeinen **B** s **1 in ~** im Allgemeinen **2** MIL General(in) m(f)
general anaesthetic s, **general anesthetic** US s Vollnarkose f
General Certificate of Secondary Education Br s Abschluss m der Sekundarstufe, ≈ mittlere Reife
general conditions pl von Vertrag Rahmenbedingungen pl
general dealer US s → general store
general delivery US, Can adv postlagernd
general election s Parlamentswahlen pl
general headquarters s MIL Generalkommando n
generality [ˌdʒenəˈrælɪtɪ] s **to talk in generalities** ganz allgemein sprechen
generalization [ˌdʒenərəlaɪˈzeɪʃən] s Verallgemeinerung f
generalize [ˈdʒenərəlaɪz] v/t & v/i verallgemeinern; **to ~ about sth** etw verallgemeinern
general knowledge s Allgemeinwissen n
generally [ˈdʒenərəlɪ] adv **1** im Großen und Ganzen **2** im Allgemeinen; **they are ~ cheapest** sie sind in der Regel am billigsten; **~ speaking** im Allgemeinen **3** akzeptiert allgemein; zu haben überall
general manager s Hauptgeschäftsführer(in) m(f)
general meeting s Vollversammlung f; von Aktionären etc Hauptversammlung f
general practice s Br MED Allgemeinmedizin f; **to be in ~** praktischer Arzt/praktische Ärztin sein
general practitioner s Arzt m/Ärztin f für Allgemeinmedizin
general public s (breite) Öffentlichkeit
general-purpose adj Universal-; **~ cleaner**

Universalreiniger *m*
General Secretary *s* Generalsekretär(in) *m(f)*
general store *s* Gemischtwarenhandlung *f*
general strike *s* Generalstreik *m*
generate ['dʒenəreɪt] *v/t* erzeugen; *Gas, Rauch a.* entwickeln; *Einkommen* einbringen; *Aufregung* hervorrufen
generation [ˌdʒenə'reɪʃən] *s* **1** Generation *f* **2** Erzeugung *f*
generation gap *s* **the ~** Generationsunterschied *m*
generator ['dʒenəreɪtə'] *s* Generator *m*
generic [dʒɪ'nerɪk] *adj* artmäßig; **~ name** *od* **term** Oberbegriff *m*; **~ brand** *US* Hausmarke *f*
generic drug *s* Generikum *n*
generosity [ˌdʒenə'rɒsɪtɪ] *s* Großzügigkeit *f*
generous ['dʒenərəs] *adj* **1** großzügig; *Bedingungen a.* günstig; *Portion* reichlich; **to be ~ in one's praise** mit Lob nicht geizen; **with the ~ support of …** mit großzügiger Unterstützung von … **2** großmütig
generously ['dʒenərəslɪ] *adv* **1** *spenden* großzügigerweise; *belohnen* großzügig; **please give ~ (to …)** wir bitten um großzügige Spenden für … **2** *zustimmen, anbieten* großmütigerweise
genesis ['dʒenɪsɪs] *s* ⟨*pl* geneses ['dʒenɪsiːz]⟩ Entstehung *f*
gene therapy *s* MED Gentherapie *f*
genetic [dʒɪ'netɪk] *adj* genetisch
genetically [dʒɪ'netɪkəlɪ] *adv* genetisch; **~ engineered** genmanipuliert; **~ modified** gentechnisch verändert
genetic code *s* Erbanlage *f*
genetic engineering *s* Gentechnologie *f*, Gentechnik *f*
genetic fingerprint *s* genetischer Fingerabdruck
geneticist [dʒɪ'netɪsɪst] *s* Genetiker(in) *m(f)*
genetic marker *s* Markergen *n*, molekularer Marker
genetics *s* Genetik *f*
Geneva [dʒɪ'niːvə] *s* Genf *n*; **Lake ~** der Genfer See
genial ['dʒiːnɪəl] *adj Mensch* herzlich; *Atmosphäre* angenehm; **a ~ host** ein warmherziger Gastgeber
geniality [ˌdʒiːnɪ'ælətɪ] *s* Herzlichkeit *f*
genie ['dʒiːnɪ] *s* dienstbarer Geist
genii ['dʒiːnɪaɪ] *pl* → genius
genital ['dʒenɪtl] *adj* Geschlechts-, Genital-; **~ organs** Geschlechtsorgane *pl*
genitals ['dʒenɪtlz] *pl* Geschlechtsteile *pl*
genitive ['dʒenɪtɪv] **A** *s* GRAM Genitiv *m*; **in the ~** im Genitiv **B** *adj* Genitiv-; **~ case** Genitiv *m*
genius ['dʒiːnɪəs] *s* ⟨*pl* -es *od* genii⟩ Genie *n*; (≈ *geistige Fähigkeit*) Schöpferkraft *f*; **a man of ~** ein Genie *n*; **to have a ~ for sth/doing sth** eine besondere Gabe für etw haben/dafür haben, etw zu tun
genocide ['dʒenəʊsaɪd] *s* Völkermord *m*
genome ['dʒiːnəʊm] *s* Genom *n*
genome editing *s* MED, BIOL Genom-Editing *n*
genre ['ʒɑ̃ːŋrə] *s* Genre *n* geh
gent [dʒent] *umg s abk* (= gentleman) Herr *m*; **where is the ~s?** *Br* (≈ *WC*) wo ist die Herrentoilette?
genteel [dʒen'tiːl] *adj* vornehm
gentility [dʒen'tɪlɪtɪ] *s* Vornehmheit *f*
gentle ['dʒentl] *adj* ⟨*komp* gentler⟩ **1** sanft; *Druck, Windhauch* leicht; *Schritt, Spaziergang* gemächlich; **cook over a ~ heat** bei geringer Hitze kochen; **to be ~ with sb** sanft mit j-m umgehen; **to be ~ with sth** vorsichtig mit etw umgehen **2** mild; *Überredung* freundlich; **a ~ hint** eine zarte Andeutung; **a ~ reminder** ein zarter Wink
gentleman ['dʒentlmən] *s* ⟨*pl* -men⟩ **1** Gentleman *m* **2** Herr *m*; **gentlemen!** meine Herren!
gentlemanly ['dʒentlmənlɪ] *adj* ritterlich, gentlemanlike *präd*; **that is hardly ~ conduct** dieses Verhalten gehört sich nicht für einen Gentleman
gentlemen's agreement ['dʒentlmənzə'griː-mənt] *s* Gentlemen's Agreement *n*; *bes* HANDEL Vereinbarung *f* auf Treu und Glauben
gentleness *s* Sanftheit *f*
gently ['dʒentlɪ] *adv* sanft; *kochen* langsam; *behandeln* schonend; **she needs to be handled ~** mit ihr muss man behutsam umgehen; **~ does it!** sachte, sachte!
gentrification [ˌdʒentrɪfɪ'keɪʃən] *s* Gentrifizierung *f*
gentry ['dʒentrɪ] *pl* niederer Adel
genuine ['dʒenjʊɪn] *adj* **1** echt; **the picture is ~** *od* **the ~ article** das Bild ist echt **2** aufrichtig; *Anteilnahme, Interesse* ernsthaft; *Angebot* ernst gemeint; *Fehler* wirklich; **she looked at me in ~ astonishment** sie sah mich aufrichtig erstaunt an **3** *Mensch* natürlich
genuinely ['dʒenjʊɪnlɪ] *adv* wirklich; **they are ~ concerned** sie machen sich ernsthafte Sorgen
genuineness ['dʒenjʊɪnnɪs] *s* **1** Echtheit *f* **2** Aufrichtigkeit *f*
genus ['dʒenəs] *s* ⟨*pl* genera⟩ BIOL Gattung *f*
geocaching ['dʒiːəʊˌkæʃɪŋ] *s* (≈ *GPS-Schnitzeljagd*) Geocaching *n*
geographic(al) [dʒɪə'græfɪk(əl)] *adj* geografisch
geography [dʒɪ'ɒgrəfɪ] *s* Geografie *f*, Erdkunde *f*
geological [dʒɪəʊ'lɒdʒɪkəl] *adj* geologisch
geologist [dʒɪ'ɒlədʒɪst] *s* Geologe *m*, Geologin *f*

geology [dʒɪˈɒlədʒɪ] s Geologie f
geometric(al) [dʒɪəʊˈmetrɪk(əl)] adj geometrisch
geometry [dʒɪˈɒmɪtrɪ] s MATH Geometrie f; ~ **set** (Zirkelkasten m mit) Zeichengarnitur f
Georgia [ˈdʒɔːdʒə] s Land Georgien n
Georgian [ˈdʒɔːdʒɪən] Br adj georgianisch
geothermal [ˌdʒiːəʊˈθɜːməl] adj geothermisch
geranium [dʒɪˈreɪnɪəm] s Geranie f
gerbil [ˈdʒɜːbɪl] s Wüstenspringmaus f
geriatric [ˌdʒerɪˈætrɪk] adj **1** MED geriatrisch **2** pej umg altersschwach
geriatric care s Altenpflege f
geriatrics [ˌdʒerɪˈætrɪks] s Geriatrie f
germ [dʒɜːm] s Keim m
German [ˈdʒɜːmən] **A** adj deutsch; **he is ~** er ist Deutscher; **she is ~** sie ist Deutsche **B** s **1** Deutsche(r) m/f(m); **the ~s** die Deutschen **2** LING Deutsch n; **~ lessons** Deutschunterricht m; **in ~** auf Deutsch
German Democratic Republic s HIST Deutsche Demokratische Republik
Germanic [dʒɜːˈmænɪk] adj HIST, LING germanisch
German measles s Röteln pl
German shepherd (dog) s, **German sheep dog** US s Deutscher Schäferhund
German-speaking adj deutschsprachig; **~ Switzerland** die Deutschschweiz
Germany [ˈdʒɜːmənɪ] s Deutschland n
germ-free adj keimfrei
germinate [ˈdʒɜːmɪneɪt] v/i keimen; fig aufkeimen geh
germination [ˌdʒɜːmɪˈneɪʃən] wörtl s Keimung f
germ warfare s bakteriologische Kriegsführung
gerund [ˈdʒerənd] s Gerundium n, Gerund n
gestation [dʒeˈsteɪʃən] s wörtl von Tieren Trächtigkeit f; von Menschen Schwangerschaft f; fig Reifwerden n
gesticulate [dʒeˈstɪkjʊleɪt] v/i gestikulieren; **to ~ at sb/sth** auf j-n/etw deuten
gesture [ˈdʒestʃə(r)] **A** s Geste f; **to make a ~** eine Geste machen; **a ~ of defiance** eine herausfordernde Geste; **as a ~ of goodwill** als Zeichen des guten Willens **B** v/i gestikulieren; **to ~ at sb/sth** auf j-n/etw deuten; **he ~d with his head toward(s) the safe** er deutete mit dem Kopf auf den Safe
gesture control s IT Gestensteuerung f
get [get] ⟨prät got; pperf got; US gotten⟩ **A** v/t **1** bekommen, erhalten, kriegen umg; Sonne abbekommen; Verletzung sich (dat) zuziehen; Merkmale haben (**from** von); (≈ nehmen) Bus fahren mit; **where did you get it (from)?** woher hast du das?; **he got the idea for his book while he was abroad** die Idee zu dem Buch kam ihm, als er im Ausland war; **I got quite a surprise** ich war ziemlich überrascht; **I get the feeling that …** ich habe das Gefühl, dass …; **to get sb by the leg** j-n am Bein packen; **(I've) got him!** umg ich hab ihn! umg; **(I've) got it!** umg ich habs! umg; **I'll get you for that!** umg das wirst du mir büßen!; **you've got me there!** umg da bin ich überfragt; **what do you get from it?** was hast du davon? **2** etw sich (dat) besorgen; Finanzen, Job finden; mit Geld kaufen; Auto, Katze sich (dat) anschaffen; **to get sb/oneself sth, to get sth for sb/oneself** j-m/sich etw besorgen; **to need to get sth** etw brauchen; **to get a glimpse of sb/sth** j-n/etw kurz zu sehen bekommen; **we could get a taxi** wir könnten (uns dat) ein Taxi nehmen; **could you get me a taxi?** könnten Sie mir ein Taxi rufen?; **get a load of that!** umg hat man Töne! umg **3** holen; **to get sb from the station** j-n vom Bahnhof abholen; **what can I get you?** was kann ich Ihnen bringen?; **can I get you a drink?** möchten Sie etwas zu trinken?; **I got him a drink** ich habe ihm etwas zu trinken geholt **4** Ziel treffen **5** TEL erreichen; **you've got the wrong number** Sie sind falsch verbunden **6** Essen machen; **I'll get you some breakfast** ich mache dir etwas zum Frühstück **7** essen; **to get breakfast** frühstücken; **to get lunch** zu Mittag essen; **to get a snack** eine Kleinigkeit essen **8** bringen; **to get sb to hospital** j-n ins Krankenhaus bringen; **they managed to get him home** sie schafften ihn nach Hause; **where does that get us?** umg was bringt uns (dat) das? umg; **this discussion isn't getting us anywhere** diese Diskussion führt zu nichts; **to get sth to sb** j-m etw zukommen lassen, j-m etw bringen **9** kapieren umg; schriftlich notieren; **I don't get it** umg da komme ich nicht mit umg; **I don't get you** ich verstehe nicht, was du meinst; **get it?** umg kapiert? umg **10** mit Passiv werden; **when did it last get painted?** wann ist es zuletzt gestrichen worden?; **I got paid** ich wurde bezahlt; **to get caught** erwischt werden **11** **to get sb to do sth** etw von j-m machen lassen; (≈ überreden) j-n dazu bringen, etw zu tun; **I'll get him to phone you back** ich sage ihm, er soll zurückrufen; **you'll never get him to understand** du wirst es nie schaffen, dass er das versteht; **you'll get yourself thrown out** du bringst es so weit, dass du hinausgeworfen wirst; **has she got the baby dressed yet?** hat sie das Baby schon angezogen?; **to get the washing done** die Wäsche waschen; **to get some work done** Arbeit erledigen; **to get things done** was fertig krie-

gen *umg*; **to get sth made for sb/oneself** j-m/sich etw machen lassen; **I'll get the house painted soon** ich lasse bald das Haus streichen; **did you get your expenses paid?** haben Sie Ihre Spesen erstattet bekommen?; **to get sb/sth ready** j-n/etw fertig machen; **to get sth clean/open** etw sauber kriegen/aufkriegen *umg*; **to get sb drunk** j-n betrunken machen; **to get one's hands dirty** *wörtl, fig* sich (*dat*) die Hände schmutzig machen; **he can't get the lid to stay open** er kriegt es nicht hin, dass der Deckel aufbleibt *umg*; **can you get these two pieces to fit together?** kriegen Sie die beiden Teile zusammen?; **to get sth going** *Maschine* etw in Gang bringen; *Party* etw in Fahrt bringen; **to get sb talking** j-n zum Sprechen bringen; **to have got sth** *Br* etw haben **B** *v/i* **1** kommen; **to get home** nach Hause kommen; **to get here** hier ankommen; **can you get to work by bus?** kannst du mit dem Bus zur Arbeit fahren?; **I've got as far as page 16** ich bin auf Seite 16; **to get there** hinkommen; *fig umg* es schaffen *umg*; **how's the work going? — we're getting there!** wie geht die Arbeit voran? — langsam wirds was! *umg*; **to get somewhere/nowhere** *bei Bemühung etc* weiterkommen/nicht weiterkommen; **to get somewhere/nowhere (with sb)** (bei j-m) etwas/nichts erreichen; **you won't get far on £10** mit £ 10 kommst du nicht weit **2** werden; **to get wet/angry** nass/wütend werden; **I'm getting cold** mir wird es kalt; **to get dressed** *etc* sich anziehen *etc*; **to get married** heiraten; **I'm getting bored** ich langweile mich langsam; **how stupid can you get?** wie kann man nur so dumm sein?; **to get started** anfangen, beginnen; **to get to know sb/sth** j-n/etw kennenlernen; **how did you get to know about that?** wie hast du davon erfahren?; **to get to like sb** j-n sympathisch finden; **to get to like sth** an etw (*dat*) Gefallen finden; **to get to do sth** die Möglichkeit haben, etw zu tun; **to get to see sb/sth** j-n/etw zu sehen bekommen; **to get to work** sich an die Arbeit machen; **to get working** *etc* anfangen zu arbeiten *etc*; **I got talking to him** ich kam mit ihm ins Gespräch; **to get going** *Mensch* aufbrechen; *Party etc* in Schwung kommen; **to have got to do sth** etw tun müssen; **I've got to** ich muss **C** *v/r* gehen, kommen; **I had to get myself to the hospital** ich musste ins Krankenhaus (gehen); **to get oneself pregnant** schwanger werden; **to get oneself washed** sich waschen; **you'll get yourself killed if you go on driving like that** du bringst dich noch um, wenn du weiter so fährst

phrasal verbs mit *get*:

get about *Br v/i* **1** sich bewegen können, herumkommen (**sth in** etw *dat*) **2** *Neuigkeiten* sich herumsprechen (**sth in** etw *dat*); *Gerücht a.* sich verbreiten (**sth in** etw *dat*)

get across A *v/i* **1** hinüberkommen; *mit Objekt: Straße, Fluss* kommen über (+*akk*) **2** *Bedeutung* klar werden (**to** +*dat*) **B** *v/t* ⟨immer getrennt⟩ **1** herüberbringen; *mit Objekt* (herüber)bringen/-bekommen über (+*akk*) **2** *Ideen* verständlich machen (**to sb** j-m)

get ahead *v/i* vorankommen (**in** in +*dat*); **to get ahead of sb** *in Rennen* j-n überholen

get along *v/i* **1** gehen; **I must be getting along** ich muss jetzt gehen **2** zurechtkommen **3** vorankommen **4** **to get along (with sb)** sich (mit j-m) verstehen; **they get along quite well** sie kommen ganz gut miteinander aus

get around A *v/i* → get about **B** *v/t & v/i* ⟨+*obj*⟩ → get round

get around to *v/i* ⟨+*obj*⟩ → get round to

get at *v/i* ⟨+*obj*⟩ **1** herankommen an (+*akk*); *Lebensmittel, Geld* gehen an (+*akk*); **don't let him get at the whisky** lass ihn nicht an den Whisky (ran) **2** *Wahrheit* herausbekommen **3** *umg* hinauswollen auf (+*akk*); **what are you getting at?** worauf willst du hinaus? **4** **to get at sb** *umg* an j-m etwas auszusetzen haben *umg*

get away A *v/i* wegkommen (**from** von); *Gefangener* entkommen (**from sb** j-m); **I'd like to get away early today** ich würde heute gern früher gehen; **you can't get away** *od* **there's no getting away from the fact that ...** man kommt nicht um die Tatsache herum, dass ...; **to get away from it all** sich von allem frei machen **B** *v/t* ⟨immer getrennt⟩ **get her away from here** sehen Sie zu, dass sie hier wegkommt; **get him/that dog away from me** schaff ihn mir/schaff mir den Hund vom Leib

get away with *umg v/i* ⟨+*obj*⟩ **he'll never get away with that** damit wird er keinesfalls durchkommen; **he got away with it** er ist ungeschoren davongekommen *umg*

get back A *v/i* **1** zurückkommen, zurückgehen; **to get back (home)** nach Hause kommen; **to get back to bed** wieder ins Bett gehen; **to get back to work** *nach Krankheit etc* wieder arbeiten können; *nach Urlaub* wieder arbeiten gehen; **get back!** zurück(treten)! **2** **to get back to sb** sich bei j-m melden; **thanks for getting back to me** danke für die Rückmeldung **B** *v/t* ⟨trennb⟩ **1** zurückbekommen **2** zurückbringen **3** **I'll get you back for that** das werde ich dir heimzahlen

get back at *umg v/i* ⟨+*obj*⟩ sich rächen an (+*dat*); **to get back at sb for sth** j-m etw heim-

zahlen umg
get back to v/i ⟨+obj⟩ sich wieder in Verbindung setzen mit; **I'll get back to you on that** ich werde darauf zurückkommen
get behind ① v/i ⟨+obj⟩ Baum sich stellen hinter (+akk); **to get behind the wheel** sich ans od hinter das Steuer setzen ② fig mit Zeitplan in Rückstand kommen
get by v/i ① **to let sb get by** j-n vorbeilassen ② umg **she could just about get by in German mit ihren Deutschkenntnissen könnte sie gerade so durchkommen** umg; **getting by in English** auf Englisch zurechtkommen ③ umg durchkommen umg; **she gets by on very little money** sie kommt mit sehr wenig Geld aus
get down Ⓐ v/i ① heruntersteigen (obj, from von), herunterkommen (obj, from +akk); **to get down the stairs** die Treppe hinuntergehen ② sich bücken, sich ducken; **to get down on all fours** sich auf alle viere begeben Ⓑ v/t ⟨trennb⟩ ① herunternehmen, herunterbringen ② (≈ schlucken) Essen hinunterbringen ③ **to get sb down** umg (≈ deprimieren) j-n fertigmachen umg
get down to v/i ⟨+obj⟩ sich machen an (+akk); **to get down to business** zur Sache kommen
get in Ⓐ v/i ① hereinkommen (obj, -to in +akk); in Auto etc einsteigen (obj, -to in +akk); **the smoke got in(to) my eyes** ich habe Rauch in die Augen bekommen ② Zug, Bus ankommen (-to in +dat); Flugzeug landen ③ nach Hause kommen Ⓑ v/t ⟨trennb⟩ ① hereinbringen (obj, -to in +akk) ② hineinbekommen (-to in +akk); fig Bitte anbringen ③ Lebensmittel holen; **to get in supplies** sich (dat) Vorräte zulegen ④ Handwerker kommen lassen
get in on umg v/i ⟨+obj⟩ mitmachen bei umg; **to get in on the act** mitmischen umg
get into Ⓐ v/i ⟨+obj⟩ ① → get in A 1 ② Schulden, Schwierigkeiten geraten in (+akk); Schlägerei verwickelt werden in (+akk); **to get into bed** sich ins Bett legen; **what's got into him?** umg was ist bloß in ihn gefahren? ③ Buch sich einlesen bei; Aufgabe sich einarbeiten in (+akk) ④ Kleider anziehen; mit Mühe hineinkommen in (+akk) Ⓑ v/t ⟨+obj immer getrennt⟩ Schulden etc bringen in (+akk); **to get oneself into trouble** sich in Schwierigkeiten (akk) bringen
get in with v/i ⟨+obj⟩ ① Anschluss finden an (+akk) ② sich gut stellen mit
get off Ⓐ v/i ① aus Bus etc aussteigen (obj aus); von Fahrrad, Pferd absteigen (obj von); **to tell sb where to get off** umg j-m gründlich die Meinung sagen umg ② von Leiter etc heruntersteigen (obj von); **get off!** lass (mich) los! ③ (≈ verlassen) loskommen; **it's time you got off to school** es ist Zeit, dass ihr in die Schule geht; **I'll see if I can get off (work) early** ich werde mal sehen, ob ich früher (von der Arbeit) wegkann umg; **what time do you get off work?** wann hören Sie mit der Arbeit auf? ④ ⟨+obj⟩ Hausaufgabe etc nicht machen müssen; **he got off tidying up his room** er kam darum herum, sein Zimmer aufräumen zu müssen umg ⑤ fig davonkommen umg Ⓑ v/t ① ⟨trennb⟩ wegbekommen (sth von etw); Kleider ausziehen (sth von etw); Abdeckung heruntertun (sth von etw), abnehmen (sth von etw); **get your dirty hands off my clean shirt** nimm deine schmutzigen Hände von meinem sauberen Hemd; **get him off my property!** schaffen Sie ihn von meinem Grundstück! ② ⟨+obj immer getrennt⟩ umg kriegen umg (sb von j-m); **I got that idea off John** ich habe die Idee von John ③ ⟨trennb⟩ Post losschicken; **to get sb off to school** j-n für die Schule fertig machen ④ ⟨trennb⟩ Tag freibekommen
get off with umg v/i ⟨+obj⟩ ① aufreißen umg ② **to get off with sth** mit etw davonkommen
get on Ⓐ v/i ① hinaufsteigen; mit Objekt (hinauf)steigen auf (+akk); in Zug etc einsteigen (sth, -to sth in etw akk); auf Fahrrad, Pferd aufsteigen (sth, -to sth auf etw akk) ② weitermachen ③ **time is getting on** es wird langsam spät; **he is getting on** er wird langsam alt ④ vorankommen; Patient, Schüler Fortschritte machen; **to get on in the world** es zu etwas bringen ⑤ zurechtkommen; **how did you get on in the exam?** wie gings (dir) in der Prüfung?; **how are you getting on?** wie gehts? ⑥ Freunde etc sich verstehen Ⓑ v/t ⟨trennb⟩ Kleider anziehen; Abdeckung drauftun (sth auf etw akk)
get on for v/i ⟨+obj⟩ zeitlich, altersmäßig zugehen auf (+akk); **he's getting on for 40** er geht auf die 40 zu; **there were getting on for 60 people there** es waren fast 60 Leute da
get on to umg v/i ⟨+obj⟩ sich in Verbindung setzen mit; **I'll get on to him about it** ich werde ihn daraufhin ansprechen
get onto v/i ⟨+obj⟩ → get on A 1
get on with v/i ⟨+obj⟩ ① weitermachen mit, weiterkommen mit; **get on with it!** nun mach schon! umg; **to let sb get on with sth** j-n etw machen lassen; **this will do to be getting on with** das tut's wohl für den Anfang umg ② **to get on with sb** sich mit j-m verstehen
get out Ⓐ v/i ① herauskommen (of aus), heraussteigen (of aus); aus Bus, Auto aussteigen (of aus) ② weggehen (of aus); Tier, Häftling entkommen; Neuigkeiten an die Öffentlichkeit dringen; **he has to get out of the country** er muss das Land verlassen; **get out!** raus! umg; **get**

out of my house! raus aus meinem Haus! *umg*; **to get out of bed** aufstehen ▣ weggehen; **you ought to get out more** Sie müssten mehr rauskommen *umg*; **to get out and about** herumkommen ▣ *v/t* ⟨*trennb*⟩ ▯ herausmachen (**of** aus); *Menschen* hinausbringen; *mit Mühe* hinausbekommen; **I couldn't get it out of my head** *od* **mind** ich konnte es nicht vergessen ▯ herausholen (**of** aus) ▣ *Geld* abheben (**of** von)

get out of ▣ *v/i* ⟨+*obj*⟩ ▯ → get out ▣ ▯ *Verpflichtung, Strafe* herumkommen um; **you can't get out of it now** jetzt kannst du nicht mehr anders; **I'll get out of practice** ich verlerne es; **to get out of the habit of doing sth** sich (+*dat*) abgewöhnen, etw zu tun ▣ *v/t* ⟨+*obj immer getrennt*⟩ *Geständnis, Wahrheit* herausbekommen aus; *Geld* herausholen aus; *Vergnügen* haben an (+*dat*); **to get the best/most out of sb/sth** das Beste aus j-m herausholen/etw machen

get over ▣ *v/i* ▯ hinübergehen (*obj* über +*akk*), hinüberklettern; *mit Objekt* klettern über (+*akk*) ▯ ⟨+*obj*⟩ *Enttäuschung, Erlebnis* (hin)wegkommen über (+*akk*); *Schock, Krankheit* sich erholen von; **I can't get over it** *umg* da komm ich nicht drüber weg *umg* ▣ *v/t* ⟨*trennb*⟩ *Ideen etc* verständlich machen (**to** +*dat*)

get over with *v/t* ⟨*immer getrennt*⟩ hinter sich (*akk*) bringen; **let's get it over with** bringen wirs hinter uns

get past *v/i* → get by 1

get round *bes Br* ▣ *v/i* herumkommen (*obj* um); *Schwierigkeit, Gesetz* umgehen ▣ *v/t* ⟨*immer getrennt* +*obj*⟩ **I still can't get my head round it** *umg* ich kann es immer noch nicht begreifen

get round to *bes Br umg v/i* ⟨+*obj*⟩ **to get round to sth** zu etw kommen; **to get round to doing sth** dazu kommen, etw zu tun

get through ▣ *v/i* ▯ durchkommen (**sth** durch etw) ▯ **to get through to the final** in die Endrunde kommen ▯ TEL durchkommen *umg* (**to sb** zu j-m *od* **to Germany** nach Deutschland) ▰ (≈ *sich verständlich machen*) **he has finally got through to her** endlich hat er es geschafft, dass sie es begreift ▰ ⟨+*obj*⟩ *Arbeit* erledigen; *Flasche* leer machen; *Zeit* herumbekommen; (≈ *konsumieren*) verbrauchen; *Teller* aufessen ▣ *v/t* ⟨*immer getrennt*⟩ ▯ *Vorschlag* durchbringen (*obj* durch); **to get sb through an exam** j-n durchs Examen bringen ▯ *Nachricht* durchgeben (**to** +*dat*); *Versorgungsgüter* durchbringen (**to** +*dat*) ▣ **to get sth through (to sb)** (j-m) etw klarmachen

get to *v/i* ⟨+*obj*⟩ ▯ kommen zu; *Hotel, Stadt* ankommen in (+*dat*); **where did you get to last night?** wo bist du gestern Abend abgeblieben? *umg* ▯ *umg* **I got to thinking/wondering** ich hab mir überlegt/mich gefragt ▣ *umg* aufregen; **don't let them get to you** ärgere dich nicht über sie

get together ▣ *v/i* zusammenkommen, sich zusammenschließen; **why don't we get together later?** warum treffen wir uns nicht später? ▣ *v/t* ⟨*trennb*⟩ zusammenbringen; *Geld* zusammenbekommen; **to get one's things together** seine Sachen zusammenpacken

get under *v/i* darunter kriechen; *unter Schirm etc* darunter kommen; *mit Objekt* kriechen/kommen unter (+*akk*)

get up ▣ *v/i* ▯ aufstehen ▯ hinaufsteigen (*obj* auf +*akk*); *Fahrzeug* hinaufkommen (*obj* auf +*akk*); **he couldn't get up the stairs** er kam nicht die Treppe hinauf ▣ *v/t* ▯ ⟨*immer getrennt*⟩ aus dem Bett holen, aufhelfen (+*dat*) ▯ ⟨*trennb*⟩ **to get up speed** sich beschleunigen; **to get one's strength up** wieder neue Kräfte sammeln; **to get up an appetite** *umg* Hunger bekommen

get up to *v/i* ⟨+*obj*⟩ ▯ erreichen; *Seite in Buch* kommen bis; **as soon as he got up to me** sobald er neben mir stand ▯ anstellen *umg*; **what have you been getting up to?** was hast du getrieben? *umg*

getaway ▣ *s* ▯ (≈ *Urlaub*) Trip *m*; **a family ~** ein Familienausflug; **we had four days at our mountain ~** wir haben vier Tage in unserem Refugium in den Bergen verbracht; **I'm looking forward to a great ~** ich freue mich schon, von allem so richtig auszuspannen ▯ Flucht *f*; **to make one's ~** sich davonmachen *umg* ▣ *adj* ⟨*attr*⟩ **~ car** Fluchtauto *n*

get-together *umg s* Treffen *n*; **family ~** Familientreffen *n*

get-up *umg s* Aufmachung *f umg*

get-well card *s* Genesungskarte *f*

geyser ['gi:zə^r] *s* GEOL Geysir *m*

ghastly ['gɑ:stlɪ] *adj* ⟨*komp* ghastlier⟩ ▯ *umg* schrecklich ▯ *Verbrechen* grausig

gherkin ['gɜ:kɪn] *s* Gewürzgurke *f*

ghetto ['getəʊ] *s* ⟨*pl* -(e)s⟩ Getto *n*

ghetto blaster ['getəʊblɑ:stə^r] *umg s* Gettoblaster *m umg*

ghost [gəʊst] ▣ *s* ▯ Gespenst *n*, Geist *m* ▯ *fig* **I don't have** *od* **stand the ~ of a chance** ich habe nicht die geringste Chance; **to give up the ~** *obs umg* seinen *od* den Geist aufgeben ▣ *v/t, v/i* **to ~ (on) sb** *umg* sich j-m gegenüber tot stellen

ghostly ['gəʊstlɪ] *adj* ⟨*komp* ghostlier⟩ gespenstisch

ghost story *s* Geister- *od* Gespenstergeschichte *f*

ghost town s Geisterstadt f
ghost train s Br auf Jahrmarkt Geisterbahn f
ghoul [guːl] s Ghul m
GHQ abk (= General Headquarters) Generalkommando n
GHz abk (= gigahertz) GHz
GI US s abk (= government issue) GI m
giant ['dʒaɪənt] **A** s Riese m; fig (führende) Größe; (≈ Unternehmen) Gigant m; **a ~ of a man** ein Riese (von einem Mann); **publishing ~** Großverlag m **B** adj riesig; **~ panda** s Riesenpanda m
giant slalom s SPORT Riesenslalom m
gibber ['dʒɪbəʳ] v/i schnattern; **a ~ing idiot** ein daherplappernder Idiot
gibberish ['dʒɪbərɪʃ] s Quatsch m umg; unverständlich Kauderwelsch n
gibe [dʒaɪb] s Spöttelei f
giblets ['dʒɪblɪts] pl Geflügelinnereien pl
Gibraltar [dʒɪ'brɔːltəʳ] s Gibraltar n
giddiness ['gɪdɪnɪs] s Schwindelgefühl n
giddy ['gɪdɪ] adj ⟨komp giddier⟩ **1** wörtl schwind(e)lig; **I feel ~** mir ist schwind(e)lig **2** Höhe schwindelnd **3** fig ausgelassen
gift [gɪft] s **1** Geschenk n; **that question was a ~** umg die Frage war ja geschenkt umg **2** Gabe f; **to have a ~ for sth** ein Talent n für etw haben; **she has a ~ for teaching** sie hat eine Begabung zur Lehrerin; **he has a ~ for music** er ist musikalisch begabt
gift card s Geschenkkarte f
gift certificate US s Geschenkgutschein m
gifted ['gɪftɪd] adj begabt (**in** für)
gift token, **gift voucher** s Geschenkgutschein m
gift voucher s Geschenkgutschein m
giftwrap **A** v/t in Geschenkpapier einwickeln **B** s Geschenkpapier n
gig [gɪg] umg s Konzert n, Gig m umg; **to do a gig** ein Konzert geben, auftreten
gigabyte ['dʒɪgəbaɪt] s IT Gigabyte n
gigantic [dʒaɪ'gæntɪk] adj riesig
giggle ['gɪgl] **A** s Gekicher n kein pl; **to get the ~s** anfangen herumzukichern **B** v/i kichern
giggly ['gɪglɪ] adj ⟨komp gigglier⟩ albern
gilet ['ʒiːleɪ] s Gilet n (ärmellose Jacke)
gill [gɪl] s von Fisch Kieme f
gilt [gɪlt] **A** s Vergoldung f **B** adj vergoldet
gimmick ['gɪmɪk] s effekthaschender Gag; (≈ Gerät etc) Spielerei f; HANDEL verkaufsfördernde Maßnahme
gimmickry ['gɪmɪkrɪ] s Effekthascherei f; in Werbung Gags pl; (≈ Geräte etc) Spielereien pl
gimmicky ['gɪmɪkɪ] adj effekthascherisch
gin [dʒɪn] s Gin m; **gin and tonic** Gin Tonic m
ginger ['dʒɪndʒəʳ] **A** s Ingwer m **B** adj **1** GASTR Ingwer- **2** Haar kupferrot; Katze rötlich gelb
ginger ale s Gingerale n
ginger beer s Ingwerlimonade f
gingerbread **A** s Lebkuchen m (mit Ingwergeschmack) **B** adj ⟨attr⟩ Lebkuchen-
gingerly ['dʒɪndʒəlɪ] adv vorsichtig
gipsy ['dʒɪpsɪ] s & adj → gypsy
giraffe [dʒɪ'rɑːf] s Giraffe f
girder ['gɜːdəʳ] s Träger m
girdle ['gɜːdl] s Hüfthalter m
girl [gɜːl] s Mädchen n, Dirndl n österr; Tochter f; (≈ Partnerin) Freundin f; **an English ~** eine Engländerin; **I'm going out with the ~s tonight** ich gehe heute Abend mit meinen Freundinnen aus
girl Friday s Allroundsekretärin f
girlfriend s Freundin f
Girl Guide Br s Pfadfinderin f
girlhood s Mädchenzeit f, Jugend f; **in her ~** in ihrer Jugend
girlie, **girly** ['gɜːlɪ] umg adj ⟨attr⟩ girliehaft; Magazin Girlie-, Herren-
girlish ['gɜːlɪʃ] adj mädchenhaft
Girl Scout US s Pfadfinderin f
giro ['dʒaɪrəʊ] s ⟨Br pl -s⟩ von Bank Giro n, Giroverkehr m; von Post Postscheckverkehr m; **~ (cheque)** Sozialhilfeüberweisung f; **to pay a bill by ~** eine Rechnung durch Überweisung bezahlen
giro account s Postgirokonto n
girth [gɜːθ] s Umfang m
gismo umg s → gizmo
gist [dʒɪst] s ⟨kein pl⟩ Wesentliche(s) n; **to get the ~ (of sth)** das Wesentliche verstehen; **the ~ of it was that they can't afford it** kurz: Sie können es sich nicht leisten
git [gɪt] umg s Schwachkopf m umg
give [gɪv] umg ⟨v: prät gave; pperf given⟩ **A** v/t **1** geben; **to ~ sb sth** od **sth to sb** j-m etw geben; **the teacher gave us three exercises** der Lehrer hat uns drei Übungen gegeben; **to ~ sb one's cold** umg j-n mit seiner Erkältung anstecken; **to ~ sth for sth** Geld etw für etw ausgeben; Güter etw gegen etw tauschen; **what will you ~ me for it?** was gibst du mir dafür?; **how much did you ~ for it?** wie viel hast du dafür bezahlt?; **six foot, ~ or take a few inches** ungefähr sechs Fuß **2** schenken, spenden; **to ~ sb sth** od **sth to sb** j-m etw schenken; **it was ~n to me by my uncle** ich habe es von meinem Onkel geschenkt bekommen **3** Ärger, Freude machen; **to ~ sb support** j-n unterstützen; **to be ~n a choice** die Wahl haben; **to ~ sb a smile** j-n anlächeln; **to ~ sb a push** j-m einen Stoß geben; **to ~ one's hair a brush** sich (dat) die Haare bürsten; **who gave you that idea?**

wer hat dich denn auf die Idee gebracht?; **what ~s you that idea?** wie kommst du denn auf die Idee?; **it ~s me great pleasure to …** es ist mir eine große Freude …; **to ~ sb a shock** j-m einen Schock versetzen; **to ~ a cry** aufschreien; **to ~ way** nachgeben (**to** +*dat*); **~ way to oncoming traffic** *Br* der Gegenverkehr hat Vorfahrt; "**give way**" *Br Verkehr* "Vorfahrt beachten!", "Vortritt beachten!" *schweiz* **4** *als Strafe* erteilen; **he gave the child a smack** er gab dem Kind einen Klaps; **to ~ sb five years** j-n zu fünf Jahren verurteilen; **~ yourself time to recover** lassen Sie sich Zeit, um sich zu erholen; **it's an improvement, I'll ~ you that** es ist eine Verbesserung, das gestehe ich (dir) ein; **he's a good worker, I'll ~ him that** eines muss man ihm lassen, er arbeitet gut **5** *Informationen, Beschreibung* geben; *seinen Namen* angeben; *Entscheidung, Meinung, Ergebnis* mitteilen; **~ him my regards** richten Sie ihm (schöne) Grüße von mir aus; **to ~ sb a warning** j-n warnen **6** *Party* geben; *Rede* halten; *Trinkspruch* ausbringen (**to sb** auf j-n); **~ us a song** sing uns was vor; **the child gave a little jump of excitement** das Kind machte vor Aufregung einen kleinen Luftsprung; **he gave a shrug** er zuckte mit den Schultern **B** *v/i* **1** nachgeben; *Seil, Kabel* reißen **2** *Geld* spenden; **you have to be prepared to ~ and take** *fig* man muss zu Kompromissen bereit sein **C** *s* Nachgiebigkeit *f*; *von Bett* Federung *f*

phrasal verbs mit give:

give away *v/t* ⟨*trennb*⟩ **1** weggeben, verschenken **2** *Braut* zum Altar führen **3** *Preise* vergeben **4** *fig* verraten (**to sb** an j-n); **to give the game away** *umg* alles verraten

give back *v/t* ⟨*trennb*⟩ zurückgeben

give in **A** *v/i* sich ergeben (**to sb** j-m); *bei Spiel* aufgeben; (≈ *zurückstecken*) nachgeben (**to** +*dat*); **to give in to temptation** der Versuchung erliegen **B** *v/t* ⟨*trennb*⟩ *Aufsatz* einreichen

give off *v/t* ⟨*untrennb*⟩ *Wärme* abgeben; *Geruch* verbreiten

give onto *v/t Fenster* hinausgehen auf +*akk*

give out **A** *v/i Vorräte, Kräfte* zu Ende gehen; *Motor* versagen; **my voice gave out** mir versagte die Stimme **B** *v/t* ⟨*trennb*⟩ **1** austeilen **2** *bekannt* geben **C** *v/t* ⟨*untrennb*⟩ → give off

give over **A** *v/t* ⟨*trennb*⟩ übergeben (**to** +*dat*) **B** *v/i dial umg* aufhören **C** *v/i* ⟨+*obj*⟩ aufhören; **give over tickling me!** hör auf, mich zu kitzeln!

give up **A** *v/i* aufgeben **B** *v/t* ⟨*trennb*⟩ **1** aufgeben; **to give up doing sth** es aufgeben, etw zu tun; **I'm trying to give up smoking** ich versuche, das Rauchen aufzugeben; **to give sb/sth up as lost** j-n/etw verloren geben **2** *Platz* frei machen (**to** für); **to give oneself up** sich ergeben

give up on *v/i* ⟨+*obj*⟩ abschreiben; **to give up on sb/oneself** j-n/sich aufgeben

give-and-take *s* (gegenseitiges) Geben und Nehmen

giveaway *s* **it was a real ~ when he said …** er verriet sich, als er sagte …

giveaway price *s* Schleuderpreis *m*

given **A** *pperf* → give **B** *adj* **1** *mit unbestimmtem Artikel* bestimmt; *mit bestimmtem Artikel* angegeben; **in a ~ period** in einem bestimmten Zeitraum; **within the ~ period** im angegebenen Zeitraum **2** **~ name** *bes US* Vorname *m* **3** **to be ~ to sth** zu etw neigen; **I'm not ~ to drinking on my own** ich habe nicht die Angewohnheit, allein zu trinken **C** *konj* **~ that he is rich** angesichts der Tatsache, dass er reich ist; **~ his intelligence** angesichts seiner Intelligenz; **~ time, we can do it** wenn wir genug Zeit haben, können wir es schaffen; **~ the chance, I would …** wenn ich die Gelegenheit hätte, würde ich …

giver ['gɪvə^r] *s* Spender(in) *m(f)*

gizmo ['gɪzməʊ] *s* ⟨*pl* -s⟩ *umg* Ding *n umg*

glacé ['glæseɪ] *adj* kandiert

glacier ['glæsɪə^r] *s* Gletscher *m*

glad [glæd] *adj* ⟨*komp* gladder; *präd*⟩ froh, glücklich; **to be ~ about sth** sich über etw (*akk*) freuen; **I'm ~ (about that)** das freut mich; **to be ~ of sth** froh über etw (*akk*) sein; **we'd be ~ of your help** wir wären froh, wenn Sie uns helfen könnten; **I'd be ~ of your opinion on this** ich würde gerne Ihre Meinung dazu hören; **I'm ~ you like it** ich freue mich, dass es Ihnen gefällt; **I'll be ~ to show you everything** ich zeige Ihnen gerne alles

gladden *v/t* erfreuen

glade [gleɪd] *s* Lichtung *f*

gladiator ['glædɪeɪtə^r] *s* Gladiator *m*

gladly ['glædlɪ] *adv* gern(e)

gladness ['glædnəs] *s* Freude *f*

glamor *US* *s* → glamour

glamorize ['glæməraɪz] *v/t* idealisieren; *Gewalt* verherrlichen

glamorous ['glæmərəs] *adj* glamourös; *Anlass* glanzvoll

glamour ['glæmə^r] *s*, **glamor** *US s* Glamour *m*; *von Anlass* Glanz *m*

glance [glɑːns] **A** *s* Blick *m*; **at first ~** auf den ersten Blick; **to take a quick ~ at sth** einen kurzen Blick auf etw (*akk*) werfen; **we exchanged ~s** wir sahen uns kurz an **B** *v/i* blicken; **to ~ at sb/sth** j-n/etw kurz ansehen; **to ~ at** *od* **through a report** einen kurzen Blick in einen Bericht werfen

phrasal verbs mit glance:
glance off *v/i Kugel etc* abprallen (**sth** von etw)
gland [glænd] *s* Drüse *f*
glandular ['glændjʊləʳ] *adj* **~ fever** Drüsenfieber *n*
glare [glɛəʳ] **A** *s* **1** greller Schein; **the ~ of the sun** das grelle Sonnenlicht **2** stechender Blick **B** *v/i* **1** *Licht, Sonne* grell scheinen **2** (zornig) starren; **to ~ at sb/sth** j-n/etw zornig anstarren
glaring ['glɛərɪŋ] *adj* **1** *Sonne, Licht* grell **2** *Beispiel, Unterlassung* eklatant
glaringly ['glɛərɪŋlɪ] *adv* **~ obvious** *Tatsache etc* überdeutlich; **it was ~ obvious that he had no idea** es war nur zu ersichtlich, dass er keine Ahnung hatte
glass [glɑːs] **A** *s* **1** Glas *n*; **a pane of ~** eine Glasscheibe; **a ~ of water** ein Glas Wasser **2** **~es** *pl*, **pair of ~es** Brille *f* **B** *adj* ⟨*attr*⟩ Glas-
glass ceiling *fig s* gläserne Decke; **she hit the ~** sie kam als Frau beruflich nicht mehr weiter
glass fibre *s*, **glass fiber** *US s* Glasfaser *f*
glassful *s* Glas *n*
glasshouse *Br s* Gewächshaus *n*
glassy ['glɑːsɪ] *adj* ⟨*komp* **glassier**⟩ *Fläche, Meer* spiegelglatt; **~-eyed** *Blick* glasig
glaucoma [glɔː'kəʊmə] *s* grüner Star
glaze [gleɪz] **A** *s* Glasur *f* **B** *v/t* **1** *Fenster* verglasen **2** *Keramik, Kuchen* glasieren **C** *v/i a.* **~ over** *Augen* glasig werden; **she had a ~d look in her eyes** sie hatte einen glasigen Blick
glazier ['gleɪzɪəʳ] *s* Glaser(in) *m(f)*
glazing ['gleɪzɪŋ] *s* Glasur *f*
gleam [gliːm] **A** *s* Schimmer *m*, Schimmern *n*; **a ~ of light** ein Lichtschimmer *m*; **he had a ~ in his eye** seine Augen funkelten **B** *v/i* schimmern; *Augen* funkeln
gleaming ['gliːmɪŋ] *adj* schimmernd; *Augen* funkelnd; **~ white** strahlend weiß
glean [gliːn] *fig v/t* herausbekommen; **to ~ sth from sb/sth** etw von j-m erfahren/einer Sache (*dat*) entnehmen
glee [gliː] *s* Freude *f*; *boshaft* Schadenfreude *f*; **he shouted with ~** er stieß einen Freudenschrei aus
gleeful *adj* vergnügt; *boshaft* schadenfroh
glen [glen] *s* Tal *n*
glib [glɪb] *adj* ⟨*komp* **glibber**⟩ zungenfertig; *Antwort* leichtzüngig
glide [glaɪd] *v/i* gleiten, schweben; *Flugzeug* im Gleitflug fliegen
glider ['glaɪdəʳ] *s* FLUG Segelflugzeug *n*
gliding ['glaɪdɪŋ] *s* Segelfliegen *n*
glimmer ['glɪməʳ] **A** *s* **1** *von Licht* Schimmer *m* **2** *fig* → **gleam** A **B** *v/i Licht* schimmern; *Feuer* glimmen

glimpse [glɪmps] **A** *s* Blick *m*; **to catch a ~ of sb/sth** einen flüchtigen Blick auf j-n/etw werfen können **B** *v/t* einen Blick erhaschen von
glint [glɪnt] **A** *s* Glitzern *n kein pl*; **a ~ of light** ein glitzernder Lichtstrahl; **he has a wicked ~ in his eyes** seine Augen funkeln böse **B** *v/i* glitzern; *Augen* funkeln
glisten ['glɪsn] *v/i* glänzen; *Tautropfen* glitzern
glitch [glɪtʃ] *s* IT Funktionsstörung *f*; **a technical ~** eine technische Panne
glitter ['glɪtəʳ] **A** *s* Glitzern *n*; *zur Dekoration* Glitzerstaub *m* **B** *v/i* glitzern; *Augen, Diamanten* funkeln
glittering ['glɪtərɪŋ] *adj* glitzernd; *Augen, Diamanten* funkelnd; *Anlass* glanzvoll
glitzy ['glɪtsɪ] *adj* ⟨*komp* **glitzier**⟩ *umg* glanzvoll; *pej Auto, Party etc* protzig
gloat [gləʊt] *v/i* sich großtun (**over, about** mit); *über j-s Unglück* sich hämisch freuen (**over, about** über +*akk*); **there's no need to ~ (over me)!** das ist kein Grund zur Schadenfreude!
global ['gləʊbl] *adj* global; *Rezession a.* weltweit; **~ peace** Weltfrieden *m*
global economy *s* Weltwirtschaft *f*
globalization [ˌgləʊbəlaɪ'zeɪʃən] *s*, **globalisation** *Br s* Globalisierung *f*
globalize ['gləʊbəlaɪz] *v/t & v/i*, **globalise** *Br v/t & v/i* globalisieren
globally ['gləʊbəlɪ] *adv* **1** global **2** allgemein
global market *s* Weltmarkt *m*
global player *s* ECON Weltfirma *f*, Global Player *m*
global trade *s* Welthandel *m*
global village *s* Weltdorf *n*
global warming *s* Erwärmung *f* der Erdatmosphäre
globe [gləʊb] *s* Kugel *f*, Globus *m*; **all over the ~** auf der ganzen Erde *od* Welt
globe artichoke *s* Artischocke *f*
globetrotter *s* Globetrotter(in) *m(f)*
globetrotting **A** *s* Globetrotten *n* **B** *adj* ⟨*attr*⟩ globetrottend
globule ['glɒbjuːl] *s* Kügelchen *n*; *von Öl, Wasser* Tröpfchen *n*
gloom [gluːm] *s* **1** Düsterkeit *f* **2** düstere Stimmung
gloomily ['gluːmɪlɪ] *adv* niedergeschlagen, pessimistisch
gloomy ['gluːmɪ] *adj* ⟨*komp* **gloomier**⟩ düster; *Wetter, Licht* trüb; *Mensch* niedergeschlagen, pessimistisch (**about** über +*akk*); *Aussichten* trübe; **he is very ~ about his chances of success** er beurteilt seine Erfolgschancen sehr pessimistisch
glorification [ˌglɔːrɪfɪ'keɪʃən] *s* Verherrlichung *f*
glorified *adj* **I'm just a ~ secretary** ich bin nur

eine bessere Sekretärin
glorify ['glɔːrɪfaɪ] v/t verherrlichen
glorious ['glɔːrɪəs] adj **1** herrlich **2** *Karriere* glanzvoll; *Sieg* ruhmreich
gloriously ['glɔːrɪəslɪ] adv herrlich; **~ happy** überglücklich
glory ['glɔːrɪ] **A** s **1** Ruhm m; **moment of ~** Ruhmesstunde f **2** Herrlichkeit f; **they restored the car to its former ~** sie restaurierten das Auto, bis es seine frühere Schönheit wiedererlangt hatte **B** v/i **to ~ in one's/sb's success** sich in seinem/j-s Erfolg sonnen
gloss[1] [glɒs] s Glanz m; **~ finish** FOTO Glanz m, Glanzbeschichtung f; *von Farbe* Lackanstrich m
phrasal verbs mit *gloss*:
 gloss over v/t ⟨trennb⟩ **1** vertuschen **2** beschönigen
gloss[2] s Erläuterung f; **to put a ~ on sth** etw interpretieren
glossary ['glɒsərɪ] s Glossar n
gloss (paint) s Glanzlack m, Glanzlackfarbe f
glossy ['glɒsɪ] adj ⟨komp glossier⟩ glänzend; **~ magazine** (Hochglanz)magazin n; **~ paper/paint** Glanzpapier n/-lack m; **~ print** FOTO Hochglanzbild n
glove [glʌv] s (Finger)handschuh m; **to fit (sb) like a ~** (j-m) wie angegossen passen
glove compartment s AUTO Handschuhfach n
glove puppet Br s Handpuppe f
glow [gləʊ] **A** v/i glühen; *Uhrzeiger* leuchten; *Lampe* scheinen; **she/her cheeks ~ed with health** sie hatte ein blühendes Aussehen; **to ~ with pride** vor Stolz glühen **B** s Glühen n; *von Lampe* Schein m; *von Feuer* Glut f; **her face had a healthy ~** ihr Gesicht hatte eine blühende Farbe
glower ['glaʊəʳ] v/i **to ~ at sb** j-n finster ansehen
glowing ['gləʊɪŋ] adj *Schilderung* begeistert; **to speak of sb/sth in ~ terms** voller Begeisterung von j-m/etw sprechen
glow-worm ['gləʊwɜːm] s Glühwürmchen n
glucose ['gluːkəʊs] s Traubenzucker m
glue [gluː] **A** s Leim m, Klebstoff m, Pick m österr **B** v/t kleben, picken österr; **to ~ sth down/on etw** fest-/ankleben; **to ~ sth to sth** etw an etw (dat) festkleben; **to keep one's eyes ~d to sb/sth** j-n/etw nicht aus den Augen lassen; **he's been ~d to the TV all evening** er hängt schon den ganzen Abend vorm Fernseher umg; **we were ~d to our seats** wir saßen wie gebannt auf unseren Plätzen
glue-sniffing ['gluːsnɪfɪŋ] s (Klebstoff)schnüffeln n, Pickschnüffeln m österr
glue stick s Klebestift m
glum [glʌm] adj ⟨komp glummer⟩ niedergeschlagen
glumly ['glʌmlɪ] adv niedergeschlagen
glut [glʌt] s Schwemme f
glute ['gluːt] umg s ⟨mst pl⟩ Hintern m umg
gluten ['gluːtən] s Gluten n
gluten-free adj glutenfrei
glutinous ['gluːtɪnəs] adj klebrig
glutton ['glʌtn] s Vielfraß m; **she's a ~ for punishment** sie ist die reinste Masochistin umg
gluttonous ['glʌtənəs] wörtl, fig adj unersättlich; *Mensch* gefräßig
gluttony ['glʌtənɪ] s Völlerei f
glycerin(e) ['glɪsərɪːn] s Glyzerin n
GM abk (= genetically modified) **GM foods** pl gentechnisch veränderte Lebensmittel pl
gm abk (= grams, grammes) g
GM food s gentechnisch veränderte Lebensmittel pl
GMO abk (= genetically modified organism) genetisch veränderter Organismus, GVO m
GMT abk (= Greenwich Mean Time) WEZ
gnarled [nɑːld] adj *Baum* knorrig; *Finger* knotig
gnash [næʃ] v/t **to ~ one's teeth** mit den Zähnen knirschen
gnat [næt] s (Stech)mücke f
gnaw [nɔː] **A** v/t nagen an (+dat); *Loch* nagen **B** v/i nagen; **to ~ at** od **on sth** an etw (dat) nagen; **to ~ at sb** fig j-n quälen
gnawing ['nɔːɪŋ] adj *Zweifel, Schmerz* nagend; *Angst* quälend
gnome [nəʊm] s Gnom m, Gartenzwerg m
GNP abk (= gross national product) BSP
GNVQ Br abk (= General National Vocational Qualification) SCHULE ≈ Berufsschulabschluss m
go [gəʊ] ⟨v: prät went; pperf gone⟩ **A** v/i **1** gehen, fahren, fliegen, reisen; *Straße* führen (**to** nach); **the doll goes everywhere with her** sie nimmt die Puppe überallhin mit; **you go first** geh du zuerst!; **you go next** du bist der Nächste; **there you go** bitte; (≈ *rechthaberisch*) na bitte; **here we go again!** umg jetzt geht das schon wieder los! umg; **let's go!** lass uns gehen!; **where do we go from here?** wörtl wo gehen wir anschließend hin?; *fig* und was (wird) jetzt?; **to go to church/school** in die Kirche/Schule gehen; **to go to school in Oxford** die Schule in Oxford besuchen; **to go to evening classes** Abendkurse besuchen; **to go to work** zur Arbeit gehen; **what shall I go in?** was soll ich anziehen?; **the garden goes down to the river** der Garten geht bis zum Fluss hinunter; **to go to France** nach Frankreich fahren; **I have to go to the doctor** ich muss zum Arzt (gehen); **to go to war** Krieg führen (**over** wegen); **to go to sb for sth** j-n wegen etw fragen, bei j-m etw holen; **to go on a journey** eine Reise machen; **to**

go on a course einen Kurs machen; **to go on holiday** *Br*, **to go on vacation** *US* in Urlaub gehen; **to go for a walk** spazieren gehen; **to go for a newspaper** eine Zeitung holen gehen; **go and shut the door** mach mal die Tür zu; **he's gone and lost his new watch** *umg* er hat seine neue Uhr verloren; **now you've gone and done it!** *umg* na, jetzt hast du es geschafft!; **to go shopping** einkaufen gehen; **to go looking for sb/sth** nach j-m/etw suchen **2** gehen, (ab)fahren, (ab)fliegen; **has he gone yet?** ist er schon weg?; **we must go** *od* **be going** *umg* wir müssen gehen; **go!** SPORT los!; **here goes!** jetzt geht's los! *umg* **3** verschwinden, aufgebraucht werden; *Zeit* vergehen; **it is** *od* **has gone** es ist weg, es ist verschwunden; **where has it gone?** wo ist es geblieben?; **all his money goes on computer games** er gibt sein ganzes Geld für Computerspiele aus; **£75 a week goes on rent** £ 75 die Woche sind für die Miete (weg); **it's just gone three** es ist kurz nach drei; **two days to go till ...** noch zwei Tage bis ...; **two exams down and one to go** zwei Prüfungen geschafft und eine kommt noch **4** verschwinden, abgeschafft werden; **that settee will have to go** das Sofa muss weg; **hundreds of jobs will go** Hunderte von Stellen werden verloren gehen **5** (≈ *sich verkaufen*) **the hats aren't going very well** die Hüte gehen nicht sehr gut (weg); **it went for £5** es ging für £ 5 weg; **how much did the house go for?** für wie viel wurde das Haus verkauft?; **going, going, gone!** zum Ersten, zum Zweiten, zum Dritten!; **he has gone so far as to accuse me** er ist so weit gegangen, mich zu beschuldigen **6** *Preis etc* gehen (**to** an +*akk*) **7** *Uhr* gehen; *Auto, Maschine* laufen; **to make sth go** etw in Gang bringen; **to get going** in Schwung kommen; **to get sth going** etw in Gang bringen, etw in Fahrt bringen; **to keep going** weitermachen; *Maschine* weiterlaufen; *Auto* weiterfahren; **keep going!** weiter!; **to keep the fire going** das Feuer anbehalten; **this prospect kept her going** diese Aussicht hat sie durchhalten lassen; **here's £50 to keep you going** hier hast du erst mal £ 50 **8** *Veranstaltung, Abend* verlaufen; **how does the story go?** wie war die Geschichte noch mal?; **we'll see how things go** *umg* wir werden sehen, wie es läuft *umg*; **the way things are going I'll ...** so wie es aussieht, werde ich ...; **she has a lot going for her** sie ist gut dran; **how's it going?** *umg* wie geht's (denn so)? *umg*; **how did it go?** wie war's?; **how's the essay going?** was macht der Aufsatz?; **to go well** gut gehen; **everything is going well** alles läuft gut; **if everything goes well** wenn alles gut geht **9** (≈ *nicht mehr funktionieren*) kaputtgehen; *Kräfte, Augenlicht* nachlassen; *Bremsen* versagen; **his mind is going** er lässt geistig sehr nach **10** werden; **to go hard/bad/deaf/blind/crazy/weak** hart/schlecht/taub/blind/verrückt/schwach werden; **to go red (in the face)** rot werden; **to go hungry** hungern; **I went cold** mir wurde kalt; **to go to sleep** einschlafen **11** gehen, passen, hingehören; *in Schublade etc* (hin)kommen; (≈ *harmonieren*) dazu passen; **4 into 12 goes 3** 4 geht in 12 dreimal; **4 into 3 won't go** 3 durch 4 geht nicht **12** (≈ *Geräusch verursachen*) machen; **to go bang** peng machen; **there goes the bell** es klingelt **13** **anything goes!** alles ist erlaubt; **that goes for me too** das meine ich auch; **there are several jobs going** es sind mehrere Stellen zu haben; **coffee to go** *US* Kaffee *m* zum Mitnehmen; **the money goes to help the poor** das Geld soll den Armen helfen; **the money will go toward(s) a new car** das ist Geld für ein neues Auto; **he's not bad as bosses go** verglichen mit anderen Chefs ist er nicht übel **B** *v*/*aux* **I'm/I was going to do it** ich werde/wollte es tun; **I had been going to do it** ich habe es tun wollen; **what are you going to do?** was wirst/willst du tun?; **it's going to rain** es wird wohl regnen **C** *v*/*t* **1** *Strecke* gehen; *Auto* fahren; **to go it alone** sich selbstständig machen; **my mind went a complete blank** ich hatte ein Brett vor dem Kopf *umg* **2** *umg* sagen **D** *s* ⟨*pl* **goes**⟩ **1** *umg* Schwung *m*; **to be on the go** auf Trab sein *umg*; **he's got two women on the go** er hat zwei Frauen gleichzeitig; **it's all go** es ist immer was los *umg* **2** Versuch *m*; **at the first go** auf Anhieb *umg*; **at the second go** beim zweiten Versuch; **to have a go** *Br* es probieren; **to have a go at sth, to give sth a go** etw versuchen; **to have a go at doing sth** versuchen, etw zu tun; **have a go!** versuch's *od* probier's doch mal!; **to have a go at sb** *umg* j-n runterputzen *umg* **3** **it's your go** du bist an der Reihe; **miss one go** *Br* einmal aussetzen; **can I have a go?** darf ich mal? **4** **to make a go of sth** in etw (*dat*) Erfolg haben; **from the word go** von Anfang an

phrasal verbs mit go:

go about A *v*/*i* **1** *Br* herumlaufen; **to go about with sb** mit j-m zusammen sein **2** *Br Grippe etc* umgehen **B** *v*/*i* (+*obj*) **1** *Aufgabe* anpacken; **how does one go about finding a job?** wie bekommt man eine Stelle? **2** *Arbeit* erledigen; **to go about one's business** sich um seine eigenen Geschäfte kümmern

go across A *v*/*i* (+*obj*) überqueren **B** *v*/*i* hinübergehen, hinüberfahren

go after v/i ⟨+obj⟩ **1** nachgehen (+dat), nachfahren (+dat); **the police went after the escaped criminal** die Polizei hat den entkommenen Verbrecher gejagt **2** anstreben

go against v/i ⟨+obj⟩ **1** Glück sein gegen; *Ereignisse* ungünstig verlaufen für; **the verdict went against her** das Urteil fiel zu ihren Ungunsten aus; **the vote went against her** sie verlor die Abstimmung **2** im Widerspruch stehen zu; *Prinzipien* gehen gegen; *j-m* sich widersetzen (+dat); *j-s Wünschen* zuwiderhandeln (+dat)

go ahead v/i **1** vorangehen; *in Rennen* sich an die Spitze setzen; (≈ *früher*) vorausgehen, vorausfahren; **to go ahead of sb** vor j-m gehen, sich vor j-n setzen, j-m vorausgehen/-fahren **2** es machen; *Projekt* vorangehen; *Veranstaltung* stattfinden; **go ahead!** nur zu!; **to go ahead with sth** etw durchführen

go along v/i **1** entlanggehen; *zu Konzert etc* hingehen; **to go along to sth** zu etw gehen; **as one goes along** nach und nach, nebenbei; **I made the story up as I went along** ich habe mir die Geschichte beim Erzählen ausgedacht **2** mitgehen, mitziehen (**with** mit) **3** zustimmen (**with** +dat), mitmachen (**with** mit)

go around v/i → go about A; → go round

go at v/t angreifen

go away v/i (weg)gehen; *auf Urlaub* wegfahren

go back v/i **1** zurückgehen, zurückkehren (**to** zu); **they have to go back to Germany/school** sie müssen wieder nach Deutschland zurück/zur Schule; **when do the schools go back?** wann fängt die Schule wieder an?; **to go back to the beginning** wieder von vorn anfangen; **there's no going back** es gibt kein Zurück mehr **2** zeitlich zurückreichen (**to** bis zu); **we go back a long way** wir kennen uns schon ewig **3** *Uhr* zurückgestellt werden

go back on v/i ⟨+obj⟩ zurücknehmen; *Entscheidung a.* rückgängig machen; **I never go back on my word** was ich versprochen habe, halte ich auch

go before **A** v/i vorangehen; **everything that had gone before** alles Vorhergehende **B** v/i ⟨+obj⟩ **to go before the court** vor Gericht erscheinen

go beyond v/i ⟨+obj⟩ hinausgehen über (+akk)

go by **A** v/i vorbeigehen (*obj* an +dat), vorbeifahren (*obj* an +dat); *Zeit* vergehen; **as time went by** mit der Zeit; **in days gone by** in längst vergangenen Tagen **B** v/i ⟨+obj⟩ **1** *bei Entscheidung etc* gehen nach; *Regeln* sich halten an (+akk); **if that's anything to go by** wenn man danach gehen kann; **going by what he said** nach dem, was er sagte **2** **to**

go by the name of Smith Smith heißen

go down v/i **1** hinuntergehen (*obj* +akk), hinunterfahren (*obj* +akk); *Straße* entlanggehen; *Sonne, Schiff* untergehen; *Flugzeug* abstürzen; **to go down on one's knees** sich hinknien; *um sich zu entschuldigen* auf die Knie fallen **2** (≈ *akzeptiert werden*) ankommen (**with** bei); **that won't go down well with him** das wird er nicht gut finden **3** *Flut, Schwellung* zurückgehen; *Preise* sinken; **he has gone down in my estimation** er ist in meiner Achtung gesunken; **to go down in history** in die Geschichte eingehen; **to go down with a cold** eine Erkältung bekommen **4** gehen (**to** bis); **I'll go down to the bottom of the page** ich werde die Seite noch fertig machen **5** IT ausfallen **6** SPORT absteigen; *in Spiel* verlieren; **they went down 2-1 to Rangers** sie verloren 2:1 gegen Rangers

go for v/i ⟨+obj⟩ **1** *umg* (≈ *angreifen*) losgehen auf (+akk) *umg*, angehen **2** *umg* gut finden; (≈ *auswählen*) nehmen; sich entscheiden für; **go for it!** nichts wie ran! *umg*

go in v/i **1** hineingehen **2** *Sonne* verschwinden **3** hineinpassen

go in for v/i ⟨+obj⟩ **1** *Wettbewerb* teilnehmen an (+dat) **2** **to go in for sports** sich für Sport interessieren

go into v/i ⟨+obj⟩ **1** *Haus, Politik* gehen in (+akk); *Militär etc* gehen zu; **to go into teaching** Lehrer(in) werden **2** *Auto* (hinein)fahren in (+akk); *Mauer* fahren gegen **3** *Koma* fallen in (+akk); **to go into hysterics** hysterisch werden **4** sich befassen mit, abhandeln; **to go into detail** auf Einzelheiten eingehen; **a lot of effort has gone into it** da steckt viel Mühe drin

go off **A** v/i **1** weggehen, wegfahren (**on** mit); **he went off to the States** er fuhr in die Staaten; **to go off with sb/sth** mit j-m/etw auf und davon gehen *umg* **2** *Licht* ausgehen; *Strom* wegbleiben **3** *Waffe etc* losgehen; *Bombe* explodieren; *Handy, Wecker* klingeln **4** Br *Lebensmittel* schlecht werden; *Milch* sauer werden **5** verlaufen; **to go off well/badly** gut/schlecht gehen **B** v/i ⟨+obj⟩ Br nicht mehr mögen; **I've gone off him** ich mache mir nichts mehr aus ihm

go on **A** v/i **1** passen (*obj* auf +akk) **2** *Licht* angehen **3** weitergehen, weiterfahren; **to go on with sth** mit etw weitermachen; **to go on doing sth** etw weiter tun; **to go on trying** es weiter(hin) versuchen; **go on with your work** arbeitet weiter; **to go on speaking** weitersprechen; **go on, tell me!** na, sag schon!; **to have enough to be going on with** fürs Erste genug haben; **to go on to do sth** dann etw tun; **he went on to say that ...** dann sagte er, dass ...; **I can't go on** ich kann nicht mehr **4** unaufhörlich reden; **don't go on (about it)** nun hör aber (damit) auf; **to go on about sb/sth** stundenlang von j-m/etw erzählen 5 passieren; *Party etc* im Gange sein; **this has been going on for a long time** das geht schon lange so; **what's going on here?** was ist denn hier los? 6 *Zeit* vergehen; **as time goes on** im Laufe der Zeit 7 THEAT auftreten B v/i ⟨+obj⟩ 1 *Bus, Fahrrad* fahren mit; *Fahrt* machen; **to go on the swings** auf die Schaukel gehen 2 gehen; **we've got nothing to go on** wir haben keine Anhaltspunkte 3 **to go on the dole** Br stempeln gehen *umg*; **to go on a diet** eine Schlankheitskur machen; **to go on the pill** die Pille nehmen; **to go on television** im Fernsehen auftreten 4 (≈ *sich nähern*) *Alter* zugehen auf (+akk)

go on at v/t herumhacken auf +akk

go on for v/i ⟨+obj⟩ *Alter* zugehen auf (+akk); **there were going on for twenty people there** es waren fast zwanzig Leute da

go out v/i 1 hinausgehen; **to go out of a room** aus einem Zimmer gehen 2 weggehen; *ins Theater etc, a. Feuer* ausgehen; *mit Freundin* gehen; **to go out for a meal** essen gehen; **to go out to work** arbeiten gehen; **to go out on strike** in den Streik treten 3 *Flut* zurückgehen 4 **my heart went out to him** ich fühlte mit ihm mit; **the fun had gone out of it** es machte keinen Spaß mehr 5 SPORT ausscheiden 6 **to go all out** sich ins Zeug legen (**for** für) 7 RADIO, TV *Sendung* ausgestrahlt werden

go out with v/t *Freund/Freundin* gehen mit

go over A v/i 1 hinübergehen, hinüberfahren 2 *zu anderer Ansicht, Diät* übergehen (**to** zu) 3 TV, RADIO in anderes Studio etc umschalten B v/i ⟨+obj⟩ durchgehen; **to go over sth in one's mind** sich etw überlegen

go past v/i vorbeigehen (*obj* an +*dat*); *Auto* vorbeifahren (*obj* an +*dat*); *Zeit* vergehen

go round bes Br v/i 1 sich drehen 2 (≈ *Umweg machen*) **to go round sth** um etw herumgehen/-fahren; **to go round the long way** ganz außen herumgehen/-fahren 3 (≈ *besuchen*) vorbeigehen (**to** bei) 4 *in Museum etc* herumgehen (*obj* in +*dat*) 5 (aus)reichen; **there's enough food to go round** es ist genügend zu essen da 6 ⟨+obj⟩ (≈ *einkreisen*) herumgehen um 7 → **go about** A

go through A v/i durchgehen; *Geschäft* abgeschlossen werden; *Scheidung, Gesetz* durchkommen; SPORT sich qualifizieren (**to** für) B v/i ⟨+obj⟩ 1 *Loch, Zoll* gehen durch 2 *Formalitäten* durchmachen 3 *Liste* durchgehen 4 *Tasche* durchsuchen 5 aufbrauchen; *Geld* ausgeben

go through with v/i ⟨+obj⟩ *Verbrechen* ausführen; **she couldn't go through with it** sie brachte es nicht fertig

go together v/i zusammenpassen

go under A v/i untergehen; *Firma* eingehen *umg* B v/i ⟨+obj⟩ 1 durchgehen unter (+*dat*); größenmäßig passen unter (+*akk*) 2 **to go under the name of Jones** als Jones bekannt sein

go up v/i 1 *Preis* steigen 2 hinaufsteigen (*obj* +*akk*); **to go up to bed** nach oben gehen und schlafen 3 *Aufzug* (≈ *nach Norden reisen*) hochfahren; THEAT *Vorhang* hochgehen; *Häuser* gebaut werden 4 **to go up in flames** in Flammen aufgehen 5 *Jubel* ertönen

go with v/i ⟨+obj⟩ 1 j-m gehen mit 2 passen zu

go without A v/i ⟨+obj⟩ nicht haben; auskommen ohne; **to go without food** nichts essen; **to go without breakfast** nicht frühstücken; **to have to go without sth** auf etw (*akk*) verzichten müssen B v/i darauf verzichten

goad [gəʊd] v/t aufreizen; **to ~ sb into sth** j-n zu etw anstacheln

go-ahead ['gəʊəhed] A adj fortschrittlich B s **to give sb/sth the ~** j-m/für etw grünes Licht geben

goal [gəʊl] s 1 SPORT Tor *n*; **to score a ~** ein Tor erzielen 2 Ziel *n*; **to set (oneself) a ~** (sich *dat*) ein Ziel setzen

goal area s Torraum *m*

goal difference s Tordifferenz *f*

goalie ['gəʊlɪ] *umg* s Tormann *m*/-frau *f*

goalkeeper s Torhüter(in) *m(f)*

goal kick s Abstoß *m* (vom Tor)

goal line s Torlinie *f*

goal-line technology s SPORT Torlinientechnik *f*

goalmouth s unmittelbarer Torbereich

goalpost s Torpfosten *m*; **to move the ~s** *fig umg* die Spielregeln (ver)ändern

goat [gəʊt] s Ziege *f*; **to get sb's ~** *umg* j-n auf die Palme bringen *umg*

goatee (beard) [gəʊˈtiː(ˌbɪəd)] s Spitzbart *m*

goat's cheese s Ziegenkäse *m*

gob s Br *umg* (≈ *Mund*) Schnauze *f umg*; **shut your gob!** halt die Schnauze! *umg*

gobble ['gɒbl] v/t verschlingen

phrasal verbs mit gobble:
gobble down v/t ⟨*trennb*⟩ hinunterschlingen
gobble up v/t ⟨*trennb*⟩ verschlingen

gobbledegook, **gobbledygook** ['gɒbldɪˌguːk] *umg* s Kauderwelsch *n*

go-between ['gəʊbɪˌtwiːn] s ⟨*pl* -s⟩ Vermittler(in) *m(f)*

goblet ['gɒblɪt] s Pokal *m*

goblin ['gɒblɪn] s Kobold *m*

gobsmacked ['gɒbsmækt] *umg adj* platt *umg*
go-cart ['gəʊkɑːt] *s für Kinder* Seifenkiste *f*; SPORT Gokart *m*
god [gɒd] *s* Gott *m*; **God willing** so Gott will; **God (only) knows** *umg* wer weiß; **my God!** mein Gott!; **for God's sake!** *umg* um Himmels willen *umg*; **what/why in God's name ...?** um Himmels willen, was/warum ...?
god-awful *umg adj* beschissen *umg*
godchild *s* Patenkind *n*
goddammit [ˌgɒdˈdæmɪt] *int* verdammt noch mal! *umg*
goddamn *adj*, **goddam** *bes US umg adj* gottverdammt *umg*; **it's no ~ use!** es hat überhaupt keinen Zweck, verdammt noch mal! *umg*
goddamned *adj* → goddamn
goddaughter *s* Patentochter *f*
goddess ['gɒdɪs] *s* Göttin *f*
godfather *s* Pate *m*; **my ~** mein Patenonkel *m*
godforsaken ['ˌ] *umg adj* gottverlassen
godless *adj* gottlos
godmother *s* Patin *f*; **my ~** meine Patentante *f*
godparent *s* Pate *m*, Patin *f*
godsend *s* Geschenk *n* des Himmels
godson *s* Patensohn *m*
-goer *s* ⟨*suf*⟩ -gänger(in) *m(f)*; **cinemagoer** *Br* Kinogänger(in) *m(f)*
goes [gəʊz] ⟨3. Person sg präs⟩ → go
gofer ['gəʊfə(r)] *s umg* Mädchen *n* für alles
go-getter ['gəʊgetə^r] *umg s* Ellbogentyp *m pej umg*
goggle ['gɒgl] *v/i* starren; **to ~ at sb/sth** j-n/etw anstarren
goggles ['gɒglz] *pl* Schutzbrille *f*
going ['gəʊɪŋ] **A** *ppr* → **go B** *s* **1** Weggang *m* **2** **it's slow ~** es geht nur langsam voran; **that's good ~** das ist ein flottes Tempo; **it's heavy ~ talking to him** es ist sehr mühsam, sich mit ihm zu unterhalten; **while the ~ is good** (noch) rechtzeitig **C** *adj* **1** Satz, Rate üblich **2** *nach sup umg* **the best thing ~** das Beste überhaupt **3** **to sell a business as a ~ concern** ein bestehendes Unternehmen verkaufen
going-over [ˌgəʊɪŋˈəʊvə^r] *s* Untersuchung *f*; **to give sth a good ~** Vertrag etc etw gründlich prüfen; beim Putzen etc. etw gründlich reinigen
goings-on [ˌgəʊɪŋˈzɒn] *umg pl* Dinge *pl*
goji berry ['gəʊdʒɪ] *s* Gojibeere *f*
go-kart ['gəʊˌkɑːt] *s* Gokart *m*
gold [gəʊld] **A** *s* **1** Gold *n* **2** *umg* Goldmedaille *f* **B** *adj* golden; **~ jewellery** *Br*, **~ jewelry** *US* Goldschmuck *m*; **~ coin** Goldmünze *f*
gold disc *s* goldene Schallplatte
gold dust *s* **to be (like) ~** *fig* sehr schwer zu finden sein
golden ['gəʊldən] *adj* golden; *Haare* goldblond;

fry until ~ anbräunen; **a ~ opportunity** eine einmalige Gelegenheit
golden age *fig s* Blütezeit *f*
golden eagle *s* Steinadler *m*
golden handshake *s* großzügige Abfindung
golden jubilee *s* goldenes Jubiläum
golden rule *s* goldene Regel; **my ~ is never to ...** ich mache es mir zu Regel, niemals zu ...
golden syrup *Br s* (gelber) Sirup
golden wedding (anniversary) *s* goldene Hochzeit
goldfish *s* ⟨*pl* -⟩ Goldfisch *m*
goldfish bowl *s* Goldfischglas *n*
gold leaf *s* Blattgold *n*
gold medal *s* Goldmedaille *f*
gold medallist *s* Goldmedaillengewinner(in) *m(f)*
gold mine *s* Goldgrube *f*
gold-plate *v/t* vergolden
gold rush *s* Goldrausch *m*
goldsmith *s* Goldschmied(in) *m(f)*
golf [gɒlf] *s* Golf *n*
golf bag *s* Golftasche *f*
golf ball *s* Golfball *m*
golf buggy *s* Golfwagen *m*
golf club *s* **1** Golfschläger *m* **2** Golfklub *m*
golf course *s* Golfplatz *m*
golfer ['gɒlfə^r] *s* Golfer(in) *m(f)*
gondola ['gɒndələ] *s* Gondel *f*
gone [gɒn] **A** *pperf* → **go B** *adj* ⟨*präd*⟩ *umg* (≈ *schwanger*) **she was 6 months ~** sie war im 7. Monat **C** *präp* **it's just ~ three** es ist gerade drei Uhr vorbei
gong [gɒŋ] *s* **1** Gong *m* **2** *Br umg* (≈ *Medaille*) Blech *n umg*
gonna ['gɒnə] *abk* (= going to) werde; wirst; wird; werden; werdet; werden
gonorrhoea [ˌgɒnəˈrɪə] *s*, **gonorrhea** *US s* Gonorrhö *f*, Tripper *m*
goo [guː] *umg s* ⟨*kein pl*⟩ Schmiere *f umg*
good [gʊd] **A** *adj* ⟨*komp* **better**; *sup* **best**⟩ **1** gut; **that's a ~ one!** das ist ein guter Witz, der ist gut *umg*; *mst iron bei Ausrede* wer's glaubt, wird selig! *umg*; **you've done a ~ day's work** du hast gute Arbeit (für einen Tag) geleistet; **a ~ meal** eine ordentliche Mahlzeit; **to be ~ with people** gut mit Menschen umgehen können; **it's too ~ to be true** es ist schön, um wahr zu sein; **to be ~ for sb** gut für j-n sein; **it's a ~ thing** *od* **job I was there** (nur) gut, dass ich dort war; **~ nature** Gutmütigkeit *f*; **to be ~ to sb** gut zu j-m sein; **that's very ~ of you** das ist sehr nett von Ihnen; **(it was) ~ of you to come** nett, dass Sie gekommen sind; **would you be ~ enough to tell me ...** wären Sie so nett, mir zu sagen ... *a. iron*; **~ old Charles!** der gute alte

goodbye – gorge

Charles!; **the car is ~ for another few years** das Auto hält noch ein paar Jahre; **she's ~ for nothing** sie ist ein Nichtsnutz; **that's always ~ for a laugh** darüber kann man immer lachen; **to have a ~ cry** sich ausweinen; **to have a ~ laugh** so richtig lachen *umg*; **to take a ~ look at sth** sich (*dat*) etw gut ansehen; **it's a ~ 8 km** es sind gute 8 km; **a ~ many people** ziemlich viele Leute; **~ morning** guten Morgen; **to be ~ at sth** gut in etw (*dat*) sein, etw gut können; **to be ~ at sport/languages** gut im Sport/in Sprachen sein; **to be ~ at sewing** gut nähen können; **I'm not very ~ at it** ich kann es nicht besonders gut; **that's ~ enough** das reicht; **if he gives his word, that's ~ enough for me** wenn er sein Wort gibt, reicht mir das; **it's just not ~ enough!** so geht das nicht!; **to feel ~** sich wohlfühlen; **I don't feel too ~ about it** mir ist nicht ganz wohl dabei; **to make ~** *Fehler* wiedergutmachen; *Drohung* wahr machen; **to make ~ one's losses** seine Verluste wettmachen; **as ~ as new** so gut wie neu; **he as ~ as called me a liar** er nannte mich praktisch einen Lügner **2** *Urlaub, Abend* schön; **did you have a ~ day?** wie war's heute?; **to have a ~ time** sich gut amüsieren; **have a ~ time!** viel Spaß! **3** artig; **(as) ~ as gold** mustergültig; **be a ~ girl/boy and ...** sei so lieb und ...; **~ girl/boy!** gut!; **that's a ~ dog!** guter Hund! **4** *Auge, Bein* gesund **5** gut, prima; **(it's) ~ to see you** (es ist) schön, dich zu sehen; **~ grief** *od* **gracious!** *umg* ach du liebe Güte! *umg*; **~ for you!** *etc* gut!, prima! **6** schön; **a ~ strong stick** ein schön(er) starker Stock; **~ and hard** ganz schön fest *umg*; **~ and proper** *umg* ganz anständig *umg* **B** *adv* gut; **how are you? — ~!** wie geht's? — gut! **C** *s* **1** Gute(s) *n*; **~ and evil** Gut und Böse; **to do ~** Gutes tun; **to be up to no ~** *umg* nichts Gutes im Schilde führen *umg* **2** Wohl *n*; **for the ~ of the nation** zum Wohl(e) der Nation; **for their own ~** zu ihrem Besten; **I did it for your own ~** ich habe es nur gut mit dir gemeint; **for the ~ of one's health** *etc* seiner Gesundheit *etc* zuliebe; **he'll come to no ~** mit ihm wird es noch ein böses Ende nehmen; **what's the ~ of hurrying?** wozu eigentlich die Eile?; **if that is any ~ to you** wenn es dir hilft; **to do (some) ~** (etwas) helfen *od* nützen; **to do sb ~** j-m helfen; *Ruhe, Arznei* j-m guttun; **what ~ will that do you?** was hast du davon?; **this computer's no ~** dieser Computer ist nutzlos; **that's no ~** das ist nichts; **he's no ~ to us** er nützt uns (*dat*) nichts; **it's no ~ doing it like that** es hat keinen Sinn, das so zu machen; **he's no ~ at it** er kann es nicht gut **3 for ~** für immer

goodbye [gʊdˈbaɪ] **A** *s* Abschied *m*; **to say ~** sich verabschieden; **to wish sb ~, to say ~ to sb** sich von j-m verabschieden; **to say ~ to sth** einer Sache (*dat*) Lebewohl sagen **B** *int bei Sie-Anrede* auf Wiedersehen!; *bei du-Anrede* tschüs(s)!, servus! *österr* **C** *adj* ⟨*attr*⟩ Abschieds-

good-for-nothing *s* Nichtsnutz *m*, Fink *m schweiz*

Good Friday *s* Karfreitag *m*

good-hearted [ˌgʊdˈhɑːtɪd] *adj* gutherzig

good-humoured *adj*, **good-humored** *US adj* gutmütig, gut gelaunt; *Veranstaltung* friedlich

good-looking *adj* gut aussehend

good-natured *adj* gutmütig; *Demonstration* friedlich; *Spaß* harmlos

goodness [ˈgʊdnɪs] *s* Güte *f*; **out of the ~ of his/her heart** aus reiner Herzensgüte; **~ knows** weiß der Himmel *umg*; **for ~' sake** um Himmels willen *umg*; **(my) ~!** meine Güte! *umg*

goodnight [gʊdˈnaɪt] *adj* ⟨*attr*⟩ **~ kiss** Gutenachtkuss *m*

goods [gʊdz] *pl* Güter *pl*; **leather ~** Lederwaren *pl*; **stolen ~** Diebesgut *n*; **~ train** Güterzug *m*; **if we don't come up with the ~ on time** *umg* wenn wir es nicht rechtzeitig schaffen

goods depot *s Br* Güterbahnhof *m*

good-sized *adj* ziemlich groß

goods traffic *s* Güterverkehr *m*

goods train *s Br* Güterzug *m*

goods truck *s Br* Güterwagen *m*

good-tempered *adj* verträglich; *Tier* gutartig; *Verhalten* gutmütig

goodwill *s* Wohlwollen *n*; *zwischen Nationen* Goodwill *m*; **a gesture of ~** ein Zeichen seines/ihres *etc* guten Willens

goody [ˈgʊdɪ] *umg s* Leckerbissen *m*, Süßigkeit *s*

goody-goody *umg s* Musterkind *n umg*

gooey [ˈguːɪ] *umg adj* ⟨+*er*⟩ klebrig

goof [guːf] *umg v/i* **1** danebenhauen *umg* **2** *US a.* **~ around** (herum)trödeln; **to ~ off** abzwitschern *umg*

goofy [ˈguːfɪ] *adj* ⟨*komp* goofier⟩ *umg* doof *umg*

google® [ˈguːgl] *v/t IT* googeln® nach; mit Google® im Internet suchen

goose [guːs] *s* ⟨*pl* geese⟩ Gans *f*

gooseberry [ˈgʊzbərɪ] *s* Stachelbeere *f*

goose bumps *pl*, **goose flesh** *s* Gänsehaut *f*

goose pimples *Br pl* Gänsehaut *f*

goose-step *v/i* im Stechschritt marschieren

gopher [ˈgəʊfəʳ] *s* Taschenratte *f*

gore¹ [gɔːʳ] *liter s* Blut *n*

gore² *v/t* durchbohren

gorge [gɔːdʒ] **A** *s* GEOG Schlucht *f* **B** *v/r* schlemmen; **to ~ (oneself) on sth** etw verschlingen

gorgeous ['gɔːdʒəs] *adj* **1** herrlich **2** *umg* hinreißend; *Geschenk* toll *umg*; **his new girlfriend is ~** seine neue Freundin sieht klasse aus *umg*

gorilla [gə'rɪlə] *s* Gorilla *m*

gormless ['gɔːmlɪs] *adj Br umg adj* doof *umg*

gory ['gɔːrɪ] *adj* blutrünstig; *Mord, Tat* blutig

gosh [gɒʃ] *int* Mensch *umg*, Mann *umg*

go-slow *s* Bummelstreik *m*

gospel ['gɒspəl] *s* BIBEL Evangelium *n*; **the Gospels** die Evangelien *pl*

gospel truth *umg s* reine Wahrheit

gossip ['gɒsɪp] **A** *s* **1** ⟨*kein pl*⟩ Klatsch *m*, Schwatz *m*; **to have a ~ with sb** mit j-m schwatzen **2** Klatschbase *f* **B** *v/i* schwatzen, klatschen

gossip column *s* Klatschkolumne *od* -spalte *f*

gossip columnist *s* Klatschkolumnist(in) *m(f)*

gossipy ['gɒsɪpɪ] *adj Mensch* schwatzhaft; *Stil* plaudernd

got [gɒt] *prät & pperf* → get

Gothic ['gɒθɪk] *adj* gotisch

gotta ['gɒtə] *abk* (= got to) **I ~ go** ich muss gehen

gotten ['gɒtn] *bes US pperf* → get

gouge [gaʊdʒ] *v/t* bohren; **the river ~d a channel in the mountainside** der Fluss grub sich (*dat*) sein Bett in den Berg

phrasal verbs mit gouge:

gouge out *v/t* ⟨*trennb*⟩ herausbohren; **to gouge sb's eyes out** j-m die Augen ausstechen

goulash ['guːlæʃ] *s* Gulasch *n*

gourd [gʊəd] *s* Flaschenkürbis *m*; *getrocknet* Kürbisflasche *f*

gourmet ['gʊəmeɪ] *s* Feinschmecker(in) *m(f)*

gout [gaʊt] *s* MED Gicht *f*

Gov *abk* → governor

govern ['gʌvən] **A** *v/t* **1** regieren; *Provinz, Schule* verwalten **2** *Gesetze* bestimmen; *Entscheidung, Handlung* beeinflussen **B** *v/i* POL regieren

governess ['gʌvənɪs] *s* Gouvernante *f*

governing body *s* leitendes Gremium

government ['gʌvənmənt] **A** *s* **1** Regierung *f*; **the Government is** *od* **are planning new taxes** die Regierung plant neue Steuern **2** Regierungsform *f* **B** *attr* Regierungs-, der Regierung; **~ official** Regierungsbeamter *m*/-beamtin *f*; **~ backing** staatliche Unterstützung; **~ intervention** staatlicher Eingriff

governmental [ˌgʌvən'mentl] *adj* Regierungs-; **~ responsibility** Regierungsverantwortung *f*

government department *s* Ministerium *n*

government-funded *adj* mit staatlichen Mitteln finanziert

government spending *s* öffentliche Ausgaben *pl*

governor ['gʌvənə'] *s* **1** Gouverneur(in) *m(f)* **2** *bes Br von Gefängnis* Direktor(in) *m(f); von Schule* ≈ Mitglied *n* des Schulbeirats; **the (board of) ~s** der Vorstand; *von Schule* ≈ der Schulbeirat

governor general *s* Generalgouverneur(in) *m(f)*

govt *abk* (= government) Reg.

gown [gaʊn] *s* Kleid *n*; (≈ *Abendkleid*) Robe *f*; *in Krankenhaus* Kittel *m*; *von Richter* Talar *m*; **wedding ~** Hochzeitskleid *n*

GP *Br abk* (= general practitioner) **to go to one's GP** zu seinem Hausarzt/seiner Hausärztin gehen

GPS *abk* (= global positioning system) GPS *n*

GPS device *s* GPS-Gerät *n*

GPS-enabled *adj Handy, Handheld, Kamera* mit Navi, mit GPS

GPS-equipped phone *s* GPS-Handy *n*

GPS tracker *s* GPS-Tracker *m*, Ortungsgerät *n*

grab [græb] **A** *s* **to make a ~ at** *od* **for sth** nach etw greifen; **to be up for ~s** *umg*, *umg* zu haben sein **B** *v/t* **1** packen, wegschnappen *umg*; *umg* (≈ *fangen*) schnappen *umg*; *Gelegenheit* beim Schopf ergreifen *umg*; **he ~bed (hold of) my sleeve** er packte mich am Ärmel; **I'll just ~ a sandwich** *umg* ich esse nur schnell ein Sandwich **2** *umg* **how does that ~ you?** wie findest du das? **C** *v/i* **to ~ at** greifen nach; **he ~bed at the chance of promotion** er ließ sich die Chance, befördert zu werden, nicht entgehen

grace [greɪs] **A** *s* **1** ⟨*kein pl*⟩ Anmut *f*; **to do sth with (a) good/bad ~** etw anstandslos/widerwillig *od* unwillig tun **2** Zahlungsfrist *f*; **to give sb a few days' ~** j-m ein paar Tage Zeit lassen **3** **to say ~** das Tischgebet sprechen **4** Gnade *f*; **by the ~ of God** durch die Gnade Gottes; **to fall from ~** in Ungnade fallen **B** *v/t* beehren (**with** mit); *Empfang etc* sich (*dat*) die Ehre geben bei (+*dat*)

graceful *adj* anmutig; *Verbeugung, Benehmen* elegant

gracefully *adv* **1** anmutig **2** akzeptieren *etc* anstandslos; **to grow old ~** in Würde alt werden

gracious ['greɪʃəs] **A** *adj form* (≈ *höflich*) liebenswürdig **B** *int obs* **good** *od* **goodness ~ (me)!** ach du meine Güte!

gradation [grə'deɪʃən] *s* Abstufung *f*

grade [greɪd] **A** *s* **1** Niveau *n*; *von Waren* (Güte)klasse *f*; **to make the ~** *fig* es schaffen *umg* **2** (≈ *beruflich*) Position *f*, Rang *m*, Gehaltsstufe *f* **3** SCHULE Note *f*; *bes US* Klasse *f*; **to get good/poor ~s** gute/schlechte Noten bekommen **4** *US* Neigung *f* **B** *v/t* **1** *Waren* klassifizieren; *Schüler* einstufen **2** *US* SCHULE benoten

grade crossing *US s* Bahnübergang *m*

-grader [-greɪdə'] *s* ⟨*suf*⟩ *US* SCHULE -klässler(in)

m(f); **sixth-grader** Sechstklässler(in) *m(f)*
grade school *US s* ≈ Grundschule *f*
gradient ['greɪdɪənt] *bes Br s* Neigung *f*; **a ~ of 1 in 10** eine Steigung/ein Gefälle von 10%
gradual ['grædjʊəl] *adj* allmählich; *Fortschritt* langsam; *Abhang* sanft
gradually ['grædjʊəlɪ] *adv* allmählich; *abfallen* sanft
graduate¹ A ['grædjʊɪt] *s Br* UNIV (Hochschul-)absolvent(in) *m(f)*, Akademiker(in) *m(f)*; *US* SCHULE Schulabgänger(in) *m(f)*; **high-school ~** Abiturient(in) *m(f)*, ≈ Maturant(in) *m(f) österr, schweiz* B ['grædjʊeɪt] *v/i* UNIV graduieren; *US* SCHULE die Abschlussprüfung bestehen (**from** an *+dat*); **to ~ in English** einen Hochschulabschluss in Englisch machen; **she ~d to television from radio** sie arbeitete sich vom Radio zum Fernsehen hoch
graduate² ['grædʊɪt-] *Br zssgn* für Akademiker; **Arbeitslosigkeit** unter den Akademikern
graduate school ['grædʊɪt] *US s Hochschulabteilung für Studenten mit abgeschlossenem Studium*
graduate student ['grædʊɪt] *US s Student(in) mit abgeschlossenem Studium*
graduation [ˌgrædjʊ'eɪʃən] *s* 1 UNIV *US* SCHULE Abschlussfeier *f* 2 *US* SCHULE Schulabschluss *m*; UNIV Studienabschluss *m*
graffiti [grə'fi:tɪ] *or* Graffiti *pl*
graffiti artist *s* Graffitikünstler(in) *m(f)*
graft [grɑ:ft] A *s* 1 MED Transplantat *n* 2 *bes US umg* Mauschelei *f umg* 3 *Br umg* Schufterei *f umg* B *v/t* MED übertragen (**on** auf *+akk*)
grail [greɪl] *s* Gral *m*
grain [greɪn] *s* 1 ⟨*kein pl*⟩ Getreide *n* 2 Korn *n*; *fig von Wahrheit* Körnchen *n* 3 *von Holz* Maserung *f*; **it goes against the ~** *Br*, **it goes against my ~** *US fig* es geht einem gegen den Strich
grainy ['greɪnɪ] *adj* ⟨*komp* grainier⟩ *Foto* unscharf
gram, gramme [græm] *s* Gramm *n*
grammar ['græmə'] *s* Grammatik *f*; **English ~** die englische Grammatik; **that is bad ~** das ist grammat(ikal)isch falsch; **~ file** Grammatikanhang *m*
grammar school *Br s* ≈ Gymnasium *n*; *US* ≈ Mittelschule *f* (*Stufe zwischen Grundschule und höherer Schule*)
grammatical [grə'mætɪkəl] *adj* 1 grammatisch; **~ error** Grammatikfehler *m* 2 grammat(ikal)isch richtig; **his English is not ~** sein Englisch ist grammat(ikal)isch falsch
grammatically [grə'mætɪkəlɪ] *adv* **~ correct** grammat(ikal)isch richtig
gramme *s* → gram
gramophone ['græməfəʊn] *Br obs s* Grammofon *n*; **~ record** Schallplatte *f*

gran [græn] *umg s* Oma *f umg*
granary ['grænərɪ] *s* Kornkammer *f*
grand [grænd] A *adj* ⟨*+er*⟩ grandios; *Bauwerk* prachtvoll; *Geste* großartig; *Ideen* hochfliegend; *Getue* vornehm; **on a ~ scale** im großen Rahmen; **~ occasion** feierlicher Anlass; **the ~ opening** die große Eröffnung B *s* FIN *umg* Riese *m umg*; **ten ~** zehn Riesen *umg*
grandad ['grændæd] *s umg* Opa *m umg*
grandchild *s* ⟨*pl* —**children**⟩ Enkel *m*, Enkelkind *n*
grand(d)ad *umg s* Opa *m umg*
granddaughter *s* Enkelin *f*
grandeur ['grændʒə(r)] *s* Größe *f*; *von Anblick* Erhabenheit *f*
grandfather ['grænðfɑ:ðə'] *s* Großvater *m*
grandfather clock *s* Standuhr *f*
grand finale *s* großes Finale
grandiose ['grændɪəʊz] *pej adj Stil* schwülstig; *Idee* hochfliegend
grand jury *US s* JUR Großes Geschworenengericht
grandly ['grændlɪ] *adv* 1 eindrucksvoll, grandios; **it is ~ described as/called/titled ...** es trägt die grandiose Bezeichnung ... 2 großspurig, hochtrabend
grandma *umg s* Oma *f umg*
grandmother *s* Großmutter *f*
grandpa *umg s* Opa *m umg*
grandparent *s* Großvater *m*/-mutter *f*
grandparents *pl* Großeltern *pl*
grand piano *s* Flügel *m*
grand slam *s* **to win the ~** SPORT alle Wettbewerbe gewinnen
grandson *s* Enkel(sohn) *m*
grandstand *s* Haupttribüne *f*
grand total *s* Gesamtsumme *f*; **a ~ of £50** insgesamt £ 50
granite ['grænɪt] *s* Granit *m*
granny, grannie ['grænɪ] *umg s* Oma *f umg*
grant [grɑ:nt] A *v/t* 1 gewähren (**sb** j-m); *Erlaubnis, Visum* erteilen (**sb** j-m); *Antrag* stattgeben (*+dat*) *form*; *Wunsch* erfüllen; **to ~ an amnesty to sb** j-n amnestieren 2 zugestehen; **to take sb/sth for ~ed** j-n/etw als selbstverständlich hinnehmen; **to take it for ~ed that ...** es selbstverständlich finden, dass ... B *s* Subvention *f*; UNIV *etc* Stipendium *n*
grant-maintained *adj* staatlich finanziert
granulated sugar ['grænjʊleɪtɪd'ʃʊgə'] *s* Zuckerraffinade *f*
granule ['grænju:l] *s* Körnchen *n*
grape [greɪp] *s* (Wein)traube *f*; **a bunch of ~s** eine (ganze) Weintraube
grapefruit *s* Grapefruit *f*
grapevine *s* Weinstock *m*; **I heard it on** *od*

through the ~ es ist mir zu Ohren gekommen
graph [grɑːf] *s* Diagramm *n*
graphic ['græfɪk] *adj* **1** *Schilderung* anschaulich; *krass* drastisch; **to describe sth in ~ detail** etw in allen Einzelheiten anschaulich darstellen **2** KUNST grafisch
graphically ['græfɪkəlɪ] *adv* anschaulich; *krass* auf drastische Art
graphical user interface *s* IT grafische Benutzeroberfläche
graphic artist *s* Grafiker(in) *m(f)*
graphic arts *pl*, **graphic design** *s* Grafik *f*, Grafikdesign *n*
graphic designer *s* Grafiker(in) *m(f)*
graphic equalizer *s* (Graphic) Equalizer *m*
graphics ['græfɪks] **A** *s* **1** ⟨*pl*⟩ Zeichnungen *pl* **2** ⟨+sg v⟩ Tätigkeit, a. IT Grafik *f* **B** *adj* ⟨attr⟩ IT Grafik-
graphics card *s* COMPUT Grafikkarte *f*
graphics software *s* Grafiksoftware *f*
graphite ['græfaɪt] *s* Grafit *m*
graph paper *s* Millimeterpapier *n*
grapple ['græpl] *v/i* kämpfen; **to ~ with a problem** sich mit einem Problem herumschlagen
grasp [grɑːsp] **A** *s* **1** Griff *m*; **the knife slipped from her ~** das Messer rutschte ihr aus der Hand; **when fame was within their ~** als Ruhm in greifbare Nähe gerückt war **2** *fig* Verständnis *n*; **to have a good ~ of sth** etw gut beherrschen **B** *v/t* **1** ergreifen, festhalten; **he ~ed the bundle in his arms** er hielt das Bündel in den Armen **2** *fig* begreifen **C** *v/i* **to ~ at sth** *wörtl* nach etw greifen; *fig* sich auf etw (*akk*) stürzen
grasping *fig adj* habgierig
grass [grɑːs] **A** *s* **1** Gras *n*; **blade of ~** Grashalm *m* **2** ⟨kein *pl*⟩ Rasen *m*; AGR Weide *f*, Weideland *n* **3** *umg* (≈ Marihuana) Gras *n umg* **B** *v/i Br umg* singen *umg* (**to** bei); **to ~ on sb** j-n verpfeifen *umg*
grasshopper *s* Heuschrecke *f*
grassland *s* Grasland *n*
grass roots *pl* Basis *f*
grass-roots *adj* ⟨attr⟩ Basis-, an der Basis; **at ~ level** an der Basis; **a ~ movement** eine Bürgerinitiative
grass snake *s* Ringelnatter *f*
grassy ['grɑːsɪ] *adj* ⟨komp grassier⟩ grasig; **~ slope** Grashang *m*
grate¹ [greɪt] *s* Gitter *n*; *von Kamin* (Feuer)rost *m*
grate² **A** *v/t* GASTR reiben; **~d cheese** geriebener Käse, Reibkäse *m* **B** *v/i fig* wehtun (**on sb** j-m); **to ~ on sb's nerves** j-m auf die Nerven gehen
grateful ['greɪtfʊl] *adj* dankbar; **I'm ~ to you for buying the tickets** ich bin dir dankbar (dafür), dass du die Karten gekauft hast
gratefully ['greɪtfəlɪ] *adv* dankbar
grater ['greɪtə*] *s* Reibe *f*
gratification [ˌgrætɪfɪ'keɪʃən] *s* Genugtuung *f*
gratify ['grætɪfaɪ] *v/t* **1** erfreuen; **I was gratified to hear that ...** ich habe mit Genugtuung gehört, dass ... **2** zufriedenstellen
gratifying ['grætɪfaɪɪŋ] *adj* (sehr) erfreulich; **it is ~ to learn that ...** es ist erfreulich zu erfahren, dass ...
grating¹ ['greɪtɪŋ] *s* Gitter *n*
grating² *adj* kratzend; *Geräusch* quietschend; *Stimme* schrill
gratitude ['grætɪtjuːd] *s* Dankbarkeit *f* (**to** gegenüber)
gratuitous [grə'tjuːɪtəs] *adj* überflüssig
gratuity [grə'tjuːɪtɪ] *s* Gratifikation *f*; *form* Trinkgeld *n*
grave¹ [greɪv] *s* Grab *n*; **to turn in one's ~** sich im Grabe herumdrehen; **to dig one's own ~** *fig* sein eigenes Grab graben ⊙ schaufeln
grave² *adj* ⟨komp graver⟩ *Gefahr, Schwierigkeit* groß; *Situation, Mensch* ernst; *Fehler, Krankheit* schwer; *Zweifel* stark
grave digger *s* Totengräber(in) *m(f)*
gravel ['grævəl] **A** *s* Kies *m*, Schotter *m* **B** *adj* ⟨attr⟩ Kies-; *Auffahrt* mit Kies bedeckt
gravely ['greɪvlɪ] *adv* **1** *krank, verletzt* schwer; **~ concerned** ernstlich besorgt **2** *nicken* ernst
gravestone *s* Grabstein *m*
graveyard *s* Friedhof *m*
graveyard shift *bes US umg s* Nachtschicht *f*
gravitate ['grævɪteɪt] *wörtl v/i* angezogen werden (**towards** von); *fig* hingezogen werden (**towards** zu)
gravitation [ˌgrævɪ'teɪʃn] *s* PHYS Schwerkraft *f*
gravitational [ˌgrævɪ'teɪʃənl] *adj* Gravitations-
gravity ['grævɪtɪ] *s* **1** PHYS Schwerkraft *f*; **centre of ~** *Br*, **center of ~** *US* Schwerpunkt *m* **2** *von Mensch, Situation* Ernst *m*; *von Fehler, Verbrechen* Schwere *f*; **the ~ of the news** die schlimmen Nachrichten
gravy ['greɪvɪ] *s* ⟨kein *pl*⟩ GASTR Bratensaft *m*, Soße *f*
gray *US adj* → **grey**
graze¹ [greɪz] **A** *v/i Rinder etc* weiden **B** *v/t Rinder* weiden lassen
graze² **A** *v/t* streifen; **to ~ one's knees** sich (*dat*) die Knie aufschürfen; **to ~ oneself** sich (*dat*) die Haut aufschürfen **B** *s* Abschürfung *f*
GRE *US abk* (= Graduate Record Examination) UNIV Zulassungsprüfung für ein weiterführendes Studium
grease [griːs] **A** *s* Fett *n*, Schmiere *f* **B** *v/t* fetten; AUTO, TECH schmieren
greasepaint *s* THEAT (Fett)schminke *f*
greaseproof *adj* **~ paper** Pergamentpapier *n*

greasy ['griːsɪ] *adj* ⟨*komp* greasier⟩ *Essen* fett; *Haar, Haut* fettig; *Fläche* rutschig
great [greɪt] **A** *adj* ⟨+er⟩ **1** groß, riesig; **there is a ~ need for economic development** wirtschaftliche Entwicklung ist dringend nötig; **of no ~ importance** ziemlich unwichtig; **in ~ detail** ganz ausführlich; **to take a ~ interest in sth** sich sehr für etw interessieren; **he did not live to a ~ age** er erreichte kein hohes Alter; **with ~ difficulty** mit großen Schwierigkeiten; **to a ~ extent** in hohem Maße; **it was ~ fun** es hat großen Spaß gemacht; **a ~ many, a ~ number of** sehr viele; **his ~est work** sein Hauptwerk *n*; **he was a ~ friend of my father** er war mein Vater sehr gut befreundet; **to be a ~ believer in sth** sehr viel von etw halten; **to be a ~ believer in doing sth** grundsätzlich dafür sein, etw zu tun **2** *umg* großartig, toll *umg*, prima *umg*; **this whisk is ~ for sauces** dieser Schneebesen eignet sich besonders gut für Soßen; **to be ~ at football** ein großer Fußballspieler sein; **to feel ~** sich toll *od* prima fühlen *umg*; **my wife isn't feeling so ~** meiner Frau geht es nicht besonders gut **3** ausgezeichnet; **one of the ~ footballers of our generation** einer der großen Fußballspieler unserer Generation **B** *int umg* toll *umg*; **oh ~** *iron* na wunderbar **C** *adv* **1** *umg* **she's doing ~** in *Job* sie macht sich hervorragend; *gesundheitl* sie macht große Fortschritte; **everything's going ~** alles läuft nach Plan **2** **~ big** *emph umg* riesengroß **D** *s* ⟨*mst pl*⟩ (≈ *Mensch*) Größe *f*
great ape *s* Menschenaffe *m*
great-aunt *s* Großtante *f*
Great Barrier Reef *s* Großes Barriereriff
Great Britain *s* Großbritannien *n*
greater ['greɪtəʳ] *adj* ⟨*komp*⟩ **1** → great **2** größer; **of ~ importance is** ... noch wichtiger ist ...
Greater London *s* Groß-London *n*
greatest ['greɪtɪst] **A** *adj* ⟨*sup*⟩ **1** → great **2** größte(r, s); **with the ~ (of) pleasure** mit dem größten Vergnügen **B** *s* **he's the ~** *umg* er ist der Größte
great-grandchild *s* Urenkel(in) *m(f)*
great-granddaughter *s* Urenkelin *f*
great-grandfather *s* Urgroßvater *m*
great-grandmother *s* Urgroßmutter *f*
great-grandparents *pl* Urgroßeltern *pl*
great-grandson *s* Urenkel *m*
Great Lakes *pl* **the ~** die Großen Seen *pl*
greatly ['greɪtlɪ] *adv steigern, übertreiben* stark; *bewundern, überraschen* sehr; **he was not ~ surprised** er war nicht besonders überrascht
great-nephew ['greɪtˌnefjuː] *s* Großneffe *m*
greatness ['greɪtnəs] *s* Größe *f*, Bedeutung *f*

great-niece *s* Großnichte *f*
great-uncle *s* Großonkel *m*
Greece [griːs] *s* Griechenland *n*
greed [griːd] *s* Gier *f* (**for** nach); (≈ *Völlerei*) Gefräßigkeit *f*; **~ for money/power** Geld-/Machtgier *f*
greedily ['griːdɪlɪ] *adv* gierig
greediness ['griːdɪnɪs] *s* Gierigkeit *f*; (≈ *Völlerei*) Gefräßigkeit *f*
greedy ['griːdɪ] *adj* ⟨*komp* greedier⟩ gierig (**for** auf +*akk od* nach); *in Bezug auf Essen* gefräßig; **~ for power** machtgierig; **don't be so ~!** sei nicht so unbescheiden
Greek [griːk] **A** *adj* griechisch; **he is ~** er ist Grieche; **~ salad** (griechischer) Bauernsalat **B** *s* **1** LING Griechisch *n*; **Ancient ~** Altgriechisch *n*; **it's all ~ to me** *umg* das sind böhmische Dörfer für mich *umg* **2** Grieche *m*, Griechin *f*
green [griːn] **A** *adj* ⟨+er⟩ grün; *Verbraucher* umweltbewusst; *Produkt, Technologie* umweltfreundlich; **to be ~ with envy** blass vor Neid sein; **to go ~** *Verbraucher* umweltbewusst werden **B** *s* **1** (≈ *Farbe*) *auf Golfplatz* Grün *n* **2** Grünfläche *f*; (**village**) ≈ Dorfwiese *f* **3** **~s** *pl* Grüngemüse *n* **4** POL **the Greens** die Grünen *pl* **C** *adv* POL grün **D** *v/t* umweltfreundlicher machen
greenback *US umg s* Lappen *m sl*, Geldschein *m*
green bean *s* grüne Bohne, Fisole *f österr*
green belt *s* Grüngürtel *m*
green card *s* **1** *US* Aufenthaltsgenehmigung *f* **2** *Br Versicherungswesen* grüne Versicherungskarte
greenery ['griːnərɪ] *s* Grün *n*; *von Baum* grünes Laub
greenfield *adj* **~ site** Bauplatz *m* im Grünen
green fingers *Br pl* **to have ~** eine Hand für Pflanzen haben
greenfly *s* Blattlaus *f*
greengrocer *bes Br s* (Obst- und) Gemüsehändler(in) *m(f)*; **at the ~'s (shop)** im Gemüseladen
greenhorn *umg s* Greenhorn *n*, Einfaltspinsel *m*
greenhouse *s* Gewächshaus *n*
greenhouse effect *s* Treibhauseffekt *m*
greenhouse gas *s* Treibhausgas *n*
greenish ['griːnɪʃ] *adj* grünlich
Greenland ['griːnlənd] *s* Grönland *n*
green light *s* grünes Licht; **to give sb/sth the ~** j-m/einer Sache grünes Licht geben
green man *s* ⟨*pl* - men⟩ *an Ampel* grünes Licht; *kinderspr* grünes Männchen
green onion *US s* Frühlingszwiebel *f*
Green Party *s* **the ~** die Grünen *pl*
green pepper *s* (grüne) Paprikaschote
green roof *s* begrüntes Dach
greenroom *s* THEAT ≈ Garderobe *f*

green thumb US s → green fingers
Greenwich (Mean) Time ['grenɪtʃ('miːn),taɪm] s westeuropäische Zeit f
greet [griːt] v/t begrüßen, empfangen, grüßen; *Nachricht* aufnehmen
greeting ['griːtɪŋ] s Gruß m; **~s** Grüße pl; **to send ~s to sb** Grüße an j-n senden, j-n grüßen lassen
greetings card s Grußkarte f
gregarious [grɪ'ɡɛərɪəs] adj gesellig
Grenada [grə'neɪdə] s GEOG Grenada n
grenade [grɪ'neɪd] s Granate f
grew [gruː] prät → grow
Grexit ['greksɪt] s potenzieller Ausstieg Griechenlands aus der Eurozone Grexit m
grey [greɪ], **gray** US **A** adj ⟨+er⟩ **1** grau; *Himmel* trüb; **to go** od **turn ~** *Mensch, Haare* grau werden **2** *Markt, Wählerstimme* Senioren- **B** s Grau n
grey area fig s Grauzone f
grey-haired adj grauhaarig
greyhound ['greɪhaʊnd] s Windhund m
greyish ['greɪɪʃ] adj, **grayish** US adj gräulich
grey matter s MED umg graue Zellen pl
grey squirrel s Grauhörnchen n
grid [grɪd] s **1** Gitter n **2** Gitternetz n **3** **the (national) ~** ELEK das Überland(leitungs)netz
griddle ['grɪdl] s GASTR gusseiserne Platte zum Pfannkuchenbacken
gridiron ['grɪd,aɪən] s **1** GASTR (Brat)rost m **2** US FUSSB Spielfeld n
gridlock ['grɪdlɒk] s *Verkehr* totaler Stau; **total ~** Verkehrsinfarkt m
gridlocked adj *Straße* völlig verstopft
grid reference s Planquadratangabe f
grief [griːf] s Leid n, große Trauer; **to come to ~** Schaden erleiden; (≈ versagen) scheitern
grief-stricken ['griːf,strɪkən] adj tieftraurig
grievance ['griːvəns] s Klage f; (≈ Ärger) Groll m; **to have a ~ against sb for sth** j-m etw übel nehmen
grieve [griːv] **A** v/t Kummer bereiten (+dat); **it ~s me to see that ...** ich sehe mit Schmerz od Kummer, dass ... **B** v/i trauern (**at, about** über +akk); **to ~ for sb/sth** um j-n/etw trauern
grievous ['griːvəs] form adj schwer; *Fehler* a. schwerwiegend; **~ bodily harm** JUR schwere Körperverletzung
grill [grɪl] **A** s **1** GASTR Grill m, (Brat)rost m; (≈ Speise) Grillgericht n **2** → grille **B** v/t **1** GASTR grillen **2** umg **to ~ sb about sth** j-n über etw (akk) ausquetschen umg
grille [grɪl] s Gitter n, Fenstergitter n; *an Tür etc* Sprechgitter n
grilling ['grɪlɪŋ] s **1** GASTR Grillen n **2** strenges Verhör
grill pan Br s Grillpfanne f

grim [grɪm] adj ⟨komp grimmer⟩ **1** grauenvoll; *Erinnerung* grauenhaft; *Situation* ernst, schlimm; (≈ deprimierend) trostlos; (≈ ernst) grimmig; **to look ~** *Lage, Zukunft* trostlos aussehen; *Mensch* ein grimmiges Gesicht machen; **the Grim Reaper** der Sensenmann **2** umg fürchterlich umg; **to feel ~** sich elend fühlen, sich mies fühlen umg
grimace ['grɪməs] **A** s Grimasse f **B** v/i Grimassen schneiden
grime [graɪm] s Dreck m
grimly ['grɪmlɪ] adv **1** *an etw festhalten* verbissen **2** mit grimmiger Miene
grimy ['graɪmɪ] adj dreckig
grin [grɪn] **A** s Lächeln n, Grinsen n **B** v/i lächeln, grinsen; **to ~ and bear it** gute Miene zum bösen Spiel machen; **to ~ at sb** j-n anlächeln/angrinsen
grind [graɪnd] ⟨v: prät, pperf ground⟩ **A** v/t **1** zermahlen; *Kaffee, Mehl* mahlen; **to ~ one's teeth** mit den Zähnen knirschen **2** *Linse, Messer* schleifen **B** v/i **to ~ to a halt** od **standstill** *wörtl* quietschend zum Stehen kommen; *fig* stocken; *Produktion etc* zum Erliegen kommen **C** s *fig umg* Schufterei f umg; US umg Streber(in) m(f) umg; **the daily ~** der tägliche Trott; **it's a real ~** das ist ganz schön mühsam umg
phrasal verbs mit grind:
grind down *fig* v/t ⟨trennb⟩ zermürben
grind up v/t ⟨trennb⟩ zermahlen
grinder ['graɪndə'] s **1** Fleischwolf m **2** Kaffeemühle f
grinding ['graɪndɪŋ] adj **1** **to come to a ~ halt** völlig zum Stillstand kommen **2** *Armut* (er)drückend
grindstone ['graɪndstəʊn] s **to keep one's nose to the ~** hart arbeiten; **back to the ~** wieder in die Tretmühle hum
grip [grɪp] **A** s **1** Griff m; *an Seil, auf Straße* Halt m; **to get a ~ on the rope** am Seil Halt finden; **these shoes have got a good ~** diese Schuhe greifen gut; **to get a ~ on sth** *Situation etc* etw in den Griff bekommen; **to get a ~ on oneself** umg sich zusammenreißen umg; **to let go** od **release one's ~** loslassen (**on sth** etw); **to lose one's ~** *wörtl* den Halt verlieren; *fig* nachlassen; **to lose one's ~ on reality** den Bezug zur Wirklichkeit verlieren; **the country is in the ~ of a general strike** das Land ist von einem Generalstreik lahmgelegt; **to get** od **come to ~s with sth** etw in den Griff bekommen **2** *bes Br in Haar* Klemmchen n **B** v/t **1** packen; **the tyre ~s the road well** *Br*, **the tire ~s the road well** *US* der Reifen greift gut **2** *Film, Buch* fesseln, faszinieren **C** v/i greifen
gripe [graɪp] **A** v/i umg meckern umg **B** s umg

Meckerei *f umg*
gripping ['grɪpɪŋ] *adj* packend
grisly ['grɪzlɪ] *adj* ⟨*komp* grislier⟩ grausig
grist [grɪst] *s* **it's all ~ to his/the mill** das kann er/man alles verwerten; *Genugtuung* das ist Wasser auf seine Mühle
gristle ['grɪsl] *s* Knorpel *m*
gristly ['grɪslɪ] *adj* ⟨*komp* gristlier⟩ knorpelig
grit [grɪt] **A** *s* Staub *m*; (≈ *Steine*) Splitt *m*; *für Straßen im Winter* Streusand *m* **B** *v/t* **1** Straße streuen **2 to ~ one's teeth** die Zähne zusammenbeißen
gritter *Br s* Winterdienst Streufahrzeug *n*
gritty ['grɪtɪ] *adj* ⟨*komp* grittier⟩ **1** *fig* Entschlossenheit zäh **2** *fig* Drama wirklichkeitsnah; *Porträt* ungeschminkt
grizzle ['grɪzl] *v/i Br umg* Kind quengeln *umg*
grizzly ['grɪzlɪ] *s*, (*a.* **grizzly bear**) Grizzly(bär) *m*
groan [grəʊn] **A** *s* Stöhnen *n kein pl*; **to let out** *od* **give a ~** (auf)stöhnen **B** *v/i* stöhnen (**with** vor +*dat*); *Bretter* ächzen (**with** vor +*dat*); **the table ~ed under the weight** der Tisch ächzte unter der Last
grocer ['grəʊsə^r] *s* Lebensmittelhändler(in) *m(f)*; **at the ~'s** im Lebensmittelladen
grocery ['grəʊsərɪ] *s* **1** *Br* Lebensmittelgeschäft *n* **2 groceries** *pl* Lebensmittel *pl*
grocery store *US s* Lebensmittelgeschäft *n*
groggy ['grɒgɪ] *adj* ⟨*komp* groggier⟩ *umg* groggy *präd umg*
groin [grɔɪn] *s* ANAT Leiste *f*; **to kick sb in the ~** j-n in den Unterleib treten
groom [gruːm] **A** *s* **1** Stallbursche *m* **2** Bräutigam *m* **B** *v/t* **1** Pferd striegeln; **to ~ oneself** sich putzen; **well ~ed** gepflegt **2 he's being ~ed for the Presidency** er wird als zukünftiger Präsidentschaftskandidat aufgebaut
groove [gruːv] *s* Rille *f*
groovy ['gruːvɪ] *adj* ⟨*komp* groovier⟩ *umg* irre *sl*
grope [grəʊp] **A** *v/i* (*a.* **grope around** *od* **about**) (herum)tasten (**for** nach); *nach Worten* suchen (**for** nach); **to be groping in the dark** im Dunkeln tappen; (≈ *ziellos arbeiten*) sich versteigen **B** *v/t umg* Freundin befummeln *umg*; **to ~ one's way** sich vorwärtstasten **C** *s umg* **to have a ~** fummeln *umg*
gross[1] [grəʊs] *s* ⟨*kein pl*⟩ Gros *n*
gross[2] **A** *adj* ⟨+*er*⟩ **1** Übertreibung, Fehler grob; **that is a ~ understatement** das ist stark untertrieben **2** fett **3** *umg* abstoßend **4** Gesamt-; (≈ *vor Abzügen*) Brutto-; **~ amount** Gesamtbetrag *m*; **~ income** Bruttoeinkommen *n* **B** *v/t* brutto verdienen
gross domestic product *s* WIRTSCH Bruttoinlandsprodukt *n*
grossly ['grəʊslɪ] *adv* ungerecht, unverantwortlich äußerst; *übertreiben* stark
gross national product *s* WIRTSCH Bruttosozialprodukt *n*
grotesque [grəʊ'tesk] *adj* grotesk; *Idee* absurd
grotesquely [grəʊ'tesklɪ] *adv* auf groteske Art; *geschwollen* grauenhaft
grotto ['grɒtəʊ] *s* ⟨*pl* -(e)s⟩ Grotte *f*
grotty ['grɒtɪ] *umg adj* ⟨*komp* grottier⟩ **1** grausig *umg*, verdreckt *umg* **2** mies *umg*
grouch [graʊtʃ] *s* **1** Klage *f*; **to have a ~** schimpfen (**about** über +*akk*) **2** *umg* (≈ *Mensch*) Muffel *m umg*
grouchy ['graʊtʃɪ] *adj* ⟨*komp* grouchier⟩ griesgrämig
ground[1] [graʊnd] **A** *s* **1** Boden *m*; **hilly ~** hügeliges Gelände; **there is common ~ between us** uns verbindet einiges; **to be on dangerous ~** *fig* sich auf gefährlichem Boden bewegen; **on familiar ~** auf vertrautem Boden; **to gain/lose ~** Boden gewinnen/verlieren; **to lose ~ to sb/sth** gegenüber j-m/etw an Boden verlieren; **to give ~ to sb/sth** vor j-m/etw zurückweichen; **to break new ~** neue Gebiete erschließen; **to prepare the ~ for sth** den Boden für etw vorbereiten; **to cover a lot of ~** *fig* eine Menge Dinge behandeln; **to stand one's ~** *wörtl* nicht von der Stelle weichen; *fig* seinen Mann stehen; **above/below ~** über/unter der Erde; **to fall to the ~** *wörtl* zu Boden fallen; *fig* scheitern; **to burn sth to the ~** etw niederbrennen; **it suits me down to the ~** das ist ideal für mich; **to get off the ~** Flugzeug etc abheben; *fig Pläne etc* sich realisieren; **to go to ~** untertauchen *umg* **2** Platz *m* **3 ~s** *pl* Gelände *n*, Anlagen *pl* **4** *pl* (≈ *Ablagerung*) Satz *m* **5** *US* ELEK Erde *f* **6** Grund *m*; **to have ~(s) for sth** Grund zu etw haben; **~s for dismissal** Entlassungsgrund *m*/-gründe *pl*; **on the ~s of...** aufgrund ... (*gen*); **on the ~s that ...** mit der Begründung, dass ...; **on health ~s** aus gesundheitlichen Gründen **B** *v/t* **1** FLUG Maschine aus dem Verkehr ziehen; **to be ~ed by bad weather** wegen schlechten Wetters nicht starten können **2** Kind Hausarrest erteilen (+*dat*); **to be ~ed for a week** eine Woche Hausarrest haben **3** *US* ELEK erden; **to be ~ed** geerdet sein **4 to be ~ed on sth** sich auf etw (*akk*) gründen
ground[2] **A** *prät* & *pperf* → **grind B** *adj* Kaffee gemahlen; **freshly ~ black pepper** frisch gemahlener schwarzer Pfeffer; **~ meat** *US* Hackfleisch *n*, Faschierte(s) *n österr*
ground-breaking *adj* umwälzend; *Forschung* bahnbrechend
ground control *s* FLUG Bodenkontrolle *f*
ground crew *s* Bodenpersonal *n*
ground floor *s Br* Erdgeschoss *n*, Erdgeschoß *n*

österr
ground forces pl Bodentruppen pl
ground frost s Bodenfrost m
grounding s Grundwissen n; **to give sb a ~ in English** j-m die Grundlagen pl des Englischen beibringen
groundkeeper US s → groundsman
groundless adj grundlos
ground level s Boden m; **below ~** unter dem Boden
groundnut s Erdnuss f
ground plan s Grundriss m
ground rules pl Grundregeln pl
groundsheet s Zeltboden m, Zeltbodenplane f
groundsman ['graʊn(d)zmən] s ⟨pl -men⟩ bes Br Platzwart m
ground staff s FLUG Bodenpersonal n; SPORT Platzwarte pl
ground water s Grundwasser n
groundwork s Vorarbeit f; **to do the ~ for sth** die Vorarbeit für etw leisten
ground zero s ◼ von Explosion Bodennullpunkt m ◻ ⟨kein pl⟩ HIST **Ground Zero** HIST Ground Zero m (Gelände in New York, auf dem das World Trade Center stand)
group [gruːp] ◉ s Gruppe f; **a ~ of people** eine Gruppe Menschen; **a ~ of trees** eine Baumgruppe; **in ~s** in Gruppen, gruppenweise ◉ adj ⟨attr⟩ Gruppen-; Aktivitäten a. in der Gruppe; **~ photo** Gruppenfoto n; **~ selfie** (≈ Eigenfoto) Gruppenselfie n ◉ v/t gruppieren; **to ~ together** zusammentun
group booking s Gruppenbuchung f
group hug s Gruppenumarmung f
groupie ['gruːpɪ] umg s Groupie n
grouping ['gruːpɪŋ] s Gruppierung f
grouse¹ [graʊs] s ⟨pl -⟩ Waldhuhn n, Schottisches Moor(schnee)huhn
grouse² Br umg v/i meckern umg (**about** über +akk)
grove [grəʊv] s Hain m
grovel ['grɒvl] v/i kriechen; **to ~ to** od **before sb** fig vor j-m kriechen
grovelling ['grɒvəlɪŋ] s, **groveling** US s Kriecherei f umg
grow [grəʊ] ⟨prät grew, pperf grown⟩ ◉ v/t ◼ Pflanzen ziehen, anbauen, züchten ◻ **to ~ a beard** sich (dat) einen Bart wachsen lassen ◉ v/i ◼ wachsen, zunehmen, sich vergrößern; **to ~ in popularity** immer beliebter werden; **fears were ~ing for her safety** man machte sich zunehmend Sorgen um ihre Sicherheit; **the economy is ~ing by 2% a year** die Wirtschaft wächst um 2% pro Jahr; **pressure is ~ing for him to resign** er gerät zunehmend unter Druck zurückzutreten ◻ werden; **to ~ to be sth** allmählich etw sein; **to ~ to hate sb** j-n hassen lernen; **I've ~n to like him** ich habe ihn mit der Zeit lieb gewonnen; **to ~ used to sth** sich an etw (akk) gewöhnen

phrasal verbs mit grow:
grow apart fig v/i sich auseinanderentwickeln
grow from v/i ⟨+obj⟩ entstehen aus
grow into v/i ⟨+obj⟩ ◼ Kleider, Job hineinwachsen in (+akk) ◻ sich entwickeln zu; **to grow into a man/woman** zum Mann/zur Frau heranwachsen
grow on v/i ⟨+obj⟩ **it'll grow on you** das wird dir mit der Zeit gefallen
grow out v/i herauswachsen
grow out of v/i ⟨+obj⟩ ◼ Kleider herauswachsen aus; **to grow out of a habit** eine Angewohnheit ablegen ◻ entstehen aus
grow up v/i aufwachsen, erwachsen werden; fig Stadt entstehen; **what are you going to do when you grow up?** was willst du mal werden, wenn du groß bist?; **grow up!, when are you going to grow up?** werde endlich erwachsen!

grower ['grəʊə'] s von Obst, Gemüse Anbauer(in) m(f); von Blumen Züchter(in) m(f)
growing ['grəʊɪŋ] adj wachsend; Kind heranwachsend; Bedeutung, Zahl zunehmend
growl [graʊl] ◉ s Knurren n kein pl ◉ v/i knurren; **to ~ at sb** j-n anknurren ◉ v/t Antwort knurren
grown [grəʊn] ◉ pperf → grow ◉ adj erwachsen; **fully ~** ausgewachsen
grown-up ['grəʊnʌp] ◉ adj erwachsen; **they have a ~ family** sie haben schon erwachsene Kinder ◉ s Erwachsene(r) m/f(m)
growth [grəʊθ] s ◼ Wachstum n, Zunahme f, Vergrößerung f; von Kapital Zuwachs m; **~ industry** Wachstumsindustrie f; **~ rate** WIRTSCH Wachstumsrate f ◻ (≈ Pflanzen) Vegetation f; von einzelner Pflanze Triebe pl ◈ MED Wucherung f
growth rate s ECON Wachstumsrate f
grub [grʌb] ◉ s ◼ Larve f ◻ umg (≈ Essen) Fressalien pl hum umg ◉ v/i (a. **grub about** od **around**) wühlen (**in** in +dat od **for** nach)
grubby ['grʌbɪ] adj ⟨komp grubbier⟩ dreckig; Mensch, Kleidung schmuddelig umg
grudge [grʌdʒ] ◉ s Groll m (**against** gegen); **to bear sb a ~, to have a ~ against sb** j-m grollen; **I bear him no ~** ich trage ihm das nicht nach ◉ v/t **to ~ sb sth** j-m etw nicht gönnen; **I don't ~ you your success** ich gönne Ihnen Ihren Erfolg
grudging ['grʌdʒɪŋ] adj widerwillig
grudgingly ['grʌdʒɪŋlɪ] adv widerwillig
gruelling ['gruəlɪŋ] adj, **grueling** US adj Arbeit, Reise (äußerst) anstrengend; Tempo mörderisch

umg; Rennen (äußerst) strapaziös
gruesome ['gruːsəm] *adj* grausig
gruff *adj,* **gruffly** ['grʌf, -lɪ] *adv* barsch
grumble ['grʌmbl] *v/i* murren, sempern *österr* (**about, over** über +*akk*)
grumpily ['grʌmpɪlɪ] *umg adv* mürrisch
grumpy ['grʌmpɪ] *adj* ⟨*komp* grumpier⟩ *umg* mürrisch
grunge [grʌndʒ] *s* MUS Grunge *n*
grungy ['grʌndʒɪ] *adj* ⟨*komp* grungier⟩ *umg* mies *umg*
grunt [grʌnt] **A** *s* Grunzen *n kein pl; schmerzhaft etc* Ächzen *n kein pl* **B** *v/i* grunzen; *vor Schmerz, Anstrengung etc* ächzen **C** *v/t* knurren
G-string ['dʒiːstrɪŋ] *s* Tangahöschen *n*
guarantee [ˌgærənˈtiː] **A** *s* Garantie *f* (**of** für); **to have** *od* **carry a 6-month ~** 6 Monate Garantie haben; **there is a year's ~ on this watch** auf der Uhr ist ein Jahr Garantie; **while it is still under ~** solange noch Garantie darauf ist; **that's no ~ that …** das heißt noch lange nicht, dass … **B** *v/t* garantieren (**sb sth** j-m etw); **I can't ~ (that) he will be any good** ich kann nicht dafür garantieren, dass er gut ist
guaranteed *adj* garantiert; **to be ~ for three months** *Waren* drei Monate Garantie haben
guarantor [ˌgærənˈtɔːr] *s* Garant(in) *m(f);* JUR *a.* Bürge *m,* Bürgin *f*
guard [gɑːd] **A** *s* **1** Wache *f;* **to change ~** Wachablösung machen; **to be under ~** bewacht werden; **to keep sb/sth under ~** j-n/etw bewachen; **to be on ~, to stand ~** Wache stehen; **to stand ~ over sth** etw bewachen **2** Sicherheitsbeamte(r) *m/*-beamtin *f; in Park etc* Wächter(in) *m(f), bes US* Gefängniswärter(in) *m(f); Br* BAHN Zugbegleiter(in) *m(f),* Kondukteur(in) *m(f) schweiz* **3** **to drop** *od* **lower one's ~** *wörtl* seine Deckung vernachlässigen; *fig* seine Reserve aufgeben; **the invitation caught me off ~** ich war auf die Einladung nicht vorbereitet; **to be on one's ~ (against sth)** *fig* ~ (**against sth**) (vor etw *dat*) auf der Hut sein; **to put sb on his ~ (against sth)** j-n (vor etw *dat*) warnen **4** Schutz *m* (**against** gegen); *an Geräten* Schutz *m* Schutz, Schutzvorrichtung *f* **B** *v/t Gefangenen, Wertgegenstände* bewachen; *Schatz* hüten; *Gepäck* aufpassen auf (+*akk*); j-n, *Haus* schützen (**from, against** vor +*dat*); **a closely ~ed secret** ein streng gehütetes Geheimnis

phrasal verbs mit guard:
guard against *v/i* ⟨+*obj*⟩ *Betrug etc* sich in Acht nehmen vor (+*dat*); *Krankheit, Angriff* vorbeugen (+*dat*); **you must guard against catching cold** Sie müssen aufpassen, dass Sie sich nicht erkälten

guard dog *s* Wachhund *m*
guard duty *s* **to be on ~** auf Wache sein
guarded *adj Antwort etc* vorsichtig
guardian ['gɑːdɪən] *s* Hüter(in) *m(f);* JUR Vormund *m*
guardrail ['gɑːdreɪl] *s* Schutzgeländer *n*
guardsman ['gɑːdzmən] *s ⟨pl* -men⟩ Gardist *m*
guard's van ['gɑːdzvæn] *s Br* BAHN Dienstwagen *m*
Guatemala [ˌgwɑːtəˈmɑːlə] *s* Guatemala *n*
Guernsey ['gɜːnzɪ] *s* Guernsey *n*
guer(r)illa [gəˈrɪlə] **A** *s* Guerillero *m,* Guerillera *f* **B** *adj* ⟨*attr*⟩ Guerilla-
guer(r)illa war, guer(r)illa warfare *s* Guerillakrieg *m*
guess [ges] **A** *s* Vermutung *f,* Schätzung *f;* **to have** *od* **make a ~ (at sth)** (etw) raten, (etw) schätzen; **it's a good ~** gut geschätzt; **it was just a lucky ~** das war ein Zufallstreffer *m;* **I'll give you three ~es** dreimal darfst du raten; **at a rough ~** grob geschätzt; **your ~ is as good as mine!** *umg* da kann ich auch nur raten!; **it's anybody's ~** *umg* das wissen die Götter *umg* **B** *v/i* **1** raten; **to keep sb ~ing** j-n im Ungewissen lassen; **you'll never ~!** das wirst du nie erraten **2** *bes US* **I ~ not** wohl nicht; **he's right, I ~** er hat wohl recht; **I think he's right — I ~ so** ich glaube, er hat recht — ja, das hat er wohl **C** *v/t* **1** raten; *richtig* erraten; *Wert etc* schätzen; **I ~ed as much** das habe ich mir schon gedacht; **you'll never ~ who …** das errätst du nie, wer …; **~ what!** *umg* stell dir vor! *umg* **2** *bes US* **I ~ we'll just have to wait and see** wir werden wohl abwarten müssen
guesswork ['gesw3ːk] *s* (reine) Vermutung
guest [gest] *s* Gast *m;* **~ of honour** *Br,* **~ of honor** *US* Ehrengast *m;* **be my ~** *umg* nur zu! *umg*
guest appearance *s* Gastauftritt *m;* **to make a ~** als Gast auftreten
guesthouse *s* (Fremden)pension *f*
guest list *s* Gästeliste *f*
guest room *s* Gästezimmer *n*
guest speaker *s* Gastredner(in) *m(f)*
guffaw [gʌˈfɔː] **A** *s* schallendes Lachen *kein pl* **B** *v/i* schallend (los)lachen
GUI *abk* (= **graphical user interface**) GUI *n*
guidance ['gaɪdəns] *s* Leitung *f,* Beratung *f* (**on** über +*akk*); *durch Vorgesetzte etc* Anleitung *f;* **to give sb ~ on sth** j-n bei etw beraten
guidance counselor *US s* Berufsberater(in) *m(f)*
guidance teacher *US s* Vertrauenslehrer(in) *m(f)*
guide [gaɪd] **A** *s* **1** Führer(in) *m(f); fig* (≈ *Hinweis*) Anhaltspunkt *m* (**to** für); (≈ *Modell*) Leitbild *n* **2** *Br* **Guide** Pfadfinderin *f* **3** Anleitung *f,* Handbuch *n* (**to** +*gen*); *für Reise* Führer *m;* **as a rough**

~ als Faustregel **B** v/t j-n führen; **to be ~d by sb/sth** sich von j-m/etw leiten lassen
guidebook ['gaɪdbʊk] s (Reise)führer m (**to** von)
guided ['gaɪdɪd] adj geführt
guided missile [ˌgaɪdɪd'mɪsaɪl] s ferngelenktes Geschoss
guide dog s Blindenhund m
guided tour [ˌgaɪdɪd'tʊəʳ] s Führung f (**of** durch)
guideline ['gaɪdlaɪn] s Richtlinie f; **safety ~s** Sicherheitshinweise pl; **I gave her a few ~s on looking after a kitten** ich gab ihr ein paar Hinweise, wie man eine junge Katze versorgt
guiding adj ⟨attr⟩ **~ force** leitende Kraft; **~ principle** Leitmotiv n; **~ star** Leitstern m
guild [gɪld] s HIST Zunft f; (≈ Klub etc) Verein m
guile [gaɪl] s (Arg)list f
guillotine [ˌgɪlə'tiːn] **A** s **1** Guillotine f **2** (Papier)schneidemaschine f **B** v/t mit der Guillotine hinrichten
guilt [gɪlt] s Schuld f (**for, of** an +dat); **feelings of ~** Schuldgefühle pl; **~ complex** Schuldkomplex m
guiltily ['gɪltɪlɪ] adv schuldbewusst
guilty ['gɪltɪ] adj ⟨komp guiltier⟩ **1** Lächeln, Schweigen schuldbewusst; Geheimnis mit Schuldgefühlen verbunden; **~ conscience** schlechtes Gewissen; **~ feelings** Schuldgefühle pl; **to feel ~ (about doing sth)** ein schlechtes Gewissen haben(, weil man etw tut/getan hat); **to make sb feel ~** j-m ein schlechtes Gewissen einreden **2** schuldig (**of sth** einer Sache gen); **the ~ person** der/die Schuldige; **the ~ party** die schuldige Partei; **to find sb ~/not ~ (of sth)** j-n (einer Sache gen) für schuldig/nicht schuldig befinden; **to plead (not) ~ to a crime** sich eines Verbrechens (nicht) schuldig bekennen; **~ as charged** schuldig; **a verdict of ~** ein Schuldspruch m; **a not ~ verdict, a verdict of not ~** ein Freispruch m; **their parents are ~ of gross neglect** ihre Eltern haben sich grobe Fahrlässigkeit zuschulden kommen lassen; **we're all ~ of neglecting the problem** uns trifft alle die Schuld, dass das Problem vernachlässigt wurde
guinea pig s Meerschweinchen n; fig Versuchskaninchen n
guise [gaɪz] s (≈ Verkleidung) Gestalt f; (≈ Ausrede) Vorwand m; **in the ~ of a clown** als Clown verkleidet; **under the ~ of doing sth** unter dem Vorwand, etw zu tun
guitar [gɪ'tɑːʳ] s Gitarre f; **to play the ~** Gitarre spielen
guitarist [gɪ'tɑːrɪst] s Gitarrist(in) m(f)
gulch [gʌltʃ] US s Schlucht f
gulf [gʌlf] s **1** Golf m; **the Gulf of Mexico** der Golf von Mexiko **2** tiefe Kluft
Gulf States pl **the ~** die Golfstaaten pl
Gulf Stream s Golfstrom m
Gulf War s Golfkrieg m
gull [gʌl] s Möwe f
gullible ['gʌlɪbl] adj leichtgläubig
gully ['gʌlɪ] s **1** Schlucht f, Tobel m österr **2** Rinne f
gulp [gʌlp] **A** s Schluck m; **in one ~** auf einen Schluck **B** v/t (a. **gulp down**) Getränk runterstürzen; Essen runterschlingen **C** v/i beim Schlucken würgen
gum¹ [gʌm] s ANAT Zahnfleisch n kein pl
gum² **A** s **1** Gummi n **2** Klebstoff m, Pick m österr **3** Kaugummi m **B** v/t kleben, picken österr
gummy ['gʌmɪ] adj ⟨komp gummier⟩ klebrig; Augen verklebt
gumption ['gʌmpʃən] umg s Grips m umg
gumshield s Zahnschutz m
gun [gʌn] **A** s Kanone f, Gewehr n, Pistole f; **to carry a gun** (mit einer Schusswaffe) bewaffnet sein; **to draw a gun on sb** j-n mit einer Schusswaffe bedrohen; **big gun** hohes od großes Tier umg (**in** +dat) fig umg; **to stick to one's guns** nicht nachgeben; **to jump the gun** fig voreilig handeln; **to be going great guns** Br umg toll in Schwung od Fahrt sein umg; Auto wie geschmiert laufen umg; Firma gut in Schuss sein umg **B** v/t a. **gun down** j-n erschießen **C** v/i umg **to be gunning for sb** fig j-n auf dem Kieker haben umg
gunboat s Kanonenboot n
gunfight s Schießerei f
gunfighter s Revolverheld m
gunfire s Schießerei f; MIL Geschützfeuer n
gunge [gʌndʒ] Br umg s klebriges Zeug umg
gunk [gʌŋk] bes US umg s → gunge
gun licence s, **gun license** US s Waffenschein m
gunman ['gʌnmən] s ⟨pl -men⟩ (mit einer Schusswaffe) Bewaffnete(r) m; **they saw the ~** sie haben den Schützen gesehen
gunner ['gʌnəʳ] s MIL Artillerist m
gunpoint s **to hold sb at ~** j-n mit einer Schusswaffe bedrohen
gunpowder s Schießpulver n
gunrunner s Waffenschmuggler(in) od -schieber(in) m(f)
gunrunning s Waffenschmuggel m
gunshot s Schuss m; **~ wound** Schusswunde f
gurgle ['gɜːgl] **A** s von Flüssigkeit Gluckern n kein pl; von Baby Glucksen n kein pl **B** v/i Flüssigkeit gluckern; Baby glucksen (**with** vor +dat)
gurney ['gɜːnɪ] US s (Trag)bahre f
gush [gʌʃ] **A** s von Wasser etc Strahl m; von Worten

gushing *Schwall m; von Gefühlen* Ausbruch *m* B *v/i* 1 (*a.* **~ out**) herausschießen 2 *umg* schwärmen *umg* (**about, over** von)

gushing *adj* 1 *Wasser* (heraus)schießend 2 *fig* überschwänglich

gusset ['gʌsɪt] *s* Zwickel *m*

gust [gʌst] A *s* Bö(e) *f*; **a ~ of cold air** ein Schwall *m* kalte Luft; **~s of up to 100 km/h** Böen von bis zu 100 km/h B *v/i* böig wehen

gusto ['gʌstəʊ] *s* ⟨*kein pl*⟩ Begeisterung *f*; **to do sth with ~** etw mit Genuss tun

gusty ['gʌsti] *adj* ⟨*komp* gustier⟩ böig

gut [gʌt] A *s* 1 Darm *m* 2 Bauch *m* 3 ⟨*mst pl*⟩ *umg* Eingeweide *pl*; **to slog** *od* **work one's guts out** *umg* wie blöd schuften *umg*; **to hate sb's guts** *umg* j-n auf den Tod nicht ausstehen können *umg*; **gut reaction** rein gefühlsmäßige Reaktion, Bauchentscheidung *f*; **my gut feeling is that …** rein gefühlsmäßig würde ich sagen, dass … 4 **guts** *pl umg* Mumm *m umg* B *v/t* 1 *Tier* ausnehmen 2 *Feuer* ausbrennen; (≈ *leeren*) ausräumen; **it was completely gutted by the fire** es war völlig ausgebrannt

gut bacteria *s*, **gut flora** *s* MED, BIOL Darmflora *f*

gutless *fig umg adj* feige

gutsy ['gʌtsi] *umg adj Mensch* mutig; *Vorgehen* kämpferisch

gutted *bes Br umg adj* **I was ~** ich war total am Boden *umg*; **he was ~ by the news** die Nachricht machte ihn völlig fertig *umg*

gutter ['gʌtə^r] A *s* Dachrinne *f*; *in Straße* Gosse *f* B *v/i Flamme* flackern

guttering ['gʌtərɪŋ] *s* Regenrinnen *pl*

gutter press *Br pej s* Boulevardpresse *f*

guttural ['gʌtərəl] *adj* guttural

guy¹ [gaɪ] *umg s* Typ *m umg*, Kerl *m umg*; **hey, you guys** he Leute *umg*; **are you guys ready?** seid ihr fertig?

guy² *s*, (*a.* **guy-rope**) Halteseil *n*, Zeltschnur *f*

Guyana [gaɪˈænə] *s* Guyana *n*

Guy Fawkes' Night [ˌgaɪˈfɔːksnaɪt] *Br s* Feierlichkeiten, Feuerwerk usw. zum Gedenken an die Pulververschwörung vom 5. November 1605

guzzle ['gʌzl] *umg* A *v/i* (≈ *essen*) futtern *umg*; (≈ *trinken*) schlürfen B *v/t* futtern *umg*; schlürfen; *Benzin* saufen *umg*

gym [dʒɪm] *s* 1 Turnhalle *f* 2 Fitnesscenter *n* 3 Turnen *n*

gym kit *s*, **gym gear** *US s* Turnzeug *n*

gymnasium [dʒɪmˈneɪzɪəm] *s* ⟨*pl* -s; *form* gymnasia [dʒɪmˈneɪzɪə]⟩ Turnhalle *f*

gymnast ['dʒɪmnæst] *s* Turner(in) *m(f)*

gymnastic [dʒɪmˈnæstɪk] *adj* turnerisch; **~ exercises** Turnübungen *pl*

gymnastics [dʒɪmˈnæstɪks] *s* 1 Gymnastik *f kein pl*, Turnen *n kein pl*; **to do ~** Gymnastik machen 2 Übungen *pl*

gym shoe *Br s* Turnschuh *m*

gym teacher *s* Turnlehrer(in) *m(f)*

gym trainer *s* Fitnesstrainer(in) *m(f)*

gynaecological [ˌgaɪnɪkəˈlɒdʒɪkəl] *adj*, **gynecological** *US adj* gynäkologisch

gynaecologist [ˌgaɪnɪˈkɒlədʒɪst] *s*, **gynecologist** *US s* Gynäkologe *m*, Gynäkologin *f*

gynaecology [ˌgaɪnɪˈkɒlədʒɪ] *s*, **gynecology** *US s* Gynäkologie *f*

gypsy ['dʒɪpsɪ] A *s* Zigeuner(in) *m(f) neg!*; **gypsies** Sinti und Roma *pl* B *adj* Zigeuner- *neg!*

gyrate [ˌdʒaɪəˈreɪt] *v/i* (herum)wirbeln, sich drehen; *Tänzer* sich drehen und winden

gyroscope ['dʒaɪərəˌskəʊp] *s* Gyroskop *n*

H, h [eɪtʃ] *s* H *n*, h *n*

h *abk* (= **hours**) h

ha [hɑː] *int* Ha

habit ['hæbɪt] *s* 1 Gewohnheit *f*; unerwünscht (An)gewohnheit *f*; **to be in the ~ of doing sth** die Angewohnheit haben, etw zu tun; **it became a ~** es wurde zur Gewohnheit; **from (force of) ~** aus Gewohnheit; **I don't make a ~ of inviting strangers in** (für) gewöhnlich bitte ich Fremde nicht herein; **to get into/to get sb into the ~ of doing sth** sich/j-m angewöhnen, etw zu tun; **to get into bad ~s** in schlechte Gewohnheiten verfallen; **to get out of/to get sb out of the ~ of doing sth** sich/j-m abgewöhnen, etw zu tun; **to have a ~ of doing sth** die Angewohnheit haben, etw zu tun 2 Sucht *f*; **to have a cocaine ~** kokainsüchtig sein 3 (≈ *Gewand*) *von Mönch etc* Habit *n/m*

habitable ['hæbɪtəbl] *adj* bewohnbar

habitat ['hæbɪtæt] *s* Heimat *f*

habitation [ˌhæbɪˈteɪʃən] *s* **unfit for human ~** menschenunwürdig

habitual [həˈbɪtjʊəl] *adj* 1 gewohnt 2 gewohnheitsmäßig; **~ criminal** Gewohnheitsverbrecher(in) *m(f)*

habitually [həˈbɪtjʊəlɪ] *adv* ständig, regelmäßig

hack¹ [hæk] A *v/t* 1 hacken; **to ~ sb/sth to pieces** *wörtl* j-n/etw zerstückeln 2 *umg* **to ~ it** es bringen *sl* B *v/i a.* IT hacken; **he ~ed at the branch** er schlug auf den Ast; **to ~ into the system** in das System eindringen

hack² *s* 1 *pej* (≈ *Autor*) Schreiberling *m* 2 *US* Taxi *n*

hacker ['hækəʳ] s IT Hacker(in) m(f)
hacker attack s IT Hackerangriff m
hacking ['hækɪŋ] **A** adj ~ **cough** trockener Husten **B** s IT Hacken n
hackles ['hæklz] pl **to get sb's ~ up** j-n auf die Palme bringen umg
hackneyed ['hæknɪd] Br adj abgedroschen umg
hacksaw ['hæksɔː] s Metallsäge f
had [hæd] prät & pperf → have
haddock ['hædək] s ⟨pl -⟩ Schellfisch m
hadn't ['hædnt] abk (= had not) → have
haemoglobin [ˌhiːməʊˈgləʊbɪn] s, **hemoglobin** US s Hämoglobin n
haemophilia [ˌhiːməʊˈfɪlɪə] s, **hemophilia** US s Bluterkrankheit f
haemophiliac [ˌhiːməʊˈfɪlɪæk] s, **hemophiliac** US s Bluter m
haemorrhage ['hemərɪdʒ] s, **hemorrhage** US **A** s Blutung f **B** v/i bluten
haemorrhoids ['hemərɔɪdz] pl, **hemorrhoids** US pl Hämorr(ho)iden pl
hag [hæg] s Hexe f
haggard ['hægəd] adj ausgezehrt, abgespannt
haggis ['hægɪs] s schottisches Gericht aus gehackten Schafsinnereien und Hafer im Schafsmagen
haggle ['hægl] v/i feilschen (**about** od **over** um)
haggling s Gefeilsche n
Hague [heɪɡ] s **the ~** Den Haag n
hail[1] [heɪl] **A** s Hagel m; **a ~ of blows** ein Hagel von Schlägen; **in a ~ of bullets** im Kugelhagel **B** v/i hageln
hail[2] **A** v/t **1** **to ~ sb/sth as sth** j-n/etw als etw feiern **2** zurufen (+dat); Taxi anhalten; **within ~ing distance** in Rufweite **B** v/i **they ~ from …** sie kommen aus … **C** int **the Hail Mary** das Ave Maria
hailstone s Hagelkorn n
hailstorm s Hagel(schauer) m
hair [heəʳ] **A** s **1** ⟨kein pl⟩ kollektiv Haare pl, Haar n, Behaarung f; **body ~** Körperbehaarung f; **to do one's ~** sich frisieren; **to have one's ~ cut** sich (dat) die Haare schneiden lassen; **to let one's ~ down** fig aus sich (dat) herausgehen; **keep your ~ on!** Br umg ruhig Blut! **2** einzelnes Haar n; **not a ~ out of place** fig wie aus dem Ei gepellt; **I'm allergic to cat ~** ich bin gegen Katzenhaare allergisch **B** adj ⟨attr⟩ Haar-
hairband s Haarband n
hairbrush s Haarbürste f
haircare s Haarpflege f
hair clip s Clip m
haircut s Haarschnitt m; Frisur f; **to have** od **get a ~** sich (dat) die Haare schneiden lassen
hairdo s ⟨pl -s⟩ umg Frisur f
hairdresser s Friseur m, Friseuse f; **at the ~'s** beim Friseur
hairdressing s Frisieren n
hairdressing salon s Friseursalon m
hairdrier s, **hairdryer** s Haartrockner m, Föhn m
hair dye s (Haar)gel n
-haired ['heəd] adj ⟨suf⟩ -haarig; **long-haired** langhaarig
hair gel s (Haar)gel n
hairgrip Br s Haarklemme f
hairline s Haaransatz m
hairline crack s Haarriss m
hairline fracture s Haarriss m
hairnet s Haarnetz n
hairpiece s Haarteil n, Toupet n
hairpin[1] s Haarnadel f
hairpin[2] s, **hairpin bend** s Haarnadelkurve f
hair-raising adj haarsträubend
hair remover s Haarentferner m
hair restorer s Haarwuchsmittel n
hair's breadth s Haaresbreite f; **he was within a ~ of winning** er hätte um ein Haar gewonnen
hair slide Br s Haarspange f
hairsplitting s Haarspalterei f
hairspray s Haarspray m/n
hair straighteners ['streɪtnəz] pl Haarglätter m
hairstyle s Frisur f
hair stylist s Friseur m, Friseuse f
hairy ['heərɪ] adj ⟨komp hairier⟩ Mensch, Spinne behaart; Brust haarig
hake [heɪk] s See- od Meerhecht m
halal [hɑːˈlɑːl] adj vom Islam erlaubt halal; **~ meat** Halal-Fleisch n
half [hɑːf] **A** s ⟨pl halves⟩ **1** Hälfte f; **the first ~ of the year** die erste Jahreshälfte; **to cut sth in ~** etw halbieren; **to tear sth in ~** etw durchreißen; **~ of it/them** die Hälfte davon/von ihnen; **~ the money** die Hälfte des Geldes; **~ a million dollars** eine halbe Million Dollar; **he gave me ~** er gab mir die Hälfte; **an hour and ~** eine halbe Stunde; **he's not ~ the man he used to be** er ist längst nicht mehr das, was er einmal war; **to go halves (with sb on sth)** (mit j-m mit etw) halbe-halbe machen umg; **bigger by ~** anderthalbmal so groß; **to increase sth by ~** etw um die Hälfte vergrößern; **he is too clever by ~** Br umg das ist ein richtiger Schlaumeier; **one and a ~** eineinhalb, anderthalb; **an hour and a ~** eineinhalb od anderthalb Stunden; **he's two and a ~** er ist zweieinhalb; **three and a ~ days/weeks** dreieinhalb Tage/Wochen; **he doesn't do things by halves** er macht keine halben Sachen; **~ and ~** halb und halb; **my better ~** hum, **my other ~** meine bessere Hälfte **2** SPORT Halbzeit

f **3** (≈ *Fahr-, Eintrittskarte*) für *Kind* halbe Karte *umg*; **two and a ~ (to London)** zweieinhalb(mal London) **4** kleines Bier **B** *adj* halb; **at** *od* **for ~ price** zum halben Preis; **~ man ~ beast** halb Mensch, halb Tier **C** *adv* **1** halb; **I ~ thought …** ich hätte fast gedacht …; **the work is only ~ done** die Arbeit ist erst zur Hälfte erledigt; **to be ~ asleep** schon fast schlafen; **~ laughing, ~ crying** halb lachend, halb weinend; **he only ~ understands** er begreift *od* versteht nur die Hälfte; **she's ~ German** sie ist zur Hälfte Deutsche; **it's ~ past three** *od* **~ three** es ist halb vier; **he is ~ as big as his sister** er ist halb so groß wie seine Schwester; **~ as big again** anderthalbmal so groß; **he earns ~ as much as you** er verdient halb so viel wie Sie **2** *Br umg* **he's not ~ stupid** er ist unheimlich dumm; **it didn't ~ rain** es HAT vielleicht geregnet; **not ~!** und wie!

half-a-dozen *s* halbes Dutzend
halfback *s* SPORT Mittelfeldspieler(in) *m(f)*
half-baked *fig adj* unausgegoren
half board *s* Halbpension *f*
half bottle *s* **a ~ of wine** eine kleine Flasche Wein
half-breed *s* **1** *obs* Mischling *m* **2** (≈ *Pferd*) Halbblüter *m*
half-brother *s* Halbbruder *m*
half-caste *obs pej s* Mischling *m*
half-circle *s* Halbkreis *m*
half-day *s* (≈ *Urlaub*) halber freier Tag; **we've got a ~** wir haben einen halben Tag frei
half-dead *wörtl, fig adj* halb tot (**with** vor +*dat*)
half-dozen *s* halbes Dutzend
half-dressed *adj* halb bekleidet
half-empty *adj* halb leer
half-fare *s* halber Fahrpreis
half-full *adj* halb voll
half-hearted *adj* halbherzig, lustlos; **he was rather ~ about accepting** er nahm ohne rechte Lust an
half-heartedly *adv* halben Herzens; **to do sth ~ etw** ohne rechte Überzeugung *od* Lust tun
half-hour *s* halbe Stunde
half-hourly **A** *adv* alle halbe Stunde **B** *adj* halbstündlich
half-mast *s* **at ~** (auf) halbmast
half measure *s* halbe Maßnahme
half-moon *s* Halbmond *m*
half-note *s US* MUS halbe Note
half-pint *s* **1** ≈ Viertelliter *m/n* **2** kleines Bier
half-pipe *s* SPORT Halfpipe *f*
half-price *adj & adv* zum halben Preis; **to be ~** die Hälfte kosten
half-sister *s* Halbschwester *f*
half term *Br s* Ferien *pl* in der Mitte des Trimesters; **we get three days at ~** wir haben drei Tage Ferien in der Mitte des Trimesters
half-time **A** *s* SPORT Halbzeit *f*; **at ~** zur Halbzeit **B** *adj* ⟨*attr*⟩ Halbzeit-, zur Halbzeit; **~ score** Halbzeitstand *m*
half-truth *s* Halbwahrheit *f*
half volley *s Tennis* Halfvolley *m*
halfway ['hɑːf,weɪ] **A** *adj* ⟨*attr*⟩ halb; **when we reached the ~ stage** *od* **point on our journey** als wir die Hälfte der Reise hinter uns (*dat*) hatten; **we're past the ~ stage** wir haben die Hälfte geschafft **B** *adv* **~ to** auf halbem Weg nach; **we drove ~ to London** wir fuhren die halbe Strecke nach London; **~ between …** (genau) zwischen …; **I live ~ up the hill** ich wohne auf halber Höhe des Berges; **~ through a book** halb durch ein Buch (durch); **she dropped out ~ through the race** nach der Hälfte des Rennens gab sie auf; **to meet sb ~** j-m (auf halbem Weg) entgegenkommen
halfway house *fig s* Zwischending *n*
halfwit *fig s* Schwachkopf *m*
half-yearly *adv* halbjährlich
halibut ['hælɪbət] *s* Heilbutt *m*
halitosis [ˌhælɪ'təʊsɪs] *s* schlechter Mundgeruch
hall [hɔːl] *s* **1** Diele *f*, Flur *m* **2** Halle *f*, Saal *m*; *von Dorf* Gemeindehaus *n*; *von Schule* Aula *f* **3** Herrenhaus *n* **4** *Br a*. **~ of residence** Studenten(wohn)heim *n* **5** *US* Gang *m*, Flur *m*
hallelujah [ˌhælɪ'luːjə] **A** *int* halleluja **B** *s* Halleluja *n*
hallmark [ˈhɔːlmɑːk] *s* **1** (Feingehalts)stempel *m* **2** *fig* Kennzeichen *n* (**of** +*gen od* für)
hallo [həˈləʊ] *int & s* → hello
hallowed ['hæləʊd] *adj* geheiligt; **on ~ ground** auf heiligem Boden
Halloween, Hallowe'en [ˌhæləʊ'iːn] *s* Halloween *n*
hallucinate [həˈluːsɪneɪt] *v/i* halluzinieren
hallucination [həˌluːsɪ'neɪʃən] *s* Halluzination *f*
hallucinatory [həˈluːsɪnətərɪ] *adj Droge* Halluzinationen hervorrufend *attr fachspr*, halluzinogen; *Wirkung* halluzinatorisch
hallway ['hɔːlweɪ] *s* Flur *m*
halo ['heɪləʊ] *s* ⟨*pl* -(e)s⟩ Heiligenschein *m*
haloed ['heɪləʊd] *adj* wie von einem Heiligenschein umgeben
halt [hɔːlt] **A** *s* Pause *f*; **to come to a ~** zum Stillstand kommen; **to bring sth to a ~** etw zum Stillstand bringen; **to call a ~ to sth** einer Sache (*dat*) ein Ende machen; **the government called for a ~ to the fighting** die Regierung verlangte die Einstellung der Kämpfe **B** *v/i* zum Stillstand kommen, stehen bleiben; MIL haltmachen **C** *v/t* zum Stillstand bringen;

Kämpfe einstellen **D** *int* halt
halter ['hɔːltəʳ] *s von Pferd* Halfter *n*
halterneck ['hɒltənek] *adj* rückenfrei mit Nackenverschluss
halting ['hɔːltɪŋ] *adj Stimme* zögernd; *Rede* stockend; *Englisch* holprig
halt sign *s* AUTO Stoppschild *n*
halve [hɑːv] *v/t* **1** halbieren **2** auf die Hälfte reduzieren
halves [hɑːvz] *pl* → half
ham [hæm] *s* GASTR Schinken *m*; **ham sandwich** Schinkenbrot *n*

phrasal verbs mit ham:

ham up *umg v/t* ⟨*trennb*⟩ **to ham it up** zu dick auftragen
hamburger ['hæmˌbɜːgəʳ] *s* Hamburger *m*
ham-fisted [ˌhæm'fɪstɪd] *adj* ungeschickt
hamlet ['hæmlɪt] *s* kleines Dorf
hammer ['hæməʳ] **A** *s* Hammer *m*; **to go at it ~ and tongs** *umg* sich ins Zeug legen *umg*; *bei Streit* sich in die Wolle kriegen *umg*; **to go/come under the ~** unter den Hammer kommen **B** *v/t* **1** hämmern; **to ~ a nail into a wall** einen Nagel in die Wand schlagen **2** *umg* (≈ *besiegen*) eine Schlappe beibringen +*dat umg* **C** *v/i* hämmern; **to ~ on the door** an die Tür hämmern

phrasal verbs mit hammer:

hammer home *v/t* ⟨*trennb*⟩ Nachdruck verleihen (+*dat*); **he tried to hammer it home to the pupils that …** er versuchte, den Schülern einzubläuen *od* einzuhämmern, dass…
hammer out *fig v/t* ⟨*trennb*⟩ *Abkommen* ausarbeiten; *Melodie* hämmern
hammering ['hæmərɪŋ] *bes Br umg s* Schlappe *f umg*; **our team took a ~** unsere Mannschaft musste eine Schlappe einstecken *umg*
hammock ['hæmək] *s* Hängematte *f*
hamper¹ ['hæmpəʳ] *bes Br s* Korb *m*, Geschenkkorb *m*
hamper² *v/t* behindern; **to be ~ed (by sth)** (durch etw) gehandicapt sein; **the police were ~ed in their search for the shortage of clues** der Mangel an Hinweisen erschwerte der Polizei die Suche
hamster ['hæmstəʳ] *s* Hamster *m*
hamstring ['hæmstrɪŋ] *s* ANAT Kniesehne *f*
hand [hænd] **A** *s* **1** Hand *f*; *von Uhr* Zeiger *m*; **on (one's) ~s and knees** auf allen vieren; **to take sb by the ~** j-n an die Hand nehmen; **~ in ~** Hand in Hand; **to go ~ in ~ with sth** mit etw einhergehen *od* mit etw Hand in Hand gehen; **~s up!** Hände hoch!; **~s up who knows the answer** Hand hoch, wer es weiß; **~s off!** *umg* Finger weg!; **keep your ~s off my wife** lass die Finger von meiner Frau!; **made by ~** handgearbeitet; **to deliver a letter by ~** einen Brief persönlich überbringen; **to live (from) ~ to mouth** von der Hand in den Mund leben; **with a heavy/firm ~** *fig* mit harter/fester Hand; **to get one's ~s dirty** *fig* (*dat*) die Hände schmutzig machen **2** Seite *f*; **on my right ~** rechts von mir; **on the one ~ … on the other ~ …** einerseits …, andererseits … **3** **your future is in your own ~s** Sie haben Ihre Zukunft (selbst) in der Hand; **he put the matter in the ~s of his lawyer** er übergab die Sache seinem Anwalt; **to put oneself in(to) sb's ~s** sich j-m anvertrauen; **to fall into the ~s of sb** j-m in die Hände fallen; **to fall into the wrong ~s** in die falschen Hände geraten; **to be in good ~s** in guten Händen sein; **to change ~s** den Besitzer wechseln; **he suffered terribly at the ~s of the enemy** er machte in den Händen des Feindes Schreckliches durch; **he has too much time on his ~s** er hat zu viel Zeit zur Verfügung; **he has five children on his ~s** er hat fünf Kinder am Hals *umg*; **everything she could get her ~s on** alles, was sie in die Finger bekommen konnte; **just wait till I get my ~s on him!** warte nur, bis ich ihn zwischen die Finger kriege! *umg*; **to take sb/sth off sb's ~s** j-m j-n/etw abnehmen **4** Arbeiter(in) *m(f)*; **all ~s on deck!** alle Mann an Deck! **5** Handschrift *f* **6** (≈ *Längenmaß*) ≈ 10 cm **7** KART Blatt *n*; (≈ *Spiel*) Runde *f* **8** **to ask for a lady's ~ (in marriage)** um die Hand einer Dame anhalten; **to have one's ~s full with sb/sth** mit j-m/etw alle Hände voll zu tun haben; **to wait on sb ~ and foot** j-n von vorne und hinten bedienen; **to have a ~ in sth** an etw (*dat*) beteiligt sein; **I had no ~ in it** ich hatte damit nichts zu tun; **to keep one's ~ in** in Übung bleiben; **to lend** *od* **give sb a ~** j-m behilflich sein; **give me a ~!** hilf mir mal!; **to force sb's ~** j-n zwingen; **to be in glove with sb** mit j-m unter einer Decke stecken; **to win ~s down** mühelos *od* spielend gewinnen; **to have the upper ~** die Oberhand behalten; **to get** *od* **gain the upper ~ (of sb)** (über j-n) die Oberhand gewinnen; **they gave him a big ~** sie gaben ihm großen Applaus; **let's give our guest a big ~** und nun großen Beifall für unseren Gast; **to be an old ~ (at sth)** ein alter Hase (in etw *dat*) sein; **to keep sth at ~** etw in Reichweite haben; **at first ~** aus erster Hand; **he had the situation well in ~** er hatte die Situation im Griff; **to take sb in ~** (≈ *disziplinieren*) j-n in die Hand nehmen; (≈ *betreuen*) j-n in Obhut nehmen; **he still had £600 in ~** er hatte £ 600 übrig; **the matter in ~** die vorliegende Angelegenheit; **we still have a game in ~** wir haben noch ein Spiel ausstehen; **there**

were no experts on ~ es standen keine Experten zur Verfügung; **to eat out of sb's ~** j-m aus der Hand fressen; **to get out of ~** außer Kontrolle geraten; **I dismissed the idea out of ~** ich verwarf die Idee sofort; **I don't have the letter to ~** ich habe den Brief gerade nicht zur Hand **B** v/t geben (sth to sb, sb sth j-m etw); **you've got to ~ it to him** fig umg das muss man ihm lassen umg

phrasal verbs mit hand:

hand (a)round v/t ⟨trennb⟩ herumreichen, austeilen

hand back v/t ⟨trennb⟩ zurückgeben

hand down v/t ⟨trennb⟩ **1** fig weitergeben; Tradition überliefern; Wertgegenstand etc vererben (**to** +dat); **the farm's been handed down from generation to generation** der Hof ist durch die Generationen weitervererbt worden **2** JUR Urteil fällen

hand in v/t ⟨trennb⟩ abgeben; Rücktritt einreichen

hand on v/t ⟨trennb⟩ weitergeben (**to** an +akk)

hand out v/t ⟨trennb⟩ verteilen, austeilen (**to sb** an j-n); Rat erteilen, geben (**to sb** j-m)

hand over v/t ⟨trennb⟩ (her)überreichen (**to** dat), weitergeben (**to** an +akk), (her)geben (**to** dat); Gefangenen übergeben (**to** dat), ausliefern; Macht abgeben (**to** an +akk); Kontrolle, Besitz übergeben (**to** dat od an +akk); **I now hand you over to our correspondent** ich übergebe nun an unseren Korrespondenten

hand up v/t ⟨trennb⟩ hinaufreichen

handbag s Br Handtasche f
hand baggage s Handgepäck n
handball **A** s **1** Handball m **2** FUSSB (≈ Regelverstoß) Handspiel n **B** int FUSSB Hand
hand basin s Handwaschbecken n
handbill s Handzettel m
handbook s Handbuch n
handbrake bes Br s Handbremse f
hand-carved adj handgeschnitzt
hand cream s Handcreme f
handcuff v/t Handschellen anlegen (+dat)
handcuffs pl Handschellen pl
handdrier s Händetrockner m
handful ['hændfʊl] s **1** Handvoll f; von Haar Büschel n **2** fig **those children are a ~** die Kinder können einen ganz schön in Trab halten
hand grenade s Handgranate f
handgun s Handfeuerwaffe f
hand-held adj Computer Handheld-
handicap ['hændɪkæp] **A** s **1** SPORT Handicap n **2** Handicap n, Behinderung f **B** v/t **to be (physically/mentally) ~ped** (körperlich/geistig) behindert sein; **~ped children** behinderte Kinder pl neg!

handicraft ['hændɪkrɑːft] s Kunsthandwerk n; **~s** Kunstgewerbe n
handily ['hændɪlɪ] adv gelegen günstig
handiwork ['hændɪwɜːk] s ⟨kein pl⟩ **1** Arbeit f; Bastelei Handarbeit f; **examples of the children's ~** Werkarbeiten/Handarbeiten pl der Kinder **2** fig Werk n; pej Machwerk n
handkerchief ['hæŋkətʃɪf] s Taschentuch n, Nastuch n schweiz
handle ['hændl] **A** s Griff m; von Tür Klinke f, (Tür)falle f schweiz; bes von Besen, Kochtopf Stiel m; von Korb, Tasse Henkel m; **to fly off the ~** umg an die Decke gehen umg; **to have/get a ~ on sth** umg etw im Griff haben/in den Griff bekommen **B** v/t **1** berühren; **be careful how you ~ that** gehen Sie vorsichtig damit um; **"handle with care"** „Vorsicht - zerbrechlich" **2** umgehen mit; Sache, Problem sich befassen mit, fertig werden mit, erledigen; Fahrzeug steuern; **how would you ~ the situation?** wie würden Sie sich in der Situation verhalten?; **I can't ~ pressure** ich komme unter Druck nicht zurecht; **you keep quiet, I'll ~ this** sei still, lass mich mal machen **3** HANDEL Waren handeln mit od in (+dat); Aufträge bearbeiten **C** v/i Schiff, Flugzeug sich steuern lassen; Auto sich fahren lassen

handlebar(s) ['hændlbɑː', -bɑːz] s(pl) Lenkstange f
handler ['hændlə'] s Hundeführer(in) m(f); **baggage ~** Gepäckmann m
handling ['hændlɪŋ] s Umgang m (**of** mit); von Sache, Problem Behandlung f (**of** +gen); von offizieller Seite Bearbeitung f; **her adroit ~ of the economy** ihre geschickte Handhabung der Wirtschaft; **his ~ of the matter** die Art, wie er die Angelegenheit angefasst hat; **his successful ~ of the crisis** seine Bewältigung der Krise
handling charge s Bearbeitungsgebühr f; von Bank Kontoführungsgebühren pl
hand lotion s Handlotion f
hand luggage s Handgepäck n
handmade adj handgearbeitet; **this is ~** das ist Handarbeit
hand mirror s Handspiegel m
hand-operated adj handbedient, handbetrieben
hand-out s **1** (Geld)zuwendung f **2** Essensspende f **3** Infoblatt n; SCHULE Arbeitsblatt n
handover s POL Übergabe f; **~ of power** Machtübergabe f
hand-picked fig adj sorgfältig ausgewählt, handverlesen
hand puppet US s Handpuppe f
handrail s Geländer n; von Schiff Reling f

hand sanitizer ['sænɪˌtaɪzəʳ] s, **hand sanitiser** Br s Händedesinfektionsmittel n
handset s TEL Hörer m
hands-free ['hændz'friː] adj Freisprech-; ~ **kit** Freisprechset n od -anlage f
handshake ['hændʃeɪk] s Händedruck m
hands-off ['hændz'ɒf] adj passiv
handsome ['hænsəm] adj **1** gut aussehend; *Gesicht, Äußeres* attraktiv, elegant; **he is ~** er sieht gut aus **2** *Gewinn* ansehnlich; *Belohnung* großzügig; *Sieg* deutlich
handsomely ['hænsəmlɪ] adv *bezahlen* großzügig; *belohnen* reichlich; *siegen* überlegen
hands-on ['hændz'ɒn] adj aktiv, engagiert
handstand s Handstand m
hand-to-hand adj ~ **fighting** Nahkampf m
hand-to-mouth adj kümmerlich
hand towel s Händehandtuch n
handwriting s Handschrift f
handwritten adj handgeschrieben
handy ['hændɪ] adj ⟨komp **handier**⟩ **1** *Gerät* praktisch; *Tipp* nützlich; *Größe* handlich; **to come in ~** sich als nützlich erweisen; **my experience as a teacher comes in ~** meine Lehrerfahrung kommt mir zugute **2** geschickt; **to be ~ with a tool** mit einem Werkzeug gut umgehen können **3** in der Nähe; **the house is (very) ~ for the shops** das Haus liegt (ganz) in der Nähe der Geschäfte; **to keep** od **have sth ~** etw griffbereit haben
handyman ['hændɪmæn] s ⟨pl **-men** [-mən]⟩ Heimwerker m; *als Job* Hilfskraft f
hang [hæŋ] ⟨v: prät, pperf **hung**⟩ **A** v/t **1** hängen; *Bild, Vorhang, Kleider* aufhängen; **to ~ wallpaper** tapezieren; **to ~ sth from sth** etw an etw (dat) aufhängen; **to ~ one's head** den Kopf hängen lassen **2** ⟨prät, pperf **hanged**⟩ *Verbrecher* hängen; **to ~ oneself** sich erhängen **3** umg **~ the cost!** ist doch piepegal, was es kostet umg **B** v/i **1** *Bild, Vorhang* hängen (**on** an +dat od **from** von); *Haar* fallen **2** *düstere Stimmung etc* hängen (**over** +dat) **3** *Verbrecher* gehängt werden; **to be sentenced to ~** zum Tod durch Erhängen verurteilt werden **C** s ⟨kein pl⟩ umg **to get the ~ of sth** den (richtigen) Dreh bei etw herauskriegen umg

phrasal verbs mit hang:

hang about Br, **hang around A** v/i umg warten; *Jugendliche* sich herumtreiben umg, strawanzen österr; **to keep sb hanging around** j-n warten lassen; **to hang around with sb** sich mit j-m herumtreiben umg; **hang about, I'm just coming** wart mal, ich komm ja schon; **he doesn't hang around** umg er ist einer von der schnellen Truppe umg **B** v/i ⟨+obj⟩ **to hang around a place** sich an einem Ort herumtreiben umg
hang back wörtl v/i sich zurückhalten
hang down v/i herunterhängen
hang in umg v/i **just hang in there!** bleib am Ball umg
hang on A v/i **1** sich festhalten (**to sth** an etw dat) **2** durchhalten; umg warten; **hang on (a minute)** einen Augenblick (mal) **B** v/i ⟨+obj⟩ **he hangs on her every word** er hängt an ihren Lippen; **everything hangs on his decision** alles hängt von seiner Entscheidung ab
hang on to v/i ⟨+obj⟩ **1** festhalten; *fig Hoffnung* sich klammern an (+akk) **2** behalten; **to hang on to power** sich an die Macht klammern
hang out A v/i **1** *Zunge* heraushängen **2** umg sich herumtreiben umg, rumhängen umg **B** v/t ⟨trennb⟩ hinaushängen
hang together v/i *Argumenation, Ideen* folgerichtig od zusammenhängend sein; *Alibi* keinen Widerspruch enthalten; *Geschichte etc* zusammenhängen
hang up A v/i TEL auflegen; **he hung up on me** er legte einfach auf **B** v/t ⟨trennb⟩ *Bild* aufhängen; *Hörer* auflegen
hang upon v/i ⟨+obj⟩ → hang on

hangar ['hæŋəʳ] s Hangar m
hanger ['hæŋəʳ] s (Kleider)bügel m
hanger-on [ˌhæŋər'ɒn] s ⟨pl **hangers-on**⟩ Satellit m
hang-glider s Drachen m
hang-gliding s Drachenfliegen n
hanging ['hæŋɪŋ] s **1** *von Verbrecher* Hinrichtung f (durch den Strang) **2** ~**s** pl Wandbehänge pl
hanging basket s Blumenampel f
hangman s ⟨pl **-men**⟩ Henker m; (≈ *Spiel*) Galgen m
hang-out umg s Stammlokal n; *von Jugendlichen etc* Treff m
hangover s Kater m umg
hangover cure s Katerfrühstück n
hang-up umg s Komplex m (**about** wegen)
hanker ['hæŋkəʳ] v/i sich sehnen (**for** od **after sth** nach etw)
hankering ['hæŋkərɪŋ] s Sehnsucht f; **to have a ~ for sth** Sehnsucht nach etw haben
hankie, **hanky** ['hæŋkɪ] umg s Taschentuch n, Nastuch n schweiz
hanky-panky [ˌhæŋkɪ'pæŋkɪ] bes Br umg s Gefummel n umg
Hanover ['hænəʊvəʳ] s Hannover n
haphazard [ˌhæp'hæzəd] adj willkürlich; **in a ~ way** planlos
happen ['hæpən] v/i **1** geschehen, sich ereignen, passieren; **it ~ed like this ...** es war so ...; **what's ~ing?** was ist los?; **it just ~ed** es ist (ganz) von allein passiert od gekommen;

as if nothing had ~ed als ob nichts geschehen od gewesen wäre; **don't let it ~ again** dass das nicht noch mal passiert!; **what has ~ed to him?** was ist ihm passiert?, was ist aus ihm geworden?; **if anything should ~ to me** wenn mir etwas zustoßen od passieren sollte; **it all ~ed so quickly** es ging alles so schnell **2** **to ~ to do sth** zufällig(erweise) etw tun; **do you ~ to know whether ...?** wissen Sie zufällig, ob ...?; **I picked up the nearest paper, which ~ed to be the Daily Mail** ich nahm die erstbeste Zeitung zur Hand, es war zufällig die Daily Mail; **as it ~s I don't like that kind of thing** so etwas mag ich nun einmal nicht

phrasal verbs mit happen:

happen across v/t stoßen auf +akk

happening ['hæpnɪŋ] s Ereignis n, Vorfall m; **there have been some strange ~s in that house** in dem Haus sind sonderbare Dinge vorgegangen

happily ['hæpɪlɪ] adv **1** glücklich; *spielen* vergnügt; **it all ended ~** es ging alles gut aus; **they lived ~ ever after** *in Märchen* und wenn sie nicht gestorben sind, dann leben sie noch heute **2** *zusammen leben* harmonisch **3** gern; **I would ~ have lent her the money** ich hätte ihr das Geld ohne Weiteres geliehen **4** glücklicherweise

happiness ['hæpɪnɪs] s Glück n, Zufriedenheit f

happy ['hæpɪ] adj ⟨komp happier⟩ **1** glücklich; **the ~ couple** das Brautpaar; **a ~ ending** ein Happy End n; **~ birthday (to you)** herzlichen Glückwunsch zum Geburtstag; **Happy Easter/Christmas** frohe Ostern/Weihnachten; **Happy New Year** frohes neues Jahr **2** **(not) to be ~ about** od **with sth** mit etw (nicht) zufrieden sein; **to be ~ to do sth** etw gern tun; (= *erleichtert*) froh sein, etw zu tun; **I was ~ to hear that you passed your exam** es hat mich gefreut zu hören, dass du die Prüfung bestanden hast

happy-go-lucky adj unbekümmert

happy hour s Happy Hour f

harangue [həˈræŋ] v/t eine (Straf)predigt halten (+dat)

harass ['hærəs] v/t belästigen; **don't ~ me** dräng mich doch nicht so!

harassed adj abgespannt; **a ~ father** ein (viel) geplagter Vater

harassment s Belästigung f; **racial ~** rassistisch motivierte Schikanierung; **sexual ~** sexuelle Belästigung

harbour ['hɑːbə^r], **harbor** *US* **A** s Hafen m **B** v/t **1** *Verbrecher etc* Unterschlupf gewähren (+dat) **2** *Zweifel etc* hegen

hard [hɑːd] **A** adj ⟨+er⟩ **1** hart; *Winter, Frost* streng; **as ~ as rocks** od **iron** steinhart; **he leaves all the ~ work to me** die ganze Schwerarbeit überlässt er mir; **to be a ~ worker** sehr fleißig sein; **it was ~ going** man kam nur mühsam voran; **to be ~ on sb** streng mit j-m sein; **to be ~ on sth** sich etw strapazieren; **to have a ~ time** es nicht leicht haben; **I had a ~ time finding a job** ich hatte Schwierigkeiten, eine Stelle zu finden; **to give sb a ~ time** j-m das Leben schwer machen; **there are no ~ feelings between them** sie sind einander nicht böse; **no ~ feelings?** nimm es mir nicht übel; **to be as ~ as nails** knallhart sein *umg* **2** schwer, schwierig; **~ to understand** schwer verständlich; **that is a very ~ question to answer** diese Frage lässt sich nur schwer beantworten; **she is ~ to please** man kann ihr kaum etwas recht machen; **it's ~ to tell** es ist schwer zu sagen; **I find it ~ to believe** ich kann es kaum glauben; **she found it ~ to make friends** es fiel ihr schwer, Freunde zu finden; **to play ~ to get** so tun, als sei man nicht interessiert **3** *ziehen, treten* kräftig; *schlagen* heftig; **to give sb/sth a ~ push** j-m/etw einen harten Stoß versetzen; **it was a ~ blow (for them)** *fig* es war ein schwerer Schlag (für sie) **4** *Fakten* gesichert; **~ evidence** sichere Beweise *pl* **B** adv *arbeiten* hart; *laufen* sehr schnell; *atmen* schwer; *studieren* eifrig; *zuhören* genau; *nachdenken* scharf; *ziehen, drücken* kräftig; *regnen* stark; **to work ~** hart arbeiten; **I've been ~ at work since this morning** ich bin seit heute Morgen schwer am Werk; **she works ~ at keeping herself fit** sie gibt sich viel Mühe, sich fit zu halten; **to try ~** sich sehr bemühen; **no matter how ~ I try ...** wie sehr ich mich auch anstrenge, ...; **to be ~ pushed** od **put to do sth** es sehr schwer finden, etw zu tun; **to be ~ done by** übel dran sein; **they are ~ hit by the cuts** sie sind von den Kürzungen schwer getroffen; **~ left** scharf links; **to follow ~ upon sth** unmittelbar auf etw (akk) folgen

hard and fast adj fest

hardback A adj (a. **hardbacked**) *Buch* gebunden **B** s gebundene Ausgabe

hardboard s Hartfaserplatte f

hard-boiled adj *Ei* hart gekocht

hard cash s Bargeld n

hard copy s Ausdruck m

hard core *fig* s harter Kern

hard-core adj **1** *Porno* hart; **~ movie** harter Pornofilm **2** *Bandenmitglieder* zum harten Kern gehörend

hardcover *US* adj & s → hardback

hard currency s harte Währung

hard disk s COMPUT Festplatte f

hard disk drive s Festplattenlaufwerk n

hard drug s harte Droge
hard-earned adj Geld sauer verdient; Sieg hart erkämpft
hard-edged fig adj hart, kompromisslos; Realität hart
harden ['hɑːdn] **A** v/t Stahl härten; **this ~ed his attitude** dadurch hat sich seine Haltung verhärtet; **to ~ oneself to sth** sich gegen etw abhärten; gefühlsmäßig a. gegen etw unempfindlich werden **B** v/i hart werden; fig Haltung sich verhärten; **his face ~ed** sein Gesicht bekam einen harten Ausdruck
hardened adj Stahl gehärtet; Truppen abgehärtet; Arterien verkalkt; **~ criminal** Gewohnheitsverbrecher(in) m(f); **you become ~ to it after a while** daran gewöhnt man sich mit der Zeit
hard-fought adj Kampf erbittert; Sieg hart erkämpft; Spiel hart
hard hat s Schutzhelm m
hardhearted adj hartherzig
hard-hitting adj Reportage äußerst kritisch
hard labour s, **hard labor** US s Zwangsarbeit f
hard left s POL **the ~** die extreme Linke
hard line s **to take a ~** eine harte Linie verfolgen
hardline adj kompromisslos
hardliner s bes POL Hardliner(in) m(f)
hard luck umg s Pech n (**on** für); **~!** Pech gehabt!
hardly ['hɑːdlɪ] adv **1** kaum; **~ ever** fast nie; **~ any money** fast kein Geld; **it's worth ~ anything** es ist fast nichts wert; **you've ~ eaten anything** du hast (ja) kaum etwas gegessen; **there was ~ anywhere to go** man konnte fast nirgends hingehen **2** (≈ sicherlich nicht) wohl kaum
hardness ['hɑːdnɪs] s **1** Härte f **2** Schwierigkeit f
hard-nosed umg adj Mensch abgebrüht umg; Haltung rücksichtslos
hard-on sl s Erektion Ständer m umg; **to have a ~** einen stehen haben umg
hard-pressed adj hart bedrängt; **to be ~ to do sth** es sehr schwer finden, etw zu tun
hard right s POL **the ~** die extreme Rechte
hard sell s aggressive Verkaufstaktik
hardship ['hɑːdʃɪp] s Not f, Entbehrung f
hard shoulder Br s Seitenstreifen m
hard skills pl Können n, Fähigkeiten pl
hard-up adj arm; **I'm a bit ~ at the moment** ich bin gerade ein bisschen pleite
hardware ['hɑːdweə'] **A** s **1** ⟨kein pl⟩ Eisenwaren pl, Haushaltswaren pl **2** COMPUT Hardware f **B** adj ⟨attr⟩ **1** **~ shop** od **store** Eisenwarenhandlung f **2** COMPUT Hardware-
hard-wearing adj widerstandsfähig; Kleider strapazierfähig
hardwire v/t IT fest verdrahten
hard-won adj schwer erkämpft
hardwood s Hartholz n
hard-working adj fleißig
hardy ['hɑːdɪ] adj ⟨komp hardier⟩ robust; Pflanze winterhart
hare [heə'] **A** s (Feld)hase m **B** v/i Br umg flitzen umg
harebrained ['heəbreɪnd] adj verrückt
harelip s Hasenscharte f
harem [hɑːˈriːm] s Harem m
haricot ['hærɪkəʊ] s **~ (bean)** Gartenbohne f
phrasal verbs mit hark:
hark back to [hɑːk] v/i ⟨+obj⟩ **this custom harks back to the days when ...** dieser Brauch geht auf die Zeit zurück, als ...
harm [hɑːm] **A** s ⟨kein pl⟩ Verletzung f; materiell, seelisch Schaden m; **to do ~ to sb** j-m eine Verletzung/j-m Schaden zufügen; **to do ~ to sth** einer Sache (dat) schaden; **you could do somebody/yourself ~ with that knife** mit dem Messer können Sie jemanden/sich verletzen; **he never did anyone any ~** er hat keiner Fliege jemals etwas zuleide getan; **you will come to no ~** es wird Ihnen nichts geschehen; **it will do more ~ than good** es wird mehr schaden als nützen; **it won't do you any ~** es wird dir nicht schaden; **to mean no ~** es nicht böse meinen; **no ~ done** es ist nichts Schlimmes passiert; **there's no ~ in asking** es kann nicht schaden, zu fragen; **where's** od **what's the ~ in that?** was kann denn das schaden?; **to keep** od **stay out of ~'s way** der Gefahr (dat) aus dem Weg gehen; **I've put those tablets in the cupboard out of ~'s way** ich habe die Tabletten im Schrank in Sicherheit gebracht **B** v/t verletzen; Umwelt etc schaden (+dat)
harmful adj schädlich (**to** für)
harmless adj harmlos
harmlessly ['hɑːmlɪslɪ] adv harmlos; **the missile exploded ~ outside the town** die Rakete explodierte außerhalb der Stadt, ohne Schaden anzurichten
harmonic [hɑːˈmɒnɪk] adj harmonisch
harmonica [hɑːˈmɒnɪkə] s Harmonika f; **to play the ~** Harmonika spielen
harmonious adj, **harmoniously** [hɑːˈməʊnɪəs, -lɪ] adv harmonisch
harmonize ['hɑːmənaɪz] **A** v/t harmonisieren; Ideen etc miteinander in Einklang bringen **B** v/i **1** Farben harmonieren **2** MUS mehrstimmig singen
harmony ['hɑːmənɪ] s Harmonie f; fig Eintracht f; **to live in perfect ~ with sb** in Eintracht mit j-m leben

harness ['hɑːnɪs] **A** s **1** Geschirr n; **to work in ~** fig zusammenarbeiten **2** von Fallschirm Gurtwerk n; für Kleinkind Laufgurt m **B** v/t **1** Pferd anschirren; **to ~ a horse to a carriage** ein Pferd vor einen Wagen spannen **2** nutzen

harp [hɑːp] s Harfe f; **to play the ~** Harfe spielen

phrasal verbs mit harp:

harp on umg v/i **to harp on (about) sth** auf etw (dat) herumreiten; **he's always harping on about ...** er spricht ständig von ...

harpoon [hɑːˈpuːn] **A** s Harpune f **B** v/t harpunieren

harrowing ['hærəʊɪŋ] adj Geschichte erschütternd; Erlebnis grauenhaft

harry ['hærɪ] v/t bedrängen

harsh [hɑːʃ] adj ⟨+er⟩ Winter streng; Klima, Umwelt, Klang rau; Bedingungen, Behandlung hart; Art barsch, schroff; Kritik scharf; Licht grell; Wirklichkeit bitter; **to be ~ with sb** j-n hart anfassen; **don't be too ~ with him** sei nicht zu streng mit od hart zu ihm

harshly ['hɑːʃlɪ] adv **1** bewerten, behandeln streng; kritisieren scharf **2** etw sagen schroff; **he never once spoke ~ to her** er sprach sie nie in einem scharfen Ton an

harshness ['hɑːʃnɪs] s Härte f; von Klima, Umwelt Rauheit f; von Kritik Schärfe f

harvest ['hɑːvɪst] **A** s Ernte f; **a bumper potato ~** eine Rekordkartoffelernte **B** v/t ernten

harvest festival s Erntedankfest n

has [hæz] ⟨3. Person sg präs⟩ → have

has-been ['hæzbiːn] pej s vergangene Größe

hash [hæʃ] s **1** fig **to make a ~ of sth** etw vermasseln umg **2** TEL Doppelkreuz n, Rautenzeichen n **3** umg (= Droge) Hasch n umg

hash browns [hæʃˈbraʊnz] pl ≈ Kartoffelpuffer pl, Erdäpfelpuffer pl österr

hashish ['hæʃɪʃ] s Haschisch n

hash mark s Rautezeichen (#) n

hashtag ['hæʃtæɡ] s IT Hashtag n (mit vorangestelltem Rautezeichen markiertes Schlagwort)

hasn't ['hæznt] abk (= has not) → have

hassle ['hæsl] umg **A** s **1** Auseinandersetzung f **2** Mühe f; **we had a real ~ getting these tickets** es hat uns (dat) viel Mühe gemacht, diese Karten zu bekommen; **getting there is such a ~** es ist so umständlich, dorthin zu kommen **B** v/t bedrängen; **stop hassling me** lass mich in Ruhe!; **I'm feeling a bit ~d** ich fühle mich etwas im Stress umg

haste [heɪst] s Eile f, Hast f; **to do sth in ~** etw in Eile tun; **to make ~ to do sth** sich beeilen, etw zu tun

hasten ['heɪsn] **A** v/i sich beeilen; **I ~ to add that ...** ich muss allerdings hinzufügen, dass ... **B** v/t beschleunigen

hastily ['heɪstɪlɪ] adv **1** eilig; essen, sich anziehen hastig; hinzufügen schnell **2** übereilt

hasty ['heɪstɪ] adj ⟨komp hastier⟩ **1** hastig; Abreise plötzlich; **to beat a ~ retreat** sich schnellstens aus dem Staub machen umg **2** übereilt; **don't be ~!** nicht so schnell!; **I had been too ~** ich hatte voreilig gehandelt

hat [hæt] s **1** Hut m; **to put on one's hat** den od seinen Hut aufsetzen; **to take one's hat off** den Hut abnehmen **2** fig **I'll eat my hat if ...** ich fresse einen Besen, wenn ... umg; **I take my hat off to him** Hut ab vor ihm!; **to keep sth under one's hat** umg etw für sich behalten; **at the drop of a hat** auf der Stelle; **that's old hat** umg das ist ein alter Hut umg

hatch¹ [hætʃ] **A** v/t (a. **hatch out**) ausbrüten **B** v/i Vogel a. **~ out** ausschlüpfen; **when will the eggs ~?** wann schlüpfen die Jungen aus?

hatch² s **1** SCHIFF Luke f; in Fußboden, Decke Bodenluke f **2** (**service**) **~** Durchreiche f **3** **down the ~!** umg hoch die Tassen! umg

hatchback ['hætʃbæk] s Hecktürmodell n

hatchet ['hætʃɪt] s Beil n; **to bury the ~** fig das Kriegsbeil begraben

hatchet job umg s **to do a ~ on sb** j-n fertigmachen umg

hatchway ['hætʃweɪ] s → hatch²

hate [heɪt] **A** v/t hassen; **to ~ to do sth** od **doing sth** etw äußerst ungern tun; **I ~ seeing** od **to see her in pain** ich kann es nicht ertragen, sie leiden zu sehen; **I ~ it when ...** ich kann es nicht aushalten, wenn ...; **I ~ to bother you** es ist mir sehr unangenehm, dass ich Sie belästigen muss; **I ~ to admit it but ...** es fällt mir sehr schwer, das zugeben zu müssen, aber ...; **she ~s me having any fun** sie kann es nicht haben, wenn ich Spaß habe; **I ~ to think I'd never see him again** ich könnte den Gedanken, ihn nie wiederzusehen, nicht ertragen **B** s Hass m (**for, of** auf +akk); **one of his pet ~s is plastic cutlery/having to wait** Plastikbesteck/Warten ist ihm ein Gräuel

hate campaign s Hasskampagne f

hated ['heɪtɪd] adj verhasst

hateful adj abscheulich; Mensch unausstehlich

hate mail s beleidigende Briefe pl

hate preacher s Hassprediger m

hatpin ['hætpɪn] s Hutnadel f

hatred ['heɪtrɪd] s Hass m (**for, of** auf +akk); **racial ~** Rassenhass m

hat stand s, **hat tree** US s Garderobenständer m

hat trick s Hattrick m; **to score a ~** einen Hattrick erzielen

haughty ['hɔːtɪ] adj ⟨komp haughtier⟩ überheblich; *Blick* geringschätzig

haul [hɔːl] **A** *s* **1** **it's a long ~** es ist ein weiter Weg; **short/long/medium ~ aircraft** Kurz-/Lang-/Mittelstreckenflugzeug *n*; **over the long ~** *bes US* langfristig **2** *fig* Beute *f*; *von Drogen etc* Fund *m* **B** *v/t* **1** ziehen; **he ~ed himself to his feet** er wuchtete sich wieder auf die Beine **2** befördern

phrasal verbs mit haul:

haul in *v/t* ⟨*trennb*⟩ einholen; *Seil* einziehen
haulage ['hɔːlɪdʒ] *Br s* Transport *m*
haulage business *bes Br s* Transportunternehmen *n*, Spedition(sfirma) *f*; (≈ *Sparte*) Speditionsbranche *f*
haulier ['hɔːlɪəʳ] *s*, **hauler** ['hɔːləʳ] *US s* (≈ *Firma*) Spedition *f*; Transportunternehmer(in) *m(f)*
haunch [hɔːntʃ] *s* **~es** Gesäß *n*; *von Tier* Hinterbacken *pl*; **to squat on one's ~es** in der Hocke sitzen
haunt [hɔːnt] **A** *v/t* **1** *Gespenst* spuken in (+*dat*) **2** *j-n* verfolgen; *Erinnerung* nicht loslassen **B** *s* Stammlokal *n*; für Urlaub etc Lieblingsort *m*; **her usual childhood ~s** Stätten, die sie in ihrer Kindheit oft aufsuchte
haunted *adj* **1** Spuk-; **~ castle** Spukschloss *n*; **this place is ~** hier spukt es; **is it ~?** spukt es da? **2** *Blick* gequält
haunting ['hɔːntɪŋ] *adj* eindringlich; *Musik* schwermütig
have [hæv] ⟨*prät, pperf* had; *3. Person sg präs* has⟩ **A** *v/aux* **1** haben; **I ~/had seen** ich habe/hatte gesehen; **had I seen him, if I had seen him** wenn ich ihn gesehen hätte; **having seen him** als ich ihn gesehen hatte; **having realized this** nachdem ich das erkannt hatte; **I ~ lived** *od* **~ been living here for 10 years** ich wohne *od* lebe schon 10 Jahre hier **2** sein; **to ~ gone** gegangen sein; **you HAVE grown!** du bist aber gewachsen!; **to ~ been** gewesen sein **3** **you've seen her, ~n't you?** du hast sie gesehen, oder nicht?; **you ~n't seen her, ~ you?** du hast sie nicht gesehen, oder?; **you ~n't seen her — yes, I ~** du hast sie nicht gesehen — doch; **you've made a mistake — no, I ~n't** du hast einen Fehler gemacht — nein(, hab ich nicht); **I ~ seen a ghost — ~ you?** ich habe ein Gespenst gesehen — tatsächlich? **B** *v/aux* **to ~ to do sth** etw tun müssen; **I ~ to do it, I ~ got to do it** *bes Br* ich muss es tun *od* machen; **she was having to get up at 6 o'clock** sie musste um 6 Uhr aufstehen; **you didn't ~ to tell her** das hätten Sie ihr nicht unbedingt sagen müssen *od* brauchen **C** *v/t* (*a.* **have got**) *bes Br* **1** haben; *bes Br* **~ you got a car?**, **do you ~ a car?** hast du ein Auto?; **I ~n't a pen, I ~n't got a pen** *bes Br*, **I don't ~ a pen** ich habe keinen Kugelschreiber; **I ~ work/a translation to do, I ~ got work/a translation to do** *bes Br* ich habe zu arbeiten/eine Übersetzung zu erledigen; **I must ~ more time** ich brauche mehr Zeit; **I must ~ something to eat** ich muss dringend etwas zu essen haben; **thanks for having me** vielen Dank für Ihre Gastfreundschaft; **he has diabetes** er ist zuckerkrank; **to ~ a heart attack** einen Herzinfarkt bekommen; **I've a headache, I've got a headache** *bes Br* ich habe Kopfschmerzen; **to ~ a pleasant evening** einen netten Abend verbringen; **to ~ a good time** Spaß haben, sich amüsieren; **~ a good time!** viel Spaß!; **to ~ a walk** einen Spaziergang machen; **to ~ a swim** schwimmen gehen; **to ~ a baby** ein Baby bekommen; **to ~ a (bit of a) thing for sb** *umg* auf jdn stehen *umg*; **he had the audience in hysterics** das Publikum kugelte sich vor Lachen; **he had the police baffled** die Polizei stand vor einem Rätsel; **as rumour has it** *Br*, **as rumor has it** *US* Gerüchten zufolge; **I won't ~ this sort of rudeness!** diese Unhöflichkeit lasse ich mir ganz einfach nicht bieten; **I won't ~ him insulted** ich lasse es nicht zu *od* dulde es nicht, dass man ihn beleidigt; **to let sb ~ sth** j-m etw geben **2** **to ~ breakfast** frühstücken; **to ~ lunch** zu Mittag essen; **to ~ tea with sb** mit j-m (zusammen) Tee trinken; **will you ~ tea or coffee?** möchten Sie lieber Tee oder Kaffee?; **will you ~ a drink/cigarette?** möchten Sie etwas zu trinken/eine Zigarette?; **what will you ~?** was möchten Sie gern(e)?; **what are you having?** was nimmst du?; **I'll ~ the steak** ich nehme *od* hätte gern das Steak; **I'm having the fish** ich nehme den Fisch; **he had a cigarette** er rauchte eine Zigarette **3** (gepackt) haben; **he had me by the throat, he had got me by the throat** *bes Br* er hatte mich am Hals gepackt; **you ~ me there** da bin ich überfragt **4** *Party* geben; *Versammlung* abhalten **5** mögen; **which one will you ~?** welche(n, s) möchten Sie haben *od* hätten Sie gern? **6** **to ~ sth done** etw tun lassen; **to ~ one's hair cut** sich (*dat*) die Haare schneiden lassen; **he had his car stolen** man hat ihm sein Auto gestohlen; **I've had three windows broken** (bei) mir sind drei Fenster eingeworfen worden; **to ~ sb do sth** j-n etw tun lassen; **I had my friends turn against me** ich musste es erleben, wie *od* dass sich meine Freunde gegen mich wandten; **that coat has had it** *umg* der Mantel ist im Eimer *umg*; **if I miss the bus, I've had it** *umg* wenn ich den Bus verpasse, bin ich geliefert *umg*; **let him ~ it!** *umg* gibs ihm! *umg*; **~ it your own way** halten Sie es, wie Sie wollen; **you've**

been had! *umg* da hat man dich übers Ohr gehauen *umg*

phrasal verbs mit have:

have around *v/t* ⟨immer getrennt⟩ **he's a useful man to have around** es ist ganz praktisch, ihn zur Hand zu haben

have back *v/t* ⟨trennb⟩ zurückhaben

have in *v/t* ⟨immer getrennt⟩ **1** im Haus haben **2 to have it in for sb** *umg* j-n auf dem Kieker haben *umg* **3 I didn't know he had it in him** ich hätte ihm das nicht zugetraut

have off *v/t* ⟨immer getrennt⟩ **to have it off with sb** *Br umg* es mit j-m treiben *umg*

have on A *v/t* ⟨trennb⟩ *Kleidung, Radio* anhaben **B** *v/t* ⟨immer getrennt⟩ **1** vorhaben; (≈ *beschäftigt sein*) zu tun haben **2** *umg* (≈ *betrügen*) übers Ohr hauen *umg*; (≈ *veralbern*) auf den Arm nehmen *umg*, pflanzen *österr*

have out *v/t* ⟨immer getrennt⟩ **1** herausgenommen bekommen; **he had his tonsils out** ihm wurden die Mandeln herausgenommen **2 I'll have it out with him** ich werde mit ihm reden

have over, have round *Br v/t* ⟨immer getrennt⟩ (bei sich) zu Besuch haben, (zu sich) einladen

have round *v/t* Gäste zu sich (nach Hause) einladen

haven ['heɪvən] *fig s* Zufluchtsstätte *f*

haven't ['hævnt] *abk* (= have not) → have

haves [hævz] *umg pl* **the ~ and the have-nots** die Betuchten und die Habenichtse

havoc ['hævək] *s* verheerender Schaden, Chaos *n*; **to cause** *od* **create ~** ein Chaos verursachen; **to wreak ~ in/on/with sth, to play ~ with sth** bei etw verheerenden Schaden anrichten; **this wreaked ~ with their plans** das brachte ihre Pläne völlig durcheinander

Hawaii [hə'waɪiː] *s* Hawaii *n*

Hawaiian [hə'waɪən] **A** *s* Hawaiianer(in) *m(f)* **B** *adj* hawai(an)isch

hawk¹ [hɔːk] *s* **1** ORN Habicht *m*; **to watch sb like a ~** j-n ganz genau beobachten **2** *fig* (≈ *Politiker*) Falke *m*

hawk² *v/t* hausieren (gehen) mit, verkaufen

hawker ['hɔːkə^r] *s* Hausierer(in) *m(f)*, Straßenhändler(in) *m(f)*

hawk-eyed ['hɔːkaɪd] *adj* scharfsichtig

hawthorn ['hɔːθɔːn] *s*, (*a.* **hawthorn bush/tree**) Weißdorn *m*

hay [heɪ] *s* Heu *n*; **to make hay while the sun shines** *sprichw* das Eisen schmieden, solange es heiß ist *sprichw*

hay fever *s* Heuschnupfen *m*

hayrick, haystack *s* Heuhaufen *m*

haywire ['heɪwaɪə^r] *umg adj* ⟨präd⟩ **to go ~** durchdrehen *umg*; *Pläne* über den Haufen geworfen werden *umg*; *Maschine* verrückt spielen *umg*

hazard ['hæzəd] **A** *s* **1** Gefahr *f*, Risiko *n*; **it's a fire ~** es stellt eine Feuergefahr dar; **to pose a ~ (to sb/sth)** eine Gefahr (für j-n/etw) darstellen **2 ~s** *pl*, **~ warning lights** AUTO Warnblinklicht *n* **B** *v/t* riskieren; **if I might ~s a suggestion** wenn ich mir einen Vorschlag erlauben darf; **to ~ a guess** (es) wagen, eine Vermutung anzustellen

hazard lights *pl* AUTO Warnblinkanlage *f*

hazardous ['hæzədəs] *adj* gefährlich, riskant; **such jobs are ~ to one's health** solche Arbeiten gefährden die Gesundheit

hazardous waste *s* Sondermüll *m*

haze [heɪz] *s* **1** Dunst *m* **2** *fig* **he was in a ~** er war vollkommen verwirrt

hazel ['heɪzl] *adj Farbe* haselnussbraun

hazelnut ['heɪzlnʌt] *s* Haselnuss *f*

hazy ['heɪzɪ] *adj* ⟨*komp* hazier⟩ *Wetter* diesig; *Sonnenschein* trübe; *Umriss* verschwommen; *Details* unklar; **I'm a bit ~ about that** ich bin mir nicht ganz im Klaren darüber

H-bomb ['eɪtʃbɒm] *s* H-Bombe *f*

HD *abk* (= high definition) HD, hochauflösend

HDTV *abk* (= high-definition television) HDTV *n* (hochauflösendes Fernsehen)

he [hiː] **A** *pers pr* er; **Harry Rigg? who's he?** Harry Rigg? wer ist das denn? **B** *s* **it's a he** *umg* es ist ein Er **C** *präf* männlich

head [hed] **A** *s* **1** Kopf *m*; *von Pfeil* Spitze *f*; *von Bett* Kopf *m*, Kopfende *n*; *von Bier* Blume *f*; **from ~ to foot** von Kopf bis Fuß; **he can hold his ~ high** er kann sich sehen lassen; **~s or tails?** Kopf oder Zahl?; **~s you win** bei Kopf gewinnst du; **to keep one's ~ above water** *fig* sich über Wasser halten; **to go to one's ~** einem zu Kopf steigen; **I can't make ~ (n)or tail of it** daraus werde ich nicht schlau; **use your ~** streng deinen Kopf an; **it never entered his ~ that …** es kam ihm nie in den Sinn, dass …; **we put our ~s together** wir haben unsere Köpfe zusammengesteckt; **the joke went over his ~** er verstand den Witz nicht; **to keep one's ~** den Kopf nicht verlieren; **to lose one's ~** den Kopf verlieren; **~ of steam** Dampfdruck *m*; **at the ~ of the page/stairs** oben auf der Seite/an der Treppe; **at the ~ of the table** am Kopf(ende) des Tisches; **at the ~ of the queue** *Br* an der Spitze der Schlange; **a** *od* **per ~** pro Kopf; **to be ~ and shoulders above sb** *fig* j-m haushoch überlegen sein; **to fall ~ over heels in love with sb** sich bis über beide Ohren in j-n verlieben; **to fall ~ over heels down the stairs** kopfüber die Treppe herunterfallen; **to stand on one's ~** auf dem Kopf stehen; **to turn sth on its ~** *fig* etw umkehren; **to laugh one's ~ off** *umg* sich fast totlachen *umg*; **to shout one's ~ off** *umg* sich (*dat*) die Lunge aus dem Leib schreien *umg*; **to scream one's ~ off** *umg* aus vollem Halse schreien; **he can't get it into his ~ that ...** es will ihm nicht in den Kopf, dass ...; **I can't get it into his ~ that ...** ich kann es ihm nicht begreiflich machen, dass ...; **to take it into one's ~ to do sth** sich (*dat*) in den Kopf setzen, etw zu tun; **don't put ideas into his ~** bring ihn bloß nicht auf dumme Gedanken!; **to get sb/sth out of one's ~** sich (*dat*) j-n/etw aus dem Kopf schlagen; **he is off his ~** *Br umg* er ist (ja) nicht (ganz) bei Trost *umg*; **he has a good ~ for figures** er ist ein guter Rechner; **you need a good ~ for heights** Sie müssen schwindelfrei sein; **to come to a ~** sich zuspitzen; **to bring matters to a ~** die Sache auf die Spitze treiben ▌**2** **twenty ~ of cattle** zwanzig Stück Vieh ▌**3** *von Familie* Oberhaupt *n*; *von Organisation* Chef(in) *m(f)*; *von Abteilung* Leiter(in) *m(f)*; *Br* SCHULE Schulleiter(in) *m(f)*; **~ of department** Abteilungsleiter(in) *m(f)*; SCHULE, UNIV Fachbereichsleiter(in) *m(f)*; **~ of state** Staatsoberhaupt *n* ▌**B** *v/t* ▌**1** anführen, führen; *Team* leiten; **a coalition government ~ed by Mrs Merkel** eine Koalitionsregierung unter der Führung von Frau Merkel ▌**2** **in the chapter ~ed ...** in dem Kapitel mit der Überschrift ... ▌**3** FUSSB köpfen ▌**C** *v/i* gehen, fahren; **the tornado was ~ing our way** der Tornado kam auf uns zu; **to ~ to(wards) sth** auf etw (*akk*) zugehen/zufahren

phrasal verbs mit head:

head back *v/i* zurückgehen/-fahren; **it's time we were heading back now** es ist Zeit, sich auf den Rückweg zu machen

head for *v/i* ⟨+*obj*⟩ ▌**1** zugehen/zufahren auf (+*akk*); *Stadt etc* gehen/fahren in Richtung (+*gen*); *Tür, Kneipe* zusteuern auf (+*akk*) *umg*; **where are you heading** *od* **headed for?** wo gehen/fahren Sie hin? ▌**2** *fig* zusteuern auf (+*akk*); **you're heading for trouble** du bist auf dem besten Weg, Ärger zu bekommen; **to head for victory/defeat** auf einen Sieg/eine Niederlage zusteuern

head off ▌**A** *v/t* ⟨*trennb*⟩ ▌**1** umdirigieren ▌**2** *Krieg, Streik* abwenden ▌**B** *v/i* sich aufmachen

headache *s* Kopfschmerzen *pl*; *umg* Problem *n*; **to have a ~** Kopfschmerzen haben; **this is a bit of a ~ (for us)** das macht *od* bereitet uns ziemliches Kopfzerbrechen

headband *s* Stirnband *n*

headboard *s* Kopfteil *n*

head boy *s vom Schulleiter bestimmter Schulsprecher*

headbutt *v/t* mit dem Kopf stoßen

head cold *s* Kopfgrippe *f*

headcount *s* **to have** *od* **take a ~** abzählen

headdress *s* Kopfschmuck *m*

headed notepaper *s* Schreibpapier *n* mit Briefkopf

header ['hedə(r)] *s* FUSSB Kopfball *m*, Köpfler *m* *österr, schweiz*

headfirst *adv* kopfüber

headgear *s* Kopfbedeckung *f*

head girl *s vom Schulleiter bestimmte Schulsprecherin*

head-hunt *v/t* abwerben

head-hunter *fig s* Headhunter(in) *m(f)*

heading *s* Überschrift *f*

headlamp, headlight *s* Scheinwerfer *m*

headland *s* Landspitze *f*

headlight *s* → headlamp

headline *s Presse* Schlagzeile *f*; **he is always in the ~s** er macht immer Schlagzeilen; **to hit** *od* **make the ~s** Schlagzeilen machen; **the news ~s** Kurznachrichten *pl*

headline news *s* **to be ~** in den Schlagzeilen sein

headlong *adv* Hals über Kopf *umg*; *fallen* vornüber; **he ran ~ down the stairs** er rannte in Windeseile die Treppe hinunter

headmaster *Br s* Schulleiter *m*

headmistress *Br s* Schulleiterin *f*

head-mounted display ['hed,maʊntɪd] *s* IT, TECH Head-mounted Display *n*, HMD *n*, Helmdisplay *n*

head office *s* Zentrale *f*

head-on ▌**A** *adv* ▌**1** *zusammenstoßen* frontal ▌**2** *fig angehen* direkt; **to confront sb/sth ~** j-m/einer Sache ohne Umschweife entgegentreten ▌**B** *adj* **~ collision** Frontalzusammenstoß *m*

headphones *pl* Kopfhörer *pl*

headquarters *s* MIL Hauptquartier *n*; *von Firma* Zentrale *f*

headrest *s* Kopfstütze *f*

headroom *s* lichte Höhe; *in Auto* Kopfraum *m*

headscarf *s* Kopftuch *n*

headset *s* Kopfhörer *pl*

head start *s* Vorsprung *m* (**on sb** j-m gegenüber)

headstone *s* Grabstein *m*

headstrong *adj* dickköpfig

head teacher *Br s* Schulleiter(in) *m(f)*

head waiter *s* Oberkellner *m*

headway *s* **to make ~** vorankommen

headwind *s* Gegenwind *m*

headword *s in Wörterbuch* Stichwort *n*

heady ['hedɪ] *adj* ⟨komp headier⟩ berauschend

heal [hiːl] ▌**A** *v/i* heilen ▌**B** *v/t* ▌**1** MED heilen ▌**2** *fig*

Differenzen beilegen

phrasal verbs mit heal:
heal up v/i zuheilen

healer ['hiːləʳ] s Heiler(in) m(f) geh
healing ['hiːlɪŋ] **A** s Heilung f; *von Wunde* (Zu)heilen n **B** adj MED Heil-, heilend; **~ process** Heilprozess m
health [helθ] s Gesundheit f; **in good ~** bei guter Gesundheit; **to suffer from poor** *od* **bad ~** kränklich sein; **to be good/bad for one's ~** gesund/ungesund sein; **~ and safety regulations** Arbeitsschutzvorschriften pl; **to drink (to) sb's ~** auf j-s Wohl (akk) trinken; **your ~!** zum Wohl!
health authority s Gesundheitsbehörde f
health care s Gesundheitsfürsorge f
health care system s Gesundheitssystem n
health centre Br s, **health center** US s Ärztezentrum n
health certificate s Gesundheitszeugnis n
health club s Fitnesscenter n
health-conscious adj gesundheitsbewusst
health farm s Gesundheitsfarm f
health food s Reformkost f
health food shop Br s, **health food store** bes US s Bioladen m
healthily ['helθɪlɪ] adv gesund; *wachsen* kräftig
health insurance s Krankenversicherung f
health problem s **to have ~s** gesundheitliche Probleme haben
health professional s medizinische Fachkraft; **~s** medizinisches Fachpersonal
health resort s Kurort m
Health Service Br s **the ~** das Gesundheitswesen
health tourism s Gesundheitstourismus m
health warning s (gesundheitlicher) Warnhinweis
healthy ['helθɪ] adj ⟨komp healthier⟩ gesund; **to earn a ~ profit** einen ansehnlichen Gewinn machen
heap [hiːp] **A** s Haufen m; **he fell in a ~ on the floor** er sackte zu Boden; **at the bottom/top of the ~** fig ganz unten/oben; **~s of** umg ein(en) Haufen umg; **~s of times** zigmal umg; **~s of enthusiasm** jede Menge Enthusiasmus umg **B** v/t häufen; **to ~ praise on sb/sth** j-n/etw mit Lob überschütten; **a ~ed spoonful** ein gehäufter Löffel

phrasal verbs mit heap:
heap up v/t ⟨trennb⟩ aufhäufen

hear [hɪəʳ] ⟨prät, pperf heard⟩ **A** v/t hören; **I ~d him say that ...** ich habe ihn sagen hören, dass ...; **there wasn't a sound to be ~d** es war kein Laut zu hören; **to make oneself ~d** sich (dat) Gehör verschaffen; **you're not going, do you ~ me!** du gehst nicht, hörst du (mich)!; **I ~ you play chess** ich höre, Sie spielen Schach; **I've ~d it all before** ich habe das schon hundertmal gehört; **I must be ~ing things** ich glaube, ich höre nicht richtig; **to ~ a case** JUR einen Fall verhandeln; **to ~ evidence** JUR Zeugen vernehmen **B** v/i hören; **he cannot ~ very well** er hört nicht sehr gut; **~, ~!** (sehr) richtig!; PARL hört!, hört!; **he's left his wife — yes, so I ~** er hat seine Frau verlassen — ja, ich habe es gehört; **to ~ about sth** von etw erfahren; **never ~d of him/it** nie (von ihm/davon) gehört; **he was never ~d of again** man hat nie wieder etwas von ihm gehört; **I've never ~d of such a thing!** das ist ja unerhört!

phrasal verbs mit hear:
hear about v/t erfahren von, hören von
hear from v/t hören von
hear of fig v/i ⟨+obj⟩ **I won't hear of it** ich will davon (gar) nichts hören
hear out v/t ⟨trennb⟩ j-n ausreden lassen

heard [hɜːd] prät & pperf → hear
hearing ['hɪərɪŋ] **1** Gehör n; **to have a keen sense of ~** ein gutes Gehör haben **2** Hören n **3** **within/out of ~** in/außer Hörweite **4** POL Anhörung f; JUR Verhandlung f; **disciplinary ~** Disziplinarverfahren n
hearing aid s Hörgerät n
hearsay ['hɪəseɪ] s Gerüchte pl; **to know sth from** *od* **by ~** etw vom Hörensagen wissen
hearse [hɜːs] s Leichenwagen m
heart [hɑːt] s **1** Herz n; **to break sb's ~** j-m das Herz brechen; **to have a change of ~** sich anders besinnen; **to be close** *od* **dear to one's ~** j-m am Herzen liegen; **to learn sth (off) by ~** etw auswendig lernen; **he knew in his ~ she was right** er wusste im Grunde seines Herzens, dass sie recht hatte; **with all my ~** von ganzem Herzen; **from the bottom of one's ~** aus tiefstem Herzen; **to put (one's) ~ and soul into sth** sich mit Leib und Seele einer Sache (dat) widmen; **to take sth to ~** sich (dat) etw zu Herzen nehmen; **we (only) have your interests at ~** uns liegen doch nur Ihre Interessen am Herzen; **to set one's ~ on sth** sein Herz an etw (akk) hängen geh; **to one's ~'s content** nach Herzenslust; **most men are boys at ~** die meisten Männer sind im Grunde (ihres Herzens) noch richtige Kinder; **his ~ isn't in it** er ist nicht mit dem Herzen dabei; **to give sb ~** j-m Mut machen; **to lose ~** den Mut verlieren; **to take ~** Mut fassen; **her ~ is in the right place** umg sie hat das Herz auf dem rechten Fleck umg; **to have a ~ of stone** ein Herz aus Stein haben; **my ~ was in my mouth** umg

mir schlug das Herz bis zum Hals; **I didn't have the ~ to say no** ich brachte es nicht übers Herz, Nein zu sagen; **she has a ~ of gold** sie hat ein goldenes Herz; **my ~ sank** mein Mut sank; besorgt mir wurde bang ums Herz; **at the ~ of sth** im Zentrum von etw; **in the ~ of the forest** mitten im Wald; **the ~ of the matter** der Kern der Sache **2** **~s** pl KART Herz n; Bridge Coeur n; **queen of ~s** Herz-/Coeurdame f
heartache s Kummer m
heart attack s Herzanfall m, Herzinfarkt m; **I nearly had a ~** fig umg ich habe fast einen Herzschlag gekriegt umg
heartbeat s Herzschlag m
heartbreak s großer Kummer
heartbreaking adj herzzerreißend
heartbroken adj todunglücklich
heartburn s Sodbrennen n
heart condition s Herzleiden n; **he has a ~** er ist herzleidend
heart disease s Herzkrankheit f
hearten ['hɑːtn] v/t ermutigen
heartening ['hɑːtnɪŋ] adj ermutigend
heart failure s Herzversagen n; **he suffered ~** sein Herz hat versagt
heartfelt adj Dank, Entschuldigung aufrichtig; Tribut, Bitte tief empfunden
hearth [hɑːθ] s Feuerstelle f, Kamin m
heartily ['hɑːtɪlɪ] adv **1** herzlich; essen tüchtig **2** empfehlen uneingeschränkt; zustimmen voll und ganz; willkommen heißen von Herzen; **to be ~ sick of sth** etw herzlich leid sein
heartless adj herzlos, grausam
heartlessly adv grausam
heart-rending adj herzzerreißend
heartstrings pl **to pull** od **tug at sb's ~** j-n zu Tränen rühren
heart-throb umg s Schwarm m umg
heart-to-heart **A** adj ganz offen; **to have a ~ talk with sb** sich mit j-m ganz offen aussprechen **B** s offene Aussprache; **it's time we had a ~** es ist Zeit, dass wir uns einmal offen aussprechen
heart transplant s Herztransplantation f
heart trouble s Herzbeschwerden pl
heart-warming adj herzerfreund
hearty ['hɑːtɪ] adj ⟨komp **heartier**⟩ **1** herzlich; Art und Weise raubeinig **2** Empfehlung uneingeschränkt; Abneigung tief; **~ welcome** herzlicher Empfang **3** Mahlzeit herzhaft, währschaft schweiz; Appetit gesund; **to be a ~ eater** einen gesunden Appetit haben
heat [hiːt] **A** s **1** Hitze f; PHYS Wärme f; **on** od **over (a) low ~** bei schwacher Hitze; **in the ~ of the moment** in der Hitze des Gefechts, in der Erregung **2** SPORT Vorlauf m; Boxen etc Vorkampf m **3** **on ~** Br, **in ~** bes US brünstig; Hund, Katze läufig **B** v/t erhitzen; Zimmer heizen; Haus, Schwimmbad beheizen **C** v/i warm werden

phrasal verbs mit heat:
heat up **A** v/i sich erwärmen **B** v/t ⟨trennb⟩ erwärmen; Essen aufwärmen
heated ['hiːtɪd] adj **1** wörtl Schwimmbad beheizt; Zimmer geheizt; Handtuchhalter heizbar **2** fig Debatte hitzig; Meinungsaustausch heftig
heatedly ['hiːtɪdlɪ] adv hitzig; argumentieren heftig
heater ['hiːtə^r] s Ofen m; in Auto Heizung f
heat exchanger s Wärmetauscher m
heath [hiːθ] s Heide f
heathen ['hiːðən] **A** adj heidnisch **B** s Heide m, Heidin f
heather ['heðə^r] s Heidekraut n
heating ['hiːtɪŋ] s Heizung f
heating engineer s Heizungsinstallateur(in) m(f)
heatproof adj hitzebeständig
heat rash s Hitzeausschlag m
heat-resistant adj hitzebeständig
heatstroke s Hitzschlag m
heat wave s Hitzewelle f
heave [hiːv] **A** v/t **1** nach oben (hoch)hieven (**on-to** auf +akk); (≈ziehen) schleppen **2** werfen **3** Seufzer ausstoßen **B** v/i **1** hieven **2** Wellen, Busen wogen geh; Magen sich umdrehen
heaven ['hevn] s Himmel m; **the ~s** liter der Himmel; **in ~** im Himmel; **to go to ~** in den Himmel kommen; **he is in (seventh) ~** er ist im siebten Himmel; **it was ~** es war einfach himmlisch; **(good) ~s!** (du) lieber Himmel! umg; **would you like to? — (good) ~s no!** möchten Sie? — um Himmels willen, bloß nicht!; **~ knows what ...** weiß der Himmel, was ... umg; **~ forbid!** bloß nicht, um Himmels willen! umg; **for ~'s sake!** um Himmels willen!; **what in ~'s name ...?** was um Himmels willen ...?
heavenly ['hevnlɪ] adj **1** himmlisch, Himmels-; **~ body** Himmelskörper m **2** umg himmlisch
heavily ['hevɪlɪ] adv stark; bevölkert dicht; bewaffnen, atmen schwer; bewacht streng; sich bewegen schwerfällig; **~ disguised** völlig unkenntlich gemacht; **to lose ~** hoch verlieren; **to be ~ involved in** od **with sth** sehr viel mit etw zu tun haben; **to be ~ into sth** umg voll auf etw (akk) abfahren umg; **to be ~ outnumbered** zahlenmäßig stark unterlegen sein; **to be ~ defeated** eine schwere Niederlage erleiden; **~ laden** schwer beladen; **~ built** kräftig gebaut
heavy ['hevɪ] adj ⟨komp **heavier**⟩ **1** schwer; Re-

gen, Verkehr, Trinker stark; Sturz hart; **with a ~ heart** schweren Herzens; **~ breathing** schweres Atmen; **the conversation was ~ going** die Unterhaltung war mühsam; **this book is very ~ going** das Buch liest sich schwer **2** Stille bedrückend; Himmel bedeckt

heavy cream US s Schlagsahne f, Schlag m österr, Schlagobers n österr, Nidel m/f schweiz
heavy-duty adj strapazierfähig
heavy goods vehicle s Lastkraftwagen m
heavy-handed adj schwerfällig
heavy industry s Schwerindustrie f
heavy metal s MUS Heavymetal m
heavyweight ['heviweit] s **1** SPORT Schwergewichtler(in) m(f) **2** fig umg großes Tier umg; **the literary ~s** die literarischen Größen pl
Hebrew ['hi:bru:] **A** adj hebräisch **B** s **1** Hebräer(in) m(f) **2** LING Hebräisch n
Hebrides ['hebridi:z] pl Hebriden pl; **the Inner/Outer ~** die Inneren/Äußeren Hebriden
heck [hek] umg int **oh ~!** zum Kuckuck! umg; **ah, what the ~!** ach, was solls! umg; **what the ~ do you mean?** was zum Kuckuck soll das heißen? umg; **I've a ~ of a lot to do** ich habe irrsinnig viel zu tun umg
heckle ['hekl] **A** v/t (durch Zwischenrufe) stören **B** v/i Zwischenrufe machen
heckler ['heklə^r] s Zwischenrufer(in) m(f)
heckling ['hekliŋ] s Zwischenrufe pl
hectare ['hekta:^r] s Hektar m/n
hectic ['hektik] adj hektisch
he'd [hi:d] abk (= he would, he had) → have; → would
hedge [hedʒ] **A** s Hecke f **B** v/i ausweichen **C** v/t **to ~ one's bets** auf Nummer sicher gehen umg
hedge fund s FIN Hedgefonds m (kaum regulierter Investmentfonds)
hedgehog s Igel m
hedgerow s Hecke f
hedge trimmer s Elektroheckenschere f
hedonism ['hi:dənizəm] s Hedonismus m
heed [hi:d] **A** s **to pay ~ to sb/sth, to take ~ of sb/sth** j-m/einer Sache Beachtung schenken **B** v/t beachten; **he never ~s my advice** er hört nie auf meinen Rat
heedless adj **to be ~ of sth** etw nicht beachten
heel [hi:l] **A** s Ferse f; von Schuh Absatz m; **to be right on sb's ~s** j-m auf den Fersen folgen; **the police were hot on our ~s** die Polizei war uns dicht auf den Fersen; **to be down at ~** heruntergekommen sein; **to take to one's ~s** sich aus dem Staub(e) machen; **~!** zu Hund (bei) Fuß!; **to bring sb to ~** j-n an die Kandare nehmen umg **B** v/t **these shoes need ~ing** diese Schuhe brauchen neue Absätze

hefty ['hefti] umg adj ⟨komp heftier⟩ Mensch kräftig (gebaut); Objekt massiv; Geldstrafe, Kinnhaken saftig umg
heifer ['hefə^r] s Färse f
height [hait] s **1** Höhe f; von Mensch Größe f; **to be six feet in ~** sechs Fuß hoch sein; **what ~ are you?** wie groß sind Sie?; **you can raise the ~ of the saddle** du kannst den Sattel höherstellen; **at shoulder ~** in Schulterhöhe; **at the ~ of his power** auf der Höhe seiner Macht; **the ~ of luxury** das Nonplusultra an Luxus; **at the ~ of the season** in der Hauptsaison; **at the ~ of summer** im Hochsommer; **at its ~ the company employed 12,000 people** in ihrer Glanzzeit hatte die Firma 12.000 Angestellte; **during the war emigration was at its ~** im Krieg erreichte die Auswanderungswelle ihren Höhepunkt; **to be the ~ of fashion** der letzte Schrei sein **2** **~s** pl Höhen pl; **to be afraid of ~s** nicht schwindelfrei sein
heighten ['haitn] **A** v/t höher machen; (= betonen) hervorheben; Gefühle, Spannung verstärken; **~ed awareness** erhöhte Aufmerksamkeit **B** v/i fig wachsen
heinous ['heinəs] adj abscheulich
heir [eə^r] s Erbe m, Erbin f (**to** +gen); **~ to the throne** Thronfolger(in) m(f)
heiress ['ɛəres] s Erbin f
heirloom ['ɛəlu:m] s Erbstück n
heist [haist] bes US umg s Raubüberfall m
held [held] prät & pperf → hold
helicopter ['helikɒptə^r] s Hubschrauber m
helipad ['helipæd] s Hubschrauberlandeplatz m
heliport ['helipɔ:t] s Heliport m
helium ['hi:liəm] s Helium n
hell [hel] s **1** Hölle f; **to go to ~** zur Hölle fahren; **all ~ broke loose** auf einmal war die Hölle los; **it's ~ working there** es ist die reine Hölle, dort zu arbeiten; **a living ~** die Hölle auf Erden; **to go through ~** Höllenqualen ausstehen; **she made his life ~** sie machte ihm das Leben zur Hölle; **to give sb ~** umg j-m die Hölle heiß machen; **there'll be ~ to pay when he finds out** wenn er das erfährt, ist der Teufel los umg; **to play ~ with sth** etw total durcheinanderbringen; **I did it (just) for the ~ of it** umg ich habe es nur zum Spaß gemacht; **~ for leather** was das Zeug hält; **the mother-in-law from ~** die böse Schwiegermutter, wie sie im Buche steht; **the holiday from ~** Br, **the vacation from ~** US der absolut katastrophale Urlaub **2** umg **a ~ of a noise** ein Höllenlärm m umg; **I was angry as ~** ich war stinksauer umg; **to work like ~** arbeiten, was das Zeug hält; **to run like ~** laufen, was die Beine hergeben; **it hurts like ~** es tut wahnsinnig weh umg;

we had a od **one ~ of a time** (≈ *negativ*) es war grauenhaft; (≈ *positiv*) wir haben uns prima amüsiert *umg*; **a ~ of a lot** verdammt viel *umg*; **she's a** od **one ~ of a girl** die ist schwer in Ordnung *umg*; **that's one** od **a ~ of a climb** das ist eine wahnsinnige Kletterei *umg*; **to ~ with you** hol dich der Teufel *umg*; **to ~ with it!** verdammt noch mal *umg*; **go to ~!** scher dich zum Teufel! *umg*; **where the ~ is it?** wo ist es denn, verdammt noch mal? *umg*; **you scared the ~ out of me** du hast mich zu Tode erschreckt; **like ~ he will!** den Teufel wird er tun *umg*; **what the ~ was** soll's *umg*

he'll [hiːl] *abk* (= he will, he shall) → will¹; → shall

hellbent [,hel'bent] *adj* versessen (**on** auf +*akk*); **be hell-bent on doing sth** etw um jeden Preis *or* unbedingt tun wollen

hellish ['helɪʃ] *fig umg adj* höllisch *umg*; *Verkehr, Erkältung* mörderisch *umg*; **it's ~** es ist die reinste Hölle

hellishly ['helɪʃlɪ] *umg adv heiß* höllisch *umg*; *schwierig* verteufelt *umg*

hello [hə'ləʊ] **A** *int* hallo, servus *österr*, grüezi *schweiz*; **to say ~ to sb** j-n (be)grüßen; **we said ~** wir haben uns begrüßt; **say ~ to your aunt** sag deiner Tante mal schön „Guten Tag!"; **say ~ to your parents (from me)** grüß deine Eltern (von mir) **B** *s* ⟨*pl* -s⟩ Hallo *n*

hell-raiser ['helreɪzə^r] *umg s* ausschweifender Mensch

helm [helm] *s* SCHIFF Steuer *n*

helmet ['helmɪt] *s* Helm *m*

help [help] **A** *s* ⟨*kein pl*⟩ Hilfe *f*; **with his brother's ~** mithilfe seines Bruders; **his ~ with the project** seine Mithilfe an dem Projekt; **to ask sb for ~** j-n um Hilfe bitten; **to be of ~ to sb** j-m helfen; **he isn't much ~ to me** er ist mir keine große Hilfe **B** *v/t* **1** helfen (+*dat*); **to ~ sb (to) do sth** j-m (dabei) helfen, etw zu tun; **to ~ sb with the cooking/his bags** j-m beim Kochen/mit seinen Taschen helfen; **~!** Hilfe!; **can I ~ you?** kann ich (Ihnen) behilflich sein?; *im Geschäft* werden Sie schon bedient?; **that won't ~ you** das wird Ihnen nichts nützen; **to ~ sb on/off with his/her** *etc* **coat** j-m in den/aus dem Mantel helfen; **to ~ sb up** j-m aufhelfen **2 to ~ oneself to sth** sich (*dat*) etw nehmen, sich mit etw bedienen; *umg* (≈ *stehlen*) etw mitgehen lassen; **~ yourself!** nehmen Sie sich doch!, bedienen Sie sich! **3 he can't ~ it** er kann nichts dafür; **not if I can ~ it** nicht, wenn es nach mir geht; **I can't ~ laughing** ich kann mir nicht helfen, ich muss (einfach) lachen; **I couldn't ~ thinking …** ich konnte nicht umhin zu denken …; **it can't be ~ed** das lässt sich nicht ändern **C** *v/i* helfen; **and your attitude didn't ~ either** und Ihre Einstellung war auch nicht gerade hilfreich

phrasal verbs mit help:

help out A *v/i* aushelfen (**with** bei) **B** *v/t* ⟨*trennb*⟩ helfen (+*dat*) (**with** mit)

help desk *s* Hotline *f*

helper ['helpə^r] *s* Helfer(in) *m(f)*, Gehilfe *m*, Gehilfin *f*

helpful *adj* **1** hilfsbereit, hilfreich **2** *Rat, Werkzeug* nützlich

helpfully *adv* **1** hilfsbereit, hilfreich **2** liebenswürdigerweise

helping ['helpɪŋ] **A** *s* Portion *f*; **to take a second ~ of sth** sich (*dat*) noch einmal von etw nehmen **B** *adj* ⟨*attr*⟩ **to give** od **lend a ~ hand to sb** j-m behilflich sein

helpless *adj* hilflos; **he was ~ to prevent it** er konnte es nicht verhindern; **she was ~ with laughter** sie konnte sich vor Lachen kaum halten

helplessly *adv* hilflos; *zusehen a.* machtlos

helplessness ['helplɪsnɪs] *s* Hilflosigkeit *f*, Machtlosigkeit *f*

helpline *s* Informationsdienst *m*; telefonischer Beratungsdienst

help screen *s* IT Hilfsbildschirm *m*

helter-skelter ['heltə'skeltə^r] *adv* Hals über Kopf *umg*

hem [hem] **A** *s* Saum *m* **B** *v/t* säumen

phrasal verbs mit hem:

hem in *v/t* ⟨*trennb*⟩ einschließen; *fig* einengen

he-man ['hiːmæn] *s* ⟨*pl* -men [-mən]⟩ *umg* sehr männlicher Typ

hemisphere ['hemɪsfɪə^r] *s* Hemisphäre *f*; **in the northern ~** auf der nördlichen Halbkugel

hemline ['hemlaɪn] *s* Saum *m*

hemo- *US zssgn* → haemoglobin

hemorrhage ['hemərɪdʒ] *US s & v/i* → haemorrhage

hemp [hemp] *s* BOT Hanf *m*

hen [hen] *s* **1** Henne *f* **2** Weibchen *n*

hence [hens] *adv* **1** also; **~ the name** daher der Name **2 two years ~** in zwei Jahren

henceforth [,hens'fɔːθ] *adv* von nun an

henchman ['hentʃmən] *s* ⟨*pl* -men⟩ *pej* Spießgeselle *m*

henna ['henə] **A** *s* Henna *f* **B** *v/t* mit Henna färben

hen night *Br umg s* Junggesellinnenabschied *m*

hen party *Br umg s* Damenkränzchen *n*; *vor Hochzeit* Junggesellinnenabschied *m*

henpeck *v/t* **he is ~ed** er steht unterm Pantoffel *umg*

hepatitis [,hepə'taɪtɪs] *s* Hepatitis *f*

heptathlon [hep'tæθlɒn] *s* Siebenkampf *m*

her [hɜː^r] **A** *pers pr akk obj, mit präp +akk* sie; *dat obj, mit präp +dat* ihr; **it's her** sie ist's **B** *poss adj* ihr; → **my**

herald ['herəld] **A** *s fig* (Vor)bote *m geh* **B** *v/t* ankündigen; **tonight's game is being ~ed as the match of the season** das Spiel heute Abend wird als die Begegnung der Saison groß herausgebracht

heraldry ['herəldrɪ] *s* Wappenkunde *f*

herb [hɜːb] *s* Kraut *n*

herbaceous [hɜːˈbeɪʃəs] *adj* krautig

herbal ['hɜːbəl] *adj* Kräuter-; **~ tea** Kräutertee *m*

herb garden *s* Kräutergarten *m*

herbicide ['hɜːbɪsaɪd] *s* Herbizid *n*

herbivorous [hɜːˈbɪvərəs] *form adj* pflanzenfressend

herb tea [hɜːb(ə)ˈtiː, *US* ɜːrb(ə)ˈtiː] *s* Kräutertee *m*

herd [hɜːd] **A** *s* Herde *f*; *von Rotwild* Rudel *n* **B** *v/t* treiben

herdsman ['hɜːdzmən] *s* ⟨*pl* -men⟩ Hirte *m*

here [hɪə^r] *adv* hier; *mit Richtungsangabe* hierher, hierhin; **come ~!** komm her!; **~ I am** da *od* hier bin ich; **~'s the taxi** das Taxi ist da; **~ he comes** da kommt er ist er ja; **this one ~** der/die/das hier *od* da; **~ and now** auf der Stelle; **I won't be ~ for lunch** ich bin zum Mittagessen nicht da; **~ and there** hier und da; **near ~** (hier) in der Nähe; **I've read down to ~** ich habe bis hierher *od* hierhin gelesen; **it's in/over ~** es ist hier (drin)/hier drüben; **put it in ~** stellen Sie es hierherein; **~ you are** *bitte sehr* hier(, bitte); *endlich gefunden* da bist du ja!; **~ we are, home again** so, da wären wir also wieder zu Hause; **~ we go again, another crisis** da hätten wir also wieder eine Krise; **~ goes!** dann mal los; **~, let me do that** komm, lass mich das mal machen; **~'s to you!** auf Ihr Wohl!; **it's neither ~ nor there** es spielt keine Rolle; **I've had it up to ~ (with him/it)** *umg* ich habe die Nase voll (von ihm/davon) *umg*

hereabouts ['hɪərəbaʊts] *adv* hier (in der Gegend)

hereafter *adv* künftig; *JUR* im Folgenden

hereby *form adv* hiermit

hereditary [hɪˈredɪtərɪ] *adj* erblich; **~ disease** Erbkrankheit *f*; **~ peer** Peer, der seine Peerswürde geerbt hat

heredity [hɪˈredɪtɪ] *s* Vererbung *f*

heresy ['herəsɪ] *s* Ketzerei *f*

heretic ['herətɪk] *s* Ketzer(in) *m(f)*

herewith [ˌhɪəˈwɪð] *form adv* hiermit

heritage ['herɪtɪdʒ] *s* **1** Erbe *n* **2** **~ brand** Traditionsmarke *f*

hermaphrodite [hɜːˈmæfrədaɪt] *s* Zwitter *m*

hermetically [hɜːˈmetɪkəlɪ] *adv* **~ sealed** hermetisch verschlossen

hermit ['hɜːmɪt] *s* Einsiedler(in) *m(f)*

hernia ['hɜːnɪə] *s* (Eingeweide)bruch *m*

hero ['hɪərəʊ] *s* ⟨*pl* -es⟩ Held *m*

heroic [hɪˈrəʊɪk] **A** *adj* **1** heldenhaft, mutig; *Handlung a.* heroisch; **~ action** *od* **deed** Heldentat *f*; **~ attempt** tapferer Versuch **2** *LIT* Helden- **B** *s* **heroics** *pl* Heldentaten *pl*

heroin ['herəʊɪn] *s* Heroin *n*; **~ addict** Heroinsüchtige(r) *m/f(m)*

heroine ['herəʊɪn] *s* Heldin *f*

heroism ['herəʊɪzəm] *s* Heldentum *n*, Kühnheit *f*

heron ['herən] *s* Reiher *m*

hero worship *s* Verehrung *f* (**of** +*gen*); *von Popstar etc* Schwärmerei *f* (**of** für)

herpes ['hɜːpiːz] *s MED* Herpes *m*

herring ['herɪŋ] *s* Hering *m*

herringbone ['herɪŋbəʊn] *adj* ⟨*attr*⟩ **~ pattern** Fischgrät(en)muster *n*

hers [hɜːz] *poss pr* ihre(r, s); → **mine**¹

herself [hɜːˈself] *pers pr* **1** *akk u. dat obj, mit präp* sich; → **myself** **2** *emph* (sie) selbst

he's [hiːz] *abk* (= **he is, he has**) → **be**; → **have**

hesitancy ['hezɪtənsɪ] *s* Zögern *n*, Unschlüssigkeit *f*

hesitant ['hezɪtənt] *adj* zögernd, unschlüssig

hesitantly ['hezɪtəntlɪ] *adv* zögernd, zögerlich; *widerwillig* ungern

hesitate ['hezɪteɪt] *v/i* zögern; *beim Sprechen* stocken; **I am still hesitating about what I should do** ich bin mir immer noch nicht schlüssig, was ich tun soll; **don't ~ to contact me** zögern Sie nicht, sich an mich zu wenden

hesitation [ˌhezɪˈteɪʃən] *s* Zögern *n*; **after some/a moment's ~** nach einigem/kurzem Zögern

heterogeneous [ˌhetərəʊˈdʒiːnɪəs] *adj* heterogen

heterosexual [ˌhetərəʊˈseksjʊəl] **A** *adj* heterosexuell **B** *s* Heterosexuelle(r) *m/f(m)*

heterosexuality [ˌhetərəʊˌseksjʊˈælɪtɪ] *s* Heterosexualität *f*

het up [ˌhetˈʌp] *Br umg adj* aufgeregt; **to get ~ about/over sth** sich über etw (*akk*)/wegen einer Sache (*gen*) aufregen

hew [hjuː] *v/t* ⟨*prät* hewed; *pperf* hewn *od* hewed⟩ hauen

hexagon ['heksəgən] *s* Sechseck *n*

hexagonal [hekˈsægənəl] *adj* sechseckig

hey [heɪ] *int* he!, heda!

heyday ['heɪdeɪ] *s* Glanzzeit *f*

HGV *Br abk* (= **heavy goods vehicle**) Lkw *m*

hi [haɪ] *int*, **hi there** *int* hallo, servus *österr*, grüezi *schweiz*; **say hi to your parents for me** grüß deine Eltern (von mir)

hiatus [haɪˈeɪtəs] s Lücke f
hibernate [ˈhaɪbəneɪt] v/i Winterschlaf halten
hibernation [ˌhaɪbəˈneɪʃən] wörtl, fig s Winterschlaf m
hiccough, hiccup [ˈhɪkʌp] **A** s Schluckauf m; fig umg Problemchen n umg; **to have (the) ~s** od **hiccups** (den) Schluckauf haben; **to get (the) ~s** od **hiccups** (den) Schluckauf bekommen od kriegen; **without any ~s** ohne Störungen **B** v/i hicksen dial; **he started ~ing** er bekam den Schluckauf
hick [hɪk] US umg s Hinterwäldler(in) m(f) umg
hickey [ˈhɪkɪ] s US umg Knutschfleck m umg
hid [hɪd] pret → hide¹
hidden [ˈhɪdn] **A** adj verborgen, geheim **B** past part → hide¹
hide¹ [haɪd] ⟨v: prät hid [hɪd] pperf hid od hidden [ˈhɪdn]⟩ **A** v/t verstecken (**from** vor +dat); Wahrheit, Gefühle verbergen (**from** vor +dat); Mond, Rost verdecken; **hidden from view** nicht zu sehen; **there is a hidden agenda** da steckt noch etwas anderes dahinter **B** v/i sich verstecken (**from sb** vor j-m); **he was hiding in the cupboard** er hielt sich im Schrank versteckt **C** s Versteck n
phrasal verbs mit hide:
hide away A v/i sich verstecken **B** v/t ⟨trennb⟩ verstecken
hide out v/i sich verstecken
hide² s Haut f, Fell n
hide-and-seek s, **hide-and-go-seek** US s Versteckspiel n; **to play ~** Verstecken spielen
hideaway s Versteck n, Zufluchtsort m
hideous [ˈhɪdɪəs] adj grauenhaft
hideously [ˈhɪdɪəslɪ] adv grauenhaft; emph teuer schrecklich; **~ ugly** potthässlich umg
hideout [ˈhaɪdaʊt] s Versteck n
hiding¹ [ˈhaɪdɪŋ] s **to be in ~** sich versteckt halten; **to go into ~** untertauchen
hiding² **1** Tracht f Prügel; **to give sb a good ~** j-m eine Tracht Prügel geben **2** umg **the team got a real ~** die Mannschaft musste eine schwere Schlappe einstecken umg
hiding place s Versteck n
hierarchic(al) [ˌhaɪəˈrɑːkɪk(əl)] adj hierarchisch
hierarchy [ˈhaɪərɑːkɪ] s Hierarchie f
hieroglyphics [ˌhaɪərəˈglɪfɪks] pl Hieroglyphen pl
higgledy-piggledy [ˈhɪgldɪˈpɪgldɪ] adj & adv durcheinander
high [haɪ] **A** adj ⟨+er⟩ **1** hoch präd, hohe(r, s) attr; Höhe groß; Wind stark; **a building 80 metres ~** Br, **a building 80 meters ~** US, **an 80-metre ~ building** Br, **an 80-meter ~ building** US ein 80 Meter hohes Gebäude; **on one of the ~er floors** in einem der oberen Stockwerke; **the river is quite ~** der Fluss führt ziemlich viel Wasser; **to be left ~ and dry** auf dem Trockenen sitzen umg; **on the ~est authority** von höchster Stelle; **to be ~ and mighty** erhaben tun; **of the ~est calibre** Br, **of the ~est caliber** US,/**quality** von bestem Format/bester Qualität; **casualties were ~** es gab viele Opfer; MIL es gab hohe Verluste; **the temperature was in the ~ twenties** die Temperatur lag bei fast 30 Grad; **to pay a ~ price for sth** etw teuer bezahlen; **to the ~est degree** im höchsten Grad od Maß; **in ~ spirits** in Hochstimmung; **~ in fat** fettreich; **it's ~ time you went home** es wird höchste Zeit, dass du nach Hause gehst **2** umg mit Drogen high umg; **to get ~ on cocaine** sich mit Kokain anturnen sl **B** adv ⟨+er⟩ hoch; **~ up** hoch oben; Bewegung hoch hinauf; **~er up the hill was a small farm** etwas weiter oben am Berg lag ein kleiner Bauernhof; **~ up in the organization** weit oben in der Organisationsstruktur; **one floor ~er** ein Stockwerk höher; **to go as ~ as £200** bis zu £ 200 (hoch) gehen; **feelings ran ~** die Gemüter erhitzten sich; **to search ~ and low** überall suchen **C** s **1 the pound has reached a new ~** das Pfund hat einen neuen Höchststand erreicht; **sales have reached an all-time ~** die Verkaufszahlen sind so hoch wie nie zuvor; **the ~s and lows of my career** die Höhen und Tiefen pl meiner Laufbahn **2** METEO Hoch n
high altar s Hochaltar m
high beam s AUTO Fernlicht n; **to drive on ~** mit Fernlicht fahren
highbrow adj intellektuell; Geschmack, Musik anspruchsvoll
highchair s Hochstuhl m
high-class adj erstklassig
high court s oberstes Gericht
high-definition adj Fernsehen hochauflösend
high-density adj IT Diskette mit hoher Schreibdichte
high-energy adj energiereich
higher [ˈhaɪəʳ] **A** adj ⟨komp⟩ → high **B** s **Higher** schott ≈ Abiturabschluss m, ≈ Matura f österr, schweiz; **to take one's Highers** ≈ das Abitur machen; **three Highers** ≈ das Abitur in drei Fächern
higher education s Hochschulbildung f
Higher National Certificate Br s ≈ Berufsschulabschluss m
Higher National Diploma Br s Qualifikationsnachweis m in technischen Fächern
high explosive s hochexplosiver Sprengstoff
high-fibre adj, **high-fiber** US adj ballaststoffreich
high-flier, high-flyer umg s Senkrechtstar-

ter(in) *m(f)*
high-flying *fig adj Geschäftsmann* erfolgreich; *Lebensstil* exklusiv
high-frequency *adj* Hochfrequenz-; **~ trading** FIN Hochfrequenzhandel *m*
high-grade *adj* hochwertig
high ground *s* **1** hoch liegendes Land **2** *fig* **to claim the moral ~** die moralische Überlegenheit für sich beanspruchen
high-handed *adj* selbstherrlich; *Behandlung* arrogant
high-heeled *adj* hochhackig
high heels *pl* hohe Absätze *pl*
high-interest *adj* FIN hochverzinslich
high jinks *umg pl* ausgelassene Späße *pl*
high jump *s* SPORT Hochsprung *m*
high jumper *s* SPORT Hochspringer(in) *m(f)*
highland *adj* hochländisch
Highlands *pl* (schottische) Highlands *pl*
high-level *adj Gespräche* auf höchster Ebene; IT *Sprache* höher
highlight **A** *s* **1** **~s** *in Haar* Strähnchen *pl* **2** *fig* Höhepunkt *m* **B** *v/t* **1** *Problem* ein Schlaglicht werfen auf (+*akk*) **2** *mit Textmarker* hervorheben; IT markieren
highlighter *s* Textmarker *m*, Leuchtstift *m*
highly ['haɪlɪ] *adv* **1** äußerst; *brennbar* leicht; *ungewöhnlich* höchst; **to be ~ critical of sb/sth** j-n/etw scharf kritisieren; **~ trained** äußerst gut ausgebildet; *Facharbeiter* hoch qualifiziert; **~ skilled** äußerst geschickt; *Arbeiter, Belegschaft* hoch qualifiziert; **~ respected** hochgeachtet; **~ intelligent** hochintelligent; **~ unlikely** *od* **improbable** äußerst *od* höchst unwahrscheinlich **2** *angesehen* hoch; **to speak ~ of sb/sth** sich sehr positiv über j-n/etw äußern; **to think ~ of sb/sth** eine hohe Meinung von j-m/etw haben; **~ recommended** sehr empfehlenswert
highly strung *Br adj* nervös
High Mass *s* Hochamt *n*
high-minded *adj Ideale* hoch
highness *s* **Her/Your Highness** Ihre/Eure Hoheit
high-performance *adj* Hochleistungs-
high-pitched *adj* hoch; *Schrei* schrill
high point *s* Höhepunkt *m*
high-powered *adj* **1** *Maschine, Computer* leistungsfähig; *Waffe* leistungsstark **2** *Job* anspruchsvoll
high-pressure *adj* **1** METEO **~ area** Hochdruckgebiet *n* **2** *Vertreter* aufdringlich
high priest *s* Hohepriester *m*
high priestess *s* Hohepriesterin *f*
high-profile *adj* profiliert
high-quality *adj* hochwertig
high-ranking *adj* hoch(rangig)

high-resolution *adj* hochauflösend
high-rise *adj* **~ building** Hochhaus *n*; **~ office (block)** Bürohochhaus *n*; **~ flats** *Br* (Wohn)-hochhaus *n*
high-risk *adj* risikoreich; **~ group** Risikogruppe *f*
high school *s Br* ≈ Oberschule *f* (*für 11 bis 18--Jährige*); *US* ≈ Oberschule *f* (*für 15 bis 18-Jährige*)
high-school diploma *US s* ≈ Abiturzeugnis *n*
high-scoring *adj Fußballspiel etc* torreich
high seas *pl* **the ~** die Meere *pl*; **on the ~** auf hoher See
high season *s* Hochsaison *f*
high-security *adj* **~ prison** Hochsicherheitsgefängnis *n*
high-sided *adj* **~ vehicle** hohes Fahrzeug
high society *s* Highsociety *f*
high-speed *adj* schnell; **~ car chase** wilde Verfolgungsjagd im Auto; **~ train** Hochgeschwindigkeitszug *m*; **~ film** hochempfindlicher Film
high spirits *pl* Hochstimmung *f*; **youthful ~** jugendlicher Übermut
high street *Br s* Hauptstraße *f*; **~ banks** Geschäftsbanken *pl*; **~ shops** *bes Br*, **~ stores** *US* Geschäfte *pl* in der Innenstadt
high-strung *US adj* nervös
high tea *s* (frühes) Abendessen *od* Nachtmahl *österr*, (frühes) Nachtessen *schweiz*
hightech *s & adj* → hi tech; → hi-tech
high technology *s* Hochtechnologie *f*
high tide *s* Flut *f*, Hochwasser *n*
high treason *s* Hochverrat *m*
high-up *adj Persönlichkeit* hochgestellt
high-visibility jacket *s im Straßenverkehr* Sicherheitsjacke *f*, Warnjacke *f*, Warnschutzjacke *f*
highway *s* **1** *US* Highway *m*, ≈ Bundesstraße *f* **2** *Br* Landstraße *f*; **public ~** öffentliche Straße
Highway Code *Br s* Straßenverkehrsordnung *f*
high wire *s* Drahtseil *n*
hijab [hɪˈdʒɑːb] *s Kopfschleier* Hidschab *m*
hijack [ˈhaɪdʒæk] **A** *v/t* entführen; *fig* für sich beanspruchen **B** *s* Entführung *f*
hijacker [ˈhaɪdʒækəʳ] *s* Entführer(in) *m(f)*
hijacking [ˈhaɪdʒækɪŋ] *s* Entführung *f*
hike [haɪk] **A** *v/i* wandern **B** *s* **1** *wörtl* Wanderung *f*; **to go on a ~** eine Wanderung machen **2** *fig von Zinssatz etc* Erhöhung *f*
phrasal verbs mit hike:
hike up *v/t* ⟨*trennb*⟩ *Preise* erhöhen
hiker [ˈhaɪkəʳ] *s* Wanderer *m*, Wanderin *f*
hiking [ˈhaɪkɪŋ] *s* Wandern *n*
hiking boots *pl* Wanderstiefel *pl*
hilarious [hɪˈlɛərɪəs] *adj* urkomisch *umg*
hilariously [hɪˈlɛərɪəslɪ] *adv* sehr amüsant

hilarity [hɪˈlærɪtɪ] s Heiterkeit f, Fröhlichkeit f, Gelächter n
hill [hɪl] s Hügel m, Berg m; (≈ Neigung) Hang m; **to park on a ~** am Berg parken; **to be over the ~** fig umg die besten Jahre hinter sich (dat) haben
hillbilly [ˈhɪlbɪlɪ] US umg s Hinterwäldler(in) m(f) pej
hillside s Hang m
hilltop s Gipfel m
hill-walker s Bergwanderer m, Bergwanderin f
hill-walking s Bergwandern n
hilly [ˈhɪlɪ] adj ⟨komp hillier⟩ hüg(e)lig
hilt [hɪlt] s Heft n; **(up) to the ~** fig voll und ganz
him [hɪm] pers pr ① akk obj, mit präp +akk ihn; dat obj, mit präp +dat ihm ② emph er; **it's him** er ist's
himself [hɪmˈself] pers pr ① akk u. dat obj, mit präp sich; → myself ② emph (er) selbst
hind[1] [haɪnd] s ZOOL Hirschkuh f
hind[2] adj Hinter-; **~ legs** Hinterbeine pl
hinder [ˈhɪndə] v/t behindern; **to ~ sb from doing sth** j-n daran hindern, etw zu tun
Hindi [ˈhɪndiː] s Hindi n
hindmost [ˈhaɪndməʊst] adj hinterste(r, -s), letzte(r, -s)
hindquarters [ˈhaɪndkwɔːtəz] pl Hinterteil n; von Pferd Hinterhand f
hindrance [ˈhɪndrəns] s Behinderung f, Hindernis n (**to** für); **the children are a ~** die Kinder sind hinderlich
hindsight [ˈhaɪndsaɪt] s **with ~ it's easy to criticize** im Nachhinein fällt es leicht zu kritisieren; **it was, in ~, a mistaken judgement** es war, rückblickend betrachtet, ein Fehlurteil
Hindu [ˈhɪnduː] Ⓐ adj hinduistisch Ⓑ s Hindu m
Hinduism [ˈhɪnduːɪzəm] s Hinduismus m
hinge [hɪndʒ] Ⓐ s von Tür Angel f; von Kiste etc Scharnier n Ⓑ v/i fig abhängen (**on** von)
hint [hɪnt] Ⓐ s ① Andeutung f; **to give a/no ~ of sth** etw ahnen lassen/nicht ahnen lassen; **to drop sb a ~** j-m einen Wink geben; **OK, I can take a ~** schon recht, ich verstehe ② Spur f; **a ~ of garlic** eine Spur Knoblauch; **a ~ of irony** ein Hauch m von Spott; **with just a ~ of sadness in his smile** mit einem leichten Anflug von Traurigkeit in seinem Lächeln; **at the first ~ of trouble** beim ersten Zeichen von Ärger ③ Tipp m Ⓑ v/t andeuten (**to** gegenüber)
phrasal verbs mit hint:
hint at v/i ⟨+obj⟩ **he hinted at changes in the cabinet** er deutete an, dass es Umbesetzungen im Kabinett geben würde; **he hinted at my involvement in the affair** er spielte auf meine Rolle in der Affäre an
hinterland [ˈhɪntəlænd] s Hinterland n
hip[1] [hɪp] s Hüfte f; **with one's hands on one's hips** die Arme in die Hüften gestemmt
hip[2] int hip! hip!, hurrah! hipp hipp, hurra!
hip[3] umg adj hip umg
hipbone s ANAT Hüftbein n
hip flask s Flachmann m umg
hip hop s MUS Hip-Hop m
hippie s → hippy
hippo [ˈhɪpəʊ] s ⟨pl -s⟩ umg Nilpferd n
hip pocket s Gesäßtasche f
hippopotamus [ˌhɪpəˈpɒtəməs] s ⟨pl -es od hippopotami [ˌhɪpəˈpɒtəmaɪ]⟩ Nilpferd n
hippy, hippie [ˈhɪpɪ] s Hippie m
hip replacement s Hüftoperation f
hipsters [ˈhɪpstəz] pl Hipsters pl, Hüfthose f
hire [haɪə] Ⓐ s bes Br Mieten n; von Anzug Leihen n; durch Arbeitgeber Einstellen n; **the hall is available for ~** man kann den Saal mieten; **for ~** Taxi frei Ⓑ v/t ① bes Br mieten; Anzug leihen; **~d car** Mietwagen m ② Arbeitskraft einstellen
phrasal verbs mit hire:
hire out bes Br v/t ⟨trennb⟩ vermieten
hire-purchase [ˌhaɪəˈpɜːtʃəs] Br s Ratenkauf m; **on ~** auf Teilzahlung; **~ agreement** Teilzahlungs(kauf)vertrag m
his [hɪz] Ⓐ poss adj sein; → **my** Ⓑ poss pr seine(r, s); → mine[1]
Hispanic [hɪsˈpænɪk] Ⓐ adj hispanisch Ⓑ s Hispanoamerikaner(in) m(f)
hiss [hɪs] Ⓐ v/i zischen; Katze fauchen Ⓑ v/t zischen Ⓒ s Zischen n; von Katze Fauchen n
hissy fit [ˈhɪsɪˌfɪt] US umg s Wutanfall m; **to throw a ~** einen Wutanfall bekommen
historian [hɪsˈtɔːrɪən] s Historiker(in) m(f)
historic [hɪsˈtɒrɪk] adj historisch
historical [hɪsˈtɒrɪkəl] adj historisch; **~ research** Geschichtsforschung f
historically [hɪsˈtɒrɪkəlɪ] adv ① traditionellerweise ② von Bedeutung historisch
history [ˈhɪstərɪ] s Geschichte f; **that's all ~ now** fig das gehört jetzt alles der Vergangenheit an; **he's ~** er ist schon lange vergessen; **he has a ~ of violence** er hat eine Vorgeschichte als Gewalttäter; **he has a ~ of heart disease** er hat schon lange ein Herzleiden
histrionics [ˌhɪstrɪˈɒnɪks] pl theatralisches Getue
hit [hɪt] ⟨v: prät, pperf hit⟩ Ⓐ v/t ① schlagen; IT Taste drücken; **to hit one's head against sth** sich (dat) den Kopf an etw (dat) stoßen; **he hit his head on the table** er schlug mit dem Kopf auf den Tisch auf; **the car hit a tree** das Auto fuhr gegen einen Baum; **he was hit by a stone** er wurde von einem Stein getroffen; **the tree was hit by lightning** der Baum wurde vom Blitz getroffen; **you won't know what has hit you** umg du wirst dein blaues Wunder er-

leben *umg* **2** *Ziel* treffen; *Tempo, Niveau* erreichen; **you've hit it (on the head)** *fig* du hast es (genau) getroffen; **he's been hit in the leg** er ist am Bein getroffen worden **3** betreffen; **to be hard hit by sth** von etw schwer getroffen werden **4** (≈ *gelangen zu*) erreichen; **to hit the rush hour** in den Stoßverkehr kommen; **to hit a problem** auf ein Problem stoßen **5** *fig umg* **to hit the bottle** zur Flasche greifen; **to hit the roof** in die Luft gehen *umg*; **to hit the road** sich auf die Socken machen *umg* **B** *v/i* schlagen **C** *s* **1** Schlag *m*; *auf Ziel* Treffer *m* **2** Erfolg *m*; (≈ *Lied*) Hit *m*; **to be a hit with sb** bei j-m gut ankommen **3** IT *auf Webseite* Hit *m*
phrasal verbs mit hit:
hit back *v/i & v/t* ⟨*trennb*⟩ zurückschlagen; **he hit back at his critics** er gab seinen Kritikern Kontra
hit off *v/t* ⟨*trennb*⟩ **to hit it off with sb** *umg* prima mit j-m auskommen *umg*
hit on *v/i* ⟨+*obj*⟩ **1** stoßen auf (+*akk*) **2** *bes US umg* (≈ *beschwatzen*) anmachen *umg*
hit out *v/i* **1** *wörtl* einschlagen (**at sb** auf j-n) **2** *fig* **to hit out at sb/sth** j-n/etw attackieren
hit upon *v/i* ⟨+*obj*⟩ → hit on 1
hit-and-miss *adj* → hit-or-miss
hit-and-run *adj* ~ **accident** Unfall *m* mit Fahrerflucht; ~ **driver** unfallflüchtiger Fahrer, unfallflüchtige Fahrerin
hitch [hɪtʃ] **A** *s* Haken *m*; *in Plan etc a.* Problem *n*; **a technical** ~ eine technische Panne; **without a** ~ reibungslos; **there's been a** ~ da ist ein Problem aufgetaucht **B** *v/t* **1** festmachen (**sth to sth** etw an etw *dat*) **2** *umg* **to get ~ed** heiraten **3** **to** ~ **a lift** *od* **ride** trampen; **she ~ed a lift** *od* **ride with a truck driver** ein Lastwagenfahrer nahm sie mit **C** *v/i bes Br* trampen
phrasal verbs mit hitch:
hitch up *v/t* ⟨*trennb*⟩ **1** *Wohnwagen* anhängen **2** *Rock* hochziehen
hitcher ['hɪtʃəʳ] *bes Br umg s* Anhalter(in) *m(f)*
hitchhike *v/i* per Anhalter fahren, trampen
hitchhiker *s* Anhalter(in) *m(f)*
hitchhiking *s* Trampen *n*
hi tech ['haɪˌtek] *s* Spitzentechnologie *f*
hi-tech ['haɪˌtek] *adj* Hightech-
hither ['hɪðəʳ] *adv* ~ **and thither** *liter* hierhin und dorthin
hitherto [ˌhɪðə'tuː] *adv* bisher
hit list *s* Abschussliste *f*
hitman *s* ⟨*pl* -men⟩ *umg* Killer *m umg*
hit-or-miss *adj* auf gut Glück *präd*
hit parade *s* Hitparade *f*
hit record *s* Hit *m*
hits counter *s* INTERNET Besucherzähler *m*, Counter *m*
hit squad *s* Killerkommando *n*
HIV *abk* (= human immunodeficiency virus) HIV *n*; **HIV positive** HIV-positiv
hive [haɪv] *s* **1** Bienenstock *m*; (≈ *Insekten*) (Bienen)schwarm *m* **2** *fig* **the office was a** ~ **of activity** das Büro glich einem Bienenhaus
phrasal verbs mit hive:
hive off *v/t* ausgliedern
HM *abk* (= His/Her Majesty) S. M./I. M.
HMD *abk* (= head-mounted display) IT, TECH HMD *n*, Helmdisplay *n*
HMS *Br abk* (= His/Her Majesty's Ship) HMS *f*
HNC *Br abk* (= Higher National Certificate) ≈ Berufsschulabschluss *m*
HND *Br abk* (= Higher National Diploma) Qualifikationsnachweis in technischen Fächern
hoard [hɔːd] **A** *s* Vorrat *m*; **a** ~ **of weapons** ein Waffenlager *n*; ~ **of money** gehortetes Geld **B** *v/t* (*a.* **hoard up**) *Lebensmittel etc* hamstern; *Vorräte, Waffen* horten
hoarder ['hɔːdəʳ] *s* Hamsterer *m*, Hamsterin *f*
hoarding¹ ['hɔːdɪŋ] *s von Lebensmitteln etc* Hamstern *n*
hoarding² *Br s* (**advertising**) ~ Plakatwand *f*
hoarfrost ['hɔːˌfrɒst] *s* (Rau)reif *m*
hoarse [hɔːs] *adj* ⟨*komp* hoarser⟩ heiser; **you sound rather** ~ deine Stimme klingt heiser
hoax [həʊks] *s* (≈ *Ulk*) Streich *m*, blinder Alarm
hoax call *s* **a** ~ ein blinder Alarm
hob [hɒb] *s auf Kochherd* Kochfeld *n*
hobble ['hɒbl] **A** *v/i* humpeln **B** *v/t fig* behindern
hobby ['hɒbɪ] *s* Hobby *n*
hobbyhorse ['hɒbɪˌhɔːs] *s* Steckenpferd *n*
hobnob ['hɒbnɒb] *v/i* **she's been seen ~bing with the chairman** sie ist viel mit dem Vorsitzenden zusammen gesehen worden
hobo ['həʊbəʊ] *s* ⟨*pl* -(e)s⟩ *US* (≈ *Landstreicher*) Penner *m umg*
Hobson's choice ['hɒbsənsˈtʃɔɪs] *s* **it's** ~ da habe ich (wohl) keine andere Wahl
hockey ['hɒkɪ] *s* Hockey *n*; *US* Eishockey *n*
hockey pitch *s* Hockeyplatz *m*, Hockeyfeld *n*
hockey player *s* Hockeyspieler(in) *m(f)*; *US* Eishockeyspieler(in) *m(f)*
hockey stick *s* Hockeyschläger *m*
hodgepodge ['hɒdʒpɒdʒ] *US s* → hotchpotch
hoe [həʊ] **A** *s* Hacke *f* **B** *v/t & v/i* hacken
hog [hɒg] **A** *s* (Mast)schwein *n*; *US* Schwein *n* **B** *v/t umg* in Beschlag nehmen; **a lot of drivers hog the middle of the road** viele Fahrer meinen, sie hätten die Straßenmitte gepachtet *umg*; **to hog the limelight** alle Aufmerksamkeit für sich beanspruchen
Hogmanay [ˌhɒgməˈneɪ] *schott s* Silvester *n*

hogwash *umg s* Quatsch *m umg*
hoist [hɔɪst] **A** *v/t* hochheben, hochziehen; *Flagge* hissen; *Segel* aufziehen **B** *s* Hebevorrichtung *f*
hold [həʊld] ⟨*v: prät, pperf* held⟩ **A** *v/t* **1** halten; **to ~ sb/sth tight** j-n/etw (ganz) festhalten; **this car ~s the road well** dieses Auto hat eine gute Straßenlage; **to ~ sth in place** etw (fest)halten; **to ~ hands** sich an der Hand halten; *Liebespaar, Kinder* Händchen halten **2** enthalten; *Flasche etc* fassen; *Bus, Saal* Platz haben für; **this room ~s twenty people** in diesem Raum haben zwanzig Personen Platz; **what does the future ~?** was bringt die Zukunft? **3** meinen, behaupten; **I have always held that ...** ich habe schon immer behauptet, dass ...; **to ~ the view** *od* **opinion that ...** die Meinung vertreten, dass ...; **to ~ sb responsible (for sth)** j-n (für etw) verantwortlich machen **4** *Geiseln etc* festhalten; **to ~ sb (prisoner)** j-n gefangen halten; **to ~ sb hostage** j-n als Geisel festhalten; **there's no ~ing him** er ist nicht zu bremsen *umg*; **~ the line** bleiben Sie am Apparat!; **she can/ can't ~ her drink** *bes Br* sie verträgt was/nichts; **to ~ one's fire** nicht schießen; **to ~ one's breath** *wörtl* den Atem anhalten; **don't ~ your breath!** *iron* erwarte nicht zu viel!; **~ it!** *umg* Moment mal *umg*; **~ that there!** so ist gut **5** *Posten* innehaben; *Pass, Genehmigung* haben; *Macht, Aktien* besitzen; SPORT *Rekord* halten; MIL *Stellung* halten; **to ~ office** im Amt sein; **to ~ one's own** sich behaupten (können); **to ~ sb's attention** j-s Aufmerksamkeit fesseln; **I'll ~ you to that!** ich werde Sie beim Wort nehmen **6** *Versammlung, Wahlen* abhalten; *Gespräche* führen; *Party* geben; KIRCHE *Gottesdienst* (ab)halten; **to ~ a conversation** eine Unterhaltung führen **B** *v/i* **1** *Seil, Nagel* halten; **to ~ firm** *od* **fast** halten; **to ~ still** still halten; **to ~ tight** festhalten; **will the weather ~?** wird sich das Wetter wohl halten?; **if his luck ~s** wenn ihm das Glück treu bleibt **2** TEL **please ~!** bitte bleiben Sie am Apparat! **3** gelten; *Regel, Zusage etc* gelten **C** *s* **1** Griff *m*; **to have/catch ~ of sth** *wörtl* etw festhalten/packen; **to keep ~ of sth** etw nicht loslassen, etw behalten; **to grab ~ of sb/sth** j-n/etw packen; **grab ~ of my hand** fass mich bei der Hand; **to get ~ of sth** sich an etw (*dat*) festhalten, etw ergreifen; *fig* etw finden *od* auftreiben *umg*; *Drogen* etw in die Finger bekommen; *Tatsachen* etw in Erfahrung bringen; **to get ~ of sb** *fig* j-n auftreiben *umg*; *am Telefon etc* j-n erreichen; **to lose one's ~** den Halt verlieren; **to take ~ of sth** etw ergreifen; **to take ~** *Idee* sich durchsetzen; *Feuer* sich ausbreiten; **to be on ~** warten; *fig* auf Eis liegen; **to put sb on ~** TEL j-n auf Warteschaltung schalten; **to put sth on ~** *fig* etw auf Eis legen; **when those two have a row, there are no ~s barred** *fig* wenn die beiden sich streiten, dann kennen sie nichts mehr *umg* **2** Einfluss *m* (**over** auf +*akk*); **to have a ~ over** *od* **on sb** (großen) Einfluss auf j-n ausüben; **he hasn't got any ~ on** *od* **over me** er kann mir nichts anhaben; **the president has consolidated his ~ on power** der der Präsident hat seine Macht gefestigt **3** SCHIFF, FLUG Frachtraum *m*

phrasal verbs mit hold:

hold against *v/t* ⟨*immer getrennt*⟩ **to hold sth against sb** j-m etw übel nehmen
hold back **A** *v/i* sich zurückhalten, zögern **B** *v/t* ⟨*trennb*⟩ **1** *Menschenmenge* zurückhalten; *Flutwasser* (auf)stauen; *Gefühle* unterdrücken; **to hold sb back from doing sth** j-n daran hindern, etw zu tun **2** daran hindern, voranzukommen **3** verheimlichen
hold down *v/t* ⟨*trennb*⟩ **1** niederhalten; *an einem Ort* (fest)halten **2** *Arbeitsstelle* haben; **he can't hold any job down for long** er kann sich in keiner Stellung lange halten
hold in *v/t* ⟨*trennb*⟩ *Bauch* einziehen
hold off **A** *v/i* **1** warten; *Feind* nicht angreifen; **they held off eating until she arrived** sie warteten mit dem Essen, bis sie kam **2** *Regen* ausbleiben; **I hope the rain holds off** ich hoffe, dass es nicht regnet **B** *v/t* ⟨*trennb*⟩ *Angriff* abwehren
hold on **A** *v/i* **1** *wörtl* sich festhalten; **to hold on tight** sich festklammern **2** (≈ *ertragen*) aushalten **3** warten; **hold on (a minute)!** Moment!; **now hold on a minute!** Moment mal! **B** *v/t* ⟨*trennb*⟩ (fest)halten; **to be held on by sth** mit etw befestigt sein
hold on to *v/i* ⟨+*obj*⟩ **1** *wörtl* festhalten; **they held on to each other** sie hielten sich aneinander fest **2** *fig Hoffnung* nicht aufgeben **3** behalten; *Position* beibehalten; **to hold on to the lead** in Führung bleiben; **to hold on to power** sich an der Macht halten
hold out **A** *v/i* **1** *Vorräte etc* reichen **2** (≈ *ertragen*) aushalten, nicht nachgeben; **to hold out for sth** auf etw (*dat*) bestehen **B** *v/t* ⟨*trennb*⟩ **1** ausstrecken; **to hold out sth to sb** j-m etw hinhalten; **hold your hand out** halt die Hand auf; **she held out her arms** sie breitete die Arme aus **2** *fig* **I held out little hope of seeing him again** ich machte mir nur wenig Hoffnung, ihn wiederzusehen
hold to *v/i* ⟨+*obj*⟩ festhalten an (+*dat*); **I hold to my belief that ...** ich bleibe dabei, dass ...
hold together *v/i & v/t* ⟨*trennb*⟩ zusammenhalten

hold up A *v/i Theorie* sich halten lassen B *v/t* ⟨*trennb*⟩ **1** hochheben, hochhalten; **hold up your hand** heb die Hand; **to hold sth up to the light** etw gegen das Licht halten **2** stützen, tragen **3** to hold sb up as an example j-n als Beispiel hinstellen **4** anhalten; (≈ *verzögern*) j-n aufhalten; *Verkehr, Produktion* ins Stocken bringen **5** *Bank* überfallen
hold with *umg v/i* ⟨+*obj*⟩ **I don't hold with that** ich bin gegen so was *umg*
holdall ['həʊldɔːl] *s* Reisetasche *f*
holder ['həʊldə] *s* **1** Besitzer(in) *m(f)*; *von Titel, Pass* Inhaber(in) *m(f)* **2** Halter *m*; *für Zigarette* Spitze *f*
holding ['həʊldɪŋ] *s* **1** FIN *von Aktien* Anteil *m* (**in an** +*dat*) **2** Landgut *n*
holding company *s* Holding(gesellschaft) *f*
hold-up *s* **1** Verzögerung *f*; *von Verkehr* Stockung *f*; **what's the ~?** warum dauert das so lange? **2** bewaffneter Raubüberfall
hole [həʊl] *s* **1** Loch *n*; *von Fuchs* Bau *m*; **to be full of ~s** *fig Handlung, Darstellung* viele Schwächen aufweisen; *Argument, Theorie* unhaltbar sein **2** *umg* **to be in a ~** in der Patsche sitzen *umg*; **to get sb out of a ~** j-m aus der Patsche od Klemme helfen *umg* **3** *pej umg* Loch *n umg*; (≈ *Stadt*) Kaff *n umg*

phrasal verbs mit hole:
hole up *umg v/i* sich verkriechen *umg*
hole puncher *s* Locher *m*
holiday ['hɒlədɪ] A *s* **1** freier Tag, Feiertag *m*; **to take a ~** einen Tag frei nehmen **2** ⟨*oft pl*⟩ *Br* Urlaub *m*; *bes* SCHULE Ferien *pl*; **the Christmas ~s** die Weihnachtsferien *pl*; **on ~** in den Ferien, auf *od* im Urlaub; **to be on ~** Ferien/Urlaub haben, im Urlaub sein; **to go on ~** Ferien/Urlaub machen; in Urlaub fahren; **to take a month's ~** einen Monat Urlaub nehmen B *v/i Br* Urlaub machen
holiday apartment *Br s* Ferienwohnung *f*
holiday camp *Br s* Feriendorf *n*
holiday entitlement *Br s* Urlaubsanspruch *m*
holiday flat *Br s* Ferienwohnung *f*
holiday home *Br s* Ferienhaus *n*/-wohnung *f*
holiday-maker *Br s* Urlauber(in) *m(f)*
holiday pay *Br s* Urlaubsgeld *n*
holiday resort *Br s* Ferienort *m*
holiday season *Br s* Urlaubszeit *f*
holiness ['həʊlɪnɪs] *s* Heiligkeit *f*; **His/Your Holiness** KIRCHE Seine/Eure Heiligkeit
holistic [həʊ'lɪstɪk] *adj* holistisch
Holland ['hɒlənd] *s* Holland *n*
holler ['hɒlə] *v/t & v/i umg a.* **~ out** brüllen
hollow ['hɒləʊ] A *adj* hohl; (≈ *bedeutungslos*) leer; *Sieg* geschenkt; (≈ *nicht ehrlich*) unaufrichtig B *s* **1** Höhlung *f* **2** Vertiefung *f*; (≈ *Tal*) (Boden)senke *f*

phrasal verbs mit hollow:
hollow out *v/t* ⟨*trennb*⟩ aushöhlen
holly ['hɒlɪ] *s* Stechpalme *f*
holocaust ['hɒləkɔːst] *s* **1** Inferno *n* **2** *im Dritten Reich* Holocaust *m*
hologram ['hɒləɡræm] *s* Hologramm *n*
hols [hɒlz] *Br umg pl abk* (= **holidays**) Ferien *pl*
holster ['həʊlstə] *s* (Pistolen)halfter *n/f*
holy ['həʊlɪ] *adj* REL heilig; *Boden* geweiht
Holy Bible *s* **the ~** die Heilige Schrift
Holy Communion *s* das heilige Abendmahl
Holy Father *s* **the ~** der Heilige Vater
Holy Ghost *s* → **Holy Spirit**
Holy Land *s* **the ~** das Heilige Land
Holy Spirit *s* **the ~** der Heilige Geist
holy water *s* Weihwasser *n*
Holy Week *s* Karwoche *f*
homage ['hɒmɪdʒ] *s* Huldigung *f*; **to pay ~ to sb** j-m huldigen
home [həʊm] A *s* **1** Zuhause *n*; (≈ *Gebäude*) Haus *n*; (≈ *Land, Gegend*) Heimat *f*; **his ~ is in Brussels** er ist in Brüssel zu Hause; **Bournemouth is his second ~** Bournemouth ist seine zweite Heimat (geworden); **he invited us round to his ~** er hat uns zu sich (nach Hause) eingeladen; **away from ~** von zu Hause weg; **he worked away from ~** er hat auswärts gearbeitet; **at ~** zu Hause; SPORT auf eigenem Platz; **to be od feel at ~ with sb** sich in j-s Gegenwart (*dat*) wohlfühlen; **he doesn't feel at ~ with English** er fühlt sich im Englischen nicht sicher *od* zu Hause; **to make oneself at ~** es sich (*dat*) gemütlich machen; **to make sb feel at ~** es j-m gemütlich machen; **to leave ~** von zu Hause weggehen; **Scotland is the ~ of the haggis** Schottland ist die Heimat des Haggis; **the city is ~ to some 1,500 students** in dieser Stadt wohnen etwa 1.500 Studenten **2** Heim *n*, Waisenhaus *n* B *adv* **1** zu Hause; *mit Richtungsangabe* nach Hause; **to come ~** nach Hause kommen, heimkommen; **to go ~** nach Hause gehen/fahren; *in Heimatland* heimfahren; **to get ~** nach Hause kommen; **I have to get ~ before ten** ich muss vor zehn zu Hause sein; **to return ~ from abroad** aus dem Ausland zurückkommen **2 to bring sth ~ to sb** j-m etw klarmachen; **sth comes ~ to sb** etw wird j-m schmerzlich bewusst

phrasal verbs mit home:
home in *v/i Raketen* sich ausrichten (**on sth** auf etw *akk*); **to home in on a target** ein Ziel finden *od* selbstständig ansteuern; **he homed in on the essential point** er hat den wichtigsten Punkt herausgegriffen
home address *s* Privatanschrift *f*

home-baked *adj* selbst gebacken
home banking *s* Homebanking *n*
home-brew *s* selbst gebrautes Bier
home cinema *Br s* Heimkino *n*
homecoming *s* **1** Heimkehr *f* **2** *US* amerikanisches Schulfest mit Ehemaligentreffen; **~ queen** Ballkönigin *f*
home computer *s* Heimcomputer *m*
home cooking *s* Hausmannskost *f*
Home Counties *pl* Grafschaften, die an London angrenzen
home country *s* Heimatland *n*
home delivery *s* Lieferung *f* nach Hause; *Pizzaservice etc* Heimservice *m*, Lieferservice *m*
home economics *s* Hauswirtschaft(slehre) *f*
home entertainment system *s* Home-Entertainment-System *n*
home game *s* SPORT Heimspiel *n*
home ground *s* SPORT eigener Platz; **to be on ~** *fig* sich auf vertrautem Terrain bewegen
home-grown *adj Gemüse* selbst gezogen; *fig Talent* heimisch
home help *s* Haushaltshilfe *f*
home key *s* COMPUT Hometaste *f*
homeland *s* Heimat(land) *f(n)*
homeless **A** *adj* obdachlos **B** *pl* **the ~** die Obdachlosen *pl*
homelessness *s* Obdachlosigkeit *f*
home life *s* Familienleben *n*
homely ['həʊmlɪ] *adj ⟨komp* homelier⟩ **1** *Atmosphäre* behaglich **2** *Essen* bürgerlich **3** *US Mensch* unscheinbar
home-made *adj* selbst gemacht
homemaker *US s* Hausfrau *f*
home market *s* Binnenmarkt *m*
home match *s* Heimspiel *n*
home movie *s* Amateurfilm *m*
home news *s* Meldungen *pl* aus dem Inland
Home Office *Br s* Innenministerium *n*
homeopath *etc US* → homoeopath
homeowner *s* Hauseigentümer(in) *m(f)*, Wohnungseigentümer(in) *m(f)*
home page *s* IT Homepage *f*
home plate *s in Baseball* Home Plate *f*
home rule *s* Selbstverwaltung *f*
home run *s Baseball* Homerun *m*; **to hit a ~** um alle vier Male laufen
Home Secretary *Br s* Innenminister(in) *m(f)*
home shopping *s* Homeshopping *n*
homesick *adj* **to be** *od* **feel ~** Heimweh haben (**for** nach)
homesickness *s* Heimweh *n*
homestead *s* **1** Heimstätte *f* **2** *US* Heimstätte *f* für Siedler
home straight, **home stretch** *s* SPORT Zielgerade *f*; **we're in the ~ now** *fig umg* das Ende ist in Sicht
home team *s* SPORT Gastgeber *pl*
home theater *US s* Heimkino *n*
home town *s*, **hometown** *US s* Heimatstadt *f*
home truth *Br s* bittere Wahrheit; **to tell sb a few ~s** j-m die Augen öffnen
home video *s* Amateurvideo *n*
homeward ['həʊmwəd] *adj* **~ journey** Heimreise *f*; **we are ~ bound** es geht Richtung Heimat
homeward(s) ['həʊmwəd(z)] *adv* nach Hause
homework *s* ⟨*kein pl*⟩ SCHULE Hausaufgaben *pl*; **to give sb sth as ~** j-m etw aufgeben; **to do (one's) ~** die Hausaufgabe(n) machen; **what's for ~?** was haben wir als Hausaufgabe auf?
homework diary *s* Hausaufgabenheft *n*
homeworker *s* Heimarbeiter(in) *m(f)*
homeworking *s* Heimarbeit *f*
homey ['həʊmɪ] *US umg adj* ⟨+*er*⟩ gemütlich
homicidal [ˌhɒmɪ'saɪdl] *adj* gemeingefährlich; **that man is a ~ maniac** dieser Mann ist ein mordgieriger Verrückter
homicide ['hɒmɪsaɪd] *s* Totschlag *m*
homie ['həʊmɪ] *umg s* Kumpel *m umg*, Freund(in)
homily ['hɒmɪlɪ] *s* Predigt *f*
homing pigeon *s* Brieftaube *f*
homoeopath ['həʊmɪəʊpæθ] *s*, **homeopath** *US s* Homöopath(in) *m(f)*
homoeopathic [ˌhəʊmɪəʊ'pæθɪk] *adj*, **homeopathic** *US adj* homöopathisch
homoeopathy [ˌhəʊmɪ'ɒpəθɪ] *s*, **homeopathy** *US s* Homöopathie *f*
homogeneous [ˌhɒmə'dʒiːnɪəs] *adj* homogen
homogenize [hə'mɒdʒənaɪz] *v/t* homogenisieren
homogenous [hə'mɒdʒɪnəs] *adj* homogen
homophobia [ˌhəʊməʊ'fəʊbɪə] *s* Homophobie *f*
homophobic [ˌhəʊməʊ'fəʊbɪk] *adj* homophob
homosexual [ˌhɒməʊ'seksjʊəl] **A** *adj* homosexuell **B** *s* Homosexuelle(r) *m/f(m)*
homosexuality [ˌhɒməʊseksjʊ'ælɪtɪ] *s* Homosexualität *f*
homy *US umg adj* ⟨*komp* homier⟩ → homey
Hon[1] *abk* (= **honorary**) ehrenhalber
Hon[2] *abk* (= **Honourable**) Abgeordnete(r) *m/f(m)*
hone [həʊn] *v/t Klinge* schleifen; *fig Fähigkeiten* vervollkommnen
honest ['ɒnɪst] **A** *adj* **1** ehrlich; **to be ~ with sb** j-m die Wahrheit sagen; **to be ~ about sth** etw ehrlich darstellen; **to be perfectly ~ (with you) ...** um (ganz) ehrlich zu sein ...; **the ~ truth** die reine Wahrheit **2** (= *anständig*) *Mensch* redlich; **to make an ~ living** sein Geld redlich verdie-

nen **3** *Fehler* echt **B** *adv umg* **it's true, ~ it is** es stimmt, ganz ehrlich

honestly [ˈɒnɪstlɪ] *adv* ehrlich; *erwarten* wirklich; **I don't mind, ~** es ist mir wirklich egal; **quite ~ I don't remember it** ehrlich gesagt *od* um ehrlich zu sein, ich kann mich daran nicht erinnern; **~!** *verzweifelt* also wirklich!

honesty [ˈɒnɪstɪ] *s* Ehrlichkeit *f*, Redlichkeit *f*; **in all ~** ganz ehrlich

honey [ˈhʌnɪ] *s* **1** Honig *m* **2** *umg als Anrede* Schätzchen *n*

honeybee *s* (Honig)biene *f*

honeycomb *s* (Bienen)wabe *f*

honeydew melon *s* Honigmelone *f*

honeymoon [ˈhʌnɪmuːn] **A** *s* Flitterwochen *pl*, Hochzeitsreise *f*; **to be on one's ~** in den Flitterwochen/auf Hochzeitsreise sein **B** *v/i* seine Hochzeitsreise machen; **they are ~ing in Spain** sie sind in Spanien auf Hochzeitsreise

honeysuckle [ˈhʌnɪsʌkəl] *s* Geißblatt *n*

honk [hɒŋk] **A** *v/i* **1** *Auto* hupen **2** *Gänse* schreien **B** *v/t* Hupe drücken auf (+*akk*)

honor *etc US* → honour

honorary [ˈɒnərərɪ] *adj* Ehren-

honorary degree *s* ehrenhalber verliehener akademischer Grad

honour [ˈɒnə(r)], **honor** *US* **A** *s* **1** Ehre *f*; **sense of ~** Ehrgefühl *n*; **man of ~** Ehrenmann *m*; **in ~ of sb/sth** zu Ehren von j-m/etw; **if you would do me the ~ of accepting** *form* wenn Sie mir die Ehre erweisen würden anzunehmen *geh* **2** **Your Honour** Hohes Gericht; **His Honour** das Gericht **3** (≈ *Ehrung*) **~s** Auszeichnung(en) *f(pl)* **4** **to do the ~s** *umg* den Gastgeber spielen **5** *UNIV* **~s** +*sg v*, *a*. **~s degree** akademischer Grad mit Prüfung im Spezialfach; **to get first-class ~s** das Examen mit Auszeichnung *od* „sehr gut" bestehen **B** *v/t* **1** j-n ehren; **I would be ~ed** es wäre mir eine Ehre; **I should be ~ed if you …** ich würde mich geehrt fühlen, wenn Sie … **2** *Scheck* annehmen; *Schulden* begleichen; *Versprechen* halten; *Vertrag* erfüllen

honourable [ˈɒnərəbl] *adj*, **honorable** *US adj* **1** ehrenhaft; *Entlassung* ehrenvoll **2** *Br PARL* **the Honourable member for X** der (Herr)/die (Frau) Abgeordnete für X

honourably [ˈɒnərəblɪ] *adv*, **honorably** *US adv* in Ehren; *sich verhalten* ehrenhaft

honour killing *s*, **honor killing** *US s* Ehrenmord *m*

honours degree [ˈɒnəz-] *s* → honour A 5

honours list *Br s* Liste *f* der Titel- und Rangverleihungen (*die zweimal im Jahr veröffentlicht wird*)

hooch [huːtʃ] *bes US umg s* ⟨*kein pl*⟩ Stoff *m sl*

hood [hʊd] *s* **1** Kapuze *f* **2** *AUTO* Verdeck *n*; *US* (Motor)haube *f*; *von Herd* Abzugshaube *f*

hooded [ˈhʊdɪd] *adj Kleidungsstück* mit Kapuze

hoodlum [ˈhuːdləm] *s* Rowdy *m*, Gangster *m umg*

hoodwink [ˈhʊdwɪŋk] *umg v/t* (he)reinlegen *umg*; **to ~ sb into doing sth** j-n dazu verleiten, etw zu tun

hoodie [ˈhʊdɪ] *s*, **hoody** *umg s* **1** (≈ *Kleidungsstück*) Kapuzenpulli *m*, Kapuzenshirt *n*, Kapuzi *n umg* **2** (≈ *Jugendlicher*) Kapuzentyp *m umg*, Kapuzenpulliträger *m*, Kapuzenshirtträger *m*

hoof [huːf] *s* ⟨*pl* -*s od* hooves⟩ Huf *m*

hook [hʊk] **A** *s* Haken *m*; **he fell for it ~, line and sinker** er ging auf den Leim; **by ~ or by crook** auf Biegen und Brechen; **that lets me off the ~** *umg* damit bin ich aus dem Schneider *umg*; **to leave the phone off the ~** den Hörer neben das Telefon legen, nicht auflegen; **the phone was ringing off the ~** *US umg* das Telefon klingelte pausenlos **B** *v/t* **1** **to ~ a trailer to a car** einen Anhänger an ein Auto hängen; **to ~ one's arm around sth** seinen Arm um etw schlingen **2** **to be/get ~ed on sth** *umg Drogen* von etw abhängig sein/werden; *Film, Essen* auf etw (*akk*) stehen *umg*; **he's ~ed on the idea** er ist von der Idee besessen

phrasal verbs mit hook:

hook on A *v/i* (an)gehakt werden (**to** an +*akk*) **B** *v/t* ⟨*trennb*⟩ anhaken (**to** an +*akk*)

hook up A *v/i* **to hook up with sb** sich j-m anschließen **B** *v/t* ⟨*trennb*⟩ **1** *Kleid* zuhaken **2** *Wohnwagen* ankoppeln **3** *Computer* anschließen (**to** an +*akk*); *RADIO, TV* anschließen (**with** an +*akk*)

hook and eye *s* Haken und Öse *ohne art*

hooked [hʊkt] *adj* **~ nose** Hakennase *f*

hooker [ˈhʊkə(r)] *bes US umg s* Nutte *f umg*

hooky [ˈhʊkɪ] *US umg s* **to play ~** (die) Schule schwänzen *umg*

hooligan [ˈhuːlɪɡən] *s* Rowdy *m*

hooliganism [ˈhuːlɪɡənɪzəm] *s* Rowdytum *n*

hoop [huːp] *s* Reifen *m*; *Basketball* Korb *m*

hooray [huːˈreɪ] *int* → hurrah

hoot [huːt] **A** *s* **1** *von Eule* Schrei *m*; **~s of laughter** johlendes Gelächter; **I don't care** *od* **give a ~** *od* **two ~s** *umg* das ist mir piepegal *umg*, völlig schnuppe *umg*; **to be a ~** *umg* zum Schreien (komisch) sein **2** *AUTO* Hupen *n kein pl* **B** *v/i* **1** *Eule* schreien; **to ~ with laughter** in johlendes Gelächter ausbrechen **2** *AUTO* hupen **C** *v/t bes Br AUTO* **to ~ one's/the horn** hupen

hooter [ˈhuːtə(r)] *Br s* **1** *AUTO* Hupe *f*; *in Fabrik* Sirene *f* **2** *umg* (≈ *Nase*) Zinken *m umg*

Hoover® [ˈhuːvə(r)] *Br s* Staubsauger *m*

hoover [ˈhuːvə(r)] *Br v/t & v/i* (staub)saugen

phrasal verbs mit hoover:

hoover up *v/i* ⟨+*obj*⟩ (staub)saugen

hoovering ['hu:vərɪŋ] s **to do the ~** (staub)saugen

hooves [hu:vz] pl → hoof

hop¹ [hɒp] **A** s **1** (kleiner) Sprung, Satz m; **to catch sb on the hop** fig umg j-n überraschen od überrumpeln **2** FLUG umg **a short hop** ein Katzensprung m umg **B** v/i Tier hüpfen; Kaninchen hoppeln; Mensch (auf einem Bein) hüpfen; **to hop on** aufsteigen; **to hop on a train** in einen Zug einsteigen; **to hop off a train** aus einem Zug aussteigen; **he hopped on his bicycle** er schwang sich auf sein Fahrrad; **he hopped over the wall** er sprang über die Mauer **C** Br umg v/t **hop it!** zieh Leine! umg

hop² s BOT Hopfen m

hope [həʊp] **A** s Hoffnung f (**of** auf +akk); **beyond ~** hoffnungslos; **in the ~ of doing sth** in der Hoffnung, etw zu tun; **to have (high** od **great) ~s of doing sth** hoffen, etw zu tun; **don't get your ~s up** mach dir keine großen Hoffnungen; **there's no ~ of that** da braucht man sich gar keine Hoffnungen zu machen; **to give up ~ of doing sth** die Hoffnung aufgeben, etw zu tun; **some ~!** umg schön wärs! umg; **she hasn't got a ~ in hell of passing her exams** umg es besteht nicht die geringste Chance, dass sie ihre Prüfung besteht **B** v/i hoffen (**for** auf +akk); **to ~ for the best** das Beste hoffen; **a pay rise would be too much to ~ for** auf eine Gehaltserhöhung braucht man sich (dat) gar keine Hoffnungen zu machen; **I ~ so** hoffentlich; **I ~ not** hoffentlich nicht **C** v/t hoffen; **I ~ to see you** hoffentlich sehe ich Sie; **the party cannot ~ to win** für die Partei besteht keine Hoffnung zu gewinnen; **to ~ against ~ that ...** trotz allem die Hoffnung nicht aufgeben, dass ...

hopeful A adj **1** hoffnungsvoll; **he was still ~ (that ...)** er machte sich (dat) immer noch Hoffnungen(, dass ...); **they weren't very ~** sie hatten keine große Hoffnung; **he was feeling more ~** er war optimistischer **2** **it is not a ~ sign** es ist kein gutes Zeichen **B** s **presidential ~s** Anwärter pl auf die Präsidentschaft

hopefully adv **1** hoffnungsvoll **2** umg hoffentlich

hopeless ['həʊplɪs] adj hoffnungslos; Versuch, Aufgabe aussichtslos; Säufer, Romantiker unverbesserlich; **she's a ~ manager** als Managerin ist sie ein hoffnungsloser Fall; **you're ~** dir ist nicht zu helfen; **I'm ~ at maths** in Mathe bin ich ein hoffnungsloser Fall; **to be ~ at doing sth** etw überhaupt nicht können

hopelessly ['həʊplɪslɪ] adv **~ confused** völlig verwirrt; **I feel ~ inadequate** ich komme mir völlig minderwertig vor; **he got ~ lost** er hat sich hoffnungslos verirrt

hopelessness s Hoffnungslosigkeit f

hopping mad ['hɒpɪŋ'mæd] umg adj fuchsteufelswild umg

hopscotch s Hopse f umg

horde [hɔ:d] umg s Masse f; von Kindern etc Horde f pej

horizon [hə'raɪzn] s Horizont m; **on the ~** am Horizont; fig in Sicht; **below the ~** hinter dem Horizont

horizontal [,hɒrɪ'zɒntl] adj horizontal; **~ line** Waag(e)rechte f

horizontal bar s Reck n

horizontally [,hɒrɪ'zɒntəlɪ] adv horizontal

hormone ['hɔ:məʊn] s Hormon n

hormone replacement therapy s Hormonersatztherapie f

horn [hɔ:n] s **1** Horn n; **to lock ~s** fig die Klingen kreuzen **2** AUTO Hupe f; SCHIFF (Signal)horn n; **to sound** od **blow the ~** AUTO hupen; SCHIFF tuten

hornet ['hɔ:nɪt] s Hornisse f

horn-rimmed ['hɔ:nrɪmd] adj **~ glasses** Hornbrille f

horny ['hɔ:nɪ] adj ⟨komp hornier⟩ **1** wörtl hornartig; Hände schwielig **2** umg (≈ sexuell erregt) geil umg

horoscope ['hɒrəskəʊp] s Horoskop n

horrendous [hɒ'rendəs] adj **1** Unfall, Erlebnis grauenhaft; Verbrechen, Überfall abscheulich **2** umg Bedingungen fürchterlich umg; Verlust, Preis horrend; **children's shoes are a ~ price** Kinderschuhe sind horrend teuer

horrendously [hɒ'rendəslɪ] umg adv teuer horrend

horrible ['hɒrɪbl] adj **1** umg schrecklich umg; Essen grauenhaft umg; Kleidung, Farbe, Geschmack scheußlich; Mensch gemein; **to be ~ to sb** gemein zu j-m sein **2** Tod, Unfall grauenhaft

horribly ['hɒrɪblɪ] adv **1** grauenhaft; **they died ~** sie starben einen grauenhaften Tod **2** umg betrunken, teuer schrecklich umg

horrid ['hɒrɪd] adj schrecklich; **don't be so ~** sei nicht so gemein umg

horrific [hɒ'rɪfɪk] adj entsetzlich

horrifically [hɒ'rɪfɪkəlɪ] adv grauenhaft

horrified ['hɒrɪfaɪd] adj entsetzt

horrify ['hɒrɪfaɪ] v/t entsetzen; **it horrifies me to think what ...** ich denke (nur) mit Entsetzen daran, was ...

horrifying ['hɒrɪfaɪɪŋ] adj schrecklich

horror ['hɒrə] **A** s **1** Entsetzen n; (≈ Abneigung) Horror m (**of** vor +dat); **to have a ~ of sth** einen Horror vor etw (dat) haben; **to have a ~ of doing sth** einen Horror davor haben, etw zu tun; **they watched in ~** sie sahen entsetzt zu **2**

⟨mst pl⟩ *des Krieges etc* Schrecken *m* **3** *umg* **you little ~!** du kleines Ungeheuer! *umg* **B** *adj* ⟨*attr*⟩ Horror-; **~ movie/story** Horrorfilm *m*/-geschichte *f*
horror-stricken ['hɒrəˌstrɪkən], **horror-struck** ['hɒrəˌstrʌk] *adj* von Entsetzen gepackt
hors d'oeuvre [ɔː'dɜːv] *s* Vorspeise *f*
horse [hɔːs] *s* Pferd *n*; **to eat like a ~** wie ein Scheunendrescher *m* essen *od* fressen *umg*; **I could eat a ~** ich könnte ein ganzes Pferd essen; **straight from the ~'s mouth** aus erster Hand

phrasal verbs mit horse:
horse about *Br*, **horse around** *umg v/i* herumalbern *umg*
horseback *s* **on ~** zu Pferd
horseback riding *s* Reiten *n*
horsebox *s* Pferdetransporter *m*, Pferdetransportwagen *m*
horse chestnut *s* Rosskastanie *f*
horse-drawn *adj* **~ cart** Pferdewagen *m*; **~ carriage** Kutsche *f*
horse jumping *s* Springreiten *n*
horseman *s* ⟨*pl* -men⟩ Reiter *m*
horseplay *s* Alberei *f*
horsepower *s* Pferdestärke *f*; **a 200 ~ engine** ein Motor mit 200 PS
horse race *s* Pferderennen *n*
horse racing *s* Pferderennsport *m*; (≈ *Veranstaltungen*) Pferderennen *pl*
horseradish *s* Meerrettich *m*, Kren *m österr*
horse-riding *s* Reiten *n*; **to go ~** reiten gehen
horseshoe *s* Hufeisen *n*
horsewoman *s* ⟨*pl* -women [-wɪmɪn]⟩ Reiterin *f*
horticultural [ˌhɔːtɪˈkʌltʃərəl] *adj* Garten(bau)-; **~ show** Gartenbauausstellung *f*
horticulture ['hɔːtɪkʌltʃəʳ] *s* Gartenbau *m*, Gartenbaukunst *f*
hose [həʊz] **A** *s* Schlauch *m* **B** *v/t* (*a.* **hose down**) abspritzen
hosepipe ['həʊzpaɪp] *bes Br s* Schlauch *m*
hosiery ['həʊʒəri] *s* Strumpfwaren *pl*
hospice ['hɒspɪs] *s* Hospiz *n*
hospitable [hɒs'pɪtəbl] *adj* **1** gastfreundlich; **to be ~ to sb** j-n gastfreundlich *od* gastlich aufnehmen **2** *Ort, Klima* gastlich
hospital ['hɒspɪtl] *s* Krankenhaus *n*, Spital *n österr, schweiz*; **to be in ~, to be in the ~** *US* im Krankenhaus sein; **he was taken to ~** er wurde ins Krankenhaus eingeliefert; **he's gone to ~** er ist ins Krankenhaus gegangen
hospitality [ˌhɒspɪˈtælɪtɪ] *s* Gastfreundschaft *f*
hospitalize ['hɒspɪtəlaɪz] *v/t* ins Krankenhaus einweisen, ins Spital einweisen *österr, schweiz*; **he was ~d for three months** er lag drei Monate lang im Krankenhaus

Host [həʊst] *s* KIRCHE Hostie *f*
host¹ [həʊst] **A** *s* Gastgeber(in) *m(f)*; TV *bei Diskussion* Moderator(in) *m(f)*; *in Talkshow* Talkmaster(in) *m(f)*; *in Unterhaltungsshow* Showmaster(in) *m(f)*; **to be** *od* **play ~ to sb** j-s Gastgeber(in) sein **B** *v/t Fernsehsendung* Gastgeber(in) sein bei, moderieren; *Veranstaltung* ausrichten
host² *s* Menge *f*; **he has a ~ of friends** er hat eine Menge Freunde
hostage ['hɒstɪdʒ] *s* Geisel *f*; **to take/hold sb ~** j-n als Geisel nehmen/halten
hostage-taker *s* Geiselnehmer(in) *m(f)*
hostel ['hɒstəl] *s* (Wohn)heim *n*
hostess ['həʊstɪs] *s* **1** Gastgeberin *f*; **to be** *od* **play ~ to sb** j-s Gastgeberin sein **2** *in Nachtklub* Hostess *f* **3** *US* Frau, die im Restaurant die Gäste in Empfang nimmt
host family *s* Gastfamilie *f*
hostile ['hɒstaɪl] *adj* feindselig; *Gesellschaft, Presse* feindlich (gesinnt); *Kräfte, Übernahmeangebot* feindlich, unwirtlich; **to be ~ to sb** sich j-m gegenüber feindselig verhalten; **to be ~ to** *od* **toward(s) sth** einer Sache (*dat*) feindlich gegenüberstehen
hostility [hɒs'tɪlɪtɪ] *s* **1** Feindseligkeit *f*; *zwischen Menschen* Feindschaft *f*; **he feels no ~ toward(s) anybody** er ist niemandem feindlich gesinnt; **~ to foreigners** Ausländerfeindlichkeit *f* **2** **hostilities** *pl* Feindseligkeiten *pl*
hosting ['həʊstɪŋ] *s* IT *Betrieb von IT-Diensten* Hosting *n*
hot [hɒt] **A** *adj* ⟨*komp* **hotter**⟩ **1** heiß; *Mahlzeit, Wasser, Getränk* warm; **I am** *od* **feel hot** mir ist (es) heiß; **with hot and cold water** mit warm und kalt Wasser; **the room was hot** in dem Zimmer war es heiß; **I'm getting hot** mir wird (es) warm **2** *Currygericht etc* scharf **3** *umg* (≈ *gut*) stark *umg*; **he's pretty hot at maths** in Mathe ist er ganz schön stark *umg* **4** *fig* **to be (a) hot favourite** *Br*, **to be a hot favorite** *US* der große Favorit sein; **hot tip** heißer Tipp; **hot news** das Neuste vom Neuen; **hot off the press** gerade erschienen; **to get into hot water** in Schwulitäten kommen *umg*; **to get (all) hot and bothered** *umg* ganz aufgeregt werden (**about** wegen); **to get hot under the collar about sth** wegen etw in Rage geraten **B** *adv* ⟨*komp* **hotter**⟩ **he keeps blowing hot and cold** er sagt einmal hü und einmal hott **C** *s* **to have the hots for sb** *umg* auf j-n scharf sein *umg*

phrasal verbs mit hot:
hot up *umg v/i* **things are hotting up in the Middle East** die Lage im Nahen Osten verschärft sich; **things are hotting up** es geht langsam los
hot air *fig s* leeres Gerede

hot-air balloon s Heißluftballon m
hotbed fig s Nährboden m (**of** für)
hot-blooded adj heißblütig
hotchpotch ['hɒtʃpɒtʃ] Br s Mischmasch m
hot dog s Hot dog m/n
hotel [həʊ'tel] s Hotel n
hotelier [həʊ'telɪəʳ] s Hotelier m
hotel manager s Hoteldirektor(in) m(f)
hotel reservation s Hotelbuchung f
hotel room s Hotelzimmer n
hotel suite s Hotelsuite f
hot flashes US pl, **hot flushes** Br pl MED fliegende Hitze, Hitzewallungen pl
hotfoot v/t **to ~ it** umg sich davonmachen
hothead s Hitzkopf m
hot-headed adj hitzköpfig
hothouse A s Treibhaus n B adj ⟨attr⟩ wörtl Treibhaus-
hot key s IT Tastenkombination f, Shortcut m
hotline s POL heißer Draht; TV etc Hotline f
hotly ['hɒtlɪ] adv **1** debattieren, abstreiten heftig; umstritten heiß **2 he was ~ pursued by two policemen** zwei Polizisten waren ihm dicht auf den Fersen umg
hotplate s von Herd Kochplatte f
hot potato fig umg s heißes Eisen
hot seat s **to be in the ~** auf dem Schleudersitz sein
hotshot s umg Ass n umg
hot spot s POL Krisenherd m; umg (≈ Klub) heißer Schuppen umg
hot spring s heiße Quelle
hot stuff umg s **this is ~** das ist große Klasse umg; (≈ provokant) das ist Zündstoff; **she's/he's ~** sie/er ist große Klasse umg; (≈ sexy) das ist eine scharfe Braut sl, das ist ein scharfer Typ umg
hot-tempered adj leicht aufbrausend
hot-water adj ⟨attr⟩ Heißwasser-
hot-water bottle s Wärmflasche f, Bettflasche f schweiz
hoummos, houm(o)us ['huːməs] s Houmos m
hound [haʊnd] A s JAGD (Jagd)hund m B v/t hetzen; **to be ~ed by the press** von der Presse verfolgt werden

phrasal verbs mit hound:

hound out v/t ⟨trennb⟩ verjagen

hour ['aʊəʳ] s **1** Stunde f; **half an ~, a half ~** eine halbe Stunde; **three-quarters of an ~** eine Dreiviertelstunde; **a quarter of an ~** eine Viertelstunde; **an ~ and a half** anderthalb od eineinhalb Stunden; **it's a two-hour walk** es sind zwei Stunden zu Fuß; **a two-hour operation** eine zweistündige Operation; **at fifteen hundred ~s** gesprochen um fünfzehn Uhr; **~ after ~** Stunde um Stunde; **on the ~** zur vollen Stunde; **every ~ on the ~** jede volle Stunde; **20 minutes past the ~** 20 Minuten nach; **at all ~s (of the day and night)** zu jeder (Tages- und Nacht)zeit; **what! at this ~ of the night!** was! zu dieser nachtschlafenden Zeit!; **to drive at 50 kilometres an ~** 50 Kilometer in der Stunde fahren; **to be paid by the ~** stundenweise bezahlt werden; **for ~s** stundenlang; **he took ~s to do it** er brauchte stundenlang dazu; **the man/hero of the ~** der Mann/Held der Stunde; **a 24-hour supermarket** ein Supermarkt, der 24 Stunden geöffnet ist **2 ~s** pl von Laden Geschäftszeit(en) f(pl); von Gaststätte etc Öffnungszeiten pl; von Büro Dienststunden pl; von Angestellten Arbeitszeit f; von Arzt Sprechstunde f, Ordination f österr; **out of/after ~s** von Kneipe außerhalb der gesetzlich erlaubten Zeit; von Büro/Angestellten außerhalb der Arbeitszeit/nach Dienstschluss; **to work long ~s** einen langen Arbeitstag haben
hourglass s Sanduhr f
hour hand s kleiner Zeiger
hourly ['aʊəlɪ] A adj **1** stündlich; **an ~ bus service** ein stündlich verkehrender Bus; **at ~ intervals** stündlich; **at two-hourly intervals** alle zwei Stunden **2** Lohn pro Stunde; **~ wage** od **pay** Stundenlohn m; **~ rate** Stundensatz m; **on an ~ basis** stundenweise B adv **1** wörtl jede Stunde **2** bezahlen stundenweise
house A [haʊs] s ⟨pl **houses** ['haʊzɪz]⟩ **1** Haus n; (≈ Hausstand) Haushalt m; **at my ~** bei mir zu Hause; **at the Shaw's ~** bei den Shaws zu Hause; **to my ~** zu mir nach Hause; **to keep ~ (for sb)** (j-m) den Haushalt führen; **they set up ~ together** sie gründeten einen gemeinsamen Hausstand; **to put** od **set one's ~ in order** fig seine Angelegenheiten in Ordnung bringen; **they get on like a ~ on fire** umg sie kommen ausgezeichnet miteinander aus; **as safe as ~s** Br bombensicher umg; **the upper/lower ~** POL das Ober-/Unterhaus; **House of Commons/Lords** Br (britisches) Unter-/Oberhaus; **House of Representatives** US Repräsentantenhaus n; **the Houses of Parliament** das Parlament(sgebäude); **on the ~** auf Kosten des Hauses; **we ordered a bottle of ~ red** wir bestellten eine Flasche von dem roten Hauswein; **to bring the ~ down** umg ein Bombenerfolg (beim Publikum) sein umg **2** in Internat Gruppenhaus n **3 full ~** KART Full House n; beim Bingo volle Karte B [haʊz] v/t unterbringen; **this building ~s ten families** in diesem Gebäude sind zehn Familien untergebracht
house arrest s Hausarrest m
housebound adj ans Haus gefesselt
housebreaking s Einbruch(sdiebstahl) m
house-broken US adj stubenrein

housecoat s Morgenmantel m
houseguest s (Haus)gast m
household ['haʊshəʊld] **A** s Haushalt m **B** adj ⟨attr⟩ **1** Haushalts-; **~ appliance** Haushaltsgerät n; **~ chores** Hausarbeit f **2** allgemein bekannt
householder ['haʊs‚həʊldəʳ] s Haus-/Wohnungsinhaber(in) m(f)
household name s **to be a ~** ein Begriff sein; **to become a ~** zu einem Begriff werden
household waste s Hausmüll m
house-hunt v/i auf Haussuche sein; **they have started ~ing** sie haben angefangen, nach einem Haus zu suchen
househusband s Hausmann m
housekeeper s Haushälterin f
housekeeping s **1** Haushalten n **2** Br a. **~ money** Haushaltsgeld n
housemate s **my ~s** meine Mitbewohner
House music s Hausmusik f
house number s Hausnummer f
house plant s Zimmerpflanze f
house-proud adj **she is ~** sie ist eine penible Hausfrau
house rules pl Hausordnung f
house swap s während der Ferien Haustausch m, Häusertausch m; Wohnungstausch m
house-to-house adj **to conduct ~ inquiries** von Haus zu Haus gehen und fragen
house-trained adj stubenrein
house-warming (party) s Einzugsparty f; **to have a house-warming** Einzug feiern
housewife s Hausfrau f
house wine s Hauswein m
housework s Hausarbeit f
housing ['haʊzɪŋ] s **1** Unterbringung f **2** Wohnungen pl **3** TECH Gehäuse n
housing association s Wohnungsbaugesellschaft f
housing benefit Br s Wohngeld n
housing conditions pl Wohnverhältnisse pl
housing development s, **housing estate** Br s Wohnsiedlung f
hovel ['hɒvəl] s armselige Hütte f, fig pej Bruchbude f
hover ['hɒvəʳ] v/i **1** schweben; **he was ~ing between life and death** er schwebte zwischen Leben und Tod; **the exchange rate is ~ing around 110 yen to the dollar** der Wechselkurs bewegt sich um die 110 Yen für den Dollar **2** fig herumstehen; **don't ~ over me** geh endlich weg

phrasal verbs mit hover:
hover about Br, **hover around** v/i herumlungern; **he was hovering around, waiting to speak to us** er strich um uns herum und wartete auf eine Gelegenheit, mit uns zu sprechen

hoverboard s E-Board n (Rollbrett ohne Lenkstange)
hovercraft s ⟨pl -⟩ Luftkissenboot n
how [haʊ] adv **1** wie; **how come?** umg wieso (denn das)?; **how was it?** wie war's?; **how do you mean?** umg wie meinst du das?; **how is it that we earn less?**, **how come we earn less?** umg wieso od warum verdienen wir denn weniger?; **how do you know that/him?** woher wissen Sie das/kennen Sie ihn?; **to know how to do sth** wissen, wie man etw macht; **I'd like to learn how to swim** ich würde gerne schwimmen lernen; **how nice!** wie nett!; **how much** mit Verb wie sehr; mit Substantiv, Adjektiv, Adverb oder Aktionsverben wie viel; **how much is/are …?** wie viel kostet/kosten …?; **how many** wie viel, wie viele; **how would you like to …?** hätten Sie Lust, … zu …?; **how do you do?** guten Tag/Abend!; **how are you (doing)?**, **how are things?** wie geht es dir/euch/Ihnen?; **how's work?** was macht die Arbeit?; umg **how are things at school?** wie geht's in der Schule?; **how did the job interview go?** wie ist das Bewerbungsgespräch gelaufen?; **how old are you?** wie alt bist du/seid ihr/sind Sie?; **how about …?** wie wäre es mit …?; **how about it?** wie wäre es damit?; **how about going for a walk?** wie wär's mit einem Spaziergang?; **how about you grabbing that table?** wie wär's, wenn ihr den Tisch dort schnappt; **I've had enough, how about you?** mir reicht's, wie sieht's bei dir aus?; **and how!** und ob od wie!; **how he's grown!** er ist aber groß geworden **2** dass

how'd [haʊd] abk (= how did, how had, how would) → do; → have; → would
however [haʊ'evəʳ] **A** konj jedoch, aber **B** adv **1** wie … auch, (egal) wie; **~ you do it** wie immer du es machst; **~ much you cry** und wenn du noch so weinst; **wait 30 minutes or ~ long it takes** warte eine halbe Stunde oder so lange, wie es dauert **2** wie … bloß; **~ did you manage it?** wie hast du das bloß geschafft?
howl [haʊl] **A** s Schrei m; von Tier, Wind Heulen kein pl; **~s of laughter** brüllendes Gelächter n; **~s (of protest)** Protestgeschrei n **B** v/i Mensch brüllen; Tier jaulen; Wind (≈ weinen) heulen; Baby schreien; **to ~ with laughter** in brüllendes Gelächter ausbrechen **C** v/t hinausbrüllen
howler ['haʊləʳ] Br umg s Schnitzer m umg; **he made a real ~** da hat er sich (dat) einen Hammer geleistet umg
how'll [haʊl] abk (= how shall, how will) → shall; → will¹

how's [haʊz] *abk* (= how has, how is) → have; → be

how've [haʊv] *abk* (= how have) → have

HP[1], **hp** *abk* (= hire-purchase) Ratenkauf *m*

HP[2], **hp** *abk* (= horse power) PS

HQ *abk* (= headquarters) Hauptquartier *n*; Zentrale *f*

hr *abk* (= hour) Std.

HRH *abk* (= His/Her Royal Highness) S. M./I. M.

HRT *abk* (= hormone replacement therapy) Hormonersatztherapie *f*

HST US *abk* (= Hawaiian Standard Time) hawaiische Zeit (*minus elf Stunden mitteleuropäischer Zeit*)

ht *abk* → height

HTML *abk* (= hypertext mark-up language) IT HTML

hub [hʌb] *s* **1** (Rad)nabe *f* **2** *fig* Mittelpunkt *m*

hubbub ['hʌbʌb] *s* Tumult *m*; **a ~ of voices** ein Stimmengewirr *n*

hubcap ['hʌbkæp] *s* Radkappe *f*

huddle ['hʌdl] **A** *s* (wirrer) Haufen *m*; *von Menschen* Gruppe *f*; **in a ~** dicht zusammengedrängt **B** *v/i* (*a.* **to be huddled**) (sich) kauern; **they ~d under the umbrella** sie drängten sich unter dem Schirm zusammen; **we ~d around the fire** wir saßen eng zusammengedrängt um das Feuer herum

phrasal verbs mit huddle:

huddle together *v/i* sich aneinanderkauern; **to be huddled together** aneinanderkauern

huddle up *v/i* sich zusammenkauern

hue [hjuː] *s* Farbe *f*, Schattierung *f*

huff [hʌf] **A** *s* **to be/go off in a ~** beleidigt sein/abziehen *umg* **B** *v/i* schnaufen

huffy ['hʌfɪ] *adj* ⟨*komp* huffier⟩ beleidigt, empfindlich; **to get/be ~ about sth** wegen etw eingeschnappt sein *umg*, wegen etw beleidigt sein

hug [hʌg] **A** *s* Umarmung *f*; **to give sb a hug** j-n umarmen **B** *v/t* **1** umarmen **2** sich dicht halten an (+*akk*) **C** *v/i* sich umarmen

huge [hjuːdʒ] *adj* ⟨*komp* huger⟩ riesig; *Appetit, Defizit a.* Riesen- *umg*; *Anstrengung* gewaltig; **a ~ job** eine Riesenarbeit *umg*; **~ numbers of these children** ungeheuer viele von diesen Kindern

hugely ['hjuːdʒlɪ] *emph adv* außerordentlich; **the whole thing is ~ enjoyable** das Ganze macht ungeheuer viel Spaß

hugeness ['hjuːdʒnɪs] *s* riesiges Ausmaß

hulk [hʌlk] *s* **1** SCHIFF (Schiffs)rumpf *m* **2** *umg* (≈ *Mensch*) Hüne *m umg*

hulking ['hʌlkɪŋ] *adj* **~ great, great ~** massig

hull[1] [hʌl] *s* SCHIFF Schiffskörper *m*, Rumpf *m*

hull[2] **A** *s* Hülse *f* **B** *v/t* schälen

hullabaloo [ˌhʌləbə'luː] *Br umg s* ⟨*kein pl*⟩ Spektakel *m*

hullo [hʌ'ləʊ] *Br int* → hello

hum [hʌm] **A** *s* Summen *n*; *von Motor* Brummen *n*; *von Apparat* Surren *n*; *von Stimmen* Gemurmel *n* **B** *v/i* **1** summen; *Motor* brummen; *Apparat* surren **2** *fig umg* in Schwung kommen; **the headquarters was humming with activity** im Hauptquartier ging es zu wie in einem Bienenstock **3 to hum and haw** *umg* herumdrucksen *umg* (**over, about** um) **C** *v/t* summen

human ['hjuːmən] **A** *adj* menschlich; *Gesundheit* des Menschen; **~ error** menschliches Versagen; **~ shield** menschlicher Schutzschild; **I'm only ~** ich bin auch nur ein Mensch **B** *s* Mensch *m*

human being *s* Mensch *m*

humane [hjuː'meɪn] *adj* human

humanely [hjuː'meɪnlɪ] *adv* human; *töten* (möglichst) schmerzlos

human interest *s in Zeitungsartikel etc* Emotionalität *f*; **a ~ story** eine ergreifende Story

humanism ['hjuːmənɪzəm] *s* Humanismus *m*

humanitarian [hjuːˌmænɪ'tɛərɪən] **A** *s* Vertreter(in) *m(f)* des Humanitätsgedankens **B** *adj* humanitär

humanitarianism [ˌhjuːmænɪ'tɛərɪənɪzəm] *s* Humanitarismus *m*

humanity [hjuː'mænɪtɪ] *s* **1** die Menschheit **2** Humanität *f*, Menschlichkeit *f* **3 humanities** *pl* Geisteswissenschaften *pl*

humanize ['hjuːmənaɪz] *v/t* humanisieren

humankind [ˌhjuːmən'kaɪnd] *s* die Menschheit

humanly ['hjuːmənlɪ] *adv* menschlich; **as far as ~ possible** soweit überhaupt möglich; **to do all that is ~ possible** alles Menschenmögliche tun

human nature *s* die menschliche Natur; **it's ~ to do that** es liegt (nun einmal) in der Natur des Menschen, das zu tun

human race *s* **the ~** die Menschheit

human resources *pl* WIRTSCH Arbeitskräfte *pl*; Personalabteilung *f*

human resources department *s* Personalabteilung *f*

human rights *pl* Menschenrechte *pl*; **~ abuse** Menschenrechtsverletzung *f*; **~ organization** Menschenrechtsorganisation *f*

human trafficker *s* Menschenhändler(in) *m(f)*

human trafficking *s* Menschenhandel *m*

humble ['hʌmbl] **A** *adj* ⟨*komp* humbler⟩ bescheiden; *Angestellter* einfach; *Ursprünge* niedrig; **my ~ apologies!** ich bitte inständig um Verzeihung! **B** *v/t* demütigen; **to be/feel ~d** sich (*dat*) klein vorkommen

humbug ['hʌmbʌg] *s* **1** *Br* Pfefferminzbonbon

m/n **2** umg (≈ Gerede) Humbug m
humdrum ['hʌmdrʌm] adj stumpfsinnig
humid ['hju:mɪd] adj feucht; **it's ~ today** es ist schwül heute
humidifier [hju:'mɪdɪfaɪə^r] s Luftbefeuchter m
humidity [hju:'mɪdɪtɪ] s (Luft)feuchtigkeit f
humiliate [hju:'mɪlɪeɪt] v/t demütigen
humiliating [hju:'mɪlɪeɪtɪŋ] adj Niederlage demütigend
humiliation [hju:,mɪlɪ'eɪʃən] s Demütigung f
humility [hju:'mɪlɪtɪ] s Demut f, Bescheidenheit f
humming ['hʌmɪŋ] s Summen n
hummingbird ['hʌmɪŋbɜ:d] s Kolibri m
hummus ['hʊməs] s → hoummos
humor etc US → humour
humorous ['hju:mərəs] adj humorvoll; Situation komisch; Idee witzig
humorously ['hju:mərəslɪ] adv humorvoll, heiter
humour ['hju:mə^r], **humor** US **A** s **1** Humor m; **a sense of ~** (Sinn m für) Humor m **2** Stimmung f; **to be in a good ~** gute Laune haben; **with good ~** gut gelaunt **B** v/t **to ~ sb** j-m seinen Willen lassen; **do it just to ~ him** tu's doch, damit er seinen Willen hat
humourless adj, **humorless** US adj humorlos
hump [hʌmp] **A** s **1** ANAT Buckel m; von Kamel Höcker m **2** (≈ Anhöhe) Hügel m **3** Br umg **he's got the ~** er ist sauer umg **B** v/t umg schleppen
humpbacked ['hʌmpbækt] adj Brücke gewölbt
hunch [hʌntʃ] **A** s Gefühl n; **to act on a ~** einem inneren Gefühl zufolge handeln; **your ~ paid off** du hattest die richtige Ahnung, es hat sich gelohnt **B** v/t (a. **hunch up**) to ~ **one's shoulders** die Schultern hochziehen; **he was ~ed over his desk** er saß über seinen Schreibtisch gebeugt
hunchback s Buck(e)lige(r) m/f(m)
hunchbacked adj buck(e)lig
hundred ['hʌndrɪd] **A** adj hundert; **a** od **one ~** (ein)hundert; **a** od **one ~ years** (ein)hundert Jahre; **two/several ~ years** zweihundert/mehrere hundert Jahre; **a** od **one ~ and one** wörtl (ein)hundert(und)eins; fig tausend; **(one) ~ and first** hundert(und)erste(r, s); **a** od **one ~ thousand** (ein)hunderttausend; **a** od **one ~ per cent** hundert Prozent; **a (one)** od **per cent increase** eine Erhöhung von od um hundert Prozent; **I'm not a** od **one ~ per cent sure** ich bin nicht hundertprozentig sicher **B** s hundert; geschriebene Zahl Hundert f; **~s** Hunderte pl; **one in a ~** einer unter hundert; **eighty out of a ~** achtzig von hundert; **~s of times** hundertmal; **~s and ~s** Hunderte und Aberhunderte; **~s of** od **and** **thousands** Hunderttausende pl; **he earns nine ~ a month** er verdient neunhundert im Monat; **to live to be a ~** hundert Jahre alt werden; **they came in their ~s** od **by the ~** sie kamen zu hunderten
hundredfold ['hʌndrɪdfəʊld] adj & adv hundertfach; **to increase a ~** um das Hundertfache steigern
hundredth ['hʌndrɪdθ] **A** adj **1** hundertste(r, s) **2** hundertstel **B** s **1** Hundertste(r, s) **2** Hundertstel n; → sixth
hundredweight ['hʌndrɪdweɪt] s Zentner m; Br 50,8 kg; US 45,4 kg
hung [hʌŋ] prät & pperf → hang
Hungarian [hʌŋ'geərɪən] **A** adj ungarisch **B** s **1** Ungar(in) m(f) **2** LING Ungarisch n
Hungary ['hʌŋgərɪ] s Ungarn n
hunger ['hʌŋgə^r] s Hunger m (**for** nach); **to die of ~** verhungern
phrasal verbs mit hunger:
hunger after, **hunger for** liter v/i ⟨+obj⟩ hungern nach
hunger strike s **to be on (a) ~** sich im Hungerstreik befinden; **to go on (a) ~** in (den) Hungerstreik treten
hung over adj **to be ~** einen Kater haben umg
hung parliament s Parlament n ohne klare Mehrheitsverhältnisse; **the election resulted in a ~** die Wahl führte zu einem parlamentarischen Patt
hungrily ['hʌŋgrɪlɪ] wörtl, fig adv hungrig
hungry ['hʌŋgrɪ] adj ⟨komp hungrier⟩ hungrig; **to be** od **feel/get ~** Hunger haben/bekommen; **to go ~** hungern; **~ for power** machthungrig; **to be ~ for news** sehnsüchtig auf Nachricht warten; **to be as ~ as a horse** einen Bärenhunger haben
hung up umg adj **to be ~ about sth** wegen etw einen Knacks weghaben umg; **to get ~ about sth** wegen etw durchdrehen umg; **he's ~ on her** er steht auf sie sl
hunk [hʌŋk] s **1** Stück n **2** fig umg (≈ Mann) **a gorgeous ~** ein ganz toller Mann
hunky-dory ['hʌŋkɪ'dɔ:rɪ] umg adj **that's ~** das ist in Ordnung
hunt [hʌnt] **A** s Jagd f; fig Suche f; **the ~ is on** die Suche hat begonnen; **to have a ~ for sth** nach etw fahnden umg **B** v/t JAGD jagen; Verbrecher fahnden nach; Vermissten, Artikel suchen **C** v/i **1** JAGD jagen; **to go ~ing** auf die Jagd gehen **2** suchen (**for**, **after** nach); **he is ~ing for a job** er sucht eine Stelle
phrasal verbs mit hunt:
hunt down v/t ⟨trennb⟩ (unerbittlich) Jagd machen auf (+akk); (≈ fangen) zur Strecke bringen

hunt out v/t ⟨trennb⟩ heraussuchen
hunter ['hʌntə^r] s Jäger(in) m(f)
hunting ['hʌntɪŋ] s die Jagd
hurdle ['hɜːdl] s SPORT, a. fig Hürde f; **~s** Hürdenlauf m; **the 100m ~s** (die) 100 m Hürden; **to fall at the first ~** fig (schon) über die erste od bei der ersten Hürde stolpern
hurl [hɜːl] v/t schleudern; **to ~ insults at sb** j-m Beleidigungen entgegenschleudern
hurly-burly ['hɜːlɪ'bɜːlɪ] s Rummel m umg; **the ~ of politics** der Rummel der Politik
hurrah [hə'rɑː], **hurray** [hə'reɪ] int hurra; **~ for the king!** ein Hoch dem König!
hurricane ['hʌrɪkən] s Orkan m, Hurrikan m
hurried ['hʌrɪd] adj eilig; Zeremonie hastig durchgeführt; Abreise überstürzt
hurriedly ['hʌrɪdlɪ] adv eilig; etw sagen hastig; abreisen in großer Eile
hurry ['hʌrɪ] **A** s Eile f; **in my ~ to get it finished** ... vor lauter Eile, damit fertig zu werden ...; **to do sth in a ~** etw schnell od hastig tun; **I need it in a ~** ich brauche es eilig; **to be in a ~** es eilig haben; **I won't do that again in a ~!** umg das mache ich so schnell nicht wieder!; **what's the ~?** was soll die Eile?; **there's no ~** es eilt nicht **B** v/i sich beeilen, laufen; **there's no need to ~** kein Grund zur Eile; **don't ~!** lass dir Zeit! **C** v/t j-n (zur Eile) antreiben, scheuchen umg; Arbeit beschleunigen; (≈ übertreiben) überstürzen; **don't ~ me** hetz mich nicht so!
phrasal verbs mit hurry:
hurry along A v/i sich beeilen; **hurry along there, please!** schnell weitergehen, bitte! **B** v/t ⟨trennb⟩ j-n weiterdrängen; mit Arbeit zur Eile antreiben; Arbeit etc vorantreiben
hurry up A v/i sich beeilen; **hurry up!** beeil dich!; **hurry up and put your coat on!** mach schon und zieh dir deinen Mantel an! **B** v/t ⟨trennb⟩ j-n zur Eile antreiben; Arbeit vorantreiben
hurt [hɜːt] ⟨v: prät, pperf hurt⟩ **A** v/t **1** wehtun (+dat), verletzen; **to ~ oneself** sich (dat) wehtun; **to ~ one's arm** sich (dat) am Arm wehtun, sich (dat) den Arm verletzen; **my arm is ~ing me** mir tut der Arm weh; **if you go on like that someone is bound to get ~** wenn ihr so weitermacht, verletzt sich bestimmt noch jemand **2** schaden (+dat); **it won't ~ him to wait** es schadet ihm gar nicht(s), wenn er etwas warten muss **B** v/i **1** fig wehtun; **that ~s!** das tut weh! **2** schaden **C** s Schmerz m; von Gefühlen Verletzung f (**to** +gen) **D** adj Arm, Gefühle verletzt; Blick gekränkt; **to be ~** verletzt sein; gekränkt sein
hurtful adj verletzend
hurtle ['hɜːtl] v/i rasen; **the car was hurtling along** das Auto sauste dahin; **he came hurtling round the corner** er kam um die Ecke gerast
husband ['hʌzbənd] **A** s Ehemann m; **my ~** mein Mann; **they are ~ and wife** sie sind Eheleute od verheiratet **B** v/t Ressourcen sparsam umgehen mit
husbandry ['hʌzbəndrɪ] s Landwirtschaft f
hush [hʌʃ] **A** v/t zum Schweigen bringen **B** v/i still sein **C** s Stille f; **a ~ fell over the crowd** die Menge verstummte plötzlich **D** int pst; **~, ~, it's all right** sch, sch, es ist ja gut
phrasal verbs mit hush:
hush up v/t ⟨trennb⟩ vertuschen
hushed [hʌʃt] adj Stimmen gedämpft; Menschenmenge schweigend; Gerichtssaal still; **in ~ tones** mit gedämpfter Stimme
hush-hush ['hʌʃ'hʌʃ] umg adj streng geheim
hush money s Schweigegeld n
husk [hʌsk] s Schale f; von Weizen Spelze f
husky[1] ['hʌskɪ] adj ⟨komp huskier⟩ rau; Stimme heiser
husky[2] s Schlittenhund m
hussy ['hʌsɪ] s **1** (≈ Mädchen) Fratz m umg **2** Flittchen n pej
hustings ['hʌstɪŋz] Br pl Wahlkampf m; (≈ Versammlung) Wahlveranstaltung f
hustle ['hʌsl] **A** s **~ and bustle** geschäftiges Treiben **B** v/t **to ~ sb out of a building** j-n schnell aus einem Gebäude befördern umg
hut [hʌt] s Hütte f
hutch [hʌtʃ] s für Kaninchen Verschlag m; für Meerschweinchen Käfig m
hyacinth ['haɪəsɪnθ] s Hyazinthe f
hyaena, hyena [haɪ'iːnə] s Hyäne f
hybrid ['haɪbrɪd] **A** s BOT, ZOOL Kreuzung f; fig Mischform f **B** adj BOT, ZOOL Misch-; **~ engine** Hybridmotor n; **~ powertrain** Hybridantrieb m; **~ TV** Hybrid-TV n; **~ vehicle** Hybridfahrzeug n
hydrant ['haɪdrənt] s Hydrant m
hydrate [haɪ'dreɪt] v/t hydratisieren
hydraulic [haɪ'drɒlɪk] adj hydraulisch
hydraulics s Hydraulik f
hydrocarbon s Kohlenwasserstoff m
hydrochloric acid s Salzsäure f
hydroelectric power s durch Wasserkraft erzeugte Energie
hydroelectric power station s Wasserkraftwerk n
hydrofoil s Tragflächenboot n
hydrogen ['haɪdrɪdʒən] s Wasserstoff m
hydrogen bomb s Wasserstoffbombe f
hydrotherapy s Wasserbehandlung f
hyena [haɪ'iːnə] s → hyaena
hygiene ['haɪdʒiːn] s Hygiene f; **personal ~** Kör-

perpflege f
hygienic [haɪˈdʒiːnɪk] *adj* hygienisch
hymn [hɪm] *s* Kirchenlied *n*
hymn book *s* Gesangbuch *n*
hype [haɪp] *umg* **A** *s* Hype *m*; **media ~** Medienrummel *m umg*; **all this ~ about …** dieser ganze Rummel um … *umg* **B** *v/t* (*a.* **hype up**) Publicity machen für; **the movie was ~d up too much** um den Film wurde zu viel Rummel gemacht *umg*
hyped up [ˈhaɪptˈʌp] *umg adj* aufgeputscht, aufgedreht *umg*
hyper [ˈhaɪpə(r)] *adj sl* aufgedreht
hyperactive *adj* überaktiv; **a ~ thyroid** eine Überfunktion der Schilddrüse
hyperbole [haɪˈpɜːbəli] *s* Hyperbel *f* (*Übertreibung zur Betonung eines Sachverhalts: z. B. I've been waiting for ages*)
hypercritical [ˈhaɪpəˈkrɪtɪkəl] *adj* übertrieben kritisch
hyperlink **A** *s* IT Hyperlink *m* **B** *v/t* IT per Hyperlink verbinden
hypermarket *Br s* Verbrauchermarkt *m*
hypersensitive *adj* überempfindlich
hypertension *s* Hypertonie *f*, erhöhter Blutdruck
hypertext *s* IT Hypertext *m*
hyperventilate [ˌhaɪpəˈventɪleɪt] *v/i* hyperventilieren
hyphen [ˈhaɪfən] *s* Bindestrich *m*, Trenn(ungs)strich *m*
hyphenate [ˈhaɪfəneɪt] *v/t* mit Bindestrich schreiben; **~d word** Bindestrichwort *n*
hyphenation [ˌhaɪfəˈneɪʃən] *s* Silbentrennung *f*
hypnosis [hɪpˈnəʊsɪs] *s* Hypnose *f*; **under ~** unter Hypnose
hypnotherapy [ˌhɪpnəʊˈθerəpɪ] *s* Hypnotherapie *f*
hypnotic [hɪpˈnɒtɪk] *adj* 1 *Trance* hypnotisch; **~ state** Hypnosezustand *m* 2 *Musik, Augen* hypnotisierend
hypnotism [ˈhɪpnətɪzəm] *s* Hypnotismus *m*
hypnotist [ˈhɪpnətɪst] *s* Hypnotiseur(in) *m(f)*
hypnotize [ˈhɪpnətaɪz] *v/t* hypnotisieren; **to be ~d by sb/sth** *fig* von j-m/etw wie hypnotisiert sein
hypo- [haɪpəʊ-] *präf* hypo-; **hypoallergenic** hypoallergen
hypochondria [ˌhaɪpəʊˈkɒndrɪə] *s* Hypochondrie *f*
hypochondriac [ˌhaɪpəʊˈkɒndrɪæk] *s* Hypochonder(in) *m(f)*
hypocrisy [hɪˈpɒkrɪsɪ] *s* Heuchelei *f*
hypocrite [ˈhɪpəkrɪt] *s* Heuchler(in) *m(f)*
hypocritical [ˌhɪpəˈkrɪtɪkəl] *adj* heuchlerisch
hypodermic needle *s* (Injektions)nadel *f*
hypodermic syringe *s* (Injektions)spritze *f*
hypothermia [ˌhaɪpəʊˈθɜːmɪə] *s* Unterkühlung *f*
hypothesis [haɪˈpɒθɪsɪs] *s* ⟨*pl* **hypotheses** [haɪˈpɒθɪsiːz]⟩ Hypothese *f*
hypothetical [ˌhaɪpəʊˈθetɪkəl] *adj* hypothetisch
hypothetically [ˌhaɪpəʊˈθetɪkəlɪ] *adv* theoretisch
hysterectomy [ˌhɪstəˈrektəmɪ] *s* Totaloperation *f*
hysteria [hɪˈstɪərɪə] *s* Hysterie *f*
hysterical [hɪˈsterɪkəl] *adj* 1 hysterisch 2 *umg* wahnsinnig komisch *umg*
hysterically [hɪˈsterɪkəlɪ] *adv* 1 hysterisch 2 *umg* **~ funny** wahnsinnig komisch *umg*
hysterics *pl* Hysterie *f*; **to have ~** hysterisch werden; *fig umg* sich totlachen
Hz *abk* (= **hertz**) Hz

I¹, i [aɪ] *s* I *n*, i *n*
I² *pers pr* ich
IBAN [ˈiːbæn] *abk* (= International Bank Account Number) IBAN *f*
ibid *abk* (= **ibidem**) ib., ibd.
ice [aɪs] **A** *s* 1 Eis *n*; *auf Straße* (Glatt)eis *n*; **to be as cold as ice** eiskalt sein; **my hands are like ice** ich habe eiskalte Hände; **to put sth on ice** *fig* etw auf Eis legen; **to break the ice** *fig* das Eis brechen; **to be skating on thin ice** *fig* sich aufs Glatteis begeben/begeben haben; **that cuts no ice with me** *umg* das kommt bei mir nicht an 2 *Br* (Speise)eis *n* **B** *v/t Kuchen* mit Zuckerguss überziehen

phrasal verbs mit ice:

  ice over *v/i* zufrieren; *Windschutzscheibe* vereisen

  ice up *v/i Windschutzscheibe* vereisen; *Rohre* einfrieren

ice age *s* Eiszeit *f*
ice axe *s*, **ice ax** *US s* Eispickel *m*
iceberg *s* Eisberg *m*
iceberg lettuce *s* Eisbergsalat *m*
icebox *s Br in Kühlschrank* Eisfach *n*; *US* Eisschrank *m*
icebreaker *s* Eisbrecher *m*
ice bucket *s* Eiskühler *m*
icecap *s polar* Eiskappe *f*
ice-cold *adj* eiskalt

ice-cool *fig adj Mensch* supercool *umg*
ice cream *s* Eis *n*, Eiskrem *f*
ice-cream cone, ice-cream cornet *s* Eistüte *f*
ice-cream parlour *s*, **ice-cream parlor** *US s* Eisdiele *f*
ice cube *s* Eiswürfel *m*
iced [aɪst] *adj* **1** *Getränk* eisgekühlt; **~ tea** Eistee *m* **2** *Teilchen* mit Zuckerguss überzogen
ice dancing *s* Eistanz *m*
ice floe *s* Eisscholle *f*
ice hockey *s* Eishockey *n*
Iceland ['aɪslənd] *s* Island *n*
Icelandic [aɪs'lændɪk] **A** *adj* isländisch **B** *s* LING Isländisch *n*
ice lolly *Br s* Eis *n* am Stiel
ice pack *s* Eisbeutel *m*
ice pick *s* Eispickel *m*
ice rink *s* Eisbahn *f*, Schlittschuhbahn *f*
ice-skate *v/i* Schlittschuh laufen
ice skate *s* Schlittschuh *m*
ice-skater *s* Schlittschuhläufer(in) *m(f)*, Eiskunstläufer(in) *m(f)*
ice-skating *s* Schlittschuhlaufen *n*, Eislaufen *n*
ice storm *US s* Eissturm *m*
ice water *s* Eiswasser *n*
icicle ['aɪsɪkl] *s* Eiszapfen *m*
icily ['aɪsɪlɪ] *fig adv* eisig; *lächeln* kalt
icing ['aɪsɪŋ] *s* ⟨*kein pl*⟩ GASTR Zuckerguss *m*; **this is the ~ on the cake** *fig* das ist die Krönung des Ganzen
icing sugar *Br s* Puderzucker *m*
icon ['aɪkɒn] *s* **1** Ikone *f* **2** IT Icon *n*
iconic [aɪ'kɒnɪk] *adj* **an ~ figure** eine Ikone
ICT *abk* (= information and communication technology) Informatik *f*
ICU *abk* (= intensive care unit) Intensivstation *f*
icy ['aɪsɪ] *adj* ⟨*komp* icier⟩ **1** *Straße* vereist; **the icy conditions on the roads** das Glatteis auf den Straßen; **when it's icy** bei Glatteis **2** *Wind, Hände* eiskalt; **icy cold** eiskalt **3** *fig Blick* eisig; *Empfang* frostig
ID *s abk* (= identification, identity) **I don't have any ID on me** ich habe keinen Ausweis dabei; **the man didn't have any ID** der Mann konnte sich nicht ausweisen
I'd [aɪd] *abk* (= I would, I had) → have; → would
ID card [aɪ'diːkɑːd] *s* Ausweis *m*, Personalausweis *m*
idea [aɪ'dɪə] *s* **1** Idee *f*; plötzlich Einfall *m*; **good ~!** gute Idee!; **that's not a bad ~** das ist keine schlechte Idee; **the very ~!** (nein,) so was!; **the very ~ of eating horse meat revolts me** der bloße Gedanke an Pferdefleisch ekelt mich; **he is full of (bright) ~s** ihm fehlt es nie an (guten) Ideen; **to hit upon the ~ of doing sth** den plötzlichen Einfall haben, etw zu tun; **that gives me an ~, we could ...** da fällt mir ein, wir könnten ...; **he got the ~ for his novel while having a bath** die Idee zu seinem Roman kam ihm in der Badewanne; **he's got the ~ into his head that ...** er bildet sich (*dat*) ein, dass ...; **where did you get the ~ that I was ill?** wie kommst du auf den Gedanken, dass ich krank war?; **don't you go getting ~s about promotion** machen Sie sich (*dat*) nur keine falschen Hoffnungen auf eine Beförderung; **to put ~s into sb's head** j-m einen Floh ins Ohr setzen; **the ~ was to meet at 6** wir wollten uns um 6 treffen; **what's the big ~?** *umg* was soll das denn?; **the ~ is to reduce expenditure** es geht darum, die Ausgaben zu senken; **that's the ~** genau (das ist's)!; **you're getting the ~** Sie verstehen langsam, worum es geht **2** Meinung *f*; (≈ *Konzept*) Vorstellung *f*; **if that's your ~ of fun** wenn Sie das lustig finden; **this isn't my ~ of a holiday** *Br*, **this isn't my ~ of a vacation** *US* so stelle ich mir den Urlaub nicht vor **3** Ahnung *f*; **you've no ~ how worried I've been** du kannst dir nicht vorstellen, welche Sorgen ich mir gemacht habe; **(I've) no ~** (ich habe) keine Ahnung; **I've got some ~ (of) what this is all about** ich weiß so ungefähr, worum es hier geht; **I have an ~ that ...** ich habe so das Gefühl, dass ...; **could you give me an ~ of how long ...?** könnten Sie mir ungefähr sagen, wie lange ...?; **to give you an ~ of how difficult it is** um Ihnen eine Vorstellung davon zu vermitteln, wie schwierig es ist
ideal [aɪ'dɪəl] **A** *s* Ideal *n* (**of** +*gen*) **B** *adj* ideal; **~ solution** Ideallösung *f*; **he is ~** *od* **the ~ person for the job** er ist für den Job ideal geeignet; **in an ~ world** im Idealfall
idealism [aɪ'dɪəlɪzəm] *s* Idealismus *m*
idealist [aɪ'dɪəlɪst] *s* Idealist(in) *m(f)*
idealistic [aɪˌdɪə'lɪstɪk] *adj* idealistisch
idealize [aɪ'dɪəlaɪz] *v/t* idealisieren
ideally [aɪ'dɪəlɪ] *adv* **1** idealerweise **2** passend ideal
identical [aɪ'dentɪkəl] *adj* identisch, der-/die-/dasselbe; **~ twins** eineiige Zwillinge *pl*; **we have ~ views** wir haben die gleichen Ansichten
identifiable [aɪˌdentɪ'faɪəbl] *adj* identifizierbar; **he is ~ by his red hair** er ist an seinem roten Haar zu erkennen
identification [aɪˌdentɪfɪ'keɪʃən] *s* **1** Identifizierung *f*; *fig von Problemen* Erkennen *n* **2** Ausweispapiere *pl*, Ausweis *m* **3** (≈ *Unterstützung*) Identifikation *f*
identification parade *s* Gegenüberstellung *f*

(zur Identifikation des Täters)
identifier [aɪˈdentɪfaɪəʳ] s IT Kennzeichnung f
identify [aɪˈdentɪfaɪ] **A** v/t identifizieren; *Pflanze etc* bestimmen; *an Merkmal* erkennen; **to ~ one's goals** sich *(dat)* Ziele setzen; **to ~ sb/ sth by sth** j-n/etw *(dat)* erkennen **B** v/r **1 to ~ oneself** sich ausweisen **2 to ~ oneself with sb/sth** sich mit j-m/etw identifizieren **C** v/i *mit Filmheld etc* sich identifizieren
Identikit® [aɪˈdentɪkɪt] s ~® **(picture)** Phantombild *n*
identity [aɪˈdentɪtɪ] s Identität *f*; **to prove one's ~** sich ausweisen; **proof of ~** Legitimation *f*
identity card s Ausweis *m*, Personalausweis *m*
identity crisis s Identitätskrise *f*
identity papers *pl* Ausweispapiere *pl*
identity parade s Gegenüberstellung *f*
identity theft s Identitätsraub *m*, Identitätsklau *m umg*
ideological [ˌaɪdɪəˈlɒdʒɪkəl] adj ideologisch
ideology [ˌaɪdɪˈɒlədʒɪ] s Ideologie *f*
idiocy [ˈɪdɪəsɪ] s Blödheit *f*
idiom [ˈɪdɪəm] s **1** Redewendung *f* **2** Sprache *f*, Idiom *n*
idiomatic [ˌɪdɪəˈmætɪk] adj idiomatisch; **to speak ~ German** idiomatisch richtiges Deutsch sprechen; **an ~ expression** eine Redensart
idiosyncrasy [ˌɪdɪəˈsɪŋkrəsɪ] s Eigenart *f*
idiosyncratic [ˌɪdɪəsɪnˈkrætɪk] adj eigenartig
idiot [ˈɪdɪət] s Idiot(in) *m(f)*; **what an ~!** so ein Idiot *od* Dummkopf!; **what an ~ I am/was!** ich Idiot!; **to feel like an ~** sich dumm vorkommen
idiotic [ˌɪdɪˈɒtɪk] adj idiotisch
idle [ˈaɪdl] **A** adj **1** *Person* müßig; *Augenblick* ruhig; **his car was lying ~** sein Auto stand unbenutzt herum **2** faul **3** IND *Arbeiter* unbeschäftigt; *Maschine* stillstehend *attr*, außer Betrieb; **the machine stood ~** die Maschine stand still **4** *Versprechen, Drohung* leer; *Spekulation* müßig; **~ curiosity** pure Neugier **B** v/i faulenzen; **a day spent idling on the river** ein Tag, den man untätig auf dem Wasser verbringt
phrasal verbs mit idle:
idle away v/t ⟨trennb⟩ *seine Zeit etc* vertrödeln
idleness [ˈaɪdlnɪs] s **1** Untätigkeit *f*, Müßiggang *m liter* **2** Faulheit *f*
idly [ˈaɪdlɪ] adv **1** untätig, müßig; **to stand ~ by** untätig herumstehen **2** faul **3** *blicken* gedankenverloren
idol [ˈaɪdl] *wörtl* s Götze *m*; *fig, a.* FILM, TV *etc* Idol *n*
idolatry [aɪˈdɒlətrɪ] *wörtl* s Götzendienst *m*; *fig* Vergötterung *f*
idolize [ˈaɪdəlaɪz] v/t abgöttisch verehren; **to ~ sth** etw anbeten

I'd've [ˈaɪdəv] *abk* (= I would have) → would
idyll [ˈɪdɪl] s **1** LIT Idylle *f* **2** *fig* Idyll *n*
idyllic [ɪˈdɪlɪk] adj idyllisch
i.e. *abk* (= id est) d. h.
if [ɪf] **A** *konj* wenn, falls, ob; **I would be really pleased if you could do it** wenn Sie das tun könnten, wäre ich sehr froh; **I wonder if he'll come** ich bin gespannt, ob er kommt; **what if …?** was ist, wenn …?; **I'll let you know if and when I come to a decision** ich werde Ihnen mitteilen, ob und wenn ich mich entschieden habe; **(even) if** auch wenn; **even if they are poor, at least they are happy** sie sind zwar arm, aber wenigstens glücklich; **if only I had known!** wenn ich das nur gewusst hätte!; **if I knew her number I'd tell you** wenn ich ihre Nummer wüsste, würde ich sie dir sagen; **he acts as if he were rich, he acts as if he was rich** *umg* er tut so, als ob er reich wäre; **it's not as if I meant to hurt her** es ist nicht so, dass ich ihr hätte wehtun wollen; **if necessary** falls nötig; **if so** wenn ja; **if not** falls nicht; **this is difficult, if not impossible** das ist schwer, wenn nicht sogar unmöglich; **if I were you** an Ihrer Stelle; **if anything this one is bigger** wenn überhaupt, dann ist dieses hier größer; **if I know Pete, he'll …** so wie ich Pete kenne, wird er …; **well, if it isn't old Jim!** *umg* ich werd verrückt, das ist doch der Jim *umg* **B** s **ifs and buts** Wenn und Aber *n*
igloo [ˈɪgluː] s ⟨*pl* -s⟩ Iglu *m/n*
ignite [ɪgˈnaɪt] **A** v/t entzünden; *fig* erwecken **B** v/i sich entzünden
ignition [ɪgˈnɪʃən] s AUTO Zündung *f*
ignition key s Zündschlüssel *m*
ignominious [ˌɪgnəˈmɪnɪəs] adj schmachvoll
ignoramus [ˌɪgnəˈreɪməs] s Ignorant(in) *m(f)*
ignorance [ˈɪgnərəns] s Unwissenheit *f*; *in Bezug auf Fachgebiet* Unkenntnis *f*; **to keep sb in ~ of sth** j-n in Unkenntnis über etw *(akk)* lassen
ignorant [ˈɪgnərənt] adj **1** unwissend, ignorant; *in Bezug auf Plan* nicht informiert (**of** über +*akk*); **to be ~ of the facts** die Tatsachen nicht kennen **2** ungehobelt
ignore [ɪgˈnɔːʳ] v/t ignorieren, nicht beachten; *Bemerkung* übergehen; **I'll ~ that** *Bemerkung* ich habe nichts gehört
ilk [ɪlk] s **people of that ilk** solche Leute
ill [ɪl] **A** adj **1** ⟨*präd*⟩ krank; **to fall** *od* **be taken ill** krank werden; **I feel ill** mir ist nicht gut; **he is ill with fever** er hat Fieber; **to be ill with chicken pox** an Windpocken erkrankt sein **2** ⟨*komp* worse; *sup* worst⟩ *Auswirkungen* unerwünscht; **ill will** böses Blut; **I don't bear them any ill will** ich trage ihnen nichts nach; **to suffer ill health** gesundheitlich angeschlagen sein; **due to ill**

health aus Gesundheitsgründen **B** s **1** *liter* **to bode ill** Böses ahnen lassen; **to speak ill of sb** schlecht über j-n reden **2 ills** *pl* Missstände *pl* **C** *adv* schlecht

ill. *abk* (= illustrated, illustration) Abb., Abbildung *f*

I'll [aɪl] *abk* (= I will, I shall) → will¹; → shall

ill-advised *adj* unklug; **you would be ~ to trust her** Sie wären schlecht beraten, wenn Sie ihr trauten

ill-at-ease *adj* unbehaglich

ill-conceived *adj Plan* schlecht durchdacht

ill-disposed *adj* **to be ~ to(wards) sb** j-m übel gesinnt sein

illegal [ɪˈliːɡəl] *adj* unrechtmäßig, gesetzwidrig; *Handel, Einwanderung, Drogen* illegal; *Partei* verboten

illegality [ˌɪliːˈɡælɪtɪ] *s* Unrechtmäßigkeit *f*, Gesetzwidrigkeit *f*; *von Handel, Drogen, Organisation* Illegalität *f*

illegally [ɪˈliːɡəlɪ] *adv* unrechtmäßig, gesetzwidrig; **~ imported** illegal eingeführt; **they were convicted of ~ possessing a handgun** sie wurden wegen unerlaubten Besitzes einer Handfeuerwaffe verurteilt

illegible *adj*, **illegibly** [ɪˈledʒəbl, -ɪ] *adv* unleserlich

illegitimacy [ˌɪlɪˈdʒɪtɪməsɪ] *s von Kind* Unehelichkeit *f*

illegitimate [ˌɪlɪˈdʒɪtɪmɪt] *adj* **1** *Kind* unehelich **2** *Argument* unzulässig

ill-fated *adj* verhängnisvoll

ill-fitting *adj Kleider, Gebiss* schlecht sitzend; *Schuhe* schlecht passend

ill-gotten gains *pl* unrechtmäßiger Gewinn

illicit [ɪˈlɪsɪt] *adj* illegal; *Affäre* verboten; **~ trade** Schwarzhandel *m*

ill-informed [ˈɪlɪnˌfɔːmd] *adj* schlecht informiert (**about** über +akk)

illiteracy [ɪˈlɪtərəsɪ] *s* Analphabetentum *n*

illiterate [ɪˈlɪtərət] **A** *adj* des Schreibens und Lesens unkundig; *Bevölkerung* analphabetisch; **he's ~** er ist Analphabet; **many people are computer-illiterate** viele Menschen kennen sich nicht mit Computern aus **B** *s* Analphabet(in) *m(f)*

ill-judged *adj* unklug

ill-mannered *adj* unhöflich

ill-matched *adj* nicht zusammenpassend; **they're ~** sie passen nicht zueinander

ill-natured *adj* bösartig

illness [ˈɪlnɪs] *s* Krankheit *f*

illogical [ɪˈlɒdʒɪkəl] *adj* unlogisch

ill-tempered *adj* missmutig, übellaunig, schlecht gelaunt *präd*

ill-timed *adj* unpassend

ill-treat *v/t* misshandeln

ill-treatment *s* Misshandlung *f*

illuminate [ɪˈluːmɪneɪt] *v/t* **1** beleuchten; **~d sign** Leuchtzeichen *n* **2** *fig* Thema erläutern

illuminating [ɪˈluːmɪneɪtɪŋ] *adj* aufschlussreich

illumination [ɪˌluːmɪˈneɪʃən] *s* Beleuchtung *f*

illuminations *pl* festliche Beleuchtung

illusion [ɪˈluːʒən] *s* Illusion *f*, Täuschung *f*; **to be under the ~ that ...** sich (*dat*) einbilden, dass ...; **to be under** *od* **have no ~s** sich (*dat*) keine Illusionen machen; **it gives the ~ of space** es vermittelt die Illusion von räumlicher Weite

illusionist [ɪˈluːʒənɪst] *s* Illusionist(in) *m(f)*

illusory [ɪˈluːsərɪ] *adj* illusorisch

illustrate [ˈɪləstreɪt] *v/t* illustrieren; **his lecture was ~d by coloured slides** er veranschaulichte seinen Vortrag mit Farbdias; **~d (magazine)** Illustrierte *f*

illustration [ˌɪləsˈtreɪʃən] *s* **1** Illustration *f*, Abbildung *f* **2** *fig* Beispiel *n*

illustrative [ˈɪləstrətɪv] *adj* veranschaulichend; **~ of** beispielhaft für

illustrator [ˈɪləstreɪtə*r*] *s* Illustrator(in) *m(f)*

illustrious [ɪˈlʌstrɪəs] *adj* glanzvoll; *Mensch* berühmt

ill-will *s* **I don't bear him any ~** ich trage es ihm nicht nach

I'm [aɪm] *abk* (= I am) → be

image [ˈɪmɪdʒ] *s* **1** Bild *n*, Vorstellung *f* **2** Abbild *n*; **he is the ~ of his father** er ist seinem Vater wie aus dem Gesicht geschnitten **3** Image *n*; **brand ~** Markenimage *n*

imagery [ˈɪmɪdʒərɪ] *s* Metaphorik *f*; **visual ~** Bildsymbolik *f*

imaginable [ɪˈmædʒɪnəbl] *adj* vorstellbar; **the easiest/fastest way ~** der denkbar einfachste/schnellste Weg

imaginary [ɪˈmædʒɪnərɪ] *adj Gefahr* eingebildet; *Charaktere* erfunden; **~ world** Fantasiewelt *f*

imagination [ɪˌmædʒɪˈneɪʃən] *s* Fantasie *f*, Einbildung *f*, Vorstellungskraft *f*; **to have (a lively** *od* **vivid) ~** (eine lebhafte *od* rege) Fantasie haben; **use your ~** lassen Sie Ihre Fantasie spielen; **to lack ~** fantasielos *od* einfallslos sein; **it's just your ~!** das bilden Sie sich (*dat*) nur ein!; **to capture sb's ~** j-n in seinen Bann ziehen

imaginative *adj*, **imaginatively** [ɪˈmædʒɪnətɪv, -lɪ] *adv* fantasievoll

imagine [ɪˈmædʒɪn] *v/t* **1** sich (*dat*) vorstellen; **~ you're rich** stellen Sie sich mal vor, Sie wären reich; **you can ~ how I felt** Sie können sich vorstellen, wie mir zumute war; **to ~ doing sth** sich (*dat*) vorstellen, etw zu tun; **I can't ~ living there** ich kann mir nicht vorstellen, dort zu leben **2** sich (*dat*) einbilden; **don't ~ that ...** bilden Sie sich nur nicht ein, dass

...; **you're (just) imagining things** *umg* Sie bilden sich das alles nur ein ❸ annehmen; **is that her father? — I would ~ so** ist das ihr Vater? — ich denke schon; **I would never have ~d he could have done that** ich hätte nie gedacht, dass er das tun würde

imbalance [ɪmˈbæləns] *s* Unausgeglichenheit *f*
imbecile [ˈɪmbəsiːl] *s* Schwachkopf *m*
imbue [ɪmˈbjuː] *fig v/t* durchdringen
IMF *abk* (= International Monetary Fund) IWF *m*
imitate [ˈɪmɪteɪt] *v/t* imitieren, nachahmen
imitation [ˌɪmɪˈteɪʃən] ❶ *s* Imitation *f*, Nachahmung *f*; **to do an ~ of sb** j-n imitieren *od* nachahmen ❷ *adj* unecht, künstlich; **~ leather** Kunstleder *n*; **~ jewellery** unechter Schmuck
imitative [ˈɪmɪtətɪv] *adj* nachahmend, imitierend
imitator [ˈɪmɪteɪtəʳ] *s* Nachahmer(in) *m(f)*, Imitator(in) *m(f)*
immaculate [ɪˈmækjʊlɪt] *adj* untadelig
immaterial [ˌɪməˈtɪərɪəl] *adj* unwesentlich; **that's (quite) ~** das spielt keine Rolle, das ist egal
immature [ˌɪməˈtjʊəʳ] *adj* unreif
immaturity [ˌɪməˈtjʊərɪtɪ] *s* Unreife *f*
immeasurable [ɪˈmeʒərəbl] *adj* unermesslich
immediacy [ɪˈmiːdɪəsɪ] *s* ❶ Unmittelbarkeit *f* ❷ Dringlichkeit *f*
immediate [ɪˈmiːdɪət] *adj* ❶ unmittelbar; *Wirkung, Nachfolger* direkt; *Reaktion* sofortig; **the ~ family** die engste Familie; **our ~ plan is to go to France** wir fahren zuerst einmal nach Frankreich; **to take ~ action** sofort handeln; **with ~ effect** mit sofortiger Wirkung; **the matter requires your ~ attention** die Sache bedarf sofort Ihrer Aufmerksamkeit ❷ *Problem, Sorge* dringendste(r, s); **my ~ concern was for the children** mein erster Gedanke galt den Kindern
immediately [ɪˈmiːdɪətlɪ] ❶ *adv* ❶ sofort, gleich; *abreisen* umgehend; **~ before that** unmittelbar davor ❷ unmittelbar ❷ *konj Br* sobald
immemorial [ˌɪmɪˈmɔːrɪəl] *adj* uralt; **from time ~** seit undenklichen Zeiten
immense [ɪˈmens] *adj* enorm; *Ozean* gewaltig; *Leistung* großartig
immensely [ɪˈmenslɪ] *adv* enorm
immerse [ɪˈmɜːs] *v/t* ❶ *wörtl* eintauchen (**in** *in* +*akk*); **to ~ sth in water** etw in Wasser tauchen; **to be ~d in water** unter Wasser sein ❷ *fig* **to ~ oneself in one's work** sich in seine Arbeit vertiefen
immersion heater *Br s* Boiler *m*
immigrant [ˈɪmɪgrənt] ❶ *s* Einwanderer *m*, Einwanderin *f*, Immigrant(in) *m(f)* ❷ *adj* ⟨*attr*⟩ **the ~ community** die Einwanderer *pl*
immigrant workers *pl* ausländische Arbeitnehmer *pl*
immigrate [ˈɪmɪgreɪt] *v/i* einwandern (**to** *in* +*dat*)
immigration [ˌɪmɪˈgreɪʃən] *s* Einwanderung *f*, Immigration *f*; (*a.* **~ control**) Einwanderungsstelle *f*
immigration authorities *pl*, **immigration department** *s* Einwanderungsbehörde *f*
immigration officer *s beim Zoll* Grenzbeamte(r) *m*/-beamtin *f*
imminent [ˈɪmɪnənt] *adj* nahe bevorstehend; **to be ~** nahe bevorstehen
immission levels [ɪˈmɪʃnlevlz] *pl* Immissionswerte *pl*
immobile [ɪˈməʊbaɪl] *adj* unbeweglich, bewegungslos
immobilize [ɪˈməʊbɪlaɪz] *v/t Auto, gebrochenes Bein* stilllegen; *Armee* bewegungsunfähig machen; **to be ~d by fear/pain** sich vor Angst/Schmerzen nicht bewegen können
immobilizer [ɪˈməʊbɪlaɪzəʳ] *s* AUTO Wegfahrsperre *f*
immoderate [ɪˈmɒdərɪt] *adj Verlangen* übermäßig; *Ansichten* übertrieben, extrem
immodest [ɪˈmɒdɪst] *adj* ❶ unbescheiden ❷ unanständig
immoral [ɪˈmɒrəl] *adj* unmoralisch
immorality [ˌɪməˈrælɪtɪ] *s* Unmoral *f*
immorally [ɪˈmɒrəlɪ] *adv* unmoralisch
immortal [ɪˈmɔːtl] ❶ *adj* unsterblich; *Leben* ewig ❷ *s* Unsterbliche(r) *m/f(m)*
immortality [ˌɪmɔːˈtælɪtɪ] *s* Unsterblichkeit *f*
immortalize [ɪˈmɔːtəlaɪz] *v/t* verewigen
immovable [ɪˈmuːvəbl] *wörtl adj* unbeweglich; *fig Hindernis* unüberwindlich
immune [ɪˈmjuːn] *adj* ❶ MED immun (**from, to** gegen) ❷ *fig* sicher (**from, to** vor +*dat*); *gegenüber Kritik etc* immun (**to** gegen); **~ from prosecution** vor Strafverfolgung geschützt
immune system *s* Immunsystem *n*
immunity [ɪˈmjuːnɪtɪ] *s* Immunität *f* (**to, against** gegen); **~ from prosecution** Schutz *m* vor Strafverfolgung
immunization [ˌɪmjʊnaɪˈzeɪʃən] *s* Immunisierung *f*
immunize [ˈɪmjʊnaɪz] *v/t* immunisieren
immunotherapy [ɪˌmjuːnəʊˈθerəpɪ] *s* MED Immuntherapie *f*
imp [ɪmp] *s* Kobold *m*; *umg* (≈ *Kind*) Racker *m umg*
impact [ˈɪmpækt] *s* Aufprall *m* (**on, against** auf +*akk*), Zusammenprall *m*; (≈ *Kraft*) Wucht *f*; *fig* (Aus)wirkung *f* (**on** auf +*akk*); **on ~ (with)** beim Aufprall (auf +*akk*) / Zusammenprall (mit) *etc*; **his speech had a great ~ on his audience** seine Rede machte großen Eindruck auf seine

Zuhörer

impair [ɪmˈpɛəʳ] *v/t* beeinträchtigen; *Gesundheit* schaden (+*dat*)

impairment *s* Schaden *m*; **visual ~** Sehschaden *m*

impale [ɪmˈpeɪl] *v/t* aufspießen (**on** auf +*dat*)

impart [ɪmˈpɑːt] *v/t* ◨ *Informationen* übermitteln; *Wissen* vermitteln ◨ verleihen

impartial [ɪmˈpɑːʃəl] *adj* unparteiisch

impartiality [ɪmˌpɑːʃɪˈælɪtɪ] *s* Unparteilichkeit *f*

impartially [ɪmˈpɑːʃəlɪ] *adv handeln* unparteiisch; *beurteilen* unvoreingenommen

impassable [ɪmˈpɑːsəbl] *adj* unpassierbar

impasse [ɪmˈpɑːs] *fig s* Sackgasse *f*; **to have reached an ~** sich festgefahren haben

impassioned [ɪmˈpæʃnd] *adj* leidenschaftlich

impassive *adj*, **impassively** [ɪmˈpæsɪv, -lɪ] *adv* gelassen

impatience [ɪmˈpeɪʃəns] *s* Ungeduld *f*

impatient [ɪmˈpeɪʃənt] *adj* ungeduldig; **to be ~ to do sth** unbedingt etw tun wollen

impatiently [ɪmˈpeɪʃəntlɪ] *adv* ungeduldig

impeach [ɪmˈpiːtʃ] *v/t* JUR (eines Amtsvergehens) anklagen; *US Präsident* ein Amtsenthebungsverfahren einleiten gegen

impeachment [ɪmˈpiːtʃmənt] *s* JUR Anklage *f* (*wegen eines Amtsvergehens*); *US von Präsident* Amtsenthebungsverfahren *n*

impeccable *adj*, **impeccably** [ɪmˈpekəbl, -ɪ] *adv* tadellos

impede [ɪmˈpiːd] *v/t j-n* hindern; *Verkehr, Entwicklung* behindern

impediment [ɪmˈpedɪmənt] *s* ◨ Hindernis *n* ◨ MED Behinderung *f*; **speech ~** Sprachfehler *m*

impel [ɪmˈpel] *v/t* **to ~ sb to do sth** j-n (dazu) nötigen, etw zu tun

impending [ɪmˈpendɪŋ] *adj* bevorstehend; **a sense of ~ doom** eine Ahnung von unmittelbar drohendem Unheil

impenetrable [ɪmˈpenɪtrəbl] *adj* undurchdringlich; *Festung* uneinnehmbar; *Geheimnis* unergründlich

imperative [ɪmˈperətɪv] ◨ *adj Wunsch* dringend ◨ *s* GRAM Imperativ *m*, Befehlsform *f*; **in the ~** im Imperativ

imperceptible [ˌɪmpəˈseptəbl] *adj* nicht wahrnehmbar (**to sb** für j-n)

imperceptibly [ˌɪmpəˈseptəblɪ] *adv* kaum wahrnehmbar

imperfect [ɪmˈpɜːfɪkt] ◨ *adj* unvollkommen; *Waren* fehlerhaft ◨ *s* GRAM Imperfekt *n*

imperfection [ˌɪmpəˈfekʃən] *s* Mangel *m*

imperfectly [ɪmˈpɜːfɪktlɪ] *adv* unvollkommen, unvollständig

imperial [ɪmˈpɪərɪəl] *adj* ◨ Reichs- ◨ kaiserlich, Kaiser- ◨ *Gewichtsmaße* englisch

imperialism [ɪmˈpɪərɪəlɪzəm] *s* Imperialismus *m* oft pej

impermanent [ɪmˈpɜːmənənt] *adj* unbeständig

impermeable [ɪmˈpɜːmɪəbl] *adj* undurchlässig

impersonal [ɪmˈpɜːsənl] *adj a.* GRAM unpersönlich

impersonally [ɪmˈpɜːsənəlɪ] *adv* unpersönlich

impersonate [ɪmˈpɜːsəneɪt] *v/t* ◨ sich ausgeben als ◨ imitieren, nachahmen

impersonation [ɪmˌpɜːsəˈneɪʃən] *s* Imitation *f*, Nachahmung *f*; **he does ~s of politicians** er imitiert Politiker; **his Elvis ~** seine Elvis-Imitation

impersonator [ɪmˈpɜːsəneɪtəʳ] *s* Imitator(in) *m(f)*

impertinence [ɪmˈpɜːtɪnəns] *s* Unverschämtheit *f*

impertinent *adj* unverschämt (**to** zu, gegenüber)

imperturbable [ˌɪmpəˈtɜːbəbl] *adj* unerschütterlich; **he is completely ~** er ist durch nichts zu erschüttern

impervious [ɪmˈpɜːvɪəs] *adj* ◨ undurchlässig; **~ to water** wasserundurchlässig ◨ *fig* unzugänglich (**to** für); *von Kritik* unberührt (**to** von)

impetuous [ɪmˈpetjʊəs] *adj* ungestüm

impetus [ˈɪmpɪtəs] *s* Impuls *m*, Schwung *m*

impinge [ɪmˈpɪndʒ] *v/i j-s Leben* beeinflussen (**on** +*akk*); *j-s Rechte etc* einschränken (**on** +*akk*)

impish [ˈɪmpɪʃ] *adj* schelmisch

implacable *adj*, **implacably** [ɪmˈplækəbl, -ɪ] *adv* unerbittlich

implant [ɪmˈplɑːnt] ◨ *v/t* ◨ *fig* einimpfen (**in sb** j-m); ◨ MED implantieren ◨ [ˈɪmplɑːnt] *s* MED Implantat *n*

implausible [ɪmˈplɔːzəbl] *adj* nicht plausibel

implement ◨ [ˈɪmplɪmənt] *s* Gerät *n*, Werkzeug *n* ◨ [ˈɪmplɪment] *v/t Gesetz* vollziehen; *Maßnahmen* durchführen

implementation [ˌɪmplɪmenˈteɪʃən] *s von Gesetz* Vollzug *m*; *von Plan* Durchführung *f*

implicate [ˈɪmplɪkeɪt] *v/t* **to ~ sb in sth** j-n in etw verwickeln

implication [ˌɪmplɪˈkeɪʃən] *s* Implikation *f*; **by ~** implizit

implicit [ɪmˈplɪsɪt] *adj* ◨ implizit; *Drohung* indirekt; **to be ~ in sth** durch etw impliziert werden; *in Abkommen etc* in etw (*dat*) impliziert sein ◨ *Überzeugung* absolut

implicitly [ɪmˈplɪsɪtlɪ] *adv* ◨ implizit ◨ **to trust sb ~** j-m blind vertrauen

implied [ɪmˈplaɪd] *adj* impliziert

implode [ɪmˈpləʊd] *v/i* implodieren

implore [ɪmˈplɔːʳ] *v/t* anflehen

imploring *adj*, **imploringly** [ɪmˈplɔːrɪŋ, -lɪ] *adv* flehentlich

imply [ɪmˈplaɪ] v/t **1** andeuten, implizieren; **are you ~ing that do you mean to ~ that ...?** wollen Sie damit vielleicht sagen od andeuten, dass ...? **2** schließen lassen auf (+akk) **3** bedeuten
impolite [ˌɪmpəˈlaɪt] adj unhöflich (**to sb** j-m gegenüber)
import A [ˈɪmpɔːt] s **1** HANDEL Import m **2** von Rede etc Bedeutung f **B** [ɪmˈpɔːt] v/t importieren
importance [ɪmˈpɔːtəns] s Wichtigkeit f, Bedeutung f; **to be of great ~** äußerst wichtig sein; **to attach the greatest ~ to sth** einer Sache (dat) größten Wert od größte Wichtigkeit beimessen
important [ɪmˈpɔːtənt] adj wichtig, einflussreich; **that's not ~** das ist unwichtig; **it's not ~** das macht nichts; **the (most) ~ thing is to stay fit** das Wichtigste od die Hauptsache ist, fit zu bleiben; **he's trying to sound ~** er spielt sich auf; **to make sb feel ~** j-m das Gefühl geben, er/sie sei wichtig
importantly [ɪmˈpɔːtəntlɪ] adv **1** mst pej wichtigtuerisch pej **2** ... **and, more ~,** ... ... und, was noch wichtiger ist, ...
importation [ˌɪmpɔːˈteɪʃən] s Import m
import duty s Importzoll m
imported [ɪmˈpɔːtɪd] adj importiert, Import-; **~ goods/cars** Importwaren/-autos pl
importer [ɪmˈpɔːtər] s Importeur(in) m(f) (**of** von)
impose [ɪmˈpəʊz] **A** v/t **1** Bedingungen, Meinungen aufzwingen (**on sb** j-m); Geldstrafe, Urteil verhängen (**on** gegen); **to ~ a tax on sth** etw mit einer Steuer belegen **2** **to ~ oneself on sb** sich j-m aufdrängen; **he ~d himself on them for three months** er ließ sich einfach drei Monate bei ihnen nieder **B** v/i zur Last fallen (**on sb** j-m)
imposing [ɪmˈpəʊzɪŋ] adj beeindruckend
imposition [ˌɪmpəˈzɪʃən] s Zumutung f (**on** für); **I'd love to stay if it's not too much of an ~ (on you)** ich würde liebend gern bleiben, wenn ich Ihnen nicht zur Last falle
impossibility [ɪmˌpɒsəˈbɪlɪtɪ] s Unmöglichkeit f
impossible [ɪmˈpɒsəbl] **A** adj **1** unmöglich; **~!** ausgeschlossen!; **it is ~ for him to leave** er kann unmöglich gehen; **this cooker is ~ to clean** es ist unmöglich, diesen Herd sauber zu kriegen; **to make it ~ for sb to do sth** es j-m unmöglich machen, etw zu tun **2** Lage aussichtslos; **an ~ choice** eine unmögliche Wahl; **you put me in an ~ position** du bringst mich in eine unmögliche Lage **3** umg Mensch unmöglich umg **B** s Unmögliche(s) n; **to do the ~** Unmögliches tun, das Unmögliche tun

impossibly [ɪmˈpɒsəblɪ] adv unmöglich; **an ~ high standard** ein unerreichbar hohes Niveau
imposter, impostor [ɪmˈpɒstər] s Betrüger(in) m(f)
impotence [ˈɪmpətəns] s **1** Impotenz f **2** fig Machtlosigkeit f
impotent [ˈɪmpətənt] adj **1** impotent **2** fig machtlos
impound [ɪmˈpaʊnd] v/t **1** Besitz beschlagnahmen **2** Auto abschleppen (lassen)
impoverish [ɪmˈpɒvərɪʃ] v/t in Armut bringen
impoverished [ɪmˈpɒvərɪʃt] adj verarmt
impracticable [ɪmˈpræktɪkəbl] adj unpraktikabel
impractical [ɪmˈpræktɪkəl] adj unpraktisch
impracticality [ɪmˌpræktɪˈkælɪtɪ] s Unbrauchbarkeit f
imprecise adj, **imprecisely** [ˌɪmprɪˈsaɪs, -lɪ] adv ungenau
imprecision [ˌɪmprɪˈsɪʒən] s Ungenauigkeit f
impregnable [ɪmˈpregnəbl] adj MIL Festung uneinnehmbar; fig Position unerschütterlich
impress [ɪmˈpres] **A** v/t **1** j-n beeindrucken, imponieren (+dat); **he doesn't ~ me as a politician** als Politiker macht er keinen Eindruck auf mich **2** einschärfen (**on sb** j-m); Idee (deutlich) klarmachen (**on sb** j-m) **B** v/i Eindruck machen, Eindruck schinden umg
impression [ɪmˈpreʃən] s **1** Eindruck m, Gefühl n; **to make an ~** einen Eindruck machen; **the theatre made a lasting ~ on me** das Theater beeindruckte mich tief; **his words made an ~** seine Worte machten Eindruck; **to give an ~** einen Eindruck vermitteln; **to give sb the ~ that ...** j-m den Eindruck vermitteln, dass ...; **he gave the ~ of being unhappy** er wirkte unglücklich; **I was under the ~ that ...** ich hatte den Eindruck, dass ... **2** Nachahmung f, Imitation f; **to do an ~ of sb** j-n nachahmen
impressionable [ɪmˈpreʃnəbl] adj für Eindrücke empfänglich; **at an ~ age** in einem Alter, in dem man für Eindrücke besonders empfänglich ist
impressionism [ɪmˈpreʃənɪzəm] s Impressionismus m
impressionist [ɪmˈpreʃənɪst] s **1** Impressionist(in) m(f) **2** Imitator(in) m(f)
impressive [ɪmˈpresɪv] adj beeindruckend
impressively [ɪmˈpresɪvlɪ] adv eindrucksvoll
imprint [ɪmˈprɪnt] fig v/t einprägen (**on sb** j-m); **to be ~ed on sb's mind** sich j-m eingeprägt haben
imprison [ɪmˈprɪzn] v/t inhaftieren; **to be ~ed** gefangen sein
imprisonment s Inhaftierung f; (≈ Zustand) Gefangenschaft f; **to sentence sb to life ~** j-n zu

lebenslänglicher Freiheitsstrafe verurteilen
improbability [ɪmˌprɒbəˈbɪlɪtɪ] s Unwahrscheinlichkeit f
improbable [ɪmˈprɒbəbl] adj unwahrscheinlich
impromptu [ɪmˈprɒmptjuː] adj improvisiert; **an ~ speech** eine Stegreifrede
improper [ɪmˈprɒpəʳ] adj unpassend; (≈ anstößig) unanständig, benutzen unsachgemäß; **~ use of drugs/one's position** Drogen-/Amtsmissbrauch m
improperly [ɪmˈprɒpəlɪ] adv handeln unpassend; gebrauchen unsachgemäß; (≈ anstößig) unanständig
impropriety [ˌɪmprəˈpraɪətɪ] s Unschicklichkeit f; **financial ~** finanzielles Fehlverhalten
improve [ɪmˈpruːv] **A** v/t verbessern; Wissen erweitern; äußere Erscheinung verschönern; Produktion steigern; **to ~ one's mind** sich weiterbilden **B** v/i sich verbessern; äußere Erscheinung schöner werden; Produktion steigen; **the invalid is improving** dem Kranken geht es besser; **things are improving** es sieht schon besser aus **C** v/r **to ~ oneself** an sich (dat) arbeiten
phrasal verbs mit improve:
improve (up)on v/i (+obj) **1** besser machen; Leistung verbessern **2** Angebot überbieten
improved adj verbessert
improvement s Verbesserung f; von äußerer Erscheinung Verschönerung f; von Produktion Steigerung f; gesundheitlich Besserung f; **an ~ on the previous one** eine Verbesserung gegenüber dem Früheren; **there's certainly room for ~** das könnte man auf alle Fälle verbessern; **to carry out ~s to a house** Ausbesserungs-/Verschönerungsarbeiten an einem Haus vornehmen
improvisation [ˌɪmprəvaɪˈzeɪʃən] s Improvisation f
improvise [ˈɪmprəvaɪz] v/t & v/i improvisieren
imprudent adj, **imprudently** [ɪmˈpruːdənt, -lɪ] adv unklug
impudence [ˈɪmpjʊdəns] s Unverschämtheit f
impudent adj, **impudently** [ˈɪmpjʊdənt, -lɪ] adv unverschämt
impulse [ˈɪmpʌls] s Impuls m, (Stoß)kraft f; **on ~** spontan; **an ~ buy** ein Impulsivkauf m
impulse buy s Impulskauf m
impulse buying s impulsives od spontanes Kaufen
impulsive [ɪmˈpʌlsɪv] adj impulsiv
impunity [ɪmˈpjuːnɪtɪ] s Straflosigkeit f; **with ~** ungestraft
impure [ɪmˈpjʊəʳ] adj unrein; Motive unsauber
impurity [ɪmˈpjʊərɪtɪ] s Unreinheit f
in [ɪn] **A** präp **1** in (+dat); mit Richtungsangabe in (+akk); **it was in the bag** es war in der Tasche;

he put it in the bag er steckte es in die Tasche; **in here/there** hier/da drin umg; mit Richtungsangabe hier/da hinein; **in the street** auf der/die Straße; **in Hill Street** auf der Hillstraße; **in (the) church** in der Kirche; **in Germany/Switzerland/the United States** in Deutschland/der Schweiz/den Vereinigten Staaten; **the highest mountain in Scotland** der höchste Berg Schottlands od in Schottland; **the best in the class** der Klassenbeste; **he doesn't have it in him to …** er bringt es nicht fertig, … zu … **2** bei Jahres-, Zeitangaben in (+dat); **in 2016** (im Jahre) 2016; **in May 2016** im Mai 2016; **in the sixties** in den Sechzigerjahren; **in (the) spring** im Frühling; **in the morning(s)** morgens, am Vormittag; **in the afternoon** nachmittags, am Nachmittag; **in the daytime** tagsüber; **in those days** damals; **she is in her thirties** sie ist in den Dreißigern; **in old age** im Alter; **in my childhood** in meiner Kindheit; **she did it in three hours** sie machte es in drei Stunden; **in a week('s time)** in einer Woche; **I haven't seen him in years** ich habe ihn jahrelang nicht mehr gesehen; **in a moment** od **minute** sofort **3** bei Mengenangaben zu; **to walk in twos** zu zweit gehen; **in small quantities** in kleinen Mengen **4** Verhältnis **he has a one in 500 chance of winning** er hat eine Gewinnchance von eins zu 500; **one (man) in ten** jeder Zehnte; **one book in ten** jedes zehnte Buch; **one in five children** ein Kind von fünf; **a tax of twenty pence in the pound** ein Steuersatz von zwanzig Prozent; **there are 12 inches in a foot** ein Fuß hat 12 Zoll **5** Art und Weise **to speak in a loud voice** mit lauter Stimme sprechen; **in English** auf Englisch; **to speak in German** Deutsch reden; **to pay in dollars** mit od in Dollar bezahlen; **to stand in a row/in groups** in einer Reihe/in Gruppen stehen; **in this way** so, auf diese Weise; **she squealed in delight** sie quietschte vor Vergnügen; **in surprise** überrascht; **to live in luxury** im Luxus leben; **in his shirt** im Hemd; **dressed in white** weiß gekleidet; **to write in ink** mit Tinte schreiben; **in marble** in Marmor, marmorn; **a rise in prices** ein Preisanstieg m; **ten feet in height** zehn Fuß hoch; **the latest thing in hats** der letzte Schrei bei Hüten **6** bei Berufsangaben **he is in the army** er ist beim Militär; **he is in banking** er ist im Bankwesen (tätig) **7** **in saying this, I …** wenn ich das sage, … ich; **in trying to save him she fell into the water herself** beim Versuch, ihn zu retten, fiel sie selbst ins Wasser; **in that** insofern als; **the plan was unrealistic in that it didn't take account of the fact that …** der Plan war unrealistisch, da od weil er nicht berücksichtigte, dass … **B** *adv* da; zu Hause; **there is nobody in** es ist niemand da/zu Hause; **in here!** hier herein!; **the tide is in** es ist Flut; **he's in for a surprise** er kann sich auf eine Überraschung gefasst machen; **we are in for rain** uns (*dat*) steht Regen bevor; **to have it in for sb** *umg* es auf j-n abgesehen haben *umg*; **to be in on sth** an einer Sache beteiligt sein; *Geheimnis etc* über etw (*akk*) Bescheid wissen; **to be (well) in with sb** sich gut mit j-m verstehen **C** *adj umg* (in *inv umg*); **long skirts are in** lange Röcke sind in *umg*; **the in thing is to …** es ist zurzeit in, zu … *umg*, es ist zurzeit Mode, zu … **D** *s* **1 the ins and outs** die Einzelheiten *pl*; **to know the ins and outs of sth** bei einer Sache genau Bescheid wissen **2** *US POL* **the ins** die Regierungspartei

inability [ˌɪnəˈbɪlɪtɪ] *s* Unfähigkeit *f*; ~ **to pay** Zahlungsunfähigkeit *f*

inaccessible [ˌɪnækˈsesəbl] *adj* **1** unzugänglich (**to sb/sth** für j-n/etw); **to be ~ by land/sea** auf dem Landweg/Seeweg nicht erreichbar sein **2** *fig Musik, Roman* unverständlich

inaccuracy [ɪnˈækjʊrəsɪ] *s* Ungenauigkeit *f*, Unrichtigkeit *f*

inaccurate [ɪnˈækjʊrɪt] *adj* ungenau, unrichtig; **she was ~ in her judgement of the situation** ihre Beurteilung der Lage traf nicht zu; **it is ~ to say that …** es ist nicht richtig zu sagen, dass …

inaccurately [ɪnˈækjʊrɪtlɪ] *adv* ungenau, unrichtig

inaction [ɪnˈækʃən] *s* Untätigkeit *f*

inactive [ɪnˈæktɪv] *adj* untätig; *Verstand* träge

inactivity [ˌɪnækˈtɪvɪtɪ] *s* Untätigkeit *f*

inadequacy [ɪnˈædɪkwəsɪ] *s* Unzulänglichkeit *f*; *von Maßnahme* Unangemessenheit *f*

inadequate [ɪnˈædɪkwɪt] *adj* unzulänglich; **she makes him feel ~** sie gibt ihm das Gefühl der Unzulänglichkeit

inadmissible [ˌɪnədˈmɪsəbl] *adj* unzulässig

inadvertently [ˌɪnədˈvɜːtəntlɪ] *adv* versehentlich

inadvisable [ˌɪnədˈvaɪzəbl] *adj* unratsam

inalienable [ɪnˈeɪlɪənəbl] *adj Rechte* unveräußerlich

inane [ɪˈneɪn] *adj* dumm

inanimate [ɪnˈænɪmɪt] *adj* leblos

inapplicable [ɪnˈæplɪkəbl] *adj Antwort* unzutreffend; *Regeln* nicht anwendbar (**to sb** auf j-n)

inappropriate [ˌɪnəˈprəʊprɪɪt] *adj* unpassend; *Zeit* ungünstig; **you have come at a most ~ time** Sie kommen sehr ungelegen

inappropriately [ˌɪnəˈprəʊprɪɪtlɪ] *adv* unpassend

inapt [ɪnˈæpt] *adj* ungeschickt

inarticulate [ˌɪnɑːˈtɪkjʊlɪt] *adj* unklar ausgedrückt; **she's very ~** sie kann sich nur schlecht ausdrücken

inasmuch [ˌɪnəzˈmʌtʃ] *adv* ~ **as** da, weil, insofern als

inattention [ˌɪnəˈtenʃən] *s* Unaufmerksamkeit *f*; ~ **to detail** Ungenauigkeit *f* im Detail

inattentive [ˌɪnəˈtentɪv] *adj* unaufmerksam

inaudible *adj*, **inaudibly** [ɪnˈɔːdəbl, -ɪ] *adv* unhörbar *f*

inaugural [ɪˈnɔːgjʊrəl] *adj Vorlesung* Antritts-; *Treffen, Rede* Eröffnungs-

inaugurate [ɪˈnɔːgjʊreɪt] *v/t* **1** *Präsident etc* in sein/ihr Amt einführen **2** *Gebäude* einweihen

inauguration [ɪˌnɔːgjʊˈreɪʃən] *s* **1** *von Präsident etc* Amtseinführung *f* **2** *von Gebäude* Einweihung *f*

inauspicious [ˌɪnɔːˈspɪʃəs] *adj* Unheil verheißend; **to get off to an ~ start** Aktion sich nicht gerade vielversprechend anlassen

in-between [ɪnbɪˈtwiːn] *umg adj* Mittel-; **it is sort of ~** es ist so ein Mittelding; ~ **stage** Zwischenstadium *n*

inborn [ˈɪnˈbɔːn] *adj* angeboren

inbound [ˈɪnˌbaʊnd] *adj Flug, Passagier* ankommend

inbox [ˈɪnbɒks] *s E-Mail* Posteingang *m*

inbred [ˈɪnˈbred] *adj* angeboren (**in sb** j-m)

inbreeding [ˈɪnˈbriːdɪŋ] *s* Inzucht *f*

inbuilt [ˈɪnbɪlt] *adj Sicherheitsvorrichtung etc* integriert; *Abneigung* instinktiv

Inc *US abk* (= **Incorporated**) AG

incalculable [ɪnˈkælkjʊləbl] *adj* unermesslich

incandescent [ˌɪnkænˈdesnt] *wörtl adj* (weiß) glühend

incapability [ɪnˌkeɪpəˈbɪlɪtɪ] *s* Unfähigkeit *f*

incapable [ɪnˈkeɪpəbl] *adj* unfähig; **to be ~ of doing sth** nicht imstande sein, etw zu tun; **she is physically ~ of lifting it** sie ist körperlich nicht in der Lage, es zu heben; ~ **of working** arbeitsunfähig

incapacitate [ˌɪnkəˈpæsɪteɪt] *v/t* unfähig machen (**from doing sth** etw zu tun); **~d by his broken ankle** durch seinen gebrochenen Knöchel behindert

incapacity [ˌɪnkəˈpæsɪtɪ] *s* Unfähigkeit *f* (**for** für)

incapacity benefit *Br* ≈ Invalidenunterstützung *f*

in-car [ˈɪnkɑː*] *adj* 〈*attr*〉 Auto-; *Radio etc* im Auto; ~ **computer** Autocomputer *m*

incarcerate [ɪnˈkɑːsəreɪt] *v/t* einkerkern

incarceration [ˌɪnkɑːsəˈreɪʃən] *s Vorgang* Einkerkerung *f*; *Zustand* Kerkerhaft *f*

incarnate [ɪnˈkɑːnɪt] *adj* **he's the devil ~** er ist der Teufel in Person

incautious *adj*, **incautiously** [ɪnˈkɔːʃəs, -lɪ] *adv* unvorsichtig
incendiary [ɪnˈsendɪərɪ] *adj* Brand-
incendiary device *s* Brandsatz *m*
incense¹ [ɪnˈsens] *v/t* wütend machen; **~d** wütend (**at, by** über +*akk*)
incense² [ˈɪnsens] *s* KIRCHE Weihrauch *m*
incentive [ɪnˈsentɪv] *s* Anreiz *m*; **~ scheme** IND Anreizsystem *n*
inception [ɪnˈsepʃən] *s* Beginn *m*
incessant [ɪnˈsesnt] *adj* unaufhörlich
incest [ˈɪnsest] *s* Inzest *m*
incestuous [ɪnˈsestjʊəs] *adj* blutschänderisch
inch [ɪntʃ] **A** *s* Zoll *m*; **3.5 ~ disk** 3,5-Zoll-Diskette *f*; **he came within an ~ of being killed** er ist dem Tod um Haaresbreite entgangen; **they beat him (to) within an ~ of his life** sie haben ihn so geschlagen, dass er fast gestorben wäre; **the truck missed me by ~es** der Lastwagen hat mich um Haaresbreite verfehlt; **he knows every ~ of the area** er kennt die Gegend wie seine Westentasche; **he is every ~ a soldier** er ist jeder Zoll ein Soldat; **they searched every ~ of the room** sie durchsuchten das Zimmer Zentimeter für Zentimeter **B** *v/i* **~ forward** sich millimeterweise vorwärtsschieben **C** *v/t* langsam manövrieren; **he ~ed his way through** er schob sich langsam durch
incidence [ˈɪnsɪdəns] *s* Häufigkeit *f*; **a high ~ of crime** eine hohe Verbrechensquote
incident [ˈɪnsɪdənt] *s* **1** Ereignis *n*, Vorfall *m*; **a day full of ~** ein ereignisreicher Tag; **an ~ from his childhood** ein Kindheitserlebnis *n* **2** diplomatisch *etc* Zwischenfall *m*; (≈ *Krawall etc*) Vorfall *m*; **without ~** ohne Zwischenfälle
incidental [ˌɪnsɪˈdentl] *adj* nebensächlich; *Bemerkung* beiläufig
incidentally [ˌɪnsɪˈdentəlɪ] *adv* übrigens
incinerate [ɪnˈsɪnəreɪt] *v/t* verbrennen
incineration [ɪnsɪnəˈreɪʃən] *s* Verbrennung *f*
incinerator [ɪnˈsɪnəreɪtə^r] *s* (Müll)verbrennungsanlage *f*
incision [ɪnˈsɪʒən] *s* Schnitt *m*; MED Einschnitt *m*
incisive [ɪnˈsaɪsɪv] *adj Stil, Ton* prägnant; *Mensch* scharfsinnig
incisively [ɪnˈsaɪsɪvlɪ] *adv reden* prägnant; *argumentieren* scharfsinnig
incisor [ɪnˈsaɪzə^r] *s* Schneidezahn *m*
incite [ɪnˈsaɪt] *v/t* aufhetzen; *Gewalt* aufhetzen zu
incitement *s* ⟨*kein pl*⟩ Aufhetzung *f*
incl *abk* (= **inclusive, including**) incl., inkl.
inclement [ɪnˈklemənt] *adj Wetter* rau
inclination [ˌɪnklɪˈneɪʃən] *s* Neigung *f*; **my (natural) ~ is to carry on** ich neige dazu, weiterzumachen; **I have no ~ to see him again** ich habe keinerlei Bedürfnis, ihn wiederzusehen; **he showed no ~ to leave** er schien nicht gehen zu wollen
incline [ɪnˈklaɪn] **A** *v/t* **1** *Kopf* neigen **2** veranlassen; **I'm ~d to agree** ich neige dazu zuzustimmen; **this ~s me to think that he must be lying** das lässt mich vermuten, dass er lügt **B** *v/i* **1** *Abhang* sich neigen; *Boden* abfallen **2** (≈ *tendieren*) neigen **C** [ˈɪnklaɪn] *s* Neigung *f*; *von Berg* Abhang *m*
incline bench *s* SPORT Schrägbank *f*
inclined [ɪnˈklaɪnd] *adj* **to be ~ to do sth** Lust haben, etw zu tun; (≈ *tendieren*) dazu neigen, etw zu tun; **I am ~ to think that …** ich neige zu der Ansicht, dass …; **I'm ~ to disagree** ich möchte da doch widersprechen; **it's ~ to break** das bricht leicht; **if you feel ~** wenn Sie Lust haben *od* dazu aufgelegt sind; **if you're that way ~** wenn Ihnen so etwas liegt; **artistically ~** künstlerisch veranlagt
include [ɪnˈkluːd] *v/t* einschließen, beinhalten; *auf Liste, in Gruppe* aufnehmen; **your name is not ~d on the list** Ihr Name ist nicht auf der Liste; **service ~d** inklusive Bedienung; **service not ~d** Bedienung nicht inbegriffen; **everyone, children ~d** alle einschließlich der Kinder; **does that ~ me?** gilt das auch für mich?
including *präp* einschließlich, inklusive; **that makes seven ~ you** mit Ihnen sind das sieben; **many people, ~ my father, had been invited** viele Leute, darunter mein Vater, waren eingeladen; **~ the service charge, ~ service** Bedienung (mit) inbegriffen; **up to and ~ March 4th** bis einschließlich 4. März
inclusion [ɪnˈkluːʒən] *s* Aufnahme *f*
inclusive [ɪnˈkluːsɪv] *adj* inklusive; **~ price** Inklusivpreis *m*; **from 1st to 6th May ~** vom 1. bis einschließlich 6. Mai
incognito [ˌɪnkɒgˈniːtəʊ] *adv* inkognito
incoherent [ˌɪnkəʊˈhɪərənt] *adj Stil, Rede* zusammenhanglos; *Mensch* sich undeutlich ausdrückend; *Betrunkener etc* schwer verständlich
incoherently [ˌɪnkəʊˈhɪərəntlɪ] *adv* zusammenhanglos
income [ˈɪnkʌm] *s* Einkommen *n*; **low-income families** einkommensschwache Familien *pl*
income bracket *s* Einkommensklasse *f*
income support Br *s* ≈ Sozialhilfe *f*
income tax *s* Lohnsteuer *f*, Einkommensteuer *f*
incoming [ˈɪnˌkʌmɪŋ] *adj* **1** ankommend; *Post* eingehend; **~ tide** Flut *f*; **to receive ~ (phone) calls** (Telefon)anrufe entgegennehmen **2** *Präsident* neu
incommunicado [ˌɪnkəmjuːnɪˈkɑːdəʊ] *adj* ⟨*präd*⟩ ohne jede Verbindung zur Außenwelt; **to be ~** *fig* für niemanden zu sprechen sein

incomparable [ɪnˈkɒmpərəbl] *adj* nicht vergleichbar; *Schönheit, Geschick* unvergleichlich

incompatibility [ˈɪnkəmˌpætəˈbɪlɪtɪ] *s* Unvereinbarkeit *f*; *von Medikament, Farben* Unverträglichkeit *f*; TECH Inkompatibilität *f*; **divorce on grounds of ~** Scheidung aufgrund der Unvereinbarkeit der Charaktere der Ehepartner

incompatible [ˌɪnkəmˈpætəbl] *adj* unvereinbar; TECH nicht kompatibel; *Medikament, Farben* nicht miteinander verträglich; **we are ~, she said** wir passen überhaupt nicht zusammen *od* zueinander, sagte sie; **to be ~ with sb/sth** nicht zu j-m/etw passen

incompetence [ɪnˈkɒmpɪtəns] *s* Unfähigkeit *f*

incompetent *adj* unfähig; *Management* inkompetent; *Arbeitsleistung* unzulänglich

incompetently *adv* schlecht

incomplete [ˌɪnkəmˈpliːt] *adj Sammlung* unvollständig; *Information* lückenhaft

incomprehensible [ɪnˌkɒmprɪˈhensəbl] *adj* unverständlich (**to sb** j-m)

incomprehension [ˌɪnkɒmprɪˈhenʃən] *s* Unverständnis *n*

inconceivable [ˌɪnkənˈsiːvəbl] *adj* unvorstellbar

inconclusive [ˌɪnkənˈkluːsɪv] *adj Resultat* unbestimmt; *Diskussion, Untersuchung* ergebnislos; *Beweise* nicht überzeugend

inconclusively [ˌɪnkənˈkluːslɪ] *adv* ergebnislos

incongruity [ˌɪnkɒnˈɡruːɪtɪ] *s* ‹kein pl› *von Bemerkung* Unpassende(s); *von Situation* Absurdität *f*; *von Verhalten* Unangebrachtheit *f*

incongruous [ɪnˈkɒnɡruəs] *adj Paar, Mischung* wenig zusammenpassend *attr*; *Bemerkung* unpassend; *Verhalten* unangebracht

inconsequential [ɪnˌkɒnsɪˈkwenʃəl] *adj* unbedeutend

inconsiderable [ˌɪnkənˈsɪdərəbl] *adj* unerheblich

inconsiderate *adj*, **inconsiderately** [ˌɪnkənˈsɪdərɪt, -lɪ] *adv* rücksichtslos

inconsistency [ˌɪnkənˈsɪstənsɪ] *s* **1** Widersprüchlichkeit *f* **2** *von Arbeit* Unbeständigkeit *f*

inconsistent *adj* **1** widersprüchlich; **to be ~ with sth** zu etw im Widerspruch stehen **2** *Arbeit* unbeständig; *Mensch* inkonsequent

inconsistently *adv* **1** widersprüchlich **2** *arbeiten* ungleichmäßig

inconsolable [ˌɪnkənˈsəʊləbl] *adj* untröstlich

inconspicuous [ˌɪnkənˈspɪkjʊəs] *adj* unauffällig; **to make oneself ~** so wenig Aufsehen wie möglich erregen

incontestable [ˌɪnkənˈtestəbl] *adj* unbestreitbar

incontinence [ɪnˈkɒntɪnəns] *s* MED Inkontinenz *f*

incontinent [ɪnˈkɒntɪnənt] *adj* MED inkontinent

incontrovertible [ɪnˌkɒntrəˈvɜːtəbl] *adj* unbestreitbar; *Beweise* unwiderlegbar

inconvenience [ˌɪnkənˈviːnɪəns] **A** *s* Unannehmlichkeit *f* (**to sb** für j-n); **it was something of an ~ not having a car** es war eine ziemlich lästige *od* leidige Angelegenheit, kein Auto zu haben; **I don't want to cause you any ~** ich möchte Ihnen keine Umstände machen **B** *v/t* Unannehmlichkeiten bereiten (+*dat*); **don't ~ yourself** machen Sie keine Umstände

inconvenient *adj* ungünstig; **if it's ~, I can come later** wenn es Ihnen ungelegen ist, kann ich später kommen; **it is ~ to have to wait** es ist lästig, warten zu müssen

inconveniently *adv* ungünstig

incorporate [ɪnˈkɔːpəreɪt] *v/t* **1** aufnehmen (**into** in +*akk*) **2** enthalten **3** **~d company** US Aktiengesellschaft *f*

incorporation [ɪnˌkɔːpəˈreɪʃən] *s* Aufnahme *f* (**into, in** in +*akk*)

incorrect [ˌɪnkəˈrekt] *adj* **1** falsch; **that is ~** das stimmt nicht; **you are ~** Sie haben unrecht **2** *Verhalten* inkorrekt

incorrectly [ˌɪnkəˈrektlɪ] *adv* falsch, inkorrekt; **I had ~ assumed that …** ich hatte fälschlich(-erweise) angenommen, dass …

incorrigible [ɪnˈkɒrɪdʒəbl] *adj* unverbesserlich

incorruptible [ˌɪnkəˈrʌptəbl] *adj Mensch* charakterstark, unbestechlich

increase **A** [ɪnˈkriːs] *v/i* zunehmen; *Steuern* erhöht werden; *Kraft* wachsen; *Preis, Verkaufszahlen, Nachfrage* steigen; **to ~ in breadth/size/number** breiter/größer/mehr werden; **to ~ in size/number** größer/mehr werden; **industrial output ~d by 2% last year** die Industrieproduktion wuchs im letzten Jahr um 2% **B** [ɪnˈkriːs] *v/t* vergrößern; *Lärm, Anstrengungen* verstärken; *Handel* erweitern; *Steuern, Preis, Nachfrage, Tempo* erhöhen; *Chancen* verbessern; **he ~d his efforts** er strengte sich mehr an; **they ~d her salary by £2,000** sie erhöhten ihr Jahresgehalt um £ 2.000 **C** [ˈɪnkriːs] *s* Zunahme *f*, Vergrößerung *f*; *von Kosten* Anstieg *m*; *von Tempo* Erhöhung *f* (**in** +*gen*); *von Verkaufszahlen* Zuwachs *m*; *von Nachfrage* Verstärkung *f*; *einkommensmäßig* Gehaltserhöhung *f*; **to get an ~ of £120 per week** £ 120 pro Woche mehr bekommen; **to be on the ~** ständig zunehmen; **~ in value** Wertsteigerung *f*; **rent ~** Mieterhöhung *f*

increasing [ɪnˈkriːsɪŋ] *adj* zunehmend; **an ~ number of people** mehr und mehr Leute; **there are ~ signs that …** es gibt immer mehr Anzeichen dafür, dass …

increasingly [ɪnˈkriːsɪŋlɪ] *adv* zunehmend; **~, people are finding that ...** man findet in zunehmendem Maße, dass ...

incredible [ɪnˈkredəbl] *adj* unglaublich; *Landschaft, Musik* sagenhaft; **it seems ~ to me that ...** ich kann es nicht fassen, dass ...; **you're ~** *umg* du bist wirklich unschlagbar

incredibly [ɪnˈkredəblɪ] *adv* unglaublich, unwahrscheinlich; **~, he wasn't there** unglaublicherweise war er nicht da

incredulity [ˌɪnkrɪˈdjuːlɪtɪ] *s* Ungläubigkeit *f*

incredulous *adj*, **incredulously** [ɪnˈkredjʊləs, -lɪ] *adv* ungläubig

increment [ˈɪnkrɪmənt] *s* Zuwachs *m*

incremental [ˌɪnkrɪˈmentl] *Br adj* zunehmend; **~ costs** Grenzkosten *pl*

incriminate [ɪnˈkrɪmɪneɪt] *v/t* belasten

incriminating [ɪnˈkrɪmɪneɪtɪŋ], **incriminatory** [ɪnˈkrɪmɪneɪtərɪ] *adj* belastend

in-crowd [ˈɪnkraʊd] *umg s* Schickeria *f umg*

incubate [ˈɪnkjʊbeɪt] **A** *v/t* Ei ausbrüten; *Bakterien* züchten **B** *v/i* ausgebrütet werden

incubation [ˌɪnkjʊˈbeɪʃən] *s von Ei* Ausbrüten *n*; *von Bakterien* Züchten *n*

incubator [ˈɪnkjʊbeɪtə*r*] *s* Brutkasten *m*

incumbent [ɪnˈkʌmbənt] *form* **A** *adj* **to be ~ upon sb** j-m obliegen *form* **B** *s* Amtsinhaber(in) *m(f)*

incur [ɪnˈkɜː*r*] *v/t* **1 to ~ the wrath of sb** j-s Zorn auf sich (*akk*) ziehen **2** FIN Verlust erleiden; *Ausgaben* machen

incurable [ɪnˈkjʊərəbl] *adj* MED unheilbar; *fig* unverbesserlich

incursion [ɪnˈkɜːʃən] *s* Einfall *m* (**into** in +*akk*)

indebted [ɪnˈdetɪd] *adj* **1** *fig* verpflichtet; **to be ~ to sb for sth** j-m für etw (zu Dank) verpflichtet sein **2** FIN verschuldet (**to sb** bei j-m)

indebtedness *fig s* Verpflichtung *f* (**to** gegenüber); FIN Verschuldung *f*

indecency [ɪnˈdiːsnsɪ] *s* Unanständigkeit *f*

indecent [ɪnˈdiːsnt] *adj* unanständig; *Witz* schmutzig; *Betrag* unerhört; **with ~ haste** mit ungebührlicher Eile *od* Hast

indecent assault *s* Notzucht *f*

indecently [ɪnˈdiːsntlɪ] *adv* unanständig; **to be ~ assaulted** sexuell missbraucht werden

indecipherable [ˌɪndɪˈsaɪfərəbl] *adj* nicht zu entziffernd *attr*

indecision [ˌɪndɪˈsɪʒən] *s* Unentschlossenheit *f*

indecisive [ˌɪndɪˈsaɪsɪv] *adj* **1** *Mensch* unentschlossen (**in** *od* **about** *od* **over sth** in Bezug auf etw *akk*) **2** *Wahl* ergebnislos; *Resultat* nicht eindeutig

indecisiveness [ˌɪndɪˈsaɪsɪvnɪs] *s einer Person* Unentschlossenheit *f*

indeed [ɪnˈdiːd] *adv* **1** tatsächlich; **I feel, ~ I know he is right** ich habe das Gefühl, ja ich weiß (sogar), dass er recht hat; **isn't that strange? — ~ (it is)** ist das nicht seltsam? — allerdings; **are you coming? — ~ I am!** kommst du? — aber natürlich; **are you pleased? — yes, ~!** bist du zufrieden? — oh ja, das kann man wohl sagen!; **did you/is it/has she** *etc* **~?** tatsächlich?; **~?** ach wirklich?; **where ~?** ja, wo?; **if ~ ...** falls ... wirklich **2** *zur Verstärkung* wirklich; **very ... ~** wirklich sehr ...; **thank you very much ~** vielen herzlichen Dank

indefensible [ˌɪndɪˈfensəbl] *adj Verhalten* unentschuldbar; *Politik* unhaltbar; **morally ~** moralisch nicht vertretbar

indefinable [ˌɪndɪˈfaɪnəbl] *adj Farbe* undefinierbar; *Gefühl* unbestimmt

indefinite [ɪnˈdefɪnɪt] *adj* unbestimmt

indefinite article *s* GRAM unbestimmter Artikel

indefinitely [ɪnˈdefɪnɪtlɪ] *adv warten* endlos; *verschieben, schließen* auf unbestimmte Zeit; **we can't go on like this ~** wir können nicht endlos so weitermachen

indelicate [ɪnˈdelɪkət] *adj Mensch* taktlos

indemnity [ɪnˈdemnətɪ] *s* Entschädigung *f*

indent [ɪnˈdent] *v/t* TYPO einrücken

indentation [ˌɪndenˈteɪʃən] *s* Kerbe *f*; TYPO Einrückung *f*

independence [ˌɪndɪˈpendəns] *s* Unabhängigkeit *f* (**of** von); **to gain** *od* **achieve/declare ~** die Unabhängigkeit erlangen/erklären

Independence Day *US s* der Unabhängigkeitstag

independent [ˌɪndɪˈpendənt] **A** *adj* unabhängig (**of sb/sth** von j-m/etw); **a man of ~ means** eine Person mit Privateinkommen; **to become ~** *Land* die Unabhängigkeit erlangen; **~ retailer** *US* selbstständiger Einzelhändler, selbstständige Einzelhändlerin **B** *s* **1** POL Unabhängige(r) *m/f(m)* **2** *Musikrichtung* Independent *n*

independently [ˌɪndɪˈpendəntlɪ] *adv* unabhängig (**of sb/sth** von j-m/etw); *leben* ohne fremde Hilfe; *arbeiten* selbstständig; **they each came ~ to the same conclusion** sie kamen unabhängig voneinander zur gleichen Schlussfolgerung

independent school *s* unabhängige Schule

in-depth [ˈɪndepθ] *adj* gründlich; *Interview* ausführlich

indescribable [ˌɪndɪˈskraɪbəbl] *adj* unbeschreiblich; *umg* schrecklich

indestructible [ˌɪndɪˈstrʌktəbl] *adj* unzerstörbar

indeterminate [ˌɪndɪˈtɜːmɪnɪt] *adj* unbestimmt; **of ~ sex** von unbestimmbarem Geschlecht

index [ˈɪndeks] *s* **1** ⟨*pl* -es⟩ *in Buch* Index *m*; *in Bü-*

cherei Katalog *m*; *aus Karten* Kartei *f* **2** ⟨*pl* -es *od* indices ['ındısi:z]⟩ Index *m*; **cost-of-living ~** Lebenshaltungskostenindex *m*
index card *s* Karteikarte *f*
index finger *s* Zeigefinger *m*
indexing ['ındeksıŋ] *s in Datenbanken* Indexierung *f*, Verschlagwortung *f*
index-linked *adj Zinssatz* indexgebunden; *Rente* dynamisch
India ['ındıə] *s* Indien *n*
Indian ['ındıən] **A** *adj* **1** indisch **2** indianisch, Indianer- **B** *s* **1** Inder(in) *m(f)* **2** Indianer(in) *m(f)*
Indian Ocean *s* Indischer Ozean
Indian summer *s* Altweibersommer *m*
indicate ['ındıkeıt] **A** *v/t* **1** zeigen, zeigen auf (+*akk*); **large towns are ~d in red** Großstädte sind rot gekennzeichnet; **to ~ one's intention to do sth** seine Absicht anzeigen, etw zu tun **2** erkennen lassen; **opinion polls ~ that ...** die Meinungsumfragen deuten darauf hin, dass ... **3** *Temperatur* (an)zeigen **B** *v/i bes Br* AUTO blinken
indication [,ındı'keıʃən] *s* (An)zeichen *n* (**of** für); **he gave a clear ~ of his intentions** er ließ seine Absichten deutlich erkennen; **he gave no ~ that he was ready** nichts wies darauf hin, dass er bereit war; **that is some ~ of what we can expect** das gibt uns einen Vorgeschmack auf das, was wir zu erwarten haben
indicative [ın'dıkətıv] **A** *adj* bezeichnend (**of** für); **to be ~ of sth** auf etw (*akk*) hindeuten **2** GRAM **~ mood** Indikativ *m* **B** *s* GRAM Indikativ *m*; **in the ~** im Indikativ, in der Wirklichkeitsform
indicator ['ındıkeıtəʳ] *s* Anzeiger *m*; (≈ *Nadel etc*) Zeiger *m*; *bes Br* AUTO Blinker *m*; *fig* Messlatte *f*; **pressure ~** Druckmesser *m*; **this is an ~ of economic recovery** dies ist ein Indikator für den Aufschwung
indices ['ındısi:z] *pl* → index
indict [ın'daıt] *v/t* anklagen (**on a charge of sth** einer Sache *gen*); *US* JUR Anklage erheben gegen (**for** wegen +*gen*)
indictment [ın'daıtmənt] *s* Anschuldigung *f*; **to be an ~ of sth** *fig* ein Armutszeugnis *n* für etw sein
indie ['ındı] *s* MUS Indie *n*
indifference [ın'dıfrəns] *s* Gleichgültigkeit *f* (**to, towards** gegenüber); **it's a matter of complete ~ to me** das ist mir völlig egal *od* gleichgültig
indifferent [ın'dıfrənt] *adj* **1** gleichgültig (**to, towards** gegenüber); **he is quite ~ about it/to her** es/sie ist ihm ziemlich gleichgültig **2** mittelmäßig
indigenous [ın'dıdʒınəs] *adj* einheimisch (**to** in +*dat*); **plants ~ to Canada** in Kanada heimische Pflanzen
indigestible [,ındı'dʒestəbl] *adj* MED unverdaulich
indigestion [,ındı'dʒestʃən] *s* Verdauungsbeschwerden *pl*
indignant *adj*, **indignantly** [ın'dıgnənt, -lı] *adv* entrüstet (**at, about, with** über +*akk*)
indignation [,ındıg'neıʃən] *s* Entrüstung *f* (**at, about, with** über +*akk*)
indignity [ın'dıgnıtı] *s* Demütigung *f*
indigo ['ındıgəʊ] *adj* indigofarben
indirect [,ındı'rekt] *adj* indirekt; **by an ~ route** auf Umwegen; **to make an ~ reference to sb/sth** auf j-n/etw anspielen *od* indirekt Bezug nehmen
indirectly [,ındı'rektlı] *adv* indirekt
indirect object *s* GRAM Dativobjekt *n*
indirect speech *s* GRAM indirekte Rede
indiscernible [,ındı'sɜ:nəbl] *adj* nicht erkennbar; *Geräusch* nicht wahrnehmbar
indiscipline [ın'dısıplın] *s* Disziplinlosigkeit *f*
indiscreet [,ındı'skri:t] *adj* indiskret, taktlos; **to be ~ about sth** in Bezug auf etw (*akk*) indiskret sein
indiscreetly [,ındı'skri:tlı] *adv* indiskret, taktlos
indiscretion [,ındı'skreʃən] *s* **1** Indiskretion *f*, Taktlosigkeit *f* **2** Affäre *f*
indiscriminate [,ındı'skrımınıt] *adj* wahllos; *Auswahl* willkürlich
indiscriminately [,ındı'skrımınıtlı] *adv* wahllos; *auswählen* willkürlich
indispensable [,ındı'spensəbl] *adj* unentbehrlich
indisposed [,ındı'spəʊzd] *adj* indisponiert *geh*
indisputable [,ındı'spju:təbl] *adj* unbestreitbar; *Beweise* unanfechtbar
indisputably [ındı'spju:təblı] *adv* unbestreitbar, unstrittig
indistinct [,ındı'stıŋkt] *adj* unklar; *Geräusch* schwach
indistinctly [,ındı'stıŋktlı] *adv wahrnehmen* verschwommen; *sprechen* undeutlich; *sich erinnern* dunkel
indistinguishable [,ındı'stıŋgwıʃəbl] *adj* nicht unterscheidbar; **the twins are ~ (from one another)** man kann die Zwillinge nicht (voneinander) unterscheiden
individual [,ındı'vıdjʊəl] **A** *adj* **1** einzeln; **~ cases** Einzelfälle *pl* **2** eigen; **~ portion** Einzelportion *f* **3** individuell **B** *s* Individuum *n*, Einzelperson *f*
individualism [,ındı'vıdjʊəlızm] *s* Individualismus *m*
individualist [,ındı'vıdjʊəlıst] *s* Individualist(in) *m(f)*
individualistic [,ındı'vıdjʊəlıstık] *adj* individua-

listisch
individuality [ˌɪndɪˌvɪdjʊˈælɪtɪ] s Individualität f
individually [ˌɪndɪˈvɪdjʊəlɪ] adv individuell, einzeln
indivisible [ˌɪndɪˈvɪzəbl] adj unteilbar
Indo- [ˈɪndəʊ-] präf Indo-
indoctrinate [ɪnˈdɒktrɪneɪt] v/t indoktrinieren
indoctrination [ɪnˌdɒktrɪˈneɪʃən] s Indoktrination f
indolence [ˈɪndələns] s Trägheit f
indolent [ˈɪndələnt] adj träge
indomitable [ɪnˈdɒmɪtəbl] adj Mensch, Mut unbezwingbar; Wille eisern
Indonesia [ˌɪndəʊˈniːzɪə] s Indonesien n
Indonesian [ˌɪndəʊˈniːzɪən] **A** adj indonesisch **B** s Indonesier(in) m(f)
indoor [ˈɪndɔːʳ] adj Innen-; **~ market** überdachter Markt; **~ plant** Zimmerpflanze f; **~ skydiving** Indoor-Skydiving n (Fliegen im Vertikalwindtunnel); **~ swimming pool** Hallenbad n
indoors [ɪnˈdɔːz] adv drin(nen) umg, innen, zu Hause; Richtungsangabe ins Haus; **to stay ~** im Haus bleiben; **go and play ~** geh ins Haus od nach drinnen spielen
indorse etc → endorse
induce [ɪnˈdjuːs] v/t **1** **to ~ sb to do sth** j-n dazu bringen, etw zu tun **2** Reaktion, Schlaf herbeiführen; Erbrechen verursachen; Wehen einleiten; **a stress-/drug-induced condition** ein durch Stress/Drogen ausgelöstes Leiden
induction [ɪnˈdʌkʃən] s **1** von Bischof etc Amtseinführung f; von Angestellten Einarbeitung f; US MIL Einberufung f **2** von Wehen Einleitung f
induction course s Einführungskurs m
induction hob s, **induction stove top** US s Induktionsherd m
indulge [ɪnˈdʌldʒ] **A** v/t nachgeben (+dat); Kinder verwöhnen; **he ~s her every whim** er erfüllt ihr jeden Wunsch; **she ~d herself with a glass of wine** sie gönnte sich (dat) ein Glas Wein **B** v/i **to ~ in sth** sich (dat) etw gönnen; einem Laster, Träumen sich einer Sache (dat) hingeben; **dessert came, but I didn't ~** umg der Nachtisch kam, aber ich konnte mich beherrschen
indulgence [ɪnˈdʌldʒəns] s **1** Nachsicht f, Verwöhnung f **2** Luxus m; (≈ Essen, Vergnügen) Genuss m
indulgent adj, **indulgently** [ɪnˈdʌldʒənt, -lɪ] adv nachsichtig (**to** gegenüber)
industrial [ɪnˈdʌstrɪəl] adj industriell, Industrie-; **~ nation** Industriestaat m; **the Industrial Revolution** die industrielle Revolution
industrial accident s Betriebsunfall m
industrial action s Arbeitskampfmaßnahmen pl; **to take ~** in den Ausstand treten
industrial dispute s Tarifkonflikt m, Streik m

industrial espionage s Industriespionage f
industrial estate Br s Industriegebiet n
industrialist [ɪnˈdʌstrɪəlɪst] s Industrielle(r) m/f(m)
industrialization [ɪnˌdʌstrɪəlaɪˈzeɪʃən] s Industrialisierung f
industrialize [ɪnˈdʌstrɪəlaɪz] v/t & v/i industrialisieren; **~d nation** Industrienation f
industrial park US s Industriegelände n
industrial relations pl Beziehungen pl zwischen Arbeitgebern und Gewerkschaften
industrial site s Industriegelände n
industrial tribunal s Arbeitsgericht n
industrial unrest s Arbeitsunruhen pl
industrial waste s Industriemüll m
industrious adj, **industriously** [ɪnˈdʌstrɪəs, -lɪ] adv fleißig
industry [ˈɪndəstrɪ] s Industrie f; **heavy ~** Schwerindustrie f
inebriated [ɪˈniːbrɪeɪtɪd] form adj betrunken
inedible [ɪnˈedɪbl] adj nicht essbar, ungenießbar
ineffective [ˌɪnɪˈfektɪv] adj ineffektiv; Manager etc unfähig; **to be ~ against sth** nicht wirksam gegen etw sein
ineffectively [ˌɪnɪˈfektɪvlɪ] adv ineffektiv
ineffectiveness s Ineffektivität f; von Manager etc Unfähigkeit f
ineffectual [ˌɪnɪˈfektjʊəl] adj ineffektiv
inefficiency [ˌɪnɪˈfɪʃənsɪ] s von Mensch Unfähigkeit f; von Maschine geringe Leistung; von Unternehmen Unproduktivität f
inefficient [ˌɪnɪˈfɪʃənt] adj Mensch unfähig; Maschine leistungsschwach; Methode unrationell; Unternehmen unproduktiv; **to be ~ at doing sth** etw schlecht machen
inefficiently [ˌɪnɪˈfɪʃəntlɪ] adv schlecht; **to work ~** Mensch unrationell arbeiten; Maschine unwirtschaftlich arbeiten
inelegant adj, **inelegantly** [ɪnˈelɪgənt, -lɪ] adv unelegant
ineligible [ɪnˈelɪdʒəbl] adj zu Beihilfe etc nicht berechtigt (**for** zu Leistungen +gen); für Job, Amt ungeeignet; **~ for military service** wehruntauglich; **to be ~ for a pension** nicht pensionsberechtigt sein
inept [ɪˈnept] adj ungeschickt
ineptitude [ɪˈneptɪtjuːd], **ineptness** [ɪˈneptnɪs] s Ungeschick n
inequality [ˌɪnɪˈkwɒlɪtɪ] s Ungleichheit f
inert [ɪˈnɜːt] adj unbeweglich
inert gas s CHEM Edelgas n
inertia [ɪˈnɜːʃə] s Trägheit f
inescapable [ˌɪnɪsˈkeɪpəbl] adj unvermeidlich; Tatsache unausweichlich
inessential [ˌɪnɪˈsenʃəl] adj unwesentlich

inestimable [ɪn'estɪməbl] *adj* unschätzbar
inevitability [ɪn,evɪtə'bɪlɪtɪ] *s* Unvermeidlichkeit *f*
inevitable [ɪn'evɪtəbl] **A** *adj* unvermeidlich; **defeat seemed ~** die Niederlage schien unabwendbar **B** *s* **the ~** das Unvermeidliche
inevitably [ɪn'evɪtəblɪ] *adv* zwangsläufig; **one question ~ leads to another** eine Frage zieht unweigerlich weitere nach sich; **~, he got drunk** es konnte ja nicht ausbleiben, dass er sich betrank; **as ~ happens on these occasions** wie es bei solchen Anlässen immer ist
inexact [,ɪnɪg'zækt] *adj* ungenau
inexcusable [,ɪnɪks'kjuːzəbl] *adj* unverzeihlich
inexhaustible [,ɪnɪg'zɔːstəbl] *adj* unerschöpflich
inexorable [ɪn'eksərəbl] *adj* unaufhaltsam
inexpensive *adj*, **inexpensively** [,ɪnɪk'spensɪv, -lɪ] *adv* billig
inexperience [,ɪnɪk'spɪərɪəns] *s* Unerfahrenheit *f*
inexperienced *adj* unerfahren; *Skifahrer etc* ungeübt; **to be ~ in doing sth** wenig Erfahrung darin haben, etw zu tun
inexpertly [ɪn'ekspɜːtlɪ] *adv* unfachmännisch
inexplicable [,ɪnɪk'splɪkəbl] *adj* unerklärlich
inexplicably [,ɪnɪk'splɪkəblɪ] *adv mit Adjektiv* unerklärlich; *mit Verb* unerklärlicherweise
inexpressible [,ɪnɪk'spresəbl] *adj* unbeschreiblich
inextricable [,ɪnɪk'strɪkəbl] *adj Verwicklung* unentwirrbar; *Verbindung* untrennbar
inextricably [,ɪnɪk'strɪkəblɪ] *adv verwickelt* unentwirrbar; *verbunden* untrennbar
infallibility [ɪn,fælə'bɪlɪtɪ] *s* Unfehlbarkeit *f*
infallible [ɪn'fæləbl] *adj* unfehlbar
infamous ['ɪnfəməs] *adj* berüchtigt (**for** wegen)
infamy ['ɪnfəmɪ] *s* Verrufenheit *f*
infancy ['ɪnfənsɪ] *s* frühe Kindheit; *fig* Anfangsstadium *n*; **in early ~** in frühester Kindheit; **when radio was still in its ~** als das Radio noch in den Kinderschuhen steckte
infant ['ɪnfənt] *s* Säugling *m*, Kleinkind *n*; **she teaches ~s** sie unterrichtet Grundschulkinder; **~ class** *Br* erste und zweite Grundschulklasse
infantile ['ɪnfəntaɪl] *adj* kindisch
infant mortality *s* Säuglingssterblichkeit *f*
infantry ['ɪnfəntrɪ] *s* MIL Infanterie *f*
infantryman ['ɪnfəntrɪmən] *s* ⟨*pl* -men⟩ Infanterist *m*
infant school *Br s* Grundschule für die ersten beiden Jahrgänge
infatuated [ɪn'fætjʊeɪtɪd] *adj* vernarrt (**with** in +*akk*); **to become ~ with sb** sich in j-n vernarren
infatuation [ɪn,fætjʊ'eɪʃən] *s* Vernarrtheit *f* (**with** in +*akk*)
infect [ɪn'fekt] *v/t Wunde, Blut* infizieren; *j-n* anstecken; **to be ~ed with sth** sich mit etw angesteckt haben; **his wound became ~ed** seine Wunde entzündete sich
infected [ɪn'fektɪd] *adj* infiziert
infection [ɪn'fekʃən] *s* Infektion *f*
infectious [ɪn'fekʃəs] *adj* ansteckend
infer [ɪn'fɜː^r] *v/t* **1** (≈ *folgern*) schließen (**from** aus) **2** andeuten
inference ['ɪnfərəns] *s* Schluss *m*, Schlussfolgerung *f*
inferior [ɪn'fɪərɪə^r] **A** *adj Qualität* minderwertig; *Mensch* unterlegen; *rangmäßig* untergeordnet; **an ~ workman** ein weniger guter Handwerker; **to be ~ to sth** von minderer Qualität sein als etw; **to be ~ to sb** j-m unterlegen sein; *rangmäßig* j-m untergeordnet sein; **he feels ~** er kommt sich (*dat*) unterlegen *od* minderwertig vor **B** *s* **one's ~s** *rangmäßig* seine Untergebenen *pl*
inferiority [ɪn,fɪərɪ'ɒrɪtɪ] *s* Minderwertigkeit *f*; *von Mensch* Unterlegenheit *f* (**to** gegenüber); *rangmäßig* untergeordnete Stellung
inferiority complex *s* Minderwertigkeitskomplex *m*
infernal [ɪn'fɜːnl] *umg adj* Ärgernis verteufelt *umg*; *Lärm* höllisch *umg*
inferno [ɪn'fɜːnəʊ] *s* ⟨*pl* -s⟩ Flammenmeer *n*; **a blazing ~** ein flammendes Inferno
infertile [ɪn'fɜːtaɪl] *adj* unfruchtbar; *Tier* fortpflanzungsunfähig
infertility [,ɪnfɜː'tɪlɪtɪ] *s* Unfruchtbarkeit *f*
infertility treatment *s* Sterilitätsbehandlung *f*
infest [ɪn'fest] *v/t Ungeziefer* herfallen über (+*akk*); **to be ~ed with rats** mit Ratten verseucht sein
infidel ['ɪnfɪdəl] *s* HIST, REL Ungläubige(r) *m/f(m)*
infidelity [,ɪnfɪ'delɪtɪ] *s* Untreue *f*
in-fighting ['ɪnfaɪtɪŋ] *fig s* interner Machtkampf
infiltrate ['ɪnfɪltreɪt] *v/t* POL *Organisation* unterwandern; *Spione* einschleusen in
infiltration [,ɪnfɪl'treɪʃən] *s* POL Unterwanderung *f*
infiltrator ['ɪnfɪl,treɪtə^r] *s* POL Unterwanderer *m*
infinite ['ɪnfɪnɪt] *wörtl adj* unendlich; *Möglichkeiten* unendlich viele
infinitely ['ɪnfɪnɪtlɪ] *adv* unendlich; *besser* unendlich viel
infinitesimal [,ɪnfɪnɪ'tesɪməl] *adj* unendlich klein
infinitive [ɪn'fɪnɪtɪv] *s* GRAM Infinitiv *m*; **in the ~** im Infinitiv
infinity [ɪn'fɪnɪtɪ] *wörtl s* Unendlichkeit *f*; MATH das Unendliche; **to ~** (bis) ins Unendliche
infirm [ɪn'fɜːm] *adj* gebrechlich
infirmary [ɪn'fɜːmərɪ] *s* Krankenhaus *n*, Spital *n*

österr, schweiz; in Schule etc **Krankenzimmer** *n; in Gefängnis* **Krankenstation** *f*
infirmity [ɪnˈfɜːmɪtɪ] *s* Gebrechlichkeit *f;* **the infirmities of (old) age** die Altersgebrechen *pl*
inflame [ɪnˈfleɪm] *v/t* **1** MED entzünden; **to become ~d** sich entzünden **2** *Situation* anheizen
inflammable [ɪnˈflæməbl] *wörtl adj* feuergefährlich; *Stoff* leicht entflammbar; **"highly ~"** „feuergefährlich"
inflammation [ˌɪnfləˈmeɪʃən] *s* MED Entzündung *f*
inflammatory [ɪnˈflæmətərɪ] *adj Rede* aufrührerisch; **~ speech/pamphlet** Hetzrede/-schrift *f*
inflatable [ɪnˈfleɪtɪbl] **A** *adj* aufblasbar; **~ dinghy** Schlauchboot *n* **B** *s* Gummiboot *n*
inflate [ɪnˈfleɪt] **A** *v/t* **1** *wörtl* aufpumpen, aufblasen **2** WIRTSCH *Preise* hochtreiben **B** *v/i wörtl* sich mit Luft füllen
inflated *adj Preis* überhöht; *Selbstbewusstsein* übersteigert
inflation [ɪnˈfleɪʃən] *s* WIRTSCH Inflation *f;* **~ rate** Inflationsrate *f*
inflationary [ɪnˈfleɪʃənərɪ] *adj* inflationär; **~ pressures/politics** Inflationsdruck *m*/-politik *f*
inflected [ɪnˈflektɪd] *adj* GRAM *Form, Endung* flektiert, gebeugt; *Sprache* flektierend
inflection [ɪnˈflekʃən] *s* → **inflexion**
inflexibility [ɪnˌfleksɪˈbɪlɪtɪ] *fig s* Unbeugsamkeit *f*
inflexible [ɪnˈfleksəbl] *wörtl adj* starr; *fig* unbeugsam
inflexion [ɪnˈflekʃən] *s* **1** GRAM *von Wort* Flexion *f* **2** *von Stimme* Tonfall *m*
inflict [ɪnˈflɪkt] *v/t Strafe* verhängen (**on, upon** gegen); *Schaden* zufügen (**on od upon sb** j-m); *Niederlage* beibringen (**on od upon sb** j-m)
infliction [ɪnˈflɪkʃən] *s von Schaden* Zufügen *n*
in-flight [ˈɪnflaɪt] *adj* während des Fluges; *Service* an Bord; **~ magazine** Bordmagazin *n*
inflow [ˈɪnfləʊ] *s* **1** *von Wasser, Luft* Zustrom *m*, Zufließen *n;* **~ pipe** Zuflussrohr *n* **2** *fig von Menschen, Waren* Zustrom *m; von Ideen* Eindringen *n*
influence [ˈɪnfluəns] **A** *s* Einfluss *m* (**over** auf +*akk*); **to have an ~ on sb/sth** Einfluss auf j-n/etw haben; **the book had** *od* **was a great ~ on him** das Buch hat ihn stark beeinflusst; **he was a great ~ in ...** er war ein bedeutender Faktor bei ...; **to use one's ~** seinen Einfluss einsetzen; **a man of ~** eine einflussreiche Person; **under the ~ of sb/sth** unter j-s Einfluss/ dem Einfluss einer Sache; **under the ~ of drink** unter Alkoholeinfluss; **under the ~** *umg* betrunken; **one of my early ~s was Beckett** einer der Schriftsteller, die mich schon früh beeinflusst haben, war Beckett **B** *v/t* beeinflussen; **to be easily ~d** leicht beeinflussbar *od* zu beeinflussen sein
influential [ˌɪnfluˈenʃəl] *adj* einflussreich
influenza [ˌɪnfluˈenzə] *s* Grippe *f*
influx [ˈɪnflʌks] *s von Kapital, Waren* Zufuhr *f; von Menschen* Zustrom *m*
info [ˈɪnfəʊ] *umg s* ⟨*kein pl*⟩ → **information**
inform [ɪnˈfɔːm] **A** *v/t* informieren, benachrichtigen (**about** über +*akk*); **to ~ sb of/about sth** j-n über etw informieren; **I am pleased to ~ you that ...** ich freue mich, Ihnen mitteilen zu können, dass ...; **to ~ the police** die Polizei verständigen; **to keep sb ~ed** j-n auf dem Laufenden halten (**of** über +*akk*) **B** *v/i* **to ~ against** *od* **on sb** j-n denunzieren
informal [ɪnˈfɔːməl] *adj* **1** *bes* POL *Treffen* nicht formell; *Besuch* inoffiziell **2** *Atmosphäre* zwanglos; *Ausdrucksweise* ungezwungen
informality [ˌɪnfɔːˈmælɪtɪ] *s* **1** *bes* POL *von Treffen* nicht formeller Charakter; *von Besuch* inoffizieller Charakter **2** *von Atmosphäre* Zwanglosigkeit *f; von Ausdrucksweise* informeller Charakter
informally [ɪnˈfɔːməlɪ] *adv* **1** inoffiziell **2** zwanglos
informant [ɪnˈfɔːmənt] *s* **1** Informant(in) *m(f);* **according to my ~ the book is out of print** wie man mir mitteilt, ist das Buch vergriffen **2** (**police**) **~** Polizeispitzel *m*
information [ˌɪnfəˈmeɪʃən] *s* ⟨*kein pl*⟩ Informationen *pl;* **a piece of ~** eine Auskunft *od* Information; **for your ~** zu Ihrer Information; *ungehalten* damit Sie es wissen; **to give ~** Information(en) angeben; **to give sb ~ about** *od* **on sb/ sth** j-m Auskunft *od* Informationen über j-n/etw geben; **to get ~ about** *od* **on sb/sth** sich über j-n/etw informieren; **"information"** „Auskunft"; **we have no ~ about that** wir wissen darüber nicht Bescheid; **for further ~ please contact this number ...** Näheres erfahren Sie unter Telefonnummer ...
information age *s* Informationszeitalter *n*
information and communication technology *s* Informations- und Kommunikationstechnologie *f*
information centre *s,* **information center** *US s* Auskunftsbüro *n,* Informationszentrum *n*
information desk *s* Auskunft *f,* Informationsschalter *m*
information overload *s* Informationsflut *f*
information pack *s* Informationsmaterial *n*
information science *s* Informatik *f*
information scientist *s* Informatiker(in) *m(f)*
information society *s* Informationsgesellschaft *f*
information superhighway *s* Datenautobahn *f*
information technology *s* Informationstech-

nik f, Informationstechnologie f
informative [ɪnˈfɔːmətɪv] adj aufschlussreich, informativ
informed [ɪnˈfɔːmd] adj Beobachter informiert; Vermutung fundiert
informer [ɪnˈfɔːməʳ] s Informant(in) m(f); **police ~** Polizeispitzel m
infotainment [ˌɪnfəʊˈteɪnmənt] s TV Infotainment n
infrared [ˈɪnfrəˈred] adj infrarot
infrastructure [ˈɪnfrəˌstrʌktʃəʳ] s Infrastruktur f
infrequency [ɪnˈfriːkwənsɪ] s Seltenheit f
infrequent [ɪnˈfriːkwənt] adj selten; **at ~ intervals** in großen Abständen
infrequently [ɪnˈfriːkwəntlɪ] adv selten
infringe [ɪnˈfrɪndʒ] **A** v/t verstoßen gegen; Rechte verletzen **B** v/i **to ~ (up)on sb's rights** j-s Rechte verletzen
infringement s **an ~ (of a rule)** ein Regelverstoß m; **the ~ of sb's rights** die Verletzung von j-s Rechten
infuriate [ɪnˈfjʊərɪeɪt] v/t zur Raserei bringen
infuriating [ɪnˈfjʊərɪeɪtɪŋ] adj (äußerst) ärgerlich; **an ~ person** ein Mensch, der einen rasend machen kann
infuse [ɪnˈfjuːz] **A** v/t Mut einflößen (**into sb** j-m) **B** v/i ziehen
infusion [ɪnˈfjuːʒən] s **1** Einbringen n **2** Tee m; Aufguss m
ingenious adj, **ingeniously** [ɪnˈdʒiːnɪəs, -lɪ] adv genial
ingenuity [ˌɪndʒɪˈnjuːɪtɪ] s Genialität f
ingoing [ˈɪnˌgəʊɪŋ] adj eingehend; **~ flight** Rückflug m
ingot [ˈɪŋgət] s Barren m
ingrained [ˌɪnˈgreɪnd] adj **1** fig Angewohnheit eingefleischt; Vorurteil tief verwurzelt; **to be (deeply) ~** fest verwurzelt sein **2** Schmutz tief eingedrungen
ingratiate [ɪnˈgreɪʃɪeɪt] v/r **to ~ oneself with sb** sich bei j-m einschmeicheln
ingratitude [ɪnˈgrætɪtjuːd] s Undank m; **sb's ~** j-s Undankbarkeit f
ingredient [ɪnˈgriːdɪənt] s Bestandteil m; in Kochrezept Zutat f; **all the ~s for success** alles, was man zum Erfolg braucht
in-group s innerer Zirkel
ingrowing [ˈɪngrəʊɪŋ] adj MED eingewachsen
inhabit [ɪnˈhæbɪt] v/t bewohnen; Tiere leben in (+dat)
inhabitable [ɪnˈhæbɪtəbl] adj bewohnbar
inhabitant [ɪnˈhæbɪtənt] s Bewohner(in) m(f); von Stadt a. Einwohner(in) m(f)
inhale [ɪnˈheɪl] **A** v/t einatmen; MED inhalieren **B** v/i Raucher inhalieren; **do you ~?** rauchen Sie auf Lunge?

inhaler [ɪnˈheɪləʳ] s Inhalationsapparat m
inherent [ɪnˈhɪərənt] adj innewohnend, eigen (**to**, **in** +dat)
inherently [ɪnˈhɪərəntlɪ] adv von Natur aus
inherit [ɪnˈherɪt] v/t & v/i erben; **to ~ sth from sb** etw von j-m erben; **the problems which we ~ed from the last government** die Probleme, die uns die letzte Regierung hinterlassen od vererbt hat
inheritance [ɪnˈherɪtəns] s Erbe n
inherited [ɪnˈherɪtɪd] adj ererbt
inheritor [ɪnˈherɪtəʳ] s Erbe m, Erbin f
inhibit [ɪnˈhɪbɪt] v/t hemmen; Fähigkeit beeinträchtigen
inhibited adj gehemmt
inhibition [ˌɪnhɪˈbɪʃən] s Hemmung f; **he has no ~s about speaking French** er hat keine Hemmungen, Französisch zu sprechen
inhospitable [ˌɪnhɒˈspɪtəbl] adj ungastlich; Klima, Gegend unwirtlich
in-house A [ˈɪnhaʊs] adj hausintern; Personal im Haus **B** [ɪnˈhaʊs] adv hausintern
inhuman [ɪnˈhjuːmən] adj unmenschlich
inhumane [ˌɪnhjuːˈmeɪn] adj inhuman; Behandlung a. menschenunwürdig
inhumanity [ˌɪnhjuːˈmænɪtɪ] s Unmenschlichkeit f
inimitable [ɪˈnɪmɪtəbl] adj unnachahmlich
initial [ɪˈnɪʃəl] **A** adj anfänglich, Anfangs-; **my ~ reaction** meine anfängliche Reaktion; **in the ~ stages** im Anfangsstadium **B** s Initiale f **C** v/t Dokument mit seinen Initialen unterzeichnen
initially [ɪˈnɪʃəlɪ] adv anfangs
initiate [ɪˈnɪʃɪeɪt] v/t **1** den Anstoß geben zu, initiieren geh; Diskussion eröffnen **2** in Verein etc feierlich aufnehmen **3** einweihen; **to ~ sb into sth** j-n in etw (akk) einführen
initiation [ɪˌnɪʃɪˈeɪʃən] s in Gesellschaft Aufnahme f
initiation ceremony s Aufnahmezeremonie f
initiative [ɪˈnɪʃɪətɪv] s Initiative f; **to take the ~** die Initiative ergreifen; **on one's own ~** aus eigener Initiative; **to have the ~** überlegen sein; **to lose the ~** seine Überlegenheit verlieren
initiator [ɪˈnɪʃɪeɪtəʳ] s Initiator(in) m(f)
inject [ɪnˈdʒekt] v/t (ein)spritzen; Drogen spritzen; **to ~ sb with sth** MED j-m etw spritzen; **he ~ed new life into the team** er brachte neues Leben in das Team
injection [ɪnˈdʒekʃən] s Injektion f; **to give sb an ~** j-m eine Injektion geben; **to have an ~** eine Spritze bekommen; **a £250 million cash ~** eine Finanzspritze von 250 Millionen Pfund
in-joke s **it's an ~** das ist ein Witz für Insider
injudicious adj, **injudiciously** [ˌɪndʒʊˈdɪʃəs, -lɪ] adv unklug

injunction [ɪnˈdʒʌŋkʃən] s JUR gerichtliche Verfügung; **to take out a court ~** eine gerichtliche Verfügung erwirken

injure [ˈɪndʒəʳ] v/t verletzen; *j-s Ruf* schaden (+*dat*); **to be ~d** verletzt sein; **to ~ one's leg** sich (*dat*) das Bein verletzen; **how many were ~d?, how many ~d were there?** wie viele Verletzte gab es?; **the ~d** die Verletzten *pl*; **the ~d party** JUR der/die Geschädigte

injurious [ɪnˈdʒʊərɪəs] *adj* schädlich

injury [ˈɪndʒərɪ] s Verletzung *f* (**to** +*gen*); **to do sb/oneself an ~** j-n/sich verletzen; SPORT **to play ~ time** *Br* nachspielen

injustice [ɪnˈdʒʌstɪs] s Ungerechtigkeit *f*; **to do sb an ~** j-m unrecht tun

ink [ɪŋk] s Tinte *f*; KUNST Tusche *f*; TYPO Druckfarbe *f*; **to write in red ink** mit roter Tinte schreiben

ink drawing s Tuschzeichnung *f*

ink-jet (printer) s Tintenstrahldrucker *m*

inkling [ˈɪŋklɪŋ] s dunkle Ahnung; **he didn't have an ~** er hatte nicht die leiseste Ahnung

ink pad s Stempelkissen *n*

inlaid [ɪnˈleɪd] *adj* eingelegt

inland [ˈɪnlænd] **A** *adj* binnenländisch; **~ town** Stadt *f* im Landesinneren; **~ waterway** Binnenwasserstraße *f* **B** *adv* landeinwärts

inland lake s Binnensee *m*

Inland Revenue *Br* s ≈ Finanzamt *n*

inland sea s Binnenmeer *n*

inlaw [ˈɪnlɔː] s angeheirateter Verwandter, angeheiratete Verwandte; **~s** Schwiegereltern *pl*

inlay [ˈɪnleɪ] s Einlegearbeit *f*, Intarsien *pl*

inlet [ˈɪnlet] s **1** Meeresarm *m*, Flussarm *m* **2** TECH Zuleitung *f*

in-line skates [ˈɪnlaɪnˌskeɪts] *pl* Inlineskates *pl*

in-line skating s Inlineskaten *n*

inmate [ˈɪnmeɪt] s Insasse *m*, Insassin *f*

inmost [ˈɪnməʊst] *adj* → innermost

inn [ɪn] s Gasthaus *n*

innards [ˈɪnədz] *pl* Innereien *pl*

innate [ɪˈneɪt] *adj* angeboren

innately [ɪˈneɪtlɪ] *adv* von Natur aus

inner [ˈɪnəʳ] *adj* innere(r, s); **~ city** Innenstadt *f* (*meistens innerstädtische Bezirke mit vielen sozialen Problemen*)

inner-city *adj* 〈*attr*〉 Innenstadt-, in den Innenstädten; *Probleme* der Innenstadt/der Innenstädte

innermost *adj* innerste(r, s)

inner tube s Schlauch *m*

innings [ˈɪnɪŋz] s 〈*pl* -〉 *Kricket* Innenrunde *f*; **he has had a good ~** er hatte ein langes, ausgefülltes Leben

innkeeper [ˈɪnˌkiːpəʳ] s (Gast)wirt(in) *m(f)*

innocence [ˈɪnəsəns] s Unschuld *f*

innocent [ˈɪnəsənt] **A** *adj* **1** unschuldig; **she is ~ of the crime** sie ist an dem Verbrechen unschuldig **2** *Frage* naiv; *Bemerkung* arglos **B** s Unschuld *f*

innocently [ˈɪnəsəntlɪ] *adv* unschuldig; **the quarrel began ~ enough** der Streit begann ganz harmlos

innocuous *adj*, **innocuously** [ɪˈnɒkjʊəs, -lɪ] *adv* harmlos

innovate [ˈɪnəʊveɪt] v/i Neuerungen einführen

innovation [ˌɪnəʊˈveɪʃən] s Innovation *f*

innovative [ˈɪnəˈveɪtɪv] *adj* innovativ; *Idee* originell

innovator [ˈɪnəʊveɪtəʳ] s Neuerer *m*, Neuerin *f*

innuendo [ˌɪnjʊˈendəʊ] s 〈*pl* -es〉 versteckte Andeutung; **sexual ~** sexuelle Anspielung

innumerable [ɪˈnjuːmərəbl] *adj* unzählig

inoculate [ɪˈnɒkjʊleɪt] v/t impfen (**against** gegen)

inoculation [ɪˌnɒkjʊˈleɪʃən] s Impfung *f*

inoffensive [ˌɪnəˈfensɪv] *adj* harmlos

inoperable [ɪnˈɒpərəbl] *adj* inoperabel

inoperative [ɪnˈɒpərətɪv] *adj* **1** *Gesetz* außer Kraft **2** **to be ~** *Maschine* nicht funktionieren

inopportune [ɪnˈɒpətjuːn] *adj* inopportun; **to be ~** ungelegen kommen

inordinate [ɪˈnɔːdɪnɪt] *adj* unmäßig; *Zahl, Summe* übermäßig; *Nachfrage* übertrieben

inordinately [ɪˈnɔːdɪnɪtlɪ] *adv* unmäßig; *groß* übermäßig

inorganic [ˌɪnɔːˈgænɪk] *adj* anorganisch

inpatient [ˈɪnpeɪʃnt] s stationär behandelter Patient/behandelte Patientin

input [ˈɪnpʊt] **A** s **1** *in Computer* Eingabe *f*; *von Kapital* Investition *f*; *zu Projekt etc* Beitrag *m* **2** (≈ *Terminal*) Eingang *m* **B** v/t IT eingeben

inquest [ˈɪnkwest] s JUR gerichtliche Untersuchung der Todesursache; *fig* Manöverkritik *f*

inquire [ɪnˈkwaɪəʳ] **A** v/t sich erkundigen nach; **he ~d whether …** er erkundigte sich, ob … **B** v/i sich erkundigen (**about** nach); **"inquire within"** "Näheres im Geschäft"

phrasal verbs mit inquire:

inquire about, inquire after v/i 〈+*obj*〉 sich erkundigen nach

inquire into v/i 〈+*obj*〉 untersuchen

inquiring [ɪnˈkwaɪərɪŋ] *adj* fragend; *Geist* forschend

inquiry [ɪnˈkwaɪərɪ, *US* ˈɪnkwɪrɪ] s **1** Anfrage *f* (**about** über +*akk*); *nach dem Weg etc* Erkundigung *f* (**about** über +*akk od* nach); **to make inquiries** Erkundigungen einziehen; *Polizei* Nachforschungen anstellen (**about sb** über j-n *od* **about sth** nach etw); **he is helping the police with their inquiries** *euph* er wird von der Polizei vernommen **2** Untersuchung *f*; **to hold an ~ into the cause of the accident** eine Unter-

suchung der Unfallursache durchführen
inquisitive [ɪnˈkwɪzɪtɪv] *adj* neugierig
inroad [ˈɪnrəʊd] *fig s* **the Chinese are making ~s into the British market** die Chinesen dringen in den britischen Markt ein
insane [ɪnˈseɪn] **A** *adj wörtl* geisteskrank; *fig umg* wahnsinnig; **to drive sb ~** *wörtl* j-n um den Verstand bringen; *fig umg* j-n wahnsinnig machen **B** *pl* **the ~** die Geisteskranken *pl*
insanely [ɪnˈseɪnlɪ] *adv* irrsinnig
insanitary [ɪnˈsænɪtərɪ] *adj* unhygienisch
insanity [ɪnˈsænɪtɪ] *s* Wahnsinn *m*
insatiable [ɪnˈseɪʃəbl] *adj* unersättlich
inscribe [ɪnˈskraɪb] *v/t* **1** auf Ring etc eingravieren (etw in etw, **sth on sth** *akk*); *in Stein, Holz* einmeißeln (etw in etw, **sth on sth** *akk*) **2** *Buch* eine Widmung schreiben in (+*akk*); **a watch, ~d ...** eine Uhr mit der Widmung ...
inscription [ɪnˈskrɪpʃən] *s* **1** Inschrift *f*; *auf Münze* Aufschrift *f* **2** *in Buch* Widmung *f*
inscrutable [ɪnˈskruːtəbl] *adj* unergründlich (**to** für)
insect [ˈɪnsekt] *s* Insekt *n*
insect bite *s* Insektenstich *m*
insecticide [ɪnˈsektɪsaɪd] *s* Insektengift *n*, Insektizid *n form*
insect repellent *s* Insektenschutzmittel *n*
insecure [ˌɪnsɪˈkjʊəʳ] *adj* **1** unsicher; **if they feel ~ in their jobs** wenn sie sich in ihrem Arbeitsplatz nicht sicher fühlen **2** *Leiter etc* ungesichert
insecurity [ˌɪnsɪˈkjʊərɪtɪ] *s* Unsicherheit *f*
inseminate [ɪnˈsemɪneɪt] *v/t* befruchten; *Vieh* besamen
insemination [ɪnˌsemɪˈneɪʃən] *s* Befruchtung *f*; *von Vieh* Besamung *f*
insensitive [ɪnˈsensɪtɪv] *adj* **1** gefühllos; *Bemerkung* taktlos; **to be ~ to** *od* **about sb's feelings** auf j-s Gefühle keine Rücksicht nehmen **2** unempfänglich **3** unempfindlich (**to** gegen); **~ to pain** schmerzunempfindlich
insensitivity [ɪnˌsensɪˈtɪvɪtɪ] *s* Gefühllosigkeit *f* (**towards** gegenüber); *von Bemerkung* Taktlosigkeit *f*
inseparable [ɪnˈsepərəbl] *adj* untrennbar; *Freunde* unzertrennlich; **these two issues are ~** diese beiden Fragen sind untrennbar miteinander verbunden
inseparably [ɪnˈsepərəblɪ] *adv* untrennbar
insert [ɪnˈsɜːt] **A** *v/t* hineinstecken, hineinlegen, einfügen; *Münze* einwerfen; IT *CD* einlegen; **to ~ sth in(to) sth** etw in etw (*akk*) stecken, etw in etw (*akk*) hineinlegen, etw in etw (*akk*) einfügen **B** [ˈɪnsɜːt] *s in Buch* Einlage *f*; (≈ *Werbung*) Inserat *n*
insertion [ɪnˈsɜːʃən] *s* Hineinstecken *n*, Hineinlegen *n*, Einfügen *n*
insert key *s* COMPUT Einfügetaste *f*
in-service [ˈɪn,sɜːvɪs] *adj* 〈*attr*〉 **~ training** (berufsbegleitende) Fortbildung
inshore [ˈɪnˈʃɔːʳ] **A** *adj* Küsten- **B** *adv* in Küstennähe
inside [ˈɪnˈsaɪd] **A** *s* **1** Innere(s) *n*, Innenseite *f*; **you'll have to ask someone on the ~** Sie müssen einen Insider *od* Eingeweihten fragen; **locked from** *od* **on the ~** von innen verschlossen; **the wind blew the umbrella ~ out** der Wind hat den Schirm umgestülpt; **your sweater's ~ out** du hast deinen Pullover links herum an; **to turn sth ~ out** etw umdrehen; **to know sth ~ out** etw in- und auswendig kennen **2** *umg a.* **~s** Eingeweide *n* **B** *adj* Innen-, innere(r, s); **~ leg measurement** innere Beinlänge; **~ pocket** Innentasche *f* **C** *adv* innen, drin(nen); *Richtungsangabe* nach innen, hinein, herein; **look ~** sehen Sie hinein, sehen Sie innen nach; **come ~!** kommen Sie herein!; **let's go ~** gehen wir hinein; **I heard music coming from ~** ich hörte von innen Musik; **to be ~** *umg in Gefängnis* sitzen *umg* **D** *präp* **1** *bes US a.* **~ of** innen in (+*dat*); *Richtungsangabe* in (+*akk*) ... (hinein); **to get ~ the car** ins Auto einsteigen; **don't let him come ~ the house** lassen Sie ihn nicht ins Haus (herein); **he was waiting ~ the house** er wartete im Haus **2** *zeitlich* innerhalb
inside information *s* Insiderinformationen *pl*
inside lane *s* SPORT Innenbahn *f*; AUTO Innenspur *f*
insider [ɪnˈsaɪdəʳ] *s* Insider(in) *m(f)*
insider dealing, insider trading *s* FIN Insiderhandel *m*
insidious, insidiously [ɪnˈsɪdɪəs, -lɪ] *adv* heimtückisch
insight [ˈɪnsaɪt] *s* **1** 〈*kein pl*〉 Verständnis *n*; **his ~ into my problems** sein Verständnis für meine Probleme **2** Einblick *m* (**into** in +*akk*); **to gain (an) ~ into sth** (einen) Einblick in etw gewinnen
insignia [ɪnˈsɪɡnɪə] *pl* Insignien *pl*
insignificance [ˌɪnsɪɡˈnɪfɪkəns] *s* Bedeutungslosigkeit *f*
insignificant *adj* unbedeutend
insincere [ˌɪnsɪnˈsɪəʳ] *adj* unaufrichtig
insincerity [ˌɪnsɪnˈserɪtɪ] *s* Unaufrichtigkeit *f*
insinuate [ɪnˈsɪnjʊeɪt] *v/t* andeuten (**sth to sb** etw j-m gegenüber); **what are you insinuating?** was wollen Sie damit sagen?
insinuation [ɪnˌsɪnjʊˈeɪʃən] *s* Anspielung *f* (**about** auf +*akk*); **he objected strongly to any ~ that ...** er wehrte sich heftig gegen jede Andeutung, dass ...
insipid [ɪnˈsɪpɪd] *adj* fade; *Farbe* langweilig, fad

österr

insist [ɪnˈsɪst] **A** v/i **to ~ on sth** auf etw (akk) bestehen; **I ~!** ich bestehe darauf!; **if you ~** wenn Sie darauf bestehen; **he ~s on his innocence** er behauptet beharrlich, unschuldig zu sein; **to ~ on a point** auf einem Punkt beharren; **to ~ on doing sth** darauf bestehen, etw zu tun; **he will ~ on calling her by the wrong name** er redet sie beharrlich beim falschen Namen an **B** v/t **to ~ that ...** darauf beharren od bestehen, dass ...; **he ~s that he is innocent** er behauptet beharrlich, unschuldig zu sein

insistence [ɪnˈsɪstəns] s Bestehen n (**on** auf +dat); **I did it at his ~** ich tat es auf sein Drängen

insistent [ɪnˈsɪstənt] adj **1** *Mensch* hartnäckig; *Vertreter* aufdringlich; **he was most ~ about it** er bestand hartnäckig darauf **2** *Forderung* nachdrücklich

insistently [ɪnˈsɪstəntlɪ] adv mit Nachdruck

insofar [ˌɪnsəʊˈfɑːʳ] adv **~ as** soweit

insole [ˈɪnsəʊl] s Einlegesohle f

insolence [ˈɪnsələns] s Unverschämtheit f

insolent adj, **insolently** [ˈɪnsələnt, -lɪ] adv unverschämt

insoluble [ɪnˈsɒljʊbl] adj **1** *Substanz* unlöslich **2** *Problem* unlösbar

insolvency [ɪnˈsɒlvənsɪ] s Zahlungsunfähigkeit f

insolvency proceedings pl ECON Insolvenzverfahren n

insolvent [ɪnˈsɒlvənt] adj zahlungsunfähig

insomnia [ɪnˈsɒmnɪə] s Schlaflosigkeit f

insomniac [ɪnˈsɒmnɪæk] s **to be an ~** an Schlaflosigkeit leiden

insomuch [ˌɪnsəʊˈmʌtʃ] adv → inasmuch

inspect [ɪnˈspekt] v/t prüfen; *Schule etc* inspizieren; **to ~ sth for sth** etw auf etw (akk) (hin) prüfen od kontrollieren

inspection [ɪnˈspekʃən] s Prüfung f; *von Schule etc* Inspektion f; **to make an ~ of sth** etw kontrollieren od prüfen; *Schule etc* etw inspizieren; **on ~** bei näherer Betrachtung

inspector [ɪnˈspektəʳ] s *im Bus* Kontrolleur(in) m(f), Konducteur(in) m(f) *schweiz*; *von Schulen* Schulrat m, Schulrätin f; *von Polizei* Polizeiinspektor(in) m(f); *höher* Kommissar(in) m(f)

inspiration [ˌɪnspəˈreɪʃən] s Inspiration f (**for** zu, für); **he gets his ~ from ...** er lässt sich von ... inspirieren; **his courage has been an ~ to us all** sein Mut hat uns alle inspiriert

inspirational [ˌɪnspəˈreɪʃənl] adj inspirativ

inspire [ɪnˈspaɪəʳ] v/t **1** Respekt einflößen (**in sb** j-m); Hoffnungen (er)wecken (**in** in +dat); Hass hervorrufen (**in** bei) **2** j-n inspirieren; **the book was ~d by a real person** die Inspiration zu dem Buch kommt von einer wirklichen Person

inspired [ɪnˈspaɪəd] adj genial; *Vortragskünstler* inspiriert; **it was an ~ choice** das war genial gewählt

inspiring [ɪnˈspaɪərɪŋ] adj inspirierend

instability [ˌɪnstəˈbɪlɪtɪ] s Instabilität f

install [ɪnˈstɔːl] v/t installieren; *Badezimmer* einbauen; *j-n* (in ein Amt) einführen; **to have electricity ~ed** ans Elektrizitätsnetz angeschlossen werden

installation [ˌɪnstəˈleɪʃən] s **1** Installation f; *von Telefon* Anschluss m; *von Küche etc* Einbau m; **~ program** IT Installationsprogramm n **2** (≈ *Maschinen*) Anlage f

installation assistant, **installation wizard** s IT Installationsassistent m

installer [ɪnˈstɔːləʳ] s Installateur(in) m(f)

installment plan US s Ratenzahlung f; **to buy on the ~** auf Raten kaufen

instalment [ɪnˈstɔːlmənt] s, **installment** US s **1** Fortsetzung f; RADIO, TV (Sende)folge f **2** FIN, HANDEL Rate f; **monthly ~** Monatsrate f; **to pay in** od **by ~s** in Raten od ratenweise bezahlen

instance [ˈɪnstəns] s Beispiel n, Fall m; **for ~** zum Beispiel; **in the first ~** zunächst (einmal)

instant [ˈɪnstənt] **A** adj **1** unmittelbar **2** GASTR Instant-; **~ mashed potatoes** fertiger Kartoffelbrei **B** s Augenblick m; **this ~** auf der Stelle; **it was all over in an ~** in einem Augenblick war alles vorbei; **he left the ~ he heard the news** er ging sofort, als er die Nachricht hörte

instant access s FIN, IT sofortiger Zugriff (**to** auf +akk)

instantaneous [ˌɪnstənˈteɪnɪəs] adj unmittelbar; **death was ~** der Tod trat sofort ein

instantaneously [ˌɪnstənˈteɪnɪəslɪ] adv sofort

instant coffee s Pulverkaffee m

instant message s INTERNET Instant Message f

instant messaging s INTERNET Instant Messaging n

instant replay s TV Wiederholung f

instantly [ˈɪnstəntlɪ] adv sofort

instead [ɪnˈsted] **A** präp **~ of** statt (+gen od umg dat), anstelle von; **~ of going to school** (an)statt zur Schule zu gehen; **~ of that** stattdessen; **his brother came ~ of him** sein Bruder kam an seiner Stelle **B** adv stattdessen; **if he doesn't want to go, I'll go ~** wenn er nicht gehen will, gehe ich (stattdessen)

instep [ˈɪnstep] s ANAT Spann m

instigate [ˈɪnstɪgeɪt] v/t anstiften; *Gewalt* aufrufen zu; *Reform etc* initiieren

instigation [ˌɪnstɪˈgeɪʃən] s **at sb's ~** auf j-s Veranlassung

instigator [ˈɪnstɪɡeɪtə^r] s zu Verbrechen Anstifter(in) m(f); von Reform Initiator(in) m(f)
instil [ɪnˈstɪl] v/t, **instill** US v/t einflößen (**into sb** j-m); Wissen, Disziplin beibringen (**into sb** j-m)
instinct [ˈɪnstɪŋkt] s Instinkt m; **the survival ~** der Überlebenstrieb; **by** od **from ~** instinktiv; **to follow one's ~s** sich auf seinen Instinkt verlassen
instinctive adj, **instinctively** [ɪnˈstɪŋktɪv, -lɪ] adv instinktiv
institute [ˈɪnstɪtjuːt] **A** v/t **1** Reformen einführen; Suche einleiten **2** JUR Untersuchung einleiten; Verfahren anstrengen (**against** gegen) **B** s Institut n; **Institute of Technology** technische Hochschule; **women's ~** Frauenverein m
institution [ˌɪnstɪˈtjuːʃən] s Institution f, Anstalt f
institutional [ˌɪnstɪˈtjuːʃənl] adj institutionell; **~ care** Anstaltspflege f
institutionalized [ˌɪnstɪˈtjuːʃənəlaɪzd] adj institutionalisiert
in-store [ˈɪnstɔː^r] adj ⟨attr⟩ im Laden; **an ~ bakery** eine Bäckerei innerhalb der Anlage
instruct [ɪnˈstrʌkt] v/t **1** unterrichten **2** anweisen, die Anweisung erteilen (+dat)
instruction [ɪnˈstrʌkʃən] s **1** Unterricht m **2** Anweisung f (**on, for** zu); **what were your ~s?** welche Instruktionen od Anweisungen hatten Sie?; **to follow ~s** Anweisungen befolgen; **~s for use** Gebrauchsanweisung f; **~ manual** TECH Bedienungsanleitung f
instructive [ɪnˈstrʌktɪv] adj instruktiv
instructor [ɪnˈstrʌktə^r] s Lehrer(in) m(f); US Dozent(in) m(f)
instructress [ɪnˈstrʌktrɪs] s Lehrerin f; US Dozentin f
instrument [ˈɪnstrʊmənt] s **1** Instrument n **2** fig Werkzeug n
instrumental [ˌɪnstrʊˈmentl] adj **1** Rolle entscheidend; **to be ~ in sth** bei etw eine entscheidende Rolle spielen **2** MUS Instrumental-; **~ music/version** Instrumentalmusik f/-version f
instrumentalist [ˌɪnstrʊˈmentəlɪst] s Instrumentalist(in) m(f)
instrumentation [ˌɪnstrʊmenˈteɪʃən] s Instrumentation f
instrument panel s FLUG Instrumententafel f; AUTO Armaturenbrett n
insubordinate [ˌɪnsəˈbɔːdənɪt] adj aufsässig
insubordination [ˈɪnsəˌbɔːdɪˈneɪʃən] s Aufsässigkeit f
insubstantial [ˌɪnsəbˈstænʃəl] adj wenig substanziell; Anschuldigung gegenstandslos; Summe gering(fügig); Mahlzeit dürftig
insufferable adj, **insufferably** [ɪnˈsʌfərəbl, -lɪ] adv unerträglich
insufficient [ˌɪnsəˈfɪʃənt] adj nicht genügend; **~ evidence** Mangel m an Beweisen; **~ funds** FIN mangelnde Deckung
insufficiently [ˌɪnsəˈfɪʃəntlɪ] adv unzulänglich
insular [ˈɪnsjələ^r] adj engstirnig
insulate [ˈɪnsjʊleɪt] wörtl v/t isolieren
insulating material [ˈɪnsjʊleɪtɪŋ] s Isoliermaterial n
insulating tape s Isolierband n
insulation [ˌɪnsjʊˈleɪʃən] wörtl v/t Isolierung f, Isoliermaterial n
insulin [ˈɪnsjʊlɪn] s Insulin® n
insult A [ɪnˈsʌlt] v/t beleidigen **B** [ˈɪnsʌlt] s Beleidigung f; **an ~ to my intelligence** eine Beleidigung meiner Intelligenz; **to add ~ to injury** das Ganze noch schlimmer machen
insulting [ɪnˈsʌltɪŋ] adj beleidigend; Frage unverschämt; **he was very ~ to her** er hat sich ihr gegenüber sehr beleidigend geäußert
insultingly [ɪnˈsʌltɪŋlɪ] adv beleidigend; sich verhalten in beleidigender Weise
insurance [ɪnˈʃʊərəns] s ⟨kein pl⟩ Versicherung f; **to take out ~** eine Versicherung abschließen (**against** gegen)
insurance broker s Versicherungsmakler(in) m(f)
insurance company s Versicherungsgesellschaft f
insurance policy s Versicherungspolice f; **to take out an ~** eine Versicherung abschließen
insurance premium s Versicherungsprämie f
insure [ɪnˈʃʊə^r] v/t versichern (lassen) (**against** gegen); **he ~d his house contents for £10,000** er schloss eine Hausratsversicherung über £ 10.000 ab; **to ~ one's life** eine Lebensversicherung abschließen
insured adj versichert (**by, with** bei); **~ against fire** feuerversichert
insurer [ɪnˈʃʊərə^r] s Versicherer m
insurgent [ɪnˈsɜːdʒənt] s Aufständische(r) m/f(m)
insurmountable [ˌɪnsəˈmaʊntəbl] adj unüberwindlich
insurrection [ˌɪnsəˈrekʃən] s Aufstand m
intact [ɪnˈtækt] adj intakt; **not one window was left ~** kein einziges Fenster blieb ganz od heil; **his confidence remained ~** sein Vertrauen blieb ungebrochen od unerschüttert
intake [ˈɪnteɪk] s **1 food ~** Nahrungsaufnahme f; **(sharp) ~ of breath** (plötzlicher) Atemzug **2** SCHULE von Asylbewerbern etc Aufnahme f
intangible [ɪnˈtændʒəbl] adj unbestimmbar
integral [ˈɪntɪɡrəl] adj wesentlich; **to be ~ to sth** ein wesentlicher Bestandteil einer Sache (gen) sein
integrate [ˈɪntɪɡreɪt] v/t integrieren; **to ~ sb/sth**

into od **with sth** j-n/etw in etw (akk) integrieren; **to ~ sth with sth** etw auf etw (akk) abstimmen

integrated adj integriert; Plan einheitlich; Schule ohne Rassentrennung

integration [ˌɪntɪˈɡreɪʃən] s Integration f (**into** in +akk); (**racial**) **~** Rassenintegration f

integration policy s Integrationspolitik f

integrity [ɪnˈtegrɪtɪ] s **1** Integrität f **2** Einheit f

intellect [ˈɪntɪlekt] s Intellekt m

intellectual [ˌɪntɪˈlektjʊəl] **A** adj intellektuell; Freiheit, Eigentum geistig **B** s Intellektuelle(r) m/f(m)

intelligence [ɪnˈtelɪdʒəns] s **1** Intelligenz f **2** Informationen pl **3** MIL etc Nachrichtendienst m

intelligence service s POL Nachrichtendienst m

intelligent adj, **intelligently** [ɪnˈtelɪdʒənt, -lɪ] adv intelligent

intelligentsia [ɪnˌtelɪˈdʒentsɪə] s Intelligenz f

intelligible [ɪnˈtelɪdʒəbl] adj verständlich (**to sb** für j-n)

intend [ɪnˈtend] v/t beabsichtigen; **I ~ed no harm** es war (von mir) nicht böse gemeint, ich hatte nichts Böses beabsichtigt; **it was ~ed as a compliment** das sollte ein Kompliment sein; **I wondered what he ~ed by that remark** ich fragte mich, was er mit dieser Bemerkung beabsichtigte; **this park is ~ed for the general public** dieser Park ist für die Öffentlichkeit bestimmt; **I ~ to leave next year** ich beabsichtige od habe vor, nächstes Jahr zu gehen; **what do you ~ to do about it?** was beabsichtigen Sie, dagegen zu tun?; **this is ~ed to help me** das soll mir helfen; **did you ~ that to happen?** hatten Sie das beabsichtigt?

intended A adj Wirkung beabsichtigt; Opfer ausgeguckt; Ziel anvisiert **B** s **my ~** umg mein Zukünftiger umg, meine Zukünftige umg

intense [ɪnˈtens] adj intensiv; Enttäuschung bitter; Druck enorm; Freude riesig; Hitze ungeheuer; Verlangen brennend; Wettstreit, Kämpfe, Spekulation heftig; Hass rasend; Mensch ernsthaft

intensely [ɪnˈtenslɪ] adv **1** äußerst; **I dislike it ~** ich kann es absolut nicht ausstehen **2** starren, studieren intensiv

intensification [ɪnˌtensɪfɪˈkeɪʃən] s Intensivierung f

intensify [ɪnˈtensɪfaɪ] **A** v/t intensivieren; Ängste verstärken; Konflikt verschärfen **B** v/i zunehmen

intensity [ɪnˈtensɪtɪ] s Intensität f

intensive [ɪnˈtensɪv] adj intensiv, Intensiv-; **to be in ~ care** MED auf der Intensivstation sein; **~ care medicine** Intensivmedizin f; **~ care unit** Intensivstation f; **~ farming** intensive Landwirtschaft

intensively [ɪnˈtensɪvlɪ] adv intensiv

intent [ɪnˈtent] **A** s Absicht f; **to all ~s and purposes** im Grunde **B** adj **1** Blick durchdringend **2 to be ~ on achieving sth** fest entschlossen sein, etw zu erreichen; **they were ~ on winning** sie wollten unbedingt gewinnen

intention [ɪnˈtenʃən] s Absicht f; **what was your ~ in publishing the article?** mit welcher Absicht haben Sie den Artikel veröffentlicht?; **it is my ~ to punish you severely** ich beabsichtige, Sie streng zu bestrafen; **I have every ~ of doing it** ich habe die feste Absicht, das zu tun; **to have no ~ of doing sth** nicht die Absicht haben, etw zu tun; **with the best of ~s** in der besten Absicht; **with the ~ of ...** in der Absicht zu ...

intentional [ɪnˈtenʃənl] adj absichtlich

intentionally [ɪnˈtenʃnəlɪ] adv absichtlich

intently [ɪnˈtentlɪ] adv konzentriert

inter [ɪnˈtɜːʳ] form v/t bestatten

inter- [ˈɪntəʳ-] präf zwischen-, Zwischen-, inter-, Inter-; **interpersonal** zwischenmenschlich

interact [ˌɪntərˈækt] v/i aufeinanderwirken; PSYCH, SOZIOL interagieren

interaction [ˌɪntərˈækʃən] s gegenseitige Einwirkung; PSYCH, SOZIOL Interaktion f

interactive [ˌɪntərˈæktɪv] adj interaktiv

interbreed [ˈɪntəˈbriːd] v/i sich untereinander vermehren, sich kreuzen

intercede [ˌɪntəˈsiːd] v/i sich einsetzen (**with** bei od für, **for, on behalf of** für); bei Streit vermitteln

intercept [ˌɪntəˈsept] v/t abfangen; **they ~ed the enemy** sie schnitten dem Feind den Weg ab

intercession [ˌɪntəˈseʃən] s Fürsprache f; bei Streit Vermittlung f

interchange [ˈɪntəˌtʃeɪndʒ] s **1** von Straßen Kreuzung f, (Autobahn)kreuz n **2** Austausch m

interchangeable [ˌɪntəˈtʃeɪndʒəbl] adj austauschbar

interchangeably [ˌɪntəˈtʃeɪndʒəblɪ] adv **they are used ~** sie können ausgetauscht werden

intercity [ˌɪntəˈsɪtɪ] adj Intercity-

intercity bus s Fernbus m

intercom [ˈɪntəkɒm] s (Gegen)sprechanlage f; SCHIFF, FLUG Bordverständigungsanlage f

interconnect [ˌɪntəkəˈnekt] **A** v/t **~ed events** zusammenhängende Ereignisse **B** v/i in Zusammenhang stehen

intercontinental [ˈɪntəˌkɒntɪˈnentl] adj interkontinental, Interkontinental-

intercourse [ˈɪntəkɔːs] s Verkehr m; (**sexual**) **~** (Geschlechts)verkehr m

intercultural [ˌɪntəˈkʌltʃərəl] *adj* interkulturell

interdental [ˌɪntəˈdentl, *US* ˌɪntərˈdentl] *adj* MED, LING interdental; **~ brush**, **~ toothbrush** zur Zahnpflege Interdentalbürste *f*, Interdentalzahnbürste *f*

interdepartmental [ˈɪntəˌdiːpɑːˈtmentl] *adj Beziehungen* zwischen den Abteilungen; *Ausschuss* abteilungsübergreifend

interdependent [ˌɪntədɪˈpendənt] *adj* wechselseitig voneinander abhängig

interdisciplinary [ˌɪntədɪsɪˈplɪnərɪ] *adj* fächerübergreifend, interdisziplinär

interest [ˈɪntrɪst] **A** *s* **1** Interesse *n* (**in** für); **do you have any ~ in chess?** interessieren Sie sich für Schach?; **to take an ~ in sb/sth** sich für j-n/etw interessieren; **to show (an) ~ in sb/sth** Interesse für j-n/etw zeigen; **is it of any ~ to you?** sind Sie daran interessiert?; **he has lost ~** er hat das Interesse verloren; **his ~s are ...** er ist interessiert sich für ...; **in the ~(s) of sth** im Interesse einer Sache (*gen*) **2** ⟨*kein pl*⟩ FIN Zinsen *pl* **3** HANDEL Anteil *m*; **German ~s in Africa** deutsche Interessen *pl* in Afrika **B** *v/t* interessieren (**in** für, **an** +*dat*); **to ~ sb** j-n interessieren, bei j-m Interesse wecken; **to ~ sb in doing sth** j-n dafür interessieren, etw zu tun; **can I ~ you in a drink?** kann ich Sie zu etwas Alkoholischem überreden?

interested [ˈɪntrɪstɪd] *adj* **1** interessiert (**in** an +*dat*); **I'm not ~** das interessiert mich nicht; **to be ~ in sb/sth** sich für j-n/etw interessieren, an j-m/etw interessiert sein; **I'm going to the movies, are you ~ (in coming)?** ich gehe ins Kino, haben Sie Lust mitzukommen?; **I'm selling my car, are you ~?** ich verkaufe meinen Wagen, sind Sie interessiert?; **the company is ~ in expanding its sales** die Firma hat Interesse daran *od* ist daran interessiert, ihren Absatz zu vergrößern; **to get ~** sich interessieren; **to get ~ (in sth)** j-n (für etw) interessieren **2** **he is an ~ party** er ist befangen, er ist daran beteiligt

interest-free *adj & adv* zinslos

interest group *s* Interessengruppe *f*

interesting [ˈɪntrɪstɪŋ] *adj* interessant; **the ~ thing about it is that ...** das Interessante daran ist, dass ...

interestingly [ˈɪntrɪstɪŋlɪ] *adv* **~ enough, I saw him yesterday** interessanterweise habe ich ihn gestern gesehen

interest rate *s* FIN Zinssatz *m*

interface [ˈɪntəfeɪs] *s* **1** Grenzfläche *f* **2** IT Schnittstelle *f*; **USB ~** USB-Schnittstelle

interfere [ˌɪntəˈfɪə*] *v/i* sich einmischen (**in** in +*akk*); *an Maschinen*, *Eigentum* sich zu schaffen machen (**with** an +*dat*); *euph sexuell* sich vergehen (**with** an +*dat*); **don't ~ with the machine** lass die Finger von der Maschine; **to ~ with sth** etw stören; *j-s Arbeit a.* etw beeinträchtigen; **to ~ with sb's plans** j-s Pläne durchkreuzen

interference [ˌɪntəˈfɪərəns] *s* **1** Einmischung *f* **2** RADIO, TV Störung *f* (**with** +*gen*)

interfering [ˌɪntəˈfɪərɪŋ] *adj* sich ständig einmischend

intergovernmental [ˌɪntəɡʌvənˈmentl] *adj* zwischenstaatlich

interim [ˈɪntərɪm] **A** *s* Zwischenzeit *f*; **in the ~** in der Zwischenzeit **B** *adj* vorläufig; **~ agreement** Übergangsabkommen *n*; **~ phase** Übergangsphase *f*; **~ report** Zwischenbericht *m*; **~ government** Übergangsregierung *f*

interior [ɪnˈtɪərɪə*] **A** *adj* Innen-; **~ minister** Innenminister(in) *m(f)*; **~ ministry** Innenministerium *n* **B** *s* **1** *von Land* Innere(s) *n*; *von Haus* Innenausstattung *f*; **Department of the Interior** *US* Innenministerium *n*; **the ~ of the house has been newly decorated** das Haus ist innen neu gemacht **2** FOTO Innenaufnahme *f*

interior decoration *s* Innenausstattung *f*

interior decorator *s* Innenausstatter(in) *m(f)*

interior design *s* Innenarchitektur *f*

interior designer *s* Innenarchitekt(in) *m(f)*

interior monologue *s* LIT innerer Monolog (*Erzähltext in der ersten Person, der die Gedanken eines Charakters wiedergibt; häufig ohne erkennbare chronologische oder thematische Ordnung*)

interject [ˌɪntəˈdʒekt] *v/t* einwerfen

interjection [ˌɪntəˈdʒekʃən] *s* Ausruf *m*; (≈ *Bemerkung*) Einwurf *m*

interlink [ˌɪntəˈlɪŋk] *v/i* ineinanderhängen; *fig Theorien etc* zusammenhängen

interlock [ˌɪntəˈlɒk] *v/i* ineinandergreifen

interlocutor [ˌɪntəˈlɒkjʊtə*] *s* Gesprächspartner(in) *m(f)*

interloper [ˈɪntələʊpə*] *s* Eindringling *m*

interlude [ˈɪntəluːd] *s* Periode *f*; THEAT Pause *f*, Zwischenspiel *n*; MUS Interludium *n*

intermarry [ˌɪntəˈmærɪ] *v/i* untereinander heiraten

intermediary [ˌɪntəˈmiːdɪərɪ] **A** *s* (Ver)mittler(in) *m(f)* **B** *adj* **1** mittlere(r, s) **2** vermittelnd

intermediate [ˌɪntəˈmiːdɪət] *adj* Zwischen-; *Sprachkurs etc* für fortgeschrittene Anfänger; **~ stage** Zwischenstadium *n*; **the ~ stations** die dazwischenliegenden Bahnhöfe; **an ~ student** ein fortgeschrittener Anfänger, eine fortgeschrittene Anfängerin

interment [ɪnˈtɜːmənt] *s* Beerdigung *f*, Bestattung *f*

interminable [ɪnˈtɜːmɪnəbl] *adj* endlos

intermingle [ˌɪntəˈmɪŋɡl] *v/i* sich mischen (**with**

unter +*akk*)
intermission [ˌɪntəˈmɪʃən] *s* THEAT, FILM Pause *f*
intermittent [ˌɪntəˈmɪtənt] *adj* periodisch auftretend
intermittently [ˌɪntəˈmɪtəntlɪ] *adv* periodisch
intern[1] [ɪnˈtɜːn] *v/t j-n* internieren
intern[2] [ˈɪntɜːn] *US s* **1** Assistenzarzt *m*/-ärztin *f* **2** Praktikant(in) *m(f)*
internal [ɪnˈtɜːnl] *adj* innere(r, s); (≈ *in Land*) Binnen-; (≈ *in Organisation*) intern; **~ call** internes *od* innerbetriebliches Gespräch; **~ flight** Inlandsflug *m*; **Internal Revenue Service** *US* Finanzamt *n*; **~ rhyme** Binnenreim *m*; **~ wall** Innenwand *f*
internal affairs *pl* innere Angelegenheiten *pl*
internal bleeding *s* innere Blutungen *pl*
internal combustion engine *s* Verbrennungsmotor *m*
internalize [ɪnˈtɜːnəlaɪz] *v/t* verinnerlichen
internally [ɪnˈtɜːnəlɪ] *adv* innen, im Inneren; (≈ *in Körper*) innerlich; (≈ *in Land*) landesintern; (≈ *in Organisation*) intern; **"not to be taken ~"** "nicht zum Einnehmen"
internal market *s* WIRTSCH Binnenmarkt *m*; *von Organisation* marktwirtschaftliche Struktur
international [ˌɪntəˈnæʃnəl] **A** *adj* international; **~ code** TEL internationale Vorwahl; **~ money order** Auslandsanweisung *f* **B** *s* **1** SPORT Länderspiel *n* **2** Nationalspieler(in) *m(f)*
International Court of Justice *s* Internationaler Gerichtshof
International Date Line *s* Datumsgrenze *f*
internationalize [ˌɪntəˈnæʃnəlaɪz] *v/t* internationalisieren
international law *s* internationales Recht
internationally [ˌɪntəˈnæʃnəlɪ] *adv* international; *konkurrieren* auf internationaler Ebene
International Monetary Fund *s* WIRTSCH Internationaler Währungsfonds
International Phonetic Alphabet *s* internationale Lautschrift
internee [ˌɪntɜːˈniː] *s* Internierte(r) *m/f(m)*
Internet [ˈɪntəˌnet] *s* **the ~** das Internet; **on the ~** im Internet; **to connect to the ~** sich ins Internet einwählen; **to surf the ~** im Internet surfen
Internet access *s* Internetzugang *m*
Internet access provider *s* Internetprovider *m*
Internet activist *s* IT, POL Netzaktivist(in) *m(f)*
Internet addiction *s* Internetsucht *f*
Internet advertising *s* Internetwerbung *f*
Internet auction *s* Internetauktion *f*
Internet banking *s* Internetbanking *n*
Internet café *s* Internetcafé *n*
Internet community *s* Netzgemeinde *f*
Internet connection *s* Internet-Anschluss *m*

intermission – interruption ▪ **379**

Internet dating *s Partnersuche im Netz* Internetdating *n*
Internet-enabled [ɪntəneten'eɪbld] *adj* internetfähig
Internet forum *s* Internetforum *n*, Webforum *n*
Internet fraud *s* Internetbetrug *m*
Internet of Things *s* IT, TECH Internet *n* der Dinge, IoT *n*
Internet platform *s* Internetplattform *f*
Internet portal *s* Internetportal *n*
Internet presence *s* Internetpräsenz *f*
Internet protocol *s* Internetprotokoll *n*
Internet-ready *adj* IT *Handy etc* internetfähig
Internet security *s* Internetsicherheit *f*
Internet service provider *s* Internet-Anbieter *m*
Internet surveillance *s* Internetüberwachung *f*
Internet telephony *s* Internettelefonie *f*
Internet video *s* Internetvideo *n*
internment [ɪnˈtɜːnmənt] *s* Internierung *f*
internship [ˈɪntɜːnʃɪp] *US s* **1** MED Medizinalpraktikum *n* **2** Praktikum *n*
interplay [ˈɪntəpleɪ] *s* Zusammenspiel *n*
interpose [ˌɪntəˈpəʊz] *v/t* **1** dazwischenstellen/-legen; **to ~ oneself between ...** sich zwischen ... (*akk*) stellen **2** *Bemerkung* einwerfen
interpret [ɪnˈtɜːprɪt] **A** *v/t* **1** dolmetschen **2** interpretieren; *Traum* deuten; **how would you ~ what he said?** wie würden Sie seine Worte verstehen *od* auffassen? **B** *v/i* dolmetschen
interpretation [ɪnˌtɜːprɪˈteɪʃən] *s* Interpretation *f*; *von Traum* Deutung *f*
interpreter [ɪnˈtɜːprɪtə] *s* **1** Dolmetscher(in) *m(f)* **2** IT Interpreter *m*
interpreting [ɪnˈtɜːprɪtɪŋ] *s* Dolmetschen *n*
interrelate [ˌɪntərɪˈleɪt] **A** *v/t* **to be ~d** zueinander in Beziehung stehen **B** *v/i* zueinander in Beziehung stehen
interrelated [ɪntərɪˈleɪtɪd] *adj Fakten* zusammenhängend
interrogate [ɪnˈterəgeɪt] *v/t* verhören
interrogation [ɪnˌterəˈgeɪʃən] *s* Verhör *n*
interrogative [ˌɪntəˈrɒgətɪv] **A** *adj* GRAM Interrogativ-; **~ pronoun/clause** Interrogativpronomen *n*/-satz *m* **B** *s* GRAM Interrogativpronomen *n*; (≈ *Modus*) Interrogativ *m*; **in the ~** in der Frageform
interrogator [ɪnˈterəgeɪtə] *s* Vernehmungsbeamte(r)/ *m* -beamtin *f form*; **my ~s** die, die mich verhören
interrupt [ˌɪntəˈrʌpt] **A** *v/t* unterbrechen **B** *v/i* unterbrechen; *bei Arbeit etc* stören; **stop ~ing!** fall mir/ihm *etc* nicht dauernd ins Wort!
interruption [ˌɪntəˈrʌpʃən] *s* Unterbrechung *f*

intersect [ˌɪntəˈsekt] *v/i* sich kreuzen; *Geometrie* sich schneiden

intersection [ˌɪntəˈsekʃən] *s von Straßen* Kreuzung *f*; *von Linien* Schnittpunkt *m*; **point of ~** Schnittpunkt *m*

intersperse [ˌɪntəˈspɜːs] *v/t* verteilen; **~d with sth** mit etw dazwischen; **a speech ~d with quotations** eine mit Zitaten gespickte Rede; **periods of sunshine ~d with showers** von Schauern unterbrochener Sonnenschein

interstate [ˌɪntəˈsteɪt] **A** *adj US* zwischen den (US-Bundes)staaten; **~ highway** Interstate Highway *m* **B** *s US* Interstate (Highway) *m*

intertwine [ˌɪntəˈtwaɪn] *v/i* sich ineinander verschlingen

interval [ˈɪntəvəl] *s* **1** *räumlich, zeitlich* Abstand *m*; **at ~s** in Abständen; **at two-weekly ~s** in Abständen von zwei Wochen; **sunny ~s** METEO Aufheiterungen *pl* **2** THEAT *etc* Pause *f*

intervene [ˌɪntəˈviːn] *v/i* intervenieren; *Ereignis* dazwischenkommen

intervening [ˌɪntəˈviːnɪŋ] *adj* dazwischenliegend; **in the ~ period** in der Zwischenzeit

intervention [ˌɪntəˈvenʃən] *s* Intervention *f*

interview [ˈɪntəvjuː] **A** *s* **1** Vorstellungsgespräch *n*; *bei Behörde etc* Gespräch *n* **2** *Presse etc, a.* TV Interview *n* **B** *v/t* **1** Bewerber ein/das Vorstellungsgespräch führen mit **2** *Presse etc, a.* TV interviewen, befragen

interviewee [ˌɪntəvjuːˈiː] *s* Kandidat(in) *m(f)* (für die Stelle); *Presse etc, a.* TV Interviewte(r) *m/f(m)*

interviewer [ˈɪntəvjuːə^r] *s* Leiter(in) *m(f)* des Vorstellungsgesprächs; *Presse etc, a.* TV Interviewer(in) *m(f)*

interwar [ˈɪntəˈwɔː^r] *adj* zwischen den Weltkriegen

interweave [ˌɪntəˈwiːv] **A** *v/t* verweben **B** *v/i* sich verweben

intestate [ɪnˈtestɪt] *adj* JUR **to die ~** ohne Testament sterben

intestinal [ɪnˈtestɪnl] *adj* Darm-

intestine [ɪnˈtestɪn] *s* Darm *m*; **small/large ~** Dünn-/Dickdarm *m*

intimacy [ˈɪntɪməsɪ] *s* Vertrautheit *f*

intimate[1] [ˈɪntɪmɪt] *adj* eng; *sexuell, a. fig* intim; **to be on ~ terms with sb** mit j-m auf vertraulichem Fuß stehen; **to be/become ~ with sb** mit j-m vertraut sein/werden; *sexuell* mit j-m intim sein/werden; **to have an ~ knowledge of sth** über etw (*akk*) in allen Einzelheiten Bescheid wissen

intimate[2] [ˈɪntɪmeɪt] *v/t* andeuten; **he ~d to them that they should stop** er gab ihnen zu verstehen, dass sie aufhören sollten

intimately [ˈɪntɪmɪtlɪ] *adv vertraut* bestens; *verwandt* eng; *wissen* genau

intimidate [ɪnˈtɪmɪdeɪt] *v/t* einschüchtern; **they ~d him into not telling the police** sie schüchterten ihn so ein, dass er der Polizei nichts erzählte

intimidation [ɪnˌtɪmɪˈdeɪʃən] *s* Einschüchterung *f*

into [ˈɪntʊ] *präp* **1** in (+*akk*); *fahren* gegen; **he went ~ the house** er ging ins Haus hinein; **to translate sth ~ French** etw ins Französische übersetzen; **to change euros ~ pounds** Euro in Pfund umtauschen; **to divide 3 ~ 9** 9 durch 3 teilen *od* dividieren; **3 ~ 9 goes 3** 3 geht dreimal in 9; **he's well ~ his sixties** er ist in den späten Sechzigern; **research ~ cancer** Krebsforschung *f* **2** *umg* **to be ~ sb/sth** auf j-n/etw (*akk*) stehen *umg*, j-n/etw mögen; **to be ~ sth** *Drogen etc* etw nehmen; **he's ~ wine** er ist Weinliebhaber; (≈ *Experte*) er ist Weinkenner; **he's ~ computers** er ist Computerfan *umg*

intolerable *adj*, **intolerably** [ɪnˈtɒlərəbl, -lɪ] *adv* unerträglich

intolerance [ɪnˈtɒlərəns] *s* Intoleranz *f* (**of** gegenüber)

intolerant [ɪnˈtɒlərənt] *adj* intolerant (**of** gegenüber)

intonation [ˌɪntəʊˈneɪʃən] *s* Intonation *f*

intoxicant [ɪnˈtɒksɪkənt] *s* Rauschmittel *n*

intoxicated [ɪnˈtɒksɪkeɪtɪd] *adj* berauscht; **to become ~** sich berauschen (**by, with** an +*dat od* von); **~ by** *od* **with success** vom Erfolg berauscht

intoxication [ɪnˌtɒksɪˈkeɪʃən] *s* Rausch *m*; **in a state of ~** *form* im Rausch

intractable [ɪnˈtræktəbl] *adj Problem* hartnäckig

intranet [ˈɪntrənet] *s* IT Intranet *n*

intransigence [ɪnˈtrænsɪdʒəns] *s* Unnachgiebigkeit *f*

intransigent [ɪnˈtrænsɪdʒənt] *adj* unnachgiebig

intransitive [ɪnˈtrænsɪtɪv] *adj* intransitiv

intrastate [ˌɪntrəˈsteɪt] *US adj* innerhalb des (Bundes)staates

intrauterine device [ˌɪntrəˈjuːtəraɪndɪˌvaɪs] *s* Intrauterinpessar *n*

intravenous [ˌɪntrəˈviːnəs] *adj* intravenös; **~ drug user** Drogenabhängige(r) *m/f(m)*, der/die intravenös spritzt

in-tray [ˈɪntreɪ] *s* Ablage *f* für Eingänge

intrepid [ɪnˈtrepɪd] *adj* kühn

intricacy [ˈɪntrɪkəsɪ] *s* Kompliziertheit *f*; *von Schach etc* Feinheit *f*

intricate *adj*, **intricately** [ˈɪntrɪkɪt, -lɪ] *adv* kompliziert

intrigue [ɪnˈtriːg] **A** *v/i* intrigieren **B** *v/t* faszinieren, neugierig machen; **to be ~d with** *od* **by sth** von etw fasziniert sein; **I would be ~d**

to know why ... es würde mich schon interessieren, warum ... **C** ['ıntriːg] s Intrige f
intriguing [ın'triːgıŋ] adj faszinierend
intrinsic [ın'trınsık] adj Wert, Verdienst immanent, wesentlich
intrinsically [ın'trınsıkəlı] adv an sich
intro ['ıntrəʊ] umg s abk ⟨pl -s⟩ (= introduction) Intro n umg
introduce [ˌıntrə'djuːs] v/t **1** vorstellen (**to sb** j-m); in Thema einführen (**to** in +akk); **I don't think we've been ~d** ich glaube nicht, dass wir uns kennen; **allow me** od **let me ~ myself** darf ich mich vorstellen? **2** Praktik, Reform einführen; PARL Gesetz einbringen; Thema einleiten; Sprecher ankündigen; **to ~ sth onto the market** etw auf dem Markt einführen
introduction [ˌıntrə'dʌkʃən] s **1** Vorstellung f; **to make the ~s** die Vorstellung übernehmen; **letter of ~** Einführungsschreiben n **2** zu Buch, Musik Einleitung f (**to** zu) **3** von Praktik, Reform Einführung f; von Gesetz Einbringen n; **an ~ to French** eine Einführung ins Französische
introductory [ˌıntrə'dʌktərı] adj Abschnitt einleitend; Bemerkungen einführend; Kurs Einführungs-
introspection [ˌıntrəʊ'spekʃən] s Selbstbeobachtung f, Introspektion f
introspective [ˌıntrəʊ'spektıv] adj introspektiv
introvert ['ıntrəʊvɜːt] s PSYCH Introvertierte(r) m/f(m); **to be an ~** introvertiert sein
introverted ['ıntrəʊvɜːtıd] adj introvertiert
intrude [ın'truːd] v/i stören; **to ~ on sb** j-n stören; **to ~ on sb's privacy** j-s Privatsphäre verletzen
intruder [ın'truːdə^r] s Eindringling m
intrusion [ın'truːʒən] s Störung f; **forgive the ~, I just wanted to ask** ... entschuldigen Sie, wenn ich hier so eindringe, ich wollte nur fragen ...
intrusive [ın'truːsıv] adj aufdringlich; Anwesenheit störend
intuition [ˌıntjuː'ıʃən] s Intuition f
intuitive [ın'tjuːıtıv] adj intuitiv
Inuit ['ınʊıt] pl Inuit pl
inundate ['ınʌndeıt] v/t überschwemmen; mit Arbeit überhäufen; **have you a lot of work on? — I'm ~d** haben Sie viel Arbeit? — ich ersticke darin
invade [ın'veıd] v/t MIL einmarschieren in (+akk); fig überfallen
invader [ın'veıdə^r] s MIL Invasor m
invading [ın'veıdıŋ] adj einmarschierend; **~ army** Invasionsarmee f
invalid¹ ['ınvəlıd] **A** adj **1** krank, körperbehindert **2** Kranken-, Invaliden- **B** s Kranke(r) m/f(m), Körperbehinderte(r) m/f(m)

invalid² [ın'vælıd] adj bes JUR ungültig; **to declare sth ~** etw für ungültig erklären
invalidate [ın'vælıdeıt] v/t ungültig machen
invaluable [ın'væljʊəbl] adj unbezahlbar; Hilfe, Beitrag unschätzbar; Rat von unschätzbarem Wert; **to be ~ (to sb)** (für j-n) von unschätzbarem Wert sein
invariable [ın'veərıəbl] adj unveränderlich
invariably [ın'veərıəblı] adv ausnahmslos
invasion [ın'veıʒən] s Invasion f; in Privatsphäre etc Eingriff m (**of** in +akk); **the German ~ of Poland** der Einmarsch od Einfall der Deutschen in Polen
invasive [ın'veısıv] adj MED invasiv
invective [ın'vektıv] s Beschimpfungen pl (**against** +gen)
invent [ın'vent] v/t erfinden
invention [ın'venʃən] s **1** Erfindung f **2** Fantasie f
inventive [ın'ventıv] adj **1** Kräfte schöpferisch; Design, Speiseplan einfallsreich **2** erfinderisch
inventiveness [ın'ventıvnıs] s Einfallsreichtum m
inventor [ın'ventə^r] s Erfinder(in) m(f)
inventory ['ınvəntrı] s Bestandsaufnahme f; **to make** od **take an ~ of sth** Inventar von etw od den Bestand einer Sache (gen) aufnehmen
inverse ['ınvɜːs] **A** adj umgekehrt **B** s Gegenteil n
inversion [ın'vɜːʃən] fig s Umkehrung f; LIT Inversion f (Umstellung der regelmäßigen Abfolge von Wörtern bzw. Satzteilen)
invert [ın'vɜːt] v/t umkehren
invertebrate [ın'vɜːtıbrıt] s Wirbellose(r) m
inverted commas Br pl Anführungszeichen pl, Anführungsstriche pl; **his new job, in ~** sein sogenannter neuer Job
invest [ın'vest] **A** v/t **1** FIN investieren (**in** in +akk od dat) **2** form einer Sache verleihen **B** v/i investieren (**in** in +akk od dat od **with** bei); **to ~ in a new car** sich (dat) ein neues Auto anschaffen
investigate [ın'vestıgeıt] **A** v/t untersuchen; **to ~ a case** in einem Fall ermitteln **B** v/i nachforschen, ermitteln
investigation [ınˌvestı'geıʃən] s **1** Untersuchung f (**into** +gen); **to order an ~ into** od **of sth** anordnen, dass in einer Sache (dat) ermittelt wird; **on ~ it turned out that** ... bei näherer Untersuchung stellte (es) sich heraus, dass ...; **to be under ~** überprüft werden; **he is under ~** durch Polizei gegen ihn wird ermittelt **2** Forschung f
investigative [ın'vestıgətıv] adj investigativ; **~ journalism** Enthüllungsjournalismus m; **~ journalist** Enthüllungsjournalist(in) m(f)

investigator [ɪnˈvestɪɡeɪtəʳ] s Ermittler(in) m(f), (Privat)detektiv(in) m(f)

investiture [ɪnˈvestɪtʃəʳ] s von Präsident Amtseinführung f; von Monarch Investitur f

investment [ɪnˈvestmənt] s FIN Investition f; **we need more ~ in industry** in die Industrie muss mehr investiert werden; **foreign ~** Auslandsinvestition(en) f(pl); **this company is a good ~** diese Firma ist eine gute (Kapital)anlage; **a portable TV is a good ~** ein tragbarer Fernseher macht sich bezahlt

investment bank s Investmentbank f
investment banking s Anlagengeschäft n
investment grant s WIRTSCH Investitionszulage f
investment trust s Investmenttrust m
investor [ɪnˈvestəʳ] s Investor(in) m(f)

inveterate [ɪnˈvetərɪt] adj Hass tief verwurzelt; Lügner unverbesserlich; **~ criminal** Gewohnheitsverbrecher(in) m(f)

invigilate [ɪnˈvɪdʒɪleɪt] Br **A** v/t Aufsicht führen bei **B** v/i Aufsicht führen

invigilator [ɪnˈvɪdʒɪleɪtəʳ] Br s Aufsichtsperson f

invigorate [ɪnˈvɪɡəreɪt] v/t beleben, kräftigen

invigorating [ɪnˈvɪɡəreɪtɪŋ] adj Klima gesund; Dusche belebend; Seeluft erfrischend

invincible [ɪnˈvɪnsəbl] adj unbesiegbar

inviolable [ɪnˈvaɪələbl] adj unantastbar; Gesetz, Eid heilig

invisible [ɪnˈvɪzəbl] adj unsichtbar; **~ to the naked eye** mit dem bloßen Auge nicht erkennbar

invisible earnings pl WIRTSCH geldwerte Leistungen pl

invitation [ˌɪnvɪˈteɪʃən] s Einladung f (**zu** to); **by ~ (only)** nur auf Einladung; **at sb's ~** auf j-s Aufforderung (akk) (hin); **~ to tender** Ausschreibung f

invite [ɪnˈvaɪt] **A** v/t **1** einladen (**zu** to); **to ~ sb to do sth** j-n auffordern, etw zu tun **2** Vorschläge bitten um; Spott auslösen **B** [ˈɪnvaɪt] s umg Einladung f

phrasal verbs mit invite:
invite (a)round v/t ⟨trennb⟩ (zu sich) einladen
invite in v/t ⟨trennb⟩ hereinbitten; **could I invite you in for (a) coffee?** möchten Sie auf eine Tasse Kaffee hereinkommen?
invite out v/t ⟨trennb⟩ einladen; **I invited her out** ich habe sie gefragt, ob sie mit mir ausgehen möchte; **to invite sb out for a meal** j-n zu ein Restaurant einladen

inviting [ɪnˈvaɪtɪŋ] adj einladend; Aussicht, Speise verlockend

in vitro [ɪnˈviːtrəʊ] adj BIOL **~ fertilization** In-vitro-Fertilisation, künstliche Befruchtung

invoice [ˈɪnvɔɪs] **A** s (Waren)rechnung f **B** v/t Waren berechnen; **to ~ sb for sth** j-m für etw eine Rechnung ausstellen; **we'll ~ you** wir senden Ihnen die Rechnung

invoke [ɪnˈvəʊk] v/t **1** Gott, Gesetz anrufen **2** Vertrag etc sich berufen auf (+akk)

involuntarily [ɪnˈvɒləntərɪlɪ] adv unabsichtlich, unwillkürlich

involuntary [ɪnˈvɒləntərɪ] adj unbeabsichtigt; Repatriierung unfreiwillig; Zucken etc unwillkürlich

involve [ɪnˈvɒlv] v/t **1** verwickeln (**sb in sth** j-n in etw akk); beteiligen (**sb in sth** j-n an etw dat); betreffen; **the book doesn't ~ the reader** das Buch fesselt od packt den Leser nicht; **it wouldn't ~ you at all** du hättest damit gar nichts zu tun; **to be ~d in sth** etwas mit etw zu tun haben; an etw (dat) beteiligt sein; **to get ~d in sth** in unangenehme Sache in etw (akk) verwickelt werden; in gute Sache sich in etw (dat) engagieren; als Teilnehmer sich an etw (dat) beteiligen; **to ~ oneself in sth** sich in etw (dat) engagieren; **I didn't want to get ~d** ich wollte damit/mit ihm etc nichts zu tun haben; **the person ~d** die betreffende Person; **to be/get ~d with sth** etwas mit etw zu tun haben; an etw (dat) beteiligt sein; **to be ~d with sb** sexuell mit j-m ein Verhältnis haben; **to get ~d with sb** sich mit j-m einlassen pej; **he got ~d with a girl** er hat eine Beziehung mit einem Mädchen angefangen **2** mit sich bringen, umfassen, bedeuten, beinhalten; **what does the job ~?** worin besteht die Arbeit?; **will the post ~ much foreign travel?** ist der Posten mit vielen Auslandsreisen verbunden?; **he doesn't understand what's ~d** er weiß nicht, worum es geht; **about £1,000 was ~d** es ging dabei um etwa £ 1.000; **it would ~ moving to Germany** das würde bedeuten, nach Deutschland umzuziehen

involved adj Situation kompliziert

involvement [ɪnˈvɒlvmənt] s Beteiligung f (**in** an +dat); in Verbrechen etc Verwicklung f (**in** in +akk); **she denied any ~ in** od **with drugs** sie leugnete, dass sie etwas mit Drogen zu tun hatte

invulnerable [ɪnˈvʌlnərəbl] adj unverwundbar; Festung uneinnehmbar; Position unangreifbar

inward [ˈɪnwəd] **A** adj **1** innere(r, s) **2** Richtungsangabe nach innen **B** adv → inwards

inward-looking [ˈɪnwədˌlʊkɪŋ] adj in sich gekehrt

inwardly [ˈɪnwədlɪ] adv innerlich

inwards [ˈɪnwədz] adv nach innen

in-your-face, **in-yer-face** [ˌɪnjəˈfeɪs] umg adj Haltung provokativ

iodine [ˈaɪədiːn] s Jod n

ion ['aɪən] s Ion n
IOT [,aɪəʊ'ti:] abk (= Internet of Things) IOT n, Internet n der Dinge
iota [aɪ'əʊtə] s **not one ~** nicht ein Jota
IOU abk (= I owe you) Schuldschein m
IPA abk (= International Phonetic Alphabet) internationale Lautschrift
IP address [aɪ'pi: ə,dres] s im Internet, LAN IP-Adresse f
IP telephony s IP-Telefonie f, Internettelefonie f
IQ abk (= intelligence quotient) IQ m, Intelligenzquotient m; **IQ test** Intelligenztest m
IRA abk (= Irish Republican Army) IRA f
Iran [ɪ'rɑ:n] s (der) Iran
Iranian [ɪ'reɪnɪən] **A** adj iranisch **B** s Iraner(in) m(f)
Iraq [ɪ'rɑ:k] s (der) Irak
Iraqi [ɪ'rɑ:kɪ] **A** adj irakisch **B** s Iraker(in) m(f)
irascible [ɪ'ræsɪbl] adj reizbar
irate [aɪ'reɪt] adj zornig; Menge wütend
Ireland ['aɪələnd] s Irland n; **Northern ~** Nordirland n; **Republic of ~** Republik f Irland
iris ['aɪərɪs] s Iris f
Irish ['aɪərɪʃ] **A** adj irisch; **~man** Ire m; **~woman** Irin f **B** s **1** ⟨pl⟩ **the ~** die Iren pl **2** LING Irisch n
Irish Sea s Irische See
iris scanner s Iris-Scanner m
irksome ['ɜ:ksəm] adj lästig
iron ['aɪən] **A** s **1** Eisen n; **to pump ~** umg Krafttraining machen **2** Bügeleisen n; **he has too many ~s in the fire** er macht zu viel auf einmal; **to strike while the ~ is hot** sprichw das Eisen schmieden, solange es heiß ist sprichw **B** adj **1** Eisen-, eisern **2** fig eisern **C** v/t & v/i bügeln, glätten schweiz

phrasal verbs mit iron:
iron out v/t ⟨trennb⟩ ausbügeln

Iron Age s Eisenzeit f
Iron Curtain s Eiserner Vorhang
ironic(al) [aɪ'rɒnɪk(əl)] adj ironisch; **it's really ~** das ist wirklich witzig umg
ironically [aɪ'rɒnɪkəlɪ] adv ironisch; **and then, ~, it was he himself who had to do it** und dann hat ausgerechnet er es tun müssen
ironing ['aɪənɪŋ] s **1** Bügeln n, Glätten n schweiz **2** Bügelwäsche f; **to do the ~** (die Wäsche) bügeln od glätten schweiz
ironing board s Bügelbrett n
ironmonger's (shop) Br s Eisen- und Haushaltswarenhandlung f
irony ['aɪərənɪ] s **1** Ironie f kein pl; **the ~ of it is that ...** das Ironische daran ist, dass ... **2** LIT Bezeichnung eines Sachverhalts durch sein Gegenteil, häufig als Kritik oder als Mittel des Spotts

irrational [ɪ'ræʃənl] adj irrational
irreconcilable [ɪ,rekən'saɪləbl] adj unvereinbar
irrecoverable [ɪrɪ'kʌvərəbl] adj Daten unwiederbringlich verloren; Verlust unersetzlich
irredeemable [,ɪrɪ'di:məbl] adj Verlust unwiederbringlich
irredeemably [,ɪrɪ'di:məblɪ] adv verloren rettungslos; **democracy was ~ damaged** die Demokratie hatte irreparablen Schaden genommen
irrefutable [,ɪrɪ'fju:təbl] adj unbestreitbar
irregular [ɪ'regjʊləʳ] **A** adj **1** a. GRAM unregelmäßig; Form ungleichmäßig; Oberfläche uneben; **he's been a bit ~ recently** umg er hat in letzter Zeit ziemlich unregelmäßigen Stuhlgang **2** unvorschriftsmäßig; **well, it's a bit ~, but I'll ...** eigentlich dürfte ich das nicht tun, aber ich ...
irregularity [ɪ,regjʊ'lærɪtɪ] s **1** Unregelmäßigkeit f; von Form Ungleichmäßigkeit f; von Oberfläche Unebenheit f **2** Unvorschriftsmäßigkeit f
irregularly [ɪ'regjʊləlɪ] adv unregelmäßig; geformt ungleichmäßig; stattfinden in unregelmäßigen Abständen
irrelevance [ɪ'reləvəns] s Irrelevanz f kein pl; **it's become something of an ~** es ist ziemlich irrelevant geworden
irrelevant [ɪ'reləvənt] adj irrelevant; Informationen a. unwesentlich; **these issues are ~ to the younger generation** diese Fragen sind für die jüngere Generation irrelevant
irreparable [ɪ'repərəbl] adj irreparabel
irreparably [ɪ'repərəblɪ] adv irreparabel; **his reputation was ~ damaged** sein Ruf war unwiderruflich geschädigt
irreplaceable [,ɪrɪ'pleɪsəbl] adj unersetzlich
irrepressible [,ɪrɪ'presəbl] adj Bedürfnis, Energie unbezähmbar; Mensch nicht kleinzukriegen
irreproachable [,ɪrɪ'prəʊtʃəbl] adj tadellos
irresistible [,ɪrɪ'zɪstəbl] adj unwiderstehlich (**to** für)
irresolute [ɪ'rezəlu:t] adj unentschlossen
irrespective [,ɪrɪ'spektɪv] adj **~ of** ungeachtet (+gen); **~ of whether they want to or not** egal, ob sie wollen oder nicht
irresponsibility ['ɪrɪ,spɒnsə'bɪlɪtɪ] s Unverantwortlichkeit f, Verantwortungslosigkeit f
irresponsible [,ɪrɪ'spɒnsəbl] adj unverantwortlich, verantwortungslos
irresponsibly [,ɪrɪ'spɒnsəblɪ] adv unverantwortlich
irretrievable [,ɪrɪ'tri:vəbl] adj nicht mehr wiederzubekommen; Verlust unersetzlich; **the information is ~** die Information kann nicht mehr abgerufen werden
irretrievably [,ɪrɪ'tri:vəblɪ] adv **~ lost** für immer

verloren; **~ damaged** irreparabel

irreverent [ɪˈrevərənt] *adj Verhalten, Bemerkung* respektlos

irreversible [ˌɪrɪˈvɜːsəbl] *adj* nicht rückgängig zu machen; *Entscheidung* unwiderruflich; *Schaden* bleibend

irreversibly [ˌɪrɪˈvɜːsəblɪ] *adv* für immer; **the peace process has been ~ damaged** der Friedensprozess hat einen nicht wiedergutzumachenden Schaden davongetragen

irrevocable *adj*, **irrevocably** [ɪˈrevəkəbl, -lɪ] *adv* unwiderruflich

irrigate [ˈɪrɪɡeɪt] *v/t* bewässern

irrigation [ˌɪrɪˈɡeɪʃən] *s* AGR Bewässerung *f*

irritable [ˈɪrɪtəbl] *adj* reizbar, gereizt

irritant [ˈɪrɪtənt] *s* MED Reizerreger *m*; (≈ *Lärm etc*) Ärgernis *n*

irritate [ˈɪrɪteɪt] *v/t* ärgern; *absichtlich, a.* MED reizen; *nervlich* irritieren; **to get ~d** ärgerlich werden; **I get ~d with him** er ärgert mich

irritating [ˈɪrɪteɪtɪŋ] *adj* ärgerlich; *Husten* lästig; **I find his jokes ~** seine Witze regen mich auf; **the ~ thing is that …** das Ärgerliche ist, dass …

irritation [ˌɪrɪˈteɪʃən] *s* **1** Ärger *m*, Ärgernis *n* **2** MED Reizung *f*

IRS *abk* (= Internal Revenue Service *US*) Finanzamt *n*

is [ɪz] ⟨3. Person sg präs⟩ → be

IS [ˌaɪˈes] *abk* (= Islamic State) IS *m*

ISA [ˈaɪsə] *Br s abk* (= Individual Savings Account) FIN von Zinsabschlagsteuer befreites Sparkonto

ISDN *abk* (= Integrated Services Digital Network) ISDN *n*

ISIL [ˈaɪsɪl] *abk* (= Islamic State of Iraq and the Levant) ISIL *m*

ISIS [ˈaɪsɪs] *abk* (= Islamic State of Iraq and Syria) ISIS *m*

Islam [ˈɪzlɑːm] *s* der Islam

Islamic [ɪzˈlæmɪk] *adj* islamisch

Islamic State *s* Islamischer Staat

islamize [ˈɪzləmaɪz] *v/t* islamisieren

islamophobic [ɪzləməʊˈfəʊbɪk] *adj* islamfeindlich

islamophobia [ɪzləməʊˈfəʊbɪə] *s* Islamfeindlichkeit *f*

island [ˈaɪlənd] *s* Insel *f*

islander [ˈaɪləndəʳ] *s* Inselbewohner(in) *m(f)*

isle [aɪl] *s* **the Isle of Man/Wight** die Insel Man/Wight

isn't [ˈɪznt] *abk* (= is not) → be

isobar [ˈaɪsəʊbɑːʳ] *s* Isobare *f*

isolate [ˈaɪsəʊleɪt] *v/t* **1** isolieren, absondern; **to ~ oneself from other people** sich (von anderen) abkapseln **2** (≈ *aufzeigen*) herausfinden

isolated *adj* **1** isoliert, abgelegen; *Leben* zurückgezogen; **the islanders feel ~** die Inselbewohner fühlen sich von der Außenwelt abgeschnitten **2** einzeln

isolation [ˌaɪsəʊˈleɪʃən] *s* Isoliertheit *f*, Abgelegenheit *f*; **he was in ~ for three months** *in Krankenhaus* er war drei Monate auf der Isolierstation; **to live in ~** zurückgezogen leben; **to consider sth in ~** etw gesondert *od* isoliert betrachten

isolation ward *s* Isolierstation *f*

ISP *abk* (= Internet service provider) IT Internet-Anbieter *m*

Israel [ˈɪzreɪl] *s* Israel *n*

Israeli [ɪzˈreɪlɪ] **A** *adj* israelisch **B** *s* Israeli *m/f*

issue [ˈɪʃuː] **A** *v/t Papiere* ausstellen; *Tickets, Banknoten, Munition* ausgeben; *Briefmarken* herausgeben; *Befehl* erteilen (**to** +*dat*); *Warnung, Erklärung* abgeben, aussprechen; *Ultimatum* stellen; **to ~ sth to sb/sb with sth** etw an j-n ausgeben; **all troops are ~d with …** alle Truppen sind mit … ausgerüstet **B** *v/i Flüssigkeit, Gas* austreten (**from** aus) **C** *s* **1** Frage *f*, Angelegenheit *f*, Problem *n*; **she raised the ~ of human rights** sie brachte die Frage der Menschenrechte zur Sprache; **the whole future of the country is at ~** es geht um die Zukunft des Landes; **this matter is not at ~** diese Angelegenheit steht nicht zur Debatte; **to take ~ with sb over sth** j-m in etw (*dat*) widersprechen; **to make an ~ of sth** etw aufbauschen; **to avoid the ~** ausweichen **2 to force the ~** eine Entscheidung erzwingen **3** *von Banknoten* Ausgabe *f* **4** (≈ *Magazin etc*) Ausgabe *f*

IT *abk* (= information technology) IT

it [ɪt] **A** *pron* **1** *Subj* er/sie/es; *akk obj* ihn/sie/es; *dat obj* ihm/ihr/ihm; **of it** davon; **under** *etc* **it** darunter *etc*; **who is it? — it's me** *od* **I** *form* wer ist da? — ich (bin's); **what is it?** was ist das?, was ist los?; **that's not it** das ist es (gar) nicht, darum geht's gar nicht; **the cheek of it!** so eine Frechheit!; **I like it here** mir gefällt es hier **2** *unbest Subj* es; **it's raining** es regnet; **it's £5** es kostet 5 Pfund; **yes, it is a problem** ja, das ist ein Problem; **it seems simple to me** mir scheint das ganz einfach; **if it hadn't been for her, we would have come** wenn sie nicht gewesen wäre, wären wir gekommen; **it wasn't me** ICH war's nicht; **I don't think it (is) wise of you …** ich halte es für unklug, wenn du …; **it is said that …** man sagt, dass …; **it was him who asked her**, **it was he who asked her** *form* ER hat sie gefragt; **it's his appearance I object to** ich habe nur etwas gegen sein Äußeres **3** *umg* **that's it!** ja, genau!; *verärgert* jetzt reicht's mir!; **this is it!** jetzt geht's los! **B** *umg s* **1** *in Spiel* **you're it!** du bist!

he thinks he's it er bildet sich *(dat)* ein, er sei sonst wer
Italian [ɪˈtæljən] **A** *adj* italienisch **B** *s* **1** Italiener(in) *m(f)* **2** LING Italienisch *n*
italic [ɪˈtælɪk] **A** *adj* kursiv **B** *s* **italics** *pl* Kursivschrift *f;* **in ~s** kursiv (gedruckt)
Italy [ˈɪtəlɪ] *s* Italien *n*
itch [ɪtʃ] **A** *s* Jucken *n;* **I have an ~** mich juckt es; **I have the ~ to do sth** es reizt mich, etw zu tun, es juckt mich, etw zu tun *umg* **B** *v/i* **1** jucken; **my back is ~ing** mir *od* mich juckt der Rücken **2** *fig umg* **he is ~ing to ...** es reizt ihn, zu ...
itchy [ˈɪtʃɪ] *adj ⟨komp* itchier*⟩* **1** juckend; **my back is ~** mein Rücken juckt; **I've got an ~ leg** mir juckt das Bein; **I've got ~ feet** *umg* ich will hier weg *umg* **2** *Stoff* kratzig
it'd [ˈɪtəd] *abk (= it would, it had)* → would; → have
item [ˈaɪtəm] *s* **1** *auf Tagesordnung* Punkt *m;* HANDEL *in Geschäftsbuch* (Rechnungs)posten *m;* (≈ *Artikel)* Gegenstand *m;* **~s of clothing** Kleidungsstücke *pl* **2** *in Nachrichten* Bericht *m;* RADIO, TV Meldung *f* **3** *umg* **Lynn and Craig are an ~** zwischen Lynn und Craig spielt sich was ab *umg*
itemize [ˈaɪtəmaɪz] *v/t* einzeln aufführen
itinerant [ɪˈtɪnərənt] *adj* umherziehend; **an ~ lifestyle** ein Wanderleben *n;* **~ worker** Wanderarbeiter(in) *m(f)*
itinerary [aɪˈtɪnərərɪ] *s* **1** (Reise)route *f* **2** Straßenkarte *f*
it'll [ˈɪtl] *abk (= it will, it shall)* → will¹; → shall
its [ɪts] *poss adj* sein(e)/ihr(e)/sein(e)
it's [ɪts] *abk (= it is, it has)* → be; → have
itself [ɪtˈself] *pron* **1** *reflexiv* sich **2** *emph* selbst; **and now we come to the text ~** und jetzt kommen wir zum Text selbst; **the frame ~ is worth £1,000** der Rahmen allein ist £ 1.000 wert; **she has been kindness ~** sie war die Freundlichkeit in Person; **in ~, the amount is not important** der Betrag an sich ist unwichtig **3** **by ~** allein; (≈ *automatisch)* von selbst; **seen by ~** einzeln betrachtet; **the bomb went off by ~** die Bombe ging von selbst los
ITV *Br abk (= Independent Television)* britische Fernsehanstalt
IUD *abk (= intrauterine device)* Intrauterinpessar *n*
I've [aɪv] *abk (= I have)* → have
IVF *abk (= in vitro fertilization)* In-vitro-Fertilisation *f*
ivory [ˈaɪvərɪ] **A** *s* Elfenbein *n* **B** *adj* **1** elfenbeinern **2** elfenbeinfarben
ivory tower *fig s* Elfenbeinturm *m*
ivy [ˈaɪvɪ] *s* Efeu *m*
Ivy League *US s* Eliteuniversitäten *pl* der USA

J

J, j [dʒeɪ] *s* J *n,* j *n*
jab [dʒæb] **A** *v/t mit Ellbogen* stoßen; *mit Messer* stechen; **she jabbed the jellyfish with a stick** sie pik(s)te mit einem Stock in die Qualle (hinein) *umg;* **he jabbed his finger at the map** er tippte mit dem Finger auf die Karte **B** *v/i* stoßen **(at sb** nach j-m) **C** *s* **1** *mit Ellbogen* Stoß *m; mit Nadel* Stich *m* **2** *Br umg* (≈ *Injektion)* Spritze *f*
jabber [ˈdʒæbəʳ] *v/i,* (*a.* **jabber away)** plappern
jack [dʒæk] *s* **1** AUTO Wagenheber *m* **2** KART Bube *m*

phrasal verbs mit jack:
jack up *v/t ⟨trennb⟩ Auto* aufbocken

jackdaw [ˈdʒækdɔː] *s* Dohle *f*
jacket [ˈdʒækɪt] *s* **1** Jacke *f,* Janker *m österr,* Jackett *n* **2** *von Buch* Schutzumschlag *m; US von LP* Plattenhülle *f* **3** **~ potatoes** (in der Schale) gebackene Kartoffeln *pl*
jack-in-the-box *s* Schachtel- *od* Kastenteufel *m*
jackknife [ˈdʒæknaɪf] *v/i* **the truck ~d** der Lastwagenanhänger hat sich quer gestellt
jack of all trades [ˌdʒækəvɔːlˈtreɪdz] *s* **to be (a) ~** *sprichw* ein Hansdampf *m* in allen Gassen sein
jackpot [ˈdʒækpɒt] *s* Jackpot *m; in Lotterie* Hauptgewinn *m;* **to hit the ~** den Hauptgewinn bekommen; *fig* das große Los ziehen
Jacuzzi® [dʒəˈkuːzɪ] *s* Jacuzzi® *m,* Sprudelbad *n*
jade [dʒeɪd] **A** *s* (≈ *Stein)* Jade *m/f;* (≈ *Farbe)* Jadegrün *n* **B** *adj* Jade-; *Farbe* jadegrün
jaded [ˈdʒeɪdɪd] *adj* stumpfsinnig, übersättigt; *Erscheinung* verbraucht
jagged [ˈdʒægɪd] *adj* zackig; *Riss* ausgefranst; *Felsen* zerklüftet; *Berge* spitz
jail [dʒeɪl] **A** *s* Gefängnis *n;* **in ~** im Gefängnis; **to go to ~** ins Gefängnis kommen **B** *v/t* ins Gefängnis sperren
jailbreak A *s* Ausbruch *m (aus dem Gefängnis)* **B** *v/i* aus dem Gefängnis ausbrechen **C** *v/t* IT *umg Software* knacken
jailhouse *US s* Gefängnis *n*
jail sentence *s* Gefängnisstrafe *f*
jam¹ [dʒæm] *Br s* Marmelade *f*
jam² **A** *s* **1** (Verkehrs)stau *m* **2** Stauung *f* **3** *umg* **to be in a jam** in der Klemme sitzen *umg;* **to get sb/oneself out of a jam** j-n/sich aus der Patsche ziehen *umg* **B** *v/t* **1** festklemmen, einklemmen; **they had him jammed up against the wall** sie hatten ihn gegen die Wand ge-

drängt; **it's jammed** es klemmt; **he jammed his finger in the door** er hat sich *(dat)* den Finger in der Tür eingeklemmt **2** *Dinge* stopfen (**into** in *+akk*); *Menschen* quetschen (**into** in *+akk*); **to be jammed together** zusammengezwängt sein, zusammengedrängt sein **3** *Straße etc* verstopfen; *Telefonleitungen* blockieren **4** **to jam one's foot on the brake** eine Vollbremsung machen **C** *v/i Bremse* sich verklemmen; *Waffe* Ladehemmung haben; *Fenster* klemmen; **the key jammed in the lock** der Schlüssel blieb im Schloss stecken
phrasal verbs mit jam:
jam in *v/i ⟨trennb⟩* einkeilen; **he was jammed in by the crowd** er war in der Menge eingekeilt
jam on *v/t ⟨trennb⟩* **1** **to jam on the brakes** eine Vollbremsung machen **2** **to jam on one's hat** sich *(dat)* den Hut aufstülpen

Jamaica [dʒəˈmeɪkə] *s* Jamaika *n*
jamb [dʒæm] *s* (Tür-/Fenster)pfosten *m*
jam jar *Br s* Marmeladenglas *n*
jammy [ˈdʒæmɪ] *Br umg adj ⟨komp* jammier⟩ Glücks-; **a ~ shot** ein Glückstreffer *m*
jam-packed *adj* gerammelt voll *umg*; **~ with tourists** voller Touristen
jam tart *s* Marmeladenkuchen *m*, Marmeladentörtchen *n*
Jan *abk* (= January) Jan.
jangle [ˈdʒæŋgl] **A** *v/i Glocken* bimmeln *umg* **B** *v/t Münzen* klimpern mit; *Schlüssel* rasseln mit
janitor [ˈdʒænɪtə] *s* Hausmeister(in) *m(f)*, Abwart(in) *m(f) schweiz*, Hauswart(in) *m(f) österr*; *in Schulen* Schulwart(in) *m(f) österr*
January [ˈdʒænjʊərɪ] *s* Januar *m*, Jänner *m österr*; → September
Japan [dʒəˈpæn] *s* Japan *n*
Japanese [ˌdʒæpəˈniːz] **A** *adj* japanisch **B** *s ⟨pl* —⟩ **1** Japaner(in) *m(f)* **2** LING Japanisch *n*
jar[1] [dʒɑː] *s für Marmelade etc* Glas *n*
jar[2] **A** *s* Ruck *m* **B** *v/i Ton* schauerlich klingen; *Farben* sich beißen *umg* **C** *v/t Knie* sich *(dat)* stauchen; *(≈ schütteln)* durchrütteln
phrasal verbs mit jar:
jar on *v/i ⟨+obj⟩* Schauer über den Rücken jagen *(+dat)*

jargon [ˈdʒɑːgən] *s* Jargon *m*
jasmin(e) [ˈdʒæzmɪn] *s* Jasmin *m*
jaundice [ˈdʒɔːndɪs] *s* Gelbsucht *f*
jaunt [dʒɔːnt] *s* Spritztour *f*; **to go for a ~** eine Spritztour machen
jauntily [ˈdʒɔːntɪlɪ] *adv* munter, fröhlich; **with his hat perched ~ over one ear** den Hut keck auf einem Ohr
jaunty [ˈdʒɔːntɪ] *adj ⟨komp* jauntier⟩ munter
javelin [ˈdʒævlɪn] *s* Speer *m*; **in the ~** SPORT im Speerwurf
jaw [dʒɔː] *s* Kiefer *m*, Kinnlade *f*; **the lion opened its jaws** der Löwe riss seinen Rachen auf; **his jaw dropped** sein Unterkiefer klappte herunter
jawbone [ˈdʒɔːbəʊn] *s* Kieferknochen *m*
jay [dʒeɪ] *s* Eichelhäher *m*
jaywalking *s* Unachtsamkeit *f* (eines Fußgängers) im Straßenverkehr
jazz [dʒæz] **A** *s* MUS Jazz *m* **B** *attr* Jazz-
phrasal verbs mit jazz:
jazz up *v/t ⟨trennb⟩* aufmöbeln *umg*

jazzy [ˈdʒæzɪ] *adj ⟨komp* jazzier⟩ **1** *Farbe, Kleid, Schlips* knallig *umg*; *Muster* auffallend **2** *Musik* verjazzt
JCB® *s* Erdräummaschine *f*
jealous [ˈdʒeləs] *adj Ehemann* eifersüchtig; *auf j-s Erfolg etc* neidisch; **to be ~ of sb** auf j-n eifersüchtig sein, j-n beneiden
jealously [ˈdʒeləslɪ] *adv* **1** eifersüchtig **2** neidisch
jealousy [ˈdʒeləsɪ] *s* **1** Eifersucht *f* (**of** auf *+akk*) **2** Neid *m*
jeans [dʒiːnz] *pl* Jeans *pl*; **a pair of ~** (ein Paar) Jeans *pl*
Jeep® [dʒiːp] *s* Jeep® *m*
jeer [dʒɪə] **A** *s* ~s Johlen *n kein pl* **B** *v/i* höhnische Bemerkungen machen; *durch Zwischenrufe* buhen; **to ~ at sb** j-n (laut) verhöhnen **C** *v/t* verhöhnen
jeering [ˈdʒɪərɪŋ] *s* höhnische Bemerkungen *pl*; (≈ Buhen) Gejohle *n*
Jehovah's Witness *s* Zeuge *m*/Zeugin *f* Jehovas
Jell-O® [ˈdʒeləʊ] *US s* Wackelpudding *m umg*
jelly [ˈdʒelɪ] *s* Gelee *n*; *Br* (≈ Nachtisch) Wackelpeter *m umg*; *US* Marmelade *f*; *zu Fleisch* Aspik *m/n*; **my legs were like ~** ich hatte Pudding in den Beinen *umg*
jelly bean *s Art* Süßigkeit
jellyfish *s* Qualle *f*
jelly jar *US s* → **jam jar**
jeopardize [ˈdʒepədaɪz] *v/t* gefährden
jeopardy [ˈdʒepədɪ] *s* Gefahr *f*; **in ~** gefährdet; **to put sb/sth in ~** j-n/etw gefährden
jerk [dʒɜːk] **A** *s* **1** Ruck *m*, Zucken *n kein pl*; **to give sth a ~** einer Sache *(dat)* einen Ruck geben; *Seil* an etw *(dat)* ruckartig ziehen; **the train stopped with a ~** der Zug hielt mit einem Ruck an **2** *umg* Trottel *m umg*, Koffer *m österr* **B** *v/t* rucken an *(+dat)*; **the impact ~ed his head forward/back** beim Aufprall wurde sein Kopf nach vorn/hinten geschleudert; **he ~ed his head back** er riss den Kopf zurück; **to ~ sb around** j-n hin und her werfen **C** *v/i* **the car ~ed forward** der Wagen machte einen Ruck nach vorn; **the car ~ed to a stop** das Au-

to hielt ruckweise an
phrasal verbs mit jerk:
jerk off *sl v/i* sich (*dat*) einen runterholen *umg*
jerky ['dʒɜːkɪ] *adj* ⟨*komp* jerkier⟩ ruckartig
Jersey ['dʒɜːzɪ] *s* **1** Jersey *n* **2** (≈ *Kuh*) Jersey(rind) *n*
jersey ['dʒɜːzɪ] *s* Pullover *m*; FUSSB *etc* Trikot *n*, Leiberl *n österr*, Leibchen *n österr, schweiz*
Jerusalem [dʒəˈruːsələm] *s* Jerusalem *n*
Jerusalem artichoke *s* Erdartischocke *f*
jest [dʒest] *s* Scherz *m*, Witz *m*; **in ~** im Spaß
jester ['dʒestəʳ] *s* HIST Narr *m*
Jesuit ['dʒezjʊɪt] *s* Jesuit *m*
Jesus ['dʒiːzəs] **A** *s* Jesus *m*; **~ Christ** Jesus Christus **B** *int sl* Mensch *umg*; **~ Christ!** Menschenskind! *umg*
jet [dʒet] **A** *s* **1** *von Wasser* Strahl *m*; **a thin jet of water** ein dünner Wasserstrahl **2** Düse *f* **3** (*a*. **jet plane**) Düsenflugzeug *n*, Jet *m* **B** *attr* FLUG Düsen-, Jet-
phrasal verbs mit jet:
jet off *v/i* düsen *umg* (**to** nach)
jet-black [,dʒetˈblæk] *adj* kohlrabenschwarz
jet engine *s* Düsentriebwerk *n*
jet fighter *s* Düsenjäger *m*
jet foil *s* Tragflügelboot *n*
jet lag *s* Jetlag *n*; **he's suffering from ~** er hat Jetlag
jetlagged *adj* **to be ~** an Jetlag leiden
jet plane *s* Düsenflugzeug *n*
jet-propelled *adj* mit Düsenantrieb
jet propulsion *s* Düsenantrieb *m*
jet set *s* Jetset *m*
jet-setter *s* Jetsetter(in) *m(f)*
jet ski® *s* Wasserbob *m*
jettison ['dʒetɪsn] *v/t* **1** SCHIFF, FLUG (als Ballast) abwerfen **2** *fig Plan* über Bord werfen; *Gegenstände* wegwerfen
jetty ['dʒetɪ] *s* Pier *m*
Jew [dʒuː] *s* Jude *m*, Jüdin *f*
jewel ['dʒuːəl] *s* Edelstein *m*, Schmuckstück *n*
jeweller ['dʒuːələʳ] *s*, **jeweler** *US s* Juwelier(in) *m(f)*; (≈ *Handwerker*) Goldschmied(in) *m(f)*; **at the ~'s** (**shop**) beim Juwelier
jewellery ['dʒuːəlrɪ] *s*, **jewelry** *US s* Schmuck *m kein pl*; **a piece of ~** ein Schmuckstück *n*
Jewish ['dʒuːɪʃ] *adj* jüdisch
jibe [dʒaɪb] *s* → gibe
jiffy ['dʒɪfɪ], **jiff** [dʒɪf] *umg s* Minütchen *n umg*; **I won't be a ~** ich komme sofort *od* gleich, ich bin sofort *od* gleich wieder da; **in a ~** sofort
Jiffy bag® *Br s* (gepolsterte) Versandtasche
jig [dʒɪɡ] **A** *s* lebhafter Volkstanz **B** *v/i fig a.* **jig about** herumhüpfen; **to jig up and down** herumspringen
jiggle ['dʒɪɡl] **A** *v/t* wackeln mit; *Türklinke* rütteln an (+*dat*) **B** *v/i* (*a*. **jiggle about**) herumzappeln
jigsaw ['dʒɪɡsɔː] *s* **1** TECH Tischlerbandsäge *f* **2** (*a*. **~ puzzle**) Puzzle(spiel) *n*
jihad [dʒɪˈhæd] *s* Dschihad *m* (*heiliger Krieg*)
jihadi [dʒɪˈhædɪ] *s* Dschihadist(in) *m(f)* (*Gotteskrieger*)
jilt [dʒɪlt] *v/t Freundin* den Laufpass geben (+*dat*); **~ed** verschmäht
jingle ['dʒɪŋɡl] **A** *s* (**advertising**) **~** Jingle *m* **B** *v/i Schlüssel* klimpern; *Glocken* bimmeln **C** *v/t Schlüssel* klimpern mit; *Glocken* bimmeln lassen
jingoism ['dʒɪŋɡəʊɪzəm] *s* Hurrapatriotismus *m*
jinx [dʒɪŋks] *s* **there must be** *od* **there's a ~ on it** das ist verhext; **to put a ~ on sth** etw verhexen
jinxed ['dʒɪŋkst] *adj* verhext
jitters ['dʒɪtəz] *umg pl* **he had the ~** er hatte das große Zittern *umg*; **to give sb the ~** j-n ganz rappelig machen *umg*
jittery ['dʒɪtərɪ] *umg adj* rappelig *umg*
jive [dʒaɪv] *v/i* swingen
Jnr *abk* (= **junior**) jun., jr.
job [dʒɒb] *s* **1** Arbeit *f*; **I have a job to do** ich habe zu tun; **I have a little job for you** ich habe da eine kleine Arbeit *od* Aufgabe für Sie; **to make a good job of sth** bei etw gute Arbeit leisten; **to do a good job** gute Arbeit leisten; **on the job** bei der Arbeit; **we could do a better job of running the company** wir könnten die Firma besser leiten; **I had a job convincing him** es war gar nicht so einfach, ihn zu überzeugen **2** Stelle *f*, Job *m umg*; **to look for/get/have a job** eine Stelle suchen/bekommen/haben; **to lose one's job** seine Stelle verlieren; **500 jobs lost** 500 Arbeitsplätze verloren gegangen **3** Aufgabe *f*; **that's not my job** dafür bin ich nicht zuständig; **it's not my job to tell him** es ist nicht meine Aufgabe, ihm das zu sagen; **I had the job of breaking the news to her** es fiel mir zu, ihr die Nachricht beizubringen; **he's not doing his job** er erfüllt seine Aufgabe(n) nicht; **I'm only doing my job** ich tue nur meine Pflicht **4** **that's a good job!** so ein Glück; **it's a good job I brought my cheque book** nur gut, dass ich mein Scheckbuch mitgenommen habe; **to give sb/sth up as a bad job** j-n/etw aufgeben; **to make the best of a bad job** das Beste daraus machen; **that should do the job** das müsste hinhauen *umg*; **this is just the job** das ist genau das Richtige **5** *umg* (≈ *Schönheitsoperation*) Korrektur *f*; **to have a nose job** eine Nasenkorrektur machen lassen
job advertisement *s* Stellenanzeige *f*
job agency *s* Arbeitsvermittlung *f*; *für Zeitarbeit* Zeitarbeitsfirma *f*

job application s Stellenbewerbung f; *Dokumente* Bewerbungsunterlagen pl
jobbing ['dʒɒbɪŋ] adj Gelegenheits-
job centre Br s Arbeitsagentur f
job creation s Arbeitsbeschaffung f; **~ scheme** Arbeitsbeschaffungsmaßnahme f
job cuts pl Arbeitsplatzabbau m
job description s Tätigkeitsbeschreibung f
job exchange s Jobbörse f
job-hunting s Jobsuche f; **to be ~** auf Jobsuche sein
job interview s Vorstellungsgespräch n
jobless adj arbeitslos
job loss s **there were 1,000 ~es** 1 000 Arbeitsplätze gingen verloren
job lot s HANDEL (Waren)posten m
job satisfaction s Zufriedenheit f am Arbeitsplatz
job security s Arbeitsplatzsicherheit f
jobseeker s Arbeitssuchende(r) m/f(m); **~'s allowance** Br Arbeitslosengeld n
job sharing s Jobsharing n
jockey ['dʒɒkɪ] **A** s Jockey m **B** v/i **to ~ for position** fig rangeln
jockey shorts pl Jockeyshorts pl
jockstrap ['dʒɒkstræp] s Suspensorium n
jocular ['dʒɒkjʊlə^r] adj lustig
jodhpurs ['dʒɒdpəz] pl Reithose(n) f(pl)
jog [dʒɒg] **A** v/t stoßen an (+akk) od gegen; j-n anstoßen; **to jog sb's memory** j-s Gedächtnis (dat) nachhelfen **B** v/i trotten; SPORT joggen **C** s SPORT Dauerlauf m; **to go for a jog** SPORT joggen (gehen)

phrasal verbs mit jog:
jog along v/i **1** Mensch, Fahrzeug entlangzuckeln **2** fig vor sich (akk) hin wursteln umg
jogger ['dʒɒgə^r] s **1** Jogger(in) m(f) **2** **~s** pl Jogginghose f
jogging ['dʒɒgɪŋ] s Jogging n, Joggen n
jogging pants pl Jogginghose f
jogging shoe s Joggingschuh m
jogging suit s Jogginganzug m
john [dʒɒn] US umg s **1** Klo n umg, Häus(e)l n österr **2** von Prostituierter Freier m
John Bull s die Engländer pl
John Doe US s Otto Normalverbraucher m umg
John Hancock [ˌdʒɒn'hænkɒk] s umg (≈ *Unterschrift*) Friedrich Wilhelm m umg
join [dʒɔɪn] **A** v/t **1** verbinden (**to** mit); **to ~ two things together** zwei Dinge (miteinander) verbinden; **to ~ hands** sich (dat) od einander die Hände reichen **2** *Militär* gehen zu; *EU* beitreten (+dat); *Partei, Verein* eintreten in (+akk); *Firma* anfangen bei; *Gruppe* sich anschließen (+dat); **to ~ the queue** sich in die Schlange stellen; **he ~ed us in France** er stieß in Frankreich zu uns; **I'll ~ you in five minutes** ich bin in fünf Minuten bei Ihnen; **may I ~ you?** kann ich mich Ihnen anschließen?; *auf Parkbank etc* darf ich mich zu Ihnen setzen?; *bei Spiel* kann ich mitmachen?; **will you ~ us?** machen Sie mit?; *auf Parkbank etc* wollen Sie sich (nicht) zu uns setzen?; *auf Spaziergang* kommen Sie mit?; **will you ~ me in a drink?** trinken Sie ein Glas mit mir? **3** *Fluss, Straße* einmünden in (+akk) **B** v/i **1** (a. **~ together**) (miteinander) verbunden sein, sich (miteinander) verbinden lassen; *Flüsse* zusammenfließen; *Straßen* sich treffen; **to ~ together in doing sth** etw gemeinsam tun; **to ~ with sb/sth** sich mit j-m/etw zusammenschließen **2** als Klubmitglied beitreten **C** s Naht(stelle) f

phrasal verbs mit join:
join in v/i mitmachen (obj bei); *bei Protestmarsch* sich anschließen (obj +dat); *bei Gespräch* sich beteiligen (obj an +dat); **everybody joined in the chorus** sie sangen alle zusammen den Refrain; **he didn't want to join in the fun** er wollte nicht mitmachen
join up **A** v/i **1** Br MIL Soldat werden **2** Straßen sich treffen **B** v/t ⟨trennb⟩ (miteinander) verbinden
joiner ['dʒɔɪnə^r] s Schreiner(in) m(f)
joint [dʒɔɪnt] **A** s **1** ANAT Gelenk n; **~ pain** Gelenkschmerzen pl; **ankle ~** Knöchel m **2** *in Holz* Fuge f; *in Rohr* Verbindung(sstelle) f **3** Br GASTR Braten m; **a ~ of beef** ein Rinderbraten m **4** umg (≈ *Gaststätte etc*) Laden m umg **5** umg (≈ *Marihuana*) Joint m umg **B** adj ⟨attr⟩ gemeinsam; *Stärke* vereint; **he finished ~ second** od **in ~ second place** Br er belegte gemeinsam mit einem anderen den zweiten Platz; **it was a ~ effort** das ist in Gemeinschaftsarbeit entstanden
joint account s gemeinsames Konto
jointed adj mit Gelenken versehen
jointly ['dʒɔɪntlɪ] adv gemeinsam; **to be ~ owned by ...** im gemeinsamen Besitz von ... sein
joint owner s Mitbesitzer(in) m(f)
joint ownership s Mitbesitz m
joint stock s Aktienkapital n
joint stock company s ≈ Kapitalgesellschaft f
joint venture s HANDEL Jointventure n
joist [dʒɔɪst] s Balken m; *aus Metall, Beton* Träger m
joke [dʒəʊk] **A** s Witz m, Scherz m, Streich m; **for a ~** zum Spaß; **I don't see the ~** ich möchte wissen, was daran so lustig ist od sein soll; **he can't take a ~** er versteht keinen Spaß; **what a ~!** zum Totlachen! umg; **it's no ~** das ist nicht witzig; **this is getting beyond a ~** Br das geht (langsam) zu weit; **to play a ~**

on sb j-m einen Streich spielen; **to make a ~ of sth** Witze über etw (akk) machen; **to make ~s about sb/sth** sich über j-n/etw lustig machen **B** v/i Witze machen (**about** über +akk), Spaß machen, scherzen; **I was only joking** ich habe nur Spaß gemacht; **I'm not joking** ich meine das ernst; **you must be joking!** das soll wohl ein Witz sein; **you're joking!** mach keine Witze!

joker ['dʒəʊkəʳ] s **1** Witzbold m **2** KART Joker m

jokey ['dʒəʊkɪ] adj ⟨-ier; -iest⟩ witzig

joking ['dʒəʊkɪŋ] **A** adj Ton scherzhaft; **it's no ~ matter** darüber macht man keine Witze **B** s Witze pl; **~ apart** od **aside** Spaß beiseite

jokingly ['dʒəʊkɪŋlɪ] adv im Spaß

jolly ['dʒɒlɪ] **A** adj ⟨komp jollier⟩ bes Br vergnügt **B** adv obs Br umg ganz schön umg; zufrieden mächtig umg; **~ good** prima umg; **I should ~ well hope/think so!** das will ich auch hoffen/gemeint haben!

jolt [dʒəʊlt] **A** v/i Fahrzeug holpern, einen Ruck machen **B** v/t durchschütteln, einen Ruck geben (+dat); fig aufrütteln; **she was ~ed awake** sie wurde wach gerüttelt **C** s **1** Ruck m **2** fig umg Schock m

jostle ['dʒɒsl] **A** v/i drängeln **B** v/t anrempeln

jot [dʒɒt] umg s Körnchen n; **it won't do a jot of good** das nützt gar nichts; **this won't affect my decision one jot** das wird meine Entscheidung nicht im Geringsten beeinflussen

phrasal verbs mit jot:

jot down v/t ⟨trennb⟩ sich (dat) notieren; **to jot down notes** Notizen machen

jotter ['dʒɒtəʳ] Br s Notizheft(chen) n

joule [dʒuːl] s (≈ physikalische Einheit) Joule n

journal ['dʒɜːnl] s **1** Zeitschrift f **2** Tagebuch n; **to keep a ~** Tagebuch führen

journalese [ˌdʒɜːnəˈliːz] s Pressejargon m

journalism ['dʒɜːnəlɪzəm] s Journalismus m

journalist ['dʒɜːnəlɪst] s Journalist(in) m(f)

journey ['dʒɜːnɪ] **A** s Reise f; **to go on a ~** verreisen; **it's a ~ of 50 miles** es liegt 50 Meilen entfernt; **it's a two-day ~ to get to ... from here** man braucht zwei Tage, um von hier nach ... zu kommen; **a train ~** eine Zugfahrt; **the ~ home** die Heimreise; **he has quite a ~ to get to work** er muss ziemlich weit fahren, um zur Arbeit zu kommen; **a ~ of discovery** eine Entdeckungsreise **B** v/i reisen

jovial ['dʒəʊvɪəl] adj fröhlich

jowl [dʒaʊl] s ⟨oft pl⟩ Hängebacke f

joy [dʒɔɪ] s **1** Freude f; **to my great joy** zu meiner großen Freude; **this car is a joy to drive** es ist eine Freude, dieses Auto zu fahren; **one of the joys of this job is ...** eine der erfreulichen Seiten dieses Berufs ist ... **2** ⟨kein pl⟩ Br umg Erfolg m; **any joy?** hat es geklappt? umg; **you won't get any joy out of him** bei ihm werden Sie keinen Erfolg haben

joyful ['dʒɔɪfʊl] adj freudig

joyous ['dʒɔɪəs] liter adj freudig

joyrider s Joyrider(in) m(f), Strolchenfahrer(in) m(f) schweiz

joyriding s Joyriding n, Strolchenfahrten pl schweiz

joystick s FLUG Steuerknüppel m; COMPUT Joystick m

JPEG ['dʒeɪpeg] abk (= Joint Photographic Experts Group) JPEG n

Jr abk (= junior) jr., jun.

jubilant ['dʒuːbɪlənt] adj überglücklich

jubilation [ˌdʒuːbɪˈleɪʃən] s Jubel m

jubilee ['dʒuːbɪliː] s Jubiläum n

Judaism ['dʒuːdeɪɪzəm] s Judentum n

judder ['dʒʌdəʳ] Br v/i erzittern; Auto ruckeln; **the train ~ed to a halt** der Zug kam ruckartig zum Stehen

judge [dʒʌdʒ] **A** s **1** JUR Richter(in) m(f); bei Wettbewerb Preisrichter(in) m(f); SPORT Kampfrichter(in) m(f) **2** fig Kenner(in) m(f); **a good ~ of character** ein guter Menschenkenner; **I'll be the ~ of that** das müssen Sie mich schon selbst beurteilen lassen **B** v/t **1** JUR Fall verhandeln **2** Wettbewerb bewerten; SPORT Kampfrichter sein bei **3** fig ein Urteil fällen über (+akk); **you shouldn't ~ people by appearances** Sie sollten Menschen nicht nach ihrem Äußeren beurteilen; **you can ~ for yourself** Sie können es selbst beurteilen; **how would you ~ him?** wie würden Sie ihn beurteilen od einschätzen? **4** Geschwindigkeit einschätzen **C** v/i **1** bei Wettbewerb Preisrichter sein **2** fig ein Urteil fällen, (be)urteilen; **as** od **so far as one can ~** soweit man (es) beurteilen kann; **judging by sth** nach etw zu urteilen; **to ~ by appearances** nach dem Äußeren urteilen; **he let me ~ for myself** er überließ es meinem Urteil

judg(e)ment ['dʒʌdʒmənt] s **1** JUR (Gerichts)urteil n; **to pass** od **give ~** das Urteil sprechen (**on** über +akk) **2** Meinung f; nach Geschwindigkeit Einschätzung f; **in my ~** meiner Meinung nach; **against one's better ~** wider besseres Wissen **3** Urteilsvermögen n

judg(e)mental [dʒʌdʒˈmentl] adj wertend

Judg(e)ment Day s Tag m des Jüngsten Gerichts

judicial [dʒuːˈdɪʃəl] adj JUR gerichtlich; **~ system** Justizsystem n

judiciary [dʒuːˈdɪʃərɪ] s Gerichtsbehörden pl

judicious [dʒuːˈdɪʃəs] adj klug, umsichtig

judo ['dʒuːdəʊ] s ⟨kein pl⟩ Judo n; **to do ~** Judo machen

jug [dʒʌg] s Kanne f, Krug m; **a jug of milk** ein Krug m Milch

juggernaut ['dʒʌgənɔːt] Br s Schwerlaster m

juggle ['dʒʌgl] **A** v/i jonglieren **B** v/t Bälle jonglieren (mit); *Zahlen* so hindrehen, dass sie passen; **many women have to ~ (the demands of) family and career** viele Frauen müssen (die Anforderungen von) Familie und Beruf miteinander vereinbaren

juggler ['dʒʌglə^r] *wörtl* s Jongleur(in) m(f)

jugular ['dʒʌgjʊlə^r] s **~ (vein)** Drosselvene f

juice [dʒuːs] *wörtl, fig umg* s Saft m

juicy ['dʒuːsɪ] adj ⟨komp juicier⟩ **1** saftig **2** *Geschichte* schlüpfrig

jukebox ['dʒuːkbɒks] s Musikbox f

Jul abk (= July) Jul.

July [dʒuː'laɪ] s Juli m; → September

jumble ['dʒʌmbl] **A** v/t (a. **jumble up**) **1** wörtl durcheinanderbringen; **~d up** durcheinander; **a ~d mass of wires** ein Wirrwarr m von Kabeln; **his clothes are ~d together on the bed** seine Kleider liegen in einem unordentlichen Haufen auf dem Bett **2** *fig Tatsachen* durcheinanderbringen **B** s **1** Durcheinander n; *von Worten* Wirrwarr m **2** ⟨kein pl⟩ *für Trödelmarkt* gebrauchte Sachen pl

jumble sale Br s ≈ Flohmarkt m, Wohltätigkeitsbasar m

jumbo ['dʒʌmbəʊ] s ⟨pl -s⟩ Jumbo(jet) m

jumbo pack s Großpackung f

jumbo-sized ['dʒʌmbəʊˌsaɪzd] adj riesig, Riesen-

jump [dʒʌmp] **A** s **1** Sprung m; *auf Parcours* Hindernis n; *von Preisen* (sprunghafter) Anstieg **2 to give a ~** zusammenfahren **B** v/i **1** springen; *Preise* sprunghaft ansteigen; **to ~ for joy** einen Freudensprung machen; **to ~ to one's feet** aufspringen; **to ~ to conclusions** vorschnelle Schlüsse ziehen; **to ~ to it!** mach schon!; **the movie suddenly ~s from the 18th into the 20th century** der Film macht plötzlich einen Sprung vom 18. ins 20. Jahrhundert; **if you keep ~ing from one thing to another** wenn Sie nie an einer Sache bleiben **2** zusammenzucken; **you made me ~** du hast mich (aber) erschreckt **C** v/t *Zaun, Hindernis* überspringen; **to ~ the lights** bei Rot über die Kreuzung fahren; **to ~ the queue** Br sich vordrängeln

phrasal verbs mit jump:

jump about Br, **jump around** v/i herumspringen, herumhüpfen

jump at v/i ⟨+obj⟩ *Gelegenheit* sofort beim Schopf ergreifen

jump down v/i herunterspringen (**from** von); **to jump down sb's throat** j-n anfahren

jump in v/i hineinspringen; **jump in!** *in Auto* steig ein!

jump off v/i herunterspringen (*obj* von); *aus Zug etc* aussteigen (*obj* aus); *von fahrendem Zug etc* abspringen (*obj* von)

jump on v/i *wörtl in Fahrzeug* einsteigen (*obj*, **-to** in +akk); **to jump on(to) sb/sth** auf j-n/etw springen

jump out v/i hinausspringen; *aus Bus etc* aussteigen (**of** aus); *aus fahrendem Bus etc* abspringen (**of** von); **to jump out of the window** aus dem Fenster springen

jump up v/i hochspringen, hinaufspringen (**onto** auf +akk)

jumper ['dʒʌmpə^r] s **1** Br Pullover m **2** US Trägerkleid n

jumper cables US pl AUTO → jump leads

jump leads Br pl AUTO Starthilfekabel n

jump rope US s Hüpf- od Sprungseil n

jump suit s Overall m

jumpy ['dʒʌmpɪ] adj ⟨komp jumpier⟩ umg nervös

Jun abk (= June) Jun.

junction ['dʒʌŋkʃən] s BAHN Gleisanschluss m; *von Straßen* Kreuzung f

junction box s ELEK Verteilerkasten m

juncture ['dʒʌŋktʃə^r] s **at this ~** zu diesem Zeitpunkt

June [dʒuːn] s Juni m; → September

jungle ['dʒʌŋgl] s Dschungel m

junior ['dʒuːnɪə^r] **A** adj **1** jünger; **Hiram Schwarz, ~ Hiram** Schwarz junior **2** *Angestellter* untergeordnet; *Offizier* rangniedriger; **to be ~ to sb** unter j-m stehen **3** SPORT Junioren- **B** s **1 he is two years my ~** er ist zwei Jahre jünger als ich **2** *Br* SCHULE Grundschüler(in) m(f) **3** *US* UNIV Student(in) *im vorletzten Studienjahr*

junior college US s ≈ Kollegstufe f, Oberstufe f

junior high (school) US s ≈ Mittelschule f

junior minister s Staatssekretär(in) m(f)

junior partner s jüngerer Teilhaber, POL kleinerer (Koalitions)partner

junior school Br s Grundschule f

junk [dʒʌŋk] s **1** Trödel m **2** umg Ramsch m

junk food s Junkfood n umg, ungesundes Essen

junkie ['dʒʌŋkɪ] umg s Junkie m umg

junk mail s (Post)wurfsendungen pl

junk shop s Trödelladen m

junk yard s US Schrottplatz m

Jupiter ['dʒuːpɪtə^r] s Jupiter m

jurisdiction [ˌdʒʊərɪs'dɪkʃən] s Gerichtsbarkeit f, Zuständigkeit f, Zuständigkeitsbereich m

juror ['dʒʊərə^r] s Schöffe m, Schöffin f, Geschworene(r) m/f(m)

jury ['dʒʊərɪ] s **1** JUR **to sit** od **be on the ~** Schöffe/Geschworener sein **2** *bei Wettbewerb* Jury f

jury service s Schöffenamt n, Amt n des Geschworenen

just¹ [dʒʌst] *adv* **1** *zeitlich* gerade; **they have ~ left** sie sind gerade gegangen; **she left ~ before I came** sie war, kurz bevor ich kam, weggegangen; **~ after lunch** gleich nach dem Mittagessen; **he's ~ coming** er kommt gerade; **I'm ~ coming** ich komme ja schon; **I was ~ going to ...** ich wollte gerade ...; **~ as I was going** gerade, als ich gehen wollte; **~ now** gerade erst; **not ~ now** im Moment nicht; **~ now?** jetzt gleich?; **~ then** genau in dem Moment **2** gerade noch; **it ~ missed** es hat beinahe getroffen; **I've got only ~ enough to live on** mir reicht es gerade so noch zum Leben; **I arrived ~ in time** ich bin gerade (noch) rechtzeitig gekommen **3** genau; **~ like you** genau wie du; **that's ~ like you** das sieht dir ähnlich; **that's ~ it!** das ist es ja gerade!; **that's ~ what I was going to say** genau das wollte ich (auch) sagen **4** nur, bloß; **~ you and me** nur wir beide; **he's ~ a boy** er ist doch noch ein Junge; **I ~ don't like it** ich mag es eben nicht; **~ like that** (ganz) einfach so; **you can't ~ assume ...** Sie können doch nicht ohne Weiteres annehmen ...; **~ not good enough** es ist einfach nicht gut genug **5** *örtlich* gleich; **~ above the trees** direkt über den Bäumen; **put it ~ over there** stells mal da drüben hin; **~ here** (genau) hier **6** wirklich; **it's ~ terrible** das ist ja schrecklich! **7** **~ as ... as** genauso ... wie ...; **the blue hat is ~ as nice as the red one** der blaue Hut ist genauso hübsch wie der rote; **it's ~ as well ...** nur gut, dass ...; **~ as I thought!** ich habe es mir doch gedacht!; **~ about** in etwa; **I am ~ about ready** ich bin so gut wie fertig; **did he make it in time? — ~ about** hat ers (rechtzeitig) geschafft? — so gerade; **I am ~ about fed up with it!** *umg* so langsam aber sicher hängt es mir zum Hals raus *umg*; **listen** hör mal; **~ shut up!** sei bloß still!; **~ wait here a moment** warten Sie hier mal (für) einen Augenblick; **~ a moment!** Moment mal!; **I can ~ see him as a soldier** ich kann ihn mir gut als Soldat vorstellen; **can I ~ finish this?** kann ich das eben noch fertig machen?

just² *adj* ⟨+er⟩ gerecht (**to** gegenüber); **I had ~ cause to be alarmed** ich hatte guten Grund, beunruhigt zu sein

justice [ˈdʒʌstɪs] *s* **1** Gerechtigkeit *f*; *System* Justiz *f*; **to bring sb to ~** j-n vor Gericht bringen; **to do him ~** um ihm gegenüber gerecht zu sein; **this photograph doesn't do her ~** auf diesem Foto ist sie nicht gut getroffen; **you didn't do yourself ~ in the exams** Sie haben im Examen nicht gezeigt, was Sie können; **ministry of ~** *Br*, **Department of Justice** *US* Justizministerium *n* **2** Richter(in) *m(f)*; **Justice of the Peace** Friedensrichter(in) *m(f)*

justifiable [ˌdʒʌstɪˈfaɪəbl] *adj* gerechtfertigt

justifiably [ˌdʒʌstɪˈfaɪəblɪ] *adv* mit *od* zu Recht

justification [ˌdʒʌstɪfɪˈkeɪʃən] *s* Rechtfertigung *f* (**of** +*gen* für); **as (a) ~ for his action** zur Rechtfertigung seiner Handlungsweise

justify [ˈdʒʌstɪfaɪ] *v/t* **1** rechtfertigen (**sth to sb** etw vor j-m, j-m gegenüber); **he was justified in doing that** es war gerechtfertigt, dass er das tat **2** TYPO justieren; IT ausrichten

justly [ˈdʒʌstlɪ] *adv* zu Recht; *behandeln* gerecht

jut [dʒʌt] *v/i*, (*a*. **jut out**) hervorstehen; **the peninsula juts out into the sea** die Halbinsel ragt ins Meer hinaus; **to jut out over the street** über die Straße hinausragen

juvenile [ˈdʒuːvənaɪl] **A** *s* ADMIN Jugendliche(r) *m/f(m)* **B** *adj* für Jugendliche; **~ crime** Jugendkriminalität *f*

juvenile delinquency *s* Jugendkriminalität *f*

juvenile delinquent *s* jugendlicher Straftäter, jugendliche Straftäterin

juxtapose [ˌdʒʌkstəˈpəʊz] *v/t* nebeneinanderstellen

K

K¹, k [keɪ] *s* K *n*, k *n*
K² *abk* -tausend; **15 K** 15.000
k *abk* (= kilobyte) IT KB
kaleidoscope [kəˈlaɪdəskəʊp] *s* Kaleidoskop *n*
kangaroo [ˌkæŋɡəˈruː] *s* ⟨*pl* -s⟩ Känguru *n*
karabiner [ˌkærəˈbiːnər] *s* Karabinerhaken *m*
karaoke [ˌkærɪˈəʊkɪ] *s* Karaoke *n*
karate [kəˈrɑːtɪ] *s* Karate *n*
kayak [ˈkaɪæk] *s* Kajak *m/n*
kcal [ˈkeɪkæl] *abk* (= kilocalorie) kcal
kebab [kəˈbæb] *s* Kebab *m*
keel [kiːl] *s* SCHIFF Kiel *m*; **he put the business back on an even ~** er brachte das Geschäft wieder auf die Beine *umg*

phrasal verbs mit keel:
keel over *fig umg v/i* umkippen

keen [kiːn] *adj* ⟨+er⟩ **1** *Interesse* stark; *Intelligenz* scharf; *Gehör etc* gut **2** begeistert, stark interessiert; **~ to learn** lernbegierig; **to be ~ on sb** von j-m sehr angetan sein; *sexuell* scharf auf j-n sein *umg*; *auf Popgruppe etc* von j-m begeistert sein; **to be ~ on sth** etw sehr gern mögen; **to be ~ on doing sth** etw mit Begeisterung tun; **to be ~ to do sth** scharf darauf sein, etw zu tun *umg*; **to be ~ on dancing** leidenschaftlicher Tänzer sein; **he is very ~ on golf** er ist ein Golffan *m*; **I'm not very ~ on him** ich bin von ihm/nicht gerade begeistert; **he's not ~ on her coming** er legt keinen (gesteigerten) Wert darauf, dass sie kommt; **he's very ~ for us to go** er legt sehr großen Wert darauf, dass wir gehen 3 *Klinge, Wind* scharf

keenly ['kiːnlɪ] *adv* 1 fühlen leidenschaftlich; *interessiert* stark 2 mit Begeisterung; **~ awaited** mit Ungeduld erwartet

keenness ['kiːnnɪs] *s* Begeisterung *f*; *von Bewerber, Student* starkes Interesse

keep [kiːp] ⟨*v: prät, pperf* kept⟩ A *v/t* 1 behalten; **you can ~ this book** du kannst dieses Buch behalten; **to ~ a place for sb** einen Platz für j-n frei halten; **to ~ a note of sth** sich (*dat*) etw notieren 2 halten; **he kept his hands in his pockets** er hat die Hände in der Tasche gelassen; **the garden was well kept** der Garten war (gut) gepflegt; **to ~ sb waiting** j-n warten lassen; **can't you ~ him talking?** können Sie ihn nicht in ein Gespräch verwickeln?; **to ~ the traffic moving** den Verkehr am Fließen halten; **to ~ the conversation going** das Gespräch in Gang halten; **to ~ sth warm/cool/open** etw warm/kühl/offen halten; **to ~ one's dress clean** sein Kleid nicht schmutzig machen; **to ~ sb quiet** dafür sorgen, dass j-d still ist; **just to ~ her happy** damit sie zufrieden ist; **to ~ sb alive** j-n am Leben halten; **to ~ oneself busy** sich selbst beschäftigen; **to ~ oneself warm** sich warm halten 3 aufbewahren; **where do you ~ your spoons?** wo sind die Löffel? 4 aufheben; **I've been ~ing it for you** ich habe es für Sie aufgehoben 5 aufhalten; **I mustn't ~ you** ich will Sie nicht aufhalten; **what kept you?** wo waren Sie denn so lang?; **what's ~ing him?** wo bleibt er denn?; **to ~ sb prisoner** j-n gefangen halten; **they kept him in hospital** sie haben ihn im Krankenhaus behalten 6 *Geschäft* führen; *Nutztiere* halten 7 versorgen; **I earn enough to ~ myself** ich verdiene genug für mich (selbst) zum Leben; **I have six children to ~** ich habe sechs Kinder zu unterhalten 8 *Versprechen* halten; *Regel* befolgen; *Termin* einhalten 9 *Tagebuch* führen (**of** über +*akk*) B *v/i* 1 **to ~ to the left** sich links halten; AUTO links fahren 2 bleiben; **how are you ~ing?** wie geht es Ihnen so?; **to ~ fit** fit bleiben; **to ~ quiet** still sein; **to ~ silent** schweigen; **to ~ calm** ruhig bleiben; **to ~ doing sth** etw weiter tun; etw dauernd tun; **to ~ walking** weitergehen; **~ going** machen Sie weiter; **I ~ hoping she's still alive** ich hoffe immer noch, dass sie noch lebt; **I ~ thinking …** ich denke immer … 3 *Lebensmittel etc* sich halten C *s* Unterhalt *m*; **I got £300 a week and my ~** ich bekam £ 300 pro Woche und freie Kost und Logis; **to earn one's ~** seinen Lebensunterhalt verdienen; **for ~s** *umg* für immer

phrasal verbs mit keep:

keep at A *v/i* ⟨+*obj*⟩ weitermachen mit; **keep at it** machen Sie weiter so B *v/t* ⟨+*obj*⟩ **to keep sb (hard) at it** j-n hart rannehmen *umg*

keep away A *v/i wörtl* wegbleiben; **keep away!** nicht näher kommen!; **keep away from that place** gehen Sie da nicht hin; **I just can't keep away** es zieht mich immer wieder hin; **keep away from him** lassen Sie die Finger von ihm B *v/t* ⟨immer getrennt⟩ fernhalten (**from** von); **to keep sth away from sth** etw nicht an etw (*akk*) kommen lassen; **to keep sb away from school** j-n nicht in die Schule (gehen) lassen

keep back A *v/i* zurückbleiben; **keep back!** bleiben Sie, wo Sie sind!; **please keep back from the edge** bitte gehen Sie nicht zu nahe an den Rand B *v/t* ⟨*trennb*⟩ 1 j-n, Haare zurückhalten; *Tränen* unterdrücken; **to keep sb/sth back from sb** j-n/etw von j-m abhalten 2 *Geld* einbehalten; *Informationen* verschweigen (**from sb** j-m)

keep down A *v/i* unten bleiben B *v/t* ⟨*trennb*⟩ 1 *Kopf* ducken; **keep your voices down** reden Sie nicht so laut 2 *Unkraut* unter Kontrolle halten; *Steuern, Preise* niedrig halten; *Kosten* drücken; **to keep numbers down** die Zahlen gering halten; **to keep one's weight down** nicht zunehmen 3 *Gegessenes* bei sich behalten

keep from *v/t* ⟨+*obj*⟩ 1 j-n hindern an (+*dat*); **I couldn't keep him from doing it** ich konnte ihn nicht daran hindern *od* davon abhalten, das zu tun; **the bells keep me from sleeping** die Glocken lassen mich nicht schlafen; **keep them from getting wet** verhindern Sie es, dass sie nass werden; **to keep sb from harm** j-n vor Schaden (*dat*) bewahren 2 **to keep sth from sb** j-m etw verschweigen; **can you keep this from your mother?** können Sie das vor Ihrer Mutter geheim halten *od* verbergen?

keep in *v/t* ⟨*trennb*⟩ Schüler nachsitzen lassen; **his parents have kept him in** seine Eltern haben ihn nicht gehen lassen

keep in with *v/i* ⟨+*obj*⟩ sich gut stellen mit; **he's just trying to keep in with her** er will sich nur bei ihr lieb Kind machen

keep off A *v/i* wegbleiben; **if the rain keeps off** wenn es nicht regnet; **"keep off!"** „Betreten verboten!" B *v/t* ⟨*trennb*⟩ fernhalten (*obj* von); *seine Hände* wegnehmen (*obj* von); **to keep one's mind off sth** nicht an etw (*akk*) denken; **keep your hands off** Hände weg! **C** *v/i* ⟨+*obj*⟩ vermeiden; **"keep off the grass"** „Betreten des Rasens verboten"

keep on **A** *v/i* **1** weitermachen; **to keep on doing sth** etw weiter tun; etw dauernd tun; **I keep on telling you** ich sage dir ja immer; **to keep on at sb** *umg* dauernd an j-m herummeckern *umg*; **they kept on at him until he agreed** sie haben ihm so lange keine Ruhe gelassen, bis er zustimmte; **to keep on about sth** *umg* unaufhörlich von etw reden; **there's no need to keep on about it** *umg* es ist wirklich nicht nötig, ewig darauf herumzuhacken *umg* **2** weitergehen/-fahren; **keep straight on** immer geradeaus **B** *v/t* ⟨*trennb*⟩ **1** *Angestellten* weiterbeschäftigen **2** *Mantel* anbehalten; *Hut* aufbehalten

keep out **A** *v/i aus Gebäude* draußen bleiben; *aus Gebiet* etw nicht betreten; **"keep out"** „Zutritt verboten"; **to keep out of the sun** nicht in die Sonne gehen; **to keep out of sight** sich nicht zeigen; **you keep out of this!** halten Sie sich da raus! **B** *v/t* ⟨*trennb*⟩ j-n nicht hereinlassen (**of** in +*akk*); *Licht, Regen* abhalten; **to keep sb/sth out of sth** j-n/etw aus etw heraushalten; **this screen keeps the sun out of your eyes** diese Blende schützt Ihre Augen vor Sonne

keep to **A** *v/i* ⟨+*obj*⟩ **keep to the main road** bleiben Sie auf der Hauptstraße; **to keep to the schedule/plan** den Zeitplan einhalten; **to keep to the speed limit** sich an die Geschwindigkeitsbegrenzung halten; **to keep to the subject** beim Thema bleiben; **to keep (oneself) to oneself** nicht sehr gesellig sein; **they keep (themselves) to themselves** sie bleiben unter sich **B** *v/t* ⟨+*obj*⟩ **to keep sb to his word/promise** j-n beim Wort nehmen; **to keep sth to a minimum** etw auf ein Minimum beschränken; **to keep sth to oneself** etw für sich behalten; **keep your hands to yourself!** nehmen Sie Ihre Hände weg!

keep together *v/t* ⟨*trennb*⟩ zusammen aufbewahren; (≈ *vereinigen*) *Menschen, Dinge* zusammenhalten

keep up **A** *v/i* **1** *Regen* (an)dauern; *Kräfte* nicht nachlassen **2** **to keep up (with sb/sth)** (mit j-m/etw) Schritt halten; *verstandesmäßig* (j-m/einer Sache) folgen können; **to keep up with the news** sich auf dem Laufenden halten **B** *v/t* ⟨*trennb*⟩ **1** *Zelt* aufrecht halten; **to keep his trousers up** damit die Hose nicht herunterrutscht **2** nicht aufhören mit; *Studium* fortsetzen; *Qualität, Preise* aufrechterhalten; *Geschwindigkeit* halten; **I try to keep up my Spanish** ich versuche, mit meinem Spanisch nicht aus der Übung zu kommen; **to keep one's morale up** den Mut nicht verlieren; **keep it up!** (machen Sie) weiter so!; **he couldn't keep it up** er hat schlappgemacht *umg* **3** am Schlafengehen hindern; **that child kept me up all night** das Kind hat mich die ganze Nacht nicht schlafen lassen

keeper ['ki:pə^r] *s* Wächter(in) *m(f)*; *in Zoo* Wärter(in) *m(f)*; *umg* Torhüter(in) *m(f)*
keep fit *s* Fitnessübungen *pl*
keeping ['ki:pɪŋ] *s* **in ~ with** in Einklang mit
keepsake ['ki:pseɪk] *s* Andenken *n*
keg [keg] *s* **1** kleines Fass **2** (*a.* **keg beer**) Bier *n* vom Fass
kennel ['kenl] *s* **1** Hundehütte *f* **2** **~s** (Hunde)heim *n*; **to put a dog in ~s** einen Hund in Pflege geben
Kenya ['kenjə] *s* Kenia *n*
kept [kept] *prät & pperf* → keep
kerb [kɜ:b] *Br s* Bordstein *m*
kerb crawler *s* Freier *m* im Autostrich *umg*
kerb crawling *s* Autostrich *m*
kernel ['kɜ:nl] *s* Kern *m*
kerosene ['kerəsi:n] *s* Kerosin *n*
kestrel ['kestrəl] *s* Turmfalke *m*
ketchup ['ketʃəp] *s* Ketchup *n/m*
kettle ['ketl] *s* Wasserkocher *m*, Wasserkessel *m*; **I'll put the ~ on** ich stelle mal eben (Kaffee-/Tee)wasser auf; **the ~'s boiling** das Wasser kocht
key [ki:] **A** *s* **1** Schlüssel *m* **2** Lösungen *pl*; SCHULE Schlüssel *m*; *auf Landkarte etc* Zeichenerklärung *f* **3** *von Klavier, a.* COMPUT Taste *f* **4** MUS Tonart *f*; **to sing off key** falsch singen **B** *adj* ⟨*attr*⟩ Schlüssel-; *Zeuge* wichtigste(r, s) **C** *v/t* IT Text eingeben

phrasal verbs mit key:

key in *v/t* ⟨*trennb*⟩ IT eingeben
key up *v/t* ⟨*trennb*⟩ **to be keyed up about sth** wegen etw ganz aufgedreht sein *umg*

keyboard ['ki:bɔ:d] *s von Klavier* Klaviatur *f*; COMPUT Tastatur *f*; **~(s)** *Instrument* Keyboard *n*; **to play the ~(s)** Keyboard spielen; **~ skills** IT Fertigkeiten *pl* in der Texterfassung
keyboarder *s* IT Texterfasser(in) *m(f)*
key card *s* Schlüsselkarte *f*
key competency *s* Schlüsselqualifikation *f*
keyed-up [ki:d'ʌp] *adj* aufgedreht
keyhole *s* Schlüsselloch *n*
keyless ['ki:lɪs] *adj* schlüssellos
keynote *adj* ⟨*attr*⟩ **~ speech** programmatische Rede
keypad *s* COMPUT Tastenfeld *n*
keypal *s* Mailfreund(in) *m(f)*

key player s SPORT, POL, a. im Beruf Leistungsträger(in) m(f)
keyring s Schlüsselring m; Schlüsselanhänger m
keyword s Schlüsselwort n, Stichwort n; in Register Schlagwort n
kg abk (= kilogrammes, kilograms) kg
khaki ['kɑːkɪ] **A** s Khaki n **B** adj khaki(braun od -farben)
kick [kɪk] **A** s **1** Tritt m; **to give sth a ~** einer Sache (dat) einen Tritt versetzen; **what he needs is a good ~ up the backside od in the pants** er braucht mal einen kräftigen Tritt in den Hintern umg **2** (≈ Nervenkitzel) Kick m; umg **she gets a ~ out of it** es macht ihr einen Riesenspaß umg; **to do sth for ~s** etw zum Spaß tun; **how do you get your ~s?** was machen Sie zu ihrem Vergnügen? **B** v/i treten; Tier a. ausschlagen **C** v/t **1** einen Tritt versetzen (+dat); Fußball kicken umg; Tor schießen; Tür treten gegen; **to ~ sb in the stomach** j-m in den Bauch treten; **to ~ the bucket** umg ins Gras beißen umg; **I could have ~ed myself** umg ich hätte mir in den Hintern beißen können umg **2** umg **to ~ the habit** es sich (dat) abgewöhnen

<u>phrasal verbs mit kick:</u>

kick about Br, **kick around A** v/i umg Mensch rumhängen umg (**sth in** +dat); Objekt rumliegen umg (**sth in** +dat) **B** v/t ⟨trennb⟩ **to kick a ball about** od **around** (herum)bolzen umg
kick down v/t ⟨trennb⟩ Tür eintreten
kick in A v/t ⟨trennb⟩ Tür eintreten; **to kick sb's teeth in** j-m die Zähne einschlagen **B** v/i Droge wirken
kick off A v/i FUSSB anstoßen, fig umg losgehen umg; **who's going to kick off?** wer fängt an? **B** v/t ⟨trennb⟩ wegtreten; Schuhe von sich schleudern; **to kick sb off the team** umg j-n aus dem Team werfen
kick out v/t ⟨trennb⟩ hinauswerfen (**of** aus)
kick up fig umg v/t ⟨trennb⟩ **to kick up a fuss** Krach schlagen umg

kickback s umg Schmiergeld n
kickboard s Kickboard n
kickboxing s Kickboxen n
kickoff s SPORT Anstoß m
kid [kɪd] **A** s **1** (≈ junge Ziege) Kitz n **2** umg Kind n; **when I was a kid** als ich klein war; **to get the kids to bed** die Kleinen ins Bett bringen; **it's kid's stuff** das ist was für kleine Kinder umg; (≈ leicht) das ist doch ein Kinderspiel **B** adj ⟨attr⟩ umg **kid sister** kleine Schwester **C** v/t umg **to kid sb** j-n aufziehen umg; j-n an der Nase rumführen umg; **don't kid yourself!** machen Sie sich doch nichts vor!; **who is she trying to kid?, who is she kidding?** wem will sie was weismachen? **D** v/i umg Jux machen umg; **you're kidding** du machst Witze; **no kidding** im Ernst; **you've got to be kidding!** das ist doch wohl nicht dein Ernst!
kid gloves [kɪd'ɡlʌvz] pl Glacéhandschuhe pl; **to handle** od **treat sb with ~** fig j-n mit Samthandschuhen anfassen
kidnap ['kɪdnæp] **A** v/t entführen, kidnappen **B** s Entführung f
kidnapper ['kɪdnæpəʳ] s Entführer(in) m(f), Kidnapper(in) m(f)
kidnapping ['kɪdnæpɪŋ] s Entführung f
kidney ['kɪdnɪ] s Niere f
kidney bean s Kidneybohne f
kidney stone s MED Nierenstein m
kill [kɪl] **A** v/t **1** töten, umbringen; Schmerz beseitigen; Unkraut vernichten; **to be ~ed in action** fallen; **to be ~ed in battle/in the war** im Kampf/Krieg fallen; **to be ~ed in a car accident** bei einem Autounfall ums Leben kommen; **she ~ed herself** sie brachte sich um; **many people were ~ed by the plague** viele Menschen sind der Pest zum Opfer gefallen; **to ~ time** die Zeit totschlagen; **we have two hours to ~** wir haben noch zwei Stunden übrig; **to ~ two birds with one stone** sprichw zwei Fliegen mit einer Klappe schlagen sprichw; **she was ~ing herself (laughing)** umg sie hat sich totgelacht; **a few more weeks won't ~ you** umg noch ein paar Wochen bringen dich nicht um umg; **my feet are ~ing me** umg mir brennen die Füße; **I'll do it (even) if it ~s me** umg ich mache es, und wenn es mich umbringt umg **2** TECH Motor abschalten **3** Volleyball tot machen **B** v/i töten; **cigarettes can ~** Zigaretten können tödlich sein **C** s **to move in for the ~** fig zum entscheidenden Schlag ausholen

<u>phrasal verbs mit kill:</u>

kill off v/t ⟨trennb⟩ **1** vernichten, töten **2** fig Gerüchten ein Ende machen (+dat)

killer ['kɪləʳ] s Killer(in) m(f) umg; **this disease is a ~** diese Krankheit ist tödlich; **it's a ~** umg Rennen, Job etc das ist der glatte Mord umg
killer whale s Schwertwal m
killing ['kɪlɪŋ] s **1** Töten n; **three more ~s in Belfast** drei weitere Morde in Belfast **2** fig **to make a ~** einen Riesengewinn machen
killing spree s Amoklauf m
killjoy ['kɪldʒɔɪ] s Spielverderber(in) m(f)
kiln [kɪln] s (Brenn)ofen m
kilo ['kiːləʊ] s ⟨pl -s⟩ Kilo n
kilobyte ['kiːləʊbaɪt] s Kilobyte n
kilogramme ['kɪləʊɡræm] s, **kilogram** US s Kilogramm n; **a ~ of oranges** ein Kilogramm

Orangen; **a 150-kilogramme bear** ein 150 Kilogramm schwerer Bär
kilohertz ['kɪləʊhɜːts] s Kilohertz n
kilometre [kɪ'lɒmɪtə^r] s, **kilometer** US s Kilometer m; **a ten-kilometre walk** eine Zehn-Kilometer-Wanderung
kilowatt ['kɪləʊwɒt] s Kilowatt n; **~-hour** Kilowattstunde f
kilt [kɪlt] s Kilt m, Schottenrock m
kimchi ['kɪmtʃiː] s GASTR Kimchi n (Gemüse, das durch Milchsäuregärung zubereitet wird)
kin [kɪn] s Familie f
kind[1] [kaɪnd] s Art f; von Kaffee, Lack etc Sorte f; **several ~s of flour** mehrere Mehlsorten; **this ~ of book** diese Art Buch; **all ~s of …** alle möglichen …; **what ~ of …?** was für ein(e) …?; **the only one of its ~** das Einzige seiner Art; **a funny ~ of name** ein komischer Name; **he's not that ~ of person** so ist er nicht; **they're two of a ~** die beiden sind vom gleichen Typ, sie sind vom gleichen Schlag; **this ~ of thing** so etwas; **you know the ~ of thing I mean** Sie wissen, was ich meine; **… of all ~s** alle möglichen …; **something of the ~** so etwas Ähnliches; **you'll do nothing of the ~** du wirst das schön bleiben lassen!; **it's not my ~ of holiday** solche Ferien sind nicht mein Fall umg; **a ~ of …** eine Art …, so ein(e) …; **~ of scary** umg irgendwie unheimlich; **he was ~ of worried-looking** umg er sah irgendwie bedrückt aus; **we ~ of clicked** wir haben uns auf Anhieb irgendwie gut verstanden; **are you nervous? — ~ of** umg bist du nervös? — ja, schon umg; **payment in ~** Bezahlung f in Naturalien
kind[2] adj ⟨+er⟩ Mensch nett (**to** zu); Gesicht, Worte freundlich; **he's ~ to animals** er ist gut zu Tieren; **would you be ~ enough to open the door** wären Sie so nett, die Tür zu öffnen; **it was very ~ of you** das war wirklich nett von Ihnen
kindergarten ['kɪndəˌgɑːtn] s Kindergarten m
kind-hearted [ˌkaɪnd'hɑːtɪd] adj gütig
kindle ['kɪndl] v/t entfachen
Kindle® ['kɪndl] s E-Book-Reader Kindle® m
kindliness ['kaɪndlɪnɪs] s Freundlichkeit f
kindly ['kaɪndlɪ] **A** adv **1** behandeln, sich verhalten freundlich; spenden großzügig; **I don't take ~ to not being asked** es ärgert mich, wenn ich nicht gefragt werde **2** **~ shut the door** machen Sie doch bitte die Tür zu **B** adj ⟨komp kindlier⟩ freundlich
kindness ['kaɪndnɪs] s **1** ⟨kein pl⟩ Freundlichkeit f (**towards** gegenüber); **out of one's heart** aus reiner Nächstenliebe **2** Gefälligkeit f
kindred ['kɪndrɪd] **A** s ⟨kein pl⟩ Verwandtschaft f **B** adj verwandt; **~ spirit** Gleichgesinnte(r) m/f(m)
kinetic [kɪ'netɪk] adj kinetisch
king [kɪŋ] s König m; **to live like a ~** leben wie ein Fürst
kingdom ['kɪŋdəm] s **1** wörtl Königreich n **2** REL **~ of heaven** Himmelreich n; **to blow sth to ~ come** umg etw in die Luft jagen umg; **you can go on doing that till ~ come** umg Sie können (so) bis in alle Ewigkeit weitermachen **3** **the animal ~** das Tierreich
kingpin fig s Stütze f
king prawn s Königskrabbe f
king-size(d) umg adj großformatig; Zigaretten Kingsize; Bett extra groß
kink [kɪŋk] s in Seil etc Knick m; in Haaren Welle f
kinky ['kɪŋkɪ] adj ⟨komp kinkier⟩ andersartig spleenig; umg Sex etc. frech, frivol, pervers; Unterwäsche etc sexy inv
kinship ['kɪnʃɪp] s Verwandtschaft f
kiosk ['kiːɒsk] s **1** Kiosk m **2** Br TEL (Telefon)zelle f
kip [kɪp] Br umg **A** s Schläfchen n; **I've got to get some kip** ich muss mal 'ne Runde pennen umg **B** v/i (a. **kip down**) pennen umg
kipper ['kɪpə^r] s Räucherhering m
kirk [kɜːk] schott s Kirche f
kiss [kɪs] **A** s Kuss m, Busserl n österr; **~ of life** Mund-zu-Mund-Beatmung f; **that will be the ~ of death for them** das wird ihnen den Todesstoß versetzen **B** v/t küssen, busseln österr; **to ~ sb's cheek** j-n auf die Wange küssen; **to ~ sb good night** j-m einen Gutenachtkuss geben; **to ~ sth goodbye** fig umg sich (dat) etw abschminken umg **C** v/i küssen, busseln österr, sich küssen; **to ~ and make up** sich mit einem Kuss versöhnen
kit [kɪt] s **1** Ausrüstung f; **gym** od **PE kit** Sportzeug n; **get your kit off!** umg zieh dich aus! **2** Sachen pl **3** zum Zusammenbauen Bastelsatz m
phrasal verbs mit kit:
kit out, **kit up** Br v/t ⟨trennb⟩ ausrüsten, einkleiden
kitbag ['kɪtbæg] s Seesack m
kitchen ['kɪtʃɪn] s Küche f
kitchenette [ˌkɪtʃɪ'net] s Kochnische f
kitchen foil s Alufolie f
kitchen garden s Gemüsegarten m
kitchen knife s Küchenmesser n
kitchen roll s Küchenrolle f
kitchen scales pl Küchenwaage f
kitchen sink s **I've packed everything but the ~** umg ich habe den ganzen Hausrat eingepackt
kitchen unit s Küchenschrank m
kite [kaɪt] s Drachen m; **to fly a ~** wörtl einen Drachen steigen lassen

kiteboard ['kaɪtbɔːd] *s* Kiteboard *n*
kiteboarding ['kaɪt،bɔːdɪŋ] *s* SPORT *auf Schnee* Snowkiten *n*, Snowkiting *n*; *auf Wasser* Kiteboarden *n*, Kiteboarding *n*
Kite mark *Br s* dreieckiges Gütezeichen
kitesurfing ['kaɪt،sɜːfɪŋ] *s* SPORT *auf Wasser* Kiteboarding *n*, Kiteboarden *n*, Kitesurfing *n*, Kitesurfen *n*
kitschy ['kɪtʃɪ] *adj* ⟨*komp* kitschier⟩ kitschig
kitten ['kɪtn] *s* Kätzchen *n*; **to have ~s** *fig umg* Zustände kriegen *umg*
kitty ['kɪtɪ] *s* (gemeinsame) Kasse
kiwi ['kiːwiː] *s* **1** ORN Kiwi *m* **2** (*a*. **~ fruit**) Kiwi (-frucht) *f* **3** *umg* Neuseeländer(in) *m(f)*, Kiwi *m umg*
Kleenex® ['kliːneks] *s* Papiertaschentuch *n*
km *abk* (= kilometres) km
km/h, **kmph** *abk* (= kilometres per hour) km/h
knack [næk] *s* Trick *m*; (≈ *Begabung*) Talent *n*; **there's a (special) ~ to opening it** da ist ein Trick dabei, wie man das aufbekommt; **you'll soon get the ~ of it** Sie werden den Dreh bald rausbekommen
knackered ['nækəd] *Br umg adj* **1** geschafft *umg* **2** kaputt *umg*
knapsack ['næpsæk] *s* Proviantbeutel *m*
knead [niːd] *v/t Teig* kneten; *Muskeln* massieren
knee [niː] **A** *s* Knie *n*; **to be on one's ~s** auf den Knien liegen; **to go (down) on one's ~s** *wörtl* niederknien **B** *v/t* **to ~ sb in the groin** j-m das Knie zwischen die Beine stoßen
kneecap *s* Kniescheibe *f*
knee-deep *adj* knietief
knee-high *adj* kniehoch
kneel [niːl] *v/i* ⟨*prät*, *pperf* knelt *od* kneeled⟩ knien (**before** vor +*dat*); (*a*. **~ down**) niederknien
knee-length ['niːleŋθ] *adj Rock* knielang; *Stiefel* kniehoch; **~ socks** Kniestrümpfe *pl*
kneepad *s* Knieschützer *m*
knelt [nelt] *prät & pperf* → kneel
knew [njuː] *prät* → know
knickers ['nɪkəz] *Br pl* Schlüpfer *m*; **don't get your ~ in a twist!** *umg* dreh nicht gleich durch! *umg*
knick-knack ['nɪknæk] *s* **~s** Krimskrams *m*
knife [naɪf] **A** *s* ⟨*pl* knives⟩ Messer *n*; **~, fork and spoon** Besteck *n*; **you could have cut the atmosphere with a ~** die Stimmung war zum Zerreißen gespannt **B** *v/t* einstechen auf (+*akk*)
knife attack *s* Messerangriff *m*
knife edge *s* **to be balanced on a ~** *fig* auf Messers Schneide stehen
knife-point *s* **to hold sb at ~** j-n mit einem Messer bedrohen
knight [naɪt] **A** *s* Ritter *m*; *Schach* Springer *m*, Pferd *n* **B** *v/t* zum Ritter schlagen

knighthood ['naɪthʊd] *s* Ritterstand *m*; **to receive a ~** in den Adelsstand erhoben werden
knit [nɪt] ⟨*prät*, *pperf* knitted *od* knit⟩ **A** *v/t* stricken; **~ three, purl two** drei rechts, zwei links **B** *v/i* **1** stricken **2** *a*. **~ together** *Knochen* zusammenwachsen
knitted *adj* gestrickt; *Kleid etc* Strick-
knitting *s* Stricken *n*; (≈ *Material*) Strickzeug *n*
knitting machine *s* Strickmaschine *f*
knitting needle *s* Stricknadel *f*
knitwear ['nɪtweə^r] *s* Strickwaren *pl*
knives [naɪvz] *pl* → knife
knob [nɒb] *s* **1** *an Tür* Knauf *m*; *an Instrument etc* Knopf *m* **2** **a ~ of butter** ein Stich *m* Butter **3** *sl* (≈ *Penis*) Lanze *f sl*
knobbly ['nɒblɪ] *adj* ⟨*komp* knobblier⟩ *Oberfläche* uneben; **~ knees** Knubbelknie *pl umg*
knock [nɒk] **A** *s* **1** *bes Br* Stoß *m*; **I got a ~ on the head** ich habe einen Schlag auf den Kopf bekommen; **the car took a few ~s** mit dem Auto hat es ein paarmal gebumst *umg* **2** **there was a ~ at the door** es hat (an der Tür) geklopft; **I heard a ~** ich habe es klopfen hören **3** *bes Br fig* (Rück)schlag *m* **B** *v/t* **1** stoßen, schlagen; *Kopf etc* anstoßen (**on an** +*dat*), stoßen gegen; **to ~ one's head** *etc* sich (*dat*) den Kopf *etc* anstoßen; **he ~ed his foot against the table** er stieß mit dem Fuß gegen den Tisch; **to ~ sb to the ground** j-n zu Boden werfen; **to ~ sb unconscious** j-n bewusstlos werden lassen, j-n bewusstlos schlagen; **he ~ed some holes in the side of the box** er machte ein paar Löcher in die Seite der Kiste; **she ~ed the glass to the ground** sie stieß gegen das Glas und es fiel zu Boden **2** *umg* (≈ *kritisieren*) (he)runtermachen *umg* **C** *v/i* **1** klopfen; **to ~ at** *od* **on the door** anklopfen; **to ~ at** *od* **on the window** gegen das Fenster klopfen **2** stoßen (**into**, **against** gegen); **he ~ed into the gatepost** er rammte den Türpfosten; **his knees were ~ing** ihm zitterten die Knie

phrasal verbs mit knock:

knock about *Br*, **knock around** **A** *umg v/i* **1** *Mensch* herumziehen (*obj* in +*dat*) **2** *Objekt* herumliegen (*obj* in +*dat*) **B** *v/t* ⟨*trennb*⟩ **1** verprügeln **2** beschädigen **3** **to knock a ball about** *od* **around** ein paar Bälle schlagen

knock back *umg v/t* ⟨*trennb*⟩ **he knocked back his whisky** er kippte sich (*dat*) den Whisky hinter die Binde *umg*

knock down *v/t* ⟨*trennb*⟩ **1** umwerfen; *Gegner* niederschlagen; *Gebäude* abreißen; *Auto* anfahren; **she was knocked down and killed** sie wurde überfahren **2** *Preis* herunterhandeln (**to auf** +*akk*)

knock off A *v/i umg* Feierabend machen *umg*

B *v/t ⟨trennb⟩* **1** *wörtl j-n, Vase* hinunterstoßen **2** *umg vom Preis* nachlassen (**for sb** j-m) **3** *umg Aufsatz* hinhauen *umg* **4** *umg* **to knock off work** Feierabend machen; **knock it off!** nun hör schon auf!

knock on *Br umg v/i* **he's knocking on for fifty** er geht auf die fünfzig zu

knock out *v/t ⟨trennb⟩* **1** *Zahn* ausschlagen, herausschlagen (**of** aus) **2** bewusstlos werden lassen, bewusstlos schlagen **3** *beim Boxen* k. o. schlagen; besiegen (**of** in +*dat*); **to be knocked out** ausscheiden (**of** aus)

knock over *v/t ⟨trennb⟩* umwerfen; *Auto* anfahren

knock up *v/t ⟨trennb⟩ Abendessen* auf die Beine stellen *umg*; *Unterkunft* zusammenzimmern

knockdown ['nɒkdaʊn] *adj* ⟨*attr*⟩ **~ price** Schleuderpreis *m*

knocker ['nɒkəʳ] *s* **1** (Tür)klopfer *m* **2** *umg* **~s** Titten *pl sl*

knock-kneed *adj* x-beinig; **to be ~** X-Beine haben

knock-on effect *Br s* Folgewirkungen *pl* (**on** auf +*akk*)

knockout ['nɒkaʊt] **A** *s* **1** *Boxen* K. o. *m* **2** *umg* (≈ *Mensch*) Wucht *f umg* **B** *adj* ⟨*attr*⟩ **~ competition** Ausscheidungskampf *m*

knot [nɒt] **A** *s* **1** Knoten *m*; **to tie/untie a ~** einen Knoten machen/aufmachen; **to tie the ~** *fig* den Bund fürs Leben schließen, heiraten **2** *in Holz* Verwachsung *f* **B** *v/t* einen Knoten machen in (+*akk*), verknoten **C** *v/i Muskeln* sich verspannen

knotty ['nɒtɪ] *adj* ⟨-ier⟩, -iest⟩ *Problem* verwickelt

know [nəʊ] ⟨*v: prät* knew; *pperf* known⟩ **A** *v/t* **1** wissen; *Antwort, Tatsachen* kennen; **to ~ what one is talking about** wissen, wovon man redet; **he might even be dead for all I ~** vielleicht ist er sogar tot, was weiß ich; **that's worth ~ing** das ist ja interessant; **before you ~ where you are** ehe man sichs versieht; **she's angry! — don't I ~ it!** *umg* sie ist wütend! — wem sagst du das! *umg*; **you ~ what, Sophie?** weißt du was, Sophie? **2** kennen; **if I ~ John, he'll already be there** wie ich John kenne, ist er schon da; **he didn't want to ~ me** er wollte nichts mit mir zu tun haben **3** erkennen; **to ~ sb by his voice** j-n an der Stimme erkennen; **the welfare system as we ~ it** das uns bekannte Wohlfahrtssystem **4** unterscheiden können; **do you ~ the difference between…?** wissen Sie, was der Unterschied zwischen … ist? **5** erleben; **I've never ~n it to rain so heavily** so einen starken Regen habe ich noch nie erlebt; **to ~ that …** wissen, dass …; **to ~ how to do sth** etw tun können; **I don't ~ how you can say that!** wie kannst du das nur sagen!; **to get to ~ sb** j-n kennenlernen; **to get to ~ sth** etw lernen, etw herausfinden; **to get to ~ a place** einen Ort kennenlernen; **to let sb ~ sth** j-m von etw Bescheid geben; (**if you**) **~ what I mean** du weißt schon; **there's no ~ing what he'll do** man weiß nie, was er noch tut; **what do you ~!** *umg* sieh mal einer an!; **to be ~n (to sb)** (j-m) bekannt sein; **it is (well) ~n that …** es ist (allgemein) bekannt, dass …; **to be ~n for sth** für etw bekannt sein; **to be ~n as sth** als etw bekannt sein; **he is ~n as Mr Smith** man kennt ihn als Herrn Smith; **she wishes to be ~n as Mrs White** sie möchte Frau White genannt werden; **to make sth ~n** etw bekannt machen; **to make oneself ~n** sich melden (**to sb** bei j-m); **to become ~n** bekannt werden; **to let it be ~n that …** bekannt geben, dass … **B** *v/i* wissen; **who ~s?** wer weiß?; **I ~!** ich weiß!; *gute Idee* ich weiß was!; **I don't ~** (das) weiß ich nicht; **as far as I ~** soviel ich weiß; **he just didn't want to ~** er wollte einfach nicht hören; **I wouldn't ~** *umg* weiß ich (doch) nicht *umg*; **how should I ~?** wie soll ich das wissen?; **I ~ better than that** ich bin ja nicht ganz dumm; **I ~ better than to say something like that** ich werde mich hüten, so etwas zu sagen; **he/you ought to have ~n better** das war dumm (von ihm/dir); **they don't ~ any better** sie kennen's nicht anders; **OK, you ~ best** o.k., Sie müssen's wissen; **you ~, we could …** weißt du, wir könnten …; **it's raining, you ~** es regnet; **wear the black dress, you ~, the one with the red belt** zieh das schwarze Kleid an, du weißt schon, das mit dem roten Gürtel; **you never ~** man kann nie wissen **C** *s* **to be in the ~** *umg* Bescheid wissen *umg*

phrasal verbs mit know:

know about **A** *v/i* ⟨+*obj*⟩ *Fach* sich auskennen in (+*dat*); *Frauen, Pferde* sich auskennen mit; (≈ *informiert sein*) wissen von; **I know about that** das weiß ich; **did you know about Maggie?** weißt du über Maggie Bescheid?; **to get to know about sb/sth** von j-m/etw hören; **I don't know about that** davon weiß ich nichts; (≈ *nicht einverstanden*) da bin ich aber nicht so sicher; **I don't know about you, but I'm hungry** ich weiß nicht, wie es Ihnen geht, aber ich habe Hunger **B** *v/t* ⟨*trennb* +*obj*⟩ **to know a lot about sth** viel über etw (*akk*) wissen; *in Fachgebiet* a. in etw (*dat*) gut Bescheid wissen; *von Autos, Pferden etc* a. viel von etw verstehen; **I know all about that** da kenne ich mich aus; (≈ *bin informiert*) das weiß ich, ich weiß Bescheid

know of *v/i* ⟨+*obj*⟩ *Lokal, Methode* kennen; j-n

gehört haben von; **not that I know of** nicht, dass ich wüsste
know-all *Br umg s* Alleswisser(in) *m(f)*
know-how *s* Know-how *n*
knowing ['nəʊɪŋ] *adj* Lächeln wissend
knowingly ['nəʊɪŋlɪ] *adv* **1** absichtlich **2** *lächeln* wissend
know-it-all ['nəʊɪtɔːl] *US umg s* → know-all
knowledge ['nɒlɪdʒ] *s ⟨kein pl⟩* **1** Wissen *n*; **to have ~ of** wissen von; **to have no ~ of** nichts wissen von; **to my ~** soviel ich weiß; **not to my ~** nicht, dass ich wüsste **2** Kenntnisse *pl*; **my ~ of English** meine Englischkenntnisse *pl*; **my ~ of D.H. Lawrence** was ich von D. H. Lawrence kenne; **the police have no ~ of him** die Polizei weiß nichts über ihn
knowledgeable ['nɒlɪdʒəbl] *adj* kenntnisreich; **to be ~** viel wissen (**about** über +*akk*)
knowledge management *s* Wissensmanagement *n*
known A *pperf* → know B *adj* bekannt
knuckle ['nʌkl] *s* (Finger)knöchel *m*; *von Fleisch* Hachse *f*

phrasal verbs mit knuckle:

knuckle down *umg v/i* sich dahinterklemmen *umg*
knuckle under *umg v/i* spuren *umg*; *gegenüber Forderungen* sich beugen (**to** +*dat*)

kohl [kəʊl] *s Kosmetikum* Kajal *n*
kooky ['kuːkɪ] *US umg adj ⟨komp* kookier⟩ verrückt *umg*
Koran [kɒˈrɑːn] *s* Koran *m*
Korea [kəˈrɪə] *s* Korea *n*
Korean [kəˈrɪən] A *adj* koreanisch; **~ war** Koreakrieg *m* B *s* **1** Koreaner(in) *m(f)* **2** LING Koreanisch *n*
kosher ['kəʊʃə^r] *adj* **1** koscher **2** *umg* in Ordnung
Kosovan ['kɒsɒvən], **Kosovar** ['kɒsɒvɑː^r] *s* Kosovar(in) *m(f)*
Kosovo ['kɒsɒvəʊ] *s* Kosovo *m/n*
kowtow [kaʊˈtaʊ] *v/i umg* kriechen (**to** vor +*dat*)
kph *abk* (= kilometres per hour) km/h
Kraut [kraʊt] *s & adj als Schimpfwort gebrauchte Bezeichnung für Deutsche und Deutsches* Piefke *m österr*
Kremlin ['kremlɪn] *s* **the ~** der Kreml
kumquat ['kʌmkwɒt] *s* Kumquat *f* (*kleine Orange*)
kw *abk* (= kilowatts) kW

L¹, l [el] *s* L *n*, l *n*
L² *abk* (= Learner *Br*) AUTO Fahrschüler(in) *m(f)*
L³ *abk* (= large) L
l¹ *abk* (= litres *Br*) l
l² *abk* (= left) l.
lab [læb] *s abk* (= laboratory) Labor *n*
label ['leɪbl] A *s* **1** *wörtl* Etikett *n*, Anhänger *m*, Aufkleber *m*, Pickerl *n österr* **2** *mit Anweisungen etc* Beschriftung *f* **3** *von Plattenfirma* Label *n* B *v/t* **1** *wörtl* etikettieren, beschriften; **the bottle was ~led "poison"** *Br*, **the bottle was ~ed "poison"** *US* die Flasche trug die Aufschrift „Gift" **2** *fig pej* abstempeln als
labelling *s* Etikettierung *f*; Beschriftung *f*
labor *etc US* → labour
laboratory [ləˈbɒrətərɪ, *US* ˈlæbrətɔːrɪ] *s* Labor (-atorium) *n*; **~ assistant** Laborant(in) *m(f)*
laboratory technician *s* Laborant(in) *m(f)*
labor day *US s* ≈ Tag *m* der Arbeit
laborious [ləˈbɔːrɪəs] *adj* mühsam
labor union *s US* Gewerkschaft *f*
labor unionist *s US* Gewerkschaft(l)er(in) *m(f)*
labour ['leɪbə^r], **labor** *US* A *s* **1** Arbeit *f*; **it was a ~ of love** ich/er *etc* tat es aus Liebe zur Sache **2** Arbeitskräfte *pl* **3** *Br* POL **Labour** die Labour Party **4** MED Wehen *pl*; **to be in ~** in den Wehen liegen; **to go into ~** die Wehen bekommen B *v/t Thema* auswalzen C *v/i* **1** *auf Feld etc* arbeiten **2** (≈ *mit Mühe*) sich quälen; **to ~ up a hill** sich einen Hügel hinaufquälen
labour camp *s* Arbeitslager *n*
Labour Day *s* der Tag der Arbeit
labour dispute *s* Arbeitskampf *m*
laboured *adj* schwerfällig; *Atmung* schwer
labourer ['leɪbərə^r] *s* (Hilfs)arbeiter(in) *m(f)*, Landarbeiter(in) *m(f)*
labour force *s* Arbeiterschaft *f*
labour-intensive *adj* arbeitsintensiv
labour market *s* Arbeitsmarkt *m*
labour pains *pl* Wehen *pl*
Labour Party *Br s* Labour Party *f*
labour-saving ['leɪbəseɪvɪŋ] *adj* arbeitssparend
labour ward *s* MED Kreißsaal *m*
Labrador ['læbrədɔː^r] *s* Labradorhund *m*
labyrinth ['læbɪrɪnθ] *s* Labyrinth *n*
lace [leɪs] A *s* **1** ⟨*kein pl*⟩ (≈ *Stoff*) Spitze *f* **2** *an Schuh* Schnürsenkel *m* B *v/t* **1** *Schuh* zubinden **2 to ~ a drink with drugs/poison** Drogen/Gift in ein Getränk mischen; **~d with brandy** mit einem Schuss Weinbrand

phrasal verbs mit lace:
lace up v/t ⟨trennb⟩ (zu)schnüren
laceration [ˌlæsəˈreɪʃən] s Fleischwunde f, Risswunde f
lace-up (shoe) [ˈleɪsʌp(ʃuː)] s Schnürschuh m
lack [læk] **A** s Mangel m; **for** od **through ~ of sth** aus Mangel an etw (dat); **though it wasn't for ~ of trying** nicht, dass er sich etc nicht bemüht hätte; **there was a complete ~ of interest** es bestand überhaupt kein Interesse; **~ of time** Zeitmangel m; **there was no ~ of applicants** es fehlte nicht an Bewerbern **B** v/t **they ~ talent** es fehlt ihnen an Talent **C** v/i **to be ~ing** fehlen; **he is ~ing in confidence** ihm fehlt es an Selbstvertrauen; **he is completely ~ing in any sort of decency** er besitzt überhaupt keinen Anstand
lackadaisical [ˌlækəˈdeɪzɪkəl] adj lustlos
lackey [ˈlækɪ] wörtl, fig s Lakai m
lacking [ˈlækɪŋ] adj **to be found ~** sich nicht bewähren
lacklustre [ˈlækˌlʌstəʳ] adj, **lackluster** US adj langweilig, fad österr
lacquer [ˈlækəʳ] **A** s **1** Lack m **2** Haarspray n **B** v/t lackieren; Haare sprayen
lacrosse [ləˈkrɒs] s ⟨kein pl⟩ Lacrosse n (Ballsportart)
lactose [ˈlæktəʊs] s Laktose f
lactose-free adj laktosefrei
lactose intolerance s MED Laktoseunverträglichkeit f
lacy [ˈleɪsɪ] adj ⟨komp lacier⟩ Spitzen-; **~ underwear** Spitzenunterwäsche
lad [læd] s Junge m, Bub m österr, schweiz; (≈ Stallarbeiter) Bursche m; **young lad** junger Mann; **he's a bit of a lad** umg er ist ein ziemlicher Draufgänger; **he likes a night out with the lads** Br umg er geht gern mal mit seinen Kumpels weg umg
ladder [ˈlædəʳ] **A** s **1** Leiter f; **to be at the top of the ~** ganz oben auf der Leiter stehen; **to move up the social/career ~** gesellschaftlich/ beruflich aufsteigen **2** Br in Strumpf Laufmasche f **B** v/t Br **I've ~ed my tights** ich habe mir eine Laufmasche geholt **C** v/i Br Strumpf Laufmaschen bekommen
laddish [ˈlædɪʃ] adj Br umg junger Mann machohaft
laden [ˈleɪdn] adj beladen (**with** mit)
ladette [læˈdet] Br umg s prollige Tussi pej umg
ladle [ˈleɪdl] **A** s (Schöpf)kelle f **B** v/t schöpfen
phrasal verbs mit ladle:
ladle out v/t ⟨trennb⟩ austeilen
lady [ˈleɪdɪ] s **1** Dame f, Frau f; **"Ladies"** „Damen"; **ladies' room** Damentoilette f; **where is the ladies?** wo ist die Damentoilette?; **ladies and gentlemen!** meine Damen und Herren!; **ladies' bicycle** Damen(fahr)rad n **2** Adlige f; **Lady** als Titel Lady f
ladybird s, **ladybug** US s Marienkäfer m
lady doctor s Ärztin f
lady-in-waiting s Ehren- od Hofdame f
lady-killer umg s Herzensbrecher m
ladylike adj damenhaft
lag¹ [læɡ] **A** s Zeitabstand m **B** v/i zurückbleiben
phrasal verbs mit lag:
lag behind v/i zurückbleiben; **the government is lagging behind in the polls** die Regierung liegt in den Meinungsumfragen zurück
lag² v/t Rohr isolieren
lager [ˈlɑːɡəʳ] s helles Bier; **a glass of ~** ein (Glas) Helles
lagging [ˈlæɡɪŋ] s Isolierschicht f, Isoliermaterial n
lagoon [ləˈɡuːn] s Lagune f
laid [leɪd] prät & pperf → lay³
laid-back [ˌleɪdˈbæk] umg adj cool umg
lain [leɪn] pperf → lie²
lair [leəʳ] s Lager n; von Tier Bau m
laity [ˈleɪɪtɪ] s Laien pl
lake [leɪk] s See m; **Lake Constance** der Bodensee
Lake District s Lake District m (Seengebiet im NW Englands)
lakeside **A** s **at the ~** am See **B** adj **~ cottage** Häuschen n am See
Lake Zurich [ˌleɪkˈzjʊərɪk] s der Zürichsee
lamb [læm] s **1** Lamm n **2** Lamm(fleisch) n **3 you poor ~!** du armes Lämmchen!; **like a ~ to the slaughter** wie das Lamm zur Schlachtbank
lamb chop s Lammkotelett n
lambswool s Lammwolle f
lame [leɪm] adj ⟨komp lamer⟩ **1** lahm; **to be ~ in one leg** auf einem Bein lahm sein; **the animal was ~** das Tier lahmte **2** fig Ausrede faul
lament [ləˈment] **A** s **1** (Weh)klage f **2** LIT, MUS Klagelied n **B** v/t **to ~ the fact that …** die Tatsache bedauern, dass …
lamentable [ˈlæməntəbl] adj beklagenswert
laminated [ˈlæmɪneɪtɪd] adj geschichtet; Umschlag laminiert; **~ glass** Verbundglas n; **~ plastic** Resopal® n
lamp [læmp] s Lampe f, Laterne f
lamplight [ˈlæmplaɪt] s **by ~** bei Lampenlicht; **in the ~** im Schein der Lampe(n)
lampoon [læmˈpuːn] v/t verspotten
lamppost s Laternenpfahl m
lampshade s Lampenschirm m
LAN [læn] abk (= local area network) IT LAN n
lance [lɑːns] **A** s Lanze f **B** v/t MED öffnen

lance corporal s Obergefreite(r) m/f(m)
land [lænd] **A** s **1** Land n, Boden m; **by ~** auf dem Landweg; **on ~** auf dem Land; **to see how the ~ lies** fig die Lage peilen; **to work on the ~** das Land bebauen; **to live off the ~** sich vom Lande ernähren **2** (≈ Grundbesitz) Grund und Boden m, Ländereien pl; **to own ~** Land besitzen; **a piece of ~** ein Stück n Land; zur Bebauung ein Grundstück n **B** v/t **1** Passagiere absetzen; Truppen landen; Waren von Schiff an Land bringen; Fisch an Land ziehen; **to ~ a plane** (mit einem Flugzeug) landen **2** umg kriegen umg; Job an Land ziehen umg **3** Br umg Schlag landen umg; **he ~ed him one, he ~ed him a punch on the jaw** er versetzte ihm einen Kinnhaken **4** umg **behaviour like that will ~ you in jail** Br, **behavior like that will ~ you in jail** US bei einem solchen Betragen wirst du noch mal im Gefängnis landen; **it ~ed me in a mess** dadurch bin ich in einen ganz schönen Schlamassel gekommen umg; **I've ~ed myself in a real mess** ich bin (ganz schön) in die Klemme geraten umg **5** umg **to ~ sb with sth** j-m etw andrehen umg; **I got ~ed with him for two hours** ich hatte ihn zwei Stunden lang auf dem Hals **C** v/i landen; von Schiff an Land gehen; **we're coming in to ~** wir setzen zur Landung an; **the bomb ~ed on the building** die Bombe fiel auf das Gebäude; **to ~ on one's feet** wörtl auf den Füßen landen; fig auf die Füße fallen; **to ~ on one's head** auf den Kopf fallen

phrasal verbs mit land:

land up umg v/i landen umg; **you'll land up in trouble** du wirst noch mal Ärger bekommen; **I landed up with nothing** ich hatte schließlich nichts mehr

landed ['lændɪd] adj **~ gentry** Landadel m
landfill site s Mülldeponie f
landing ['lændɪŋ] s **1** FLUG Landung f **2** Treppenabsatz m, Stiegenabsatz m österr
landing card s Einreisekarte f
landing gear s Fahrgestell n
landing strip s Landebahn f
landlady s von Wohnung Vermieterin f; Br von Gaststätte Wirtin f
landline s TEL Festnetz n; Festnetzanschluss m; **I'll call you later on the ~** ich ruf dich später auf dem Festnetz an
landline connection s TEL Festnetzanschluss m
landline network s TEL Festnetz n
landline number s Festnetznummer f
landlocked adj von Land eingeschlossen
landlord s von Wohnung Vermieter m; Br von Gaststätte Wirt m

landmark **A** s **1** SCHIFF Landmarke f **2** Wahrzeichen n; fig Meilenstein m **B** adj Urteil historisch
land mine s Landmine f
landowner s Grundbesitzer(in) m(f)
land register Br s Grundbuch n
landscape ['lændskeɪp] **A** s Landschaft f **B** v/t Grundstück gärtnerisch gestalten
landscape gardening s Landschaftsgärtnerei f
landslide s Erdrutsch m
landslide victory s überwältigender Sieg, Erdrutschsieg m
lane [leɪn] s Sträßchen n, Gasse f; SPORT Bahn f; (≈ Fahrbahn) Spur f; SCHIFF Schifffahrtsweg m; **get in ~** „einordnen"
language ['læŋgwɪdʒ] s Sprache f; **your ~ is appalling** deine Ausdrucksweise ist entsetzlich; **bad ~** Kraftausdrücke pl, Schimpfwörter pl; **strong ~** Schimpfwörter pl
language barrier s Sprachbarriere f
language course s Sprachkurs(us) m
language lab(oratory) s Sprachlabor n
language school s Sprachschule f
languid ['læŋgwɪd] adj träge
languish ['læŋgwɪʃ] v/i schmachten
lank [læŋk] adj Haare strähnig
lanky ['læŋkɪ] adj ⟨komp lankier⟩ schlaksig
lantern ['læntən] s Laterne f
lap[1] [læp] s Schoß m; **in** od **on her lap** auf dem/ ihrem Schoß; **to live in the lap of luxury** ein Luxusleben führen
lap[2] **A** s SPORT Runde f; fig Etappe f **B** v/t SPORT überrunden
lap[3] v/i Wellen plätschern (**against** an +akk)

phrasal verbs mit lap:

lap up v/t ⟨trennb⟩ **1** Wasser auflecken **2** Lob genießen

lapel [lə'pel] s Revers n/m
lapse [læps] **A** s **1** Fehler m; moralisch Fehltritt m; **he had a ~ of concentration** seine Konzentration ließ nach; **memory ~s** Gedächtnisschwäche f; **a serious security ~** ein schwerer Verstoß gegen die Sicherheitsvorkehrungen **2** Zeitraum m; **time ~** Zeitraum m; **a ~ in the conversation** eine Gesprächspause **B** v/i **1** verfallen (**into** in +akk); **he ~d into silence** er versank in Schweigen; **he ~d into a coma** er sank in ein Koma **2** ablaufen; **after two months have ~d** nach (Ablauf von) zwei Monaten
lapsed [læpst] adj Katholik abtrünnig
laptop ['læptɒp] **A** s COMPUT Laptop m od n **B** adj ⟨attr⟩ COMPUT Laptop-
laptop bag s Laptoptasche f
larch [lɑːtʃ] s, (a. **larch tree**) Lärche f
lard [lɑːd] s Schweineschmalz n
larder ['lɑːdə'] bes Br s Speisekammer f, Speise-

schrank m

large [lɑːdʒ] **A** adj ⟨komp larger⟩ groß; Mensch korpulent; Mahlzeit reichlich; **~ print** Großdruck m; **a ~r size** eine größere Größe; **as ~ as life** in voller Lebensgröße **B** s **1** **the world at ~** die Allgemeinheit **2** **to be at ~** frei herumlaufen

largely [ˈlɑːdʒlɪ] adv zum größten Teil

largeness [ˈlɑːdʒnəs] s Größe f

large-print adj Buch in Großdruck

large-scale adj groß angelegt; Änderungen in großem Rahmen; Landkarte in großem Maßstab

largesse [lɑːˈʒes] s Großzügigkeit f

largest [ˈlɑːdʒəst] adj größte

lark¹ [lɑːk] s ORN Lerche f

lark² bes Br umg s Spaß m, Hetz f österr; **to do sth for a ~** etw (nur) zum Spaß machen

phrasal verbs mit lark:

lark about, lark around Br umg v/i herumblödeln umg

larva [ˈlɑːvə] s ⟨pl -e [ˈlɑːvɪ]⟩ Larve f

laryngitis [ˌlærɪnˈdʒaɪtɪs] s Kehlkopfentzündung f

larynx [ˈlærɪŋks] s Kehlkopf m

lasagne [ləˈzænjə] s Lasagne f

lascivious [ləˈsɪvɪəs] adj lasziv geh

laser [ˈleɪzəʳ] s Laser m

laser beam s Laserstrahl m

laser disc s Laserdisc f

laser printer s Laserdrucker m

laser sensor s TECH Lasersensor m

laser surgery s Laserchirurgie f

lash¹ [læʃ] s Wimper f

lash² **A** s (Peitschen)schlag m **B** v/t **1** peitschen; Regen peitschen gegen **2** festbinden (**to** an +dat); **to ~ sth together** etw zusammenbinden **C** v/i **to ~ against** peitschen gegen

phrasal verbs mit lash:

lash down **A** v/t mit Seil festbinden **B** v/i in Strömen regnen

lash out v/i **1** (wild) um sich schlagen; **to lash out at sb** auf j-n losgehen **2** mit Worten vom Leder ziehen umg; **to lash out at sb** gegen j-n wettern

lass [læs] s (junges) Mädchen

lasso [læˈsuː] **A** s ⟨pl -(e)s⟩ Lasso m/n **B** v/t mit dem Lasso einfangen

last¹ [lɑːst] **A** adj letzte(r, s); **he was ~ to arrive** er kam als Letzter an; **the ~ person** der Letzte; **the ~ day** der letzte Tag; **the ~ but one, the second ~** der/die/das Vorletzte; **~ Monday** letzten Montag; **~ year** letztes Jahr; **~ but not least** nicht zuletzt, last not least; **the ~ thing** das Letzte; **that was the ~ thing I expected** damit hatte ich am wenigsten gerechnet **B** s der/die/das Letzte; **he was the ~ to leave** er ging als Letzter; **I'm always the ~ to know** ich erfahre immer alles als Letzter; **the ~ of his money** sein letztes Geld; **the ~ of the cake** der Rest des Kuchens; **that was the ~ we saw of him** danach haben wir ihn nicht mehr gesehen; **the ~ I heard, they were getting married** das Letzte, was ich gehört habe, war, dass sie heiraten; **we shall never hear the ~ of it** das werden wir noch lange zu hören kriegen; **at ~** endlich, schließlich; **at long ~** schließlich und endlich **C** adv **when did you ~ have a bath?** wann hast du das letzte Mal gebadet?; **he spoke ~** er sprach als Letzter; **the horse came in ~** das Pferd ging als letztes durchs Ziel

last² **A** v/t **the car has ~ed me eight years** das Auto hat acht Jahre (lang) gehalten; **these cigarettes will ~ me a week** diese Zigaretten reichen mir eine Woche; **he won't ~ the week** er hält die Woche nicht durch **B** v/i dauern; Blumen, Ehe halten; **it can't ~** es hält nicht an; **it won't ~** es wird nicht lange so bleiben; **it's too good to ~** das ist zu schön, um wahr zu sein; **he won't ~ long in this job** er wird in dieser Stelle nicht alt werden umg; **the boss only ~ed a week** der Chef blieb nur eine Woche

last-ditch [ˈlɑːstdɪtʃ] adj allerletzte(r, s); Versuch in letzter Minute

lasting [ˈlɑːstɪŋ] adj Beziehung dauerhaft; Schande etc anhaltend

lastly [ˈlɑːstlɪ] adv schließlich

last-minute adj in letzter Minute; **a ~ shot** ein Schuss m in der letzten Minute

last rites pl Letzte Ölung

latch [lætʃ] s Riegel m; **to be on the ~** nicht verschlossen sein; **to leave the door on the ~** die Tür nur einklinken

phrasal verbs mit latch:

latch on umg v/i **1** sich anschließen (**to** +dat) **2** kapieren umg

late [leɪt] **A** adj ⟨komp later⟩ **1** spät; **to be ~ (for sth)** (zu etw) zu spät kommen; **sorry, I'm ~** Entschuldigung, dass ich zu spät komme; **the bus is (five minutes) ~** der Bus hat (fünf Minuten) Verspätung; **he is ~ with his rent** er hat seine Miete noch nicht bezahlt; **that made me ~ for work** dadurch bin ich zu spät zur Arbeit gekommen; **due to the ~ arrival of ...** wegen der verspäteten Ankunft ... (+gen); **it's too ~ in the day (for you) to do that** es ist zu spät (für dich), das noch zu tun; **it's getting ~** es ist schon spät; **~ train** Spätzug m; **they work ~ hours** sie arbeiten bis spät (am Abend); **they had a ~ dinner yesterday** sie haben gestern spät zu Abend gegessen; **"late opening until 7pm"** "verlängerte Öffnungszeiten bis 19

Uhr"; **he's a ~ developer** er ist ein Spätentwickler; **they scored two ~ goals** sie erzielten zwei Tore in den letzten Spielminuten; **in the ~ eighties** Ende der Achtzigerjahre; **a man in his ~ eighties** ein Mann hoch in den Achtzigern; **in the ~ 1100s** im späten 12. Jahrhundert; **in the ~ morning** am späten Vormittag; **in ~ June** Ende Juni ◨ verstorben; **the ~ John F. Kennedy** John F. Kennedy ◨ *adv* ⟨*komp* later⟩ spät; **to arrive ~** *Mensch* zu spät kommen; *Zug* Verspätung haben; **I'll be home ~ today** ich komme heute spät nach Hause; **the train was running ~** der Zug hatte Verspätung; **the baby was born two weeks ~** das Baby kam zwei Wochen nach dem Termin; **we're running ~** wir sind spät dran; **better ~ than never** besser spät als gar nicht; **to stay up ~** lange aufbleiben; **the chemist is open ~** die Apotheke hat länger geöffnet; **to work ~ at the office** länger im Büro arbeiten; **~ at night** spät abends; **~ last night** spät gestern Abend; **~ into the night** bis spät in die Nacht; **~ in the afternoon** am späten Nachmittag; **~ in the year** (gegen) Ende des Jahres; **they scored ~ in the second half** gegen Ende der zweiten Halbzeit gelang ihnen ein Treffer; **we decided rather ~ in the day to come too** wir haben uns ziemlich spät entschlossen, auch zu kommen; **of ~** in letzter Zeit; **it was as ~ as 1900 before child labour was abolished** *Br*, **it was as ~ as 1900 before child labor was abolished** *US* erst 1900 wurde die Kinderarbeit abgeschafft

latecomer ['leɪtkʌməʳ] *s* Nachzügler(in) *m(f) umg*

lately ['leɪtlɪ] *adv* in letzter Zeit

late payment *s* Zahlungsverzug *m*

late-night ['leɪtˌnaɪt] *adj* **~ movie** Spätfilm *m*; **~ opening** lange Öffnungszeiten *pl*; **~ shopping** Einkauf *m* am (späten) Abend

latent ['leɪtənt] *adj* latent; *Energie* ungenutzt

later ['leɪtəʳ] *adj & adv* später; **at a ~ time** später; **the weather cleared up ~ (on) in the day** das Wetter klärte sich im Laufe des Tages auf; **~ (on) in the play** im weiteren Verlauf des Stückes; **I'll tell you ~ (on)** ich erzähle es dir später; **see you ~!** bis später; **no ~ than Monday** bis spätestens Montag

lateral *adj*, **laterally** ['lætərəl, -lɪ] *adv* seitlich

latest ['leɪtɪst] ◨ *adj* ◨ *Mode* modernste(r, s); *Technik* modernste(r, s); **the ~ news** das Neu(e)ste; **the ~ attempt** der jüngste Versuch ◨ späteste(r, s); **what is the ~ date you can come?** wann kannst du spätestens kommen? ◨ *s* **the ~ in a series** der jüngste in einer Reihe; **what's the ~ (about John)?** was gibts Neues (über John)?; **wait till you hear the ~!** warte, bis du das Neueste gehört hast!; **at the ~** spätestens

latex ['leɪteks] *s* Latex *m*

lathe [leɪð] *s* Drehbank *f*

lather ['lɑːðəʳ] *s* (Seifen)schaum *m*; **to work oneself up into a ~ (about sth)** *umg* sich (über etw *akk*) aufregen

Latin ['lætɪn] ◨ *adj Charme* südländisch ◨ *s* LING Latein(isch) *n*

Latina [læˈtiːnə] *s* Latina *f* (*weibliche Person mittel- oder südamerikanischer Abstammung*)

Latin America *s* Lateinamerika *n*

Latin American ◨ *adj* lateinamerikanisch ◨ *s* Lateinamerikaner(in) *m(f)*

Latino [læˈtiːnəʊ] ◨ Latino *m* (*männliche Person mittel- oder südamerikanischer Abstammung*) ◨ Latinomusik *f*

latitude ['lætɪtjuːd] *s* Breite *f*; *fig* Spielraum *m*

latrine [ləˈtriːn] *s* Latrine *f*

latte ['læteɪ] *s* Caffè latte *m*, Milchkaffee *m*, Latte *m/f*, Latte macchiato *m/f*

latter ['lætəʳ] ◨ *adj* ◨ letztere(r, s) ◨ **the ~ part of the book/story is better** gegen Ende wird das Buch/die Geschichte besser; **the ~ half of the week** die zweite Hälfte der Woche ◨ *s* **the ~** der/die/das/Letztere

latter-day ['lætəˌdeɪ] *adj* modern

latterly ['lætəlɪ] *adv* in letzter Zeit

lattice ['lætɪs] *s* Gitter *n*

Latvia ['lætvɪə] *s* Lettland *n*

Latvian ['lætvɪən] ◨ *adj* lettisch; **he is ~** er ist Lette ◨ *s* Lette *m*, Lettin *f*; LING Lettisch *n*

laudable ['lɔːdəbl] *adj* lobenswert

laugh [lɑːf] ◨ *s* ◨ Lachen *n*; **with a ~** lachend; **she gave a loud ~** sie lachte laut auf; **to have a good ~ about sth** sich köstlich über etw (*akk*) amüsieren; **it'll give us a ~** *umg* das wird lustig; **to have the last ~** es j-m zeigen *umg*; **to get a ~** einen Lacherfolg verbuchen ◨ *umg* (≈ *Spaß*) **what a ~** (das ist ja) zum Totlachen! *umg*; **for a ~** aus Spaß; **it'll be a ~** es wird bestimmt lustig; **he's a (good) ~** er ist urkomisch *umg* ◨ *v/i* lachen (**about, at** über +*akk*); **to ~ at/about sth** über etw (*akk*) lachen; **to ~ at sb** sich über j-n lustig machen; **you'll be ~ing on the other side of your face soon** *Br*, **you'll be ~ing on the other side of your mouth soon** *US* dir wird das Lachen noch vergehen; **to ~ out loud** laut auflachen; **to ~ in sb's face** j-m ins Gesicht lachen; **don't make me ~!** *iron umg* dass ich nicht lache! *umg*

phrasal verbs mit laugh:

laugh off *v/t* ◨ ⟨*immer getrennt*⟩ **to laugh one's head off** sich totlachen *umg* ◨ ⟨*trennb*⟩ mit einem Lachen abtun

laughable ['lɑːfəbl] *adj* lachhaft

laughing ['lɑːfɪŋ] **A** *adj* **it's no ~ matter** das ist nicht zum Lachen **B** *s* Lachen *n*
laughing gas *s* Lachgas *n*
laughing stock *s* Witzfigur *f*
laughter ['lɑːftə'] *s* Gelächter *n*
launch [lɔːntʃ] **A** *s* **1** Barkasse *f* **2** *von Schiff* Stapellauf *m*; *von Rakete* Abschuss *m* **3** *von Raumschiff, Kampagne etc.* Start *m* **4** *von Firma* Gründung *f*; *von Produkt* Einführung *f*; *von Film, Buch* Lancierung *f* **B** *v/t* **1** Schiff vom Stapel lassen; *Rettungsboot* aussetzen; *Rakete* abschießen **2** *Firma* gründen; *Produkt* einführen; *Film, Buch* lancieren; *Untersuchung* in die Wege leiten; *Karriere* starten; **the attack was ~ed at 15.00 hours** der Angriff fand um 15.00 Uhr statt; **to ~ a takeover bid** HANDEL ein Übernahmeangebot machen

phrasal verbs mit launch:

launch into *v/i* ⟨+obj⟩ angreifen; **he launched into a description of his house** er legte mit einer Beschreibung seines Hauses los *umg*
launch(ing) pad *s* Abschussrampe *f*
launder ['lɔːndə'] *v/t* waschen und bügeln *od* glätten *schweiz*; *fig* Geld waschen
Launderette® [ˌlɔːndə'ret], **laundrette** [ˌlɔːn'dret] *Br s* Waschsalon *m*
Laundromat® ['lɔːndrəʊmæt] *US s* Waschsalon *m*
laundry ['lɔːndrɪ] *s* **1** Wäscherei *f* **2** Wäsche *f*; **to do the ~** (Wäsche) waschen
laundry basket *s* Wäschekorb *m*
laurel ['lɒrəl] *s* Lorbeer *m*; **to rest on one's ~s** sich auf seinen Lorbeeren ausruhen
lava ['lɑːvə] *s* Lava *f*
lavatory ['lævətrɪ] *s* Toilette *f*
lavatory attendant *s* Toilettenfrau *f*/-mann *m*
lavatory seat *s* Toilettensitz *m*
lavender ['lævɪndə'] *s* Lavendel *m*
lavish ['lævɪʃ] **A** *adj Geschenke* großzügig; *Lob* überschwänglich; *Bankett* üppig; **to be ~ with sth** mit etw verschwenderisch umgehen **B** *v/t* **to ~ sth on sb** j-n mit etw überhäufen
lavishly ['lævɪʃlɪ] *adv ausgestattet* großzügig; *loben* überschwänglich; *bewirten* reichlich; **~ furnished** luxuriös eingerichtet
law [lɔː] *s* **1** Gesetz *n*, Recht *n*; **it's the law** das ist Gesetz; **to become law** rechtskräftig werden; **to pass a law** ein Gesetz verabschieden; **is there a law against it?** ist das verboten?; **under French law** nach französischem Recht; **he is above the law** er steht über dem Gesetz; **to keep within the law** sich im Rahmen des Gesetzes bewegen; **in law** vor dem Gesetz; **civil/criminal law** Zivil-/Strafrecht *n*; **to practise law** *Br*, **to practice law** *US* eine Anwaltspraxis haben; **to take the law into one's own hands** das Recht selbst in die Hand nehmen; **law and order** Recht und Ordnung **2** UNIV Jura *ohne art*, Rechtswissenschaft *f* **3** **the law** *umg* die Bullen *sl*
law-abiding *adj* gesetzestreu
lawbreaker *s* Gesetzesbrecher(in) *m(f)*
law court *s* Gerichtshof *m*
lawful ['lɔːfʊl] *adj* rechtmäßig
lawfully ['lɔːfəlɪ] *adv* rechtmäßig; **he is ~ entitled to compensation** er hat einen Rechtsanspruch auf Entschädigung
lawless ['lɔːlɪs] *adj Handlung* gesetzwidrig; *Gesellschaft* gesetzlos
lawlessness ['lɔːlɪsnɪs] *s* Gesetzlosigkeit *f*
lawn [lɔːn] *s* Rasen *m kein pl*
lawn mower *s* Rasenmäher *m*
lawn tennis *s* Rasentennis *n*
law school *US s* juristische Fakultät
lawsuit *s* Prozess *m*; **to bring a ~ against sb** gegen j-n einen Prozess anstrengen
lawyer ['lɔːjə'] *s* **1** (Rechts)anwalt *m*, (Rechts)anwältin *f* **2** (≈ *Rechtsgelehrter*) Jurist(in) *m(f)*
lax [læks] *adj* ⟨+er⟩ lax; *Moral* locker; **to be lax about sth** etw vernachlässigen
laxative ['læksətɪv] **A** *adj* abführend **B** *s* Abführmittel *n*
laxity ['læksɪtɪ] *s* Laxheit *f*
lay¹ [leɪ] *adj* Laien-
lay² *prät* → lie²
lay³ ⟨*v*: *prät, pperf* laid⟩ **A** *v/t* **1** legen (**sth on sth** etw auf etw *akk*); *Kranz* niederlegen; *Kabel* verlegen; *Teppich* (ver)legen; **to lay (one's) hands on sth** erwischen, finden **2** *Pläne* schmieden; **to lay the table** *Br* den Tisch decken; **to lay a trap for sb** j-m eine Falle stellen; **to lay the blame for sth on sb/sth** j-m/einer Sache die Schuld an etw (*dat*) geben; **to lay waste** verwüsten **3** *Huhn: Eier* legen; *Fisch, Insekt* ablegen; **to lay bets on sth** auf etw (*akk*) wetten **B** *v/i* Huhn legen

phrasal verbs mit lay:

lay about **A** *v/i* um sich schlagen **B** *v/t* ⟨*trennb*⟩ losschlagen gegen
lay aside *v/t* ⟨*trennb*⟩ *Arbeit* weglegen; (≈ *sparen*) auf die Seite legen
lay down *v/t* ⟨*trennb*⟩ **1** *Buch etc* hinlegen; **he laid his bag down on the table** er legte seine Tasche auf den Tisch **2** **to lay down one's arms** die Waffen niederlegen; **to lay down one's life** sein Leben geben **3** *Regeln* aufstellen; **to lay down the law** *umg* Vorschriften machen (**to sb** j-m)
lay into *umg v/i* ⟨+obj⟩ **to lay into sb** auf j-n losgehen; *mit Worten* j-n fertigmachen *umg*
lay off **A** *v/i umg* aufhören (*obj* mit); **you'll**

have to lay off smoking du wirst das Rauchen aufgeben müssen *umg*; **lay off my little brother, will you!** lass bloß meinen kleinen Bruder in Ruhe! **B** *v/t* ⟨*trennb*⟩ *Arbeiter* entlassen; **to be laid off** Feierschichten einlegen müssen; *Kündigung* entlassen werden

lay on *v/t* ⟨*trennb*⟩ *Unterhaltung* sorgen für; *Busse* einsetzen

lay out *v/t* ⟨*trennb*⟩ **1** ausbreiten **2** (≈ *präsentieren*) darlegen **3** *Kleidungsstücke* zurechtlegen; *Leiche* (waschen und) aufbahren **4** (≈ *arrangieren*) anlegen

lay over US *v/i* Aufenthalt haben

lay up *v/t* ⟨*trennb*⟩ **to be laid up (in bed)** auf der Nase liegen *umg*, im Bett liegen

layabout *Br s* Arbeitsscheue(r) *m(f)*

lay-by *Br s* Parkbucht *f*, Parkplatz *m*

layer ['leɪəʳ] **A** *s* Schicht *f*, Lage *f*; **to arrange sth in ~s** etw schichten; **several ~s of clothing** mehrere Kleidungsstücke übereinander **B** *v/t* **1** *Haare* abstufen **2** *Gemüse etc* schichten

layman *s* ⟨*pl* -men⟩ Laie *m*

lay-off *s* **further ~s were unavoidable** weitere Arbeiter mussten entlassen werden

layout *s* Anordnung *f*; TYPO Layout *n*; **we have changed the ~ of this office** wir haben dieses Büro anders aufgeteilt

layover US *s* Aufenthalt *m*

layperson *s* Laie *m*

laze [leɪz] *v/i*, **laze about**, **laze around** faulenzen

lazily ['leɪzɪlɪ] *adv* faul, träge

laziness ['leɪzɪnɪs] *s* Faulheit *f*

lazy ['leɪzɪ] *adj* ⟨*komp* lazier⟩ **1** faul; **to be ~ about doing sth** zu faul sein, etw zu tun **2** träge; *Abend* gemütlich

lazybones ['leɪzɪˌbəʊnz] *umg s* Faulpelz *m umg*

lb *s Gewicht* ≈ Pfd.

LCD *abk* (= *liquid crystal display*) LCD *n*

lead¹ [led] *s* **1** Blei *n* **2** *in Bleistift* Mine *f*

lead² [liːd] ⟨*v*: *prät, pperf* led⟩ **A** *v/t* **1** führen; **to ~ sb in** j-n hineinführen; **that road will ~ you back to the station** auf dieser Straße kommen Sie zum Bahnhof zurück; **to ~ the way** vorangehen; **all this talk is ~ing us nowhere** dieses ganze Gerede bringt uns nicht weiter; **to ~ sb to do sth** j-n dazu bringen, etw zu tun; **what led him to change his mind?** wie kam er dazu, seine Meinung zu ändern?; **I am led to believe that ...** ich habe Grund zu der Annahme, dass ...; **to ~ sb into trouble** j-n in Schwierigkeiten bringen **2** (an)führen; *Team* leiten; **to ~ a party** den Parteivorsitz führen **3** (≈ *Erster sein*) anführen; **they led us by 30 seconds** sie lagen mit 30 Sekunden vor uns (*dat*); **Britain ~s the world in textiles** Großbritannien ist auf dem Gebiet der Textilproduktion führend in der Welt **B** *v/i* **1** führen; **it ~s to that room** es führt zu diesem Raum; **all this talk is ~ing nowhere** dieses ganze Gerede führt zu nichts; **remarks like that could ~ to trouble** solche Bemerkungen können unangenehme Folgen haben **2** vorangehen; *in Rennen* in Führung liegen **C** *s* **1** Führung *f*; **to be in the ~** in Führung liegen; **to take the ~, to move into the ~** in Führung gehen; *in Liga* Tabellenführer werden **2** *zeitlich* Vorsprung *m*; **to have two minutes' ~ over sb** zwei Minuten Vorsprung vor j-m haben **3** (≈ *Beispiel*) **to take the ~** mit gutem Beispiel vorangehen **4** Anhaltspunkt *m*; **the police have a ~** die Polizei hat eine Spur **5** THEAT Hauptrolle *f*; (≈ *Schauspieler*) Hauptdarsteller(in) *m(f)* **6** *für Hund* Leine *f*; **on a ~** an der Leine **7** ELEK Kabel *n*

phrasal verbs mit lead:

lead away *v/t* ⟨*trennb*⟩ wegführen; *Gefangenen* abführen

lead off *v/i Straße* abgehen; **several streets led off the square** mehrere Straßen gingen von dem Platz ab

lead on *v/t* ⟨*trennb*⟩ (≈ *täuschen*) anführen *umg*

lead on to *v/i* ⟨+*obj*⟩ führen zu

lead up **A** *v/t* ⟨*trennb*⟩ führen (**to** zu); **to lead sb up the garden path** *fig* j-n an der Nase herumführen **B** *v/i* **the events that led up to the war** die Ereignisse, die dem Krieg vorausgingen; **what are you leading up to?** worauf willst du hinaus?; **what's all this leading up to?** was soll das Ganze?

leaded ['ledɪd] *adj Benzin* verbleit

leaden ['ledn] *adj* bleiern; *Schritte* bleischwer

leader ['liːdəʳ] *s* **1** Führer(in) *m(f)*; *von Partei* Vorsitzende(r) *m/f(m)*; MIL Befehlshaber(in) *m(f)*; *von Bande* Anführer(in) *m(f)*; *von Projekt* Leiter(in) *m(f)*; SPORT *in Liga* Tabellenführer *m*; *in Rennen* der/die Erste; *von Orchester* Konzertmeister(in) *m(f)*; **to be the ~** *in Rennen* in Führung liegen; **the ~s** *in Rennen* die Spitzengruppe; **~ of the opposition** Oppositionsführer(in) *m(f)* **2** *Br Presse* Leitartikel *m*

leadership ['liːdəʃɪp] *s* Führung *f*, Vorsitz *m*; **under the ~ of** unter (der) Führung von

lead-free ['ledfriː] **A** *adj* bleifrei **B** *s* bleifreies Benzin

lead-in [liːd'ɪn] *s* Einleitung *f*

leading ['liːdɪŋ] *adj* **1** vorderste(r, s) **2** *Firma, Schriftsteller* führend; **~ product/sportsman** Spitzenprodukt *n*/-sportler *m*; **~ role** THEAT Hauptrolle *f*; *fig* führende Rolle (**in** bei)

leading-edge *adj Firma* führend; *Technologie* Spitzen-

leading lady *s* Hauptdarstellerin *f*

leading light s Nummer eins f
leading man s ⟨pl - men⟩ Hauptdarsteller m
leading question s Suggestivfrage f
lead singer ['liːd-] s Leadsänger(in) m(f)
lead story ['liːd-] s Hauptartikel m
lead time ['liːdtaɪm] s ECON Lieferzeit f
leaf [liːf] **A** s ⟨pl leaves⟩ **1** Blatt n; **he swept the leaves into a pile** er fegte das Laub auf einen Haufen **2** (≈ Papier) Blatt n; **to take a ~ out of** od **from sb's book** sich (dat) von j-m eine Scheibe abschneiden; **to turn over a new ~** einen neuen Anfang machen **B** v/i **to ~ through a book** ein Buch durchblättern
leaflet ['liːflət] s Prospekt m, Handzettel m, Flugblatt n
leafy ['liːfɪ] adj Baum belaubt; Allee grün
league [liːɡ] s Liga f; **League of Nations** Völkerbund m; **to be in ~ with sb** mit j-m gemeinsame Sache machen; **the club is top of the ~** der Klub ist Tabellenführer; **he was not in the same ~** fig er hatte nicht das gleiche Format; **this is way out of your ~!** das ist einige Nummern zu groß für dich!
league table s Tabelle f; bes Br von Schulen etc Leistungstabelle f
leak [liːk] **A** s undichte Stelle; in Behälter Loch n, Leck n; **to have a ~** undicht sein; Eimer etc lecken **B** v/t **1** durchlassen; Brennstoff verlieren; **that tank is ~ing acid** aus diesem Tank läuft Säure aus **2** fig Informationen etc zuspielen (**to sb** j-m) **C** v/i Schiff, Behälter lecken; Dach undicht sein; Stift, Flüssigkeit auslaufen; Gas ausströmen; **water is ~ing (in) through the roof** es regnet durch (das Dach durch)
phrasal verbs mit leak:
leak out v/i **1** Flüssigkeit auslaufen **2** Informationen durchsickern
leakage ['liːkɪdʒ] s Auslaufen n
leaky ['liːkɪ] adj ⟨komp leakier⟩ undicht; Boot a. leck
lean¹ [liːn] adj ⟨+er⟩ mager; Mensch hager; **to go through a ~ patch** eine Durststrecke durchlaufen
lean² ⟨prät, pperf leaned; bes Br leant⟩ **A** v/t **1** lehnen (**against** gegen, an +akk); **to ~ one's head on sb's shoulder** seinen Kopf an j-s Schulter (akk) lehnen **2** aufstützen (**on** auf +dat od akk); **to ~ one's elbow on sth** sich mit dem Ellbogen auf etw (akk) stützen **B** v/i **1** sich neigen (**to** nach); **he ~ed across the counter** er beugte sich über den Ladentisch **2** sich lehnen; **she ~ed on my arm** sie stützte sich auf meinen Arm; **to ~ on one's elbow** sich mit dem Ellbogen aufstützen **3** **to ~ toward(s) socialism** zum Sozialismus tendieren

phrasal verbs mit lean:
lean back v/i sich zurücklehnen
lean forward v/i sich vorbeugen
lean on v/i **to lean on sb** sich auf j-n verlassen; umg (≈ Druck ausüben) j-n bearbeiten umg
lean out v/i sich hinauslehnen (**of** aus)
leap out at v/t ins Auge springen (**sb** j-m)
leaning ['liːnɪŋ] **A** adj schräg, schief **B** s Neigung f
leant [lent] bes Br prät & pperf → lean²
leap [liːp] **A** s Sprung m; fig von Gewinnen etc sprunghafter Anstieg; **a great ~ forward** fig ein großer Sprung nach vorn; **a ~ into the unknown, a ~ in the dark** fig ein Sprung ins Ungewisse; **by ~s and bounds** fig sprunghaft **B** v/i ⟨v: prät, pperf leaped; bes Br leapt⟩ springen; **to ~ to one's feet** aufspringen; **the shares ~t by 21p** die Aktien stiegen mit einem Sprung um 21 Pence

phrasal verbs mit leap:
leap at v/i ⟨+obj⟩ **to leap at a chance** eine Gelegenheit beim Schopf packen
leap out v/i hinausspringen (**of** aus); **he leapt out of the car** er sprang aus dem Auto
leap up v/i fig sprunghaft ansteigen

leapfrog ['liːpfrɒɡ] s Bockspringen n; **to play ~** Bockspringen spielen
leapt [lept] bes Br prät & pperf → leap
leap year s Schaltjahr n
learn [lɜːn] ⟨prät, pperf learned; Br learnt⟩ **A** v/t **1** lernen; Gedicht etc auswendig lernen; **I ~ed (how) to swim** ich habe schwimmen gelernt **2** erfahren **B** v/i **1** lernen; **to ~ from experience** aus der Erfahrung od durch Erfahrung lernen **2** erfahren (**about, of** von)
learned ['lɜːnɪd] adj gelehrt; **a ~ man** ein Gelehrter m
learner ['lɜːnə] s **1** Lerner(in) m(f) **2** Fahrschüler(in) m(f)
learner driver s Fahrschüler(in) m(f)
learner's permit s US provisorischer Führerschein und damit einhergehende offizielle Fahrerlaubnis noch vor Erwerb des eigentlichen Führerscheins
learning ['lɜːnɪŋ] s Lernen n; **a man of ~** ein Gelehrter m; **~ by doing** Lernen n durch Handeln
learning curve s **to be on a steep ~** viel dazulernen
learnt [lɜːnt] Br prät & pperf → learn
lease [liːs] **A** s Pacht f, Pachtvertrag m; für Wohnung Miete f, Mietvertrag m; von Gerät Leasing n, Leasingvertrag m; **a new ~ of/on life** ein neuer Aufschwung **B** v/t **1** pachten (**from** von); Gerät leasen (**from** von); Wohnung vermieten (**to** an +akk) **2** a. **~ out** verpachten (**to** an +akk); Wohnung mieten (**from** von); Gerät leasen

(**to** an +*akk*)

leasehold Ⓐ *s* Pachtbesitz *m*, Pachtvertrag *m* Ⓑ *adj* gepachtet; **~ property** Pachtbesitz *m*
leaseholder *s* Pächter(in) *m(f)*
leash [liːʃ] *s* Leine *f*; **on a ~** an der Leine
leasing [ˈliːsɪŋ] *s* Leasing *n*
least [liːst] Ⓐ *adj* **1** geringste(r, s) **2** wenigste(r, s); **he has the ~ money** er hat am wenigsten Geld Ⓑ *adv* **1** ⟨+*v*⟩ am wenigsten; **~ of all would I wish to offend him** auf gar keinen Fall möchte ich ihn beleidigen **2** ⟨+*adj*⟩ **the ~ expensive car** das billigste Auto; **the ~ talented player** der am wenigsten talentierte Spieler; **the ~ known** der/die/das Unbekannteste; **not the ~ bit** kein bisschen Ⓒ *s* **the ~** der/die/das Geringste; **that's the ~ of my worries** darüber mache ich mir die wenigsten Sorgen; **it's the ~ I can do** das ist das wenigste, was ich tun kann; **at ~** wenigstens, mindestens; **there were at ~ eight** es waren mindestens acht da; **we need three at the very ~** allermindestens brauchen wir drei; **all nations love football, not ~ the British** alle Völker lieben Fußball, nicht zuletzt die Briten; **he was not in the ~ upset** er war kein bisschen verärgert; **to say the ~** um es milde zu sagen
leather [ˈleðəʳ] Ⓐ *s* Leder *n* Ⓑ *adj* Leder-, ledern; **~ jacket/shoes** Lederjacke *f*/-schuhe *pl*
leathery [ˈleðərɪ] *adj* Haut ledern
leave [liːv] ⟨*v*: *prät, pperf* **left**⟩ Ⓐ *v/t* **1** verlassen; **the train left the station** der Zug fuhr aus dem Bahnhof; **when the plane left Rome** als das Flugzeug von Rom abflog; **when he left Rome** als er von Rom wegging/wegfuhr *etc*; **to ~ the country** das Land verlassen; *für immer* auswandern; **to ~ home** von zu Hause weggehen; **to ~ school** die Schule verlassen; **to ~ the table** vom Tisch aufstehen; **to ~ one's job** seine Stelle aufgeben; **to ~ the road** *bei Unfall* von der Straße abkommen; (≈ *Richtung ändern*) von der Straße abbiegen; **I'll ~ you at the station** ich setze dich am Bahnhof ab; **would you ~ us, please** würden Sie uns bitte allein lassen **2** lassen; *Nachricht, Narbe* hinterlassen; **I'll ~ my address with you** ich lasse Ihnen meine Adresse da; **to ~ one's supper** sein Abendessen stehen lassen; **this ~s me free for the afternoon** dadurch habe ich den Nachmittag frei; **to ~ sb alone** j/n in Ruhe lassen; **to ~ sb to do sth** es j-m überlassen, etw zu tun; **I'll ~ you to it** ich lasse Sie jetzt allein weitermachen; **let's ~ it at that** lassen wir es dabei (bewenden); **to ~ sth to the last minute** mit etw bis zur letzten Minute warten; **let's ~ this now** lassen wir das jetzt mal **3** (≈ *vergessen*) liegen lassen, stehen lassen **4** *nach Tod: Geld* hinterlassen **5 to be left** übrig bleiben; **all I have left** alles, was ich noch habe; **I've (got) £6 left** ich habe noch 6 Pfund (übrig); **how many are there left?** wie viele sind noch übrig?; **3 from 10 ~s 7** 10 minus 3 ist 7; **there was nothing left for me to do but to sell it** mir blieb nichts anderes übrig, als es zu verkaufen **6** überlassen (**up to sb** j-m); **~ it to me** lass mich nur machen; **to ~ sth to chance** etw dem Zufall überlassen Ⓑ *v/i* (weg)gehen, abfahren, abfliegen; **we ~ for Sweden tomorrow** wir fahren morgen nach Schweden Ⓒ *s* **1** Erlaubnis *f*; **to ask sb's ~ to do sth** j-n um Erlaubnis bitten, etw zu tun **2** Urlaub *m*; **to be on ~** auf Urlaub sein; **I've got ~ to attend the conference** ich habe freibekommen, um an der Konferenz teilzunehmen; **~ of absence** Beurlaubung *f* **3** **to take ~ of sb** sich von j-m verabschieden; **to take ~ of one's senses** den Verstand verlieren

<u>phrasal verbs mit leave:</u>

leave behind *v/t* ⟨*trennb*⟩ **1** *Auto* zurücklassen; *Durcheinander* hinterlassen; *Vergangenheit* hinter sich (*dat*) lassen; **we've left all that behind us** das alles liegt hinter uns; **he left all his fellow students behind** er stellte alle seine Kommilitonen in den Schatten **2** (≈ *vergessen*) liegen lassen

leave off Ⓐ *v/t* ⟨*trennb*⟩ *Deckel* nicht draufgetun; *Licht* auslassen; **you left her name off the list** Sie haben ihren Namen nicht in die Liste aufgenommen Ⓑ *v/i* ⟨+*obj*⟩ *umg* aufhören; **leave off!** lass das!; **he picked up where he left off** er machte weiter, wo er aufgehört hatte

leave on *v/t* ⟨*trennb*⟩ *Mantel* anbehalten; *Licht* anlassen

leave out *v/t* ⟨*trennb*⟩ **1** draußen lassen **2** auslassen; *j-n* ausschließen (**of** von); **you leave my wife out of this** lassen Sie meine Frau aus dem Spiel; **he got left out of things** er wurde nicht mit einbezogen **3** liegen lassen

leave over *v/t* ⟨*trennb*⟩ **to be left over** übrig (geblieben) sein

leaves [liːvz] *pl* → **leaf**
leaving party [ˈliːvɪŋ] *s* Abschiedsfeier *od* -party *f*
Lebanon [ˈlebənɒn] *s* **(the) ~** der Libanon
lecher [ˈletʃəʳ] *s* Lüstling *m*; *hum* Lustmolch *m*
lecherous [ˈletʃərəs] *adj* lüstern
lectern [ˈlektɜːn] *s* Pult *n*
lecture [ˈlektʃəʳ] Ⓐ *s* **1** Vortrag *m*; UNIV Vorlesung *f*; **to give a ~** einen Vortrag/eine Vorlesung halten (**to** für *od* **on sth** über etw *akk*) **2** (Straf)predigt *f* Ⓑ *v/t* **1** **to ~ sb on sth** j-m einen Vortrag/eine Vorlesung über etw (*akk*) halten; **he ~s us in French** wir hören bei ihm (Vorlesungen in) Französisch **2 to ~ sb** j-m eine

Strafpredigt halten (**on** wegen) **C** v/i einen Vortrag halten; UNIV eine Vorlesung halten; **he ~s in English** er ist Dozent für Anglistik; **he ~s at Princeton** er lehrt in Princeton
lecture hall s Hörsaal m
lecture notes pl von Professor Manuskript n; von Student Aufzeichnungen pl; (≈ Arbeitsblätter) Vorlesungsskript n
lecturer ['lektʃərə'] s Dozent(in) m(f), Redner(in) m(f); **assistant ~** ≈ Assistent(in) m(f); **senior ~** Dozent(in) in höherer Position
lectureship ['lektʃəʃɪp] s Dozentenstelle f
lecture theatre s, **lecture theater** US s Hörsaal m
led [led] prät & pperf → lead²
LED [eli:'di:] abk (= light-emitting diode) LED, Leuchtdiode f
ledge [ledʒ] s Leiste f; von Fenster: innen Fensterbrett n; außen (Fenster)sims n/m; von Berg (Fels)vorsprung m
ledger ['ledʒə'] s Hauptbuch n
LED light s LED-Leuchte f
leech [li:tʃ] s Blutegel m
leek [li:k] s Porree m
leer [lɪə'] **A** s anzügliches Grinsen **B** v/i **to ~ at sb** j-m anzügliche Blicke zuwerfen
leeway ['li:weɪ] fig s Spielraum m; bei Entscheidung Freiheit f; **he has given them too much ~** er hat ihnen zu viel Freiheit od Spielraum gelassen
left¹ [left] prät & pperf → leave
left² **A** adj linke(r, s); **no ~ turn** Linksabbiegen verboten; **he's got two ~ feet** umg er ist sehr ungelenk **B** adv links (**of** von); **to turn ~** (nach) links abbiegen; **go ~** biege nach links ab; **keep ~** links fahren **C** s **1** Linke(r, s); **on the ~** links (**of** von), auf der linken Seite; **on** od **to sb's ~** links von j-m; **take the first (on the) ~ after the church** biegen Sie hinter der Kirche die erste (Straße) links ab; **to take a ~** US (nach) links abbiegen; **the third** etc ... **from the ~** der/die/das dritte etc ... von links; **to look to the ~** nach links schauen; **to keep to the ~** sich links halten **2** POL Linke f; **to move to the ~** nach links rücken
left back s linker Verteidiger
left-click **A** v/i IT links klicken **B** v/t IT links klicken auf (+akk)
left-hand adj **~ drive** Linkssteuerung f; **~ side** linke Seite; **he stood on the ~ side of the king** er stand zur Linken des Königs; **take the ~ turn** bieg links ab
left-handed **A** adj linkshändig; Vorrichtung für Linkshänder; **both the children are ~** beide Kinder sind Linkshänder **B** adv mit links
left-hander s Linkshänder(in) m(f)

leftist ['leftɪst] adj linksgerichtet
left-luggage locker Br s Gepäckschließfach n
left-luggage (office) Br s Gepäckaufbewahrung f
left-of-centre adj, **left-of-center** US adj Politiker links von der Mitte stehend; **~ party** Mitte-Links-Partei f
leftover **A** adj übrig geblieben **B** s **1** **~s** (Über)reste pl **2** fig **to be a ~ from the past** ein Überbleibsel n aus der Vergangenheit sein
left wing s linker Flügel; **on the ~** POL, SPORT auf dem linken Flügel
left-wing adj linke(r, s)
left-winger s POL Linke(r) m/f(m); SPORT Linksaußen m
leg [leg] s **1** Bein n; **to be on one's last legs** auf dem letzten Loch pfeifen umg; **he hasn't (got) a leg to stand on** fig er kann sich nicht herausreden, das kann er nicht belegen **2** GASTR Keule f, Schlögel m österr; **leg of lamb** Lammkeule f, Lammschlögel m österr **3** SPORT Etappe f
legacy ['legəsɪ] s Vermächtnis n; fig pej Hinterlassenschaft f
legal ['li:gl] adj **1** legal; Verpflichtung, Grenzwert gesetzlich; **to make sth ~** etw legalisieren; **it is not ~ to sell drink to children** es ist gesetzlich verboten, Alkohol an Kinder zu verkaufen; **~ limit** Promillegrenze f; **~ age** gesetzliches Mindestalter; **women had no ~ status** Frauen waren nicht rechtsfähig **2** Rechts-; Angelegenheit, Rat juristisch; Untersuchung gerichtlich; **for ~ reasons** aus rechtlichen Gründen; **~ charges** od **fees** od **costs** Anwaltskosten pl, Gerichtskosten pl; **the British ~ system** das britische Rechtssystem; **the ~ profession** die Juristenschaft f
legal action s Klage f; **to take ~ against sb** gegen j-n Klage erheben
legal adviser s Rechtsberater(in) m(f)
legal aid s Rechtshilfe f
legal high s Legal High n (legale psychoaktive Substanz in Kräutermischungen u. Ä.)
legality [li:'gælɪtɪ] s Legalität f; von Anspruch Rechtmäßigkeit f; von Vertrag, Entscheidung Rechtsgültigkeit f
legalize ['li:gəlaɪz] v/t legalisieren
legally ['li:gəlɪ] adv erwerben legal; verheiratet rechtmäßig; verpflichtet gesetzlich; **~ responsible** vor dem Gesetz verantwortlich; **to be ~ entitled to sth** einen Rechtsanspruch auf etw (akk) haben; **~ binding** rechtsverbindlich
legal tender s gesetzliches Zahlungsmittel
legend ['ledʒənd] s Legende f, Sage f; **to become a ~ in one's lifetime** schon zu Lebzeiten zur Legende werden
legendary ['ledʒəndərɪ] adj **1** legendär **2** be-

rühmt
-legged [-'legd, -'legɪd] *adj* ⟨*suf*⟩ -beinig; **bare--legged** ohne Strümpfe
leggings ['legɪŋz] *pl* Leggings *pl*
legible ['ledʒɪbl] *adj* lesbar
legibly ['ledʒɪblɪ] *adv* lesbar; *schreiben* leserlich
legion ['liːdʒən] *s* Legion *f*
legionary ['liːdʒənərɪ] *s* Legionär *m*
legislate ['ledʒɪsleɪt] *v/i* Gesetze/ein Gesetz erlassen
legislation [ˌledʒɪs'leɪʃən] *s* Gesetze *pl*
legislative ['ledʒɪslətɪv] *adj* gesetzgebend
legitimacy [lɪ'dʒɪtɪməsɪ] *s* Rechtmäßigkeit *f*
legitimate [lɪ'dʒɪtɪmət] *adj* **1** legitim; *Rechtfertigung* begründet **2** *Kind* ehelich
legitimately [lɪ'dʒɪtɪmətlɪ] *adv* legitim, berechtigterweise
legitimize [lɪ'dʒɪtɪmaɪz] *v/t* legitimieren
legless *Br umg adj* sternhagelvoll *umg*
leg press *s* SPORT Beinpresse *f*
legroom *s* Beinfreiheit *f*
leg-up *s* **to give sb a ~** j-m hochhelfen
leisure ['leʒəʳ] *s* Freizeit *f*; **do it at your ~** tun Sie es, wenn Sie Zeit dazu haben
leisure activities *pl* Freizeitbeschäftigungen *pl*
leisure centre *Br s* Freizeitzentrum *n*
leisure hours *pl* Freizeit *f*
leisurely ['leʒəlɪ] *adj* geruhsam; **to go at a ~ pace** gemächlich gehen; **to have a ~ breakfast** in aller Ruhe frühstücken
leisure time *s* Freizeit *f*
leisurewear *s* Freizeitbekleidung *f*
lemon ['lemən] **A** *s* Zitrone *f* **B** *adj* Zitronen-
lemonade [ˌlemə'neɪd] *s* Limonade *f*, Kracherl *n österr*, Zitronenlimonade *f*
lemon grass *s* BOT, GASTR Zitronengras *n*
lemon juice *s* Zitronensaft *m*
lemon sole *s* Rotzunge *f*
lemon squeezer *s* Zitronenpresse *f*
lend [lend] ⟨*prät, pperf* lent⟩ **A** *v/t* **1** leihen (**to sb** j-m); *Geld* verleihen (**to** an +*akk*) **2** *fig* verleihen (**to** +*dat*); **to ~ (one's) support to sb/sth** j-n/etw unterstützen; **to ~ a hand** helfen **B** *v/r* **to ~ oneself to sth** sich für etw eignen
phrasal verbs mit lend:
lend out *v/t* ⟨*trennb*⟩ verleihen
lender ['lendəʳ] *s* Geldverleiher(in) *m(f)*
lending library *s* Leihbücherei *f*
lending rate *s* (Darlehens)zinssatz *m*
length [leŋθ] *s* **1** Länge *f*; **to be 4 feet in ~** 4 Fuß lang sein; **what ~ is it?** wie lang ist es?; **along the whole ~ of the river** den ganzen Fluss entlang **2** *von Seil* Stück *n*; *von Schwimmbecken* Bahn *f* **3** *zeitlich* Dauer *f*; **for any ~ of time** für längere Zeit; **at ~** ausführlich **4** **to go to any ~s to do sth** vor nichts zurückschrecken, um etw zu tun; **to go to great ~s to do sth** sich (*dat*) sehr viel Mühe geben, um etw zu tun
lengthen ['leŋθən] **A** *v/t* verlängern; *Kleidung* länger machen; **to ~ one's stride** größere Schritte machen **B** *v/i* länger werden
lengthways ['leŋθweɪz], **lengthwise** ['leŋθwaɪz] **A** *adj* Längen-, Längs- **B** *adv* der Länge nach
lengthy ['leŋθɪ] *adj* ⟨*komp* lengthier⟩ sehr lang, langwierig; *Rede* ausführlich, langatmig *pej*; *Konferenz* lang andauernd
lenience ['liːnɪəns], **leniency** ['liːnɪənsɪ] *s* Nachsicht *f* (**towards** gegenüber); *von Richter, Urteil* Milde *f*
lenient ['liːnɪənt] *adj* nachsichtig (**towards** gegenüber); *Richter, Urteil* milde; **to be ~ with sb** mit j-m milde umgehen
leniently ['liːnɪəntlɪ] *adv* nachsichtig; *urteilen* milde
lens [lenz] *s* Linse *f*; *in Brille* Glas *n*; *von Kamera* Objektiv *n*; (≈ *Vergrößerungsglas*) Lupe *f*
lens cap *s* Schutzkappe *f*
Lent [lent] *s* Fastenzeit *f*
lent [lent] *prät & pperf* → **lend**
lentil ['lentl] *s* Linse *f*
Leo ['liːəʊ] *s* ⟨*pl* -s⟩ ASTROL Löwe *m*; **to be (a) Leo** (ein) Löwe sein
leopard ['lepəd] *s* Leopard *m*
leotard ['liːətɑːd] *s* Trikot *n*, Leiberl *n österr*, Leibchen *n österr, schweiz*, Gymnastikanzug *m*
leper ['lepəʳ] *s* Leprakranke(r) *m/f(m)*
leprosy ['leprəsɪ] *s* Lepra *f*
lesbian ['lezbɪən] **A** *adj* lesbisch; **~ and gay rights** Rechte *pl* der Lesben und Schwulen **B** *s* Lesbe *f*
lesion ['liːʒən] *s* Verletzung *f*
less [les] **A** *adj & adv & s* weniger; **~ noise, please!** nicht so laut, bitte!; **to grow ~** weniger werden, abnehmen; **~ and ~** immer weniger; **she saw him ~ and ~ (often)** sie sah ihn immer seltener; **a sum ~ than £1** eine Summe unter £ 1; **it's nothing ~ than disgraceful** es ist wirklich eine Schande; **~ beautiful** nicht so schön; **~ quickly** nicht so schnell; **none the ~** nichtsdestoweniger; **can't you let me have it for ~?** können Sie es mir nicht etwas billiger lassen?; **~ of that!** komm mir nicht so! **B** *präp* weniger; HANDEL abzüglich; **6 ~ 4 is 2** 6 weniger 4 ist 2
lessen ['lesn] **A** *v/t* verringern; *Wirkung* abschwächen; *Schmerz* lindern **B** *v/i* nachlassen
lesser ['lesəʳ] *adj* geringer; **to a ~ extent** in geringerem Maße; **a ~ amount** ein kleinerer Betrag
lesson ['lesn] *s* **1** SCHULE etc Stunde *f*, Lektion *f*; **~s** Unterricht *m*; **a French ~** eine Französisch-

stunde; **to give** *od* **teach a ~** eine Gestunde geben ☑ *fig* Lehre *f*; **he has learned his ~** er hat seine Lektion gelernt; **to teach sb a ~** j-m eine Lektion erteilen

lest [lest] *form konj* damit ... nicht

let¹ [let] *v/t Zimmer* vermieten (**to an** +*akk*)

let² [let] *v/t* ⟨*prät, pperf* let⟩ ☐ lassen; **to let sb do sth** j-n etw tun lassen; **she let me borrow the car** sie lieh mir das Auto; **we can't let that happen** wir dürfen das nicht zulassen; **he wants to but I won't let him** er möchte gern, aber ich lasse ihn nicht *od* erlaube es ihm nicht; **let me know what you think** sagen Sie mir (Bescheid), was Sie davon halten; **to let sb be** j-n (in Ruhe) lassen; **to let sb/sth go, to let go of sb/sth** j-n/etw loslassen; **to let oneself go** sich gehen lassen; **we'll let it pass** *od* **go this once** wir wollen es mal durchgehen lassen ☑ **let alone** geschweige denn ☒ **let's ...** lass(t) uns ...; **let's go!** gehen wir!, los geht's!; **yes, let's** oh ja!; **let's not** lieber nicht; **don't let's** *od* **let's not fight** wir wollen uns doch nicht streiten; **let's be friends** wir wollen Freunde sein; **let's look at the list** sehen wir uns die Liste an; **let him try (it)!** das soll er nur versuchen!; **let me think** *od* **see, where did I put it?** warte mal, wo habe ich das nur hingetan?; **let us pray** lasst uns beten; **let us suppose ...** nehmen wir (mal) an, dass ...

phrasal verbs mit let:

let down *v/t* ⟨*trennb*⟩ ☐ herunterlassen; **I tried to let him down gently** *fig* ich versuchte, ihm das schonend beizubringen ☑ *Kleid* länger machen; *Saum* auslassen ☒ **to let a tyre down** *Br*, **to let a tire down** *US* die Luft aus einem Reifen lassen ☒ **to let sb down** j-n im Stich lassen (**over mit**); **the weather let us down** das Wetter machte uns einen Strich durch die Rechnung ☒ enttäuschen; **to feel let down** enttäuscht sein; **to let oneself down** sich blamieren

let in *v/t* ⟨*trennb*⟩ ☐ *Wasser* durchlassen ☑ *Luft, Besucher* hereinlassen; *zu Klub etc* zulassen (**to zu**); **he let himself in (with his key)** er schloss die Tür auf und ging hinein; **to let oneself in for sth** sich auf etw (*akk*) einlassen; **to let sb in on sth** j-n in etw (*akk*) einweihen

let off ☐ *v/t* ⟨*trennb*⟩ ☐ *Waffe* abfeuern ☑ *Feuerwerk* hochgehen lassen ☒ *Gase* absondern; *Geruch* verbreiten; **to let off steam** Dampf ablassen ☒ *v/t* ⟨*immer getrennt*⟩ ☐ **to let sb off** j-m etw durchgehen lassen; **I'll let you off this time** diesmal drücke ich noch ein Auge zu; **to let sb off with a warning** j-n mit einer Verwarnung davonkommen lassen; **he's been let off** man hat ihn laufen lassen ☑ gehen lassen; **we were let off early** wir durften früher gehen

let on *umg v/i* verraten; **don't let on you know** lass dir bloß nicht anmerken, dass du das weißt

let out *v/t* ⟨*trennb*⟩ ☐ herauslassen; **I'll let myself out** ich finde alleine hinaus; **to let out a groan** (auf)stöhnen ☑ *Häftling* entlassen

let through *v/t* ⟨*trennb*⟩ durchlassen

let up *v/i* nachlassen

letdown ['letdaʊn] *umg s* Enttäuschung *f*

lethal ['liːθəl] *adj* ☐ tödlich; **~ injection** Todesspritze *f* ☑ *fig Gegner* äußerst gefährlich

lethargic [lɪ'θɑːdʒɪk] *adj* träge

lethargy ['leθədʒɪ] *s* Trägheit *f*

let's [lets] *abk* (= let us) → let²

letter ['letə'] *s* ☐ Buchstabe *m*; **to the ~** buchstabengetreu ☑ Brief *m*; HANDEL *etc* Schreiben *n form* (**to an** +*akk*); **by ~** schriftlich; **to write a ~ of complaint/apology** sich schriftlich beschweren/entschuldigen; **~ of application** Bewerbungsschreiben *n*; **~ of recommendation** *US* Arbeitszeugnis *n*, Empfehlungsschreiben *n*; **~ of resignation** Entlassungsgesuch *n*; **~ to the editor** Leserbrief *m* ☒ LIT **~s** Literatur *f*

letter bomb *s* Briefbombe *f*

letterbox *Br s* Briefkasten *m*

letterhead *s* Briefkopf *m*

lettering ['letərɪŋ] *s* Beschriftung *f*

letters page ['letəz'peɪdʒ] *s Presse* Leserbriefseite *f*

lettuce ['letɪs] *s* Kopfsalat *m*

let-up ['letʌp] *umg s* Pause *f*; *von Regen etc* Nachlassen *n*

leukaemia [luː'kiːmɪə] *s*, **leukemia** *US s* Leukämie *f*

levee ['levɪ] *s* Damm *m*

level ['levl] ☐ *adj* ☐ *Fläche* eben; *Löffel* gestrichen ☑ auf gleicher Höhe (**with mit**), parallel (**with zu**); **the bedroom is ~ with the ground** das Schlafzimmer liegt ebenerdig ☒ gleichauf; *fig* gleich gut; **Jones was almost ~ with the winner** Jones kam fast auf gleiche Höhe mit dem Sieger ☒ ruhig, ausgeglichen; **to have a ~ head** einen kühlen Kopf haben ☒ *adv* **~ with** in Höhe (+*gen*); **it should lie ~ with ...** es sollte gleich hoch sein wie ...; **to draw ~ with sb** mit j-m gleichziehen ☒ *s* ☐ Höhe *f*; **on a ~ (with)** auf gleicher Höhe (**mit**); **at eye ~** in Augenhöhe; **the trees were very tall, almost at roof ~** die Bäume waren sehr hoch, sie reichten fast bis zum Dach ☑ Etage *f* ☒ Ebene *f*; *sozial etc* Niveau *n*; *bei Computerspielen* Level *m*, Spielabschnitt *m*; **to raise the ~ of the conversation** der Unterhaltung etwas mehr Niveau geben; **if profit stays at the same ~**

wenn sich der Gewinn auf dem gleichen Stand hält; **the ~ of inflation** die Inflationsrate; **a high ~ of interest** sehr großes Interesse; **a high ~ of support** sehr viel Unterstützung; **the talks were held at a very high ~** die Gespräche fanden auf hoher Ebene statt; **on a purely personal ~** rein persönlich **4** (≈ *Menge*) **a high ~ of hydrogen** ein hoher Wasserstoffanteil; **the ~ of alcohol in the blood** der Alkoholspiegel im Blut; **cholesterol ~** Cholesterinspiegel *m*; **the ~ of violence** das Ausmaß der Gewalttätigkeit **D** v/t **1** *Boden* einebnen; *Stadt* dem Erdboden gleichmachen **2** *Waffe* richten (**at** auf +*akk*); *Anklage* erheben (**at** gegen) **3** SPORT **to ~ the match** den Ausgleich erzielen; **to ~ the score** gleichziehen

phrasal verbs mit level:

level out v/i eben werden; *fig* sich einpendeln; *a.* **level off** *Boden* eben werden
level crossing *Br s* (beschrankter) Bahnübergang
level-headed *adj* ausgeglichen
lever ['liːvəʳ, *US* 'levəʳ] **A** *s* Hebel *m*; *fig* Druckmittel *n* **B** v/t (hoch)stemmen; **he ~ed the machine part into place** er hob das Maschinenteil durch Hebelwirkung an seinen Platz; **he ~ed the box open** er stemmte die Kiste auf
leverage ['liːvərɪdʒ, *US* 'levərɪdʒ] *s* Hebelkraft *f*; *fig* Einfluss *m*; **to use sth as ~** *fig* etw als Druckmittel benutzen
levy ['levɪ] **A** *s* (Steuer)einziehung *f*, Steuer *f* **B** v/t *Steuern* erheben
lewd [luːd] *adj* ⟨+*er*⟩ unanständig; *Bemerkung* anzüglich
lexicon ['leksɪkən] *s* Wörterbuch *n*; LING Lexikon *n*
liability [ˌlaɪə'bɪlɪtɪ] *s* **1** Belastung *f* **2** Haftung *f*; **we accept no ~ for …** wir übernehmen keine Haftung für … **3** FIN **liabilities** Verbindlichkeiten *pl*
liable ['laɪəbl] *adj* **1 to be ~ for** *od* **to sth** einer Sache (*dat*) unterliegen; **to be ~ for tax** steuerpflichtig sein; **to be ~ to prosecution** der Strafverfolgung unterliegen **2** anfällig **3** (≈ *verantwortlich*) **to be ~ for sth** für etw haftbar sein **4 to be ~ to do sth** zukünftig wahrscheinlich etw tun (werden); *gewohnheitsmäßig* dazu neigen, etw zu tun; **we are ~ to get shot here** wir können hier leicht beschossen werden; **if you don't write it down I'm ~ to forget it** wenn Sie das nicht aufschreiben, kann es durchaus sein, dass ich es vergesse; **the car is ~ to run out of petrol any minute** *Br* dem Auto kann jede Minute das Benzin ausgehen
liaise [liː'eɪz] v/i als Verbindungsperson fungieren, in Verbindung stehen; **social services and health workers ~ closely** das Sozialamt und der Gesundheitsdienst arbeiten eng zusammen

phrasal verbs mit liaise:

liaise with [lɪ'eɪzwɪð] v/t sich in Verbindung setzen mit; *Abteilung, Ministerium* in Verbindung stehen mit
liaison [liː'eɪzɒn] *s* **1** Verbindung *f* **2** (≈ *Affäre*) Liaison *f*
liar ['laɪəʳ] *s* Lügner(in) *m(f)*
lib [lɪb] *s abk* (= liberation) Befreiung *f*
Lib Dem [ˌlɪb'dem] *Br s* POL → Liberal Democrat
libel ['laɪbəl] **A** *s* (schriftlich geäußerte) Verleumdung (**on** +*gen*) **B** v/t verleumden
libellous ['laɪbələs] *adj*, **libelous** *US adj* verleumderisch
liberal ['lɪbərəl] **A** *adj* **1** *Angebot* großzügig; *Portion* reichlich; **to be ~ with one's praise/comments** mit Lob/seinen Kommentaren freigebig sein **2** POL liberal **B** *s* POL Liberale(r) *m/f(m)*
liberal arts *pl* **the ~** *bes US* die geisteswissenschaftlichen Fächer
Liberal Democrat *Br* **A** *s* POL Liberaldemokrat(in) *m(f)* **B** *adj* liberaldemokratisch; *Politik* der Liberaldemokraten
liberalism ['lɪbərəlɪzəm] *s* Liberalität *f*; **Liberalism** POL der Liberalismus
liberalization [ˌlɪbərəlaɪ'zeɪʃən] *s* Liberalisierung *f*
liberalize ['lɪbərəlaɪz] v/t liberalisieren
liberally ['lɪbərəlɪ] *adv* großzügig, reichlich
liberal-minded [ˌlɪbərəl'maɪndɪd] *adj* liberal
liberate ['lɪbəreɪt] v/t befreien
liberated ['lɪbəreɪtɪd] *adj Frauen* emanzipiert
liberation [ˌlɪbə'reɪʃən] *s* Befreiung *f*
liberty ['lɪbətɪ] *s* **1** Freiheit *f*; **to be at ~ to do sth** etw tun dürfen **2 I have taken the ~ of giving your name** ich habe mir erlaubt, Ihren Namen anzugeben
libido [lɪ'biːdəʊ] *s* ⟨*pl* -s⟩ Libido *f*
Libra ['liːbrə] *s* ASTROL Waage *f*; **to be (a) ~** (eine) Waage sein
librarian [laɪ'breərɪən] *s* Bibliothekar(in) *m(f)*
library ['laɪbrərɪ] *s* **1** Bibliothek *f*, Bücherei *f* **2** (Bücher)sammlung *f*
library book *s* Leihbuch *n*
library ticket *s* Leserausweis *m*
lice [laɪs] *pl* → louse
licence ['laɪsəns] *s*, **license** *US s* **1** Genehmigung *f*, Erlaubnis *f*; HANDEL Lizenz *f*; AUTO Führerschein *m*; JAGD Jagdschein *m*; **you have to have a (television) ~** man muss Fernsehgebühren bezahlen; **a ~ to practise medicine** *Br*, **a license to practice medicine** *US* die Approbation *f*; **the restaurant has lost its ~** das

Restaurant hat seine Schankerlaubnis verloren **2** Freiheit *f*

licence fee *s Br* TV ≈ Fernsehgebühr *f*

licence number *s,* **license number** *US s* AUTO Kraftfahrzeug- *od* Kfz-Kennzeichen *n*

licence plate *s,* **license plate** *US s* AUTO Nummernschild *n*

license ['laɪsəns] **A** *US s* → licence **B** *v/t* eine Lizenz/Konzession vergeben an (+*akk*); **to be ~d to do sth** die Genehmigung haben, etw zu tun; **we are not ~d to sell alcohol** wir haben keine Schankerlaubnis

licensed *adj* **1** *Pilot* mit Pilotenschein; *Arzt* approbiert **2** ~ **bar** Lokal *n* mit Schankerlaubnis; **fully ~** mit voller Schankerlaubnis

licensee [ˌlaɪsənˈsiː] *s von Lokal* Inhaber(in) *m(f)* einer Schankerlaubnis

license plate number *s US* Kraftfahrzeugkennzeichen *n*

licensing ['laɪsənsɪŋ] *adj* ~ **hours** Ausschankzeiten *pl;* ~ **laws** Gesetz *n* über den Ausschank und Verkauf alkoholischer Getränke

lichen ['laɪkən] *s* Flechte *f*

lick [lɪk] **A** *s* **1 to give sth a ~** an etw (*dat*) lecken **2** *umg* **a ~ of paint** etwas Farbe **B** *v/t* **1** lecken; **he ~ed the ice cream** er leckte am Eis; **to ~ one's lips** sich (*dat*) die Lippen lecken; *fig* sich (*dat*) die Finger lecken; **to ~ sb's boots** *fig* vor j-m kriechen *umg* **2** *Flammen* züngeln an (+*dat*) **3** *umg* (≈ *besiegen*) in die Pfanne hauen *umg;* **I think we've got it ~ed** ich glaube, wir haben die Sache jetzt im Griff

licorice ['lɪkərɪs] *s* → liquorice

lid [lɪd] *s* Deckel *m;* **to keep a lid on sth** etw unter Kontrolle halten; *Informationen* etw geheim halten

lie¹ [laɪ] **A** *s* Lüge *f;* **to tell a lie** lügen; **I tell a lie, it's tomorrow** ich hab mich vertan, es ist morgen **B** *v/i* lügen; **to lie to sb** j-n belügen

lie² <*v: prät* lay; *pperf* lain> **A** *s* Lage *f* **B** *v/i* liegen, sich legen; **lie on your back** leg dich auf den Rücken; **the runner lying third** *bes Br* der Läufer auf dem dritten Platz; **our road lay along the river** unsere Straße führte am Fluss entlang; **to lie asleep** (daliegen und) schlafen; **to lie dying** im Sterben liegen; **to lie low** untertauchen; **that responsibility lies with your department** dafür ist Ihre Abteilung verantwortlich

<u>phrasal verbs mit lie:</u>

lie about *Br,* **lie around** *v/i* herumliegen

lie ahead *v/i* **what lies ahead of us** was vor uns (*dat*) liegt, was uns (*dat*) bevorsteht

lie back *v/i* sich zurücklehnen

lie behind *v/i* <+*obj*> Entscheidung stehen hinter (+*dat*)

lie down *v/i* **1** *wörtl* sich hinlegen; **he lay down on the bed** er legte sich aufs Bett **2** *fig* **he won't take that lying down!** das lässt er sich nicht bieten!

lie in *v/i* im Bett bleiben

lie detector *s* Lügendetektor *m*

lie-down [ˌlaɪˈdaʊn] *umg s* **to have a ~** ein Nickerchen machen *umg*

lie-in [ˌlaɪˈɪn] *Br umg s* **to have a ~** (sich) ausschlafen

lieu [luː] **money in ~** stattdessen Geld; **in ~ of X** anstelle von X; **I work weekends and get time off in ~** *bes Br* ich arbeite an Wochenenden und kann mir dafür (an anderen Tagen) freinehmen

lieutenant [lefˈtenənt, *US* luːˈtenənt] *s* Leutnant *m; Br* Oberleutnant *m*

life [laɪf] *s* <*pl* lives> **1** Leben *n;* **plant ~** die Pflanzenwelt; **this is a matter of ~ and death** hier geht es um Leben und Tod; **to bring sb back to ~** j-n wiederbeleben; **his book brings history to ~** sein Buch lässt die Geschichte lebendig werden; **to come to ~** *fig* lebendig werden; **at my time of ~** in meinem Alter; **a job for ~** eine Stelle auf Lebenszeit; **he's doing ~ (for murder)** *umg* er sitzt lebenslänglich (wegen Mord) *umg;* **he got ~** *umg* er hat lebenslänglich gekriegt *umg;* **how many lives were lost?** wie viele (Menschen) sind ums Leben gekommen?; **to take one's own ~** sich (*dat*) das Leben nehmen; **to save sb's ~** *wörtl* j-m das Leben retten; *fig* j-n retten; **I couldn't do it to save my ~** ich kann es beim besten Willen nicht; **the church is my ~** die Kirche ist mein ganzes Leben; **early in ~, in early ~** in frühen Jahren; **later in ~, in later ~** in späteren Jahren; **she leads a busy ~** bei ihr ist immer etwas los; **all his ~** sein ganzes Leben lang; **I've never been to London in my ~** ich war in meinem ganzen Leben noch nicht in London; **to fight for one's ~** um sein Leben kämpfen; **run for your lives!** rennt um euer Leben!; **I can't for the ~ of me ...** *umg* ich kann es beim besten Willen nicht ...; **never in my ~ have I heard such nonsense** ich habe noch nie im Leben so einen Unsinn gehört; **not on your ~!** *umg* ich bin doch nicht verrückt! *umg;* **get a ~!** *umg* sonst hast du keine Probleme? *umg;* **it seemed to have a ~ of its own** es scheint seinen eigenen Willen zu haben; **full of ~** lebhaft; **the city centre was full of ~** *Br,* **the downtown area was full of ~** *US* im Stadtzentrum ging es sehr lebhaft zu; **he is the ~ and soul of every party** *Br,* **he is the ~ of every party** *US* er bringt Leben in jede Party; **village ~** das Leben auf dem Dorf; **this is the ~!** ja, ist das ein Leben!; **that's ~** so ist das Le-

ben; **the good ~** das süße Leben ☒ Lebensdauer *f* ☒ Biografie *f*
life assurance *Br s* Lebensversicherung *f*
lifebelt *s* Rettungsgürtel *m*
lifeboat *s* Rettungsboot *n*
lifebuoy *s* Rettungsring *m*
life coach *s* Lebensberater(in) *m(f)*
life cycle *s* Lebenszyklus *m*
life-cycle analysis *s* Ökobilanz *f*
life expectancy *s* Lebenserwartung *f*
lifeguard *s am Strand* Rettungsschwimmer(in) *m(f)*; *in Schwimmbad* Bademeister(in) *m(f)*
life imprisonment *s* lebenslängliche Freiheitsstrafe
life insurance *s* → life assurance
life jacket *s* Schwimmweste *f*
lifeless ['laɪflɪs] *adj* leblos
lifelike *adj* lebensecht
lifeline *fig s* Rettungsanker *m*; **the telephone is a ~ for many old people** das Telefon ist für viele alte Leute lebenswichtig
lifelong *adj* lebenslang; **they are ~ friends** sie sind schon ihr Leben lang Freunde; **his ~ devotion to the cause** die Sache, in deren Dienst er sein Leben gestellt hat
life membership *s* Mitgliedschaft *f* auf Lebenszeit
life-or-death *adj* **~ struggle** Kampf *m* auf Leben und Tod
life peer *s* Peer *m* auf Lebenszeit
life preserver *US s* Schwimmweste *f*
life raft *s* Rettungsfloß *n*
life-saver *fig s* Retter *m* in der Not; **it was a real ~!** das hat mich gerettet
life-saving ☒ *s* Rettungsschwimmen *n* ☒ *adj Gerät* zur Lebensrettung; *Medikament* lebensrettend
life sciences *pl* Biowissenschaften *pl*
life sentence *s* lebenslängliche Freiheitsstrafe
life-size(d) *adj* lebensgroß
lifespan *s* Lebenserwartung *f*
life story *s* Lebensgeschichte *f*
lifestyle *s* Lebensstil *m*
life support machine *s* Herz-Lungen-Maschine *f*
life-threatening *adj* lebensbedrohend
lifetime *s* ☒ Lebenszeit *f*; *von Batterie, Tier* Lebensdauer *f*; **once in a ~** einmal im Leben; **during** *od* **in my ~** während meines Lebens; **the chance of a ~** eine einmalige Chance ☒ *fig* Ewigkeit *f*
life vest *s* Rettungsweste *f*
lift [lɪft] ☒ *s* ☒ **give me a ~ up** heb mich mal hoch ☒ *emotionell* **to give sb a ~** j-n aufmuntern ☒ *in Auto etc* Mitfahrgelegenheit *f*; **to give sb a ~** j-n mitnehmen; **want a ~?** möchten Sie mitkommen?, soll ich dich fahren? ☒ *Br* Fahrstuhl *m*, Aufzug *m*; **he took the ~** er fuhr mit dem Fahrstuhl ☒ *v/t* ☒ (*a.* **~ up**) hochheben; *Kopf* heben ☒ *fig a.* **~ up** heben; **to ~ the spirits** die Stimmung heben; **the news ~ed him out of his depression** durch die Nachricht verflog seine Niedergeschlagenheit ☒ *Beschränkungen etc* aufheben ☒ *umg* klauen *umg*; (≈ plagiieren) abkupfern *umg* ☒ *v/i Nebel* sich lichten; *Stimmung* sich heben

phrasal verbs mit lift:
lift off *v/i Rakete* abheben
liftoff ['lɪftɒf] *s RAUMF* Start *m*; **we have ~** der Start ist erfolgt
ligament ['lɪgəmənt] *s* Band *n*; **he's torn a ~ in his shoulder** er hat einen Bänderriss in der Schulter
light¹ [laɪt] ☒ *s* ☒ Licht *n*, Lampe *f*; **by the ~ of a candle** im Schein einer Kerze; **at first ~** bei Tagesanbruch; **to shed ~ on sth** *fig* Licht in etw (*akk*) bringen; **to see sb/sth in a different ~** j-n/etw in einem anderen Licht sehen; **to see sth in a new ~** etw mit anderen Augen betrachten; **in (the) ~ of** angesichts (+*gen*); **to bring sth to ~** etw ans Tageslicht bringen; **to come to ~** ans Tageslicht kommen; **finally I saw the ~** *umg* endlich ging mir ein Licht auf *umg*; **to see the ~ of day** *Bericht* veröffentlicht werden; *Projekt* verwirklicht werden; **put out the ~s** mach das Licht aus; **(traffic) ~s** Ampel *f*; **the ~s** die Beleuchtung; **~s out!** Licht aus (-machen)! ☒ **have you (got) a ~?** haben Sie Feuer?; **to set ~ to sth** etw anzünden ☒ *adj* ⟨+*er*⟩ hell; **~ green** hellgrün; **it's getting ~** es wird hell ☒ *v/t* ⟨*v: prät, pperf* lit *od* lighted⟩ ☒ beleuchten, erhellen; *Lampe* anmachen ☒ *Feuer* anzünden; **to ~ a candle** eine Kerze anzünden ☒ *v/i* **this fire won't ~** das Feuer geht nicht an

phrasal verbs mit light:
light up ☒ *v/i* ☒ *Augen* aufleuchten; *Gesicht* sich erhellen ☒ **the men took out their pipes and lit up** die Männer holten ihre Pfeifen hervor und zündeten sie an ☒ *v/t* ⟨*trennb*⟩ ☒ beleuchten; **a smile lit up his face** ein Lächeln erhellte sein Gesicht; **Piccadilly Circus was all lit up** der Piccadilly Circus war hell erleuchtet; **flames lit up the night sky** Flammen erleuchteten den Nachthimmel ☒ *Zigarette* anzünden

light (up)on *umg v/i* ⟨+*obj*⟩ entdecken
light² ☒ *adj* ⟨+*er*⟩ leicht; **~ industry** Leichtindustrie *f*; **~ opera** Operette *f*; **~ reading** Unterhaltungslektüre *f*; **with a ~ heart** leichten Herzens; **as ~ as a feather** federleicht; **to make ~ of one's difficulties** seine Schwierigkeiten

auf die leichte Schulter nehmen; **you shouldn't make ~ of his problems** du solltest dich über ihre Probleme nicht lustig machen; **make ~ work of** spielend fertig werden mit **B** *adv* **to travel ~** mit leichtem Gepäck reisen

light bulb *s* Glühlampe *od* -birne *f*

light-coloured *adj* ⟨*komp* lighter-colo(u)red; *sup* lightest-colo(u)red⟩, **light-colored** *US adj* hell

light cream *US s* Sahne *f*, Obers *n österr*, Nidel *m/f schweiz* (*mit geringem Fettgehalt*)

lighten¹ ['laɪtn] **A** *v/t* erhellen; *Farbe* aufhellen **B** *v/i* hell werden; *Stimmung* sich heben

lighten² *v/t* leichter machen; **to ~ sb's workload** j-m etwas Arbeit abnehmen

phrasal verbs mit lighten:

lighten up *umg v/i* die Dinge leichter nehmen; **lighten up!** nicht so ernst!

lighter ['laɪtə'] *s* Feuerzeug *n*

lighter fuel *s* Feuerzeugbenzin *n*

light-fingered [,laɪt'fɪŋɡəd] *adj* ⟨*komp* lighter-fingered; *sup* lightest-fingered⟩ langfingerig

light fitting, **light fixture** *s* Fassung *f*, (Lampen)halterung *f*

light-headed *adj* ⟨*komp* lighter-headed; *sup* lightest-headed⟩ benebelt *umg*

light-hearted *adj* unbeschwert, heiter; *Komödie* leicht

light-heartedly *adv* unbekümmert, scherzhaft

lighthouse *s* Leuchtturm *m*

lighting ['laɪtɪŋ] *s* Beleuchtung *f*

lightish ['laɪtɪʃ] *adj Farbton* hell

lightly ['laɪtlɪ] *adv* **1** leicht; *gehen* leise; **to sleep ~** einen leichten Schlaf haben; **to get off ~** glimpflich davonkommen; **to touch ~ on a subject** ein Thema nur berühren *od* streifen **2 to speak ~ of sb/sth** sich abfällig über j-n/etw äußern; **to treat sth too ~** etw nicht ernst genug nehmen; **a responsibility not to be ~ undertaken** eine Verantwortung, die man nicht unüberlegt auf sich nehmen sollte

light meter *s* Belichtungsmesser *m*

lightness ['laɪtnɪs] *s* Helligkeit *f*

lightning ['laɪtnɪŋ] **A** *s* Blitz *m*; **a flash of ~** ein Blitz *m*, ein Blitzschlag *m*; **struck by ~** vom Blitz getroffen; **there was thunder and ~** es hat geblitzt und gedonnert; **we had some ~ an hour ago** vor einer Stunde hat es geblitzt; **like (greased) ~** wie der Blitz **B** *adj* ⟨*attr*⟩ blitzschnell, Blitz-; **~ strike** spontaner Streik; **with ~ speed** blitzschnell; **~ visit** Blitzbesuch *m*

lightning conductor *s*, **lightning rod** *US s* Blitzableiter *m*

light pen *s* COMPUT Lichtgriffel *m*

light show *s* Lightshow *f*

light switch *s* Lichtschalter *m*

lightweight A *adj* leicht; *fig* schwach **B** *s* Leichtgewicht *n*

light year *s* Lichtjahr *n*

likable *adj* → likeable

like¹ [laɪk] **A** *adj* ähnlich **B** *präp* wie; **to be ~ sb** j-m ähnlich sein; **they are very ~ each other** sie sind sich (*dat*) sehr ähnlich; **to look ~ sb** j-m ähnlich sehen; **what's he ~?** wie ist er?; **he's bought a car - what is it ~?** er hat sich ein Auto gekauft - wie sieht es aus?; **she was ~ a sister to me** sie war wie eine Schwester zu mir; **that's just ~ him!** das sieht ihm ähnlich!; **it's not ~ him** es ist nicht seine Art; **I never saw anything ~ it** so (et)was habe ich noch nie gesehen; **that's more ~ it!** so ist es schon besser!; **that hat's nothing ~ as nice as this one** der Hut ist bei Weitem nicht so hübsch wie dieser; **there's nothing ~ a nice cup of tea!** es geht nichts über eine schöne Tasse Tee!; **is this what you had in mind? — it's something/nothing ~ it** hattest du dir so etwas vorgestellt? — ja, so ähnlich/nein, überhaupt nicht; **~ this/that** so; **Americans are ~ that** so sind die Amerikaner; **language ~ that** solche Sprache; **a car ~ that** so ein Auto; **~ what?** wie zum Beispiel?; **I found one ~ it** ich habe ein Ähnliches gefunden; **it will cost something ~ £10** es wird so ungefähr £ 10 kosten; **that sounds ~ a good idea** das hört sich gut an; **~ mad** *Br umg*, **~ anything** *umg* wie verrückt *umg*; **it wasn't ~ that at all** so war's doch gar nicht **C** *konj* wie; als ob; **~ I said** wie gesagt **D** *s* **we shall not see his ~ again** so etwas wie ihn bekommen wir nicht wieder *umg*; **and the ~, and such ~** und dergleichen; **I've no time for the ~s of him** mit solchen Leuten gebe ich mich nicht ab *umg*

like² **A** *v/t* **1** mögen, gernhaben; **how do you ~ him?** wie gefällt er dir?; **I don't ~ him** ich kann ihn nicht leiden; **he is well ~d here** er ist hier sehr beliebt **2 I ~ black shoes** ich mag schwarze Schuhe, mir gefallen schwarze Schuhe; **I ~ it** das gefällt mir; **I ~ football** ich spiele gerne Fußball; *als Zuschauer* ich finde Fußball gut; **I ~ dancing** ich tanze gern; **we ~ it here** es gefällt uns hier; **that's one of the things I ~ about you** das ist eines der Dinge, die ich an dir mag; **how do you ~ London?** wie gefällt Ihnen London?; **how would you ~ to go for a walk?** was hältst du von einem Spaziergang? **3 I'd** *od* **I would ~ to ...** ich würde gern ...; **I'd** *od* **I would ~ ...** ich hätte gern ...; **I wouldn't ~ to go** ich würde nicht gern gehen; ich möchte nicht gehen; **I'd ~ an explanation** ich hätte gerne eine Erklärung; **I should ~ more time** ich würde mir gerne noch etwas Zeit lassen; **they would have ~d to come** sie wären gern gekommen; **I should ~ you to do it** ich möchte, dass du es tust; **whether he ~s it or not** ob es ihm passt oder nicht; **I didn't ~ to disturb him** ich wollte ihn nicht stören; **what would you ~?** was hätten *od* möchten Sie gern?; **would you ~ …?** möchten Sie …?; **would you ~ a drink?** möchten Sie etwas trinken? ◨**4**◨ *auf Facebook®* liken ◨**B**◨ *v/i* **as you ~** wie Sie wollen; **if you ~** wenn Sie wollen ◨**C**◨ *s* ◨**1**◨ **~s and dislikes** Vorlieben und Abneigungen ◨**2**◨ *auf Facebook®* Like *n/m*, Gefällt-mir *n*

-like *adj* ⟨*suf*⟩ -ähnlich, -artig

likeable *Br*, **likable** ['laɪkəbl] *adj* sympathisch, gefreut *schweiz*

likelihood ['laɪklɪhʊd] *s* Wahrscheinlichkeit *f*; **the ~ is that …** es ist wahrscheinlich, dass …; **is there any ~ of him coming?** besteht die Möglichkeit, dass er kommt?

likely ['laɪklɪ] ◨**A**◨ *adj* ⟨*komp* likelier⟩ ◨**1**◨ wahrscheinlich; **to be ~** wahrscheinlich sein; **to be ~ to do sth** wahrscheinlich etw tun; **he is not ~ to come** es ist unwahrscheinlich, dass er kommt; **they are ~ to refuse** sie werden wahrscheinlich ablehnen; **a ~ story!** *iron* das soll mal einer glauben! ◨**2**◨ *umg* geeignet; **he is a ~ person for the job** er kommt für die Stelle infrage; **~ candidates** aussichtsreiche Kandidaten ◨**B**◨ *adv* wahrscheinlich; **it's more ~ to be early than late** es wird eher früh als spät werden; **not ~!** *iron umg* wohl kaum *umg*

like-minded ['laɪk'maɪndɪd] *adj* gleich gesinnt; **~ people** Gleichgesinnte *pl*

liken ['laɪkən] *v/t* vergleichen (**to** mit)

likeness ['laɪknɪs] *s* Ähnlichkeit *f*; **the painting is a good ~ of him** er ist auf dem Gemälde gut getroffen

likewise ['laɪkwaɪz] *adv* ebenso; **he did ~** er tat das Gleiche; **have a nice weekend — ~** schönes Wochenende! — danke gleichfalls!

liking ['laɪkɪŋ] *s* **to have a ~ for sb** j-n gernhaben; **she took a ~ to him** er war ihr sympathisch; **to have a ~ for sth** eine Vorliebe für etw haben; **to be to sb's ~** nach j-s Geschmack sein

lilac ['laɪlək] ◨**A**◨ *s* ◨**1**◨ BOT Flieder *m* ◨**2**◨ (≈ *Farbe*) (Zart)lila *n* ◨**B**◨ *adj* (zart)lila

Lilo® ['laɪˌləʊ] *Br s* Luftmatratze *f*

lilt [lɪlt] *s* singender Tonfall

lilting ['lɪltɪŋ] *adj Akzent* singend; *Melodie* beschwingt

lily ['lɪlɪ] *s* Lilie *f*

limb [lɪm] *s* ◨**1**◨ ANAT Glied *n*; **~s** *pl* Gliedmaßen *pl*; **to tear sb ~ from ~** j-n in Stücke reißen; **to risk life and ~** Leib und Leben riskieren ◨**2**◨ **to be out on a ~** *fig* exponiert sein; **to go out on a ~** *fig* sich exponieren

phrasal verbs mit limb:

limber up *v/i* Lockerungsübungen machen

limbo ['lɪmbəʊ] *fig s* ⟨*kein pl*⟩ Übergangsstadium *n*; **our plans are in ~** unsere Pläne sind in der Schwebe; **I'm in a sort of ~** ich hänge in der Luft *umg*

lime[1] [laɪm] *s* GEOL Kalk *m*

lime[2] *s* BOT *a.* **~ tree** Linde *f*, Lindenbaum *m*

lime[3] *s* BOT (≈ *Frucht*) Limone(lle) *f*

lime green *adj* hellgrün

limelight ['laɪmlaɪt] *s* Rampenlicht *n*; **to be in the ~** im Licht der Öffentlichkeit stehen

limerick ['lɪmərɪk] *s* Limerick *m*

limestone ['laɪmstəʊn] *s* Kalkstein *m*

limit ['lɪmɪt] ◨**A**◨ *s* ◨**1**◨ Grenze *f*, Begrenzung *f*; *Verkehr* Geschwindigkeitsbegrenzung *f*; HANDEL Limit *n*; **the city ~s** die Stadtgrenzen *pl*; **a 40-mile ~** eine Vierzigmeilengrenze; **the 50 km/h ~** die Geschwindigkeitsbegrenzung von 50 Stundenkilometern; **is there any ~ on the size?** ist die Größe beschränkt?; **to put a ~ on sth** etw begrenzen; **there is a ~ to what one person can do** ein Mensch kann nur so viel tun und nicht mehr; **off ~s to military personnel** Zutritt für Militär verboten; **over the ~** zu viel; **your baggage is over the ~** Ihr Gepäck hat Übergewicht; **you shouldn't drive, you're over the ~** du solltest dich nicht ans Steuer setzen, du hast zu viel getrunken; **he was three times over the ~** er hatte dreimal so viel Promille wie gesetzlich erlaubt; **50 pages is my ~** 50 Seiten sind mein Limit ◨**2**◨ *umg* **that's the ~!** das ist (ja) die Höhe! *umg*; **that child is the ~!** dieses Kind ist eine Zumutung! *umg* ◨**B**◨ *v/t* begrenzen; *Freiheit, Ausgaben* einschränken; **to ~ sb/sth to sth** j-n/etw auf etw (*akk*) beschränken

limitation [ˌlɪmɪ'teɪʃən] *s* Beschränkung *f*; *von Freiheit, Ausgaben* Einschränkung *f*; **damage ~** Schadensbegrenzung *f*; **there is no ~ on exports of coal** es gibt keine Beschränkungen für den Kohleexport; **to have one's/its ~s** seine Grenzen haben

limited ['lɪmɪtɪd] *adj* ◨**1**◨ begrenzt; **this offer is for a ~ period only** dieses Angebot ist (zeitlich) befristet; **this is only true to a ~ extent** dies ist nur in gewissem Maße wahr ◨**2**◨ *bes Br* HANDEL *Haftung* beschränkt; **ABC Travel Limited** ≈ ABC-Reisen GmbH

limited company *s bes Br* HANDEL ≈ Gesellschaft *f* mit beschränkter Haftung

limited edition *s* limitierte Auflage

limited liability company *s bes Br* HANDEL → limited company

limiting *adj* limitierend, einschränkend

limitless *adj* grenzenlos
limo ['lɪməʊ] *s* ⟨*pl* -s⟩ *umg* Limousine *f*
limousine ['lɪməziːn] *s* Limousine *f*; *US* Kleinbus *m* von und zum Flughafen
limp[1] [lɪmp] **A** *s* Hinken *n*, Hatschen *n österr*; **to walk with a ~** hinken, hatschen *österr* **B** *v/i* hinken, hatschen *österr*
limp[2] *adj* ⟨+er⟩ schlapp; *Blumen* welk
limpet ['lɪmpɪt] *s* Napfschnecke *f*; **to stick to sb like a ~** *umg* wie eine Klette an j-m hängen
limply ['lɪmplɪ] *adv* schlapp
linchpin ['lɪntʃpɪn] *fig s* Stütze *f*
linden ['lɪndən] *s*, (*a.* **linden tree**) Linde *f*
line[1] [laɪn] **A** *s* **1** *für Wäsche, zum Angeln* Leine *f* **2** *auf Papier etc* Linie *f* **3** *auf Haut* Falte *f* **4** Grenze *f*; **the (fine** *od* **thin) ~ between right and wrong** der (feine) Unterschied zwischen Recht und Unrecht; **to draw a ~ between** *fig* einen Unterschied machen zwischen; **to cross a** *od* **the ~** *fig* die *od* eine rote Linie überschreiten **5** *von Menschen, Autos* Reihe *f*; *US* Schlange *f*; SPORT Linie *f*; **in (a) ~** in einer Reihe; **in a straight ~** geradlinig; **a ~ of traffic** eine Autoschlange; **to stand in ~** Schlange stehen, anstehen; **~ up here** hier anstellen; **to be in ~** *Häuser etc* geradlinig sein; **to be in ~ (with)** *fig* in Einklang stehen (mit); **to keep sb in ~** *fig* dafür sorgen, dass j-d nicht aus der Reihe tanzt; **to bring sth into ~ (with sth)** *fig* etw auf die gleiche Linie (wie etw) bringen; **to fall** *od* **get into ~** sich in Reih und Glied aufstellen, sich in einer Reihe aufstellen; **to be out of ~** nicht geradlinig sein; **to step out of ~** *fig* aus der Reihe tanzen; **he was descended from a long ~ of farmers** er stammte aus einem alten Bauerngeschlecht; **it's the latest in a long ~ of tragedies** es ist die neueste Tragödie in einer ganzen Serie; **to be next in ~** als Nächste(r) an der Reihe sein; **to draw up the battle ~s** *od* **the ~s of battle** *fig* (Kampf)stellung beziehen; **~s of enemy ~s** feindliche Stellungen *pl*; **~s of communication** Verbindungswege *pl* **6** (≈ *Firma*) FLUG Linie *f*; SCHIFF Reederei *f* **7** BAHN Strecke *f*; **~s** *pl* Gleise *pl*; **to reach the end of the ~** *fig* am Ende sein **8** TEL Leitung *f*; **this is a very bad ~** die Verbindung ist sehr schlecht; **to be on the ~ to sb** mit j-m telefonieren; **hold the ~** bleiben Sie am Apparat! **9** *geschrieben* Zeile *f*; **the teacher gave me 200 ~s** der Lehrer ließ mich 200 mal ... schreiben; **to learn one's ~s** seinen Text auswendig lernen; **to drop sb a ~** j-m ein paar Zeilen schreiben **10** (≈ *Richtung*) **~ of attack** *fig* Taktik *f*; **~ of thought** Denkrichtung *f*; **to be on the right ~s** *fig* auf dem richtigen Weg sein; **he took the ~ that ...** er vertrat den Standpunkt, dass ... **11** Branche *f*; **~ of work** Beruf *m*; **to be in a ~ of work** einen Beruf ausüben; **what's his ~ (of work)?** was macht er beruflich?; **it's all in the ~ of duty** das gehört zu meinen/seinen *etc* Pflichten **12** *von Waren* Kollektion *f* **13** **somewhere along the ~** irgendwann; **all along the ~** *fig* auf der ganzen Linie; **to be along the ~ of ...** ungefähr so etwas wie ... sein; **something along these ~s** etwas in dieser Art; **I was thinking along the same ~s** ich hatte etwas Ähnliches gedacht; **to put one's life** *etc* **on the ~** *umg* sein Leben *etc* riskieren **B** *v/t Straße, Rabatte* säumen; **the streets were ~d with cheering crowds** eine jubelnde Menge säumte die Straßen; **portraits ~d the walls** an den Wänden hing ein Porträt neben dem andern

phrasal verbs mit line:

line up A *v/i* sich aufstellen; *in Schlange* sich anstellen **B** *v/t* ⟨*trennb*⟩ **1** *Häftlinge* antreten lassen; *Bücher* in einer Reihe aufstellen **2** *Unterhaltung* sorgen für; **what have you got lined up for me today?** was haben Sie heute für mich geplant?; **I've lined up a meeting with the directors** ich habe ein Treffen mit den Direktoren arrangiert

line[2] *v/t Kleidungsstück* füttern; *Rohr* auskleiden; **~ the box with paper** den Karton mit Papier auskleiden; **the membranes which ~ the stomach** die Schleimhäute, die den Magen auskleiden; **to ~ one's pockets** *fig* in die eigene Tasche wirtschaften *umg*

lineage ['lɪnɪɪdʒ] *s* Abstammung *f*
linear ['lɪnɪə^r] *adj* linear
lined [laɪnd] *adj Gesicht* faltig; *Papier* liniert
line dancing *s* Line-Country-Dance *m*
line drawing *s* Zeichnung *f*
line manager *s* Vorgesetzte(r) *m/f(m)*
linen ['lɪnɪn] **A** *s* Leinen *n*; (≈ *Laken, Kleidung etc*) Wäsche *f* **B** *adj* Leinen-
linen basket *bes Br s* Wäschekorb *m*
linen closet, **linen cupboard** *s* Wäscheschrank *m*
line printer *s* COMPUT Zeilendrucker *m*
liner ['laɪnə^r] *s* SCHIFF Liniendampfer *m*
linesman ['laɪnzmən] *s* ⟨*pl* -men⟩ SPORT Linienrichter *m*
line spacing *s* Zeilenabstand *m*
line-up *s* SPORT Aufstellung *f*; **she picked the thief out of the ~** sie erkannte den Dieb bei der Gegenüberstellung
linger ['lɪŋɡə^r] *v/i* **1** (*a.* **~ on**) (zurück)bleiben, verweilen *liter*; *Zweifel* zurückbleiben; *Duft* sich halten; **many of the guests ~ed in the hall** viele Gäste standen noch im Flur herum; **to ~ over a meal** sich (*dat*) bei einer Mahlzeit Zeit lassen **2** *bei Verzögerung* sich aufhalten

lingerie – listless

lingerie ['lænʒəri:] s (Damen)unterwäsche f
lingering ['lɪŋgərɪŋ] adj ausgedehnt; *Zweifel* zurückbleibend; *Kuss* innig
lingo ['lɪŋgəʊ] s ⟨pl -s⟩ *umg* Sprache f, Jargon m
lingua franca [,lɪŋgwə'fræŋkə] s Universalsprache f
linguist ['lɪŋgwɪst] s **1** Sprachkundige(r) m/f(m) **2** Linguist(in) m(f)
linguistic [lɪŋ'gwɪstɪk] adj **1** sprachlich; **~ competence** *od* **ability** Sprachfähigkeit f **2** linguistisch
linguistics [lɪŋ'gwɪstɪks] s Linguistik f
lining ['laɪnɪŋ] s **1** *von Kleidung etc* Futter n **2** (Brems)belag m **3 the ~ of the stomach** die Magenschleimhaut
link [lɪŋk] **A** s **1** *von Kette, a. fig* Glied n; *Mensch* Verbindungsmann m/-frau f **2** Verbindung f; **a rail ~** eine Bahnverbindung; **cultural ~s** kulturelle Beziehungen pl; **the strong ~s between Britain and Australia** die engen Beziehungen zwischen Großbritannien und Australien **3** IT Link m **B** v/t **1** verbinden; **to ~ arms** sich unterhaken (**with** bei); **do you think these murders are ~ed?** glauben Sie, dass zwischen den Morden eine Verbindung besteht?; **his name has been ~ed with several famous women** sein Name ist mit mehreren berühmten Frauen in Verbindung gebracht worden **2** IT verlinken, einen Link setzen **C** v/i **1 to ~ (together)** *Teile einer Geschichte* sich zusammenfügen lassen; *Maschinenteile* verbunden werden **2** IT **to ~ to a site** mit einer Website verlinken, einen Link zu einer Website haben

phrasal verbs mit link:
link up A v/i zusammenkommen **B** v/t ⟨*trennb*⟩ miteinander verbinden

linking word s Bindewort n
link road *Br* s Verbindungsstraße f
linkup s Verbindung f
lino ['laɪnəʊ] *bes Br*, **linoleum** [lɪ'nəʊlɪəm] s ⟨*kein pl*⟩ Linoleum n
linseed ['lɪnsi:d] s Leinsamen m
linseed oil s Leinöl n
lintel ['lɪntl] s ARCH Sturz m
lion ['laɪən] s Löwe m; **the ~'s share** der Löwenanteil
lioness ['laɪənɪs] s Löwin f
lip [lɪp] s **1** ANAT Lippe f; **to keep a stiff upper lip** Haltung bewahren; **to lick one's lips** sich (*dat*) die Lippen lecken; **the question on everyone's lips** die Frage, die sich (*dat*) jeder stellt **2** *von Tasse* Rand m **3** *umg* Frechheit f; **none of your lip!** sei nicht so frech!
lip balm s Lippenpflegestift m
lip gloss s Lipgloss m
liposuction ['lɪpəʊ,sʌkʃən] s Fettabsaugung f
lip-read v/i von den Lippen ablesen
lip ring s Lippenring m
lip salve s Lippenpflegestift m
lip service s **to pay ~ to an idea** ein Lippenbekenntnis zu einer Idee ablegen
lipstick s Lippenstift m
liquefy ['lɪkwɪfaɪ] **A** v/t verflüssigen **B** v/i sich verflüssigen
liqueur [lɪ'kjʊər] s Likör m
liquid ['lɪkwɪd] **A** adj flüssig **B** s Flüssigkeit f
liquidate ['lɪkwɪdeɪt] v/t liquidieren
liquidation [,lɪkwɪ'deɪʃən] s HANDEL Liquidation f; **to go into ~** in Liquidation gehen
liquid-crystal ['lɪkwɪd'krɪstəl] adj **~ display** Flüssigkristallanzeige f
liquidize ['lɪkwɪdaɪz] v/t (im Mixer) pürieren
liquidizer ['lɪkwɪdaɪzər] s Mixgerät n
liquor ['lɪkər] s Spirituosen pl; *allg* Alkohol m
liquorice, **licorice** ['lɪkərɪs] s Lakritze f
liquor store *US* s ≈ Wein- und Spirituosengeschäft n
Lisbon ['lɪzbən] s Lissabon n
lisp [lɪsp] **A** s Lispeln n; **to speak with a ~** lispeln **B** v/t & v/i lispeln
list¹ [lɪst] **A** s Liste f, Einkaufszettel m; **it's not on the ~** es steht nicht auf der Liste; **~ of names** Namensliste f, Namensverzeichnis n; **to put one's name on a ~** sich eintragen **B** v/t notieren, auflisten; *mit Worten* aufzählen; **it is not ~ed** es ist nicht aufgeführt
list² v/i SCHIFF Schlagseite haben
listed ['lɪstɪd] *Br* adj Bauwerk unter Denkmalschutz (stehend *attr*); **it's a ~ building** es steht unter Denkmalschutz
listen ['lɪsn] v/i **1** hören (**to sth** etw *akk*); **to ~ to the radio** Radio hören; **if you ~ hard, you can hear the sea** wenn du genau hinhörst, kannst du das Meer hören; **she ~ed carefully to everything he said** sie hörte ihm genau zu; **to ~ for sth** auf etw (*akk*) horchen; **to ~ for sb** horchen *od* hören, ob j-d kommt **2** zuhören; **~ to me!** hör mir zu!; **~, I know what we'll do** pass auf, ich weiß, was wir machen; **don't ~ to him** hör nicht auf ihn

phrasal verbs mit listen:
listen in v/i mithören (**on sth** etw *akk*); **I'd like to listen in on** *od* **to your discussion** ich möchte mir Ihre Diskussion mit anhören

listener ['lɪsnər] s Zuhörer(in) m(f); RADIO Hörer(in) m(f); **to be a good ~** gut zuhören können
listing ['lɪstɪŋ] s **1** Verzeichnis n **2 ~s** pl TV, RADIO, FILM Programm n
listings magazine ['lɪstɪŋz] s Programmzeitschrift f
listless ['lɪstlɪs] adj lustlos

list price s ECON Listenpreis m
lit [lɪt] prät & pperf → **light**[1]
litany ['lɪtəni] s Litanei f
liter US s → **litre**
literacy ['lɪtərəsɪ] s Fähigkeit f lesen und schreiben zu können; **~ test** Lese- und Schreibtest m
literal ['lɪtərəl] adj **1** *Bedeutung* wörtlich; **in the ~ sense (of the word)** im wörtlichen Sinne **2** **that is the ~ truth** das ist die reine Wahrheit
literally ['lɪtərəlɪ] adv **1** (wort)wörtlich; **to take sb/sth ~** j-n/etw wörtlich nehmen **2** buchstäblich; **I was ~ shaking with fear** ich zitterte regelrecht vor Angst
literary ['lɪtərərɪ] adj literarisch; **the ~ scene** die Literaturszene
literary critic s Literaturkritiker(in) m(f)
literary criticism s Literaturwissenschaft f
literate ['lɪtərɪt] adj **1** **to be ~** lesen und schreiben können **2** gebildet
literature ['lɪtərɪtʃə(r)] s Literatur f; umg Informationsmaterial n
lithe [laɪð] adj ⟨komp lither⟩ geschmeidig
lithograph ['lɪθəʊgrɑːf] s Lithografie f
lithium-ion battery s Lithium-Ionen-Batterie f
Lithuania [ˌlɪθjʊ'eɪnɪə] s Litauen n
Lithuanian [ˌlɪθjʊ'eɪnɪən] **A** adj litauisch; **he is ~** er ist Litauer **B** s Litauer(in) m(f); LING Litauisch n
litigation [ˌlɪtɪ'geɪʃən] s Prozess m
litmus paper s Lackmuspapier n
litmus test fig s entscheidender Test
litre ['liːtə(r)] s, **liter** US s Liter m/n
litter ['lɪtə(r)] **A** s **1** Abfall m; (≈ Verpackung etc) Papier n; **the park was strewn with ~** der Park war mit Papier und Abfall übersät **2** ZOOL Wurf m **3** Katzenstreu f **B** v/t **to be ~ed with sth** mit etw übersät sein; **glass ~ed the streets** Glasscherben lagen überall auf den Straßen herum **C** v/i Abfälle zurücklassen
litter bin Br s Abfalleimer m, Mistkübel m österr, Abfalltonne f
litterbug s, **litter lout** umg s Umweltverschmutzer(in) m(f), Dreckspatz m umg
little ['lɪtl] **A** adj klein; **a ~ house** ein Häuschen n; **the ~ ones** die Kleinen pl; **a nice ~ profit** ein hübscher Gewinn; **he will have his ~ joke** er will auch mal ein Witzchen machen; **a ~ while ago** vor Kurzem; **in a ~ while** bald **B** adv & s **1** wenig; **of ~ importance** von geringer Bedeutung; **~ better than** kaum besser als; **~ more than a month ago** vor kaum einem Monat; **~ did I think that ...** ich hätte kaum gedacht, dass ...; **~ does he know that ...** er hat keine Ahnung, dass ...; **as ~ as possible** so wenig wie möglich; **to spend ~ or nothing** so gut wie (gar) nichts ausgeben; **every ~ helps** Klein-

vieh macht auch Mist sprichw; **he had ~ to say** er hatte nicht viel zu sagen; **I see very ~ of her nowadays** ich sehe sie in letzter Zeit sehr selten; **there was ~ we could do** wir konnten nicht viel tun; **~ by ~** nach und nach **2** **a ~** ein wenig, ein bisschen; **a ~ (bit) hot** ein bisschen heiß; **with a ~ effort** mit etwas Anstrengung; **I'll give you a ~ advice** ich gebe dir einen kleinen Tipp; **a ~ after five** kurz nach fünf; **we walked on for a ~** wir liefen noch ein bisschen weiter; **for a ~** für ein Weilchen
liturgy ['lɪtədʒɪ] s Liturgie f
live[1] [lɪv] **A** v/t *Leben* führen; **to ~ one's own life** sein eigenes Leben leben **B** v/i **1** leben; **long ~ Queen Anne!** lang lebe Königin Anne!; **to ~ and let live** leben und leben lassen; **to ~ like a king** wie Gott in Frankreich leben; **not many people ~ to be a hundred** nicht viele Menschen werden hundert (Jahre alt); **to ~ to a ripe old age** ein hohes Alter erreichen; **his name will ~ for ever** sein Ruhm wird nie vergehen; **his music will ~ for ever** seine Musik ist unvergänglich; **he ~d through two wars** er hat zwei Kriege miterlebt; **to ~ through an experience** eine Erfahrung durchmachen; **you'll ~ to regret it** das wirst du noch bereuen **2** wohnen; *Tier* leben; **he ~s at 19 Marktstraße** er wohnt in der Marktstraße Nr. 19; **he ~s with his parents** er wohnt bei seinen Eltern; **a house not fit to ~ in** ein unbewohnbares Haus

phrasal verbs mit live:

live down v/t ⟨trennb⟩ **he'll never live it down** das wird man ihm nie vergessen
live in v/i im Haus wohnen
live off v/i ⟨+obj⟩ **1** **to live off one's relations** auf Kosten seiner Verwandten leben **2** → **live on**
live on A v/i weiterleben **B** v/t ⟨+obj⟩ **to live on eggs** sich von Eiern ernähren; **to earn enough to live on** genug verdienen, um davon zu leben; **to live on sth** von etw leben
live out v/t ⟨trennb⟩ *Leben* verbringen
live together v/i zusammenleben
live up v/t ⟨immer getrennt⟩ **to live it up** umg die Puppen tanzen lassen umg
live up to v/i ⟨+obj⟩ **to live up to expectations** den Vorstellungen entsprechen; **to live up to one's reputation** seinem Ruf gerecht werden; **he's got a lot to live up to** in ihn werden große Erwartungen gesetzt
live with v/t zusammenwohnen mit; **I can live with that** damit kann ich leben
live[2] [laɪv] **A** adj **1** ⟨attr⟩ lebend; **a real ~ duke** ein waschechter Herzog **2** *Munition* scharf; ELEK geladen **3** RADIO, TV live; **a ~ concert** ein Livekonzert n; **~ music** Livemusik f **4** *Frage* aktuell

B *adv* RADIO, TV live

live-in ['lɪvɪn] *adj* Haushälterin im Haus wohnend

livelihood ['laɪvlɪhʊd] *s* Lebensunterhalt *m*; **fishing is their ~** sie verdienen ihren Lebensunterhalt mit Fischfang; **to earn a ~** sich *(dat)* seinen Lebensunterhalt verdienen

liveliness ['laɪvlɪnɪs] *s* Lebhaftigkeit *f*

lively ['laɪvlɪ] *adj* ‹*komp* livelier› lebhaft; *Schilderung, Fantasie* lebendig; *Melodie* schwungvoll; **things are getting ~** es geht hoch her *umg*; **look ~!** mach schnell!

liven up ['laɪvən'ʌp] **A** *v/t* ‹*trennb*› beleben **B** *v/i* in Schwung kommen; *Mensch* aufleben

liver ['lɪvə^r] *s* Leber *f*

liver pâté *s* Leberpastete *f*

liver sausage *s*, **liverwurst** ['lɪvəwɜːst] *bes US s* Leberwurst *f*

lives [laɪvz] *pl* → life

livestock ['laɪvstɒk] *s* Vieh *n*

livestream *s* IT (≈ *Echtzeitübertragung*) Livestream *m*

livid ['lɪvɪd] *umg adj* wütend (**about, at** über +*akk*)

living ['lɪvɪŋ] **A** *adj* lebend; *Beispiel* lebendig; **the greatest ~ playwright** der bedeutendste noch lebende Dramatiker; **I have no ~ relatives** ich habe keine Verwandten mehr; **a ~ creature** ein Lebewesen *n*; **(with)in ~ memory** seit Menschengedenken **B** *s* **1** **the ~** *pl* die Lebenden *pl* **2 healthy ~** gesundes Leben **3** Lebensunterhalt *m*; **to earn** *od* **make a ~** sich *(dat)* seinen Lebensunterhalt verdienen; **what does he do for a ~?** womit verdient er sich *(dat)* seinen Lebensunterhalt?; **to work for one's ~** arbeiten, um sich *(dat)* seinen Lebensunterhalt zu verdienen

living conditions *pl* Wohnverhältnisse *pl*, Lebensbedingungen *pl*

living expenses *pl* Spesen *pl*

living-history museum *s* Freilichtmuseum *n*

living quarters *pl* Wohnräume *pl*; MIL *etc* Quartier *n*

living room *s* Wohnzimmer *n*

living wage *s* Existenzminimum *n*, existenzsichernder Lohn; **minimum ~** für den Lebensunterhalt notwendiger Mindestlohn

lizard ['lɪzəd] *s* Eidechse *f*

llama ['lɑːmə] *s* Lama *n*

load [ləʊd] **A** *s* **1** Last *f*; *auf Achse etc* Belastung *f*; *von Frachter* Ladung *f*; **(work) ~** (Arbeits)pensum *n*; **I put a ~ in the washing machine** ich habe die Maschine mit Wäsche gefüllt; **that's a ~ off my mind!** da fällt mir ein Stein vom Herzen! **2** ELEK Leistung *f*, Spannung *f* **3** *umg* **~s of, a ~ of** jede *od* eine Menge *umg*; **we have ~s** wir haben jede Menge *umg*; **it's a ~ of old rubbish** *Br* das ist alles Blödsinn *umg*; **get a ~ of this!** hör dir das mal an!, guck dir das mal an! *umg* **B** *v/t* laden; *Lkw etc* beladen; **the ship was ~ed with bananas** das Schiff hatte Bananen geladen; **to ~ a camera** einen Film (in einen Fotoapparat) einlegen; **to ~ the dishwasher** die Spülmaschine einräumen **C** *v/i* laden

phrasal verbs mit load:

load up A *v/i* aufladen **B** *v/t* ‹*trennb*› **1** *Lkw* beladen; *Waren* aufladen **2** IT laden

loaded ['ləʊdɪd] *adj* beladen; *Würfel* präpariert; *Waffe, Software* geladen; **a ~ question** eine Fangfrage; **he's ~** *umg* er ist stinkreich *umg*

loading bay ['ləʊdɪŋbeɪ] *s* Ladeplatz *m*

loaf [ləʊf] *s* ‹*pl* loaves› Brot *n*, (Brot)laib *m*; **a ~ of bread** ein (Laib) Brot; **a small white ~** ein kleines Weißbrot

phrasal verbs mit loaf:

loaf about *Br*, **loaf around** *umg v/i* faulenzen

loafer ['ləʊfə^r] *s* Halbschuh *m*

loan [ləʊn] **A** *s* **1** Leihgabe *f*; *von Bank etc* Darlehen *n*; **my friend let me have the money as a ~** mein Freund hat mir das Geld geliehen; **he let me have the money as a ~** er hat mir das Geld geliehen **2** **he gave me the ~ of his bicycle** er hat mir sein Fahrrad geliehen; **it's on ~** es ist geliehen, es ist ausgeliehen; **to have sth on ~** etw geliehen haben (**from** von) **B** *v/t* leihen (**to sb** j-m)

loan shark *umg s* Kredithai *m umg*

loanword *s* Lehnwort *n*

loath, loth [ləʊθ] *adj* **to be ~ to do sth** etw ungern tun; **he was ~ for us to go** er ließ uns ungern gehen

loathe [ləʊð] *v/t* verabscheuen, nicht ausstehen können; **I ~ doing it** ich hasse es, das zu tun

loathing ['ləʊðɪŋ] *s* Abscheu *m*

loaves [ləʊvz] *pl* → loaf

lob [lɒb] **A** *s* Tennis Lob *m* **B** *v/t* Ball lobben, in hohem Bogen werfen; **he lobbed the grenade over the wall** er warf die Granate im hohen Bogen über die Mauer

lobby ['lɒbɪ] **A** *s* Eingangshalle *f*; *von Hotel, Theater* Foyer *n*; POL Lobby *f* **B** *v/t* **to ~ one's Member of Parliament** auf seinen Abgeordneten Einfluss nehmen **C** *v/i* **the farmers are ~ing for higher subsidies** die Bauernlobby will höhere Subventionen durchsetzen

lobbying ['lɒbɪɪŋ] *s* Lobbying *n*

lobster ['lɒbstə^r] *s* Hummer *m*

local ['ləʊkəl] **A** *adj* örtlich, hiesig, dortig; **~ radio station** Regionalsender *m*; **~ newspaper** Lokalzeitung *f*; **the ~ residents** die Ortsansässigen; **~ community** Kommune *f*; **at ~ level** auf lokaler Ebene; **~ train** Nahverkehrszug

m; **~ time** Ortszeit *f*; **go into your ~ branch** gehen Sie zu Ihrer Zweigstelle; **~ anaesthetic** *od* **anesthetic** *US* örtliche Betäubung B *s* 1 *Br umg* (≈ *Kneipe*) **the ~** das Stammlokal 2 Einheimische(r) *m/f(m)*, Einwohner(in) *m(f)*
local area network *s* IT lokales Rechnernetz, LAN *n*
local authority *s* Kommunalbehörde *f*
local call *s* TEL Ortsgespräch *n*
local education authority *s* örtliche Schulbehörde
local elections *pl* Kommunalwahlen *pl*
local government *s* Kommunalverwaltung *f*; **~ elections** Kommunalwahlen *pl*
locality [ləʊˈkælɪtɪ] *s* Gegend *f*
localize [ˈləʊkəlaɪz] *v/t* **this custom is very ~d** die Sitte ist auf wenige Orte begrenzt
locally [ˈləʊkəlɪ] *adv* am Ort; **I prefer to shop ~** ich kaufe lieber im Ort ein; **was she well-known ~?** war sie in dieser Gegend sehr bekannt?; **~ grown** in der Region angebaut
local produce *s* Obst und Gemüse *n* aus der Region
local taxes *pl* Kommunalabgaben *pl*
local traffic *s* Ortsverkehr *m*
lo-carb [ləʊˈkɑːb] *adj* → low-carb
locate [ləʊˈkeɪt] *v/t* 1 **to be ~d at** *od* **in** sich befinden in (+*dat*), gelegen sein in (+*dat*); **the hotel is centrally ~d** das Hotel liegt zentral 2 ausfindig machen
location [ləʊˈkeɪʃən] *s* 1 Lage *f*, (Stand)ort *m*; **this would be an ideal ~ for the airport** das wäre ein ideales Gelände für den Flughafen 2 **they discussed the ~ of the proposed airport** sie diskutierten, wo der geplante Flughafen gebaut werden sollte 3 FILM Drehort *m*; **to be on ~ in Mexico** bei Außenaufnahmen in Mexiko sein; **part of the movie was shot on ~ in Mexico** ein Teil der Außenaufnahmen für den Film wurde in Mexiko gedreht
location-based [ləʊˈkeɪʃənbeɪst] *adj* TEL, INTERNET, IT standortbezogen; **~ search** standortbezogene Suche; **~ services** standortbezogene Dienste *od* Dienstleistungen
locavore [ˈləʊkəvɔː] *s* jemand, der bei der Ernährung darauf achtet, lokale Produkte zu kaufen
loch [lɒx] *schott s* See *m*
lock[1] [lɒk] *s* **von Haar** Locke *f*
lock[2] A *s* 1 *an Tür* Schloss *n*; **to put sth under ~ and key** etw wegschließen 2 *von Kanal* Schleuse *f* B *v/t* Tür *etc* ab- *od* zuschließen; **to ~ sb in a room** j-n in einem Zimmer einschließen; **~ed in combat** in Kämpfe verwickelt; **they were ~ed in each other's arms** sie hielten sich fest umschlungen; **this bar ~s the wheel in posi-**

tion diese Stange hält das Rad fest C *v/i* schließen; *Rad* blockieren
phrasal verbs mit lock:
lock away *v/t* ⟨*trennb*⟩ wegschließen; *j-n* einsperren
lock in *v/t* ⟨*trennb*⟩ einschließen; **to be locked in** eingesperrt sein
lock on *v/i* **the missile locks onto its target** das Geschoss richtet sich auf das Ziel
lock out *v/t* ⟨*trennb*⟩ *Arbeiter* aussperren; **I've locked myself out** ich habe mich ausgesperrt
lock up A *v/t* ⟨*trennb*⟩ abschließen; *j-n* einsperren; **to lock sth up in sth** etw in etw (*dat*) einschließen B *v/i* abschließen
locker [ˈlɒkə] *s* Schließfach *n*; SCHIFF, MIL Spind *m*
locker room *s* Umkleideraum *m*
locket [ˈlɒkɪt] *s* Medaillon *n*
lockout *s* Aussperrung *f*
locksmith *s* Schlosser(in) *m(f)*
locomotive [ˌləʊkəˈməʊtɪv] *s* Lokomotive *f*
locum (tenens) [ˈləʊkəm(ˈtenenz)] *Br s* Vertreter(in) *m(f)*
locust [ˈləʊkəst] *s* Heuschrecke *f*
lodge [lɒdʒ] A *s* Pförtnerhaus *n*; *für Jäger, Skifahrer* Hütte *f* B *v/t* 1 *Br j-n* unterbringen 2 *Beschwerde* einlegen (**with** bei); **to ~ an appeal** Einspruch erheben; JUR Berufung einlegen 3 **to be ~d** (fest)stecken C *v/i* 1 *Br* (zur *od* in Untermiete) wohnen (**with sb, at sb's** bei j-m) 2 *Objekt* stecken bleiben
lodger [ˈlɒdʒə] *s* Untermieter(in) *m(f)*
lodging [ˈlɒdʒɪŋ] *s* 1 Unterkunft *f* 2 **~s** *pl* ein möbliertes Zimmer
loft [lɒft] *s* Speicher *m*, Boden *m*, Estrich *m* *schweiz*; *zum Wohnen* Loft *m od n*; **in the ~** auf dem Boden
loft conversion *s* Dachausbau *m*
loftily [ˈlɒftɪlɪ] *adv* hochmütig
lofty [ˈlɒftɪ] *adj* ⟨*komp* loftier⟩ 1 *Ambitionen* hochfliegend 2 hochmütig
log[1] [lɒɡ] *s* Baumstamm *m*; *für offenes Feuer* Scheit *n*; **to sleep like a log** wie ein Stein schlafen
log[2] A *s* Aufzeichnungen *pl*; SCHIFF Logbuch *n*; **to keep a log of sth** über etw (*akk*) Buch führen B *v/t* Buch führen über (+*akk*); SCHIFF (ins Logbuch) eintragen; **details are logged in the computer** Einzelheiten sind im Computer gespeichert
phrasal verbs mit log:
log in *v/i* IT einloggen
log off *v/i* IT ausloggen
log on *v/i* IT einloggen
log on to *v/t* sich einloggen in
log out *v/i* IT ausloggen
logarithm [ˈlɒɡərɪθəm] *s* Logarithmus *m*
logbook *s* SCHIFF Logbuch *n*; FLUG Bordbuch *n*;

von Lkw Fahrtenbuch *n*
log cabin *s* Blockhaus *n*
loggerheads ['lɒgəhedz] *pl* **to be at ~ (with sb)** *bes Br* sich (*dat*) (mit j-m) in den Haaren liegen *umg*
logic ['lɒdʒɪk] *s* Logik *f*; **there's no ~ in that** das ist völlig unlogisch
logical ['lɒdʒɪkəl] *adj* logisch
logistic [lɒ'dʒɪstɪk] *adj* logistisch
logistics *s* Logistik *f*
logo ['ləʊgəʊ] *s* ⟨*pl* -s⟩ Logo *n*
loin [lɔɪn] *s von Tier* Lende *f*, Lendenstück *n*
loiter ['lɔɪtə^r] *v/i* herumlungern
loll [lɒl] *v/i* **1** sich lümmeln **2** *Kopf* hängen; *Zunge* heraushängen
phrasal verbs mit loll:
loll about *Br*, **loll around** *v/i* herumlümmeln
lollipop ['lɒlɪpɒp] *s* Lutscher *m*
lollipop lady *Br umg s* ≈ Schülerlotsin *f*
lollipop man *Br umg s* ⟨*pl* - men⟩ ≈ Schülerlotse *m*
lolly ['lɒlɪ] *bes Br umg s* Lutscher *m*; **an ice ~** ein Eis *n* am Stiel
lolz, LOLZ [lɒlz] *umg* **A** *abk pl* (= laughs out loud) Spaß *m* **B** *int* haha, LOL
London ['lʌndən] **A** *s* London *n* **B** *adj* Londoner
Londoner ['lʌndənə^r] *s* Londoner(in) *m(f)*
lone [ləʊn] *adj* einzeln, einsam; **~ parent** Alleinerziehende(r) *m/f(m)*; **~ parent family** Einelternfamilie *f*
loneliness ['ləʊnlɪnɪs] *s* Einsamkeit *f*
lonely ['ləʊnlɪ] *adj* ⟨*komp* lonelier⟩ einsam; **~ hearts column** Kontaktanzeigen *pl*; **~ hearts club** Singletreff *m*
loner ['ləʊnə^r] *s* Einzelgänger(in) *m(f)*
lonesome ['ləʊnsəm] *bes US adj* einsam
long[1] [lɒŋ] **A** *adj* ⟨+er⟩ lang; *Reise a.* weit; **it is 6 feet ~** es ist 6 Fuß lang; **to pull a ~ face** ein langes Gesicht machen; **it's a ~ way** das ist weit; **a ~ memory** ein gutes Gedächtnis; **it's a ~ time since I saw her** ich habe sie schon lange nicht mehr gesehen; **a ~ time** lange; **he's been here (for) a ~ time** er ist schon lange hier; **she was abroad for a ~ time** sie war (eine) lange Zeit im Ausland; **to take a ~ look at sth** etw lange *od* ausgiebig betrachten; **how ~ is the movie?** wie lange dauert der Film? **B** *adv* lang(e); **don't be ~!** beeil dich!; **don't be too ~ about it** lass dir nicht zu viel Zeit; **I shan't be ~** *bei Arbeit etc* ich bin gleich fertig; *bei Abwesenheit* ich bin gleich wieder da; **all night ~** die ganze Nacht; **~ ago** vor langer Zeit; **not ~ ago** vor Kurzem; **not ~ before I met you** kurz bevor ich dich kennenlernte; **as ~ as, so ~ as** (≈ unter der Voraussetzung, dass)

solange; **not ... any ~er** nicht länger; **I can't wait any ~er** ich kann nicht mehr länger warten; **if that noise goes on any ~er** wenn der Lärm weitergeht; **no ~er** nicht mehr; **so ~!** *umg* tschüs(s)! *umg*, servus! *österr* **C** *s* **before ~** bald; **are you going for ~?** werden Sie länger weg sein?; **it won't take ~** das dauert nicht lange; **I won't take ~** ich brauche nicht lange (dazu)
long[2] *v/i* sich sehnen (**for** nach); **he ~ed for his wife to return** er wartete sehnsüchtig auf die Rückkehr seiner Frau; **he is ~ing for me to make a mistake** er möchte zu gern, dass ich einen Fehler mache; **I am ~ing to go abroad** ich brenne darauf, ins Ausland zu gehen; **I'm ~ing to see that movie** ich will den Film unbedingt sehen
long bow ['lɒŋbəʊ] Langbogen *m*
long-distance **A** *adj* **~ call** Ferngespräch *n*; **~ lorry driver** *Br* Fernfahrer(in) *m(f)*; **~ flight** Langstreckenflug *m*; **~ runner** Langstreckenläufer(in) *m(f)*; **~ journey** Fernreise *f*; **~ relationship** Fernbeziehung *f* **B** *adv* **to call ~** ein Ferngespräch führen
long division *s* schriftliche Division
long-drawn-out *adj Rede* langatmig; *Prozess* langwierig
longed-for ['lɒŋdfɔː^r] *adj* ersehnt
long-grain *adj* **~ rice** Langkornreis *m*
long-haired *adj* langhaarig
longhand *adv* in Langschrift
long-haul *adj* **~ truck driver** Fernfahrer(in) *m(f)*
longing ['lɒŋɪŋ] **A** *adj* sehnsüchtig **B** *s* Sehnsucht *f* (**for** nach)
longingly ['lɒŋɪŋlɪ] *adv* sehnsüchtig
longish ['lɒŋɪʃ] *adj* ziemlich lang
longitude ['lɒŋgɪtjuːd] *s* Länge *f*
long johns *umg pl* lange Unterhosen *pl*
long jump *s* Weitsprung *m*
long-life *adj Batterie* mit langer Lebensdauer
long-life milk *s* H-Milch *f*
long-lived ['lɒŋlɪvd] *adj* langlebig; *Erfolg* dauerhaft
long-lost *adj* verloren geglaubt
long-range *adj Waffe* Langstrecken-; *Vorhersage* langfristig; **~ missile** Langstreckenrakete *f*
long-running *adj Serie* lange laufend; *Streit* lange andauernd
longshoreman *s* ⟨*pl* -men⟩ *US* Hafenarbeiter *m*
long shot *umg s* **it's a ~, but ...** es ist gewagt, aber ...; **not by a ~** bei Weitem nicht
long-sighted *adj* weitsichtig
long-sleeved [lɒŋ'sliːvd] *adj* langärmelig
long-standing *adj* alt; *Freundschaft* langjährig
long-stay car park *Br s* Langzeitparkplatz *m*
long-suffering *adj* schwer geprüft

long term s **in the ~** langfristig gesehen
long-term adj langfristig; **~ relationship** Lebenspartnerschaft f, langjährige Beziehung; **~ memory** Langzeitgedächtnis n; **the ~ unemployed** die Langzeitarbeitslosen pl
long-term parking lot US s Langzeitparkplatz m
long vacation s UNIV (Sommer)semesterferien pl; SCHULE große Ferien pl
long wave s Langwelle f
long-winded adj umständlich; *Rede* langatmig
loo [luː] Br umg s ⟨pl -s⟩ Klo n umg, Häus(e)l n österr; **to go to the loo** aufs Klo gehen umg; **in the loo** auf dem Klo umg
look [lʊk] **A** s **1** Blick m; **to give sb a dirty ~** j-m einen vernichtenden Blick zuwerfen; **she gave me a ~ of disbelief** sie sah mich ungläubig an; **to have** od **take a ~ at sth** sich (dat) etw ansehen; **can I have a ~?** darf ich mal sehen?; **to have** od **take a good ~ at sth** sich (dat) etw genau ansehen; **to have** od **take a closer ~ at sth** sich (dat) etw genauer ansehen; **to have a ~ for sth** sich nach etw umsehen; **to have a ~ (a)round** sich umsehen; **shall we have a ~ (a)round the town?** sollen wir uns (dat) die Stadt ansehen? **2** Aussehen n; **there was a ~ of despair in his eyes** ein verzweifelter Blick war in seinen Augen; **I don't like the ~ of him** er gefällt mir gar nicht; **by the ~ of him** so, wie er aussieht **3** Gesichtsausdruck m; **I don't like the ~ on his face** mir gefällt sein Gesichtsausdruck nicht **4** **~s** pl Aussehen n; **good ~s** gutes Aussehen **B** v/t **he ~s his age** man sieht ihm sein Alter an; **he's not ~ing himself these days** er sieht in letzter Zeit ganz verändert aus; **I want to ~ my best tonight** ich möchte heute Abend besonders gut aussehen; **~ what you've done!** sieh dir mal an, was du da angestellt hast!; **~ where you're going!** pass auf, wo du hintrittst!; **~ who's here!** guck mal, wer da ist! umg **C** v/i **1** gucken umg; **to ~ sad/angry** traurig/verärgert aussehen; **to ~ (a)round** sich umsehen; **to ~ carefully** genau hinsehen; **to ~ and see** nachsehen; **to ~ left and right** nach links und rechts schauen; **~ here!** hör (mal) zu!; **~, I know you're tired, but ...** ich weiß ja, dass du müde bist, aber ...; **~, there's a better solution** da gibt es doch eine bessere Lösung; **~ before you leap** sprichw erst wägen, dann wagen sprichw **2** suchen **3** (≈ *scheinen*) aussehen; **it ~s all right to me** es scheint mir in Ordnung zu sein; **how does it ~ to you?** was meinst du dazu?; **the car ~s about 10 years old** das Auto sieht so aus, als ob es 10 Jahre alt wäre; **to ~ like** aussehen wie; **the picture doesn't ~ like him** das Bild sieht ihm nicht ähnlich; **it ~s like rain** es sieht nach Regen aus; **it ~s as if we'll be late** es sieht (so) aus, als würden wir zu spät kommen

phrasal verbs mit look:

look after v/i ⟨+obj⟩ **1** sich kümmern um; **to look after oneself** auf sich (akk) aufpassen **2** sehen nach; **Kinder** aufpassen auf (+akk)
look ahead fig v/i vorausschauen
look around v/i sich umsehen (**for sth** nach etw)
look at v/i ⟨+obj⟩ **1** ansehen; **look at him!** sieh dir den an!; **look at the time** so spät ist es schon; **he looked at his watch** er sah auf die Uhr **2** (≈ *untersuchen*) sich (dat) ansehen **3** betrachten **4** *Möglichkeiten* sich (dat) überlegen
look away v/i wegsehen
look back v/i sich umsehen; fig zurückblicken (**on sth, to sth** auf etw akk); **he's never looked back** fig umg es ist ständig mit ihm bergauf gegangen
look down v/i hinuntersehen
look down on v/i ⟨+obj⟩ herabsehen auf (+akk)
look for v/i ⟨+obj⟩ suchen (nach); **he's looking for trouble** er wird sich (dat) Ärger einhandeln, er sucht Streit
look forward to v/i ⟨+obj⟩ sich freuen auf (+akk); **to look forward to doing sth** sich darauf freuen, etw zu tun; **I look forward to hearing from you** ich hoffe, von Ihnen zu hören
look in v/i (≈ *besuchen*) vorbeikommen (**on sb** bei j-m)
look into v/i ⟨+obj⟩ **1** **to look into sb's face** j-m ins Gesicht sehen; **to look into the future** in die Zukunft sehen od blicken **2** untersuchen, prüfen
look on v/i **1** zusehen **2** **to look onto** *Fenster* (hinaus)gehen auf (+akk); *Haus* liegen an (+dat) **3** ⟨+obj⟩ a. **look upon** betrachten
look out v/i **1** hinaussehen; **to look out (of) the window** zum Fenster hinaussehen **2** aufpassen; **look out!** Vorsicht!
look out for v/i ⟨+obj⟩ **1** Ausschau halten nach **2** **look out for pickpockets** nimm dich vor Taschendieben in Acht
look over v/t ⟨trennb⟩ *Notizen* durchsehen
look round bes Br v/i → **look around**
look through **A** v/i ⟨+obj⟩ **he looked through the window** er sah zum Fenster herein/hinaus **B** v/t ⟨trennb⟩ durchsehen, durchlesen
look to v/i ⟨+obj⟩ **1** sich verlassen auf (+akk); **they looked to him to solve the problem** sie verließen sich darauf, dass er das Problem lösen würde; **we look to you for support** wir rechnen auf Ihre od mit Ihrer Hilfe **2** **to look to the future** in die Zukunft blicken

look toward(s) v/i ⟨+obj⟩ blicken auf (+akk); *Zimmer* liegen *od* hinausgehen nach
look up **A** v/i **1** *wörtl* aufblicken **2** besser werden; **things are looking up** es geht bergauf **B** v/t ⟨trennb⟩ **1 to look sb up** bei j-m vorbeischauen **2** *Wort* nachschlagen; *Telefonnummer* heraussuchen
look upon v/i ⟨+obj⟩ → look on
look up to v/i ⟨+obj⟩ **to look up to sb** zu j-m aufsehen
lookalike s Doppelgänger(in) m(f); **a Rupert Murdoch ~** ein Doppelgänger von Rupert Murdoch
looker-on [ˌlʊkərˈɒn] s ⟨pl lookers-on⟩ Zuschauer(in) m(f)
look-in [ˈlʊkɪn] *umg* s Chance f
lookout s **1 ~ tower** Beobachtungsturm m **2** MIL Wachtposten m **3 to be on the ~ for, to keep a ~ for** → look out for
loom¹ [luːm] s Webstuhl m
loom² v/i, (a. **loom ahead** od, **up**) sich abzeichnen; *Prüfung* bedrohlich näher rücken; **to ~ up out of the mist** bedrohlich aus dem Nebel auftauchen; **to ~ large** eine große Rolle spielen
loony [ˈluːnɪ] *umg* **A** adj ⟨komp loonier⟩ bekloppt *umg* **B** s Verrückte(r) m/f(m)
loony bin *umg* s Klapsmühle f *umg*
loop [luːp] **A** s **1** Schlaufe f, Schlinge f **2** FLUG **to ~ the ~** einen Looping machen **3** IT Schleife f **B** v/t *Seil etc* schlingen
loophole [ˈluːphəʊl] *fig* s Hintertürchen n; **a ~ in the law** eine Lücke im Gesetz
loose [luːs] **A** adj ⟨komp looser⟩ **1** lose; *Moral, Vereinbarung* locker; *Kleid* weit; *Übersetzung* frei; **a ~ connection** ELEK ein Wackelkontakt m; **to come ~** *Schraube etc* sich lockern; *Abdeckung etc* sich (los)lösen; *Knopf* abgehen; **~ talk** leichtfertiges Gerede **2** *get ~* sich losreißen (**from** von), ausbrechen; **to turn ~** *Tier* frei herumlaufen lassen; *Gefangenen* freilassen; **to be at a ~ end** *fig* nichts mit sich anzufangen wissen; **to tie up the ~ ends** *fig* ein paar offene Probleme lösen **B** s *umg* **to be on the ~** frei herumlaufen **C** v/t **1** losmachen **2** lockern
loose change s Kleingeld n
loose-fitting adj weit
loose-leaf s **~ binder** Ringbuch n; **~ pad** Ringbucheinlage f
loosely [ˈluːslɪ] adv **1** lose, locker **2 ~ based on Shakespeare** frei nach Shakespeare
loosen [ˈluːsn] **A** v/t **1** lösen **2** lockern; *Gürtel* weiter machen; *Kragen* aufmachen; **to ~ one's grip on sth** *wörtl* seinen Griff um etw lockern; *fig in Bezug auf Partei, Macht* etw nicht mehr so fest im Griff haben **B** v/i sich lockern

phrasal verbs mit loosen:
loosen up **A** v/t ⟨trennb⟩ *Muskeln* lockern; *Erde* auflockern **B** v/i *Muskeln* locker werden; *Sportler* sich (auf)lockern
loot [luːt] **A** s Beute f **B** v/t & v/i plündern
looter [ˈluːtəʳ] s Plünderer m, Plünderin f
lop [lɒp] v/t, (a. **lop off**) abhacken
lopsided [ˈlɒpˈsaɪdɪd] adj schief
lord [lɔːd] **A** s **1** Herr m **2** Br Lord m; **the (House of) Lords** das Oberhaus **3** REL **Lord** Herr m; **the Lord (our) God** Gott, der Herr; **(good) Lord!** *umg* ach, du lieber Himmel! *umg*; **Lord knows** *umg* wer weiß **B** v/t **to ~ it over sb** j-n herumkommandieren
Lord Chancellor Br s Lordkanzler m
Lord Mayor Br s ≈ Oberbürgermeister m
Lordship [ˈlɔːdʃɪp] s **His/Your ~** Seine/Eure Lordschaft
Lord's Prayer [ˈlɔːdzˈprɛəʳ] s REL **the ~** das Vaterunser
lore [lɔːʳ] s Überlieferungen pl
Lorraine [lɒˈreɪn] s GEOG Lothringen n
lorry [ˈlɒrɪ] Br s Last(kraft)wagen m, Lkw m
lorry driver Br s Lkw-Fahrer(in) m(f)
lose [luːz] ⟨prät, pperf lost⟩ **A** v/t **1** verlieren; *Verfolger* abschütteln; **to ~ one's job** die Stelle verlieren; **many men ~ their hair** vielen Männern gehen die Haare aus; **to ~ one's way** *wörtl* sich verirren; *fig* die Richtung verlieren; **that mistake lost him the game** dieser Fehler kostete ihn den Sieg; **she lost her brother in the war** sie hat ihren Bruder im Krieg verloren; **he lost the use of his legs in the accident** seit dem Unfall kann er seine Beine nicht mehr bewegen; **to ~ no time in doing sth** etw sofort tun; **my watch lost three hours** meine Uhr ist drei Stunden nachgegangen **2** *Gelegenheit* verpassen **3 to be lost** *Objekt* verschwunden sein; *Mensch* sich verlaufen haben; **I can't follow the reasoning, I'm lost** ich kann der Argumentation nicht folgen, ich verstehe nichts mehr; **he was soon lost in the crowd** er hatte sich bald in der Menge verloren; **to be lost at sea** auf See geblieben sein; **all is (not) lost!** (noch ist nicht) alles verloren!; **to get lost** sich verirren; *Objekte* verloren gehen; **get lost!** *umg* verschwinde! *umg*; **to give sth up for lost** etw abschreiben; **I'm lost without my watch** ohne meine Uhr bin ich verloren *od* aufgeschmissen *umg*; **classical music is lost on him** er hat keinen Sinn für klassische Musik; **the joke was lost on her** der Witz kam bei ihr nicht an; **to be lost for words** sprachlos sein; **to be lost in thought** in Gedanken versunken sein **B** v/i verlieren; *Uhr* nachgehen; **you can't ~** du kannst nichts verlieren

phrasal verbs mit lose:
lose out umg v/i schlecht wegkommen umg; **to lose out to sb/sth** von j-m/etw verdrängt werden

loser ['luːzə^r] s Verlierer(in) m(f); **what a ~!** was für eine Null! umg

losing ['luːzɪŋ] adj **the ~ team** die unterlegene Mannschaft; **to fight a ~ battle** einen aussichtslosen Kampf führen; **to be on the ~ side** verlieren

loss [lɒs] s ▮ Verlust m; **hair ~** Haarausfall m; **weight ~** Gewichtsverlust m; **memory ~** Gedächtnisverlust m; **the factory closed with the ~ of 300 jobs** bei der Schließung der Fabrik gingen 300 Stellen verloren; **he felt her ~ very deeply** ihr Tod war ein schwerer Verlust für ihn; **there was a heavy ~ of life** viele kamen ums Leben; **job ~es** Stellenkürzungen pl; **his business is running at a ~** er arbeitet mit Verlust; **to sell sth at a ~** etw mit Verlust verkaufen; **it's your ~** es ist deine Sache; **a dead ~** Br umg ein böser Reinfall umg; (≈ Mensch) ein hoffnungsloser Fall umg; **to cut one's ~es** fig Schluss machen, ehe der Schaden (noch) größer wird ▮ **to be at a ~** nicht mehr weiterwissen; **we are at a ~ for what to do** wir wissen nicht mehr aus noch ein; **to be at a ~ to explain sth** etw nicht erklären können; **to be at a ~ for words** nicht wissen, was man sagen soll

lost [lɒst] ▮ prät & pperf → **lose** ▮ adj ⟨attr⟩ verloren; Sache aussichtslos; Mensch vermisst, abgängig bes österr; Hund entlaufen; Brille etc verlegt

lost-and-found (department) US s Fundbüro n

lost property Br s ▮ Fundstücke pl ▮ → **lost property office**

lost property office Br s Fundbüro n

lot¹ [lɒt] s ▮ **to draw lots** losen, Lose ziehen; **they drew lots to see who would begin** sie losten aus, wer anfangen sollte ▮ (≈ Schicksal) bei Auktion Los n; **to throw in one's lot with sb** sich mit j-m zusammentun; **to improve one's lot** seine Lage verbessern ▮ (≈ Grundstück) Parzelle f; **building lot** Bauplatz m; **parking lot** US Parkplatz m ▮ bes Br **where shall I put this lot?** wo soll ich das Zeug hintun? umg; **can you carry that lot by yourself?** kannst du das (alles) alleine tragen?; **divide the books up into three lots** teile die Bücher in drei Stapel ein; **he is a bad lot** umg er taugt nichts ▮ bes Br umg (≈ Gruppe) Haufen m; **you lot** ihr alle; **are you lot coming to the pub?** kommt ihr (alle) in die Kneipe? ▮ **the lot** umg alle, alles; **that's the lot** das ist alles

lot² s & adv **a lot, lots** viel; **a lot of, lots of** viel(e); **a lot of money** eine Menge Geld; **a lot of books, lots of books** viele Bücher; **such a lot** so viel; **what a lot!** was für eine Menge!; **such a lot of books** so viele Bücher; **lots and lots of mistakes** eine Unmenge Fehler; **we see a lot of John** wir sehen John sehr oft; **things have changed a lot** es hat sich Vieles geändert; **he likes her a lot** er mag sie sehr; **lots more** viel mehr; **I feel lots** od **a lot better** es geht mir sehr viel besser

lotion ['ləʊʃən] s Lotion f

lottery ['lɒtərɪ] s Lotterie f

loud [laʊd] ▮ adj ⟨+er⟩ ▮ laut; Proteste lautstark ▮ Krawatte knallbunt ▮ adv laut; **~ and clear** laut und deutlich; **to say sth out ~** etw laut sagen

loud-hailer [ˌlaʊd'heɪlə^r] s Megafon n

loudly ['laʊdlɪ] adv laut; kritisieren lautstark

loudmouth umg s Großmaul n umg

loudness s Lautstärke f

loudspeaker [ˌlaʊd'spiːkə^r] s Lautsprecher m

lounge [laʊndʒ] ▮ s Wohnzimmer n; in Hotel Lounge f; auf Flughafen Warteraum m, Lounge f ▮ v/i faulenzen; **to ~ about** Br, **to ~ around** herumliegen/-sitzen; **to ~ against a wall** sich lässig gegen eine Mauer lehnen

lounge bar s Salon m (vornehmerer Teil einer Gaststätte)

louse [laʊs] s ⟨pl **lice**⟩ ZOOL Laus f

lousy ['laʊzɪ] umg adj mies umg; Streich etc fies umg; **I'm ~ at arithmetic** in Mathe bin ich miserabel umg; **he is a ~ golfer** er spielt miserabel Golf; **to feel ~** sich mies fühlen umg; **a ~ £3** lausige drei Pfund umg

lout [laʊt] s Rüpel m

loutish ['laʊtɪʃ] adj rüpelhaft

louvre, US **louver** ['luːvə^r] s Jalousie f

lovable, **loveable** ['lʌvəbl] adj liebenswert

love [lʌv] ▮ s ▮ Liebe f; **to have a ~ for** od **of sth** etw sehr lieben; **~ of learning** Freude f am Lernen; **~ of adventure** Abenteuerlust f; **~ of books** Liebe f zu Büchern; **for the ~ of** aus Liebe zu; **to be in ~ (with sb)** (in j-n) verliebt sein; **to fall in ~ (with sb)** sich (in j-n) verlieben; **to make ~** miteinander schlafen; **to make ~ to sb** mit j-m schlafen; **yes, (my) ~** ja, Liebling; **the ~ of my life** die große Liebe meines Lebens ▮ in Grüßen **lots of ~** mit herzlichen Grüßen; **~ (from) Anna** herzliche Grüße von Anna; **give him my ~** grüß ihn von mir; **he sends his ~** er lässt grüßen ▮ umg als Anrede mein Lieber/meine Liebe ▮ Tennis null ▮ v/t lieben, gern mögen; **they ~ each other** sie lieben sich; **I ~ tennis** ich mag Tennis sehr gern; **I'd ~ a cup of tea** ich hätte (liebend) gern(e) eine Tasse Tee; **I'd ~ to come** ich würde sehr

gern kommen; **we'd ~ you to come** wir würden uns sehr freuen, wenn du kommen würdest; **I ~ the way she smiles** ich mag es, wie sie lächelt **C** v/i lieben
loveable adj → lovable
love affair s Verhältnis n
lovebird s fig Unzertrennliche(r) m/f(m)
lovebite s Knutschfleck m umg
loved one s j-d, der einem sehr nahesteht, oft ein Familienmitglied
love-hate relationship s Hassliebe f; **they have a ~** zwischen ihnen besteht eine Hassliebe
loveless adj Ehe ohne Liebe
love letter s Liebesbrief m
love life s Liebesleben n
lovely ['lʌvlɪ] adj ⟨komp lovelier⟩ wunderschön, schön; Kleid, Geschenk hübsch, schön; Baby niedlich; (≈ charmant) liebenswürdig; Lächeln gewinnend; **that dress looks ~ on you** dieses Kleid steht dir sehr gut; **we had a ~ time** es war sehr schön; **it's ~ and warm** es ist schön warm; **have a ~ holiday!** Br, **have a ~ vacation!** US schöne Ferien!; **it's been ~ to see you** es war schön, dich zu sehen
lovemaking ['lʌvmeɪkɪŋ] s Liebe f
lover ['lʌvə'] s **1** Liebhaber(in) m(f); **the ~s** das Liebespaar **2** **a ~ of books** ein(e) Bücherfreund(in) m(f); **a ~ of good food** ein(e) Liebhaber(in) m(f) von gutem Essen; **music-lover** Musikliebhaber(in) m(f) od -freund(in) m(f)
lovesick adj liebeskrank; **to be ~** Liebeskummer m haben
love song s Liebeslied n
love story s Liebesgeschichte f
love-struck adj schmachtend, total verknallt umg; **to behave like a ~ teenager** sich aufführen wie ein total verknallter/bis über beide Ohren verliebter Teenager
loving ['lʌvɪŋ] adj liebend; Beziehung liebevoll; **your ~ son ...** in Liebe Euer Sohn ...
lovingly ['lʌvɪŋlɪ] adv liebevoll
low [ləʊ] **A** adj ⟨+er⟩ niedrig; Verbeugung, Ton tief; Dichte, Qualität gering; Vorräte knapp; **the sun was low in the sky** die Sonne stand tief am Himmel; **the river is low** der Fluss führt wenig Wasser; **a ridge of low pressure** ein Tiefdruckkeil m; **to speak in a low voice** leise sprechen; **how low can you get!** wie kann man nur so tief sinken!; **to feel low** niedergeschlagen sein **B** adv zielen nach unten; sprechen leise; fliegen, sich verbeugen tief; **he's been laid low with the flu** Br er liegt mit Grippe im Bett; **to run** od **get low** knapp werden; **we're getting low on petrol** Br, **we're getting low on gas** US uns (dat) geht das Benzin aus **C** s METEO fig Tief n; **to reach a new low** einen neuen Tiefstand erreichen
low-alcohol adj alkoholarm
lowbrow adj (geistig) anspruchslos
low-cal umg adj, **low-calorie** adj kalorienarm
low-carb [ləʊˈkɑːb] umg adj kohlenhydratarm
low-cost adj preiswert
Low Countries pl **the ~** die Niederlande pl
low-cut adj Kleid tief ausgeschnitten
lowdown umg s Informationen pl; **what's the ~ on Kowalski?** was wissen wir über Kowalski?, was haben wir über Kowalski? umg; **he gave me the ~ on it** er hat mich darüber aufgeklärt
low-emission adj Auto schadstoffarm, abgasarm
lower ['ləʊə'] **A** adj **1** niedriger; Körperteil untere(r, s); Ton tiefer; GEOG Nieder-; **the Lower Rhine** der Niederrhein; **~ leg** Unterschenkel m; **the ~ of the two holes** das untere der beiden Löcher; **the ~ deck** von Bus das untere Deck; von Schiff das Unterdeck **2** Rang, Niveau, Tiere niedere(r, s); **the ~ classes** SOZIOL die unteren Schichten; **a ~ middle-class family** eine Familie aus der unteren Mittelschicht; **the ~ school** die unteren Klassen **B** adv tiefer; **~ down the mountain** weiter unten am Berg; **~ down the list** weiter unten auf der Liste **C** v/t **1** Boot, Last herunterlassen; Augen, Waffe senken; Fahne einholen; **he ~ed himself into an armchair** er ließ sich in einen Sessel nieder **2** Druck, Risiko verringern; Preis, Temperatur senken; **~ your voice** sprich leiser; **to ~ oneself** sich hinunterlassen
lower case **A** s Kleinbuchstaben pl **B** adj klein
Lower Chamber s Unterhaus n
lower-class adj der Unterschicht
lower ground floor s Br Untergeschoss n, Untergeschoß n österr
lower-income adj mit niedrigem Einkommen
lower sixth (form) Br s SCHULE vorletztes Schuljahr
low-fat adj Milch, Käse fettarm, Mager-
low-flying adj **~ plane** Tiefflieger m
low-heeled adj mit flachem Absatz
low-income adj einkommensschwach
low-interest adj zinsgünstig
low-key adj zurückhaltend; Einstellung gelassen; Empfang reserviert
lowland **A** s **the Lowlands of Scotland** das schottische Tiefland; **the ~s of Central Europe** die Tiefebenen pl Mitteleuropas **B** adj des Flachlands; in Bezug auf Schottland des Tieflands
low-level adj Strahlung niedrig
lowlife s niederes Milieu; US Person Kriminelle(r) m/f(m)
lowly ['ləʊlɪ] adj ⟨komp lowlier⟩ bescheiden

low-lying *adj* tief gelegen
low-necked *adj* tief ausgeschnitten
low-pitched *adj* tief
low-pressure *adj* ~ **area** Tiefdruckgebiet *n*
low-profile *adj* wenig profiliert
low-rise *adj* ⟨*attr*⟩ niedrig (gebaut)
low season *s* Nebensaison *f*
low-tar *adj* teerarm
low-tech *adj* nicht mit Hightech ausgestattet; **it's pretty ~** es ist nicht gerade Hightech
low tide *s*, **low water** *s* Niedrigwasser *n*; **at ~** bei Niedrigwasser
low-wage *adj* ⟨*attr*⟩ Niedriglohn-
low-wage country *s* Billiglohnland *n*
low-wage earner [ləʊˈweɪdʒɜːnə(r)] *s* Geringverdiener(in) *m(f)*
loyal [ˈlɔɪəl] *adj* **1** treu; **he was very ~ to his friends** er hielt (treu) zu seinen Freunden; **he remained ~ to his wife/the king** er blieb seiner Frau/dem König treu **2** *gegenüber Partei* loyal (**to** gegenüber)
loyalist **A** *s* Loyalist(in) *m(f)* **B** *adj* loyal; *Truppen* regierungstreu
loyally [ˈlɔɪəlɪ] *adv* **1** treu **2** loyal
loyalty [ˈlɔɪəltɪ] *s* **1** Treue *f* **2** *gegenüber Partei* Loyalität *f*
loyalty card *s Br* HANDEL Paybackkarte *f*
lozenge [ˈlɒzɪndʒ] *s* **1** MED Pastille *f* **2** Raute *f*
LP *abk* (= long player, long-playing record) LP *f*
LPG *abk* (= liquefied petroleum gas) Autogas *n*
L-plate [ˈelpleɪt] *s Schild mit der Aufschrift „L"* (learner = Fahrschüler(in))
LSD *abk* (= lysergic acid diethylamide) LSD *n*
Ltd *abk* (= Limited) GmbH
lubricant [ˈluːbrɪkənt] *s* **1** TECH Schmiermittel *n* **2** *für Sex* Gleitcreme *f*, Gleitgel *n*
lubricate [ˈluːbrɪkeɪt] *v/t* schmieren
lucid [ˈluːsɪd] *adj* **1** klar **2** **he was ~ for a few minutes** ein paar Minuten lang war er bei klarem Verstand
lucidly [ˈluːsɪdlɪ] *adv* klar; *erklären* einleuchtend; *schreiben* verständlich
luck [lʌk] *s* Glück *n*; **by ~** durch einen glücklichen Zufall; **bad ~** Pech *n*; **bad ~!** so ein Pech!; **good ~** Glück *n*; **good ~!** viel Glück!; **good look with …!** viel Glück bei *od* mit …!; **no such ~!** schön wärs! *umg*; **just my ~!** Pech (gehabt), wie immer!; **with any ~** mit etwas Glück; **any ~?** *mit Versuch* hat's geklappt?; *bei Verlust* hast du es gefunden?; **worse ~!** wie schade!; **to be in ~** Glück haben; **to be out of ~** kein Glück haben; **he was a bit down on his ~** er hatte eine Pechsträhne; **to bring sb good/bad ~** j-m Glück/Unglück bringen; **as ~ would have it** wie es der Zufall wollte; **Bernstein kisses his cuff links for ~** Bernstein küsst seine Manschettenknöpfe, damit sie ihm Glück bringen; **to try one's ~** sein Glück versuchen
luckily [ˈlʌkɪlɪ] *adv* glücklicherweise; **~ for me** zu meinem Glück
lucky [ˈlʌkɪ] *adj* ⟨*komp* luckier⟩ Glücks-; *Zufall, Sieger* glücklich; **you ~ thing!, ~ you!** du Glückliche(r) *m/f(m)*; **the ~ winner** der glückliche Gewinner, die glückliche Gewinnerin; **to be ~** Glück haben; **to get ~** Glück haben; **I was ~ enough to meet him** ich hatte das (große) Glück, ihn kennenzulernen; **you are ~ to be alive** du kannst von Glück sagen, dass du noch lebst; **you were ~ to catch him** du hast Glück gehabt, dass du ihn erwischt hast; **you'll be ~ to make it in time** wenn du das noch schaffst, hast du (aber) Glück; **I want another £500 — you'll be ~!** ich will noch mal £ 500 haben — viel Glück!; **to be ~ that …** Glück haben, dass …; **~ charm** Glücksbringer *m*; **it must be my ~ day** heute habe wohl meinen Glückstag; **to be ~** *Zahl etc* Glück bringen; **it was ~ I stopped him** ein Glück, dass ich ihn aufgehalten habe; **that was ~** das war aber ein Glück; **that was a ~ escape** da habe ich/hast du *etc* noch mal Glück gehabt
lucky dip *s* ≈ Glückstopf *m*
lucrative [ˈluːkrətɪv] *adj* lukrativ
ludicrous [ˈluːdɪkrəs] *adj* lächerlich; *Idee, Preise* haarsträubend
ludicrously [ˈluːdɪkrəslɪ] *adv* grotesk; *klein* lächerlich; *hoch* haarsträubend; **~ expensive** absurd teuer
lug [lʌg] *v/t* schleppen
luggage [ˈlʌgɪdʒ] *s* Gepäck *n*
luggage allowance *s* FLUG Freigepäck *n*
luggage carrier *s am Fahrrad* Gepäckträger *m*
luggage drop-off *s* Gepäckabgabe *f*
luggage label *s* Gepäckanhänger *m*
luggage locker *s* Gepäckschließfach *n*
luggage rack *s* BAHN *etc* Gepäckablage *f*
luggage scales *pl* Gepäckwaage *f*
luggage space *s* Gepäckraum *m*
luggage strap *s* Gepäckgurt *m*
luggage tag *s* Gepäckanhänger *m*
luggage trolley *s* Kofferkuli *m*
luggage van *s Br* BAHN Gepäckwagen *m*
lukewarm [ˈluːkwɔːm] *adj* lauwarm; **he's ~ about** *od* **on the idea/about her** er ist von der Idee/von ihr nur mäßig begeistert
lull [lʌl] **A** *s* Pause *f*; **a ~ in the fighting** eine Gefechtspause **B** *v/t* **to ~ a baby to sleep** ein Baby in den Schlaf wiegen; **he ~ed them into a false sense of security** er wiegte sie in trügerischer Sicherheit
lullaby [ˈlʌləbaɪ] *s* Schlaflied *n*
lumbago [lʌmˈbeɪgəʊ] *s* ⟨*kein pl*⟩ Hexenschuss

lumber¹ ['lʌmbə'] **A** s bes US (Bau)holz n **B** Br umg v/t **to ~ sb with sth** j-m etw aufhalsen umg; **I got ~ed with her for the evening** ich hatte sie den ganzen Abend auf dem Hals umg

lumber² v/i Karren rumpeln; Elefant, Mensch trampeln

lumberjack s Holzfäller m

lumber mill s US Sägewerk n

lumber room s Rumpelkammer f

lumberyard US s Holzlager n

luminary ['lu:mɪnərɪ] fig s Koryphäe f

luminous ['lu:mɪnəs] adj leuchtend; **~ paint** Leuchtfarbe f

lump [lʌmp] **A** s **1** Klumpen m; von Zucker Stück n **2** Beule f; im Körper Geschwulst f; **with a ~ in one's throat** fig mit einem Kloß im Hals; **it brings a ~ to my throat** dabei schnürt sich mir die Kehle zu **B** bes Br umg v/t **if he doesn't like it he can ~ it** wenns ihm nicht passt, hat er eben Pech gehabt umg

phrasal verbs mit lump:

  lump together v/t ⟨trennb⟩ **1** zusammentun **2** bei Beurteilung etc in einen Topf werfen

lump sugar s Würfelzucker m

lump sum s Pauschalbetrag m; **to pay sth in a ~** etw pauschal bezahlen

lumpy ['lʌmpɪ] adj ⟨komp lumpier⟩ Flüssigkeit klumpig; **to go ~** Soße, Reis klumpen

lunacy ['lu:nəsɪ] s Wahnsinn m

lunar ['lu:nə'] adj Mond-

lunar eclipse s Mondfinsternis f

lunatic ['lu:nətɪk] **A** adj wahnsinnig **B** s Wahnsinnige(r) m/f(m)

lunatic asylum s Irrenanstalt f

lunch [lʌntʃ] **A** s Mittagessen n; **to have ~** (zu) Mittag essen; **to have soup for ~** eine Suppe zum Mittagessen essen; **let's do ~** umg wir sollten uns zum Mittagessen treffen; **how long do you get for ~?** wie lange haben Sie Mittagspause?; **he's at ~** er ist beim Mittagessen **B** v/i (zu) Mittag essen

lunchbox s Lunchbox f

lunch break s Mittagspause f

luncheon ['lʌntʃən] form s Mittagessen n

luncheon meat s Frühstücksfleisch n

luncheon voucher s Essen(s)marke f

lunch hour s Mittagsstunde f, Mittagspause f

lunch menu s Mittagsmenü n

lunchpail US s Lunchbox f

lunchtime s Mittagspause f; Mittagszeit f; **they arrived at ~** sie kamen gegen Mittag an

lung [lʌŋ] s Lunge f

lung cancer s Lungenkrebs m

lunge [lʌndʒ] **A** s Satz m nach vorn **B** v/i (sich) stürzen; **to ~ at sb** sich auf j-n stürzen

lurch¹ [lɜ:tʃ] s **to leave sb in the ~** umg j-n hängen lassen umg, j-n im Stich lassen

lurch² **A** s **to give a ~** einen Ruck machen **B** v/i **1** einen Ruck machen **2** sich ruckartig bewegen; **the train ~ed to a standstill** der Zug kam mit einem Ruck zum Stehen

lure [ljʊə'] **A** s Lockmittel n; fig von Großstadt, Meer etc Verlockungen pl **B** v/t anlocken; **to ~ sb away from sth** j-n von etw weglocken; **to ~ sb into a trap** j-n in eine Falle locken

lurid ['ljʊərɪd] adj **1** Farbe grell **2** fig Beschreibung reißerisch; Details widerlich

lurk [lɜ:k] v/i lauern; **a nasty suspicion ~ed at the back of his mind** er hegte einen fürchterlichen Verdacht

phrasal verbs mit lurk:

  lurk about Br, **lurk around** v/i herumschleichen

lurking ['lɜ:kɪŋ] adj heimlich; Zweifel nagend

luscious ['lʌʃəs] adj **1** köstlich **2** Mädchen zum Anbeißen umg; Figur üppig

lush [lʌʃ] adj **1** Gras saftig; Vegetation üppig **2** umg Hotel feudal

lust [lʌst] **A** s Wollust f, Gier f (for nach); **~ for power** Machtgier f **B** v/i **to ~ after** sexuell begehren (+akk); unersättlich gieren nach

lustful adj lüstern

lustily ['lʌstɪlɪ] adv essen herzhaft; singen aus voller Kehle; schreien aus vollem Hals(e)

lustre ['lʌstə'] s, **luster** US s **1** Schimmer m **2** fig Glanz m

lute [lu:t] s Laute f

Luxembourg ['lʌksəmbɜ:g] s Luxemburg n

luxuriant [lʌg'zjʊərɪənt] adj üppig

luxuriate [lʌg'zjʊərɪeɪt] v/i **to ~ in sth** sich in etw (dat) aalen

luxurious [lʌg'zjʊərɪəs] adj luxuriös; **a ~ hotel** ein Luxushotel n

luxury ['lʌkʃərɪ] **A** s Luxus m; **to live a life of ~** ein Luxusleben führen **B** adj ⟨attr⟩ Luxus-

LW abk (= long wave) LW

lychee ['laɪtʃi:] s Litschi f

Lycra® ['laɪkrə] s Lycra® n

lying ['laɪɪŋ] **A** adj verlogen **B** s Lügen n; **that would be ~** das wäre gelogen

lymph gland [lɪmf] s Lymphknoten m

lynch [lɪntʃ] v/t lynchen

lyric ['lɪrɪk] **A** adj lyrisch **B** s von Popsong **~s** pl Text m

lyrical ['lɪrɪkəl] adj lyrisch; **to wax ~ about sth** über etw (akk) ins Schwärmen geraten; **~ I** lyrisches Ich

lyricist ['lɪrɪsɪst] s MUS Texter(in) m/f(m)

M

M¹, m [em] *s* M *n*, m *n*
M² *abk* (= medium) M, mittelgroß
m¹ *abk* (= millions) Mio.
m² *abk* (= metres) m
m³ *abk* (= miles) Meile(n)
m⁴ *abk* (= masculine) m.
MA¹ *abk* (= Master of Arts) M. A.
MA² *abk* (= Massachusetts) Massachusetts
ma [mɑː] *umg s* Mama *f umg*
ma'am [mæm] *s* gnä' Frau *f form;* → madam
Maastricht Treaty [mɑːˈstrɪxtˈtriːtɪ] *s der EU* Vertrag *m* von Maastricht, Maastrichter Vertrag *m*
mac [mæk] *Br umg s* Regenmantel *m*
macabre [məˈkɑːbrə] *adj* makaber
macaroni [ˌmækəˈrəʊnɪ] *s* Makkaroni *pl*
macaroon [ˌmækəˈruːn] *s* Makrone *f*
mace [meɪs] *s von Bürgermeister etc* Amtsstab *m*
Macedonia [ˌmæsɪˈdəʊnɪə] *s* Mazedonien *n*
machete [məˈtʃeɪtɪ] *s* Buschmesser *n*
machination [ˌmækɪˈneɪʃən] *s* ⟨*mst pl*⟩ Machenschaften *pl*
machine [məˈʃiːn] **A** *s* Maschine *f*, Automat *m* **B** *v/t* TECH maschinell herstellen
machine gun *s* Maschinengewehr *n*
machine language *s* IT Maschinensprache *f*
machine-made *adj* maschinell hergestellt
machine operator *s* Maschinenarbeiter(in) *m(f)*
machine-readable *adj* IT maschinenlesbar
machinery [məˈʃiːnərɪ] *s* Maschinerie *f*; **the ~ of government** der Regierungsapparat
machine tool *s* Werkzeugmaschine *f*
machine translation *s* maschinelle Übersetzung
machine-washable *adj* waschmaschinenfest
machinist [məˈʃiːnɪst] *s* TECH Maschinist(in) *m(f)*; *Handarbeiten* Näherin *f*
macho [ˈmætʃəʊ] *adj* macho *präd*, Macho-
mackerel [ˈmækrəl] *s* Makrele *f*
mackintosh [ˈmækɪntɒʃ] *s* Regenmantel *m*
macro [ˈmækrəʊ] *s* ⟨*pl* -s⟩ IT Makro *n*
macro- *präf* makro-, Makro-
macrobiotic [ˌmækrəʊˈbaɪɒtɪk] *adj* makrobiotisch
macrocosm [ˈmækrəʊˌkɒzəm] *s* Makrokosmos *m*
mad [mæd] **A** *adj* ⟨*komp* madder⟩ **1** wahnsinnig (**with** vor *+dat*), geisteskrank, verrückt *umg;* **to go mad** wahnsinnig werden; *wörtl* den Verstand verlieren; **to drive sb mad** j-n wahnsinnig machen; *wörtl* j-n um den Verstand bringen; **it's enough to drive you mad** es ist zum Verrücktwerden; **you must be mad!** du bist wohl wahnsinnig!; **I must have been mad to believe him** ich war wohl von Sinnen, ihm zu glauben; **they made a mad rush** *od* **dash for the door** sie stürzten wie wild zur Tür; **why the mad rush?** warum diese Hektik? **2** *umg* (≈ wütend) sauer *umg;* **to be mad at sb** auf j-n sauer sein *umg;* **to be mad about sth** über etw (*akk*) sauer sein *umg;* **this makes me mad** das bringt mich auf die Palme *umg* **3** *bes Br umg* **to be mad about** *od* **on sth** auf etw (*akk*) verrückt sein; **I'm not exactly mad about this job** ich bin nicht gerade versessen auf diesen Job; **I'm (just) mad about you** ich bin (ganz) verrückt nach dir!; **don't go mad!** übertreib es nicht **B** *adv umg* **like mad** wie verrückt; **he ran like mad** er rannte wie wild
Madagascar [ˌmædəˈgæskəʳ] *s* Madagaskar *n*
madam [ˈmædəm] *s* gnädige Frau *f obs, form;* **can I help you, ~?** kann ich Ihnen behilflich sein?; **Dear Madam** *bes Br* sehr geehrte gnädige Frau
madcap [ˈmædkæp] *adj Idee* versponnen
mad cow disease *s* Rinderwahn(sinn) *m*
madden [ˈmædn] *v/t* ärgern
maddening [ˈmædnɪŋ] *adj* unerträglich; *Angewohnheit* aufreizend
maddeningly [ˈmædnɪŋlɪ] *adv* unerträglich; **the train ride was ~ slow** es war zum Verrücktwerden, wie langsam der Zug fuhr
made [meɪd] *prät & pperf* → make
made-to-measure [ˈmeɪdtəˈmeʒəʳ] *Br adj* maßgeschneidert; *Vorhänge* nach Maß; **~ suit** Maßanzug *m*
made-up [ˈmeɪdˌʌp] *adj* **1** erfunden **2** geschminkt
madhouse [ˈmædhaʊs] *s* Irrenhaus *n*
madly [ˈmædlɪ] *adv* **1** wie verrückt **2** *umg* (≈ *sehr*) wahnsinnig; **to be ~ in love (with sb)** bis über beide Ohren (in j-n) verliebt sein
madman [ˈmædmən] *s* ⟨*pl* -men⟩ Verrückte(r) *m*
madness *s* Wahnsinn *m*
madwoman [ˈmædwʊmən] *s* ⟨*pl* -women [-wɪmɪn]⟩ Verrückte *f*
Mafia [ˈmæfɪə] *s* Mafia *f*
mag [mæg] *umg s* Magazin *n;* **porn mag** Pornoheft *n*
magazine [ˌmægəˈziːn] *s* **1** Zeitschrift *f*, Magazin *n* **2** MIL Depot *n*
magazine rack *s* Zeitungsständer *m*
maggot [ˈmægət] *s* Made *f*
Magi [ˈmeɪdʒaɪ] *pl* **the ~** die Heiligen Drei Könige
magic [ˈmædʒɪk] **A** *s* **1** Magie *f;* **a display of ~** ein paar Zauberkunststücke; **he made the**

spoon disappear by ~ er zauberte den Löffel weg; **as if by** ~ wie durch Zauberei; **it worked like** ~ *umg* es klappte wie am Schnürchen *umg* **B** Zauber *m* **C** *adj* **1** Zauber-; *Kräfte* magisch; **he hasn't lost his** ~ **touch** er hat nichts von seiner Genialität verloren **2** *umg* toll *umg*

magical *adj Kräfte* magisch; *Atmosphäre* unwirklich; *Wirkung* zauberhaft

magically *adv* wunderbar; ~ **transformed** auf wunderbare Weise verwandelt

magician [mə'dʒɪʃən] *s* Magier *m*, Zauberer(in) *m(f)*; Zauberkünstler(in) *m(f)*; **I'm not a** ~! ich kann doch nicht hexen!

magic spell *s* Zauber *m*, Zauberspruch *m*; **to cast a** ~ **on sb** j-n verzaubern

magic trick *s* Zaubertrick *m*

magic wand *s* Zauberstab *m*; **to wave a** ~ den Zauberstab schwingen

magistrate ['mædʒɪstreɪt] *s* Schiedsmann *m*/-frau *f*

magistrates' court *Br s* Schiedsgericht *n*

magnanimity [,mægnə'nɪmɪti] *s* Großmut *f*

magnanimous [mæg'nænɪməs] *adj* großmütig

magnate ['mægneɪt] *s* Magnat *m*

magnesium [mæg'niːziəm] *s* Magnesium *n*

magnet ['mægnɪt] *s* Magnet *m*

magnetic [mæg'netɪk] *wörtl adj* magnetisch; **he has a** ~ **personality** er hat ein sehr anziehendes Wesen

magnetic disk *s* COMPUT Magnetplatte *f*

magnetic field *s* Magnetfeld *n*

magnetic strip, **magnetic stripe** *s* Magnetstreifen *m*

magnetism ['mægnɪtɪzəm] *s* Magnetismus *m*; *fig* Anziehungskraft *f*

magnification [,mægnɪfɪ'keɪʃən] *s* Vergrößerung *f*; **high/low** ~ starke/geringe Vergrößerung

magnificence [mæg'nɪfɪsəns] *s* **1** Großartigkeit *f* **2** Pracht *f*

magnificent [mæg'nɪfɪsənt] *adj* **1** großartig; **he has done a** ~ **job** er hat das ganz hervorragend gemacht **2** prächtig

magnificently [mæg'nɪfɪsəntli] *adv* großartig

magnify ['mægnɪfaɪ] *v/t* **1** vergrößern **2** aufbauschen

magnifying glass ['mægnɪfaɪɪŋglɑːs] *s* Vergrößerungsglas *n*

magnitude ['mægnɪtjuːd] *s* Ausmaß *n*, Bedeutung *f*; **operations of this** ~ Vorhaben dieser Größenordnung

magnolia [mæg'nəʊliə] *s* Magnolie *f*

magpie ['mægpaɪ] *s* Elster *f*

mahogany [mə'hɒɡəni] **A** *s* Mahagoni *n* **B** *adj* Mahagoni-

maid [meɪd] *s* Dienstmädchen *n*; Zimmermädchen *n*

maiden ['meɪdn] **A** *s liter* Mädchen *n*, Dirndl *n* *österr* **B** *adj* ⟨*attr*⟩ Jungfern-

maiden name *s* Mädchenname *m*

maiden voyage *s* Jungfernfahrt *f*

maid of honour *s*, **maid of honor** *US s* Brautjungfer *f*

maidservant *s* Hausmädchen *n*

mail [meɪl] **A** *s* Post *f*; INTERNET *a.* Mail *f*; **to send sth by** ~ etw mit der Post schicken; **is there any** ~ **for me?** ist Post für mich da? **B** *v/t* **1** aufgeben; *in Briefkasten* einwerfen; (≈ *senden*) mit der Post schicken **2** per E-Mail senden, mailen *umg*; **to** ~ **sb** j-m eine E-Mail senden; **to** ~ **sb sth** j-m etw schicken; *per E-Mail* j-m etw mailen

mailbag *s* Postsack *m*

mailbox *s* **1** *US* Briefkasten *m* **2** IT Mailbox *f*

mailing address *US s* Postanschrift *f*

mailing list *s* Adressenliste *f*; IT Verteiler *m*; **to add sb to the** ~ jdn in die Adressenliste aufnehmen; jdn zum Verteiler hinzufügen

mailman *s* ⟨*pl* -men⟩ *US* Briefträger *m*

mail merge *s* IT Mailmerge *n*

mail order *s* Postversand *m*

mail-order *adj* ~ **catalogue** *Br*, **mail order catalog** *US* Versandhauskatalog *m*; ~ **firm** Versandhaus *n*

mailroom *s* Poststelle *f*

mailshot *s* Mailshot *m*

mail van *s* Postauto *n*; *Br* BAHN Postwagen *m*

mailwoman *s* ⟨*pl* -women [-wɪmən]⟩ *US* Briefträgerin *f*

maim [meɪm] *v/t* verstümmeln, zum Krüppel machen; **to be** ~**ed for life** sein Leben lang ein Krüppel bleiben

main [meɪn] **A** *adj* ⟨*attr*⟩ Haupt-; ~ **trait** Haupteigenschaft *f*; **the** ~ **thing is to** ... die Hauptsache ist, dass ...; **the** ~ **thing is you're still alive** Hauptsache, du lebst noch; **the** ~ **idea** die Grundidee **B** *s* **1** Hauptleitung *f*; **the** ~**s** *von Stadt* das öffentliche Versorgungsnetz; ELEK das Stromnetz; *von Haus* der Hauptahn; ELEK der Hauptschalter; **to run off the** ~**s** Netzanschluss haben; **the water/electricity was switched off at the** ~**s** der Haupthahn/Hauptschalter für Wasser/Elektrizität wurde abgeschaltet **2 in the** ~ im Großen und Ganzen

main clause *s* GRAM Hauptsatz *m*

main course *s* Hauptgericht *n*

main dish *s* Hauptspeise *f*

main entrance *s* Haupteingang *m*

mainframe (computer) *s* Großrechner *m*

mainframe network *s* COMPUT vernetzte Großanlage

mainland A s Festland n; **on the ~ of Europe** auf dem europäischen Festland; **the US ~** das Festland der USA B adj ⟨attr⟩ **~ China** das chinesische Festland
main line s BAHN Hauptstrecke f
mainly ['meɪnlɪ] adv hauptsächlich, in erster Linie
main office s Zentrale f
main road s Hauptstraße f
mains-operated ['meɪnz,ɒpəreɪtɪd], **mains-powered** ['meɪnz,paʊəd] adj für Netzbetrieb
mainstay fig s Stütze f
mainstream ['meɪnstri:m] A s Hauptrichtung f B adj 1 Politiker der Mitte; Meinung vorherrschend; Ausbildung regulär; **~ society** die Mitte der Gesellschaft 2 **~ cinema** Mainstreamkino n
main street s bes US Hauptstraße f
maintain [meɪn'teɪn] v/t 1 aufrechterhalten; Ruhe und Ordnung wahren; Geschwindigkeit beibehalten; **to ~ sth at a constant temperature** etw bei gleichbleibender Temperatur halten 2 Familie unterhalten 3 Maschine warten; Straßen instand halten; **products which help to ~ healthy skin** Produkte, die die Haut gesund erhalten 4 behaupten; **he still ~ed his innocence** er beteuerte immer noch seine Unschuld
maintenance ['meɪntɪnəns] s 1 Aufrechterhaltung f; von Ruhe und Ordnung Wahrung f 2 Br von Familie Unterhalt m; (≈ Sozialhilfe etc) Unterstützung f; **he has to pay ~** er ist unterhaltspflichtig 3 von Maschine Wartung f; von Straßen Instandhaltung f; von Garten Pflege f; (≈ Kosten) Unterhalt m
maintenance costs pl Unterhaltskosten pl
maintenance payments pl Unterhaltszahlungen pl
maintenance staff s Wartungspersonal n
maisonette [,meɪzə'net] s Appartement n
maître d' [,metrə'di:] US s Oberkellner m
maize [meɪz] s Mais m
majestic [mə'dʒestɪk] adj majestätisch
majesty ['mædʒɪstɪ] s Majestät f; **His/Her Majesty** Seine/Ihre Majestät; **Your Majesty** Eure Majestät
major ['meɪdʒəʳ] A adj 1 Haupt-; (≈ wichtig) bedeutend; (≈ weitreichend) groß; Grund wesentlich; Vorfall schwerwiegend; Rolle führend; **a ~ road** eine Hauptverkehrsstraße; **a ~ operation** eine größere Operation 2 MUS Dur-; **~ key** Durtonart f; **A ~** A-Dur n B s 1 MIL Major(in) m(f) 2 US UNIV Hauptfach n; **he's a psychology ~** Psychologie ist/war sein Hauptfach C v/i US **to ~ in French** Französisch als Hauptfach studieren

Majorca [mə'jɔ:kə] s Mallorca n
majorette [,meɪdʒə'ret] s Majorette f
majority [mə'dʒɒrɪtɪ] s 1 Mehrheit f; **to be in a** od **the ~ in** in der Mehrzahl sein; **to have a ~ of 3** eine Mehrheit von 3 Stimmen haben; **to have/ get a ~** die Mehrheit haben/bekommen; **the ~ of people** die meisten Menschen 2 JUR Volljährigkeit f
majority decision s Mehrheitsbeschluss m
majority holding s Mehrheitsbeteiligung f; an Aktien Aktienmehrheit f
majority voting system s Mehrheitswahlrecht n
make [meɪk] ⟨v: prät, pperf made⟩ A v/t 1 machen; Brot backen; Autos herstellen; Brücke bauen; Kleid nähen; Kaffee kochen; Frieden stiften; Rede halten; Entscheidung, Wahl treffen; **she made it into a suit** sie machte einen Anzug daraus; **to ~ a guess** raten; **made in Britain** in Großbritannien hergestellt; **to be made of sth** aus etw hergestellt sein; **it's made of gold** es ist aus Gold; **to show what one is made of** zeigen, was in einem steckt; **the job is made for him** die Arbeit ist wie für ihn geschaffen; **they're made for each other** sie sind wie geschaffen füreinander; **to ~ sb happy** j-n glücklich machen; **to ~ sb sth** j-n zu etw machen; **he was made a judge** man ernannte ihn zum Richter; **Shearer made it 1-0** Shearer erzielte das 1:0; **we decided to ~ a day/night of it** wir beschlossen, den ganzen Tag dafür zu nehmen/(die Nacht) durchzumachen; **to ~ something of oneself** etwas aus sich machen; **he's got it made** umg er hat ausgesorgt; **you've made my day** ich könnte dir um den Hals fallen! umg 2 **to ~ sb do sth** j-n dazu bringen, etw zu tun, j-n zwingen, etw zu tun; **what made you come to this town?** was hat Sie dazu veranlasst, in diese Stadt zu kommen?; **what ~s you say that?** warum sagst du das?; **what ~s you think you can do it?** was macht Sie glauben, dass Sie es schaffen können?; **you can't ~ me!** mich kann keiner zwingen!; **what made it explode?** was hat die Explosion bewirkt?; **it ~s the room look smaller** es lässt den Raum kleiner wirken; **the chemical ~s the plant grow faster** die Chemikalie bewirkt, dass die Pflanze schneller wächst; **that made the cloth shrink** dadurch ging der Stoff ein; **to ~ do with sth** sich mit etw begnügen; **to ~ do with less money** mit weniger Geld auskommen 3 Geld verdienen; Gewinn, Vermögen machen (on bei) 4 schaffen; **we made good time** wir kamen schnell voran; **sorry I couldn't ~ your party** tut mir leid, ich habe es einfach nicht zu deiner Party ge-

schafft; **we'll never ~ the airport in time** wir kommen garantiert nicht rechtzeitig zum Flughafen; **to ~ it** es schaffen; **he just made it** er hat es gerade noch geschafft; **he'll never ~ it through the winter** er wird den Winter nie überstehen **5** (≈ *sein*) abgeben; **he made a good father** er gab einen guten Vater ab; **he'll never ~ a soldier** aus dem wird nie ein Soldat; **he'd ~ a good teacher** er wäre ein guter Lehrer; **they ~ a good couple** sie sind ein gutes Paar **6** (er)geben; **2 plus 2 ~s 4** 2 und 2 ist 4; **that ~s £55 you owe me** Sie schulden mir damit (nun) £ 55; **how much does that ~ altogether?** was macht das insgesamt? **7** schätzen wir (+*akk*); **I ~ the total 107** ich komme auf 107; **what time do you ~ it?** wie spät hast du es?; **I ~ it 3.15** ich habe 3.15 Uhr; **I ~ it 3 miles** ich schätze 3 Meilen; **shall we ~ it 7 o'clock?** sagen wir 7 Uhr? **B** v/i **to ~ as if to do sth** Anstalten machen, etw zu tun; *als Täuschung* so tun, als wolle man etw tun; **to ~ like...** *umg* so tun, als ob... **C** v/r **to ~ oneself comfortable** es sich (*dat*) bequem machen; **you'll ~ yourself ill!** du machst dich krank!; **to ~ oneself heard** sich (*dat*) Gehör verschaffen; **to ~ oneself understood** sich verständlich machen; **to ~ oneself sth** sich (*dat*) etw machen; **she made herself a lot of money on the deal** sie hat bei dem Geschäft eine Menge Geld verdient; **to ~ oneself do sth** sich dazu zwingen, etw zu tun; **he's just made himself look ridiculous** er hat sich nur lächerlich gemacht **D** s Marke f; **what ~ of car do you have?** welche (Auto)marke fahren Sie?

`phrasal verbs mit make:`

make for v/i ⟨+obj⟩ **1** zuhalten auf (+*akk*); *Auto* losfahren auf (+*akk*); **we are making for London** wir wollen nach London; *im Auto* wir fahren Richtung London **2** führen zu

make of v/i ⟨+obj⟩ halten von; **what do you make of him?** was hältst du von ihm?; **don't make too much of it** überbewerten Sie es nicht

make off v/i sich davonmachen

make out v/t ⟨trennb⟩ **1** *Scheck* ausstellen (**to** auf +*akk*); *Liste* aufstellen **2** ausmachen, entziffern, verstehen; **I can't make out what he wants** ich komme nicht dahinter, was er will **3** behaupten **4** **to make out that ...** es so hinstellen, als ob ...; **he made out that he was hurt** er tat, als sei er verletzt; **to make sb out to be clever/a genius** j-n als klug/Genie hinstellen; **to make out with sb** *bes US sexuell* mit j-m rummachen

make over v/t *fig* überschreiben; *im Testament* vermachen

make up **A** v/t ⟨trennb⟩ **1** bilden; **to be made up of** bestehen aus **2** *Essen, Bett* zurechtmachen; *Paket* packen; *Liste, Mannschaft* zusammenstellen **3** **to make it up (with sb)** sich (mit j-m) aussöhnen **4** *Gesicht* schminken; **to make sb/oneself up** j-n/sich schminken **5** **to make up one's mind (to do sth)** sich (dazu) entschließen(, etw zu tun); **my mind is made up** mein Entschluss steht fest; **to make up one's mind about sb/sth** sich (*dat*) eine Meinung über j-n/etw bilden; **I can't make up my mind about him** ich weiß nicht, was ich von ihm halten soll **6** erfinden, sich (*dat*) ausdenken; **you're making that up!** jetzt schwindelst du aber! *umg* **7** vollständig machen; **I'll make up the other £20** ich komme für die restlichen £ 20 auf **8** *Verlust* ausgleichen; *Zeit* aufholen; **to make it up to sb (for sth)** j-m etw wiedergutmachen **B** v/i *nach Streit* sich wieder vertragen

make up for v/i ⟨+obj⟩ **to make up for sth** etw ausgleichen; **to make up for lost time** verlorene Zeit aufholen; **that still doesn't make up for the fact that you were very rude** das macht noch lange nicht ungeschehen, dass du sehr unhöflich warst

make-believe **A** *adj* ⟨*attr*⟩ Fantasie- **B** s Fantasie f

make-or-break *umg adj* ⟨*attr*⟩ entscheidend

makeover s Schönheitskur f; *von Haus* Verschönerung f

maker ['meɪkəʳ] s Hersteller(in) m(f)

makeshift ['meɪkʃɪft] *adj* provisorisch; *Werkzeug* behelfsmäßig; **~ accommodation** Notunterkunft f

make-up ['meɪkʌp] s **1** Make-up n; THEAT Maske f; **she spends hours on her ~** sie braucht Stunden zum Schminken **2** *von Mannschaft* Zusammenstellung f; (≈ *Charakter*) Veranlagung f

make-up artist s Maskenbildner(in) m(f)

make-up bag s Kosmetiktasche f

making ['meɪkɪŋ] s **1** Herstellung f; **the movie was three months in the ~** der Film wurde in drei Monaten gedreht; **a star in the ~** ein werdender Star; **it's a disaster in the ~** es bahnt sich eine Katastrophe an; **her problems are of her own ~** an ihren Problemen ist sie selbst schuld; **it was the ~ of him** das hat ihn zu dem gemacht, was er (heute) ist **2** **~s** *pl* Voraussetzungen *pl* (**of** zu); **he has the ~s of an actor** er hat das Zeug zu einem Schauspieler; **the situation has all the ~s of a strike** die Situation bietet alle Voraussetzungen für einen Streik

maladjusted [ˌmæləˈdʒʌstɪd] *adj* verhaltensgestört

malady ['mælədɪ] *s* Leiden *n*
malaise [mæ'leɪz] *fig s* Unbehagen *n*
malaria [mə'lɛərɪə] *s* Malaria *f*
Malawi [mə'lɑːwɪ] *s* GEOG Malawi *n*
malcontent ['mælkən,tent] *s* Unzufriedene(r) *m/f(m)*
male [meɪl] **A** *adj* männlich; *Chor, Stimme* Männer-; a ~ **doctor** ein Arzt *m*; ~ **nurse** Krankenpfleger *m*; ~ **crocodile** Krokodilmännchen *n* **B** *s* (≈ *Tier*) Männchen *n*; *umg* (≈ *Mensch*) Mann *m*
male chauvinism *s* Chauvinismus *m*
male chauvinist *s* Chauvi *m umg*
male-dominated *adj* männlich dominiert
malevolence [mə'levələns] *s* Boshaftigkeit *f*
malevolent *adj* boshaft
malformed [mæl'fɔːmd] *adj* missgebildet
malfunction [,mæl'fʌŋkʃən] **A** *s von Körperorgan* Funktionsstörung *f*; *von Maschine* Defekt *m* **B** *v/i Körperorgan* nicht richtig arbeiten; *Maschine* nicht richtig funktionieren
Mali ['mɑːlɪ] *s* GEOG Mali *n*
malice ['mælɪs] *s* Bosheit *f*
malicious [mə'lɪʃəs] *adj* boshaft; *Handlung* böswillig; *Anruf* bedrohend
maliciously [mə'lɪʃəslɪ] *adv handeln* böswillig; *etw sagen* boshaft
malicious software *s* IT Schadsoftware *f*
malign [mə'laɪn] **A** *adj liter Einfluss* unheilvoll **B** *v/t* verleumden, schlechtmachen
malignant [mə'lɪgnənt] *adj* bösartig
malingerer [mə'lɪŋgərə^r] *s* Simulant(in) *m(f)*
mall [mɔːl, mæl] *s US a.* **shopping ~** Einkaufszentrum *n*
mallard ['mælɑːd] *s* Stockente *f*
malleable ['mælɪəbl] *adj* formbar
mallet ['mælɪt] *s* Holzhammer *m*
malnourished [,mæl'nʌrɪʃt] *form adj* unterernährt
malnutrition [,mælnjʊ'trɪʃən] *s* Unterernährung *f*
malpractice [,mæl'præktɪs] *s* Berufsvergehen *n*
malt [mɔːlt] *s* Malz *n*
Malta ['mɔːltə] *s* Malta *n*
Maltese [,mɔːl'tiːz] **A** *adj* maltesisch; **he is ~** er ist Malteser *m* **B** *s* Malteser(in) *m(f)*; LING Maltesisch *n*
maltreat [,mæl'triːt] *v/t* schlecht behandeln, misshandeln
maltreatment *s* schlechte Behandlung, Misshandlung *f*
malt whisky *s* Malt Whisky *m*
malware ['mælweə(r)] *s* IT Schadsoftware *f*
mam(m)a [mə'mɑː] *s umg* a. Mama *f umg*
mammal ['mæməl] *s* Säugetier *n*
mammary ['mæmərɪ] *adj* Brust-; ~ **gland** Brustdrüse *f*

mammoth ['mæməθ] **A** *s* Mammut *n* **B** *adj* Mammut-; *Proportionen* riesig
man [mæn] **A** *s* ⟨*pl* men [men]⟩ **1** Mann *m*; **to make a man out of sb** j-n zum Mann machen; **he took it like a man** er hat es wie ein Mann ertragen; **man and wife** Mann und Frau; **the man in the street** der Mann auf der Straße; **man of God** Mann *m* Gottes; **man of letters** Literat *m*, Gelehrte(r) *m*; **man of property** vermögender Mann; **a man of the world** ein Mann *m* von Welt; **to be man enough** Manns genug sein; **man's bicycle** Herrenfahrrad *n*; **the right man** der Richtige; **you've come to the right man** da sind Sie bei mir richtig; **he's not the man for the job** er ist nicht der Richtige für diese Aufgabe; **he's not a man to ...** er ist nicht der Typ, der ...; **he's a family man** er ist sehr häuslich; **it's got to be a local man** es muss jemand aus dieser Gegend sein; **follow me, men!** mir nach, Leute! **2** (*a.* **Man**) der Mensch, die Menschen **3** man; **no man** niemand; **any man** jeder; **that man!** dieser Mensch!; **they are communists to a man** sie sind allesamt Kommunisten **B** *v/t Schiff* bemannen; *Barrikaden* besetzen; *Pumpe, Telefon* bedienen; **the ship is manned by a crew of 30** das Schiff hat 30 Mann Besatzung
manacle ['mænəkl] *s* ⟨*mst pl*⟩ Ketten *pl*
manage ['mænɪdʒ] **A** *v/t* **1** *Firma* leiten; *Angelegenheiten* regeln; *Ressourcen* einteilen; *Popband* managen **2** (≈ *unter Kontrolle halten*) j-n, *Tier* zurechtkommen mit **3** *Aufgabe* bewältigen; **two hours is the most I can ~** ich kann mir höchstens zwei Stunden erlauben; **to ~ sth** etw schaffen; **I'll ~ it** das werde ich schon schaffen; **he ~d it very well** er hat das sehr gut gemacht; **can you ~ the cases?** kannst du die Koffer (allein) tragen?; **thanks, I can ~** danke, es geht schon; **she can't ~ the stairs** sie schafft die Treppe nicht; **to ~ a problem** ein Problem lösen; **can you ~ two more in the car?** kriegst du noch zwei Leute in dein Auto? *umg*; **can you ~ 8 o'clock?** 8 Uhr, ginge *od* geht das? *umg*; **can you ~ another cup?** darfs noch eine Tasse sein?; **I could ~ another piece of cake** ich könnte noch ein Stück Kuchen vertragen; **she ~d a weak smile** sie brachte ein schwaches Lächeln über sich (*akk*); **to ~ to do sth** es schaffen, etw zu tun; **we have ~d to reduce our costs** es ist uns gelungen, die Kosten zu senken; **he ~d to control himself** es gelang ihm, sich zu beherrschen **B** *v/i* zurechtkommen, es schaffen; **can you ~?** geht es?; **thanks, I can ~** danke, es geht schon; **how do you ~?** wie schaffen Sie das bloß?; **to ~ without sth** ohne etw aus-

kommen; **I can ~ by myself** ich komme (schon) allein zurecht; **how do you ~ on £100 a week?** wie kommen Sie mit £ 100 pro Woche aus?

manageable ['mænɪdʒəbl] *adj* Aufgabe zu bewältigen; *Haare* leicht frisierbar; *Zahl* überschaubar; **the situation is ~** die Situation lässt sich in den Griff bekommen; **pieces of a more ~ size** Stücke, die leichter zu handhaben sind

management ['mænɪdʒmənt] *s* **1** Leitung *f*, Management *n*; *von Geld* Verwaltung *f*; *von Angelegenheiten* Regelung *f*; **time ~** Zeitmanagement *n* **2** Unternehmensleitung *f*, Betriebsleitung *f*; *allg* Leitung *f*; **"under new ~"** „neuer Inhaber"; *Laden* „neu eröffnet"

management buyout *s* Management-Buy-out *n*

management consultant *s* Unternehmensberater(in) *m(f)*

management speak *s* Unternehmensjargon *m*, Managersprech *m umg*

management studies *s* ⟨*sg od pl*⟩ Betriebswirtschaft *f*

management team *s* Führungsriege *f*

manager ['mænɪdʒəʳ] *s* HANDEL *etc* Geschäftsführer(in) *m(f)*, Manager(in) *m(f)*, Betriebsleiter(in) *m(f)*; *von Bank etc* Filialleiter(in) *m(f)*; *von Teilbereich* Abteilungsleiter(in) *m(f)*; *von Hotel* Direktor(in) *m(f)*; *von Popband etc* Manager(in) *m(f)*; *von Fußballmannschaft etc* Trainer(in) *m(f)*; **sales ~** Verkaufsleiter(in) *m(f)*

manageress [,mænɪdʒə'res] *s* HANDEL *etc* Geschäftsführerin *f*; *von Bank etc* Filialleiterin *f*; *von Hotel* Direktorin *f*

managerial [,mænə'dʒɪərɪəl] *adj* geschäftlich, Management-; *Mitarbeiter* leitend; **at ~ level** auf der Führungsebene; **proven ~ skills** nachgewiesene Leitungsfähigkeit *f*

managing ['mænɪdʒɪŋ] *adj* HANDEL *etc* geschäftsführend, leitend

managing director ['mænɪdʒɪŋdɪ'rektəʳ] *s* Geschäftsführer(in) *m(f)*

mandarin ['mændərɪn] *s* **1** hoher Funktionär **2** LING **Mandarin** Hochchinesisch *n* **3** (≈ *Obst*) Mandarine *f*

mandate ['mændeɪt] *s* Auftrag *m*; POL Mandat *n*

mandatory ['mændətərɪ] *adj* **1** obligatorisch **2** JUR *Strafe* vorgeschrieben

mandolin(e) ['mændəlɪn] *s* Mandoline *f*; **to play the ~(e)** Mandoline spielen

mane [meɪn] *s* Mähne *f*

man-eating ['mæn,iːtɪŋ] *adj* menschenfressend

maneuver US *s* & *v/t* & *v/i* → manoeuvre

manfully ['mænfəlɪ] *adv* mutig

manga ['mæŋɡə] *s* Manga *n od m* (*japanischer Comic*)

manger ['meɪndʒəʳ] *s* Krippe *f*

mangetout ['mɑ̃ːʒ'tuː] *s Br a.* **~ pea** Zuckererbse *f*

mangle *v/t*, (*a.* **mangle up**) (übel) zurichten

mango ['mæŋɡəʊ] *s* ⟨*pl* -(e)s⟩ **1** (≈ *Frucht*) Mango *f* **2** Mangobaum *m*

mangy ['meɪndʒɪ] *adj* ⟨*komp* mangier⟩ *Hund* räudig

manhandle ['mænhændl] *v/t* **1** *j-n* grob behandeln; **he was ~d into the back of the van** er wurde recht unsanft in den Laderaum des Wagens verfrachtet **2** *Klavier etc* hieven

manhole ['mænhəʊl] *s* Kanalschacht *m*

manhood ['mænhʊd] *s* **1** Mannesalter *n* **2** Männlichkeit *f*

man-hour *s* Arbeitsstunde *f*

manhunt *s* nach *Verbrecher* (Groß)fahndung *f*, Verbrecherjagd *f*

mania ['meɪnɪə] *s* Manie *f*; **he has a ~ for collecting things** er hat einen Sammeltick *umg*

maniac ['meɪnɪæk] *s* **1** Wahnsinnige(r) *m/f(m)* **2** *fig* **sports ~s** Sportfanatiker *pl*; **you ~** du bist ja wahnsinnig!

manic ['mænɪk] *adj* **1** *Aktivitäten* fieberhaft; *Mensch* rasend **2** PSYCH manisch

manic-depressive ['mænɪkdɪ'presɪv] **A** *adj* politisch nicht korrekt manisch-depressiv **B** *s* Manisch-Depressive(r) *m/f(m)*

manicure ['mænɪˌkjʊəʳ] **A** *s* Maniküre *f*; **to have a ~** sich (*dat*) (die Hände) maniküren lassen **B** *v/t* maniküren

manicured *adj Fingernägel* manikürt; *Rasen* gepflegt

manifest ['mænɪfest] **A** *adj* offenbar **B** *v/t* bekunden **C** *v/r* sich zeigen; *Naturwissenschaft etc*, *a.* PSYCH sich manifestieren

manifestation [,mænɪfe'steɪʃən] *s* Anzeichen *n*

manifestly ['mænɪfestlɪ] *adv* offensichtlich

manifesto [,mænɪ'festəʊ] *s* ⟨*pl* -(e)s⟩ Manifest *n*

manifold ['mænɪfəʊld] *adj* vielfältig

manipulate [mə'nɪpjʊleɪt] *v/t* **1** manipulieren; **to ~ sb into doing sth** j-n so manipulieren, dass er/sie etw tut **2** *Maschine etc* handhaben

manipulation [mə,nɪpjʊ'leɪʃən] *s* Manipulation *f*

manipulative [mə'nɪpjʊlətɪv] *pej adj* manipulativ; **he was very ~** er konnte andere sehr gut manipulieren

mankind [mæn'kaɪnd] *s* die Menschheit

manly ['mænlɪ] *adj* ⟨*komp* manlier⟩ männlich

man-made ['mæn'meɪd] *adj* **1** künstlich; **~ fibres** *Br*, **~ fibers** *US* Kunstfasern *pl* **2** *Katastrophe* vom Menschen verursacht

manned *adj Raumkapsel etc* bemannt

manner ['mænəʳ] *s* **1** Art *f*; **in this ~** auf diese

Art und Weise; **in the Spanish ~** im spanischen Stil; **in such a ~ that ...** so ..., dass ...; **in a ~ of speaking** sozusagen; **all ~ of birds** die verschiedensten Arten von Vögeln; **we saw all ~ of interesting things** wir sahen so manches Interessante ❷ **~s** pl Benehmen n, Manieren pl, Umgangsformen pl; **good/bad ~s** pl gute/ schlechte Manieren pl; **it's bad ~s to ...** es gehört sich nicht, zu ...; **he has no ~s** er kann sich nicht benehmen

mannerism ['mænərɪzəm] s in j-s Verhalten Eigenheit f

mannish ['mænɪʃ] adj männlich wirkend

manoeuvrable [mə'nuːvrəbl] adj, **maneuverable** US adj manövrierfähig; **easily ~** leicht zu manövrieren

manoeuvre [mə'nuːvəʳ], **maneuver** US Ⓐ s ❶ **~s** pl MIL Manöver n/pl ❷ (≈ Plan) Manöver n Ⓑ v/t & v/i manövrieren; **to ~ a gun into position** ein Geschütz in Stellung bringen; **to ~ for position** sich in eine günstige Position manövrieren; **room to ~** Spielraum m

manor ['mænəʳ] s (Land)gut n

manor house s Herrenhaus n

manpower ['mæn,paʊəʳ] s Arbeitskräfte pl, Personal n; MIL Stärke f

manservant ['mænsɜːvənt] s ⟨pl menservants⟩ Diener m

mansion ['mænʃn] s Villa f, Herrenhaus n

manslaughter ['mænslɔːtəʳ] s Totschlag m

manta ray ['mæntəreɪ] s Mantarochen m

mantelpiece ['mæntlpiːs] s Kaminsims n/m

man-to-man [,mæntə'mæn] adj & adv von Mann zu Mann

manual ['mænjʊəl] Ⓐ adj manuell; Arbeit a. körperlich; **~ labourer** Br, **~ laborer** US Schwerarbeiter(in) m(f); **~ worker** Handarbeiter(in) m(f) Ⓑ s Handbuch n

manual gearbox Br s, **manual gearshift** US s Schaltgetriebe n

manually ['mænjʊəlɪ] adv manuell; **~ operated** handbetrieben

manual transmission s Schaltgetriebe n

manufacture [,mænjʊ'fæktʃəʳ] Ⓐ s Herstellung f Ⓑ v/t herstellen; **~d goods** Industriegüter pl

manufacturer [,mænjʊ'fæktʃərəʳ] s Hersteller(in) m(f); **~'s suggested retail price** US unverbindlicher Verkaufspreis

manufacturing [,mænjʊ'fæktʃərɪŋ] Ⓐ adj Herstellungs-; Industrie verarbeitend; **~ company** Herstellerfirma f Ⓑ s Herstellung f

manure [mə'njʊəʳ] s Mist m, Dünger m

manuscript ['mænjʊskrɪpt] s Manuskript n

Manx [mæŋks] adj die Insel Man

many ['menɪ] adj & pron viele; **she has ~** sie hat viele (davon); **as ~ again** noch einmal so viele; **there's one too ~** einer ist zu viel; **he's had one too ~** umg er hat einen zu viel getrunken umg; **a good/great ~ houses** eine (ganze) Anzahl Häuser; **~ a time** so manches Mal

many-coloured adj, **many-colored** US adj vielfarbig

many-sided adj vielseitig

map [mæp] s (Land)karte f, Stadtplan m; **this will put Cheam on the map** fig das wird Cheam zu einem Namen verhelfen

phrasal verbs mit map:

map out fig v/t ⟨trennb⟩ Plan entwerfen

maple ['meɪpl] s Ahorn m

maple syrup s Ahornsirup m

Mar abk (= March) Mrz.

mar [mɑːʳ] v/t verderben; Schönheit mindern

marathon ['mærəθən] Ⓐ s Marathon(lauf) m; **~ runner** Marathonläufer(in) m(f) Ⓑ adj Marathon-

marauder [mə'rɔːdəʳ] s Plünderer m, Plünderin f

marble ['mɑːbl] Ⓐ s ❶ Marmor m ❷ Murmel f; **he's lost his ~s** umg er hat nicht mehr alle Tassen im Schrank umg Ⓑ adj Marmor-

marbled ['mɑːbld] adj marmoriert; **~ effect** Marmoreffekt m

March [mɑːtʃ] s März m; → September

march [mɑːtʃ] Ⓐ s ❶ MIL, MUS Marsch m; (≈ Protestaktion etc) Demonstration f ❷ von Zeit Lauf m Ⓑ v/t & v/i marschieren; **to ~ sb off** j-n abführen; **forward ~!** vorwärts(, marsch)!; **quick ~!** im Laufschritt, marsch!; **she ~ed straight up to him** sie marschierte schnurstracks auf ihn zu

marcher ['mɑːtʃə] s bei Protestaktion etc Demonstrant(in) m(f)

marching orders ['mɑːtʃɪŋˌɔːdəz] Br pl **the new manager got his ~** der neue Manager ist gegangen worden umg; **she gave him his ~** sie hat ihm den Laufpass gegeben

Mardi Gras ['mɑːdɪ'grɑː] s Karneval m

mare [meəʳ] s Stute f

margarine [,mɑːdʒə'riːn], **marge** [mɑːdʒ] umg s Margarine f

margin ['mɑːdʒɪn] s ❶ von Seite Rand m; **to write sth in the ~** etw an den Rand schreiben; **a note (written) in the ~** eine Randbemerkung ❷ Spielraum m; **to allow for a ~ of error** etwaige Fehler mit einkalkulieren; **by a narrow ~** knapp ❸ HANDEL a. **profit ~** Gewinnspanne f

marginal ['mɑːdʒɪnl] adj ❶ Unterschied geringfügig ❷ SOZIOL Gruppen randständig ❸ Br PARL Wahlkreis mit knapper Mehrheit

marginalize ['mɑːdʒɪnəlaɪz] v/t marginalisieren geh

marginally ['mɑːdʒɪnəlɪ] *adv* geringfügig; *schneller etc* etwas
marigold ['mærɪgəʊld] *s* Tagetes *f*
marihuana, marijuana [ˌmærɪ'hwɑːnə] *s* Marihuana *n*
marina [mə'riːnə] *s* Jachthafen *m*
marinade [ˌmærɪ'neɪd] *s* Marinade *f*
marinate ['mærɪneɪt] *v/t* marinieren
marine [mə'riːn] **A** *adj* Meeres-; **B** *s* Marineinfanterist(in) *m(f)*; **the ~s** die Marinetruppen *pl*
marine energy *s* ÖKOL Meeresenergie *f*
marionette [ˌmærɪə'net] *s* Marionette *f*
marital ['mærɪtl] *adj* ehelich
marital status *s* Familienstand *m*
maritime ['mærɪtaɪm] *adj* See-; **~ regions** Küstenregionen *pl*
marjoram ['mɑːdʒərəm] *s* Majoran *m*
mark[1] [mɑːk] *s* HIST (≈ Währung) Mark *f*
mark[2] **A** *s* **1** Fleck *m*, Kratzer *m*; *auf Haut* Mal *n*; **to make a ~ on sth** einen Fleck/Kratzer auf etw (*akk*) machen; **dirty ~s** Schmutzflecken *pl* **2** SCHULE *etc* Note *f*; **high** *od* **good ~s** gute Noten *pl*; **there are no ~s for guessing** *fig* das ist ja wohl nicht schwer zu erraten; **he gets full ~s for punctuality** *fig* in Pünktlichkeit verdient er eine Eins **3** Zeichen *n*, Markierung *f*; **the ~s of genius** geniale Züge **4** **the temperature reached the 35° ~** die Temperatur stieg bis auf 35° an **5** **Cooper Mark II** Cooper, II **6** **to be quick off the ~** SPORT einen guten Start haben; *fig* blitzschnell handeln; **to be slow off the ~** SPORT einen schlechten Start haben; *fig* nicht schnell genug reagieren; **to be up to the ~** den Anforderungen entsprechen; **to leave one's ~ (on sth)** seine Spuren (an etw *dat*) hinterlassen; **to make one's ~** sich (*dat*) einen Namen machen; **on your ~s!** auf die Plätze!; **to be wide of the ~** *fig* danebentippen; **to hit the ~** ins Schwarze treffen **B** *v/t* **1** beschädigen, schmutzig machen, zerkratzen **2** *zur Identifikation* markieren; **the bottle was ~ed "poison"** die Flasche trug die Aufschrift „Gift"; **~ where you have stopped in your reading** mach dir ein Zeichen, bis wohin du gelesen hast; **to ~ sth with an asterisk** etw mit einem Sternchen versehen; **the teacher ~ed him absent** der Lehrer trug ihn als fehlend ein; **it's not ~ed on the map** es ist nicht auf der Karte eingezeichnet; **it's ~ed with a blue dot** es ist mit einem blauen Punkt gekennzeichnet **3** kennzeichnen; **a decade ~ed by violence** ein Jahrzehnt, das im Zeichen der Gewalt stand; **to ~ a change of policy** auf einen politischen Kurswechsel hindeuten; **it ~ed the end of an era** damit ging eine Ära zu Ende **4** *Prüfungsarbeit* korrigieren (und benoten); **to ~ sth wrong** etw anstreichen **5** **~ my words** das kann ich dir sagen **6** SPORT Gegner decken

phrasal verbs mit mark:

mark down *v/t* ⟨*trennb*⟩ *Preis* heruntersetzen
mark off *v/t* ⟨*trennb*⟩ kennzeichnen; *Gefahrenbereich* absperren
mark out *v/t* ⟨*trennb*⟩ **1** *Tennisplatz etc* abstecken **2** bestimmen (**for** für); **he's been marked out for promotion** er ist zur Beförderung vorgesehen
mark up *v/t* ⟨*trennb*⟩ *Preis* erhöhen

marked [mɑːkt] *adj* **1** markiert **2** *Kontrast* deutlich; *Verbesserung* spürbar; **in ~ contrast (to sb/sth)** in scharfem Gegensatz (zu j-m/etw) **3** **he's a ~ man** er steht auf der schwarzen Liste
markedly ['mɑːkɪdlɪ] *adv* sich verbessern merklich; *schneller, mehr* wesentlich
marker ['mɑːkəʳ] *s* **1** Marke *f* **2** *bei Prüfung* Korrektor(in) *m(f)* **3** FUSSB Beschatter(in) *m(f)* **4** Filzstift *m*; Marker *m*
market ['mɑːkɪt] **A** *s* **1** Markt *m*; **at the ~** auf dem Markt; **to go to ~** auf den Markt gehen; **to be in the ~ for sth** an etw (*dat*) interessiert sein; **to be on the ~** auf dem Markt sein; **to come on(to) the ~** auf den Markt kommen; **to put on the ~** *Haus* zum Verkauf anbieten **2** FIN Börse *f* **B** *v/t* vertreiben; **to ~ a product** ein Produkt auf den Markt bringen
marketable ['mɑːkɪtəbl] *adj* marktfähig
market analysis *s* Marktanalyse *f*
market day *s* Markttag *m*
market economy *s* Marktwirtschaft *f*
market forces *pl* Marktkräfte *pl*
market garden *s* Gemüseanbaubetrieb *m*
marketing ['mɑːkɪtɪŋ] *s* Marketing *n*
market leader *s* Marktführer *m*
market launch *s* Markteinführung *f*
marketplace *s* **1** Marktplatz *m* **2** *weltweit* Markt *m*
market player *s* WIRTSCH Marktteilnehmer(in) *m(f)*
market potential *s* Marktpotenzial *n*
market price *s* Marktpreis *m*; **at ~s** zu Marktpreisen
market research *s* Marktforschung *f*
market sector *s* Marktsegment *n od* -sektor *m*
market share *s* Marktanteil *m*
market town *s* Marktstädtchen *n*
market trader *Br s* Markthändler(in) *m(f)*
market value *s* Marktwert *m*
marking ['mɑːkɪŋ] *s* **1** Markierung *f*; *von Fell* Zeichnung *f* **2** SCHULE *etc* Korrektur *f*, Benotung *f* **3** SPORT Deckung *f*
marksman ['mɑːksmən] *s* ⟨*pl* **-men**⟩ Schütze *m*; (≈ *Polizist*) Scharfschütze *m*
mark-up ['mɑːkʌp] *s* Handelsspanne *f*;

(≈ *Erhöhung*) Preisaufschlag *m*; **~ price** Verkaufspreis *m*
marmalade ['mɑːməleɪd] *s* Marmelade *f* aus Zitrusfrüchten; **(orange) ~** Orangenmarmelade *f*
maroon[1] [mə'ruːn] *adj* kastanienbraun
maroon[2] *v/t* **~ed** von der Außenwelt abgeschnitten; **~ed by floods** vom Hochwasser eingeschlossen
marquee [mɑː'kiː] *s* Festzelt *n*
marquess, marquis ['mɑːkwɪs] *s* Marquis *m*
marriage ['mærɪdʒ] *s* Ehe *f*; (≈ *Feier*) Hochzeit *f*, Heirat *f*; (≈ *Zeremonie*) Trauung *f*; **~ of convenience** Vernunftehe *f*; **to be related by ~** miteinander verschwägert sein; **an offer of ~** ein Heiratsantrag *m*
marriage ceremony *s* Trauzeremonie *f*
marriage certificate *s* Heiratsurkunde *f*
marriage (guidance) counsellor *s,* **marriage (guidance) counselor** *US s* Eheberater(in) *m(f)*
marriage licence *s,* **marriage license** *US s* Eheerlaubnis *f*
marriage vow *s* Ehegelübde *n*
married ['mærɪd] *adj* verheiratet (**to sb** mit j-m); **to get ~** heiraten; **just** od **newly ~** frisch vermählt; **~ couple** Ehepaar *n*; **~ couple's allowance** Steuerfreibetrag *m* für Verheiratete; **~ life** das Eheleben; **he is a ~ man** er ist verheiratet
married name *s* Ehename *m*
marrow ['mærəʊ] *s* **1** ANAT (Knochen)mark *n*; **to be frozen to the ~** völlig durchgefroren sein **2** *Br* BOT Gartenkürbis *m*
marrowbone ['mærəʊbəʊn] *s* Markknochen *m*
marry ['mærɪ] **A** *v/t* **1** heiraten; **will you ~ me?** willst du mich heiraten? **2** *Zeremonie vollziehen* trauen **B** *v/i* (*a.* **get married**) heiraten; **to ~ into a rich family** in eine reiche Familie einheiraten

phrasal verbs mit marry:

marry off *v/t* ⟨*trennb*⟩ an den Mann/die Frau bringen *umg*; **he has married his daughter off to a rich young lawyer** er hat dafür gesorgt, dass seine Tochter einen reichen jungen Anwalt heiratet

Mars [mɑːz] *s* Mars *m*
marsh [mɑːʃ] *s* Sumpf *m*
marshal ['mɑːʃəl] **A** *s bei Veranstaltung* Ordner(in) *m(f)* **B** *v/t* geleiten, führen
marshland *s* Marschland *n*
marshmallow *s Süßigkeit* Marshmallow *n*
marshy ['mɑːʃɪ] *adj* ⟨*komp* **marshier**⟩ sumpfig
marsupial [mɑː'suːpɪəl] *s* Beuteltier *n*
martial ['mɑːʃəl] *adj* kriegerisch
martial art *s* **the ~s** die Kampfkunst, die Kampfsportarten
martial law *s* Kriegsrecht *n*
Martian ['mɑːʃɪən] *s* Marsmensch *m*
martyr ['mɑːtə^r] **A** *s* Märtyrer(in) *m(f)* **B** *v/t* **thousands of Christians were ~ed** Tausende von Christen starben den Märtyrertod
martyrdom ['mɑːtədəm] *s* Martyrium *n*, Märtyrertod *m*
marvel ['mɑːvəl] **A** *s* Wunder *n*; **it's a ~ to me how he does it** *umg* es ist mir einfach unerklärlich, wie er das macht **B** *v/i* staunen (**at** über +*akk*)
marvellous ['mɑːvələs] *adj,* **marvelous** *US adj* wunderbar; **isn't it ~?** ist das nicht herrlich?; **they've done a ~ job** das haben sie hervorragend gemacht
marvellously ['mɑːvələslɪ] *adv,* **marvelously** *US adv mit Adjektiv* herrlich; *mit Verb* großartig
Marxism ['mɑːksɪzəm] *s* der Marxismus
Marxist ['mɑːksɪst] **A** *adj* marxistisch **B** *s* Marxist(in) *m(f)*
marzipan [ˌmɑːzɪ'pæn] *s* Marzipan *n/m*
mascara [mæ'skɑːrə] *s* Wimperntusche *f*
mascarpone [ˌmæskɑː'pəʊneɪ] *s* GASTR Mascarpone *m*
mascot ['mæskət] *s* Maskottchen *n*
masculine ['mæskjʊlɪn] **A** *adj* männlich; *Frau* maskulin; GRAM maskulin **B** *s* GRAM Maskulinum *n*
masculinity [ˌmæskjʊ'lɪnɪtɪ] *s* Männlichkeit *f*
mash [mæʃ] **A** *s* Brei *m*; (≈ *Kartoffeln*) Püree *n* **B** *v/t* zerstampfen
mashed *adj* **~ potatoes** Kartoffelbrei *m*, Kartoffelstock *m schweiz*, Erdäpfelpüree *n österr*
masher ['mæʃə^r] *s* Kartoffelstampfer *m*
mask [mɑːsk] **A** *s* Maske *f*; **surgeon's ~** Mundschutz *m* **B** *v/t* maskieren
masked *adj* maskiert
masochism ['mæsəʊkɪzəm] *s* Masochismus *m*
masochist ['mæsəʊkɪst] *s* Masochist(in) *m(f)*
masochistic [ˌmæsəʊ'kɪstɪk] *adj* masochistisch
mason ['meɪsn] *s* **1** Steinmetz(in) *m(f)* **2** Freimaurer *m*
masonic [mə'sɒnɪk] *adj* Freimaurer-
masonry ['meɪsnrɪ] *s* Mauerwerk *n*
masquerade [ˌmæskə'reɪd] **A** *s* Maskerade *f* **B** *v/i* **to ~ as ...** *fig* sich ausgeben als ...
mass[1] [mæs] *s* KIRCHE Messe *f*; **to go to ~** zur Messe gehen
mass[2] **A** *s* **1** Masse *f*, Menge *f*; **a ~ of snow** eine Schneemasse; **a ~ of rubble** ein Schutthaufen *m*; **the ~es** die Masse(n) (*pl*); **the great ~ of the population** die (breite) Masse der Bevölkerung **2** **~es** *pl umg* massenhaft; **he has ~es of money** er hat massenhaft Geld; **the factory is producing ~es of cars** die Fabrik produziert Un-

mengen von Autos; **I've got ~es to do** ich habe noch massig zu tun *umg* **B** *v/i* MIL sich massieren; *Demonstranten etc* sich versammeln; **they're ~ing for an attack** sie sammeln sich zum Angriff

massacre ['mæsəkə⁽ʳ⁾] **A** *s* Massaker *n* **B** *v/t* massakrieren

massage ['mæsɑːʒ] **A** *s* Massage *f*; **to have a ~** sich massieren lassen **B** *v/t* massieren

massage parlour *s*, **massage parlor** US *s* Massagesalon *m*

mass destruction *s* **weapons of ~** Massenvernichtungswaffen *pl*

massed *adj Truppen* zusammengezogen; *Menschen* dicht gedrängt; **~ ranks** dicht gedrängte Reihen

masseur [mæˈsɜː⁽ʳ⁾] *s* Masseur *m*

masseuse [mæˈsɜːz] *s* Masseuse *f*

mass grave *s* Massengrab *n*

mass hysteria *s* Massenhysterie *f*

massive ['mæsɪv] *adj* riesig; *Aufgabe* gewaltig; *Angriff, Herzinfarkt, Unterstützung* massiv; **on a ~ scale** in riesigem Umfang

massively ['mæsɪvlɪ] *adv* enorm; **~ multiplayer online game** Massen-Online-Spiel *n*

mass market *s* Massenmarkt *m*

mass media *pl* Massenmedien *pl*

mass meeting *s* Massenveranstaltung *f*

mass murderer *s* Massenmörder(in) *m(f)*

mass-produce *v/t* in Massenproduktion herstellen

mass-produced product *s* Massenartikel *m*

mass production *s* Massenproduktion *f*

mass protests *pl* Massenproteste *pl*

mass redundancies [mæsrɪˈdʌndənsɪz] *pl* Massenentlassungen *pl*

mass tourism *s* Massentourismus *m*

mass unemployment *s* Massenarbeitslosigkeit *f*

mast [mɑːst] *s* SCHIFF Mast(baum) *m*; RADIO *etc* Sendeturm *m*

mastectomy [mæˈstektəmɪ] *s* Brustamputation *f*

master ['mɑːstə⁽ʳ⁾] **A** *s* **1** Herr *m*; **to be ~ of the situation** Herr *m* der Lage sein **2** SCHIFF Kapitän *m* **3** (≈ *Musiker, Maler*) Meister(in) *m(f)* **4** Lehrer *m* **B** *v/t* meistern; *Gefühle* unter Kontrolle bringen; *Technik* beherrschen

master bedroom *s* großes Schlafzimmer

master copy *s* Original *n*

master craftsman *s* Handwerksmeister *m*

master disk *s* Hauptplatte *f*

master file *s* IT Stammdatei *f*

masterful *adj* gebieterisch

master key *s* Generalschlüssel *m*

masterly ['mɑːstəlɪ] *adj* meisterhaft

mastermind **A** *s* (führender) Kopf **B** *v/t* **who ~ed the robbery?** wer steckt hinter dem Raubüberfall?

Master of Arts/Science *s* ≈ Magister *m* (der philosophischen/naturwissenschaftlichen Fakultät); ≈ Master *m* (der philosophischen/naturwissenschaftlichen Fakultät)

master of ceremonies *s* Zeremonienmeister(in) *m(f)*, Conférencier *m*

masterpiece *s* Meisterwerk *n*

master plan *s* Gesamtplan *m*

master's (degree) *s* Master(abschluss) *m*; Magister(abschluss) *m*

master's thesis *s* Masterarbeit *f*

masterstroke *s* Meisterstück *n*

master tape *s* Originalband *n*; IT Stammband *n*

masterwork *s* Meisterwerk *n*

mastery ['mɑːstərɪ] *s von Sprache* Beherrschung *f*; (≈ *Geschick*) Können *n*

masturbate ['mæstəbeɪt] *v/i* masturbieren

masturbation [ˌmæstəˈbeɪʃən] *s* Masturbation *f*

mat [mæt] *s* Matte *f*, Fußmatte *f*; *für Trinkglas* Untersetzer *m*

match[1] [mætʃ] *s* Streichholz *n*

match[2] **A** *s* **1** **to be** *od* **make a good ~** gut zusammenpassen; **I want a ~ for this yellow paint** ich möchte Farbe in diesem Gelbton; **to be a/no ~ for sb** j-m gewachsen/nicht gewachsen sein; **to meet one's ~** seinen Meister finden **2** (≈ *Heirat*) **she made a good ~** sie hat eine gute Partie gemacht **3** SPORT Wettkampf *m*, Spiel *n*, Match *n bes österr*; *Tennis* Match *n*; *Boxen* Kampf *m*; **athletics ~** Leichtathletikkampf *m*; **we must have another ~ some time** wir müssen wieder einmal gegeneinander spielen **B** *v/t* **1** (einander) anpassen **2** gleichkommen (+*dat*) (**in** an +*dat*); **a quality that has never been ~ed since** eine Qualität, die bislang nicht erreicht ist **3** entsprechen (+*dat*) **4** *Bild und Wort* zuordnen, zusammenfügen **5** *Kleidung, Farbe* passen zu; **to ~ textures and fabrics so that ...** Strukturen und Stoffe so aufeinander abstimmen, dass ... **6** sich gegen sb antreten; **to ~ one's strength against sb** seine Kräfte mit j-m messen **C** *v/i* zusammenpassen; **with a skirt to ~** mit (dazu) passendem Rock

phrasal verbs mit match:

match up **A** *v/i* zusammenpassen **B** *v/t* ⟨*trennb*⟩ **1** zusammenfügen **2** *Farben* aufeinander abstimmen; **I matched the lampshade up with the wallpaper** ich fand den passenden Lampenschirm zu der Tapete

matchbook *bes* US *s* Streichholzheftchen *n*

matchbox *s* Streichholzschachtel *f*

matched *adj* zusammenpassend; **they're well ~** die beiden passen gut zusammen; **the boxers were well ~** die Boxer waren einander ebenbürtig

matching ['mætʃɪŋ] *adj* (dazu) passend; **they form a ~ pair** sie passen zusammen; **a ~ set of wine glasses** ein Satz *m* Weingläser

matchmaker *s* Ehestifter(in) *m(f)*, Kuppler(in) *m(f) pej*

match point *s Tennis* Matchball *m*

matchstick *s* Streichholz *n*

mate **A** *s* **1** Gehilfe *m*, Gehilfin *f* **2** SCHIFF Maat *m* **3** *von Tier* Männchen *n*, Weibchen *n*; **his ~** das Weibchen **4** *umg* Freund(in) *m(f)*, Kumpel *m umg*; **listen, ~** hör mal, Freundchen! *umg* **B** *v/i* ZOOL sich paaren

material [mə'tɪərɪəl] **A** *adj* **1** materiell; **~ damage** Sachschaden *m* **2** *bes* JUR *Zeuge* wesentlich **B** *s* (*a.* **materials**) *pl* Material *n*; *für Reportage etc* (≈ *Gewebe*) Stoff *m*; **raw ~s** Rohstoffe *pl*; **writing ~s** Schreibzeug *n*

materialism [mə'tɪərɪəlɪzəm] *s* Materialismus *m*

materialist [mə'tɪərɪəlɪst] *s* Materialist(in) *m(f)*

materialistic [mə,tɪərɪə'lɪstɪk] *adj* materialistisch

materialize [mə'tɪərɪəlaɪz] *v/i* sich verwirklichen; **the meeting never ~d** das Treffen kam nie zustande; **the money never ~d** von dem Geld habe ich *etc* nie etwas gesehen

maternal [mə'tɜːnl] *adj* mütterlich; **~ grandfather** Großvater *m* mütterlicherseits; **~ affection** *od* **love** Mutterliebe *f*

maternity [mə'tɜːnətɪ] *s* Mutterschaft *f*

maternity allowance, **maternity benefit** [mə'tɜːnɪtɪ] *Br s* Mutterschaftshilfe *f*

maternity dress *s* Umstandskleid *n*

maternity leave *s* Mutterschaftsurlaub *m*

maternity pay *Br s* Mutterschaftsgeld *n* (*als Lohnfortzahlung*)

maternity rights *pl* Anspruchsberechtigung *f* von Müttern

maternity ward *s* Entbindungsstation *f*

math [mæθ] *US umg s* Mathe *f umg*

mathematical [,mæθə'mætɪkəl] *adj* mathematisch

mathematician [,mæθəmə'tɪʃən] *s* Mathematiker(in) *m(f)*

mathematics [,mæθə'mætɪks] *s* Mathematik *f*

maths [mæθs] *Br umg s* Mathe *f umg*

matinée ['mætɪneɪ] *s* Matinee *f*; *nachmittags* Frühvorstellung *f*

mating ['meɪtɪŋ] *s* Paarung *f*

mating call *s* Lockruf *m*

mating season *s* Paarungszeit *f*

matriarch ['meɪtrɪɑːk] *s* Matriarchin *f*

matriarchal [,meɪtrɪ'ɑːkl] *adj* matriarchalisch

matriarchy ['meɪtrɪɑːkɪ] *s* Matriarchat *n*

matriculate [mə'trɪkjʊleɪt] *v/i* sich immatrikulieren

matriculation [mə,trɪkjʊ'leɪʃən] *s* Immatrikulation *f*

matrimonial [,mætrɪ'məʊnɪəl] *adj* ehelich

matrimony ['mætrɪmənɪ] *form s* Ehe *f*

matron ['meɪtrən] *s in Krankenhaus* Oberin *f*; *in Schule* Schwester *f*

matronly ['meɪtrənlɪ] *adj* matronenhaft

matt [mæt] *adj* matt; **a paint with a ~ finish** ein Mattlack *m*

matted ['mætɪd] *adj* verfilzt; **hair ~ with blood/mud** mit Blut/Schlamm verkrustetes Haar

matter ['mætəʳ] **A** *s* **1** (≈ *Substanz*) die Materie **2** Stoff *m*; **vegetable ~** pflanzliche Stoffe *pl* **3** Sache *f*, Thema *n*; **a ~ of great urgency** eine äußerst dringende Angelegenheit; **there's the ~ of my expenses** da ist noch die Sache mit meinen Ausgaben; **that's quite another ~** das ist etwas (ganz) anderes; **it will be no easy ~ (to)** … es wird nicht einfach sein, zu …; **the ~ is closed** der Fall ist erledigt; **for that ~** wenn wir schon dabei sind; **it's a ~ of time** das ist eine Frage der Zeit; **it's a ~ of opinion** das ist Ansichtssache; **it's a ~ of adjusting this part exactly** es geht darum, dieses Teil genau einzustellen; **it's a ~ of life and death** es geht um Leben und Tod; **it will be a ~ of a few weeks** es wird ein paar Wochen dauern; **in a ~ of minutes** innerhalb von Minuten; **it's not just a ~ of increasing the money supply** es ist nicht damit getan, die Geldzufuhr zu erhöhen; **as a ~ of course** selbstverständlich; **no ~!** macht nichts; **no ~ how** *etc* … egal, wie *etc* …; **no ~ how you do it** wie du es auch machst; **no ~ how hard he tried** so sehr er sich auch anstrengte; **sth is the ~ with sb/sth** etw ist mit j-m/etw los; *krank* etw fehlt j-m; **what's the ~?** was ist (denn) los?; **what's the ~ with you this morning? — nothing's the ~** was hast du denn heute Morgen? — gar nichts; **something's the ~ with the lights** mit dem Licht ist irgendetwas nicht in Ordnung **4** **~s** *pl* Angelegenheiten *pl*; **to make ~s worse** zu allem Unglück (noch) **B** *v/i* von Bedeutung sein; **it doesn't ~** macht nichts; **I forgot it, does it ~?** — **yes, it does ~** ich hab's vergessen, ist das schlimm? — ja, das ist schlimm; **why should it ~ to me?** warum sollte mir das etwas ausmachen?; **it doesn't ~ to me what you do** es ist mir (ganz) egal, was du machst; **the things which ~ in life** was im Leben wichtig ist

matter-of-fact [,mætərəv'fækt] *adj* sachlich; **he was very ~ about it** er blieb sehr sachlich

matting ['mætɪŋ] *s* Matten *pl*
mattress ['mætrɪs] *s* Matratze *f*
mature [məˈtjʊəʳ] **A** *adj* ⟨*komp* maturer⟩ reif; *Wein* ausgereift **B** *v/i* **1** *Mensch* reifer werden **2** *Wein, Käse* reifen **3** HANDEL fällig werden
maturely [məˈtjʊəlɪ] *adv* sich verhalten vernünftig
mature student *s* Spätstudierende(r) *m/f(m)*
maturity [məˈtjʊərɪtɪ] *s* **1** Reife *f*; **to reach ~** *Mensch* erwachsen werden, volljährig werden **2** HANDEL Fälligkeit *f*
maudlin [ˈmɔːdlɪn] *adj* sentimental
maul [mɔːl] *v/t* übel zurichten
Maundy Thursday [ˌmɔːndɪˈθɜːzdɪ] *s* Gründonnerstag *m*
mausoleum [ˌmɔːsəˈlɪəm] *s* Mausoleum *n*
mauve [məʊv] **A** *adj* mauve **B** *s* Mauvein *n*
maverick [ˈmævərɪk] *s* Einzelgänger(in) *m(f)*
max *abk* (= **maximum**) max.
maxim [ˈmæksɪm] *s* Maxime *f*
maximization [mæksɪmaɪˈzeɪʃn] *s* Maximierung *f*
maximize [ˈmæksɪmaɪz] *v/t* maximieren
maximum [ˈmæksɪməm] **A** *adj* ⟨*attr*⟩ Höchst-; *Länge* maximal; **~ penalty** Höchststrafe *f*; **~ fine** maximale Geldstrafe; **for ~ effect** um die größte Wirkung zu erzielen; **he scored ~ points** er hat die höchste Punktzahl erreicht; **~ security prison** Hochsicherheitsgefängnis *n* **B** *s* ⟨*pl* -s *od* maxima⟩ Maximum *n*; **up to a ~ of £8** bis zu maximal £ 8; **temperatures reached a ~ of 34°** die Höchsttemperatur betrug 34° **C** *adv* maximal; **drink two cups of coffee a day ~** trinken Sie maximal zwei Tassen Kaffee pro Tag
May [meɪ] *s* Mai *m*
may [meɪ] *v/i* ⟨*prät* might⟩ **1** → **might¹** **2** (*a.* **might**) können; **it may rain** es könnte regnen; **it may be that …** es könnte sein, dass …; **although it may have been useful** obwohl es hätte nützlich sein können; **he may not be hungry** vielleicht hat er keinen Hunger; **they may be brothers** es könnte sein, dass sie Brüder sind; **that's as may be** das mag ja sein(, aber …); **you may well ask** das kann man wohl fragen **3** dürfen; **may I go now?** darf ich jetzt gehen? **4** **I had hoped he might succeed this time** ich hatte gehofft, es würde ihm diesmal gelingen; **we may** *od* **might as well go** ich glaube, wir können (ruhig) gehen; **may you be very happy together** ich wünsche euch, dass ihr sehr glücklich miteinander werdet; **may the Lord have mercy on your soul** der Herr sei deiner Seele gnädig; **who may** *od* **might you be?** und wer sind Sie?
maybe [ˈmeɪbiː] *adv* vielleicht; **that's as ~ kann** schon sein; **~, ~ not** vielleicht, vielleicht auch nicht
May Day *s* der 1. Mai
Mayday *s* Maydaysignal *n*; *gesprochen* Mayday
mayhem [ˈmeɪhem] *s* Chaos *n*
mayo [ˈmeɪəʊ] US *umg s* ⟨*kein pl*⟩ Majo *f umg*
mayonnaise [ˌmeɪəˈneɪz] *s* ⟨*kein pl*⟩ Mayonnaise *f*
mayor [mɛəʳ] *s* Bürgermeister(in) *m(f)*
mayoress [ˈmɛəres] *s* Frau *f* Bürgermeister, Bürgermeisterin *f*
maypole *s* Maibaum *m*
maze [meɪz] *s* Irrgarten *m*, Labyrinth *n*; *fig* Gewirr *n*
MB¹ *abk* (= **Bachelor of Medicine**) Bachelor der Medizin
MB² *abk* (= **megabyte**) MB, Mbyte
MBA *abk* (= **Master of Business Administration**) **he's doing an MBA** er studiert Betriebswirtschaft
MBE *abk* (= **Member of the Order of the British Empire**) *britischer Verdienstorden*
MC *abk* (= **Master of Ceremonies**) Conférencier *m*
MD¹ [emˈdiː] *abk* (= **Doctor of Medicine**) Dr. med
MD² *abk* (= **managing director**) Geschäftsführer *m*
me [miː] *pron* **1** *akk obj, mit präp +akk* mich; *dat obj, mit präp +dat* mir; **he's older than me** er ist älter als ich; **more than me** mehr als ich **2** *emph* ich; **it's me** ich bin's; **me too** ich auch; **that's me** das bin ich
meadow [ˈmedəʊ] *s* Wiese *f*; **in the ~** auf der Wiese
meagre [ˈmiːgəʳ] *adj*, **meager** US *adj* spärlich; *Summe* kläglich; **he earns a ~ £500 a month** er verdient magere £500 im Monat
meal¹ [miːl] *s* Schrot *m*, Schrotmehl *n*
meal² *s* Mahlzeit *f*, Essen *n*; **come round for a ~** komm zum Essen (zu uns); **to go for a ~** essen gehen; **to have a (good) ~** (gut) essen; **to make a ~ of sth** *umg* etw auf sehr umständliche Art machen
mealtime *s* Essenszeit *f*; **at ~s** während des Essens
mean¹ [miːn] *adj* ⟨+er⟩ **1** *bes Br* geizig; **you ~ thing!** du Geizhals! **2** gemein; **you ~ thing!** du Miststück! *umg* **3** *Geburt* niedrig **4** bösartig **5** **he is no ~ player** er ist ein beachtlicher Spieler; **he plays a ~ game of poker** er ist ein ausgefuchster Pokerspieler *umg*; **that's no ~ feat** diese Aufgabe ist nicht zu unterschätzen
mean² *s* MATH Mittelwert *m*
mean³ *v/t* ⟨*prät, pperf* meant [ment]⟩ **1** bedeuten, meinen; **what do you ~ by that?** was willst du damit sagen?; **the name ~s nothing**

to me der Name sagt mir nichts; **it ~s starting all over again** das bedeutet, dass wir wieder ganz von vorne anfangen müssen; **he ~s a lot to me** er bedeutet mir viel ◪ beabsichtigen; **to ~ to do sth** etw tun wollen; (≈ *bewusst*) etw beabsichtigen; **to be ~t for sb/sth** für j-n/etw bestimmt sein; **sth is ~t to be** etw soll etw sein; **of course it hurt, I ~t it to** *od* **it was ~t to** natürlich tat das weh, das war Absicht; **I ~t it as a joke** das sollte ein Witz sein; **I was ~t to do that** ich hätte das tun sollen; **I thought it was ~t to be hot in the south** ich dachte immer, dass es im Süden so heiß sei; **this pad is ~t for drawing** dieser Block ist zum Zeichnen gedacht; **he ~s well/no harm** er meint es gut/nicht böse; **to ~ sb no harm** es gut mit j-m meinen, j-m nichts tun wollen; **I ~t no harm by what I said** was ich da gesagt habe, war nicht böse gemeint ◪ ernst meinen; **I ~ it!** das ist mein Ernst!; **do you ~ to say you're not coming?** willst du damit sagen, dass du nicht kommst?; **I ~ what I say** ich sage das im Ernst

meander [mɪˈændəʳ] *v/i* Fluss sich (dahin)schlängeln; *Mensch* schlendern

meaning [ˈmiːnɪŋ] *s* Bedeutung *f*; **what's the ~ of (the word) "hick"?** was soll das Wort „hick" bedeuten?; **you don't know the ~ of love** du weißt ja gar nicht, was Liebe ist; **what's the ~ of this?** was hat denn das zu bedeuten?

meaningful *adj* ◪ mit Bedeutung; *Gedicht, Blick* bedeutungsvoll; **to be ~** eine Bedeutung haben ◪ sinnvoll; *Beziehung* tiefer gehend

meaningfully [ˈmiːnɪŋfʊlɪ] *adv* ◪ bedeutungsvoll; *bemerken, hinzufügen* vielsagend ◪ *teilnehmen, Zeit verbringen* sinnvoll

meaningless *adj* bedeutungslos; **my life is ~** mein Leben hat keinen Sinn

meanly [ˈmiːnlɪ] *adv* sich benehmen gemein

meanness [ˈmiːnnɪs] *s* ◪ *bes Br* Geiz *m* ◪ Gemeinheit *f* ◪ Bösartigkeit *f*

means [miːnz] *s* ◪ Möglichkeit *f*, Mittel *n*; **~ of transport** Verkehrsmittel *n*; **a ~ of escape** eine Fluchtmöglichkeit; **a ~ to an end** Mittel *n* zum Zweck; **there is no ~ of doing it** es ist unmöglich, das zu tun; **is there any ~ of doing it?** ist es irgendwie möglich, das zu tun?; **we've no ~ of knowing** wir können nicht wissen; **by ~ of sth** durch etw; **by ~ of doing sth** dadurch, dass man etw tut ◪ **by all ~!** (aber) selbstverständlich!; **by no ~** keineswegs ◪ (≈ *Vermögen*) Mittel *pl*; **a man of ~** ein vermögender Mann; **to live beyond one's ~** über seine Verhältnisse leben

means test *s* Vermögensveranlagung *f*

meant [ment] *prät & pperf* → **mean**³

meantime [ˈmiːntaɪm] **A** *adv* inzwischen **B** *s* **in the ~** in der Zwischenzeit

meanwhile [ˈmiːnwaɪl] *adv* inzwischen, mittlerweile

measles [ˈmiːzlz] *s* Masern *pl*

measly [ˈmiːzlɪ] *adj* ⟨*komp* **measlier**⟩ *umg* mick(e)rig *umg*

measurably [ˈmeʒərəblɪ] *adv* deutlich

measure [ˈmeʒəʳ] **A** *s* ◪ Maß *n*; *fig* Maßstab *m* (**of** für); **a ~ of length** ein Längenmaß *n*; **to have sth made to ~** etw nach Maß anfertigen lassen; **the furniture has been made to ~** die Möbel sind Maßarbeit; **beyond ~** grenzenlos; **some ~ of** ein gewisses Maß an ◪ Menge *f*; **a small ~ of flour** ein wenig Mehl; **for good ~** sicherheitshalber; **to get the ~ of sb/sth** j-n/etw (richtig) einschätzen ◪ Maßnahme *f*; **to take ~s to do sth** Maßnahmen ergreifen, um etw zu tun **B** *v/t* messen; *fig* beurteilen **C** *v/i* messen; **what does it ~?** wie groß ist es?

phrasal verbs mit measure:

measure out *v/t* ⟨*trennb*⟩ abmessen; *Mehl etc* abwiegen

measure up *v/i* **he didn't measure up** er hat enttäuscht; **to measure up to sth** an etw (*akk*) herankommen

measured [ˈmeʒəd] *adj Ton* bedächtig; *Erwiderung* maßvoll; **at a ~ pace** in gemäßigtem Tempo

measurement [ˈmeʒəmənt] *s* ◪ Messung *f* ◪ Maß *n*; (≈ *Zahl*) Messwert *m*; *fig* Maßstab *m*; **to take sb's ~s** an j-m *od* bei j-m Maß nehmen

measuring jug *s* Messbecher *m*

measuring tape *s* Bandmaß *n*

meat [miːt] *s* Fleisch *n*; **assorted cold ~s** Aufschnitt *m*

meatball *s* Fleischkloß *m*

meat loaf *s* ≈ Hackbraten *m*

meaty [ˈmiːtɪ] *adj* ⟨*komp* **meatier**⟩ ◪ mit viel Fleisch; **~ chunks** Fleischbrocken *pl* ◪ *Hände* fleischig ◪ *fig Rolle* anspruchsvoll

Mecca [ˈmekə] *s* Mekka *n*

mechanic [mɪˈkænɪk] *s* Mechaniker(in) *m(f)*

mechanical [mɪˈkænɪkəl] *adj* mechanisch; *Spielzeug* technisch; **a ~ device** ein Mechanismus *m*

mechanical engineer *s* Maschinenbauer(in) *m(f)*

mechanical engineering *s* Maschinenbau *m*

mechanically [mɪˈkænɪklɪ] *adv a. fig* mechanisch

mechanics [mɪˈkænɪks] *s* ◪ Mechanik *f* ◪ ⟨*pl*⟩ *fig des Schreibens etc* Technik *f*

mechanism [ˈmekənɪzəm] *s* Mechanismus *m*

mechanization [ˌmekənaɪˈzeɪʃən] *s* Mechanisierung *f*

mechanize ['mekənaɪz] v/t mechanisieren
mechatronic engineer [ˌmekə'trɒnɪk] s Mechatroniker(in) m(f)
mechatronics [ˌmekə'trɒnɪks] s Mechatronik f
medal ['medl] **A** s Medaille f, Orden m **B** v/i eine Medaille holen
medallion [mɪ'dæljən] s Medaillon n, Medaille f
medallist ['medəlɪst] s, **medalist** US s Medaillengewinner(in) m(f)
meddle ['medl] v/i sich einmischen (**in** in +akk), sich zu schaffen machen (**with** an +dat); **to ~ with sb** sich mit j-m einlassen
meddlesome ['medlsəm] adj, **meddling** ['medlɪŋ] adj ⟨attr⟩ **she's a ~ old busybody** sie mischt sich dauernd in alles ein
media ['miːdɪə] pl **1** → medium **2** Medien pl; **he works in the ~** er ist im Mediensektor tätig; **to get ~ coverage** Publicity bekommen
mediaeval adj → medieval
media event s Medienereignis n
media hype s Medienrummel m
median ['miːdɪən] adj mittlere(r, s)
median strip US s Mittelstreifen m
media report s ⟨meist pl⟩ Medienbericht m
media streamer s IT, TV Mediastreamer m (Bibliothek, die es ermöglicht, Audio- und Videoströme zu erzeugen)
media studies pl Medienwissenschaft f
mediate ['miːdɪeɪt] **A** v/i in Konflikt etc vermitteln **B** v/t Einigung, Übereinkunft aushandeln
mediation [ˌmiːdɪ'eɪʃən] s Vermittlung f
mediator ['miːdɪeɪtə^r] s Vermittler(in) m(f)
medic ['medɪk] umg s Mediziner(in) m(f) umg
Medicaid ['medɪˌkeɪd] US s staatliche Krankenversicherung und Gesundheitsfürsorge für Einkommensschwache unter 65 in den USA
medical ['medɪkəl] **A** adj medizinisch; Behandlung, Personal ärztlich; **the ~ profession** die Ärzteschaft; **~ condition** Erkrankung f **B** s (ärztliche) Untersuchung
medical assistant s medizinischer Assistent, medizinische Assistentin
medical certificate s ärztliches Attest
medical history s **her ~** ihre Krankengeschichte
medical insurance s Krankenversicherung f
medical officer s **1** MIL Stabsarzt m **2** Amtsarzt m
medical practice s Arztpraxis f, Ordination f österr
medical practitioner s Arzt m, Ärztin f
medical record s Krankenblatt n
medical school s ≈ medizinische Fakultät
medical science s die ärztliche Wissenschaft
medical student s Medizinstudent(in) m(f)
medical tourism s Medizintourismus m

Medicare ['medɪˌkeə^r] US s staatliche Krankenversicherung und Gesundheitsfürsorge für ältere Bürger in den USA
medicated ['medɪkeɪtɪd] adj medizinisch
medication [ˌmedɪ'keɪʃən] s Medikamente pl
medicinal [me'dɪsɪnl] adj Heil-, heilend; **for ~ purposes** zu medizinischen Zwecken; **the ~ properties of various herbs** die Heilkraft verschiedener Kräuter
medicine ['medsɪn, 'medɪsɪn] s **1** Medizin f umg, Medikament n; **to take one's ~** seine Arznei einnehmen; **to give sb a taste of his own ~** fig es j-m mit gleicher Münze heimzahlen **2** (= Wissenschaft) Medizin f; **to practise ~** Br, **to practice ~** US den Arztberuf ausüben
medicine cabinet s Arzneischrank m, Hausapotheke f
medieval [ˌmedɪ'iːvəl] adj mittelalterlich; **in ~ times** im Mittelalter
mediocre [ˌmiːdɪ'əʊkə^r] adj mittelmäßig
mediocrity [ˌmiːdɪ'ɒkrɪtɪ] s Mittelmäßigkeit f
meditate ['medɪteɪt] v/i nachdenken (**upon, on** über +akk); Philosophie, a. REL meditieren
meditation [ˌmedɪ'teɪʃən] s Nachdenken n; Philosophie, a. REL Meditation f
Mediterranean [ˌmedɪtə'reɪnɪən] **A** s Mittelmeer n; **in the ~** (= Gebiet) am Mittelmeer **B** adj Mittelmeer-; Typ südländisch; **~ cruise** Kreuzfahrt f im Mittelmeer
Mediterranean Sea s **the ~** das Mittelmeer
medium ['miːdɪəm] **A** adj mittlere(r, s); Steak medium; Unternehmen mittelständisch; **of ~ height/size** mittelgroß; **cook over a ~ heat** bei mittlerer Hitze kochen; **in/over the ~ term** mittelfristig **B** s ⟨pl media od -s⟩ **1** Mittel n; Presse, a. TV, RADIO Medium n; KUNST Ausdrucksmittel n; **advertising ~** Werbeträger m **2** **to strike a happy ~** den goldenen Mittelweg finden **3** im Spiritualismus Medium n
medium-dry adj halbtrocken
medium-range adj **~ aircraft** Mittelstreckenflugzeug n
medium-rare adj rosa
medium-sized adj mittelgroß
medium wave s Mittelwelle f
medley ['medlɪ] s Gemisch n; MUS Medley n
meek [miːk] adj ⟨+er⟩ sanft(mütig); pej duckmäuserisch
meekly ['miːklɪ] adv sanft; pej duckmäuserisch; zustimmen widerspruchslos; akzeptieren widerstandslos
meet [miːt] ⟨v: prät, pperf met⟩ **A** v/t **1** treffen; **to arrange to ~ sb** sich mit j-m verabreden; **to ~ a challenge** sich einer Herausforderung (dat) stellen; **there's more to it than ~s the eye** da steckt mehr dahinter, als man auf den ers-

ten Blick meint ◆2◆ kennenlernen, bekannt gemacht werden mit; **pleased** od **nice to ~ you!** guten Tag/Abend ◆3◆ *am Bahnhof etc* abholen (**at an** +dat od **von**) ◆4◆ *Ziel, Erwartung* erfüllen; *Erfordernis* gerecht werden (+dat); *Bedarf* decken ◆B◆ v/i ◆1◆ *Menschen* sich begegnen, sich treffen; *Komitee etc* zusammenkommen; SPORT aufeinandertreffen; **to ~ halfway** einen Kompromiss schließen ◆2◆ sich kennenlernen, bekannt gemacht werden; **we've met before** wir kennen uns bereits; **haven't we met before?** sind wir uns nicht schon mal begegnet? ◆3◆ sich treffen, sich vereinigen; *Linien* sich schneiden, sich berühren; **our eyes met** unsere Blicke trafen sich ◆C◆ s *US* SPORT Sportfest n

phrasal verbs mit meet:

meet up v/i sich treffen
meet with v/i ⟨+obj⟩ ◆1◆ *Widerstand* stoßen auf (+akk); *Erfolg, Unfall* haben; *Zustimmung* finden; **I was met with a blank stare** sie/er *etc* starrte mich unwissend an ◆2◆ *j-n* treffen

meeting ['miːtɪŋ] s ◆1◆ Begegnung f, Treffen n; *geschäftlich* Besprechung f; **the minister had a ~ with the ambassador** der Minister traf zu Gesprächen mit dem Botschafter zusammen ◆2◆ *von Ausschuss* Sitzung f; *von Mitgliedern, Belegschaft* Versammlung f; **the committee has three ~s a year** der Ausschuss tagt dreimal im Jahr ◆3◆ SPORT Veranstaltung f; *zwischen Mannschaften* Begegnung f
meeting place s Treffpunkt m
meeting room s Besprechungsraum m; *für Schulungen* Seminarraum m
mega- ['megə-] präf Mega-
megabyte ['megə‚baɪt] s IT Megabyte n; **a 40-megabyte memory** ein 40-Megabyte-Speicher m
megalomania [‚megələʊ'meɪnɪə] s Größenwahn m
megalomaniac [‚megələʊ'meɪnɪæk] s Größenwahnsinnige(r) m/f(m)
megaphone s Megafon n
megapixel s IT Megapixel n
megastar s Megastar m
megastore s Großmarkt m
melancholic [‚melən'kɒlɪk] adj melancholisch
melancholy ['melənkəlɪ] ◆A◆ adj melancholisch; *Ort* trist ◆B◆ s Melancholie f
mellow ['meləʊ] ◆A◆ adj ⟨-er⟩ ◆1◆ *Wein* ausgereift; *Aroma* mild; *Farbe, Licht* warm; *Stimme* sanft ◆2◆ *Mensch* abgeklärt ◆B◆ v/i *Mensch* abgeklärter werden
melodic adj, **melodically** [mɪ'lɒdɪk, -əlɪ] adv melodisch
melodious [mɪ'ləʊdɪəs] adj melodiös, melodisch

melodrama ['melə‚drɑːmə] s Melodrama n
melodramatic adj, **melodramatically** [‚melə‚drə'mætɪk, -əlɪ] adv melodramatisch
melody ['melədɪ] s Melodie f
melon ['melən] s Melone f
melt [melt] ◆A◆ v/t ◆1◆ *wörtl* schmelzen; *Butter* zerlassen ◆2◆ *fig Herz etc* erweichen ◆B◆ v/i ◆1◆ schmelzen ◆2◆ *fig* dahinschmelzen

phrasal verbs mit melt:

melt away v/i ◆1◆ *wörtl* (weg)schmelzen ◆2◆ *fig* sich auflösen, dahinschmelzen; *Wut* verfliegen
melt down v/t ⟨trennb⟩ einschmelzen
meltdown ['meltdaʊn] s Kernschmelze f; (≈ *Unglück*) Katastrophe f
melting pot ['meltɪŋpɒt] fig s Schmelztiegel m
member ['membəʳ] s ◆1◆ Mitglied n; **~ of the family** Familienmitglied n; **if any ~ of the audience ...** falls einer der Zuschauer/Zuhörer ... ◆2◆ PARL Abgeordnete(r) m/f(m), Mandatar(in) m(f) österr; **~ of parliament** Parlamentsmitglied n, Abgeordnete(r) m/f(m)
member country s POL Mitgliedsland n
Member of the European Parliament s Europaabgeordnete(r) m/f(m)
membership ['membəʃɪp] s ◆1◆ Mitgliedschaft f (**of** in +dat) ◆2◆ Mitgliederzahl f
membership card s Mitgliedsausweis m
membership fee s Mitgliedsbeitrag m
member state s POL Mitgliedsstaat m
membrane ['membreɪn] s Membran f
memento [mə'mentəʊ] s ⟨pl -(e)s⟩ Andenken n (**of an** +akk)
memo ['meməʊ] s abk ⟨pl -s⟩ (= memorandum) Memo n
memoir ['memwɑːʳ] s ◆1◆ Kurzbiografie f ◆2◆ **~s** pl Memoiren pl
memo pad s Notizblock m
memorable ['memərəbl] adj unvergesslich; denkwürdig
memorandum [‚memə'rændəm] s ⟨pl memoranda [‚memə'rændə]⟩ Mitteilung f
memorial [mɪ'mɔːrɪəl] ◆A◆ adj Gedenk- ◆B◆ s Denkmal n (**to** für)
Memorial Day *US* s ≈ Volkstrauertag m
memorial service s Gedenkgottesdienst m
memorize ['meməraɪz] v/t sich (dat) einprägen
memory ['memərɪ] s ◆1◆ Gedächtnis n; **from ~** aus dem Kopf; **to lose one's ~** sein Gedächtnis verlieren; **to commit sth to ~** sich (dat) etw einprägen; **~ for faces** Personengedächtnis n; **if my ~ serves me right** wenn ich mich recht entsinne ◆2◆ Erinnerung f (**of an** +akk); **I have no ~ of it** ich kann mich nicht daran erinnern; **he had happy memories of his father** er verband angenehme Erinnerungen mit seinem Vater; **in ~ of** zur Erinnerung an (+akk) ◆3◆

COMPUT Speicher *m*
memory bank *s* IT Datenbank *f*
memory expansion card *s* COMPUT Speichererweiterungskarte *f*
memory stick *s* COMPUT Memory Stick *m*
men [men] *pl* → **man**
menace ['menɪs] **A** *s* **1** Bedrohung *f* (**to** +*gen*) **2** *umg* (Land)plage *f*; **she's a ~ on the roads** sie gefährdet den ganzen Verkehr **B** *v/t* bedrohen
menacing ['menɪsɪŋ] *adj* drohend; **to look ~** bedrohlich aussehen
menacingly ['menɪsɪŋlɪ] *adv* drohend; **..., he said ~** ..., sagte er mit drohender Stimme
menagerie [mə'nædʒrɪ] *s* Menagerie *f*
mend [mend] **A** *s* **to be on the ~** sich (langsam) erholen **B** *v/t* **1** reparieren; *Kleidung* flicken **2 to ~ one's ways** sich bessern; **you'd better ~ your ways** das muss aber anders werden mit dir! **C** *v/i Knochen* (ver)heilen
menial ['miːnɪəl] *adj* niedrig
meningitis [ˌmenɪn'dʒaɪtɪs] *s* Hirnhautentzündung *f*
menopause ['menəʊpɔːz] *s* Wechseljahre *pl*; **male ~** Wechseljahre *pl* des Mannes
menorah [mɪ'nɔːrə] *s* REL Menora *f*
men's room ['menzruːm] *bes US s* Herrentoilette *f*
menstrual cycle *s* Menstruationszyklus *m*
menstruate ['menstrʊeɪt] *v/i* menstruieren
menstruation [ˌmenstrʊ'eɪʃən] *s* Menstruation *f*
menswear ['menzweəʳ] *s* Herrenbekleidung *f*
mental ['mentl] *adj* **1** geistig; *Belastung* psychisch; **person with a ~ disability** geistig Behinderte(r) *m/f(m)*; **to make a ~ note of sth** sich (*dat*) etw merken; **~ process** Denkvorgang *m* **2** *umg* übergeschnappt *umg*
mental arithmetic *s* Kopfrechnen *n*
mental block *s* **to have a ~** ein Brett vor dem Kopf haben *umg*
mental breakdown *s* Nervenzusammenbruch *m*
mental cruelty *s* seelische Grausamkeit
mental health *s* Geisteszustand *m*
mental hospital *s* Nervenklinik *f*
mental illness *s* Geisteskrankheit *f*
mentality [men'tælɪtɪ] *s* Mentalität *f*
mentally ['mentəlɪ] *adv* geistig; **~ challenged** *politisch korrekt* geistig behindert; **~ handicapped** geistig behindert; **he is ~ ill** er ist geisteskrank
menthol ['menθɒl] *s* Menthol *n*
mention ['menʃən] **A** *s* Erwähnung *f*; **to get** *od* **receive a ~** erwähnt werden; **to give sb/sth a ~** j-n/etw erwähnen; **there is no ~ of it** es wird nicht erwähnt; **his contribution deserves special ~** sein Beitrag verdient es, besonders hervorgehoben zu werden **B** *v/t* erwähnen (**to sb** j-m gegenüber); **not to ~ ...** nicht zu vergessen ...; **France and Spain, not to ~ Holland** Frankreich und Spanien, von Holland ganz zu schweigen; **don't ~ it!** (bitte), gern geschehen!; **to ~ sb in one's will** j-n in seinem Testament berücksichtigen
mentor ['mentɔːʳ] *s* Mentor(in) *m(f)*
menu ['menjuː] *s* **1** Speisekarte *f*; (≈ *Gerichte*) Menü *n*; **may we see the ~?** können Sie uns bitte die Karte bringen?; **what's on the ~?** was gibt es heute (zu essen)? **2** IT Menü *n*
menu bar *s* IT Menüleiste *f*
menu-driven *adj* IT menügesteuert
MEP *abk* (= Member of the European Parliament) Europaabgeordnete(r) *m/f(m)*
mercenary ['mɜːsɪnərɪ] **A** *adj* geldgierig; **don't be so ~** sei doch nicht so hinter dem Geld her *umg* **B** *s* Söldner(in) *m(f)*
merchandise ['mɜːtʃəndaɪz] *s* (Handels)ware *f*
merchant ['mɜːtʃənt] *s* Kaufmann *m*/-frau *f*; **corn ~** Getreidehändler(in) *m(f)*
merchant bank *Br s* Handelsbank *f*
merchant marine *US s* Handelsmarine *f*
merchant navy *Br s* Handelsmarine *f*
merciful ['mɜːsɪfʊl] *adj* gnädig (**to sb** j-m gegenüber)
mercifully ['mɜːsɪfəlɪ] *adv* **1** barmherzig; *j-n behandeln* gnädig **2** glücklicherweise
merciless *adj* unbarmherzig
mercilessly *adv* erbarmungslos
Mercury ['mɜːkjʊrɪ] *s* Merkur *m*
mercury ['mɜːkjʊrɪ] *s* Quecksilber *n*
mercy ['mɜːsɪ] *s* **1** ⟨*kein pl*⟩ Erbarmen *n*, Gnade *f*; **to beg for ~** um Gnade bitten; **to have ~/no ~ on sb** mit j-m Erbarmen/kein Erbarmen haben; **to show sb ~/no ~** Erbarmen/kein Erbarmen mit j-m haben; **to be at the ~ of sb/sth** j-m/einer Sache (*dat*) ausgeliefert sein; **we're at your ~** wir sind in Ihrer Hand **2** *umg* Segen *m*
mere [mɪəʳ] *adj* **1** bloß; **he's a ~ clerk** er ist bloß ein kleiner Angestellter; **a ~ 3%/two hours** bloß 3 % / zwei Stunden; **the ~ thought of food made me hungry** schon beim Gedanken an Essen bekam ich Hunger **2 the ~st ...** der/die/das kleinste ...
merely ['mɪəlɪ] *adv* lediglich, bloß
merge [mɜːdʒ] **A** *v/i* **1** zusammenkommen; *Farben* ineinander übergehen; *Straßen* zusammenführen; *US* AUTO sich einordnen; **to ~ with sth** sich mit etw vereinen; **to ~ (in) with/into the crowd** in der Menge untergehen/untertauchen; **to ~ into sth** in etw (*akk*) übergehen **2** HANDEL fusionieren **B** *v/t* **1** miteinander vereinen; IT *Dateien* mischen **2** HANDEL fusionieren

merger ['mɜːdʒəʳ] s HANDEL Fusion f
meringue [məˈræŋ] s Baiser n
merit ['merɪt] **A** s Verdienst n; (≈ Vorteil) Vorzug m; **a work of great literary ~** ein Werk von großem literarischem Wert; **she was elected on ~** sie gewann die Wahl aufgrund persönlicher Fähigkeiten; **to judge a case on its ~s** einen Fall gesondert behandeln; **to pass an exam with ~** ein Examen mit Auszeichnung bestehen **B** v/t verdienen
meritocracy [merɪˈtɒkrəsɪ] s Leistungsgesellschaft f
mermaid ['mɜːmeɪd] s Meerjungfrau f
merrily ['merɪlɪ] adv vergnügt
merriment ['merɪmənt] s Heiterkeit f, Gelächter n
merry ['merɪ] adj ⟨komp **merrier**⟩ **1** fröhlich; **Merry Christmas!** frohe Weihnachten! **2** Br umg beschwipst umg
merry-go-round ['merɪɡəʊraʊnd] s Karussell n, Ringelspiel n österr
mesh [meʃ] **A** s **1** Masche f **2** Maschendraht m **B** v/i **1** MECH eingreifen (**with** in +akk) **2** fig Ansichten sich vereinen lassen
mesmerize ['mezməraɪz] v/t hypnotisieren; fig fesseln; **the audience sat ~d** die Zuschauer saßen wie gebannt
mesmerizing ['mezməraɪzɪŋ] adj Wirkung hypnotisch; Lächeln faszinierend
mess¹ [mes] **A** s **1** ⟨kein pl⟩ Durcheinander n; schmutzig Schweinerei f; **to be (in) a ~** in einem fürchterlichen Zustand sein, ein einziges Durcheinander sein; fig j-s Leben, Karriere verkorkst sein umg; **to be a ~** Arbeit eine Schweinerei sein umg; Mensch unordentlich aussehen umg; seelisch verkorkst sein umg; **to make a ~** Unordnung machen, alles durcheinanderbringen; (≈ schmutzig) eine Schweinerei machen umg; **to make a ~ of sth** etw verpfuschen; j-s Leben etw verkorksen umg; Angelegenheit etw vermasseln umg; **you've really made a ~ of things** du hast alles total vermasselt umg; **what a ~!** das sieht ja vielleicht aus!; fig ein schöner Schlamassel! umg; **I'm not tidying up your ~** ich räume nicht für dich auf **2** ⟨kein pl⟩ Schwierigkeiten pl **3** ⟨kein pl⟩ euph (≈ Exkremente) Dreck m; **the cat has made a ~ on the carpet** die Katze hat auf den Teppich gemacht **B** v/i → mess about

phrasal verbs mit mess:

mess about Br, **mess around** umg **A** v/t ⟨trennb⟩ j-n an der Nase herumführen umg **B** v/i **1** herumalbern **2** herumgammeln umg **3** herumfummeln umg (**with** an +dat); als Hobby etc herumbasteln umg (**with** an +dat) **4** **he was messing about** od **around with my wife**

er trieb es mit meiner Frau umg
mess up v/t ⟨trennb⟩ durcheinanderbringen; (≈ schmutzig machen) verdrecken; Arbeit verpfuschen; j-s Leben verkorksen umg; **that's really messed things up** das hat wirklich alles verdorben
mess² s MIL Kasino n; SCHIFF Messe f
message ['mesɪdʒ] s **1** Nachricht f, Meldung f; **to give sb a ~** j-m etwas ausrichten, j-m eine Nachricht geben; **would you give John a ~ (for me)?** könnten Sie John etwas (von mir) ausrichten?; **to send sb a ~** j-n benachrichtigen; **to leave a ~ for sb** j-m eine Nachricht hinterlassen, j-m etwas ausrichten lassen; **can I take a ~ (for him)?** am Telefon kann ich (ihm) etwas ausrichten? **2** (≈ Moral) Botschaft f; **to get one's ~ across to sb** es j-m verständlich machen **3** fig umg **to get the ~** kapieren umg
message board s INTERNET Forum n Message Board n
messenger ['mesɪndʒəʳ] s Bote m, Botin f
Messiah [mɪˈsaɪə] s Messias m
messily ['mesɪlɪ] adv unordentlich
messy ['mesɪ] adj ⟨komp **messier**⟩ **1** schmutzig **2** unordentlich; **he's a ~ eater** er kann nicht ordentlich essen **3** fig Lage verfahren; Beziehung schwierig
met [met] prät & pperf → meet
meta- ['metə] präf meta-, Meta-
metabolic [ˌmetəˈbɒlɪk] adj Stoffwechsel-, metabolisch
metabolism [meˈtæbəlɪzəm] s Stoffwechsel m
metadata ['metəˌdeɪtə] pl IT Metadaten pl
metal ['metl] s **1** Metall n **2** MUS Metal n
metal detector s Metallsuchgerät n
metallic [mɪˈtælɪk] adj metallisch; **~ paint** Metalliclack m; **~ blue** blaumetallic; **a ~ blue car** ein Auto n in Blaumetallic
metallurgy [meˈtælədʒɪ] s Metallurgie f
metalwork s Metall n; **we did ~ at school** wir haben in der Schule Metallarbeiten gemacht
metamorphosis [ˌmetəˈmɔːfəsɪs] s ⟨pl **metamorphoses** [ˌmetəˈmɔːfəsiːz]⟩ Metamorphose f; fig Verwandlung f
metaphor ['metəfəʳ] s **1** Metapher f **2** LIT indirekter, bildlicher Vergleich unter Verzicht auf Vergleichswörter wie like u. Ä.
metaphorical [ˌmetəˈfɒrɪkəl] adj metaphorisch
metaphorically [ˌmetəˈfɒrɪkəlɪ] adv metaphorisch; **~ speaking** bildlich gesprochen
metaphysical [ˌmetəˈfɪzɪkəl] adj metaphysisch
mete [miːt] v/t **to ~ out punishment to sb** j-n bestrafen
meteor ['miːtɪəʳ] s Meteor m

meteoric [ˌmiːtɪˈɒrɪk] *fig adj* kometenhaft
meteorite [ˈmiːtɪəraɪt] *s* Meteorit *m*
meteorological [ˌmiːtɪərəˈlɒdʒɪkəl] *adj* meteorologisch
meteorologist [ˌmiːtɪəˈrɒlədʒɪst] *s* Meteorologe *m*, Meteorologin *f*
meteorology [ˌmiːtɪəˈrɒlədʒɪ] *s* Meteorologie *f*
meter¹ [ˈmiːtə] **A** *s* Zähler *m*; *für Wasserverbrauch* Wasseruhr *f*; *Verkehr* Parkuhr *f*; **to turn the water off at the ~** das Wasser am Hauptschalter abstellen **B** *v/t* messen
meter² *US s* → **metre**
meter reading *s* Zählerstand *m*
methane [ˈmiːθeɪn] *s* Methan *n*
method [ˈmeθəd] *s* Methode *f*, Verfahren *n*; **~ of payment** Zahlungsweise *f*
methodical *adj*, **methodically** [mɪˈθɒdɪkəl, -l] *adv* methodisch
Methodist [ˈmeθədɪst] **A** *adj* methodistisch **B** *s* Methodist(in) *m(f)*
meths [meθs] *s abk* → **methylated spirits**
methylated spirits [ˈmeθɪleɪtɪdˈspɪrɪts] *s* Äthylalkohol *m*
meticulous [mɪˈtɪkjʊləs] *adj* genau; **to be ~ about sth** es mit etw sehr genau nehmen
meticulously [mɪˈtɪkjʊləslɪ] *adv* sorgfältig
me time [ˈmiːtaɪm] *s* Ichzeit *f*
met office [ˈmetˌɒfɪs] *Br s* Wetteramt *n*
metre [ˈmiːtə] *s*, **meter** *US s* **1** Meter *m/n* **2** *Dichtung* Metrum *n*, Versmaß *n* (*Abfolge betonter Silben im Vers, die mehr oder weniger einem regelmäßigen Muster folgen*)
metric [ˈmetrɪk] *adj* metrisch; **to go ~** auf das metrische Maßsystem umstellen
metro [ˈmetrəʊ] *s* U-Bahn *f*
metronome [ˈmetrənəʊm] *s* Metronom *n*
metropolis [mɪˈtrɒpəlɪs] *s* Metropole *f*
metropolitan [ˌmetrəˈpɒlɪtən] *adj* weltstädtisch
metrosexual [ˌmetrəˈseksjʊəl] *adj* metrosexuell
mettle [ˈmetl] *s* Courage *f*
mew [mjuː] **A** *s* Miau(en) *n* **B** *v/i* miauen
Mexican [ˈmeksɪkən] **A** *adj* mexikanisch **B** *s* Mexikaner(in) *m(f)*
Mexico [ˈmeksɪkəʊ] *s* Mexiko *n*
mezzanine [ˈmezəniːn] *s*, **mezzanine floor** *s* Mezzanin *n*, (niedriges) Zwischengeschoss *n*, (niedriges) Zwischengeschoß *n österr*
mg *abk* (= **milligrams, milligrammes**) mg
MI5 *Br abk* (= **Military Intelligence, section 5**) MI5 *m* (*Spionageabwehrdienst der britischen Regierung*)
MI6 *Br abk* (= **Military Intelligence, section 6**) MI6 *m* (*britischer Auslandsgeheimdienst*)
miaow [miːˈaʊ] *Br* **A** *s* Miau(en) *n* **B** *v/i* miauen

mice [maɪs] *pl* → **mouse**
mickey [ˈmɪkɪ] *Br umg s* **to take the ~ out of sb** j-n auf den Arm nehmen *umg*, j-n pflanzen *österr*; **are you taking the ~?** du willst mich/ihn *etc* wohl auf den Arm nehmen *umg*
mickey mouse *adj sl Kurs, Qualifikation* lachhaft
micro- *präf* mikro-, Mikro-
microbe [ˈmaɪkrəʊb] *s* Mikrobe *f*
microbiology *s* Mikrobiologie *f*
microblog [ˈmaɪkrəʊblɒɡ] *s* IT Mikroblog *n/m*, Miniblog *n/m*
microblogging [ˈmaɪkrəʊblɒɡɪŋ] *s* IT Mikroblogging *n*, Miniblogging *n*
microblogging site *s* IT Mikroblog-Website *f*
microchip *s* Mikrochip *n*
microclimate *s* Mikroklima *n*
microcomputer *s* Mikrocomputer *m*
microcosm *s* Mikrokosmos *m*
microelectronics ⟨*sg*⟩ Mikroelektronik *f*
microfibre *s*, **microfiber** *US s* Mikrofaser *f*
microfiche *s* Mikrofiche *m/n*
microfilm *s* Mikrofilm *m*
microfleece [ˈmaɪkrəʊfliːs] *s* **1** *Stoff* Microfleece *n* **2** *Kleidungsstück* Microfleece-Jacke *f*
microlight *s* Ultraleichtflugzeug *n*
microorganism *s* Mikroorganismus *m*
microphone *s* Mikrofon *n*
microprocessor *s* Mikroprozessor *m*
micro scooter *s* Mini-Roller *m*, City-Roller *m*
microscope *s* Mikroskop *n*
microscopic [ˌmaɪkrəˈskɒpɪk] *adj* mikroskopisch (klein); **in ~ detail** bis ins kleinste Detail
microsecond [ˈmaɪkrəˌsekənd] *s* Mikrosekunde *f*
microsurgery *s* Mikrochirurgie *f*
microwavable [ˈmaɪkrəʊweɪvəbl] *adj* mikrowellengeeignet
microwave **A** *s* Mikrowelle *f* **B** *v/t* in der Mikrowelle zubereiten
microwave oven *s* Mikrowellenherd *m*
microwave-safe *adj* mikrowellengeeignet
mid [mɪd] *adj* **in June** Mitte Juni; **in the mid 1950s** Mitte der Fünfzigerjahre; **in the mid-1800s** Mitte des 19. Jahrhunderts; **temperatures in the mid eighties** Temperaturen um 85° Fahrenheit; **to be in one's mid forties** Mitte vierzig sein; **in mid morning/afternoon** am Vormittag/Nachmittag; **a mid-morning break** eine Frühstückspause; **a mid-morning snack** ein zweites Frühstück; **in mid air** in der Luft; **in mid flight** während des Flugs
midday [ˈmɪdˈdeɪ] **A** *s* Mittag *m*; **at ~** mittags **B** *adj* ⟨*attr*⟩ mittäglich; **~ meal** Mittagessen *n*; **~ sun** Mittagssonne *f*
middle [ˈmɪdl] **A** *s* Mitte *f*; *von Buch, Film* Mittelteil *m*; *von Frucht etc* Innere(s) *n*; **in the ~ of** mit-

ten in/auf (+*dat*), in der Mitte (+*gen*); **in the ~ of the table** mitten auf dem Tisch; **in the ~ of the night/day** mitten in der Nacht/am Tag; **in the ~ of nowhere** am Ende der Welt; **in the ~ of summer** mitten im Sommer, im Hochsommer; **in the ~ of May** Mitte Mai; **we were in the ~ of lunch** wir waren mitten beim Essen; **to be in the ~ of doing sth** mitten dabei sein, etw zu tun; **down the ~** in der Mitte **B** *adj* mittlere(r, s); **to be in one's ~ twenties** Mitte zwanzig sein

middle age *s* mittleres Lebensalter
middle-aged *adj* in den mittleren Jahren
Middle Ages *pl* Mittelalter *n*
Middle America *s* SOZIOL die amerikanische Mittelschicht
middle-class *adj* bürgerlich
middle class(es) *s*(*pl*) Mittelstand *m*
middle-distance runner *s* Mittelstreckenläufer(in) *m(f)*
Middle East *s* Naher Osten
Middle England *s* SOZIOL die englische Mittelschicht
middle finger *s* Mittelfinger *m*
middle-income *adj Familie* mit mittlerem Einkommen
middleman *s* ⟨*pl* -men⟩ Mittelsmann *m*; HANDEL Zwischenhändler *m*
middle management *s* mittleres Management
middle name *s* zweiter (Vor)name; **modesty is my ~** *fig* ich bin die Bescheidenheit in Person
middle-of-the-road *adj* **1** gemäßigt **2** konventionell
middle school *s* **1** *Br* Schule für 9-12-Jährige **2** *US* Schule für 11-14-Jährige Mittelschule *f*
middleweight *s* SPORT Mittelgewichtler(in) *m(f)*
middling ['mɪdlɪŋ] *adj* mittelmäßig; **how are you?** — **~** wie geht es dir? — einigermaßen *umg*
midfield [,mɪd'fi:ld] **A** *s* Mittelfeld *n* **B** *adj* Mittelfeld-; **~ player** Mittelfeldspieler(in) *m(f)*
midge [mɪdʒ] *Br s* Mücke *f*
midget ['mɪdʒɪt] **A** *s* Liliputaner(in) **B** *adj* winzig
Midlands *pl* **the ~** die Midlands
midlife crisis *s* Midlife-Crisis *f*
midnight **A** *s* Mitternacht *f*; **at ~** um Mitternacht **B** *adj* ⟨*attr*⟩ mitternächtlich, Mitternachts-; **~ mass** Mitternachtsmesse *f*; **the ~ hour** die Mitternachtsstunde
midpoint *s* mittlerer Punkt
midriff ['mɪdrɪf] *s* Taille *f*
midst [mɪdst] *s* Mitte *f*; **in the ~ of** mitten in; **in our ~** unter uns
midstream *s* **in ~** *wörtl* in der Mitte des Flusses; *fig* auf halber Strecke
midsummer **A** *s* Hochsommer *m* **B** *adj* im Hochsommer
Midsummer's Day *s* Sommersonnenwende *f*
midterm *adj* **~ elections** POL Zwischenwahlen *pl*
midway **A** *adv* auf halbem Weg; **Düsseldorf is ~ between Krefeld and Cologne** Düsseldorf liegt auf halber Strecke zwischen Krefeld und Köln; **~ through sth** mitten in etw (*dat*) **B** *adj* **we've now reached the ~ point** *od* **stage in the project** das Projekt ist jetzt zur Hälfte fertig
midweek **A** *adv* mitten in der Woche **B** *adj* ⟨*attr*⟩ **he booked a ~ flight** er buchte einen Flug für Mitte der Woche
Midwest *s* Mittelwesten *m*
Midwestern *adj* mittelwestlich
midwife ['mɪdwaɪf] *s* ⟨*pl* -wives [-waɪvz]⟩ Hebamme *f*
midwinter [,mɪd'wɪntər] **A** *s* Wintermitte *f* **B** *adj* mittwinterlich
miff [mɪf] *umg v/t* **to be ~ed about sth** über etw (*akk*) verärgert sein
might[1] [maɪt] *prät* **1** → may **2 you ~ need help** du könntest vielleicht Hilfe brauchen; **they ~ be brothers** sie könnten Brüder sein; **as you ~ expect** wie zu erwarten war; **you ~ try Smith's** Sie könnten es ja mal bei Smiths versuchen; **he ~ at least have apologized** er hätte sich wenigstens entschuldigen können; **I ~ have known** das hätte ich mir denken können; **she was thinking of what ~ have been** sie dachte an das, was hätte sein können
might[2] *s* Macht *f*; **with all one's ~** mit aller Kraft
mightily ['maɪtɪlɪ] *umg adv* **~ impressive** höchst beeindruckend; **I was ~ relieved** ich war überaus erleichtert
mightn't ['maɪtnt] *abk* (= might not) → might[1]
might've ['maɪtəv] *abk* (= might have) → might[1]
mighty ['maɪtɪ] **A** *adj* **1** *Armee* mächtig **2** gewaltig; *Jubel* lautstark **B** *adv bes US umg* mächtig *umg*
migraine ['mi:greɪn] *s* Migräne *f*
migrant ['maɪgrənt] **A** *adj* **~ bird** Zugvogel *m*; **~ crisis** Flüchtlingskrise *f*; **~ worker** Migrant(in) *m(f)* **B** *s* **1** Zugvogel *m* **2** Migrant(in) *m(f)*
migrate [maɪ'greɪt] *v/i* (ab)wandern; *Vögel* nach Süden ziehen
migration [maɪ'greɪʃən] *s* Wanderung *f*, Migration *f*; *von Vögeln* (Vogel)zug *m*
migratory ['maɪgreɪtərɪ] *adj* **~ worker** Wanderarbeiter(in) *m(f)*; **~ birds** Zugvögel *pl*
mike [maɪk] *umg s* Mikro *n umg*
Milan [mɪ'læn] *s* Mailand *n*

mild [maɪld] **A** adj ⟨+er⟩ mild; *Brise, Zigarette* leicht; *Mensch* sanft **B** s Br *leichtes dunkles Bier*

mildew ['mɪldjuː] s Schimmel m; *auf Pflanzen* Mehltau m

mildly ['maɪldlɪ] adv leicht; *etw sagen* sanft; **to put it ~** gelinde gesagt

mildness ['maɪldnɪs] s Milde f; *von Brise* Sanftheit f; *von Mensch* Sanftmütigkeit f

mile [maɪl] s Meile f; **nautical ~** Seemeile; **how many ~s per gallon does your car do?** wie viel verbraucht Ihr Auto?; **a fifty-mile journey** eine Fahrt von fünfzig Meilen; **for ~s** meilenweit; **~s (and ~s)** umg meilenweit; **they live ~s away** sie wohnen meilenweit weg; **sorry, I was ~s away** umg tut mir leid, ich war mit meinen Gedanken ganz woanders umg; **to go the extra ~** die Erwartungen übertreffen; **it stands out a ~** das sieht ja ein Blinder (mit Krückstock) umg; **he's ~s better at tennis** er spielt hundertmal besser Tennis umg

mileage ['maɪlɪdʒ] s Meilen pl; *Anzeige auf Gerät* Meilenstand m

mileometer [maɪ'lɒmɪtəʳ] Br s ≈ Kilometerzähler m

milestone ['maɪlstəʊn] s Meilenstein m

militant ['mɪlɪtənt] **A** adj militant **B** s militantes Element

militarism ['mɪlɪtərɪzəm] s Militarismus m

militaristic [ˌmɪlɪtə'rɪstɪk] adj militaristisch

military ['mɪlɪtərɪ] **A** adj militärisch; **~ personnel** Militärangehörige pl; **~-style fashion** Mode f im Militärstil **B** s **the ~** das Militär

military base s Militärstützpunkt m

military police s Militärpolizei f

military policeman s Militärpolizist m

military service s Militärdienst m, Präsenzdienst m österr; **to do (one's) ~** seinen Militärdienst ableisten; **he's doing (his) ~** er ist gerade beim Militär

militia [mɪ'lɪʃə] s Miliz f

militiaman [mɪ'lɪʃəmən] s ⟨pl -men⟩ Milizsoldat m

milk [mɪlk] **A** s Milch f; **it's no use crying over spilled ~** *sprichw* was passiert ist, ist passiert **B** v/t melken

milk bar s Milchbar f

milk chocolate s Vollmilchschokolade f

milk frother s Milchaufschäumer m

milk jug s Milchkännchen n

milkman s ⟨pl -men⟩ Milchmann m

milkshake s Milchshake m

milk tooth s Milchzahn m

milky ['mɪlkɪ] adj ⟨komp milkier⟩ milchig; **~ coffee** Milchkaffee m

Milky Way [ˌmɪlkɪ'weɪ] s Milchstraße f

mill [mɪl] s **1** Mühle f; **in training you're really put through the ~** umg im Training wird man ganz schön hart rangenommen umg **2** IND Fabrik f; *für Stoffe* Weberei f

phrasal verbs mit mill:

mill about Br, **mill around** v/i umherlaufen

millennium [mɪ'lenɪəm] s ⟨pl -s od millennia [mɪ'lenɪə]⟩ Jahrtausend n

miller ['mɪləʳ] s Müller(in) m(f)

millet ['mɪlɪt] s Hirse f

milli- ['mɪlɪ-] präf Milli-; **millisecond** Millisekunde f

milligram(me) s Milligramm n

millilitre s, **milliliter** US s Milliliter m/n

millimetre s, **millimeter** US s Millimeter m/n

million ['mɪljən] s Million f; **4 ~ people** 4 Millionen Menschen; **for ~s and ~s of years** für Millionen und Abermillionen von Jahren; **she's one in a ~** umg sie ist einsame Klasse umg; **~s of times** umg tausendmal

millionaire [ˌmɪljə'nɛəʳ] s Millionär(in) m(f)

millionairess [ˌmɪljə'nɛəres] s Millionärin f

millionth ['mɪljənθ] **A** adj **1** millionstel **2** millionste(r, s) **B** s Millionstel n

millipede ['mɪlɪpiːd] s Tausendfüß(l)er m

millpond s Mühlteich m

millstone ['mɪlstəʊn] s Mahlstein m; **she's a ~ around his neck** sie ist für ihn ein Klotz am Bein

mime [maɪm] **A** s Pantomime f **B** v/t pantomimisch darstellen **C** v/i Pantomimen spielen

mime artist s Pantomime m, Pantomimin f

mimic ['mɪmɪk] **A** s Imitator(in) m(f); **he's a very good ~** er kann sehr gut Geräusche/andere Leute nachahmen **B** v/t nachahmen

mimicry ['mɪmɪkrɪ] s Nachahmung f

min¹ abk (= minutes) min

min² abk (= minimum) min.

mince [mɪns] **A** s bes Br Hackfleisch n, Faschierte(s) n österr **B** v/t bes Br durch den Fleischwolf drehen, faschieren österr; **he doesn't ~ his words** er nimmt kein Blatt vor den Mund **C** v/i Br tänzeln

mincemeat s süße Gebäckfüllung aus Dörrobst und Sirup; **to make ~ of sb** umg Hackfleisch aus j-m machen umg; *mit Worten* j-n zur Schnecke machen umg

mince pie s mit Mincemeat gefülltes Gebäck

mincer ['mɪnsəʳ] s bes Br s Fleischwolf m

mind [maɪnd] **A** s **1** Geist m, Verstand m, Gedanken pl; **it's all in the ~** das ist alles Einbildung; **to blow sb's ~** umg j-n umwerfen umg; **to have a logical ~** logisch veranlagt sein; **state** od **frame of ~** Geisteszustand m; **to put** od **set one's ~ to sth** sich anstrengen, etw zu tun; **he had something on his ~** ihn beschäftigte etwas; **I've a lot on my ~** ich muss mich um (so) viele Dinge kümmern; **you are always on my ~** ich denke ständig an dich; **keep your ~ on the job** bleib mit den Gedanken bei der Arbeit; **she couldn't get the song out of her ~** das Lied ging ihr nicht aus dem Kopf; **to take sb's ~ off sth** j-n etw vergessen lassen; **my ~ isn't on my work** ich kann mich nicht auf meine Arbeit konzentrieren; **the idea never entered my ~** daran hatte ich überhaupt nicht gedacht; **nothing was further from my ~** nichts lag mir ferner; **in my ~'s eye** vor meinem inneren Auge; **to go through sb's ~** j-m durch den Kopf gehen; **to come to ~** j-m einfallen; **to bring sth to ~** an etw (akk) erinnern; **it's a question of ~ over matter** es ist eine Willensfrage ▣ Lust f, Absicht f; **I've a good ~ to ...** ich hätte große Lust, zu ... ▣ Meinung f; **to make up one's ~** sich entscheiden; **to change one's ~** seine Meinung ändern (**about** über +akk); **to be in two ~s about sth** sich (dat) über etw (akk) nicht im Klaren sein; **to have a ~ of one's own** Mensch eine eigene Meinung haben; hum Maschine etc seine Mucken haben umg ▣ (≈ Zurechnungsfähigkeit) Verstand m; **to lose one's ~** den Verstand verlieren; **nobody in his right ~** kein normaler Mensch ▣ **to bear sth in ~** etw nicht vergessen; **to bear sb in ~** an j-n denken; **with this in ~ ...** mit diesem Gedanken im Hinterkopf ...; **to have sb/sth in ~** an j-n/etw denken, j-n/etw im Sinn haben; **it puts me in ~ of sb/sth** es weckt in mir Erinnerungen an j-n/etw; **to go out of one's ~** den Verstand verlieren; **to be out of one's ~** verrückt sein; **I'm bored out of my ~** ich langweile mich zu Tode ▣ v/t ▣ aufpassen auf (+akk), achten auf (+akk); **~ what you're doing!** pass (doch) auf!; **~ your language!** drück dich anständig aus!; **~ the step!** Br Vorsicht Stufe!; **~ your head!** Br Kopf einziehen! umg; **~ your own business** kümmern Sie sich um Ihre eigenen Angelegenheiten ▣ sich kümmern um; (≈ Anstoß nehmen) etwas haben gegen; **to ~ doing sth** etwas dagegen haben, etw zu tun; **I don't ~ the cold** die Kälte macht mir nichts aus; **I don't ~ what he does** es ist mir egal, was er macht; **do you ~ coming with me?** würde es dir etwas ausmachen mitzukommen?; **would you ~ if ...?** hätten Sie etwas dagegen, wenn ...?; **would you ~ opening the door?** würden Sie bitte die Tür aufmachen?; **do you ~ my smoking?** macht es Ihnen etwas aus, wenn ich rauche?; **don't ~ me** lass dich (durch mich) nicht stören; **I wouldn't ~ a cup of tea** ich hätte nichts gegen eine Tasse Tee; **never ~ that now** das ist jetzt nicht wichtig; **never ~ him** kümmere dich nicht um ihn

▣ v/i ▣ sich (dat) etwas daraus machen; (≈ Anstoß nehmen) etwas dagegen haben; **not to ~** nichts dagegen haben; **I don't ~** es macht mir nichts aus; **nobody seemed to ~** niemand schien etwas dagegen zu haben; **if you don't ~** wenn es Ihnen nicht ist; **would you ~ waiting a moment?** würde es Ihnen etwas ausmachen, kurz zu warten?; **do you ~?** macht es Ihnen etwas aus?, stört es Sie?; **do you ~!** iron ich möchte doch sehr bitten!; **I don't ~ if I do** ich hätte nichts dagegen; **never ~** macht nichts; verzweifelt schon gut; **never ~, you'll find another** mach dir nichts draus, du findest bestimmt einen anderen; **oh, never ~, I'll do it myself** ach, schon gut, ich mache es selbst; **never ~ about that now!** das ist doch jetzt nicht wichtig; **I'm not going to finish school, never ~ go to university** ich werde die Schule nicht beenden und schon gar nicht zur Universität gehen ▣ **~ you get that done** sieh zu, dass du das fertig bekommst; **~ you** allerdings; **~ you, he did try** er hat es immerhin versucht; **he's quite good, ~ you** er ist eigentlich ganz gut

phrasal verbs mit mind:

mind out Br v/i aufpassen (**for** auf +akk)

mind-blowing umg adj Wahnsinns- umg

mind-boggling umg adj irrsinnig umg

-minded [-'maɪndɪd] adj ⟨suf⟩ **she's very politically-minded** sie interessiert sich sehr für Politik

minder ['maɪndəʳ] umg s Aufpasser(in) m(f)

mindful ['maɪndfʊl] adj **to be ~ of sth** etw bedenken

mindless adj Zerstörung sinnlos; Routine stumpfsinnig

mind map s Wortnetz n, Wörternetz n, Mindmap f (assoziative Anordnung von Begriffen um ein zentrales Konzept)

mind-reader s Gedankenleser(in) m(f)

mindset s Mentalität f

mine¹ [maɪn] poss pr meine(r, s); **this car is ~** dieses Auto gehört mir; **his friends and ~** seine und meine Freunde; **a friend of ~** ein Freund von mir; **a favourite expression of ~** Br, **a favorite expression of ~** US einer meiner Lieblingsausdrücke

mine² ▣ s MIL Mine f ▣ v/t verminen

mine³ ▣ s ▣ Bergbau Bergwerk n; **to work down the ~s** unter Tage arbeiten ▣ fig **he is a ~ of information** er ist ein wandelndes Lexikon umg ▣ v/t Kohle fördern ▣ v/i **to ~ for sth** nach etw graben

minefield ['maɪnfiːld] s Minenfeld n; **to enter a (political) ~** sich auf (politisch) gefährliches Terrain begeben

miner ['maɪnəʳ] s Bergarbeiter(in) m(f)
mineral ['mɪnərəl] **A** s Mineral n **B** adj mineralisch, Mineral-; **~ deposits** Mineralbestände pl
mineral oil s Mineralöl n
mineral water s Mineralwasser n
minesweeper ['maɪnswiːpəʳ] s Minensucher m
ming [mɪŋ] Br umg v/i **1** (≈ stinken) **miefen** umg **2** (≈ hässlich sein) **potthässlich sein** umg
minger ['mɪŋəʳ] Br umg s (≈ sehr hässliche Person) hässlicher Vogel umg, Vogelscheuche f umg
minging ['mɪŋɪŋ] Br umg adj **1** (≈ widerwärtig, hässlich) **potthässlich** umg **2** (≈ stinkend) **miefig** umg
mingle ['mɪŋgl] v/i sich vermischen; Menschen sich untereinander vermischen; bei Party sich unter die Gäste mischen
mini- ['mɪnɪ-] präf Mini-
miniature ['mɪnɪtʃəʳ] **A** s KUNST Miniatur f; (≈ Behälter) Miniflasche f; **in ~** im Kleinen **B** adj ⟨attr⟩ Miniatur-
miniature golf s Minigolf n
minibar s Minibar f
mini-break s Kurzurlaub m
minibus s Kleinbus m
minicab s nur telefonisch bestellbar Kleintaxi n
minicam s Minicam f
minim ['mɪnɪm] s Br MUS halbe Note
minimal ['mɪnɪml] adj minimal; **at ~ cost** zu minimalen Kosten; **with ~ effort** mit minimalem Aufwand
minimalism ['mɪnɪməlɪzəm] s Minimalismus m
minimize ['mɪnɪmaɪz] v/t minimieren form
minimum ['mɪnɪməm] **A** s Minimum n; **what is the ~ you will accept?** was ist für Sie das Minimum od der Mindestbetrag?; **a ~ of 2 hours/ 10 people** mindestens 2 Stunden/10 Leute; **to keep sth to a ~** etw auf ein Minimum beschränken **B** adj ⟨attr⟩ Mindest-; **~ age** Mindestalter n; **~ temperature** Tiefsttemperatur f
minimum wage s Mindestlohn m
mining ['maɪnɪŋ] s Bergbau m
mining industry s Bergbau m
mining town s Bergarbeiterstadt f
minion ['mɪnɪən] fig s Trabant m
miniskirt ['mɪnɪskɜːt] s Minirock m, Minijupe m schweiz
minister ['mɪnɪstəʳ] **A** s **1** POL Minister(in) m(f) **2** KIRCHE Pfarrer(in) m(f) **B** v/i **to ~ to sb** sich um j-n kümmern; **to ~ to sb's needs** j-s Bedürfnisse (akk) befriedigen
ministerial [ˌmɪnɪ'stɪərɪəl] adj POL ministeriell; **~ post** Ministerposten m; **his ~ duties** seine Pflichten als Minister
ministry ['mɪnɪstrɪ] s **1** POL Ministerium n; **~ of education** Bildungsministerium n **2** KIRCHE **to go into the ~** Geistliche(r) werden
minivan ['mɪnɪvæn] s Kleinbus m, Van m
mink [mɪŋk] s Nerz m; **~ coat** Nerzmantel m
minor ['maɪnəʳ] **A** adj **1** kleiner(e, -er, -es); (≈ weniger wichtig) unbedeutend; Vergehen, Operation leicht; **~ road** Nebenstraße f **2** MUS Moll-; **~ key** Molltonart f; **G ~** g-Moll n **B** **1** JUR Minderjährige(r) m/f(m) **2** US UNIV Nebenfach n **C** v/i US UNIV im Nebenfach studieren (**in** +akk)
Minorca [mɪ'nɔːkə] s Menorca n
minority [maɪ'nɒrɪtɪ] **A** s Minderheit f; **to be in a** od **the ~** in der Minderheit sein **B** adj ⟨attr⟩ Minderheits-; **~ group** Minderheit f; **(ethnic) ~ students** Studenten pl, die einer (ethnischen) Minderheit angehören
minority government s Minderheitsregierung f
minor league adj **~ baseball** US Baseball m od n in den unteren Ligen
minster ['mɪnstəʳ] s Münster n
minstrel ['mɪnstrəl] s Spielmann m
mint[1] [mɪnt] **A** s Münzanstalt f; **to be worth a ~** umg unbezahlbar sein **B** adj **in ~ condition** in tadellosem Zustand **C** v/t prägen
mint[2] s **1** BOT Minze f **2** Pfefferminz n
mint sauce s Minzsoße f
mint tea s Pfefferminztee m
minus ['maɪnəs] **A** präp **1** minus; **£100 ~ taxes** £ 100 abzüglich (der) Steuern **2** ohne **B** adj Minus-; **~ point** Minuspunkt m; **~ three degrees** drei Grad minus; **an A ~** eine Eins minus **C** s Minus(zeichen) n
minuscule ['mɪnɪskjuːl] adj winzig
minus sign s Minuszeichen n
minute[1] ['mɪnɪt] s **1** Minute f; **it's 23 ~s past 3** es ist 3 Uhr und 23 Minuten; **a thirty-minute ride** eine dreißigminütige Fahrt; **in a ~** gleich; **this ~!** auf der Stelle!; **I shan't be a ~** es dauert nicht lang; **just a ~!** einen Moment bitte!, Moment mal!; **any ~ (now)** jeden Augenblick; **tell me the ~ he comes** sag mir sofort Bescheid, wenn er kommt; **have you got a ~?** hast du mal eine Minute Zeit?; **I don't believe for a** od **one ~ that ...** ich glaube nicht einen Augenblick, dass...; **at the last ~** in letzter Minute **2** ~s Protokoll n; **to take the ~s** das Protokoll führen
minute[2] [maɪ'njuːt] adj winzig; Einzelheit kleinste(r, s)
minute hand ['mɪnɪthænd] s Minutenzeiger m
minutely [maɪ'njuːtlɪ] adv genauestens; in kleiner Menge ganz geringfügig
Minuteman ['mɪnɪtmən] s Angehöriger der amerikanischen Miliz
minutiae [mɪ'njuːʃiː] pl genaue Einzelheiten pl

miracle ['mɪrəkəl] s Wunder n; **to work** od **perform ~s** wörtl. Wunder vollbringen; **I can't work ~s** ich kann nicht hexen; **by some ~** fig wie durch ein Wunder; **it'll take a ~ for us** od **we'll need a ~ to be finished on time** da müsste schon ein Wunder geschehen, wenn wir noch rechtzeitig fertig werden sollen

miracle drug s Wunderdroge f

miraculous [mɪˈrækjʊləs] adj **1** Flucht wundersam; **that is nothing/little short of ~** das grenzt an ein Wunder **2** wunderbar

miraculously [mɪˈrækjʊləslɪ] adv **~ the baby was unhurt** es war wie ein Wunder, dass das Baby unverletzt blieb

mirage ['mɪrɑːʒ] s Fata Morgana f; fig Trugbild n

mire ['maɪəʳ] s Morast m

mirror ['mɪrəʳ] **A** s Spiegel m **B** v/t (wider)spiegeln

mirror image s Spiegelbild n

mirth [mɜːθ] s Heiterkeit f

misadventure [ˌmɪsədˈventʃəʳ] s Missgeschick n

misanthrope ['mɪzənθrəʊp] s Misanthrop(in) m(f)

misapply [ˌmɪsəˈplaɪ] v/t falsch anwenden

misapprehension ['mɪsˌæprɪˈhenʃən] s Missverständnis n; **he was under the ~ that ...** er hatte fälschlicherweise angenommen, dass ...

misappropriate [ˌmɪsəˈprəʊprɪeɪt] v/t entwenden; Geld veruntreuen

misbehave [ˌmɪsbɪˈheɪv] v/i sich schlecht benehmen

misbehaviour [ˌmɪsbɪˈheɪvɪəʳ] s, **misbehavior** US s schlechtes Benehmen, Ungezogenheit f

miscalculate [ˌmɪsˈkælkjʊleɪt] **A** v/t falsch berechnen, falsch einschätzen **B** v/i sich verrechnen, sich verschätzen

miscalculation ['mɪsˌkælkjʊˈleɪʃən] s Rechenfehler m, Fehlkalkulation f, Fehleinschätzung f

miscarriage ['mɪsˌkærɪdʒ] s **1** MED Fehlgeburt f **2** **~ of justice** Justizirrtum m

miscarry [ˌmɪsˈkærɪ] v/i MED eine Fehlgeburt haben

miscellaneous [ˌmɪsɪˈleɪnɪəs] adj verschieden; **~ expenses/income** sonstige Aufwendungen/Erträge

mischief ['mɪstʃɪf] s **1** Schalk m, Unfug m; **he's always getting into ~** er stellt dauernd etwas an; **to keep out of ~** keinen Unfug machen **2** **to cause ~** Unfrieden stiften **3** Schaden m; **to do sb/oneself a ~** j-m/sich Schaden zufügen; verletzen j-m/sich etwas (an)tun

mischievous ['mɪstʃɪvəs] adj verschmitzt; **her son is really ~** ihr Sohn ist ein Schlingel

mischievously ['mɪstʃɪvəslɪ] adv lächeln verschmitzt

misconceived [ˌmɪskənˈsiːvd] adj Idee falsch

misconception [ˌmɪskənˈsepʃən] s fälschliche Annahme

misconduct [ˌmɪsˈkɒndʌkt] s schlechtes Benehmen; **gross ~** grobes Fehlverhalten

misconstrue ['mɪskənˈstruː] v/t missdeuten, falsch auslegen; **you have ~d my meaning** Sie haben mich falsch verstanden

miscount [ˌmɪsˈkaʊnt] **A** v/t falsch zählen; Stimmen falsch auszählen **B** v/i sich verzählen

misdemeanour [ˌmɪsdɪˈmiːnəʳ] s, **misdemeanor** US s JUR Vergehen n

misdiagnose ['mɪsdaɪəgnəʊz] v/t MED falsch diagnostizieren

misdirect ['mɪsdɪˈrekt] v/t Brief fehlleiten; j-n in die falsche Richtung schicken

miser ['maɪzəʳ] s Geizhals m

miserable ['mɪzərəbl] adj **1** unglücklich; (= schlecht gelaunt) griesgrämig; **to make life ~ for sb, to make sb's life ~** j-m das Leben zur Qual machen **2** Wetter grässlich; Dasein erbärmlich; Ort trostlos **3** jämmerlich; Summe kläglich; **to be a ~ failure** kläglich versagen

miserably ['mɪzərəblɪ] adv **1** unglücklich **2** versagen kläglich

miserly ['maɪzəlɪ] adj geizig; Angebot knauserig; **a ~ £8** mickrige £ 8 umg; **to be ~ with sth** mit etw geizen

misery ['mɪzərɪ] s **1** Trauer f **2** Qualen pl, Elend n; **to make sb's life a ~** j-m das Leben zur Hölle machen; **to put an animal out of its ~** ein Tier von seinen Qualen erlösen; **to put sb out of his ~** fig j-n nicht länger auf die Folter spannen

misfire ['mɪsˈfaɪəʳ] v/i Motor fehlzünden; Plan fehlschlagen

misfit ['mɪsfɪt] s Außenseiter(in) m(f)

misfortune [mɪsˈfɔːtʃuːn] s **1** (schweres) Schicksal n **2** Pech n kein pl; **it was my ~** od **I had the ~ to ...** ich hatte das Pech, zu ...

misgiving [mɪsˈgɪvɪŋ] s Bedenken pl; **I had ~s about the scheme** bei dem Vorhaben war mir nicht ganz wohl

misguided [ˌmɪsˈgaɪdɪd] adj töricht; Ansichten irrig

mishandle [ˌmɪsˈhændl] v/t Fall falsch handhaben

mishap ['mɪshæp] s Missgeschick n; **he's had a slight ~** ihm ist ein kleines Missgeschick passiert

mishear ['mɪsˈhɪəʳ] ⟨prät, pperf **misheard** ['mɪsˈhɜːd]⟩ **A** v/t falsch hören **B** v/i sich verhören

mishmash ['mɪʃmæʃ] s Mischmasch m

misinform ['mɪsɪn'fɔːm] v/t falsch informieren; **you've been ~ed** Sie sind falsch informiert

misinformation ['mɪsɪnfə'meɪʃən] s ⟨kein pl⟩ Fehlinformation(en) f(pl)

misinterpret ['mɪsɪn'tɜːprɪt] v/t falsch auslegen; **he ~ed her silence as agreement** er deutete ihr Schweigen fälschlich als Zustimmung

misinterpretation ['mɪsɪn,tɜːprɪ'teɪʃən] s falsche Auslegung

misjudge ['mɪs'dʒʌdʒ] v/t falsch einschätzen

misjudgement [,mɪs'dʒʌdʒmənt] s Fehleinschätzung f

mislay [,mɪs'leɪ] v/t ⟨prät, pperf mislaid [,mɪs'leɪd]⟩ verlegen

mislead [,mɪs'liːd] v/t ⟨prät, pperf misled⟩ irreführen; **you have been misled** Sie irren od täuschen sich

misleading [,mɪs'liːdɪŋ] adj irreführend

misled [,mɪs'led] prät & pperf → mislead

mismanage ['mɪs'mænɪdʒ] v/t Firma schlecht führen, heruntwirtschaften; Angelegenheit schlecht handhaben

mismanagement s Misswirtschaft f

mismatch [mɪs'mætʃ] s **to be a ~** nicht zusammenpassen

miso ['miːsəʊ] s GASTR Miso n

misogynist [mɪ'sɒdʒɪnɪst] s Frauenfeind m

miso soup s Misosuppe f

misplace ['mɪs'pleɪs] v/t verlegen

misplaced ['mɪs'pleɪst] adj Treue, Begeisterung unangebracht

misprint ['mɪsprɪnt] s Druckfehler m

mispronounce ['mɪsprə'naʊns] v/t falsch aussprechen

mispronunciation [,mɪsprə,nʌnsɪ'eɪʃn] s falsche Aussprache

misquote ['mɪs'kwəʊt] v/t falsch zitieren

misread ['mɪs'riːd] v/t ⟨prät, pperf misread ['mɪs'red]⟩ falsch lesen, falsch verstehen

misrepresent ['mɪs,reprɪ'zent] v/t falsch darstellen

miss¹ [mɪs] **A** s **1** Fehlschuss m; **his first shot was a ~** sein erster Schuss ging daneben; **it was a near ~** fig das war eine knappe Sache; **we had a near ~ with that car** wir wären fast mit diesem Auto zusammengestoßen **2** **to give sth a ~** umg sich (dat) etw schenken **B** v/t **1** verpassen; akustisch etc nicht mitbekommen; **to ~ breakfast** nicht frühstücken; wegen Verspätung das Frühstück verpassen; **they ~ed each other in the crowd** sie verpassten sich in der Menge; **to ~ the boat** od **bus** fig den Anschluss verpassen; **he ~ed school for a week** er hat eine Woche lang die Schule versäumt; **~ a turn** einmal aussetzen; **he doesn't ~ much** umg ihm entgeht so schnell nichts **2** Preis nicht bekommen; **he narrowly ~ed being first/becoming president** er wäre beinahe auf den ersten Platz gekommen/Präsident geworden **3** Hindernis (noch) ausweichen können (+dat); Unfall etc entgehen (+dat); **the car just ~ed the tree** das Auto wäre um ein Haar gegen den Baum gefahren **4** übersehen **5** vermissen; **I ~ him** er fehlt mir; **he won't be ~ed** keiner wird ihn vermissen; **to ~ doing sth** (es) vermissen, etw zu tun **C** v/i nicht treffen, danebenschießen, danebengreifen

phrasal verbs mit miss:

miss out A v/t ⟨trennb⟩ auslassen, weglassen **B** v/i umg zu kurz kommen; **to miss out on sth** etw verpassen

miss² s **Miss White** Fräulein White n, Frau White

misshapen ['mɪs'ʃeɪpən] adj missgebildet

missile ['mɪsaɪl] s **1** (Wurf)geschoss n **2** Rakete f

missing ['mɪsɪŋ] adj vermisst, abgängig bes österr; Objekt verschwunden, fehlend; **to be ~/have gone ~** fehlen; Mensch vermisst werden; **what's ~?** was fehlt?; **to go ~** vermisst werden; Objekt verloren gehen; **~ in action** vermisst

missing person s Vermisste(r) m/f(m)

mission ['mɪʃən] s **1** Auftrag m, Mission f; (≈ innere) Berufung f; MIL Einsatz m; **~ accomplished** MIL, a. fig Befehl ausgeführt **2** (≈ Abordnung) Delegation f

missionary ['mɪʃənrɪ] **A** s Missionar(in) m(f) **B** adj missionarisch

misspell ['mɪs'spel] v/t ⟨prät, pperf misspelled od misspelt⟩ falsch schreiben

misspelling [,mɪs'spelɪŋ] s **1** Rechtschreibfehler m **2** falsche Schreibung

misspent [,mɪs'spent] adj **I regret my ~ youth** ich bedaure es, meine Jugend so vergeudet zu haben

mist [mɪst] s Nebel m

phrasal verbs mit mist:

mist over v/i, (a. **mist up**) (sich) beschlagen

mistake [mɪ'steɪk] **A** s Fehler m; **to make a ~** einen Fehler machen, sich irren; **to make the ~ of asking too much** den Fehler machen, zu viel zu verlangen; **by ~** aus Versehen, versehentlich; **there must be some ~** da muss ein Fehler vorliegen **B** v/t ⟨prät mistook; pperf mistaken⟩ falsch verstehen; **there's no mistaking her writing** ihre Schrift ist unverkennbar; **there's no mistaking what he meant** er hat sich unmissverständlich ausgedrückt; **there was no mistaking his anger** er war eindeutig wütend; **to ~ A for B** A mit B verwechseln; **to be ~n about sth/sb** sich in etw/j-m irren; **to be ~n in thinking that ...** fälschlicherweise annehmen, dass ...; **if I am not ~n ...** wenn mich

nicht alles täuscht ...
mistaken [mɪˈsteɪkən] *adj Vorstellung* falsch; **a case of ~ identity** eine Verwechslung
mistakenly [mɪˈsteɪkənlɪ] *adv* irrtümlicherweise
mister [ˈmɪstəʳ] *s* Herr *m*; **please, ~, can you tell me ...?** können Sie mir bitte sagen ...?
mistime [ˈmɪsˈtaɪm] *v/t* einen ungünstigen Zeitpunkt wählen für
mistletoe [ˈmɪsltəʊ] *s ‹kein pl›* Mistel *f*, Mistelzweig *m*
mistook [mɪˈstʊk] *prät* → mistake
mistranslate [ˈmɪstrænzˈleɪt] *v/t* falsch übersetzen
mistreat [ˌmɪsˈtriːt] *v/t* schlecht behandeln, misshandeln
mistreatment *s* schlechte Behandlung, Misshandlung *f*
mistress [ˈmɪstrɪs] *s* **1** Herrin *f* **2** Geliebte *f*
mistrust [ˈmɪsˈtrʌst] **A** *s* Misstrauen *n* (**of** gegenüber) **B** *v/t* misstrauen (+dat)
mistrustful *adj* misstrauisch; **to be ~ of sb/sth** j-m/einer Sache misstrauen
misty [ˈmɪstɪ] *adj ‹komp mistier›* neblig
misunderstand [ˈmɪsʌndəˈstænd] *‹prät, pperf misunderstood›* **A** *v/t* missverstehen; **don't ~ me ...** verstehen Sie mich nicht falsch ... **B** *v/i* **I think you've misunderstood** ich glaube, Sie haben das missverstanden
misunderstanding [ˈmɪsʌndəˈstændɪŋ] *s* Missverständnis *n*; **there must be some ~** da muss ein Missverständnis vorliegen
misunderstood [ˈmɪsʌndəˈstʊd] **A** *prät & pperf* → misunderstand **B** *adj* unverstanden; *Künstler* verkannt
misuse A [ˈmɪsˈjuːs] *s* Missbrauch *m*; **~ of power/authority** Macht-/Amtsmissbrauch *m* **B** [ˈmɪsˈjuːz] *v/t* missbrauchen
mite¹ [maɪt] *s* ZOOL Milbe *f*
mite² *umg adv* **a ~ surprised** etwas überrascht
mitigate [ˈmɪtɪgeɪt] *v/t* **mitigating circumstances** mildernde Umstände *pl*
mitt [mɪt] *s* **1** → mitten **2** Baseballhandschuh *m*
mitten [ˈmɪtn] *s* Fausthandschuh *m*
mix [mɪks] **A** *s* Mischung *f*; **a real mix of people** eine bunte Mischung von Menschen; **a broad racial mix** ein breites Spektrum verschiedener Rassen **B** *v/t* (ver)mischen; *Drink* mixen; *Zutaten* verrühren; *Teig* zubereiten; *Salat* wenden; **you shouldn't mix your drinks** man sollte nicht mehrere Sachen durcheinandertrinken; **to mix sth into sth** etw unter etw (*akk*) mengen; **I never mix business with** *od* **and pleasure** ich vermische nie Geschäftliches und Privates **C** *v/i* **1** sich mischen lassen **2** zusammenpassen **3** *Menschen* sich vermischen, miteinander verkehren; **he finds it hard to mix** er ist nicht sehr gesellig

phrasal verbs mit mix:
mix in *v/t ‹trennb› Ei* unterrühren
mix up *v/t ‹trennb›* **1** durcheinanderbringen, verwechseln **2** **to be mixed up in sth** in etw (*akk*) verwickelt sein; **he's got himself mixed up with that gang** er hat sich mit dieser Bande eingelassen
mix with *v/t anderen Menschen* Umgang haben mit

mixed [mɪkst] *adj* gemischt, unterschiedlich; **~ nuts** Nussmischung *f*; **of ~ race** *od* **parentage** gemischtrassig; **a class of ~ ability** eine Klasse mit Schülern unterschiedlicher Leistungsstärke; **to have ~ feelings about sth** etw mit gemischten Gefühlen betrachten
mixed-ability *adj Gruppe* mit unterschiedlicher Leistungsstärke
mixed bag *s* bunte Mischung
mixed blessing *s* **it's a ~** das ist ein zweischneidiges Schwert
mixed dorm [ˌmɪkstˈdɔːm] *s Schlafsaal, in dem Männer und Frauen übernachten*
mixed doubles *s* SPORT gemischtes Doppel
mixed grill *s* Grillteller *m*
mixed marriage *s* Mischehe *f*
mixed martial arts *pl* gemischte Kampfkünste *pl*, Mixed Martial Arts *pl*
mixed-race *adj* gemischtrassig
mixed-up *adj ‹attr›*, **mixed up** *adj ‹präd›* durcheinander *präd*; *Ideen* konfus; **I'm all mixed up** ich bin völlig durcheinander; **he got all mixed up** er hat alles durcheinandergebracht
mixer [ˈmɪksə] *s* **1** Mixer *m*; *für Zement* Mischmaschine *f* **2** *Tonic etc zum Auffüllen von alkoholischen Mixgetränken*
mixture [ˈmɪkstʃəʳ] *s* Mischung *f*; GASTR Gemisch *n*; *für Kuchen* Teig *m*; **fold the eggs into the cheese ~** heben Sie die Eier in die Käsemischung unter
mix-up [ˈmɪksʌp] *s* Durcheinander *n*, Verwechslung *f*; **there seemed to be some ~ about which train ...** es schien nicht ganz klar, welchen Zug ...; **there must have been a ~** da muss irgendetwas schiefgelaufen sein *umg*
ml¹ *abk* (= millilitre) ml
ml² *abk* (= mile) Meile
mm *abk* (= millimetres) mm
MMA [ˌemem'eɪ] *s abk* (= mixed martial arts) MMA *pl*, gemischte Kampfkünste *pl*
MMO [ˌemem'əʊ] *s abk* (= massively multiplayer online game) Massen-Online-Spiel *n*, MMO *n*
MMR [ˌemem'ɑː] *abk* (= measles, mumps and rubella) MED MMR (*Abkürzung für Masern, Mumps und Röteln*)

mo [məʊ] *umg s abk* (= moment) Moment *m*
moan [məʊn] **A** *s* **1** Stöhnen *n* **2 to have a ~ about sth** über etw *(akk)* jammern **B** *v/i* **1** stöhnen **2** jammern, sempern *österr* (**about** über +*akk*) **C** *v/t* ..., **he ~ed** ... stöhnte er
moaning ['məʊnɪŋ] *s* **1** Stöhnen *n* **2** Gestöhn(e) *n*
moat [məʊt] *s* Wassergraben *m*, Burggraben *m*
mob [mɒb] **A** *s* **1** Horde *f*, Mob *m kein pl* **2** *umg* Bande *f* **B** *v/t* herfallen über (+*akk*); *Popstar* belagern
mobile ['məʊbaɪl] **A** *adj* **1** beweglich **2** *Röntgeneinheit* fahrbar; *Labor* mobil **B** *s* **1** *Br TEL* Handy *n*, Mobiltelefon *n* **2** (≈ *Zimmerschmuck*) Mobile *n*
mobile banking *s* Mobile-Banking *n*, M-Banking *n* (*Abwicklung von Bankgeschäften über mobile Endgeräte*)
mobile case *Br s* Handyhülle *f*
mobile communications *pl* Mobilfunk *m*
mobile device *s IT* Mobilgerät *n*
mobile home *Br s* Wohnmobil *n*
mobile learning *s* mobiles Lernen, M-Learning *n* (*Lernen mit Mobilgeräten wie Smartphones*)
mobile network *Br s* Handynetz *n*, Mobilfunknetz *n*
mobile number *Br s* Handynummer *f*
mobile payment *s* Bezahlen *n* per Handy, Handyzahlung *f*; **~ app** Handyzahlungsapp *f*
mobile phone *Br s* Handy *n*, Mobiltelefon *n*
mobile phone camera *Br s* Handykamera *f*
mobile phone case *Br s* Handyhülle *f*, Handytasche *f*
mobile phone network *Br s* Handynetz *n*, Mobilfunknetz *n*
mobile phone reception *Br s* Handyempfang *m*; **we couldn't get ~** wir hatten kein Netz
mobile phone user *Br s* Handynutzer(in) *m(f)*
mobile reception *Br s* Handyempfang *m*; **we couldn't get ~** wir hatten kein Netz
mobile ticket *Br s* Handyticket *n*
mobile wallet *s IT* Mobile Wallet *n*, Handy-Geldbörse *f*
mobility [məʊ'bɪlɪtɪ] *s* Beweglichkeit *f*, Mobilität *f*; **a car gives you ~** ein Auto macht Sie beweglicher
mobility scooter *s* Elektromobil *n*, E-Mobil *n*
mobilization [ˌməʊbɪlaɪ'zeɪʃən] *s* Mobilisierung *f*
mobilize ['məʊbɪlaɪz] **A** *v/t* mobilisieren **B** *v/i* mobil machen
moccasin ['mɒkəsɪn] *s* Mokassin *m*
mocha ['mɒkə] *s* Mokka *m*
mock [mɒk] **A** *s Br SCHULE umg* **~s** Probeprüfungen *pl* **B** *adj* ⟨*attr*⟩ Prüfung simuliert; *Hinrichtung* gestellt; **~ leather** Kunstleder *n* **C** *v/t* sich lustig machen über (+*akk*) **D** *v/i* **don't ~** mokier dich nicht!
mockery ['mɒkərɪ] *s* **1** Spott *m* **2 to make a ~ of sth** etw lächerlich machen
mocking *adj*, **mockingly** ['mɒkɪŋ, -lɪ] *adv* spöttisch
MOD *Br abk* (= Ministry of Defence) *britisches Verteidigungsministerium*
modal ['məʊdl] *adj* modal; **~ verb** Modalverb *n*
mod cons ['mɒd'kɒnz] *Br umg pl abk* (= modern conveniences) mod. Komf.
mode [məʊd] *s* **1** Art *f* (und Weise), Form *f*; **~ of transport** Transportmittel *n* **2** *IT* Modus *m*, Mode *m*
model ['mɒdl] **A** *s* **1** Modell *n*; *für Mode etc* Mannequin *n*, Dressman *m* **2** Muster *n* (**of an** +*dat*); **to hold sb up as a ~** j-n als Vorbild hinstellen **B** *adj* **1** Modell-; **~ railway** *Br*, **~ railroad** *US* Modelleisenbahn *f* **2** vorbildlich; **~ pupil** Musterschüler(in) *m(f)*; **~ text** Mustertext *m* **C** *v/t* **1 to ~ X on Y** Y als Muster für X benutzen; **X is ~led on Y** *Br*, **X is ~ed on Y** *US* Y dient als Muster für X; **the system was ~led on the American one** *Br*, **the system was ~ed on the American one** *US* das System war nach amerikanischem Muster aufgebaut; **to ~ oneself on sb** sich (*dat*) j-n zum Vorbild nehmen **2** *Kleid etc* vorführen **D** *v/i* als Mannequin/Dressman arbeiten
modelling ['mɒdlɪŋ] *s*, **modeling** *US s* **to do some ~** bei *Modenschau etc* als Mannequin/Dressman arbeiten
modem ['məʊdem] *s* Modem *n*
moderate A ['mɒdərɪt] *adj* gemäßigt; *Erhöhung* mäßig; *Verbesserung* leicht; *Forderungen* vernünftig; *Trinker* maßvoll; *Erfolg* bescheiden; **a ~ amount** einigermaßen viel **B** ['mɒdərɪt] *POL* Gemäßigte(r) *m/f(m)* **C** ['mɒdəreɪt] *v/t* mäßigen
moderately ['mɒdərɪtlɪ] *adv* **1** *mit Adjektiv/Adverb* einigermaßen; *Steigerung, Rückgang* mäßig; **a ~ priced suit** ein nicht allzu teurer Anzug **2** *essen etc* in Maßen
moderation [ˌmɒdə'reɪʃən] *s* Mäßigung *f*; **in ~** mit Maß(en)
modern ['mɒdən] *adj* modern; *Geschichte* neuere und neueste; **Modern Greek** *etc* Neugriechisch *n etc*
modern-day [ˌmɒdən'deɪ] *adj* modern; **~ America** das heutige Amerika
modernism ['mɒdənɪzəm] *s* Modernismus *m*
modernist ['mɒdənɪst] **A** *adj* modernistisch **B** *s* Modernist(in) *m(f)*
modernization [ˌmɒdənaɪ'zeɪʃən] *s* Modernisierung *f*

modernize ['mɒdənaɪz] v/t modernisieren
modern languages pl neuere Sprachen pl; UNIV Neuphilologie f
modest ['mɒdɪst] adj bescheiden; Preis mäßig; **to be ~ about one's successes** nicht mit seinen Erfolgen prahlen; **on a ~ scale** in bescheidenem Rahmen
modesty ['mɒdɪstɪ] s Bescheidenheit f
modicum ['mɒdɪkəm] s **a ~ (of)** ein wenig
modification [,mɒdɪfɪ'keɪʃən] s (Ver)Änderung f; von Wortlaut Modifizierung f; **to make ~s to sth** (Ver)Änderungen an etw (dat) vornehmen, etw modifizieren
modifier ['mɒdɪfaɪə^r] s GRAM Bestimmungswort n
modify ['mɒdɪfaɪ] v/t (ver)ändern; Wortlaut modifizieren
modular ['mɒdjʊlə^r] adj aus Elementen zusammengesetzt; IT modular; bes Br SCHULE, UNIV modular aufgebaut
modulate ['mɒdjʊleɪt] v/t & v/i MUS, RADIO modulieren
modulation [,mɒdjʊ'leɪʃən] s MUS, RADIO Modulation f
module ['mɒdjuːl] s (Bau)element n; SCHULE etc Kurs m; COMPUT Modul n; RAUMF Raumkapsel f
mohair ['məʊheə^r] s Mohair m
Mohican [məʊ'hiːkən] s ◨ Mohikaner(in) m(f) ◪ Frisur Irokesenschnitt m
moist [mɔɪst] adj ⟨+er⟩ feucht (**from, with** vor +dat)
moisten ['mɔɪsn] v/t anfeuchten
moisture ['mɔɪstʃə^r] s Feuchtigkeit f
moisturize ['mɔɪstʃə,raɪz] Ⓐ v/t Feuchtigkeit spenden (+dat) Ⓑ v/i eine Feuchtigkeitscreme benutzen
moisturizer ['mɔɪstʃəraɪzə^r] s Feuchtigkeitscreme f
molar (tooth) ['məʊlə^r(,tuːθ)] s Backenzahn m, Stockzahn m österr
molasses [məʊ'læsɪz] s Melasse f
mold etc US → mould¹
Moldova [mɒl'dəʊvə] s Moldau f
moldy US adj → mouldy
mole¹ [məʊl] s ANAT Leberfleck m
mole² s ZOOL Maulwurf m, Schermaus f schweiz; umg (≈ Agent) Maulwurf m umg
molecular [məʊ'lekjʊlə^r] adj Molekular-
molecule ['mɒlɪkjuːl] s Molekül n
molehill s Maulwurfshaufen m
molest [məʊ'lest] v/t belästigen
mollusc ['mɒləsk] s Weichtier n
mollycoddle ['mɒlɪ,kɒdl] v/t verhätscheln
molt US v/i → moult
molten ['məʊltən] adj geschmolzen; Lava flüssig

mom [mɒm] US umg s → mum²
moment ['məʊmənt] s Augenblick m, Moment m; **any ~ now, (at) any ~** jeden Augenblick; **at the ~** im Augenblick, momentan; **not at the ~** im Augenblick nicht; **at this (particular) ~ in time** augenblicklich; **for the ~** vorläufig; **for a ~** einen Moment lang; **not for a** od **one ~** ... nie(mals) ...; **I didn't hesitate for a ~** ich habe keinen Augenblick gezögert; **in a ~** gleich; **to leave things until the last ~** alles erst im letzten Moment erledigen; **just a ~!, wait a ~!** Moment mal!; **I shan't be a ~** ich bin gleich wieder da, ich bin gleich so weit; **I have just this ~ heard about it** ich habe es eben od gerade erst erfahren; **we haven't a ~ to lose** wir haben keine Minute zu verlieren; **not a ~'s peace** keine ruhige Minute; **one ~ she was laughing, the next she was crying** zuerst lachte sie, einen Moment später weinte sie; **the ~ I saw him I knew** ... als ich ihn sah, wusste ich sofort ...; **tell me the ~ he comes** sagen Sie mir sofort Bescheid, wenn er kommt; **the ~ of truth** die Stunde der Wahrheit; **the movie has its ~s** streckenweise hat der Film was umg
momentarily ['məʊməntərɪlɪ] adv (für) einen Augenblick
momentary ['məʊməntərɪ] adj kurz, momentan; **there was a ~ silence** einen Augenblick lang herrschte Stille
momentous [məʊ'mentəs] adj bedeutungsvoll
momentum [məʊ'mentəm] s Schwung m; **to gather** od **gain ~** wörtl sich beschleunigen; fig in Gang kommen; **to lose ~** Schwung verlieren
Mon abk (= Monday) Mo.
Monaco ['mɒnəkəʊ] s Monaco n
monarch ['mɒnək] s Monarch(in) m(f)
monarchist ['mɒnəkɪst] s Monarchist(in) m(f)
monarchy ['mɒnəkɪ] s Monarchie f
monastery ['mɒnəstərɪ] s (Mönchs)kloster n
monastic [mə'næstɪk] adj klösterlich; **~ order** Mönchsorden m
Monday ['mʌndɪ] s Montag m; **on ~s** montags; **~ morning** Montagmorgen m; → Tuesday
monetary ['mʌnɪtərɪ] adj währungspolitisch; **~ policy** Währungspolitik f; **~ union** Währungsunion f
monetary unit s Währungseinheit f
money ['mʌnɪ] s Geld n; **to make ~** (viel) Geld verdienen; Geschäft etwas einbringen; **to lose ~** Geld verlieren; Geschäft Verluste haben; **to be in the ~** umg Geld wie Heu haben; **what's the ~ like in this job?** wie wird der Job bezahlt?; **to earn good ~** gut verdienen; **to**

get one's ~'s worth etwas für sein Geld bekommen; **to put one's ~ where one's mouth is** umg (nicht nur reden, sondern) Taten sprechen lassen
money belt s Geldgürtel m
moneybox s Sparbüchse f
money laundering s Geldwäsche f
moneylender s Geldverleiher(in) m(f)
money market s Geldmarkt m
money order s Zahlungsanweisung f; US Postanweisung f
money-spinner umg s Verkaufsschlager m umg
money supply s Geldvolumen n
money transfer s Geldtransfer m
Mongolian [mɒŋˈɡəʊliən] **A** adj mongolisch **B** s Mongole m, Mongolin f
mongrel [ˈmʌŋɡrəl] s Promenadenmischung f; pej Köter m
monitor [ˈmɒnɪtəʳ] **A** s **1** SCHULE **book ~** Bücherwart(in) m(f) **2** TV, TECH Monitor m; COMPUT a. Bildschirm m **3** Überwacher(in) m(f) **B** v/t **1** Telefongespräch abhören; Fernsehprogramm mithören **2** überwachen; Ausgaben etc kontrollieren
monitoring software [ˈmɒnɪtrɪŋ] s Überwachungssoftware f
monk [mʌŋk] s Mönch m
monkey [ˈmʌŋkɪ] **A** s Affe m; fig (≈ Kind) Schlingel m; **I don't give a ~'s** Br umg das ist mir scheißegal umg **B** v/i **to ~ around** umg herumalbern; **to ~ around with sth** an etw (dat) herumfummeln umg
monkey business umg s **no ~!** mach(t) mir keine Sachen! umg
monkey wrench s Engländer m
mono [ˈmɒnəʊ] **A** s ⟨kein pl⟩ Mono n **B** adj Mono-, mono-
monochrome [ˈmɒnəkrəʊm] adj monochrom
monocle [ˈmɒnəkəl] s Monokel n
monogamous [mɒˈnɒɡəməs] adj monogam
monogamy [mɒˈnɒɡəmɪ] s Monogamie f
monolingual [ˌmɒnəˈlɪŋɡwəl] adj einsprachig
monolithic [ˌmɒnəʊˈlɪθɪk] fig adj gigantisch
monologue [ˈmɒnəlɒɡ] s, **monolog** US s Monolog m
monopolization [məˌnɒpəlaɪˈzeɪʃən] wörtl s Monopolisierung f
monopolize [məˈnɒpəlaɪz] wörtl v/t Markt monopolisieren; fig j-n mit Beschlag belegen; Diskussion beherrschen
monopoly [məˈnɒpəlɪ] wörtl s Monopol n
monorail [ˈmɒnəreɪl] s Einschienenbahn f
monosyllabic [ˌmɒnəʊsɪˈlæbɪk] fig adj einsilbig
monotone [ˈmɒnətəʊn] s monotoner Klang, monotone Stimme
monotonous [məˈnɒtənəs] adj monoton; **it's**

getting ~ es wird allmählich langweilig
monotony [məˈnɒtənɪ] s Monotonie f
monoxide [mɒˈnɒksaɪd] s Monoxid n
monsoon [mɒnˈsuːn] s Monsun m; **the ~s, the ~ season** die Monsunzeit
monster [ˈmɒnstəʳ] **A** s **1** Ungetüm n; (≈ Tier) Ungeheuer n **2** Monster n **3** Unmensch m **B** adj ⟨attr⟩ riesenhaft
monstrosity [mɒnˈstrɒsɪtɪ] s Monstrosität f
monstrous [ˈmɒnstrəs] adj **1** riesig **2** abscheulich; Verbrechen grässlich
montage [mɒnˈtɑːʒ] s Montage f
Montenegrin [ˌmɒntɪˈniːɡrɪn] **A** s Montenegriner(in) m(f) **B** adj montenegrinisch
Montenegro [ˌmɒntɪˈniːɡrəʊ] s Montenegro n
month [mʌnθ] s Monat m; **in** od **for ~s** seit Langem; **it went on for ~s** es hat sich monatelang hingezogen; **one ~'s salary** ein Monatsgehalt; **by the ~** monatlich
monthly [ˈmʌnθlɪ] **A** adj & adv monatlich; **~ magazine** Monats(zeit)schrift f; **~ salary** Monatsgehalt n; **~ instalment ~ installment** US Monatsrate f; **they have ~ meetings** sie treffen sich einmal im Monat; **to pay on a ~ basis** monatlich zahlen; **twice ~** zweimal pro Monat **B** s Monats(zeit)schrift f
monty [ˈmɒntɪ] umg s **the full ~** absolut alles
monument [ˈmɒnjʊmənt] s Denkmal n; fig Zeugnis n (**to** +gen)
monumental [ˌmɒnjʊˈmentl] adj enorm; **on a ~ scale** Katastrophe von riesigem Ausmaß; Bauwerk monumental
moo [muː] v/i muhen
mooch [muːtʃ] umg v/i tigern umg; **I spent all day just ~ing about the house** Br, **I spent all day just ~ing around the house** ich habe den ganzen Tag zu Hause herumgegammelt umg
mood¹ [muːd] s Stimmung f, Laune f; **he's in one of his ~s** er hat mal wieder eine seiner Launen; **to be in a good/bad ~** gute/schlechte Laune haben; **to be in a cheerful ~** gut aufgelegt sein; **to be in a festive/forgiving ~** feierlich/versöhnlich gestimmt sein; **I'm in no ~ for laughing** mir ist nicht nach od zum Lachen zumute; **to be in the ~ for sth** zu etw aufgelegt sein; **to be in the ~ to do sth** dazu aufgelegt sein, etw zu tun; **to be in no ~ to do sth** nicht in der Stimmung sein, etw zu tun; **I'm not in the ~ to work** ich habe keine Lust zum Arbeiten; **I'm not in the ~** ich bin nicht dazu aufgelegt
mood² s GRAM Modus m; **indicative ~** Indikativ m
moodiness [ˈmuːdɪnɪs] s Launenhaftigkeit f
moody [ˈmuːdɪ] adj ⟨komp moodier⟩ launisch,

schlecht gelaunt

moon [muːn] s Mond m; **is there a ~ tonight?** scheint heute der Mond?; **when the ~ is full** bei Vollmond; **to promise sb the ~** j-m das Blaue vom Himmel versprechen; **to be over the ~** umg überglücklich sein

phrasal verbs mit moon:

moon about Br, **moon around** v/i (vor sich akk hin) träumen; **to moon about** od **around (in) the house** zu Hause hocken

moonbeam s Mondstrahl m

moonless adj mondlos

moonlight A s Mondlicht n; **it was ~** der Mond schien B v/i umg schwarzarbeiten, pfuschen österr

moonlighting umg s Schwarzarbeit f, Pfusch m österr

moonlit adj mondbeschienen; Landschaft mondhell

moonshine s Mondschein m

moor[1] [mʊəʳ] s (Hoch)moor n

moor[2] v/t & v/i festmachen

mooring ['mʊərɪŋ] s Anlegeplatz m; **~s** Verankerung f

moose [muːs] s ⟨pl -⟩ Elch m

moot [muːt] adj **a ~ point** eine fragliche Sache

mop [mɒp] A s Mopp m; **her mop of curls** ihr Wuschelkopf m B v/t Boden wischen; **to mop one's brow** sich (dat) den Schweiß von der Stirn wischen

phrasal verbs mit mop:

mop up A v/t ⟨trennb⟩ aufwischen; **she mopped up the sauce with a piece of bread** sie tunkte die Soße mit einem Stück Brot auf B v/i (auf)wischen

mope [məʊp] v/i Trübsal blasen umg

phrasal verbs mit mope:

mope about Br, **mope around** v/i mit einer Jammermiene herumlaufen; **to mope about** od **around the house** zu Hause hocken und Trübsal blasen umg

moped ['məʊped] s Moped n

moral ['mɒrəl] A adj moralisch; **~ values** sittliche Werte pl; **to give sb ~ support** j-n moralisch unterstützen B s 1 Moral f 2 **~s** pl (≈ Prinzipien) Moral f

morale [mɒˈrɑːl] s Moral f; **to boost sb's ~** j-m (moralischen) Auftrieb geben

moralistic [ˌmɒrəˈlɪstɪk] adj moralisierend

morality [məˈrælɪtɪ] s Moralität f; (≈ System) Ethik f

moralize ['mɒrəlaɪz] v/i moralisieren

morally ['mɒrəlɪ] adv moralisch

morass [məˈræs] s **a ~ of problems** ein Wust m von Problemen

moratorium [ˌmɒrəˈtɔːrɪəm] s Stopp m, Moratorium n

morbid ['mɔːbɪd] adj krankhaft; Sinn für Humor etc makaber; Gedanken düster; Mensch trübsinnig; **don't be so ~!** sieh doch nicht alles so schwarz!

more [mɔːʳ] A s & pron mehr, noch welche; **~ and ~** immer mehr; **one/three ~** noch ein(e)/drei; **many/much ~** viel mehr; **not many/much ~** nicht mehr viele/viel; **no ~** nichts mehr, keine mehr; **some ~** noch etwas, noch welche; **there isn't/aren't any ~** mehr gibt es nicht, es ist nichts/es sind keine mehr da; **is/are there any ~?** gibt es noch mehr?, ist noch etwas/sind noch welche da?; **even ~** noch mehr; **let's say no ~ about it** reden wir nicht mehr darüber; **there's ~ to come** das ist noch nicht alles; **what ~ do you want?** was willst du denn noch?; **there's ~ to it** da steckt (noch) mehr dahinter; **there's ~ to bringing up children than ...** zum Kindererziehen gehört mehr als ...; **and what's ~,** ... und außerdem ...; **(all) the ~** umso mehr; **the ~ ..., the ~ ...** je mehr ..., desto mehr ...; **the ~ the merrier** je mehr, desto besser B adj mehr, noch mehr; **two ~ bottles** noch zwei Flaschen; **a lot/a little ~ money** viel/etwas mehr Geld; **a few ~ weeks** noch ein paar Wochen; **no ~ music** keine Musik mehr; **no ~ squabbling!** Schluss mit dem Zanken!; **do you want some ~ tea/books?** möchten Sie noch etwas Tee/noch ein paar Bücher?; **there isn't any ~ wine** es ist kein Wein mehr da; **there aren't any ~ books** mehr Bücher gibt es nicht, es sind keine Bücher mehr da C adv 1 mehr; **~ and ~** immer mehr; **it will weigh/grow a bit ~** es wird etwas mehr wiegen/noch etwas wachsen; **to like sth ~** etw lieber mögen; **~ than** mehr als; **it will ~ than meet the demand** das wird die Nachfrage mehr als genügend befriedigen; **he's ~ lazy than stupid** er ist eher faul als dumm; **no ~ than** nicht mehr als; **he's ~ like a brother to me** er ist eher wie ein Bruder (für mich); **once ~** noch einmal; **no ~, not any ~** nicht mehr; **to be no ~** nicht mehr existieren; **if he comes here any ~** ... wenn er noch länger hierherkommt ...; **~ or less** mehr oder weniger; **neither ~ nor less, no ~, no less** nicht mehr und nicht weniger 2 bei Komparativ -er **(than** als); **~ beautiful/boring/quickly** schöner/langweiliger/schneller; **~ and ~ beautiful** immer schöner; **~ seriously** ernster; **no ~ stupid than I am** (auch) nicht dümmer als ich

moreover [mɔːˈrəʊvəʳ] adv zudem, überdies

morgue [mɔːg] s Leichenschauhaus n

Mormon ['mɔːmən] A adj mormonisch; **~ church** Mormonenkirche f B s Mormone m,

Mormonin f
morning ['mɔːnɪŋ] **A** s Morgen m, Vormittag m; **in the ~** am Morgen; morgens, vormittags; **early in the ~** am Tag darauf morgen früh; an irgendeinem Tag am frühen Morgen; **(at) 7 in the ~** (um) 7 Uhr morgens; **at 2 in the ~** um 2 Uhr früh; **this/yesterday ~** heute/gestern Morgen; **tomorrow ~** morgen früh; **(the) next ~** am nächsten Morgen; **it was the ~ after** es war am nächsten Morgen **B** adj ⟨attr⟩ am Morgen, morgendlich; **~ flight** Vormittagsflug m
morning-after pill s Pille f danach
morning paper s Morgenzeitung f
morning sickness s (Schwangerschafts)übelkeit f
Morocco [məˈrɒkəʊ] s Marokko n
moron ['mɔːrɒn] umg s Trottel m umg
moronic [məˈrɒnɪk] umg adj idiotisch umg
morose adj, **morosely** [məˈrəʊs, -lɪ] adv missmutig
morphine ['mɔːfiːn] s Morphium n
morphology [mɔːˈfɒlədʒɪ] s Morphologie f
morse [mɔːs] s, (a. **Morse code**) Morseschrift f
morsel ['mɔːsl] s Bissen m
mortal ['mɔːtl] **A** adj **1** sterblich **2** tödlich; **to deal (sb/sth) a ~ blow** (j-m/einer Sache) einen tödlichen Schlag versetzen; **~ enemy** Todfeind(in) m(f) **B** s Sterbliche(r) m/f(m)
mortality [mɔːˈtælɪtɪ] s Sterblichkeit f; **~ rate** Sterblichkeitsziffer f
mortally ['mɔːtəlɪ] adv tödlich; **~ ill** todkrank
mortal sin s Todsünde f
mortar ['mɔːtəʳ] s Mörtel m
mortarboard ['mɔːtəˌbɔːd] s UNIV Doktorhut m
mortgage ['mɔːgɪdʒ] **A** s Hypothek f (**on** auf +akk od dat); **a ~ for £50,000** eine Hypothek über £ 50.000 **B** v/t hypothekarisch belasten
mortgage interest s Hypothekenzinsen pl
mortgage rate s Hypothekenzinssatz m
mortician [ˌmɔːˈtɪʃən] US s Bestattungsunternehmer(in) m(f)
mortify ['mɔːtɪfaɪ] v/t **he was mortified** es war ihm äußerst peinlich
mortuary ['mɔːtjʊərɪ] s Leichenhalle f
mosaic [məʊˈzeɪɪk] s Mosaik n
Moscow ['mɒskəʊ] s Moskau n
Moselle [məʊˈzel] s Mosel f
Moslem ['mɒzlem] **A** adj muslimisch **B** s Muslim(in) m(f)
mosque [mɒsk] s Moschee f
mosquito [mɒˈskiːtəʊ] s ⟨pl -(e)s⟩ Stechmücke f, Moskito m
moss [mɒs] s Moos n
mossy ['mɒsɪ] adj ⟨komp mossier⟩ moosbedeckt
most [məʊst] **A** adj ⟨sup⟩ **1** meiste(r, s); Vergnügen größte(r, s); **who has (the) ~ money?** wer hat am meisten Geld?; **for the ~ part** größtenteils, im Großen und Ganzen **2** die meisten; **~ people** die meisten (Leute) **B** s & pron das meiste, die meisten; **~ of it** das meiste; **~ of them** die meisten (von ihnen); **~ of the money** das meiste Geld; **~ of his friends** die meisten seiner Freunde; **~ of the day** fast den ganzen Tag über; **~ of the time** die meiste Zeit, meist(ens); **at ~** höchstens; **to make the ~ of sth** etw voll ausnützen; Urlaub etc etw in vollen Zügen genießen **C** adv **1** ⟨sup⟩ mit Verb am meisten; mit Adjektiv -ste(r, s); mit Adverb am -sten; **the ~ beautiful ...** der/die/das schönste ...; **~ beautiful** am schönsten; **what ~ displeased him ..., what displeased him ~ ...** was ihm am meisten missfiel ...; **~ of all** am allermeisten **2** äußerst; **~ likely** höchstwahrscheinlich
mostly ['məʊstlɪ] adv hauptsächlich, meistens, zum größten Teil; **they are ~ women** die meisten sind Frauen
MOT [ˌeməʊˈtiː] Br **A** s **MOT (test)** ≈ TÜV m; **it failed its MOT** ≈ es ist nicht durch den TÜV gekommen **B** v/t **to get one's car MOT'd** ≈ sein Auto zum TÜV bringen; **I got my car MOT'd** mit Erfolg ≈ mein Auto ist durch den TÜV gekommen
motel [məʊˈtel] s Motel n
moth [mɒθ] s **1** Nachtfalter m **2** Motte f
mothball s Mottenkugel f
mother ['mʌðəʳ] **A** s Mutter f; **she's a ~ of three** sie hat drei Kinder **B** adj ⟨attr⟩ Mutter- **C** v/t bemuttern
motherboard s COMPUT Mutterplatine f
mother country s Heimat f, Mutterland n
mother figure s Mutterfigur f
motherhood s Mutterschaft f
mother-in-law s ⟨pl mothers-in-law⟩ Schwiegermutter f
motherland s Heimat f
motherly ['mʌðəlɪ] adj mütterlich
mother-of-pearl [ˌmʌðərəvˈpɜːl] **A** s Perlmutt n **B** adj Perlmutt-
Mother's Day s Muttertag m
mother-to-be s ⟨pl mothers-to-be⟩ werdende Mutter
mother tongue s Muttersprache f
motif [məʊˈtiːf] s KUNST, MUS Motiv n; Handarbeiten Muster n
motion ['məʊʃən] **A** s **1** Bewegung f; **to be in ~** sich bewegen; Zug etc fahren; **to set** od **put sth in ~** etw in Gang setzen; **to go through the ~s of doing sth** etw der Form halber tun **2** Antrag m **B** v/t **to ~ to sb to do sth** j-m ein Zeichen geben, dass er etw tun solle; **he ~ed me to a chair** er wies mir einen Stuhl an **C** v/i **to ~ to sb to do sth** j-m ein Zeichen geben, dass er

motion detector s Bewegungsmelder m
motionless adj reg(ungs)los; **to stand ~** bewegungslos dastehen
motion picture bes US s Film m
motion sensor s Bewegungsmelder m
motion sickness s MED Kinetose f fachspr, Seekrankheit f; FLUG Luftkrankheit f; Verkehr Autokrankheit f
motivate ['məʊtɪveɪt] v/t motivieren
motivated adj motiviert; **he's not ~ enough** es fehlt ihm die nötige Motivation
motivation [ˌməʊtɪ'veɪʃən] s Motivation f
motivation letter s Motivationsschreiben n
motive ['məʊtɪv] s Motiv n
motiveless ['məʊtɪvlɪs] adj unmotiviert
motley ['mɒtlɪ] adj kunterbunt
motor ['məʊtə] **A** s **1** Motor m **2** Br umg Auto n **B** adj ⟨attr⟩ **1** PHYSIOL motorisch **2** Kraftfahrzeug-
motorbike s Motorrad n, Töff m schweiz
motorboat s Motorboot n
motorcade ['məʊtəkeɪd] s Fahrzeugkolonne f
motorcar form s Auto n
motorcycle s Motorrad n, Töff m schweiz
motorcycling s Motorradfahren n, Töfffahren n schweiz; SPORT Motorradsport m
motorcyclist s Motorradfahrer(in) m(f), Töfffahrer(in) m(f) schweiz
motor home s Wohnmobil n
motor industry s Kraftfahrzeugindustrie f
motoring bes Br **A** adj ⟨attr⟩ Auto-; **~ offence** Verkehrsdelikt n **B** s **school of ~** Fahrschule f
motorist s Autofahrer(in) m(f)
motorize ['məʊtəraɪz] v/t **to be ~d** motorisiert sein
motor lodge US s Motel n
motor mechanic s Kraftfahrzeugmechaniker(in) m(f)
motor racing s Rennsport m
motor scooter s Motorroller m
motor sport s Motorsport m
motor vehicle form s Kraftfahrzeug n
motorway Br s Autobahn f; **~ driving** das Fahren auf der Autobahn
mottled ['mɒtld] adj gesprenkelt
motto ['mɒtəʊ] s ⟨pl -(e)s⟩ Motto n
mould¹ [məʊld], **mold** US **A** s **1** Form f **2** fig **to be cast in** od **from the same/a different ~** Menschen vom gleichen/von einem anderen Schlag sein; **to break the ~** fig mit der Tradition brechen **B** v/t formen (**into** zu)
mould² s, **mold** US s (≈ Fäulnis) Schimmel m
mouldy ['məʊldɪ] adj ⟨komp mouldier⟩, **moldy** US adj ⟨moldier⟩ verschimmelt; **to go ~** verschimmeln

moult [məʊlt] v/i, **molt** US v/i Vogel sich mausern; Säugetier sich haaren
mound [maʊnd] s **1** Hügel m, Wall m; Baseball Wurfmal n **2** Haufen m; von Büchern Stapel m
Mount [maʊnt] s **~ Etna** etc der Ätna etc; **~ Everest** Mount Everest m; **on ~ Sinai** auf dem Berg(e) Sinai
mount [maʊnt] **A** s **1** Reittier n **2** von Maschine Sockel m; von Edelstein Fassung f; von Bild Passepartout n **B** v/t **1** besteigen **2** montieren; Bild aufziehen; Edelstein (ein)fassen **3** Angriff, Expedition organisieren; **to ~ a guard** eine Wache aufstellen **4** zur Begattung bespringen **C** v/i **1** aufsteigen; auf Pferd aufsitzen **2** (a. **~ up**) zunehmen; Beweise sich häufen; **the death toll has ~ed to 800** die Todesziffer ist auf 800 gestiegen; **pressure is ~ing on him to resign** er sieht sich wachsendem Druck ausgesetzt, zurückzutreten
mountain ['maʊntɪn] s Berg m; **in the ~s** in den Bergen; **to make a ~ out of a molehill** aus einer Mücke einen Elefanten machen umg
mountain bike s Mountainbike n
mountain biking s Mountainbiken n; **to go ~** mountainbiken
mountain chain s Bergkette f
mountaineer [ˌmaʊntɪ'nɪə] s Bergsteiger(in) m(f)
mountaineering [ˌmaʊntɪ'nɪərɪŋ] s Bergsteigen n
mountain hike s Bergtour f, Bergwanderung f
mountain of debt s Schuldenberg m
mountainous ['maʊntɪnəs] adj gebirgig; fig riesig
mountain range s Gebirgszug m
mountain rescue (service) s Bergwacht f
mountainside s (Berg)hang m
mounted ['maʊntɪd] adj Truppen etc beritten
Mountie ['maʊntɪ] umg s berittener kanadischer Polizist
mounting ['maʊntɪŋ] adj wachsend; **there is ~ evidence that ...** es häufen sich die Beweise dafür, dass ...
mourn [mɔːn] **A** v/t betrauern; fig nachtrauern (+dat) **B** v/i trauern; **to ~ for** od **over sb** um j-n trauern
mourner ['mɔːnə] s Trauernde(r) m/f(m)
mournful adj traurig; Ruf klagend
mourning ['mɔːnɪŋ] s Trauerzeit f; (≈ Anzug etc) Trauer(kleidung) f; **to be in ~ for sb** um j-n trauern; **next Tuesday has been declared a day of national ~** für den kommenden Dienstag wurde Staatstrauer angeordnet
mouse [maʊs] s ⟨pl mice; COMPUT a. mouses⟩ a. COMPUT Maus f
mouse button s COMPUT Maustaste f

mouse click *s* IT Mausklick *m*
mousehole *s* Mauseloch *n*
mouse mat, **mouse pad** *s* Mauspad *n*, Mausmatte *f*
mouse pointer *s* IT Mauszeiger *m*
mouse potato *s* ⟨*pl* -es⟩ *umg* (abgestumpfter) Computerfreak *umg*
mousetrap *s* Mausefalle *f*
mousey *adj* → mousy
mousse [muːs] *s* **1** Creme(speise) *f* **2** (*a.* **styling ~**) Schaumfestiger *m*
moustache [məˈstɑːʃ] *s*, **mustache** US *s* Schnurrbart *m*, Schnauz *m schweiz*
mousy, mousey [ˈmaʊsɪ] *adj* ⟨*komp* mousier; mouseyer⟩ mausgrau
mouth [maʊθ] **A** *s* Mund *m*; *von Tier* Maul *n*; *von Vogel* Rachen *m*; *von Flasche* Öffnung *f*; *von Fluss* Mündung *f*; **to keep one's (big) ~ shut (about sth)** *umg* (über etw *akk*) die Klappe halten *umg*; **me and my big ~!** *umg* ich konnte wieder nicht die Klappe halten *umg*; **he has three ~s to feed** er hat drei Mäuler zu stopfen *umg* **B** [maʊð] *v/t* geräuschlos mit Lippensprache sagen
mouthful [ˈmaʊθfʊl] *s* Schluck *m*, Bissen *m*; *fig* (≈ *schwieriges Wort*) Zungenbrecher *m*
mouth organ *s* Mundharmonika *f*; **to play the ~** Mundharmonika spielen
mouthpiece *s* Mundstück *n*; *fig* Sprachrohr *n*
mouth-to-mouth *adj* **~ resuscitation** Mund-zu-Mund-Beatmung *f*
mouthwash *s* Mundwasser *n*
mouthwatering *adj* lecker; *fig* verlockend
movable [ˈmuːvəbl] *adj* beweglich
move [muːv] **A** *v/t* **1** bewegen; *Rad* (an)treiben; *Möbel etc* woanders hinstellen, wegstellen, umräumen; *Stuhl* rücken; *Fahrzeug* wegfahren; *Hindernis* aus dem Weg räumen; *Schachfigur* ziehen mit; *Arm* wegnehmen; *Hand* wegziehen; *Patienten* verlegen; *Mitarbeiter* versetzen; **to ~ sth to a different place** etw an einen anderen Platz stellen; **I can't ~ this handle** der Griff lässt sich nicht bewegen; **you'll have to ~ these books** Sie müssen diese Bücher wegräumen; **his parents ~d him to another school** seine Eltern haben ihn in eine andere Schule getan **2** verlegen; IT verschieben; **we've been ~d to a new office** wir mussten in ein anderes Büro umziehen; **to ~ house** *Br* umziehen, zügeln *schweiz* *emotional* rühren, erschüttern; **to be ~d** gerührt/erschüttert sein; **to ~ sb to tears** j-n zu Tränen rühren; **to ~ sb to do sth** j-n dazu bringen, etw zu tun **B** *v/i* **1** sich bewegen; *Fahrzeug* fahren; *Verkehr* vorankommen; **the wheel began to ~** das Rad setzte sich in Bewegung; **nothing ~d** nichts rührte sich; **don't ~!** stillhalten!; **to keep moving** nicht stehen bleiben; **to keep sb/sth moving** j-n/etw in Gang halten; **to ~ away from sth** sich von etw entfernen; **to ~ closer to sth** sich einer Sache (*dat*) nähern; **things are moving at last** endlich kommen die Dinge in Gang; **to ~ with the times** mit der Zeit gehen; **to ~ in royal circles** in königlichen Kreisen verkehren **2** umziehen, zügeln *schweiz*; **we ~d to London/to a bigger house** wir sind nach London/in ein größeres Haus umgezogen; **they ~d to Germany** sie sind nach Deutschland gezogen **3** (≈ *Standort wechseln*) gehen, fahren; **he has ~d to room 52** er ist jetzt in Zimmer 52; **she has ~d to a different company** sie hat die Firma gewechselt; **~!** weitergehen!; (≈ *Drohung*) verschwinden Sie!; **don't ~** gehen Sie nicht weg **4** *umg* ein Tempo draufhaben *umg*; **he can really ~** der ist unheimlich schnell *umg* **5** *fig* etwas unternehmen; **we'll have to ~ quickly** wir müssen schnell handeln **C** *s* **1** *in Spiel* Zug *m*; *fig* Schritt *m*, Maßnahme *f*; **it's my ~** ich bin am Zug; **to make a ~** einen Zug machen; **to make the first ~** *fig* den ersten Zug machen **2** Bewegung *f*; **to watch sb's every ~** j-n nicht aus den Augen lassen; **it's time we made a ~** es wird Zeit, dass wir gehen; **to make a ~ to do sth** *fig* Anstalten machen, etw zu tun; **to be on the ~** unterwegs sein; **to get a ~ on** *umg* sich beeilen; **get a ~ on!** nun mach schon! *umg*; **to bust some ~s** *umg* das Tanzbein schwingen *umg*, abhotten *umg*, abtanzen *umg* **3** Umzug *m*; *beruflich* Stellenwechsel *m*
phrasal verbs mit move:
move about A *v/t* ⟨*trennb*⟩ umarrangieren; *Möbel* umräumen **B** *v/i* sich (hin und her) bewegen; (≈ *reisen*) unterwegs sein; **I can hear him moving about** ich höre ihn herumlaufen
move along A *v/t* ⟨*trennb*⟩ weiterrücken; **they are trying to move things along** sie versuchen, die Dinge voranzutreiben **B** *v/i in Sitzreihe* aufrücken; *Fußgänger* weitergehen
move around *v/t & v/i* ⟨*trennb*⟩ → move about
move aside A *v/t* ⟨*trennb*⟩ zur Seite schieben **B** *v/i* zur Seite gehen
move away A *v/t* ⟨*trennb*⟩ wegräumen; **to move sb away from sb/sth** j-n von j-m/etw entfernen **B** *v/i* **1** weggehen; *Auto* losfahren; (≈ *Wohnung wechseln*) wegziehen (**from** aus, von) **2** *fig* sich entfernen (**from** von)
move back A *v/t* ⟨*trennb*⟩ **1** *Objekt* zurückstellen; j-n wieder unterbringen (**into** in +*dat*) **2** *nach hinten*: *Objekte* zurückrücken; *Auto* zurückfahren **B** *v/i* **1** zurückkommen; *in Haus, Wohnung* wieder einziehen (**into** in +*akk*) **2** zurückweichen; **move back, please!** bitte zu-

rücktreten! **3** **move back one space** geh ein Feld zurück
move down **A** v/t ⟨trennb⟩ (weiter) nach unten stellen, (weiter) nach hinten stellen **B** v/i nach unten rücken, weiterrücken; *in Bus etc* nach hinten aufrücken; **he had to move down a year** SCHULE er musste eine Klasse zurück
move forward **A** v/t ⟨trennb⟩ **1** j-n vorgehen lassen; *Stuhl* vorziehen; *Auto* vorfahren **2** *fig Veranstaltung* vorverlegen **B** v/i vorrücken; *Auto* vorwärtsfahren
move in v/i **1** einziehen (**-to** in +akk) **2** sich nähern (**on** +dat); *Truppen etc* anrücken; *Arbeiter* (an)kommen
move off **A** v/t ⟨trennb⟩ wegschicken **B** v/i weggehen
move on **A** v/t ⟨trennb⟩ **the policeman moved them on** der Polizist forderte sie auf weiterzugehen **B** v/i weitergehen; *Autos* weiterfahren; **it's about time I was moving on** *fig beruflich etc* es wird Zeit, dass ich (mal) etwas anderes mache; **time is moving on** die Zeit vergeht; **move on one space** geh ein Feld vor
move out **A** v/t ⟨trennb⟩ **1** *aus Zimmer* hinausräumen **2** *Truppen* abziehen; **they moved everybody out of the danger zone** alle mussten die Gefahrenzone räumen **B** v/i aus Haus, Wohnung ausziehen; *Truppen* abziehen
move over **A** v/t ⟨trennb⟩ herüberschieben; **he moved the car over to the side** er fuhr an die Seite heran **B** v/i zur Seite rücken; **move over!** rück mal ein Stück! *umg*; **to move over to a new system** ein neues System einführen
move up **A** v/t ⟨trennb⟩ (weiter) nach oben stellen, befördern; *Schüler* versetzen; **they moved him up two places** sie haben ihn zwei Plätze vorgerückt **B** v/i *fig* aufsteigen
moveable *adj* → movable
movement ['muːvmənt] *s* **1** Bewegung *f*; *fig* Trend *m* (**towards** zu); **the ~ of traffic** der Verkehrsfluss **2** Beförderung *f* **3** MUS Satz *m*
mover ['muːvəʳ] *s* **1** (≈ *Tänzer etc*) **he is a good/poor** *etc* **~** seine Bewegungen sind schön/plump *etc* **2** **to be a fast ~** *umg* von der schnellen Truppe sein *umg*
movie ['muːvɪ] *s* Film *m*; **the ~s** der Film; das Kino; **to go to the ~s** ins Kino gehen
movie camera *s* Filmkamera *f*
moviegoer *etc* **~** *s* Kinogänger(in) *m(f)*
movie star *s* Filmstar *m*
movie theater *s US* Kino *n*
moving ['muːvɪŋ] *adj* **1** beweglich **2** ergreifend
moving company *US s* Umzugsunternehmen *n*
mow [məʊ] *v/t & v/i* ⟨*prät* mowed; *pperf* mown *od* mowed⟩ mähen

phrasal verbs mit mow:
mow down *fig v/t* ⟨trennb⟩ niedermähen
mower ['məʊəʳ] *s* Rasenmäher *m*
mown [məʊn] *pperf* → mow
Mozambique [ˌməʊzæmˈbiːk] *s* Mosambik *n*
MP *Br abk* (= Member of Parliament) POL Parlamentsmitglied *n*, Abgeordnete(r) *m/f(m)*
MP3® *s* MP3®; **MP3® player** MP3-Player *m*
MPEG ['empeg] *abk* (= Moving Pictures Experts Group) MPEG *n*
mpg *abk* (= miles per gallon) Benzinverbrauch in Meilen pro Gallone
mph *abk* (= miles per hour) Meilen pro Stunde
MPV *abk* (= multi-purpose vehicle) Minivan *m*
Mr ['mɪstəʳ] *abk* (= Mister) Herr *m*
MRI *abk* (= magnetic resonance imaging) MED Kernspintomografie *f*
Mrs ['mɪsɪz] *abk* (= Mistress) Frau *f*
MS *abk* (= multiple sclerosis) MS
Ms [mɪz] *s* Frau *f* (*a. für Unverheiratete*)
MSc *abk* (= Master of Science) Magister *m*, der naturwissenschaftlichen Fakultät
MSP *Br abk* (= Member of the Scottish Parliament) POL Abgeordnete(r) *m/f(m)* des schottischen Parlaments, Mandatar(in) *m(f)* des schottischen Parlaments *österr*
Mt *abk* → Mount
MT *abk* (= Montana) Montana
mth *abk* (= month) Monat *m*
m-ticket [em] *Br abk* (= mobile ticket) Handyticket *n*
much [mʌtʃ] **A** *adj & s* viel *inv*; **how ~** wie viel *inv*; **not ~** nicht viel; **that ~** so viel; **but that ~ I do know** aber DAS weiß ich; **we don't see ~ of each other** wir sehen uns nur selten; **it's not up to ~** *umg* es ist nicht gerade berühmt *umg*; **I'm not ~ of a cook** ich bin keine große Köchin; **that wasn't ~ of a party** die Party war nicht gerade besonders; **I find that a bit (too) ~ after all I've done for him** nach allem was ich für ihn getan habe, finde ich das ein ziemlich starkes Stück *umg*; **that insult was too ~ for me** die Beleidigung ging mir zu weit; **this job is too ~ for me** ich bin der Arbeit nicht gewachsen; **far too ~** viel zu viel; **(just) as ~** genauso viel *inv*; **not as ~** nicht so viel; **as ~ as you want** so viel du willst; **as ~ as £2m** zwei Millionen Pfund; **as ~ again** noch einmal so viel; **I thought as ~** das habe ich mir gedacht; **so ~** so viel *inv*; **it's not so ~ a problem of modernization as …** es ist nicht so sehr ein Problem der Modernisierung, als …; **I couldn't make ~ of that chapter** mit dem Kapitel konnte ich nicht viel anfangen *umg* **B** *adv* **1** viel, sehr; (≈ *häufig*) oft; **a ~-admired woman** eine viel bewunderte Frau; **so ~** so viel, so sehr;

too ~ zu viel, zu sehr; **I like it very ~** es gefällt mir sehr gut; **I don't like him ~** ich kann ihn nicht besonders leiden; **to love sth very ~** etw sehr lieben; **thank you very ~** vielen Dank; **I don't ~ care** od **care ~** es ist mir ziemlich egal; **however ~ he tries** wie sehr er sich auch bemüht; **~ as I like him** sosehr ich ihn mag **2** weitaus; **I would ~ rather stay** ich würde viel lieber bleiben **3** beinahe; **they are produced in ~ the same way** sie werden auf sehr ähnliche Art hergestellt

muck [mʌk] s Dreck m; zum Düngen Mist m
phrasal verbs mit muck:
muck about, muck around Br umg **A** v/t ⟨trennb⟩ **to muck sb about** j-n verarschen umg **B** v/i **1** herumalbern umg **2** herumfummeln umg (**with** an +dat)
muck in Br umg v/i mit anpacken umg
muck out Br **A** v/t ⟨trennb⟩ (aus)misten **B** v/i ausmisten
muck up Br umg v/t ⟨trennb⟩ vermasseln umg

mucky ['mʌkɪ] adj ⟨komp muckier⟩ schmutzig; **you ~ pup!** Br umg du Ferkel! umg
mucous ['mjuːkəs] adj schleimig, Schleim-
mucus ['mjuːkəs] s Schleim m
mud [mʌd] s **1** Schlamm m; auf Straße Matsch m **2** fig **his name is mud** umg er ist unten durch umg

muddle ['mʌdl] **A** s Durcheinander n; **to get in(to) a ~** Dinge durcheinandergeraten; Mensch konfus werden; **to get oneself in(to) a ~ over sth** mit etw nicht klarkommen umg; **to be in a ~** völlig durcheinander sein **B** v/t durcheinanderbringen; zwei Dinge verwechseln; j-n verwirren
phrasal verbs mit muddle:
muddle along v/i vor sich (akk) hinwursteln umg
muddle through v/i sich (irgendwie) durchschlagen
muddle up v/t ⟨trennb⟩ → muddle

muddled ['mʌdld] adj konfus; Gedanken wirr; **to get ~ (up)** Dinge durcheinandergeraten; Mensch konfus werden
muddy ['mʌdɪ] adj ⟨komp muddier⟩ schmutzig; Boden matschig; **I'm all ~** ich bin ganz voll Schlamm
mudflap s Schmutzfänger m
mudguard s Br an Fahrrad Schutzblech n; AUTO Kotflügel m
mudpack s Schlammpackung f
muesli ['mjuːzlɪ] s Müsli n
muff[1] [mʌf] s Muff m
muff[2] umg v/t vermasseln umg; Schuss danebensetzen umg
muffin ['mʌfɪn] s **1** Muffin m (kleiner Kuchen) **2** Br weiches, flaches Milchbrötchen, meist warm gegessen
muffle ['mʌfl] v/t dämpfen
muffled ['mʌfld] adj gedämpft
muffler ['mʌflə^r] s US AUTO Auspuff(topf) m
mug [mʌg] **A** s **1** Becher m, Haferl n österr; für Bier Krug m **2** bes Br umg Trottel m umg **B** v/t überfallen
phrasal verbs mit mug:
mug up v/t, **mug up on** Br umg v/t ⟨trennb⟩ **to mug sth/one's French up, to mug up on sth/one's French** etw/Französisch pauken umg

mugger ['mʌgə^r] s Straßenräuber(in) m(f)
mugging ['mʌgɪŋ] s Straßenraub m kein pl
muggy ['mʌgɪ] adj ⟨komp muggier⟩ schwül; Hitze drückend
mulch [mʌltʃ] **A** s Gartenbau Krümelschicht f **B** v/t abdecken
mule[1] [mjuːl] s Maultier n; **(as) stubborn as a ~** (so) störrisch wie ein Maulesel
mule[2] s Pantoffel m
phrasal verbs mit mule:
mull over v/t ⟨trennb⟩ sich (dat) durch den Kopf gehen lassen
mulled wine [,mʌld'waɪn] s Glühwein m
multicoloured adj, **multicolored** US adj mehrfarbig; Stoff bunt
multicultural adj multikulturell
multiculturalism s Multikulturalismus m
multifocals ['mʌltɪ,fəʊkəlz] pl Brille Gleitsichtbrille f; verwendetes Glas Gleitsichtgläser pl
multilateral adj POL multilateral
multilingual adj mehrsprachig
multimedia adj multimedial; IT Multimedia-
multimillionaire s Multimillionär(in) m(f)
multinational **A** s Multi m umg **B** adj multinational
multiparty adj POL Mehrparteien-
multiple ['mʌltɪpl] **A** adj **1** ⟨+sg⟩ mehrfach; **~ collision** Massenkarambolage f **2** ⟨+pl⟩ mehrere; **he died of ~ injuries** er erlag seinen zahlreichen Verletzungen **B** s MATH Vielfache(s) n; **eggs are usually sold in ~s of six** Eier werden gewöhnlich in Einheiten zu je sechs verkauft
multiple choice s Multiple-Choice-Verfahren n
multiple sclerosis s multiple Sklerose
multiplex ['mʌltɪpleks] **A** s Multiplexkino n **B** adj TECH Mehrfach-, Vielfach-
multiplication [,mʌltɪplɪ'keɪʃən] s MATH Multiplikation f
multiplication sign s MATH Multiplikationszeichen n
multiplication table s MATH Multiplikationstabelle f; **he knows his ~s** er kann das Einmaleins
multiplicity [,mʌltɪ'plɪsɪtɪ] s Vielzahl f

multiply ['mʌltɪplaɪ] **A** v/t MATH multiplizieren; **4 multiplied by 6 is 24** 4 mal 6 ist 24 **B** v/i **1** fig sich vervielfachen **2** sich vermehren
multipurpose adj Mehrzweck-
multiracial adj gemischtrassig
multistorey adj, **multistory** US adj mehrstöckig; **~ flats** Br, **multistory apartments** US (Wohn)hochhäuser pl; **~ car park** Br, **multistory parking** US Park(hoch)haus n
multitalented [ˌmʌltɪ'tæləntɪd] adj **to be ~** ein Multitalent sein
multitasking s IT Multitasking n
multitude ['mʌltɪtjuːd] s Menge f; **a ~ of** eine Vielzahl von, eine Menge
multivitamin **A** s Multivitaminpräparat n **B** adj Multivitamin-
mum¹ [mʌm] umg adj **to keep mum** den Mund halten (**about** über +akk) umg
mum² Br umg s Mutter f; als Anrede Mama f umg, Mutti f umg
mumble ['mʌmbl] **A** v/t murmeln **B** v/i vor sich hin murmeln
mumbo jumbo ['mʌmbəʊ'dʒʌmbəʊ] s ⟨kein pl⟩ Hokuspokus m; (≈ Unsinn) Kauderwelsch n
mummy¹ ['mʌmɪ] s Mumie f
mummy² Br umg s Mama f umg
mumps [mʌmps] s Mumps m/f ohne art umg
mum-to-be [ˌmʌmtə'biː] s ⟨pl mums-to-be⟩ werdende Mutter
munch [mʌntʃ] v/t & v/i mampfen umg
mundane [ˌmʌn'deɪn] fig adj alltäglich
Munich ['mjuːnɪk] s München n
municipal [mjuː'nɪsɪpəl] adj städtisch; **~ elections** Gemeinderatswahl f
municipality [mjuːˌnɪsɪ'pælɪtɪ] s Gemeinde f
munition [mjuː'nɪʃən] s ⟨mst pl⟩ Waffen pl und Munition f
mural ['mjʊərəl] s Wandgemälde n
murder ['mɜːdə**r**] **A** s **1** wörtl Mord m; **the ~ of John F. Kennedy** der Mord an John F. Kennedy **2** fig umg **it was ~** es war mörderisch; **it'll be ~** es wird schrecklich werden; **to get away with ~** sich (dat) alles erlauben können **B** v/t ermorden
murderer ['mɜːdərə**r**] s Mörder(in) m(f)
murderess ['mɜːdərɪs] s Mörderin f
murderous ['mɜːdərəs] adj blutrünstig; **~ attack** Mordanschlag m
murder victim s Mordopfer n
murk [mɜːk] s **1** Düsternis f **2** trübes Wasser
murky ['mɜːkɪ] adj ⟨komp murkier⟩ trüb; Straße düster; Vergangenheit dunkel; **it's really ~ outside** draußen ist es so düster
murmur ['mɜːmə**r**] **A** s Murmeln n; **there was a ~ of discontent** ein unzufriedenes Murmeln erhob sich; **without a ~** ohne zu murren **B** v/t murmeln; unzufrieden murren **C** v/i murmeln; unzufrieden murren (**about, against** über +akk); fig rauschen
murmuring ['mɜːmərɪŋ] s **~s** (**of discontent**) Unmutsäußerungen pl (**from** +gen)
muscle ['mʌsl] s Muskel m; fig Macht f; **he never moved a ~** er rührte sich nicht

phrasal verbs mit muscle:
muscle in umg v/i mitmischen umg (**on** bei)
muscl(e)y ['mʌsəlɪ] umg adj muskelbepackt umg
muscular ['mʌskjʊlə**r**] adj **1** Muskel-; **~ cramp** od **spasm** Muskelkrampf m **2** Körper muskulös
muscular dystrophy s Muskelschwund m
muse [mjuːz] **A** v/i nachgrübeln (**about, on** über +akk) **B** s Muse f
museum [mjuː'zɪəm] s Museum n
mush [mʌʃ] s Brei m
mushroom ['mʌʃrʊm] **A** s (essbarer) Pilz, Schwammerl n österr; Champignon m **B** adj ⟨attr⟩ Pilz-; **~ cloud** Atompilz m **C** v/i wie die Pilze aus dem Boden schießen; **unemployment has ~ed** die Arbeitslosigkeit ist explosionsartig angestiegen
mushy ['mʌʃɪ] adj ⟨komp mushier⟩ matschig; Flüssigkeit breiig; **to go ~** zu Brei werden
mushy peas pl Erbsenmus n
music ['mjuːzɪk] s Musik f; (≈ Partitur) Noten pl; **I can read ~** ich kann Noten lesen; **to set** od **put sth to ~** etw vertonen; **it was (like) ~ to my ears** das war Musik in meinen Ohren; **to face the ~** fig dafür gradestehen
musical ['mjuːzɪkəl] **A** adj **1** musikalisch; **~ note** Note f **2** melodisch **B** s Musical n
musical box s Spieluhr f
musical chairs s Reise f nach Jerusalem
musical instrument s Musikinstrument n
musically ['mjuːzɪkəlɪ] adv musikalisch
musical score s Partitur f; für Film etc Musik f
music box s Spieldose f
music hall s Varieté n
musician [mjuː'zɪʃən] s Musiker(in) m(f)
music stand s Notenständer m
musk [mʌsk] s Moschus m
musky ['mʌskɪ] adj ⟨komp muskier⟩ **~ smell** od **scent** Moschusduft m
Muslim ['mʊzlɪm] adj & s → Moslem
Muslim Brother s Muslimbruder m
Muslim Brotherhood s Muslimbruderschaft f
muslin ['mʌzlɪn] s Musselin m
muss [mʌs] US umg v/t, (a. **muss up**) in Unordnung bringen
mussel ['mʌsl] s (Mies)muschel f
must [mʌst] **A** v/aux ⟨nur präs⟩ **1** müssen; **you ~ (go and) see this church** Sie müssen sich (dat) diese Kirche unbedingt ansehen; **if you ~ know** wenn du es unbedingt wissen willst; **~**

I? muss das sein?; **I ~ have lost it** ich muss es wohl verloren haben; **he ~ be older than that** er muss älter sein; **I ~ have been dreaming** da habe ich wohl geträumt; **you ~ be crazy!** du bist ja wahnsinnig! **2** *bei Verneinung* dürfen; **you ~n't do that** das darfst du nicht tun; **I ~n't forget that** ich darf das nicht vergessen **B** *s umg* Muss *n*; **a sense of humour is a ~** *Br*, **a sense of humor is a ~** *US* man braucht unbedingt Humor

mustache *US s* → moustache
mustard ['mʌstəd] **A** *s* Senf *m* **B** *adj* ⟨*attr*⟩ Senf-
muster ['mʌstə'] *v/t fig a.* **~ up** Mut aufbringen
must-have *s* **this computer game is a ~** dieses Computerspiel muss man einfach haben
mustn't ['mʌsnt] *abk* (= must not) → must
must-see *s* **this movie is a ~** diesen Film muss man einfach gesehen haben
must've ['mʌstəv] *abk* (= must have) → must
musty ['mʌsti] *adj* ⟨*komp* mustier⟩ moderig
mutant ['mju:tənt] *s* Mutation *f*
mutation [mju:'teɪʃən] *s* Variante *f*; BIOL Mutation *f*
mute [mju:t] *adj* stumm
muted ['mju:tɪd] *adj* gedämpft; *fig* leise
mutilate ['mju:tɪleɪt] *v/t* verstümmeln
mutilation [ˌmju:tɪ'leɪʃən] *s* Verstümmelung *f*
mutinous ['mju:tɪnəs] *adj* SCHIFF meuterisch; *fig* rebellisch
mutiny ['mju:tɪnɪ] **A** *s* Meuterei *f* **B** *v/i* meutern
mutter ['mʌtə'] **A** *s* Murmeln *n* **B** *v/t* murmeln **C** *v/i* murmeln; *unzufrieden* murren
muttering ['mʌtərɪŋ] *s* Gemurmel *n kein pl*
mutton ['mʌtn] *s* Hammel *m*, Hammelfleisch *n*
mutual ['mju:tjʊəl] *adj Vertrauen* gegenseitig; *Bemühungen* beiderseitig; *Interesse* gemeinsam; **the feeling is ~** das beruht (ganz) auf Gegenseitigkeit
mutually ['mju:tjʊəlɪ] *adv* beide; *vorteilhaft* für beide Seiten
muzzle ['mʌzl] **A** *s* **1** Maul *n* **2** *für Hund etc* Maulkorb *m* **3** *von Gewehr* Mündung *f* **B** *v/t Tier* einen Maulkorb umlegen (+*dat*)
MW *abk* (= medium wave) MW
my [maɪ] *poss adj* mein; **I've hurt my leg** ich habe mir das Bein verletzt; **in my country** bei uns
Myanmar ['mjænmɑ:'] *s* Myanmar *n*
myriad ['mɪrɪəd] **A** *s* **a ~ of** Myriaden von **B** *adj* unzählige
myrrh [mɜ:'] *s* Myrrhe *f*
myself [maɪ'self] *pers pr* **1** *akk obj, mit präp +akk* mich; *dat obj, mit präp +dat* mir; **I said to ~** ich sagte mir; **singing to ~** vor mich hin singend; **I wanted to see (it) for ~** ich wollte es selbst sehen **2** *emph* (ich) selbst; **my wife and ~** meine Frau und ich; **I thought so ~** das habe ich auch gedacht; **… if I say so** *od* **it ~** … auch wenn ich es selbst sage; **(all) by ~** (ganz) allein(e) **3** **I'm not (feeling) ~ today** mit mir ist heute etwas nicht in Ordnung; **I just tried to be ~** ich versuchte, mich ganz natürlich zu benehmen

mysterious [mɪ'stɪərɪəs] *adj* mysteriös; *Fremder* geheimnisvoll; **for some ~ reason** aus unerfindlichen Gründen
mysteriously [mɪ'stɪərɪəslɪ] *adv sich verändern, verschwinden* auf rätselhafte/geheimnisvolle Weise; *geschehen* unerklärlicherweise; *sagen, lächeln* geheimnisvoll
mystery ['mɪstərɪ] *s* Rätsel *n*, Geheimnis *n*; **to be shrouded** *od* **surrounded in ~** von einem Geheimnis umgeben sein
mystery story *s* Kriminalgeschichte *f*
mystery tour *s* Fahrt *f* ins Blaue
mystic ['mɪstɪk] *s* Mystiker(in) *m(f)*
mystical ['mɪstɪkəl] *adj* mystisch
mysticism ['mɪstɪsɪzəm] *s* Mystizismus *m*
mystified ['mɪstɪfaɪd] *adj* verblüfft; **I am ~ as to how this could happen** es ist mir ein Rätsel, wie das passieren konnte
mystify ['mɪstɪfaɪ] *v/t* vor ein Rätsel stellen
mystifying ['mɪstɪfaɪɪŋ] *adj* rätselhaft
mystique [mɪ'sti:k] *s* geheimnisvoller Nimbus
myth [mɪθ] *s* Mythos *m*; *fig* Märchen *n*
mythical ['mɪθɪkəl] *adj* **1** mythisch; **the ~ figure/character of Arthur** die Sagengestalt des Artus **2** *Figur* legendär **3** (≈ *irreal*) fantastisch
mythological [ˌmɪθə'lɒdʒɪkəl] *adj* mythologisch
mythology [mɪ'θɒlədʒɪ] *s* Mythologie *f*

N

N¹, n [en] *s* N *n*, n *n*
N² *abk* (= north) N
n/a *abk* (= not applicable) entf.
nab [næb] *umg v/t* **1** erwischen *umg* **2** sich (*dat*) grapschen *umg*; **somebody had nabbed my seat** mir hatte jemand den Platz geklaut *umg*
nachos ['nɑ:tʃəʊz, 'nætʃəʊz] *pl* Nachos *pl*
nadir ['neɪdɪə'] *s* **1** ASTRON Nadir *m* **2** *fig* Tiefstpunkt *m*
naff [næf] *Br umg adj* **1** blöd *umg* **2** *Farbe, Auto* ordinär
nag¹ [næg] **A** *v/t* herumnörgeln an (+*dat*); *mit Fragen etc* keine Ruhe lassen (+*dat*) (**for** wegen); **don't nag me** nun lass mich doch in Ruhe!; **to**

nag sb about sth j-m wegen etw keine Ruhe lassen; **to nag sb to do sth** j-m schwer zusetzen, damit er etw tut B *v/i* herumnörgeln; *mit Fragen etc* keine Ruhe geben; **stop nagging** hör auf zu meckern *umg* C *s* Nörgler(in) *m(f)*; *mit Fragen etc* Quälgeist *m*

nag² *s* Mähre *f*

nagging ['nægɪŋ] *adj Schmerz* dumpf; *Zweifel* quälend

nail [neɪl] A *s* Nagel *m*; **as hard as ~s** knallhart *umg*; **to hit the ~ on the head** *fig* den Nagel auf den Kopf treffen; **to be a ~ in sb's coffin** *fig* ein Nagel zu j-s Sarg sein B *v/t* 1 nageln; **to ~ sth to the floor** etw an den Boden nageln 2 *umg* **to ~ sb** sich (*dat*) j-n schnappen *umg*; (≈ *anklagen*) j-n drankriegen *umg*

phrasal verbs mit nail:

nail down *v/t* ⟨*trennb*⟩ festnageln

nail bar *s* Nagelstudio *n*

nailbiter ['neɪlbaɪtə^r] *umg s* spannendes Buch/spannender Film *etc*

nail-biting *umg adj Fußballspiel* spannungsgeladen

nailbrush *s* Nagelbürste *f*

nail clippers *pl* Nagelzwicker *m*

nail extension *s* Nagelverlängerung *f*

nailfile *s* Nagelfeile *f*

nail polish *s* Nagellack *m*

nail polish remover *s* Nagellackentferner *m*

nail scissors *pl* Nagelschere *f*

nail varnish *Br s* Nagellack *m*

nail wrap *s* Nagelfolie *f*

naïve [naɪˈiːv] *adj* ⟨+*er*⟩ naiv

naïvety [naɪˈiːvətɪ] *s* Naivität *f*

naked [ˈneɪkɪd] *adj* nackt; *Flamme* ungeschützt; **with the ~ eye** mit dem bloßen Auge; **invisible to the ~ eye** mit bloßem Auge nicht erkennbar

name [neɪm] A *s* 1 Name *m*; **what's your ~?** wie heißen Sie?; **my ~ is ...** ich heiße ..., mein Name ist ...; **what's the ~ of this street?** wie heißt diese Straße?; **a man by the ~ of Gunn** ein Mann namens Gunn; **to know sb by ~** j-n mit Namen kennen; **to refer to sb/sth by ~** j-n/etw namentlich *od* mit Namen nennen; **what ~ shall I say?** wie ist Ihr Name, bitte?; TEL wer ist am Apparat?; *Butler* wen darf ich melden?; **in the ~ of** im Namen (+*gen*); **I'll put your ~ down** in Liste etc ich trage dich ein; *für Kurs, Unterricht etc* ich melde dich an (**for** zu *od* **for a school** in einer Schule); **to call sb ~s** j-n beschimpfen; **not to have a penny/cent to one's ~** völlig pleite sein *umg* 2 Ruf *m*; **to have a good/bad ~** einen guten/schlechten Ruf haben; **to get a bad ~** in Verruf kommen; **to give sb a bad ~** j-n in Verruf bringen; **to make a ~ for oneself as** sich (*dat*) einen Namen machen als B *v/t* 1 *j-n* nennen; *Pflanze, Stern etc* benennen; *Schiff etc* einen Namen geben (+*dat*); **I ~ this child/ship X** ich taufe dieses Kind/Schiff auf den Namen X; **the child is ~d Peter** das Kind hat den Namen Peter; **they refused to ~ the victim** sie hielten den Namen des Opfers geheim; **to ~ ~s** Namen nennen; **three US states** nennen Sie drei US-Staaten; **you ~ it, he's done it** es gibt nichts, was er noch nicht gemacht hat 2 ernennen; **to ~ sb as leader** j-n zum Führer ernennen; **they ~d her as the winner of the award** sie haben ihr den Preis verliehen; **to ~ sb as one's heir** j-n zu seinem Erben bestimmen

phrasal verbs mit name:

name after *v/t* **to name sb after sb** j-n nach j-m nennen

name for *US v/t* **to name sb for sb** j-n nach j-m nennen

name-dropping *umg s* Angeberei *f* mit berühmten Bekannten

nameless *adj* **a person who shall remain ~** jemand, der ungenannt bleiben soll

namely ['neɪmlɪ] *adv* nämlich

nameplate *s* Namensschild *n*

namesake *s* Namensvetter(in) *m(f)*

name tag *s* Namensschild *n*

nan(a) [ˈnæn(ə)] *s* Oma *f umg*

nan bread [ˈnɑːnˈbred] *s* warm serviertes, fladenförmiges Weißbrot als Beilage zu indischen Fleischgerichten

nanny [ˈnænɪ] *s* Kindermädchen *n*

nanotechnology [ˌnænəʊtekˈnɒlədʒɪ] *s* Nanotechnologie *f*

nap [næp] A *s* Nickerchen *n*; **afternoon nap** Nachmittagsschläfchen *n*; **to have** *od* **take a nap** ein Nickerchen machen B *v/i* **to catch sb napping** *fig* j-n überrumpeln

nape [neɪp] *s* **~ of the/one's neck** Genick *n*

napkin [ˈnæpkɪn] *s* Serviette *f*

Naples [ˈneɪplz] *s* Neapel *n*

nappy [ˈnæpɪ] *Br s* Windel *f*

nappy rash *Br s* **Jonathan's got ~** Jonathan ist wund

narcissism [nɑːˈsɪsɪzəm] *s* Narzissmus *m*

narcissistic [ˌnɑːsɪˈsɪstɪk] *adj* narzisstisch

narcotic [nɑːˈkɒtɪk] *s* 1 **~(s)** Rauschgift *n* 2 MED Narkotikum *n*

narrate [nəˈreɪt] *v/t* erzählen

narration [nəˈreɪʃən] *s* Erzählung *f*

narrative [ˈnærətɪv] A *s* Erzählung *f*, Schilderung *f* B *adj* erzählend

narrator [nəˈreɪtə^r] *s* 1 Erzähler(in) *m(f)* 2 LIT derjenige, aus dessen Perspektive erzählt wird (*Die Erzählperspektive ist insofern von Bedeu-*

tung, als sie den Leser entscheidend beeinflusst: Meist identifiziert sich der Leser mit der Person, aus deren Sicht er die Geschichte erlebt. Der Erzähler darf nicht mit dem Autor gleichgesetzt werden.)

narrow ['næɹəʊ] **A** *adj* ⟨+er⟩ eng; *Hüfte* schmal; *Ansichten* engstirnig; *Führung, Niederlage* knapp; **to have a ~ escape** mit knapper Not davonkommen **B** *v/t* Straße verengen; **they decided to ~ the focus of their investigation** sie beschlossen, ihre Untersuchung einzuengen **C** *v/i* sich verengen

phrasal verbs mit narrow:

narrow down *v/t* ⟨trennb⟩ beschränken (**to** auf +*akk*); **that narrows it down a bit** dadurch wird die Auswahl kleiner

narrowly ['næɹəʊli] *adv* **1** *besiegen, verfehlen* knapp; *entkommen* mit knapper Not; **he ~ escaped being knocked down** er wäre beinahe überfahren / angefahren worden **2** *definieren* eng; **to focus too ~ on sth** sich zu sehr auf etw (*akk*) beschränken

narrow-minded *adj*, **narrow-mindedly** *adv* engstirnig

narrow-mindedness *s* Engstirnigkeit *f*

nasal ['neɪzəl] *adj* **1** ANAT, MED Nasen- **2** LING nasal; *Stimme* näselnd

nasal spray *s* Nasenspray *n*

nastily ['nɑːstɪli] *adv* gemein; **to speak ~ to sb** zu j-m gehässig sein

nasty ['nɑːstɪ] *adj* ⟨komp nastier⟩ **1** scheußlich; *Angewohnheit, Benehmen* abscheulich; *Überraschung, Sturz* böse; *Situation, Unfall* schlimm; *Virus, Kurve* gefährlich; **that's a ~-looking cut** der Schnitt sieht böse aus; **to turn ~** *Mensch* unangenehm werden; *Wetter* schlecht umschlagen **2** gemein; **he has a ~ temper** mit ihm ist nicht gut Kirschen essen; **to be ~ about sb** gemein über j-n reden; **that was a ~ thing to say/do** das war gemein; **what a ~ man** was für ein ekelhafter Mensch

nation ['neɪʃən] *s* Nation *f*; **to address the ~** zum Volk sprechen; **the whole ~ watched him do it** das ganze Land sah ihm dabei zu

national ['næʃənəl] **A** *adj* national; *Streik, Skandal* landesweit; *Presse* überregional; **the ~ average** der Landesdurchschnitt; **~ character** Nationalcharakter *m*; **~ language** Landessprache *f* **B** *s* Staatsbürger(in) *m(f)*; **foreign ~** Ausländer(in) *m(f)*

national anthem *s* Nationalhymne *f*

national costume, **national dress** *s* Nationaltracht *f*

national debt *s* Staatsverschuldung *f*

national flag *s* Nationalflagge *f*

National Front *Br s* rechtsradikale Partei

National Guard *bes US s* Nationalgarde *f*

National Health (Service) *Br s* staatlicher Gesundheitsdienst; **I got it on the National Health** ≈ das hat die Krankenkasse bezahlt

national holiday *s* gesetzlicher Feiertag

national insurance *Br s* Sozialversicherung *f*; **~ contributions** Sozialversicherungsbeiträge *pl*

nationalism ['næʃnəlɪzəm] *s* Nationalismus *m*

nationalist ['næʃnəlɪst] **A** *adj* nationalistisch **B** *s* Nationalist(in) *m(f)*

nationalistic [ˌnæʃnə'lɪstɪk] *adj* nationalistisch

nationality [ˌnæʃə'nælɪtɪ] *s* Staatsangehörigkeit *f*, Nationalität *f*; **what ~ is he?** welche Staatsangehörigkeit hat er?; **she is of German ~** sie hat die deutsche Staatsangehörigkeit

nationalize ['næʃnəlaɪz] *v/t* verstaatlichen

National Lottery *Br s* ≈ Lotto *n*

nationally ['næʃnəlɪ] *adv* landesweit

national park *s* Nationalpark *m*

national product *s* Sozialprodukt *n*

national security *s* Staatssicherheit *f*

national service *s* Wehrdienst *m*, Präsenzdienst *m österr*

National Trust *Br s* National Trust *m* (*Natur- und Denkmalschutzverein in Großbritannien*)

nationwide ['neɪʃən,waɪd] *adj & adv* landesweit; **we have 300 branches ~** wir haben 300 Niederlassungen im ganzen Land

native ['neɪtɪv] **A** *adj* einheimisch; *Bevölkerung* eingeboren; **~ town** Heimatstadt *f*; **~ language** Muttersprache *f*; **a ~ German** ein gebürtiger Deutscher, eine gebürtige Deutsche; **an animal ~ to India** ein in Indien beheimatetes Tier **B** *s* **1** Einheimische(r) *m/f(m)*; *in Kolonie* Eingeborene(r) *m/f(m) neg!*; **a ~ of Britain** ein gebürtiger Brite, eine gebürtige Britin **2** **to be a ~ of …** *Pflanze, Tier* in … beheimatet sein

Native American A *adj* indianisch, der amerikanischen Ureinwohner **B** *s* Indianer(in) *m(f) neg!*, Ureinwohner(in) Amerikas *m(f)*

native country *s* Heimatland *n*

native speaker *s* Muttersprachler(in) *m(f)*; **I'm not a ~ of English** Englisch ist nicht meine Muttersprache

nativity [nə'tɪvɪtɪ] *s* **the Nativity** Christi Geburt *f*; **~ play** Krippenspiel *n*

NATO ['neɪtəʊ] *s abk* (= North Atlantic Treaty Organization) NATO *f*

natter ['nætəʳ] *Br umg* **A** *v/i* schwatzen *umg* **B** *s* **to have a ~** einen Schwatz halten *umg*

natural ['nætʃrəl] **A** *adj* **1** natürlich; *Gesetze, Seide* Natur-; *Fehler* verständlich; **~ resources** Bodenschätze *pl*; **it is (only) ~ for him to think …** es ist nur natürlich, dass er denkt …; **the ~ world** die Natur; **to die of ~ causes** eines na-

türlichen Todes sterben; **~ remedy** Naturheilmittel *n*; **she is a ~ blonde** sie ist von Natur aus blond; **~ language understanding** *die Fähigkeit eines Systems, normalsprachliche Äußerungen zu verarbeiten und mehrere Informationen aus Einzelsätzen zu extrahieren* **2** *Fähigkeit* angeboren; **a ~ talent** eine natürliche Begabung; **he is a ~ comedian** er ist der geborene Komiker **3** *Eltern* leiblich **B** *s* **1** MUS Auflösungszeichen; *n*; **D ~ D, d** **2** *umg (≈ Mensch)* Naturtalent *n*
natural-born *adj* gebürtig
natural childbirth *s* natürliche Geburt
natural disaster *s* Naturkatastrophe *f*
natural forces *pl* Naturgewalten *pl*
natural gas *s* Erdgas *n*
natural history *s* Naturkunde *f*; **~ museum** Naturkundemuseum *n*
naturalist ['nætʃrəlɪst] *s* Naturforscher(in) *m(f)*
naturalistic [,nætʃrə'lɪstɪk] *adj* naturalistisch
naturalization [,nætʃrəlaɪ'zeɪʃən] *s* Einbürgerung *f*; **~ papers** Einbürgerungsurkunde *f*; **~ test** *US* Einbürgerungstest *m*
naturalize ['nætʃrəlaɪz] *v/t j-n* einbürgern; **to become ~d** eingebürgert werden
naturally ['nætʃrəli] *adv* **1** natürlich, verständlicherweise **2** von Natur aus; **he is ~ artistic/lazy** er ist künstlerisch veranlagt/von Natur aus faul; **to do what comes ~** seiner Natur folgen; **it comes ~ to him** das fällt ihm leicht
natural science *s* Naturwissenschaft *f*
natural selection *s* natürliche Selektion
nature ['neɪtʃəʳ] *s* **1** Natur *f*; **Nature** die Natur; **laws of ~** Naturgesetze *pl*; **it is not in my ~ to say that** es entspricht nicht meiner Art, das zu sagen; **it is in the ~ of young people to want to travel** es liegt im Wesen junger Menschen, reisen zu wollen **2** *von Objekt* Beschaffenheit *f*; **the ~ of the case is such ...** der Fall liegt so ... **3** Art *f*; **things of this ~ or something of that ~** ... oder etwas in der Art
nature reserve *s* Naturschutzgebiet *n*
nature study *s* Naturkunde *f*
nature trail *s* Naturlehrpfad *m*
naturism ['neɪtʃərɪzəm] *s* Freikörperkultur *f*, FKK *ohne art*
naturist ['neɪtʃərɪst] **A** *s* FKK-Anhänger(in) *m(f)* **B** *adj* FKK-; **~ beach** FKK-Strand *m*
naughtily ['nɔːtɪli] *adv* frech; *sich benehmen* unartig
naughty ['nɔːtɪ] *adj* ⟨komp naughtier⟩ **1** frech; *Kind, Hund* unartig; **it was ~ of him to break it** das war aber gar nicht lieb von ihm, dass er das kaputt gemacht hat **2** *Witz, Worte* unanständig
nausea ['nɔːsɪə] *s* MED Übelkeit *f*

nauseating ['nɔːsɪeɪtɪŋ] *adj* ekelerregend
nauseous ['nɔːsɪəs] *adj* MED **that made me (feel) ~** dabei wurde mir übel
nautical ['nɔːtɪkəl] *adj* nautisch
nautical mile *s* Seemeile *f*
nav [næv] *umg s* Navi *n umg*
naval ['neɪvəl] *adj* der Marine
naval base *s* Flottenbasis *f*
naval battle *s* Seeschlacht *f*
naval officer *s* Marineoffizier(in) *m(f)*
nave [neɪv] *s von Kirche* Hauptschiff *n*
navel ['neɪvəl] *s* ANAT Nabel *m*
navel piercing *s* Nabelpiercing *n*
navigable ['nævɪɡəbl] *adj* schiffbar
navigate ['nævɪɡeɪt] **A** *v/i* SCHIFF, FLUG navigieren; AUTO den Fahrer dirigieren; **I don't know the route, you'll have to ~** ich kenne die Strecke nicht, du musst mich dirigieren **B** *v/t* **1** *Schiff, Flugzeug* navigieren **2** durchfahren; *Flugzeug* durchfliegen; *Meer* durchqueren
navigation [,nævɪ'ɡeɪʃən] *s* Navigation *f*
navigator ['nævɪɡeɪtəʳ] *s* SCHIFF Navigationsoffizier(in) *m(f)*; FLUG Navigator(in) *m(f)*; AUTO Beifahrer(in) *m(f)*
navy ['neɪvɪ] **A** *s* **1** (Kriegs)marine *f*; **to serve in the ~** in der Marine dienen **2** (*a.* **~ blue**) Marineblau *n* **B** *adj* **1** ⟨*attr*⟩ Marine- **2** (*a.* **~-blue**) marineblau
nay [neɪ] *s* POL Nein *n*, Neinstimme *f*
NB *abk* (= *nota bene*) NB
NBC *abk* (= National Broadcasting Company *US*) NBC *f*
NE *abk* (= north-east) NO
near [nɪəʳ] **A** *adv* **1** nahe; **he lives quite ~** er wohnt ganz in der Nähe; **you live ~er/nearest** du wohnst näher/am nächsten; **could you move ~er together?** könnten Sie enger zusammenrücken?; **that was the ~est I ever got to seeing him** da hätte ich ihn fast gesehen; **to be ~ at hand** zur Hand sein; *Läden* in der Nähe sein; *Hilfe* ganz nahe sein **2** genau; **as ~ as I can tell** soweit ich es beurteilen kann; **(that's) ~ enough** das haut so ungefähr hin *umg* **3** fast; **he very ~ succeeded** fast wäre es ihm gelungen **4** *negativ* **it's nowhere ~ enough** das ist bei Weitem nicht genug; **we're not ~er (to) solving the problem** wir sind der Lösung des Problems kein bisschen näher gekommen; **he is nowhere ~ as clever as you** er ist bei Weitem nicht so klug wie du **B** *präp* (*a.* **near to**) **1** nahe an (+*dat*); *mit Richtungsangabe* nahe an (+*akk*); (≈ *benachbart*) in der Nähe von *od* +*gen*; **the hotel is very ~ (to) the station** das Hotel liegt ganz in der Nähe des Bahnhofs; **move the chair ~er (to) the table** rücken Sie den Stuhl näher an

den Tisch; **to get ~er (to) sb/sth** nahe/näher an j-n/etw herankommen; **keep ~ me** bleib in meiner Nähe; **~ here/there** hier/dort in der Nähe; **don't come ~ me** komm mir nicht zu nahe; **~ (to) where ...** nahe der Stelle, wo ...; **to be ~est to sth** einer Sache (*dat*) am nächsten sein; **take the chair ~est (to) you** nehmen Sie den Stuhl direkt neben Ihnen; **to be ~ (to) tears** den Tränen nahe sein; **the project is ~ (to) completion** das Projekt steht vor seinem Abschluss ❷ *zeitlich* gegen; **~ death** dem Tode nahe; **come back ~er (to) 3 o'clock** kommen Sie gegen 3 Uhr wieder; **~ the end of the play** gegen Ende des Stücks; **I'm ~ the end of the book** ich habe das Buch fast zu Ende gelesen; **her birthday is ~ (to) mine** ihr und mein Geburtstag liegen nahe beieinander ❸ ähnlich (+*dat*); **German is ~er (to) Dutch than English is** Deutsch ist dem Holländischen ähnlicher als Englisch **C** *adj* ⟨+*er*⟩ ❶ nahe; **to be ~ in der Nähe sein; of Gefahr, das Ende** nahe sein; *Ereignis* bevorstehen; **to be ~est** näher/am nächsten sein; **it looks very ~** es sieht so aus, als ob es ganz nah wäre; **his answer was ~est** seine Antwort traf mit am ehesten/traf die Sachlage am ehesten ❷ *fig Entkommen* knapp; **a ~ disaster** fast ein Unglück *n*; **his ~est rival** sein schärfster Rivale, seine schärfste Rivalin; **round up the figure to the ~est pound** runden Sie die Zahl auf das nächste Pfund auf; **£50 or ~est offer** HANDEL Verhandlungsbasis £ 50; **that's the ~est thing you'll get to an answer** eine bessere Antwort kannst du kaum erwarten; **my ~est and dearest** meine Lieben *pl* **D** *v/t* sich nähern (+*dat*); **to be ~ing sth** auf etw (*akk*) zugehen; **she was ~ing fifty** sie ging auf die Fünfzig zu; **to ~ completion** kurz vor dem Abschluss stehen **E** *v/i* näher rücken

nearby [nɪəˈbaɪ] **A** *adv* (*a*. **near by**) in der Nähe **B** *adj* nahe gelegen

Near East *s* Naher Osten; **in the ~** im Nahen Osten

nearly [ˈnɪəlɪ] *adv* fast, beinahe; **I ~ laughed** ich hätte fast gelacht; **we are ~ there** wir sind fast da; *mit Arbeit* wir sind fast so weit; **he very ~ drowned** er wäre um ein Haar ertrunken; **not ~** bei Weitem nicht

nearly-new [ˌnɪəlɪˈnjuː] *adj* **~ shop** Second-Hand-Laden *m*

near miss *s* FLUG Beinahezusammenstoß *m*

nearside A *adj* AUTO auf der Beifahrerseite **B** *s* AUTO Beifahrerseite *f*

near-sighted *adj* kurzsichtig

near thing *s* **that was a ~** das war knapp

neat [niːt] *adj* ⟨+*er*⟩ ❶ ordentlich; *Äußeres* gepflegt; **~ and tidy** hübsch ordentlich ❷ *passen* genau ❸ *Lösung* elegant; *Trick* schlau ❹ *bes Br* **to drink one's whisky ~** Whisky pur trinken ❺ *US umg* prima *umg*

neatly [ˈniːtlɪ] *adv* ❶ ordentlich ❷ gewandt

neatness *s* Ordentlichkeit *f*

necessarily [ˈnesɪsərɪlɪ] *adv* notwendigerweise; **not ~** nicht unbedingt

necessary [ˈnesɪsərɪ] **A** *adj* ❶ notwendig, nötig; **it is ~ to ...** man muss ...; **is it really ~ for me to come?** muss ich denn wirklich kommen?; **it's not ~ for you to come** Sie brauchen nicht zu kommen; **all the ~ qualifications** alle erforderlichen Qualifikationen; **if/when ~** wenn nötig; **that won't be ~** das wird nicht nötig sein; **to make the ~ arrangements** die notwendigen Maßnahmen treffen; **to do everything ~** alles Nötige tun ❷ *Veränderung* unausweichlich **B** *s* ⟨*mst pl*⟩ **the ~** *od* **necessaries** das Notwendige

necessitate [nɪˈsesɪteɪt] *v/t* notwendig machen

necessity [nɪˈsesɪtɪ] *s* Notwendigkeit *f*; **out of ~** aus Not; **the bare necessities** das Notwendigste

neck [nek] *s* ❶ Hals *m*; Nacken *m*; **to break one's ~** sich (*dat*) den Hals brechen; **to risk one's ~** Kopf und Kragen riskieren; **to save one's ~** seinen Hals aus der Schlinge ziehen; **to be up to one's ~ in work** bis über den Hals in der Arbeit stecken; **to stick one's ~ out** seinen Kopf riskieren; **in this ~ of the woods** *umg* in diesen Breiten ❷ *von Kleid etc* Ausschnitt *m*; **it has a high ~** es ist hochgeschlossen

neck and neck *adv* Kopf an Kopf

necklace [ˈneklɪs] *s* (Hals)kette *f*

neckline *s* Ausschnitt *m*

neck pillow *s* ❶ *auf Reisen* Nackenhörnchen *n* ❷ *im Bett* Nackenkissen *n*

neck pouch *s* Brustbeutel *m*

necktie *bes US s* Krawatte *f*

neck wallet *s* Brustbeutel *m*

nectar [ˈnektə] *s* Nektar *m*

nectarine [ˈnektərɪn] *s* Nektarine *f*

née [neɪ] *adj* **Mrs Smith, née Jones** Frau Smith, geborene Jones

need [niːd] **A** *s* ❶ ⟨*kein pl*⟩ Notwendigkeit *f* (**for** +*gen*); **if ~ be** nötigenfalls; **(there is) no ~ for sth** etw ist nicht nötig; **(there is) no ~ to do sth** etw braucht nicht getan werden; **to be (badly) in ~ of sth** etw (dringend) brauchen; **in ~ of repair** reparaturbedürftig; **to have no ~ of sth** etw nicht brauchen ❷ ⟨*kein pl*⟩ Not *f*; **in ~** in Not; **in time(s) of ~** in schwierigen Zeiten; **those in ~** die Notleidenden *pl* ❸ Bedürfnis *n*; **your ~ is greater than mine** Sie haben es nötiger als ich; **there is a great ~ for ...** es besteht ein großer Bedarf an (+*dat*)

...; **to meet the ~s of** die Bedürfnisse erfüllen von **B** v/t brauchen; **much ~ed** dringend notwendig; **just what I ~ed** genau das Richtige; **that's all I ~ed** iron das hat mir gerade noch gefehlt; **this incident ~s some explanation** dieser Vorfall bedarf einer Erklärung (gen); **it ~s a coat of paint** es muss gestrichen werden; **sth ~s doing** etw muss gemacht werden; **to ~ to do sth** etw tun müssen; **not to ~ to do sth** etw nicht zu tun brauchen; **you shouldn't ~ to be told** das müsste man dir nicht erst sagen müssen **C** v/aux **1** positiv müssen; **~ he go?** muss er gehen?; **no-one ~ go** od **~s to go home yet** es braucht noch keiner nach Hause zu gehen; **you only ~ed to ask** du hättest nur (zu) fragen brauchen **2** negativ brauchen; **we ~n't have gone** wir hätten gar nicht gehen brauchen; **you ~n't have bothered** das war nicht nötig; **that ~n't be the case** das muss nicht unbedingt der Fall sein
needle ['niːdl] s Nadel f; **it's like looking for a ~ in a haystack** es ist, als ob man eine Stecknadel im Heuhaufen suchte
needless ['niːdlɪs] adj unnötig; Tod, Zerstörung sinnlos; **~ to say, ...** natürlich ...
needlessly ['niːdlɪslɪ] adv unnötig(erweise); zerstören, töten sinnlos; **you are worrying quite ~** Ihre Sorgen sind vollkommen unbegründet
needlework ['niːdlwɜːk] s Handarbeit f
needn't ['niːdənt] abk (= need not) → need
needy ['niːdɪ] **A** adj ⟨komp needier⟩ bedürftig **B** s **the ~** die Bedürftigen pl
negate [nɪ'geɪt] v/t zunichtemachen
negation [nɪ'geɪʃn] s Verneinung f; fig Gegenteil n
negative ['negətɪv] **A** adj negativ; Antwort verneinend; GRAM verneint **B** s **1** Verneinung f; **to answer in the ~** eine verneinende Antwort geben; **put this sentence into the ~** verneinen Sie diesen Satz **2** FOTO Negativ n **C** int nein
neglect [nɪ'glekt] **A** v/t vernachlässigen; **to ~ to do sth** es versäumen, etw zu tun **B** s Nachlässigkeit f; **to be in a state of ~** verwahrlost sein
neglected adj vernachlässigt; Garten etc verwahrlost
neglectful adj nachlässig
négligé(e) ['neglɪʒeɪ] s Negligé n
negligence ['neglɪdʒəns] s Nachlässigkeit f; JUR Fahrlässigkeit f
negligent ['neglɪdʒənt] adj nachlässig; JUR fahrlässig
negligently ['neglɪdʒəntlɪ] adv nachlässig; JUR fahrlässig
negligible ['neglɪdʒəbl] adj unwesentlich
negotiable [nɪ'gəʊʃɪəbl] adj **these terms are ~** über diese Bedingungen kann verhandelt werden
negotiate [nɪ'gəʊʃɪeɪt] **A** v/t **1** verhandeln über (+akk), aushandeln **2** Kurve nehmen **B** v/i verhandeln (**for** über +akk)
negotiation [nɪˌgəʊʃɪ'eɪʃn] s Verhandlung f; **the matter is still under ~** über diese Sache wird noch verhandelt
negotiator [nɪ'gəʊʃɪeɪtəʳ] s Unterhändler(in) m(f)
Negro ['niːgrəʊ] pej **A** adj Schwarzen- **B** s ⟨pl -es⟩ Schwarze(r) m/f(m)
neigh [neɪ] v/i wiehern
neighbor etc US → neighbour
neighbour ['neɪbəʳ] s, **neighbor** US s Nachbar(in) m(f); in Restaurant etc Tischnachbar(in) m(f)
neighbourhood ['neɪbəhʊd] s, **neighborhood** US s Gegend f, Nachbarschaft f
neighbouring ['neɪbərɪŋ] adj, **neighboring** US adj benachbart; **~ village** Nachbardorf n
neighbourly ['neɪbəlɪ] adj, **neighborly** US adj Mensch nachbarlich; Beziehungen gutnachbarlich
neither ['naɪðəʳ] **A** adv **~ ... nor** weder ... noch; **he ~ knows nor cares** er weiß es nicht und will es auch nicht wissen **B** konj auch nicht; **if you don't go, ~ shall I** wenn du nicht gehst, gehe ich auch nicht; **he didn't do it (and) ~ did his sister** weder er noch seine Schwester haben es getan **C** adj keine(r, s) (der beiden); **~ one of them** keiner von beiden **D** pron keine(r, s); **~ (of them)** keiner von beiden
neoclassical adj klassizistisch
neo-liberal [niːəʊ'lɪbrəl] adj POL neoliberal
neon ['niːɒn] adj ⟨attr⟩ Neon-
neo-Nazi [ˌniːəʊ'nɑːtsɪ] **A** s Neonazi m **B** adj neonazistisch
neon light [niːɒn'laɪt] s Neonlicht n
neon sign s Neonschild n, Neonreklame f
nephew ['nevjuː, 'nefjuː] s Neffe m
nepotism ['nepətɪzm] s Vetternwirtschaft f
Neptune ['neptjuːn] s Mythologie, a. ASTRON Neptun m
nerd [nɜːd] umg s uncooler Typ sl; **computer ~** Computerfreak m umg
nerdy ['nɜːdɪ] adj ⟨komp nerdier⟩ umg uncool sl
nerve [nɜːv] s **1** Nerv m; **to get on sb's ~s** umg j-m auf die Nerven gehen; **to touch a ~** einen wunden Punkt berühren **2** ⟨kein pl⟩ Mut m; **to lose one's ~** die Nerven verlieren; **to have the ~ to do sth** sich trauen, etw zu tun **3** ⟨kein pl⟩ umg Frechheit f; **to have the ~ to do sth** die Frechheit besitzen, etw zu tun; **he's got a ~!** der hat Nerven! umg
nerve centre s, **nerve center** US fig s Schalt-

zentrale f

nerve-racking, nerve-wracking adj nervenaufreibend

nervous ['nɜːvəs] adj **1** Störung nervös; **~ tension** Nervenanspannung f **2** ängstlich, nervös; **to be** od **feel ~** Angst haben, sich (dat) Sorgen machen, nervös sein; **I am ~ about the exam** mir ist bange vor dem Examen; **I was rather ~ about giving him the job** mir war nicht wohl bei dem Gedanken, ihm die Stelle zu geben; **I am rather ~ about diving** ich habe eine ziemliche Angst vor dem Tauchen

nervous breakdown s Nervenzusammenbruch m

nervous energy s Vitalität f

nervously ['nɜːvəsli] adv ängstlich, nervös

nervousness ['nɜːvəsnəs] s Nervosität f

nervous system s Nervensystem n

nervous wreck umg s **to be a ~** mit den Nerven völlig am Ende sein

nest [nest] **A** s **1** Nest n **2** von Tischen etc Satz m **B** v/i nisten

nest egg fig s Notgroschen m

nestle ['nesl] v/i **to ~ up to sb** sich an j-n schmiegen; **to ~ against sb** sich an j-n anschmiegen; **the village nestling in the hills** das Dorf, das zwischen den Bergen eingebettet liegt

Net [net] umg s **the Net** IT das Internet

net[1] [net] **A** s **1** Netz n; **to slip through the net** Verbrecher durch die Maschen schlüpfen **2** für Vorhänge Tüll m **B** v/t Fisch mit dem Netz fangen

net[2] adj **1** Preis, Gewicht Netto-; **net disposable income** verfügbares Nettoeinkommen **2** fig End-; **net result** Endergebnis n

netball Br s Korbball m

netbook s COMPUT Netbook n

net contributor s Land Nettozahler m

net curtain Br s Tüllgardine f

Netherlands ['neðələndz] pl **the ~** die Niederlande pl

netiquette ['netɪket] s IT Netiquette f

net profit s Reingewinn m

netspeak s INTERNET umg Chat-Slang m umg, Internetjargon m

netting ['netɪŋ] s Netz n, Maschendraht m; für Vorhänge Tüll m

nettle ['netl] **A** s BOT Nessel f; **to grasp the ~** fig in den sauren Apfel beißen **B** v/t fig umg j-n wurmen umg

net weight s Nettogewicht n

network ['netwɜːk] **A** s **1** Netz n **2** RADIO, TV Sendenetz n; ELEK, IT Netzwerk n; **~ driver/server** IT Netzwerktreiber m/-server m **B** v/t Programm im ganzen Netzbereich ausstrahlen; IT vernetzen **C** v/i im Netzwerk arbeiten; Beziehungen aufbauen und nutzen netzwerken

network card s COMPUT Netzwerkkarte f

networking ['netwɜːkɪŋ] s **1** IT Networking n **2** Knüpfen n von Kontakten

neurological [ˌnjʊərə'lɒdʒɪkəl] adj neurologisch

neurologist [njʊə'rɒlədʒɪst] s Neurologe m, Neurologin f

neurology [njʊə'rɒlədʒɪ] s Neurologie f

neurosis [njʊə'rəʊsɪs] s ⟨pl **neuroses** [njʊə'rəʊsiːz]⟩ Neurose f

neurosurgery ['njʊərəʊˌsɜːdʒərɪ] s Neurochirurgie f

neurotic [njʊə'rɒtɪk] **A** adj neurotisch; **to be ~ about sth** in Bezug auf etw (akk) neurotisch sein **B** s Neurotiker(in) m(f)

neuter ['njuːtə[r]] **A** adj GRAM sächlich **B** v/t Katze, Hund kastrieren

neutral ['njuːtrəl] **A** adj neutral, farblos **B** s **1** Neutrale(r) m/f(m) **2** AUTO Leerlauf m; **to be in ~** im Leerlauf sein; **to put the car in ~** den Gang herausnehmen

neutrality [njuː'trælɪtɪ] s Neutralität f

neutralize ['njuːtrəlaɪz] v/t neutralisieren

neutron ['njuːtrɒn] s Neutron n

never ['nevə[r]] adv **1** nie, niemals geh; **~ again** nie wieder; **~ before** noch nie; **~ even** nicht einmal **2** emph (≈ nicht) **I ~ slept a wink** umg ich habe kein Auge zugetan; **Spurs were beaten — ~!** umg Spurs ist geschlagen worden — nein!; **well I ~ (did)!** umg nein, so was!; **~ fear** keine Angst

never-ending ['nevər'endɪŋ] adj endlos

nevertheless [ˌnevəðə'les] adv dennoch, trotzdem

new [njuː] adj ⟨+er⟩ neu; **the new people at number five** die Neuen in Nummer fünf; **that's nothing new** das ist nichts Neues; **what's new?** umg was gibts Neues? umg; **I'm new to this job** ich bin neu in dieser Stelle; **she's new to the game** SPORT sie ist erst seit Kurzem bei diesem Sport dabei; fig sie ist neu auf diesem Gebiet

New Age Traveller Br s Aussteiger(in) m(f)

newbie ['njuːbɪ] umg s Neuling m

new blood fig s frisches Blut

newborn adj neugeboren

newcomer s Neuankömmling m; in Job Neuling m (**to** in +dat); **they are ~s to this town** sie sind neu in dieser Stadt

New England s Neuengland n

newfangled adj neumodisch

new-found adj Glück neu(gefunden); Selbstvertrauen neugeschöpft

Newfoundland ['njuːfəndlənd] s Neufundland

newish ['njuːɪʃ] *adj* ziemlich neu
newly ['njuːlɪ] *adv* frisch; **~ made** ganz neu; *Brot, Kuchen* frisch gebacken; **~ arrived** neu angekommen; **~ married** frisch vermählt
newlyweds ['njuːlɪwedz] *umg pl* Frischvermählte *pl*
new moon *s* Neumond *m*; **there's a ~ tonight** heute Nacht ist Neumond
news [njuːz] *s* **1** Nachricht *f*, Neuigkeit(en) *f(pl)*; **a piece of ~** eine Neuigkeit; **I have no ~ of him** ich habe nichts von ihm gehört; **there is no ~** es gibt nichts Neues zu berichten; **have you heard the ~?** haben Sie schon (das Neueste) gehört?; **tell us your ~** erzähl uns das Neueste; **I have ~ for you** *iron* ich habe eine Überraschung für dich; **good ~** gute Nachrichten; **that's bad ~ for ...** das ist ein schwerer Schlag für ...; **who will break the ~ to him?** wer wird es ihm sagen *od* beibringen?; **that is ~ to me!** das ist mir ganz neu! **2** *Presse, a.* RADIO, TV Nachrichten *pl*; **~ in brief** Kurznachrichten *pl*; **financial ~** Wirtschaftsbericht *m*; **it was on the ~** das kam in den Nachrichten; **to be in the ~** von sich reden machen
news agency *s* Nachrichtenagentur *f*
newsagent *Br s* Zeitungshändler(in) *m(f)*
news blackout *s* Nachrichtensperre *f*
news bulletin *s* Bulletin *n*
newscast *s* Nachrichtensendung *f*
newscaster *s* Nachrichtensprecher(in) *m(f)*
news channel *s* TV Nachrichtensender *m*
newsdealer *US s* Zeitungshändler(in) *m(f)*
newsflash *s* Kurzmeldung *f*
newsgroup *s* INTERNET Newsgroup *f*
news headlines *pl* Kurznachrichten *pl*
newsletter *s* Rundschreiben *n*
newspaper ['njuːz,peɪpə] *s* Zeitung *f*; **daily ~** Tageszeitung *f*
newspaper article *s* Zeitungsartikel *m*
newsprint *s* Zeitungspapier *n*
newsreader *s* Nachrichtensprecher(in) *m(f)*
newsroom *s* Nachrichtenredaktion *f*
newsstand *s* Zeitungsstand *m*
new-style ['njuːstaɪl] *adj* im neuen Stil
news vendor *s* Zeitungsverkäufer(in) *m(f)*
newsworthy ['njuːzwɜːðɪ] *adj* **to be ~** Neuigkeitswert haben
newt [njuːt] *s* Wassermolch *m*
New Testament *s* **the ~** das Neue Testament
new wave **A** *s* neue Welle **B** *adj* ⟨*attr*⟩ der neuen Welle
New World *s* **the ~** die Neue Welt
New Year *s* neues Jahr; (≈ *Tag*) Neujahr *n*; **to see in the ~** das neue Jahr begrüßen; **Happy ~!** (ein) gutes neues Jahr!; **at ~** an Neujahr; **~ resolution** (guter) Vorsatz für das neue Jahr
New Year's Day *s* Neujahr *n*
New Year's Eve *s* Silvester *n*
New Zealand **A** *s* Neuseeland *n* **B** *adj* ⟨*attr*⟩ neuseeländisch
New Zealander *s* Neuseeländer(in) *m(f)*
next [nekst] **A** *adj* nächste(r, s); **the ~ day** am nächsten Tag; **the ~ few days** die nächsten paar Tage; **(the) ~ time** das nächste Mal; **(the) ~ moment** im nächsten Moment; **from one moment to the ~** von einem Moment zum anderen; **this time ~ week** nächste Woche um diese Zeit; **the year after ~** übernächstes Jahr; **the ~ day but one** der übernächste Tag; **to be ~** der/die Nächste sein; **who's ~?** wer ist der Nächste?; **you're ~** Sie sind an der Reihe; **my name is ~ on the list** mein Name kommt als nächster auf der Liste; **the ~ but one** der/die/das Übernächste; **the ~ thing I knew I ...** bevor ich wusste, wie mir geschah, ... ich ...; *nach Ohnmacht etc* das Nächste, woran ich mich erinnern kann, war, dass ich ...; **the ~ size up/down** die nächstkleinere/nächstgrößere Größe **B** *adv* **1** das nächste Mal; (≈ *im Folgenden*) danach, dann; **what shall we do ~?** und was sollen wir als Nächstes machen?; **what have we got ~?** was haben wir als Nächstes?; **whatever ~?** *überrascht* Sachen gibts! *umg* **2** **~ to sb/sth** neben j-m/etw; *mit Richtungsangabe* neben j-n/etw; **the ~ to last row** die vorletzte Reihe; **~ to nothing** so gut wie nichts; **~ to impossible** nahezu unmöglich **3** **the ~ best** der/die/das Nächstbeste; **this is the ~ best thing** das ist das Nächstbeste; **the ~ oldest boy** der zweitälteste Junge **C** *s* Nächste(r) *m/f(m)*
next door ['neks'dɔː] *adv* nebenan; **let's go ~** gehen wir nach nebenan; **they live ~ to us** sie wohnen (direkt) neben uns; **he has the room ~ to me** er hat das Zimmer neben mir; **we live ~ to each other** wir wohnen Tür an Tür; **the boy ~** der Junge von nebenan
next-door ['neks'dɔː] *adj* **the ~ neighbour** *Br*, **~ neighbor** *US* der direkte Nachbar; **we are ~ neighbours** *Br*, **we are ~ neighbors** *US* wir wohnen Tür an Tür; **the ~ house** das Nebenhaus
next of kin *s* ⟨*pl* -⟩ nächster Verwandter, nächste Verwandte
NFL *US abk* (= National Football League) *amerikanische Football-Nationalliga*
NGO *abk* (= nongovernmental organization) Nichtregierungsorganisation *f*, NRO *f*
NHS *Br abk* (= National Health Service) staatlicher Gesundheitsdienst
NHS patient *s* Kassenpatient(in) *m(f)*

nib [nɪb] s Feder f
nibble ['nɪbl] A v/t knabbern B v/i knabbern (**at** an +dat) C s ~**s** Br Knabbereien pl
Nicaragua [ˌnɪkəˈrægjʊə] s Nicaragua n
nice [naɪs] adj ⟨komp nicer⟩ **1** nett, fesch österr; Wetter, Geruch, Essen, Arbeit gut; Gefühl, Auto schön; **to have a ~ time** sich gut amüsieren; **have a ~ day!** bes US schönen Tag noch!; **the ~ thing about Venice** das Schöne an Venedig; **it's ~ to see you again** es freut mich, Sie wieder zu treffen; **it's been ~ meeting you** ich habe mich gefreut, Sie kennenzulernen; **I had a ~ rest** ich habe mich schön ausgeruht; **Mr Nice Guy** der nette Mann von nebenan; **~ one!** toll! umg; als Reaktion auf Witz oder witzigen Kommentar der war gut! umg **2** zur Verstärkung schön; **a ~ long bath** ein schönes, langes Bad; **~ and warm** schön warm; **take it ~ and easy** überanstrengen Sie sich nicht **3** iron **you're in a ~ mess** du sitzt schön im Schlamassel umg; **that's a ~ way to talk to your mother** das ist ja eine schöne Art, mit deiner Mutter zu sprechen
nice-looking [ˌnaɪsˈlʊkɪŋ] adj schön; Frau, Mann gut aussehend; **to be ~** gut aussehen
nicely ['naɪslɪ] adv nett; sich benehmen gut; **to be coming along ~** sich gut machen; **to ask ~** höflich fragen; **say thank you ~!** sag mal schön Danke!; **that will do ~** das reicht vollauf; **he's doing very ~ for himself** er ist sehr gut gestellt, er scheffelt Geld umg; **to be ~ spoken** sich gepflegt ausdrücken; **~ done** gut gemacht
niceties ['naɪsɪtɪz] pl Feinheiten pl
niche [niːʃ] s Nische f; fig Plätzchen n
niche market s Nischenmarkt m
nick[1] [nɪk] A s **1** Kerbe f **2** **in the ~ of time** gerade noch (rechtzeitig) **3** Br umg **in good/bad ~** gut/nicht gut in Schuss umg B v/t **to ~ oneself** umg sich schneiden
nick[2] Br A umg v/t **1** einsperren umg **2** klauen umg B s umg Knast m umg
nickel ['nɪkl] s **1** Nickel n **2** US Fünfcentstück n
nickel-plated ['nɪklˈpleɪtɪd] adj vernickelt
nickname ['nɪkneɪm] A s Spitzname m B v/t **they ~d him Baldy** sie gaben ihm den Spitznamen Baldy
nicotine ['nɪkətiːn] s Nikotin n
nicotine patch s Nikotinpflaster n
niece [niːs] s Nichte f
nifty ['nɪftɪ] adj ⟨komp niftier⟩ umg flott umg; Gerät schlau umg; **a ~ little car** ein netter kleiner Flitzer umg
Niger [niːˈʒeəʳ] s Land Niger n
niggardly ['nɪgədlɪ] adj knaus(e)rig; Betrag armselig

niggle ['nɪgl] A v/i herumkritteln umg (+dat **about** an) B v/t quälen
niggling ['nɪglɪŋ] adj Zweifel, Schmerz quälend; Gefühl ungut
nigh [naɪ] A adj obs, liter nahe B adv **~ on** nahezu geh
night [naɪt] A s Nacht f; THEAT Abend m; **last ~** gestern Abend, letzte Nacht; **tomorrow ~** morgen Abend/Nacht; **on Friday ~** Freitagabend/-nacht; **at ~** nachts/abends; **she works at ~** sie arbeitet nachts; **in/during the ~** in/während der Nacht; **the ~ before** am Abend/die Nacht zuvor; **the ~ before last** vorgestern Abend/vorletzte Nacht; **to spend the ~ at a hotel** in einem Hotel übernachten; **to have a good/bad ~** od **~'s sleep** gut/schlecht schlafen; **good ~!** gute Nacht!; **~-night!** umg gut Nacht! umg; **all ~ (long)** die ganze Nacht; **to have a ~ out** (abends) ausgehen; **to have an early ~** früh schlafen gehen; **to be on ~s** Nachtdienst haben; Arbeiter Nachtschicht haben B adv **~s** bes US nachts
nightcap s Schlaftrunk m umg
nightclub s Nachtklub m
nightdress s Nachthemd n
nightfall s **at ~** bei Einbruch der Dunkelheit
night flight s Nachtflug m
nightgown s Nachthemd n
nightie ['naɪtɪ] umg s Nachthemd n
nightingale ['naɪtɪŋgeɪl] s Nachtigall f
nightlife s Nachtleben n
night-light s Nachtlicht n
nightly ['naɪtlɪ] A adj (all)nächtlich, (all)abendlich B adv jede Nacht, jeden Abend
nightmare ['naɪtmeəʳ] s Albtraum m; **that was a ~ of a journey** die Reise war ein Albtraum
night nurse s Nachtschwester f
night owl umg s Nachteule f umg
night porter s Nachtportier m
night safe s Nachttresor m
night school s Abendschule f
night shift s Nachtschicht f; **to be on ~** Nachtschicht haben
nightshirt s (Herren)nachthemd n
nightspot s Nachtlokal n
night stick US s Schlagstock m
night-time A s Nacht f; **at ~** nachts B adj ⟨attr⟩ nächtlich; **~ temperature** Nachttemperatur f
night watchman s Nachtwächter(in) m(f)
night work s Nachtarbeit f
nihilistic [ˌnaɪɪˈlɪstɪk] adj nihilistisch
nil [nɪl] s null, nichts; **the score was one-nil** es stand eins zu null; → zero
Nile [naɪl] s Nil m
nimble ['nɪmbl] adj ⟨komp nimbler⟩ flink, gelenkig; Geist beweglich

nimbly ['nɪmblɪ] *adv* gelenkig
nine [naɪn] **A** *adj* neun; **~ times out of ten** in neun Zehntel der Fälle **B** *s* **1** Neun *f*; **dressed (up) to the ~s** in Schale *umg*; **to call 999** *Br*, **to call 911** *US* den Notruf wählen **2** → six
nine-eleven, 9/11 [,naɪn'levn] *s die Angriffe auf das World Trade Center am 11. September 2001*
nineteen ['naɪn'tiːn] **A** *adj* neunzehn **B** *s* Neunzehn *f*; **she talks ~ to the dozen** *Br umg* sie redet wie ein Wasserfall *umg*
nineteenth ['naɪn'tiːnθ] **A** *adj* **1** neunzehnte(r, s) **2** neunzehntel **B** *s* **1** Neunzehnte(r, s) **2** Neunzehntel *n*; → sixteenth
ninetieth ['naɪntɪɪθ] **A** *adj* **1** neunzigste(r, s) **2** neunzigstel **B** *s* **1** Neunzigste(r, s) **2** Neunzigstel *n*
nine-to-five [,naɪntə'faɪv] *adj* Büro-; **~ job** Bürojob *m*
ninety ['naɪntɪ] **A** *adj* neunzig **B** *s* Neunzig *f*; → sixty
ninth [naɪnθ] **A** *adj* **1** neunte(r, s) **2** neuntel **B** *s* **1** Neunte(r, s) **2** Neuntel *n*; → sixth
nip[1] *umg s* Schlückchen *n*
nip[2] [nɪp] **A** *s* **1** Kniff *m*; *durch Tier etc* Biss *m* **2** **there's a nip in the air** es ist ganz schön frisch **B** *v/t* **1** kneifen, zwicken *österr*; **the dog nipped his ankle** der Hund hat ihn am Knöchel gezwickt **2 to nip sth in the bud** *fig* etw im Keim ersticken **C** *v/i Br umg* sausen *umg*; **to nip up (-stairs)** hochflitzen *umg*; **I'll just nip down to the shops** ich gehe mal kurz einkaufen *umg*
phrasal verbs mit nip:
nip out *Br umg v/i* kurz weggehen *umg*
nip and tuck [,nɪp ən 'tʌk] **A** *s umg* Schönheitsoperation *f* **B** *adj Kandidaten* Kopf an Kopf; **the election is ~** der Ausgang der Abstimmung ist völlig offen
nipple ['nɪpl] *s* ANAT Brustwarze *f*, Nippel *m umg*; *US an Babyflasche* Sauger *m*
nippy ['nɪpɪ] *adj* ⟨komp nippier⟩ **1** *Br umg* flott; *Auto* spritzig **2** *Wetter* frisch
nit [nɪt] *s* **1** ZOOL Nisse *f* **2** *Br umg* Schwachkopf *m umg*
nit-pick ['nɪtpɪk] *umg v/i* pingelig sein *umg*
nit-picking ['nɪtpɪkɪŋ] *umg s* Korinthenkackerei *f umg*
nitrate ['naɪtreɪt] *s* Nitrat *n*
nitric acid [,naɪtrɪk'æsɪd] *s* Salpetersäure *f*
nitrogen ['naɪtrədʒən] *s* Stickstoff *m*
nitty-gritty ['nɪtɪ'grɪtɪ] *umg s* **to get down to the ~** zur Sache kommen
nitwit ['nɪtwɪt] *umg s* Schwachkopf *m umg*
No., no. *abk* (= *number*) Nr.
no [nəʊ] **A** *adv* **1** nein; **to answer no** mit Nein antworten **2** *mit Komparativ* nicht; **I can bear it no longer** ich kann es nicht länger ertragen; **I have no more money** ich habe kein Geld mehr; **he returned to England in an aircraft carrier no less** er kehrte auf nichts Geringerem als einem Flugzeugträger nach England zurück **B** *adj* kein; **no one person could do it** keiner könnte das allein tun; **no other man** kein anderer; **it's of no interest** das ist belanglos; **it's no use** *od* **no good** das hat keinen Zweck; **no smoking** Rauchen verboten; **there's no telling what he'll do** man kann nie wissen, was er tun wird; **there's no denying it** es lässt sich nicht leugnen; **there's no pleasing him** ihm kann man es auch nie recht machen; **he's no genius** er ist nicht gerade ein Genie; **this is no place for children** das ist hier nichts für Kinder; **in no time** im Nu; **at no little expense** zu großen Kosten; **there is no such thing** so etwas gibt es nicht; **I'll do no such thing** ich werde mich hüten **C** *s* ⟨*pl* -es⟩ Nein *n*; *bei Wahl* Neinstimme *f*; **I won't take no for an answer** ich bestehe darauf
Nobel ['nəʊbel] *s* **~ laureate** Nobelpreisträger(in) *m(f)*; **~ prize** Nobelpreis *m*; **~ prize winner** Nobelpreisträger(in) *m(f)*; **~ peace prize** Friedensnobelpreis *m*
nobility [nəʊ'bɪlɪtɪ] *s* ⟨*kein pl*⟩ **1** (Hoch)adel *m* **2** (≈ *Eigenschaft*) Edle(s) *n*
noble ['nəʊbl] **A** *adj* ⟨komp nobler⟩ **1** adlig; **to be of ~ birth** adlig sein **2** *Tat, Gedanken* nobel; *Versuch* heldenhaft **B** *s* Adlige(r) *m/f(m)*
nobleman *s* ⟨*pl* -men⟩ Adlige(r) *m*
noblewoman *s* ⟨*pl* -women [-wɪmən]⟩ Adlige *f*
nobly ['nəʊblɪ] *adv* **1** vornehm; (≈ *tapfer*) heldenhaft **2** *umg* großmütig
nobody ['nəʊbədɪ] **A** *pron* niemand; **~ else** sonst niemand, niemand anderes; **~ else but you can do it** außer dir kann das niemand; **~ else offered to give them money** sonst hat sich niemand angeboten, ihnen Geld zu geben; **like ~'s business** wie nichts **B** *s* Niemand *m kein pl*
no-brainer [,nəʊ'breɪnə[r]] *umg s* **1** (≈ *leicht zu erledigende Sache*) Kinderspiel *n* **2** (≈ *einfache Angelegenheit*) **that's a ~** klare Sache, das versteht sich von selbst
no-claim(s) bonus ['nəʊ,kleɪm(z)'bəʊnəs] *s* Schadenfreiheitsrabatt *m*
nocturnal [nɒk'tɜːnl] *adj* nächtlich; **~ animal** Nachttier *n*
nod [nɒd] **A** *s* Nicken *n*; **to give a nod** nicken **B** *v/i* nicken; **to nod to sb** j-m zunicken; **to nod toward(s) sth** mit dem Kopf auf etw zeigen **C** *v/t* **to nod one's head** mit dem Kopf nicken
phrasal verbs mit nod:
nod off *v/i* einnicken *umg*

node [nəʊd] *s* **1** Knoten *m* **2** IT Node *m*, Knoten *m*
nodule ['nɒdjuːl] *s* Knötchen *n*
no-frills *adj* ⟨*attr*⟩ *Preis* ohne (alle) Extras; *Stil* einfach
no-go area *s* Sperrgebiet *n*
no-good *adj* nichtsnutzig
no-holds-barred *adj* kompromisslos
no-hoper [nəʊ'həʊpə(r)] *s umg* Niete *f*
noise [nɔɪz] *s* Geräusch *n*, Lärm *m*; **what was that ~?** was war das für ein Geräusch?; **the ~ of the traffic** der Straßenlärm; **it made a lot of ~** es war sehr laut; **don't make a ~!** sei leise!; **stop making such a ~** hör auf, solchen Lärm zu machen
noiselessly ['nɔɪzlɪslɪ] *adv* geräuschlos
noise level *s* Geräuschpegel *m*
noisily ['nɔɪzɪlɪ] *adv* laut; *protestieren* lautstark
noisy ['nɔɪzɪ] *adj* ⟨*komp* noisier⟩ laut; *Protest* lautstark; **this is a ~ house** in dem Haus ist es laut
nomad ['nəʊmæd] *s* Nomade *m*, Nomadin *f*
nomadic [nəʊ'mædɪk] *adj* nomadisch; **~ lifestyle** Nomadenleben *n*
no-man's-land ['nəʊmænzlænd] *s* Niemandsland *n*
nominal ['nɒmɪnl] *adj* nominell
nominal value *s* Nennwert *m*
nominate ['nɒmɪneɪt] *v/t* **1** ernennen; **he was ~d chairman** er wurde zum Vorsitzenden ernannt **2** nominieren; **he was ~d for the presidency** er wurde als Präsidentschaftskandidat aufgestellt; **to ~ sb for sth** j-n für etw nominieren
nomination [ˌnɒmɪ'neɪʃən] *s* **1** Ernennung *f* **2** Nominierung *f*
nominative ['nɒmɪnətɪv] **A** *s* GRAM Nominativ *m* **B** *adj* GRAM **(the) ~ case** der Nominativ
nominee [ˌnɒmɪ'niː] *s* Kandidat(in) *m(f)*
nonaggression [nɒn-] *s* **~ treaty** Nichtangriffspakt *m*
nonalcoholic *adj* alkoholfrei
nonaligned [nɒnə'laɪnd] *adj* POL blockfrei
nonattendance *s* Nichtteilnahme *f* (**at** an +*dat*)
nonchalance ['nɒnʃələns] *s* Lässigkeit *f*
nonchalant *adj*, **nonchalantly** ['nɒnʃələnt, -lɪ] *adv* lässig
noncommissioned *adj* MIL **~ officer** Unteroffizier(in) *m(f)*
noncommittal *adj* zurückhaltend; **to be ~ about whether …** sich nicht festlegen, ob …
noncommittally *adv* unverbindlich
nonconformist **A** *s* Nonkonformist(in) *m(f)* **B** *adj* nonkonformistisch
non-defining relative clause [ˌnʌndɪ'faɪnɪŋ] *s* GRAM nicht notwendiger Relativsatz
nondescript ['nɒndɪskrɪpt] *adj Geschmack, Farbe* unbestimmbar; *Erscheinung* unauffällig
nondrinker *s* Nichttrinker(in) *m(f)*
nondriver *s* Nichtfahrer(in) *m(f)*
none [nʌn] **A** *pron* keine(r, s); **~ of the boys/girls** keiner der Jungen/keines der Mädchen; **~ of them** keiner von ihnen; **~ of this/the cake** nichts davon/von dem Kuchen; **~ of this is any good** das ist alles nicht gut; **do you have any bread/apples? — ~ (at all)** haben Sie Brot/Äpfel? — nein, gar keines/keine; **there is ~ left** es ist nichts übrig; **their guest was ~ other than …** ihr Gast war kein anderer als …; **he would have ~ of it** er wollte davon nichts wissen **B** *adv* **to be ~ the wiser** um nichts schlauer sein; **she looks ~ the worse for her ordeal** trotz allem, was sie durchzustehen hatte, sieht sie gut aus; **he was ~ too happy about it** er war darüber gar nicht erfreut; **~ too sure/easy** durchaus nicht sicher/einfach
nonentity [nɒ'nentɪtɪ] *s* unbedeutende Figur
nonessential [nɒnɪ'senʃəl] **A** *adj* unnötig **B** *s*
nonessentials *pl* nicht (lebens)notwendige Dinge *pl*
nonetheless [ˌnʌnðə'les] *adv* trotzdem
nonevent *umg s* Reinfall *m umg*
nonexecutive *adj* **~ director** ≈ Aufsichtsratsmitglied *n* (*ohne Entscheidungsbefugnis*)
nonexistent *adj* nicht vorhanden; **discipline is ~ here** hier herrscht keine Disziplin
non-fat *adj* fettfrei
nonfattening *adj* nicht dick machend *attr*; **fruit is ~** Obst macht nicht dick
nonfiction **A** *s* Sachbücher *pl* **B** *adj* **~ book** Sachbuch *n*
nonflammable *adj* nicht entzündbar
non-governmental organization [nɒngʌvən'mentlɔːgənaɪ'zeɪʃn] *s* Nichtregierungsorganisation *f*
noninterference, nonintervention *s* Nichteinmischung *f*
non-living *adj* nichtlebend
nonmember *s* **open to ~s** Gäste willkommen
non-member country *s der EU* Drittstaat *m*
non-negotiable *adj* **the price is ~** über den Preis lässt sich nicht verhandeln
no-no ['nəʊnəʊ] *umg s* ⟨*kein pl*⟩ **that's a ~!** das geht gar nicht!
non-official *adj* inoffiziell
no-nonsense ['nəʊˌnɒnsəns] *adj* (kühl und) sachlich
nonpayment *s* Nichtzahlung *f*
nonplus ['nɒn'plʌs] *v/t* **completely ~sed** völlig verdutzt
nonpolitical *adj* nicht politisch
nonpolluting [ˌnɒnpə'luːtɪŋ] *adj* umweltfreundlich

non-profit-making adj, **nonprofit** US adj keinen Gewinn anstrebend attr
non-redeemable adj FIN nicht einlösbar
non-renewable adj nicht erneuerbar
nonresident s Nicht(orts)ansässige(r) m/f(m); in Hotel nicht im Haus wohnender Gast; **open to ~s** auch für Nichthotelgäste
nonreturnable adj **~ bottle** Einwegflasche f; **~ deposit** Anzahlung f
nonsense ['nɒnsəns] s ⟨kein pl⟩ Dummheiten pl; **~!** Unsinn!; **I've had enough of this ~** jetzt reicht's mir aber; **what's all this ~ about a cut in salary?** was soll all das Gerede von einer Gehaltskürzung?; **he will stand no ~ from anybody** er lässt sich nicht mit sich spaßen
nonsensical [nɒn'sensɪkəl] adj unsinnig
nonslip adj rutschfest
nonsmoker s Nichtraucher(in) m(f)
nonsmoking adj Nichtraucher-; **we have a ~ policy** bei uns herrscht Rauchverbot
nonstarter s fig (≈ Idee) Blindgänger m
nonstick adj antihaftbeschichtet
nonstop A adj Zug durchgehend; Reise ohne Unterbrechung; **~ flight** Nonstop-Flug m B adv arbeiten ununterbrochen; fliegen nonstop
nonswimmer s Nichtschwimmer(in) m(f)
nontaxable adj nicht steuerpflichtig
nontoxic adj ungiftig
nonverbal adj nicht verbal
nonviolence s Gewaltlosigkeit f
nonviolent adj gewaltlos; Verbrechen nicht gewalttätig
noodle ['nu:dl] s GASTR Nudel f
nook [nʊk] s Winkel m; **in every ~ and cranny** in jedem Winkel
noon [nu:n] A s Mittag m; **at ~** um 12 Uhr mittags B adj 12-Uhr-
no-one, **no one** ['nəʊwʌn] pron → nobody
noontime bes US A s Mittagszeit f; **at ~** um die Mittagsstunde geh B adj zur Mittagszeit
noose [nu:s] s Schlinge f
nope [nəʊp] umg adv ne(e) dial, nein
no place bes US umg adv → nowhere
nor [nɔ:ʳ] konj 1 noch; **neither ... nor** weder ... noch 2 und ... auch nicht; **I shan't go, nor will you** ich gehe nicht, und du auch nicht; **nor do I** ich auch nicht
Nordic ['nɔ:dɪk] adj nordisch; **~ walking** Nordic Walking n
norm [nɔ:m] s Norm f
normal ['nɔ:məl] A adj normal, üblich; **it's ~ practice** das ist so üblich; **he is not his ~ self** er ist so anders; **a higher than ~ risk of infection** ein Infektionsrisiko, das über dem Normalen liegt B s ⟨kein pl⟩ **below ~** unter dem Durchschnitt; **her temperature is below/above ~** sie hat Untertemperatur/erhöhte Temperatur; **when things are back to** od **return to ~** wenn sich alles wieder normalisiert hat; **carry on as ~** machen Sie normal weiter
normality [nɔ:'mælɪtɪ] s Normalität f; **to return to ~** sich wieder normalisieren
normalize ['nɔ:məlaɪz] v/t Beziehungen normalisieren
normally ['nɔ:məlɪ] adv 1 normalerweise 2 normal
Norman ['nɔ:mən] A adj normannisch; **the ~ Conquest** der normannische Eroberungszug B s Normanne m, Normannin f
Normandy ['nɔ:məndɪ] s Normandie f
norovirus ['nɒrə,vaɪrəs] s MED Norovirus n
Norse [nɔ:s] adj altnordisch
north [nɔ:θ] A s Norden m; **in/from the ~** im/aus dem Norden; **to the ~ of** nördlich von; **the wind is in the ~** es ist Nordwind; **to face ~** nach Norden liegen; **the North of Scotland** Nordschottland n B adj ⟨attr⟩ Nord-; **North German** norddeutsch C adv nach Norden; **~ of** nördlich von
North Africa s Nordafrika n
North America s Nordamerika n
North American A adj nordamerikanisch B s Nordamerikaner(in) m(f)
North Atlantic s Nordatlantik m
northbound adj Straße nach Norden (führend); Verkehr in Richtung Norden
northeast A s Nordosten m; **in the ~** im Nordosten; **from the ~** von Nordost B adj Nordost-, nordöstlich; **~ England** Nordostengland n C adv nach Nordosten; **~ of** nordöstlich von
northeasterly adj nordöstlich
northerly ['nɔ:ðəlɪ] adj nördlich
northern ['nɔ:ðən] adj nördlich; **~ Germany** Norddeutschland n; **Northern Irish** nordirisch
northerner ['nɔ:ðənəʳ] s Nordengländer(in) m(f) etc; **he is a ~** er kommt aus dem Norden (des Landes)
Northern Ireland s Nordirland n
northernmost ['nɔ:ðənməʊst] adj nördlichste(r, s)
North Pole s Nordpol m
North Sea A s Nordsee f B adj Nordsee-
North-South divide s Nord-Süd-Gefälle n
northward A adj nördlich B adv (a. **northwards**) nordwärts
northwest A s Nordwesten m B adj Nordwest-, nordwestlich; **~ England** Nordwestengland n C adv nach Nordwest(en); **~ of** nordwestlich von
northwesterly adj nordwestlich
Norway ['nɔ:weɪ] s Norwegen n
Norwegian [nɔ:'wi:dʒən] A adj norwegisch B

s **1** Norweger(in) *m(f)* **2** LING Norwegisch *n*
nose [nəʊz] **A** *s* Nase *f*; **to hold one's ~** sich *(dat)* die Nase zuhalten; **my ~ is bleeding** ich habe Nasenbluten; **follow your ~** immer der Nase nach; **she always has her ~ in a book** sie hat dauernd den Kopf in einem Buch (vergraben); **to do sth under sb's ~** etw vor j-s Augen tun; **it was right under his ~** er hatte es direkt vor der Nase; **he can't see beyond** *od* **further than the end of his ~** er kann nicht weiter sehen, als sein eigener Schatten reicht; **to get up sb's ~** *fig umg* j-m auf den Geist gehen *umg*; **to poke one's ~ into sth** *fig* seine Nase in etw *(akk)* stecken; **you keep your ~ out of this** *umg* halt du dich da raus *umg*; **to cut off one's ~ to spite one's face** *sprichw* sich ins eigene Fleisch schneiden; **to look down one's ~ at sb/sth** auf j-n/etw herabblicken; **to pay through the ~** *umg* sich dumm und dämlich zahlen *umg*; **to tail** *Autos* Stoßstange an Stoßstange **B** *v/t* **the car ~d its way into the stream of traffic** das Auto schob sich in den fließenden Verkehr vor

phrasal verbs mit nose:

nose about *Br*, **nose around** *v/i* herumschnüffeln *umg*
nosebleed *s* Nasenbluten *n*; **to have a ~** Nasenbluten haben
nosedive A *s* FLUG Sturzflug *m*; **the company's profits took a ~** mit der Firma ging es rapide bergab **B** *v/i* Flugzeug im Sturzflug herabgehen; *fig* den Bach runtergehen *umg*
nosedrops *pl* Nasentropfen *pl*
nose ring *s* Nasenring *m*
nosey *adj* → nosy
nosh [nɒʃ] *Br sl s* (≈ Essen) Futter *n umg*
no-smoking *adj* → nonsmoking
nostalgia [nɒ'stældʒɪə] *s* Nostalgie *f* (**for** nach); **to feel ~ for sth** sich nach etw zurücksehnen
nostalgic [nɒ'stældʒɪk] *adj* nostalgisch, wehmütig; **to feel ~ for sth** sich nach etw zurücksehnen
nostril ['nɒstrəl] *s* Nasenloch *n*; *von Pferd* Nüster *f*
nosy ['nəʊzɪ] *adj* ⟨*komp* nosier⟩ neugierig *umg*
nosy parker [ˌnəʊzɪ'pɑːkəʳ] *Br umg s* Schnüffler(in) *m(f) umg*
not [nɒt] *adv* **1** nicht; **he told me not to do that** er sagte, ich solle das nicht tun; **not a word** kein Wort; **not a bit** kein bisschen; **not one of them** kein Einziger; **not a thing** überhaupt nichts; **not any more** nicht mehr; **not yet** noch nicht; **not even** nicht einmal; **not so** *als Antwort* nein; **he's decided not to do it — I should think/hope not** er hat sich entschlossen, es nicht zu tun — das möchte ich auch meinen/hoffen; **not at all** überhaupt nicht; (≈ *nichts zu danken*) gern geschehen; **not that I care** nicht, dass es mir etwas ausmacht(e); **not that I know of** nicht, dass ich wüsste; **it's not that I don't believe him** ich glaube ihm ja **2** **it's hot, isn't it?** es ist heiß, nicht wahr *od* nicht? *umg*; **isn't it hot?** (es ist) heiß, nicht wahr?; **isn't he naughty!** ist er nicht frech?; **you are coming, aren't you** Sie kommen doch, oder?
notable ['nəʊtəbl] *adj* **1** bedeutend, beträchtlich **2** auffallend; **with a few ~ exceptions** bis auf einige rühmliche Ausnahmen
notably ['nəʊtəblɪ] *adv* **1** auffallend **2** insbesondere; **most ~** vor allem
notary (public) ['nəʊtərɪ('pʌblɪk)] *s* Notar(in) *m(f)*
notch [nɒtʃ] *s* Kerbe *f*

phrasal verbs mit notch:

notch up *v/t* ⟨*trennb*⟩ *Punkte* erzielen; *Erfolg* verzeichnen können
note [nəʊt] **A** *s* **1** Notiz *f*; *länger* Briefchen *n*; **~s** Aufzeichnungen *pl*, Konzept *n*; **to speak without ~s** frei sprechen; **to leave sb a ~** j-m ein paar Zeilen hinterlassen; **to take** *od* **make ~s** (sich) Notizen machen; **to take** *od* **make a ~ of sth** sich *(dat)* etw notieren **2** ⟨*kein pl*⟩ **to take ~ of sth** von etw Notiz nehmen, etw beachten **3** ⟨*kein pl*⟩ **nothing of ~** nichts Erwähnenswertes **4** MUS Note *f*; (≈ *Klang*) Ton *m*; **to play the right/wrong ~** richtig/falsch spielen; **to strike the right ~** *fig* den richtigen Ton treffen; **on a personal ~** persönlich gesprochen; **on a more positive ~** aus positiver Sicht; **to sound a ~ of caution** zur Vorsicht mahnen; **there was a ~ of warning in his voice** seine Stimme hatte einen warnenden Unterton **5** *Br* FIN Schein *m*; **a £5 ~**, **a five-pound ~** ein Fünfpfundschein *m* **B** *v/t* **1** bemerken **2** beachten **3** → note down

phrasal verbs mit note:

note down *v/t* ⟨*trennb*⟩ notieren, sich *(dat)* notieren
notebook ['nəʊtbʊk] *s* Notizbuch *n*; **~ (computer)** Notebook *m*
notebook bag *s* Notebooktasche *f*
noted ['nəʊtɪd] *adj* berühmt (**for** für, wegen)
notelet ['nəʊtlɪt] *s* Briefkarte *f*
notepad *s* Notizblock *m*
notepaper *s* Briefpapier *n*
noteworthy *adj* beachtenswert
nothing ['nʌθɪŋ] **A** *s & pron & adv* nichts; **it was reduced to ~** es blieb nichts davon übrig; **it was all or ~** es ging um alles oder nichts; **£500 is ~ to her** £ 500 sind für sie gar nichts; **it came to ~** da ist nichts draus geworden; I

can make ~ of it das sagt mir nichts; **he thinks ~ of doing that** er findet nichts dabei(, das zu tun); **think ~ of it** keine Ursache!; **there was ~ doing at the club** *umg* im Klub war nichts los; **for ~** umsonst; **there's ~ (else) for it but to leave** da bleibt einem nichts übrig als zu gehen; **there was ~ in it for me** das hat sich für mich nicht gelohnt; **there's ~ in the rumour** *Br*, **there's ~ in the rumor** *US* an dem Gerücht ist nichts (Wahres); **there's ~ to it** *umg* das ist kinderleicht *umg*; **~ but** nur; **~ else** sonst nichts; **~ more** sonst nichts; **I'd like ~ more than that** ich möchte nichts lieber als das; **~ much** viel; **~ if not polite** äußerst höflich; **~ new** nichts Neues; **it was ~ like as big** es war lange nicht so groß **B** *s* **1** MATH Null *f* **2** Nichts *n*; **thank you — it was ~** danke — das war doch selbstverständlich; **what's wrong with you? — (it's) ~** was ist mit dir los? — nichts
nothingness *s* Nichts *n*
no through road *s* **it's a ~** es ist keine Durchfahrt
notice ['nəʊtɪs] **A** *s* **1** Bescheid *m*; *schriftlich a.* Mitteilung *f*; *von Ereignis, Veranstaltung* Ankündigung *f*; **we need three weeks' ~** wir müssen drei Wochen vorher Bescheid wissen; **to give ~ of sth** von etw Bescheid geben; **to give sb ~ of sth** j-m etw mitteilen; **he didn't give us much ~** er hat uns nicht viel Zeit gegeben; **at short ~** kurzfristig; **at a moment's ~** jederzeit; **at three days' ~** innerhalb von drei Tagen; **until further ~** bis auf Weiteres **2** *öffentlich* Anschlag *m*, Schild *n*; *in Zeitung* Anzeige *f*; **I saw a ~ in the paper about the concert** ich habe das Konzert in der Zeitung angekündigt gesehen **3** *von Miet-, Arbeitsverhältnis* Kündigung *f*; **to give sb ~** j-m kündigen; **to give od hand in one's ~, to turn in one's ~** *US* kündigen; **a month's ~** eine einmonatige Kündigungsfrist; **she gave me** *od* **I was given a month's ~** mir wurde zum nächsten Monat gekündigt **4 to take ~ of sth** von etw Notiz nehmen, etw beachten; **to take no ~ of sb/sth** von j-m/etw keine Notiz nehmen; **take no ~!** kümmern Sie sich nicht darum!; **to bring sth to sb's ~** j-n auf etw (*akk*) aufmerksam machen; *in Brief etc* j-n von etw in Kenntnis setzen **B** *v/t* bemerken, zur Kenntnis nehmen; **without my noticing it** ohne dass ich etwas bemerkt habe; **I ~d her hesitating** ich merkte, dass sie zögerte; **to get oneself ~d** auf sich (*akk*) aufmerksam machen; *negativ* auffallen
noticeable ['nəʊtɪsəbl] *adj* erkennbar, sichtbar, deutlich; *Erleichterung* merklich; **the stain is very ~** der Fleck fällt ziemlich auf; **it is ~ that**

... man merkt, dass ...
noticeably ['nəʊtɪsəblɪ] *adv* deutlich; *erleichtert* sichtlich
notice board ['nəʊtɪsbɔːd] *bes Br s* Anschlagbrett *n*
notification [ˌnəʊtɪfɪ'keɪʃən] *s* Benachrichtigung *f*
notify ['nəʊtɪfaɪ] *v/t* benachrichtigen; **to ~ sb of sth** j-n von etw benachrichtigen; *Behörde* j-m etw melden
notion ['nəʊʃən] *s* Idee *f*, Vorstellung *f*; (≈ *vage*) Ahnung *f*; **I have no ~ of time** ich habe überhaupt kein Zeitgefühl; **he got the ~ (into his head) that she wouldn't help him** irgendwie hat er sich (*dat*) eingebildet, sie würde ihm nicht helfen
notoriety [ˌnəʊtə'raɪətɪ] *s* traurige Berühmtheit
notorious [nəʊ'tɔːrɪəs] *adj* berüchtigt; *Spieler, Lügner* notorisch; **a ~ woman** eine Frau von schlechtem Ruf
notoriously [nəʊ'tɔːrɪəslɪ] *adv* bekanntlich; **it is ~ difficult to treat** es lässt sich bekanntlich nur sehr schwer behandeln; **to be ~ unreliable** für seine Unzuverlässigkeit berüchtigt sein
notwithstanding [ˌnɒtwɪθ'stændɪŋ] *form* **A** *präp* ungeachtet (+*gen*) *form* **B** *adv* nichtsdestotrotz
nougat ['nuːgɑː] *s* Nugat *m*
nought [nɔːt] *s* **1** Null *f* **2** *liter* Nichts *n*; **to come to ~** sich zerschlagen
noughties ['nɔːtɪz] *umg pl* Nullerjahre *pl umg* (*das erste Jahrzehnt des dritten Jahrtausends*)
noun [naʊn] *s* Substantiv *n*, Hauptwort *n*
nourish ['nʌrɪʃ] *v/t* **1** *wörtl* nähren; j-n ernähren **2** *fig Hoffnungen* hegen
nourishing ['nʌrɪʃɪŋ] *adj* nahrhaft, währschaft *schweiz*
nourishment *s* Nahrung *f*
nouveau riche [ˌnuːvəʊ'riːʃ] *s* ⟨*pl* -x -s [ˌnuːvəʊ'riːʃ]⟩ Neureiche(r) *m/f(m)*
Nov *abk* (= November) Nov.
Nova Scotia ['nəʊvə'skəʊʃə] *s* Neuschottland *n*
novel[1] ['nɒvəl] *s* Roman *m*
novel[2] *adj* neu(artig)
novelist ['nɒvəlɪst] *s* Romanschriftsteller(in) *m(f)*
novella [nə'velə] *s* Novelle *f*
novelty ['nɒvəltɪ] *s* **1** Neuheit *f*; **the ~ has worn off** der Reiz des Neuen ist vorbei **2** Krimskrams *m*
novelty effect *s* Reiz *m* des Neuen
November [nəʊ'vembə*r*] *s* November *m*; → September
novice ['nɒvɪs] *fig s* Anfänger(in) *m(f)* (**at** bei)
now [naʊ] **A** *adv* jetzt, sofort, gerade; (≈ *heutzutage*) heute; **just now** gerade, sofort; **it's now or never** jetzt oder nie; **what is it**

now? was ist denn nun schon wieder?; **by now** inzwischen; **before now** bis jetzt; **we'd have heard before now** das hätten wir (inzwischen) schon gehört; **for now** vorläufig; **even now** selbst jetzt noch; **any day now** jetzt jeden Tag; **from now on(wards)** von nun an; **between now and the end of the week** bis zum Ende der Woche; **in three days from now** (heute) in drei Tagen; **(every) now and then, now and again** ab und zu **B** *konj* **now (that) you've seen him** jetzt, wo Sie ihn gesehen haben **C** *int* also; **now, now!** na, na!; **well now** also; **now then** also (jetzt); **now, why didn't I think of that?** warum habe ich bloß nicht daran gedacht?

nowadays ['naʊədeɪz] *adv* heute

no way *adv* → way

nowhere ['nəʊweə'] *adv* nirgendwo; *mit Richtungsangabe* nirgendwohin; **they have ~ (else) to go** sie können (sonst) nirgends unterkommen; **there was ~ to hide** man konnte sich nirgends verstecken; **to appear out of ~** aus heiterem Himmel auftauchen; **we're getting ~** wir kommen nicht weiter; **rudeness will get you ~** Grobheit bringt dir gar nichts ein; **~ near as tall** nicht annähernd so groß

no-win situation [ˌnəʊwɪnsɪtjʊ'eɪʃən] *s* **it's a ~** wie man's macht ist's falsch

noxious ['nɒkʃəs] *adj* **1** schädlich **2** giftig

nozzle ['nɒzl] *s* Düse *f*

nuance ['njuːɑːns] *s* Nuance *f*

nubile ['njuːbaɪl] *adj* gut entwickelt

nuclear ['njuːklɪə'] *adj* Atom-; *Brennstoff* nuklear

nuclear deterrent *s* nukleares Abschreckungsmittel

nuclear disarmament *s* nukleare Abrüstung

nuclear energy *s* → nuclear power

nuclear family *s* Kleinfamilie *f*

nuclear-free *adj* atomwaffenfrei

nuclear fusion ['fjuːʒən] *s* Kernfusion *f*

nuclear missile *s* Atomrakete *f*

nuclear physics *s* Kernphysik *f*

nuclear power *s* Atomkraft *f*

nuclear-powered *adj* atombetrieben

nuclear power station *s* Atomkraftwerk *n*

nuclear reactor *s* Atomreaktor *m*

nuclear reprocessing plant *s* nukleare Wiederaufbereitungsanlage

nuclear test *s* Atom(waffen)test *m*

nuclear war *s* Atomkrieg *m*

nuclear waste *s* Atommüll *m*

nuclear weapon *s* Atomwaffe *f*

nucleus ['njuːklɪəs] *s* ⟨*pl* nuclei [-lɪaɪ]⟩ Kern *m*

nude [njuːd] **A** *adj* nackt, KUNST Akt-; **~ figure** Akt *m* **B** *s* KUNST Akt *m*; **in the ~** nackt

nudge [nʌdʒ] **A** *v/t* anstoßen **B** *s* Stups *m*

nudism ['njuːdɪzm] *s* FKK *f*, Freikörperkultur *f*

nudist ['njuːdɪst] *s* Nudist(in) *m(f)*

nudist beach *s* FKK-Strand *m*, Nacktbadestrand *m*

nudity ['njuːdɪtɪ] *s* Nacktheit *f*

nugget ['nʌgɪt] *s* Klumpen *m*; *fig von Informationen etc* Brocken *m*

nuisance ['njuːsns] *s* **1** (≈ *Mensch*) Plage *f*; **sorry to be a ~** entschuldigen Sie, wenn ich störe; **to make a ~ of oneself** lästig werden **2** (≈ *Sache*) **to be a ~** lästig sein, ärgerlich sein; **what a ~** wie ärgerlich

nuisance call *s* TEL Schockanruf *m*; **~s** *pl* Telefonterror *m umg*

null [nʌl] *adj* JUR (null und) nichtig

null and void [nʌl] *adj* null und nichtig

nullify ['nʌlɪfaɪ] *v/t* annullieren

numb [nʌm] **A** *adj* ⟨+er⟩ taub; *gefühlsmäßig* benommen; **hands ~ with cold** Hände, die vor Kälte taub sind **B** *v/t* Kälte taub machen; *Injektion, a. fig* betäuben

number ['nʌmbə'] **A** *s* **1** MATH Zahl *f*, Ziffer *f* **2** Anzahl *f*; **a ~ of problems** eine (ganze) Anzahl von Problemen; **large ~s of people** (sehr) viele Leute; **on a ~ of occasions** des Öfteren; **boys and girls in equal ~s** ebenso viele Jungen wie Mädchen; **in a small ~ of cases** in wenigen Fällen; **ten in ~** zehn an der Zahl; **to be found in large ~s** zahlreich vorhanden sein; **in small/large ~s** in kleinen/großen Mengen; **any ~ can play** beliebig viele Spieler können teilnehmen **3** *von Haus etc* Nummer *f*; **at ~ 4** (in) Nummer 4; **the ~ 47 bus** die Buslinie 47; **I've got the wrong ~** ich habe mich verwählt; **it was a wrong ~** ich/er *etc* war falsch verbunden; **the ~ one tennis player** *umg* der Tennisspieler Nummer eins *umg*; **the single went straight to ~ one** die Single stieg gleich auf Nummer eins ein; **to look after ~ one** *umg* (vor allem) an sich (*akk*) selbst denken **4** THEAT Nummer *f*; (≈ *Kleid*) Kreation *f* **5** **one of their/our ~** eine(r) aus ihren/unseren Reihen **B** *v/t* **1** nummerieren **2** zählen (**among** zu); **the group ~ed 50** es waren 50 (Leute in der Gruppe); **his days are ~ed** seine Tage sind gezählt

numbering ['nʌmbərɪŋ] *s* Nummerierung *f*

number plate *Br s* Nummernschild *n*

numbers lock *s* IT Zahlenverriegelung *f*

numbly ['nʌmlɪ] *adv* benommen

numbness ['nʌmnɪs] *s* Taubheit *f*

numeracy ['njuːmərəsɪ] *s* Rechnen *n*

numeral ['njuːmərəl] *s* Ziffer *f*

numerate ['njuːmərɪt] *adj* rechenkundig; **to be ~** rechnen können

numeric [njuː'merɪk] *adj* **~ keypad** numerisches Tastenfeld

numerical [njuːˈmerɪkəl] *adj Reihenfolge* numerisch; *Überlegenheit* zahlenmäßig
numerically [njuːˈmerɪkəlɪ] *adv* zahlenmäßig; **~ controlled** numerisch gesteuert
numerous [ˈnjuːmərəs] *adj* zahlreich; **on ~ occasions** bei vielen Gelegenheiten
nun [nʌn] *s* Nonne *f*
Nuremberg [ˈnjʊərəm,bɜːg] *s* Nürnberg *n*
nurse [nɜːs] **A** *s* (Kranken)schwester *f*; (≈ *Erzieherin*) Kindermädchen *n*; **male ~** Krankenpfleger *m* **B** *v/t* **1** pflegen; **to ~ sb back to health** j-n gesund pflegen; **he stood there nursing his bruised arm** er stand da und hielt seinen verletzten Arm **2** *Kleinkind* stillen
nursery [ˈnɜːsərɪ] *s* **1** Kinderzimmer *n* **2** Kindergarten *m*, Kindertagesstätte *f* **3** *Gartenbau, a.* AGR Gärtnerei *f*, Baumschule *f*
nursery nurse *s* Kindermädchen *n*
nursery place *s* Krippenplatz *m*, Kita-Platz *m*
nursery rhyme *s* Kinderreim *m*
nursery school *s* Kindergarten *m*
nursery (school) teacher *s* Kindergärtner(in) *m(f)*
nursery slope *s* Idiotenhügel *m hum*
nursing [ˈnɜːsɪŋ] **A** *s* **1** Pflege *f* **2** Krankenpflege *f* **B** *adj* ⟨*attr*⟩ Pflege-; **~ staff** Pflegepersonal *n*; **the ~ profession** die Krankenpflege, die Pflegeberufe *pl*
nursing home *s* Pflegeheim *n*
nursing pad *s* Stilleinlage *f*
nurture [ˈnɜːtʃəʳ] *v/t Talent* entwickeln; *Idee* hegen
nut [nʌt] *s* **1** BOT Nuss *f*; **a tough nut to crack** *fig* eine harte Nuss **2** *umg* (≈ *Mensch*) Spinner(in) *m(f) umg* **3** MECH (Schrauben)mutter *f*
nutcase *umg s* Spinner(in) *m(f) umg*
nutcracker *s*, **nutcrackers** *pl* Nussknacker *m*
nutmeg *s* Muskatnuss *f*
nutrient [ˈnjuːtrɪənt] *s* Nährstoff *m*
nutrition [njuːˈtrɪʃən] *s* Ernährung *f*
nutritional *adj* Nähr-, Ernährungs-; **~ value** Nährwert *m*; **~ information** Nährwertangaben *pl*; **~ supplement** Nahrungsergänzung *f*, Nahrungsergänzungsmittel *n*
nutritionist [njuːˈtrɪʃənɪst] *s* Ernährungswissenschaftler(in) *m(f)*
nutritious [njuːˈtrɪʃəs] *adj* nahrhaft, währschaft *schweiz*
nuts [nʌts] *umg adj* ⟨*präd*⟩ **to be ~** spinnen *umg*; **to be ~ about sb/sth** ganz verrückt nach j-m/ auf etw (*akk*) sein *umg*
nutshell [ˈnʌtʃel] *s* **in a ~** *fig* mit einem Wort
nutter [ˈnʌtəʳ] *Br umg s* Spinner(in) *m(f) umg*, Verrückte(r) *m/f(m) umg*; **he's a ~** er hat einen Stich *umg*
nutty [ˈnʌtɪ] *adj* ⟨*komp* nuttier⟩ **1** nussartig, mit Nüssen **2** *umg* bekloppt *umg*
nuzzle [ˈnʌzl] **A** *v/t* beschnüffeln **B** *v/i* **to ~ (up) against sb** sich an j-n schmiegen
NW *abk* (= north-west) NW
nylon [ˈnaɪlɒn] **A** *s* **1** *Textilien* Nylon® *n* **2** **~s** *pl* Nylonstrümpfe *pl* **B** *adj* Nylon-®; **~ shirt** Nylonhemd *n*
nymph [nɪmf] *s Mythologie* Nymphe *f*
nymphomaniac [ˌnɪmfəʊˈmeɪnɪæk] *s* Nymphomanin *f*
NYPD *abk* (= New York Police Department) New Yorker Polizei
NZ *abk* (= New Zealand) Neuseeland *n*

O, o [əʊ] *s* O *n*, o *n*; **the area code is O two five one** die Vorwahl ist null zwei fünf eins
oaf [əʊf] *s* Flegel *m*
oak [əʊk] *s* Eiche *f*
OAP *Br abk* (= old-age pensioner) Rentner(in) *m(f)*
oar [ɔːʳ] *s* Ruder *n*
oasis [əʊˈeɪsɪs] *s* ⟨*pl* oases [əʊˈeɪsiːz]⟩ Oase *f*
oat [əʊt] *s* ⟨*mst pl*⟩ Hafer *m*; **oats** *pl* GASTR Haferflocken *pl*
oatcake [ˈəʊtkeɪk] *s* Haferkeks *m*, Haferbiscuit *n schweiz*
oath [əʊθ] *s* **1** Schwur *m*; JUR Eid *m*; **to take** *od* **swear an ~** schwören; JUR einen Eid leisten; **he took an ~ of loyalty to the government** er schwor der Regierung Loyalität; **to be under ~** JUR unter Eid stehen **2** Fluch *m*
oatmeal [ˈəʊtmiːl] *s* ⟨*kein pl*⟩ Haferschrot *m*
OBE *abk* (= Officer of the Order of the British Empire) *britischer Verdienstorden*
obedience [əˈbiːdɪəns] *s* ⟨*kein pl*⟩ Gehorsam *m*
obedient [əˈbiːdɪənt] *adj* gehorsam; **to be ~** gehorchen (**to** *dat*)
obediently [əˈbiːdɪəntlɪ] *adv* gehorsam
obelisk [ˈɒbɪlɪsk] *s* ARCH Obelisk *m*
obese [əʊˈbiːs] *adj* fettleibig
obesity [əʊˈbiːsɪtɪ] *s* Fettleibigkeit *f*
obey [əˈbeɪ] **A** *v/t* gehorchen (+*dat*); *Regeln etc* befolgen; **I expect to be ~ed** ich erwarte, dass man meine Anordnungen befolgt **B** *v/i* gehorchen
obituary [əˈbɪtjʊərɪ] *s* Nachruf *m*
object[1] [ˈɒbdʒɪkt] *s* **1** Gegenstand *m*; **he was an ~ of scorn** er war die Zielscheibe der Verachtung **2** Ziel *n*; **the ~ of the exercise** der Zweck der Übung; **that defeats the ~** das verfehlt sei-

nen Zweck **3** **money is no ~** Geld spielt keine Rolle **4** GRAM Objekt *n*

object² [əbˈdʒekt] **A** *v/i* dagegen sein, protestieren, Einwände erheben; **to ~ to sth** etw missbilligen; **I don't ~ to that** ich habe nichts dagegen (einzuwenden); **he ~s to my drinking** er nimmt daran Anstoß, dass ich trinke; **I ~ to people smoking in my house** ich verbitte mir, dass in meinem Haus geraucht wird; **I ~ to him bossing me around** ich wehre mich dagegen, dass er mich (so) herumkommandiert **B** *v/t* einwenden

objection [əbˈdʒekʃən] *s* Einwand *m* (**to** gegen); **to make an ~ (to sth)** einen Einwand (gegen etw) machen; **I have no ~ to his going away** ich habe nichts dagegen (einzuwenden), dass er weggeht; **are there any ~s?** irgendwelche Einwände?; **~!** JUR Einspruch!

objectionable [əbˈdʒekʃənəbl] *adj* störend; *Bemerkung* anstößig; **he's a most ~ person** er ist unausstehlich

objective [əbˈdʒektɪv] **A** *adj* objektiv **B** *s* Ziel *n*
objectivity [ˌɒbdʒekˈtɪvɪti] *s* Objektivität *f*
objector [əbˈdʒektə^r] *s* Gegner(in) *m(f)* (**to** +*gen*)
objet d'art [ˌɒbʒeɪˈdɑː] *s* Kunstgegenstand *m*
obligation [ˌɒblɪˈgeɪʃən] *s* Verpflichtung *f*; **to be under an ~ to do sth** verpflichtet sein, etw zu tun

obligatory [ɒˈblɪgətərɪ] *adj* obligatorisch; **~ subject** Pflichtfach *n*; **biology is ~** Biologie ist Pflicht; **attendance is ~** Anwesenheit ist vorgeschrieben; **identity cards were made ~** Personalausweise wurden Pflicht

oblige [əˈblaɪdʒ] **A** *v/t* **1** zwingen, verpflichten (**sb to do sth** j-n, etw zu tun); **to feel ~d to do sth** sich verpflichtet fühlen, etw zu tun; **you are not ~d to answer this question** Sie brauchen diese Frage nicht zu beantworten **2** einen Gefallen tun (+*dat*); **much ~d!** herzlichen Dank!; **I am much ~d to you for this!** ich bin Ihnen dafür sehr dankbar **B** *v/i* **she is always ready to ~** sie ist immer sehr gefällig; **anything to ~** stets zu Diensten!

obliging [əˈblaɪdʒɪŋ] *adj* entgegenkommend
obligingly [əˈblaɪdʒɪŋlɪ] *adv* entgegenkommenderweise

oblique [əˈbliːk] **A** *adj* **1** *fig* indirekt **2** *Linie* schräg; *Winkel* schief **B** *s* Schrägstrich *m*
obliquely [əˈbliːklɪ] *fig adv* indirekt
obliterate [əˈblɪtəreɪt] *v/t* auslöschen; *Stadt* vernichten

oblivion [əˈblɪvɪən] *s* Vergessenheit *f*; **to fall into ~** in Vergessenheit geraten
oblivious [əˈblɪvɪəs] *adj* **to be ~ of** *od* **to sth** sich (*dat*) einer Sache (*gen*) nicht bewusst sein; **he was quite ~ of his surroundings** er nahm seine Umgebung gar nicht wahr

obliviously [əˈblɪvɪəslɪ] *adv* **to carry on ~** einfach (unbeirrt) weitermachen
oblong [ˈɒblɒŋ] **A** *adj* rechteckig **B** *s* Rechteck *n*
obnoxious [ɒbˈnɒkʃəs] *adj* widerwärtig; *Verhalten* unausstehlich; **an ~ person** ein Ekel *n umg*
obnoxiously [ɒbˈnɒkʃəslɪ] *adv* widerlich; *sich benehmen* unausstehlich
oboe [ˈəʊbəʊ] *s* Oboe *f*; **to play the ~** Oboe spielen
obscene [əbˈsiːn] *adj* obszön; **~ publication** Veröffentlichung *f* mit pornografischem Inhalt
obscenity [əbˈsenɪtɪ] *s* Obszönität *f*; **he used an ~** er gebrauchte einen ordinären Ausdruck
obscure [əbˈskjʊə^r] **A** *adj* ⟨*komp* obscurer⟩ **1** dunkel; *Stil* undurchsichtig; *Sprache, Dichter* schwer verständlich; **for some ~ reason** aus einem unerfindlichen Grund **2** obskur; *Schriftsteller* unbekannt **B** *v/t* **1** *Aussicht* verdecken **2** *Wahrheit* verschleiern
obscurely [əbˈskjʊəlɪ] *adv* undeutlich
obscurity [əbˈskjʊərɪtɪ] *s* **1** *von Stil, Argument* Unklarheit *f* **2** ⟨*kein pl*⟩ *von Geburt, Ursprüngen* Dunkel *n*; **to live in ~** zurückgezogen leben; **to sink into ~** in Vergessenheit geraten
observable [əbˈzɜːvəbl] *adj* erkennbar
observance [əbˈzɜːvəns] *s* *von Gesetz* Befolgung *f*
observant [əbˈzɜːvənt] *adj* aufmerksam; **that's very ~ of you** das hast du aber gut bemerkt
observation [ˌɒbzəˈveɪʃən] *s* **1** Beobachtung *f*; **to keep sb/sth under ~** j-n/etw unter Beobachtung halten; *Polizei* j-n/etw observieren *form*; **he's in hospital for ~** er ist zur Beobachtung im Krankenhaus **2** Bemerkung *f*
observatory [əbˈzɜːvətrɪ] *s* Observatorium *n*
observe [əbˈzɜːv] *v/t* **1** beobachten; *Polizei* überwachen **2** bemerken **3** achten auf (+*akk*); *Regel, Brauch* einhalten; *Jahrestag* begehen; **to ~ a minute's silence** eine Schweigeminute einlegen
observer [əbˈzɜːvə^r] *s* Zuschauer(in) *m(f)*; MIL, POL Beobachter(in) *m(f)*
obsess [əbˈses] *v/t* **to be ~ed by** *od* **with sb/sth** von j-m/etw besessen sein
obsession [əbˈseʃən] *s* **1** fixe Idee, Zwangsvorstellung *f* **2** Besessenheit *f* (**with** von); **this ~ with order** dieser Ordnungswahn *m*
obsessive [əbˈsesɪv] *adj* zwanghaft; **to be ~ about sth** von etw besessen sein; **to become ~** zum Zwang werden
obsessively [əbˈsesɪvlɪ] *adv* wie besessen
obsolescent [ˌɒbsəˈlesnt] *adj* **to be ~** anfangen zu veralten; *Maschine* technisch (fast) überholt sein

obsolete ['ɒbsəli:t] *adj* überholt; **to become ~** veralten

obstacle ['ɒbstəkl] *s* Hindernis *n*; **to be an ~ to sb/sth** j-m/einer Sache im Weg(e) stehen

obstetrician [,ɒbstə'trɪʃən] *s* Geburtshelfer(in) *m(f)*

obstetrics [ɒb'stetrɪks] *s* Geburtshilfe *f*

obstinacy ['ɒbstɪnəsɪ] *s* Hartnäckigkeit *f*

obstinate ['ɒbstɪnɪt] *adj* hartnäckig

obstruct [əb'strʌkt] *v/t* **1** blockieren; *Aussicht* versperren; **you're ~ing my view** Sie versperren mir die Sicht **2** behindern; SPORT sperren; **to ~ the police** die Arbeit der Polizei behindern

obstruction [əb'strʌkʃən] *s* **1** Behinderung *f*; SPORT Sperren *n*; **to cause an ~** den Verkehr behindern **2** Hindernis *n*; **there is an ~ in the pipe** das Rohr ist verstopft

obstructive [əb'strʌktɪv] *adj* obstruktiv

obtain [əb'teɪn] *v/t* erhalten; *Kenntnisse* erwerben; **to ~ sth through hard work** etw durch harte Arbeit erreichen; *Besitz* sich (*dat*) etw mühsam erarbeiten; **to ~ sth for sb** j-m etw beschaffen; **they ~ed the release of the hostages** sie erreichten die Freilassung der Geiseln

obtainable [əb'teɪnəbl] *adj* erhältlich

obtrusive [əb'tru:sɪv] *adj* aufdringlich; *Gebäude* zu auffällig

obtuse [əb'tju:s] *adj* **1** *Geometrie* stumpf **2** *Mensch* begriffsstutzig

obverse ['ɒbvɜ:s] *s* Kehrseite *f*

obvious ['ɒbvɪəs] *adj* offensichtlich; (≈ *ohne Zartgefühl*) plump; *Tatsache* eindeutig; **that's the ~ solution** das ist die nächstliegende Lösung; **for ~ reasons** aus naheliegenden Gründen; **it was ~ he didn't want to come** er wollte offensichtlich nicht kommen; **it's quite ~ he doesn't understand** es ist doch klar, dass er nicht versteht; **I would have thought that was perfectly ~** das liegt doch auf der Hand, das springt doch ins Auge; **with the ~ exception of ...** natürlich mit Ausnahme von ...

obviously ['ɒbvɪəslɪ] *adv* offensichtlich; **he's ~ French** er ist eindeutig ein Franzose; **~!** natürlich!; **~ he's not going to like it** das wird ihm natürlich nicht gefallen; **he's ~ not going to get the job** er bekommt die Stelle nicht, das ist ja klar *umg*

occasion [əˈkeɪʒən] *s* **1** Gelegenheit *f*; **on that ~** zu jener Gelegenheit; **on another ~** ein anderes Mal; **on several ~s** mehrmals; **(on) the first ~** beim ersten Mal; **to rise to the ~** sich der Lage gewachsen zeigen **2** Ereignis *n*; **on the ~ of his birthday** anlässlich seines Geburtstages *geh* **3** Anlass *m*; **should the ~ arise** sollte es nötig werden

occasional *adj* gelegentlich; **he likes an od the ~ cigar** er raucht gelegentlich ganz gern eine Zigarre; **she made ~ visits to England** sie fuhr ab und zu nach England

occasionally *adv* gelegentlich; **very ~** sehr selten

occult [ɒ'kʌlt] **A** *adj* okkult **B** *s* Okkulte(s) *n*

occupancy ['ɒkjʊpənsɪ] *s* Bewohnen *n*; (≈ *Zeit*) Wohndauer *f*

occupant ['ɒkjʊpənt] *s von Haus* Bewohner(in) *m(f)*; *von Posten* Inhaber(in) *m(f)*; *von Fahrzeug* Insasse *m*, Insassin *f*

occupation [,ɒkjʊ'peɪʃən] *s* **1** Beruf *m*; **what is his ~?** was ist er von Beruf? **2** Beschäftigung *f* **3** MIL Okkupation *f*; **army of ~** Besatzungsarmee *f*

occupational [,ɒkjʊ'peɪʃnl] *adj* Berufs-, beruflich

occupational pension (scheme) *s* betriebliche Altersversorgung

occupational therapy *s* Beschäftigungstherapie *f*

occupied ['ɒkjʊpaɪd] *adj* **1** *Sitzplatz* belegt; **a room ~ by four people** ein von vier Personen bewohntes Zimmer **2** MIL *etc Land* besetzt **3** beschäftigt; **to keep sb ~** j-n beschäftigen; **he kept his mind ~** er beschäftigte sich geistig

occupier ['ɒkjʊpaɪəʳ] *s von Haus* Bewohner(in) *m(f)*

occupy ['ɒkjʊpaɪ] *v/t* **1** *Haus* bewohnen; *Sitzplatz* belegen **2** MIL, POL *als Protest* besetzen **3** *Posten* innehaben **4** beanspruchen; *Raum* einnehmen; *Zeit* in Anspruch nehmen **5** beschäftigen

occur [ə'kɜ:ʳ] *v/i* **1** geschehen, sich ereignen; *Schwierigkeit* sich ergeben; *Änderung* stattfinden; **that doesn't ~ very often** das gibt es nicht oft **2** vorkommen **3** **to ~ to sb** j-m einfallen; **it ~s to me that ...** ich habe den Eindruck, dass ...; **it just ~red to me** es ist mir gerade eingefallen; **it never ~red to me** darauf bin ich noch nie gekommen; **it didn't even ~ to him to ask** er kam erst gar nicht auf den Gedanken, zu fragen

occurrence [ə'kʌrəns] *s* **1** Ereignis *n* **2** Auftreten *n*; **further ~s of this nature must be avoided** weitere Vorkommnisse dieser Art müssen vermieden werden

ocean ['əʊʃən] *s* Ozean *m*

ocean-going ['əʊʃəngəʊɪŋ] *adj* hochseetauglich

Oceania [,əʊʃɪ'eɪnɪə] *s* Ozeanien *n*

ocean liner *s* Ozeandampfer *m*

oceanography [,əʊʃə'nɒgrəfɪ] *s* Meereskunde *f*

o'clock [ə'klɒk] *adv* **at 5 ~** um 5 Uhr; **5 ~ in the**

morning/evening 5 Uhr morgens/abends; **the 9 ~ train** der 9-Uhr-Zug
Oct *abk* (= October) Okt.
octagon [ˈɒktəgən] *s* Achteck *n*
octagonal [ɒkˈtægənl] *adj* achteckig
octane [ˈɒkteɪn] *s* Oktan *n*
octave [ˈɒktɪv] *s* MUS Oktave *f*
October [ɒkˈtəʊbəʳ] *s* Oktober *m*; → September
octopus [ˈɒktəpəs] *s* Tintenfisch *m*
OD *umg v/i* eine Überdosis nehmen
odd [ɒd] **A** *adj* ‹+er› **1** seltsam; **how odd** (wie) seltsam; **the odd thing about it is that …** das Merkwürdige daran ist, dass …; **it seemed odd to me** es kam mir komisch vor **2** *Zahl* ungerade **3** *Schuh, Handschuh* einzeln; **he is (the) odd one out** er ist überzählig; *charakterlich* er steht (immer) abseits; **find the odd word out** finde das Wort, das nicht in die Gruppe passt; **find the word which is the odd man** *od* **one out** unterstreichen Sie in jeder Gruppe das nicht dazugehörige Wort **4** **600-odd pounds** gut 600 Pfund **5** übrig; **the odd one left over** der/die/das Überzählige **6** **at odd times** ab und zu; **he likes the odd drink** er trinkt gerne mal einen; **he does all the odd jobs** er macht alles, was an Arbeit anfällt **B** *adv umg* **he was acting a bit odd** er benahm sich etwas komisch
oddball [ˈɒdbɔːl] *umg s* Spinner(in) *m(f) umg*
oddity [ˈɒdɪtɪ] *s* Kuriosität *f*
odd-job man [ˌɒdˈdʒɒbmæn] *s* ‹*pl* -men [-mən]› Mädchen *n* für alles
oddly [ˈɒdlɪ] *adv* merkwürdig; **an ~ shaped room** ein Raum, der eine seltsame Form hat
oddment *s* ‹*mst pl*› Restposten *m*
odds [ɒdz] *pl* **1** *bei Wetten* Odds *pl*; *von Buchmacher* Kurse *pl*; **the ~ are 6 to 1** die Chancen stehen 6 zu 1; **to pay over the ~** *umg* zu viel bezahlen **2** Chance(n) *f(pl)*; **the ~ were against us** alles sprach gegen uns; **the ~ were in our favour** *Br*, **the ~ were in our favor** *US* alles sprach für uns; **against all the ~** entgegen allen Erwartungen; **the ~ are that …** es sieht ganz so aus, als ob …; **3 to be at ~ with sb over sth** mit j-m in etw (*dat*) nicht übereinstimmen
odds and ends *pl* Krimskrams *m*
odds-on [ˈɒdzɒn] **A** *adj* **the ~ favourite** *Br*, **the ~ favorite** *US* der klare Favorit **B** *adv* **it's ~ that …** es ist so gut wie sicher, dass …
ode [əʊd] *s* Ode *f* (**to, on** an +*akk*)
odious [ˈəʊdɪəs] *adj Mensch* abstoßend; *Handlung* abscheulich
odometer [ɒˈdɒmɪtəʳ] *s* Kilometerzähler *m*
odour [ˈəʊdəʳ] *s*, **odor** *US s* Geruch *m*
odourless *adj*, **odorless** *US adj* geruchlos
Odyssey [ˈɒdɪsɪ] *s* Odyssee *f*

OECD *abk* (= Organization for Economic Cooperation and Development) OECD *f*
oesophagus [iːˈsɒfəgəs] *s*, **esophagus** *US s* Speiseröhre *f*
oestrogen [ˈiːstrəʊdʒən] *Br s* Östrogen *n*
of [ɒv, əv] *präp* **1** von (+*dat*); **the wife of the doctor** die Frau des Arztes, die Frau vom Arzt; **a friend of ours** ein Freund/eine Freundin von uns; **of it** davon; **the first of May** der Erste Mai; **that damn dog of theirs** *umg* ihr verdammter Hund *umg*; **it is very kind of you** es ist sehr freundlich von Ihnen; **south of Paris** südlich von Paris; **a quarter of six** *US* Viertel vor sechs; **fear of God** Gottesfurcht *f*; **his love of his father** die Liebe zu seinem Vater; **the whole of the house** das ganze Haus; **half of the house** das halbe Haus; **how many of them?** wie viele (davon)?; **there were six of us** wir waren zu sechst; **he is not one of us** er gehört nicht zu uns; **one of the best** einer der Besten; **he asked the six of us to lunch** er lud uns sechs zum Mittagessen ein; **of the ten only one was absent** von den zehn fehlte nur einer; **today of all days** ausgerechnet heute; **you of all people** gerade Sie; **he warned us of the danger** er warnte uns vor der Gefahr; **what of it?** ja und? **2** *Grund angebend* **he died of cancer** er starb an Krebs; **he died of hunger** er verhungerte; **it tastes of garlic** es schmeckt nach Knoblauch **3** *Material bezeichnend* aus **4** *Eigenschaft* **a man of courage** ein mutiger Mensch; **a girl of ten** ein zehnjähriges Mädchen; **the city of Paris** die Stadt Paris; **that idiot of a waiter** dieser Idiot von Kellner **5** *zeitlich* **of late** in letzter Zeit; **of an evening** *umg* abends
off [ɒf] **A** *adv* **1** *Entfernung* **the house is 5 km off** das Haus ist 5 km entfernt; **it's a long way off** das ist weit weg; *zeitlich* das liegt in weiter Ferne; **August isn't very far off** es ist nicht mehr lang bis August **2** *Abreise etc* **to be/go off** (weg)gehen; **to be off to school** zur Schule gehen; **to be off to London** nach London fahren; **off to the USA!** auf in die USA!; **I must be off** ich muss (jetzt) weg *umg*; **where are you off to?** wohin gehen Sie denn?; **off we go!** los!; **off to bed with you!** ab ins Bett!; **they're off** SPORT sie sind vom Start; **she's off again** *umg mit Nörgelei etc* sie legt schon wieder los *umg* **3** **off the sofa!** herunter vom Sofa!; **he helped me off with my coat** er half mir aus dem Mantel; **the handle has come off** der Griff ist abgegangen **4** **3% off** HANDEL 3% Nachlass; **to give sb £5 off** j-m £ 5 Ermäßigung geben; **he let me have £5 off** er gab es mir (um) £ 5 billiger **5** (≈ *arbeitsfrei*) **to have time**

off to do sth (Zeit) freibekommen haben, um etw zu tun; **to have a day off** einen Tag frei haben; **to be off sick** wegen Krankheit fehlen **6 off and on, on and off** ab und zu; **straight off gleich B** *adj* **1** ⟨*attr*⟩ *Tag etc* schlecht; **to be off** (≈ *sich unwohl fühlen*) daneben sein; **I'm having an off day today** ich bin heute nicht in Form **2** ⟨*präd*⟩ *Br* verdorben; *Milch* schlecht; **to go off** schlecht werden **3** ⟨*präd*⟩ *Spiel, Verhandlungen* abgesagt; **I'm afraid veal is off today** Kalbfleisch gibt es heute leider nicht; **their engagement is off** ihre Verlobung ist gelöst **4** *Fernseher, Licht, Maschine* aus(geschaltet); *Wasserhahn* zu(gedreht); **the electricity was off** der Strom war abgeschaltet **5 they are badly/well off** sie sind nicht gut/(ganz) gut gestellt; **he is better off staying in England** er steht sich in England besser; **he was quite a bit off in his calculations** er hatte sich in seinen Berechnungen ziemlich vertan **6** ⟨*präd*⟩ **to be off** *Reaktion* daneben sein; *umg* **that's a bit off!** das ist ein dicker Hund! *umg* **C** *präp* **1** von (+*dat*); **he jumped off the roof** er sprang vom Dach; **I got it off my friend** *umg* ich hab's von meinem Freund (gekriegt) *umg*; **we live off cheese on toast** wir leben von Käse und Toastbrot; **he got £2 off the shirt** er bekam das Hemd £ 2 billiger; **I've got the day off school tomorrow** morgen habe ich frei *od* keine Schule; **the lid had been left off the tin** jemand hatte den Deckel nicht wieder auf die Büchse getan **2 the house was just off the main road** das Haus lag in unmittelbarer Nähe der Hauptstraße; **a road off Bank Street** eine Querstraße zur Bank Street; **off the map** nicht auf der Karte; **I'm off sausages** Wurst kann mich zurzeit nicht reizen

off air *adv* TV, RADIO nicht auf Sendung; **to go ~** *Sendung* enden
offal ['ɒfəl] *s* ⟨*kein pl*⟩ Innereien *pl*
offbeat *adj* unkonventionell
off-centre, off-center *US* **A** *adj* nicht in der Mitte **B** *adv* schief
off chance *s* **I just did it on the ~** ich habe es auf gut Glück getan; **I came on the ~ of seeing her** ich kam in der Hoffnung, sie vielleicht zu sehen
off-colour *bes Br adj*, **off-color** *US adj* unwohl; **to feel/be ~** sich nicht wohlfühlen
off-duty *adj* ⟨*attr*⟩ außer Dienst
offence [ə'fens] *s*, **offense** ['ɒfens] *US s* **1** JUR Straftat *f*, Vergehen *n*; **to commit an ~** sich strafbar machen; **it is an ~ to ... ...** ist bei Strafe verboten **2** ⟨*kein pl*⟩ *von j-s Gefühlen* Kränkung *f*; *von Anstandsgefühl* Anstoß *m*; **to cause ~ to sb** j-n kränken; **to take ~ at sth** wegen etw gekränkt sein; **no ~ to the Germans, of course!** damit will ich natürlich nichts gegen die Deutschen gesagt haben; **no ~ (meant)** nichts für ungut **3** *US* (≈ *Offensive*) Angriff *m*
offend [ə'fend] **A** *v/t Gefühle* kränken; *j-n* Anstoß erregen bei, beleidigen **B** *v/i* (ein) Unrecht tun
phrasal verbs mit offend:
    offend against *v/i* ⟨+*obj*⟩ verstoßen gegen
offended [ə'fendɪd] *adj* beleidigt; **to be ~ by sth** sich von etw verletzt fühlen
offender [ə'fendə^r] *s* (Straf)täter(in) *m(f)*; **sex ~** Sexualstraftäter(in) *m(f)*
offending [ə'fendɪŋ] *adj* **1** *Person* JUR zuwiderhandelnd **2** störend; *Maschinenteil* defekt
offense *US s* → offence
offensive [ə'fensɪv] **A** *adj* **1** MIL Offensiv- **2** *Geruch* abstoßend; *Sprache, Film* anstößig; *Bemerkung, Verhalten* beleidigend; **to find sb/sth ~** j-n/etw abstoßend finden; **he was ~ to her** er beleidigte sie **B** *s* MIL, SPORT Offensive *f*; **to take the ~** in die Offensive gehen; **to go on to the ~** zum Angriff übergehen
offensively [ə'fensɪvlɪ] *adv* widerlich; *moralisch* anstößig; *mit Worten* beleidigend
offer ['ɒfə^r] **A** *s* Angebot *n*; **did you have many ~s of help?** haben Ihnen viele Leute ihre Hilfe angeboten?; **any ~s?** ist jemand interessiert?; **he made me an ~ (of £50)** er machte mir ein Angebot (von £ 50); **on ~** im Angebot; **what's on ~?** was ist im Angebot? **B** *v/t* **1** anbieten; *Belohnung* aussetzen; **to ~ to do sth** anbieten, etw zu tun, sich bereit erklären, etw zu tun; **he ~ed to help** er bot seine Hilfe an; **did he ~ to?** hat er sich angeboten?; **to ~ an opinion** sich (dazu) äußern; **to ~ one's resignation** seinen Rücktritt anbieten **2** *Widerstand* bieten **C** *v/i* **did he ~?** hat er es angeboten?
offering *s* Gabe *f*; REL Opfergabe *f*, Opfer *n*
offhand [ˌɒf'hænd] **A** *adj* lässig; **to be ~ with sb** sich j-m gegenüber lässig benehmen **B** *adv* so ohne Weiteres; **I couldn't tell you ~** das könnte ich Ihnen auf Anhieb nicht sagen
office ['ɒfɪs] *s* **1** Büro *n*; *von Organisation* Abteilung *f*, Geschäftsstelle *f*; **at the ~** im Büro **2** Amt *n*; **to take ~** das Amt antreten; **to be in** *od* **hold ~** im Amt sein
office block *s* Bürogebäude *n*
office building *s* Bürogebäude *n*
office chair *s* Bürostuhl *m*
office holder *s* Amtsinhaber(in) *m(f)*
office hours *pl* Dienstzeit *f*, Geschäftszeiten *pl*; **to work ~** normale Arbeitszeiten haben
office job *s* Stelle *f* im Büro
office manager(ess) *s* Büroleiter(in) *m(f)*
office party *s* Büroparty *f*
officer ['ɒfɪsə^r] *s* **1** MIL, SCHIFF, FLUG Offizier(in)

m(f) **2** Beamte(r) *m*, Beamtin *f* **3** Polizist(in) *m(f)*
office supplies *pl* Bürobedarf *m*
office worker *s* Büroangestellte(r) *m/f(m)*
official [əˈfɪʃəl] **A** *adj* offiziell, formell; ~ **language** Amtssprache *f*; **is that ~?** ist das amtlich?; **ist das offiziell?** **B** *s* Beamte(r) *m*, Beamtin *f*; *von Verein, Gewerkschaft* Funktionär(in) *m(f)*
officialdom [əˈfɪʃəldəm] *pej s* Beamtentum *n*
officialese [əˌfɪʃəˈliːz] *s* Behördensprache *f*
officially [əˈfɪʃəlɪ] *adv* offiziell
official receiver *s* Insolvenzverwalter(in) *m(f)*
officiate [əˈfɪʃɪeɪt] *v/t* amtieren (**at** bei)
officious [əˈfɪʃəs] *adj* (dienst)beflissen
offing [ˈɒfɪŋ] *s* **in the ~** in Sicht
off-key *adj* ⟨*präd*⟩ MUS falsch
off-licence *Br s* Wein- und Spirituosenhandlung *f*
off limits *adj* ⟨*präd*⟩ **this area is ~** das Betreten dieses Gebiets ist verboten; **this room is ~ to** *od* **for the kids** die Kinder dürfen diesen Raum nicht betreten; → limit
offline **A** *adj* ⟨*präd*⟩ IT offline **B** *adv* IT offline; **to go ~** auf Offlinebetrieb schalten
off-load *v/t* Waren entladen; *Passagiere* aussteigen lassen
off-peak *adj* **~ electricity** Nachtstrom *m*; **at ~ times, during ~ hours** außerhalb der Stoßzeiten; TEL außerhalb der Spitzenzeiten; **~ service** BAHN Zugverkehr *m* außerhalb der Hauptverkehrszeit
off-putting *bes Br adj Verhalten, Anblick* abstoßend; *Idee* wenig ermutigend, entmutigend
off-road *adj Autofahrt* im Gelände; **~ vehicle** Geländefahrzeug *n*
off-roader *s* Geländefahrzeug *n*
off-screen *adj & adv* FILM, TV im wirklichen Leben
off season *s* Nebensaison *f*; **in the ~** außerhalb der Saison
off-season *adj* außerhalb der Saison
offset [ˈɒfset] *v/t* ⟨*prät, pperf* offset⟩ ausgleichen
offshoot [ˈɒfʃuːt] *fig s von Organisation* Nebenzweig *m*
offshore [ˈɒfʃɔːʳ] **A** *adj* **1** *Insel* küstennah; *Wind* ablandig; *Ölfeld* im Meer; *Plattform, Bohrung, Öl* Offshore- **2** FIN im Ausland; **~ account** Auslandskonto *n*; *illegal* Schwarzgeldkonto *n* **B** [ɒfˈʃɔːʳ] *adv* **20 miles ~** 20 Meilen vor der Küste
offshore wind farm *s* Offshorewindpark *m*
offside [ˈɒfˈsaɪd] **A** *adj* 1 SPORT im Abseits; **to be ~** *Spieler* im Abseits sein **2** AUTO auf der Fahrerseite **B** *s* AUTO Fahrerseite *f* **C** *adv* SPORT abseits
offspring [ˈɒfsprɪŋ] *form, hum pl* Nachkommen *pl*; *von Tieren* Junge *pl*
offstage [ˈɒfˈsteɪdʒ] **A** *adj* hinter den Kulissen; *Stimme* aus den Kulissen **B** *adv gehen* von der Bühne; *stehen* hinter den Kulissen

off-street parking *s* Stellplatz *m*, Stellplätze *pl*
off-the-cuff *adj* aus dem Stegreif
off-the-peg *adj* ⟨*attr*⟩, **off the peg** *Br adj* ⟨*präd*⟩, **off-the-rack** *adj* ⟨*attr*⟩, **off the rack** *US adj* ⟨*präd*⟩ von der Stange
off-the-record *adj* ⟨*attr*⟩, **off the record** *adj* ⟨*präd*⟩ inoffiziell, vertraulich
off-the-shoulder *adj Kleid* schulterfrei
off-the-wall *adj* ⟨*attr*⟩, **off the wall** *umg adj* ⟨*präd*⟩ irre *umg*, verrückt *umg*
off-white **A** *adj* gebrochen weiß **B** *s* gebrochenes Weiß
oft [ɒft] *liter adv* oft
often [ˈɒfən] *adv* oft, häufig; **more ~ than not** meistens; **every so ~** öfters; **how ~?** wie oft?; **it is not ~ that ...** es kommt selten vor, dass ...
ogle [ˈəʊgl] *v/t* kein Auge lassen von
ogre [ˈəʊgəʳ] *fig s* Ungeheuer *n*
oh [əʊ] **A** *int* ach, oh; **oh good!** prima! *umg*; **oh well** na ja!; **oh dear!** o je! **B** *adj* null
OHP *abk* (= overhead projector) Tageslichtprojektor *m*
oil [ɔɪl] **A** *s* **1** Öl *n* **2** (Erd)öl *n*; **to strike oil** auf Öl stoßen **3** KUNST **to paint in oils** in Öl malen **B** *v/t* ölen
oilcan *s* Ölkanne *f*
oil change *s* Ölwechsel *m*
oil company *s* Ölkonzern *m*
oilfield *s* Ölfeld *n*
oil-fired *adj* Öl-, mit Öl befeuert; **~ power station** Ölkraftwerk *n*
oil lamp *s* Öllampe *f*
oil paint *s* Ölfarbe *f*
oil painting *s* Ölgemälde *n*, Ölmalerei *f*
oil platform *s* Bohrinsel *f*
oil pollution *s* Ölpest *f*, Ölverschmutzung *f*
oil-producing country [ˌɔɪlprəˈdjuːsɪŋˈkʌntrɪ] *s* Ölförderland *n*
oil refinery *s* (Erd)ölraffinerie *f*
oil rig *s* (Öl)bohrinsel *f*
oil slick *s* Ölteppich *m*
oil spill *s* Ölkatastrophe *f*
oil tanker *s* SCHIFF (Öl)tanker *m*; (≈ *Lkw*) Tankwagen *m*
oil well *s* Ölquelle *f*
oily [ˈɔɪlɪ] *adj* ⟨*komp* oilier⟩ ölig; *Haar, Haut* fettig; *Finger* voller Öl; **~ fish** Fisch *m* mit hohem Ölgehalt
ointment [ˈɔɪntmənt] *s* Salbe *f*
OK, okay [ˈəʊˈkeɪ] *umg* **A** *int* okay *umg*; **OK, OK!** ist ja gut! *umg*; **OK, let's go!** also, gehen wir! **B** *adj* in Ordnung, okay *umg*; **that's OK with** *od* **by me** von mir aus; **is it OK (with you) if ...?** macht es (dir) etwas aus, wenn ...?; **we're OK** es geht uns gut; **how's your mother? — she's OK** wie geht's deiner Mutter? — gut; *od*

schlechter so einigermaßen *umg*; **I feel OK** es geht mir einigermaßen *umg*; **to be OK (for time)** (noch) genug (Zeit) haben; **is that OK?** geht das?; **what do you think of him? — he's OK** was halten Sie von ihm? — der ist in Ordnung **C** *adv* **1** gut, einigermaßen (gut); **to do OK** ganz gut zurechtkommen; **can you manage it OK?** kommst du damit klar? **2** na gut; **OK it's difficult but …** zugegeben, es ist schwer, aber … **D** *v/t Plan* gutheißen; **you have to OK it with the boss** das muss der Chef bewilligen

ol' [əʊl] *bes US umg adj* → **old**

old [əʊld] **A** *adj* ⟨*+er*⟩ **1** alt; **old people** *od* **folk(s)** alte Leute; **old Mr Smith, old man Smith** *bes US* der alte (Herr) Smith; **40 years old** 40 Jahre alt; **at ten months old** im Alter von zehn Monaten; **two-year-old** Zweijährige(r) *m/f(m)*; **the old (part of) town** die Altstadt; **in the old days** früher; **the good old days** die gute alte Zeit; **my old school** meine alte Schule **2** *umg* **she dresses any old how** die ist vielleicht immer angezogen *umg*; **any old thing** irgendwas; **any old bottle** irgendeine Flasche; **good old Tim** *umg* der gute alte Tim; **always the same old excuse** immer wieder dieselbe Ausrede **B** *pl* **the old** die Alten

old age *s* das Alter; **in one's ~** im Alter
old-age pension *s* (Alters)rente *f*
old-age pensioner *s* Rentner(in) *m(f)*
old boy *Br s* SCHULE Ehemalige(r) *m*
olden ['əʊldən] *liter adj* **in ~ times** *od* **days** in alten Zeiten
old-fashioned ['əʊld'fæʃnd] *adj* altmodisch
old girl *Br s* SCHULE Ehemalige *f*
Old Glory *US s* das Sternenbanner
old hand *s* alter Hase (**at sth** in etw *+dat*)
oldie ['əʊldɪ] *s* Oldie *m*
old lady *umg s* **my ~** meine Alte *umg*
old maid *s* alte Jungfer
old man *s* ⟨*pl* - men⟩ *umg* **my ~** mein Alter *umg*
old people's home *s* Altenheim *n*
old-style *adj* im alten Stil
Old Testament *s* BIBEL Altes Testament
old-timer *s* Veteran(in) *m(f)*
old wives' tale *s* Ammenmärchen *n*
O level ['əʊlevl] *Br s früher* ≈ mittlere Reife; **to do one's ~s** ≈ die mittlere Reife machen; **to have an ~ in English** ≈ bis zur mittleren Reife Englisch gelernt haben; **3 ~s** ≈ die mittlere Reife in 3 Fächern
oligarchy ['ɒlɪɡɑːkɪ] *s* Oligarchie *f*
olive ['ɒlɪv] **A** *s* **1** Olive *f*; (*a.* **~ tree**) Olivenbaum *m* **2** (*= Farbe*) Olive *n* **B** *adj* (*a.* **olive-coloured**) olivgrün
olive oil *s* Olivenöl *n*

Olympic [əʊ'lɪmpɪk] **A** *adj* olympisch; **~ medallist** *Br*, **~ medalist** *US* Olympiamedaillengewinner(in) *m(f)* **B** *s* **the ~s** *pl* die Olympiade
Olympic champion *s* Olympiasieger(in) *m(f)*
Olympic Games *pl*, **Olympics** *pl* **the ~/the Olympics** die Olympischen Spiele
Oman [əʊ'mɑːn] *s* GEOG Oman *n*
ombudsman ['ɒmbʊdzmən] *s* ⟨*pl* -men [-mən]⟩ Ombudsmann *m*
ombudswoman ['ɒmbədzwʊmən] *s* Ombudsfrau *f*
omega-3 fatty acids [ˌəʊmɪɡə'θriː] *pl* Omega-3-Fettsäuren *pl*
omelette ['ɒmlɪt] *s*, **omelet** *US s* Omelett(e) *n*
omen ['əʊmen] *s* Omen *n*
OMG [ˌəʊem'dʒiː] *s abk* (= **oh my God**) oh mein Gott, OMG, oje
ominous ['ɒmɪnəs] *adj* bedrohlich; **that's ~** das lässt nichts Gutes ahnen; **that sounds/looks ~** *fig* das verspricht nichts Gutes
ominously *adv* bedrohlich; *etw sagen* in einem Unheil verkündenden Ton
omission [əʊ'mɪʃən] *s* Auslassen *n*, Auslassung *f*
omit [əʊ'mɪt] *v/t* **1** auslassen **2** unterlassen, versäumen (**to do sth** etw zu tun)
omnibus ['ɒmnɪbəs] *s a.* **~ edition** (≈ *Buch*) Sammelband *m*
omnipotence [ɒm'nɪpətəns] *s* ⟨*kein pl*⟩ Omnipotenz *f*
omnipotent [ɒm'nɪpətənt] *adj* omnipotent
omnipresent ['ɒmnɪ'prezənt] *adj* allgegenwärtig
omniscient [ɒm'nɪsɪənt] *adj* allwissend
omnivore ['ɒmnɪˌvɔːʳ] *s* Allesfresser *m*
omnivorous [ɒm'nɪvərəs] *wörtl adj* allesfressend; **an ~ reader** ein Vielfraß *m* , was Bücher angeht
on [ɒn] **A** *präp* **1** auf (+*dat*); *mit Richtungsangabe* auf (+*akk*); befestigt an (+*dat*); *mit Richtungsangabe* an (+*akk*); **the book is on the table** das Buch ist auf dem Tisch; **he put the book on the table** er legte das Buch auf den Tisch; **he hung it on the wall** er hängte es an die Wand; **on the coast** am Meer; **on the Missouri River** am Missourifluss; **with a smile on her face** mit einem Lächeln auf den Lippen; **a ring on his finger** ein Ring am Finger; **on TV/the radio** im Fernsehen/Radio; **on video** auf Video; **on computer** auf Computer (*dat*); **who's on his show?** wer ist in seiner Show?; **I have no money on me** ich habe kein Geld bei mir; **to be on to sth** *Streich* mit etw bekannt sein; **on the train/bus** im Zug/Bus; → **onto 2** (≈ *unter Verwendung von*) **we went on the train/bus** wir fuhren mit dem Zug/Bus; **on a bicycle** mit dem (Fahr)rad; **to**

run on oil mit Öl betrieben werden; **on the violin** auf der Geige; **on drums** am Schlagzeug **3** (≈ *betreffend*) über (+*akk*) **4** *zeitlich* an (+*dat*); **on Sunday** (am) Sonntag; **on Sundays** sonntags; **on December the first** am ersten Dezember; **on or about the twentieth** um den Zwanzigsten herum **5** (≈ *während*) bei (+*dat*); **on examination** bei der Untersuchung; **on hearing this he left** als er das hörte, ging er **6** (≈ *folgend*) auf … (*akk*) hin; **on receiving my letter** auf meinen Brief hin **7** *Mitgliedschaft ausdrückend* in (+*dat*); **he is on the committee** er sitzt im Ausschuss; **he is on the teaching staff** er gehört zum Lehrpersonal **8** *bei Gegenüberstellung* im Vergleich zu; **prices are up on last year('s)** im Vergleich zum letzten Jahr sind die Preise gestiegen; **year on year** jährlich **9** **to be on drugs** Drogen nehmen; **what is he on?** *umg* er tickt wohl nicht ganz richtig! *umg*; **I'm on £28,000 a year** ich bekomme £ 28.000 im Jahr; **he retired on a good pension** er trat mit einer guten Rente in den Ruhestand; **this round is on me** diese Runde geht auf meine Kosten **B** *adv* **1 he screwed the lid on** er schraubte den Deckel drauf; **she had nothing on** sie hatte nichts an; **he had his hat on crooked** er hatte den Hut schief auf; **sideways on** längs **2 from that day on** von diesem Tag an; **she went on and on** sie hörte gar nicht mehr auf; **he's always on at me to get my hair cut** er liegt mir dauernd in den Ohren, dass ich mir die Haare schneiden lassen soll; **she's always on about her experiences in Italy** *umg* sie kommt dauernd mit ihren Italienerfahrungen *umg*; **what's he on about?** wovon redet er nun schon wieder? **C** *adj* **1 to be on** *Licht, Fernsehen* an sein; *Strom* an(gestellt) sein; **to leave the engine on** den Motor laufen lassen; **the "on" switch** der Einschalter **2** *Deckel* drauf **3** (≈ *stattfindend*) **there's a match on at the moment** ein Spiel ist gerade im Gang; **there's a match on tomorrow** morgen findet ein Spiel statt; **I have nothing on tonight** ich habe heute Abend nichts vor; **what's on in London?** was ist los in London?; **the search is on for a new managing director** jetzt wird nach einem neuen Geschäftsführer gesucht; **to be on** *in Theater, Kino* gegeben werden; *im Fernsehen, Radio* gesendet werden; **what's on tonight?** was steht heute Abend auf dem Programm?; **tell me when Madonna is on** sagen Sie mir, wenn Madonna dran ist **4 you're on!** abgemacht!; **are you on for dinner?** sehen wir uns zum Abendessen?; **it's just not on** *Br umg* das ist einfach nicht drin *umg*

once [wʌns] **A** *adv* **1** einmal; **~ a week** einmal in der Woche; **~ again** *od* **more** noch einmal; **~ again we find that …** wir stellen erneut fest, dass …; **~ or twice** *fig* nur ein paarmal; **~ and for all** ein für alle Mal; **(every) ~ in a while** ab und zu mal; **(just) this ~** dieses eine Mal; **for ~** ausnahmsweise einmal; **he was ~ famous** er war früher einmal berühmt; **~ upon a time there was …** es war einmal … **2 at ~** sofort; (≈ *gleichzeitig*) auf einmal; **all at ~** auf einmal, ganz plötzlich; **they came all at ~** sie kamen alle zur gleichen Zeit **B** *konj* wenn, als; **~ you understand, it's easy** wenn Sie es einmal verstehen, ist es einfach; **~ the sun had set, it turned cold** als die Sonne erst einmal untergegangen war, wurde es kalt

oncoming [ˈɒnkʌmɪŋ] *adj Auto* entgegenkommend; **the ~ traffic** der Gegenverkehr

one [wʌn] **A** *adj* **1** ein/eine/ein, eins; **one person too many** einer zu viel; **one girl was pretty, the other was ugly** das eine Mädchen war hübsch, das andere hässlich; **the baby is one (year old)** das Kind ist ein Jahr (alt); **it is one (o'clock)** es ist ein Uhr; **one hundred pounds** (ein)hundert Pfund **2 one day …** eines Tages …; **one day next week** nächste Woche einmal; **one day soon** bald einmal **3 one Mr Smith** ein gewisser Herr Smith; **my one (and only) hope** meine einzige Hoffnung; **the one and only Brigitte Bardot** die unvergleichliche Brigitte Bardot; **they all came in the one car** sie kamen alle in dem einen Auto; **one and the same thing** ein und dasselbe; **our one world** unsere einzige Welt; **one tough girl** ein wirklich toughes Mädchen **B** *pron* **1** eine(r, s); **the one who …** der(jenige), der …/die(jenige), die …/das(jenige), das …; **he/that was the one** er/das war's; **the red one** der/die/das Rote; **he has some very fine ones** er hat sehr Schöne; **my one** *umg* meiner/meine/mein(e)s; **my old ones** meine alten; **not (a single) one of them** nicht eine(r, s) von ihnen; **any one** irgendeine(r, s); **every one** jede(r, s); **this one** diese(r, s); **that one** der/die/das, jene(r, s) *geh*; **which one?** welche(r, s)?; **I am not much of a one for cakes** *umg* ich bin kein großer Freund von Kuchen *umg*; **he's never one to say no** er sagt nie Nein; **I, for one, …** ich, zum Beispiel, …; **one by one** einzeln, eins nach dem anderen; **one after the other** eine(r, s) nach dem/der anderen; **take one or the other** nehmen Sie das eine oder das andere; **he is one of us** er ist einer von uns **2** *unpers nom* man; *akk* einen; *dat* einem; **one must learn** man muss lernen; **to hurt one's foot** sich (*dat*) den Fuß verletzen **C** *s* Eins *f*; **in ones and twos** in kleinen Gruppen; **(all) in one** in einem; **to be one**

up on sb *umg* j-m eins voraus sein; **Celtic were one up** Celtic hatte ein Tor Vorsprung
one-act play *s* Einakter *m*
one another → each B 2
one-armed bandit *umg s* einarmiger Bandit
one-day *adj Lehrgang* eintägig
one-dimensional *adj* eindimensional
one-horse town *umg s* Kaff *n umg*
one-man band *s* Einmannkapelle *f*; *fig umg* Einmannbetrieb *m*
one-man show *s* Einmannshow *f*
one-night stand *fig s* One-Night-Stand *m*
one-off *Br umg* **A** *adj* einmalig **B** *s* **a ~** etwas Einmaliges; **that mistake** *etc* **was just a ~** dieser Fehler *etc* war eine Ausnahme
one-off payment *s* Einmalzahlung *f*
one-one, one-on-one *US adj & adv & s* → one-to-one
one-parent family *s* Einelternteilfamilie *f*
one-party *adj POL* **~ state** Einparteienstaat *m*
one-piece **A** *adj* einteilig **B** *s (≈ Kostüm)* Einteiler *m*
one-room *adj* ⟨*attr*⟩, **one-roomed** *adj* **~ flat** *Br*, **~ apartment** Einzimmerwohnung *f*
onerous ['ɒnərəs] *adj* schwer
oneself [wʌn'self] *pron* **1** sich, sich selbst **2** *emph* (sich) selbst; → myself
one-sided *adj* einseitig
onesie ['wʌnzi] *s* Onesie *m*, Jumpsuit *m*, Erwachsenenstrampler *m*
one-time *adj* ehemalig
one-to-one **A** *adj Gespräch* unter vier Augen; **~ tuition** Einzelunterricht *m* **B** *adv* unter vier Augen **C** *s* **to have a ~ with sb** ein Gespräch unter vier Augen mit j-m führen
one-touch *adj* Berührungs-; **~ dialling** Kurzwahl *f*
one-track *adj* **he's got a ~ mind** der hat immer nur das eine im Sinn
one-way *adj Verkehr* in einer Richtung; **~ street** Einbahnstraße *f*; **~ system** System *n* von Einbahnstraßen; **~ ticket** BAHN einfache Fahrkarte; **~ trip** einfache Fahrt
one-woman *adj* Einfrau-; **~ show** Einfraushow *f*
one-year-old *adj* einjährig
ongoing ['ɒnɡəʊɪŋ] *adj* laufend; *Entwicklung* andauernd; **~ crisis** Dauerkrise *f*; **this is an ~ situation** diese Situation ist von Dauer
onion ['ʌnjən] *s* Zwiebel *f*
onion soup *s* Zwiebelsuppe *f*
online [ɒn'laɪn] **A** *adj* IT online, Online-; **~ banking** Online-Banking *n*; **to go ~** online gehen, auf Onlinebetrieb schalten
on-line ['ɒnlaɪn] *adj* ⟨*attr*⟩ IT Online-; **~ banking** Online-Banking *n*
online activist *s* IT, POL Netzaktivist(in) *m(f)*

online advertising *s* Onlinewerbung *f*
online bank *s* FIN Onlinebank *f*
online booking *s* Onlinereservierung *f*
online check-in *s* Online-Check-in *m/n*
online course *s* Onlinekurs *m*
online dating *s* Onlinedating *n (Partnersuche im Internet)*; **~ site** Partnerbörse *f*
online dealer *s* Internethändler(in) *m(f)*
online forum *s* Onlineforum *n*
online help *s* Onlinehilfe *f*
online portal *s* Onlineportal *n*
online presence *s* Internetpräsenz *f*
online research *s* Onlinerecherche *f (Suche im Internet)*
online reservation *s* Onlinereservierung *f*
online security *s* Onlinesicherheit *f*
online service *s* Onlinedienst *m*
online service portal *s* IT Serviceportal *n*
online shop, **online store** *s* Onlineshop *m*, Webshop *m*
online shopping *s* Onlineshopping *n*
online support *s* IT Onlinehilfe *f*
online surveillance *s* Onlineüberwachung *f*
online video *s* Onlinevideo *n*
onlooker ['ɒnlʊkə'] *s* Zuschauer(in) *m(f)*
only ['əʊnlɪ] **A** *adj* ⟨*attr*⟩ einzige(r, s); **he's an ~ child** er ist ein Einzelkind *n*; **the ~ one** *od* **person** der/die Einzige; **the ~ ones** *od* **people** die Einzigen; **he was the ~ one to leave** er ist als Einziger gegangen; **the ~ thing** das Einzige; **the ~ thing I have against it is that …** ich habe nur eins dagegen einzuwenden, nämlich, dass …; **the ~ thing** *od* **problem is …** nur …; **my ~ wish** das Einzige, was ich mir wünsche **B** *adv* nur; **it's ~ five o'clock** es ist erst fünf Uhr; **~ yesterday** erst gestern; **I ~ hope he gets here in time** ich hoffe nur, dass es noch rechtzeitig hier eintrifft; **you ~ have to ask** Sie brauchen nur zu fragen; **"members ~"** "(Zutritt) nur für Mitglieder"; **I'd be ~ too pleased to help** ich würde nur zu gerne helfen; **if ~ that hadn't happened** wenn das nur nicht passiert wäre; **we ~ just caught the train** wir haben den Zug gerade noch gekriegt; **he has ~ just arrived** er ist gerade erst angekommen; **not ~ … but also …** nicht nur …, sondern auch … **C** *konj* bloß, nur; **I would do it myself, ~ I haven't time** ich würde es selbst machen, ich habe nur keine Zeit
ono *abk* (= or nearest offer) VB, Verhandlungsbasis *f*
on-off switch ['ɒn'ɒfswɪtʃ] *s* Ein- und Ausschalter *m*
onomatopoeia [,ɒnəmætə'piːə] *s* Onomatopöie *f (lautmalerischer Ausdruck; z. B. cuckoo)*
onrush ['ɒnrʌʃ] *s* Ansturm *m*

on-screen A [ˈɒnskriːn] *adj* **1** IT auf dem Bildschirm **2** TV Bildschirm-; FILM Film- B [ˌɒnˈskriːn] *adv* FILM auf der Leinwand; TV, IT auf dem Bildschirm

onset [ˈɒnset] *s* Beginn *m*; *von Krankheit* Ausbruch *m*

onshore [ˈɒnʃɔːʳ] A *adj* an Land; **~ wind** Seewind *m* B [ɒnˈʃɔːʳ] *adv* **a. on shore** an Land

onside [ɒnˈsaɪd] *adv* FUSSB nicht im Abseits

on-site [ɒnˈsaɪt] *adj* vor Ort

onslaught [ˈɒnslɔːt] *s* Angriff (**on** auf +*akk*)

on-the-job training [ˈɒnðəˌdʒɒbˈtreɪnɪŋ] *s* Ausbildung *f* am Arbeitsplatz

on-the-spot [ˌɒnðəˈspɒt] *adj Geldstrafe* an Ort und Stelle verhängt; *Entscheidung* an Ort und Stelle; *Reportage* vom Ort des Geschehens

onto [ˈɒntʊ] *präp* **1** auf (+*akk*), an (+*akk*); **to clip sth ~ sth** etw an etw (*akk*) anklemmen; **to get ~ the committee** in den Ausschuss kommen **2 to come ~ the market** auf den Markt kommen; **to get ~ the next chapter** zum nächsten Kapitel kommen; **to be ~** *od* **on to sb** j-m auf die Schliche gekommen sein *umg*; *Polizei* j-m auf der Spur sein; **I think we're ~ something** ich glaube, hier sind wir auf etwas gestoßen

on-trend *adj* angesagt, in *umg*

onus [ˈəʊnəs] *s* ⟨*kein pl*⟩ Pflicht *f*; (≈ Bürde) Last *f*; **the ~ is on him** es liegt an ihm

onward [ˈɒnwəd] A *adj* **~ flight** Anschlussflug *m*; **~ journey** Weiterreise *f* B *adv* (*a*. **onwards**) vorwärts; *marschieren* weiter; **from this time ~** von der Zeit an

oomph [ʊmf] *s umg* (≈ *Energie*) Pep *m umg*

oops [uːps] *int* ups, oh

ooze [uːz] A *s* Schlamm *m* B *v/i* triefen; *Wunde* nässen; *Harz, Leim* (heraus)quellen C *v/t* **1** absondern; *Blut* triefen von; **my shoes were oozing water** das Wasser quoll mir aus den Schuhen **2** *fig Charme* triefen von *pej; Selbstvertrauen* strotzen von

phrasal verbs mit ooze:

ooze out *v/i* herausquellen; *Wasser* heraussickern

op [ɒp] *umg s* → operation

opaque [əʊˈpeɪk] *adj* opak; *Glas* undurchsichtig; *Strümpfe* blickdicht

open [ˈəʊpən] A *adj* **1** offen, geöffnet; *Sicht* frei (**to** für); *Sitzung* öffentlich; **to hold the door ~** die Tür offen halten; **the baker is ~** der Bäcker hat geöffnet; **in the ~ air** im Freien; **~ to traffic** für den Verkehr freigegeben; **"road ~ to traffic"** „Durchfahrt frei"; **to be ~ to sb** *Wettbewerb, Mitgliedschaft* j-m offenstehen; *Örtlichkeit* für j-n geöffnet sein; *Park* j-m zur Verfügung stehen; **~ to the public** der Öffentlichkeit zugänglich; **she gave us an ~ invitation to visit** sie lud uns ein, jederzeit bei ihr vorbeizukommen; **to be ~ to suggestions** Vorschlägen gegenüber offen sein; **I'm ~ to persuasion** ich lasse mich gern überreden; **to keep one's options ~** es offenlassen; **to keep an ~ mind** alles offenlassen; **to be ~ to debate** zur Debatte stehen **2** *offiziell: Gebäude* eingeweiht; *Straße* (offiziell) freigegeben **3 to be ~ to criticism** der Kritik ausgesetzt sein; **to lay oneself ~ to criticism/attack** sich der Kritik/Angriffen aussetzen; **to be ~ to abuse** sich leicht missbrauchen lassen B *s* **in the ~** im Freien, auf freiem Feld; **to bring sth out into the ~** mit etw nicht länger hinterm Berg halten C *v/t* **1** öffnen; **~ your books at page 23** schlagt eure Bücher auf Seite 23 auf **2** *offiziell: Ausstellung* eröffnen; *Gebäude* einweihen **3** *Prozess, Geschäft* eröffnen; *Debatte* beginnen; *Schule* einrichten; **to ~ fire** MIL das Feuer eröffnen (**on** auf +*akk*) D *v/i* **1** aufgehen; *Augen, Tür, Blume* sich öffnen; **I couldn't get the box to ~** ich habe die Schachtel nicht aufbekommen **2** *Laden, Museum* öffnen **3** (≈ *anfangen*) beginnen; **the play ~s next week** das Stück wird ab nächster Woche gegeben

phrasal verbs mit open:

open on to *v/i* ⟨+*obj*⟩ *Tür* gehen auf (+*akk*)

open out A *v/i* **1** *Fluss, Straße* sich verbreitern (**into** zu) **2** *Landkarte* sich ausfalten lassen B *v/t* ⟨*trennb*⟩ *Landkarte* auseinanderfalten

open up A *v/i* **1** *fig Aussichten* sich eröffnen **2** gesprächiger werden; **to get sb to open up** j-n zum Reden bringen **3** aufschließen; **open up!** aufmachen! B *v/t* ⟨*trennb*⟩ **1** *Bergwerk, neue Horizonte* erschließen **2** *Haus* aufschließen **3** (≈ *gründen*) *Geschäft* eröffnen

open-air *adj* im Freien

open-air concert *s* Freilichtkonzert *n*

open-air swimming pool *s* Freibad *n*

open-air theatre *s*, **open-air theater** US *s* Freilichtbühne *f*

open day Br *s* Tag *m* der offenen Tür

open-ended *fig adj Vertrag* zeitlich nicht begrenzt; *Angebot* unbegrenzt

opener [ˈəʊpnəʳ] *s* Öffner *m*

open-face sandwich US *s* belegtes Brot

open-handed [əʊpənˈhændɪd] *adj* freigebig, großzügig

open-heart surgery *s* Eingriff *m* am offenen Herzen

open house *s* **to keep ~** ein offenes Haus führen

opening [ˈəʊpnɪŋ] A *s* **1** Öffnung *f*, Lücke *f*; *in Wald* Lichtung *f* **2** Anfang *m* **3** *offiziell* Eröffnung *f*; *von Autobahn* Freigabe *f* (für den Verkehr) **4** *in Firma* (freie) Stelle B *adj* ⟨*attr*⟩ erste(r, s); *Bemerkungen* einführend; **~ speech** Eröff-

nungsrede f
opening ceremony s Eröffnungsfeierlichkeiten pl
opening hours pl Öffnungszeiten pl
opening night s Eröffnungsvorstellung f (am Abend)
opening time s Öffnungszeit f; **what are the bank's ~s?** wann hat die Bank geöffnet?
openly ['əʊpənlɪ] adv offen; öffentlich; **he was ~ gay** er machte keinen Hehl aus seiner Homosexualität
open-minded adj aufgeschlossen
open-mouthed [‚əʊpn'maʊðd] adj mit offenem Mund
open-necked adj Hemd mit offenem Kragen
openness ['əʊpnnɪs] s Offenheit f
open-plan adj **~ office** Großraumbüro n
open sandwich Br s belegtes Brot
Open University Br s Fernuniversität f; **to do an ~ course** ein Fernstudium machen od absolvieren
opera ['ɒpərə] s Oper f; **to go to the ~** in die Oper gehen
operable ['ɒpərəbl] adj MED operabel
opera house s Opernhaus n
opera singer s Opernsänger(in) m(f)
operate ['ɒpəreɪt] A v/i 1 Maschine funktionieren, betrieben werden (**by, on** mit), laufen; **to ~ at maximum capacity** Höchstleistung bringen 2 Gesetz sich auswirken; System arbeiten 3 geschäftlich operieren; Flughafen etc in Betrieb sein; **I don't like the way he ~s** ich mag seine Methoden nicht 4 MED operieren (**on sb/sth** j-n/etw); **to be ~d on** operiert werden B v/t 1 Maschine bedienen; Hebel etc betätigen; Strom etc betreiben 2 Unternehmen führen
operatic [‚ɒpə'rætɪk] adj Opern-
operating ['ɒpəreɪtɪŋ] adj ⟨attr⟩ 1 TECH, HANDEL Betriebs-; **~ costs** od **expenses** Betriebsausgaben pl 2 MED Operations-
operating company ['ɒpəreɪtɪŋ] s Betreiberfirma f
operating instructions pl Bedienungsanleitung f
operating room s US MED Operationssaal m
operating system s IT Betriebssystem n
operating theatre s Br MED Operationssaal m
operation [‚ɒpə'reɪʃən] s 1 **to be in ~** Maschine in Betrieb sein; Gesetz in Kraft sein; **to come into ~** Gesetz in Kraft treten; Plan zur Anwendung gelangen 2 MED Operation f (**on** an +dat); **to have an ~** operiert werden; **to have a heart ~** sich einer Herzoperation unterziehen; **to have an ~ for a hernia** wegen eines Bruchs operiert werden 3 MIL Operation f, Einsatz m 4 IT Arbeitsgang m, Operation f

operational [‚ɒpə'reɪʃənl] adj 1 betriebsbereit; Armee-Einheit etc einsatzbereit 2 in Betrieb; Armee-Einheit etc im Einsatz 3 TECH, HANDEL Betriebs-; MIL Einsatz-; Probleme operativ
operative ['ɒpərətɪv] A adj Maßnahme wirksam; Gesetze geltend; System operativ B s Maschinenarbeiter(in) m(f); von Geheimdienst Agent(in) m(f)
operator ['ɒpəreɪtə] s 1 TEL ≈ Vermittlung f 2 (Maschinen)arbeiter(in) m(f); von Computer Operator(in) m(f) 3 (= Firma) Unternehmen n; (= Firmenchef) Unternehmer(in) m(f) 4 umg **to be a smooth ~** raffiniert vorgehen
operetta [‚ɒpə'retə] s Operette f
ophthalmic [ɒf'θælmɪk] adj Augen-
ophthalmologist [‚ɒfθæl'mɒlədʒɪst] s Ophthalmologe m, Ophthalmologin f
opinion [ə'pɪnjən] s Meinung f (**about, on** zu); fachmännisch Gutachten n; **in my ~** meiner Meinung nach; **in the ~ of the experts** nach Ansicht der Experten; **to be of the ~ that ...** der Meinung sein, dass ...; **to ask sb's ~** j-n nach seiner Meinung fragen; **it is a matter of ~** das ist Ansichtssache; **to have a good** od **high/low** od **poor ~ of sb/sth** eine gute/schlechte Meinung von j-m/etw haben; **it is the ~ of the court that ...** das Gericht ist zu der Auffassung gekommen, dass ...; **to seek** od **get a second ~** bes MED ein zweites Gutachten einholen
opinionated [ə'pɪnjəneɪtɪd] adj rechthaberisch
opinion poll s Meinungsumfrage f
opium ['əʊpɪəm] s Opium n
opponent [ə'pəʊnənt] s Gegner(in) m(f)
opportune ['ɒpətjuːn] adj Zeit günstig; Ereignis rechtzeitig; **at an ~ moment** zu einem günstigen Zeitpunkt
opportunism [‚ɒpə'tjuːnɪzəm] s Opportunismus m
opportunist [‚ɒpə'tjuːnɪst] A s Opportunist(in) m(f) B adj opportunistisch
opportunity [‚ɒpə'tjuːnɪtɪ] s 1 Gelegenheit f; **at the first ~** bei der erstbesten Gelegenheit; **to have the ~ of doing sth** die Gelegenheit haben, etw zu tun; **to take the ~ to do sth** die Gelegenheit nutzen, etw zu tun; **as soon as I get the ~** sobald sich die Gelegenheit ergibt 2 Chance f, Möglichkeit f; **opportunities for promotion** Aufstiegschancen pl; **equality of ~** Chancengleichheit f
oppose [ə'pəʊz] v/t 1 ablehnen, sich entgegensetzen (+dat); Befehl etc sich widersetzen (+dat); **he ~s our coming** er ist absolut dagegen, dass wir kommen 2 Bewerber kandidieren gegen
opposed adj 1 ⟨präd⟩ dagegen; **to be ~ to sb/sth** gegen j-n/etw sein; **I am ~ to your going away** ich bin dagegen, dass Sie gehen 2 **as ~**

to im Gegensatz zu

opposing [əˈpəʊzɪŋ] *adj Mannschaft* gegnerisch; *Meinung* gegensätzlich; **to be on ~ sides** auf entgegengesetzten Seiten stehen

opposite [ˈɒpəzɪt] **A** *adj* entgegengesetzt (**to, from** +*dat od* od zu); *Wand etc* gegenüberliegend *attr*; **to be ~** gegenüberliegen *etc*; **on the ~ page** auf der gegenüberliegenden Seite; **in the ~ direction** in entgegengesetzter Richtung; **the ~ sex** das andere Geschlecht; **it had the ~ effect** es bewirkte das genaue Gegenteil **B** *s* Gegenteil *n*; **quite the ~!** ganz im Gegenteil! **C** *adv* gegenüber; **they sat ~** sie saßen uns *etc* gegenüber **D** *präp* gegenüber (+*dat*); **one another** sich gegenüber; **they live ~ us** sie wohnen uns gegenüber

opposite number *s* Pendant *n*

opposition [ˌɒpəˈzɪʃən] *s* **1** Opposition *f*; **the Opposition** *bes Br* PARL die Opposition **2** SPORT Gegner *m*

oppositional [ɒpəˈzɪʃnl] *adj* oppositionell, Oppositions-

opposition leader *s* Oppositionsführer(in) *m(f)*

opposition party *s* Oppositionspartei *f*

oppress [əˈpres] *v/t* **1** unterdrücken **2** bedrücken

oppression [əˈpreʃən] *s* Unterdrückung *f*

oppressive [əˈpresɪv] *adj* **1** *Regime* repressiv **2** *fig* drückend; *Stimmung* bedrückend

opt [ɒpt] *v/i* **to opt for sth** sich für etw entscheiden; **to opt to do sth** sich entscheiden, etw zu tun

phrasal verbs mit opt:

opt in *v/i* beitreten (+*dat*)

opt out *v/i* sich anders entscheiden; *Versicherung etc* kündigen (**of** +*akk*; *Br Schule, Krankenhaus* aus der Kontrolle der Kommunalverwaltung austreten

optic [ˈɒptɪk], **optical** [ˈɒptɪkəl] *adj* optisch

optical disk *s* optische Platte

optical fibre *s*, **optical fiber** *US s* Glasfaser *f*; (≈ *Leitung*) Glasfaserkabel *n*

optical illusion *s* optische Täuschung

optician [ɒpˈtɪʃən] *s* Optiker(in) *m(f)*

optic nerve *s* Sehnerv *m*

optics *s* Optik *f*

optimal [ˈɒptɪml] *adj* optimal

optimism [ˈɒptɪmɪzəm] *s* Optimismus *m*

optimist [ˈɒptɪmɪst] *s* Optimist(in) *m(f)*

optimistic [ˌɒptɪˈmɪstɪk] *adj* optimistisch; **to be ~ about sth** in Bezug auf etw (*akk*) optimistisch sein; **I'm not very ~ about it** da bin ich nicht sehr optimistisch

optimistically [ˌɒptɪˈmɪstɪkəlɪ] *adv* optimistisch

optimize [ˈɒptɪmaɪz] *v/t* optimieren

optimum [ˈɒptɪməm] **A** *adj* optimal **B** *s* Optimum *n*

option [ˈɒpʃən] *s* **1** Wahl *f kein pl*, Möglichkeit *f*, Option *f*; **you have the ~ of leaving or staying** Sie haben die Wahl, ob Sie gehen oder bleiben wollen; **to give sb the ~ of doing sth** j-m die Wahl lassen, etw zu tun; **I have little/no ~** mir bleibt kaum eine/keine andere Wahl; **he had no ~ but to come** ihm blieb nichts anderes übrig, als zu kommen; **to keep one's ~s open** sich (*dat*) alle Möglichkeiten offenlassen **2** UNIV, SCHULE Wahlfach *n*

optional *adj* freiwillig, fakultativ; *Zusatzgerät etc* auf Wunsch erhältlich; **"evening dress ~"** „Abendkleidung nicht Vorschrift"; **~ extras** Extras *pl*; **~ subject** SCHULE, UNIV Wahlfach *n*

optometrist [ɒpˈtɒmətrɪst] *US s* Optiker(in) *m(f)*

opt-out [ˈɒptaʊt] *adj* ⟨*attr*⟩ **~ clause** Rücktrittsklausel *f*

or [ɔː^r] *konj* **1** oder; **he could not read or write** er konnte weder lesen noch schreiben; **in a day or two** in ein bis zwei Tagen **2** (oder) auch; **Rhodesia, or rather, Zimbabwe** Rhodesien, beziehungsweise Simbabwe **3** sonst; **you'd better go or (else) you'll be late** gehen Sie jetzt besser, sonst kommen Sie zu spät

oracle [ˈɒrəkl] *s* Orakel *n*; (≈ *Mensch*) Seher(in) *m(f)*

oral [ˈɔːrəl] **A** *adj* **1** oral; *Impfstoff* oral verabreicht **2** mündlich **B** *s* Mündliche(s) *n*

orally [ˈɔːrəlɪ] *adv* **1** oral **2** mündlich

oral sex *s* Oralverkehr *m*

orange [ˈɒrɪndʒ] **A** *s* **1** Orange *f*; (≈ *Getränk*) Orangensaft *m* **2** (≈ *Farbe*) Orange *n* **B** *adj* **1** Orangen- **2** *Farbe* orange *inv*, orange(n)farben

orange juice *s* Orangensaft *m*

Orange Order *s* Oranierorden *m* (*protestantische Vereinigung*)

orange squash *Br s* Orangenkonzentrat *n*; *verdünnt* Orangengetränk *n*

orang-outang, orang-utan [ɔː,ræŋuːˈtæŋ, -n] *s* Orang-Utan *m*

orator [ˈɒrətə^r] *s* Redner(in) *m(f)*

oratory [ˈɒrətərɪ] *s* Redekunst *f*

orbit [ˈɔːbɪt] **A** *s* Umlaufbahn *f*; *einzeln* Umkreisung *f*; **to be in ~** ((a)round the earth) in der (Erd)umlaufbahn sein; **to go into ~** ((a)round the sun) in die (Sonnen)umlaufbahn eintreten **B** *v/t* umkreisen

orbital [ˈɔːbɪtl] *s*, (a. **orbital motorway**) Ringautobahn *f*

orchard [ˈɔːtʃəd] *s* Obstgarten *m*, Obstplantage *f*; **apple/cherry ~** Obstgarten *m* mit Apfel-/Kirschbäumen, Apfel-/Kirschplantage *f*

orchestra [ˈɔːkɪstrə] *s* Orchester *n*

orchestral [ɔːˈkestrəl] *adj* Orchester-; **~ music** Orchestermusik *f*

orchestra pit *s* Orchestergraben *m*

orchestrate ['ɔːkɪstreɪt] v/t orchestrieren
orchestrated ['ɔːkɪstreɪtɪd] fig adj Kampagne gezielt
orchid ['ɔːkɪd] s Orchidee f
ordain [ɔːˈdeɪn] v/t **1** KIRCHE Priester weihen **2** bestimmen; Herrscher verfügen
ordeal [ɔːˈdiːl] s Tortur f, Qual f
order ['ɔːdə'] **A** s **1** (Reihen)folge f; **are they in ~/in the right ~?** sind sie geordnet/in der richtigen Reihenfolge?; **in ~ of preference/merit** in der bevorzugten/in der ihren Auszeichnungen entsprechenden Reihenfolge; **to put sth in (the right) ~** etw ordnen; **to be in the wrong ~** durcheinander sein **2** Ordnung f; **his passport was in ~** sein Pass war in Ordnung; **to put sth in ~** etw in Ordnung bringen; **to put one's affairs in ~** Ordnung in seine Angelegenheiten bringen; **to keep ~** die Ordnung wahren; **to keep the children in ~** die Kinder unter Kontrolle halten; **to be out of ~** bei Versammlung gegen die Verfahrensordnung verstoßen; fig aus dem Rahmen fallen; **to call the meeting to ~** die Versammlung zur Ordnung rufen; **congratulations are in ~** Glückwünsche sind angebracht **3** Zustand m; **to be out of ~** nicht funktionieren; **"out of ~"** „außer Betrieb" **4** Befehl m; **I don't take ~s from anyone** ich lasse mir von niemandem befehlen; **to be under ~s to do sth** Instruktionen haben, etw zu tun **5** in Restaurant etc, a. HANDEL Bestellung f; für Lieferung Auftrag m; **to place an ~ with sb** eine Bestellung bei j-m aufgeben/j-m einen Auftrag geben; **to be on ~** bestellt sein; **two ~s of French fries** bes US zwei Portionen Pommes frites; **made to ~** auf Bestellung (gemacht od hergestellt) **6** in ~ to do sth um etw zu tun; **in ~ that** damit **7** fig (≈ Klasse) Art f; **something in the ~ of ten per cent** in der Größenordnung von zehn Prozent; **something in the ~ of one in ten applicants** etwa einer von zehn Bewerbern **8** KIRCHE von Mönchen etc Orden m **9** **~s** pl (holy) ~s KIRCHE Weihe f, Priesterweihe f; **to take (holy) ~s** die Weihe empfangen **B** v/t **1** befehlen; **to ~ sb to do sth** j-m befehlen, etw zu tun; **to ~ sb's arrest** j-s Verhaftung anordnen; **he ~ed his gun to be brought (to him)** er ließ sich (dat) sein Gewehr bringen **2** seine Angelegenheiten ordnen **3** Waren, Essen, Taxi bestellen; zur Herstellung in Auftrag geben (**from sb** bei j-m); **to ~ sth online** etw online bestellen **C** v/i bestellen; **are you ready to ~?** möchten Sie schon bestellen?
phrasal verbs mit order:
order about Br, **order around** v/t ⟨trennb⟩ herumkommandieren

order confirmation s Auftragsbestätigung f
order form s Bestellformular n
orderly ['ɔːdəlɪ] **A** adj **1** ordentlich; Mensch methodisch; **in an ~ manner** geordnet **2** Demonstration friedlich **B** s (**medical**) ~ Pfleger(in) m(f); MIL Sanitäter(in) m(f)
ordinal number s MATH Ordinalzahl f
ordinarily ['ɔːdnrɪlɪ] adv gewöhnlich
ordinary ['ɔːdnrɪ] **A** adj gewöhnlich, durchschnittlich; **the ~ Englishman** der normale Engländer **B** s **out of the ~** außergewöhnlich; **nothing/something out of the ~** nichts/etwas Außergewöhnliches
ordinary share s ECON Stammaktie f
ordination [ˌɔːdɪˈneɪʃən] s Ordination f
ordnance ['ɔːdnəns] s MIL (Wehr)material n
ore [ɔː'] s Erz n
oregano [ˌɒrɪˈgɑːnəʊ] s ⟨kein pl⟩ Oregano m
organ ['ɔːgən] s **1** Organ n; für Meinung etc Sprachrohr n **2** MUS Orgel f; **to play the ~** Orgel spielen
organ donor s Organspender(in) m(f)
organic [ɔːˈgænɪk] adj **1** MED Naturwissenschaft fig organisch **2** Gemüse biodynamisch; **~ food** Biolebensmittel pl; **~ fruit** Bioobst n; **~ wine** Wein m aus biologisch kontrolliertem Anbau; **~ meat** Fleisch n aus biologisch kontrollierter Zucht
organically [ɔːˈgænɪkəlɪ] adv organisch; anbauen a. biodynamisch
organic chemistry s organische Chemie
organic farm s Bio-Landwirtschaftsbetrieb m
organic farming s Ökolandbau m
organic label s Biosiegel n
organisation [ˌɔːgənaɪˈzeɪʃn] Br → organization
organise ['ɔːgənaɪz] Br → organize
organism ['ɔːgənɪzəm] s Organismus m
organist ['ɔːgənɪst] s Organist(in) m(f)
organization [ˌɔːgənaɪˈzeɪʃən] s **1** Organisation f **2** Ordnung f **3** HANDEL Unternehmen n
organizational adj organisatorisch
organize ['ɔːgənaɪz] v/t ordnen, organisieren; Zeit einteilen; Lebensmittel sorgen für; **to get (oneself) ~d** alles vorbereiten, seine Sachen in Ordnung bringen; **to ~ things so that …** es so einrichten, dass …; **they ~d (it) for me to go to London** sie haben meine Londonreise arrangiert
organized ['ɔːgənaɪzd] adj organisiert; **he isn't very ~** bei ihm geht alles drunter und drüber umg; **you have to be ~** du musst mit System vorgehen
organizer ['ɔːgənaɪzə'] s **1** Organisator(in) m(f) **2** → personal organizer
organ transplant s Organtransplantation f

orgasm [ˈɔːgæzəm] s Orgasmus m
orgy [ˈɔːdʒɪ] s Orgie f
orient [ˈɔːrɪənt] **A** s (a. **Orient**) Orient m **B** v/t → orientate
oriental [ˌɔːrɪˈentl] adj orientalisch; **~ rug** Orientteppich m
orientate [ˈɔːrɪənteɪt] **A** v/r sich orientieren (**by** an +dat od **by the map** nach der Karte) **B** v/t ausrichten (**towards** auf +akk); Denkweise orientieren (**towards** an +dat); **money-orientated** materiell ausgerichtet; **family-orientated** familienorientiert
orientation [ˌɔːrɪənˈteɪʃən] fig s Orientierung f, Ausrichtung f (**towards** auf +akk); **sexual ~** sexuelle Orientierung
-oriented [ˈɔːrɪəntɪd] adj ⟨suf⟩ -orientiert
orienteering [ˌɔːrɪənˈtɪərɪŋ] s Orientierungslauf m
orifice [ˈɒrɪfɪs] s Öffnung f
origin [ˈɒrɪdʒɪn] s Ursprung m, Herkunft f; **to have its ~ in sth** auf etw (akk) zurückgehen; **country of ~** Herkunftsland n; **nobody knew the ~ of that story** niemand wusste, wie die Geschichte entstanden war
original [əˈrɪdʒɪnl] **A** adj **1** ursprünglich; **~ inhabitants** Ureinwohner pl; **~ version** von Buch Urfassung f; von Film Originalversion f **2** Gemälde original; Idee, Schriftsteller originell **B** s Original n
originality [əˌrɪdʒɪˈnælɪtɪ] s Originalität f
originally [əˈrɪdʒənəlɪ] adv ursprünglich
original sin s die Erbsünde
originate [əˈrɪdʒɪneɪt] **A** v/t hervorbringen **B** v/i **1** entstehen; **to ~ from a country** aus einem Land stammen **2** US Bus etc ausgehen (**in** von)
originator [əˈrɪdʒɪneɪtə^r] s von Idee Urheber(in) m(f)
Orkney Islands [ˈɔːknɪˈaɪləndz], **Orkneys** [ˈɔːknɪz] pl Orkneyinseln pl
ornament [ˈɔːnəmənt] s **1** Verzierung f, Ziergegenstand m **2** ⟨kein pl⟩ Ornamente pl
ornamental adj dekorativ; **to be purely ~** zur Verzierung (da) sein; **~ garden** Ziergarten m
ornamentation [ˌɔːnəmenˈteɪʃən] s Verzierungen pl
ornate [ɔːˈneɪt] adj kunstvoll; Stil reich
ornately [ɔːˈneɪtlɪ] adv kunstvoll; geschrieben in reicher Sprache
ornithologist [ˌɔːnɪˈθɒlədʒɪst] s Ornithologe m, Ornithologin f
ornithology [ˌɔːnɪˈθɒlədʒɪ] s Ornithologie f
orphan [ˈɔːfən] **A** s Waisenkind n; **the accident left him an ~** der Unfall machte ihn zum Waisenkind **B** v/t zur Waise machen; **to be ~ed** zur Waise werden

orphanage [ˈɔːfənɪdʒ] s Waisenhaus n
orphaned [ˈɔːfənd] adj elternlos
orthodontic [ˌɔːθəʊˈdɒntɪk] adj kieferorthopädisch
orthodox [ˈɔːθədɒks] adj **1** REL orthodox; **the Orthodox (Eastern) Church** die orthodoxe (Ost)kirche **2** fig konventionell, orthodox
orthodoxy [ˈɔːθədɒksɪ] s **1** fig Konventionalität f, Orthodoxie f **2** orthodoxe Konvention
orthography [ɔːˈθɒgrəfɪ] s Orthografie f, Rechtschreibung f
orthopaedic [ˌɔːθəʊˈpiːdɪk] adj, **orthopedic** US adj orthopädisch; **~ surgeon** orthopädischer Chirurg, orthopädische Chirurgin
oscillate [ˈɒsɪleɪt] v/i PHYS schwingen; Nadel, a. fig schwanken
ostensible adj, **ostensibly** [ɒˈstensəbl, -ɪ] adv angeblich
ostentation [ˌɒstenˈteɪʃən] s Pomp m, Großtuerei f
ostentatious [ˌɒstenˈteɪʃəs] adj **1** pompös **2** ostentativ
osteopath [ˈɒstɪəpæθ] s Osteopath(in) m(f)
ostracize [ˈɒstrəsaɪz] v/t ächten
ostrich [ˈɒstrɪtʃ] s Strauß m
other [ˈʌðə^r] **A** adj & pron andere(r, s); **~ people** andere (Leute); **any ~ questions?** sonst noch Fragen?; **no ~ questions** sonst keine Fragen; **it was none ~ than my father** es war niemand anders als mein Vater; **the ~ day** neulich; **some ~ time** ein andermal; **every ~ ...** jede(r, s) zweite ...; **~ than** außer (+dat); **some time or ~** irgendwann (einmal); **some writer or ~** irgendein Schriftsteller; **the ~s** die anderen; **he doesn't like hurting ~s** er mag niemandem wehtun; **there are 6 ~s** da sind noch 6 (andere); **there were no ~s there** es waren sonst keine da; **something/someone or ~** irgendetwas/-jemand; **can you tell one from the ~?** kannst du sie auseinanderhalten? **B** adv **I've never seen her ~ than with her husband** ich habe sie immer nur mit ihrem Mann gesehen; **somehow or ~** irgendwie; **somewhere or ~** irgendwo
otherwise [ˈʌðəwaɪz] **A** adv **1** anders; **I am ~ engaged** form ich bin anderweitig beschäftigt; **Richard I, ~ known as the Lionheart** Richard I., auch bekannt als Löwenherz; **you seem to think ~** Sie scheinen anderer Meinung zu sein **2** ansonsten **B** konj sonst
otherworldly [ˌʌðəˈwɜːldlɪ] adj weltfern
OTT abk (= over the top) umg übertrieben
otter [ˈɒtə^r] s Otter m
ouch [aʊtʃ] int autsch
ought [ɔːt] v/aux **I ~ to do it** ich sollte es tun; **he ~ to have come** er hätte kommen sollen; **~ I**

to go too? — yes, you ~ (to)/no, you ~n't (to) sollte ich auch (hin)gehen? — ja doch/nein, das sollen Sie nicht; **~n't you to have left by now?** hätten Sie nicht schon gehen müssen?; **you ~ to see that film** den Film sollten Sie sehen; **you ~ to have seen his face** sein Gesicht hätten Sie sehen müssen; **she ~ to have been a teacher** sie hätte Lehrerin werden sollen; **he ~ to win the race** er müsste (eigentlich) das Rennen gewinnen; **he ~ to have left by now** er müsste inzwischen gegangen sein; **... and I ~ to know!** ... und ich muss es doch wissen!

ounce [aʊns] s Unze f; **there's not an ~ of truth in it** daran ist kein Fünkchen Wahrheit

our ['aʊəʳ] poss adj unser; **Our Father** Vater unser; → my

ours ['aʊəz] poss pr unsere(r, s); → mine¹

ourselves [ˌaʊə'selvz] pers pr akk u. dat obj +präp uns; emph selbst; → myself

oust [aʊst] v/t herausbekommen, Politiker ausbooten umg; **to ~ sb from office/his position** j-n aus seinem Amt/seiner Stellung entfernen; durch Intrige j-n aus seinem Amt/seiner Stellung hinausmanövrieren; **to ~ sb from power** j-n von der Macht verdrängen

out [aʊt] **A** adv **1** außen, draußen; mit Richtungsangabe hinaus, heraus; **to be out** weg sein, nicht da sein; **they are out shopping** sie sind zum Einkaufen (gegangen); **she was out all night** sie war die ganze Nacht weg; **out here/there** hier/dort draußen; **out you go!** hinaus mit dir! umg; **to be out and about** unterwegs sein; **at weekends I like to be out and about** an den Wochenenden will ich (immer) raus; **we had a day out in London** wir haben einen Tag in London verbracht; **the book is out** aus Bücherei das Buch ist ausgeliehen; **school is out** die Schule ist aus; **the tide is out** es ist Ebbe; **their secret was out** ihr Geheimnis war herausgekommen; **out with it!** heraus damit!; **before the day is out** vor Ende des Tages **2** **when he was out in Russia** als er in Russland war; **to go out to China** nach China fahren; **the boat was ten miles out** das Schiff war zehn Meilen weit draußen **3** **to be out** Sonne (he)raus sein; Sterne, Mond am Himmel sein; Blumen blühen; Buch herausgekommen sein; **when will it be out?** Buch wann kommt es heraus?; **there's a warrant out for him** od **for his arrest** es besteht Haftbefehl gegen ihn **4** Licht, Feuer, a. SPORT aus; Fleck (he)raus; **to be out** bewusstlos sein **5** **his calculations were out** er hatte sich in seinen Berechnungen geirrt; **you're not far out** Sie haben es fast (getroffen); **we were £5 out** wir hatten uns um £ 5 verrechnet **6** **to be out for sth** auf etw (akk) aus sein; **he's out to get her** er ist hinter ihr her; **he's just out to make money** ihm geht es nur um Geld **B** s → in **C** präp aus (+dat); **to go out the door** zur Tür hinausgehen; **~ out of D** v/t Homosexuelle outen

out-and-out ['aʊtən'aʊt] adj Lüge, Lügner ausgemacht; Rassist eingefleischt; Sieger überragend

outback ['aʊtbæk] s in Australien **the ~** das Hinterland, das Outback

outbid v/t ⟨prät, pperf outbid⟩ überbieten

outboard adj **~ motor** Außenbordmotor m

outbound adj Fluggäste abfliegend; **~ flight** Hinflug m

outbox ['aʊtbɒks] s E-Mail Postausgang m

outbreak ['aʊtbreɪk] s Ausbruch m

outbuilding ['aʊtbɪldɪŋ] s Nebengebäude n

outburst ['aʊtbɜːst] s Ausbruch m; **~ of anger** Wutanfall m

outcast ['aʊtkɑːst] s Ausgestoßene(r) m/f(m)

outclass [ˌaʊt'klɑːs] v/t in den Schatten stellen

outcome ['aʊtkʌm] s Ergebnis n

outcrop ['aʊtkrɒp] s GEOL **an ~ (of rock)** eine Felsnase

outcry ['aʊtkraɪ] s Aufschrei m der Empörung (**against** über +akk), Protestwelle f (**against** gegen); **to cause an ~ against sb/sth** zu lautstarkem Protest gegen j-n/etw führen

outdated adj Idee überholt; Ausrüstung, Methode veraltet; Praxis überkommen

outdid prät → outdo

outdistance v/t hinter sich (dat) lassen

outdo [ˌaʊt'duː] v/t ⟨prät outdid [ˌaʊt'dɪd]; pperf outdone [ˌaʊt'dʌn]⟩ übertreffen (**sb in sth** j-n an etw dat); **but Jimmy was not to be ~ne** aber Jimmy wollte da nicht zurückstehen

outdoor ['aʊtdɔːʳ] adj im Freien; **~ café** Café n im Freien, Straßencafé n; **~ clothes** Kleidung f für draußen; **~ swimming pool** Freibad n

outdoors [ˌaʊt'dɔːz] **A** adv im Freien; **to go ~** nach draußen gehen **B** s ⟨+sg v⟩ **the great ~** hum die freie Natur

outdoorsy [ˌaʊt'dɔːzɪ] adj umg naturverbunden; **I'm an ~ person** ich bin gern in der freien Natur

outer ['aʊtəʳ] adj ⟨attr⟩ äußere(r, s); **the Outer Hebrides** die Äußeren Hebriden

Outer London s die Peripherie Londons

outermost ['aʊtəməʊst] adj äußerste(r, s)

outer space s der Weltraum

outfit ['aʊtfɪt] s **1** Kleidung f, Outfit n, Gewand n österr; (≈ Verkleidung) Kostüm n **2** umg (≈ Organisation) Verein m umg

outfitter ['aʊtfɪtəʳ] s **gentlemen's ~'s** Herrenausstatter m; **sports ~'s** Sport(artikel)geschäft n

outflank v/t MIL von den Flanken angreifen
outflow s von Wasser etc Ausfluss m; von Geld Abfluss m; von Flüchtlingen Strom m
outgoing [ˌaʊtˈgəʊɪŋ] **A** adj **1** Persönlichkeit kontaktfreudig **2** Präsident scheidend; Warensendung abgehend **3** ausgehend; **~ flight** Hinflug m **B** pl **~s** Ausgaben pl
outgrow [ˌaʊtˈgrəʊ] v/t ⟨prät outgrew [ˌaʊtˈgruː], pperf outgrown [ˌaʊtˈgrəʊn]⟩ **1** Kleider herauswachsen aus **2** Gewohnheit entwachsen (+dat)
outhouse [ˈaʊthaʊs] s Seitengebäude n
outing [ˈaʊtɪŋ] s **1** Ausflug m; **school/firm's ~** Schul-/Betriebsausflug m; **to go on an ~** einen Ausflug machen **2** von Homosexuellen Outen n
outlandish [ˌaʊtˈlændɪʃ] adj absonderlich; Äußeres ausgefallen
outlast [ˌaʊtˈlɑːst] v/t länger halten als; Idee etc überdauern
outlaw [ˈaʊtlɔː] **A** s Geächtete(r) m/f(m); in Western etc Bandit m **B** v/t ächten
outlay [ˈaʊtleɪ] s (Kosten)aufwand m, Kosten pl
outlet [ˈaʊtlet] s **1** für Wasser etc Abfluss m; von Fluss Ausfluss m **2** (≈ Laden) Verkaufsstelle f; (≈ Fabrikverkauf) Outlet n **3** fig für Emotionen Ventil n
outline [ˈaʊtlaɪn] **A** s **1** Umriss m, Silhouette f; **he drew the ~ of a head** er zeichnete einen Kopf im Umriss **2** fig (≈ Zusammenfassung) Abriss m; **just give (me) the broad ~s** umreißen Sie es (mir) grob **B** v/t **1** **the mountain was ~d against the sky** die Umrisse des Berges zeichneten sich gegen den Himmel ab **2** (≈ zusammenfassen) umreißen
outlive [ˌaʊtˈlɪv] v/t j-n überleben; **to have ~d its usefulness** ausgedient haben
outlook [ˈaʊtlʊk] s **1** Aussicht f (**over** über +akk od **on to** auf +akk) **2** Aussichten pl **3** Einstellung f; **his ~ (up)on life** seine Lebensauffassung; **narrow ~** beschränkter Horizont
outlying adj entlegen, umliegend; **~ district** Außenbezirk m
outmanoeuvre v/t, **outmaneuver** US fig v/t ausmanövrieren
outmoded adj altmodisch; Technik veraltet
outnumber [ˌaʊtˈnʌmbə'] v/t zahlenmäßig überlegen sein (+dat); **we were ~ed (by them)** wir waren (ihnen) zahlenmäßig unterlegen
out of präp Position nicht in (+dat); Richtung aus (+dat); fig außer (+dat); **I'll be ~ town** ich werde nicht in der Stadt sein; **~ the country** außer Landes; **he went ~ the door** er ging zur Tür hinaus; **to look ~ the window** aus dem Fenster sehen; **I saw him ~ the window** ich sah ihn durchs Fenster; **to keep ~ the sun** nicht in die Sonne gehen; **~ danger** außer Gefahr; **to be ~** a job arbeitslos sein; **he's ~ the tournament** er ist aus dem Turnier ausgeschieden; **he feels ~ it** umg er fühlt sich ausgeschlossen; **10 miles ~ London** 10 Meilen außerhalb Londons **2** Grund angebend aus (+dat); **~ curiosity** aus Neugier; **to drink ~ a glass** aus einem Glas trinken; **made ~ silver** aus Silber (gemacht) **3** (≈ Auswahl) von (+dat); **in seven cases ~ ten** in sieben von zehn Fällen; **he picked one ~ the pile** er nahm einen aus dem Stapel (heraus) **4** **we are ~ money** wir haben kein Geld mehr
out-of-bounds adj **~ area** Sperrgebiet n
out-of-court adj außergerichtlich
out-of-date adj ⟨attr⟩, **out of date** adj ⟨präd⟩ **1** Methoden, Ideen veraltet, überholt, nicht mehr aktuell **2** Ticket abgelaufen; Lebensmittel mit abgelaufenem Verfallsdatum
out-of-doors adv → outdoors
out-of-place adj ⟨attr⟩, **out of place** adj ⟨präd⟩ Bemerkung unangebracht, deplatziert
out-of-pocket adj ⟨attr⟩, **out of pocket** Br adj ⟨präd⟩ **to be out of pocket** draufzahlen; **I was £5 out of pocket** ich habe £ 5 aus eigener Tasche bezahlt
out-of-the-way adj ⟨attr⟩, **out of the way** adj ⟨präd⟩ Ort abgelegen
out-of-town adj Kino etc außerstädtisch
outpace v/t schneller sein als
outpatient s ambulanter Patient, ambulante Patientin; **~s' (department)** Ambulanz f; **~s' clinic** Poliklinik f
outperform v/t ausstechen umg
outplay v/t SPORT besser spielen als
outpost s Vorposten m
outpouring s ⟨oft pl⟩ Erguss m
output [ˈaʊtpʊt] s Produktion f; ELEK Leistung f; IT Output m/n
outrage A [ˈaʊtreɪdʒ] s **1** Untat f, Gräueltat f **2** Skandal m **3** Entrüstung f (**at** über +akk) **B** [aʊtˈreɪdʒ] v/t j-n empören
outraged [ˈaʊtreɪdʒd] adj empört (**at, about** über +akk)
outrageous [aʊtˈreɪdʒəs] adj Bemerkung, Preis, Benehmen unerhört; Lüge, Forderung unverschämt; Kleidung unmöglich umg; **it's absolutely ~ that …** es ist einfach unerhört, dass …
outrageously [aʊtˈreɪdʒəslɪ] adv teuer unerhört
outran prät → outrun
outrider [ˈaʊtraɪdə'] s Kradbegleiter(in) m(f)
outright A [aʊtˈraɪt] adv **1** ablehnen rundweg; j-m gehören vollständig; **to win ~** einen klaren Sieg davontragen **2** sofort; **he was killed ~** er war sofort tot **3** geradeheraus **B** [ˈaʊtraɪt] adj total; Lüge glatt umg; Mehrheit absolut; Sieger klar
outrun v/t ⟨prät outran; pperf outrun⟩ schneller

laufen als; davonlaufen (+dat)
outset s Anfang m; **at the ~** zu Anfang
outshine v/t ⟨prät, pperf outshone⟩ fig in den Schatten stellen
outside [ˈaʊtˈsaɪd] **A** s Außenseite f; **the ~ of the car is green** das Auto ist (von) außen grün; **to open the door from the ~** die Tür von außen öffnen; **to overtake on the ~** Br außen überholen **B** adj **1** äußere(r, s); Prüfer extern; **an ~ broadcast from Wimbledon** eine Außenübertragung aus Wimbledon; **~ line** TEL Amtsleitung f **2 an ~ chance** eine kleine Chance **C** adv außen, draußen; **to be ~** draußen sein; **to go ~** nach draußen gehen **D** präp (a. **outside of**) außerhalb (+gen); **~ California** außerhalb Kaliforniens; **~ London** außerhalb von London; **to go ~ sth** aus etw gehen; **he went ~ the house** er ging nach draußen; **~ the door** vor der Tür; **the car ~ the house** das Auto vorm Haus; **~ office hours** nach Büroschluss
outside broadcast s TV Außenproduktion f; von Fußballspiel Live-Übertragung f, Außenübertragung f
outside lane s Überholspur f
outside line s TEL Amtsanschluss m
outsider [ˌaʊtˈsaɪdə] s Außenseiter(in) m(f)
outside toilet s Außentoilette f
outside wall s Außenwand f
outside world s Außenwelt f
outsize adj übergroß
outskirts pl Stadtrand m
outsmart umg v/t überlisten
outsource [ˈaʊtsɔːs] v/t WIRTSCH Arbeit outsourcen, auslagern
outsourcing [ˈaʊtsɔːsɪŋ] s WIRTSCH Outsourcing n
outspoken [ˌaʊtˈspəʊkən] adj Mensch, Rede, Buch freimütig; Angriff direkt
outstanding [ˌaʊtˈstændɪŋ] adj **1** hervorragend; Talent, Schönheit außerordentlich **2** bemerkenswert **3** Geschäft unerledigt; Betrag, Rechnung ausstehend; **~ debts** Außenstände pl
outstandingly [ˌaʊtˈstændɪŋlɪ] adv hervorragend; gut, schön außergewöhnlich
outstay v/t **I don't want to ~ my welcome** ich will eure Gastfreundschaft nicht überbeanspruchen
outstretched adj ausgestreckt; Arme a. ausgebreitet
outstrip fig v/t übertreffen (**in** an +dat)
outtake s Outtake m
out tray s Ablage f für Ausgänge
outvote v/t überstimmen
outward [ˈaʊtwəd] **A** adj **1** Erscheinung äußere(r, s); **he put on an ~ show of confidence** er gab sich den Anstrich von Selbstsicherheit **2 ~ journey** Hinreise f; **~ flight** Hinflug m **B** adv nach außen; **~ bound** Schiff auslaufend
outwardly [ˈaʊtwədlɪ] adv nach außen hin
outwards [ˈaʊtwədz] adv nach außen
outweigh v/t mehr Gewicht haben als
outwit v/t überlisten
outworker s **1** Außenarbeiter(in) m(f) **2** Heimarbeiter(in) m(f)
oval [ˈəʊvəl] adj oval
ovary [ˈəʊvərɪ] s ANAT Eierstock m
ovation [əʊˈveɪʃən] s Ovation f; **to give sb an ~** j-m eine Ovation darbringen
oven [ˈʌvn] s GASTR (Back)ofen m, Backrohr n österr; **to cook in a hot/moderate/slow ~** bei starker/mittlerer/schwacher Hitze backen; **it's like an ~ in here** hier ist ja der reinste Backofen
oven glove Br, **oven mitt** s Topfhandschuh m
ovenproof adj feuerfest
oven-ready adj bratfertig
over [ˈəʊvə] **A** präp **1** Richtung über (+akk); Position über (+dat); **he spilled coffee ~ it** er goss Kaffee darüber; **to hit sb ~ the head** j-m auf den Kopf schlagen; **to look ~ the wall** über die Mauer schauen; **~ the page** auf der nächsten Seite; **he looked ~ my shoulder** er sah mir über die Schulter; **the house ~ the road** das Haus gegenüber; **it's just ~ the road from us** das ist von uns (aus) nur über die Straße; **the bridge ~ the river** die Brücke über den Fluss; **we're ~ the main obstacles now** wir haben jetzt die größten Hindernisse hinter uns (dat) **2 from all ~ England** aus ganz England; **you've got ink all ~ you** Sie sind ganz voller Tinte **3** (≈ mehr, länger als) über (+akk), während (+gen), in (+dat); **~ and above that** darüber hinaus, weiters österr; **well ~ a year ago** vor gut einem Jahr; **~ Christmas** über Weihnachten; **~ the summer** den Sommer über; **~ the years** im Laufe der Jahre; **~ time** im Laufe der Zeit; **the visits were spread ~ several months** die Besuche verteilten sich über mehrere Monate **4** **let's discuss that ~ dinner** besprechen wir das beim Essen; **they'll be a long time ~ it** sie werden dazu lange brauchen; **~ the phone** am Telefon; **a voice came ~ the intercom** eine Stimme kam über die Sprechanlage **5** über (+akk); **it's not worth arguing ~** es lohnt (sich) nicht, darüber zu streiten **B** adv **1** hinüber, herüber; (≈ auf anderer Seite) drüben; **come ~ tonight** kommen Sie heute Abend vorbei; **to be ~ here/there** hier/dort drüben sein; **come ~ here!** komm her(über)!; **~ to the other bank** bis zum anderen Ufer hinüber; **~ to you!** Sie sind daran; **and now ~ to Paris, where** ... und nun (schalten wir um) nach Paris, wo

...; **to go ~ to America** nach Amerika fahren; **famous the world ~** in der ganzen Welt berühmt; **to look for sth all ~** überall nach etw suchen; **I am aching all ~** mir tut alles weh; **he was shaking all ~** er zitterte am ganzen Leib; **I'm wet all ~** ich bin völlig nass; **that's Fred all ~** das ist typisch (für) Fred **2** zu Ende, vorbei; **to be ~** vorbei sein, zu Ende sein; **the danger was ~** es bestand keine Gefahr mehr; **when this is ~** wenn das vorbei ist; **it's all ~ between us** es ist aus zwischen uns **3 to start (all) ~ again** Br, **to start (all) ~** US noch einmal (ganz) von vorn anfangen; **~ and ~ (again)** immer (und immer) wieder; **he did it five times ~** er hat es fünfmal wiederholt **4** übrig; **there was no meat (left) ~** es war kein Fleisch mehr übrig **5 children of 8 and ~** Kinder ab 8; **three hours or ~** drei oder mehr Stunden **6** TEL **come in, please, ~** bitte kommen, over; **~ and out** Ende der Durchsage; FLUG over and out

overact v/i übertreiben
overactive adj überaktiv
overage [ˌəʊvəˈreɪdʒ] adj zu alt
overall[1] [ˌəʊvərˈɔːl] **A** adj **1** gesamt, Gesamt-; **~ majority** absolute Mehrheit; **~ control** vollständige Kontrolle **2** allgemein; **the ~ effect of this was to …** dies hatte das Endergebnis, dass … **B** adv **1** insgesamt; **he came second ~** SPORT er belegte in der Gesamtwertung den zweiten Platz **2** im Großen und Ganzen
overall[2] [ˈəʊvərɔːl] Br s Kittel m
overalls [ˈəʊvərɔːlz] pl Overall m; US Latzhose f
overambitious adj zu ehrgeizig
overanxious adj übertrieben besorgt
overarm adj & adv SPORT werfen mit gestrecktem (erhobenem) Arm
overate prät → **overeat**
overawe v/t einschüchtern
overbalance v/i aus dem Gleichgewicht kommen
overbearing [ˌəʊvəˈbeərɪŋ] adj herrisch
overboard [ˈəʊvəbɔːd] adv **1** SCHIFF über Bord; **to fall ~** über Bord gehen od fallen; **man ~!** Mann über Bord! **2** fig umg **there's no need to go ~ (about it)** übertreib es nicht
overbook v/i zu viele Buchungen vornehmen
overburden fig v/t überlasten
overcame prät → **overcome**
overcast adj bedeckt
overcautious adj übervorsichtig
overcharge [ˌəʊvəˈtʃɑːdʒ] **A** v/t zu viel berechnen (+dat) **(for** für); **they ~d me by £2** sie haben mir £ 2 zu viel berechnet **B** v/i zu viel verlangen **(for** für)
overcoat [ˈəʊvəkəʊt] s Mantel m

overcome [ˌəʊvəˈkʌm] v/t ⟨prät **overcame** [ˌəʊvəˈkeɪm]; pperf **overcome**⟩ Feind überwältigen; Angst, Hindernis überwinden; **he was ~ by the fumes** die giftigen Gase machten ihn bewusstlos; **he was ~ by emotion** Rührung übermannte ihn; **he was ~ by remorse** Reue überkam ihn; **~ (with emotion)** ergriffen
overcompensate v/i **to ~ for sth** etw überkompensieren
overconfidence s übertriebene Selbstsicherheit
overconfident adj übertrieben selbstsicher
overcook v/t verbraten, verkochen
overcrowded adj überfüllt; Stadt überbevölkert
overcrowding s Überfüllung f; von Stadt Überbevölkerung f
overdo [ˌəʊvəˈduː] v/t ⟨prät **overdid** [ˌəʊvəˈdɪd]; pperf **overdone** [ˌəʊvəˈdʌn]⟩ **1** übertreiben; **you are ~ing it** Sie gehen zu weit; (≈ mit Anstrengung) Sie übernehmen sich; **I'm afraid you've rather ~ne it with the garlic** ich fürchte, du hast es mit dem Knoblauch etwas zu gut gemeint **2** Fleisch verbraten; Gemüse verkochen
overdone adj **1** übertrieben **2** Fleisch verbraten; Gemüse verkocht
overdose A s wörtl Überdosis f **B** v/i eine Überdosis nehmen; **to ~ on heroin** eine Überdosis Heroin nehmen
overdraft s Kontoüberziehung f; **to have an ~ of £100** sein Konto um £ 100 überzogen haben
overdraft facility s Überziehungskredit m
overdraw [ˌəʊvəˈdrɔː] v/t ⟨prät **overdrew** [ˌəʊvəˈdruː]; pperf **overdrawn** [ˌəʊvəˈdrɔːn]⟩ FIN Konto überziehen
overdrawn [ˌəʊvəˈdrɔːn] adj FIN Konto überzogen; **to be ~ by £100** sein Konto um £ 100 überzogen haben
overdress [ˌəʊvəˈdres] v/t **to be ~ed** zu vornehm angezogen sein
overdue adj überfällig; Summe fällig; **long ~** schon seit Langem fällig
overeager adj übereifrig
over easy US adj Ei beidseitig gebraten
overeat v/i ⟨prät **overate**; pperf **overeaten**⟩ sich überessen
overeating s Überessen n
overemphasis s Überbetonung f
overemphasize v/t überbetonen
overenthusiastic adj übertrieben begeistert
overestimate A [ˌəʊvərˈestɪmeɪt] v/t überschätzen **B** [ˌəʊvərˈestɪmɪt] s zu hohe Schätzung
overexcited adj überreizt; Kind aufgedreht
overexpose v/t FOTO überbelichten
overfamiliar adj **to be ~ with sb** etwas zu ver-

traulich mit j-m sein; **I'm not ~ with their methods** ich bin nicht allzu vertraut mit ihren Methoden

overfeed *v/t* ⟨*prät, pperf* overfed⟩ überfüttern

overfill *v/t* überfüllen

overflow **A** ['əʊvəfləʊ] *s* (≈ *Ausfluss*) Überlauf *m* **B** [ˌəʊvə'fləʊ] *v/t* **the river has ~ed its banks** der Fluss ist über die Ufer getreten **C** [ˌəʊvə'fləʊ] *v/i* **1** *Wasser, Fluss* überlaufen; *Zimmer* überfüllt sein; **full to ~ing** *Tasse, Schüssel* zum Überlaufen voll; *Zimmer* überfüllt; **the crowd at the meeting ~ed into the street** die Leute bei der Versammlung standen bis auf die Straße **2** *fig* überfließen (**with** von)

overflow pipe *s* Überlaufrohr *n*

overgrown *adj* überwachsen (**with** von)

overhang [ˌəʊvə'hæŋ] ⟨*v: prät, pperf* overhung⟩ **A** *v/t* hängen über (+*akk*); *Felsen* hinausragen über (+*akk*) **B** [ˈəʊvəhæŋ] *s* Überhang *m*

overhaul ['əʊvəhɔːl] **A** *s* Überholung *f* **B** [ˌəʊvə'hɔːl] *v/t* Motor überholen; *Pläne* überprüfen

overhead[1] [ˌəʊvə'hed] *adv* oben, am Himmel; **a plane flew ~** ein Flugzeug flog über uns *etc* (*akk*) (hinweg)

overhead[2] ['əʊvəhed] *US s* → overheads

overhead cable *s* Hochspannungsleitung *f*

overhead projector *s* Overheadprojektor *m*

overheads ['əʊvəhedz] *Br pl* allgemeine Unkosten *pl*

overhear [ˌəʊvə'hɪə] *v/t* ⟨*prät, pperf* overheard [ˌəʊvə'hɜːd]⟩ zufällig mit anhören; **we don't want him to ~ us** wir wollen nicht, dass er uns zuhören kann; **I ~d them plotting** ich hörte zufällig, wie sie etwas aushecken

overheat **A** *v/t* Motor überhitzen; *Zimmer* überheizen **B** *v/i* Motor heiß laufen

overheated *adj* heiß gelaufen; *Zimmer* überheizt

overhung *prät & pperf* → overhang

overimpressed *adj* **I'm not ~ with him** er imponiert mir nicht besonders

overjoyed [ˌəʊvə'dʒɔɪd] *adj* überglücklich (**at, by, with** über +*akk*)

overkill *s* **to be ~** des Guten zu viel sein

overladen *adj* überladen

overlaid *prät & pperf* → overlay

overland **A** *adj* auf dem Landweg **B** *adv* über Land

overlap ['əʊvəlæp] **A** *s* Überschneidung *f*; *räumlich* Überlappung *f* **B** [ˌəʊvə'læp] *v/i* **1** *Kacheln* überlappen **2** *Termine* sich überschneiden; *Vorstellungen* sich teilweise decken **C** [ˌəʊvə'læp] *v/t* liegen über (+*dat*)

overlay [ˌəʊvə'leɪ] *v/t* ⟨*v: prät, pperf* overlaid⟩ überziehen

overleaf *adv* umseitig; **the illustration ~** die umseitige Abbildung

overload *v/t* überladen; ELEK, MECH überlasten

overlook [ˌəʊvə'lʊk] *v/t* **1** überblicken; **a room ~ing the park** ein Zimmer mit Blick auf den Park **2** (≈ *nicht bemerken*) übersehen **3** hinwegsehen über (+*akk*); **I am prepared to ~ it this time** diesmal will ich noch ein Auge zudrücken

overly ['əʊvəlɪ] *adv* allzu

overnight ['əʊvə'naɪt] **A** *adv* über Nacht; **we drove ~** wir sind die Nacht durchgefahren; **to stay ~ (with sb)** (bei j-m) übernachten **B** *adj* **1** Nacht-; **~ accommodation** Übernachtungsmöglichkeit *f*; **~ guest** Übernachtungsgast *m* **2** *fig* ganz plötzlich; **an ~ success** ein Blitzerfolg *m*

overnight bag *s* Reisetasche *f*

overnight stay *s* Übernachtung *f*

overpass *s* Überführung *f*

overpay *v/t* ⟨*prät, pperf* overpaid⟩ überbezahlen

overpopulated *adj* überbevölkert

overpopulation *s* Überbevölkerung *f*

overpower [ˌəʊvə'paʊə] *v/t* überwältigen

overpowering [ˌəʊvə'paʊərɪŋ] *adj* überwältigend; *Geruch* penetrant; *Mensch* aufdringlich; **I felt an ~ desire …** ich fühlte den unwiderstehlichen Drang, …

overprice *v/t* überteuert; **at £50 it's ~d** £ 50 ist zu viel dafür

overproduction *s* Überproduktion *f*

overprotective *adj* überängstlich

overran *prät* → overrun

overrate *v/t* **to be ~d** überschätzt werden

overreach *v/i* sich übernehmen

overreact *v/i* übertrieben reagieren (**to auf** +*akk*)

overreaction *s* Überreaktion *f*, überzogene Reaktion

override [ˌəʊvə'raɪd] *v/t* ⟨*prät* overrode [ˌəʊvə'rəʊd]; *pperf* overridden [ˌəʊvə'rɪdn]⟩ Entscheidung aufheben

overriding [ˌəʊvə'raɪdɪŋ] *adj* vorrangig, vordringlich

overripe *adj* überreif

overrode *prät* → override

overrule [ˌəʊvə'ruːl] *v/t* ablehnen; *Entscheidung* aufheben; **we were ~d** unser Vorschlag/unsere Entscheidung *etc* wurde abgelehnt

overrun [ˌəʊvə'rʌn] ⟨*prät* overran [ˌəʊvə'ræn] *pperf* overrun⟩ **A** *v/t* **1** *Unkraut* überwuchern; **to be ~ by tourists/mice** von Touristen überlaufen/voller Mäuse sein **2** *Truppen* einfallen in (+*dat*) **3** hinauslaufen über (+*akk*) **B** *v/i* zeitlich überziehen; **his speech overran by ten minutes** seine Rede dauerte zehn Minuten zu lang

overseas ['əʊvə'siːz] **A** *adj* **1** in Übersee *präd*;

Markt überseeisch **2** ausländisch; **an ~ visitor** ein Besucher *m* aus dem Ausland; **~ trip** Auslandsreise *f* **B** *adv* **to be ~** in Übersee/im Ausland sein; **to go ~** nach Übersee/ins Ausland gehen; **from ~** aus Übersee/dem Ausland

oversee *v/t* ⟨*prät* oversaw, *pperf* overseen⟩ beaufsichtigen

overseer *s* Aufseher(in) *m(f)*; *in Fabrik* Vorarbeiter(in) *m(f)*

oversensitive *adj* überempfindlich

overshadow *v/t* überschatten

overshoot [ˌəʊvəˈʃuːt] *v/t* ⟨*prät, pperf* overshot [ˌəʊvəˈʃɒt]⟩ *Ziel* hinausschießen über (+*akk*)

oversight [ˈəʊvəsaɪt] *s* Versehen *n*; **through an ~** aus Versehen

oversimplification *s* (zu) grobe Vereinfachung

oversimplify *v/t* zu sehr vereinfachen

oversized [ˈəʊvəsaɪzd] *adj Pullover etc* übergroß, in Übergröße

oversleep *v/i* ⟨*prät, pperf* overslept⟩ verschlafen

overspend [əʊvəˈspend] *v/i* ⟨*v: prät, pperf* overspent⟩ zu viel ausgeben; **we've overspent by £10** wir haben £ 10 zu viel ausgegeben

overstaffed *adj* überbesetzt

overstate *v/t* übertreiben

overstatement *s* Übertreibung *f*

overstay *v/t* → outstay

overstep *v/t* überschreiten; **to ~ the mark** zu weit gehen

overstretch [əʊvəˈstretʃ] *fig v/t Finanzen* zu sehr belasten; **to ~ oneself** sich übernehmen

oversubscribe *v/t* FIN überzeichnen; **the zoo outing was ~d** zu viele (Leute) hatten sich für den Ausflug in den Zoo angemeldet

oversupply *s* ECON Überangebot *n* (**of** an +*dat*)

overt [əʊˈvɜːt] *adj* offen; *Feindseligkeit a.* unverhohlen

overtake [ˌəʊvəˈteɪk] ⟨*prät* overtook [ˌəʊvəˈtʊk] *pperf* overtaken [ˌəʊvəˈteɪkən]⟩ **A** *v/t* **1** Konkurrenten einholen; *Läufer, Auto* überholen **2** *durch Schicksal* ereilen *geh* **B** *v/i* überholen

overtaking [ˌəʊvəˈteɪkɪŋ] *s* Überholen *n*

overtax *fig v/t* überlasten

over-the-counter *adj Medikamente* nicht rezeptpflichtig

over-the-top, over the top *adj umg* übertrieben

overthrow ⟨*v: prät* overthrew, *pperf* overthrown⟩ **A** [ˌəʊvəˈθrəʊ] *v/t* stürzen **B** [ˈəʊvəˌθrəʊ] *s von Diktator etc* Sturz *m*

overtime [ˈəʊvətaɪm] **A** *s* **1** Überstunden *pl*; **to do ~** Überstunden machen **2** *US* SPORT Verlängerung *f* **B** *adv* **to work ~** Überstunden machen

overtime pay *s* Überstundenlohn *m*

overtone [ˈəʊvətəʊn] *fig s* Unterton *m*

overtook *prät* → overtake

overture [ˈəʊvətjʊə] *s* **1** MUS Ouvertüre *f* **2** ⟨*mst pl*⟩ **to make ~s to sb** Annäherungsversuche bei j-m machen

overturn [ˌəʊvəˈtɜːn] **A** *v/t* **1** *wörtl* umkippen; *Boot* zum Kentern bringen **2** *fig Regime* stürzen; *Verbot, Urteil* aufheben **B** *v/i Stuhl* umkippen; *Boot* kentern

overuse A [ˌəʊvəˈjuːs] *s* übermäßiger Gebrauch **B** [ˌəʊvəˈjuːz] *v/t* übermäßig oft gebrauchen

overview *s* Überblick *m* (**of** über +*akk*)

overweight [ˈəʊvəweɪt] *adj* übergewichtig; **to be five kilos ~** fünf Kilo Übergewicht haben; **you're ~** Sie haben Übergewicht

overwhelm [ˌəʊvəˈwelm] *v/t* **1** überwältigen; **he was ~ed when they gave him the present** er war zutiefst gerührt, als sie ihm das Geschenk gaben **2** *fig mit Lob, Arbeit* überhäufen

overwhelming [ˌəʊvəˈwelmɪŋ] *adj* überwältigend; *Verlangen* unwiderstehlich; **they won despite ~ odds** sie gewannen obwohl ihre Chancen sehr schlecht standen

overwhelmingly [ˌəʊvəˈwelmɪŋlɪ] *adv ablehnen* mit überwältigender Mehrheit; *positiv* größtenteils

overwork A *s* Überarbeitung *f* **B** *v/t j-n* überanstrengen **C** *v/i* sich überarbeiten

overwrite *v/t & v/i* ⟨*prät* overwrote, *pperf* overwritten⟩ IT überschreiben

overwrought [ˌəʊvəˈrɔːt] *adj* überreizt

overzealous [ˌəʊvəˈzeləs] *adj* übereifrig

ovulate [ˈɒvjʊleɪt] *v/i* ovulieren

ovulation [ˌɒvjʊˈleɪʃən] *s* Eisprung *m*

owe [əʊ] **A** *v/t* **1** *Geld* schulden (**sb sth, sth to sb** j-m etw); **how much do I owe you?** was bin ich schuldig? **2** *Treue* schulden (**to sb** j-m) **3** *Leben, Erfolg* verdanken (**sth to sb** j-m etw); **you owe it to yourself to keep fit** du bist es dir schuldig, fit zu bleiben; **you owe me an explanation** du bist mir eine Erklärung schuldig **B** *v/i* **to owe sb for sth** j-m Geld für etw schulden; **I still owe him for the meal** ich muss ihm das Essen noch bezahlen

owing [ˈəʊɪŋ] **A** *adj* unbezahlt; **how much is still ~?** wie viel steht noch aus? **B** *präp* **~ to** infolge (+*gen*); **~ to the circumstances** umständehalber

owl [aʊl] *s* Eule *f*

own¹ [əʊn] *v/t* **1** besitzen; **who owns that?** wem gehört das?; **he looks as if he owns the place** er sieht so aus, als wäre er hier zu Hause **2** zugeben

phrasal verbs mit own:

own up *v/i* es zugeben; **to own up to sth** etw

zugeben; **he owned up to stealing the money** er gab zu, das Geld gestohlen zu haben
own² Ⓐ *adj* ⟨*attr*⟩ eigen; **his own car** sein eigenes Auto; **one's own car** ein eigenes Auto; **he does (all) his own cooking** er kocht für sich selbst; **thank you, I'm quite capable of finding my own way out** danke, ich finde sehr gut alleine hinaus Ⓑ *pron* **1 to make sth one's own** sich (*dat*) etw zu eigen machen; **a house of one's own** ein eigenes Haus; **I have money of my own** ich habe selbst Geld; **it has a beauty all its own** *od* **of its own** es hat eine ganz eigene Schönheit **2 to get one's own back on sb** *bes Br* es j-m heimzahlen; **(all) on one's own** (ganz) allein; **on its own** von selbst; **the goalkeeper came into his own with a series of brilliant saves** der Torwart zeigte sich von seiner besten Seite, als er eine Reihe von Bällen geradezu fantastisch abwehrte
own brand *s* Hausmarke *f*
owner [ˈəʊnəʳ] *s* Besitzer(in) *m(f)*, Inhaber(in) *m(f)*, Eigentümer(in) *m(f)*; *von Haustier* Halter(in) *m(f)*
owner-occupier *s* Bewohner(in) *m(f)* im eigenen Haus
ownership [ˈəʊnəʃɪp] *s* Besitz *m*; **under new ~** unter neuer Leitung
own goal *s* Eigentor *n*; **to score an ~** ein Eigentor schießen
ox [ɒks] *s* ⟨*pl* **-en**⟩ Ochse *m*
Oxbridge [ˈɒksbrɪdʒ] Ⓐ *s* Oxford und/oder Cambridge Ⓑ *adj* der Universität (*gen*) Oxford oder Cambridge
oxide [ˈɒksaɪd] *s* CHEM Oxid *n*
oxidize [ˈɒksɪdaɪz] *v/t & v/i* oxidieren
oxtail soup [ˌɒksteɪlˈsuːp] *s* Ochsenschwanzsuppe *f*
oxygen [ˈɒksɪdʒən] *s* Sauerstoff *m*
oxygen mask *s* Sauerstoffmaske *f*
oxymoron [ˌɒksɪˈmɔːrɒn] *s* Oxymoron *n* (*Verbindung zweier Begriffe, die einander eigentlich ausschließen; z. B.* bittersweet)
oyster [ˈɔɪstəʳ] *s* Auster *f*; **the world's his ~** die Welt steht ihm offen
oz *abk* (= **ounces**) Unze(n)
ozone [ˈəʊzəʊn] *s* Ozon *n*
ozone-friendly *adj* FCKW-frei
ozone hole *s* Ozonloch *n*
ozone layer *s* Ozonschicht *f*; **a hole in the ~** ein Ozonloch *n*

P, p [piː] *s* P *n*, p *n*
p¹ *abk* (= **page**) S.
p² *abk* (= **penny, pence**) *im Singular* Penny *m*; *im Plural* Pence *pl*
PA¹ *abk* (= **personal assistant**) persönlicher Assistent, persönliche Assistentin
PA² *abk* (= **public address system**) Lautsprecheranlage *f*
pa [pɑː] *umg s* Papa *m umg*
p.a. *abk* (= **per annum**) pro Jahr
pace [peɪs] Ⓐ *s* **1** Schritt *m*; **to put sb through his ~s** *fig* j-n auf Herz und Nieren prüfen **2** Tempo *n*; **at a good ~** recht schnell; **at a slow ~** langsam; **at one's own ~** in seinem eigenen Tempo; **to keep ~ with sth** mit etw mitkommen; **to set the ~** das Tempo angeben; **to quicken one's ~** seinen Schritt beschleunigen; *bei Arbeit* sein Tempo beschleunigen; **I'm getting old, I can't stand the ~ any more** *umg* ich werde alt, ich kann nicht mehr mithalten Ⓑ *v/t* auf und ab gehen in (+*dat*) Ⓒ *v/i* **to ~ up and down** auf und ab gehen
pacemaker [ˈpeɪsmeɪkəʳ] *s* **1** MED Schrittmacher *m* **2** SPORT Tempomacher(in) *m(f)*
Pacific [pəˈsɪfɪk] *s* **the ~ (Ocean)** der Pazifik; **a ~ island** eine Insel im Pazifik; **the ~ Rim** die Pazifikanrainerstaaten *pl*
Pacific Standard Time *s* pazifische Zeit
pacifier [ˈpæsɪfaɪəʳ] *US s* Schnuller *m*
pacifism [ˈpæsɪfɪzəm] *s* Pazifismus *m*
pacifist [ˈpæsɪfɪst] *s* Pazifist(in) *m(f)*
pacify [ˈpæsɪfaɪ] *v/t Baby* beruhigen; *Kritiker* besänftigen
pack [pæk] Ⓐ *s* **1** *auf Tier* Last *f* **2** Rucksack *m*; MIL Gepäck *n kein pl* **3** Paket *n*; *bes US* Packung *f*; **a ~ of six** ein Sechserpack *m* **4** *von Wölfen* Rudel *n* **5** *pej* Horde *f*; **a ~ of thieves** eine Diebesbande; **it's all a ~ of lies** es ist alles erlogen **6** (Karten)spiel *n* Ⓑ *v/t* **1** Kiste vollpacken; *in Dosen* abpacken **2** *Koffer* packen; *Kleider* einpacken; **the box was ~ed full of explosives** die Kiste war voll mit Sprengstoff; **to be ~ed** gerammelt voll sein *umg*; **a weekend ~ed with excitement** ein Wochenende voller aufregender Erlebnisse **3** *Erde* festdrücken; **the snow on the path was ~ed hard** der Schnee auf dem Weg war festgetrampelt; **the film ~s a real punch** *fig* der Film ist total spannend Ⓒ *v/i* **1** packen **2 the crowds ~ed into the stadium** die Menge drängte sich in das Stadion; **we**

all ~ed into one car wir haben uns alle in ein Auto gezwängt **3** *umg* **to send sb ~ing** j-n kurz abfertigen

phrasal verbs mit pack:

pack away *v/t ⟨trennb⟩* wegpacken; **I've packed all your books away in the attic** ich habe alle deine Bücher auf den Boden geräumt

pack in A *v/t ⟨trennb⟩* **1** *Menschen* hineinpferchen in (+*akk*) **2** *Br umg Job* hinschmeißen *umg*; *Aktivität* Schluss machen mit; **pack it in!** lass es gut sein! **B** *v/i Br umg Motor* seinen Geist aufgeben *hum*; *Mensch* Feierabend machen *umg*

pack off *v/t ⟨trennb⟩* **she packed them off to bed** sie schickte sie ins Bett

pack out *v/t ⟨trennb mst passiv⟩* **to be packed out** überfüllt sein

pack up A *v/t ⟨trennb⟩* zusammenpacken **B** *v/i* **1** packen; **he just packed up and left** er packte seine Sachen und ging **2** *Br umg Motor* seinen Geist aufgeben *hum*; *Mensch* Feierabend machen *umg*

package ['pækɪdʒ] **A** *s* Paket *n*; **software ~** Softwarepaket *n* **B** *v/t Waren* verpacken

packaged ['pækɪdʒd] *adj* abgepackt

package deal *s* Pauschalangebot *n*

package holiday *Br*, **package tour** *s* Pauschalreise *f*

packaging ['pækɪdʒɪŋ] *s* **1** Verpackung *f*, Verpackungsmaterial *n* **2** Präsentation *f*

packed [pækt] *adj Raum, Bus* überfüllt, gerammelt voll

packed lunch [pækt'lʌntʃ] *Br s* Lunchpaket *n*

packet ['pækɪt] *bes Br s* **1** Paket *n*; *Zigaretten; kleiner* Schachtel *f*, Packung *f*; **a ~ of mints** eine Packung Pfefferminzbonbons **2** *Br umg* **to make a ~** ein Schweinegeld verdienen *umg*; **that must have cost a ~** das muss ein Heidengeld gekostet haben *umg*

packet soup *bes Br s* Tütensuppe *f*

pack ice *s* Packeis *n*

packing ['pækɪŋ] *s* Packen *n*; (≈ *Material*) Verpackung *f*; **to do one's ~** packen

packing case *s* Kiste *f*

pact [pækt] *s* Pakt *m*; **to make a ~ with sb** mit j-m einen Pakt schließen

pad¹ [pæd] *v/i* **to pad around** *Br* umhertapsen

pad² A *s* **1** Polster *n*, Schützer *m*; *auf Bremsen etc* Belag *m*; *aus Baumwolle* Wattebausch *m* **2** *von Papier* Block *m* **3** *umg* (≈ *Zuhause*) Bude *f umg* **B** *v/t* polstern

phrasal verbs mit pad:

pad out *fig v/t ⟨trennb⟩ Aufsatz* auffüllen

padded ['pædɪd] *adj Schultern, BH* wattiert; *Sitz* gepolstert; **~ envelope** gefütterter (Brief)umschlag

padding ['pædɪŋ] *s* Polsterung *f*

paddle ['pædl] **A** *s* **1** Paddel *n* **2** **to have a ~** durchs Wasser waten **B** *v/t Boot* paddeln **C** *v/i* **1** *in Boot* paddeln **2** *in Wasser* waten

paddleboarding *s* Stehpaddeln *n*

paddle boat *s* Raddampfer *m*; *kleiner* Paddelboot *n*

paddle steamer *s* Raddampfer *m*

paddling pool ['pædlɪŋ,puːl] *Br s* Planschbecken *n*

paddock ['pædək] *s* Koppel *f*; *von Rennbahn* Sattelplatz *m*

paddy ['pædɪ] *s*, (a. **paddy field**) Reisfeld *n*

padlock ['pædlɒk] **A** *s* Vorhängeschloss *n* **B** *v/t* (mit einem Vorhängeschloss) verschließen

paediatric [,piːdɪ'ætrɪk] *adj*, **pediatric** *US adj* Kinder-

paediatrician [,piːdɪə'trɪʃən] *s*, **pediatrician** *US s* Kinderarzt *m*/-ärztin *f*

paediatrics [,piːdɪ'ætrɪks] *s*, **pediatrics** *US s* Kinderheilkunde *f*

paedophile ['piːdəfaɪl] *s*, **pedophile** *US s* Pädophile(r) *m/f(m)*

pagan ['peɪgən] **A** *adj* heidnisch **B** *s* Heide *m*, Heidin *f*

paganism ['peɪgənɪzəm] *s* Heidentum *n*

page¹ [peɪdʒ] **A** *s* (a. **pageboy**) Page *m* **B** *v/t* **to ~ sb** j-n ausrufen lassen; **paging Mr Cousin** Herr Cousin, bitte!

page² *s* Seite *f*; **on ~ 14** auf Seite 14; **what ~ are we on?** auf welcher Seite sind wir?; **write on both sides of the ~** beschreiben Sie beide Seiten; **to be on the same ~** *US* auf der gleichen Wellenlänge liegen; **to turn the ~ on the past** die Vergangenheit hinter sich lassen

pageant ['pædʒənt] *s* Historienspiel *n*; (≈ *Prozession*) Festzug *m*

pageantry ['pædʒəntrɪ] *s* Prunk *m*

pageboy *s* **1** Page *m*; *Br Junge, der bei der Hochzeitszeremonie assistiert* **2** *Frisur* Pagenkopf *m*, Pagenschnitt *m*

page break *s* IT Seitenwechsel *m*

page number *s* Seitenzahl *f*

page preview *s* IT Seitenvorschau *f*, Seitenansicht *f*

pager ['peɪdʒəʳ] *s* TEL Funkempfänger *m*

paginate ['pædʒɪneɪt] *v/t* paginieren

pagination [,pædʒɪ'neɪʃən] *s* Paginierung *f*

pagoda [pə'gəʊdə] *s* Pagode *f*

paid [peɪd] **A** *prät & pperf* → **pay** **B** *adj* **1** *Arbeit* bezahlt **2** *bes Br* **to put ~ to sth** etw zunichtemachen; **that's put ~ to my weekend** damit ist mein Wochenende geplatzt **C** *s* **the low/well ~** die Gering-/Gutverdienenden *pl*

paid-up [,peɪd'ʌp] *adj* **fully ~ member** Mitglied *n* ohne Beitragsrückstände

pail [peɪl] s Eimer m
pain [peɪn] **A** s **1** Schmerz m, Schmerzen pl; **to be in ~** Schmerzen haben; **to cry** od **scream in ~** vor Schmerzen schreien; **chest ~s** Brustschmerzen pl; **my ankle is causing me a lot of ~** mein Knöchel tut mir sehr weh; **I felt a ~ in my leg** ich hatte Schmerzen im Bein **2 ~s** pl Mühe f; **to be at (great) ~s to do sth** sich (dat) (große) Mühe geben, etw zu tun; **to take ~s to do sth** sich (dat) Mühe geben, etw zu tun; **she takes great ~s with her appearance** sie verwendet sehr viel Sorgfalt auf ihr Äußeres **3 on** od **under ~ of death** bei Todesstrafe **4** umg a. **~ in the neck** od **arse** Br sl od **butt** US sl Nervensäge f umg; **to be a (real) ~** einem auf den Wecker gehen umg **B** v/t schmerzen; **it ~s me to see their ignorance** ihre Unwissenheit tut schon weh
pained [peɪnd] adj Miene schmerzerfüllt
painful ['peɪnfʊl] adj schmerzhaft, schmerzlich; **is it ~?** tut es weh?
painfully ['peɪnfəlɪ] adv **1** schmerzhaft; gehen unter Schmerzen **2** (≈ sehr) schrecklich; dünn furchtbar; **it was ~ obvious** es war nicht zu übersehen
painkiller ['peɪnkɪlə^r] s Schmerzmittel n
painless adj schmerzlos; **don't worry, it's quite ~** umg keine Angst, es tut gar nicht weh
painstaking adj, **painstakingly** ['peɪnzˌteɪkɪŋ, -lɪ] adv sorgfältig
paint [peɪnt] **A** s **1** Farbe f; von Auto Lack m **2 ~s** pl Farben pl; **box of ~s** Farbkasten m **B** v/t **1** Wand streichen; Auto lackieren; **to ~ one's face** sich anmalen umg; **to ~ the town red** umg die Stadt unsicher machen umg **2** Bild malen; **he ~ed a very convincing picture of life on the moon** er zeichnete ein sehr überzeugendes Bild vom Leben auf dem Mond **C** v/i malen, (an)streichen
paintbox s Farbkasten m
paintbrush s Pinsel m
painter ['peɪntə^r] s KUNST Maler(in) m(f); (≈ Handwerker) Anstreicher(in) m(f)
painting ['peɪntɪŋ] s **1** Gemälde n, Bild n **2** ⟨kein pl⟩ KUNST Malerei f
paint pot s Farbtopf m
paint stripper s Abbeizmittel n
paintwork s von Auto Lack m; von Wand Anstrich m
pair [pɛə^r] **A** s Paar n; **these socks are a ~** diese beiden Socken gehören zusammen; **a ~ of shoes** ein Paar Schuhe; **a ~ of scissors** eine Schere; **a new ~** (≈ Hose) eine neue; (≈ Schuhe) ein Paar neue; **I've only got one ~ of hands** ich habe auch nur zwei Hände; **to be** od **have a safe ~ of hands** zuverlässig sein; **in ~s** paarweise; jagen, ausgehen zu zweit **B** v/t **I was ~ed with Bob for the next round** in der nächsten Runde musste ich mit Bob ein Paar bilden
phrasal verbs mit pair:
pair off A v/t ⟨trennb⟩ in Zweiergruppen einteilen **B** v/i Paare bilden (**with** mit)
pajamas [pəˈdʒɑːməz] US pl → pyjamas
pak-choi [pækˈtʃɔɪ] Br s Pak Choi m, chinesischer Blätterkohl
Paki ['pækɪ] pej umg **A** s Pakistani m/f **B** adj pakistanisch
Pakistan [ˌpɑːkɪsˈtɑːn] s Pakistan n
Pakistani [ˌpɑːkɪsˈtɑːnɪ] **A** adj pakistanisch **B** s Pakistani m/f
pal [pæl] umg s Kumpel m umg, Freund(in) Spezi m österr
palace ['pælɪs] s Palast m; **royal ~** (Königs)schloss n
palatable ['pælətəbl] adj **1** genießbar **2** fig attraktiv
palatal ['pælətl] s LING Gaumenlaut m
palate ['pælɪt] wörtl s Gaumen m
palatial [pəˈleɪʃəl] adj palastartig
palaver [pəˈlɑːvə^r] umg s Theater n umg
pale [peɪl] **A** adj ⟨komp **paler**⟩ blass, bleich; Licht, Mond fahl; **~ green** zartgrün; **~ reflection/imitation** schlechte Nachahmung, schwacher Abklatsch umg; **the film is only a ~ reflection/imitation of the original** der Film bleibt weit hinter dem Original zurück **B** v/i erbleichen; **to ~ (into insignificance) alongside sth** neben etw (dat) bedeutungslos sein
paleness ['peɪlnɪs] s Blässe f
paleo diet ['pælɪəʊ] s Paleo-Diät f, Steinzeitdiät f
Palestine ['pælɪstaɪn] s Palästina n
Palestinian [ˌpæləˈstɪnɪən] **A** adj palästinensisch **B** s Palästinenser(in) m(f)
palette ['pælɪt] s Palette f
palette knife s Palettenmesser n
palisade [ˌpælɪˈseɪd] s Palisade f
pallbearer ['pɔːlˌbɛərə^r] s Sargträger(in) m(f)
pallet ['pælɪt] s Palette f
pallid ['pælɪd] adj blass, bleich
pallor ['pælə^r] s Blässe f
pally ['pælɪ] Br umg adj ⟨komp **pallier**⟩ **they're very ~** sie sind dicke Freunde umg; **to be ~ with sb** mit j-m gut Freund sein; **to get ~ with sb** sich mit j-m anfreunden
palm¹ [pɑːm] s BOT Palme f
palm² s ANAT Handteller m; **he had the audience in the ~ of his hand** er hielt das Publikum ganz in seinem Bann; **to read sb's ~** j-m aus der Hand lesen
phrasal verbs mit palm:
palm off umg v/t ⟨trennb⟩ Waren andrehen

(**onto sb** j-m) *umg*; j-n abspeisen *umg*; **they palmed him off on me** sie haben ihn mir aufgehalst *umg*
palmistry ['pɑːmɪstrɪ] s Handlesekunst f
palm leaf s Palmwedel m
palm oil s Palmöl n
Palm Sunday s Palmsonntag m
palmtop® s COMPUT Palmtop® m (*kleiner Computer, den man in einer Hand halten kann*)
palm tree s Palme f
palpable ['pælpəbl] *adj* vollkommen
palpably ['pælpəblɪ] *adv* eindeutig
palpitate ['pælpɪteɪt] *v/i* Herz heftig klopfen
palpitation [ˌpælpɪ'teɪʃən] s Herzklopfen n; **to have ~s** Herzklopfen haben
palsy ['pɔːlzɪ] s Lähmung f
paltry ['pɔːltrɪ] *adj* armselig; **he gave some ~ excuse** er brachte irgendeine armselige Entschuldigung hervor
pamper ['pæmpəʳ] *v/t* verwöhnen
pamphlet ['pæmflɪt] s Broschüre f, Flugblatt n
pan [pæn] s GASTR Pfanne f, Topf m
phrasal verbs mit pan:
pan out *umg v/i* sich entwickeln; **it didn't pan out** es hat nicht geklappt *umg*
panacea [pænə'sɪə] s Allheilmittel n
panache [pə'næʃ] s Schwung m
Panama [ˌpænə'mɑː] s **~ Canal** Panamakanal m
panama hat s Panamahut m
Pan-American ['pænə'merɪkən] *adj* panamerikanisch
pancake ['pænkeɪk] s Pfannkuchen m; *gefüllt a.* Palatschinke f *österr*
pancreas ['pæŋkrɪəs] s Bauchspeicheldrüse f
pancreatic [ˌpæŋkrɪ'ætɪk] *adj* der Bauchspeicheldrüse; **~ cancer** Bauchspeicheldrüsenkrebs m
panda ['pændə] s Panda m
pandemonium [ˌpændɪ'məʊnɪəm] s Chaos n
pander ['pændəʳ] *v/i* nachgeben (**to** +*dat*); **to ~ to sb's whims** j-s Launen (*akk*) befriedigen wollen
p and p *abk* (= postage and packing) Porto und Verpackung
pane [peɪn] s Glasscheibe f
panel ['pænl] s **1** Holz Tafel f; *in Tür* Feld n **2** Schalttafel f; **instrument ~** Armaturenbrett n, Kontrolltafel f **3** Gremium n, Diskussionsrunde f; *bei Quiz* Rateteam n; **a ~ of judges** eine Jury
panel discussion s Podiumsdiskussion f
panel game s Ratespiel n
panelled *adj*, **paneled** *US adj* paneeliert
panelling ['pænəlɪŋ] s, **paneling** *US* s Täfelung f
panellist s, **panelist** *US* s Diskussionsteilnehmer(in) m(f)
pang [pæŋ] s **a ~ of conscience** Gewissensbisse *pl*; **a ~ of jealousy** ein Eifersuchtsanfall m; **~s of hunger** quälender Hunger
panic ['pænɪk] ⟨*v: prät, pperf* panicked⟩ **A** *v/i* in Panik geraten; **don't ~** nur keine Panik! **B** *v/t* Panik auslösen unter (+*dat*) **C** s Panik f; **in a (blind) ~** in (heller) Panik; **to flee in ~** panikartig die Flucht ergreifen; **the country was thrown into a (state of) ~** das Land wurde von Panik erfasst
panic attack s PSYCH Panikanfall m; **to have a ~** einen Panikanfall bekommen
panic buying s ECON Panikkäufe *pl*
panicky ['pænɪkɪ] *adj* überängstlich; **to feel ~** panische Angst haben
panicmongering ['pænɪkˌmʌŋgərɪŋ] s Panikmache f *umg*
panic selling s ECON Panikverkäufe *pl*
panic-stricken ['pænɪkˌstrɪkən] *adj* von panischem Schrecken ergriffen; *Blick* panisch
pannier ['pænɪəʳ] s *an Motorrad etc* Satteltasche f
panorama [ˌpænə'rɑːmə] s Panorama n (**of** +*gen*)
panoramic [ˌpænə'ræmɪk] *adj* Panorama-
panoramic view s Panoramablick m; **a ~ of the hills** ein Blick m auf das Bergpanorama
pansy ['pænzɪ] s **1** BOT Stiefmütterchen n **2** *Br pej* (≈ Homosexueller) Schwuchtel f *pej umg*
pant [pænt] *v/i* keuchen; *Hund* hecheln; **to ~ for breath** nach Luft schnappen *umg*
panther ['pænθəʳ] s Panther m
panties ['pæntɪz] *pl* Höschen n; **a pair of ~** ein Höschen n
pantomime ['pæntəmaɪm] s **1** *in GB* ≈ Weihnachtsmärchen n **2** Pantomime f
pantry ['pæntrɪ] s Speisekammer f
pants [pænts] **A** *pl US* Hose f; *Br* Unterhose f; **a pair of ~** eine Hose/Unterhose; **to charm the ~ off sb** *umg* j-m um den Bart gehen **B** *Br umg adj* **to be ~** beknackt *od* beschissen sein *umg*
pantsuit ['pæntsuːt] *US* s Hosenanzug m
pantyhose ['pæntɪ-] *US pl* Strumpfhose f
panty-liner s Slipeinlage f
papal ['peɪpəl] *adj* päpstlich
papaya [pə'paɪə] s Papayabaum f; (≈ *Frucht*) Papaya f
paper ['peɪpəʳ] **A** s **1** Papier n; **to get** *od* **put sth down on ~** etw schriftlich festhalten **2** Zeitung f; **in the ~s** in der Zeitung **3** **~s** *pl* Papiere *pl*, Dokumente *pl* **4** (≈ *Examen*) UNIV Klausur f; SCHULE Arbeit f **5** Referat n **B** *v/t* Zimmer tapezieren
paperback s Taschenbuch n
paper bag s Papiertüte f
paper bank s Altpapiercontainer m

paperboy s Zeitungsjunge m
paper chain s Girlande f
paperclip s Büroklammer f
paper cup s Pappbecher m
paper feed s IT Papiervorschub m
paper girl s Zeitungsmädchen n
paper jam s Papierstau m
paper knife ['peɪpəˌnaɪvz] s ⟨pl paper knives⟩ Brieföffner m
paper money s Papiergeld n
paper plate s Pappteller m
paper round Br s **to do a ~** Zeitungen austragen
paper route US s → paper round
paper shop Br s Zeitungsladen m
paper-thin adj hauchdünn
paper tissue s Papiertuch n
paper tray s COMPUT Papierschacht m
paperweight s Briefbeschwerer m
paperwork s **1** Schreibarbeit f **2** umg Papierkram m
papier mâché ['pæpɪeɪ'mæʃeɪ] **A** s Pappmaschee n **B** adj aus Pappmaschee
paprika ['pæprɪkə] s Paprika m
par [pɑːʳ] s **1** **to be on a par with sb/sth** sich mit j-m/etw messen können **2** **below par** fig unter Niveau; **I'm feeling below par** ich fühle mich nicht auf der Höhe **3** Golf Par n; **par three** Par 3; **that's par for the course for him** fig umg das kann man von ihm erwarten
parable ['pærəbl] s Parabel f
paracetamol [ˌpærə'siːtəmɒl] s Schmerztablette f
parachute ['pærəʃuːt] **A** s Fallschirm m **B** v/i (a. **parachute down**) (mit dem Fallschirm) abspringen
parachute jump s Absprung m (mit dem Fallschirm)
parachuting ['pærəʃuːtɪŋ] s Fallschirmspringen n
parachutist ['pærəʃuːtɪst] s Fallschirmspringer(in) m(f)
parade [pə'reɪd] **A** s Umzug m; von Zirkus, a. MIL Parade f; **to be on ~** MIL eine Parade abhalten **B** v/t **1** Truppen aufmarschieren lassen; Plakate vor sich her tragen **2** zur Schau stellen **C** v/i MIL aufmarschieren; **to ~ through the town** durch die Stadt ziehen; **to ~ up and down** auf und ab stolzieren
paradise ['pærədaɪs] s Paradies n; **a shopper's ~** ein Einkaufsparadies n; **an architect's ~** ein Paradies n für Architekten
paradox ['pærədɒks] s Paradox n
paradoxical [ˌpærə'dɒksɪkəl] adj paradox
paradoxically [ˌpærə'dɒksɪkəlɪ] adv paradoxerweise

paraffin ['pærəfɪn] s Paraffin n
paraglider ['pærəˌglaɪdəʳ] s **1** (≈ Gleitschirm) Paraglider m **2** Mensch Paraglider(in) m(f)
paragliding ['pærəglaɪdɪŋ] s Gleitschirmfliegen n
paragraph ['pærəgrɑːf] s Abschnitt m, Absatz m
Paraguay ['pærəgwaɪ] s Paraguay n
paralegal [ˌpærə'liːgəl] bes US s Rechtsassistent(in) m(f)
parallel ['pærəlel] **A** adj parallel; Entwicklung parallel verlaufend; **~ to** od **with** parallel zu od mit; **~ lines** pl Parallelen pl; **~ interface** IT Parallelschnittstelle f; **the two systems developed along ~ lines** die Entwicklung der beiden Systeme verlief vergleichbar **B** adv **to run ~** parallel verlaufen (**to sth** zu etw) **C** s fig Parallele f; **without ~** ohne Parallele; **to draw a ~ between X and Y** eine Parallele zwischen X und Y ziehen **D** v/t fig gleichen (+dat); **a case ~led only by ...** ein Fall, zu dem es nur eine einzige Parallele gibt, nämlich ...
parallelism ['pærəleˌlɪz(ə)m] s Parallelismus m (Beibehaltung einer bestimmten Satzstruktur in mehreren aufeinanderfolgenden Sätzen)
Paralympics [ˌpærə'lɪmpɪks] pl SPORT Paralympics pl
paralyse Br v/t → paralyze
paralysis [pə'rælɪsɪs] s ⟨pl paralyses [pə'rælɪsiːz]⟩ Lähmung f
paralytic [ˌpærə'lɪtɪk] adj Br umg (≈ betrunken) voll dicht sl
paralyze ['pærəlaɪz] v/t **1** wörtl lähmen **2** fig lahmlegen
paralyzed adj **1** wörtl gelähmt; **he was left ~** er behielt Lähmungen zurück; **~ from the waist down** von der Hüfte abwärts gelähmt **2** fig **to be ~ with fear** vor Angst (wie) gelähmt sein
paralyzing ['pærəlaɪzɪŋ] fig adj lähmend
paramedic [ˌpærə'medɪk] s Sanitäter(in) m(f)
parameters [pə'ræmətəz] pl Rahmen m
paramilitary [ˌpærə'mɪlɪtərɪ] adj paramilitärisch
paramount ['pærəmaʊnt] adj Haupt-; **to be ~** Priorität haben; **of ~ importance** von höchster Wichtigkeit
paranoia [ˌpærə'nɔɪə] s Paranoia f; umg Verfolgungswahn m
paranoid ['pærənɔɪd] adj paranoid; **or am I just being ~?** oder bilde ich mir das nur ein?; **to be ~ about sth** von etw Wahnvorstellungen haben
paranormal [ˌpærə'nɔːməl] **A** adj paranormal **B** s **the ~** das Paranormale
parapet ['pærəpɪt] s Brüstung f; **to put one's head above the ~** fig sich in die Schusslinie be-

geben
paraphernalia ['pærəfə'neɪlɪə] *pl* Drum und Dran *n*
paraphrase ['pærəfreɪz] *v/t* umschreiben
paraplegic [,pærə'pliːdʒɪk] *s* Querschnittsgelähmte(r) *m/f(m)*; Paraplegiker(in) *m(f) fachspr*
parapsychology [,pærəsaɪ'kɒlədʒɪ] *s* Parapsychologie *f*
parasite ['pærəsaɪt] *wörtl s* Parasit *m*; *fig* Schmarotzer(in) *m(f)*
parasitic [,pærə'sɪtɪk] *adj* parasitär; *fig* schmarotzerhaft
parasol ['pærəsɒl] *s* Sonnenschirm *m*
paratrooper ['pærətruːpəʳ] *s* Fallschirmjäger(in) *m(f)*
paratroops ['pærətruːps] *pl* Fallschirmjäger *pl*
parboil ['pɑːbɔɪl] *v/t* vorkochen
parcel ['pɑːsl] *bes Br s* Paket *n*
<u>phrasal verbs mit parcel:</u>
parcel up *v/t* ⟨*trennb*⟩ als Paket verpacken
parcel bomb *Br s* Paketbombe *f*
parched [pɑːtʃt] *adj* ausgetrocknet; **I'm ~** ich habe furchtbaren Durst
parchment ['pɑːtʃmənt] *s* Pergament *n*
pardon ['pɑːdn] **A** *s* **1** JUR Begnadigung *f*; **to grant sb a ~** j-n begnadigen **2 to beg sb's ~** j-n um Verzeihung bitten; **~?**, **I beg your ~?** *Br*, **I beg your ~** Entschuldigung; *überrascht* erlauben Sie mal! **B** *v/t* **1** JUR begnadigen **2** verzeihen; **to ~ sb for sth** j-m etw verzeihen; **~ me, but could you …?** entschuldigen Sie bitte, könnten Sie …?; **~ me!** Entschuldigung!; **~ me?** *US* (wie) bitte?
<u>phrasal verbs mit pardon:</u>
pare down *fig v/t* ⟨*trennb*⟩ *Ausgaben* einschränken
parent ['peərənt] *s* Elternteil *m*; **~s** Eltern *pl*
parentage ['peərəntɪdʒ] *s* Herkunft *f*; **children of racially mixed ~** gemischtrassige Kinder *pl*
parental [pə'rentl] *adj* elterlich *attr*, Eltern-
parental leave *s* Erziehungsurlaub *m*
parent company *s* Muttergesellschaft *f*
parenthesis [pə'renθɪsɪs] *s* ⟨*pl* **parentheses** [pə'renθɪsiːz]⟩ Klammer *f*; **in ~** in Klammern
parenthood ['peərənthʊd] *s* Elternschaft *f*
parents-in-law *pl* Schwiegereltern *pl*
parent-teacher association *s* SCHULE ≈ Elternbeirat *m*, ≈ Elternvertretung *f*
Paris ['pærɪs] *s* Paris *n*
parish ['pærɪʃ] *s* Gemeinde *f*
parish church *s* Pfarrkirche *f*
parish council *s* Gemeinderat *m*
parishioner [pə'rɪʃənəʳ] *s* Gemeinde(mit)glied *n*
parish priest *s* Pfarrer *m*
parity ['pærɪtɪ] *s* **1** Gleichstellung *f* **2** *Naturwissenschaft, a.* FIN, IT Parität *f*

park [pɑːk] **A** *s* Park *m*; **national ~** Nationalpark *m*; **Park Road** Parkstraße *f* **B** *v/t* **1** *Auto* parken; *schweiz* parkieren; *Fahrrad* abstellen; **a ~ed car** ein parkendes Auto **2** *umg* abstellen; **he ~ed himself right in front of the fire** er pflanzte sich direkt vor den Kamin *umg* **C** *v/i* parken; **there was nowhere to ~** es gab nirgendwo einen Parkplatz; **to find a place to ~** einen Parkplatz finden
parka ['pɑːkə] *s* Parka *m/f*
park-and-ride *s* Park-and-Ride-System *n*
park bench *s* Parkbank *f*
parking ['pɑːkɪŋ] *s* Parken *n*; **there's no ~ on this street** in dieser Straße ist Parken verboten *od* ist Parkverbot; **"no ~"** „Parken verboten"; **"parking for 50 cars"** „50 (Park)plätze"
parking attendant *s* Parkplatzwächter(in) *m(f)*
parking bay *s* Parkbucht *f*
parking brake *s US* Handbremse *f*
parking disc *Br s* Parkscheibe *f*
parking fee *s* Parkgebühr *f*
parking fine *s* Geldbuße *f* (für Parkvergehen)
parking garage *US s* Parkhaus *n*
parking lights *pl US* Standlicht *n*
parking lot *US s* Parkplatz *m*
parking meter *s* Parkuhr *f*
parking offence *s*, **parking offense** *US s* Parkvergehen *n*, Falschparken *n*
parking place *s* Parkplatz *m*
parking sensor *s* Parkhilfe *f*, Einparkhilfe *f*
parking space *s* Parkplatz *m*
parking ticket *s* Strafzettel *m*
Parkinson's (disease) ['pɑːkɪnsənz(dɪ'ziːz)] *s* parkinsonsche Krankheit
park keeper *s* Parkwächter(in) *m(f)*
parkland *s* Grünland *n*
park ranger, **park warden** *s* Aufseher(in) *m(f)* in einem Nationalpark
parkway *US s* Allee *f*
parliament ['pɑːləmənt] *s* Parlament *n*; **the German ~** der Bundestag; **the Swiss ~** die Bundesversammlung; **the Austrian ~** der Nationalrat
parliamentary [,pɑːlə'mentərɪ] *adj* parlamentarisch; **~ seat** Parlamentssitz *m*
parliamentary candidate *s* Parlamentskandidat(in) *m(f)*
parliamentary election *s* Parlamentswahlen *pl*
parlour ['pɑːləʳ] *s*, **parlor** *US s* Salon *m*; **ice-cream ~** Eisdiele *f*
parlour game *s*, **parlor game** *US s* Gesellschaftsspiel *n*
parochial [pə'rəʊkjəl] *adj* Pfarr-, Gemeinde-; *fig* engstirnig, beschränkt
parody ['pærədɪ] **A** *s* **1** Parodie *f* (**of** auf +*akk*)

(spöttische Nachahmung eines Werkes, die z. B. den Stil des Autors oder einer Gattung durch Übertreibung lächerlich macht) **2** Abklatsch m **B** v/t parodieren

parole [pəˈrəʊl] **A** s JUR Bewährung f; zeitweise Strafunterbrechung f; **to let sb out on ~** j-n auf Bewährung entlassen; zeitweise j-m Strafunterbrechung gewähren; **to be on ~** unter Bewährung stehen; zeitweise auf Kurzurlaub sein **B** v/t auf Bewährung entlassen; zeitweise Strafunterbrechung gewähren (+dat)

parquet [ˈpɑːkeɪ] s Parkett n; **~ floor** Parkett(fuß)boden m

parrot [ˈpærət] s Papagei m; **he felt as sick as a ~** Br umg ihm war kotzübel umg

parrot-fashion [ˈpærətfæʃən] adv **to repeat sth ~** etw wie ein Papagei nachplappern; **to learn sth ~** etw stur auswendig lernen

parry [ˈpærɪ] fig v/t & v/i parieren; Boxen abwehren

parsley [ˈpɑːslɪ] s Petersilie f

parsnip [ˈpɑːsnɪp] s Pastinake f

parson [ˈpɑːsn] s Pfarrer m

parsonage [ˈpɑːsənɪdʒ] s Pfarrhaus n

part [pɑːt] **A** s **1** Teil m; **the best ~** das Beste; **in ~** teilweise; **a ~ of the country/city I don't know** eine Gegend, die ich nicht kenne; **for the most ~** zum größten Teil; **in the latter ~ of the year** gegen Ende des Jahres; **it's all ~ of growing up** das gehört alles zum Erwachsenwerden dazu; **it is ~ and parcel of the job** das gehört zur Arbeit dazu; **spare ~** Ersatzteil n **2** GRAM **~ of speech** Wortart f **3** Folge f, Fortsetzung f; **end of ~ one** TV Ende des ersten Teils **4** (An)Teil m; THEAT Rolle f; **to play one's ~** fig seinen Beitrag leisten; **to take ~ in sth** an etw (dat) teilnehmen; **who is taking ~?** wer macht mit?; **he's taking ~ in the play** er spielt in dem Stück mit; **he looks the ~** fig so sieht (d)er auch aus; **to play a ~** eine Rolle spielen; **to play no ~ in sth** nicht an etw (dat) beteiligt sein; **we want no ~ of it** wir wollen damit nichts zu tun haben **5 ~s** pl Gegend f; **from all ~s** von überall her; **in** od **around these ~s** in dieser Gegend; **in foreign ~s** in fremden Ländern; **he's not from these ~s** er ist nicht aus dieser Gegend **6** Seite f; **to take sb's ~** für j-n Partei ergreifen; **for my ~** was mich betrifft; **on my ~** meinerseits; **on the ~ of** seitens (+gen) **7** US von Haar Scheitel m **B** adv teils, teilweise; **~ one and ~ the other** teils, teils; **~ iron and ~ copper** teils aus Eisen und teils aus Kupfer **C** v/t **1** Haare scheiteln **2** trennen; **to ~ sb from sb/sth** j-n von j-m/etw trennen; **till death us do ~** bis dass der Tod uns scheidet; **to ~ company with sb/sth** sich von j-m/etw trennen **D** v/i **1** sich teilen; Vorhänge sich öffnen; **her lips ~ed in a smile** ihre Lippen öffneten sich zu einem Lächeln **2** Menschen sich trennen; Objekte sich lösen; **to ~ from sb** sich von j-m trennen; **we ~ed friends** wir gingen als Freunde auseinander; **to ~ with sth** sich von etw trennen; **to ~ with money** Geld ausgeben

parterre [ˈpɑːtɛəʳ] US s Parterre n

part exchange s **to offer sth in ~** etw in Zahlung geben

partial [ˈpɑːʃəl] adj **1** teilweise; **a ~ success** ein Teilerfolg m; **to make a ~ recovery** eine teilweise Erholung durchmachen **2** **to be ~ to sth** eine Vorliebe für etw haben

partially [ˈpɑːʃəlɪ] adv teilweise; **~ deaf** eingeschränkt hörfähig

partially sighted adj sehbehindert

participant [pɑːˈtɪsɪpənt] s Teilnehmer(in) m(f) (**in** an +dat)

participate [pɑːˈtɪsɪpeɪt] v/i sich beteiligen, teilnehmen (**in** an +dat); **to ~ in sport** SCHULE am Schulsport teilnehmen

participation [pɑːˌtɪsɪˈpeɪʃən] s Beteiligung f, Teilnahme f

participle [ˈpɑːtɪsɪpl] s Partizip n

particle [ˈpɑːtɪkl] s von Sand Körnchen n; PHYS Teilchen n

particular [pəˈtɪkjʊləʳ] **A** adj **1** this **~ house** dies (eine) Haus; **in this ~ instance** in diesem besonderen Fall; **one ~ city** eine bestimmte Stadt **2** besondere(r, s); **in ~** insbesondere; **the wine in ~ was excellent** vor allem der Wein war hervorragend; **nothing in ~** nichts Besonderes; **is there anything in ~ you'd like?** haben Sie einen besonderen Wunsch?; **did you want to speak to anyone in ~?** wollten Sie mit jemand(em) Bestimmtem sprechen?; **for no ~ reason** aus keinem besonderen Grund; **at a ~ time** zu einer bestimmten Zeit; **at that ~ time** zu (genau) diesem Zeitpunkt; **to be of ~ concern to sb** j-m ein besonderes Anliegen sein **3** eigen, wählerisch; **he is very ~ about cleanliness** er nimmt es mit der Sauberkeit sehr genau; **he's ~ about his car** er ist sehr eigen mit seinem Auto umg **B** s **particulars** pl Einzelheiten pl; (≈ Name etc) Personalien pl; **for further ~s apply to ...** weitere Auskünfte erteilt ...

particularly [pəˈtɪkjʊləlɪ] adv besonders; **do you want it ~ for tomorrow?** brauchen Sie es unbedingt morgen?; **not ~** nicht besonders; **it's important, ~ since ...** es ist wichtig, zumal ...

parting [ˈpɑːtɪŋ] **A** s **1** Abschied m **2** Br von Haar Scheitel m **B** adj abschließend; **his ~**

words seine Abschiedsworte *pl*
partisan [ˌpɑːtɪˈzæn] *s* MIL Partisan(in) *m(f)*
partition [pɑːˈtɪʃən] **A** *s* **1** Teilung *f* **2** Trennwand *f* **B** *v/t Land* teilen; *Zimmer* aufteilen

phrasal verbs mit partition:

partition off *v/t* abtrennen
part load *s* HANDEL Teilladung *f*
partly [ˈpɑːtlɪ] *adv* teilweise
partner [ˈpɑːtnəʳ] *s* Partner(in) *m(f)*; Lebensgefährte *m*, Lebensgefährtin *f*
partnership [ˈpɑːtnəʃɪp] *s* **1** Partnerschaft *f*; **to do sth in ~ with sb** etw mit j-m gemeinsam machen **2** HANDEL Personengesellschaft *f*; **to enter into a ~** in eine Gesellschaft eintreten; **to go into ~ with sb** mit j-m eine Personengesellschaft gründen
part owner *s* Mitbesitzer(in) *m(f)*
part payment *s* Teilzahlung *f*
partridge [ˈpɑːtrɪdʒ] *s* Rebhuhn *n*
part-time A *adj* **1** Teilzeitarbeit *f*; **I'm just ~** ich arbeite nur Teilzeit; **on a ~ basis** auf Teilzeitbasis **B** *adv* **can I do the job ~?** kann ich (auf) Teilzeit arbeiten?; **she only teaches ~** sie unterrichtet nur stundenweise; **she is studying ~** sie ist Teilzeitstudentin
part-timer *s* Teilzeitbeschäftigte(r) *m/f(m)*
part-time work *s* Teilzeitarbeit *f*
part-time worker *s* Teilzeitarbeitnehmer(in) *m(f)*, Teilzeitkraft *f*
party [ˈpɑːtɪ] **A** *s* **1** POL, JUR, *a. fig* Partei *f*; **to be a member of the ~** Parteimitglied sein; **a third ~** ein Dritter *m* **2** Gruppe *f*; **a ~ of tourists** eine Reisegesellschaft **3** Party *f*; *offiziell* Gesellschaft *f*; **to have** *od* **throw a ~** eine Party geben; **at the ~** auf der Party; *offiziell* bei der Gesellschaft **B** *v/i umg* feiern
party dress *s* Partykleid *n*
partygoer *s* Partygänger(in) *m(f)*
party leader *s* POL Parteivorsitzende(r) *m/f(m)*
party member *s* POL Parteimitglied *n*
party political broadcast *s* parteipolitische Sendung
party politics *s* ⟨*sg or pl*⟩ POL Parteipolitik *f*
party pooper *umg s* Partymuffel *m umg*
pass [pɑːs] **A** *s* **1** Ausweis *m*; MIL *etc* Passierschein *m* **2** GEOG, SPORT Pass *m* **3** **things had come to such a ~ that ...** die Lage hatte sich so zugespitzt, dass ... **4** **to make a ~ at sb** j-m Annäherungsversuche machen **B** *v/t* **1** vorbeigehen an (+*dat*); **he ~ed me without even saying hello** er ging ohne zu grüßen an mir vorbei **2** überholen **3** *Grenze etc* passieren **4** reichen; **to ~ sth around** etw herumreichen; **~ (me) the salt, please** reich mir doch bitte das Salz!; **the characteristics which he ~ed to his son** die Eigenschaften, die er an seinen Sohn weitergab **5** *Prüfung* bestehen; *Prüfling* bestehen lassen **6** *Antrag* annehmen; PARL verabschieden **7** SPORT **to ~ the ball to sb** j-m den Ball zuspielen **8** **~ the thread through the hole** führen Sie den Faden durch die Öffnung **9** *Zeit* verbringen; **he did it to ~ the time** er tat das, um sich (*dat*) die Zeit zu vertreiben **10** JUR *Strafe* verhängen; *Urteil* fällen; **to ~ comment (on sth)** einen Kommentar (zu etw) abgeben **11** *Blut* ausscheiden; **to ~ water** Wasser lassen **C** *v/i* **1** vorbeigehen/-fahren; **the street was too narrow for the cars to ~** die Straße war so eng, dass die Wagen nicht aneinander vorbeikamen; **we ~ed in the corridor** wir gingen im Korridor aneinander vorbei **2** überholen **3** **what has ~ed between us** was sich zwischen uns zugetragen hat; **if you ~ by the grocer's ...** wenn du beim Lebensmittelgeschäft vorbeikommst ...; **the procession ~ed down the street** die Prozession zog die Straße entlang; **the virus ~es easily from one person to another** der Virus ist leicht von einer Person auf die andere übertragbar; **the land has now ~ed into private hands** das Land ist jetzt in Privatbesitz übergegangen; **to ~ out of sight** außer Sichtweite geraten; **the thread ~es through this hole** der Faden geht durch diese Öffnung **4** *a.* **~ by** *Zeit* vergehen; *Termin* verfallen **5** *Wut, Zeitalter* vorübergehen; *Sturm* vorüberziehen; *Regen* vorbeigehen; **to let an opportunity ~** eine Gelegenheit verstreichen lassen **6** (≈ *akzeptabel sein*) gehen; **to let sth ~** etw durchgehen lassen; **let it ~!** vergiss es! **7** angesehen werden (**for** *od* **as** sth *als* etw); **this little room has to ~ for an office** dieses kleine Zimmer dient als Büro; **she could ~ for 25** sie könnte für 25 durchgehen **8** *bei Prüfung* bestehen **9** SPORT abspielen; **to ~ to sb** j-m zuspielen **10** KART passen; **(I) ~!** passe!

phrasal verbs mit pass:

pass away *euph v/i* entschlafen
pass by A *v/i* vorbeifahren; *Auto* vorbeifahren; *Zeit* vergehen **B** *v/t* ⟨*trennb*⟩ übergehen; **life has passed her by** das Leben ist an ihr vorübergegangen

pass down *v/t* ⟨*trennb*⟩ Traditionen überliefern (**to** +*dat*); *Eigenschaften* weitergeben (**to** an +*akk*)
pass off A *v/i* **1** ablaufen **2** durchgehen (**as** als) **B** *v/t* ⟨*trennb*⟩ **to pass sb/sth as sth** j-n/etw als etw ausgeben

pass on A *v/i* **1** *euph* entschlafen **2** übergehen (**to** zu) **B** *v/t* ⟨*trennb*⟩ *Nachricht, Kosten etc* weitergeben; *Krankheit* übertragen; **pass it on!** weitersagen!; **take a leaflet and pass them on** nehmen Sie ein Blatt und geben

Sie die anderen weiter
pass out v/i in Ohnmacht fallen
pass over v/t ⟨trennb⟩ übergehen
pass round v/t ⟨trennb⟩ herumreichen; **to be passed round** herumgereicht werden, die Runde machen umg
pass through v/i **I'm only passing through** ich bin nur auf der Durchreise
pass up v/t ⟨trennb⟩ Gelegenheit vorübergehen lassen
passable ['pɑːsəbl] adj **1** passierbar **2** passabel
passage ['pæsɪdʒ] s **1** Übergang m; **in** od **with the ~ of time** mit der Zeit **2** Durchreisegenehmigung f **3** Gang m; **secret ~** Geheimgang m **4** in Buch, Musikstück Passage f; **a ~ from Shakespeare** eine Shakespearestelle
passageway ['pæsɪdʒweɪ] s Durchgang m
passbook ['pɑːsbʊk] s Sparbuch n
passenger ['pæsɪndʒəʳ] s **1** Fahrgast m, Reisende(r) m/f(m), Passagier(in) m(f) **2** Beifahrer(in) m(f)
passenger aircraft s Passagierflugzeug n
passenger door s Beifahrertür f
passenger ferry s Personenfähre f
passenger seat s Beifahrersitz m
passer-by ['pɑːsə'baɪ] s ⟨pl passers-by⟩ Passant(in) m(f)
passing ['pɑːsɪŋ] **A** s **1** Vorübergehen n; **to mention sth in ~** etw beiläufig erwähnen **2** Überholen n **3** euph (≈ Tod) Heimgang m **4** FUSSB Ballabgabe f **B** adj **1** Auto vorbeifahrend; **with each ~ day** mit jedem Tag, der vergeht **2** Gedanken, Interesse flüchtig; Kommentar beiläufig; **to make (a) ~ reference to sth** auf etw (akk) beiläufig hinweisen; **to bear a ~ resemblance to sb/sth** mit j-m/etw eine flüchtige Ähnlichkeit haben
passion ['pæʃən] s Leidenschaft f, Leidenschaftlichkeit f; **to have a ~ for sth** eine Leidenschaft für etw haben; **his ~ is Mozart** Mozart ist seine Passion
passionate ['pæʃənɪt] adj leidenschaftlich; **to be ~ about sth** für etw eine Leidenschaft haben
passionately ['pæʃənɪtlɪ] adv leidenschaftlich; **to be ~ fond of sth** etw unwahrscheinlich gernhaben
passion fruit s Passionsfrucht f
Passion play s Passionsspiel n
Passion Week s Karwoche f
passive ['pæsɪv] **A** adj **1** passiv **2** GRAM Passiv-; **~ form** Passivform f **B** s GRAM Passiv n; **in the ~** im Passiv
passively ['pæsɪvlɪ] adv passiv; akzeptieren widerspruchslos; zusehen tatenlos
passive smoking s Passivrauchen n

passkey ['pɑːskiː] s Hauptschlüssel m
Passover ['pɑːsəʊvəʳ] s Passah n
passport ['pɑːspɔːt] s (Reise)pass m; fig Schlüssel m (**to** zu); **~s** pl Passkontrolle f
passport control s Passkontrolle f
passport holder s Passinhaber(in) m(f); **are you a British ~?** haben Sie einen britischen Pass?
passport office s Passamt n
password ['pɑːswɜːd] s Kennwort n; IT Passwort n
past [pɑːst] **A** adj **1** frühe(r, s) attr; **for some time ~** seit einiger Zeit; **all that is now ~** das ist jetzt alles vorüber; **in the ~ week** letzte Woche **2** GRAM **~ tense** Vergangenheit f **B** s Vergangenheit f; **in the ~** in der Vergangenheit; **to be a thing of the ~** der Vergangenheit (dat) angehören; **that's all in the ~ now** das ist jetzt alles Vergangenheit; **the verb is in the ~** das Verb steht in der Vergangenheit **C** präp **1** Richtung an (+dat) ... vorbei; Position hinter (+dat) **2** zeitlich nach (+dat); **ten (minutes) ~ three** zehn (Minuten) nach drei; **half ~ four** halb fünf; **a quarter ~ nine** Viertel nach neun; **it's ~ 12** es ist schon nach 12; **the trains run at a quarter ~ the hour** die Züge gehen jeweils um Viertel nach; **it's (well) ~ your bedtime** du solltest schon längst im Bett liegen **3** (≈ jenseits) über (+akk); **~ forty** über vierzig; **the patient is ~ saving** der Patient ist nicht mehr zu retten; **we're ~ caring** es kümmert uns nicht mehr; **to be ~ sth** für etw zu alt sein; **I wouldn't put it ~ him** umg ich würde es ihm schon zutrauen **D** adv vorüber; **to walk ~** vorübergehen; **to run ~** vorbeirennen
pasta ['pæstə] s Nudeln pl
paste [peɪst] **A** s **1** Kleister m **2** Brotaufstrich m; aus Tomaten Mark n **B** v/t Tapete einkleistern; IT einfügen; **to ~ sth to sth** etw an etw (akk) kleben
pastel ['pæstl] **A** s Pastellstift m; (≈ Farbe) Pastellton m **B** adj ⟨attr⟩ **~ colour** Br, **~ color** US Pastellfarbe f; **~ drawing** Pastellzeichnung f
pasteurize ['pæstəraɪz] v/t pasteurisieren
pastille ['pæstɪl] s Pastille f
pastime ['pɑːstaɪm] s Zeitvertreib m
pastor ['pɑːstəʳ] s Pfarrer(in) m(f)
pastoral ['pɑːstərəl] adj Gegend ländlich; KUNST, MUS, KIRCHE pastoral; Pflichten seelsorgerisch
past participle s Partizip Perfekt n
past perfect s Plusquamperfekt n
past progressive s Verlaufsform f der Vergangenheit
pastrami [pə'strɑːmɪ] s Pastrami n
pastry ['peɪstrɪ] s Teig m; (≈ Kuchen etc) Stückchen n; **pastries** pl Gebäck n
pasture ['pɑːstʃəʳ] s **1** Weide f; **to move on to**

~s new *fig* sich (*dat*) etwas Neues suchen [2] ⟨*kein pl*⟩ *a*. **~ land** Weideland *n*

pasty[1] ['peɪstɪ] *adj Farbe* blässlich; *Aussehen* kränklich

pasty[2] ['pæstɪ] *bes Br s* Pastete *f*

pasty-faced ['peɪstɪ'feɪst] *adj* bleichgesichtig

pat[1] [pæt] *s* [1] *von Butter* Portion *f* [2] **cow pat** Kuhfladen *m*

pat[2] *adv* **to know sth off pat** etw wie aus dem Effeff können *umg*; **to learn sth off pat** etw in- und auswendig lernen

pat[3] [A] *s* Klaps *m*; **he gave his nephew a pat on the head** er tätschelte seinem Neffen den Kopf; **to give one's horse a pat** sein Pferd tätscheln; **to give sb a pat on the back** *fig* j-m auf die Schulter klopfen; **that's a pat on the back for you** das ist ein Kompliment für dich [B] *v/t* tätscheln; **to pat sb on the head** j-m den Kopf tätscheln; **to pat sth dry** etw trocken tupfen; **to pat sb on the back** *wörtl* j-m auf den Rücken klopfen; *fig* j-m auf die Schulter klopfen

phrasal verbs mit pat:

pat down *v/t* ⟨*trennb*⟩ festklopfen; *Haar* festdrücken

patch [pætʃ] [A] *s* [1] Flicken *m* [2] Augenklappe *f* [3] Fleck *m*; *von Land* Stück *n*; *in Garten* Beet *n*, Stelle *f*; *umg von Polizist* Revier *n*; **a ~ of blue sky** ein Stückchen *n* blauer Himmel; **he's going through a bad ~** ihm geht's nicht sonderlich gut; **it's/he's not a ~ on ...** *Br umg* das/er ist gar nichts gegen ... [B] *v/t* flicken

phrasal verbs mit patch:

patch up *v/t* ⟨*trennb*⟩ zusammenflicken; *Streit* beilegen; **I want to patch things up between us** ich möchte unsere Beziehung wieder in Lot bringen

patchwork ['pætʃwɜːk] *s* Patchwork *n*; **~ quilt** Flickendecke *f*

patchwork family *s* Patchworkfamilie *f*

patchy ['pætʃɪ] *adj* ⟨*komp* patchier⟩ [1] *Wissen* lückenhaft [2] *wörtl Bart* licht; **~ fog** stellenweise Nebel

pâté ['pæteɪ] *s* Pastete *f*

patent ['peɪtənt] [A] *s* Patent *n* [B] *v/t* patentieren lassen

patented *adj* patentiert, durch Patent geschützt, patentgeschützt

patent leather *s* Lackleder *n*; **~ shoes** Lackschuhe *pl*

patently ['peɪtəntlɪ] *adv* offensichtlich; **~ obvious** ganz offensichtlich

paternal [pə'tɜːnl] *adj* väterlich; **my ~ grandmother** *etc* meine Großmutter *etc* väterlicherseits

paternity [pə'tɜːnɪtɪ] *s* Vaterschaft *f*

paternity leave *s* Vaterschaftsurlaub *m*

paternity suit *s* Vaterschaftsprozess *m*

paternity test *s* Vaterschaftstest *m*

path [pɑːθ] *s* Weg *m*; *von Flugkörper* Bahn *f*; IT Pfad *m*

pathetic [pə'θetɪk] *adj* [1] mitleiderregend; **a ~ sight** ein Bild des Jammers [2] erbärmlich; **honestly you're ~** ehrlich, dich kann man zu nichts brauchen

pathetically [pə'θetɪkəlɪ] *adv* [1] mitleiderregend; **~ thin** erschreckend dünn [2] *langsam* erbärmlich

path name *s* IT Pfad(name) *m*

pathological [ˌpæθə'lɒdʒɪkəl] *wörtl, fig adj* pathologisch

pathologically [ˌpæθə'lɒdʒɪkəlɪ] *adv* krankhaft

pathologist [pə'θɒlədʒɪst] *s* Pathologe *m*, Pathologin *f*

pathology [pə'θɒlədʒɪ] *s* Pathologie *f*

pathway ['pɑːθweɪ] *s* Weg *m*

patience ['peɪʃəns] *s* [1] Geduld *f*; **to lose ~ (with sb/sth)** (mit j-m/etw) die Geduld verlieren; **to try** *od* **test sb's ~** j-s Geduld auf die Probe stellen [2] *Br* KART Patience *f*; **to play ~** eine Patience legen

patient ['peɪʃənt] [A] *adj* geduldig; **to be ~ with sb/sth** mit j-m/etw geduldig sein [B] *s* Patient(in) *m(f)*

patiently ['peɪʃəntlɪ] *adv* geduldig

patio ['pætɪəʊ] *s* ⟨*pl* -s⟩ Terrasse *f*; **~ door(s)** Terrassentür *f*

patio heater *s* Heizpilz *m*

patriarch ['peɪtrɪɑːk] *s* Patriarch *m*

patriarchal [ˌpeɪtrɪ'ɑːkəl] *adj* patriarchalisch

patriarchy ['peɪtrɪˌɑːkɪ] *s* Patriarchat *n*

patriot ['pætrɪət] *s* Patriot(in) *m(f)*

patriotic *adj*, **patriotically** [ˌpætrɪ'ɒtɪk, -əlɪ] *adv* patriotisch

patriotism ['pætrɪətɪzəm] *s* Patriotismus *m*

patrol [pə'trəʊl] [A] *s Polizei* Streife *f*; MIL Patrouille *f*; **the navy carry out** *od* **make weekly ~s of the area** die Marine patrouilliert das Gebiet wöchentlich; **on ~** MIL auf Patrouille; *Polizei* auf Streife [B] *v/t* MIL patrouillieren in (+*dat*); *Polizist, Wachmann* seine Runden machen in (+*dat*) [C] *v/i* MIL patrouillieren; *Polizist* seine Streife machen; *Wachmann* seine Runden machen

patrol car *s* Streifenwagen *m*

patrolman *US s* ⟨*pl* -men⟩ Polizist *m*

patrol wagon *US s* Gefangenenwagen *m*

patrolwoman *US s* ⟨*pl* -women [-wɪmɪn]⟩ Polizistin *f*

patron ['peɪtrən] *s von Laden* Kunde *m*, Kundin *f*; *von Restaurant, Hotel* Gast *m*; *von Gesellschaft* Schirmherr(in) *m(f)*; *von Künstler* Förderer *m*, Förderin *f*; **~ of the arts** Kunstmäzen(in) *m(f)*

patronage ['pætrənɪdʒ] *s* Schirmherrschaft *f*;

his lifelong ~ of the arts seine lebenslange Förderung der Künste

patronize ['pætrənaɪz] v/t **1** herablassend behandeln **2** fördern

patronizing ['pætrənaɪzɪŋ] adj herablassend; **to be ~ toward(s) sb** j-n herablassend behandeln

patron saint [ˌpeɪtrən'seɪnt] s Schutzpatron(in) m(f)

patter ['pætə^r] **A** s **1** Getrippel n; von Regen Platschen n **2** von Vertreter etc Sprüche pl umg **B** v/i **1** Füße trippeln **2** a. ~ **down** Regen platschen

pattern ['pætən] **A** s **1** Muster n; fig Schema n; **to make a ~** ein Muster bilden; **there's a distinct ~/no ~ to these crimes** in diesen Verbrechen steckt ein bestimmtes Schema/kein Schema; **the ~ of events** der Ablauf der Ereignisse; **eating ~s** Essverhalten n; **to follow the usual/same ~** nach dem üblichen/gleichen Schema verlaufen **2** Handarbeiten Schnittmuster n, Strickanleitung f **3** fig Vorbild n **B** v/t bes US machen (**on** nach); **to be ~ed on sth** einer Sache (dat) nachgebildet sein

patterned adj gemustert

paunch [pɔːn(t)ʃ] s Bauch m

pauper ['pɔːpə^r] s Arme(r) m/f(m)

pause [pɔːz] **A** s Pause f; **a pregnant ~** ein vielsagendes Schweigen; **there was a ~ while …** es entstand eine Pause, während … **B** v/i stehen bleiben; Redner innehalten; **he ~d for breath** er machte eine Pause, um Luft zu holen; **to ~ for thought** (zum Nachdenken) innehalten; **he spoke for thirty minutes without once pausing** er sprach eine halbe Stunde ohne eine einzige Pause; **it made him ~** das machte ihn nachdenklich

pause button s Pausentaste f

pave [peɪv] v/t befestigen (**in, with** mit); Straße pflastern; **to ~ the way for sb/sth** fig j-m/einer Sache (dat) den Weg ebnen

pavement ['peɪvmənt] Br s Gehsteig m; US Straße f

pavilion [pə'vɪlɪən] s Pavillon m; Br SPORT Klubhaus n

paving stone ['peɪvɪŋstəʊn] s Platte f

paw [pɔː] **A** s Pfote f; von Löwe, Bär Tatze f; pej umg (≈ Hand) Pfote f umg **B** v/t tätscheln **C** v/i **to paw at sb/sth** j-n/etw betätscheln

pawn¹ [pɔːn] s Schach Bauer m; fig Schachfigur f

pawn² v/t verpfänden

pawnbroker s Pfandleiher(in) m(f)

pawnbroker's (shop), pawnshop s Pfandhaus n

pay [peɪ] ⟨v: prät, pperf paid⟩ **A** v/t **1** zahlen, bezahlen; **how much is there still to pay?** wie viel steht noch aus?; **to be** od **get paid** seinen Lohn/sein Gehalt bekommen; **to pay the price for sth** den Preis für etw zahlen **2 to pay (sb/a place) a visit, to pay a visit to sb/a place** j-n/einen Ort besuchen; **to pay a visit to the doctor** den Arzt aufsuchen **B** v/i **1** zahlen; **they pay well for this sort of work** diese Arbeit wird gut bezahlt; **to pay for sth** etw bezahlen; **it's already paid for** es ist schon bezahlt; **to pay for sb** für j-n zahlen; **I'll pay for you this time** dieses Mal zahle ich; **they paid for her to go to America** sie zahlten ihr die Reise nach Amerika **2** sich lohnen; **crime doesn't pay** sprichw Verbrechen lohnt sich nicht **3** fig **to pay for sth** für etw bezahlen; **you'll pay for that!** dafür wirst du (mir) büßen; **to make sb pay (for sth)** j-n (für etw) büßen lassen **C** s Lohn m, Gehalt n; MIL Sold m; **three months' pay** drei Monatslöhne, drei Monatsgehälter; **what's the pay like?** wie ist die Bezahlung?; **it comes out of my pay** es wird mir vom Lohn/Gehalt abgezogen

phrasal verbs mit pay:

pay back v/t ⟨trennb⟩ **1** zurückzahlen **2 to pay sb back** für Beleidigung etc es j-m heimzahlen

pay in v/i & v/t ⟨trennb⟩ einzahlen; **to pay money into an account** Geld auf ein Konto einzahlen

pay off A v/t ⟨trennb⟩ Schulden abbezahlen; Hypothek abtragen **B** v/i sich auszahlen

pay out A v/t ⟨trennb⟩ Geld ausgeben **B** v/i bezahlen

pay up v/i zahlen

payable ['peɪəbl] adj zahlbar, fällig; **to make a cheque ~ to sb** Br, **to make a check ~ to sb** US einen Scheck auf j-n ausstellen

pay-and-display Br adj **~ parking space** Parkplatz, auf dem der Parkschein sichtbar im Wagen ausgelegt werden muss

pay-as-you-earn adj ⟨attr⟩ **~ tax system** Lohnsteuerabzugsverfahren n

pay-as-you-go card s Prepaidkarte f

pay-as-you-go s Handy n mit Guthabenkarte

payback fig s Rache f; **it's ~ time** die Zeit der Rache ist gekommen

pay bracket s Gehaltsgruppe f

pay cheque s, **paycheck** US s Lohn-/Gehaltsscheck m

pay claim s Lohn-/Gehaltsforderung f

pay cut s Gehaltskürzung f

payday s Zahltag m

pay dispute s Tarifkonflikt m

PAYE Br abk → pay-as-you-earn

payee [peɪ'iː] s Zahlungsempfänger(in) m(f)

payer ['peɪə^r] s Zahler(in) m(f)

pay freeze s Lohnstopp m

pay increase s Lohn-/Gehaltserhöhung f

paying ['peɪɪŋ] *adj* ~ **guest** zahlender Gast
paying-in slip [ˌpeɪɪŋ'ɪnˌslɪp] *Br s* Einzahlungsschein *m*
payment ['peɪmənt] *s* Bezahlung *f*; *von Schulden, Hypothek* Rückzahlung *f*; *von Zinsen, Summe* Zahlung *f*; **three monthly ~s** drei Monatsraten; **in ~ of a debt** in Begleichung einer Schuld; **on ~ of** bei Begleichung/Bezahlung von; **to make a ~** eine Zahlung leisten; **to stop ~s** die Zahlungen *pl* einstellen
payment deadline *s* Zahlungstermin *m*, Zahlungsfrist *f*
payment method *s* Zahlungsart *f*, Zahlungsweise *f*
payoff *s* **1** Abschlusszahlung *f* **2** *umg* Bestechungsgeld *n*
payout *s* (Aus)zahlung *f*
pay packet *s* Lohntüte *f*
pay-per-view *adj* ⟨attr⟩ Pay-per-View-
payphone *s* Münzfernsprecher *m*
pay rise *s* Lohn-/Gehaltserhöhung *f*
payroll *s* **they have 500 people on the ~** sie haben 500 Beschäftigte
payslip *s* Gehaltsabrechnung *f*; Lohnzettel *m*
pay talks *pl* Lohnverhandlungen *pl*, Tarifverhandlungen *pl*
pay television, **pay TV** *s* Pay-TV *n*, Bezahlfernsehen *n*
paywall *s* Paywall *f* (*Bezahlschranke im Web zur Nutzung bestimmter Angebote*)
PC[1] *abk* (= Police Constable *Br*) Polizist(in) *m(f)*
PC[2] *abk* (= personal computer) PC *m*
PC[3] *abk* (= politically correct) politisch korrekt
pcm *abk* (= per calendar month) monatl.
PCP *US abk* (= primary care physician) Allgemeinarzt *m*, Allgemeinärztin *f*
PDA *s abk* (= personal digital assistant) COMPUT PDA *m*
PDF *abk* (= portable document format) IT PDF *n*
PDQ *umg abk* (= pretty damned quick) verdammt schnell *umg*
PDSA *Br abk* (= People's Dispensary for Sick Animals) *kostenloses Behandlungszentrum für Haustiere*
PE *abk* (= physical education) Turnen *n*, Sport (-unterricht) *m*
pea [piː] *s* Erbse *f*
peace [piːs] *s* **1** Frieden *m*; **to be at ~ with sb/sth** mit j-m/etw in Frieden leben; **the two countries are at ~** zwischen den beiden Ländern herrscht Frieden; **to make (one's) ~ (with sb)** sich (mit j-m) versöhnen; **to make ~ between ...** Frieden stiften zwischen (+*dat*) ...; **to keep the ~** JUR *Bürger* die öffentliche Ordnung wahren **2** Ruhe *f*; **~ of mind** innere Ruhe; **~ and quiet** Ruhe und Frieden; **to give sb some ~** j-n in Ruhe *od* Frieden lassen; **to give sb no ~** j-m keine Ruhe lassen; **to get some ~** zur Ruhe kommen; **there's no ~ for the wicked** das ist die Strafe für meine Sünden (*humoristisch verwendet, um auszudrücken, dass man viel Arbeit hat und dass dies die Strafe für all das Schlechte sei, was man sich zuschulden hat kommen lassen*)
peaceable ['piːsəbl] *adj* friedfertig
peace accord *s* Friedensabkommen *n*
peace agreement *s* Friedensabkommen *n*
peace campaigner *s* Friedenskämpfer(in) *m(f)*
peace conference *s* Friedenskonferenz *f*
peaceful *adj* friedlich, friedfertig; *Schlaf* ruhig
peacefully *adv* friedlich; **to die ~** sanft sterben
peacefulness *s* Friedlichkeit *f*; *von Ort* Ruhe *f*; **the ~ of the demonstration** der friedliche Charakter der Demonstration
peacekeeper *s* Friedenswächter(in) *m(f)*
peacekeeping **A** *s* Friedenssicherung *f* **B** *adj* zur Friedenssicherung; **~ measures** friedenserhaltende Maßnahmen; **~ troops** Friedenstruppen *pl*; **UN troops have a purely ~ role** die UN-Truppen sind eine reine Friedenstruppe; **a ~ operation** Maßnahmen *pl* zur Sicherung des Friedens
peace-loving *adj* friedliebend
peacemaker *s* Friedensstifter(in) *m(f)*
peace plan *s* Friedensplan *m*
peace process *s* Friedensprozess *m*
peace roadmap *s Presse* Friedensplan *m*
peace talks *pl* Friedensverhandlungen *pl*
peacetime *s* Friedenszeiten *pl*
peach [piːtʃ] **A** *s* Pfirsich *m* **B** *adj* pfirsichfarben
peacock *s* Pfau *m*
pea-green *adj* erbsengrün
peak [piːk] **A** *s* **1** *von Berg* Gipfel *m*; (≈ *Punkt*) Spitze *f* **2** *von Kappe* Schirm *m* **3** Höhepunkt *m*; **when his career was at its ~** als er auf dem Höhepunkt seiner Karriere war **B** *adj* ⟨attr⟩ höchste(r, s); **in ~ condition** in Höchstform; **at ~ time** TV, RADIO zur Hauptsendezeit **C** *v/i* den Höchststand erreichen; *Sportler* seine Spitzenform erreichen; **inflation ~ed at 9%** die Inflationsrate erreichte ihren Höchstwert bei 9%
peak consumption *s* Höchstverbrauch *m*
peaked [piːkt] *adj* **~ hat** Schirmmütze *f*
peak hours *pl* Hauptverkehrszeit *f*; TEL, ELEK Hauptbelastungszeit *f*
peak rate *s* TEL Höchsttarif *m*
peak season *s* Hochsaison *f*
peak-time *Br adj* zu Spitzenzeiten; **~ traffic** Stoßverkehr *m*; **~ train services** Zugverbindungen *pl* während der Hauptbelastungszeit
peak times *pl* Hauptbelastungszeit *f*
peak viewing hours *pl* Haupteinschaltzeit *f*,

Hauptsendezeit f
peaky ['pi:kɪ] *Br umg adj* ⟨*komp* peakier⟩ *Teint* blass; *Gesicht* abgehärmt; *Kind, Aussehen* kränklich
peal [pi:l] **A** *s* ~ **of bells** Glockenläuten *n*; ~**s of laughter** schallendes Gelächter; ~ **of thunder** Donnerrollen *n* **B** *v/i Glocke* läuten
peanut ['pi:nʌt] *s* Erdnuss *f*; **the pay is** ~**s** die Bezahlung ist lächerlich *umg*
peanut butter *s* Erdnussbutter *f*
peapod ['pi:pɒd] *s* Erbsenschote *f*
pear [peəʳ] *s* **1** Birne *f* **2** Birnbaum *m*
pearl [pɜ:l] **A** *s* Perle *f*; ~ **of wisdom** weiser Spruch **B** *adj* ~ **necklace** Perlenkette *f*
pearly-white ['pɜ:lɪ'waɪt] *adj* strahlend weiß; *Zähne a.* perlweiß
pear-shaped ['peəʃeɪpt] *adj* birnenförmig; **to go** ~ *Br fig umg* völlig danebengehen *umg*
peasant ['pezənt] **A** *s wörtl* (armer) Bauer, (arme) Bäuerin **B** *adj* ⟨*attr*⟩ ~ **boy** Bauernjunge *m*; ~ **farmer** (armer) Bauer
peasantry ['pezəntrɪ] *s* Bauernschaft *f*
peat [pi:t] *s* Torf *m*
pebble ['pebl] *s* Kieselstein *m*
pebbly ['peblɪ] *adj* steinig
pecan [pɪ'kæn] *s* Pecannuss *f*
peck [pek] **A** *s umg* Küsschen *n* **B** *v/t Vogel* picken **C** *v/i* picken (**at** nach)
pecking order ['pekɪŋ,ɔ:dəʳ] *s* Hackordnung *f*
peckish ['pekɪʃ] *Br umg adj* **I'm (feeling) a bit** ~ ich könnte was zwischen die Zähne gebrauchen *umg*
pecs [peks] *pl abk* (= pectorals) *umg* (Brust)muskeln *pl*; **big** ~ **Muckis** *pl umg*
peculiar [pɪ'kju:lɪəʳ] *adj* **1** seltsam **2** eigentümlich; **to be** ~ **to sth** für etw eigentümlich sein; **his own** ~ **style** der ihm eigene Stil
peculiarity [pɪ,kju:lɪ'ærɪtɪ] *s* **1** Seltsamkeit *f* **2** Eigentümlichkeit *f*
peculiarly [pɪ'kju:lɪəlɪ] *adv* seltsam
pedagogical [,pedə'gɒdʒɪkəl] *form adj* pädagogisch
pedagogy ['pedəgɒdʒɪ] *s* Pädagogik *f*
pedal ['pedl] **A** *s* Pedal *n*; *an Abfalleimer etc* Trethebel *m* **B** *v/i* treten; **he ~led for all he was worth** er trat in die Pedale, so sehr er konnte, er strampelte, so sehr er konnte *umg*
pedal bin *Br s* Treteimer *m*
pedal boat *s* Tretboot *n*
pedal car *s* Tretauto *n*
pedant ['pedənt] *s* Pedant(in) *m(f)*
pedantic [pɪ'dæntɪk] *adj* pedantisch; **to be** ~ **about sth** in Bezug auf etw (*akk*) pedantisch sein
peddle ['pedl] *v/t* verkaufen; **to** ~ **drugs** mit Drogen handeln

pedelec ['pedelek] *s* Pedelec *n*
pedestal ['pedɪstl] *s* Sockel *m*; **to put** *od* **set sb (up) on a** ~ *fig* j-n in den Himmel heben
pedestrian [pɪ'destrɪən] **A** *s* Fußgänger(in) *m(f)* **B** *adj* ⟨*attr*⟩ ~ **lights** Fußgängerampel *f*; ~ **precinct** *od* **zone** *Br*, ~ **mall** *US* Fußgängerzone *f*
pedestrian airbag *s* AUTO Fußgängerairbag *m*
pedestrian crossing *Br s* Fußgängerüberweg *m*
pedestrianize [pɪ'destrɪənaɪz] *v/t* in eine Fußgängerzone umwandeln
pediatric *etc* [,pi:dɪ'ætrɪk] *US* → paediatric
pedicure ['pedɪkjʊəʳ] *s* Pediküre *f*
pedigree ['pedɪgri:] **A** *s* Stammbaum *m* **B** *adj* ⟨*attr*⟩ reinrassig
pedophile *etc US* → paedophile
pee [pi:] *umg* **A** *s* Urin *m*, Pipi *n kindersp*; **to need a pee** pinkeln müssen *umg* **B** *v/i* pinkeln *umg*
peek [pi:k] **A** *s* kurzer Blick, verstohlener Blick; **to take** *od* **have a** ~ kurz/verstohlen gucken (**at** nach); **to get a** ~ **at sb/sth** j-n/etw kurz zu sehen bekommen **B** *v/i* gucken (**at** nach)
peel [pi:l] **A** *s* ⟨*kein pl*⟩ Schale *f* **B** *v/t* schälen **C** *v/i Tapete* sich lösen; *Lack* abblättern; *Haut* sich schälen
<u>phrasal verbs mit peel:</u>
peel away *v/i* sich lösen (**from** von)
peel off A *v/t* ⟨*trennb*⟩ *Klebeband, Tapete* abziehen (**sth von etw**); *Umschlag, Handschuh* abstreifen (**sth von etw**) **B** *v/i* → peel away
peeler ['pi:ləʳ] *s für Kartoffeln etc* Schäler *m*
peelings ['pi:lɪŋz] *pl von Kartoffeln etc* Schalen *pl*
peep[1] [pi:p] **A** *s* Piep *m*; *von Hupe, a. umg von Mensch* Ton *m*; ~**!** ~**!** tut! tut! **B** *v/i Vogel* piepen; *Hupe* tuten **C** *v/t* **I ~ed my horn at him** ich habe ihn angehupt *umg*
peep[2] **A** *s* kurzer Blick, verstohlener Blick; **to get a** ~ **at sth** etw kurz zu sehen bekommen; **to take a** ~ (**at sth**) kurz/verstohlen (nach etw) gucken **B** *v/i* gucken (**at** nach); **to** ~ **from behind sth** hinter etw (*dat*) hervorschauen; **no ~ing!, don't** ~**!** (aber) nicht gucken!
<u>phrasal verbs mit peep:</u>
peep out *v/i* herausgucken; **the sun peeped out from behind the clouds** die Sonne kam hinter den Wolken hervor
peephole *s* Guckloch *n*; *in Tür* Spion *m*
Peeping Tom ['pi:pɪŋ'tɒm] *s* Spanner *m umg*, Voyeur *m*
peepshow *s* Peepshow *f*
peer[1] [pɪəʳ] *s* **1** Peer *m* **2** Gleichrangige(r) *m/f(m)*; Gleichaltrige(r) *m/f(m)*; **he was well-liked by his** ~**s** er war bei seinesgleichen beliebt
peer[2] *v/i* **to** ~ **at sb/sth** j-n/etw anstarren, j-n/etw anschielen; **to** ~ **through the fog** angestrengt versuchen, im Nebel etwas zu er-

kennen
peerage ['pɪərɪdʒ] s **1** Adelsstand m; in GB Peers pl **2** Adelswürde f; in GB Peerswürde f; **to get a ~** geadelt werden
peer evaluation s Partnerbeurteilung f
peer group s Peergroup f
peer pressure s Gruppendruck m (vonseiten Gleichaltriger)
peeved [piːvd] umg adj eingeschnappt umg
peevish ['piːvɪʃ] adj gereizt
peg [peg] **A** s Pflock m; für Zelt Hering m; Br (Wäsche)klammer f; **off the peg** von der Stange; **to take** od **bring sb down a peg or two** umg j-m einen Dämpfer geben **B** v/t anpflocken, anklammern; Zelt festpflocken
pejorative adj, **pejoratively** [pɪ'dʒɒrɪtɪv, -lɪ] adv abwertend
pekin(g)ese [ˌpiːkɪ'niːz] s ⟨pl -⟩ (≈ Hund) Pekinese m
pelican ['pelɪkən] s Pelikan m
pelican crossing Br s Fußgängerüberweg m (mit Ampel)
pellet ['pelɪt] s Kügelchen n; (≈ Munition) Schrotkugel m
pelt [pelt] **A** v/t schleudern (**at** nach); **to ~ sb/sth (with sth)** j-n/etw (mit etw) bewerfen **B** v/i pesen umg **C** s umg **at full ~** volle Pulle umg
phrasal verbs mit pelt:
pelt down v/i **it's pelting down** es regnet in Strömen
pelvic ['pelvɪk] adj Becken-
pelvis ['pelvɪs] s Becken n
pen¹ [pen] s Füller m, Kugelschreiber m, Stift m; **have you got a pen?** hast du was zum Schreiben?; **to put pen to paper** zur Feder greifen
pen² s für Vieh Pferch m; für Schafe Hürde f; für Schweine Koben m
penal ['piːnl] adj **~ reform** Strafrechtsreform f
penal code s Strafgesetzbuch n
penal colony s Strafkolonie f
penalize ['piːnəlaɪz] v/t **1** bestrafen **2** fig benachteiligen
penal system s Strafrecht n
penalty ['penəltɪ] s **1** Strafe f; für späte Zahlung Säumniszuschlag m; **the ~ (for this) is death** darauf steht die Todesstrafe; **"penalty £50"** „bei Zuwiderhandlung wird eine Geldstrafe von £ 50 erhoben"; **to carry the death ~** mit dem Tod bestraft werden; **to pay the ~** dafür büßen **2** SPORT Strafstoß m; FUSSB Elfmeter m, Penalty m schweiz
penalty area s Strafraum m
penalty kick s Strafstoß m, Penalty m schweiz
penalty point s AUTO, JUR, SPORT Strafpunkt m
penalty shoot-out s FUSSB Elfmeterschießen n, Penaltyschiessen n schweiz

penalty spot s FUSSB Elfmeterpunkt m, Penaltypunkt m schweiz
penance ['penəns] s REL Buße f; fig Strafe f; **to do ~** Buße tun; fig büßen
pence [pens] pl **1** Pence pl **2** → penny
pencil ['pensl] **A** s Bleistift m **B** adj ⟨attr⟩ Bleistift-
phrasal verbs mit pencil:
pencil in v/t ⟨trennb⟩ vorläufig vormerken; **can I pencil you in for Tuesday?** kann ich Sie erst mal für Dienstag vormerken?
pencil case s Federmäppchen n
pencil sharpener s (Bleistift)spitzer m
pendant ['pendənt] s Anhänger m
pending ['pendɪŋ] **A** adj anstehend; **to be ~** Entscheidung etc noch anstehen **B** präp **~ a decision** bis eine Entscheidung getroffen worden ist
pen drive s IT USB-Stick m
pendulum ['pendjʊləm] s Pendel n
penetrate ['penɪtreɪt] **A** v/t eindringen in (+akk); Wand durchdringen **B** v/i eindringen, durchdringen
penetrating ['penɪtreɪtɪŋ] adj Blick durchdringend; Analyse treffend
penetration [ˌpenɪ'treɪʃən] s Eindringen n (**into** in +akk), Durchdringen n (**of** +gen); beim Sex Penetration f
penetrative ['penɪtrətɪv] adj **~ sex** penetrativer Sex
pen friend s Brieffreund(in) m(f)
penguin ['peŋgwɪn] s Pinguin m
penicillin [ˌpenɪ'sɪlɪn] s Penizillin n
peninsula [pɪ'nɪnsjʊlə] s Halbinsel f
penis ['piːnɪs] s Penis m
penitence ['penɪtəns] s Reue f
penitent adj reuig
penitentiary [ˌpenɪ'tenʃərɪ] bes US s Strafanstalt f
penknife ['pennaɪf] s Taschenmesser n
pen name s von Schriftsteller Pseudonym n
penniless ['penɪlɪs] adj mittellos; **to be ~** kein Geld haben
penny ['penɪ] s ⟨pl pence; (Münzen) pennies⟩ Penny m; US Centstück n; **to spend a ~** Br umg mal eben verschwinden umg; **the ~ dropped** umg der Groschen ist gefallen umg
penny-pinching ['penɪˌpɪntʃɪŋ] umg **A** s Pfennigfuchserei f **B** adj knickerig umg
pen pal umg s Brieffreund(in) m(f)
pension ['penʃən] s Rente f; **company ~** betriebliche Altersversorgung; **to get a ~** eine Rente etc beziehen
phrasal verbs mit pension:
pension off v/t ⟨trennb⟩ Angestellte pensionieren, in den Ruhestand versetzen

pensioner ['penʃənəʳ] s Rentner(in) m(f)
pension fund s Rentenfonds m
pension reform s POL Rentenreform f
pension scheme s Rentenversicherung f
pensive adj, **pensively** ['pensɪv, -lɪ] adv nachdenklich
pentagon ['pentəgən] s **the Pentagon** das Pentagon
pentathlon [pen'tæθlən] s Fünfkampf m
Pentecost ['pentɪkɒst] s jüdisch Erntefest n; christlich Pfingsten n; **time before ~** Pfingstzeit f
Pentecost Monday s bes US Pfingstmontag m
penthouse ['penthaʊs] s Penthouse n
pent up adj ⟨präd⟩, **pent-up** ['pent'ʌp] adj ⟨attr⟩ Emotionen aufgestaut
penultimate [pe'nʌltɪmɪt] adj vorletzte(r, s)
peony ['piːənɪ] s Pfingstrose f
people [piːpl] pl **1** Menschen pl, Leute pl; **French ~** die Franzosen pl; **all ~ with red hair** alle Rothaarigen; **some ~ don't like it** manche Leute mögen es nicht; **why me of all ~?** warum ausgerechnet ich/mich?; **of all ~ who do you think I should meet?** stell dir mal vor, wen ich getroffen habe?; **what do you ~ think?** was haltet ihr denn davon?; **poor ~** arme Leute pl; **disabled ~** Behinderte pl; **middle-aged ~** Menschen pl mittleren Alters; **old ~** Senioren pl; **city ~** Stadtmenschen pl; **country ~** Menschen pl vom Land; **some ~!** Leute gibts!; **some ~ have all the luck** manche Leute haben einfach Glück **2** Bevölkerung f; **Madrid has over 5 million ~** Madrid hat über 5 Millionen Einwohner **3** man, die Leute; **~ say that ...** man sagt, dass ...; **what will ~ think!** was sollen die Leute denken! **4** Volk n; **People's Republic** etc Volksrepublik f etc
people carrier s AUTO Kleinbus m, Van m
people smuggler s Schleuser(in) m(f)
people smuggling s Schleusen n
people trafficker s Menschenhändler(in) m(f)
people trafficking s Menschenhandel m
pep [pep] umg s Pep m umg
phrasal verbs mit pep:
pep up umg v/t ⟨trennb⟩ Schwung bringen in (+akk); Essen pikanter machen; j-n munter machen
pepper ['pepəʳ] s Pfeffer m; grün, rot Paprika m; **two ~s** zwei Paprikaschoten
peppercorn s Pfefferkorn n
pepper mill s Pfeffermühle f
peppermint s Pfefferminz f
pepper pot s Pfefferstreuer m
peppery ['pepərɪ] adj gepfeffert
pep pill umg s Aufputschtablette f
pep talk umg s **to give sb a ~** j-m ein paar aufmunternde Worte sagen
per [pɜːʳ] präp pro; **£500 per annum** £ 500 im Jahr; **60 km per hour** 60 km pro Stunde; **£2 per dozen** das Dutzend für £ 2
per capita [pə'kæpɪtə] adj Pro-Kopf-
perceive [pə'siːv] v/t wahrnehmen, erkennen; **to ~ oneself as ...** sich als ... empfinden
per cent [pə'sent] s, **percent** US s Prozent n; **a 10 ~ discount** 10 Prozent Rabatt; **a ten ~ increase** eine zehnprozentige Steigerung; **I'm 99 ~ certain that ...** ich bin (zu) 99 Prozent sicher, dass ...
percentage [pə'sentɪdʒ] **A** s Prozentsatz m, Teil m; **what ~?** wie viel Prozent? **B** adj ⟨attr⟩ **on a ~ basis** auf Prozentbasis
perceptible [pə'septəbl] adj wahrnehmbar; Verbesserung spürbar
perceptibly [pə'septəblɪ] adv merklich
perception [pə'sepʃən] s **1** ⟨kein pl⟩ Wahrnehmung f; **his powers of ~** sein Wahrnehmungsvermögen n; **verb of ~** Verb n der Wahrnehmung **2** Auffassung f (**of** von) **3** ⟨kein pl⟩ Einsicht f
perceptive [pə'septɪv] adj scharfsinnig
perceptiveness [pə'septɪv] s Scharfsinnigkeit f
perch [pɜːtʃ] **A** s von Vogel Stange f; in Baum Ast m **B** v/i hocken, sich niederlassen
perched [pɜːtʃt] adj **1** (≈ gelegen) **~ on** thronend auf +dat; **a village ~ on a hillside** ein Dorf, das auf dem Hang thront **2** (≈ sitzend) **to be ~ on sth** auf etw (dat) hocken **3** **with his glasses ~ on the end of his nose** mit der Brille auf der Nasenspitze
percolator ['pɜːkəleɪtəʳ] s Kaffeemaschine f
percussion [pə'kʌʃən] s MUS Schlagzeug n
percussion instrument s MUS Schlaginstrument n
percussionist [pə'kʌʃənɪst] s Schlagzeuger(in) m(f)
perennial [pə'renɪəl] adj Pflanze mehrjährig; (≈ ewig) immerwährend
perfect A ['pɜːfɪkt] adj **1** perfekt, vollkommen; **to be ~ for doing sth** bestens geeignet sein, um etw zu tun; **the ~ moment** genau der richtige Augenblick; **in a ~ world** in einer idealen Welt **2** völlig, vollkommen; **a ~ stranger** ein wildfremder Mensch **3** GRAM **~ tense** Perfekt n **B** ['pɜːfɪkt] s GRAM Perfekt n; **in the ~** im Perfekt **C** [pə'fekt] v/t vervollkommnen; Technik perfektionieren
perfection [pə'fekʃən] s **1** Perfektion f **2** Perfektionierung f
perfectionism [pə'fekʃənɪzm] s Perfektionismus m
perfectionist [pə'fekʃənɪst] s Perfektionist(in) m(f)

perfectly ['pɜːfɪktlɪ] *adv* **1** perfekt; **the climate suited us ~** das Klima war ideal für uns; **I understand you ~** ich weiß genau, was Sie meinen **2** vollkommen; **we're ~ happy about it** wir sind damit völlig zufrieden; **you know ~ well that ...** du weißt ganz genau, dass ...; **to be ~ honest, ...** um ganz ehrlich zu sein, ...; **a Lada is a ~ good car** ein Lada ist durchaus ein gutes Auto

perforate ['pɜːfəreɪt] *v/t* **1** durchbohren, durchlöchern **2** *Papier, Akten etc* lochen

perforated ['pɜːfəreɪtɪd] *adj Linie* perforiert

perform [pəˈfɔːm] **A** *v/t Stück* aufführen; *Zaubertrick* vorführen; *Rolle* spielen; *Wunder* vollbringen; *Aufgabe* erfüllen; *Operation* durchführen **B** *v/i* **1** auftreten **2** *Auto, Mannschaft* leisten; *Prüfling* abschneiden; **to ~ well** *Unternehmen etc* gute Leistungen erbringen; **the choir ~ed very well** der Chor hat sehr gut gesungen

performance [pəˈfɔːməns] *s* **1** *von Stück* Aufführung *f*; *von Zaubertrick* Vorführung *f*; *in Kino* Vorstellung *f*; *von Schauspieler* Leistung *f*; *von Rolle* Darstellung *f*; **he gave a splendid ~** er hat eine ausgezeichnete Leistung geboten; **we are going to hear a ~ of Beethoven's 5th** wir werden Beethovens 5. Sinfonie hören **2** *von Aufgabe* Erfüllung *f*, Ausführung *f*; *von Operation* Durchführung *f* **3** *von Auto, Sportler* Leistung *f*; *von Prüfling* Abschneiden *n*; **he put up a good ~** er hat sich gut geschlagen *umg* **4** *umg* (≈ *Getue*) Umstand *m*

performance principle *s* Leistungsprinzip *n*

performance-related *adj* leistungsbezogen

performer [pəˈfɔːmə(r)] *s* Künstler(in) *m(f)*

performing [pəˈfɔːmɪŋ] *adj Tier* dressiert; **the ~ arts** die darstellenden Künste

perfume ['pɜːfjuːm] *s* **1** Parfüm *n* **2** Duft *m*

perfumed *adj* **1** parfümiert **2** *Blume, Luft* duftend

perhaps [pəˈhæps, præps] *adv* vielleicht; **~ the greatest exponent of the art** der möglicherweise bedeutendste Vertreter dieser Kunst; **~ so** mag sein; **~ not** vielleicht (auch) nicht; **~ I might keep it for a day or two?** könnte ich es vielleicht für ein oder zwei Tage behalten?

peril ['perɪl] *s* Gefahr *f*; **he is in great ~** er schwebt in großer Gefahr

perilous ['perɪləs] *adj* gefährlich

perilously ['perɪləslɪ] *adv* gefährlich; **we came ~ close to bankruptcy** wir waren dem Bankrott gefährlich nahe; **she came ~ close to falling** sie wäre um ein Haar heruntergefallen

perimeter [pəˈrɪmɪtə(r)] *s* **1** Grenze *f*; Umkreis *m* **2** MATH Umfang *m*

period ['pɪərɪəd] *s* **1** Zeit *f*, Zeitraum *m*; (≈ *Epoche*) Zeitalter *n*; (≈ *Menstruation*) Periode *f*; **for a ~ of eight weeks** für einen Zeitraum von acht Wochen; **for a three-month ~** drei Monate lang; **over a ~ of time** eine Zeit lang; **at that ~** zu diesem Zeitpunkt; **a ~ of cold weather** eine Kaltwetterperiode; **she missed a ~** sie bekam ihre Periode nicht; **she is on her ~** sie hat ihre Periode **2** SCHULE (Schul)stunde *f*; **double ~** Doppelstunde *f* **3** *US* (≈ *Satzzeichen*) Punkt *m*; **I'm not going ~!** *US* ich gehe nicht, und damit basta! *umg*

periodic [ˌpɪərɪˈɒdɪk] *adj* periodisch

periodical [ˌpɪərɪˈɒdɪkəl] **A** *adj* → periodic **B** *s* Zeitschrift *f*

periodically [ˌpɪərɪˈɒdɪkəlɪ] *adv* periodisch, regelmäßig

period pain *s*, **period pains** *pl* Menstruationsbeschwerden *pl*, Regelschmerzen *pl*

period return *s* Zeitkarte *f*

peripheral [pəˈrɪfərəl] **A** *adj* Rand-; *fig* peripher; **~ role** Nebenrolle *f* **B** *s* COMPUT Peripheriegerät *n*

periphery [pəˈrɪfərɪ] *s* Peripherie *f*

periscope ['perɪskəʊp] *s* Periskop *n*

perish ['perɪʃ] *liter v/i* umkommen

perishable ['perɪʃəbl] **A** *adj Lebensmittel* verderblich **B** *pl* **~s** leicht verderbliche Ware(n)

perished *umg adj* durchgefroren

perishing ['perɪʃɪŋ] *Br umg* eisig kalt; **I'm ~** ich geh fast ein vor Kälte *umg*

perjure ['pɜːdʒə(r)] *v/t* **to ~ oneself** einen Meineid leisten

perjury ['pɜːdʒərɪ] *s* Meineid *m*; **to commit ~** einen Meineid leisten

perk [pɜːk] *s* Vergünstigung *f*

phrasal verbs mit perk:

perk up **A** *v/t* ⟨*trennb*⟩ **to perk sb up** j-n munter machen, j-n aufheitern **B** *v/i* munter werden, aufleben

perky ['pɜːkɪ] *adj* ⟨*komp* perkier⟩ munter

perm [pɜːm] *abk* (= **permanent wave**) **A** *s* Dauerwelle *f* **B** *v/t* **to ~ sb's hair** j-m eine Dauerwelle machen

permalink ['pɜːməlɪŋk] *s* IT Permalink *m/n* (*dauerhafter Indikator*)

permanence ['pɜːmənəns], **permanency** ['pɜːmənənsɪ] *s* Dauerhaftigkeit *f*

permanent ['pɜːmənənt] **A** *adj* permanent, fest; *Beziehung, Wirkung* dauerhaft; *Stelle* unbefristet; *Schaden* bleibend; *Mitarbeiter* fest angestellt; **~ employees** Festangestellte *pl*; **on a ~ basis** dauerhaft; **~ memory** COMPUT Festspeicher *m*; **~ address** fester Wohnsitz **B** *s US* → perm A

permanently ['pɜːmənəntlɪ] *adv* permanent, fest; *beschädigt* bleibend; *sich ändern, müde sein*

ständig; *geschlossen* dauernd; **~ employed** fest angestellt; **are you living ~ in Frankfurt?** ist Frankfurt Ihr fester Wohnsitz?
permanent wave s → **perm** A
permeable ['pɜːmɪəbl] *adj* durchlässig
permeate ['pɜːmɪeɪt] **A** *v/t* durchdringen **B** *v/i* dringen (**into** in +*akk od* **through** durch)
permissible [pəˈmɪsɪbl] *adj* erlaubt (**for sb** j-m)
permission [pəˈmɪʃən] s Erlaubnis f; **to get ~** eine Erlaubnis erhalten; **to get sb's ~** j-s Erlaubnis erhalten; **to give ~** die Erlaubnis erteilen; **to give sb ~ (to do sth)** j-m erlauben(, etw zu tun); **to ask sb's ~** j-n um Erlaubnis bitten
permissive [pəˈmɪsɪv] *adj* nachgiebig; **the ~ society** die permissive Gesellschaft
permit **A** [pəˈmɪt] *v/t* erlauben; **to ~ sb/oneself to do sth** j-m/sich (*dat*) erlauben, etw zu tun **B** [pəˈmɪt] *v/i* **weather ~ting** wenn es das Wetter erlaubt **C** ['pɜːmɪt] s Genehmigung f; **~ holder** Inhaber(in) *m(f)* eines Berechtigungsscheins; "**permit holders only**" „Parken nur mit Parkausweis"
pernickety [pəˈnɪkɪtɪ] *umg adj* pingelig *umg*
perpendicular [ˌpɜːpənˈdɪkjʊləʳ] **A** *adj* senkrecht (**to** zu) **B** s Senkrechte f
perpetrate ['pɜːpɪtreɪt] *v/t* begehen
perpetration [ˌpɜːpɪˈtreɪʃən] s Begehen n
perpetrator ['pɜːpɪtreɪtəʳ] s Täter(in) *m(f)*; **the ~ of this crime** derjenige, der dieses Verbrechen begangen hat
perpetual [pəˈpetjʊəl] *adj* ständig
perpetuate [pəˈpetjʊeɪt] *v/t* aufrechterhalten
perplex [pəˈpleks] *v/t* verblüffen
perplexed *adj*, **perplexedly** [pəˈplekst, -sɪdlɪ] *adv* verblüfft
perplexing [pəˈpleksɪŋ] *adj* verblüffend
perplexity [pəˈpleksətɪ] s Verwirrung f, Verblüffung f
persecute ['pɜːsɪkjuːt] *v/t* verfolgen
persecution [ˌpɜːsɪˈkjuːʃən] s Verfolgung f (**of** von)
persecutor ['pɜːsɪkjuːtəʳ] s Verfolger(in) *m(f)*
perseverance [ˌpɜːsɪˈvɪərəns] s Ausdauer f (**with** mit)
persevere [ˌpɜːsɪˈvɪəʳ] *v/i* durchhalten; **to ~ in one's attempts to do sth** unermüdlich weiter versuchen, etw zu tun
persevering *adj*, **perseveringly** [ˌpɜːsɪˈvɪərɪŋ, -lɪ] *adv* beharrlich
Persia ['pɜːʃə] s Persien n
Persian ['pɜːʃən] *adj* persisch; **the ~ Gulf** der Persische Golf
Persian carpet s Perser(teppich) m
persist [pəˈsɪst] *v/i* nicht lockerlassen, beharren (**in** auf +*dat*); (≈ *lange dauern*) anhalten; **we shall ~ in** *od* **with our efforts** wir werden in unseren Bemühungen nicht nachlassen
persistence [pəˈsɪstəns], **persistency** [pəˈsɪstənsɪ] s Beharrlichkeit f, Ausdauer f
persistent *adj* *Forderungen* beharrlich; *Mensch* hartnäckig; *Versuche* ausdauernd; *Drohungen* ständig; *Schmerz, Lärm* anhaltend; **~ offender** Wiederholungstäter(in) *m(f)*
persistently *adv fragen, bestreiten* beharrlich; *behaupten* hartnäckig; *kritisieren* ständig
person ['pɜːsn] s **1** ⟨*pl* **people** *od form* **-s**⟩ Mensch m, Person f; **I like him as a ~** ich mag ihn als Mensch; **I know no such ~** so jemanden kenne ich nicht; **any ~** jeder; **per ~** pro Person; **I'm more of a cat ~** ich bin mehr ein Katzentyp m **2** ⟨*pl* **-s**⟩ GRAM Person f; **first ~ singular** erste Person Singular **3** ⟨*pl* **-s**⟩ Körper m; **in ~** persönlich
personable ['pɜːsnəbl] *adj* von angenehmer Erscheinung
personal ['pɜːsnl] *adj* persönlich; **it's nothing ~ but ...** ich habe nichts gegen Sie *etc* persönlich, aber ...; **~ call** Privatgespräch n; **~ friend** persönlicher Freund, persönliche Freundin; **her ~ life** ihr Privatleben n
personal ad *umg* s private Kleinanzeige
personal allowance s *für Steuer* persönlicher Freibetrag
personal assistant s persönlicher Assistent, persönliche Assistentin
personal column s Familienanzeigen *pl*
personal computer s Personal Computer m, PC m
personal digital assistant s COMPUT PDA m, Organizer m
personal hygiene s Körperpflege f
personal identification number s Geheimzahl f
personality [ˌpɜːsəˈnælɪtɪ] s Persönlichkeit f
personalization [ˌpɜːsənəlaɪˈzeɪʃən] s Personalisierung f
personalize ['pɜːsənəˌlaɪz] *v/t* personalisieren
personal loan s Privatdarlehen n
personally ['pɜːsənəlɪ] *adv* persönlich; **~, I think that ...** ich persönlich bin der Meinung, dass ...; **to take sth ~** etw persönlich nehmen; **to hold sb ~ responsible** j-n persönlich verantwortlich machen; **to be ~ involved** persönlich beteiligt sein
personal organizer s Terminplaner m; (≈ *Gerät*) elektronisches Notizbuch
personal pronoun s Personalpronomen n
personal stereo s Walkman® m
personal trainer s persönlicher Fitnesstrainer, persönliche Fitnesstrainerin
personification [pɜːˌsɒnɪfɪˈkeɪʃən] s Personifizierung f („*Vermenschlichung*": einem Objekt

oder einem Abstraktum werden menschliche Attribute zugeordnet); **he is the ~ of good taste** er ist der personifizierte gute Geschmack
personify [pɜːˈsɒnɪfaɪ] *v/t* personifizieren; **evil personified** das personifizierte Böse
personnel [ˌpɜːsəˈnel] **A** *s* **1** Personal *n*; *von Flugzeug, Schiff* Besatzung *f*; MIL Leute *pl* **2** die Personalabteilung **B** *adj* ⟨*attr*⟩ Personal-
personnel department *s* Personalabteilung *f*
personnel manager *s* Personalchef(in) *m(f)*
perspective [pəˈspektɪv] *s* Perspektive *f*; **try to get things in ~** versuchen Sie, das nüchtern und sachlich zu sehen; **to get sth out of ~** *fig* etw verzerrt sehen; **to see things from a different ~** die Dinge aus einem anderen Blickwinkel betrachten
Perspex® [ˈpɜːspeks] *s* Acrylglas *n*
perspiration [ˌpɜːspəˈreɪʃən] *s* Schwitzen *n*, Schweiß *m*
perspire [pəˈspaɪə] *v/i* schwitzen
persuade [pəˈsweɪd] *v/t* überreden, überzeugen; **to ~ sb to do sth** j-n überreden, etw zu tun; **to ~ sb out of doing sth** j-n dazu überreden, etw nicht zu tun; **to ~ sb that ...** j-n davon überzeugen, dass ...; **she is easily ~d** sie ist leicht zu überreden/überzeugen
persuasion [pəˈsweɪʒən] *s* **1** Überredung *f*; **her powers of ~** ihre Überredungskünste **2** Überzeugung *f*
persuasive [pəˈsweɪsɪv] *adj Vertreter* beredsam; *Argumente* überzeugend; **he can be very ~** er kann einen gut überreden, er kann einen leicht überzeugen
persuasively [pəˈsweɪsɪvlɪ] *adv* überzeugend
persuasiveness *s* Überredungskunst *f*; *von Argument* Überzeugungskraft *f*
pert [pɜːt] *adj* ⟨+*er*⟩ keck
pertain [pɜːˈteɪn] *v/i* **to ~ to sth** etw betreffen
pertinent [ˈpɜːtɪnənt] *adj form* sachdienlich, relevant
perturbed [pəˈtɜːbd] *adj* beunruhigt
pertussis [pəˈtʌsɪs] *s* MED Keuchhusten *m*
perverse [pəˈvɜːs] *adj* abwegig, pervers
perversely [pəˈvɜːslɪ] *adv* paradoxerweise; *entscheiden* abwegigerweise
perversion [pəˈvɜːʃən] *s* **1** *sexuell, a.* PSYCH Perversion *f* **2** *von Wahrheit* Verzerrung *f*
perversity [pəˈvɜːsɪtɪ] *s* Perversität *f*
pervert A [pəˈvɜːt] *v/t Wahrheit* verzerren; **to ~ the course of justice** JUR die Rechtsfindung behindern **B** [ˈpɜːvɜːt] *s* Perverse(r) *m/f(m)*
perverted [pəˈvɜːtɪd] *adj* pervertiert
pesky [ˈpeskɪ] *esp* US *umg adj* ⟨*komp* peskier⟩ nervtötend *umg*
pessary [ˈpesərɪ] *s* Pessar *n*
pessimism [ˈpesɪmɪzəm] *s* Pessimismus *m*
pessimist [ˈpesɪmɪst] *s* Pessimist(in) *m(f)*
pessimistic [ˌpesɪˈmɪstɪk] *adj* pessimistisch; **I'm rather ~ about it** da bin ich ziemlich pessimistisch; **I'm ~ about our chances of success** ich bin pessimistisch, was unsere Erfolgschancen angeht
pessimistically [ˌpesɪˈmɪstɪkəlɪ] *adv* pessimistisch
pest [pest] *s* **1** ZOOL Schädling *m*; **~ control** Schädlingsbekämpfung *f* **2** *fig* (≈ *Mensch*) Nervensäge *f*; (≈ *Sache*) Plage *f*
pester [ˈpestə] *v/t* belästigen; **she ~ed me for the book** sie ließ mir keine Ruhe wegen des Buches; **to ~ sb to do sth** j-n bedrängen, etw zu tun
pesticide [ˈpestɪsaɪd] *s* Pestizid *n*
pet [pet] **A** *adj* ⟨*attr*⟩ **1 her pet dogs** ihre Hunde **2** Lieblings-; **pet theory** Lieblingstheorie *f*; **a pet name** ein Kosename *m* **B** *s* **1** Haustier *n* **2** Liebling *m*; **teacher's pet** Streber(in) *m(f)* **C** *v/t* streicheln
petal [ˈpetl] *s* Blütenblatt *n*
Pete [piːt] *s* **for ~'s sake** *umg* um Himmels willen
peter out [ˌpiːtərˈaʊt] *v/i* langsam zu Ende gehen; *Geräusch* verhallen; *Interesse* sich verlieren
pet insurance *s* Haustierversicherung *f*
petit bourgeois [ˈpetiˈbʊəʒwɑː] *adj* kleinbürgerlich
petite [pəˈtiːt] *adj* zierlich
petite bourgeoisie [petiˌbʊəʒwɑːˈziː] *s* Kleinbürgertum *n*
petition [pəˈtɪʃən] **A** *s* Unterschriftenliste *f*; **to get up a ~** Unterschriften sammeln **B** *v/t* eine Unterschriftenliste vorlegen (+*dat*) **C** *v/i* eine Unterschriftenliste einreichen
pet passport *Br s* Tierpass *m*
petrified [ˈpetrɪfaɪd] *fig adj* **I was ~ (with fear)** ich war starr vor Schrecken; **she is ~ of spiders** sie hat panische Angst vor Spinnen; **to be ~ of doing sth** panische Angst davor haben, etw zu tun
petrify [ˈpetrɪfaɪ] *v/t* **he really petrifies me** er jagt mir ein schreckliches Angst ein; **a ~ing experience** ein schreckliches Erlebnis; **to be petrified by sth** sich panisch vor etw fürchten
petrochemical [ˈpetrəʊˈkemɪkəl] *s* petrochemisches Erzeugnis
petrol [ˈpetrəl] *Br s* Benzin *n*
petrol bomb *Br s* Benzinbombe *f*
petrol can *Br s* Reservekanister *m*
petrol cap *Br s* Tankdeckel *m*
petroleum [pɪˈtrəʊlɪəm] *s* Erdöl *n*
petrol gauge *Br s* Benzinuhr *f*
petrol pump *Br s* Zapfsäule *f*
petrol station *Br s* Tankstelle *f*

petrol tank *Br s* Benzintank *m*
petrol tanker *Br s* (Benzin)Tankwagen *m*
pet shop *bes Br s*, **pet store** *US s* Zoohandlung *f*
petticoat ['petɪkəʊt] *s* Unterrock *m*
pettiness ['petɪnɪs] *s* Kleinlichkeit *f*
petting ['petɪŋ] *s* Petting *n*; **heavy ~** Heavy Petting *n*
petting zoo *s* Streichelzoo *m*
petty ['petɪ] *adj* ⟨*komp* pettier⟩ **1** belanglos **2** kleinlich
petty bourgeois *adj* → petit bourgeois
petty bourgeoisie *s* → petite bourgeoisie
petty cash *s* Portokasse *f*
petty crime *s* ⟨*kein pl*⟩ Kleinkriminalität *f*
petty theft *s* einfacher Diebstahl
petulant ['petjʊlənt] *adj* verdrießlich; *Kind* bockig *umg*
pew [pjuː] *s* KIRCHE (Kirchen)bank *f*; *hum* (≈ *Stuhl*) Platz *m*; **pews** *pl* Kirchengestühl *n*
pH [ˌpiːˈeɪtʃ] *s* CHEM pH-Wert *m*
phablet ['fæblɪt] *s* IT *internetfähiges Mobiltelefon* Phablet *n*
phallic ['fælɪk] *adj* phallisch; **~ symbol** Phallussymbol *n*
phallus ['fæləs] *s* ⟨*pl* -es *od* phalli⟩ Phallus *m*
phantasy *s* → fantasy
phantom ['fæntəm] **A** *s* Phantom *n*, Geist *m* **B** *adj* ⟨*attr*⟩ eingebildet, Phantom-
Pharaoh ['feərəʊ] *s* Pharao *m*
pharmaceutical [ˌfɑːməˈsjuːtɪkəl] **A** *adj* pharmazeutisch **B** *s* ⟨*mst pl*⟩ Arzneimittel *n*; **~(s) company** Pharmaunternehmen *n*
pharmacist ['fɑːməsɪst] *s* Apotheker(in) *m(f)*
pharmacology [ˌfɑːməˈkɒlədʒɪ] *s* Pharmakologie *f*
pharmacy ['fɑːməsɪ] *s* Apotheke *f*
phase [feɪz] **A** *s* Phase *f*; **a passing ~** ein vorübergehender Zustand; **he's going through a ~** das ist nur so eine Phase bei ihm **B** *v/t* **a ~d withdrawal** ein schrittweiser Rückzug

phrasal verbs mit phase:
phase in *v/t* ⟨*trennb*⟩ allmählich einführen
phase out *v/t* ⟨*trennb*⟩ auslaufen lassen, schrittweise einstellen

phat [fæt] *sl adj* abgefahren *sl*, geil *sl*, fett *sl*
pH-balanced [ˌpiːˈeɪtʃˌbælənsd] *adj Seife etc* pH-neutral
PhD *s* Doktor *m*, Dr.; **PhD thesis** Doktorarbeit *f*; **to do one's PhD** promovieren; **to get one's PhD** den Doktor bekommen; **he has a PhD in English** er hat in Anglistik promoviert
pheasant ['feznt] *s* Fasan *m*
phenix ['fiːnɪks] *US s* → phoenix
phenomena [fɪˈnɒmɪnə] *pl* → phenomenon
phenomenal [fɪˈnɒmɪnl] *adj* phänomenal; *Mensch* fabelhaft; **at a ~ rate** in phänomenalem Tempo
phenomenally [fɪˈnɒmɪnəlɪ] *adv* außerordentlich; *schlecht etc* unglaublich
phenomenon [fɪˈnɒmɪnən] *s* ⟨*pl* phenomena⟩ Phänomen *n*
phew [fjuː] *int* puh
phial ['faɪəl] *s* Fläschchen *n*, Ampulle *f*
philanderer [fɪˈlændərə] *s* Schwerenöter *m*
philanthropist [fɪˈlænθrəpɪst] *s* Philanthrop(in) *m(f)*
philanthropy [fɪˈlænθrəpɪ] *s* Philanthropie *f*
-phile [-faɪl] *s* ⟨*suf*⟩ -phile(r) *m/f(m)*, -freund(in) *m(f)*
philharmonic [ˌfɪlɑːˈmɒnɪk] **A** *adj* philharmonisch **B** *s* **Philharmonic** Philharmonie *f*
Philippines ['fɪlɪpiːnz] *pl* Philippinen *pl*
philistine ['fɪlɪstaɪn] *fig s* Banause *m*, Banausin *f*
philological [ˌfɪləˈlɒdʒɪkl] *adj* philologisch
philology [fɪˈlɒlədʒɪ] *s* Philologie *f*
philosopher [fɪˈlɒsəfə] *s* Philosoph(in) *m(f)*
philosophic(al) [ˌfɪləˈsɒfɪk(əl)] *adj* philosophisch; *fig* gelassen; **to be ~al about sth** etw philosophisch betrachten
philosophically [ˌfɪləˈsɒfɪkəlɪ] *adv* philosophisch; *fig* gelassen
philosophize [fɪˈlɒsəfaɪz] *v/i* philosophieren (**about, on** über +*akk*)
philosophy [fɪˈlɒsəfɪ] *s* Philosophie *f*
phishing ['fɪʃɪŋ] *s* IT Phishing *n* (*Identitätsdiebstahl im Internet*)
phlegm [flem] *s* Schleim *m*
phlegmatic [flegˈmætɪk] *adj* phlegmatisch
-phobe [-fəʊb] *s* ⟨*suf*⟩ -phobe(r) *m/f(m)*, -feind(in) *m(f)*
phobia ['fəʊbɪə] *s* Phobie *f*; **she has a ~ about it** sie hat krankhafte Angst davor
-phobic [-ˈfəʊbɪk] *adj* ⟨*suf*⟩ -phob, -feindlich
phoenix ['fiːnɪks] *s*, **phenix** *US s* Phönix *m*; **like a ~ from the ashes** wie ein Phönix aus der Asche
phone [fəʊn] **A** *s* Telefon *n*; **to be on the ~** Telefon haben; (≈ *sprechen*) am Telefon sein; **I'll give you a ~** *Br umg* ich ruf dich an **B** *v/t* anrufen **C** *v/i* telefonieren

phrasal verbs mit phone:
phone back *v/t & v/i* ⟨*trennb*⟩ zurückrufen
phone in **A** *v/i* anrufen; **to phone in sick** sich telefonisch krankmelden **B** *v/t* ⟨*trennb*⟩ *Bestellung* telefonisch aufgeben
phone up **A** *v/i* telefonieren **B** *v/t* ⟨*trennb*⟩ anrufen

phone bill *s* Telefonrechnung *f*
phone book *s* Telefonbuch *n*
phone booth *s* Telefonzelle *f*
phone box *s Br* Telefonzelle *f*

phone call s Telefonanruf m; **to make a ~** ein Telefongespräch führen; **have I had any ~s?** hat j-d für mich angerufen?
phonecard s Telefonkarte f
phone charger s fürs Handy Ladegerät n
phone-in s Phone-in n
phone number s Telefonnummer f
phonetic adj, **phonetically** [fəʊˈnetɪk, -əlɪ] adv phonetisch
phonetics [fəʊˈnetɪks] s Phonetik f
phoney [ˈfəʊnɪ] umg **A** adj **1** unecht; Name, Akzent falsch; Pass gefälscht; **there is something ~ about this** da ist was faul dran umg; **a ~ company** eine Schwindelfirma; **a ~ war** kein echter Krieg **2** (≈ unehrlich) Mensch falsch **B** s Fälschung f; (≈ Mensch) Schwindler(in) m(f), Angeber(in) m(f)
phony US umg adj & s → phoney
phosphate [ˈfɒsfeɪt] s CHEM Phosphat n
phosphorescent [ˌfɒsfəˈresnt] adj phosphoreszierend
phosphorus [ˈfɒsfərəs] s Phosphor m
photo [ˈfəʊtəʊ] s ⟨pl -s⟩ Foto n; **in the ~** auf dem Foto; **to take ~s** Fotos machen
photo album s Fotoalbum n
photobomb **A** v/t & v/i fotobomben **B** s Fotobombe f
photobook s Fotobuch n
photo booth s Passbildautomat m
photocopier s (Foto)kopierer m
photocopy **A** s Fotokopie f **B** v/t fotokopieren **C** v/i **this won't ~** das lässt sich nicht fotokopieren
photo finish s Fotofinish n
Photofit® s, (a. **Photofit picture**) Phantombild n
photo gallery s Bilderstrecke f
photogenic [ˌfəʊtəʊˈdʒenɪk] adj fotogen
photograph [ˈfəʊtəɡrɑːf] **A** s Fotografie f; **to take a ~ (of sb/sth)** (j-n/etw) fotografieren; **in the ~** auf der Fotografie; **~ album** Fotoalbum n **B** v/t fotografieren
photographer [fəˈtɒɡrəfəʳ] s Fotograf(in) m(f)
photographic [ˌfəʊtəˈɡræfɪk] adj fotografisch; **~ software** Fotosoftware f
photography [fəˈtɒɡrəfɪ] s Fotografie f
photography software s Fotosoftware f
photojournalism s Fotojournalismus m
photojournalist s Fotojournalist(in) m(f)
photon [ˈfəʊtɒn] s Photon n
photo opportunity s Fototermin m
photo printer s Fotodrucker m
photo session s Fotosession f
photosynthesis s Fotosynthese f
phrasal verb [ˌfreɪzəlˈvɜːb] s Verb n mit Präposition

phrase [freɪz] **A** s **1** GRAM Satzteil m; gesprochen Phrase f **2** Ausdruck m, Redewendung f **B** v/t formulieren
phrase book s Sprachführer m
pH-value [piːˈeɪtʃvæljuː] s pH-Wert m
physalis [faɪˈseɪlɪs] s Physalis f, Kapstachelbeere f
physical [ˈfɪzɪkəl] **A** adj **1** physisch, körperlich; **you don't get enough ~ exercise** Sie bewegen sich nicht genug **2** physikalisch; **it's a ~ impossibility** es ist ein Ding der Unmöglichkeit **B** s ärztliche Untersuchung; MIL Musterung f
physical education s Sport(unterricht) m
physical education teacher s Sportlehrer(in) m(f)
physical fitness s körperliche Fitness f
physical handicap s Körperbehinderung f
physically [ˈfɪzɪkəlɪ] adv physisch, körperlich; **to be ~ sick** sich übergeben; **~ impossible** praktisch unmöglich; **they removed him ~ from the meeting** sie haben ihn mit Gewalt aus der Versammlung entfernt; **as long as is ~ possible** so lange wie nur irgend möglich
physically handicapped adj körperbehindert
physical science s Naturwissenschaft f
physician [fɪˈzɪʃən] s Arzt m, Ärztin f
physicist [ˈfɪzɪsɪst] s Physiker(in) m(f)
physics [ˈfɪzɪks] s Physik f; **~ is my favourite subject** Physik ist mein Lieblingsfach
physio [ˈfɪzɪəʊ] bes Br umg s ⟨pl -s⟩ Physiotherapeut(in) m(f)
physiological [ˌfɪzɪəˈlɒdʒɪkəl] adj physiologisch
physiology [ˌfɪzɪˈɒlədʒɪ] s Physiologie f
physiotherapist [ˌfɪzɪəˈθerəpɪst] s Physiotherapeut(in) m(f)
physiotherapy [ˌfɪzɪəˈθerəpɪ] s Physiotherapie f
physique [fɪˈziːk] s Körperbau m
pianist [ˈpɪənɪst] s Klavierspieler(in) m(f), Pianist(in) m(f)
piano [ˈpjænəʊ] s ⟨pl -s⟩ Klavier n, Flügel m; **to play the ~** Klavier spielen
piano player s Klavierspieler(in) m(f)
piano teacher s Klavierlehrer(in) m(f)
piccolo [ˈpɪkələʊ] s ⟨pl -s⟩ Piccoloflöte f; **to play the ~** Piccoloflöte spielen
pick [pɪk] **A** s **1** Spitzhacke f **2** (≈ Auswahl) **she could have her ~ of any man in the room** sie könnte jeden Mann im Raum haben; **to have first ~** die erste Wahl haben; **take your ~!** such dir etwas/einen etc aus! **3** Beste(s) n **B** v/t **1** (aus)wählen; **to ~ a team** eine Mannschaft aufstellen; **to ~ sb to do sth** j-n auswählen, etw zu tun; **to ~ sides** wählen; **to ~ one's way through sth** seinen Weg durch etw fin-

den **2** *Schorf* kratzen an (+*dat*); **to ~ one's nose** sich (+*dat*) in der Nase bohren; **to ~ a lock** ein Schloss knacken; **to ~ sth to pieces** *fig* etw verreißen; **to ~ holes in sth** *fig* etw bemäkeln; **to ~ a fight (with sb)** (mit j-m) einen Streit vom Zaun brechen; **to ~ sb's pocket** j-n bestehlen; **to ~ pockets** Taschendiebstahl begehen; **to ~ sb's brains (about sth)** j-n (nach etw) ausfragen **3** *Blumen, Obst* pflücken **C** *v/i* wählen; **to ~ and choose** wählerisch sein

phrasal verbs mit pick:

pick at *v/i* (+*obj*) **to pick at one's food** im Essen herumstochern

pick off *v/t* ⟨*trennb*⟩ wegzupfen, pflücken

pick on *bes Br v/i* (+*obj*) herumhacken auf (+*dat*); **why pick on me?** *umg* warum gerade ich?; **pick on somebody your own size!** *umg* leg dich doch mit einem Gleichstarken an! *umg*

pick out *v/t* ⟨*trennb*⟩ **1** auswählen **2** heraussuchen **3** (≈ *wahrnehmen*) ausmachen **4** MUS **to pick out a tune** eine Melodie improvisieren

pick over, pick through *v/i* (+*obj*) durchsehen

pick up **A** *v/t* ⟨*trennb*⟩ **1** aufheben, hochheben; **to pick up a child in one's arms** ein Kind auf den Arm nehmen; **to pick oneself up** aufstehen; **to pick up the phone** (den Hörer) abnehmen; **you just have to pick up the phone** du brauchst nur anzurufen; **to pick up the bill** die Rechnung bezahlen; **to pick up a story** mit einer Geschichte fortfahren; **to pick up the pieces** die Scherben aufsammeln **2** holen, bekommen; *Eigenart* sich (*dat*) angewöhnen; *Krankheit* sich (*dat*) holen; *durch Leistung* verdienen; **to pick sth up at a sale** etw im Ausverkauf erwischen; **to pick up speed** schneller werden; **he picked up a few extra points** er hat ein paar Extrapunkte gemacht **3** *Fertigkeit* sich (*dat*) aneignen; *Fremdsprache* lernen; *Wort* aufschnappen; *Informationen* herausbekommen; *Idee* aufgreifen; **you'll soon pick it up** du wirst das schnell lernen; **where did you pick up that idea?** wo hast du denn die Idee her? **4** j-n, *Waren* abholen; *Bus: Passagiere* aufnehmen, mitnehmen; (≈ *verhaften*) schnappen *umg* **5** *umg Mädchen* aufgabeln *umg* **6** RADIO *Radiosender* hereinbekommen **7** finden **B** *v/i* **1** besser werden; *Geschäft* sich erholen **2** **to pick up where one left off** da weitermachen, wo man aufgehört hat

pick up on *v/t Fehler, Akzent* bemerken; **to pick up on sb/sth** j-n/etw wahrnehmen; **to pick up on sth** auf etw reagieren, etw aufgreifen

pickaxe ['pɪkæks] *s*, **pickax** *US s* Spitzhacke *f*

picker *s* Pflücker(in) *m(f)*

picket ['pɪkɪt] **A** *s* Streikposten *m* **B** *v/t Fabrik* Streikposten aufstellen vor (+*dat*)

picket fence *s* Palisadenzaun *m*

picketing *s* Aufstellen *n* von Streikposten

picket line *s* Streikpostenkette *f*; **to cross a ~** eine Streikpostenkette durchbrechen

picking ['pɪkɪŋ] *s*, **pickings** *pl* Ausbeute *f*

pickle ['pɪkl] **A** *s* **1** Mixed Pickles *pl* **2** *umg* **to be in a bit of a ~** ganz schön in der Patsche sitzen *umg*; **to get (oneself) into a ~** in ein Kuddelmuddel geraten *umg* **B** *v/t* einlegen

pickled *adj* eingelegt

pick-me-up *umg s* Muntermacher *m umg*, Anregungsmittel *n*

pickpocket ['pɪk‚pɒkɪt] *s* Taschendieb(in) *m(f)*

pick-up ['pɪkʌp] *s* **1** (*a*. **~ truck**) Kleintransporter *m* **2** Abholen *n*; **~ point** Treffpunkt *m*

picky ['pɪkɪ] *adj* ⟨*komp* pickier⟩ *umg* pingelig *umg*; *Esser* wählerisch

picnic ['pɪknɪk] ⟨*v: prät, pperf* picnicked⟩ **A** *v/i* picknicken **B** *s* Picknick *n*; **to have a ~** picknicken; **to go for** *od* **on a ~** ein Picknick machen

picnic basket, picnic hamper *s* Picknickkorb *m*

picnic site *s* Rastplatz *m*

picnic table *s* Campingtisch *m*

picture ['pɪktʃə^r] **A** *s* **1** Bild *n*, Zeichnung *f*; **to take ~s** Bilder machen, fotografieren; **(as) pretty as a ~** bildschön; **to give you a ~ of what life is like here** damit Sie sich (*dat*) ein Bild vom Leben hier machen können; **to be in the ~** auf dem Bild sein; *fig* im Bilde sein; **to put sb in the ~** j-n ins Bild setzen; **I get the ~** *umg* ich hab's kapiert *umg*; **his face was a ~** sein Gesicht war ein Bild für die Götter *umg*; **she was the ~ of health** sie sah wie die Gesundheit in Person aus **2** FILM Film *m*; **the ~s** *Br* das Kino; **to go to the ~s** *Br* ins Kino gehen **B** *v/t* sich (*dat*) vorstellen; **to ~ sth to oneself** sich (*dat*) etw vorstellen

picture book *s* Bilderbuch *n*

picture frame *s* Bilderrahmen *m*

picture gallery *s* Gemäldegalerie *f*

picture postcard *s* Ansichts(post)karte *f*

picturesque *adj*, **picturesquely** [‚pɪktʃə'resk, -lɪ] *adv* malerisch

piddle ['pɪdl] *umg v/i* pinkeln *umg*

phrasal verbs mit piddle:

piddle about *Br*, **piddle around** *umg v/i* herumtrödeln *umg*

piddling ['pɪdlɪŋ] *umg adj* lächerlich

pie [paɪ] *s* Pastete *f*; süß Obstkuchen *m*, Tortelett *n*; **that's all pie in the sky** *umg* das sind nur verrückte Ideen; **as easy as pie** *umg* kinderleicht; **she's got a finger in every pie** *fig umg* sie hat überall ihre Finger drin *umg*

piece [piːs] s **1** Stück n, Teil n, Einzelteil n; (≈ *Glasstück*) Scherbe f; *bei Brettspiel etc* Stein m; *Schach* Figur f; **a 50p ~** ein 50-Pence-Stück; **a ~ of cake/paper** ein Stück n Kuchen/Papier; **a ~ of furniture** ein Möbelstück n; **a ~ of news** eine Nachricht; **a ~ of information** eine Information; **a ~ of advice** ein Rat m; **a ~ of luck** ein Glücksfall m; **a ~ of work** eine Arbeit; **a ~ of art** ein Kunstwerk n; **~ by ~** Stück für Stück; **to take sth to ~s** etw in seine Einzelteile zerlegen; **to come to ~s** *Möbel etc* sich zerlegen lassen; **to fall to ~s** *Buch etc* auseinanderfallen; **to be in ~s** (in Einzelteile) zerlegt sein; (≈ *kaputt*) zerbrochen sein; **to smash sth to ~s** etw kaputt schlagen; **he tore the letter (in)to ~s** er riss den Brief in Stücke; **he tore me to ~s during the debate** er zerriss mich förmlich während der Debatte **2 to go to ~s** durchdrehen *umg*, die Kontrolle verlieren; **all in one ~** heil; **are you still in one ~ after your trip?** hast du deine Reise heil überstanden?; **to give sb a ~ of one's mind** j-m ordentlich die Meinung sagen

phrasal verbs mit piece:

piece together *fig* v/t ⟨trennb⟩ sich (*dat*) zusammenreimen; *Beweise* zusammenfügen

piecemeal adj & adv stückweise
piecework s Akkordarbeit f
pie chart s Tortendiagramm n
pie-eating contest s Kuchen- oder Pastetenwettessen
pier [pɪə^r] s Pier m/f
pierce [pɪəs] v/t durchstechen; *Messer, Kugel* durchbohren; *fig* durchdringen; **to have one's ears ~d** sich (*dat*) die Ohren durchstechen lassen; **to have one's navel ~d** sich (*dat*) den Bauchnabel piercen lassen; **I want my nose ~d** ich möchte meine Nase piercen lassen
pierced adj *Objekt* durchstochen; *Brustwarze, Bauchnabel* gepierct
piercing ['pɪəsɪŋ] adj durchdringend; *Wind, Blick* stechend
piety ['paɪətɪ] s Pietät f
pig [pɪg] **A** s **1** Schwein n; (≈ *unersättlicher Mensch*) Vielfraß m *umg*; **to make a pig of oneself** sich (*dat*) den Bauch vollschlagen *umg*; **pigs might fly** *Br sprichw* wer's glaubt, wird selig **2** *sl* (≈ *Polizist*) Bulle m *sl* **B** v/r **to pig oneself** *umg* sich vollstopfen *umg*

phrasal verbs mit pig:

pig out *umg* v/i sich vollstopfen *umg*
pigeon ['pɪdʒən] s Taube f
pigeonhole ['pɪdʒənhəʊl] **A** s *in Schreibtisch etc* Fach n **B** v/t *fig* einordnen
piggy ['pɪgɪ] adj ⟨attr⟩ **~ eyes** Schweinsaugen pl
piggyback ['pɪgɪbæk] s **to give sb a ~** j-n huckepack nehmen
piggy bank s Sparschwein n
pig-headed adj stur
piglet ['pɪglɪt] s Ferkel n
pigment ['pɪgmənt] s Pigment n
Pigmy s → Pygmy
pigpen *US* s → pigsty
pigskin s Schweinsleder n
pigsty s Schweinestall m
pigswill s Schweinefutter n
pigtail s Zopf m
pike [paɪk] s ⟨pl -⟩ Hecht m
pilates [pɪˈlɑːtɪz] s *SPORT* Pilates n
pilchard ['pɪltʃəd] s Sardine f
pile [paɪl] **A** s **1** Stapel m; **to put things in a ~** etw (auf)stapeln; **to be in a ~** auf einem Haufen liegen; **at the bottom/top of the ~** *fig* untenan/obenauf **2** *umg* Menge f; **~s of money** jede Menge Geld *umg*; **a ~ of things to do** massenhaft zu tun *umg* **3** großes Haus **B** v/t stapeln; **a table ~d high with books** ein Tisch mit Stapeln von Büchern; **the sideboard was ~d high with presents** auf der Anrichte stapelten sich die Geschenke

phrasal verbs mit pile:

pile in A *umg* v/i hineindrängen (**-to** in +*akk*); *in Fahrzeug etc* einsteigen (**-to** in +*akk*) **B** v/t ⟨trennb⟩ einladen (**-to** in +*akk*)
pile on A v/i *umg* hineindrängen (**-to** in +*akk*) **B** v/t ⟨trennb⟩ *wörtl* aufhäufen (**-to** auf +*akk*); **she piled rice on(to) my plate** sie häufte Reis auf meinen Teller; **they are really piling on the pressure** sie setzen uns/euch *etc* ganz gehörig unter Druck
pile out *umg* v/i hinausdrängen (**of** aus)
pile up A v/i sich anhäufen; *Verkehr* sich stauen; *Beweise* sich verdichten **B** v/t ⟨trennb⟩ (auf)stapeln

piles [paɪlz] pl Hämorr(ho)iden pl
pile-up ['paɪlʌp] s (Massen)karambolage f
pilfer ['pɪlfə^r] v/t stehlen
pilfering ['pɪlfərɪŋ] s (kleinere) Diebstähle pl
pilgrim ['pɪlgrɪm] s Pilger(in) m(f); **the Pilgrim Fathers, the Pilgrims** die Pilgerväter pl
pilgrimage ['pɪlgrɪmɪdʒ] s Pilgerfahrt f; **to go on a ~** eine Pilgerfahrt machen
pill [pɪl] s Tablette f; **the ~** die Pille; **to be/go on the ~** die Pille nehmen
pillar ['pɪlə^r] s Säule f; **a ~ of society** eine Stütze der Gesellschaft
pillar box *Br* s Briefkasten m
pill box s Pillendose f
pillion ['pɪljən] adv **to ride ~** auf dem Soziussitz mitfahren
pillow ['pɪləʊ] s (Kopf)kissen n
pillowcase s (Kopf)kissenbezug m

pillow fight s Kissenschlacht f
pillowslip s → pillowcase
pillow talk s Bettgeflüster n
pilot ['paɪlət] **A** s **1** FLUG Pilot(in) m(f) **2** TV **(episode)** Pilotfilm m **B** v/t Flugzeug fliegen
pilot light s Zündflamme f
pilot plant s Pilotanlage f
pilot scheme s Pilotprojekt n
pilot study s Pilotstudie f
pimento [pɪˈmentəʊ] s Piment m/n
pimp [pɪmp] s Zuhälter m
pimple ['pɪmpl] s Pickel m, Wimmerl n österr, Bibeli n schweiz
PIN [pɪn] s abk (= personal identification number) PIN f; **PIN number** Geheimzahl f
pin [pɪn] **A** s **1** Handarbeiten Stecknadel f; für Haar, Krawatte Nadel f; MECH Bolzen m, Stift m; **a two-pin plug** ein zweipoliger Stecker; **I've got pins and needles in my foot** mir ist der Fuß eingeschlafen; **you could have heard a pin drop** man hätte eine Stecknadel fallen hören können **2** bes US Brosche f, Abzeichen n **B** v/t **1** **to pin sth to sth** etw an etw (akk) heften; **to pin one's hair back** sein Haar hinten zusammenstecken **2** fig **to pin sb to the ground** j-n an den Boden pressen; **to pin sb's arm behind his back** j-m den Arm auf den Rücken drehen; **to pin one's hopes on sb/sth** seine Hoffnungen auf j-n/etw setzen; **to pin the blame (for sth) on sb** umg j-m die Schuld (an etw (dat)) anhängen umg
phrasal verbs mit pin:
pin down v/t ⟨trennb⟩ **1** niederhalten; **to pin sb down** j-n zu Boden drücken **2** fig einordnen; **to pin sb down (to sth)** fig j-n (auf etw akk) festnageln
pin up v/t ⟨trennb⟩ anheften
pinafore ['pɪnəfɔː] s Schürze f; **~ dress** Br Trägerkleid n
pinball ['pɪnbɔːl] s Flipper m; **~ machine** Flipper m
pincers ['pɪnsəz] pl **1** Kneifzange f; **a pair of ~** eine Kneifzange **2** ZOOL Schere f
pinch [pɪntʃ] **A** s **1** Kneifen n kein pl, Zwicken n kein pl österr **2** GASTR Prise f **3** **to feel the ~** die schlechte Lage zu spüren bekommen; **at a ~** Br, **in a ~** US zur Not **B** v/t **1** kneifen, zwicken österr; **to ~ sb's bottom** j-n in den Hintern kneifen; **to ~ oneself** sich kneifen **2** Br umg klauen umg; **don't let anyone ~ my seat** pass auf, dass mir niemand den Platz wegnimmt; **he ~ed Johnny's girlfriend** er hat Johnny (dat) die Freundin ausgespannt umg **C** v/i Schuh drücken
pincushion [pɪn,kʊʃən] s Nadelkissen n
pine¹ [paɪn] s Kiefer f

pine² v/i **1** **to ~ for sb/sth** sich nach j-m/etw sehnen **2** sich vor Kummer verzehren
phrasal verbs mit pine:
pine away v/i sich (vor Kummer) verzehren
pineapple ['paɪn,æpl] s Ananas f; **~ juice** Ananassaft m
pine cone s Kiefernzapfen m
pine forest s Kiefernwald m
pine needle s Kiefernnadel f
pine tree s Kiefer f
pine wood s Kiefernholz n
ping [pɪŋ] **A** s Klingeln n **B** v/i klingeln
ping pong ['pɪŋpɒŋ] s Pingpong n; **~ ball** Pingpongball m
pink [pɪŋk] **A** s Rosa n **B** adj rosa inv; Backen rosig; **the ~ pound/dollar** die Kaufkraft der Schwulen; **to go** od **turn ~** erröten
pink slip US umg s Entlassungsschreiben n, blauer Brief m
pinnacle ['pɪnəkl] fig s Gipfel m
PIN number s Geheimzahl f
pinpoint **A** s Punkt m; **a ~ of light** ein Lichtpunkt m **B** v/t genau aufzeigen, genau feststellen
pinprick s Nadelstich m
pinstripe s **~d suit** Nadelstreifenanzug m
pint [paɪnt] s **1** Maß Pint n **2** bes Br Milch, Bier ≈ halber Liter (Milch/Bier); **to have a ~** ein Bier trinken; **to go (out) for a ~** auf ein Bier ausgehen; **he likes a ~** er hebt ganz gern mal einen umg; **she's had a few ~s** umg sie hat ein paar intus umg
pintable ['pɪn,teɪbl] s Br Flipper(automat) m
pin-up ['pɪnʌp] s ⟨≈ Bild⟩ Pin-up-Foto n; ⟨≈ Frau⟩ Pin-up-Girl n; ⟨≈ Mann⟩ Idol n
pioneer [,paɪəˈnɪə] **A** s fig Pionier(in) m(f) **B** v/t fig Pionierarbeit f leisten für; **to ~ the use of sth** etw zum ersten Mal anwenden
pioneering [,paɪəˈnɪərɪŋ] adj ⟨attr⟩ Forschung bahnbrechend, innovativ; **~ spirit** Pioniergeist m
pious ['paɪəs] adj fromm
pip¹ [pɪp] s **1** BOT Kern m **2** RADIO, TEL **the pips** das Zeitzeichen; in Telefonleitung das Tut-Tut-Tut
pip² Br umg v/t **to pip sb at the post** j-n um Haaresbreite schlagen; fig j-m um Haaresbreite zuvorkommen
pipe [paɪp] **A** s **1** Rohr n; für Brennstoff etc Leitung f **2** MUS **~s** Dudelsack m **3** Pfeife f; **to smoke a ~** Pfeife rauchen **B** v/t Wasser etc in Rohren leiten
phrasal verbs mit pipe:
pipe down umg v/i den Mund halten umg; leiser sein
pipe up umg v/i den Mund aufmachen; **sud-**

denly a little voice piped up plötzlich machte sich ein Stimmchen bemerkbar

piped music [paɪpt] s (ständige) Hintergrundmusik

pipe dream s Hirngespinst n; **that's just a ~** das ist ja wohl nur ein frommer Wunsch

pipeline s (Rohr)leitung f; **to be in the ~** fig in Vorbereitung sein; **the pay rise hasn't come through yet but it's in the ~** die Lohnerhöhung ist noch nicht durch, steht aber kurz bevor

piper ['paɪpəʳ] s Dudelsackpfeifer(in) m(f)

pipe tobacco s Pfeifentabak m

piping ['paɪpɪŋ] **A** s Rohrleitungssystem n **B** adv **~ hot** kochend heiß

piquant ['piːkənt] adj pikant

pique [piːk] s Groll m; **he resigned in a fit of ~** er kündigte, weil er vergrämt war

piracy ['paɪərəsɪ] s Piraterie f; von CD, DVD Raubpressung f

pirate ['paɪərɪt] **A** s Pirat(in) m(f) **B** v/t Idee stehlen; **a ~d copy of the record** eine Raubpressung; **~d edition** Raubdruck m

Pirate Party s POL Piratenpartei f

pirouette [ˌpɪrʊ'et] s Pirouette f

Pisces ['paɪsiːz] pl ASTROL Fische pl; **to be (a) ~** (ein) Fisch sein

piss [pɪs] sl **A** s Pisse f vulg; **to have a ~** pissen vulg; **to take the ~ out of sb/sth** Br sl verarschen umg **B** v/i pissen vulg; **it's ~ing with rain** umg es pisst **C** v/r sich bepissen vulg; **we ~ed ourselves (laughing)** wir haben uns bepisst (vor Lachen) sl

phrasal verbs mit piss:

piss about, **piss around** Br umg v/i herummachen umg

piss down Br umg v/i **it's pissing down** es pisst sl

piss off A v/i bes Br sl sich verpissen sl; **piss off!** verpiss dich! sl **B** v/t bes Br umg ankotzen sl; **to be pissed off (with sb/sth)** (von j-m/etw) die Schnauze vollhaben umg

piss artist umg s Säufer(in) m(f) pej umg; (≈ Angeber) Großmaul n umg; (≈ Versager) Niete f umg

pissed [pɪst] adj **1** Br umg stockbesoffen umg **2** US (≈ verärgert) sauer umg

piss-take Br sl s Verarschung f umg

piss-up Br sl s Saufgelage n umg

pistachio [pɪˈstɑːʃɪəʊ] s ⟨pl -s⟩ Pistazie f

piste [piːst] s SKI Piste f

pistol ['pɪstl] s Pistole f

piston ['pɪstən] s Kolben m

pit¹ [pɪt] **A** s **1** Grube f; Br Bergbau Zeche f; **to have a sinking feeling in the pit of one's stomach** ein ungutes Gefühl in der Magengegend haben; **he works down the pit(s)** er arbeitet unter Tage **2** SPORT **to make a pit stop** einen Boxenstopp machen **3** THEAT Orchestergraben m **4** **the pits** umg das Allerletzte **B** v/t **1** **the moon is pitted with craters** der Mond ist mit Kratern übersät **2** **to pit one's wits against sb/sth** seinen Verstand an j-m/etw messen; **A is pitted against B** A und B stehen sich gegenüber

pit² US **A** s Stein m **B** v/t entsteinen

pita (bread) ['piːtə] US s → pitta bread

pitch A s **1** Wurf m **2** bes Br SPORT Platz m **3** Br auf Markt etc Stand m, Standl n österr **4** umg von Vertreter etc Sermon m umg **5** Phonetik Tonhöhe f, Tonlage f; von Sänger Stimmlage f **6** fig Grad m **B** v/t **1** Ball werfen **2** MUS Note treffen; **she ~ed her voice higher** sie sprach mit einer höheren Stimme **3** fig **the production must be ~ed at the right level for London audiences** das Stück muss auf das Niveau des Londoner Publikums abgestimmt werden **4** Zelt aufschlagen **C** v/i **1** fallen; **to ~ forward** vornüberfallen **2** SCHIFF stampfen; FLUG absacken **3** Baseball pitchen

phrasal verbs mit pitch:

pitch in umg v/i einspringen; **so we all pitched in together** also packten wir alle mit an

pitch-black adj pechschwarz

pitch-dark A adj pechschwarz **B** s (tiefe) Finsternis

pitcher¹ ['pɪtʃəʳ] bes US s Krug m

pitcher² s Baseball Werfer(in) m(f)

pitchfork ['pɪtʃfɔːk] s Heugabel f, Mistgabel f

piteous ['pɪtɪəs] adj mitleiderregend

pitfall ['pɪtfɔːl] fig s Falle f

pith [pɪθ] s BOT Mark n; von Orange etc weiße Haut; fig Kern m

pitiful ['pɪtɪfʊl] adj **1** mitleiderregend; Schrei jämmerlich; **to be in a ~ state** in einem erbärmlichen Zustand sein **2** erbärmlich

pitifully ['pɪtɪfəlɪ] adv **1** jämmerlich **2** erbärmlich

pitiless ['pɪtɪlɪs] adj mitleidlos

pits [pɪts] pl → pit¹

pitta (bread) ['piːtə] s ≈ Fladenbrot n

pittance ['pɪtəns] s Hungerlohn m

pity ['pɪtɪ] **A** s **1** Mitleid n; **for ~'s sake!** um Himmels willen!; **to have** od **take ~ on sb** mit j-m Mitleid haben; **to move sb to ~** j-s Mitleid (akk) erregen **2** **(what a) ~!** (wie) schade!; **what a ~ he can't come** (wie) schade, dass er nicht kommen kann; **more's the ~!** leider; **it is a ~ that ...** es ist schade, dass ...; **it would be a ~ if he lost** od **were to lose this job** es wäre bedauerlich, wenn er seine Arbeit verlieren

sollte **B** *v/t* bedauern
pivot [ˈpɪvət] *v/i* ⟨*prät, pperf* pivoted⟩ sich drehen; **to ~ on sth** *fig* sich um etw drehen
pivotal [ˈpɪvətl] *fig adj* zentral
pixel [ˈpɪksl] *s* IT Pixel *n*
pixie, pixy [ˈpɪksɪ] *s* Kobold *m*
pizza [ˈpiːtsə] *s* Pizza *f*
pizzeria [ˌpiːtsəˈriːə] *s* Pizzeria *f*
placard [ˈplækɑːd] *s* Plakat *n*
placate [pləˈkeɪt] *v/t* beschwichtigen
place [pleɪs] **A** *s* **1** Platz *m*, Stelle *f*; **water is coming through in several ~s** an mehreren Stellen kommt Wasser durch; **from ~ to ~** von einem Ort zum anderen; **in another ~** woanders; **in other ~s** an anderen Orten, anderswo; **we found a good ~ to watch the procession from** wir fanden einen Platz, von dem wir den Umzug gut sehen konnten; **in the right/wrong ~** an der richtigen/falschen Stelle; **some/any ~** irgendwo; **a poor man with no ~ to go** ein armer Mann, der nicht weiß, wohin; **this is no ~ for you** das ist kein Platz für dich; **it was the last ~ I expected to find him** da hätte ich ihn zuletzt vermutet; **this isn't the ~ to discuss politics** dies ist nicht der Ort, um über Politik zu sprechen; **I can't be in two ~s at once!** ich kann doch nicht an zwei Stellen gleichzeitig sein **2** Gegend *f*, Ort *m*; *in Straßennamen* Platz *m*; **in this ~** hier **3** Haus *n*; **come round to my ~** komm doch mal vorbei; **let's go back to my ~** lass uns zu mir gehen; **I've never been to his ~** ich bin noch nie bei ihm gewesen; **at my/Peter's ~** bei mir/Peter **4** *an Tisch, in Mannschaft* Platz *m*; UNIV Studienplatz *m*; (≈ *Job*) in Buch etc Stelle *f*; SPORT Platzierung *f*; **~s for 500 students** 500 Studienplätze; **to give up one's ~** *in Warteschlange* j-m den Vortritt lassen; **to lose one's ~** *in Warteschlange* sich wieder hinten anstellen müssen; *in Buch* die Seite verblättern, *auf Seite* die Zeile verlieren; **to take the ~ of sb/sth** den Platz von j-m/etw einnehmen; **to win first ~** Erste(r, s) sein **5** Rang *m*; **people in high ~s** Leute in hohen Positionen; **to know one's ~** wissen, was sich (für einen) gehört; **it's not my ~ to comment** es steht mir nicht zu, einen Kommentar abzugeben; **to keep** *od* **put sb in his ~** j-n in seine Schranken weisen **6** MATH Stelle *f*; **to three decimal ~s** auf drei Stellen nach dem Komma **7** **~ of birth** Geburtsort *m*; **~ of residence** Wohnort *m*; **~ of work** Arbeitsstelle *f* **8** **in ~s** stellenweise; **everything was in ~** alles war an seiner Stelle; **the legislation is already in ~** die gesetzlichen Regelungen gelten schon; **to be out of ~** nicht an der richtigen Stelle sein; **to look out of ~** fehl am Platz wirken; **all over the ~** überall; **in ~ of** statt (+*gen*); **to fall into ~** Gestalt annehmen; **in the first ~** erstens; **she shouldn't have been there in the first ~** sie hätte überhaupt nicht dort sein sollen; **to take ~** stattfinden; **to go ~s** herumreisen; *fig* es zu was bringen *umg* **B** *v/t* **1** setzen, stellen, legen; **she slowly ~d one foot in front of the other** sie setzte langsam einen Fuß vor den anderen; **she ~d a finger on her lips** sie legte den Finger auf die Lippen; **to ~ a strain on sth** etw belasten; **to ~ confidence in sb/sth** Vertrauen in j-n/etw setzen; **to be ~d** Stadt etc liegen; **how are you ~d for time?** wie sieht es mit deiner Zeit aus?; **we are well ~d for the shops** was Einkaufsmöglichkeiten angeht, wohnen wir günstig; **Liverpool are well ~d in the league** Liverpool liegt gut in der Tabelle **2** *rangmäßig* stellen; **that should be ~d first** das sollte an erster Stelle stehen; **the German runner was ~d third** der deutsche Läufer wurde Dritter **3** *Auftrag* erteilen (**with sb** j-m)
placebo [pləˈsiːbəʊ] *s* ⟨*pl* -s⟩ MED Placebo *n*
place mat *s* Set *n*
placement *s* **1** Platzierung *f*; *von Job* Vermittlung *f* **2** *Br von Lehrling* Praktikum *n*; **I'm here on a six-month ~** ich bin hier für sechs Monate zur Weiterbildung; *abgeordnet* ich bin für sechs Monate hierhin überwiesen worden
placement test *s* SCHULE Einstufungstest *m*
place name *s* Ortsname *m*
place setting *s* Gedeck *n*
placid [ˈplæsɪd] *adj* ruhig; *Mensch a.* gelassen
plagiarism [ˈpleɪdʒərɪzəm] *s* Plagiat *n*
plagiarize [ˈpleɪdʒəraɪz] *v/t* plagiieren
plague [pleɪɡ] **A** *s* MED Seuche *f*; BIBEL, *a. fig* Plage *f*; **the ~** die Pest; **to avoid sb/sth like the ~** j-n/etw wie die Pest meiden **B** *v/t* plagen; **to be ~d by doubts** von Zweifeln geplagt werden; **to ~ sb with questions** j-n ständig mit Fragen belästigen
plaice [pleɪs] *s* ⟨*pl* -⟩ Scholle *f*
plain [pleɪn] **A** *adj* ⟨+*er*⟩ **1** klar; offensichtlich; *Wahrheit* schlicht; **it is ~ to see that ...** es ist offensichtlich, dass ...; **to make sth ~ to sb** j-m etw klarmachen; **the reason is ~ to see** der Grund ist leicht einzusehen; **I'd like to make it quite ~ that ...** ich möchte gern klarstellen, dass ... **2** einfach; *Essen* (gut)bürgerlich; *Papier* unliniert; *Farbe* einheitlich **3** *Unsinn etc* rein **4** unattraktiv **B** *adv* **1** *umg* (ganz) einfach **2** **I can't put it ~er than that** deutlicher kann ich es nicht sagen **C** *s* GEOG Ebene *f*; **the ~s** das Flachland
plain chocolate *Br s* (Zart)bitterschokolade *f*
plain-clothes *adj* in Zivil
plain flour *s* Mehl *n* (*ohne Backpulver*)

plainly ['pleɪnlɪ] *adv* **1** eindeutig; *sichtbar, sich erinnern* klar; ~, **these new techniques are impractical** es ist ganz klar, dass diese neuen Verfahren unpraktisch sind **2** *gestehen* offen **3** (≈ *schlicht*) einfach

plain-spoken *adj* offen, direkt; **to be** ~ sagen, was man denkt

plaintiff ['pleɪntɪf] *s* Kläger(in) *m(f)*

plaintive ['pleɪntɪv] *adj* klagend

plait [plæt] **A** *s bes Br* Zopf *m* **B** *v/t* flechten

plan [plæn] **A** *s* Plan *m*; (≈ *Karte*) Stadtplan *m*; ~ **of action** Aktionsprogramm *n*; **the** ~ **is to meet at six** es ist geplant, sich um sechs zu treffen; **to make** ~**s (for sth)** Pläne (für etw) machen; **have you any** ~**s for tonight?** hast du (für) heute Abend (schon) etwas vor?; **according to** ~ planmäßig **B** *v/t* **1** planen; *Häuser etc* entwerfen **2** vorhaben; **we weren't** ~**ning to** wir hatten es nicht vor **C** *v/i* planen; **to** ~ **ahead** vorausplanen

phrasal verbs mit plan:

plan on *v/i* ⟨+*obj*⟩ **1 to plan on doing sth** vorhaben, etw zu tun **2 to plan on sth** mit etw rechnen

plan out *v/t* ⟨*trennb*⟩ in Einzelheiten planen

plane¹ *s* Flugzeug *n*; **to go by** ~ fliegen; **on the** ~ im Flugzeug

plane² **A** *adj* flach, eben **B** *s* **1** *fig* Ebene *f* **2** *fig* Stufe *f*, Niveau *n*

planeload ['pleɪnləʊd] *s* Flugzeugladung *f*

planet ['plænɪt] *s* Planet *m*

planetarium [ˌplænɪ'tɛərɪəm] *s* Planetarium *n*

plank [plæŋk] *s* Brett *n*; SCHIFF Planke *f*

plankton ['plæŋktən] *s* Plankton *n*

planned [plænd] *adj* geplant; ~ **economy** Planwirtschaft *f*

planner ['plænə^r] *s* Planer(in) *m(f)*

planning ['plænɪŋ] *s* Planung *f*; ~ **permission** Baugenehmigung *f*

plant [plɑːnt] **A** *s* **1** BOT Pflanze *f*; **rare/tropical** ~**s** seltene/tropische Gewächse *pl* **2** ⟨*kein pl*⟩ Anlagen *pl*; (≈ *Fabrik*) Werk *n*; ~ **manager** *US* Werks- *od* Betriebsleiter(in) *m(f)* **B** *adj* ⟨*attr*⟩ ~ **life** Pflanzenwelt *f* **C** *v/t* **1** *Gartenbau* bepflanzen; *Feld* bepflanzen *mit*; *in Position* setzen; *Bombe* legen; *Kuss* drücken **3 to** ~ **sth on sb** *umg* j-m etw unterjubeln *umg*

phrasal verbs mit plant:

plant out *v/t* ⟨*trennb*⟩ auspflanzen

plantation [plæn'teɪʃən] *s* Plantage *f*, Anpflanzung *f*

planter ['plɑːntə^r] *s* **1** Pflanzer(in) *m(f)* **2** Übertopf *m*

plant pot *bes Br s* Blumentopf *m*

plaque [plæk] *s* **1** Plakette *f*, Tafel *f* **2** (Zahn)belag *m*

plasma ['plæzmə] *s* Plasma *n*

plaster ['plɑːstə^r] **A** *s* **1** Hoch- und Tiefbau (Ver)putz *m* **2** *a.* ~ **of Paris** KUNST, MED Gips *m*; **to have one's leg in** ~ das Bein in Gips haben **3** *Br* Pflaster *n* **B** *v/t* **1** *Wand* verputzen **2** *umg* **to** ~ **one's face with make-up** sein Gesicht mit Make-up vollkleistern *umg*; ~**ed with mud** schlammbedeckt

plaster cast *s* MED Gipsverband *m*

plastered ['plɑːstəd] *umg adj* ⟨*präd*⟩ voll *umg*; **to get** ~ sich volllaufen lassen *umg*

plastic ['plæstɪk] **A** *s* **1** Plastik *n*, Kunststoff *m*; ~**s** Kunststoffe *pl* **2** *umg* Kreditkarten *pl* **B** *adj* Plastik-

plastic bag *s* Plastiktüte *f*

plastic explosive *s* Plastiksprengstoff *m*

Plasticine® ['plæstɪsiːn] *Br s* Modelliermasse *f*

plastic money *s* Plastikgeld *n*

plastic surgeon *s* plastischer Chirurg

plastic surgery *s* plastische Chirurgie; **she decided to have** ~ **on her nose** sie entschloss sich zu einer Schönheitsoperation an ihrer Nase

plastic wrap *US s* Frischhaltefolie *f*

plate [pleɪt] *s* **1** Teller *m*; **a** ~ **of spaghetti** ein Teller *m* Spaghetti; **to have sth handed to one on a** ~ *Br fig umg* etw auf einem Tablett serviert bekommen *umg*; **to have a lot on one's** ~ *fig umg* viel am Hals haben *umg* **2** TECH, FOTO Platte *f*; *für Namen* Schild *n*

plateau ['plætəʊ] *s* ⟨*pl* -*s od* -*x*⟩ GEOG Hochebene *f*

plateful ['pleɪtfʊl] *s* Teller *m*

platform ['plætfɔːm] *s* Plattform *f*, Bühne *f*; BAHN Bahnsteig *m*; IT (System)plattform *f*

platform shoe *s* Plateauschuh *m*

platinum ['plætɪnəm] *s* Platin *n*

platitude ['plætɪtjuːd] *s* Plattitüde *f*

platonic [plə'tɒnɪk] *adj* platonisch

platoon [plə'tuːn] *s* MIL Zug *m*

platter ['plætə^r] *s* Teller *m*, Platte *f*; **to have sth handed to one on a (silver)** ~ *fig* etw auf einem (silbernen) Tablett serviert bekommen

plausibility [ˌplɔːzə'bɪlɪtɪ] *s* Plausibilität *f*

plausible ['plɔːzəbl] *adj* plausibel

play [pleɪ] **A** *s* **1** Spiel *n*; ~ **on words** Wortspiel *n*; **to abandon** ~ SPORT das Spiel abbrechen; **to be in** ~/**out of** ~ *Ball* im Spiel/im Aus sein **2** THEAT (Theater)stück *n*; RADIO Hörspiel *n*; TV Fernsehspiel *n*; **the** ~**s of Shakespeare** Shakespeares Dramen **3** *fig* **to come into** ~ ins Spiel kommen; **to bring sth into** ~ etw aufbieten **B** *v/t* spielen; **to** ~ **sb (at a game)** gegen j-n (ein Spiel) spielen; **to** ~ **a joke** *od* **trick on sb** j-m einen Streich spielen; **to** ~ **it safe** auf Nummer sicher gehen *umg*; **to** ~ **the fool** den Clown spielen; **to ~ the piano** Klavier spielen C v/i spielen; THEAT gespielt werden; **to go out to ~** rausgehen und spielen; **can Johnny come out to ~?** darf Johnny zum Spielen rauskommen?; **to ~ at cowboys and Indians** Cowboy und Indianer spielen; **to ~ at being a fireman** Feuerwehrmann spielen; **to ~ in defence** SPORT in der Abwehr spielen; **to ~ in goal** im Tor stehen; **what are you ~ing at?** umg was soll (denn) das? umg; **to ~ for money** um Geld spielen; **to ~ for time** fig Zeit gewinnen wollen; **to ~ into sb's hands** fig j-m in die Hände spielen; **to ~ to sb** MUS j-m vorspielen

phrasal verbs mit play:

play about Br, **play around** v/i spielen; **to play around with sth** mit etw (herum)spielen; **he's been playing around (with another woman)** er hat mit einer anderen Frau herumgemacht umg

play along v/i mitspielen; **to play along with a suggestion** auf einen Vorschlag scheinbar eingehen; **to play along with sb** j-m zustimmen

play back v/t ⟨trennb⟩ Tonband abspielen; Anrufbeantworter abhören

play down v/t ⟨trennb⟩ herunterspielen

play off v/t ⟨trennb⟩ **to play X off against Y** X gegen Y ausspielen

play on A v/i weiterspielen B v/i ⟨+obj⟩ a. **play upon** j-s Ängste geschickt ausnutzen; **the hours of waiting played on my nerves** das stundenlange Warten zermürbte mich

play through v/i ⟨+obj⟩ durchspielen

play up A v/i Br umg Schwierigkeiten machen B v/t ⟨trennb⟩ umg **to play sb up** j-m Schwierigkeiten machen

play upon v/i ⟨+obj⟩ → play on

play with v/i ⟨+obj⟩ **we don't have much time to play with** wir haben zeitlich nicht viel Spielraum; **to play with oneself** sich (dat) herumfummeln

playact v/i vortäuschen Theater spielen
play-acting fig s Theater n
playback s Wiedergabe f
playbill US s Theaterprogramm n
playboy s Playboy m
play date, playdate s Verabredung f zum Spielen
player ['pleɪəʳ] s Spieler(in) m(f)
playful adj neckisch, verspielt; **the dog is just being ~** der Hund spielt nur
playfulness s Verspieltheit f
playground s Spielplatz m; SCHULE (Schul)hof m
playgroup s Spielgruppe f
playhouse s 1 US Spielhaus n 2 THEAT Schauspielhaus n

playing card ['pleɪɪŋ] s Spielkarte f
playing field s Sportplatz m
playlist s Titelliste f
playmate s Spielkamerad(in) m(f)
play-off s Ausscheidungsspiel n, Play-off n
play park s Spielpark m
playpen s Laufstall m
playschool bes Br s Kindergarten m
plaything s Spielzeug n; **~s** pl Spielsachen pl, Spielzeug n
playtime s SCHULE große Pause
playwright ['pleɪraɪt] s Dramatiker(in) m(f)
plaza ['plɑːzə] s Piazza f; US Einkaufszentrum n
plc Br abk (= public limited company) ≈ AG f
plea [pliː] s 1 Bitte f; **to make a ~ for sth** zu etw aufrufen 2 JUR Plädoyer f
plead [pliːd] ⟨prät, pperf pleaded; schott, US pled⟩ A v/t Unwissenheit sich berufen auf (+akk) B v/i 1 bitten (**for** um); **to ~ with sb to do sth** j-n bitten, etw zu tun; **to ~ with sb for sth** j-n um etw bitten 2 JUR das Plädoyer halten; **to ~ guilty/not guilty** sich schuldig/nicht schuldig bekennen
pleading adj, **pleadingly** ['pliːdɪŋ, -lɪ] adv flehend
pleasant ['pleznt] adj angenehm, erfreulich, gefreut schweiz; Mensch nett, fesch österr; Lächeln freundlich
pleasantly ['plezntlɪ] adv angenehm; lächeln, grüßen freundlich
pleasantness s Freundlichkeit f
pleasantry ['plezntrɪ] s Nettigkeit f
please [pliːz] A int bitte; **(yes,) ~** (ja,) bitte, oh ja, gerne; **~ pass the salt, pass the salt, ~** würden Sie mir bitte das Salz reichen?; **may I? — ~ do!** darf ich? — bitte sehr! B v/i 1 (just) as you ~ ganz wie du willst; **to do as one ~s** tun, was einem gefällt 2 gefallen; **eager to ~** darum bemüht, alles richtig zu machen C v/t eine Freude machen (+dat); **the idea ~d him** die Idee hat ihm gefallen; **just to ~ you** nur dir zuliebe; **it ~s me to see him so happy** es freut mich, dass er so glücklich ist; **you can't ~ everybody** man kann es nicht allen recht machen; **there's no pleasing him** er ist nie zufrieden; **he is easily ~d** er ist leicht zufriedenzustellen D v/r **to ~ oneself** tun, was einem gefällt; **~ yourself!** wie Sie wollen!; **you can ~ yourself about where you sit** es ist Ihnen überlassen, wo Sie sitzen
pleased adj freudig, zufrieden; **to be ~ (about sth)** sich (über etw akk) freuen; **I'm ~ to hear that ...** es freut mich zu hören, dass ...; **~ to meet you** freut mich; **we are ~ to inform you that ...** wir freuen uns, Ihnen mitteilen zu können, dass ...; **to be ~ with sb/sth** mit

pleasing – plough

j-m/etw zufrieden sein; **I was only too ~ to help** es war mir wirklich eine Freude zu helfen
pleasing ['pli:zɪŋ] *adj* angenehm, erfreulich, gefreut *schweiz*
pleasurable ['pleʒərəbl] *adj* angenehm; *Erwartung* freudig
pleasure ['pleʒəʳ] *s* **1** Freude *f*; **it's a ~, (my) ~** gern (geschehen)!; **with ~** sehr gerne; **it's a ~ to meet you** es freut mich, Sie kennenzulernen; **to get ~ out of doing sth** Spaß daran haben, etw zu tun; **he takes ~ in annoying me** es macht ihm Spaß, mich zu ärgern **2** Vergnügen *n*; **to do sth for ~** etw zum Vergnügen tun; **business or ~?** geschäftlich oder zum Vergnügen?; **he's a ~ to teach** es ist ein Vergnügen, ihn zu unterrichten; **it's my very great ~ ...** es ist mir ein großes Vergnügen, ...; **to have the ~ of doing sth** das Vergnügen haben, etw zu tun
pleasure boat *s* Vergnügungsdampfer *m*
pleat [pli:t] **A** *s* Falte *f* **B** *v/t* fälteln
pleated ['pli:tɪd] *adj* gefältelt; **~ skirt** Faltenrock *m*
pleb [pleb] *umg s* Prolet(in) *m(f)*, Prolo *m umg*
plebian [plə'bi:ən] *adj* **1** proletenhaft **2** HIST plebejisch
plectrum ['plektrəm] *s* Plektrum *n*
pled [pled] *US, schott prät & pperf* → **plead**
pledge [pledʒ] **A** *s* **1** Pfand *n* **2** Versprechen *n*; **as a ~ of** als Zeichen (+*gen*); **election ~s** Wahlversprechen *pl* **B** *v/t* **1** verpfänden **2** zusichern; **to ~ support for sb/sth** j-m/einer Sache seine Unterstützung zusichern; **to ~ (one's) allegiance to sb/sth** j-m/einer Sache Treue geloben
plenary ['pli:nərɪ] *adj* **~ session** Plenarsitzung *f*, Vollversammlung *f*; **~ powers** unbeschränkte Vollmachten *pl*
plentiful ['plentɪfʊl] *adj* reichlich; *Bodenschätze etc* reichlich vorhanden; **to be in ~ supply** reichlich vorhanden sein
plenty ['plentɪ] **A** *s* **1** eine Menge; **in ~** im Überfluss; **three kilos will be ~** drei Kilo sind reichlich; **there's ~ here for six** es gibt mehr als genug für sechs; **that's ~, thanks!** danke, das ist reichlich; **you've had ~** du hast reichlich gehabt; **to see ~ of sb** j-n oft sehen; **there's ~ to do** es gibt viel zu tun; **there's ~ more where that came from** davon gibt es genug; **there are still ~ left** es sind immer noch eine ganze Menge da **2** **~ of** viel; **~ of time** viel Zeit; **~ of eggs** viele Eier; **there is no longer ~ of oil** Öl ist nicht mehr im Überfluss vorhanden; **a country with ~ of natural resources** ein Land mit umfangreichen Bodenschätzen; **has everyone got ~ of potatoes?** hat jeder reichlich Kartoffeln?; **there will be ~ to drink** es gibt dort ausreichend zu trinken; **he had been given ~ of warning** er ist genügend oft gewarnt worden; **to arrive in ~ of time** rechtzeitig kommen; **there's ~ of time** es ist noch viel Zeit; **take ~ of exercise** Sie müssen viel Sport treiben **B** *bes US umg adv* **I like it ~** ich mag das sehr
pliable ['plaɪəbl], **pliant** ['plaɪənt] *adj* **1** biegsam; *Leder* geschmeidig **2** fügsam
pliers ['plaɪəz] *pl*, (*a.* **pair of pliers**) (Kombi)zange *f*
plight [plaɪt] *s* Elend *n*; *von Wirtschaft etc* Verfall *m*; **the country's economic ~** die wirtschaftliche Misere des Landes
plimsoll ['plɪmsl] *Br s* Turnschuh *m* (*aus Segeltuch*)
plod [plɒd] *v/i* **1** trotten; **to ~ up a hill** einen Hügel hinaufstapfen; **to ~ along** weiterstapfen **2** *fig* **to ~ away at sth** sich mit etw abmühen

phrasal verbs mit plod:
plod on *v/i bei Arbeit* sich durchkämpfen
plonk[1] [plɒŋk] *v/t umg a.* **~ down** hinschmeißen *umg*; **to ~ oneself (down)** sich hinpflanzen *umg*
plonk[2] *Br umg s* (billiger) Wein
plonker ['plɒŋkəʳ] *Br umg s* **1** (≈ *Mensch*) Niete *f umg* **2** (≈ *Penis*) Pimmel *m umg*
plop [plɒp] **A** *s* Plumps *m*; *in Wasser* Platsch *m* **B** *v/i* **1** *in Wasser* platschen **2** *umg* plumpsen *umg*
plot [plɒt] **A** *s* **1** AGR Stück *n* Land, Grundstück *n*, Parzelle *f*; **a ~ of land** ein Stück *n* Land **2** *US von Gebäude* Grundriss *m* **3** Verschwörung *f* **4** LIT, THEAT Handlung *f*; **to lose the ~** *fig umg* den Faden verlieren **B** *v/t* **1** planen; **they ~ted to kill him** sie planten gemeinsam, ihn zu töten **2** *Position* feststellen; *auf Karte* einzeichnen **C** *v/i* **to ~ against sb** sich gegen j-n verschwören
plotter[1] ['plɒtəʳ] *s* COMPUT Plotter *m*
plotter[2] *n* Verschwörer(in) *m/f(m)*
plough [plaʊ], **plow** *US* **A** *s* Pflug *m*; **the Plough** ASTRON der Wagen **B** *v/t & v/i* AGR pflügen

phrasal verbs mit plough:
plough back *v/t* ⟨*trennb*⟩ HANDEL reinvestieren (**into** *in +akk*)
plough into A *v/i* (+*obj*) *Auto* hineinrasen in (+*akk*) **B** *v/t* ⟨*trennb*⟩ *Geld* reinstecken in (+*akk*) *umg*
plough through A *v/i* (+*obj*) **1** **we ploughed through the snow** wir kämpften uns durch den Schnee; **the car ploughed through the fence** der Wagen brach durch den Zaun **2** *umg* **to plough through a novel** *etc* sich durch einen Roman *etc* hindurchquälen **B** *v/t* ⟨*trennb*⟩ **1** **we ploughed our way through the long grass** wir bahnten uns unseren Weg durch das hohe Gras **2** *umg* **to plough**

one's way through a novel *etc* sich durch einen Roman *etc* durchackern *umg*
plough up *v/t* ⟨*trennb*⟩ umpflügen
ploughing ['plaʊɪŋ] *s*, **plowing** US *s* Pflügen *n*
ploughman *s* ⟨*pl* -men⟩, **plowman** US *s* Pflüger *m*
ploughman's lunch Br *s* Käse und Brot als Imbiss
plow *etc* US → **plough**
ploy [plɔɪ] *s* Trick *m*
pls *abk* (= please) b.
pluck [plʌk] *v/t* **1** pflücken; *Huhn* rupfen; *Gitarre, Augenbrauen* zupfen; **to ~ (at) sb's sleeve** j-n am Ärmel zupfen; **she was ~ed from obscurity to become a film star** sie wurde von einer Unbekannten zum Filmstar gemacht; **he was ~ed to safety** er wurde in Sicherheit gebracht; **to ~ sth out of the air** etw aus der Luft greifen; **to ~ up (one's) courage** all seinen Mut zusammennehmen **2** (*a.* **~ out**) *Haare* auszupfen
plucky ['plʌkɪ] *adj* ⟨*komp* pluckier⟩ *Mensch, Lächeln* tapfer; *Tat* mutig
plug [plʌg] **A** *s* **1** Stöpsel *m*, Propfen *m*; *in Fass* Spund *m*; **to pull the ~ on sb/sth** *fig umg* j-m/einer Sache den Boden unter den Füßen wegziehen **2** ELEK Stecker *m*; AUTO (Zünd)kerze *f* **3** *umg* Schleichwerbung *f kein pl*; **to give sb/sth a ~** für j-n/etw Werbung machen **B** *v/t* **1** *Loch, Leck* zustopfen **2** *umg* Schleichwerbung machen für
phrasal verbs mit plug:
plug away *umg v/i* ackern *umg*; **to plug away at sth** sich mit etw herumschlagen *umg*; **keep plugging away** (nur) nicht lockerlassen
plug in **A** *v/t* ⟨*trennb*⟩ einstöpseln; **to be plugged in** angeschlossen sein **B** *v/i* sich anschließen lassen
plug up *v/t* ⟨*trennb*⟩ *Loch* zustopfen
plug-and-play *adj* ⟨*attr*⟩ IT Plug-and-Play-
plughole Br *s* Abfluss *m*; **to go down the ~** *fig umg* kaputtgehen *umg*
plug-in ['plʌgɪn] *s* IT Plug-in *n* (*Softwaremodul zur Erweiterung oder Veränderung von Software*)
plug-in hybrid *s* AUTO Steckdosenhybrid *m*
plum [plʌm] **A** *s* Pflaume *f*, Zwetschke *f österr*, Zwetsch(g)e *f* **B** *adj* ⟨*attr*⟩ *umg Job* Bomben- *umg*
plumage ['pluːmɪdʒ] *s* Gefieder *n*
plumb [plʌm] **A** *adv* **1** *umg* total *umg* **2** genau **B** *v/t* **to ~ the depths of despair** die tiefste Verzweiflung erleben; **to ~ new depths** einen neuen Tiefstand erreichen
phrasal verbs mit plumb:
plumb in Br *v/t* ⟨*trennb*⟩ anschließen
plumber ['plʌməʳ] *s* Klempner(in) *m(f)*, Installateur(in) *m(f)*
plumbing ['plʌmɪŋ] *s* **1** Leitungen *pl* **2** Klempnerarbeit *f*
plume [pluːm] *s* Feder *f*; *auf Helm* Federbusch *m*; **~ of smoke** Rauchfahne *f*
plummet ['plʌmɪt] *v/i Flugzeug* hinunterstürzen; *Verkaufszahlen* stark zurückgehen; *Aktien* fallen; **the euro has ~ted to £0.60** der Euro ist auf £ 0,60 gefallen
plump [plʌmp] **A** *adj* ⟨+er⟩ mollig; *Beine* stämmig; *Gesicht* rundlich; *Huhn* gut genährt; *Frucht* prall **B** *v/t* **to ~ sth down** etw hinfallen lassen/hinwerfen; **she ~ed herself down in the armchair** sie ließ sich in den Sessel fallen
phrasal verbs mit plump:
plump for *v/i* ⟨+*obj*⟩ sich entscheiden für
plump up *v/t* ⟨*trennb*⟩ *Kissen* aufschütteln
plumpness ['plʌmpnɪs] *s* Molligkeit *f*; *von Beinen* Stämmigkeit *f*; *von Gesicht* Pausbäckigkeit *f*; *von Huhn* Wohlgenährtheit *f*
plum pudding *s* Plumpudding *m*
plum tomato *s* Flaschentomate *f*
plunder ['plʌndəʳ] **A** *s* Beute *f* **B** *v/t* **1** plündern **2** rauben **C** *v/i* plündern
plunge [plʌndʒ] **A** *v/t* **1** stecken; *in Flüssigkeit* tauchen; **he ~d the knife into his victim's back** er jagte seinem Opfer das Messer in den Rücken **2** *fig* **to ~ the country into war** das Land in einen Krieg stürzen; **~d into darkness** in Dunkelheit getaucht **B** *v/i* **1** tauchen **2** stürzen; *Umsatz* fallen; **to ~ to one's death** zu Tode stürzen; **he ~d into the crowd** er stürzte sich in die Massen **C** *v/r in Arbeit etc* sich stürzen (**into** in +*akk*) **D** *s* **1** Sturz *m*; **shares took a ~** es kam zu einem Kurssturz **2** (Kopf)sprung *m*; **to take the ~** *fig umg* den Sprung wagen
phrasal verbs mit plunge:
plunge in **A** *v/t* ⟨*trennb*⟩ *Messer* hineinjagen; *Hand* hineinstecken; *in Flüssigkeit* hineintauchen; **he was plunged straight in (at the deep end)** *fig* er musste gleich richtig ran *umg* **B** *v/i* hineinspringen
plunger ['plʌndʒəʳ] *s* Sauger *m*
plunging ['plʌndʒɪŋ] *adj* **1** *Ausschnitt* tief **2** *Preise* stark fallend
pluperfect ['pluːˈpɜːfɪkt] **A** *s* Plusquamperfekt *n* **B** *adj* **~ tense** Plusquamperfekt *n*
plural ['plʊərəl] **A** *adj* GRAM Plural-; **~ ending** Pluralendung *f* **B** *s* Plural *m*, Mehrzahl *f*; **in the ~** im Plural
pluralism ['plʊərəlɪzm] *s* Pluralismus *m*
pluralist ['plʊərəlɪst] *adj* pluralistisch
plus [plʌs] **A** *präp* plus (+*dat*), und (außerdem); **~ or minus 10%** plus minus 10 % **B** *adj* **1 a ~ figure** eine positive Zahl; **on the ~ side** auf der Habenseite; **~ 10 degrees** 10 Grad über

null **2** he got B ~ ≈ er hat eine Zwei plus bekommen; **50 pages** ~ über 50 Seiten **C** s Pluszeichen n; (≈ Faktor) Pluspunkt m; (≈ Gewinn) Plus n

plush [plʌʃ] umg adj ⟨+er⟩ feudal umg; **a** ~ **hotel** ein Nobelhotel n umg

plus sign s Pluszeichen n

plus-size adj Übergrößen-; Kleidung in Übergröße

Pluto ['pluːtəʊ] s ASTRON Pluto m

plutonium [pluːˈtəʊnɪəm] s Plutonium n

ply [plaɪ] v/t **1** Gewerbe ausüben **2 to ply sb with questions** j-n mit Fragen überhäufen; **to ply sb with drink(s)** j-n immer wieder zum Trinken auffordern

plywood ['plaɪwʊd] s Sperrholz n

PM Br abk (= Prime Minister) umg Premierminister(in) m(f)

p.m. abk (= post meridiem) **2** ~ **2 Uhr** nachmittags; **12** ~ 12 Uhr mittags

PMS [piːemˈes] abk (= pre-menstrual syndrome) PMS n

PMT [piːemˈtiː] Br abk (= pre-menstrual tension) PMS n

pneumatic drill [njuːˌmætɪkˈdrɪl] s Pressluftbohrer m

pneumonia [njuːˈməʊnɪə] s Lungenentzündung f

PO abk (= post office) PA

poach[1] ['pəʊtʃ] v/t Ei pochieren; Fisch dünsten; ~**ed egg** verlorenes Ei

poach[2] **A** v/t unerlaubt fangen; fig Idee stehlen; Kunden abwerben **B** v/i wildern (**for** auf +akk)

poacher ['pəʊtʃə^r] s Wilderer m, Wilderin f

poaching ['pəʊtʃɪŋ] s Wildern n

PO Box s, **P.O. Box** US s Postfach n

pocket ['pɒkɪt] **A** s **1** Tasche f (an Kleidungsstücken); in Aktenordner Fach n; Billard Loch n; **to be in sb's** ~ fig j-m hörig sein; **to live in each other's** ~**s** fig unzertrennlich sein **2** (≈ Finanzen) Geldbeutel m; **to be a drain on one's** ~ j-s Geldbeutel strapazieren umg; **to pay for sth out of one's own** ~ etw aus der eigenen Tasche bezahlen **3** Gebiet n; ~ **of resistance** Widerstandsnest n **B** adj Taschen- **C** v/t einstecken

pocketbook s **1** Notizbuch n **2** US Brieftasche f

pocket calculator s eine Taschenrechner m

pocketful s **a** ~ eine Taschevoll

pocketknife s ~ Taschenmesser n

pocket money Br s Taschengeld n

pocket-size(d) adj im Taschenformat; ~ **camera/TV** Miniaturkamera f/-fernseher m

pockmarked ['pɒkmɑːkt] adj Gesicht pockennarbig; Oberfläche narbig

pod [pɒd] **A** s BOT Hülse f **B** v/t Erbsen enthülsen

podcast s IT Podcast m

podgy ['pɒdʒɪ] Br umg adj ⟨komp podgier⟩ pummelig umg; Gesicht schwammig; ~ **fingers** Wurstfinger pl pej umg

podiatrist [pəˈdiːətrɪst] bes US s Fußspezialist(in) m(f)

podium ['pəʊdɪəm] s Podest n; ~ **place** Podestplatz m

poem ['pəʊɪm] s Gedicht n

poet ['pəʊɪt] s Dichter(in) m(f)

poetic [pəʊˈetɪk] adj poetisch

poetic device s poetisches (Stil)mittel

poetic licence s dichterische Freiheit

poet laureate ['pəʊɪtˈlɔːrɪɪt] s Hofdichter(in) m(f)

poetry ['pəʊɪtrɪ] s **1** Dichtung f; **to write** ~ Gedichte schreiben **2** fig ~ **in motion** in Bewegung umgesetzte Poesie

poetry slam s Gedichtwettbewerb

pogrom ['pɒgrəm] s Pogrom n

poignancy ['pɔɪnjənsɪ] s Ergreifende(s) n; von Erinnerungen Wehmut f

poignant ['pɔɪnjənt] adj ergreifend; Erinnerungen wehmütig

point [pɔɪnt] **A** s **1** Punkt m; ~**s for/against** Plus-/Minuspunkte pl; **to win on** ~**s** nach Punkten gewinnen; **(nought)** ~ **seven (0.7)** null Komma sieben (0,7); **up to a** ~ bis zu einem gewissen Grad **2** von Nadel Spitze f **3** zeitlich, örtlich Stelle f; **at this** ~ in diesem Augenblick, jetzt; **from that** ~ **on** von da an; **at what** ~ …? an welcher Stelle …?; **at no** ~ nie; **at no** ~ **in the book** nirgends in dem Buch; ~ **of contact** Kontaktpunkt m; Mensch Ansprechpartner(in) m(f); ~ **of departure** Ausgangspunkt m; **severe to the** ~ **of cruelty** streng bis an die Grenze der Grausamkeit; **the** ~ **of no return** fig der Punkt, von dem an es kein Zurück gibt; **to be on the** ~ **of doing sth** im Begriff sein, etw zu tun; **he was on the** ~ **of telling me the story when …** er wollte mir gerade die Geschichte erzählen, als … **4** (≈ Sache) Punkt m; **a useful** ~ ein nützlicher Hinweis; **that's a good** ~ das ist ein gutes Argument; ~ **by** ~ Punkt für Punkt; **my** ~ **was …** was ich sagen wollte, war …; **you have a** ~ **there** darin mögen Sie recht haben; **to make a/one's** ~ ein/sein Argument n vorbringen; **he made the** ~ **that …** er betonte, dass …; **you've made your** ~**!** das hast du ja schon gesagt!; **what** ~ **are you trying to make?** worauf wollen Sie hinaus?; **I take your** ~, ~ **taken** ich akzeptiere, was Sie sagen; **do you take my** ~**?** verstehst du mich?; **a** ~ **of interest** ein interessanter Punkt; **a** ~ **of law** eine Rechtsfrage **5** Sinn m; **there's no** ~ **in staying** es hat keinen Sinn zu bleiben; **I don't see the ~ of carrying on** ich sehe keinen Sinn darin, weiterzumachen; **what's the ~ anyway?** was soll's?; **the ~ of this is ...** Sinn und Zweck davon ist ...; **what's the ~ of trying?** wozu (es) versuchen?; **the ~ is that ...** die Sache ist die, dass ...; **that's the whole ~** das ist es ja gerade; **that's the whole ~ of doing it this way** gerade darum machen wir das so; **the ~ of the story** die Pointe; **that's not the ~** darum geht es nicht; **to get** od **see the ~** verstehen, worum es geht; **do you see the ~ of what I'm saying?** weißt du, worauf ich hinauswill?; **to miss the ~** nicht verstehen, worum es geht; **he missed the ~ of what I was saying** er hat nicht begriffen, worauf ich hinauswollte; **to be to the ~** treffend sein; **to come to the ~** zur Sache kommen; **to keep** od **stick to the ~** beim Thema bleiben; **beside the ~** irrelevant; **I'm afraid that's beside the ~** das ist nicht relevant; **a case in ~** ein einschlägiger Fall; **to make a ~ of doing sth** Wert darauf legen, etw zu tun; **to be on ~** US umg zutreffen; passend für den Anlass perfekt; **more to the ~** vor allem **6** (≈ Eigenschaft) **good/bad ~s** gute/schlechte Seiten pl **7** Br BAHN **~s** pl Weichen pl **B** v/t **1** Waffe richten (**at** auf +akk) **2** zeigen; **to ~ the way** den Weg weisen **3** Zehen strecken **C** v/i **1** zeigen, deuten (**at, to** auf +akk); **it's rude to ~ (at strangers)** es ist unhöflich, mit dem Finger (auf Fremde) zu zeigen; **he ~ed toward(s) the house** er zeigte zum Haus **2** hindeuten (**to** auf +akk); **everything ~s that way** alles weist in diese Richtung; **all the signs ~ to success** alle Zeichen stehen auf Erfolg **3** Waffe gerichtet sein; Haus etc liegen

phrasal verbs mit point:

point out v/t ⟨trennb⟩ zeigen auf (+akk); **to point sth out to sb** j-n auf etw (akk) hinweisen, j-n auf etw (akk) aufmerksam machen; **could you point him out to me?** kannst du mir zeigen, wer er ist?; **may I point out that ...?** darf ich darauf aufmerksam machen, dass ...?

point-blank ['pɔɪnt'blæŋk] **A** adj direkt; Ablehnung glatt; **at ~ range** aus kürzester Entfernung **B** adv schießen aus kürzester Entfernung; fragen rundheraus; ablehnen rundweg
pointed ['pɔɪntɪd] adj **1** spitz **2** Bemerkung, Blick spitz; Anspielung unverblümt; Frage gezielt; Abwesenheit, Geste ostentativ; **that was rather ~** das war ziemlich deutlich
pointedly ['pɔɪntɪdlɪ] adv reden spitz; anspielen unverblümt; fernbleiben ostentativ
pointer ['pɔɪntə^r] s **1** Zeiger m, Nadel f **2** Zeigestock m **3** IT Mauszeiger m **4** fig Hinweis m
pointless adj sinnlos; **it is ~ her going** od **for her to go** es ist sinnlos, dass sie geht; **a ~ exercise** eine sinnlose Angelegenheit
pointlessly adv sinnlos
pointlessness s Sinnlosigkeit f
point of sale s Verkaufsstelle f; Werbematerial n
point of view s **1** Standpunkt m; **from my ~** von meinem Standpunkt aus; **from the ~ of productivity** von der Produktivität her gesehen **2** LIT Erzählerstandpunkt m (Perspektive, aus der der Erzähler das Geschehen beobachtet und erzählt)
poise [pɔɪz] **A** s **1** von Kopf, Körper Haltung f; (≈ Anmut) Grazie f **2** Selbstsicherheit f **B** v/t balancieren; **to hang ~d** Vogel, Schwert schweben; **the tiger was ~d ready to spring** der Tiger lauerte sprungbereit; **we sat ~d on the edge of our chairs** wir balancierten auf den Stuhlkanten
poised adj **1** bereit; **to be ~ to do sth** bereit sein, etw zu tun; **to be ~ for sth** für etw bereit sein; **the enemy are ~ to attack** der Feind steht angriffsbereit; **he was ~ to become champion** er war auf dem besten Weg, die Meisterschaft zu gewinnen; **to be ~ on the brink of sth** am Rande von etw stehen **2** selbstsicher
poison ['pɔɪzn] **A** s Gift n **B** v/t vergiften; Atmosphäre, Flüsse verpesten; **to ~ sb's mind against sb** j-n gegen j-n aufstacheln
poisoned adj vergiftet
poisoning ['pɔɪznɪŋ] s Vergiftung f
poisonous ['pɔɪznəs] adj giftig; **~ snake** Giftschlange f
poison-pen letter s anonymer Brief
poke [pəʊk] **A** s Stoß m; **to give sb/sth a ~** j-n/etw stoßen; mit Finger j-n/etw stupsen **B** v/t **1** stoßen; mit Finger stupsen; **to ~ the fire** das Feuer schüren; **he accidentally ~d me in the eye** er hat mir aus Versehen ins Auge gestoßen **2** **to ~ one's finger into sth** seinen Finger in etw (akk) stecken; **he ~d his head round the door** er streckte seinen Kopf durch die Tür **3** Loch bohren **C** v/i **to ~ at sth** in etw (dat) stochern; **she ~d at her food with a fork** sie stocherte mit einer Gabel in ihrem Essen herum

phrasal verbs mit poke:

poke about Br, **poke around** v/i **1** herumstochern **2** umg neugierig schnüffeln umg
poke out A v/i vorstehen **B** v/t ⟨trennb⟩ **1** hinausstrecken **2** **he poked the dirt out with his fingers** er kratzte den Schmutz mit den Fingern heraus; **to poke sb's eye out** j-m ein Auge ausstechen
poker ['pəʊkə^r] s KART Poker n
poker-faced ['pəʊkə'feɪst] adj mit einem Po-

kergesicht
poky ['pəʊkɪ] *pej adj* ⟨*komp* pokier⟩ winzig; **it's so ~ in here** es ist so eng hier
Poland ['pəʊlənd] *s* Polen *n*
polar ['pəʊləʳ] *adj* Polar-, polar
polar bear *s* Eisbär *m*
polar circle *s* Polarkreis *m*
polarization [,pəʊləraɪ'zeɪʃn] *s* Polarisierung *f*
polarize ['pəʊləraɪz] **A** *v/t* polarisieren **B** *v/i* sich polarisieren
Polaroid® ['pəʊlərɔɪd] *s* Polaroidkamera® *f*; (≈ *Foto*) Sofortbild *n*
Pole [pəʊl] *s* Pole *m*, Polin *f*
pole¹ [pəʊl] *s* Stange *f*, Stab *m*
pole² *s* GEOG, ASTRON, ELEK Pol *m*; **they are ~s apart** sie (*akk*) trennen Welten
polemical [pɒ'lemɪkəl] *adj* polemisch
pole position *s* SPORT Poleposition *f*; **to be** *od* **start in ~** aus der Poleposition starten
pole star *s* Polarstern *m*
pole vault *s* Stabhochsprung *m*
pole-vaulter *s* Stabhochspringer(in) *m(f)*
police [pə'liːs] **A** *s* Polizei *f*; **to join the ~** zur Polizei gehen; **he is in the ~** er ist bei der Polizei; **hundreds of ~** Hunderte von Polizisten **B** *v/t* kontrollieren
police car *s* Polizeiwagen *m*
police constable *Br s* Polizist(in) *m(f)*
police department *US s* Polizei *f*
police dog *s* Polizeihund *m*
police force *s* Polizei *f*
police headquarters *s* Polizeipräsidium *n*
policeman *s* ⟨*pl* -men⟩ Polizist *m*
police officer *s* Polizeibeamte(r) *m/f(m)*
police presence *s* Polizeiaufgebot *n*
police record *s* Strafregister *n*; **to have a ~** vorbestraft sein
police state *s* Polizeistaat *m*
police station *s* (Polizei)wache *f*, Wachzimmer *n* österr
policewoman *s* ⟨*pl* -women [-wɪmən]⟩ Polizistin *f*
policing [pə'liːsɪŋ] *s* Kontrolle *f*
policy¹ ['pɒlɪsɪ] *s* **1** Politik *f kein pl*; (≈ *Prinzip*) Grundsatz *m*; **our ~ on recruitment** unsere Einstellungspolitik; **a ~ of restricting immigration** eine Politik zur Einschränkung der Einwanderung; **a matter of ~** eine Grundsatzfrage; **your ~ should always be to give people a second chance** du solltest es dir zum Grundsatz machen, Menschen eine zweite Chance zu geben; **my ~ is to wait and see** meine Devise heißt abwarten **2** Taktik *f*; **it was good/bad ~** das war (taktisch) klug/unklug
policy² *s*, (*a.* **insurance policy**) (Versicherungs)police *f*; **to take out a ~** eine Versicherung abschließen
polio ['pəʊlɪəʊ] *s* ⟨*kein pl*⟩ Kinderlähmung *f*
Polish ['pəʊlɪʃ] **A** *adj* polnisch **B** *s* LING Polnisch *n*
polish ['pɒlɪʃ] **A** *s* **1** für *Schuhe* Creme *f*; für *Fußboden* Bohnerwachs *n*; für *Möbel* Politur *f*; für *Metall* Poliermittel *n*; für *Fingernägel* Lack *m* **2 to give sth a ~** etw polieren; *Fußboden* etw bohnern **3** Glanz *m* **B** *v/t wörtl* polieren; *Fußboden* bohnen

phrasal verbs mit polish:

polish off *umg v/t* ⟨*trennb*⟩ *Essen* verputzen *umg*
polish up *v/t* ⟨*trennb*⟩ **1** polieren **2** *fig* Sprachkenntnisse auffrischen; *fig* Stil aufpolieren; *Aufsatz etc* überarbeiten
polished ['pɒlɪʃt] *adj* **1** *Möbel* poliert; *Fußboden* gebohnert **2** *Stil* verfeinert; *Leistung* brillant
polite [pə'laɪt] *adj* ⟨*komp* politer⟩ höflich; **to be ~ to sb** höflich zu j-m sein
politeness [pə'laɪtnɪs] *s* Höflichkeit *f*
political [pə'lɪtɪkəl] *adj* politisch
political asylum *s* politisches Asyl; **he was granted ~** ihm wurde politisches Asyl gewährt
political correctness *s* politisch korrekter Sprachgebrauch
politically [pə'lɪtɪkəlɪ] *adv* politisch
politically correct *adj* politisch korrekt
politically incorrect *adj* politisch inkorrekt
political party *s* politische Partei
political prisoner *s* politischer Gefangener, politische Gefangene
politician [,pɒlɪ'tɪʃən] *s* Politiker(in) *m(f)*
politics ['pɒlɪtɪks] *s* **1** *Fach* Politik *f pl*; **to go into ~** in die Politik gehen; **I think ~ is really interesting** ich finde Politik richtig spannend; **interested in ~** politisch interessiert **2** politische Ansichten *pl*; **what are his ~?** welche politischen Ansichten hat er?; **office ~** Büroränkeleien *pl*
polka ['pɒlkə] *s* Polka *f*
polka dot ['pɒlkədɒt] **A** *s* Tupfen *m* **B** *adj* getupft
poll [pəʊl] **A** *s* **1** POL Abstimmung *f*, Wahl *f*; **a ~ was taken among the villagers** unter den Dorfbewohnern wurde abgestimmt; **they got 34% of the ~** sie bekamen 34% der Stimmen **2 ~s** Wahl *f*; **to go to the ~s** zur Wahl gehen; **a crushing defeat at the ~s** eine vernichtende Wahlniederlage **3** Umfrage *f*; **a telephone ~** eine telefonische Abstimmung **B** *v/t* **1** *Stimmen* erhalten **2** *bei Umfrage* befragen
pollen ['pɒlən] *s* Pollen *m*
pollen count *s* Pollenzahl *f*, Pollenflug *m*
pollinate ['pɒlɪneɪt] *v/t* bestäuben
pollination [,pɒlɪ'neɪʃən] *s* Bestäubung *f*

polling ['pəʊlɪŋ] s Wahl f
polling booth s Wahlkabine f
polling card s Wahlausweis m
polling day bes Br s Wahltag m
polling station Br s Wahllokal n
pollster ['pəʊlstə^r] s Meinungsforscher(in) m(f)
poll tax s Kopfsteuer f
pollutant [pə'lu:tənt] s Schadstoff m
pollute [pə'lu:t] v/t verschmutzen, verunreinigen
polluted [pə'lu:təd] adj verschmutzt
polluter [pə'lu:tə^r] s Umweltverschmutzer(in) m(f)
pollution [pə'lu:ʃən] s (Umwelt)verschmutzung f; von Atmosphäre Verunreinigung f
pollution rights pl Verschmutzungsrechte pl
polo ['pəʊləʊ] s ⟨kein pl⟩ Polo n
polo neck Br **A** s Rollkragenpullover m **B** adj ~ **sweater** Rollkragenpullover m
polo shirt s Polohemd n
poltergeist ['pɒltəgaɪst] s Poltergeist m
polyester [ˌpɒlɪ'estə^r] s Polyester m
polygamist [pɒ'lɪgəmɪst] s Polygamist(in) m(f)
polygamous [pɒ'lɪgəməs] adj polygam
polygamy [pɒ'lɪgəmɪ] s Polygamie f
polystyrene® [ˌpɒlɪ'staɪri:n] **A** s Polystyrol n **B** adj Polystyrol-
polysyllabic [ˌpɒlɪsɪ'læbɪk] adj mehrsilbig
polytechnic [ˌpɒlɪ'teknɪk] Br s ≈ Polytechnikum n, technische Hochschule
polythene ['pɒlɪθi:n] Br s Polyäthylen n; ~ **bag** Plastiktüte f
polyunsaturated [ˌpɒlɪʌn'sætʃəreɪtɪd] adj mehrfach ungesättigt; ~ **fats** mehrfach ungesättigte Fettsäuren pl
pomegranate ['pɒmə,grænɪt] s Granatapfel m
Pomerania [ˌpɒmə'reɪnɪə] s Pommern n
pomp [pɒmp] s Pomp m
pompom ['pɒmpɒm] s Troddel f
pomposity [pɒm'pɒsɪtɪ] s Aufgeblasenheit f; von Sprache Schwülstigkeit f
pompous ['pɒmpəs] adj aufgeblasen; Sprache schwülstig
pompously ['pɒmpəslɪ] adv schreiben, sprechen schwülstig; sich benehmen aufgeblasen
poncy ['pɒnsɪ] Br umg adj ⟨komp **poncier**⟩ Gang, Schauspieler tuntig umg
pond [pɒnd] s Teich m
ponder ['pɒndə^r] **A** v/t nachdenken über (+akk) **B** v/i nachdenken (**on, over** über +akk)
ponderous ['pɒndərəs] adj schwerfällig
pong [pɒŋ] Br umg **A** s Gestank m; **there's a bit of a ~ in here** hier stinkts **B** v/i stinken
pony ['pəʊnɪ] s Pony n
ponytail s Pferdeschwanz m; **she was wearing her hair in a ~** sie trug einen Pferdeschwanz

pony trekking s Ponyreiten n im Gelände
poo [pu:] kinderspr s & v/i → **pooh**
pooch [pu:tʃ] umg s Hündchen n
poodle ['pu:dl] s Pudel m
poof(ter) ['pʊf(tə^r)] Br obs s pej umg Schwule(r) m
pooh [pu:] **A** int puh **B** s kinderspr Aa n kinderspr; **to do a ~** Aa machen kinderspr **C** v/i kinderspr Aa machen kinderspr
pool[1] [pu:l] s **1** Teich m **2** nach Regen Pfütze f **3** Lache f; **a ~ of blood** eine Blutlache **4** Swimmingpool m, Schwimmbad n; **to go to the (swimming) ~** ins Schwimmbad gehen
pool[2] **A** s **1** (gemeinsame) Kasse **2** Schreibzentrale f **3** Fuhrpark m **4** Br **the ~s** Toto m/n; **to do the ~s** Toto spielen; **he won £1000 on the ~s** er hat £1000 im Toto gewonnen **5** Poolbillard n **B** v/t Mittel zusammenlegen; Anstrengungen vereinen geh
pool attendant s Bademeister(in) m(f)
pool hall s Billardsalon m
pool table s Billardtisch m
poop [pu:p] umg v/t schlauchen umg
pooped [pu:pt] adj umg völlig fertig
poor [pʊə^r] **A** adj ⟨+er⟩ **1** arm; **to get** od **become ~er** verarmen; **he was now one thousand pounds (the) ~er** er war nun um eintausend Pfund ärmer; **~ relation** fig Sorgenkind n; **~ Sophie** (die) arme Sophie; **you ~ (old) chap** umg du armer Kerl umg; **~ you!** du Ärmste(r)!; **she's all alone, ~ woman** sie ist ganz allein, die arme Frau; **~ things, they look cold** die Ärmsten, ihnen scheint kalt zu sein **2** schlecht, mangelhaft; Führung schwach; **a ~ substitute** ein armseliger Ersatz; **a ~ chance of success** schlechte Erfolgsaussichten pl; **that's ~ consolation** das ist ein schwacher Trost; **he has a ~ grasp of the subject** er beherrscht das Fach schlecht **B** pl **the ~** die Armen pl
poorly ['pʊəlɪ] **A** adv **1** arm; ausgestattet ärmlich; **~ off** schlecht gestellt **2** schlecht; **~-attended** schlecht besucht; **~-educated** ohne (ausreichende) Schulbildung; **~-equipped** schlecht ausgerüstet; **to do ~ (at sth)** (in etw dat) schlecht abschneiden **B** adj ⟨präd⟩ Br krank; **to be** od **feel ~** sich krank fühlen
pop[1] s MUS Pop m
pop[2] [pɒp] bes US umg s Papa m umg
pop[3] **A** s **1** Knall m **2** (≈ Getränk) Limo f umg, Kracherl n österr **B** adv **to go pop** Korken knallen; Ballon platzen; **pop!** peng! **C** v/t **1** Ballon zum Platzen bringen **2** umg stecken; **to pop a letter into the postbox** Br, **to pop a letter into the mailbox** US einen Brief einwerfen; **he popped his head round the door** er streckte den Kopf durch die Tür; **to pop a jacket on** sich (dat) ein Jackett überziehen; **to pop the question** einen

(Heirats)antrag machen **D** *umg v/i* **1** *Korken knallen*; *Ballon* platzen; *Ohren* knacken; **his eyes were popping out of his head** ihm fielen fast die Augen aus dem Kopf *umg* **2 to pop along/down to the baker's** schnell zum Bäcker laufen; **I'll just pop upstairs** ich laufe mal eben nach oben; **pop round sometime** komm doch mal auf einen Sprung bei mir vorbei *umg*

phrasal verbs mit pop:

pop back *umg* **A** *v/t ⟨trennb⟩* (schnell) zurücktun *umg*; **pop it back in(to) the box** tu es wieder in die Schachtel **B** *v/i* schnell zurücklaufen
pop in *umg* **A** *v/t ⟨trennb⟩* hineintun; **to pop sth in(to) sth** etw in etw *(akk)* stecken **B** *v/i* auf einen Sprung vorbeikommen *umg*; **to pop in for a short chat** auf einen kleinen Schwatz hereinschauen *umg*; **we just popped into the pub** wir gingen kurz in die Kneipe; **just pop in any time** komm doch irgendwann mal vorbei
pop off *Br umg v/i* verschwinden *umg* (**to** nach)
pop open *v/i* aufplatzen, aufspringen
pop out *umg v/i* **1** (schnell) rausgehen *umg*; **he has just popped out for a beer** er ist schnell auf ein Bierchen gegangen *umg*; **he has just popped out to the shops** er ist schnell zum Einkaufen gegangen **2** *Augen* vorquellen
pop up *umg* **A** *v/t ⟨trennb⟩ Kopf* hochstrecken **B** *v/i* **1** auftauchen; *Kopf* hochschießen *umg* **2** (mal eben) raufkommen *umg*, (mal eben) raufgehen *umg*

pop concert *s* Popkonzert *n*
popcorn *s* Popcorn *n*
popcorn maker, popcorn popper *US s* Popcornmaschine *f*
Pope [pəʊp] *s* Papst *m*
pop group *s* Popgruppe *f*
popgun *s* Spielzeugpistole *f*
pop icon *s* Popikone *f*, Popidol *n*
poplar ['pɒplə'] *s* Pappel *f*
pop music *s* Popmusik *f*
poppy ['pɒpɪ] *s* Mohn *m*
Poppy Day *Br s* ≈ Volkstrauertag *m*
poppy seed *s* Mohn *m*
Popsicle® ['pɒpsɪkl] *US s* Eis *n* am Stiel
pop singer *s* Popsänger(in) *m(f)*
pop song *s* Popsong *m*
pop star *s* Popstar *m*
populace ['pɒpjʊlɪs] *s* Bevölkerung *f*, breite Öffentlichkeit *f*
popular ['pɒpjʊlə'] *adj* **1** beliebt (**with** bei); **he was a very ~ choice** seine Wahl fand großen Anklang **2** populär; *Musik* leicht; **~ appeal** Massenappeal *m*; **~ science** Populärwissenschaft *f* **3** *Glaube* weitverbreitet; **contrary to ~ opinion** entgegen der landläufigen Meinung; **fruit teas are becoming increasingly ~** Früchtetees erfreuen sich zunehmender Beliebtheit **4** POL *Unterstützung* des Volkes; *Abstimmung, Forderung* allgemein; **~ uprising** Volksaufstand *m*; **by ~ request** auf allgemeinen Wunsch
popular culture *s* Populärkultur *f*
popularity [ˌpɒpjʊ'lærɪtɪ] *s* Beliebtheit *f*; Popularität *f*; **he'd do anything to win ~** er würde alles tun, um sich beliebt zu machen; **the sport is growing in ~** dieser Sport wird immer populärer
popularize ['pɒpjʊləraɪz] *v/t* **1** populär machen **2** *Wissenschaft, Ideen* popularisieren, popularisieren
popularly ['pɒpjʊlǝlɪ] *adv* allgemein; **he is ~ believed to be rich** nach allgemeiner Ansicht ist er reich; **to be ~ known as sb/sth** allgemeinhin als j-d/etw bekannt sein
populate ['pɒpjʊleɪt] *v/t* bevölkern, besiedeln; **~d by** bevölkert von; **this area is ~d mainly by immigrants** in diesem Stadtteil leben hauptsächlich Einwanderer; **densely ~d areas** dicht besiedelte Gebiete *pl*; **densely ~d cities** dicht bevölkerte Städte *pl*
population [ˌpɒpjʊ'leɪʃən] *s* Bevölkerung *f*, Bewohner *pl*; (≈ *Ziffer*) Bevölkerungszahl *f*
populist ['pɒpjʊlɪst] *adj* populistisch
populous ['pɒpjʊləs] *adj Land* dicht besiedelt; *Stadt* einwohnerstark
pop-up ['pɒpʌp] **A** *adj Buch* Hochklapp- *umg*; **~ menu/window** IT Pop-up-Menü *n*/Fenster *n* **B** *s* IT Pop-up(-Menü) *n*
porcelain ['pɔːsəlɪn] **A** *s* Porzellan *n* **B** *adj* Porzellan-
porch [pɔːtʃ] *s* Vorbau *m*; *US* Veranda *f*
porcupine ['pɔːkjʊpaɪn] *s* Stachelschwein *n*
pore [pɔːʳ] *s* Pore *f*; **in/from every ~** *fig* aus allen Poren

phrasal verbs mit pore:

pore over *v/i ⟨+obj⟩* genau studieren; **to pore over one's books** über seinen Büchern hocken

pork [pɔːk] *s* Schweinefleisch *n*
pork chop *s* Schweinekotelett *n*
pork pie *s* Schweinefleischpastete *f*
pork sausage *s* Schweinswurst *f*
porky ['pɔːkɪ] *umg* **A** *adj* ⟨*komp* porkier⟩ fett **B** *s* Schwindelei *f*
porn [pɔːn] *umg* **A** *s* Pornografie *f*; **soft ~** weicher Porno; **hard ~** harter Porno **B** *adj* pornografisch; **~ shop** Pornoladen *m umg*; **~ star** Pornostar *m*
porno ['pɔːnəʊ] **A** *umg s* ⟨*pl* -s⟩ Porno *m* **B** *adj umg* Porno-
pornographic *adj*, **pornographically** [ˌpɔː-

nə'græfɪk, -əlɪ] adv pornografisch
pornography [pɔː'nɒɡrəfɪ] s Pornografie f
porous ['pɔːrəs] adj Fels porös
porridge ['pɒrɪdʒ] bes Br s Haferbrei m
port[1] [pɔːt] s Hafen m; **~ of call** Halt m; **any ~ in a storm** sprichw in der Not frisst der Teufel Fliegen sprichw
port[2] s COMPUT Port m
port[3] **A** s SCHIFF, FLUG Backbord m **B** adj auf der Backbordseite
port[4] s, (a. **port wine**) Portwein m
portable ['pɔːtəbl] adj **1** tragbar; Toilette etc mobil; **easily ~** leicht zu tragen; **~ hard drive** externe od mobile Festplatte; **~ radio** Kofferradio n **2** Software übertragbar
portal ['pɔːtl] s IT Portal n
porter ['pɔːtə'] s von Bürohaus etc Pförtner(in) m(f); in Krankenhaus Assistent(in) m(f); von Hotel Portier m, Portiersfrau f; BAHN Gepäckträger(in) m(f)
portfolio [pɔːt'fəʊlɪəʊ] s ⟨pl -s⟩ **1** (Akten)mappe f **2** FIN Portefeuille n **3** von Künstler Kollektion f
porthole ['pɔːthəʊl] s Bullauge n
portion ['pɔːʃən] s **1** Teil m; von Ticket Abschnitt m; **my ~** mein Anteil m **2** beim Essen Portion f
portion size s Portionsgröße f
portly ['pɔːtlɪ] adj ⟨komp portlier⟩ beleibt, korpulent
portrait ['pɔːtrɪt] s Porträt n; **to have one's ~ painted** sich malen lassen; **to paint a ~ of sb** j-n porträtieren
portrait painter s Porträtmaler(in) m(f)
portray [pɔː'treɪ] v/t **1** darstellen **2** malen
portrayal [pɔː'treɪəl] s Darstellung f
Portugal ['pɔːtjʊɡəl] s Portugal n
Portuguese [,pɔːtjʊ'ɡiːz] **A** adj portugiesisch; **he is ~** er ist Portugiese **B** s ⟨pl -⟩ Portugiese m, Portugiesin f; LING Portugiesisch n
pose [pəʊz] **A** s Haltung f **B** v/t **1** Frage vortragen **2** Probleme aufwerfen; Bedrohung darstellen **C** v/i **1** Model posieren; **to ~ (in the) nude** für einen Akt posieren **2** **to ~ as** sich ausgeben als
poser ['pəʊzə'] s Angeber(in) m(f)
posh [pɒʃ] umg adj ⟨+er⟩ vornehm
position [pə'zɪʃən] **A** s **1** Platz m, Standort m; von Stadt, Haus Lage f; von Flugzeug, Schiff, a. SPORT Position f; MIL Stellung f; **to be in/out of ~** an der richtigen/falschen Stelle sein; **what ~ do you play?** auf welcher Position spielst du?; **he was in fourth ~** er lag auf dem vierten Platz **2** Haltung f; von Stuhl Stellung f; **in a sitting ~** sitzend **3** (≈ Rang) Position f; beruflich Stelle f; **a ~ of trust** eine Vertrauensstellung; **to be in a ~ of power** eine Machtposition innehaben **4** fig Lage f; **to be in a ~ to do sth** in der Lage sein, etw zu tun **5** fig Standpunkt m; **what is the government's ~ on …?** welchen Standpunkt vertritt die Regierung zu …? **B** v/t Mikrofon, Wachen aufstellen; Soldaten postieren; IT Cursor positionieren; **he ~ed himself where he could see her** er stellte/setzte sich so, dass er sie sehen konnte

positive ['pɒzɪtɪv] **A** adj **1** positiv; Kritik konstruktiv; **~ pole** Pluspol m; **he is a very ~ person** er hat eine sehr positive Einstellung zum Leben; **to take ~ action** positive Schritte unternehmen **2** Beweis, Antwort eindeutig; **to be ~ that …** sicher sein, dass …; **to be ~ about** od **of sth** sich (dat) einer Sache (gen) absolut sicher sein; **are you sure? — ~** bist du sicher? — ganz bestimmt; **this is a ~ disgrace** das ist wirklich eine Schande; **a ~ genius** ein wahres Genie **B** adv **1** MED **to test ~** einen positiven Befund haben **2** **to think ~** positiv denken
positive feedback s **to get ~ (about sb/sth)** eine positive Rückmeldung (zu j-m/etw) erhalten
positively ['pɒzɪtɪvlɪ] adv **1** positiv **2** definitiv; **to test ~ for drugs** positiv auf Drogen getestet werden **3** emph eindeutig; **Jane doesn't mind being photographed, she loves it** Jane hat nichts dagegen, fotografiert zu werden, im Gegenteil, sie hat es sehr gern
posse ['pɒsɪ] US s Aufgebot n; fig Gruppe f
possess [pə'zes] v/t besitzen; form Informationen verfügen über (+akk); **to be ~ed by demons** von Dämonen besessen sein; **like a man ~ed** wie ein Besessener; **whatever ~ed you to do that?** was ist bloß in Sie gefahren, so etwas zu tun?
possession [pə'zeʃən] s Besitz m; **to have sth in one's ~** etw in seinem Besitz haben; **to have/ take ~ of sth** etw Besitz haben/nehmen; **to get ~ of sth** in den Besitz von etw kommen; **to be in ~ of sth** im Besitz von etw sein; **all his ~s** sein gesamter Besitz
possessive [pə'zesɪv] **A** adj eigen; Freundin besitzergreifend; **to be ~ about sth** seine Besitzansprüche auf etw (akk) betonen **B** s GRAM Possessiv(um) n
possessively [pə'zesɪvlɪ] adv eigen; in Bezug auf Menschen besitzergreifend
possessiveness [pə'zesɪvnɪs] s eigene Art (**about** mit); in Bezug auf Menschen besitzergreifende Art (**towards** gegenüber)
possessive pronoun s GRAM Possessivpronomen n
possessor [pə'zesə'] s Besitzer(in) m(f)
possibility [,pɒsə'bɪlɪtɪ] s Möglichkeit f; **there's not much ~ of success** die Aussichten auf Erfolg sind nicht sehr groß; **the ~ of doing sth**

die Möglichkeit, etw zu tun; **it's a distinct ~ that ...** es besteht eindeutig die Möglichkeit, dass ...; **there is a ~ that ...** es besteht die Möglichkeit, dass ...

possible ['pɒsəbl] **A** adj möglich; **anything is ~** möglich ist alles; **as soon as ~** so bald wie möglich; **the best ~ ...** der/die/das bestmögliche ...; **if (at all) ~** falls (irgend) möglich; **it's just ~ that I'll see you before then** eventuell sehe ich dich vorher noch; **no ~ excuse** absolut keine Entschuldigung; **the only ~ choice, the only choice ~** die einzig mögliche Wahl; **it will be ~ for you to return the same day** Sie haben die Möglichkeit, am selben Tag zurückzukommen; **to make sth ~** etw ermöglichen; **to make it ~ for sb to do sth** es j-m ermöglichen, etw zu tun; **where ~** wo möglich; **wherever ~** wo immer möglich **B** s **he is a ~ for the English team** er kommt für die englische Mannschaft infrage

possibly ['pɒsəbli] adv **1** **I couldn't ~ do that** das könnte ich unmöglich tun; **nobody could ~ tell the difference** es war unmöglich, einen Unterschied zu erkennen; **very** od **quite ~** durchaus möglich; **how could he ~ have known that?** wie konnte er das nur wissen?; **he did all he ~ could** er tat, was er nur konnte; **I made myself as comfortable as I ~ could** ich habe es mir so bequem wie möglich gemacht; **if I ~ can** wenn ich irgend kann **2** vielleicht, möglicherweise; **~ not** vielleicht nicht

post[1] [pəʊst] **A** s Pfosten m, Pfahl m, Mast m; **a wooden ~** ein Holzpfahl; **finishing ~** Zielpfosten m **B** v/t (a. **post up**) anschlagen

post[2] **A** s **1** Br Stelle f; **to take up a ~** eine Stelle antreten; **to hold a ~** eine Stelle innehaben **2** MIL Posten m; **a border ~** ein Grenzposten m **B** v/t versetzen; MIL abkommandieren

post[3] **A** s Br Post f; **by ~** mit der Post; **it's in the ~** es ist in der Post; **to catch the ~** rechtzeitig zur Leerung kommen; **to miss the ~** die Leerung verpassen; **there is no ~ today** heute kommt keine Post, heute ist keine Post (für uns) gekommen; **has the ~ been?** war die Post schon da? **B** v/t **1** Br aufgeben; in Briefkasten einwerfen; (≈ senden) mit der Post schicken; IT per E-Mail mailen; im Internet posten; **I ~ed it to you on Monday** ich habe es am Montag an Sie abgeschickt/gemailt **2** **to keep sb ~ed** j-n auf dem Laufenden halten

phrasal verbs mit post:
post off v/t ⟨trennb⟩ abschicken

post- [pəʊst-] präf nach-, post-

postage ['pəʊstɪdʒ] s Porto n; **~ and packing** Porto und Verpackung; **~ paid** Entgelt bezahlt, portofrei

postage stamp s Briefmarke f
postal ['pəʊstl] adj Post-
postal address s Postanschrift f
postal code Br s Postleitzahl f
postal order Br s ≈ Postanweisung f
postal service s Postdienst m
postal vote to have a ~ per Briefwahl wählen
postal worker s Postbeamte(r) m, Postbeamtin f
postbag Br s Postsack m
postbox Br s Briefkasten m
post-Brexit adj nach dem Brexit
postcard s Postkarte f; (**picture**) **~** Ansichtskarte f
postcode Br s Postleitzahl f
postdate v/t vordatieren
postedit v/t & v/i IT redaktionell nachbearbeiten
poster ['pəʊstə[r]] s Plakat n
poste restante [,pəʊst'rɛstɒnt] adv Br postlagernd
posterior [pɒ'stɪərɪə[r]] hum s Allerwerteste(r) m hum
posterity [pɒ'stɛrɪtɪ] s die Nachwelt
post-free adj & adv portofrei
postgrad ['pəʊstgræd] umg, **postgraduate** [,pəʊst'grædjʊət] **A** s Postgraduierte(r) m/f(m) **B** adj weiterführend; **~uate course** Anschlusskurs m; **~uate degree** zweiter akademischer Grad; **~uate student** Postgraduierte(r) m/f(m)
posthumous, posthumously ['pɒstjʊməs, -lɪ] adv post(h)um
posting ['pəʊstɪŋ] s Versetzung f; **he's got a new ~** er ist wieder versetzt worden
Post-it®, Post-it note s Post-it® n, Haftnotiz f
postman Br s ⟨pl -men⟩ Briefträger m
postmark A s Poststempel m **B** v/t (ab)stempeln; **the letter is ~ed "Birmingham"** der Brief ist in Birmingham abgestempelt
postmodern adj postmodern
postmodernism s Postmodernismus m
postmortem [,pəʊst'mɔːtəm] s, (a. **postmortem examination**) Obduktion f
postnatal adj nach der Geburt
post office s Postamt n; **the Post Office** die Post®; **~ box** Postfach n
post-paid A adj portofrei; Umschlag frankiert **B** adv portofrei
postpone [pəʊst'pəʊn] v/t aufschieben; **it has been ~d till Tuesday** es ist auf Dienstag verschoben worden
postponement s Verschiebung f, Aufschub m
postscript(um) ['pəʊstskrɪpt(əm)] s in Brief Postskriptum n; in Buch Nachwort n
post-traumatic stress disorder s MED posttraumatische Belastungsstörung
posture ['pɒstʃə[r]] **A** s Haltung f; pej Pose f **B** v/i

sich in Positur *od* Pose werfen
post-war *adj* Nachkriegs-; **~ era** Nachkriegszeit *f*
postwoman *Br s* ⟨*pl* **-women** [-wɪmɪn]⟩ Briefträgerin *f*
pot [pɒt] **A** *s* **1** Topf *m*; *für Tee* Kanne *f*; **to go to pot** *umg* auf den Hund kommen *umg*; *Pläne etc* ins Wasser fallen *umg* **2** *umg* **to have pots of money** jede Menge Geld haben *umg* **3** *umg* (≈ *Marihuana*) Pot *n sl* **B** *v/t* **1** Pflanze eintopfen **2** *Billard: Kugel* einlochen
potassium [pəˈtæsɪəm] *s* Kalium *n*
potato [pəˈteɪtəʊ] *s* ⟨*pl* **-es**⟩ Kartoffel *f*, Erdapfel *m österr*
potato chip *s* **1** *bes US* → **potato crisp** **2** *Br* Pomme frite *m*
potato crisp *s Br* Kartoffelchip *m*
potato masher *s* Kartoffelstampfer *m*
potato peeler *s* Kartoffelschäler *m*
potato salad *s* Kartoffelsalat *m*
potbellied [ˈpɒtˌbelɪd] *adj* spitzbäuchig; *durch Hunger* blähbäuchig
potbelly *s* Spitzbauch *m*; *durch Hunger* Blähbauch *m*
potency [ˈpəʊtənsɪ] *s von Medikament* Stärke *f*; *von Argument, Darstellung* Schlagkraft *f*
potent [ˈpəʊtənt] *adj* stark; *Argument etc* durchschlagend; *Appell* beeindruckend
potential [pəʊˈtenʃəl] **A** *adj* potenziell **B** *s* Potenzial *n*; **~ for growth** Wachstumspotenzial *n*; **to have ~** ausbaufähig sein *umg*; **he shows quite a bit of ~** es steckt einiges in ihm; **to achieve** *od* **fulfil** *od* **realize one's ~** die Grenze seiner Möglichkeiten verwirklichen; **to have great ~ (as/for)** große Möglichkeiten bergen (als/für); **to have the ~ to do sth** das Potenzial haben, um etw zu tun; **to have no/little ~** kein/kaum Potenzial haben; **she has management ~** sie hat das Zeug zur Managerin
potentially [pəʊˈtenʃəlɪ] *adv* potenziell; **~, these problems are very serious** diese Probleme könnten sich als gravierend herausstellen
pothole [ˈpɒthəʊl] *s* **1** Schlagloch *n* **2** *GEOL* Höhle *f*
potion [ˈpəʊʃən] *s* Trank *m*
pot luck *s* **to take ~** nehmen, was es gerade gibt; **we took ~ and went to the nearest pub** wir gingen aufs Geratewohl in die nächste Kneipe
pot plant *s* Topfpflanze *f*
potpourri [ˌpəʊˈpʊrɪ] *s wörtl* Duftsträußchen *n*
pot roast *s* Schmorbraten *m*
pot shot *s* **to take a ~ at sb/sth** aufs Geratewohl auf j-n/etw schießen
potted [ˈpɒtɪd] *adj* **1** *Fleisch* eingemacht; **~ plant** Topfpflanze *f* **2** gekürzt

potter¹ [ˈpɒtə^r] *s* Töpfer(in) *m(f)*
potter², **putter** [ˈpʌtə^r] *US a. v/i* herumwerkeln; (≈ *bummeln*) herumschlendern; **she ~s away in the kitchen for hours** sie hantiert stundenlang in der Küche herum; **to ~ round the house** im Haus herumwerkeln; **to ~ round the shops** einen Geschäftsbummel machen; **to ~ along the road** *Fahrer, Auto* dahinzuckeln
pottery [ˈpɒtərɪ] *s* Töpferei *f*; (≈ *Produkte*) Töpferwaren *pl*, Keramik *f*
potting compost *s* Pflanzerde *f*
potting shed *s* Schuppen *m*
potty¹ [ˈpɒtɪ] *s* Töpfchen *n*, Haferl *n österr*; **~-trained** *Br* sauber
potty² *Br umg adj* ⟨*komp* **pottier**⟩ verrückt; **to drive sb ~** j-n zum Wahnsinn treiben; **he's ~ about her** er ist verrückt nach ihr
pouch [paʊtʃ] *s* Beutel *m*
poultice [ˈpəʊltɪs] *s* Umschlag *m*
poultry [ˈpəʊltrɪ] *s* Geflügel *n*
poultry farm *s* Geflügelfarm *f*
poultry farmer *s* Geflügelzüchter(in) *m(f)*
pounce [paʊns] **A** *s* Satz *m* **B** *v/i Katze* einen Satz machen; *fig* zuschlagen; **to ~ on sb/sth** sich auf j-n/etw stürzen
pound¹ [paʊnd] *s* **1** (≈ *Gewicht*) ≈ Pfund *n*; **two ~s of apples** zwei Pfund Äpfel; **by the ~** pfundweise; **a three-pound ball** ein drei Pfund schwerer Ball **2** (≈ *Währung*) Pfund *n*; **~ sterling** Pfund Sterling; **five ~s** fünf Pfund
pound² **A** *v/t* **1** hämmern; *Tisch* hämmern auf (+*akk*); *Tür* hämmern gegen; *Wellen* schlagen gegen; *Waffen* ununterbrochen beschießen **2** *Getreide etc* (zer)stampfen **B** *v/i* hämmern; *Herz* (wild) pochen; *Wellen* schlagen (**on, against** gegen); *Trommeln* dröhnen; *beim Gehen* stapfen
<u>phrasal verbs mit pound:</u>
pound away *v/i* hämmern; *Musik, Gewehre* dröhnen; **he was pounding away at the typewriter** er hämmerte auf der Schreibmaschine herum
pound³ *s* städtischer Hundezwinger; *bes Br* Abstellplatz *m* (*für amtlich abgeschleppte Fahrzeuge*)
-pounder [-ˈpaʊndə^r] *s* ⟨*suf*⟩ -pfünder *m*; **quarter-pounder** Viertelpfünder *m*
pounding [ˈpaʊndɪŋ] **A** *s* Hämmern *n*; *von Herz* Pochen *n*; *von Musik* Dröhnen *n*; *von Wellen* Schlagen *n*; *von Füßen* Stampfen *n*; *von Granaten etc* Bombardement *n*; **the ship took a ~** das Schiff wurde stark mitgenommen **B** *adj Herz* klopfend; *Füße* trommelnd; *Trommeln, Wellen* donnernd; *Kopfschmerzen* pochend
pound shop *Br s* ≈ Ein-Euro-Laden *m*
pour [pɔː^r] **A** *v/t Flüssigkeit* gießen; *Zucker* schütten; *Drink* eingießen; **to ~ sth for sb** j-m etw

eingießen; **to ~ money into a project** Geld in ein Projekt pumpen *umg* **B** *v/i* **1** strömen; **the sweat ~ed off him** der Schweiß floss in Strömen an ihm herunter; **it's ~ing (with rain)** es gießt (in Strömen), es schüttet *umg* **2** eingießen; **this jug doesn't ~ well** dieser Krug gießt nicht gut

phrasal verbs mit pour:

pour away *v/t* ⟨*trennb*⟩ weggießen
pour in *v/i* hereinströmen; *Spenden* in Strömen eintreffen
pour out A *v/i* herausströmen (**of** aus); *Worte* heraussprudeln (**of** aus) **B** *v/t* ⟨*trennb*⟩ **1** Flüssigkeit ausgießen; *Zucker etc* ausschütten; *Drink* eingießen **2** *fig Sorgen* sich (*dat*) von der Seele reden; **to pour out one's heart (to sb)** (j-m) sein Herz ausschütten

pouring ['pɔːrɪŋ] *adj* **~ rain** strömender Regen, Schnürlregen *m österr*
pout [paʊt] **A** *s* Schmollmund *m* **B** *v/i* **1** einen Schmollmund machen **2** schmollen
poverty ['pɒvətɪ] *s* Armut *f*
poverty level *s*, **poverty line** *s* Armutsgrenze *f*; **to be below the ~** *od* **line** unterhalb der Armutsgrenze leben
poverty-stricken ['pɒvətɪstrɪkən] *adj* Not leidend; **to be ~** Armut leiden
POW *abk* (= **prisoner of war**) Kriegsgefangene(r) *m/f(m)*
powder ['paʊdə^r] **A** *s* **1** Pulver *n*; (≈ *Kosmetik*) Puder *m* **2** Staub *m* **B** *v/t Gesicht* pudern; **to ~ one's nose** *euph* kurz verschwinden *euph*
powdered ['paʊdəd] *adj* **1** *Gesicht* gepudert **2** löslich; **~ sugar** *US* Puderzucker *m*, Staubzucker *m österr*
powdered milk *s* Milchpulver *n*
powder keg *s* Pulverfass *n*
powder room *s* Damentoilette *f*
powdery ['paʊdərɪ] *adj* **1** pulvrig **2** bröckelig
power ['paʊə^r] **A** *s* **1** (≈ *Kraft*) Kraft *f*; *von Schlag* Stärke *f*, Wucht *f*; *fig von Argument* Überzeugungskraft *f*; **the ~ of love** die Macht der Liebe; **purchasing** *od* **spending ~** Kaufkraft *f* **2** Vermögen *n kein pl*; **his ~s of hearing** sein Hörvermögen *n*; **mental ~s** geistige Kräfte *pl* **3** (≈ *Kapazität, Nation*) Macht *f*; **he did everything in his ~** er tat alles, was in seiner Macht stand; **a naval ~** eine Seemacht **4** ⟨*kein pl*⟩ (≈ *Autorität*) Macht *f*; *JUR elterlich* Gewalt *f kein pl*; Befugnis *f*; **he has the ~ to act** er ist handlungsberechtigt; **the ~ of the police** die Macht der Polizei; **to be in sb's ~** in j-s Gewalt (*dat*) sein; **~ of attorney** *JUR* (Handlungs)vollmacht *f*; **~ of veto** Vetorecht *n*; **the party in ~** die Partei, die an der Macht ist; **to fall from ~** abgesetzt werden; **to come into ~** an die Macht kommen; **I have no ~ over her** ich habe keine Gewalt über sie **5** (≈ *Mensch, Institution*) Autorität *f*; **to be the ~ behind the throne** die graue Eminenz sein; **the ~s that be** *umg* die da oben *umg*; **the ~s of evil** die Mächte des Bösen **6** *Atomkraft etc* Energie *f*; **they cut off the ~** sie haben den Strom abgestellt **7** *von Maschine* Leistung *f*; **on full ~** bei voller Leistung **8** *MATH* Potenz *f*; **to the ~ (of) 2** hoch 2 **9** *umg* **that did me a ~ of good** das hat mir unheimlich gutgetan *umg* **B** *v/t mit Motor* antreiben; *mit Brennstoff* betreiben; **~ed by electricity** mit Elektroantrieb

phrasal verbs mit power:

power down *v/t* ⟨*trennb*⟩ herunterfahren
power up *v/i & v/t* ⟨*trennb*⟩ starten

power-assisted *adj AUTO, TECH* Servo-; **~ steering** Servolenkung *f*
power bank *s* Powerbank *f*, mobiler Akku
power base *s* Machtbasis *f*
powerboat *s* Rennboot *n*
power cable *s* Stromkabel *n*
power cut *s* Stromsperre *f*, Stromausfall *m*
power drill *s* Bohrmaschine *f*
power-driven *adj* mit Motorantrieb
power failure *s* Stromausfall *m*
powerful ['paʊəfʊl] *adj* **1** mächtig **2** stark; *Körperbau, Tritt* kräftig; *Schwimmer, Reinigungsmittel* kraftvoll; *Motor* leistungsfähig; *Sturm, Geruch* massiv **3** *fig Redner* mitreißend; *Film etc* ausdrucksvoll; *Argument* durchschlagend
powerfully ['paʊəfəlɪ] *adv* **1** mächtig; **~ built** kräftig gebaut **2** *fig* kraftvoll; **~ written** mitreißend geschrieben
powerhouse *fig s* treibende Kraft (**behind** hinter +*dat*)
powerless *adj* machtlos; **to be ~ to resist** nicht die Kraft haben, zu widerstehen; **the government is ~ to deal with inflation** die Regierung steht der Inflation machtlos gegenüber
power line *s* Stromleitung *f*
power outage ['paʊə,aʊtɪdʒ] *US s* Stromausfall *m*
power pack *s von Elektrogerät* Netzteil *n*
power plant *s* → **power station**
power point *s ELEK* Steckdose *f*
power politics *pl* Machtpolitik *f*
power sharing *s POL* Machtteilung *f*
power-sharing *adj Regierung, Abmachung* mit geteilter Macht; Koalitions-
power station *s* Kraftwerk *n*
power steering *s AUTO* Servolenkung *f*
power structure *s* Machtstruktur *f*
power struggle *s* Machtkampf *m*
power supply *s ELEK* Stromversorgung *f*
power tool *s* Elektrowerkzeug *n*

power unit s Netzteil n
power walking s SPORT Walking n; **to go ~** walken gehen
powwow ['pauwau] s Powwow n (*indianische Versammlung*)
pp abk ⟨*nur geschrieben*⟩ (= pages) Seiten pl
PR [piːˈɑːʳ] abk (= public relations) PR f
practicability [ˌpræktɪkəˈbɪlɪtɪ] s Durchführbarkeit f
practicable ['præktɪkəbl] adj durchführbar
practical ['præktɪkəl] adj praktisch; **for (all) ~ purposes** in der Praxis; **to be of no ~ use** ohne (jeden) praktischen Nutzen sein
practicality [ˌpræktɪˈkælɪtɪ] s **1** ⟨*kein pl*⟩ von Plan Durchführbarkeit f **2** praktisches Detail
practical joke s Streich m
practical joker s Witzbold m umg
practically ['præktɪkəlɪ] adv praktisch; **~ speaking** konkret gesagt
practice ['præktɪs] **A** s **1** Gewohnheit f, Brauch m; (≈ *schlechte Angewohnheit*) Unsitte f; *geschäftlich* Praktik f; **this is normal business ~** das ist im Geschäftsleben so üblich; **that's common ~** das ist allgemein üblich **2** ⟨*kein pl*⟩ Übung f, Probe f; SPORT Training n; *im Lehrwerk* Übungsteil m; **~ makes perfect** *sprichw* Übung macht den Meister *sprichw*; **~ matters** Übung macht den Meister *sprichw*; **this piece of music needs a lot of ~** für dieses (Musik)stück muss man viel üben; **to do 10 minutes' ~** 10 Minuten (lang) üben; **to be out of ~** aus der Übung sein; **to have a ~ session** üben; THEAT *etc* Probe haben; SPORT trainieren **3** (≈ *nicht Theorie*) *von Arzt etc* Praxis f, Ordination f *österr*; **in ~** in der Praxis; **that won't work in ~** das lässt sich praktisch nicht durchführen; **to put sth into ~** etw in die Praxis umsetzen **B** *US* v/t & v/i → practise
practice teacher *US* s SCHULE Referendar(in) m(f)
practise ['præktɪs], **practice** *US* **A** v/t **1** üben; *Lied* proben; *Folter* praktizieren; **to ~ the violin** Geige üben; **to ~ doing sth** etw üben; **I'm practising my German on him** ich probiere mein Deutsch an ihm aus **2** *Beruf, Religion* ausüben; **to ~ law** als Anwalt praktizieren **B** v/i **1** üben **2** *Arzt etc* praktizieren
practised adj, **practiced** ['præktɪst] *US* adj geübt (**at, in** in +dat)
practising ['præktɪsɪŋ] adj, **practicing** *US* adj praktizierend
practitioner [prækˈtɪʃənəʳ] s praktischer Arzt, praktische Ärztin
pragmatic adj, **pragmatically** [prægˈmætɪk, -əlɪ] adv pragmatisch
pragmatism ['prægmətɪzəm] s Pragmatismus m

pragmatist ['prægmətɪst] s Pragmatiker(in) m(f)
Prague [prɑːg] s Prag n
prairie ['prɛərɪ] s Grassteppe f; *in Nordamerika* Prärie f
praise [preɪz] **A** v/t loben, rühmen; **to ~ sb for having done sth** j-n dafür loben, etw getan zu haben **B** s Lob n *kein pl*; **a hymn of ~** eine Lobeshymne; **he made a speech in ~ of their efforts** er hielt eine Lobrede auf ihre Bemühungen; **to win ~** Lob ernten; **I have nothing but ~ for him** ich kann ihn nur loben; **~ be!** Gott sei Dank!
praiseworthy ['preɪzˌwɜːðɪ] adj lobenswert
praline ['prɑːliːn] s Praline f mit Nuss-Karamellfüllung
pram [præm] *Br* s Kinderwagen m
prance [prɑːns] v/i tänzeln, herumtanzen
prank [præŋk] s Streich m; **to play a ~ on sb** j-m einen Streich spielen; **a ~ call** ein Telefonstreich m
prankster ['præŋkstəʳ] s Schelm(in) m(f)
prat [præt] *Br umg* s Trottel m umg
prattle ['prætl] **A** s Geplapper n **B** v/i plappern
prawn [prɔːn] s Garnele f
pray [preɪ] v/i beten; **to ~ for sb/sth** für j-n/um etw beten; **to ~ for sth** *fig* stark auf etw (*akk*) hoffen
prayer [prɛəʳ] s Gebet n, Andacht f; **to say one's ~s** beten
prayer book s Gebetbuch n
prayer meeting s Gebetsstunde f
precariat [prɪˈkɛərɪət] s SOZIOL Prekariat n
preach [priːtʃ] **A** v/t predigen; **to ~ a sermon** eine Predigt halten; **to ~ the gospel** das Evangelium verkünden **B** v/i predigen; **to ~ to the converted** *sprichw* offene Türen einrennen
preacher ['priːtʃəʳ] s Prediger(in) m(f)
preaching ['priːtʃɪŋ] s Predigen n
preamble [priːˈæmbl] s *von Buch etc* Einleitung f, Vorwort n; JUR Präambel f
prearrange [ˌpriːəˈreɪndʒ] v/t im Voraus vereinbaren
prearranged [ˌpriːəˈreɪndʒd] adj, **pre-arranged** adj *Treffen* im Voraus verabredet; *Ort* im Voraus bestimmt
pre-Brexit adj vor dem Brexit
precarious [prɪˈkɛərɪəs] adj unsicher; *Situation* prekär; **at a ~ angle** in einem gefährlich aussehenden Winkel
precariously [prɪˈkɛərɪəslɪ] adv unsicher; **to be ~ balanced** auf der Kippe stehen; **~ perched on the edge of the table** gefährlich nahe am Tischrand
precaution [prɪˈkɔːʃən] s Vorsichtsmaßnahme f, Vorkehrung f; **security ~s** Sicherheitsmaß-

nahmen *pl*; **fire ~s** Brandschutzmaßnahmen *pl*; **to take ~s against sth** Vorsichtsmaßnahmen *pl* gegen etw treffen; **do you take ~s?** *euph zur Empfängnisverhütung* nimmst du (irgend)etwas?; **to take the ~ of doing sth** vorsichtshalber etw tun

precautionary [prɪˈkɔːʃənərɪ] *adj* Vorsichts-; **~ measure** Vorsichtsmaßnahme *f*

precede [prɪˈsiːd] *v/t* vorangehen (+*dat*)

precedence [ˈpresɪdəns] *s* vorrangige Stellung (**over** gegenüber); *von Problem* Vorrang *m* (**over** vor +*dat*); **to take ~ over sb/sth** vor j-m/einer Sache Vorrang haben; **to give ~ to sb/sth** j-m/einer Sache Vorrang geben

precedent [ˈpresɪdənt] *s* Präzedenzfall *m*; **without ~** noch nie da gewesen; **to establish** *od* **create** *od* **set a ~** einen Präzedenzfall schaffen

preceding [prɪˈsiːdɪŋ] *adj* vorhergehend

precinct [ˈpriːsɪŋkt] *s* **1** *Br* Fußgängerzone *f*, Einkaufsviertel *n*; *US von Polizei* Revier *n* **2** **~s** *pl* Umgebung *f*

precious [ˈpreʃəs] **A** *adj* kostbar, wertvoll **B** *adv umg* **~ little/few** herzlich wenig/wenige *umg*; **~ little else** herzlich wenig sonst

precious metal *s* Edelmetall *n*

precious stone *s* Edelstein *m*

precipice [ˈpresɪpɪs] *s* Abgrund *m*

precipitate [prəˈsɪpɪteɪt] *v/t* beschleunigen

precipitation [prɪˌsɪpɪˈteɪʃən] *s* **1** METEO Niederschlag *m* **2** Hast *f*, Eile *f*

précis [ˈpreɪsiː] *s* Zusammenfassung *f*

precise [prɪˈsaɪs] *adj* genau, präzise; **at that ~ moment** genau in dem Augenblick; **please be more ~** drücken Sie sich bitte etwas genauer aus; **18, to be ~** 18, um genau zu sein; **or, to be more ~, ...** oder, um es genauer zu sagen, ...

precisely [prɪˈsaɪslɪ] *adv* genau; **at ~ 7 o'clock, at 7 o'clock ~** Punkt 7 Uhr; **that is ~ why I don't want it** genau deshalb will ich es nicht; **or more ~ ...** oder genauer ...

precision [prɪˈsɪʒən] *s* Genauigkeit *f*

preclude [prɪˈkluːd] *v/t* ausschließen

precocious [prɪˈkəʊʃəs] *adj* frühreif

preconceived [ˌpriːkənˈsiːvd] *adj* vorgefasst; **to have ~ ideas about sth** eine vorgefasste Meinung zu etw haben

preconception [ˌpriːkənˈsepʃən] *s* vorgefasste Meinung

precondition [ˌpriːkənˈdɪʃən] *s* (Vor)bedingung *f*

precook [priːˈkʊk] *v/t* vorkochen

precursor [priːˈkɜːsəʳ] *s* Vorläufer(in) *m(f)*, Vorbote *m*, Vorbotin *f*

predate [ˌpriːˈdeɪt] *v/t* zeitlich vorangehen (+*dat*); *Scheck* zurückdatieren

predator [ˈpredətəʳ] *s* **1** Raubtier *n* **2** *Person pej* Profiteur(in) *m(f)*, Aasgeier *m pej*

predatory [ˈpredətərɪ] *adj Verhalten* räuberisch

predecessor [ˈpriːdɪsesəʳ] *s* Vorgänger(in) *m(f)*; (= *Sache*) Vorläufer(in) *m(f)*

predestine [prɪˈdestɪn] *v/t* prädestinieren; **he was ~d to do sth** es war ihm vorherbestimmt, etw zu tun

predetermine [ˌpriːdɪˈtɜːmɪn] *v/t* vorherbestimmen

predetermined [ˌpriːdɪˈtɜːmɪnd] *adj Ergebnis* im Voraus festgelegt; *Position* vorherbestimmt

predicament [prɪˈdɪkəmənt] *s* Dilemma *n*

predicate [ˈpredɪkət] *s* GRAM Prädikat *n*, Satzaussage *f*

predicative [prɪˈdɪkətɪv] *adj* GRAM prädikativ

predict [prɪˈdɪkt] *v/t* vorhersagen

predictability [prəˌdɪktəˈbɪlɪtɪ] *s* Vorhersagbarkeit *f*

predictable [prɪˈdɪktəbl] *adj* vorhersagbar; *Mensch* durchschaubar; **to be ~** vorhersagbar sein; **you're so ~** man weiß doch genau, wie Sie reagieren

predictably [prɪˈdɪktəblɪ] *adv* vorhersagbar; **~ (enough), he was late** wie vorauszusehen, kam er zu spät

prediction [prɪˈdɪkʃən] *s* Prophezeiung *f*

predispose [ˌpriːdɪˈspəʊz] *v/t* geneigt machen; **to ~ sb toward(s) sb/sth** j-n für j-n/etw einnehmen

predisposition [ˌpriːdɪspəˈzɪʃən] *s* Neigung *f* (**to** zu)

predominance [prɪˈdɒmɪnəns] *s* Überwiegen *n*; **the ~ of women in the office** die weibliche Überzahl im Büro

predominant *adj Idee* vorherrschend; *Mensch, Tier* beherrschend

predominantly *adv* überwiegend

predominate [prɪˈdɒmɪneɪt] *v/i* vorherrschen, überwiegen

pre-election [ˌpriːɪˈlekʃən] *adj* vor der Wahl (durchgeführt); **~ promise** Wahlversprechen *n*

pre-eminent [priːˈemɪnənt] *adj* überragend

pre-empt [priːˈempt] *v/t* zuvorkommen (+*dat*)

pre-emptive [priːˈemptɪv] *adj* präventiv, Präventiv-; **~ attack** Präventivschlag *m*; **~ right** *US* FIN Vorkaufsrecht *n*

preen [priːn] **A** *v/t* putzen **B** *v/i Vogel* sich putzen **C** *v/r* **to ~ oneself** *Vogel* sich putzen

pre-existent [ˌpriːɪɡˈzɪstənt] *adj* vorher vorhanden

prefab [ˈpriːfæb] *umg s* Fertighaus *n*

prefabricated [ˌpriːˈfæbrɪkeɪtɪd] *adj* vorgefertigt; **~ building** Fertighaus *n*

preface [ˈprefɪs] *s* Vorwort *n*

prefect [ˈpriːfekt] *s Br* SCHULE Aufsichtsschüler(in)

m(f)

prefer [prɪˈfɜː^r] v/t vorziehen (**to** +dat), bevorzugen (**to** vor +dat), lieber haben (**to** als); **he ~s coffee to tea** er trinkt lieber Kaffee als Tee; **I ~ it that way** es ist mir lieber so; **which (of them) do you ~?** in Bezug auf Menschen wen ziehen Sie vor?, wen mögen Sie lieber?; in Bezug auf Sachen welche(n, s) finden Sie besser?; **to ~ to do sth** etw lieber tun; **I ~ not to say** ich sage es lieber nicht; **would you ~ me to drive?** soll ich lieber fahren?; **I would ~ you to do it today** od **that you did it today** mir wäre es lieber, wenn Sie es heute täten

preferable [ˈprefərəbl] adj **X is ~ to Y** X ist Y (dat) vorzuziehen; **anything would be ~ to sharing an apartment with Sophie** alles wäre besser, als mit Sophie zusammen wohnen zu müssen; **it would be ~ to do it that way** es wäre besser, es so zu machen; **infinitely ~** hundertmal besser

preferably [ˈprefərəblɪ] adv am liebsten; **tea or coffee? — coffee, ~** Tee oder Kaffee? — lieber Kaffee; **but ~ not Tuesday** aber, wenn möglich, nicht Dienstag

preference [ˈprefərəns] s **1** Vorliebe f; **just state your ~** nennen Sie einfach Ihre Wünsche; **I have no ~** mir ist das eigentlich gleich **2 to give ~ to sb/sth** j-n/etw bevorzugen (**over** gegenüber)

preferential [prefəˈrenʃəl] adj bevorzugt; **to give sb ~ treatment** j-n bevorzugt behandeln; **to get ~ treatment** eine Vorzugsbehandlung bekommen

prefix [ˈpriːfɪks] s GRAM Präfix n

preg [preg] adj umg schwanger

pregnancy [ˈpregnənsɪ] s Schwangerschaft f; von Tier Trächtigkeit f

pregnancy test s Schwangerschaftstest m

pregnant [ˈpregnənt] adj **1** schwanger; Tier trächtig; **3 months ~** im vierten Monat schwanger; **Gill was ~ by her new boyfriend** Gill war von ihrem neuen Freund schwanger; **to become** od **get ~** schwanger werden **2** fig Pause bedeutungsschwer

preg test s umg Schwangerschaftstest m

preheat [priːˈhiːt] v/t vorheizen

prehistoric [ˌpriːhɪˈstɒrɪk] adj prähistorisch

prehistory [ˌpriːˈhɪstərɪ] s Vorgeschichte f

pre-installed adj IT vorinstalliert

prejudge [priːˈdʒʌdʒ] v/t im Voraus beurteilen; negativ im Voraus verurteilen

prejudice [ˈpredʒʊdɪs] **A** s Vorurteil n; **his ~ against ...** seine Voreingenommenheit gegen ...; **to have a ~ against sb/sth** gegen j-n/etw voreingenommen sein; **racial ~** Rassenvorurteile pl **B** v/t beeinflussen

prejudiced [ˈpredʒʊdɪst] adj voreingenommen (**against** gegen); **to be ~ in favour of sb/sth** für j-n/etw voreingenommen sein; **to be racially ~** Rassenvorurteile haben

prejudicial [predʒʊˈdɪʃl] adj abträglich; **to be ~ to sth** einer Sache schaden

preliminary [prɪˈlɪmɪnərɪ] **A** adj Maßnahmen vorbereitend; Bericht, Test vorläufig; Stadium früh; **~ hearing** US JUR gerichtliche Voruntersuchung f; **~ round** Vorrunde f **B** s Vorbereitung f; SPORT Vorspiel n; **preliminaries** pl a. JUR Präliminarien pl geh; SPORT Vorrunde f

preliminary hearing s JUR Voruntersuchung f

pre-loaded [priːˈləʊdɪd] adj IT Programm etc vorinstalliert

prelude [ˈpreljuːd] fig s Auftakt m

premarital [priːˈmærɪtl] adj vorehelich

premature [ˈpremətʃʊə^r] adj vorzeitig; Entscheidung verfrüht; **the baby was three weeks ~** das Baby wurde drei Wochen zu früh geboren; **~ baby** Frühgeburt f; **~ ejaculation** vorzeitiger Samenerguss

prematurely [ˈpremətʃʊəlɪ] adv vorzeitig; handeln voreilig; **he was born ~** er war eine Frühgeburt

premeditated [priːˈmedɪteɪtɪd] adj vorsätzlich

premenstrual syndrome, **premenstrual tension** bes Br s prämenstruelles Syndrom

premier [ˈpremɪə^r] **A** adj führend **B** s Premierminister(in) m(f)

première [ˈpremɪeə^r] **A** s Premiere f **B** v/t uraufführen

Premier League, **Premiership** [ˈpremɪəʃɪp] s FUSSB Erste Liga

premise [ˈpremɪs] s **1** bes Logik Voraussetzung f **2 ~s** pl Gelände n, Gebäude n, Räumlichkeiten pl; **business ~s** Geschäftsräume pl; **to live on the ~s** im Haus wohnen; **that's not allowed on these ~s** das ist hier nicht erlaubt

premium [ˈpriːmɪəm] **A** s Bonus m; (≈ Aufpreis) Zuschlag m; für Versicherung Prämie f **B** adj **1** erstklassig; **~ petrol** Br, **~ gas** US Superbenzin n **2 ~ price** Höchstpreis m; **callers are charged a ~ rate of £1.50 a minute** Anrufern wird ein Höchsttarif von £ 1,50 pro Minute berechnet

premium-rate [ˈpriːmɪəmˌreɪt] adj TEL zum Höchsttarif

premonition [ˌpriːməˈnɪʃən] s **1** (böse) Vorahnung f **2** Vorwarnung f

prenatal [priːˈneɪtl] adj pränatal

prenuptial agreement [priːˌnʌpʃləˈgriːmənt] s Ehevertrag m

preoccupation [priːˌɒkjʊˈpeɪʃən] s **her ~ with making money was such that ...** sie war so sehr mit dem Geldverdienen beschäftigt, dass ...; **that was his main ~** das war sein Hauptanliegen

preoccupied *adj* gedankenverloren; **to be ~ with sth** nur an etw *(akk)* denken; **he has been (looking) rather ~ recently** er sieht in letzter Zeit so aus, als beschäftige ihn etwas

preoccupy [priːˈɒkjʊpaɪ] *v/t* (stark) beschäftigen

pre-order [ˌpriːˈɔːdəʳ] *v/t* vorbestellen

prep [prep] *Br umg s* Hausaufgabe *f*, Hausaufgaben *pl*; **to do one's ~** seine Hausaufgaben machen

prepackaged [priːˈpækɪdʒd], **prepacked** [priːˈpækt] *adj* abgepackt

prepaid [priːˈpeɪd] **A** *pperf* → prepay **B** *adj* vorausbezahlt; *Brief* freigemacht; **~ mobile phone** *Br*, **~ cell phone** *US* Prepaid-Handy *n*

preparation [ˌprepəˈreɪʃən] *s* Vorbereitung *f*; *von Mahlzeit* Zubereitung *f*; **in ~ for sth** als Vorbereitung für etw; **~s for war/a journey** Kriegs-/Reisevorbereitungen *pl*; **to make ~s** Vorbereitungen treffen

preparatory [prɪˈpærətərɪ] *adj* vorbereitend; **~ work** Vorbereitungsarbeit *f*

preparatory school *s* → prep school

prepare [prɪˈpeəʳ] **A** *v/t* vorbereiten (**sb for sth** j-n auf etw *akk od* **sth for sth** etw für etw); *Mahlzeit* zubereiten; *Zimmer* zurechtmachen; **~ yourself for a shock!** mach dich auf einen Schock gefasst! **B** *v/i* **to ~ for sth** sich auf etw *(akk)* vorbereiten; **the country is preparing for war** das Land trifft Kriegsvorbereitungen; **to ~ to do sth** Anstalten machen, etw zu tun

prepared [prɪˈpeəd] *adj* **1** (*a.* **ready ~**) vorbereitet (**for** auf +*akk*); **~ meal** Fertiggericht *n*; **~ for war** bereit zum Krieg **2** **to be ~ to do sth** bereit sein, etw zu tun

pre-party *umg v/i* vorglühen *umg*

prepay [priːˈpeɪ] *v/t* ⟨*prät, pperf* prepaid⟩ im Voraus bezahlen

pre-pay [ˈpriːpeɪ] *adj* ⟨*attr*⟩ im Voraus zahlbar

preponderance [prɪˈpɒndərəns] *s* Übergewicht *n*

preposition [ˌprepəˈzɪʃən] *s* Präposition *f*

prepossessing [ˌpriːpəˈzesɪŋ] *adj* einnehmend

preposterous [prɪˈpɒstərəs] *adj* grotesk

preprinted [ˌpriːˈprɪntɪd] *adj* vorgedruckt

preprogram [ˈpriːˈprəʊgræm] *v/t* vorprogrammieren

prep school *umg s* **1** *in GB* private Vorbereitungsschule auf eine weiterführende Privatschule (Alter 8-13) **2** *in US* private Vorbereitungsschule auf das College

prerecord [ˌpriːrɪˈkɔːd] *v/t* vorher aufzeichnen

prerequisite [ˌpriːˈrekwɪzɪt] *s* Vorbedingung *f*

prerogative [prɪˈrɒgətɪv] *s* Vorrecht *n*

Presbyterian [ˌprezbɪˈtɪərɪən] **A** *adj* presbyterianisch **B** *s* Presbyterianer(in) *m(f)*

preschool [ˈpriːskuːl] *adj* ⟨*attr*⟩ vorschulisch; **of ~ age** im Vorschulalter; **~ education** Vorschulerziehung *f*

prescribe [prɪˈskraɪb] *v/t* **1** vorschreiben **2** MED verschreiben (**sth for sb** j-m etw)

prescription [prɪˈskrɪpʃən] *s* MED Rezept *n*; **on ~** auf Rezept; **only available on ~** verschreibungspflichtig

prescription charge *s* Rezeptgebühr *f*

prescription drugs *pl* verschreibungspflichtige Medikamente *pl*

preseason [ˈpriːsiːzn] *adj* SPORT vor der Saison

preselect [ˌpriːsɪˈlekt] *v/t* vorher auswählen

presence [ˈprezns] *s* **1** Anwesenheit *f*; **in sb's ~, in the ~ of sb** in j-s *(dat)* Anwesenheit; **to make one's ~ felt** sich bemerkbar machen; **a police ~** Polizeipräsenz *f* **2** (= *Haltung*) Auftreten *n*; (*a.* **stage ~**) Ausstrahlung *f*

presence of mind *s* Geistesgegenwart *f*

present[1] [ˈpreznt] **A** *adj* **1** anwesend; **to be ~** anwesend sein; **all those ~** alle Anwesenden **2** vorhanden **3** gegenwärtig; *Jahr etc* laufend; **at the ~ moment** zum gegenwärtigen Zeitpunkt; **the ~ day** heutzutage; **until the ~ day** bis zum heutigen Tag; **in the ~ circumstances** unter den gegenwärtigen Umständen **4** GRAM **in the ~ tense** im Präsens; **~ participle** Partizip *n* Präsens; **~ perfect** Perfekt *n*; **~ progressive** Verlaufsform *f* der Gegenwart **B** *s* **1** Gegenwart *f*; **at ~** zurzeit; **up to the ~** bis jetzt; **there's no time like the ~** *sprichw* was du heute kannst besorgen, das verschiebe nicht auf morgen *sprichw*; **that will be all for the ~** das ist vorläufig alles **2** GRAM Präsens *n*; **~ continuous** erweitertes Präsens

present[2] **A** [ˈpreznt] *s* Geschenk *n*; **I got it as a ~** das habe ich geschenkt bekommen **B** [prɪˈzent] *v/t* **1** **to ~ sb with sth, to ~ sth to sb** *Preis* j-m etw übergeben; *Geschenk* j-m etw schenken **2** vorlegen **3** *Gelegenheit* bieten; **his action ~ed us with a problem** seine Tat stellte uns vor ein Problem **4** RADIO, TV präsentieren; THEAT aufführen; *Sendung* moderieren **5** vorstellen; **to ~ Mr X to Miss Y** Herrn X Fräulein Y *(dat)* vorstellen; **may I ~ Mr X?** *form* erlauben Sie mir, Herrn X vorzustellen *form* **C** [prɪˈzent] *v/r Gelegenheit etc* sich ergeben; **he was asked to ~ himself for interview** er wurde gebeten, zu einem Vorstellungsgespräch zu erscheinen

presentable [prɪˈzentəbl] *adj* präsentabel; **to look ~** präsentabel aussehen; **to make oneself ~** sich zurechtmachen

presentation [ˌprezənˈteɪʃən] *s* **1** Vortrag *m*, Präsentation *f* **2** Überreichung *f*; *von Preis* Verleihung *f*; (= *Feier*) Verleihung(szeremonie) *f*; **to make the ~** die Preise/Auszeichnungen *etc* verleihen **3** *von Bericht* Vorlage *f*; JUR *von Beweisen* Darlegung *f* **4** Darbietung *f* **5** THEAT Inszenierung *f*; TV, RADIO Produktion *f*

presentation tool *s* IT Präsentationsprogramm *n*

present-day ['prezntdeɪ] *adj* ⟨*attr*⟩ heutig; **~ Britain** das heutige Großbritannien

presenter [prɪ'zentəʳ] *s bes Br* TV, RADIO Moderator(in) *m(f)*

presently ['prezntlɪ] *adv* **1** bald **2** derzeit

preservation [ˌprezə'veɪʃən] *s* **1** Erhaltung *f* **2** *von Bauwerk a.* Konservierung *f*; **to be in a good state of ~** gut erhalten sein

preservative [prɪ'zɜːvətɪv] *s* Konservierungsmittel *n*

preserve [prɪ'zɜːv] **A** *v/t* **1** erhalten; *Würde* wahren; *Erinnerung* aufrechterhalten **2** *Bauwerk* konservieren; *Holz* schützen **B** *s* **1** **~s** *pl* GASTR Eingemachte(s) *n*; **peach ~** Pfirsichmarmelade *f* **2** Ressort *n*; **this was once the ~ of the wealthy** dies war einst eine Domäne der Reichen

preserved *adj* **1** *Lebensmittel* konserviert **2** erhalten; **well-preserved** gut erhalten

preset [priː'set] *v/t* ⟨*prät, pperf* preset⟩ vorher einstellen

preside [prɪ'zaɪd] *v/i* den Vorsitz haben (**at** bei); **to ~ over an organization** *etc* eine Organisation *etc* leiten

presidency ['prezɪdənsɪ] *s* Präsidentschaft *f*

president ['prezɪdənt] *s* Präsident(in) *m(f)*; *bes US von Firma* Aufsichtsratsvorsitzende(r) *m/f(m)*

presidential [ˌprezɪ'denʃəl] *adj* POL des Präsidenten

presidential campaign *s* Präsidentschaftskampagne *f*

presidential candidate *s* Präsidentschaftskandidat(in) *m(f)*

presidential election *s* Präsidentenwahl *f*, Präsidentschaftswahl *f*

press [pres] **A** *s* **1** Presse *f*; **to get a bad ~** eine schlechte Presse bekommen **2** TYPO (Drucker)presse *f*; **to go to ~** in Druck gehen **3** Druck *m* **B** *v/t* **1** drücken (**to an** +*akk*); *Knopf, Pedale* drücken auf (+*akk*) **2** bügeln, glätten *schweiz* **3** drängen; **to ~ sb hard** j-m (hart) zusetzen; **to ~ sb for an answer** auf j-s Antwort (*akk*) drängen; **to be ~ed for time** unter Zeitdruck stehen **C** *v/i* **1** drücken **2** drängen (**for** auf +*akk*) **3** sich drängen; **to ~ ahead** (**with sth**) *fig* (mit etw) weitermachen

phrasal verbs mit press:

press on *v/i* weitermachen; *auf Reisen* weiterfahren

press agency *s* Presseagentur *f*

press baron *s* Pressezar *m*

press box *s* Pressetribüne *f*

press clipping *bes US s* → press cutting

press conference *s* Pressekonferenz *f*

press cutting *bes Br s* Zeitungsausschnitt *m*

press-gang *bes Br umg v/t* **to ~ sb into** (**doing**) **sth** j-n drängen, etw zu tun

pressing ['presɪŋ] *adj Thema* brennend; *Aufgabe* dringend

press office *s* Pressestelle *f*

press officer *s* Pressesprecher(in) *m(f)*

press photographer *s* Pressefotograf(in) *m(f)*

press release *s* Pressemitteilung *f*

press stud *Br s* Druckknopf *m*

press-up *Br s* Liegestütz *m*

pressure ['preʃəʳ] *s* Druck *m*; **at high/full ~** unter Hochdruck; **parental ~** Druck vonseiten der Eltern; **to be under ~ to do sth** unter Druck (*dat*) stehen, etw zu tun; **to be under ~ from sb** von j-m gedrängt werden; **to put ~ on sb** j-n unter Druck (*dat*) setzen; **the ~s of modern life** die Belastungen *pl* des modernen Lebens

pressure cooker *s* Schnellkochtopf *m*

pressure gauge *s* Manometer *n*

pressure group *s* Interessengruppe *f*; Pressuregroup *f*

pressurize ['preʃəraɪz] *v/t* **1** *Kabine* auf Normaldruck halten **2** **to ~ sb into doing sth** j-n so unter Druck setzen, dass er schließlich etw tut

pressurized *adj* **1** *Behälter* mit Druckausgleich **2** *Gas* komprimiert **3** **to feel ~** sich unter Druck (gesetzt) fühlen; **to feel ~ into doing sth** sich dazu gedrängt fühlen, etw zu tun

prestige [pre'stiːʒ] *s* Prestige *n*

prestigious [pre'stɪdʒəs] *adj* Prestige-; **to be ~** Prestigewert haben

presumably [prɪ'zjuːməblɪ] *adv* vermutlich; **~ he'll come later** er wird voraussichtlich später kommen

presume [prɪ'zjuːm] **A** *v/t* vermuten; **~d dead** mutmaßlich verstorben; **to be ~d innocent** als unschuldig gelten; **he is ~d to be living in Spain** es wird vermutet, dass er in Spanien lebt **B** *v/i* **1** vermuten **2** **I didn't want to ~** ich wollte nicht aufdringlich sein

presumption [prɪ'zʌmpʃən] *s* Vermutung *f*

presumptuous [prɪ'zʌmptjʊəs] *adj* anmaßend; **it would be ~ of me to …** es wäre eine Anmaßung von mir, zu …

presuppose [ˌpriːsə'pəʊz] *v/t* voraussetzen

presupposition [priːsʌpə'zɪʃn] *s* Voraussetzung *f*

pre-tax [priː'tæks] *adj* unversteuert; **~ profit** Gewinn *m* vor Abzug der Steuer

pretence [prɪ'tens] *s*, **pretense** *US s* **1** **it's all a ~** das ist alles nur gespielt **2** Heuchelei *f*; **to**

make a ~ of doing sth so tun, als ob man etw tut **B** Vorwand *m*; **on** *od* **under the ~ of doing sth** unter dem Vorwand, etw zu tun

pretend [prɪˈtend] **A** *v/t* so tun, als ob, vorgeben; **to ~ to be interested** so tun, als ob man interessiert wäre; **to ~ to be sick** eine Krankheit vortäuschen; **to ~ to be asleep** sich schlafend stellen **B** *v/i* so tun, als ob, sich verstellen; **he is only ~ing** er tut nur so (als ob); **let's stop ~ing** hören wir auf, uns (*dat*) etwas vorzumachen

pretension [prɪˈtenʃən] *s* Anspruch *m*
pretentious [prɪˈtenʃəs] *adj* anmaßend; *Stil, Buch* hochtrabend
pretentiously [prɪˈtenʃəslɪ] *adv* hochtrabend
pretentiousness *s* Anmaßung *f*
preterite [ˈpretərɪt] **A** *adj* **the ~ tense** das Imperfekt **B** *s* Imperfekt *n*
pretext [ˈpriːtekst] *s* Vorwand *m*; **on** *od* **under the ~ of doing sth** unter dem Vorwand, etw zu tun
prettily [ˈprɪtɪlɪ] *adv* nett
prettiness [ˈprɪtɪnɪs] *s* hübsches Aussehen; *von Ort* Schönheit *f*
pretty [ˈprɪtɪ] **A** *adj* ⟨*komp* prettier⟩ **1** hübsch, nett, fesch *österr*; *Rede* artig; **to be ~** hübsch sein; **she's not just a ~ face!** *umg* sie hat auch Köpfchen!; **it wasn't a ~ sight** das war kein schöner Anblick **2** *umg* hübsch; **it'll cost a ~ penny** das wird eine schöne Stange Geld kosten *umg* **B** *adv* ziemlich; **~ well finished** so gut wie fertig *umg*; **how's the patient? — ~ much the same** was macht der Patient? — immer noch so ziemlich gleich
prevail [prɪˈveɪl] *v/i* **1** sich durchsetzen (**over, against** gegenüber) **2** weitverbreitet sein
prevailing *adj* Verhältnisse derzeitig; *Meinung, Wind* vorherrschend
prevalence [ˈprevələns] *s* Vorherrschen *n*; *von Krankheit etc* Häufigkeit *f*
prevalent [ˈprevələnt] *adj* vorherrschend; *Meinung, Krankheit* weitverbreitet; *Verhältnisse* herrschend
prevaricate [prɪˈværɪkeɪt] *v/i* Ausflüchte machen
prevent [prɪˈvent] *v/t* verhindern; *Krankheit* vorbeugen (+*dat*); **to ~ sb (from) doing sth** j-n daran hindern, etw zu tun; **the gate is there to ~ them from falling down the stairs** das Gitter ist dazu da, dass sie nicht die Treppe hinunterfallen; **to ~ sb from coming** j-n am Kommen hindern; **to ~ sth (from) happening** verhindern, dass etw geschieht
preventable [prɪˈventəbl] *adj* vermeidbar
prevention [prɪˈvenʃən] *s* Verhinderung *f*; *von Krankheit* Vorbeugung *f* (**of** gegen)

preventive [prɪˈventɪv] *adj* präventiv
preview [ˈpriːvjuː] **A** *s* **1** *von Film* Vorpremiere *f*; *von Ausstellung* Vorbesichtigung *f*; **to give sb a ~ of sth** *fig* j-m eine Vorschau auf etw (*akk*) geben **2** FILM, TV Vorschau *f* (**of** auf +*akk*) **3** *US* FILM Trailer *m* (*Film- oder Videovorschau*) **4** IT Seitenvorschau *f* **B** *v/t* vorher ansehen; *Film etc* vorher aufführen
previous [ˈpriːvɪəs] *adj* vorhergehend; vorherig; **the ~ page/year** die Seite/das Jahr davor; **the/a ~ holder of the title** der vorherige/ein früherer Titelträger, die vorherige/eine frühere Titelträgerin; **in ~ years** in früheren Jahren; **he's already been the target of two ~ attacks** er war schon das Opfer von zwei früheren Angriffen; **on a ~ occasion** bei einer früheren Gelegenheit; **I have a ~ engagement** ich habe schon einen Termin; **~ experience** Vorkenntnisse *pl*; **no ~ experience necessary** Vorkenntnisse (sind) nicht erforderlich; **to have a ~ conviction** vorbestraft sein; **~ owner** Vorbesitzer(in) *m(f)*
previously [ˈpriːvɪəslɪ] *adv* vorher
pre-war [ˈpriːˈwɔːʳ] *adj* Vorkriegs-
pre-writing exercise *s* Übung *f* vor dem Schreiben
prey [preɪ] **A** *s* Beute *f*; **bird of ~** Raubvogel *m*; **to fall ~ to sb/sth** *fig* ein Opfer von j-m/etw werden **B** *v/i* **to ~ (up)on** Beute machen auf (+*akk*); *Betrüger* als Opfer aussuchen; *Zweifel* nagen an (+*dat*); **it ~ed (up)on his mind** es ließ ihn nicht los
price [praɪs] **A** *s* **1** Preis *m*; **the ~ of coffee** die Kaffeepreise *pl*; **to go up** *od* **rise/to go down** *od* **fall in ~** teurer/billiger werden; **they range in ~ from £10 to £30** die Preise dafür bewegen sich zwischen £ 10 und £ 30; **what is the ~ of that?** was kostet das?; **at a ~** zum entsprechenden Preis; **the ~ of victory** der Preis des Sieges; **but at what ~!** aber zu welchem Preis!; **not at any ~** um keinen Preis; **to put a ~ on sth** einen Preis für etw nennen **2** *bei Wetten* Quote *f* **B** *v/t* den Preis festsetzen von; *mit Etikett* auszeichnen (**at** mit); **it was ~d at £5** es war mit £ 5 ausgezeichnet, es kostete £ 5; **tickets ~d at £20** Karten zum Preis von £ 20; **reasonably ~d** angemessen im Preis
price bracket *s* → price range
price comparison website *s* Preisvergleichsportal *n*
price-conscious *adj* preisbewusst
price cut *s* Preissenkung *f*
price freeze *s* Preisstopp *m*
price increase *s* Preiserhöhung *f*
priceless *adj* unschätzbar; *umg Witz* köstlich; *Mensch* unbezahlbar

price level s Preisniveau n
price limit s Preisgrenze f
price list s Preisliste f
price range s Preisklasse f
price reduction s Preisermäßigung f
price rise s Preiserhöhung f
price tag s Preisschild n
price war s Preiskrieg m
pricey ['praɪsɪ] umg adj kostspielig
pricing ['praɪsɪŋ] s Preisgestaltung f
prick [prɪk] **A** s **1** Stich m; **~ of conscience** Gewissensbisse pl **2** sl (≈ Penis) Schwanz m sl **3** sl (≈ Mensch) Arsch m vulg **B** v/t stechen; **to ~ one's finger** sich (dat) in den Finger stechen; **to ~ one's finger (on sth)** sich (dat) (an etw dat) den Finger stechen; **she ~ed his conscience** sie bereitete ihm Gewissensbisse
phrasal verbs mit prick:
prick up v/t ⟨trennb⟩ **to prick up its/one's ears** die Ohren spitzen
prickle ['prɪkl] **A** s **1** Stachel m **2** Stechen n, Prickeln n **B** v/i stechen, prickeln
prickly ['prɪklɪ] adj ⟨komp pricklier⟩ **1** stach(e)lig; Gefühl stechend; nicht schmerzhaft prickelnd **2** fig Mensch bissig
pricy ['praɪsɪ] adj ⟨komp pricier⟩ → pricey
pride [praɪd] **A** s Stolz m; arrogant Hochmut m; **to take (a) ~ in sth** auf etw (akk) stolz sein; **to take (a) ~ in one's appearance** Wert auf sein Äußeres legen; **her ~ and joy** ihr ganzer Stolz; **to have** od **take ~ of place** den Ehrenplatz einnehmen **B** v/r **to ~ oneself on sth** sich einer Sache (gen) rühmen
priest [pri:st] s Priester(in) m(f)
priestess ['pri:stɪs] s Priesterin f
priesthood s **1** Priesteramt n, Priesterwürde f **2** (≈ die Priester) Priesterschaft f
prim [prɪm] adj ⟨komp primmer⟩ a. **~ and proper** etepetete präd umg; Auftreten steif
primaeval adj → primeval
primal ['praɪməl] adj ursprünglich, Ur-
primarily ['praɪmərɪlɪ] adv hauptsächlich
primary ['praɪmərɪ] **A** adj Haupt-; **our ~ concern** unser Hauptanliegen; **of ~ importance** von größter Bedeutung **B** s **1** bes Br Grundschule f **2** US Vorwahl
primary care physician US s Allgemeinarzt m, Allgemeinärztin f
primary colour s, **primary color** US s Grundfarbe f
primary education s Grundschul(aus)bildung f
primary election US s Vorwahl f
primary school bes Br s Grundschule f
primary school teacher bes Br s Grundschullehrer(in) m(f)

prime [praɪm] **A** adj **1** Haupt-, wesentlich; Ziel, Grund hauptsächlich; Kandidat erste(r, s); **~ suspect** Hauptverdächtige(r) m/f(m); **of ~ importance** von größter Bedeutung; **my ~ concern** mein Hauptanliegen n **2** erstklassig **B** s **in the ~ of life** in der Blüte seiner Jahre; **he is in his ~** er ist in den besten Jahren
primed adj Mensch gerüstet
prime minister s Premierminister(in) m(f)
prime number s MATH Primzahl f
prime time s Hauptsendezeit f
primeval [praɪ'miːvəl] adj urzeitlich, Ur-
primitive ['prɪmɪtɪv] adj primitiv
primly ['prɪmlɪ] adv sittsam
primrose ['prɪmrəʊz] s BOT Erdschlüsselblume f
primula ['prɪmjʊlə] s Primel f
prince [prɪns] s Prinz m, Fürst m
Prince Charming s **1** im Märchen Königssohn m, Prinz m **2** fig Märchenprinz m
princely ['prɪnslɪ] adj fürstlich
princess [prɪn'ses] s Prinzessin f
principal ['prɪnsɪpəl] **A** adj Haupt-, hauptsächlich; **my ~ concern** mein Hauptanliegen n **B** s US von Schule Rektor(in) m(f), Schulleiter(in) m(f)
principality [ˌprɪnsɪ'pælɪtɪ] s Fürstentum n
principally ['prɪnsɪpəlɪ] adv in erster Linie
principle ['prɪnsɪpl] s Prinzip n kein pl; Prinzipien pl; **in/on ~** im/aus Prinzip; **a man of ~(s)** ein Mensch mit Prinzipien; **it's a matter of ~**, **it's the ~ of the thing** es geht dabei ums Prinzip
principled ['prɪnsɪpld] adj mit Prinzipien
print [prɪnt] **A** s **1** Schrift f; (≈ Produkt) Gedruckte(s) n; **out of ~** vergriffen; **to be in ~** erhältlich sein; **in large ~** in Großdruck **2** (≈ Bild) Druck m **3** FOTO Abzug m **4** von Fuß Abdruck m; **a thumb ~** ein Daumenabdruck m **B** v/t **1** Buch drucken; IT (aus)drucken **2** in Druckschrift schreiben **C** v/i **1** drucken **2** in Druckschrift schreiben
phrasal verbs mit print:
print off v/t, **print out** v/t ⟨trennb⟩ IT ausdrucken
printed ['prɪntɪd] adj Druck-, gedruckt; (≈ leserlich) in Großbuchstaben; **~ matter/papers** Büchersendung f
printer ['prɪntə] s **1** Gerät Drucker m **2** Person Drucker(in) m(f)
printer cartridge s Druckerpatrone f
printer driver s COMPUT Druckertreiber m
print head s COMPUT Druckkopf m
printing ['prɪntɪŋ] s Drucken n
printing press s Druckerpresse f
printmaking s Grafik f
printout s IT Ausdruck m
print queue s IT Druckerwarteschlange f
prior ['praɪə'] adj **1** vorherig, früher; **a ~ en-**

gagement eine vorher getroffene Verabredung; **~ to sth** vor etw (dat); **~ to this/that** zuvor; **~ to going out** bevor ich/er etc ausging ☒ Pflicht vorrangig

prioritize [praɪˈɒrɪtaɪz] v/t ☒ der Priorität nach ordnen, priorisieren ☒ Priorität einräumen (+dat)

priority [praɪˈɒrɪtɪ] s Priorität f, vorrangige Angelegenheit; **a top ~** eine Sache von höchster Priorität; **it must be given top ~** das muss vorrangig behandelt werden; **to give ~ to sth** einer Sache (dat) Priorität geben; **in order of ~** nach Dringlichkeit; **to get one's priorities right** seine Prioritäten richtig setzen; **high/low on the list of priorities** od **the ~ list** oben/unten auf der Prioritätenliste

prise [praɪz] v/t, **prize** US v/t **to ~ sth open** etw aufbrechen; **to ~ the lid off** den Deckel abbekommen

prism [ˈprɪzm] s Prisma n

prison [ˈprɪzn] ☒ s Gefängnis n; **to be in ~** im Gefängnis sein; **to go to ~ for 5 years** für 5 Jahre ins Gefängnis gehen; **to send sb to ~** j-n ins Gefängnis schicken ☒ adj ⟨attr⟩ Gefängnis-

prisoner [ˈprɪznəʳ] s Gefangene(r) m/f(m); **to hold sb ~** j-n gefangen halten; **to take sb ~** j-n gefangen nehmen; **~ of war** Kriegsgefangene(r) m/f(m)

prisoner swap s Gefangenenaustausch m

prison officer Br s Gefängnisaufseher(in) m/f(m)

prissy [ˈprɪsɪ] adj ⟨komp prissier⟩ umg (≈ prüde) zimperlich

pristine [ˈprɪstiːn] adj Zustand makellos

privacy [ˈprɪvəsɪ, ˈpraɪvəsɪ] s Privatleben n; **in the ~ of one's own home** im eigenen Heim; **in the strictest ~** unter strengster Geheimhaltung

private [ˈpraɪvɪt] ☒ adj ☒ privat; Sache vertraulich, abgelegen; Hochzeit im engsten Kreis; Mensch reserviert; **~ and confidential** streng vertraulich; **to keep sth ~** etw für sich behalten; **his ~ life** sein Privatleben n ☒ **~ address** Privatanschrift f; **~ education** Ausbildung f in Privatschulen; **~ individual** Einzelne(r) m/f(m); **~ limited company** ≈ Aktiengesellschaft f (die nicht an der Börse notiert ist); **~ tutor** Privatlehrer(in) m/f(m) ☒ s ☒ MIL Gefreite(r) m/f(m); **Private X** der Gefreite X ☒ **~s** pl Geschlechtsteile pl ☒ **in ~** privat; **we must talk in ~** wir müssen das unter uns besprechen

private company s Privatgesellschaft f

private detective s Privatdetektiv(in) m/f(m)

private enterprise s Privatunternehmen n; (≈ System) freies Unternehmertum

private health insurance scheme s private Krankenversicherung

private investigator s Privatdetektiv(in) m/f(m)

private lessons pl Einzelunterricht m; **to have ~** Einzelunterricht bekommen

privately [ˈpraɪvɪtlɪ] adv ☒ privat; sich operieren lassen auf eigene Kosten; **the meeting was held ~** das Treffen wurde in kleinem Kreis abgehalten; **~ owned** in Privatbesitz ☒ persönlich

private parts pl Geschlechtsteile pl

private patient s Privatpatient(in) m/f(m)

private practice Br s Privatpraxis f; **he is in ~** er hat Privatpatienten

private property s ☒ Privateigentum n ☒ Privatgrundstück n

private room s Privatzimmer n; Einzelzimmer n

private school s bes US Privatschule f

private secretary s Privatsekretär(in) m/f(m)

private sector s Privatsektor m

private tuition s Privatunterricht m

privation [praɪˈveɪʃn] s Entbehrung f

privatisation [ˌpraɪvətaɪˈzeɪʃən] Br s, **privatization** s Privatisierung f

privatise [ˈpraɪvətaɪz] Br v/t, **privatize** v/t privatisieren

privilege [ˈprɪvɪlɪdʒ] s Privileg n, Ehre f

privileged [ˈprɪvɪlɪdʒd] adj privilegiert; **for a ~ few** für wenige Privilegierte; **to be ~ to do sth** das Privileg genießen, etw zu tun; **I was ~ to meet him** ich hatte die Ehre, ihm vorgestellt zu werden

Privy Council [ˌprɪvɪˈkaʊnsəl] s Geheimer Rat

prize[1] [praɪz] ☒ s Preis m ☒ adj ☒ preisgekrönt ☒ **~ medal** (Sieger)medaille f ☒ **~ competition** Preisausschreiben n ☒ v/t (hoch) schätzen; **to ~ sth highly** etw sehr od hoch schätzen; **~d possession** wertvollster Besitz

prize[2] US v/t → prise

prize day s SCHULE (Tag m der) Preisverleihung f

prize draw s Lotterie f

prize money s Geldpreis m

prizewinner s (Preis)gewinner(in) m/f(m)

prizewinning adj preisgekrönt; **~ ticket** Gewinnlos n

pro[1] [prəʊ] s ⟨pl -s⟩ umg Profi m

pro[2] ☒ präp für ☒ s **the pros and cons** das Pro und Kontra

pro- präf pro-, Pro-; **~European** proeuropäisch

proactive [prəʊˈæktɪv] adj proaktiv

probability [ˌprɒbəˈbɪlɪtɪ] s Wahrscheinlichkeit f; **in all ~** aller Wahrscheinlichkeit nach; **what's the ~ of that happening?** wie groß ist die Wahrscheinlichkeit, dass das geschieht?

probable [ˈprɒbəbl] adj wahrscheinlich

probably [ˈprɒbəblɪ] adv wahrscheinlich; **most ~** höchstwahrscheinlich; **~ not** wahrscheinlich

nicht
probation [prəˈbeɪʃən] *s* **1** JUR Bewährung *f*; **to put sb on ~ (for a year)** j-m (ein Jahr) Bewährung geben; **to be on ~** Bewährung haben **2** *in Firma* Probe *f*, Probezeit *f*
probationary [prəˈbeɪʃənəri] *adj* Probe-; **~ period** Probezeit *f*; JUR Bewährungsfrist *f*
probation officer *s* Bewährungshelfer(in) *m(f)*
probation period *s* Probezeit *f*
probe [prəʊb] **A** *s* Untersuchung *f* (**into** +*gen*) **B** *v/t* untersuchen **C** *v/i* forschen (**for** nach); **to ~ into sb's private life** in j-s Privatleben (*dat*) herumschnüffeln
probing [ˈprəʊbɪŋ] **A** *s* Untersuchung *f*; **all this ~ into people's private affairs** dieses Herumschnüffeln in den privaten Angelegenheiten der Leute **B** *adj* prüfend
problem [ˈprɒbləm] *s* Problem *n*; **what's the ~?** wo fehlt's?; **he's got a drink(ing) ~** er trinkt (zu viel); **I had no ~ in getting the money** ich habe das Geld ohne Schwierigkeiten bekommen; **no ~!** *umg* kein Problem!
problematic(al) [ˌprɒbləˈmætɪk(əl)] *adj* problematisch
problem-solving *s* Problemlösung *f*
probs [prɒbz] *Br umg pl* **no ~!** null problemo! *umg*, kein Problem!
procedure [prəˈsiːdʒəʳ] *s* Verfahren *n*; **what would be the correct ~ in such a case?** wie geht man in einem solchen Falle vor?
proceed [prəˈsiːd] **A** *v/i* **1** *form* **please ~ to gate 3** begeben Sie sich zum Ausgang 3 **2** *form* weitergehen; *Auto* weiterfahren **3** fortfahren (**with** mit); **can we now ~ to the next item on the agenda?** können wir jetzt zum nächsten Punkt der Tagesordnung übergehen?; **everything is ~ing smoothly** alles läuft bestens; **negotiations are ~ing well** die Verhandlungen kommen gut voran; **you may ~** *bei Debatte* Sie haben das Wort **4** (≈ *verfahren*) vorgehen **B** *v/t* **to ~ to do sth** (dann) etw tun
proceeding [prəˈsiːdɪŋ] *s* **1** Vorgehen *n* **2** **~s** *pl* Veranstaltung *f* **3** **~s** *pl bes* JUR Verfahren *n*; **to take ~s against sb** gegen j-n gerichtlich vorgehen
proceeds [ˈprəʊsiːdz] *pl* Ertrag *m*, Erlös *m*, Einnahmen *pl*
process [ˈprəʊses] **A** *s* Prozess *m*, Verfahren *n*; **in the ~** dabei; **in the ~ of learning** beim Lernen; **to be in the ~ of doing sth** dabei sein, etw zu tun **B** *v/t* Daten, Müll verarbeiten; Lebensmittel konservieren; Antrag bearbeiten; Film entwickeln
processing [ˈprəʊsesɪŋ] *s von Daten, Müll* Verarbeitung *f*; *von Lebensmitteln* Konservierung *f*; *von Antrag* Bearbeitung *f*; *von Film* Entwicklung *f*

processing language *s* IT Prozesssprache *f*
processing plant *s* Aufbereitungsanlage *f*
processing speed *s* IT Verarbeitungsgeschwindigkeit *f*
procession [prəˈseʃən] *s* Umzug *m*; (≈ *Schlange*) Reihe *f*; **carnival ~** Karnevalszug *m*
processor [ˈprəʊsesəʳ] *s* COMPUT Prozessor *m*
proclaim [prəˈkleɪm] *v/t* erklären; **the day had been ~ed a holiday** der Tag war zum Feiertag erklärt worden
proclamation [ˌprɒkləˈmeɪʃən] *s* Proklamation *f*
procrastinate [prəʊˈkræstɪneɪt] *v/i* zaudern; **he always ~s** er schiebt die Dinge immer vor sich (*dat*) her
procrastination [prəʊˌkræstɪˈneɪʃən] *s* Zaudern *n*
procreate [ˈprəʊkrieɪt] *v/i* sich fortpflanzen
procreation [ˌprəʊkriˈeɪʃən] *s* Fortpflanzung *f*
procure [prəˈkjʊəʳ] *v/t* beschaffen; (≈ *veranlassen*) herbeiführen; **to ~ sth for sb/oneself** j-m/sich etw beschaffen
prod [prɒd] **A** *s* **1** Stoß *m*; **to give sb a ~** j-m einen Stoß versetzen **2** *fig* **to give sb a ~** j-n anstoßen **B** *v/t* **1** stoßen; **he ~ded the hay with his stick** er stach mit seinem Stock ins Heu; …, he said, ~ding the map with his finger …, sagte er und stieß mit dem Finger auf die Karte **2** *fig* anspornen (**into sth** zu etw) **C** *v/i* stoßen
prodigal [ˈprɒdɪɡl] *adj* verschwenderisch; **the ~ son** REL, *a. fig* der verlorene Sohn
prodigiously [prəˈdɪdʒəsli] *adv begabt etc* außerordentlich
prodigy [ˈprɒdɪdʒɪ] *s* Wunder *n*; **child ~** Wunderkind *n*
produce **A** [ˈprɒdjuːs] *s* ⟨*kein pl*⟩ AGR Erzeugnisse *pl*; **~ of Italy** italienisches Erzeugnis **B** [prəˈdjuːs] *v/t* **1** produzieren, herstellen; *Wärme* erzeugen; *Ernte* abwerfen; *Artikel* schreiben; *Ideen* hervorbringen; **the sort of environment that ~s criminal types** das Milieu, das Kriminelle hervorbringt **2** *Brieftasche* hervorholen (**from, out of** aus), ziehen (**from, out of** aus); *Beweise, Resultate* liefern; *Wirkung* erzielen; *Papiere* vorzeigen **3** *Stück* inszenieren; *Film* produzieren **4** hervorrufen **C** [prəˈdjuːs] *v/i Fabrik* produzieren; *Baum* tragen
producer [prəˈdjuːsəʳ] *s* Produzent(in) *m(f)*, Hersteller(in) *m(f)*; THEAT Regisseur(in) *m(f)*
-producing [-prəˈdjuːsɪŋ] *adj* ⟨*suf*⟩ produzierend; **oil-producing country** Öl produzierendes Land; **wine-producing area** Weinregion *f*
product [ˈprɒdʌkt] *s* Produkt *n*, Erzeugnis *n*, Ware *f*; **food ~s** Nahrungsmittel *pl*; **~ line** HANDEL Produktlinie *f*; **~ range** HANDEL Sortiment *n*

product design s Produktdesign n
product development s Produktentwicklung f

production [prə'dʌkʃən] s **1** Produktion f, Herstellung f; *von Wärme* Erzeugung f; *von Getreide* Anbau m; *von Artikel* Schreiben n; *von Ideen* Hervorbringung f; **to increase ~** die Produktion erhöhen; **to put sth into ~** die Produktion von etw aufnehmen; **is it still in ~?** wird das noch hergestellt?; **to take sth out of ~** etw aus der Produktion nehmen **2** *von Ticket, Papieren* Vorzeigen n; *von Beweisen* Lieferung f **3** *von Stück* Inszenierung f; *von Film* Produktion f

production assistant s Produktionsassistent(in) m(f)
production costs pl Produktionskosten pl
production line s Fertigungsstraße f
productive [prə'dʌktɪv] adj produktiv; *Land* fruchtbar; *Unternehmen* rentabel; **to lead a ~ life** ein aktives Leben führen
productively [prə'dʌktɪvlɪ] adv produktiv
productivity [ˌprɒdʌk'tɪvɪtɪ] s Produktivität f; *von Land* Fruchtbarkeit f; *von Unternehmen* Rentabilität f
product manager s Produktmanager(in) m(f)
product presentation s Produktvorstellung f
pro-European [ˌprəʊjʊərə'piːən] adj POL proeuropäisch
Prof abk (= Professor) Prof.
profess [prə'fes] **A** v/t *Interesse* bekunden; *Zweifel* kundtun; *Unwissen* zugeben; **to ~ to be sth** behaupten, etw zu sein **B** v/r **to ~ oneself satisfied** seine Zufriedenheit bekunden (**with** über +akk)
professed [prə'fest] adj angeblich; *Gegner etc* erklärt
profession [prə'feʃən] s **1** Beruf m; **the teaching ~** der Lehrberuf; **by ~** von Beruf **2** **the medical ~** die Ärzteschaft; **the whole ~** der gesamte Berufsstand **3** **~ of faith** Glaubensbekenntnis n
professional [prə'feʃənl] **A** adj **1** beruflich; *Meinung* fachlich; *Fußball* professionell; **~ army** Berufsarmee m; **our relationship is purely ~** unsere Beziehung ist rein geschäftlich(er Natur); **he's now doing it on a ~ basis** er macht das jetzt hauptberuflich; **in his ~ capacity as ...** in seiner Eigenschaft als ...; **to be a ~ singer** *etc* von Beruf Sänger *etc* sein; **to seek/take ~ advice** fachmännischen Rat suchen/einholen; **to turn ~** Profi werden **2** *Arbeit* fachgerecht; *Mensch* gewissenhaft; *Vorgehensweise* professionell; *Leistung* kompetent **B** s Profi m
professionalism [prə'feʃnəlɪzəm] s Professionalismus m

professionally [prə'feʃnəlɪ] adv beruflich; SPORT **he plays ~** er ist Profi; **to know sb ~** j-n beruflich kennen
professor [prə'fesər] s Professor(in) m(f); US Dozent(in) m(f)
proficiency [prə'fɪʃənsɪ] s **her ~ as a secretary** ihre Fähigkeiten als Sekretärin; **his ~ in English** seine Englischkenntnisse; **her ~ in translating** ihr Können als Übersetzerin
proficient [prə'fɪʃənt] adj tüchtig; **he is just about ~ in German** seine Deutschkenntnisse reichen gerade aus; **to be ~ in Japanese** Japanisch beherrschen
profile ['prəʊfaɪl] **A** s Profil n, Profilbild n; (≈ *Biografie*) Porträt n; *einer gesuchten Person* Steckbrief m; **in ~** im Profil; **to keep a low ~** sich zurückhalten **B** v/t porträtieren
profile photo s, **profile picture** s Profilfoto n
profit ['prɒfɪt] **A** s **1** HANDEL Gewinn m; **to make a ~ (out of** *od* **on sth)** (mit etw) ein Geschäft machen; **to show** *od* **yield a ~** einen Gewinn verzeichnen; **to sell sth at a ~** etw mit Gewinn verkaufen; **the business is now running at a ~** das Geschäft rentiert sich jetzt **2** *fig* Nutzen m; **you might well learn something to your ~** Sie können etwas lernen, was Ihnen von Nutzen ist **B** v/i profitieren (**by, from** von), Nutzen ziehen (**by, from** aus)
profitability [ˌprɒfɪtə'bɪlɪtɪ] s Rentabilität f
profitable ['prɒfɪtəbl] adj HANDEL gewinnbringend; *fig* nützlich
profit and loss account *Br* s, **profit and loss statement** *US* s Gewinn-und-Verlust-Rechnung f
profiteering [ˌprɒfɪ'tɪərɪŋ] s Wucher m
profit-making adj **1** rentabel **2** auf Gewinn gerichtet
profit margin s Gewinnspanne f
profit-sharing s Gewinnbeteiligung f
profit warning s HANDEL Gewinnwarnung f
pro forma (invoice) [ˌprəʊ'fɔːmə(ɪnvɔɪs)] s Pro-forma-Rechnung f
profound [prə'faʊnd] adj *Trauer* tief; *Idee* tiefsinnig; *Denker, Wissen, Bedauern* tief (gehend); *Hass, Ignoranz* tief sitzend; *Einfluss, Auswirkungen* weitreichend
profoundly [prə'faʊndlɪ] adv verschieden zutiefst; **~ deaf** vollkommen taub
profusely [prə'fjuːslɪ] adv *bluten* stark; *danken* überschwänglich; **he apologized ~** er bat vielmals um Entschuldigung
profusion [prə'fjuːʒən] s Überfülle f
prognosis [prɒg'nəʊsɪs] s ⟨pl **prognoses** [prɒg'nəʊsiːz]⟩ Prognose f
program ['prəʊgræm] **A** s **1** IT Programm n **2** *US* → **programme** **B** v/t programmieren

programmable ['prəʊgræməbl] *Br adj* programmierbar

programme ['prəʊgræm], **program** *US* **A** *s* Programm *n*; RAD, TV *a*. Sendung *f*; **what's the ~ for tomorrow?** was steht für morgen auf dem Programm? **B** *v/t* programmieren

programmed ['prəʊgræmd] *adj* programmiert

programmer ['prəʊgræmə'] *s* Programmierer(in) *m(f)*

programming ['prəʊgræmɪŋ] *s* Programmieren *n*; **~ language** Programmiersprache *f*

progress A ['prəʊgres] *s* **1** ⟨kein pl⟩ Vorwärtskommen *n*; **we made slow ~ through the mud** wir kamen im Schlamm nur langsam vorwärts; **in ~** im Gange; **"silence please, meeting in ~"** "Sitzung! Ruhe bitte"; **the work still in ~** die noch zu erledigende Arbeit **2** ⟨kein pl⟩ Fortschritt *m*; **to make (good/slow) ~** (gute/langsame) Fortschritte machen **B** [prə'gres] *v/i* **1** sich vorwärtsbewegen **2** **as the work ~es** mit dem Fortschreiten der Arbeit; **as the game ~ed** im Laufe des Spiels; **while negotiations were going ~ing** während die Verhandlungen im Gange waren **3** Fortschritte machen; **how far have you ~ed?** wie weit sind Sie gekommen?; **as you ~ through the ranks** bei Ihrem Aufstieg durch die Ränge

progression [prə'greʃən] *s* Folge *f*, Entwicklung *f*; **his ~ from a junior clerk to managing director** sein Aufstieg vom kleinen Angestellten zum Direktor

progressive [prə'gresɪv] *adj* **1** zunehmend; *Krankheit* fortschreitend **2** GRAM Verlaufs-; **~ form** Verlaufsform *f*

progressively [prə'gresɪvlɪ] *adv* zunehmend

progress report *s* Fortschrittsbericht *m*

prohibit [prə'hɪbɪt] *v/t* untersagen; **to ~ sb from doing sth** j-m untersagen, etw zu tun; **"smoking ~ed"** "Rauchen verboten"

prohibition [ˌprəʊɪ'bɪʃn] *s* Verbot *n*

prohibitive [prə'hɪbɪtɪv] *adj* unerschwinglich; **the costs of producing this model have become ~** die Kosten für die Herstellung dieses Modells sind untragbar geworden

project[1] ['prɒdʒekt] *s* Projekt *n*, Vorhaben *n*; SCHULE, UNIV Referat *n*; *in Grundschule* Arbeit *f*; **to do a ~** ein Projekt machen *od* durchführen

project[2] [prə'dʒekt] **A** *v/t* **1** *Film, Gefühle* projizieren (**onto** auf +*akk*); **to ~ one's voice** seine Stimme zum Tragen bringen **2** *Vorhaben* (voraus)planen; *Kosten* überschlagen **3** abschießen **B** *v/i* hervorragen (**from** aus)

projectile [prə'dʒektaɪl] *s* Geschoss *n*

projection [prə'dʒekʃən] *s* **1** *von Film, Gefühlen* Projektion *f* **2** *von Vorhaben* (Voraus)planung *f*; *von Kosten* Überschlagung *f*

projectionist [prə'dʒekʃnɪst] *s* Filmvorführer(in) *m(f)*

projector [prə'dʒektə'] *s* FILM Projektor *m*

proletarian [ˌprəʊlə'teərɪən] *adj* proletarisch

proletariat [ˌprəʊlə'teərɪət] *s* Proletariat *n*

pro-life [ˌprəʊ'laɪf] *adj* gegen Abtreibung *präd*

proliferate [prə'lɪfəreɪt] *v/i Anzahl* sich stark erhöhen

proliferation [prəˌlɪfə'reɪʃən] *s von Anzahl* starke Erhöhung; *von Atomwaffen* Weitergabe *f*

prolific [prə'lɪfɪk] *adj* **1** fruchtbar; *Schriftsteller* produktiv **2** üppig

prologue ['prəʊlɒg] *s*, **prolog** *US s* Prolog *m*; *in Buch* Vorwort *n*

prolong [prə'lɒŋ] *v/t* verlängern, hinauszögern

prom [prɒm] *Br umg s* Konzert *n*; *US* Studenten-/Schülerball *m*

promenade [ˌprɒmɪ'nɑːd] *bes Br s* (Strand)promenade *f*; *US* Studenten-/Schülerball *m*; **~ concert** *Br* Konzert *n*

prominence ['prɒmɪnəns] *s von Ideen* Beliebtheit *f*; *von Politiker etc* Bekanntheit *f*; **to rise to ~** bekannt werden

prominent ['prɒmɪnənt] *adj* **1** *Backenknochen, Zähne* vorstehend *attr*; **to be ~** vorstehen/-springen **2** *Markierung* auffällig; *Gesichtszüge* hervorstechend; *Position, Politiker* prominent; **put it in a ~ position** stellen Sie es deutlich sichtbar hin **3** *Rolle* führend; (≈ *bedeutend*) wichtig

prominently ['prɒmɪnəntlɪ] *adv platzieren* deutlich sichtbar; **he figured ~ in the case** er spielte in dem Fall eine bedeutende Rolle

promiscuity [ˌprɒmɪ'skjuːɪtɪ] *s* Promiskuität *f*

promiscuous [prə'mɪskjʊəs] *adj* promisk; **to be ~** häufig den Partner wechseln; **~ behaviour** häufiger Partnerwechsel

promise ['prɒmɪs] **A** *s* **1** Versprechen *n*; **their ~ of help** ihr Versprechen zu helfen; **is that a ~?** ganz bestimmt?; **to make sb a ~** j-m ein Versprechen geben; **I'm not making any ~s** versprechen kann ich nichts; **~s, ~s!** Versprechen, nichts als Versprechen! **2** Hoffnung *f*; **to show ~** zu den besten Hoffnungen berechtigen **B** *v/t* versprechen, hindeuten auf (+*akk*); **to ~ (sb) to do sth** (j-m) versprechen, etw zu tun; **to ~ sb sth, to ~ sth to sb** j-m etw versprechen; **to ~ sb the earth** j-m das Blaue vom Himmel herunter versprechen; **~ me one thing** versprich mir eins; **I won't do it again, I ~** ich werde es nie wieder tun, das verspreche ich; **it ~d to be another scorching day** der Tag versprach wieder heiß zu werden **C** *v/i* versprechen; **(do you) ~?** versprichst du es?; **~!** ehrlich!; **I'll try, but I'm not promising** ich werde es versuchen, aber ich kann nichts versprechen **D** v/r **to ~ oneself sth** sich (dat) etw versprechen; **I've ~d myself never to do it again** ich habe mir geschworen, dass ich das nicht noch einmal mache

promising adj, **promisingly** ['promɪsɪŋ, -lɪ] adv vielversprechend

promissory note ['promɪsərɪ] s Schuldschein m

promontory ['promǝntrɪ] s Vorgebirge n, Kap n

promote [prǝ'mǝʊt] v/t **1** befördern; **our team was ~d** FUSSB unsere Mannschaft ist aufgestiegen; **he has been ~d to headmaster** er wurde zum Direktor befördert **2** fördern **3** werben für

promoter [prǝ'mǝʊtǝʳ] s Promoter(in) m(f)

promotion [prǝ'mǝʊʃǝn] s **1** Beförderung f; von Mannschaft Aufstieg m; **to get** od **win ~** befördert werden; Mannschaft aufsteigen **2** Förderung f **3** Werbung f (**of** für), Werbekampagne f

promotional gift [prǝmǝʊʃnl'gɪft] s Werbegeschenk n

promotional video s Werbevideo n

prompt [prompt] **A** adj (+er) prompt, unverzüglich; (≈ rechtzeitig) pünktlich **B** adv **at 8 o'clock ~** pünktlich um 8 Uhr **C** v/t **1 to ~ sb to do sth** j-n (dazu) veranlassen, etw zu tun **2** Gefühle wecken **3** bei Rede vorsagen (**sb** j-m); THEAT soufflieren (**sb** j-m) **D** s IT Eingabeaufforderung f

prompter ['promptǝʳ] s Souffleur m, Souffleuse f

promptly ['promptlɪ] adv **1** prompt; **they left ~ at 6** sie gingen Punkt 6 Uhr **2** unverzüglich

promptness ['promptnǝs] s **1** Promptheit f **2** Pünktlichkeit f

prone [prǝʊn] adj **1 to be** od **lie ~** auf dem Bauch liegen; **in a ~ position** in Bauchlage **2 to be ~ to sth** zu etw neigen; **to be ~ to do sth** dazu neigen, etw zu tun

proneness ['prǝʊnnɪs] s Neigung f (**to** zu)

prong [proŋ] s Zacke f

-pronged [-proŋd] adj ‹suf› -zackig; **a three-pronged attack** ein Angriff mit drei Spitzen

pronoun ['prǝʊnaʊn] s Pronomen n

pronounce [prǝ'naʊns] v/t **1** aussprechen; **Russian is hard to ~** die russische Aussprache ist schwierig **2** erklären für; **the doctors ~d him unfit for work** die Ärzte erklärten ihn für arbeitsunfähig; **to ~ oneself in favour of/against sth** sich für/gegen etw aussprechen

pronounced adj ausgesprochen; Akzent ausgeprägt; **he has a ~ limp** er hinkt sehr stark

pronouncement [prǝ'naʊnsmǝnt] s Erklärung f; **to make a ~** eine Erklärung abgeben

pronto ['prontǝʊ] umg adv fix umg; **I need it do-**

-ing ~! das muss sofort gemacht werden

pronunciation [prǝ,nʌnsɪ'eɪʃǝn] s Aussprache f

proof [pruːf] s **1** ‹kein pl› Beweis m (**of** für); **the police don't have any ~** die Polizei hat keine Beweise; **as ~ of** zum Beweis für; **that is ~ that ...** das ist der Beweis dafür, dass ...; **show me your ~** beweisen Sie (mir) das; **~ of purchase** Kaufbeleg m **2** Alkoholgehalt m; **70% ~** ≈ 40 Vol-%

proofread v/t & v/i Korrektur lesen

prop¹ [prop] **A** s **1** wörtl Stütze f; fig Halt m **2** THEAT Requisite f **B** v/t **to ~ the door open** die Tür offen halten; **to ~ oneself/sth against sth** sich/etw gegen etw lehnen

phrasal verbs mit prop:

prop up v/t ‹trennb› stützen; Wand abstützen; **to prop oneself/sth up against sth** sich/etw gegen etw lehnen; **to prop oneself up on sth** sich auf etw (akk) stützen

prop² abk (= **proprietor**) Inh.

propaganda [,propǝ'gændǝ] s Propaganda f

propagate ['propǝgeɪt] v/t verbreiten

propagation [,propǝ'geɪʃǝn] s Verbreitung f

propane ['prǝʊpeɪn] s Propan n

propel [prǝ'pel] v/t antreiben

propellant [prǝ'pelǝnt] s in Sprühdose Treibgas n

propeller [prǝ'pelǝʳ] s Propeller m

proper ['propǝʳ] adj **1** eigentlich; **a ~ job** ein richtiger Job **2** umg richtig; **in the ~ way** richtig; **it's only right and ~** es ist nur recht und billig; **to do the ~ thing** das tun, was sich gehört; **the ~ thing to do would be to apologize** es gehört sich eigentlich, dass man sich entschuldigt **3** anständig **4** im Benehmen korrekt

properly ['propǝlɪ] adv **1** richtig **2** anständig

proper name, **proper noun** s Eigenname m

property ['propǝtɪ] s **1** Eigenschaft f; **healing properties** heilende Kräfte **2** Eigentum n; **common ~** wörtl gemeinsames Eigentum; fig Gemeingut n **3** Haus n, Gebäude n, Besitztum n; (≈ Landgut) Besitz m kein pl; (≈ Wohnhäuser etc) Immobilien pl; **~ in London is dearer** die Preise auf dem Londoner Immobilienmarkt sind höher

property developer s Bauträger(in) m(f)

property market s Immobilienmarkt m

property tax s Vermögenssteuer f

prophecy ['profɪsɪ] s Prophezeiung f

prophesy ['profɪsaɪ] **A** v/t prophezeien **B** v/i Prophezeiungen machen

prophet ['profɪt] s Prophet(in) m(f)

prophetic adj, **prophetically** [prǝ'fetɪk, -ǝlɪ] adv prophetisch

prophylactic [,profɪ'læktɪk] s MED Prophylaktikum n, vorbeugendes Mittel

proponent [prǝ'pǝʊnǝnt] s Befürworter(in) m(f)

proportion [prəˈpɔːʃən] s **1** *zahlenmäßig* Verhältnis n (**of x to y** zwischen x und y); *größenmäßig* Proportionen pl; **~s** (≈ *Größe*) Ausmaß n; *von Gebäude* Proportionen pl; **to be in/out of ~** (**to one another**) *zahlenmäßig* im richtigen/nicht im richtigen Verhältnis zueinander stehen; *größenmäßig, a.* KUNST in den Proportionen stimmen/nicht stimmen; *Leistungen etc* im richtigen/in keinem Verhältnis zueinander stehen; **to be in/out of ~ to sth** im Verhältnis/in keinem Verhältnis zu etw stehen; *größenmäßig* in den Proportionen zu etw passen/nicht zu etw passen; **to get sth in ~** KUNST etw proportional richtig darstellen; *fig* etw objektiv betrachten; **he has let it all get out of ~** *fig* er hat den Blick für die Proportionen verloren; **it's out of all ~!** das geht über jedes Maß hinaus!; **sense of ~** Sinn m für Proportionen **2** Teil m, Anteil m; **a certain ~ of the population** ein bestimmter Teil der Bevölkerung; **the ~ of drinkers in our society is rising constantly** der Anteil der Trinker in unserer Gesellschaft nimmt ständig zu

proportional [prəˈpɔːʃənl] *adj* proportional (**to** zu)

proportionality [prəpɔːʃnˈælətɪ] s Proportionalität f; *der Mittel* Verhältnismäßigkeit f

proportional representation s POL Verhältniswahlrecht n

proportionate [prəˈpɔːʃnɪt] *adj* proportional

proportionately [prəˈpɔːʃnɪtlɪ] *adv* proportional; *mehr, weniger* entsprechend

proposal [prəˈpəʊzl] s Vorschlag m (**on, about** zu); *an Freundin* (Heirats)antrag m; **to make sb a ~** j-m einen Vorschlag machen

propose [prəˈpəʊz] **A** *v/t* **1** vorschlagen; **he ~d postponing the meeting** er schlug vor, die Sitzung zu vertagen; **to ~ marriage to sb** j-m einen (Heirats)antrag machen **2** ⟨+*inf*⟩ beabsichtigen; **they ~ to build an office block on this site** sie beabsichtigen, auf diesem Grundstück ein Bürogebäude zu bauen; **how do you ~ to pay for it?** wie wollen Sie das bezahlen? **B** *v/i* einen (Heirats)antrag machen (**to** +*dat*)

proposition [ˌprɒpəˈzɪʃən] **A** s Vorschlag m, These f **B** *v/t* **he ~ed me** er hat mich gefragt, ob ich mit ihm schlafen würde

proprietor [prəˈpraɪətəʳ] s *von Gaststätte* Inhaber(in) m(f); *von Haus, Zeitung* Besitzer(in) m(f)

propriety [prəˈpraɪətɪ] s Anstand m

propulsion [prəˈpʌlʃən] s Antrieb m

pro rata [ˈprəʊˈrɑːtə] *adj & adv* anteil(s)mäßig; **on a ~ basis** auf einer proportionalen Basis

proscribe [prəʊˈskraɪb] *v/t* verbieten

prose [prəʊz] s **1** Prosa f **2** LIT Form der geschriebenen Sprache, die nicht in Versen organisiert ist, keine Reime aufweist und keinem bestimmten Rhythmus folgt **3** Stil m

prosecute [ˈprɒsɪkjuːt] **A** *v/t* strafrechtlich verfolgen (**for** wegen); **"trespassers will be ~d"** „widerrechtliches Betreten wird strafrechtlich verfolgt" **B** *v/i* Anzeige erstatten; **Mr Jones, prosecuting, said …** Herr Jones, der Vertreter der Anklage, sagte …

prosecution [ˌprɒsɪˈkjuːʃən] s JUR strafrechtliche Verfolgung; *vor Gericht* Anklage f (**for** wegen); **(the) counsel for the ~** die Anklage(-vertretung) f; **witness for the ~** Zeuge m/Zeugin f der Anklage

prosecutor [ˈprɒsɪkjuːtəʳ] s Ankläger(in) m(f)

prospect [ˈprɒspekt] s Aussicht f (**of** auf +*akk*); **a job with no ~s** eine Stelle ohne Zukunft

prospective [prəˈspektɪv] *adj* ⟨*attr*⟩ voraussichtlich; *Schwiegersohn* zukünftig; *Käufer* interessiert; **~ earnings** voraussichtliche Einkünfte pl

prospectus [prəˈspektəs] s Prospekt m; SCHULE, UNIV Lehrprogramm n

prosper [ˈprɒspəʳ] *v/i* blühen; *finanziell* florieren

prosperity [prɒsˈperɪtɪ] s Wohlstand m

prosperous [ˈprɒspərəs] *adj* wohlhabend; *Unternehmen* florierend; *Wirtschaft* blühend

prosperously [ˈprɒspərəslɪ] *adv leben* im Wohlstand

prostate (gland) [ˈprɒsteɪt(ˌglænd)] s Prostata f

prostitute [ˈprɒstɪtjuːt] **A** s Prostituierte(r) m/f(m) **B** *v/r* sich prostituieren

prostitution [ˌprɒstɪˈtjuːʃən] s Prostitution f

prostrate [ˈprɒstreɪt] **A** *adj* ausgestreckt **B** [prɒˈstreɪt] *v/r* sich niederwerfen (**before** vor +*dat*)

protagonist [prəʊˈtægənɪst] s **1** Protagonist(in) m(f), Hauptperson f **2** LIT zentrale Figur einer Erzählung, eines Romans, eines Theaterstücks o. Ä.

protect [prəˈtekt] **A** *v/t* schützen (**against** gegen *od* **from** vor +*dat*); *j-n, Tier* beschützen (**against** gegen *od* **from** vor +*dat*); IT sichern; **don't try to ~ the culprit** versuchen Sie nicht, den Schuldigen zu decken **B** *v/i* schützen (**against** vor +*dat*)

protection [prəˈtekʃən] s Schutz m (**against** gegen *od* **from** vor +*dat*); **to be under sb's ~** unter j-s Schutz (*dat*) stehen

protectionism [prəˈtekʃənɪzəm] s Protektionismus m

protection money s Schutzgeld n

protection racket s Schutzgelderpressung f

protective [prəˈtektɪv] *adj* Schutz-; *Haltung* beschützend; *Schicht* schützend; **the mother is very ~ toward(s) her children** die Mutter ist sehr fürsorglich ihren Kindern gegenüber

protective clothing s Schutzkleidung f

protective custody s Schutzhaft f
protectively [prəˈtektɪvlɪ] adv schützend, beschützend
protective packaging s HANDEL Schutzverpackung f
protector [prəˈtektəʳ] s **1** Beschützer(in) m(f) **2** (≈ Kleidung) Schutz m
protectorate [prəˈtektərət] s POL Protektorat n
protégé, protégée [ˈprɒtəʒeɪ] s Schützling m
protein [ˈprəʊtiːn] s Protein n
protest **A** [ˈprəʊtest] s Protest m, Protestkundgebung f; **in ~** aus Protest; **to make a/one's ~** Protest erheben **B** [prəʊˈtest] v/i protestieren, demonstrieren (**against, about** gegen) **C** [prəʊˈtest] v/t **1** Unschuld beteuern **2** protestieren gegen
Protestant [ˈprɒtɪstənt] **A** adj protestantisch **B** s Protestant(in) m(f)
protestation [ˌprɒteˈsteɪʃən] s Protest m
protester [prəˈtestəʳ] s Protestierende(r) m/f(m), Demonstrant(in) m(f)
protest march s Protestmarsch m
protocol [ˈprəʊtəkɒl] s Protokoll n
proton [ˈprəʊtɒn] s Proton n; **~ (beam) therapy** Protonentherapie f, Protonenstrahlentherapie f
prototype [ˈprəʊtəʊtaɪp] s Prototyp m
protracted [prəˈtræktɪd] adj langwierig; Streit längere(r, s)
protrude [prəˈtruːd] v/i vorstehen (**from** aus); Ohren abstehen
protruding [prəˈtruːdɪŋ] adj vorstehend; Ohren abstehend; Kinn vorspringend; Rippen hervortretend
proud [praʊd] **A** adj stolz (**of** auf +akk); **it made his parents feel very ~** das erfüllte seine Eltern mit Stolz; **to be ~ that ...** stolz (darauf) sein, dass ...; **to be ~ to do sth** stolz darauf sein, etw zu tun **B** adv **to do sb/oneself ~** j-n/sich verwöhnen
proudly [ˈpraʊdlɪ] adv stolz
provable [ˈpruːvəbl] adj beweisbar, nachweisbar
prove [pruːv] ⟨prät proved, pperf proved od proven⟩ **A** v/t beweisen; **he ~d that ...** er wies nach, dass ...; **to ~ sb innocent** j-s Unschuld nachweisen; **he was ~d right** er hat recht behalten; **he did it just to ~ a point** er tat es nur der Sache wegen **B** v/i **to ~ (to be) useful** sich als nützlich erweisen; **if it ~s otherwise** wenn sich das Gegenteil herausstellt **C** v/r **1** sich bewähren **2 to ~ oneself to be sth** sich als etw erweisen
proven [ˈpruːvən] **A** pperf → prove **B** [ˈprəʊvən] adj bewährt
proverb [ˈprɒvɜːb] s Sprichwort n

proverbial [prəˈvɜːbɪəl] wörtl, fig adj sprichwörtlich
provide [prəˈvaɪd] **A** v/t zur Verfügung stellen; Personal vermitteln; Geld bereitstellen; Nahrung etc sorgen für; Ideen, Strom liefern; Licht spenden; **X ~d the money and Y (provided) the expertise** X stellte das Geld bereit und Y lieferte das Fachwissen; **candidates must ~ their own pens** die Kandidaten müssen ihr Schreibgerät selbst stellen; **to ~ sth for sb** etw für j-n stellen, j-m etw zur Verfügung stellen, j-m etw besorgen; **to ~ sb with sth** j-n mit etw versorgen, j-n mit etw ausstatten **B** v/r **to ~ oneself with sth** sich mit etw ausstatten
phrasal verbs mit provide:
provide against v/i ⟨+obj⟩ vorsorgen für
provide for v/i ⟨+obj⟩ sorgen für; Notfall vorsorgen für
provided (that) [prəˈvaɪdɪd(ˈðæt)] konj vorausgesetzt(, dass)
providence [ˈprɒvɪdəns] s die Vorsehung
provider [prəˈvaɪdəʳ] s **1** IT, TEL Provider m, Anbieter m **2** von Familie Ernährer(in) m(f)
providing (that) [prəˈvaɪdɪŋ(ˈðæt)] konj vorausgesetzt(, dass)
province [ˈprɒvɪns] s **1** Provinz f **2** **~s** pl **the ~ss** die Provinz
provincial [prəˈvɪnʃəl] adj Provinz-; Akzent ländlich; pej provinzlerisch
provision [prəˈvɪʒən] s **1** Bereitstellung f, Beschaffung f; von Nahrung, Wasser etc Versorgung f (**of** mit od **to sb** j-s) **2** Vorrat m (**of** an +dat) **3** **~s** pl Lebensmittel pl **4** Vorkehrung f, Bestimmung f; **with the ~ that ...** mit dem Vorbehalt, dass ...; **to make ~ for sb** für j-n Vorsorge treffen; **to make ~ for sth** etw vorsehen
provisional [prəˈvɪʒənl] adj provisorisch; Angebot vorläufig; **~ driving licence** Br vorläufige Fahrerlaubnis für Fahrschüler
provisionally [prəˈvɪʒnəlɪ] adv vorläufig
proviso [prəˈvaɪzəʊ] s ⟨pl -s⟩ Vorbehalt m; **with the ~ that ...** unter der Bedingung, dass ...
provocation [ˌprɒvəˈkeɪʃən] s Provokation f; **he acted under ~** er wurde dazu provoziert; **he hit me without any ~** er hat mich geschlagen, ohne dass ich ihn dazu provoziert hätte
provocative [prəˈvɒkətɪv] adj provozierend, provokativ; Bemerkung, Verhalten a. herausfordernd
provocatively [prəˈvɒkətɪvlɪ] adv provozierend; etw sagen, sich verhalten a. herausfordernd; **~ dressed** aufreizend gekleidet
provoke [prəˈvəʊk] v/t provozieren; Tier reizen; Reaktion hervorrufen; **to ~ an argument** Streit suchen; **to ~ sb into doing sth** j-n dazu treiben, dass er etw tut

prow [praʊ] s Bug m
prowess [ˈpraʊɪs] s Fähigkeiten pl; **his (sexual) ~** seine Manneskraft
prowl [praʊl] **A** s Streifzug m; **to be on the ~** Katze auf Streifzug sein; Chef herumschleichen **B** v/i (a. **prowl about** od **around**) herumstreichen; **he ~ed round the house** er schlich im Haus
prowl car US s Streifenwagen m
prowler [ˈpraʊləʳ] s Herumtreiber(in) m(f)
proximity [prɒkˈsɪmɪtɪ] s Nähe f; **in close ~ to** in unmittelbarer Nähe (+gen)
proxy [ˈprɒksɪ] s **by ~** durch einen Stellvertreter
prude [pruːd] s **to be a ~** prüde sein
prudence [ˈpruːdəns] s Umsicht f; von Maßnahme Klugheit f
prudent adj umsichtig; Maßnahme klug
prudently adv wohlweislich; handeln umsichtig
prudish [ˈpruːdɪʃ] adj prüde
prune¹ [pruːn] s Backpflaume f
prune² v/t, (a. **prune down**) beschneiden; fig Ausgaben kürzen
pruning [ˈpruːnɪŋ] s Beschneiden n; fig von Ausgaben Kürzung f
Prussia [ˈprʌʃə] s Preußen n
Prussian [ˈprʌʃən] **A** adj preußisch **B** s Preuße m, Preußin f
pry¹ [praɪ] v/i neugierig sein, (herum)schnüffeln (**in** +dat); **I don't mean to pry, but ...** es geht mich ja nichts an, aber ...; **to pry into sb's affairs** seine Nase in j-s Angelegenheiten (akk) stecken
pry² US v/t → prise
prying [ˈpraɪɪŋ] adj neugierig
PS abk (= postscript) PS
psalm [sɑːm] s Psalm m
pseudo [ˈsjuːdəʊ] adj pseudo
pseudonym [ˈsjuːdənɪm] s Pseudonym n
PSHE [ˌpiːesˈeɪtʃˈiː] Br abk (= personal, social, health and economic education) Sozialkunde f
PST US abk (= Pacific Standard Time) pazifische Zeit (minus 9 Stunden mitteleuropäischer Zeit)
psych [saɪk] umg v/t **to ~ sb (out)** j-n durchschauen

phrasal verbs mit psych:

psych out umg v/t ⟨trennb⟩ psychologisch fertigmachen umg
psych up umg v/t ⟨trennb⟩ hochputschen umg; **to psych oneself up** sich hochputschen umg
psyche [ˈsaɪkɪ] s Psyche f
psychedelic [ˌsaɪkɪˈdelɪk] adj psychedelisch
psychiatric [ˌsaɪkɪˈætrɪk] adj psychiatrisch; Krankheit psychisch; **~ hospital** psychiatrische Klinik; **~ nurse** Psychiatrieschwester f
psychiatrist [saɪˈkaɪətrɪst] s Psychiater(in) m(f)
psychiatry [saɪˈkaɪətrɪ] s Psychiatrie f

psychic [ˈsaɪkɪk] **A** adj **1** übersinnlich; Kräfte übernatürlich; **you must be ~!** Sie müssen hellsehen können! **2** PSYCH psychisch **B** s Mensch m mit übernatürlichen Kräften
psycho [ˈsaɪkəʊ] s ⟨pl -s⟩ umg Verrückte(r) m/f(m)
psychoanalyse [ˌsaɪkəʊˈænəlaɪz] v/t, **psychoanalyze** US v/t psychoanalytisch behandeln
psychoanalysis [ˌsaɪkəʊəˈnælɪsɪs] s Psychoanalyse f
psychoanalyst [ˌsaɪkəʊˈænəlɪst] s Psychoanalytiker(in) m(f)
psychobabble [ˈsaɪkəʊˌbæbl] umg s Psychologenchinesisch n umg, Psychiaterchinesisch n umg
psychological [ˌsaɪkəˈlɒdʒɪkəl] adj psychologisch, psychisch; **he's not really ill, it's all ~** er ist nicht wirklich krank, das ist alles psychisch bedingt
psychologically [ˌsaɪkəˈlɒdʒɪkəlɪ] adv psychisch, psychologisch
psychological thriller s FILM, LIT Psychothriller m
psychologist [saɪˈkɒlədʒɪst] s Psychologe m, Psychologin f
psychology [saɪˈkɒlədʒɪ] s Psychologie f
psychopath [ˈsaɪkəʊpæθ] s Psychopath(in) m(f)
psychopathic [ˌsaɪkəʊˈpæθɪk] adj psychopathisch
psychosomatic [ˌsaɪkəʊsəʊˈmætɪk] adj psychosomatisch
psychotherapist [ˌsaɪkəʊˈθerəpɪst] s Psychotherapeut(in) m(f)
psychotherapy [ˌsaɪkəʊˈθerəpɪ] s Psychotherapie f
psychotic [saɪˈkɒtɪk] adj psychotisch
pt¹ abk (= part) Teil m
pt² abk (= pint) Pint n
pt³ abk (= point) Punkt m
PTA abk (= parent-teacher association) ≈ Elternbeirat m, ≈ Elternvertretung f
pto, **PTO** abk (= please turn over) b.w.
PTSD abk (= post-traumatic stress disorder) PTBS, posttraumatische Belastungsstörung
pub [pʌb] Br s Kneipe f umg; **let's go to the pub** komm, wir gehen in die Kneipe umg
pub-crawl [ˈpʌbkrɔːl] Br umg s **to go on a ~** einen Kneipenbummel machen umg
puberty [ˈpjuːbətɪ] s die Pubertät; **to reach ~** in die Pubertät kommen
pubic [ˈpjuːbɪk] adj Scham-; **~ hair** Schamhaar n
public [ˈpʌblɪk] **A** adj öffentlich; **to be ~ knowledge** allgemein bekannt sein; **to become ~** publik werden; **at ~ expense** aus öffentlichen Mitteln; **~ pressure** Druck m der Öffentlichkeit; **a ~ figure** eine Persönlichkeit des öffentlichen Lebens; **in the ~ eye** im Blickpunkt der Öffent-

lichkeit; **to make sth ~** etw publik machen, etw öffentlich bekannt machen; **~ image** Bild *n* in der Öffentlichkeit; **in the ~ interest** im öffentlichen Interesse **B** s Öffentlichkeit *f*; **in ~** in der Öffentlichkeit; *etw zugeben* öffentlich; **the (general) ~** die (breite) Öffentlichkeit; **the viewing ~** das Fersehpublikum
public access channel *s* öffentlicher Fernsehkanal
public address system *s* Lautsprecheranlage *f*
publican ['pʌblɪkən] *Br s* Gastwirt(in) *m(f)*
publication [,pʌblɪ'keɪʃən] *s* Veröffentlichung *f*
public company *s* Aktiengesellschaft *f*
public convenience *Br s* öffentliche Toilette
public defender *US s* Pflichtverteidiger(in) *m(f)*
public enemy *s* Staatsfeind(in) *m(f)*
public gallery *s* Besuchertribüne *f*
public health *s* die öffentliche Gesundheit
public holiday *s* gesetzlicher Feiertag
public housing *US s* Sozialwohnungen *pl*
public inquiry *s* öffentliche Untersuchung
publicist ['pʌblɪsɪst] *s* Publizist(in) *m(f)*
publicity [pʌb'lɪsɪtɪ] *s* **1** Publicity *f* **2** HANDEL Werbung *f*
publicity campaign *s* Publicitykampagne *f*; HANDEL Werbekampagne *f*
publicity stunt *s* Werbegag *m*
publicity tour *s* Werbetour *f*
publicize ['pʌblɪsaɪz] *v/t* **1** bekannt machen **2** *Film, Produkt* Werbung machen für
public law *s* öffentliches Recht
public library *s* Stadtbibliothek *f*, Volksbücherei *f*
public life *s* öffentliches Leben
public limited company *s* Aktiengesellschaft *f*
publicly ['pʌblɪklɪ] *adv* öffentlich; **~ funded** durch öffentliche Mittel finanziert
public money *s* öffentliche Gelder *pl*
public opinion *s* die öffentliche Meinung
public ownership *s* staatlicher Besitz; **under** *od* **in ~** in staatlichem Besitz
public property *s* öffentliches Eigentum
public prosecutor *s* Staatsanwalt *m*/-anwältin *f*
public relations *s* **1** *Abteilung* PR *f*; **~ exercise** PR-Kampagne *f* **2** ⟨*pl*⟩ *Arbeit* Öffentlichkeitsarbeit *f*
public school *Br s* Privatschule *f*; *US* staatliche Schule
public sector *s* öffentlicher Sektor
public servant *s* Arbeitnehmer(in) *m(f)* im öffentlichen Dienst
public service *s* öffentlicher Dienst
public speaking *s* Redenhalten *n*; **I'm no good at ~** ich kann nicht in der Öffentlichkeit reden
public spending *s* Ausgaben *pl* der öffentlichen Hand
public television *US s* öffentliches Fernsehen
public transport *s*, **public transportation** *US s* ⟨*kein pl*⟩ öffentlicher Nahverkehr; **by ~** mit öffentlichen Verkehrsmitteln
public utility *s* öffentlicher Versorgungsbetrieb
publish ['pʌblɪʃ] *v/t* veröffentlichen; **~ed by Langenscheidt** bei Langenscheidt erschienen; **"published monthly"** „erscheint monatlich"
publisher ['pʌblɪʃə^r] *s* Verleger(in) *m(f)*; *a.* **~s** (≈ *Firma*) Verlag *m*
publishing ['pʌblɪʃɪŋ] *s* das Verlagswesen; **~ company** Verlagshaus *n*
puck [pʌk] *s* SPORT Puck *m*
pucker ['pʌkə^r] **A** *v/t* (*a.* **pucker up**) Lippen spitzen **B** *v/i* (*a.* **pucker up**) Lippen sich spitzen
pud [pʊd] *Br umg s* → pudding
pudding ['pʊdɪŋ] *Br s* **1** Nachtisch *m*, Pudding *m*; **what's for ~?** was gibt es als Nachtisch? **2** **black ~** ≈ Blutwurst *f*
puddle ['pʌdl] *s* Pfütze *f*
pudgy ['pʌdʒɪ] *adj* ⟨*komp* pudgier⟩ → podgy
Puerto Rico [,pweətəʊ'riːkəʊ] *s* Puerto Rico *n*
puff [pʌf] **A** *s* **1** Schnaufen *n kein pl*; *an Zigarette* Zug *m* (**at, of** an +*dat*); **a ~ of wind** ein Windstoß *m*; **a ~ of smoke** eine Rauchwolke; **our hopes vanished in a ~ of smoke** unsere Hoffnungen lösten sich in nichts auf; **to be out of ~** *Br umg* außer Puste sein *umg* **2** GASTR **cream ~** Windbeutel *m* **B** *v/t Rauch* ausstoßen **C** *v/i* schnaufen; **to ~ (away) on a cigar** an einer Zigarre paffen
phrasal verbs mit puff:
puff out *v/t* ⟨*trennb*⟩ **1** *Brust* herausstrecken; *Backen* aufblasen **2** ausstoßen
puff up A *v/t* ⟨*trennb*⟩ *Federn* (auf)plustern **B** *v/i Gesicht* anschwellen
puffed [pʌft] *umg adj* außer Puste *umg*
puffin ['pʌfɪn] *s* Papageientaucher *m*
puffin crossing *s* sensorgesteuerter Ampelübergang
puffiness ['pʌfɪnɪs] *s* Verschwollenheit *f*
puff pastry *Br s*, **puff paste** *US s* Blätterteig *m*
puffy ['pʌfɪ] *adj* ⟨*komp* puffier⟩ *Gesicht* geschwollen
puke [pjuːk] *sl* **A** *v/i* kotzen *umg*; **he makes me ~** er kotzt mich an *sl* **B** *s* Kotze *f vulg*
phrasal verbs mit puke:
puke up *umg v/i* kotzen *umg*
pull [pʊl] **A** *s* Ziehen *n*, Ruck *m*; *von Magnet, Mensch* Anziehungskraft *f*; **he gave the rope a ~** er zog am Seil; **I felt a ~ at my sleeve** ich spürte, wie mich jemand am Ärmel zog

B v/t **1** ziehen; *Zahn* herausziehen; *Bier* zapfen; **to ~ a gun on sb** j-n mit der Pistole bedrohen; **he ~ed the dog behind him** er zog den Hund hinter sich (*dat*) her; **to ~ a door shut** eine Tür zuziehen **2** *Griff, Seil* ziehen an (+*dat*); **he ~ed her hair** er zog sie an den Haaren; **to ~ sth to pieces** *fig* (≈ *kritisieren*) etw verreißen; **to ~ sb's leg** *fig umg* j-n auf den Arm nehmen *umg*, j-n pflanzen *österr*; **~ the other one(, it's got bells on)** *Br umg* das glaubst du ja selber nicht!; **she was the one ~ing the strings** sie war es, die alle Fäden in der Hand hielt **3** *Muskel* sich (*dat*) zerren **4** *Menge* anziehen **C** v/i **1** ziehen (**on, at** an +*dat*); **to ~ to the left** *Auto* nach links ziehen; **to ~ on one's cigarette** an seiner Zigarette ziehen **2** *Auto etc* fahren; **he ~ed across to the left-hand lane** er wechselte auf die linke Spur über; **he ~ed into the side of the road** er fuhr an den Straßenrand; **to ~ alongside** seitlich heranfahren; **to ~ off the road** am Straßenrand anhalten **3** *Br umg sexuell* jemanden rumkriegen *umg*

phrasal verbs mit pull:
pull ahead v/i **to pull ahead of sb/sth** einen Vorsprung vor j-m/etw gewinnen, j-m/einer Sache (*dat*) davonziehen
pull apart **A** v/t ⟨*trennb*⟩ **1** auseinanderziehen; *Gerät etc* auseinandernehmen **2** *fig umg* (≈ *durchsuchen*) auseinandernehmen *umg*; (≈ *kritisieren*) verreißen **B** v/i sich auseinandernehmen lassen
pull away **A** v/t ⟨*trennb*⟩ wegziehen; **she pulled it away from him** sie zog es von ihm weg, sie zog es ihm aus den Händen **B** v/i *Fahrzeug* wegfahren; **the car pulled away from the others** der Wagen setzte sich (von den anderen) ab
pull back ⟨*trennb*⟩ **A** v/t zurückziehen **B** v/i FUSSB **to pull back to 3 - 2** auf 3:2 verkürzen
pull down **A** v/t ⟨*trennb*⟩ **1** herunterziehen **2** *Haus* abreißen **B** v/i *Rollo* sich herunterziehen lassen
pull in **A** v/t ⟨*trennb*⟩ **1** *Seil, Bauch* einziehen; **to pull sb/sth in(to) sth** j-n/etw in etw (*akk*) ziehen **2** *Menge* anziehen **B** v/i **1** in Bahnhof einfahren (**into** in +*akk*) **2** anhalten
pull off v/t ⟨*trennb*⟩ **1** *Verpackung* abziehen; *Deckel* abnehmen; *Kleider* ausziehen **2** *umg* (≈ *Erfolg haben*) schaffen *umg*; *Geschäft* zuwege bringen *umg*
pull on v/t ⟨*trennb*⟩ *Mantel* sich (*dat*) überziehen
pull out **A** v/t ⟨*trennb*⟩ **1** herausziehen (**of** aus); *Zahn* ziehen; *Seite* heraustrennen (**of** aus); **to pull the rug out from under sb** *fig* j-m den Boden unter den Füßen wegziehen **2** zurückziehen; *Truppen* abziehen **B** v/i **1** sich herausziehen lassen **2** *Tisch etc* sich ausziehen lassen **3** aussteigen *umg* (**of** aus); *Truppen* abziehen **4** *Zug* herausfahren (**of** aus); **the car pulled out from behind the truck** der Wagen scherte hinter dem Lastwagen aus
pull over **A** v/t ⟨*trennb*⟩ **1** herüberziehen (**sth über** etw *akk*) **2** umreißen **3** **the police pulled him over** die Polizei stoppte ihn am Straßenrand **B** v/i *Auto, Fahrer* zur Seite fahren
pull through **A** v/t ⟨*trennb*⟩ *wörtl* durchziehen; **to pull sb/sth through sth** *wörtl* j-n/etw durch etw ziehen; **to pull sb through a difficult time** j-m helfen, eine schwierige Zeit zu überstehen **B** v/i *fig* durchkommen; **to pull through sth** *fig* etw überstehen
pull together **A** v/i *fig* am gleichen Strang ziehen **B** v/r sich zusammenreißen
pull up **A** v/t ⟨*trennb*⟩ **1** hochziehen **2** herausreißen **3** *Stuhl* heranrücken **B** v/i anhalten
pull date s *US* von *Nahrungsmittel* Verfallsdatum n
pull-down ['pʊldaʊn] adj *Bett* Klapp-; **~ menu** IT Pull-down-Menü n
pulled pork s Pulled Pork n (*abgezupftes Schweinefleisch, das bei niedriger Temperatur gegart wird*)
pulley ['pʊlɪ] s **1** Rolle f **2** Flaschenzug m
pull-out **A** s Abzug m **B** adj ⟨*attr*⟩ *Beilage* heraustrennbar
pullover s Pullover m
pulp [pʌlp] **A** s **1** Brei m; **to beat sb to a ~** *umg* j-n zu Brei schlagen *umg* **2** Fruchtfleisch n **B** v/t *Obst etc* zerdrücken; *Papier* einstampfen
pulpit ['pʊlpɪt] s Kanzel f
pulsate [pʌl'seɪt] v/i pulsieren
pulse [pʌls] **A** s ANAT Puls m; PHYS Impuls m; **to feel sb's ~** j-m den Puls fühlen; **he still has od keeps his finger on the ~ of economic affairs** er hat in Wirtschaftsfragen immer noch den Finger am Puls der Zeit **B** v/i pulsieren
pulverize ['pʌlvəraɪz] v/t pulverisieren
pummel ['pʌml] v/t eintrommeln auf (+*akk*)
pump[1] [pʌmp] **A** s Pumpe f; *an Tankstelle* Zapfsäule f **B** v/t pumpen; *Magen* auspumpen; **to ~ water out of sth** Wasser aus etw (heraus)pumpen; **to ~ money into sth** Geld in etw (*akk*) hineinpumpen; **to ~ sb (for information)** j-n aushorchen; **to ~ iron** *umg* Gewichte stemmen **C** v/i pumpen; *Wasser, Blut* herausschießen; **the piston ~ed up and down** der Kolben ging auf und ab

phrasal verbs mit pump:
pump in v/t ⟨*trennb*⟩ hineinpumpen
pump out v/t ⟨*trennb*⟩ herauspumpen
pump up v/t ⟨*trennb*⟩ *Reifen* aufpumpen; *Preise* hochtreiben

pump[2] *s Br* Turnschuh *m* (*aus Segeltuch*); *US* Pumps *m*
pumpkin ['pʌmpkɪn] *s* Kürbis *m*
pun [pʌn] *s* **1** Wortspiel *n* **2** LIT *Spiel mit der Doppeldeutigkeit oder dem Gleichklang verschiedener Wörter*
Punch[1] [pʌntʃ] *Br s* ~ **and Judy show** Kasper(le)theater *n*; **to be (as) pleased as** ~ *umg* sich wie ein Schneekönig freuen *umg*
punch[1] [pʌntʃ] **A** *s* **1** Schlag *m* **2** ⟨*kein pl*⟩ *fig* Schwung *m* **B** *v/t* boxen; schlagen; **I wanted to** ~ **him in the face** ich hätte ihm am liebsten ins Gesicht geschlagen
punch[2] **A** *s* Locher *m* **B** *v/t* Fahrkarte lochen, zwicken *österr*; *Löcher* stechen
phrasal verbs mit punch:
  punch in *v/t* ⟨*trennb*⟩ IT *Daten* eingeben
punch[3] *s* Bowle *f*; *heiß* Punsch *m*
punchbag *s* Sandsack *m*
punchbowl *s* Bowle *f*
punching bag ['pʌntʃɪŋ,bæg] *US s* Sandsack *m*
punch line *s* Pointe *f*
punch-up *Br umg s* Schlägerei *f*
punctual ['pʌŋktjʊəl] *adj* pünktlich; **to be** ~ pünktlich kommen
punctuality [,pʌŋktjʊ'ælɪtɪ] *s* Pünktlichkeit *f*
punctually ['pʌŋktjʊəlɪ] *adv* pünktlich
punctuate ['pʌŋktjʊeɪt] *v/t* **1** GRAM interpunktieren **2** unterbrechen
punctuation [,pʌŋktjʊ'eɪʃən] *s* Interpunktion *f*
punctuation mark *s* Satzzeichen *n*
puncture ['pʌŋktʃəʳ] **A** *s* **1** *in Reifen* Loch *n* **2** Reifenpanne *f* **B** *v/t* stechen in (+*akk*); *Reifen* Löcher/ein Loch machen in (+*akk*)
pundit ['pʌndɪt] *s* Experte *m*, Expertin *f*
pungent ['pʌndʒənt] *adj* scharf; *Geruch* durchdringend
punish ['pʌnɪʃ] *v/t* **1** bestrafen; **he was ~ed by a fine** er wurde mit einer Geldstrafe belegt; **the other team ~ed us for that mistake** die andere Mannschaft ließ uns für diesen Fehler büßen **2** *fig umg* strapazieren; *sich selbst* schinden
punishable ['pʌnɪʃəbl] *adj* strafbar; **to be ~ by 2 years' imprisonment** mit 2 Jahren Gefängnis bestraft werden
punishing ['pʌnɪʃɪŋ] *adj Tempo* strapaziös; *Arbeit* erdrückend
punishment ['pʌnɪʃmənt] *s* **1** Strafe *f*, Bestrafung *f*; **you know the** ~ **for such offences** Sie wissen, welche Strafe darauf steht **2** *fig umg* **to take a lot of** ~ *Auto etc* stark strapaziert werden
Punjabi [pʌn'dʒɑːbɪ] **A** *adj* pandschabisch **B** *s* **1** Pandschabi *m*/*f* **2** LING Pandschabi *n*
punk [pʌŋk] **A** *s* **1** (*a.* ~ **rocker**) Punker(in) *m*(*f*); (*a.* ~ **rock**) Punkrock *m* **2** *US umg* Ganove *m* *umg* **B** *adj* Punk-
punter ['pʌntəʳ] *s* **1** *Br umg* Wetter(in) *m*(*f*) **2** *bes Br umg* Kunde *m*, Kundin *f*
puny ['pjuːnɪ] *adj* ⟨*komp* **punier**⟩ *Mensch* schwächlich; *Bemühung* kläglich
pup [pʌp] *s* Junge(s) *n*
pupil[1] ['pjuːpl] *s* SCHULE *Br* Schüler(in) *m*(*f*)
pupil[2] *s* ANAT Pupille *f*
puppet ['pʌpɪt] *s* Handpuppe *f*; *an Fäden*, *a. fig* Marionette *f*
puppeteer [,pʌpɪ'tɪəʳ] *s* Puppenspieler(in) *m*(*f*)
puppet regime *s* Marionettenregime *n*
puppet show *s* Puppenspiel *n*
puppy ['pʌpɪ] *s* junger Hund
puppy fat *Br umg s* Babyspeck *m umg*
purchase ['pɜːtʃɪs] **A** *s* Kauf *m*; **to make a** ~ einen Kauf tätigen **B** *v/t* kaufen
purchase order *s* Auftragsbestätigung *f*
purchase price *s* Kaufpreis *m*
purchaser ['pɜːtʃɪsəʳ] *s* Käufer(in) *m*(*f*)
purchasing ['pɜːtʃɪsɪŋ] *adj Abteilung* Einkaufs-; *Preis*, *Kraft* Kauf-
pure [pjʊəʳ] *adj* ⟨*komp* **purer**⟩ rein; **in** ~ **disbelief** ganz ungläubig; **by** ~ **chance** rein zufällig; **malice** ~ **and simple** reine Bosheit
purebred ['pjʊəbred] *adj* reinrassig
purée ['pjʊəreɪ] **A** *s* Püree *n*; **tomato** ~ Tomatenmark *n*, Paradeismark *n österr* **B** *v/t* pürieren
purely ['pjʊəlɪ] *adv* rein; ~ **and simply** schlicht und einfach
purgatory ['pɜːgətərɪ] *s* REL das Fegefeuer
purge [pɜːdʒ] *v/t* reinigen
purification [,pjʊərɪfɪ'keɪʃən] *s* Reinigung *f*
purification plant *s* Kläranlage *f*
purify ['pjʊərɪfaɪ] *v/t* reinigen
purist ['pjʊərɪst] *s* Purist(in) *m*(*f*)
puritan ['pjʊərɪtə] **A** *adj* puritanisch **B** *s* Puritaner(in) *m*(*f*)
puritanical [,pjʊərɪ'tænɪkəl] *adj* puritanisch
purity ['pjʊərɪtɪ] *s* Reinheit *f*
purple ['pɜːpl] **A** *adj* violett; *heller* lila; *Gesicht* hochrot **B** *s* Lila *n*
purpose ['pɜːpəs] *s* **1** Absicht *f*, Zweck *m*; **on** ~ absichtlich; **what was your** ~ **in doing this?** was haben Sie damit beabsichtigt?; **for our ~s** für unsere Zwecke; **for the ~s of this meeting** zum Zweck dieser Konferenz; **for all practical ~s** in der Praxis; **to no** ~ ohne Erfolg **2** ⟨*kein pl*⟩ Entschlossenheit *f*; **to have a sense of** ~ zielbewusst sein
purpose-built *bes Br adj* speziell angefertigt, speziell gebaut
purposeful *adj*, **purposefully** *adv* entschlossen
purposely ['pɜːpəslɪ] *adv* absichtlich
purr [pɜːʳ] **A** *v/i* schnurren; *Motor* surren **B** *s*

Schnurren *n kein pl*; *von Motor* Surren *n kein pl*
purse [pɜːs] **A** *s* **1** *Br* Geldbeutel *m*; **to hold the ~ strings** *Br fig* über die Finanzen bestimmen **2** *US* Handtasche *f* **B** *v/t* **to ~ one's lips** einen Schmollmund machen
pursue [pə'sjuː] *v/t* verfolgen; *Erfolg* nachjagen (*+dat*); *Glück* streben nach; *Studium* nachgehen (*+dat*); *Thema* weiterführen
pursuer [pə'sjuːəʳ] *s* Verfolger(in) *m(f)*
pursuit [pə'sjuːt] *s* **1** Verfolgung *f* (**of** *+gen*); *nach Wissen, Glück* Streben *n* (**of** nach); *nach Vergnügen* Jagd *f* (**of** nach); **he set off in ~** er rannte/fuhr hinterher; **to go in ~ of sb/sth** sich auf die Jagd nach j-m/etw machen; **in hot ~ of sb** hart auf j-s Fersen (*dat*); **to set /be in hot ~ of sb/sth** j-m/einer Sache nachjagen; **in (the) ~ of his goal** in Verfolgung seines Zieles **2** Beschäftigung *f*, Zeitvertreib *m*
pus [pʌs] *s* Eiter *m*
push [pʊʃ] **A** *s* **1** Schubs *m umg*; Stoß *m*; **to give sb/sth a ~** j-m/einer Sache einen Stoß versetzen; **to give a car a ~** einen Wagen anschieben; **he needs a little ~ now and then** *fig* den muss man mal ab und zu in die Rippen stoßen *umg*; **to get the ~** *Br umg Angestellter* (raus)fliegen *umg* (**from** aus); *Freundin* den Laufpass kriegen *umg*; **to give sb the ~** *Br umg Angestellten* j-n rausschmeißen *umg*; *Freundin* j-m den Laufpass geben *umg*; **at a ~** *umg* notfalls; **if/when ~ comes to shove** *umg* wenn der schlimmste Fall eintritt **2** Anstrengung *f*; *MIL* Offensive *f* **B** *v/t* **1** schieben, stoßen; *Knopf* drücken; **to ~ a door open/shut** eine Tür auf-/zuschieben; **he ~ed his way through the crowd** er drängte sich durch die Menge; **he ~ed the thought to the back of his mind** er schob den Gedanken beiseite **2** *fig Produkt* massiv Werbung machen für; *Drogen* schieben; **to ~ home one's advantage** seinen Vorteil ausnützen; **don't ~ your luck** treibs nicht zu weit!; **he's ~ing his luck trying to do that** er legt es wirklich darauf an, wenn er das versucht **3** *fig* drängen; **to ~ sb into doing sth** j-n dazu treiben, etw zu tun; **they ~ed him to the limits** sie trieben ihn bis an seine Grenzen; **that's ~ing it a bit** *umg* das ist ein bisschen übertrieben; **to be ~ed (for time)** *umg* mit der Zeit knapp dran sein; **to ~ oneself hard** sich schinden **C** *v/i* schieben, stoßen, drücken; *in Menschenmenge* drängeln *umg*, drängen

phrasal verbs mit push:

push ahead *v/i* sich ranhalten *umg*; **to push ahead with one's plans** seine Pläne vorantreiben

push around *v/t* ⟨*trennb*⟩ **1** *wörtl* herumschieben **2** *fig umg Kind* herumschubsen; *Erwachsenen* herumkommandieren
push aside *v/t* ⟨*trennb*⟩ beiseiteschieben, beiseitestoßen; *fig* einfach abtun
push away *v/t* ⟨*trennb*⟩ wegschieben, wegstoßen
push back *v/t* ⟨*trennb*⟩ zurückdrängen, zurückstoßen; *Vorhang etc* zurückschieben
push by *v/i* → push past
push down **A** *v/t* ⟨*trennb*⟩ **1** nach unten drücken **2** umstoßen **B** *v/i* hinunterdrücken
push for *v/i* ⟨*+obj*⟩ drängen auf (*+akk*)
push forward *v/i* → push ahead
push in **A** *v/t* ⟨*trennb*⟩ hineinschieben, hineinstoßen; **to push sb/sth in(to) sth** j-n/etw in etw (*akk*) schieben/stoßen; **to push one's way in** sich hineindrängen **B** *v/i wörtl in Warteschlange* sich hineindrängeln *umg*
push off **A** *v/t* ⟨*trennb*⟩ hinunterschieben, hinunterstoßen; **to push sb/sth off sth** j-n von etw schieben/stoßen **B** *v/i Br umg* abhauen *umg*; **push off!** zieh ab! *umg*
push on *v/i* weiterfahren/-gehen; *mit Arbeit* weitermachen
push out *v/t* ⟨*trennb*⟩ hinausschieben, hinausstoßen; **to push sb/sth out of sth** j-n/etw aus etw schieben/stoßen; **to push one's way out (of sth)** sich (aus etw) hinausdrängen
push over *v/t* ⟨*trennb*⟩ umwerfen
push past *v/i* sich vorbeidrängen (**sth** an etw *dat*)
push through **A** *v/t* ⟨*trennb*⟩ **1** durchschieben, durchstoßen; **to push sb/sth through sth** j-n/etw durch etw schieben/stoßen; **she pushed her way through the crowd** sie drängte sich durch die Menge **2** *neues Gesetz* durchpeitschen *umg*, durchstieren *schweiz* **B** *v/i* sich durchdrängen
push to *v/t* ⟨*immer getrennt*⟩ *Tür* anlehnen
push up *v/t* ⟨*trennb*⟩ **1** *wörtl* hinaufschieben, hinaufstoßen **2** *fig* hochdrücken

push-bike *Br umg s* Fahrrad *n*, Velo *n schweiz*
push-button *s* Druckknopf *m*
pushchair *Br s* Sportwagen *m*
pusher ['pʊʃəʳ] *umg s* Pusher(in) *m(f) umg*
pushover ['pʊʃəʊvəʳ] *s* **1** *umg* (≈ *Arbeit*) Kinderspiel *n* **2** *Person* leichter Gegner, leichte Gegnerin
push-start *v/t* anschieben
push-up *US s* Liegestütz *m*
push-up bra *s* Push-up-BH *m*
pushy ['pʊʃɪ] *adj* ⟨*komp* pushier⟩ *umg* penetrant *pej*
pussy ['pʊsɪ] *s* **1** (≈ *Katze*) Mieze *f umg* **2** *sl* (≈ *Genitalien*) Muschi *f umg*
pussycat ['pʊsɪkæt] *kinderspr s* Miezekatze *f kinderspr*

put [pʊt] v/t ⟨prät, pperf put [pʊt]⟩ **1** stellen, setzen, legen, stecken; **they put a plank across the stream** sie legten ein Brett über den Bach; **to put sth in a drawer** etw in eine Schublade legen; **he put his hand in his pocket** er steckte die Hand in die Tasche; **put the dog in the kitchen** tu den Hund in die Küche; **to put sugar in one's coffee** Zucker in den Kaffee tun; **to put sb in a good mood** j-n fröhlich stimmen; **to put a lot of effort into sth** viel Mühe in etw (akk) stecken; **to put money into sth** (sein) Geld in etw (akk) stecken; **put the lid on the box** tu den Deckel auf die Schachtel; **he put his head on my shoulder** er legte seinen Kopf auf meine Schulter; **her aunt put her on the train** ihre Tante setzte sie in den Zug; **to put money on a horse** auf ein Pferd setzen; **to put one's hand over sb's mouth** j-m die Hand vor den Mund halten; **he put his head (a)round the door** er steckte den Kopf zur Tür herein; **to put a glass to one's lips** ein Glas zum Mund(e) führen; **she put the shell to her ear** sie hielt (sich dat) die Muschel ans Ohr; **to put sb to bed** j-n ins Bett bringen; **to put sb to great expense** j-m große Ausgaben verursachen; **we'll each put £5 toward(s) it** jeder von uns gibt £ 5 (zum Betrag) dazu; **they put her to work on the new project** ihr wurde das neue Projekt als Arbeitsbereich zugewiesen; **to stay put** stehen etc bleiben; Mensch sich nicht von der Stelle rühren; **just stay put!** bleib, wo du bist! **2** schreiben; Komma machen; Figur zeichnen; **to put a cross/tick against sb's name** j-s Namen ankreuzen/abhaken **3** Frage, Vorschlag vorbringen; **I put it to you that ...** ich behaupte, dass ...; **it was put to me that ...** es wurde mir nahegelegt, dass ... **4** ausdrücken; **that's one way of putting it** so kann mans auch sagen; **how shall I put it?** wie soll ich (es) sagen?; **you know how to put it** Sie wissen, wie man es formuliert; **to put it bluntly** um es klipp und klar zu sagen **5** schätzen (**at** auf +akk); **he puts money before his family's happiness** er stellt Geld über das Glück seiner Familie

<u>phrasal verbs mit put:</u>

put across v/t ⟨trennb⟩ Ideen verständlich machen (**to sb** j-m); **to put oneself across** den richtigen Eindruck von sich geben
put aside v/t ⟨trennb⟩ **1** Buch beiseitelegen **2** für später zurücklegen **3** fig (≈ zurückklassen) ablegen; Zorn begraben; Differenzen vergessen
put away v/t ⟨trennb⟩ **1** einräumen; Spielzeug aufräumen, wegräumen; **to put the car away** das Auto wegstellen **2** (≈ sparen) zurücklegen **3** umg beim Essen schaffen umg **4** Verbrecher einsperren

put back v/t ⟨trennb⟩ **1** zurückstellen/-legen/-stecken **2** bes Br verschieben; Pläne, Produktion zurückwerfen; Uhr zurückstellen
put by Br v/t ⟨trennb⟩ zurücklegen
put down v/t ⟨trennb⟩ **1** wegstellen/-setzen/-legen; **put it down on the floor** stellen Sie es auf den Boden; **I couldn't put that book down** ich konnte das Buch nicht aus der Hand legen; **to put down the phone** (den Hörer) auflegen **2** Schirm zumachen; Deckel zuklappen **3** landen **4** Aufstand niederschlagen **5** anzahlen; Anzahlung machen **6** bes Br Tier einschläfern **7** niederschreiben; auf Formular angeben; **to put one's name down for sth** sich (in eine Liste) für etw eintragen; **you can put me down for £10** für mich können Sie £ 10 eintragen; **put it down under sundries** schreiben Sie es unter Verschiedenes auf **8** zurückführen (**to** auf +akk)
put forward v/t ⟨trennb⟩ **1** Vorschlag vorbringen; j-n für Job etc vorschlagen, als Kandidat aufstellen **2** bes Br Sitzung vorverlegen (**to** auf +akk); Uhr vorstellen
put in A v/t ⟨trennb⟩ **1** hineinstellen/-legen/-stecken **2** bei Rede einfügen, hinzufügen **3** Antrag einreichen **4** Zentralheizung einbauen **5** Zeit zubringen (**with** mit); **to put in a few hours' work at the weekend** am Wochenende ein paar Stunden Arbeit einschieben; **to put in a lot of work on sth** eine Menge Arbeit in etw (akk) stecken **B** v/i **to put in for sth** Job sich um etw bewerben; Gehaltserhöhung etw beantragen
put inside umg v/t ⟨trennb⟩ einsperren umg
put off v/t ⟨trennb⟩ **1** verschieben; Entscheidung aufschieben; Unangenehmes hinauszögern; **to put sth off for 10 days/until January** etw um 10 Tage aufschieben/auf Januar verschieben **2** (≈ ausweichend) hinhalten **3** die Lust nehmen (+dat); **to put sb off sth** j-m die Lust an etw (dat) nehmen; **don't let his rudeness put you off** störe dich nicht an seiner Flegelhaftigkeit; **are you trying to put me off?** versuchst du, mir das zu verleiden? umg; **to put sb off doing sth** j-n davon abbringen, etw zu tun **4** ablenken (**sth von etw**); **I'd like to watch you if it won't put you off** ich würde dir gern zusehen, wenn es dich nicht stört **5** ausschalten
put on v/t ⟨trennb⟩ **1** Mantel anziehen; Hut (sich dat) aufsetzen; Make-up auflegen; Creme auftragen; fig Fassade vortäuschen; **to put on one's make-up** sich schminken **2** **to put on weight** zunehmen; **to put on a pound** ein Pfund zunehmen; **ten pence was put on the price of petrol** Br der Benzinpreis wurde um zehn

Pence erhöht **3** *Stück* aufführen; *Ausstellung etc* veranstalten; *Bus* einsetzen; *fig Show* abziehen *umg* **4** TEL **to put sb on to sb** j-n mit j-m verbinden; **would you put him on?** könnten Sie ihn mir geben? **5** TV einschalten; **to put the kettle on** das Wasser aufsetzen **6** **to put sb on to sth** j-m etw vermitteln **7** **to put sb on** US *umg* j-n auf den Arm nehmen

put out v/t ⟨trennb⟩ **1** Müll hinausbringen; *Katze* vor die Tür setzen; **to put the washing out (to dry)** die Wäsche (zum Trocknen) raushängen; **to put sb out of business** j-n aus dem Markt drängen; **that goal put them out of the competition** mit diesem Tor waren sie aus dem Wettbewerb ausgeschieden; **she could not put him out of her mind** er ging ihr nicht aus dem Sinn **2** *Hand* ausstrecken; *Zunge* herausstrecken; **to put one's head out of the window** den Kopf zum Fenster hinausstrecken **3** *Besteck* auflegen **4** *Erklärung* abgeben; *Appell* durchgeben; *im Radio, Fernsehen* senden **5** *Feuer, Licht* löschen, ausmachen **6** **to be put out (by sth)** (über etw *akk*) verärgert sein **7** **to put sb out** j-m Umstände machen; **to put oneself out (for sb)** sich (*dat*) (wegen j-m) Umstände machen

put over v/t ⟨trennb⟩ → **put across**

put through v/t ⟨trennb⟩ **1** *Reformen* durchbringen; *mit Objekt* bringen durch **2** *mit Objekt* durchmachen lassen; **he has put his family through a lot (of suffering)** seine Familie hat seinetwegen viel durchgemacht **3** TEL j-n verbinden (**to** mit); *Anruf* durchstellen (**to** zu)

put together v/t ⟨trennb⟩ zusammentun, zusammensetzen; *Beträge* zusammenzählen; *Menü* zusammenstellen; *Sammlung* zusammentragen; **he's better than all the others put together** er ist besser als alle anderen zusammen

put up v/t ⟨trennb⟩ **1** *Hand* hochheben; *Schirm* aufklappen; *Haare* hochstecken **2** *Fahne* hissen; *Bild, Dekorationen* aufhängen; *Plakat* anbringen; *Haus, Zaun* errichten; *Leiter, Denkmal* aufstellen; *Zelt* aufschlagen, aufbauen **3** erhöhen **4** **to put sth up for sale** etw zum Verkauf anbieten; **to put one's child up for adoption** sein Kind zur Adoption freigeben; **to put up resistance** Widerstand leisten; **to put sb up to sth** j-n zu etw anstiften **5** unterbringen

put up with v/i ⟨+obj⟩ sich abfinden mit; **I won't put up with that** das lasse ich mir nicht gefallen

put-down s Abfuhr f
put-on *umg* adj vorgetäuscht
putrefy ['pju:trɪfaɪ] v/i verwesen
putrid ['pju:trɪd] adj verfault

putt [pʌt] **A** s Schlag m (*mit dem man einlocht*) **B** v/t & v/i putten
putter US v/i → **potter**²
putty ['pʌtɪ] s Kitt m
put-up job *umg* s abgekartetes Spiel *umg*
put-upon adj *umg* ausgenutzt; **he feels ~** er fühlt sich von anderen ausgenutzt
puzzle ['pʌzl] **A** s **1** Rätsel n **2** Geduldsspiel n **B** v/t **1** verblüffen; **to be ~d about sth** sich über etw (*akk*) im Unklaren sein **2** **to ~ sth out** etw (her)austüfteln **C** v/i **to ~ over sth** sich (*dat*) über etw (*akk*) den Kopf zerbrechen
puzzled ['pʌzld] adj *Blick* verdutzt; *Mensch* verwirrt
puzzlement ['pʌzlmənt] s Verwirrung f
puzzling ['pʌzlɪŋ] adj rätselhaft; *Geschichte, Frage* verwirrend
PVC [pi:vi:'si:] *abk* (= polyvinyl chloride) PVC n
Pygmy, Pigmy ['pɪgmɪ] **A** s Pygmäe m **B** adj Pygmäen-
pyjamas [pə'dʒɑ:məz] pl, **pajamas** US pl Schlafanzug m, Pyjama m *bes österr, schweiz*
pylon ['paɪlən] s Mast m
pyramid ['pɪrəmɪd] s Pyramide f
pyre [paɪə^r] s Scheiterhaufen m
Pyrenean [pɪrə'ni:ən] adj pyrenäisch
Pyrenees [pɪrə'ni:z] pl Pyrenäen pl
Pyrex® ['paɪreks] s feuerfestes Glas
python ['paɪθən] s Python m

Q, q [kju:] s Q n, q n
Q&A [kju:ən'eɪ] *abk* (= questions and answers) Fragen und Antworten; **~ session** Frage- und Antwort-Sitzung f
Qatar ['kʌtɑ:^r] s GEOG Katar n
qigong [ˌtʃi:'kʌŋ] s Qigong n
QR code® s (= Quick Response code) IT QR-Code® m (*elektronisch lesbarer Code*)
Q-tip® ['kju:tɪp] s US Wattestäbchen n
qtr *abk* (= quarter) Viertel n
quack [kwæk] **A** s **1** Schnattern n kein pl **2** *pej* Quacksalber(in) m(f) **B** v/i schnattern
quad¹ s *abk* (= quadrangle) Viereck n
quad² s *abk* (= quadruplet) Vierling m
quad³, **quad bike** Br s Quad n (*vierrädriges Motorrad*)
quadrangle ['kwɒdræŋgl] s **1** MATH Viereck n **2** ARCH (viereckiger) (Innen)hof
quadruped ['kwɒdrʊped] s ZOOL Vierfüß(l)er m

quadruple ['kwɒdrʊpl] **A** *adj* vierfach **B** *v/t* vervierfachen **C** *v/i* sich vervierfachen
quadruplet [kwɒ'druːplɪt] *s* Vierling *m*
quagmire ['kwægmaɪəʳ] *s* Sumpf *m*
quail [kweɪl] *s* ORN Wachtel *f*
quaint [kweɪnt] *adj* ⟨+er⟩ idyllisch; *Kneipe* urig; *Idee* kurios
quake [kweɪk] *v/i* zittern (**with** vor +*dat*); *Erde* beben
Quaker ['kweɪkəʳ] *s* Quäker(in) *m(f)*
qualification [ˌkwɒlɪfɪ'keɪʃən] *s* **1** Qualifikation *f*; (≈ *Dokument*) Zeugnis *n*; (≈ *Fähigkeit*) Voraussetzung *f* **2** (≈ *Prüfung*) Abschluss *m*; **to leave school without any ~s** von der Schule ohne Abschluss abgehen **3** Einschränkung *f*
qualified ['kwɒlɪfaɪd] *adj* **1** ausgebildet; *akademisch* Diplom-; **~ engineer** Diplomingenieur(in) *m(f)*; **highly ~** hoch qualifiziert; **to be ~ to do sth** qualifiziert sein, etw zu tun; **he is/is not ~ to teach** er besitzt die/keine Lehrbefähigung; **he was not ~ for the job** ihm fehlte die Qualifikation für die Stelle; **to be well ~ for sth** für etw hoch qualifiziert sein; **he is fully ~** er ist voll ausgebildet **2** berechtigt **3** nicht uneingeschränkt
qualify ['kwɒlɪfaɪ] **A** *v/t* **1** qualifizieren; **to ~ sb to do sth** j-n berechtigen, etw zu tun **2** *Äußerung* einschränken **B** *v/i* **1** seine Ausbildung abschließen; **to ~ as a lawyer/doctor** sein juristisches/medizinisches Staatsexamen bestehen; **to ~ as a teacher** die Lehrbefähigung erhalten **2** SPORT sich qualifizieren (**for** für) **3** infrage kommen (**for** für); **does he ~ for admission to the club?** erfüllt er die Bedingungen für die Aufnahme in den Klub?
qualifying ['kwɒlɪfaɪɪŋ] *adj* SPORT Qualifikations-; **~ match** *od* **game/group** Qualifikationsspiel *n*/-gruppe *f*
qualitative ['kwɒlɪtətɪv] *adj* qualitativ
quality ['kwɒlɪtɪ] **A** *s* **1** Qualität *f*; **of good/poor ~** von guter/schlechter Qualität; **they vary in ~** sie sind qualitativ verschieden **2** Eigenschaft *f* **3** *von Stimme etc* Klangfarbe *f* **B** *adj* ⟨*attr*⟩ **1** Qualitäts-; **~ goods** Qualitätsware *f* **2** *umg* erstklassig *umg*; **a ~ paper** eine seriöse (Tages)zeitung
quality control *s* Qualitätskontrolle *f*
quality management *s* Qualitätsmanagement *n*
quality time *s* intensiv genutzte Zeit
qualm [kwɑːm] *s* **1** Skrupel *m*; **without a ~** ohne jeden Skrupel **2** **~s** *pl* Bedenken *n*; **to have no ~s about doing sth** keine Bedenken haben, etw zu tun
quandary ['kwɒndərɪ] *s* Verlegenheit *f*; **he was in a ~ about what to do** er wusste nicht, was er tun sollte
quango ['kwæŋɡəʊ] *Br s abk* ⟨*pl* -s⟩ (= quasi-autonomous nongovernmental organization) (unabhängige) Nicht-Regierungs-Organisation
quantify ['kwɒntɪfaɪ] *v/t* quantifizieren
quantitative *adj*, **quantitatively** ['kwɒntɪtətɪv, -lɪ] *adv* quantitativ; **~ easing** quatitative Lockerung
quantity ['kwɒntɪtɪ] *s* **1** Quantität *f*, Menge *f*, Anteil *m* (**of** an +*dat*); **in ~, in large quantities** in großen Mengen; **in equal quantities** zu gleichen Teilen **2** MATH, *a. fig* Größe *f*
quantum leap ['kwɒntəm] *fig s* Riesenschritt *m*
quantum mechanics *s* Quantenmechanik *f*
quarantine ['kwɒrəntiːn] **A** *s* Quarantäne *f*; **to put sb in ~** j-n unter Quarantäne stellen **B** *v/t* unter Quarantäne stellen
quarrel ['kwɒrəl] **A** *s* Streit *m*, Auseinandersetzung *f*; **they have had a ~** sie haben sich gestritten; **I have no ~ with him** ich habe nichts gegen ihn **B** *v/i* **1** sich streiten (**with** mit *od* **about, over** über +*akk*) **2** etwas auszusetzen haben (**with** an +*dat*)
quarrelling ['kwɒrəlɪŋ] *s*, **quarreling** *US s* Streiterei *f*
quarrelsome ['kwɒrəlsəm] *adj* streitsüchtig
quarry¹ ['kwɒrɪ] **A** *s* Steinbruch *m* **B** *v/t* brechen
quarry² *s* Beute *f*
quarter ['kwɔːtəʳ] **A** *s* **1** Viertel *n*; **to divide sth into ~s** etw in vier Teile teilen; **a ~/three-quarters full** viertel/drei viertel voll; **a mile and a ~** eineinviertel Meilen; **a ~ of a mile** eine viertel Meile; **for a ~ (of) the price** zu einem Viertel des Preises; **a ~ of an hour** eine Viertelstunde; **(a) ~ to seven, (a) ~ of seven** *US* (ein) Viertel vor sieben; **(a) ~ past six, (a) ~ after six** *US* (ein) Viertel nach sechs; **an hour and a ~** eineinviertel Stunden; **in these ~s** in dieser Gegend **2** Vierteljahr *n* **3** *US* Vierteldollar *m* **4** Seite *f*, Stelle *f*; **he won't get help from that ~** von dieser Seite wird er keine Hilfe bekommen; **in various ~s** an verschiedenen Stellen; **at close ~s** aus der Nähe **5** **~s** *pl a.* MIL Quartier *n* **6** (≈ *Gnade*) Pardon *m*; **he gave no ~** er kannte kein Pardon **B** *adj* Viertel-; **~ pound** Viertelpfund *n* **C** *v/t* vierteln
quarterback *US s* FUSSB Quarterback *m*
quarterfinal *s* Viertelfinalspiel *n*
quarterfinalist *s* Viertelfinalist(in) *m(f)*
quarterly ['kwɔːtəlɪ] **A** *adj & adv* vierteljährlich **B** *s* Vierteljahresschrift *f*
quarter note *US s* MUS Viertelnote *f*
quarter-note rest *s US* Viertelpause *f*
quarter-pipe *s* SPORT Quarterpipe *f*
quarter-pounder *s* GASTR Viertelpfünder *m*

quartet(te) [kwɔː'tet] s Quartett n
quartz ['kwɔːts] s Quarz m
quash [kwɒʃ] v/t **1** JUR Urteil aufheben **2** Aufstand unterdrücken
quaver ['kweɪvəʳ] **A** s **1** bes Br MUS Achtelnote f; **~ rest** Achtelpause f **2** von Stimme Zittern n **B** v/i zittern
quavering ['kweɪvərɪŋ], **quavery** ['kweɪvərɪ] adj Stimme zitternd; Ton, Akkord tremolierend
quay [kiː] s Kai m; **alongside the ~** am Kai
quayside ['kiːsaɪd] s Kai m
queasiness ['kwiːzɪnɪs] s Übelkeit f
queasy ['kwiːzɪ] adj ⟨komp queasier⟩ gereizt; **I feel ~** mir ist (leicht) übel
queen [kwiːn] s **1** Königin f **2** Schach, a. KART Dame f; **~ of spades** Pikdame
queen bee s Bienenkönigin f
queenly ['kwiːnlɪ] adj königlich
Queen Mother s Königinmutter f
queen's English [kwiːnz] s englische Hochsprache
Queen's Speech s Thronrede f
queer [kwɪəʳ] **A** adj ⟨+er⟩ **1** eigenartig, komisch; **he's a bit ~ in the head** umg er ist nicht ganz richtig im Kopf umg **2** verdächtig; **there's something ~ about it** da ist etwas faul dran umg **3** umg **I feel ~** mir ist nicht gut **4** pej umg schwul **B** s pej umg Schwule(r) m
quell [kwel] v/t Aufstand unterdrücken
quench [kwentʃ] v/t löschen
query ['kwɪərɪ] **A** s Frage f; IT Abfrage f **B** v/t **1** bezweifeln; Behauptung infrage stellen; Rechnung reklamieren **2 to ~ sth with sb** etw mit j-m abklären **3** IT abfragen
quest [kwest] s Suche f **(for** nach**)**; nach Wissen etc Streben n **(for** nach**)**
question ['kwestʃən] **A** s **1** Frage f **(to** an +akk**)**; **to ask sb a ~** j-m eine Frage stellen; **to ask ~s** Fragen stellen; **don't ask so many ~s** frag nicht so viel; **a ~ of time** eine Frage der Zeit; **it's a ~ of whether …** es geht darum, ob … **2** ⟨kein pl⟩ Zweifel m; **without ~** ohne (jeden) Zweifel; **your sincerity is not in ~** niemand zweifelt an Ihrer Aufrichtigkeit; **to call sth into ~** etw infrage stellen; **3** ⟨kein pl⟩ **there's no ~ of a strike** von einem Streik kann keine Rede sein; **that's out of the ~** das kommt nicht infrage; **the person in ~** die fragliche Person **B** v/t **1** fragen **(about** nach**)**; Polizei etc befragen **(about** zu**)**; **my father started ~ing me about where I'd been** mein Vater fing an, mich auszufragen, wo ich gewesen war; **they were ~ed by the immigration authorities** ihnen wurden von der Einwanderungsbehörde viele Fragen gestellt **2** bezweifeln, infrage stellen
questionable ['kwestʃənəbl] adj fragwürdig; Ziffern fraglich
questioner ['kwestʃənəʳ] s Frager(in) m(f)
questioning ['kwestʃənɪŋ] **A** adj Blick fragend **B** s Verhör n; von Kandidat Befragung f; **after hours of ~ by the immigration authorities** nach stundenlanger Befragung durch die Einwanderungsbehörde; **they brought him in for ~** sie holten ihn, um ihn zu vernehmen
questioningly ['kwestʃənɪŋlɪ] adv fragend
question mark s Fragezeichen n
questionnaire [,kwestʃə'nɛəʳ] s Fragebogen m
question tag s LING Frageanhängsel n
queue [kjuː] **A** s Br (Warte)schlange f; **to form a ~** eine Schlange bilden; **to stand in a ~** Schlange stehen; **to join the ~** sich (hinten) anstellen; **to jump the ~** sich vordrängeln; **a ~ of cars** eine Autoschlange; **a long ~ of people** eine lange Schlange **B** v/i Br a. **~ up** Schlange stehen, eine Schlange bilden, sich anstellen; **they were queuing for the bus** sie standen an der Bushaltestelle Schlange; **to ~ for bread** nach Brot anstehen
queue-jumper s Vordrängler(in) m(f)
quibble ['kwɪbl] v/i kleinlich sein **(over, about** wegen**)**, sich herumstreiten **(over, about** wegen**)**; **to ~ over details** auf Einzelheiten herumreiten
quiche [kiːʃ] s Quiche f
quick [kwɪk] **A** adj ⟨+er⟩ **1** schnell; **be ~!** mach schnell!; **and be ~ about it** aber ein bisschen dalli umg; **you were ~** das war ja schnell; **he's a ~ worker** er arbeitet schnell; **it's ~er by train** mit dem Zug geht es schneller; **what's the ~est way to the station?** wie komme ich am schnellsten zum Bahnhof? **2** Kuss flüchtig; Rede, Pause kurz; **let me have a ~ look** lass mich mal schnell sehen; **to have a ~ chat** ein paar Worte wechseln; **could I have a ~ word?** könnte ich Sie mal kurz sprechen?; **I'll just write him a ~ note** ich schreibe ihm mal kurz; **time for a ~ beer** genügend Zeit, um schnell ein Bierchen zu trinken **3** Geist wach; Mensch schnell von Begriff umg; Temperament hitzig; Auge scharf **B** adv ⟨+er⟩ schnell
quicken ['kwɪkən] **A** v/t (a. **quicken up**) beschleunigen **B** v/i (a. **quicken up**) sich beschleunigen
quick fix s Schnelllösung f
quickie ['kwɪkɪ] umg s **1** etwas Schnelles oder Kurzes, z. B. eine kurze Frage; **can I ask you a question, please? it's just a ~** kann ich dich was fragen? es geht ganz schnell; **I really need a teabreak; let's pop over to the café for a ~** ich brauche jetzt wirklich eine Teepause; lass uns auf die Schnelle ins Café rübergehen **2** (≈ Sex) Quickie m umg, schnelle Nummer umg

quickly ['kwɪklɪ] *adv* schnell
quickness ['kwɪknɪs] *s* Schnelligkeit *f*
quicksand *s* Treibsand *m*
quick-tempered *adj* hitzig; **to be ~** leicht aufbrausen
quick-witted *adj* geistesgegenwärtig; *Antwort* schlagfertig
quid [kwɪd] *Br umg s* ⟨*pl* -⟩ Pfund *n*; **20 ~** 20 Eier *sl*
quiet ['kwaɪət] **A** *adj* ⟨+er⟩ **1** still; *Mensch, Gegend* ruhig; *Musik, Stimme* leise; **she was as ~ as a mouse** sie war mucksmäuschenstill *umg*; **(be) ~!** Ruhe!; **to keep ~** still sein, leise sein; **that book should keep him ~** das Buch sollte ihn beschäftigt halten; **to keep ~ about sth** über etw (*akk*) nichts sagen; **to go ~** still werden; *Musik* leise werden; **things are very ~ at the moment** im Augenblick ist nicht viel los; **business is ~** das Geschäft ist ruhig; **to have a ~ word with sb** mit j-m ein Wörtchen (im Vertrauen) reden; **he kept the matter ~** er behielt die Sache für sich **2** *Charakter* sanft; *Kind* ruhig **3** *Hochzeit* im kleinen Rahmen; *Essen* im kleinen Kreis **B** *s* Ruhe *f*; **in the ~ of the night** in der Stille der Nacht; **on the ~** heimlich **C** *v/t* = quieten
quieten ['kwaɪətn] *Br v/t* j-n zum Schweigen bringen

phrasal verbs mit quieten:

quieten down *Br* **A** *v/i* leiser werden, sich beruhigen; **quieten down, boys!** ein bisschen ruhiger, Jungens!; **things have quietened down a lot** es ist viel ruhiger geworden **B** *v/t* ⟨*trennb*⟩ j-n beruhigen; **to quieten things down** die Lage beruhigen

quietly ['kwaɪətlɪ] *adv* leise, ruhig; (≈ *insgeheim*) still und heimlich; **to live ~** ruhig leben; **he's very ~ spoken** er spricht sehr leise; **to be ~ confident** insgeheim sehr sicher sein; **I was ~ sipping my wine** ich trank in aller Ruhe meinen Wein; **he refused to go ~** er weigerte sich, unauffällig zu gehen; **he slipped off ~** er machte sich in aller Stille davon *umg*
quietness *s* **1** Stille *f* **2** Ruhe *f*
quill [kwɪl] *s zum Schreiben* Federkiel *m*
quilt [kwɪlt] *s* Steppdecke *f*
quilted ['kwɪltɪd] *adj Kleidung etc* Stepp-
quinoa ['ki:nwɑ:] *s Getreidesorte* Quinoa *f*
quintet(te) [kwɪn'tet] *s MUS* Quintett *n*
quintuplet [kwɪn'tju:plɪt] *s* Fünfling *m*
quip [kwɪp] **A** *s* witzige Bemerkung **B** *v/t & v/i* witzeln
quirk [kwɜːk] *s* Schrulle *f*; *von Schicksal* Laune *f*; **by a strange ~ of fate** durch eine Laune des Schicksals
quirky ['kwɜːkɪ] *adj* ⟨*komp* quirkier⟩ schrullig
quit [kwɪt] ⟨*v: prät, pperf* quitted *od* quit⟩ **A** *v/t* **1** *Stadt, Armee* verlassen; *Stelle* aufgeben; **I've given her notice to ~ the apartment** *form* ich habe ihr die Wohnung gekündigt **2** *umg* aufhören mit; **to ~ doing sth** aufhören, etw zu tun **B** *v/i* **1** kündigen; **notice to ~** Kündigung *f* **2** weggehen **3** aufgeben
quite [kwaɪt] *adv* **1** ganz; *emph* völlig; **I am ~ happy where I am** ich fühle mich hier ganz wohl; **it's ~ impossible to do that** das ist völlig unmöglich; **you're being ~ impossible** du bist einfach unmöglich; **are you ~ finished?** bist du jetzt fertig?; **I ~ agree with you** ich stimme völlig mit Ihnen überein; **that's ~ another matter** das ist doch etwas ganz anderes; **that's ~ enough for me** das reicht wirklich; **that's ~ enough of that** das reicht jetzt aber; **it was ~ some time ago** es war vor einiger Zeit; **not ~** nicht ganz; **not ~ tall enough** ein bisschen zu klein; **I don't ~ see what he means** ich verstehe nicht ganz, was er meint; **you don't ~ understand** Sie verstehen mich anscheinend nicht richtig; **it was not ~ midnight** es war noch nicht ganz Mitternacht; **sorry! — that's ~ all right** entschuldige! — das macht nichts; **I'm ~ all right, thanks** danke, mir geht's gut; **thank you — that's ~ all right** danke — bitte schön **2** ziemlich; **~ likely** sehr wahrscheinlich; **~ a few** ziemlich viele; **I ~ like this painting** dieses Bild gefällt mir ganz gut; **yes, I'd ~ like to** ja, eigentlich ganz gern **3** wirklich; **she's ~ a girl** *etc* sie ist ein tolles Mädchen *etc*; **it's ~ delightful** es ist entzückend; **it was ~ a shock** es war ein ziemlicher Schock; **it was ~ a party** das war vielleicht eine Party! *umg*; **it was ~ an experience** das war schon ein Erlebnis
quits [kwɪts] *adj* quitt; **to be ~ with sb** mit j-m quitt sein; **shall we call it ~?** lassen wirs (dabei bewenden)?; *bei Geldangelegenheit* sind wir quitt?
quitter ['kwɪtəʳ] *umg s* **he's no ~** er gibt nicht so schnell auf
quiver ['kwɪvəʳ] *v/i* zittern (**with** vor +*dat*); *Lippen, Augenlider* zucken
quiz [kwɪz] **A** *s* **1** Quiz *n* **2** *US SCHULE umg* Prüfung *f* **B** *v/t* **1** ausfragen (**about** über +*akk*) **2** *US SCHULE umg* abfragen
quizmaster *s* Quizmaster *m*
quiz show *s* Quizsendung *f*
quizzical ['kwɪzɪkəl] *adj Blick* fragend
quizzically ['kwɪzɪkəlɪ] *adv* blicken fragend; lächeln zweifelnd
Quorn® [kwɔːn] *s* Quorn® *n* (*Gemüsesubstanz als Fleischersatz*)
quota ['kwəʊtə] *s* **1** *von Arbeit* Pensum *n* **2** Quantum *n*, Quote *f*; *von Waren* Kontingent *n*,

Quote f
quotation [kwəʊˈteɪʃən] s ◳1 Zitat n ◳2 FIN Notierung f ◳3 HANDEL Kostenvoranschlag m
quotation marks pl Anführungszeichen pl, Anführungsstriche pl
quote [kwəʊt] ◳A v/t ◳1 zitieren; **he was ~d as saying that ...** er soll gesagt haben, dass ... ◳2 Beispiel anführen ◳3 HANDEL Preis nennen; Referenzen angeben ◳B v/i ◳1 zitieren; **~ ... unquote** Zitat ... Zitat Ende ◳2 HANDEL einen Kostenvoranschlag machen ◳C s ◳1 Zitat n ◳2 **in ~s** in Anführungszeichen ◳3 HANDEL Kostenvoranschlag m

R

R¹, r [ɑːʳ] s R n, r n; **the three Rs** Lesen, Schreiben und Rechnen
R² abk (= river) Fluss m
rabbi [ˈræbaɪ] s Rabbiner m; als Titel Rabbi m
rabbit [ˈræbɪt] ◳A s Kaninchen n ◳B v/i Br umg a. **~ on** quasseln umg
rabbit hole s Kaninchenbau m
rabbitproof adj kaninchenfest
rabble [ˈræbl] s lärmende Menge; pej Pöbel m
rabble-rouser [ˈræbl,raʊzəʳ] s Aufrührer(in) m(f), Demagoge m, Demagogin f
rabble-rousing [ˈræblraʊzɪŋ] adj aufwieglerisch, Hetz-
rabid [ˈræbɪd] adj ◳1 Tier tollwütig ◳2 fig Mensch fanatisch
rabies [ˈreɪbiːz] s ⟨kein pl⟩ Tollwut f
RAC abk (= Royal Automobile Club) britischer Automobilklub ≈ ADAC m
raccoon s → racoon
race¹ [reɪs] ◳A s Rennen n; **100 metres ~** 100-Meter-Lauf m; **to run** od **have a ~ (against sb)** (mit j-m um die Wette) laufen; **to have** od **hold a ~** ein Rennen veranstalten; **to go to the ~s** zum Pferderennen gehen; **a ~ against time** ein Wettlauf m mit der Zeit ◳B v/t um die Wette laufen etc mit; SPORT laufen etc gegen; **I'll ~ you to school** ich mache mit dir ein Wettrennen bis zur Schule ◳C v/i ◳1 laufen etc; **to ~ against sb** mit j-m um die Wette laufen etc ◳2 rasen; **to ~ after sb/sth** hinter j-m/etw herhetzen; **he ~d through his work** er jagte durch sein Arbeitspensum ◳3 Maschine durchdrehen; Herz rasen; Puls, Gedanken jagen
race² s Rasse f; **(of) mixed ~** gemischtrassig
racecourse Br s Rennbahn f

racehorse s Rennpferd n
race relations pl Rassenbeziehungen pl
race riot s Rassenunruhen pl
racetrack s Rennbahn f
racial [ˈreɪʃəl] adj rassisch, Rassen-; **~ discrimination** Rassendiskriminierung f; **~ equality** Rassengleichheit f; **~ harassment** rassistisch motivierte Schikanierung; **~ minority** rassische Minderheit
racially [ˈreɪʃəli] adv in Bezug auf die Rasse; beschimpfen etc aufgrund seiner/ihrer Rasse; **a ~ motivated attack** ein ausländerfeindlicher Angriff
racing [ˈreɪsɪŋ] s Pferderennsport m; AUTO Motorrennen n; **he often goes ~** er geht oft zu Pferderennen/Motorrennen
racing bicycle s Rennrad n
racing car s Rennwagen m
racing driver s Rennfahrer(in) m(f)
racing pigeon s Brieftaube f
racism [ˈreɪsɪzəm] s Rassismus n
racist [ˈreɪsɪst] ◳A s Rassist(in) m(f) ◳B adj rassistisch
rack¹ [ræk] ◳A s ◳1 Ständer m, Gestell n ◳2 Gepäcknetz n, Gepäckträger m ◳B v/t ◳1 quälen ◳2 **to ~ one's brains** sich (dat) den Kopf zerbrechen
rack² s **to go to ~ and ruin** Land herunterkommen
racket¹ [ˈrækɪt] s SPORT Schläger m
racket² s ◳1 Lärm m; **to make a ~** Lärm machen ◳2 umg Schwindelgeschäft n umg; **the drugs ~** das Drogengeschäft
racketeering [ˌrækɪˈtɪərɪŋ] s ◳1 Gaunereien pl umg ◳2 organisiertes Verbrechen
raconteur [ˌrækɒnˈtɜːʳ] s Erzähler(in) m(f) von Anekdoten
racoon [rəˈkuːn] s Waschbär m
racquet [ˈrækɪt] Br s SPORT Schläger m
racquetball [ˈrækɪtˌbɔːl] s ⟨kein pl⟩ Racquetball m
racy [ˈreɪsi] adj ⟨komp racier⟩ gewagt
radar [ˈreɪdɑːʳ] s Radar n/m
radar trap s Radarfalle f
radiance [ˈreɪdɪəns] s Strahlen n
radiant [ˈreɪdɪənt] adj strahlend; **to be ~ with joy** vor Freude strahlen
radiantly [ˈreɪdɪəntli] adv ◳1 strahlend ◳2 liter scheinen hell
radiate [ˈreɪdɪeɪt] ◳A v/i Strahlen aussenden; Wärme, Licht ausgestrahlt werden ◳B v/t ausstrahlen
radiation [ˌreɪdɪˈeɪʃən] s von Wärme (Aus)strahlung f; PHYS radioaktive Strahlung; **contaminated by** od **with ~** strahlenverseucht
radiation treatment s MED Bestrahlung f
radiator [ˈreɪdɪeɪtəʳ] s Heizkörper m; AUTO Küh-

ler m

radical ['rædɪkəl] **A** adj radikal; ~ **Islamic** radikalislamisch **B** s POL Radikale(r) m/f(m)
radicalism ['rædɪkəlɪzm] s POL Radikalismus m
radically ['rædɪklɪ] adv radikal
radicchio [rə'dɪkɪəʊ] s ⟨kein pl⟩ Radicchio m
radio ['reɪdɪəʊ] **A** s ⟨pl -s⟩ **1** Rundfunk m; (a. ~ **set**) Radio n; **to listen to the** ~ Radio hören; **on the** ~ im Radio; **he was on the** ~ **yesterday** er kam gestern im Radio **2** in Taxi etc Funkgerät n; **over the** ~ über Funk **B** v/t ~ **over** über Funk verständigen; Meldung funken **C** v/i **to** ~ **for help** per Funk einen Hilferuf durchgeben
radioactive adj radioaktiv
radioactive waste s radioaktiver Müll
radioactivity s Radioaktivität f
radio alarm (clock) s Radiowecker m
radio broadcast s Radiosendung f
radio cassette recorder Br s Radiorekorder m
radio contact s Funkkontakt m
radio-controlled adj ferngesteuert
radiology [ˌreɪdɪ'ɒlədʒɪ] s Radiologie f, Röntgenologie f
radio programme s, **radio program** US s Radioprogramm n
radio show s Radiosendung f
radio station s (Radio)sender m
radio taxi s Funktaxi n
radio telephone s Funktelefon n
radiotherapy s Röntgentherapie f
radish ['rædɪʃ] s **1** Rettich m **2** Radieschen n
radius ['reɪdɪəs] s ⟨pl radii ['reɪdɪaɪ]⟩ MATH Radius m; **within a 6 km** ~ in einem Umkreis von 6 km
radler ['rɑːdlə'] s US Radlermaß f, Alsterwasser n
RAF abk (= **Royal Air Force**) Königliche Luftwaffe
raffle ['ræfl] **A** s Verlosung f **B** v/t (a. **raffle off**) verlosen
raffle ticket s Los n
raft [rɑːft] **A** s **1** Floß n **2** Schlauchboot n **B** v/i mit dem Floß/Schlauchboot fahren
rafter ['rɑːftə'] s (Dach)sparren m
rafting ['rɑːftɪŋ] s Rafting n
rag [ræg] s **1** Lumpen m, Lappen m; **in rags** zerlumpt; **to go from rags to riches** vom armen Schlucker zum reichen Mann/zur reichen Frau werden, vom Tellerwäscher zum Millionär werden; **to lose one's rag** umg in die Luft gehen umg **2** pej umg (≈ Zeitung) Käseblatt n
ragbag fig s Sammelsurium n umg
rag doll s Flickenpuppe f
rage [reɪdʒ] **A** s Wut f; **to be in a** ~ wütend sein; **to fly into a** ~ einen Wutanfall bekommen; **fit of** ~ Wutanfall m; **to send sb into a** ~ j-n wütend od rasend machen; **to be all the** ~ umg der letzte Schrei sein umg **B** v/i toben
ragged ['rægɪd] adj Mensch, Kleider zerlumpt; Bart zottig; Küste zerklüftet; Kante ausgefranst
raging ['reɪdʒɪŋ] adj wütend; Durst brennend; Zahnschmerzen rasend; Sturm tobend; **he was** ~ er tobte
raid [reɪd] **A** s Überfall m; FLUG Luftangriff m; durch Polizei Razzia f **B** v/t **1** wörtl überfallen; Polizei eine Razzia durchführen in (+dat); Diebe einbrechen in (+akk) **2** fig hum plündern
raider ['reɪdə'] s Einbrecher(in) m(f), Bankräuber(in) m(f)
rail¹ [reɪl] s **1** an Treppe etc Geländer n; SCHIFF Reling f; für Vorhang Schiene f; in Badezimmer Handtuchhalter m **2** BAHN Schiene f; **to go off the** ~**s** Br fig zu spinnen anfangen umg **3** die (Eisen)bahn; **to travel by** ~ mit der Bahn fahren
rail² v/i **to** ~ **at sb/sth** j-n/etw beschimpfen; **to** ~ **against sb/sth** über j-n/etw schimpfen
railcard Br s BAHN ≈ Bahncard® f
rail company s Bahngesellschaft f
railing ['reɪlɪŋ] s Geländer n; (a. ~**s**) Zaun m
railroad US s (Eisen)bahn f; ~ **car** Waggon m
railroad crossing US s Bahnübergang m
railroad engine US s Lokomotive f
railroad line US s (Eisen)bahnlinie f, Gleis n
railroad network US s Bahnnetz n
railroad station US s Bahnhof m
rail strike s Bahnstreik m
railway ['reɪlweɪ] Br s **1** (Eisen)bahn f **2** Gleis n
railway carriage Br s Eisenbahnwagen m
railway crossing Br s Bahnübergang m
railway engine Br s Lokomotive f
railway line Br s (Eisen)bahnlinie f, Gleis n
railway network Br s Bahnnetz n
railway station Br s Bahnhof m
rain [reɪn] **A** s **1** Regen m **2** fig von Schlägen etc Hagel m **B** v/i ⟨unpers⟩ regnen; **it is ~ing** es regnet; **it never ~s but it pours** Br sprichw, **when it ~s, it pours** US sprichw ein Unglück kommt selten allein sprichw **C** v/t ⟨unpers⟩ **it's ~ing cats and dogs** umg es gießt wie aus Kübeln umg
phrasal verbs mit rain:
rain down v/i Schläge etc niederprasseln (**upon** auf +akk)
rain off, **rain out** US v/t ⟨trennb⟩ **to be rained off** wegen Regen nicht stattfinden
rainbow ['reɪnbəʊ] s Regenbogen m
rainbow trout s Regenbogenforelle f
rain check bes US s **I'll take a** ~ **on that** fig umg das verschiebe ich auf ein andermal
rain cloud s Regenwolke f
raincoat s Regenmantel m
raindrop s Regentropfen m
rainfall s Niederschlag m
rainforest s Regenwald m
rainproof adj regendicht

rainstorm s schwere Regenfälle pl
rainswept ['reɪnswept] adj ⟨attr⟩ regengepeitscht
rainwater s Regenwasser n
rainy ['reɪnɪ] adj ⟨komp rainier⟩ regnerisch, Regen-; **~ season** Regenzeit f; **to save sth for a ~ day** fig etw für schlechte Zeiten aufheben
raise [reɪz] **A** v/t **1** heben, hochziehen; THEAT Vorhang hochziehen; **to ~ one's glass to sb** j-m zutrinken; **to ~ sb from the dead** j-n von den Toten erwecken; **to ~ one's voice** lauter sprechen; **to ~ sb's hopes** j-m Hoffnung machen **2** erhöhen, anheben (+akk **to** auf od **by** um) **3** Denkmal errichten **4** Problem aufwerfen; Einwand erheben; Verdacht (er)wecken; **~ a cheer** Beifall ernten; **to ~ a smile** ein Lächeln hervorrufen **5** Kind, Tier aufziehen; Vieh a. züchten; Getreide anbauen; **to ~ a family** Kinder großziehen **6** Armee aufstellen; Steuern erheben; **to ~ money** Geld aufbringen **B** s Gehaltserhöhung f, Lohnerhöhung f

phrasal verbs mit raise:

raise up v/t ⟨trennb⟩ heben; **he raised himself up on his elbow** er stützte sich auf den Ellbogen
raised [reɪzd] adj Arm angehoben; Stimme erhoben
raisin ['reɪzən] s Rosine f
rake [reɪk] **A** s Harke f **B** v/t harken **C** v/i **to ~ around** (herum)stöbern

phrasal verbs mit rake:

rake in umg v/t ⟨trennb⟩ Geld kassieren umg
rake up v/t ⟨trennb⟩ **1** Laub zusammenharken **2** fig **to rake up the past** in der Vergangenheit wühlen
rally ['rælɪ] **A** s **1** Versammlung f, Kundgebung f; AUTO Rallye f; **electoral ~** Wahlversammlung f; **peace ~** Friedenskundgebung f **2** Tennis etc Ballwechsel m **B** v/t versammeln; **to ~ one's strength** alle seine Kräfte sammeln; **~ing cry** Slogan m **C** v/i **1** Kranker Fortschritte machen; BÖRSE sich erholen **2** Truppen sich versammeln

phrasal verbs mit rally:

rally (a)round A v/i ⟨+obj⟩ Anführer sich scharen um **B** v/i sich seiner etc annehmen
RAM [ræm] s abk (= random access memory) COMPUT RAM m/n; **128 megabytes of RAM** 128 Megabyte RAM
ram [ræm] **A** s Widder m **B** v/t stoßen, rammen; in etw zwängen; **to ram home a message** eine Botschaft an den Mann bringen; **to ram sth down sb's throat** umg j-m etw eintrichtern umg; **the car rammed a lamppost** das Auto prallte gegen einen Laternenpfahl

phrasal verbs mit ram:

ram down v/t ⟨trennb⟩ Erde feststampfen

ramble ['ræmbl] **A** s bes Br Wanderung f; **to go on a ~** eine Wanderung machen **B** v/i **1** bes Br wandern **2** in Rede faseln umg; pej a. **~ on** schwafeln umg
rambler ['ræmblə^r] bes Br s Spaziergänger(in) m(f)
rambling ['ræmblɪŋ] **A** adj **1** Rede weitschweifig; Greis faselnd umg; Gartenanlage weitläufig **2** **~ club** bes Br Wanderklub m **B** s **1** bes Br Wandern n; **to go ~** wandern gehen **2** a. **~s** in Rede Gefasel n umg
ramification [ˌræmɪfɪ'keɪʃən] wörtl s Verzweigung f, Verästelung f
ramp [ræmp] s Rampe f
rampage [ræm'peɪdʒ] **A** s **to be/go on the ~** randalieren **B** v/i (a. **rampage about** od **around**) herumwüten
rampant ['ræmpənt] adj Wachstum üppig; Übel wild wuchernd attr; Inflation wuchernd; **to be ~** (wild) wuchern; **to run ~** um sich greifen
rampart ['ræmpɑːt] s Wall m
ramshackle ['ræmˌʃækl] adj Haus baufällig; Gruppe schlecht organisiert
ramsons ['ræmznz] s BOT Bärlauch m
ran [ræn] prät → **run**
ranch [rɑːntʃ] s Ranch f; **~ hand** Farmhelfer(in) m(f)
rancid ['rænsɪd] adj ranzig
R&B abk (= rhythm and blues) R&B m
R & D [ɑːrən'diː] abk (= research and development) Forschung und Entwicklung f
random ['rændəm] **A** s **at ~** aufs Geratewohl; schießen ziellos; sich nehmen wahllos; **a few examples taken at ~** ein paar willkürlich gewählte Beispiele; **I (just) chose one at ~** ich wählte einfach irgendeine (Beliebige) **B** adj Auswahl willkürlich; Reihenfolge zufällig; **~ drug test** Stichprobe f auf Drogen
random access s IT wahlfreier Zugriff
random access memory s COMPUT Direktzugriffsspeicher m
randomly ['rændəmlɪ] adv wahllos
random number s Zufallszahl f
random sample s Stichprobe f
randy ['rændɪ] adj ⟨komp randier⟩ Br geil
rang [ræŋ] prät → **ring²**
range [reɪndʒ] **A** s **1** von Waffe Reichweite f; **at a ~ of** eine Entfernung von; **at close ~** auf kurze Entfernung; **to be out of ~** außer Reichweite sein; Waffe außer Schussweite sein; **within (firing) ~** in Schussweite; **~ of vision** Gesichtsfeld n **2** Reihe f; von Waren Sortiment n, Angebot n (**of** an +dat); von Fähigkeiten Palette f; von Bergen Kette f; **a wide ~** eine große Auswahl; **in this price ~** in dieser Preisklasse; **a ~ of prices** unterschiedliche Preise pl; **we have**

the whole ~ of models wir führen sämtliche Modelle; **we cater for the whole ~ of customers** wir sind auf alle Kundenkreise eingestellt **3** (a. **shooting ~**) MIL Schießplatz m, Schießstand m **B** v/i **1 to ~ (from ... to)** gehen (von ... bis); *Temperaturen, Messwerte* liegen (zwischen ... und); *Interessen* reichen (von ... bis) **2** *bei Wanderung* streifen

ranger ['reɪndʒəʳ] s **1** Förster(in) **2** US Ranger m

rank¹ [ræŋk] **A** s **1** MIL Rang m; **officer of high ~** hoher Offizier **2** Stand m; **a person of ~** eine hochgestellte Persönlichkeit **3** Reihe f **4** Br Taxistand m **5** MIL Glied n; **to break ~(s)** aus dem Glied treten; **the ~s** MIL die Mannschaften und die Unteroffiziere; **the ~ and file of the party** die Basis der Partei; **to rise from the ~s** aus dem Mannschaftsstand zum Offizier aufsteigen; *fig* sich hocharbeiten **B** v/t in eine Rangfolge einordnen; **to ~ sb among the best** j-n zu den Besten zählen; **where would you ~ Napoleon?** wie würden Sie Napoleon einstufen? **C** v/i **to ~ among** zählen zu; **to ~ above sb** bedeutender als j-d sein; **to ~ high among the world's statesmen** einer der großen Staatsmänner sein; **he ~s high among her friends** er hat eine Sonderstellung unter ihren Freunden; **to ~ 6th** den 6. Rang belegen

rank² adj ⟨+er⟩ **1** *Geruch* übel; **to be ~** stinken **2** ⟨attr⟩ *Ungerechtigkeit* schreiend; *Außenseiter* absolut

rankings ['ræŋkɪŋz] pl SPORT **the ~** die Platzierungen pl

rankle ['ræŋkl] v/i **to ~ (with sb)** j-n wurmen

ransack ['rænsæk] v/t *Schränke* durchwühlen; *Haus* plündern; *Stadt* herfallen über (+akk)

ransom ['rænsəm] **A** s Lösegeld n; **to hold sb to ~** Br, **to hold sb for ~** US j-n als Geisel halten **B** v/t gegen Lösegeld freilassen

ransom money s Lösegeld n

rant [rænt] **A** v/i eine Schimpfkanonade loslassen *umg*; *ohne Sinn* irres Zeug reden *umg*; **to ~ (and rave)** herumschimpfen; **what's he ~ing (on) about?** worüber lässt er sich denn da aus? *umg* **B** s Schimpfkanonade f *umg*

ranting ['ræntɪŋ] s Geschimpfe n; *ohne Sinn* irres Zeug

rap¹ [ræp] **A** s Klopfen n *kein pl*; **he got a rap on the knuckles for that** dafür hat er eins auf die Finger bekommen *umg* **B** v/t *Tisch* klopfen auf (+akk); *Fenster* klopfen an (+akk); **to rap sb's knuckles** j-m auf die Finger klopfen **C** v/i klopfen; **to rap at** *od* **on the door** an die Tür klopfen

rap² **A** s MUS Rap m **B** v/i MUS rappen

rape¹ [reɪp] **A** s Vergewaltigung f **B** v/t vergewaltigen

rape² s BOT Raps m

rapid ['ræpɪd] **A** adj schnell, rapide; *Abstieg* steil **B** s GEOG **~s** pl Stromschnellen pl

rapidity [rə'pɪdɪtɪ] s Schnelligkeit f; *von Anstieg, Abstieg* Steilheit f

rapidly ['ræpɪdlɪ] adv schnell, rapide

rapid response force s schnelle Eingreiftruppe

rapist ['reɪpɪst] s Vergewaltiger m

rappel [ræ'pel] US v/i → abseil

rapper ['ræpəʳ] s Rapper(in) m(f)

rapport [ræ'pɔːʳ] s **the ~ I have with my father** das enge Verhältnis zwischen mir und meinem Vater

rapt [ræpt] adj *Aufmerksamkeit* höchste(r, s); *Publikum* hingerissen; **~ in thought** in Gedanken versunken

rapture ['ræptʃəʳ] s Entzücken n, Verzückung f; **to be in ~s** entzückt sein (**over** über +akk *od* **about** von); **to go into ~s (about sb/sth)** (über j-n/etw) ins Schwärmen geraten

rapturous ['ræptʃərəs] adj *Applaus* stürmisch

rare [reəʳ] adj ⟨komp rarer⟩ **1** selten; **with very ~ exceptions** mit sehr wenigen Ausnahmen; **it's ~ for her to come** sie kommt nur selten **2** *Steak* blutig

rarefied ['reərɪfaɪd] adj *Atmosphäre* dünn

rarely ['reəlɪ] adv selten

raring ['reərɪŋ] adj **to be ~ to go** *umg* in den Startlöchern sein

rarity ['reərɪtɪ] s Seltenheit f

rascal ['rɑːskəl] s Gauner m, Bazi m *österr*; (≈ *Kind*) Schlingel m

rash¹ [ræʃ] s MED Ausschlag m; **to come out in a ~** einen Ausschlag bekommen

rash² adj ⟨+er⟩ voreilig; *Mensch* unbesonnen; **don't do anything ~** tu ja nichts Überstürztes

rasher ['ræʃəʳ] s Streifen m; **~ of bacon** Speckstreifen m

rashly ['ræʃlɪ] adv voreilig

rashness ['ræʃnɪs] s Voreiligkeit f; *von Mensch* Unbesonnenheit f

rasp [rɑːsp] **A** s Raspel f; (≈ *Geräusch*) Kratzen n *kein pl* **B** v/i kratzen; *Atem* rasseln

raspberry ['rɑːzbərɪ] **A** s *Frucht* Himbeere f; *Pflanze* Himbeerstrauch m; **to blow a ~ (at sth)** *umg* (über etw) verächtlich schnauben **B** adj Himbeer-

rasping ['rɑːspɪŋ] **A** adj kratzend; *Husten* keuchend **B** s Kratzen n

rat [ræt] **A** s ZOOL Ratte f; *pej umg* (≈ *Mensch a.*) elender Verräter *umg* **B** v/t US *umg* verpfeifen *umg*, verpetzen *umg*

rate [reɪt] **A** s **1** Rate f, Tempo n; *von Arbeitslosigkeit etc* Quote f; **the failure ~ on this course** die Durchfallrate bei diesem Kurs; **the failure ~**

for small businesses die Zahl der Konkurse bei Kleinunternehmen; **at a ~ of 100 litres an hour** *Br*, **at a ~ of 100 liters an hour** *US* (in einem Tempo von) 100 Liter pro Stunde; **at a ~ of knots** *umg* in irrsinnigem Tempo *umg*; **at the ~ you're going you'll be dead before long** wenn du so weitermachst, bist du bald unter der Erde; **at any ~** auf jeden Fall **2** HANDEL, FIN Satz *m*; BÖRSE Kurs *m*; **~ of exchange** Wechselkurs *m*; **what's the ~ at the moment?** wie steht der Kurs momentan?; **what's the ~ of pay?** wie hoch ist der Satz (für die Bezahlung)?; **~ of interest** Zinssatz *m*; **~ of taxation** Steuersatz *m*; **insurance ~s** Versicherungsgebühren *pl*; **there is a reduced ~ for children** Kinderermäßigung wird gewährt; **to pay sb at the ~ of £10 per hour** j-m einen Stundenlohn von £ 10 bezahlen **B** *v/t* **1** (ein)schätzen; **to ~ sb/sth among …** j-n/etw zu … zählen; **how does he ~ that film?** was hält er von dem Film?; **to ~ sb/sth as sth** j-n/etw für etw halten; **to ~ sb/sth highly** j-n/etw hoch einschätzen **2** verdienen **3** *umg* gut finden *umg*; **I really/don't really ~ him** ich finde ihn wirklich gut/mag ihn nicht besonders **C** *v/i* **to ~ as …** gelten als …; **to ~ among …** zählen zu …

rather ['rɑːðəʳ] *adv* **1** lieber; **I'd ~ …** ich würde lieber …; **I would ~ be happy than rich** ich wäre lieber glücklich als reich; **I'd ~ not** lieber nicht; **I'd ~ not go** ich würde lieber nicht gehen; **~ than** anstatt, eher als; **it would be better to phone ~ than (to) write** es wäre besser zu telefonieren als zu schreiben **2** vielmehr; **he is, or ~ was, a soldier** er ist, beziehungsweise war, Soldat; **a car, or ~ an old banger** ein Auto, genauer gesagt eine alte Kiste **3** ziemlich, etwas; **it's ~ more difficult than you think** es ist um einiges schwieriger, als du denkst; **I ~ think …** ich glaube fast, …

ratification [ˌrætɪfɪ'keɪʃən] *s* Ratifizierung *f*
ratify ['rætɪfaɪ] *v/t* ratifizieren
rating ['reɪtɪŋ] *s* **1** (Ein)schätzung *f*, Rating *n* **2** (≈ *Kategorie*) Klasse *f*; **to boost ~s** TV die Werte stark verbessern **3** TV **~s** Einschaltquoten *pl*
rating agency *s* FIN Ratingagentur *f*
ratio ['reɪʃɪəʊ] *s* ‹*pl* -s› Verhältnis *n*; **the ~ of men to women** das Verhältnis von Männern zu Frauen; **in a ~ of 100 to 1** im Verhältnis 100 zu 1
ration ['ræʃən] **A** *s* Ration *f*; *fig* Quantum *n*; **~s** (≈ *Essen*) Rationen *pl* **B** *v/t* rationieren; **he ~ed himself to five cigarettes a day** er erlaubte sich (*dat*) nur fünf Zigaretten pro Tag
rational ['ræʃənl] *adj* rational; *Lösung* vernünftig
rationale [ˌræʃə'nɑːl] *s* Gründe *pl*
rationalism ['ræʃənəlɪzm] *s* Rationalismus *m*
rationalist ['ræʃənəlɪst] *adj* rationalistisch
rationality [ˌræʃə'nælɪtɪ] *s* Rationalität *f*
rationalization [ˌræʃənəlaɪ'zeɪʃn] *s* Rationalisierung *f*
rationalize ['ræʃənəlaɪz] *v/t* & *v/i* rationalisieren
rationally ['ræʃənəlɪ] *adv* rational
rationing ['ræʃənɪŋ] *s* Rationierung *f*
rat race *s* ständiger Konkurrenzkampf
rattle ['rætl] **A** *v/i* klappern; *Ketten* rasseln; *Flaschen* klirren **B** *v/t* **1** schütteln; *Flaschen* zusammenschlagen; *Ketten* rasseln mit; *Fenster* rütteln an (+*dat*) **2** *umg* j-n durcheinanderbringen **C** *s* **1** Klappern *n kein pl*; *von Ketten* Rasseln *n kein pl*; *von Flaschen* Klirren *n kein pl* **2** (≈ *Spielzeug*) Rassel *f*

phrasal verbs mit rattle:
rattle off *v/t* ‹*trennb*› herunterrasseln *umg*
rattle on *umg v/i* (unentwegt) quasseln *umg* (**about** über +*akk*)
rattle through *v/i* ‹+*obj*› *Rede* herunterrasseln; *Arbeit* rasen durch

rattlesnake ['rætlsneɪk] *s* Klapperschlange *f*
rattling ['rætlɪŋ] **A** *s* Klappern *n*; *von Ketten* Rasseln *n*; *von Flaschen* Klirren *n* **B** *adj* klappernd; *Ketten* rasselnd; *Flaschen* klirrend
raucous ['rɔːkəs] *adj* Stimme, Lachen heiser; *Vogelruf* rau
raunchy ['rɔːntʃɪ] *umg adj* ‹*komp* raunchier› *Frau* sexy *umg*; *Film, Roman* erotisch
ravage ['rævɪdʒ] **A** *s* **~s** Verheerung *f* (**of** durch); Zerstörung *f* (**of** durch) **B** *v/t* verwüsten
rave [reɪv] **A** *v/i* fantasieren; *vor Wut* toben; *umg* begeistert schwärmen (**about, over** von) **B** *s* **1** *Br umg* Rave *m sl* **2** *umg* **a ~ review** *umg* eine glänzende Kritik
raven ['reɪvən] *s* Rabe *m*
ravenous ['rævənəs] *adj* ausgehungert; *Hunger* gewaltig; **I'm ~** ich habe einen Bärenhunger *umg*
ravenously ['rævənəslɪ] *adv* essen wie ein Wolf; **to be ~ hungry** ausgehungert sein
ravine [rə'viːn] *s* Schlucht *f*, Tobel *m österr*
raving ['reɪvɪŋ] **A** *adj* im Delirium; **a ~ lunatic** *umg* ein kompletter Idiot *umg* **B** *adv* **~ mad** *umg* total verrückt *umg*
ravishing ['rævɪʃɪŋ] *adj* Frau, Anblick atemberaubend; *Schönheit* hinreißend
ravishingly ['rævɪʃɪŋlɪ] *adv* schön hinreißend
raw [rɔː] *adj* ‹+*er*› **1** roh; *Abwasser* ungeklärt; **to get a raw deal** schlecht wegkommen *umg* **2** *Emotionen, Energie* nackt; *Talent* elementar; *Bericht* ungeschönt; **raw data** IT unaufbereitete Daten *pl* **3** *Rekrut* neu **4** *Haut* wund **5** *Wind* rau **B** *s* **in the raw** *umg* im Naturzustand
raw material *s* Rohmaterial *n*
ray [reɪ] *s* Strahl *m*; **a ray of hope** ein Hoffnungs-

schimmer *m*; **a ray of sunshine** *fig* ein kleiner Trost

raze [reɪz] *v/t* **to ~ sth to the ground** etw dem Erdboden gleichmachen

razor ['reɪzəʳ] *s* Rasierapparat *m*; **electric ~** Elektrorasierer *m*

razor blade *s* Rasierklinge *f*

razor-sharp *adj* scharf (wie ein Rasiermesser); *fig Verstand* messerscharf

razzamatazz ['ræzəmə'tæz] *bes Br s*, **razzmatazz** ['ræzmə'tæz] *umg s* Rummel *m*

RC *abk* (= Roman Catholic) r.-k.

Rd *abk* (= Road) Str.

re [riː] *präp* ADMIN *etc* betreffs (+*gen*)

RE *abk* (= religious education) Religion *f*, Religionsunterricht *m*

reach [riːtʃ] **A** *s* Reichweite *f*; *fig* Einflussbereich *m*; **within/out of sb's ~** in/außer j-s Reichweite (*dat*); **within arm's ~** in greifbarer Nähe; **keep out of ~ of children** von Kindern fernhalten; **within easy ~ of the sea** in unmittelbarer Nähe des Meers; **I keep it within easy ~** ich habe es in greifbarer Nähe **B** *v/t* **1** erreichen, ankommen an (+*dat*); *Stadt, Land* ankommen in (+*dat*); *Abkommen* erzielen; *Schluss* kommen zu; **when we ~ed him he was dead** als wir zu ihm kamen, war er tot; **to ~ the terrace you have to cross the garden** um auf die Terrasse zu kommen, muss man durch den Garten gehen; **this advertisement is geared to ~ a younger audience** diese Werbung soll junge Leute ansprechen; **you can ~ me at my hotel** Sie erreichen mich in meinem Hotel **2** **to be able to ~ sth** an etw (*akk*) (heran)reichen können; **can you ~ it?** kommst Sie dran? **3** reichen bis zu **C** *v/i* **to ~ for sth** nach etw greifen; **can you ~?** kommen Sie dran?

phrasal verbs mit reach:

reach across *v/i* hinübergreifen

reach down *v/i Vorhang etc* herunterreichen (**to** bis); *Mensch* hinuntergreifen (**for** nach)

reach out A *v/t* ⟨*trennb*⟩ **he reached out his hand for the cup** er griff nach der Tasse **B** *v/i* die Hand/Hände ausstrecken; **to reach out for sth** nach etw greifen; **to reach out to sb** auf jdn zugehen; *US* sich an jdn wenden, jdn kontaktieren

reach over *v/i* → reach across

reach up *v/i* **1** (herauf)reichen (**to** bis) **2** hinaufgreifen (**for** nach)

reachable ['riːtʃəbl] *adj* erreichbar

react [riˈækt] *v/i* reagieren (**to** auf +*akk*); **to ~ against** negativ reagieren auf (+*akk*)

reaction [rɪˈækʃən] *s* Reaktion *f* (**to** auf +*akk od* **against** gegen)

reactionary [riːˈækʃənrɪ] *s* POL Reaktionär(in) *m(f)*

reactivate [riːˈæktɪveɪt] *v/t* reaktivieren

reactor [riːˈæktəʳ] *s* PHYS Reaktor *m*

read¹ [riːd] ⟨*v*: *prät, pperf* read [red]⟩ **A** *v/t* **1** lesen; *j-m* vorlesen (**to** +*dat*); (≈ *begreifen*) verstehen; **~ my lips!** *umg* höre meine Worte!; **to take sth as ~** *fig* etw als selbstverständlich voraussetzen; **to ~ sb's mind** j-s Gedanken lesen; **don't ~ too much into his words** interpretieren Sie nicht zu viel in seine Worte hinein **2** *Messwert* ablesen **3** (an)zeigen **B** *v/i* **1** lesen; *j-m* vorlesen (**to** +*dat*); **to ~ aloud** *od* **out loud** laut lesen **2** **this paragraph ~s well** dieser Abschnitt liest sich gut; **the letter ~s as follows** der Brief lautet folgendermaßen **C** *s* **she enjoys a good ~** sie liest gern; **to be a good ~** sich gut lesen

phrasal verbs mit read:

read along *v/i* mitlesen

read back *v/t* ⟨*trennb*⟩ j-m noch einmal vorlesen

read off *v/t* ⟨*trennb*⟩ ablesen; *ohne Pause* herunterlesen

read on *v/i* weiterlesen

read out *v/t* ⟨*trennb*⟩ vorlesen

read over, **read through** *v/t* ⟨*trennb*⟩ durchlesen

read up *v/i* nachlesen (**on** über +*akk*)

read² [red] **A** *prät & pperf* → **read¹ B** *adj* **he is well ~** er ist sehr belesen

readable ['riːdəbl] *adj* **1** lesbar **2** lesenswert

reader ['riːdəʳ] *s* **1** Leser(in) *m(f)* **2** Lesebuch *n*

readership ['riːdəʃɪp] *s* Leser *pl*

readily ['redɪlɪ] *adv* bereitwillig; (≈ *einfach*) leicht; **~ available** leicht erhältlich

readiness ['redɪnɪs] *s* Bereitschaft *f*

reading ['riːdɪŋ] *s* **1** Lesen *n* **2** Lektüre *f* **3** *a.* PARL Lesung *f*; **the Senate gave the bill its first ~** der Senat beriet das Gesetz in erster Lesung **4** Interpretation *f* **5** Zählerstand *m*

reading age *s* **a ~ of 7** die Lesefähigkeit eines 7-jährigen

reading book *s* Lesebuch *n*

reading glasses *pl* Lesebrille *f*

reading lamp *s*, **reading light** *s* Leselampe *f*

reading list *s* Leseliste *f*

reading matter *s* Lesestoff *m*

readjust [ˌriːəˈdʒʌst] **A** *v/t Instrument* neu einstellen, nachstellen; *Preise* anpassen **B** *v/i* sich neu anpassen (**to** an +*akk*)

readjustment *s von Instrument* Neueinstellung *f*, Nachstellung *f*; *von Preisen* Anpassung *f*

read-only [riːd] *adj Datei* schreibgeschützt

read-only memory [riːd] *s* COMPUT Festwertspeicher *m*

readout *s* IT *etc* Anzeige *f*

read-write head [riːd] s COMPUT Schreib-/Lesekopf m

ready ['redɪ] **A** adj **1** fertig, bereit; *Ausrede* vorformuliert; *Lächeln* rasch; *Vorräte* griffbereit; ~ **to do sth** bereit, etw zu tun; (≈ *übereilig*) schnell dabei, etw zu tun; **he was ~ to cry** er war den Tränen nahe; ~ **to leave** abmarschbereit, abfahrtbereit; ~ **to use** gebrauchsfertig; ~ **to serve** tischfertig; ~ **for action** bereit zum Angriff, klar zum Gefecht; ~ **for anything** zu allem bereit; **"dinner's ~"** "essen kommen"; **are you ~ to go?** sind Sie so weit?; **are you ~ to order?** möchten Sie jetzt bestellen?; **well, I think we're ~** ich glaube, wir sind so weit; **I'm not quite ~ yet** ich bin noch nicht ganz fertig; **everything is ~ for his visit** alles ist für seinen Besuch vorbereitet; ~ **for boarding** zum Einsteigen bereit; **I'm ~ for him!** er soll nur kommen; **to get (oneself) ~** sich fertig machen; **to get ~ to go out** sich zum Ausgehen fertig machen; **to get ~ for sth** sich auf etw (*akk*) vorbereiten; **to get sth/sb ~ (for sth)** etw/j-n fertig machen (für etw); **to get things ~** Dinge fertig machen; ~ **and waiting** startbereit; ~ **when you are** ich bin bereit; ~, **steady, go!** *Br* auf die Plätze, fertig, los! **2** Antwort prompt, schlagfertig **3** ~ **money** jederzeit verfügbares Geld; ~ **cash** Bargeld n; **to pay in ~ cash** auf die Hand bezahlen **B** s **at the ~** *fig* fahrbereit *etc*; **with his pen at the ~** mit gezücktem Federhalter

ready-cooked adj vorgekocht
ready-made adj **1** *Vorhänge* fertig; *Mahlzeit* vorgekocht **2** *Ersatz* nahtlos; ~ **solution** Patentlösung f
ready meal s Fertiggericht n
ready-to-eat adj tafelfertig
ready-to-serve adj tischfertig
ready-to-wear adj ⟨*attr*⟩, **ready to wear** adj ⟨*präd*⟩ von der Stange *umg*
reaffirm [ˌriːəˈfɜːm] v/t **1** beteuern **2** *Verdacht* bestätigen
real [rɪəl] **A** adj **1** echt, richtig, wirklich; *Idiot, Katastrophe* komplett; **in ~ life** im wirklichen Leben; **the danger was very ~** das war eine ganz reale Gefahr; **it's the ~ thing** *od* **McCoy, this whisky!** dieser Whisky ist der echte; **it's not the ~ thing** das ist nicht das Wahre, das ist nicht echt; **it's a ~ shame** es ist wirklich schade; **he doesn't know what ~ contentment is** er weiß ja nicht, was Zufriedenheit wirklich ist; **that's what I call a ~ car** das nenne ich ein Auto; **in ~ trouble** in großen Schwierigkeiten **2** FIN *Kosten* tatsächlich; **in ~ terms** effektiv **B** adv *bes US umg* echt *umg*; ~ **late** wirklich spät **C** s **for ~** echt *umg*

real coffee s Bohnenkaffee m
real estate s Immobilien pl
real estate agent s Immobilienmakler(in) m(f)
realise ['rɪəlaɪz] *Br* → realize
realism ['rɪəlɪzəm] s Realismus m
realist ['rɪəlɪst] s Realist(in) m(f)
realistic [rɪəˈlɪstɪk] adj realistisch
realistically [rɪəˈlɪstɪkəlɪ] adv realistischerweise
reality [riːˈælɪtɪ] s Realität f; **to become ~** sich verwirklichen; **in ~** in Wirklichkeit, eigentlich; **the realities of the situation** der wirkliche Sachverhalt
reality check s Realitätscheck m
reality show s Reality-Show f
realization [ˌrɪəlaɪˈzeɪʃən] s **1** Realisierung f; *von Potenzial* Verwirklichung f **2** Erkenntnis f
realize ['rɪəlaɪz] **A** v/t **1** erkennen, sich (*dat*) bewusst sein über (+*akk*); *verstandesmäßig* begreifen, (be)merken, feststellen; **I gradually ~d that …** es wurde mir allmählich bewusst, dass …; **does he ~ the problems?** sind ihm die Probleme bewusst?; **I've just ~d I won't be here** mir ist eben klar geworden, dass ich dann nicht hier sein werde; **he didn't ~ she was cheating him** er merkte nicht, dass sie ihn betrog; **I ~d I didn't have any money on me** ich stellte fest, dass ich kein Geld dabei hatte; **I made her ~ that I was right** ich machte ihr klar, dass ich recht hatte; **yes, I ~ that** ja, das ist mir klar **2** *Hoffnungen* realisieren; *Potenzial* verwirklichen; *Preis* erzielen; *Zinsen* abwerfen; *Waren* einbringen **B** v/i **didn't you ~?** war Ihnen das nicht klar?, haben Sie das nicht gemerkt?; **I've just ~d** das ist mir eben klar geworden, das habe ich eben gemerkt; **I should have ~d** das hätte ich wissen müssen
real-life ['riːlˈlaɪf] adj *Ereignis* wirklich; *Mensch* real; *Geschichte* wahr, aus dem echten Leben
reallocate [rɪˈæləkeɪt] v/t umverteilen
really ['rɪəlɪ] adv & int wirklich; **I ~ don't know** das weiß ich wirklich nicht; **I don't ~ think so** das glaube ich eigentlich nicht; **well yes, I ~ think we should** ich finde eigentlich schon, dass wir das tun sollten; **before he ~ understood** bevor er wirklich verstand; ~ **and truly** wirklich; **I ~ must say …** ich muss schon sagen …; **~!** empört also wirklich!; **not ~!** ach wirklich?
realm [relm] *liter* s Königreich n; *fig* Reich n; **within the ~s of possibility** im Bereich des Möglichen
real time s IT Echtzeit f
Realtor® ['rɪəltɔːʳ] *US* s Grundstücksmakler(in) m(f)
reap [riːp] v/t ernten; *Lohn* bekommen
reappear [ˌriːəˈpɪəʳ] v/i wieder erscheinen

reappearance [ˌriːəˈpɪərəns] s Wiedererscheinen n
reappoint [ˌriːəˈpɔɪnt] v/t wiedereinstellen (**to** als)
reappraisal [ˌriːəˈpreɪzəl] s Neubeurteilung f
reappraise [ˌriːəˈpreɪz] v/t von Neuem beurteilen
rear[1] [rɪəʳ] **A** s hinterer Teil; umg (≈ Po) Hintern m umg; **at the ~** hinten (**of** in +dat); **to(wards) the ~ of the plane** am hinteren Ende des Flugzeugs; **at** od **to the ~ of the building** hinter dem Haus; innen hinten im Haus; **from the ~** von hinten; **to bring up the ~** die Nachhut bilden **B** adj **1** Hinter-, hintere(r, s) **2** AUTO Heck-; **~ door** hintere Tür; **~ lights** Rücklichter pl; **~ wheel** Hinterrad n
rear[2] **A** v/t **1** bes Br Tiere, Familie großziehen **2** racism ~ed its ugly head der Rassismus kam zum Vorschein **B** v/i a. **~ up** Pferd sich aufbäumen
rear end s umg von Mensch Hintern m
rearm [ˌriːˈɑːm] **A** v/t Land wiederbewaffnen; Truppen neu ausrüsten **B** v/i wiederaufrüsten
rearmament [ˌriːˈɑːməmənt] s von Land Wiederaufrüstung f
rearmost [ˈrɪəməʊst] adj hinterste(r, s)
rear parking sensor s AUTO Rückfahrhilfe f
rearrange [ˌriːəˈreɪndʒ] v/t Möbel umstellen; Pläne, Reihenfolge ändern; Termin neu abmachen
rearrangement s von Möbeln Umstellung f; von Plänen, Reihenfolge Änderung f; von Termin Neuabmachung f
rear-view camera s Rückfahrkamera f
rear-view mirror [ˈrɪəˌvjuːˈmɪrəʳ] s Rückspiegel m
rear-wheel drive s AUTO Hinterradantrieb m
rear window s AUTO Heckscheibe f
rear wiper s Heckscheibenwischer m
reason [ˈriːzn] **A** s **1** Grund m (**for** für); **~ for living** Grund m zum Leben; **my ~ for going** (der Grund,) weshalb ich gehe/gegangen bin; **what's the ~ for this celebration?** aus welchem Anlass wird hier gefeiert?; **the ~ why** der Grund, warum; **I want to know the ~ why** ich möchte wissen, weshalb; **and that's the ~ why ...** und deshalb ...; **I have (good) ~/every ~ to believe that ...** ich habe (guten) Grund/allen Grund anzunehmen, dass ...; **there is ~ to believe that ...** es gibt Gründe zu glauben, dass ...; **for that very ~** eben deswegen; **for no ~ at all** ohne ersichtlichen Grund; **for no particular ~** ohne einen bestimmten Grund; **why did you do that? — no particular ~** warum haben Sie das gemacht? — einfach nur so; **for ~s best known to himself/myself** aus unerfindlichen/bestimmten Gründen; **for lots of ~s** aus vielen Gründen; **all the more ~ for doing it** umso mehr Grund, das zu tun; **by ~ of** wegen (+gen) **2** ⟨kein pl⟩ Verstand m **3** ⟨kein pl⟩ Vernunft f; **to listen to ~** auf die Stimme der Vernunft hören; **that stands to ~** das ist logisch; **we'll do anything within ~ to ...** wir tun alles, was in unserer Macht steht, um zu ...; **you can have anything within ~ to** Sie können alles haben, solange es sich in Grenzen hält **B** v/i **1** vernünftig denken **2** **to ~ (with sb)** vernünftig mit j-m reden **C** v/t (a. **reason out**) schließen
reasonable [ˈriːznəbl] adj **1** vernünftig; Chance reell; Anspruch berechtigt; Betrag angemessen; Entschuldigung, Angebot akzeptabel; (≈ billig) preiswert; **to be ~ about sth** angemessen auf etw (akk) reagieren; **beyond (all) ~ doubt** ohne (jeden) Zweifel; **it would be ~ to assume that ...** man könnte durchaus annehmen, dass ... **2** ganz gut; **with a ~ amount of luck** mit einigem Glück
reasonably [ˈriːznəblɪ] adv **1** vernünftig; **~ priced** preiswert **2** ziemlich
reasoned adj Argument durchdacht
reasoning [ˈriːznɪŋ] s **1** logisches Denken **2** Argumentation f
reassemble [ˌriːəˈsembl] **A** v/t **1** Gruppe wieder versammeln **2** Maschine wieder zusammenbauen **B** v/i Truppen sich wieder sammeln
reassert [ˌriːəˈsɜːt] v/t mit Nachdruck behaupten
reassess [ˌriːəˈses] v/t neu überdenken; Vorschlag neu abwägen
reassurance [ˌriːəˈʃʊərəns] s **1** Beruhigung f **2** Bestätigung f
reassure [ˌriːəˈʃʊəʳ] v/t **1** beruhigen, das Gefühl der Sicherheit geben (+dat) **2** mit Worten versichern (+dat)
reassuring adj, **reassuringly** [ˌriːəˈʃʊərɪŋ, -lɪ] adv beruhigend
reawaken [ˌriːəˈweɪkən] **A** v/t j-n wiedererwecken; Interesse neu erwecken **B** v/i wieder aufwachen; Interesse wieder erwachen
reawakening [ˌriːəˈweɪknɪŋ] s Wiederaufleben n
rebate [ˈriːbeɪt] s Rabatt m, Rückvergütung f
rebel **A** [ˈrebl] s Rebell(in) m(f) **B** [ˈrebl] adj ⟨attr⟩ rebellisch **C** [rɪˈbel] v/i rebellieren
rebellion [rɪˈbeljən] s Rebellion f
rebellious adj, **rebelliously** [rɪˈbeljəs, -lɪ] adv rebellisch
rebirth [ˌriːˈbɜːθ] s Wiedergeburt f
rebook **A** [riːˈbʊk] v/t umbuchen; neu buchen **B** [ˈriːbʊk] s Umbuchung f; Neubuchung f
reboot [ˌriːˈbuːt] v/t & v/i IT neu starten
reborn [ˌriːˈbɔːn] adj **to feel ~** sich wie neuge-

boren fühlen
rebound [rɪ'baʊnd] **A** v/i *Ball* abprallen (**against, off** von) **B** ['riːbaʊnd] s *von Ball* Rückprall *m*; **she married him on the ~** sie heiratete ihn, um sich über einen anderen hinwegzutrösten
rebrand [riː'brænd] v/t *Produkt* ein neues Markenimage geben (+*dat*)
rebuff [rɪ'bʌf] v/t schroff abweisen
rebuild [ˌriː'bɪld] v/t wiederaufbauen; *Beziehung* wiederherstellen
rebuilding [ˌriː'bɪldɪŋ] s Wiederaufbau *m*; *von Beziehung* Wiederherstellung *f*
rebuke [rɪ'bjuːk] v/t rügen, tadeln (**for** wegen)
recall [rɪ'kɔːl] **A** v/t **1** zurückrufen; **Ferguson was ~ed to the Scotland squad** Ferguson wurde in die schottische Mannschaft zurückberufen **2** sich erinnern an (+*akk*) **3** IT *Datei* wieder aufrufen **B** s Rückruf *m*
recap ['riːkæp] *umg* **A** s kurze Zusammenfassung **B** v/t & v/i rekapitulieren
recapitulate [ˌriːkə'pɪtʃʊleɪt] v/t & v/i rekapitulieren, kurz zusammenfassen
recapture [ˌriː'kæptʃəʳ] **A** v/t wieder einfangen; *Häftling* wieder ergreifen; *Gebiet* wiedererobern; *Meisterschaft etc* wiedergewinnen **B** s Wiedereinfangen *n*; *von Häftling* Wiederergreifung *f*; *von Gebiet* Wiedereroberung *f*; *von Meisterschaft etc* Wiedererlangung *f*
recede [rɪ'siːd] v/i *Flut* zurückgehen; *Hoffnung* schwinden; **his hair is receding** er hat eine leichte Stirnglatze
receding [rɪ'siːdɪŋ] *adj Kinn* fliehend; *Haaransatz* zurückweichend
receipt [rɪ'siːt] s **1** ⟨*kein pl*⟩ Empfang *m*; **to pay on ~ (of the goods)** bei Empfang (der Waren) bezahlen **2** (≈ *Beleg*) Quittung *f* **3** HANDEL, FIN **~s** Einnahmen *pl*
receive [rɪ'siːv] v/t **1** bekommen, erhalten; *Rückschlag* erfahren; *Anerkennung* finden **2** *Angebot, Nachricht etc* aufnehmen; **to ~ a warm welcome** herzlich empfangen werden **3** TEL, RADIO, TV empfangen; **are you receiving me?** hören Sie mich?
receiver [rɪ'siːvəʳ] s **1** Empfänger(in) *m(f)* **2** FIN, JUR **to call in the ~** Konkurs anmelden **3** TEL Hörer *m*
receivership s **to go into ~** in Konkurs gehen
receiving end [rɪ'siːvɪŋend] *umg* s **to be on the ~ (of it)/of sth** derjenige sein, der es/etw abkriegt *umg*
recent ['riːsənt] *adj* kürzlich; *Ereignis* jüngste(r, s); *Nachrichten* neueste(r, s); *Erfindung, Ergänzung* neu; **the ~ improvement** die vor Kurzem eingetretene Verbesserung; **a ~ decision** eine Entscheidung, die erst vor Kurzem gefallen ist; **a ~ publication** eine Neuveröffentlichung; **his ~ arrival** seine Ankunft vor Kurzem; **her ~ trip** ihre erst kurz zurückliegende Reise; **he is a ~ arrival** er ist erst kurz hier; **in ~ years** in den letzten Jahren; **in ~ times** in letzter Zeit
recently ['riːsəntlɪ] *adv* vor Kurzem, kürzlich, neulich; in letzter Zeit; **~ he has been doing it differently** seit Kurzem macht er das anders; **as ~ as** erst; **quite ~** erst kürzlich
receptacle [rɪ'septəkl] s Behälter *m*
reception [rɪ'sepʃən] s ⟨*kein pl*⟩ RADIO, TV Veranstaltung Empfang *m*; *von Buch etc* Aufnahme *f*; **to give sb a warm ~** j-n herzlich empfangen; **at ~** *in Hotel etc* am Empfang, an der Rezeption
reception desk s Rezeption *f*
receptionist [rɪ'sepʃənɪst] s *in Hotel* Empfangschef *m*, Empfangsdame *f*; *in Firma* Herr *m*/ Dame *f* am Empfang; *in Arztpraxis* Arzthelferin *f*, Ordinationshilfe *f österr*
receptive [rɪ'septɪv] *adj Mensch* aufnahmefähig; *Publikum* empfänglich
recess [rɪ'ses] s **1** *von Gericht* Ferien *pl*; US SCHULE Pause *f*; **during ~** in der Pause **2** Nische *f*
recession [rɪ'seʃən] s WIRTSCH Rezession *f*
recharge [ˌriː'tʃɑːdʒ] **A** v/t *Batterie* aufladen; **to ~ one's batteries** *fig* auftanken **B** v/i sich wieder aufladen
rechargeable [ˌriː'tʃɑːdʒəbl] *adj Batterie* wiederaufladbar
recipe ['resɪpɪ] s Rezept *n*; **that's a ~ for disaster** das führt mit Sicherheit in die Katastrophe
recipient [rɪ'sɪpɪənt] s Empfänger(in) *m(f)*
reciprocal [rɪ'sɪprəkəl] *adj* gegenseitig, als Gegenleistung
reciprocate [rɪ'sɪprəkeɪt] v/i sich revanchieren
recital [rɪ'saɪtl] s Vortrag *m*; MUS *a.* Konzert *n*
recite [rɪ'saɪt] v/t & v/i vortragen, rezitieren
reckless ['reklɪs] *adj* leichtsinnig; *Fahrer* rücksichtslos; *Versuch* gewagt
recklessly ['reklɪslɪ] *adv* leichtsinnig; *fahren* rücksichtslos; *versuchen* gewagt
recklessness s Leichtsinn *m*; *von Fahrer* Rücksichtslosigkeit *f*; *von Versuch* Gewagtheit *f*
reckon ['rekən] v/t **1** berechnen; **he ~ed the cost to be £40.51** er berechnete die Kosten auf £ 40,51 **2** zählen (**among** zu) **3** glauben, schätzen; **what do you ~?** was meinen Sie?; **I ~ he must be about forty** ich schätze, er müsste so um die vierzig sein

phrasal verbs mit reckon:

reckon on v/i ⟨+*obj*⟩ zählen auf (+*akk*); **I was reckoning on doing that tomorrow** ich wollte das morgen machen
reckon up A v/t ⟨*trennb*⟩ zusammenrechnen **B** v/i abrechnen (**with** mit)
reckon with v/i ⟨+*obj*⟩ rechnen mit

reckoning ['rekənɪŋ] s (Be)rechnung f; **the day of ~** der Tag der Abrechnung
reclaim [rɪ'kleɪm] **A** v/t **1** Land gewinnen **2** Steuern zurückverlangen; Fundsache abholen **B** s **baggage** od **luggage ~** Gepäckausgabe f
recline [rɪ'klaɪn] v/i Mensch zurückliegen; Sitz sich verstellen lassen; **she was reclining on the sofa** sie ruhte auf dem Sofa
recliner [rɪ'klaɪnə(r)] s Ruhesessel m
recluse [rɪ'kluːs] s Einsiedler(in) m(f)
recognise ['rekəgnaɪz] Br → recognize
recognition [ˌrekəg'nɪʃən] s **1** Anerkennung f; **in ~ of** in Anerkennung (+gen) **2** Erkennen n; **it has changed beyond ~** es ist nicht wiederzuerkennen
recognizable adj, **recognizably** ['rekəgnaɪzəbl, -ɪ] adv erkennbar
recognize ['rekəgnaɪz] v/t **1** wiedererkennen; (≈ identifizieren) erkennen (**by** an +dat); (≈ zugeben) eingestehen **2** anerkennen (**as, to be** als)
recoil [rɪ'kɔɪl] v/i zurückweichen (**from** vor +dat); angewidert zurückschaudern (**from** vor +dat)
recollect [ˌrekə'lekt] **A** v/t sich erinnern an (+akk) **B** v/i sich erinnern
recollection [ˌrekə'lekʃən] s Erinnerung f (**of** an +akk); **I have no ~ of it** ich kann mich nicht daran erinnern
recommend [ˌrekə'mend] v/t **1** empfehlen (**as** als); **what do you ~ for a cough?** was empfehlen Sie gegen Husten?; **to ~ sb/sth to sb** j-m j-n/etw empfehlen; **to ~ doing sth/against doing sth** empfehlen/davon abraten, etw zu tun **2** sprechen für; **this book has little to ~ it** das Buch ist nicht gerade empfehlenswert
recommendation [ˌrekəmen'deɪʃən] s Empfehlung f; **letter of ~** Empfehlung f
recommended price [ˌrekə'mendɪd'praɪs] s, **recommended retail price** Br s unverbindliche Preisempfehlung
recompense ['rekəmpens] **A** s Entschädigung f; **in ~ for** als Entschädigung für **B** v/t **to ~ sb** j-m eine Entschädigung zahlen
reconcile ['rekənsaɪl] v/t versöhnen; Differenzen beilegen; **they became** od **were ~d** sie versöhnten sich; **to become ~d to sth** sich mit etw abfinden
reconciliation [ˌrekənˌsɪlɪ'eɪʃən] s Versöhnung f
reconfirm [ˌriːkən'fɜːm] v/t rückbestätigen
reconnaissance [rɪ'kɒnɪsəns] s FLUG, MIL Aufklärung f; **~ mission** Aufklärungseinsatz m
reconsider [ˌriːkən'sɪdə(r)] **A** v/t Entscheidung noch einmal überdenken; Tatsachen neu erwägen **B** v/i **there's time to ~** es ist nicht zu spät, seine Meinung zu ändern

reconsideration ['riːkənˌsɪdə'reɪʃən] s von Entscheidung Überdenken n; von Tatsachen erneute Erwägung
reconstruct [ˌriːkən'strʌkt] v/t rekonstruieren; Stadt, Haus wiederaufbauen
reconstruction [ˌriːkən'strʌkʃən] s Rekonstruktion f; von Stadt, Haus Wiederaufbau m
record A [rɪ'kɔːd] v/t aufzeichnen; auf Band a. aufnehmen; in Tagebuch etc dokumentieren; in Liste eintragen; Gedanken festhalten **B** [rɪ'kɔːd] v/i (Tonband)aufnahmen machen **C** ['rekɔːd] s **1** Aufzeichnung f; von Sitzung Protokoll n; offiziell Akte f, Dokument n; **to keep a ~ of sth** über etw (akk) Buch führen; offiziell etw registrieren; **to keep a personal ~ of sth** sich (dat) etw notieren; **on ~** verzeichnet, dokumentiert; **it is on ~ that ...** es gibt Belege dafür, dass ..., es ist aktenkundig, dass ...; **he's on ~ as having said ...** es ist belegt, dass er gesagt hat, ...; **to set the ~ straight** für klare Verhältnisse sorgen; **just to set the ~ straight** nur damit Klarheit herrscht; **for the ~** der Ordnung halber; **off the ~** inoffiziell **2** polizeilich Vorstrafen pl; **~s** (≈ Dokumente) Strafregister n; **he's got a ~** er ist vorbestraft **3** Vorgeschichte f; (≈ Erreichtes) Leistungen pl; **to have an excellent ~** ausgezeichnete Leistungen vorweisen können; **he has a good ~ of service** er ist ein verdienter Mitarbeiter; **to have a good safety ~** in Bezug auf Sicherheit einen guten Ruf haben **4** MUS (Schall)platte f **5** SPORT, a. fig Rekord m; **to hold the ~** den Rekord halten; **~ amount** Rekordbetrag m **6** IT Datensatz m
record-breaking ['rekɔːd] adj SPORT, a. fig rekordbrechend, Rekord-
record company ['rekɔːd] s Plattenfirma f
recorded [rɪ'kɔːdɪd] adj Musik aufgezeichnet; **~ message** Ansage f
recorded delivery Br s **by ~** per Einschreiben
recorder [rɪ'kɔːdə(r)] s **1 cassette ~** Kassettenrekorder m; **tape ~** Tonbandgerät n **2** MUS Blockflöte f; **to play the ~** Blockflöte spielen
record holder ['rekɔːdˌhəʊldə(r)] s SPORT Rekordhalter(in) m(f)
recording [rɪ'kɔːdɪŋ] s Aufnahme f, Aufzeichnung f
recording studio s Aufnahmestudio n
record label s Plattenlabel n
record player ['rekɔːdˌpleɪə(r)] s Plattenspieler m
recount [rɪ'kaʊnt] v/t erzählen
re-count A [ˌriː'kaʊnt] v/t nachzählen **B** ['riːˌkaʊnt] s Nachzählung f
recoup [rɪ'kuːp] v/t Summe wieder hereinbekommen; Verlust wiedergutmachen
recourse [rɪ'kɔːs] s Zuflucht f
recover [rɪ'kʌvə(r)] **A** v/t wiederfinden; Gleichge-

wicht wiedergewinnen; *Besitz* zurückgewinnen; *Diebesgut* sicherstellen; *Leiche* bergen; *Verluste* wiedergutmachen; IT *Datei* retten; **to ~ consciousness** wieder zu Bewusstsein kommen; **to ~ oneself** *od* **one's composure** seine Fassung wiedererlangen; **to be quite ~ed** sich ganz erholt haben **B** *v/i* sich erholen

recovery [rɪˈkʌvərɪ] *s* **1** Wiederfinden *n*; *von Besitz* Zurückgewinnung *f*; *von Leiche* Bergung *f*; *von Verlusten* Wiedergutmachung *f* **2** *von Krankheit, a.* BÖRSE, FIN Erholung *f*; **to be on the road to ~** auf dem Weg der Besserung sein; **he is making a good ~** er erholt sich gut

recovery vehicle *s* Abschleppwagen *m*

recreate [ˌriːkrɪˈeɪt] *v/t* wiederschaffen; *Szene* nachstellen

recreation [ˌrekrɪˈeɪʃən] *s* Erholung *f*

recreational [ˌrekrɪˈeɪʃənəl] *adj* Freizeit-; **~ facilities** Freizeiteinrichtungen *pl*; **~ vehicle** Wohnmobil *n*

recreational drug *s* Freizeit- *od* Partydroge *f*

recreation center US *s* Freizeitzentrum *n*

recreation ground Br *s* Spielplatz *m*

recreation room *s* **1** Aufenthaltsraum *m* **2** US Hobbyraum *m*

recrimination [rɪˌkrɪmɪˈneɪʃən] *s* Gegenschuldigung *f*

recruit [rɪˈkruːt] **A** *s* MIL Rekrut(in) *m(f)* (**to** +*gen*); *in Verein etc* neues Mitglied (**to in** +*dat*); *in Firma* Neue(r) *m/f(m)* (**to in** +*dat*) **B** *v/t Soldat* rekrutieren; *Mitglieder* werben; *Mitarbeiter* einstellen **C** *v/i* MIL Rekruten anwerben; *Firma* neue Leute einstellen

recruitment *s von Soldaten* Rekrutierung *f*; *von Mitgliedern* (An)werbung *f*; *von Mitarbeitern* Einstellung *f*

recruitment agency *s* Personalagentur *f*

rectangle [ˈrekˌtæŋɡl] *s* Rechteck *n*

rectangular [rekˈtæŋɡjʊləʳ] *adj* rechteckig

rectify [ˈrektɪfaɪ] *v/t* korrigieren; *Problem* beheben

rector [ˈrektəʳ] *s* UNIV Rektor(in) *m(f)*

rectum [ˈrektəm] *s* ⟨*pl* -**s** *od* **recta**⟩ Mastdarm *m*

recuperate [rɪˈkuːpəreɪt] **A** *v/i* sich erholen **B** *v/t Verluste* wettmachen

recuperation [rɪˌkuːpəˈreɪʃən] *s* Erholung *f*; *von Verlusten* Wiedergutmachung *f*

recur [rɪˈkɜːʳ] *v/i* wiederkehren; *Fehler, Ereignis* sich wiederholen; *Idee* wieder auftauchen

recurrence [rɪˈkʌrəns] *s* Wiederkehr *f*; *von Fehler, Ereignis* Wiederholung *f*; *von Idee* Wiederauftauchen *n*

recurrent [rɪˈkʌrənt] *adj Idee, Krankheit, Traum* (ständig) wiederkehrend *attr*; *Problem* häufig (vorkommend)

recurring [rɪˈkɜːrɪŋ] *adj* ⟨*attr*⟩ → **recurrent**

recyclable [ˌriːˈsaɪkləbl] *adj* recycelbar

recycle [ˌriːˈsaɪkl] *v/t* wiederverwerten, wiederaufbereiten, recyceln; **~d** wiederverwertet, recycelt; **made from ~d paper** aus Altpapier (hergestellt)

recycling [ˌriːˈsaɪklɪŋ] *s* Recycling *n*, Wiederverwertung *f*; **~ site** Recycling- *od* Wertstoffhof *m*

recycling bin *s* Recyclingbehälter *m*

recycling campaign *s* Recyclingaktion *f*

red [red] **A** *adj* rot; **the lights are red** AUTO es ist rot; **red as a beetroot** rot wie eine Tomate; **to go red in the face** rot anlaufen; **she turned red with embarrassment** sie wurde rot vor Verlegenheit **B** *s* Rot *n*; **to go through the lights on red** bei Rot über die Ampel fahren; **to be (£100) in the red** (mit £ 100) in den roten Zahlen sein; **this pushed the company into the red** das brachte die Firma in die roten Zahlen; **to see red** *fig* rotsehen

red alert *s* Alarmstufe *f* rot; **to be on ~** in höchster Alarmbereitschaft sein

red cabbage *s* Rotkohl *m*

red card *s* FUSSB Rote Karte; **to show sb the ~** *a. fig* j-m die Rote Karte zeigen

red carpet *s* roter Teppich; **to roll out the ~ for sb, to give sb the ~ treatment** *umg* den roten Teppich für j-n ausrollen

Red Cross *s* Rotes Kreuz

redcurrant Br *s* Rote Johannisbeere, Rote Ribisel *österr*

red deer *s* Rothirsch *m*; *pl* Rotwild *n*

redden [ˈredn] *v/i Gesicht* sich röten; *Mensch* rot werden

reddish [ˈredɪʃ] *adj* rötlich

redecorate [ˌriːˈdekəreɪt] *v/t & v/i* neu tapezieren; neu streichen

redeem [rɪˈdiːm] *v/t* **1** *Gutschein* einlösen **2** **~ oneself** sich rehabilitieren

redeemable [rɪˈdiːməbl] *adj Gutschein* einlösbar

Redeemer [rɪˈdiːməʳ] *s* Erlöser *m*, Heiland *m*

redeeming [rɪˈdiːmɪŋ] *adj Eigenschaft* ausgleichend; **~ feature** Lichtblick *m*

redefine [ˌriːdɪˈfaɪn] *v/t* neu definieren

redemption [rɪˈdempʃən] *s* **beyond** *od* **past ~** *fig* nicht mehr zu retten

redeploy [ˌriːdɪˈplɔɪ] *v/t Truppen* umverlegen; *Mitarbeiter* umsetzen

redeployment *s von Truppen* Umverlegung *f*; *von Mitarbeitern* Umsetzung *f*

redesign [ˌriːdɪˈzaɪn] *v/t* umgestalten

redevelop [ˌriːdɪˈveləp] *v/t Gebiet* sanieren

redevelopment *s* Sanierung *f*

red-eyed *adj* mit geröteten Augen

red-faced *adj* mit rotem Kopf

red-haired *adj* rothaarig

red-handed *adv* **to catch sb ~** j-n auf frischer

Tat ertappen
redhead s Rothaarige(r) m/f(m)
red-headed adj rothaarig
red herring fig s falsche Spur
red-hot adj **1** rot glühend; **~ favourite** brandheißer Favorit **2** fig brandaktuell
redial [ˌriːˈdaɪəl] v/t & v/i TEL nochmals wählen
redirect [ˌriːdaɪˈrekt] v/t Brief umadressieren; (≈ schicken) nachsenden; Verkehr umleiten
rediscover [ˌriːdɪˈskʌvəʳ] v/t wiederentdecken
rediscovery [ˌriːdɪˈskʌvərɪ] s Wiederentdeckung f
redistribute [ˌriːdɪˈstrɪbjuːt] v/t neu verteilen; Arbeit neu zuteilen
redistribution [ˌriːdɪstrɪˈbjuːʃən] s Neuverteilung f; von Arbeit Neuzuteilung f
red kuri squash [redkuːˈriːskwɒʃ] s Hokkaidokürbis m
red-letter day s besonderer Tag
red light wörtl s rotes Licht, Rotlicht n; **to go through the ~** Verkehr bei Rot über die Ampel fahren; **the red-light district** das Rotlichtviertel
red meat s Rind-, Lamm- und Rehfleisch
redness [ˈrednɪs] s Röte f
redo [ˌriːˈduː] v/t noch einmal machen
redouble [ˌriːˈdʌbl] v/t verdoppeln
red pepper s rote Paprika
red rag s **it's like a ~ to a bull** das wirkt wie ein rotes Tuch
redress [rɪˈdres] v/t Unzufriedenheit beseitigen; Gleichgewicht wiederherstellen
Red Sea s Rotes Meer
red snapper [ˌredˈsnæpəʳ] s Schnapper(fisch) m
red tape fig s Papierkrieg m umg; Bürokratie f
reduce [rɪˈdjuːs] **A** v/t reduzieren (**by** um); Steuern, Kosten senken, verringern, herabsetzen; Stress, Tempo vermindern; (≈ kleiner machen) verkürzen; Warenpreis heruntersetzen; **to ~ speed** AUTO langsamer fahren; **it has been ~d to nothing** es ist zu nichts zusammengeschmolzen; **to ~ sb to tears** j-n zum Weinen bringen **B** v/i bes US bei Diät etc abnehmen
reduced adj reduziert; Waren heruntergesetzt; Verhältnisse beschränkt; **at a ~ price** zu einem reduzierten Preis
reduction [rɪˈdʌkʃən] s **1** ⟨kein pl⟩ Reduzierung f (**in sth** gen); von Steuern, Kosten Senkung f (**in sth** gen); größenmäßig Verkleinerung f (**in sth** gen), Verkürzung f; von Waren Herabsetzung f (**in sth** gen) **2** von Temperatur Rückgang m (**in sth** gen); von Tempo Verlangsamung f (**in sth** gen); von Preis Ermäßigung f (**in sth** gen)
redundancy [rɪˈdʌndənsɪ] s Br IND Arbeitslosigkeit f; **redundancies** Entlassungen pl
redundancy notice s Entlassungsschreiben n
redundancy payment s Br IND Abfindung f
redundant [rɪˈdʌndənt] adj **1** überflüssig **2** Br IND arbeitslos; **to make sb ~** j-n entlassen; **to be made ~** den Arbeitsplatz verlieren
red wine s Rotwein m
reed [riːd] s BOT Schilf(rohr) n
re-educate [ˌriːˈedjʊkeɪt] v/t umerziehen
reef [riːf] s Riff n
reek [riːk] **A** s Gestank m **B** v/i stinken (**of** nach)
reel [riːl] **A** s Spule f; Angeln (Angel)rolle f **B** v/i taumeln; **the blow sent him ~ing** er taumelte unter dem Schlag; **the whole country is still ~ing from the shock** das ganze Land ist noch tief erschüttert von diesem Schock
phrasal verbs mit reel:
reel off v/t ⟨trennb⟩ Liste herunterrasseln umg
re-elect [ˌriːɪˈlekt] v/t wiederwählen
re-election [ˌriːɪˈlekʃən] s Wiederwahl f
re-emerge [ˌriːɪˈmɜːdʒ] v/i wieder auftauchen
re-enact [ˌriːɪˈnækt] v/t Szene, Verbrechen nachstellen
re-enactment s Nachstellen n
re-enter [ˌriːˈentəʳ] v/t **1** Zimmer wieder betreten; Land wieder einreisen in (+akk); Rennen sich wieder beteiligen an (+dat) **2** Namen wieder eintragen
re-entry [ˌriːˈentrɪ] s a. RAUMF Wiedereintritt m; in Land Wiedereinreise f (**into** +akk)
re-establish [ˌriːɪˈstæblɪʃ] v/t Ordnung wiederherstellen; Kontrolle wiedererlangen; Dialog wiederaufnehmen
re-establishment s von Ordnung Wiederherstellung f; von Kontrolle Wiedererlangen n; von Dialog Wiederaufnahme f; in Amt Wiedereinsetzung f
re-examination [ˈriːɪɡˌzæmɪˈneɪʃən] s erneute Prüfung, genaue Überprüfung
re-examine [ˌriːɪɡˈzæmɪn] v/t erneut prüfen
ref[1] [ref] s abk (= referee) SPORT umg Schiri m umg
ref[2] abk (= reference number) Nr.
refectory [rɪˈfektərɪ] s UNIV Mensa f
refer [rɪˈfɜːʳ] **A** v/t Sache weiterleiten (**to** an +akk); **to ~ sb to sb/sth** j-n an j-n/auf etw (akk) verweisen; **to ~ sb to a specialist** j-n an einen Spezialisten überweisen **B** v/i **1 to ~ to** erwähnen; Worte sich beziehen auf (+akk); **I am not ~ring to you** ich meine nicht Sie; **what can he be ~ring to?** was meint er wohl? **2 to ~ to** in Notizen nachschauen in (+dat)
phrasal verbs mit refer:
refer back **A** v/i **1** sich beziehen (**to** auf +akk) **2** (≈ nachschauen) zurückgehen (**to** zu) **B** v/t ⟨trennb⟩ Sache zurückverweisen; **he referred me back to you** er hat mich an Sie zurückverwiesen
referee [ˌrefəˈriː] **A** s **1** Schiedsrichter(in) m(f);

~'s assistant Schiedsrichterassistent(in) *m(f)* **2** *Br für Job* Referenz *f* **B** *v/t* Schiedsrichter(in) sein bei **C** *v/i* Schiedsrichter(in) sein

reference ['refrəns] *s* **1** Erwähnung *f* (**to sb/sth** j-s/einer Sache), Anspielung *f* (**to** auf +*akk*); **to make (a) ~ to sth** etw erwähnen; **in** *od* **with ~ to** was ... anbetrifft; HANDEL bezüglich (+*gen*), mit Bezug auf (+*akk*) **2** (*a*. **~s**) Referenz *f mst pl*, Empfehlung *f*, Zeugnis *n* **3** *in Buch etc* Verweis *m* **4** *bes US* → referee A 2

reference book *s* Nachschlagewerk *n*
reference library *s* Präsenzbibliothek *f*
reference number *s* Nummer *f*
referendum [,refə'rendəm] *s* ⟨*pl* -s; referenda [,refə'rendə]⟩ Referendum *n*; **to hold a ~** ein Referendum abhalten
refill **A** [,riː'fɪl] *v/t* nachfüllen **B** ['riːfɪl] *s* für Feuerzeug Nachfüllpatrone *f*; für Kugelschreiber Ersatzmine *f*; **would you like a ~?** *umg* (≈ *Drink*) darf ich nachschenken?
refillable [,riː'fɪləbl] *adj* nachfüllbar
refill pack *s* Nachfüllpackung *f*
refine [rɪ'faɪn] *v/t* **1** *Öl, Zucker* raffinieren **2** *Technik* verfeinern
refined *adj Geschmack* fein; *Mensch* vornehm
refinement [rɪ'faɪnmənt] *s* **1** ⟨*kein pl*⟩ *von Mensch, Stil* Vornehmheit *f* **2** *von Technik etc* Verfeinerung *f* (**in sth** *gen*)
refinery [rɪ'faɪnərɪ] *s* Raffinerie *f*
reflect [rɪ'flekt] **A** *v/t* reflektieren; *fig* widerspiegeln; **to be ~ed in sth** sich in etw (*dat*) spiegeln; **I saw myself ~ed in the mirror** ich sah mich im Spiegel; **to ~ the fact that** ... die Tatsache widerspiegeln, dass ... **B** *v/i* nachdenken (**on, about** über +*akk*)

phrasal verbs mit reflect:
reflect (up)on *v/i* ⟨+*obj*⟩ etwas aussagen über (+*akk*)

reflection [rɪ'flekʃən] *s* **1** Spiegelbild *n*; *fig* Widerspiegelung *f*; **to see one's ~ in a mirror** sich im Spiegel sehen **2** ⟨*kein pl*⟩ Überlegung *f*, Reflexion *f*; **(up)on ~** wenn ich mir das recht überlege; **on further ~** bei genauerer Überlegung; **this is no ~ on your ability** damit soll gar nichts über Ihr Können gesagt sein
reflective [rɪ'flektɪv] *adj Kleidung* reflektierend
reflex ['riːfleks] **A** *adj* Reflex- **B** *s* Reflex *m*
reflexive [rɪ'fleksɪv] **A** *adj* GRAM reflexiv **B** *s* GRAM Reflexiv *n*
reflexology [,riːflek'spɒlədʒɪ] *s* MED Reflexologie *f*; (≈ *Technik*) Reflexzonenmassage *f*
reflex reaction ['riːfleksrɪækʃn] *s* Reflex *m*
reform [rɪ'fɔːm] **A** *s* Reform *f* **B** *v/t* reformieren; *j-n* bessern **C** *v/i Mensch* sich bessern
reformat [riː'fɔːmæt] *v/t* IT *Diskette* neu formatieren

Reformation [,refə'meɪʃən] *s* **the ~** die Reformation
reformed [rɪ'fɔːmd] *adj* reformiert; *Kommunist etc* ehemalig; **he's a ~ character** er hat sich gebessert
reformer [rɪ'fɔːmə^r] *s* POL Reformer(in) *m(f)*; REL Reformator *m*
refrain [rɪ'freɪn] **A** *v/i* **he ~ed from comment** er enthielt sich eines Kommentars; **please ~ from smoking** bitte nicht rauchen! **B** *s* MUS, LIT Refrain *m*
refresh [rɪ'freʃ] *v/t* **1** erfrischen; **to ~ oneself** sich erfrischen; **to ~ one's memory** sein Gedächtnis auffrischen; **let me ~ your memory** ich will Ihrem Gedächtnis nachhelfen **2** IT neu laden
refresher course [rɪ'freʃə^r,kɔːs] *s* Auffrischungskurs *m*
refreshing *adj*, **refreshingly** [rɪ'freʃɪŋ, -lɪ] *adv* erfrischend
refreshment [rɪ'freʃmənt] *s* (**light**) **~s** (kleine) Erfrischungen *pl*
refrigerate [rɪ'frɪdʒəreɪt] *v/t* kühlen; **"refrigerate after opening"** „nach dem Öffnen kühl aufbewahren"
refrigeration [rɪ,frɪdʒə'reɪʃən] *s* Kühlung *f*
refrigerator [rɪ'frɪdʒəreɪtə^r] *s* Kühlschrank *m*
refuel [,riː'fjʊəl] *v/t & v/i* auftanken
refuge ['refjuːdʒ] *s* Zuflucht *f* (**from** vor +*dat*); **a ~ for battered women** ein Frauenhaus *n*; **to seek ~** Zuflucht suchen; **to take ~** sich flüchten (**in in** +*akk*)
refugee [,refjʊ'dʒiː] *s* Flüchtling *m*
refugee camp *s* Flüchtlingslager *n*
refugee status *s* Flüchtlingsstatus *m*
refund **A** [rɪ'fʌnd] *v/t Betrag* zurückerstatten; **to ~ the difference** die Differenz erstatten **B** ['riːfʌnd] *s* Rückerstattung *f*; **to get a ~ (on sth)** sein Geld (für etw) wiederbekommen; **they wouldn't give me a ~** man wollte mir das Geld nicht zurückgeben; **I'd like a ~ on this blouse, please** ich hätte gern mein Geld für diese Bluse zurück
refundable [rɪ'fʌndəbl] *adj* zurückzahlbar
refurbish [,riː'fɜːbɪʃ] *v/t* renovieren
refurnish [,riː'fɜːnɪʃ] *v/t* neu möblieren
refusal [rɪ'fjuːzəl] *s* Ablehnung *f*, Weigerung *f*; **to get a ~** eine Absage erhalten
refuse[1] [rɪ'fjuːz] **A** *v/t* ablehnen; *Einladung* absagen; *Erlaubnis* verweigern; **to ~ to do sth** sich weigern, etw zu tun; **I ~ to be blackmailed** ich lasse mich nicht erpressen; **they were ~d permission (to leave)** es wurde ihnen nicht gestattet (wegzugehen) **B** *v/i* ablehnen, sich weigern
refuse[2] ['refjuːs] *s* Müll *m*, Abfall *m*

refuse collection s Müllabfuhr f
refuse dump s Müllabladeplatz m
refute [rɪˈfjuːt] v/t widerlegen
reg. [redʒ] abk (= registered) reg.
regain [rɪˈgeɪn] v/t wiedererlangen, wiedergewinnen; **to ~ consciousness** das Bewusstsein wiedererlangen; **to ~ one's strength** wieder zu Kräften kommen; **to ~ one's balance** das Gleichgewicht wiederfinden; **to ~ possession of sth** wieder in den Besitz einer Sache (gen) gelangen; **to ~ the lead** SPORT wieder in Führung gehen
regal [ˈriːgəl] adj königlich; fig hoheitsvoll
regale [rɪˈgeɪl] v/t ergötzen geh
regard [rɪˈgɑːd] **A** v/t **1** betrachten; **to ~ sb/sth as sth** j-n/etw für etw halten; **to be ~ed as ...** als ... angesehen werden; **he is highly ~ed** er ist hoch angesehen **2 as ~s that** was das betrifft **B** s **1** Rücksicht f (**for** auf +akk); **to have some ~ for sb/sth** auf j-n/etw Rücksicht nehmen; **to show no ~ for sb/sth** keine Rücksichtnahme für j-n/etw zeigen **2 in this ~** diesbezüglich; **with** od **in ~ to** in Bezug auf (+akk) **3** Achtung f; **to hold sb in high ~** j-n sehr schätzen **4 ~s** pl **to send sb one's ~s** j-n grüßen lassen; **give him my ~s** grüßen Sie ihn von mir; **(kindest) ~s** mit freundlichen Grüßen
regarding [rɪˈgɑːdɪŋ] präp bezüglich (+gen)
regardless [rɪˈgɑːdlɪs] **A** adj **~ of** ohne Rücksicht auf (+akk); **~ of what it costs** egal, was es kostet **B** adv trotzdem
regatta [rɪˈgætə] s Regatta f
regd abk (= registered) reg.
regenerate [rɪˈdʒenəreɪt] v/t erneuern; **to be ~d** sich erneuern
regeneration [rɪˌdʒenəˈreɪʃən] s Erneuerung f
regent [ˈriːdʒənt] s Regent(in) m(f)
reggae [ˈregeɪ] s MUS Reggae m
regime [reɪˈʒiːm] s POL Regime n
regiment [ˈredʒɪmənt] s MIL Regiment n
region [ˈriːdʒən] s Region f; fig Bereich m; **in the ~ of 5 kg** um die 5 kg
regional [ˈriːdʒənl] adj regional
register [ˈredʒɪstə^r] **A** s Register n; von Schülern Namensliste f, Klassenbuch n; in Hotel Gästebuch n; von Verein Mitgliedsbuch n; von Sprache Sprachebene f (der einer Sprechsituation angemessene Sprachstil, z. B. gehoben, umgangssprachlich, formal usw.); **the teacher took the ~** der Lehrer rief die Namen auf; **~ of births, deaths and marriages** Personenstandsbuch n **B** v/t registrieren; in Buch eintragen; Daten erfassen; Geburt, Firma, Fahrzeug anmelden; Student einschreiben; **he is ~ed (as) blind** er hat einen Sehbehindertenausweis **C** v/i sich eintragen; in Hotel sich anmelden; Student sich einschreiben; **to ~ with the police** sich polizeilich melden; **to ~ for a course** sich für einen Kurs anmelden; UNIV einen Kurs belegen
registered adj **1** Firma, Name eingetragen **2** Post eingeschrieben; **by ~ post** per Einschreiben
registered trademark s eingetragenes Warenzeichen
registrar [ˌredʒɪˈstrɑː^r] s Br ADMIN Standesbeamte(r) m/-beamtin f
registrar's office s Br ADMIN Standesamt n
registration [ˌredʒɪˈstreɪʃən] s **1** Registrierung f; von Firma Eintragung f; von Daten Erfassung f **2** HANDEL Anmeldung f; von Student Einschreibung f **3** US AUTO Fahrzeugbrief m
registration desk s bei Konferenz etc Anmeldung f
registration document s Br AUTO Fahrzeugbrief m
registration form s Anmeldeformular n
registration number s Br AUTO Kraftfahrzeugkennzeichen n
registration office s Meldebehörde f
registry [ˈredʒɪstrɪ] s **1** Sekretariat n **2** Br Standesamt n
registry office Br s Standesamt n; **to get married in a ~** standesamtlich heiraten
regress [rɪˈgres] form v/i sich rückwärts bewegen; fig Gesellschaft sich rückläufig entwickeln
regret [rɪˈgret] **A** v/t bedauern; einer Gelegenheit nachtrauern (+dat); **to ~ the fact that ...** (die Tatsache) bedauern, dass ...; **I ~ to say that ...** ich muss Ihnen leider mitteilen, dass ...; **we ~ any inconvenience caused** für eventuelle Unannehmlichkeiten bitten wir um Verständnis; **you won't ~ it!** Sie werden es nicht bereuen **B** s Bedauern n kein pl; **I have no ~s** ich bereue nichts; **he sends his ~s** er lässt sich entschuldigen
regretful [rɪˈgretfəl] adj bedauernd
regretfully [rɪˈgretfəlɪ] adv mit Bedauern
regrettable [rɪˈgretəbl] adj bedauerlich
regrettably [rɪˈgretəblɪ] adv bedauerlicherweise
regroup [ˌriːˈgruːp] v/i sich umgruppieren
regular [ˈregjʊlə^r] **A** adj **1** regelmäßig; Rhythmus, Oberfläche gleichmäßig; Anstellung fest; Größe, Zeit normal; **at ~ intervals** in regelmäßigen Abständen; **on a ~ basis** regelmäßig; **to be in ~ contact** regelmäßig Kontakt haben; **to eat ~ meals** regelmäßig essen; **he has a ~ place in the team** er ist ein ordentliches Mannschaftsmitglied; **~ customer** Stammkunde m/-kundin f; **his ~ pub** Br seine Stammkneipe umg **2** bes US gewöhnlich; **he's just a ~ guy** er ist ein ganz normaler Typ umg **B** s in Geschäft etc Stammkunde m/-kundin f; in Lokal Stammgast

m
regularity [ˌregjʊˈlærɪtɪ] *s* Regelmäßigkeit *f*
regularly [ˈregjʊləlɪ] *adv* regelmäßig
regulate [ˈregjʊleɪt] *v/t* regulieren; *Verkehr* regeln
regulation [ˌregjʊˈleɪʃən] *s* **1** Regulierung *f*; *von Verkehr* Regelung *f* **2** Vorschrift *f*; **~s** *von Verein* Satzung *f*; **to be contrary to ~s** gegen die Vorschrift(en)/Satzung verstoßen
regulator [ˈregjʊleɪtə] *s* Regler *m*
regulatory [regjʊˈleɪtərɪ] *adj* **~ authority** Regulierungsbehörde *f*
regurgitate [rɪˈgɜːdʒɪteɪt] *v/t* wieder hochbringen; *fig* wiederkäuen
rehab [ˈriːhæb] *s abk* (= rehabilitation) Reha *f*
rehabilitate [ˌriːəˈbɪlɪteɪt] *v/t* rehabilitieren; *Drogenabhängige* therapieren
rehabilitation [ˈriːəˌbɪlɪˈteɪʃən] *s* Rehabilitation *f*; *von Drogenabhängigen* Therapie *f*
rehearsal [rɪˈhɜːsəl] *s* THEAT, MUS Probe *f*
rehearse [rɪˈhɜːs] *v/t & v/i* THEAT, MUS proben; **to ~ what one is going to say** einüben, was man sagen will
reheat [ˌriːˈhiːt] *v/t* aufwärmen
rehouse [ˌriːˈhaʊz] *v/t* unterbringen
reign [reɪn] **A** *s* Herrschaft *f*; Regierungszeit *f* **B** *v/i* herrschen (**over** über +*akk*)
reigning [ˈreɪnɪŋ] *adj* ⟨*attr*⟩ regierend; *Weltmeister* amtierend
reimburse [ˌriːɪmˈbɜːs] *v/t j-n* entschädigen; *Kosten* erstatten
reimbursement [ˌriːɪmˈbɜːsmənt] *s* Entschädigung *f*; *von Verlust* Ersatz *m*; *von Kosten* (Rück)erstattung *f*
rein [reɪn] *s* Zügel *m*; **to keep a tight ~ on sb/sth** bei j-m/etw die Zügel kurz halten; **to give sb free ~ to do sth** j-m freie Hand lassen, etw zu tun
phrasal verbs mit rein:
rein in *v/t* ⟨*trennb*⟩ zügeln; *Ausgaben* in Schranken halten
reincarnate [ˌriːɪnˈkɑːneɪt] *v/t* reinkarnieren; **to be ~d** wiedergeboren werden
reincarnation [ˌriːɪnkɑːˈneɪʃən] *s* Reinkarnation *f*
reindeer [ˈreɪndɪə^r] *s* ⟨*pl* -⟩ Ren(tier) *n*
reinforce [ˌriːɪnˈfɔːs] *v/t* verstärken; *Überzeugung* stärken; **to ~ the message** der Botschaft (*dat*) mehr Nachdruck verleihen
reinforced concrete [riːɪnfɔːstˈkɒnkriːt] *s* Stahlbeton *m*
reinforcement *s* Verstärkung *f*; *von Überzeugung* Stärkung *f*; **~s** MIL, *a. fig* Verstärkung *f*
reinsert [ˌriːɪnˈsɜːt] *v/t* wieder einfügen; *Münze* wieder einwerfen; *Nadel* wieder einstecken
reinstate [ˌriːɪnˈsteɪt] *v/t j-n* wiedereinstellen (**in** in +*akk*); *Todesstrafe* wiedereinführen
reinstatement [ˌriːɪnˈsteɪtmənt] *s* Wiedereinstellung *f*; *von Todesstrafe* Wiedereinführung *f*
reintegrate [ˌriːˈɪntɪgreɪt] *v/t* wiedereingliedern (**into** in +*akk*)
reintegration [ˈriːˌɪntɪˈgreɪʃən] *s* Wiedereingliederung *f*
reintroduce [ˌriːɪntrəˈdjuːs] *v/t Maßnahme* wiedereinführen
reinvent [ˌriːɪnˈvent] *v/t* **to ~ the wheel** das Rad neu erfinden; **to ~ oneself** sich (*dat*) ein neues Image geben
reissue [ˌriːˈɪʃuː] **A** *v/t Buch* neu auflegen; *Briefmarke, Musikaufnahme* neu herausgeben **B** *s von Buch* Neuauflage *f*; *von Briefmarke, Musikaufnahme* Neuausgabe *f*
reiterate [riːˈɪtəreɪt] *v/t* wiederholen
reject **A** [rɪˈdʒekt] *v/t Bitte etc* ablehnen, abweisen; MED nicht vertragen; *Organ* abstoßen; *Idee* verwerfen **B** [ˈriːdʒekt] *s* **1** HANDEL Ausschuss *m kein pl*; **~ goods** Ausschussware *f* **2** *Person* Außenseiter(in) *m(f)*
rejection [rɪˈdʒekʃən] *s von Bitte, Angebot* Ablehnung *f* Abweisung *f*; MED *von Organ* Abstoßung *f*; *von Idee* Verwerfen *n*
rejoice [rɪˈdʒɔɪs] *v/i* sich freuen
rejoicing [rɪˈdʒɔɪsɪŋ] *s* Jubel *m*
rejoin [ˌriːˈdʒɔɪn] *v/t* sich wieder anschließen (+*dat*); *Verein* wieder eintreten in (+*akk*)
rejuvenate [rɪˈdʒuːvɪneɪt] *v/t* verjüngen; *fig* erfrischen
rekindle [ˌriːˈkɪndl] *fig v/t Leidenschaft* wiederentzünden; *Interesse* wiedererwecken
relapse [rɪˈlæps] **A** *s* MED Rückfall *m* **B** *v/i* MED einen Rückfall haben
relate [rɪˈleɪt] **A** *v/t* **1** *Geschichte* erzählen; *Einzelheiten* aufzählen **2** in Verbindung bringen (**to, with** mit) **B** *v/i* **to ~ to** zusammenhängen mit, sich beziehen auf (+*akk*); (≈ *Verhältnis haben zu*) eine Beziehung finden zu; sich identifizieren mit
related [rɪˈleɪtɪd] *adj* **1** verwandt (**to** mit); **to be ~ to sb** mit j-m verwandt sein; **~ by marriage** angeheiratet **2** zusammenhängend; *Elemente, Themen* verwandt; **to be ~ to sth** mit etw zusammenhängen, mit etw verwandt sein; **the two events are not ~** die beiden Ereignisse haben nichts miteinander zu tun; **two closely ~ questions** zwei eng miteinander verknüpfte Fragen; **health-related problems** gesundheitliche Probleme *pl*; **earnings-related pensions** einkommensabhängige Renten *pl*
relation [rɪˈleɪʃən] *s* **1** Verwandte(r) *m/f(m)*; **he's a/no ~ (of mine)** er ist/ist nicht mit mir verwandt **2** Beziehung *f*; **to bear no ~ to** in keinerlei Beziehung stehen zu; **to bear little ~ to**

wenig Beziehung haben zu; **in ~ to** in Bezug auf (+akk), im Verhältnis zu **3** **~s** pl Beziehungen pl; **to have business ~s with sb** geschäftliche Beziehungen zu j-m haben

relationship [rɪˈleɪʃənʃɪp] s **1** Verwandtschaft f (**to** mit); **what is your ~ (to him)?** wie sind Sie (mit ihm) verwandt? **2** Beziehung f, Verhältnis n; geschäftlich Verbindung f; **to have a (sexual) ~ with sb** ein Verhältnis n mit j-m haben; **to have a good ~ with sb** gute Beziehungen zu j-m haben; **to end a ~ with sb** mit j-m Schluss machen

relative [ˈrelətɪv] **A** adj **1** relativ; **in ~ terms** relativ gesehen **2** jeweilig **3** **~ to** sich beziehend auf (+akk) **4** GRAM Relativ-; **~ clause** Relativsatz m; **~ pronoun** Relativpronomen n **B** s → relation **1**

relatively [ˈrelətɪvlɪ] adv relativ

relaunch A [ˌriːˈlɔːntʃ] v/t **1** WIRTSCH Produkt relaunchen, wieder einführen; Geschäft neu starten **2** Rakete erneut starten **B** [ˈriːlɔːntʃ] s **1** WIRTSCH von Produkt Relaunch m/n, Wiedereinführung f; von Geschäft Neustart m, Neubeginn m **2** von Rakete Zweitstart m, Wiederholungsstart m

relax [rɪˈlæks] **A** v/t lockern; Muskeln, Geist entspannen **B** v/i (sich) entspannen, (sich) ausruhen, sich beruhigen; **~!** immer mit der Ruhe!

relaxation [ˌriːlækˈseɪʃən] s Entspannung f; **reading is her form of ~** sie entspannt sich durch Lesen; **~ technique** Entspannungstechnik f

relaxed [rɪˈlækst] adj locker, entspannt; Atmosphäre zwanglos; **to feel ~** entspannt sein, sich wohlfühlen; **to feel ~ about sth** etw ganz gelassen sehen

relaxing [rɪˈlæksɪŋ] adj entspannend

relay [ˈriːleɪ] **A** s SPORT a. **race** Staffellauf m **B** v/t **1** RADIO, TV etc (weiter) übertragen **2** Nachricht ausrichten (**to sb** j-m)

release [rɪˈliːs] **A** v/t **1** freilassen; aus Gefängnis entlassen **2** loslassen; Handbremse lösen; FOTO Verschluss auslösen; **to ~ one's hold (on sth)** (etw) loslassen **3** Film, CD herausbringen **4** Pressemitteilung etc veröffentlichen **5** Energie freisetzen; Druck ablassen **B** s **1** Freilassung f, Freigabe f; aus Gefängnis Entlassung f **2** Loslassen n; (≈ Mechanismus) Auslöser m **3** von Film, CD Herausbringen n; (≈ Produkt) Film m, CD f; **on general ~** überall zu sehen **4** von Pressemitteilung etc Veröffentlichung f; durch Sprecher Verlautbarung f **5** von Energie Freisetzung f

relegate [ˈrelɪɡeɪt] v/t degradieren; SPORT absteigen lassen (**to in** +akk); **to be ~d** SPORT absteigen

relegation [ˌrelɪˈɡeɪʃən] s Degradierung f; SPORT Abstieg m

relent [rɪˈlent] v/i nachgeben

relentless adj **1** Haltung unnachgiebig **2** Schmerz, Kälte nicht nachlassend; Suche unermüdlich **3** erbarmungslos; Person a. unbarmherzig

relentlessly adv **1** unnachgiebig **2** unaufhörlich **3** erbarmungslos

relevance [ˈreləvəns], **relevancy** [ˈrelɪvənsɪ] s Relevanz f; **to be of particular ~ (to sb)** (für j-n) besonders relevant sein

relevant [ˈreləvənt] adj relevant (**to** für); Behörde etc zuständig; Zeit betreffend

reliability [rɪˌlaɪəˈbɪlɪtɪ] s Zuverlässigkeit f

reliable [rɪˈlaɪəbl] adj zuverlässig; Person a. verlässlich; Firma vertrauenswürdig

reliably [rɪˈlaɪəblɪ] adv zuverlässig; **I am ~ informed that ...** ich weiß aus zuverlässiger Quelle, dass ...

reliance [rɪˈlaɪəns] s Vertrauen n (**on** auf +akk)

reliant [rɪˈlaɪənt] adj angewiesen (**on, upon** auf +akk)

relic [ˈrelɪk] s Relikt n; REL Reliquie f

relief [rɪˈliːf] **A** s **1** Erleichterung f; **that's a ~!** mir fällt ein Stein vom Herzen; **it was a ~ to find it** ich etc war erleichtert, als ich etc es fand; **it was a ~ to get out of the office** es war eine Wohltat, aus dem Büro wegzukommen **2** Hilfe f **3** Ablösung f **B** adj ⟨attr⟩ **1** Hilfs-; **the ~ drive/effort** die Hilfsaktion **2** Fahrer etc zur Entlastung

relief supplies pl Hilfsgüter pl

relief workers pl Rettungshelfer pl, Katastrophenhelfer pl

relieve [rɪˈliːv] v/t **1** erleichtern; **to feel ~d** erleichtert sein; **to be ~d at sth** bei etw erleichtert aufatmen; **to ~ sb of sth** von Amt etc j-n einer Sache (gen) entheben geh **2** Schmerz lindern, stillen; Druck, Symptome abschwächen; **to ~ oneself** euph sich erleichtern **3** ablösen

religion [rɪˈlɪdʒən] s Religion f; (≈ Überzeugungen) Glaube(n) m; **the Christian ~** der christliche Glaube

religious [rɪˈlɪdʒəs] adj **1** religiös; Orden geistlich; **~ leader** Religionsführer(in) m(f) **2** gläubig

religious education s SCHULE Religion f, Religionsunterricht m

religiously [rɪˈlɪdʒəslɪ] fig adv gewissenhaft

relinquish [rɪˈlɪŋkwɪʃ] v/t aufgeben; Titel ablegen; **to ~ one's hold on sb/sth** j-n/etw loslassen

relish [ˈrelɪʃ] **A** s **1** **to do sth with ~** etw mit Genuss tun **2** GASTR **tomato ~** Tomatenrelish n **B** v/t genießen; Idee, Aufgabe großen Gefallen finden an (+dat); **I don't ~ the thought of get-

relive [ˌriːˈlɪv] v/t wieder erleben

reload [ˌriːˈləʊd] v/t neu beladen; *Waffe* nachladen

relocate [ˌriːləʊˈkeɪt] **A** v/t umsiedeln **B** v/i umziehen, zügeln *schweiz*; *Firma* den Standort wechseln

relocation [ˌriːləʊˈkeɪʃən] s Umzug m; *von Firma* Standortwechsel m

reluctance [rɪˈlʌktəns] s Widerwillen m; **to do sth with ~** etw widerwillig *od* ungern tun

reluctant adj widerwillig; **he is ~ to do it** es widerstrebt ihm, es zu tun; **he seems ~ to admit it** er scheint es nicht zugeben zu wollen

reluctantly adv widerwillig

rely [rɪˈlaɪ] v/i **to ~ (up)on sb/sth** sich auf j-n/etw verlassen, auf j-n/etw angewiesen sein; **I ~ on him for my income** ich bin finanziell auf ihn angewiesen

remain [rɪˈmeɪn] v/i bleiben, übrig bleiben; **all that ~s is for me to wish you every success** ich möchte Ihnen nur noch viel Erfolg wünschen; **that ~s to be seen** das bleibt abzuwarten; **to ~ silent** (weiterhin) schweigen

remainder [rɪˈmeɪndə^r] s **1** Rest m **2** **~s** pl HANDEL Restbestände pl

remaining [rɪˈmeɪnɪŋ] adj restlich; **the ~ four** die vier Übrigen

remains [rɪˈmeɪnz] pl Reste pl; *Archäologie* Ruinen pl; **human ~** menschliche Überreste pl

remake [ˌriːˈmeɪk] v/t ⟨prät, pperf remade [ˌriːˈmeɪd]⟩ neu machen; **to ~ a film** ein Thema neu verfilmen

remand [rɪˈmɑːnd] **A** v/t JUR **he was ~ed in custody** er blieb in Untersuchungshaft **B** s **to be on ~** in Untersuchungshaft sein

remark [rɪˈmɑːk] **A** s Bemerkung f **B** v/i **to ~ (up)on sth** etw (akk) eine Bemerkung machen; **nobody ~ed on it** niemand hat etwas dazu gesagt

remarkable [rɪˈmɑːkəbl] adj bemerkenswert, beachtlich; *Flucht* wundersam

remarkably [rɪˈmɑːkəblɪ] adv bemerkenswert; **~ little** erstaunlich wenig

remarry [ˌriːˈmærɪ] v/i wieder heiraten

remedial [rɪˈmiːdɪəl] adj ⟨attr⟩ Hilfs-; MED Heil-; **~ classes** SCHULE Förderunterricht m

remedy [ˈremədɪ] **A** s Mittel n (**for** gegen), Heilmittel n (**for** gegen) **B** v/t fig *Problem* beheben; *Situation* bessern

remember [rɪˈmembə^r] **A** v/t **1** sich erinnern an (+akk), denken an (+akk); **we must ~ that he's only a child** wir sollten bedenken, dass er noch ein Kind ist; **to ~ to do sth** daran denken, etw zu tun; **I ~ doing it** ich erinnere mich daran, dass ich es getan habe; **I can't ~ the word** das Wort fällt mir nicht ein; **do you ~ when …?** weißt du noch, als …?, weißt du (noch), wann …?; **I don't ~ a thing about it** ich kann mich überhaupt nicht daran erinnern, ich weiß nichts mehr davon; **I can never ~ phone numbers** ich kann mir Telefonnummern einfach nicht merken **2** Br **~ me to your mother** grüßen Sie Ihre Mutter von mir **B** v/i sich erinnern; **I can't ~** ich weiß das nicht mehr; **not as far as I ~** soweit ich mich erinnere, nicht!

remembrance [rɪˈmembrəns] s **in ~ of** zur Erinnerung an (+akk)

Remembrance Day Br s ≈ Volkstrauertag m

remind [rɪˈmaɪnd] v/t erinnern (**of** an +akk); **to ~ sb of sb/sth** j-n an j-n/etw (akk) erinnern; **you are ~ed that …** wir weisen darauf hin, dass …; **that ~s me!** da(bei) fällt mir was ein

reminder [rɪˈmaɪndə^r] s Gedächtnisstütze f; **(letter of) ~** Mahnung f; **his presence was a ~ of …** seine Gegenwart erinnerte mich *etc* an (+akk) …

reminisce [ˌremɪˈnɪs] v/i sich in Erinnerungen ergehen (**about** über +akk)

reminiscences [remɪˈnɪsnsɪz] pl Erinnerungen pl (**of** an)

reminiscent [ˌremɪˈnɪsənt] adj **to be ~ of sth** an etw (akk) erinnern

remission [rɪˈmɪʃən] form s **1** Br JUR (Straf)erlass m **2** MED Besserung f; **to be in ~** *Patient* sich auf dem Wege der Besserung befinden; *Krankheit* abklingen

remit [rɪˈmɪt] v/t ⟨-tt-⟩ *Schulden, Strafe* erlassen; *Sünden* vergeben; *form Geld* überweisen (**to** dat *or* an)

remittance [rɪˈmɪtəns] s Überweisung f (**to an** +akk)

remittance advice s Überweisungsbescheid m

remnant [ˈremnənt] s Rest m; fig Überrest m

remodel [ˌriːˈmɒdl] v/t umformen; fig umgestalten

remonstrate [ˈremənstreɪt] v/i protestieren (**with** bei *od* **against** gegen), sich beschweren (**with** bei *od* **about** über +akk)

remorse [rɪˈmɔːs] s Reue f (**at, over** über +akk); **without ~** handeln erbarmungslos

remorseful adj reumütig; **to feel ~** Reue spüren

remorseless fig adj unbarmherzig

remorselessly [rɪˈmɔːslɪslɪ] adv ohne Reue; fig handeln erbarmungslos

remote [rɪˈməʊt] **A** adj ⟨komp remoter⟩ **1** entfernt, entlegen; IT rechnerfern; **in a ~ spot** an einer entlegenen Stelle **2** unnahbar **3** *Gerät*

zur Fernbedienung **B** *s* Fernbedienung *f*
remote access *s* TEL, IT Fernzugriff *m*
remote control *s* Fernsteuerung *f*; RADIO, TV Fernbedienung *f*
remote-controlled *adj* ferngesteuert
remotely [rɪˈməʊtlɪ] *adv* **1** **it's just ~ possible** es ist gerade eben noch möglich; **he didn't say anything ~ interesting** er sagte nichts, was im Entferntesten interessant war; **I'm not ~ interested in her** ich bin nicht im Geringsten an ihr interessiert **2** *gelegen* entfernt
remoteness [rɪˈməʊtnɪs] *s* **1** Abgelegenheit *f* **2** Unnahbarkeit *f*
removable [rɪˈmuːvəbl] *adj Verschluss* abnehmbar; *aus Behälter* herausnehmbar
removal [rɪˈmuːvəl] *s* **1** Entfernung *f*, Beseitigung *f*; *von Truppen* Abzug *m*; *aus Behälter* Herausnehmen *n*; *von Hindernis* Ausräumung *f* **2** *Br* Umzug *m*
removal box *s* Umzugskarton *m*
removal firm *Br s* Spedition *f*
removal van *Br s* Möbelwagen *m*
remove [rɪˈmuːv] *v/t* entfernen; *Verband* abnehmen; *Kleider* ausziehen; *Fleck* beseitigen; *Truppen* abziehen; *aus Behälter* herausnehmen (**from** aus); *Wort* streichen; *Hindernis* aus dem Weg räumen; *Zweifel, Angst* zerstreuen; **to ~ sth from sb** j-m etw wegnehmen; **to ~ one's clothes** die Kleider ablegen; **to be far ~d from …** weit entfernt sein von …; **a cousin once ~d** ein Cousin *m* ersten Grades
remover [rɪˈmuːvəʳ] *s Mittel* Entferner *m*; **stain ~** Fleckentferner *m*
remunerate [rɪˈmjuːnəreɪt] *v/t* bezahlen, belohnen
remuneration [rɪˌmjuːnəˈreɪʃən] *s* Bezahlung *f*
Renaissance [rɪˈneɪsɑ̃ːns] *s* Renaissance *f*
rename [ˌriːˈneɪm] *v/t* umbenennen; **Leningrad was ~d St Petersburg** Leningrad wurde in St. Petersburg umbenannt
render [ˈrendəʳ] *v/t* **1** *form Dienst* leisten; **to ~ assistance** Hilfe leisten **2** *form* machen
rendering [ˈrendərɪŋ] *s* Wiedergabe *f*; *von Musik, Gedicht* Vortrag *m*
rendezvous [ˈrɒndɪvuː] *s* ‹*pl* -› **1** (≈ *Ort*) Treffpunkt *m* **2** Rendezvous *n*
rendition [renˈdɪʃən] *form s* → rendering
renegade [ˈrenɪɡeɪd] **A** *s* Renegat(in) *m(f)* **B** *adj* abtrünnig
renegotiate [ˌriːnɪˈɡəʊʃɪeɪt] *v/t* neu aushandeln
renew [rɪˈnjuː] *v/t* erneuern; *Vertrag, Pass etc* verlängern, verlängern lassen; *Angriff, Versuch* wiederaufnehmen
renewable [rɪˈnjuːəbl] *adj Energiequelle* erneuerbar; *Vertrag a.* verlängerbar
renewal [rɪˈnjuːəl] *s* Erneuerung *f*; *von Angriff, Versuch* Wiederaufnahme *f*
renewed *adj* erneut; **~ efforts** neue Anstrengungen; **~ strength** frische Kraft; **~ outbreaks of rioting** erneute Krawalle *pl*
renounce [rɪˈnaʊns] *v/t Rechte, Gewalt* verzichten auf (+*akk*); *dem Terrorismus etc* abschwören (+*dat*)
renovate [ˈrenəʊveɪt] *v/t* renovieren
renovation [ˌrenəʊˈveɪʃən] *s* Renovierung *f*
renown [rɪˈnaʊn] *s* guter Ruf; **of great ~** von hohem Ansehen
renowned [rɪˈnaʊnd] *adj* berühmt (**for** für)
rent [rent] **A** *s* Miete *f*, Zins *m österr*; Pacht *f* **B** *v/t* **1** mieten; *Bauernhof* pachten; *Auto* sich *dat* leihen; *DVD* ausleihen **2** (*a.* **~ out**) vermieten, verpachten, verleihen **C** *v/i* mieten, pachten
rental [ˈrentl] *s* Miete *f*, Zins *m österr*; **~ car** Mietwagen *m*; **~ library** *US* Leihbücherei *f*
rental agreement *s* Mietvertrag *m*
rent boy *Br umg s* Strichjunge *m umg*
rent collector *s* Mietkassierer(in) *m(f)*
rent-free *adj* & *adv* mietfrei
renunciation [rɪˌnʌnsɪˈeɪʃən] *s von Rechten, Gewalt* Verzicht *m* (**of** auf +*akk*); *von Terrorismus etc* Aufgabe *f*
reoffend [ˌriːəˈfend] *v/i* erneut straffällig werden
reopen [ˌriːˈəʊpən] **A** *v/t* wieder öffnen; *Schule, Geschäft* wiedereröffnen; *Debatte* wiederaufnehmen; JUR *Fall* wieder aufrollen **B** *v/i* wieder aufgehen; *Geschäft* wieder eröffnen
reopening [ˌriːˈəʊpnɪŋ] *s von Geschäft etc* Wiedereröffnung *f*
reorder [ˌriːˈɔːdəʳ] *v/t* & *v/i* nachbestellen
reorganization [riːˌɔːɡənaɪˈzeɪʃən] *s* Neuorganisation *f*; *von Büchern* Umordnung *f*; *von Arbeit* Neueinteilung *f*
reorganize [ˌriːˈɔːɡənaɪz] *v/t* neu organisieren; *Bücher* umordnen; *Arbeit* neu einteilen; *Unternehmen* umstrukturieren
rep [rep] *s abk* (= representative) HANDEL Vertreter(in) *m(f)*; **travel rep** Reiseleiter(in) *m(f)*
repaid [ˌriːˈpeɪd] *prät* & *pperf* → repay
repaint [ˌriːˈpeɪnt] *v/t* neu streichen
repair [rɪˈpeəʳ] **A** *v/t* reparieren; *fig Schaden* wiedergutmachen **B** *s* **1** *wörtl* Reparatur *f*; **to be under ~** *Maschine* in Reparatur sein; **beyond ~** nicht mehr zu reparieren; **closed for ~s** wegen Reparaturarbeiten geschlossen **2** ‹*kein pl*› **to be in bad ~** in schlechtem Zustand sein
repairable [rɪˈpeərəbl] *adj* reparabel
repair shop *s* Reparaturwerkstatt *f*
reparation [ˌrepəˈreɪʃən] *s* Entschädigung *f*; *mst pl: nach Krieg* Reparationen *pl*
repartee [ˌrepɑːˈtiː] *s* Schlagabtausch *m*
repatriation [ˈriːˌpætrɪˈeɪʃən] *s* Repatriierung *f*
repay [ˌriːˈpeɪ] *v/t* ‹*prät, pperf* repaid› zurückzah-

len; *Auslagen* erstatten; *Schulden* abzahlen; *Freundlichkeit* vergelten; **I'll ~ you on Saturday** ich zahle dir das Geld am Samstag zurück; **how can I ever ~ you?** wie kann ich das jemals wiedergutmachen?
repayable [ˌriːˈpeɪəbl] *adj* rückzahlbar
repayment [ˌriːˈpeɪmənt] *s* Rückzahlung *f*
repayment mortgage *s* Tilgungshypothek *f*
repeal [rɪˈpiːl] **A** *v/t Gesetz* aufheben **B** *s* Aufhebung *f*
repeat [rɪˈpiːt] **A** *v/t* wiederholen, weitersagen **(to sb** j-m); **to ~ oneself** sich wiederholen **B** *v/i* wiederholen; **~ after me** sprecht mir nach **C** *s* RADIO, TV Wiederholung *f*
repeated *adj*, **repeatedly** [rɪˈpiːtɪd, -lɪ] *adv* wiederholt
repeat function *s* IT Wiederholungsfunktion *f*
repeat order *s* ECON Nachbestellung *f*; **to place a ~ for sth** etw nachbestellen
repeat performance *s* **he gave a ~** *fig* er machte es noch einmal
repeat prescription *s* MED erneut verschriebenes Rezept
repel [rɪˈpel] *v/t* **1** *Angriff* zurückschlagen; *Insekten* abwehren **2** abstoßen
repellent [rɪˈpelənt] **A** *adj* abstoßend **B** *s* Insektenschutzmittel *n*
repent [rɪˈpent] **A** *v/i* Reue empfinden **(of** über +*akk*) **B** *v/t* bereuen
repentance [rɪˈpentəns] *s* Reue *f*
repentant [rɪˈpentənt] *adj* reuevoll
repercussion [ˌriːpəˈkʌʃən] *s* Auswirkung *f* **(on** auf +*akk*); **that is bound to have ~s** das wird Kreise ziehen; **to have ~s on sth** sich auf etw (*akk*) auswirken
repertoire [ˈrepətwɑː^r] *s* THEAT, MUS Repertoire *n*
repertory [ˈrepətərɪ] *s* **1** (*a.* **~ theatre**) Repertoire-Theater *n* **2** → repertoire
repetition [ˌrepɪˈtɪʃən] *s* **1** Wiederholung *f* **2** LIT *Wiederholung einzelner Wörter oder Wortgruppen zur besonderen Hervorhebung der Aussage*
repetitive [rɪˈpetɪtɪv] *adj* sich dauernd wiederholend; *Arbeit* monoton; **to be ~** sich dauernd wiederholen
rephrase [ˌriːˈfreɪz] *v/t* neu formulieren, umformulieren
replace [rɪˈpleɪs] *v/t* **1** zurücksetzen, zurückstellen, zurücklegen; **to ~ the receiver** TEL (den Hörer) auflegen **2** j-n, *Teile* ersetzen; **to ~ sb/ sth with sb/sth** j-n/etw durch j-n/etw ersetzen
replaceable [rɪˈpleɪsəbl] *adj* ersetzbar
replacement *s* Ersatz *m*, Vertretung *f*; **~ part** Ersatzteil *n*
replacement bus service *s* Schienenersatzverkehr *m* (*für ausfallenden Zug eingesetzter Bus*)
replay **A** [ˈriːpleɪ] *s* SPORT Wiederholung *f* **B** [ˌriːˈpleɪ] *v/t* SPORT wiederholen
replenish [rɪˈplenɪʃ] *v/t* wieder auffüllen; *Glas* auffüllen; *Regale* nachfüllen
replica [ˈreplɪkə] *s von Gemälde* Reproduktion *f*; *von Schiff, Gebäude* Nachbildung *f*
replicate [ˈreplɪkeɪt] *v/t* wiederholen
reply [rɪˈplaɪ] **A** *s* Antwort *f*; *gesprochen a.* Erwiderung *f*; **in ~** (als Antwort) darauf; **in ~ to your letter** in Beantwortung Ihres Briefes *form* **B** *v/t* **to ~ (to sb) that ...** (j-m) antworten, dass ... **C** *v/i* antworten **(to sth** auf etw +*akk*); *gesprochen a.* erwidern **(to sth** auf etw +*akk*)
report [rɪˈpɔːt] **A** *s* **1** Bericht *m* **(on** über +*akk*); RADIO, TV *Presse* Reportage *f* **(on** über +*akk*); **to give a ~ on sth** Bericht über etw (*akk*) erstatten; RADIO, TV eine Reportage über etw (*akk*) machen; **an official ~ on the motor industry** ein Gutachten *n* über die Autoindustrie; (**school**) **~** Zeugnis *n* **2** **there are ~s that ...** es wird gesagt, dass ... **B** *v/t* **1** *Ergebnisse* berichten über (+*akk*); *offiziell* melden; **he is ~ed as having said ...** er soll gesagt haben ... **2** *Unfall, Verbrechen* melden (**to sb** j-m); **to ~ sb for sth** j-n wegen etw melden; **nothing to ~** keine besonderen Vorkommnisse! **C** *v/i* **1** **to ~ for duty** sich zum Dienst melden; **to ~ sick** sich krankmelden; **to ~ to sb** sich bei j-m melden **2** **to ~ on sth** über etw (*akk*) berichten *od* Bericht erstatten

[phrasal verbs mit report:]
report back *v/i* Bericht erstatten (**to sb** j-m)
report to *v/i* (+*obj*) *in Organisation* unterstellt sein (+*dat*), berichten an

report card *s* US Zeugnis *n*
reported [rɪˈpɔːtɪd] *adj* gemeldet
reportedly [rɪˈpɔːtɪdlɪ] *adv* angeblich
reported speech *s* GRAM indirekte Rede
reporter [rɪˈpɔːtə^r] *s Presse, a.* RADIO, TV Reporter(in) *m(f)*, Korrespondent(in) *m(f)*
reposition [ˌriːpəˈzɪʃən] *v/t* anders aufstellen
repository [rɪˈpɒzɪtərɪ] *s* Lager *n*
repossess [ˌriːpəˈzes] *v/t* wieder in Besitz nehmen
repossession [ˌriːpəˈzeʃən] *s* Wiederinbesitznahme *f*
reprehensible [ˌreprɪˈhensɪbl] *adj* verwerflich
represent [ˌreprɪˈzent] *v/t* **1** darstellen, stehen für, repräsentieren **2** PARL, JUR vertreten, repräsentieren
representation [ˌreprɪzenˈteɪʃən] *s* Darstellung *f*; PARL, JUR Vertretung *f*, Repräsentation *f*
representative [ˌreprɪˈzentətɪv] **A** *adj* repräsentativ **(of** für); **a ~ body** eine Vertretung; **~**

assembly Abgeordnetenversammlung *f* **A** *s* HANDEL Vertreter(in) *m(f)*; JUR Bevollmächtigte(r) *m/f(m)*; US POL Abgeordnete(r) *m/f(m)*, Mandatar(in) *m(f)* österr

repress [rɪˈpres] *v/t* unterdrücken; PSYCH verdrängen

repressed [rɪˈprest] *adj* unterdrückt; PSYCH verdrängt

repression [rɪˈpreʃən] *s* Unterdrückung *f*; PSYCH Verdrängung *f*

repressive *adj* repressiv

reprieve [rɪˈpriːv] **A** *s* JUR Begnadigung *f*; *fig* Gnadenfrist *f* **B** *v/t* **he was ~d** JUR er wurde begnadigt

reprimand [ˈreprɪmɑːnd] **A** *s* Tadel *m*; *offiziell* Verweis *m* **B** *v/t* tadeln

reprint A [ˌriːˈprɪnt] *v/t* nachdrucken **B** [ˈriːprɪnt] *s* Nachdruck *m*

reprisal [rɪˈpraɪzəl] *s* Vergeltungsmaßnahme *f*

reproach [rɪˈprəʊtʃ] **A** *s* Vorwurf *m*; **a look of ~** ein vorwurfsvoller Blick; **beyond ~** über jeden Vorwurf erhaben **B** *v/t* Vorwürfe machen (+*dat*); **to ~ sb for having done sth** j-m Vorwürfe dafür machen, dass er etw getan hat

reproachful *adj*, **reproachfully** *adv* vorwurfsvoll

reprocess [ˌriːˈprəʊses] *v/t* Abwasser, Atommüll wiederaufbereiten

reprocessing plant [ˌriːˈprəʊsesɪŋˈplɑːnt] *s* Wiederaufbereitungsanlage *f*

reproduce [ˌriːprəˈdjuːs] **A** *v/t* wiedergeben, reproduzieren **B** *v/i* BIOL sich fortpflanzen

reproduction [ˌriːprəˈdʌkʃən] *s* **1** Fortpflanzung *f* **2** Reproduktion *f*

reproductive [ˌriːprəˈdʌktɪv] *adj* Fortpflanzungs-

reptile [ˈreptaɪl] *s* Reptil *n*

republic [rɪˈpʌblɪk] *s* Republik *f*; **Republic of Ireland** Republik *f* Irland

republican [rɪˈpʌblɪkən] **A** *adj* republikanisch **B** *s* Republikaner(in) *m(f)*; **Republican** US POL Republikaner(in) *m(f)* (*Mitglied bzw. Anhänger der republikanischen Partei*)

republicanism [rɪˈpʌblɪkənɪzəm] *s* Republikanismus *m*

repugnance [rɪˈpʌɡnəns] *s* Abneigung *f* (**towards, for** gegen)

repugnant [rɪˈpʌɡnənt] *adj* abstoßend

repulse [rɪˈpʌls] *v/t* MIL zurückschlagen; **sb is ~d by sth** *fig* etw stößt j-n ab

repulsion [rɪˈpʌlʃən] *s* Widerwille *m* (**for** gegen)

repulsive [rɪˈpʌlsɪv] *adj* abstoßend; **to be ~ to sb** für j-n abstoßend sein

reputable [ˈrepjʊtəbl] *adj* ehrenhaft; *Firma* seriös

reputation [ˌrepjʊˈteɪʃən] *s* Ruf *m*; *negativ* schlechter Ruf; **he has a ~ for being …** er hat den Ruf, … zu sein; **to have a ~ for honesty** als ehrlich gelten; **you don't want to get (yourself) a ~, you know** du willst dich doch sicherlich nicht in Verruf bringen

repute [rɪˈpjuːt] *v/t* **he is ~d to be …** man sagt, dass er … ist; **he is ~d to be the best** er gilt als der Beste

reputedly [rɪˈpjuːtɪdlɪ] *adv* angeblich; wie man annimmt

request [rɪˈkwest] **A** *s* Bitte *f*, Wunsch *m*; **at sb's ~** auf j-s Bitte (*akk*); **on ~** auf Wunsch **B** *v/t* bitten um; RADIO Lied sich (*dat*) wünschen; **to ~ sth of** *od* **from sb** j-n um etw bitten

request stop *Br s* Bedarfshaltestelle *f*

requiem mass [ˌrekwɪəmˈmæs] *s* Totenmesse *f*

require [rɪˈkwaɪə] *v/t* **1** benötigen, brauchen; *Maßnahme* erfordern; **what qualifications are ~d?** welche Qualifikationen sind erforderlich?; **if ~d** falls notwendig; **as ~d** nach Bedarf **2** **to ~ sb to do sth** von j-m verlangen, dass er etw tut

required *adj* erforderlich; **the ~ amount** die benötigte Menge; **~ field** *auf Formular* Pflichtfeld *n*

requirement *s* **1** Bedürfnis *n*, Wunsch *m*; **to meet sb's ~s** j-s Wünschen (*dat*) entsprechen **2** Erfordernis *n*, Anforderung *f*

requisition [rekwɪˈzɪʃn] *v/t* beschlagnahmen, requirieren

reran [ˌriːˈræn] *prät* → rerun

reread [ˌriːˈriːd] *v/t* ⟨*prät*, *pperf* reread [ˌriːˈred]⟩ nochmals lesen

reroute [ˌriːˈruːt] *v/t* Bus umleiten

rerun [ˌriːˈrʌn] ⟨*v*: *prät* reran, *pperf* rerun⟩ **A** *v/t* Tonband wieder abspielen; *Rennen*, *Programm* wiederholen **B** [ˈriːrʌn] *s von Rennen*, *Programm* Wiederholung *f*

resat [ˌriːˈsæt] *prät & pperf* → resit

reschedule [ˌriːˈskedʒʊəl, *bes Br* ˌriːˈʃedjuːl] *v/t* Termin verlegen

rescue [ˈreskjuː] **A** *s* Rettung *f*; **to come to sb's ~** j-m zu Hilfe kommen; **it was Bob to the ~** Bob war unsere/seine *etc* Rettung; **~ attempt** Rettungsversuch *m*; **~ dog** Tierheimhund *m*; **~ plan** Rettungsplan *m* **B** *v/t* retten

rescue centre *s*, **rescue center** US *s* Tierheim *n*

rescuer [ˈreskjʊə] *s* Retter(in) *m(f)*

rescue services *pl* Rettungsdienst *m*, Rettung *f* schweiz

rescue worker *s* Rettungskraft *f*

resealable [ˌriːˈsiːləbl] *adj* wiederverschließbar

research [rɪˈsɜːtʃ] **A** *s* ⟨*kein pl*⟩ Forschung *f*, Recherche *f* (**into, on** über +*akk*); **to do ~** forschen; **to carry out ~ into the effects of sth**

Forschungen über die Auswirkungen einer Sache *(gen)* anstellen **B** *v/i* forschen, recherchieren; **to ~ into sth** etw erforschen **C** *v/t* erforschen, recherchieren

research and development *s* Forschung und Entwicklung *f*

research assistant *s* wissenschaftlicher Assistent, wissenschaftliche Assistentin

researcher [rɪˈsɜːtʃəʳ] *s* Forscher(in) *m(f)*, Rechercheur(in) *m(f)*

research student *s* Forschungsstudent(in) *m(f)*

resemblance [rɪˈzemblən] *s* Ähnlichkeit *f*; **to bear a strong ~ to sb/sth** starke Ähnlichkeit mit j-m/etw haben

resemble [rɪˈzembl] *v/t* gleichen (+*dat*), ähneln (+*dat*); **they ~ each other** sie gleichen sich *(dat)*

resent [rɪˈzent] *v/t* Bemerkung übel nehmen; *j-n* ein Ressentiment haben gegen; **he ~ed her for the rest of his life** er nahm ihr das sein Leben lang übel; **he ~ed the fact that …** er ärgerte sich darüber, dass …; **to ~ sb's success** j-m seinen Erfolg missgönnen; **I ~ that** das gefällt mir nicht

resentful *adj* verärgert; (≈ *missgünstig*) voller Ressentiments (**of** gegen); **to be ~ about sth/of sb** über etw/j-n verärgert sein; **to feel ~ toward(s) sb for doing sth** es j-m übel nehmen, dass er/sie *etc* etw getan hat

resentment *s* Ärger *m kein pl* (**of** über +*akk*)

reservation [ˌrezəˈveɪʃən] *s* **1** Vorbehalt *m*; **without ~** vorbehaltlos; **with ~s** unter Vorbehalt(en); **to have ~s about sb/sth** Bedenken in Bezug auf j-n/etw haben **2** Reservierung *f*; **to make a ~** ein Zimmer *etc* reservieren lassen; **to have a ~ (for a room)** ein Zimmer reserviert haben **3** (≈ *Land*) Reservat *n*

reserve [rɪˈzɜːv] **A** *v/t* **1** aufsparen; **to ~ judgement** mit einem Urteil zurückhalten; **to ~ the right to do sth** (*dat*) (das Recht) vorbehalten, etw zu tun **2** reservieren lassen **B** *s* **1** Vorrat *m* (**of an** +*dat*); FIN Reserve *f*; **to keep sth in ~** etw in Reserve halten **2** (≈ *Land*) Reservat *n* **3** Zurückhaltung *f* **4** SPORT Reservespieler(in) *m(f)*

reserved *adj* reserviert

reservist [rɪˈzɜːvɪst] *s* MIL Reservist(in) *m(f)*

reservoir [ˈrezəvwɑːʳ] *wörtl s* Reservoir *n*, Stausee *m*

reset [ˌriːˈset] *v/t* ‹*prät, pperf* reset› **1** Uhr neu stellen (**to** auf +*akk*); Maschine neu einstellen; IT rücksetzen; **~ switch** *od* **button** COMPUT Resettaste *f* **2** MED Knochen wieder einrichten

resettle [ˌriːˈsetl] *v/t* Flüchtlinge umsiedeln; Land wieder besiedeln

resettlement *s* von Flüchtlingen Umsiedlung *f*; von Land Neubesied(e)lung *f*

reshape [ˌriːˈʃeɪp] *v/t* Knetmasse *etc* umformen; Politik umstellen

reshuffle [ˌriːˈʃʌfl] **A** *v/t* Karten neu mischen; *fig* Kabinett umbilden **B** *s fig* Umbildung *f*

reside [rɪˈzaɪd] *form v/i* seinen Wohnsitz haben

residence [ˈrezɪdəns] *s* **1** Wohnhaus *n*; für Studenten Wohnheim *n*; von König *etc* Residenz *f* ‹kein pl› **country of ~** Aufenthaltsland *n*; **place of ~** Wohnort *m*; **after 5 years' ~ in Britain** nach 5 Jahren Aufenthalt in Großbritannien

residence permit *s* Aufenthaltsgenehmigung *f*

residency [ˈrezɪdənsɪ] *s* **1** *US* → residence 2 **2** *Br* Residenz *f*

resident [ˈrezɪdənt] **A** *s* Bewohner(in) *m(f)*, Einwohner(in) *m(f)*; in Hotel Gast *m*; **"residents only"** „Anlieger frei", „Anrainer frei" *österr* **B** *adj* wohnhaft; Bevölkerung ansässig; **the ~ population** die ansässige Bevölkerung

residential [ˌrezɪˈdenʃəl] *adj* Wohn-; **~ property** Wohngebäude *n*; **~ street** Wohnstraße *f*

residential area *s* Wohngebiet *n*

residential home *s* Wohnheim *n*

residual [rɪˈzɪdjʊəl] *adj* restlich

residue [ˈrezɪdjuː] *s* Rest *m*; CHEM Rückstand *m*

resign [rɪˈzaɪn] **A** *v/t* **1** Amt abgeben **2** **to ~ oneself to sth** sich mit etw abfinden; **to ~ oneself to doing sth** sich damit abfinden, etw zu tun **B** *v/i* zurücktreten, kündigen; **to ~ from office** sein Amt niederlegen; **to ~ from one's job** (seine Stelle) kündigen

resignation [ˌrezɪɡˈneɪʃən] *s* **1** Rücktritt *m*, Kündigung *f*, Amtsniederlegung *f*; **to hand in one's ~** seinen Rücktritt/seine Kündigung einreichen/sein Amt niederlegen **2** Resignation *f* (**to** gegenüber +*dat*)

resigned *adj* resigniert; **to become ~ to sth** sich mit etw abfinden; **to be ~ to one's fate** sich in sein Schicksal ergeben haben

resilience [rɪˈzɪlɪəns] *s* **1** von Material Federn *n* **2** *fig* von Mensch Unverwüstlichkeit *f*

resilient *adj* **1** Material federnd *attr*; **to be ~** federn **2** *fig* Mensch unverwüstlich

resin [ˈrezɪn] *s* Harz *n*

resist [rɪˈzɪst] **A** *v/t* **1** sich widersetzen (+*dat*); Angriff *etc* Widerstand leisten gegen **2** Versuchung *etc* widerstehen (+*dat*); **I couldn't ~ (eating) another piece of cake** ich konnte der Versuchung nicht widerstehen, noch ein Stück Kuchen zu essen **B** *v/i* **1** sich widersetzen, Widerstand leisten **2** bei Versuchung widerstehen

resistance [rɪˈzɪstəns] *s* Widerstand *m* (**to** gegen); **to meet with ~** auf Widerstand stoßen; **to offer no ~ (to sb/sth)** (j-m/gegen etw) keinen Widerstand leisten, sich (j-m/einer Sache) nicht widersetzen

resistant *adj* Material strapazierfähig; MED immun (**to** gegen)

resit [ˌriːˈsɪt] ⟨v: prät, pperf resat⟩ Br **A** v/t Prüfung wiederholen **B** [ˈriːsɪt] s Wiederholung(sprüfung) f

reskill [ˌriːˈskɪl] **A** v/t weiterbilden, fortbilden; *in neuem Beruf* umschulen **B** v/i umgeschult werden, sich umschulen lassen

resolute [ˈrezəluːt] adj energisch; *Weigerung* entschieden

resolutely [ˈrezəluːtlɪ] adv entschieden; **to be ~ opposed to sth** entschieden gegen etw sein

resolution [ˌrezəˈluːʃən] s **1** Beschluss m; *bes* POL Resolution f; *bei Handlung* Vorsatz m **2** ⟨kein pl⟩ Entschlossenheit f **3** ⟨kein pl⟩ *von Problem* Lösung f **4** IT Auflösung f

resolve [rɪˈzɒlv] **A** v/t **1** *Problem* lösen; *Streit* beilegen; *Differenzen, Sache* klären **2** **to ~ to do sth** beschließen, etw zu tun **B** s ⟨kein pl⟩ Entschlossenheit f

resolved [rɪˈzɒlvd] adj (fest) entschlossen

resonate [ˈrezəneɪt] v/i widerhallen

resort [rɪˈzɔːt] **A** s **1 as a last ~** als Letztes; **you were my last ~** du warst meine letzte Rettung **2** Urlaubsort m; **seaside ~** Seebad n **B** v/i **to ~ to sth** zu etw greifen; **to ~ to violence** gewalttätig werden

resound [rɪˈzaʊnd] v/i (wider)hallen (**with** von)

resounding [rɪˈzaʊndɪŋ] adj Geräusch widerhallend; *Lachen* schallend; *fig Sieg* gewaltig; *Erfolg* durchschlagend; *Niederlage* haushoch; **the response was a ~ "no"** die Antwort war ein überwältigendes „Nein"

resoundingly [rɪˈzaʊndɪŋlɪ] adv **to be ~ defeated** eine vernichtende Niederlage erleiden

resource [rɪˈsɔːs] **A** s **resources** pl Mittel pl, Ressourcen pl; **financial ~s** Geldmittel pl; **mineral ~s** Bodenschätze pl; **natural ~s** Rohstoffquellen pl, Bodenschätze pl; **human ~s** Arbeitskräfte pl; Personalabteilung f **B** v/t Br Projekt finanzieren

resourceful adj, **resourcefully** adv einfallsreich

resourcefulness s Einfallsreichtum m

respect [rɪˈspekt] **A** s **1** Respekt m, Achtung f (**for** vor +dat); **to have ~ for** Respekt haben vor (+dat); **I have the highest ~ for his ability** ich halte ihn für außerordentlich fähig; **to hold sb in (great) ~** j-n (sehr) achten **2** Rücksicht f (**for** auf +akk); **to treat with ~** j-n rücksichtsvoll behandeln; *Kleidung etc* schonend behandeln; **she has no ~ for other people** sie nimmt keine Rücksicht auf andere; **with (all due) ~ ... ...** bei allem Respekt ... **3 with ~ to ...** was ... anbetrifft **4** Hinsicht f; **in some/many ~s** in gewisser/vieler Hinsicht; **in this ~** in dieser Hinsicht **5** **~s** pl **to pay one's ~s to sb** j-m seine Aufwartung machen; **to pay one's last ~s to sb** j-m die letzte Ehre erweisen **B** v/t respektieren; *Fähigkeiten* anerkennen; **to ~ sb/sth for sth** j-n/etw wegen einer Sache respektieren; **a ~ed company** eine angesehene Firma

respectability [rɪˌspektəˈbɪlɪtɪ] s **1** Ehrbarkeit f, Anständigkeit f **2** Angesehenheit f, Seriosität f

respectable [rɪˈspektəbl] adj **1** ehrbar, anständig **2** angesehen, seriös; *Kleidung, Verhalten* korrekt; **in ~ society** in guter Gesellschaft; **a perfectly ~ way to earn one's living** eine völlig akzeptable Art und Weise, seinen Lebensunterhalt zu verdienen **3** *Größe, Summe* ansehnlich **4** *Ergebnis, Leistung* beachtlich

respectably [rɪˈspektəblɪ] adv anständig

respectful adj respektvoll (**towards** gegenüber); **to be ~ of sth** etw respektieren

respectfully adv respektvoll

respecting [rɪˈspektɪŋ] präp bezüglich (+gen)

respective [rɪˈspektɪv] adj jeweilig; **they each have their ~ merits** jeder von ihnen hat seine eigenen Vorteile

respectively [rɪˈspektɪvlɪ] adv **the girls' dresses are green and blue ~** die Mädchen haben grüne beziehungsweise blaue Kleider

respiration [ˌrespɪˈreɪʃən] s Atmung f

respiratory [rɪˈspɪrətərɪ] adj Atem-; *Erkrankung* der Atemwege

respite [ˈrespaɪt] s **1** Ruhepause f (**from** von); *zeitweilig* Nachlassen n **2** Aufschub m

resplendent [rɪˈsplendənt] adj strahlend

respond [rɪˈspɒnd] v/i **1** antworten; **to ~ to a question** eine Frage beantworten **2** reagieren (**to** auf +akk); **the patient ~ed to treatment** der Patient sprach auf die Behandlung an

response [rɪˈspɒns] s **1** Antwort f; **in ~ (to)** als Antwort (auf +akk) **2** Reaktion f; **to meet with no ~** keine Resonanz finden

responsibility [rɪˌspɒnsəˈbɪlɪtɪ] s **1** ⟨kein pl⟩ Verantwortung f; **to take ~ (for sth)** die Verantwortung (für etw) übernehmen; **that's his ~** dafür ist er verantwortlich **2** Verpflichtung f (**to** für)

responsible [rɪˈspɒnsəbl] adj **1** verantwortlich, schuld (**for** an +dat); **to be ~ for sth** für etw verantwortlich sein; **what's ~ for the hold-up?** woran liegt die Verzögerung?; **who is ~ for breaking the window?** wer hat das Fenster eingeschlagen?; **to hold sb ~ for sth** j-n für etw verantwortlich machen; **she is ~ for popularizing the sport** *Aufgabe* sie ist dafür verantwortlich, die Sportart populärer zu machen; *Verdienst* es ist ihr zu verdanken, dass die Sportart populär geworden ist **2** *Haltung* verantwortungsbewusst; *Job* verantwortungsvoll

responsibly [rɪˈspɒnsəblɪ] *adv* verantwortungsbewusst

responsive [rɪˈspɒnsɪv] *adj Publikum* interessiert; *Steuerung, Bremsen* leicht reagierend

rest[1] [rest] **A** *s* **1** Ruhe *f*, Pause *f*; *im Urlaub* Erholung *f*; **a day of ~** ein Ruhetag *m*; **I need a ~** ich muss mich ausruhen, ich brauche Urlaub; **to have a ~** (sich) ausruhen, (eine) Pause machen; **to have a good night's ~** sich ordentlich ausschlafen; **give it a ~!** *umg* hör doch auf!; **to lay to ~** *euph* zur letzten Ruhe betten; **to set at ~** *Ängste, Zweifel* beschwichtigen; **to put sb's mind at ~** j-n beruhigen; **to come to ~** *Ball etc* zum Stillstand kommen; *Vogel* sich niederlassen; **there's no ~ for the wicked** das ist für meine Sünden (*humoristisch verwendet, um auszudrücken, dass man viel Arbeit hat und dass dies die Strafe für all das Schlechte sei, was man sich zuschulden hat kommen lassen*) **2** (≈ *Vorrichtung*) Auflage *f* **B** *v/i* **1** ruhen *geh*, rasten, sich ausruhen; **she never ~s** sie arbeitet ununterbrochen; **to be ~ing** ruhen *geh*; **let the matter ~!** lass es dabei!; **may he ~ in peace** er ruhe in Frieden **2** *Entscheidung* liegen (**with** bei); **the matter must not ~ there** man kann die Sache so nicht belassen; **(you may) ~ assured that ...** Sie können versichert sein, dass ... **3** lehnen (**on** an *+dat od* **against** gegen); *Dach, Blick* ruhen (**on** auf *+dat*); *Argument* sich stützen (**on** auf *+akk*); **her elbows were ~ing on the table** ihre Ellbogen waren auf den Tisch gestützt; **her head was ~ing on the table** ihr Kopf lag auf dem Tisch **C** *v/t* **1** ausruhen; **to feel ~ed** sich ausgeruht fühlen **2** *Leiter* lehnen (**against** gegen *od* **on** an *+akk*); *Ellbogen* stützen (**on** auf *+akk*); **to ~ one's hand on sb's shoulder** j-m die Hand auf die Schulter legen

rest[2] *s* Rest *m*; **the ~ of the boys** die übrigen Jungen; **she's no different from the ~** sie ist wie alle anderen; **all the ~ of the money** der ganze Rest des Geldes; **all the ~ of the books** alle übrigen Bücher

rest area *s* Rastplatz *m*

restart [ˌriːˈstɑːt] **A** *v/t* neu starten; *Motor* wieder anlassen; *Maschine* wieder anschalten **B** *v/i Maschine* wieder starten; *Motor* wieder anspringen

restate [ˌriːˈsteɪt] *v/t* **1** *Argument* erneut vortragen; *Fall* erneut darstellen **2** umformulieren; *Fall* neu darstellen

restaurant [ˈrestərɒnt] *s* Restaurant *n*

restaurant car *s Br* BAHN Speisewagen *m*

restful [ˈrestfʊl] *adj* **1** *Farbe* ruhig; *Ort* friedlich **2** *Zeit* erholsam

rest home *s* Pflegeheim *n*

restive [ˈrestɪv] *adj* rastlos

restless [ˈrestlɪs] *adj* unruhig, rastlos

restlessness *s* Unruhe *f*, Rastlosigkeit *f*

restock [ˌriːˈstɒk] *v/t Regale* wiederauffüllen

restoration [ˌrestəˈreɪʃən] *s von Ordnung* Wiederherstellung *f*; *in Amt* Wiedereinsetzung *f* (**to** in *+akk*); *von Kunstwerk* Restaurierung *f*

restore [rɪˈstɔː] *v/t* **1** zurückgeben, zurückbringen; *Ordnung* wiederherstellen; **~d to health** wiederhergestellt **2** *in Amt* wiedereinsetzen (**to** in *+akk*); **to ~ to power** wieder an die Macht bringen **3** *Gemälde etc* restaurieren

restrain [rɪˈstreɪn] *v/t* j-n zurückhalten; *Gefangenen* mit Gewalt festhalten; *Tier etc* bändigen; **to ~ sb from doing sth** j-n davon abhalten, etw zu tun; **to ~ oneself** sich beherrschen

restrained *adj* zurückhaltend; *Verhalten* beherrscht

restraint *s* **1** Beschränkung *f*; **without ~** unbeschränkt **2** Beherrschung *f*; **to show a lack of ~** wenig Beherrschung zeigen; **he said with great ~ that ...** er sagte sehr beherrscht, dass ...; **wage ~** Zurückhaltung *f* bei Lohnforderungen

restrict [rɪˈstrɪkt] *v/t* beschränken (**to** auf *+akk*); *Freiheit* einschränken

restricted *adj* beschränkt, eingeschränkt; *Information* geheim; **within a ~ area** auf begrenztem Gebiet

restricted area *s* Sperrgebiet *n*

restriction [rɪˈstrɪkʃən] *s* Beschränkung *f* (**on sth** *gen*), Einschränkung *f* (**on sth** *gen*); **to place ~s on sth** etw beschränken

restrictive [rɪˈstrɪktɪv] *adj* restriktiv

restroom *US s* Toilette *f*

restructure [ˌriːˈstrʌktʃə] **A** *v/t* HANDEL, IND umstrukturieren **B** *v/i* HANDEL, IND sich umstrukturieren

restructuring [ˌriːˈstrʌktʃərɪŋ] *s* HANDEL, IND Umstrukturierung *f*

rest stop *s US* AUTO Rastplatz *m*; (≈ *Fahrtunterbrechung*) Rast *f*

result [rɪˈzʌlt] **A** *s* **1** Folge *f*; **as a ~** folglich, als Folge, infolgedessen; **as a ~ of this** und folglich, infolgedessen; **as a ~ of which he ...** was zur Folge hatte, dass er ...; **to be the ~ of** resultieren aus **2** *von Wahlen etc* Resultat *n*, Ergebnis *n*; **~s** *von Test* Werte *pl*; **to get ~s** Resultate erzielen; **as a ~ of my inquiry** auf meine Anfrage (hin); **what was the ~?** SPORT wie ist es ausgegangen? **B** *v/i* resultieren (**from** aus)

phrasal verbs mit result:

result in *v/i* ‹+obj› führen zu; **this resulted in his being late** das führte dazu, dass er zu spät kam

resume [rɪˈzjuːm] **A** *v/t* **1** wiederaufnehmen; *Reise* fortsetzen **2** *Kommando* wieder überneh-

men **B** v/i wieder beginnen
résumé ['reɪzjuːmeɪ] s **1** Zusammenfassung f **2** US Lebenslauf m
resumption [rɪ'zʌmpʃən] s Wiederaufnahme f; von Reise Fortsetzung f; von Unterricht Wiederbeginn m
resurface [ˌriː'sɜːfɪs] v/i Taucher fig wieder auftauchen
resurgence [rɪ'sɜːdʒəns] s Wiederaufleben n
resurrect [ˌrezə'rekt] fig v/t Brauch, Karriere wiederbeleben
resurrection [ˌrezə'rekʃən] s **1 the Resurrection** REL die Auferstehung **2** fig von Brauch Wiederbelebung f
resuscitate [rɪ'sʌsɪteɪt] v/t MED wiederbeleben
resuscitation [rɪˌsʌsɪ'teɪʃən] s MED Wiederbelebung f
retail ['riːteɪl] **A** s Einzelhandel m **B** v/i **to ~ at ...** im Einzelhandel ... kosten **C** adv im Einzelhandel
retailer ['riːteɪlə^r] s Einzelhändler(in) m(f)
retailing ['riːteɪlɪŋ] s der Einzelhandel
retail outlet s Einzelhandelsgeschäft n
retail park Br s Shoppingcenter n
retail price s Einzelhandelspreis m
retail therapy hum s Shopping- od Einkaufstherapie f umg
retail trade s Einzelhandel m
retain [rɪ'teɪn] v/t **1** behalten, zurück(be)halten; Geschmack beibehalten; Feuchtigkeit speichern **2** Computer: Information speichern
retainer [rɪ'teɪnə(r)] s ECON Vorschuss m
retake [ˌriː'teɪk] v/t ⟨prät retook, pperf retaken [ˌriː'teɪkən]⟩ **1** MIL zurückerobern **2** Prüfung, a. SPORT wiederholen
retaliate [rɪ'tælɪeɪt] v/i Vergeltung üben; für Beleidigung etc sich revanchieren (**against sb** an j-m); SPORT, a. bei Streit kontern; **he ~d by pointing out that ...** er konterte, indem er darauf hinwies, dass ...; **then she ~d by calling him a pig** sie revanchierte sich damit, dass sie ihn ein Schwein nannte
retaliation [rɪˌtælɪ'eɪʃən] s Vergeltung f; bei Streit Konterschlag m; **in ~** zur Vergeltung
retarded [rɪ'tɑːdɪd] adj politisch nicht korrekt **mentally ~** geistig zurückgeblieben neg!
retch [retʃ] v/i würgen
retd abk (= retired) i. R., a. D.
retell [ˌriː'tel] v/t ⟨prät, pperf retold⟩ wiederholen; LIT nacherzählen
retention [rɪ'tenʃən] s Beibehaltung f; von Besitztum Zurückhaltung f; von Wasser Speicherung f
rethink [ˌriː'θɪŋk] ⟨v: prät, pperf rethought [ˌriː'θɔːt]⟩ **A** v/t überdenken **B** ['riːˌθɪŋk] s umg Überdenken n; **we'll have to have a ~** wir müssen das noch einmal überdenken
reticence ['retɪsəns] s Zurückhaltung f
reticent ['retɪsənt] adj zurückhaltend
retina ['retɪnə] s ⟨pl -e od -s ['retɪniː]⟩ Netzhaut f
retinue ['retɪnjuː] s Gefolge n
retire [rɪ'taɪə^r] v/i **1** in Rente gehen, aufhören zu arbeiten; Beamter in den Ruhestand treten; Fußballer aufhören; **to ~ from business** sich zur Ruhe setzen **2** a. SPORT aufgeben; Jury sich zurückziehen; **to ~ from public life** sich aus dem öffentlichen Leben zurückziehen
retired adj Arbeiter aus dem Arbeitsleben ausgeschieden form; Beamter pensioniert; **he is ~** er arbeitet nicht mehr; **~ people** Rentner mpl, Rentnerinnen fpl; **a ~ worker** ein Rentner
retirement s **1** Ausscheiden n aus dem Arbeitsleben form; von Beamten Pensionierung f; **~ at 65** Altersgrenze f bei 65; **to come out of ~** wieder zurückkommen **2** SPORT Aufgabe f
retirement age s Rentenalter n; von Beamten Pensionsalter n
retirement home s Seniorenheim n
retirement pension s Altersruhegeld n form
retold [ˌriː'təʊld] prät & pperf → retell
retook [ˌriː'tʊk] prät → retake
retort [rɪ'tɔːt] v/t (scharf) entgegnen
retouch [ˌriː'tʌtʃ] v/t retuschieren
retrace [rɪ'treɪs] v/t Vergangenheit zurückverfolgen; **to ~ one's steps** denselben Weg zurückgehen
retract [rɪ'trækt] v/t Angebot zurückziehen; Behauptung zurücknehmen
retraction [rɪ'trækʃən] s **1** von Angebot Rückzug m; von Behauptung Rücknahme f **2** Rückzieher m
retrain [ˌriː'treɪn] **A** v/t umschulen **B** v/i sich umschulen lassen
retraining [ˌriː'treɪnɪŋ] s Umschulung f
retreat [rɪ'triːt] **A** s **1** MIL Rückzug m; **in ~** auf dem Rückzug; **to beat a (hasty) ~** fig (schleunigst) das Feld räumen **2** Zufluchtsort m **B** v/i MIL den Rückzug antreten
retrial ['riːtraɪəl] s JUR Wiederaufnahmeverfahren n
retribution [ˌretrɪ'bjuːʃən] s Vergeltung f
retrievable [rɪ'triːvəbl] adj IT Daten abrufbar; nach Absturz wiederherstellbar
retrieval [rɪ'triːvəl] s Heraus-/Herunterholen etc n; IT von Information Abrufen n; nach Absturz Wiederherstellen n
retrieve [rɪ'triːv] v/t heraus-/herunterholen etc; nach Unglück retten; IT abrufen; nach Absturz wiederherstellen
retriever [rɪ'triːvə^r] s (≈ Hund) Retriever m
retro ['retrəʊ] adj retro
retro- präf rück-, Rück-

retroactive adj, **retroactively** [ˌretrəʊˈæktɪv, -lɪ] adv rückwirkend

retrograde [ˈretrəʊgreɪd] adj rückläufig; **~ step** Rückschritt m

retrospect [ˈretrəʊspekt] s **in ~** im Nachhinein; **in ~, what would you have done?** was hätten Sie rückblickend gemacht?

retrospective [ˌretrəʊˈspektɪv] adj rückblickend; **a ~ look (at)** ein Blick m zurück (auf +akk)

retrospectively [ˌretrəʊˈspektɪvlɪ] adv rückblickend

retry [riːˈtraɪ] v/t **1** noch mal versuchen; IT neu eingeben **2** JUR Fall neu verhandeln; **to ~ a case** einen Fall neu verhandeln, einen Prozess wieder aufnehmen; **to ~ sb** gegen j-n neu verhandeln

return [rɪˈtɜːn] **A** v/i zurückkommen, zurückgehen/-fahren; Symptome, Ängste wiederkommen; **to ~ to London/the group** nach London/zur Gruppe zurückkehren; **to ~ to school** wieder in die Schule gehen; **to ~ to (one's) work** wieder an seine Arbeit gehen; **to ~ to a subject** auf ein Thema zurückkommen; **to ~ home** nach Hause kommen/gehen **B** v/t **1** zurückgeben **(to sb** j-m), zurückbringen **(to sb** j-m), zurücksetzen etc; Brief etc zurückschicken **(to an** +akk); **to ~ sb's (phone) call** j-n zurückrufen; **to ~ a book to the shelf/box** ein Buch auf das Regal zurückstellen/in die Kiste zurücklegen; **to ~ fire** MIL das Feuer erwidern **2 to ~ a verdict of guilty (on sb)** JUR (j-n) schuldig sprechen **3** FIN Gewinn abwerfen **C** s **1** Rückkehr f; **on my ~** bei meiner Rückkehr; **~ home** Heimkehr f; **by ~ (of post)** Br postwendend; **many happy ~s (of the day)!** herzlichen Glückwunsch zum Geburtstag! **2** Rückgabe f, Zurückbringen n, Zurücksetzen etc n **3** Br a **~ ticket** Rückfahrkarte f **4** aus Investition Ertrag m **(on** aus); aus Kapital Gewinn m **(on** aus); fig **in ~** dafür, als Gegenleistung; **in ~ for** für **5 tax ~** Steuererklärung f **6** Tennis Return m

returnable [rɪˈtɜːnəbl] adj Mehrweg-; **~ bottle** Mehrwegflasche f, Pfandflasche f

return fare Br s Preis m für eine Rückfahrkarte; FLUG Preis m ein Rückflugticket

return flight Br s (Hin- und) Rückflug m

return journey s Rückreise f

return key s COMPUT Returntaste f

return match s Rückspiel n

return ticket Br s Rückfahrkarte f; FLUG Rückflugticket n

return visit s zweiter Besuch; **to make a ~ (to a place)** (an einen Ort) zurückkehren

retweet [riːˈtwiːt] **A** s bei Twitter® weitergeleiteter Tweet **B** v/t weiterleiten **C** v/i einen Tweet weiterleiten

reunification [riːˌjuːnɪfɪˈkeɪʃən] s Wiedervereinigung f

reunify [riːˈjuːnɪfaɪ] v/t wiedervereinigen

reunion [riːˈjuːnjən] s Zusammenkunft f

reunite [ˌriːjuːˈnaɪt] **A** v/t wiedervereinigen; **they were ~d at last** sie waren endlich wieder vereint **B** v/i Staaten sich wiedervereinigen

reusable [ˌriːˈjuːzəbl] adj wiederverwertbar

reuse [ˌriːˈjuːz] v/t wiederverwenden

Rev abk (= Reverend) Pfarrer m

rev [rev] **A** v/i den Motor auf Touren bringen **B** v/t Motor aufheulen lassen

phrasal verbs mit rev:

rev up v/t & v/i AUTO → rev

revalue [ˌriːˈvæljuː] v/t FIN aufwerten

revamp [ˌriːˈvæmp] umg v/t Buch, Image aufmotzen umg; Firma auf Vordermann bringen umg

rev counter s AUTO Drehzahlmesser m

Revd abk (= Reverend) Pfarrer m

reveal [rɪˈviːl] v/t **1** zum Vorschein bringen, zeigen **2** Wahrheit aufdecken; Identität enthüllen; Namen, Einzelheiten verraten, preisgeben; **he could never ~ his feelings for her** er konnte seine Gefühle für sie nie zeigen; **what does this ~ about the motives of the hero?** was sagt das über die Motive des Helden aus?

revealing [rɪˈviːlɪŋ] adj aufschlussreich; Rock etc viel zeigend

revel [ˈrevl] **A** v/i **to ~ in sth** etw in vollen Zügen genießen; **to ~ in doing sth** seine wahre Freude daran haben, etw zu tun **B** s **revels** pl Feiern n

revelation [ˌrevəˈleɪʃən] s Enthüllung f

reveller [ˈrevləʳ] s, **reveler** US s Feiernde(r) m/f(m)

revelry [ˈrevlrɪ] s ⟨mst pl⟩ Festlichkeit f

revenge [rɪˈvendʒ] s Rache f; SPORT Revanche f; **to take ~ on sb (for sth)** sich an j-m (für etw) rächen; **to get one's ~** sich rächen; SPORT sich revanchieren; **in ~ for** als Rache für

revenue [ˈrevənjuː] s öffentliche Einnahmen pl, Steueraufkommen n

reverberate [rɪˈvɜːbəreɪt] v/i nachhallen

reverence [ˈrevərəns] s Ehrfurcht f; **to treat sth with ~** etw ehrfürchtig behandeln

reverend [ˈrevərənd] **A** adj **the Reverend Robert Martin** ≈ Pfarrer Robert Martin **B** s umg ≈ Pfarrer m

reverent [ˈrevərənt] adj ehrfürchtig

reverently [ˈrevərəntlɪ] adv ehrfürchtig

reversal [rɪˈvɜːsəl] s von Reihenfolge Umkehren n; von Prozess Umkehrung f; von Politik Umkrempeln n; von Entscheidung Rückgängigmachen n

reverse [rɪˈvɜːs] **A** adj umgekehrt **B** s **1** Gegenteil n; **quite the ~!** ganz im Gegenteil!; **in ~**

rückwärts **2** Rückseite f **3** AUTO Rückwärtsgang m; **in ~** im Rückwärtsgang; **to put a/ the car into ~** den Rückwärtsgang einlegen **C** v/t **1** Reihenfolge, Prozess umkehren; Politik umkrempeln; Entscheidung rückgängig machen; **to ~ the charges** Br TEL ein R-Gespräch führen **2 to ~ one's car into a tree** bes Br rückwärts gegen einen Baum fahren **D** v/i bes Br mit Auto rückwärts fahren
reverse charge call s Br R-Gespräch n
reverse gear s AUTO Rückwärtsgang m
reversible [rɪˈvɜːsəbl] adj Entscheidung rückgängig zu machen präd, rückgängig zu machend attr; Prozess umkehrbar
reversible jacket s Wendejacke f
reversing camera s Rückfahrkamera f
reversing light [rɪˈvɜːsɪŋlaɪt] s Rückfahrscheinwerfer m
reversion [rɪˈvɜːʃən] s Umkehr f (**to** zu)
revert [rɪˈvɜːt] v/i zurückkehren (**to** zu)
review [rɪˈvjuː] **A** s **1** Rückblick m (**of** auf +akk); (≈ Zusammenfassung) Überblick m (**of** über +akk) **2** nochmalige Prüfung; **the agreement comes up for ~** od **comes under ~ next year** das Abkommen wird nächstes Jahr nochmals geprüft; **his salary is due for ~ in January** im Januar wird sein Gehalt neu festgesetzt **3** von Buch etc Kritik f, Rezension f; im Internet Bewertung f **B** v/t **1** Vergangenheit zurückblicken auf (+akk) **2** Situation, Fall erneut (über)prüfen **3** Buch etc besprechen **4** US für Prüfung wiederholen
reviewer [rɪˈvjuːəʳ] s Kritiker(in) m(f)
revise [rɪˈvaɪz] **A** v/t **1** revidieren, überarbeiten **2** Br SCHULE etc wiederholen **B** v/i Br (den Stoff) wiederholen, sich auf eine Prüfung vorbereiten
revised adj **1** revidiert; Angebot neu **2** Ausgabe überarbeitet
revision [rɪˈvɪʒən] s **1** von Ansicht Revidieren n **2** Br SCHULE etc Wiederholung f (des Stoffs); **to do some ~** (den Stoff) wiederholen **3** von Buch überarbeitete Ausgabe
revisit [ˌriːˈvɪzɪt] v/t wieder besuchen
revitalize [ˌriːˈvaɪtəlaɪz] v/t neu beleben, wiederbeleben
revival [rɪˈvaɪvəl] s **1** von Stück Wiederaufnahme f **2** von Brauch etc Wiederaufleben n; **an economic ~** ein wirtschaftlicher Wiederaufschwung
revive [rɪˈvaɪv] **A** v/t wiederbeleben; Wirtschaft wieder ankurbeln; Erinnerungen wieder lebendig werden lassen; Brauch wieder aufleben lassen; Karriere wiederaufnehmen; **to ~ interest in sth** neues Interesse an etw (dat) wecken **B** v/i Mensch wieder zu sich kommen, wieder munter werden; Geschäfte wieder aufblühen
revoke [rɪˈvəʊk] v/t Gesetz aufheben; Entscheidung widerrufen; Lizenz entziehen
revolt [rɪˈvəʊlt] **A** s Revolte f **B** v/i revoltieren (**against** gegen) **C** v/t abstoßen; **I was ~ed by it** es hat mich abgestoßen
revolting [rɪˈvəʊltɪŋ] adj abstoßend; Essen ekelhaft; umg Farbe, Kleid scheußlich; Mensch widerlich
revolution [ˌrevəˈluːʃən] s **1** Revolution f **2** Umdrehung f
revolutionary [ˌrevəˈluːʃnərɪ] **A** adj revolutionär **B** s Revolutionär(in) m(f)
revolutionize [ˌrevəˈluːʃənaɪz] v/t revolutionieren
revolve [rɪˈvɒlv] **A** v/t drehen **B** v/i sich drehen
revolver [rɪˈvɒlvəʳ] s Revolver m
revolving door [rɪˈvɒlvɪŋ] s Drehtür f
revue [rɪˈvjuː] s THEAT Revue f; satirisch Kabarett n
revulsion [rɪˈvʌlʃən] s Ekel m (**at** vor +dat)
reward [rɪˈwɔːd] **A** s Belohnung f; **the ~s of this job** die Vorzüge dieser Arbeit **B** v/t belohnen
reward card s HANDEL Paybackkarte f
rewarding [rɪˈwɔːdɪŋ] adj lohnend, dankbar; **bringing up a child is ~** ein Kind großzuziehen ist eine lohnende Aufgabe
rewind [ˌriːˈwaɪnd] v/t ⟨prät, pperf rewound⟩ Band zurückspulen; **~ button** Rückspultaste f
reword [ˌriːˈwɜːd] v/t umformulieren
rewound [ˌriːˈwaʊnd] prät & pperf → rewind
rewritable [ˌriːˈraɪtəbl] adj CD, DVD wieder beschreibbar
rewrite [ˌriːˈraɪt] v/t ⟨prät rewrote [ˌriːˈrəʊt], pperf rewritten [ˌriːˈrɪtn]⟩ neu schreiben; umschreiben; **to ~ the record books** einen neuen Rekord verzeichnen
Rhaeto-Romanic [ˈriːtəʊrəʊˈmænɪk] s Rätoromanisch n
rhapsody [ˈræpsədɪ] s MUS Rhapsodie f; fig Schwärmerei f
Rhenish [ˈrenɪʃ] adj rheinisch
rhetoric [ˈretərɪk] s Rhetorik f
rhetorical adj, **rhetorically** [rɪˈtɒrɪkəl, -ɪ] adv rhetorisch; **~ question** rhetorische Frage
rheumatic [ruːˈmætɪk] s, **rheumatics** ⟨sg⟩ Rheumatismus m
rheumatism [ˈruːmətɪzəm] s Rheuma n
Rhine [raɪn] s Rhein m
Rhineland [ˈraɪnlænd] s Rheinland n
rhino [ˈraɪnəʊ] ⟨pl -s⟩ umg, **rhinoceros** [raɪˈnɒsərəs] s Nashorn n
rhododendron [ˌrəʊdəˈdendrən] s Rhododendron m/n
rhombus [ˈrɒmbəs] s Rhombus m
rhubarb [ˈruːbɑːb] s Rhabarber m
rhyme [raɪm] **A** s **1** Reim m; **there's no ~ or**

reason to it das hat weder Sinn noch Verstand ❷ Gedicht *n*; **in ~** in Reimen ■B *v/i* sich reimen
rhyme scheme *s* Reimschema *n*
rhythm ['rɪð*m*] *s* Rhythmus *m*
rhythmic(al) ['rɪðmɪk(əl)] *adj*, **rhythmically** ['rɪðmɪkəlɪ] *adv* rhythmisch
rib [rɪb] ■A *s* Rippe *f*; **to poke sb in the ribs** j-n in die Rippen stoßen ■B *v/t umg* necken
ribbed [rɪbd] *adj* gerippt
ribbon ['rɪbən] *s* ❶ in Haar Band *n*; *für Schreibmaschine* Farbband *n*; *fig* Streifen *m* ❷ **to tear sth to ~s** etw zerfetzen
rib cage *s* Brustkorb *m*
ribonucleic acid ['raɪbəʊnjuːˈkliːɪkˈæsɪd] *s* Ribonukleinsäure *f*
rice [raɪs] *s* Reis *m*
rice pudding *bes Br s* Milchreis *m*
rich [rɪtʃ] ■A *adj* ⟨+er⟩ reich; *Stil* prächtig; *Essen* schwer; *Boden* fruchtbar; *Geruch* stark; **that's ~!** *iron* das ist stark *umg*; **to be ~ in sth** reich an etw (*dat*) sein; **~ in protein** eiweißreich; **~ in minerals** reich an Bodenschätzen; **a ~ diet** reichhaltige Kost ■B *s* ❶ **the ~** *pl* die Reichen *pl* ❷ **~es** *pl* Reichtümer *pl*
richly ['rɪtʃlɪ] *adv* verzieren, sich kleiden prächtig; *belohnen* reichlich; **he ~ deserves it** er hat es mehr als verdient
richness *s* Reichtum *m* (**in an** +*dat*); *von Stil* Pracht *f*; *von Essen* Schwere *f*; *von Boden* Fruchtbarkeit *f*; **the ~ of his voice** seine volle Stimme
rickety ['rɪkɪtɪ] *adj Möbel etc* wack(e)lig
ricochet ['rɪkəʃeɪ] ■A *s* Abprall *m* ■B *v/i* abprallen (**off von**)
rid [rɪd] ■A *adj* **to get rid of sb/sth** j-n/etw loswerden; **to be rid of sb/sth** j-n/etw los sein; **get rid of it** sieh zu, dass du das loswirst; **you are well rid of him** ein Glück, dass du den los bist ■B *v/t* ⟨*prät, pperf* rid *od* ridded⟩ **to rid of** befreien von; **to rid oneself of sb/sth** j-n/etw loswerden; *Ungeziefer a.* sich von etw befreien
riddance ['rɪdəns] *s* **good ~!** *umg* ein Glück, dass wir das *etc* los sind
ridden ['rɪdn] ■A *pperf* → ride ■B *adj* **debt-ridden** hoch verschuldet; **disease-ridden** von Krankheiten befallen
riddle[1] ['rɪdl] *v/t* **~d with holes** völlig durchlöchert; **~d with woodworm** wurmzerfressen; **~d with corruption** von der Korruption zerfressen; **~d with mistakes** voller Fehler
riddle[2] *s* Rätsel *n*; **to speak in ~s** in Rätseln sprechen
ride [raɪd] ⟨*v: prät* rode; *pperf* ridden⟩ ■A *v/i* ❶ SPORT reiten (**on** auf +*dat*); **to go riding** reiten gehen ❷ fahren; **he was riding on a bicycle** er fuhr mit einem Fahrrad ■B *v/t* reiten; *Rad* fahren mit; **to ~ a motorbike** Motorrad fahren ■C *s* Fahrt *f*; *mit Pferd* Ritt *m*, Ausritt *m*; *als Passagier* Mitfahrgelegenheit *f*; **to go for** *od* **take** *od* **have a ~** eine Fahrt machen; *mit Pferd* reiten gehen; **cycle ~** Radfahrt *f*; **to go for a ~ in the car** mit dem Auto wegfahren; **I just went along for the ~** *fig umg* ich bin nur zum Vergnügen mitgegangen; **to take sb for a ~** *umg* j-n anschmieren *umg*; **he gave me a ~ into town in his car** er nahm mich im Auto in die Stadt mit; **can I have a ~ on your bike?** kann ich mal mit deinem Rad fahren?

phrasal verbs mit ride:
ride on *v/i* ⟨+*obj*⟩ Ruf hängen an (+*dat*)
ride up *v/i Rock etc* hochrutschen

rider ['raɪdə[r]] *s auf Pferd* Reiter(in) *m(f)*; *auf Rad* Fahrer(in) *m(f)*
ridge [rɪdʒ] *s in Stoff etc* Rippe *f*; *von Berg* Rücken *m*; **a ~ of hills** eine Hügelkette; **a ~ of mountains** ein Höhenzug *m*; **a ~ of high pressure** METEO ein Hochdruckkeil *m*
ridicule ['rɪdɪkjuːl] ■A *s* Spott *m* ■B *v/t* verspotten, verhöhnen
ridiculous [rɪˈdɪkjʊləs] *adj* lächerlich; **don't be ~** red keinen Unsinn; **to make oneself (look) ~** sich lächerlich machen; **to be made to look ~** der Lächerlichkeit preisgegeben werden; **to go to ~ lengths (to do sth)** großen Aufwand betreiben(, um etw zu tun)
ridiculously [rɪˈdɪkjʊləslɪ] *adv* lächerlich
riding ['raɪdɪŋ] *s* Reiten *n*; **to go ~** reiten gehen; **I enjoy ~** ich reite gern
riding boots *pl* Reitstiefel *pl*
riding hat *s* Reitkappe *f*, Reiterhelm *m*
riding school *s* Reitschule *f*
rife [raɪf] *adj* weitverbreitet; **to be ~** grassieren; **~ with** voll von, voller +*gen*
riffraff ['rɪfræf] *pl* Gesindel *n*, Pack *n*
rifle[1] ['raɪfl] *v/t*, (*a.* **rifle through**) durchwühlen
rifle[2] *s* Gewehr *n*
rift [rɪft] *s* Spalt *m*; *fig* Riss *m*
rig [rɪg] ■A *s* (Öl)förderturm *m*, Ölbohrinsel *f* ■B *v/t fig Wahlen etc* manipulieren
rigging *s* NAUT Takelage *f*; *von Wahlen* Manipulation *f*
right [raɪt] ■A *adj* ❶ richtig, korrekt; **he thought it ~ to warn me** er hielt es für richtig, mich zu warnen; **it seemed only ~ to give him the money** es schien richtig, ihm das Geld zu geben; **it's only ~ (and proper)** es ist nur recht und billig; **to be ~** recht haben; *Antwort* stimmen; **to get sth ~** etw richtig machen; **what's the ~ time?** wie viel Uhr ist es genau?; **you're quite ~** Sie haben ganz recht; **you were ~ to refuse** Sie hatten recht, als Sie ablehnten; **to put ~** *Fehler* korrigieren; *Situation* wieder in Ordnung bringen; **I tried to put things ~ after**

their quarrel ich versuchte, nach ihrem Streit wieder einzulenken; **what's the ~ thing to do in this case?** was tut man da am besten?; **to do sth the ~ way** etw richtig machen; **Mr/Miss Right** umg der/die Richtige umg; **we will do what is ~ for the country** wir werden tun, was für das Land gut ist; **the medicine soon put him ~** die Medizin hat ihn schnell wiederhergestellt; **he's not ~ in the head** umg bei ihm stimmts nicht im Oberstübchen umg **2** ~! okay! umg; **that's ~!** (das) stimmt!; **you need a new schoolbag, ~?** du brauchst eine neue Schultasche, oder?; **so they came in the end — is that ~?** und so kamen sie schließlich — wirklich?; ~ **enough!** (das) stimmt!; ~ **here** genau hier; ~ **in the middle** genau in der Mitte; ~ **at the beginning** gleich am Anfang; **I'll be ~ with you** ich bin gleich da **2** (≈ völlig) ganz **3** richtig; **nothing goes ~ for them** nichts klappt bei ihnen umg **4** (nach) rechts; **to turn ~** (nach) rechts abbiegen; **to look ~** nach rechts schauen; **go ~** biege nach rechts ab **C** s **1** ⟨kein pl⟩ Recht n; **to be in the ~** im Recht sein; **(to have) a ~ to sth** einen Anspruch auf etw (akk) (haben); **he is within his ~s** das ist sein gutes Recht; **by ~s** rechtmäßig; **in one's own ~** selber **2** ~s pl HANDEL Rechte pl **3** **to put** od **set sth to ~s** etw (wieder) in Ordnung bringen; **to put the world to ~s** die Welt verbessern **4** rechte Seite; **on the ~** rechts, auf der rechten Seite; **to drive on the ~** rechts fahren; **to keep to the ~** sich rechts halten; **to take a ~** (US) (nach) rechts abbiegen; **on my ~** rechts (von mir); **on** od **to the ~ of the church** rechts von der Kirche; **the Right** POL die Rechte **D** v/t **1** aufrichten **2** Unrecht wiedergutmachen

right angle s rechter Winkel; **at ~s (to)** rechtwinklig (zu)
right-angled adj rechtwinklig
right-click A v/i IT rechts klicken **B** v/t IT rechts klicken auf (+akk)
righteous ['raɪtʃəs] adj **1** rechtschaffen **2** Wut gerecht
rightful ['raɪtfʊl] adj rechtmäßig
rightfully ['raɪtfəlɪ] adv rechtmäßig; **they must give us what is ~ ours** sie müssen uns geben, was uns rechtmäßig zusteht
right-hand adj ~ **drive** rechtsgesteuert; **on the ~ side** auf der rechten Seite
right-handed adj & adv rechtshändig; **to be ~** Rechtshänder(in) sein
right-hander s Rechtshänder(in) m(f)
right-hand man s ⟨pl - men⟩ rechte Hand
rightist ['raɪtɪst] adj POL rechts orientiert
rightly ['raɪtlɪ] adv richtig; **they are ~ regarded as …** sie werden zu Recht als … angesehen; **if I remember ~** wenn ich mich recht erinnere; **and ~ so** und zwar mit Recht
right-minded adj vernünftig
right of way s Durchgangsrecht n; Verkehr Vorfahrt f, Vortritt m schweiz
right wing s POL rechter Flügel
right-wing adj POL rechtsgerichtet; ~ **extremist** Rechtsextremist(in) m(f)
right-winger s SPORT Rechtsaußen m; POL Rechte(r) m/f(m)
rigid ['rɪdʒɪd] adj starr; Disziplin streng; ~ **with fear** starr vor Angst; **to be bored ~** sich zu Tode langweilen
rigidity [rɪ'dʒɪdɪtɪ] s Starrheit f; von Charakter Striktheit f; von Disziplin Strenge f
rigidly ['rɪdʒɪdlɪ] adv **1** wörtl starr **2** fig handeln strikt
rigmarole ['rɪgmərəʊl] umg s **1** Gelaber n umg **2** (≈ Vorgang) Theater n umg, Zirkus m umg
rigor US s → rigour
rigorous ['rɪgərəs] adj strikt; Maßnahmen rigoros; Prüfung gründlich
rigorously ['rɪgərəslɪ] adv anwenden rigoros; prüfen gründlich
rigour ['rɪgəʳ] s, **rigor** US s ~s des Klimas etc Unbilden pl
rim [rɪm] s Rand m; von Brille Fassung f; von Rad Felge f, Radkranz m
rimmed [rɪmd] adj mit Rand; **gold-rimmed spectacles** Brille f mit Goldfassung
rind [raɪnd] s Rinde f; von Speck Schwarte f; von Obst Schale f
ring[1] [rɪŋ] **A** s Ring m; in Zirkus Manege f; **to run ~s round sb** umg j-n in die Tasche stecken umg **B** v/t umringen, einkreisen
ring[2] ⟨v: prät rang, pperf rung⟩ **A** v/i **1** klingen; Glocke läuten; Wecker, Telefon klingeln; **the (door)bell rang** es hat geklingelt **2** bes Br TEL anrufen **3** tönen; **to ~ true** wahr klingen **B** v/t **1** Glocke läuten; **to ~ the doorbell** (an der Tür) klingeln; **that ~s a bell** fig umg das kommt mir bekannt vor **2** bes Br a. ~ **up** anrufen **C** s **1** Klang m; von Klingel Läuten n; von Wecker, Telefon Klingeln n; **there was a ~ at the door** es hat geklingelt **2** bes Br TEL **to give sb a ~** j-n anrufen

phrasal verbs mit ring:

ring back bes Br v/i & v/t ⟨trennb⟩ zurückrufen
ring off v/i bes Br TEL auflegen
ring out v/i Glocke ertönen; Schuss knallen
ring round bes Br v/i herumtelefonieren
ring up v/t ⟨trennb⟩ **1** bes Br TEL anrufen **2** Kas-

siererin eintippen
ring binder *s* Ringbuch *n*
ring finger *s* Ringfinger *m*
ringing ['rɪŋɪŋ] **A** *adj Glocke* läutend; **~ tone** *Br* TEL Rufzeichen *n* **B** *s von Glocke* Läuten *n*; *von Wecker, Telefon* Klingeln *n*; *in Ohren* Klingen *n*
ringleader *s* Anführer(in) *m(f)*
ringmaster *s* Zirkusdirektor *m*
ring-pull *s* Dosenring *m*
ring road *Br s* Umgehung(sstraße) *f*, Umfahrung (-sstraße) *f österr*
ring tone, **ringtone** *s* TEL Klingelton *m*
rink [rɪŋk] *s* **1** Eisbahn *f* **2** Rollschuhbahn *f*
rinse [rɪns] **A** *s* Spülung *f*; (≈ *Farbstoff*) Tönung *f*; **to give sth a ~** *Kleidung, Haare* etw spülen; *Geschirr* etw abspülen; *Tasse, Mund* etw ausspülen **B** *v/t Kleidung, Haare* spülen; *Geschirr* abspülen; *Tasse, Mund* ausspülen
phrasal verbs mit rinse:
rinse out *v/t* ⟨*trennb*⟩ auswaschen
riot ['raɪət] **A** *s* POL Aufruhr *m kein pl*, Krawall *m*; *fig* Orgie *f*; **to run ~** *Menge* randalieren; *Unkraut* wuchern **B** *v/i* randalieren
rioter ['raɪətə^r] *s* Randalierer(in) *m(f)*
rioting ['raɪətɪŋ] *s* Krawalle *pl*
riotous ['raɪətəs] *adj Menge* randalierend; *Verhalten* wild
riot police *pl* Bereitschaftspolizei *f*
rip [rɪp] **A** *s* Riss *m*; **to take the rip** *umg* sich lustig machen **B** *v/t* **1** reißen **2** *umg* **to let rip** loslegen *umg* **C** *v/t* IT *umg Daten, Musik* rippen *umg*, kopieren
phrasal verbs mit rip:
rip apart *v/t* ⟨*trennb*⟩ auseinanderreißen
rip off *v/t* ⟨*trennb*⟩ **1** *wörtl* abreißen (**sth von** etw); *Kleider* herunterreißen **2** *umg j-n* abzocken *umg*
rip up *v/t* ⟨*trennb*⟩ zerreißen
ripe [raɪp] *adj* ⟨*komp* riper⟩ **1** reif; **to live to a ~ old age** ein hohes Alter erreichen; **to be ~ for the picking** pflückreif sein **2** *umg Geruch* durchdringend
ripen ['raɪpən] **A** *v/t* reifen lassen **B** *v/i* reifen
ripeness ['raɪpnɪs] *s* Reife *f*
rip-off ['rɪpɒf] *umg s* Wucher *m*; *betrügerisch* Schwindel *m*; (≈ *Nachahmung*) Abklatsch *m*
ripple ['rɪpl] **A** *s* **1** kleine Welle **2** **a ~ of laughter** ein kurzes Lachen **B** *v/i Wasser* sich kräuseln **C** *v/t Wasser* kräuseln; *Muskeln* spielen lassen
rise [raɪz] ⟨*v: prät* rose; *pperf* risen⟩ **A** *v/i* **1** aufstehen; **~ and shine!** *umg* raus aus den Federn! *umg* **2** steigen; *Vorhang* sich heben; *Sonne, Brot* aufgehen; *Stimme* sich erheben; **to ~ to the surface** an die Oberfläche kommen; **her spirits rose** ihre Stimmung hob sich; **to ~ to a crescendo** zu einem Crescendo anschwellen; **to ~ to fame** Berühmtheit erlangen; **he rose to be President** er stieg zum Präsidenten auf **3** *Weg* ansteigen **4** (*a.* **~ up**) (≈ *Aufstand*) sich erheben; **to ~ (up) in protest (at sth)** sich protestierend (gegen etw) erheben **B** *s* **1** Anstieg *m* (**in sth** einer Sache *gen*), Zunahme *f* (**in sth** einer Sache *gen*); **a (pay) ~** *Br* eine Gehaltserhöhung; **there has been a ~ in the number of participants** die Zahl der Teilnehmer ist gestiegen **2** *von Sonne* Aufgehen *n*; *fig zu Ruhm etc* Aufstieg *m* (**to zu**) **3** (≈ *Hügel etc*) Erhebung *f*, Steigung *f* **4** **to give ~ to sth** etw verursachen
phrasal verbs mit rise:
rise above *v/i* ⟨+*obj*⟩ *Inflationsrate* ansteigen um mehr als; *Beleidigungen etc* erhaben sein über (+*akk*)
rise up *v/i* aufstehen; *Berg* sich erheben
risen ['rɪzn] *pperf* → rise
riser ['raɪzə^r] *s* **early ~** Frühaufsteher(in) *m(f)*; **late ~** Langschläfer(in) *m(f)*
rising ['raɪzɪŋ] **A** *s* **1** *von Rebellen* Aufstand *m* **2** *von Sonne* Aufgehen *n*; *von Preisen* (An)steigen *n* **B** *adj* **1** *Sonne* aufgehend; *Flut* steigend **2** steigend; *Kriminalität* zunehmend **3** *fig* **a ~ politician** ein kommender Politiker
risk [rɪsk] **A** *s* Risiko *n*; **health ~** Gesundheitsgefahr *f*; **to take ~s/a ~** Risiken/ein Risiko eingehen; **to run the ~ of doing sth** riskieren *od* Gefahr laufen, etw zu tun; **"cars parked at owners' ~"** „Parken auf eigene Gefahr"; **to be at ~** gefährdet sein; **to put sb at ~** *j-n* gefährden; **to put sth at ~** etw riskieren; **fire ~** Feuerrisiko **B** *v/t* riskieren; **you'll ~ losing your job** Sie riskieren dabei, Ihre Stelle zu verlieren
risk analysis *s* Risikoanalyse *f*
risk factor Risikofaktor *m*
risk management *s* Risikomanagement *n*
risky ['rɪskɪ] *adj* ⟨*komp* riskier⟩ riskant
risqué ['riːskeɪ] *adj* gewagt
rite [raɪt] *s* Ritus *m*; **burial ~s** Bestattungsriten *pl*
ritual ['rɪtjʊəl] **A** *adj* **1** rituell **2** *Besuch* üblich **B** *s* Ritual *n*
rival ['raɪvəl] **A** *s* Rivale *m*, Rivalin *f* (**for um** *od* **to** für); HANDEL Konkurrent(in) *m(f)* **B** *adj* Gruppe rivalisierend; *Pläne* konkurrierend **C** *v/t* HANDEL konkurrieren mit; **his achievements ~ yours** seine Leistungen können sich mit deinen messen
rivalry ['raɪvəlrɪ] *s* Rivalität *f*; HANDEL Konkurrenzkampf *m*
river ['rɪvə^r] *s* Fluss *m*; **down ~** flussabwärts; **up ~** flussaufwärts; **the ~ Rhine** *Br*, **the Rhine ~** *US* der Rhein
riverbank *s* Flussufer *n*
riverbed *s* Flussbett *n*
riverside *s* Flussufer *n*; **on/by the ~** am Fluss

rivet ['rɪvɪt] **A** s Niete f **B** v/t fig Aufmerksamkeit fesseln; **his eyes were ~ed to the screen** sein Blick war auf die Leinwand geheftet
riveting ['rɪvɪtɪŋ] adj fesselnd
RNA abk (= ribonucleic acid) RNS f
road [rəʊd] s **1** Straße f; **by ~** schicken per Spedition; reisen mit dem Bus etc; **across the ~ (from us)** gegenüber (von uns); **my car is off the ~ just now** ich kann mein Auto momentan nicht benutzen; **this vehicle shouldn't be on the ~** das Fahrzeug ist nicht verkehrstüchtig; **to take to the ~** sich auf den Weg machen; **to be on the ~** unterwegs sein; Theaterensemble auf Tournee sein; **is this the ~ to London?** geht es hier nach London?; **to have one for the ~** umg zum Abschluss noch einen trinken **2** fig Weg m; **you're on the right ~** Sie sind auf dem richtigen Weg; **on the ~ to ruin** auf dem Weg ins Verderben
road accident s Verkehrsunfall m
roadblock s Straßensperre f
road hog umg s Verkehrsrowdy m umg
roadhouse US s Rasthaus n (außerhalb einer Ortschaft an einer Hauptverkehrsstraße)
road map s **1** Straßenkarte f **2** fig Leitfaden m, Plan m, Fahrplan m
road rage s Aggressivität f im Straßenverkehr
road safety s Verkehrssicherheit f
road show s THEAT Tournee f
roadside s Straßenrand m; **by the ~** am Straßenrand
roadsign s (Straßen)verkehrszeichen n
road tax Br s Kraftfahrzeugsteuer f
road test s Probefahrt f
road-test v/t eine Probefahrt machen mit, Probe fahren
road toll s Straßenbenutzungsgebühr f
road train s Lkw-Zug m
road transport s Straßengüterverkehr m
roadway s Fahrbahn f
roadworks Br pl Baustelle f; Straßenbauarbeiten pl
roadworthy adj verkehrstüchtig
roam [rəʊm] **A** v/t wandern durch; **to ~ the streets** (in den Straßen) herumstreunen **B** v/i (herum)wandern
phrasal verbs mit roam:
roam about Br, **roam around** v/i herumwandern
roaming ['rəʊmɪŋ] s TEL Roaming n
roar [rɔː] **A** v/i brüllen (**with** vor +dat); Wind heulen; Motor dröhnen; **to ~ at sb** j-n anbrüllen **B** v/t (a. **roar out**) brüllen; **to ~ one's approval** zustimmend grölen **C** s ⟨kein pl⟩ Gebrüll n; von Wind Heulen n; von Motor Dröhnen n; von Verkehr Donnern n; **~s of laughter** brüllendes Gelächter; **the ~s of the crowd** das Brüllen der Menge
roaring **A** adj Löwe etc brüllend; **a ~ success** ein voller Erfolg; **to do a ~ trade (in sth)** ein Riesengeschäft n (mit etw) machen **B** s → roar C
roast [rəʊst] **A** s Braten m **B** adj Fleisch gebraten; Kartoffeln in Fett im Backofen gebraten; **~ chicken** Brathähnchen n; **~ beef** Roastbeef n; **~ pork** Schweinebraten m **C** v/t Fleisch braten; Kaffee rösten **D** v/i Fleisch braten; umg Mensch irrsinnig schwitzen umg
roasting umg adj knallheiß umg
roasting tin, **roasting tray** s Bräter m
rob [rɒb] v/t j-n bestehlen; Bank ausrauben; **to rob sb of sth** j-m etw rauben; **I've been robbed!** ich bin bestohlen worden!
robber ['rɒbəʳ] s Räuber(in) m(f)
robbery ['rɒbərɪ] s Raub m kein pl, Einbruch m (**of** in +akk); **armed ~** bewaffneter Raubüberfall; **bank ~** Bankraub m
robe [rəʊb] s Robe f; bes US im Haus Morgenrock m
robin ['rɒbɪn] s Rotkehlchen n
robot ['rəʊbɒt] s Roboter m
robotic [rəʊ'bɒtɪk] adj **1** (≈ selbsttätig) Roboter-; **~ vacuum cleaner** Saugroboter m **2** (≈ wie ein Roboter) roboterhaft
robotics [rəʊ'bɒtɪks] s Robotertechnik f
robust [rəʊ'bʌst] adj robust; Statur kräftig
rock[1] [rɒk] **A** v/t **1** schaukeln, wiegen **2** Gebäude erschüttern; fig umg **to ~ the boat** fig für Unruhe sorgen **B** v/i **1** schaukeln **2** Gebäude schwanken **3** MUS rocken **4** **you guys ~!** umg ihr seid Spitze **C** s MUS Rock m
rock[2] s **1** Stein m; von Berg Fels m; GEOL Gestein n **2** Fels(en) m, (großer) Stein; **the Rock (of Gibraltar)** der Felsen von Gibraltar; **as solid as a ~** massiv wie ein Fels; Unternehmen, Ehe unerschütterlich wie ein Fels; **on the ~s** umg mit Eis; Ehe etc kaputt umg
rock art s Felsmalerei f
rock bottom s **to be at ~** auf dem Tiefpunkt sein; **to hit ~** den Tiefpunkt erreichen
rock-bottom umg adj **~ prices** Niedrigstpreise pl
rock-climber s (Felsen)kletterer(in) m(f)
rock climbing s Klettern n (im Fels)
rockery ['rɒkərɪ] s Steingarten m
rocket[1] ['rɒkɪt] **A** s Rakete f **B** v/i Preise hochschießen
rocket[2] s GASTR Rucola m
rocket science wörtl s Raketentechnik f; **it's not ~** umg dazu muss man kein Genie sein
rock face s Felswand f
rock fall s Steinschlag m
rock garden s Steingarten m

Rockies ['rɒkɪz] *pl* **the ~** die Rocky Mountains *pl*
rocking chair ['rɒkɪŋ] *s* Schaukelstuhl *m*
rocking horse *s* Schaukelpferd *n*
rock pool *s Wasserlache zwischen Felsen*
rock star *s* MUS Rockstar *m*
rocky¹ ['rɒkɪ] *adj* wackelig
rocky² *adj* ⟨*komp* rockier⟩ felsig; *Weg* steinig
Rocky Mountains *pl* **the ~** die Rocky Mountains *pl*
rococo [rə'kəʊkəʊ] *s* Rokoko *n*
rod [rɒd] *s* Stab *m*, Stange *f*; *zur Bestrafung, zum Angeln* Rute *f*
rode [rəʊd] *prät* → ride
rodent ['rəʊdənt] *s* Nagetier *n*
rodeo ['rəʊdɪəʊ] *s* ⟨*pl* -s⟩ Rodeo *n*
roe¹ [rəʊ] *s* ⟨*pl* -(s)⟩ *a.* **roe deer** Reh *n*; **roebuck** Rehbock *m*; **roe deer** Reh *n*
roe² *s* ⟨*pl* -⟩ *von Fisch* Rogen *m*
roger ['rɒdʒə^r] *int* verstanden
rogue [rəʊg] A *s* Gauner(in) *m(f)*, Bazi *m österr*, Schlingel *m* B *adj* 1 einzelgängerisch 2 abnormal
role [rəʊl] *s* Rolle *f*
role model *s* PSYCH Rollenbild *n*, Vorbild *n*
role play *s* Rollenspiel *n*
role-play A *v/i* ein Rollenspiel durchführen B *v/t* als Rollenspiel durchführen
role-playing *s* ⟨*kein pl*⟩ Rollenspiel *n*
roll [rəʊl] A *s* 1 Rolle *f*; *von Fett* Wulst *m* 2 GASTR *a.* **bread ~** Brötchen *n* 3 *von Donner* Rollen *n*; (≈ *Gymnastikübung*) FLUG Rolle *f*; *auf Trommel* Wirbel *m*; **to be on a ~** *umg* eine Glückssträhne haben 4 Register *n*; **~ of honour** *Br* Ehrenliste *f* B *v/i* 1 rollen; *Schiff* schlingern; **to ~ down the hill** den Berg hinunterrollen; **tears were ~ing down her cheeks** Tränen rollten ihr über die Wangen; **to ~ in the mud** sich im Schlamm wälzen; **he's ~ing in it** *umg* er schwimmt im Geld *umg* 2 *Kamera* laufen C *v/t* rollen; *Zigarette* drehen; *Teig* ausrollen; **to ~ one's eyes** die Augen rollen; **he ~ed himself in a blanket** er wickelte sich in eine Decke; **kitchen and dining room ~ed into one** Küche und Esszimmer in einem

phrasal verbs mit roll:

roll about *Br*, **roll around** *v/i* herumrollen; *Mensch, Hund* sich herumwälzen; *umg vor Lachen* sich kugeln *umg*
roll back *v/t & v/i* ⟨*trennb*⟩ zurückrollen
roll down A *v/i* hinunterrollen B *v/t* ⟨*trennb*⟩ *Fenster* herunterlassen
roll in *v/i Geld* hereinströmen
roll on *v/i* **roll on, Saturday!** *Br* wenn es doch nur schon Samstag wäre!
roll out *v/t* ⟨*trennb*⟩ *Teig* ausrollen
roll over A *v/i* herumrollen; *Fahrzeug* umkippen; *Mensch* sich umdrehen B *v/t* ⟨*trennb*⟩ umdrehen
roll up A *v/i* **roll up!** treten Sie näher! B *v/t* ⟨*trennb*⟩ zusammenrollen; *Ärmel* hochkrempeln

roll call *s* Namensaufruf *m*
roller ['rəʊlə^r] *s* 1 *für Rasen* Walze *f*; *im Haar* (Locken)wickler *m*; **to put one's hair in ~s** sich (*dat*) die Haare aufdrehen 2 *US Koffer* Rollkoffer *m*
rollerball pen *s* Tintenroller *m*
roller blind *s* Springrollo *n*
roller coaster *s* Achterbahn *f*
roller skate *s* Rollschuh *m*
roller-skate *v/i* Rollschuh laufen
roller-skating *s* Rollschuhlaufen *n*
rolling ['rəʊlɪŋ] *adj* 1 *Hügel* gewellt; *Landschaft* wellig 2 *Programm* kontinuierlich
rolling pin *s* Nudelholz *n*
rolling suitcase *US s* Rollkoffer *m*
rollneck *s* Rollkragen *m*
rollneck(ed) *adj* Rollkragen-
roll-on *s* (Deo)roller *m*
rollover *s Br im Lotto* **~ week** Woche mit Lotto-Jackpot, da es in der vorhergehenden Woche keinen Hauptgewinner gab; **~ jackpot** Jackpot *m*
roll-up *Br umg s* Selbstgedrehte *f*
roly-poly ['rəʊlɪ'pəʊlɪ] *umg adj* kugelrund
ROM [rɒm] *s abk* (= read only memory) COMPUT ROM *m/n*
Roman ['rəʊmən] A *s* 1 Römer(in) *m(f)* 2 TYPO *a.* **~ type** Magerdruck *m* B *adj* römisch; **~ times** Römerzeit *f*
Roman Catholic A *adj* (römisch-)katholisch; **the ~ Church** die (römisch-)katholische Kirche B *s* Katholik(in) *m(f)*
Roman Catholicism *s* römisch-katholischer Glaube
romance [rəʊ'mæns] A *s* 1 Liebesgeschichte *f*; FILM Liebesfilm *m* 2 Romanze *f* 3 ⟨*kein pl*⟩ Romantik *f*; romantische Liebe; *fig* Zauber B *adj* **Romance** Sprache romanisch
Romanesque [ˌrəʊmə'nesk] *adj* romanisch
Romania [rəʊ'meɪnɪə] *s* Rumänien *n*
Romanian A *adj* rumänisch B *s* 1 Rumäne *m*, Rumänin *f* 2 (≈ *Sprache*) Rumänisch *n*
Roman numeral *s* römische Ziffer
romantic [rəʊ'mæntɪk] *adj* romantisch; **~ comedy** Liebeskomödie *f*
romantically [rəʊ'mæntɪklɪ] *adv* **to be ~ involved with sb** eine Liebesbeziehung mit j-m haben
romanticism [rəʊ'mæntɪsɪzəm] *s* Romantik *f*
romanticize [rəʊ'mæntɪsaɪz] *v/t* romantisieren
Romany ['rəʊmənɪ] A *s* 1 Roma *m/f* 2 LING Ro-

mani *n* B *adj Kultur* der Roma

Rome [rəʊm] *s* Rom *n*; **when in ~ (do as the Romans do)** *sprichw* ≈ andere Länder, andere Sitten *sprichw*; **~ wasn't built in a day** Rom ist auch nicht an einem Tag erbaut worden *sprichw*

romp [rɒmp] A *s* Tollerei *f* B *v/i Kinder* herumtollen; **to ~ home** spielend gewinnen; **to ~ through sth** mit etw spielend fertig werden

phrasal verbs mit romp:

romp about [rɒmpə'baʊt] *v/i* herumtollen, herumtoben

roof [ruːf] *s* Dach *n*; *von Tunnel* Gewölbe *n*; **the ~ of the mouth** der Gaumen; **without a ~ over one's head** ohne Dach über dem Kopf; **to live under the same ~ as sb** mit j-m unter demselben Dach wohnen; **to go through the ~** *umg vor Wut* an die Decke gehen *umg*; *Preise etc* unträgbar werden

roof box *s* Dachbox *f*
roof garden *s* Dachgarten *m*
roof rack *s* Dach(gepäck)träger *m*
rooftop *s* Dach *n*; **to shout sth from the ~s** *fig* etw überall herumposaunen

rook [rʊk] *s* 1 Saatkrähe *f* 2 *Schach* Turm *m*
rookie ['rʊkɪ] *s bes* MIL *sl* Grünschnabel *m umg*
room [ruːm] *s* 1 Zimmer *n*; *groß, öffentlich* Saal *m* 2 ⟨*kein pl*⟩ Platz *m*; *fig* Spielraum *m*; **there is ~ for two (people)** es ist genügend Platz für zwei (Leute); **to make ~ for sb/sth** für j-n/etw Platz machen; **there is ~ for improvement** es könnte um einiges besser sein; **~ for manoeuvre** *Br*, **~ for maneuver** *US* Spielraum *m*

roomer ['ruːmə^r] *US s* Untermieter(in) *m(f)*
roomful *s* **a ~ of people** ein Zimmer voll(er) Leute
roommate *Br s* Zimmergenosse *m*, Zimmergenossin *f*; *US* Mitbewohner(in) *m(f)*
room service *s* Zimmerservice *m*
room temperature *s* Zimmertemperatur *f*
roomy ['ruːmɪ] *adj* ⟨*komp* roomier⟩ geräumig
roost [ruːst] A *s* Stange *f*; **to come home to ~** *fig* auf den Urheber zurückfallen B *v/i* auf der Stange schlafen
rooster ['ruːstə^r] *s* Hahn *m*
root [ruːt] A *s* 1 Wurzel *f*; **by the ~s** mit der Wurzel; **to take ~** Wurzeln schlagen; **her ~s are in Scotland** sie ist in Schottland verwurzelt; **to put down ~s in a country** in einem Land Fuß fassen; **to get to the ~(s) of the problem** dem Problem auf den Grund gehen 2 LING Stamm *m* B *v/i* Wurzeln schlagen

phrasal verbs mit root:

root about *Br*, **root around** *v/i* herumwühlen (**for** nach)
root for *v/i* ⟨*+obj*⟩ **to root for sb** j-n anfeuern
root out *fig v/t* ⟨*trennb*⟩ mit der Wurzel ausreißen

root beer *US s Art* Limonade
rooted *adj* verwurzelt; **to stand ~ to the spot** wie angewurzelt dastehen
root vegetable *s* Wurzelgemüse *n*
rope [rəʊp] *s* Seil *n*; SCHIFF Tau *n*; **to know the ~s** *umg* sich auskennen; **to show sb the ~s** *umg* j-n in alles einweihen; **to learn the ~s** *umg* sich einarbeiten

phrasal verbs mit rope:

rope in *bes Br fig v/t* ⟨*trennb*⟩ rankriegen *umg*; **how did you get roped into that?** wie bist du denn da reingeraten? *umg*
rope off *v/t* ⟨*trennb*⟩ mit einem Seil abgrenzen

rope ladder *s* Strickleiter *f*
rosary ['rəʊzərɪ] *s* REL Rosenkranz *m*
rose[1] [rəʊz] *prät* → rise
rose[2] A *s* Rose *f*; **everything's coming up ~s** *umg* alles läuft bestens *umg*; **to come up smelling of ~s** *umg* gut dastehen; **that will put the ~s back in your cheeks** davon bekommst du wieder etwas Farbe im Gesicht; **bed of ~s** Zuckerschlecken *n* B *adj* rosarot
rosé ['rəʊzeɪ] A *adj* rosé B *s* Rosé *m*
rosebush *s* Rosenstrauch *m*
rosehip *s* Hagebutte *f*
rosemary ['rəʊzmərɪ] *s* Rosmarin *m*
rosette [rəʊ'zet] *s* Rosette *f*
roster ['rɒstə^r] *s* Dienstplan *m*
rostrum ['rɒstrəm] *s* ⟨*pl* rostra ['rɒstrə]⟩ Rednerpult *n*
rosy ['rəʊzɪ] *adj* ⟨*komp* rosier⟩ rosarot; *Backen* rosig; **to paint a ~ picture of sth** etw in den rosigsten Farben ausmalen
rot [rɒt] A *s* 1 Fäulnis *f kein pl*; **to stop the rot** den Fäulnisprozess aufhalten; **then the rot set in** *fig* dann setzte der Fäulnisprozess ein 2 *umg* Quatsch *m umg* B *v/i* verrotten; *Zähne, Pflanzen* verfaulen; **to rot in jail** im Gefängnis verrotten C *v/t* verfaulen lassen
rota ['rəʊtə] *Br s* Dienstplan *m*
rotary ['rəʊtərɪ] *adj* rotierend, Dreh-
rotate [rəʊ'teɪt] A *v/t* rotieren lassen; *Feldfrüchte* im Wechsel anbauen B *v/i* 1 rotieren 2 sich (turnusmäßig) abwechseln
rotating [rəʊ'teɪtɪŋ] *adj* rotierend
rotation [rəʊ'teɪʃən] *s* Rotation *f*, turnusmäßiger Wechsel *m*; **in ~** im Turnus; **crop ~** Fruchtwechsel *m*
rote [rəʊt] *s* **by ~** lernen auswendig
rotten ['rɒtn] *adj* 1 faul, verfault; *fig* korrupt; **~ to the core** durch und durch verdorben; **~ apple** *fig* schwarzes Schaf 2 *umg* mies *umg*, scheußlich *umg*; (= *boshaft*) gemein; **to be ~ at sth** in etw (*dat*) schlecht sein; **what ~ luck!**

so ein Pech!; **that was a ~ trick** das war ein übler Trick; **that's a ~ thing to say** es ist gemein, so etwas zu sagen; **to feel ~** sich elend fühlen; **to look ~** schlecht aussehen; **to feel ~ about doing sth** sich (dat) mies vorkommen, etw zu tun; **to spoil sb ~** j-n nach Strich und Faden verwöhnen umg; Br umg **to fancy sb ~** total scharf auf j-n sein umg

rotting ['rɒtɪŋ] adj verfaulend, faulig

rotund [rəʊ'tʌnd] adj Mensch rundlich; Objekt rund

rouge [ruːʒ] s Rouge n

rough [rʌf] **A** adj ⟨+er⟩ **1** Boden uneben; Oberfläche, Haut, Stoff rau **2** Mensch ungehobelt; Benehmen, Schätzung grob; **~ sketch** Faustskizze f; **at a ~ guess** grob geschätzt; **to have a ~ idea** eine ungefähre Ahnung haben **3** (≈ gewalttätig) grob; Spiel wild; Sport hart; Nachbarschaft rau; See stürmisch **4** umg **he had a ~ time (of it)** es ging ihm ziemlich dreckig umg; **to give sb a ~ time** j-n ganz schön rannehmen umg; **to get a ~ ride** Schwierigkeiten bekommen; **to give sb a ~ ride** j-m die Hölle heißmachen umg; **when the going gets ~ ...** wenn es hart wird, ...; **to feel ~** sich mies fühlen umg **B** adv wüst; **to sleep ~** im Freien übernachten; auf der Straße leben **C** s **1 to take the ~ with the smooth** das Leben nehmen, wie es kommt **2** Rohentwurf m; **in ~** im Rohzustand

phrasal verbs mit rough:

rough up v/t umg zusammenschlagen

roughage ['rʌfɪdʒ] s ⟨kein pl⟩ Ballaststoffe pl

rough-and-ready adj Verfahren provisorisch; Mensch rau(beinig)

rough-and-tumble s Balgerei f, Keilerei f

rough copy s Konzept n

rough draft s Rohentwurf m

roughen ['rʌfn] v/t rau machen; Oberfläche a. aufrauen

roughly ['rʌflɪ] adv **1** grob; spielen rau **2** ungefähr; **~ (speaking)** grob gesagt; **~ half** ungefähr die Hälfte; **~ similar** in etwa ähnlich

roughness s **1** von Boden Unebenheit f; von Oberfläche, Haut, Stoff Rauheit f **2** von Mensch Ungehobeltheit f; von Benehmen Grobheit f

rough paper s Konzeptpapier n

roughshod adv **to ride ~ over sb/sth** rücksichtslos über j-n/etw hinweggehen

roulette [ruː'let] s Roulette n

round [raʊnd] **A** adj ⟨+er⟩ rund; **~ number** runde Zahl; **~ brackets** pl runde Klammern pl **B** adv bes Br **there was a wall right ~** od **all ~** rundherum war eine Mauer; **you'll have to go ~** Sie müssen außen herum gehen; **the long way ~** der längere Weg; **~ and ~** rundherum; **~ here** hier (in der Gegend); **I asked him ~ for a drink** ich lud ihn auf ein Glas Bier etc bei mir ein; **I'll be ~ at 8 o'clock** ich werde um 8 Uhr da sein; **for the second time ~** zum zweiten Mal; **all year ~** das ganze Jahr über; **all ~** wörtl ringsherum; bes Br fig für alle **C** präp **1** bes Br um (... herum); **all ~ the house** im ganzen Haus; außen um das ganze Haus herum; **to look ~ a house** sich (dat) ein Haus ansehen; **to show sb ~ a town** j-m eine Stadt zeigen; **they went ~ the cafés looking for him** sie gingen in alle Cafés, um nach ihm zu suchen **2** ungefähr; **~ 7 o'clock, ~ about 7 o'clock** bes Br ungefähr um 7 Uhr; **~ £800, ~ about £800** bes Br um die £ 800 **D** s von Zusteller, Gespräch SPORT Runde f; **~(s)** von Polizist, Arzt Runde f; **to do the ~s** Geschichte a. reihum gehen; **to do a paper ~** Br Zeitungen austragen; **a ~ (of drinks)** eine Runde; **~ of ammunition** Ladung f; **a ~ of applause** Applaus m **E** v/t Ecke gehen/fahren um

phrasal verbs mit round:

round down v/t ⟨trennb⟩ Zahl abrunden

round off v/t ⟨trennb⟩ Serie vollmachen; Mahlzeit abrunden; Gespräch abschließen

round up v/t ⟨trennb⟩ **1** Menschen zusammentrommeln umg; Vieh zusammentreiben; Verbrecher hochnehmen umg **2** Zahl aufrunden

roundabout ['raʊndəbaʊt] **A** adj Antwort umständlich; **~ route** Umweg m; **to say sth in a ~ way** etw auf Umwegen sagen **B** s Br Karussell n, Ringelspiel n österr; Verkehr Kreisverkehr m

round character s LIT runde Figur (*repräsentiert viele verschiedene, sich eventuell widersprechende Charakterzüge und ähnelt im Gegensatz zum flat character einer realen Person; ihr Verhalten ist oft nicht vorhersehbar*)

rounded adj rundlich; Kanten abgerundet

roundly ['raʊndlɪ] adv verurteilen rundum; besiegen klar

round-table conference s Konferenz f am runden Tisch

round-the-clock Br adj rund um die Uhr nicht attr

round-the-world adj **~ trip** eine Weltreise

round trip s Rundreise f

round-trip ticket US s Rückfahrkarte f; FLUG Hin- und Rückflugticket n

roundup s von Vieh Zusammentreiben n; von Menschen Zusammentrommeln n umg; von Nachrichten Zusammenfassung f

rouse [raʊz] v/t **1** aus dem Schlaf wecken **2** emotional: j-n bewegen; Bewunderung, Interesse wecken; Hass, Verdacht erregen

rousing ['raʊzɪŋ] adj Rede mitreißend; Musik schwungvoll

rout [raʊt] **A** s Schlappe f **B** v/t in die Flucht schlagen

route [ruːt, US raʊt] **A** s **1** Strecke f, Route f; von Bus Linie f; fig Weg m **2** US von Zusteller Runde f **B** v/t Verkehrsverbindung legen; Anruf leiten; **my baggage was ~d through Amsterdam** mein Gepäck wurde über Amsterdam geschickt

router [ˈruːtəʳ, US ˈraʊtəʳ] s COMPUT Router m

routine [ruːˈtiːn] **A** s **1** Routine f **2** Tanzen Figur f **B** adj Routine-, routinemäßig; **~ examination** Routineuntersuchung f; **it was quite ~** es war eine reine Formsache; **reports of bloodshed had become almost ~** Berichte über Blutvergießen waren fast an der Tagesordnung

routine check s Routinekontrolle f

routinely [ruːˈtiːnlɪ] adv verwenden regelmäßig; testen routinemäßig

roving [ˈrəʊvɪŋ] adj **he has a ~ eye** er riskiert gern ein Auge

row[1] [rəʊ] s **1** Reihe f; **4 failures in a row** 4 Misserfolge hintereinander; **arrange them in rows** stell sie in Reihen auf **2** Sträßchen n

row[2] [rəʊ] v/t & v/i rudern

row[3] [raʊ] **A** s bes Br umg Lärm m; (≈ Zank) Streit m; **to make a row** Krach schlagen umg; **to have a row with sb** mit j-m Streit od Krach haben; **to get a row** Krach bekommen umg **B** v/i (sich) streiten

rowan [ˈraʊən] s Vogelbeere f

rowboat [ˈrəʊˌbəʊt] US s Ruderboot n

rowdy [ˈraʊdɪ] adj ⟨komp rowdier⟩ laut; Fußballfans randalierend; Verhalten grob

rower [ˈrəʊəʳ] s **1** Ruderer m, Ruderin f **2** Rudergerät n

row house [ˈrəʊˌhaʊs] US s Reihenhaus n

rowing[1] [ˈrəʊɪŋ] s Rudern n

rowing[2] [ˈraʊɪŋ] bes Br s Streiterei f

rowing boat [ˈrəʊɪŋ-] Br s Ruderboot n

rowing machine [ˈrəʊɪŋ-] s Rudergerät n

royal [ˈrɔɪəl] **A** adj königlich; **the ~ family** die königliche Familie **B** s umg Angehörige(r) m/f(m) der königlichen Familie

Royal Air Force Br s Königliche Luftwaffe

royal-blue adj königsblau

Royal Highness s **Your ~** Eure Königliche Hoheit

Royal Mail Br s britischer Postdienst

Royal Marines Br pl britische Marineinfanterie

Royal Navy Br s Königliche Marine

royalty [ˈrɔɪəltɪ] s **1** kollektiv das Königshaus; **he's ~** er gehört zur königlichen Familie **2** **royalties** pl Tantiemen pl

RP abk (= received pronunciation) hochsprachliche Aussprache

rpm abk (= revolutions per minute) U/min

RSVP abk (= répondez s'il vous plaît) u. A. w. g.

Rt Hon Br abk (= Right Honourable) **the ~ John Williams MP** der Abgeordnete John Williams

rub [rʌb] **A** s Reiben n; **to give sth a rub** etw reiben **B** v/t reiben; **to rub lotion into sth** etw mit einer Lotion einreiben; **to rub one's hands (together)** sich (dat) die Hände reiben; **to rub sb's nose in sth** fig j-m etw dauernd unter die Nase reiben; **to rub shoulders with all sorts of people** bes Br, **to rub elbows with all sorts of people** US fig mit allen möglichen Leuten in Berührung kommen; **to rub sb the wrong way** US bei j-m anecken **C** v/i reiben (**against** an +dat); Kragen scheuern (**against** an +dat); **the cat rubbed against my legs/the tree** die Katze strich mir um die Beine/scheuerte sich am Baum

phrasal verbs mit rub:

rub down v/t ⟨trennb⟩ j-n abrubbeln umg

rub in v/t ⟨trennb⟩ **1** Creme einreiben (**sth, -to sth** in etw akk) **2** fig **don't rub it in!** reite nicht so darauf herum!

rub off v/i abgehen; **to rub off on sb** fig auf j-n abfärben

rub out v/t ⟨trennb⟩ ausradieren

rub up A v/t ⟨trennb⟩ **to rub sb up the wrong way** Br bei j-m anecken **B** v/i **the cat rubbed up against my leg** die Katze strich mir um die Beine

rubber [ˈrʌbəʳ] **A** s Gummi m; Br (Radier)gummi m; bes US sl (≈ Kondom) Gummi m umg **B** adj Gummi-

rubber band s Gummiband n

rubber boot s US Gummistiefel m

rubber dinghy s Schlauchboot n

rubber gloves pl Gummihandschuhe pl

rubberneck umg v/i neugierig gaffen umg

rubber plant s Gummibaum m

rubber ring s Schwimmreifen m

rubber stamp s Stempel m

rubber-stamp fig umg v/t genehmigen

rubbery [ˈrʌbərɪ] adj gummiartig

rubbish [ˈrʌbɪʃ] **A** s **1** Müll m, Abfall m; fig (≈ minderwertige Ware) Mist m; **household ~** Hausmüll m **2** umg Quatsch m umg; **don't talk ~!** red keinen Quatsch! umg **B** umg adj ⟨attr⟩ **1** → rubbishy **2** **I'm ~ at it** ich bin zu blöd dazu umg

rubbish bin Br s Mülleimer m, Mistkübel m österr

rubbish chute Br s Müllschlucker m

rubbish collection Br s Müllabfuhr f

rubbish dump Br s Müllabladeplatz m

rubbish tip Br s Mülldeponie f

rubbishy [ˈrʌbɪʃɪ] Br umg adj Waren minderwertig; Film mies umg; Ideen blödsinnig

rubble [ˈrʌbl] s Trümmer pl; kleiner Schutt m

ruby ['ruːbɪ] **A** s Rubin m **B** adj Rubin-
ruck [rʌk] s Falte f
phrasal verbs mit ruck:
ruck up v/i *Hemd* sich hochschieben; *Teppich* Falten schlagen
rucksack ['rʌksæk] *Br* s Rucksack m
ruckus ['rʌkəs] *umg* s Krawall m
rudder ['rʌdə^r] s Ruder n
ruddy ['rʌdɪ] adj ⟨komp ruddier⟩ *Teint* rot
rude [ruːd] adj ⟨ruder⟩ **1** unhöflich, unverschämt, grob; **to be ~ to sb** unhöflich zu j-m sein; **it's ~ to stare** es gehört sich nicht, Leute anzustarren; **don't be so ~!** so was sagt man/tut man nicht! **2** unanständig; **a ~ gesture** eine anstößige Geste **3** *Erinnerung* unsanft
rudely ['ruːdlɪ] adv **1** unhöflich, unverschämt, grob **2** unanständig **3** *erinnern* unsanft
rudeness ['ruːdnɪs] s Unhöflichkeit f, Unverschämtheit f
rudimentary [ˌruːdɪ'mentərɪ] adj *Ausrüstung* primitiv; *System* rudimentär; **~ knowledge** Grundkenntnisse pl
rudiments ['ruːdɪmənts] pl Grundlagen pl
rueful ['ruːfʊl] adj reuevoll
ruffian ['rʌfɪən] s Rüpel m; *gewalttätig* Schläger m
ruffle ['rʌfl] v/t **1** *Haare, Federn* zerzausen; *Wasserfläche* kräuseln; **the bird ~d (up) its feathers** der Vogel plusterte sich auf **2** *fig* aus der Ruhe bringen; **to ~ sb's feathers** j-n aufregen
ruffled adj **1** aufgebracht **2** *Bettzeug* zerwühlt; *Haare* zerzaust **3** *Hemd* gekräuselt
rug [rʌg] s **1** Teppich m; **to pull the rug from under sb** *fig* j-m den Boden unter den Füßen wegziehen **2** (Woll)decke f
rugby ['rʌgbɪ] s, (a. **rugby football**) Rugby n; **~ boot** Rugbyschuh m, Stollenschuh m
rugged ['rʌgɪd] adj rau; *Berge* zerklüftet; *Gesichtszüge* markig
ruin ['ruːɪn] **A** s **1** ⟨kein pl⟩ Untergang m; *von Ereignis* Ende n; *finanziell etc* Ruin m; **the palace was going to ~** *od* **falling into ~** der Palast verfiel (zur Ruine); **to be the ~ of sb** j-n ruinieren **2** (≈ *Gebäude*) Ruine f; **~s** Ruinen pl; *von Hoffnungen* Trümmer pl; **to be** *od* **lie in ~** eine Ruine sein; *fig* zerstört sein **B** v/t zerstören; *finanziell etc* ruinieren; *Gesundheit* verderben
ruined ['ruːɪnd] adj **1** *Gebäude* in Ruinen präd, zerfallen **2** *Karriere* ruiniert
rule [ruːl] **A** s **1** Regel f; ADMIN Vorschrift f; **set of ~s** Regelwerk n; **to play by the ~s** die Spielregeln einhalten; **to bend the ~s** es mit den Regeln/Vorschriften nicht so genau nehmen; **to break a ~** gegen eine Regel verstoßen; **to be against the ~s** nicht erlaubt sein; **to do sth by ~** etw vorschriftsmäßig tun; **as a ~** in der Regel; **as a ~ of thumb** als Faustregel **2** Herrschaft f, Regierungszeit f; **the ~ of law** die Rechtsstaatlichkeit **B** v/t **1** regieren; *fig Gefühle* beherrschen; **to ~ the roost** *fig* Herr im Haus sein *umg*; **to be ~d by emotions** sich von Gefühlen beherrschen lassen; **he let his heart ~ his head** er ließ sich von seinem Herzen und nicht von seinem Verstand leiten **2** JUR, ADMIN entscheiden **3** *Linie* ziehen; **~d paper** liniertes Papier **C** v/i **1** herrschen (**over** über +akk) **2** JUR entscheiden (**against** gegen *od* **in favour of** für *od* **on** in +dat)
phrasal verbs mit rule:
rule out *fig* v/t ⟨trennb⟩ ausschließen
ruler ['ruːlə^r] s **1** Lineal n **2** Herrscher(in) m(f)
ruling ['ruːlɪŋ] **A** adj *Elite* herrschend; **the ~ party** die Regierungspartei **B** s ADMIN, JUR Entscheidung f
rum [rʌm] s Rum m
Rumania etc [ruː'meɪnɪə] → Romania
rumble ['rʌmbl] **A** s *von Donner* Grollen m *kein pl*; *von Magen* Knurren n *kein pl*; *von Zug* Rumpeln n *kein pl* **B** v/i *Donner* grollen; *Magen* knurren; *Zug* rumpeln
ruminate ['ruːmɪneɪt] *fig* v/i grübeln (**over, about, on** über +akk)
rummage ['rʌmɪdʒ] **A** s **to have a good ~ in sth** etw gründlich durchwühlen **B** v/i, (a. **rummage about rummage around**) herumwühlen (**among, in** in +*dat* **for** nach)
rummage sale s *US* Flohmarkt m, Wohltätigkeitsbasar m
rummy ['rʌmɪ] s *Kartenspiel* Rommé n
rumour ['ruːmə^r], **rumor** *US* **A** s Gerücht n; **~ has it that ...** es geht das Gerücht, dass ...; **there are ~s of war** es gehen Kriegsgerüchte um **B** v/t **it is ~ed that ...** es geht das Gerücht, dass ...; **he is ~ed to be in London** Gerüchten zufolge ist er in London; **he is ~ed to be rich** er soll angeblich reich sein
rump [rʌmp] s Hinterbacken pl; *umg* (≈ Po) Hinterteil n; **~ steak** Rumpsteak n
rumple ['rʌmpl] v/t, (a. **rumple up**) *Kleidung* zerknittern
rumpled adj *Kleidung* zerknittert; *Haar* zerzaust
rumpus ['rʌmpəs] *umg* s Krach m *umg*; **to make a ~** einen Heidenlärm machen *umg*; (≈ *sich beschweren*) Krach schlagen *umg*
rumpus room *US* s Spielzimmer n
run [rʌn] ⟨v: *prät* ran, *pperf* run⟩ **A** v/i **1** laufen, rennen; (≈ *flüchten*) wegrennen; **she came running out** sie kam herausgelaufen; **he's trying to run before he can walk** *fig* er sollte erst einmal langsam machen; **to run for the bus** zum Bus rennen; **she ran to meet him** sie lief ihm entgegen; **she ran to help him** sie kam ihm schnell zu Hilfe; **to run for one's life** um sein

Leben rennen; **run for it!** rennt, was ihr könnt! **2** *Geschichte, Text* gehen; **he ran down the list** er ging die Liste durch; **a shiver ran down her spine** ein Schauer lief ihr über den Rücken; **to run in the family** in der Familie liegen **3** kandidieren; **to run for President** für die Präsidentschaft kandidieren **4 I'm running late** ich bin spät dran; **all planes are running late** alle Flugzeuge haben Verspätung; **the project is running late/to schedule** das Projekt hat sich verzögert/geht ganz nach Plan voran; **supplies are running low** die Vorräte sind knapp; **his blood ran cold** das Blut fror ihm in den Adern; **to run dry** *Fluss* austrocknen; **to be running at** betragen; **interest rates are running at record levels/5%** die Zinssätze sind auf Rekordhöhe/stehen auf 5% **5** *Wasser, Tränen, Nase* laufen; *Fluss, Elektrizität* fließen; *Augen* tränen; *Farbe* zerfließen; *Farbstoff* färben; **where the river runs into the sea** wo der Fluss ins Meer mündet **6** *Spiel, Vertrag* laufen; **the expenditure runs into thousands of pounds** die Ausgaben gehen in die Tausende (von Pfund) **7** *Bus etc* fahren; **the train doesn't run on Sundays** der Zug fährt sonntags nicht **8** (≈ funktionieren), *a.* IT laufen; **to run on diesel** mit Diesel fahren; **the radio runs off batteries** das Radio läuft auf Batterie; **things are running smoothly** alles läuft glatt **9** *Straße* führen; **to run (a)round sth** *Mauer etc* sich um etw ziehen; **the railway line runs for 300 km** *Br*, **the railroad line runs for 300 km** *US* die Bahnlinie ist 300 km lang; **to run through sth** *Thema* sich durch etw ziehen **B** v/t **1** laufen; **to run errands** Botengänge machen; **to run its course** seinen Lauf nehmen; **to run a temperature** Fieber haben; **to run sb off his feet** *umg* j-n ständig auf Trab halten *umg*; **I'll run you a bath** ich lasse dir ein Bad einlaufen **2** *Auto* fahren; *Sonderbusse* einsetzen; **he ran the car into a tree** er fuhr das Auto gegen einen Baum; **this company runs a bus service** diese Firma unterhält einen Busdienst **3** *Maschine* betreiben; *Rechner* laufen lassen; *Software* benutzen; *Programm* laden; *Test* durchführen; **I can't afford to run a car** ich kann es mir nicht leisten, ein Auto zu unterhalten; **this car is cheap to run** dieses Auto ist billig im Unterhalt **4** leiten; *Geschäft* führen; *Wettbewerb* durchführen; **he runs a small hotel** er hat ein kleines Hotel; **I want to run my own life** ich möchte mein eigenes Leben leben; **she's the one who really runs everything** sie ist diejenige, die den Laden schmeißt *umg* **5 to run one's fingers over sth** die Finger über etw (*akk*) gleiten lassen; **to run one's fingers through one's hair** sich (*dat*) mit den Fingern durch die Haare fahren **6** *Seil* führen; *Rohr* (ver)legen **7** *Presse: Artikel* bringen **8** *Film* zeigen **C** s **1** Lauf *m*; **to go for a run** laufen gehen; **to go for a 2-km run** einen 2-km-Lauf machen; **he set off at a run** er rannte los; **to break into a run** zu laufen anfangen; **to make a run for it** weglaufen; **on the run** auf der Flucht; **we've got them on the run!** wir haben sie in die Flucht geschlagen!; **to give sb a good run for his money** *umg* j-n auf Trab halten *umg* **2** Strecke *f*; **to go for a run in the car** eine Fahrt/einen Ausflug im Auto machen; **in the long run** auf die Dauer; **in the short run** kurzfristig **3 to have the run of a place** einen Ort zur freien Verfügung haben **4** Folge *f*, Serie *f*; THEAT Spielzeit *f*; **a run of bad luck** eine Pechsträhne **5 run on** Ansturm *m* auf (+*akk*) **6** *in Baseball, Cricket* Lauf *m*, Run *m* **7** *ski run* Abfahrt(sstrecke) *f* **8** *in Zoo etc* Gehege *n* **9** *US* Laufmasche *f* **10** *umg* (≈ *Durchfall*) **the runs** der flotte Otto *umg*

phrasal verbs mit run:

run about *Br*, **run around** v/i herumlaufen
run across A v/i *wörtl* hinüberlaufen **B** v/i ⟨+obj⟩ j-n zufällig treffen; *Objekt* stoßen auf (+*akk*)
run after v/i ⟨+obj⟩ nachlaufen (+*dat*)
run along v/i laufen; **run along!** nun geht mal schön!
run around v/i → run about
run away v/i **1** weglaufen **2** *Wasser* auslaufen
run away with v/i ⟨+obj⟩ *Preis* spielend gewinnen; **he lets his enthusiasm run away with him** seine Begeisterung geht leicht mit ihm durch
run back A v/i *wörtl* zurücklaufen **B** v/t ⟨trennb⟩ j-n zurückfahren
run down A v/i **1** *wörtl* hinunterrennen **2** *Batterie* leer werden **B** v/t ⟨trennb⟩ **1** umfahren, überfahren **2** *Vorräte* abbauen **3** schlechtmachen
run in *wörtl* v/i hineinlaufen
run into v/i ⟨+obj⟩ zufällig treffen; (≈ *kollidieren*) rennen/fahren gegen; **to run into trouble** Ärger bekommen; **to run into problems** auf Probleme stoßen
run off A v/i → run away 1 **B** v/t ⟨trennb⟩ *Kopie* abziehen
run on v/i **1** *wörtl* weiterlaufen **2** *fig* **it ran on for four hours** das zog sich über vier Stunden hin **3** *Zeit* weitergehen
run out v/i **1** hinauslaufen; *Flüssigkeit* herauslaufen, auslaufen **2** *Zeit* ablaufen; *Vorräte* ausgehen
run out of v/i ⟨+obj⟩ **he ran out of supplies** ihm gingen die Vorräte aus; **she ran out of**

time sie hatte keine Zeit mehr; **we're running out of time** wir haben nicht mehr viel Zeit
run over **A** v/i **1** zu Nachbarn etc kurz hinübergehen **2** überlaufen **B** v/i ⟨+obj⟩ Einzelheiten durchgehen; Notizen durchsehen **C** v/t ⟨trennb⟩ überfahren
run through **A** v/i durchlaufen **B** v/i ⟨+obj⟩ **1** Aufführung durchspielen; Liste etc durchgehen **2** → run over
run to v/i ⟨+obj⟩ **the poem runs to several hundred lines** das Gedicht geht über mehrere Hundert Zeilen
run up **A** v/i wörtl hinaufflaufen, hinrennen (**to** zu); **to run up against difficulties** auf Schwierigkeiten stoßen **B** v/t ⟨trennb⟩ **1** Fahne hochziehen **2** **to run up a bill** eine Rechnung zusammenkommen lassen; **to run up a debt** Schulden machen
runabout umg s Kleinwagen m
runaround ['rʌnəraʊnd] umg s **to give sb the ~** j-n an der Nase herumführen umg
runaway ['rʌnəweɪ] **A** s Ausreißer(in) m(f) **B** adj **1** Mensch, Pferd ausgerissen; **a ~ train** ein Zug, der sich selbstständig gemacht hat **2** fig Sieger überragend; **a ~ success** ein Riesenerfolg m
rundown ['rʌndaʊn] umg s **to give sb a ~ on sth** j-n über etw (akk) informieren
run-down [,rʌn'daʊn] adj heruntergekommen; (≈ müde) abgespannt
rung[1] [rʌŋ] pperf → ring[2]
rung[2] s von Leiter Sprosse f
run-in ['rʌnɪn] umg s Streit m
runner ['rʌnə[r]] s **1** Läufer(in) m(f) **2** an Schlitten Kufe f; von Schublade Laufschiene f **3** **to do a ~** Br umg die Fliege machen sl
runner bean Br s Stangenbohne f, Fisole f österr
runner-up ['rʌnər'ʌp] s Zweite(r) m/f(m); **the runners-up** die weiteren Plätze
running ['rʌnɪŋ] **A** s **1** Laufen n; **to be in the ~** im Rennen liegen; **out of the ~** aus dem Rennen **2** von Unternehmen Leitung f; von Land, Geschäft Führung f; von Lehrgang Durchführung f **3** von Maschine Unterhaltung f **B** adj Wasser fließend; Wasserhahn laufend **C** adv (**for**) **five days ~** fünf Tage hintereinander; **for the third year ~** im dritten Jahr hintereinander; **sales have fallen for the third year ~** die Verkaufszahlen sind seit drei Jahren rückläufig
running battle fig s Kleinkrieg m
running commentary s RADIO, TV fortlaufender Kommentar
running costs pl Betriebskosten pl; von Auto Unterhaltskosten pl
running mate s US POL Kandidat für die Vizepräsidentschaft
running shoe s Rennschuh m, Laufschuh m
running total s laufende Summe; **to keep a ~ of sth** wörtl, fig etw fortlaufend festhalten
running track s Laufbahn f
runny ['rʌnɪ] adj ⟨komp runnier⟩ Ei flüssig; Nase laufend; Augen tränend; Soße dünnflüssig
run-of-the-mill adj gewöhnlich
run-through s **let's have a final ~** gehen wir das noch einmal durch
run-up s SPORT Anlauf m; fig Vorbereitungszeit f; **in the ~ to the election** in der Zeit vor der Wahl
runway s FLUG Start- und Landebahn f
rupture ['rʌptʃə[r]] **A** s Bruch m **B** v/t & v/i brechen; **to ~ oneself** umg sich (dat) einen Bruch heben umg
ruptured adj Rohr geplatzt
rural ['rʊərəl] adj ländlich; Landschaft bäuerlich; **~ land** ländlicher Raum
rural life s Landleben n
rural population s Landbevölkerung f
ruse [ruːz] s List f
rush [rʌʃ] **A** s ⟨kein pl⟩ **1** Andrang m, Ansturm m; von Luft Stoß m; **they made a ~ for the door** sie drängten zur Tür; **there was a ~ for the seats** alles stürzte sich auf die Sitze; **there's been a ~ on these goods** diese Waren sind rasend weggegangen; **the Christmas ~** der Weihnachtsbetrieb; **a ~ of orders** eine Flut von Aufträgen; **a ~ of blood to the head** Blutandrang m im Kopf **2** Eile f, Hast f; **to be in a ~** in Eile sein; **I did it in a ~** ich habe es sehr hastig gemacht; **is there any ~ for this?** eilt das?; **it all happened in such a ~** das ging alles so plötzlich **B** v/i eilen, hasten, stürzen; Wind brausen; Wasser schießen; **they ~ed to help her** sie eilten ihr zu Hilfe; **I'm ~ing to finish it** ich beeile mich, es fertig zu machen; **don't ~, take your time** überstürzen Sie nichts, lassen Sie sich Zeit; **you shouldn't just go ~ing into things** Sie sollten die Dinge nicht so überstürzen; **to ~ through** Stadt hetzen durch; Arbeit hastig erledigen; **to ~ past** vorbeistürzen; mit Fahrzeug vorbeischießen; **to ~ in** etc hineinstürzen etc; **the ambulance ~ed to the scene** der Krankenwagen raste zur Unfallstelle; **the blood ~ed to his face** das Blut schoss ihm ins Gesicht **C** v/t **1** schnell machen; mit Fehlern schludern bei pej; (≈ zur Eile antreiben) hetzen; **to be ~ed off one's feet** dauernd auf Trab sein umg; **to ~ sb to hospital** j-n schnellstens ins Krankenhaus bringen **2** stürmen
phrasal verbs mit rush:
rush about Br, **rush around** v/i herumhasten
rush at wörtl v/i ⟨+obj⟩ losstürzen auf (+akk)
rush down v/i hinuntereilen; Wasser etc hinun-

terstürzen
rush out A v/i hinauseilen; **he rushed out and bought one** er kaufte sofort eines B v/t ⟨trennb⟩ *Truppen, Vorräte* eilends hintransportieren

rush through v/t ⟨trennb⟩ *Bestellung* durchjagen; *Gesetz* durchpeitschen

rushed [rʌʃt] adj **1** *Mahlzeit* hastig; *Entscheidung* übereilt **2** gehetzt

rush hour(s) s(pl) Stoßzeit(en) f(pl); **rush-hour traffic** Stoßverkehr m

rush job s eiliger Auftrag; *pej fehlerhaft* Schluderarbeit f *umg*

Russia [ˈrʌʃə] s Russland n

Russian [ˈrʌʃən] A adj russisch B s **1** Russe m, Russin f **2** LING Russisch n

rust [rʌst] A s Rost m B v/t *wörtl* rosten lassen C v/i rosten

rusted [ˈrʌstɪd] *bes US* adj rostig

rustic [ˈrʌstɪk] adj bäuerlich; *Stil* rustikal

rustiness [ˈrʌstɪnɪs] s Rostigkeit f; *fig* eingerostete Kenntnisse pl (**of** *in* +dat)

rustle [ˈrʌsl] A s Rascheln n; *von Laub* Rauschen n B v/i *Laub, Papier* rascheln; *Bäume, Rock* rauschen

phrasal verbs mit rustle:
rustle up *umg* v/t ⟨trennb⟩ *Essen* improvisieren *umg*; *Geld* auftreiben *umg*; **can you rustle up a cup of coffee?** können Sie eine Tasse Kaffee beschaffen?

rustler [ˈrʌslər] s Viehdieb(in) m(f)

rustling [ˈrʌslɪŋ] A adj raschelnd B s **1** *von Laub, Papier* Rascheln n; *von Stoff* Rauschen n **2** Viehdiebstahl m

rustproof [ˈrʌstpruːf] adj rostfrei

rusty [ˈrʌstɪ] adj ⟨komp rustier⟩ *wörtl* rostig; **I'm a bit ~** ich bin etwas aus der Übung; **to get ~** *wörtl* verrosten; *fig Mensch* aus der Übung kommen

rut [rʌt] s *in Weg* Spur f; *fig* Trott m *umg*; **to be in a rut** *fig* im Trott sein *umg*; **to get into a rut** *fig* in einen Trott geraten *umg*

rutabaga [ˌruːtəˈbeɪɡə] *US* s Steckrübe f

ruthless [ˈruːθlɪs] adj rücksichtslos; *Behandlung* schonungslos

ruthlessly adv unterdrücken rücksichtslos; **~ ambitious** skrupellos ehrgeizig

ruthlessness s Rücksichtslosigkeit f; Schonungslosigkeit f

RV abk (= recreational vehicle) Wohnmobil n

Rwanda [ruˈændə] s Ruanda n

rye [raɪ] s Roggen m

S¹, s [es] s S n, s n
S² abk (= south) S

's **1** **he's** = **he is/has** er ist/hat; **what's** = **what is/has/does?** was ist/hat/tut? **2** **John's book** Johns Buch; **my brother's car** das Auto meines Bruders; **at the butcher's** beim Fleischer **3** **let's** = **let us** lass uns

Sabbath [ˈsæbəθ] s Sabbat m

sabbatical [səˈbætɪkl] s UNIV Forschungsjahr n

saber [ˈseɪbər] *US* s → sabre

sabotage [ˈsæbətɑːʒ] A s Sabotage f B v/t sabotieren

saboteur [ˌsæbəˈtɜːr] s Saboteur(in) m(f)

sabre [ˈseɪbər] *Br* s, **saber** *US* s Säbel m

saccharin(e) [ˈsækərɪn] s Sacharin n

sachet [ˈsæʃeɪ] s Beutel m; *mit Shampoo* Briefchen n

sack [sæk] A s **1** Sack m; **2 ~s of coal** 2 Sack Kohlen **2** *umg* **to get the ~** rausfliegen *umg*; **to give sb the ~** j-n rausschmeißen *umg* **3** *umg* **to hit the ~** sich in die Falle hauen *sl* B v/t *umg Angestellten* rausschmeißen *umg*

sackful [ˈsækfʊl] s Sack m; **two ~s of potatoes** zwei Sack Kartoffeln

sacking [ˈsækɪŋ] *umg* s Entlassung f

sacrament [ˈsækrəmənt] s Sakrament n

sacred [ˈseɪkrɪd] adj heilig; *Bau, Ritus* sakral

sacrifice [ˈsækrɪfaɪs] A s Opfer n; **to make ~s** Opfer bringen B v/t opfern (**sth to sb** j-m etw)

sacrificial [ˌsækrɪˈfɪʃəl] adj Opfer-

sacrilege [ˈsækrɪlɪdʒ] s Sakrileg n

SAD abk (= seasonal affective disorder) MED Winterdepression f

sad [sæd] adj ⟨komp sadder⟩ **1** traurig; *Verlust* schmerzlich; **to feel sad** traurig sein; **he was sad to see her go** er war betrübt, dass sie wegging **2** *umg* bedauernswert

sadden [ˈsædn] v/t betrüben

saddle [ˈsædl] A s Sattel m B v/t **1** *Pferd* satteln **2** *umg* **to ~ sb/oneself with sb/sth** j-m/sich j-n/etw aufhalsen *umg*; **how did I get ~d with him?** wie kommt es (nur), dass ich ihn am Hals habe?

saddlebag s Satteltasche f

sadism [ˈseɪdɪzəm] s Sadismus m

sadist [ˈseɪdɪst] s Sadist(in) m(f)

sadistic adj, **sadistically** [səˈdɪstɪk, -əlɪ] adv sadistisch

sadly [ˈsædlɪ] adv **1** traurig; **she will be ~ missed** sie wird (uns/ihnen) allen sehr fehlen

2 leider **3** bedauerlicherweise; **to be ~ mistaken** sich arg täuschen

sadness s Traurigkeit f; **our ~ at his death** unsere Trauer über seinen Tod

s.a.e. abk (= stamped addressed envelope) frankierter Rückumschlag

safari [səˈfɑːrɪ] s Safari f; **to be/go on ~** auf Safari sein/gehen

safari park s Safaripark m

safe[1] [seɪf] s Safe m, Tresor m

safe[2] adj ⟨komp safer⟩ sicher, in Sicherheit (**from** vor +dat); Operation ungefährlich; Methode zuverlässig; **to keep sth ~** etw sicher aufbewahren; **to feel ~** sich sicher fühlen; **~ journey!** gute Fahrt/Reise!; **thank God you're ~** Gott sei Dank ist dir nichts passiert; **~ and sound** gesund und wohlbehalten; **the secret is ~ with me** bei mir ist das Geheimnis gut aufgehoben; **not ~** gefährlich; **is it ~ to light a fire?** ist es auch nicht gefährlich, ein Feuer anzumachen?; **it is ~ to eat** das kann man gefahrlos essen; **it is ~ to assume** od **a ~ assumption that ...** man kann mit ziemlicher Sicherheit annehmen, dass ...; **it's ~ to say that ...** man kann ruhig sagen, dass ...; **to be on the ~ side** um ganz sicher zu sein; **better ~ than sorry** Vorsicht ist besser als Nachsicht sprichw

safe-conduct s freies Geleit

safe-deposit box s Banksafe m/n

safeguard **A** s Schutz m **B** v/t schützen (**against** vor +dat); Interessen wahrnehmen **C** v/i **to ~ against sth** sich gegen etw absichern

safe haven fig s sicherer Zufluchtsort

safe keeping s sichere Verwahrung; **to give sb sth for ~** j-m etw zur (sicheren) Aufbewahrung geben

safely [ˈseɪflɪ] adv wohlbehalten; (≈ ohne Risiko) gefahrlos, ungefährlich; **we were all ~ inside** wir waren alle sicher drinnen; **I think I can ~ say ...** ich glaube, ich kann ruhig sagen ...; **the election is now ~ out of the way** die Wahlen haben wir jetzt zum Glück hinter uns; **to put sth away ~** etw an einem sicheren Ort verwahren; **once the children are ~ tucked up in bed** wenn die Kinder erst mal im Bett sind

safe passage s sicheres Geleit

safe seat s POL ein sicherer Sitz

safe sex s Safer Sex m

safety [ˈseɪftɪ] s Sicherheit f; **~ at work** Arbeitssicherheit f; **for his (own) ~** zu seiner (eigenen) Sicherheit; **(there's) ~ in numbers** zu mehreren ist man sicherer; **to reach ~** in Sicherheit gelangen; **when we reached the ~ of the opposite bank** als wir sicher das andere Ufer erreicht hatten

safety belt s Sicherheitsgurt m

safety catch s an Waffe (Abzugs)sicherung f

safety-conscious adj sicherheitsbewusst

safety glass s Sicherheitsglas n

safety harness s Sicherheitsgurt m

safety helmet s Schutzhelm m

safety lock s Sicherheitsschloss n

safety margin s Sicherheitsmarge f

safety measure s Sicherheitsmaßnahme f

safety net s Sicherheitsnetz n

safety pin s Sicherheitsnadel f

safety precaution s Sicherheitsvorkehrung f

saffron [ˈsæfrən] s Safran m

sag [sæg] v/i absacken, durchhängen; Schultern herabhängen; Mut sinken

saga [ˈsɑːgə] s Saga f; fig Geschichte f

sage [seɪdʒ] s BOT Salbei m

sagging [ˈsægɪŋ] adj **1** Dach, Seil durchhängend **2** Haut schlaff

saggy [ˈsægɪ] adj ⟨komp saggier⟩ Matratze durchgelegen; Hintern schlaff

Sagittarius [ˌsædʒɪˈteərɪəs] s ASTROL Schütze m; **to be (a) ~** (ein) Schütze sein

Sahara [səˈhɑːrə] s Sahara f; **the ~ Desert** die (Wüste) Sahara

said [sed] **A** prät & pperf → say **B** adj form besagt

sail [seɪl] **A** s **1** Segel n; von Windmühle Flügel m; **to set ~ (for ...)** losfahren (nach ...); in Jacht absegeln (nach ...) **2** Fahrt f; **to go for a ~** segeln gehen **B** v/t Schiff segeln mit; **to ~ the Atlantic** den Atlantik durchkreuzen **C** v/i **1** SCHIFF fahren; mit Jacht segeln; **are you flying? — no, ~ing** fliegen Sie? — nein, ich fahre mit dem Schiff **2** abfahren (**for** nach); in Jacht absegeln **3** fig Schwan etc gleiten; Mond ziehen; Ball fliegen; **she ~ed past/out of the room** sie rauschte vorbei/aus dem Zimmer umg; **she ~ed through all her exams** sie schaffte alle Prüfungen spielend

sailboard s Windsurfbrett n

sailboarding s Windsurfen n

sailboat US s Segelboot n

sailing [ˈseɪlɪŋ] s Segeln n

sailing boat Br s Segelboot n

sailing ship s Segelschiff n

sailor [ˈseɪlə] s Seemann m; MIL Matrose m, Matrosin f; in Jacht Segler(in) m(f)

saint [seɪnt] s Heilige(r) m/f(m); **St John** Sankt Johannes, St. Johannes; **St Mark's (Church)** die Markuskirche

saintly [ˈseɪntlɪ] adj ⟨komp saintlier⟩ heilig; fig pej frömmlerisch

Saint Valentine's Day [səntˈvæləntaɪnzˌdeɪ] s Valentinstag m

sake [seɪk] s **for the ~ of ...** um (+gen) ... willen; **for my ~** meinetwegen, mir zuliebe; **for your**

own ~ dir selbst zuliebe; **for the ~ of your career** deiner Karriere zuliebe; **for heaven's ~!** *umg* um Gottes willen!; **for heaven's** *od* **Christ's ~ shut up** *umg* nun halt doch endlich die Klappe *umg*; **for old times' ~** in Erinnerung an alte Zeiten; **for the ~ of those who ...** für diejenigen, die ...; **and all for the ~ of a few pounds** und alles wegen ein paar Pfund
salable *US adj* → saleable
salad ['sæləd] *s* Salat *m*
salad bar *s* Salatbüfett *n*, Salatbar *f*; *im Supermarkt* Salattheke *f*
salad bowl *s* Salatschüssel *f*
salad cream *s* ≈ Mayonnaise *f*
salad dressing *s* Salatsoße *f*
salad leaves *pl* Salatblätter *pl*
salami [sə'lɑːmɪ] *s* Salami *f*
salaried ['sælərɪd] *adj* **~ post** Angestelltenposten *m*; **~ employee** Gehaltsempfänger(in) *m(f)*
salary ['sælərɪ] *s* Gehalt *n*, Salär *n österr, schweiz*; **what is his ~?** wie hoch ist sein Gehalt?
salary bracket *s* Gehaltsgruppe *f*
salary increase *s* Gehaltserhöhung *f*
salary scale *s* Gehaltsskala *f*
sale [seɪl] *s* **1** *allg* Verkauf *m*; *Transaktion* Geschäft *n*; (≈ *mit Geboten*) Auktion *f*; **for ~** zu verkaufen; **to put sth up for ~** etw zum Verkauf anbieten; **is it up for ~?** steht es zum Verkauf?; **not for ~** nicht verkäuflich; **to be on ~** verkauft werden; **~s** *pl* der Absatz **2** **~s** Verkaufsabteilung *f* **3** *mit Preisnachlass* Rabattaktion *f*, Schlussverkauf *m*; **in the ~, on ~** *US* im (Sonder)angebot
saleable ['seɪləbl] *adj*, **salable** *US adj* absatzfähig, verkäuflich; *Fähigkeit* vermarktbar
sales assistant *s* Verkäufer(in) *m(f)*
sales clerk *US s* Verkäufer(in) *m(f)*
sales conference *s* Vertretertagung *f*
sales department *s* Verkaufsabteilung *f*
sales figures *pl* Verkaufszahlen *pl*
salesgirl *s* Verkäuferin *f*
salesman *s* ⟨*pl* -men⟩ Verkäufer *m*, Vertreter *m*
sales manager *s* Verkaufsleiter(in) *m(f)*
salesperson *s* Verkäufer(in) *m(f)*
sales pitch *s* Verkaufstechnik *f*
sales rep *umg s*, **sales representative** *s* Vertreter(in) *m(f)*
salesroom *s* Verkaufsraum *m*
sales slip *s US* Kassenbon *m*
sales target *s* Umsatzziel *n*
sales tax *US s* Umsatzsteuer *f*
saleswoman *s* ⟨*pl* -women [-wɪmən]⟩ Verkäuferin *f*, Vertreterin *f*
saliva [sə'laɪvə] *s* Speichel *m*
salivate ['sælɪveɪt] *v/i* Speichel produzieren
sallow ['sæləʊ] *adj* bleich, fahl
salmon ['sæmən] *s* ⟨*pl* -⟩ Lachs *m*; (≈ *Farbe*) Lachs(-rosa) *n*
salmonella [ˌsælmə'nelə] *s* Salmonellenvergiftung *f*
salon ['sælɒn] *s* Salon *m*
saloon [sə'luːn] *s Br* AUTO Limousine *f*
saloon bar *Br s Br* vornehmerer Teil eines Lokals
salt [sɔːlt] **A** *s* Salz *n*; *für vereiste Straßen* Streusalz *n*; **to take sth with a pinch of ~** *Br*, **to take sth with a grain of ~** *US fig* etw nicht ganz für bare Münze nehmen; **to rub ~ into sb's wounds** *fig* Salz in j-s Wunde streuen **B** *adj* **~ water** Salzwasser *n* **C** *v/t* **1** einsalzen, salzen **2** *Straße* mit Salz streuen
saltcellar ['sɔːltselə^r] *s* Salzfässchen *n*, Salzstreuer *m*
salted *adj* gesalzen
salt shaker *s* Salzstreuer *m*
saltwater *adj* Salzwasser *n*; **~ fish** Meeresfisch *m*
salty ['sɔːltɪ] *adj* ⟨*komp* saltier⟩ salzig; **~ water** Salzwasser *n*
salutation [ˌsælju'teɪʃn] *s* **1** Begrüßung *f*, Gruß *m* **2** *im Brief* Anrede *f*
salute [sə'luːt] **A** *s* Gruß *m*; *mit Waffen* Salut *m*; **in ~** zum Gruß; **a 21-gun ~** 21 Salutschüsse **B** *v/t* MIL *Fahne* grüßen; *j-n* salutieren vor (+*dat*) **C** *v/i* MIL salutieren
salvage ['sælvɪdʒ] **A** *s* **1** Bergung *f* **2** Bergungsgut *n* **B** *v/t* bergen (**from** aus); *fig* retten (**from** von)
salvage operation *s* Bergungsaktion *f*
salvation [sæl'veɪʃən] *s* Rettung *f*; *bes* REL Heil *n*
Salvation Army *s* Heilsarmee *f*
salve [sælv] *s* Salbe *f*
Samaritan [sə'mærɪtən] *s* Samariter(in) *m(f)*; **good ~** barmherziger Samariter
same [seɪm] **A** *adj* **the ~** der/die/das gleiche, der-/die-/dasselbe; **to be/look the ~** gleich sein/aussehen; **they were both wearing the ~ dress** sie hatten beide das gleiche Kleid an; **they both live in the ~ house** sie wohnen beide in demselben Haus; **they are all the ~** sie sind alle gleich; **that's the ~ tie as I've got** so eine Krawatte habe ich auch; **she just wasn't the ~ person** sie war ein anderer Mensch; **it's the ~ thing** das ist das Gleiche; **see you tomorrow, ~ time ~ place** bis morgen, gleicher Ort, gleiche Zeit; **we sat at the ~ table as usual** wir saßen an unserem üblichen Tisch; **how are you? — ~ as usual** wie gehts? — wie immer; **he is the ~ age as his wife** er ist (genau) so alt wie seine Frau; (**on**) **the very ~ day** genau am gleichen Tag; **in the ~ way** (genau) gleich **B** *pron* **1 the ~** der-/die-/dasselbe; **and I would do the ~ again** und ich würde es wieder tun; **he left and I did the ~** er ist gegangen, und ich auch;

and the ~ goes for his brother und das Gleiche gilt für seinen Bruder; **another drink? — thanks, (the) ~ again** noch etwas zu trinken? — ja bitte, das Gleiche noch mal; **~ again, Joe** und noch einen, Joe; **she's much the ~** sie hat sich kaum geändert; *gesundheitlich* es geht ihr kaum besser; **he will never be the ~ again** er wird niemals mehr derselbe sein; **frozen chicken is not the ~ as fresh** tiefgefrorene Hähnchen sind kein Vergleich zu frischen; **it's always the ~** es ist immer das Gleiche; **it comes** *od* **amounts to the ~** das kommt *od* läuft aufs Gleiche hinaus ❷ **to pay everybody the ~** alle gleich bezahlen; **things go on just the ~ (as always)** es ändert sich nichts; **it's not the ~ as before** es ist nicht wie früher; **I still feel the ~ about you** an meinen Gefühlen dir gegenüber hat sich nichts geändert; **if it's all the ~ to you** wenn es Ihnen egal ist; **all** *od* **just the ~** trotzdem; **thanks all the ~** trotzdem vielen Dank; **~ here** ich/wir auch; **~ to you (danke)** gleichfalls

same-day ['seɪmdeɪ] *adj Lieferung* am gleichen Tag

same-sex ['seɪmseks] *adj* gleichgeschlechtlich; **~ marriage** gleichgeschlechtliche Ehe, Homoehe *f umg*

same-sex relationship *s* gleichgeschlechtliche Beziehung

sample ['sɑːmpl] Ⓐ *s* Beispiel *n* (**of** für); *von Speise, a. fig* Kostprobe *f*; HANDEL Warenprobe *f*; *von Stoff* Muster *n*; *von Blut* Probe *f*; *von Lied* Hörprobe *f*; **a ~ of the population** eine Auswahl aus der Bevölkerung Ⓑ *adj ⟨attr⟩* Probe-; **a ~ section of the population** eine Auswahl aus der Bevölkerung Ⓒ *v/t* ❶ *Essen* probieren; *Atmosphäre* testen; **to ~ wines** eine Weinprobe machen ❷ MUS sampeln, samplen

sanction ['sæŋkʃən] Ⓐ *s* ❶ Zustimmung *f* ❷ Sanktion *f* Ⓑ *v/t* sanktionieren

sanctity ['sæŋktɪtɪ] *s* Heiligkeit *f*; *von Rechten* Unantastbarkeit *f*

sanctuary ['sæŋktjʊərɪ] *s* ❶ Zuflucht *f* ❷ *für Tiere* Schutzgebiet *n* ❸ Heiligtum *n*

sand [sænd] Ⓐ *s* Sand *m kein pl*; **~s** *in Wüste* Sand *m*; *am Meer* Sandstrand *m* Ⓑ *v/t* ❶ schmirgeln ❷ streuen

phrasal verbs mit sand:
sand down *v/t ⟨trennb⟩* (ab)schmirgeln

sandal ['sændl] *s* Sandale *f*
sandalwood ['sændlwʊd] *s* Sandelholz *n*
sandbag *s* Sandsack *m*
sandbank *s* Sandbank *f*
sandblast *v/t* sandstrahlen
sandbox *US s* Sandkasten *m*
sand castle *s* Sandburg *f*

sand dune *s* Sanddüne *f*
sandpaper Ⓐ *s* Schmirgelpapier *n* Ⓑ *v/t* schmirgeln
sandpit *s* Sandkasten *m*
sandstone Ⓐ *s* Sandstein *m* Ⓑ *adj* Sandstein-, aus Sandstein
sandstorm *s* Sandsturm *m*
sandwich ['sænwɪdʒ] Ⓐ *s* Sandwich *n*; **open ~** belegtes Brot Ⓑ *v/t a.* **~ in** hineinzwängen
sandwich bar *s* Snackbar *f*
sandwich board *s* Reklametafel *f*
sandy ['sændɪ] *adj ⟨komp* sandier⟩ ❶ sandig; **~ beach** Sandstrand *m* ❷ rötlich; *Haar* rotblond
sane [seɪn] *adj ⟨komp* saner⟩ *Mensch* normal; PSYCH geistig gesund
sang [sæŋ] *prät* → sing
sanitary ['sænɪtərɪ] *adj* hygienisch
sanitary napkin *US s* Damenbinde *f*
sanitary towel *s* Damenbinde *f*
sanitation [ˌsænɪ'teɪʃən] *s* Hygiene *f*; (≈ *Toiletten etc*) sanitäre Anlagen *pl*
sanity ['sænɪtɪ] *s* geistige Gesundheit, gesunder Verstand
sank [sæŋk] *prät* → sink¹
San Marino [ˌsænmə'riːnəʊ] *s* GEOG San Marino *n*
Sanskrit ['sænskrɪt] Ⓐ *adj* sanskritisch Ⓑ *s* Sanskrit *n*
Santa (Claus) ['sæntə('klɔːz)] *s* der Weihnachtsmann
sap¹ [sæp] *s* BOT Saft *m*
sap² *fig v/t* untergraben; **to sap sb's strength** j-n entkräften
sapling ['sæplɪŋ] *s* junger Baum
sapphire ['sæfaɪə] *s* Saphir *m*
sarcasm ['sɑːkæzəm] *s* ❶ Sarkasmus *m* ❷ LIT beißende, verletzende Ironie
sarcastic [sɑː'kæstɪk] *adj* sarkastisch; **to be ~ about sth** über etw *(akk)* sarkastische Bemerkungen machen
sarcastically [sɑː'kæstɪkəlɪ] *adv* sarkastisch
sardine [sɑː'diːn] *s* Sardine *f*; **packed (in) like ~s** wie die Sardinen
Sardinia [sɑː'dɪnɪə] *s* Sardinien *n*
sardonic *adj*, **sardonically** [sɑː'dɒnɪk, -əlɪ] *adv* süffisant
sarnie ['sɑːnɪ] *s Br umg* Sandwich *n*
SARS [sɑːz] *abk* (= severe acute respiratory syndrome) MED SARS *n*
SASE *US abk* (= self-addressed stamped envelope) frankierter Rückumschlag
sash [sæʃ] *s* Schärpe *f*
sash window *s* Schiebefenster *n*
Sat *abk* (= Saturday) Sa.
sat [sæt] *prät & pperf* → sit
SAT® [ˌeseɪ'tiː] *US abk* Aufnahmeprüfung für das

College und die Universität

Satan ['seɪtən] *s* Satan *m*

satanic [sə'tænɪk] *adj* satanisch; ~ **rite** Satansritus *m*

satchel ['sætʃəl] *s* Schultasche *f*

satellite ['sætəlaɪt] *s* Satellit *m*

satellite communications *pl* Satellitenfunk *m*

satellite dish *s* Satellitenschüssel *f*

satellite navigation system *s* Satellitennavigationssystem *n*

satellite television *s* Satellitenfernsehen *n*

satellite town *s* Satellitenstadt *f*

satellite TV *s* → satellite television

satiate ['seɪʃɪeɪt] *v/t* Appetit stillen *geh*; *j-n* sättigen

satin ['sætɪn] **A** *s* Satin *m* **B** *adj* Satin-; *Haut* samtig

satire ['sætaɪəʳ] *s* **1** Satire *f* (**on** auf +*akk*) **2** LIT überspitzte Darstellung von Personen, Institutionen oder Gesellschaftsklassen durch Übertreibung und Ironie

satirical [sə'tɪrɪkəl] *adj* satirisch; ironisch

satirically [sə'tɪrɪkəlɪ] *adv* satirisch, ironisch

satirist ['sætərɪst] *s* Satiriker(in) *m(f)*

satirize ['sætəraɪz] *v/t* satirisch darstellen

satisfaction [ˌsætɪs'fækʃən] *s* **1** Befriedigung *f*; *von Bedingungen* Erfüllung *f* **2** Zufriedenheit *f* (**at** mit); **to feel a sense of ~ at sth** Genugtuung über etw (*akk*) empfinden; **she would not give him the ~ of seeing how annoyed she was** sie wollte ihm nicht die Genugtuung geben, ihren Ärger zu sehen; **we hope the meal was to your complete ~** wir hoffen, Sie waren mit dem Essen zufrieden; **to get ~ out of sth** Befriedigung in etw (*dat*) finden, Freude *f* an etw (*dat*) haben; **he gets ~ out of his job** seine Arbeit befriedigt ihn; **I get a lot of ~ out of listening to music** Musik gibt mir viel **3** Genugtuung *f*

satisfactorily [ˌsætɪs'fæktərɪlɪ] *adv* zufriedenstellend; **does that answer your question ~?** ist damit Ihre Frage hinreichend beantwortet?; **was it done ~?** waren Sie damit zufrieden?

satisfactory [ˌsætɪs'fæktərɪ] *adj* zufriedenstellend, ausreichend; *Erklärung* angemessen; (≈ *Prüfungsnote*) befriedigend; **to be in a ~ condition** MED sich in einem zufriedenstellenden Zustand befinden; **this is just not ~!** das geht so nicht!; (≈ *nicht genug*) das reicht einfach nicht (aus)!

satisfied ['sætɪsfaɪd] *adj* zufrieden; *mit Argumenten* überzeugt; **to be ~ with sth** mit etw zufrieden sein; **(are you) ~?** *iron* (bist du nun) zufrieden?

satisfy ['sætɪsfaɪ] **A** *v/t* **1** befriedigen; *Kunden* zufriedenstellen; *Hunger* stillen; *Bedingungen* erfüllen; *Anforderungen* genügen (+*dat*) **2** überzeugen **B** *v/r* **to ~ oneself that** ... sich davon überzeugen, dass ...

satisfying ['sætɪsfaɪɪŋ] *adj* befriedigend; *Mahlzeit* sättigend, währschaft *schweiz*

satnav, sat nav ['sætnæv] *Br umg s abk* (=satellite navigation system) Navi *n umg*

satsuma [ˌsæt'suːmə] *s* Satsuma *f*

saturate ['sætʃəreɪt] *v/t* **1** mit Flüssigkeit (durch)tränken, durchnässen **2** *fig Markt* sättigen

saturation point *fig s* **to reach ~** den Sättigungsgrad erreichen

Saturday ['sætədɪ] *s* Samstag *m*; → Tuesday

Saturn ['sætən] *s* Mythologie, *a.* ASTRON Saturn *m*

sauce [sɔːs] *s* Soße *f*, Sauce *f*; **white ~** Mehlsoße *f*

saucepan ['sɔːspən] *s* Kochtopf *m*

saucer ['sɔːsəʳ] *s* Untertasse *f*

saucy ['sɔːsɪ] *adj* ⟨*komp* saucier⟩ frech, anzüglich

Saudi Arabia ['saʊdɪə'reɪbɪə] *s* Saudi-Arabien *n*

sauerkraut ['saʊəkraʊt] *s* Sauerkraut *n*

sauna ['sɔːnə] *s* Sauna *f*; **to have a ~** in die Sauna gehen

saunter ['sɔːntəʳ] *v/i* schlendern; **he ~ed up to me** er schlenderte auf mich zu

sausage ['sɒsɪdʒ] *s* Wurst *f*, Würstchen *n*; **not a ~** *Br umg* rein gar nichts *umg*

sausagemeat *n* Wurstbrät *n*

sausage roll *s* ≈ Bratwurst *f* im Schlafrock

sauté ['səʊteɪ] *v/t* Kartoffeln rösten; *Fleisch* (kurz) anbraten

savage ['sævɪdʒ] **A** *adj* wild; *Kampf, Streit* brutal; *Tier* gefährlich; *Maßnahmen* drastisch; **to make a ~ attack on sb** *fig j-n* scharf angreifen **B** *s* Wilde(r) *m/f(m)* **C** *v/t* **1** *Tier* anfallen **2** *fig* (≈ *kritisieren*) verreißen

savagely ['sævɪdʒlɪ] *adv* brutal; *kritisieren* schonungslos

savagery ['sævɪdʒərɪ] *s* Grausamkeit *f*; *von Angriff* Brutalität *f*

save [seɪv] **A** *s* FUSSB *etc* Ballabwehr *f*; **what a ~!** eine tolle Parade!; **to make a ~** (den Ball) abwehren **B** *v/t* **1** retten; **to ~ sb from sth** *j-n* vor etw (*dat*) retten; **he ~d me from falling** er hat mich davor bewahrt hinzufallen; **to ~ sth from sth** etw aus etw retten; **to ~ the day** die Rettung sein; **God ~ the Queen** Gott schütze die Königin; **to be ~d by the bell** *umg* gerade noch einmal davonkommen; **to ~ one's neck, to ~ one's ass** *US sl*, **to ~ one's butt** *US umg* seinen Kopf retten; **to ~ sb's neck, to ~ sb's ass** *US sl*, **to ~ sb's butt** *US umg j-n* rauspauken *umg* **2** aufheben; *Zeit, Geld* sparen; *Kräfte* schonen; *Reserven etc* aufsparen; *Briefmarken* sammeln; ~

some of the cake for me lass mir etwas Kuchen übrig; **~ me a seat** halte mir einen Platz frei; **~ it for later, I'm busy now** *umg* spar dirs für später auf, ich habe jetzt zu tun *umg*; **to ~ the best for last** das Beste bis zum Schluss aufheben; **going by plane will ~ you four hours on the train journey** der Flug spart dir vier Stunden Reisezeit im Vergleich zum Zug; **he's saving himself for the right woman** er spart sich für die Richtige auf **3** **it ~d us having to do it again** das hat es uns (*dat*) erspart, es noch einmal machen zu müssen **4** *Tor* verhindern; *Elfmeter* halten; **well ~d!** gut gehalten! **5** IT (ab)speichern; **to ~ sth to a stick** etw auf (einen) Stick abspeichern **C** *v/i* sparen; **to ~ for sth** für *od* auf etw (*akk*) sparen

phrasal verbs mit save:

save up **A** *v/i* sparen (**for** für, auf +*akk*) **B** *v/t* ⟨*trennb*⟩ sparen

saver ['seɪvə^r] *s* Sparer(in) *m(f)*

saving ['seɪvɪŋ] *s* **1** ⟨*kein pl*⟩ *a.* REL Rettung *f* **2** ⟨*kein pl*⟩ Sparen *n* **3** Einsparung *f*, Ersparnis *f* **4** **~s** *pl* Ersparnisse *pl*; *in Konto* Spareinlagen *pl*; **~s and loan association** genossenschaftliche Bausparkasse

savings account *s* Sparkonto *n*

savings bank *s* Sparkasse *f*

saviour ['seɪvjə^r] *s*, **savior** *US s* Retter(in) *m(f)*

savour ['seɪvə^r] *v/t*, **savor** *US v/t* **1** *form* kosten *geh* **2** *fig liter* genießen

savoury ['seɪvəri], **savory** *US* **A** *adj* (≈ *nicht süß*) pikant **B** *s Br* Häppchen *n*

saw¹ [sɔː] *prät* → **see¹**

saw² ⟨*v: prät* sawed, *pperf* sawed *od* sawn⟩ **A** *v/t* & *v/i* sägen; **to saw sth in two** etw entzweisägen **B** *s* Säge *f*

phrasal verbs mit saw:

saw off *v/t* ⟨*trennb*⟩ absägen

sawdust ['sɔːdʌst] *s* Sägemehl *n*

sawmill *s* Sägewerk *n*

sawn [sɔːn] *pperf* → **saw²**

sawn-off ['sɔːnɒf] *adj*, **sawed-off** ['sɔːdɒf] *US adj* **~ shotgun** Gewehr *n* mit abgesägtem Lauf

Saxon ['sæksn] **A** *s* Sachse *m*, Sächsin *f*; HIST (Angel)sachse *m*/-sächsin *f* **B** *adj* sächsisch; HIST (angel)sächsisch

Saxony ['sæksənɪ] *s* Sachsen *n*

saxophone ['sæksəfəʊn] *s* Saxofon *n*; **to play the ~** Saxofon spielen

say [seɪ] ⟨*v: prät, pperf* said⟩ **A** *v/t* & *v/i* **1** sagen; *Gebet* sprechen; *bestimmten Laut* aussprechen; **say after me ...** sprechen Sie mir nach ...; **you can say what you like (about it/me)** Sie können (darüber/über mich) sagen, was Sie wollen; **I never thought I'd hear him say that** ich hätte nie gedacht, dass er das sagen würde; **that's not for him to say** das kann er nicht entscheiden; **though I say it myself** wenn ich das mal selbst sagen darf; **well, all I can say is ...** na ja, da kann ich nur sagen ...; **who says?** wer sagt das?; **what does it mean?** — **I wouldn't like to say** was bedeutet das? — das kann ich auch nicht sagen; **having said that, I must point out ...** ich muss allerdings darauf hinweisen ...; **what have you got to say for yourself?** was haben Sie zu Ihrer Verteidigung zu sagen?; **if you don't like it, say so** wenn Sie es nicht mögen, dann sagen Sie es doch; **if you say so** wenn Sie meinen **2** **it says (here) ...** hier steht ...; **it said ...** es lautete ...; **it says in the papers that ...** in den Zeitungen steht, dass ...; **the rules say that ...** in den Regeln heißt es, dass ...; **what does it say?** was steht da?; **what does it say in the dictionary?** was steht im Wörterbuch?; **what does the weather forecast say?** wie ist der Wetterbericht?; **that says a lot about his state of mind** das sagt viel über seinen Gemütszustand aus; **that's not saying much** das will nicht viel heißen; **there's no saying what might happen** was (dann) passiert, das kann keiner vorhersagen; **there's something/a lot to be said for being based in London** es spricht einiges/viel für ein Zuhause in London; *Firma* es spricht einiges/viel für einen Sitz in London **3** **if it happens on, say, Wednesday?** wenn es am, sagen wir mal, Mittwoch passiert? **4** *bei Vorschlägen* **what would you say to a whisky?** wie wär's mit einem Whisky?; **shall we say £50?** sagen wir £ 50?; **what do you say?** was meinen Sie?; **I wouldn't say no to a cup of tea** ich hätte nichts gegen eine Tasse Tee **5** **say, what a great idea!** *bes US* Mensch, tolle Idee! *umg*; **I should say so!** das möchte ich doch meinen!; **you don't say!** was du nicht sagst!; **you said it!** Sie sagen es!; **you can say that again!** das kann man wohl sagen!; **say no more!** ich weiß Bescheid!; **says you!** *umg* das meinst auch nur du!; **says who?** *umg* wer sagt das? **6** **(it's) easier said than done** das ist leichter gesagt als getan; **no sooner said than done** gesagt, getan; **when all is said and done** letzten Endes; **they say ..., it is said ...** es heißt ..., man sagt ...; **he is said to be very rich** er soll sehr reich sein; **to be said to do sth** etw (angeblich) tun sollen; **it goes without saying that ...** es versteht sich von selbst, dass ...; **that is to say** das heißt; **to say nothing of the costs** *etc* von den Kosten *etc* mal ganz abgesehen; **enough said!** genug! **B** *s* **1** **let him have his say** lass ihn mal seine Meinung äußern **2** **to have no/a say in sth** bei etw kein/ein Mitspracherecht haben; **to have the last** *od* **final say (in sth)** (etw) letztlich entscheiden

saying ['seɪɪŋ] *s* Redensart *f*, Sprichwort *n*; **as the ~ goes** wie man so sagt

scab [skæb] *s* Schorf *m*

scaffold ['skæfəld] *s* Gerüst *n*; *für Hinrichtung* Schafott *n*

scaffolding ['skæfəldɪŋ] *s* Gerüst *n*; **to put up ~** ein Gerüst aufbauen

scald [skɔːld] *v/t* verbrühen

scalding ['skɔːldɪŋ] *adv* **~ hot** siedend heiß

scale[1] [skeɪl] *s von Fisch* Schuppe *f*

scale[2] *s* **(pair of) ~s** *pl*, **~ form** Waage *f*

scale[3] *s* **1** Skala *f*, Tabelle *f* **2** Messgerät *n* **3** MUS Tonleiter *f*; **the ~ of G** die G(-Dur)-Tonleiter **4** *von Landkarte* Maßstab *m*; **on a ~ of 5 km to the cm** in einem Maßstab von 5 km zu 1 cm; **(drawn/true) to ~** maßstabgerecht **5** *fig* Ausmaß *n*; **to entertain on a small ~** Feste im kleineren Rahmen geben; **small in ~** von kleinem Umfang; **it's similar but on a smaller ~** es ist ähnlich, nur kleiner; **on a national ~** auf nationaler Ebene

phrasal verbs mit scale:
scale down *wörtl v/t* ⟨*trennb*⟩ verkleinern; *fig* verringern

scale[4] *v/t Mauer* erklettern

scallion [skæliən] *US s* → spring onion

scallop ['skɒləp] *s* ZOOL Kammmuschel *f*

scalp [skælp] *s* Kopfhaut *f*

scalpel ['skælpəl] *s* Skalpell *n*

scaly ['skeɪlɪ] *adj* ⟨*komp* scalier⟩ schuppig

scam [skæm] *umg s* Betrug *m*

scamp [skæmp] *umg s* Frechdachs *m umg*

scamper ['skæmpə(r)] *v/i* tollen; *Maus* huschen

scampi ['skæmpɪ] *s* ⟨*sg*⟩ Scampi *pl*

scan [skæn] **A** *v/t* schwenken über (+*akk*), seine Augen wandern lassen über (+*akk*); *Zeitung* überfliegen; *Horizont* absuchen; *Gepäck* durchleuchten; *mit Scanner* scannen; *mit Radar etc* scannen, abtasten; **to ~ a text** einen Text schnell nach bestimmten Wörtern/Informationen absuchen **B** *s* MED Scan *m*; *bei Schwangerschaft* Ultraschalluntersuchung *f*

phrasal verbs mit scan:
scan in *v/t* ⟨*trennb*⟩ IT scannen

scandal ['skændl] *s* **1** Skandal *m*; **to cause/create a ~** einen Skandal verursachen, allgemeines Aufsehen erregen **2** ⟨*kein pl*⟩ Skandalgeschichten *pl*; **the latest ~** der neueste Klatsch

scandalize ['skændəlaɪz] *v/t* schockieren

scandalmongering ['skændl,mʌŋgərɪŋ] *s* Klatschsucht *f*

scandalous ['skændələs] *adj* skandalös

Scandinavia [,skændɪ'neɪvɪə] *s* Skandinavien *n*

Scandinavian **A** *adj* skandinavisch **B** *s* Skandinavier(in) *m(f)*

scanner ['skænə(r)] *s* COMPUT, MED Scanner *m*

scant [skænt] *adj* ⟨+*er*⟩ wenig *inv*; *Erfolg* gering; **to pay ~ attention to sth** etw kaum beachten

scantily ['skæntɪlɪ] *adv* spärlich

scanty ['skæntɪ] *adj* ⟨*komp* scantier⟩ *Informationen* spärlich; *Kleidung* knapp

scapegoat ['skeɪpgəʊt] *s* Sündenbock *m*; **to use sb/sth as a ~, to make sb/sth one's ~** j-m/einer Sache die Schuld zuschieben

scar [skɑː(r)] **A** *s* Narbe *f*, *fig* Wunde *f* **B** *v/t* **he was ~red for life** *wörtl* er behielt bleibende Narben zurück; *fig* er war fürs Leben gezeichnet

scarce [skeəs] *adj* ⟨*komp* scarcer⟩ knapp, selten; **to make oneself ~** *umg* sich rar machen *umg*

scarcely ['skeəslɪ] *adv* kaum; wohl kaum; **~ anything** fast nichts; **I ~ know what to say** ich weiß nicht recht, was ich sagen soll

scarceness ['skeəsnɪs], **scarcity** ['skeəsɪtɪ] *s* Knappheit *f*, Seltenheit *f*

scare [skeə(r)] **A** *s* Schreck(en) *m*; (≈ Panik) Hysterie *f* (**about** wegen); **to give sb a ~** j-m einen Schrecken einjagen; **to cause a ~** eine Panik auslösen; **a bomb ~** eine Bombendrohung **B** *v/t* einen Schrecken einjagen (+*dat*), Angst machen (+*dat*), erschrecken; **to be easily ~d** sehr schreckhaft sein, sich (*dat*) leicht Angst machen lassen; **to ~ sb to death** *umg* j-n zu Tode erschrecken *umg* **C** *v/i* **I don't ~ easily** ich bekomme nicht so schnell Angst

phrasal verbs mit scare:
scare away, **scare off** *v/t* ⟨*trennb*⟩ verscheuchen, verjagen

scarecrow *s* Vogelscheuche *f*

scared ['skeəd] *adj* ängstlich, verängstigt; **to be ~ (of sb/sth)** (vor j-m/etw) Angst haben; **to be ~ to death** *umg* Todesängste ausstehen; **she was too ~ to speak** sie konnte vor Angst nicht sprechen; **he's ~ of telling her the truth** er getraut sich nicht, ihr die Wahrheit zu sagen

scaremonger ['skeəmʌŋgə(r)] *s* Panikmacher(in) *m(f)*

scaremongering ['skeə,mʌŋgərɪŋ] *s* Panikmache(rei) *f umg*

scare tactics *pl* Panikmache(rei) *f umg*

scarf [skɑːf] *s* ⟨*pl* scarves *od* -s⟩ Schal *m*; Halstuch *n*; Tuch *n*

scarlet ['skɑːlɪt] *adj* (scharlach)rot; **to go ~** rot anlaufen *umg*

scarlet fever *s* MED Scharlach *m*

scarred [skɑːd] *adj* narbig

scarves [skɑːvz] *pl* → scarf

scary ['skeərɪ] *umg adj* ⟨*komp* scarier⟩ unheimlich; *Film* grus(e)lig *umg*; **it was pretty ~** da konnte man schon Angst kriegen *umg*; **that's**

a ~ thought das ist ein beängstigender Gedanke

scathing ['skeɪðɪŋ] *adj* bissig; *Blick* vernichtend; **to be ~** bissige Bemerkungen *pl* machen (**about** über *+akk*); **to make a ~ attack on sb/sth** j-n/etw scharf angreifen

scatter ['skætəʳ] **A** *v/t* **1** verstreuen; *Samen* streuen (**on, onto** auf *+akk*) **2** auseinandertreiben **B** *v/i* sich zerstreuen (**to in** *+akk*)

scatterbrain *umg s* Schussel *m/f umg*

scatterbrained ['skætə‚breɪnd] *umg adj* schuss(e)lig

scattered *adj Bevölkerung* weitverstreut; *Objekte* verstreut; *Regenschauer* vereinzelt

scavenge ['skævɪndʒ] **A** *v/t* ergattern **B** *v/i* Nahrung suchen; **to ~ for sth** nach etw suchen

scavenger ['skævɪndʒəʳ] *s* Aasfresser *m*; *fig* Aasgeier *m*

scenario [sɪ'nɑːrɪəʊ] *s* ⟨*pl* -s⟩ Szenario *n*

scene [siːn] *s* **1** Schauplatz *m*; *von Stück* Ort *m* der Handlung; **the ~ of the crime** der Tatort; **to set the ~** den Rahmen geben; **a change of ~** ein Tapetenwechsel *m*; **to appear on the ~** auf der Bildfläche erscheinen; **to be on the ~** zur Stelle sein, vor Ort sein; **the police were first on the ~** die Polizei war als erste zur Stelle **2** *a.* THEAT Szene *f*; **behind the ~s** hinter den Kulissen; **to make a ~** eine Szene machen **3** Anblick *m*; KUNST Szene *f* **4** *umg* Szene *f*; **the drug ~** die Drogenszene; **that's not my ~** das ist nicht mein Ding *umg*

scenery ['siːnərɪ] *s* ⟨*kein pl*⟩ **1** Landschaft *f*; **do you like the ~?** gefällt Ihnen die Gegend? **2** THEAT Bühnendekoration *f*

scenic ['siːnɪk] *adj* landschaftlich; (≈ *hübsch*) malerisch; **to take the ~ route** die landschaftlich schöne Strecke nehmen; *hum* einen kleinen Umweg machen; **~ presentation** LIT szenische Erzählung (*detaillierte Darstellung eines Ereignisses*)

scent [sent] *s* **1** Duft *m* **2** Parfüm *n* **3** *von Tier* Fährte *f*; **to put** *od* **throw sb off the ~** j-n von der Fährte abbringen

scented ['sentɪd] *adj Seife* parfümiert; *Blume* duftend; **~ candle** Duftkerze *f*

sceptic ['skeptɪk] *s*, **skeptic** *US s* Skeptiker(in) *m(f)*

sceptical ['skeptɪkəl] *adj*, **skeptical** *US adj* skeptisch; **to be ~ about** *od* **of sth** über etw (*akk*) skeptisch sein

scepticism ['skeptɪsɪzəm] *s*, **skepticism** *US s* Skepsis *f* (**about** gegenüber)

sceptre ['septəʳ] *s*, **scepter** *US s* Zepter *n*

schedule ['ʃedjuːl, *bes Br* 'ʃedjuːl] **A** *s* Programm *m*, Zeitplan *m*; *bes US* Fahr-/Flugplan *m*; *bes US* SCHULE Stundenplan *m*; **according to ~** planmäßig; **the train is behind ~** der Zug hat Verspätung; **the bus was on ~** der Bus war pünktlich; **the building will be opened on ~** das Gebäude wird wie geplant eröffnet werden; **the work is ahead of/behind ~** wir *etc* sind (mit der Arbeit) dem Zeitplan voraus/im Rückstand; **we are working to a very tight ~** unsere Termine sind sehr eng **B** *v/t* planen; **the work is ~d for completion in 3 months** die Arbeit soll (laut Zeitplan) in 3 Monaten fertig(gestellt) sein; **it is ~d to take place tomorrow** es soll morgen stattfinden; **she is ~d to speak tomorrow** ihre Rede ist für morgen geplant; **the plane is ~d to take off at 2 o'clock** planmäßiger Abflug ist 2 Uhr

scheduled ['ʃedʒʊəld, *bes Br* 'ʃedjuːld] *adj* geplant; *Abfahrt* planmäßig

scheduled flight *s* Linienflug *m*

schematic *adj*, **schematically** [skɪ'mætɪk, -əlɪ] *adv* schematisch

scheme [skiːm] **A** *s* **1** Plan *m*, Projekt *n*, Programm *n*; (≈ *Einfall*) Idee *f* **2** *kriminell etc* (raffinierter) Plan **3** *von Zimmer* Einrichtung *f* **B** *v/i* Pläne schmieden

scheming ['skiːmɪŋ] **A** *s* raffiniertes Vorgehen; *von Politiker* Machenschaften *pl* **B** *adj Methoden, Geschäftsmann* raffiniert; *Politiker* gewieft *umg*

schizophrenia [‚skɪtsəʊ'friːnɪə] *s* Schizophrenie *f*

schizophrenic [‚skɪtsəʊ'frenɪk] *s* Schizophrene(r) *m/f(m)*

schmaltzy ['ʃmɔːltsɪ] *adj* ⟨*komp* schmaltzier⟩ *umg* schmalzig *umg*

schnap(p)s [ʃnæps] *s* ⟨*kein pl*⟩ Schnaps *m*

scholar ['skɒləʳ] *s* Gelehrte(r) *m/f(m)*

scholarly ['skɒlǝlɪ] *adj* wissenschaftlich, gelehrt

scholarship *s* **1** Gelehrsamkeit *f* **2** Stipendium *n*; **~ holder** Stipendiat(in) *m(f)*

school[1] [skuːl] *s* **1** Schule *f*; *US* College *n*, Universität *f*; **at ~, in ~** *US* in der Schule; *US* im College, an der Universität; **from ~** von der Schule/vom College/von der Universität; **to go to ~** in die Schule/ins College *US*/zur Universität *US* gehen; **to leave ~** von der Schule abgehen; **to miss ~** in der Schule fehlen; **to start ~** in die Schule kommen; **how do you get to ~?** wie kommst du zur Schule?; **there's no ~ tomorrow** morgen ist schulfrei; **we've got a day off ~ on Friday** am Freitag haben wir frei **2** UNIV Fachbereich *m*, Fakultät *f*

school[2] *s von Fischen* Schule *f*

school age *s* Schulalter *n*

school bag *s* Schultasche *f*

schoolbook *s* Schulbuch *n*

schoolboy *s* Schüler *m*

school bus s Schulbus m
schoolchild s ⟨pl -ren⟩ Schulkind n
schoolchildren pl Schüler pl
school days pl Schulzeit f
school dinner s Schulessen n
school exchange s Schüleraustausch m; **to go on the ~ (visit) to Germany** beim Schüleraustausch mit Deutschland mitmachen
school fees pl Schulgeld n
schoolfriend s Schulfreund(in) m(f)
schoolgirl s Schülerin f
school holiday Br s Schulferien pl
schooling ['skuːlɪŋ] s Schulausbildung f
school-leaver Br s Schulabgänger(in) m(f)
school-leaving qualification [skuːlˈliːvɪŋ] s Schulabschluss m
school magazine s Schülerzeitung f
schoolmate Br s Schulkamerad(in) m(f)
school meals pl Schulessen n
school office s Sekretariat n
school report s Schulzeugnis n
school subject s Schulfach n
schoolteacher s Lehrer(in) m(f)
school uniform s Schuluniform f
school vacation US s Schulferien pl
schoolwork s ⟨kein pl⟩ Schulaufgaben pl, Schularbeiten pl
schoolyard s Schulhof m, Pausenhof m österr
sciatica [saɪˈætɪkə] s Ischias m
science ['saɪəns] s Wissenschaft f, Naturwissenschaft f
science fiction s Science-Fiction f
science park s Technologiepark m
scientific [ˌsaɪənˈtɪfɪk] adj naturwissenschaftlich; *Methoden* wissenschaftlich
scientifically [ˌsaɪənˈtɪfɪkəli] adv **~ proven** wissenschaftlich erwiesen
scientist ['saɪəntɪst] s (Natur)wissenschaftler(in) m(f)
sci-fi ['saɪfaɪ] umg s → science fiction
Scillies ['sɪliz], **Scilly Isles** ['sɪliˌaɪlz] pl Scillyinseln pl
scintillating ['sɪntɪleɪtɪŋ] fig adj Geist, Vorführung sprühend attr; Mensch, Rede vor Geist sprühend attr
scissors ['sɪzəz] pl Schere f; **a pair of ~** eine Schere
scoff[1] [skɒf] v/i spotten; **to ~ at sb/sth** sich abschätzig über j-n/etw äußern
scoff[2] Br umg v/t futtern umg, in sich (akk) hineinstopfen umg
scold [skəʊld] **A** v/t ausschimpfen (**for** wegen) **B** v/i schimpfen
scolding ['skəʊldɪŋ] s **1** Schelte f kein pl **2** Schimpferei f
scone [skɒn] Br s brötchenartiges Buttergebäck

scoop [skuːp] **A** s Schaufel f; für Eiscreme Portionierer m; (≈ Portion Eiscreme) Kugel f **B** v/t **1** schaufeln; Flüssigkeit schöpfen **2** Preis gewinnen
<u>phrasal verbs mit scoop:</u>
scoop out v/t ⟨trennb⟩ **1** herausschaufeln; Flüssigkeit herausschöpfen **2** Melone aushöhlen
scoop up v/t ⟨trennb⟩ aufschaufeln; Flüssigkeit aufschöpfen; **she scooped the child up** sie raffte das Kind an sich (akk)
scooter ['skuːtə[r]] s (Tret)roller m, Trottinett n schweiz; (Motor)roller m
scope [skəʊp] s **1** von Wissen, Untersuchung Umfang m; von Gremium etc Kompetenzbereich m; **sth is beyond the ~ of sth** etw geht über etw (akk) hinaus; **this project is more limited in ~** dieses Projekt ist auf einen engeren Rahmen begrenzt **2** Möglichkeit(en) f(pl); **there is ~ for further growth in the tourist industry** die Tourismusindustrie ist noch ausbaufähig; **to give sb ~ to do sth** j-m den nötigen Spielraum geben, etw zu tun
scorch [skɔːtʃ] **A** s (a. **scorch mark**) Brandfleck m **B** v/t versengen
scorcher ['skɔːtʃə[r]] umg s glühend heißer Tag
scorching ['skɔːtʃɪŋ] adj Sonne glühend heiß; Tag brütend heiß
score [skɔː[r]] **A** s **1** (Punkte)stand m, (Spiel)stand m; (≈ Resultat) Spielergebnis n; **the ~ was Rangers 3, Celtic 0** es stand 3:0 für Rangers (gegen Celtic); (≈ Resultat) Rangers schlug Celtic (mit) 3:0; **to keep ~** (mit)zählen; **what's the ~?** wie steht es?; **to know the ~** fig wissen, was gespielt wird umg **2** (≈ Groll) Rechnung f; **to settle old ~s** alte Schulden begleichen; **to have a ~ to settle with sb** mit j-m eine alte Rechnung zu begleichen haben **3** MUS Noten pl, Partitur f; von Film Musik f **4** Kerbe f **5** zwanzig; **~s of ...** Hunderte von ... **6 on that ~** deshalb **B** v/t **1** erzielen; **I ~d ten points** ich habe zehn Punkte; **to ~ a goal** ein Tor schießen **2** Kratzer/einen Kratzer machen in (+akk) **C** v/i **1** einen Punkt erzielen; (≈ Punkte sammeln) punkten; FUSSB etc ein Tor schießen; **to ~ well/badly** gut/schlecht abschneiden **2** (mit)zählen
<u>phrasal verbs mit score:</u>
score off v/t ⟨trennb⟩ ausstreichen
score out, score through v/t ⟨trennb⟩ durchstreichen
scoreboard s Anzeigetafel f; im Fernsehen Tabelle f der Spielergebnisse
scoreline ['skɔːlaɪn] s SPORT Spielstand m
scorer ['skɔːrə[r]] s **1** FUSSB etc Torschütze m/-schützin f **2** SPORT Anschreiber(in) m(f)
scorn ['skɔːn] **A** s Verachtung f; **to pour ~ on sb/sth** j-n/etw verächtlich abtun **B** v/t verach-

ten, verächtlich behandeln
scornful *adj* verächtlich, spöttisch; **to be ~ of sb/sth** j-n/etw verachten; *mit Worten* j-n/etw verhöhnen
scornfully ['skɔːnfəlɪ] *adv* verächtlich
Scorpio ['skɔːpɪəʊ] *s* ⟨*pl* -s⟩ ASTROL Skorpion *m*; **to be (a) ~** (ein) Skorpion sein
scorpion ['skɔːpɪən] *s* Skorpion *m*
Scot [skɒt] *s* Schotte *m*, Schottin *f*
Scotch [skɒtʃ] **A** *adj* schottisch **B** *s* (≈ *Whisky*) Scotch *m*
Scotch tape® *s* ⟨*kein pl*⟩ Klebeband *n*
scot-free ['skɒt'friː] *adv* **to get off ~** ungeschoren davonkommen
Scotland ['skɒtlənd] *s* Schottland *n*
Scots [skɒts] **A** *adj* schottisch **B** *s* LING Schottisch *n*; **the ~** *pl* die Schotten *pl*
Scotsman *s* ⟨*pl* -men⟩ Schotte *m*
Scotswoman *s* ⟨*pl* -women [-wɪmɪn]⟩ Schottin *f*
Scottish ['skɒtɪʃ] *adj* schottisch; **the ~ Parliament** das schottische Parlament
scoundrel ['skaʊndrəl] *s* Bengel *m*, Bazi *m österr*
scour[1] ['skaʊəʳ] *v/t* scheuern, fegen *schweiz*
scour[2] *v/t Gebiet* absuchen (**for** nach); *Zeitung* durchkämmen (**for** nach)
scourer ['skaʊərəʳ] *s* Topfkratzer *m*, Scheuerschwamm *m*
scourge [skɜːdʒ] *s* Geißel *f*
scouring pad ['skaʊərɪŋpæd] *s* → scourer
Scouse [skaʊs] **A** *adj* Liverpooler **B** *s* **1** Liverpooler(in) *m(f)* **2** Liverpooler Dialekt *m*
scout [skaʊt] **A** *s* **1** MIL Kundschafter(in) *m(f)* **2** **to have a ~** (a)**round for sth** sich nach etw umsehen **3** Scout Pfadfinder *m*; *US* Pfadfinderin *f* **4** Talentsucher(in) *m(f)* **B** *v/i* auskundschaften; **to ~ for sth** nach etw Ausschau halten **C** *v/t Gebiet, Land* erkunden
phrasal verbs mit scout:
scout around *v/i* sich umsehen (**for** nach)
scouting ['skaʊtɪŋ] *s* Suche *f* (**for** nach), Talentsuche *f*
scoutmaster ['skaʊtmɑːstəʳ] *s* Gruppenführer *m*
scowl [skaʊl] **A** *s* finsterer Blick **B** *v/i* ein finsteres Gesicht machen; **to ~ at sb** j-n böse ansehen
scrabble ['skræbl] *v/i a.* **~ around** *od* **about** *Br* (herum)tasten, (herum)wühlen
scraggly ['skræglɪ] *adj* ⟨*komp* scragglier⟩ *Bart, Haare* zottig; *Pflanze* kümmerlich
scraggy ['skrægɪ] *adj* ⟨*komp* scraggier⟩ dürr; *Fleisch* sehnig
scram [skræm] *umg v/i* abhauen *umg*; **~!** verschwinde!
scramble ['skræmbl] **A** *s* **1** Kletterei *f* **2** Gerangel *n* **B** *v/t* **1** (untereinander) mischen **2** *Eier* verquirlen **3** TEL *Nachricht* verschlüsseln **C** *v/i* **1** klettern; **to ~ out** herausklettern; **he ~d to his feet** er rappelte sich auf *umg*; **to ~ up sth** auf etw (*akk*) hinaufklettern **2** **to ~ for sth** sich um etw raufen; *um Ball etc* um etw kämpfen; *um Job, Standort* sich um etw drängeln
scrambled egg(s) [ˌskræmbld'eg(z)] *s(pl)* Rührei(er) *n(pl)*
scrap [skræp] **A** *s* **1** Stückchen *n*; *fig* bisschen *kein pl*; *von Papier, Konversation* Fetzen *m*; **there isn't a ~ of food** es ist überhaupt nichts zu essen da; **a few ~s of information** ein paar magere Auskünfte; **not a ~ of evidence** nicht der geringste Beweis **2** ⟨*mst pl*⟩ Rest *m* **3** Altmaterial *n*; (≈ *Metall*) Schrott *m*; **to sell sth for ~** etw zum Verschrotten verkaufen **B** *v/t Auto* verschrotten; *Idee* fallen lassen
scrapbook ['skræpbʊk] *s* Sammelalbum *n*
scrap car *s* Schrottauto *n umg*
scrape [skreɪp] **A** *s* Schramme *f* **B** *v/t* **1** *Kartoffeln* schaben; *Teller, Schuhe* abkratzen; *Topf* auskratzen; **to ~ a living** gerade so sein Auskommen haben; **that's really scraping the (bottom of the) barrel** *fig* das ist wirklich das Letzte vom Letzten **2** *Auto* schrammen; *Mauer* streifen; *Arm* aufschürfen **3** kratzen an (+*dat*) **C** *v/i* kratzen (**against** an +*dat*), streifen (**against** +*akk*); **the car just ~d past the gatepost** der Wagen fuhr um Haaresbreite am Torpfosten vorbei
phrasal verbs mit scrape:
scrape by *wörtl v/i* sich vorbeizwängen; *fig* sich durchwursteln *umg* (**on** mit)
scrape off *v/t* ⟨*trennb*⟩ abkratzen (**sth von etw**)
scrape out *v/t* ⟨*trennb*⟩ auskratzen
scrape through **A** *v/i* in *Prüfung* durchrutschen *umg* **B** *v/i* (+*obj*) *Öffnung* sich durchzwängen durch; *Prüfung* durchrutschen durch *umg*
scrape together *v/t* ⟨*trennb*⟩ *Geld* zusammenkratzen
scraper ['skreɪpəʳ] *s* Spachtel *m*
scrap heap *s* Schrotthaufen *m*; **to be thrown on the ~** *Mensch* zum alten Eisen geworfen werden; **to end up on the ~** *Mensch* beim alten Eisen landen
scrap merchant *s* Schrotthändler(in) *m(f)*
scrap metal *s* Schrott *m*
scrap paper *bes Br s* Schmierpapier *n*
scrappy ['skræpɪ] *adj* ⟨*komp* scrappier⟩ zusammengestückelt; *Spiel* orientierungslos
scrapyard ['skræpjɑːd] *bes Br s* Schrottplatz *m*
scratch [skrætʃ] **A** *s* Kratzer *m*; **to have a ~** sich kratzen; **to start from ~** (ganz) von vorn(e) anfangen; **to learn a language from ~** eine Sprache von Grund auf erlernen; **to be up to ~** *umg*

den Anforderungen entsprechen **B** v/t kratzen, zerkratzen; **she ~ed the dog's ear** sie kratzte den Hund am Ohr; **to ~ one's head** sich am Kopf kratzen; **to ~ the surface of sth** fig etw oberflächlich berühren **C** v/i **1** kratzen, sich kratzen **2** MUS scratchen

phrasal verbs mit scratch:

scratch about Br, **scratch around** fig umg v/i sich umsehen (**for** nach)

scratchcard ['skrætʃkɑːd] Br s Rubbellos n
scratching ['skrætʃɪŋ] s MUS Scratching n
scratch pad s **1** US Notizblock m **2** IT (digitaler) Notizblock
scratch paper US s Notizpapier n
scratchy ['skrætʃɪ] adj ⟨komp scratchier⟩ kratzend attr; Pullover kratzig
scrawl [skrɔːl] **A** s Krakelei f; (≈ Handschrift) Klaue f umg **B** v/t hinkritzeln
scrawny ['skrɔːnɪ] adj ⟨komp scrawnier⟩ dürr
scream [skriːm] **A** s **1** Schrei m; von Motor Heulen n; **to give a ~** einen Schrei ausstoßen **2** fig umg **to be a ~** zum Schreien sein umg **B** v/t schreien; **to ~ sth at sb** j-m etw zuschreien; **to ~ one's head off** umg sich (dat) die Lunge aus dem Leib od Hals schreien **C** v/i schreien; Wind, Motor heulen; **to ~ at sb** j-n anschreien; **to ~ for sth** nach etw schreien; **to ~ in** od **with pain** vor Schmerzen schreien; **to ~ with laughter** vor Lachen kreischen
screaming ['skriːmɪŋ] **A** adj schreiend; Reifen kreischend; Wind, Motor heulend **B** s **to have a ~ match** sich gegenseitig anbrüllen umg
screech [skriːtʃ] **A** s Kreischen n kein pl **B** v/t schreien; in hohen Tönen quietschen **C** v/i kreischen; **to ~ with laughter** vor Lachen kreischen; **to ~ with delight** vor Vergnügen quietschen; **to ~ to a halt** mit quietschenden Reifen zum Stillstand kommen
screen [skriːn] **A** s **1** (≈ Schutzvorrichtung) Schirm m, Wandschirm m; fig Schutz m **2** FILM Leinwand f; TV (Bild)schirm m; **stars of the ~** Filmstars pl; **the big ~** die Leinwand; **the small ~** die Mattscheibe **3** COMPUT Bildschirm m; **on ~** auf Bildschirm (dat); **to work on ~** am Bildschirm arbeiten **B** v/t **1** verdecken, abschirmen; **he ~ed his eyes from the sun** er schützte die Augen vor der Sonne **2** TV-Programm senden; Film vorführen **3** Bewerber überprüfen; Telefonate überwachen; MED untersuchen **C** v/i **to ~ for sth** MED auf etw (akk) untersuchen

phrasal verbs mit screen:

screen off v/t ⟨trennb⟩ abtrennen

screening ['skriːnɪŋ] s **1** von Bewerbern Überprüfung f **2** von Film Vorführung f; TV Sendung f
screenplay s Drehbuch n
screen-printing s Siebdruck m
screensaver s IT Bildschirmschoner m
screenshot s IT Screenshot m (Bild vom Bildschirm)
screenwriter s Drehbuchautor(in) m(f)
screw [skruː] **A** s MECH Schraube f; **he's got a ~ loose** umg bei dem ist eine Schraube locker umg; **to turn the ~ on sb** umg j-m die Daumenschrauben anlegen **B** v/t **1** schrauben (**to** an +akk od **onto** auf +akk); **she ~ed her handkerchief into a ball** sie knüllte ihr Taschentuch zu einem Knäuel zusammen **2** sl vögeln umg; **~ you!** sl leck mich am Arsch! vulg, du kannst mich mal! umg **C** v/i sl vögeln umg

phrasal verbs mit screw:

screw down v/t ⟨trennb⟩ an- od festschrauben
screw in **A** v/t ⟨trennb⟩ (hin)einschrauben (**sth, -to sth** in etw akk) **B** v/i (hin)eingeschraubt werden (**sth, -to sth** in etw akk)
screw off **A** v/t ⟨trennb⟩ abschrauben (**sth** von etw) **B** v/i abgeschraubt werden (**sth** von etw)
screw on **A** v/t ⟨trennb⟩ anschrauben; **to screw sth on(to) sth** etw an etw (akk) schrauben; Deckel etw auf etw (akk) schrauben **B** v/i aufgeschraubt werden, angeschraubt werden
screw together **A** v/t ⟨trennb⟩ zusammenschrauben **B** v/i zusammengeschraubt werden
screw up **A** v/t ⟨trennb⟩ **1** Papier zusammenknüllen; Augen zusammenkneifen; Gesicht verziehen; **to screw up one's courage** seinen ganzen Mut zusammennehmen **2** umg vermasseln umg **3** umg j-n neurotisch machen; **he's so screwed up** der hat einen Schaden umg **B** v/i umg Scheiße bauen umg (**on sth** bei etw)

screwball bes US umg s Spinner(in) m(f) umg
screwdriver ['skruːdraɪvəʳ] s Schraubenzieher m
screw top s Schraubverschluss m
screwy ['skruːɪ] umg adj ⟨komp screwier⟩ verrückt umg
scribble ['skrɪbl] **A** s Gekritzel n kein pl **B** v/t hinkritzeln; **to ~ sth on sth** etw auf etw (akk) kritzeln; **to ~ sth down** etw hinkritzeln **C** v/i kritzeln
scribe [skraɪb] s Schreiber(in) m(f)
scrimp [skrɪmp] v/i sparen, knausern; **to ~ and save** (geizen und) sparen
script [skrɪpt] s **1** Schrift f **2** THEAT Text m; Film Drehbuch n
scripture ['skrɪptʃəʳ] s **Scripture, the Scriptures** die (Heilige) Schrift
scriptwriter ['skrɪpt͵raɪtəʳ] s Textautor(in) m(f); FILM Drehbuchautor(in) m(f)

scroll [skrəʊl] **A** s **1** Schriftrolle f; dekorativ Schnörkel m **2** IT Scrollen n **B** v/i IT scrollen
phrasal verbs mit scroll:
scroll down v/t & v/i ⟨trennb⟩ vorscrollen
scroll up v/t & v/i ⟨trennb⟩ zurückscrollen
scroll bar s IT Bildlaufleiste f
Scrooge [skruːdʒ] s Geizhals m
scrotum ['skrəʊtəm] s Hodensack m
scrounge [skraʊndʒ] umg **A** v/t & v/i schnorren umg (**off, from** bei) **B** s **to be on the ~** am Schnorren sein umg
scrounger ['skraʊndʒəʳ] umg s Schnorrer(in) m(f) umg
scrub[1] [skrʌb] s Gebüsch n
scrub[2] **A** s Schrubben n kein pl, Fegen n kein pl schweiz; **to give sth a ~** etw schrubben **B** v/t schrubben, fegen schweiz; Gemüse putzen
phrasal verbs mit scrub:
scrub down v/t ⟨trennb⟩ abschrubben, abfegen schweiz
scrub out v/t ⟨trennb⟩ Topf ausscheuern, ausfegen schweiz
scrubbing brush ['skrʌbɪŋˌbrʌʃ] Br s, **scrub brush** US s Scheuerbürste f
scrubland ['skrʌblænd] s → scrub[1]
scruff[1] [skrʌf] s **by the ~ of the neck** am Genick
scruff[2] umg s (≈ Frau) Schlampe f pej umg; (≈ Mann) abgerissener Typ umg
scruffily ['skrʌfɪlɪ] umg adv schlampig umg
scruffy ['skrʌfɪ] umg adj ⟨komp scruffier⟩ gammelig umg
scrum [skrʌm] s a. Rugby Gedränge n
scrumptious ['skrʌmpʃəs] umg adj lecker
scrunch [skrʌntʃ] **A** v/t **to ~ sth (up) into a ball** etw zusammenknüllen **B** v/i knirschen
scruple ['skruːpl] s Skrupel m; **~s** (moralische) Bedenken pl; **to have no ~s about sth** bei einer Sache keine Skrupel haben
scrupulous ['skruːpjʊləs] adj gewissenhaft; **he is not too ~ in his business dealings** er hat keine allzu großen Skrupel bei seinen Geschäften; **to be ~ about sth** mit etw sehr gewissenhaft sein
scrupulously ['skruːpjʊləslɪ] adv gewissenhaft, sorgfältig; säubern peinlich; fair äußerst
scrutinize ['skruːtɪnaɪz] v/t **1** (genau) untersuchen, genau prüfen **2** prüfend ansehen
scrutiny ['skruːtɪnɪ] s **1** Untersuchung f, (Über)prüfung f **2** mit Augen prüfender Blick
scuba diving ['skuːbə] s Sporttauchen n
scud [skʌd] v/i flitzen; Wolken jagen
scuff [skʌf] **A** v/t abwetzen **B** v/i schlurfen
scuffle ['skʌfl] **A** s Handgemenge n **B** v/i sich raufen
sculpt [skʌlpt] v/t → sculpture
sculptor ['skʌlptəʳ] s Bildhauer(in) m(f)
sculpture ['skʌlptʃəʳ] **A** s Bildhauerkunst f, Bildhauerei f; (≈ Werk) Skulptur f, Plastik f **B** v/t formen; in Stein hauen
scum [skʌm] s **1** auf Flüssigkeit Schaum m; (≈ Rückstand) Rand m **2** pej umg Abschaum m; **the ~ of the earth** der Abschaum der Menschheit
scumbag ['skʌmbæg] umg s Schleimscheißer m umg
scupper ['skʌpəʳ] v/t **1** SCHIFF versenken **2** Br umg zerschlagen
scurrilous ['skʌrɪləs] adj verleumderisch
scurry ['skʌrɪ] v/i hasten; Tier huschen; **they all scurried out of the classroom** sie hatten es alle eilig, aus dem Klassenzimmer zu kommen
scuttle[1] ['skʌtl] v/i trippeln; Tier hoppeln; Spinne krabbeln
scuttle[2] v/t SCHIFF versenken
scythe [saɪð] s Sense f
SD card [ˌesˈdiː] abk (= secure digital memory card) IT SD-Karte f
SE abk (= south-east) SO
sea [siː] s Meer n, See f; **by sea** auf dem Seeweg; **by the sea** am Meer; **at sea** auf See; **to be all at sea** fig nicht durchblicken (**with** bei) umg; **to go to sea** zur See gehen; **heavy seas** schwere See
sea anemone s Seeanemone f
seabed s Meeresboden m
sea bird s Seevogel m
seaboard US s Küste f
sea breeze s Seewind m
sea change s totale Veränderung
sea defences pl, **sea defenses** US pl Hochwasserschutzmaßnahmen pl
seafaring ['siːˌfeərɪŋ] adj Nation seefahrend
seafish s Meeresfisch m
seafood s ⟨kein pl⟩ Meeresfrüchte pl; **~ restaurant** Fischrestaurant n
seafront s Strandpromenade f
seagoing ['siːˌgəʊɪŋ] adj Jacht etc hochseetüchtig, Hochsee-
seagull s Möwe f
sea horse s Seepferdchen n
seal[1] s ZOOL Seehund m, Robbe f
seal[2] **A** s **1** Siegel n; **~ of approval** offizielle Zustimmung f **2** Verschluss m **B** v/t versiegeln; mit Wachs siegeln; Bereich abriegeln, abdichten; fig besiegeln; **~ed envelope** verschlossener Briefumschlag; **my lips are ~ed** meine Lippen sind versiegelt; **this ~ed his fate** dadurch war sein Schicksal besiegelt
phrasal verbs mit seal:
seal in v/t ⟨trennb⟩ einschließen
seal off v/t ⟨trennb⟩ abriegeln
seal up v/t ⟨trennb⟩ versiegeln; Paket zukleben
sea level s Meeresspiegel m
sea lion s Seelöwe m

seam [siːm] *s* Naht *f*; **to come apart at the ~s** aus den Nähten gehen; **to be bursting at the ~s** aus allen Nähten platzen *umg*
seaman [-mən] *s* ⟨*pl* -men⟩ Seemann *m*
seamstress ['semstrɪs] *s* Näherin *f*
seamy ['siːmɪ] *adj* ⟨*komp* seamier⟩ *Klub, Mensch* heruntergekommen; *Gegend, Vergangenheit* zwielichtig
séance ['seɪɑ̃ːns] *s* Séance *f*
seaplane *s* Wasserflugzeug *n*
seaport *s* Seehafen *m*, Hafenstadt *f*
sea power *s* *Nation* Seemacht *f*
search [sɜːtʃ] **A** *s* Suche *f* (**for** nach); *von Gepäck etc* Durchsuchung *f* (**of** +gen); IT Suchlauf *m*; **to go in ~ of sb/sth** auf die Suche nach j-m/etw gehen; **to carry out a ~ of a house** eine Haus(durch)suchung machen; **they arranged a ~ for the missing child** sie veranlassten eine Suchaktion nach dem vermissten Kind; **to do a ~ (and replace) for sth** IT etw suchen (und ersetzen) **B** *v/t* durchsuchen (**for** nach); *Akten* suchen in (+*dat*) (**for** nach); *Gedächtnis* durchforschen (**for** nach); **to ~ a place for sb/sth** einen Ort nach j-m/etw absuchen; **to ~ the internet** im Internet suchen **C** *v/i* suchen (**for** nach)
phrasal verbs mit search:
 search around *v/i* herumstöbern (**in** in +*dat*)
 search out *v/t* ⟨*trennb*⟩ heraussuchen; *j-n* aufspüren
 search through *v/i* ⟨+*obj*⟩ durchsuchen; *Papiere* durchsehen
search engine *s* IT Suchmaschine *f*
searcher ['sɜːtʃəʳ] *s* **the ~s** die Suchmannschaft *f*
search function *s* IT Suchfunktion *f*
searching ['sɜːtʃɪŋ] *adj Blick* forschend; *Frage* bohrend
searchlight *s* Suchscheinwerfer *m*
search party *s* Suchmannschaft *f*
search warrant *s* Durchsuchungsbefehl *m*
searing ['sɪərɪŋ] *adj Hitze* glühend
seashell *s* Muschel(schale) *f*
seashore *s* Strand *m*; **on the ~** am Strand
seasick *adj* seekrank
seasickness *s* Seekrankheit *f*
seaside **A** *s* (Meeres)küste *f*; **at the ~** am Meer; **to go to the ~** ans Meer fahren **B** *adj* ⟨*attr*⟩ See-; *Stadt* am Meer
seaside resort *s* Seebad *n*
season ['siːzn] **A** *s* **1** Jahreszeit *f*; **rainy ~** Regenzeit *f* **2** Saison *f*; **hunting ~** Jagdzeit *f*; **strawberries are in ~/out of ~ now** für Erdbeeren ist jetzt die richtige/nicht die richtige Zeit; **their bitch is in ~** ihre Hündin ist läufig; **to go somewhere out of/in ~** an einen Ort fahren *od* gehen, wenn keine Saison/wenn Saison ist; **at the height of the ~** in der Hochsaison; **the ~ of good will** die Zeit der Nächstenliebe; **"Season's greetings"** „fröhliche Weihnachten und ein glückliches neues Jahr" **3** THEAT Spielzeit *f*; **a ~ of Dustin Hoffman films** eine Serie von Dustin-Hoffman-Filmen **B** *v/t Essen* würzen
seasonal ['siːzənl] *adj* jahreszeitlich bedingt; **~ affective disorder** Winterdepression *f*; **~ fruit** Früchte *pl* der Saison
seasonally ['siːzənəlɪ] *adv* **~ adjusted** saisonbereinigt
season creep *s* durch die globale Erwärmung bedingte Jahreszeitenverschiebung
seasoned *adj* **1** *Essen* gewürzt **2** *Holz* abgelagert **3** *fig* erfahren
seasoning ['siːznɪŋ] *s* GASTR Gewürz *n*
season ticket *s* BAHN Zeitkarte *f*; Jahreskarte *f*; THEAT Abonnement *n*
seat [siːt] **A** *s* Sitz *m*, (Sitz)platz *m*; *mst pl* Sitzgelegenheit *f*; *von Hose* Hosenboden *m*; **will you keep my ~ for me?** würden Sie mir einen Platz frei halten?; **the man in ~ 61** *umg* Otto Normalverbraucher *umg* **B** *v/t* setzen; **to ~ oneself** sich setzen; **to be ~ed** sitzen; **please be ~ed** bitte, setzen Sie sich; **the table/sofa ~s 4** am Tisch/auf dem Sofa ist Platz für 4 Personen; **the hall ~s 900** die Halle hat 900 Sitzplätze
seat belt *s* Sicherheitsgurt *m*; **to fasten one's ~** sich anschnallen
seat cushion *s* Sitzpolster *n*
seating ['siːtɪŋ] *s* Sitzplätze *pl*
seating arrangements *pl* Sitzordnung *f*
sea urchin *s* Seeigel *m*
sea view *s* Seeblick *m*
sea water *s* Meerwasser *n*
seaweed *s* (See)tang *m*
seaworthy *adj* seetüchtig
sec [sek] *abk* (= seconds) Sek.; **wait a sec** *umg* Moment mal
secession [sɪˈseʃn] *s* Abspaltung *f*, Sezession *f* (**from** von)
secluded [sɪˈkluːdɪd] *adj Ort* abgelegen
seclusion [sɪˈkluːʒən] *s* Abgeschiedenheit *f*, Abgelegenheit *f*
second[1] ['sekənd] **A** *adj* zweite(r, s); **the ~ floor** *Br* der zweite Stock; *US* der erste Stock; **to be ~** Zweite(r, s) sein; **in ~ place** SPORT *etc* an zweiter Stelle; **to be** *od* **lie in ~ place** auf dem zweiten Platz sein *od* liegen; **to finish in ~ place** den zweiten Platz belegen; **a ~-half goal** ein Tor *n* in der zweiten Halbzeit; **to be ~ in command** MIL stellvertretender Kommandeur sein; **~ time around** beim zweiten Mal; **you won't**

get a ~ chance die Möglichkeit kriegst du so schnell nicht wieder *umg* **B** *adv* **1** *mit Adjektiv* zweit-; *mit Verb* an zweiter Stelle; **the ~ largest house** das zweitgrößte Haus; **to come/lie ~** Zweite(r) werden/sein **2** zweitens **C** *v/t* Antrag unterstützen **D** *s* **1** Sekunde *f*; *umg* Augenblick *m*; **just a ~!** (einen) Augenblick!; **it won't take a ~** es dauert nicht lange; **I'll only be a ~** ich komme gleich, ich bin gleich wieder da **2** **the ~ (from the) Zweite 3** AUTO **~ (gear)** der zweite Gang **4 ~s** *pl umg* beim Essen Nachschlag *m umg* **5** HANDEL **~s** *pl* Waren *pl* zweiter Wahl
second² [sɪˈkɒnd] *Br v/t* abordnen
secondary [ˈsekəndərɪ] *adj* **1** sekundär **2** *Bildung* höher; **~ school** höhere Schule, weiterführende Schule
secondary education *s* Schulbildung nach der Grundschule
second best A *s* Zweitbeste(r, s); **I won't settle for ~** ich gebe mich nicht mit dem Zweitbesten zufrieden **B** *adv* **to come off ~** den Kürzeren ziehen
second-best *adj* zweitbeste(r, s)
second biggest *adj* zweitgrößte(r, s)
second class *s* zweite Klasse
second-class A *adj* Fahrkarte etc zweiter Klasse *präd*; **~ stamp** Briefmarke für nicht bevorzugt beförderte Briefsendungen **B** *adv reisen* zweiter Klasse; **to send sth ~** etw mit nicht bevorzugter Post schicken
second cousin *s* Cousin *m*/Cousine *f* zweiten Grades
second-degree *adj* ⟨*attr*⟩ zweiten Grades
second-guess *v/t* **1** **to ~ sb** vorhersagen, was j-d machen/sagen wird **2** *US* im Nachhinein kritisieren
second hand *s* Sekundenzeiger *m*
second-hand A *adj* gebraucht; *Kleider* getragen; *fig Information* aus zweiter Hand; **~ shop** Gebrauchtwarenladen *m*; **a ~ car** ein Gebrauchtwagen *m*, eine Occasion *schweiz*; **~ bookshop** Antiquariat *n* **B** *adv* gebraucht
secondly [ˈsekəndlɪ] *adv* zweitens, an zweiter Stelle
secondment [sɪˈkɒndmənt] *Br s* Abordnung *f*; **to be on ~** abgeordnet sein
second name *s* Nachname *m*
second nature *s* **to become ~ (to sb)** (j-m) in Fleisch und Blut übergehen
second-rate *pej adj* zweitklassig
second sight *s* das Zweite Gesicht; **you must have ~** du musst hellsehen können
second thought *s* **without a ~** ohne lange darüber nachzudenken; **I didn't give it a ~** ich habe daran überhaupt keinen Gedanken verschwendet; **to have ~s about sth** sich (*dat*) etw

anders überlegen; **on ~s maybe I'll do it myself** vielleicht mache ich es doch besser selbst
Second World War *s* **the ~** der Zweite Weltkrieg
secrecy [ˈsiːkrəsɪ] *s* Geheimnistuerei *f*; *von Ereignis* Heimlichkeit *f*; **in ~** im Geheimen
secret [ˈsiːkrɪt] **A** *adj* geheim; *Bewunderer* heimlich; **to keep sth ~ (from sb)** etw (vor j-m) geheim halten **B** *s* Geheimnis *n*; **to keep sb/sth a ~ (from sb)** (j-n)/etw (vor j-m) geheim halten; **to tell sb a ~** j-m ein Geheimnis anvertrauen; **in ~** im Geheimen; **they met in ~** sie trafen sich heimlich; **to let sb in on** *od* **into a ~** j-n in ein Geheimnis einweihen; **to keep a ~** ein Geheimnis für sich behalten; **can you keep a ~?** kannst du schweigen?; **to make no ~ of sth** kein Geheimnis *od* keinen Hehl aus etw machen; **the ~ of success** das Erfolgsgeheimnis
secret agent *s* Geheimagent(in) *m(f)*
secretarial [ˌsekrəˈteərɪəl] *adj Stelle* als Sekretärin/Sekretär; **~ work** Sekretariatsarbeit *f*; **~ staff** Sekretärinnen und Schreibkräfte *pl*
secretary [ˈsekrətrɪ] *s* Sekretär(in) *m(f)*; *von Verein* Schriftführer(in) *m(f)*; POL Minister(in) *m(f)*
secretary-general *s* ⟨*pl* **secretaries-general**; **secretary-generals**⟩ Generalsekretär(in) *m(f)*
Secretary of State *Br s* Minister(in) *m(f)*; *US* Außenminister(in) *m(f)*
secrete [sɪˈkriːt] *v/t & v/i* MED absondern
secretion [sɪˈkriːʃən] *s* MED Sekret *n*
secretive [ˈsiːkrətɪv] *adj Mensch* verschlossen, geheimnistuerisch; *Organisation* verschwiegen; **to be ~ about sth** mit etw geheimnisvoll tun
secretly [ˈsiːkrətlɪ] *adv* im Geheimen, heimlich, im Stillen
secret police *s* Geheimpolizei *f*
secret service *s* Geheimdienst *m*
secret weapon *s* Geheimwaffe *f*
sect [sekt] *s* Sekte *f*
sectarian [sekˈteərɪən] *adj* sektiererisch; *Differenzen* konfessionell; **~ violence** Gewalttätigkeiten *pl* mit konfessionellem Hintergrund
section [ˈsekʃən] *s* **1** Teil *m*, Abschnitt *m*; *von Lehrwerk* (Themen)bereich *m*; *von Dokument* Absatz *m*; *von Orange* Stück *n*; **the string ~** die Streicher *pl* **2** *a.* MIL Abteilung *f*; *von Akademie etc* Sektion *f* **3** (= *Zeichnung, Modell*) Schnitt *m*
phrasal verbs mit section:
section off *v/t* ⟨*trennb*⟩ abteilen
sector [ˈsektə] *s a.* IT Sektor *m*
secular [ˈsekjʊlə] *adj* weltlich, säkular; *Kunst* profan
secure [sɪˈkjʊə] **A** *adj* ⟨*komp* **securer**⟩ sicher, geborgen; *Einkommen, Tür* gesichert; *Griff, Knoten* fest; **~ in the knowledge that ...** ruhig

in dem Bewusstsein, dass ...; **to make sb feel ~** j-m das Gefühl der Sicherheit geben; **financially ~** finanziell abgesichert **B** v/t **1** festmachen; *Tür* fest zumachen; *gegen Gefahr etc* sichern (**from, against** gegen) **2** sich (*dat*) sichern; *Stimmen, Auftrag* erhalten; *mit Geld* erstehen; **to ~ sth for sb** j-m etw sichern
securely [sɪˈkjʊərɪtɪ] *adv* fest, sicher
security [sɪˈkjʊərɪtɪ] *s* **1** ⟨*kein pl*⟩ Sicherheit *f*, Geborgenheit *f*; (≈ *Vorkehrungen*) Sicherheitsmaßnahmen *pl*; (≈ *Abteilung*) Sicherheitsdienst *m*; (≈ *Garant*) Bürge *m*, Bürgin *f*; **for ~** zur Sicherheit **2 securities** *pl* FIN (Wert)papiere *pl*; **securities market** Wertpapiermarkt *m*
security alert *s* Sicherheitsalarm *m*
security camera *s* Überwachungskamera *f*
security check *s* Sicherheitskontrolle *f*
security-conscious *adj* sicherheitsbewusst
security firm *s* Wach- und Sicherheitsdienst *m*
security forces *pl* Sicherheitskräfte *pl*
security guard *s* Wache *f*
security lock *s* Sicherheitsschloss *n*
security man *s* ⟨*pl* - men⟩ Wache *f*, Wächter *m*; **one of the security men** einer der Sicherheitsleute
security measure *s* Sicherheitsmaßnahme *f*
security personnel *s* Sicherheitspersonal *n*
security risk *s* Sicherheitsrisiko *n*
security staff *s* Sicherheitspersonal *n*
sedan [sɪˈdæn] *s* **1** (*a.* **~ chair**) Sänfte *f* **2** US AUTO Limousine *f*
sedate [sɪˈdeɪt] **A** *adj* ⟨*komp* sedater⟩ gesetzt; *Leben* geruhsam **B** v/t Beruhigungsmittel geben (+*dat*); **he was heavily ~d** er stand stark unter dem Einfluss von Beruhigungsmitteln
sedation [sɪˈdeɪʃən] *s* Beruhigungsmittel *pl*; **to put sb under ~** j-m Beruhigungsmittel geben
sedative [ˈsedətɪv] *s* Beruhigungsmittel *n*
sedentary [ˈsedntərɪ] *adj* sitzend *attr*; **to lead a ~ life** sehr viel sitzen
sediment [ˈsedɪmənt] *s* (Boden)satz *m*; *in Fluss* Ablagerung *f*
seduce [sɪˈdjuːs] v/t verführen
seduction [sɪˈdʌkʃən] *s* Verführung *f*
seductive [sɪˈdʌktɪv] *adj* verführerisch; *Angebot* verlockend
see[1] [siː] ⟨*prät* saw; *pperf* seen⟩ **A** v/t **1** sehen, nachsehen; *Film* sich (*dat*) ansehen; **to see sb do sth** sehen, wie j-d etw macht; **I saw it happen** ich habe gesehen, wie es passiert ist; **I wouldn't like to see you unhappy** ich möchte doch nicht, dass du unglücklich bist; **see page 8** siehe Seite 8; **what does she see in him?** was findet sie an ihm?; **you must be seeing things** du siehst wohl Gespenster!; **worth seeing** sehenswert; **we'll see if we can help** mal sehen, ob wir helfen können; **that remains to be seen** das wird sich zeigen; **let's see what happens** wollen wir mal abwarten, was passiert; **I see you still haven't done that** wie ich sehe, hast du das immer noch nicht gemacht; **try to see it my way** versuchen Sie doch einmal, es aus meiner Sicht zu sehen; **I don't see it that way** ich sehe das anders **2** besuchen; *geschäftlich* aufsuchen; **to call** *od* **go and see sb** j-n besuchen (gehen); **to see the doctor** zum Arzt gehen **3** (≈ *treffen*) sehen, sprechen; *Besucher* empfangen; **the doctor will see you now** der Herr Doktor ist jetzt frei; **I'll have to see my wife about that** das muss ich mit meiner Frau besprechen; **see you (soon)!** bis bald!, servus! *österr*; **see you around!** bis dann!; **see you later!** bis später! **4** befreundet sein mit; **I'm not seeing anyone** ich habe keinen Freund/keine Freundin **5 to see sb to the door** ich begreife nicht, wie jemand nur ... kann; **I see from this report that ...** ich ersehe aus diesem Bericht, dass ...; **(do you) see what I mean?** verstehst du(, was ich meine)?, siehst dus jetzt!; **I see what you mean** ich verstehe, was du meinst; *zustimmend* ja, du hast recht; **to make sb see sth** j-m etw klarmachen **9 see that it is done by tomorrow** sieh zu, dass es bis morgen fertig ist **B** v/i **1** sehen; **let me see, let's see** lassen Sie mich mal sehen; **who was it?** — **I couldn't/didn't see** wer war das? — ich konnte es nicht sehen; **as far as the eye can see** so weit das Auge reicht; **see for yourself!** sieh doch selbst!; **will he come?** — **we'll soon see** kommt er? — das werden wir bald sehen; **you'll see!** du wirst es (schon) noch sehen! **2** nachsehen; **is he there?** — **I'll see** ist er da? — ich sehe mal nach *od* ich guck mal *umg*; **see for yourself!** sieh doch selbst (nach)! **3** verstehen; **as far as I can see ...** so wie ich das sehe ...; **he's dead, don't you see?** er ist tot, begreifst du das denn nicht?; **as I see from your report** wie ich aus Ihrem Bericht ersehe; **you see** siehst du, weißt du; **it's too late, (you) see** siehst du, es ist zu spät!; **(you) see, it's like this** es ist nämlich so; **I see!** aha!, ach so!, ich verstehe **4 we'll see** mal sehen; **let me see, let's**

see lassen Sie mich mal überlegen
<u>phrasal verbs mit see:</u>
see about v/i ⟨+obj⟩ sich kümmern um; **he came to see about the rent** er ist wegen der Miete gekommen
see in **A** v/i hineinsehen **B** v/t ⟨trennb⟩ **to see the New Year in** das neue Jahr begrüßen
see into v/i ⟨+obj⟩ hineinsehen in (+akk)
see off v/t ⟨trennb⟩ **1** verabschieden; **are you coming to see me off (at the airport** etc **)?** kommt ihr mit mir (zum Flughafen etc)? **2** (≈ wegjagen) Beine machen (+dat) umg
see out **A** v/i hinaussehen; **I can't see out of the window** ich kann nicht zum Fenster hinaussehen **B** v/t ⟨trennb⟩ Besucher hinausbegleiten (**of** aus); **I'll see myself out** ich finde (schon) alleine hinaus
see through **A** v/i wörtl (hin)durchsehen (**sth** durch etw) **B** v/i ⟨+obj⟩ fig Täuschung durchschauen **C** v/t ⟨immer getrennt⟩ **1** beistehen (+dat); **he had £100 to see him through the term** er hatte £ 100 für das ganze Semester **2** Aufgabe zu Ende bringen
see to v/i ⟨+obj⟩ sich kümmern um
see up v/i ⟨+obj⟩ hinaufsehen; **I could see up her skirt** ich konnte ihr unter den Rock sehen
see² s Bistum n
seed [siːd] **A** s **1** BOT Samen m, Korn n; in Obst (Samen)kern m; ≈ Getreide) Saatgut n; fig von Idee Keim m (**of** zu); **to sow the ~s of doubt (in sb's mind)** (bei j-m) Zweifel säen **2** SPORT **the number one ~** der/die als Nummer eins Gesetzte **B** v/t SPORT **~ed number one** als Nummer eins gesetzt
seedling ['siːdlɪŋ] s Sämling m
seedy ['siːdɪ] adj ⟨komp seedier⟩ zwielichtig
seeing ['siːɪŋ] **A** s Sehen n; **I'd never have thought it possible but ~ is believing** ich hätte es nie für möglich gehalten, aber ich habe es mit eigenen Augen gesehen **B** konj **~ (that** od **as)** da
Seeing Eye Dog US s Blindenhund m
seek [siːk] v/t ⟨prät, pperf sought⟩ suchen; Ruhm streben nach; **to ~ sb's advice** j-n um Rat fragen; **to ~ to do sth** sich bemühen, etw zu tun
<u>phrasal verbs mit seek:</u>
seek out v/t ⟨trennb⟩ ausfindig machen
seem [siːm] v/i scheinen; **to ~ familiar** bekannt vorkommen; **he ~s younger than he is** er wirkt jünger, als er ist; **he doesn't ~ (to be) able to concentrate** er scheint sich nicht konzentrieren zu können; **things aren't what they ~** Vieles ist anders, als es aussieht; **I ~ to have heard that before** das habe ich doch schon mal gehört; **what ~s to be the trouble?** worum geht es denn?; Arzt was kann ich für Sie tun?; **it ~s to me that ...** mir scheint, dass ...; **we are not welcome, it ~s** wir sind scheinbar nicht willkommen; **so it ~s** es sieht (ganz) so aus; **how does it ~ to you?** was meinen SIE?; **how did she ~ to you?** wie fandst du sie?; **it ~s a shame to leave now** es ist irgendwie schade, jetzt zu gehen; **it just doesn't ~ right** das ist doch irgendwie nicht richtig; **I can't ~ to do it** ich kann das anscheinend od irgendwie nicht; **it only ~s like it** das kommt einem nur so vor; **I ~ to remember telling him that** es kommt mir so vor, als hätte ich ihm das schon gesagt

seeming ['siːmɪŋ] adj ⟨attr⟩ scheinbar
seemingly ['siːmɪŋlɪ] adv scheinbar; anscheinend
seen [siːn] pperf → see¹
seep [siːp] v/i sickern; **to ~ through sth** durch etw durchsickern
seesaw ['siːsɔː] s Wippe f
seethe [siːð] v/i wimmeln (**with** von); vor Wut kochen umg
see-through ['siːθruː] adj durchsichtig
segment ['segmənt] s Teil m; von Orange Stück n; von Kreis Abschnitt m
segregate ['segrɪgeɪt] v/t absondern; Bevölkerung nach Rassen etc trennen
segregation [ˌsegrɪ'geɪʃən] s (Rassen)trennung f
Segway® ['segweɪ] s Segway® m (einachsiger Einpersonentransporter)
seismic ['saɪzmɪk] adj seismisch; fig Veränderungen dramatisch; Kräfte ungeheuer
seismologist [ˌsaɪz'mɒlədʒɪst] s Seismologe m, Seismologin f
seize [siːz] v/t ergreifen; Gelder etc beschlagnahmen; Stadt einnehmen; Macht an sich (akk) reißen; Gelegenheit ergreifen; **to ~ sb's arm, to ~ sb by the arm** j-n am Arm packen; **to ~ the day** den Tag nutzen; **to ~ control of sth** etw unter Kontrolle bringen
<u>phrasal verbs mit seize:</u>
seize on, seize upon v/i ⟨+obj⟩ Idee sich stürzen auf (+akk)
seize up v/i **1** Motor sich verklemmen **2** umg **my back seized up** es ist mir in den Rücken gefahren umg
seizure ['siːʒə'] s **1** Beschlagnahmung f; von Gebiet Einnahme f **2** MED Anfall m, Schlaganfall m
seldom ['seldəm] adv selten
select [sɪ'lekt] **A** v/t & v/i (aus)wählen; SPORT auswählen; für Spiel aufstellen **B** adj exklusiv, auserwählt; **a ~ few** eine kleine Gruppe Auserwählter
selection [sɪ'lekʃən] s **1** (Aus)wahl f **2** Wahl f; **to make one's ~** seine Wahl treffen **3** (≈ Spektrum)

Auswahl f (**of** an +dat)
selective [sɪˈlektɪv] adj wählerisch
selector [sɪˈlektər] s SPORT j-d, der die Mannschaftsaufstellung vornimmt
self [self] s ⟨pl selves⟩ Ich n, Selbst n kein pl; **he showed his true ~** er zeigte sein wahres Ich od Gesicht; **he's quite his old ~ again, he's back to his usual ~** er ist wieder ganz der Alte umg
self-absorbed adj mit sich selbst beschäftigt
self-addressed adj Umschlag adressiert
self-addressed stamped envelope US s frankierter Rückumschlag
self-adhesive adj selbstklebend
self-adjusting adj sich selbst regulierend
self-appointed adj selbst ernannt
self-assertive adj selbstbewusst
self-assurance s Selbstsicherheit f
self-assured adj selbstsicher
self-awareness s Selbsterkenntnis f
self-belief s Glaube m an sich (akk) selbst
self-catering Br **A** s Selbstversorgung f; **to go ~** Urlaub m für Selbstversorger machen **B** adj für Selbstversorger
self-catering apartment s Apartment n für Selbstversorger
self-centred adj, **self-centered** US adj egozentrisch
self checkout s Selbstbedienungskasse f, SB--Kasse f
self-confessed adj erklärt attr
self-confidence s Selbstvertrauen n
self-confident adj selbstsicher, selbstbewusst
self-conscious adj gehemmt, befangen; **to be ~ about sth** sich (dat) einer Sache (gen) sehr bewusst sein
self-consciously adv verlegen
self-consciousness s Befangenheit f, Gehemmtheit f; von sich Bewusstheit f
self-contained adj **1** Wohnung separat; Gruppe geschlossen **2** Mensch distanziert **3** selbstgenügsam
self-control s Selbstbeherrschung f
self-deception s Selbstbetrug m
self-defence s, **self-defense** US s Selbstverteidigung f; JUR Notwehr f
self-delusion s Selbsttäuschung f
self-denial s Selbstzucht f
self-deprecating adj Mensch bescheiden; Bemerkung sich selbst herabwürdigend attr; **to be ~** sich selbst abwerten
self-destruct **A** v/i sich selbst zerstören **B** adj ⟨attr⟩ **button** Knopf m zur Selbstzerstörung
self-destruction s Selbstzerstörung f
self-destructive adj selbstzerstörerisch
self-determination s a. POL Selbstbestimmung f

self-discipline s Selbstdisziplin f
self-doubt s Zweifel m an sich (dat) selbst
self-educated adj autodidaktisch
self-effacing adj zurückhaltend
self-employed adj selbstständig; Journalist freiberuflich; **~ person** Selbstständige(r) m/f(m)
self-employment s Selbstständigkeit f
self-esteem s Selbstachtung f, Selbstwertgefühl n; **to have high/low ~** sehr/wenig selbstbewusst sein
self-evident adj offensichtlich
self-explanatory adj unmittelbar verständlich
self-government s Selbstverwaltung f
self-harm s Selbstverletzung f
self-help s Selbsthilfe f
self-help group s Selbsthilfegruppe f
selfie [ˈselfɪ] s (≈ Eigenfoto) Selfie n
selfie stick s Selfiestick m, Selfiestange f
self-important adj aufgeblasen
self-improvement s Weiterbildung f
self-indulgence s genießerische Art; beim Essen Maßlosigkeit f
self-indulgent adj genießerisch; beim Essen maßlos
self-inflicted adj Verletzung sich (dat) selbst zugefügt attr
self-interest s eigenes Interesse
selfish [ˈselfɪʃ] adj egoistisch; **for ~ reasons** aus selbstsüchtigen Gründen
selfishly [ˈselfɪʃlɪ] adv egoistisch
selfishness [ˈselfɪʃnɪs] s Egoismus m
self-justification s Rechtfertigung f
self-knowledge s Selbsterkenntnis f
selfless adj, **selflessly** [ˈselflɪs, -lɪ] adv selbstlos
selflessness [ˈselflɪsnɪs] s Selbstlosigkeit f
self-made adj **~ man** Selfmademan m; **he's a ~ millionaire** er hat es aus eigener Kraft zum Millionär gebracht
self-management s Selbstmanagement n
self-opinionated [ˌselfəˈpɪnjəneɪtɪd] adj rechthaberisch
self-perception s Selbstwahrnehmung f
self-pity s Selbstmitleid n
self-portrait s Selbstporträt n
self-possessed adj selbstbeherrscht
self-preservation s Selbsterhaltung f
self-raising adj, **self-rising** US adj Mehl selbsttreibend (mit bereits beigemischtem Backpulver)
self-reliant adj selbstständig
self-respect s Selbstachtung f; **have you no ~?** schämen Sie sich gar nicht?
self-respecting adj anständig; **no ~ person would ...** niemand, der etwas auf sich hält, würde ...

self-restraint s Selbstbeherrschung f
self-righteous adj selbstgerecht
self-rising US adj → self-raising
self-sacrifice s Selbstaufopferung f
self-satisfied adj selbstgefällig
self-service, self-serve bes US ▲ adj Selbstbedienungs-; ▣ s Selbstbedienung f
self-sufficiency s Selbstständigkeit f; von Land Autarkie f; von Gemeinde Selbstversorgung f
self-sufficient adj selbstständig; emotional selbstgenügsam; Land autark
self-supporting [selfsə'pɔːtɪŋ] adj finanziell unabhängig
self-taught adj he is ~ er hat sich (dat) das selbst beigebracht
self timer s FOTO Selbstauslöser m
self-updating [ˌself'ʌpdeɪtɪŋ] adj selbstaktualisierend
self-willed [self'wɪld] adj eigensinnig
self-worth s Selbstachtung f
sell [sel] ⟨prät, pperf sold⟩ ▲ v/t ▮ verkaufen (sb sth, sth to sb j-m etw, etw an j-n); **what are you ~ing it for?** wie viel verlangen Sie dafür?; **to be sold on sb/sth** umg von j-m/etw begeistert sein ▮ Waren führen, vertrieben ▮ einen guten Absatz verschaffen (+dat); **to ~ oneself** sich verkaufen (**to an** +akk) ▮ fig verraten; **to ~ sb down the river** umg j-n ganz schön verschaukeln ▣ v/i verkaufen (**to sb** an j-n); Artikel sich verkaufen (lassen); **what are they ~ing for?** wie viel kosten sie?

phrasal verbs mit sell:

sell off v/t ⟨trennb⟩ verkaufen; billig abstoßen
sell out ▲ v/t ⟨trennb⟩ ausverkaufen; **we're sold out of ice cream** das Eis ist ausverkauft ▣ v/i ▮ alles verkaufen; **the concert was sold out** das Konzert war ausverkauft; **we sold out in two days** wir waren in zwei Tagen ausverkauft ▮ umg **he sold out to the enemy** er hat sich an den Feind verkauft
sell up bes Br v/i sein Haus etc verkaufen
sell-by date ['selbaɪˌdeɪt] s ≈ Haltbarkeitsdatum n
seller ['selə] s ▮ Verkäufer(in) m(f) ▮ **this book is a good ~** das Buch verkauft sich gut
selling ['selɪŋ] s Verkauf m
selling point s Verkaufsanreiz m
selloff ['selɒf] s Verkauf m
Sellotape® ['seləʊteɪp] Br ▲ s ⟨kein pl⟩ Klebeband n ▣ v/t **to sellotape (down)** mit Klebeband festkleben
sellout ['selaʊt] s THEAT, SPORT **to be a ~** ausverkauft sein
selves [selvz] pl → self
semantics [sɪ'mæntɪks] s Semantik f
semaphore ['seməfɔː] s Signalsprache f

semblance ['sembləns] s Anschein m (**of** von), Anflug m (**of** von)
semen ['siːmən] s Sperma n
semester [sɪ'mestə] s Semester n
semi ['semɪ] s ▮ Br umg → semidetached ▮ umg → semifinal
semi- präf halb-, Halb-
semibreve ['semɪbriːv] s Br ganze Note
semicircle s Halbkreis m
semicircular adj halbkreisförmig
semiconductor s ELEC Halbleiter m
semicolon s Semikolon n, Strichpunkt m
semiconscious adj halb bewusstlos
semidetached Br ▲ adj ~ **house** Doppelhaushälfte f ▣ s Doppelhaushälfte f
semifinal(s) s Halbfinale n
semifinalist s Teilnehmer(in) m(f) am Halbfinale
seminar ['semɪnɑː] s Seminar n
seminary ['semɪnərɪ] s Priesterseminar n
semiprecious adj ~ **stone** Halbedelstein m
semiquaver bes Br s Sechzehntel n, Sechzehntelnote f
semiskilled adj Arbeiter angelernt
semi-skimmed milk Br s Halbfettmilch f
semitrailer US s Sattelschlepper m, Sattelauflieger m
semolina [ˌseməˈliːnə] s Grieß m
sen abk (= senior) sen.
Sen US abk (= senator) Senator(in) m(f)
senate ['senɪt] s Senat m
senator ['senətə] s Senator(in) m(f)
send [send] v/t ⟨prät, pperf sent⟩ ▮ schicken; Brief, Signal senden; **it ~s the wrong signal** od **message** fig das könnte falsch verstanden werden; **to ~ sb for sth** j-n nach etw schicken; **she ~s her love** sie lässt grüßen; **~ him my best wishes** grüßen Sie ihn von mir ▮ Pfeil, Ball schießen; mit der Hand schleudern; **the blow sent him sprawling** der Schlag schleuderte ihn zu Boden; **to ~ sth off course** etw vom Kurs abbringen; **this sent him into a fury** das machte ihn wütend; **this sent him (off) into fits of laughter** das ließ ihn in einen Lachkrampf ausbrechen; **to ~ prices soaring** die Preise in die Höhe treiben

phrasal verbs mit send:

send away ▲ v/t ⟨trennb⟩ wegschicken ▣ v/i **to send away for sth** etw anfordern
send back v/t ⟨trennb⟩ zurückschicken; Essen zurückgehen lassen
send down v/t ⟨trennb⟩ ▮ Temperatur, Preise fallen lassen; allmählich senken ▮ Angeklagten verurteilen (**for** zu)
send for v/i (+obj) ▮ j-n kommen lassen; Arzt rufen; Hilfe herbeirufen; Schüler zu sich bestel-

sender – sentiment

len; **I'll send for you when I want you** ich lasse Sie rufen, wenn ich Sie brauche ■2 *Katalog* anfordern
send in v/t ⟨trennb⟩ einsenden; *j-n* hereinschicken; *Truppen* einsetzen
send off ■A v/t ⟨trennb⟩ ■1 *Paket* abschicken ■2 *Kinder zur Schule* wegschicken ■3 SPORT vom Platz stellen (**for** wegen); **send him off, ref!** Platzverweis! ■B v/i → send away
send on v/t ⟨trennb⟩ ■1 *Brief* nachschicken ■2 *Gepäck* vorausschicken ■3 einsetzen
send out v/t ⟨trennb⟩ ■1 *aus Zimmer* hinausschicken (**of** aus); **she sent me out to buy a paper** sie hat mich losgeschickt, um eine Zeitung zu kaufen ■2 *Signale* aussenden; *Licht* ausstrahlen ■3 *Einladungen* verschicken
send out for ■A v/i ⟨+obj⟩ holen lassen ■B v/t ⟨trennb⟩ **to send sb out for sth** j-n nach etw schicken
send up *Br umg* v/t ⟨trennb⟩ verulken *umg*
sender ['sendəʳ] s Absender(in) m(f)
sendoff s Verabschiedung f; **to give sb a good ~** j-n ganz groß verabschieden *umg*
senile ['siːnaɪl] *adj* senil
senior ['siːnɪəʳ] ■A *adj* älter; *rangmäßig* übergeordnet; *Rang, Beamter* höher; *Offizier* ranghöher; *Redakteur* leitend; **to be ~ to sb** j-m übergeordnet sein, ranghöher als j-d sein; **the ~ management** die Geschäftsleitung; **~ consultant** Chefarzt m/-ärztin f, Primararzt m/-ärztin f *österr*; **my ~ officer** mein Vorgesetzter; **J. B. Schwartz, Senior** J. B. Schwartz senior ■B s ■1 Senior(in) m(f), Rentner(in) m(f) ■2 SCHULE Oberstufenschüler(in) m(f); *US* UNIV Student(in) m(f) im letzten Studienjahr; **Paul is a ~ this year** dies ist Pauls letztes Schuljahr; **he is two years my ~** er ist zwei Jahre älter als ich
senior citizen s Senior(in) m(f)
seniority [ˌsiːnɪˈɒrɪtɪ] s (höhere) Position; MIL (höherer) Rang; *von Beamten* (höherer) Dienstgrad
senior moment *umg* s altersbedingte Gedächtnislücke
senior partner s Seniorpartner(in) m(f)
senior pupils *Br pl* Oberstufenschüler *pl*
senior school, **senior high school** *US* s Oberstufe f
senior year *US* s oberste Klasse
sensation [senˈseɪʃən] s ■1 Gefühl n; *von Kälte etc* Empfindung f; **a ~ of falling** das Gefühl zu fallen ■2 Sensation f; **to cause a ~** (großes) Aufsehen erregen
sensational *adj* ■1 sensationell; *Buch* reißerisch aufgemacht ■2 *umg* sagenhaft *umg*
sensationalism [senˈseɪʃnəlɪzəm] s ■1 Sensationsgier f ■2 Sensationsmache f

sense [sens] ■A s ■1 Sinn m; **~ of smell** Geruchssinn m ■2 **~s** *pl* Verstand m; **to come to one's ~s** zur Vernunft kommen ■3 Gefühl n; **to have a ~ that ...** das Gefühl haben, dass ...; **~ of duty** Pflichtbewusstsein n; **a false ~ of security** ein falsches Gefühl der Sicherheit ■4 (**common**) **~** gesunder Menschenverstand; **he had the (good) ~ to ...** er war so vernünftig und ...; **there is no ~ in doing that** es ist sinnlos, das zu tun; **to talk ~** vernünftig sein; **to make sb see ~s** j-n zur Vernunft bringen; **to make ~** (einen) Sinn ergeben, Sinn machen, sinnvoll sein; **it doesn't make ~ doing it that way** es ist doch Unsinn, es so zu machen; **he/his theory doesn't make ~** er/seine Theorie ist völlig unverständlich; **it all makes ~ now** jetzt wird einem alles klar; **to make ~ of sth** etw verstehen ■5 Sinn *m kein pl*; **in every ~ of the word** in der vollen Bedeutung des Wortes ■6 **in a ~** in gewisser Hinsicht; **in every ~** in jeder Hinsicht; **in what ~?** inwiefern? ■B v/t spüren, ahnen
senseless *adj* ■1 bewusstlos ■2 unsinnig, sinnlos
sensibility [ˌsensɪˈbɪlɪtɪ] s Empfindsamkeit f; **sensibilities** Zartgefühl n
sensible ['sensəbl] *adj* vernünftig
sensibly ['sensəblɪ] *adv* vernünftig; **he very ~ ignored the question** er hat die Frage vernünftigerweise ignoriert
sensitive ['sensɪtɪv] *adj* sensibel, empfindlich; (≈ *verständnisvoll*) einfühlsam; *Film* einfühlend; *fig Thema* heikel; **to be ~ about sth** in Bezug auf etw (*akk*) empfindlich sein; **she is very ~ to criticism** sie reagiert sehr empfindlich auf Kritik; **he has access to some highly ~ information** er hat Zugang zu streng vertraulichen Informationen
sensitively ['sensɪtɪvlɪ] *adv* einfühlsam
sensitivity [ˌsensɪˈtɪvɪtɪ] s Sensibilität f, Empfindlichkeit f; (≈ *Verständnis*) Einfühlsamkeit f; *fig von Thema* heikle Natur
sensor ['sensəʳ] s Sensor m
sensory ['sensərɪ] *adj* sensorisch; **~ organ** Sinnesorgan n
sensual ['sensjʊəl] *adj* sinnlich
sensuality [ˌsensjʊˈælɪtɪ] s Sinnlichkeit f
sensuous *adj*, **sensuously** ['sensjʊəs, -lɪ] *adv* sinnlich
sent [sent] *prät & pperf* → send
sentence ['sentəns] ■A s ■1 GRAM Satz m; **~ structure** Satzbau m; **~ for ~** Satz um Satz ■2 JUR Strafe f; **the judge gave him a 6-month ~** der Richter verurteilte ihn zu 6 Monaten Haft ■B v/t JUR **to ~ sb to sth** j-n zu etw verurteilen
sentient ['sentɪənt] *adj* empfindungsfähig
sentiment ['sentɪmənt] s ■1 Gefühl n ■2 Senti-

mentalität f **3** Meinung f
sentimental [ˌsentɪˈmentl] *adj* sentimental; *Wert* gefühlsmäßig; **for ~ reasons** aus Sentimentalität
sentimentality [ˌsentɪmenˈtælətɪ] *s* Sentimentalität f
sentry [ˈsentrɪ] *s* Wache f; **to be on ~ duty** auf Wache sein
Sep *abk* (= September) Sept.
separable [ˈsepərəbl] *adj* trennbar
separate **A** [ˈseprət] *adj* **1** gesondert (**from** von); *Bett, Kontoführung* getrennt; *Eingang* separat; **a ~ issue** eine andere Frage; **on two ~ occasions** bei zwei verschiedenen Gelegenheiten; **on a ~ occasion** bei einer anderen Gelegenheit; **they live ~ lives** sie gehen getrennte Wege; **to keep two things ~** zwei Dinge auseinanderhalten **2** einzeln; **everybody has a ~ task** jeder hat seine eigene Aufgabe **B** *s* **separates** *pl* Röcke, Blusen *etc* **C** [ˈsepəreɪt] *v/t* trennen, aufteilen (**into** in *+akk*); **he is ~d from his wife** er lebt von seiner Frau getrennt **D** [ˈsepəreɪt] *v/i* sich trennen
separated [ˈsepəreɪtɪd] *adj* getrennt; **the couple are ~** das Paar lebt getrennt
separately [ˈseprətlɪ] *adv* **1** separat; *leben* getrennt **2** einzeln
separation [ˌsepəˈreɪʃən] *s* Trennung f; **~ of powers** POL Gewaltenteilung f
separatist [ˈsepərətɪst] **A** *adj* separatistisch **B** *s* Separatist(in) *m(f)*
Sept *abk* (= September) Sept.
September [sepˈtembəʳ] **A** *s* September m; **the first of ~** der erste September; **on 19th ~** *geschrieben* am 19. September; **on the 19th of ~** *gesprochen* am 19. September; **~ 3rd, 2018, 3rd ~ 2018** 3. September 1990; **in ~** im September; **at the beginning/end of ~** Anfang/Ende September **B** *adj* ⟨*attr*⟩ September-
septic [ˈseptɪk] *adj* **to turn ~** eitern
septic tank *s* Klärbehälter m
sepulchre [ˈsepəlkəʳ] *s*, **sepulcher** *US s* Grabstätte f
sequel [ˈsiːkwəl] *s* Folge f (**to** von); *von Buch, Film* Fortsetzung f (**to** von)
sequence [ˈsiːkwəns] *s* **1** (Reihen)folge f; **~ of words** Wortfolge f; **in ~** der Reihe nach **2** FILM Sequenz f
sequencer [ˈsiːkwənsəʳ] *s* IT Ablaufsteuerung f
sequin [ˈsiːkwɪn] *s* Paillette f
sequoia [sɪˈkwɔɪə] *s* Mammutbaum m
Serb [sɜːb] *s* Serbe m, Serbin f
Serbia [ˈsɜːbɪə] *s* Serbien n
Serbian [ˈsɜːbɪən] **A** *adj* serbisch **B** *s* **1** Serbe m, Serbin f **2** LING Serbisch n
Serbo-Croat [ˈsɜːbəʊˈkrəʊæt] *s* **1** LING Serbokroatisch n **2** **the ~s** *pl* die Serben und Kroaten
serenade [ˌserəˈneɪd] **A** *s* Serenade f **B** *v/t* ein Ständchen bringen (+*dat*)
serene [səˈriːn] *adj* gelassen
serenity [sɪˈrenɪtɪ] *s* Gelassenheit f
serf [sɜːf] *s* Leibeigene(r) *m/f(m)*
sergeant [ˈsɑːdʒənt] *s* **1** MIL Feldwebel(in) *m(f)* **2** Polizeimeister(in) *m(f)*
sergeant major *s* Oberfeldwebel(in) *m(f)*
serial [ˈsɪərɪəl] **A** *adj* Serien-; IT seriell **B** *s* Fortsetzungsroman m; TV Serie f; RADIO Sendereihe f (in Fortsetzungen); **it was published as a ~** es wurde in Fortsetzungen veröffentlicht
serialize [ˈsɪərɪəlaɪz] *v/t* in Fortsetzungen veröffentlichen; RADIO, TV in Fortsetzungen senden; (≈ editieren) in Fortsetzungen umarbeiten
serial killer *s* Serienmörder(in) *m(f)*
serial number *s* von Waren Seriennummer f
serial port *s* COMPUT serielle Schnittstelle
series [ˈsɪərɪz] *s* ⟨*pl* -⟩ Serie f; *von Filmen, Gesprächen* Reihe f; RADIO Sendereihe f
serious [ˈsɪərɪəs] *adj* ernst; *Angebot* seriös; *Bewerber* ernst zu nehmend *attr*; *Unfall, Fehler, Krankheit* schwer; **to be ~ about doing sth** etw im Ernst tun wollen; **I'm ~ (about it)** das ist mein Ernst; **he is ~ about her** er meint es ernst mit ihr; **you can't be ~!** das kann nicht dein Ernst sein!; **to give ~ thought** *od* **consideration to sth** sich (*dat*) etw ernsthaft *od* ernstlich überlegen; **to earn ~ money** *umg* das große Geld verdienen
seriously [ˈsɪərɪəslɪ] *adv* **1** ernst; *interessiert, bedrohen* ernsthaft; *etw sagen* im Ernst; *verletzt* schwer; *besorgt* ernstlich; **to take sb/sth ~** j-n/etw ernst nehmen; **to take oneself too ~** sich selbst zu wichtig nehmen; **~?** im Ernst?; **do you mean that ~?** ist das Ihr Ernst?; **there is something ~ wrong with that** irgendetwas ist damit überhaupt nicht in Ordnung **2** *umg* ehrlich *umg*; **~ rich** schwerreich
seriousness *s* Ernst m; *von Unfall, Verletzung* Schwere f
sermon [ˈsɜːmən] *s* **1** KIRCHE Predigt f **2** Moralpredigt f, Strafpredigt f
serotonin [ˌserəˈtəʊnɪn] *s* MED, BIOL Serotonin n
serrated [seˈreɪtɪd] *adj* gezackt; **~ knife** Sägemesser n
servant [ˈsɜːvənt] *s* Diener(in) *m(f)*
serve [sɜːv] **A** *v/t* **1** dienen (+*dat*); *Werkzeug etc* nützen (+*dat*); **if my memory ~s me right** wenn ich mich recht erinnere; **to ~ its purpose** seinen Zweck erfüllen; **it ~s a variety of purposes** es hat viele verschiedene Verwendungsmöglichkeiten; **it ~s no useful purpose** es hat keinen praktischen Wert; **it has ~d us well** es hat uns gute Dienste geleistet; **his**

knowledge of history ~d him well seine Geschichtskenntnisse kamen ihm sehr zugute; (it) ~s you right! umg das geschieht dir (ganz) recht! **2** ableisten; *Amtszeit* durchlaufen; *Lehre* durchmachen; *Strafe* verbüßen **3** *Kunden* bedienen; *Essen* servieren; **are you being ~d?** werden Sie schon bedient?; **I'm being ~d, thank you** danke, ich werde schon bedient *od* ich bekomme schon *umg*; **dinner is ~d** darf ich zu Tisch bitten?; **"serves three"** „(ergibt) drei Portionen" **4** *Tennis etc* aufschlagen **B** *v/i* **1** dienen; **to ~ on a committee** einem Ausschuss angehören; **it ~s to show ...** das zeigt ... **2** *bei Tisch* aufgeben; *Kellner* servieren (**at table** bei Tisch) **3** *Tennis etc* aufschlagen **C** *s Tennis etc* Aufschlag *m*
phrasal verbs mit serve:
serve out *v/t* ⟨*trennb*⟩ *Zeit* ableisten; *Lehre* abschließen; *Amt* ausüben; *Strafe* absitzen
serve up *v/t* ⟨*trennb*⟩ *Essen* servieren
server ['sɜːvəʳ] *s* **1** *Tennis* Aufschläger(in) *m(f)* **2** COMPUT Server *m*
service ['sɜːvɪs] **A** *s* **1** Dienst *m*; **her ~s to industry/the country** ihre Verdienste in der Industrie/um das Land; **to be of ~** nützlich sein; **to be of ~ to sb** j-m nützen; **to be at sb's ~** j-m zur Verfügung stehen; **can I be of ~ to you?** kann ich Ihnen behilflich sein?; **out of ~** außer Betrieb **2** MIL Militärdienst *m* **3** *in Geschäft etc* Bedienung *f* **4** Bus-/Zug-/Flugverbindung *f*; **there's no ~ to Oban on Sundays** sonntags besteht kein Zug-/Busverkehr nach Oban **5** KIRCHE Gottesdienst *m* **6** *von Maschinen* Wartung *f*; AUTO Inspektion *f*; **my car is in for a ~** mein Auto wird gewartet/ist zur Inspektion **7** (≈ *Geschirr*) Service *n* **8** *Tennis* Aufschlag *m* **9** **~s** *pl* Dienstleistungen *pl*; *Gas etc* Versorgungsnetz *n* **B** *v/t* **1** *Maschine* warten; **to send a car to be ~d** ein Auto warten lassen, ein Auto zur Inspektion geben **2** FIN *Schulden* bedienen
service area *s* Tankstelle und Raststätte *f*
service charge *s* Bedienung *f*
service counter *s* Bedienungstheke *f*, Bedientheke *f*
service economy *s* Dienstleistungsgesellschaft *f*
service enterprise *s* Dienstleistungsunternehmen *n*
service industry *s* Dienstleistungsbranche *f*
serviceman *s* ⟨*pl* -men⟩ Militärangehörige(r) *m*
service provider *s* IT Provider *m*
service sector *s* Dienstleistungssektor *m*
service station *s* Tankstelle *f* (mit Reparaturwerkstatt); *Br an Autobahn* Tankstelle und Raststätte *f*
servicewoman *s* ⟨*pl* -women [-wɪmən]⟩ Militärangehörige *f*
serviette [,sɜːvɪ'et] *Br s* Serviette *f*
servile ['sɜːvaɪl] *adj pej* unterwürfig
serving ['sɜːvɪŋ] **A** *adj Politiker* amtierend **B** *s beim Essen* Portion *f*
serving dish *s* Servierplatte *f*
serving spoon *s* Vorlegelöffel *m*
sesame seed ['sesəmɪ] *s* Sesamkorn *n*
session ['seʃən] *s* Sitzung *f*; JUR, PARL Sitzungsperiode *f*; **to be in ~** eine Sitzung abhalten; JUR, POL tagen; **photo ~** Fotosession *f*; **training ~** Trainingsstunde *f*, Trainingseinheit *f*
set [set] ⟨*v: prät, pperf* set⟩ **A** *v/t* **1** stellen, legen, setzen; **to set a value/price on sth** einen Wert/Preis für etw festsetzen; **to set sth in motion** etw in Bewegung bringen; **to set sth to music** etw vertonen; **to set a dog/the police on sb** einen Hund/die Polizei auf j-n ansetzen; **to set sth/things right** etw/die Dinge in Ordnung bringen; **to set sb right (about sth)** j-n (in Bezug auf etw *akk*) berichtigen; **to set sb straight** j-n berichtigen **2** *Regler* einstellen (**at** auf +*akk*); *Uhr* stellen (**by** nach *od* **to** auf +*akk*); *Falle, Rekord* aufstellen; **to set a trap for sb** *fig* j-m eine Falle stellen **3** *Aufgabe, Frage* stellen (**sb** j-m); *Hausaufgabe* aufgeben; *Prüfung* zusammenstellen; *Zeit, Termin* festsetzen; **to set a goal** ein Ziel setzen **4** *Edelstein* fassen (**in** in +*dat*); **to set the table** den Tisch decken **5** **a house set on a hillside** ein am Berghang gelegenes Haus; **to be set in Rome** *Buch, Stück* in Rom spielen; **he set the book in 19th century France** er wählte das Frankreich des 19. Jahrhunderts als Schauplatz für sein Buch **6** *Knochen* MED einrichten **B** *v/i* **1** *Sonne* untergehen **2** *Zement* fest werden; *Knochen* zusammenwachsen **C** *s* **1** Satz *m*; *2 Stück* Paar *n*; *von Besteck etc* Garnitur *f*; *von Untersetzern etc* Set *n*; **a set of tools** Werkzeug *n*; **a set of teeth** ein Gebiss *n* **2** *von Menschen* Kreis *m* **3** *Tennis* Satz *m* **4** THEAT Bühnenbild *n*; FILM Szenenaufbau *m* **5** (≈ *TV, Radio etc*) Apparat *m*; **set of headphones** Kopfhörer *m* **6** *von Schultern* Haltung *f* **D** *adj* **1** **he is set to become the new champion** ihm werden die besten Chancen auf den Meistertitel eingeräumt; **to be set to continue all week** voraussichtlich die ganze Woche über andauern **2** fertig, bereit; **are we all set?** sind wir startklar?; **all set?** alles klar?; **to be all set to do sth** sich darauf eingerichtet haben, etw zu tun, fest entschlossen sein, etw zu tun; **we're all set to go** wir sind startklar **3** starr; *Ausdruck* feststehend; **to be set in one's ways** in seinen Gewohnheiten festgefahren sein **4** festgesetzt; *Aufgabe* bestimmt; **set book(s)** Pflichtlektüre *f*; **set menu** Tageskarte *f*; **set meal** Tagesgericht *n*

5 entschlossen; **to be dead set on doing sth** etw auf Biegen oder Brechen tun wollen; **to be (dead) set against sth/doing sth/sb doing sth** (absolut) gegen etw sein/dagegen sein, etw zu tun/dagegen sein, dass j-d etw tut

phrasal verbs mit set:

set about v/i ⟨+obj⟩ **1 to set about doing sth** sich daranmachen, etw zu tun **2** herfallen über (+akk)

set apart v/t ⟨trennb⟩ unterscheiden

set aside v/t ⟨trennb⟩ Buch etc zur Seite legen; Geld beiseitelegen; Zeit einplanen; Land reservieren; Differenzen beiseiteschieben

set back v/t ⟨trennb⟩ **1 to be set back from the road** etwas von der Straße abliegen **2** verzögern, behindern **3** umg kosten

set down v/t ⟨trennb⟩ Koffer absetzen

set in v/i einsetzen; Panik ausbrechen; Nacht anbrechen

set off **A** v/t ⟨trennb⟩ **1** Feuerwerk etc losgehen lassen; Alarm auslösen **2** führen zu; **that set us all off laughing** das brachte uns (akk) alle zum Lachen **3** hervorheben **B** v/i aufbrechen; mit Auto losfahren; **to set off on a journey** eine Reise antreten; **to set off for Spain** nach Spanien abfahren; **the police set off in pursuit** die Polizei nahm die Verfolgung auf

set on v/t ⟨trennb +obj⟩ Hunde ansetzen auf (+akk)

set out **A** v/t ⟨trennb⟩ **1** ausbreiten, aufstellen **2** Argument darlegen **B** v/i **1** → set off **2** beabsichtigen; (≈ beginnen) sich daranmachen

set to v/i ⟨+obj⟩ **to set to work** sich an die Arbeit machen; **to set to work doing** od **to do sth** beginnen, etw zu tun

set up **A** v/i **to set up in business** sein eigenes Geschäft aufmachen **B** v/t ⟨trennb⟩ **1** Denkmal aufstellen; Stand aufbauen; Treffen vereinbaren; **to set sth up for sb** etw für j-n vorbereiten **2** gründen; Schule, System einrichten; **to set sb up in business** j-m zu einem Geschäft verhelfen; **to be set up for life** für sein ganzes Leben ausgesorgt haben; **to set up camp** das Lager aufschlagen; **they've set up home in Spain** sie haben sich in Spanien niedergelassen **3** umg **to set sb up** j-m etwas anhängen; **I've been set up** das will mir einer anhängen, das will mir einer in die Schuhe schieben umg

set upon v/i ⟨+obj⟩ überfallen

setback s Rückschlag m

set menu s Menü n

set piece s SPORT Standardsituation f

set square Br s Zeichendreieck n

settee [se'tiː] s Sofa n

setting ['setɪŋ] s **1** von Sonne Untergang m **2** Umgebung f; von Roman etc Schauplatz m **3** LIT Ort, an dem die Handlung spielt **4** auf Skala etc Einstellung f

settle ['setl] **A** v/t **1** entscheiden, regeln; Problem klären; Streit beilegen; **to ~ one's affairs** seine Angelegenheiten in Ordnung bringen; **to ~ a case out of court** einen Fall außergerichtlich klären; **that's ~d then** das ist also klar; **that ~s it** damit wäre der Fall (ja wohl) erledigt **2** Rechnung begleichen; Konto ausgleichen **3** Nerven beruhigen **4** legen, stellen; **to ~ oneself comfortably in an armchair** es sich (dat) in einem Sessel bequem machen **5** Land besiedeln **B** v/i **1** sesshaft werden, sich niederlassen, sich ansiedeln **2** sich beruhigen **3** Mensch, Vogel sich niederlassen; Staub sich legen **4** JUR **to ~ (out of court)** sich vergleichen

phrasal verbs mit settle:

settle back v/i sich (gemütlich) zurücklehnen

settle down **A** v/i **1** → settle B 1 **2 it's time he settled down** es ist Zeit, dass er ein geregeltes Leben anfängt; **to marry and settle down** heiraten und sesshaft werden; **to settle down at school** sich an einer Schule einleben; **to settle down in a new job** sich in einer neuen Stellung eingewöhnen; **settle down, children!** ruhig, Kinder!; **to settle down to work** sich an die Arbeit machen; **to settle down to watch TV** es sich (dat) vor dem Fernseher gemütlich machen **3** → settle B 2 **B** v/t ⟨trennb⟩ beruhigen

settle for v/i ⟨+obj⟩ sich zufriedengeben mit

settle in v/i sich einleben, sich eingewöhnen; **how are you settling in?** haben Sie sich schon eingelebt/eingewöhnt?

settle on, **settle upon** v/i ⟨+obj⟩ sich entscheiden für

settle up v/i (be)zahlen; **to settle up with sb** mit j-m abrechnen

settled ['setld] adj Wetter beständig; Leben geregelt

settlement ['setlmənt] s **1** Erledigung f; von Problem Klärung f; von Streit Beilegung f; (≈ Vertrag) Übereinkunft f; **an out-of-court ~** JUR ein außergerichtlicher Vergleich; **to reach a ~** sich einigen **2** von Geldbetrag Überschreibung f (**on** auf +akk) **3** (≈ Kolonie etc) Siedlung f; (≈ Akt) Besiedlung f

settler ['setlə^r] s Siedler(in) m(f)

set-top box ['settɒp'bɒks] s TV Digitalreceiver m, d-box® f

setup ['setʌp] s **1** umg Umstände pl **2** Organisation f **3** IT Setup n **4** umg abgekartete Sache

seven ['sevn] **A** adj sieben **B** s Sieben f; → six

sevenfold ['sevnfəʊld] **A** adj siebenfach **B** adv um das Siebenfache

seventeen ['sevn'tiːn] **A** adj siebzehn **B** s Siebzehn f

seventeenth ['sevn'ti:nθ] **A** adj siebzehnte(r, s) **B** s **1** Siebzehntel n **2** Siebzehnte(r, s)

seventh ['sevnθ] **A** adj siebte(r, s) **B** s **1** Siebtel n **2** Siebte(r, s); → sixth

seventieth ['sevntiɪθ] **A** adj siebzigste(r, s) **B** s **1** Siebzigstel n **2** Siebzigste(r, s)

seventy ['sevntɪ] **A** adj siebzig **B** s Siebzig f

sever ['sevəʳ] **A** v/t durchtrennen, abtrennen; fig Beziehungen lösen, abbrechen **B** v/i (durch)-reißen

several ['sevrəl] **A** adj einige, mehrere, verschiedene; **I've seen him ~ times already** ich habe ihn schon mehrmals gesehen **B** pron einige; **~ of the houses** einige (der) Häuser; **~ of us** einige von uns

severance pay ['sevərəns,peɪ] s Abfindung f

severe [sɪ'vɪəʳ] adj ⟨komp severer⟩ Schaden, Schlag schwer; Schmerz, Sturm stark; Strafe, Prüfung hart; Wetter rau; Winter streng; Gesichtsausdruck ernst

severely [sɪ'vɪəlɪ] adv beschädigt, behindert schwer; stören, eingrenzen stark; bestrafen hart; kritisieren scharf

severity [sɪ'verɪtɪ] s von Strafe, Prüfung Härte f; von Verletzung, Schlag, Sturm Schwere f

sew [səʊ] v/t & v/i ⟨prät sewed; pperf sewn⟩ nähen; **to sew sth on** etw annähen

phrasal verbs mit sew:

sew up v/t ⟨trennb⟩ **1** wörtl nähen, zunähen **2** fig unter Dach und Fach bringen; **we've got the game all sewn up** das Spiel ist gelaufen umg

sewage ['sju:ɪdʒ] s Abwasser n

sewage plant s Kläranlage f

sewage works s Kläranlage f

sewer[1] ['səʊəʳ] s Näher(in) m(f)

sewer[2] ['sjʊəʳ] s Abwasserkanal m

sewerage ['sjʊərɪdʒ] s Kanalisation f

sewing ['səʊɪŋ] s Nähen n, Näharbeit f

sewing machine s Nähmaschine f

sewn [səʊn] pperf → sew

sex [seks] **A** s **1** BIOL Geschlecht n **2** Sexualität f; (≈ Akt) Sex m umg, Geschlechtsverkehr m form; **to have sex** (Geschlechts)verkehr haben, sich lieben **B** adj ⟨attr⟩ Geschlechts-, Sexual-

sex appeal s Sex-Appeal m

sex change s Geschlechtsumwandlung f

sex discrimination s Diskriminierung f aufgrund des Geschlechts

sex drive s Sexualtrieb m

sex education s Sexualerziehung f

sexism ['seksɪzəm] s Sexismus m

sexist ['seksɪst] **A** s Sexist(in) m(f) **B** adj sexistisch

sex life s Geschlechtsleben n

sex maniac s **he is a ~** umg er ist ganz verrückt nach Sex umg

sex offender s Sexualtäter(in) m(f)

sex shop s Sexshop m

sex symbol s Sexsymbol n

sextet(te) [seks'tet] s Sextett n

sexting ['sekstɪŋ] s das Versenden von pornografischen Aufnahmen per MMS

sex toy s Sexspielzeug n

sextuplet [seks'tju:plɪt] s Sechsling m

sexual ['seksjʊəl] adj **1** sexuell **2** PHYSIOL Sexual-

sexual abuse s sexueller Missbrauch

sexual assault s sexueller Übergriff

sexual equality s Gleichberechtigung f (der Geschlechter)

sexual harassment s sexuelle Belästigung

sexual intercourse s Geschlechtsverkehr m

sexuality [,seksjʊ'ælɪtɪ] s Sexualität f

sexually ['seksjʊəlɪ] adv sexuell; **~ transmitted disease** Geschlechtskrankheit f; **to be ~ attracted to sb** sich zu j-m sexuell hingezogen fühlen

sexual organ s Geschlechtsorgan n

sexual partner s Sexualpartner(in) m(f)

sex worker euph s Prostituierte f

sexy ['seksɪ] umg adj ⟨komp sexier⟩ sexy umg inv mst präd

SF abk (= science fiction) SF

shabbily ['ʃæbɪlɪ] wörtl, fig adv schäbig

shabbiness ['ʃæbɪnɪs] s Schäbigkeit f

shabby ['ʃæbɪ] adj ⟨komp shabbier⟩ schäbig

shack [ʃæk] s Schuppen m

shackle ['ʃækl] **A** s ⟨mst pl⟩ Kette f **B** v/t in Ketten legen

shade [ʃeɪd] **A** s **1** Schatten m; **30° in the ~** 30 Grad im Schatten; **to provide ~** Schatten spenden; **to throw ~ at sb** umg j-n schlechtmachen, j-n runtermachen umg **2** (Lampen)-schirm m; bes US Jalousie f, Springrollo n; **~s** umg Sonnenbrille f **3** (Farb)ton m; fig (≈ Bedeutungsunterschied) Nuance f **4** (≈ kleine Menge) Spur f; **it's a ~ too long** es ist etwas od eine Spur zu lang **B** v/t **1** abschirmen; **he ~d his eyes with his hand** er hielt die Hand vor die Augen(, um nicht geblendet zu werden) **2 to ~ sth into** etw ausschraffieren

shading ['ʃeɪdɪŋ] s KUNST Schattierung f

shadow ['ʃædəʊ] **A** s **1** Schatten m; **in the ~s** im Dunkel; **to be in sb's ~** fig in j-s Schatten (dat) stehen; **to be just a ~ of one's former self** nur noch ein Schatten seiner selbst sein **2** Spur f; **without a ~ of a doubt** ohne den geringsten Zweifel **B** adj ⟨attr⟩ Br POL Schatten- **C** v/t beschatten umg

shadow cabinet s Br POL Schattenkabinett n

shadowy ['ʃædəʊɪ] adj schattig; **a ~ figure** fig eine undurchsichtige Gestalt

shady ['ʃeɪdɪ] *adj* ⟨*komp* shadier⟩ **1** schattig; *Baum* Schatten spendend **2** *umg* zwielichtig

shaft [ʃɑːft] *s* **1** Schaft *m*, Stiel *m*; *von Licht* Strahl *m*; MECH Welle *f* **2** *von Aufzug* Schacht *m*

shag [ʃæg] *Br sl* **A** *s* Nummer *f umg*; **to have a ~** eine Nummer machen *umg* **B** *v/t* & *v/i* bumsen *umg*

shaggy ['ʃægɪ] *adj* ⟨*komp* shaggier⟩ zottig, zottelig

shake [ʃeɪk] ⟨*v: prät* shook; *pperf* shaken⟩ **A** *v/t* schütteln; *Gebäude* erschüttern; **to ~ one's head** den Kopf schütteln; **to ~ one's fist at sb** j-m mit der Faust drohen; **to ~ hands** sich (*dat*) die Hand geben; **to ~ hands with sb** j-m die Hand geben/schütteln; **it was a nasty accident, he's still rather badly ~n** es war ein schlimmer Unfall, der Schreck sitzt ihm noch in den Knochen; **she was badly ~n by the news** die Nachricht hatte sie sehr mitgenommen **B** *v/i* wackeln; *Hand, Stimme* zittern; *Erde* beben; **to ~ like a leaf** zittern wie Espenlaub; **he was shaking all over** er zitterte am ganzen Körper; **to ~ in one's shoes** *umg* das große Zittern kriegen *umg*; **~ (on it)!** *umg* Hand drauf! **C** *s* **1** Schütteln *n*; **to give a rug a ~** einen Läufer ausschütteln; **with a ~ of her head** mit einem Kopfschütteln; **to be no great ~s** *umg* nicht umwerfend sein (**at** in +*dat*) **2** Milchshake *m*

phrasal verbs mit shake:

shake off *v/t* ⟨*trennb*⟩ *Staub, Verfolger* abschütteln; *Krankheit, Gefühl* loswerden

shake out *wörtl v/t* ⟨*trennb*⟩ herausschütteln; *Tischdecke* ausschütteln

shake up *v/t* ⟨*trennb*⟩ **1** *Flasche, Flüssigkeit* schütteln **2** erschüttern; **he was badly shaken up by the accident** der Unfall hat ihm einen schweren Schock versetzt; **she's still a bit shaken up** sie ist immer noch ziemlich mitgenommen **3** *Geschäftsführung, Untergebene* auf Zack bringen *umg*; *System* umkrempeln *umg*; *Land, Industrie* wachrütteln; **to shake things up** die Dinge in Bewegung bringen

shaken ['ʃeɪkən] *pperf* → shake

shaker ['ʃeɪkə^r] *s* **1** *für Cocktails* Shaker *m*, Mixbecher *m* **2** *für Salz, Mehl etc* Streuer *m*

shake-up ['ʃeɪkʌp] *umg s* Umbesetzung *f*

shakily ['ʃeɪkɪlɪ] *adv* wackelig; *einschenken* zitterig

shaking ['ʃeɪkɪŋ] *s* Zittern *n*

shaky ['ʃeɪkɪ] *adj* ⟨*komp* shakier⟩ *Stuhl* wackelig; *Stimme, Hände* zitt(e)rig; **to get off to a ~ start** *fig* einen holprigen Anfang nehmen; **to be on ~ ground** *fig* sich auf schwankendem *od* unsicherem Boden bewegen

shale ['ʃeɪl] *s* GEOL Schiefer *m*; **~ gas** Schiefergas *n*

shall [ʃæl] *v/aux* ⟨*prät* should⟩ **1** *Futur* **I think I'll** (*Kurzform zu* 'I ~') **go to France this year** ich fahre dieses Jahr nach Frankreich; **no, I ~ not** *od* **I shan't** nein, das tue ich nicht **2** **what ~ we do?** was sollen wir machen?, was machen wir?; **~ we dance?** wollen wir tanzen?; **let's go in, ~ we?** komm, gehen wir hinein!; **I'll buy 3, ~ I?** soll ich 3 kaufen?

shallot [ʃə'lɒt] *s* Schalotte *f*

shallow ['ʃæləʊ] **A** *adj* flach; *Mensch* seicht; *Erdschicht* dünn **B** *s* **shallows** *pl* Untiefe *f*

shallowness ['ʃæləʊnɪs] *s* Flachheit *f*; *von Mensch, Roman* Seichtheit *f*; *von Erdschicht* Dünne *f*

sham [ʃæm] **A** *s* **1** Heuchelei *f*; **their marriage had become a ~** ihre Ehe war zur Farce geworden **2** Scharlatan *m* **B** *adj* **a ~ marriage** eine Scheinehe **C** *v/t* vortäuschen **D** *v/i* so tun, simulieren

shamble ['ʃæmbl] *v/i* trotten

shambles ['ʃæmblz] *s* heilloses Durcheinander, Tohuwabohu *n*; **the room was a ~** im Zimmer herrschte das reinste Tohuwabohu; **the economy is in a ~** die Wirtschaft befindet sich in einem Chaos; **the game was a ~** das Spiel war das reinste Kuddelmuddel *umg*

shame [ʃeɪm] **A** *s* ⟨*kein pl*⟩ **1** Scham *f*, Schande *f*; **he hung his head in ~** er senkte beschämt den Kopf; *fig* er schämte sich; **to bring ~ upon sb/oneself** j-m/sich Schande machen; **have you no ~?** schämst du dich (gar) nicht?; **to put sb/sth to ~** *fig* j-n/etw in den Schatten stellen; **~ on you!** du solltest dich schämen! **2** **it's a ~ you couldn't come** schade, dass du nicht kommen konntest; **what a ~!** (das ist aber) schade! **B** *v/t* Schande machen (+*dat*)

shamefaced ['ʃeɪm'feɪst] *adj*, **shamefacedly** ['ʃeɪm'feɪsɪdlɪ] *adv* betreten

shameful ['ʃeɪmfʊl] *adj* schändlich

shameless ['ʃeɪmlɪs] *adj* schamlos

shampoo [ʃæm'puː] **A** *s* ⟨*pl* -s⟩ Shampoo *n* **B** *v/t* Haare waschen; *Teppich* reinigen

shamrock ['ʃæmrɒk] *s* Klee *m*, Kleeblatt *n*

shandy ['ʃændɪ] *Br s* Radlermaß *n*, Alsterwasser *n*, Bier *n* mit Limonade; **two shandies, please** zwei Radlermaß bitte

shan't [ʃɑːnt] *abk* (= shall not) **~!** *umg* will nicht! *umg*

shantytown ['ʃæntɪtaʊn] *s* Slum(vor)stadt *f*

shape [ʃeɪp] **A** *s* **1** Form *f*, Gestalt *f*; **what ~ is it?** welche Form hat es?; **it's rectangular** *etc* **in ~** es ist rechteckig *etc*; **to take ~** *wörtl* Form bekommen; *fig* Konturen annehmen; **of all ~s and sizes** aller Art; **I don't accept gifts in any ~ or form** ich nehme überhaupt keine Geschenke an **2** *fig* **to be in good/bad ~** *Sportler*

in Form/nicht in Form sein; *gesundheitlich* in guter/schlechter Verfassung sein; **to be out of ~** nicht in Form sein **B** *v/t wörtl* Ton formen (**into zu**); *fig Ideen* prägen; *Entwicklung* gestalten
phrasal verbs mit shape:
shape up *v/i* **to shape up well** sich gut entwickeln

shaped [ʃeɪpt] *adj* geformt; **~ like a ...** in der Form einer/eines ...

-shaped [-ʃeɪpt] *adj* ⟨*suf*⟩ -förmig

shapeless [ˈʃeɪplɪs] *adj* formlos

shapely [ˈʃeɪplɪ] *adj* ⟨*komp* shapelier⟩ *Figur* wohlproportioniert; *Beine* wohlgeformt

shard [ʃɑːd] *s* (Ton)scherbe *f*

share [ʃɛəʳ] **A** *s* **1** Anteil *m* (**in, of** an *+dat*); **I want my fair ~** ich will meinen (An)teil; **he didn't get his fair ~** er ist zu kurz gekommen; **to take one's ~ of the blame** sich mitschuldig erklären; **to do one's ~** das Seine tun **2** FIN (Geschäfts)anteil *m*, Aktie *f* **B** *v/t* teilen; **to ~ sth with sb** etw mit j-m teilen; *Geheimnis* j-m etw mitteilen **C** *v/i* teilen; **to ~ and ~ alike** (brüderlich) mit (den) anderen teilen; **to ~ in sth** sich an etw (*dat*) beteiligen; *an Erfolg* an etw (*dat*) Anteil nehmen
phrasal verbs mit share:
share out *v/t* ⟨*trennb*⟩ verteilen

share capital *s* Aktienkapital *n*

shareholder *s* Aktionär(in) *m(f)*, Teilhaber(in) *m(f)*

share index *s* Aktienindex *m*

shareware *s* IT Shareware *f*

shark [ʃɑːk] *s* **1** Hai(fisch) *m* **2** *umg* (≈ *Schwindler*) Schlitzohr *n umg*; **loan ~** Kredithai *m umg*

sharp [ʃɑːp] **A** *adj* ⟨*+er*⟩ **1** scharf; *Nadel, Winkel* spitz; (≈ *intelligent*) schlau; *Rückgang* steil; *Schmerz* heftig; *Mensch* schroff; *Temperament* hitzig; **be ~ about it!** *umg* (ein bisschen) dalli! *umg* **2** *pej* raffiniert **3** MUS *Note* zu hoch, (um einen Halbton) erhöht; **F ~** fis *n* **B** *adv* ⟨*+er*⟩ **1** MUS zu hoch **2** pünktlich; **at 5 o'clock ~** Punkt 5 Uhr **3** **look ~!** dalli!; *umg*; **to pull up ~** plötzlich anhalten

sharpen [ˈʃɑːpən] *v/t Messer* schleifen; *Bleistift* spitzen

sharpener [ˈʃɑːpnəʳ] *s* **1** Schleifgerät *n* **2** (Bleistift)spitzer *m*

sharp-eyed [ˌʃɑːpˈaɪd] *adj* scharfsichtig

sharpness *s* **1** Schärfe *f*; *von Nadel etc* Spitzheit *f*; (≈ *Intelligenz*) Schläue *f* **2** *von Schmerz* Heftigkeit *f*

sharp practice *s* unsaubere Geschäfte

sharpshooter *s* Scharfschütze *m*, -schützin *f*

sharp-sighted [ʃɑːpˈsaɪtɪd] *adj* scharfsichtig

sharp-tongued *adj* scharfzüngig

sharp-witted *adj* scharfsinnig

shat [ʃæt] *prät & pperf* → **shit**

shatter [ˈʃætəʳ] **A** *v/t* **1** *wörtl* zertrümmern; *Hoffnungen* zunichtemachen; **the blast ~ed all the windows** durch die Explosion zersplitterten alle Fensterscheiben **2** *Br fig umg* **I'm ~ed!** ich bin total kaputt *umg* **B** *v/i* zerbrechen; *Windschutzscheibe* (zer)splittern

shattering [ˈʃætərɪŋ] *adj* **1** *Schlag* wuchtig; *Explosion* gewaltig; *Niederlage* vernichtend **2** *umg* erschöpfend **3** *umg Nachricht* erschütternd

shave [ʃeɪv] ⟨*v: prät* shaved; *pperf* shaved *od* shaven⟩ **A** *v/t* rasieren **B** *v/i* sich rasieren; *Apparat* rasieren **C** *s* Rasur *f*; **to have a ~** sich rasieren; **that was a close ~** das war knapp
phrasal verbs mit shave:
shave off *v/t* ⟨*trennb*⟩ sich (*dat*) abrasieren

shaven [ˈʃeɪvn] *adj Kopf* kahl geschoren

shaver [ˈʃeɪvəʳ] *s* Rasierapparat *m*

shaver point, shaver outlet *US s* Steckdose *f* für Rasierapparate

shaving [ˈʃeɪvɪŋ] *s* **1** Rasieren *n* **2** **~s** *pl* Späne *pl*

shaving brush [ˈʃeɪvɪŋ] *s* Rasierpinsel *m*

shaving foam *s* Rasierschaum *m*

shawl [ʃɔːl] *s* (Umhänge)tuch *n*

she [ʃiː] **A** *pron* sie; *bei Schiffen etc* es **B** *s* Sie *f*

she- *pref* weiblich; **~bear** Bärin *f*

sheaf [ʃiːf] *s* ⟨*pl* sheaves⟩ (≈ *Getreide*) Garbe *f*; (≈ *Papiere*) Bündel *n*

shear [ʃɪəʳ] *v/t* ⟨*prät* sheared; *pperf* shorn, sheared⟩ *Schaf* scheren
phrasal verbs mit shear:
shear off *v/i* abbrechen

shears [ʃɪəz] *pl* (große) Schere, Heckenschere *f*

sheath [ʃiːθ] *s* **1** *für Schwert* Scheide *f* **2** Kondom *n/m*

sheathe [ʃiːð] *v/t Schwert* in die Scheide stecken

sheaves [ʃiːvz] *pl* → **sheaf**

shed[1] [ʃed] *v/t* ⟨*prät, pperf* shed⟩ **1** *Haare* verlieren; **to ~ its skin** sich häuten; **to ~ a few pounds** ein paar Pfund abnehmen **2** *Tränen* vergießen **3** *Licht* verbreiten; **to ~ light on sth** *fig* Licht auf etw (*akk*) werfen

shed[2] *s* Schuppen *m*, Stall *m*

she'd [ʃiːd] *abk* (= **she would, she had**) → **have**; → **would**

sheen [ʃiːn] *s* Glanz *m*

sheep [ʃiːp] *s* ⟨*pl* -⟩ Schaf *n*; **to separate the ~ from the goats** *fig* die Schafe von den Böcken trennen

sheepdog [ˈʃiːpdɒg] *s* Hütehund *m*

sheep farming *s* Schafzucht *f*

sheepish [ˈʃiːpɪʃ] *adj* verlegen

sheepskin [ˈʃiːpskɪn] *s* Schaffell *n*

sheer [ʃɪəʳ] **A** *adj* ⟨*+er*⟩ **1** rein; **by ~ chance** rein zufällig; **by ~ hard work** durch nichts als harte Arbeit; **~ hell** die (reinste) Hölle *umg* **2** Klippe steil; **there is a ~ drop of 200 feet** es fällt

200 Fuß steil *od* senkrecht ab **3** *Stoff etc* (hauch)dünn **B** *adv* **1** steil **2** senkrecht
sheet [ʃiːt] *s* **1** (Bett)laken *n* **2** (≈ *Papier*) Blatt *n*; *größer* Bogen *m*; **a ~ of paper** ein Blatt Papier **3** (≈ *Metall*) Platte *f*; (≈ *Glas*) Scheibe *f*; *aus Eis* Fläche *f*; **a ~ of ice covered the lake** eine Eisschicht bedeckte den See
sheet ice *s* Glatteis *n*
sheeting [ˈʃiːtɪŋ] *s* **plastic ~** Plastiküberzug *m*
sheet lightning *s* Wetterleuchten *n*
sheet metal *s* Walzblech *n*
sheet music *s* Notenblätter *pl*
sheik(h) [ʃeɪk] *s* Scheich *m*
shelf [ʃelf] *s* ⟨*pl* **shelves**⟩ Bord *n*, Bücherbord *n*; *in Laden* Regal(brett) *n*; **shelves** Regal *n*
shelf life *wörtl s* Lagerfähigkeit *f*; *fig* Dauer *f*
shelf-stable milk [ˈʃelfsteɪbl] *US s* H-Milch *f*, Haltbarmilch *f österr*
shell [ʃel] **A** *s* **1** Schale *f*; *am Strand* Muschel *f* **2** (Schnecken)haus *n*; *von Schildkröte* Panzer *m*; **to come out of one's ~** *fig* aus seinem Schneckenhaus kommen **3** (≈ *Überzug*) Hülle *f* **4** *von Haus* Rohbau *m*; *von Auto* Karosserie *f* **5** MIL Granate *f*; *bes US* Patrone *f* **B** *v/t* **1** Erbsen enthülsen; *Ei, Nüsse* schälen **2** MIL (mit Granaten) beschießen
<u>phrasal verbs mit shell:</u>
shell out *umg* **A** *v/t* ⟨*trennb*⟩ blechen *umg* **B** *v/i* **to shell out for sth** für etw blechen *umg*
she'll [ʃiːl] *abk* (= she will, she shall) → will¹; → shall
shellfire *s* Granatfeuer *n*
shellfish *s* Schaltier(e) *n*(*pl*); GASTR Meeresfrüchte *pl*
shelling [ˈʃelɪŋ] *s* Granatfeuer *n* (**of** auf +*akk*)
shell-shocked *adj* **to be ~** *wörtl* unter einer Kriegsneurose leiden; *fig* verstört sein
shelter [ˈʃeltə^r] **A** *s* Schutz *m*; (≈ *Ort*) Unterstand *m*; *im Krieg* Luftschutzkeller *m*; *an Bushaltestelle* Wartehäuschen *n*; (≈ *Nachtlager*) Unterkunft *f*, Obdach *n*; **a ~ for homeless people** ein Obdachlosenheim *n*; **to take ~** sich in Sicherheit bringen; *bei Regen* sich unterstellen; **to run for ~** Zuflucht suchen; **to provide ~ for sb** j-m Schutz bieten, j-n beherbergen **B** *v/t* schützen (**from** vor +*dat*); *Verbrecher* verstecken **C** *v/i* **there was nowhere to ~** *bei Regen* man konnte sich nirgends unterstellen; **we ~ed in a shop doorway** wir stellten uns in einem Ladeneingang unter
sheltered [ˈʃeltəd] *adj Ort* geschützt; *Leben* behütet
sheltered housing *s* Wohnungen *pl* für Senioren/Behinderte
shelve [ʃelv] *v/t Problem* aufschieben; *Plan* ad acta legen

shelves [ʃelvz] *pl* → shelf
shelving [ˈʃelvɪŋ] *s* Regale *pl*, Stellagen *pl österr*; (≈ *Material*) Bretter *pl*
shepherd [ˈʃepəd] **A** *s* Schäfer *m* **B** *v/t* führen
shepherd's pie *s Auflauf aus Hackfleisch und Kartoffelbrei*
sherbet [ˈʃɜːbət] *s* **1** ⟨kein *pl*⟩ Brausepulver *n* **2** *US* Fruchteis *n*
sheriff [ˈʃerɪf] *s* Sheriff *m*; *schott* Friedensrichter(in) *m(f)*
sherry [ˈʃerɪ] *s* Sherry *m*
she's [ʃiːz] *abk* (= she is, she has) → be; → have
Shetland [ˈʃetlənd] *s*, **Shetland Islands** [ˈʃetlənd ˈaɪləndz] *pl*, **Shetlands** [ˈʃetləndz] *pl* Shetlandinseln *pl*
shiatsu [ʃiːˈætsuː] *s* Shiatsu *n*
shield [ʃiːld] **A** *s Wappenkunde, a.* MIL Schild *m*; *an Maschine* Schutzschild *m*; *fig* Schutz *m* **B** *v/t* schützen (**sb from sth** j-n vor etw *dat*); **she tried to ~ him from the truth** sie versuchte, ihm die Wahrheit zu ersparen
shift [ʃɪft] **A** *s* **1** Änderung *f*; *bei Ortswechsel* Verlegung *f*; **a ~ in public opinion** ein Meinungsumschwung *m* in der Bevölkerung **2** AUTO Schaltung *f* **3** IND Schicht *f*; **to work (in) ~s** in Schichten arbeiten; **on a/my ~** in einer/meiner Schicht **B** *v/t* **1** (von der Stelle) bewegen; *Möbel* verrücken; *Arm* wegnehmen; *bei Ortswechsel* verlagern; *Schutt* wegräumen; **to ~ the blame onto somebody else** die Verantwortung auf jemand anders schieben; **~ the table over to the wall** rück den Tisch an die Wand (rüber)! **2** *US* AUTO **to ~ gears** schalten **C** *v/i* sich bewegen; *durch Rutschen* verrutschen; **~ over!** rück mal rüber!; **he refused to ~** *fig* er war nicht umzustimmen
shift key *s* COMPUT Shifttaste *f*, Umschalttaste *f*, Hochstelltaste *f*
shift lock *s an Schreibmaschine und Computer* Feststelltaste *f*, Umschaltsperre *f*
shiftwork *s* Schichtarbeit *f*; **to do ~** Schicht arbeiten
shift worker *s* Schichtarbeiter(in) *m(f)*
shifty [ˈʃɪftɪ] *adj* ⟨*komp* shiftier⟩ zwielichtig
shilling [ˈʃɪlɪŋ] *Br obs s* Shilling *m*
shimmer [ˈʃɪmə^r] **A** *s* Schimmer *m* **B** *v/i* schimmern
shin [ʃɪn] **A** *s* Schienbein *n*; *von Fleisch* Hachse *f*; **to kick sb on the ~** j-n vors Schienbein treten **B** *v/i* **to ~ up** (geschickt) hinaufklettern
shinbone [ˈʃɪnbəʊn] *s* Schienbein *n*
shine [ʃaɪn] *⟨v: prät, pperf* shone *od* shined⟩ **A** *v/t* **1** ⟨*prät, pperf mst* shined⟩ blank putzen; *Schuhe* polieren **2** **to ~ a light on sth** etw beleuchten **B** *v/i* leuchten; *Metall, Schuhe* glänzen; *Sonne, Lampe* scheinen; **to ~ at/in sth** *fig* bei/in etw

(dat) glänzen **C** s Glanz m; **she's taken a real ~ to him** umg er hat es ihr wirklich angetan
phrasal verbs mit shine:
shine down v/i herabscheinen (**on** auf +akk)
shingle ['ʃɪŋgl] s ⟨kein pl⟩ Kiesel m
shingles ['ʃɪŋglz] s MED Gürtelrose f
shining ['ʃaɪnɪŋ] adj leuchtend; *Licht* strahlend; **a ~ light** fig eine Leuchte; **he's my knight in ~ armour** Br, **he's my knight in ~ armor** US er ist mein Märchenprinz
shiny ['ʃaɪnɪ] adj ⟨komp shinier⟩ glänzend
ship [ʃɪp] **A** s Schiff n; **on board ~** an Bord **B** v/t versenden; *Getreide etc* verfrachten; *auf Seeweg* verschiffen
phrasal verbs mit ship:
ship out v/t ⟨trennb⟩ versenden; *Getreide etc* verfrachten
shipbuilding s Schiffbau m
shipmate s Schiffskamerad(in) m(f)
shipment s Sendung f; *von Getreide etc* Transport m; *auf Seeweg* Verschiffung f
shipowner s Reeder(in) m(f)
shipper ['ʃɪpə^r] s Spediteur(in) m(f)
shipping ['ʃɪpɪŋ] **A** s ⟨kein pl⟩ **1** Schifffahrt f; (≈ *Transportmittel*) Schiffe pl **2** Verschiffung f; *per Bahn etc* Versand m **B** adj ⟨attr⟩ **~ costs** Frachtkosten pl
shipping company s Reederei f
shipping lane s Schifffahrtsstraße f
shipping note s Verladeschein m
shipshape ['ʃɪpʃeɪp] adj & adv tipptopp umg
shipwreck **A** s Schiffbruch m **B** v/t **to be ~ed** schiffbrüchig sein
shipyard s (Schiffs)werft f
shirk [ʃɜːk] **A** v/t sich drücken vor (+dat) **B** v/i sich drücken
shirker ['ʃɜːkə(r)] s Drückeberger(in) m(f)
shirt [ʃɜːt] s (Ober)hemd n; FUSSB Trikot n, Leiberl n österr, Leibchen n österr, schweiz; *für Frau* Hemdbluse f; **keep your ~ on** Br umg reg dich nicht auf!
shirtsleeve ['ʃɜːtsliːv] s, **shirtsleeves** pl Hemdsärmel pl; **in his/their ~s** in Hemdsärmeln
shit [ʃɪt] ⟨v: prät, pperf shit od shat⟩ sl **A** v/i scheißen vulg **B** v/t **to ~ oneself** sich (dat) vor Angst in die Hosen scheißen vulg **C** int Scheiße umg **D** s **1** Scheiße f vulg; **to have a ~** scheißen vulg; **to have the ~s** Dünnschiss haben umg; **to be up ~ creek (without a paddle)** bis zum Hals in der Scheiße stecken vulg; **to be in deep ~** in der Scheiße stecken vulg; **I don't give a ~** das ist mir scheißegal umg; **tough ~!** Scheiße auch! umg **2** (≈ *Mensch*) Arschloch n vulg **E** adj ⟨attr⟩ beschissen umg
shitface, **shithead** sl s Scheißkerl m umg,

Scheißtyp m umg
shit-hot Br sl adj geil sl, krass sl
shitless adj **to be scared ~** sl sich (dat) vor Angst in die Hosen scheißen vulg
shitstorm umg s INTERNET starke Kritik in Form massenhafter Mails/Postings Shitstorm m
shitty ['ʃɪtɪ] umg adj ⟨komp shittier⟩ beschissen umg
shiver ['ʃɪvə^r] **A** s Schauer m; **a ~ ran down my spine** es lief mir kalt den Rücken hinunter; **his touch sent ~s down her spine** es durchzuckte sie bei seiner Berührung; **it gives me the ~s** fig ich kriege davon eine Gänsehaut **B** v/i zittern (**with** vor +dat)
shoal [ʃəʊl] s von Fischen Schwarm m
shock[1] [ʃɒk] **A** s **1** von Explosion etc Wucht f **2** ELEK Schlag m; MED (Elektro)schock m **3** Schock (-zustand) m; **to suffer from ~** einen Schock (erlitten) haben; **to be in (a state of) ~** unter Schock stehen; **a ~ to one's system** ein Kreislaufschock; **it comes as a ~ to hear that …** mit Bestürzung höre ich/hören wir, dass …; **to give sb a ~** j-n erschrecken; **it gave me a nasty ~** es hat mir einen bösen Schreck(en) eingejagt; **to get the ~ of one's life** den Schock seines Lebens kriegen; **he is in for a ~!** umg der wird sich wundern umg **B** v/t erschüttern, schockieren; **to be ~ed by sth** über etw (akk) erschüttert od bestürzt sein; *moralisch* über etw (akk) schockiert sein
shock[2] s, (a. **shock of hair**) (Haar)schopf m
shock absorber ['ʃɒkəb‚zɔːbə^r] s Stoßdämpfer m
shocked [ʃɒkt] adj erschüttert, schockiert
shocking ['ʃɒkɪŋ] adj **1** schockierend; **~ pink** knallrosa umg, pink **2** umg entsetzlich; **what a ~ thing to say!** wie kann man bloß so etwas Schreckliches sagen!
shock tactics fig pl Schocktherapie f
shock therapy s MED fig Schocktherapie f
shock troops pl Stoßtruppen pl
shock wave wörtl s Druckwelle f; fig Schock m kein pl
shod [ʃɒd] prät & pperf → shoe
shoddy ['ʃɒdɪ] adj ⟨komp shoddier⟩ schäbig; *Arbeit* schludrig; *Waren* minderwertig
shoe [ʃuː] **A** s **1** Schuh m; **I wouldn't like to be in his ~s** ich möchte nicht in seiner Haut stecken; **to put oneself in sb's ~s** sich in j-s Lage (akk) versetzen; **to step into** od **fill sb's ~s** an j-s Stelle (akk) treten od rücken **2** (Huf)eisen n **B** v/t ⟨v: prät, pperf shoed, shod⟩ *Pferd* beschlagen
shoebox s Schuhkarton m
shoehorn s Schuhlöffel m
shoelace s Schnürsenkel m
shoemaker s Schuster(in) m(f)

shoe polish s Schuhcreme f
shoe shop s Schuhgeschäft n
shoe size s Schuhgröße f; **what ~ are you?** welche Schuhgröße haben Sie?
shoestring s **1** US Schnürsenkel m **2** fig **to be run on a ~** mit ganz wenig Geld finanziert werden
shoestring budget s Minibudget n umg
shone [ʃɒn] prät & pperf → shine
shoo [ʃuː] v/t **to ~ sb away** j-n verscheuchen
shook [ʃʊk] prät → shake
shoot [ʃuːt] ⟨v: prät, pperf shot⟩ **A** s **1** BOT Trieb m **2** Fotosession f **B** v/t **1** MIL etc, a. SPORT schießen **2** anschießen; (≈ verletzen) niederschießen; (≈ töten) erschießen; **to ~ sb dead** j-n erschießen; **he shot himself** er hat sich erschossen; **he shot himself in the foot** er schoss sich (dat) in den Fuß; fig umg er hat ein Eigentor geschossen umg; **he was shot in the leg** er wurde ins Bein getroffen **3 to ~ sb a glance** j-m einen (schnellen) Blick zuwerfen; **to ~ the lights** eine Ampel (bei Rot) überfahren **4** FOTO Film drehen **5** umg Drogen drücken sl **C** v/i **1** schießen; JAGD jagen; **stop or I'll ~!** stehen bleiben oder ich schieße!; **to ~ at sb/sth** auf j-n/etw schießen **2** Läufer etc schießen umg; **to ~ into the lead** an die Spitze vorpreschen; **he shot down the stairs** er schoss od jagte die Treppe hinunter; **to ~ to fame** auf einen Schlag berühmt werden; **~ing pains** stechende Schmerzen pl **3** FOTO knipsen umg; FILM drehen

phrasal verbs mit shoot:
shoot down v/t ⟨trennb⟩ abschießen
shoot off v/i davonschießen
shoot out A v/i herausschießen (**of** aus) **B** v/t ⟨trennb⟩ Hand etc blitzschnell ausstrecken
shoot up A v/i **1** in die Höhe schnellen; Kinder in die Höhe schießen; Bauten aus dem Boden schießen **2** umg mit Drogen sich (dat) einen Schuss setzen umg **B** v/t ⟨trennb⟩ umg Drogen drücken sl

shooter [ˈʃuːtə] s Schütze m, Schützin f
shooting [ˈʃuːtɪŋ] s **1** Schießen n **2** (≈ Mord) Erschießung f **3** JAGD Jagd f; **to go ~** auf die Jagd gehen **4** FILM Drehen n
shooting gallery s Schießstand m
shooting range s Schießplatz m
shooting star s Sternschnuppe f
shoot-out [ˈʃuːtaʊt] s Schießerei f
shop[1] [ʃɒp] **A** s **1** bes Br Geschäft n, Laden m; **to go to the ~s** einkaufen gehen; **to go to the ~s** einkaufen gehen; **to shut up** od **close up ~** zumachen, schließen; **to talk ~** fachsimpeln **2** Br **to do one's weekly ~** seinen wöchentlichen Einkauf erledigen **B** v/i einkaufen; **to go ~ping** einkaufen gehen; **to ~ for fish** Fisch kaufen gehen

phrasal verbs mit shop:
shop around v/i sich umsehen (**for** nach)
shop[2] v/t j-n verpfeifen, verraten
shopaholic s Kaufsüchtige(r) m/f(m)
shop assistant Br s Verkäufer(in) m(f)
shop finder s IT Filialsucher m
shop floor s **on the ~** unter den Arbeitern
shop front bes Br s Ladenfassade f
shopkeeper bes Br s Ladenbesitzer(in) m(f)
shoplift [ˈʃɒpˌlɪft] v/i Ladendiebstahl begehen
shoplifter s Ladendieb(in) m(f)
shoplifting s Ladendiebstahl m
shopper [ˈʃɒpə^r] s Käufer(in) m(f)
shopping [ˈʃɒpɪŋ] s Einkäufe n; (≈ Waren) Einkäufe pl; **to do one's** od **the ~** einkaufen (gehen)
shopping bag s Einkaufstasche f
shopping basket s Einkaufskorb m
shopping cart US s → shopping trolley
shopping centre s, **shopping center** US s Einkaufszentrum n
shopping channel s TV Teleshoppingsender m
shopping list s Einkaufszettel m
shopping mall s Shoppingcenter n, Einkaufszentrum n
shopping precinct s (autofreies) Einkaufsviertel
shopping spree s Einkaufsbummel m
shopping street s Einkaufsstraße f
shopping trolley Br s Einkaufswagen m
shopsoiled Br adj leicht beschädigt
shop steward s (gewerkschaftlicher) Vertrauensmann
shop window s Schaufenster n
shore[1] [ʃɔː^r] s **1** Ufer n, Strand m; **a house on the ~s of the lake** ein Haus am Seeufer **2 on ~** an Land
shore[2] v/t, (a. **shore up**) (ab)stützen; fig stützen
shoreline s Uferlinie f
shorn [ʃɔːn] **A** pperf → shear **B** adj geschoren
short [ʃɔːt] **A** adj ⟨+er⟩ **1** kurz; Mensch klein; **a ~ time** kurz; **a ~ time ago** vor Kurzem; **in a ~ while** in Kürze; **time is ~** die Zeit ist knapp; **~ and sweet** kurz und ergreifend; **in ~** kurz gesagt; **she's called Pat for ~** sie wird einfach Pat genannt; **Pat is ~ for Patricia** Pat ist die Kurzform von Patricia **2** Antwort knapp, barsch; Verhalten schroff; **to have a ~ temper** unbeherrscht sein; **to be ~ with sb** j-n schroff behandeln **3** zu wenig inv; **to be in ~ supply** knapp sein; **we are (£3) ~** wir haben (£ 3) zu wenig; **we are seven ~** uns (dat) fehlen sieben; **we are not ~ of volunteers** wir haben genug Freiwillige; **to be ~ of time** wenig Zeit haben; **to be ~ of money** knapp bei Kasse sein umg;

I'm a bit ~ (of cash) *umg* ich bin etwas knapp bei Kasse *umg*; we are £2,000 ~ of our target wir liegen £ 2.000 unter unserem Ziel; not far *od* much ~ of £100 nicht viel weniger als £ 100 **B** *adv* **1** to fall ~ Schuss zu kurz sein; *Vorräte etc* nicht ausreichen; to fall ~ of sth etw nicht erreichen; to go ~ (of food *etc*) zu wenig (zu essen *etc*) haben; we are running ~ (of time) wir haben nicht mehr viel (Zeit); water is running ~ Wasser ist knapp **2** plötzlich; to pull up ~ abrupt anhalten; to stop ~ *beim Sprechen* plötzlich innehalten; I'd stop ~ of murder vor Mord würde ich Halt machen; to be caught ~ *umg* überrascht werden; *bei Geldmangel etc* zu knapp (dran) sein; (≈ *Toilette benötigen*) dringend mal müssen *umg* **3** ~ of außer (+*dat*); nothing ~ of a revolution can ... nur eine Revolution kann ...; it's little ~ of madness das grenzt an Wahnsinn; ~ of telling him a lie ... außer ihn zu belügen ... **C** *s umg* (≈ *Schnaps*) Kurze(r) *m umg*; FILM Kurzfilm *m*

shortage ['ʃɔːtɪdʒ] *s* Knappheit *f kein pl* (of an +*dat*), Mangel *m kein pl* (of an +*dat*); a ~ of staff ein Personalmangel *m*

shortbread *s* Shortbread *n*, ≈ Butterkeks *m*

short-change *v*/*t* to ~ sb *wörtl* j-m zu wenig Wechselgeld geben

short circuit *s* Kurzschluss *m*

short-circuit **A** *v*/*t* kurzschließen; *fig* umgehen **B** *v*/*i* einen Kurzschluss haben

shortcoming *s bes pl* Mangel *m*, Fehler *m*; *von System* Unzulänglichkeit *f*

shortcrust *s*, (*a.* **shortcrust pastry**) Mürbeteig *m*

short-cut **1** Abkürzung *f*; *fig* Schnellverfahren *n* **2** IT Shortcut *m*

short-cut key *s* IT Shortcut *m*, Tastenkombination *f*

shorten ['ʃɔːtn] *v*/*t* verkürzen; *Namen* abkürzen; *Kleid, Programm* kürzen

shortfall *s* Defizit *n*

short-haired *adj* kurzhaarig

shorthand *s* Stenografie *f*; to take sth down in ~ etw stenografieren

short-handed *adj* to be ~ zu wenig Personal haben

shorthand typist *s* Stenotypist(in) *m(f)*

short haul *s* Nahtransport *m*

short-haul jet *s* Kurzstreckenflugzeug *n*

short list *bes Br s* to be on the ~ in der engeren Wahl sein

short-list *bes Br v*/*t* to ~ sb j-n in die engere Wahl nehmen

short-lived *adj* kurzlebig; to be ~ von kurzer Dauer sein

shortly ['ʃɔːtlɪ] *adv* bald; *vor, nach* kurz

shortness ['ʃɔːtnɪs] *s* Kürze *f*; *von Mensch* Kleinheit *f*; ~ of breath Kurzatmigkeit *f*

short-range ['ʃɔːtreɪndʒ] *adj* mit geringer Reichweite; ~ missile Kurzstreckenrakete *f*

shorts [ʃɔːts] *pl* **1** Shorts *pl* **2** *bes US* Unterhose *f*

short-sighted *adj* kurzsichtig

short-sightedness *wörtl, fig s* Kurzsichtigkeit *f*

short-sleeved *adj* kurzärmelig

short-staffed *adj* to be ~ zu wenig Personal haben

short-stay car park *Br s* Kurzzeitparkplatz *m*

short story *s* Kurzgeschichte *f*

short-tempered *adj* unbeherrscht

short term *s* in the ~ auf kurze Sicht

short-term *adj & adv* kurzfristig; on a ~ basis kurzfristig

short-term contract *s* Kurzzeitvertrag *m*

short-term parking lot *US s* Kurzzeitparkplatz *m*

short time *s* to be on ~ kurzarbeiten

short-wave *adj* a ~ radio ein Kurzwellenempfänger *m*

shot[1] [ʃɒt] **A** *prät & pperf* → **shoot** **B** *s* **1** ⟨*kein pl*⟩ Schuss *m*; *mit der Hand* Wurf *m*; *Tennis, Golf* Schlag *m*; to take a ~ at goal aufs Tor schießen; to fire a ~ at sb/sth einen Schuss auf j-n/etw abfeuern; to call the ~s *fig* das Sagen haben *umg*; like a ~ *umg* weglaufen wie der Blitz *umg*; *zustimmen* sofort **2** ⟨*kein pl*⟩ für Flinte Schrot *m* **3** Schütze *m*, Schützin *f* **4** Versuch *m*; to have a ~ (at it) es (mal) versuchen; to give sth one's best ~ *umg* sich nach Kräften um etw bemühen **5** Spritze *f*, Impfung *f*; *von Alkohol* Schuss *m* **6** FOTO Aufnahme *f*; *in Film* Einstellung *f*; out of ~ nicht im Bild **7** SPORT to put the ~ Kugelstoßen *n*; (≈ *Gewicht*) die Kugel

shot[2] *adj* ~ to pieces völlig zerstört

shotgun *s* Schrotflinte *f*; ~ wedding Mussheirat *f*

shot put *s* Kugelstoßen *n*

shot-putter *s* Kugelstoßer(in) *m(f)*

should [ʃʊd] *v*/*aux* ⟨*prät*⟩ **1** → **shall** **2** *Pflicht* I ~ do that ich sollte das tun; I ~ have done it ich hätte es tun sollen *od* müssen; you ~ have asked du hättest fragen sollen; which is as it ~ be und so soll(te) es auch sein; you really ~ see that film den Film sollten Sie wirklich sehen; he's coming to apologize — I ~ think so er will sich entschuldigen — das möchte ich auch meinen *od* hoffen; ... and I ~ know ... und ich müsste es ja wissen; how ~ I know? woher soll ich das wissen? **3** *Wahrscheinlichkeit* he ~ be there by now er müsste eigentlich schon da sein; this book ~ help you dieses Buch wird Ihnen bestimmt helfen; this ~ be good! *umg* das wird bestimmt gut! **4** *Vermu-*

tung etc **I ~ think there were about 40 there** ich würde schätzen, dass etwa 40 dort waren; **~ I open the window?** soll ich das Fenster aufmachen?; **I ~ like to know ...** ich möchte gern wissen ...; **I ~ like to apply for the job** ich würde mich gern um die Stelle bewerben **5** *Überraschung* **who ~ I see but Anne!** und wen sehe ich? Anne!; **why ~ he want to do that?** warum will er das wohl machen? **6** *Konjunktiv, Konditional* **I ~ go if ...** ich würde gehen, wenn ...; **if they ~ send for me** falls sie nach mir schicken sollten; **I ~n't (do that) if I were you** ich würde das an Ihrer Stelle nicht tun

shoulder ['ʃəʊldəʳ] **A** *s* **1** Schulter *f*; *von Fleisch* Bug *m*; **to shrug one's ~s** mit den Schultern zucken; **to cry on sb's ~** sich an j-s Brust (*dat*) ausweinen; **a ~ to cry on** jemand, bei dem man sich ausweinen kann; **~ to ~** Schulter an Schulter **2** *US* Seitenstreifen *m* **B** *v/t fig Verantwortung* auf sich (*akk*) nehmen

shoulder bag *s* Umhängetasche *f*
shoulder blade *s* Schulterblatt *n*
shoulder-length *adj* schulterlang
shoulder pad *s* Schulterpolster *n*
shoulder strap *s an Tasche etc* (Schulter)riemen *m*

shouldn't ['ʃʊdnt] *abk* (= should not) → should
should've ['ʃʊdəv] *abk* (= should have) → should

shout [ʃaʊt] **A** *s* Ruf *m*, Schrei *m*; **~s of laughter** Lachsalven *pl*; **to give a ~** einen Schrei ausstoßen; **to give sb a ~** j-n rufen; **give me a ~ when you're ready** *umg* sag Bescheid, wenn du fertig bist **B** *v/t* schreien, rufen; **to ~ a warning to sb** j-m eine Warnung zurufen **C** *v/i* rufen, schreien; *von Wut* brüllen; **to ~ for sb/sth** nach j-m/etw rufen; **she ~ed for Jane to come** sie rief, Jane solle kommen; **to ~ at sb** j-n anschreien; **to ~ to sb** j-m zurufen; **to ~ for help** um Hilfe rufen; **it was nothing to ~ about** *umg* es war nicht umwerfend **D** *v/r* **to ~ oneself hoarse** sich heiser schreien

phrasal verbs mit shout:
shout down *v/t* ⟨*trennb*⟩ niederbrüllen
shout out *v/t* ⟨*trennb*⟩ ausrufen

shouting ['ʃaʊtɪŋ] *s* Schreien *n*, Geschrei *n*

shove [ʃʌv] **A** *s* Stoß *m*; **to give sb a ~** j-n stoßen; **to give sth a ~** etw rücken; *Tür* gegen etw stoßen **B** *v/t* schieben, stoßen, drängen **2** *umg* **to ~ sth on(to) sth** etw auf etw (*akk*) werfen; **to ~ sth in(to) sth** etw in etw (*akk*) stecken; **he ~d a book into my hand** er drückte mir ein Buch in die Hand **C** *v/i* drängeln

phrasal verbs mit shove:
shove back *umg v/t* ⟨*trennb*⟩ **1** *Stuhl etc* zurückschieben **2** zurücktun; *in Tasche* wieder hineinstecken

shove off *v/i umg* (≈ *weggehen*) abschieben *umg*
shove over *umg v/i*, (a. **shove up**) rutschen

shovel ['ʃʌvl] **A** *s* Schaufel *f* **B** *v/t* schaufeln

show [ʃəʊ] ⟨*v: prät* showed; *pperf* shown⟩ **A** *v/t* **1** zeigen; *Film a.* vorführen; *in Museum etc* ausstellen; *Fahrkarte* vorzeigen; *Identität etc* beweisen; *Freundlichkeit* erweisen; *Respekt* bezeigen; **~ me how to do it** zeigen Sie mir, wie man das macht; **it's been ~n on television** das kam im Fernsehen; **to ~ one's face** sich zeigen; **he has nothing to ~ for all his effort** seine ganze Mühe hat nichts gebracht; **I'll ~ him!** *umg* dem werd ichs zeigen! *umg*; **that ~ed him!** *umg* dem habe ichs aber gezeigt! *umg*; **it all** *just goes to* **~ that ...** das zeigt doch nur, dass ...; **it ~ed signs of having been used** man sah, dass es gebraucht worden war; **to ~ sb in/out** j-n hereinbringen/hinausbegleiten; **to ~ sb to the door** j-n zur Tür bringen; **they were ~n (a)round the factory** ihnen wurde die Fabrik gezeigt **2** (an)zeigen; *Thermometer* stehen auf (*+dat*); **as ~n in the illustration** wie in der Illustration dargestellt; **the roads are ~n in red** die Straßen sind rot (eingezeichnet) **B** *v/i* sichtbar sein; *Film* laufen; **the dirt doesn't ~** man sieht den Schmutz nicht; **it just goes to ~!** da sieht mans mal wieder! **C** *s* **1** **~ of force** Machtdemonstration *f*; **~ of hands** Handzeichen *n*; **to put up a good/poor ~** *bes Br umg* eine gute/schwache Leistung zeigen **2** Schau *f*; *von Hass, Zuneigung* Kundgebung *f*; **it's just for ~** das ist nur zur Schau da **3** Ausstellung *f*; **fashion ~** Modenschau *f*; **to be on ~** zu sehen sein **4** THEAT Aufführung *f*; TV Show *f*; RADIO Sendung *f*; **to go to a ~** *bes Br* ins Theater gehen; **the ~ must go on** es muss trotz allem weitergehen **5** *umg* **he runs the ~** er schmeißt hier den Laden *umg*

phrasal verbs mit show:
show around *v/t* ⟨*trennb*⟩ herumführen
show in *v/t* ⟨*trennb*⟩ hereinführen
show off **A** *v/i* angeben (**to, in front of** vor *+dat*) **B** *v/t* ⟨*trennb*⟩ **1** *Wissen, Orden* angeben mit; *neues Auto* vorführen (**to sb** j-m) **2** *Schönheit* hervorheben; *Figur* betonen
show out *v/t* ⟨*trennb*⟩ hinausführen
show round *v/t* ⟨*trennb*⟩ herumführen
show up **A** *v/i* **1** zu erkennen sein; *außergewöhnlich* hervorstechen **2** *umg* auftauchen **B** *v/t* ⟨*trennb*⟩ **1** (deutlich) erkennen lassen **2** *Mängel* zum Vorschein bringen **3** blamieren; **he always gets drunk and shows her up** er betrinkt sich immer und bringt sie dadurch in eine peinliche Situation

show biz *umg s* → show business

show business s Showbusiness n; **to be in ~** im Showgeschäft (tätig) sein
showcase s Vitrine f; fig Schaufenster n
showdown umg s Kraftprobe f
shower ['ʃaʊə^r] **A** s **1** Schauer m; von Kugeln Hagel m **2** Dusche f; **to take** od **have a ~** (sich) duschen **B** v/t **to ~ sb with sth** mit Lob etc j-n mit etw überschütten **C** v/i duschen
shower cap s Duschhaube f
shower cubicle s Duschkabine f
shower curtain s Duschvorhang m
shower gel s Duschgel n
showerhead s Brausekopf m
showery ['ʃaʊərɪ] adj regnerisch
showing ['ʃəʊɪŋ] s von Film Vorstellung f; von Programm Ausstrahlung f
showing-off ['ʃəʊɪŋ'ɒf] s Angeberei f
showjumping s Springreiten n
showmanship ['ʃəʊmənʃɪp] s Talent n für effektvolle Darbietung
shown [ʃəʊn] pperf → show
show-off umg s Angeber(in) m(f)
showpiece s Schaustück n
showroom s Ausstellungsraum m
show stopper s umg Publikumshit m umg; fig Clou m des Abends/der Party etc
show trial s Schauprozess m
showy ['ʃəʊɪ] adj ⟨komp showier⟩ protzig umg; Dekor bombastisch
shrank [ʃræŋk] prät → shrink
shrapnel ['ʃræpnl] s Schrapnell n
shred [ʃred] **A** s Fetzen m; fig Spur f; von Wahrheit a. Fünkchen n; **not a ~ of evidence** keinerlei Beweis; **his reputation was in ~s** sein (guter) Ruf war ruiniert; **to tear sth to ~s** etw in Stücke reißen; fig etw verreißen **B** v/t **1** Lebensmittel zerkleinern; Mohrrüben raspeln; Wirsing hobeln; Papier schreddern **2** in kleine Stücke reißen
shredder ['ʃredə^r] s Schredder m; für Papierabfälle Reißwolf m
shrew [ʃruː] s Spitzmaus f; fig Xanthippe f
shrewd [ʃruːd] adj ⟨+er⟩ clever umg; Investition, Argument klug; Analyse, Geist scharf; Lächeln verschmitzt
shrewdness ['ʃruːdnɪs] s Cleverness f umg; von Investition, Argument Klugheit f
shriek [ʃriːk] **A** s (schriller) Schrei; **~s of laughter** kreischendes Lachen **B** v/t kreischen **C** v/i aufschreien; **to ~ with laughter** vor Lachen quietschen
shrift [ʃrɪft] s **to give sb/sth short ~** j-n/etw kurz abfertigen
shrill [ʃrɪl] **A** adj ⟨+er⟩ schrill **B** v/i schrillen
shrimp [ʃrɪmp] s Garnele f
shrine [ʃraɪn] s **1** Schrein m **2** Grabstätte f

shrink [ʃrɪŋk] ⟨v: prät shrank; pperf shrunk⟩ **A** v/t einlaufen lassen **B** v/i **1** schrumpfen; Kleidung einlaufen; fig Beliebtheit abnehmen **2** fig zurückschrecken; **to ~ from doing sth** davor zurückschrecken, etw zu tun; **to ~ away from sb** vor j-m zurückweichen **C** s umg Seelenklempner(in) m(f) umg
shrinkage ['ʃrɪŋkɪdʒ] s von Stoff Einlaufen n; HANDEL Schwund m
shrink-wrap ['ʃrɪŋkræp] v/t einschweißen
shrink-wrapping s Vorgang Einschweißen n; Material Klarsichtfolie f
shrivel ['ʃrɪvl] **A** v/t Pflanzen welk werden lassen; durch Hitze austrocknen **B** v/i schrumpfen; Pflanzen welk werden; durch Hitze austrocknen; Obst, Haut runzlig werden
phrasal verbs mit shrivel:
shrivel up v/i & v/t ⟨trennb⟩ → shrivel
shrivelled ['ʃrɪvld] adj, **shriveled** US adj verwelkt; Körperteil runz(e)lig; Obst verschrumpelt
shroud [ʃraʊd] **A** s Leichentuch n **B** v/t fig hüllen; **to be ~ed in mystery** von einem Geheimnis umgeben sein
Shrove Tuesday [ˌʃrəʊv'tjuːzdɪ] s Fastnachtsdienstag m
shrub [ʃrʌb] s Busch m, Strauch m
shrubbery ['ʃrʌbərɪ] s Sträucher pl
shrug [ʃrʌɡ] **A** s Achselzucken n kein pl; **to give a ~** mit den Achseln zucken **B** v/t **to ~ (one's shoulders)** mit den Achseln zucken
phrasal verbs mit shrug:
shrug off v/t ⟨trennb⟩ mit einem Achselzucken abtun
shrunk [ʃrʌŋk] pperf → shrink
shrunken ['ʃrʌŋkən] adj (ein)geschrumpft; alter Mensch geschrumpft
shsh int psst
shuck [ʃʌk] v/t US schälen; Erbsen enthülsen
shudder ['ʃʌdə^r] **A** s Schau(d)er m; **to give a ~** Mensch erschaudern geh; Erde beben; **she realized with a ~ that ...** schaudernd erkannte sie, dass ... **B** v/i Mensch schau(d)ern; Erde beben; Zug geschüttelt werden; **the train ~ed to a halt** der Zug kam rüttelnd zum Stehen; **I ~ to think** mir graut, wenn ich nur daran denke
shuffle ['ʃʌfl] **A** s **1** Schlurfen n kein pl **2** Umstellung f **B** v/t **1** **to ~ one's feet** mit den Füßen scharren **2** Karten mischen; **he ~d the papers on his desk** er durchwühlte die Papiere auf seinem Schreibtisch **3** fig Kabinett umbilden **C** v/i **1** beim Gehen schlurfen, hatschen österr **2** KART mischen
shuffling ['ʃʌflɪŋ] adj schlurfend
shun [ʃʌn] v/t meiden; Öffentlichkeit, Licht scheuen
shunt [ʃʌnt] v/t BAHN rangieren

shut [ʃʌt] ⟨v: prät, pperf shut⟩ **A** v/t zumachen, schließen; *Buch* zuklappen; *Büro* schließen; **~ your mouth!** *umg* halt den Mund / die Klappe! *umg*; **to ~ sb/sth in(to) sth** j-n/etw in etw (*dat*) einschließen **B** v/i schließen; *Augen* sich schließen **C** *adj* geschlossen, zu *präd umg*; **sorry sir, we're ~** wir haben leider geschlossen; **the door swung ~** die Tür schlug zu

phrasal verbs mit shut:

shut away v/t ⟨trennb⟩ wegschließen, einschließen (in in +*dat*); **to shut oneself away** sich zurückziehen

shut down **A** v/t ⟨trennb⟩ *Laden, Fabrik* schließen **B** v/i *Laden, Fabrik* schließen; *Motor* sich ausschalten

shut in v/t ⟨trennb⟩ einschließen (**sth, -to sth** in etw *dat*)

shut off **A** v/t ⟨trennb⟩ **1** *Gas etc* abstellen; *Licht, Motor* ab- od ausschalten; **the kettle shuts itself off** der Wasserkessel schaltet von selbst ab **2** (ab)trennen **B** v/i abschalten

shut out v/t ⟨trennb⟩ **1** j-n aussperren (**of** aus); *Licht* nicht hereinlassen (**of** in +*akk*); **she closed the door to shut out the noise** sie schloss die Tür, damit kein Lärm hereinkam **2** *fig Erinnerung* unterdrücken; **to shut sb out of sth** j-n von etw ausschließen

shut up **A** v/t ⟨trennb⟩ **1** *Haus* verschließen **2** einsperren **3** *umg* zum Schweigen bringen; **that'll soon shut him up** das wird ihm schon den Mund stopfen *umg* **B** v/i *umg* den Mund halten *umg*; **shut up!** halt die Klappe! *umg*

shutdown s *einer Fabrik etc* Schließung *f*, Stilllegung *f*

shutter ['ʃʌtə'] s (Fenster)laden m; FOTO Verschluss m

shutter release s FOTO Auslöser m

shuttle ['ʃʌtl] **A** s **1** *von Webstuhl* Schiffchen *n* **2** Pendelverkehr *m*; (≈ *Verkehrsmittel*) Pendelflugzeug *n etc*; RAUMF Spaceshuttle *m* **B** v/t hin- und hertransportieren **C** v/i pendeln; *Waren* hin- und hertransportiert werden

shuttle bus s Shuttlebus m

shuttlecock s Federball m

shuttle service s Pendelverkehr m

shy [ʃaɪ] **A** *adj* ⟨komp **shier** *od* **shyer**⟩ schüchtern, gschamig *österr*; *Tier* scheu; **don't be shy** nur keine Hemmungen! *umg*; **to be shy of/with sb** Hemmungen vor/gegenüber j-m haben; **to feel shy** schüchtern sein **B** v/i *Pferd* scheuen (**at** vor +*dat*)

phrasal verbs mit shy:

shy away v/i *Pferd* zurückscheuen; *Mensch* zurückweichen; **to shy away from sth** vor etw (*dat*) zurückschrecken

shyly ['ʃaɪlɪ] *adv* schüchtern, gschamig *österr*

shyness ['ʃaɪnɪs] s Schüchternheit *f*; *von Tier* Scheu *f*

Siamese twins *pl* siamesische Zwillinge *pl*

Siberia [saɪ'bɪərɪə] s Sibirien n

sibling ['sɪblɪŋ] s Geschwister n *form*

Sicily ['sɪsɪlɪ] s Sizilien n

sick [sɪk] **A** s Erbrochene(s) *n* **B** *adj* ⟨+er⟩ **1** krank; **the ~** die Kranken *pl*; **to be (off) ~** (wegen Krankheit) fehlen; **to call in ~** sich (telefonisch) krankmelden; **she's off ~ with tonsillitis** sie ist wegen einer Mandelentzündung krankgeschrieben **2** **to be ~** sich übergeben; *Katze, Baby* spucken; **he was ~ all over the carpet** er hat den ganzen Teppich vollgespuckt; **I think I'm going to be ~** ich glaube, ich muss mich übergeben; **I feel ~** mir ist übel *od* schlecht; **the smell makes me feel ~** bei dem Geruch wird mir übel; **it makes you ~ the way he's always right** *umg* es ist zum Weinen, dass er immer recht hat; **I am worried ~** mir ist vor Sorge ganz schlecht **3** *umg* **to be ~ of sth/sb** etw/j-n satthaben; **to be ~ of doing sth** es satthaben, etw zu tun; **I'm ~ and tired of it** ich habe davon die Nase (gestrichen) voll *umg*; **I'm ~ of the sight of her** ich habe ihren Anblick satt **4** *umg* geschmacklos; *Witz* makaber; *Mensch* pervers **5** *umg* stark *umg*, geil *umg*

sickbag s Spucktüte f

sickbay s Krankenrevier n

sickbed s Krankenlager n

sicken ['sɪkn] **A** v/t anwidern, krank machen *umg* **B** v/i krank werden; **he's definitely ~ing for something** er wird bestimmt krank

sickening ['sɪknɪŋ] *wörtl adj* ekelerregend; *emotional* erschütternd, ekelhaft

sickie ['sɪkɪ] *Br umg* s **to pull a ~** einen Tag blaumachen *umg*

sickle ['sɪkl] s Sichel f

sick leave s **to be on ~** krankgeschrieben sein; **employees are allowed six weeks' ~ per year** Angestellte dürfen insgesamt sechs Wochen pro Jahr wegen Krankheit fehlen

sickly ['sɪklɪ] *adj* ⟨komp **sicklier**⟩ *Erscheinung* kränklich; *Geruch, Farbe, Sentimentalität* ekelhaft; *Lächeln* matt

sickness s MED Krankheit *f*; **in ~ and in health** in guten und in schlechten Zeiten

sickness benefit *Br* s Krankengeld n

sick note *Br umg* s Krankmeldung f

sicko ['sɪkəʊ] *umg* s ⟨*pl* -s⟩ Perversling m *umg*

sick pay s Gehalts-/Lohnfortzahlung *f* im Krankheitsfall

side [saɪd] **A** s **1** Seite *f*; *von Berg* Hang *m*; *von Unternehmen* Zweig *m*; **this ~ up!** oben!; **by/at the ~ of sth** seitlich von etw; **the path goes down the ~ of the house** der Weg führt seitlich am Haus entlang; **it's this/the other ~ of London** außerhalb es ist auf dieser/auf der anderen Seite Londons; *innerhalb* es ist in diesem Teil/am anderen Ende von London; **the enemy attacked them on** *od* **from all ~s** der Feind griff sie von allen Seiten an; **he moved over** *od* **stood to one ~** er trat zur Seite; **he stood to one ~ and did nothing** *wörtl* er stand daneben und tat nichts; *fig* er hielt sich raus; **to put sth on one ~** etw beiseitelegen; *Ladeninhaber* etw zurücklegen; **I'll put that issue on** *od* **to one ~** ich werde diese Frage vorerst zurückstellen; **on the other ~ of the boundary** jenseits der Grenze; **this ~ of Christmas** vor Weihnachten; **from ~ to ~** hin und her; **by sb's ~** neben j-m; **~ by ~** Seite an Seite; **I'll be by your ~** *fig* ich werde Ihnen zur Seite stehen; **on one's father's ~** väterlicherseits; **your ~ of the story** Ihre Version (der Geschichte); **to look on the bright ~** zuversichtlich sein, die positive Seite betrachten **2** Rand *m*; **at the ~ of the road** am Straßenrand; **on the far ~ of the wood** am anderen Ende des Waldes **3** **we'll take £50 just to be on the safe ~** wir werden vorsichtshalber £ 50 mitnehmen; **to get on the right ~ of sb** j-n für sich einnehmen; **on the right ~ of the law** auf dem Boden des Gesetzes; **to make a bit (of money) on the ~** *umg* sich (*dat*) etwas nebenbei verdienen *umg*; **(a bit) on the large ~** etwas (zu) groß **4** *SPORT etc* Mannschaft *f*; *fig* Seite *f*; **with a few concessions on the government ~** mit einigen Zugeständnissen vonseiten der Regierung; **to change ~s** sich auf die andere Seite schlagen; *SPORT* die Seiten wechseln; **to take ~s** parteiisch sein; **to take ~s with sb** für j-n Partei ergreifen; **to be on sb's ~** auf j-s Seite (*dat*) stehen **B** *adj* ⟨*attr*⟩ Seiten-, Neben-; **~ road** Seiten-/Nebenstraße *f* **C** *v/i* **to ~ with/against sb** Partei für/gegen j-n ergreifen

sideboard *s* Anrichte *f*, Kredenz *f österr*
sideboards *Br*, **sideburns** *pl* Koteletten *pl*, Backenbart *m*
sidecar *s* Beiwagen *m*; *bes SPORT* Seitenwagen *m*
-sided [-saɪdɪd] *adj* ⟨*suf*⟩ -seitig; **one-sided** einseitig
side dish *s* Beilage *f*
side door *s* Seitentür *f*
side effect *s* Nebenwirkung *f*
sidekick *umg s* Handlanger(in) *m(f) pej*
sidelight *s Br AUTO* Parklicht *n*, Standlicht *n*
sideline **A** *s* Nebenerwerb *m* **B** *v/t* **to be ~d** aus dem Rennen sein
sidelines *pl* Seitenlinien *pl*; **to be on the ~** *fig* unbeteiligter Zuschauer sein
sidelong *adj* **to give sb a ~ glance** j-n kurz aus den Augenwinkeln anblicken
side-on *adj* **~ collision** Seitenaufprall *m*; **~ view** Seitenansicht *f*
side order *s GASTR* Beilage *f*
side salad *s* Salat *m* (als Beilage)
sideshow *s* Nebenvorstellung *f*
sidesplitting ['saɪd‚splɪtɪŋ] *adj* urkomisch, zum Totlachen
side step *s* Schritt *m* zur Seite; *SPORT* Ausfallschritt *m*
sidestep **A** *v/t* ausweichen (+*dat*) **B** *v/i* ausweichen
side street *s* Seitenstraße *f*
sidetrack **A** *bes US s* → siding **B** *v/t* ablenken; **to be** *od* **get ~ed** abgelenkt werden
side view *s* Seitenansicht *f*
sidewalk *US s* Bürgersteig *m*
sidewalk café *US s* Straßencafé *n*
sideward *adj* → sidewards A
sidewards ['saɪdwədz] **A** *adj* Bewegung zur Seite; *Blick* von der Seite **B** *adv* gehen zur Seite
sideways ['saɪdweɪz] **A** *adj* Bewegung zur Seite; *Blick* von der Seite **B** *adv* **1** gehen zur Seite; **it goes in ~** es geht seitwärts hinein **2** *sitzen* seitlich; **~ on** seitlich (**to sth** zu etw) **3** *in Beruf* **to move ~** sich auf gleichem Niveau verändern
siding ['saɪdɪŋ] *s* Rangiergleis *n*, Abstellgleis *n*
sidle ['saɪdl] *v/i* **to ~ up to sb** sich an j-n heranschleichen
SIDS *s abk* (= sudden infant death syndrome) *MED* plötzlicher Kindstod
siege [siːdʒ] *s* Belagerung *f*; *durch Polizei* Umstellung *f*; **to be under ~** belagert werden; *von Polizei* umstellt sein; **to lay ~ to a town** eine Stadt belagern
Sierra Leone [sɪ‚erəlɪˈəʊn] *s GEOG* Sierra Leone *n*
sieve [sɪv] **A** *s* Sieb *n* **B** *v/t* → sift A
sift [sɪft] **A** *v/t wörtl* sieben **B** *v/i fig* sieben; **to ~ through the evidence** das Beweismaterial durchgehen

phrasal verbs mit sift:

sift out *v/t* ⟨*trennb*⟩ *Steine, Bewerber* aussieben
sigh [saɪ] **A** *s* Seufzer *m*; **a ~ of relief** ein Seufzer *m* der Erleichterung **B** *v/i* seufzen; *Wind* säuseln; **to ~ with relief** erleichtert aufatmen **C** *v/t* seufzen
sight [saɪt] **A** *s* **1** Sehvermögen *n*; **to lose/regain one's ~** sein Augenlicht verlieren/wiedergewinnen **2** **it was my first ~ of Paris** das war das Erste, was ich von Paris gesehen habe; **to hate sb at first ~** j-n vom ersten Augenblick an nicht leiden können; **to shoot on ~** sofort schießen; **love at first ~** Liebe auf den ersten Blick; **to know sb by ~** j-n vom Sehen kennen; **to catch ~ of sb/sth** j-n/etw entdecken; **to lose ~ of sb/sth** j-n/etw aus den Au-

gen verlieren **3** Anblick *m*; **the ~ of blood makes me sick** wenn ich Blut sehe, wird mir übel; **I hate the ~ of him** ich kann ihn (einfach) nicht ausstehen; **what a horrible ~!** das sieht ja furchtbar aus!; **it was a ~ for sore eyes** es war eine wahre Augenweide; **you're a ~ for sore eyes** es ist schön, dich zu sehen; **to be** *od* **look a ~** *umg* zum Schreien aussehen *umg*, fürchterlich aussehen **4** Sicht *f*; **to be in** *od* **within ~** in Sicht sein; **to keep out of ~** sich verborgen halten; **to keep sb/sth out of ~** j-n/etw nicht sehen lassen; **keep out of my ~!** lass dich bloß bei mir nicht mehr blicken; **to be out of ~** außer Sicht sein; **don't let it out of your ~** lass es nicht aus den Augen; **out of ~, out of mind** *sprichw* aus den Augen, aus dem Sinn *sprichw* **5** 〈*mst pl*〉 Sehenswürdigkeit *f*; **to see the ~s of a town** eine Stadt besichtigen **6** *von Teleskop etc* Visiereinrichtung *f*; *von Waffe* Visier *n*; **to set one's ~s too high** *fig* seine Ziele zu hoch stecken; **to lower one's ~s** *fig* seine Ansprüche herabsetzen *od* herunterschrauben; **to set one's ~s on sth** *fig* ein Auge auf etw (*akk*) werfen **B** *v/t* sichten; *Gestalt* ausmachen

-sighted *adj* 〈*suf*〉 MED *fig* -sichtig
sighting ['saɪtɪŋ] *s* Sichten *n*
sightless *adj* blind
sight-read *v/t & v/i* vom Blatt spielen *etc*
sightseeing **A** *s* 〈*kein pl*〉 Besichtigungen *pl*; **to go ~** auf Besichtigungstour gehen **B** *adj* **~ bus** Sightseeingbus *m*; **~ tour** Rundreise *f*, (Stadt)rundfahrt *f*
sightseer *s* Tourist(in) *m(f)*
sign [saɪn] **A** *s* **1** Zeichen *n* **2** *a*. MED Anzeichen *n* (**of** für *od* +*gen*); (≈ *Beweis*) Zeichen *n* (**of** von *od* +*gen*); (≈ *Nuance*) Spur *f*; **a ~ of the times** ein Zeichen unserer Zeit; **it's a ~ of a true expert** daran erkennt man den wahren Experten; **there is no ~ of their agreeing** nichts deutet darauf hin, dass sie zustimmen werden; **to show ~s of sth** Anzeichen von etw erkennen lassen; **there was no ~ of life in the village** es gab keine Spur *od* kein Anzeichen von Leben im Dorf; **there was no ~ of him** von ihm war keine Spur zu sehen; **is there any ~ of him yet?** ist er schon zu sehen? **3** Schild *n* **B** *v/t* **1** *Brief, Vertrag* unterschreiben; *Buch* signieren; **to ~ the register** sich eintragen; **to ~ one's name** unterschreiben; **he ~s himself J.G. Jones** er unterschreibt mit J. G. Jones **2** *Fußballspieler etc* unter Vertrag nehmen **C** *v/i* unterschreiben; **Fellows has just ~ed for United** Fellows hat gerade bei United unterschrieben
phrasal verbs mit sign:
sign away *v/t* 〈*trennb*〉 verzichten auf (+*akk*)

sign for *v/i* 〈+*obj*〉 den Empfang (+*gen*) bestätigen
sign in A *v/t* 〈*trennb*〉 eintragen **B** *v/i* sich eintragen
sign off *v/i* RADIO, TV sich verabschieden; *in Brief* Schluss machen
sign on A *v/t* 〈*trennb*〉 → sign up A **B** *v/i* **1** → sign up **2** *Br* **to sign on** sich arbeitslos melden; **he's still signing on** er ist immer noch arbeitslos
sign out A *v/i* sich austragen **B** *v/t* 〈*trennb*〉 austragen
sign up A *v/t* 〈*trennb*〉 verpflichten; *Mitarbeiter* anstellen **B** *v/i* sich verpflichten, unterschreiben; *für Kurs* sich einschreiben

signal ['sɪɡnl] **A** *s* **1** Zeichen *n*, Signal *n* **2** BAHN, TEL Signal *n*; **the ~ is at red** das Signal steht auf Rot; **~ failure** Signalstörung *f* **B** *v/t* anzeigen; *Ankunft* ankündigen; **to ~ sb to do sth** j-m ein Zeichen geben, etw zu tun **C** *v/i* **1** ein Zeichen geben; **he ~led to the waiter** *Br*, **he ~ed to the waiter** *US* er winkte dem Ober **2** *US* blinken

signal box *s* Stellwerk *n*
signalman 〈*pl* -men〉 *s* BAHN Stellwerkswärter *m*
signatory ['sɪɡnətərɪ] *s* Unterzeichner(in) *m(f)*
signature ['sɪɡnətʃəʳ] *s* Unterschrift *f*, Visum *n schweiz*; *von Künstler* Signatur *f*
signature tune *Br s* Erkennungsmelodie *f*
signet ring ['sɪɡnɪt,rɪŋ] *s* Siegelring *m*
significance [sɪɡ'nɪfɪkəns] *s* Bedeutung *f*; **what is the ~ of this?** welche Bedeutung hat das?; **of no ~** belanglos
significant *adj* **1** bedeutend, wichtig **2** bedeutungsvoll; **it is ~ that ...** es ist bezeichnend, dass ...
significantly *adv* **1** bedeutend; **it is not ~ different** da besteht kein wesentlicher Unterschied **2** bedeutungsvoll
signify ['sɪɡnɪfaɪ] *v/t* **1** bedeuten **2** andeuten
signing ['saɪnɪŋ] *s* **1** *von Dokument* Unterzeichnen *n* **2** *von Fußballspieler etc* Untervertragnahme *f*; (≈ *Fußballspieler etc*) neu unter Vertrag Genommene(r) *m/f(m)*
sign language *s* Zeichensprache *f*
signpost *s* Wegweiser *m*
Sikh [siːk] *s* Sikh *m/f(m)*
silence ['saɪləns] **A** *s* Stille *f*, Schweigen *n*; *über bestimmtes Thema* (Still)schweigen *n*; **~!** Ruhe!; **in ~** still; **there was ~** alles war still; **there was a short ~** es herrschte für kurze Zeit Stille; **to break the ~** die Stille durchbrechen **B** *v/t* zum Schweigen bringen
silencer ['saɪlənsəʳ] *s* **1** *Br* AUTO Auspuff(topf) *m*; *Teil* Schalldämpfer *m* **2** *an Waffe* Schalldämpfer *m*

silent ['saɪlənt] *adj* still, schweigsam; **to fall ~** still werden; **be ~!** sei still!; **~ film** *Br*, **~ movie** Stummfilm *m*; **~ letter** stummer *od* nicht gesprochener Buchstabe; **to be ~** schweigen; **to keep** *od* **remain ~** sich nicht äußern
silently ['saɪləntlɪ] *adv* lautlos, schweigend
silent partner *s US* HANDEL stiller Teilhaber *od* Gesellschafter
Silesia [saɪ'liːzɪə] *s* Schlesien *n*
silhouette [ˌsɪluː'et] **A** *s* Silhouette *f* **B** *v/t* **to be ~d against sth** sich (als Silhouette) gegen *od* von etw abzeichnen
silicon chip [ˌsɪlɪkən'tʃɪp] *s* Siliziumchip *n*
silicone ['sɪlɪkəʊn] *s* Silikon *n*
silk [sɪlk] **A** *s* Seide *f* **B** *adj* Seiden-, seiden
silken ['sɪlkən] *adj* seidig
silkiness ['sɪlkɪnɪs] *s* seidige Weichheit
silky ['sɪlkɪ] *adj* ⟨*komp* silkier⟩ seidig; *Stimme* samtig; **~ smooth** seidenweich
sill [sɪl] *s* Sims *m/n*
silliness ['sɪlɪnɪs] *s* Albernheit *f*
silly ['sɪlɪ] ⟨*komp* sillier⟩ **A** *adj* albern, dumm; **don't be ~** red keinen Unsinn; **it was a ~ thing to say** es war dumm, das zu sagen; **I hope he doesn't do anything ~** ich hoffe, er macht keine Dummheiten; **he was ~ to resign** es war dumm von ihm zurückzutreten; **I feel ~ in this hat** mit diesem Hut komme ich mir albern vor; **to make sb look ~** j-n lächerlich machen **B** *s* Dummkopf *m*
silt [sɪlt] **A** *s* Schwemmsand *m*, Schlick *m* **B** *v/i* (*a.* **silt up**) verschlammen
silver ['sɪlvər] **A** *s* Silber *n*; (≈ *Münzen*) Silber(geld) *n* **B** *adj* Silber-, silbern
silver birch *s* Weißbirke *f*
silver foil *s* Alu(minium)folie *f*
silver jubilee *s* 25-jähriges Jubiläum
silver medal *s* Silbermedaille *f*
silver medallist *s* Silbermedaillengewinner(in) *m(f)*
silver paper *s* Silberpapier *n*
silver-plated [sɪlvə'pleɪtɪd] *adj* versilbert
silverware *s* Silber *n*, Silberzeug *n umg*
silver wedding *s* Silberhochzeit *f*
silvery ['sɪlvərɪ] *adj* silbrig
SIM card ['sɪmˌkɑːd] *s abk* (= **S**ubscriber **I**dentity **M**odule card) TEL SIM-Karte *f*
similar ['sɪmɪlər] *adj* ähnlich (**to** *dat*); *Größe, Betrag* ungefähr gleich; **she and her sister are very ~, she is very ~ to her sister** ihre Schwester und sie sind sich sehr ähnlich; **they are very ~ in character** sie ähneln sich charakterlich sehr; **~ in size** fast gleich groß; **to taste ~ to sth** ähnlich wie etw schmecken
similarity [ˌsɪmɪ'lærɪtɪ] *s* Ähnlichkeit *f* (**to** *mit*)
similarly ['sɪmɪləlɪ] *adv* ähnlich, ebenso

simile ['sɪmɪlɪ] *s* Vergleich *m* (*direkter Vergleich, meist unter Verwendung von Vergleichswörtern wie "like"*)
simmer ['sɪmər] **A** *v/t* auf kleiner Flamme kochen lassen **B** *v/i* auf kleiner Flamme kochen
phrasal verbs mit simmer:
simmer down *v/i* sich beruhigen
simple ['sɪmpl] *adj* ⟨*komp* simpler⟩ **1** einfach; **the camcorder is ~ to use** der Camcorder ist einfach zu bedienen; **it's as ~ as ABC** es ist kinderleicht; **"chemistry made ~"** „Chemie leicht gemacht"; **in ~ terms** in einfachen Worten; **the ~ fact is ...** es ist einfach so, dass ... **2** einfältig
simple-minded ['sɪmpl'maɪndɪd] *adj* einfältig
simple past *s* Präteritum *n*, einfache Vergangenheit
simple present *s* einfache Gegenwart, Präsens *n*
simplicity [sɪm'plɪsɪtɪ] *s* Einfachheit *f*
simplification [ˌsɪmplɪfɪ'keɪʃən] *s* Vereinfachung *f*
simplified ['sɪmplɪfaɪd] *adj* vereinfacht
simplify ['sɪmplɪfaɪ] *v/t* vereinfachen
simplistic [sɪm'plɪstɪk] *adj* simpel
simply ['sɪmplɪ] *adv* einfach, nur, bloß
simulate ['sɪmjʊleɪt] *v/t* vortäuschen; *Krankheit etc* simulieren
simulation [ˌsɪmjʊ'leɪʃən] *s* **1** Vortäuschung *f*, Imitation *f* **2** *von Bedingungen etc* Simulation *f*
simultaneous *adj*, **simultaneously** [ˌsɪməl'teɪnɪəs, -lɪ] *adv* gleichzeitig
simultaneous interpreter *s* Simultandolmetscher(in) *m(f)*
sin [sɪn] **A** *s* Sünde *f*; **to live in sin** *umg* in wilder Ehe leben **B** *v/i* sich versündigen (**against** an +*dat*)
since [sɪns] **A** *adv* inzwischen, seitdem; **ever ~** seither; **long ~** schon lange; **not long ~** erst vor Kurzem **B** *präp* seit; **~ September** seit September; **ever ~ 1900** (schon) seit 1900; **I've been coming here ~ 2010** ich komme schon seit 2010 hierher; **he left in June, ~ when we have not heard from him** er ging im Juni fort und seitdem haben wir nichts mehr von ihm gehört; **how long is it ~ the accident?** wie lange ist der Unfall schon her?; **~ when?** *umg* seit wann denn das? *umg* **C** *konj* **1** seitlich seit(dem); **ever ~ I've known him** seit(dem) ich ihn kenne **2** *begründend* da, weil
sincere [sɪn'sɪər] *adj* aufrichtig
sincerely [sɪn'sɪəlɪ] *adv* aufrichtig; **yours ~** *Br*, **~ yours** *US* mit freundlichen Grüßen
sincerity [sɪn'serɪtɪ] *s* Aufrichtigkeit *f*
sinew ['sɪnjuː] *s* Sehne *f*
sinful ['sɪnfʊl] *adj* sündig

sing [sɪŋ] v/t & v/i ⟨prät sang; pperf sung⟩ singen; **to ~ sb a song** j-m ein Lied vorsingen; **to ~ the praises of sb/sth** ein Loblied auf j-n/etw singen

phrasal verbs mit sing:

sing along v/i mitsingen

Singapore [ˌsɪŋəˈpɔːʳ] s Singapur n

singe [sɪndʒ] A v/t sengen; *Augenbrauen* absengen B v/i sengen

singer [ˈsɪŋəʳ] s Sänger(in) m(f)

singer-songwriter [ˌsɪŋəˈsɒŋraɪtəʳ] s Liedermacher(in) m(f)

singing [ˈsɪŋɪŋ] s ⟨kein pl⟩ Singen n, Gesang m

single [ˈsɪŋɡl] A adj **1** einzige(r, s); **every ~ day** jeder (einzelne) Tag; **not a ~ thing** überhaupt nichts; **not a ~ friend** kein einziger Freund; **in ~ figures** in einstelligen Zahlen **2** einzeln; **~ ticket** Br einfache Fahrkarte, Einzelfahrschein m; **~ bed** Einzelbett n **3** unverheiratet, ledig; *Mutter* alleinerziehend; **~ people** Ledige pl, Unverheiratete pl B s Br Einzelfahrschein m, einfache Fahrkarte; *in Hotel* Einzelzimmer n; MUS Single f; **two ~s to Ayr** Br zweimal einfach nach Ayr

phrasal verbs mit single:

single out v/t ⟨trennb⟩ auswählen; *Opfer* sich (*dat*) herausgreifen; (≈ *unterscheiden*) herausheben (**from** über +*akk*)

single bed s Einzelbett n

single-breasted [sɪŋɡlˈbrestɪd] adj einreihig

single combat s Nahkampf m

single cream Br s Sahne f, Obers n österr, Nidel m/f schweiz (**mit geringem Fettgehalt**)

single currency s Einheitswährung f

single European market s Europäischer Binnenmarkt

single father s alleinerziehender Vater

single file s **in ~** im Gänsemarsch

single-handed A adj (ganz) allein präd B adv (*a.* **single-handedly**) ohne Hilfe

single-lane adj AUTO einspurig

single market s Binnenmarkt m

single-minded adj zielstrebig; **to be ~ about doing sth** zielstrebig darin sein, etw zu tun

single-mindedness s Zielstrebigkeit f

single mother s alleinerziehende Mutter

single parent s Alleinerziehende(r) m/f(m)

single-parent adj **a ~ family** eine Einelternfamilie

single room s Einzelzimmer n

singles [ˈsɪŋɡlz] s SPORT Einzel n

single-sex adj **a ~ school** eine reine Jungen-/Mädchenschule

single-storey adj, **single-story** US adj einstöckig

single-track adj RAIL eingleisig, einspurig; **~ road** einspurige Straße

singly [ˈsɪŋɡlɪ] adv einzeln

singsong [ˈsɪŋsɒŋ] s **we often have a ~** wir singen oft zusammen

singular [ˈsɪŋɡjʊləʳ] A adj **1** GRAM im Singular **2** einzigartig B s Singular m; **in the ~** im Singular

singularly [ˈsɪŋɡjʊləlɪ] adv außerordentlich

sinister [ˈsɪnɪstəʳ] adj unheimlich, finster; *Entwicklung* unheilvoll

sink¹ [sɪŋk] ⟨prät sank; pperf sunk⟩ A v/t **1** versenken; **to be sunk in thought** in Gedanken versunken sein **2** fig Theorie zerstören **3** senken; *Loch* ausheben; **to ~ money into sth** Geld in etw (*akk*) stecken **4** *Zähne* schlagen; **to ~ one's teeth into a juicy steak** in ein saftiges Steak beißen B v/i sinken; *Sonne* versinken; *Land* sich senken; *Mensch, Objekt* untergehen; **to ~ to the bottom** auf den Grund sinken; **he sank up to his knees in the mud** er sank bis zu den Knien im Schlamm ein; **the sun sank beneath the horizon** die Sonne versank am Horizont; **to ~ to one's knees** auf die Knie sinken

phrasal verbs mit sink:

sink in v/i **1** einsinken (**sth**, **-to sth** in etw *akk*) **2** *umg* kapiert werden *umg*; **it's only just sunk in that it really did happen** ich kapiere/er kapiert *etc* erst jetzt, dass das tatsächlich passiert ist *umg*

sink² s Ausguss m, Schüttstein m schweiz; *in Küche a.* Spülbecken n

sinking [ˈsɪŋkɪŋ] A s *von Schiff* Untergang m; *absichtlich* Versenkung f; *von Schaft* Senken n; *von Brunnen* Bohren n B adj **a ~ ship** ein sinkendes Schiff; **~ feeling** flaues Gefühl (im Magen) *umg*

sinner [ˈsɪnəʳ] s Sünder(in) m(f)

sinuous [ˈsɪnjʊəs] adj gewunden

sinus [ˈsaɪnəs] s ANAT Sinus m fachspr; *in Kopf* Stirnhöhle f

sinusitis [ˌsaɪnəˈsaɪtɪs] s MED Nebenhöhlenentzündung f

sip [sɪp] A s Schluck m, Schlückchen n B v/t in kleinen Schlucken trinken; *vorsichtig* nippen an (+*dat*) C v/i **to sip at sth** an etw (*dat*) nippen

siphon [ˈsaɪfən] s Heber m; *für Sodawasser* Siphon m

phrasal verbs mit siphon:

siphon off v/t ⟨trennb⟩ **1** *wörtl* absaugen; *Benzin* abzapfen; *in Behälter* (mit einem Heber) umfüllen **2** *fig Geld* abziehen

sir [sɜːʳ] s **1** *als Anrede* mein Herr *form*, Herr X; **no, sir** nein(, Herr X); MIL nein, Herr Leutnant *etc*; **Dear Sir (or Madam), ...** Sehr geehrte (Damen und) Herren! **2** **Sir** *Sir* m **3** SCHULE *umg* (≈ *Lehrer*) er *sl*; **please sir!** Herr X!

sire [ˈsaɪəʳ] v/t zeugen

siren ['saɪərən] s Sirene f
sirloin ['sɜːlɔɪn] s GASTR Lendenfilet n
sirup US s → syrup
sissy ['sɪsɪ] umg s Waschlappen m umg
sister ['sɪstə] s **1** Schwester f **2** Br in Krankenhaus Oberschwester f
sister city US s Partnerstadt f
sister-in-law s ⟨pl sisters-in-law⟩ Schwägerin f
sisterly ['sɪstəlɪ] adj schwesterlich
sit [sɪt] ⟨v: prät, pperf sat⟩ **A** v/i **1** sitzen (**in/on** in/auf +dat), sich setzen (**in/on** in/auf +akk); **a place to sit** ein Sitzplatz m; **sit by/with me** setz dich zu mir/neben mich; **to sit for a painter** für einen Maler Modell sitzen; **don't just sit there, do something!** sitz nicht nur tatenlos da (herum), tu (endlich) was! **2** Versammlung tagen; **to sit on a committee** einen Sitz in einem Ausschuss haben **3** Objekt stehen **B** v/t **1** (a. **sit down**) setzen (**in** in +akk od **on** auf +akk); Objekt stellen; **to sit a child on one's knee** sich (dat) ein Kind auf die Knie setzen **2** Br Prüfung ablegen form **C** v/r **to sit oneself down** sich gemütlich hinsetzen

phrasal verbs mit sit:
sit about Br, **sit around** v/i herumsitzen
sit back v/i sich zurücklehnen; fig die Hände in den Schoß legen
sit down v/i sich (hin)setzen; **to sit down in a chair** sich auf einen Stuhl setzen
sit in v/i dabeisitzen (**on sth** bei etw)
sit on v/i ⟨+obj⟩ Ausschuss sitzen in (+dat)
sit out v/t ⟨trennb⟩ **1** Sitzung bis zum Ende bleiben bei; Sturm auf das Ende (+gen) warten **2** Tanz auslassen
sit through v/i ⟨+obj⟩ durchhalten
sit up A v/i **1** aufrecht sitzen, sich aufsetzen **2** gerade sitzen; **sit up!** setz dich gerade hin!; **to make sb sit up (and take notice)** fig umg j-n aufhorchen lassen **B** v/t ⟨trennb⟩ aufsetzen

sitcom ['sɪtkɒm] umg s Situationskomödie f
sit-down ['sɪtdaʊn] **A** s umg Verschnaufpause f umg **B** adj ⟨attr⟩ **a ~ meal** eine richtige Mahlzeit
site [saɪt] **A** s **1** Stelle f, Platz m; eines Unfalls Schauplatz m **2** Archäologie Stätte f **3** Baustelle f, Gelände n **4** Campingplatz m **5** IT Site f **B** v/t anlegen; **to be ~d** liegen
sit-in s Sit-in n, Sitzblockade f
sitter ['sɪtə'] s **1** KUNST Modell n **2** Babysitter(in) m(f)
sitting ['sɪtɪŋ] **A** adj sitzend; **to be in a ~ position** aufsitzen; **to get into a ~ position** sich aufsetzen **B** s von Ausschuss, Modell Sitzung f; **they have two ~s for lunch** sie servieren das Mittagessen in zwei Schüben
sitting duck fig s leichte Beute

sitting room bes Br s Wohnzimmer n
situate ['sɪtjʊeɪt] v/t legen
situated adj gelegen; **it is ~ in the High Street** es liegt an der Hauptstraße; **a pleasantly ~ house** ein Haus in angenehmer Lage
situation [,sɪtjʊ'eɪʃən] s **1** Lage f, Situation f **2** Stelle f; **"situations vacant"** Br „Stellenangebote"; **"situations wanted"** Br „Stellengesuche"
situation comedy s Situationskomödie f
six [sɪks] **A** adj sechs; **she is six (years old)** sie ist sechs (Jahre alt); **at (the age of) six** im Alter von sechs Jahren; **it's six (o'clock)** es ist sechs (Uhr); **there are six of us** wir sind sechs; **six and a half** sechseinhalb **B** s Sechs f; **to divide sth into six** etw in sechs Teile teilen; **they are sold in sixes** sie werden in Sechserpackungen verkauft; **to knock sb for six** Br umg j-n umhauen umg
sixfold A adj sechsfach **B** adv um das Sechsfache
six hundred A adj sechshundert **B** s Sechshundert f
sixish ['sɪksɪʃ] adj um sechs herum
six million adj & s sechs Millionen
six-pack s **1** Sechserpackung f **2** Waschbrettbauch m
sixteen ['sɪks'tiːn] **A** adj sechzehn **B** s Sechzehn f
sixteenth ['sɪks'tiːnθ] **A** adj sechzehnte(r, s); **a ~ part** ein Sechzehntel n; **a ~ note** bes US MUS eine Sechzehntelnote **B** s **1** Sechzehntel n **2** Sechzehnte(r, s) **3** (≈ Datum) **the ~** der Sechzehnte
sixth [sɪksθ] **A** adj sechste(r, s); **a ~ part** ein Sechstel n; **he was** od **came ~** er wurde Sechster; **he was ~ from the left** er war der Sechste von links **B** s **1** Sechstel n **2** Sechste(r, s); **Charles the Sixth** Karl der Sechste **3** (≈ Datum) **the ~** der Sechste; **on the ~** am Sechsten; **the ~ of September, September the ~** der sechste September **C** adv **he did it ~** er hat es als Sechster gemacht; (≈ vollbracht) er hat es als Sechstes gemacht
sixth form Br s Abschlussklasse f, Oberstufe f
sixth form college Br s SCHULE Kollegstufe f, Oberstufe f
sixth grade s US SCHULE sechstes Schuljahr
six thousand A adj sechstausend **B** s Sechstausend f
sixtieth ['sɪkstɪɪθ] **A** adj sechzigste(r, s); **a ~ part** ein Sechzigstel n **B** s **1** Sechzigstel n **2** Sechzigste(r, s)
sixty ['sɪkstɪ] **A** adj sechzig; **~-one** einundsechzig **B** s Sechzig f; **the sixties** die Sechzigerjahre; **to be in one's sixties** in den Sechzigern sein; **to be in one's late/early sixties** Ende/An-

fang sechzig sein; → six
sixtyish ['sɪkstiʃ] *adj* um die Sechzig *umg*
six-year-old ['sɪksjɪərəʊld] **A** *adj* sechsjährig *attr*, sechs Jahre alt *präd* **B** *s* Sechsjährige(r) *m/f(m)*
size [saɪz] *s* Größe *f*; *von Problem a.* Ausmaß *n*; **waist ~** Taillenweite *f*; **dress ~** Kleidergröße *f*; **he's about your ~** er ist ungefähr so groß wie du; **to be the same ~** gleich groß sein; **what ~ do you take?** welche Größe haben Sie?; **I'm a ~ 36** ich habe Größe 36; **what ~ is it?** wie groß ist es?; *von Kleidung etc* welche Größe ist es?; **it's two ~s too big** es ist zwei Nummern zu groß; **do you want to try it for ~?** möchten Sie es anprobieren, ob es Ihnen passt?
phrasal verbs mit size:
size up *v/t* ⟨*trennb*⟩ abschätzen
sizeable ['saɪzəbl] *adj* ziemlich groß
size zero [,saɪz 'zɪərəʊ] *s* Größe Null; **she's a ~** sie hat Größe Null
-size(d) [-saɪz(d)] *adj* ⟨*suf*⟩ -groß; **medium-size(d)** mittelgroß
sizzle ['sɪzl] *v/i* brutzeln
skate¹ [skeɪt] *s* (≈ *Fisch*) Rochen *m*
skate² **A** *s* Schlittschuh *m*; Rollschuh *m*; Inlineskate *m od n*; **get your ~s on** *fig umg* mach/macht mal ein bisschen dalli! *umg* **B** *v/i* Schlittschuh laufen; Rollschuh laufen; *auf Skateboard etc* skaten; **he ~d across the pond** er lief (auf Schlittschuhen) über den Teich
phrasal verbs mit skate:
skate (a)round, skate over *v/i* ⟨+*obj*⟩ links liegen lassen; *Problem* einfach übergehen
skateboard ['skeɪtbɔːd] *s* Skateboard *n*
skateboarder ['skeɪtbɔːdə^r] *s* Skateboardfahrer(in) *m(f)*
skateboarding ['skeɪtbɔːdɪŋ] *s* Skateboardfahren *n*; **to go ~** Skateboard fahren
skateboard park *s* Skateboardanlage *f*
skater ['skeɪtə^r] *s* Schlittschuhläufer(in) *m(f)*; Rollschuhläufer(in) *m(f)*; *auf Skateboard etc* Skater(in) *m(f)*
skating ['skeɪtɪŋ] *s* Schlittschuhlauf *m*; Rollschuhlauf *m*; Skaten *n*; **to go ~** Schlittschuh laufen gehen; Rollschuh fahren gehen; (inline)skaten
skating rink *s* Eisbahn *f*; Rollschuhbahn *f*
skeletal ['skelɪtl] *adj Mensch* bis aufs Skelett abgemagert; *Bäume* skelettartig
skeleton ['skelɪtn] **A** *s* Skelett *n*; **a ~ in one's cupboard** *Br*, **a ~ in one's closet** *US* eine Leiche im Keller **B** *adj Plan* provisorisch; **~ service** Notdienst *m*
skeptic *etc US* → sceptic
sketch [sketʃ] **A** *s* Skizze *f*, Entwurf *m*; THEAT Sketch *m* **B** *v/t* skizzieren **C** *v/i* Skizzen machen
phrasal verbs mit sketch:
sketch out *v/t* ⟨*trennb*⟩ grob skizzieren
sketchbook ['sketʃbʊk] *s* Skizzenbuch *n*
sketching ['sketʃɪŋ] *s* KUNST Skizzenzeichnen *n*
sketch pad *s* Skizzenblock *m*
sketchy ['sketʃɪ] *adj* ⟨*komp* sketchier⟩ **1** *Bericht* lückenhaft, vage **2** *US* zwielichtig
skew [skjuː] *v/t* krümmen; *fig* verzerren
skewer ['skjʊə^r] **A** *s* Spieß *m* **B** *v/t* aufspießen
ski [skiː] **A** *s* Ski *m* **B** *v/i* Ski laufen, Ski fahren; **they skied down the slope** sie fuhren (auf ihren Skiern) den Hang hinunter
ski boots *pl* Skistiefel *pl*
skid [skɪd] **A** *s* AUTO *etc* Schleudern *n* **B** *v/i* schleudern, ausrutschen
skidmark ['skɪdmɑːk] *s* Reifenspur *f*; **~s** Bremsspur *f*
skier ['skiːə^r] *s* Skiläufer(in) *m(f)*
skiing ['skiːɪŋ] *s* Skilaufen *n*, Skifahren *n*; **to go ~** Ski laufen *od* Ski fahren gehen
ski(ing) instructor *s* Skilehrer(in) *m(f)*
ski-jumping *s* Skispringen *n*
skilful ['skɪlfʊl] *adj*, **skillful** *US adj* geschickt
skilfully ['skɪlfəlɪ] *adv*, **skillfully** *US adv* geschickt, gewandt; *malen etc* kunstvoll
ski lift *s* Skilift *m*
skill [skɪl] *s* **1** ⟨*kein pl*⟩ Geschick *n* **2** Fertigkeit *f*, Fähigkeit *f*; **~s file** Anhang *m* mit Lern- und Arbeitstechniken
skilled *adj* **1** geschickt (**at in** +*dat*) **2** ausgebildet, fachmännisch
skilled worker *s* Facharbeiter(in) *m(f)*
skillet ['skɪlɪt] *s* US Bratpfanne *f*
skillful *etc US* → skilful
skim [skɪm] *v/t* **1** abschöpfen; *Milch* entrahmen **2** streifen über (+*akk*) **3** *Buch etc* überfliegen
phrasal verbs mit skim:
skim off *v/t das Beste* abschöpfen
skim through *v/i* ⟨+*obj*⟩ *Buch etc* überfliegen
skimmed milk [,skɪmd'mɪlk] *s*, **skim milk** *US s* Magermilch *f*
skimp [skɪmp] *v/i* sparen (**on an** +*dat*)
skimpily ['skɪmpɪlɪ] *adv bekleidet* spärlich
skimpy ['skɪmpɪ] *adj* ⟨*komp* skimpier⟩ dürftig; *Kleidung* knapp
skin [skɪn] **A** *s* Haut *f*; (≈ *Pelz etc*) Fell *n*; *von Obst* Schale *f*; **to be soaked to the ~** bis auf die Haut nass sein; **that's no ~ off my nose** *bes Br umg* das juckt mich nicht *umg*; **to save one's own ~** die eigene Haut retten; **to jump out of one's ~** *umg* erschreckt hochfahren; **to get under sb's ~** j-m auf die Nerven gehen *umg*; *positiv* j-m unter die Haut gehen; *Mensch* j-n faszinieren; **to have a thick ~** *fig* ein dickes Fell haben *umg*; **to have a thin ~** *fig* eine dünne

Haut haben; **by the ~ of one's teeth** umg mit Ach und Krach umg **B** v/t **1** Tier häuten **2** abschürfen
skin care s Hautpflege f
skin diving s Sporttauchen n
skinflint umg s Geizkragen m umg
skin graft s Hauttransplantation f
skinhead s Skin(head) m
skinny ['skɪnɪ] umg adj ⟨komp skinnier⟩ **1** dünn **2** Kleidung eng, hauteng, eng anliegend; **~ jeans** pl Röhrenjeans f **3** Caffè latte mit fettarmer Milch
skint [skɪnt] Br umg adj **to be ~** pleite sein umg
skintight ['skɪn'taɪt] adj hauteng
skip[1] [skɪp] **A** s Hüpfer m **B** v/i hüpfen, seilspringen **C** v/t **1** Schule schwänzen umg; Kapitel überspringen; **my heart ~ped a beat** mein Herzschlag setzte für eine Sekunde aus; **to ~ lunch** das Mittagessen ausfallen lassen **2** US **to ~ rope** seilspringen **3** US umg **to ~ town** aus der Stadt verschwinden umg
phrasal verbs mit skip:
  skip over v/i ⟨+obj⟩ überspringen
  skip through v/i ⟨+obj⟩ Buch durchblättern
skip[2] s (Schutt)container m
ski pass s Skipass m
ski pole s Skistock m
skipper ['skɪpə^r] **A** s Kapitän(in) m(f) **B** v/t anführen
skipping ['skɪpɪŋ] s Seilspringen n
skipping rope Br s Hüpf- od Sprungseil n
ski resort s Skiort m
skirmish ['skɜːmɪʃ] s MIL Gefecht n; fig Zusammenstoß m
skirt [skɜːt] **A** s Rock m, Kittel m österr obs, Jupe m schweiz **B** v/t (a. **skirt around**) umgehen
skirting (board) ['skɜːtɪŋ (ˌbɔːd)] Br s Fußleiste f
ski run s Skipiste f
ski slope s Skipiste f
ski stick s Skistock m
ski tow s Schlepplift m
skitter ['skɪtə^r] v/i rutschen
skittish ['skɪtɪʃ] adj unruhig
skittle ['skɪtl] s Kegel m
skittles ['skɪtlz] pl ⟨sg⟩ Spiel Kegeln n
skive [skaɪv] v/i Br umg blaumachen umg; SCHULE schwänzen umg
phrasal verbs mit skive:
  skive off Br umg v/i sich drücken umg
skulk [skʌlk] v/i schleichen, sich herumdrücken
skull [skʌl] s Schädel m; **~ and crossbones** Totenkopf m
skunk [skʌŋk] s Stinktier n
sky [skaɪ] s Himmel m; **in the sky** am Himmel
sky-blue adj himmelblau
skydiving s Fallschirmspringen n

sky-high **A** adj Preise schwindelnd hoch; Vertrauen unermesslich **B** adv zum Himmel; **to blow a bridge ~** umg eine Brücke in die Luft sprengen; **to blow a theory ~** eine Theorie zum Einsturz bringen
skyjack ['skaɪdʒæk] v/t umg Flugzeug entführen
skylight s Oberlicht n, Dachfenster n
skyline s Horizont m; von Stadt Skyline f
sky marshal s bes US FLUG Sky-Marshal m (zur Verhinderung von Flugzeugentführung mitfliegender Sicherheitsbeamter)
skype® [skaɪp] v/t & v/i skypen®
Skype® [skaɪp] s IT kostenlose Internettelefonie Skype®; **to call sb on ~®** mit j-m skypen®, mit j-m über Skype® telefonieren
skyrocket v/i umg Preis in die Höhe schießen
skyscraper s Wolkenkratzer m
slab [slæb] s **1** aus Holz Tafel f; aus Stein Platte f **2** dicke Scheibe; Kuchen großes Stück
slack [slæk] **A** adj ⟨+er⟩ **1** locker **2** nachlässig **3** HANDEL Saison ruhig; **business is ~** das Geschäft geht schlecht **B** s durchhängendes Teil (des Seils etc); **to cut sb some ~** fig umg mit j-m nachsichtig sein **C** v/i bummeln
slacken ['slækn] **A** v/t **1** lockern **2** vermindern **B** v/i Tempo sich verringern; Entwicklung sich verlangsamen
phrasal verbs mit slacken:
  slacken off v/i nachlassen; Arbeit abnehmen
slacker ['slækə(r)] s fauler Sack
slackness ['slæknɪs] s **1** von Seil etc Schlaffheit f, Durchhängen n **2** von Geschäft Flaute f
slacks [slæks] pl Hose f
slag [slæg] s **1** Schlacke f **2** Br sl (≈ Frau) Schlampe f pej umg
phrasal verbs mit slag:
  slag off Br umg v/t ⟨trennb⟩ runtermachen umg
slain [sleɪn] pperf → slay
slalom ['slɑːləm] s Slalom m
slam [slæm] **A** s von Tür Zuknallen n kein pl **B** v/t **1** Tür zuknallen; **to ~ the door in sb's face** j-m die Tür vor der Nase zumachen **2** umg (≈ werfen) knallen umg; **to ~ on the brakes**, **to ~ the brakes on** umg eine Vollbremsung hinlegen umg, voll auf die Bremse treten umg **3** umg (≈ kritisieren) verreißen; j-n herunterputzen umg **C** v/i zuknallen; **to ~ into sth** in etw (akk) knallen
phrasal verbs mit slam:
  slam down v/t ⟨trennb⟩ hinknallen umg; Telefonhörer aufknallen umg
slander ['slɑːndə^r] **A** s Verleumdung f **B** v/t verleumden
slanderous ['slɑːndrəs] adj verleumderisch
slang [slæŋ] **A** s **1** Slang m **2** Jargon m **B** adj Slang-

slanging match ['slæŋɪŋmætʃ] *Br umg s* gegenseitige lautstarke Beschimpfung; **they were having a ~** sie warfen sich gegenseitig Beschimpfungen/Ausdrücke an den Kopf

slant [slɑːnt] **A** *s* Neigung *f*; **to put a ~ on sth** etw biegen, eine Watsche *österr*; **a ~ in the face** *fig* ein Schlag *m* ins Gesicht; **to give sb a ~ on the back** j-m (anerkennend) auf den Rücken klopfen; *fig* j-n loben; **to give sb a ~ on the wrist** *fig umg* j-n zurechtweisen, j-m einem Anpfiff geben *umg* **B** *adv umg* direkt **C** *v/t* schlagen; **to ~ sb's face** j-m eine runterhauen *umg*; **to ~ sb on the back** j-m auf den Rücken klopfen

slant [slɑːnt] **A** *s* Neigung *f*; **to put a ~ on sth** etw biegen, sich neigen **B** *v/t* verschieben **C** *v/i* sich neigen

slanting ['slɑːntɪŋ] *adj* schräg

slap [slæp] **A** *s* Schlag *m*; **a ~ across the face** *wörtl* eine Ohrfeige, eine Watsche *österr*; **a ~ in the face** *fig* ein Schlag *m* ins Gesicht; **to give sb a ~ on the back** j-m (anerkennend) auf den Rücken klopfen; *fig* j-n loben; **to give sb a ~ on the wrist** *fig umg* j-n zurechtweisen, j-m einem Anpfiff geben *umg* **B** *adv umg* direkt **C** *v/t* schlagen; **to ~ sb's face** j-m eine runterhauen *umg*; **to ~ sb on the back** j-m auf den Rücken klopfen

phrasal verbs mit slap:

slap down *umg v/t ⟨trennb⟩* hinknallen

slap on *umg v/t ⟨trennb⟩* **1** draufklatschen *umg* **2** *fig* Steuern etc draufhauen *umg*

slap-bang *bes Br umg adv* mit Karacho *umg*; **it was ~ in the middle** es war genau in der Mitte; **to run ~ into sb/sth** mit j-m/etw zusammenknallen *umg*

slapdash *adj* schludrig *pej*

slaphead *Br pej umg s* Glatzkopf *m pej umg*

slapper ['slæpə^r] *Br umg s* Flittchen *n umg*

slapstick *s* Slapstick *m*, Klamauk *m*

slap-up meal *Br umg s* Schlemmermahl *n umg*

slash [slæʃ] **A** *s* **1** Streich *m*; (≈ *Wunde*) Schnitt *m* **2** TYPO Schrägstrich *m* **B** *v/t* **1** zerfetzen; *Gesicht, Reifen* aufschlitzen **2** *umg Preis* radikal herabsetzen

slat [slæt] *s* Leiste *f*

slate [sleɪt] **A** *s* Schiefer *m*; *auf Dach* Schieferplatte *f*; **put it on the ~** *Br umg* schreiben Sie es mir an; **to wipe the ~ clean** *fig* reinen Tisch machen **B** *adj* Schiefer- **C** *v/t Br umg* (≈ *krtitisieren*) verreißen; j-n zusammenstauchen *umg*

slating ['sleɪtɪŋ] *Br umg s* Verriss *m*; **to get a ~** zusammengestaucht werden *umg*; *Stück, Vorstellung* verrissen werden

slaughter ['slɔːtə^r] **A** *s* Schlachten *n kein pl*, Gemetzel *n kein pl* **B** *v/t* schlachten; *Menschen wörtl* abschlachten; *fig* fertigmachen *umg*

slaughtered ['slɔːtəd] *Br umg adj* stockbesoffen *umg*

slaughterhouse ['slɔːtəhaʊs] *s* Schlachthof *m*

Slav [slɑːv] **A** *adj* slawisch **B** *s* Slawe *m*, Slawin *f*

slave [sleɪv] **A** *s* Sklave *m*, Sklavin *f* **B** *v/i* sich abplagen; **to ~ (away) at sth** sich mit etw herumschlagen

slave-driver *s* Sklaventreiber(in) *m(f)*

slave labour *s*, **slave labor** *US s* **1** Sklavenarbeit *f* **2** Sklaven *pl*

slaver ['slævə^r] *v/i* geifern; **to ~ over sb/sth** nach j-m/etw geifern

slavery ['sleɪvərɪ] *s* Sklaverei *f*

Slavic ['slɑːvɪk], **Slavonic** [slə'vɒnɪk] **A** *adj* slawisch **B** *s* das Slawische

slay [sleɪ] *v/t* ⟨*prät* slew; *pperf* slain⟩ erschlagen

slaying ['sleɪɪŋ] *bes US s* Mord *m*

sleaze [sliːz] *umg s* Verderbtheit *f*; *bes* POL Skandalgeschichten *pl*

sleazy ['sliːzɪ] *umg adj* ⟨*komp* sleazier⟩ schäbig

sledge [sledʒ], **sled** [sled] *bes US* **A** *s* Schlitten *m*, Rodel *f österr* **B** *v/i* Schlitten fahren, schlitteln *schweiz*

sledge(hammer) ['sledʒ(ˌhæmə^r)] *s* Vorschlaghammer *m*

sleek [sliːk] *adj* ⟨+er⟩ *Pelz* geschmeidig; *Erscheinung* gepflegt

phrasal verbs mit sleek:

sleek down *v/t Haare* glätten

sleep [sliːp] ⟨*v: prät, pperf* slept⟩ **A** *v/t* unterbringen; **the house ~s 10** in dem Haus können 10 Leute übernachten **B** *v/i* schlafen; **to ~ like a log** wie ein Murmeltier schlafen; **to ~ late** lange schlafen; **I'll ~ easier now I know she's all right** jetzt bin ich ruhiger, wo ich weiß, dass es ihr gut geht **C** *s* Schlaf *m*; **to go to ~** einschlafen; **to drop off to ~** einschlafen; **to be able to get to ~** einschlafen können; **try and get some ~** versuche, etwas zu schlafen; **to have a ~** (etwas) schlafen; **to have a good night's ~** sich richtig ausschlafen; **to put sb to ~** j-n zum Schlafen bringen; *Droge* j-n einschläfern; **to put to ~** *euph Tier* einschläfern; **that film sent me to ~** bei dem Film bin ich eingeschlafen

phrasal verbs mit sleep:

sleep around *umg v/i* mit jedem schlafen *umg*

sleep in *v/i* ausschlafen; *umg* zu lang verschlafen

sleep off *umg v/t* ⟨*trennb*⟩ **to sleep it off** seinen Rausch ausschlafen

sleep on A *v/i* weiterschlafen **B** *v/i* ⟨+obj⟩ *Problem etc* **sleep on sth** etw überschlafen

sleep over *v/i* über Nacht bleiben, übernachten

sleep through *v/i* ⟨+obj⟩ weiterschlafen bei; **to sleep through the alarm (clock)** den Wecker verschlafen

sleep with *v/t Verkehr haben* schlafen mit

sleeper ['sliːpə^r] *s* **1** Schläfer(in) *m(f)*; **to be a light ~** einen leichten Schlaf haben **2** *Br* BAHN Schlafwagen(zug) *m*

sleepily ['sliːpɪlɪ] *adv* verschlafen

sleeping bag *s* Schlafsack *m*

sleeping car *s* Schlafwagen *m*

sleeping partner *Br s* stiller Teilhaber
sleeping pill *s* Schlaftablette *f*
sleeping policeman *s* Bodenschwelle *f*
sleepless *adj* schlaflos
sleepover *s* Übernachtung *f* (*bei Freunden etc*)
sleepwalk *v/i* schlafwandeln; **he was ~ing** er hat od ist geschlafwandelt
sleepwalker *s* Schlafwandler(in) *m(f)*
sleepwalking *s* Schlafwandeln *n*
sleepy ['sli:pɪ] *adj* ⟨*komp* sleepier⟩ **1** schläfrig, verschlafen **2** *Ort* verschlafen
sleepyhead *s umg* Schlafmütze *f umg*
sleet [sli:t] **A** *s* Schneeregen *m* **B** *v/i* **it was ~ing** es gab Schneeregen
sleeve [sli:v] *s* **1** Ärmel *m*; **to roll up one's ~s** *wörtl* sich (*dat*) die Ärmel hochkrempeln; **to have sth up one's ~** *fig umg* etw in petto haben **2** *Br von CD* Hülle *f*
sleeveless ['sli:vlɪs] *adj* ärmellos; **~ top** ärmelloses Oberteil, ärmelloses Shirt, ärmelloses Top
sleigh [sleɪ] *s* (Pferde)schlitten *m*
slender ['slendə^r] *adj* schlank; *Führung* knapp; *Chance* gering
slept [slept] *prät & pperf* → sleep
sleuth [slu:θ] *umg s* Spürhund *m umg*
slew [slu:] *prät* → slay
slice [slaɪs] **A** *s* **1** Scheibe *f* **2** *fig* Teil *m*; **a ~ of luck** eine Portion Glück **B** *v/t* **1** durchschneiden; *Brot* (in Scheiben) schneiden **2** *Ball* (an)schneiden **C** *v/i* schneiden; **to ~ through sth** etw durchschneiden
phrasal verbs mit slice:
slice off *v/t* ⟨*trennb*⟩ abschneiden
sliced *adj* (in Scheiben) geschnitten; *Brot, Wurst* (auf)geschnitten
slicer ['slaɪsə^r] *s für Käse etc* Hobel *m*; (≈ *Maschine*) Brot(schneide)maschine *f*, ≈ Wurstschneidemaschine *f*
slick [slɪk] **A** *adj* ⟨+er⟩ **1** *oft pej* clever *umg*; *Antwort, Stil* glatt **2** *US* glatt **B** *s* (Öl)teppich *m*
phrasal verbs mit slick:
slick back *v/t* ⟨*trennb*⟩ **to slick one's hair back** sich (*dat*) die Haare anklatschen *umg*
slicker ['slɪkə^r] *US s* Regenmantel *m*
slid [slɪd] *pret & past part* → slide
slide [slaɪd] ⟨*v: prät, pperf* slid [slɪd]⟩ **A** *v/t* schieben, gleiten lassen **B** *v/i* **1** rutschen; **to let things ~** *fig* die Dinge schleifen lassen **2** sich schieben lassen **3** **he slid into the room** er kam ins Zimmer geschlichen **C** *s* **1** Rutschbahn *f*; *auf Spielplatz* Rutsche *f* **2** *fig* Abfall *m* **3** *bes Br im Haar* Spange *f* **4** FOTO Dia *n*; *an Mikroskop* Objektträger *m* **5** *in Power-Point*® Folie *f*
slide projector *s* Diaprojektor *m*
slider ['slaɪdə^r] *s* Pantolette *f*, Schlappen *m*
slide show *s* Diavortrag *m*

sliding door *s* Schiebetür *f*
slight [slaɪt] **A** *adj* ⟨+er⟩ **1** *Mensch* zierlich **2** (≈ *unbedeutend*) leicht; *Veränderung* geringfügig; *Problem* klein; **the wall's at a ~ angle** die Mauer ist leicht *od* etwas geneigt; **to have a ~ cold** eine leichte Erkältung haben; **just the ~est bit short** ein ganz kleines bisschen zu kurz; **it doesn't make the ~est bit of difference** es macht nicht den geringsten Unterschied; **I wasn't in the ~est bit interested** ich war nicht im Geringsten interessiert; **he is upset by at the ~est thing** er ist wegen jeder kleinsten Kleinigkeit gleich verärgert; **I don't have the ~est idea (of) what he's talking about** ich habe nicht die geringste *od* leiseste Ahnung, wovon er redet **B** *s* Affront *m* (**on** gegen) **C** *v/t* kränken
slightly ['slaɪtlɪ] *adv* **1** **~ built** zierlich **2** ein klein(es) bisschen; *kennen* flüchtig; **~ injured** leicht verletzt; **he hesitated ever so ~** er zögerte fast unmerklich
slim [slɪm] **A** *adj* ⟨*komp* slimmer⟩ **1** schlank; *Hüfte* schmal; *Buch* dünn **2** *Chancen* gering; *Mehrheit* knapp **B** *v/i* eine Schlankheitskur machen
phrasal verbs mit slim:
slim down **A** *v/t* ⟨*trennb*⟩ *fig Unternehmen* verschlanken **B** *v/i Mensch* abnehmen
slime [slaɪm] *s* Schleim *m*
sliminess ['slaɪmɪnɪs] *s* Schleimigkeit *f*
slimline ['slɪmlaɪn] *adj* dünn; *Figur* schlank
slimming ['slɪmɪŋ] **A** *adj* schlank machend *attr*; **black is ~** schwarz macht schlank **B** *s* Abnehmen *n*
slimness ['slɪmnɪs] *s* Schlankheit *f*; *von Hüfte* Schmalheit *f*; *von Buch* Dünne *f*
slimy ['slaɪmɪ] *adj* ⟨*komp* slimier⟩ schleimig
sling [slɪŋ] ⟨*v: prät, pperf* slung⟩ **A** *v/t* schleudern; **he slung the box onto his back** er warf sich (*dat*) die Kiste auf den Rücken **B** *s* **1** Schlinge *f*; *für Kleinkind* (Baby)trageschlinge *f*; **to have one's arm in a ~** den Arm in der Schlinge tragen **2** (≈ *Waffe*) Schleuder *f*
phrasal verbs mit sling:
sling out *umg v/t* ⟨*trennb*⟩ rausschmeißen *umg*
slingshot *s US* Schleuder *f*
slink [slɪŋk] *v/i* ⟨*prät, pperf* slunk⟩ schleichen; **to ~ off** sich davonschleichen
slip [slɪp] **A** *s* **1** (≈ *Fehler*) Patzer *m*; **to make a (bad) ~** sich (übel) vertun *umg*; **a ~ of the tongue** ein Versprecher *m* **2** **to give sb the ~** *umg* j-m entwischen **3** Unterrock *m* **4** Zettel *m*; Beleg *m*; **~ of paper** Zettel *m* **B** *v/t* **1** schieben, gleiten lassen; **she ~ped the dress over her head** sie streifte sich (*dat*) das Kleid über den Kopf; **to ~ a disc** MED sich (*dat*) einen Bandscheibenschaden zuziehen **2** sich losrei-

ßen von; **it ~ped my mind** ich habe es vergessen **C** v/i **1** (aus)rutschen; *Füße* (weg)rutschen; *Messer* abrutschen; **it ~ped out of her hand** es rutschte ihr aus der Hand; **the beads ~ped through my fingers** die Perlen glitten durch meine Finger; **to let sth ~ through one's fingers** sich (*dat*) etw entgehen lassen; **to let (it) ~ that ...** fallen lassen, dass ... **2** (≈ *sich schnell bewegen*) schlüpfen, rutschen **3** *Niveau etc* fallen

phrasal verbs mit slip:

slip away v/i sich wegschleichen
slip back v/i **1** unbemerkt zurückgehen **2** schnell zurückgehen
slip behind v/i zurückfallen
slip by v/i sich vorbeischleichen (**sth** an etw *dat*); *Jahre* nur so dahinschwinden
slip down v/i **1** ausrutschen **2** hinunterlaufen
slip in A v/i (sich) hineinschleichen **B** v/t ⟨*trennb*⟩ **1 to slip sth into sb's pocket** j-m etw in die Tasche gleiten lassen **2** *Bemerkung* einfließen lassen
slip off A v/i sich wegschleichen **B** v/t ⟨*trennb*⟩ *Schuhe* abstreifen
slip on v/t ⟨*trennb*⟩ schlüpfen in (+*akk*)
slip out v/i **1** kurz weggehen **2** *Geheimnis etc* herauskommen
slip past v/i → slip by
slip up *umg* v/i sich vertun *umg* (**over, in** bei)

slip-ons *pl,* (a. **slip-on shoes**) Slipper *pl*
slipped disc [ˌslɪptˈdɪsk] s, **slipped disk** US s Bandscheibenvorfall *m*
slipper [ˈslɪpə*ʳ*] s Hausschuh *m*
slippery [ˈslɪpərɪ] adj **1** schlüpfrig; *Boden, Schuhe* glatt; *Fisch* glitschig; **he's on the ~ slope** *fig* er ist auf der schiefen Bahn **2** *pej umg Mensch* glatt; **a ~ customer** ein aalglatter Kerl *umg*
slippy [ˈslɪpɪ] adj glatt
slip road [ˈslɪprəʊd] *Br* s (Autobahn)auffahrt *f,* (Autobahn)ausfahrt *f*
slipshod [ˈslɪpʃɒd] adj schludrig
slip-up [ˈslɪpʌp] *umg* s Schnitzer *m umg*
slit [slɪt] ⟨*v: prät, pperf* slit⟩ **A** v/t (auf)schlitzen; **to ~ sb's throat** j-m die Kehle aufschlitzen **B** s Schlitz *m*
slither [ˈslɪðə*ʳ*] v/i rutschen; *Schlange* gleiten
sliver [ˈslɪvə*ʳ*] s **1** *Holz etc* Splitter *m* **2** Scheibchen *n*
slob [slɒb] *umg* s Drecksau *f umg*
slobber [ˈslɒbə*ʳ*] v/i sabbeln; *Hund* geifern
slog [slɒg] *umg* **A** s Schinderei *f* **B** v/i **to ~ away (at sth)** sich (mit etw) abrackern *umg*
slogan [ˈsləʊgən] s Slogan *m*
slop [slɒp] **A** v/i **to ~ over (into sth)** überschwappen (in etw *akk*) **B** v/t verschütten; (≈ *gießen*) schütten

slope [sləʊp] **A** s **1** Neigung *f,* Schräge *f* **2** (Ab)hang *m*; **on a ~** am Hang; **halfway up the ~** auf halber Höhe **B** v/i sich neigen; **the picture is sloping to the left/right** das Bild hängt schief; **his handwriting ~s to the left** seine Handschrift ist nach links geneigt

phrasal verbs mit slope:

slope down v/i sich neigen
slope up v/i ansteigen

sloping [ˈsləʊpɪŋ] adj **1** *Straße* ansteigend, abfallend; *Fußboden, Dach* schräg; *Garten* am Hang **2** schief
sloppiness [ˈslɒpɪnɪs] *umg* s Schlampigkeit *f umg*; *von Arbeit etc* Schlud(e)rigkeit *f umg*
sloppy [ˈslɒpɪ] *umg* adj ⟨*komp* sloppier⟩ **1** schlampig *umg*; *Arbeit etc* schlud(e)rig *umg* **2** rührselig
slosh [slɒʃ] *umg* **A** v/t klatschen **B** v/i **to ~ (around)** (herum)schwappen; **to ~ through mud/water** durch Matsch/Wasser waten
sloshed [slɒʃt] *umg adj* blau *umg,* besoffen *umg*; **to get ~** sich besaufen *umg*
slot [slɒt] s Schlitz *m,* Rille *f*; COMPUT Steckplatz *m*; TV (gewohnte) Sendezeit

phrasal verbs mit slot:

slot in A v/t ⟨*trennb*⟩ hineinstecken; **to slot sth into sth** etw in etw (*akk*) stecken **B** v/i sich einfügen lassen; **suddenly everything slotted into place** plötzlich passte alles zusammen
slot together A v/i *Einzelteile* sich zusammenfügen lassen **B** v/t ⟨*trennb*⟩ zusammenfügen

slot machine s Münzautomat *m,* Spielautomat *m*
slouch [slaʊtʃ] **A** s krumme Haltung **B** v/i herumhängen; *gehend* latschen, hatschen *österr*; **he was ~ed over his desk** er hing über seinem Schreibtisch

phrasal verbs mit slouch:

slouch off v/i weglatschen

Slovak [ˈsləʊvæk] **A** adj slowakisch **B** s **1** Slowake *m,* Slowakin *f* **2** LING Slowakisch *n*
Slovakia [sləˈʊvækɪə] s die Slowakei
Slovene [ˈsləʊviːn] **A** adj slowenisch **B** s **1** Slowene *m,* Slowenin *f* **2** LING Slowenisch *n*
Slovenia [sləˈʊviːnɪə] s Slowenien *n*
Slovenian [sləˈʊviːnɪən] adj & s → Slovene
slovenly [ˈslʌvnlɪ] adj schlud(e)rig *umg*
slow [sləʊ] **A** adj ⟨+*er*⟩ **1** langsam; (≈ *dumm*) begriffsstutzig; **it's ~ work** das braucht seine Zeit; **he's a ~ learner** er lernt langsam; **it was ~ going** es ging nur langsam voran; **to get off to a ~ start** schlecht vom Start kommen, nur langsam in Gang kommen; **to be ~ to do sth** sich (*dat*) mit etw Zeit lassen; **to be ~ in doing sth** sich (*dat*) Zeit damit lassen, etw zu tun; **he is ~ to make up his mind** er

braucht lange, um sich zu entscheiden; **to be (20 minutes) ~** Uhr (20 Minuten) nachgehen **2** HANDEL flau; **business is ~** das Geschäft ist flau od geht schlecht **B** adv ⟨+er⟩ langsam **C** v/i sich verlangsamen, langsamer fahren/gehen
phrasal verbs mit slow:
slow down, slow up A v/i sich verlangsamen, langsamer fahren/gehen **B** v/t ⟨trennb⟩ verlangsamen; fig verzögern; **you just slow me up** od **down** du hältst mich nur auf
slowcoach Br umg s Trantüte f umg, lahme Ente
slowdown s Verlangsamung f (**in, of** +gen)
slow lane s AUTO Kriechspur f
slowly ['sləʊlɪ] adv langsam; **~ but surely** langsam aber sicher
slow motion s **in ~** in Zeitlupe
slow-moving adj sich (nur) langsam bewegend; Verkehr kriechend
slowness ['sləʊnɪs] s Langsamkeit f; **their ~ to act** ihr Zaudern
slowpoke ['sləʊpəʊk] US umg s → slowcoach
sludge [slʌdʒ] s Schlamm m; (≈ Ablagerung) schmieriger Satz
slug[1] [slʌɡ] s Nacktschnecke f
slug[2] umg s **a ~ of whisky** ein Schluck m Whisky
sluggish ['slʌɡɪʃ] adj träge
sluice [sluːs] **A** s Schleuse f; Bergbau (Wasch)rinne f **B** v/t Erz waschen; **to ~ sth (down)** etw abspritzen **C** v/i **to ~ out** herausschießen
slum [slʌm] **A** s ⟨mst pl⟩ Slum m, Elendsquartier n **B** v/t & v/i umg a. **~ it, be ~ming it** primitiv leben; **you're staying in a hotel while we're ~ming it at Joe's** umg oft hum ihr übernachtet im Hotel, während wir es uns bei Joe auf dem Fußboden gemütlich machen hum
slumber ['slʌmbə(r)] liter **A** s Schlummer m geh **B** v/i schlummern geh
slump [slʌmp] **A** s (plötzliche) Abnahme, Rückgang m (**in sth** einer Sache gen); (≈ Position) Tiefstand m; FIN Sturz m **B** v/i **1** a. **~ off** Preise stürzen; Verkaufszahlen plötzlich zurückgehen; fig Moral sinken **2** sinken; **he was ~ed over the wheel** er war über dem Steuer zusammengesackt; **he was ~ed on the floor** er lag in sich (dat) zusammengesunken auf dem Fußboden
slung [slʌŋ] prät & pperf → sling
slunk [slʌŋk] prät & pperf → slink
slur [slɜː(r)] **A** s Beleidigung f **B** v/t undeutlich artikulieren; Worte (halb) verschlucken
slurp [slɜːp] **A** v/t & v/i umg schlürfen **B** s Schlürfen n
slurred [slɜːd] adj undeutlich
slush [slʌʃ] s (Schnee)matsch m
slushy ['slʌʃɪ] adj ⟨komp slushier⟩ Schnee matschig
slut [slʌt] umg s Schlampe f pej umg

sly [slaɪ] **A** adj ⟨komp slier od slyer⟩ **1** gerissen **2** Blick verschmitzt **B** s **on the sly** heimlich, still und leise hum
smack [smæk] **A** s **1** (klatschender) Schlag, Klatschen n; **you'll get a ~** du fängst gleich eine umg **2** umg (≈ Kuss) **to give sb a ~ on the cheek** j-m einen Schmatz auf die Backe geben umg **B** v/t knallen umg; **to ~ a child** einem Kind eine runterhauen umg; **I'll ~ your bottom** ich versohl dir gleich den Hintern! umg **C** adv umg direkt; **to be ~ in the middle of sth** mittendrin in etw (dat) sein
phrasal verbs mit smack:
smack of fig v/i ⟨+obj⟩ riechen nach
small [smɔːl] **A** adj ⟨+er⟩ klein; Vorrat gering; Summe bescheiden; Stimme leise, klein; **a ~ number of people** eine geringe Anzahl von Leuten; **the ~est possible number of books** so wenig Bücher wie möglich; **to feel ~** fig sich (ganz) klein (und hässlich) vorkommen **B** s **the ~ of the back** das Kreuz **C** adv **to chop sth up ~** etw klein hacken
small ad umg s Kleinanzeige f
small arms pl Handfeuerwaffen pl
small business s Kleinunternehmen n
small change s Kleingeld n
small fry fig pl kleine Fische pl umg
small hours pl früher Morgen; **in the (wee) ~** in den frühen Morgenstunden
smallish ['smɔːlɪʃ] adj (eher) kleiner; **he is ~** er ist eher klein
small letter s Kleinbuchstabe m
small-minded adj engstirnig
smallness s Kleinheit f; von Summe Bescheidenheit f
smallpox s Pocken pl
small print s **the ~** das Kleingedruckte
small-scale adj Modell in verkleinertem Maßstab; Projekt klein angelegt
small screen s TV **on the ~** auf dem Bildschirm
small-sized adj klein
small talk s Small Talk m; **to make ~** plaudern, Small Talk machen
small-time umg adj Verbrecher klein
small-town adj Kleinstadt-
smarmy ['smɑːmɪ] Br umg adj ⟨komp smarmier⟩ schmierig
smart [smɑːt] **A** adj ⟨+er⟩ **1** chic; Mensch, Kleidung modisch, fesch bes österr; Äußeres gepflegt; **the ~ set** die Schickeria umg **2** schlau, clever umg; bes US intelligent, vernünftig; IT, MIL intelligent; **that wasn't very ~ (of you)** das war nicht besonders intelligent (von dir) **3** (blitz)schnell; Schritt rasch **B** v/i brennen; **to ~ from sth** fig unter etw (dat) leiden
smart alec(k) umg s Schlauberger(in) m(f) umg

smartarse ['smɑːtɑːs] s, **smartass** ['smɑːtæs] US sl s Klugscheißer(in) m(f) umg
smart bomb s intelligente Bombe
smart card s Chipkarte f
smart device s IT Mobilgerät n
smarten ['smɑːtn], (a. **smarten up**) **A** v/t Haus herausputzen; Äußeres aufmöbeln umg; **to ~ oneself up** sich schick machen umg; allg mehr Wert auf sein Äußeres legen; **you'd better ~ up your ideas** umg du solltest dich am Riemen reißen umg **B** v/i sich in Schale werfen umg, sich herausmachen
smart glasses pl Datenbrille f
smart grid s IT, TECH intelligentes Stromnetz
smartly ['smɑːtlɪ] adv **1** chic **2** clever umg **3** (blitz)schnell
smart meter s intelligenter Stromzähler
smart money s FIN Investitionsgelder pl; **the ~ is on him winning** Insider setzen darauf, dass er gewinnt
smartness ['smɑːtnɪs] s **1** Schick m, Gepflegtheit f **2** Cleverness f umg; Schlauheit f
smartphone ['smɑːtfəʊn] s TEL internetfähiges Handy Smartphone n
smart TV s Smart-TV n (Fernseher mit Computer-Zusatzfunktionen)
smart wallet s IT Mobile Wallet n, Handy-Geldbörse f
smartwatch s Smartwatch f (Armbanduhr mit Computerfunktionen)
smash [smæʃ] **A** v/t **1** zerschlagen; Fenster einschlagen; Rekord haushoch schlagen **2** schmettern **B** v/i **1** zerschlagen; **it ~ed into a thousand pieces** es (zer)sprang in tausend Stücke **2** prallen; **the car ~ed into the wall** das Auto krachte gegen die Mauer **C** s **1** Krachen n **2** Unfall m, Havarie f österr, Zusammenstoß m **3** Schlag m; Tennis Schmetterball m **4** umg a. **~ hit** Riesenhit m
phrasal verbs mit smash:
smash in v/t ⟨trennb⟩ einschlagen
smash up v/t ⟨trennb⟩ zertrümmern; Auto kaputt fahren
smashed [smæʃt] adj ⟨präd⟩ umg (≈ betrunken) total zu umg
smash hit umg s Superhit m umg
smashing ['smæʃɪŋ] bes Br umg adj klasse inv umg
smattering ['smætərɪŋ] s **a ~ of French** ein paar Brocken Französisch
SME abk (= small and medium-sized enterprises) kleine und mittlere Unternehmen pl, KMU pl
smear [smɪə⁽ʳ⁾] **A** s verschmierter Fleck; fig Verleumdung f; MED Abstrich m **B** v/t **1** Fett schmieren; (≈Aufstrich) verschmieren; mit Schmutz beschmieren; Gesicht einschmieren **2** fig j-n verunglimpfen **C** v/i Farbe, Tinte verlaufen
smear campaign s Verleumdungskampagne f
smear test s MED Abstrich m
smell [smel] ⟨v: prät, pperf smelt; bes Br smelled⟩ **A** v/t **1** riechen; **can** od **do you ~ burning?** riechst du, dass etwas brennt; GASTR riechst du, dass etwas anbrennt? **2** fig Gefahr wittern; **to ~ trouble** Ärger kommen sehen, Stunk kommen sehen umg; **to ~ a rat** umg den Braten riechen **B** v/i riechen; **to ~ awful** furchtbar riechen; **to ~ of sth** nach etw riechen; **his breath ~s** er hat Mundgeruch **C** s **1** Geruch m; **it has a nice ~** es riecht gut; **there's a funny ~ in here** hier riecht es komisch; **to have a ~ at sth** an etw (akk) riechen **2** Riechen n
smelly ['smelɪ] adj ⟨komp smellier⟩ übel riechend; **it's ~ in here** hier drin stinkt es
smelt¹ [smelt] bes Br prät & pperf → smell
smelt² v/t Erz schmelzen; in Raffinerie verhütten
smile [smaɪl] **A** s Lächeln n; **to give a ~** lächeln; **she gave a little ~** sie lächelte schwach; **to give sb a ~** j-m zulächeln **B** v/i lächeln; **he's always smiling** er lacht immer; **to ~ at sb** j-n anlächeln; **to ~ at sth** über etw (akk) lächeln
smiley ['smaɪlɪ] **A** adj Gesicht, Mensch freundlich **B** s IT Smiley m
smiling adj, **smilingly** ['smaɪlɪŋ, -lɪ] adv lächelnd
smirk [smɜːk] **A** s Grinsen n **B** v/i grinsen
smith [smɪθ] s Schmied(in) m(f)
smithereens [ˌsmɪðə'riːnz] pl **to smash sth to ~** etw in tausend Stücke schlagen
smithy ['smɪðɪ] s Schmiede f
smitten ['smɪtn] adj **he's really ~ with her** umg er ist wirklich vernarrt in sie
smock [smɒk] s Kittel m; als Top Hänger m
smog [smɒg] s Smog m
smoke [sməʊk] **A** s Rauch m; **to go up in ~** in Rauch (und Flammen) aufgehen; fig sich in Wohlgefallen auflösen; **there's no ~ without a fire** sprichw wo Rauch ist, ist auch Feuer sprichw; **to have a ~** eine rauchen **B** v/t **1** rauchen **2** Fisch etc räuchern, selchen österr **C** v/i rauchen
smoke alarm s Rauchmelder m
smoked adj Fisch etc geräuchert, geselcht österr
smoke detector s Rauchmelder m
smoke-free ['sməʊkfriː] adj rauchfrei
smokeless adj Brennstoff rauchlos
smoker ['sməʊkə⁽ʳ⁾] s Raucher(in) m(f); **to be a heavy ~** stark rauchen
smoke screen fig s Vorwand m
smoke signal s Rauchzeichen n
smokestack s Schornstein m
smoking ['sməʊkɪŋ] s Rauchen n; **"no ~"** „Rau-

chen verboten"

smoking compartment s, **smoking car** US s Raucherabteil n

smoky ['sməʊkɪ] adj ⟨komp smokier⟩ Feuer rauchend; Atmosphäre verraucht; Geschmack rauchig

smolder US v/i → smoulder

smooch [smuːtʃ] umg v/i knutschen umg

smooth [smuːð] **A** adj ⟨+er⟩ **1** glatt; Haar, Whisky weich; Oberfläche eben; Flug ruhig; Brei sämig, Geschmack mild; **as ~ as silk** seidenweich; **worn ~** Stufe glatt getreten; Messer abgeschliffen; Reifen abgefahren **2** Übergang, Beziehung reibungslos **3** (≈ höflich), a. pej glatt **B** v/t Oberfläche glätten; Kleid glatt streichen; fig Gefühle beruhigen

phrasal verbs mit smooth:

smooth back v/t ⟨trennb⟩ Haar zurückstreichen

smooth down v/t ⟨trennb⟩ glatt machen, glatt streichen

smooth out v/t ⟨trennb⟩ glätten; fig Probleme aus dem Weg räumen

smooth over fig v/t ⟨trennb⟩ Streit geradebiegen umg

smoothie ['smuːðɪ] s Smoothie m, Fruchtdrink m

smoothly ['smuːðlɪ] adv landen weich; **to run ~** Motor ruhig laufen; **to go ~** glatt über die Bühne gehen; **to run ~** Veranstaltung reibungslos verlaufen

smoothness s **1** Glätte f; von Oberfläche Ebenheit f **2** von Flug Ruhe f **3** von Übergang Reibungslosigkeit f

smother ['smʌðə^r] **A** v/t **1** j-n, Feuer ersticken; fig Gähnen unterdrücken **2** bedecken; **fruit ~ed in cream** Obst, das in Sahne schwimmt **B** v/i ersticken

smoulder ['sməʊldə^r] v/i, **smolder** US v/i glimmen, schwelen

smouldering ['sməʊldərɪŋ] adj, **smoldering** US adj **1** Feuer, Groll schwelend **2** **a ~ look** ein glühender Blick

SMS abk (= Short Message Service) TEL SMS

smudge [smʌdʒ] **A** s Fleck m; von Tinte Klecks m **B** v/t verwischen **C** v/i verschmieren

smug [smʌg] adj ⟨komp smugger⟩ selbstgefällig

smuggle ['smʌgl] v/t & v/i schmuggeln; **to ~ sb/sth in** j-n/etw einschmuggeln; **to ~ sb/sth out** j-n/etw herausschmuggeln

smuggler ['smʌglə^r] s Schmuggler(in) m(f)

smuggling ['smʌglɪŋ] s Schmuggel m

smugly ['smʌglɪ] adv selbstgefällig

smugness ['smʌgnɪs] s Selbstgefälligkeit f

smut [smʌt] fig s Dreck m, Schmutz m

smutty ['smʌtɪ] fig adj ⟨komp smuttier⟩ schmutzig

snack [snæk] s Imbiss m, Snack m, Jause f österr; **to have a ~** eine Kleinigkeit essen, jausnen österr

snack bar s Imbissstube f

snag [snæg] **A** s **1** Haken m; **there's a ~** die Sache hat einen Haken; **to hit a ~** in Schwierigkeiten (akk) kommen **2** in Stoff gezogener Faden **B** v/t sich (dat) einen Faden ziehen; **I ~ged my tights** ich habe mir an der Strumpfhose einen Faden gezogen

snail [sneɪl] s Schnecke f; **at a ~'s pace** im Schneckentempo

snail mail hum s Schneckenpost f umg

snake [sneɪk] s Schlange f

snakebite s **1** Schlangenbiss m **2** Getränk aus Cider und Bier

snakeskin [sneɪkskɪn] adj Schlangenleder-, aus Schlangenleder

snap [snæp] **A** s **1** Schnappen n, Knacken n **2** FOTO Schnappschuss m **3** KART ≈ Schnippschnapp n **4** **cold ~** Kälteeinbruch m **B** adj ⟨attr⟩ plötzlich **C** int **I bought a green one — ~!** Br umg ich hab mir ein grünes gekauft — ich auch! **D** v/t **1** Finger schnipsen mit **2** zerbrechen **E** v/i **1** (zu)schnappen; (≈ entzweigehen) zerbrechen; **to ~ shut** zuschnappen **2** beim Sprechen schnappen umg; **to ~ at sb** j-n anschnauzen umg **3** Hund etc, a. fig schnappen (**at** nach) **4** umg **something ~ped (in him)** da hat (bei ihm) etwas ausgehakt umg

phrasal verbs mit snap:

snap off v/t ⟨trennb⟩ abbrechen

snap out A v/t ⟨trennb⟩ **to snap sb out of sth** j-n aus etw herausreißen **B** v/i **to snap out of sth** sich aus etw herausreißen; **snap out of it!** reiß dich zusammen!

snap up v/t ⟨trennb⟩ wegschnappen

snap fastener s Druckknopf m

snappy ['snæpɪ] adj ⟨komp snappier⟩ **1** umg **and make it ~!** und zwar ein bisschen dalli! umg **2** umg Slogan zündend

snapshot ['snæpʃɒt] s Schnappschuss m

snare [sneə^r] s Falle f

snarl [snɑːl] **A** s Knurren n kein pl **B** v/i knurren; **to ~ at sb** j-n anknurren

phrasal verbs mit snarl:

snarl up umg v/t ⟨trennb⟩ Verkehr durcheinanderbringen

snatch [snætʃ] **A** s Stück n; von Gespräch Fetzen m; von Musik ein paar Takte **B** v/t **1** greifen, schnappen; **to ~ sth from sb** j-m etw entreißen; **to ~ sth out of sb's hand** j-m etw aus der Hand reißen **2** ergattern; **to ~ a quick meal** schnell etwas essen; **to ~ defeat from the jaws of victory** einen sicheren Sieg in eine

Niederlage verwandeln 🔳 *umg* klauen *umg*; *Handtasche* aus der Hand reißen; *Kind* entführen 🄲 *v/i* greifen (**at** nach)

phrasal verbs mit snatch:

snatch away *v/t* ⟨*trennb*⟩ wegreißen (**sth from sb** j-m etw)

snazzy ['snæzɪ] *adj* ⟨-ier; -iest⟩ *umg* flott

sneak [sniːk] 🄰 *s* Schleicher(in) *m(f)*; *Br umg* Petzer *m umg* 🄱 *v/t* **to ~ sth into a room** etw in ein Zimmer schmuggeln; **to ~ a look at sb/sth** auf j-n/etw schielen 🄲 *v/i* **to ~ away** *od* **off** sich wegschleichen; **to ~ in** sich einschleichen; **to ~ on sb** *Br umg* j-n verpetzen *umg*; **to ~ past sb** (sich) an j-m vorbeischleichen; **to ~ up on sb** sich an j-n heranschleichen

sneakers ['sniːkəz] *US pl* Freizeitschuhe *pl*, Turnschuhe *pl*

sneaker socks *US pl* Sneakersöckchen *pl*, Sneakersocken *pl*

sneaking ['sniːkɪŋ] *adj* ⟨*attr*⟩ **to have a ~ feeling that** ein schleichendes Gefühl haben, dass …

sneak preview *s von Film* Vorpremiere *f*, Sneak Preview *f*

sneaky ['sniːkɪ] *pej umg adj* ⟨*komp* sneakier⟩ hinterhältig

sneer [snɪə^r] 🄰 *s* höhnisches Lächeln 🄱 *v/i* spotten; *mit Blicken* höhnisch grinsen; **to ~ at sb** j-n verhöhnen

sneering *adj*, **sneeringly** ['snɪərɪŋ, -lɪ] *adv* höhnisch

sneeze [sniːz] 🄰 *s* Nieser *m* 🄱 *v/i* niesen; **not to be ~d at** nicht zu verachten

snicker ['snɪkə^r] *US* → snigger

snide [snaɪd] *adj* abfällig

sniff [snɪf] 🄰 *s* Schniefen *n kein pl umg*; *Hund* Schnüffeln *n kein pl*; **have a ~ at this** riech mal hieran 🄱 *v/t* riechen; *Luft* schnuppern 🄲 *v/i* schniefen *umg*; *Hund* schnüffeln; **to ~ at sth** *wörtl* an etw (*dat*) schnuppern; **not to be ~ed at** nicht zu verachten

phrasal verbs mit sniff:

sniff around *umg v/i* herumschnüffeln *umg*

sniff out *wörtl, fig umg v/t* ⟨*trennb*⟩ aufspüren

sniffle ['snɪfl] *s & v/i* → snuffle

snigger ['snɪgə^r], **snicker** ['snɪkə^r] *US* 🄰 *s* Gekicher *n* 🄱 *v/i* kichern (**at, about** wegen)

snip [snɪp] 🄰 *s* 🔢 Schnitt *m* 🔢 *bes Br umg* **at only £2 it's a real ~** für nur £ 2 ist es unheimlich günstig 🄱 *v/t* **to ~ sth off** etw abschnippeln *umg*

sniper ['snaɪpə^r] *s* Heckenschütze *m*/-schützin *f*

snippet ['snɪpɪt] *s* Stückchen *n*, (Bruch)stück *n*; **~s of (a) conversation** Gesprächsfetzen *pl*

snivel ['snɪvl] *v/i* heulen

snivelling ['snɪvlɪŋ] *adj*, **sniveling** *US adj* heulend, flennend *umg*

snob [snɒb] *s* Snob *m*

snobbery ['snɒbərɪ] *s* Snobismus *m*

snobbish ['snɒbɪʃ] *adj* snobistisch; **to be ~ about sth** bei etw wählerisch sein

snobby ['snɒbɪ] *adj* → snobbish

snog [snɒg] *Br umg* 🄰 *s* Knutscherei *f umg*; **to have a ~ with sb** mit j-m rumknutschen *umg* 🄱 *v/i* rumknutschen *umg* 🄲 *v/t* abknutschen *umg*

snooker ['snuːkə^r] *s* Snooker *n*

snoop [snuːp] 🄰 *s* 🔢 Schnüffler(in) *m(f)* 🔢 **I'll have a ~ around** ich gucke mich mal (ein bisschen) um 🄱 *v/i* schnüffeln; **to ~ around** *od* **about** *Br* herumschnüffeln

snooty ['snuːtɪ] *adj* ⟨*komp* snootier⟩, **snootily** ['snuːtɪlɪ] *umg adv* hochnäsig

snooze [snuːz] 🄰 *s* Nickerchen *n*; **to have a ~** ein Schläfchen machen 🄱 *v/i* ein Nickerchen machen

snore [snɔː^r] 🄰 *s* Schnarchen *n kein pl* 🄱 *v/i* schnarchen

snoring ['snɔːrɪŋ] *s* Schnarchen *n*

snorkel ['snɔːkl] *s* Schnorchel *m*

snorkelling ['snɔːkəlɪŋ] *s*, **snorkeling** *US s* Schnorcheln *n*

snort [snɔːt] 🄰 *s* Schnauben *n kein pl*, Grunzen *n kein pl* 🄱 *v/i* schnauben, grunzen 🄲 *v/t* schnauben

snot [snɒt] *umg s* Rotz *m umg*

snotty ['snɒtɪ] *umg adj* ⟨*komp* snottier⟩ rotzig *umg*

snout [snaʊt] *s* Schnauze *f*

snow [snəʊ] 🄰 *s* Schnee *m*; **as white as ~** schneeweiß 🄱 *v/i* schneien

phrasal verbs mit snow:

snow in *v/t* ⟨*trennb; mst passiv*⟩ **to be** *od* **get snowed in** einschneien

snow under *v/t* ⟨*trennb; mst passiv*⟩ *umg* **to be snowed under** mit Arbeit reichlich eingedeckt sein

snowball 🄰 *s* Schneeball *m* 🄱 *v/i* eskalieren

snowball fight *s* Schneeballschlacht *f*

snowball system *s* ECON Schneeballsystem *n*

snowblower *s* Schneefräse *f*

snowboard 🄰 *s* Gleitbrett Snowboard *n* 🄱 *v/i* Snowboard fahren

snowboarder *s* Snowboardfahrer(in) *m(f)*

snowboarding *s* Snowboarding *n*; **to go ~** snowboarden gehen

snowbound *adj* eingeschneit

snowcapped *adj* schneebedeckt

snow chain *s* AUTO Schneekette *f*

snow-covered *adj* verschneit

snowdrift *s* Schneewehe *f*

snowdrop *s* Schneeglöckchen *n*

snowfall s Schneefall m
snowflake s Schneeflocke f
snowman s ⟨pl -men⟩ Schneemann m
snowmobile s Schneemobil n
snow pea s, **sweet pea** s US Zuckererbse f
snowplough s, **snowplow** US s Schneepflug m
snowstorm s Schneesturm m
snow-white adj schneeweiß
snowy ['snəʊɪ] adj ⟨komp snowier⟩ Wetter schneereich; Berge verschneit
SNP abk (= Scottish National Party) schottische Partei, die sich für die Unabhängigkeit des Landes einsetzt
snub [snʌb] **A** s Brüskierung f **B** v/t **1** j-n brüskieren **2** (≈ nicht beachten) schneiden
snub nose s Stupsnase f
snub-nosed ['snʌbnəʊzd] adj Mensch stupsnasig
snuff [snʌf] **A** s Schnupftabak m **B** v/t a. ~ **out** Kerze auslöschen
snuffle ['snʌfl] **A** s Schniefen n kein pl; **to have the ~s** umg einen leichten Schnupfen haben **B** v/i schnüffeln; bei Erkältung schniefen umg
snug [snʌg] adj ⟨komp snugger⟩ gemütlich; Kleidung gut sitzend attr
snuggle ['snʌgl] v/i sich schmiegen; sich kuscheln; **to ~ with sb** mit j-m kuscheln; **I like to ~ up with a book** ich mache es mir gern mit einem Buch gemütlich

phrasal verbs mit snuggle:

snuggle down [snʌgl'daʊn] v/i sich kuscheln (**in** in +akk)
snuggle up [snʌgl'ʌp] v/i **to snuggle up (to sb)** sich (an j-n) anschmiegen

snugly ['snʌglɪ] adv **1** gemütlich, behaglich **2** schließen fest; passen gut
so [səʊ] **A** adv **1** so; erfreut sehr; lieben, hassen so sehr; **so much tea** so viel Tee; **so many flies** so viele Fliegen; **so sweet** so süß; **he was so stupid (that)** er war so od dermaßen dumm(, dass); **not so ... as** nicht so ... wie; **I am not so stupid as to believe that** od **that I believe that** so dumm bin ich nicht, dass ich das glaube(n würde); **would you be so kind as to open the door?** wären Sie bitte so freundlich und würden die Tür öffnen?; **how are things? — not so bad!** wie geht's? — nicht schlecht!; **that's so kind of you** das ist wirklich sehr nett von Ihnen; **so it was that ...** so kam es, dass ...; **and so it was** und so war es auch; **by so doing he has ...** indem er das tat, hat er ...; **and so on** od **forth** und so weiter **2** **I hope so** hoffentlich; nachdrücklich das hoffe ich doch sehr; **I think so** ich glaube schon; **I don't think so** ich glaube nicht; **do you really think so?** glaubst du das wirklich?; **I never said so** das habe ich nie gesagt; **I told you so** ich habe es dir ja gesagt; **why? — because I say so** warum? — weil ich es sage; **I suppose so** (≈ okay) meinetwegen; (≈ meiner Meinung nach) ich glaube schon; **so I believe** ja, ich glaube schon; **so I see** ja, das sehe ich; **so be it** nun gut; **if so** wenn ja; **he said he would finish it this week, and so he did** er hat gesagt, er würde es diese Woche fertig machen und das hat er auch (gemacht); **how so?** wieso das?; **or so they say** oder so heißt es jedenfalls; **it is so!** doch!; **that is so** das stimmt; **is that so?** ja? **3** unbestimmte Menge etc **how high is it? — oh, about so high** wie hoch ist das? — oh, ungefähr so; **a week or so** ungefähr eine Woche; **50 or so** etwa 50 **4** auch; **so am/would I** ich auch **5** **he walked past and didn't so much as look at me** er ging vorbei, ohne mich auch nur anzusehen; **he didn't say so much as thank you** er hat nicht einmal Danke gesagt; **so much for that!** umg das wär's ja wohl gewesen! umg; **so much for his promises** und er hat solche Versprechungen gemacht **B** konj **1** **so (that)** damit; so dass; **we hurried so as not to be late** wir haben uns beeilt, um nicht zu spät zu kommen **2** also, deshalb; **so you see ...** wie du siehst ...; **so you're Spanish?** Sie sind also Spanier(in)?; **so there you are!** hier steckst du also!; **so what did you do?** und was haben Sie (da) gemacht?; **so (what)?** umg (na) und?; **I'm not going, so there!** umg ich geh nicht, fertig, aus!

soak [səʊk] **A** v/t **1** durchnässen **2** einweichen (**in** in +dat) **B** v/i **leave it to ~** weichen Sie es ein; **to ~ in a bath** sich einweichen umg; **rain has ~ed through the ceiling** der Regen ist durch die Decke gesickert **C** s **I had a long ~ in the bath** ich habe lange in der Wanne gelegen

phrasal verbs mit soak:

soak up v/t ⟨trennb⟩ Flüssigkeit aufsaugen; Sonne genießen; Atmosphäre in sich (akk) hineinsaugen

soaked [səʊkt] adj durchnässt; **his T-shirt was ~ in sweat** sein T-Shirt war schweißgetränkt; **to be ~ to the skin** bis auf die Haut nass sein
soaking ['səʊkɪŋ] **A** adj klitschnass **B** adv ~ **wet** triefend nass
so-and-so ['səʊənsəʊ] umg s ⟨pl -s⟩ **1** ~ **up at the shop** Herr/Frau Soundso im Laden **2** pej **you old ~** du bist vielleicht einer/eine
soap [səʊp] **A** s Seife f **B** v/t einseifen
soapbox s **to get up on one's ~** fig Volksreden pl halten
soap opera umg s Seifenoper f umg

soap powder s Seifenpulver n
soapsuds pl Seifenschaum m
soapy ['səʊpɪ] adj ⟨komp soapier⟩ seifig; ~ **water** Seifenwasser n
soar [sɔːʳ] v/i ◨ (a. ~ up) aufsteigen ◩ fig Gebäude hochragen; Kosten hochschnellen; Beliebtheit, Hoffnung einen Aufschwung nehmen; Zuversicht einen Aufschwung bekommen
soaring ['sɔːrɪŋ] adj Vogel aufsteigend; Preise in die Höhe schnellend
sob [sɒb] ◨ s Schluchzen n kein pl; …, **he said with a sob** …, sagte er schluchzend ◩ v/t & v/i schluchzen (**with** vor +dat)
phrasal verbs mit sob:
sob out v/t ⟨trennb⟩ **to sob one's heart out** sich (dat) die Seele aus dem Leib weinen
sobbing ['sɒbɪŋ] ◨ s Schluchzen n ◩ adj schluchzend
sober ['səʊbəʳ] adj nüchtern; Anlass, Miene ernst; Farbe etc dezent
phrasal verbs mit sober:
sober up ◨ v/t ⟨trennb⟩ nüchtern machen ◩ v/i nüchtern werden
sobering ['səʊbərɪŋ] adj ernüchternd
sob story umg s rührselige Geschichte
Soc. abk (= society) Ges.
so-called [ˌsəʊ'kɔːld] adj sogenannt, angeblich
soccer ['sɒkəʳ] s Fußball m; ~ **player** Fußballer(in) m(f), Fußballspieler(in) m(f)
sociability [ˌsəʊʃə'bɪlətɪ] s Geselligkeit f
sociable ['səʊʃəbl] adj gesellig, freundlich
social ['səʊʃəl] adj ◨ sozial; Leben, Ereignis gesellschaftlich; Besuch privat; ~ **capital** soziales Kapital; ~ **reform** Sozialreform f; ~ **justice** soziale Gerechtigkeit; ~ **skills** Sozialkompetenz f; **to be a** ~ **outcast/misfit** ein sozialer Außenseiter/eine soziale Außenseiterin sein; **a room for** ~ **functions** ein Gesellschaftsraum m; **there isn't much** ~ **life around here** hier in der Gegend wird gesellschaftlich nicht viel geboten; **how's your** ~ **life these days?** umg und was treibst du so privat? umg; **to have an active** ~ **life** ein ausgefülltes Privatleben haben; **to be a** ~ **smoker** nur in Gesellschaft rauchen; **a** ~ **acquaintance** ein Bekannter, eine Bekannte ◩ Abend, Mensch gesellig
social anthropology s Sozialanthropologie f
social climber s Emporkömmling m pej, sozialer Aufsteiger, soziale Aufsteigerin
social club s Verein m
social democracy s Sozialdemokratie f
social democrat s Sozialdemokrat(in) m(f)
socialism ['səʊʃəlɪzəm] s Sozialismus m
socialist ['səʊʃəlɪst] ◨ adj sozialistisch ◩ s Sozialist(in) m(f)
socialite ['səʊʃəlaɪt] umg s Angehörige(r) m/f(m) der feinen Gesellschaft
socialize ['səʊʃəlaɪz] v/i unter die Leute kommen; **to** ~ **with sb** mit j-m gesellschaftlich verkehren
social life s Privatleben n
socially ['səʊʃəlɪ] adv gesellschaftlich, sozial; **to know sb** ~ j-n privat kennen
social media pl IT Social Media pl, soziale Medien pl
social network s soziales Netzwerk
social networking s soziales Netzwerken
social networking site s IT soziales Netzwerk
social science s Sozialwissenschaft f
social security s Br Sozialhilfe f; US Sozialversicherungsleistungen pl; (≈ System) Sozialversicherung f; **to be on** ~ Br Sozialhilfeempfänger(in) sein; US Sozialversicherungsleistungen erhalten; ~ **number** Sozialversicherungsnummer f
social services pl Sozialdienste pl
social studies s ≈ Gemeinschaftskunde f
social work s Sozialarbeit f
social worker s Sozialarbeiter(in) m(f)
society [sə'saɪətɪ] s ◨ die Gesellschaft ◩ Verein m; UNIV Klub m
sociologist [ˌsəʊsɪ'ɒlədʒɪst] s Soziologe m, Soziologin f
sociology [ˌsəʊsɪ'ɒlədʒɪ] s Soziologie f
sock[1] [sɒk] s Socke f; länger Kniestrumpf m; **to pull one's** ~**s up** Br umg sich am Riemen reißen umg; **put a** ~ **in it!** Br umg hör auf damit!; **to work one's** ~**s off** umg bis zum Umkippen arbeiten umg
sock[2] umg v/t hauen umg; **he** ~**ed him right in the eye** er verpasste ihr eins aufs Auge umg
socket ['sɒkɪt] s ◨ Augenhöhle f ◩ Gelenkpfanne f; **to pull sb's arm out of its** ~ j-m den Arm auskugeln ◪ ELEK Steckdose f; MECH Fassung f
sod[1] [sɒd] s Grassode f
sod[2] Br umg ◨ s Sau f umg; **the poor sods** die armen Schweine umg ◩ v/t **sod it!** verdammte Scheiße! umg; **sod him** der kann mich mal umg
phrasal verbs mit sod:
sod off Br umg v/i abhauen; **sod off!** zieh Leine! umg
soda ['səʊdə] s ◨ CHEM Soda n, Ätznatron n ◩ (≈ Getränk) Soda(wasser) n; US Limo f od n umg
soda bread s Sodabrot n (mit Backpulver (anstatt Hefe) gebackenes Brot)
sod all Br umg s rein gar nichts
soda siphon s Siphon m
soda water s Sodawasser n
sodden ['sɒdn] adj durchnässt
sodding ['sɒdɪŋ] Br umg ◨ adj verflucht umg, Scheiß- umg ◩ adv verdammt umg, verflucht umg

sodium ['səʊdɪəm] s Natrium n
sodium bicarbonate s Natron n
sodium chloride s Natriumchlorid n, Kochsalz n
sodomy ['sɒdəmɪ] s Analverkehr m
sofa ['səʊfə] s Sofa m; **~ bed** Schlafcouch f
soft [sɒft] adj ⟨+er⟩ **1** weich; *Haut* zart; *Haar* seidig; *Getränk* alkoholfrei; **~ cheese** Weichkäse m; **~ porn film** weicher Porno **2** sanft; *Licht, Musik* gedämpft **3** schwach; **to be ~ on sb** j-m gegenüber nachgiebig sein; **to go ~ on sb** sich in j-n verknallen **4** *Job, Leben* bequem **5** (≈ *freundlich*) Lächeln warm; **to have a ~ spot for sb** umg eine Schwäche für j-n haben
softball s Softball m
soft-boiled adj weich (gekocht)
soft-centred adj mit Cremefüllung
soft drink s alkoholfreies Getränk
soften ['sɒfn] **A** v/t weich machen; *Wirkung* mildern **B** v/i weich werden; *Stimme* sanft werden
phrasal verbs mit soften:
  soften up A v/t ⟨trennb⟩ **1** wörtl weich machen **2** fig j-n milde stimmen; *durch Drohungen* einschüchtern **B** v/i Stoff weich werden
softener ['sɒfnə^r] s für Wäsche Weichspüler m
soft focus s FILM, FOTO Weichzeichnung f
soft fruit Br s Beerenobst n
soft furnishings Br pl Vorhänge, Teppiche etc
soft-hearted adj weichherzig
softie ['sɒftɪ] s umg naiv gutmütiger Trottel umg; rührselig sentimentaler Typ umg; feige Weichling m umg
softly ['sɒftlɪ] adv sanft, leise; **to be ~ spoken** eine angenehme Stimme haben
softness s Weichheit f; *von Haut* Zartheit f
soft skills pl Soft Skills pl, Schlüsselqualifikationen pl, soziale und emotionale Kompetenz
soft-spoken adj leise sprechend attr; **to be ~** eine angenehme Stimme haben
soft target s leichte Beute
soft top s bes US AUTO Kabriolett n
soft toy Br s Stofftier n
software s Software f
software company s Softwarehaus n
software package s Softwarepaket n
softy umg s → softie
sogginess ['sɒgɪnɪs] s triefende Nässe; *von Lebensmitteln* Matschigkeit f umg; *von Brot* Klitschigkeit f
soggy ['sɒgɪ] adj ⟨komp soggier⟩ durchnässt; *Lebensmittel* matschig umg; *Brot* klitschig; **a ~ mess** eine Matsche
soil[1] [sɔɪl] s Erde f, Boden m; **native/British ~** heimatlicher/britischer Boden, heimatliche/britische Erde
soil[2] *wörtl* v/t schmutzig machen; *fig* beschmutzen
soiled [sɔɪld] adj schmutzig, verschmutzt
solace ['sɒlɪs] s Trost m
solar ['səʊlə^r] adj Sonnen-, Solar-; **~ power** Sonnenkraft f
solar car s Solarauto n
solar eclipse s Sonnenfinsternis f
solar energy s Sonnenenergie f
solarium [səʊ'lɛərɪəm] s ⟨pl **solaria** [səʊ'lɛərɪə]⟩ Solarium n
solar light s Solarleuchte f
solar panel s Sonnenkollektor m
solar-powered adj mit Sonnenenergie betrieben; **~ light** Solarleuchte f
solar power plant s Solarkraftwerk n
solar roof s Solardach n
solar shower s Solardusche f
solar system s Sonnensystem n
sold [səʊld] prät & pperf → sell
solder ['sɒldə(r)] v/t (ver)löten
soldier ['səʊldʒə^r] s Soldat(in) m(f)
phrasal verbs mit soldier:
  soldier on v/i unermüdlich weitermachen
sold out adj ausverkauft
sole[1] [səʊl] s Sohle f
sole[2] s Seezunge f
sole[3] adj *Grund* einzig; *Verantwortung* alleinig; *Gebrauch* ausschließlich; **with the ~ exception of ...** mit alleiniger Ausnahme +gen ...; **for the ~ purpose of ...** einzig und allein zu dem Zweck +gen ...
sole earner s Alleinverdiener(in) m(f)
solely ['səʊllɪ] adv nur
solemn ['sɒləm] adj feierlich; *Mensch, Warnung* ernst; *Versprechen, Pflicht* heilig
solemnity [sə'lemnɪtɪ] s Feierlichkeit f
solemnly ['sɒləmlɪ] adv feierlich; *etw sagen* ernsthaft; *schwören* bei allem, was einem heilig ist
soliciting [sə'lɪsɪtɪŋ] s Aufforderung f zur Unzucht
solicitor [sə'lɪsɪtə^r] s Br JUR Rechtsanwalt m/-anwältin f; US Justizbeamte(r) m/-beamtin f
solid ['sɒlɪd] **A** adj **1** fest; *Gold, Fels* massiv; *Verkehr* dicht; *Linie* ununterbrochen; *Mensch* stämmig; *Haus, Beziehung* stabil; *Arbeit, Charakter, Wissen* solide; **to be frozen ~** hart gefroren sein; **the square was packed ~ with cars** die Autos standen dicht an dicht auf dem Platz; **they worked for two ~ days** sie haben zwei Tage ununterbrochen gearbeitet **2** *Grund* handfest **3** *Unterstützung* voll **B** adv **1** völlig **2** **for eight hours ~** acht Stunden lang ununterbrochen **C** s **1** fester Stoff **2** **~s** pl feste Nahrung kein pl
solidarity [,sɒlɪ'dærɪtɪ] s Solidarität f
solidify [sə'lɪdɪfaɪ] v/i fest werden

solidity [sə'lɪdɪtɪ] s **1** Festigkeit f **2** von Unterstützung Geschlossenheit f

solidly ['sɒlɪdlɪ] adv **1** fest; **~ built** Haus solide gebaut, währschaft schweiz; Mensch kräftig gebaut **2** begründen stichhaltig **3** (≈ ohne Pause) ununterbrochen **4** **to be ~ behind sb/sth** geschlossen hinter j-m/etw stehen

soliloquy [sə'lɪləkwɪ] s THEAT Monolog m

solitary ['sɒlɪtərɪ] adj **1** einsam; Ort abgelegen; **a few ~ houses** ein paar vereinzelte Häuser; **a ~ person** ein Einzelgänger m, eine Einzelgängerin **2** Beispiel, Treffer einzig

solitary confinement s Einzelhaft f; **to be held in ~** in Einzelhaft gehalten werden

solitude ['sɒlɪtjuːd] s Einsamkeit f

solo ['səʊləʊ] **A** s ⟨pl -s⟩ Solo n; **piano ~** Klaviersolo n **B** adj Solo- **C** adv allein; MUS solo; **to go ~** eine Solokarriere einschlagen

soloist ['səʊləʊɪst] s Solist(in) m(f)

solstice ['sɒlstɪs] s Sonnenwende f

soluble ['sɒljʊbl] adj **1** löslich; **~ in water** wasserlöslich **2** Problem lösbar

solution [sə'luːʃən] s Lösung f (**to** +gen)

solvable ['sɒlvəbl] adj Problem lösbar

solve [sɒlv] v/t Problem lösen; Geheimnis enträtseln; Verbrechen aufklären

solvent ['sɒlvənt] **A** adj FIN zahlungsfähig, solvent **B** s CHEM Lösungsmittel n

sombre ['sɒmbə] adj, **somber** US adj düster, Nachricht traurig; Musik trist

sombrely ['sɒmbəlɪ] adv, **somberly** US adv düster; blicken finster

some [sʌm] **A** adj **1** mit Plural einige, ein paar; **did you bring ~ wine?** hast du Wein mitgebracht?; **~ records of mine** einige meiner Platten; **would you like ~ more biscuits?** möchten Sie noch (ein paar) Kekse? **2** mit Singular etwas, ein bisschen; **~ cheese/English** etwas Käse/Englisch; **there's ~ ink on your shirt** Sie haben Tinte auf dem Hemd; **~ more tea?** noch etwas Tee? **3** manche(r, s); **~ people say ...** manche Leute sagen ...; **~ people just don't care** es gibt Leute, denen ist das einfach egal; **in ~ ways** in gewisser Weise **4** irgendein; **~ book or other** irgendein Buch; **~ woman, whose name I forget ...** eine Frau, ich habe ihren Namen vergessen, ...; **in ~ way or another** irgendwie; **or ~ such** oder so etwas Ähnliches; **or ~ such name** oder so ein ähnlicher Name; **~ time or other** irgendwann einmal; **~ other time** ein andermal; **~ day** eines Tages; **~ day next week** irgendwann nächste Woche **5** zur Verstärkung ziemlich; iron vielleicht ein umg; **it took ~ courage** dazu brauchte man schon ziemlichen Mut; **(that was) ~ party!** das war vielleicht eine Party! umg; **this might take ~ time** das könnte einige Zeit dauern; **quite ~ time** ziemlich lange; **to speak at ~ length** ziemlich lange sprechen; **~ help you are** du bist mir vielleicht eine Hilfe umg; **~ people!** Leute gibts! **B** pron **1** auf pl bezogen, einige, manche; in Fragen welche; **~ of these books** einige dieser Bücher; **~ of them are here** einige sind hier; **~ ..., others ...** manche ..., andere ...; **they're lovely, try ~** die schmecken gut, probieren Sie mal; **I've still got ~** ich habe noch welche **2** auf sg bezogen etwas, manches; in Fragen welche(r, s); **I drank ~ of the milk** ich habe (etwas) von der Milch getrunken; **have ~!** bedienen Sie sich; **it's lovely cake, would you like ~?** das ist ein sehr guter Kuchen, möchten Sie welchen?; **try ~ of this cake** probieren Sie doch mal diesen Kuchen; **would you like ~ money/tea? — no, I've got ~** möchten Sie Geld/Tee? — nein, ich habe Geld/ich habe noch; **have you got money? — no, but he has ~** haben Sie Geld? — nein, aber er hat welches; **~ of it had been eaten** einiges (davon) war gegessen worden; **he only believed ~ of it** er hat es nur teilweise geglaubt; **~ of the finest poetry in the English language** einige der schönsten Gedichte in der englischen Sprache **C** adv ungefähr

somebody ['sʌmbədɪ] **A** pron jemand; **~ else** jemand anders; **~ or other** irgendjemand; **~ knocked at the door** es klopfte jemand an die Tür; **we need ~ German** wir brauchen einen Deutschen; **you must have seen ~** Sie müssen doch irgendjemand(en) gesehen haben; **find/ask ~ who ...** finde/frage jemanden, der ... **B** s **to be (a) ~** wer sein umg, jemand sein

someday ['sʌmdeɪ] adv eines Tages

somehow ['sʌmhaʊ] adv irgendwie

someone ['sʌmwʌn] pron → somebody A

someplace ['sʌmpleɪs] US umg adv irgendwo; gehen irgendwohin; **~ else** woanders; gehen woandershin

somersault ['sʌməsɔːlt] **A** s Purzelbaum m; SPORT, a. fig Salto m; **to do a ~** einen Purzelbaum schlagen; SPORT einen Salto machen **B** v/i einen Purzelbaum schlagen; SPORT einen Salto machen

something ['sʌmθɪŋ] **A** pron **1** etwas; **~ nice etc** etwas Nettes etc; **~ or other** irgendetwas; **there's ~ I don't like about him** irgendetwas gefällt mir an ihm nicht; **well, that's ~** (das ist) immerhin etwas; **he's ~ to do with the Foreign Office** er ist irgendwie beim Außenministerium; **she's called Rachel ~** sie heißt Rachel Soundso; **three hundred and ~** dreihundert und ein paar Zerquetschte umg; **or ~** umg oder so (was); **are you drunk or ~?** *umg* bist du betrunken oder was? *umg*; **she's called Maria or ~ like that** sie heißt Maria oder so ähnlich ◻2 *umg* **it was ~ else** *od* **quite ~** *bes US* das war schon toll *umg* ◻B *s* **a little ~** eine Kleinigkeit; **a certain ~** ein gewisses Etwas ◻C *adv* **~ over 200** etwas über 200; **~ like 200** ungefähr 200; **you look ~ like him** du siehst ihm irgendwie ähnlich; **it's ~ of a problem** das ist schon ein Problem; **~ of a surprise** eine ziemliche Überraschung

-something [-sʌmθɪŋ] *suf* **he's twenty-something** er ist in den Zwanzigern

sometime ['sʌmtaɪm] *adv* irgendwann; **~ or other it will have to be done** irgendwann muss es gemacht werden; **write to me ~ soon** schreib mir (doch) bald (ein)mal; **~ before tomorrow** heute noch

sometimes ['sʌmtaɪmz] *adv* manchmal

someway *US adv* irgendwie

somewhat ['sʌmwɒt] *adv* ein wenig; **the system is ~ less than perfect** das System funktioniert irgendwie nicht ganz

somewhere ['sʌmweə^r] *adv* ◻1 irgendwo; *gehen* irgendwohin; **~ else** irgendwo anders, irgendwo anders hin; **to take one's business ~ else** seine Geschäfte woanders machen; **from ~** irgendwoher; **I know ~ where ...** ich weiß, wo ...; **I needed ~ to live in London** ich brauchte irgendwo in London eine Unterkunft; **we just wanted ~ to go after school** wir wollten bloß einen Ort, wo wir nach der Schule eingehen können; **~ around here** irgendwo hier in der Nähe; **~ nice** irgendwo, wo es nett ist; **the ideal place to go is ~ like New York** am besten fährt man in eine Stadt wie New York; **don't I know you from ~?** kenne ich Sie nicht irgendwoher? ◻2 *fig* **~ about 40° C** ungefähr 40° C; **~ about £50** um (die) £ 50 herum; **now we're getting ~** jetzt kommen wir voran

son [sʌn] *s* Sohn *m*; *als Anrede* mein Junge; **Son of God** Gottessohn *m*; **he's his father's son** er ist ganz der Vater; **son of a bitch** *bes US sl* Scheißkerl *m umg*

sonar ['səʊnɑː^r] *s* Echolot *n*

sonata [sə'nɑːtə] *s* Sonate *f*

song [sɒŋ] *s* ◻1 Lied *n*, Gesang *m*; **to burst into ~** ein Lied anstimmen ◻2 *Br fig umg* **to make a ~ and dance about sth** eine Haupt- und Staatsaktion aus etw machen *umg*; **to be on ~** *Br* in Hochform sein; **it was going for a ~** das gab es für einen Apfel und ein Ei

songbird *s* Singvogel *m*

songbook *s* Liederbuch *n*

songwriter *s* Texter(in) *m(f)* und Komponist(in) *m(f)*

sonic ['sɒnɪk] *adj* Schall-

son-in-law ['sʌnɪnlɔː] *s* ⟨*pl* sons-in-law⟩ Schwiegersohn *m*

sonnet ['sɒnɪt] *s* Sonett *n*

soon [suːn] *adv* bald, früh, schnell; **it will ~ be Christmas** bald ist Weihnachten; **~ after his death** kurz nach seinem Tode; **how ~ can you be ready?** wann kannst du fertig sein?; **we got there too ~** wir kamen zu früh an; **as ~ as** sobald; **as ~ as possible** so schnell wie möglich; **when can I have it? — as ~ as you like** wann kann ichs kriegen? — wann du willst!; **I would (just) as ~ you didn't tell him** es wäre mir lieber, wenn du es ihm nicht erzählen würdest

sooner ['suːnə^r] *adv* ◻1 früher; **~ or later** früher oder später; **no ~ had we arrived than ...** wir waren gerade angekommen, da ...; **no ~ said than done** gesagt, getan ◻2 lieber; **I would ~ not do it** ich würde es lieber nicht tun

soot [sʊt] *s* Ruß *m*

soothe [suːð] *v/t* beruhigen; *Schmerz* lindern

soothing ['suːðɪŋ] *adj* beruhigend, schmerzlindernd

sophisticated [sə'fɪstɪkeɪtɪd] *adj* ◻1 kultiviert; *Publikum* anspruchsvoll; *Kleid* raffiniert; **she thinks she looks more ~ with a cigarette** sie glaubt, mit einer Zigarette mehr darzustellen ◻2 hoch entwickelt; *Verfahren* durchdacht; *Gerät* ausgeklügelt ◻3 subtil; *System* komplex

sophistication [sə,fɪstɪ'keɪʃən] *s* ◻1 Kultiviertheit *f*; *von Publikum* hohes Niveau ◻2 hoher Entwicklungsgrad; *von Verfahren* Durchdachtheit *f*; *von Gerät* Ausgeklügeltheit *f* ◻3 Subtilität *f*; *von System* Komplexheit *f*

sophomore ['sɒfəmɔː^r] *US s* Student(in) im zweiten Jahr

sopping ['sɒpɪŋ] *adj*, (*a.* **sopping wet**) durchnässt, klitschnass

soppy ['sɒpɪ] *Br umg adj Buch, Lied* schmalzig *umg*; *Mensch* sentimental

soprano [sə'prɑːnəʊ] ◻A *s* ⟨*pl* -s⟩ Sopran *m* ◻B *adj* Sopran-

sorbet ['sɔːbeɪ] *s* Sorbet *n/m*

sorcerer ['sɔːsərə^r] *s* Hexenmeister *m*

sorceress ['sɔːsərəs] *s* Hexe *f*

sorcery ['sɔːsərɪ] *s* Hexerei *f*

sordid ['sɔːdɪd] *adj* eklig; *Bedingungen* erbärmlich; *Affäre* schmutzig; **spare me the ~ details** erspar mir die schmutzigen Einzelheiten

sore [sɔː^r] ◻A *adj* ⟨*komp* sorer⟩ ◻1 weh; (≈ *geschwollen sein*) entzündet; **to have a ~ throat** Halsschmerzen haben; **my eyes are ~** mir tun die Augen weh; **my wrist feels ~** mein Handgelenk tut weh; **to have ~ muscles** Muskelkater haben; **a ~ point** *fig* ein wunder Punkt; **to be in ~ need of sth** etw unbedingt *od* dringend brauchen **2** *bes US umg* verärgert (**about sth** über etw *akk od* **at sb** über j-n) **B** *s* MED wunde Stelle

sorely [ˈsɔːlɪ] *adv* versucht sehr; *benötigt* dringend; *vermisst* schmerzlich; **he has been ~ tested** *od* **tried** seine Geduld wurde auf eine sehr harte Probe gestellt; **to be ~ lacking** bedauerlicherweise fehlen

soreness [ˈsɔːnɪs] *s* Schmerz *m*

sorority [səˈrɒrɪtɪ] *s* US UNIV Studentinnenvereinigung *f*

sorrow [ˈsɒrəʊ] *s* ⟨*kein pl*⟩ Traurigkeit *f*; *kein pl* Trauer *f*; (≈ *Kummer*) Sorge *f*; **to drown one's ~s** seine Sorgen ertränken

sorrowful *adj*, **sorrowfully** *adv* traurig

sorry [ˈsɒrɪ] *adj* ⟨*komp* sorrier⟩ traurig; *Ausrede* faul; **I was ~ to hear that** es tat mir leid, das zu hören; **we were ~ to hear about your mother's death** es tat uns leid, dass deine Mutter gestorben ist; **I can't say I'm ~ he lost** es tut mir wirklich nicht leid, dass er verloren hat; **this work is no good, I'm ~ to say** diese Arbeit taugt nichts, das muss ich leider sagen; **to be** *od* **feel ~ for sb/oneself** j-n/sich selbst bemitleiden; **I feel ~ for the child** das Kind tut mir leid; **you'll be ~ (for this)!** das wird dir noch leidtun!; **(I'm) ~!** Entschuldigung!; **I'm/he's ~** es tut mir/ihm leid; **can you lend me £5?** — ~ kannst du mir £ 5 leihen? — bedaure, leider nicht; **~?** wie bitte?; **he's from England, ~ Scotland** er ist aus England, nein, Entschuldigung, aus Schottland; **to say ~ (to sb for sth)** sich (bei j-m für etw) entschuldigen; **to be** *od* **feel ~ about sth** etw bedauern; **I'm ~ about that vase** es tut mir leid um die Vase; **I'm ~ about (what happened on) Thursday** es tut mir leid wegen Donnerstag; **to be in a ~ state** *Mensch* in einer jämmerlichen Verfassung sein; *Sache* in einem jämmerlichen Zustand sein

sort [sɔːt] **A** *s* **1** Art *f*, Sorte *f*; **a ~ of car** eine Art Auto; **an odd ~ of novel** ein komischer Roman; **what ~ of (a) man is he?** was für ein Mensch ist er?; **he's not the ~ of man to do that** er ist nicht der Mensch, der das täte; **this ~ of thing** so etwas; **all ~s of things** alles Mögliche; **something of the ~** (irgend) so (et)was; **he's some ~ of administrator** er hat irgendwie in der Verwaltung zu tun; **he's got some ~ of job with …** er hat irgendein Job bei …; **you'll do nothing of the ~!** von wegen!, das wirst du schön bleiben lassen!; **that's the ~ of person I am** ich bin nun mal so!; **I'm not that ~ of girl** ich bin nicht so eine; **he's a good ~** er

ist ein prima Kerl; **he's not my ~** er ist nicht mein Typ; **I don't trust his ~** solchen Leuten traue ich nicht; **to be out of ~s** *Br* nicht ganz auf der Höhe sein, nicht ganz auf dem Damm sein *umg* **2** IT Sortiervorgang *m* **B** *adv* **~ of** *umg* irgendwie; **is it tiring?** — ~ **of** ist das anstrengend? — irgendwie schon; **it's ~ of finished** es ist eigentlich schon fertig; **aren't you pleased?** — ~ **of** freust du dich nicht? — doch, eigentlich schon; **is this how he did it?** — **well, ~ of** hat er das so gemacht? — ja, so ungefähr **C** *v/t* **1** sortieren **2** **to get sth ~ed** etw auf die Reihe bekommen; **everything is ~ed** es ist alles (wieder) in Ordnung **D** *v/i* **1** **to ~ through sth** etw durchsehen **2** IT sortieren

phrasal verbs mit sort:

sort out *v/t* ⟨*trennb*⟩ **1** sortieren, aussortieren **2** *Problem* lösen; *Situation* klären; **the problem will sort itself out** das Problem wird sich von selbst lösen *od* erledigen; **to sort oneself out** sich (*dat*) über sich (*akk*) selbst klar werden **3** *bes Br umg* **to sort sb out** sich (*dat*) j-n vorknöpfen *umg*

sort code *s* FIN Bankleitzahl *f*

sorting office [ˈsɔːtɪŋˌɒfɪs] *Br s* Sortierstelle *f*

SOS *s* SOS *n*

so-so [ˈsəʊˈsəʊ] *umg adv & adj* ⟨*präd*⟩ soso, so la la

soufflé [ˈsuːfleɪ] *s* Soufflé *n*

sought [sɔːt] *prät & pperf* → seek

sought-after [ˈsɔːtˌɑːftə^r] *adj* begehrt

soul [səʊl] *s* **1** Seele *f*; **All Souls' Day** Allerseelen *n*; **God rest his ~!** Gott hab ihn selig!; **poor ~!** *umg* Ärmste(r)!; **he's a good ~** er ist eine gute Seele; **not a ~** keine Menschenseele **2** Wesen *n*; **he loved her with all his ~** er liebte sie von ganzem Herzen **3** Herz *n*, Gefühl *n* **4** MUS Soul *m*

soul-destroying [ˈsəʊldɪˌstrɔɪɪŋ] *adj* geisttötend

soulful *adj* seelenvoll

soulless *adj Mensch* seelenlos; *Ort* gottverlassen

soul mate *s* Seelenfreund(in) *m(f)*; **they are ~s** sie sind seelenverwandt

soul-searching *s* Gewissensprüfung *f*

sound¹ [saʊnd] **A** *adj* ⟨+*er*⟩ **1** *Verfassung* gesund; *Zustand* einwandfrei; **to be of ~ mind** *bes* JUR im Vollbesitz seiner geistigen Kräfte sein **2** solide; *Argument* fundiert; *Mensch* verlässlich; *Rat* vernünftig **3** gründlich **4** *Schlaf* tief, fest **B** *adv* ⟨+*er*⟩ **to be ~ asleep** fest schlafen

sound² **A** *s* Geräusch *n*; PHYS Schall *m*; MUS Klang *m*; FILM *etc* Ton *m*; **don't make a ~ still!**; **not a ~ was to be heard** man hörte keinen Ton; **I don't like the ~ of it** das klingt gar nicht gut; **from the ~ of it he had a hard time** es

hört sich so an *od* es klingt, als sei es ihm schlecht gegangen **B** *v/t* **~ your horn** hupen!; **to ~ the alarm** Alarm schlagen; **to ~ the retreat** zum Rückzug blasen **C** *v/i* **1** erklingen **2** klingen; **he ~s angry** es hört sich so an, als wäre er wütend; **he ~s French (to me)** er hört sich (für mich) wie ein Franzose an; **he ~s like a nice man** er scheint ein netter Mensch zu sein; **it ~s like a sensible idea** das klingt ganz vernünftig; **how does it ~ to you?** wie findest du das?
phrasal verbs mit sound:
sound off *umg v/i* sich auslassen (**about** über +*akk*)
sound out *v/t ⟨trennb⟩* **to sound sb out about sth** bei j-m in Bezug auf etw (*akk*) vorfühlen
sound barrier *s* Schallmauer *f*
sound bite *s* kurzer, prägnanter Soundclip/ Spruch (*z.B. eines Politikers*)
sound card *s* COMPUT Soundkarte *f*
sound check *s* Tonprobe *f*, Soundcheck *m*
sound effects *pl* Toneffekte *pl*
sound engineer *s* Toningenieur(in) *m(f)*
sound file *s* Tondatei *f*, Soundfile *f*
sounding board ['saʊndɪŋˌbɔːd] *fig s* Resonanzboden *m*; **he used the committee as a ~ for his ideas** er benutzte den Ausschuss, um die Wirkung seiner Vorschläge zu sondieren
soundlessly ['saʊndlɪslɪ] *adv* geräuschlos
soundly ['saʊndlɪ] *adv* gebaut solide, wahrschaft *schweiz*; schlagen vernichtend; verankert fest; **our team was ~ beaten** unsere Mannschaft wurde klar geschlagen; **to sleep ~** (tief und) fest schlafen
soundness ['saʊndnɪs] *s* **1** *von Mensch* gesunder Zustand; *von Haus* guter Zustand **2** Solidität *f*; *von Argument, Analyse* Fundiertheit *f*; *von Wirtschaft, Währung* Stabilität *f*; *von Idee, Rat, Politik* Vernünftigkeit *f*
sound practice *s* Hör- *od* Ausspracheübung *f*
soundproof *adj* schalldicht
sound system *s* Musikanlage *f*
soundtrack *s* Filmmusik *f*
soup [suːp] *s* Suppe *f*
phrasal verbs mit soup:
soup up *umg v/t* Motor aufmotzen *umg*, frisieren *umg*
soup bowl *s* Suppenteller *m*
soup kitchen *s* Volksküche *f*
soup plate *s* Suppenteller *m*
soup spoon *s* Suppenlöffel *m*
sour ['saʊəʳ] **A** *adj* ⟨+*er*⟩ **1** sauer; Wein, Geruch säuerlich; **to go** *od* **turn ~** *wörtl* sauer werden **2** *fig* Miene griesgrämig; **it's just ~ grapes** die Trauben hängen zu hoch **B** *v/i fig* Beziehungen sich verschlechtern

source [sɔːs] **A** *s* Quelle *f*; *von Problem etc* Ursache *f*; **he is a ~ of embarrassment to us** er bringt uns ständig in Verlegenheit; **I have it from a good ~ that ...** ich habe es aus sicherer Quelle, dass ...; **to give a ~** eine Quelle angeben **B** *v/t* HANDEL beschaffen
source code *s* IT Quellcode *m*
source file *s* IT Quelldatei *f*
source language *s* **1** *bei Übersetzungen etc* Ausgangssprache *f* **2** IT Quellsprache *f*
sour(ed) cream [ˌsaʊə(d)ˈkriːm] *s* saure Sahne
sourness ['saʊənɪs] *s von Zitrone, Milch* saurer Geschmack; *von Geruch* Säuerlichkeit *f*; *fig von Miene* Griesgrämigkeit *f*
sous chef ['suːˌʃef] *s* Souschef(in) *m(f)* (*Stellvertreter des Küchenchefs*)
south [saʊθ] **A** *s* Süden *m*; **in the ~ of** im Süden +*gen*; **to the ~ of** südlich von; **from the ~** aus dem Süden; *Wind* aus Süden; **the wind is in the ~** es ist Südwind; **the South of France** Südfrankreich *n*; **which way is ~?** in welcher Richtung ist Süden?; **down ~** unten im Süden; *reisen* runter in den Süden **B** *adj* südlich, Süd-; **South German** süddeutsch **C** *adv* im Süden; (≈ *reisen*) nach Süden; **to be further ~** weiter südlich sein; **~ of** südlich von
South Africa *s* Südafrika *n*
South African **A** *adj* südafrikanisch; **he's ~** er ist Südafrikaner **B** *s* Südafrikaner(in) *m(f)*
South America *s* Südamerika *n*
South American **A** *adj* südamerikanisch; **he's ~** er ist Südamerikaner **B** *s* Südamerikaner(in) *m(f)*
southbound *adj* (in) Richtung Süden
southeast **A** *s* Südosten *m*; **from the ~** aus dem Südosten; *Wind* von Südosten **B** *adj* südöstlich, Südost- **C** *adv* nach Südosten; **~ of** südöstlich von
Southeast Asia *s* Südostasien *n*
southeasterly *adj* südöstlich
southeastern *adj* südöstlich; **~ England** Südostengland *n*
southerly ['sʌðəlɪ] *adj* südlich; *Wind* aus Süden
southern ['sʌðən] *adj* südlich, Süd-, südländisch
southerner ['sʌðənəʳ] *s* Bewohner(in) *m(f)* des Südens, Südengländer(in) *m(f) etc*; *US* Südstaatler(in) *m(f)*
southernmost ['sʌðənməʊst] *adj* südlichste(r, s)
south-facing *adj* Fassade nach Süden gerichtet; Garten nach Süden gelegen
South Korea *s* Südkorea *n*
South Korean **A** *adj* südkoreanisch **B** *s* Südkoreaner(in) *m(f)*

South Pacific s Südpazifik m
South Pole s Südpol m
South Seas pl Südsee f
south-south-east A adj südsüdöstlich B adv nach Südsüdost(en)
south-south-west A adj südsüdwestlich B adv nach Südsüdwest(en); **~ of** südsüdwestlich von
southward(s) A adj südlich B adv nach Süden
southwest A s Südwesten m; **from the ~** aus dem Südwesten; *Wind* von Südwesten B adj südwestlich C adv nach Südwest(en); **~ of** südwestlich von
southwesterly adj südwestlich
southwestern adj südwestlich
souvenir [ˌsuːvəˈnɪəʳ] s Souvenir n (**of** an +akk)
sovereign [ˈsɒvrɪn] A s Herrscher(in) m(f) B adj höchste(r, s); *Staat* souverän
sovereignty [ˈsɒvrəntɪ] s **1** Oberhoheit f **2** Souveränität f
soviet [ˈsəʊvɪət] A s HIST Sowjet m B adj ⟨attr⟩ HIST sowjetisch, Sowjet-
Soviet Union s HIST Sowjetunion f
sow¹ [səʊ] v/t ⟨prät sowed; pperf sown od sowed⟩ säen, aussäen; **this field has been sown with barley** auf diesem Feld ist Gerste gesät; **to sow (the seeds of) hatred/discord** Hass/Zwietracht säen
sow² [saʊ] s Sau f
sowing [ˈsəʊɪŋ] s Aussaat f
sown [səʊn] pperf → **sow**¹
soya [ˈsɔɪə], **soy** [sɔɪ] s Soja f
soya bean s Sojabohne f
soya milk Br s Sojamilch f
soya sauce s Sojasoße f
soybean [ˈsɔɪbiːn] US s → **soya bean**
soy milk [sɔɪ] US s Sojamilch f
soy sauce s Sojasoße f
spa [spɑː] s Kurort m; Wellness-Center n
space [speɪs] A s **1** Raum m; RAUMF der Weltraum m; **to stare into ~** ins Leere starren **2** ⟨kein pl⟩ Platz m; **to take up a lot of ~** viel Platz wegnehmen; **to clear/leave some ~ for sb/sth** für j-n/etw Platz schaffen/lassen; **parking ~** Platz m zum Parken **3** (≈ Abstand) Platz m ohne ort; zwischen Objekten, Zeilen Zwischenraum m; zum Parken Lücke f; **to leave a ~ for sb/sth** für j-n/etw Platz lassen **4** Zeitraum m; **in a short ~ of time** in kurzer Zeit; **in the ~ of ...** innerhalb ... (gen) B v/t (a. **space out**) in Abständen verteilen; **~ them further out** od **further apart** lassen Sie etwas mehr Zwischenraum od Abstand (dazwischen)
space-bar s TYPO Leertaste f
space capsule s (Welt)Raumkapsel f
space centre s, **space center** US s Raumfahrtzentrum n
spacecraft s ⟨pl -⟩ Raumfahrzeug n
spaced out [ˌspeɪstˈaʊt] umg adj geistig weggetreten umg; durch Drogen high umg; sl appearance irre umg; music abgefahren umg
space flight s Weltraumflug m
space heater bes US s Heizgerät n
spaceman s ⟨pl -men⟩ (Welt)raumfahrer m
space probe s (Welt)Raumsonde f
space rocket s Weltraumrakete f
space-saving adj platzsparend
spaceship s Raumschiff n
space shuttle s Raumfähre f
space sickness s Weltraumkrankheit f
space station s (Welt)raumstation f
spacesuit s Raumanzug m
space travel s die Raumfahrt
space walk s Weltraumspaziergang m
spacewoman s ⟨pl -women [-wɪmən]⟩ (Welt)raumfahrerin f
spacing [ˈspeɪsɪŋ] s Abstände pl, Abstand m; (a. **~ out**) Verteilung f; **single ~** TYPO einzeiliger Abstand
spacious [ˈspeɪʃəs] adj geräumig
spaciousness [ˈspeɪʃəsnɪs] s Geräumigkeit f; von Garten, Park Weitläufigkeit f
spade [speɪd] s **1** Spaten m; (≈ Spielzeug) Schaufel f **2** KART Pik n; **the Queen of Spades** die Pikdame
spaghetti [spəˈgetɪ] s Spaghetti pl
spa hotel s Wellnesshotel n
Spain [speɪn] s Spanien n
spam [spæm] A s **1** ~® spiced ham (in Gelee eingelegtes) Frühstücksfleisch **2** IT Spam n (unverlangt zugesandter Werbemüll via E-Mail) B v/t IT mit Werbung bombardieren od zumüllen
spam filter s Spamfilter m
spammer [ˈspæməʳ] s IT Spammer(in) m(f)
spamming [ˈspæmɪŋ] s IT Spamming n, Bombardierung f mit Werbung
span¹ [spæn] A s **1** von Hand Spanne f; von Brücke Spannweite f **2** Zeitspanne f **3** Umfang m B v/t **1** Seil sich spannen über (+akk) **2** umfassen **3** zeitlich sich erstrecken über (+akk)
span² obs prät → **spin**
Spaniard [ˈspænjəd] s Spanier(in) m(f)
spaniel [ˈspænjəl] s Spaniel m
Spanish [ˈspænɪʃ] A adj spanisch; **he is ~** er ist Spanier B s **1 the ~** die Spanier pl **2** LING Spanisch n
spank [spæŋk] A s Klaps m B v/t versohlen; **to ~ sb's bottom** j-m den Hintern versohlen
spanking [ˈspæŋkɪŋ] s Tracht f Prügel
spanner [ˈspænəʳ] Br s Schraubenschlüssel m; **to throw a ~ in the works** fig j-m einen Knüppel zwischen die Beine werfen

spar [spɑːʳ] *v/i Boxen* sparren; *fig* sich kabbeln *umg* (**about** um)

spare [spɛəʳ] A *adj* übrig *präd*, überzählig; **~ bed** Gästebett *n*; **have you any ~ string?** kannst du mir (einen) Bindfaden geben?; **I have a ~ one** ich habe noch einen/eine/eins; **take a ~ pen** nehmen Sie noch einen Stift mit; **take some ~ clothes** nehmen Sie Kleider zum Wechseln mit; **when you have a few minutes ~** wenn Sie mal ein paar freie Minuten haben B *s* Ersatzteil *n*; *von Auto* Reserverad *n* C *v/t* 1 ⟨*mst mit Verneinung*⟩ *Ausgaben, Anstrengung* scheuen; **no expense ~d** es wurden keine Kosten gescheut *od* gespart 2 *Geld* übrig haben; *Zimmer* frei haben; *Zeit* (übrig) haben; **to ~ sb sth** j-m etw überlassen *od* geben; *Geld* j-m etw geben; **can you ~ the time to do it?** haben Sie Zeit, das zu machen?; **there is none to ~** es ist keine(r, s) übrig; **to have a few minutes to ~** ein paar Minuten Zeit haben; **I got to the airport with two minutes to ~** ich war zwei Minuten vor Abflug am Flughafen 3 entbehren; **can you ~ this?** brauchst du das?; **to ~ a thought for sb/sth** an j-n/etw denken 4 verschonen; **to ~ sb's life** j-s Leben verschonen 5 **to ~ sb/oneself sth** j-m/sich etw ersparen; **~ me the details** verschone mich mit den Einzelheiten

spare part *s* Ersatzteil *n*

spare ribs *pl* GASTR Spareribs *pl*

spare room *s* Gästezimmer *n*

spare time *s* Freizeit *f*

spare tyre *s*, **spare tire** *US s* Ersatzreifen *m*

sparing ['spɛərɪŋ] *adj* sparsam

sparingly ['spɛərɪŋlɪ] *adv* sparsam; *trinken, essen* in Maßen; **to use sth ~** mit etw sparsam umgehen

spark [spɑːk] A *s* Funke *m*; **a bright ~** *iron* ein Intelligenzbolzen *m iron* B *v/t* (*a.* **spark off**) entzünden; *Explosion* verursachen; *fig* auslösen; *Streit* entfachen

sparkle ['spɑːkl] A *s* Funkeln *n* B *v/i* funkeln (**with** vor *+dat*); **her eyes ~d with excitement** ihre Augen blitzten vor Erregung

sparkler ['spɑːkləʳ] *s* Wunderkerze *f*

sparkling ['spɑːklɪŋ] *adj* funkelnd; *Wein* perlend; **~ (mineral) water** Selterswasser *n*; **~ wine** Sekt *m*, Perlwein *m*; **in ~ form** in glänzender Form

spark plug *s* Zündkerze *f*

sparring partner ['spɑːrɪŋpɑːtnəʳ] *s* Sparringpartner(in) *m(f)*

sparrow ['spærəʊ] *s* Sperling *m*, Spatz *m*

sparse [spɑːs] *adj* spärlich; *Haar* schütter; *Mobiliar, Ressourcen* dürftig

sparsely ['spɑːslɪ] *adv* spärlich; *besiedelt* dünn

sparseness ['spɑːsnɪs] *s* Spärlichkeit *f*; *von Bevölkerung* geringe Dichte

Spartan ['spɑːtən] *adj*, **spartan** *adj* spartanisch

spasm ['spæzəm] *s* MED Krampf *m*

spasmodic [spæz'mɒdɪk] *adj* MED krampfartig; *fig* sporadisch

spat [spæt] *prät & pperf* → spit[1]

spate [speɪt] *s von Fluss* Hochwasser *n*; *fig von Aufträgen etc* Flut *f*; *von Einbrüchen* Serie *f*

spatter ['spætəʳ] A *v/t* bespritzen; **to ~ sb with water** j-n nass spritzen B *v/i* **it ~ed all over the room** es verspritzte im ganzen Zimmer C *s* **a ~ of rain** ein paar Tropfen Regen

spatula ['spætjʊlə] *s* 1 Spachtel *m*; MED Spatel *m* 2 GASTR Teigschaber *m*

spawn [spɔːn] A *s von Frosch* Laich *m* B *v/i* laichen C *v/t fig* hervorbringen

speak [spiːk] ⟨*prät* spoke; *pperf* spoken⟩ A *v/t* 1 sagen; *Gedanken* äußern; **to ~ one's mind** seine Meinung sagen 2 *Sprache* sprechen B *v/i* 1 sprechen, reden (**about** über *+akk od* von *od* **on** zu), reden, sich unterhalten (**with** mit); *zu Thema* sich äußern (**on, to** zu); **to ~ to** *od* **with sb** mit j-m sprechen; **did you ~?** haben Sie etwas gesagt?; **I'm not ~ing to you** mit dir rede *od* spreche ich nicht mehr; **I'll ~ to him about it** *euph ermahnend* ich werde ein Wörtchen mit ihm reden; **~ing of X …** da wir gerade von X sprechen …; **it's nothing to ~ of** es ist nicht weiter erwähnenswert; **to ~ well of sb/sth** j-n/etw loben; **so to ~** sozusagen; **roughly ~ing** grob gesagt; **strictly ~ing** genau genommen; **generally ~ing** im Allgemeinen; **~ing personally …** wenn Sie mich fragen …; **~ing as a member …** als Mitglied …; **to ~ in public** in der Öffentlichkeit reden 2 TEL **~ing!** am Apparat!; **Jones ~ing!** (hier) Jones!; **who is ~ing?** wer ist da, bitte?; **it's Jim ~ing** hier spricht Jim C *s* ⟨*suf*⟩ **Euro-speak** Eurojargon *m*

phrasal verbs mit speak:

speak for *v/i* ⟨*+obj*⟩ **to speak for sb** in j-s Namen (*dat*) sprechen; **speaking for myself …** was mich angeht …; **speak for yourself!** du vielleicht!; **to speak for itself** für sich sprechen

speak out *v/i* seine Meinung deutlich vertreten; **to speak out against sth** sich gegen etw aussprechen

speak up *v/i* 1 lauter sprechen 2 *fig* **to speak up for sb/sth** für j-n/etw eintreten; **what's wrong? speak up!** was ist los? heraus mit der Sprache!

speaker ['spiːkəʳ] *s* 1 *von Sprache* Sprecher(in) *m(f)*; **all German ~s** alle, die Deutsch sprechen 2 Redner(in) *m(f)*; **Speaker** PARL Sprecher(in) *m(f)* 3 Lautsprecher *m*; *von Hi-Fi* Box *f*

speaker dock *s* IT Dockingstation *f*, Docking

Station *f*
speaking ['spiːkɪŋ] *s* Sprechen *n*
-speaking *adj* ⟨*suf*⟩ -sprechend; **English-speaking** englischsprachig
speaking terms *pl* **to be on ~ with sb** mit j-m reden
spear [spɪəʳ] *s* Speer *m*
spearmint ['spɪəmɪnt] *s* Grüne Minze
spec [spek] *umg s* **on ~** auf gut Glück
special ['speʃəl] **A** *adj* besondere(r, s), Sonder-; *Freund, Gelegenheit* speziell; **I have no ~ person in mind** ich habe eigentlich an niemanden Bestimmtes gedacht; **did you do anything ~?** habt ihr irgendetwas Besonderes gemacht?; **nothing ~** nichts Besonderes; **to be ~ to sb** j-m viel bedeuten; **what's so ~ about her?** was ist denn an ihr so besonders?; **what's so ~ about that?** das ist doch nichts Besonderes!; **to feel ~** sich als etwas ganz Besonderes vorkommen; **~ character** IT Sonderzeichen *n*; **~ discount** Sonderrabatt *m*; **~ effects** FILM Spezialeffekte *pl* **B** *s* Sonderangebot *n*; TV, RADIO Sonderprogramm *n*; GASTR Tagesgericht *n*; **chef's ~** Spezialität *f* des Küchenchefs
special agent *s* Agent(in) *m(f)*
special delivery *s* Eilzustellung *f*; **by ~** per Eilboten
specialist ['speʃəlɪst] **A** *s* Spezialist(in) *m(f)*; MED Facharzt *m*/-ärztin *f* **B** *adj* ⟨*attr*⟩ Fach-
speciality [ˌspeʃɪ'ælɪtɪ] *s*, **specialty** ['speʃəltɪ] *US s* Spezialität *f*
specialization [ˌspeʃəlaɪ'zeɪʃən] *s* Spezialisierung *f* (**in** auf +*akk*); (≈ *Fach*) Spezialgebiet *n*
specialize ['speʃəlaɪz] *v/i* sich spezialisieren (**in** auf +*akk*)
specially ['speʃəlɪ] *adv* besonders, extra; **don't go to the post office ~ for me** gehen Sie meinetwegen nicht extra zur Post
special needs *Br pl* **~ children** Kinder *pl* mit Behinderungen
special offer *s* Sonderangebot *n*
special school *Br s* Sonderschule *f*
specialty ['speʃəltɪ] *US s* → speciality
species ['spiːʃiːz] *s* ⟨*pl* -⟩ Art *f*
specific [spə'sɪfɪk] *adj* bestimmt, genau; *Beispiel* ganz bestimmt; **9.3, to be ~** 9,3, um genau zu sein; **can you be a bit more ~?** können Sie sich etwas genauer äußern?; **he was quite ~ on that point** er hat sich zu diesem Punkt recht spezifisch geäußert
specifically [spə'sɪfɪkəlɪ] *adv* **1** *erwähnen* ausdrücklich; *konstruiert* speziell **2** genau, im Besonderen
specification [ˌspesɪfɪ'keɪʃən] *s* **1 ~s** *pl* genaue Angaben *pl*; *von Auto, Maschine* technische Daten *pl* **2** Bedingung *f*

specified *adj* bestimmt
specify ['spesɪfaɪ] *v/t* angeben; *zwingend* vorschreiben
specimen ['spesɪmɪn] *s* Exemplar *n*, Probe *f*, Muster *n*; **a beautiful** *od* **fine ~** ein Prachtexemplar *n*
speck [spek] *s* Fleck *m*; *von Staub* Körnchen *n*
speckle ['spekl] **A** *s* Tupfer *m* **B** *v/t* sprenkeln
speckled ['spekld] *adj* gesprenkelt
specs [speks] *umg pl* Brille *f*
spectacle ['spektəkl] *s* **1** Schauspiel *n*; **to make a ~ of oneself** unangenehm auffallen **2 ~s** *pl* (*a*. **pair of ~s**) Brille *f*
spectacle case *s* Brillenetui *n*
spectacular [spek'tækjʊləʳ] *adj* sensationell; *Landschaft* atemberaubend
spectacularly [spek'tækjʊlǝlɪ] *adv* sensationell; *toll* unglaublich
spectate [spek'teɪt] *umg v/i* zuschauen (**at** bei)
spectator [spek'teɪtəʳ] *s* Zuschauer(in) *m(f)*
spectre ['spektə] *s*, **specter** *US s* Gespenst *n*
spectrum ['spektrəm] *s* ⟨*pl* spectra⟩ Spektrum *n*
speculate ['spekjʊleɪt] *v/i* **1** spekulieren (**about, on** über +*akk*) **2** FIN spekulieren (**in** mit *od* **on** an +*dat*)
speculation [ˌspekjʊ'leɪʃən] *s* Spekulation *f* (**on** über +*akk*)
speculative ['spekjʊlətɪv] *adj* spekulativ; FIN *a*. Spekulations-
speculator ['spekjʊleɪtəʳ] *s* Spekulant(in) *m(f)*
sped [sped] *prät & pperf* → speed
speech [spiːtʃ] *s* **1** ⟨*kein pl*⟩ (≈ *Sprechvermögen*) Sprache *f*; **freedom of ~** Redefreiheit *f* **2** Rede *f* (**on, about** über +*akk*); **to give** *od* **make a ~** eine Rede halten **3** *Br* GRAM **direct/indirect** *od* **reported ~** direkte/indirekte Rede
speech bubble *s* Sprechblase *f*
speech day *Br s* SCHULE (Jahres)abschlussfeier *f*
speech defect *s* Sprachfehler *m*
speechless *adj* sprachlos (**with** vor +*dat*); **his remark left me ~** seine Bemerkung verschlug mir die Sprache
speech recognition *s* IT Spracherkennung *f*; **~ software** Spracherkennungssoftware *f*
speech therapist *s* Logopäde *m*, Logopädin *f*
speech therapy *s* Logopädie *f*
speed [spiːd] **A** *v/i* **1** ⟨*prät, pperf* sped⟩ flitzen; **the years sped by** die Jahre vergingen wie im Fluge **2** ⟨*prät, pperf* speeded⟩ AUTO die Geschwindigkeitsbegrenzung überschreiten **B** *s* **1** Geschwindigkeit *f*, Tempo *n*; **at ~** äußerst schnell; **at high/low ~** mit hoher/niedriger Geschwindigkeit; **at full** *od* **top ~** mit Höchstgeschwindigkeit; **at a ~ of ...** mit einer Geschwindigkeit *od* einem Tempo von ...; **to gather ~** schneller werden; *fig* sich beschleu-

nigen; **to bring sb up to ~** *umg* j-n auf den neuesten Stand bringen; **full ~ ahead!** SCHIFF volle Kraft voraus! **2** AUTO, TECH Gang *m*
`phrasal verbs mit speed:`
speed off *v/i* ⟨*prät, pperf* speeded *od* sped off⟩ davonjagen
speed up ⟨*prät, pperf* speeded up⟩ **A** *v/i* Auto beschleunigen; *Mensch* schneller machen; *Arbeitstempo* schneller werden **B** *v/t* ⟨*trennb*⟩ beschleunigen

speed awareness course Br *s* AUTO *nach Geschwindigkeitsüberschreitung* Nachschulung *f*, Aufbauseminar *n*
speedboat *s* Rennboot *n*
speed bump *s* Bodenschwelle *f*
speed camera *s an Straße* Blitzgerät *n*
speed dial(ing) *s bes US* TEL Kurzwahl *f*; **~ button** Kurzwahltaste *f*
speedily ['spiːdɪlɪ] *adv* schnell; *antworten* prompt
speeding ['spiːdɪŋ] *s* Geschwindigkeitsüberschreitung *f*; **to get a ~ fine** eine Geldstrafe wegen Geschwindigkeitsüberschreitung bekommen
speed limit *s* Geschwindigkeitsbegrenzung *f*; **a 30 mph ~** eine Geschwindigkeitsbegrenzung von 50 km/h
speedometer [spɪ'dɒmɪtə] *s* Tachometer *m*
speed ramp *s Verkehr* Bodenschwelle *f*
speed skating *s* Eisschnelllauf *m*
speed trap *s* Radarfalle *f*
speedway *s* **1** SPORT Speedway-Rennen *n* **2** US Schnellstraße *f*
speedy ['spiːdɪ] *adj* ⟨*komp* speedier⟩ schnell; **we wish Joan a ~ recovery** wir wünschen Joan eine rasche Genesung
spell[1] [spel] *s* Zauber *m*, Zauberspruch *m*; **to be under a ~** *wörtl* verhext sein; *fig* wie verzaubert sein; **to put a ~ on sb** *wörtl* j-n verhexen; *fig* j-n in seinen Bann ziehen; **to be under sb's ~** *fig* in j-s Bann (*dat*) stehen; **to break the ~** den Zauber lösen
spell[2] *s* Weile *f*; **for a ~** eine Weile; **cold ~** Kältewelle *f*; **dizzy ~** Schwächeanfall *m*; **a short ~ of sunny weather** eine kurze Schönwetterperiode; **they're going through a bad ~** sie machen eine schwierige Zeit durch
spell[3] ⟨*prät, pperf* spelt; *bes Br* spelled⟩ **A** *v/i* (orthografisch) richtig schreiben; **she can't ~** sie kann keine Rechtschreibung **B** *v/t* **1** schreiben; *laut* buchstabieren; **how do you ~ "onyx"?** wie schreibt man „Onyx"?; **how do you ~ your name?** wie schreibt sich Ihr Name?; **what do these letters ~?** welches Wort ergeben diese Buchstaben? **2** bedeuten
`phrasal verbs mit spell:`
spell out *v/t* ⟨*trennb*⟩ buchstabieren; *lesend* entziffern; (≈ *erklären*) verdeutlichen
spellbinding ['spelbaɪndɪŋ] *adj* fesselnd
spellbound ['spelbaʊnd] *fig adj & adv* gebannt
spellcheck *s* IT Rechtschreibprüfung *f*; **to do a ~** die Rechtschreibung überprüfen
spellchecker *s* IT Rechtschreibprüfung *f*
speller ['spelə] *s* **to be a good ~** in Rechtschreibung gut sein
spelling ['spelɪŋ] *s* Rechtschreibung *f*; *von Wort* Schreibweise *f*
spelling mistake *s* (Recht)schreibfehler *m*
spelt [spelt] *bes Br prät & pperf* → spell[3]
spend [spend] *v/t* ⟨*prät, pperf* spent⟩ **1** Geld ausgeben (**on** für); *Energie* verbrauchen; *Zeit* brauchen **2** *Zeit, Abend* verbringen (**on** mit); **to ~ the night** übernachten; **he ~s his time reading** er verbringt seine Zeit mit Lesen
spending ['spendɪŋ] *s* ⟨*kein pl*⟩ Ausgaben *pl*; **~ cuts** Kürzungen *pl*
spending money *s* Taschengeld *n*
spending power *s* Kaufkraft *f*
spending spree *s* Großeinkauf *m*; **to go on a ~** groß einkaufen gehen
spendthrift *s* Verschwender(in) *m(f)*
spent [spent] **A** *prät & pperf* → spend **B** *adj* Patrone verbraucht; *Mensch* erschöpft
sperm [spɜːm] *s* Samenfaden *m*; (≈ *Flüssigkeit*) Sperma *n*
sperm bank *s* Samenbank *f*
sperm count *s* Spermienzahl *f*
spermicide ['spɜːmɪsaɪd] *s* Spermizid *n*
spew [spjuː] **A** *v/i* **1** *umg* brechen, spucken **2** (**~ out**) sich ergießen *geh*, hervorsprudeln **B** *v/t* **1** (**a. ~ up**) *umg* erbrechen **2** *a.* **~ out** *Lava* auswerfen; *Wasser* ablassen
SPF [ˌespiːˈef] *abk* (= **sun protection factor**) LSF *m*, Lichtschutzfaktor *m*
sphere [sfɪə] *s* **1** Kugel *f* **2** *fig* Sphäre *f*, Bereich *m*; *von Wissen etc* Gebiet *n*; **his ~ of influence** sein Einflussbereich
spherical ['sferɪkəl] *adj* kugelförmig
sphincter ['sfɪŋktə] *s* ANAT Schließmuskel *m*
spice [spaɪs] *s* **1** Gewürz *n* **2** *fig* Würze *f*
`phrasal verbs mit spice:`
spice up *fig v/t* würzen

spiced *adj* GASTR würzig; **~ wine** Glühwein *m*; **highly ~** pikant (gewürzt)
spick-and-span [ˌspɪkənˈspæn] *adj* blitzsauber
spicy ['spaɪsɪ] *adj* ⟨*komp* spicier⟩ würzig, scharf gewürzt; *fig Geschichte etc* pikant
spider ['spaɪdə] *s* Spinne *f*; **~'s web** Spinnwebe *f*
spiderweb ['spaɪdəweb] *US s* Spinnwebe *f*
spidery ['spaɪdərɪ] *adj Handschrift* krakelig
spike [spaɪk] **A** *s* Spitze *f*; *von Pflanze* Stachel *m*; *an Schuh* Spike *m* **B** *v/t Drink* einen Schuss zuset-

spiky – splash • 653

zen (+dat)

spiky ['spaɪkɪ] adj ⟨komp spikier⟩ Blatt spitz; Haare hochstehend

spill [spɪl] ⟨v: prät, pperf spilt; bes Br spilled⟩ **A** v/t verschütten; **to ~ the beans** alles ausplaudern; **to ~ the beans about sth** etw ausplaudern **B** v/i verschüttet werden, sich ergießen **C** s Lache f; **oil ~** Ölkatastrophe f

phrasal verbs mit spill:

spill out v/i Flüssigkeit herausschwappen (of aus); Geld herausfallen (of aus); fig Menschen (heraus)strömen (of aus)

spill over v/i überlaufen

spilt [spɪlt] bes Br prät & pperf → spill

spin [spɪn] ⟨v: prät spun; obs span; pperf spun⟩ **A** v/t **1** spinnen **2** drehen, herumwirbeln; Wäsche schleudern; SPORT Ball einen Drall geben (+dat) **B** v/i **1** spinnen **2** sich drehen, (herum)wirbeln; Flugzeug trudeln; in Waschmaschine schleudern; **to ~ round and round** sich im Kreis drehen; **the car spun out of control** der Wagen begann, sich unkontrollierbar zu drehen; **to send sb/sth ~ning** j-n/etw umwerfen; **my head is ~ning** mir dreht sich alles **C** s **1** Drehung f; in Waschmaschine Schleudern s kein pl **2** von Ball Drall m; **to put ~ on the ball** dem Ball einen Drall geben; mit Schläger den Ball anschneiden **3** politisch der richtige Dreh umg **4** FLUG Trudeln n kein pl; **to go into a ~** zu trudeln anfangen

phrasal verbs mit spin:

spin around, **spin round** **A** v/i sich drehen, (herum)wirbeln **B** v/t ⟨trennb⟩ (schnell) drehen, herumwirbeln

spin out umg v/t ⟨trennb⟩ Geld strecken umg; Urlaub in die Länge ziehen; Geschichte ausspinnen

spinach ['spɪnɪtʃ] s Spinat m

spinal column ['spaɪnl] s Wirbelsäule f

spinal cord s Rückenmark n

spindle ['spɪndl] s Spindel f

spindly ['spɪndlɪ] adj ⟨komp spindlier⟩ spindeldürr umg, zaundürr österr

spin doctor s POL umg PR-Berater(in) m(f)

spin-drier Br s (Wäsche)schleuder f

spin-dry v/t & v/i schleudern

spin-dryer s → spin-drier

spine [spaɪn] s **1** ANAT Rückgrat n **2** (Buch)rücken m **3** Stachel m

spine-chilling ['spaɪntʃɪlɪŋ] umg adj schaurig

spineless ['spaɪnlɪs] fig adj ohne Rückgrat; Kompromiss feige

spine-tingling ['spaɪntɪŋglɪŋ] adj schaurig, schaudererregend

spinning wheel ['spɪnɪŋwiːl] s Spinnrad n

spin-off ['spɪnɒf] s Nebenprodukt n

spinster ['spɪnstə'] s Unverheiratete f; pej alte Jungfer pej

spiny ['spaɪnɪ] adj ⟨komp spinier⟩ stach(e)lig

spiral ['spaɪərəl] **A** adj spiralförmig **B** s Spirale f **C** v/i (a. **spiral up**) sich (hoch)winden

spiral staircase s Wendeltreppe f

spire [spaɪə'] s Turm m

spirit ['spɪrɪt] **A** s **1** Geist m; (≈ Atmosphäre) Stimmung f; **I'll be with you in ~** im Geiste werde ich bei euch sein; **to enter into the ~ of sth** bei etw mitmachen; **that's the ~!** umg so ist's recht! umg; **to take sth in the right/wrong ~** etw richtig/falsch auffassen **2** ⟨kein pl⟩ Mut m; (≈ Enthusiasmus) Elan m, Schwung m **3** **~s** pl Laune f; (≈ Courage) Mut m; **to be in high ~s** bester Laune sein; **to be in good/low ~s** guter/schlechter Laune sein; **to keep up one's ~s** den Mut nicht verlieren; **my ~s rose** ich bekam (neuen) Mut; **her ~s fell** ihr sank der Mut **4** **~s** pl Spirituosen pl **B** v/t **to ~ sb/sth away** j-n/etw wegzaubern

spirited adj **1** temperamentvoll **2** mutig

spirit level s Wasserwaage f

spiritual ['spɪrɪtjʊəl] adj geistig, spirituell; KIRCHE geistlich; **~ life** Seelenleben n

spirituality [ˌspɪrɪtjʊ'ælɪtɪ] s Geistigkeit f

spit¹ [spɪt] ⟨v: prät, pperf spat⟩ **A** v/t spucken **B** v/i spucken; Fett spritzen; **to ~ at sb** j-n anspucken; **it is ~ting (with rain)** Br es tröpfelt **C** s Spucke f

phrasal verbs mit spit:

spit out v/t ⟨trennb⟩ ausspucken; Worte ausstoßen; **spit it out!** fig umg spucks aus! umg, heraus mit der Sprache!

spit² s **1** GASTR (Brat)spieß m **2** Landzunge f

spite [spaɪt] **A** s **1** Gehässigkeit f **2** **in ~ of** trotz (+gen); **it was a success in ~ of him** dennoch war es ein Erfolg; **in ~ of the fact that ...** obwohl ... **B** v/t ärgern

spiteful ['spaɪtfʊl] adj boshaft

spitting image [ˌspɪtɪŋ'ɪmɪdʒ] umg s **to be the ~ of sb** j-m wie aus dem Gesicht geschnitten sein

spittle ['spɪtl] s Speichel m

splash [splæʃ] **A** s **1** Spritzen n kein pl; (≈ Geräusch) Platschen n kein pl; **to make a ~** fig Furore machen; Nachricht wie eine Bombe einschlagen **2** Spritzer m; von Farbe etc Tupfen m, Fleck m **B** v/t spritzen, gießen; j-n, etw bespritzen **C** v/i spritzen; Regen klatschen; beim Spielen planschen

phrasal verbs mit splash:

splash about Br, **splash around** v/i herumspritzen; in Wasser herumplanschen

splash out Br umg v/i **to splash out on sth** sich

(dat) etw spendieren umg
splat [splæt] s Platschen n
splatter ['splætə^r] **A** s Fleck m; von Farbe Klecks m **B** v/i spritzen **C** v/t bespritzen; mit Farbe beklecksen
splay [spleɪ] **A** v/t Finger spreizen; Füße nach außen stellen **B** v/i **he was ~ed out on the ground** er lag auf der Erde und hatte alle viere von sich gestreckt
spleen [spliːn] s ANAT Milz f; fig Zorn m
splendid ['splendɪd] adj **1** hervorragend, glänzend **2** herrlich
splendidly ['splendɪdlɪ] adv **1** prächtig **2** hervorragend
splendour ['splendə^r] s, **splendor** US s Pracht f kein pl
splint [splɪnt] s Schiene f; **to put a ~ on sth** etw schienen
splinter ['splɪntə^r] s Splitter m
splinter group s Splittergruppe f
split [splɪt] ⟨v: prät, pperf split⟩ **A** s **1** Riss m (**in** in +dat), Spalt m (**in** in +dat) **2** fig Bruch m (**in** in +dat); POL, KIRCHE Spaltung f (**in** +gen); **a three-way ~ of the profits** eine Drittelung des Gewinns **3** eines Paars, einer Band Trennung f **4** ⟨pl⟩ **to do the ~s** (einen) Spagat machen **B** adj gespalten (**on, over** in +dat) **C** v/t (zer)teilen; Holz, Atom spalten; Arbeit, Kosten (sich dat) teilen; **to ~ hairs** umg Haarspalterei treiben; **to ~ sth open** etw aufbrechen; **to ~ one's head open** sich (dat) den Kopf aufschlagen; **to ~ sth into three parts** etw in drei Teile aufteilen; **to ~ sth three ways** etw in drei Teile teilen; **to ~ the difference** wörtl Geld etc sich (dat) die Differenz teilen **D** v/i **1** Holz, Stein (entzwei)brechen; POL, KIRCHE sich spalten (**on, over** wegen); Naht platzen; Zellen, Wolken sich teilen; Menschen sich aufteilen; **to ~ open** aufplatzen; **my head is ~ting** fig mir platzt der Kopf **2** umg abhauen m
phrasal verbs mit split:
split off v/i abbrechen; fig sich trennen (**from** von)
split up A v/t ⟨trennb⟩ (auf)teilen; Partei spalten; zwei Menschen trennen; Menge zerstreuen **B** v/i zerbrechen; Zellen etc sich teilen; Menschenmenge sich spalten; Partner sich voneinander trennen
split ends pl Spliss m
split personality s PSYCH gespaltene Persönlichkeit
split screen s IT geteilter Bildschirm
split second s Sekundenbruchteil m; **in a ~** in Sekundenschnelle
split-second adj **~ timing** Abstimmung f auf die Sekunde
splitting ['splɪtɪŋ] adj Kopfschmerzen rasend

splodge [splɒdʒ] s, **splotch** [splɒtʃ] US s Klecks m; Sahne etc Klacks m
splurge (out) on ['splɜːdʒ('aʊt)ɒn] umg v/i ⟨+obj⟩ sich in Unkosten stürzen mit
splutter ['splʌtə^r] **A** s von Motor Stottern n **B** v/i stottern; Fett zischen **C** v/t (hervor)stoßen
spoil [spɔɪl] ⟨v: prät, pperf spoilt; Br spoiled⟩ **A** s ⟨mst pl⟩ Beute f kein pl **B** v/t **1** verderben; Stadt, Aussehen verschandeln; Leben ruinieren; **to ~ sth for sb** j-m etw verderben; **to ~ sb's fun** j-m den Spaß verderben; **it ~ed our evening** das hat uns (dat) den Abend verdorben **2** Kinder verwöhnen; **to be ~ed for choice** die Qual der Wahl haben **C** v/i **1** Lebensmittel verderben **2** **to be ~ing for a fight** Streit suchen
spoiler ['spɔɪlə^r] s **1** AUTO Spoiler m **2** Presse Publikation, die zur gleichen Zeit wie ein Konkurrenzprodukt erscheint
spoilsport ['spɔɪlspɔːt] umg s Spielverderber(in) m(f) umg
spoilt [spɔɪlt] Br **A** prät & pperf → spoil **B** adj Kind verwöhnt
spoke[1] [spəʊk] s Speiche f
spoke[2] prät → speak
spoken ['spəʊkən] **A** pperf → speak **B** adj gesprochen; **his ~ English is better than …** er spricht Englisch besser als …
spokesman ['spəʊksmən] s ⟨pl -men⟩ Sprecher m
spokesperson ['spəʊkspɜːsən] s Sprecher(in) m(f)
spokeswoman ['spəʊkswʊmən] s ⟨pl -women [-wɪmɪn]⟩ Sprecherin f
sponge [spʌndʒ] **A** s **1** Schwamm m **2** GASTR a. **~ cake** Rührkuchen m **B** v/t umg schnorren umg (**from** bei)
phrasal verbs mit sponge:
sponge down v/t ⟨trennb⟩ j-n (schnell) waschen; Wand abwaschen; Pferd abreiben
sponge off[1] v/t ⟨trennb⟩ Fleck etc abwischen
sponge off[2], **sponge on** umg v/i ⟨+obj⟩ **to sponge off sb** j-m auf der Tasche liegen umg
sponge bag Br s Waschbeutel m
sponge cake s Rührkuchen m
sponge finger s GASTR Löffelbiskuit n
sponge pudding s Mehlpudding m
sponger ['spʌndʒə^r] umg s Schmarotzer(in) m(f) pej
spongy ['spʌndʒɪ] adj ⟨komp spongier⟩ weich
sponsor ['spɒnsə^r] **A** s Förderer m, Förderin f; von Veranstaltung Schirmherr(in) m(f); TV, SPORT Sponsor(in) m(f); bei Spendenaktion Spender(in) m(f) **B** v/t unterstützen; finanziell fördern; TV, SPORT sponsern
sponsored Br adj gesponsert
sponsored walk s Wohltätigkeitslauf m

sponsorship ['spɒnsəʃɪp] s Unterstützung f; TV, SPORT Finanzierung f
spontaneity [ˌspɒntə'neɪətɪ] s Spontaneität f
spontaneous [spɒn'teɪnɪəs] adj spontan
spontaneously [spɒn'teɪnɪəslɪ] adv spontan, von sich aus, von selbst
spoof [spu:f] umg s Parodie f (**of** auf +akk)
spook [spu:k] umg **A** s Gespenst n **B** v/t bes US einen Schrecken einjagen (+dat)
spooky ['spu:kɪ] umg adj ⟨komp spookier⟩ **1** gespenstisch **2** sonderbar; **it was really ~** das war wirklich ein sonderbares od eigenartiges Gefühl
spool [spu:l] s Spule f
spoon [spu:n] **A** s Löffel m **B** v/t löffeln
phrasal verbs mit spoon:
spoon out v/t ⟨trennb⟩ (löffelweise) ausschöpfen
spoon-feed ['spu:nfi:d] v/t ⟨prät, pperf spoon-fed ['spu:nfed]⟩ *Baby* füttern; fig gängeln
spoonful ['spu:nfʊl] s Löffel m
sporadic [spə'rædɪk] adj sporadisch
sporadically [spə'rædɪkəlɪ] adv sporadisch, gelegentlich
spore [spɔ:ʳ] s Spore f
sporran ['spɒrən] s *über dem Schottenrock getragene Felltasche*
sport [spɔ:t] **A** s **1** Sport m kein pl; (≈ Disziplin) Sportart f; **to be good at ~(s)** sportlich sein; **to do ~(s)** Sport treiben **2 ~s** pl (a. **~s meeting**) Sportveranstaltung f **3** Spaß m, Hetz f österr **4** umg **to be a (good) ~** alles mitmachen; **be a good ~ and ...** sei doch so lieb und ...; **be a ~!** sei kein Spielverderber! **B** v/t *Krawatte* anhaben; *Bart* herumlaufen mit umg **C** US adj ⟨attr⟩ → sports
sporting ['spɔ:tɪŋ] adj sportlich; fig fair, anständig; **~ events** Wettkämpfe pl; **~ venue** Sportstätte f
sports [spɔ:ts] zssgn, **sport** US Sport-
sportsbag s Sporttasche f
sports bra s Sport-BH m
sports car s Sportwagen m
sports centre s, **sports center** US s Sportzentrum n
sports day Br s SCHULE Schulsportfest n
sports field s Sportplatz m
sports gear s ⟨kein pl⟩ Sportausrüstung f
sports ground Br s Sportplatz m
sports hall s Sporthalle f
sports jacket s Sakko m/n
sportsman [-mən] s ⟨pl -men⟩ Sportler m
sportsmanlike adj sportlich; fig fair
sportsmanship s Sportlichkeit f
sports news s ⟨sg⟩ Sportnachrichten pl
sports pages pl Sportteil m

sportspeople pl Sportler pl
sportsperson s Sportler(in) m(f)
sports programme s, **sports program** US s Sportsendung f
sports shop s, **sports store** US s Sportgeschäft n
sports venue s Ort Sportstätte f
sportswear s **1** Sportkleidung f **2** Freizeitkleidung f
sportswoman s ⟨pl -women [-wɪmən]⟩ Sportlerin f
sport-utility vehicle s Sport-Utility-Fahrzeug n, geländegängige Limousine
sporty ['spɔ:tɪ] umg adj ⟨komp sportier⟩ sportbegeistert; *Auto* sportlich
spot [spɒt] **A** s **1** Punkt m; ZOOL Fleck m; (≈ Ort) Stelle f; **~s of blood** Blutflecken pl; **a pleasant ~** ein schönes Fleckchen umg; **on the ~** an Ort und Stelle, sofort **2** MED etc Fleck m; (≈ Akne) Pickel m, Wimmerl n österr, Bibeli n schweiz; **to break out** od **come out in ~s** Flecken/Pickel bekommen **3** Br umg **a ~ of** ein bisschen; **we had a ~ of rain/a few ~s of rain** wir hatten ein paar Tropfen Regen; **a ~ of bother** etwas Ärger; **we're in a ~ of bother** wir haben Schwierigkeiten **4** **to be in a (tight) ~** in der Klemme sitzen umg; **to put sb on the ~** j-n in Verlegenheit bringen **B** v/t entdecken; *Unterschied, Gelegenheit* erkennen; *Fehler* finden
spot check s Stichprobe f
spotless adj tadellos sauber
spotlessly adv **~ clean** blitzsauber
spotlight s **1** Scheinwerfer m, Strahler m **2** Rampenlicht n; **to be in the ~** wörtl im Scheinwerferlicht od Rampenlicht stehen; fig im Rampenlicht der Öffentlichkeit stehen
spot-on Br umg adj exakt
spotted adj gefleckt, getüpfelt; **~ with blood** blutbespritzt
spotty ['spɒtɪ] adj ⟨komp spottier⟩ *Haut* pick(e)lig
spouse [spaʊs] form s Gatte m, Gattin f
spout [spaʊt] **A** s **1** Ausguss m; *von Wasserhahn* Ausflussrohr n; *von Gießkanne* Rohr n; **up the ~** Br umg Pläne etc im Eimer umg **2** *Wasser* Fontäne f **B** v/t **1** Brunnen (heraus)spritzen **2** umg Unsinn von sich geben **C** v/i *Wasser* spritzen (**from** aus); **to ~ out (of sth)** (aus etw) hervorspritzen
sprain [spreɪn] **A** s Verstauchung f **B** v/t verstauchen; **to ~ one's ankle** sich (dat) den Fuß verstauchen
sprained [spreɪnd] adj verstaucht
sprang [spræŋ] prät → spring
sprawl [sprɔ:l] **A** s auf Sofa Flegeln n kein pl umg; *von Siedlungen etc* Ausbreitung f; **urban ~** wild wuchernde Ausbreitung des Stadtgebietes **B** v/i auf Sofa sich hinlümmeln umg; *Siedlungen*

(wild) wuchern; **to send sb ~ing** j-n zu Boden werfen **C** *v/t* **to be ~ed over sth/on sth** ausgestreckt auf etw (*dat*) liegen

sprawling ['sprɔːlɪŋ] *adj Siedlungen* wild wuchernd; *Haus* großflächig; *Mensch* hingeflegelt

spray[1] [spreɪ] *s* (≈ *Blumen*) Strauß *m*

spray[2] **A** *s* **1** Sprühregen *m*; *von Meer* Gischt *m* **2** Sprühdose *f* **3** *für Haar etc* Spray *m/n* **B** *v/t Pflanzen* besprühen; *mit Insektizid* spritzen; *Haare* sprayen; *Parfüm* (ver)sprühen **C** *v/i* sprühen; *Wasser* spritzen

spray can *s* Sprühdose *f*

sprayer ['spreɪəʳ] *s* → **spray**[2] A 2

spray gun *s* Spritzpistole *f*

spray tan *s* Bräunungsspray *n/m*

spread [spred] ⟨*v: prät, pperf* spread⟩ **A** *v/t* **1** (*a.* **~ out**) *Decke, Arme* ausbreiten; *Waren* auslegen; *Hände, Beine* spreizen; **he was lying with his arms and legs ~ out** er lag mit ausgestreckten Armen und Beinen da **2** *Brot, Fläche* bestreichen; *Butter* (ver- *od* auf)streichen; *Tisch* decken; **~ the paint evenly** verteilen Sie die Farbe gleichmäßig; **to ~ a cloth over sth** ein Tuch über etw (*akk*) breiten **3** (*a.* **~ out**) verteilen (**over** über +*akk*); *Sand* streuen **4** *Nachricht, Panik, Seuche* verbreiten; **she doesn't want it ~ around** sie will nicht, dass es überall (herum)erzählt wird **B** *v/i* sich erstrecken (**over, across** über +*akk*); *Flüssigkeit, Lächeln* sich ausbreiten (**over, across** über +*akk*); *Städte* sich ausdehnen; *Geruch, Seuche, Feuer* sich verbreiten; **to ~ to sth** etw erreichen **C** *s* **1** *von Flügeln* Spannweite *f*; *von Interessen* Spektrum *n*; **middle-age ~** Altersspeck *m umg* **2** Ausbreitung *f*, Ausdehnung *f* **3** *umg* Festessen *n* **4** (Brot)aufstrich *m*; **cheese ~** Streichkäse *m* **5** *Presse, a.* TYPO Doppelseite *f*; **a full-page/double ~** ein ganz-/zweiseitiger Bericht, eine ganz-/zweiseitige Anzeige

phrasal verbs mit spread:

spread about *Br*, **spread around** *v/t* ⟨*trennb*⟩ *Spielzeug* verstreuen

spread out A *v/t* ⟨*trennb*⟩ → **spread B** *v/i* **1** *Landschaft* sich ausdehnen **2** *Läufer* sich verteilen

spread-eagle ['spred,iːgl] *v/t* **to lie ~d** alle viere von sich (*dat*) strecken *umg*

spreadsheet ['spredʃiːt] *s* IT Tabellenkalkulation *f*

spree [spriː] *s* **spending** *od* **shopping ~** Großeinkauf *m*; **drinking ~** Zechtour *f umg*; **to go on a ~** in Kneipen eine Zechtour machen; *in Warenhaus* groß einkaufen gehen

sprig [sprɪg] *s* Zweig *m*

sprightly ['spraɪtlɪ] *adj* ⟨*komp* sprightlier⟩ *Melodie* lebhaft; *Greis* rüstig

spring [sprɪŋ] ⟨*v: prät* sprang; *US* sprung; *pperf* sprung⟩ **A** *v/t* **to ~ a leak** *Rohr* (plötzlich) undicht werden; *Schiff* (plötzlich) ein Leck bekommen; **to ~ sth on sb** *fig* j-n mit etw konfrontieren **B** *v/i* **1** springen; **to ~ open** aufspringen; **to ~ to one's feet** aufspringen; **tears sprang to her eyes** ihr schossen die Tränen in die Augen; **to ~ into action** in Aktion treten; **to ~ to mind** einem einfallen; **to ~ to sb's defence** j-m zu Hilfe eilen; **to ~ (in)to life** (plötzlich) lebendig werden **2** *a.* **~ forth** *fig Idee* entstehen (**from** aus); *Interesse* herrühren (**from** von) **C** *s* **1** Quelle *f*; **~ fountain** Quelle *f* **2** Frühling *m*; **in (the) ~** im Frühling **3** Sprung *m* **4** MECH Feder *f* **5** ⟨*kein pl*⟩ **with a ~ in one's step** mit federnden Schritten **D** *adj* ⟨*attr*⟩ **1** Frühlings- **2** **~ mattress** Federkernmatratze *f*

phrasal verbs mit spring:

spring up *v/i Pflanze* hervorsprießen; *Unkraut, Bauten* aus dem Boden schießen; *Mensch* aufspringen; *fig Firma* entstehen

spring binder *s* Klemmhefter *m*

springboard *s* Sprungbrett *n*

spring break *US s* Frühjahrsferien *pl*

spring-clean A *v/t* gründlich putzen **B** *v/i* Frühjahrsputz machen

spring-cleaning *s* Frühjahrsputz *m*

spring-loaded *adj* mit einer Sprungfeder

spring onion *Br s* Frühlingszwiebel *f*

spring roll *s* Frühlingsrolle *f*

springtime *s* Frühlingszeit *f*

spring water *s* Quellwasser *n*

springy ['sprɪŋɪ] *adj* ⟨*komp* springier⟩ federnd; *Gummi* elastisch

sprinkle ['sprɪŋkl] *v/t Wasser* sprenkeln; *Zucker* streuen; *Kuchen* bestreuen

sprinkler ['sprɪŋkləʳ] *s* Berieselungsapparat *m*; *bei Brand* Sprinkler *m*

sprinkling ['sprɪŋklɪŋ] *s von Regen* ein paar Tropfen; *von Zucker* Prise *f*; **a ~ of people** ein paar vereinzelte Leute

sprint [sprɪnt] **A** *s* Sprint *m*; **a ~ finish** ein Endspurt *m* **B** *v/i* sprinten, rennen

sprinter ['sprɪntəʳ] *s* Sprinter(in) *m(f)*

spritzer ['sprɪtsəʳ] *s* Weinschorle *f*, Gespritzte(r) *m*

sprout [spraʊt] **A** *s* **1** *von Pflanze* Trieb *m*, Keim *m* **2** (Rosenkohl)röschen *n*; **~s** *pl* Rosenkohl *m*, Kohlsprossen *pl österr* **B** *v/t Blätter* treiben; *Hörner etc* entwickeln; *umg Bart* sich (*dat*) wachsen lassen **C** *v/i* **1** sprießen, keimen; *Kartoffeln* Triebe *pl* bekommen **2** *a.* **~ up** *Pflanzen* sprießen; *Bauten* aus dem Boden schießen

spruce[1] [spruːs] *s*, (*a.* **spruce fir**) Fichte *f*

spruce[2] *adj* ⟨*komp* sprucer⟩ gepflegt

phrasal verbs mit spruce:

spruce up *v/t* ⟨*trennb*⟩ *Haus* auf Vordermann

bringen *umg*; **to spruce oneself up** sein Äußeres pflegen
sprung [sprʌŋ] **A** *pperf* → **spring B** *adj* gefedert
spud [spʌd] *umg s* Kartoffel *f*, Erdapfel *m österr*
spun [spʌn] *prät & pperf* → **spin**
spur [spɜː^r] **A** *s* **1** Sporn *m*; *fig* Ansporn *m* (**to** für); **on the ~ of the moment** ganz spontan; **a ~-of-the-moment decision** ein spontaner Entschluss **B** *v/t fig a.* **~ on** anspornen
spurious ['spjʊərɪəs] *adj Anspruch* unberechtigt; *Bericht* falsch; *Interesse* nicht echt; *Argument* fadenscheinig
spurn [spɜːn] *v/t* verschmähen
spurt [spɜːt] **A** *s* **1** Strahl *m* **2** Spurt *m*; **a final ~** ein Endspurt *m*; **to put a ~ on** einen Spurt vorlegen; **to work in ~s** (nur) sporadisch arbeiten **B** *v/i* **1** (*a.* **~ out**) (heraus)spritzen (**from** aus) **2** spurten **C** *v/t* **the wound ~ed blood** aus der Wunde spritzte Blut
sputter ['spʌtə^r] *v/i* zischen; *Fett* spritzen; *Motor* stottern; *in Rede* sich ereifern (**about** über +*akk*)
spy [spaɪ] **A** *s* Spion(in) *m(f)*, Spitzel *m* **B** *v/t* erspähen *geh* **C** *v/i* spionieren; **to spy on sb** j-n bespitzeln

phrasal verbs mit spy:

spy out *v/t* ⟨*trennb*⟩ ausfindig machen; **to spy out the land** *fig* die Lage peilen
spy hole *s* Guckloch *n*, Spion *m*
spyware ['spaɪwɛə^r] *s* IT Spyware *f* (*Programme, die PCs ausspionieren*)
sq *abk* (= **square**) **1 sq m** qm, m² **2** Platz *m*
squabble ['skwɒbl] **A** *s* Zank *m* **B** *v/i* (sich) zanken (**about, over** um)
squabbling ['skwɒblɪŋ] *s* Zankerei *f*
squad [skwɒd] *s* MIL Korporalschaft *f*; (≈ *Sondereinheit*) Kommando *n*; *von Polizei* Dezernat *n*; SPORT Mannschaft *f*; *umg* Freundeskreis *m*
squad car *s* (Funk)Streifenwagen *m*
squadron ['skwɒdrən] *s* FLUG Staffel *f*; SCHIFF Geschwader *n*
squalid ['skwɒlɪd] *adj Haus* schmutzig und verwahrlost; *Bedingungen* elend
squalor ['skwɒlə^r] *s* Schmutz *m*; **to live in ~** in unbeschreiblichen Zuständen leben
squander ['skwɒndə^r] *v/t* verschwenden; *Gelegenheit* vertun
square [skwɛə^r] **A** *s* **1** Quadrat *n*; *auf Spielbrett* Feld *n*; *auf Papier* Kästchen *n*; **cut it in ~s** schneiden Sie es quadratisch zu; **to go back to ~ one**, **to start (again) from ~ one** *fig* noch einmal von vorne anfangen; **we're back to ~ one** jetzt sind wir wieder da, wo wir angefangen haben **2** *in Stadt* Platz *m* **3** **the ~ of two is four** MATH zwei im Quadrat ist vier **B** *adj* ⟨*komp* **squarer**⟩ **1** quadratisch; *Block* vierkantig; **to be a ~ peg in a round hole** am falschen Platz sein **2** *Kinn* kantig **3** MATH Quadrat-; **~ kilometre**, **~ kilometer** *US* Quadratkilometer *n*; **3 metres ~**, **3 meters ~** *US* 3 Meter im Quadrat **4** ⟨*attr*⟩ *Mahlzeit* ordentlich **5** *fig* **we are (all) ~** SPORT wir stehen beide/alle gleich; *fig* jetzt sind wir quitt **C** *v/t* **1 to ~ the match** (in einem Spiel) gleichziehen **2** MATH quadrieren; **3 ~d is 9** 3 hoch 2 ist 9, 3 im Quadrat ist 9

phrasal verbs mit square:

square up *v/i Boxer etc* in Kampfstellung gehen; **to square up to sb** sich vor j-m aufpflanzen *umg*; *fig* j-m die Stirn bieten
square bracket *s* eckige Klammer
squared *adj Papier* kariert
squarely ['skwɛəlɪ] *adv* direkt, genau; *fig* fest; **to hit sb ~ in the stomach** j-n voll in den Magen treffen; **to place the blame for sth ~ on sb** j-m voll und ganz die Schuld an etw (*dat*) geben
square root *s* Quadratwurzel *f*
squash¹ [skwɒʃ] **A** *s* **1** *Br* Fruchtsaftkonzentrat *n*; *verdünnt* Fruchtnektar *m* **2 it's a bit of a ~** es ist ziemlich eng **B** *v/t* **1** zerdrücken **2** quetschen; **to be ~ed up against sb** gegen j-n gequetscht werden **C** *v/i* **could you ~ up?** könnt ihr etwas zusammenrücken?; *an Einzelnen* kannst du dich etwas kleiner machen?
squash² *s* ⟨*kein pl*⟩ SPORT Squash *n*
squash³ *US s* ⟨*kein pl*⟩ (Pâtisson)kürbis *m*
squat [skwɒt] **A** *adj* ⟨*komp* **squatter**⟩ gedrungen **B** *v/i* **1** hocken **2** (*a.* **~ down**) sich (hin)kauern **3 to ~ (in a house)** ein Haus besetzt haben **C** *s umg* Unterschlupf *m* (*für Hausbesetzer*)
squatter ['skwɒtə^r] *s* Hausbesetzer(in) *m(f)*
squawk [skwɔːk] **A** *s* heiserer Schrei; **he let out a ~** er kreischte auf **B** *v/i* kreischen
squeak [skwiːk] **A** *s von Tür etc* Quietschen *n kein pl*; *von Mensch* Quieker *m*; *von Tier* Quieken *n kein pl*; *von Maus* Piepsen *n kein pl*; *fig umg* Pieps *m umg* **B** *v/i Tür etc* quietschen; *Mensch* quieksen; *Tier* quieken; *Maus* piepsen

phrasal verbs mit squeak:

squeak by, **squeak through** *umg v/i* gerade so durchkommen *umg*
squeaky ['skwiːkɪ] *adj* ⟨*komp* **squeakier**⟩ quietschend; *Stimme* piepsig
squeaky-clean [ˌskwiːkɪˈkliːn] *umg adj* blitzsauber *umg*
squeal [skwiːl] **A** *s* Kreischen *n kein pl*; *von Schwein* Quieken *n kein pl*; **with a ~ of brakes** mit kreischenden Bremsen; **~s of laughter** schrilles Gelächter **B** *v/i* kreischen; *Schwein* quieksen; **to ~ with delight** vor Wonne quietschen
squeamish ['skwiːmɪʃ] *adj* empfindlich; **I'm not ~** mir wird nicht so schnell schlecht; (≈ *hartgesotten*) ich bin nicht so empfindlich

squeeze [skwiːz] **A** s Drücken n kein pl; zärtlich Umarmung f; **to give sth a ~** etw drücken; **it was a tight ~** es war fürchterlich eng **B** v/t drücken; Tube ausdrücken; Orange auspressen; **to ~ clothes into a case** Kleider in einen Koffer zwängen; **I'll see if we can ~ you in** vielleicht können wir Sie noch unterbringen; **we ~d another song in** wir schafften noch ein Lied **C** v/i **you should be able to ~ through** wenn du dich klein machst, kommst du durch; **to ~ in** sich hineinzwängen; **to ~ past sb** sich an j-m vorbeidrücken; **to ~ onto the bus** sich in den Bus hineinzwängen; **to ~ up** a bit ein bisschen zusammenrücken

phrasal verbs mit squeeze:
squeeze out v/t ⟨trennb⟩ **1** Schwamm etc ausdrücken **2** Saft etc auspressen (**of** aus)
squeezer ['skwiːzə] s (Zitronen)presse f
squelch [skweltʃ] **A** s quatschendes Geräusch umg **B** v/i Schuhe, Schlamm quatschen
squid [skwɪd] s Tintenfisch m
squiggle ['skwɪɡl] s Schnörkel m
squiggly ['skwɪɡlɪ] adj ⟨komp squigglier⟩ schnörkelig
squint [skwɪnt] **A** s MED Schielen n kein pl; **to have a ~** leicht schielen **B** v/i schielen; bei hellem Licht blinzeln **C** adj schief
squirm [skwɜːm] v/i sich winden
squirrel ['skwɪrəl] s Eichhörnchen n
squirt [skwɜːt] **A** s **1** Spritzer m **2** pej umg (≈ Kind) Pimpf m umg **B** v/t spritzen; j-n bespritzen **C** v/i spritzen
squishy ['skwɪʃɪ] umg adj ⟨komp squishier⟩ matschig umg
Sri Lanka [ˌsriːˈlæŋkə] s Sri Lanka n
St[1] abk (= Street) Str.
St[2] abk (= Saint) hl., St.
stab [stæb] **A** s **1** Stich m; **~ wound** Stichwunde f; **a ~ of pain** ein stechender Schmerz; **she felt a ~ of jealousy** plötzlich durchfuhr sie Eifersucht; **a ~ in the back** fig ein Dolchstoß m **2** umg **to have a ~ at sth** etw probieren **B** v/t einen Stich versetzen (+dat); mehrfach einstechen auf (+akk); **to ~ sb (to death)** j-n erstechen; **he was ~bed through the arm/heart** der Stich traf ihn am Arm/ins Herz; **to ~ sb in the back** j-m in den Rücken fallen
stabbing ['stæbɪŋ] **A** s Messerstecherei f **B** adj Schmerz stechend
stability [stəˈbɪlɪtɪ] s Stabilität f
stabilize ['steɪbəlaɪz] **A** v/t stabilisieren **B** v/i sich stabilisieren
stable[1] ['steɪbl] adj ⟨komp stabler⟩ stabil; Stelle dauerhaft; Charakter gefestigt
stable[2] s Stall m; **riding ~s** Reitstall m
stablelad ['steɪbllæd] Br, **stableman** ['steɪblmən] s Stallbursche m
stack [stæk] **A** s **1** Haufen m, Stapel m **2** umg **~s** jede Menge umg **B** v/t stapeln; Regale einräumen; **to ~ up** aufstapeln; **the cards** od **odds are ~ed against us** fig wir haben keine großen Chancen
stadium ['steɪdɪəm] s ⟨pl -s od stadia ['steɪdɪə]⟩ Stadion n
staff [stɑːf] **A** s **1** Personal n; SCHULE, UNIV Kollegium n; von Firma etc Mitarbeiterstab m; **we don't have enough ~ to complete the project** wir haben nicht genügend Mitarbeiter, um das Projekt zu beenden; **a member of ~, a ~ member** US ein Mitarbeiter m, eine Mitarbeiterin f; SCHULE ein Kollege m, eine Kollegin f; **to be on the ~** zum Personal/Kollegium/Mitarbeiterstab gehören **2** ⟨pl -s; old staves⟩ Stab m **3** MIL Stab m **B** v/t mit Personal besetzen; **the kitchens are ~ed by foreigners** das Küchenpersonal besteht aus Ausländern
staffed adj **to be well ~** ausreichend Personal haben
staffing ['stɑːfɪŋ] s Stellenbesetzung f
staff meeting s Personalversammlung f
staff nurse Br s (voll) ausgebildete Krankenschwester
staffroom s Lehrerzimmer n
stag [stæɡ] s ZOOL Hirsch m
stage [steɪdʒ] **A** s **1** THEAT, a. fig Bühne f; **the ~** (≈ Berufszweig) das Theater, die Bühne; **to be on/go on the ~** beruflich beim Theater sein/zum Theater gehen; **to go on ~** Schauspieler die Bühne betreten; **to leave the ~** von der Bühne abtreten; **the ~ was set** fig alles war vorbereitet; **to set the ~ for sth** fig den Weg für etw bereiten **2** Podium n **3** Stadium n, Phase f; **at this ~ such a thing is impossible** zum gegenwärtigen Zeitpunkt ist das unmöglich; **at this ~ in the negotiations** an diesem Punkt der Verhandlungen; **in the final ~(s)** im Endstadium; **what ~ is your thesis at?** wie weit sind Sie mit Ihrer Dissertation?; **we have reached a ~ where ...** wir sind an einem Punkt angelangt, wo ...; **to be at the experimental ~** im Versuchsstadium sein **4** von Rennen Etappe f; **in (easy) ~s** etappenweise **B** v/t Stück aufführen; Veranstaltung durchführen; Unfall inszenieren; Protestaktion veranstalten
stagecoach s Postkutsche f
stage directions pl Regieanweisungen pl
stage door s Bühneneingang m
stage fright s Lampenfieber n
stage manager s Inspizient(in) m(f)
stage set s Bühnenbild n
stagger ['stæɡə] **A** v/i schwanken, wanken; Betrunkener torkeln **B** v/t **1** fig durch Überraschung

etc umhauen *umg* **2** *Urlaubstage* staffeln; *Sitzplätze* versetzen
staggered ['stægəd] *adj* **1** verblüfft **2** *Arbeitsstunden* gestaffelt
staggering ['stægərɪŋ] *adj* **1 to be a ~ blow (to sb/sth)** ein harter *od* schwerer Schlag (für j-n/etw) sein **2** umwerfend
stagnant ['stægnənt] *adj* (still)stehend *attr*; *Wasser* abgestanden; *Luft* verbraucht
stagnate [stæg'neɪt] *v/i* stagnieren; *Wasser* abstehen
stagnation [stæg'neɪʃən] *s* Stagnieren *n*
stag night *Br umg s* Junggesellenabschied *m*
stag party *Br umg s* Junggesellenabschied *m*
staid [steɪd] *adj* ⟨+er⟩ seriös, gesetzt; *Farbe* gedeckt
stain [steɪn] **A** *s* Fleck *m*; *fig* Makel *m*; **a blood ~** ein Blutfleck *m* **B** *v/t* beflecken; *mit Lack etc* einfärben; *Holz* beizen
stained *adj* gefärbt; *Kleidung* fleckig; *Glas* bunt; **~-glass window** farbiges Glasfenster; **~ with blood** blutbefleckt
stainless steel [ˌsteɪnlɪs'stiːl] *s* rostfreier (Edel)stahl
stain remover *s* Fleckenentferner *m*
stair [steə^r] *s* **1** Stufe *f* **2** Treppe *f*, Stiege *f österr*; **at the top of the ~s** oben an der Treppe
staircase *s* Treppe *f*, Stiege *f österr*
stairlift *s* Treppenlift *m*, Stiegenlift *m österr*
stairway *s* Treppe *f*, Stiege *f österr*
stairwell *s* Treppenhaus *n*, Stiegenhaus *n österr*
stake [steɪk] **A** *s* **1** Pfosten *m*; *für Pflanzen* Stange *f* **2** Scheiterhaufen *m* **3** *bei Wette* Einsatz *m*; FIN Anteil *m*; **to be at ~** auf dem Spiel stehen; **he has a lot at ~** er hat viel zu verlieren; **to have a ~ in sth** einen Anteil an etw (*dat*) haben **4** *~s pl* Gewinn *m*; **to raise the ~s** den Einsatz erhöhen **B** *v/t* **1** (*a.* **~ up**) *Pflanze* hochbinden; *Zaun* abstützen **2** (≈ *riskieren*) setzen (**on** auf +*akk*); **to ~ one's reputation on sth** sein Wort für etw verpfänden; **to ~ a claim to sth** sich (*dat*) ein Anrecht auf etw (*akk*) sichern
stakeholder ['steɪkhəʊldə^r] *s* Teilhaber(in) *m(f)*
stalactite ['stæləktaɪt] *s* Stalaktit *m*
stalagmite ['stæləgmaɪt] *s* Stalagmit *m*
stale [steɪl] *adj* ⟨*komp* staler⟩ alt; *Kuchen* trocken; *Brot* altbacken; *übel riechend* muffig; *Luft* verbraucht; **to go ~** *Nahrung* verderben
stalemate ['steɪlmeɪt] *s* Patt *n*; **to reach ~** *fig* in eine Sackgasse geraten
stalk¹ [stɔːk] *v/t Wild* sich anpirschen an (+*akk*); *Tier* sich heranschleichen an (+*akk*)
stalk² *s von Pflanze* Stiel *m*; *von Wirsing* Strunk *m*
stalker ['stɔːkə^r] *s* Stalker(in) *m(f)*
stall [stɔːl] **A** *s* **1** *in Stall* Box *f* **2** *auf Markt* Stand *m*, Standl *n österr* **3** **~s** *pl Br* THEAT, FILM Parkett *n*
B *v/t* **1** AUTO abwürgen; FLUG überziehen **2** *j-n* hinhalten; *Prozess* hinauszögern **C** *v/i* **1** *Motor* absterben; FLUG überziehen **2** Zeit schinden *umg*; **to ~ for time** versuchen, Zeit zu schinden *umg*
stallholder *s* Stallbesitzer(in) *m(f)*
stallion ['stæljən] *s* Hengst *m*
stalwart ['stɔːlwət] *s* (getreuer) Anhänger
stamina ['stæmɪnə] *s* Durchhaltevermögen *n*
stamina training *s* Ausdauertraining *n*
stammer ['stæmə^r] **A** *s* Stottern *n*; **he has a bad ~** er stottert stark **B** *v/t* (*a.* **stammer out**) stammeln **C** *v/i* stottern
stamp [stæmp] **A** *s* **1** (Brief)marke *f* **2** Stempel *m* **B** *v/t* **1 to ~ one's foot** (mit dem Fuß) (auf)stampfen **2** **a ~ed addressed envelope** ein frankierter Rückumschlag **3** stempeln **C** *v/i beim Gehen* sta(m)pfen

phrasal verbs mit stamp:

stamp on A *v/t* ⟨*trennb*⟩ *Muster etc* aufprägen; **to stamp one's authority on sth** einer Sache (*dat*) seine Autorität aufzwingen **B** *v/i* ⟨+*obj*⟩ treten auf (+*akk*)

stamp out *v/t* ⟨*trennb*⟩ *Feuer* austreten; *fig Verbrechen* ausrotten

stamp album *s* Briefmarkenalbum *n*
stamp collection *s* Briefmarkensammlung *f*
stamp collector *s* Briefmarkensammler(in) *m(f)*
stamp duty *Br s* Stempelgebühr *f*
stampede [stæm'piːd] **A** *s von Vieh* wilde Flucht; *von Menschen* Massenansturm *m* (**on** auf +*akk*) **B** *v/i* durchgehen; *Menge* losstürmen (**for** auf +*akk*)
stamp tax *US s* Stempelgebühr *f*
stance [stæns] *s* Haltung *f*
stand [stænd] ⟨*v: prät, pperf* stood⟩ **A** *v/t* **1** stellen **2** *Druck etc* standhalten (+*dat*); *bes Mensch* gewachsen sein (+*dat*); *Test* bestehen; *Hitze* ertragen **3** *umg* aushalten; **I can't ~ it** ich kann es nicht aushalten; **I can't ~ being kept waiting** ich kann es nicht leiden, wenn man mich warten lässt **4 to ~ trial** vor Gericht stehen (**for** wegen) **B** *v/i* **1** stehen, aufstehen; *Angebot* gelten; **don't just ~ there!** stehen Sie nicht nur (dumm) rum, tun Sie was! *umg*; **to ~ as a candidate** kandidieren **2** (≈ *messen*) *Baum etc* hoch sein **3** *Rekord* stehen (**at** auf +*dat*) **4** *fig* **we ~ to gain a lot** wir können sehr viel gewinnen; **what do we ~ to gain by it?** was springt für uns dabei heraus? *umg*; **I'd like to know where I ~ (with him)** ich möchte wissen, woran ich (bei ihm) bin; **where do you ~ on this issue?** welchen Standpunkt vertreten Sie in dieser Frage?; **as things ~** nach Lage der Dinge; **as it ~s** so wie die Sache aussieht; **to ~ accused of sth** einer Sache (*gen*) ange-

klagt sein; **to ~ firm** festbleiben; **nothing now ~s between us** es steht nichts mehr zwischen uns **C** *s* 1 *fig* Standpunkt *m* (**on** zu); **to take a ~** einen Standpunkt vertreten 2 MIL Widerstand *m*; **to make a ~** Widerstand leisten 3 *auf Marktplatz* Stand *m*, Standl *n österr* 4 *für Notenheft* Ständer *m* 5 *Br* SPORT Tribüne *f*; **to take the ~** JUR in den Zeugenstand treten

phrasal verbs mit stand:

stand about *Br*, **stand around** *v/i* herumstehen

stand apart *wörtl v/i* abseitsstehen; *fig* sich fernhalten

stand aside *wörtl v/i* zur Seite treten

stand back *v/i* zurücktreten

stand by **A** *v/i* 1 **to stand by and do nothing** tatenlos zusehen 2 sich bereithalten **B** *v/i* ⟨+obj⟩ **to stand by sb** zu j-m halten

stand down *v/i* zurücktreten

stand for *v/i* ⟨+obj⟩ 1 **to stand for election** (in einer Wahl) kandidieren 2 stehen für 3 sich (*dat*) gefallen lassen

stand in *v/i* einspringen

stand out *v/i* hervorstechen; **to stand out against sth** sich gegen etw *od* von etw abheben

stand over *v/i* ⟨+obj⟩ (≈ *beaufsichtigen*) auf die Finger sehen (+*dat*)

stand up **A** *v/i* 1 aufstehen, stehen; **stand up straight!** stell dich gerade hin 2 *Argument* überzeugen; JUR bestehen 3 **to stand up for sb/sth** für j-n/etw eintreten; **to stand up for oneself** sich behaupten; **to stand up to sb** sich j-m gegenüber behaupten **B** *v/t (trennb)* 1 hinstellen 2 *umg Freundin* versetzen

standard ['stændəd] **A** *s* 1 Norm *f*, Maßstab *m*; *mst pl* (sittliche) Maßstäbe *pl*; **to be up to ~** den Anforderungen genügen; **he sets himself very high ~s** er stellt hohe Anforderungen an sich (*akk*) selbst; **by any ~(s)** egal, welche Maßstäbe man anlegt; **by today's ~(s)** aus heutiger Sicht 2 Niveau *n*; **~ of living** Lebensstandard *m* 3 Flagge *f* **B** *adj* 1 üblich, durchschnittlich, Standard-; **to be ~ issue** MIL zur Grundausrüstung gehören; *fig* nichts Besonderes sein; **to be ~ practice** üblich sein 2 LING (allgemein) gebräuchlich; **~ English** korrektes Englisch; **~ German** Hochdeutsch *n*

standard class *s* BAHN zweite Klasse

standardization [,stændədai'zeiʃən] *s* Vereinheitlichung *f*, Standardisierung *f*

standardize ['stændədaiz] *v/t* vereinheitlichen, standardisieren

standard lamp *s* Stehlampe *f*

standard time *s US* Winterzeit *f*

stand-by ['stændbai] **A** *s* 1 Ersatzperson *f*; (≈ *Objekt*) Reserve *f*; FLUG Stand-by-Ticket *n* 2 **on ~** in Bereitschaft **B** *adj* ⟨*attr*⟩ Reserve-, Ersatz-; **~ ticket** Stand-by-Ticket *n*

stand-in ['stændin] *s* Ersatz *m*

standing ['stændiŋ] **A** *s* 1 Rang *m*, Stellung *f*, Position *f* 2 Ruf *m* 3 Dauer *f*; **her husband of five years'** ~ ihr Mann, mit dem sie seit fünf Jahren verheiratet ist **B** *adj* ⟨*attr*⟩ 1 ständig; *Heer* stehend; **it's a ~ joke** das ist schon zu einem Witz geworden 2 aus dem Stand; **~ room only** nur Stehplätze; **to give sb a ~ ovation** j-m eine stehende Ovation darbringen

standing charge *s* Grundgebühr *f*

standing leg *s* FUSSB Standbein *n*

standing order *s Br* FIN Dauerauftrag *m*; **to pay sth by ~** etw per Dauerauftrag bezahlen

standing stone *s* Menhir *m*

standoff *s* Patt *n*

standoffish *adj*, **standoffishly** [,stænd'ɒfiʃ, -li] *umg adv* distanziert

standpoint *s* Standpunkt *m*; **from the ~ of the teacher** vom Standpunkt des Lehrers (aus) gesehen

standstill *s* Stillstand *m*; **to be at a ~** *Verkehr* stillstehen; *Fabrik* ruhen; **to bring production to a ~** die Produktion lahmlegen *od* zum Erliegen bringen; **to come to a ~** stehen bleiben; *Fahrzeug* zum Stehen kommen; *Verkehr* zum Stillstand kommen; *Industrie* zum Erliegen kommen

stand-up *adj* ⟨*attr*⟩ 1 **~ comedian** Stand-up-Comedian *m/f*, Alleinunterhalter(in) *m(f)*; **~ comedy** Stand-up-Comedy *f* 2 *Br* **~ fight** handfeste Auseinandersetzung 3 *Kragen* Steh- 4 *Pult* Steh-; **~ meeting** Stehkonvent *m*

stank [stæŋk] *prät* → stink

stanza ['stænzə] *s* Strophe *f*

staple¹ ['steipl] **A** *s* Klammer *f*, Heftklammer *f* **B** *v/t* heften

staple² **A** *adj* Haupt-; **~ diet** Hauptnahrungsmittel *n* **B** *s* 1 Hauptartikel *m* 2 Hauptnahrungsmittel *n*

stapler ['steiplə^r] *s* Heftgerät *n*, Tacker *m*

star [stɑː^r] **A** *s* 1 Stern *m*; **the Stars and Stripes** das Sternenbanner; **you can thank your lucky ~s that ...** Sie können von Glück sagen, dass ... 2 Hauptdarsteller(in) *m(f)*; *berühmt* Star *m* 3 *adj* ⟨*attr*⟩ Haupt-; **~ player** Star *m* **C** *v/t* FILM *etc* **to ~ sb** j-n in der Hauptrolle zeigen; **a film ~ring Greta Garbo** ein Film mit Greta Garbo (in der Hauptrolle) **D** *v/i* FILM *etc* die Hauptrolle spielen

starboard ['stɑːbəd] **A** *s* Steuerbord *n* **B** *adj* Steuerbord- **C** *adv* (nach) Steuerbord

starch [stɑːtʃ] **A** *s* Stärke *f* **B** *v/t* stärken

stardom ['stɑːdəm] *s* Ruhm *m*

stare [steəʳ] **A** s (starrer) Blick; **to give sb a hard ~** j-m einen bösen Blick zuwerfen **B** v/t **the answer was staring us in the face** die Antwort lag klar auf der Hand; **to ~ defeat in the face** der Niederlage ins Auge blicken **C** v/i (vor sich hin) starren; *überrascht* große Augen machen; **to ~ at sb/sth** j-n/etw anstarren
starfish ['stɑːfɪʃ] s Seestern m
star fruit s Sternfrucht f
staring ['steərɪŋ] adj starrend attr; **~ eyes** starrer Blick
stark [stɑːk] **A** adj ⟨+er⟩ *Unterschied* krass; *Tatsache* nackt; *Wahl* hart; *Landschaft* kahl **B** adv **~ raving mad** umg total verrückt umg; **~ naked** splitter(faser)nackt umg
starkers ['stɑːkəz] Br umg adj splitter(faser)nackt umg
starlight ['stɑːlaɪt] s Sternenlicht n
starling ['stɑːlɪŋ] s Star m
starlit adj stern(en)klar
starry ['stɑːrɪ] adj ⟨komp starrier⟩ *Nacht* stern(en)klar; **~ sky** Sternenhimmel m; **~-eyed** umg blauäugig
star sign s Sternzeichen n
star-spangled banner s **The Star-spangled Banner** das Sternenbanner (*Nationalhymne der USA*)
star-studded ['stɑːstʌdɪd] fig adj **~ cast** Starbesetzung f
start¹ [stɑːt] **A** s **to give a ~** zusammenfahren; **to give sb a ~** j-n erschrecken; **to wake with a ~** aus dem Schlaf hochschrecken **B** v/i zusammenfahren
start² **A** s **1** Beginn m, Anfang m; *bei Reise* Aufbruch m, Start m; *von Problemen etc* Ausgangspunkt m; **for a ~** fürs Erste, zunächst einmal; **from the ~** von Anfang an; **from ~ to finish** von Anfang bis Ende; **to get off to a good ~** gut vom Start wegkommen; *fig* einen glänzenden Start haben; **to make a ~ (on sth)** (mit etw) anfangen **2** *a. SPORT* Vorsprung m (**over** vor +*dat*) **B** v/t **1** anfangen mit, beginnen; *neuen Job, Reise* antreten; **to ~ work** Anfang zu arbeiten; **to ~ school** in die Schule kommen **2** *Rennen, Maschine* starten; *Gespräch, Streit* anfangen; *Motor* anlassen; *Feuer* legen; **to ~ a family/business** eine Familie/ein Unternehmen gründen **C** v/i anfangen, beginnen; *Motor* starten; **~ing from Tuesday** ab Dienstag; **to ~ (off) with** erstens, zunächst; **I'd like soup to ~ (off) with** ich möchte erst mal eine Suppe; **let's ~** lass uns anfangen; **to get ~ed** anfangen; *zu Reise* aufbrechen; **to get sth ~ed** etw in Gang bringen; **to ~ on a task/journey** sich an eine Aufgabe/auf eine Reise machen; **to ~ talking** *od* **to talk** zu sprechen beginnen; **he ~ed by saying ...** er sagte zunächst ...

phrasal verbs mit start:
start back v/i sich auf den Rückweg machen
start for v/i ⟨+obj⟩ sich auf den Weg machen nach
start off **A** v/i anfangen; *zu Reise* aufbrechen; **to start off with →** start² C **B** v/t ⟨trennb⟩ anfangen; **that started the dog off (barking)** da fing der Hund an zu bellen; **to start sb off on sth** j-n auf etw (*akk*) bringen; **a few stamps to start you off** ein paar Briefmarken für den Anfang
start out v/i anfangen; *zu Reise* aufbrechen (**for** nach)
start up **A** v/i anfangen; *Maschine* angehen umg; *Motor* anspringen **B** v/t ⟨trennb⟩ **1** *Gerät, Motor* anmachen umg **2** eröffnen; *Gespräch* anknüpfen

starter ['stɑːtəʳ] s **1** SPORT Starter(in) m(f) **2** Br umg Vorspeise f **3** **for ~s** umg für den Anfang umg
starting gun s Startpistole f
starting point s Ausgangspunkt m
starting salary s Anfangsgehalt n
startle ['stɑːtl] v/t erschrecken
startled ['stɑːtld] adj verblüfft, alarmiert
startling ['stɑːtlɪŋ] adj *Nachricht* überraschend; *negativ* alarmierend; *Zufall* erstaunlich; *Entdeckung* sensationell
start-up ['stɑːtʌp] s **1** WIRTSCH Neugründung f; Start-up-Unternehmen n; **~ costs** Startkosten pl **2** COMPUT Hochfahren n, Start m **3** TECH Start m, Inbetriebnahme f
start-up capital s Startkapital n
start-up funds pl WIRTSCH Anschubfinanzierung f
starvation [stɑːˈveɪʃən] s Hunger m; **to die of ~** verhungern
starve [stɑːv] **A** v/t **1** hungern lassen; (*a.* **~ out**) aushungern; (*a.* **~ to death**) verhungern lassen; **to ~ oneself** hungern **2** fig **to ~ sb of sth** j-m etw vorenthalten **B** v/i hungern; (*a.* **~ to death**) verhungern; **you must be starving!** du musst doch halb verhungert sein! umg
starving ['stɑːvɪŋ] *wörtl* adj hungernd attr; fig hungrig
stash [stæʃ] v/t umg a. **~ away** bunkern sl; *Geld* beiseiteschaffen
state¹ [steɪt] **A** s **1** Zustand m; **~ of mind** Geisteszustand m; **the present ~ of the economy** die gegenwärtige Wirtschaftslage; **~ of emergency** Notstand m; **he's in no (fit) ~ to do that** er ist auf gar keinen Fall in der Verfassung, das zu tun; **what a ~ of affairs!** was sind das für Zustände!; **look at the ~ of your hands!** guck dir bloß mal deine Hände an!; **the room was**

in a terrible ~ im Zimmer herrschte ein fürchterliches Durcheinander; **to get into (such) a ~ (about sth)** umg wegen etw durchdrehen umg; **to be in a terrible ~** umg in heller Aufregung sein, ganz durchgedreht sein umg; **to lie in ~** (feierlich) aufgebahrt sein **2** POL Staat m; von Republik etc (Bundes)staat m, (Bundes)land n; **the States** die (Vereinigten) Staaten; **the State of Florida** der Staat Florida **B** v/t darlegen; Namen, Absicht angeben; **to ~ that ...** erklären, dass ...; **to ~ one's case** seine Sache vortragen; **as ~d in my letter I ...** wie in meinem Brief erwähnt, ... ich ...

state² zssgn Staats-, staatlich; US etc bundesstaatlich

stated adj **1** genannt **2** fest(gesetzt)
State Department US s Außenministerium n
state education s staatliche Erziehung
state-funded adj staatlich finanziert
state funding s staatliche Finanzierung
statehouse US s Parlamentsgebäude n
stateless adj staatenlos
stately ['steɪtlɪ] adj ⟨komp statelier⟩ würdevoll; **~ home** herrschaftliches Anwesen
statement ['steɪtmənt] s **1** Darstellung f, Darlegung f **2** Behauptung f; offiziell Erklärung f; polizeilich Aussage f; **to make a ~ to the press** eine Presseerklärung abgeben **3** FIN a. **bank ~** Kontoauszug m
state-of-the-art [,steɪtəvðɪ'ɑːt] adj hochmodern; **~ technology** Spitzentechnologie f
state-owned adj staatseigen
state school Br s öffentliche Schule
state secret s Staatsgeheimnis n
stateside US umg **A** adj in den Staaten umg **B** adv nach Hause
statesman ['steɪtsmən] s ⟨pl -men⟩ Staatsmann m
statesmanlike adj staatsmännisch
statesmanship s Staatskunst f
stateswoman ['steɪtswʊmən] s ⟨pl -women [-wɪmən]⟩ Staatsmännin f
state visit s Staatsbesuch m
static ['stætɪk] **A** adj statisch, konstant; **~ electricity** statische Aufladung **B** s PHYS Reibungselektrizität f
station ['steɪʃən] s **1** Station f; von Polizei Wache f, Wachzimmer n österr **2** Bahnhof m **3** RADIO, TV Sender m **4** (≈ Position) Platz m **5** (≈ Stellung) Rang m **6** in Australien große Farm
stationary ['steɪʃənərɪ] adj parkend attr; haltend attr; **to be ~** Verkehr stillstehen
stationer ['steɪʃənəʳ] s Schreibwarenhändler(in) m(f)
stationer's ['steɪʃənəz] s Schreibwarenhandlung f

stationery ['steɪʃənərɪ] s Schreibwaren pl
station house US s (Polizei)wache f, Wachzimmer n österr
stationmaster s Bahnhofsvorsteher(in) m(f)
station wagon US s Kombi(wagen) m
statistic [stə'tɪstɪk] s Statistik f
statistical adj, **statistically** adv statistisch
statistician [stætɪs'tɪʃn] s Statistiker(in) m(f)
statistics s **1** Statistik f **2** (≈ Daten) Statistiken pl
statue ['stætjuː] s Statue f; **Statue of Liberty** Freiheitsstatue f
statuesque [,stætjʊ'esk] adj standbildhaft
stature ['stætʃəʳ] s **1** Wuchs m, Statur f; **of short ~** von kleinem Wuchs **2** fig Format n
status ['steɪtəs] s Stellung f; **equal ~** Gleichstellung f; **marital ~** Familienstand m
status bar s IT Statuszeile f
status quo [,steɪtəs'kwəʊ] s ⟨kein pl⟩ Status quo m
status symbol s Statussymbol n
status update s Status-Update n, Status-Aktualisierung f
statute ['stætjuːt] s Gesetz n; von Organisation Satzung f
statute book bes Br s Gesetzbuch n
statutory ['stætjʊtərɪ] adj gesetzlich; in Organisation satzungsgemäß; Rechte verbrieft
staunch¹ [stɔːntʃ] adj ⟨+er⟩ Verbündeter unerschütterlich; Katholik überzeugt; Unterstützung standhaft
staunch² v/t stauen; Blutung stillen
staunchly ['stɔːntʃlɪ] adv treu; verteidigen standhaft; katholisch streng
stave [steɪv] s **1** Knüppel m **2** MUS Notenlinien pl
phrasal verbs mit stave:
  stave off v/t ⟨trennb⟩ Angriff zurückschlagen; Bedrohung abwehren; Niederlage abwenden
stay [steɪ] **A** s Aufenthalt m **B** v/t **to ~ the night** übernachten **C** v/i **1** bleiben; **to ~ for** od **to supper** zum Abendessen bleiben **2** wohnen; in Herberge etc übernachten; **to ~ at a hotel** im Hotel übernachten; **I ~ed in Italy for a few weeks** ich habe mich ein paar Wochen in Italien aufgehalten; **when I was ~ing in Italy** als ich in Italien war; **he is ~ing at Chequers for the weekend** er verbringt das Wochenende in Chequers; **my brother came to ~** mein Bruder ist zu Besuch gekommen
phrasal verbs mit stay:
  stay away v/i wegbleiben (**from** von); von j-m sich fernhalten (**from** von)
  stay back v/i zurückbleiben, Abstand halten
  stay behind v/i zurückbleiben; SCHULE zur Strafe nachsitzen
  stay down v/i unten bleiben; SCHULE wiederholen

stay in v/i zu Hause bleiben; *in Position* drinbleiben
stay off v/i ⟨+obj⟩ **to stay off school** nicht zur Schule gehen
stay on v/i *Deckel etc* draufbleiben; *Licht* anbleiben; (≈ *nicht weggehen*) dableiben; **to stay on at school** (in der Schule) weitermachen
stay out v/i draußen bleiben, wegbleiben; **to stay out of sth** sich aus etw heraushalten; **he never managed to stay out of trouble** er war dauernd in Schwierigkeiten
stay up v/i **1** aufbleiben; **to stay up late** lange aufbleiben **2** *Zelt* stehen bleiben; *Bild* hängen bleiben; **his trousers won't stay up** seine Hosen rutschen immer
stay with v/i ⟨+obj⟩ *vorübergehend* wohnen bei
staycation [steɪˈkeɪʃən] *umg s* Urlaub *m* zu Hause, Ferien *pl* zu Hause, Urlaub *m* auf Balkonien *umg*
staying power [ˈsteɪɪŋˌpaʊəʳ] *s* Ausdauer *f*
St Bernard [səntˈbɜːnəd] *s* Bernhardiner *m*
STD[1] *abk* (= *subscriber trunk dialling Br*) TEL der Selbstwählferndienst
STD[2] *abk* (= *sexually transmitted disease*) sexuell übertragbare Krankheit, Geschlechtskrankheit *f*
STD code [estiːˈdiːkəʊd] *s* Vorwahl(nummer) *f*
stead [sted] *s* **to stand sb in good ~** j-m zugutekommen
steadfast [ˈstedfəst] *adj* fest
steadily [ˈstedɪlɪ] *adv* **1** ruhig **2** ständig; *Regen* ununterbrochen; **the atmosphere in the country is getting ~ more tense** die Stimmung im Land wird immer gespannter **3** zuverlässig **4** gleichmäßig
steady [ˈstedɪ] **A** *adj* ⟨*komp* steadier⟩ **1** *Hand* ruhig; *Stimme, Job, Freund* fest; **to hold sth ~** etw ruhig halten; *Leiter etw* festhalten **2** *Fortschritt* kontinuierlich; *Regen* ununterbrochen; *Einkommen* geregelt; **at a ~ pace** in gleichmäßigem Tempo **3** zuverlässig **B** *adv* **~!** vorsichtig!; **to go ~ (with sb)** *umg* mit j-m (fest) gehen *umg* **C** *v/t Nerven* beruhigen; **to ~ oneself** festen Halt finden
steak [steɪk] *s* Steak *n*; (≈ *Fisch*) Filet *n*
steal [stiːl] ⟨*v: prät* stole; *pperf* stolen⟩ **A** *v/t* stehlen; **to ~ sth from sb** j-m etw stehlen; **to ~ the show** die Schau stehlen; **to ~ a glance at sb** verstohlen zu j-m hinschauen **B** *v/i* **1** stehlen **2 to ~ away** *od* **off** sich weg- *od* davonstehlen; **to ~ up on sb** sich an j-n heranschleichen
stealth [stelθ] *s* List *f*; **by ~** durch List
stealth bomber *s* Tarnkappenbomber *m*
stealthily [ˈstelθɪlɪ] *adv* verstohlen
stealthy [ˈstelθɪ] *adj* ⟨*komp* stealthier⟩ verstohlen

steam [stiːm] **A** *s* Dampf *m*; **full ~ ahead** SCHIFF volle Kraft voraus; **to get pick up ~** *fig* in Schwung kommen; **to let off ~** Dampf ablassen; **to run out of ~** *fig* Schwung verlieren **B** *v/t* dämpfen **C** *v/i* dampfen
phrasal verbs mit steam:
steam up v/i ⟨*trennb*⟩ *Fenster* beschlagen lassen; **to be (all) steamed up** (ganz) beschlagen sein; *fig umg* (ganz) aufgeregt sein **B** *v/i* beschlagen
steamboat *s* Dampfschiff *n*
steam engine *s* Dampflok *f*
steamer [ˈstiːməʳ] *s* **1** Dampfer *m* **2** GASTR Dampf(koch)topf *m*
steam iron *s* Dampfbügeleisen *n*
steamroller *s* Dampfwalze *f*
steamship *s* Dampfschiff *n*
steamy [ˈstiːmɪ] *adj* ⟨*komp* steamier⟩ dampfig; *fig Affäre* heiß
steel [stiːl] **A** *s* Stahl *m* **B** *adj* ⟨*attr*⟩ Stahl- **C** *v/t* **to ~ oneself** sich wappnen (**for** gegen); **to ~ oneself to do sth** allen Mut zusammennehmen, um etw zu tun
steel band *s* Steelband *f*
steel drum *s* Steeldrum *f*
steely [ˈstiːlɪ] *adj* ⟨*komp* steelier⟩ *Gesichtsausdruck* hart
steep[1] [stiːp] *adj* ⟨+er⟩ **1** steil; **it's a ~ climb** es geht steil hinauf **2** *fig umg Preis* unverschämt (teuer)
steep[2] *v/t* **1** eintauchen; *Wäsche* einweichen **2** *fig* **to be ~ed in sth** von etw durchdrungen sein; **~ed in history** geschichtsträchtig
steepen [ˈstiːpən] *v/i Abhang* steiler werden; *Boden* ansteigen
steeple [ˈstiːpl] *s* Kirchturm *m*
steeplechase [ˈstiːpltʃeɪs] *s* Hindernisrennen *n*, Hindernislauf *m*
steeply [ˈstiːplɪ] *adv* **to climb ~** *Weg etc* steil ansteigen; *Preis etc* stark in die Höhe gehen
steepness [ˈstiːpnɪs] *s* Steilheit *f*
steer[1] [stɪəʳ] **A** *v/t* lenken; *Schiff* steuern **B** *v/i* lenken; SCHIFF steuern
steer[2] *s* junger Ochse
steering [ˈstɪərɪŋ] *s* Lenkung *f*
steering wheel *s* Steuer(rad) *n*
stein [ʃtaɪn] *s* Maßkrug *m*, Bierkrug *m*
stellar [ˈstelər] *adj* stellar
stem [stem] **A** *s von Pflanze, Glas* Stiel *m*; *von Strauch, Wort* Stamm *m*; *von Getreide* Halm *m* **B** *v/t* aufhalten **C** *v/i* **to ~ from sth** von etw herrühren, aus etw (her)stammen
stem cell *s* BIOL, MED Stammzelle *f*
stem ginger *s* kandierter Ingwer
stench [stentʃ] *s* Gestank *m*
stencil [ˈstensl] *s* Schablone *f*

step [step] **A** s **1** Schritt m; **to take a ~** einen Schritt machen; **~ by ~** Schritt für Schritt; **to take sth one** od **a ~ at a time** etw Schritt für Schritt machen; **to watch one's ~** achtgeben; **to be one ~ ahead of sb** fig j-m einen Schritt voraus sein; **to be in ~** wörtl im Gleichschritt sein; fig im Gleichklang sein; **to be out of ~** wörtl nicht im Tritt sein; fig nicht im Gleichklang sein; **the first ~ is to form a committee** als Erstes muss ein Ausschuss gebildet werden; **that would be a ~ back/in the right direction for him** das wäre für ihn ein Rückschritt/ein Schritt in die richtige Richtung; **to take ~s to do sth** Maßnahmen ergreifen, (um) etw zu tun **2** Stufe f; in Prozess Abschnitt m; **~s** Treppe f, Stiege f österr; **mind the ~** Vorsicht Stufe **3** ~s pl Br Trittleiter f **B** v/i gehen; **to ~ into/out of sth** in etw (akk)/aus etw treten; **to ~ on(to) sth** Zug in etw (akk) steigen; Plattform auf etw (akk) steigen; **to ~ on sth** auf etw (akk) treten; **he ~ped on my foot** er ist mir auf den Fuß getreten; **to ~ inside/outside** hinein-/hinaustreten; **~ on it!** in Auto gib Gas!

phrasal verbs mit step:

step aside v/i **1** wörtl zur Seite treten **2** fig Platz machen

step back wörtl v/i zurücktreten

step down v/i **1** hinabsteigen **2** fig zurücktreten

step forward v/i vortreten; fig sich melden

step in v/i **1** wörtl eintreten (**sth, -to sth** in etw akk) **2** fig eingreifen

step off v/i ⟨+obj⟩ aus Bus aussteigen (**sth aus** etw); **to step off the pavement** vom Bürgersteig treten

step up A v/t ⟨trennb⟩ steigern; Kampagne, Suche verstärken; Tempo erhöhen **B** v/i **to step up to sb** auf j-n zugehen/zukommen; **he stepped up onto the stage** er trat auf die Bühne

step- präf Stief-

stepbrother s Stiefbruder m

stepdad s Stiefvater m

stepdaughter s Stieftochter f

stepfather s Stiefvater m

stepladder ['step,lædəʳ] s Trittleiter f

step machine s SPORT Stepper m

stepmother s Stiefmutter f

stepping stone ['stepɪŋˌstəʊn] s (Tritt)stein m; fig Sprungbrett n

stepsister s Stiefschwester f

stepson s Stiefsohn m

stereo ['steriəʊ] **A** s ⟨pl -s⟩ Stereo n, Stereoanlage f **B** adj Stereo-

stereotype ['steriəˌtaɪp] **A** s fig Klischee n, Klischeevorstellung f **B** adj ⟨attr⟩ stereotyp

stereotyped adj, **stereotypical** [ˌstiəriə'tɪpɪkl] adj stereotyp

sterile ['steraɪl] adj steril; Boden unfruchtbar

sterility [ste'rɪlɪti] s von Tier, Boden Unfruchtbarkeit f; von Mensch a. Sterilität f

sterilization [ˌsterɪlaɪ'zeɪʃən] s Sterilisation f

sterilize ['sterɪlaɪz] v/t sterilisieren

sterling ['stɜːlɪŋ] **A** adj **1** FIN Sterling-; **in pounds ~** in Pfund Sterling **2** fig gediegen **B** s ⟨ohne art⟩ das Pfund Sterling; **in ~** in Pfund Sterling

stern¹ [stɜːn] s SCHIFF Heck n

stern² adj ⟨+er⟩ streng; Test hart

sternly ['stɜːnli] adv ernsthaft; blicken streng

steroid ['stɪərɔɪd] s Steroid n

stethoscope ['steθəskəʊp] s Stethoskop n

stevia ['stiːviə] s BOT Stevia f

stew [stjuː] **A** s **1** Eintopf m **2** umg **to be in a ~ (over sth)** (über etw (akk) od wegen etw) (ganz) aufgeregt sein **B** v/t Fleisch schmoren; Obst dünsten **C** v/i **to let sb ~** j-n (im eigenen Saft) schmoren lassen

steward ['stjuːəd] s Steward m; von Landgut Verwalter(in) m(f); bei Versammlung Ordner(in) m(f)

stewardess [ˌstjuːə'des] s Stewardess f

stick¹ [stɪk] s **1** Stock m, Stecken m bes österr, schweiz; von Strauch Zweig m; SPORT Schläger m; COMPUT Stick m, USB-Stick m; **to give sb/ sth some/a lot of ~** Br umg j-n/etw heruntermachen umg, j-n/etw herunterputzen umg; **to get the wrong end of the ~** fig umg etw falsch verstehen; **in the ~s** in der hintersten Provinz; **to save sth to/on a ~** COMPUT etw auf Stick speichern **2** von Sellerie Stange f

stick² ⟨prät, pperf stuck⟩ **A** v/t **1** kleben, picken österr **2** stecken **3** Messer stoßen; **he stuck a knife into her arm** er stieß ihr ein Messer in den Arm **4** umg tun umg; in etw stecken umg; **~ it on the shelf** tu's ins Regal; **he stuck his head round the corner** er steckte seinen Kopf um die Ecke **B** v/i **1** kleben (**to an** +dat), picken österr (**to an** +dat); **the name seems to have stuck** der Name scheint ihm/ihr geblieben zu sein **2** stecken bleiben; Schublade klemmen **3** stecken (**in in** +dat); **it stuck in my foot** das ist mir im Fuß stecken geblieben **4** **his toes are ~ing through his socks** seine Zehen kommen durch die Socken **5** bleiben; **to ~ in sb's mind** j-m im Gedächtnis bleiben

phrasal verbs mit stick:

stick around umg v/i dableiben; **stick around!** warts ab!

stick at v/i ⟨+obj⟩ bleiben an (+dat) umg; **to stick at it** dranbleiben umg

stick by v/i ⟨+obj⟩ halten zu; Regeln sich halten an

stick down v/t ⟨trennb⟩ **1** ankleben; Umschlag zukleben **2** umg abstellen

stick in v/t ⟨trennb⟩ hineinstecken; *Messer* hineinstechen; **to stick sth in(to) sth** etw in etw (akk) stecken; *Messer* mit etw in etw (akk) stechen

stick on v/t ⟨trennb⟩ **1** *Etikett* aufkleben (**sth auf etw** akk) **2** *auf Preis* draufschlagen; *mit Objekt* aufschlagen auf (+akk)

stick out **A** v/i vorstehen (**of** aus); *Ohren* abstehen; *fig* auffallen **B** v/t ⟨trennb⟩ herausstrecken

stick to v/i ⟨+obj⟩ **1** bleiben bei; *Prinzipien etc* treu bleiben (+dat); *Regeln, Diät* sich halten an (+akk) **2** *Aufgabe* bleiben an (+dat)

stick together *fig* v/i zusammenhalten

stick up **A** v/t ⟨trennb⟩ **1** zukleben **2** *umg* **stick 'em up!** Hände hoch!; **three pupils stuck up their hands** drei Schüler meldeten sich **B** v/i *Nagel etc* vorstehen; *Haare* abstehen; *Kragen* hochstehen

stick up for v/i ⟨+obj⟩ eintreten für; **to stick up for oneself** sich behaupten

stick with v/i ⟨+obj⟩ bleiben bei

sticker ['stɪkəʳ] s Aufkleber *m*, Pickerl *n österr*

sticking plaster ['stɪkɪŋˌplɑːstəʳ] Br s Heftpflaster *n*

stickler ['stɪklə'] s **to be a ~ for sth** es mit etw peinlich genau nehmen

stick-on adj **~ label** Aufklebeetikett *n*

stick-up *umg* s Überfall *m*

sticky ['stɪki] adj ⟨komp stickier⟩ **1** klebrig; *Atmosphäre* schwül; *Hände* verschwitzt; **~ tape** Br Klebeband *n* **2** *fig umg Lage* heikel; **to go through a ~ patch** eine schwere Zeit durchmachen; **to come to a ~ end** ein böses Ende nehmen

stiff [stɪf] adj ⟨+er⟩ steif; *Masse* fest; *Opposition, Drink* stark; *Bürste, Wettbewerb* hart; *Prüfung* schwierig; *Preis* hoch; *Tür* klemmend; **to be (as) ~ as a board** *od* **poker** steif wie ein Brett sein

stiffen ['stɪfn], (*a.* **stiffen up**) **A** v/t steif machen **B** v/i steif werden

stiffly ['stɪflɪ] adv *a. fig* steif

stiffness ['stɪfnəs] s Steifheit *f*

stifle [staɪfl] **A** v/t ersticken; *fig* unterdrücken **B** v/i ersticken

stifling ['staɪflɪŋ] adj **1** *Hitze* drückend; **it's ~ in here** es ist ja zum Ersticken hier drin *umg* **2** *fig* beengend

stigma ['stɪgmə] s ⟨pl -s⟩ Stigma *n*

stigmatize ['stɪgmətaɪz] v/t **to ~ sb as sth** j-n als etw brandmarken

stile [staɪl] s (Zaun)übertritt *m*

stiletto [stɪ'letəʊ] s ⟨pl -s⟩ Schuh *m* mit Pfennigabsatz

still¹ [stɪl] **A** adj & adv ⟨+er⟩ **1** bewegungslos; *Gewässer* ruhig; **to keep ~** stillhalten; **to hold sth ~** etw ruhig halten; **to lie ~** still *od* reglos daliegen; **time stood ~** die Zeit stand still **2** still; **be ~!** *US* sei still! **B** adj *Getränk* ohne Kohlensäure **C** s FILM Standfoto *n*

still² **A** adv **1** noch, immer noch; **is he ~ coming?** kommt er noch?; **do you mean you ~ don't believe me?** willst du damit sagen, dass du mir immer noch nicht glaubst?; **it ~ hasn't come** es ist immer noch nicht gekommen; **there are ten weeks ~ to go** es bleiben noch zehn Wochen; **worse ~,** ... schlimmer noch, ... **2** *umg* trotzdem; **~, it was worth it** es hat sich trotzdem gelohnt; **~, he's not a bad person** na ja, er ist eigentlich kein schlechter Mensch **B** *konj* (und) dennoch

stillbirth s Totgeburt *f*, Fehlgeburt *f*

stillborn adj tot geboren; **the child was ~** das Kind kam tot zur Welt

still life s ⟨pl still lifes⟩ Stillleben *n*

stillness ['stɪlnɪs] s **1** Unbewegtheit *f*, Reglosigkeit *f* **2** Stille *f*

stilt [stɪlt] s Stelze *f*

stilted ['stɪltɪd] adj gestelzt

stimulant ['stɪmjʊlənt] s Anregungsmittel *n*

stimulate ['stɪmjʊleɪt] v/t anregen; *sexuell* erregen; *fig* j-n animieren; *Wachstum* stimulieren; *Wirtschaft* ankurbeln

stimulating ['stɪmjʊleɪtɪŋ] adj anregend; *Musik* belebend; *geistig* stimulierend

stimulation [ˌstɪmjʊ'leɪʃən] s **1** Anregung *f*, Stimulation *f*; *sexuell* Erregung *f* **2** *von Wirtschaft* Ankurbelung *f* (**to** +gen)

stimulus ['stɪmjʊləs] s ⟨pl stimuli ['stɪmjʊlaɪ]⟩ Anreiz *m*; PHYSIOL Reiz *m*

sting [stɪŋ] ⟨v: prät, pperf stung⟩ **A** v/t stechen; *Qualle* verbrennen; **she was stung by the nettles** sie hat sich an den Nesseln verbrannt; **to ~ sb into action** j-n aktiv werden lassen **B** v/i **1** stechen, brennen **2** *Worte* schmerzen **C** s **1** Stachel *m*; **to take the ~ out of sth** etw entschärfen; **to have a ~ in its tail** *Geschichte etc* ein unerwartet fatales Ende nehmen; *Bemerkung* gesalzen sein **2** Stich *m* **3** (= *Schmerz*) Stechen *n*, Brennen *n*

stinging ['stɪŋɪŋ] adj stechend, brennend; *Regen* peitschend; *Angriff* scharf

stinging nettle s Brennnessel *f*

stingy ['stɪndʒɪ] *umg* adj ⟨komp stingier⟩ *Mensch* knauserig; *Summe* popelig *umg*

stink [stɪŋk] ⟨v: prät stank, pperf stunk⟩ **A** v/i stinken **B** s **1** Gestank *m* (**of** nach) **2** *umg* Stunk *m umg*; **to kick up** *od* **make a ~** Stunk machen *umg*

stinking ['stɪŋkɪŋ] **A** adj **1** *wörtl* stinkend **2** *umg* beschissen *umg* **B** adv *umg* **~ rich** Br stinkreich *umg*

stinky ['stɪŋkɪ] *umg* adj ⟨komp stinkier⟩ stinkend

stint [stɪnt] **A** s Aufgabe f, Anteil m (**of** an +dat); **a 2-hour ~** eine 2-Stunden Schicht; **he did a five-year ~ on the oil rigs** er hat fünf Jahre auf Ölplattformen gearbeitet; **would you like to do a ~ at the wheel?** wie wär's, wenn du auch mal fahren würdest? **B** v/i **to ~ on sth** mit etw sparen od knausern

stipend [ˈstaɪpend] bes Br s Gehalt n; US UNIV Stipendium n

stipulation [stɪpjʊˈleɪʃn] s Bedingung f

stipulate [ˈstɪpjʊleɪt] v/t **1** zur Auflage machen **2** Betrag, Preis festsetzen; Menge vorschreiben

stir [stɜː^r] **A** s **1** wörtl Rühren n; **to give sth a ~** etw rühren; Kaffee etw umrühren **2** fig Aufruhr m; **to cause a ~** Aufsehen erregen **B** v/t **1** Kaffee umrühren; Teig rühren **2** bewegen **3** fig Gefühle aufwühlen; Fantasie anregen **C** v/i sich regen, sich bewegen

phrasal verbs mit stir:

stir up v/t ⟨trennb⟩ **1** umrühren **2** fig erregen; Vergangenheit wachrufen; Widerstand entfachen; **to stir up trouble** Unruhe stiften

stir-fry [ˈstɜːˌfraɪ] **A** s Stirfrygericht n; Pfannengericht n **B** v/t (unter Rühren) kurz anbraten

stirring [ˈstɜːrɪŋ] adj bewegend, aufwühlend

stirrup [ˈstɪrəp] s Steigbügel m

stitch [stɪtʃ] **A** s **1** Stich m; beim Stricken Masche f, Muster n; **to need ~es** MED genäht werden müssen **2** Seitenstiche pl; **to be in ~es** umg sich schieflachen umg **B** v/t Handarbeiten, a. MED nähen **C** v/i nähen (**at** an +dat)

phrasal verbs mit stitch:

stitch up v/t ⟨trennb⟩ **1** Saum, Wunde nähen **2** Br umg **I've been stitched up** man hat mich reingelegt umg

stitching [ˈstɪtʃɪŋ] s **1** Naht f **2** Stickerei f

stoat [stəʊt] s Wiesel n

stock [stɒk] **A** s **1** Vorrat m (**of** an +dat); HANDEL Bestand m (**of** an +dat); **to have sth in ~** vorrätig haben; **to be in ~/out of ~** vorrätig/nicht vorrätig sein; **to keep sth in ~** etw auf Vorrat haben; **to take ~ of sth** Bilanz aus etw ziehen **2** Viehbestand m **3** GASTR Brühe f **4** FIN **~s and shares** (Aktien und) Wertpapiere pl **B** adj ⟨attr⟩ HANDEL, a. fig Standard- **C** v/t **1** Waren führen **2** Schrank füllen; Laden ausstatten

phrasal verbs mit stock:

stock up A v/i sich eindecken (**on** mit); **I must stock up on rice, I've almost run out** mein Reis ist fast alle, ich muss meinen Vorrat auffüllen **B** v/t ⟨trennb⟩ Laden etc auffüllen

stockbroker s Börsenmakler(in) m(f)

stock company s FIN Aktiengesellschaft f

stock control s Lager(bestands)kontrolle f

stock cube s Brühwürfel m

stock exchange s Börse f

stockholder US s Aktionär(in) m(f)

stockily [ˈstɒkɪlɪ] adv **~ built** stämmig

stocking [ˈstɒkɪŋ] s Strumpf m, Kniestrumpf m; **in one's ~(ed) feet** in Strümpfen

stocking filler s, **stocking stuffer** US s kleines Geschenk (für den Weihnachtsstrumpf); zusätzliche Kleinigkeit (als Weihnachtsgeschenk)

stocking stuffer US s kleines Geschenk (für den Weihnachtsstrumpf); zusätzliche Kleinigkeit (als Weihnachtsgeschenk)

stockist [ˈstɒkɪst] Br s (Fach)händler(in) m(f); (≈ Laden) Fachgeschäft n

stock market s Börse f

stock-market crash s Börsenkrach m

stockpile A s Vorrat m (**of** an +dat); von Waffen Lager n **B** v/t Vorräte an (+dat) ... anlegen

stock room s Lager n

stock-still adv **to stand ~** regungslos stehen

stocktaking s Inventur f

stocky [ˈstɒkɪ] adj ⟨komp stockier⟩ stämmig

stockyard [ˈstɒkjɑːd] s Schlachthof m

stodgy [ˈstɒdʒɪ] adj ⟨komp stodgier⟩ Essen schwer

stoical adj, **stoically** [ˈstəʊɪkə l, -lɪ] adv stoisch

stoicism [ˈstəʊɪsɪzəm] fig s stoische Ruhe, Gleichmut m

stoke [stəʊk] v/t Feuer schüren

stole[1] [stəʊl] s Stola f

stole[2] prät → **steal**

stolen [ˈstəʊlən] **A** pperf → **steal** **B** adj gestohlen; **to receive ~ goods** Hehler m sein

stomach [ˈstʌmək] s Magen m, Bauch m; fig Lust f (**for** auf +akk); **to lie on one's ~** auf dem Bauch liegen; **to have a pain in one's ~** Magen-/Bauchschmerzen haben; **on an empty ~** auf leeren Magen

stomach ache s, **stomachache** s Magenschmerzen pl

stomach upset s Magenverstimmung f

stomp [stɒmp] v/i stapfen

stone [stəʊn] **A** s **1** Stein m; **a ~'s throw from ...** nur einen Katzensprung von ...; **to leave no ~ unturned** nichts unversucht lassen **2** Br britische Gewichtseinheit = 6,35 kg **B** adj Stein-, aus Stein **C** v/t **1** steinigen **2** umg **to be ~d** total zu sein umg

Stone Age s Steinzeit f

stone-broke US umg adj völlig abgebrannt umg

stone circle Br s Steinkreis m

stone-cold A adj eiskalt **B** adv **~ sober** stocknüchtern umg

stone-dead adj ⟨präd⟩ mausetot umg

stone-deaf adj stocktaub umg

stonemason s Steinmetz m

stonewall fig v/i ausweichen

stonework s Mauerwerk n
stony ['stəʊnɪ] adj ⟨komp stonier⟩ steinig; fig Schweigen eisern; Gesicht undurchdringlich
stony-broke Br umg adj völlig abgebrannt umg
stony-faced ['stəʊnɪ'feɪst] adj mit steinerner Miene
stood [stʊd] prät & pperf → stand
stool [stuːl] s **1** Hocker m, Stockerl n österr; **to fall between two ~s** sich zwischen zwei Stühle setzen **2** bes MED Stuhl m
stoop¹ [stuːp] **A** s Gebeugtheit f **B** v/i sich beugen (**over** über +akk); (a. **~ down**) sich bücken; **to ~ to sth** fig sich zu etw herablassen
stoop² US s Treppe f, Stiege f österr
stop [stɒp] **A** s **1 to come to a ~** anhalten; Verkehr stocken; fig Projekt eingestellt werden; Unterhaltung verstummen; **to put a ~ to sth** einer Sache (dat) einen Riegel vorschieben **2** Aufenthalt m; (≈ Unterbrechung) Pause f; **we made three ~s** wir haben dreimal haltgemacht **3** für Bus etc Haltestelle f **4 to pull out all the ~s** fig alle Register ziehen **B** v/t **1** anhalten; Motor abstellen; Angriff, Verkehr aufhalten; Lärm auffangen; **~ thief!** haltet den Dieb! **2** Aktivitäten ein Ende machen (+dat); Unsinn, Lärm unterbinden; Spiel, Arbeit beenden; Produktion zum Stillstand bringen **3** aufhören mit; **to ~ smoking** mit dem Rauchen aufhören; **I'm trying to ~ smoking** ich versuche, das Rauchen aufzugeben; **~ it!, ~ that!** lass das!, hör auf! **4** stoppen; Produktion, Kämpfe einstellen; Scheck sperren; Ermittlungen abbrechen **5** verhindern; j-n abhalten; **to ~ oneself** sich beherrschen; **there's no ~ping him** umg er ist nicht zu bremsen umg; **there's nothing ~ping you** od **to ~ you** es hindert Sie nichts; **to ~ sb (from) doing sth** j-n davon abhalten od daran hindern, etw zu tun; **to ~ oneself from doing sth** sich zurückhalten und etw nicht tun **C** v/i **1** (an)halten; Fahrer haltmachen, stehen bleiben; Maschine nicht mehr laufen; **no ~ping** Halteverbot n; **~ (right there)!** halt!, stopp!; **we ~ped for a drink at the pub** wir machten in der Kneipe Station, um etwas zu trinken; **~ at nothing (to do sth)** fig vor nichts haltmachen(, um etw zu tun); **to ~ dead** od **in one's tracks** plötzlich stehen bleiben **2** aufhören; Herz stehen bleiben; Produktion, Zahlung eingestellt werden; **to ~ doing sth** aufhören, etw zu tun; **he ~ped in mid sentence** er brach mitten im Satz ab; **if you had ~ped to think** wenn du nur einen Augenblick nachgedacht hättest; **he never knows when** od **where to ~** er weiß nicht, wann er aufhören muss **3** Br umg bleiben (**at in** +dat od **with** bei)

phrasal verbs mit stop:
stop by v/i kurz vorbeischauen
stop off v/i (kurz) haltmachen (**at sb's place** bei j-m)
stop over v/i Zwischenstation machen (**in** in +dat); FLUG zwischenlanden
stop up v/t ⟨trennb⟩ verstopfen

stopcock s Absperrhahn m
stopgap s Notlösung f
stoplight bes US s rotes Licht
stopover s Zwischenstation f; FLUG Zwischenlandung f
stoppage ['stɒpɪdʒ] s **1** Unterbrechung f **2** Streik m
stoppage time s beim Fußball Nachspielzeit f
stopper ['stɒpə] s Stöpsel m
stop sign s Stoppschild n
stopwatch s Stoppuhr f
storage ['stɔːrɪdʒ] s von Waren Lagerung f; von Wasser, Daten Speicherung f; **to put sth into ~** etw (ein)lagern
storage capacity s IT Speicherkapazität f
storage device s COMPUT Speichereinheit f
storage heater s (Nachtstrom)speicherofen m
storage space s in Haus Schränke und Abstellräume pl
store [stɔː] **A** s **1** Vorrat m (**of an** +dat); fig Fülle f (**of an** +dat); **~s** pl Vorräte pl; **to have** od **keep sth in ~** etw auf Lager od etw vorrätig haben; **to be in ~ for sb** j-m bevorstehen; **what has the future in ~ for us?** was wird uns (dat) die Zukunft bringen? **2** Lager n **3** bes US Geschäft n, Kaufhaus n **4** COMPUT Speicher m **B** v/t lagern; Möbel unterstellen; auf länger einlagern; Information, Strom speichern; **to ~ sth away** etw verwahren; **to ~ sth up** einen Vorrat an etw (dat) anlegen; fig etw anstauen
store card s Kundenkreditkarte f
store detective s Kaufhausdetektiv(in) m(f)
storehouse s Lager(haus) n
storekeeper bes US s Ladenbesitzer(in) m(f)
store locator s IT Filialfinder m
storeroom s Lagerraum m
storey ['stɔːrɪ] s, **story** bes US s ⟨pl stories⟩ Stock m, Etage f; **a nine-storey building** ein neunstöckiges Gebäude; **he fell from the third-storey window** er fiel aus dem Fenster des dritten Stock(werk)s od der dritten Etage; US er fiel aus dem Fenster des zweiten Stock(werk)s od der zweiten Etage
storeyed ['stɔːrɪd] adj, **storied** US adj **a six-storeyed building** Br ein sechsstöckiges Gebäude; US ein fünfstöckiges Gebäude
stork [stɔːk] s Storch m
storm [stɔːm] **A** s **1** Unwetter n, Gewitter n; (≈ Wind) Sturm m **2** fig von Beschimpfungen Flut

f (**of** von); *von Kritik* Sturm *m* (**of** +*gen*); **to take sth/sb by ~** etw/j-n im Sturm erobern **B** *v/t* stürmen **C** *v/i* **1** wüten (**at** gegen) **2 to ~ out of a room** aus einem Zimmer stürmen
storm cloud *s* Gewitterwolke *f*
storm troopers *pl* (Sonder)einsatzkommando *n*
stormy ['stɔːmɪ] *adj* ⟨*komp* stormier⟩ stürmisch
story[1] ['stɔːrɪ] *s* **1** Geschichte *f*; *bes* LIT Erzählung *f*; **the ~ goes that …** man erzählt sich, dass …; **to cut a long ~ short** um es kurz zu machen; **it's the (same) old ~** es ist das alte Lied **2** *Presse* Artikel *m* **3** *umg* **to tell stories** Märchen erzählen
story[2] *US s* → storey
storybook *s* Geschichtenbuch *n*
story line *s* Handlung *f*, Handlungsverlauf *m*
storyteller *s* Geschichtenerzähler(in) *m(f)*
stout [staʊt] **A** *adj* ⟨+*er*⟩ **1** *Mann* korpulent; *Frau* füllig **2** *Stock* kräftig; *Schuhe* fest **3** *Widerstand* hartnäckig **B** *s Br* Stout *m* (*dunkles, obergäriges Bier*); süß Malzbier *n*
stove [stəʊv] *s* Ofen *m*; *bes US zum Kochen* Herd *m*; **gas ~** Gasherd *m*
stow [stəʊ] *v/t*, (*a.* **stow away**) verstauen (**in** in +*dat*)
phrasal verbs mit stow:
stow away *v/i* als blinder Passagier fahren
stowaway ['stəʊəweɪ] *s* blinder Passagier
straddle ['strædl] *v/t* breitbeinig stehen über (+*dat*); *Stuhl* rittlings sitzen auf (+*dat*); *fig Grenze* überspannen
straggle ['strægl] *v/i* **1** *Häuser, Bäume* verstreut liegen; *Pflanze* (in die Länge) wuchern **2 to ~ behind** hinterherzockeln
straggler ['stræglə[r]] *s* Nachzügler(in) *m(f)*
straggly ['stræglɪ] *adj* ⟨*komp* stragglier⟩ *Haar* struppig
straight [streɪt] **A** *adj* ⟨+*er*⟩ **1** gerade; *Antwort* direkt; *Haar* glatt; *Rock* gerade geschnitten; *Mensch, Handel* ehrlich; **to be ~ with sb** offen und ehrlich zu j-m sein; **your tie isn't ~** deine Krawatte sitzt schief; **the picture isn't ~** das Bild hängt schief; **is my hat on ~?** sitzt mein Hut gerade?; **to keep a ~ face** ernst bleiben; **with a ~ face** ohne die Miene zu verziehen **2** klar; **to get things ~ in one's mind** sich (*dat*) der Dinge klar werden **3** *Drink* pur; *Wahl* einfach **4 for the third ~ day** *US* drei Tage ohne Unterbrechung; **to have ten ~ wins** zehnmal hintereinander gewinnen **5** ⟨*präd*⟩ Zimmer ordentlich; **to put things ~** alles klären; **let's get this ~** das wollen wir mal klarstellen; **to put** *od* **set sb ~ about sth** j-m etw klarmachen; **if I give you a fiver, then we'll be ~** *umg* wenn ich dir einen Fünfer gebe, sind wir quitt **6** *umg* (≈ *nicht schwul*) hetero *umg* **B** *adv* **1** gerade, direkt; **~ through sth** glatt durch etw; **it went ~ up in the air** es flog senkrecht in die Luft; **~ ahead** geradeaus; **to drive ~ on** geradeaus weiterfahren **2** sofort; **~ away** sofort; **to come ~ to the point** sofort *od* gleich zur Sache kommen **3** klar **4** offen; **~ out** *umg* unverblümt **5** *trinken* pur **C** *s von Rennbahn* Gerade *f*
straightaway [ˌstreɪtə'weɪ] *US adv* → straight B 2
straighten ['streɪtn] **A** *v/t* **1** *Beine* gerade machen; *Bild* gerade hinhängen; *Krawatte* gerade ziehen **2** in Ordnung bringen **B** *v/i Straße* gerade werden; *Mensch* sich aufrichten **C** *v/r* **to ~ oneself** sich aufrichten
phrasal verbs mit straighten:
straighten out A *v/t* ⟨*trennb*⟩ **1** *Beine* gerade machen **2** *Problem* klären; **to straighten oneself out** ins richtige Gleis kommen; **to straighten things out** die Sache in Ordnung bringen **B** *v/i Straße* gerade werden; *Haar* glatt werden
straighten up A *v/i* sich aufrichten **B** *v/t* ⟨*trennb*⟩ **1** gerade machen **2** aufräumen
straight-faced ['streɪt'feɪst] *adj* **to be ~** keine Miene verziehen
straightforward *adj Mensch* aufrichtig; *Erklärung* natürlich; *Wahl, Anweisungen* einfach; *Prozess* unkompliziert
straight-laced *adj* prüde
straight-out *umg adv* unverblümt
strain[1] [streɪn] **A** *s* **1** MECH, *a. fig* Belastung *f* (**on** für); (≈ *Mühe*) Anstrengung *f*; *beruflich etc* Beanspruchung *f* (**of** durch); **to take the ~ off sth** etw entlasten; **to be under a lot of ~** großen Belastungen ausgesetzt sein; **I find it a ~** ich finde das anstrengend; **to put a ~ on sb/sth** j-n/etw stark belasten **2** (Muskel)zerrung *f*; *der Augen etc* Überanstrengung *f* (**on** +*gen*) **B** *v/t* **1** spannen **2** *Seil* belasten; *Nerven, Ressourcen* strapazieren; *zu sehr* überlasten; **to ~ one's ears to …** angestrengt lauschen, um zu …; **don't ~ yourself!** *iron umg* reiß dir bloß kein Bein aus! *umg* **3** MED *Muskel* zerren; *Rücken, Augen* strapazieren **4** (durch)sieben; *Gemüse* abgießen **C** *v/i* zerren; *fig* sich bemühen
strain[2] *s* **1** Hang *m*, Zug *m*; *erblich* Veranlagung *f* **2** *von Tieren* Rasse *f*; *von Pflanzen* Sorte *f*; *von Viren etc* Art *f*
strained *adj Gesichtsausdruck* gekünstelt; *Unterhaltung* gezwungen; *Beziehung* angespannt; *Atmosphäre* gespannt
strainer ['streɪnə[r]] *s* GASTR Sieb *n*
strait [streɪt] *s* **1** GEOG Straße *f* **2** *fig* **to be in dire ~s** in großen Nöten sein
straitjacket *s* Zwangsjacke *f*
strait-laced [ˌstreɪt'leɪst] *adj* prüde

strand[1] [strænd] v/t **to be ~ed** gestrandet sein; **to be (left) ~ed** Mensch festsitzen; **to leave sb ~ed** j-n seinem Schicksal überlassen

strand[2] s Strang m; von Haar Strähne f; von Garn Faden m

strange [streɪndʒ] adj ⟨komp stranger⟩ **1** seltsam; **to think/find it ~ that ...** es seltsam finden, dass ... **2** fremd; Betätigung ungewohnt; **don't talk to ~ men** sprich nicht mit fremden Männern; **I felt rather ~ at first** zuerst fühlte ich mich ziemlich fremd; **I feel ~ in a skirt** ich komme mir in einem Rock komisch vor umg

strangely [ˈstreɪndʒlɪ] adv seltsam, merkwürdig, komisch umg; **~ enough** seltsamerweise, merkwürdigerweise

strangeness s **1** Seltsamkeit f **2** Fremdheit f; von Betätigung Ungewohntheit f

stranger [ˈstreɪndʒəʳ] s Fremde(r) m/f(m); **I'm a ~ here myself** ich bin selbst fremd hier; **he is no ~ to London** er kennt sich in London aus; **hullo, ~!** umg hallo, lange nicht gesehen

strangle [ˈstræŋgl] v/t erwürgen; fig ersticken

strangled adj Schrei erstickt

stranglehold [ˈstræŋgl,həʊld] fig s absolute Machtposition (**on** gegenüber)

strangulation [ˌstræŋgjʊˈleɪʃən] s Erwürgen n

strap [stræp] **A** s Riemen m, Gurt m; in Bus etc Schlaufe f; von Uhr Band n; über Schulter Träger m **B** v/t **1** festschnallen (**to** an +dat); **to ~ sb/sth down** j-n/etw festschnallen; **to ~ sb/oneself in** j-n/sich anschnallen **2** MED (a. **~ up**) bandagieren **3** umg **to be ~ped (for cash)** pleite od blank sein umg

strapless adj trägerlos

strapping [ˈstræpɪŋ] umg adj stramm

Strasbourg [ˈstræzbɜːg] s Straßburg n

strata [ˈstrɑːtə] pl → stratum

strategic [strəˈtiːdʒɪk] adj strategisch

strategically [strəˈtiːdʒɪkəlɪ] adv strategisch; fig a. taktisch; **to be ~ placed** eine strategisch günstige Stellung haben

strategist [ˈstrætɪdʒɪst] s Stratege m, Strategin f

strategy [ˈstrætɪdʒɪ] s Strategie f

stratosphere [ˈstrætəʊsfɪəʳ] s Stratosphäre f

stratum [ˈstrɑːtəm] s ⟨pl strata⟩ Schicht f

straw [strɔː] **A** s **1** Strohhalm m; allg Stroh n kein pl; **that's the final ~!** umg das ist der Gipfel! umg; **to clutch at ~s** sich an einen Strohhalm klammern; **to draw the short ~** den Kürzeren ziehen **2** Trinkhalm m **B** adj ⟨attr⟩ Stroh-

strawberry [ˈstrɔːbərɪ] s Erdbeere f

straw poll, straw vote s Probeabstimmung f; bei Wahl Wählerbefragung f

stray [streɪ] **A** v/i (a. **~ away**) sich verirren; (a. **~ about**) (umher)streunen; fig Gedanken abschweifen; **to ~ (away) from sth** von etw abkommen **B** adj Kugel verirrt; Hund streunend attr; Haare vereinzelt **C** s streunendes Tier

streak [striːk] **A** s Streifen m; fig Spur f; **~s in Haar** Strähnchen pl; **~ of lightning** Blitz(strahl) m; **a winning ~** eine Glückssträhne; **a mean ~** ein gemeiner Zug **B** v/t streifen; **the sky was ~ed with red** der Himmel hatte rote Streifen; **hair ~ed with grey** Haar mit grauen Strähnchen **C** v/i **1** Blitz zucken; umg Läufer flitzen umg **2** Nackter flitzen

streaker [ˈstriːkəʳ] s Flitzer(in) m(f)

streaky [ˈstriːkɪ] adj ⟨komp streakier⟩ streifig; **~ bacon** Br durchwachsener Speck

stream [striːm] **A** s **1** Bach m, Strömung f **2** von Flüssigkeit, Menschen Strom m; von Worten Schwall m **B** v/i **1** strömen; Augen tränen; **the walls were ~ing with water** die Wände trieften vor Nässe; **her eyes were ~ing with tears** Tränen strömten ihr aus den Augen **2** Fahne, Haare wehen **C** v/t Daten streamen

phrasal verbs mit stream:

stream down v/i in Strömen fließen; mit Objekt herunterströmen; **tears streamed down her face** Tränen strömten über ihr Gesicht

stream in v/i hereinströmen

stream out v/i hinausströmen (**of** aus), herausfließen (**of** aus)

streamer [ˈstriːməʳ] s Luftschlange f

streaming [ˈstriːmɪŋ] **A** adj Fenster triefend; Augen tränend; **I have a ~ cold** Br ich habe einen fürchterlichen Schnupfen **B** s IT Übertragung von Video- und Audiodaten Streaming n

streaming device s IT, TV Streaminggerät n

streaming stick s IT, TV Streaming-Stick m (USB--Stick für den Fernseher)

streamline v/t Organisation rationalisieren

streamlined [ˈstriːmlaɪnd] adj stromlinienförmig; fig rationalisiert

street [striːt] **A** s Straße f; **in** od **on the ~** auf der Straße; **to live in** od **on a ~** in einer Straße wohnen; **it's right up my ~** Br fig umg das ist genau mein Fall umg; **to be ~s ahead of sb** fig umg j-m haushoch überlegen sein umg; **to take to the ~s** Demonstranten auf die Straße gehen **B** adj **1** Straßen-; **~ sports** Straßensport m; **~ newspaper** Straßenzeitung f **2** umg trendig

street battle s Straßenschlacht f

streetcar US s Straßenbahn f, Bim f österr, Tram n schweiz

street index s Straßenverzeichnis n

street lamp, street light s Straßenlaterne f

street map s Stadtplan m

street party bes Br s Straßenfest n

street people pl Obdachlose pl

street performer s Straßenkünstler(in) m(f)

street plan s Stadtplan m
street sweeper s **1** Straßenkehrer(in) m(f) **2** Kehrmaschine f
street value s von Drogen (Straßen)verkaufswert m
streetwalker s umg Straßenmädchen n
streetwear s Kleidung Streetwear f
streetwise adj clever umg; raffiniert
streetworker s Streetworker(in) m(f), Straßensozialarbeiter(in) m(f)
strength [strɛŋθ] s **1** Stärke f, Kraft f; von Beweisen Überzeugungskraft f; **on the ~ of sth** aufgrund einer Sache (gen); **to save one's ~** mit seinen Kräften haushalten; **to go from ~ to ~** einen Erfolg nach dem anderen haben; **to be at full ~** vollzählig sein; **to turn out in ~** zahlreich erscheinen **2** von Konstitution Robustheit f; **when she has her ~ back** wenn sie wieder bei Kräften ist **3** CHEM von Lösung Konzentration f
strengthen ['strɛŋθən] **A** v/t stärken **B** v/i stärker werden
strenuous ['strɛnjʊəs] adj **1** anstrengend **2** Versuche unermüdlich; Anstrengungen hartnäckig
strenuously ['strɛnjʊəslɪ] adv **1** anstrengend **2** abstreiten entschieden
stress [strɛs] **A** s **1** Stress m; MECH Belastung f; MED Überlastung f; allg Druck m, Spannung f; **to be under ~** großen Belastungen ausgesetzt sein; beruflich im Stress sein **2** Betonung f; fig (Haupt)gewicht n; **to put** od **lay (great) ~ on sth** einer Sache (dat) großes Gewicht beimessen, etw (besonders) betonen **B** v/t betonen
stressed adj gestresst
stressed out adj gestresst; **to get ~ about** od **over sb/sth** (von j-m/etw) völlig gestresst sein
stressful adj stressig
stress mark s LING Betonungszeichen n
stress test s Stresstest m
stretch [strɛtʃ] **A** s **1** Strecken n; **to have a ~** sich strecken; **to be at full ~** wörtl bis zum Äußersten gedehnt sein; fig Mensch mit aller Kraft arbeiten; Fabrik etc auf Hochtouren arbeiten umg; **by no ~ of the imagination** beim besten Willen nicht; **not by a long ~** bei Weitem nicht **2** Stück n; von Straße etc Strecke f; von Reise Abschnitt m **3** Zeitraum m; **for hours at a ~** stundenlang; **three days at a ~** drei Tage an einem Stück od ohne Unterbrechung **B** adj ⟨attr⟩ **~ trousers** Br, **~ pants** US Stretchhose f **C** v/t **1** strecken; Gummiband, Schuhe dehnen; Flügel ausbreiten; Seil spannen; Sportler fordern; **to ~ sth tight** etw straffen; Decke etw stramm ziehen; **to ~ one's legs** sich (dat) die Beine vertreten umg; **to ~ sb/sth to the limit(s)** j-n/etw bis zum äußersten belasten; **to be fully ~ed** bes Br voll ausgelastet sein **2** Wahrheit, Regeln es nicht so genau nehmen mit; **that's ~ing it too far** das geht zu weit **D** v/i nach Schlaf sich strecken; Band dehnbar sein; Gebiet, Befugnis sich erstrecken (**to** bis od **over** über +akk); Vorrat, Geld reichen (**to** für); Kleidung etc weiter werden; **to ~ to reach sth** sich recken, um etw zu erreichen; **he ~ed across and touched her cheek** er reichte herüber und berührte ihre Wange; **the fields ~ed away into the distance** die Felder dehnten sich bis in die Ferne aus; **our funds won't ~ to that** das lassen unsere Finanzen nicht zu **E** v/r nach Schlaf sich strecken

phrasal verbs mit stretch:

stretch out A v/t ⟨trennb⟩ Arme ausbreiten; Hand ausstrecken; Diskussion ausdehnen **B** v/i umg sich hinlegen; Landschaft sich ausbreiten
stretcher ['strɛtʃə] s MED Trage f
stretch limo s Stretchlimo f
stretchy ['strɛtʃɪ] adj ⟨komp stretchier⟩ elastisch
strew [struː] v/t ⟨prät strewed; pperf strewed od strewn [struːn]⟩ verstreuen; Blumen, Sand streuen; Boden bestreuen
stricken ['strɪkən] liter adj leidgeprüft; Schiff in Not; **to be ~ by drought** von Dürre heimgesucht werden
-stricken adj ⟨suf⟩ mit Gefühlen -erfüllt; durch Unglück von ... heimgesucht; **grief-stricken** schmerzerfüllt
strict [strɪkt] adj ⟨+er⟩ streng; Katholik strenggläubig; **in the ~ sense of the word** genau genommen; **in (the) ~est confidence** in strengster Vertraulichkeit; **there is a ~ time limit on that** das ist zeitlich genau begrenzt
strictly ['strɪktlɪ] adv streng, genau; **~ forbidden** streng verboten; **~ business** rein geschäftlich; **~ personal** privat; **~ speaking** genau genommen; **not ~ true** nicht ganz richtig; **~ between ourselves** ganz unter uns; **unless ~ necessary** wenn nicht unbedingt erforderlich; **the car park is ~ for the use of residents** der Parkplatz ist ausschließlich für Anwohner vorgesehen
strictness ['strɪktnɪs] s Strenge f
stride [straɪd] ⟨v: prät strode; pperf stridden ['strɪdn]⟩ **A** v/i schreiten geh **B** s Schritt m; fig Fortschritt m; **to take sth in one's ~** Br, **to take sth in ~** US mit etw spielend fertig werden; **to put sb off his/her ~** j-n aus dem Konzept bringen
strident ['straɪdnt] adj schrill; fig Forderungen lautstark
strife [straɪf] s Unfriede m
strike [straɪk] ⟨v: prät struck; pperf struck⟩ **A** v/t **1** schlagen; Tisch schlagen auf (+akk); Schicksals-

schlag treffen; *Note* anschlagen; **to be struck by lightning** vom Blitz getroffen werden; **to ~ the hour** die volle Stunde schlagen; **to ~ 4** 4 schlagen **2** stoßen gegen; *Auto* fahren gegen; *Boden* auftreffen auf (+akk) **3** in den Sinn kommen (+dat); **that ~s me as a good idea** das kommt mir sehr vernünftig vor; **it struck me how …** mir ging plötzlich auf, wie …; (≈ *sehen etc*) mir fiel auf, wie … **4** beeindrucken; **how does it ~ you?** wie finden Sie das?; **she struck me as being very competent** sie machte auf mich einen sehr fähigen Eindruck **5** *fig* Abkommen sich einigen auf (+akk); Stellung einnehmen; **to ~ a match** ein Streichholz anzünden; **to be struck dumb** mit Stummheit geschlagen werden *geh* **6** *Öl, Weg* finden; **to ~ gold** *fig* auf eine Goldgrube stoßen **B** *v/i* **1** treffen; *Blitz* einschlagen; MIL *etc* angreifen; **to be/come within striking distance of sth** einer Sache (*dat*) nahe sein **2** *Uhr* schlagen **3** *Arbeiter* streiken **C** *s* **1** Streik *m*; **to be on ~** streiken; **to come out on ~, to go on ~** in den Streik treten **2** *von Öl etc* Fund *m* **3** MIL Angriff *m*

phrasal verbs mit strike:

strike back *v/i & v/t* ⟨*trennb*⟩ zurückschlagen
strike off *v/t* ⟨*trennb*⟩ **1** *Ast etc* abschlagen **2** *von Liste* streichen
strike out **A** *v/i* schlagen; **to strike out at sb** j-n angreifen; **to strike out on one's own** *wörtl* allein loszeihen; *fig* eigene Wege gehen **B** *v/t* ⟨*trennb*⟩ (aus)streichen
strike up *v/t* ⟨*untrennb*⟩ **1** *Melodie* anstimmen **2** *Freundschaft* schließen; *Gespräch* anfangen

strike ballot *s* Urabstimmung *f*
strikebound *adj* bestreikt
striker ['straɪkə^r] *s* **1** Streikende(r) *m/f(m)* **2** FUSSB Stürmer(in) *m(f)*
striking ['straɪkɪŋ] *adj* auffallend; *Mensch* bemerkenswert
striking distance *s von Rakete etc* Reichweite *f*
strikingly ['straɪkɪŋlɪ] *adv* auffallend; *attraktiv* bemerkenswert
Strimmer® ['strɪmə^r] *s* Rasentrimmer *m*
string [strɪŋ] ⟨*v: prät, pperf* strung⟩ **A** *s* **1** Schnur *f*; *von Marionette* Faden *m*; *von Fahrzeugen* Schlange *f*; *fig* Reihe *f*; *von Lügen* Haufen *m*; **to pull ~s** *fig* Beziehungen spielen lassen; **with no ~s attached** ohne Bedingungen **2** *von Instrument, Tennisschläger* Saite *f*; **to have two ~s** *od* **a second ~** *od* **more than one ~ to one's bow** zwei Eisen im Feuer haben **3** **~s** *pl* **the ~s** die Streichinstrumente *pl*; (≈ *Musiker*) die Streicher *pl* **B** *v/t* Geige (mit Saiten) bespannen

phrasal verbs mit string:

string along *umg v/t* ⟨*trennb*⟩ **to string sb along** j-n hinhalten

string together *v/t* ⟨*trennb*⟩ Sätze aneinanderreihen
string up *v/t* ⟨*trennb*⟩ aufhängen

string bean *bes US s* grüne Bohne, Fisole *f österr*
stringed [strɪŋd] *adj* **~ instrument** Saiteninstrument *n*
stringent ['strɪndʒənt] *adj* Ansprüche, Gesetze streng; Regeln, Test hart
string instrument *s* Saiteninstrument *n*
stringy ['strɪŋɪ] *adj* ⟨*komp* stringier⟩ Fleisch sehnig
strip [strɪp] **A** *s* **1** Streifen *m*, Band *n* **2** Br SPORT Trikot *n*, Leiberl *n österr*, Leibchen *n österr, schweiz* **B** *v/t* **1** j-n ausziehen; *Bett, Tapete* abziehen; *Lack* abbeizen **2** *fig* berauben (**of** +*gen*) **C** *v/i* sich ausziehen; *bei Arzt* sich frei machen; *Tänzerin* strippen *umg*; **to ~ naked** sich bis auf die Haut ausziehen

phrasal verbs mit strip:

strip down **A** *v/t* ⟨*trennb*⟩ *Motor* zerlegen **B** *v/i* **to strip down to one's underwear** sich bis auf die Unterwäsche ausziehen
strip off **A** *v/t* ⟨*trennb*⟩ *Kleider* ausziehen; *Papier* abziehen (**sth von etw**) **B** *v/i* sich ausziehen; *bei Arzt* sich frei machen

strip cartoon *Br s* Comic(strip) *m*
strip club *s* Stripteaseklub *m*
stripe [straɪp] *s* Streifen *m*
striped [straɪpt] *adj* gestreift
strip lighting *bes Br s* Neonlicht *n*
stripper ['strɪpə^r] *s* **1** Stripperin *f*; **male ~** Stripper *m* **2** Farbentferner *m*
strip-search **A** *s* Leibesvisitation *f* **B** *v/t* einer Leibesvisitation (*dat*) unterziehen
striptease *s* Striptease *m/n*; **to do a ~** strippen *umg*
stripy ['straɪpɪ] *umg adj* gestreift
strive [straɪv] *v/i* ⟨*prät* strove; *pperf* striven ['strɪvn]⟩ **to ~ to do sth** bestrebt *od* bemüht sein, etw zu tun; **to ~ for** nach etw streben
strobe [strəʊb] *s* stroboskopische Beleuchtung
strode [strəʊd] *prät* → stride
stroke [strəʊk] **A** *s a.* MED Schlag *m*; *Schwimmen* Zug *m*, Stil *m*; *mit Pinsel* Strich *m*; **he doesn't do a ~** (**of work**) er tut keinen Schlag *umg*; **a ~ of genius** ein genialer Einfall; **a ~ of luck** ein Glücksfall *m*; **we had a ~ of luck** wir hatten Glück; **at a** *od* **one ~** mit einem Schlag; **on the ~ of twelve** Punkt zwölf (Uhr); **to have a ~** MED einen Schlag(anfall) bekommen **B** *v/t* streicheln
stroll [strəʊl] **A** *s* Spaziergang *m*; **to go for** *od* **take a ~** einen Spaziergang machen **B** *v/i* spazieren; **to ~ around the town** durch die Stadt bummeln; **to ~ up to sb** auf j-n zuschlendern
stroller ['strəʊlə^r] *s US für Babys* Sportwagen *m*

strong [strɒŋ] **A** *adj* ⟨+er⟩ **1** stark, kräftig; *Wand* stabil; *Konstitution* robust; *Zähne, Herz* gut; *Charakter etc* fest; *Kandidat* aussichtsreich; *Argument* überzeugend; *Lösung* konzentriert; **there is a ~ possibility that ...** es ist überaus wahrscheinlich, dass ...; **a group 20 ~** eine 20 Mann starke Gruppe; **a ~ drink** ein harter Drink **2** begeistert; *Anhänger* überzeugt **B** *adv* ⟨+er⟩ *umg* **to be going ~** gut in Schuss sein *umg*

strongbox *s* (Geld)kassette *f*

stronghold *fig* ~ *s* Hochburg *f*

strongly ['strɒŋlɪ] *adv* stark, kräftig; *gebaut* stabil; *glauben* fest; *protestieren* energisch; **to feel ~ about sth** in Bezug auf etw (*akk*) stark engagiert sein; **I feel very ~ that ...** ich vertrete entschieden die Meinung, dass ...; **to be ~ in favour of sth** etw stark befürworten; **to be ~ opposed to sth** etw scharf ablehnen

strong-minded [ˌstrɒŋ'maɪndɪd] *adj* willensstark

strong point *s* Stärke *f*

strongroom *s* Stahlkammer *f*

strong-willed [ˌstrɒŋ'wɪld] *adj* willensstark; *pej* eigensinnig

stroppy ['strɒpɪ] *Br umg adj* ⟨*komp* stroppier⟩ **1** fuchtig *umg*; *Antwort, Kind* pampig *umg* **2** aggressiv

strove [strəʊv] *prät* → strive

struck [strʌk] **A** *prät & pperf* → strike **B** *adj* ⟨*präd*⟩ **to be ~ with sb/sth** von j-m/etw angetan sein

structural ['strʌktʃərəl] *adj* Struktur-; *Veränderungen, Schäden* strukturell, baulich

structurally ['strʌktʃərəlɪ] *adv* strukturell; **~ sound** sicher

structure ['strʌktʃə'] **A** *s* Struktur *f*; TECH Konstruktion *f* **B** *v/t* strukturieren; *Argument* aufbauen

structured ['strʌktʃəd] *adj* strukturiert; *Vorgehensweise* durchdacht

struggle ['strʌgl] **A** *s* Kampf *m* (**for** um); *fig* Anstrengung *f*; **to put up a ~** sich wehren; **it is a ~** es ist mühsam **B** *v/i* **1** kämpfen, sich wehren; *finanziell* in Schwierigkeiten sein; *fig* sich sehr anstrengen; **to ~ with sth** mit Problem sich mit etw herumschlagen; *mit Verletzung, Gefühlen* mit etw zu kämpfen haben; *mit Gepäck, Hausaufgaben* sich mit etw abmühen; **this firm is struggling** diese Firma hat (schwer) zu kämpfen; **are you struggling?** hast du Schwierigkeiten? **2 to ~ to one's feet** mühsam auf die Beine kommen; **to ~ on** *wörtl* sich weiterkämpfen; *fig* weiterkämpfen

struggling ['strʌglɪŋ] *adj Künstler etc* am Hungertuch nagend *attr*

strum [strʌm] *v/t Melodie* klimpern; *Gitarre* klimpern auf (+*dat*)

strung [strʌŋ] *prät & pperf* → string

strut[1] [strʌt] *v/i* stolzieren

strut[2] *s* Strebe *f*, Pfeiler *m*

stub [stʌb] **A** *s von Bleistift, Schwanz* Stummel *m*; *von Zigarette* Kippe *f*; *von Ticket* Abschnitt *m* **B** *v/t* **to ~ one's toe** (**on** *od* **against sth**) sich (*dat*) den Zeh (an etw *dat*) stoßen; **to ~ out a cigarette** eine Zigarette ausdrücken

stubble ['stʌbl] *s* ⟨*kein pl*⟩ Stoppeln *pl*

stubborn ['stʌbən] *adj* **1** stur, störrisch; **to be ~ about sth** stur auf etw (*dat*) beharren **2** *Widerstand, Fleck* hartnäckig

stubbornly ['stʌbənlɪ] *adv* **1** stur, trotzig **2** hartnäckig

stubbornness ['stʌbənnɪs] *s* Sturheit *f*, störrische Art

stubby ['stʌbɪ] *adj* ⟨*komp* stubbier⟩ *Schwanz* stummelig

stuck [stʌk] **A** *prät & pperf* → stick[2] **B** *adj* **1 to be ~** nicht zurechtkommen (**on, over** mit); **to get ~** nicht weiterkommen (**on, over** mit) **2 to be ~** *Tür etc* verkeilt sein, festklemmen; **to get ~** stecken bleiben **3** *in Falle etc* **to be ~** festsitzen **4** *umg* **she is ~ for sth** es fehlt ihr an etw (*dat*); **to be ~ with sb/sth** j-n/etw am Hals haben *umg* **5** *Br umg* **to get ~ into sth** sich in etw (*akk*) richtig reinknien *umg*

stuck-up [ˌstʌk'ʌp] *umg adj* hochnäsig

stud[1] [stʌd] **A** *s* **1** Ziernagel *m*; *Br an Fußballschuh* Stollen *m* **2** Ohrstecker *m* **B** *v/t* ⟨*mst passiv*⟩ übersäen

stud[2] *s* (≈ *Pferde*) Gestüt *n*; *einzelner Tier* (Zucht)hengst *m*; *umg* (≈ *Mann*) geiler Typ, Sexprotz *m umg*

student ['stjuːdənt] **A** *s* UNIV Student(in) *m(f)*; *bes US* SCHULE Schüler(in) *m(f)*; **he is a French ~** UNIV er studiert Französisch **B** *adj* ⟨*attr*⟩ Studenten-; **~ nurse** Krankenpflegeschüler(in) *m(f)*

student loan *s* Studentendarlehen *n*

student teacher *s* Referendar(in) *m(f)*

stud farm *s* Gestüt *n*

studio ['stjuːdɪəʊ] *s* ⟨*pl* -s⟩ Studio *n*

studio apartment *s*, **studio flat** *Br s* Studiowohnung *f*

studious ['stjuːdɪəs] *adj* fleißig

studiously ['stjuːdɪəslɪ] *adv* fleißig; *vermeiden* gezielt

study ['stʌdɪ] **A** *s* **1** *bes* UNIV Studium *n*; SCHULE Lernen *n*; *von Beweismaterial* Untersuchung *f*; **studies** *pl* Studium *n*; Lernen *n*; **African studies** UNIV Afrikanistik *f* **2** Studie *f* (**of** über +*akk*) **3** Arbeitszimmer *n* **B** *v/t* studieren; SCHULE lernen; *Text* sich befassen mit; *wissenschaftlich etc* erforschen, untersuchen **C** *v/i* studieren; *bes* SCHULE lernen; **to ~ to be a teacher** ein Lehrerstudium machen; **to ~ for an exam** sich auf eine

Prüfung vorbereiten

study hall *US s Zeit zum selbstständigen Lernen in der Schule*

study skills *pl Lern- und Arbeitstechniken pl*

stuff [stʌf] **A** *s* **1** *Zeug n, Sachen pl;* **there is some good ~ in that book** *in dem Buch stecken ein paar gute Sachen;* **it's good ~** *das ist gut;* **this book is strong ~** *das Buch ist starker Tobak;* **he brought me some ~ to read** *er hat mir etwas zum Lesen mitgebracht;* **books and ~** *Bücher und so umg;* **and ~ like that** *und so was umg;* **all that ~ about how he wants to help us** *all das Gerede, dass er uns helfen will;* **~ and nonsense!** *Quatsch m umg* **2** *umg* **that's the ~!** *so ist's richtig!;* **to do one's ~** *seine Nummer abziehen umg;* **to know one's ~** *wissen, wovon man redet* **B** *v/t* **1** *Behälter* vollstopfen; *Loch* zustopfen; *Bücher etc* (hinein)stopfen (**into** *in* +akk); **to ~ one's face** *umg* sich vollstopfen *umg;* **to be ~ed up** verschnupft sein **2** *Kissen, Pastete* füllen; **a ~ed toy** ein Stofftier *n* **3** *Br umg* **get ~ed!** du kannst mich mal! *umg;* **you can ~ your job** *etc* du kannst deinen blöden Job *etc* behalten *umg* **C** *v/r* **to ~ oneself** sich vollstopfen *umg*

stuffed animal *US s* Stofftier *n*

stuffing ['stʌfɪŋ] *s von Kissen, Pastete* Füllung *f; in Spielzeug* Füllmaterial *n*

stuffy ['stʌfɪ] *adj* ⟨*komp* stuffier⟩ **1** *Zimmer* stickig **2** spießig

stumble ['stʌmbl] *v/i* stolpern; *in Rede* stocken; **to ~ on sth** *fig* zufällig auf etw (*dat*) stoßen

phrasal verbs mit stumble:

stumble across *v/t* stoßen auf +akk

stumble over *v/t* stolpern über +akk

stumbling block ['stʌmblɪŋblɒk] *fig s* **to be a ~ to sth** einer Sache (*dat*) im Weg stehen

stump [stʌmp] **A** *s von Baum, Bein* Stumpf *m; von Bleistift, Schwanz* Stummel *m* **B** *v/t fig umg* **you've got me ~ed** da bin ich überfragt

phrasal verbs mit stump:

stump up *Br umg* **A** *v/t* ⟨*untrennb*⟩ springen lassen *umg* **B** *v/i* blechen *umg* (**for sth** für etw)

stumpy ['stʌmpɪ] *adj* ⟨*komp* stumpier⟩ stämmig, untersetzt; *Beine* kurz

stun [stʌn] *v/t* betäuben, benommen machen; *fig* fassungslos machen, verblüffen; **he was ~ned by the news** *negativ* er war über die Nachricht fassungslos; *positiv* die Nachricht hat ihn überwältigt

stung [stʌŋ] *prät & pperf* → **sting**

stunk [stʌŋk] *pperf* → **stink**

stunned [stʌnd] *adj* betäubt, benommen; *fig* fassungslos, sprachlos; **there was a ~ silence** benommenes Schweigen breitete sich aus

stunning ['stʌnɪŋ] *fig adj Nachricht* toll *umg; Kleid,* *Aussicht* atemberaubend

stunningly ['stʌnɪŋlɪ] *adv* atemberaubend; *schön* überwältigend

stunt[1] [stʌnt] *s* **1** Kunststück *n;* Stunt *m; in Werbung etc* Gag *m* **2** Nummer *f umg;* **after the ~ you just pulled?** nach der Nummer, die du dir gerade geleistet hast?, nach der Nummer, die du gerade abgezogen hast?

stunt[2] *v/t Wachstum* hemmen

stunted ['stʌntɪd] *adj Pflanze* verkümmert; *Kind* unterentwickelt

stuntman ['stʌntmæn] *s* ⟨*pl* -men [-mən]⟩ Stuntman *m,* Double *n*

stunt performer *s* Stuntman *m;* Stuntwoman *f*

stuntwoman *s* ⟨*pl* -women [-wɪmɪn]⟩ Stuntwoman *f,* Double *n*

stupendous [stjuː'pendəs] *adj* fantastisch

stupid ['stjuːpɪd] *adj* **1** dumm, blöd(e) *umg;* **don't be ~** sei nicht so blöd *umg;* **that was a ~ thing to do** das war dumm; **to make sb look ~** j-n blamieren **2** **to bore sb ~** j-n zu Tode langweilen

stupidity [stjuː'pɪdɪtɪ] *s* Dummheit *f*

stupidly ['stjuːpɪdlɪ] *adv* dumm, blöd *umg; etw sagen* dummerweise; *grinsen* albern

stupor ['stjuːpə\[r\]] *s* Benommenheit *f;* **to be in a drunken ~** sinnlos betrunken sein

sturdily ['stɜːdɪlɪ] *adv* stabil; **~ built** kräftig *od* stämmig gebaut

sturdy ['stɜːdɪ] *adj* ⟨*komp* sturdier⟩ kräftig, stämmig; *Material* robust; *Bau, Auto* stabil

stutter ['stʌtə\[r\]] **A** *s* Stottern *n kein pl;* **he has a ~** er stottert **B** *v/t & v/i* stottern

sty [staɪ] *s* Schweinestall *m*

sty(e) [staɪ] *s MED* Gerstenkorn *n*

style [staɪl] **A** *s* **1** Stil *m;* **~ of management** Führungsstil *m;* **that house is not my ~** so ein Haus ist nicht mein Stil; **the man has ~** der Mann hat Format; **to do things in ~** alles im großen Stil tun; **to celebrate in ~** groß feiern **2** Art *f;* **a new ~ of car** *etc* ein neuer Autotyp *etc* **3** Mode Stil *m kein pl; von Haar* Schnitt *m,* Frisur *f* **B** *v/t Haar* stylen

-style [staɪl] *adj* ⟨*suf*⟩ nach ... Art

styli ['staɪlaɪ] *pl* → **stylus**

styling ['staɪlɪŋ] *s* **~ mousse** Schaumfestiger *m*

stylish ['staɪlɪʃ] *adj* **1** elegant; *Film* stilvoll **2** *Kleidung* modisch

stylishly ['staɪlɪʃlɪ] *adv* **1** elegant; *eingerichtet* stilvoll **2** modisch

stylist ['staɪlɪst] *s* Friseur *m,* Friseuse *f*

stylistic [staɪ'lɪstɪk] *adj* stilistisch, Stil-; **~ device** Stilmittel *n*

stylized ['staɪlaɪzd] *adj* stilisiert

stylus ['staɪləs] *s* ⟨*pl* -es *od* styli ['staɪlaɪ]⟩ COMPUT (Eingabe)stift *m*

Styria ['stɪrɪə] s Steiermark f
Styrofoam® ['staɪərəfəʊm] s US Styropor® n
suave adj, **suavely** ['swɑːv, -lɪ] adv weltmännisch; , aalglatt pej
sub [sʌb] umg s **1** U-Boot n **2** SPORT Auswechselspieler(in) m(f) **3** WIRTSCH Vorschuss m **4** US GASTR Jumbo-Sandwich n (mit Fleisch, Käse, Tomaten etc) **5** US Abo n umg **6** **subs** pl für Klub Beitrag m
subcategory s Subkategorie f
subcommittee s Unterausschuss m
subconscious **A** adj unterbewusst **B** s the ~ das Unterbewusstsein
subconsciously adv im Unterbewusstsein
subcontinent s Subkontinent m
subcontract v/t (vertraglich) weitervergeben (**to** an +akk)
subcontractor s Subunternehmer(in) m(f)
subculture s Subkultur f
subdivide v/t unterteilen
subdivision s **1** Vorgang Unterteilung f **2** (≈ Untergruppe) Unterabteilung f
subdue [səb'djuː] v/t Rebellen unterwerfen; Randalierer überwältigen; fig unterdrücken
subdued adj Licht, Stimme gedämpft; Mensch ruhig, still; Atmosphäre gedrückt
subhead s, **subheading** s Untertitel m
subhuman adj unmenschlich
subject **A** ['sʌbdʒɪkt] s **1** POL Staatsbürger(in) m(f); von Monarch Untertan(in) m(f) **2** GRAM Subjekt n **3** Thema n; **to change the ~** das Thema wechseln; **on the ~ of ...** zum Thema (+gen) ...; **while we're on the ~** da wir gerade beim Thema sind **4** SCHULE, UNIV Fach n **B** ['sʌbdʒɪkt] adj **to be ~ to sth** einer Sache (dat) unterworfen sein; j-s Zustimmung von etw abhängig sein; **all trains are ~ to delay** bei allen Zügen muss mit Verspätung gerechnet werden; **~ to flooding** überschwemmungsgefährdet; **to be ~ to taxation** besteuert werden; **offers are ~ to availability** Angebote nur so weit verfügbar **C** [səb'dʒekt] v/t **to ~ sb to sth** j-n einer Sache (dat) unterziehen
subjective [səb'dʒektɪv] adj **1** subjektiv **2** GRAM **~ case** Nominativ m
subjectively [səb'dʒektɪvlɪ] adv subjektiv
subject matter ['sʌbdʒɪktmætəʳ] s Stoff m, Inhalt m
subjugate ['sʌbdʒʊɡeɪt] v/t unterwerfen
subjunctive [səb'dʒʌŋktɪv] **A** adj konjunktivisch; **the ~ mood** der Konjunktiv **B** s Konjunktiv m
sublet [,sʌb'let] v/t & v/i ⟨prät, pperf sublet⟩ untervermieten (**to** an +akk)
sublime [sə'blaɪm] adj erhaben
submachine gun [,sʌbmə'ʃiːnɡʌn] s Maschinenpistole f
submarine ['sʌbmə,riːn] s U-Boot n
submarine sandwich US s GASTR Jumbo-Sandwich n (mit Fleisch, Käse, Tomaten etc.)
submenu ['sʌb,menjuː] s IT Untermenü n
submerge [səb'mɜːdʒ] **A** v/t untertauchen; Flut überschwemmen; **to ~ sth in water** etw in Wasser (ein)tauchen **B** v/i tauchen
submerged adj unter Wasser; Wrack gesunken; **the house was completely ~** das Haus stand völlig unter Wasser
submission [səb'mɪʃən] s **1** **to force sb into ~** j-n zwingen, sich zu ergeben **2** Eingabe f; von Arbeit etc Abgabe f
submission deadline s Abgabetermin m
submissive [səb'mɪsɪv] adj unterwürfig pej (**to** gegenüber)
submit [səb'mɪt] **A** v/t vorlegen (**to** +dat); Antrag einreichen (**to** bei) **B** v/i sich beugen, nachgeben; **to ~ to sth** sich einer Sache (dat) beugen od unterwerfen; Druck einer Sache (dat) nachgeben; **to ~ to blackmail** sich erpressen lassen **C** v/r **to ~ oneself to sth** sich einer Sache (dat) unterziehen
subnormal [,sʌb'nɔːməl] adj Temperatur unterdurchschnittlich; Mensch minderbegabt
subordinate [sə'bɔːdnɪt] **A** adj Offizier rangniedriger; Rang, Rolle untergeordnet; **to be ~ to sb/sth** j-m/einer Sache untergeordnet sein **B** s Untergebene(r) m/f(m)
subordinate clause s GRAM Nebensatz m
subplot ['sʌb,plɒt] s Nebenhandlung f
subpoena [sə'piːnə] **A** s JUR Vorladung f **B** v/t JUR vorladen
sub-post office Br s Poststelle f
subroutine s IT Unterprogramm n
subscribe [səb'skraɪb] v/i **1** **to ~ to a magazine** eine Zeitschrift abonnieren **2** **to ~ to sth** Meinung, Theorie sich einer Sache (dat) anschließen
subscriber [səb'skraɪbəʳ] s von Zeitung Abonnent(in) m(f); TEL Teilnehmer(in) m(f)
subscription [səb'skrɪpʃən] s (≈ Geld) Beitrag m; von Zeitung Abonnement n (**to** +gen); **to take out a ~ to sth** etw abonnieren
subsection ['sʌb,sekʃən] s Unterabteilung f; JUR Paragraf m
subsequent ['sʌbsɪkwənt] adj (nach)folgend, anschließend
subsequently ['sʌbsɪkwəntlɪ] adv anschließend, von da an
subservient [səb'sɜːvɪənt] pej adj unterwürfig (**to** gegenüber)
subside [səb'saɪd] v/i Hochwasser, Fieber sinken; Land, Haus sich senken; Sturm abflauen; Lärm nachlassen
subsidence [səb'saɪdəns] s Senkung f

subsidiarity [sʌbsɪdɪˈærətɪ] s POL Subsidiarität f
subsidiary [səbˈsɪdɪərɪ] **A** adj untergeordnet; ~ **role** Nebenrolle f; ~ **subject** Nebenfach n; ~ **company** Tochtergesellschaft f **B** s Tochtergesellschaft f
subsidize [ˈsʌbsɪdaɪz] v/t subventionieren; *Wohnungsbau* finanziell unterstützen
subsidized [ˈsʌbsɪdaɪzd] adj subventioniert; *Wohnungsbau* finanziell unterstützt
subsidy [ˈsʌbsɪdɪ] s Subvention f
subsist [səbˈsɪst] form v/i sich ernähren (**on** von)
subsistence [səbˈsɪstəns] s (Lebens)unterhalt m
subsistence level s Existenzminimum n
subsoil s Untergrund m
substance [ˈsʌbstəns] s **1** Substanz f **2** ⟨kein pl⟩ Gewicht n; **a man of ~** ein vermögender Mann
substance abuse s Drogen- und Alkoholmissbrauch m
substandard [ˌsʌbˈstændəd] adj minderwertig
substantial [səbˈstænʃəl] adj **1** *Mensch* kräftig; *Bau* solide, währschaft *schweiz*; *Buch* umfangreich; *Mahlzeit* reichhaltig, währschaft *schweiz* **2** *Verlust, Betrag* beträchtlich; *Teil, Verbesserung* wesentlich **3** bedeutend; *Beweis* überzeugend
substantially [səbˈstænʃəlɪ] adv **1** beträchtlich **2** im Wesentlichen
substation [ˈsʌbˌsteɪʃən] s ELEK Umspann(ungs)werk n
substitute [ˈsʌbstɪtjuːt] **A** s Ersatz m kein pl; SPORT Ersatzspieler(in) m(f), Auswechselspieler(in) m(f); **to find a ~ for sb** für j-n Ersatz finden; **to use sth as a ~** etw als Ersatz benutzen **B** adj ⟨attr⟩ Ersatz- **C** v/t **to ~ A for B** B durch A ersetzen **D** v/i **to ~ for sb** j-n vertreten
substitute teacher US s Aushilfslehrer(in) m(f)
substitution [ˌsʌbstɪˈtjuːʃən] s Ersetzen n (**of X for Y** von Y durch X); SPORT Austausch m (**of X for Y** von Y gegen X)
subtenant s Untermieter(in) m(f)
subterfuge [ˈsʌbtəfjuːdʒ] s List f, Trick m
subterranean [ˌsʌbtəˈreɪnɪən] adj unterirdisch
subtitle [ˈsʌbtaɪtl] **A** s a. FILM Untertitel m **B** v/t *Film* mit Untertiteln versehen
subtle [ˈsʌtl] adj **1** fein; *Aroma, Andeutung* zart **2** subtil; *Bemerkung* scharfsinnig; *Druck* sanft
subtlety [ˈsʌtltɪ] s Feinheit f
subtly [ˈsʌtlɪ] adv fein; *sich ändern* geringfügig; ~ **different** auf subtile Weise unterschiedlich
subtotal [ˈsʌbtəʊtl] s Zwischensumme f
subtract [səbˈtrækt] v/t & v/i subtrahieren (**from** von)
subtraction [səbˈtrækʃən] s Subtraktion f
subtropical [ˌsʌbˈtrɒpɪkəl] adj subtropisch
suburb [ˈsʌbɜːb] s Vorort m; **in the ~s** am Stadtrand
suburban [səˈbɜːbən] adj vorstädtisch; ~ **street** Vorortstraße f
suburbia [səˈbɜːbɪə] *mst pej* s die Vororte pl; **to live in ~** am Stadtrand wohnen
subversion [səbˈvɜːʃən] s ⟨kein pl⟩ Subversion f
subversive [səbˈvɜːsɪv] adj subversiv
subway [ˈsʌbweɪ] s Br Unterführung f; US BAHN U-Bahn f
subzero [ˌsʌbˈzɪərəʊ] adj unter dem Nullpunkt
succeed [səkˈsiːd] **A** v/i **1** erfolgreich sein, Erfolg haben; **I ~ed in doing it** es gelang mir, es zu tun **2 to ~ to the throne** die Thronfolge antreten **B** v/t folgen (+*dat*); **to ~ sb in a post/in office** j-s Stelle/Amt (*akk*) übernehmen
succeeding [səkˈsiːdɪŋ] adj folgend; ~ **generations** spätere *od* nachfolgende Generationen pl
success [səkˈses] s Erfolg m; **without ~** erfolglos; **to make a ~ of sth** mit etw Erfolg haben; **to meet with ~** Erfolg haben
successful [səkˈsesfʊl] adj erfolgreich; **to be ~ at doing sth** etw erfolgreich tun
successfully [səkˈsesfəlɪ] adv erfolgreich, mit Erfolg
succession [səkˈseʃən] s **1** Folge f; **in ~** hintereinander; **in quick** *od* **rapid ~** in rascher Folge **2** Thronfolge f; **her ~ to the throne** ihre Thronbesteigung
successive [səkˈsesɪv] adj aufeinanderfolgend *attr*; **for the third ~ time** zum dritten Mal hintereinander
successor [səkˈsesə^r] s Nachfolger(in) m(f) (**to** +*gen*); *von Monarch* Thronfolger(in) m(f)
succinct [səkˈsɪŋkt] adj knapp
succinctly [səkˈsɪŋktlɪ] adv kurz und bündig; *schreiben* in knappem Stil
succulent [ˈsʌkjʊlənt] adj saftig
succumb [səˈkʌm] v/i erliegen (**to** +*dat*)
such [sʌtʃ] **A** adj solche(r, s); ~ **a person** so *od* solch ein Mensch, ein solcher Mensch; ~ **a thing** so etwas; **I said no ~ thing** das habe ich nie gesagt; **you'll do no ~ thing** du wirst dich hüten; **there's no ~ thing** so etwas gibt es nicht; ~ **as** wie (zum Beispiel); **writers ~ as Agatha Christie**, ~ **writers as Agatha Christie** (solche) Schriftsteller wie Agatha Christie; **I'm not ~ a fool as to believe that** ich bin nicht so dumm, dass ich das glaube; **he did it in ~ a way that ...** er machte es so, dass ...; ~ **beauty!** welche Schönheit! **B** adv so, solch *geh*; **it's ~ a long time ago** es ist so lange her; ~ **a nice person** so ein netter Mensch; ~ **good books** so gute Bücher **C** pron ~ **is life!** so ist das Leben!; **as ~** an sich; ~ **as?** (wie) zum Beispiel?; ~ **as it is** so, wie es nun mal ist
such-and-such [ˈsʌtʃənsʌtʃ] *umg* adj ~ **a town** die und die Stadt

suchlike ['sʌtʃˌlaɪk] *umg* **A** *adj* solche **B** *pron* dergleichen

suck [sʌk] **A** *v/t* saugen; *Bonbon* lutschen; *Lutscher, Daumen* lutschen an (+*dat*) **B** *v/i* **1** saugen (**at** an +*dat*) **2** *US umg* **this city ~s** diese Stadt ist echt Scheiße *umg*; *US umg* **it ~s that ...** es ist ätzend, dass ...; *US umg* **that ~s!** das ist ätzend!

[phrasal verbs mit suck:]

suck in *v/t* ⟨*trennb*⟩ *Luft* ansaugen; *Bauch* einziehen

suck up A *v/t* ⟨*trennb*⟩ aufsaugen; **to suck it up** *umg* sich damit abfinden **B** *v/i umg* **to suck up to sb** vor j-m kriechen

sucker ['sʌkə^r] *s* **1** aus Gummi, *a.* ZOOL Saugnapf *m* **2** *umg* Trottel *m umg*; **to be a ~ for sth** (immer) auf etw (*akk*) hereinfallen

suckle ['sʌkl] **A** *v/t Baby* stillen; *Tierjunges* säugen **B** *v/i* saugen

suction ['sʌkʃən] *s* Saugwirkung *f*

sudden ['sʌdn] **A** *adj* plötzlich; *Kurve* unerwartet; **this is all so ~** das kommt alles so plötzlich **B** *s* **all of a ~** (ganz) plötzlich

suddenly ['sʌdnlɪ] *adv* plötzlich, auf einmal

suddenness ['sʌdnnɪs] *s* Plötzlichkeit *f*

sudoku [su'dəʊku] *s* Sudoku *n*

suds [sʌdz] *pl* Seifenlauge *f*

sue [suː] **A** *v/t* JUR verklagen; **to sue sb for sth** j-n auf etw (*akk*) verklagen **B** *v/i* JUR klagen; **to sue for divorce** die Scheidung einreichen

suede [sweɪd] **A** *s* Wildleder *n* **B** *adj* Wildleder-

suet ['sʊɪt] *s* Nierenfett *n*

Suez Canal *s* Suezkanal *m*

suffer ['sʌfə^r] **A** *v/t* erleiden; *Kopfschmerzen, Auswirkungen* leiden unter *od* an (+*dat*) **B** *v/i* leiden (**from** unter +*dat od* **from illness** an +*dat*); **he was ~ing from shock** er hatte einen Schock (erlitten); **you'll ~ for this!** das wirst du büßen!

sufferer ['sʌfərə^r] *s* MED Leidende(r) *m/f(m)* (**from** an +*dat*)

suffering ['sʌfərɪŋ] *s* Leiden *n*

suffice [sə'faɪs] *form* **A** *v/i* genügen, (aus)reichen **B** *v/t* **~ it to say ...** es reicht wohl, wenn ich sage, ...

sufficiency [sə'fɪʃənsɪ] *s* Hinlänglichkeit *f*

sufficient [sə'fɪʃənt] *adj* ausreichend; *Grund* hinreichend; **to be ~** ausreichen

sufficiently [sə'fɪʃəntlɪ] *adv* genug; **a ~ large number** eine ausreichend große Anzahl

suffix ['sʌfɪks] *s* LING Suffix *n*

suffocate ['sʌfəkeɪt] *v/t & v/i* ersticken

suffocating ['sʌfəkeɪtɪŋ] *wörtl adj* erstickend *attr*; *Hitze* drückend *attr*; *Zimmer* stickig; *fig Atmosphäre* erdrückend *attr*; **it's ~ in here** es ist stickig hier drinnen

suffocation [ˌsʌfə'keɪʃən] *s* Ersticken *n*

suffrage ['sʌfrɪdʒ] *s* Wahlrecht *n*

sugar ['ʃʊgə^r] *s* Zucker *m*; **he takes two ~s in his tea** er nimmt zwei Löffel Zucker in seinen Tee

sugar bowl *s* Zuckerdose *f*

sugar candy *s* Kandis(zucker) *m*; *US* Bonbon *n/m*, Zuckerl *n* österr

sugar cane *s* Zuckerrohr *n*

sugar-coated *adj* mit Zucker überzogen; *Ansicht, Meinung* sentimental; *pej* naiv; *Angebot* vielversprechend, verheißungsvoll

sugar cube *s* Zuckerwürfel *m*

sugar-free *adj* ohne Zucker

sugar pea *s US* Zuckererbse *f*

sugar snap *s* Zuckererbse *f*

sugar snap pea *s* Zuckererbse *f*

sugary ['ʃʊgərɪ] *adj* süß, zuckerig

suggest [sə'dʒest] *v/t* **1** vorschlagen; **are you ~ing I should tell a lie?** soll das heißen, dass ich lügen soll? **2** *Erklärung* vorbringen **3** andeuten; **what are you trying to ~?** was wollen Sie damit sagen?

suggestion [sə'dʒestʃən] *s* **1** Vorschlag *m*; **Rome was your ~** Rom war deine Idee; **I'm open to ~s** Vorschläge sind *od* jeder Vorschlag ist willkommen **2** Andeutung *f* **3** Spur *f*

suggestive [sə'dʒestɪv] *adj Bemerkung* anzüglich

suicidal [ˌsʊɪ'saɪdl] *adj* selbstmörderisch; **she was ~** sie war selbstmordgefährdet

suicide ['sʊɪsaɪd] *s* Selbstmord *m*; **to commit ~** Selbstmord begehen

suicide attack *s* Selbstmordanschlag *m*

suicide attacker *s* Selbstmordattentäter(in) *m(f)*

suicide bomber *s* Selbstmordattentäter(in) *m(f)*

suicide note *s* Abschiedsbrief *m*

suicide vest *s* Sprengstoffweste *f*

suit [suːt] **A** *s* **1** Anzug *m*; *von Frau* Kostüm *n*; **~ of armour** Rüstung *f* **2** KART Farbe *f*; **to follow ~** *fig* j-s Beispiel (*dat*) folgen **B** *v/t* **1** passen (+*dat*); *Klima* bekommen (+*dat*); *Job etc* gefallen (+*dat*), zufriedenstellen; **~s rne!** *umg* ist mir recht *umg*; **that would ~ me nicely** das würde mir gut passen; **when would it ~ you to come?** wann würde es Ihnen passen?; **to be ~ed for/to** geeignet sein für; **he is not ~ed to be a doctor** er eignet sich nicht zum Arzt; **they are well ~ed (to each other)** sie passen gut zusammen; **you can't ~ everybody** man kann es nicht jedem recht machen **2** *Kleidung* (gut) stehen (+*dat*); **~s rne!** *umg* ist mir recht *umg*; **they are well ~ed (to each other)** sie passen gut zusammen; **you can't ~ everybody** man kann es nicht jedem recht machen **2** *Kleidung* (gut) stehen (+*dat*) **C** *v/r* **he ~s himself** er tut, was er will *od* was ihm passt; **you can ~ yourself whether you come or not** du kannst kommen oder nicht, ganz wie du willst; **~ yourself!** wie du willst!

suitability [ˌsuːtə'bɪlɪtɪ] *s* Angemessenheit *f*; *für Job* Eignung *f*

suitable ['suːtəbl] *adj* geeignet, angemessen; **to be ~ for sb** j-m passen; *Film, Job* für j-n geeignet sein; **to be ~ for sth** sich für etw eignen; **none of the dishes is ~ for freezing** keines der Rezepte eignet sich zum Einfrieren; **the most ~ man for the job** der am besten geeignete Mann für den Posten
suitably ['suːtəblɪ] *adv* angemessen; **~ impressed** gehörig beeindruckt
suit bag *s* Kleidersack *m*
suitcase ['suːtkeɪs] *s* Koffer *m*
suite [swiːt] *s* (≈ *Zimmer*) MUS Suite *f*; **3-piece ~** dreiteilige Sitzgarnitur
suitor ['suːtəʳ] *s* 1 *obs* Freier *m obs* 2 JUR Kläger(in) *m(f)*
sulk [sʌlk] A *v/i* schmollen B *s* **to have a ~** schmollen
sulkily ['sʌlkɪlɪ] *adv* beleidigt
sulky ['sʌlkɪ] *adj* ⟨komp sulkier⟩ eingeschnappt
sullen ['sʌlən] *adj* mürrisch
sullenly ['sʌlənlɪ] *adv* mürrisch
sullenness ['sʌlənnɪs] *s* Verdrießlichkeit *f*
sulphate ['sʌlfeɪt] *s*, **sulfate** *US s* Sulfat *n*
sulphur ['sʌlfəʳ] *s*, **sulfur** *US s* Schwefel *m*
sulphuric acid [sʌlˌfjʊərɪk'æsɪd] *s*, **sulfuric acid** *US s* Schwefelsäure *f*
sultan ['sʌltən] *s* Sultan *m*
sultana [sʌl'tɑːnə] *Br s* Sultanine *f*
sultry ['sʌltrɪ] *adj Atmosphäre* schwül; *Stimme, Blick* erotisch, sexy
sum [sʌm] *s* 1 Summe *f*, Betrag *m* 2 *bes Br* Rechenaufgabe *f*; **to do sums** rechnen; **that was the sum (total) of his achievements** das war alles, was er geschafft hatte
phrasal verbs mit sum:
sum up A *v/t* ⟨*trennb*⟩ 1 zusammenfassen 2 einschätzen B *v/i* zusammenfassen; **to sum up ...** Zusammenfassend: ...
summarize ['sʌməraɪz] *v/t* zusammenfassen
summary ['sʌmərɪ] *s* Zusammenfassung *f*
summer ['sʌməʳ] A *s* Sommer *m*; **in (the) ~** im Sommer B *adj* ⟨*attr*⟩ Sommer-; **~ fair** Sommerfest *n*
summer camp *s* Ferienlager *n*
summer holidays *Br pl* Sommerferien *pl*
Summer Olympics *pl* Sommerolympiade *f*, Olympische Sommerspiele *pl*
summer school *s* Sommerkurs *m*
summertime *s Jahreszeit* Sommer *m*
summer time *Br s bei Zeitumstellung* Sommerzeit *f*
summer vacation *s US* Sommerferien *pl*
summery ['sʌmərɪ] *adj* sommerlich
summing-up [ˌsʌmɪŋ'ʌp] *s* JUR Resümee *n*
summit ['sʌmɪt] *s* Gipfel *m*
summon ['sʌmən] *v/t* 1 (herbei)rufen; *Hilfe* holen; *Versammlung* einberufen 2 JUR vorladen
phrasal verbs mit summon:
summon up *v/t* ⟨*trennb*⟩ *Mut* zusammennehmen; *Kraft* aufbieten
summons ['sʌmənz] *s* ⟨*pl* -⟩ JUR Vorladung *f*
sumptuous ['sʌmptjʊəs] *adj* luxuriös; *Essen* üppig
Sun *abk* (= Sunday) So.
sun [sʌn] *s* Sonne *f*; **you've caught the sun** dich hat die Sonne erwischt; **he's tried everything under the sun** er hat alles Menschenmögliche versucht
sunbathe *v/i* sonnenbaden
sunbathing *s* Sonnenbaden *n*
sunbeam *s* Sonnenstrahl *m*
sun bed *s*, **sunbed** *s* Sonnenbank *f*
sun block *s* Sonnenschutzcreme *f*
sunburn *s* Sonnenbrand *m*
sunburned, **sunburnt** *adj* **to get ~** (einen) Sonnenbrand bekommen
sundae ['sʌndeɪ] *s* Eisbecher *m*
Sunday ['sʌndɪ] A *s* Sonntag *m*; → Tuesday B *adj* ⟨*attr*⟩ Sonntags-
Sunday school *s* Sonntagsschule *f*
sundial *s* Sonnenuhr *f*
sundown *US s* Sonnenuntergang *m*; **at/before ~** bei/vor Sonnenuntergang
sun-drenched *adj* sonnenüberflutet
sun-dried *adj* sonnengetrocknet
sundries ['sʌndrɪz] *pl* Verschiedene(s) *pl*
sundry ['sʌndrɪ] A *adj* diverse, verschiedene B *s* **all and ~** jedermann
sunflower *s* Sonnenblume *f*
sung [sʌŋ] *pperf* → sing
sunglasses *pl* Sonnenbrille *f*
sunhat *s* Sonnenhut *m*
sunk [sʌŋk] *pperf* → sink¹
sunken ['sʌŋkən] *adj Schatz* versunken; *Garten* abgesenkt
sun lamp *s* Höhensonne® *f*
sunlight *s* Sonnenlicht *n*; **in the ~** in der Sonne
sunlit *adj* sonnig
sun lounger *s* Sonnenliege *f*
sunnies ['sʌnɪz] *bes australisches und neuseeländisches Englisch umg pl* Sonnenbrille *f*
sunny ['sʌnɪ] *adj* ⟨komp sunnier⟩ sonnig; **to look on the ~ side (of things)** die Dinge von der angenehmen Seite nehmen; **~ side up** *Spiegelei* nur auf einer Seite gebraten
sun protection factor *s* Lichtschutzfaktor *m*
sunrise *s* Sonnenaufgang *m*; **at ~** bei Sonnenaufgang
sunrise industry *s* Zukunftsindustrie *f*, aufstrebende Industrie
sunroof *s* Schiebedach *n*
sunscreen *s* Sonnenschutzmittel *n*, Sonnen-

creme *f*
sunset *s Br* Sonnenuntergang *m*; **at ~** bei Sonnenuntergang
sunshade *s* Sonnenschirm *m*
sunshine *s* Sonnenschein *m*
sun spray *s* Sonnenspray *n*
sunstroke *s* **to get ~** einen Sonnenstich bekommen
suntan *s* Sonnenbräune *f*; **to get a ~** braun werden; **to have a ~** sonnengebräunt sein; **~ lotion** Sonnenöl *n*
suntanned *adj* braun gebrannt
sunup *US s* Sonnenaufgang *m*; **at ~** bei Sonnenaufgang
super ['suːpəʳ] *bes Br umg adj* klasse *inv umg*
superb *adj*, **superbly** [suːˈpɜːb, -lɪ] *adv* großartig
supercilious *adj*, **superciliously** ['suːpəˈsɪliəs, -lɪ] *adv* hochnäsig
supercomputer ['suːpəkəmˌpjuːtəʳ] *s IT* Supercomputer *m*, Superrechner *m*
superficial [ˌsuːpəˈfɪʃəl] *adj* oberflächlich; *Ähnlichkeit* äußerlich
superficially [ˌsuːpəˈfɪʃəlɪ] *adv* oberflächlich; ähnlich äußerlich
superfluous [suːˈpɜːfluəs] *adj* überflüssig
superfood *s* Lebensmittel mit Gesundheitsvorteil Superfood *n*
superglue® *s* Sekundenkleber *m*
superhighway *US s* ≈ Autobahn *f*; **the information ~** die Datenautobahn
superhuman *adj* übermenschlich
superimpose [ˌsuːpərɪmˈpəʊz] *v/t* **to ~ sth on sth** etw auf etw *(akk)* legen; FOTO etw über etw *(akk)* fotografieren
superintendent [ˌsuːpərɪnˈtendənt] *US s* Hausmeister(in) *m(f)*, Abwart(in) *m(f) schweiz*; *(≈ Polizist) Br* ≈ Kommissar(in) *m(f)*; *US* ≈ Polizeipräsident(in) *m(f)*
superior [suːˈpɪərɪəʳ] **A** *adj* **1** besser (**to** als); *Können* überlegen (**to sb/sth** j-m/einer Sache); **he thinks he's so ~** er hält sich für so viel besser **2** großartig **3** *rangmäßig* höher; **~ officer** Vorgesetzte(r) *m/f(m)*; **to be ~ to sb** j-m übergeordnet sein **4** *Kraft* stärker (**to** als) **5** überheblich **B** *s rangmäßig* Vorgesetzte(r) *m/f(m)*
superiority [suːˌpɪərɪˈɒrɪtɪ] *s* **1** Überlegenheit *f* **2** Großartigkeit *f* **3** *rangmäßig* höhere Stellung
superlative [suːˈpɜːlətɪv] **A** *adj* überragend; GRAM superlativisch **B** *s* Superlativ *m*
supermarket ['suːpəˌmɑːkɪt] *s* Supermarkt *m*
supermarket trolley *s Br* Einkaufswagen *m*
supermodel *s* Supermodel *n*
supernatural [ˌsuːpəˈnætʃərəl] **A** *adj* übernatürlich **B** *s* **the ~** das Übernatürliche
superpower ['suːpəˌpaʊəʳ] *s* POL Supermacht *f*
superscript ['suːpəˌskrɪpt] *adj* hochgestellt
supersede [ˌsuːpəˈsiːd] *v/t* ablösen
supersonic [ˌsuːpəˈsɒnɪk] *adj* Überschall-
superstar ['suːpəstɑːʳ] *s* (Super)star *m*
superstition [ˌsuːpəˈstɪʃən] *s* Aberglaube *m kein pl*
superstitious [ˌsuːpəˈstɪʃəs] *adj* abergläubisch; **to be ~ about sth** in Bezug auf etw *(akk)* abergläubisch sein
superstore ['suːpəstɔːʳ] *s* Verbrauchermarkt *m*
superstructure ['suːpəˌstrʌktʃəʳ] *s* Überbau *m*
supertanker ['suːpəˌtæŋkəʳ] *s* Supertanker *m*
supervise ['suːpəvaɪz] **A** *v/t* beaufsichtigen **B** *v/i* Aufsicht führen
supervision [ˌsuːpəˈvɪʒən] *s* Aufsicht *f*, Beaufsichtigung *f*; *bei Arbeit* Überwachung *f*
supervisor ['suːpəvaɪzəʳ] *s* Aufseher(in) *m(f)*; *Br* UNIV ≈ Tutor(in) *m(f)*
supervisory board *s* HANDEL, IND Aufsichtsrat *m*
supper ['sʌpəʳ] *s* Abendessen *n*, Nachtmahl *n österr*, Nachtessen *n schweiz*; *am späten Abend* (später) Imbiss; **to have ~** zu Abend essen
suppertime ['sʌpətaɪm] *s* Abendessenszeit *f*; **at ~** zur Abendbrotzeit
supplant [səˈplɑːnt] *v/t* ersetzen
supple ['sʌpl] *adj* ⟨*komp* suppler⟩ geschmeidig, beweglich
supplement ['sʌplɪmənt] **A** *s* **1** Ergänzung *f* (**to** +*gen*); (≈ *Vitaminpräparat etc*) Zusatz *m* **2** *von Zeitung* Beilage *f* **B** *v/t* ergänzen
supplementary [ˌsʌplɪˈmentərɪ] *adj* ergänzend
suppleness ['sʌplnɪs] *s* Geschmeidigkeit *f*, Beweglichkeit *f*
supplier [səˈplaɪəʳ] *s* HANDEL Lieferant(in) *m(f)*
supply [səˈplaɪ] **A** *s* **1** Versorgung *f*, Lieferung *f* (**to** an +*akk*); WIRTSCH Angebot *n*; **electricity ~** Stromversorgung *f*; **~ and demand** Angebot und Nachfrage; **to cut off the ~** das Gas/Wasser abstellen **2** Vorrat *m*; **supplies** *pl* Vorräte *pl*; **to get** *od* **lay in supplies** *od* **a ~ of sth** sich *(dat)* einen Vorrat an etw *(dat)* anlegen *od* zulegen; **a month's ~** ein Monatsbedarf *m*; **to be in short ~** knapp sein; **to be in good ~** reichlich vorhanden sein; **medical supplies** Arzneimittel *pl* **B** *v/t* **1** *Nahrung etc* sorgen für, liefern; *kostenlos* stellen; **accommodation is supplied by the firm** Unterkunft wird von der Firma gestellt **2** versorgen (**with** mit); HANDEL beliefern (**with** mit)
supply teacher *Br s* Aushilfslehrer(in) *m(f)*
support [səˈpɔːt] **A** *s* ⟨*kein pl*⟩ Stütze *f*; *fig* Unterstützung *f*; **to give ~ to sb/sth** j-n/etw stützen; **to lean on sb for ~** sich auf j-n stützen; **in ~ of** zur Unterstützung (+*gen*) **B** *adj* ⟨*attr*⟩ Hilfs- **C** *v/t* **1** *wörtl* stützen; *Gewicht* tragen **2** *fig* unterstüt-

zen; *Plan* befürworten; *moralisch* beistehen (+*dat*); *Theorie* untermauern; *Familie* unterhalten; **to ~ a team** eine Mannschaft unterstützen; **he ~s Arsenal** er ist Arsenal-Anhänger *m*; **which team do you ~?** für welche Mannschaft bist du?; **without his family to ~ him** ohne die Unterstützung seiner Familie **D** *v/r* sich stützen (**on** auf +*akk*); *finanziell* seinen Unterhalt (selbst) bestreiten

support band *s* Vorgruppe *f*

supporter [səˈpɔːtəʳ] *s* Anhänger(in) *m(f)*; SPORT Fan *m*

support group *s* Unterstützungsgruppe *f*

supporting [səˈpɔːtɪŋ] *adj* **1** **~ role** Nebenrolle *f* **2** TECH stützend

supporting actor *s* FILM, THEAT Nebendarsteller *m*

supporting actress *s* FILM, THEAT Nebendarstellerin *f*

supportive [səˈpɔːtɪv] *fig adj* unterstützend *attr*; **if his parents had been more ~** wenn seine Eltern ihn mehr unterstützt hätten

suppose [səˈpəʊz] *v/t* **1** sich (*dat*) vorstellen, annehmen; **let us ~ we are living in the 8th century** stellen wir uns einmal vor, wir lebten im 8. Jahrhundert; **let us ~ that X equals 3** angenommen, X sei gleich 3; **I don't ~ he'll come** ich glaube kaum, dass er kommt; **I ~ that's the best thing, that's the best thing, I ~** das ist *od* wäre vermutlich das Beste; **you're coming, I ~?** ich nehme an, du kommst?; **I don't ~ you could lend me a pound?** Sie könnten mir nicht zufällig ein Pfund leihen?; **will he be coming? — I ~ so** kommt er? — ich denke *od* glaube schon; **you ought to be leaving — I ~ so** du solltest jetzt gehen — stimmt wohl; **don't you agree with me? — I ~ so** bist du da nicht meiner Meinung? — na ja, schon; **I don't ~ so** ich glaube kaum; **so you see, it can't be true — I ~ not** da siehst du selbst, es kann nicht stimmen — du wirst wohl recht haben; **he can't refuse, can he? — I ~ not** er kann nicht ablehnen, oder? — eigentlich nicht; **he's ~d to be coming** er soll (angeblich) kommen; **no one is ~d to know** keiner sollt es wissen; **~ you have a wash?** wie wär's, wenn du dich mal wäschst? **2** **to be ~d to do sth** etw tun sollen; **he's the one who's ~d to do it** er müsste es eigentlich tun; **he isn't ~d to find out** er darf es nicht erfahren

supposed [səˈpəʊzd] *adj* vermutet; *Beleidigung* angeblich

supposedly [səˈpəʊzɪdlɪ] *adv* angeblich

supposing [səˈpəʊzɪŋ] *konj* angenommen; **but ~ ...** aber wenn ...; **~ he can't do it?** und wenn er es nicht schafft?

supposition [ˌsʌpəˈzɪʃn] *s* Annahme *f*, Vermutung *f*

suppository [səˈpɒzɪtrɪ] *s* MED Zäpfchen *n*

suppress [səˈpres] *v/t* unterdrücken; *Informationen* zurückhalten

suppression [səˈpreʃən] *s* Unterdrückung *f*; *von Appetit* Zügelung *f*; *von Informationen* Zurückhalten *n*

supremacy [sʊˈpreməsɪ] *s* Vormachtstellung *f*; *fig* Supremat *n/m*

supreme [sʊˈpriːm] *adj* **1** höchste(r, s); *Gericht* oberste(r, s) **2** *Gleichgültigkeit* äußerste(r, s)

supreme commander *s* Oberbefehlshaber(in) *m(f)*

Supreme Court *s* Oberster Gerichtshof

supremely [sʊˈpriːmlɪ] *adv zuversichtlich* äußerst; *wichtig* überaus; **she does her job ~ well** sie macht ihre Arbeit außerordentlich gut

surcharge [ˈsɜːtʃɑːdʒ] *s* Zuschlag *m*

sure [ʃʊəʳ] **A** *adj* ⟨*komp* surer⟩ sicher; *Methode* zuverlässig; **it's ~ to rain** es regnet ganz bestimmt; **be ~ to turn the gas off** vergiss nicht, das Gas abzudrehen; **be ~ to go and see her** du musst sie unbedingt besuchen; **to make ~** nachsehen; sichergehen; **make ~ the window's closed** achten Sie darauf, dass das Fenster zu ist; **make ~ you take your keys** denk daran, deine Schlüssel mitzunehmen; **I've made ~ that there's enough coffee** ich habe dafür gesorgt, dass genug Kaffee da ist; **I'll find out for ~** ich werde das genau herausfinden; **do you know for ~?** wissen Sie das ganz sicher?; **I'm ~ she's right** ich bin sicher, sie hat recht; **do you want to see that film? — I'm not ~** willst du diesen Film sehen? — ich bin mir nicht sicher; **I'm not so ~ about that** da bin ich nicht so sicher; **to be ~ of oneself** selbstsicher sein **B** *adv* **1** *umg* **will you do it? — ~!** machst du das? — klar! *umg* **2** **and ~ enough he did come** und er ist tatsächlich gekommen

surely [ˈʃʊəlɪ] *adv* **1** bestimmt, sicher; **~ not!** das kann doch nicht stimmen!; **~ someone must know** irgendjemand muss es doch wissen; **but ~ you can't expect us to believe that** Sie dürfen doch wohl nicht erwarten, dass wir das glauben! **2** zweifellos **3** mit sicherer Hand; **slowly but ~** langsam aber sicher

surf [sɜːf] **A** *s* Brandung *f* **B** *v/i* surfen **C** *v/t* **to ~ the Net** *umg* im (Inter)net surfen *umg*

surface [ˈsɜːfɪs] **A** *s* **1** Oberfläche *f*; **on the ~** oberflächlich, nach außen hin **2** *Bergbau* **on the ~** über Tage **B** *adj* ⟨*attr*⟩ **1** oberflächlich **2** auf dem Land-/Seeweg **C** *v/i* auftauchen

surface area *s* Fläche *f*

surface mail s **by ~** auf dem Land-/Seeweg
surface-to-air adj ⟨attr⟩ **~ missile** Boden-Luft--Rakete f
surfboard ['sɜːfbɔːd] s Surfbrett n
surfeit ['sɜːfɪt] s Übermaß n (**of** an +dat)
surfer ['sɜːfə⁽ʳ⁾] s Surfer(in) m(f)
surfing ['sɜːfɪŋ] s Surfen n; **to go ~** surfen gehen
surge [sɜːdʒ] **A** s von Wasser Schwall m; ELEK Spannungsstoß m; **he felt a sudden ~ of rage** er fühlte, wie die Wut in ihm aufstieg; **a ~ in demand** ein rascher Nachfrageanstieg **B** v/i Fluss anschwellen; **they ~d toward(s) him** sie drängten auf ihn zu; **to ~ ahead/forward** vorpreschen
surgeon ['sɜːdʒən] s Chirurg(in) m(f)
surgery ['sɜːdʒərɪ] s **1** Chirurgie f; **to have ~** operiert werden; **to need (heart) ~** (am Herzen) operiert werden müssen; **to undergo ~** sich einer Operation unterziehen **2** Br Sprechzimmer n, Ordination f österr; (≈ Beratung) Sprechstunde f; **~ hours** Sprechstunden pl, Ordination f österr
surgical ['sɜːdʒɪkəl] adj operativ; Technik chirurgisch
surgically ['sɜːdʒɪkəlɪ] adv operativ
surgical mask s OP-Maske f
surimi [ˌsʊəˈriːmɪ] s GASTR Surimi n
Suriname [ˌsʊərɪˈnæm] s GEOG Suriname n
surly ['sɜːlɪ] adj ⟨komp surlier⟩ verdrießlich
surmise [sɜːˈmaɪz] v/t vermuten, mutmaßen
surmount [sɜːˈmaʊnt] v/t überwinden
surname ['sɜːneɪm] s Nachname m
surpass [sɜːˈpɑːs] **A** v/t übertreffen **B** v/r selbst übertreffen
surplus ['sɜːpləs] **A** s Überschuss m (**of** an +dat) **B** adj überschüssig, überzählig
surprise [səˈpraɪz] **A** s Überraschung f; **in ~** überrascht; **it came as a ~ to us** wir waren überrascht; **to give sb a ~** j-n überraschen; **to take sb by ~** j-n überraschen; **~, ~, it's me!** rate mal, wer hier ist?; **~, ~!** iron was du nicht sagst! **B** adj ⟨attr⟩ Überraschungs-, überraschend **C** v/t überraschen; **to be ~d at** od **by** überrascht sein über +akk; **I wouldn't be ~d if** … es würde mich nicht wundern, wenn …; **go on, ~ me!** ich lass mich überraschen!
surprised [səˈpraɪzd] adj überrascht (**at, about** über +akk)
surprising [səˈpraɪzɪŋ] adj überraschend
surprisingly [səˈpraɪzɪŋlɪ] adv überraschend; **not ~ it didn't work** wie zu erwarten (war), hat es nicht geklappt
surreal [səˈrɪəl] adj unwirklich
surrealism [səˈrɪəlɪzəm] s Surrealismus m
surrealist [səˈrɪəlɪst] adj surrealistisch

surrender [səˈrendə⁽ʳ⁾] **A** v/i sich ergeben (**to** +dat); der Polizei sich stellen (**to** +dat); **I ~! ich** ergebe mich! **B** v/t MIL übergeben; Titel, Führung abgeben **C** s **1** MIL Kapitulation f (**to** vor +dat) **2** Übergabe f (**to** an +akk); von Titel, Führung Abgabe f
surrogate ['sʌrəɡɪt] adj ⟨attr⟩ Ersatz-
surrogate mother s Leihmutter f
surround [səˈraʊnd] **A** s bes Br die **~s** die Umgebung **B** v/t umgeben; MIL umzingeln; **to be ~ed by sth** von etw umgeben sein
surrounding [səˈraʊndɪŋ] adj umliegend; **in the ~ area** in der Umgebung
surroundings [səˈraʊndɪŋz] pl Umgebung f
surround sound s Surround-Sound m, Surround-Sound-System n
surveillance [sɜːˈveɪləns] s Überwachung f; **to be under ~** überwacht werden; **to keep sb under ~** j-n überwachen od observieren form
survey A ['sɜːveɪ] s **1** von Land Vermessung f; von Haus Begutachtung f; (≈ Schriftstück) Gutachten n **2** Untersuchung f (**of, on** über +akk); durch Meinungsforscher etc Umfrage f (**of, on** über +akk) **B** [sɜːˈveɪ] v/t **1** betrachten **2** untersuchen; befragen **3** Land vermessen; Haus inspizieren
surveyor [səˈveɪə⁽ʳ⁾] s **1** Landvermesser(in) m(f) **2** Bauinspektor(in) m(f)
survival [səˈvaɪvəl] s Überleben n
survive [səˈvaɪv] **A** v/i überleben; Kunstschätze erhalten bleiben; Brauch weiterleben; **only five copies ~** od **have ~d** nur fünf Exemplare sind erhalten **B** v/t überleben; Feuer etc überstehen
surviving [səˈvaɪvɪŋ] adj **1** noch lebend **2** noch existierend
survivor [səˈvaɪvə⁽ʳ⁾] s Überlebende(r) m/f(m); JUR Hinterbliebene(r) m/f(m); **he's a ~** fig er ist ein Überlebenskünstler
susceptible [səˈseptəbl] adj **~ to sth** für etw empfänglich; für Krankheit für etw anfällig
suspect A ['sʌspekt] adj verdächtig **B** ['sʌspekt] s Verdächtige(r) m/f(m) **C** [səˈspekt] v/t verdächtigen (**of sth** einer Sache gen); (≈ denken) vermuten; **I ~ her of having stolen it** ich habe sie im Verdacht od ich verdächtige sie, es gestohlen zu haben; **the ~ed bank robber** etc der mutmaßliche Bankräuber etc; **he ~s nothing** er ahnt nichts; **does he ~ anything?** hat er Verdacht geschöpft?; **I ~ed as much** das habe ich mir doch gedacht; **he was taken to hospital with a ~ed heart attack** er wurde mit dem Verdacht auf Herzinfarkt ins Krankenhaus eingeliefert
suspend [səˈspend] v/t **1** (auf)hängen (**from** an +dat) **2** Zahlungen (zeitweilig) einstellen; Gespräche aussetzen; Flüge aufschieben; **he was given a ~ed sentence** seine Strafe wurde zur Bewäh-

rung ausgesetzt **3** *j-n* suspendieren; SPORT sperren

suspender [səˈspendəʳ] *s* ⟨*mst pl*⟩ **1** *Br* Strumpfhalter *m*; **~ belt** Strumpf(halter)gürtel *m* **2** *US* **~s** *pl* Hosenträger *pl*

suspense [səˈspens] *s* Spannung *f*; **the ~ is killing me** ich bin gespannt wie ein Flitzbogen *hum umg*; **to keep sb in ~** j-n auf die Folter spannen *umg*

suspension [səˈspenʃən] *s* **1** *von Zahlungen* zeitweilige Einstellung; *von Flügen* Aufschub *m*; *von Gesprächen* Aussetzung *f* **2** Suspendierung *f*; SPORT Sperrung *f* **3** AUTO Federung *f*

suspension bridge *s* Hängebrücke *f*

suspicion [səˈspɪʃən] *s* Verdacht *m kein pl*; **to arouse sb's ~** j-s Verdacht erregen; **to have one's ~s about sth/sb** seine Zweifel bezüglich einer Sache/Person (*gen*) haben; **to be under ~** unter Verdacht stehen; **on ~ of** wegen Verdachts auf (+*akk*); **to arrest sb on ~ of murder** j-n wegen Mordverdachts festnehmen

suspicious [səˈspɪʃəs] *adj* **1** misstrauisch (**of** gegenüber); **to be ~ about sth** etw mit Misstrauen betrachten **2** verdächtig

suspiciously [səˈspɪʃəslɪ] *adv* **1** argwöhnisch, misstrauisch **2** verdächtig

suss [sʌs] *Br umg v/t* **to ~ sb out** j-m auf den Zahn fühlen *umg*; **I can't ~ him out** bei ihm blicke ich nicht durch *umg*; **I've got him ~ed (out)** ich habe ihn durchschaut; **to ~ sth out** etw herausbekommen

sustain [səˈsteɪn] *v/t* **1** *Last* aushalten; *Leben* erhalten; *Körper* bei Kräften halten **2** *Bemühungen* aufrechterhalten; *Wachstum* beibehalten; JUR **objection ~ed** Einspruch stattgegeben **3** *Verletzung, Schaden* erleiden

sustainable [səˈsteɪnəbl] *adj* aufrechtzuerhalten *präd*, aufrechtzuerhaltend *attr*; *Entwicklung* nachhaltig; *Energie etc* erneuerbar; *Niveau* haltbar

sustained [səˈsteɪnd] *adj* anhaltend

sustenance [ˈsʌstɪnəns] *s* Nahrung *f*

SUV *abk* (= **sport utility vehicle**) Sport-Utility--Fahrzeug *n*, geländegängige Limousine

SW¹ *abk* (= **south-west**) SW

SW² *abk* (= **short wave**) KW

swab [swɒb] *s* MED Tupfer *m*

Swabia [ˈsweɪbɪə] *s* Schwaben *n*

swag [swæg] *umg s* Beute *f*

swagger [ˈswægəʳ] *v/i* **1** stolzieren **2** angeben

swallow¹ [ˈswɒləʊ] **A** *s* Schluck *m* **B** *v/t & v/i* schlucken

phrasal verbs mit swallow:

swallow down *v/t* ⟨*trennb*⟩ hinunterschlucken

swallow up *fig v/t* ⟨*trennb*⟩ verschlingen

swallow² *s* Schwalbe *f*

swam [swæm] *prät* → swim

swamp [swɒmp] **A** *s* Sumpf *m* **B** *v/t* überschwemmen

swampy [ˈswɒmpɪ] *adj* ⟨+*er*⟩ sumpfig

swan [swɒn] **A** *s* Schwan *m* **B** *Br umg v/i* **to ~ off** abziehen *umg*; **to ~ around (the house)** zu Hause herumschweben *umg*

swanky [ˈswæŋkɪ] *umg adj* ⟨*komp* swankier⟩ piekfein *umg*

swap [swɒp] **A** *s* Tausch *m*; **to do a ~ (with sb)** (mit j-m) tauschen **B** *v/t* tauschen; *Geschichten etc* austauschen; **to ~ sth for sth** etw für etw eintauschen; **to ~ places with sb** mit j-m tauschen; **to ~ sides** die Seiten wechseln **C** *v/i* tauschen

swarm [swɔːm] **A** *s* Schwarm *m* **B** *v/i* schwärmen; **to ~ with** wimmeln von

swarthy [ˈswɔːðɪ] *adj* ⟨*komp* swarthier⟩ dunkel

swastika [ˈswɒstɪkə] *s* Hakenkreuz *n*

swat [swɒt] **A** *v/t Fliege* totschlagen **B** *s* Fliegenklatsche *f*

swathe [sweɪð] *v/t* wickeln (**in** *in* +*akk*)

sway [sweɪ] **A** *s* **1** *mit Hüften* Wackeln *n* **2** **to hold ~ over sb** j-n beherrschen **B** *v/i Bäume* sich wiegen; *Arme* schwingen; *Haus, Mensch* schwanken; **she ~s as she walks** sie wiegt beim Gehen die Hüften **C** *v/t* **1** *Hüften* wiegen **2** beeinflussen

Swaziland [ˈswɑːzɪlænd] *s* Swasiland *n*

swear [sweəʳ] ⟨*v: prät* swore; *pperf* sworn⟩ **A** *v/t* schwören; *Eid* leisten; **I ~ it!** ich kann das beschwören!; **to ~ sb to secrecy** j-n schwören lassen, dass er nichts verrät **B** *v/i* **1** schwören; **to ~ on sth** auf etw (*akk*) schwören; **to ~ to sth** etw beschwören; **I ~ to God** ich schwöre bei Gott **2** fluchen (**about** über +*akk*); **to ~ at sb/sth** j-n/etw beschimpfen

phrasal verbs mit swear:

swear by *umg v/i* ⟨+*obj*⟩ schwören auf (+*akk*)

swear in *v/t* ⟨*trennb*⟩ *Zeugen* vereidigen

swearing [ˈsweərɪŋ] *s* Fluchen *n*

swearword [ˈsweəwɜːd] *s* Fluch *m*, Kraftausdruck *m*

sweat [swet] **A** *s* Schweiß *m kein pl* **B** *v/i* schwitzen (**with** vor +*dat*); **to ~ like a pig** *umg* wie ein Affe schwitzen *umg*

phrasal verbs mit sweat:

sweat out *v/t* ⟨*trennb*⟩ **to sweat it out** *fig umg* durchhalten; geduldig abwarten

sweatband [ˈswetbænd] *s* Schweißband *n*

sweater [ˈswetəʳ] *s* Pullover *m*

sweat pants *pl* Jogginghose *f*

sweatshirt *s* Sweatshirt *n*

sweatshop *pej s* Ausbeuterbetrieb *m pej*

sweatsuit *s US* Trainingsanzug *m*

sweaty ['swetɪ] *adj* ⟨*komp* sweatier⟩ schweißig; *Körper, Strümpfe* verschwitzt

Swede [swiːd] *s* Schwede *m*, Schwedin *f*

swede [swiːd] *bes Br s* Kohlrübe *f*

Sweden ['swiːdn] *s* Schweden *n*

Swedish ['swiːdɪʃ] **A** *adj* schwedisch; **he is ~** er ist Schwede **B** *s* **1** LING Schwedisch *n* **2 the ~** die Schweden *pl*

sweep [swiːp] ⟨*v: prät, pperf* swept⟩ **A** *s* **1 to give sth a ~** etw kehren, etw wischen *schweiz* **2** Schornsteinfeger(in) *m(f)* **3** *mit Arm* Schwung *m*; **to make a clean ~** *fig* gründlich aufräumen **4** *von Fluss* Bogen *m* **B** *v/t* **1** Boden fegen, wischen *schweiz*; *Schornstein* fegen; *Schnee* wegfegen; **to ~ sth under the carpet** *fig* etw unter den Teppich kehren **2** absuchen (**for** nach) **3** *Wind* fegen über (+*akk*); *Wellen, Gewalt* überrollen; *Seuche* um sich greifen in (+*dat*) **C** *v/i* **1** kehren, wischen *schweiz* **2** (≈ *sich bewegen*) *Mensch* rauschen; *Fahrzeug* schießen; *elegant* gleiten; *Fluss* in weitem Bogen führen; **the disease swept through Europe** die Krankheit breitete sich in Europa aus

phrasal verbs mit sweep:

sweep along *v/t* ⟨*trennb*⟩ mitreißen

sweep aside *v/t* ⟨*trennb*⟩ wegfegen

sweep away *v/t* ⟨*trennb*⟩ *Blätter* wegfegen; *Lawine* wegreißen; *Flut* wegschwemmen

sweep off *v/t* ⟨*trennb*⟩ **he swept her off her feet** *fig* sie hat sich Hals über Kopf in ihn verliebt *umg*

sweep out A *v/i* hinausrauschen **B** *v/t* ⟨*trennb*⟩ *Zimmer* ausfegen, wischen *schweiz*; *Staub* hinausfegen

sweep up A *v/i* zusammenfegen **B** *v/t* ⟨*trennb*⟩ zusammenfegen

sweeper ['swiːpə^r] *s* Teppichkehrer *m*

sweeping ['swiːpɪŋ] *adj* **1** *Kurve* weit ausholend; *Treppe* geschwungen **2** *fig Veränderung* radikal

sweet [swiːt] **A** *adj* (+*er*) süß; (≈ *nett*) lieb; **to have a ~ tooth** gern Süßes essen **B** *Br s* **1** Bonbon *n*, Süßigkeit *f*, Zuckerl *n österr* **2** Nachtisch *m*

sweet-and-sour *adj* süßsauer

sweetcorn *s* Mais *m*

sweeten ['swiːtn] *v/t* süßen; **to ~ the pill** die bittere Pille versüßen

sweetener ['swiːtnə^r] *s* GASTR Süßstoff *m*

sweetheart ['swiːtɑːt] *s* Schatz *m*

sweetie ['swiːtɪ] *umg s* **1** *Br kindersprBonbon *m/n* **2** *Kind* **to be a ~** süß sein

sweetly ['swiːtlɪ] *adv* süßlich; *lächeln* süß

sweetness *s* Süße *f*

sweet potato *s* Süßkartoffel *f*

sweet shop *Br s* Süßwarenladen *m*

sweet-talk *umg v/t* **to ~ sb into doing sth** j-n mit süßen Worten dazu bringen, etw zu tun

swell [swel] ⟨*v: prät* swelled; *pperf* swollen *od* swelled⟩ **A** *s von Meer* Wogen *n kein pl* **B** *adj bes US obs* klasse *umg* **C** *v/t Segel* blähen; *Zahlen* anwachsen lassen **D** *v/i* **1** (*a*. **~ up**) *Knöchel etc* (an)schwellen **2** *Fluss* anschwellen; *Anzahl* anwachsen; (*a*. **~ out**) *Segel* sich blähen

swelling ['swelɪŋ] **A** *s* **1** Verdickung *f*; MED Schwellung *f* **2** *von Bevölkerung* Anwachsen *n* **B** *adj* ⟨*attr*⟩ *Zahlen* anwachsend

swelter ['sweltə^r] *v/i* (vor Hitze) vergehen

sweltering ['sweltərɪŋ] *adj* glühend heiß; *Hitze* glühend; **it's ~ in here** *umg* hier verschmachtet man ja! *umg*

swept [swept] *prät & pperf* → sweep

swerve [swɜːv] **A** *s* Bogen *m* **B** *v/i* einen Bogen machen; *Auto* ausschwenken; *Ball* im Bogen fliegen; **the road ~s (round) to the right** die Straße schwenkt nach rechts; **the car ~d in and out of the traffic** der Wagen schoss im Slalom durch den Verkehrsstrom **C** *v/t Auto* herumreißen; *Ball* anschneiden

swift [swɪft] *adj* (+*er*) schnell

swiftly ['swɪftlɪ] *adv* schnell; *reagieren* prompt

swiftness ['swɪftnəs] *s* Schnelligkeit *f*

swig [swɪg] *umg* **A** *s* Schluck *m*; **to have** *od* **take a ~ of beer** einen Schluck Bier trinken **B** *v/t* (*a*. **swig down**) herunterkippen *umg*

swill [swɪl] **A** *s* **1** (Schweine)futter *n* **2 to give sth a ~** (**out**) → swill B 1 **B** *v/t* **1** *bes Br* (*a*. **~ out**) auswaschen; *Tasse* ausschwenken **2** *umg Bier etc* kippen *umg*

swim [swɪm] ⟨*v: prät* swam; *pperf* swum⟩ **A** *v/t* schwimmen; *Fluss* durchschwimmen **B** *v/i* schwimmen; **my head is ~ming** mir dreht sich alles **C** *s* **that was a nice ~** das Schwimmen hat Spaß gemacht!; **to have a ~** schwimmen

swimmer ['swɪmə^r] *s* Schwimmer(in) *m(f)*

swimming ['swɪmɪŋ] *s* Schwimmen *n*; **do you like ~?** schwimmen Sie gern?; **to go ~** schwimmen gehen

swimming baths *Br s* ⟨*mst pl*⟩ Schwimmbad *n*

swimming cap *Br s* Badekappe *f*

swimming costume *Br s* Badeanzug *m*

swimming instructor *s* Schwimmlehrer(in) *m(f)*

swimming pool *s* Schwimmbad *n*

swimming trunks *Br pl* Badehose *f*

swimsuit ['swɪmsuːt] *s* Badeanzug *m*

swindle ['swɪndl] **A** *s* Schwindel *m*, Pflanz *m österr* **B** *v/t* betrügen; **to ~ sb out of sth** j-m etw abschwindeln

swindler ['swɪndlə^r] *s* Schwindler(in) *m(f)*

swine [swaɪn] *s* **1** ⟨*pl* -⟩ *obs, form* Schwein *n* **2** ⟨*pl* -s⟩ *pej umg* (≈ *Mann*) (gemeiner) Hund *umg*

swine flu *s* MED Schweinegrippe *f*

swing [swɪŋ] ⟨v: prät, pperf swung⟩ **A** v/t **1** schwingen, hin und her schwingen; *auf Spielplatz* schaukeln; *Arme* schwingen (mit); *Beine* baumeln mit; **he swung himself over the wall** er schwang sich über die Mauer **2** *Wahlen* beeinflussen; **to ~ opinion** die Meinung umschlagen lassen; **his speech swung the decision in our favour** seine Rede ließ die Entscheidung zu unseren Gunsten ausfallen **B** v/i (hin und her) schwingen; *auf Spielplatz* schaukeln; *Beine* baumeln; **to ~ open** aufschwingen; **to ~ shut** zuschlagen; **to ~ into action** in Aktion treten **C** s **1** Schwung m; *hin u. her* Schwingen n; *fig, a.* POL (Meinungs)umschwung m; **to go with a ~** *fig* in voller Erfolg sein; **to be in full ~** voll im Gang sein; **to get into the ~ of sth** sich an etw (*akk*) gewöhnen; **to get into the ~ of things** *umg* reinkommen *umg* **2** Schaukel f

phrasal verbs mit swing:
swing (a)round A v/i *Mensch* sich umdrehen; *Auto, Flugzeug* herumschwenken **B** v/t ⟨trennb⟩ herumschwenken
swing back v/i zurückschwingen
swing to v/i *Tür* zuschlagen
swing door *Br* s Pendeltür f
swinging ['swɪŋɪŋ] *adj* **~ door** *US* Pendeltür f
swipe [swaɪp] **A** s Schlag m; **to take a ~ at sb/sth** nach j-m/etw schlagen **B** v/t **1** schlagen **2** *umg* klauen *umg* **3** **to ~ a card** *Kundenkarte* eine Karte durchziehen **4** *Bildschirm* wischen über +*akk*, streifen über +*akk*; **to ~ left/right on sb** *umg* j-n ablehnen/j-n gut finden
swipe card s Magnetstreifenkarte f
swirl [swɜːl] **A** s Wirbel m **B** v/t & v/i wirbeln
swish[1] [swɪʃ] **A** s *von Stock* Zischen n; *von Rock, Wasser* Rauschen n **B** v/t *Stock* zischen lassen; *Schwanz* schlagen mit; *Rock* rauschen mit; *Wasser* schwenken **C** v/i *Stock* zischen; *Rock, Wasser* rauschen
swish[2] *adj umg* feudal, schick
Swiss [swɪs] **A** *adj* Schweizer, schweizerisch; **he is ~** er ist Schweizer; **the ~-German part of Switzerland** die deutsch(sprachig)e Schweiz **B** s ⟨*pl -*⟩ Schweizer(in) m(f); **the ~** *pl* die Schweizer *pl*
Swiss army knife s Schweizermesser n
Swiss franc s Schweizer Franken m
Swiss French s **1** Welschschweizer(in) m(f) **2** LING Schweizer Französisch n
Swiss German s **1** Deutschschweizer(in) m(f) **2** LING Schweizerdeutsch n, Schwyzerdütsch n
Swiss roll *Br* s Biskuitrolle f
switch [swɪtʃ] **A** s **1** ELEK *etc* Schalter m **2** Wechsel m; *von Plänen* Änderung f (**in** +*gen*); gegenseitig Tausch m **3** *US* BAHN **~es** Weichen *pl* **B** v/t **1** wechseln; *Pläne* ändern; *Loyalität* übertragen (**to** auf +*akk*); *Aufmerksamkeit, Gespräch* lenken (**to** auf +*akk*); **to ~ sides** die Seiten wechseln; **to ~ channels** auf einen anderen Kanal umschalten **2** *Produktion* verlegen; *Objekt* umstellen **3** tauschen; (*a.* **~ over, ~ round**) vertauschen **4** ELEK (um)schalten **C** v/i (*a.* **switch over**) (über)wechseln (**to** zu); TV umschalten (**to** auf +*akk*); (*a.* **~ round, ~ over**) tauschen

phrasal verbs mit switch:
switch (a)round A v/t ⟨trennb⟩ vertauschen; *Möbel etc* umstellen **B** v/i → switch C
switch back A v/i TV zurückschalten (**to** zu) **B** v/t ⟨trennb⟩ **to switch the light back on** das Licht wieder anschalten
switch off A v/t ⟨trennb⟩ ausschalten; *Maschine* abschalten; *Wasser* abstellen **B** v/i ausschalten; *Maschine, a. umg Mensch* abschalten
switch on A v/t ⟨trennb⟩ *Gas* anstellen; *Maschine* anschalten; *TV, Licht* einschalten; *Motor* anlassen **B** v/i *Maschine* anschalten; *Licht* einschalten
switch over A v/i → switch C **B** v/t ⟨trennb⟩ → switch B 3
switchblade s *US* Klappmesser n
switchboard s TEL Vermittlung f; *in Büro* Zentrale f
Switch card® *Br* s Switch Card® f, Switch-Karte® f
switchover s *auf neues System* Umstellung f
Switzerland ['swɪtsələnd] s die Schweiz; **to ~ in** die Schweiz
swivel ['swɪvl] **A** *attr* Dreh- **B** v/t (*a.* **swivel round**) (herum)drehen **C** v/i (*a.* **swivel round**) sich drehen; *Mensch* sich herumdrehen
swivel chair s Drehstuhl m
swollen ['swəʊlən] **A** *pperf* → swell **B** *adj* (an)geschwollen; *Fluss* angestiegen
swoon [swuːn] *fig* v/i beinahe ohnmächtig werden (**over sb/sth** wegen j-m/einer Sache)
swoop [swuːp] **A** v/i *Vogel* (*a.* **~ down**) herabstoßen (**on** auf +*akk*); *fig Polizei* einen Überraschungsangriff machen (**on** auf +*akk*) **B** s *von Vogel* Sturzflug m; **at** *od* **in one ~** auf einen Schlag
swop s & v/t & v/i → swap
sword [sɔːd] s Schwert n
swordfish s Schwertfisch m
swore [swɔː] *prät* → swear
sworn [swɔːn] **A** *pperf* → swear **B** *adj Gegner* eingeschworen; **~ statement** JUR Aussage f unter Eid
swot [swɒt] *Br umg* **A** v/i büffeln *umg*; **to ~ up (on) one's maths** Mathe pauken *umg* **B** s *pej* Streber(in) m(f)
swum [swʌm] *pperf* → swim

swung [swʌŋ] *prät & pperf* → swing
sycamore ['sɪkəmɔːʳ] *s* Bergahorn *m*; US nordamerikanische Platane
syllable ['sɪləbl] *s* Silbe *f*
syllabus ['sɪləbəs] *s* ⟨*pl* -es *od* syllabi ['sɪləbaɪ]⟩ *bes Br* SCHULE, UNIV Lehrplan *m*
symbol ['sɪmbəl] *s* **1** Symbol *n* (**of** für) **2** LIT Gegenstand, der eine Idee, eine Eigenschaft o. Ä. repräsentiert; z. B. Ring für die Unendlichkeit der Ehe
symbolic(al) [sɪm'bɒlɪk(əl)] *adj* symbolisch (**of** für); **to be ~ of sth** etw symbolisieren
symbolism ['sɪmbəlɪzəm] *s* Symbolik *f*
symbolize ['sɪmbəlaɪz] *v/t* symbolisieren
symmetrical *adj*, **symmetrically** [sɪ'metrɪkəl, -ɪ] *adv* symmetrisch
symmetry ['sɪmɪtrɪ] *s* Symmetrie *f*
sympathetic [ˌsɪmpə'θetɪk] *adj* mitfühlend, verständnisvoll, wohlwollend; **to be** *od* **feel ~ to(wards) sb** mit j-m mitfühlen, j-m Verständnis entgegenbringen, mit j-m sympathisieren; **he was most ~ when I told him all my troubles** er zeigte sehr viel Mitgefühl für all meine Sorgen
sympathetically [ˌsɪmpə'θetɪkəlɪ] *adv* mitfühlend, verständnisvoll, wohlwollend
sympathize ['sɪmpəθaɪz] *v/i* Mitleid haben (**with** mit), Verständnis haben (**with** für), sympathisieren (**with** mit); POL sympathisieren (**with** mit); **to ~ with sb over sth** mit j-m in einer Sache mitfühlen können; **I really do ~** das tut mir wirklich leid; *einsichtig* ich habe wirklich vollstes Verständnis
sympathizer ['sɪmpəθaɪzəʳ] *s* Sympathisant(in) *m(f)*
sympathy ['sɪmpəθɪ] *s* **1** Mitleid *n* (**for** mit); **to feel ~ for sb** Mitleid mit j-m haben; **my/our deepest sympathies** herzliches Beileid **2** Verständnis *n*, Sympathie *f*; **to be in ~ with sb/sth** mit j-m/etw einhergehen; **to come out** *od* **strike in ~** IND in Sympathiestreik treten
symphony ['sɪmfənɪ] *s* Sinfonie *f*
symphony orchestra *s* Sinfonieorchester *n*
symptom ['sɪmptəm] *wörtl, fig s* Symptom *n*
symptomatic [ˌsɪmptə'mætɪk] *adj* symptomatisch (**of** für)
synagogue ['sɪnəɡɒɡ] *s* Synagoge *f*
sync [sɪŋk] *s abk* (= synchronization) **in ~** FILM, TV *umg* synchron; **out of ~** FILM, TV *umg* nicht synchron
synchronization [ˌsɪŋkrənaɪ'zeɪʃən] *s* Abstimmung *f*; FILM Synchronisation *f*; *von Uhren* Gleichstellung *f*
synchronize ['sɪŋkrənaɪz] **A** *v/t* abstimmen (**with** auf +*akk*); *Bewegungen* aufeinander abstimmen; IT, FILM synchronisieren (**with** mit); *Uhren* gleichstellen (**with** mit) **B** *v/i* FILM synchron sein (**with** mit); *Uhren* gleich gehen; *Bewegungen* in Übereinstimmung sein (**with** mit)
syndicate ['sɪndɪkɪt] *s* Interessengemeinschaft *f*; HANDEL Syndikat *n*; *Presse* (Presse)zentrale *f*; *von Verbrechern* Ring *m*
syndrome ['sɪndrəʊm] *s* MED Syndrom *n*; *fig, a.* SOZIOL Phänomen *n*
synod ['sɪnəd] *s* Synode *f*
synonym ['sɪnənɪm] *s* Synonym *n*
synonymous [sɪ'nɒnɪməs] *adj* synonym
synopsis [sɪ'nɒpsɪs] *s* ⟨*pl* synopses [sɪ'nɒpsiːz]⟩ Abriss *m* der Handlung; *von Buch, Artikel* Zusammenfassung *f*
syntax ['sɪntæks] *s* Syntax *f*
synthesis ['sɪnθəsɪs] *s* ⟨*pl* syntheses ['sɪnθəsiːz]⟩ Synthese *f*
synthesize ['sɪnθəsaɪz] *v/t* synthetisieren
synthesizer ['sɪnθəˌsaɪzəʳ] *s* MUS Synthesizer *m*
synthetic [sɪn'θetɪk] **A** *adj* synthetisch; **~ fibre** Kunstfaser *f* **B** *s* Kunststoff *m*; **~s** Synthetik *f*
syphon *s* → siphon
Syria ['sɪrɪə] *s* Syrien *n*
syringe [sɪ'rɪndʒ] *s* MED Spritze *f*
syrup ['sɪrəp] *s*, **sirup** US *s* Sirup *m*
system ['sɪstəm] *s* System *n*; **digestive ~** Verdauungsapparat *m*; **it was a shock to his ~** er hatte schwer damit zu schaffen; **to get sth out of one's ~** *fig umg* sich (*dat*) etw von der Seele schaffen; **~ disk** Systemdiskette *f*; **~ software** Systemsoftware *f*
systematic [ˌsɪstə'mætɪk] *adj* systematisch
systematize ['sɪstəmətaɪz] *v/t* systematisieren
systems administrator *s* IT Systemadministrator(in) *m(f)*
systems analyst *s* Systemanalytiker(in) *m(f)*
systems disk *s* COMPUT Systemdiskette *f*
systems engineer *s* Systemtechniker(in) *m(f)*
systems software *s* Systemsoftware *f*

T

T, t [tiː] s T n, t n
ta [tɑː] Br umg int danke
tab[1] [tæb] s **1** Aufhänger m **2** Namensschild n, Etikett n; **to keep tabs on sb/sth** umg j-n/etw genau im Auge behalten **3** **to pick up the tab** die Rechnung übernehmen
tab[2] s COMPUT etc Tab m; von Schreibmaschine Tabulator m
tabby ['tæbɪ] s, (a. **tabby cat**) getigerte Katze
tab key s Tabtaste f; von Schreibmaschine Tabulatortaste f
table ['teɪbl] **A** s **1** Tisch m; **at the ~** am Tisch; **to sit at ~** sich zu Tisch setzen; **to sit down at a ~** sich an einen Tisch setzen; **to turn the ~s (on sb)** (gegenüber j-m) den Spieß umdrehen **2** Tischrunde f **3** Tabelle f; **(multiplication) ~s** Einmaleins n; **~ of contents** Inhaltsverzeichnis n **B** v/t **1** Antrag etc einbringen **2** US Gesetzentwurf zurückstellen
tablecloth s Tischdecke f
table lamp s Tischlampe f
table manners pl Tischmanieren pl
tablemat s für heiße Gefäße Untersetzer m
tablespoon s Esslöffel m
tablespoonful s Esslöffel(voll) m
tablet ['tæblɪt] s **1** MED Tablette f **2** von Seife Stückchen n **3** IT Tablet n, Tablet-Computer m
tablet computer s IT Tablet m, Tablet-Computer m
table tennis s Tischtennis n
table tennis bat s Tischtennisschläger m
tabletop s Tischplatte f
tablet PC s IT Tablet m, Tablet-PC m
tablet stand s COMPUT Tabletständer m
tableware s Geschirr und Besteck n
tabloid ['tæblɔɪd] s, (a. **tabloid newspaper**) bebilderte, kleinformatige Zeitung; pej Boulevardzeitung f
tabloid press s Boulevardpresse f
taboo, tabu [tə'buː] **A** s ⟨pl -s⟩ Tabu n; **to be a ~** tabu sein **B** adj tabu
tab stop s → tab[2]
tabular ['tæbjʊlə(r)] adj tabellarisch; **in ~ form** tabellarisch
tachograph ['tækəʊgrɑːf] s AUTO Fahrt(en)schreiber m
tachometer [tæ'kɒmɪtə(r)] s Drehzahlmesser m
tacit adj, **tacitly** ['tæsɪt, -lɪ] adv stillschweigend
taciturn ['tæsɪtɜːn] adj wortkarg
tack [tæk] **A** s **1** kleiner Nagel; bes US Reißzwecke f **2** SCHIFF Schlag m; **to try another ~** fig es anders versuchen **3** für Pferd Sattel- und Zaumzeug n **B** v/t **1** annageln (**to** an +dat od akk), feststecken (**to** an +dat) **2** Br Handarbeiten heften **C** v/i SCHIFF aufkreuzen
phrasal verbs mit tack:
tack on fig v/t ⟨trennb⟩ anhängen (**-to** +dat)
tackle ['tækl] **A** s **1** Ausrüstung f **2** SPORT Angriff m, Tackling n **B** v/t **1** SPORT angreifen; Rugby fassen; mit Worten zur Rede stellen (**about** wegen); **2** Problem angehen, bewältigen; Feuer bekämpfen
tacky[1] ['tækɪ] adj ⟨komp tackier⟩ klebrig
tacky[2] umg adj ⟨komp tackier⟩ billig; Viertel heruntergekommen; Kleidung geschmacklos
tact [tækt] s ⟨kein pl⟩ Takt m
tactful ['tæktfʊl] adj taktvoll; **to be ~ about sth** etw mit Feingefühl behandeln
tactfully ['tæktfəlɪ] adv taktvoll
tactic ['tæktɪk] s Taktik f
tactical adj, **tactically** ['tæktɪkəl, -ɪ] adv taktisch
tactician [tæk'tɪʃən] s Taktiker(in) m(f)
tactics ['tæktɪks] pl Taktik f
tactless adj, **tactlessly** ['tæktlɪs, -lɪ] adv taktlos
tadpole ['tædpəʊl] s Kaulquappe f
taffeta ['tæfɪtə] s Taft m
taffy ['tæfɪ] US s Toffee n
tag [tæg] **A** s **1** Schild(chen) n, Etikett n **2** Aufhänger m **B** v/t Waren auszeichnen
phrasal verbs mit tag:
tag along v/i **why don't you tag along?** umg warum kommst/gehst du nicht mit?
tag on v/t ⟨trennb⟩ anhängen (**to** an +akk)
tahini [tə'hiːnɪ] s ⟨kein pl⟩ Sesampaste f
t'ai chi [ˌtaɪ'tʃiː] s Tai-Chi n
tail [teɪl] **A** s **1** Schwanz m; **to turn ~** die Flucht ergreifen; **he was right on my ~** er saß mir direkt im Nacken **2** ~s pl von Münze Rückseite f **3** ~s pl Frack m **B** v/t j-n beschatten umg; Auto etc folgen (+dat)
phrasal verbs mit tail:
tail back Br v/i sich gestaut haben
tail off v/i abnehmen; Geräusch schwächer werden; Satz mittendrin abbrechen
tailback Br s Rückstau m
tail end s Ende n
tailgate v/t AUTO zu dicht auffahren auf +akk
tail-light s AUTO Rücklicht n
tailor ['teɪlə(r)] **A** s Schneider(in) m(f) **B** v/t **1** schneidern **2** fig Urlaub, Politik zuschneiden (**to** auf +akk); Produkte abstimmen (**to** auf +akk)
tailor-made [ˌteɪlə'meɪd] adj maßgeschneidert
tailpipe US s Auspuffrohr n
tailwind s Rückenwind m
taint [teɪnt] **A** s fig Makel m **B** v/t fig j-s Ruf be-

schmutzen
tainted ['teɪntɪd] *adj* **1** *fig Ruf* beschmutzt **2** *Lebensmittel* verdorben; *Luft* verpestet
Taiwan [taɪ'wɑːn] *s* Taiwan *n*
Tajikistan [tɑː'dʒiːkɪstɑːn] *s* Tadschikistan *n*
take [teɪk] ⟨*v: prät* took; *pperf* taken⟩ **A** *v/t* **1** nehmen, wegnehmen; **to ~ sth from sb** j-m etw wegnehmen **2** bringen, mitnehmen; **let me ~ your case** komm, ich nehme *od* trage deinen Koffer; **I'll ~ you to the station** ich bringe Sie zum Bahnhof; **this bus will ~ you into town** der Bus fährt in die Stadt; **this road will ~ you to Paris** diese Straße führt nach Paris **3** fangen; *Stadt etc* einnehmen; **to ~ sb prisoner** j-n gefangen nehmen **4** nehmen; *Job* annehmen; *Kommando* übernehmen; *Anruf* entgegennehmen; **I'll ~ it** *beim Einkaufen* ich nehme es; **~ that!** da!; **~ it from me** das können Sie mir glauben; **let's ~ it from the beginning of Act 2** fangen wir mit dem Anfang vom zweiten Akt an; **to be ~n ill** krank werden; **(you can) ~ it or leave it** ja oder nein(, ganz wie Sie wollen) **5** sich (*dat*) nehmen; **~ a seat** nehmen Sie Platz!; **this seat is ~n** dieser Platz ist besetzt **6** *Test, Kurs, Foto, Spaziergang* machen; *Examen* ablegen; *Reise* unternehmen; *Gottesdienst* (ab)halten **7** unterrichten; *Unterrichtsstunde* geben; **who ~s you for Latin?** *Br*, **who are you taking for Latin?** *US* wer unterrichtet *od* gibt bei euch Latein?; **to ~ (the chair at) a meeting** den Vorsitz bei einer Versammlung führen **8** *Taxi, Zug* nehmen; *Kurve* fahren um; **to ~ the plane** fliegen; **we took a wrong turning** *Br*, **we took a wrong turn** *US* wir sind falsch abgebogen **9** *Drogen* nehmen; **to ~ a sip** ein Schlückchen trinken; **do you ~ sugar?** nehmen Sie Zucker? **10** *Einzelheiten* (sich *dat*) notieren; **to ~ notes** sich (*dat*) Notizen machen **11** **to ~ the measurements of a room** ein Zimmer ausmessen; **to ~ sb's temperature** bei j-m Fieber messen **12** *Klima* vertragen; *Last* aushalten; **I can ~ it** ich werde damit fertig; **I just can't ~ any more** ich bin am Ende; **I just can't ~ it any more** das halte ich nicht mehr aus **13** *Nachricht* reagieren auf (+*akk*); **she never knows how to ~ him** sie weiß nie, woran sie bei ihm ist; **she took his death badly** sein Tod hat sie mitgenommen **14** **I would ~ that to mean ...** ich würde das so auffassen *od* verstehen ... **15** annehmen; **to ~ sb/sth for** *od* **to be ...** j-n/etw für ... halten **16** entnehmen (**from** +*dat*) **17** brauchen; *Kleidergröße* haben; **the journey ~s 3 hours** die Fahrt dauert 3 Stunden; **it ~s 5 hours ...** man braucht 5 Stunden ...; **it took ten men to complete it** es wurden zehn Leute benötigt, um es zu erledigen; **it took a lot of courage** dazu gehörte viel Mut; **to ~ sb an hour to do sth** j-n eine Stunde kosten, etw zu tun; **it ~s time** es braucht (seine) Zeit; **it took a long time** es hat lange gedauert; **it took me a long time** ich habe lange gebraucht; **it won't ~ long** das dauert nicht lange; **she's got what it ~s** *umg* sie ist nicht ohne *umg*; **whatever it ~s** alles, was nötig ist **18** Platz haben für **19** GRAM stehen mit; *Präposition* gebraucht werden mit; **verbs that ~ "haben"** Verben, die mit „haben" konjugiert werden **B** *s* FILM Aufnahme *f*

phrasal verbs mit take:

take aback *v/t* ⟨*trennb*⟩ überraschen; **I was completely taken aback** ich war völlig perplex
take after *v/i* ⟨+*obj*⟩ nachschlagen (+*dat*); äußerlich ähnlich sein (+*dat*)
take along *v/t* ⟨*trennb*⟩ mitnehmen
take apart *wörtl, fig umg v/t* ⟨*trennb*⟩ auseinandernehmen
take (a)round *v/t* ⟨*trennb*⟩ herumführen
take away *v/t* ⟨*trennb*⟩ **1** abziehen; **6 take away 2** 6 weniger 2 **2** wegnehmen (**from sb** j-m), wegbringen (**from** von); *von einem Ort* abholen; **to take sb/sth away (with one)** j-n/etw mitnehmen **3** *Proviant* mitnehmen; **pizza to take away** Pizza zum Mitnehmen
take back *v/t* ⟨*trennb*⟩ **1** sich (*dat*) zurückgeben lassen; *Spielzeug etc* wieder wegnehmen, *fig* zurücknehmen **2** zurückbringen; **that takes me back** das ruft Erinnerungen wach **3** *Mitarbeiter* wiedereinstellen
take down *v/t* ⟨*trennb*⟩ **1** *wörtl* herunternehmen; *Vorhänge* abnehmen; **he took his trousers down** seine Hose herunterlassen **2** *Zelt* abbauen **3** *schriftlich* (sich *dat*) notieren
take home *v/t* ⟨*trennb*⟩ **1** nach Hause bringen **2** *Gehalt* netto verdienen *od* bekommen
take in *v/t* ⟨*trennb*⟩ **1** hereinbringen; **I'll take the car in(to work) on Monday** ich fahre am Montag mit dem Auto (zur Arbeit) **2** *herrenloses Tier* zu sich nehmen; **she takes in lodgers** sie vermietet (Zimmer) **3** *Kleid* enger machen **4** *Umgebung* wahrnehmen; *Bedeutung* begreifen; *Sehenswürdigkeiten* aufnehmen; *Situation* erfassen **5** (≈ *täuschen*) hereinlegen; **to be taken in by sb/sth** auf j-n/etw hereinfallen
take off A *v/i* **1** *Flugzeug* starten; *fig Projekt* anlaufen; *Karriere* abheben **2** *umg* sich davonmachen *umg* **B** *v/t* ⟨*trennb*⟩ **1** *Hut, Deckel* abnehmen (**sth von etw**); *Betrag* abziehen (**sth von etw**); *von Preis* nachlassen; *Mantel etc* (sich *dat*) ausziehen; **to take sth off sb** j-m etw abnehmen; **to take 10 cents off** 10 Cent abziehen; **he took his clothes off** er zog sich aus; **to take sb's mind off sth** j-n von etw ablenken; **to**

take the weight off one's feet seine Beine ausruhen; **to take sb/sth off sb's hands** j-m j-n/etw abnehmen ❷ *Tag* freinehmen; **to take time off (work)** sich (*dat*) freinehmen; **to take some time off** sich freinehmen; sich eine Auszeit nehmen ❸ *Br* nachahmen

take on *v/t ⟨trennb⟩* ❶ *Stelle* annehmen; *Verantwortung* übernehmen; *Mitarbeiter* einstellen; **when he married her he took on more than he bargained for** als er sie heiratete, hat er sich (*dat*) mehr aufgeladen, als er gedacht hatte ❷ *Gegner* antreten gegen

take out *v/t ⟨trennb⟩* ❶ (hinaus)bringen (*of* aus); **to take out the rubbish** *Br*, **to take out the garbage** *US* den Müll hinausbringen ❷ *ins Theater etc* ausgehen mit; **to take the dog out (for a walk)** mit dem Hund spazieren gehen; **to take sb out to** *od* **for dinner** j-n zum Essen einladen ❸ herausnehmen; *Zahn* ziehen; *Nagel* herausziehen (**of** aus); **to take sth out of sth** etw aus etw (heraus)nehmen; **to take time out from sth** von etw (eine Zeit lang) Urlaub nehmen; **to take time out from doing sth** etw eine Zeit lang nicht tun; **to take sth out on sb** *umg* etw an j-m auslassen *umg*; **to take it out on sb** sich an j-m abreagieren; **to take it out of sb** j-n ziemlich schlauchen *umg* ❹ *von Konto* abheben ❺ *Versicherung* abschließen; *Hypothek* aufnehmen ❻ *US* → take away 3

take over Ⓐ *v/i nach Wahlen etc* an die Macht kommen; *in Firma* die Leitung übernehmen; *Touristen etc* sich breitmachen *umg*; **to take over (from sb)** j-n ablösen; **he's ill so I have to take over** da er krank ist, muss ich (für ihn) einspringen Ⓑ *v/t ⟨trennb⟩ Kontrolle etc* übernehmen

take round *bes Br v/t ⟨trennb⟩* ❶ **I'll take it round (to her place)** ich bringe es zu ihr ❷ führen (**sth** durch etw)

take to *v/i ⟨+obj⟩* ❶ j-n sympathisch finden; **sb takes to a place** ein Ort sagt j-m zu; **I don't know how she'll take to him** ich weiß nicht, wie sie auf ihn reagieren wird; **to take to doing sth** anfangen, etw zu tun; **to take to drink** zu trinken anfangen ❷ *Berge etc* sich flüchten in (*+akk*)

take up *v/t ⟨trennb⟩* ❶ aufnehmen; *Teppich* hochnehmen; *Kleid* kürzen; *Gespräch* weiterführen ❷ *in oberes Stockwerk: Besucher* (mit) hinaufnehmen; *Objekt* hinauftragen ❸ *Zeit* in Anspruch nehmen; *Raum* einnehmen ❹ *Golf, Bridge* zu spielen .Hobby machen; **to take up painting** anfangen zu malen ❺ *Sache* sich einsetzen für; **to take up a position** *wörtl* eine Stellung einnehmen; **to be taken up with sb/sth** mit j-m/etw sehr beschäftigt sein ❻ *Einladung, Herausforderung* annehmen; *neue Stelle* antreten; **he left to take up a job as a headmaster** er ist gegangen, um eine Stelle als Schulleiter zu übernehmen; **to take up residence** sich niederlassen (**at, in** *+dat*); **to take sb up on his/her invitation/offer** von j-s Einladung/Angebot Gebrauch machen; **I'll take you up on that** ich werde davon Gebrauch machen

take upon *v/t ⟨+obj⟩* **he took it upon himself to answer for me** er meinte, er müsse für mich antworten

takeaway Ⓐ *s* ❶ *Br* Essen *n* zum Mitnehmen; **let's get a ~** wir können uns ja etwas (zu essen) holen *od* mitnehmen ❷ *Br* Imbissstube *f* ❸ *einer Rede, Veranstaltung* Erkenntnis *f* (**from** aus) Ⓑ *adj ⟨attr⟩* ❶ *Br* Essen zum Mitnehmen ❷ *Botschaft* zentral, daraus resultierend; **the ~ point** der springende Punkt

take-home pay *s* Nettolohn *m*

taken ['teɪkən] Ⓐ *pperf* → take Ⓑ *adj* **to be ~ with sb/sth** von j-m/etw angetan sein

takeoff *s* ❶ FLUG Start *m*, Abheben *nt*; **ready for ~** startbereit ❷ *Br* **to do a ~ of sb** j-n nachahmen

takeout *US* Ⓐ *s* Essen *n* zum Mitnehmen; **let's get a ~** wir können uns ja etwas (zu essen) holen *od* mitnehmen Ⓑ *adj ⟨attr⟩* Essen zum Mitnehmen

takeover *s* HANDEL Übernahme *f*

takeover bid *s* Übernahmeangebot *n*

taker ['teɪkəʳ] *s* **any ~s?** *fig* wer ist daran interessiert?; **there were no ~s** *fig* niemand war daran interessiert

taking ['teɪkɪŋ] *s* ❶ **it's yours for the ~** das können Sie (umsonst) haben ❷ **~s** *pl* HANDEL Einnahmen *pl*

talc [tælk], **talcum** ['tælkəm], **talcum powder** *s* Talkumpuder *m*

tale [teɪl] *s* ❶ Geschichte *f*; LIT Erzählung *f*; **at least he lived to tell the ~** zumindest hat er die Sache überlebt; **thereby hangs a ~** das ist eine lange Geschichte ❷ **to tell ~s** petzen *umg* (**to** *+dat*); **to tell ~s about sb** j-n verpetzen *umg* (**to** bei)

talent ['tælənt] *s* Talent *n*; **to have a ~ for languages** sprachbegabt sein

talented ['tæləntɪd] *adj* talentiert

talent scout *s* Talentsucher(in) *m(f)*

talisman ['tælɪzmən] *s ⟨pl -s⟩* Talisman *m*

talk [tɔːk] Ⓐ *s* ❶ Gespräch *n*; **to have a ~** sich unterhalten (**with sb about sth** mit j-m über etw *akk*); **could I have a ~ with you?** könnte ich Sie mal sprechen?; **to hold** *od* **have ~s** Gespräche führen ❷ *⟨kein pl⟩* Reden *n*, Gerede *n*; **he's all ~** der führt bloß große Reden; **there is some ~ of his returning** es heißt, er kommt

zurück; **it's the ~ of the town** es ist Stadtgespräch **3** Vortrag *m*; **to give a ~** einen Vortrag halten (**on** über +*akk*) **B** *v/i* **1** reden (**of** von *od* **about** über +*akk*), sprechen (**of** von *od* **about** über +*akk*), sich unterhalten (**of, about** über +*akk*); **to ~ to** *od* **with sb** mit j-m sprechen *od* reden (**about** über +*akk*); **could I ~ to Mr Smith please?** kann ich bitte Herrn Smith sprechen?; **what are you ~ing about?** wovon redest du?; **it's easy** *od* **all right for you to ~** *umg* du hast gut reden *umg*; **don't ~ to me like that!** wie redest du denn mit mir?; **that's no way to ~ to your parents** so redet man doch nicht mit seinen Eltern!; **to get ~ing to sb** mit j-m ins Gespräch kommen; **you can ~!** *umg* du kannst gerade reden!; **to ~ to oneself** Selbstgespräche führen; **now you're ~ing!** das lässt sich schon eher hören!; **he's been ~ing of going abroad** er hat davon gesprochen *od* geredet, dass er ins Ausland fahren will; **~ing of films** ... da wir gerade von Filmen sprechen ...; **~ about rude!** so was von unverschämt! *umg*; **to make sb ~** j-n zum Reden bringen; **we're ~ing about at least £2,000** es geht um mindestens £ 2.000 **2** schwatzen; **stop ~ing!** sei/seid ruhig! **3** klatschen **C** *v/t eine Sprache* sprechen; *Unsinn* reden; *Geschäftliches* reden über (+*akk*); **we're ~ing big money** *etc* **here** *umg* hier geht's um große Geld *etc umg*; **to ~ sb/oneself into doing sth** j-n/sich dazu bringen, etw zu tun; **to ~ sb out of sth** j-n von etw abbringen
phrasal verbs mit talk:
talk back *v/i* frech antworten (**to sb** j-m)
talk down *v/i* **to talk down to sb** mit j-m herablassend reden
talk over *v/t* ⟨*trennb*⟩ besprechen
talk round *Br v/t* ⟨*immer getrennt*⟩ umstimmen
talk through *v/t* ⟨*trennb*⟩ besprechen; **to talk sb through sth** j-m etw erklären
talkative ['tɔːkətɪv] *adj* gesprächig
talker ['tɔːkə^r] *s* Redner(in) *m(f)*
talking ['tɔːkɪŋ] *s* Sprechen *n*; **no ~ please!** bitte Ruhe!; **his constant ~** sein dauerndes Gerede
talking point *s* Gesprächsthema *n*
talking-to *umg s* ⟨*kein pl*⟩ **to give sb a good ~** j-m eine Standpauke halten *umg*
talk show *s* Talkshow *f*
talk time *s auf Handy* Gesprächszeit *f*
tall [tɔːl] *adj* ⟨*-er*⟩ **1** *Mensch* groß; **how ~ are you?** wie groß sind Sie?; **6 ft ~** 1,80 m groß **2** *Haus, Baum* hoch **3** *umg* **that's a ~ order** das ist ganz schön viel verlangt
tall story *s* unglaubwürdig Märchen *n*
tally ['tælɪ] **A** *s* **to keep a ~ of** Buch führen über (+*akk*), **B** *v/t* (*a.* **tally up**) zusammenzählen

talon ['tælən] *s* Kralle *f*
tambourine [ˌtæmbə'riːn] *s* Tamburin *n*; **to play the ~** Tamburin spielen
tame [teɪm] **A** *adj* ⟨*komp* tamer⟩ **1** zahm **2** *Witz etc* lahm *umg* **B** *v/t Tier* zähmen
Tampax® ['tæmpæks] *s* Tampon *m*
phrasal verbs mit tamper:
tamper with *v/i* ⟨+*obj*⟩ sich (*dat*) zu schaffen machen an (+*dat*) *umg*, herumpfuschen an (+*dat*)
tampon ['tæmpən] *s* Tampon *m*
tan [tæn] **A** *s* **1** Bräune *f*; **to get a tan** braun werden; **she's got a lovely tan** sie ist schön braun **2** (= *Farbe*) Hellbraun *n* **B** *adj* hellbraun **C** *v/i* braun werden
TAN *abk* (= transaction number) TAN *f*
tandem ['tændəm] *s* Tandem *n*; **in ~ (with)** *fig* zusammen (mit)
tang [tæŋ] *s* **1** scharfer Geruch **2** starker Geschmack
tangent ['tændʒənt] *s* **to go off at a ~** *fig* (plötzlich) vom Thema abschweifen
tangerine [ˌtændʒə'riːn] *s* Mandarine *f*
tangible ['tændʒəbl] *fig adj Resultat* greifbar; *Beweis* handfest
tangle ['tæŋɡl] **A** *s* Gewirr *n*; *fig* Wirrwarr *m*; **to get into a ~** sich verheddern **B** *v/t* **to get ~d** sich verheddern
phrasal verbs mit tangle:
tangle up *v/t* ⟨*trennb*⟩ **to get tangled up** durcheinandergeraten
tangy ['tæŋɪ] *adj* ⟨*komp* tangier⟩ scharf
tank [tæŋk] *s* **1** Tank *m*; *bes für Wasser* Wasserspeicher *m*; *für Sauerstoff* Flasche *f* **2** MIL Panzer *m*
tankard ['tæŋkəd] *s* (Bier)humpen *m*
tanker ['tæŋkə^r] *s* **1** SCHIFF Tanker *m* **2** Tankwagen *m*
tankful ['tæŋkfʊl] *s* Tank(voll) *m*
tankini [tæŋ'kiːnɪ] *s* Tankini *m* (*zweiteiliger Badeanzug*)
tank top *s* **1** *Br* Pullunder *m* **2** *US* Trägertop *n*
tanned [tænd] *adj* braun (gebrannt)
tannin ['tænɪn] *s* Tannin *n*
tanning studio ['tænɪŋ] *s* Sonnenstudio *n*
Tannoy® ['tænɔɪ] *s* Lautsprecheranlage *f*
tantalizing ['tæntəlaɪzɪŋ] *adj* verführerisch
tantamount ['tæntəmaʊnt] *adj* **to be ~ to sth** auf etw +*akk* hinauslaufen
tantrum ['tæntrəm] *s* **to have a ~** einen Wutanfall bekommen
Taoiseach ['tiːʃæx] *Ir s* Premierminister(in) *m(f)*
Taoism ['daʊɪzm] *s* Taoismus *m*
Taoist ['daʊɪst] **A** *s* Taoist(in) *m(f)* **B** *adj* taoistisch
tap[1] [tæp] **A** *s bes Br* Wasserhahn *m*; **on tap** *Bier*

vom Fass **B** v/t fig Markt erschließen; **to tap telephone wires** Telefonleitungen anzapfen

phrasal verbs mit tap:

tap into v/i ⟨+obj⟩ System anzapfen; Ängste ausnutzen

tap² **A** s **1** Klopfen n **2** (≈ Berührung) Klaps m **B** v/t & v/i klopfen; **he tapped me on the shoulder** er tippte mir auf die Schulter; **to tap at the door** sachte an die Tür klopfen

tap dance s Stepptanz m
tap-dance v/i steppen
tap-dancing s Stepptanz m, Steppen n
tape [teɪp] **A** s **1** Band n; haftend Klebeband n, Kleb(e)streifen m **2** (Ton)band n; **on ~** auf Band **B** v/t (auf Band) aufnehmen, (auf Video) aufnehmen

phrasal verbs mit tape:

tape down v/t ⟨trennb⟩ (mit Klebeband etc) festkleben
tape over **A** v/i ⟨+obj⟩ überspielen **B** v/t ⟨trennb⟩ **to tape A over B** B mit A überspielen
tape up v/t ⟨trennb⟩ Paket mit Klebeband etc verkleben

tape deck s Tapedeck n
tape drive s COMPUT Bandlaufwerk n
tape measure s Maßband n
taper ['teɪpə^r] v/i sich zuspitzen

phrasal verbs mit taper:

taper off fig v/i langsam aufhören

tape-record v/t auf Band aufnehmen
tape recorder s Tonbandgerät n, Kassettenrekorder m
tape recording s Bandaufnahme f
tapestry ['tæpɪstrɪ] s Wandteppich m
tapeworm ['teɪpwɜːm] s Bandwurm m
tapioca [ˌtæpɪ'əʊkə] s Tapioka f
tap water s Leitungswasser n
tar [tɑː^r] **A** s Teer m **B** v/t teeren
tarantula [tə'ræntjʊlə] s Tarantel f
tardy ['tɑːdɪ] US adj ⟨komp tardier⟩ **to be ~** zu spät kommen
target ['tɑːgɪt] **A** s Ziel n; SPORT, a. fig Zielscheibe f; **to be off/on ~** Rakete danebengehen/treffen; Torschuss ungenau/sehr genau sein; **production is above/on/below ~** das Produktionssoll ist überschritten/erfüllt/nicht erfüllt; **to be on ~** Projekt auf Kurs sein **B** v/t sich (dat) zum Ziel setzen; Publikum als Zielgruppe haben
target audience s Zielgruppe f
target date s angestrebter Termin
target figure s angestrebte Zahl
target group s Zielgruppe f
target language s in Wörterbuch, Übersetzung Zielsprache f
target market s Zielmarkt m
tariff ['tærɪf] s **1** bes Br von Hotel etc Preisliste f **2** (≈ Steuer) Zoll m
tarmac ['tɑːmæk] **A** s **Tarmac®** Asphalt m **B** v/t asphaltieren
tarnish ['tɑːnɪʃ] **A** v/t **1** Metall stumpf werden lassen **2** fig Ruf beflecken **B** v/i Metall anlaufen
tarot card ['tærəʊkɑːd] s Tarockkarte f
tarpaulin [tɑː'pɔːlɪn] s Plane f; SCHIFF Persenning f
tarragon ['tærəgən] s Estragon m
tart¹ [tɑːt] adj ⟨+er⟩ Geschmack herb, sauer pej; Obst sauer
tart² s GASTR Obstkuchen m, Obsttörtchen n
tart³ Br umg s Nutte f umg

phrasal verbs mit tart:

tart up bes Br umg v/t ⟨trennb⟩ aufmachen umg; sich aufdonnern umg

tartan ['tɑːtən] **A** s Schottenkaro n; Schottenstoff m **B** adj im Schottenkaro
tartar ['tɑːtə(r)] s Zahnstein m; CHEM Weinstein m
tartar(e) sauce [ˌtɑːtə'sɔːs] s ≈ Remouladensoße f
taser® ['teɪzə^r] s Elektroschockpistole f
task [tɑːsk] s Aufgabe f; **to set sb a ~** j-m eine Aufgabe stellen; **to take sb to ~** j-n ins Gebet nehmen (**for, about** wegen)
task bar s IT Taskleiste f
task force s Taskforce f; beruflich Arbeitsgruppe f
taskmaster s **he's a hard ~** er ist ein strenger Meister
Tasmania [tæs'meɪnɪə] s Tasmanien n
tassel ['tæsəl] s Quaste f
taste [teɪst] **A** s Geschmack m, Geschmackssinn m; (≈ geringe Menge) Kostprobe f; **I don't like the ~** das schmeckt mir nicht; **to have a ~ (of sth)** wörtl (etw) probieren; fig eine Kostprobe (von etw) bekommen; **to acquire a ~ for sth** Geschmack an etw (dat) finden; **it's an acquired ~** das ist etwas für Kenner; **my ~ in music** mein musikalischer Geschmack; **to be to sb's ~** nach j-s Geschmack sein; **it is a matter of ~** das ist Geschmack(s)sache; **for my ~ ...** für meinen Geschmack ...; **she has very good ~** sie hat einen sehr guten Geschmack; **a man of ~** ein Mann mit Geschmack; **to be in good ~** geschmackvoll sein; **to be in bad ~** geschmacklos sein **B** v/t **1** schmecken **2** probieren, kosten **3** Wein verkosten **4** fig Freiheit erleben **C** v/i schmecken; **to ~ good** od **nice** (gut) schmecken; **it ~s all right to me** ich schmecke nichts; (≈ wohlschmeckend) ich finde, das schmeckt nicht schlecht; **to ~ of sth** nach etw schmecken
tasteful adj, **tastefully** adv geschmackvoll
tasteless adj geschmacklos

tasting ['teɪstɪŋ] s (Wein)Probe f
tasty ['teɪstɪ] adj ⟨komp tastier⟩ schmackhaft; **pizza is tastier** Pizza schmeckt besser; **his new girlfriend is very ~** umg seine neue Freundin ist zum Anbeißen umg
tattered ['tætəd] adj Kleider zerlumpt; Laken zerfleddert
tatters ['tætəz] pl **to be in ~** Kleider in Fetzen sein; Selbstvertrauen (sehr) angeschlagen sein
tattoo [tə'tuː] A v/t tätowieren B s ⟨pl -s⟩ Tattoo m od n, Tätowierung f
tatty ['tætɪ] bes Br umg adj ⟨komp tattier⟩ schmuddelig; Kleider schäbig
taught [tɔːt] prät & pperf → teach
taunt [tɔːnt] A s Spöttelei f B v/t verspotten (**about** wegen)
Taurus ['tɔːrəs] s ASTROL Stier m; **to be (a) ~** (ein) Stier sein
taut [tɔːt] adj ⟨+er⟩ straff; Muskeln stramm; **to pull sth ~** etw stramm ziehen
tauten ['tɔːtn] A v/t Seil spannen; Muskeln anspannen B v/i sich spannen
tavern ['tævən] obs s Taverne f
tawdry ['tɔːdrɪ] adj ⟨komp tawdrier⟩ 1 Kleidung etc billig und geschmacklos 2 Person aufgedonnert umg
tax [tæks] A s Steuer f (**on** auf +dat); **before tax** brutto; **after tax** netto; **to put a tax on sb/sth** j-n/etw besteuern B v/t 1 besteuern 2 fig Geduld strapazieren
taxable ['tæksəbl] adj **~ income** zu versteuerndes Einkommen
tax allowance s Steuervergünstigung f, Steuerfreibetrag m
taxation [tæk'seɪʃən] s Besteuerung f
tax bill s Steuerbescheid m
tax bracket s Steuergruppe f od -klasse f
tax code s Steuerkennziffer f
tax consultant s Steuerberater(in) m(f)
tax-deductible adj (steuerlich) absetzbar
tax demand s Steuerbescheid m
tax disc Br s Steuerplakette f
tax evasion s Steuerhinterziehung f
tax-exempt US adj Einkommen steuerfrei
tax exemption s Steuerbefreiung f
tax-free adj & adv steuerfrei
tax-free allowance s Steuerfreibetrag m
tax haven s Steuerparadies n
taxi ['tæksɪ] A s Taxi n; **to go by ~** mit dem Taxi fahren B v/i FLUG rollen
taxicab ['tæksɪkæb] bes US s Taxi n
taxidermist ['tæksɪdɜːmɪst] s Tierpräparator(in) m(f)
taxi driver s Taxifahrer(in) m(f)
taxing ['tæksɪŋ] adj anstrengend
tax inspector Br s Finanzbeamte(r) m, Finanzbeamtin f
taxi rank Br s, **taxi stand** bes US s Taxistand m
taxman s ⟨pl -men⟩ **the ~ gets 35%** das Finanzamt bekommt 35%
tax official s Finanzbeamte(r) m, Finanzbeamtin f
taxpayer s Steuerzahler(in) m(f)
tax rebate s Steuerrückzahlung f
tax relief s Steuervergünstigung f
tax return s Steuererklärung f
tax year s Steuerjahr n
TB abk (= tuberculosis) Tb f, Tbc f
t.b.a., TBA abk (= to be announced) wird/werden noch bekannt gegeben
T-bone steak ['tiːbəʊn'steɪk] s T-Bone-Steak n
tea [tiː] s 1 Tee m; **a cup of tea** eine Tasse Tee; **to have (some) tea** Tee trinken 2 Br Nachmittagstee m; (≈ Mahlzeit) Abendbrot n; **to have tea** den Nachmittagstee einnehmen; zu Abend essen
tea bag s Teebeutel m
tea break bes Br s Pause f
tea caddy bes Br s Teedose f
teacake Br s Rosinenbrötchen n
teach [tiːtʃ] ⟨v: prät, pperf taught⟩ A v/t unterrichten, lehren geh; **to ~ sb sth** j-m etw beibringen, j-n in etw (dat) unterrichten; **to ~ sb to do sth** j-m beibringen, etw zu tun; **the accident taught me to be careful** durch diesen Unfall habe ich gelernt, vorsichtiger zu sein; **who taught you to drive?** bei wem haben Sie Fahren gelernt?; **that'll ~ her** das wird ihr eine Lehre sein; **that'll ~ you to break the speed limit** das hast du (nun) davon, dass du die Geschwindigkeitsbegrenzung überschritten hast B v/i unterrichten; **he can't ~** er gibt keinen guten Unterricht
teacher ['tiːtʃə'] s Lehrer(in) m(f); **English ~s** Englischlehrer(innen) pl
teacher's pet [ˌtiːtʃəz'pet] s Lieblingsschüler(in) m(f)
teacher-training [ˌtiːtʃə'treɪnɪŋ] s Lehrer(aus)bildung f; **~ college** pädagogische Hochschule, Studienseminar n
tea chest Br s Kiste f
teaching ['tiːtʃɪŋ] s 1 das Unterrichten; der Lehrberuf; **she enjoys ~** sie unterrichtet gern 2 (a. **~s**) Lehre f
teaching time s Unterrichtszeit f
tea cloth Br s Geschirrtuch n
tea cosy s, **tea cozy** US s Teewärmer m
teacup s Teetasse f
teak [tiːk] s Teak(holz) n
tea leaf s Teeblatt n
team [tiːm] s Team n; SPORT Mannschaft f; **to be on a ~** Mitglied eines Teams sein

phrasal verbs mit team:
team up v/i sich zusammentun (**with** mit)
team effort s Teamarbeit f
team game s Mannschaftsspiel n
team-mate s Mannschaftskamerad(in) m(f)
team member s Teammitglied n
team player s ▮ SPORT Mannschaftsspieler(in) m(f) ▮ fig Teamarbeiter(in) m(f)
team spirit s Gemeinschaftsgeist m; SPORT Mannschaftsgeist m
teamster ['ti:mstər] s US Lkw-Fahrer(in) m(f)
teamwork ['ti:mwɜ:k] s Teamwork n
tea party s Teegesellschaft f
teapot s Teekanne f
tear¹ [teəʳ] ⟨v: prät tore; pperf torn⟩ ▮ v/t zerreißen; Loch reißen; **to ~ sth in two** etw (in zwei Stücke) zerreißen; **to ~ sth to pieces** etw in Stücke reißen; fig Film etc etw verreißen; **to ~ sth open** etw aufreißen; **to ~ one's hair (out)** sich (dat) die Haare raufen; **to be torn between two things** fig zwischen zwei Dingen hin und her gerissen sein ▮ v/i ▮ (zer)reißen; **~ along the dotted line** an der gestrichelten Linie abtrennen ▮ rasen ▮ s Riss m
phrasal verbs mit tear:
tear along v/i entlanggrasen
tear apart v/t ⟨trennb⟩ Haus völlig durcheinanderbringen; Land zerreißen; **it tore me apart to leave you** es hat mir schier das Herz zerrissen, dich zu verlassen
tear at v/i ⟨+obj⟩ zerren an (+dat)
tear away v/t ⟨trennb⟩ **if you can tear yourself away** wenn du dich losreißen kannst
tear down v/t ⟨trennb⟩ Plakat herunterreißen; Haus abreißen
tear into v/i ⟨+obj⟩ mit Worten abkanzeln; Kritiker keinen guten Faden lassen an (+dat)
tear off ▮ v/i ▮ wegrasen ▮ Formular sich abtrennen lassen ▮ v/t ⟨trennb⟩ abreißen; Kleider herunterreißen
tear out ▮ v/i hinausrasen, wegrasen ▮ v/t ⟨trennb⟩ (her)ausreißen (**of** aus)
tear up¹ v/t ⟨trennb⟩ ▮ Papier zerreißen ▮ Pfosten (her)ausreißen ▮ Boden aufwühlen ▮ Übereinkommen aufkündigen

tear² [tɪəʳ] s Träne f; **in ~s** in Tränen aufgelöst; **there were ~s in her eyes** ihr standen Tränen in den Augen; **the news brought ~s to her eyes** als sie das hörte, stiegen ihr die Tränen in die Augen; **the ~s were running down her cheeks** ihr Gesicht war tränenüberströmt
phrasal verbs mit tear:
tear up² v/i umg Tränen in den Augen haben; anfangen zu heulen umg
tearaway ['teərəweɪ] Br umg s Rabauke m umg
teardrop s Träne f

tearful ['tɪəfʊl] adj Gesicht tränenüberströmt; Abschied tränenreich; **to become ~** zu weinen anfangen
tearfully ['tɪəfəlɪ] adv mit Tränen in den Augen; etw sagen unter Tränen
tear gas s Tränengas n
tearjerker ['tɪə,dʒɜ:kəʳ] s (≈ sentimentaler Film etc) Schnulze f umg
tearoom ['ti:ru:m] Br s Teestube f, Café n, Kaffeehaus n österr
tear-stained ['tɪəsteɪnd] adj verweint
tease [ti:z] ▮ v/t j-n necken, hänseln (**about** wegen) ▮ v/i Spaß machen ▮ s umg Scherzbold m umg
tea service, tea set s Teeservice n
teashop s Teestube f
teasing ['ti:zɪŋ] adj neckend
teaspoon s ▮ Teelöffel m ▮ (a. **~ful**) Teelöffel m (voll)
tea strainer s Teesieb n
teat [ti:t] s von Tier Zitze f; Br an Babyflasche (Gummi)sauger m
teatime Br s nachmittags Teestunde f; (≈ Mahlzeit) Abendessen n, Nachtmahl n österr, Nachtessen n schweiz; **at ~** am späten Nachmittag
tea towel Br s Geschirrtuch n
tea trolley s, **tea wagon** US s Teewagen m
technical ['teknɪkəl] adj ▮ technisch ▮ fachlich, Fach-; Probleme fachspezifisch; **~ dictionary** Fachwörterbuch n; **~ term** Fachausdruck m, Fachbegriff
technical college bes Br s technische Fachschule
technical drawing s technische Zeichnung
technicality [,teknɪ'kælɪtɪ] s technische Einzelheit f; fig, a. JUR Formsache f
technically ['teknɪkəlɪ] adv ▮ technisch ▮ **~ speaking** streng genommen
technical school US s technische Fachschule
technical support s IT technische Unterstützung
technician [tek'nɪʃən] s Techniker(in) m(f)
technique [tek'ni:k] s Technik f, Methode f
techno ['teknəʊ] s MUS Techno m/n
technocrat ['teknəkræt] s Technokrat(in) m(f)
technological [,teknə'lɒdʒɪkəl] adj technologisch, technisch
technologically [teknə'lɒdʒɪklɪ] adv technologisch
technologist [tek'nɒlədʒɪst] s Technologe m, Technologin f
technology [tek'nɒlədʒɪ] s Technologie f, Technik f; **communications ~** Kommunikationstechnik f
technophobia [teknə'fəʊbɪə] s Technologiefeindlichkeit f

teddy (bear) ['tedɪ(ˌbeəʳ)] s Teddy(bär) m
tedious ['tiːdɪəs] adj langweilig, fad österr
tedium ['tiːdɪəm] s Lang(e)weile f
tee [tiː] s Golf Tee n
teem [tiːm] v/i ◘ wimmeln (**with** von) ◙ **it's ~ing with rain** es gießt in Strömen umg
teeming ['tiːmɪŋ] adj Regen strömend
teen [tiːn] ◘ adj Film etc für Teenager; **~ idol** Teenie-Idol n ◙ s Teenager(in) m(f)
teenage ['tiːneɪdʒ] adj Teenager-; Jugendlicher im Teenageralter; **~ boy** Teenager m; **~ girl** Teenagerin f; **~ idol** Teenie-Idol n
teenaged ['tiːneɪdʒd] adj im Teenageralter; **~ boy/girl** Teenager m
teenager ['tiːnˌeɪdʒəʳ] s Teenager m
teens [tiːnz] pl Teenageralter n; **to be in one's ~** im Teenageralter sein
teeny(weeny) ['tiːnɪ('wiːnɪ)] umg adj klitzeklein umg; **a ~ bit ...** ein ganz klein bisschen ...
tee shirt s → T-shirt
teeter ['tiːtəʳ] v/i taumeln; **to ~ on the brink** od **edge of sth** wörtl am Rand von etw taumeln; fig am Rand von etw sein
teeth [tiːθ] pl → tooth
teethe [tiːð] v/i zahnen
teething troubles Br fig pl Kinderkrankheiten pl
teetotal [ˌtiːˈtəʊtl] adj abstinent
teetotaller [ˌtiːˈtəʊtləʳ] s, **teetotaler** US s Abstinenzler(in) m(f)
TEFL abk (= Teaching of English as a Foreign Language) Unterrichten n von Englisch als Fremdsprache
tel abk (= telephone number) Tel.
telebanking ['telɪˌbæŋkɪŋ] s Telebanking n
telecast ['telɪkɑːst] s Fernsehsendung f
telecommunications [ˌtelɪkəmjuːnɪˈkeɪʃənz] s ◘ Fernmeldewesen n ◙ Fernmeldetechnik f, Telekommunikation f
telecommute [ˌtelɪkəˈmjuːt] v/i Telearbeit machen
telecommuter [telɪkəˌmjuːtəʳ] s Telearbeiter(in) m(f)
telecommuting ['telɪkəmˌjuːtɪŋ] s Telearbeit f
teleconference ['telɪˌkɒnfrəns] s Telekonferenz f
teleconferencing ['telɪˌkɒnfrənsɪŋ] s Telekonferenz f, Konferenzschaltung f
telegram ['telɪgræm] s Telegramm n
telegraph ['telɪgrɑːf] v/t telegrafisch übermitteln
telegraph pole Br s Telegrafenmast m
telemarketing ['telɪmɑːkətɪŋ] s Telefonmarketing n, Telemarketing n, Telefonverkauf m
telepathic [ˌtelɪˈpæθɪk] adj telepathisch; **you must be ~!** du musst ja ein Hellseher sein!
telepathy [tɪˈlepəθɪ] s Telepathie f
telephone ['telɪfəʊn] ◘ s Telefon n; **there's somebody on the ~ for you** Sie werden am Telefon verlangt; **have you got a ~?** haben Sie Telefon?; **he's on the ~** er telefoniert gerade; **by ~** telefonisch; **I've just been on the ~ to him** ich habe eben mit ihm telefoniert; **I'll get on the ~ to her** ich werde sie anrufen ◙ v/t anrufen ◘ v/i telefonieren; **to ~ for an ambulance** einen Krankenwagen rufen
telephone banking s Telefonbanking n
telephone bill s Telefonrechnung f
telephone book s Telefonbuch n
telephone box s, **telephone booth** US s Telefonzelle f
telephone call s Telefongespräch n
telephone conversation s Telefongespräch n
telephone directory s Telefonbuch n
telephone exchange bes Br s Fernsprechamt n
telephone kiosk s Telefonzelle f
telephone line s Telefonleitung f
telephone message s telefonische Nachricht
telephone number s Telefonnummer f
telephone operator bes US s Telefonist(in) m(f)
telephone pole US s Telegrafenmast m
telephoto (lens) ['telɪˌfəʊtəʊ('lenz)] s Teleobjektiv n
telesales ['telɪseɪlz] s Verkauf m per Telefon
telescope ['telɪskəʊp] s Teleskop n
telescopic [ˌtelɪˈskɒpɪk] adj Antenne etc ausziehbar
telescopic lens s Fernrohrlinse f
teleshopping ['telɪˌʃɒpɪŋ] s Teleshopping n
televise ['telɪvaɪz] v/t (im Fernsehen) übertragen; **~d debate** TV-Duell n
television ['telɪˌvɪʒən] s Fernsehen n; (≈ Gerät) Fernseher m; **to watch ~** fernsehen; **to be on ~** im Fernsehen kommen; **what's on ~?** was gibt es im Fernsehen?
television audience s Fernsehzuschauer pl
television camera s Fernsehkamera f
television licence Br s ≈ Fernsehgebühren pl; Bescheinigung über die Entrichtung der Fernsehgebühren; **I've got to pay my TV licence this month** ich muss diesen Monat meine Fernsehgebühren bezahlen
television programme, **television program** US s Fernsehsendung f, Fernsehprogramm n
television screen s Bildschirm m
television set s Fernseher m
television studio s Fernsehstudio n
teleworker ['telɪwɜːkəʳ] s Telearbeiter(in) m(f)
teleworking ['telɪwɜːkɪŋ] s Telearbeit f
telex ['teleks] ◘ s Telex n ◙ v/t Nachricht per Telex mitteilen; j-m ein Telex schicken (+dat)

tell [tel] ⟨*prät, pperf* told⟩ **A** *v/t* **1** erzählen (**sb sth, sth to sb** j-m etw); sagen (**sb sth** j-m etw); **to ~ lies** lügen; **to ~ tales** petzen *umg*; **to ~ sb's fortune** j-m wahrsagen; **to ~ sb a secret** j-m ein Geheimnis anvertrauen; **to ~ sb about sth** j-m von etw erzählen; **~ me your names** sagt mir eure Namen; **I can't ~ you how pleased I am** ich kann Ihnen gar nicht sagen, wie sehr ich mich freue; **could you ~ me the way to the station, please?** könn(t)en Sie mir bitte sagen, wie ich zum Bahnhof komme?; **(I'll) ~ you what, let's go to the movies** weißt du was, gehen wir doch ins Kino!; **don't ~ me you can't come!** sagen Sie bloß nicht, dass Sie nicht kommen können!; **I won't do it, I ~ you!** und ich sage dir, das mache ich nicht!; **I told you so** ich habe es (dir) ja gesagt; **we were told to bring sandwiches with us** es wurde uns gesagt, dass wir belegte Brote mitbringen sollten; **don't you ~ me what to do!** Sie haben mir nicht zu sagen, was ich tun soll!; **do as** *od* **what you are told!** tu, was man dir sagt! **2** erkennen; **to ~ the time** die Uhr kennen; **to ~ the difference** den Unterschied sehen; **you can ~ that he's clever** man sieht *od* merkt, dass er intelligent ist; **you can't ~ whether it's moving** man kann nicht sagen *od* sehen, ob es sich bewegt; **to ~ sb/sth by sth** j-n/etw an etw (*dat*) erkennen; **I can't ~ butter from margarine** ich kann Butter nicht von Margarine unterscheiden; **to ~ right from wrong** Recht von Unrecht unterscheiden; **3** wissen; **how can I ~ that?** wie soll ich das wissen? **B** *v/i* ⟨+*indirektes Objekt*⟩ es sagen (+*dat*); **I promised not to ~** ich habe versprochen, es nicht weiterzuerzählen; **I won't ~ you again** ich sage es dir nicht noch einmal; **you're ~ing me!** wem sagen Sie das! **C** *v/i* **1** wissen; **as** *od* **so far as one can ~** soweit man weiß; **who can ~?** wer weiß?; **you never can ~, you can never ~** man kann nie wissen **2** sprechen; **promise you won't ~** du musst versprechen, dass du nichts sagst

phrasal verbs mit tell:

tell apart *v/t* **I can't tell them apart** ich kann sie nicht auseinanderhalten

tell off *umg v/t* ⟨*trennb*⟩ ausschimpfen (**for** wegen); **he told me off for being late** er schimpfte (mich aus), weil ich zu spät kam

tell on *umg v/i* ⟨+*obj*⟩ verpetzen *umg*

teller ['telə^r] *s in Bank* Kassierer(in) *m(f)*

telling ['telɪŋ] **A** *adj* **1** wirkungsvoll **2** aufschlussreich **B** *s* **1** Erzählen *n* **2** **there is no ~ what he may do** man kann nicht sagen, was er tut

telling-off [,telɪŋ'ɒf] *Br umg s* **to give sb a good ~** j-m eine (kräftige) Standpauke halten *umg*

telltale ['telteɪl] *Br s* Petze *f*

telly ['telɪ] *Br umg s* Fernseher *m*; **on ~** im Fernsehen; **to watch ~** fernsehen; → **television**

temerity [tɪ'merɪtɪ] *s* Kühnheit *f*, Unerhörtheit *f pej*

temp [temp] **A** *s* Aushilfskraft *m* **B** *v/i* als Aushilfskraft arbeiten

temper ['tempə^r] *s* Wut *f*; **to be in a ~** wütend sein; **to be in a good/bad ~** guter/schlechter Laune sein; **she's got a quick ~** sie kann sehr jähzornig sein; **she's got a terrible ~** sie kann sehr unangenehm werden; **to lose one's ~** die Beherrschung verlieren (**with sb** bei j-m); **to keep one's ~** sich beherrschen (**with sb** bei j-m); **to fly into a ~** einen Wutanfall bekommen; **he has quite a ~** er kann ziemlich aufbrausen

temperament ['tempərəmənt] *s* Veranlagung *f*, Temperament *n*

temperamental [,tempərə'mentl] *adj* **1** *Mensch* launisch; **~ outburst** Temperamentsausbruch *m* **2** *Auto* voller Mucken, launisch *hum*; **to be ~** seine Mucken haben

temperate ['tempərɪt] *adj Klima* gemäßigt

temperature ['temprɪtʃə^r] *s* Temperatur *f*; **to take sb's ~** bei j-m Fieber messen; **to have a ~** Fieber haben; **he has a ~ of 39° C** er hat 39° Fieber

-tempered [-'tempəd] *adj* ⟨*suf*⟩ ... gelaunt

tempestuous [,tem'pestjʊəs] *fig adj* stürmisch

temping agency ['tempɪŋ,eɪdʒənsɪ] *s* Zeitarbeitsfirma *f*

template, templet ['templɪt] *s* Schablone *f*

temple[1] ['templ] *s REL* Tempel *m*

temple[2] *s ANAT* Schläfe *f*

tempo ['tempəʊ] *s* ⟨*pl* -s *od* tempi ['tempi]⟩ MUS *fig* Tempo *n*

temporarily ['tempərərɪlɪ] *adv* vorübergehend

temporary ['tempərərɪ] *adj* vorübergehend; *Adresse* vorläufig; *Stelle* befristet; **~ work** Zeitarbeit *f*; **she is a ~ resident here** sie wohnt hier nur vorübergehend

tempt [tempt] *v/t* in Versuchung führen, verführen; **to ~ sb to do** *od* **into doing sth** j-n dazu verführen, etw zu tun; **I am ~ed to accept** ich bin versucht anzunehmen; **may I ~ you to have a little more wine?** kann ich Sie noch zu etwas Wein überreden?; **to ~ fate** *od* **providence** *fig* sein Schicksal herausfordern; *mit Prophezeiung* den Teufel an die Wand malen

temptation [temp'teɪʃən] *s* Versuchung *f*; **to yield to** *od* **to give way to ~** der Versuchung erliegen

tempting *adj*, **temptingly** ['temptɪŋ, -lɪ] *adv* verlockend

ten [ten] **A** *adj* zehn **B** *s* **1** Zehn *f* **2** → six
tenacious [tɪˈneɪʃəs] *adj* hartnäckig
tenacity [tɪˈnæsɪtɪ] *s* Hartnäckigkeit *f*
tenancy [ˈtenənsɪ] *s* **conditions of** ~ Mietbedingungen *pl*; *von Bauernhof* Pachtbedingungen *pl*
tenant [ˈtenənt] *s* Mieter(in) *m(f)*; *von Bauernhof* Pächter(in) *m(f)*
tend[1] [tend] *v/t* sich kümmern um; *Schafe* hüten; *Maschine* bedienen
tend[2] *v/i* **1 to** ~ **to be/do sth** gewöhnlich etw sein/tun; **the lever ~s to stick** der Hebel bleibt oft hängen; **that would** ~ **to suggest that ...** das würde gewissermaßen darauf hindeuten, dass ... **2 to** ~ **toward(s)** *Maßnahmen* führen zu; *Ansichten etc* tendieren zu
tendency [ˈtendənsɪ] *s* Tendenz *f*; **artistic tendencies** künstlerische Neigungen *pl*; **to have a** ~ **to be/do sth** gewöhnlich etw sein/tun
tender[1] [ˈtendəʳ] **A** *v/t Geld, Dienstleistung* (an)bieten; *Kündigung* einreichen **B** *s* HANDEL Angebot *n*
tender[2] *adj* **1** *Stelle* empfindlich; *Pflanze, Fleisch* zart; **at the** ~ **age of 7** im zarten Alter von 7 Jahren **2** liebevoll; *Kuss* zärtlich; ~ **loving care** Liebe und Zuneigung *f*
tenderhearted [ˌtendəˈhɑːtɪd] *adj* gutherzig
tenderloin [ˈtendəlɔɪn] *s* zartes Lendenstück
tenderly [ˈtendəlɪ] *adv* liebevoll
tenderness [ˈtendənɪs] *s* **1** Empfindlichkeit *f* **2** Zärtlichkeit *f*
tendon [ˈtendən] *s* Sehne *f*
tenement [ˈtenɪmənt] *s*, (*a.* **tenement house**) ≈ Mietshaus *n*
Tenerife [ˌtenəˈriːf] *s* Teneriffa *f*
tenfold [ˈtenfəʊld] **A** *adj* zehnfach **B** *adv* um das Zehnfache; **to increase** ~ sich verzehnfachen
tenner [ˈtenəʳ] *Br umg s* Zehner *m umg*
tennis [ˈtenɪs] *s* Tennis *n*
tennis ball *s* Tennisball *m*
tennis court *s* Tennisplatz *m*
tennis elbow *s* MED Tennisarm *m*
tennis player *s* Tennisspieler(in) *m(f)*
tennis racket, **tennis racquet** *s* Tennisschläger *m*
tennis shoe *US s* Turnschuh *m* (*auch für die Straße*)
tenor [ˈtenəʳ] **A** *s* Tenor *m* **B** *adj* MUS Tenor-
tenpin bowling [ˌtenpɪnˈbəʊlɪŋ] *s*, **tenpins** [ˈtenpɪnz] *US s* Bowling *n*
tense[1] [tens] *s* GRAM Zeit *f*; **present** ~ Gegenwart *f*; **past** ~ Vergangenheit *f*; **future** ~ Zukunft *f*; **which** ~ **is this verb in?** in welcher Zeit steht dieses Verb?
tense[2] **A** *adj* ⟨*komp* tenser⟩ *Atmosphäre* gespannt; *Muskeln, Lage* (an)gespannt; *Beziehungen* angespannt; **to grow** ~ nervös werden **B** *v/t* anspannen **C** *v/i* sich (an)spannen

phrasal verbs mit tense:

tense up *v/i* sich anspannen
tension [ˈtenʃən] *wörtl s* Spannung *f*; *nervlich* Anspannung *f*
tent [tent] *s* Zelt *n*
tentacle [ˈtentəkl] *s* ZOOL Tentakel *m/n fachspr*
tentative [ˈtentətɪv] *adj* vorläufig; *Angebot* unverbindlich; *Vorschlag* vorsichtig; *Lächeln* zögernd; **we've a** ~ **arrangement to play tennis tonight** wir haben halb abgemacht, heute Abend Tennis zu spielen
tentatively [ˈtentətɪvlɪ] *adv lächeln* zögernd; *vorgehen* vorsichtig; *zustimmen* vorläufig
tenterhooks [ˈtentəhʊks] *pl* **to be on** ~ wie auf glühenden Kohlen sitzen *umg*; **to keep sb on** ~ j-n zappeln lassen
tenth [tenθ] **A** *adj* zehnte(r, s); **a** ~ **part** ein Zehntel *n* **B** *s* **1** Zehntel *n* **2** Zehnte(r, s); → sixth
tent peg *s* Zeltpflock *m*, Hering *m*
tent pole *s* Zeltstange *f*
tenuous [ˈtenjʊəs] *fig adj Verbindung* schwach; *Position* unsicher; **to have a** ~ **grasp of sth** etw nur ansatzweise verstehen
tenure [ˈtenjʊəʳ] *s* **1** Anstellung *f*, Amtszeit *f* **2 during her** ~ **of the farm** während sie die Farm innehatte
tepee [ˈtiːpiː] *s* (≈ *Indianerzelt*) Tipi *n*
tepid [ˈtepɪd] *adj* lau(warm)
terabyte [ˈterəˌbaɪt] *s* IT Terabyte *n*
term [tɜːm] **A** *s* **1** Zeitraum *m*; *begrenzt* Frist *f*; ~ **of office** Amtszeit *f*; ~ **of imprisonment** Gefängnisstrafe *f*; **elected for a three-year** ~ auf *od* für drei Jahre gewählt; **in the short** ~ auf kurze Sicht **2** SCHULE *3 Abschnitte* Trimester *n*; *2 Abschnitte* Halbjahr *n*; UNIV Semester *n* **3** Ausdruck *m*; **in simple ~s** in einfachen Worten **4 in ~s of** bezüglich + *gen*; **in ~s of production we are doing well** was die Produktion betrifft, stehen wir gut da **5** **~s** *pl* Bedingungen *pl*; **~s and conditions** Allgemeine Geschäftsbedingungen *pl*; **~s of surrender/payment** Kapitulations-/Zahlungsbedingungen *pl*; **~s of use** Nutzungsbedingungen *pl*; **on equal ~s** auf gleicher Basis; **to come to ~s with sb** sich mit j-m einigen; **to come to ~s with sth** mit etw fertig werden, mit etw zurechtkommen **6** **~s** *pl* **to be on good/bad ~s with sb** gut/nicht (gut) mit j-m auskommen; **they're not on speaking ~s** sie sprechen nicht miteinander **B** *v/t* bezeichnen
terminal [ˈtɜːmɪnl] **A** *adj* End-; MED unheilbar; **the disease is** ~ die Krankheit ist unheilbar; **to be in** ~ **decline** sich in unaufhaltsamem

terminally – text • 695

Niedergang befinden **B** s **1** BAHN Endbahnhof m; von Straßenbahn, Bus Endstation f; **air** od **airport** ~ (Flughafen)terminal m; **railway** ~ Br, **railroad** ~ US Zielbahnhof m **2** ELEK Pol m **3** COMPUT Terminal n
terminally ['tɜːmɪnəlɪ] adv ~ **ill** unheilbar krank
terminal station s BAHN Endbahnhof m
terminate ['tɜːmɪneɪt] **A** v/t beenden; Vertrag etc lösen; Schwangerschaft unterbrechen **B** v/i enden
termination [,tɜːmɪ'neɪʃən] s Beendigung f; von Vertrag etc Lösung f; ~ **of pregnancy** Schwangerschaftsabbruch m
terminology [,tɜːmɪ'nɒlədʒɪ] s Terminologie f
terminus ['tɜːmɪnəs] s BAHN etc Endstation f
termite ['tɜːmaɪt] s Termite f
terrace ['terəs] s **1** Terrasse f **2** Br Häuserreihe f
terraced ['terəst] adj **1** Hang terrassenförmig angelegt **2** bes Br ~ **house** Reihenhaus n
terrain [te'reɪn] s Terrain n
terrestrial [tɪ'restrɪəl] adj terrestrisch
terrestrial TV s Antennenfernsehen n, terrestrisches Fernsehen
terrible ['terəbl] adj furchtbar, schrecklich; **I feel** ~ mir ist fürchterlich schlecht; (≈ Schuldgefühl) es ist mir furchtbar peinlich
terribly ['terəblɪ] adv schrecklich; enttäuscht furchtbar; singen fürchterlich; wichtig schrecklich umg; **I'm not** ~ **good with money** ich kann nicht besonders gut mit Geld umgehen
terrier ['terɪəʳ] s Terrier m
terrific [tə'rɪfɪk] adj wunderbar, großartig; Tempo unwahrscheinlich umg, unglaublich; **that's** ~ **news** das sind tolle Nachrichten umg; ~! super! umg
terrified ['terɪfaɪd] adj verängstigt; **to be** ~ **of sth** vor etw schreckliche Angst haben; **he was** ~ **in case ...** er hatte fürchterliche Angst davor, dass ...
terrify ['terɪfaɪ] v/t in Angst versetzen
terrifically [tə'rɪfɪklɪ] adv umg unheimlich
terrifying ['terɪfaɪɪŋ] adj Film grauenerregend; Gedanke, Anblick entsetzlich; Tempo angsterregend
territorial [,terɪ'tɔːrɪəl] adj territorial; ~ **waters** Hoheitsgewässer pl
territory ['terɪtərɪ] s Territorium n; von Tieren Revier n; fig Gebiet n
terror ['terəʳ] s **1** ⟨kein pl⟩ Terror m; (≈ Furcht) panische Angst (**of** vor +dat) **2** (≈ furchterregendes Ereignis) Schrecken m
terrorism ['terərɪzəm] s Terrorismus m; **an act of** ~ ein Terrorakt m
terrorist ['terərɪst] **A** s Terrorist(in) m(f) **B** adj ⟨attr⟩ terroristisch; ~ **attack** Terroranschlag m
terrorist suspect s Terrorverdächtige(r) m/f(m)

terrorize ['terəraɪz] v/t terrorisieren
terror network s, **terrorist network** s Terrornetz n, Terrornetzwerk n
terse [tɜːs] adj ⟨komp terser⟩ knapp
tersely ['tɜːslɪ] adv knapp, kurz; Antwort kurz (angebunden)
TESL abk (= Teaching of English as a Second Language) Unterrichten n von Englisch als Zweitsprache
TESOL abk (= Teaching of English as a Second or Other Language) Unterrichten n von Englisch als Zweit- oder weitere Sprache
test [test] **A** s Test m; SCHULE Klassenarbeit f; UNIV Klausur f; AUTO (Fahr)prüfung f; zur Kontrolle Untersuchung f; **he gave them a vocabulary** ~ er ließ eine Vokabelarbeit schreiben; mündlich er hat sie Vokabeln abgefragt; **to put sb/sth to the** ~ j-n/etw auf die Probe stellen **B** adj ⟨attr⟩ Test- **C** v/t **1** testen; SCHULE prüfen; mündlich abfragen; fig auf die Probe stellen **2** chemisch untersuchen; **to** ~ **sth for sugar** etw auf seinen Zuckergehalt untersuchen **D** v/i Tests/einen Test machen

phrasal verbs mit test:

test out v/t ⟨trennb⟩ ausprobieren (**on** bei, an +dat)

testament ['testəmənt] s BIBEL **Old/New Testament** Altes/Neues Testament
test ban s Atomteststopp m
test case s Musterfall m
test drive s Probefahrt f
test-drive v/t Probe fahren
tester ['testəʳ] s **1** (≈ Person) Tester(in) m(f), Prüfer(in) m(f) **2** (≈ Gerät) Testgerät n, Prüfgerät n
testicle ['testɪkl] s Hoden m
testify ['testɪfaɪ] **A** v/t **to** ~ **that ...** JUR bezeugen, dass ... **B** v/i JUR aussagen
testimonial [,testɪ'məʊnɪəl] s **1** (≈ Empfehlung) Referenz f **2** SPORT Gedenkspiel n
testimony ['testɪmənɪ] s Aussage f; **to bear** ~ **to sth** etw bezeugen
testing ['testɪŋ] adj hart
test match s BR SPORT Testmatch n
testosterone [te'stɒstərəʊn] s Testosteron n
test results pl Testwerte pl
test tube s Reagenzglas n
test-tube baby s Retortenbaby n
testy ['testɪ] adj ⟨komp testier⟩ gereizt
tetanus ['tetənəs] s Tetanus m
tether ['teðəʳ] **A** s wörtl Strick m; **he was at the end of his** ~ Br fig umg er war am Ende umg **B** v/t (a. **tether up**) anbinden
text [tekst] **A** s **1** Text m **2** Textnachricht f, SMS f; **to send sb a** ~ j-m eine Textnachricht od eine SMS schicken **B** v/t **to** ~ **sb** j-m eine Textnachricht od eine SMS schicken

textbook ['tekstbʊk] **A** s Lehrbuch n **B** adj ~ **case** Paradefall m
textile ['tekstaɪl] s Stoff m; **~s** Textilien pl
textile factory s Textilfabrik f
textile industry s Textilindustrie f
texting ['tekstɪŋ] s SMS-Messaging n, Simsen n
text message s Textnachricht f, SMS f; **to send sb a ~** j-m eine Textnachricht od eine SMS schicken
text messaging s TEL SMS-Messaging n
textual ['tekstjʊəl] adj Text-
texture ['tekstʃə^r] s (stoffliche) Beschaffenheit; von Nahrung Substanz f; von Stoff Griff m und Struktur
Thai [taɪ] **A** adj thailändisch **B** s **1** Thailänder(in) m(f) **2** (≈ Sprache) Thai n
Thailand ['taɪlænd] s Thailand n
Thames [temz] s Themse f; **the (river) ~** die Themse
than [ðæn] konj als; **I'd rather do anything ~ that** das wäre das Letzte, was ich tun wollte; **no sooner had I sat down ~ he began to talk** kaum hatte ich mich hingesetzt, als er auch schon anfing zu reden; **who better to help us ~ he?** wer könnte uns besser helfen als er?
thank [θæŋk] v/t danken (+dat); **he has his brother/he only has himself to ~ for this** das hat er seinem Bruder/sich selbst zuzuschreiben; **to ~ sb** j-m danken, sich bei j-m bedanken; **~ you** danke (schön); **~ you very much** vielen Dank; **no ~ you** nein, danke; **yes, ~ you** ja, bitte od danke; **~ you for coming** — **not at all, ~ YOU!** vielen Dank, dass Sie gekommen sind — ICH habe zu danken; **to say ~ you** Danke sagen (**to sb** j-m); **~ goodness** od **heavens** od **God** umg Gott sei Dank! umg
thankful adj dankbar (**to sb** j-m); **to be ~ to sb for sth** j-m für etw dankbar sein
thankfully adv **1** dankbar **2** zum Glück
thankless adj undankbar
thanks [θæŋks] **A** pl Dank m; **to accept sth with ~** etw dankend od mit Dank annehmen; **that's all the ~ I get** und das ist jetzt der Dank dafür; **to give ~** feierlich danksagen; **to give ~ to God** Gott danksagen; **~ to** wegen (+gen); **it's all ~ to you that we're so late** bloß deinetwegen kommen wir so spät; **it was no ~ to him that** ... ich hatte/wir hatten etc es nicht ihm zu verdanken, dass ... **B** int umg danke (**for** für); **many ~** herzlichen Dank (**for** für); **~ a lot, ~ very much** vielen Dank; **~ for nothing!** iron vielen Dank auch!
Thanksgiving (Day) ['θæŋksɡɪvɪŋ(deɪ)] US s Thanksgiving Day m (amerikanisches Erntedankfest)
thank you s Dankeschön n; **thank-you letter** Dankschreiben n
that¹ [ðæt] **A** dem pr <pl those> **1** das; **what is ~?** was ist das?; **~ is Joe (over there)** das (dort) ist Joe; **if she's as stupid as (all) ~** wenn sie so dumm ist; **... and all ~** ... und so umg; **like ~** so; **~ is (to say)** das heißt; **oh well, ~'s ~ nun ja, damit ist der Fall erledigt; **you can't ~ and ~'s ~** du darfst nicht gehen, und damit hat sich's umg; **well, ~'s ~ then** das wär's dann also; **~'s it!** das ist es!, gut so!; verzweifelt jetzt reicht's!; **~'ll be £10** das macht dann 10 Pfund; **after/before ~** danach/davor; **you can get it in any supermarket and quite cheaply at ~** man kann es in jedem Supermarkt, und zwar ganz billig, bekommen; **what do you mean by ~?** was wollen Sie damit sagen?, was soll (denn) das heißen?; **as for ~** was das betrifft od angeht **2** im Gegensatz zu "this", "these" das (da), jenes obs, geh; **~'s the one I like, not this one** das (dort) mag ich, nicht dies (hier) **3** von Relativpron **this theory is different from ~ which** ... diese Theorie unterscheidet sich von derjenigen, die ...; **~ which we call** ... das, was wir ... nennen **B** adj <pl those> der/die/das, jene(r, s); **what was ~ noise?** was war das für ein Geräusch?; **~ dog!** dieser Hund!; **poor girl!** das arme Mädchen!; **I like ~ one** ich mag das da; **I'd like ~ one, not this one** ich möchte das da, nicht dies hier; **~ dog of yours!** Ihr Hund, dieser Hund von Ihnen umg **C** adv umg so; **it's not ~ good** etc so gut etc ist es auch wieder nicht
that² rel pr der/die/das, die; **all ~** ... alles, was ...; **the best** etc **~** ... das Beste etc , das od was ...; **the girl ~ I told you about** das Mädchen, von dem ich Ihnen erzählt habe
that³ konj dass; **she promised ~ she would come** sie versprach zu kommen; **~ things od it should come to this!** dass es so weit kommen konnte!
thatched [θætʃt] adj strohgedeckt, reetgedeckt; **~ roof** Stroh-/Reetdach n
thaw [θɔː] **A** v/t auftauen (lassen) **B** v/i auftauen; Schnee tauen **C** s Tauwetter n
phrasal verbs mit thaw:
thaw out A v/i auftauen **B** v/t <trennb> wörtl auftauen (lassen)
the [ðə, vor Vokallaut, betont ðiː] **A** best art der/die/das; **in the room** im od in dem Zimmer; **to play the piano** Klavier spielen; **all the windows** all die od alle Fenster; **have you invited the Browns?** haben Sie die Browns od die Familie Brown eingeladen?; **Henry the Eighth** Heinrich der Achte; **by the hour** pro Stunde; **the car does thirty miles to the gallon** das Auto verbraucht 11 Liter auf 100 Kilometer **B** adv mit Komparativ **all the more** umso mehr; **the**

more he has the more he wants je mehr er hat, desto mehr will er; **the sooner the better** je eher, desto besser

theatre ['θɪətə^r] s, **theater** US s **1** Theater n; **to go to the ...** ins Theater gehen; **what's on at the ~?** was wird im Theater gegeben? **2** Br Operationssaal m

theatre company s Theaterensemble n

theatregoer s Theaterbesucher(in) m(f)

theatrical [θɪ'ætrɪkəl] adj Theater-

theft [θeft] s Diebstahl m

their [ðeə^r] poss adj **1** ihr **2** ⟨sg⟩ umg seine(r, s) **3** → my

theirs [ðeəz] poss pr **1** ihre(r, s) **2** ⟨sg⟩ umg seine(r, s) **3** → mine¹

them [ðem] pers pr pl **1** ⟨akk obj, mit präp +akk⟩ emph sie; **it's ~** sie sind's **2** ⟨dat obj, mit präp +dat⟩ ihnen; **both of ~** beide; **neither of ~** keiner von beiden; **a few of ~** einige von ihnen; **none of ~** keiner (von ihnen)

theme [θi:m] s Thema n

theme music s FILM Titelmusik f; TV Erkennungsmelodie f

theme park s Themenpark m

theme song s Titelsong m

theme tune s → theme music

themselves [ðəm'selvz] pers pr pl **1** reflexiv sich **2** emph selbst; → myself

then [ðen] **A** adv **1** dann; (≈ darüber hinaus) außerdem; **~ what?** was dann?; **I don't want that — ~ what DO you want?** ich will das nicht — was willst du denn?; **but ~ that means that ...** das bedeutet ja aber dann, dass ...; **all right ~** also meinetwegen; **(so) I was right ~** ich hatte also recht; **but ~ ...** aber ... auch; **but ~ again** ... aber andererseits ...; **now ~, what's the matter?** na, was ist denn los?; **come on ~** nun komm doch **2** (≈ zu dieser Zeit) da, damals; **there and ~** auf der Stelle; **from ... on(wards)** von da an; **before ~** vorher; **they had gone by ~** da waren sie schon weg; **we'll be ready by ~** bis dahin sind wir fertig; **since ~** seitdem; **until ~** bis dahin **B** adj ⟨attr⟩ damalig

theologian [ˌθɪə'ləʊdʒɪən] s Theologe m, Theologin f

theological [ˌθɪə'lɒdʒɪkəl] adj theologisch

theology [θɪ'ɒlədʒɪ] s Theologie f

theoretic(al) [θɪə'retɪk(əl)] adj, **theoretically** [θɪə'retɪkəlɪ] adv theoretisch

theorize ['θɪəraɪz] v/i theoretisieren

theory ['θɪərɪ] s Theorie f; **in ~** theoretisch

therapeutic(al) [ˌθerə'pju:tɪk(əl)] adj therapeutisch

therapist ['θerəpɪst] s Therapeut(in) m(f)

therapy ['θerəpɪ] s Therapie f; **to be in ~** sich einer Therapie unterziehen

there [ðeə^r] **A** adv dort, da; mit Bewegung dorthin, dahin; **look, ~'s Joe** guck mal, da ist Joe; **it's under ~** es liegt da drunter; **put it in ~** stellen Sie es dort hinein; **~ and back** hin und zurück; **is Gordon ~ please?** ist Gordon da?; **you've got me ~** da bin ich überfragt; **~ is/are** es od da ist/sind, es gibt; **~ isn't/aren't** es ist/gibt kein(e); **~ were three of us** wir waren zu dritt; **~ is a mouse in the room** es ist eine Maus im Zimmer; **is ~ any beer?** ist Bier da?; **afterwards ~ was coffee** anschließend gab es Kaffee; **~ seems to be no-one at home** es scheint keiner zu Hause zu sein; **hi ~!** hallo!, servus! österr, grüezi! schweiz; **so ~!** ätsch!; **~ you are** hier(, bitte)!; (= gefunden) da sind Sie ja!; **~ you are, you see** na, sehen Sie **B** int **~!** ~! na, na!; **stop crying now, ~'s a good boy** hör auf zu weinen, na komm; **now ~'s a good boy, don't tease your sister** komm, sei ein braver Junge und ärgere deine Schwester nicht; **hey, you ~!** umg he, Sie da!

thereabouts [ˌðeərə'baʊts] adv **fifteen or ~** so um fünfzehn (herum)

thereafter [ˌðeər'ɑ:ftə^r] form adv danach

thereby [ˌðeə'baɪ] adv dadurch

therefore ['ðeəfɔ:^r] adv daher, deshalb; **so ~ I was wrong** ich hatte also unrecht

there's [ðeəz] abk (= there is, there has) → be; → have

thereupon [ˌðeərə'pɒn] adv darauf(hin)

thermal ['θɜ:məl] **A** adj **1** PHYS Wärme-; **~ imaging camera** FOTO Wärmebildkamera f **2** Kleidung Thermo- **B** s **thermals** umg pl Thermounterwäsche f

thermal spring s Thermalquelle f

thermometer [θə'mɒmɪtə^r] s Thermometer n

Thermos® ['θɜ:məs] s, a. **Thermos flask**, a. **Thermos bottle** US US Thermosflasche® f

thermostat ['θɜ:məstæt] s Thermostat m

thesaurus [θɪ'sɔ:rəs] s Thesaurus m

these [ði:z] adj & pron diese; → this

thesis ['θi:sɪs] s ⟨pl **theses** ['θi:si:z]⟩ **1** UNIV Dissertation f **2** UNIV Diplomarbeit f

thespian ['θespɪən] liter, hum **A** adj dramatisch **B** s Mime m, Mimin f

they [ðeɪ] pers pr pl **1** sie; **~ are very good people** es sind sehr gute Leute; **~ who** diejenigen, die od welche, wer (+sg v) **2** **~ say that ...** man sagt, dass ...; **~ are thinking of changing the law** es ist beabsichtigt, das Gesetz zu ändern; **if anyone looks at this closely, ~ will notice ...** umg wenn sich dies jemand näher ansieht, wird er bemerken ...

they'd [ðeɪd] abk (= they had, they would) → have; → would

they'll [ðeɪl] abk (= they will) → will¹

they're [ðɛəʳ] *abk* (= they are) → be
they've [ðeɪv] *abk* (= they have) → have
thick [θɪk] **A** *adj* ⟨+er⟩ **1** dick; *Lippen* voll; *Haar, Nebel, Rauch, Wald* dicht; *Flüssigkeit* dick(flüssig); *Akzent* breit; **a wall three feet ~** eine drei Fuß starke Wand **2** *Br umg* dumm, doof *umg*; **to get sth into** *od* **through sb's ~ head** etw in j-s dicken Schädel bekommen *umg* **B** s **in the ~ of it** mittendrin; **through ~ and thin** durch dick und dünn **C** *adv* ⟨+er⟩ geschnitten dick; **the snow lay ~** es lag eine dichte Schneedecke; **the jokes came ~ and fast** die Witze kamen Schlag auf Schlag
thicken ['θɪkən] **A** *v/t Soße etc* eindicken **B** *v/i* **1** *Nebel, Menschenmenge, Wald* dichter werden; *Rauch* sich verdichten; *Soße* dick werden **2** *fig Rätsel* immer undurchsichtiger werden; **aha, the plot ~s!** aha, jetzt wirds interessant!
thicket ['θɪkɪt] *s* Dickicht *n*
thickly ['θɪklɪ] *adv* geschnitten dick; bevölkert dicht
thickness ['θɪknɪs] *s* **1** Dicke *f* **2** Schicht *f*
thicko ['θɪkəʊ] *Br umg s* ⟨*pl* -s⟩ Dummkopf *m umg*, Blödmann *m umg*
thickset *adj* gedrungen
thick-skinned *fig adj* dickfellig
thief [θiːf] *s* ⟨*pl* thieves [θiːvz]⟩ Dieb(in) *m(f)*
thieve [θiːv] *v/t & v/i* stehlen
thigh [θaɪ] *s* (Ober)schenkel *m*
thigh-length *adj Stiefel* übers Knie reichend
thimble ['θɪmbl] *s* Fingerhut *m*
thin [θɪn] **A** *adj* ⟨*komp* thinner⟩ **1** dünn, schmal; *Haar* schütter; **he's a bit ~ on top** bei ihm lichtet es sich oben schon ein wenig; **to be ~ on the ground** *fig* dünn gesät sein; **to vanish into ~ air** *fig* sich in Luft auflösen **2** *fig Lächeln* schwach **B** *adv* ⟨*komp* thinner⟩ geschnitten dünn; verteilt spärlich **C** *v/t Farbe* verdünnen; *Bäume* lichten; *Blut* dünner werden lassen **D** *v/i Nebel, Menschenmenge* sich lichten

[phrasal verbs mit thin:]

thin down *v/t* ⟨*trennb*⟩ *Farbe* verdünnen
thin out A *v/i Menschenmenge* kleiner werden; *Bäume* sich lichten **B** *v/t* ⟨*trennb*⟩ ausdünnen; *Wald* lichten

thing [θɪŋ] *s* **1** Ding *n*; **a ~ of beauty** etwas Schönes; **she likes sweet ~s** sie mag Süßes; **what's that ~?** was ist das?; **I don't have a ~ to wear** ich habe nichts zum Anziehen; **poor little ~** das arme (kleine) Ding!; **you poor ~!** du Arme(r)! **2** ~s *pl* Sachen *pl*; **have you got your swimming ~s?** hast du dein Badezeug *od* deine Badesachen dabei? **3** Sache *f*; **the odd ~ about it is …** das Seltsame daran ist, …; **it's a good ~ I came** nur gut, dass ich gekommen bin; **he's on to** *od* **onto a good ~** *umg* er hat da was Gutes aufgetan *umg*; **what a (silly) ~ to do** wie kann man nur so was (Dummes) tun!; **there is one/one other ~ I want to ask you** eines/und noch etwas möchte ich Sie fragen; **I must be hearing ~s!** ich glaube, ich höre nicht richtig!; **~s are going from bad to worse** es wird immer schlimmer; **as ~s stand at the moment, as ~s are …** so wie die Dinge im Moment liegen; **how are ~s (with you)?** wie geht's (bei) Ihnen?; **it's been one ~s after the other** es kam eins zum anderen; **if it's not one ~ it's the other** es ist immer irgendetwas; **(what) with one ~ and another I haven't had time to do it** ich bin einfach nicht dazu gekommen; **it's neither one ~ nor the other** es ist weder das eine noch das andere; **one ~s led to another** eins führte zum anderen; **for one ~ it doesn't make sense** erst einmal ergibt das überhaupt keinen Sinn; **not to understand a ~** (absolut) nichts verstehen; **he knows a ~ or two about cars** er kennt sich mit Autos aus; **it's just one of those ~s** so was kommt eben vor *umg*; **the latest ~ in ties** der letzte Schrei in der Krawattenmode; **the postman comes first ~ in the morning** der Briefträger kommt früh am Morgen; **I'll do that first ~ in the morning** ich werde das gleich morgen früh tun; **last ~ at night** vor dem Schlafengehen; **the ~ is to know when …** man muss wissen, wann …; **yes, but the ~ is …** ja, aber …; **the ~ is we haven't got any money** die Sache ist die, wir haben kein Geld; **to do one's own ~** *umg* tun, was man will; **she's got this ~ about Sartre** *umg negativ* sie kann Sartre einfach nicht ausstehen; *positiv* sie hat einen richtigen Sartrefimmel *umg*
thingamajig ['θɪŋəmɪˌdʒɪɡ] *s* Dingsbums *n*; *Mensch* Dingsbums *m/f*
think [θɪŋk] ⟨*v: prät, pperf* thought⟩ **A** *v/i* denken; **to ~ to oneself** sich (*dat*) denken; **to act without ~ing** unüberlegt handeln; **it makes you ~** es stimmt einen nachdenklich; **I need time to ~** ich brauche Zeit zum Nachdenken; **it's so noisy you can't hear yourself ~** bei so einem Lärm kann doch kein Mensch denken; **now let me ~** lass (mich) mal überlegen; **it's a good idea, don't you ~?** es ist eine gute Idee, meinst du nicht auch?; **just ~** stellen Sie sich (*dat*) bloß mal vor; **listen, I've been ~ing, …** hör mal, ich habe mir überlegt …; **sorry, I just wasn't ~ing** Entschuldigung, da habe ich geschlafen *umg* **B** *v/t* **1** denken, glauben, meinen; **what do you ~?** was meinen Sie?; **I think you'd better go** ich denke, Sie gehen jetzt besser; **I ~ so** ich denke schon; **I ~ so too** das meine ich auch; **I don't ~ so, I shouldn't ~ so** ich glaube nicht; **I should ~ so!** das will

ich (aber) auch gemeint haben; **I should ~ not!** das will ich auch nicht hoffen; **what do you ~ I should do?** was soll ich Ihrer Meinung nach tun?; **do you really ~ so?** meinst du wirklich?; **I ~ I'll go for a walk** ich glaube, ich mache einen Spaziergang; **do you ~ you can manage?** glauben Sie, dass Sie es schaffen?; **I never thought to ask you** ich habe gar nicht daran gedacht, Sie zu fragen; **I thought so** das habe ich mir schon gedacht 2 **you must ~ me very rude** Sie müssen mich für sehr unhöflich halten 3 sich (dat) vorstellen; **I don't know what to ~** ich weiß nicht, was ich davon halten soll; **that's what you ~!** denkste! umg; **that's what he ~s** hat der eine Ahnung! umg; **who do you ~ you are!** für wen hältst du dich eigentlich?; **anyone would ~ he was dying** man könnte beinahe glauben, er läge im Sterben; **who would have thought it?** wer hätte das gedacht?; **to ~ that she's only ten!** wenn man bedenkt, dass sie erst zehn ist C s **have a ~ about it** denken Sie mal darüber nach; **to have a good ~** gründlich nachdenken

phrasal verbs mit think:

think about v/i ⟨+obj⟩ 1 nachdenken über (+akk); **I'll think about it** ich überlege es mir; **what are you thinking about?** woran denken Sie gerade?; **to think twice about sth** sich (dat) etw zweimal überlegen; **that'll give him something to think about** das wird ihm zu denken geben 2 daran denken, vorhaben 3 → think of

think ahead v/i vorausdenken

think back v/i sich zurückversetzen (**to** in +akk)

think of v/i ⟨+obj⟩ 1 denken an (+akk); **he thinks of nobody but himself** er denkt bloß an sich; **to think of doing sth** daran denken od erwägen, etw zu tun; **what was I thinking of!** umg was habe ich mir da(bei) bloß gedacht?; **come to think of it** wenn ich es mir recht überlege; **I can't think of her name** ich komme nicht auf ihren Namen 2 sich (dat) vorstellen 3 Lösung, Idee sich (dat) ausdenken; **who thought of that idea?** wer ist auf diese Idee gekommen? 4 halten von; **to think highly of sb/sth** viel von j-m/etw halten; **to think little** od **not to think much of sb/sth** wenig od nicht viel von j-m/etw halten; **I told him what I thought of him** ich habe ihm gründlich die od meine Meinung gesagt

think over v/t ⟨trennb⟩ nachdenken über (+akk)

think through v/t ⟨trennb⟩ (gründlich) durchdenken

think up v/t ⟨trennb⟩ sich (dat) ausdenken; **who thought up that idea?** wer ist auf die Idee gekommen?

thinker ['θɪŋkə'] s Denker(in) m(f)

thinking ['θɪŋkɪŋ] A adj denkend B s **to my way of ~** meiner Meinung nach

think-tank ['θɪŋktæŋk] s Expertenkommission f

thinly ['θɪnlɪ] adv 1 dünn 2 fig kaschiert dürftig

thinner ['θɪnə'] s Verdünnungsmittel n

thinness ['θɪnnɪs] s Dünnheit f; von Stoff Leichtheit f; von Papier Feinheit f; von Mensch Magerkeit f

thin-skinned ['θɪnskɪnd] fig adj empfindlich

third [θɜːd] A adj 1 dritte(r, s); **to be ~** Dritte(r, s) sein; **in ~ place** SPORT etc an dritter Stelle; **she came ~ in her class** sie war die Drittbeste in der Klasse; **he came ~ in the race** er belegte den dritten Platz beim Rennen; **~ time lucky** beim dritten Anlauf gelingts! 2 **a ~ part** ein Drittel n B s 1 Dritte(r, s) 2 Drittel n; → sixth

third-class adv & adj dritter Klasse; **~ degree** Br UNIV Abschluss m mit „Befriedigend"

third country s Drittstaat m

third-degree adj ⟨attr⟩ **~ burn** MED Verbrennung f dritten Grades

thirdly ['θɜːdlɪ] adv drittens

third-party Br adj ⟨attr⟩ **~ insurance** Haftpflichtversicherung f

third person A adj in der dritten Person B s **the ~ singular** GRAM die dritte Person Singular

third-person narrator s alleinwissender od personaler Erzähler, alleinwissende od personale Erzählerin (Der Erzähler ist nicht am Geschehen beteiligt und erzählt die Geschichte in der dritten Person (he, she, they). Dabei kann der Erzähler allwissend sein (omniscient narrator), d. h. er kann zwischen verschiedenen Perspektiven wechseln und er weiß, was in den beteiligten Personen vorgeht (unlimited point of view). Oder der Erzähler beobachtet die Geschichte zwar von außen und spricht von den Charakteren in der dritten Person, schildert die Ereignisse aber aus der Sicht eines einzelnen Charakters (personaler Erzähler; limited point of view).)

third-rate adj drittklassig

Third World A s Dritte Welt B adj ⟨attr⟩ der Dritten Welt

thirst [θɜːst] s Durst m; **to die of ~** verdursten

thirsty ['θɜːstɪ] adj ⟨komp thirstier⟩ durstig; **to be/feel ~** Durst haben

thirteen ['θɜː'tiːn] A adj dreizehn B s Dreizehn f

thirteenth ['θɜː'tiːnθ] A adj dreizehnte(r, s); **a ~ part** ein Dreizehntel n B s 1 Dreizehnte(r, s) 2

thirtieth ['θɜːtɪɪθ] **A** adj dreißigste(r, s); **a ~ part** ein Dreißigstel n **B** s **1** Dreißigste(r, s) **2** Dreißigstel n; → sixth

thirty ['θɜːtɪ] **A** adj dreißig; **a ~-second note** US MUS ein Zweiunddreißigstel n **B** s Dreißig f; **the thirties** die Dreißigerjahre; **one's thirties** die Dreißiger; → sixty

thirty-first A adj einunddreißigste(r, s) **B** s Einunddreißigste(r, s)

this [ðɪs] **A** dem pr ⟨pl these⟩ dies, das; **what is ~?** was ist das (hier)?; **~ is John** das ist John; **these are my children** das sind meine Kinder; **~ is where I live** hier wohne ich; **under ~** darunter; **it ought to have been done before ~** es hätte schon vorher getan werden sollen; **what's all ~?** was soll das?; **~ and that** mancherlei; **~, that and the other** alles Mögliche; **it was like ~** es war so; **~ is Mary (speaking)** hier ist Mary; **~ is it!** jetzt!; *auf etw zeigend* **das da!**; (≈ *richtig*) genau! **B** adj ⟨pl these⟩ diese(r, s); **~ month** diesen Monat; **~ morning/afternoon/evening** heute Morgen/Nachmittag/Abend; **~ time last week** letzte Woche um diese Zeit; **~ time** diesmal; **these days** heutzutage; **to run ~ way and that** hin und her rennen; **I met ~ guy who ...** umg ich habe (so) einen getroffen, der ...; **~ friend of hers** dieser Freund von ihr umg, ihr Freund **C** adv so; **it was ~ long** es war so lang

thistle ['θɪsl] s Distel f

thong [θɒŋ] s **1** Lederriemen m **2** Tangaslip m **3** ~s pl US, australisch Flipflops pl; umg Gummilatschen pl

thorn [θɔːn] s Dorn m; **to be a ~ in sb's flesh** od **side** fig j-m ein Dorn im Auge sein

thorny ['θɔːnɪ] adj ⟨komp thornier⟩ wörtl dornig; fig haarig

thorough ['θʌrə] adj gründlich; **she's a ~ nuisance** sie ist wirklich eine Plage

thoroughbred A s reinrassiges Tier, Vollblut(-pferd) n **B** adj reinrassig

thoroughfare s Durchgangsstraße f

thoroughly ['θʌrəlɪ] adv **1** gründlich, durch und durch; *überzeugt* völlig; **we ~ enjoyed our meal** wir haben unser Essen von Herzen genossen; **I ~ enjoyed myself** es hat mir aufrichtig Spaß gemacht; **I ~ agree** ich stimme voll und ganz zu

thoroughness ['θʌrənɪs] s Gründlichkeit f

those [ðəʊz] **A** dem pr pl **1** → that¹ **2** das (da) sg; **what are ~?** was ist das (denn) da?; **whose are ~?** wem gehören diese da?; **above ~** darüber; **~ who want to go, may** wer möchte, kann gehen; **there are ~ who say ...** einige sagen ... **B** adj diese od die (da), jene obs, liter; **it was just**

one of ~ days das war wieder so ein Tag; **he is one of ~ people who ...** er ist einer von denjenigen, die ...

though [ðəʊ] **A** konj obwohl; **even ~** obwohl; **strange ~ it may seem ...** so seltsam es auch scheinen mag ...; **~ I say it** od **so myself** auch wenn ich es selbst sage; **as ~** als ob **B** adv **1** doch; **he didn't do it ~** er hat es aber (doch) nicht gemacht; **nice day — rather windy ~** schönes Wetter! — aber ziemlich windig! **2** **but will he ~?** wirklich?

thought [θɔːt] **A** prät & pperf → think **B** s **1** ⟨kein pl⟩ Denken n; **to be lost in ~** ganz in Gedanken sein **2** Gedanke m, Einfall m; **that's a ~!** das ist wahr!, das ist ein guter Gedanke; **it's the ~ that counts, not how much you spend** es kommt nur auf die Idee an, nicht auf den Preis **3** ⟨kein pl⟩ Überlegung f; **to give some ~ to sth** sich (dat) Gedanken über etw (akk) machen; **I never gave it a moment's ~** ich habe mir nie darüber Gedanken gemacht

thought bubble s Denkblase f

thoughtful adj **1** *Miene, Mensch* nachdenklich; *Geschenk* gut ausgedacht **2** rücksichtsvoll, aufmerksam

thoughtfully adv **1** nachdenklich **2** rücksichtsvoll, aufmerksam

thoughtfulness s **1** Nachdenklichkeit f **2** Rücksicht(nahme) f, Aufmerksamkeit f

thoughtless adj rücksichtslos

thoughtlessly ['θɔːtlɪslɪ] adv rücksichtslos

thoughtlessness ['θɔːtlɪsnɪs] s Rücksichtslosigkeit f

thought-provoking ['θɔːtprəvəʊkɪŋ] adj zum Nachdenken anregend

thousand ['θaʊzənd] **A** adj tausend; **a ~** (ein)tausend; **a ~ times** tausendmal; **a ~ and one** tausend(und)eins; **two ~** zweitausend; **I have a ~ and one things to do** umg ich habe tausend Dinge zu tun **B** s Tausend n; **people arrived in their ~s** die Menschen kamen zu Tausenden

thousandth ['θaʊzən(t)θ] **A** adj tausendste(r, s) **B** s **1** **a** od **one ~ part** ein Tausendstel n **2** Tausendstel n; → sixth

thrash [θræʃ] **A** v/t **1** verprügeln **2** umg *Gegner* (vernichtend) schlagen **3** *Arme* fuchteln mit; *Beine* strampeln mit **B** v/i **to ~ around** od **about** um sich schlagen

phrasal verbs mit thrash:
thrash out v/t ausdiskutieren

thrashing ['θræʃɪŋ] s Prügel pl; **to give sb a good ~** j-m eine ordentliche Tracht Prügel verpassen

thread [θred] **A** s **1** Faden m; *Handarbeiten* Garn n, Zwirn m; **to hang by a ~** fig an einem (seidenen od dünnen) Faden hängen **2** *fig von Geschichte* (roter) Faden; **he lost the ~ of what he was saying** er hat den Faden verloren **3** INTERNET *Folge von Nachrichten* Thread *m* **B** *v/t* **1** Nadel einfädeln; *Perlen* auffädeln (**on** auf +*akk*) **2 to ~ one's way through the crowd** *etc* sich durch die Menge *etc* hindurchschlängeln

threadbare ['θredbeəʳ] *adj* abgewetzt

threat [θret] *s* **1** Drohung *f*; **to make a ~** drohen (**against** sb j-m); **under ~ of sth** unter Androhung von etw **2** Gefahr *f* (**to** für)

threaten ['θretn] **A** *v/t* bedrohen; *Gewalt* androhen; **don't you ~ me!** von Ihnen lasse ich mir nicht drohen!; **to ~ to do sth** (an)drohen, etw zu tun; **to ~ sb with sth** j-m etw androhen; **the rain ~ed to spoil the harvest** der Regen drohte, die Ernte zu zerstören **B** *v/i* drohen

threatened ['θretnd] *adj* **1 he felt ~** er fühlte sich bedroht **2** gefährdet

threatening ['θretnɪŋ] *adj* drohend; **a ~ letter** ein Drohbrief *m*; **~ behaviour** Drohungen *pl*

three [θriː] **A** *adj* drei **B** *s* Drei *f*; **~'s a crowd** drei Leute sind schon zu viel; → **six**

three-D A *s* **to be in ~** dreidimensional sein **B** *adj* dreidimensional

three-D animation *s* 3-D-Animation *f*

three-D glasses *pl* 3-D-Brille *f*

three-D image *s* 3-D-Bild *n*

three-dimensional *adj* dreidimensional

three-D movie *s* 3-D-Film *m*

three-D printer *s* 3-D-Drucker *m*

threefold *adj & adv* dreifach

three-fourths US *s* → **three-quarters**

three-piece suite *bes Br s* dreiteilige Sitzgarnitur

three-quarter *adj* ⟨*attr*⟩ Dreiviertel-

three-quarters A *s* ⟨*+sg v*⟩ drei Viertel *pl*; **~ of an hour** eine Dreiviertelstunde **B** *adv* drei viertel

threesome *s* Trio *n*; **in a ~** zu dritt

threshold ['θreʃhəʊld] *s* Schwelle *f*

threw [θruː] *prät* → **throw**

thrifty ['θrɪftɪ] *adj* ⟨*komp* thriftier⟩ sparsam

thrill [θrɪl] **A** *s* Erregung *f*; **it was quite a ~ for me** es war ein richtiges Erlebnis **B** *v/t Geschichte* fesseln; *Erlebnis* eine Sensation sein für; **I was ~ed to get your letter** ich habe mich riesig über deinen Brief gefreut; **to be ~ed to bits** *umg* sich freuen wie ein Kind; *Kind* ganz aus dem Häuschen sein vor Freude

thriller ['θrɪləʳ] *s* Reißer *m umg*, Krimi *m*, Thriller *m*

thrilling ['θrɪlɪŋ] *adj* aufregend; *Buch* fesselnd; *Erlebnis* überwältigend

thrive [θraɪv] *v/i* (gut) gedeihen; *Unternehmen* blühen

phrasal verbs mit thrive:

thrive on *v/i* ⟨+*obj*⟩ **the baby thrives on milk** mit Milch gedeiht das Baby prächtig; **he thrives on praise** Lob bringt ihn erst zur vollen Entfaltung

thriving ['θraɪvɪŋ] *adj Pflanze* prächtig gedeihend; *Mensch, Gemeinschaft* blühend

thro' [θruː] *abk* → **through**

throat [θrəʊt] *s* Kehle *f*, Rachen *m*; **to cut sb's ~** j-m die Kehle durchschneiden; **to clear one's ~** sich räuspern; **to ram** *od* **force one's ideas down sb's ~** *umg* j-m seine eigenen Ideen aufzwingen

throat lozenge *s* Halstablette *f*

throb [θrɒb] *v/i* klopfen; *Wunde* pochen, hämmern; *fig* mit Leben pulsieren (**with** vor +*dat od* mit); **my head is ~bing** ich habe rasende Kopfschmerzen

throbbing A *s von Motor* Klopfen *n*; *von Puls* Pochen *n* **B** *adj Schmerz, Leben* pulsierend; *Kopfschmerz* pochend

throes [θrəʊz] *pl* **we are in the ~ of moving** wir stecken mitten im Umzug

thrombosis [θrɒmˈbəʊsɪs] *s* Thrombose *f*

throne [θrəʊn] *s* Thron *m*; **to come to the ~** den Thron besteigen

throng [θrɒŋ] **A** *s* Scharen *pl* **B** *v/i* sich drängen **C** *v/t* belagern; **to be ~ed with** wimmeln von

throttle ['θrɒtl] **A** *v/t* j-n erwürgen **B** *s von Motor* Drossel *f*; AUTO *etc* Gaspedal *n*; **at full ~** mit Vollgas

phrasal verbs mit throttle:

throttle back *v/i* den Motor drosseln

through [θruː], **thru** US **A** *präp* **1** durch; **to get ~ a hedge** durch eine Hecke durchkommen; **to get ~ a red light** bei Rot durchfahren; **to be halfway ~ a book** ein Buch zur Hälfte durchhaben *umg*; **that happens halfway ~ the book** das passiert in der Mitte des Buches; **all ~ his life** sein ganzes Leben lang; **he won't live ~ the night** er wird die Nacht nicht überleben; **~ the post** *Br*, **~ the mail** *US* mit der Post **2** US **Monday ~ Friday** von Montag bis (einschließlich) Freitag **B** *adv* durch; **~ and ~** durch und durch; **to let sb ~** j-n durchlassen; **to be wet ~** bis auf die Haut nass sein; **to read sth ~** etw durchlesen; **he's ~ in the other office** er ist drüben (drüben) im anderen Büro; **the train goes ~ to Cardiff** der Zug fährt bis Cardiff **C** *adj* ⟨*präd*⟩ **1 to be ~ with sb/sth** mit j-m/etw fertig sein *umg*; **I'm ~ with him** der ist für mich gestorben *umg* **2** *Br* TEL **to be ~ (to sb/London)** mit j-m/London verbunden sein; **to get ~ (to sb/London)** zu j-m/nach London durchkommen

through flight *s* Direktflug *m*

throughout [θru'aʊt] **A** *präp* **1** örtlich überall in (+*dat*); ~ **the world** in der ganzen Welt **2** zeitlich den ganzen/die/das ganze ... über; ~ **October** den ganzen Oktober hindurch; ~ **his life** sein ganzes Leben lang **B** *adv* **1** **to be carpeted** ~ ganz mit Teppichboden ausgelegt sein **2** die ganze Zeit hindurch

through ticket *s* **can I get a** ~ **to London?** kann ich bis London durchlösen?

through traffic *s* Durchgangsverkehr *m*

through train *s* durchgehender Zug

throughway US *s* Schnellstraße *f*

throw [θrəʊ] ⟨*v*: *prät* threw; *pperf* thrown⟩ **A** *s* **1** Wurf *m*; **it's your** ~ du bist dran; **have another** ~ werfen Sie noch einmal **2** *für Möbel* Überwurf *m* **B** *v/t* **1** werfen; *Wasser* schütten; **to** ~ **the dice** würfeln; **to** ~ **sth to sb** j-m etw zuwerfen; **to** ~ **sth at sb** etw nach j-m werfen; *Eier etc* j-n mit etw bewerfen; **to** ~ **a ball 20 metres** einen Ball 20 Meter weit werfen; **to** ~ **oneself into the job** sich in die Arbeit stürzen; **to** ~ **doubt on sth** etw in Zweifel ziehen **2** *Schalter* betätigen **3** *umg* aus dem Konzept bringen **4** *Party* geben, schmeißen *umg*; *Anfall* kriegen *umg* **C** *v/i* werfen

phrasal verbs mit throw:

throw about *Br*, **throw around** *v/t* ⟨*immer getrennt*⟩ **1** verstreuen; *fig* Geld um sich werfen mit **2** herumwerfen

throw away *v/t* ⟨*trennb*⟩ **1** wegwerfen **2** verschenken; *Geld* verschwenden (**on sth** auf, für etw *od* **on sb** an j-n)

throw back *v/t* ⟨*trennb*⟩ zurückwerfen

throw down *v/t* ⟨*trennb*⟩ herunterwerfen; **it's throwing it down** *umg* es gießt (in Strömen)

throw in *v/t* ⟨*trennb*⟩ **1** (gratis) dazugeben **2** *fig* **to throw in the towel** das Handtuch werfen *umg*

throw off *v/t* ⟨*trennb*⟩ *Kleider* abwerfen; *Verfolger* abschütteln; *Erkältung* loswerden

throw on *v/t* ⟨*trennb*⟩ *Kleider* sich (*dat*) überwerfen

throw open *v/t* ⟨*trennb*⟩ *Tür* aufreißen

throw out *v/t* ⟨*trennb*⟩ **1** wegwerfen **2** *Gesetz* ablehnen; *Fall* verwerfen **3** j-n hinauswerfen (**of** aus) **4** *Pläne etc* über den Haufen werfen *umg*

throw together *v/t* ⟨*trennb*⟩ **1** hinhauen **2** *Menschen* zusammenführen

throw up A *v/i umg* sich übergeben; **it makes you want to throw up** da kann einem schlecht werden **B** *v/t* ⟨*trennb*⟩ **1** *Bann, Arme* hochwerfen **2** erbrechen **3** hervorbringen; *Fragen* aufwerfen

throwaway *adj* ⟨*attr*⟩ **1** *Bemerkung* beiläufig **2** *Flasche, Packung etc* Wegwerf-

throwback *fig s* Rückkehr *f* (**to** zu)

thrower ['θrəʊəʳ] *s* Werfer(in) *m(f)*

throw-in *s* SPORT Einwurf *m*

thrown [θrəʊn] *pperf* → throw

thru US *präp* & *adv* & *adj* → through

thrush[1] [θrʌʃ] *s* ORN Drossel *f*

thrush[2] *s* MED Schwämmchen *n*, Pilzkrankheit *f*

thrust [θrʌst] ⟨*v*: *prät*, *pperf* thrust⟩ **A** *s* **1** Stoß *m*; *mit Messer* Stich *m* **2** TECH Druckkraft *f* **B** *v/t* **1** stoßen; **to** ~ **one's hands into one's pockets** die Hände in die Tasche stecken **2** *fig* **I had the job** ~ **upon me** die Arbeit wurde mir aufgedrängt; **to** ~ **one's way through a crowd** sich durch die Menge schieben **C** *v/i* stoßen (**at** nach); *mit Messer* stechen (**at** nach)

phrasal verbs mit thrust:

thrust aside *v/t* ⟨*trennb*⟩ beiseiteschieben

thruway ['θru:weɪ] US *s* Schnellstraße *f*

thud [θʌd] **A** *s* dumpfes Geräusch; **he fell to the ground with a** ~ er fiel mit einem dumpfen Aufschlag zu Boden **B** *v/i* dumpf aufschlagen

thug [θʌg] *s* Schlägertyp *m*

thumb [θʌm] **A** *s* Daumen *m*; **to be under sb's** ~ unter j-s Pantoffel (*dat*) stehen; **she has him under her** ~ sie hat ihn unter ihrer Fuchtel; **the idea was given the** ~**s up/down** für den Vorschlag wurde grünes/rotes Licht gegeben **B** *v/t* **to** ~ **a ride** *umg* per Anhalter fahren

phrasal verbs mit thumb:

thumb through *v/i* ⟨+*obj*⟩ *Buch* durchblättern

thumb index *s* Daumenregister *n*

thumbnail *s* IT Thumbnail *n*, Miniaturansicht *f* (*einer Grafik oder Datei*)

thumbtack US *s* Reißzwecke *f*

thump [θʌmp] **A** *s* Schlag *m*; (≈ *Geräusch*) (dumpfes) Krachen **B** *v/t Tisch* schlagen auf (+*akk*); *bes Br umg* j-n verhauen *umg*; **he ~ed his fist on the desk** er donnerte die Faust auf den Tisch; **he ~ed the box down on my desk** er knallte die Schachtel auf meinen Tisch **C** *v/i Herz* heftig schlagen; **he ~ed on the door** er schlug gegen die Tür

thunder ['θʌndəʳ] **A** *s* Donner *m* **B** *v/i* donnern **C** *v/t* brüllen

thunderbolt *wörtl s* Blitz *m*

thunderclap *s* Donnerschlag *m*

thundercloud *s* Gewitterwolke *f*

thunderous ['θʌndərəs] *adj* stürmisch

thunderstorm *s* Gewitter *n*

thunderstruck *fig adj* wie vom Donner gerührt

Thur, **Thurs** *abk* (= Thursday) Do.

Thuringia [θjʊə'rɪndʒɪə] *s* Thüringen *n*

Thursday ['θɜːzdɪ] *s* Donnerstag *m*; → Tuesday

thus [ðʌs] *adv* **1** so, auf diese Art **2** folglich **3** ⟨+*adj*⟩ ~ **far** so weit

thwack [θwæk] **A** s Schlag m; (≈ Geräusch) Klatschen n **B** v/t schlagen
thwart [θwɔːt] v/t vereiteln
thyme [taɪm] s Thymian m
thyroid ['θaɪrɔɪd] s, (a. **thyroid gland**) Schilddrüse f
tic [tɪk] s MED Tick m
tick¹ [tɪk] **A** s **1** von Uhr Ticken n **2** Br umg Augenblick m; **I'll be ready in a ~** od **two ~s** bin sofort fertig umg **3** bes Br (≈ Zeichen) Häkchen n **B** v/i **1** Uhr ticken **2** umg **what makes him ~?** was geht in ihm vor? **C** v/t Br abhaken; Kästchen ankreuzen

phrasal verbs mit tick:

tick off Br v/t ⟨trennb⟩ **1** Namen etc abhaken **2** umg ausschimpfen umg
tick over v/i **1** Motor im Leerlauf sein **2** fig ganz ordentlich laufen; pej auf Sparflamme sein umg

tick² s ZOOL Zecke f
tick³ s umg **on ~** auf Pump
ticket ['tɪkɪt] s **1** Fahrkarte f, Billett n schweiz, Ticket n; THEAT etc (Eintritts)karte f, Billett n schweiz; Etikett Abschnitt m; bei Glücksspiel etc Los n, Lottoschein m; an Waren Preisschild n **2** JUR Strafzettel m
ticket collector s Schaffner(in) m(f), Kondukteur(in) m(f) schweiz
ticket counter s Fahrkartenschalter m
ticket inspector s (Fahrkarten)kontrolleur(in) m(f), Kondukteur(in) m(f) schweiz
ticketless adj ticketlos, ohne Ticket
ticket machine s **1** Fahrkartenautomat m **2** Parkscheinautomat m
ticket office s BAHN Fahrkartenschalter m; THEAT Kasse f, Kassa f österr
ticking ['tɪkɪŋ] s von Uhr Ticken n
ticking-off [ˌtɪkɪŋ'ɒf] Br umg s Rüffel m
tickle ['tɪkl] **A** v/t **1** kitzeln; Tier kraulen **2** fig umg amüsieren **B** v/i kitzeln; Wolle kratzen **C** s Kitzeln n; **to have a ~ in one's throat** einen Hustenreiz haben
ticklish ['tɪklɪʃ] adj kitz(e)lig; **~ cough** Reizhusten m
tidal ['taɪdl] adj Gezeiten-
tidal energy s ÖKOL Gezeitenenergie f
tidal wave s Flutwelle f
tidbit ['tɪdbɪt] US s → titbit
tiddlywinks ['tɪdlɪwɪŋks] s Floh(hüpf)spiel n
tide [taɪd] s **1** Gezeiten pl; **(at) high ~** (bei) Flut f; **(at) low ~** (bei) Ebbe f; **the ~ is in/out** es ist Flut/Ebbe; **the ~ comes in very fast** die Flut kommt sehr schnell **2** fig **the ~ of public opinion** der Trend der öffentlichen Meinung; **to swim against/with the ~** gegen den/mit dem Strom schwimmen; **the ~ has turned** das Blatt hat sich gewendet

phrasal verbs mit tide:

tide over v/t ⟨immer getrennt⟩ **is that enough to tide you over?** reicht Ihnen das vorläufig?
tidiness ['taɪdɪnɪs] s von Zimmer Aufgeräumtheit f; auf Schreibtisch Ordnung f
tidy ['taɪdɪ] **A** adj (komp tidier) **1** ordentlich; Äußeres gepflegt; Zimmer aufgeräumt; **to keep sth ~** etw in Ordnung halten **2** umg (≈ beträchtlich) ordentlich umg **B** v/t in Ordnung bringen; Schublade, Schreibtisch aufräumen

phrasal verbs mit tidy:

tidy away v/t ⟨trennb⟩ wegräumen
tidy out v/t ⟨trennb⟩ entrümpeln
tidy up A v/i Ordnung machen **B** v/t ⟨trennb⟩ aufräumen; Aufsatz in Ordnung bringen
tie [taɪ] **A** s **1** (a. **neck tie**) Krawatte f **2** fig (Ver)bindung f; **family ties** familiäre Bindungen pl **3** Belastung f (on für) **4** SPORT Unentschieden n; **the match was a tie** das Spiel ging unentschieden aus; **there was a tie for second place** es gab zwei zweite Plätze **B** v/t **1** binden (**to an** +akk), befestigen (**to an** +dat); **to tie a knot in sth** einen Knoten in etw (akk) machen; **my hands are tied** fig mir sind die Hände gebunden **2** fig verbinden **3** **the match was tied** das Spiel ging unentschieden aus **C** v/i SPORT unentschieden spielen; in Wettkampf gleichstehen; **they tied for first place** sie teilten sich den ersten Platz

phrasal verbs mit tie:

tie back v/t ⟨trennb⟩ zurückbinden
tie down v/t ⟨trennb⟩ **1** wörtl festbinden (**to an** +dat) **2** fig (≈ beschränken) binden (**to an** +akk)
tie in v/i **to tie in with sth** zu etw passen
tie on v/t ⟨trennb⟩ **to tie sth on(to) sth** etw an etw (dat) anbinden
tie up v/t ⟨trennb⟩ **1** Paket verschnüren; Schnürsenkel binden **2** Boot festmachen; Tier festbinden (**to an** +dat); Gefangenen fesseln **3** FIN Kapital (fest) anlegen **4** **to be tied up with sth** mit etw zusammenhängen **5** beschäftigen

tie-break, tie-breaker s Tiebreak m
tier [tɪəʳ] s von Torte Etage f; von Stadion Rang m; fig Stufe f
tiff [tɪf] umg s Krach m
tiger ['taɪgəʳ] s Tiger m
tight [taɪt] **A** adj (+er) **1** Kleider, Raum eng; **~ curls** kleine Locken **2** unbeweglich; Schraube fest angezogen; Deckel, Umarmung fest; Bewachung streng; **to have/keep a ~ hold of sth** wörtl etw gut festhalten **3** Seil straff; Knoten fest (angezogen) **4** Rennen, Geld knapp; Zeitplan knapp bemessen **5** Situation schwierig; **in a ~ spot** fig in der Klemme umg **6** Stimme fest; Lächeln verkrampft **7** umg knick(e)rig umg **B**

adv ⟨+er⟩ halten, schließen **fest**; *dehnen* straff; **to hold sb/sth ~** j-n/etw festhalten; **to pull sth ~** etw festziehen; **sleep ~!** schlaf(t) gut!; **to hold on ~** sich festhalten; **hold ~!** festhalten! **C** *adj* ⟨suf⟩ -dicht; **watertight** wasserdicht

tighten ['taɪtn], (*a.* **tighten up**) **A** *v/t* **1** *Knoten* fester machen, *Schraube* anziehen, nachziehen; *Muskeln* anspannen; *Seil* straffen; **to ~ one's grip on sth** *wörtl* etw fester halten; *fig* etw besser unter Kontrolle bringen **2** *fig Bewachung* verschärfen **B** *v/i Seil* sich straffen; *Knoten* sich zusammenziehen

phrasal verbs mit tighten:

tighten up A *v/i* **1** → tighten **2** **to tighten up on security** die Sicherheitsvorkehrungen verschärfen **B** *v/t* ⟨*trennb*⟩ **1** → tighten A 1 **2** *Organisation* straffen

tightfisted [ˌtaɪtˈfɪstɪd] *adj* knick(e)rig *umg*

tight-fitting *adj* eng anliegend

tightknit *adj Gemeinschaft* eng (miteinander) verbunden

tight-lipped *adj* **1** verschwiegen **2** (≈ *zornig*) verbissen; *Lächeln* verkniffen

tightly ['taɪtlɪ] *adv* **1** fest, eng; *dehnen* straff; **~ fitting** eng anliegend **2** **~ packed** dicht gedrängt **3** streng

tightness ['taɪtnɪs] *s* **1** *von Kleidung* enges Anliegen **2** *von Seil, Haut* Straffheit *f* **3** *in Brust* Beengtheit *f*

tightrope ['taɪtrəʊp] *s* Seil *n*; **to walk a ~** *fig* einen Balanceakt vollführen

tightrope walker *s* Seiltänzer(in) *m(f)*

tights [taɪts] *Br pl* Strumpfhose *f*; **a pair of ~** eine Strumpfhose

tile [taɪl] **A** *s* (Dach)ziegel *m*; (≈ *Bodenbelag*) Fliese *f*; *an Wand* Kachel *f*, Plättli *n schweiz*; *Linoleum etc* Platte *f* **B** *v/t Dach* (mit Ziegeln) decken; *Boden* mit Fliesen/Platten auslegen; *Wand* kacheln, plätteln *schweiz*

tiled [taɪld] *adj Fußboden* gefliest, geplättelt *schweiz*; *Wand* gekachelt, geplättelt *schweiz*; **~ roof** Ziegeldach *n*

till[1] [tɪl] *präp & konj* → until

till[2] *Br s* Kasse *f*, Kassa *f österr*

tilt [tɪlt] **A** *s* Neigung *f* **B** *v/t* kippen; *Kopf* (seitwärts) neigen **C** *v/i* sich neigen

phrasal verbs mit tilt:

tilt back A *v/i* sich nach hinten neigen **B** *v/t* ⟨*trennb*⟩ nach hinten neigen

tilt forward A *v/i* sich nach vorne neigen **B** *v/t* ⟨*trennb*⟩ nach vorne neigen

tilt up A *v/i* nach oben kippen **B** *v/t* ⟨*trennb*⟩ *Flasche* kippen

timber ['tɪmbəʳ] *s* **1** Holz *n*, (Bau)holz *n* **2** Balken *m*

timber-framed ['tɪmbəˈfreɪmd] *adj* **~ house** Fachwerkhaus *n*

time [taɪm] **A** *s* **1** Zeit *f*; **how ~ flies!** wie die Zeit vergeht!; **only ~ will tell whether ...** es muss sich erst herausstellen, ob ...; **it takes ~ to do that** das braucht (seine) Zeit; **to take (one's) ~ (over sth)** sich (*dat*) (bei etw) Zeit lassen; **in (the course of) ~** mit der Zeit; **in (next to) no ~** im Nu; **at this moment in ~** zum gegenwärtigen Zeitpunkt; **to have a lot of/no ~ for sb/sth** viel/keine Zeit für j-n/etw haben; *fig* viel/nichts für j-n/etw übrig haben; **to make ~ (for sb/sth)** sich (*dat*) Zeit (für j-n/etw) nehmen; **in** *od* **given ~** mit der Zeit; **don't rush, do it in your own ~** nur keine Hast, tun Sie es, wie Sie es können; **for some ~ past** seit einiger Zeit; **I don't know what she's saying half the ~** *umg* meistens verstehe ich gar nicht, was sie sagt; **in two weeks' ~** in zwei Wochen; **for a ~** eine Zeit lang; **not before ~** *Br* das wurde auch (langsam) Zeit; **this is hardly the ~ or the place to ...** dies ist wohl kaum die rechte Zeit oder der rechte Ort, um ...; **this is no ~ to quarrel** jetzt ist nicht die Zeit, sich zu streiten; **there are ~s when ...** es gibt Augenblicke, wo ...; **at the** *od* **that ~** zu der Zeit; **at the present ~** zurzeit; **sometimes ..., (at) other ~s ...** (manch)mal ..., (manch)mal ...; **this ~ last year** letztes Jahr um diese Zeit; **~'s up** die Zeit ist um; **it happened before my ~** das war vor meiner Zeit; **of all ~** aller Zeiten; **he is ahead of his ~** er ist seiner Zeit (weit) voraus; **in Victorian ~s** im Viktorianischen Zeitalter; **~s are hard** die Zeiten sind hart *od* schwer; **to be behind the ~s** rückständig sein, nicht auf dem Laufenden sein; **all the ~** immer, die ganze Zeit; **to be in good ~** rechtzeitig dran sein; **all in good ~** alles zu seiner Zeit; **he'll let you know in his own good ~** er wird Ihnen Bescheid sagen, wenn er so weit ist; **(for) a long ~** lange; **I'm going away for a long ~** ich fahre auf längere Zeit weg; **it's a long ~ (since ...)** es ist schon lange her(, seit ...); **(for) a short ~** kurz; **a short/long ~ ago** vor Kurzem/langer Zeit; **for the ~ being** vorläufig, vorübergehend; **when the ~ comes** wenn es so weit ist; **at ~s** manchmal; **at all ~s** jederzeit; **by the ~ it finished** als es zu Ende war; **by the ~ we arrive** bis wir ankommen; **by that ~ we knew** inzwischen wussten wir es; **by that ~ we'll know** bis dahin wissen wir es; **by this ~** inzwischen; **by this ~ tomorrow** morgen um diese Zeit; **from ~ to ~** von Zeit zu Zeit; **this ~ of the year** diese Jahreszeit; **now's the ~ to do it** jetzt ist der richtige Zeitpunkt *od* die richtige Zeit, es zu tun **2** **what ~ is it?, what's the ~?** wie spät ist es?, wie viel

Uhr ist es?; **what ~ do you make it?** wie spät haben Sies?; **the ~ is 2.30** es ist 2.30 Uhr; **(at) what ~ …?** (um) wie viel Uhr …?; **local ~** Ortszeit f; **it's ~ (for me) to go, it's ~ I was going, it's ~ I went** es wird Zeit, dass ich gehe; **to tell the ~** die Uhr kennen; **to make good ~** gut vorankommen; **it's about ~ he was here** er ist hier es wird (aber) auch Zeit, dass er kommt; er ist noch nicht hier es wird langsam Zeit, dass er kommt; **(and) about ~ too!** das wird aber auch Zeit!; **ahead of ~** zu früh; **behind ~** zu spät; **at any ~ during the day** zu jeder Tageszeit; **not at this ~ of night!** nicht zu dieser nachtschlafenden Zeit od Stunde!; **at one ~** früher; **at any ~** jederzeit; **at no ~** niemals; **at the same ~** wörtl gleichzeitig; **they arrived at the same ~ as us** sie kamen zur gleichen Zeit an wie wir; **but at the same ~, you must admit that …** aber andererseits müssen Sie zugeben, dass …; **in/on ~** rechtzeitig; **to be in ~ for sth** rechtzeitig zu etw kommen; **on ~** pünktlich ▪3 Mal n; **this ~** diesmal; **every** od **each ~ …** jedes Mal, wenn …; **for the first/last ~** zum ersten/letzten Mal; **and he's not very bright at the best of ~s** und er ist ohnehin od sowieso nicht sehr intelligent; **~ and (time) again, ~ after ~** immer wieder; **a hundred ~s** hundertmal; **I've told you a dozen ~s …** ich habe dir schon x-mal gesagt …; **nine ~s out of ten …** neun von zehn Malen …; **three ~s a week** dreimal pro Woche; **they came in one/three** etc **at a ~** sie kamen einzeln/immer zu dritt etc herein; **four at a ~** vier auf einmal; **for weeks at a ~** wochenlang; **(the) next ~** nächstes Mal, das nächste Mal; **(the) last ~** letztes Mal, das letzte Mal ▪4 MATH **2 ~s 3 is 6** 2 mal 3 ist 6; **it was ten ~s the size of …** es war zehnmal so groß wie … ▪5 **to have the ~ of one's life** sich glänzend amüsieren; **what a ~ we had** od **that was!** das war eine Zeit!; **to have a hard ~** es schwer haben; **to give sb a bad/rough** etc **~ (of it)** j-m das Leben schwer machen; **we had a good ~** es hat uns (dat) gut gefallen; **have a good ~!** viel Spaß! ▪6 MUS Takt m; **to keep ~** den Takt angeben ▪B v/t ▪1 **to ~ sth perfectly** genau den richtigen Zeitpunkt für etw wählen ▪2 mit Stoppuhr stoppen; Tempo messen; **to ~ sb (over 1000 metres)** j-n (auf 1000 Meter) stoppen; **~ how long it takes you, ~ yourself** sieh auf die Uhr, wie lange du brauchst; mit Stoppuhr stopp, wie lange du brauchst

time bomb s Zeitbombe f
time card s in Fabrik etc Stechkarte f
time clock s in Fabrik etc Stechuhr f
time-consuming adj zeitraubend
time difference s Zeitunterschied m
time frame, timeframe s Zeitrahmen m
time-honoured adj, **time-honored** US adj althergebracht
time-lag s Zeitverschiebung f
time-lapse adj **~ photography** Zeitraffertechnik f
timeless ['taɪmlɪs] adj zeitlos, immerwährend
time limit s zeitliche Begrenzung, Frist f
timeline s Zeitstrahl m
timely ['taɪmlɪ] adj rechtzeitig
time management s Zeitmanagement n
time off s Freizeit f
time-out US s ▪1 FUSSB Auszeit f ▪2 **to take ~** Pause machen
timer ['taɪməʳ] s Zeitmesser m, Schaltuhr f
timesaving s Zeitersparnis f
time-saving adj zeitsparend
timescale s zeitlicher Rahmen
timeshare ▪A s Wohnung f etc auf Timesharingbasis ▪B adj ⟨attr⟩ Timesharing-
time sheet s Stundenzettel m
time signal Br s Zeitzeichen n
time signature s Taktvorzeichnung f
time span s Zeitspanne f
time switch s Schaltuhr f
timetable s bes Br Fahrplan m; SCHULE Stundenplan m; **to have a busy ~** ein volles Programm haben
time zone s Zeitzone f
timid ['tɪmɪd] adj scheu
timidly ['tɪmɪdlɪ] adv zaghaft; hereinkommen schüchtern
timing ['taɪmɪŋ] s Timing n; **bad ~** schlechtes Timing; **the ~ of the statement was wrong** die Erklärung kam zum falschen Zeitpunkt
tin [tɪn] s ▪1 Blech n; CHEM Zinn n ▪2 bes Br Dose f
tin can s (Blech)dose f
tinder ['tɪndəʳ] s Zunder m
tinfoil ['tɪnfɔɪl] s Aluminiumfolie f
tinge [tɪndʒ] ▪A s Spur f; von Farbe Hauch m ▪B v/t ▪1 (leicht) tönen ▪2 fig **~d with …** mit einer Spur von …
tingle ['tɪŋgl] ▪A v/i prickeln (**with** vor +dat) ▪B s Prickeln n
tingling ['tɪŋglɪŋ] ▪A s Prickeln n ▪B adj prickelnd
tingly ['tɪŋglɪ] adj prickelnd; **my arm feels (all) ~** mein Arm kribbelt umg
tinker ['tɪŋkəʳ] ▪A Br pej **you little ~!** umg du kleiner Stromer! umg ▪B v/i ▪1 herumbasteln (**with, on** an +dat) ▪2 herumpfuschen (**with** an +dat)
tinkle ['tɪŋkl] ▪A v/i ▪1 Glocken klingen ▪2 umg pinkeln umg ▪B s Klingen n kein pl; von Glas Klirren n kein pl
tinkling ['tɪŋklɪŋ] ▪A s von Glocken Klingen n; von

Glas Klirren *n* **B** *adj Glocken* klingend
tinned [tɪnd] *bes Br adj* aus der Dose; **~ food** Dosennahrung *f*
tinnitus ['tɪnɪtəs] *s* MED Tinnitus *m*, Ohrenpfeifen *n*
tinny ['tɪnɪ] *adj* ⟨*komp* tinnier⟩ *Klang* blechern
tin-opener *bes Br s* Dosenöffner *m*
tinsel ['tɪnsəl] *s* Girlanden *pl* aus Rauschgold *etc*
tint [tɪnt] **A** *s* Ton *m*; *für Haare* Tönung *f*, Tönungsmittel *n* **B** *v/t Haare* tönen
tinted ['tɪntɪd] *adj* getönt
tiny ['taɪnɪ] *adj* ⟨*komp* tinier⟩ winzig, ganz klein; **~ little** winzig klein
tip[1] [tɪp] **A** *s* Spitze *f*; *von Zigarette* Filter *m*; **on the tips of one's toes** auf Zehenspitzen; **it's on the tip of my tongue** es liegt mir auf der Zunge; **the tip of the iceberg** *fig* die Spitze des Eisbergs **B** *v/t* **steel-tipped** mit Stahlspitze
tip[2] **A** *s* **1** Trinkgeld *n* **2** Tipp *m* **B** *v/t* **1** *Kellner* Trinkgeld geben (+*dat*) **2** **to be tipped to win** der Favorit sein
phrasal verbs mit tip:
tip off *v/t* ⟨*trennb*⟩ einen Tipp geben +*dat* (**about** über +*akk*)
tip[3] **A** *v/t* kippen, schütten, umkippen; **to tip sth backwards/forwards** etw nach hinten/vorne kippen; **to tip the balance** *fig* den Ausschlag geben **B** *v/i* kippen **C** *s Br* Müllkippe *f*; *für Kohle* Halde *f*; *umg* (≈ *unaufgeräumtes Zimmer etc*) Saustall *m umg*
phrasal verbs mit tip:
tip back **A** *v/i Stuhl* nach hinten (weg)kippen **B** *v/t* ⟨*trennb*⟩ nach hinten kippen; *Kopf* nach hinten neigen
tip out **A** *v/t* ⟨*trennb*⟩ auskippen; *Müll etc* abladen **B** *v/i* herauskippen; *Flüssigkeit* herauslaufen
tip over *v/i & v/t* ⟨*trennb*⟩ umkippen
tip up *v/i & v/t* ⟨*trennb*⟩ kippen, umkippen; *Sitz* hochklappen
tip-off ['tɪpɒf] *umg s* Tipp *m*
Tipp-Ex® ['tɪpeks] **A** *s* Tipp-Ex® *n* **B** *v/t* **to ~®** (**out**) mit Tipp-Ex® löschen
tipsy ['tɪpsɪ] *adj* ⟨*komp* tipsier⟩ beschwipst
tiptoe **A** *v/i* auf Zehenspitzen gehen **B** *s* **on ~** auf Zehenspitzen
tip-top *umg adj* erstklassig; **to be in ~ condition** tipptopp in Ordnung sein *umg*
tip-up truck *s* Kipplaster *m*
tirade [taɪ'reɪd] *s* Schimpfkanonade *f*
tire[1] [taɪə^r] **A** *v/t* müde machen **B** *v/i* müde werden; **to ~ of sb/sth** j-n/etw satthaben; **she never ~s of talking about her son** sie wird es nie müde, über ihren Sohn zu sprechen
phrasal verbs mit tire:
tire out *v/t* ⟨*trennb*⟩ (völlig) erschöpfen

tire[2] *US s* → tyre
tired ['taɪəd] *adj* müde; **~ out** völlig erschöpft; **to be ~ of sb/sth** j-n/etw satthaben; **to be ~ of doing sth** es satt haben, etw zu tun; **to get ~ of sb/sth** j-n/etw sattbekommen
tiredness *s* Müdigkeit *f*
tireless *adj* unermüdlich
tiresome ['taɪəsəm] *adj* lästig
tiring ['taɪərɪŋ] *adj* anstrengend
Tirol [tɪ'rəʊl] *s* → Tyrol
tissue ['tɪʃuː] *s* **1** ANAT, *a. fig* Gewebe *n* **2** Papier(taschen)tuch *n* **3** (*a.* **~ paper**) Seidenpapier *n*
tit[1] [tɪt] *s* Meise *f*
tit[2] *s* **tit for tat** wie du mir, so ich dir
tit[3] *sl s* Titte *f sl*; **he gets on my tits** er geht mir auf den Sack *sl*
titanic [taɪ'tænɪk] *adj* gigantisch
titbit ['tɪtbɪt] *s*, **tidbit** ['tɪdbɪt] *US s* **1** Leckerbissen *m* **2** (≈ *Information*) Pikanterie *f*
titillate ['tɪtɪleɪt] *v/t j-n*, *Sinne* anregen; *Interesse* erregen
title ['taɪtl] *s* **1** Titel *m*, Überschrift *f*; FILM Untertitel *m* **2** Anrede *f*
title deed *s* Eigentumsurkunde *f*
titleholder *s* SPORT Titelträger(in) *m(f)*
title page *s* TYPO Titelseite *f*
title role *s* Titelrolle *f*
titter ['tɪtə^r] **A** *v/t & v/i* kichern **B** *s* Gekicher *n*
T-junction ['tiː‚dʒʌŋkʃən] *Br s* T-Kreuzung *f*
TM *abk* (= *trademark*) Markenzeichen *n*
to [tuː] **A** *präp* **1** zu; **to go to the station/doctor's** zum Bahnhof/Arzt gehen; **to go to Jenny's** zu Jenny gehen; **to go to the opera** *etc* in die Oper *etc* gehen; **to go to France/London** nach Frankreich/London fahren; **to the left/west** nach links/Westen; **I have never been to India** ich war noch nie in Indien **2** bis; **to count (up) to 20** bis 20 zählen; **it's 90 kms to Paris** nach Paris sind es 90 km; **8 years ago to the day** auf den Tag genau vor 8 Jahren **3** **he nailed it to the wall/floor** *etc* er nagelte es an die Wand/auf den Boden *etc*; **they tied him to the tree** sie banden ihn am Baum fest **4** *mit Dativobjekt* **to give sth to sb** j-m etw geben; **I said to myself …** ich habe mir gesagt …; **to mutter to oneself** vor sich hin murmeln; **he is kind to everyone** er ist zu allen freundlich; **it's a great help to me** das ist eine große Hilfe für mich; **he has been a good friend to us** er war uns (*dat*) ein guter Freund; **to Lottie** *Trinkspruch* auf Lottie (*akk*); **to drink to sb** j-m zutrinken **5** *Positionsangabe* **close to sb/sth** nahe bei j-m/etw; **at right angles to the wall** im rechten Winkel zur Wand; **to the west (of)/the left (of)** westlich/links (von) **6** *zeitlich* vor; **20 (minutes) to 2** 20 (Minuten) vor 2 **7** *Relation*

zu; **they won by four goals to two** sie haben mit vier zu zwei Toren gewonnen; **3 to the power of 4** 3 hoch 4 **8** pro **9 what would you say to a beer?** was hältst du von einem Bier?; **there's nothing to it** es ist nichts dabei; **that's all there is to it** das ist alles; **to the best of my knowledge** nach bestem Wissen; **it's not to my taste** das ist nicht nach meinem Geschmack **10** *Infinitiv* **to try to do sth** versuchen, etw zu tun; **he decided to come** er beschloss zu kommen; **I want to do it** ich will es tun; **I want him to do it** ich will, dass er es tut; **to work to live** arbeiten, um zu leben; **to get to the point, ...** um zur Sache zu kommen, ...; **I arrived to find she had gone** als ich ankam, war sie weg **11** *anstelle von Verb* **I don't want to** ich will nicht; **I'll try to** ich werde es versuchen; **you have to** du musst; **I'd love to** sehr gerne; **buy it, it would be silly not to** kaufe es, es wäre dumm, es nicht zu tun **12 there's no-one to help us** es ist niemand da, der uns helfen könnte; **he was the first to arrive** er kam als Erster an; **who was the last to see her?** wer hat sie zuletzt gesehen?; **what is there to do here?** was gibt es hier zu tun?; **to be ready to do sth** bereit sein, etw zu tun; **it's hard to understand** es ist schwer zu verstehen **B** *adj* Tür zu **C** *adv* **to and fro** hin und her; *gehen* auf und ab

toad [təʊd] *s* Kröte *f*

toadstool ['təʊdstuːl] *s* (nicht essbarer) Pilz

toast[1] [təʊst] **A** *s* Toast *m*; **a piece of ~** ein Toast *m* **B** *v/t* toasten

toast[2] **A** *s* Toast *m*, Trinkspruch *m*; **to drink a ~ to sb** auf j-n trinken; **to propose a ~** einen Toast ausbringen (**to** auf +*akk*); **she was the ~ of the town** sie war der gefeierte Star der Stadt **B** *v/t* **to ~ sb/sth** auf j-s Wohl trinken

toaster ['təʊstə^r] *s* Toaster *m*

toast rack *s* Toastständer *m*

tobacco [tə'bækəʊ] *s* ⟨*pl* -s⟩ Tabak *m*

tobacconist [tə'bækənɪst] *s* Tabak(waren)-händler(in) *m(f)*, Trafikant(in) *m(f)* *österr*; Tabak(waren)laden *m*

to-be [təˈbiː] *adj* **the bride-to-be** die zukünftige Braut; **the mother-to-be** die werdende Mutter

toboggan [tə'bɒgən] **A** *s* Schlitten *m*, Rodel *f österr* **B** *v/i* **to ~ing** Schlitten fahren, schlitteln *schweiz*

today [tə'deɪ] *adv & s* **1** heute; **a week/fortnight ~** in einer Woche/zwei Wochen; **a year ago ~** heute vor einem Jahr; **from ~** ab heute; **later ~** später (am Tag); **~'s paper** die Zeitung von heute; **what's ~'s date?** der Wievielte ist heute?; **here ~ and gone tomorrow** *fig* heute hier und morgen da **2** heutzutage; **the youth of ~** die Jugend von heute

toddle ['tɒdl] *v/i* **1** *Kleinkind* wackelnd laufen **2** *umg* (*a.* **~ off**) abzwitschern *umg*

toddler ['tɒdlə^r] *s* Kleinkind *n*

to-do [tə'duː] *umg s* ⟨*kein pl*⟩ Theater *n umg*

toe [təʊ] **A** *s* Zehe *f*; *von Strumpf* Spitze *f*; **to tread** *od* **step on sb's toes** *wörtl* j-m auf die Zehen treten; *fig* j-m ins Handwerk pfuschen *umg*; **to be on one's toes** *fig* auf Zack sein *umg* **B** *v/t fig* **to toe the line** sich einfügen, spuren *umg*

TOEFL *abk* (= Test of English as a Foreign Language) TOEFL-Test *m* (*englische Sprachprüfung für ausländische Studenten*)

toehold *s* Halt *m* für die Fußspitzen; *fig* Einstieg *m*

toenail *s* Zehennagel *m*

toff [tɒf] *Br umg s* feiner Pinkel *umg*

toffee ['tɒfɪ] *Br s* (Sahne)karamell *m*, Toffee *n*

tofu ['təʊfuː] *s* Tofu *n*

together [tə'geðə^r] **A** *adv* zusammen; **to do sth ~** etw zusammen tun; *diskutieren, spielen a.* etw miteinander tun; **to go ~** zusammenpassen; **all ~ now** jetzt alle zusammen **B** *adj umg* cool *umg*

toggle ['tɒgl] **A** *s* Knebel *m*; *an Kleidung* Knebelknopf *m* **B** *v/i* IT hin- und herschalten

toggle key *s* IT Umschalttaste *f*

toggle switch *s* Kipp(hebel)schalter *m*

togs [tɒgz] *umg pl* Sachen *pl*, Klamotten *pl umg*

toil [tɔɪl] **A** *v/i liter* sich plagen (**at, over** mit) **B** *s liter* Plage *f geh*

toilet ['tɔɪlɪt] *s* Toilette *f*; **to go to the ~** auf die Toilette gehen; **she's in the ~** sie ist auf der Toilette

toilet bag *Br s* Kulturbeutel *m*

toilet brush *s* Klosettbürste *f*

toilet paper *s* Toilettenpapier *n*

toiletries ['tɔɪlɪtrɪz] *s* Toilettenartikel *pl*

toilet roll *s* Rolle *f* Toilettenpapier

toilet seat *s* Toilettensitz *m*

toilet tissue *s* Toilettenpapier *n*

to-ing and fro-ing [ˌtuːɪŋən'frəʊɪŋ] *bes Br s* Hin und Her *n*

token ['təʊkən] **A** *s* **1** Zeichen *n*; **by the same ~** ebenso, aber auch **2** Spielmarke *f* **3** *Br* Gutschein *m* **B** *adj* ⟨*attr*⟩ Schein-; **~ gesture** leere Geste

Tokyo ['təʊkɪəʊ] *s* Tokio *n*

told [təʊld] *prät & pperf* → **tell**

tolerable ['tɒlərəbl] *adj* erträglich

tolerance ['tɒlərəns] *s* Toleranz *f* (**of, for, towards** gegenüber)

tolerant ['tɒlərənt] *adj* **1** tolerant (**of, towards, with** gegenüber) **2** TECH **to be ~ of heat** hitzebeständig sein

tolerate ['tɒləreɪt] *v/t* **1** *Lärm* ertragen **2** j-n, Ver-

halten tolerieren

toleration [ˌtɒləˈreɪʃən] *s* Tolerierung *f*

toll[1] [təʊl] **A** *v/t & v/i* läuten **B** *s* Läuten *n*

toll[2] *s für Brücke etc* Maut *f*

toll[3] *s Tote* Zahl *f* der Todesopfer; **the death ~ on the roads** die Zahl der Verkehrstoten

tollbooth *s* Mautstelle *f*

toll bridge *s* Mautbrücke *f*

toll-free *adj & adv US* TEL gebührenfrei

toll road *s* Mautstraße *f*

tomahawk [ˈtɒməhɔːk] *s* Tomahawk *m*

tomato [təˈmɑːtəʊ, *US* təˈmeɪtəʊ] *s* ⟨*pl* -es⟩ Tomate *f*, Paradeiser *m österr*

tomato ketchup *s* (Tomaten)ketchup *n od m*

tomato purée, **tomato puree** *s* Tomatenmark *n*, Paradeismark *n österr*

tomato sauce *s* Tomatensoße *f*; Ketchup *n od m*

tomb [tuːm] *s* Grab *n*, Grabmal *n*

tomboy [ˈtɒmbɔɪ] *s* Wildfang *m*

tombstone [ˈtuːmstəʊn] *s* Grabstein *m*

tomcat [ˈtɒmkæt] *s* Kater *m*

tomfoolery [ˌtɒmˈfuːləri] *s* Unsinn *m*, Blödsinn *m umg*

tomography [təˈmɒɡrəfi] *s* MED Tomografie *f*

tomorrow [təˈmɒrəʊ] *adv & s* morgen; (≈ *Zukunft*) Morgen *n*; **a week ~** morgen in einer Woche; **a fortnight ~** morgen in zwei Wochen; **a year ago ~** morgen vor einem Jahr; **the day after ~** übermorgen; **~ morning/evening** morgen früh/Abend; **early ~** morgen früh; **(as) from ~** ab morgen; **see you ~!** bis morgen!; **~'s paper** die Zeitung von morgen

ton [tʌn] *s* **1** Tonne *f*; *US* (amerikanische) Tonne *f*; **metric ton** Tonne *f*; **it weighs a ton** *fig umg* das wiegt ja eine Tonne **2 tons of** *pl umg* jede Menge *umg*

tone [təʊn] **A** *s a.* MUS Ton *m*; Note *f*; *von Musik* Klang *m*; *farblich* (Farb)ton *m*; **... he said in a friendly ~ ...** sagte er in freundlichem Ton; **~ of voice** Ton(fall) *m*; **the new people have lowered the ~ of the neighbourhood** die neuen Leute haben dem Ruf des Viertels geschadet **B** *v/t Muskeln* in Form bringen

phrasal verbs mit tone:

tone down *v/t* ⟨*trennb*⟩ abmildern; *Forderungen* mäßigen

tone up *v/t* ⟨*trennb*⟩ *Muskeln* kräftigen

tone-deaf [təʊnˈdef] *adj* **he's ~** er hat kein Gehör für Tonhöhen

toner [ˈtəʊnəʳ] *s* **1** *für Kopierer* Toner *m* **2** *zur Hautpflege* Gesichtswasser *n*, Toner *m*

toner cartridge *s* Tonerpatrone *f*

tongs [tɒŋz] *pl* **1** Zange *f*; **a pair of ~** eine Zange *f* **2** Lockenstab *m*

tongue [tʌŋ] *s* **1** Zunge *f*; **to put** *od* **stick one's ~ out at sb** j-m die Zunge herausstrecken; **to hold one's ~** den Mund halten **2** Sprache *f*

tongue in cheek *adj* ⟨*präd*⟩ *Bemerkung* ironisch gemeint

tongue-tied *adj* **to be ~** keinen Ton herausbringen

tongue twister *s* Zungenbrecher *m*

tonic [ˈtɒnɪk] *s* **1** MED Tonikum *n* **2 ~ (water)** Tonic(water) *n*

tonight [təˈnaɪt] **A** *adv* heute Abend; heute Nacht; **see you ~!** bis heute Abend! **B** *s* der heutige Abend; die heutige Nacht; **~'s party** die Party heute Abend

tonne [tʌn] *s* Tonne *f*

tonsil [ˈtɒnsl] *s* Mandel *f*

tonsillitis [ˌtɒnsɪˈlaɪtɪs] *s* Mandelentzündung *f*

too [tuː] *adv* **1** ⟨+*adj od adv*⟩ zu; **too much** zu viel *inv*; **too big** zu groß; **too many** zu viele; **he's had too much to drink** er hat zu viel getrunken; **don't worry too much** mach dir nicht zu viel Sorgen; **too right!** *umg* das kannste laut sagen *umg*; **all too ...** allzu ...; **he wasn't too interested** er war nicht allzu interessiert; **I'm not too sure** ich bin nicht ganz sicher **2** auch; **me too!** ich auch! **3** auch noch

took [tʊk] *prät* → **take**

tool [tuːl] *s* Werkzeug *n*

toolbar *s* IT Symbolleiste *f*

toolbox *s* Werkzeugkasten *m*

toolkit *s* Werkzeug *n*, Werkzeugausrüstung *f*

tool shed *s* Geräteschuppen *m*

toot [tuːt] **A** *v/t* **to ~ a horn** hupen **B** *v/i* hupen

tooth [tuːθ] *s* ⟨*pl* **teeth**⟩ Zahn *m*; **to have a ~ out** sich (*dat*) einen Zahn ziehen lassen; **to get one's teeth into sth** *fig* sich in etw (*dat*) festbeißen; **to fight ~ and nail** bis aufs Blut kämpfen; **to lie through** *od* **in one's teeth** das Blaue vom Himmel herunterlügen; **I'm fed up to the (back) teeth with that** *umg* es hängt mir zum Hals heraus *umg*

toothache *s* Zahnschmerzen *pl*

toothbrush *s* Zahnbürste *f*

tooth decay *s* Karies *f*

toothless [ˈtuːθləs] *adj* zahnlos

toothpaste *s* Zahnpasta *f*

toothpick *s* Zahnstocher *m*

top [tɒp] **A** *s* **1** oberer Teil; *von Turm, a. fig von Liga etc* Spitze *f*; *von Berg* Gipfel *m*, Krone *f*; *von Straße* oberes Ende; *von Tisch* Kopfende *n*; **at the top** oben; **at the top of the page** oben auf der Seite; **at the top of the league/stairs** oben in der Tabelle/an der Treppe; **at the top of the table** am oberen Ende des Tisches; **to be top of the class** Klassenbeste(r) sein; **to the top** nach oben; **near the top** (ziemlich) weit oben; **five lines from the top** in der fünften Zeile von oben; **from top to toe** von Kopf bis Fuß; **from top to bottom** von oben bis unten; **at the top of one's voice** aus vollem Hals; **off the top of my head** *fig* grob gesagt; **to go over the top** zu viel des Guten tun; **that's a bit over the top** das geht ein bisschen zu weit **2** Oberfläche *f*; **to be on top** oben sein *od* liegen; *fig* obenauf sein; **it was on top of/on the top of the cupboard** *etc* es war auf/oben auf dem Schrank *etc*; **on top of** zusätzlich zu; **things are getting on top of me** die Dinge wachsen mir über den Kopf; **and, on top of that ...** und außerdem ...; **he felt he was on top of the situation** er hatte das Gefühl, die Situation unter Kontrolle zu haben; **to come out on top** sich durchsetzen **3** *umg* Oberkörper *m*; **to blow one's top** an die Decke gehen *umg* **4** Arbeitsfläche *f* **5** *von Bikini* Oberteil *n*; *Kleidungsstück* Top *n*; *von Glas* Deckel *m*; *von Flasche* Verschluss *m*; *von Füller* Hülle *f*; *von Auto* Dach *n* **B** *adj* obere(r, s), oberste(r, s), Spitzen-; *Benotung* beste(r, s); **today's top story** die wichtigste Meldung von heute; **on the top floor** im obersten Stockwerk; **at top speed** mit Höchstgeschwindigkeit; **in top form** in Höchstform **C** *adv* **1 to come top** SCHULE Beste(r) werden **2 tops** *umg* höchstens, maximal **D** *v/t* **1** bedecken; **fruit topped with cream** Obst mit Sahne darauf **2** anführen; **to top the list** ganz oben auf der Liste stehen **3** *fig* übersteigen; **and to top it all ...** *umg* und um das Maß vollzumachen ...

phrasal verbs mit top:
top off *v/t* ⟨trennb⟩ **1** abrunden **2** *US* → top up
top up *v/t* ⟨trennb⟩ **1** *Br* auffüllen; *Einkommen* ergänzen; **can I top you up?** *umg* darf ich dir nachschenken? **2** *Handykarte* aufladen

top-class *adj* Spitzen-, erstklassig; **a ~ restaurant** ein Restaurant der Spitzenklasse
top gear *s* höchster Gang
top hat *s* Zylinder *m*
top-heavy *adj* kopflastig
topic ['tɒpɪk] *s* Thema *n*; **~ of conversation** Gesprächsthema *n*; **~ sentence** Satz, der in das Thema eines Absatzes einführt
topical ['tɒpɪkəl] *adj* aktuell
topless **A** *adj* oben ohne, Oben-ohne- **B** *adv* oben ohne
top-level *adj* Spitzen-; *Verhandlungen* auf höchster Ebene
top management *s* Spitzenmanagement *n*
topmost *adj* oberste(r, s)
top-of-the-range *adj* ⟨attr⟩ Spitzen-, der Spitzenklasse
top performer *s* HANDEL Testsieger *m*
topping ['tɒpɪŋ] *s* Belag *m*; **with a ~ of cream** *etc* mit Sahne *etc* (oben) darauf
topple ['tɒpl] **A** *v/i* **1** herunterpurzeln *umg* **2** *Preise* fallen **B** *v/t fig Regierung* stürzen

phrasal verbs mit topple:
topple down *v/i* ⟨+obj⟩ hinunterfallen
topple over *v/i* schwanken und fallen (**sth** über etw *akk*)

top-quality *adj* ⟨attr⟩ Spitzen-; **~ product** Spitzenprodukt *n*
top-ranking *adj* von hohem Rang; *Sportler* der Spitzenklasse
top-secret *adj* streng geheim
top-selling *adj* meistverkauft
topsoil *s* AGR Ackerkrume *f*
topsy-turvy [ˌtɒpsɪˈtɜːvɪ] *umg adj wörtl* kunterbunt durcheinander *präd; fig* auf den Kopf gestellt
top-up ['tɒpʌp] *Br* **A** *s umg* **would you like a ~?** darf man dir noch nachschenken? **B** *adj* Zusatz-
top-up card *s für Handy* (wieder aufladbare) Prepaidkarte *f*
torch [tɔːtʃ] *s* Fackel *f*; *Br* Taschenlampe *f*
torchlight *s* **by ~** bei Fackelschein; *Br* beim Schein einer Taschenlampe
tore [tɔː] *prät* → tear¹
torment **A** ['tɔːment] *s* Qual *f*; **to be in ~** Qualen leiden **B** [tɔːˈment] *v/t* quälen, plagen
torn [tɔːn] *pperf* → tear¹
tornado [tɔːˈneɪdəʊ] *s* ⟨*pl* -(e)s⟩ Tornado *m*
torpedo [tɔːˈpiːdəʊ] **A** *s* ⟨*pl* -es⟩ Torpedo *m* **B** *v/t* torpedieren
torpor ['tɔːpə] *s* Trägheit *f*, Abgestumpftheit *f*
torrent ['tɒrənt] *s* reißender Strom; *fig von Worten* Schwall *m*; **a ~ of abuse** ein Schwall *m* von Beschimpfungen
torrential [tɒˈrenʃəl] *adj Regen* sintflutartig
torso ['tɔːsəʊ] *s* ⟨*pl* -s⟩ Körper *m*
tortoise ['tɔːtəs] *s* Schildkröte *f*
tortoiseshell ['tɔːtəsʃel] *s* Schildpatt *m*
tortuous ['tɔːtjʊəs] *wörtl adj Pfad* gewunden; *fig* verwickelt
torture ['tɔːtʃə] **A** *s* Folter *f*; *fig* Qual *f* **B** *v/t* **1** *wörtl* foltern **2** *fig* quälen
torture chamber *s* Folterkammer *f*
torturer ['tɔːtʃərə] *wörtl s* Folterknecht *m*
Tory ['tɔːrɪ] *Br* **A** *s* POL Tory *m*, Konservative(r) *m/f(m)* **B** *adj* konservativ, Tory-
toss [tɒs] **A** *s* **1** Wurf *m* **2** Münzwurf *m*; **to win the ~** die Seitenwahl gewinnen **B** *v/t* **1** werfen; *Salat* anmachen; *Pfannkuchen* wenden; **to ~ sth to sb** j-m etw zuwerfen; **to ~ a coin** eine Münze (zum Losen) hochwerfen; **to ~ sb for sth** mit j-m (durch Münzenwerfen) um etw knobeln **2** schütteln; **to ~ one's head** den Kopf zurückwerfen **C** *v/i* **1** *Schiff* rollen; **to ~**

and turn sich hin und her wälzen ☑ (durch Münzenwerfen) knobeln; **to ~ for sth** um etw knobeln

phrasal verbs mit toss:

toss about *Br*, **toss around** *v/t* ⟨trennb⟩ durchschütteln; *Ball* herumwerfen; *fig Ideen* zur Debatte stellen

toss away *v/t* ⟨trennb⟩ wegwerfen

toss out *v/t* ⟨trennb⟩ *Abfall* wegwerfen; *j-n* hinauswerfen

toss up *v/t* ⟨trennb⟩ werfen

toss-up ['tɒsʌp] *s* **it was a ~ whether ...** *umg* es war völlig offen, ob ...

tot [tɒt] *s* ☐ Knirps *m umg* ☑ *bes Br alkoholisch* Schlückchen *n*

phrasal verbs mit tot:

tot up *bes Br umg v/t* ⟨trennb⟩ zusammenzählen

total ['təʊtl] Ⓐ *adj* völlig; *Betrag* Gesamt-; *Sonnenfinsternis* total; **what is the ~ number of rooms you have?** wie viele Zimmer haben Sie (insgesamt)?; **to be in ~ ignorance (of sth)** (von etw) überhaupt nichts wissen Ⓑ *s* Gesamtmenge *f*; (≈ *Zahlen*) Endsumme *f*; **a ~ of 50 people** insgesamt 50 Leute; **this brings the ~ to £100** das bringt die Gesamtsumme auf £ 100; **in ~** insgesamt Ⓒ *v/t* ☐ sich belaufen auf (+*akk*) ☑ (*a*. **~ up**) zusammenzählen

totalitarian [ˌtəʊtælɪ'teərɪən] *adj* totalitär

totally ['təʊtəlɪ] *adv* total, völlig

tote bag ['təʊtbæg] *US s* (Einkaufs)tasche *f*

totem pole ['təʊtəmpəʊl] *s* Totempfahl *m*

totes [təʊts] *umg adv* total *umg*

totter ['tɒtə^r] *v/i* schwanken

toucan ['tu:kən] *s* Tukan *m*

toucan crossing *Br s* Fußgänger- und Radfahrerübergang *m*

touch [tʌtʃ] Ⓐ *s* ☐ (Tast)gefühl *n*; **to be cold to the ~** sich kalt anfühlen ☑ Berührung *f*; **at the ~ of a button** auf Knopfdruck ☑ (≈ *Geschick*) Hand *f*, Stil *m*; **he's losing his ~** er wird langsam alt; **a personal ~** eine persönliche Note ☐ *fig* Einfall *m*; **to put the finishing ~es to sth** letzte Hand an etw (*akk*) legen ☑ Spur *f*; **a ~ of flu** eine leichte Grippe ☑ **to be in ~ with sb** mit j-m in Verbindung stehen; **to keep in ~ with sb** mit j-m in Verbindung bleiben; **to keep in ~ with developments** auf dem Laufenden bleiben; **I'll be in ~!** ich melde mich!; **keep in ~!** lass wieder einmal von dir hören!; **to be out of ~** nicht auf dem Laufenden sein; **you can get in ~ with me at this number** Sie können mich unter dieser Nummer erreichen; **to get in ~ with sb** sich mit j-m in Verbindung setzen; **to lose ~ (with sb)** den Kontakt (zu j-m) verlieren; **to put sb in ~ with sb** j-n mit j-m in Verbindung bringen ☑ FUSSB Aus *n*; **in ~** im Aus Ⓑ *v/t* ☐ berühren, anfassen; **her feet hardly ~ed the ground** *fig* sie schwebte in den Wolken ☑ *Alkohol, Problem* anrühren, antasten; **the police can't ~ me** die Polizei kann mir nichts anhaben ☑ *emotional* rühren, berühren Ⓒ *v/i* sich berühren; **don't ~!** Finger weg!

phrasal verbs mit touch:

touch down *v/i Flugzeug* aufsetzen

touch up *v/t* ⟨trennb⟩ *Anstrich* ausbessern

touch (up)on *v/i* ⟨+*obj*⟩ *Thema* antippen; **he barely touched on the question** er hat die Frage kaum berührt

touch-and-go [ˌtʌtʃən'gəʊ] *adj* **to be ~** sehr riskant sein; **it's ~ whether ...** es steht auf Messers Schneide, ob ...

touchdown ['tʌtʃdaʊn] *s* ☐ FLUG, RAUMF Aufsetzen *n* ☑ *US* SPORT Versuch *m* (*Niederlegen des Balls in der Endzone des Gegners*)

touched [tʌtʃt] *adj* ⟨präd⟩ gerührt

touchfree [ˌtʌtʃ'fri:] *adj* PHYS, TECH *Messung, Sensor, Schalter* berührungslos

touching *adj*, **touchingly** ['tʌtʃɪŋ, -lɪ] *adv* rührend

touchless ['tʌtʃlɪs] *adj* PHYS, TECH *Messung, Sensor, Schalter* berührungslos

touchless technology *s* berührungslose Technologie

touchline *s bes Br* SPORT Seitenlinie *f*

touchpad *s* COMPUT Touchpad *n*

touchpaper *s* Zündpapier *n*

touchscreen *s* COMPUT Touchscreen *m*

touchscreen keyboard *s* IT Touchscreen-Tastatur *f*

touch-sensitive *adj* berührungssensitiv; **~ screen** Touchscreen *m*

touch-tone *adj* Tonwahl-

touch-type *v/i* blindschreiben

touchy ['tʌtʃɪ] *adj* empfindlich (**about** in Bezug auf +*akk*); *Thema* heikel

touchy-feely [ˌtʌtʃɪ'fi:lɪ] *adj umg* sentimental; **she's very ~** sie fasst einen beim Reden immer an

tough [tʌf] *adj* ⟨+*er*⟩ zäh, widerstandsfähig; *Stoff* strapazierfähig; *Gegner, Problem* hart; *Stadt* rau; *Reise* anstrengend; *Wahl* schwierig; **(as) ~ as old boots** *Br hum umg*, **(as) ~ as shoe leather** *US hum umg* zäh wie Leder *umg*; **he'll get over it, he's ~** er wird schon darüber hinwegkommen, er ist hart im Nehmen *umg*; **to get ~ (with sb)** *fig* hart durchgreifen (gegen j-n); **it was ~ going** es war eine Strapaze; **to have a ~ time of it** nichts zu lachen haben; **I had a ~ time controlling my anger** es fiel mir schwer, meinen Zorn unter Kontrolle zu halten; **she's a ~ customer** sie ist zäh wie Leder *umg*; **~ guy** knallharter Bursche; **it was ~ on**

the others *umg* das war hart für die andern; **~ (luck)!** *umg* Pech!
toughen ['tʌfn] *v/t* Glas härten
phrasal verbs mit toughen:
toughen up A *v/t* ⟨*trennb*⟩ j-n stählen *geh*; *Richtlinien* verschärfen B *v/i* hart werden; **to toughen up on sth** härter gegen etw vorgehen
toughness ['tʌfnɪs] *s* Zähheit *f*, Zähigkeit *f*, Widerstandsfähigkeit *f*; *von Gegner, Kampf, Verhandlungen* Härte *f*
toupee ['tuːpeɪ] *s* Toupet *n*
tour [tʊər] A *s* 1 Tour *f*; *durch Stadt, Ausstellung* Rundgang *m* (**of** durch); (*a.* **guided ~**) Führung *f* (**of** durch); *mit Bus* Rundfahrt *f* (**of** durch); **to go on a ~ of Scotland** auf eine Schottlandreise gehen 2 (*a.* **~ of inspection**) Runde *f* (**of** durch) 3 THEAT Tournee *f* (**of** durch); **to go on ~** auf Tournee gehen; **to take a play on ~** mit einem Stück auf Gastspielreise *od* Tournee gehen B *v/t* 1 *Land* fahren durch, bereisen; **to ~ the world** um die Welt reisen 2 *Stadt, Ausstellung* einen Rundgang machen durch 3 *Band* auf Tournee sein in *dat*; THEAT eine Tournee machen durch C *v/i* 1 eine Reise *od* Tour machen; **we're ~ing (around)** wir reisen herum 2 THEAT eine Tournee machen; **to be ~ing** auf Tournee sein
tour de force ['tʊədə'fɔːs] *s* Glanzleistung *f*
tour guide *s* Reiseleiter(in) *m(f)*
touring ['tʊərɪŋ] *s* (Herum)reisen *n*
tourism ['tʊərɪzəm] *s* Tourismus *m*
tourist ['tʊərɪst] A *s* Tourist(in) *m(f)* B *adj* ⟨*attr*⟩ Touristen-; **~ season** Reisesaison *od* -zeit *f*
tourist attraction *s* Touristenattraktion *f*
tourist-class *adj* der Touristenklasse
tourist guide *s* Fremdenführer(in) *m(f)*
tourist industry *s* Tourismusindustrie *f*
tourist information (centre) *Br s* Fremdenverkehrsamt *n*
tourist office *s* Fremdenverkehrsbüro *n*
tournament ['tʊənəmənt] *s* Turnier *n*
tourniquet ['tʊənɪkeɪ] *s* Aderpresse *f*
tour operator *s* Reiseveranstalter *m*
tousled ['taʊzld] *adj Haare* zerzaust
tout [taʊt] *umg* A *s* (Karten)schwarzhändler(in) *m(f)* B *v/i* **to ~ for business** (aufdringlich) Reklame machen; **to ~ for customers** auf Kundenfang sein *umg*
tow [təʊ] A *s* **to give sb a tow** j-n abschleppen; **in tow** *fig* im Schlepptau B *v/t* schleppen; *Anhänger* ziehen
phrasal verbs mit tow:
tow away *v/t* ⟨*trennb*⟩ *Auto* (gebührenpflichtig) abschleppen
toward(s) [tə'wɔːd(z)] *präp* 1 auf (+*akk*) ... zu; **~ Mr Green** auf Mr Green zu, in Mr Greens Richtung; **to sail ~ China** in Richtung China segeln; **it's further north, ~ Dortmund** es liegt weiter im Norden, Richtung Dortmund; **~ the south** nach Süden; **he turned ~ her** er wandte sich ihr zu; **with his back ~ the wall** mit dem Rücken zur Wand; **they are working ~ a solution** sie arbeiten auf eine Lösung hin; **to get some money ~ sth** etwas Geld als Beitrag zu etw bekommen 2 ... (*dat*) gegenüber; **what are your feelings ~ him?** was empfinden Sie für ihn? 3 **~ ten o'clock** gegen zehn Uhr; **~ the end of the year** gegen Ende des Jahres
towbar ['təʊbaː] *s* Anhängerkupplung *f*
towel ['taʊəl] *s* Handtuch *n*
phrasal verbs mit towel:
towel down *v/t* ⟨*trennb*⟩ (ab)trocknen
towelling ['taʊəlɪŋ] *s* Frottee(stoff) *m*
tower ['taʊə] A *s* 1 Turm *m* 2 *fig* **a ~ of strength** ein starker (Rück)halt 3 COMPUT Tower *m* B *v/i* ragen
phrasal verbs mit tower:
tower above, **tower over** *v/i* ⟨+*obj*⟩ 1 *Häuser etc* emporragen über (+*akk*) 2 j-n überragen
tower block *Br s* Hochhaus *n*
towering ['taʊərɪŋ] *fig adj Leistung* überragend
town [taʊn] *s* Stadt *f*; **in ~** in der Stadt; **to go into ~** in die Stadt gehen; **he's out of ~** er ist nicht in der Stadt; **the centre of ~** *Br* die Mitte der Stadt; **to go to ~ on sth** *fig umg* sich (*dat*) bei etw einen abbrechen *umg*
town centre *Br s* Stadtmitte *f*, (Stadt)zentrum *n*
town council *s* Stadtrat *m*
town councillor *s*, **town councilor** *US s* Stadtrat *m*, Stadträtin *f*
town hall *s* Rathaus *n*
town house *s* Stadthaus *n*; *in Siedlung* Reihenhaus *n*
town planner *s* Stadtplaner(in) *m(f)*
town planning *s* Stadtplanung *f*
townsfolk ['taʊnzfəʊk] *pl* Bürger *pl*
township ['taʊnʃɪp] *US s* Verwaltungsbezirk *m*; *in Südafrika* Township *f*
townspeople ['taʊnzpiːpl] *pl* Bürger *pl*
town twinning [,taʊn'twɪnɪŋ] *Br s* Städtepartnerschaft *f*
towpath *s* Treidelpfad *m*
towrope *s* AUTO Abschleppseil *n*
tow truck *US s* Abschleppwagen *m*
toxic ['tɒksɪk] *adj* 1 giftig, Gift- 2 FIN toxisch
toxic waste *s* Giftmüll *m*
toxic waste dump *s* Giftmülldeponie *f*
toxin ['tɒksɪn] *s* Giftstoff *m*
toy [tɔɪ] A *s* Spielzeug *n* B *v/i* **to toy with an idea** *etc* mit einer Idee *etc* spielen
toy boy *umg s* jugendlicher Liebhaber

toyshop s Spielwarenladen m

trace [treɪs] **A** s Spur f; **I can't find any ~ of your file** Ihre Akte ist spurlos verschwunden; **to sink without ~** spurlos versinken **B** v/t **1** (≈ *kopieren*) nachziehen, durchpausen **2** *Fortschritt* verfolgen; *Schritten* folgen (+dat); **to ~ a phone call** einen Anruf zurückverfolgen; **she was ~d to …** ihre Spur führte zu … **3** ausfindig machen; **I can't ~ your file** ich kann Ihre Akte nicht finden

phrasal verbs mit trace:
trace back v/t ⟨trennb⟩ zurückverfolgen; *Problem* zurückführen (**to** auf +akk)

tracing paper [ˈtreɪsɪŋpeɪpəʳ] s Pauspapier n

track [træk] **A** s **1** Spur f; **to be on sb's ~** j-m auf der Spur sein; **to keep ~ of sb/sth** j-n/etw im Auge behalten; (≈ *informiert*) über j-n/etw auf dem Laufenden bleiben; **how do you keep ~ of the time without a watch?** wie können Sie wissen, wie spät es ist, wenn Sie keine Uhr haben?; **I can't keep ~ of your girlfriends** du hast so viele Freundinnen, da komme ich nicht mit *umg*; **to lose ~ of sb/sth** j-n/etw aus den Augen verlieren; (≈ *nicht informiert*) über j-n/etw nicht mehr auf dem Laufenden sein; **to lose ~ of time** die Zeit ganz vergessen; **to lose ~ of what one is saying** den Faden verlieren **2** *fig* **we must be making ~s** *umg* wir müssen uns auf die Socken machen *umg*, wir müssen uns auf den Weg machen; **he stopped dead in his ~s** er blieb abrupt stehen **3** Weg m; **to be on ~** *fig* auf Kurs sein; **to be on the right/wrong ~** *fig* auf der richtigen/falschen Spur sein; **to get sth back on ~** etw wieder auf Kurs bringen **4** BAHN Gleise *pl*; *US* Bahnsteig m **5** SPORT Rennbahn f; *Leichtathletik* Bahn f **6** MUS Stück n **B** v/t *Tier* verfolgen

phrasal verbs mit track:
track down v/t ⟨trennb⟩ aufspüren (**to** in +dat), aufstöbern

track and field *US* s Leichtathletik f
track-and-field *adj US* Leichtathletik-
trackball s COMPUT Trackball m; *von Maus* Rollkugel f
tracker dog [ˈtrækədɒg] s Spürhund m
track event s Laufwettbewerb m
trackpad s COMPUT Touchpad n
track record s **to have a good ~** gute Leistungen vorweisen können
tracksuit s Trainingsanzug m
tract [trækt] s Fläche f, Gebiet n
tractor [ˈtræktəʳ] s Traktor m
trade [treɪd] **A** s **1** Gewerbe n, Handel m; **how's ~?** wie gehen die Geschäfte?; **to do a good ~** gute Geschäfte machen **2** Branche f **3** Handwerk n; **he's a bricklayer by ~** er ist Maurer von Beruf **B** v/t tauschen; **to ~ sth for sth else** etw gegen etw anderes (ein)tauschen **C** v/i HANDEL Handel treiben; **to ~ in sth** mit etw handeln

phrasal verbs mit trade:
trade in v/t ⟨trennb⟩ in Zahlung geben (**for** für)

trade barrier s Handelsschranke f
trade deficit s Handelsdefizit n
trade fair s Handelsmesse f
trademark s Marke f; Markenzeichen n
trade name s Markenname m
trade-off s **there's always a ~** etwas geht immer verloren
trader [ˈtreɪdəʳ] s Händler(in) m(f)
trade route s Handelsweg m
trade school s Gewerbeschule f
trade secret s Betriebsgeheimnis n
tradesman s ⟨pl -men⟩ **1** Handwerker m **2** Händler m
tradespeople pl Geschäftsleute pl
trades union *Br* s → trade union
trade union *Br* s Gewerkschaft f
trade unionist *Br* s Gewerkschaft(l)er(in) m(f)
trading [ˈtreɪdɪŋ] s Handel m (**in** mit)
trading estate s Industriegelände n
trading links pl Handelsverbindungen pl
trading partner s Handelspartner(in) m(f)
tradition [trəˈdɪʃən] s Tradition f
traditional [trəˈdɪʃənl] *adj* traditionell; **it's ~ for us to …** es ist bei uns Brauch, dass …
traditionalist [trəˈdɪʃnəlɪst] s Traditionalist(in) m(f)
traditionally [trəˈdɪʃnəlɪ] *adv* traditionell, üblicherweise; **turkey is ~ eaten at Christmas** es ist Tradition *od* ein Brauch, Weihnachten Truthahn zu essen
traffic [ˈtræfɪk] **A** s **1** Verkehr m **2** *mst pej* Handel m (**in** mit) **B** v/i *mst pej* handeln (**in** mit)
traffic calming s Verkehrsberuhigung f; **~ measures** verkehrsberuhigende Maßnahmen
traffic circle *US* s Kreisverkehr m
traffic cone s Pylon m, Leitkegel m
traffic cop s *umg* Verkehrspolizist(in) m(f)
traffic island s Verkehrsinsel f
traffic jam s Verkehrsstauung f, Stau m
trafficker [ˈtræfɪkəʳ] s *mst pej* Händler(in) m(f)
trafficking [ˈtræfɪkɪŋ] s Handel m (**in** mit)
traffic lights pl, **traffic light** *US* s Verkehrsampel f
traffic news s ⟨sg⟩ Verkehrsmeldung f
traffic police pl Verkehrspolizei f
traffic policeman s Verkehrspolizist m
traffic regulation s Verkehrsregel f
traffic sign s Verkehrsschild n
traffic signals pl → traffic lights
traffic warden *Br* s ≈ Verkehrspolizist(in) m(f)

ohne polizeiliche Befugnisse, Politesse *f*
tragedy ['trædʒɪdɪ] *s* Tragödie *f*; *kein pl* Tragische(s) *n*
tragic ['trædʒɪk] *adj* tragisch
tragically ['trædʒɪkəlɪ] *adv* **her career ended ~ at the age of 19** ihre Karriere endete tragisch, als sie 19 Jahre alt war; **her husband's ~ early death** der tragisch frühe Tod ihres Mannes
trail [treɪl] **A** *s* **1** Spur *f*; **to be on sb's ~** j-m auf der Spur sein **2** Weg *m* **B** *v/i* **1** hinterher ziehen **2** *Gegner* zurückliegen hinter (+*dat*) **3** *Film* bewerben **C** *v/i* **1** schleifen **2** trotten *in Wettbewerb* weit zurückliegen; **to ~ by 3 points** mit 3 Punkten im Rückstand sein
phrasal verbs mit trail:
trail away, **trail off** *v/i Stimme* sich verlieren (**into** in +*dat*)
trail behind *v/i* hinterhertrotten (**sth** hinter etw *dat*); *in Wettbewerb* zurückgefallen sein (**sth** hinter etw *akk*)
trailer ['treɪləʳ] *s* **1** AUTO Anhänger *m*; *bes US von Lkw* Sattelauflieger *m* **2** *US* Wohnwagen *m* **3** FILM, TV Trailer *m*, Vorschau *f*
train[1] [treɪn] *s* **1** BAHN Zug *m*; **to go by ~** mit dem Zug fahren; **to take the 11 o'clock ~** den Elfuhrzug nehmen; **to change ~s** umsteigen; **on the ~** im Zug **2** Kolonne *f* **3** *von Ereignissen* Folge *f*; **~ of thought** Gedankengang *m* **4** *von Kleid* Schleppe *f*
train[2] **A** *v/t* **1** j-n ausbilden; *Mitarbeiter* weiterbilden; *Tier* abrichten; SPORT trainieren; **this dog has been ~ed to kill** dieser Hund ist aufs Töten abgerichtet **2** *Waffe* richten (**on** auf +*akk*) **3** *Pflanze* wachsen lassen (**over** über +*akk*) **B** *v/i bes* SPORT trainieren (**for** für) **2** ausgebildet werden; **he ~ed as a teacher** er hat eine Lehrerausbildung gemacht
train driver *s* Zugführer(in) *m(f)*
trained [treɪnd] *adj* gelernt; *Krankenschwester* ausgebildet; **to be highly ~** hoch qualifiziert sein
trainee [treɪ'niː] *s* Auszubildende(r) *m/f(m)*, Praktikant(in) *m(f)*; *für Management* Trainee *m*
trainee teacher *s* ≈ Praktikant(in) *m(f)*; *in höherer Schule* ≈ Referendar(in) *m(f)*
trainer ['treɪnəʳ] *s* **1** SPORT Trainer(in) *m(f)*; *für Tiere* Dresseur(in) *m(f)* **2** *Br* Turnschuh *m*
training ['treɪnɪŋ] *s* **1** Ausbildung *f*, Schulung *f* **2** SPORT Training *n*; **to be in ~** im Training stehen *od* sein
training centre *s*, **training center** *US s* Ausbildungszentrum *n*
training course *s* Ausbildungskurs *m*
training ground *s* Trainingsgelände *n*
training programme *s*, **training program** *US s* Schulungsprogramm *n*, Ausbildungsplan *m*, Ausbildungsprogramm *n*; SPORT Trainingsprogramm *n*
training scheme *s* Ausbildungsprogramm *n*
training session *s* Trainingsstunde *f*
training shoes *Br pl* Turnschuhe *pl*
trainload *s* Zugladung *f*; **~s of holidaymakers** *Br*, **~s of vacationers** *US* ganze Züge voller Urlauber
train ride *s* Zugfahrt *f*
train service *s* Zugverkehr *m*, (Eisen)bahnverbindung *f*
train set *s* (Spielzeug)eisenbahn *f*
trainspotting *s* Hobby, bei dem Züge begutachtet und deren Nummern notiert werden
train station *s* Bahnhof *m*
traipse [treɪps] *umg v/i* latschen *umg*, hatschen *österr*
trait [treɪt, treɪ] *s* Eigenschaft *f*
traitor ['treɪtəʳ] *s* Verräter(in) *m(f)*
trajectory [trə'dʒektərɪ] *s* Flugbahn *f*
tram [træm] *Br s* Straßenbahn *f*, Bim *f österr*, Tram *n schweiz*; **to go by ~** mit der Straßenbahn fahren
tramp [træmp] **A** *v/i* stapfen **B** *v/t Straßen* latschen *durch umg* **C** *s* **1** Obdachlose(r) *m/f(m)*; Landstreicher(in) *m(f)*, Stadtstreicher(in) *m(f)* **2** (≈ *Geräusch*) Stapfen *n* **3** *umg* Schlampe *f pej umg*
trample ['træmpl] *v/t* niedertrampeln; **to ~ sth underfoot** auf etw (*dat*) herumtrampeln
phrasal verbs mit trample:
trample down *v/t* 〈*trennb*〉 niedertreten
trample on *v/i* 〈+*obj*〉 herumtreten auf (+*dat*)
trampoline ['træmpəlɪn] *s* Trampolin *n*
trance [trɑːns] *s* Trance *f*; **to go into a ~** in Trance verfallen
tranquil ['træŋkwɪl] *adj* still; *Leben* friedlich
tranquillity [træŋ'kwɪlɪtɪ] *s*, **tranquility** *US s* Stille *f*
tranquillize ['træŋkwɪlaɪz] *v/t*, **tranquilize** *US v/t* beruhigen
tranquillizer ['træŋkwɪlaɪzəʳ] *s*, **tranquilizer** *US s* Beruhigungsmittel *n*
transact [træn'zækt] *v/t* abwickeln; *Geschäft* abschließen
transaction [træn'zækʃən] *s* Geschäft *n*; FIN, BÖRSE Transaktion *f*
transaction number *s* FIN Transaktionsnummer *f*
transatlantic [ˌtrænsət'læntɪk] *adj* transatlantisch, Transatlantik-
transcend [træn'send] *v/t* übersteigen
transcontinental [ˌtrænzkɒntɪ'nentl] *adj* transkontinental
transcribe [træn'skraɪb] *v/t* transkribieren; *Rede* niederschreiben
transcript ['trænskrɪpt] *s* Protokoll *n*; (≈ *Kopie*) Abschrift *f*

transcription [træn'skrɪpʃn] *s* **1** *Vorgang* Abschreiben *n*, Niederschreiben *n* **2** (≈ *Kopie*) Abschrift *f*, Niederschrift *f* **3** phonetische Umschrift

transfer **A** [træns'fɜː^r] *v/t* übertragen (**to** auf +*akk*); *Gefangenen* überführen (**to** in +*akk*); *Konto* verlegen (**to** in +*akk*); *Mitarbeiter* versetzen (**to** in +*akk od* **to town** nach); *Spieler* transferieren (**to** zu); *Geld* überweisen (**to** auf +*akk*); **he ~red the money from the box to his pocket** er nahm das Geld aus der Schachtel und steckte es in die Tasche **B** [træns'fɜː^r] *v/i* überwechseln (**to** zu) **C** ['trænsfɜː^r] *s* Übertragung *f*; *von Gefangenen* Überführung *f*; *von Konto* Verlegung *f*; *von Mitarbeiter* Versetzung *f*; *von Spieler* Transfer *m*; *von Geld* Überweisung *f*

transferable [træns'fɜːrəbl] *adj* übertragbar

transfer fee *s* FUSSB Transfersumme *f*, Ablöse(-summe) *f*

transfer list *s* FUSSB Transferliste *f*

transfer passenger *s bes* FLUG Transitreisende(r) *m/f(m)*

transfer speed *s* IT Übertragungsgeschwindigkeit *f*

transfix [træns'fɪks] *fig v/t* **he stood as though ~ed** er stand da wie angewurzelt

transform [træns'fɔːm] *v/t* umwandeln (**into** zu); *Ideen* (von Grund auf) verändern; *j-n, j-s Leben* verwandeln

transformation [ˌtrænsfə'meɪʃən] *s* Umwandlung *f*; *von Mensch* Verwandlung *f*

transfusion [træns'fjuːʒən] *s*, (*a.* **blood transfusion**) (Blut)transfusion *f*; (**blood**) **~ service** Blutspendedienst *m*

transgender [ˌtræns'dʒendə^r] *adj* Transgender- (*sich mit dem angeborenen Geschlecht nicht identifizieren könnend*)

transgenic [trænz'dʒenɪk] *adj* transgen

transgression [trænz'greʃən] *s* **1** *gegen Gesetz* Verstoß *m* **2** Sünde *f*

transient ['trænzɪənt] **A** *adj Leben* kurz; *Freude* vorübergehend **B** *US* Durchreisende(r) *m/f(m)*

transistor [træn'zɪstə^r] *s* ELEK Transistor *m*

transit ['trænzɪt] *s* Durchfahrt *f*; *von Waren* Transport *m*; **the books were damaged in ~** die Bücher wurden auf dem Transport beschädigt

transit camp *s* Durchgangslager *n*

transition [træn'zɪʃən] *s* Übergang *m* (**from … to** von … zu); **period of ~, ~ period** Übergangsperiode *od* -zeit *f*

transitional [træn'zɪʃənl] *adj* Übergangs-

transitive ['trænzɪtɪv] *adj* transitiv

transit lounge *s* Warteraum *m*

transitory ['trænzɪtərɪ] *adj Leben* kurz; *Freude* vorübergehend; **the ~ nature of sth** die Kurzlebigkeit von etw

transit passenger *s* Durchgangsreisende(r) *m/f(m)*

Transit (van)® *Br s* Transporter *m*

transit visa *s* Transitvisum *n*

translatable [trænz'leɪtəbl] *adj* übersetzbar

translate [trænz'leɪt] **A** *v/t* **1** übersetzen; **to ~ sth from German (in)to English** etw aus dem Deutschen ins Englische übersetzen; **it is ~d as …** es wird mit … übersetzt **2** *fig* übertragen **B** *v/i* **1** übersetzen **2** *fig* übertragbar sein

translation [trænz'leɪʃən] *s* Übersetzung *f* (**from** aus); *fig* Übertragung *f*; **to do a ~ of sth** von etw eine Übersetzung machen *od* anfertigen; **it loses (something) in ~** es verliert (etwas) bei der Übersetzung

translation agency *s* Übersetzungsbüro *n*, Übersetzungsdienst *m*

translation software *s* IT Übersetzungssoftware *f*

translator [trænz'leɪtə^r] *s* Übersetzer(in) *m(f)*

translucent [trænz'luːsnt] *adj* lichtdurchlässig; *Haut* durchsichtig

trans man [trænz] *s* Transmann *m* (*Frau, die sich als Mann fühlt*)

transmission [trænz'mɪʃən] *s* **1** Übertragung *f*; *von Wärme* Leitung *f*; TV *etc* Sendung *f*; **~ rate** TEL Übertragungsgeschwindigkeit *f* **2** AUTO Getriebe *n*

transmit [trænz'mɪt] **A** *v/t Nachricht* übermitteln; *Krankheit* übertragen; *Wärme* leiten; *Fernsehprogramm* senden **B** *v/i* senden

transmitter [trænz'mɪtə^r] *s* TECH Sender *m*

transparency [træns'pærənsɪ] *s* **1** Transparenz *f* **2** FOTO Dia(positiv) *n* **3** Overheadfolie *f*

transparent [træns'pærənt] *adj* **1** transparent **2** *fig Lüge* durchschaubar; **you're so ~** du bist so leicht zu durchschauen

transpire [træn'spaɪə^r] *v/i* **1** sich herausstellen **2** passieren *umg*

transplant **A** [træns'plɑːnt] *v/t* **1** *Gartenbau* umpflanzen **2** transplantieren *fachspr* **B** ['trænsplɑːnt] *s* Transplantation *f*

transport **A** ['trænspɔːt] *s* **1** Transport *m*; **have you got your own ~?** bist du motorisiert?; **public ~** öffentliche Verkehrsmittel *pl*; **~ will be provided** für An- und Abfahrt wird gesorgt **2** *US* (Schiffs)fracht *f* **B** [træn'spɔːt] *v/t* befördern, transportieren

transportation [ˌtrænspɔː'teɪʃən] *s* Transport *m*; (≈ *Fahrzeug*) Beförderungsmittel *n*; öffentlich Verkehrsmittel *pl*

transport café *Br s* Fernfahrerlokal *n*

transport costs, **transportation costs** *pl* Transportkosten *pl*

transport management system *s* Verkehrsmanagementsystem *n*

transport plane s Transportflugzeug n
transport system s Verkehrswesen n
transsexual [trænzˈseksjʊəl] **A** s Transsexuelle(r) m/f(m) **B** adj transsexuell
transverse [ˈtrænzvɜːs] adj Quer-
transvestite [trænzˈvestaɪt] s Transvestit(in) m(f)
trans woman [trænz] s Transfrau f (Mann, der sich als Frau fühlt)
trap [træp] **A** s **1** Falle f; **to set a ~ for sb** fig j-m eine Falle stellen; **to fall into a ~** in die Falle gehen **2** umg **shut your ~!** (halt die) Klappe! umg **B** v/t **1** Tier (mit einer Falle) fangen **2** fig j-n in die Falle locken **3** **to be ~ped** in der Falle sitzen; Bergleute eingeschlossen sein; **to be ~ped in the snow** im Schnee festsitzen; **my arm was ~ped behind my back** mein Arm war hinter meinem Rücken eingeklemmt; **to ~ one's finger in the door** sich (dat) den Finger in der Tür einklemmen
trap door s Falltür f; THEAT Versenkung f
trapeze [trəˈpiːz] s Trapez n
trappings [ˈtræpɪŋz] fig pl äußere Aufmachung; **~ of office** Amtsinsignien pl
trash [træʃ] **A** s **1** US Müll m, Abfall m **2** Schund m; (≈ Film etc) Mist m umg **3** pej umg Gesindel n **B** v/t umg Zimmer verwüsten
trash can US s Abfalleimer m, Mistkübel m österr; Abfallkorb m, Abfalltonne f
trash-can liner s Mülltüte f
trash collector s US Müllmann m
trashy [ˈtræʃɪ] adj ⟨komp trashier⟩ Waren minderwertig; **~ novel** Schundroman m
trauma [ˈtrɔːmə] s Trauma n
traumatic [trɔːˈmætɪk] adj traumatisch
traumatize [ˈtrɔːmətaɪz] v/t traumatisieren
travel [ˈtrævl] **A** v/i **1** reisen; **he ~s to work by car** er fährt mit dem Auto zur Arbeit; **they have ~led a long way** Br, **they have ~ed a long way** US sie haben eine weite Reise hinter sich (dat); **to ~ (a)round the world** eine Reise um die Welt machen; **to ~ around a country** ein Land bereisen **2** sich bewegen; Klang, Licht sich fortpflanzen; **to ~ at 80 kph** 80 km/h fahren; **his eye ~led over the scene** Br, **his eye ~ed over the scene** US seine Augen wanderten über die Szene **B** v/t Gebiet bereisen; Strecke zurücklegen **C** s **1** ⟨kein pl⟩ Reisen n **2** **~s** pl Reisen pl; **if you meet him on your ~s** wenn Sie ihm auf einer Ihrer Reisen begegnen; **he's off on his ~s tomorrow** er verreist morgen
travel agency s Reisebüro n
travel agent s Reisebürokaufmann m/-kauffrau f; **~('s)** Reisebüro n
travel bag s Reisetasche f
travel brochure s Reiseprospekt m

travel bureau s Reisebüro n
travel card s für öffentliche Verkehrsmittel Zeitkarte f; je nach Gültigkeit Wochenkarte f, Monatskarte f, Jahreskarte f
travel company s Reiseunternehmen n
travel documents pl Reiseunterlagen pl
travel expenses bes US pl Reisekosten pl
travel guide s Reiseführer m
traveling s US → travelling
travel insurance s Reiseversicherung f
travelled [ˈtrævld] adj, **traveled** US adj **well-travelled** Mensch weit gereist; Strecke viel befahren
traveller [ˈtrævlə^r] s, **traveler** US s Reisende(r) m/f(m)
traveller's cheque s, **traveler's check** US s Reisescheck m
travelling [ˈtrævlɪŋ] s, **traveling** US s Reisen n
travelling expenses pl Reisekosten pl; geschäftlich Reisespesen pl
travelling salesman s Vertreter m
travel pillow s Reisekissen n
travel-sick adj reisekrank
travel-sickness s Reisekrankheit f
travel warning s Reisewarnung f
travesty [ˈtrævɪstɪ] s LIT Travestie f; **a ~ of justice** ein Hohn m auf die Gerechtigkeit
trawl [trɔːl] **A** v/i **to ~ (for fish)** mit dem Schleppnetz fischen; US mit einer Grundleine fischen **B** v/t bes Br das Internet etc durchkämmen
trawler [ˈtrɔːlə^r] s Trawler m
tray [treɪ] s Tablett n; für Papiere Ablage f
treacherous [ˈtretʃərəs] adj **1** verräterisch **2** trügerisch, tückisch; Ecke gefährlich; Reise gefahrvoll
treachery [ˈtretʃərɪ] s Verrat m
treacle [ˈtriːkl] Br s Sirup m
tread [tred] ⟨v: prät trod, pperf trodden⟩ **A** s **1** Schritt m **2** von Reifen Profil n **B** v/i **1** gehen **2** treten (**on** auf +akk); **he trod on my foot** er trat mir auf den Fuß; **to ~ carefully** fig vorsichtig vorgehen **C** v/t treten, gehen; **to ~ a fine line between ...** sich vorsichtig zwischen ... bewegen; **it got trodden underfoot** es wurde zertreten; **to ~ water** Wasser treten; fig auf der Stelle treten
treadle [ˈtredl] s Pedal n, Fußhebel m
treadmill [ˈtredmɪl] fig s Tretmühle f; SPORT Laufband n
treason [ˈtriːzn] s Verrat m (**to** an +dat)
treasure [ˈtreʒə^r] **A** s Schatz m **B** v/t zu schätzen wissen; **I shall ~ this memory** ich werde das in lieber Erinnerung behalten
treasure hunt s Schatzsuche f
treasurer [ˈtreʒərə^r] s von Verein Kassenwart(in)

m(f); *in Stadtverwaltung* Stadtkämmerer *m*/-kämmerin *f*

treasure trove *s* Schatzfund *m*; (≈ *Markt*) Fundgrube *f*

treasury ['treʒərɪ] *s* **1** POL **the Treasury** *Br*, **the Treasury Department** *US* das Finanzministerium **2** *von Verein* Kasse *f*

treat [triːt] **A** *v/t* **1** behandeln, umgehen mit; *Abwasser* klären; **the doctor is ~ing him for nervous exhaustion** er ist wegen Nervenüberlastung in Behandlung **2** betrachten (**as** als); **to ~ sth seriously** etw ernst nehmen **3** einladen; **to ~ sb to sth** j-m etw spendieren; **to ~ oneself to sth** sich (*dat*) etw gönnen **B** *s* besondere Freude; **I thought I'd give myself a ~** ich dachte, ich gönne mir mal etwas; **I'm taking them to the circus as** *od* **for a ~** ich mache ihnen eine Freude und lade sie in den Zirkus ein; **it's my ~** das geht auf meine Rechnung

treatable ['triːtəbl] *adj* MED behandelbar

treatise ['triːtɪz] *s* Abhandlung *f* (**on** über +*akk*)

treatment ['triːtmənt] *s* Behandlung *f*; *von Abwasser* Klärung *f*, Aufbereitung *f*; **their ~ of foreigners** die Art, Ausländer zu behandeln; **to be having ~ for sth** wegen etw in Behandlung sein

treaty ['triːtɪ] *s* Vertrag *m*; **the Treaty of Rome** die Römischen Verträge *pl*

treble[1] ['trebl] **A** *adj* dreifach **B** *v/t* verdreifachen **C** *v/i* sich verdreifachen

treble[2] *s* MUS (Knaben)sopran *m*, Oberstimme *f*

treble clef *s* MUS Violinschlüssel *m*

tree [triː] *s* Baum *m*; **an oak ~** eine Eiche; **money doesn't grow on ~s** das Geld fällt nicht vom Himmel

tree house *s* Baumhaus *n*

tree line *s* Baumgrenze *f*

tree-lined *adj* baumbestanden

tree structure *s* IT Baumstruktur *f*

treetop *s* Baumkrone *f*

tree trunk *s* Baumstamm *m*

trek [trek] **A** *v/i* trecken; *umg* latschen *umg*; **they ~ked across the desert** sie zogen durch die Wüste **B** *s* Treck *m*; *umg* anstrengender Marsch

trekking ['trekɪŋ] *s* Trekking *n*

trekking bike *s* SPORT Trekkingrad *n*

trekking boot *s* SPORT Trekkingschuh *m*

trekking shoe *s* SPORT Trekkingschuh *m*

trellis ['trelɪs] *s* Gitter *n*

tremble ['trembl] *v/i* zittern (**with** vor +*dat*)

trembling ['tremblɪŋ] **A** *adj* zitternd **B** *s* Zittern *n*

tremendous [trə'mendəs] *adj* **1** gewaltig, riesig; **a ~ success** ein Riesenerfolg *m* **2** toll *umg*; **she has done a ~ job** sie hat fantastische Arbeit geleistet

tremendously [trə'mendəslɪ] *adv* enorm; *dankbar, schwierig* äußerst; **they enjoyed themselves ~** sie haben sich prächtig *od* fanatastisch amüsiert *umg*

tremor ['tremə'] *s* Zittern *n*; MED Tremor *m*; (≈ *Erdstoß*) Beben *n*

trench [trentʃ] *s* Graben *m*; MIL Schützengraben *m*

trench warfare *s* Stellungskrieg *m*

trend [trend] *s* **1** Tendenz *f* (**towards** zu); **upward ~** Aufwärtstrend *m*; **to set a ~** richtungweisend sein; **the underlying ~** die Grundtendenz **2** *modisch* Trend *m*; **the latest ~** der letzte Schrei *umg*

trendily ['trendɪlɪ] *adv* modern

trending *adj* trendig; **to be ~ on Twitter®** Topbegriff auf Twitter® sein

trending topic ['trendɪŋ] *s auf Twitter* Trendthema *n*, Topthema *n*

trendsetter ['trendsetə'] *s* Trendsetter(in) *m(f)*

trendy ['trendɪ] *adj* 〈*komp* trendier〉 modern, in *präd umg*; *Image* modisch; **to be ~** große Mode sein; **it's no longer ~ to smoke** Rauchen ist nicht mehr in *umg*

trepidation [ˌtrepɪ'deɪʃən] *s* Ängstlichkeit *f*

trespass ['trespəs] *v/i* unbefugt betreten (**on sth** etw *akk*); **"no ~ing"** „Betreten verboten"

trespasser ['trespəsə'] *s* Unbefugte(r) *m/f(m)*; **"trespassers will be prosecuted"** „widerrechtliches Betreten wird strafrechtlich verfolgt"

trestle table [ˌtresl'teɪbl] *s* auf Böcken stehender Tisch

trial ['traɪəl] *s* **1** JUR Prozess *m*, (Gerichts)verhandlung *f*; **to be on ~ for theft** des Diebstahls angeklagt sein; **at the ~** bei *od* während der Verhandlung; **to bring sb to ~** j-n vor Gericht stellen; **~ by jury** Schwurgerichtsverfahren *n* **2** Versuch *m*, **~s** *von Maschine* Test(s) *m(pl)*; **to give sth a ~** etw ausprobieren; **on ~** auf Probe; **by ~ and error** durch Ausprobieren **3** Widrigkeit *f*; *lästig* Plage *f* (**to** für); **~s and tribulations** Schwierigkeiten *pl*

trial offer *s* Einführungsangebot *n*

trial period *s* Probezeit *f*

trial run *s* Generalprobe *f*; *von Maschine* Probelauf *m*

trial separation *s* (Ehe)trennung *f* auf Probe

triangle ['traɪæŋgl] *s* Dreieck *n*; MUS Triangel *m*

triangular [traɪ'æŋgjʊlə'] *adj* MATH dreieckig

triathlete [traɪ'æθliːt] *s* SPORT Triathlet(in) *m(f)*

triathlon [traɪ'æθlən] *s* SPORT Triathlon *n*

tribal ['traɪbəl] *adj* Stammes-

tribe [traɪb] *s* Stamm *m*

tribulation [ˌtrɪbjʊ'leɪʃən] *s* Kummer *m* kein pl; **~s** Sorgen *pl*

tribunal [traɪˈbjuːnl] s Gericht n; (≈ Kommission) Untersuchungsausschuss m

tribune [ˈtrɪbjuːn] s Tribüne f

tributary [ˈtrɪbjʊtəri] s Nebenfluss m

tribute [ˈtrɪbjuːt] s Tribut m; **to pay ~ to sb/sth** j-m/einer Sache (den schuldigen) Tribut zollen; **to be a ~ to sb** j-m Ehre machen

tribute band s Tribute Band f; (Band, die eine berühmte Popgruppe etc nachahmt)

trice [traɪs] Br s **in a ~** im Nu

triceps [ˈtraɪseps] s ⟨pl -(es)⟩ Trizeps m

trick [trɪk] **A** s **1** Trick m, Falle f; **it's a ~ of the light** da täuscht das Licht **2** Streich m; **to play a ~ on sb** j-m einen Streich spielen; **unless my eyes are playing ~s on me** wenn meine Augen mich nicht täuschen; **he's up to his (old) ~s again** jetzt macht er wieder seine (alten) Mätzchen umg **3** Kunststück n; **to do ~s** Kunststücke machen; **that should do the ~** umg das müsste eigentlich hinhauen umg **4** **to have a ~ of doing sth** die Eigenart haben, etw zu tun **B** adj ⟨attr⟩ Zigarre etc als Scherzartikel **C** v/t hereinlegen umg; **to ~ sb into doing sth** j-n (mit List) dazu bringen, etw zu tun; **to ~ sb out of sth** j-m etw abtricksen umg

trickery [ˈtrɪkəri] s Tricks pl umg

trickiness [ˈtrɪkɪnɪs] s Schwierigkeit f

trickle [ˈtrɪkl] **A** v/i **1** tröpfeln; **tears ~d down her cheeks** Tränen kullerten ihr über die Wangen; **the sand ~d through his fingers** der Sand rieselte ihm durch die Finger **2** fig **to ~ in** vereinzelt hereinkommen, langsam eintrudeln umg **B** s **1** Tröpfeln n, Rinnsal n **2** fig **there is a ~ of people** es kommen vereinzelt Leute

trick or treat s Süßes, sonst gibts Saures

trick question s Fangfrage f

trickster [ˈtrɪkstəʳ] s Betrüger(in) m(f), Schwindler(in) m(f)

tricky [ˈtrɪki] adj ⟨komp trickier⟩ **1** schwierig, knifflig **2** Situation, Problem heikel **3** **a ~ customer** ein schwieriger Typ

tricycle [ˈtraɪsɪkl] s Dreirad n

tried [traɪd] prät & pperf → try

tried-and-tested [ˈtraɪdənd'testɪd], **tried and tested** adj bewährt

trifle [ˈtraɪfl] s **1** Kleinigkeit f; **a ~ hot** etc ein bisschen heiß etc **2** Br GASTR Trifle n

phrasal verbs mit trifle:
trifle with v/i ⟨+obj⟩ Gefühle spielen mit; **he is not a person to be trifled with** mit ihm ist nicht zu spaßen

trifling [ˈtraɪflɪŋ] adj unbedeutend

trigger [ˈtrɪɡəʳ] **A** s von Waffe Abzug(shahn) m; **to pull the ~** abdrücken **B** v/t (a. **trigger off**) auslösen

trigger-happy adj schießwütig

trill [trɪl] **A** s **1** von Vogel Trillern n; von Stimme Tremolo n **2** MUS Triller m **3** Phonetik rollende Aussprache **B** v/t trällern **C** v/i trillern, trällern

trillion [ˈtrɪljən] s Billion f

trilogy [ˈtrɪlədʒi] s Trilogie f

trim [trɪm] **A** adj ⟨komp trimmer⟩ **1** Äußeres gepflegt **2** Mensch schlank; **to stay ~** in Form bleiben **B** s **1** Br **to get into ~** sich trimmen **2** **to give sth a ~** etw schneiden **3** von Kleidungsstück Rand m **C** v/t **1** Haare nachschneiden; Hecke stutzen **2** fig Aufsatz kürzen **3** Weihnachtsbaum schmücken

phrasal verbs mit trim:
trim back v/t ⟨trennb⟩ Hecke, Rosen zurückschneiden; Kosten senken; Personal reduzieren
trim down v/t ⟨trennb⟩ Aufsatz kürzen (**to** auf +akk)
trim off v/t ⟨trennb⟩ abschneiden

trimmings [ˈtrɪmɪŋz] pl Zubehör n; **roast beef with all the ~** Roastbeef mit allen Beilagen

Trinity [ˈtrɪnɪti] s Dreieinigkeit f

trinket [ˈtrɪŋkɪt] s Schmuckstück n

trio [ˈtriːəʊ] s ⟨pl -s⟩ Trio n

trip [trɪp] **A** s **1** Reise f, Ausflug m; kurz Trip m; **let's go on a ~ to the seaside** machen wir doch einen Ausflug ans Meer!; **he is away on a ~** er ist verreist; **to go on** od **take a ~ (to)** einen Ausflug/eine Reise machen (nach) **2** umg im Drogenrausch Trip m umg **B** v/i stolpern (**on, over** über +akk); **a phrase which ~s off the tongue** ein Ausdruck, der einem leicht von der Zunge geht **C** v/t stolpern lassen, ein Bein stellen (+dat)

phrasal verbs mit trip:
trip over v/i stolpern (**sth** über etw akk)
trip up **A** v/i **1** wörtl stolpern **2** fig sich vertun **B** v/t ⟨trennb⟩ **1** stolpern lassen, zu Fall bringen **2** fig eine Falle stellen (+dat)

tripartite [ˌtraɪˈpɑːtaɪt] adj dreiseitig

tripe [traɪp] s **1** GASTR Kaldaunen pl, Kutteln pl österr, schweiz **2** fig umg Quatsch m, Stuss m umg

triple [ˈtrɪpl] **A** adj dreifach **B** adv dreimal so viel **C** v/t verdreifachen **D** v/i sich verdreifachen

triple jump s Dreisprung m

triplet [ˈtrɪplɪt] s Drilling m

triplicate [ˈtrɪplɪkɪt] s **in ~** in dreifacher Ausfertigung

tripod [ˈtraɪpɒd] s FOTO Stativ n

trip switch s ELEK Sicherheitsschalter m

tripwire s Stolperdraht m

trite [traɪt] adj banal

triumph [ˈtraɪʌmf] **A** s Triumph m; **in ~** triumphierend **B** v/i den Sieg davontragen (**over** über +akk)

triumphant [traɪˈʌmfənt] adj triumphierend; **to**

emerge ~ triumphieren
triumphantly [traɪˈʌmfəntlɪ] *adv* triumphierend
trivia [ˈtrɪvɪə] *pl* belangloses Zeug
trivial [ˈtrɪvɪəl] *adj* trivial; *Verlust, Fehler* belanglos
triviality [trɪvɪˈælətɪ] *s* Belanglosigkeit *f*
trivialize [ˈtrɪvɪəlaɪz] *v/t* trivialisieren
trod [trɒd] *prät* → tread
trodden [ˈtrɒdn] *pperf* → tread
Trojan [ˈtrəʊdʒən], **Trojan horse** *s* IT Trojaner *m*, trojanisches Pferd
troll [trəʊl] *s* Troll *m* (*auch im Internet*)
trolley [ˈtrɒlɪ] *s* **1** *Br in Supermarkt* Einkaufswagen *m*; *in Bahnhof* Kofferkuli *m*; *in Fabrik etc* Sackkarre *f* **2** *Br* Teewagen *m*
trolleybus *s* Obus *m*
trolley car *US s* Straßenbahn *f*, Tram *n schweiz*
trolley case *Br s* Rollkoffer *m*
trombone [trɒmˈbəʊn] *s* MUS Posaune *f*; **to play the ~** Posaune spielen
troop [truːp] **A** *s* **1** MIL Trupp *m*, Schwadron *f* **2** ~s *pl* MIL Truppen *pl*; **200 ~s** 200 Soldaten **3** Schar *f* **B** *v/i* **to ~ out** hinausströmen; **to ~ past sth** an etw (*dat*) vorbeiziehen
troop carrier [ˈtruːpˌkærɪəʳ] *s* Truppentransporter *m*
trooper [ˈtruːpəʳ] *s* MIL Kavallerist *m*; *US* Staatspolizist(in) *m(f)*
trophy [ˈtrəʊfɪ] *s* Trophäe *f*
tropic [ˈtrɒpɪk] *s* **1 Tropic of Cancer/Capricorn** Wendekreis *m* des Krebses/Steinbocks **2** ~s *pl* Tropen *pl*
tropical [ˈtrɒpɪkəl] *adj* tropisch, Tropen-
tropical rainforest *s* tropischer Regenwald
trot [trɒt] **A** *s* **1** Trab *m* **2** *umg* **for five days on the ~** fünf Tage lang in einer Tour; **he won three games on the ~** er gewann drei Spiele hintereinander **B** *v/i* traben
trotter [ˈtrɒtəʳ] *s von Tier* Fuß *m*
trouble [ˈtrʌbl] **A** *s* **1** ⟨*kein pl*⟩ Schwierigkeiten *pl*, Ärger *m*; **to be in ~** in Schwierigkeiten sein; **to be in ~ with sb** mit j-m Schwierigkeiten haben; **to get into ~** in Schwierigkeiten geraten, Ärger bekommen (**with** mit); **to keep** *od* **stay out of ~** nicht in Schwierigkeiten kommen; **to make ~** Krach schlagen *umg*; **that's/you're asking for ~** das kann ja nicht gut gehen; **to look for ~, to go around looking for ~** sich (*dat*) Ärger einhandeln; **there'll be ~ if he finds out** wenn er das erfährt, gibts Ärger; **what's the ~?** was ist los?; **the ~ is that …** das Problem ist, dass …; **money ~s** Geldsorgen *pl*; **the child is nothing but ~ to his parents** das Kind macht seinen Eltern nur Sorgen; **he's been no ~ at all** *Kind* er war ganz lieb **2** Mühe *f*; **it's no ~ (at all)!** das mache ich doch gern; **thank you — (it was) no ~** vielen Dank — gern geschehen; **it's not worth the ~** das ist nicht der Mühe wert; **it's more ~ than it's worth** es macht mehr Ärger *od* Umstände als es wert ist; **to take the ~ (to do sth)** sich (*dat*) die Mühe machen(, etw zu tun); **to go to a lot of ~ (over** *od* **with sth)** sich (*dat*) (mit etw) viel Mühe geben; **to put sb to a lot of ~** j-m viel Mühe machen **3** MED Leiden *n*; *fig* Schaden *m*; **heart ~** Herzleiden *n*; **engine ~** (ein) Motorschaden *m* **4** Unruhe *f*; **there's ~ at the factory/in Iran** in der Fabrik/im Iran herrscht Unruhe **B** *v/t* **1** beunruhigen, bekümmern; **to be ~d by sth** wegen etw *gen* besorgt *od* beunruhigt/bekümmert sein **2** bemühen, belästigen; **I'm sorry to ~ you, but …** entschuldigen Sie die Störung, aber …
troubled [ˈtrʌbld] *adj* unruhig; (≈ *sorgenvoll*) bekümmert; *Beziehung* gestört
trouble-free *adj Entwicklung, Reise* problemlos; *Gegend* ruhig; TECH störungsfrei
troublemaker *s* Unruhestifter(in) *m(f)*
troubleshooter *s* Troubleshooter *m*; Krisenmanager(in) *m(f)*; *Mediator* Vermittler(in) *m(f)*
troubleshooting *s in Bedienungsanleitung* Fehlerbehebung *f*
troublesome *adj* lästig; *Mensch, Problem* schwierig
trouble spot *s* Unruheherd *m*
trough [trɒf] *s* Trog *m*
trounce [traʊns] *v/t* SPORT vernichtend schlagen
troupe [truːp] *s* THEAT Truppe *f*
trouser leg [ˈtraʊzəʳ] *Br s* Hosenbein *n*
trousers [ˈtraʊzɪz] *pl*, (*a.* **pair of trousers**) *Br* Hose *f*; **she was wearing ~** sie hatte Hosen *od* eine Hose an; **to wear the ~** *fig umg* die Hosen anhaben *umg*
trouser suit *Br s* Hosenanzug *m*
trout [traʊt] *s* Forelle *f*
trowel [ˈtraʊəl] *s* Kelle *f*
truancy [ˈtruːənsɪ] *s* (Schule)schwänzen *n*
truant [ˈtruːənt] *s* (Schul)schwänzer(in) *m(f)*; **to play ~ (from sth)** (etw) schwänzen *umg*
truce [truːs] *s* Waffenstillstand *m*
truck [trʌk] *s* **1** *bes Br* BAHN Güterwagen *m* **2** Last(kraft)wagen *m*
truck driver *s* Lastwagenfahrer(in) *m(f)*
trucker [ˈtrʌkəʳ] *bes US s* Lastwagenfahrer(in) *m(f)*
truck farm *US s* Gemüsefarm *f*
trucking [ˈtrʌkɪŋ] *bes US s* Transport *m*
truckload *s* Wagenladung *f*
truckstop *US s* Fernfahrerlokal *n*
trudge [trʌdʒ] *v/i* **to ~ out** hinaustrotten
true [truː] **A** *adj* **1** wahr, echt; **to come ~** *Traum* wahr werden; *Prophezeiung* sich verwirklichen;

that's ~ das stimmt; **~!** richtig!; **we mustn't generalize, (it's) ~, but ...** wir sollten natürlich nicht verallgemeinern, aber ...; **the reverse is ~** ganz im Gegenteil; **the frog is not a ~ reptile** der Frosch ist kein echtes Reptil; **spoken like a ~ football fan** so spricht ein wahrer Fußballfan; **~ love** die wahre Liebe; (≈ Mensch) Schatz m; **to be ~ of sb/sth** auf j-n/etw zutreffen **2** Beschreibung wahrheitsgetreu; Ähnlichkeit (lebens)getreu; **in the ~ sense (of the word)** im wahren Sinne (des Wortes) **3** treu; **to be ~ to sb** j-m treu sein/bleiben; **to be ~ to one's word** (treu) zu seinem Wort stehen; **~ to life** lebensnah; KUNST lebensecht **4** Wand gerade **5** **~ north** der geografische Norden **6** MUS Note richtig **B** s **out of ~** schief

true-life [ˌtruːˈlaɪf] adj ⟨attr⟩ aus dem Leben gegriffen

truffle [ˈtrʌfl] s Trüffel f/m

truly [ˈtruːlɪ] adv **1** wirklich; **(really and) ~?** wirklich und wahrhaftig?; **I am ~ sorry** es tut mir aufrichtig leid; **yours ~** US in Briefen mit freundlichen Grüßen **2** dienen treu

trump [trʌmp] **A** s Trumpf m; **to come up ~s** Br umg sich als Sieger erweisen **B** v/t KART stechen; fig übertrumpfen

trump card s Trumpf m; **to play one's ~** wörtl, fig seinen Trumpf ausspielen

trumpet [ˈtrʌmpɪt] s MUS Trompete f; **to play the ~** Trompete spielen

truncate [trʌŋˈkeɪt] v/t kürzen

truncheon [ˈtrʌntʃən] s (Gummi)knüppel m, Schlagstock m

trundle [ˈtrʌndl] **A** v/t **1** rollen **2** ziehen **B** v/i **to ~ along** entlangzockeln

trunk [trʌŋk] s **1** von Baum Stamm m; von Körper Rumpf m **2** von Elefant Rüssel m **3** Schrankkoffer m **4** US AUTO Kofferraum m **5** **~s** pl Badehose f; **a pair of ~s** eine Badehose

trunk call s Br TEL Ferngespräch n

trunk road Br s Fernstraße f

truss [trʌs] s MED Bruchband n

phrasal verbs mit truss:

truss up v/t ⟨trennb⟩ GASTR dressieren; umg j-n fesseln

trust [trʌst] **A** s **1** Vertrauen n (**in** zu); **to put one's ~ in sb** Vertrauen in j-n setzen; **position of ~** Vertrauensstellung f **2** JUR, FIN Treuhand (-schaft) f **3** HANDEL (a. **~ company**) Trust m **B** v/t **1** trauen (+dat); j-m (ver)trauen (+dat); **to ~ sb to do sth** j-m zutrauen, dass er etw tut; **to ~ sb with sth** j-m etw anvertrauen; **can he be ~ed not to lose it?** kann man sich darauf verlassen, dass er es nicht verliert? **2** iron umg **~ you!** typisch!; **~ him to break it!** er muss es natürlich kaputt machen **3** hoffen **C** v/i vertrauen; **to ~ in sb** auf j-n vertrauen; **to ~ to luck** sich auf sein Glück verlassen

trusted [ˈtrʌstɪd] adj Methode bewährt; Freund getreu

trustee [trʌsˈtiː] s **1** Treuhänder(in) m(f) **2** Verwalter(in) m(f); **~s** Vorstand m

trustful [ˈtrʌstfʊl] adj vertrauensvoll

trust fund s Treuhandvermögen n

trusting [ˈtrʌstɪŋ] adj gutgläubig

trustworthy [ˈtrʌstˌwɜːðɪ] adj vertrauenswürdig

truth [truːθ] s ⟨pl -s [truːðz]⟩ Wahrheit f; **to tell the ~ ...** um ehrlich zu sein ...; **the ~ of it is that ...** die Wahrheit ist, dass ...; **there's some ~ in that** da ist etwas Wahres dran umg; **in ~** in Wahrheit

truthful adj ehrlich

truthfulness s Ehrlichkeit f

try [traɪ] **A** s Versuch m; **to have a try, to give it a try** es versuchen; **let me have a try** lass mich mal versuchen!; **to have a try at doing sth** (sich daran) versuchen, etw zu tun; **to give sth a try** etw einmal ausprobieren; **it was a good try** das war schon ganz gut **B** v/t **1** versuchen; **to try to do sth, to try and do sth** versuchen, etw zu tun; **to try one's best** sein Bestes versuchen; **to try one's hand at sth** etw probieren; **I'll try anything once** ich probiere alles einmal **2** ausprobieren; Händler es versuchen (bei); **try sitting on it** setz dich doch mal drauf! **3** Speise probieren **4** Geduld auf die Probe stellen **5** JUR vor Gericht stellen; **to be tried for theft** wegen Diebstahls vor Gericht stehen **C** v/i versuchen; **try and arrive on time** versuch mal, pünktlich zu sein; **try as he might, he didn't succeed** sosehr er es auch versuchte, er schaffte es einfach nicht; **he didn't even try** er hat sich (dat) überhaupt keine Mühe gegeben, er hat es überhaupt nicht versucht

phrasal verbs mit try:

try for v/i ⟨+obj⟩ sich bemühen um

try on v/t ⟨trennb⟩ Kleidung anprobieren

try out v/t ⟨trennb⟩ ausprobieren (**on** bei, an +dat)

trying [ˈtraɪɪŋ] adj anstrengend

tryout [ˈtraɪaʊt] US s Auswahlverfahren n

tsar [zɑːr] s Zar m

T-shirt [ˈtiːʃɜːt] s T-Shirt n

tsp(s) abk (= teaspoonfuls, teaspoons) Teel.

tsunami [tsuːˈnɑːmɪ] s Tsunami m

tub [tʌb] s **1** Kübel m, Tonne f, Bottich m; mit Margarine Becher m **2** umg zum Baden Wanne f

tuba [ˈtjuːbə] s Tuba f; **to play the ~** Tuba spielen

tubby [ˈtʌbɪ] umg adj ⟨komp tubbier⟩ dick

tube [tjuːb] s **1** Rohr n; aus Gummi Schlauch m **2** mit Zahnpasta Tube f; mit Süßigkeiten Rolle f **3**

the ~ Br in London U-Bahn f [4] ANAT, TV Röhre f
tubeless ['tjuːblɪs] adj tyres schlauchlos
tuber ['tjuːbə'] s BOT Knolle f
tuberculosis [tjʊˌbɜːkjʊ'ləʊsɪs] s Tuberkulose f
tube station Br s U-Bahnstation f
tubing ['tjuːbɪŋ] s Schlauch m
TUC Br abk (= Trades Union Congress) ≈ DGB m
tuck [tʌk] A s Handarbeiten Saum m B v/t stecken; **to ~ sth under one's arm** sich (dat) etw unter den Arm stecken
phrasal verbs mit tuck:
tuck away v/t ⟨trennb⟩ wegstecken; **he tucked it away in his pocket** er steckte es in die Tasche
tuck in A v/i Br umg zulangen; **tuck in!** langt zu!, haut rein! umg; **to tuck into sth** sich (dat) etw schmecken lassen B v/t ⟨trennb⟩ hineinstecken; **to tuck one's shirt in** das Hemd in die Hose stecken; **to tuck sb in** im Bett j-n zudecken
tuck up Br v/t ⟨trennb⟩ **to tuck sb up (in bed)** j-n zudecken
tuck shop Br s Bonbonladen m
Tue, Tues abk (= Tuesday) Di.
Tuesday ['tjuːzdɪ] s Dienstag m; **on ~** (am) Dienstag; **on ~s, on a ~** dienstags; **on ~ morning/evening** (am) Dienstagmorgen/-abend; **on ~ mornings** dienstagmorgens; **last/next/this ~** letzten/nächsten/diesen Dienstag; **a year (ago) last ~** letzten Dienstag vor einem Jahr; **~'s newspaper** die Zeitung vom Dienstag; **~ December 5th** Dienstag, den 5. Dezember
tuft [tʌft] s Büschel n; **a ~ of hair** ein Haarbüschel n
tug [tʌg] A v/t zerren, ziehen; **she tugged his sleeve** sie zog an seinem Ärmel B v/i zerren (**at** an +dat) C s [1] **to give sth a tug** an etw (dat) ziehen [2] (a. **tugboat**) Schleppkahn m
tug-of-war s Tauziehen n
tuition [tjʊ'ɪʃən] s Unterricht m
tulip ['tjuːlɪp] s Tulpe f
tumble ['tʌmbl] A s Sturz m B v/i straucheln; fig Preise fallen; **to ~ over sth** über etw (akk) stolpern
phrasal verbs mit tumble:
tumble down v/i Mensch hinfallen; Objekt herunterfallen; **to tumble down the stairs** die Treppe hinunterfallen
tumble over v/i umfallen
tumbledown adj baufällig
tumble drier, tumble dryer s Wäschetrockner m
tumbler ['tʌmblə'] s (Becher)glas n
tummy ['tʌmɪ] umg s Bauch m
tummy ache s umg Bauchschmerzen pl, Bauchweh n

tumour ['tjuːmə'] s, **tumor** US s Tumor m
tumult ['tjuːmʌlt] s Tumult m; **his mind was in a ~** sein Inneres befand sich in Aufruhr
tumultuous [tjuː'mʌltjʊəs] adj stürmisch
tuna (fish) ['tjuːnə('fɪʃ)] s Thunfisch m, Thon m schweiz
tundra ['tʌndrə] s Tundra f
tune [tjuːn] A s [1] Melodie f; **to change one's ~** fig seine Meinung ändern; **to call the ~** fig den Ton angeben; **to the ~ of £100** in Höhe von £ 100 [2] **to sing in ~/out of ~** richtig/falsch singen; **the piano is out of ~** das Klavier ist verstimmt; **to be in ~ with sb/sth** fig mit j-m/etw harmonieren B v/t [1] MUS Instrument stimmen [2] RADIO, TV, AUTO einstellen; **to ~ a radio to a station** ein Radio auf einen Sender einstellen; **you're ~d to Radio Bristol** Sie hören gerade Radio Bristol
phrasal verbs mit tune:
tune in A v/i RADIO einschalten; **to tune in to Radio London** Radio London hören B v/t ⟨trennb⟩ Radio einschalten (**to** +akk)
tune up v/i MUS (sein Instrument) stimmen
tuneful adj, **tunefully** ['tjuːnfʊl, -fəlɪ] adv melodisch
tuner ['tjuːnə(r)] s von Stereoanlage Tuner m
tune-up s **the engine needs a ~** der Motor muss neu eingestellt werden
tungsten ['tʌŋstən] s Wolfram n
tunic ['tjuːnɪk] s [1] Kasack m, Tunika f [2] Uniformrock m
Tunisia [tjuː'nɪzɪə] s Tunesien n
tunnel ['tʌnl] A s Tunnel m; Bergbau Stollen m; **at last we can see the light at the end of the ~** fig endlich sehen wir wieder Licht B v/i einen Tunnel bauen (**into** in +akk od **through** durch)
tunnel vision s MED Gesichtsfeldeinengung f; fig Engstirnigkeit f
tuppence ['tʌpəns] Br s zwei Pence
turban ['tɜːbən] s Turban m
turbine ['tɜːbaɪn] s Turbine f
turbo-charged ['tɜːbəʊˌtʃɑːdʒd] adj mit Turboaufladung
turbot ['tɜːbət] s Steinbutt m
turbulence ['tɜːbjʊləns] s Turbulenz f; **air ~** Turbulenzen pl
turbulent ['tɜːbjʊlənt] adj stürmisch; Karriere, Zeit turbulent
turd [tɜːd] sl s Haufen m umg
tureen [tə'riːn] s (Suppen)terrine f
turf [tɜːf] s ⟨pl ~s od turves⟩ ⟨kein pl⟩ Rasen m; (≈ Grasstück) Sode f
turgid ['tɜːdʒɪd] fig adj schwülstig
Turk [tɜːk] s Türke m, Türkin f
Turkey ['tɜːkɪ] s die Türkei

turkey ['tɜːkɪ] s Truthahn m/-henne f
Turkish ['tɜːkɪʃ] **A** adj türkisch; **she is ~** sie ist Türkin **B** s LING Türkisch n
Turkish delight s Lokum n
turmeric ['tɜːmərɪk] s Kurkuma f, Gelbwurz f
turmoil ['tɜːmɔɪl] s Aufruhr m, Durcheinander n; **her mind was in a ~** sie war völlig verwirrt
turn [tɜːn] **A** s **1** Drehung f; **to give sth a ~** etw drehen **2** in Straße Kurve f; SPORT Wende f; **take the left-hand ~** biegen Sie links ab; **"no left ~"** „Linksabbiegen verboten"; **things took a ~ for the worse** die Dinge wendeten sich zum Schlechten; **at the ~ of the century** um die Jahrhundertwende; **~ of phrase** Ausdrucksweise f; **he was thwarted at every ~** ihm wurde auf Schritt und Tritt ein Strich durch die Rechnung gemacht **3** **it's your ~** du bist an der Reihe, du bist dran; **it's your ~ to wash the dishes** du bist mit (dem) Abwaschen an der Reihe od dran; **it's my ~ next** ich komme als Nächste(r) an die Reihe od dran; **my ~ had come** ich war an der Reihe; **wait your ~** warten Sie, bis Sie an der Reihe sind; **to miss a ~** eine Runde aussetzen; **take another ~** beim Spielen würfel noch einmal; **to take (it in) ~s** sich abwechseln; **to take (it in) ~s to do sth** etw abwechselnd tun; **to answer in ~** der Reihe nach antworten, abwechselnd antworten; **out of ~** außer der Reihe **4** **to do sb a good ~** j-m einen guten Dienst erweisen; **one good ~ deserves another** sprichw eine Hand wäscht die andere sprichw **B** v/t **1** drehen; **to ~ the key in the lock** den Schlüssel im Schloss herumdrehen; **he ~ed his head toward(s) me** er wandte mir den Kopf zu; **as soon as his back is ~ed** sobald er den Rücken kehrt; **the sight of all that food quite ~ed my stomach** beim Anblick des vielen Essens drehte sich mir regelrecht der Magen um; **he can ~ his hand to anything** er kann alles **2** wenden; Seite umblättern; Stuhl umdrehen **3** **to ~ one's attention to sth** seine Aufmerksamkeit einer Sache (dat) zuwenden; **to ~ a gun on sb** ein Gewehr auf j-n richten **4** **to ~ sth into sth** etw in etw (akk) verwandeln; **to ~ the lights down low** das Licht herunterdrehen; **to ~ a profit** bes US einen Gewinn machen; **to ~ sth into a film** etw verfilmen; **to ~ sb loose** j-n loslassen **C** v/i **1** sich drehen; **to ~ to sb** sich j-m zuwenden; **he ~ed to me and smiled** er drehte sich mir zu und lächelte; **to ~ upside down** umkippen **2** (≈ Richtung wechseln) Mensch, Auto abbiegen; um 180 Grad wenden; Mensch sich umdrehen; Gezeiten wechseln; **to ~ (to the) left/right** links/rechts abbiegen **3** **I don't know which way to ~** ich weiß nicht, was ich machen soll; **to ~ to sb** sich an j-n wenden; **our thoughts ~ to those who …** wir gedenken derer, die …; **to ~ to sth** sich einer Sache (dat) zuwenden; **~ to page 306** blättern Sie weiter bis Seite 306; **the conversation ~ed to the accident** das Gespräch kam auf den Unfall **4** Blätter sich (ver)färben; Wetter umschlagen; **to ~ to stone** zu Stein werden; **his admiration ~ed to scorn** seine Bewunderung verwandelte sich in Verachtung; **to ~ into sth** sich in etw (akk) verwandeln; **the whole thing ~ed into a nightmare** die ganze Sache wurde zum Albtraum **5** werden; **to ~ violent** gewalttätig werden; **to ~ red** Blätter sich rot färben; Mensch rot werden; Ampel auf Rot umspringen; **he has just ~ed 18** er ist gerade 18 geworden; **it has ~ed 2 o'clock** es ist 2 Uhr vorbei

<u>phrasal verbs mit turn:</u>

turn against A v/i (+obj) sich wenden gegen **B** v/t ⟨trennb +obj⟩ **to turn sb against sb** j-n gegen j-n aufbringen

turn around A v/t ⟨trennb⟩ wenden; Argument umdrehen; Firma aus der Krise führen **B** v/i ⟨+obj⟩ Ecke biegen um **C** v/i sich umdrehen; Auto wenden

turn away A v/i sich abwenden **B** v/t ⟨trennb⟩ **1** Kopf abwenden **2** j-n abweisen

turn back A v/i **1** umkehren, sich umdrehen; **there's no turning back now** fig jetzt gibt es kein Zurück mehr **2** in Buch zurückblättern (**to** auf +akk) **B** v/t ⟨trennb⟩ **1** Bettdecke zurückschlagen **2** j-n zurückschicken; **they were turned back at the frontier** sie wurden an der Grenze zurückgewiesen **3** Uhr zurückstellen; **to turn the clock back fifty years** fig die Uhr um fünfzig Jahre zurückdrehen

turn down A v/t ⟨trennb⟩ **1** Bettdecke zurückschlagen; Kragen herunterklappen; Buchseite umknicken **2** Heizung kleiner stellen; Lautstärke leiser stellen; Licht herunterdrehen **3** Angebot ablehnen; Einladung ausschlagen **B** v/i ⟨+obj⟩ **he turned down a side street** er bog in eine Seitenstraße ab

turn in A v/i **1** **the car turned in at the top of the drive** das Auto bog in die Einfahrt ein **2** umg zum Schlafen sich hinhauen umg **B** v/t ⟨trennb⟩ umg **to turn sb in** j-n anzeigen od verpfeifen umg; **to turn oneself in** sich (der Polizei) stellen

turn into v/t & v/i ⟨+obj⟩ → turn

turn off A v/i abbiegen (**for** nach od **sth** von etw) **B** v/t ⟨trennb⟩ **1** Licht, Radio ausmachen; Gas abdrehen; Wasserhahn zudrehen; Fernsehprogramm abschalten; Strom, Maschine abstellen **2** umg **to turn sb off** j-m die Lust verderben

turn on A v/t ⟨trennb⟩ **1** Gas, Maschine anstel-

len; *Fernseher* einschalten; *Licht* anmachen; *Wasserhahn* aufdrehen **2** *umg* **sth turns sb on** etw macht j-n an *umg*; **whatever turns you on** wenn du das gut findest *umg* **3** *umg sexuell* anmachen *umg*; **she really turns me on** auf sie kann ich voll abfahren *umg* **B** *v/t ⟨+obj⟩* sich wenden gegen; (≈ *attackieren*) angreifen
turn out A *v/i* **1** erscheinen **2** *Polizei* ausrücken **3 the car turned out of the drive** das Auto bog aus der Einfahrt **4** sich herausstellen; **to turn out to be sth** sich etw herausstellen; **he turned out to be the murderer** es stellte sich heraus, dass er der Mörder war **5** sich entwickeln; **how did it turn out?** was ist daraus geworden?; *Kuchen etc* wie ist er *etc* geworden?; **as it turned out** wie sich herausstellte; **everything will turn out all right** es wird sich schon alles ergeben; **it turned out nice in the afternoon** *Br* am Nachmittag wurde es noch schön **B** *v/t ⟨trennb⟩* **1** *Licht* ausmachen **2** produzieren **3** vertreiben (**of** aus); *Mieter* kündigen (+dat) **4** *Taschen* (aus)leeren **5** *⟨mst passiv⟩* **well turned-out** gut gekleidet
turn over A *v/i* **1** sich umdrehen; *Auto* sich überschlagen; **he turned over on(to) his stomach** er drehte sich auf den Bauch **2** please **turn over** *beim Lesen* bitte wenden **3** *AUTO Motor* laufen **4** *TV, RADIO* umschalten (**to** auf +akk) **B** *v/t ⟨trennb⟩* **1** umdrehen; *Matratze* wenden; *Kinderwagen* umkippen; *Seite* umblättern **2** übergeben (**to** +*dat*)
turn round *bes Br* **A** *v/i* sich umdrehen, umkehren; **one day she'll just turn round and leave you** eines Tages wird sie dich ganz einfach verlassen **B** *v/i ⟨+obj⟩* **we turned round the corner** wir bogen um die Ecke **C** *v/t ⟨trennb⟩* **1** *Kopf* drehen; *Kiste* umdrehen **2** → turn around A
turn to *v/i ⟨+obj⟩* **to turn to sb/sth** → turn C 3
turn up A *v/i* erscheinen, auftauchen; **I was afraid you wouldn't turn up** ich hatte Angst, du würdest nicht kommen **2** sich (an)finden **3** passieren **4 a turned-up nose** eine Stupsnase; **to turn up at the ends** sich an den Enden hochbiegen **B** *v/t ⟨trennb⟩* **1** *Kragen* hochklappen; *Saum* umnähen; **to turn up one's nose at sth** *fig* die Nase über etw (*akk*) rümpfen **2** *Heizung, Lautstärke* aufdrehen; *Radio* lauter drehen
turnaround ['tɜːnəraʊnd] *s* **1** (*a.* **turnabout**) Kehrtwendung *f* **2** Umschwung *m*
turncoat ['tɜːnkəʊt] *s* Überläufer(in) *m(f)*
turning ['tɜːnɪŋ] *s in Straße* Abzweigung *f*; **the second ~ on the left** die zweite Abfahrt links
turning circle *s AUTO* Wendekreis *m*
turning lane *s US* Abbiegespur *f*

turning point *s* Wendepunkt *m*
turnip ['tɜːnɪp] *s* Rübe *f*, Steckrübe *f*
turn-off *s* **1** Abzweigung *f*; *auf Autobahn* Abfahrt *f* **2** *umg* **it was a real ~** das hat einem die Lust verdorben
turnout ['tɜːnaʊt] *s* Beteiligung *f*; **there was a good ~** das Spiel *etc* war gut besucht
turnover ['tɜːnəʊvə^r] *s* Umsatz *m*; *von Kapital* Umlauf *m*; *von Personal* Fluktuation *f*
turnpike *US s* gebührenpflichtige Autobahn
turnround *s* → turnaround
turn signal *s US AUTO* Fahrtrichtungsanzeiger *m*
turnstile *s* Drehkreuz *n*
turntable *s von Plattenspieler* Plattenteller *m*
turn-up *Br s* **1** *von Hose* Aufschlag *m* **2** *umg* **a ~ for the books** eine echte Überraschung
turpentine ['tɜːpəntaɪn] *s* Terpentin(öl) *n*
turquoise ['tɜːkwɔɪz] **A** *s* Türkis *m* **B** *adj* türkis(-farben)
turret ['tʌrɪt] *s ARCH* Mauerturm *m*; *von Panzer* Turm *m*
turtle ['tɜːtl] *s* Wasserschildkröte *f*; *US auch* Schildkröte
turtleneck (pullover) *US s* Rollkragenpullover *m*
turves [tɜːvz] *pl* → turf
Tuscany ['tʌskənɪ] *s* die Toskana
tusk [tʌsk] *s* Stoßzahn *m*
tussle ['tʌsl] **A** *s* Gerangel *n* **B** *v/i* sich rangeln (**with sb for sth** mit j-m um etw)
tutor ['tjuːtə^r] **A** *s* **1** Privatlehrer(in) *m(f)* **2** *Br UNIV* Tutor(in) *m(f)* **B** *v/t* privat unterrichten
tutor group *s Br SCHULE* Klasse *f*
tutorial [tjuːˈtɔːrɪəl] **A** *s Br UNIV* Kolloquium *n* **B** *adj* Tutoren-; **~ group** Seminargruppe *f*
tutu ['tuːtuː] *s* Tutu *n*
tux [tʌks] *umg*, **tuxedo** [tʌkˈsiːdəʊ] *bes US s ⟨pl -s⟩* Smoking *m*
TV [tiːˈviː] *s abk* (= **television**) *umg* Fernsehen *n*; (≈ *Apparat*) Fernseher *m umg*; **on TV** im Fernsehen; **to watch TV** fernsehen; **TV programme** *Br*, **TV program** *US* Fernsehsendung *f*; → television
TV dinner *US s* Fertiggericht *n*
TV guide *s* Fernsehzeitschrift *f*
TV programme, **TV program** *US s* Fernsehsendung *f*
TV studio *s ⟨pl -s⟩* Fernsehstudio *n*
twang [twæŋ] *v/i Gitarre* einen scharfen Ton von sich geben; *Gummiband* pitschen *umg*
tweak [twiːk] **A** *v/t* kneifen, zwicken *österr* **B** *s* **to give sth a ~** an etw (*dat*) (herum)zupfen
twee [twiː] *Br umg adj ⟨komp* **tweer**⟩ niedlich
tweed [twiːd] **A** *s* Tweed *m* **B** *adj* Tweed-
tweet [twiːt] **A** *s* **1** *von Vogel* Piepsen *n kein pl* **2** *Beitrag auf Twitter®* Tweet *m*, Update *n* **B** *v/i*

piepsen C v/t & v/i *Textnachricht über Twitter®versenden* twittern
tweetable ['twiːtəbl] *adj* IT twitterbar
tweezers ['twiːzəz] *pl*, (*a.* **pair of tweezers**) Pinzette *f*
twelfth [twelfθ] A *adj* zwölfte(r, s); **a ~ part** ein Zwölftel *n* B *s* 1 Zwölfte(r, s) 2 Zwölftel *n*; → **sixth**
Twelfth Night *s* Dreikönige, Dreikönigsabend *m*
twelve [twelv] A *adj* zwölf; **~ noon** zwölf Uhr (mittags) B *s* Zwölf *f*; → **six**
twentieth ['twentɪɪθ] A *adj* zwanzigste(r, s); **a ~ part** ein Zwanzigstel *n* B *s* 1 Zwanzigste(r, s) 2 Zwanzigstel *n*; → **sixth**
twenty ['twentɪ] A *adj* zwanzig B *s* Zwanzig *f*; → **sixty**
twenty-eighth A *adj* achtundzwanzigste(r, s) B *s* Achtundzwanzigste(r, s)
twenty-fifth A *adj* fünfundzwanzigste(r, s) B *s* Fünfundzwanzigste(r, s)
twenty-first A *adj* einundzwanzigste(r, s) B *s* Einundzwanzigste(r, s)
twenty-four seven, 24/7 A *s* Geschäft, das sieben Tage die Woche und 24 Stunden am Tag geöffnet hat B *adj* ⟨attr⟩ rund um die Uhr; **~ service** Service, der rund um die Uhr zur Verfügung steht
twenty-fourth A *adj* vierundzwanzigste(r, s) B *s* Vierundzwanzigste(r, s)
twenty-ninth A *adj* neunundzwanzigste(r, s) B *s* Neunundzwanzigste(r, s)
twenty-one A *adj* einundzwanzig B *s* Einundzwanzig *f*
twenty-second A *adj* zweiundzwanzigste(r, s) B *s* Zweiundzwanzigste(r, s)
twenty-seventh A *adj* siebenundzwanzigste(r, s) B *s* Siebenundzwanzigste(r, s)
twenty-sixth A *adj* sechsundzwanzigste(r, s) B *s* Sechsundzwanzigste(r, s)
twenty-third A *adj* dreiundzwanzigste(r, s) B *s* Dreiundzwanzigste(r, s)
twenty-two A *adj* zweiundzwanzig B *s* Zweiundzwanzig *f*
twerp [twɜːp] *umg s* Einfaltspinsel *m umg*
twice [twaɪs] *adv* zweimal; **~ as much/many** doppelt so viel/so viele; **~ as long as ...** doppelt od zweimal so lange wie ...; **~ a week** zweimal wöchentlich; **I'd think ~ before trusting him with it** ihm würde ich das nicht so ohne Weiteres anvertrauen
twiddle ['twɪdl] v/t herumdrehen an (+dat); **to ~ one's thumbs** Däumchen drehen
twig [twɪɡ] *s* Zweig *m*
twilight ['twaɪlaɪt] *s* Dämmerung *f*; **at ~** in der Dämmerung

twin [twɪn] A *s* Zwilling *m*; **her ~** ihr Zwillingsbruder/ihre Zwillingsschwester B *adj* ⟨attr⟩ 1 Zwillings-; **~ boys/girls** Zwillingsjungen *pl*/-mädchen *pl* 2 **~ peaks** Doppelgipfel *pl* C *v/t Br Stadt* verschwistern; **to be ~ned with** Partnerstadt sein von; **Oxford was ~ned with Bonn** Oxford und Bonn wurden zu Partnerstädten/waren Partnerstädte
twin beds *pl* zwei (gleiche) Einzelbetten *pl*
twin brother *s* Zwillingsbruder *m*
twine [twaɪn] A *s* Schnur *f* B *v/t* winden C *v/i* sich winden (**around** um)
twinge [twɪndʒ] *s* Zucken *n*; **a ~ of pain** ein zuckender Schmerz
twinkle ['twɪŋkl] A *v/i* funkeln B *s* Funkeln *n*; **with a ~ in his/her eye** augenzwinkernd
twinkling ['twɪŋklɪŋ] *s* **in the ~ of an eye** im Handumdrehen
twin room *s* Zweibettzimmer *n*
twin sister *s* Zwillingsschwester *f*
twin town *Br s* Partnerstadt *f*
twirl [twɜːl] A *v/t* (herum)wirbeln B *v/i* wirbeln C *s* Wirbel *m*; *in Tanz* Drehung *f*; **give us a ~** dreh dich doch mal
twist [twɪst] A *s* 1 **to give sth a ~** etw (herum)drehen 2 Kurve *f*; *fig in Geschichte* Wendung *f* 3 *Br umg* **to drive sb round the ~** j-n wahnsinnig machen B *v/t* 1 drehen, wickeln (**into** zu); **to ~ the top off a jar** den Deckel von einem Glas abdrehen; **to ~ sth (a)round sth** etw um etw (*akk*) wickeln 2 verbiegen; *Worte* verdrehen; **to ~ sth out of shape** etw verbiegen; **she had to ~ my arm** *fig* sie musste mich sehr überreden; **to ~ one's ankle** sich (*dat*) den Fuß vertreten; **his face was ~ed with pain** sein Gesicht war verzerrt vor Schmerz C *v/i Wind* sich drehen; *Pflanze* sich ranken; *Straße, Fluss* sich schlängeln

phrasal verbs mit twist:
twist around v/t ⟨trennb⟩ → **twist round**
twist off A *v/i* **the top twists off** der Deckel lässt sich abschrauben B *v/t* ⟨trennb⟩ abdrehen; *Deckel* abschrauben
twist round *bes Br* A *v/i* sich umdrehen; *Straße* eine Biegung machen B *v/t* ⟨trennb⟩ herumdrehen

twisted ['twɪstɪd] *adj Seil* (zusammen)gedreht; (≈ *verformt*) verbogen; *fig pej* verdreht; *Knöchel* verrenkt; **bitter and ~** verbittert und verwirrt
twister ['twɪstə^r] *US umg s* Tornado *m*
twit [twɪt] *bes Br umg s* Trottel *m umg*
twitch [twɪtʃ] A *s* Zucken *n* B *v/i Muskeln* zucken C *v/t bzw Nase* zucken mit
twitter ['twɪtə^r] A *v/i* zwitschern B *v/t & v/i Textnachricht über Twitter®versenden* twittern C *s* Zwitschern *n*

Twitter® ['twɪtə(r)] s Internetdienst zum Versand von Textnachrichten Twitter® m
Twitter® storm s Twittergewitter® n
two [tu:] **A** adj zwei; **to cut sth in two** etw in zwei Teile schneiden; **two by two, in twos** zu zweien; **in twos and threes** immer zwei oder drei (Leute) auf einmal; **2:1** zwei zu eins; **to put two and two together** fig zwei und zwei zusammenzählen; **two's company, three's a crowd** ein Dritter stört nur; **two can play at that game** umg den Spieß kann man auch umdrehen; → **six** **B** s Zwei f; **the two of them** die beiden; alle beide; **just the two of us** nur wir beide
two-dimensional adj zweidimensional; fig flach
two-door adj zweitürig
two-edged adj **a ~ sword** fig ein zweischneidiges Schwert
two-faced fig adj falsch
twofold adj zweifach, doppelt; **a ~ increase** ein Anstieg um das Doppelte; **the advantages are ~** das hat einen doppelten Vorteil
two-handed adj beidhändig
two-legged adj zweibeinig; **a ~ animal** ein Zweibeiner m
two-percent milk US s Halbfettmilch f
two-piece adj zweiteilig
two-pin plug s Stecker m mit zwei Kontakten
two-seater adj zweisitzig
twosome s Paar n
two-storey adj, **two-story** US adj zweistöckig
two-time umg v/t Freundin betrügen
two-way adj Beziehung wechselseitig; **~ traffic** Gegenverkehr m
two-way radio s Funksprechgerät n
tycoon [taɪˈkuːn] s Magnat(in) m(f)
type¹ [taɪp] s **1** Art f; von Produkt Sorte f; (≈ Charakter) Typ m; **different ~s of roses** verschiedene Rosensorten pl; **what ~ of car is it?** was für ein Auto(typ) ist das?; **Cheddar-type cheese** eine Art Cheddar; **they're totally different ~s of person** sie sind vom Typ her völlig verschieden; **that ~ of behaviour** Br, **that ~ of behavior** US ein solches Benehmen; **it's not my ~ of film** diese Art Film gefällt mir nicht; **he's not my ~** er ist nicht mein Typ **2** umg (≈ Mann) Typ m
type² **A** s TYPO Type f; **large ~** große Schrift **B** v/t tippen **C** v/i tippen umg
<u>phrasal verbs mit type:</u>
type in v/t ⟨trennb⟩ eintippen; bes IT eingeben
type out v/t ⟨trennb⟩ tippen umg
typecast v/t ⟨prät, pperf typecast⟩ THEAT (auf eine bestimmte Rolle) festlegen
typeface s Schrift f
typescript s Typoskript n geh
typewriter s Schreibmaschine f
typewritten adj maschinengeschrieben
typhoid ['taɪfɔɪd] s, (a. **typhoid fever**) Typhus m
typhoon [taɪˈfuːn] s Taifun m
typhus ['taɪfəs] s Fleckfieber n
typical ['tɪpɪkəl] adj typisch (**of** für); **~ male!** typisch Mann!
typically ['tɪpɪklɪ] adv typischerweise; **~ English** typisch englisch
typify ['tɪpɪfaɪ] v/t typisch sein für, kennzeichnen
typing ['taɪpɪŋ] s Tippen n umg
typing error s Tippfehler m
typist ['taɪpɪst] s Schreibkraft f
tyrannic(al) adj, **tyrannically** [tɪˈrænɪk(əl), tɪˈrænɪkəlɪ] adv tyrannisch
tyrannize ['tɪrənaɪz] v/t tyrannisieren
tyranny ['tɪrənɪ] s Tyrannei f
tyrant ['taɪərənt] s Tyrann(in) m(f)
tyre [taɪə(r)] s, **tire** US s Reifen m, Pneu m schweiz
Tyrol [tɪˈrəʊl] s **the ~** Tirol n
Tyrolean [ˌtɪrəˈliːən] **A** adj tirol(er)isch **B** s Tiroler(in) m(f)
tzar s → tsar

U

U, u [juː] s U n, u n
UAE abk (= United Arab Emirates) VAE pl, Vereinigte Arabische Emirate pl
ubiquitous [juːˈbɪkwɪtəs] adj allgegenwärtig
udder ['ʌdə(r)] s Euter n
UFO [ˌjuːefˈəʊ, ˈjuːfəʊ] s abk (= unidentified flying object) UFO n
ugh [ʌɡ, ɜː] int igitt
ugliness ['ʌɡlɪnɪs] s Hässlichkeit f
ugly ['ʌɡlɪ] adj ⟨komp uglier⟩ hässlich, übel; Lage bedrohlich; **to turn ~** umg gemein werden
UHF abk (= ultrahigh frequency) UHF
UHT abk (= ultra heat treated) ultrahocherhitzt; **UHT milk** Br H-Milch f, Haltbarmilch f österr
UK abk (= United Kingdom) UK n
UKIP ['juːkɪp] abk (= UK Independence Party) UKIP f (rechtsradikale, europafeindliche Partei Großbritanniens)
Ukraine [juːˈkreɪn] s **the ~** die Ukraine
Ukrainian [juːˈkreɪnɪən] **A** adj ukrainisch **B** s **1** Ukrainer(in) m(f); **he is ~** er ist Ukrainer **2** LING Ukrainisch n

ulcer ['ʌlsə'] s MED Geschwür n
ulterior [ʌl'tɪərɪə'] adj Absicht etc verborgen; **~ motive** Hintergedanke m
ultimate ['ʌltɪmɪt] **A** adj **1** letzte(r, s); Entscheidung endgültig; Herrschaft oberste(r, s); **~ goal** Endziel n; **what is your ~ ambition in life?** was streben Sie letzten Endes im Leben an? **2** vollendet, perfekt; **the ~ insult** der Gipfel der Beleidigung **B** s Nonplusultra n; **that is the ~ in comfort** das ist das Höchste an Komfort
ultimately ['ʌltɪmɪtlɪ] adv letzten Endes
ultimatum [,ʌltɪ'meɪtəm] s ⟨pl -s od ultimata⟩ Ultimatum n; **to deliver an ~ to sb** j-m ein Ultimatum stellen
ultra- ['ʌltrə] präf ultra-
ultrahigh frequency s Ultrahochfrequenz f
ultrasonic [,ʌltrə'sɒnɪk] adj Ultraschall-
ultrasound s **1** Ultraschall m **2** Ultraschalluntersuchung f
ultraviolet adj ultraviolett; **~ rays** pl ultraviolette Strahlen pl
umbilical cord [ʌm,bɪlɪkəl'kɔ:d] s Nabelschnur f
umbrella [ʌm'brelə] s **1** (Regen)schirm m **2** Sonnenschirm m
umbrella organization s Dachorganisation f
umbrella stand s Schirmständer m
umpire ['ʌmpaɪə'] **A** s Schiedsrichter(in) m(f) **B** v/t Schiedsrichter(in) sein bei **C** v/i Schiedsrichter(in) sein (**in bei**)
umpteen ['ʌmp'ti:n] umg adj zig umg
umpteenth ['ʌmp'ti:nθ] umg adj x-te(r, s) umg; **for the ~ time** zum x-ten Mal umg
UN abk (= United Nations) UNO f, UN pl
unabated [,ʌnə'beɪtɪd] adj unvermindert; **the storm continued ~** der Sturm ließ nicht nach
unable [ʌn'eɪbl] adj ⟨präd⟩ unfähig; **to be ~ to do sth** etw nicht tun können
unabridged [,ʌnə'brɪdʒd] adj ungekürzt
unacceptable [,ʌnək'septəbl] adj unannehmbar; Entschuldigung, Angebot nicht akzeptabel; Bedingungen untragbar; **it's quite ~ that we should be expected to ...** es kann doch nicht von uns verlangt werden, dass ...; **it's quite ~ for young children to ...** es kann nicht zugelassen werden, dass kleine Kinder ...
unacceptably [,ʌnək'septəblɪ] adv untragbar, unannehmbar, unzumutbar
unaccompanied [,ʌnə'kʌmpənɪd] adj ohne Begleitung
unaccountable [,ʌnə'kaʊntəbl] adj unerklärlich
unaccountably [,ʌnə'kaʊntəblɪ] adv unerklärlicherweise; verschwinden auf unerklärliche Weise
unaccounted for [,ʌnə'kaʊntɪd'fɔ:'] adj ungeklärt; **£30 is still ~** es ist noch ungeklärt, wo die £ 30 geblieben sind; **three passengers are still ~** drei Passagiere werden noch vermisst
unaccustomed [,ʌnə'kʌstəmd] adj **to be ~ to sth** etw nicht gewohnt sein; **to be ~ to doing sth** es nicht gewohnt sein, etw zu tun
unacquainted [,ʌnə'kweɪntɪd] adj ⟨präd⟩ **to be ~ with sth** etw nicht kennen
unadulterated [,ʌnə'dʌltəreɪtɪd] adj **1** unverfälscht **2** fig Unsinn schier; Glück ungetrübt
unadventurous [,ʌnəd'ventʃərəs] adj Leben wenig abenteuerlich; Stil einfallslos; Mensch wenig unternehmungslustig
unaffected [,ʌnə'fektɪd] adj **1** (≈ unbeschadet) nicht angegriffen **2** unbeeinflusst, nicht betroffen; gefühlsmäßig ungerührt; **he remained quite ~ by all the noise** der Lärm berührte od störte ihn überhaupt nicht
unafraid [,ʌnə'freɪd] adj **to be ~ of sb/sth** vor j-m/etw keine Angst haben
unaided [ʌn'eɪdɪd] adv ohne fremde Hilfe
unalike [,ʌnə'laɪk] adj ⟨präd⟩ ungleich
unalterable [ʌn'ɒltərəbl] adj Tatsache unabänderlich; Gesetze unveränderlich
unaltered [ʌn'ɒltəd] adj unverändert
unambiguous adj, **unambiguously** [,ʌnæm'bɪgjʊəs, -lɪ] adv eindeutig
unambitious [,ʌnæm'bɪʃəs] adj Mensch, Plan nicht ehrgeizig (genug); Inszenierung anspruchslos
unamused [,ʌnə'mju:zd] adj **she was ~ (by this)** sie fand es od das überhaupt nicht lustig
unanimous [ju:'nænɪməs] adj einmütig; Entscheidung einstimmig; **they were ~ in their condemnation of him** sie haben ihn einmütig verdammt; **by a ~ vote** einstimmig
unanimously [ju:'nænɪməslɪ] adv einmütig; wählen einstimmig
unannounced [,ʌnə'naʊnst] adj & adv unangemeldet
unanswered [ʌn'ɑ:nsəd] adj unbeantwortet
unapologetic [,ʌnə,pɒlə'dʒetɪk] adj unverfroren; **he was so ~ about it** es schien ihm überhaupt nicht leidzutun
unappealing [,ʌnə'pi:lɪŋ] adj nicht ansprechend; Aussicht nicht verlockend
unappetizing [ʌn'æpɪtaɪzɪŋ] adj unappetitlich; Aussicht wenig verlockend
unappreciated [,ʌnə'pri:ʃɪeɪtɪd] adj nicht geschätzt od gewürdigt; **she felt she was ~ by him** sie hatte den Eindruck, dass er sie nicht zu schätzen wusste
unappreciative [,ʌnə'pri:ʃɪətɪv] adj undankbar; Publikum verständnislos
unapproachable [,ʌnə'prəʊtʃəbl] adj unzu-

gänglich
unarmed [ʌnˈɑːmd] *adj & adv* unbewaffnet
unashamed [ˌʌnəˈʃeɪmd] *adj* schamlos
unashamedly [ˌʌnəˈʃeɪmɪdlɪ] *adv* unverschämt, ohne Scham; *romantisch, parteiisch* unverhohlen
unassisted [ʌnəˈsɪstɪd] *adv* ohne (fremde) Hilfe, (ganz) allein
unassuming [ˌʌnəˈsjuːmɪŋ] *adj* bescheiden
unattached [ˌʌnəˈtætʃt] *adj* **1** unbefestigt **2** *emotional* ungebunden
unattainable [ˌʌnəˈteɪnəbl] *adj* unerreichbar
unattended [ˌʌnəˈtendɪd] *adj Kinder* unbeaufsichtigt; *Gepäck* unbewacht; **to leave sth ~** etw unbewacht lassen; *Laden* etw unbeaufsichtigt lassen; **to be** *od* **go ~ to** *Verletzung* nicht behandelt werden
unattractive [ˌʌnəˈtræktɪv] *adj Ort* wenig reizvoll; *Angebot, Frau* unattraktiv
unauthorized [ʌnˈɔːθəraɪzd] *adj* unbefugt
unavailable [ˌʌnəˈveɪləbl] *adj* nicht erhältlich; *Mensch* nicht zu erreichen *präd*; **the minister was ~ for comment** der Minister war für eine Stellungnahme nicht verfügbar
unavoidable [ˌʌnəˈvɔɪdəbl] *adj* unvermeidlich
unavoidably [ˌʌnəˈvɔɪdəblɪ] *adv* notgedrungen; **to be ~ detained** verhindert sein
unaware [ˌʌnəˈweə] *adj* ⟨*präd*⟩ **to be ~ of sth** sich (*dat*) einer Sache (*gen*) nicht bewusst sein; **I was ~ of his presence** ich hatte nicht bemerkt, dass er da war; **I was ~ that there was a meeting going on** ich wusste nicht, dass da gerade eine Besprechung stattfand
unawares [ˌʌnəˈweəz] *adv* **to catch** *od* **take sb ~** j-n überraschen
unbalanced [ʌnˈbælənst] *adj* **1** unausgewogen; *Bericht* einseitig **2** (*a.* **mentally ~**) nicht ganz normal
unbearable *adj*, **unbearably** [ʌnˈbɛərəbl, -ɪ] *adv* unerträglich
unbeatable [ʌnˈbiːtəbl] *adj* unschlagbar
unbeaten [ʌnˈbiːtn] *adj* ungeschlagen; *Rekord* ungebrochen
unbecoming [ˌʌnbɪˈkʌmɪŋ] *adj Verhalten, Sprache* unschicklich, unziemlich *geh*; *Kleidung* unvorteilhaft
unbeknown(st) [ˌʌnbɪˈnəʊn(st)] *adv* **~ to sb** ohne j-s Wissen
unbelievable [ˌʌnbɪˈliːvəbl] *adj* unglaublich
unbelievably [ˌʌnbɪˈliːvəblɪ] *adv* unglaublich; *gut, hübsch a.* sagenhaft *umg*
unbeliever [ˌʌnbɪˈliːvəʳ] *s* Ungläubige(r) *m/f(m)*
unbias(s)ed [ʌnˈbaɪəst] *adj* unvoreingenommen
unblemished [ʌnˈblemɪʃt] *adj* makellos
unblock [ʌnˈblɒk] *v/t* frei machen; *Rohr* die Verstopfung beseitigen in (+*dat*)

unbolt [ʌnˈbəʊlt] *v/t* aufriegeln; **he left the door ~ed** er verriegelte die Tür nicht
unborn [ʌnˈbɔːn] *adj* ungeboren
unbowed [ʌnˈbaʊd] *fig adj* ungebrochen; *Stolz* ungebeugt
unbreakable [ʌnˈbreɪkəbl] *adj Glas* unzerbrechlich; *Regel* unumstößlich
unbridgeable [ʌnˈbrɪdʒəbl] *adj* unüberbrückbar
unbridled [ʌnˈbraɪdld] *adj Leidenschaft* ungezügelt
unbroken [ʌnˈbrəʊkən] *adj* **1** unbeschädigt **2** ununterbrochen **3** *Rekord* ungebrochen
unbuckle [ʌnˈbʌkl] *v/t* aufschnallen
unburden [ʌnˈbɜːdn] *fig v/t* **to ~ oneself to sb** j-m sein Herz ausschütten
unbutton [ʌnˈbʌtn] *v/t* aufknöpfen
uncalled-for [ʌnˈkɔːldfɔːʳ] *adj* unnötig
uncannily [ʌnˈkænɪlɪ] *adv* unheimlich; **to look ~ like sb/sth** j-m/einer Sache auf unheimliche Weise ähnlich sehen
uncanny [ʌnˈkænɪ] *adj* unheimlich; **to bear an ~ resemblance to sb** j-m auf unheimliche Weise ähnlich sehen
uncared-for [ʌnˈkɛədfɔːʳ] *adj* ungepflegt; *Kind* vernachlässigt
uncaring [ʌnˈkɛərɪŋ] *adj* gleichgültig; *Eltern* lieblos
unceasing *adj*, **unceasingly** [ʌnˈsiːsɪŋ, -lɪ] *adv* unaufhörlich
uncensored [ʌnˈsensəd] *adj* unzensiert
unceremoniously [ˌʌnserɪˈməʊnɪəslɪ] *adv* ohne Umschweife
uncertain [ʌnˈsɜːtn] *adj* **1** unsicher; **to be ~ of** *od* **about sth** sich (*dat*) einer Sache (*gen*) nicht sicher sein **2** *Wetter* unbeständig **3** **in no ~ terms** klar und deutlich
uncertainty [ʌnˈsɜːtntɪ] *s* Ungewissheit *f*, Unbestimmtheit *f*; *gedanklich* Zweifel *m*, Unsicherheit *f*; **there is still some ~ as to whether …** es besteht noch Ungewissheit, ob …
unchallenged [ʌnˈtʃælɪndʒd] *adj* unangefochten
unchanged [ʌnˈtʃeɪndʒd] *adj* unverändert
unchanging [ʌnˈtʃeɪndʒɪŋ] *adj* unveränderlich
uncharacteristic [ˌʌnkærəktəˈrɪstɪk] *adj* untypisch (**of** für)
uncharacteristically [ˌʌnkærəktəˈrɪstɪklɪ] *adv* auf untypische Weise
uncharitable [ʌnˈtʃærɪtəbl] *adj Bemerkung* unfreundlich; *Mensch* herzlos; *Haltung* hartherzig
uncharted [ʌnˈtʃɑːtɪd] *adj* **to enter ~ territory** *fig* sich in unbekanntes Terrain begeben
unchecked [ʌnˈtʃekt] *adj* ungehemmt; **to go ~** *Vormarsch* nicht gehindert werden
uncircumcised [ʌnˈsɜːkəmsaɪzd] *adj* MED, REL

unbeschnitten
uncivil [ʌnˈsɪvɪl] *adj* unhöflich
uncivilized [ʌnˈsɪvɪlaɪzd] *adj* unzivilisiert
unclaimed [ʌnˈkleɪmd] *adj* Preis nicht abgeholt
unclassified [ʌnˈklæsɪfaɪd] *adj* **1** nicht klassifiziert **2** nicht geheim
uncle [ˈʌŋkl] *s* Onkel *m*
unclean [ʌnˈkliːn] *adj* unsauber
unclear [ʌnˈklɪəʳ] *adj* unklar; **to be ~ about sth** sich (*dat*) über etw (*akk*) im Unklaren sein
unclog [ʌnˈklɒg] *v/t* die Verstopfung beseitigen in (+*dat*)
uncoil [ʌnˈkɔɪl] **A** *v/t* abwickeln **B** *v/i* & *v/r* Schlange sich langsam strecken
uncollected [ˌʌnkəˈlektɪd] *adj* nicht abgeholt; *Steuer* nicht eingezogen
uncombed [ʌnˈkəʊmd] *adj* ungekämmt
uncomfortable [ʌnˈkʌmfətəbl] *adj* **1** unbequem **2** *Gefühl* ungut; *Schweigen* peinlich; **to feel ~** sich unbehaglich fühlen; **I felt ~ about it/about doing it** ich hatte ein ungutes Gefühl dabei; **to put sb in an ~ position** j-n in eine heikle Lage bringen **3** *Tatsache, Lage* unerfreulich
uncomfortably [ʌnˈkʌmfətəblɪ] *adv* **1** unbequem **2** unbehaglich **3** unangenehm
uncommon [ʌnˈkɒmən] *adj* **1** ungewöhnlich **2** außergewöhnlich
uncommunicative [ˌʌnkəˈmjuːnɪkətɪv] *adj* verschlossen
uncomplaining [ˌʌnkəmˈpleɪnɪŋ] *adj* duldsam
uncomplicated [ʌnˈkɒmplɪkeɪtɪd] *adj* unkompliziert
uncomplimentary [ˌʌnkɒmplɪˈmentərɪ] *adj* unschmeichelhaft
uncomprehending *adj*, **uncomprehendingly** [ˌʌnkɒmprɪˈhendɪŋ, -lɪ] *adv* verständnislos
uncompromising [ʌnˈkɒmprəmaɪzɪŋ] *adj* kompromisslos; *Engagement* hundertprozentig
unconcerned [ˌʌnkənˈsɜːnd] *adj* unbekümmert, gleichgültig; **to be ~ about sth** sich nicht um etw kümmern; **to be ~ by sth** von etw unberührt sein
unconditional [ˌʌnkənˈdɪʃənl] *adj* vorbehaltlos; *Kapitulation* bedingungslos; *Unterstützung* uneingeschränkt
unconfirmed [ˌʌnkənˈfɜːmd] *adj* unbestätigt
unconnected [ˌʌnkəˈnektɪd] *adj* **the two events are ~** es besteht keine Beziehung zwischen den beiden Ereignissen
unconscious [ʌnˈkɒnʃəs] **A** *adj* **1** MED bewusstlos; **the blow knocked him ~** durch den Schlag wurde er bewusstlos **2** (*präd*) **to be ~ of sth** sich (*dat*) einer Sache (*gen*) nicht bewusst sein; **I was ~ of the fact that ...** ich

uncivil – uncut ▪ 727

war mir *od* es war mir nicht bewusst, dass ... **3** PSYCH unbewusst; **at** *od* **on an ~ level** auf der Ebene des Unbewussten **B** *s* PSYCH **the ~** das Unbewusste
unconsciously [ʌnˈkɒnʃəslɪ] *adv* unbewusst
unconsciousness [ʌnˈkɒnʃəsnəs] *s* Bewusstlosigkeit *f*
unconstitutional *adj*, **unconstitutionally** [ˌʌnkɒnstɪˈtjuːʃnəl, -lɪ] *adv* verfassungswidrig
uncontaminated [ˌʌnkənˈtæmɪneɪtɪd] *adj* nicht verseucht; *fig* unverdorben
uncontested [ˌʌnkənˈtestɪd] *adj* unbestritten; *Wahl* ohne Gegenkandidat
uncontrollable [ˌʌnkənˈtrəʊləbl] *adj* unkontrollierbar; *Wut* unbezähmbar; *Verlangen* unwiderstehlich
uncontrollably [ˌʌnkənˈtrəʊləblɪ] *adv* unkontrollierbar; *weinen* hemmungslos; *lachen* unkontrolliert
uncontrolled [ˌʌnkənˈtrəʊld] *adj* Gefühlsäußerung unkontrolliert
unconventional [ˌʌnkənˈvenʃnl] *adj* unkonventionell
unconvinced [ˌʌnkənˈvɪnst] *adj* nicht überzeugt (**of** von); **his arguments leave me ~** seine Argumente überzeugen mich nicht
unconvincing [ˌʌnkənˈvɪnsɪŋ] *adj* nicht überzeugend; **rather ~** wenig überzeugend
unconvincingly [ˌʌnkənˈvɪnsɪŋlɪ] *adv* wenig überzeugend
uncooked [ʌnˈkʊkt] *adj* ungekocht, roh
uncool *adj nicht cool* uncool; **that's totally ~!** das ist ja voll uncool!
uncooperative [ˌʌnkəʊˈɒpərətɪv] *adj* Haltung stur; *Zeuge* wenig hilfreich
uncoordinated [ˌʌnkəʊˈɔːdɪneɪtɪd] *adj* unkoordiniert
uncork [ʌnˈkɔːk] *v/t* entkorken
uncorroborated [ˌʌnkəˈrɒbəreɪtɪd] *adj* unbestätigt; *Beweise* nicht bekräftigt
uncountable [ʌnˈkaʊntəbl] *adj* GRAM unzählbar
uncouple [ʌnˈkʌpl] *v/t* abkoppeln
uncouth [ʌnˈkuːθ] *adj* Mensch ungehobelt; *Verhalten* unflätig
uncover [ʌnˈkʌvəʳ] *v/t* aufdecken
uncritical *adj*, **uncritically** [ʌnˈkrɪtɪkəl, -lɪ] *adv* unkritisch (**of, about** in Bezug auf +*akk*)
uncross [ʌnˈkrɒs] *v/t* **he ~ed his legs** er nahm das Bein vom Knie; **she ~ed her arms** sie löste ihre verschränkten Arme
uncrowded [ʌnˈkraʊdɪd] *adj* nicht überlaufen
uncrowned [ʌnˈkraʊnd] *wörtl, fig adj* ungekrönt
uncultivated [ʌnˈkʌltɪveɪtɪd] *adj* unkultiviert
uncurl [ʌnˈkɜːl] *v/i* glatt werden; *Schlange* sich langsam strecken
uncut [ʌnˈkʌt] *adj* **1** ungeschnitten; **~ diamond**

Rohdiamant *m* **2** ungekürzt **3** MED, REL Mann unbeschnitten
undamaged [ʌnˈdæmɪdʒd] *adj* unbeschädigt; *fig* makellos
undated [ʌnˈdeɪtɪd] *adj Brief* undatiert, ohne Datum
undaunted [ʌnˈdɔːntɪd] *adj* unverzagt
undecided [ˌʌndɪˈsaɪdɪd] *adj* unentschlossen; **he is ~ as to whether he should go or not** er ist (sich) noch unschlüssig, ob er gehen soll oder nicht; **to be ~ about sth** sich (*dat*) über etw (*akk*) im Unklaren sein
undefeated [ˌʌndɪˈfiːtɪd] *adj Mannschaft* unbesiegt; *Weltmeister* ungeschlagen
undelete [ˈʌndɪˈliːt] *v/t IT* **to ~ sth** das Löschen von etw rückgängig machen
undemanding [ˌʌndɪˈmɑːndɪŋ] *adj* anspruchslos; *Aufgabe* wenig fordernd
undemocratic *adj*, **undemocratically** [ˌʌndəməˈkrætɪk, -əlɪ] *adv* undemokratisch
undemonstrative [ˌʌndɪˈmɒnstrətɪv] *adj* zurückhaltend
undeniable [ˌʌndɪˈnaɪəbl] *adj* unbestreitbar
undeniably [ˌʌndɪˈnaɪəblɪ] *adv* zweifellos, unbestreitbar
under [ˈʌndə*ʳ*] **A** *präp* **1** unter (+*dat*); *mit Richtungsangabe* unter (+*akk*); **~ it** darunter; **to come out from ~ the bed** unter dem Bett hervorkommen; **it's ~ there** es ist da drunter *umg*; **~ an hour** weniger als eine Stunde; **there were ~ 50 of them** es waren weniger als 50; **he died ~ the anaesthetic** *Br*, **he died ~ the anesthetic** *US* er starb in der Narkose; **~ construction** im Bau; **the matter ~ discussion** der Diskussionsgegenstand; **to be ~ the doctor** in (ärztlicher) Behandlung sein; **~ an assumed name** unter falschem Namen **2** gemäß (+*dat*) **B** *adv* **1** *Position* unten; *bei Ohnmacht* bewusstlos; **to go ~** untergehen **2** (≈ *weniger*) darunter
under- *präf* Unter-; **for the ~twelves** für Kinder unter zwölf
underachieve *v/i* hinter den Erwartungen zurückbleiben
underachiever *s* **Johnny is an ~** Johnnys Leistungen bleiben hinter den Erwartungen zurück
underage *adj* ⟨*attr*⟩ minderjährig
underarm **A** *adj* **1** Unterarm- **2** *werfen* von unten **B** *adv* von unten
undercarriage *s* FLUG Fahrwerk *n*
undercharge *v/t* **he ~d me by 50p** er berechnete mir 50 Pence zu wenig
underclass *s* Unterklasse *f*
underclothes *pl* Unterwäsche *f*
undercoat *s* Grundierfarbe *f*, Grundierung *f*
undercook *v/t* nicht durchgaren

undercover **A** *adj* geheim; **~ agent** Geheimagent(in) *m(f)* **B** *adv* **to work ~** als verdeckter Ermittler/verdeckte Ermittlerin arbeiten
undercurrent *s* Unterströmung *f*
undercut *v/t* ⟨*prät, pperf* undercut⟩ (im Preis) unterbieten
underdeveloped *adj* unterentwickelt
underdog *s* Außenseiter(in) *m(f)*, Underdog *m*
underdone *adj* nicht gar; *Steak* nicht durchgebraten
underestimate [ˌʌndərˈestɪmeɪt] **A** *v/t* unterschätzen **B** [ˌʌndərˈestɪmɪt] *s* Unterschätzung *f*
underfloor *adj* **~ heating** Fußbodenheizung *f*
underfoot *adv* am Boden; **it is wet ~** der Boden ist nass; **to trample sb/sth ~** auf j-m/etw herumtrampeln
underfunded *adj* unterfinanziert
underfunding *s* Unterfinanzierung *f*
undergo *v/t* ⟨*prät* underwent; *pperf* undergone⟩ *Entwicklung* durchmachen; *Ausbildung* mitmachen; *Test, Operation* sich unterziehen (+*dat*); **to ~ repairs** in Reparatur sein
undergrad *umg*, **undergraduate** **A** *s* Student(in) *m(f)* **B** *adj* ⟨*attr*⟩ *Kurs* für nicht graduierte Studenten
underground [ˈʌndəgraʊnd] **A** *adj* **1** *Gang, Leitung* unterirdisch **2** *fig* (≈ *geheim*) Untergrund- **3** (≈ *alternativ*) Untergrund- **B** *adv* **1** unterirdisch; *Bergbau* unter Tage; **3 m ~** 3 m unter der Erde **2** *fig* **to go ~** untertauchen **C** *s* **1** *Br* BAHN U-Bahn *f* **2** Untergrundbewegung *f*; (≈ *Subkultur*) Underground *m*
underground station *s Br* BAHN U-Bahnhof *m*
undergrowth *s* Gestrüpp *n*
underhand *adj* hinterhältig
underinvestment *s* mangelnde *od* unzureichende Investitionen *pl*
underlie *fig v/t* ⟨*prät* underlay; *pperf* underlain⟩ zugrunde liegen (+*dat*)
underline *v/t* unterstreichen
underlying *adj* **1** *Felsen* tiefer liegend **2** *Grund* eigentlich; *Problem* zugrunde liegend; *Spannungen* unterschwellig
undermine *v/t* **1** schwächen **2** *fig* unterminieren
underneath [ˌʌndəˈniːθ] **A** *präp* unter (+*dat*); *mit Richtungsangabe* unter (+*akk*); **~ it** darunter; **to come out from ~ sth** unter etw (*dat*) hervorkommen **B** *adv* darunter **C** *s* Unterseite *f*
undernourished *adj* unterernährt
underpaid *adj* unterbezahlt
underpants *pl* Unterhose *f*; **a pair of ~** eine Unterhose
underpass *s* Unterführung *f*
underpay *v/t* ⟨*prät, pperf* underpaid⟩ zu wenig zahlen +*dat*, unterbezahlen

underperform v/i Firma, Person, Team etc hinter den Erwartungen zurückbleiben, ein gestecktes Ziel nicht erreichen

underpin fig v/t Argument etc untermauern; Wirtschaft (ab)stützen

underpopulated adj unterbevölkert

underprivileged adj unterprivilegiert

underqualified adj unterqualifiziert

underrated adj unterschätzt

undersea adj Unterwasser-

undersecretary s **1** POL Br Staatssekretär(in) m(f) **2** POL US Unterstaatssekretär(in) m(f)

undershirt US s Unterhemd n, Leiberl n österr, Leibchen n österr, schweiz

undershorts US pl Unterhose(n) f(pl)

underside s Unterseite f

undersigned s we the ~ wir, die Unterzeichneten

undersized adj (zu) klein, unterdimensioniert

underskirt s Unterrock m

understaffed adj unterbesetzt; Krankenhaus mit zu wenig Personal

understand [ˌʌndəˈstænd] ⟨prät, pperf understood⟩ **A** v/t **1** verstehen; **I don't ~ Russian** ich verstehe kein Russisch; **what do you ~ by "pragmatism"?** was verstehen Sie unter „Pragmatismus"? **2** **I ~ that you are going to Australia** ich höre, Sie gehen nach Australien; **I understood (that) he was abroad** ich dachte, er sei im Ausland; **am I to ~ that …?** soll das etwa heißen, dass …?; **as I ~ it,** … soweit ich weiß, … **B** v/i **1** verstehen; **but you don't ~, I must have the money now** aber verstehen Sie doch, ich brauche das Geld jetzt! **2** **so I ~** es scheint so

understandable [ˌʌndəˈstændəbl] adj verständlich

understandably [ˌʌndəˈstændəblɪ] adv verständlicherweise

understanding [ˌʌndəˈstændɪŋ] **A** adj verständnisvoll **B** s **1** Auffassungsgabe f; (≈ Wissen) Kenntnisse pl; (≈ Sinn) Verständnis n; **my ~ of the situation is that …** ich verstehe die Situation so, dass …; **it was my ~ that …** ich nahm an, dass … **2** Abmachung f; **to come to an ~ with sb** eine Abmachung mit j-m treffen; **Susie and I have an ~** Susie und ich haben unsere Abmachung **3** **on the ~ that …** unter der Voraussetzung, dass …

understate [ˌʌndəˈsteɪt] v/t herunterspielen

understated [ˌʌndəˈsteɪtɪd] adj Film etc subtil; Farben gedämpft; Darbietung zurückhaltend

understatement [ˈʌndəˌsteɪtmənt] s **1** Untertreibung f **2** LIT Darstellung eines Sachverhalts als unwichtig; z. B. als Mittel der Ironie oder zur Betonung

understood [ˌʌndəˈstʊd] **A** prät & pperf → understand **B** adj **1** klar; **to make oneself ~** sich verständlich machen; **do I make myself ~?** ist das klar?; **I thought that was ~!** ich dachte, das sei klar **2** angenommen; **he is ~ to have left** es heißt, dass er gegangen ist

understudy [ˈʌndəˌstʌdɪ] s THEAT zweite Besetzung

undertake [ˌʌndəˈteɪk] v/t ⟨prät undertook [ˌʌndəˈtʊk]; pperf undertaken [ˌʌndəˈteɪkn]⟩ **1** Job etc übernehmen **2** sich verpflichten

undertaker [ˈʌndəˌteɪkəʳ] s (Leichen)bestatter(in) m(f); (≈ Firma) Bestattungsinstitut n

undertaking [ˌʌndəˈteɪkɪŋ] s Vorhaben n, Projekt n

undertone s **1** **in an ~** mit gedämpfter Stimme **2** fig **an ~ of racism** ein rassistischer Unterton

undertook prät → undertake

undertow s Unterströmung f

undervalue v/t j-n zu wenig schätzen

underwater **A** adj Unterwasser- **B** adv unter Wasser

underwear s Unterwäsche f

underweight adj untergewichtig; **to be ~** Untergewicht haben

underwent prät → undergo

underwired bra s Bügel-BH m

underworld s Unterwelt f

underwrite v/t ⟨prät underwrote; pperf underwritten⟩ bürgen für; Versicherungswesen versichern

undeserved [ˌʌndɪˈzɜːvd] adj unverdient

undeservedly [ˌʌndɪˈzɜːvɪdlɪ] adv unverdient(ermaßen)

undeserving [ˌʌndɪˈzɜːvɪŋ] adj unwürdig

undesirable [ˌʌndɪˈzaɪərəbl] **A** adj unerwünscht; Einfluss übel **B** s unerfreuliches Element

undetected [ˌʌndɪˈtektɪd] adj unentdeckt; **to go ~** nicht entdeckt werden

undeterred [ˌʌndɪˈtɜːd] adj keineswegs entmutigt; **the teams were ~ by the weather** das Wetter schreckte die Mannschaften nicht ab

undeveloped [ˌʌndɪˈveləpt] adj unentwickelt; Land ungenutzt

undid [ʌnˈdɪd] prät → undo

undies [ˈʌndɪz] umg pl (Unter)wäsche f

undignified [ʌnˈdɪgnɪfaɪd] adj unwürdig; unelegant

undiluted [ˌʌndaɪˈluːtɪd] adj unverdünnt; fig Wahrheit unverfälscht

undiminished [ˌʌndɪˈmɪnɪʃt] adj unvermindert

undiplomatic [ˌʌndɪpləˈmætɪk, -əlɪ] adv undiplomatisch

undisciplined [ʌnˈdɪsɪplɪnd] adj undiszipliniert

undisclosed [ˌʌndɪsˈkləʊzd] adj geheim gehal-

ten; *Grund* ungenannt
undiscovered [ˌʌndɪˈskʌvəd] *adj* unentdeckt
undisputed [ˌʌndɪˈspjuːtɪd] *adj* unbestritten
undisturbed [ˌʌndɪˈstɜːbd] *adj Dorf, Papiere* unberührt; *Schlaf* ungestört
undivided [ˌʌndɪˈvaɪdɪd] *adj Aufmerksamkeit* ungeteilt; *Unterstützung* voll; *Treue* absolut
undo [ʌnˈduː] *v/t* ⟨*prät* undid; *pperf* undone⟩ **1** aufmachen, öffnen; *Knoten* lösen **2** *Entscheidung* rückgängig machen; IT *Befehl* rückgängig machen
undoing [ʌnˈduːɪŋ] *s* Verderben *n*
undone [ʌnˈdʌn] **A** *pperf* → undo **B** *adj* **1** offen; **to come ~** aufgehen **2** *Aufgabe* unerledigt; **to leave sth ~** etw ungetan lassen
undoubted [ʌnˈdaʊtɪd] *adj* unbestritten
undoubtedly [ʌnˈdaʊtɪdlɪ] *adv* zweifellos
undreamt-of [ʌnˈdremtɒv], **undreamed-of** [ʌnˈdriːmdɒv] *US adj* ungeahnt
undress [ʌnˈdres] **A** *v/t* ausziehen; **to get ~ed** sich ausziehen **B** *v/i* sich ausziehen
undrinkable [ʌnˈdrɪŋkəbl] *adj* ungenießbar
undue [ʌnˈdjuː] *adj* übertrieben; *Benehmen* ungehörig
undulating [ˈʌndjʊleɪtɪŋ] *adj Landschaft* hügelig; *Weg* auf und ab führend
unduly [ʌnˈdjuːlɪ] *adv* übermäßig; *optimistisch* zu; **you're worrying ~** Sie machen sich (*dat*) unnötige Sorgen
undying [ʌnˈdaɪɪŋ] *adj Liebe* unsterblich
unearth [ʌnˈɜːθ] *v/t* ausgraben; *fig Beweise* zutage bringen
unearthly [ʌnˈɜːθlɪ] *adj Stille* unheimlich; *umg Lärm* schauerlich
unease [ʌnˈiːz] *s* Unbehagen *n*
uneasily [ʌnˈiːzɪlɪ] *adv* unbehaglich; *schlafen* unruhig
uneasiness [ʌnˈiːzɪnɪs] *s* Beklommenheit *f*, Unruhe *f*
uneasy [ʌnˈiːzɪ] *adj Stille* unbehaglich; *Frieden* unsicher; *Bündnis* instabil; *Gefühl* beklemmend; **to be ~** beklommen sein, beunruhigt sein; **I am** *od* **feel ~ about it** mir ist nicht wohl dabei; **to make sb ~** j-n beunruhigen; **to grow** *od* **become ~ about sth** sich über etw (*akk*) beunruhigen
uneatable [ʌnˈiːtəbl] *adj* ungenießbar
uneconomic(al) [ʌnˌiːkəˈnɒmɪk(əl)] *adj* unwirtschaftlich
uneducated [ˌʌnˈedjʊkeɪtɪd] *adj* ungebildet
unemotional [ˌʌnɪˈməʊʃənl] *adj* nüchtern
unemployed [ˌʌnɪmˈplɔɪd] **A** *adj* arbeitslos **B** *pl* **the ~** *pl* die Arbeitslosen *pl*
unemployment [ˌʌnɪmˈplɔɪmənt] *s* Arbeitslosigkeit *f*
unemployment benefit *s*, **unemployment compensation** *US s* Arbeitslosengeld *n*
unending [ʌnˈendɪŋ] *adj* ewig, endlos
unenthusiastic [ˌʌnɪnθjuːzɪˈæstɪk] *adj* wenig begeistert
unenthusiastically [ˌʌnɪnθjuːzɪˈæstɪkəlɪ] *adv* ohne Begeisterung
unenviable [ʌnˈenvɪəbl] *adj* wenig beneidenswert
unequal [ʌnˈiːkwəl] *adj* ungleich; **~ in length** unterschiedlich lang; **to be ~ to a task** einer Aufgabe (*dat*) nicht gewachsen sein
unequalled *adj*, **unequaled** *US adj* unübertroffen
unequivocal [ˌʌnɪˈkwɪvəkəl] *adj* **1** unmissverständlich; *Beweis* unzweifelhaft **2** *Unterstützung* rückhaltlos
unequivocally [ˌʌnɪˈkwɪvəkəlɪ] *adv* unmissverständlich, eindeutig; *unterstützen* rückhaltlos
unerring [ʌnˈɜːrɪŋ] *adj* unfehlbar
unethical [ʌnˈeθɪkəl] *adj* unmoralisch
uneven [ʌnˈiːvən] *adj* uneben; *Zahl* ungerade; *Wettkampf* ungleich
unevenly [ʌnˈiːvənlɪ] *adv* unregelmäßig; *verteilen* ungleichmäßig
unevenness [ʌnˈiːvənnɪs] *s* Unebenheit *f*; *von Farbe, Verteilung* Ungleichmäßigkeit *f*; *von Qualität* Unterschiedlichkeit *f*; *von Wettkampf* Ungleichheit *f*
uneventful [ˌʌnɪˈventfʊl] *adj Tag* ereignislos; *Leben* ruhig
unexceptional [ˌʌnɪkˈsepʃənl] *adj* alltäglich, durchschnittlich
unexciting [ˌʌnɪkˈsaɪtɪŋ] *adj* nicht besonders aufregend, langweilig, fad *österr*
unexpected [ˌʌnɪkˈspektɪd] *adj* unerwartet
unexpectedly [ˌʌnɪkˈspektɪdlɪ] *adv* unerwartet, unvorhergesehen
unexplained [ˌʌnɪkˈspleɪnd] *adj* ungeklärt; *Rätsel* unaufgeklärt
unexplored [ˌʌnɪkˈsplɔːd] *adj* unerforscht
unfailing [ʌnˈfeɪlɪŋ] *adj* unerschöpflich; *Unterstützung, Präzision* beständig
unfair [ʌnˈfɛə] *adj* unfair; **to be ~ to sb** j-m gegenüber unfair sein
unfair dismissal *s* ungerechtfertigte Entlassung
unfairly [ʌnˈfɛəlɪ] *adv* unfair; *anklagen, entlassen* zu Unrecht
unfairness [ʌnˈfɛənɪs] *s* Ungerechtigkeit *f*
unfaithful [ʌnˈfeɪθfʊl] *adj* untreu
unfaithfulness [ʌnˈfeɪθfʊlnɪs] *s* Untreue *f*
unfamiliar [ˌʌnfəˈmɪljə] *adj* ungewohnt, fremd; **~ territory** *fig* Neuland *n*; **to be ~ with sth** mit etw nicht vertraut sein, sich mit etw nicht auskennen
unfamiliarity [ˌʌnfəmɪlɪˈærɪtɪ] *s* Ungewohnt-

heit f, Fremdheit f; **because of my ~ with ...** wegen meiner mangelnden Vertrautheit mit ...

unfashionable [ʌnˈfæʃnəbl] adj unmodern; *Stadtviertel* wenig gefragt; *Thema* nicht in Mode

unfasten [ʌnˈfɑːsn] **A** v/t aufmachen; *Etikett, Pferd* losbinden **B** v/i aufgehen

unfavourable [ʌnˈfeɪvərəbl] adj, **unfavorable** US adj ungünstig

unfavourably [ʌnˈfeɪvərəblɪ] adv, **unfavorably** US adv reagieren ablehnend; *einschätzen* ungünstig; **to compare ~ with sth** im Vergleich mit etw schlecht abschneiden

unfeasible [ʌnˈfiːzəbl] adj nicht machbar

unfeeling [ʌnˈfiːlɪŋ] adj gefühllos

unfinished [ʌnˈfɪnɪʃt] adj unfertig; *Kunstwerk* unvollendet; **~ business** unerledigte Geschäfte pl

unfit [ʌnˈfɪt] adj **1** ungeeignet, unfähig; **to be ~ to do sth** nicht fähig sein, etw zu tun, außerstande sein, etw zu tun; **~ to drive** fahruntüchtig; **he is ~ to be a lawyer** er ist als Jurist untauglich; **to be ~ for (human) consumption** nicht zum Verzehr geeignet sein **2** SPORT nicht fit, schlecht in Form; **~ (for military service)** (dienst)untauglich; **to be ~ for work** arbeitsunfähig sein

unflagging [ʌnˈflægɪŋ] adj *Begeisterung* unerschöpflich; *Interesse* unverändert stark

unflappable [ʌnˈflæpəbl] *umg adj* unerschütterlich; **to be ~** die Ruhe weghaben *umg*

unflattering [ʌnˈflætərɪŋ] adj wenig schmeichelhaft

unflinching [ʌnˈflɪntʃɪŋ] adj unerschrocken; *Unterstützung* unbeirrbar

unfocus(s)ed [ʌnˈfəʊkəst] adj *Augen* unkoordiniert; *Debatte* weitschweifig; *Kampagne* zu allgemein angelegt

unfold [ʌnˈfəʊld] **A** v/t auseinanderfalten; *Flügel* ausbreiten; *Arme* lösen **B** v/i *Geschichte* sich abwickeln

unfollow [ʌnˈfɒləʊ] v/t auf Twitter® entfolgen (+dat)

unforced [ʌnˈfɔːst] adj ungezwungen

unforeseeable [ˌʌnfɔːˈsiːəbl] adj unvorhersehbar

unforeseen [ˌʌnfɔːˈsiːn] adj unvorhergesehen; **due to ~ circumstances** aufgrund unvorhergesehener Umstände

unforgettable [ˌʌnfəˈgetəbl] adj unvergesslich

unforgivable adj, **unforgivably** [ˌʌnfəˈgɪvəbl, -lɪ] adv unverzeihlich

unforgiving [ˌʌnfəˈgɪvɪŋ] adj unversöhnlich

unformatted [ʌnˈfɔːmætɪd] adj IT unformatiert

unforthcoming [ˌʌnfɔːθˈkʌmɪŋ] adj nicht sehr mitteilsam; **to be ~ about sth** sich nicht zu etw äußern wollen

unfortunate [ʌnˈfɔːtʃnɪt] adj unglücklich; *Mensch* glücklos; *Ereignis, Fehler* unglückselig; **to be ~** Pech haben; **it is ~ that** ... es ist bedauerlich, dass ...

unfortunately [ʌnˈfɔːtʃnɪtlɪ] adv leider, unglücklicherweise

unfounded [ʌnˈfaʊndɪd] adj unbegründet; *Beschuldigung* aus der Luft gegriffen

unfriend [ʌnˈfrend] v/t **to ~ sb** zu j-m den Kontakt wieder löschen (*im sozialen Netzwerk*)

unfriendliness [ʌnˈfrendlɪnɪs] s Unfreundlichkeit f

unfriendly [ʌnˈfrendlɪ] adj unfreundlich (**to sb** zu j-m)

unfulfilled [ˌʌnfʊlˈfɪld] adj unerfüllt; *Mensch, Leben* unausgefüllt

unfurl [ʌnˈfɜːl] **A** v/t *Fahne* aufrollen; *Segel* losmachen **B** v/i sich entfalten

unfurnished [ʌnˈfɜːnɪʃt] adj unmöbliert

ungainly [ʌnˈgeɪnlɪ] adj unbeholfen

ungenerous [ʌnˈdʒenərəs] adj kleinlich

ungodly [ʌnˈgɒdlɪ] *umg adj Stunde* unchristlich *umg*

ungraceful [ʌnˈgreɪsfʊl] adj nicht anmutig

ungracious [ʌnˈgreɪʃəs] adj unhöflich; *Ablehnung* schroff; *Antwort* rüde

ungraciously [ʌnˈgreɪʃəslɪ] adv antworten schroff

ungrammatical adj, **ungrammatically** [ˌʌngrəˈmætɪkəl, -lɪ] adv grammatikalisch falsch

ungrateful adj, **ungratefully** [ʌnˈgreɪtfʊl, -fəlɪ] adv undankbar (**to** gegenüber)

unguarded [ʌnˈgɑːdɪd] adj **1** unbewacht **2** *fig* unachtsam; **in an ~ moment he ...** als er einen Augenblick nicht aufpasste, ... er ...

unhampered [ʌnˈhæmpəd] adj ungehindert

unhappily [ʌnˈhæpɪlɪ] adv unglücklich

unhappiness [ʌnˈhæpɪnɪs] s **1** Traurigkeit f **2** Unzufriedenheit f

unhappy [ʌnˈhæpɪ] adj ⟨komp **unhappier**⟩ **1** unglücklich; *Blick* traurig **2** unzufrieden (**about** mit), unwohl; **to be ~ with sb/sth** mit j-m/etw unzufrieden sein; **to be ~ about doing sth** nicht glücklich darüber sein, etw zu tun; **if you feel ~ about it** wenn Ihnen dabei nicht wohl ist

unharmed [ʌnˈhɑːmd] adj unverletzt

unhealthy [ʌnˈhelθɪ] adj **1** nicht gesund; *Lebensstil, Klima* ungesund **2** *Interesse* krankhaft; **it's an ~ relationship** das ist eine verderbliche Beziehung

unheard [ʌnˈhɜːd] adj **to go ~** ungehört bleiben

unheard-of adj gänzlich unbekannt; (≈ *einmalig*) noch nicht da gewesen

unheeded [ʌnˈhiːdɪd] adj **to go ~** auf taube Ohren stoßen

unhelpful [ʌnˈhelpfʊl] *adj* nicht hilfreich, wenig hilfreich; **you are being very ~** du bist aber wirklich keine Hilfe

unhelpfully [ʌnˈhelpfəli] *adv* wenig hilfreich

unhesitating [ʌnˈhezɪteɪtɪŋ] *adj* prompt

unhesitatingly [ʌnˈhezɪteɪtɪŋli] *adv* ohne Zögern

unhindered [ʌnˈhɪndəd] *adj* unbehindert, ungehindert

unhitch [ʌnˈhɪtʃ] *v/t* Pferd losbinden, ausspannen; Anhänger abkoppeln

unholy [ʌnˈhəʊli] *adj* <*komp* unholier> REL Bündnis übel; Durcheinander heillos; Stunde unchristlich *umg*

unhook [ʌnˈhʊk] **A** *v/t* loshaken; Kleid aufhaken **B** *v/i* sich aufhaken lassen

unhoped-for [ʌnˈhəʊptfɔː(r)] *adj* unverhofft

unhurried [ʌnˈhʌrɪd] *adj* gelassen

unhurriedly [ʌnˈhʌrɪdli] *adv* in aller Ruhe

unhurt [ʌnˈhɜːt] *adj* unverletzt

unhygienic [ˌʌnhaɪˈdʒiːnɪk] *adj* unhygienisch

uni [ˈjuːnɪ] Br *umg s* Uni *f umg*

unicorn [ˈjuːnɪkɔːn] *s* Einhorn *n*

unidentifiable [ˈʌnaɪˌdentɪˌfaɪəbl] *adj* unidentifizierbar, nicht identifizierbar

unidentified [ˌʌnaɪˈdentɪfaɪd] *adj* unbekannt; Leiche nicht identifiziert

unification [ˌjuːnɪfɪˈkeɪʃən] *s* Einigung *f*

uniform [ˈjuːnɪfɔːm] **A** *adj* einheitlich; Temperatur gleichbleibend **B** *s* Uniform *f*; **in ~** in Uniform; **out of ~** in Zivil

uniformed [ˈjuːnɪfɔːmd] *adj* in Uniform

uniformity [ˌjuːnɪˈfɔːmɪti] *s* Einheitlichkeit *f*; von Temperatur Gleichmäßigkeit *f*

uniformly [ˈjuːnɪfɔːmli] *adv* einheitlich; erwärmen gleichmäßig; behandeln gleich; *pej* einförmig *pej*

unify [ˈjuːnɪfaɪ] *v/t* einigen

unilateral [ˌjuːnɪˈlætərəl] *adj* einseitig

unilaterally [ˌjuːnɪˈlætərəli] *adv* einseitig; POL *a.* unilateral

unimaginable [ˌʌnɪˈmædʒɪnəbl] *adj* unvorstellbar

unimaginative *adj*, **unimaginatively** [ˌʌnɪˈmædʒɪnətɪv, -li] *adv* fantasielos

unimpaired [ˌʌnɪmˈpɛəd] *adj* unbeeinträchtigt

unimpeachable [ˌʌnɪmˈpiːtʃəbl] *adj* Ruf, Charakter untadelig; Beweis unanfechtbar; Mensch über jeden Zweifel erhaben

unimpeded [ˌʌnɪmˈpiːdɪd] *adj* ungehindert

unimportant [ˌʌnɪmˈpɔːtənt] *adj* unwichtig

unimposing [ˌʌnɪmˈpəʊzɪŋ] *adj* unscheinbar

unimpressed [ˌʌnɪmˈprest] *adj* unbeeindruckt; **I was ~ by his story** seine Geschichte hat mich überhaupt nicht beeindruckt

unimpressive [ˌʌnɪmˈpresɪv] *adj* wenig beeindruckend

uninformed [ˌʌnɪnˈfɔːmd] *adj* nicht informiert (**about** über +*akk*), unwissend; Kritik blindwütig; Gerücht unfundiert; **to be ~ about sth** über etw (*akk*) nicht Bescheid wissen

uninhabitable [ˌʌnɪnˈhæbɪtəbl] *adj* unbewohnbar

uninhabited [ˌʌnɪnˈhæbɪtɪd] *adj* unbewohnt

uninhibited [ˌʌnɪnˈhɪbɪtɪd] *adj* ohne Hemmungen

uninitiated [ˌʌnɪˈnɪʃɪeɪtɪd] **A** *adj* nicht eingeweiht **B** *s* **the ~** *pl* Nichteingeweihte *pl*

uninjured [ʌnˈɪndʒəd] *adj* unverletzt

uninspired [ˌʌnɪnˈspaɪəd] *adj* fantasielos

uninspiring [ˌʌnɪnˈspaɪərɪŋ] *adj* trocken; Idee nicht gerade aufregend

uninstall [ˌʌnɪnˈstɔːl] *v/t* IT deinstallieren

uninsured [ˌʌnɪnˈʃʊəd] *adj* unversichert

unintelligent [ˌʌnɪnˈtelɪdʒənt] *adj* unintelligent

unintelligible [ˌʌnɪnˈtelɪdʒɪbl] *adj* nicht zu verstehen, unverständlich

unintended [ˌʌnɪnˈtendɪd] *adj* unabsichtlich

unintentional [ʌnɪnˈtenʃnl] *adj* unbeabsichtigt, unabsichtlich

unintentionally [ˌʌnɪnˈtenʃnəli] *adv* unabsichtlich, unbeabsichtigt; komisch unfreiwillig

uninterested [ʌnˈɪntrɪstɪd] *adj* desinteressiert; **to be ~ in sth** an etw (*dat*) nicht interessiert sein

uninteresting [ʌnˈɪntrɪstɪŋ] *adj* uninteressant

uninterrupted [ˌʌnɪntəˈrʌptɪd] *adj* ununterbrochen; Aussicht ungestört

uninvited [ˌʌnɪnˈvaɪtɪd] *adj* Gast ungeladen

uninviting [ˌʌnɪnˈvaɪtɪŋ] *adj* Aussichten nicht (gerade) verlockend

union [ˈjuːnjən] **A** *s* Vereinigung *f*; IND Gewerkschaft *f*; UNIV Studentenklub *m* **B** *adj* <*attr*> IND Gewerkschafts-

unionist [ˈjuːnjənɪst] **A** *s* **1** IND Gewerkschaftler(in) *m(f)* **2** POL Unionist(in) *m(f)* **B** *adj* POL unionistisch

Union Jack *s* Union Jack *m*

unique [juːˈniːk] *adj* einzig *attr*, einzigartig; **such cases are not ~ to Britain** solche Fälle sind nicht nur auf Großbritannien beschränkt

uniquely [juːˈniːkli] *adv* einzig und allein, nur, einmalig *umg*

unisex [ˈjuːnɪseks] *adj* für Männer und Frauen

unison [ˈjuːnɪzn] *s* MUS Einklang *m*; **in ~** einstimmig; **to act in ~ with sb** *fig* in Übereinstimmung mit j-m handeln

unit [ˈjuːnɪt] *s* Einheit *f*; (≈ Geräte) Anlage *f*; von Maschine Teil *n*; in Lehrbuch Lektion *f*; **~ of length** Längeneinheit *f*

unite [juːˈnaɪt] **A** *v/t* vereinigen, (ver)einen **B** *v/i* sich zusammenschließen; **to ~ in doing sth** gemeinsam etw tun; **to ~ in grief/opposition to sth** gemeinsam trauern/gegen etw Opposition machen

united [juːˈnaɪtɪd] *adj* verbunden; *Front* geschlossen; *Volk, Nation* einig; **a ~ Ireland** ein vereintes Irland; **to be ~ in the** *od* **one's belief that ...** einig sein in seiner Überzeugung, dass ...

United Arab Emirates *pl* Vereinigte Arabische Emirate *pl*

United Kingdom *s* Vereinigtes Königreich (*Großbritannien und Nordirland*)

United Nations (Organization) *s* Vereinte Nationen *pl*

United States (of America) *pl* Vereinigte Staaten *pl* (von Amerika)

unity [ˈjuːnɪtɪ] *s* Einheit *f*; **national ~** (nationale) Einheit

universal [ˌjuːnɪˈvɜːsəl] *adj* universell; *Zustimmung, Frieden* allgemein

universally [ˌjuːnɪˈvɜːsəlɪ] *adv* allgemein

universe [ˈjuːnɪvɜːs] *s* Universum *n*

university [ˌjuːnɪˈvɜːsɪtɪ] **A** *s* Universität *f*; **which ~ does he go to?** wo studiert er?; **to be at/go to ~** studieren; **to be at/go to London University** in London studieren **B** *adj* ⟨*attr*⟩ Universitäts-; *Ausbildung* akademisch; **~ teacher** Hochschullehrer(in) *m(f)*

unjust [ʌnˈdʒʌst] *adj* ungerecht (**to** gegen)

unjustifiable [ʌnˈdʒʌstɪfaɪəbl] *adj* nicht zu rechtfertigend *attr*, nicht zu rechtfertigen *präd*

unjustifiably [ʌnˈdʒʌstɪfaɪəblɪ] *adv* ungerechtfertigt; *entlassen zu* Unrecht

unjustified [ʌnˈdʒʌstɪfaɪd] *adj* ungerechtfertigt

unjustly [ʌnˈdʒʌstlɪ] *adv* zu Unrecht; *behandeln, beurteilen* ungerecht

unkempt [ʌnˈkempt] *adj* ungepflegt; *Haar* ungekämmt

unkind [ʌnˈkaɪnd] *adj* ⟨*+er*⟩ unfreundlich, gemein; **don't be (so) ~!** das ist aber gar nicht nett (von dir)!

unkindly [ʌnˈkaɪndlɪ] *adv* unfreundlich, gemein

unkindness *s* Unfreundlichkeit *f*, Gemeinheit *f*

unknowingly [ʌnˈnəʊɪŋlɪ] *adv* unwissentlich

unknown [ʌnˈnəʊn] **A** *adj* unbekannt; **~ territory** Neuland *n* **B** *s* **the ~** das Unbekannte; **a journey into the ~** eine Fahrt ins Ungewisse **C** *adv* **~ to me** ohne dass ich es wusste

unlawful [ʌnˈlɔːfʊl] *adj* gesetzwidrig

unlawfully [ʌnˈlɔːfəlɪ] *adv* gesetzwidrig, illegal; *gefangen halten* ungesetzlich

unleaded [ʌnˈledɪd] **A** *adj* bleifrei **B** *s* bleifreies Benzin

unlearn [ʌnˈlɜːn] *v/t* ⟨unlearned; unlearned *or* unlearnt; unlearnt⟩ *Gewohnheit etc* ablegen, aufgeben

unleash [ʌnˈliːʃ] *fig v/t* entfesseln

unleavened [ʌnˈlevnd] *adj* ungesäuert

unless [ənˈles] *konj* es sei denn; *am Satzanfang* wenn ... nicht; **don't do it ~ I tell you to** mach das nicht, es sei denn, ich sage es dir; **~ I tell you to, don't do it** wenn ich es dir nicht sage, mach das nicht; **~ I am mistaken ...** wenn *od* falls ich mich nicht irre ...

unlicensed [ʌnˈlaɪsənst] *adj Lokal* ohne (Schank)konzession

unlike[1] [ʌnˈlaɪk] *präp* **1** im Gegensatz zu **2 to be quite ~ sb** j-m (gar) nicht ähnlichsehen **3 this house is ~ their former one** dieses Haus ist ganz anders als ihr früheres

unlike[2] [ʌnˈlaɪk] *v/t* auf Facebook® entfreunden

unlikeable [ʌnˈlaɪkəbl] *adj* unsympathisch

unlikely [ʌnˈlaɪklɪ] *adj* ⟨*komp* unlikelier⟩ unwahrscheinlich; **to be ~** unwahrscheinlich sein; **it is (most) ~/not ~ that ...** es ist (höchst) unwahrscheinlich/es kann durchaus sein, dass ...; **she is ~ to come** sie kommt höchstwahrscheinlich nicht; **he's ~ to be chosen** es ist unwahrscheinlich, dass er gewählt wird; **in the ~ event of war** im unwahrscheinlichen Fall eines Krieges

unlimited [ʌnˈlɪmɪtɪd] *adj* unbegrenzt; *Zugang* uneingeschränkt

unlisted [ʌnˈlɪstɪd] *adj Firma etc* nicht verzeichnet; **the number is ~** *US* TEL die Nummer steht nicht im Telefonbuch

unlit [ˌʌnˈlɪt] *adj* unbeleuchtet; *Lampe* nicht angezündet; *Zigarette* unangezündet

unload [ʌnˈləʊd] **A** *v/t* entladen; *Auto* ausladen; *Fracht* löschen **B** *v/i Schiff* löschen, *Lkw* abladen

unlock [ʌnˈlɒk] *v/t* **1** aufschließen; **the door is ~ed** die Tür ist nicht abgeschlossen; **to leave a door ~ed** eine Tür nicht abschließen **2** *Geheimnis* entschlüsseln; *Talente* freisetzen **3** *Handy* entsperren; *Daten* freigeben; *Level* freispielen

unloved [ʌnˈlʌvd] *adj* ungeliebt

unluckily [ʌnˈlʌkɪlɪ] *adv* unglücklicherweise; leider; **~ for him** zu seinem Pech

unlucky [ʌnˈlʌkɪ] *adj* ⟨*komp* unluckier⟩ *Handlung* unglückselig; *Verlierer, Zufall* unglücklich; **to be ~** Pech haben; *Objekt* Unglück bringen; **it was ~ for her that she was seen** Pech für sie, dass man sie gesehen hat; **~ number** Unglückszahl *f*

unmade [ʌnˈmeɪd] *adj Bett* ungemacht

unmanageable [ʌnˈmænɪdʒəbl] *adj Größe* unhandlich; *Zahl* nicht zu bewältigen; *Mensch, Haare* widerspenstig; *Situation* unkontrollierbar

unmanly [ʌnˈmænlɪ] *adj* unmännlich

unmanned [ʌnˈmænd] *adj* unbemannt

unmarked [ʌnˈmɑːkt] *adj* **1** ohne Flecken, ungezeichnet; *Streifenwagen* nicht gekennzeichnet; *Grab* anonym **2** SPORT *Spieler* ungedeckt **3** SCHULE *Arbeiten* unkorrigiert

unmarried [ʌnˈmærɪd] *adj* unverheiratet; **~ mother** ledige Mutter

unmask [ʌnˈmɑːsk] *wörtl v/t* demaskieren; *fig* entlarven

unmatched [ʌnˈmætʃt] *adj* unübertroffen (**for** in Bezug auf +*akk*); **~ by anyone** von niemandem übertroffen

unmentionable [ʌnˈmenʃnəbl] *adj* tabu *präd*

unmerciful [ʌnˈmɜːsɪfl] *adj* erbarmungslos, unbarmherzig

unmissable [ˈʌnˈmɪsəbl] *Br umg adj* **to be ~** ein Muss sein

unmistak(e)able [ˌʌnmɪˈsteɪkəbl] *adj* unverkennbar, unverwechselbar

unmistak(e)ably [ˌʌnmɪˈsteɪkəblɪ] *adv* unverkennbar

unmitigated [ʌnˈmɪtɪgeɪtɪd] *umg adj Katastrophe* vollkommen; *Erfolg* total

unmotivated [ʌnˈməʊtɪveɪtɪd] *adj* unmotiviert, grundlos

unmoved [ʌnˈmuːvd] *adj* ungerührt; **they were ~ by his playing** sein Spiel(en) ergriff sie nicht

unnamed [ʌnˈneɪmd] *adj* ungenannt

unnatural [ʌnˈnætʃrəl] *adj* unnatürlich; **to die an ~ death** keines natürlichen Todes sterben

unnaturally [ʌnˈnætʃrəlɪ] *adv* unnatürlich; *laut* ungewöhnlich

unnecessarily [ʌnˈnesɪsərɪlɪ] *adv* unnötigerweise; *streng* unnötig

unnecessary [ʌnˈnesɪsərɪ] *adj* unnötig, nicht nötig

unnerve [ʌnˈnɜːv] *v/t* entnerven, zermürben, entmutigen; **~d by their reaction** durch ihre Reaktion aus der Ruhe gebracht

unnerving [ʌnˈnɜːvɪŋ] *adj* entnervend

unnoticed [ʌnˈnəʊtɪst] *adj* unbemerkt

unobservant [ˌʌnəbˈzɜːvənt] *adj* unaufmerksam; **to be ~** ein schlechter Beobachter sein

unobserved [ˌʌnəbˈzɜːvd] *adj* unbemerkt

unobstructed [ˌʌnəbˈstrʌktɪd] *adj Blick* ungehindert

unobtainable [ˌʌnəbˈteɪnəbl] *adj* nicht erhältlich; *Ziel* unerreichbar

unobtrusive *adj*, **unobtrusively** [ˌʌnəbˈtruːsɪv, -lɪ] *adv* unauffällig

unoccupied [ʌnˈɒkjʊpaɪd] *adj Mensch* unbeschäftigt; *Haus* leer stehend; *Platz* frei

unofficial [ˌʌnəˈfɪʃəl] *adj* inoffiziell

unofficially [ˌʌnəˈfɪʃəlɪ] *adv* inoffiziell

unopened [ʌnˈəʊpənd] *adj* ungeöffnet

unorganized [ʌnˈɔːgənaɪzd] *adj* unsystematisch, unmethodisch; *Leben* ungeregelt

unoriginal [ˌʌnəˈrɪdʒɪnəl] *adj* wenig originell

unorthodox [ʌnˈɔːθədɒks] *adj* unkonventionell

unpack [ʌnˈpæk] *v/t & v/i* auspacken

unpaid [ʌnˈpeɪd] *adj* unbezahlt

unparalleled [ʌnˈpærəleld] *adj* beispiellos

unpatriotic [ˌʌnpætrɪˈɒtɪk] *adj* unpatriotisch

unpaved [ʌnˈpeɪvd] *adj* nicht gepflastert

unperfumed [ʌnˈpɜːfjuːmd] *adj* nicht parfümiert

unperturbed [ˌʌnpəˈtɜːbd] *adj* nicht beunruhigt (**by** von, durch)

unpick [ʌnˈpɪk] *v/t* auftrennen

unpin [ʌnˈpɪn] *v/t Kleid, Haar* die Nadeln entfernen aus

unplanned [ʌnˈplænd] *adj* ungeplant

unplayable [ʌnˈpleɪəbl] *adj* unspielbar; *Fußballplatz* unbespielbar

unpleasant [ʌnˈpleznt] *adj* unangenehm; *Mensch, Bemerkung* unfreundlich; **to be ~ to sb** unfreundlich zu j-m sein

unpleasantly [ʌnˈplezntlɪ] *adv* antworten unfreundlich; *warm* unangenehm

unpleasantness [ʌnˈplezntnɪs] *s* **1** Unangenehmheit *f*; *von Mensch* Unfreundlichkeit *f* **2** (≈ *Streit*) Unstimmigkeit *f*

unplug [ʌnˈplʌg] *v/t Stecker etc* rausziehen

unplugged [ʌnˈplʌgd] *adj* **1 the TV is ~** der Fernseher ist nicht eingesteckt **2** ® MUS ohne Verstärker, unplugged®

unpolluted [ˌʌnpəˈluːtɪd] *adj* unverschmutzt

unpopular [ʌnˈpɒpjʊlə] *adj* unbeliebt (**with sb** bei j-m); *Beschluss* unpopulär

unpopularity [ʌnˌpɒpjʊˈlærɪtɪ] *s* Unbeliebtheit *f*; *von Beschluss* geringe Popularität

unpractical [ʌnˈpræktɪkəl] *adj* unpraktisch

unprecedented [ʌnˈpresɪdəntɪd] *adj* noch nie da gewesen; *Profit* unerhört

unpredictable [ˌʌnprɪˈdɪktəbl] *adj* **1** *Zwischenfall* unvorhersehbar **2** *Person* unberechenbar

unprejudiced [ʌnˈpredʒʊdɪst] *adj* unvoreingenommen

unprepared [ˌʌnprɪˈpeəd] *adj* unvorbereitet; **to be ~ for sth** auf etw (*akk*) nicht gefasst sein

unprepossessing [ˌʌnpriːpəˈzesɪŋ] *adj* wenig einnehmend

unpretentious [ˌʌnprɪˈtenʃəs] *adj* schlicht

unprincipled [ʌnˈprɪnsɪpld] *adj* skrupellos

unprintable [ʌnˈprɪntəbl] *adj* nicht druckfähig

unproductive [ˌʌnprəˈdʌktɪv] *adj Gespräch* unergiebig; *Betrieb* unproduktiv

unprofessional [ˌʌnprəˈfeʃnl] *adj* unprofessionell

unprofitable [ʌnˈprɒfɪtəbl] *adj Firma* unrentabel; *fig* nutzlos; **the company was ~** die Firma machte keinen Profit *od* warf keinen Profit ab

unpromising [ʌnˈprɒmɪsɪŋ] *adj* nicht sehr viel-

versprechend; **to look ~** nicht sehr hoffnungsvoll od gut aussehen
unpronounceable [ˌʌnprəˈnaʊnsɪbl] adj unaussprechbar; **that word is ~** das Wort ist nicht auszusprechen
unprotected [ˌʌnprəˈtektɪd] adj schutzlos; Haut, Sex ungeschützt
unproven [ʌnˈpruːvən], **unproved** [ʌnˈpruːvd] adj unbewiesen
unprovoked [ˌʌnprəˈvəʊkt] adj grundlos
unpublished [ʌnˈpʌblɪʃt] adj unveröffentlicht
unpunctual [ʌnˈpʌŋkʃʊəl] adj unpünktlich
unpunctuality [ˌʌnpʌŋkʃʊˈælətɪ] s Unpünktlichkeit f
unpunished [ʌnˈpʌnɪʃt] adj **to go ~** ohne Strafe bleiben
unqualified [ʌnˈkwɒlɪfaɪd] adj **1** unqualifiziert; **to be ~** nicht qualifiziert sein; **he is ~ to do it** er ist dafür nicht qualifiziert **2** Erfolg voll (-ständig)
unquenchable [ʌnˈkwentʃəbl] adj Durst, Verlangen unstillbar; Optimismus unerschütterlich
unquestionable [ʌnˈkwestʃənəbl] adj unbestritten
unquestionably [ʌnˈkwestʃənəblɪ] adv zweifellos
unquestioning [ʌnˈkwestʃənɪŋ] adj bedingungslos
unquestioningly [ʌnˈkwestʃənɪŋlɪ] adv bedingungslos; gehorchen blind
unquote [ʌnˈkwəʊt] v/i quote ... **~** Zitat ... Zitat Ende
unravel [ʌnˈrævəl] **A** v/t Gestricktes aufziehen; Durcheinander entwirren; Rätsel lösen **B** v/i Gestricktes sich aufziehen; fig sich entwirren
unreadable [ʌnˈriːdəbl] adj unleserlich; Buch schwer lesbar
unreal [ʌnˈrɪəl] adj unwirklich; **this is just ~!** umg das gibts doch nicht! umg; **he's ~** er ist unmöglich
unrealistic [ˌʌnrɪəˈlɪstɪk] adj unrealistisch
unrealistically [ˌʌnrɪəˈlɪstɪkəlɪ] adv unrealistisch; optimistisch unangemessen
unreasonable [ʌnˈriːznəbl] adj unzumutbar; Erwartungen übertrieben; Mensch uneinsichtig; **to be ~ about sth** in Bezug auf etw (akk) zu viel verlangen; **it is ~ to ...** es ist zu viel verlangt, zu ...; **you are being very ~!** das ist wirklich zu viel verlangt!; **an ~ length of time** übermäßig od übertrieben lange
unreasonably [ʌnˈriːznəblɪ] adv lang, streng übertrieben; **you must prove that your employer acted ~** Sie müssen nachweisen, dass Ihr Arbeitgeber ungerechtfertigt gehandelt hat; **not ~** nicht ohne Grund
unrecognizable [ʌnˈrekəɡnaɪzəbl] adj nicht wiederzuerkennen präd, nicht wiederzuerkennend attr
unrecognized [ʌnˈrekəɡnaɪzd] adj unerkannt; **to go ~** nicht anerkannt werden
unrefined [ˌʌnrɪˈfaɪnd] adj Petroleum nicht raffiniert
unregulated [ʌnˈreɡjʊleɪtɪd] adj unkontrolliert
unrehearsed [ˌʌnrɪˈhɜːst] adj spontan
unrelated [ˌʌnrɪˈleɪtɪd] adj **1** ohne Beziehung (**to** zu); **the two events are ~** die beiden Ereignisse stehen in keinem Zusammenhang miteinander **2** nicht verwandt
unrelenting [ˌʌnrɪˈlentɪŋ] adj **1** Druck unablässig; Kampf, Person unerbittlich; Schmerz, Tempo unvermindert; Hitze unbarmherzig **2** ununterbrochen unaufhörlich
unreliability [ˈʌnrɪˌlaɪəˈbɪlɪtɪ] s Unzuverlässigkeit f
unreliable [ˌʌnrɪˈlaɪəbl] adj unzuverlässig
unremarkable [ˌʌnrɪˈmɑːkəbl] adj nicht sehr bemerkenswert
unremitting [ˌʌnrɪˈmɪtɪŋ] adj Bemühungen unaufhörlich, unablässig
unrepeatable [ˌʌnrɪˈpiːtəbl] adj nicht wiederholbar
unrepentant [ˌʌnrɪˈpentənt] adj reu(e)los
unreported [ˌʌnrɪˈpɔːtɪd] adj Geschehnis nicht berichtet; Verbrechen nicht angezeigt
unrepresentative [ˌʌnreprɪˈzentətɪv] adj **~ of sth** nicht repräsentativ für etw
unrequited [ˌʌnrɪˈkwaɪtɪd] adj Liebe unerwidert
unreserved [ˌʌnrɪˈzɜːvd] adj Entschuldigung, Unterstützung uneingeschränkt
unresolved [ˌʌnrɪˈzɒlvd] adj ungelöst
unresponsive [ˌʌnrɪˈspɒnsɪv] adj nicht reagierend attr; emotional unempfänglich; **to be ~** nicht reagieren (**to** auf +akk); **an ~ audience** ein Publikum, das nicht mitgeht
unrest [ʌnˈrest] s Unruhen pl
unrestrained [ˌʌnrɪˈstreɪnd] adj unkontrolliert; Freude ungezügelt
unrestricted [ˌʌnrɪˈstrɪktɪd] adj **1** uneingeschränkt; Zugang ungehindert **2** Blick ungehindert
unrewarded [ˌʌnrɪˈwɔːdɪd] adj unbelohnt; **to go ~** unbelohnt bleiben
unrewarding [ˌʌnrɪˈwɔːdɪŋ] adj undankbar
unripe [ʌnˈraɪp] adj unreif
unrivalled [ʌnˈraɪvld] adj, **unrivaled** US adj unerreicht, unübertroffen
unroadworthy [ʌnˈrəʊdwɜːðɪ] adj nicht verkehrssicher
unroll [ʌnˈrəʊl] **A** v/t aufrollen **B** v/i sich aufrollen
unruffled [ʌnˈrʌfld] adj gelassen
unruly [ʌnˈruːlɪ] adj ⟨komp unrulier⟩ wild

unsaddle [ʌn'sædl] *v/t Pferd* absatteln
unsafe [ʌn'seɪf] *adj* nicht sicher, gefährlich; *Sex* ungeschützt; **this is ~ to eat/drink** das ist nicht genießbar/trinkbar; **it is ~ to walk there at night** es ist gefährlich, dort nachts spazieren zu gehen; **to feel ~** sich nicht sicher fühlen
unsaid [ʌn'sed] *adj* **to leave sth ~** etw unausgesprochen lassen
unsaleable [ʌn'seɪləbl] *adj*, **unsalable** *US adj* unverkäuflich; **to be ~** sich nicht verkaufen lassen
unsalted [ʌn'sɔːltɪd] *adj* ungesalzen
unsanitary [ʌn'sænɪtrɪ] *adj* unhygienisch
unsatisfactory [ˌʌnsætɪs'fæktərɪ] *adj* unbefriedigend; *Gewinne* nicht ausreichend; SCHULE mangelhaft; **this is highly ~** das lässt sehr zu wünschen übrig
unsatisfied [ʌn'sætɪsfaɪd] *adj* unzufrieden; **the book's ending left us ~** wir fanden den Schluss des Buches unbefriedigend
unsatisfying [ʌn'sætɪsfaɪɪŋ] *adj* unbefriedigend; *Mahlzeit* unzureichend
unsaturated [ʌn'sætʃəreɪtɪd] *adj* CHEM ungesättigt
unsavoury [ʌn'seɪvərɪ] *adj*, **unsavory** *US adj Geruch* widerwärtig; *Äußeres* abstoßend; *Thema* unerfreulich; *Gestalt* zwielichtig
unscathed [ʌn'skeɪðd] *adj* unversehrt; *fig* unbeschadet
unscented [ʌn'sentɪd] *adj* geruchlos
unscheduled [ʌn'ʃedjuːld] *adj Flug, Halt* außerfahrplanmäßig; *Treffen* außerplanmäßig
unscientific [ˌʌnsaɪən'tɪfɪk] *adj* unwissenschaftlich
unscramble [ʌn'skræmbl] *v/t* entwirren; TEL entschlüsseln
unscrew [ʌn'skruː] *v/t* losschrauben
unscrupulous [ʌn'skruːpjʊləs] *adj* skrupellos
unsealed [ʌn'siːld] *adj* unverschlossen
unseasonable [ʌn'siːznəbl] *adj* nicht der Jahreszeit entsprechend *attr*
unseasonably [ʌn'siːznəblɪ] *adv* (für die Jahreszeit) ungewöhnlich *od* außergewöhnlich
unseat [ʌn'siːt] *v/t Reiter* abwerfen
UN Security Council *s* UN-Sicherheitsrat *m*
unseeded [ʌn'siːdɪd] *adj* unplatziert
unseeing [ʌn'siːɪŋ] *adj* blind; *Blick* leer
unseemly [ʌn'siːmlɪ] *adj* ungebührlich
unseen [ʌn'siːn] *adj* ungesehen, unbemerkt
unselfconscious *adj*, **unselfconsciously** [ˌʌnself'kɒnʃəs, -lɪ] *adv* unbefangen
unselfish *adj*, **unselfishly** [ʌn'selfɪʃ, -lɪ] *adv* selbstlos
unsentimental [ˌʌnsentɪ'mentl] *adj* unsentimental
unsettle [ʌn'setl] *v/t* aufregen, beunruhigen

unsettled *adj* **1** *Frage* ungeklärt **2** *Wetter, Markt* unbeständig; **to be ~** durcheinander sein, aus dem Gleis geworfen sein; **to feel ~** sich nicht wohlfühlen
unsettling [ʌn'setlɪŋ] *adj Lebensstil* aufreibend; *Gedanke, Nachricht* beunruhigend
unshak(e)able *adj*, **unshak(e)ably** [ʌn'ʃeɪkəbl, -ɪ] *adv* unerschütterlich
unshaken [ʌn'ʃeɪkən] *adj* unerschüttert
unshaven [ʌn'ʃeɪvn] *adj* unrasiert
unsightly [ʌn'saɪtlɪ] *adj* unansehnlich
unsigned [ʌn'saɪnd] *adj Gemälde* unsigniert; *Brief* nicht unterzeichnet
unskilled [ʌn'skɪld] *adj Arbeiter* ungelernt; **~ labour** *Br*, **~ labor** *US* Hilfsarbeiter *pl*
unsociable [ʌn'səʊʃəbl] *adj* ungesellig
unsocial [ʌn'səʊʃəl] *adj* **to work ~ hours** außerhalb der normalen Arbeitszeiten arbeiten
unsold [ʌn'səʊld] *adj* unverkauft; **to be left ~** nicht verkauft werden
unsolicited [ˌʌnsə'lɪsɪtɪd] *adj* unerbeten
unsolved [ʌn'sɒlvd] *adj Problem* ungelöst; *Verbrechen a.* unaufgeklärt
unsophisticated [ˌʌnsə'fɪstɪkeɪtɪd] *adj* einfach; *Geschmack* schlicht
unsound [ʌn'saʊnd] *adj* **1** *Konstruktion* unsolide; **structurally ~** *Gebäude* bautechnische Mängel aufweisend *attr* **2** *Argument* nicht stichhaltig; *Rat* unvernünftig; JUR *Verurteilung* ungesichert; **of ~ mind** JUR unzurechnungsfähig; **environmentally ~** umweltschädlich; **the company is ~** die Firma steht auf schwachen Füßen
unsparing [ʌn'speərɪŋ] *adj* **1** großzügig, verschwenderisch; **to be ~ in one's efforts** keine Kosten und Mühen scheuen **2** *Kritik* schonungslos; **the report was ~ in its criticism** der Bericht übte schonungslos Kritik
unspeakable *adj*, **unspeakably** [ʌn'spiːkəbl, -ɪ] *adv* unbeschreiblich
unspecified [ʌn'spesɪfaɪd] *adj Zeit, Betrag* nicht genau angegeben; *Ort* unbestimmt
unspectacular [ˌʌnspek'tækjʊləʳ] *adj* wenig eindrucksvoll
unspoiled [ʌn'spɔɪld], **unspoilt** [ʌn'spɔɪlt] *adj* unberührt
unspoken [ʌn'spəʊkən] *adj* unausgesprochen; *Vereinbarung* stillschweigend
unsporting [ʌn'spɔːtɪŋ] *adj*, **unsportsmanlike** [ʌn'spɔːtsmənlaɪk] *adj* unsportlich
unstable [ʌn'steɪbl] *adj* instabil; PSYCH labil
unsteadily [ʌn'stedɪlɪ] *adv* unsicher
unsteady [ʌn'stedɪ] *adj Hand, Treppe* unsicher; *Leiter* wack(e)lig
unstinting [ʌn'stɪntɪŋ] *adj Unterstützung* uneingeschränkt; **to be ~ in one's efforts** keine Kosten und Mühen scheuen

unstoppable [ʌnˈstɒpəbl] *adj* nicht aufzuhalten

unstressed [ʌnˈstrest] *adj Phonetik* unbetont

unstructured [ʌnˈstrʌktʃəd] *adj* unstrukturiert

unstuck [ʌnˈstʌk] *adj* **to come ~** *Briefmarke* sich lösen; *umg Plan* schiefgehen *umg*; **where they came ~ was ...** sie sind daran gescheitert, dass ...

unsubstantiated [ˌʌnsəbˈstænʃieɪtɪd] *adj* Gerücht unbegründet; **these reports remain ~** diese Berichte sind weiterhin unbestätigt

unsubtle [ʌnˈsʌtl] *adj* plump

unsuccessful [ˌʌnsəkˈsesfʊl] *adj* erfolglos; *Kandidat* abgewiesen; *Versuch* vergeblich; **to be ~ in doing sth** keinen Erfolg damit haben, etw zu tun; **to be ~ in one's efforts to do sth** erfolglos in seinem Bemühen sein, etw zu tun

unsuccessfully [ˌʌnsəkˈsesfəlɪ] *adv* erfolglos, vergeblich; *sich bewerben* ohne Erfolg

unsuitability [ˌʌnsuːtəˈbɪlɪtɪ] *s* Ungeeignetsein *n*; **his ~ for the job** seine mangelnde Eignung für die Stelle

unsuitable [ʌnˈsuːtəbl] *adj* unpassend; *Kandidat* ungeeignet; **~ for children** für Kinder ungeeignet; **she is ~ for him** sie ist nicht die Richtige für ihn

unsuitably [ʌnˈsuːtəblɪ] *adv gekleidet* unzweckmäßig, unpassend

unsuited [ʌnˈsuːtɪd] *adj* **to be ~ for** *od* **to sth** für etw untauglich sein; **to be ~ to sb** nicht zu j-m passen

unsure [ʌnˈʃʊəʳ] *adj* unsicher; **to be ~ of oneself** unsicher sein; **to be ~ (of sth)** sich (*dat*) (einer Sache *gen*) nicht sicher sein; **I'm ~ of him** ich bin mir bei ihm nicht sicher

unsurpassed [ˌʌnsəˈpɑːst] *adj* unübertroffen

unsurprising *adj*, **unsurprisingly** [ˌʌnsəˈpraɪzɪŋ, -lɪ] *adv* wenig überraschend

unsuspected [ˌʌnsəˈspektɪd] *adj* [1] unvermutet [2] *Person* unverdächtig

unsuspecting *adj*, **unsuspectingly** [ˌʌnsəˈspektɪŋ, -lɪ] *adv* nichts ahnend

unsuspicious [ˌʌnsəˈspɪʃəs] *adj* unverdächtig, harmlos; *ohne Verdacht* arglos

unsweetened [ˌʌnˈswiːtnd] *adj* ungesüßt

unswerving [ʌnˈswɜːvɪŋ] *adj Treue* unerschütterlich

unsympathetic [ˌʌnsɪmpəˈθetɪk] *adj* [1] gefühllos [2] unsympathisch

unsympathetically [ˌʌnsɪmpəˈθetɪkəlɪ] *adv* ohne Mitgefühl, gefühllos

unsystematic *adj*, **unsystematically** [ˌʌnsɪstɪˈmætɪk, -əlɪ] *adv* unsystematisch

untalented [ʌnˈtælɪntɪd] *adj* unbegabt

untamed [ʌnˈteɪmd] *adj* ungezähmt; *Dschungel, Schönheit* wild

untangle [ʌnˈtæŋgl] *v/t* entwirren

untapped [ʌnˈtæpt] *adj Quellen* ungenutzt; *Märkte* unerschlossen

unteachable [ʌnˈtiːtʃəbl] *adj Mensch* unbelehrbar; *Fach* nicht lehrbar

untenable [ʌnˈtenəbl] *adj* unhaltbar

untested [ʌnˈtestɪd] *adj* unerprobt

unthinkable [ʌnˈθɪŋkəbl] *adj* undenkbar

unthinking [ʌnˈθɪŋkɪŋ] *adj* unbedacht, gedankenlos, bedenkenlos, blind

unthinkingly [ʌnˈθɪŋkɪŋlɪ] *adv* unbedacht

untidily [ʌnˈtaɪdɪlɪ] *adv* unordentlich

untidiness [ʌnˈtaɪdɪnɪs] *s* Unordnung *f*, Unordentlichkeit *f*

untidy [ʌnˈtaɪdɪ] *adj* ⟨*komp* untidier⟩ unordentlich

untie [ʌnˈtaɪ] *v/t Knoten* lösen; *Paket* aufknoten; *j-n, Schürze* losbinden

until [ənˈtɪl] **A** *präp* bis; **from morning ~ night** von morgens bis abends; **~ now** bis jetzt; **~ then** bis dahin; **not ~** nicht vor (+*dat*), erst; **I didn't leave him ~ the following day** ich bin bis zum nächsten Tag bei ihm geblieben **B** *konj* bis; **not ~** erst wenn, erst als; **he won't come ~ you invite him** er kommt erst, wenn Sie ihn einladen; **they did nothing ~ we came** bis wir kamen, taten sie nichts

untimely [ʌnˈtaɪmlɪ] *adj Tod* vorzeitig; **to come to** *od* **meet an ~ end** ein vorzeitiges Ende finden

untiring *adj*, **untiringly** [ʌnˈtaɪərɪŋ, -lɪ] *adv* unermüdlich

untitled [ʌnˈtaɪtld] *adj* ohne Titel

untold [ʌnˈtəʊld] *adj Geschichte* nicht erzählt; *Schaden, Leid* unermesslich; **this story is better left ~** über diese Geschichte schweigt man besser; **~ thousands** unzählig viele

untouchable [ʌnˈtʌtʃəbl] *adj* unantastbar

untouched [ʌnˈtʌtʃt] *adj* [1] unberührt; *Flasche* nicht angebrochen [2] unversehrt

untrained [ʌnˈtreɪnd] *adj Mensch* unausgebildet; *Stimme* ungeschult; **to the ~ eye** dem ungeschulten Auge

untranslatable [ˌʌntrænzˈleɪtəbl] *adj* unübersetzbar

untreated [ʌnˈtriːtɪd] *adj* unbehandelt

untried [ʌnˈtraɪd] *adj Mensch* unerprobt; *Methode* ungetestet

untroubled [ʌnˈtrʌbld] *adj* **to be ~ by the news** eine Nachricht gleichmütig hinnehmen; **he seemed ~ by the heat** die Hitze schien ihm nichts auszumachen

untrue [ʌnˈtruː] *adj* falsch

untrustworthy [ʌnˈtrʌstˌwɜːðɪ] *adj* nicht vertrauenswürdig

untruth [ʌnˈtruːθ] *s* Unwahrheit *f*

untruthful [ʌnˈtruːθfʊl] *adj Behauptung* unwahr; *Mensch* unaufrichtig
untruthfully [ʌnˈtruːθfəlɪ] *adv* fälschlich
untypical [ʌnˈtɪpɪkl] *adj* untypisch (**of** für)
unusable [ʌnˈjuːzəbl] *adj* unbrauchbar
unused[1] [ʌnˈjuːzd] *adj* ungebraucht, ungenutzt
unused[2] [ʌnˈjuːst] *adj* **to be ~ to sth** etw (*akk*) nicht gewohnt sein; **to be ~ to doing sth** es nicht gewohnt sein, etw zu tun
unusual [ʌnˈjuːʒʊəl] *adj* ungewöhnlich, außergewöhnlich; **it's ~ for him to be late** er kommt normalerweise nicht zu spät; **that's ~ for him** das ist sonst nicht seine Art; **that's not ~ for him** das wundert mich überhaupt nicht; **how ~!** das kommt selten vor; *iron* welch Wunder!
unusually [ʌnˈjuːʒʊəlɪ] *adv* ungewöhnlich; **~ for her, she was late** ganz gegen ihre Gewohnheit kam sie zu spät
unvarnished [ʌnˈvɑːnɪʃt] *adj Wahrheit* ungeschminkt
unvarying [ʌnˈvɛərɪɪŋ] *adj* gleichbleibend
unveil [ʌnˈveɪl] *v/t Statue, Plan* enthüllen
unverified [ʌnˈvɛrɪfaɪd] *adj* unbewiesen
unvoiced [ʌnˈvɔɪst] *adj Laut* stimmlos
unwaged [ʌnˈweɪdʒd] *adj* ohne Einkommen
unwanted [ʌnˈwɒntɪd] *adj* **1** unerwünscht **2** überflüssig
unwarranted [ʌnˈwɒrəntɪd] *adj* ungerechtfertigt
unwavering [ʌnˈweɪvərɪŋ] *adj Glaube* unerschütterlich; *Kurs* beharrlich
unwaxed [ʌnˈwækst] *adj Zahnseide* ungewachst
unwelcome [ʌnˈwelkəm] *adj Besucher* unerwünscht; *Nachricht* unerfreulich; *Erinnerung* unwillkommen; **to make sb feel ~** sich j-m gegenüber abweisend verhalten
unwelcoming [ʌnˈwelkəmɪŋ] *adj Verhalten* abweisend; *Ort* ungastlich
unwell [ʌnˈwel] *adj* ⟨*präd*⟩ unwohl, nicht wohl; **he's rather ~** es geht ihm gar nicht gut
unwholesome [ʌnˈhəʊlsəm] *adj* ungesund; *Lebensmittel* minderwertig; *Verlangen* schmutzig
unwieldy [ʌnˈwiːldɪ] *adj* unhandlich, sperrig; *Körper, System* schwerfällig
unwilling [ʌnˈwɪlɪŋ] *adj* widerwillig; *Komplize* unfreiwillig; **to be ~ to do sth** nicht bereit sein, etw zu tun; **to be ~ for sb to do sth** nicht wollen, dass j-d etw tut
unwillingness [ʌnˈwɪlɪŋnɪs] *s* Widerwillen *n*
unwind [ʌnˈwaɪnd] ⟨*prät, pperf* unwound⟩ **A** *v/t* abwickeln **B** *v/i umg* abschalten *umg*
unwise *adj*, **unwisely** [ʌnˈwaɪz, -lɪ] *adv* unklug
unwitting [ʌnˈwɪtɪŋ] *adj Komplize* unbewusst; *Opfer* ahnungslos; *Beteiligung* unabsichtlich
unwittingly [ʌnˈwɪtɪŋlɪ] *adv* unbewusst

unworkable [ʌnˈwɜːkəbl] *adj* undurchführbar
unworldly [ʌnˈwɜːldlɪ] *adj Leben* weltabgewandt
unworried [ʌnˈwʌrɪd] *adj* unbekümmert
unworthy [ʌnˈwɜːðɪ] *adj* nicht wert (**of** +*gen*)
unwound [ʌnˈwaʊnd] *prät & pperf* → unwind
unwrap [ʌnˈræp] *v/t* auswickeln
unwritten [ʌnˈrɪtn] *adj* ungeschrieben; *Vereinbarung* stillschweigend
unwritten law *s* JUR *fig* ungeschriebenes Gesetz
unyielding [ʌnˈjiːldɪŋ] *adj* unnachgiebig
unzip [ʌnˈzɪp] *v/t* **1** Reißverschluss aufmachen; *Hose* den Reißverschluss aufmachen an (+*dat*) **2** IT *Datei* entzippen
up [ʌp] **A** *adv* **1** oben; (≈ *Richtung*) nach oben; **up there** dort oben; **on your way up** auf dem Weg hinauf; **to climb all the way up** den ganzen Weg hochklettern; **halfway up** auf halber Höhe; **5 floors up** 5 Stockwerke hoch; **I looked up** ich schaute nach oben; **this side up** diese Seite oben!; **a little further up** ein bisschen weiter oben!; **to go a little further up** ein bisschen höher hinaufgehen; **from up on the hill** vom Berg oben; **up on top (of the cupboard)** ganz oben (auf dem Schrank); **up in the sky** oben am Himmel; **the temperature was up in the thirties** die Temperatur war über dreißig Grad; **the sun is up** die Sonne ist aufgegangen; **to move up into the lead** nach vorn an die Spitze kommen **2 to be up** *Haus* stehen; *Bekanntmachung* angeschlagen sein; *Vorhang* hängen; **the new houses went up very quickly** die neuen Häuser sind sehr schnell gebaut worden *od* hochgezogen, die neuen Häuser sind sehr schnell hochgezogen worden *umg*; **to be up (and running)** *Computersystem etc* in Betrieb sein; **to be up and running** laufen; *Kommission etc* in Gang sein; **to get sth up and running** etw zum Laufen bringen; *Kommission etc* etw in Gang setzen **3** (≈ *nicht im Bett*) auf; **to be up (and about)** auf sein **4** (≈ *im Norden*) oben; **up in Inverness** oben in Inverness; **to go up to Aberdeen** nach Aberdeen (hinauf)fahren; **to live up north** im Norden wohnen; **to go up north** in den Norden fahren **5** *im Preis* gestiegen (**on** gegenüber) **6 to be 3 goals up** mit 3 Toren führen (**on** gegenüber) **7** *umg* **what's up?** was ist los?; **something is up** da stimmt irgendetwas nicht, da ist irgendetwas im Gange **8** (≈ *bewandert*) firm; **to be well up on sth** sich in etw (*dat*) auskennen **9** **time's up** die Zeit ist um; **to eat sth up** etw aufessen **10 it was up against the wall** es war an die Wand gelehnt; **to be up against an opponent** einem Gegner gegenüberstehen; **I fully realize what I'm up against** mir ist völlig klar, wo-

mit ich es hier zu tun habe; **they were really up against it** sie hatten wirklich schwer zu schaffen; **to walk up and down** auf und ab gehen; **to be up for sale** zu verkaufen sein; **to be up for discussion** zur Diskussion stehen; **to be up for election** zur Wahl aufgestellt sein, zur Wahl stehen; **up to** bis; **up to now/here** bis jetzt/hier; **to count up to 100** bis 100 zählen; **up to £100** bis zu £ 100; **what page are you up to?** bis zu welcher Seite bist du gekommen?; **I don't feel up to it** ich fühle mich dem nicht gewachsen; *gesundheitlich* ich fühle mich nicht wohl genug dazu; **it isn't up to much** damit ist nicht viel los *umg*; **it isn't up to his usual standard** das ist nicht sein sonstiges Niveau; **to be up to sb** bei j-m liegen; von j-m abhängen; j-m überlassen sein; **it's up to us to help him** wir sollten ihm helfen; **if it were up to me** wenn es nach mir ginge; **it's up to you whether you go or not** es bleibt dir überlassen, ob du gehst oder nicht; **it isn't up to me** das hängt nicht von mir ab; **that's up to you** das müssen Sie selbst wissen; **what colour shall I choose? — (it's) up to you** welche Farbe soll ich nehmen? — das ist deine Entscheidung; **it's up to the government to do it** es ist Sache der Regierung, das zu tun; **to be up to sth** etw vorhaben; *in der Zukunft* etw vorhaben; **what's he up to?** was macht er da?; *in der Zukunft* was hat er vor?; **what have you been up to?** was hast du angestellt?; **he's up to no good** er führt nichts Gutes im Schilde **B** *präp* oben auf (+*dat*); *Richtung* hinauf (+*akk*); **further up the page** weiter oben auf der Seite; **to live up the hill** am Berg wohnen; **to go up the hill** den Berg hinaufgehen; **they live further up the street** sie wohnen weiter die Straße entlang; **he lives up a dark alley** er wohnt am Ende einer dunklen Gasse; **up the road from me** (von mir) die Straße entlang; **he went off up the road** er ging (weg) die Straße hinauf; **the water goes up this pipe** das Wasser geht durch dieses Rohr; **to go up to sb** auf j-n zugehen **C** *s* ups and downs gute und schlechte Zeiten *pl* **D** *adj* Rolltreppe nach oben **E** *v/t umg Preis* hinaufsetzen

up-and-coming [ˈʌpənˈkʌmɪŋ] *adj* **an ~ star** ein Star, der im Kommen ist

up-and-down [ˈʌpənˈdaʊn] *adj* **1** *wörtl* **~ movement** Auf- und Abbewegung *f* **2** *fig Karriere* wechselhaft

up arrow *s* IT Aufwärtspfeil *m*

upbeat [ˈʌpbiːt] *umg adj* fröhlich, optimistisch; **to be ~ about sth** über etw (*akk*) optimistisch gestimmt sein

upbringing [ˈʌpbrɪŋɪŋ] *s* Erziehung *f*; **we had a strict ~** wir hatten (als Kinder) eine strenge Erziehung

upcoming [ʌpˈkʌmɪŋ] *adj* kommend

upcycle [ˈʌpsaɪkl] *v/t* beim Recycling veredeln

upcycling [ˈʌpsaɪklɪŋ] *s* Veredeln *n* durch Recycling

update **A** [ʌpˈdeɪt] *v/t* aktualisieren; **to ~ sb on sth** j-n über etw (*akk*) auf den neuesten Stand bringen **B** [ˈʌpdeɪt] *s* **1** Aktualisierung *f* **2** Bericht *m*

upend [ʌpˈend] *v/t Kiste* hochkant stellen

upfront [ˈʌpˈfrʌnt] **A** *adj* **1** offen; **to be ~ about sth** sich offen über etw (*akk*) äußern **2** **an ~ fee** eine Gebühr, die im Voraus zu entrichten ist **B** *adv* zahlen im Voraus; **we'd like 20% ~** wir hätten gern 20 % (als) Vorschuss

upgrade **A** [ˈʌpˌgreɪd] *s* **1** IT, FLUG Upgrade *n* **2** *US* Steigung *f* **B** [ʌpˈgreɪd] *v/t Mitarbeiter* befördern; *Einrichtungen* verbessern; *Rechner* nachrüsten; IT, FLUG *Passagier etc* upgraden

upgrad(e)able [ʌpˈgreɪdəbl] *adj Rechner* nachrüstbar (**to** auf +*akk*)

upheaval [ʌpˈhiːvəl] *fig s* Aufruhr *m*; **social/political ~s** soziale/politische Umwälzungen *pl*

upheld [ʌpˈheld] *prät & pperf* → uphold

uphill [ˈʌpˈhɪl] **A** *adv* bergauf; **to go ~** bergauf gehen; *Straße* bergauf führen; *Auto* den Berg hinauffahren **B** *adj* bergauf (führend); *fig Kampf* mühsam

uphold [ʌpˈhəʊld] *v/t* ⟨*prät, pperf* upheld⟩ *Tradition* wahren; *Gesetz* hüten; *Rechte* schützen; *Entscheidung* (unter)stützen; JUR *Urteil* bestätigen

upholster [ʌpˈhəʊlstəʳ] *v/t* polstern, beziehen; **~ed furniture** Polstermöbel *pl*

upholstery [ʌpˈhəʊlstərɪ] *s* Polsterung *f*

upkeep [ˈʌpkiːp] *s* Unterhalt *m*, Instandhaltung *f*; *von Garten* Pflege *f*

upland [ˈʌplənd] **A** *s* ⟨*mst pl*⟩ Hochland *n kein pl* **B** *adj* Hochland-

uplift [ˈʌplɪft] *v/t* **with ~ed arms** mit erhobenen Armen; **to feel ~ed** sich erbaut fühlen

uplifting [ʌpˈlɪftɪŋ] *adj Erlebnis* erhebend; *Geschichte* erbaulich

upload [ˈʌpləʊd] *v/t* IT hochladen

up-market [ˈʌpˈmɑːkɪt] **A** *adj Mensch* vornehm; *Image, Hotel* exklusiv **B** *adv* **his shop has gone ~** in seinem Laden verkauft er jetzt Waren der höheren Preisklasse

upon [əˈpɒn] *präp* → on

upper [ˈʌpəʳ] **A** *adj* obere(r, s); ANAT, GEOG Ober-; **temperatures in the ~ thirties** Temperaturen hoch in den dreißig; **~ body** Oberkörper *m* **B** *s* **uppers** *pl von Schuh* Obermaterial *n*

upper-case *adj* groß

upper circle *s Br* THEAT zweiter Rang

upper class *s* **the ~es** die Oberschicht

upper-class *adj* vornehm; *Sport, Benehmen* der Oberschicht
Upper House *s PARL* Oberhaus *n*
uppermost ['ʌpəˈməʊst] **A** *adj* oberste(r, s); **safety is ~ in my mind** Sicherheit steht für mich an erster Stelle **B** *adv* **face ~** mit dem Gesicht nach oben
upper school *s* Oberschule *f*
upright ['ʌpraɪt] **A** *adj* aufrecht, rechtschaffen; *Pfosten* senkrecht **B** *adv* aufrecht; *vertikal* senkrecht; **to pull sb/oneself ~** j-n/sich aufrichten **C** *s* Pfosten *m*
uprising ['ʌpraɪzɪŋ] *s* Aufstand *m*
upriver [ʌpˈrɪvə'] *adv* flussaufwärts
uproar ['ʌprɔː'] *s* Aufruhr *m*; **the whole room was in ~** der ganze Saal war in Aufruhr
uproariously [ʌpˈrɔːrɪəslɪ] *adv* lärmend; *lachen* brüllend
uproot [ʌpˈruːt] *v/t* entwurzeln; **he ~ed his whole family (from their home) and moved to New York** er riss seine Familie aus ihrer gewohnten Umgebung und zog nach New York
upset A [ʌpˈset] *v/t* ⟨*v*: *prät*, *pperf* upset⟩ **1** umstoßen **2** entsetzen, aus der Fassung bringen; *Erlebnis etc* mitnehmen *umg*, wehtun (+*dat*) (≈*erzürnen*) ärgern; **don't ~ yourself** regen Sie sich nicht auf **3** *Planung* durcheinanderbringen; **the rich food ~ his stomach** das schwere Essen ist ihm nicht bekommen **B** [ʌpˈset] *adj* nach *Unfall etc* mitgenommen *umg* (**about** von); *bei Todesfall, schlechter Nachricht etc* bestürzt (**about** über +*akk*), betrübt (**about** über +*akk*), aufgeregt (**about** wegen); *vor Wut* aufgebracht (**about** über +*akk*); (≈*verletzt*) gekränkt (**about** über +*akk*); **she was pretty ~ about it** das ist ihr ziemlich nahegegangen; (≈*besorgt*) sie hat sich deswegen ziemlich aufgeregt; (≈*wütend*) das hat sie ziemlich geärgert; (≈*verletzt*) das hat sie ziemlich gekränkt; **she was ~ about something** irgendetwas hatte sie aus der Fassung gebracht; **she was ~ about the news** es hat sie ziemlich mitgenommen, als sie das hörte *umg*; **would you be ~ if I decided not to go after all?** wärst du traurig, wenn ich doch nicht ginge?; **to get ~** sich aufregen (**about** über +*akk*); **don't get ~ about it, you'll find another** nimm das doch nicht so tragisch, du findest bestimmt einen anderen; **to feel ~** gekränkt sein; **to sound/look ~** verstört klingen/aussehen **C** [ˈʌpset] *adj* **to have an ~ stomach** sich (*dat*) den Magen verdorben haben **D** [ˈʌpset] *s* Störung *f*; *emotional* Aufregung *f*; *umg* (≈*Niederlage etc*) böse Überraschung; **stomach ~** Magenstimmung *f*
upsetting [ʌpˈsetɪŋ] *adj* traurig; *stärker* bestürzend; *Lage* schwierig, ärgerlich; **that must have been very ~ for you** das war bestimmt nicht einfach für Sie; **it is ~ (for them) to see such terrible things** es ist schlimm (für sie), so schreckliche Dinge zu sehen; **the divorce was very ~ for the child** das Kind hat unter der Scheidung sehr gelitten
upshot ['ʌpʃɒt] *s* **the ~ of it all was that ...** es lief darauf hinaus, dass ...
upside down [ˈʌpsaɪd'daʊn] *adv* verkehrt herum; **to turn sth ~** *wörtl* etw umdrehen; *fig* etw auf den Kopf stellen *or*
upside-down [ˈʌpsaɪd'daʊn] *adj* **to be ~** *Bild* verkehrt herum hängen; *Welt* kopfstehen
upstage [ʌpˈsteɪdʒ] *v/t* **to ~ sb** *fig* j-m die Schau stehlen *umg*
upstairs [ʌpˈsteəz] **A** *adv* oben; *Richtung* nach oben; **the people ~** die Leute über uns; **to run ~** die Treppe hinaufrennen **B** *adj* im oberen Stock(werk) **C** *s* ⟨+*sg v*⟩ oberes Stockwerk
upstanding [ʌpˈstændɪŋ] *adj* rechtschaffen
upstart ['ʌpstɑːt] *s* **1** Emporkömmling *m* **2** *Firma etc* Aufsteiger-; **~ company** Unternehmen, das innerhalb kurzer Zeit sehr erfolgreich ist
upstate [ʌpˈsteɪt] *US* **A** *adj* im Norden (des Bundesstaates); **to live in ~ New York** im Norden des Staates New York wohnen **B** *adv* im Norden (des Bundesstaates); *Richtung* in den Norden (des Bundesstaates)
upstream ['ʌpstriːm] *adv* flussaufwärts
upsurge ['ʌpsɜːdʒ] *s* Zunahme *f*; *von Kämpfen* Eskalation *f pej*
upswing ['ʌpswɪŋ] *s* Aufschwung *m*
uptake ['ʌpteɪk] *umg s* **to be quick on the ~** schnell verstehen; **to be slow on the ~** eine lange Leitung haben *umg*
uptight ['ʌptaɪt] *umg adj* nervös, verklemmt *umg*; *vor Wut* sauer *umg*; **to get ~ (about sth)** sich (wegen etw) aufregen, (auf etw *akk*) verklemmt reagieren *umg*; (wegen etw) sauer werden *umg*
up-to-date ['ʌptəˈdeɪt] *adj* ⟨*attr*⟩, **up to date** *adj* ⟨*präd*⟩ auf dem neuesten Stand; *Information* aktuell; **to keep ~ with the news** mit den Nachrichten auf dem Laufenden bleiben; **to keep sb up to date** j-n auf dem Laufenden halten; **to bring sb up to date on developments** j-n über den neuesten Stand der Dinge informieren
up-to-the-minute [ˈʌptəðəˈmɪnɪt] *adj* allerneuste(r, s)
uptown ['ʌptaʊn] *US* **A** *adj* im Villenviertel; *Kaufhaus* vornehm **B** *adv* im Villenviertel; *Richtung* ins Villenviertel; **~ Manhattan** im Norden Manhattans
upturn ['ʌptɜːn] *fig s* Aufschwung *m*
upturned *adj Kiste* umgedreht; *Gesicht* nach

oben gewandt; *Kragen* aufgeschlagen; **~ nose** Stupsnase *f*
upward ['ʌpwəd] **A** *adj* Aufwärts-, nach oben **B** *bes US adv* → upwards
upwards ['ʌpwədz] *bes Br adv* **1** aufwärts, nach oben; **to look ~** nach oben sehen; **face ~** mit dem Gesicht nach oben **2** *prices from £4* **~** Preise ab £ 4; **~ of 3000** über 3000
upwind ['ʌpwɪnd] *adj & adv* im Aufwind; **to be ~ of sb** gegen den Wind zu j-m sein
uranium [jʊəˈreɪnɪəm] *s* Uran *n*
Uranus [jʊəˈreɪnəs] *s* ASTRON Uranus *m*
urban ['ɜːbən] *adj* städtisch; **~ decay** Verfall *m* der Städte
urban development *s* Stadtentwicklung *f*
urbanization [ˌɜːbənaɪˈzeɪʃən] *s* Urbanisierung *f*
urbanize ['ɜːbənaɪz] *v/t* urbanisieren, verstädtern *pej*
urchin ['ɜːtʃɪn] *s* Gassenkind *n*
Urdu ['ɜːduː] *s* Urdu *n*
urge [ɜːdʒ] **A** *s* Verlangen *n*, Drang *m kein pl*; *sexuell* Trieb *m*; **to feel the ~ to do sth** das Bedürfnis verspüren, etw zu tun; **I resisted the ~ (to contradict him)** ich habe mich beherrscht (und ihm nicht widersprochen) **B** *v/t* **1 to ~ sb to do sth** j-n eindringlich bitten, etw zu tun, darauf dringen, dass j-d etw tut; **to ~ sb to accept** j-n drängen, anzunehmen; **to ~ sb onward** j-n vorwärtstreiben **2** *Maßnahme* drängen auf (+*akk*); **to ~ caution** zur Vorsicht mahnen

phrasal verbs mit urge:

urge on *v/t* ⟨*trennb*⟩ antreiben
urgency ['ɜːdʒənsɪ] *s* Dringlichkeit *f*; **it's a matter of ~** das ist dringend
urgent ['ɜːdʒənt] *adj* dringend; **is it ~?** ist es dringend?, eilt es?, pressiert es? *österr*; **the letter was marked "urgent"** der Brief trug einen Dringlichkeitsvermerk
urgently ['ɜːdʒəntlɪ] *adv* dringend; *sprechen* eindringlich; **he is ~ in need of help** er braucht dringend Hilfe
urinal ['jʊərɪnl] *s* Pissoir *n*, Urinal *n*
urinate ['jʊərɪneɪt] *v/i* urinieren *geh*
urine ['jʊərɪn] *s* Urin *m*
urine sample *s* Urinprobe *f*
URL *abk* (= uniform resource locator) IT URL *f od m*
urn [ɜːn] *s* **1** Urne *f* **2** (*a.* **tea urn**) Kessel *m*
US *abk* (= United States) **A** *s* USA *pl* **B** *adj* US-, -amerikanisch
us [ʌs] *pers pr* uns; **give it (to) us** gib es uns; **who, us?** wer, wir?; **younger than us** jünger als wir; **it's us** wir sind's; **us and them** wir und die
USA *abk* (= United States of America) USA *pl*

usable ['juːzəbl] *adj* verwendbar
usage ['juːzɪdʒ] *s* **1** Brauch *m*; **it's common ~** es ist allgemein üblich **2** LING Gebrauch *m kein pl*
USB *abk* (= universal serial bus) IT USB *m*; **USB interface** USB-Schnittstelle *f*
USB cable *s* IT USB-Kabel *n*
USB connection *s* IT USB-Anschluss *m*
USB drive *s* IT USB-Stick *m*
USB flash drive *s* IT USB-Stick *m*
USB port *s* IT USB-Port *m*, USB-Anschluss *m*
USB stick *s* IT USB-Stick *m*
use¹ A [juːz] *v/t* **1** benutzen, verwenden; *Worte* gebrauchen; *Methode, Gewalt* anwenden; *Drogen* einnehmen; **I have to use the toilet before I go** ich muss noch einmal zur Toilette, bevor ich gehe; **to use sth for sth** etw zu etw verwenden; **what did you use the money for?** wofür haben Sie das Geld verwendet?; **what sort of fuel do you use?** welchen Treibstoff verwenden Sie?; **why don't you use a hammer?** warum nehmen Sie nicht einen Hammer dazu?; **to use sb's name** j-s Namen verwenden *od* benutzen; **use your imagination!** zeig mal ein bisschen Fantasie!; **I'll have to use some of your men** ich brauche ein paar Ihrer Leute; **I could use a drink** *umg* ich könnte etwas zu trinken vertragen *umg* **2** *Information, Gelegenheit* (aus)nutzen; *Abfall* verwerten; **you can use the leftovers to make a soup** Sie können die Reste zu einer Suppe verwerten **3** verbrauchen **4** *pej* ausnutzen; **I feel (I've just been) used** ich habe das Gefühl, man hat mich ausgenutzt; *sexuell* ich komme mir missbraucht vor **B** [juːs] *s* **1** Benutzung *f*, Gebrauch *m*; *von Methode, Gewalt* Anwendung *f*; *von Personal* Einsatz *m*; *von Drogen* Einnahme *f*; **directions for use** Gebrauchsanweisung *f*; **for the use of** für; **for external use** zur äußerlichen Anwendung; **ready for use** gebrauchsfertig; *Maschine* einsatzbereit; **to make use of sth** von etw Gebrauch machen; **can you make use of that?** können Sie das brauchen?; **in use/out of use** in *od* im/außer Gebrauch **2** Nutzung *f*; *von Abfall* Verwertung *f*, Verwendung *f*; **to make use of sth** etw nutzen; **to put sth to good use** etw gut nutzen; **it has many uses** es ist vielseitig verwendbar; **to find a use for sth** für etw Verwendung finden; **to have no use for** keine Verwendung haben für **3** Nutzen *m*; **to be of use to sb** für j-n von Nutzen sein; **is this (of) any use to you?** können Sie das brauchen?; **he's no use as a goalkeeper** er ist als Torhüter nicht zu gebrauchen; **it's no use you** *od* **your protesting** es hat keinen Sinn *od* es nützt nichts, wenn du protestierst; **what's the use of telling him?** was nützt es,

wenn man es ihm sagt?; **what's the use in trying?** wozu überhaupt versuchen?; **it's no use (doing that)** es hat keinen Zweck(, das zu tun); **ah, what's the use!** ach, was solls! **4** JUR Nutznießung *f*; **to have the use of a car** ein Auto zur Verfügung haben; **to give sb the use of sth** j-n etw benutzen lassen, j-m etw zur Verfügung stellen; **to have lost the use of one's arm** seinen Arm nicht mehr benutzen können
phrasal verbs mit use:
use up *v/t ⟨trennb⟩* verbrauchen; *Reste* verwerten; **the butter is all used up** die Butter ist alle *umg*

use² [juːs] *v/aux* **I didn't use to smoke** ich habe früher nicht geraucht

use-by-date ['juːzbaɪˌdeɪt] *s* Mindesthaltbarkeitsdatum *n*

used¹ [juːzd] *adj* gebraucht; *Handtuch* benutzt

used² [juːst] *v/aux* **I ~ to swim every day** ich bin früher täglich geschwommen; **he ~ to be a singer** er war einmal ein Sänger; **there ~ to be a field here** hier war (früher) einmal ein Feld; **things aren't what they ~ to be** es ist alles nicht mehr (so) wie früher; **life is more hectic than it ~ to be** das Leben ist hektischer als früher

used³ [juːst] *adj* **to be ~ to sb** an j-n gewöhnt sein; **to be ~ to sth** etw gewohnt sein; **to be ~ to doing sth** es gewohnt sein, etw zu tun; **I'm not ~ to it** ich bin das nicht gewohnt; **to get ~ to sb/sth** sich an j-n/etw gewöhnen; **to get ~ to doing sth** sich daran gewöhnen, etw zu tun

useful ['juːsfʊl] *adj* **1** nützlich; *Werkzeug, Sprache* praktisch; *Mensch, Beitrag* wertvoll; *Diskussion* fruchtbar; **to make oneself ~** sich nützlich machen; **to come in ~** sich als nützlich erweisen; **that's a ~ thing to know** es ist gut das zu wissen **2** *umg Spieler* fähig; *Sieg* wertvoll

usefulness *s* Nützlichkeit *f*

useless ['juːslɪs] *adj* **1** nutzlos, unbrauchbar; **to be ~ to sb** für j-n ohne Nutzen sein; **it is ~ (for you) to complain** es hat keinen Sinn, sich zu beschweren; **he's ~ as a goalkeeper** er ist als Torwart nicht zu gebrauchen; **to be ~ at doing sth** ganz schlecht in etw sein; **I'm ~ at languages** Sprachen kann ich überhaupt nicht; **to feel ~** sich unnütz fühlen **2** sinnlos

uselessness ['juːslɪsnɪs] *s* Nutzlosigkeit *f*, Unbrauchbarkeit *f*

user ['juːzə^r] *s* Benutzer(in) *m(f)*

user account *s* IT Benutzerkonto *n*

user-friendly *adj* benutzerfreundlich

user-generated *adj* IT nutzergeneriert; *von Webinhalten etc* **~ content** nutzergenerierter Content, nutzergenerierter Inhalt

user group *s* Nutzergruppe *f*; IT Anwendergruppe *f*

user ID *s* IT Benutzerkennung *f*

user identification *s* IT Benutzerkennung *f*

user-interface *s bes* IT Benutzerschnittstelle *f*

user name *s* IT Benutzername *m*

user profile *s* IT Benutzerprofil *n*

usher ['ʌʃə^r] **A** *s* Platzanweiser(in) *m(f)* **B** *v/t* **to ~ sb into a room** j-n in ein Zimmer bringen
phrasal verbs mit usher:
usher in *v/t ⟨trennb⟩* hineinführen

usherette [ˌʌʃə'ret] *s* Platzanweiserin *f*

USSR *abk* (= Union of Soviet Socialist Republics) HIST UdSSR *f*

usual ['juːʒʊəl] **A** *adj* üblich, normal; **beer is his ~ drink** er trinkt gewöhnlich Bier; **when shall I come? — oh, the ~ time** wann soll ich kommen? — oh, zur üblichen Zeit; **as is ~ with second-hand cars** wie gewöhnlich bei Gebrauchtwagen; **it wasn't ~ for him to arrive early** es war nicht typisch für ihn, zu früh da zu sein; **to do sth in the** *od* **one's ~ way** *od* **manner** etw auf die einem übliche Art und Weise tun; **as ~** wie üblich; **business as ~** normaler Betrieb; *in Laden* Verkauf geht weiter; **to carry on as ~** weitermachen wie immer; **later/less than ~** später/weniger als sonst **B** *s umg* der/die/das Übliche; **what sort of mood was he in? — the ~** wie war er gelaunt? — wie üblich

usually ['juːʒʊəlɪ] *adv* gewöhnlich, normalerweise; **is he ~ so rude?** ist er sonst auch so unhöflich?

usurp [juː'zɜːp] *v/t* sich (*dat*) widerrechtlich aneignen; *Thron* sich bemächtigen (+*gen*) *geh*; j-n verdrängen

usurper [juː'zɜːpə^r] *s* unrechtmäßiger Machthaber, unrechtmäßige Machthaberin; *fig* Eindringling *m*

usury ['juːʒʊrɪ] *s* Wucher *m*

utensil [juː'tensl] *s* Utensil *n*

uterus ['juːtərəs] *s* Gebärmutter *f*

utility [juː'tɪlɪtɪ] *s* **1** **public ~** Versorgungsbetrieb *m*; (≈ *Service*) Leistung *f* der Versorgungsbetriebe **2** IT Hilfsprogramm *n*

utility company *s* Versorgungsbetrieb *m*

utility room *s* Allzweckraum *m*

utilization [ˌjuːtɪlaɪ'zeɪʃən] *s* Verwendung *f*; *von Rohstoffen etc* Verwertung *f*

utilize ['juːtɪlaɪz] *v/t* verwenden; *Altpapier etc* verwerten

utmost ['ʌtməʊst] **A** *adj* größte(r, s), äußerste(r, s); **with the ~ speed** so schnell wie nur möglich **B** *s* **to do one's ~ (to do sth)** sein Möglichstes tun(, um etw zu tun)

utopia [juː'təʊpɪə] *s* Utopie *f*

utter¹ ['ʌtə^r] *adj* total; *Elend* grenzenlos

utter² v/t von sich (dat) geben; *Wort* sagen; *Schrei* ausstoßen
utterance ['ʌtrəns] s Äußerung f
utterly ['ʌtəlɪ] adv total, völlig
uttermost ['ʌtəməʊst] s & adj → utmost
U-turn ['juːtɜːn] s Wende f; **to do a ~** *fig* seine Meinung völlig ändern
UV [ˌjuːˈviː] UV, Ultraviolett-
UV filter [ˌjuːviːˈfɪltə^r] s UV-Filter m
UV protection s UV-Schutz m
UV rays pl UV-Strahlen pl

V

v. abk ⟨nur geschrieben⟩ (= against, versus *Latin*) esp SPORTS, JUR gegen
V, v [viː] s V n, v n
vacancy ['veɪkənsɪ] s **1** (freies) Zimmer; **have you any vacancies for August?** haben Sie im August noch Zimmer frei?; **"no vacancies"** „belegt"; **"vacancies"** „Zimmer frei" **2** offene Stelle; **we have a ~ in our personnel department** in unserer Personalabteilung ist eine Stelle zu vergeben; **vacancies** pl offene Stellen pl
vacant ['veɪkənt] adj **1** *Stelle* offen; *WC, Platz* frei; *Haus* leer stehend; **~ lot** unbebautes Grundstück **2** *Blick* leer
vacantly ['veɪkəntlɪ] adv ansehen abwesend
vacate [vəˈkeɪt] v/t *Platz* frei machen; *Posten* aufgeben; *Wohnung* räumen
vacation [vəˈkeɪʃən] **A** s **1** UNIV Semesterferien pl; US SCHULE Schulferien pl **2** US Urlaub m; **on ~** im Urlaub; **to be on ~** im Urlaub sein, Urlaub machen; **to take a ~** Urlaub machen; **where are you going for your ~?** wohin fahren Sie in Urlaub?; **to go on ~** in Urlaub gehen; in Urlaub fahren **B** v/i US Urlaub machen
vacationer [veɪˈkeɪʃənə^r], **vacationist** [veɪˈkeɪʃənɪst] US s Urlauber(in) m(f)
vaccinate ['væksɪneɪt] v/t impfen
vaccination [ˌvæksɪˈneɪʃən] s (Schutz)impfung f
vaccine ['væksiːn] s Impfstoff m
vacillate ['væsɪleɪt] wörtl, fig v/i schwanken
vacuum ['vækjʊəm] s **A** s **1** Vakuum n **2** Staubsauger m **B** v/t (staub)saugen
vacuum bottle US s Thermosflasche® f
vacuum cleaner s Staubsauger m
vacuum flask Br s Thermosflasche® f
vacuum-packed adj vakuumverpackt
vagabond ['vægəbɒnd] s Vagabund m

vagina [vəˈdʒaɪnə] s Scheide f, Vagina f
vagrant ['veɪgrənt] s Landstreicher(in) m(f), Stadtstreicher(in) m(f)
vague [veɪg] adj ⟨komp vaguer⟩ **1** vage; *Bericht* ungenau; *Umriss* verschwommen; **I haven't the ~st idea** ich habe nicht die leiseste Ahnung; **there's a ~ resemblance** es besteht eine entfernte Ähnlichkeit **2** geistesabwesend
vaguely ['veɪglɪ] adv vage; *verstehen* in etwa; *interessiert* flüchtig; *überrascht* leicht; **to be ~ aware of sth** ein vages Bewusstsein von etw haben; **they're ~ similar** sie haben eine entfernte Ähnlichkeit; **it sounded ~ familiar** es kam einem irgendwie bekannt vor
vain [veɪn] adj **1** ⟨-er⟩ eitel, eingebildet **2** vergeblich; **in ~** umsonst, vergeblich
vainly ['veɪnlɪ] adv vergeblich
valedictory [ˌvælɪˈdɪktərɪ] **A** adj form Abschieds- **B** s US SCHULE Entlassungsrede f
valentine ['væləntaɪn] s (**card**), **~'s card** Valentinskarte f; (**St**) **Valentine's Day** Valentinstag m
valet ['væleɪ] s Kammerdiener m; **~ parking** Einparkservice m; **~ service** Reinigungsdienst m
valiant ['væljənt] adj **she made a ~ effort to smile** sie versuchte tapfer zu lächeln
valid ['vælɪd] adj gültig; *Anspruch* berechtigt; *Argument* stichhaltig; *Grund etc* einleuchtend; **that's a ~ point** das ist ein wertvoller Hinweis
validate ['vælɪdeɪt] v/t **1** *Dokument* für gültig erklären; *Anspruch* bestätigen **2** IT validieren
validity [vəˈlɪdɪtɪ] s Gültigkeit f; *von Anspruch* Berechtigung f; *von Argument* Stichhaltigkeit f
valley ['vælɪ] s Tal n, Niederung f; **to go up/down the ~** talaufwärts/talabwärts gehen/fließen *etc*; **~ floor** Talboden m
valour ['vælə^r] s, **valor** US liter s Heldenmut m liter
valuable ['væljʊəbl] **A** adj wertvoll; *Zeit a.* kostbar; *Hilfe* nützlich **B** s **valuables** pl Wertsachen pl
valuation [ˌvæljʊˈeɪʃən] s Schätzung f
value ['væljuː] **A** s **1** Wert m, Nutzen m; **to be of ~** wertvoll/nützlich sein; **of no ~** wert-/nutzlos; **what's the ~ of your house?** wie viel ist Ihr Haus wert?; **it's good ~** es ist preisgünstig; **to get ~ for money** etwas für sein Geld bekommen; **this TV was good ~** dieser Fernseher ist sein Geld wert; **to the ~ of £500** im Wert von £ 500 **2** **~s** pl (sittliche) Werte pl **B** v/t schätzen; **to be ~d at £100** auf £ 100 geschätzt werden; **I ~ her (highly)** ich weiß sie (sehr) zu schätzen
value-added tax [ˌvæljuːˈædɪdtæks] Br s Mehrwertsteuer f
valued ['væljuːd] adj (hoch) geschätzt
valve [vælv] s ANAT Klappe f; TECH Absperrhahn

vampire ['væmpaɪəʳ] s Vampir(in) m(f)
van [væn] s **1** Br AUTO Transporter m **2** Br BAHN Waggon m
vandal ['vændəl] fig s Vandale m, Vandalin f; **it was damaged by ~s** es ist mutwillig beschädigt worden
vandalism ['vændəlɪzəm] s Vandalismus m
vandalize ['vændəlaɪz] v/t mutwillig beschädigen; Gebäude verwüsten
vanguard ['væŋgɑːd] s Vorhut f
vanilla [və'nɪlə] **A** s Vanille f **B** adj Vanille-
vanilla essence s Vanilleextrakt m/n
vanish ['vænɪʃ] v/i verschwinden; Hoffnungen schwinden
vanity ['vænɪtɪ] s Eitelkeit f
vantage point ['vɑːntɪdʒpɔɪnt] s MIL (günstiger) Aussichtspunkt
vape [veɪp] **A** v/t & v/i dampfen, eine E-Zigarette/E-Zigaretten rauchen **B** s Verdampfer m (für E-Zigaretten)
vaper ['veɪpəʳ] s Dampfer(in) m(f)
vaping ['veɪpɪŋ] s Dampfen n
vaporize ['veɪpəraɪz] v/t & v/i verdampfen, verdunsten
vapour ['veɪpəʳ] s, **vapor** US s Dunst m, Dampf m
vapour trail s Kondensstreifen m
variability [ˌveərɪə'bɪlɪtɪ] s von Wetter, Laune Unbeständigkeit f
variable ['veərɪəbl] **A** adj **1** veränderlich, variabel; Wetter, Laune unbeständig **2** Geschwindigkeit regulierbar **B** s Variable f
variance ['veərɪəns] s **to be at ~ with sth** nicht mit etw übereinstimmen
variant ['veərɪənt] **A** s Variante f **B** adj andere(r, s)
variation [ˌveərɪ'eɪʃən] s **1** Veränderung f; von Temperatur Schwankung(en) f(pl); von Preisen Schwankung f **2** Variante f
varicose veins [ˌværɪkəʊs'veɪnz] pl Krampfadern pl
varied ['veərɪd] adj unterschiedlich; Leben bewegt; Auswahl reichhaltig; Interessen vielfältig; Ernährung abwechslungsreich; **a ~ group of people** eine gemischte Gruppe
variety [və'raɪətɪ] s **1** Abwechslung f **2** Vielfalt f; HANDEL Auswahl f (**of** an +dat); **in a ~ of colours** Br, **in a ~ of colors** US in den verschiedensten Farben; **for a ~ of reasons** aus verschiedenen Gründen **3** Art f, Sorte f
variety show s THEAT Varietévorführung f; TV Fernsehshow f
various ['veərɪəs] adj **1** verschieden **2** mehrere
variously ['veərɪəslɪ] adv verschiedentlich
varnish ['vɑːnɪʃ] **A** s Lack m; auf Gemälde Firnis m **B** v/t lackieren; Gemälde firnissen
vary ['veərɪ] **A** v/i **1** sich unterscheiden (**from** von); **opinions ~ on this point** in diesem Punkt gehen die Meinungen auseinander **2** unterschiedlich sein; **the price varies from shop to shop** der Preis ist von Geschäft zu Geschäft verschieden; **it varies** es ist unterschiedlich **3** sich (ver)ändern; Preise schwanken **B** v/t abwandeln, abwechslungsreich(er) gestalten
varying ['veərɪɪŋ] adj veränderlich, unterschiedlich; **of ~ sizes/abilities** unterschiedlich groß/begabt
vase [vɑːz, US veɪz] s Vase f
vasectomy [væ'sektəmɪ] s Sterilisation f (des Mannes)
vassal ['væsəl] s Vasall m
vast [vɑːst] adj ⟨+er⟩ gewaltig, riesig; Wissen, Verbesserung enorm; Mehrheit überwältigend; Reichtum unermesslich; **a ~ expanse** eine weite Ebene
vastly ['vɑːstlɪ] adv erheblich; erfahren äußerst; **he is ~ superior to her** er ist ihr haushoch überlegen
vastness ['vɑːstnɪs] s gewaltiges Ausmaß; von Gebiet riesige Weite; von Wissen gewaltiger Umfang
VAT ['viːeɪ'tiː, væt] Br abk (= value-added tax) MwSt.
vat [væt] s Fass n, Bottich m
Vatican ['vætɪkən] s Vatikan m
vault¹ [vɔːlt] s **1** (Keller)gewölbe n **2** Gruft f **3** in Bank Tresor(raum) m **4** ARCH Gewölbe n
vault² **A** s Sprung m **B** v/i springen **C** v/t springen über (+akk)
VCR abk (= video cassette recorder) Videorekorder m
VD abk (= venereal disease) Geschlechtskrankheit f
VDU abk (= visual display unit) Sichtgerät n
veal [viːl] s Kalbfleisch n; **~ cutlet** Kalbsschnitzel n
veer [vɪəʳ] v/i Wind (sich) drehen (**to** nach); Schiff abdrehen; Auto ausscheren; Straße scharf abbiegen; **the car ~ed to the left** das Auto scherte nach links aus; **the car ~ed off the road** das Auto kam von der Straße ab; **to ~ off course** vom Kurs abkommen; **he ~ed away from the subject** er kam (völlig) vom Thema ab
veg¹ [vedʒ] bes Br s abk ⟨kein pl⟩ (= vegetable) Gemüse n
veg², **veg out** [vedʒ, vedʒ 'aʊt] umg v/i abhängen umg
vegan ['viːgən] **A** s Veganer(in) m(f) **B** adj vegan; **to be ~** Veganer(in) m(f) sein
vegetable ['vedʒɪtəbl] s Gemüse n

vegetable marrow s US Gartenkürbis m
vegetable oil s GASTR Pflanzenöl n
vegetarian [ˌvedʒɪˈteərɪən] **A** s Vegetarier(in) m(f); **B** adj vegetarisch; **~ cheese** Käse m für Vegetarier; **to go ~** Vegetarier(in) m(f) werden
vegetarianism [vedʒɪˈteərɪənɪzm] s Vegetarismus m
vegetate [ˈvedʒɪteɪt] fig v/i dahinvegetieren
vegetation [ˌvedʒɪˈteɪʃən] s Vegetation f
veggie [ˈvedʒɪ] umg **A** s **1** Vegetarier(in) m(f) **2** US **~s** pl Gemüse npl **B** adj vegetarisch
veggieburger [ˈvedʒɪˌbɜːgəʳ] s Gemüseburger m
vehemence [ˈviːɪməns] s Vehemenz f geh
vehement [ˈviːɪmənt] adj vehement geh; Gegner scharf; Anhänger leidenschaftlich
vehemently [ˈviːɪməntlɪ] adv vehement geh, heftig; lieben, hassen leidenschaftlich; protestieren mit aller Schärfe; angreifen scharf
vehicle [ˈviːɪkl] s **1** Fahrzeug n **2** fig Mittel n
vehicle registration document s Fahrzeugschein m
veil [veɪl] **A** s Schleier m; **to draw** od **throw a ~ over sth** den Schleier des Vergessens über etw (akk) breiten; **under a ~ of secrecy** unter dem Mantel der Verschwiegenheit **B** v/t fig **the town was ~ed by mist** die Stadt lag in Nebel gehüllt
veiled [veɪld] adj Drohung etc versteckt
vein [veɪn] s **1** Ader f; **~s and arteries** Venen und Arterien pl; **the ~ of humour which runs through the book** Br, **the ~ of humor which runs through the book** US ein humorvoller Zug, der durch das ganze Buch geht **2** fig Stimmung f; **in the same ~** in derselben Art
Velcro® [ˈvelkrəʊ] s Klettband n
velocity [vəˈlɒsɪtɪ] s Geschwindigkeit f
velvet [ˈvelvɪt] **A** s Samt m **B** adj Samt-
vendetta [venˈdetə] s Fehde f; von Gangstern Vendetta f
vending machine [ˈvendɪŋməˌʃiːn] s Automat m
vendor [ˈvendɔːʳ] s Verkäufer(in) m(f); **street ~** Straßenhändler(in) m(f)
veneer [vəˈnɪəʳ] wörtl s Furnier n; fig Politur f; **he had a ~ of respectability** nach außen hin machte er einen sehr ehrbaren Eindruck
venerable [ˈvenərəbl] adj ehrwürdig
venerate [ˈvenəreɪt] v/t verehren; j-s Erinnerung ehren
veneration [ˌvenəˈreɪʃn] s Verehrung f; von Erinnerung Ehrung f
venereal disease [vɪˈnɪərɪəldɪˌziːz] s Geschlechtskrankheit f
Venetian blind [vəˌniːʃən ˈblaɪnd] s Jalousie f
vengeance [ˈvendʒəns] s Rache f; **with a ~** umg gewaltig umg
vengeful [ˈvendʒfʊl] adj rachsüchtig
Venice [ˈvenɪs] s Venedig n
venison [ˈvenɪzən] s Reh(fleisch) n
venom [ˈvenəm] wörtl s Gift n; fig Gehässigkeit f
venomous [ˈvenəməs] adj giftig; **~ snake** Giftschlange f
venous [ˈviːnəs] adj venös; **~ thrombosis** Venenthrombose f
vent [vent] **A** s Öffnung f; für Gefühle Ventil n; **to give ~ to one's feelings** seinen Gefühlen freien Lauf lassen **B** v/t Gefühle abreagieren (**on** an +dat); **to ~ one's spleen** sich (dat) Luft machen
ventilate [ˈventɪleɪt] v/t belüften
ventilation [ˌventɪˈleɪʃən] s Belüftung f
ventilation shaft s Luftschacht m
ventilator [ˈventɪleɪtəʳ] s **1** Ventilator m **2** MED Beatmungsgerät n; **to be on a ~** künstlich beatmet werden
ventriloquist [venˈtrɪləkwɪst] s Bauchredner(in) m(f)
venture [ˈventʃəʳ] **A** s Unternehmung f; **mountain-climbing is his latest ~** seit Neuestem hat er sich aufs Bergsteigen verlegt; **the astronauts on their ~ into the unknown** die Astronauten auf ihrer abenteuerlichen Reise ins Unbekannte **B** v/t **1** Leben, Geld riskieren (**on** bei) **2** Prognose wagen; Meinung zu äußern wagen; **I would ~ to say that …** ich wage sogar zu behaupten, dass … **C** v/i sich wagen; **to ~ out of doors** sich vor die Tür wagen
phrasal verbs mit venture:
venture out v/i sich hinauswagen
venture capital s Risikokapital n
venue [ˈvenjuː] s Treffpunkt m; SPORT Austragungsort m
Venus [ˈviːnəs] s Venus f
veracity [vəˈræsɪtɪ] s von Bericht Richtigkeit f
veranda(h) [vəˈrændə] s Veranda f
verb [vɜːb] s Verb n
verbal [ˈvɜːbəl] adj **1** mündlich; **~ abuse** Beschimpfung f; **~ attack** Verbalattacke f **2** Fertigkeiten sprachlich
verbally [ˈvɜːbəlɪ] adv mündlich; bedrohen verbal; **to ~ abuse sb** j-n beschimpfen
verbatim [vɜːˈbeɪtɪm] **A** adj wörtlich **B** adv wortwörtlich
verbose [vɜːˈbəʊs] adj wortreich, langatmig
verdant [ˈvɜːdənt] liter adj grün
verdict [ˈvɜːdɪkt] s Urteil n; **a ~ of guilty/not guilty** ein Schuldspruch m/Freispruch m; **what's the ~?** wie lautet das Urteil?; **what's your ~ on this wine?** wie beurteilst du diesen Wein?; **to give one's ~ about** od **on sth** sein Urteil über etw (akk) abgeben
verge [vɜːdʒ] s fig Br wörtl Rand m; **to be on the**

~ of ruin am Rande des Ruins stehen; **to be on the ~ of tears** den Tränen nahe sein; **to be on the ~ of doing sth** im Begriff sein, etw zu tun
phrasal verbs mit verge:
verge on v/i ‹+obj› grenzen an (+akk); **she was verging on madness** sie stand am Rande des Wahnsinns
verification [ˌverɪfɪˈkeɪʃn] s Überprüfung f; Bestätigung f
verify [ˈverɪfaɪ] v/t (über)prüfen; als wahr bestätigen
veritable [ˈverɪtəbl] adj wahr; **a ~ disaster** die reinste Katastrophe
vermin [ˈvɜːmɪn] s ‹kein pl› Schädlinge pl, Ungeziefer n
vermouth [ˈvɜːməθ] s Wermut m
vernacular [vəˈnækjʊləʳ] s **1** Mundart f **2** Landessprache f
verruca [veˈruːkə] s Warze f
versatile [ˈvɜːsətaɪl] adj vielseitig
versatility [ˌvɜːsəˈtɪlɪtɪ] s Vielseitigkeit f
verse [vɜːs] s **1** Strophe f, Vers m **2** LIT Zeile einer Dichtung in gebundener Rede mit Metrum, Rhythmus und häufig Reim am Zeilenende **3** ‹kein pl› Dichtung f; **in ~** in Versform **4** von Bibel Vers m
versed [vɜːst] adj, (a. **well versed**) bewandert (**in** in +dat); **he's well ~ in the art of judo** er beherrscht die Kunst des Judos
version [ˈvɜːʃən] s Version f, Fassung f
versus [ˈvɜːsəs] präp gegen (+akk)
vertebra [ˈvɜːtɪbrə] s ‹pl -e [ˈvɜːtɪbriː]› Rückenwirbel m
vertebrate [ˈvɜːtɪbrət] s Wirbeltier n
vertical [ˈvɜːtɪkəl] **A** adj **1** senkrecht; **~ cliffs** senkrecht abfallende Klippen; **~ stripes** Längsstreifen pl; **there is a ~ drop from the cliffs into the sea below** die Klippen fallen steil od senkrecht ins Meer ab **2** mit verschiedenen Ebenen vertikal **B** s Senkrechte f
vertically [ˈvɜːtɪkəlɪ] adv senkrecht
vertigo [ˈvɜːtɪɡəʊ] s ‹kein pl› Schwindel m; MED Gleichgewichtsstörung f; **he suffers from ~** ihm wird leicht schwindlig
verve [vɜːv] s Schwung m
very [ˈverɪ] **A** adv **1** sehr; **I'm ~ sorry** es tut mir sehr leid; **that's not ~ funny** das ist überhaupt nicht lustig; **I'm not ~ good at maths** ich bin in Mathe nicht besonders gut; **~ little** sehr wenig; **~ much**; **thank you ~ much** vielen Dank; **to like sth ~ much** etw sehr mögen; **~ much bigger** sehr viel größer **2** aller-; **~ best** allerbeste(r, s); **~ last** allerletzte(r, s); **~ first** allererste(r, s); **at the ~ latest** allerspätestens; **to do one's ~ best** sein Äußerstes tun; **at the ~ most** allerhöchstens; **at the ~ least** al-

lerwenigstens; **to be in the ~ best of health** sich bester Gesundheit erfreuen; **they are the ~ best of friends** sie sind die dicksten Freunde **3** **the ~ same hat** genau der gleiche Hut; **we met again the ~ next day** wir trafen uns am nächsten Tag schon wieder; **my ~ own car** mein eigenes Auto; **~ well, if that's what you want** nun gut, wenn du das willst; **I couldn't ~ well say no** ich konnte schlecht Nein sagen **B** adj **1** genau; **that ~ day** genau an diesem Tag; **at the ~ heart of the organization** direkt im Zentrum der Organisation; **before my ~ eyes** direkt vor meinen Augen; **the ~ thing I need** genau das, was ich brauche; **the ~ thing!** genau das Richtige! **2** äußerste(r, s); **in the ~ beginning** ganz am Anfang; **at the ~ end** ganz am Ende; **at the ~ back** ganz hinten; **go to the ~ end of the road** gehen Sie die Straße ganz entlang od durch **3** **the ~ thought of it** allein schon der Gedanke daran; **the ~ idea!** nein, so etwas!
vessel [ˈvesl] s **1** SCHIFF Schiff n **2** für Flüssigkeit form Gefäß n
vest¹ [vest] s **1** Br Unterhemd n, Leiberl n österr, Leibchen n österr, schweiz **2** US Weste f
vest² form v/t **to have a ~ed interest in sth** ein persönliches Interesse an etw (dat) haben
vestibule [ˈvestɪbjuːl] s Vorhalle f; von Hotel Foyer n
vestige [ˈvestɪdʒ] s Spur f
vestment [ˈvestmənt] s Ornat m, Robe f
vestry [ˈvestrɪ] s Sakristei f
vet¹ [vet] s abk (= **veterinary surgeon**) Tierarzt m, Tierärztin f
vet² [vet] v/t überprüfen
veteran [ˈvetərən] s Veteran(in) m(f)
Veterans' Day s US ≈ Volkstrauertag m
veterinarian [ˌvetərɪˈnɛərɪən] US s Tierarzt m/-ärztin f
veterinary [ˈvetərɪnərɪ] adj Veterinär-
veterinary medicine s Veterinärmedizin f
veterinary practice s Tierarztpraxis f
veterinary surgeon s Tierarzt m/-ärztin f
veto [ˈviːtəʊ] **A** s ‹pl -es› Veto n; **power of ~** Vetorecht n **B** v/t sein Veto einlegen gegen
vetting [ˈvetɪŋ] s Überprüfung f
vex [veks] v/t ärgern, irritieren
vexed [vekst] adj Frage schwierig
vexing [ˈveksɪŋ] adj ärgerlich
VHF abk (= **very high frequency**) RADIO UKW
via [ˈvaɪə] präp über (+akk); **they got in via the window** sie kamen durchs Fenster herein
viability [ˌvaɪəˈbɪlɪtɪ] s von Plan, Projekt Durchführbarkeit f, Realisierbarkeit f; von Firma Rentabilität f
viable [ˈvaɪəbl] adj Firma rentabel; Plan machbar;

Alternative gangbar; *Möglichkeit* realisierbar; **the company is not economically ~** die Firma ist unrentabel; **a ~ form of government** eine funktionsfähige Regierungsform
viaduct ['vaɪədʌkt] s Viadukt m
vibes [vaɪbz] *umg pl* Schwingungen *pl*; **good ~** eine positive Ausstrahlung; **this town is giving me bad ~** diese Stadt macht mich ganz einfach fertig *umg*
vibrant ['vaɪbrənt] *adj* **1** *Persönlichkeit* dynamisch; *Gemeinschaft* lebendig; *Wirtschaft* boomend **2** *Farbe* leuchtend
vibrate [vaɪ'breɪt] **A** *v/i* beben (**with** vor *+dat*); *Maschine, Faden* vibrieren **B** *v/t* zum Vibrieren bringen; *Faden* zum Schwingen bringen
vibration [vaɪ'breɪʃən] s *von Faden* Schwingung *f*; *von Maschine* Vibrieren *n*
vibrator [vaɪ'breɪtəʳ] s Vibrator *m*
vicar ['vɪkəʳ] s Pfarrer(in) *m(f)*
vicarage ['vɪkərɪdʒ] s Pfarrhaus *n*
vice[1] [vaɪs] s Laster *n*
vice[2] s, **vise** *US* s Schraubstock *m*
vice-chairman s stellvertretender Vorsitzender
vice-chairwoman s stellvertretende Vorsitzende
vice chancellor s *Br UNIV* ≈ Rektor(in) *m(f)*
vice-president s Vizepräsident(in) *m(f)*; Direktor(in) *m(f)*
vice squad s Sittenpolizei *f*
vice versa ['vaɪs'vɜːsə] *adv* umgekehrt
vicinity [vɪ'sɪnɪtɪ] s Umgebung *f*; **in the ~** in der Nähe (**of** von *od +gen*); **in the ~ of £500** um die £ 500 (herum)
vicious ['vɪʃəs] *adj* **1** bösartig; *Schlag, Angriff* brutal; **to have a ~ temper** jähzornig sein **2** gemein
vicious circle s Teufelskreis *m*
viciously ['vɪʃəslɪ] *adv* bösartig; *ermorden* auf grauenhafte Art
victim ['vɪktɪm] s Opfer *n*; **to fall ~ to sth** einer Sache (*dat*) zum Opfer fallen
victimize ['vɪktɪmaɪz] *v/t* ungerecht behandeln, schikanieren
victor ['vɪktəʳ] s Sieger(in) *m(f)*
Victorian [vɪk'tɔːrɪən] **A** s Viktorianer(in) *m(f)* **B** *adj* viktorianisch
victorious [vɪk'tɔːrɪəs] *adj Armee* siegreich; *Kampagne* erfolgreich; **to be ~ over sb/sth** j-n/etw besiegen; **to emerge ~** als Sieger hervorgehen
victory ['vɪktərɪ] s Sieg *m*; **to win a ~ over sb/sth** einen Sieg über j-n/etw erringen
victory speech s *nach Wahl etc* Siegesrede *f*
video ['vɪdɪəʊ] **A** s ⟨*pl* -s⟩ **1** Video *n* **2** Videorekorder *m* **B** *v/t* (auf Video) aufnehmen
video blog s Videoblog *m* (*Webseite mit regelmäßigen neuen Videos*)
video blogger s Videoblogger(in) *m(f)*
video call s IT, TEL Videoanruf *m*
video camera s Videokamera *f*
video card s COMPUT Grafikkarte *f*
video cassette s Videokassette *f*
video clip s Videoclip *m*
video conference s TEL, IT Videokonferenz *f*
video conferencing s TEL, IT Videokonferenzschaltung *f*
video disc s Bildplatte *f*
video file s IT Videodatei *f*
video game s Videospiel *n*
videophone s Fernsehtelefon *n*
video recorder s Videorekorder *m*
video-recording s Videoaufnahme *f*
video tape s Videoband *n*
video-tape *v/t* (auf Video) aufzeichnen
vie [vaɪ] *v/i* wetteifern; **to vie with sb for sth** mit j-m um etw wetteifern
Vienna [vɪ'enə] **A** s Wien *n* **B** *adj* Wiener
Vietnam [ˌvjet'næm] s Vietnam *n*
Vietnamese [ˌvjetnə'miːz] **A** *adj* vietnamesisch **B** s ⟨*pl* -⟩ **1** Vietnamese *m*, Vietnamesin *f* **2** LING Vietnamesisch *n*
view [vjuː] **A** s **1** Sicht *f*; **to come into ~** in Sicht kommen; **to keep sth in ~** etw im Auge behalten; **the house is within ~ of the sea** vom Haus aus ist das Meer zu sehen; **hidden from ~** verborgen **2** Aussicht *f*; **a good ~ of the sea** ein schöner Blick auf das Meer; **a room with a ~** ein Zimmer mit schöner Aussicht; **he stood up to get a better ~** er stand auf, um besser sehen zu können **3** Ansicht *f* **4** Ansicht *f*; **in my ~** meiner Meinung nach; **to have ~s on sth** Ansichten über etw (*akk*) haben; **what are his ~s on this?** was meint er dazu?; **I have no ~s on that** ich habe keine Meinung dazu; **to take the ~ that ...** die Ansicht vertreten, dass ...; **an overall ~ of a problem** ein umfassender Überblick über ein Problem; **in ~ of** angesichts (*+gen*) **5** Absicht *f*; **with a ~ to doing sth** mit der Absicht, etw zu tun **B** *v/t* **1** betrachten **2** *Haus* besichtigen **3** *Problem* sehen **C** *v/i* fernsehen
viewer ['vjuːəʳ] s TV Zuschauer(in) *m(f)*
viewfinder ['vjuːˌfaɪndəʳ] s Sucher *m*
viewing ['vjuːɪŋ] s **1** *von Haus etc* Besichtigung *f* **2** TV Fernsehen *n*
viewing figures *pl* TV Zuschauerzahlen *pl*
viewpoint ['vjuːpɔɪnt] s **1** Standpunkt *m*; **from the ~ of economic growth** unter dem Gesichtspunkt des Wirtschaftswachstums; **to see sth from sb's ~** etw aus j-s Sicht sehen **2** *für Panoramablick* Aussichtspunkt *m*
vigil ['vɪdʒɪl] s (Nacht)wache *f*

vigilance ['vɪdʒɪləns] s Wachsamkeit f
vigilant ['vɪdʒɪlənt] adj wachsam; **to be ~ about sth** auf etw (akk) achten
vigilante [ˌvɪdʒɪ'læntɪ] **A** s Mitglied einer Selbstschutzorganisation **B** adj ⟨attr⟩ Selbstschutz-
vigor US s → vigour
vigorous ['vɪɡərəs] adj energisch; Aktivität dynamisch; Gegner, Befürworter engagiert
vigorously ['vɪɡərəslɪ] adv energisch; verteidigen engagiert; ablehnen heftig
vigour ['vɪɡəʳ] s, **vigor** US s Energie f
Viking ['vaɪkɪŋ] **A** s Wikinger(in) m(f) **B** adj Wikinger-
vile [vaɪl] adj abscheulich; Wetter, Essen scheußlich
villa ['vɪlə] s Villa f
village ['vɪlɪdʒ] s Dorf n
village hall s Gemeindesaal m
villager ['vɪlɪdʒəʳ] s Dorfbewohner(in) m(f); Dörfler(in) m(f) pej
villain ['vɪlən] s Schurke m, Schurkin f; umg kriminell Ganove m umg, Ganovin f umg; in Roman Bösewicht m
vim [vɪm] umg s Schwung m
vinaigrette [ˌvɪnɪ'ɡret] s GASTR Vinaigrette f, Salatsoße f
vindicate ['vɪndɪkeɪt] v/t **1** Aktion rechtfertigen **2** j-n rehabilitieren
vindication [ˌvɪndɪ'keɪʃən] s **1** von Meinung, Aktion Rechtfertigung f **2** Rehabilitation f
vindictive [vɪn'dɪktɪv] adj rachsüchtig
vindictiveness s **1** Rachsucht f **2** Unversöhnlichkeit f
vine [vaɪn] s Rebe f
vinegar ['vɪnɪɡəʳ] s Essig m
vinegrower s Winzer(in) m(f)
vine leaf s Rebenblatt n
vineyard ['vɪnjəd] s Weinberg m
vintage ['vɪntɪdʒ] **A** s von Wein, a. fig Jahrgang m **B** adj ⟨attr⟩ uralt; (≈ hochwertig) glänzend
vintage car s Vorkriegsmodell n
vintage wine s edler Wein
vintage year s **a ~ for wine** ein besonders gutes Weinjahr
vinyl ['vaɪnɪl] s Vinyl n
viola [vɪ'əʊlə] s MUS Bratsche f; **to play the ~** Bratsche spielen
violate ['vaɪəleɪt] v/t **1** Vertrag brechen, verletzen; Gesetz verstoßen gegen; Rechte verletzen **2** Heiligtum entweihen
violation [ˌvaɪə'leɪʃən] s **1** von Gesetz Verstoß m (**of** gegen); von Rechten Verletzung f; **a ~ of a treaty** ein Vertragsbruch m; **traffic ~** Verkehrsvergehen n **2** von Heiligtum Entweihung f; von Privatsphäre Eingriff m (**of in** +akk)

violence ['vaɪələns] s **1** Heftigkeit f **2** Gewalt f, Gewalttätigkeit f; von Handlung Brutalität f; **act of ~** Gewalttat f; **was there any ~?** kam es zu Gewalttätigkeiten?
violent ['vaɪələnt] adj brutal; Verbrechen Gewalt-; Angriff, Protest heftig; Film gewalttätig; Aufprall gewaltig; Sturm, Hass stark; **to have a ~ temper** jähzornig sein; **to turn ~** gewalttätig werden
violently ['vaɪələntlɪ] adv schlagen, angreifen brutal; schütteln heftig; ablehnen scharf; **to be ~ against sth** od **opposed to sth** ein scharfer Gegner/eine scharfe Gegnerin einer Sache (gen) sein; **to be ~ ill** od **sick** sich furchtbar übergeben; **to cough ~** gewaltig husten
violet ['vaɪəlɪt] **A** s BOT Veilchen n; (≈ Farbe) Violett n **B** adj lila; dunkler violett
violin [ˌvaɪə'lɪn] s Geige f; **to play the ~** Geige spielen
violinist [ˌvaɪə'lɪnɪst], **violin player** s Geiger(in) m(f)
VIP s Promi m hum umg; **he got/we gave him VIP treatment** er wurde/wir haben ihn als Ehrengast behandelt
viral ['vaɪərəl] **A** adj Virus-; **~ infection** Virusinfektion f **B** adv **to go ~** sich (im Internet) virusartig / viral / wie ein Lauffeuer verbreiten
virgin ['vɜːdʒɪn] **A** s Jungfrau f; **the Virgin Mary** die Jungfrau Maria; **he's still a ~** er ist noch unschuldig **B** adj fig Wald etc unberührt; **~ olive oil** natives Olivenöl
virginity [vɜː'dʒɪnɪtɪ] s Unschuld f
Virgo ['vɜːɡəʊ] s ⟨pl -s⟩ ASTROL Jungfrau f; **to be (a) ~** (eine) Jungfrau sein
virile ['vɪraɪl] wörtl adj männlich
virility [vɪ'rɪlɪtɪ] wörtl s Männlichkeit f, Potenz f
virtual ['vɜːtjʊəl] adj ⟨attr⟩ **1** fast völlig; **she was a ~ prisoner** sie war so gut wie eine Gefangene; **it was a ~ admission of guilt** es war praktisch ein Schuldgeständnis **2** IT virtuell; **~ classroom** virtuelles Klassenzimmer
virtually ['vɜːtjʊəlɪ] adv **1** praktisch; **to be ~ certain** sich (dat) so gut wie sicher sein **2** IT virtuell
virtual reality s virtuelle Realität
virtual reality game s Virtual-Reality-Spiel n
virtual reality headset s VR-Brille f, Virtual-Reality-Brille f
virtue ['vɜːtjuː] s **1** Tugend f **2** Keuschheit f **3** Vorteil m; **by ~ of** aufgrund +gen
virtuoso [ˌvɜːtjʊ'əʊzəʊ] **A** s ⟨pl -s od virtuosi [ˌvɜːtjʊ'əʊzi]⟩ bes MUS Virtuose m, Virtuosin f **B** adj virtuos
virtuous ['vɜːtjʊəs] adj **1** tugendhaft **2** pej selbstgerecht
virtuously ['vɜːtjʊəslɪ] pej adv selbstgerecht
virulent ['vɪrʊlənt] adj **1** MED bösartig **2** fig Angriff scharf

virus ['vaɪərəs] s MED, IT Virus n/m; **polio ~** Polioerreger m; **she's got a ~** umg sie hat sich (dat) was eingefangen umg
virus protection s IT Virenschutz m, Virenschutzprogramm n
virus scanner s IT Virensuchprogramm n
visa ['viːzə] s Visum n
vis-à-vis ['viːzəviː] präp in Anbetracht (+gen)
viscose ['vɪskəʊs] s Viskose f
viscount ['vaɪkaʊnt] s Viscount m
viscountess ['vaɪkaʊntɪs] s Viscountess f
vise [vaɪs] US s → vice²
visibility [ˌvɪzɪ'bɪlɪtɪ] s ◨ Sichtbarkeit f ◨ METEO Sichtweite f; **poor ~** schlechte Sicht
visible ['vɪzəbl] adj ◨ sichtbar; **~ to the naked eye** mit dem bloßen Auge zu erkennen; **to be ~ from the road** von der Straße aus zu sehen sein; **with a ~ effort** mit sichtlicher Mühe ◨ sichtlich; **at management level women are becoming increasingly ~** auf Führungsebene treten Frauen immer deutlicher in Erscheinung
visibly ['vɪzəblɪ] adv sichtbar, sichtlich
vision ['vɪʒən] s ◨ Sehvermögen n; **within ~** in Sichtweite ◨ Weitblick m ◨ in Traum Vision f ◨ Vorstellung f
visionary ['vɪʒənərɪ] ◨ adj visionär ◨ s Visionär(in) m(f)
visit ['vɪzɪt] ◨ s Besuch m; von Arzt Hausbesuch m; **to pay sb/sth a ~** j-n/etw besuchen; **to pay a ~** euph mal verschwinden (müssen); **to have a ~ from sb** von j-m besucht werden; **to be on a ~ to London** zu einem Besuch in London sein ◨ v/t ◨ besuchen; Arzt aufsuchen ◨ inspizieren ◨ v/i einen Besuch machen; **come and ~ some time** komm mich mal besuchen; **I'm only ~ing** ich bin nur auf Besuch; **to ~ with sb** US mit j-m plaudern
visiting ['vɪzɪtɪŋ] adj Redner Gast-; Würdenträger der/die zu Besuch ist
visiting card s Visitenkarte f
visiting hours pl Besuchszeiten pl
visiting team s SPORT **the ~** die Gäste pl, die Gastmannschaft
visiting time s Besuchszeit f
visitor ['vɪzɪtə'] s Besucher(in) m(f); in Hotel Gast m; **to have ~s/a ~** Besuch haben
visor ['vaɪzə'] s an Helm Visier n; an Kappe Schirm m; AUTO Blende f
vista ['vɪstə] s Aussicht f
visual ['vɪzjʊəl] adj Seh-; Bild visuell
visual aids pl Anschauungsmaterial n
visual arts pl **the ~** die darstellenden Künste pl
visual display unit s Sichtgerät n
visualize ['vɪzjʊəlaɪz] v/t sich (dat) vorstellen
visually ['vɪzjʊəlɪ] adv visuell; **~ attractive** attraktiv anzusehen
visually handicapped adj sehbehindert
visually impaired adj sehbehindert
vital ['vaɪtl] adj ◨ vital, lebenswichtig ◨ unerlässlich; **of ~ importance** von größter Wichtigkeit; **this is ~** das ist unbedingt notwendig; **how ~ is this?** wie wichtig ist das? ◨ entscheidend; Fehler schwerwiegend
vitality [vaɪ'tælɪtɪ] s Vitalität f
vitally ['vaɪtəlɪ] adv wichtig äußerst
vital signs pl MED Lebenszeichen pl
vital statistics pl Bevölkerungsstatistik f; umg von Frau Maße pl
vitamin ['vɪtəmɪn] s Vitamin n
vitamin pill s Vitamintablette f
vitro ['viːtrəʊ] → in vitro
viva ['vaɪvə] Br s → viva voce
vivacious [vɪ'veɪʃəs] adj lebhaft
vivaciously [vɪ'veɪʃəslɪ] adv lachen munter
vivacity [vɪ'væsətɪ] s Lebhaftigkeit f
viva voce ['vaɪvə'vəʊtʃɪ] Br s mündliche Prüfung
vivid ['vɪvɪd] adj Licht hell; Farbe kräftig; Fantasie lebhaft; Beschreibung lebendig; Beispiel deutlich; **in ~ detail** in allen plastischen Einzelheiten; **the memory of that day is still quite ~** der Tag ist mir noch in lebhafter Erinnerung; **to be a ~ reminder of sth** lebhaft an etw (akk) erinnern
vividly ['vɪvɪdlɪ] adv bunt lebhaft; scheinen leuchtend; porträtieren anschaulich; demonstrieren klar und deutlich; **the red stands out ~ against its background** das Rot hebt sich stark vom Hintergrund ab
vividness ['vɪvɪdnɪs] s von Farbe, Fantasie Lebhaftigkeit f; von Licht Helligkeit f; von Stil Lebendigkeit f; von Beschreibung, Bild Anschaulichkeit f
vivisection [ˌvɪvɪ'sekʃən] s Vivisektion f
viz [vɪz] adv nämlich
vlog [vlɒg] s Vlog m (Videoblog)
vlogger ['vlɒgə'] s Vlogger(in) m(f) (Videoblogger)
vlogging ['vlɒgɪŋ] s Vlogging n (Videobloggen)
V-neck s V-Ausschnitt m
V-necked adj mit V-Ausschnitt
vocabulary [vəʊ'kæbjʊlərɪ] s ⟨kein pl⟩ Wortschatz m
vocal ['vəʊkəl] ◨ adj ◨ Stimm- ◨ lautstark; **to be/become ~** sich (lautstark) zu Wort melden ◨ s **~s:** Van Morrison Gesang: Van Morrison; **featuring Madonna on ~s** mit Madonna als Sängerin; **backing ~s** Hintergrundgesang m; **lead ~s ...** Leadsänger(in) m(f) ...
vocal cords pl Stimmbänder pl
vocalist ['vəʊkəlɪst] s Sänger(in) m(f)
vocation [vəʊ'keɪʃən] s REL etc Berufung f

vocational [vəʊˈkeɪʃənl] *adj* Berufs-, beruflich
vocational school *US s* ≈ Berufsschule *f*
vocational training *s* Berufsausbildung *f*; **to do ~** eine Berufsausbildung machen
vociferous [vəʊˈsɪfərəs] *adj* lautstark
vodka [ˈvɒdkə] *s* Wodka *m*
vogue [vəʊg] *s* Mode *f*; **to be in ~** (in) Mode sein
voice [vɔɪs] **A** *s* **1** Stimme *f*; **I've lost my ~** ich habe keine Stimme mehr; **in a deep ~** mit tiefer Stimme; **in a low ~** mit leiser Stimme; **to like the sound of one's own ~** sich gern(e) reden hören; **his ~ has broken** er hat den Stimmbruch hinter sich; **to give ~ to sth** einer Sache (*dat*) Ausdruck verleihen **2** GRAM Genus *n*; **the passive ~** das Passiv **B** *v/t* zum Ausdruck bringen
voice-activated *adj* IT sprachgesteuert, sprachaktiviert
voiced [vɔɪst] *adj Laut* stimmhaft
voiceless [ˈvɔɪsləs] *adj Laut* stimmlos
voice mail *s* Voicemail *f*
voice-operated *adj* sprachgesteuert
voice-over *s* Filmkommentar *m*
voice recognition *s* Spracherkennung *f*
void [vɔɪd] **A** *s* Leere *f* **B** *adj* **1** leer; **~ of any sense of decency** ohne jegliches Gefühl für Anstand **2** JUR ungültig
vol *abk* (= **volume**) Bd.
volatile [ˈvɒlətaɪl] *adj* **1** CHEM flüchtig **2** *Mensch* impulsiv; *Beziehung* wechselhaft; *Lage* brisant
vol-au-vent [ˈvɒləʊvɑː] *s* (Königin)pastetchen *n*
volcanic [vɒlˈkænɪk] *wörtl adj* Vulkan-, vulkanisch
volcano [vɒlˈkeɪnəʊ] *s* ⟨*pl* -es⟩ Vulkan *m*
vole [vəʊl] *s* **1** Wühlmaus *f* **2** Feldmaus *f*
volition [vɒˈlɪʃən] *s* Wille *m*; **of one's own ~** aus freiem Willen
volley [ˈvɒlɪ] **A** *s* **1** Salve *f* **2** *Tennis* Volley *m*; *Fußball* Direktabnahme *f* **B** *v/t* **to ~ a ball** *Tennis* einen Volley spielen **C** *v/i Tennis* einen Volley schlagen
volleyball [ˈvɒlɪˌbɔːl] *s* Volleyball *m*
volt [vəʊlt] *s* Volt *n*
voltage [ˈvəʊltɪdʒ] *s* Spannung *f*
volume [ˈvɒljuːm] *s* **1** Band *m*; **a six-volume dictionary** ein sechsbändiges Wörterbuch; **that speaks ~s** *fig* das spricht Bände (**for** für) **2** *von Behälter* Volumen *n* **3** (≈ *Größe*) Ausmaß *n* (**of** an +*dat*); **the ~ of traffic** das Verkehrsaufkommen **4** Lautstärke *f*; **turn the ~ up/down** stell (das Gerät) lauter/leiser
volume control *s* RADIO, TV Lautstärkeregler *m*
voluminous [vəˈluːmɪnəs] *adj* voluminös *geh*
voluntarily [ˈvɒləntərɪlɪ] *adv* freiwillig; (≈ *ohne Bezahlung*) ehrenamtlich
voluntary [ˈvɒləntərɪ] *adj* **1** freiwillig; **~ worker** freiwilliger Helfer, freiwillige Helferin; *in Übersee* Entwicklungshelfer(in) *m(f)* **2** *Organisation* karitativ; **a ~ organization for social work** ein freiwilliger Wohlfahrtsverband
voluntary redundancy *s* freiwilliges Ausscheiden; **to take ~** sich abfinden lassen
volunteer [ˌvɒlənˈtɪə] **A** *s* Freiwillige(r) *m/f(m)*; ehrenamtlicher Mitarbeiter, ehrenamtliche Mitarbeiterin; **any ~s?** wer meldet sich freiwillig? **B** *v/t Hilfe* anbieten; *Informationen* geben **C** *v/i* **1** sich freiwillig melden; ehrenamtliche Arbeit leisten; **to ~ for sth** sich freiwillig für etw zur Verfügung stellen; **to ~ to do sth** sich anbieten, etw zu tun; **who will ~ to clean the windows?** wer meldet sich freiwillig zum Fensterputzen? **2** MIL sich freiwillig melden (**for** zu) **D** *adj* freiwillig
volunteering [ˌvɒlənˈtɪərɪŋ] *s* ehrenamtliche Arbeit
volunteer work *s* Arbeit *f* als Freiwillige(r)
voluptuous [vəˈlʌptjʊəs] *adj Frau* sinnlich; *Körper* verlockend
vomit [ˈvɒmɪt] **A** *s* Erbrochene(s) *n* **B** *v/t* spucken; *Gegessenes* erbrechen **C** *v/i* sich übergeben

phrasal verbs mit vomit:

vomit up *v/t* erbrechen

voracious [vəˈreɪʃəs] *adj* gefräßig; *Sammler* besessen; **she is a ~ reader** sie verschlingt die Bücher geradezu
vote [vəʊt] **A** *s* Stimme *f*; (≈ *Abgabe*) Abstimmung *f*; (≈ *Resultat*) Abstimmungsergebnis *n*; *als Grundrecht* Wahlrecht *n*; **to put sth to the ~** über etw (*akk*) abstimmen lassen; **to take a ~ on sth** über etw (*akk*) abstimmen; **to case one's ~** seine Stimme abgeben; **he won by 22 ~s** er gewann mit einer Mehrheit von 22 Stimmen; **the Labour ~** die Labourstimmen *pl* **B** *v/t* **1** wählen; **he was ~d chairman** er wurde zum Vorsitzenden gewählt **2** *umg* wählen zu; **I ~ we go back** ich schlage vor, dass wir umkehren **C** *v/i* wählen; abstimmen; **to ~ for/against sb/sth** für/gegen j-n/etw stimmen

phrasal verbs mit vote:

vote in *v/t* ⟨*trennb*⟩ *Gesetz* beschließen; *j-n* wählen

vote on *v/i* ⟨+*obj*⟩ abstimmen über (+*akk*); voten *umg*

vote out *v/t* ⟨*trennb*⟩ abwählen; *Antrag* ablehnen

voter [ˈvəʊtə] *s* Wähler(in) *m(f)*
voting [ˈvəʊtɪŋ] *s* Wahl *f*; **a system of ~** ein Wahlsystem *n*; **~ was heavy** die Wahlbeteiligung war hoch
voting age *s* Wahlalter *n*

voting booth s Wahlkabine f
voting paper s Stimmzettel m
voting right s POL Wahlrecht n, Stimmrecht n
voting system s POL Wahlsystem n
vouch [vaʊtʃ] v/i **to ~ for sb/sth** sich für j-n/etw verbürgen, für j-n/etw bürgen
voucher ['vaʊtʃəʳ] s Gutschein m
vow [vaʊ] **A** s Gelöbnis n; REL Gelübde n; **to make a vow to do sth** geloben, etw zu tun; **to take one's vows** sein Gelübde ablegen **B** v/t geloben
vowel ['vaʊəl] s Vokal m; **~ sound** Vokal(laut) m
voyage ['vɔɪdʒ] s Reise f; mit Schiff Seereise f; **to go on a ~** auf eine Reise etc gehen
voyeur [vwɑːˈjɜːʳ] s Voyeur(in) m(f)
VP [ˌviːˈpiː] abk (= vice-president) Berufsbezeichnung **VP Sales** Vizepräsident(in) m(f) Vertrieb, Vertriebsdirektor(in) m(f)
VR [ˌviːˈɑː] abk (= virtual reality) VR f
vs abk (= versus) gegen
V-shaped ['viːʃeɪpt] adj V-förmig
V-sign ['viːsaɪn] Br s Victoryzeichen n; beleidigend ≈ Stinkefinger m umg; **he gave me the ~** ≈ er zeigte mir den Stinkefinger umg
vulgar ['vʌlgəʳ] pej adj vulgär; Witz ordinär, geschmacklos
vulnerability [ˌvʌlnərəˈbɪlɪtɪ] s Verwundbarkeit f, Verletzlichkeit f; fig Verletzbarkeit f; von Festung Ungeschütztheit f
vulnerable ['vʌlnərəbl] adj verwundbar, verletzlich; fig verletzbar; Festung ungeschützt; **to be ~ to disease** anfällig für Krankheiten sein; **to be ~ to attack** Angriffen schutzlos ausgesetzt sein
vulture ['vʌltʃəʳ] s Geier m
vulva ['vʌlvə] s Vulva f geh

W¹, w [ˈdʌbljuː] s W n, w n
W² abk (= west) W
wacko US umg **A** adj durchgedreht umg, durchgeknallt umg **B** s Spinner(in) m(f) umg; **he's a real ~** der ist völlig durchgeknallt umg
wacky ['wækɪ] umg adj ⟨komp wackier⟩ verrückt umg
wad [wɒd] s von Watte etc Bausch m; von Papieren, Geldscheinen Bündel n
wadding ['wɒdɪŋ] s Material n zum Ausstopfen
waddle ['wɒdl] v/i watscheln
wade [weɪd] v/i waten

phrasal verbs mit wade:
wade in v/i **1** wörtl hineinwaten **2** fig umg sich hineinknien umg
wade into fig umg v/i ⟨+obj⟩ **to wade into sb** auf j-n losgehen; **to wade into sth** etw in Angriff nehmen
wade through v/i ⟨+obj⟩ waten durch
waders ['weɪdəz] pl Watstiefel pl
wading pool ['weɪdɪŋpuːl] US s Planschbecken n
wafer ['weɪfəʳ] s **1** Waffel f **2** KIRCHE Hostie f
wafer-thin ['weɪfəˈθɪn] adj hauchdünn
waffle¹ ['wɒfl] s GASTR Waffel f
waffle² Br umg **A** s Geschwafel n umg **B** v/i (a. **waffle on**) schwafeln umg
waffle iron s Waffeleisen n
waft [wɑːft] **A** s Hauch m **B** v/t & v/i wehen; **a delicious smell ~ed up from the kitchen** ein köstlicher Geruch zog aus der Küche herauf
wag¹ [wæg] **A** v/t Schwanz wedeln mit; **to wag one's finger at sb** j-m mit dem Finger drohen **B** v/i Schwanz wedeln
wag² s Witzbold m umg
wage¹ [weɪdʒ] s ⟨mst pl⟩ Lohn m
wage² v/t **to ~ (a) war** (einen) Krieg führen; **to ~ war against sth** fig gegen etw einen Feldzug führen
wage claim s Lohnforderung f
wage earner bes Br s Lohnempfänger(in) m(f)
wage freeze s Lohnstopp m
wage increase s Lohnerhöhung f
wage negotiations pl Tarifverhandlungen pl
wage packet bes Br s Lohntüte f
wager ['weɪdʒəʳ] s Wette f (**on** auf +akk); **to make a ~** eine Wette abschließen
wage rise bes Br s Lohnerhöhung f
wages ['weɪdʒɪz] pl Lohn m
wage settlement s Tarifabschluss m
waggle ['wægl] **A** v/t wackeln mit **B** v/i wackeln
waggon ['wægən] Br s → wagon
wagon ['wægən] s **1** Fuhrwerk n, Planwagen m **2** Br BAHN Waggon m
wagonload ['wægənləʊd] s Wagenladung f
wail [weɪl] **A** s von Baby Geschrei n; von Trauernden Klagen n; von Sirene, Wind Heulen n **B** v/i Baby, Katze schreien; Trauernder klagen; Sirene, Wind heulen
waist [weɪst] s Taille f
waistband s Rock-/Hosenbund m
waistcoat Br s Weste f
waist-deep adj hüfthoch; **we stood ~ in ...** wir standen bis zur Hüfte in ...
waist-high adj hüfthoch
waistline s Taille f

wait [weɪt] **A** *v/i* **1** warten (**for** auf +*akk*); **to ~ for sb to do sth** darauf warten, dass j-d etw tut; **it was definitely worth ~ing for** es hat sich wirklich gelohnt, darauf zu warten; **well, what are you ~ing for?** worauf wartest du denn (noch)?; **this work is still ~ing to be done** diese Arbeit muss noch erledigt werden; **~ a minute** *od* **moment** *od* **second** (einen) Augenblick *od* Moment (mal); **(just) you ~!** warte nur ab!, warte nur!; **I can't ~** ich kanns kaum erwarten, ich bin gespannt; **I can't ~ to see his face** da bin ich (aber) auf sein Gesicht gespannt; **I can't ~ to try out my new boat** ich kann es kaum noch erwarten, bis ich mein neues Boot ausprobiere; **"repairs while you ~"** „Sofortreparaturen"; **~ and see!** abwarten und Tee trinken! *umg* **2 to ~ at table** *Br* servieren **B** *v/t* **1 to ~ one's turn** (ab)warten, bis man an der Reihe ist **2** *US* **to ~ a table** servieren **C** *s* Wartezeit *f*; **to have a long ~** lange warten müssen; **to lie in ~ for sb/sth** j-m/einer Sache auflauern

phrasal verbs mit wait:

wait about *Br*, **wait around** *v/i* warten (**for** auf +*akk*)
wait on *v/i* ⟨+*obj*⟩ **1** (*a.* **wait upon**) bedienen **2** *US* **to wait on table** servieren **3** warten auf (+*akk*)
wait up *v/i* aufbleiben (**for** wegen, für)

waiter ['weɪtə^r] *s* Kellner *m*, Ober *m*; **~!** (Herr) Ober!
waiting ['weɪtɪŋ] *s* Warten *n*; **all this ~ (around)** diese ewige Warterei *umg*
waiting list *s* Warteliste *f*
waiting room *s* Warteraum *m*; *in Arztpraxis* Wartezimmer *n*; BAHN Wartesaal *m*
waitress ['weɪtrɪs] **A** *s* Kellnerin *f*, Serviertochter *f schweiz*; **~!** Fräulein! **B** *v/i* kellnern
waitressing ['weɪtrɪsɪŋ] *s* Kellnern *n*
waive [weɪv] *v/t Rechte, Honorar* verzichten auf (+*akk*); *Regeln* außer Acht lassen
waiver ['weɪvə^r] *s* JUR Verzicht *m* (**of** auf +*akk*); (≈ *Dokument*) Verzichterklärung *f*
wake¹ [weɪk] *s* SCHIFF Kielwasser *n*; **in the ~ of** *fig* im Gefolge (+*gen*)
wake² ⟨*prät* **woke** *od* **waked**; *pperf* **woken** *od* **waked**⟩ **A** *v/t* (auf)wecken **B** *v/i* aufwachen; **he woke to find himself in prison** als er aufwachte, fand er sich im Gefängnis wieder

phrasal verbs mit wake:

wake up A *v/i* aufwachen; **to wake up to sth** *fig* sich (*dat*) einer Sache (*gen*) bewusst werden **B** *v/t* ⟨*trennb*⟩ *wörtl* aufwecken

waken ['weɪkən] **A** *v/t* (auf)wecken **B** *v/i liter, a. schott* erwachen geh
wake-up call *s* Weckruf *m*; *fig* Alarmzeichen *n*
waking ['weɪkɪŋ] *adj* **one's ~ hours** von früh bis spät
Wales [weɪlz] *s* Wales *n*; **Prince of ~** Prinz *m* von Wales
walk [wɔːk] **A** *s* **1** Spaziergang *m*, Wanderung *f*; SPORT Gehen *n*; **it's a ten-minute ~ away from here** es ist 10 Minuten zu Fuß von hier entfernt; **it's a long ~ to the shops** zu den Läden ist es weit zu Fuß; **to go for a ~** einen Spaziergang machen; **to take sb/the dog for a ~** j-n/den Hund spazieren führen; **to go on a ~** eine Wanderung/einen Spaziergang machen **2** Gang *m* **3** Weg *m*, Wander-/Spazierweg *m*; **he knows some good ~s in the Lake District** er kennt ein paar gute Wanderungen im Lake District **4 from all ~s of life** aus allen Schichten und Berufen **B** *v/t Hund* ausführen; *Strecke* gehen; **to ~ the dog** den Hund ausführen; **to ~ sb home** j-n nach Hause bringen; **to ~ the streets** *Prostituierte* auf den Strich gehen *umg*; *ziellos* durch die Straßen streichen **C** *v/i* **1** gehen; **to learn to ~** laufen lernen; **to ~ in one's sleep** schlaf- *od* nachtwandeln; **to ~ with a stick** am Stock gehen **2** zu Fuß gehen, spazieren gehen, wandern; **you can ~ there in 5 minutes** da ist man in 5 Minuten zu Fuß; **to ~ home** nach Hause laufen *umg*

phrasal verbs mit walk:

walk about *Br*, **walk around** *v/i* herumlaufen *umg*
walk away *v/i* weggehen; **to walk away with a prize** *etc* einen Preis *etc* kassieren
walk in *v/i* hineingehen, hereinkommen
walk in on *v/i* ⟨+*obj*⟩ hereinplatzen bei *umg*
walk into *v/i* ⟨+*obj*⟩ *Zimmer* hereinkommen in (+*akk*); j-n anrempeln; *Wand* laufen gegen; **to walk into a trap** in eine Falle gehen; **he just walked into the first job he applied for** er hat gleich die erste Stelle bekommen, um die er sich beworben hat; **to walk right into sth** *wörtl* mit voller Wucht gegen etw rennen
walk off A *v/t* ⟨*trennb*⟩ **to walk off one's lunch** *etc* einen Verdauungsspaziergang machen **B** *v/i* weggehen
walk off with *umg v/i* ⟨+*obj*⟩ **1** (≈ *mitnehmen*) unabsichtlich abziehen mit *umg*; absichtlich abhauen mit *umg* **2** *Preis* kassieren *umg*
walk on A *v/i* ⟨+*obj*⟩ betreten **B** *v/i* weitergehen
walk out *v/i* **1** gehen; **to walk out of a meeting** ein Meeting verlassen; **to walk out on sb** j-n verlassen; *Partner* j-n sitzen lassen *umg* **2** streiken
walk over *v/i* ⟨+*obj*⟩ **to walk all over sb** *umg* j-n unterbuttern *umg*, j-n fertigmachen *umg*
walk up *v/i* **1** hinaufgehen **2** zugehen (**to** auf +*akk*); **a man walked up to me/her** ein Mann

kam auf mich zu/ging auf sie zu
walkabout s bes Br von Herrscher etc **to go on a ~** ein Bad in der Menge nehmen
walkaway US s → walkover
walker ['wɔːkə^r] s **1** Spaziergänger(in) m(f), Wanderer m, Wanderin f; SPORT Geher(in) m(f); **to be a fast ~** schnell gehen **2** Gehhilfe f, Gehwagen m
walkie-talkie ['wɔːkɪ'tɔːkɪ] s Sprechfunkgerät n
walk-in ['wɔːkɪn] adj **a ~ cupboard** ein begehbarer Wandschrank
walking ['wɔːkɪŋ] **A** s Gehen n, Spazierengehen n, Wandern n; **we did a lot of ~ while we were in Wales** als wir in Wales waren, sind wir viel gewandert **B** adj ⟨attr⟩ Lexikon etc wandelnd; **at (a) ~ pace** im Schritttempo; **the ~ wounded** die Leichtverwundeten pl; **it's within ~ distance** dahin kann man zu Fuß gehen
walking boots pl Wanderstiefel pl
walking frame s Gehwagen m
walking holiday Br s Wanderurlaub m
walking shoes pl Wanderschuhe pl
walking stick s Spazierstock m
walking tour s Wanderung f
walking vacation US s Wanderurlaub m
walk-on adj **~ part** THEAT Statistenrolle f
walkout s Streik m; **to stage a ~** demonstrativ den Saal verlassen
walkover s leichter Sieg, Spaziergang m; SPORT Kantersieg m
walkway s Fußweg m
wall [wɔːl] s Mauer f, Wand f; **the Great Wall of China** die Chinesische Mauer; **to go up the ~** umg die Wände hochgehen umg; **I'm climbing the ~s** umg ich könnte die Wände hochgehen umg; **he drives me up the ~** umg er bringt mich auf die Palme umg; **this constant noise is driving me up the ~** umg bei diesem ständigen Lärm könnte ich die Wände hochgehen umg; **to go to the ~** umg kaputtgehen umg
phrasal verbs mit wall:
wall off v/t ⟨trennb⟩ durch eine Mauer (ab)trennen
wall calendar s Wandkalender m
wall chart s Wandkarte f
wall clock s Wanduhr f
wallet ['wɒlɪt] s **1** Brieftasche f **2** US Geldbeutel m
wallop ['wɒləp] bes Br umg v/t schlagen
wallow ['wɒləʊ] v/i **1** wörtl Tier sich suhlen **2** fig **to ~ in self-pity** etc im Selbstmitleid etc schwelgen
wall painting s Wandmalerei f
wallpaper A s ⟨kein pl⟩ Tapete f **B** v/t tapezieren
wall socket s Steckdose f

wall-to-wall adj **~ carpeting** Teppichboden m
wally ['wɒlɪ] Br umg s Trottel m umg
walnut ['wɔːlnʌt] s **1** Walnuss f **2** (Wal)nussbaum m
walrus ['wɔːlrəs] s Walross n
waltz [wɔːls] **A** s Walzer m **B** v/i Walzer tanzen
phrasal verbs mit waltz:
waltz in umg v/i hereintanzen umg; **to come waltzing in** angetanzt kommen umg
waltz off umg v/i abtanzen umg
waltz off with umg v/i ⟨+obj⟩ Preise abziehen mit umg
wan [wɒn] adj bleich; Licht, Lächeln matt
wand [wɒnd] s Zauberstab m
wander ['wɒndə^r] **A** s Spaziergang m; **to go for a ~ (a)round the shops** einen Ladenbummel machen **B** v/t **to ~ the streets** durch die Straßen wandern **C** v/i **1** herumlaufen, umherwandern (**through, about** in +dat); gemächlich schlendern; **he ~ed past me in a dream** er ging wie im Traum an mir vorbei; **he ~ed over to me** er kam zu mir herüber; **the children had ~ed out onto the street** die Kinder waren auf die Straße gelaufen **2** fig schweifen; **to let one's mind ~** seine Gedanken schweifen lassen; **during the lecture his mind ~ed a bit** während der Vorlesung schweiften seine Gedanken ab; **to ~ off the subject** vom Thema abschweifen
phrasal verbs mit wander:
wander about Br, **wander around** v/i umherwandern
wander in v/i ankommen
wander off v/i weggehen; **he must have wandered off somewhere** er muss (doch) irgendwohin verschwunden sein
wandering ['wɒndərɪŋ] adj Flüchtlinge umherziehend; Gedanken (ab)schweifend; Pfad gewunden; **to have ~ hands** hum seine Finger nicht bei sich behalten können
wane [weɪn] **A** s **to be on the ~** fig im Schwinden sein **B** v/i Mond abnehmen; fig schwinden
wangle ['wæŋɡl] umg v/t organisieren umg; **to ~ money out of sb** j-m Geld abluchsen umg
wank [wæŋk] Br vulg v/i, (a. **wank off**) wichsen sl
wanker ['wæŋkə^r] Br vulg s Wichser m sl; (≈ Idiot) Schwachkopf m umg
wanna ['wɒnə] abk (= want to) **I ~ go** ich will gehen
wannabe ['wɒnə,biː] umg **A** s Möchtegern m umg **B** adj Möchtegern- umg
want [wɒnt] **A** s **1** Mangel m (**of** an +dat); **for ~ of** aus Mangel an (+dat); **though it wasn't for ~ of trying** nicht, dass er sich/ich mich etc nicht bemüht hätte **2** Bedürfnis n, Wunsch m; **to be**

in ~ of sth etw benötigen **B** *v/t* **1** wollen, mögen; **to ~ to do sth** etw tun wollen; **to ~ sb to do sth** wollen, dass j-d etw tut; **to ~ sth (to be) done** wollen, dass etw getan wird; **I ~ it done now** ich will *od* möchte das sofort erledigt haben; **what does he ~ with me?** was will er von mir?; **I don't ~ strangers coming in** ich wünsche *od* möchte nicht, dass Fremde (hier) hereinkommen **2** brauchen; **you ~ to see a lawyer** Sie sollten zum Rechtsanwalt gehen; **he ~s to be more careful** *umg* er sollte etwas vorsichtiger sein; **"wanted"** „gesucht"; **he's a ~ed man** er wird (polizeilich) gesucht; **to feel ~ed** das Gefühl haben, gebraucht zu werden; **you're ~ed on the phone** Sie werden am Telefon verlangt; **all the soup ~s is a little salt** das Einzige, was an der Suppe fehlt, ist etwas Salz **C** *v/i* **1** wollen, mögen; **you can go if you ~ (to)** wenn du willst *od* möchtest, kannst du gehen; **I don't ~ to** ich will *od* möchte nicht; **do as you ~** tu, was du willst **2** **they ~ for nothing** es fehlt ihnen an nichts

want ad *s* Kaufgesuch *n*

wanting ['wɒntɪŋ] *adj* **it's good, but there is something ~** es ist gut, aber irgendetwas fehlt; **his courage was found ~** sein Mut war nicht groß genug

wanton ['wɒntən] *adj Zerstörung* mutwillig

WAP [wæp] *s abk* (= Wireless Application Protocol) IT WAP *n*

war [wɔːʳ] *s* Krieg *m*; **this is war!** *fig* das bedeutet Krieg!; **the war against disease** der Kampf gegen die Krankheit; **war of words** Wortgefecht *n*; **to be at war** sich im Krieg(szustand) befinden; **to declare war** den Krieg erklären (on +dat); **to go to war** (einen) Krieg anfangen (**against** mit); **to make war** Krieg führen (**on, against** gegen); **I hear you've been in the wars recently** *umg* ich höre, dass du zurzeit ganz schön angeschlagen bist *umg*

warble ['wɔːbl] **A** *s* Trällern *n* **B** *v/t & v/i* trällern

war correspondent *s* Kriegsberichterstatter(in) *m(f)*

war crime *s* Kriegsverbrechen *n*

war criminal *s* Kriegsverbrecher(in) *m(f)*

ward [wɔːd] *s* **1** *in Krankenhaus* Station *f*; (≈ Zimmer) (Kranken)saal *m* **2** JUR Mündel *n*; **~ of court** Mündel *n* unter Amtsvormundschaft **3** ADMIN Stadtbezirk *m*, Wahlbezirk *m*

phrasal verbs mit ward:

ward off *v/t* ⟨*trennb*⟩ abwehren

warden ['wɔːdn] *s* Herbergsvater *m*, Herbergsmutter *f*; *von Revier* Jagdaufseher(in) *m(f)*; UNIV Heimleiter(in) *m(f)*; US Gefängnisdirektor(in) *m(f)*

warder ['wɔːdəʳ] *Br s* Wärter(in) *m(f)*

wardrobe ['wɔːdrəʊb] *s* **1** *Br* (Kleider)schrank *m*, (Kleider)kasten *m* österr, schweiz **2** (≈ *Kleidung*) Garderobe *f*

warehouse ['wɛəhaʊs] *s* Lager(haus) *n*

wares [wɛəz] *pl* Waren *pl*

warfare ['wɔːfɛəʳ] *s* Krieg *m*; Krieg(s)führung *f*

war game *s* Kriegsspiel *n*

warhead *s* Sprengkopf *m*

war hero *s* Kriegsheld *m*

warhorse *wörtl, fig s* Schlachtross *n*

warily ['wɛərɪlɪ] *adv* vorsichtig, misstrauisch; **to tread ~** sich vorsehen

wariness ['wɛərɪnɪs] *s* Vorsicht *f*, Misstrauen *n*

warlike *adj* kriegerisch

warlord *s* Kriegsherr *m*

warm [wɔːm] **A** *adj* ⟨+*er*⟩ **1** warm; (≈ *liebenswürdig*) herzlich; **I am** *od* **feel ~** mir ist warm; **come and get ~** komm und wärm dich **2** *bei Versteckspiel etc* **am I ~?** ist es (hier) warm? **B** *s* **to get into the ~** ins Warme kommen; **to give sth a ~** etw wärmen **C** *v/t* wärmen **D** *v/i* **the milk was ~ing on the stove** die Milch wurde auf dem Herd angewärmt; **I ~ed to him** er wurde mir sympathisch

phrasal verbs mit warm:

warm up A *v/i* warm werden; *Spiel* in Schwung kommen; SPORT sich aufwärmen **B** *v/t* ⟨*trennb*⟩ *Motor* warm laufen lassen; *Essen* aufwärmen

warm-blooded ['wɔːm'blʌdɪd] *adj* warmblütig

warm-hearted ['wɔːm'hɑːtɪd] *adj* warmherzig

warmly ['wɔːmlɪ] *adv* warm; *begrüßen* herzlich; *empfehlen* wärmstens

warmth [wɔːmθ] *s* Wärme *f*

warm-up ['wɔːmʌp] *s* SPORT Aufwärmen *n*; **the teams had a ~ before the game** die Mannschaften wärmten sich vor dem Spiel auf; **~ exercise** Aufwärmübung *f*

warn [wɔːn] *v/t* warnen (**of, about, against** vor +*dat*); *polizeilich* verwarnen; **to ~ sb not to do sth** j-n davor warnen, etw zu tun; **I'm ~ing you** ich warne dich!; **you have been ~ed!** sag nicht ..., ich hätte dich nicht gewarnt; **to ~ sb that ...** j-n darauf hinweisen, dass ...; **you might have ~ed us that you were coming** du hättest uns ruhig vorher Bescheid sagen können, dass du kommst

phrasal verbs mit warn:

warn off *v/t* ⟨*trennb*⟩ warnen; **he warned me off** er hat mich davor gewarnt

warning ['wɔːnɪŋ] **A** *s* Warnung *f*; *polizeilich* Verwarnung *f*; **without ~** ohne Vorwarnung; **they had no ~ of the enemy attack** der Feind griff sie ohne Vorwarnung an; **he had plenty of ~** er wusste früh genug Bescheid; **to give sb a ~** j-n warnen; *polizeilich* j-m eine Verwarnung ge-

ben; **let this be a ~ to you** lassen Sie sich *(dat)* das eine Warnung sein!; **please give me a few days'** ~ bitte sagen *od* geben Sie mir ein paar Tage vorher Bescheid **B** *adj* Warn-, warnend
warning light *s* Warnleuchte *f*
warp [wɔːp] **A** *v/t Holz* wellen **B** *v/i Holz* sich verziehen
war paint *s von Indianern etc* Kriegsbemalung *f*
warpath *s* **on the ~** auf dem Kriegspfad
warped [wɔːpt] *adj* **1** *wörtl* verzogen **2** *fig Humor* abartig; *Urteilsvermögen* verzerrt
warrant ['wɒrənt] **A** *s* Durchsuchungsbefehl *m*; *bei Todesurteil* Hinrichtungsbefehl *m*; **a ~ of arrest** ein Haftbefehl *m* **B** *v/t* **1** rechtfertigen **2** verdienen
warranted *adj* berechtigt
warranty ['wɒrənti] *s* HANDEL Garantie *f*; **it's still under ~** darauf ist noch Garantie
warren ['wɒrən] *s* Kaninchenbau *m*; *fig* Labyrinth *n*
warring ['wɔːrɪŋ] *adj Parteien* gegnerisch; *Gruppen* sich bekriegend
warrior ['wɒrɪəʳ] *s* Krieger(in) *m(f)*
Warsaw ['wɔːsɔː] *s* Warschau *n*; **~ Pact** Warschauer Pakt *m*
warship ['wɔːʃɪp] *s* Kriegsschiff *n*
wart [wɔːt] *s* Warze *f*
wartime **A** *s* Kriegszeit *f*; **in ~** in Kriegszeiten **B** *adj* Kriegs-; **in ~ England** in England während des Krieges
war-torn *adj* vom Krieg erschüttert
wary ['wεərɪ] *adj* ⟨*komp* warier⟩ vorsichtig; **to be ~ of sb/sth** vor j-m/einer Sache auf der Hut sein; **to be ~ of** *od* **about doing sth** seine Zweifel haben, ob man etw tun soll; **be ~ of talking to strangers** hüte dich davor, mit Fremden zu sprechen
war zone *s* Kriegsgebiet *n*
was [wɒz] *prät* → **be**
wash [wɒʃ] **A** *s* **1** **to give sb/sth a ~** j-n/etw waschen; **to have a ~** sich waschen **2** Wäsche *f* **B** *v/t* **1** waschen; *Geschirr* abwaschen; *Fußboden* aufwaschen; *Hände, Füße* sich *(dat)* waschen; **I am ~ing my hands** ich wasche mir die Hände; **to ~ one's hands of sb/sth** mit j-m/etw nichts mehr zu tun haben wollen **2** spülen; **to be ~ed downstream** flussabwärts getrieben werden; **to ~ ashore** anschwemmen **C** *v/i* **1** sich waschen **2** waschen; *Br* abwaschen; **a material that ~es well** ein Stoff, der sich gut wäscht **3** *Meer etc* schlagen; **the sea ~ed over the promenade** das Meer überspülte die Strandpromenade

[phrasal verbs mit wash:]

wash away *wörtl v/t* ⟨*trennb*⟩ (hin)wegspülen
wash down *v/t* ⟨*trennb*⟩ **1** *Wände* abwaschen

2 *Essen* runterspülen *umg*
wash off **A** *v/i* sich rauswaschen lassen **B** *v/t* ⟨*trennb*⟩ abwaschen; **wash that grease off your hands** wasch dir die Schmiere von den Händen (ab)!
wash out **A** *v/i* sich (r)auswaschen lassen **B** *v/t* ⟨*trennb*⟩ **1** auswaschen; *Mund* ausspülen **2** *Spiel etc* ins Wasser fallen lassen *umg*
wash over *v/i* ⟨+*obj*⟩ **he lets everything just wash over him** er lässt alles einfach ruhig über sich ergehen
wash up **A** *v/i* **1** *Br* abwaschen **2** *US* sich waschen **B** *v/t* ⟨*trennb*⟩ **1** *Br* Geschirr abwaschen **2** *Meer etc* anschwemmen

washable ['wɒʃəbl] *adj* waschbar
washbag *US s* Kulturbeutel *m*
washbasin *s* Waschbecken *n*, Lavabo *n schweiz*
washcloth *US s* Waschlappen *m*
washed out [prädr], **washed-out** [ˌwɒʃt'aʊt] *umg adj* ⟨*attr*⟩ erledigt *umg*; **to look ~** mitgenommen aussehen
washer ['wɒʃəʳ] *s* **1** TECH Dichtungsring *m* **2** Waschmaschine *f*
washing ['wɒʃɪŋ] *s* Waschen *n*; (≈ *Kleidungsstücke*) Wäsche *f*; **to do the ~** Wäsche waschen
washing line *s* Wäscheleine *f*
washing machine *s* Waschmaschine *f*
washing powder *s* Waschpulver *n*
washing-up *Br s* Abwasch *m*; **to do the ~** den Abwasch machen, abspülen
washing-up liquid *Br s* Spülmittel *n*
washout *umg s* Reinfall *m umg*
washroom *s* **1** Waschraum *m* **2** *US* Toilette *f*
wasn't ['wɒznt] *abk* (= **was not**) → **be**
wasp [wɒsp] *s* Wespe *f*
wastage ['weɪstɪdʒ] *s* Schwund *m*, Verschwendung *f*
waste [weɪst] **A** *adj* überschüssig, ungenutzt; *Land* brachliegend; **~ material** Abfallstoffe *pl* **B** *s* **1** Verschwendung *f*; **it's a ~ of time** es ist Zeitverschwendung; **it's a ~ of effort** das ist nicht der Mühe *(gen)* wert; **to go to ~** Lebensmittel umkommen; *Geld, Ausbildung* ungenutzt sein/bleiben; *Talent* verkümmern **2** Abfallstoffe *pl*, Abfall *m*, Müll *m* **3** (≈ *Land*) Wildnis *f* kein *pl* **4** Exkremente *pl* **C** *v/t* verschwenden (**on** *an* +*akk od* für); *Zeit, sein Leben* vergeuden; *Gelegenheit* vertun; **you're wasting your time** das ist reine Zeitverschwendung; **don't ~ my time** stiehl mir nicht meine Zeit; **you didn't ~ much time getting here!** *umg* da bist du ja schon, du hast ja nicht gerade getrödelt! *umg*; **all our efforts were ~d** all unsere Bemühungen waren umsonst; **I wouldn't ~ my breath talking to him** ich würde doch nicht für den meine Spucke vergeuden! *umg*; **Beet-**

hoven is ~d on him Beethoven ist an den verschwendet

phrasal verbs mit waste:

waste away v/i dahinschwinden geh
wastebasket ['weɪstbɑːskɪt] s, **wastebin** ['weɪstbɪn] bes US s Papierkorb m
wasted ['weɪstɪd] adj **1** **I've had a ~ journey** ich bin umsonst hingefahren **2** geschwächt
waste disposal s Abfallentsorgung f
waste disposal unit s Müllschlucker m
wasteful ['weɪstfʊl] adj verschwenderisch; Verfahren aufwendig
wastefulness s verschwenderische Art; von Verfahren etc Aufwendigkeit f
wasteland s Ödland n
wastepaper s Papierabfall m
wastepaper basket s Papierkorb m
waste pipe s Abflussrohr n
waste product s Abfallprodukt n
watch[1] [wɒtʃ] s (Armband)uhr f
watch[2] **A** s Wache f; **to be on the ~ for sb/sth** nach j-m/etw Ausschau halten; **to keep ~** Wache halten; **to keep a close ~ on sb/sth** j-n/etw scharf bewachen; **to keep ~ over sb/sth** bei j-m/etw wachen od Wache halten **B** v/t **1** aufpassen auf (+akk); Polizei etc überwachen **2** beobachten; Spiel zuschauen bei; Film sich (dat) ansehen; **to ~ TV** fernsehen; **to ~ sb doing sth** j-m bei etw zuschauen; **I'll come and ~ you play** ich komme und sehe dir beim Spielen zu; **he just stood there and ~ed her drown** er stand einfach da und sah zu, wie sie ertrank; **I ~ed her coming down the street** ich habe sie beobachtet, wie od als sie die Straße entlang kam; **~ the road!** pass auf die Straße auf!; **~ this!** pass auf!; **just ~ me!** guck od schau mal, wie ich das mache!; **we are being ~ed** wir werden beobachtet **3** aufpassen auf (+akk); Zeit achten auf (+akk); **(you'd better) ~ it!** umg pass (bloß) auf! umg; **~ yourself** sieh dich vor!; **~ your language!** drück dich bitte etwas gepflegter aus!; **~ how you go!** mach's gut!; bei Glatteis etc pass beim Gehen/Fahren auf! **C** v/i zusehen; **to ~ for sb/sth** nach j-m/etw Ausschau halten; **they ~ed for a signal from the soldiers** sie warteten auf ein Signal von den Soldaten; **to ~ for sth to happen** darauf warten, dass etw geschieht

phrasal verbs mit watch:

watch out v/i **1** Ausschau halten **(for sb/sth** nach j-m/etw) **2** achtgeben **(for** auf +akk); **watch out!** Achtung!
watch over v/i ⟨+obj⟩ wachen über (+akk)
watchdog wörtl s Wachhund m; fig Aufpasser m umg
watchful ['wɒtʃfʊl] adj wachsam; **to keep a ~ eye on sb/sth** ein wachsames Auge auf j-n/etw werfen
watchmaker s Uhrmacher(in) m(f)
watchman s ⟨pl -men⟩, (a. **night watchman**) Nachtwächter(in) m(f)
watchstrap s Uhrarmband n
watchtower s Wachturm m
watchword s Parole f
water ['wɔːtə[r]] **A** s **1** Wasser n; **to be under ~** unter Wasser stehen; **to take in ~** Schiff lecken; **to hold ~** wasserdicht sein; **~s** Gewässer pl; **to pass ~** Wasser lassen **2** **to keep one's head above ~** sich über Wasser halten; **to pour cold ~ on sb's idea** j-s Idee miesmachen umg; **to get (oneself) into deep ~(s)** ins Schwimmen kommen; **a lot of ~ has flowed under the bridge since then** seitdem ist so viel Wasser den Berg od den Bach hinuntergeflossen; **to get into hot ~** umg in Teufels Küche geraten umg **(over wegen) B** v/t **1** Rasen sprengen; Pflanze (be)gießen **2** Pferde tränken **C** v/i Mund wässern; Augen tränen; **the smoke made his eyes ~** ihm tränten die Augen vom Rauch; **my mouth ~ed** mir lief das Wasser im Mund zusammen; **to make sb's mouth ~** j-m den Mund wässerig machen

phrasal verbs mit water:

water down v/t ⟨trennb⟩ verwässern, (mit Wasser) verdünnen
water bed s Wasserbett n
waterborne adj **a ~ disease** eine Krankheit, die durch das Wasser übertragen wird
water bottle s Wasserflasche f
water butt s Regentonne f
water cannon s Wasserwerfer m
water closet bes Br s Wasserklosett n
watercolour, **watercolor** US **A** s Aquarellfarbe f; (= Bild) Aquarell n **B** adj ⟨attr⟩ Aquarell-; **a ~ painting** ein Aquarell n
water cooler s Wasserspender m
watercourse s **1** Wasserlauf m; künstlich Kanal m **2** Flussbett n
watercress s (Brunnen)kresse f
water dispenser s Wasserspender m
watered-down [ˌwɔːtəd'daʊn] adj verwässert
waterfall s Wasserfall m
waterfowl pl Wassergeflügel n
waterfront A s Hafenviertel n; **we drove down to the ~** wir fuhren hinunter zum Wasser **B** adj ⟨attr⟩ am Wasser
water gun bes US s → water pistol
water heater s Heißwassergerät n
watering can ['wɔːtərɪŋ] s Gießkanne f
watering hole s Wasserstelle f
water jump s Wassergraben m
water level s Wasserstand m

water lily s Seerose f
water line s Wasserlinie f
waterlogged adj **the fields are ~** die Felder stehen unter Wasser
water main s Haupt(wasser)leitung f, Hauptwasserrohr n
watermark s Wasserzeichen n
watermelon s Wassermelone f
water meter s Wasseruhr f
water mill s Wassermühle f
water pipe s Wasserrohr n
water pistol s, **water gun** US s Wasserpistole f
water pollution s Wasserverschmutzung f
water polo s ⟨kein pl⟩ Wasserball m
water power s Wasserkraft f
waterproof A adj Uhr wasserdicht; Kleidung, Dach wasserundurchlässig B s **~s** bes Br Regenhaut® f C v/t wasserundurchlässig machen
water-repellent adj Wasser abstoßend
water-resistant adj wasserbeständig; Sonnenschutzmittel wasserfest
watershed fig s Wendepunkt m
waterside A s Ufer n B adj ⟨attr⟩ am Wasser
water-ski A s Wasserski m B v/i Wasserski laufen
water-skiing s Wasserskilaufen n
water slide s Wasserrutsche f
water softener s Wasserenthärter m
water-soluble adj wasserlöslich
water sports pl Wassersport m
water supply s Wasserversorgung f
water table s Grundwasserspiegel m
water tank s Wassertank m
watertight adj wasserdicht
water tower s Wasserturm m
water treatment plant s Wasseraufbereitungsanlage f
waterway s Wasserstraße f
water wings pl Schwimmflügel pl
waterworks s ⟨pl -⟩ Wasserwerk n
watery ['wɔːtəri] adj wäss(e)rig; Auge tränend; Sonne blass
watt [wɒt] s Watt n
wave [weɪv] A s 1 a. PHYS, a. fig Welle f; **a ~ of strikes** eine Streikwelle; **to make ~s** fig umg Unruhe stiften 2 **to give sb a ~** j-m (zu)winken; **with a ~ of his hand** mit einer Handbewegung B v/t winken mit (**at**, **to** j-m); Objekt schwenken; **to ~ sb goodbye** j-m zum Abschied winken; **he ~d his hat** er schwenkte seinen Hut; **he ~d me over** er winkte mich zu sich herüber C v/i 1 winken; **to ~ at** od **to sb** j-m (zu)winken 2 Fahne wehen; Äste sich hin und her bewegen
phrasal verbs mit wave:
wave aside fig v/t ⟨trennb⟩ Vorschlag etc zurückweisen
wave on v/t ⟨trennb⟩ **the policeman waved us on** der Polizist winkte uns weiter
wavelength ['weɪvleŋθ] s Wellenlänge f; **we're not on the same ~** fig wir haben nicht dieselbe Wellenlänge
waver ['weɪvə^r] v/i 1 Flamme flackern; Stimme zittern 2 Mut wanken; Unterstützung nachlassen 3 schwanken (**between** zwischen +dat)
wavering ['weɪvərɪŋ] adj 1 Stimme bebend 2 Treue unsicher; Entschlossenheit wankend; Unterstützung nachlassend
wavy ['weɪvi] adj ⟨komp wavier⟩ wellig; **~ line** Schlangenlinie f
wax¹ [wæks] A s 1 Wachs n 2 Ohrenschmalz n B adj Wachs-; **wax crayon** Wachsmalstift m C v/t Auto wachsen; Fußboden bohnern; Beine mit Wachs behandeln
wax² v/i Mond zunehmen; **to wax and wane** fig kommen und gehen
waxed adj Zahnseide gewachst
waxwork s 1 Wachsfigur f 2 **~s** pl Wachsfigurenkabinett n
way [weɪ] A s 1 Weg m; **across** od **over the way** gegenüber; mit Richtungsangabe rüber; **to ask sb the way** j-n nach dem Weg fragen; **along the way** etw lernen nebenbei; **to go the wrong way** sich verlaufen, sich verfahren; **to go down the wrong way** Nahrung in die falsche Kehle kommen; **there's no way out** fig es gibt keinen Ausweg; **to find a way in** hineinfinden; **the way up** der Weg nach oben; **the way there/back** der Hin-/Rückweg; **prices are on the way up/down** die Preise steigen/fallen; **to bar the way** den Weg versperren; **to be** od **stand in sb's way** j-m im Weg stehen; **to get in the way** in den Weg kommen; fig stören; **he lets nothing stand in his way** er lässt sich durch nichts aufhalten od beirren; **get out of the/my way!** (geh) aus dem Weg!; **to get sth out of the way** etw hinter sich (akk) bringen; Probleme etw aus dem Weg räumen; **to stay out of sb's/the way** j-m nicht in den Weg kommen, (j-m) aus dem Weg gehen; **stay out of my way!** komm mir nicht mehr über den Weg!; **to make way for sb/sth** wörtl, fig für j-n/etw Platz machen; **the way to the station** der Weg zum Bahnhof; **to tell sb the way** j-n nach dem Weg beschreiben; **can you tell me the way to the town hall, please?** können Sie mir bitte sagen, wie ich zum Rathaus komme?; **what's the best way to get there?** wie komme ich am besten dahin?; **the shop is on the way der Geschäft liegt auf dem Weg; **to stop on the way** unterwegs anhalten; **on the way (here)** auf dem Weg (hierher); **to be on the/**

one's way to … auf dem Weg nach/zu … sein; they're on their way sie sind unterwegs; if it is out of your way wenn es ein Umweg für Sie ist; to go out of one's way to do sth *fig* sich besonders anstrengen, um etw zu tun; please, don't go out of your way for us *fig* machen Sie sich (*dat*) bitte unsertwegen keine Umstände; to get under way in Gang kommen; to be well under way in vollem Gang sein; the way in der Eingang; on the way in beim Hineingehen; the way out der Ausgang; please show me the way out bitte zeigen Sie mir, wie ich hinauskomme; can you find your own way out? finden Sie selbst hinaus?; on the way out beim Hinausgehen; to be on the way out *fig umg* am Aussterben sein; I know my way around the town ich kenne mich in der Stadt aus; can you find your way home? finden Sie nach Hause?; to make one's way to somewhere sich an einen Ort begeben; I made my own way there ich ging allein dorthin; to make one's way home nach Hause gehen; to push one's way through the crowd sich einen Weg durch die Menge bahnen; to go one's own way *fig* eigene Wege gehen; they went their separate ways ihre Wege trennten sich; to pay one's way für sich selbst bezahlen; *Unternehmen, Maschine* sich rentieren **2** Richtung *f*; which way are you going? in welche Richtung gehen Sie?; which way? wohin?; look both ways schau nach beiden Seiten; to look the other way *fig* wegsehen; if a good job comes my way wenn ein guter Job für mich auftaucht; to split sth three/ten ways etw dritteln/in zehn Teile teilen; it's the wrong way up es steht verkehrt herum; "this way up" „hier oben"; wrong way (a)round falsch herum; it's the other way (a)round es ist (genau) umgekehrt; put it the other way (a)round stellen Sie es andersherum hin; put it the right way up stellen Sie es richtig (herum) hin; this way, please hier entlang, bitte; look this way schau hierher!; he went this way er ging in diese Richtung; this way and that hierhin und dorthin; every which way ungeordnet, durcheinander **3** Weg *m*, Strecke *f*; a little way away *od* off nicht weit weg; all the way there auf der ganzen Strecke; I'm behind you all the way *fig* ich stehe voll (und ganz) hinter Ihnen; a long way (from) weit entfernt (von); that's a long way away bis dahin ist es weit; *zeitlich* bis dahin ist es noch lange; a long way out of town weit von der Stadt weg; he's come a long way since then *fig* er hat sich seitdem sehr gebessert; he'll go a long way *fig* er wird es weit bringen; to have a long way to go weit vom Ziel entfernt sein; it should go a long way toward(s) solving the problem das sollte *od* müsste bei dem Problem schon ein gutes Stück weiterhelfen; not by a long way bei Weitem nicht **4** Art *f*, Weise *f*; that's his way of saying thank you das ist seine Art, sich zu bedanken; the French way of doing it (die Art,) wie man es in Frankreich macht; to learn the hard way aus dem eigenen Schaden lernen; way of life Lebensweise *f*; way of thinking Denkweise *f*; what a way to live! (≈ *negativ*) so möchte ich nicht leben; to get one's (own) way seinen Willen durchsetzen; have it your own way! wie du willst!; one way or another/the other so oder so; it does not matter (to me) one way or the other es macht (mir) so oder so nichts aus; either way so oder so; no way! *umg* ausgeschlossen!; there's no way I'm going to agree *umg* auf keinen Fall werde ich zustimmen; that's no way to speak to your mother so spricht man nicht mit seiner Mutter; you can't have it both ways du kannst nicht beides haben; he wants it both ways er will das eine haben und das andere nicht lassen; this/that way (≈ *auf diese Weise*) so; the way (that) … wie; the way you walk (so) wie du gehst; that's not the way we do things here so *od* auf die Art machen wir das hier nicht; you could tell by the way he was dressed das merkte man schon an seiner Kleidung; that's the way it goes! so ist das eben; the way things are going so, wie die Dinge sich entwickeln; do it the way I do machen Sie es so wie ich; to show sb the way to do sth j-m zeigen, wie etw gemacht wird; show me the way to do it zeig mir, wie (ich es machen soll); that's not the right way to do it so geht das nicht **5** (≈ *Methode*) Art *f*; there are many ways of solving it es gibt viele Wege, das zu lösen; the best way is to wash it am besten wäscht man es; he has a way with children er versteht es, mit Kindern umzugehen; way of life Lebensstil *m*; *von Volk* Lebensart *f* **6** Hinsicht *f*; in a way in gewisser Weise; in no way in keiner Weise; in many/some ways in vieler/gewisser Hinsicht; in more ways than one in mehr als nur einer Hinsicht **7** Zustand *m*; he's in a bad way er ist in schlechter Verfassung **B** *adv umg* way up weit oben; it's way too big das ist viel zu groß; that was way back das ist schon lange her; his guess was way out seine Annahme war weit gefehlt

way in *s* Eingang *m*
waylay *v/t* ⟨*prät, pperf* waylaid⟩ abfangen
way-out *umg adj* extrem *obs sl*

way out s Ausgang m; fig Ausweg m
wayside s Wegrand m, Straßenrand m; **to fall by the ~** fig auf der Strecke bleiben
wayward ['weɪwəd] adj eigensinnig
WC bes Br abk (= water closet) WC n
we [wiː] pron wir
weak [wiːk] adj ⟨+er⟩ schwach; Charakter labil; Tee dünn; **he was ~ from hunger** ihm war schwach vor Hunger; **to go ~** schwach werden; **to go ~ at the knees** weiche Knie bekommen; **what are his ~ points?** wo liegen seine Schwächen?
weaken ['wiːkən] **A** v/t schwächen; Mauerwerk angreifen; Griff lockern **B** v/i nachlassen; Mensch schwächer werden
weakling ['wiːklɪŋ] s Schwächling m
weakly ['wiːklɪ] adv schwach
weakness s Schwäche f, schwacher Punkt; **to have a ~ for sth** für etw eine Schwäche od Vorliebe haben
weak-willed ['wiːkˈwɪld] adj willensschwach
wealth [welθ] s **1** Reichtum m, Vermögen n **2** fig Fülle f
wealthy ['welθɪ] **A** adj ⟨komp wealthier⟩ reich **B** s **the ~** pl die Reichen pl
wean [wiːn] v/t Kind abstillen; **to ~ sb off sb/sth** j-n j-m/einer Sache entwöhnen geh
weapon ['wepən] wörtl, fig s Waffe f; **~s pl of mass destruction** Massenvernichtungswaffen pl
weaponry ['wepənrɪ] s Waffen pl
wear [weə'] ⟨v: prät wore; pperf worn⟩ **A** v/t **1** tragen; **what shall I ~?** was soll ich anziehen?; **I haven't a thing to ~!** ich habe nichts anzuziehen **2** abnutzen; Stufen austreten; Reifen abfahren; **to ~ holes in sth** etw durchwetzen; Schuhe etw durchlaufen; **to ~ smooth** abgreifen; Schuhe austreten; Kanten glatt machen **B** v/i **1** halten **2** kaputtgehen; Stoff sich abnutzen; **to ~ smooth** durch Wasser glatt gewaschen sein; durch Witterung verwittern; **my patience is ~ing thin** meine Geduld geht langsam zu Ende **C** s **1** **to get a lot of ~ out of a jacket** eine Jacke viel tragen; **there isn't much ~ left in this carpet** dieser Teppich hält nicht mehr lange; **for everyday ~** für jeden Tag **2** Kleidung f, Gewand n österr **3** (a. **~ and tear**) Verschleiß m; **to show signs of ~** wörtl anfangen, alt auszusehen; **to look the worse for ~** wörtl Vorhang etc verschlissen aussehen; Kleider abgetragen aussehen; Möbel abgenutzt aussehen; fig verbraucht aussehen; **I felt a bit the worse for ~** umg ich fühlte mich etwas angeknackst umg
[phrasal verbs mit wear:]
wear away A v/t ⟨trennb⟩ Stufen austreten; Fels abtragen; Inschrift verwischen **B** v/i sich abschleifen; Inschrift verwittern
wear down A v/t ⟨trennb⟩ **1** abnutzen; Absatz ablaufen **2** fig Opposition zermürben; j-n fix und fertig machen umg **B** v/i sich abnutzen; Absätze sich ablaufen
wear off v/i **1** nachlassen; **don't worry, it'll wear off!** keine Sorge, das gibt sich **2** abgehen
wear on v/i sich hinziehen; Jahr voranschreiten; **as the evening** etc **wore on** im Laufe des Abends etc
wear out A v/t ⟨trennb⟩ **1** wörtl kaputt machen; Teppich abtreten; Kleider kaputt tragen; Maschinen abnutzen **2** fig erschöpfen; nervlich fertigmachen umg; **to be worn out** erschöpft od erledigt sein; nervlich am Ende sein umg; **to wear oneself out** sich kaputtmachen umg **B** v/i kaputtgehen; Kleider, Teppich verschleißen
wear through v/i sich durchwetzen; Schuhe sich durchlaufen
wearable ['wɛərəbl] **A** adj tragbar **B** s **1** IT Wearable n (am Körper getragenes Überwachungsgerät) **2** US Kleidungsstück n
wearable device s IT Wearable n (smartes Gerät, das man am Körper trägt)
wearer ['wɛərə'] s Träger(in) m(f)
wearily ['wɪərɪlɪ] adv etw sagen müde; lächeln matt
weariness s Müdigkeit f; Erschöpfung Lustlosigkeit f
wearing ['wɛərɪŋ] adj anstrengend
weary ['wɪərɪ] adj ⟨komp wearier⟩ müde; (≈ erschöpft) lustlos; Lächeln matt; **to grow ~ of sth** etw leid werden
weasel ['wiːzl] s Wiesel n
weather ['weðə'] **A** s Wetter n; **in cold ~** bei kaltem Wetter; **what's the ~ like?** wie ist das Wetter?; **to be under the ~** umg angeschlagen sein umg **B** v/t **1** Stürme etc angreifen **2** (a. **~ out**) Krise überstehen; **to ~ the storm** den Sturm überstehen **C** v/i Felsen etc verwittern
weather-beaten adj Gesicht vom Wetter gegerbt; Stein verwittert
weather chart s Wetterkarte f
weathercock s Wetterhahn m
weather conditions pl Witterungsverhältnisse pl
weathered ['weðəd] adj verwittert
weather forecast s Wettervorhersage f
weathergirl s Wetteransagerin f
weatherman s ⟨pl -men⟩ Wettermann m umg
weatherproof adj wetterfest
weather report s Wetterbericht m
weather vane s Wetterfahne f
weave [wiːv] ⟨v: prät wove; pperf woven⟩ **A** v/t **1**

weben (**into** zu); *Rohr* flechten (**into** zu) **2** *fig Handlung* erfinden; *Einzelheiten* einflechten (**into in** +*akk*) **3** ⟨*prät a.* weaved⟩ **to ~ one's way through sth** sich durch etw schlängeln **B** *v/i* **1** weben **2** ⟨*prät a.* weaved⟩ sich schlängeln
weaver ['wi:vəʳ] *s* Weber(in) *m(f)*
web [web] *s* **1** Netz *n* **2** IT **the Web** das (World Wide) Web; **on the Web** im Internet
web address *s* Webadresse *f*
web advertising *s* Internetwerbung *f*
web-based *adj* webbasiert
webbed [webd] *adj* **~ feet** Schwimmfüße *pl*
web browser *s* IT Browser *m*
webcam *s* COMPUT Webcam *f*, Webkamera *f* (*Kamera, die Bilder übers Internet überträgt*)
webcast *s* IT Webcast *m*
web design *s* IT Webdesign *n*, Webgestaltung *f*
web designer *s* IT Webdesigner(in) *m(f)*
web-enabled ['webeneɪbld] *adj* internetfähig
web forum *s* IT Internetforum *n*, Webforum *n*
webhead *s* IT *umg* Computerfreak *m umg*; *im engeren Sinne* Internetfreak *m umg*
webinar ['webɪnɑ:ʳ] *s* (≈ *Online-Seminar*) Webinar *n*
webmaster *s* IT Webmaster(in) *m(f)*
web page *s* IT Webseite *f*
web portal *s* IT Onlineportal *n*
website *s* IT Website *f*
website address *s* IT Website-Adresse *f*
web surveillance *s* Internetüberwachung *f*
web video *s* IT Internetvideo *n*
Wed *abk* (= Wednesday) Mi.
wed [wed] *obs v/i* ⟨*prät, pperf* wed *od* wedded⟩ heiraten
we'd [wi:d] *abk* (= we would, we had) → have; → would
wedding ['wedɪŋ] *s* Hochzeit *f*, Trauung *f*; **to have a registry office** *Br/***church ~** sich standesamtlich/kirchlich trauen lassen; **to go to a ~** zu einer *od* auf eine Hochzeit gehen
wedding anniversary *s* Hochzeitstag *m*
wedding cake *s* Hochzeitskuchen *m*
wedding day *s* Hochzeitstag *m*
wedding dress *s* Hochzeitskleid *n*
wedding reception *s* Hochzeitsempfang *m*
wedding ring *s* Ehering *m*; Trauring *m*
wedding vows *pl* Ehegelübde *n*
wedge [wedʒ] **A** *s* **1** *von Holz, a. fig* Keil *m* **2** *von Kuchen etc* Stück *n*; *von Käse* Ecke *f* **B** *v/t* **1** verkeilen; **to ~ a door open/shut** eine Tür festklemmen **2** *fig* **to ~ oneself/sth** sich/etw zwängen (**in** in +*akk*); **to be ~d between two people** zwischen zwei Personen eingekeilt sein
phrasal verbs mit wedge:
wedge in *v/t* ⟨*trennb*⟩ **to be wedged in** eingekeilt sein
Wednesday ['wenzdɪ] *s* Mittwoch *m*; → Tuesday
Weds *abk* (= Wednesday) Mi.
wee¹ [wi:] *umg adj* ⟨*komp* weer⟩ winzig; *schott* klein
wee² *Br umg* **A** *s* **to have** *od* **do a wee** Pipi machen *umg* **B** *v/i* Pipi machen *umg*
weed [wi:d] **A** *s* **1** Unkraut *n kein pl* **2** US (≈ *Marihuana*) Gras *n* **3** *umg* Schwächling *m* **B** *v/t & v/i* jäten
phrasal verbs mit weed:
weed out *fig v/t* ⟨*trennb*⟩ aussondern
weeding ['wi:dɪŋ] *s* **to do some ~** Unkraut *n* jäten
weedkiller ['wi:dkɪlə\u02b3] *s* Unkrautvernichter *m*
weedy ['wi:dɪ] *umg adj* ⟨*komp* weedier⟩ schmächtig
week [wi:k] *s* Woche *f*; **it'll be ready in a ~** in einer Woche *od* in acht Tagen ist es fertig; **my husband works away during the ~** mein Mann arbeitet die Woche über auswärts; **~ in, ~ out** Woche für Woche; **twice a ~** zweimal pro Woche; **a ~ today** heute in einer Woche; **a ~ on Tuesday** Dienstag in acht Tagen; **a ~ (ago) last Monday** letzten Montag vor einer Woche; **for ~s** wochenlang; **a ~'s holiday** *Br*, **a ~'s vacation** *US* ein einwöchiger Urlaub; **two ~s' holiday** *Br*, **two ~s' vacation** *US* zwei Wochen Ferien; **a three-week holiday** *Br*, **a three-week vacation** *US* ein dreiwöchiger Urlaub; **a 40-hour ~** eine Vierzigstundenwoche
weekday **A** *s* Wochentag *m* **B** *adj* ⟨*attr*⟩ Morgen eines Werktages
weekend **A** *s* Wochenende *n*; **to go/be away for the ~** am Wochenende verreisen/nicht da sein; **at the ~** *Br*, **on the ~** *bes US* am Wochenende; **to take a long ~** ein langes Wochenende machen **B** *adj* ⟨*attr*⟩ Wochenend-; **~ bag** Reisetasche *f*
weekly ['wi:klɪ] **A** *adj* Wochen-, wöchentlich; *Besuch* allwöchentlich **B** *adv* wöchentlich; **twice ~** zweimal die Woche **C** *s* Wochenzeitschrift *f*
weep [wi:p] *v/t & v/i* ⟨*prät, pperf* wept⟩ weinen (**over** über +*akk*); **to ~ with** *od* **for joy** vor *od* aus Freude weinen
weepy ['wi:pɪ] *umg adj* ⟨*komp* weepier⟩ weinerlich; *umg Film* rührselig
wee-wee ['wi:wi:] *kinderspr s & v/i* → wee²
weigh [weɪ] **A** *v/t* **1** wiegen; **could you ~ these bananas for me?** könnten Sie mir diese Bananen abwiegen? **2** *fig Worte* abwägen **B** *v/i* **1** wiegen **2** *fig* lasten (**on** auf +*dat*) **3** *fig* gelten; **his age ~ed against him** sein Alter wurde gegen ihn in die Waagschale geworfen

phrasal verbs mit weigh:
weigh down v/t ⟨trennb⟩ **1** niederbeugen; **she was weighed down with packages** sie war mit Paketen überladen **2** fig niederdrücken
weigh on v/t **to weigh on sb's mind** j-n belasten
weigh out v/t ⟨trennb⟩ abwiegen
weigh up v/t ⟨trennb⟩ abwägen; j-n einschätzen
weighing scales pl Waage f
weight [weɪt] **A** s **1** Gewicht n; SPORT Gewichtsklasse f; **3 kilos in ~** 3 Kilo Gewicht; **the branches broke under the ~ of the snow** die Zweige brachen unter der Schneelast; **to gain** od **put on ~** zunehmen; **to lose ~** abnehmen; **it's worth its ~ in gold** das ist Gold(es) wert; **to lift ~s** Gewichte heben; **she's quite a ~** sie ist ganz schön schwer **2** fig Last f; **that's a ~ off my mind** mir fällt ein Stein vom Herzen **3** fig Bedeutung f; **to carry ~** Gewicht haben; **to add ~ to sth** einer Sache (dat) zusätzliches Gewicht geben od verleihen; **to pull one's ~** seinen Beitrag leisten; **to throw** od **chuck one's ~ around** od **about** Br umg seinen Einfluss geltend machen **B** v/t **1** beschweren **2** fig **to be ~ed in favour of sb/sth** Br, **to be ~ed in favor of sb/sth** US so angelegt sein, dass es zugunsten einer Person/Sache ist
phrasal verbs mit weight:
weight down v/t beschweren
weightless ['weɪtləs] adj schwerelos
weightlessness s Schwerelosigkeit f
weightlifter s Gewichtheber(in) m(f)
weightlifting s Gewichtheben n
weight loss s ⟨kein pl⟩ Gewichtsverlust m
weight training s Krafttraining n
weighty ['weɪtɪ] adj ⟨komp **weightier**⟩ fig Argument gewichtig; Verantwortung schwerwiegend
weir [wɪəʳ] s Wehr n
weird [wɪəd] adj ⟨+er⟩ unheimlich; umg seltsam
weirdo ['wɪədəʊ] umg s ⟨pl **-s**⟩ verrückter Typ umg
welcome ['welkəm] **A** s Willkommen n; **to give sb a warm ~** j-m einen herzlichen Empfang bereiten **B** adj willkommen; Nachricht angenehm; **the money is very ~** das Geld kommt sehr gelegen; **to make sb ~** j-n sehr freundlich aufnehmen; **you're ~!** nichts zu danken!; **to be ~ to do sth** gerne etw tun können; **you're ~ to use my room** Sie können gerne mein Zimmer benutzen; **~ drink** Begrüßungsgetränk n **C** v/t begrüßen, willkommen heißen; **they ~d him home with a big party** sie veranstalteten zu seiner Heimkehr ein großes Fest **D** int **~ home/to Scotland!** willkommen daheim/in Schottland!; **~ back!** willkommen zurück!
welcoming ['welkəmɪŋ] adj zur Begrüßung; Lächeln, Zimmer einladend
weld [weld] v/t TECH schweißen
welder ['weldəʳ] s Schweißer(in) m(f)
welfare ['welfeəʳ] s **1** Wohl n **2** Fürsorge f **3** US Sozialhilfe f; **to be on ~** Sozialhilfeempfänger(in) m(f) sein
welfare benefits US pl Sozialhilfe f
welfare services pl soziale Einrichtungen pl
welfare state s Wohlfahrtsstaat m
well¹ [wel] **A** s Brunnen m; (a. **oil ~**) Ölquelle f **B** v/i quellen; **tears ~ed in her eyes** Tränen stiegen od schossen ihr in die Augen
phrasal verbs mit well:
well up v/i emporquellen; fig aufsteigen; Lärm anschwellen; **tears welled up in her eyes** Tränen schossen ihr in die Augen
well² ⟨komp **better**; sup **best**⟩ **A** adv **1** gut; **to do ~ at school** gut in der Schule sein; **to do ~ in an exam** in einer Prüfung gut abschneiden; **his business is doing ~** sein Geschäft geht gut; **the patient is doing ~** dem Patienten geht es gut; **if you do ~ you'll be promoted** wenn Sie sich bewähren, werden Sie befördert; **~ done!** gut gemacht!; **~ played!** gut gespielt!; **everything went ~** es ging alles gut; **you looked after them ~** du hast dich gut um sie gekümmert; **to speak/think ~ of sb** von j-m positiv sprechen/denken; **to do ~ out of sth** von etw ordentlich profitieren; **you might as ~ go** du könntest eigentlich ebenso gut gehen; **are you coming? — I might as ~** kommst du? — ach, warum nicht; **we were ~ beaten** wir sind gründlich geschlagen worden; **only too ~** nur (all)zu gut; **~ and truly** (ganz) gründlich; **it was ~ worth the trouble** das hat sich sehr gelohnt; **~ out of sight** weit außer Sichtweite; **~ past midnight** lange nach Mitternacht; **it continued ~ into 2010/the night** es zog sich bis weit ins Jahr 2010/in die Nacht hin; **he's ~ over fifty** er ist weit über fünfzig **2** ohne Weiteres; **I may ~ be late** es kann leicht od ohne Weiteres sein, dass ich spät komme; **it may ~ be that …** es ist ohne Weiteres möglich, dass …; **you may ~ be right** Sie mögen wohl recht haben; **you may ~ ask!** iron das kann man wohl fragen; **I couldn't very ~ stay** ich konnte schlecht bleiben **3** **as ~** auch; **x as ~ as y** sowohl x als auch y **B** adj **1** gesund; **to get ~** gesund werden; **get ~ soon!** gute Besserung; **are you ~?** geht es Ihnen gut?; **I'm very ~** es geht mir sehr gut; **she's not been ~ lately** ihr ging es in letzter Zeit (gesundheitlich) gar nicht gut; **I don't feel at all ~**

ich fühle mich gar nicht wohl ❷ gut; **that's all very ~, but ...** das ist ja alles schön und gut, aber ...; **it's all very ~ for you to suggest ...** Sie können leicht vorschlagen ...; **it's all very ~ for you** Sie haben gut reden; **it would be as ~ to ask first** es wäre wohl besser, sich erst mal zu erkundigen; **it's just as ~ he came** es ist gut, dass er gekommen ist; **all's ~ that ends ~** Ende gut, alles gut ■C *int* also, na, na ja; **oh ~** na gut; **~, ~!, ~ I never!** also, so was!; **very ~ then!** also gut!, also bitte (sehr)! ■D *s* Gute(s) *n*; **to wish sb ~** j-m alles Gute wünschen

we'll [wiːl] *abk* (= we shall, we will) → shall; → will¹

well-adjusted *adj* ⟨attr⟩, **well adjusted** *adj* ⟨präd⟩ PSYCH gut angepasst

well-advised *adj* ⟨attr⟩, **well advised** *adj* ⟨präd⟩ **to be well advised to ...** wohlberaten sein zu ...

well-balanced *adj* ⟨attr⟩, **well balanced** *adj* ⟨präd⟩ ❶ *Mensch* ausgeglichen ❷ *Ernährung* (gut) ausgewogen

well-behaved *adj* ⟨attr⟩, **well behaved** *adj* ⟨präd⟩ *Kind* artig; *Tier* gut erzogen

wellbeing *s* Wohl *n*

well-bred *adj* ⟨attr⟩, **well bred** *adj* ⟨präd⟩ *Mensch* wohlerzogen

well-built *adj* ⟨attr⟩, **well built** *adj* ⟨präd⟩ *Mensch* kräftig

well-connected *adj* ⟨attr⟩, **well connected** *adj* ⟨präd⟩ **to be well connected** Beziehungen in höheren Kreisen haben

well-deserved *adj* ⟨attr⟩, **well deserved** *adj* ⟨präd⟩ wohlverdient

well-disposed *adj* ⟨attr⟩, **well disposed** *adj* ⟨präd⟩ **to be well disposed toward(s) sb/sth** j-m/einer Sache freundlich gesonnen sein

well-done *adj* ⟨attr⟩, **well done** *adj* ⟨präd⟩ *Steak* durchgebraten

well-dressed *adj* ⟨attr⟩, **well dressed** *adj* ⟨präd⟩ gut gekleidet

well-earned *adj* ⟨attr⟩, **well earned** *adj* ⟨präd⟩ wohlverdient

well-educated *adj* ⟨attr⟩, **well educated** *adj* ⟨präd⟩ gebildet

well-equipped *adj* ⟨attr⟩, **well equipped** *adj* ⟨präd⟩ *Büro etc* gut ausgestattet; *Armee* gut ausgerüstet

well-established *adj* ⟨attr⟩, **well established** *adj* ⟨präd⟩ *Brauch* fest; *Firma* bekannt

well-fed *adj* ⟨attr⟩, **well fed** *adj* ⟨präd⟩ wohlgenährt

well-founded *adj* ⟨attr⟩, **well founded** *adj* ⟨präd⟩ wohlbegründet

well-informed *adj* ⟨attr⟩, **well informed** *adj* ⟨präd⟩ gut informiert

wellington (boot) ['welɪŋtən('buːt)] *Br s* Gummistiefel *m*

well-kept *adj* ⟨attr⟩, **well kept** *adj* ⟨präd⟩ *Garten, Haare* gepflegt; *Geheimnis* streng gehütet

well-known *adj* ⟨attr⟩, **well known** *adj* ⟨präd⟩ bekannt; berühmt; **it's well known that ...** es ist allgemein bekannt, dass ...

well-loved *adj* ⟨attr⟩, **well loved** *adj* ⟨präd⟩ viel geliebt

well-made *adj* solide hergestellt

well-mannered *adj* ⟨attr⟩, **well mannered** *adj* ⟨präd⟩ mit guten Manieren

well-meaning *adj* ⟨attr⟩, **well meaning** *adj* ⟨präd⟩ wohlmeinend

well-meant *adj* ⟨attr⟩, **well meant** *adj* ⟨präd⟩ *Rat etc* gut gemeint, wohlgemeint

wellness ['welnəs] *s* Wellness *f*; Wohlbefinden *n*

wellness center US, **wellness centre** Br s Wellnesscenter *n*; Wellnessbereich *m*

wellness hotel *s* Wellnesshotel *n*

well-nigh *adv* **~ impossible** nahezu unmöglich

well-off *adj* ⟨attr⟩, **well off** *adj* ⟨präd⟩ reich

well-paid *adj* ⟨attr⟩, **well paid** *adj* ⟨präd⟩ gut bezahlt

well-read *adj* ⟨attr⟩, **well read** *adj* ⟨präd⟩ belesen

well-spoken *adj* ⟨attr⟩, **well spoken** *adj* ⟨präd⟩ **to be well spoken** gutes Deutsch etc sprechen

well-stocked *adj* ⟨attr⟩, **well stocked** *adj* ⟨präd⟩ gut bestückt

well-structured *adj* ⟨attr⟩, **well structured** *adj* ⟨präd⟩ gut aufgebaut

well-timed *adj* ⟨attr⟩, **well timed** *adj* ⟨präd⟩ zeitlich günstig

well-to-do *adj* wohlhabend

well-wisher *s* **cards from ~s** Karten von Leuten, die ihm/ihr *etc* alles Gute wünschten

well-worn *adj* ⟨attr⟩, **well worn** *adj* ⟨präd⟩ *Teppich* abgelaufen; *Pfad* ausgetreten

welly ['welɪ] *Br umg s* Gummistiefel *m*

Welsh [welʃ] ■A *adj* walisisch ■B *s* ❶ LING Walisisch *n* ❷ **the ~** *pl* die Waliser *pl*

Welsh Assembly *s* **the ~** die walisische Versammlung (*das Parlament für Wales*)

Welshman *s* ⟨pl -men⟩ Waliser *m*

Welshwoman *s* ⟨pl -women [-wɪmən]⟩ Waliserin *f*

wend [wend] *v/t* **to ~ one's way home** sich auf den Heimweg begeben

went [went] *prät* → go

wept [wept] *prät & pperf* → weep

were [wɜː] ⟨2. Person sg, 1., 2., 3. Person pl prät⟩ → be

we're [wɪəʳ] *abk* (= we are) → be

weren't [wɜːnt] *abk* (= were not) → be

werewolf ['wɪəwʊlf] *s* Werwolf *m*

west [west] **A** *s* the ~, the West der Westen; **in the ~** im Westen; **to the ~** nach Westen; **to the ~ of** westlich von; **to come from the ~** aus dem Westen kommen; *Wind* von West(en) kommen **B** *adj* West- **C** *adv* nach Westen, westwärts; **it faces ~** es geht nach Westen; **~ of** westlich von

westbound ['westbaʊnd] *adj Verkehr* (in) Richtung Westen; **to be ~** nach Westen unterwegs sein

westerly ['westəlɪ] *adj* westlich; **~ wind** Westwind *m*; **in a ~ direction** in westlicher Richtung

western ['westən] **A** *adj* westlich; **Western Europe** Westeuropa *n* **B** *s* Western *m*

Western Isles *pl* the ~ die Hebriden *pl*

westernize ['westənaɪz] *pej v/t* verwestlichen

westernmost ['westənməʊst] *adj* westlichste(r, s)

West Germany *s* Westdeutschland *n*

West Indian A *adj* westindisch **B** *s* Westindier(in) *m(f)*

West Indies *pl* Westindische Inseln *pl*

Westminster ['west‚mɪnstə^r] *s*, (*a.* **City of Westminster**) Westminster *n* (*Londoner Stadtbezirk*)

Westphalia [west'feɪlɪə] *s* Westfalen *n*

westward ['westwəd], **westwardly** ['westwədlɪ] **A** *adj Richtung* westlich **B** *adv* (*a.* **westwards**) westwärts

wet [wet] **A** *adj* ⟨*komp* **wetter**⟩ **1** nass; *Klima* feucht; **to be wet** *Farbe* feucht sein; **to be wet through** völlig durchnässt sein; **to get wet** nass werden; **wetter and wetter** immer nasser; **"wet paint"** *bes Br* „Vorsicht, frisch gestrichen"; **to be wet behind the ears** *umg* noch feucht *od* nicht trocken hinter den Ohren sein *umg*; **yesterday was wet** gestern war es regnerisch **2** *Br umg* weichlich **B** *s* **1** Feuchtigkeit *f* **2** (≈ *Regen*) Nässe *f* **C** *v/t* ⟨*v:* prät, pperf **wet** *od* **wetted**⟩ nass machen; *Lippen* befeuchten; **to wet the bed/oneself** das Bett/sich nass machen; **I nearly wet myself** *umg* ich habe mir fast in die Hose gemacht *umg*

wet blanket *umg s* Miesmacher(in) *m(f) umg*

wet dream *umg s* feuchter Traum

wetness ['wetnɪs] *s* Nässe *f*

wet nurse *s* Amme *f*

wetsuit *s* Neoprenanzug *m*, Taucheranzug *m*

we've [wiːv] *abk* (= **we have**) → **have**

whack [wæk] **A** *s umg* (knallender) Schlag; **to give sth a ~** auf etw (*akk*) schlagen **B** *v/t umg* hauen *umg*

whacked [wækt] *adj Br umg* (≈ *erschöpft*) kaputt *umg*

whacking ['wækɪŋ] *Br umg adj* Mords- *umg*; **~ great** riesengroß

whacky ['wækɪ] *umg adj* ⟨*komp* **whackier**⟩ → **wacky**

whale [weɪl] *s* **1** Wal *m* **2** *umg* **to have a ~ of a time** sich prima amüsieren

whaling ['weɪlɪŋ] *s* Walfang *m*

wharf [wɔːf] *s* ⟨*pl* **-s** *od* **wharves** [wɔːvz]⟩ Kai *m*

what [wɒt] **A** *pron* **1** was; **~ is this called?** wie heißt das?; **~'s the weather like?** wie ist das Wetter?; **you need (a) ~?** WAS brauchen Sie?; **~ is it now?** was ist denn?; **~'s that to you?** was geht dich das an?; **~ for?** wozu?; **~'s that tool for?** wofür ist das Werkzeug?; **~ did you do that for?** warum hast du denn das gemacht?; **~ about …?** wie wär's mit …?; **you know that restaurant? — ~ about it?** kennst du das Restaurant? — was ist damit?; **~ of** *od* **about it?** *umg* na und? *umg*; **~ if …?** was ist, wenn …?; **so ~?** *umg ia od* na und?; **~ does it matter?** was macht das schon?; **you ~?** *umg* wie bitte?; **~-d'you-call-him/-it** *umg* wie heißt er/es gleich **2** *relativ* was; **that's exactly ~ I want** genau das möchte ich; **do you know ~ you are looking for?** weißt du, wonach du suchst?; **they didn't know ~ to do** sie wussten nicht, was sie tun sollten; **he didn't know ~ he was objecting to** er wusste nicht, was er ablehnte; **~ I'd like is a cup of tea** was ich jetzt gerne hätte, (das) wäre ein Tee; **~ with one thing and the other** wie das so ist; **and ~'s more** und außerdem; **he knows ~'s ~** *umg* der weiß Bescheid *umg*; **(I'll) tell you ~** *umg* weißt du was? **B** *adj* **1** welche(r, s), was für (ein/eine) *umg*; **~ age is he?** wie alt ist er?; **~ good would that be?** *umg* wozu sollte das gut sein?; **~ sort of** was für ein/eine; **~ else** was noch; **~ more could a girl ask for?** was könnte sich ein Mädchen sonst noch wünschen **2** *relativ* der/die/das; **~ little I had** das wenige, das ich hatte; **buy ~ food you like** kauf das Essen, das du willst **3** *in Interj* was für (ein/eine); **~ a week!** so eine Woche!; **~ a laugh!** wie lustig!; **~ luck!** so ein Glück!; **~ a fool I am!** ich Idiot! **C** *int* was; **is he good-looking, or ~?** sieht der aber gut aus! *umg*

whatever [wɒt'evə^r] **A** *pron* was (auch) (immer), egal was; **~ you like** was (immer) du (auch) möchtest; **shall we go? — ~ you say** gehen wir? — ganz wie du willst; **~ it's called** egal wie es heißt; **~ the movie** egal, in welchem Film; **… or ~ they're called** … oder wie sie sonst heißen; **~ does he want?** was will er wohl?; **~ do you mean?** was meinst du denn bloß? **B** *adj* **1** egal welche(r, s); **~ book you choose** welches Buch Sie auch wählen; **~ else you do** was immer du auch sonst machst **2 it's of no use ~** es hat absolut keinen Zweck

what'll ['wɒtl] *abk* (= what will, what shall) → will¹; → shall

what's [wɒts] *abk* (= what is, what has) → be; → have

whatsit ['wɒtsɪt] *umg s* Dingsbums *n umg*, Dingsda *n umg*

whatsoever [ˌwɒtsəʊ'evəʳ] *pron & adj* → whatever

what've ['wɒtəv] *abk* (= what have) → have

wheat [wiːt] *s* Weizen *m*

wheat flour *s* Weizenmehl *n*

wheat germ *s* Weizenkeim *m*

wheedle ['wiːdl] *v/t* **to ~ sth out of sb** j-m etw abschmeicheln

wheel [wiːl] **A** *s* Rad *n*; *zur Steuerung* Lenkrad *n*; **at the ~** am Steuer **B** *v/t* schieben; *Rollstuhl* fahren **C** *v/i* drehen; *Vögel* kreisen

phrasal verbs mit wheel:

wheel (a)round *v/i* sich (rasch) umdrehen

wheelbarrow *s* Schubkarre *f*

wheelchair *s* Rollstuhl *m*

wheel clamp *Br s* (Park)kralle *f*

-wheeled *adj ⟨suf⟩* -räd(e)rig

wheelie bin ['wiːlɪˌbɪn] *Br umg s* Mülltonne *f* auf Rollen

wheeling and dealing ['wiːlɪŋən'diːlɪŋ] *s* Geschäftemacherei *f*

wheels *umg pl* fahrbarer Untersatz *umg*, Wagen *m*

wheeze [wiːz] *v/i* pfeifend atmen; *Asthmatiker* keuchen

wheezy ['wiːzɪ] *adj ⟨komp wheezier⟩ alter Mann* mit pfeifendem Atem; *Husten* keuchend

when [wen] **A** *adv* **1** wann **2** *relativ* **on the day ~** an dem Tag, als **B** *konj* **1** wenn, als; **you can go ~ I have finished** du kannst gehen, sobald *od* wenn ich fertig bin **2** ⟨+*Gerundium*⟩ beim; *relativ* wobei **3** wo ... doch

whenever [wen'evəʳ] *adv* **1** jedes Mal wenn **2** wann (auch) immer, sobald; **~ you like!** wann du willst!

when'll ['wenl] *abk* (= when will, when shall) → will¹; → shall

when's [wenz] *abk* (= when has, when is) → be; → have

when've ['wenəv] *abk* (= when have) → have

where [weəʳ] *adv & konj* wo; **~ are you going (to)?** wohin gehst du?; **~ ... from?** woher ...?; **~ are you from?** woher kommen Sie?; **the bag is ~ you left it** die Tasche ist da, wo du sie liegen gelassen hast; **he had no idea ~ to go** er hatte keine Ahnung, wo er gehen sollte; **that's ~ I used to live** da habe ich (früher) gewohnt; **this is ~ we got to** bis hierhin sind wir gekommen

whereabouts **A** [ˌweərə'baʊts] *adv* wo **B** ['weərəbaʊts] *s* Verbleib *m*

whereas [weər'æz] *konj* während, wohingegen

whereby [weə'baɪ] *adv* wonach, wodurch

where'd [weəd] *abk* (= where did, where had, where would) → do; → have; → would

where'll [weəl] *abk* (= where will, where shall) → will¹; → shall

where's [weəz] *abk* (= where is) → be

where've [weərəv] *abk* (= where have) → have

wherever [weər'evəʳ] **A** *konj* **1** wo (auch) immer **2** wohin; **~ that is** *od* **may be** wo auch immer das sein mag **3** überall wo **B** *adv* wo nur; **~ did you get that hat?** wo haben Sie nur diesen Hut her?

whet [wet] *v/t Appetit* anregen

whether ['weðəʳ] *konj* ob; (≈*egal*) ganz gleich, ob

which [wɪtʃ] **A** *adj* welche(r, s); **~ one?** welche(r, s)?; **to tell ~ key is ~** die Schlüssel auseinanderhalten; **... by ~ time I was asleep** ... und zu dieser Zeit schlief ich (bereits) **B** *pron* **1** welche(r, s); **~ picture?** welches Bild?; **~ of the children** welches Kind; **~ is ~?** wer ist wer?; welche(r, s) ist welche(r, s)? **2** *relativ nach s* der/die/das, welche(r, s) *geh; nach Teilsatz* was; **the bear ~ I saw** der Bär, den ich sah; **it rained, ~ upset her plans** es regnete, was ihre Pläne durcheinanderbrachte; **~ reminds me ...** dabei fällt mir ein, ...; **the shelf on ~ I put it** das Brett, auf das *od* worauf ich es gelegt habe

whichever [wɪtʃ'evəʳ] **A** *adj* welche(r, s) auch immer, ganz egal welche(r, s) **B** *pron* welche(r, s) auch immer; **~ (of you) has the money** wer immer (von euch) das Geld hat

whiff [wɪf] *s* Hauch *m*; *angenehm* Duft *m*; *fig* Spur *f*

while [waɪl] **A** *s* Weile *f*; **for a ~** eine Zeit lang; **a good** *od* **long ~** eine ganze Weile; **for quite a ~** recht lange; **a little** *od* **short ~** ein Weilchen *umg*; **it'll be ready in a short ~** es wird bald fertig sein; **a little ~ ago** vor Kurzem; **a long ~ ago** vor einer ganzen Weile; **to be worth (one's) ~ to ...** sich (für j-n) lohnen, zu ... **B** *konj* während, solange; **she fell asleep ~ reading** sie schlief beim Lesen ein; **he became famous ~ still young** er wurde berühmt, als er noch jung war; **~ one must admit there are difficulties ...** man muss zwar zugeben, dass es Schwierigkeiten gibt, trotzdem ...

phrasal verbs mit while:

while away *v/t* ⟨*trennb*⟩ *Zeit* sich (*dat*) vertreiben

whilst [waɪlst] *konj* → while

whim [wɪm] s Laune f; **on a ~** aus Jux und Tollerei umg

whimper ['wɪmpəʳ] **A** s von Hund Winseln n kein pl; von Mensch Wimmern n kein pl **B** v/i Hund winseln; Mensch wimmern

whimsical ['wɪmzɪkəl] adj wunderlich; Geschichte schnurrig

whine [waɪn] **A** s Heulen n kein pl; von Hund Jaulen n kein pl **B** v/i **1** heulen; Hund jaulen **2** jammern; Kind quengeln

whinge [wɪndʒ] Br umg v/i jammern, raunzen österr

whining ['waɪnɪŋ] **A** s von Hund Gejaule n, Gejammer n **B** adj **1** Stimme weinerlich **2** Geräusch wimmernd; Hund jaulend

whinny ['wɪnɪ] **A** s Wiehern n kein pl **B** v/i wiehern

whip [wɪp] **A** s **1** Peitsche f **2** Reitgerte f **B** v/t **1** auspeitschen; Pferd peitschen; GASTR schlagen; **to ~ sb/sth into shape** fig j-n/etw zurechtschleifen **2** fig **he ~ped his hand out of the way** er zog blitzschnell seine Hand weg **C** v/i Mensch schnell (mal) laufen

phrasal verbs mit whip:

whip off v/t ⟨trennb⟩ Kleider herunterreißen; Tischdecke wegziehen

whip out v/t ⟨trennb⟩ Kamera zücken

whip up umg v/t ⟨trennb⟩ Mahlzeit hinzaubern; fig Interesse entfachen; Unterstützung finden

whiplash ['wɪplæʃ] s, **whiplash injury** s MED Peitschenschlagverletzung f

whipped cream [wɪpt'kriːm] s Schlagsahne f, Schlagobers n österr, (geschwungener) Nidel schweiz

whipping ['wɪpɪŋ] s Tracht f Prügel

whipping cream s Schlagsahne f

whirl [wɜːl] **A** s Wirbeln n kein pl; **to give sth a ~** fig etw ausprobieren **B** v/t wirbeln; **to ~ sb/sth round** j-n/etw herumwirbeln **C** v/i wirbeln; **to ~ (a)round** herumwirbeln; Wasser strudeln; Mensch herumfahren; **my head is ~ing** mir schwirrt der Kopf

whirlpool® ['wɜːlpuːl] s Strudel m; in Schwimmbad Whirlpool® m

whirlwind ['wɜːlwɪnd] s Wirbelwind m; fig Trubel m; **a ~ romance** eine stürmische Romanze

whirr [wɜːʳ] **A** s Schwirren n; von Maschine Surren n, Brummen n **B** v/i Flügel schwirren; Maschine surren, brummen

whisk [wɪsk] **A** s GASTR Schneebesen m; elektrisch Rührgerät n **B** v/t **1** GASTR schlagen; Eier verquirlen **2** **she ~ed it out of my hand** sie riss es mir aus der Hand

phrasal verbs mit whisk:

whisk away, **whisk off** v/t ⟨trennb⟩ **he whisked her away to the Bahamas** er entführte sie auf die Bahamas

whisker ['wɪskəʳ] s Schnurrhaar n; von Mensch Barthaar n; **~s** Schnurrbart m, Schnauz m schweiz; seitlich Backenbart m; **by a ~** um Haaresbreite

whisky s, **whiskey** ['wɪskɪ] US, Ir s Whisky m

whisper ['wɪspəʳ] **A** s Geflüster n kein pl; **to talk in ~s** im Flüsterton sprechen **B** v/t flüstern; **to ~ sth to sb** j-m etw zuflüstern **C** v/i flüstern

whispering ['wɪspərɪŋ] s Geflüster n kein pl

whist [wɪst] s Whist n

whistle ['wɪsl] **A** s **1** Pfiff m; von Wind Pfeifen n **2** Pfeife f; **to blow a ~** (auf einer Trillerpfeife) pfeifen **B** v/t & v/i pfeifen; **to ~ at sb** j-m nachpfeifen

whistleblower ['wɪslbləʊə(r)] s umg Whistleblower(in) m(f) (j-d, der über etw auspackt)

whistleblowing platform s INTERNET Enthüllungsplattform f

whistle-stop ['wɪsl,stɒp] adj ⟨attr⟩ **~ tour** POL Wahlreise f; fig Reise mit Kurzaufenthalten an allen Orten

white [waɪt] **A** adj ⟨komp whiter⟩ weiß; **as ~ as a sheet** leichenblass **B** s Weiß n; (≈ Mensch) Weiße(r) m/f(m); von Ei Eiweiß n; von Auge Weiße(s) n

whiteboard s Weißwandtafel f

white coffee Br s Kaffee m mit Milch

white-collar adj **~ worker** Schreibtischarbeiter(in) m(f); **~ job** Schreibtisch- od Büroposten m

white goods pl HANDEL Haushaltsgeräte pl

white-haired adj weißhaarig

Whitehall s Whitehall ohne art

white-hot adj weiß glühend

White House s **the ~** das Weiße Haus

white lie s Notlüge f

white meat s helles Fleisch

whiten ['waɪtn] **A** v/t weiß machen **B** v/i weiß werden

whiteness ['waɪtnɪs] s Weiße f; von Haut Helligkeit f

White-Out® US s Korrekturflüssigkeit f

whiteout s starkes Schneegestöber

white sauce s helle Soße

white spirit Br s Terpentinersatz m

white stick s Blindenstock m

white tie s **a ~ occasion** eine Veranstaltung mit Frackzwang

white trash US pej umg s weißes Pack pej umg

whitewash **A** s Tünche f; fig Augenwischerei f **B** v/t tünchen; fig schönfärben

whitewater s Wildwasser n

whitewater rafting s Rafting n, Wildwasserfahren n

white wedding s Hochzeit f in Weiß

white wine s Weißwein m

whitish ['waɪtɪʃ] *adj* weißlich
Whit Monday [ˌwɪt'mʌndɪ] *Br s* Pfingstmontag *m*
Whitsun ['wɪtsən] *Br s* Pfingsten *n*
Whit Sunday [ˌwɪt'sʌndɪ] *Br s* Pfingstsonntag *m*
Whitsuntide ['wɪtsəntaɪd] *Br s* Pfingstzeit *f*
whittle ['wɪtl] *v/t* schnitzen
  phrasal verbs mit whittle:
  whittle away *v/t* ⟨*trennb*⟩ allmählich abbauen; *Rechte* nach und nach beschneiden
  whittle down *v/t* ⟨*trennb*⟩ reduzieren (**to** auf +*akk*)
whiz(z) [wɪz] **A** *s umg* Kanone *f umg*; **a computer ~** ein Computergenie *n umg* **B** *v/i* Pfeil schwirren
  phrasal verbs mit whiz(z):
  whiz(z) by, whiz(z) past *v/i* vorbeizischen
whiz(z) kid *umg s* Senkrechtstarter(in) *m(f)*; **computer whizz kid** Computergenie *n*
who [huː] *pron* **1** wer; *akk* wen; *dat* wem; **who do you think you are?** für wen hältst du dich eigentlich?; **who did she talk to?** mit wem hat sie geredet? **2** *relativ* der/die/das, welche(r, s); **any man who …** jeder (Mensch), der …; **he had no idea who to ask** er hatte keine Ahnung, wen er fragen sollte
who'd [huːd] *abk* (= **who had, who would**) → **have**; → **would**
whodun(n)it [huːˈdʌnɪt] *umg s* Krimi *m umg*
whoever [huːˈevəʳ] *pron* wer (auch immer); *akk* wen (auch immer); *dat* wem (auch immer); (≈*egal*) ganz gleich wer/wen/wem
whole [həʊl] **A** *adj* ganz, gesamt; *Wahrheit* voll; **the ~ lot** das Ganze; *auf Menschen bezogen* alle; **a ~ lot better** *umg* ein ganzes Stück besser *umg*; **the ~ thing** das Ganze; **the figures don't tell the ~ story** die Zahlen sagen nicht alles **B** *s* Ganze(s) *n*; **the ~ of the month** der ganze *od* gesamte Monat; **the ~ of 2016** das ganze Jahr 2016; **the ~ of the time** die ganze Zeit; **the ~ of London** ganz London; **as a ~** als Ganzes; **on the ~** im Großen und Ganzen
wholefood *bes Br adj* ⟨*attr*⟩ Vollwert(kost)-; **~ shop** Bioladen *m*
wholegrain *adj US* Vollkorn-
wholehearted *adj* uneingeschränkt
wholeheartedly *adv* voll und ganz
wholemeal *Br adj* Vollkorn-
wholemeal bread *s* Vollkornbrot *n*
whole note *s US* ganze Note
wholesale ['həʊlseɪl] **A** *s* Großhandel *m* **B** *adj* ⟨*attr*⟩ **1** HANDEL Großhandels- **2** *fig* umfassend **C** *adv* **1** im Großhandel **2** *fig* massenhaft
wholesaler ['həʊlseɪləʳ] *s* Großhändler(in) *m(f)*
wholesale trade *s* Großhandel *m*
wholesome ['həʊlsəm] *adj* **1** gesund **2** *Zeitvertreib* erbaulich
whole-wheat ['həʊlwiːt] *s* Voll(korn)weizen *m*
who'll [huːl] *abk* (= **who will, who shall**) → **will¹**; → **shall**
wholly ['həʊlɪ] *adv* völlig
whom [huːm] *pron* **1** *akk* wen; *dat* wem **2** *relativ*, *akk* den/die/das; *dat* dem/der/dem; **…, all of ~ were drunk …**, die alle betrunken waren; **none/all of ~** von denen keine(r, s)/alle
whoop [huːp] *v/i* jauchzen
whooping cough ['huːpɪŋˌkɒf] *s* Keuchhusten *m*
whoops [wʊps, wuːps] *int* ups, hoppla
whoosh [wʊʃ] **A** *s von Wasser* Rauschen *n*; *von Luft* Zischen *n* **B** *v/i* rauschen; *Luft* zischen
whopper ['wɒpəʳ] *umg s* **1** Mordsding *n umg* **2** faustdicke Lüge *umg*
whopping ['wɒpɪŋ] *umg adj* Riesen-
whore [hɔːʳ] *s* Hure *f*
whorl [wɜːl] *s* Kringel *m*; *von Muschel* (Spiral)windung *f*
who's [huːz] *abk* (= **who has, who is**) → **have**; → **be**
whose [huːz] *poss pr* **1** wessen; **~ are these?** wem gehören diese?; **~ car did you go in?** bei wem sind Sie gefahren? **2** *relativ* dessen, deren; **the man ~ statue …** der Mann, dessen Statue …
why [waɪ] **A** *adv* warum, weshalb; *Zweck erfragend* wozu, wieso; **why not ask him?** warum fragst du/fragen wir *etc* ihn nicht?; **why wait?** warum *od* wozu (noch) warten?; **why me?** warum ich?; **why do it this way?** warum denn so?; **that's why** darum, deshalb **B** *int* **why, of course, that's right!** ja doch, das stimmt so!; **why, if it isn't Charles!** na so was, das ist doch (der) Charles!
why'd [waɪd] *abk* (= **why did, why had, why would**) → **do**; → **have**; → **would**
why's [waɪz] *abk* (= **why is, why has**) → **be**; → **have**
why've [waɪv] *abk* (= **why have**) → **have**
wick [wɪk] *s* Docht *m*
wicked ['wɪkɪd] *adj* **1** böse, schlecht; *Satire* boshaft; *Lächeln* frech; **that was a ~ thing to do** das war aber gemein (von dir/ihm *etc*); **it's ~ to tell lies** Lügen ist hässlich **2** *sl* (≈*toll*) geil *sl*
wickedly ['wɪkɪdlɪ] *adv blicken, grinsen* frech
wickedness ['wɪkɪdnɪs] *s* **1** Schlechtigkeit *f*, Verderbtheit *f* **2** Boshaftigkeit *f*
wicker ['wɪkəʳ] *adj* ⟨*attr*⟩ Korb-
wicker basket *s* (Weiden)korb *m*
wickerwork **A** *s* Korbwaren *pl* **B** *adj* Korb-
wide [waɪd] **A** *adj* ⟨*komp* **wider**⟩ **1** breit; *Rock* weit; *Augen, Auswahl* groß; *Erfahrung, Auswahl*

reich; **it is three feet ~** es ist drei Fuß breit; **the big ~ world** die (große) weite Welt **2 it was ~ of the target** es ging daneben **B** *adv* **1** weit; **~ apart** weit auseinander; **open ~!** bitte weit öffnen; **the law is ~ open to abuse** das Gesetz öffnet dem Missbrauch Tür und Tor **2 to go ~ of sth** an etw (*dat*) vorbeigehen

-wide [-waɪd] *adj* ⟨*suf*⟩ in dem/der gesamten; **Europe-wide** europaweit

wide-angle (lens) *s* FOTO Weitwinkel *m*, Weitwinkelobjektiv *n*

wide area network *s* IT Weitverkehrsnetz *n*

wide-awake *adj* ⟨*attr*⟩, **wide awake** *adj* ⟨*präd*⟩ hellwach

wide-eyed *adj* mit großen Augen

widely ['waɪdlɪ] *adv* weit; (≈ *generell*) allgemein; *variieren* stark; *verschieden* völlig; *erhältlich* fast überall; **his remarks were ~ publicized** seine Bemerkungen fanden weite Verbreitung; **a ~ read student** ein sehr belesener Student

widen ['waɪdn] **A** *v/t Straße* verbreitern; *Wissen, Umfang* erweitern; *Reiz* erhöhen **B** *v/i* breiter werden; *Interessen* sich ausweiten

phrasal verbs mit widen:
widen out *v/i* sich erweitern (**into** zu)

wideness ['waɪdnɪs] *s* Breite *f*

wide-open *adj* ⟨*attr*⟩, **wide open** *adj* ⟨*präd*⟩ **1** *Fenster* weit offen; *Augen* weit aufgerissen **2** *Wettbewerb* völlig offen

wide-ranging, **wide-reaching** *adj* weitreichend

widescreen *adj* FILM Breitwand-; **~ television set** Breitbildfernseher *m*

widespread *adj* weitverbreitet *attr*; **to become ~** weite Verbreitung erlangen

widow ['wɪdəʊ] **A** *s* Witwe *f* **B** *v/t* zur Witwe/ zum Witwer machen; **she was twice ~ed** sie ist zweimal verwitwet

widowed ['wɪdəʊd] *adj* verwitwet

widower ['wɪdəʊə^r] *s* Witwer *m*

width [wɪdθ] *s* Breite *f*; *von Rock* Weite *f*; **six feet in ~** sechs Fuß breit; **what is the ~ of the material?** wie breit liegt dieser Stoff?

widthways ['wɪdθweɪz] *adv* der Breite nach

wield [wiːld] *v/t Schwert, Feder* führen; *Axt* schwingen; *Macht* ausüben

wife [waɪf] *s* ⟨*pl* **wives**⟩ (Ehe)frau *f*

WiFi ['waɪfaɪ] *s abk*, **Wi-Fi** *s abk* (= **wireless fidelity**) IT WLAN *n*, Wi-Fi *f*

WiFi connection *s* IT WLAN-Verbindung *f*

WiFi hotspot *s* (WLAN-)Hotspot *m*, (Wi-Fi-)Hotspot *m*

wig [wɪɡ] *s* Perücke *f*

wiggle ['wɪɡl] **A** *v/t* wackeln mit **B** *v/i* wackeln

wiggly ['wɪɡlɪ] *adj* wackelnd; **~ line** Schlangenlinie *f*, Wellenlinie *f*

wiggy ['wɪɡɪ] *adj umg* durchgeknallt *umg*, schräg *umg*

wigwam ['wɪɡwæm] *s* Wigwam *m*

wild [waɪld] **A** *adj* ⟨+*er*⟩ **1** wild; *Menschen* unzivilisiert; *Blumen* wild wachsend; **~ animals** Tiere *pl* in freier Wildbahn; **a lion is a ~ animal** der Löwe lebt in freier Wildbahn **2** *Wetter, See* stürmisch **3** (≈ *erregt*) wild (**with** vor +*dat*); *Verlangen* unbändig; **to be ~ about sb/sth** *umg* auf j-n/etw wild sein *umg* **4** *umg* wütend (**with, at** mit, auf +*akk*); **it drives me ~** das macht mich ganz wild *od* rasend **5** verrückt; *Übertreibung* maßlos; *Fantasie* kühn; **never in my ~est dreams** auch in meinen kühnsten Träumen nicht **6** (≈ *daneben*) Fehl-; **~ throw** Fehlwurf *m*; **it was just a ~ guess** es war nur so (wild) drauflosgeraten **B** *adv* wild; **to let one's imagination run ~** seiner Fantasie (*dat*) freien Lauf lassen; **he lets his kids run ~** *pej* er lässt seine Kinder auf der Straße aufwachsen **C** *s* **in the ~** in freier Wildbahn; **the ~s** die Wildnis

wild card *s* SPORT Wildcard *f*; IT *a.* Jokerzeichen *n*

wildcat strike *s* wilder Streik

wildebeest ['wɪldəbiːst] *s* ⟨*pl* - *od* -**s**⟩ Gnu *n*

wilderness ['wɪldənɪs] *s* Wildnis *f*; *fig* Wüste *f*

wildfire *s* Lauffeuer *n*; **to spread like ~** sich wie ein Lauffeuer ausbreiten

wildfowl *s* ⟨*kein pl*⟩ Wildgeflügel *n*

wild-goose chase *s* fruchtloses Unterfangen

wildlife *s* die Tierwelt; **~ sanctuary** Wildschutzgebiet *n*

wildly ['waɪldlɪ] *adv* wild; *reden* aufgeregt; *übertrieben* maßlos

wildness ['waɪldnɪs] *s* Wildheit *f*

wile [waɪl] *s* ⟨*mst pl*⟩ List *f*

wilful ['wɪlfʊl] *adj*, **willful** US *adj* **1** eigensinnig **2** *Schaden* mutwillig

will[1] [wɪl] *v/aux* **1** *zur Bildung des Futurs* werden; **I'm sure that he ~ come** ich bin sicher, dass er kommt; **you'll be cold** du wirst frieren; **you'll have arrived** du wirst angekommen sein; **you ~ come to see us, won't you?** Sie kommen uns doch besuchen, ja?; **you won't lose it, ~ you?** du wirst es doch nicht verlieren, oder? **2** *emph* **~ you be quiet!** willst du jetzt wohl ruhig sein!; **he says he ~ go and I say he won't** er sagt, er geht, und ich sage, er geht nicht; **he ~ interrupt all the time** er muss ständig dazwischenreden **3** *Wunsch ausdrückend* wollen; **he won't sign** er unterschreibt nicht; **he wouldn't help me** er wollte mir nicht helfen; **wait a moment, ~ you?** jetzt warte doch mal einen Moment!; **the door won't open** die Tür lässt sich nicht öffnen *od* geht nicht auf *umg* **4** *in Fragen* **~ you have some more tea?** möchten Sie noch

Tee?; **~ you accept these conditions?** akzeptieren Sie diese Bedingungen?; **there isn't any tea, ~ coffee do?** es ist kein Tee da, darf es auch Kaffee sein? **5** *Tendenz* **sometimes he ~ go to the pub** manchmal geht er auch in die Kneipe **B** *v/i* wollen; **as you ~!** wie du willst!

will **A** *s* **1** Wille *m*; **to have a ~ of one's own** einen eigenen Willen haben; *hum* so seine Mucken haben *umg*; **the ~ to live** der Wille, zu leben, der Lebenswille; **against one's ~** gegen seinen Willen; **at ~** nach Lust und Laune; **of one's own free ~** aus freien Stücken; **with the best ~ in the world** beim *od* mit (dem) (aller)besten Willen **2** Testament *n* **B** *v/t* (durch Willenskraft) erzwingen; **to ~ sb to do sth** j-n durch die eigene Willensanstrengung dazu bringen, dass er etw tut

willful *US adj* → wilful
willie ['wɪlɪ] *Br umg s* Pimmel *m umg*
willies ['wɪlɪz] *umg pl* **it/he gives me the ~** da/bei dem wird mir ganz anders *umg*
willing ['wɪlɪŋ] *adj* **1 to be ~ to do sth** bereit sein, etw zu tun; **he was ~ for me to take it** es war ihm recht, dass ich es nahm **2** *Helfer* bereitwillig
willingly ['wɪlɪŋlɪ] *adv* bereitwillig
willingness ['wɪlɪŋnɪs] *s* Bereitschaft *f*
willow ['wɪləʊ] *s*, (*a.* **willow tree**) Weide *f*
willowy ['wɪləʊɪ] *adj* gertenschlank
willpower ['wɪlˌpaʊəʳ] *s* Willenskraft *f*
willy ['wɪlɪ] *Br umg s* → willie
willy-nilly ['wɪlɪ'nɪlɪ] *adv* **1** wählen aufs Geratewohl **2** wohl oder übel
wilt [wɪlt] *v/i* **1** *Blumen* welken **2** *Mensch* matt werden
wily ['waɪlɪ] *adj* ⟨*komp* wilier⟩ listig, hinterlistig *pej*
wimp [wɪmp] *umg s* Waschlappen *m umg*
win [wɪn] ⟨*v: prät, pperf* won⟩ **A** *v/t* gewinnen; *Vertrag* bekommen; *Sieg* erringen **B** *v/i* siegen; **OK, you win, I was wrong** okay, du hast gewonnen, ich habe mich geirrt; **whatever I do, I just can't win** egal, was ich mache, ich mach's immer falsch **C** *s* Sieg *m*

phrasal verbs mit win:
win back *v/t* ⟨*trennb*⟩ zurückgewinnen
win over *v/t* ⟨*trennb*⟩ für sich gewinnen
win round *bes Br v/t* ⟨*trennb*⟩ → win over
win through *v/i* sich durchsetzen

wince [wɪns] *v/i* zusammenzucken
winch [wɪntʃ] **A** *s* Winde *f* **B** *v/t* winschen
wind¹ [wɪnd] **A** *s* **1** Wind *m*; **the ~ is from the east** der Wind kommt aus dem Osten; **to put the ~ up sb** *Br umg* j-n ins Bockshorn jagen; **to get ~ of sth** von etw Wind bekommen; **to throw caution to the ~s** Bedenken in den Wind schlagen **2** Blähung *f*; **to break ~** einen Wind streichen lassen **B** *v/t Br* **he was ~ed by the ball** der Ball nahm ihm den Atem

wind² [waɪnd] ⟨*prät, pperf* wound⟩ **A** *v/t* **1** *Verband* wickeln; *Turban etc* winden; *Band etc* spulen **2** kurbeln; *Uhr, Spielzeug* aufziehen **3 to ~ one's way** sich schlängeln **B** *v/i Fluss* sich winden

phrasal verbs mit wind:
wind around **A** *v/t* ⟨*trennb +obj*⟩ wickeln um; **wind it twice around the post** wickele es zweimal um den Pfosten; **to wind itself around sth** sich um etw schlingen **B** *v/i Straße* sich winden **C** *v/i* ⟨+*obj*⟩ *Straße* sich schlängeln durch
wind back *v/t* ⟨*trennb*⟩ *Band* zurückspulen
wind down **A** *v/t* ⟨*trennb*⟩ **1** *Fenster* herunterkurbeln **2** *Aktionen* reduzieren **B** *v/i umg* entspannen
wind forward, **wind on** *v/t* ⟨*trennb*⟩ *Film* weiterspulen
wind round *bes Br v/t & v/i* ⟨*trennb*⟩ → wind around
wind up **A** *v/t* ⟨*trennb*⟩ **1** *Fenster* hinaufkurbeln **2** *Mechanismus Br fig umg* j-n aufziehen; **to be wound up about sth** *fig* über etw (*akk*) erregt sein **3** zu Ende bringen **B** *v/i umg* enden; **to wind up in hospital** im Krankenhaus landen; **to wind up doing sth** am Ende etw tun

wind-bag *s umg* Schwätzer(in) *m(f)*
windbreak ['wɪnd] *s* Windschutz *m*
Windbreaker® *US s*, **windcheater** *Br s* Windjacke *f*
wind-chill factor *s* Wind-Kälte-Faktor *m*
winded ['wɪndɪd] *adj* atemlos, außer Atem
wind energy *s* Windenergie *f*
windfall ['wɪndfɔːl] *s* Fallobst *n*; *fig* unerwartetes Geschenk
wind farm ['wɪndfɑːm] *s* Windfarm *f*
winding ['waɪndɪŋ] *adj* gewunden
winding staircase *s* Wendeltreppe *f*
winding-up *s von Projekt* Abschluss *m*; *von Firma etc* Auflösung *f*
wind instrument ['wɪnd] *s* Blasinstrument *n*
windmill *s* Windmühle *f*
window ['wɪndəʊ] *s a.* IT Fenster *n*; *von Laden* (Schau)fenster *n*
window box *s* Blumenkasten *m*
window cleaner *s* Fensterputzer(in) *m(f)*
window display *s* (Schaufenster)auslage *f*
window-dressing *s* Auslagen- *od* Schaufensterdekoration *f*; *fig* Mache *f umg*, Schau *f umg*; **that's just ~** das ist alles nur Mache *umg*
window envelope *s* Fensterumschlag *m*
window ledge *s* → windowsill

windowpane s Fensterscheibe f
window seat s im Flugzeug etc Fensterplatz m; im Haus Fensterbank f
window-shopping s **to go ~** einen Schaufensterbummel machen
windowsill s Fensterbank f
windpipe ['wɪnd] s Luftröhre f
wind power s Windkraft f
windproof adj winddicht
windscreen s, **windshield** US s Windschutzscheibe f
windscreen washer s, **windshield washer** US s Scheibenwaschanlage f
windscreen wiper s, **windshield wiper** US s Scheibenwischer m
windsurf v/i windsurfen
windsurfer s ◨ Windsurfer(in) m(f) ◩ Windsurfbrett n
windsurfing s Windsurfen n
windswept adj Strand über den/die/das der Wind fegt; Mensch (vom Wind) zerzaust
wind tunnel s Windkanal m
wind turbine s Windturbine f
wind-up ['waɪndʌp] Br umg s Witz m
windy ['wɪndɪ] adj ⟨komp windier⟩ windig
wine [waɪn] ◨ s Wein m; **cheese and ~ party** Party, bei der Wein und Käse gereicht wird ◩ adj Farbe burgunderrot
wine bar s Weinlokal n
wine bottle s Weinflasche f
wine cellar s Weinkeller m
wineglass s Weinglas n
wine growing adj Wein(an)bau-; **~ region** Wein(an)baugebiet n
wine list s Weinkarte f
winemaker s Winzer(in) m(f)
winemaking s Weinherstellung f
winery ['waɪnərɪ] s Weingut n
wine tasting s Weinprobe f
wing [wɪŋ] ◨ s ◨ Flügel m; Br AUTO Kotflügel m; **to take sb under one's ~** fig j-n unter seine Fittiche nehmen; **to spread one's ~s** fig flügge werden; **to play on the (left/right) ~** SPORT auf dem (linken/rechten) Flügel spielen ◩ **~s** pl THEAT Kulisse f; **to wait in the ~s** in den Kulissen warten ◩ v/t **to ~ one's way** fliegen ◪ v/i fliegen
winger ['wɪŋəʳ] s SPORT Flügelspieler(in) m(f)
wingspan s Flügelspannweite f
wink [wɪŋk] ◨ s Zwinkern n; **I didn't sleep a ~** umg ich habe kein Auge zugetan ◩ v/t zwinkern mit (+dat) ◪ v/i zwinkern; **to ~ at sb** j-m zuzwinkern
winkle ['wɪŋkl] Br s Strandschnecke f
winner ['wɪnəʳ] s Sieger(in) m(f), Gewinner(in) m(f); **to be onto a ~** umg das große Los gezogen haben umg
winning ['wɪnɪŋ] ◨ adj ◨ Teilnehmer etc der/die gewinnt; Mannschaft siegreich; Tor Sieges-; **the ~ goal** der Siegtreffer ◩ Lächeln gewinnend ◩ s **winnings** pl Gewinn m
winning post s Zielpfosten m
wino ['waɪnəʊ] umg s ⟨pl -s⟩ Saufbruder m umg
winter ['wɪntəʳ] ◨ s Winter m ◩ adj ⟨attr⟩ Winter-
Winter Olympics pl Winterolympiade f, Olympische Winterspiele pl
winter sports pl Wintersport m
wintertime s Jahreszeit Winter m
winter time s bei Zeitumstellung Winterzeit f
wintery ['wɪntərɪ], **wintry** ['wɪntrɪ] adj winterlich
wipe [waɪp] ◨ s Wischen n; **to give sth a ~** etw abwischen ◩ v/t wischen; Fußboden aufwischen; Hände abwischen; **to ~ sb/sth dry** j-n/etw abtrocknen; **to ~ sb/sth clean** j-n/etw sauber wischen; **to ~ one's eyes** sich (dat) die Augen wischen; **to ~ one's nose** sich (dat) die Nase putzen; **to ~ one's feet** sich (dat) die Füße abtreten; **to ~ the floor with sb** fig umg j-n fertigmachen umg
phrasal verbs mit wipe:
wipe away v/t ⟨trennb⟩ wegwischen
wipe off v/t ⟨trennb⟩ abwischen; **wipe that smile off your face** umg hör auf zu grinsen umg; **to be wiped off the map** the face of the earth von der Landkarte od Erdoberfläche getilgt werden
wipe out v/t ⟨trennb⟩ ◨ Schüssel auswischen ◩ Geschriebenes (aus)löschen ◪ Krankheit, Volk ausrotten; feindliche Truppen aufreiben
wipe up ◨ v/t ⟨trennb⟩ Flüssigkeit aufwischen; Geschirr abtrocknen ◩ v/i abtrocknen
wiper ['waɪpəʳ] s AUTO (Scheiben)wischer m
wire [waɪəʳ] ◨ s ◨ Draht m, Leitung f; isoliert Schnur f; **you've got your ~s crossed there** umg Sie verwechseln da etwas; **I think we've got our ~s crossed** umg ich glaube, wir reden aneinander vorbei ◩ TEL Telegramm n ◪ (= Mikrofon) Wanze f umg ◩ v/t ◨ Stecker anschließen; Wohnung die (elektrischen) Leitungen verlegen in (+dat) ◩ TEL telegrafieren ◪ mit Draht zusammenbinden
phrasal verbs mit wire:
wire up v/t ⟨trennb⟩ anschließen
wireless ['waɪəlɪs] ◨ s bes Br obs Radio n ◩ adj Programm Radio-; Technologie drahtlos; **~ phone** schnurloses Telefon
Wireless Application Protocol s IT WAP-Protokoll n
wireless hotspot s IT WLAN-Hotspot m
wireless network s IT drahtloses Netzwerk

wireless router s IT WLAN-Router m
wire netting s Maschendraht m
wiretap v/t Gespräch abhören; Gebäude abhören in (+dat)
wiring ['waɪərɪŋ] s elektrische Leitungen pl
wiry ['waɪərɪ] adj ⟨komp wirier⟩ drahtig
wisdom ['wɪzdəm] s Weisheit f
wisdom tooth s Weisheitszahn m
wise [waɪz] adj ⟨komp wiser⟩ weise, klug; **the Three Wise Men** die drei Weisen; **I'm none the ~r** umg ich bin nicht klüger als vorher; **nobody will be any the ~r** umg niemand wird das spitzkriegen umg; **you'd be ~ to …** du tätest gut daran, …; **to get ~ to sb/sth** umg j-n/etw spitzkriegen umg; **to be ~ to sb/sth** umg j-n/etw kennen; **he fooled her twice, then she got ~ to him** zweimal hat er sie hereingelegt, dann ist sie ihm auf die Schliche gekommen
-wise adv ⟨suf⟩ -mäßig, in Bezug auf (+akk)
wisecrack s Stichelei f; **to make a ~ (about sb/sth)** witzeln (über j-n/etw)
wise guy umg s Klugscheißer m umg
wisely ['waɪzlɪ] adv weise, klugerweise
wish [wɪʃ] **A** s Wunsch m (for nach); **I have no great ~ to see him** ich habe keine große Lust, ihn zu sehen; **to make a ~** sich (dat) etwas wünschen; **best ~es** alles Gute; in Brief viele Grüße; **he sends his best ~es** er lässt (vielmals) grüßen **B** v/t wünschen; **he ~es to be alone** er möchte allein sein; **how he ~ed that his wife was** od **were there** wie sehr er sich (dat) wünschte, dass seine Frau hier wäre; **~ you were here** ich wünschte, du wärest hier; **I ~ I had …** ich wünschte, ich hätte …; **to ~ sb good luck** j-m viel Glück wünschen; **you ~!** das hättest du wohl gerne!
phrasal verbs mit wish:
 wish for v/i ⟨+obj⟩ **to wish for sth** sich (dat) etw wünschen
 wish on, wish upon umg v/t ⟨trennb +obj⟩ **to wish sb/sth on** od **upon sb** j-m j-n/etw aufhängen umg
wishful ['wɪʃfʊl] adj **that's just ~ thinking** das ist reines Wunschdenken
wish list s Wunschliste f, Wunschzettel m
wishy-washy ['wɪʃɪˌwɒʃɪ] adj Mensch farblos; Farbe verwaschen; Argument schwach umg
wisp [wɪsp] s von Stroh etc kleines Büschel; von Wolke Fetzen m; von Rauch Wölkchen n
wispy ['wɪspɪ] adj ⟨komp wispier⟩ **~ clouds** Wolkenfetzen pl; **~ hair** dünne Haarbüschel
wistful ['wɪstfʊl] adj, **wistfully** ['wɪstfəlɪ] adv wehmütig
wit [wɪt] s **1** Verstand m; **to be at one's wits' end** mit seinem Latein am Ende sein hum umg; **to be scared out of one's wits** zu Tode erschreckt sein; **to have one's wits about one** seine (fünf) Sinne beisammenhaben **2** Geist m, Witz m **3** (≈ Mensch) geistreicher Kopf
witch [wɪtʃ] s Hexe f
witchcraft s Hexerei f
witch doctor s Medizinmann m
witch-hunt ['wɪtʃhʌnt] s Hexenjagd f
with [wɪð, wɪθ] präp **1** mit; **are you pleased ~ it?** bist du damit zufrieden?; **bring a book ~ you** bring ein Buch mit; **~ no … ohne …**; **to walk ~ a stick** am od mit einem Stock gehen; **put it ~ the rest** leg es zu den anderen; **how are things ~ you?** wie gehts?; **to be ~ sb** mit j-m zusammen sein; **it varies ~ the temperature** es verändert sich je nach Temperatur; **is he ~ us or against us?** ist er für oder gegen uns? **2** bei; **I'll be ~ you in a moment** einen Augenblick bitte, ich bin gleich da; **10 years ~ the company** 10 Jahre bei od in dem Firma; **sit ~ me** setz dich zu mir **3** Grund angebend vor (+dat); **to shiver ~ cold** vor Kälte zittern **4** (≈ während) wo; **you can't go ~ your mother ill** wo deine Mutter krank ist, kannst du nicht gehen; **~ the window open** bei offenem Fenster **5** umg **I'm not ~ you** da komm ich nicht mit umg; **to be ~ it** bei der Sache sein
withdraw [wɪθ'drɔː] ⟨prät withdrew; pperf withdrawn⟩ **A** v/t zurückziehen; Geld abheben; Behauptung widerrufen **B** v/i sich zurückziehen, zurücktreten
withdrawal [wɪθ'drɔːəl] s Zurückziehen n; von Geld Abheben n; von Behauptung Zurücknehmen n; von Truppen Rückzug m; von Drogen Entzug m; **to make a ~ from a bank** von einer Bank Geld abheben
withdrawal symptoms pl Entzugserscheinungen pl
withdrawn [wɪθ'drɔːn] **A** pperf → withdraw **B** adj Mensch verschlossen
withdrew [wɪθ'druː] prät → withdraw
wither ['wɪðəʳ] v/i **1** verdorren; Körperglied verkümmern **2** fig welken
phrasal verbs mit wither:
 wither away v/i → wither
withered ['wɪðəd] adj verdorrt
withering ['wɪðərɪŋ] adj Hitze ausdörrend; Blick vernichtend
withhold [wɪθ'həʊld] v/t ⟨prät, pperf withheld [wɪθ'held]⟩ vorenthalten, verweigern; **to ~ sth from sb** j-m etw vorenthalten/verweigern
within [wɪð'ɪn] **A** präp innerhalb (+gen); **to be ~ 100 feet of the finish** auf den letzten 100 Fuß vor dem Ziel sein; **we came ~ 50 feet of the summit** wir kamen bis auf 50 Fuß an den Gipfel heran **B** adv obs, liter innen; **from ~** von

drinnen

without [wɪð'aʊt] **A** *präp* ohne; **~ speaking** ohne zu sprechen, wortlos; **~ my noticing it** ohne dass ich es bemerkte **B** *adv obs, liter* außen; **from ~** von draußen

withstand [wɪθ'stænd] *v/t* ⟨*prät, pperf* withstood [wɪθ'stʊd]⟩ standhalten (+*dat*)

witless ['wɪtlɪs] *adj* **to be scared ~** zu Tode erschreckt sein

witness ['wɪtnɪs] **A** *s* **1** Zeuge *m*, Zeugin *f* (**to** von); **~ for the defence** *Br*, **~ for the defense** *US* Zeuge *m*/Zeugin *f* der Verteidigung **2** Zeugnis *n*; **to bear ~ to sth** Zeugnis über etw (*akk*) ablegen **B** *v/t* **1** *Unfall etc* Zeuge/Zeugin sein bei *od* +*gen*; *Szenen* (mit)erleben; *Veränderungen* erleben **2** *Unterschrift* bestätigen

witness box *s*, **witness stand** *US s* Zeugenstand *m*

witty ['wɪtɪ] *adj* ⟨*komp* wittier⟩ witzig, geistreich

wives [waɪvz] *pl* → wife

wizard ['wɪzəd] *s* **1** Zauberer *m* **2** *umg* Genie *n* **3** IT Assistent *m*

wizened ['wɪznd] *adj* verschrumpelt

wk *abk* (= week) Wo.

WMD *abk* (= weapons of mass destruction) Massenvernichtungswaffen *pl*

wobble ['wɒbl] **A** *s* Wackeln *n* **B** *v/i* wackeln; *Radfahrer* schwanken; *Pudding* schwabbeln **C** *v/t* rütteln an (+*dat*)

wobbly ['wɒblɪ] *adj* ⟨*komp* wobblier⟩ wackelig; *Pudding* (sch)wabbelig; **to feel ~** wackelig auf den Beinen sein *umg*

woe [wəʊ] *s* **1** *liter, hum* Jammer *m*; **woe (is me)!** weh mir!; **woe betide him who ...!** wehe dem, der ...! **2** ⟨*bes pl*⟩ Kummer *m*

woeful ['wəʊfʊl] *adj* traurig; *Mangel* bedauerlich; (≈ *sehr schlecht*) katastrophal

wok [wɒk] *s* GASTR Wok *m*

woke [wəʊk] *prät* → wake[1]

woken ['wəʊkn] *pperf* → wake[1]

wolf [wʊlf] **A** *s* ⟨*pl* wolves⟩ Wolf *m*; **to cry ~** blinden Alarm schlagen **B** *v/t umg* (*a.* **~ down**) Essen hinunterschlingen

wolf whistle *umg s* bewundernder Pfiff

wolves [wʊlvz] *pl* → wolf

woman ['wʊmən] **A** *s* ⟨*pl* women ['wɪmɪn]⟩ Frau *f*; **cleaning ~** Putzfrau *f* **B** *adj* ⟨*attr*⟩ **~ doctor** Ärztin *f*; **~ driver** Frau *f* am Steuer

womanhood ['wʊmənhʊd] *s* **to reach ~** (zur) Frau werden

womanize ['wʊmənaɪz] *v/i* hinter den Frauen her sein

womanizer ['wʊmənaɪzə⁽ʳ⁾] *s* Schürzenjäger *m*

womanly ['wʊmənlɪ] *adj* fraulich; *Eigenschaften* weiblich

womb [wu:m] *s* Gebärmutter *f*

women ['wɪmɪn] *pl* → woman
women's football ['wɪmɪnz] *s* Frauenfußball *m*
women's lib *umg s* Frauen(rechts)bewegung *f*
women's refuge *s* Frauenhaus *n*
women's room *US s* Damentoilette *f*

won [wʌn] *prät & pperf* → win

wonder ['wʌndə⁽ʳ⁾] **A** *s* **1** Staunen *n*; **in ~** voller Staunen **2** Wunder *n*; **it is a ~ that ...** es ist ein Wunder, dass ...; **no ~ (he refused)!** kein Wunder(, dass er abgelehnt hat)!; **to do** *od* **work ~s** Wunder wirken; **~s will never cease!** es geschehen noch Zeichen und Wunder! **B** *v/t* **I ~ what he'll do now** ich bin gespannt, was er jetzt tun wird; **I ~ why he did it** ich wüsste zu gern, warum er das getan hat; **I was ~ing if you'd like to come too** möchten Sie nicht vielleicht auch kommen? **C** *v/i* **1** sich fragen; **why do you ask?** — **oh, I was just ~ing** warum fragst du? — ach, nur so; **to ~ about sth** sich (*dat*) über etw (*akk*) Gedanken machen; **I expect that will be the end of the matter** — **I ~!** ich denke, damit ist die Angelegenheit erledigt — da habe ich meine Zweifel; **to ~ about doing sth** daran denken, etw zu tun; **John, I've been ~ing, is there really any point?** John, ich frage mich, ob es wirklich (einen) Zweck hat **2** sich wundern; **I ~ (that) he ...** es wundert mich, dass er ...

wonderful *adj*, **wonderfully** ['wʌndəfəl, -ɪ] *adv* wunderbar

wondrous ['wʌndrəs] *obs, liter adj* wunderbar

wonky ['wɒŋkɪ] *Br umg adj* ⟨*komp* wonkier⟩ *Stuhl, Ehe, Grammatik* wackelig; *Maschine* nicht (ganz) in Ordnung; **your collar's all ~** dein Kragen sitzt ganz schief

won't [wəʊnt] *abk* (= will not) → will[1]

woo [wu:] *v/t j-n* umwerben; *fig Publikum* für sich zu gewinnen versuchen

wood [wʊd] **A** *s* **1** Holz *n*; **touch ~!** *bes Br*, **knock on ~!** *bes US* dreimal auf Holz geklopft! **2** (*a.* **~s**) Wald *m*; **we're not out of the ~s yet** *fig* wir sind noch nicht über den Berg *od* aus dem Schneider *umg*; **he can't see the ~ for the trees** *Br sprichw* er sieht den Wald vor (lauter) Bäumen nicht *sprichw* **B** *adj* ⟨*attr*⟩ Holz-

wood carving *s* (Holz)schnitzerei *f*

woodchips ['wʊdtʃɪps] *pl* Hackschnitzel *pl*

woodcut *s* KUNST Holzschnitt *m*

woodcutter *s* **1** Holzfäller(in) *m(f)*, Holzhacker(in) *m(f)* **2** KUNST Holzschnitzer(in) *m(f)*

wooded ['wʊdɪd] *adj* bewaldet

wooden ['wʊdn] *adj* **1** Holz- **2** *fig* hölzern

wooden spoon *wörtl s* Holzlöffel *m*; *fig* Trostpreis *m*

woodland *s* Waldland *n*

woodpecker *s* Specht *m*

wood pellet s Holzpellet n
woodpile s Holzhaufen m
woodwind s Holzblasinstrument n; **the ~ section** die Holzbläser pl
woodwork s **1** Holzarbeit f; (≈ Handwerk) Tischlerei f **2** Holzteile pl; **to come out of the ~** fig aus dem Unterholz od der Versenkung hervorkommen
woodworm s Holzwurm m
woody ['wʊdɪ] adj ⟨komp woodier⟩ holzig
woof [wʊf] **A** s (≈ Hundelaut) Wuff n **B** v/i **~, ~!** wau, wau!
wool [wʊl] **A** s Wolle f, Wollstoff m; **to pull the ~ over sb's eyes** umg j-m Sand in die Augen streuen umg **B** adj Woll-
woollen ['wʊlən], **woolen** US **A** adj Woll- **B** s **woollens** pl Wollsachen pl, Wollwaren pl
woolly ['wʊlɪ] adj ⟨komp woollier⟩, **wooly** US adj ⟨komp woolier⟩ wollig; **~ hat** Wollmütze f; **winter woollies** bes Br dicke Wollsachen pl umg; bes US (≈ Unterwäsche) Wollene pl umg
woozy ['wuːzɪ] umg adj ⟨komp woozier⟩ duselig umg
Worcester sauce ['wʊstə'sɔːs] s Worcestersoße f
word [wɜːd] **A** s **1** Wort n; **foreign ~s** Fremdwörter pl; **~ for ~** Wort für Wort; **~s cannot describe it** so etwas kann man mit Worten gar nicht beschreiben; **too funny for ~s** unbeschreiblich komisch; **to put one's thoughts into ~s** seine Gedanken in Worte fassen; **to put sth into ~s** etw in Worte fassen; **in a ~** kurz gesagt; **in other ~s** mit anderen Worten; **in one's own ~s** mit eigenen Worten; **the last ~** fig der letzte Schrei (**in** an +dat); **a ~ of advice** ein Rat(schlag) m; **by ~ of mouth** durch mündliche Überlieferung; **to say a few ~s** ein paar Worte sprechen; **to be lost for ~s** nicht wissen, was man sagen soll; **to take sb at his ~** j-n beim Wort nehmen; **to have a ~ with sb** mit j-m sprechen (**about** über +akk); (≈ ermahnend) j-n ins Gebet nehmen; **John, could I have a ~?** John, kann ich dich mal sprechen?; **you took the ~s out of my mouth** du hast mir das Wort aus dem Mund genommen; **to put in** od **say a (good) ~ for sb** für j-n ein gutes Wort einlegen; **don't say a ~ about it** sag aber bitte keinen Ton davon; **to have ~s with sb** mit j-m eine Auseinandersetzung haben; **~ of honour** Br, **~ of honor** US Ehrenwort n; **a man of his ~** ein Mann, der zu seinem Wort steht; **to keep one's ~** sein Wort halten; **take my ~ for it** das kannst du mir glauben; **it's his ~ against mine** Aussage steht gegen Aussage; **just say the ~** sag nur ein Wort **2** **~s** pl Text m **3** ⟨kein pl⟩ Nachricht f; **is there any ~ from John yet?** schon von John gehört?; **to send ~** Nachricht geben; **to send ~ to sb** j-n benachrichtigen; **to spread the ~** umg es allen sagen umg **B** v/t formulieren
wordbank s Wortfeld n
word building s Wortbildung f
word field s Wortfeld n
word game s Buchstabenspiel n
wording ['wɜːdɪŋ] s Formulierung f
word order s Satzfolge f
word-perfect adj **to be ~** den Text perfekt beherrschen
wordplay s Wortspiel n
word processing s Textverarbeitung f
word processor s Text(verarbeitungs)system n
word web s Wortnetz n
wordy ['wɜːdɪ] adj ⟨komp wordier⟩ wortreich
wore [wɔː[r]] prät → wear
work [wɜːk] **A** s **1** Arbeit f; KUNST, LIT Werk n; **he doesn't like ~** er arbeitet nicht gern; **that's a good piece of ~** das ist gute Arbeit; **is this all your own ~?** haben Sie das alles selbst gemacht?; **when ~ begins on the new bridge** wenn die Arbeiten an der neuen Brücke anfangen; **to be at ~ (on sth)** (an etw dat) arbeiten; **nice ~!** gut gemacht!; **you need to do some more ~ on your accent** Sie müssen noch an Ihrem Akzent arbeiten; **to get to ~ on sth** sich an etw (akk) machen; **to get some ~ done** arbeiten; **to put a lot of ~ into sth** eine Menge Arbeit in etw (akk) stecken; **to get on with one's ~** sich (wieder) an die Arbeit machen; **to be (out) at ~** arbeiten sein; **to go out to ~** arbeiten gehen; **to be out of ~** arbeitslos sein; **to be in ~** eine Stelle haben; **how long does it take you to get to ~?** wie lange brauchst du, um zu deiner Arbeitsstelle zu kommen?; **at ~** am Arbeitsplatz; **to be off ~** (am Arbeitsplatz) fehlen; **a ~ of art** ein Kunstwerk n; **a fine piece of ~** eine schöne Arbeit **2** **~s** Br Betrieb m; **steel ~s** Stahlwerk n **3** umg **the ~s** pl alles Drum und Dran **B** v/i **1** arbeiten (**at** an +dat) **2** funktionieren (Medizin, Zauber wirken); (≈ erfolgreich sein) klappen umg; **it won't ~** das klappt nicht; **to get sth ~ing** etw in Gang bringen **3** **to ~ loose** sich lockern; **OK, I'm ~ing (a)round to it** okay, das mache ich schon noch **C** v/t **1** **to ~ sb hard** j-n nicht schonen **2** Maschine bedienen **3** **to ~ it (so that ...)** umg es so deichseln(, dass ...) umg **4** Land bearbeiten; **~ the flour in gradually** mischen Sie das Mehl allmählich unter **5** **to ~ sth loose** etw loskommen; **to ~ one's way to the top** sich nach oben arbeiten; **to ~ one's way up from nothing** sich von ganz unten hocharbeiten

phrasal verbs mit work:

work in v/i ⟨trennb⟩ einarbeiten
work off v/t ⟨trennb⟩ Fett abarbeiten; *Energie* loswerden
work on v/i ⟨+obj⟩ **1** arbeiten an (+*dat*); *Fall* bearbeiten; **we haven't solved it yet but we're still working on it** wir haben es noch nicht gelöst, aber wir sind dabei **2** *Annahme* ausgehen von; *Prinzip* ausgehen von, arbeiten nach
work out **A** v/i **1** *Rätsel* aufgehen **2** **that works out at £105** das macht £ 105; **it works out more expensive** es kommt teurer **3** funktionieren, klappen; **things didn't work out for him** es ist ihm alles schiefgegangen; **things didn't work out that way** es kam ganz anders **4** in *Fitnessstudio* trainieren **B** v/t ⟨trennb⟩ **1** *Gleichung etc* lösen; *Problem* fertig werden mit; *Summe* ausrechnen; **work it out for yourself** das kannst du dir (doch) selbst denken **2** *Plan* (sich *dat*) ausdenken **3** schlau werden aus (+*dat*), herausfinden; **I can't work out why it went wrong** ich kann nicht verstehen, wieso es nicht geklappt hat
work through v/i ⟨+obj⟩ sich (durch)arbeiten durch
work up v/t ⟨trennb⟩ *Interesse* aufbringen; *Appetit* sich (*dat*) holen; *Mut* sich (*dat*) machen; **to work up a sweat** richtig ins Schwitzen kommen; **to get worked up** sich aufregen
work up to v/i ⟨+obj⟩ *Entscheidung etc* zusteuern auf (+*akk*)

workable ['wɜːkəbl] *adj Plan* durchführbar; *Lösung* machbar
workaholic [ˌwɜːkəˈhɒlɪk] *umg s* Arbeitstier *n umg*, Arbeitssüchtige(r) *m/f(m)*
workbench *s* Werkbank *f*
workbook *s* Arbeitsheft *n*
workday *bes US s* Arbeitstag *m*
worker ['wɜːkəʳ] *s* Arbeiter(in) *m(f)*
work ethic *s* Arbeitsmoral *f*
work experience *s* **1** Berufserfahrung *f* **2** *als Teil der Ausbildung* Praktikum *n*
workforce *s* Arbeitskräfte *pl*
workhorse *wörtl, fig s* Arbeitspferd *n*
working ['wɜːkɪŋ] **A** *adj* **1** *Bevölkerung, Frau* berufstätig; **~ man** Arbeiter *m* **2** Arbeits-; **~ hours** Arbeitszeit *f*; **in good ~ order** voll funktionsfähig; **~ knowledge** Grundkenntnisse *pl* **3** *Bauernhof* in Betrieb **B** *s* **workings** *pl* Arbeitsweise *f*; **in order to understand the ~s of this machine** um zu verstehen, wie die Maschine funktioniert
working class *s*, (*a.* **working classes**) Arbeiterklasse *f*
working-class *adj* der Arbeiterklasse; **to be ~** zur Arbeiterklasse gehören
working conditions *pl* Arbeitsbedingungen *pl*
working day *s* → workday
working environment *s* Arbeitsumfeld *n*
working lunch *s* Arbeitsessen *n*
working mother *s* berufstätige Mutter
working party *s* (Arbeits)ausschuss *m*
working relationship *s* **to have a good ~ with sb** mit j-m gut zusammenarbeiten
workload *s* Arbeit(slast) *f*
workman *s* ⟨*pl* -men⟩ Handwerker *m*
workmanship ['wɜːkmənʃɪp] *s* Arbeit(squalität) *f*
workmate *s* Arbeitskollege *m*, -kollegin *f*
workout *s*, **work-out** *s* SPORT Workout *n*, Training *n*
work permit *s* Arbeitserlaubnis *f*
workplace *s* Arbeitsplatz *m*; **in the ~** am Arbeitsplatz
work placement ['wɜːkˌpleɪsmənt] *s* Praktikum *n*; Praktikumsstelle *f*
workroom *s* Arbeitszimmer *n*
works [wɜːks] *pl* → work
works council *bes Br s* Betriebsrat *m*
worksheet *s* Arbeitsblatt *n*
workshop *s* Werkstatt *f*; **a music ~** ein Musik--Workshop *m*
work station *s Schreibtisch* Arbeitsplatz *m*
work surface *s* Arbeitsfläche *f*
worktop *Br s* Arbeitsfläche *f*
work-to-rule *s* Dienst *m* nach Vorschrift
world [wɜːld] *s* **1** Welt *f*; **in the ~** auf der Welt; **all over the ~** auf der ganzen Welt; **from all over the ~** aus der ganzen Welt; **he jets all over the ~** er jettet in der Weltgeschichte herum; **to go (a)round the ~** eine Weltreise machen; **to feel** *od* **be on top of the ~** munter und fidel sein; **the best view in the ~** die beste Aussicht der Welt; **it's not the end of the ~!** *umg* davon geht die Welt nicht unter! *umg*; **it's a small ~** wie klein doch die Welt ist; **the Third World** die Dritte Welt; **the business ~** die Geschäftswelt; **woman of the ~** Frau *f* von Welt; **to go down in the ~** herunterkommen; **to go up in the ~** es (in der Welt) zu etwas bringen; **he had the ~ at his feet** die ganze Welt lag ihm zu Füßen; **to lead the ~ in sth** in etw (*dat*) in der Welt führend sein; **to come into the ~** zur Welt kommen; **to have the best of both ~s** das eine tun und das andere nicht lassen; **out of this ~** *umg* fantastisch; **to bring sb into the ~** j-n zur Welt bringen; **nothing in the ~** nichts auf der Welt; **who in the ~** wer in aller Welt; **to do sb a ~ of good** j-m (unwahrscheinlich) guttun; **to mean the ~ to sb** j-m alles bedeuten; **to think the ~ of sb** große Stücke auf j-n halten **2** Welt *f*; **virtual**

~ virtuelle Welt; **fantasy** ~ Fantasiewelt *f*; **to live in a ~ of one's own** in seiner eigenen (kleinen) Welt leben
world champion *s* Weltmeister(in) *m(f)*
world championship *s* Weltmeisterschaft *f*
world-class *adj* Weltklasse-, der Weltklasse
World Cup *s* Fußballweltmeisterschaft *f*
world-famous *adj* weltberühmt
world leader *s* **1** POL **the ~s** die führenden Regierungschefs der Welt **2** HANDEL weltweiter Marktführer
worldly ['wɜːldlɪ] *adj* ⟨komp **wordlier**⟩ **1** *Erfolg* materiell **2** weltlich; *Mensch* weltlich gesinnt; *Auftreten* weltmännisch
world music *s* Weltmusik *f*
world peace *s* Weltfrieden *m*
world power *s* Weltmacht *f*
world record *s* Weltrekord *m*
world record holder *s* Weltrekordinhaber(in) *m(f)*
world trade *s* Welthandel *m*
world-view *s* Weltbild *n*
world war *s* Weltkrieg *m*
World War One, **World War I** *s* Erster Weltkrieg
World War Two, **World War II** *s* Zweiter Weltkrieg
world-weary *adj* lebensmüde
worldwide *adj & adv* weltweit
World Wide Web *s* World Wide Web *n*
worm [wɜːm] **A** *s* **1** Wurm *m*; **~s** MED Würmer *pl*; **to open a can of ~s** in ein Wespennest stechen **2** IT Wurm *m* **B** *v/t* zwängen; **to ~ one's way through sth** sich durch etw (*akk*) durchschlängeln; **to ~ one's way into a group** sich in eine Gruppe einschleichen
worn [wɔːn] **A** *pperf* → **wear** **B** *adj Mantel* abgetragen; *Teppich* abgelaufen; *Reifen* abgefahren
worn-out ['wɔːnˌaʊt] *adj* ⟨attr⟩, **worn out** *adj* ⟨präd⟩ *Teppich* abgetreten; *Mensch* erschöpft
worried ['wʌrɪd] *adj* besorgt (**about, by** wegen)
worry ['wʌrɪ] **A** *s* Sorge *f*; **no worries!** *umg* kein Problem! **B** *v/t* **1** Sorgen machen (+*dat*); **to ~ sb** j-m Sorgen machen; **to ~ oneself sick** *od* **silly (about** *od* **over sth)** *umg* sich krank machen vor Sorge (um *od* wegen etw) *umg* **2** stören; **to ~ sb with sth** j-n mit etw stören **C** *v/i* sich (*dat*) Sorgen machen (**about, over** um, wegen); **to ~ about doing sth** sich (*dat*) darüber Sorgen machen, etw zu tun *od* tun zu müssen; **don't ~!**, **not to ~!** keine Sorge!; **don't ~, I'll do it** lass mal, das mach ich schon; **don't ~ about letting me know** es macht nichts, wenn du mich nicht benachrichtigen kannst
worrying ['wʌrɪɪŋ] *adj* beunruhigend; **it's very ~** es macht mir große Sorge

worse [wɜːs] **A** *adj* ⟨komp⟩ **1** → **bad¹ 2** schlechter, schlimmer; **the patient is getting ~** der Zustand des Patienten verschlechtert sich; **and to make matters ~** und zu allem Übel; **it could have been ~** es hätte schlimmer kommen können; **~ luck!** (so ein) Pech! **B** *adv* ⟨komp⟩ **1** → **badly 2** schlechter; **to be ~ off than …** schlechter dran sein als … *umg* **C** *s* Schlechtere(s) *n*, Schlimmere(s) *n*; **there is ~ to come** es kommt noch schlimmer
worsen ['wɜːsn] **A** *v/t* verschlechtern **B** *v/i* sich verschlechtern
worship ['wɜːʃɪp] **A** *s* **1** Verehrung *f*; **place of ~** Andachtsstätte *f* **2** *Br* **Your Worship** *an Richter* Euer Ehren/Gnaden; *an Stadtoberhaupt* (verehrter) Herr Bürgermeister **B** *v/t* anbeten
worst [wɜːst] **A** *adj* ⟨sup⟩ **1** → **bad¹ 2** schlechteste(r, s), schlimmste(r, s); **the ~ possible time** die ungünstigste Zeit **B** *adv* ⟨sup⟩ **1** → **badly 2** am schlechtesten **C** *s* der/die/das Schlimmste; **the ~ is over** das Schlimmste ist vorbei; **at ~** schlimmstenfalls; **if the ~ comes to the ~**, **if ~ comes to ~** *US* wenn alle Stricke reißen *umg*
worst-case scenario ['wɜːstkeɪsɪˈnɑːrɪəʊ] *s* Schlimmstfall *m*
worth [wɜːθ] **A** *adj* wert; **to be ~ sth** etw wert sein; **it's ~ £5** es ist £ 5 wert; **it's not ~ £5** es ist keine £ 5 wert; **what's this ~?** was *od* wie viel ist das wert?; **it's ~ a great deal to me** es bedeutet mir sehr viel; **will you do this for me? — what's it ~ to you?** tust du das für mich? — was ist es dir wert?; **he's ~ all his brothers put together** er ist so viel wert wie all seine Brüder zusammen; **for all one is ~** so sehr man nur kann; **you need to exploit the idea for all it's ~** du musst aus der Idee machen, was du nur kannst; **for what it's ~, I personally don't think …** wenn mich einer fragt, ich persönlich glaube nicht, dass …; **to be ~ it** sich lohnen; **it's not ~ it** es lohnt sich nicht; **it's not ~ the trouble** es ist der Mühe nicht wert; **to be ~ a visit** einen Besuch wert sein; **it is ~ doing** es lohnt sich, das zu tun; **to be ~ reading** wert sein, dass man es liest; **is there anything ~ seeing?** gibt es etwas Sehenswertes?; **hardly ~ mentioning** kaum der Rede wert **B** *s* Wert *m*; **hundreds of pounds' ~ of books** Bücher im Werte von hundert von Pfund
worthless ['wɜːθlɪs] *adj* wertlos
worthwhile ['wɜːθ'waɪl] *adj* lohnend *attr*; **to be ~** sich lohnen
worthy ['wɜːðɪ] *adj* ⟨komp **worthier**⟩ **1** ehrenwert; *Gegner* würdig; *Sache* löblich **2** ⟨präd⟩ **to be ~ of sb/sth** j-s/einer Sache würdig sein *geh*
would [wʊd] *v/aux* ⟨prät⟩ **1** → **will¹ 2** *konditional* **if you asked him he ~ do it** wenn du ihn frag-

test, würde er es tun; **if you had asked him he ~ have done it** wenn du ihn gefragt hättest, hätte er es getan; **you ~ think …** man sollte meinen … 3 *emph* **I ~n't know** keine Ahnung; **you ~!** das sieht dir ähnlich!; **you ~ say that, ~n't you!** von dir kann man ja nichts anderes erwarten; **it ~ have to rain** es muss auch ausgerechnet regnen!; **he ~n't listen** er wollte partout nicht zuhören 4 *Vermutung* **it ~ seem so** es sieht wohl so aus; **you ~n't have a cigarette, ~ you?** Sie hätten nicht zufällig eine Zigarette? 5 (≈ *Wunsch*) möchten; **what ~ you have me do?** was soll ich tun? 6 *in Fragen* **~ he come?** würde er vielleicht kommen?; **~ you mind closing the window?** würden Sie bitte das Fenster schließen?; **~ you care for some tea?** hätten Sie gerne etwas Tee? 7 *Gewohnheit* **he ~ paint it each year** er strich es jedes Jahr; **in the evenings I ~ write letters** am Abend pflegte ich Briefe zu schreiben
would-be ['wʊdbiː] *adj* ⟨*attr*⟩ **~ poet** Möchtegerndichter(in) *m(f)*
wouldn't ['wʊdnt] *abk* (= would not) → would
would've ['wʊdəv] *abk* (= would have) → would
wound¹ [wuːnd] A *s* Wunde *f*; **to open** *od* **re-open old ~s** *fig* alte Wunden öffnen B *v/t wörtl* verwunden; *fig* verletzen C *s* **the ~ed** *pl* die Verwundeten *pl*
wound² [waʊnd] *prät & pperf* → wind²
wove [wəʊv] *prät* → weave
woven ['wəʊvən] *pperf* → weave
wow [waʊ] *umg int* Mann *umg*, Wahnsinn *umg*
wow factor *umg s* Wow-Faktor *m umg*; **your dance routine was good but it lacked any ~** deine Schrittfolgen waren gut, aber nichts Außergewöhnliches
wrack [ræk] *s & v/t* → rack¹; → rack²
wrangle ['ræŋgl] A *s* Gerangel *n kein pl* B *v/i* rangeln (**about** um)
wrap [ræp] A *s* 1 Umhangtuch *n* 2 *zum Essen* Wrap *m,n* 3 **under ~s** *wörtl* verhüllt; *fig* geheim B *v/t* einwickeln; **shall I ~ it for you?** soll ich es Ihnen einwickeln?; **to ~ sth (a)round sth** etw um etw wickeln; **to ~ one's arms (a)round sb** j-n in die Arme schließen
<u>phrasal verbs mit wrap:</u>
wrap up A *v/t* ⟨*trennb*⟩ 1 einwickeln 2 *umg Vertrag* unter Dach und Fach bringen; **that wraps things up for today** das wär's für heute B *v/i* sich warm einpacken *umg*
wrapper ['ræpəʳ] *s* Verpackung *f*; *von Bonbon* Papier(chen) *n*
wrapping *s* Verpackung *f* (**round** +*gen od* von)
wrapping paper *s* Packpapier *n*; *dekorativ* Geschenkpapier *n*
wrath [rɒθ] *s* Zorn *m*
wreak [riːk] *v/t* anrichten
wreath [riːθ] *s* ⟨*pl* -s [riːðz]⟩ Kranz *m*
wreathe [riːð] *v/t* (um)winden; *Nebel* umhüllen
wreck [rek] A *s* Wrack *n*; **car ~** *US* Autounfall *m*, Havarie *f österr*; **I'm a ~, I feel a ~** ich bin ein (völliges) Wrack, ich bin vollkommen fertig *od* erledigt B *v/t* 1 *Schiff, Zug* einen Totalschaden verursachen an (+*dat*); *Auto* zu Schrott fahren *umg*; *Maschine* kaputt machen *umg*; *Mobiliar* zerstören 2 *fig Pläne, Chancen* zunichtemachen; *Ehe* zerrütten; *Karriere, j-s Leben* ruinieren; *Party* verderben
wreckage ['rekɪdʒ] *s* Trümmer *pl*
wrecker ['rekəʳ] *US s* Abschleppwagen *m*
wren [ren] *s* Zaunkönig *m*
wrench [rentʃ] A *s* 1 Ruck *m*; **to be a ~** *fig* wehtun 2 Schraubenschlüssel *m* B *v/t* 1 winden; **to ~ a door open** eine Tür aufwingen 2 MED **to ~ one's ankle** sich (*dat*) den Fuß verrenken
wrest [rest] *v/t* **to ~ sth from sb/sth** j-m/einer Sache etw abringen; *Führung, Titel* j-m etw entreißen
wrestle ['resl] A *v/t* ringen mit B *v/i* 1 *wörtl* ringen (**for sth** um etw) 2 *fig* ringen (**with** mit)
wrestler ['resləʳ] *s* Ringkämpfer *m*, Ringer(in) *m(f)*
wrestling ['reslɪŋ] *s* Ringen *n*
wretch [retʃ] *s* 1 armer Schlucker *umg* 2 Blödmann *m umg*; (≈ *Kind*) Schlingel *m*
wretched ['retʃɪd] *adj* 1 elend; *Bedingungen* erbärmlich 2 (tod)unglücklich 3 *Wetter* miserabel *umg*
wriggle ['rɪgl] A *v/t* Zehen wackeln mit; **to ~ one's way through sth** sich durch etw (hin)durchwinden B *v/i* (*a.* **wriggle about** *od* **around**) *Wurm* sich schlängeln; *Fisch, Mensch* zappeln; **to ~ free** sich loswinden
<u>phrasal verbs mit wriggle:</u>
wriggle out *v/i* sich herauswinden (**of** aus); **he's wriggled (his way) out of it** er hat sich gedrückt
wring [rɪŋ] *v/t* ⟨*v: prät, pperf* wrung⟩ 1 (*a.* **~ out**) *Kleider* auswringen; **to ~ sth out of sb** etw aus j-m herausquetschen 2 *Hände* ringen; **to ~ sb's neck** j-m den Hals umdrehen
wringing ['rɪŋɪŋ] *adj*, (*a.* **wringing wet**) tropfnass
wrinkle ['rɪŋkl] A *s in Kleidung, Papier* Knitter *m*; *auf Haut, in Strumpf* Falte *f* B *v/t* verknittern; **to ~ one's nose** die Nase rümpfen; **to ~ one's brow** die Stirne runzeln C *v/i Stoff* (ver)knittern; *Haut* faltig werden
wrinkled ['rɪŋkld] *adj Rock* zerknittert; *Haut* faltig; *Augenbraue* gerunzelt; *Apfel, Greis* schrumpelig

wrinkly ['rɪŋklɪ] *adj* ⟨komp wrinklier⟩ schrumpelig
wrist [rɪst] *s* Handgelenk *n*
wristband ['rɪst,bænd] *s* SPORT Schweißband *n*
wristwatch *s* Armbanduhr *f*
writ [rɪt] *s* JUR Verfügung *f*
write [raɪt] ⟨*prät* wrote; *pperf* written⟩ **A** *v/t* schreiben; *Scheck* ausstellen; *Notizen* sich (*dat*) machen; **he wrote me a letter** er schrieb mir einen Brief; **he wrote himself a note so that he wouldn't forget** er machte sich (*dat*) eine Notiz, um sich zu erinnern; **how is that written?** wie schreibt man das?; **to ~ sth to disk** etw auf Diskette schreiben; **it was written all over his face** es stand ihm im *od* auf dem Gesicht geschrieben **B** *v/i* schreiben; **to ~ to sb** j-m schreiben; **we ~ to each other** wir schreiben uns; **that's nothing to ~ home about** *umg* das ist nichts Weltbewegendes

phrasal verbs mit write:
write back *v/i* zurückschreiben
write down *v/t* ⟨*trennb*⟩ aufschreiben, niederschreiben
write in *v/i* schreiben (**to** an +*akk*); **to write in for sth** etw anfordern
write off A *v/i* → write in **B** *v/t* ⟨*trennb*⟩ **1** FIN, *a. fig* abschreiben **2** *Auto etc* zu Schrott fahren *umg*
write out *v/t* ⟨*trennb*⟩ **1** *Notizen* ausarbeiten; *Namen* ausschreiben **2** *Scheck* ausstellen
write up *v/t* ⟨*trennb*⟩ *Notizen* ausarbeiten; *Bericht* schreiben

write-off *s* (≈ *Auto etc*) Totalschaden *m*; *umg* (≈ *Urlaub etc*) Katastrophe *f umg*
write-protected ['raɪtprə,tektɪd] *adj* IT schreibgeschützt
writer ['raɪtə'] *s* Schreiber(in) *m(f)*; *als Beruf* Schriftsteller(in) *m(f)*
write-up ['raɪtʌp] *s* Pressebericht *m*; *von Film* Kritik *f*
writhe [raɪð] *v/i* sich winden (**with, in** vor +*dat*)
writing ['raɪtɪŋ] *s* Schrift *f*, Schreiben *n*; *auf Grabstein etc* Inschrift *f*; **in ~** schriftlich; **his ~s** seine Werke *od* Schriften; **the ~ is on the wall for them** ihre Stunde hat geschlagen
writing desk *s* Schreibtisch *m*
writing pad *s* Notizblock *m*
writing paper *s* Schreibpapier *n*
written ['rɪtn] **A** *pperf* → write **B** *adj Prüfung, Erklärung* schriftlich; *Sprache* Schrift-; *Wort* geschrieben
wrong [rɒŋ] **A** *adj* **1** falsch; **to be ~** nicht stimmen; *Mensch* unrecht haben; *Uhr* falsch gehen; **it's** *od* **this is all ~** das ist völlig verkehrt *od* falsch, das stimmt alles nicht; **I was ~ about him** ich habe mich in ihm getäuscht; **to dial the ~ number** sich verwählen; **to take a ~ turning** eine falsche Abzweigung nehmen; **to do the ~ thing** das Falsche tun; **the ~ side of the fabric** die linke Seite des Stoffes; **you've come to the ~ man** *od* **person/place** da sind Sie an den Falschen/an die Falsche/an die falsche Adresse geraten; **to do sth the ~ way** etw verkehrt machen; **something is ~** (irgend)etwas stimmt nicht (**with** mit); **is anything ~?** ist was? *umg*; **there's nothing ~** (es ist) alles in Ordnung; **what's ~?** was ist los?; **what's ~ with you?** was fehlt Ihnen?; **I hope there's nothing ~ at home** ich hoffe, dass zu Hause alles in Ordnung ist **2** *moralisch* schlecht, unrecht; (≈ *nicht fair*) ungerecht; **it's ~ to steal** es ist unrecht zu stehlen; **that was ~ of you** das war nicht richtig von dir; **it's ~ that he should have to ask** es ist unrecht *od* falsch, dass er überhaupt fragen muss; **what's ~ with working on Sundays?** was ist denn schon dabei, wenn man sonntags arbeitet?; **I don't see anything ~ in** *od* **with that** ich finde nichts daran auszusetzen **B** *adv* falsch; **to get sth ~** etw falsch machen; **he got the answer ~** er hat die falsche Antwort gegeben; MATH er hat sich verrechnet; **you've got him (all) ~** Sie haben sich in ihm getäuscht; **to go ~** falsch gehen/fahren; *in Rechnung* einen Fehler machen; *Plan* schiefgehen; **you can't go ~** du kannst gar nichts verkehrt machen **C** *s* Unrecht *n kein pl*; **to be in the ~** im Unrecht sein; **he can do no ~** er macht natürlich immer alles richtig **D** *v/t* **to ~ sb** j-m unrecht tun
wrongdoer ['rɒŋduːə(r)] *s* Missetäter(in) *m(f)*, Übeltäter(in) *m(f)*
wrong-foot [,rɒŋ'fʊt] *v/t* auf dem falschen Fuß erwischen
wrongful ['rɒŋfʊl] *adj* ungerechtfertigt
wrongfully ['rɒŋfəlɪ] *adv* zu Unrecht
wrongly ['rɒŋlɪ] *adv* unrecht, falsch; *anklagen* zu Unrecht
wrote [rəʊt] *prät* → write
wrought [rɔːt] *v/t* **the accident ~ havoc with his plans** der Unfall durchkreuzte alle seine Pläne; **the storm ~ great destruction** der Sturm richtete große Verheerungen an
wrought-iron [,rɔːt'aɪən] *adj* schmiedeeisern *attr*, aus Schmiedeeisen; **~ gate** schmiedeeisernes Tor
wrung [rʌŋ] *prät & pperf* → wring
wry [raɪ] *adj* ironisch
wt *abk* (= weight) Gew.
WTO *abk* (= World Trade Organization) Welthandelsorganisation *f*
wuss [wʊs] *umg s* Waschlappen *m umg*
WWW *abk* (= World Wide Web) IT WWW

X, x [eks] s **1** X n, x n **2** MATH, a. fig x; **Mr X** Herr X; **X marks the spot** die Stelle ist mit einem Kreuzchen gekennzeichnet
xenophobia [ˌzenəˈfəʊbɪə] s Fremdenfeindlichkeit f
xenophobic [ˌzenəˈfəʊbɪk] adj fremdenfeindlich
Xerox® [ˈzɪərɒks] **A** s Xerokopie f **B** v/t xerokopieren
XL abk (= extra large) XL
Xmas [ˈeksməs, ˈkrɪsməs] s **1** → Christmas **2** Weihnachten n
X-ray [ˈeksˈreɪ] **A** s Röntgenstrahl m; (a. **~ photograph**) Röntgenbild n; **to take an ~ of sth** etw röntgen **B** v/t j-n röntgen; Gepäck durchleuchten
xylophone [ˈzaɪləfəʊn] s Xylofon n; **to play the ~** Xylofon spielen

Y, y [waɪ] s Y n, y n
yacht [jɒt] **A** s Jacht f **B** v/i **to go ~ing** segeln gehen
yachting [ˈjɒtɪŋ] s Segeln n
yachtsman [ˈjɒtsmən] s ⟨pl -men⟩ Segler m
yachtswoman [ˈjɒtswʊmən] s ⟨pl -women [-wɪmɪn]⟩ Seglerin f
Yale lock® [ˈjeɪlˌlɒk] s Sicherheitsschloss n
Yank [jæŋk] umg s Ami m umg
yank [jæŋk] **A** s Ruck m **B** v/t **to ~ sth** mit einem Ruck an etw (dat) ziehen
phrasal verbs mit yank:
yank out v/t ⟨trennb⟩ ausreißen
Yankee [ˈjæŋkɪ] umg s Yankee m umg
yap [jæp] **A** v/i **1** Hund kläffen **2** quatschen umg **B** s von Hund Kläffen n
yard¹ [jɑːd] s Maß Yard n (0.91 m)
yard² s **1** von Haus Hof m; **in the ~** auf dem Hof **2** **builder's ~** Bauhof m; **shipbuilding ~** Werft f; **goods ~, freight ~** US Güterbahnhof m **3** US Garten m
yardstick [ˈjɑːdstɪk] fig s Maßstab m
yarn [jɑːn] s **1** (≈ Faden) Garn n **2** Seemannsgarn n; **to spin a ~** Seemannsgarn spinnen

yawn [jɔːn] **A** v/t & v/i gähnen **B** s Gähnen n
yawning [ˈjɔːnɪŋ] **A** adj Abgrund gähnend **B** s Gähnen n
yd abk (= yard) Yard
yea [jeɪ] s POL Jastimme f; **the yeas and the nays** die Jastimmen und die Neinstimmen
yeah [jɛə] umg adv ja
year [jɪə] s **1** Jahr n; **last ~** letztes Jahr; **every other ~** jedes zweite Jahr; **three times a ~** dreimal pro od im Jahr; **in the ~ 1989** im Jahr(e) 1989; **~ after ~** Jahr für Jahr; **~ by ~, from ~ to ~** von Jahr zu Jahr; **~ in, ~ out** jahrein, jahraus; **all (the) ~ round** das ganze Jahr über; **as (the) ~s go by** mit den Jahren; **~s (and ~s) ago** vor (langen) Jahren; **a ~ last January** im Januar vor einem Jahr; **it'll be a ~ in** od **next January** es wird nächsten Januar ein Jahr (her) sein; **a ~ from now** nächstes Jahr um diese Zeit; **a hundred-year-old tree** ein hundert Jahre alter Baum, ein hundertjähriger Baum; **I'm sixteen ~s old** od **sixteen ~s of age** ich bin sechzehn Jahre (alt); **he is in his fortieth ~** er ist im vierzigsten Lebensjahr; **I haven't laughed so much in ~s** ich habe schon lange nicht mehr so gelacht; **to get on in ~s** in die Jahre kommen **2** UNIV, SCHULE, a. von Wein Jahrgang m; **the academic ~** das akademische Jahr; **first-year student, first ~** Student(in) m(f) im ersten Jahr; **she was in my ~ at school** sie war im selben Schuljahrgang wie ich
yearbook s Jahrbuch n
yearlong [ˈjɪəˈlɒŋ] adj einjährig
yearly [ˈjɪəlɪ] adj & adv jährlich
yearn [jɜːn] v/i sich sehnen (**for** nach)
yearning [ˈjɜːnɪŋ] s Sehnsucht f, Verlangen n (**for** nach)
yeast [jiːst] s ⟨kein pl⟩ Hefe f, Germ m österr
yell [jel] **A** s Schrei m **B** v/t & v/i (a. **yell out**) schreien (**with** vor +dat); **he ~ed at her** er schrie od brüllte sie an; **just ~ if you need help** ruf, wenn du Hilfe brauchst
yellow [ˈjeləʊ] **A** adj ⟨+er⟩ **1** gelb **2** umg feige **B** s Gelb n **C** v/i gelb werden; Seiten vergilben
yellow card s FUSSB Gelbe Karte
yellow fever s Gelbfieber n
yellow line Br s Halteverbot n; **double ~** absolutes Halteverbot; **to be parked on a (double) ~** im (absoluten) Halteverbot stehen
Yellow Pages® s **the ~®** die Gelben Seiten® pl
yelp [jelp] **A** s von Tier Jaulen n kein pl; von Mensch Aufschrei m; **to give a ~** Tier (auf)jaulen; Mensch aufschreien **B** v/i Tier (auf)jaulen; Mensch aufschreien
yep [jep] umg adv ja
yes [jes] **A** adv ja; Antwort auf Verneinung doch; **to say yes** Ja sagen; **he said yes to all my ques-**

tions er hat alle meine Fragen bejaht *od* mit Ja beantwortet; **if they say yes to an increase** wenn sie eine Lohnerhöhung bewilligen; **to say yes to 35%** 35% akzeptieren; **she says yes to everything** sie kann nicht Nein sagen; **yes indeed** allerdings **B** *s* Ja *n*

yesman *s pej* Jasager *m*

yesterday ['jestədeɪ] **A** *s* Gestern *n* **B** *adv* gestern; **~ morning/afternoon/evening** gestern Morgen/Nachmittag/Abend; **he was at home all (day) ~** er war gestern den ganzen Tag zu Hause; **the day before ~** vorgestern; **a week ago ~** gestern vor einer Woche

yet [jet] **A** *adv* **1** noch, bis jetzt; **they haven't yet returned** *od* **returned yet** sie sind noch nicht zurückgekommen; **not yet** noch nicht; **not just yet** jetzt noch nicht; **we've got ages yet** wir haben noch viel Zeit; **I've yet to learn how to do it** ich muss erst noch lernen, wie man es macht; **yet again** und noch einmal; **another arrived and yet another** es kam noch einer und noch einer **2** *bei Fragen* schon; **has he arrived yet?** ist er schon angekommen?; **do you have to go just yet?** müssen Sie jetzt schon gehen? **B** *konj* doch, trotzdem

yew [juː] *s*, (*a.* **yew tree**) Eibe *f*

Y-fronts® ['waɪfrʌnts] *bes Br pl* (Herren-)Slip *m*

Yiddish ['jɪdɪʃ] **A** *adj* jiddisch **B** *s* LING Jiddisch *n*

yield [jiːld] **A** *v/t* **1** Ernte hervorbringen; Frucht tragen; Gewinn abwerfen; Ergebnisse (hervor)bringen; *Gelegenheit* ergeben; **this ~ed a weekly increase of 20%** das brachte eine wöchentliche Steigerung von 20% **2** aufgeben; **to ~ sth to sb** etw an j-n abtreten; **to ~ ground to sb** vor j-m zurückstecken **B** *v/i* nachgeben; **he ~ed to her requests** er gab ihren Bitten nach; **to ~ to temptation** der Versuchung erliegen; **to ~ under pressure** *fig* dem Druck weichen; **to ~ to oncoming traffic** den Gegenverkehr vorbeilassen; **"yield"** *US, Ir Verkehr* „Vorfahrt beachten!", „Vortritt beachten!" *schweiz* **C** *s von Land, Geschäft* Ertrag *m*; (≈ *Profit*) Gewinne *pl*

yippee [jɪ'piː] *int umg* hurra!

yob [jɒb], **yobbo** ['jɒbəʊ] *Br umg s* Rowdy *m*

yodel ['jəʊdl] *v/t & v/i* jodeln

yoga ['jəʊɡə] *s* Yoga *n/m*

yog(h)urt ['jɒɡət] *s* Joghurt *m/n*; **~ drink** Joghurtdrink *m*

yoghurt drink *s* Joghurtdrink *m*

yoke [jəʊk] *s* Joch *n*

yokel ['jəʊkəl] *pej s* Bauerntölpel *m*

yolk [jəʊk] *s* Eigelb *n*

you [juː] *pron sg Nominativ* du; *akk* dich; *dat* dir; *pl Nominativ* ihr; *akk, dat* euch; *Höflichkeitsform, Nominativ, akk* Sie; *dat* Ihnen; **all of you** ihr alle/Sie alle; **you two** ihr zwei; **if I were you** an deiner/Ihrer Stelle; **it's you** du bist es/ihr seid's/Sie sind's; **now there's a woman for you!** das ist mal eine (tolle) Frau!; **that hat just isn't you** *umg* der Hut passt einfach nicht zu dir/zu Ihnen **2** *unbestimmt, Nominativ* man; *akk* einen; *dat* einem; **you never know** man kann nie wissen; **it's not good for you** es ist nicht gut

you'd [juːd] *abk* (= **you would, you had**) → would; → have

you'd've ['juːdəv] *abk* (= **you would have**) → would

you'll [juːl] *abk* (= **you will, you shall**) → will¹; → shall

young [jʌŋ] **A** *adj* ⟨+er⟩ jung; **they have a ~ family** sie haben kleine Kinder; **he is ~ at heart** er ist innerlich jung geblieben; **at a ~ age** in frühen Jahren **B** *adv* heiraten jung **C** *pl* **1** **the ~** die jungen Leute **2** (≈ *Tiere*) Junge *pl*

youngest ['jʌŋɡɪst] **A** *adj* ⟨attr sup⟩ **1** → young **2** jüngste(r, s) **B** *s* **the ~** der/die/das Jüngste; **die Jüngsten** *pl*

youngish ['jʌŋɪʃ] *adj* ziemlich jung

young offender *s* jugendlicher Straftäter

youngster ['jʌŋstə'] *s* Kind *n*; **he's just a ~** er eben noch jung *od* ein Kind

your [jɔː', jə'] *poss adj sg* dein/deine/dein; *pl* euer/eure/euer; *Höflichkeitsform* Ihr/Ihre/Ihr; **one of ~ friends** einer deiner/Ihrer Freunde; **the climate here is bad for ~ health** das Klima hier ist ungesund

you're [jʊə', jɔː'] *abk* (= **you are**) → be

yours [jɔːz] *poss pron sg* dein/deine/deins; *pl* euer/eure/euers; *Höflichkeitsform* Ihrer/Ihre/Ihr(e)-s; **this is my book and that is ~** dies ist mein Buch und das (ist) deins/Ihres; **a cousin of ~** eine Cousine von dir; **that is no business of ~** das geht dich/Sie nichts an; **~** *in Brief* Ihr/Ihre; **~ faithfully** *in Brief* mit freundlichen Grüßen; Hochachtungsvoll

yourself [jɔː'self, jə'self] *pron* ⟨*pl* **yourselves** [jɔː'selvz, jə'selvz]⟩ **1** *sg akk* dich; *dat* dir; *pl* euch; *Höflichkeitsform* sich; **have you hurt ~?** hast du dir/haben Sie sich wehgetan?; **you never speak about ~** du redest nie über dich (selbst)/Sie reden nie über sich (selbst) **2** *emph* selbst; **you ~ told me, you told me ~** du hast/Sie haben mir selbst gesagt; **you are not quite ~ today** du bist heute gar nicht du selbst; **you will see for ~** du wirst/Sie werden selbst sehen; **did you do it by ~?** hast du/haben Sie das allein gemacht?

youth [juːθ] *s* **1** ⟨kein *pl*⟩ Jugend *f*; **in my ~** in meiner Jugend(zeit) **2** ⟨*pl* -s [juːðz]⟩ junger Mann, Jugendliche(r) *m* **3** **~** *pl* Jugend *f*

youth centre s, **youth center** US s Jugendzentrum n
youth club s Jugendklub m
youthful ['juːθʊl] adj jugendlich
youthfulness ['juːθfʊlnɪs] s Jugendlichkeit f
youth group s Jugendgruppe f
youth hostel s Jugendherberge f
youth worker s Jugendarbeiter(in) m(f)
you've [juːv] abk (= you have) → have
yowl [jaʊl] v/i heulen; *Hund* jaulen; *Katze* kläglich miauen
yuck [jʌk] int igitt
yucky ['jʌkɪ] adj ⟨-ier; -iest⟩ umg eklig, ekelhaft
Yugoslav ['juːgəʊˈslɑːv] A adj HIST jugoslawisch B s HIST Jugoslawe m, Jugoslawin f
Yugoslavia ['juːgəʊˈslɑːvɪə] s HIST Jugoslawien n
Yugoslavian ['juːgəʊˈslɑːvɪən] adj HIST jugoslawisch
yuk [jʌk] int → yuck
yukky ['jʌkɪ] adj → yucky
Yuletide ['juːltaɪd] s Weihnachtszeit f
yummy ['jʌmɪ] umg adj ⟨komp yummier⟩ *Essen* lecker
yuppie, yuppy ['jʌpɪ] A s Yuppie m B adj yuppiehaft

Z

Z, z [zed, US ziː] s Z n, z n
zap [zæp] umg A v/t **1** IT löschen **2 to zap sth** etw kaputt machen; *US* **to zap sth** etw in der Mikrowelle aufwärmen B v/i düsen, sausen; TECH, IT umschalten; TV umg zappen
zapper ['zæpə(r)] s TV umg Fernbedienung f
zeal [ziːl] s ⟨kein pl⟩ Eifer m
zealot ['zelət] s Fanatiker(in) m(f)
zealous adj, **zealously** ['zeləs, -lɪ] adv eifrig
zebra ['zebrə] s Zebra n
zebra crossing Br s Zebrastreifen m
zenith ['zenɪθ] s ASTRON fig Zenit m
zero ['zɪərəʊ] A s ⟨pl -(e)s⟩ Null f; *auf Skala* Nullpunkt m; **below ~** unter null; **the needle is at** *od* **on ~** der Zeiger steht auf null B adj **~ degrees** null Grad; **~ growth** Nullwachstum n
phrasal verbs mit zero:
  zero in on v/t *Schwäche, Lösung* ausfindig machen, identifizieren; *Hauptproblem* sich konzentrieren auf
zero-emission adj emissionsfrei
zero gravity s Schwerelosigkeit f
zero hour s MIL fig die Stunde X
zero-hours contract s, **zero-hour contract** s WIRTSCH Nullstundenvertrag m
zero tolerance s Nulltoleranz f
zest [zest] s **1** Begeisterung f; **~ for life** Lebensfreude f **2** *modisch etc* Pfiff m umg **3** Zitronen-/Orangenschale f
zigzag ['zɪgzæg] A s Zickzack m/n; **in a ~** im Zickzack B adj Zickzack- C v/i im Zickzack laufen/fahren etc
Zika virus ['ziːkə] s MED Zika-Virus n
zilch [zɪltʃ] s umg nix, null Komma nichts
zillions ['zɪljənz] pl Br zig Milliarden
Zimbabwe [zɪmˈbɑːbwɪ] s Simbabwe n
Zimmer® ['zɪmə'] s, **Zimmer frame** Br s Gehwagen m
zinc [zɪŋk] s Zink n
Zionism ['zaɪənɪzəm] s Zionismus m
zip [zɪp] A s **1** Br Reißverschluss m **2** umg Schwung m B v/t IT *Datei* zippen; **zipped file** gezippte Datei C v/i umg flitzen umg; **to zip past** vorbeiflitzen umg
phrasal verbs mit zip:
  zip up A v/t ⟨trennb⟩ **to zip up a dress** den Reißverschluss eines Kleides zumachen; **will you zip me up please?** kannst du mir bitte den Reißverschluss zumachen? B v/i **it zips up at the back** der Reißverschluss ist hinten
zip code US s Postleitzahl f
zip fastener Br s Reißverschluss m
zip file s IT Zip-Datei f
ziplining ['zɪplaɪnɪŋ] s, **zip-lining** s Ziplining n (*Seilrutschen*); **to go ~** ziplinen gehen
zipper ['zɪpə'] US s Reißverschluss m
zit [zɪt] umg s Pickel m, Wimmerl n österr, Bibeli n schweiz
zodiac ['zəʊdɪæk] s Tierkreis m; **signs of the ~** Tierkreiszeichen pl
zombie ['zɒmbɪ] fig s Zombie m pej umg, Untote(r) m/f(m); Idiot(in) m/f(m) umg, Schwachkopf m umg; **like ~s/a ~** wie im Tran
zone ['zəʊn] s Zone f; *US* Post(zustell)bezirk m; **no-parking ~** Parkverbot n
zonked [zɒŋkt] umg adj ⟨präd⟩ total geschafft umg
zoo [zuː] s ⟨pl -s⟩ Zoo m
zoo keeper s Tierpfleger(in) m(f)
zoological [ˌzuːəˈlɒdʒɪkəl] adj zoologisch
zoologist [zʊˈɒlədʒɪst] s Zoologe m, Zoologin f
zoology [zʊˈɒlədʒɪ] s Zoologie f
zoom [zuːm] A s FOTO (a. **~ lens**) Zoom(objektiv) n B v/i **1** umg sausen umg; **we were ~ing along at 90** wir sausten mit 90 daher umg **2** FLUG steil (auf)steigen
phrasal verbs mit zoom:
  zoom in v/i FOTO hinzoomen; **to zoom in on**

sth etw heranholen
zucchini [zuːˈkiːnɪ] *US s* Zucchini *pl*
Zulu [ˈzuːluː] **A** *s* Zulu *m, f; Sprache* Zulu *n* **B** *adj* Zulu-

zumba® [ˈzʌmbə] *s* SPORT *Tanzfitnessprogramm* Zumba® *n*
Zurich [ˈzjʊərɪk] *s* Zürich *n*

Deutsch – Englisch

A¹, a n A, a; **das A und (das) O** fig the be-all and end-all; *eines Wissensgebietes* the basics pl; **von A bis Z** fig umg from A to Z; **wer A sagt, muss auch B sagen** sprichw in for a penny, in for a pound bes Br sprichw

A² abk (= Austria) A, Austria

à präp bes HANDEL at

@ abk (= at) IT @

Aal m eel

aalglatt pej **A** adj slippery (as an eel), slick **B** adv slickly

Aargau m **der ~** Aargau

Aas n **1** (≈ *Tierleiche*) carrion, rotting carcass **2** umg (≈ *Luder*) bugger Br umg, jerk sl; **kein Aas** not a single soul

Aasgeier m vulture

ab A adv off, away; THEAT exit sg, exeunt pl; **die nächste Straße rechts ab** the next street on the right; **ab Hamburg** after Hamburg; **München ab 12.20 Uhr** BAHN leaving Munich 12.20; **ab wann?** from when?, as of when?; **ab nach Hause** go home; **ab und zu** od an dial now and again, now and then **B** präp räumlich from; zeitlich from, as of, as from; **Kinder ab 14 Jahren** children from (the age of) 14 up; **ab Werk** HANDEL ex works; **ab sofort** as of now

AB m abk (= Anrufbeantworter) answering machine

abändern v/t to alter (**in** +akk to); *Gesetzentwurf* to amend (**in** +akk to); *Strafe, Urteil* to revise (**in** +akk to)

Abart f a. BIOL variety

abartig adj abnormal, unnatural; (≈ widersinnig) perverse; **das tut ~ weh** that hurts like hell umg

Abb. abk (= Abbildung) ill.

Abbau m **1** (≈ *Förderung über Tage*) quarrying; *unter Tage* mining **2** (≈ *Demontage*) dismantling **3** CHEM decomposition; *im Körper* breakdown **4** (≈ *Verringerung*) reduction (+gen of)

abbaubar adj CHEM degradable; **biologisch ~** biodegradable

abbauen A v/t **1** (≈ *fördern*) *über Tage* to quarry; *unter Tage* to mine **2** (≈ *demontieren*) to dismantle; *Kulissen, Zelt* to take down **3** CHEM to break down **4** (≈ *verringern*) to cut back **B** v/i *Patient* to deteriorate

abbekommen v/t (≈ *erhalten*) to get; **etwas ~** to get some (of it); (≈ *beschädigt werden*) to get damaged; (≈ *verletzt werden*) to get hurt; **sein(en) Teil ~** wörtl, fig to get one's fair share

abberufen v/t to recall

Abberufung f recall

abbestellen v/t to cancel

Abbestellung f cancellation

abbezahlen v/t to pay off

abbiegen v/i to turn off (**in** +akk into); *Straße* to veer; **nach links/rechts ~** to turn left/right

Abbiegespur f Verkehr filter lane Br, turning lane US

abbilden wörtl, fig v/t to depict, to portray

Abbildung f (≈ *das Abbilden*) depiction, portrayal; (≈ *Illustration*) illustration

Abbitte f apology; **(bei j-m wegen etw) ~ tun** od **leisten** to make od offer one's apologies (to sb for sth)

abblasen v/t umg (≈ *absagen*) to call off

abblättern v/i to flake (off)

abblenden A v/t AUTO to dip Br, to dim bes US **B** v/i AUTO to dip one's headlights Br, to dim one's headlights bes US

Abblendlicht n AUTO dipped headlights pl Br, dimmed headlights pl bes US

abblitzen umg v/i to be sent packing umg (**bei** by); **j-n ~ lassen** to send sb packing umg

abbrechen A v/t to break off; *Zelt* to take down; (≈ *niederreißen*) to demolish; IT *Operation* to abort; *Veranstaltung, Verfahren* to stop; *Streik, Suche, Mission* to call off; *Schwangerschaft* to terminate; **die Schule ~** to stop going to school, to drop out; **sich** (dat) **einen ~** umg (≈ *Umstände machen*) to make a fuss about it; (≈ *sich sehr anstrengen*) to go to a lot of bother **B** v/i to break off; IT to abort

abbrennen v/t & v/i to burn down; *Feuerwerk, Rakete* to let off; → abgebrannt

abbringen v/t **j-n davon ~, etw zu tun** to stop sb (from) doing sth; **sich von etw ~ lassen** to be dissuaded from sth

abbröckeln v/i to crumble away; *Farbe* to flake (off); fig to fall off

Abbruch m (≈ *das Niederreißen*) demolition; *von Schwangerschaft* termination; *von Beziehungen, Reise* breaking off; *von Veranstaltung* stopping

abbruchreif *adj* only fit for demolition
abbuchen *v/t* to debit (**von** to, against)
Abbuchung *f* debit; *durch Dauerauftrag* (payment by) standing order
Abbuchungsauftrag *m* direct debit
Abc *wörtl, fig n* ABC
abchecken *v/t sl* to check out
ABC-Waffen *pl* nuclear, biological and chemical weapons *pl*
abdanken *v/i* to resign; *König etc* to abdicate
abdecken *v/t Dach* to cover; *Dach* to take off; *Haus* to take the roof off; *Tisch* to clear
Abdeckstift *m Kosmetik* concealer, blemish stick
abdichten *v/t* (≈ *isolieren*) to insulate; *Loch, Leck, Rohr* to seal (up)
Abdruck[1] *m* imprint, impression; (≈ *Fingerabdruck, Fußabdruck*) print
Abdruck[2] *m* (≈ *Nachdruck*) reprint
abdrucken *v/t* to print
abdrücken **A** *v/t* **1** *Gewehr* to fire **2** *Vene* to constrict **B** *v/i* to pull *od* squeeze the trigger **C** *v/r* to leave an imprint *od* impression
abduschen *v/t* to give a shower; **sich ~** to have *od* take a shower
Abend *m* evening; *später* night; **am ~** in the evening; (≈ *jeden Abend*) in the evening(s); **an diesem ~** that evening; **heute/gestern/morgen/ Mittwoch ~** this/yesterday/tomorrow/Wednesday evening, tonight/last night/tomorrow night/Wednesday night; **guten ~** good evening; **zu ~ essen** to have supper *od* dinner; **es ist noch nicht aller Tage ~** it's early days still *od* yet; **man soll den Tag nicht vor dem ~ loben** *sprichw* don't count your chickens before they're hatched *sprichw*
Abendessen *n* supper, evening meal, dinner; **zum ~** for supper
abendfüllend *adj Film, Stück* full-length
Abendkasse *f THEAT* box office
Abendkleid *n* evening dress *od* gown
Abendkurs *m* evening classes *pl*
Abendland *geh n* West
abendländisch *geh adj* western, occidental *liter*
abendlich *adj attr*
Abendmahl *n KIRCHE* Communion, Lord's Supper; **das (Letzte) ~** the Last Supper
Abendprogramm *n RADIO, TV* evening('s) programmes *pl Br*, evening('s) programs *pl US*
Abendrot *n* sunset
abends *adv* in the evening; *hinter Uhrzeit* pm; (≈ *jeden Abend*) in the evening(s); **spät ~** late in the evening
Abendvorstellung *f* evening performance; *Film a.* evening showing
Abenteuer *n* adventure
Abenteuerin *f* adventuress

abenteuerlich **A** *adj* adventurous; *Erzählung* fantastic; *umg Preis* outrageous; *Argument* ludicrous **B** *adv* klingen, sich anhören bizarre; *gekleidet* bizarrely
Abenteuerlust *f* thirst for adventure
abenteuerlustig *adj* adventurous
Abenteuerspielplatz *m* adventure playground
Abenteuerurlaub *m* adventure holiday *Br*, adventure vacation *US*
Abenteurer *m* adventurer
aber **A** *konj* but; (≈ *jedoch*) however, though; **~ dennoch** *od* **trotzdem** but still; **oder ~** or else; **~ ja!** oh, yes!; (≈ *sicher*) but of course; **~ klar!** you bet!; **~ nein!** oh, no!; (≈ *selbstverständlich nicht*) of course not!; **~, ~!** now, now!; **das ist ~ schrecklich!** but that's awful!; **das ist ~ heiß/schön!** that's really hot/nice **B** *adv liter* **~ und ~mals** again and again, time and time again; → Abertausend
Aber *n* but; **die Sache hat ein ~** there's just one problem *od* snag
Aberglaube(n) *m* superstition; *fig a.* myth
abergläubisch *adj* superstitious
aberkennen *v/t* **j-m etw ~** to deprive *od* strip sb of sth
abermals *geh adj* once again *od* more
Abertausend *num* thousands upon thousands of; **Tausend und ~** thousands and *od* upon thousands
Abf. *abk* (= *Abfahrt*) departure, dep.
abfahrbereit *adj* ready to leave
abfahren **A** *v/i* **1** *Bus, Zug, Auto, Reisende* to leave, to depart; *SKI* (≈ *zu Tal fahren*) to ski down **2** *umg* **auf j-n/etw ~** to be into sb/sth *umg* **B** *v/t* **1** (≈ *Strecke bereisen*) to cover, to do *umg*; (≈ *überprüfen*) to go over **2** (≈ *abnutzen*) *Schienen, Reifen* to wear out; (≈ *benutzen*) *Fahrkarte* to use; → abgefahren
Abfahrt *f* **1** *von Zug, Bus etc* departure **2** *SKI* (≈ *Talfahrt*) descent; (≈ *Abfahrtsstrecke*) (ski) run **3** *umg* (≈ *Autobahnabfahrt*) exit
Abfahrtslauf *m SKI* downhill
Abfahrtsläufer(in) *m(f) SKI* downhill racer *od* skier
Abfahrtszeit *f* departure time
Abfall *m* **1** (≈ *Müll*) refuse *kein pl*; (≈ *Hausabfall*) rubbish *kein pl Br*, garbage *US kein pl*; (≈ *Rückstand*) waste *kein pl*; **Abfälle** rubbish *Br*, trash *US*; **Abfälle zurücklassen** to litter **2** (≈ *Rückgang*) drop (+*gen* in); (≈ *Verschlechterung*) deterioration
Abfallaufbereitung *f* waste processing
Abfallbeseitigung *f* waste disposal
Abfalleimer *m* rubbish bin *Br*, garbage can *US*, trash can *US*
abfallen *v/i* **1** (≈ *herunterfallen*) to fall *od* drop off

2 *Gelände* to fall od drop away; *Druck, Temperatur* to fall, to drop **3** *fig* (≈ übrig bleiben) to be left (over) **4** (≈ schlechter werden) to fall od drop off **5 alle Unsicherheit/Furcht fiel von ihm ab** all his uncertainty/fear left him; **vom Glauben ~ to** break with the faith; **wie viel fällt bei dem Geschäft für mich ab?** *umg* how much do I get out of the deal?

Abfallentsorgung *f* waste disposal

abfällig **A** *adj Bemerkung, Kritik* disparaging, derisive; *Urteil* adverse **B** *adv* **über j-n ~ reden** od **sprechen** to be disparaging of od about sb

Abfallkorb *m* litter bin

Abfallmanagement *n* waste management

Abfallprodukt *n* waste product; *von Forschung* by-product, spin-off

Abfallverwertung *f* waste utilization, waste recovery, recycling

abfälschen *v/t & v/i* SPORT to deflect

abfangen *v/t Flugzeug, Funkspruch, Brief, Ball* to intercept; *Menschen* to catch *umg*; *Schlag* to block

abfärben *v/i* **1** *Wäsche* to run **2** *fig* **auf j-n ~** to rub off on sb

abfeiern **A** *v/t Überstunden* to make up for **B** *v/i umg* (≈ Party machen) to rage *umg*

abfertigen *v/t* **1** *Pakete, Waren* to prepare for dispatch; *Gepäck* to check (in) **2** (≈ bedienen) *Kunden, Antragsteller, Patienten* to attend to; SPORT *umg Gegner* to deal with; **j-n kurz** od **schroff ~** *umg* to snub sb **3** (≈ kontrollieren) *Waren, Reisende* to clear

Abfertigung *f von Paketen, Waren* getting ready for dispatch; *von Gepäck* checking; *von Kunden* service; *von Antragstellern* dealing with; **die ~ an der Grenze** customs clearance

Abfertigungshalle *f im Flughafen* terminal

Abfertigungsschalter *m* dispatch counter; *im Flughafen* check-in desk

abfeuern *v/t* to fire, to let off

abfinden **A** *v/t* to pay off; (≈ entschädigen) to compensate **B** *v/r* **sich mit j-m/etw ~** to come to terms with sb/sth; **er konnte sich nie damit ~, dass ...** he could never accept the fact that ...

Abfindung *f* **1** *von Gläubigern* paying off; (≈ Entschädigung) compensation **2** (≈ Summe) payment; (≈ Entschädigung) compensation *kein pl*; *bei Entlassung* severance pay

abflauen *v/i Wind* to drop, to die down; *Empörung, Interesse* to fade; *Börsenkurse* to fall, to drop; *Geschäfte* to fall od drop off

abfliegen **A** *v/i* FLUG to take off (**nach** for) **B** *v/t Gelände* to fly over

abfließen *v/i* (≈ wegfließen) to drain od run away; *Verkehr* to flow away

Abflug *m* takeoff; *auf Anzeigetafel* departures *pl*

abflugbereit *adj* ready for takeoff

Abflughalle *f* departure lounge

Abflugtag *m* day of departure, departure day

Abflugterminal *m* departures *pl*, departure terminal

Abflugzeit *f* departure time

Abfluss *m* **1** (≈ Abfließen) draining away **2** (≈ Abflussstelle) drain **3** (≈ Abflussrohr) drainpipe

Abfolge *geh f* sequence, succession

Abfrage *f* IT query

abfragen *v/t* **1** IT *Information* to call up; *Datenbank* to query, to interrogate **2** *bes* SCHULE **j-n** od **j-m etw ~** to question sb on sth

Abfuhr *f* **1** (≈ Abtransport) removal **2** *umg* (≈ Zurückweisung) snub, rebuff; **j-m eine ~ erteilen** to snub od rebuff sb

abführen **A** *v/t* **1** (≈ wegführen) to take away **2** *Betrag* to pay (**an** +akk to) **B** *v/i* **1 der Weg führt hier** (**von der Straße**) **ab** the path leaves the road here; **das würde vom Thema ~** that would take us off the subject **2** (≈ den Darm anregen) to have a laxative effect

Abführmittel *n* laxative

abfüllen *v/t in Flaschen* to bottle; *Flasche* to fill; **in Flaschen abgefüllt** bottled

Abgabe *f* **1** (≈ Abliefern) handing od giving in; *von Gepäck* depositing **2** (≈ Verkauf) sale **3** *von Wärme etc* giving off, emission **4** *von Schuss, Salve* firing **5** (≈ Geldbetrag) fee; (≈ Steuer) tax; (≈ soziale Abgabe) contribution **6** *von Erklärung etc* giving; *von Stimme* casting **7** SPORT (≈ Abspiel) pass

Abgabetermin *m* closing date

Abgang *m* **1** (≈ Absendung) dispatch **2** *aus einem Amt, von Schule* leaving; **seit seinem ~ von der Schule** since he left school **3** THEAT, *a. fig* exit **4** MED (≈ Ausscheidung) passing

abgängig *adj österr* (≈ vermisst) missing (**aus** from)

Abgangszeugnis *n* (school-)leaving certificate, diploma *US*

Abgas *n* exhaust *kein pl*, exhaust fumes *pl*

abgasarm *adj* low-emission

abgasfrei *adj* exhaust-free

Abgasgrenzwert *m* exhaust emission standard

Abgas(sonder)untersuchung *f* AUTO emissions test

abgearbeitet *adj* (≈ verbraucht) work-worn; (≈ erschöpft) worn out

abgeben **A** *v/t* **1** (≈ abliefern) to hand od give in; (≈ hinterlassen) to leave; (≈ übergeben) to hand over, to deliver; (≈ weggeben) to give away; (≈ verkaufen) to sell **2** (≈ abtreten) *Posten* to relinquish (**an** +akk to) **3** SPORT *Punkte, Rang* to concede; (≈ abspielen) to pass **4** (≈ ausströmen) *Wär-*

me, Sauerstoff to give off, to emit **5** (≈ *abfeuern*) *Schuss, Salve* to fire **6** (≈ *äußern*) *Erklärung* to give; *Stimme* to cast **7** (≈ *verkörpern*) to make; **er würde einen guten Schauspieler ~** he would make a good actor **B** *v/r* **sich mit j-m/etw ~** (≈ *sich beschäftigen*) to concern oneself with sb/sth

abgebrannt *adj umg* (≈ *pleite*) broke *umg*; → abbrennen

abgebrüht *umg adj* callous

abgedroschen *umg adj* hackneyed *Br*, well-worn

abgefahren *sl adj* wacky *umg*; → abfahren

abgefuckt *sl adj Person, Gegenstand* wrecked *umg*

abgegriffen *adj* (well-)worn

abgehackt *adj Sprechweise* clipped; → abhacken

abgehärtet *adj* tough, hardy; *fig* hardened; → abhärten

abgehen A *v/i* **1** (≈ *abfahren*) to leave, to depart (**nach** for) **2** THEAT (≈ *abtreten*) to exit; **von der Schule ~** to leave school **3** (≈ *sich lösen*) to come off **4** (≈ *abgesondert werden*) to pass out; *Fötus* to be aborted **5** (≈ *abgesandt werden*) to be sent od dispatched **6** *umg* (≈ *fehlen*) **j-m geht Verständnis/Taktgefühl ab** sb lacks understanding/tact **7** (≈ *abgezogen werden vom Preis*) to be taken off; *von Verdienst* to be deducted; **davon gehen 5 % ab** 5% is taken off that **8** (≈ *abzweigen*) to branch off **9** (≈ *abweichen*) **von einem Plan/einer Forderung ~** to give up od drop a plan/demand **10** (≈ *verlaufen*) to go; **gut/glatt/friedlich ~** to go well/smoothly/peacefully; **es ging nicht ohne Streit ab** there was an argument **11 voll ~** *umg* (≈ *ausgelassen tanzen*) to cut loose *umg*; (≈ *ausrasten*) to freak out *umg* **B** *v/t* (≈ *entlanggehen*) to go od walk along; MIL to patrol

abgekämpft *adj* exhausted, worn-out

abgekartet *adj* **ein ~es Spiel** a fix *umg*

abgeklärt *adj Mensch* worldly-wise; *Urteil* well-considered; *Sicht* detached; → abklären

abgelegen *adj* (≈ *entfernt*) *Dorf, Land* remote, far-away; (≈ *einsam*) isolated

abgelten *v/t Ansprüche* to satisfy

Abgeltung(s)steuer BRD f FIN *auf Kapitalerträge* capital gains compensation tax (*a flat-rate tax on income from capital investments*)

abgemacht A *int* OK, that's settled; *bei Kauf* it's a deal, done **B** *adj* **eine ~e Sache** a fix *umg*; → abmachen

abgeneigt *adj* averse *präd* (+*dat* to); **ich wäre gar nicht ~** *umg* actually I wouldn't mind

abgenutzt *adj Möbel, Teppich* worn; *Reifen* worn-down; → abnutzen

Abgeordnete(r) *m/f(m)* (elected) representative; *von Nationalversammlung* member of parliament

abgepackt *adj* prepacked

Abgesandte(r) *m/f(m)* envoy

abgeschieden *adj geh* (≈ *einsam*) secluded; **~ wohnen** to live in seclusion

Abgeschiedenheit f seclusion

abgeschlafft *adj umg* (≈ *erschöpft*) exhausted; → abschlaffen

abgeschlossen *adj* (≈ *geschlossen*) *Wohnung* self-contained; *Grundstück, Hof* enclosed; → abschließen

abgeschmackt *adj* outrageous; *Witz* corny

abgesehen A *pperf* **es auf j-n ~ haben** to have it in for sb *umg*; (≈ *interessiert sein*) to have one's eye on sb **B** *adv* **~ von j-m/etw** apart from sb/sth

abgespannt *adj* weary, tired

abgestanden *adj Luft, Wasser* stale; *Bier, Limonade etc* flat; → abstehen

abgestorben *adj Glieder* numb; *Pflanze, Ast, Gewebe* dead; → absterben

abgestumpft *adj Mensch* insensitive; *Gefühle, Gewissen* dulled; → abstumpfen

abgetan *adj* (≈ *erledigt*) finished od done with; → abtun

abgetragen *adj* worn, **~e Kleider** old clothes; → abtragen

abgewinnen *v/t* **j-m etw ~** *wörtl* to win sth from sb; **einer Sache etwas/nichts ~ können** *fig* to be able to see some/no attraction in sth; **dem Meer Land ~** to reclaim land from the sea

abgewirtschaftet *pej adj* rotten; *Firma* run-down; → abwirtschaften

abgewöhnen *v/t* **j-m etw ~** to cure sb of sth; *das Rauchen, Trinken* to get sb to give up sth; **sich** (*dat*) **etw ~** to give sth up; **zum Abgewöhnen sein** to be a turn-off

abgleichen *v/t* to coordinate; *Dateien, Einträge* to compare

abgleiten *geh v/i* (≈ *abrutschen*) to slip; *Gedanken* to wander; FIN *Kurs* to drop, to fall

abgöttisch *adj* **~e Liebe** blind adoration; **j-n ~ lieben/verehren** to idolize sb

abgrenzen *v/t Grundstück, Gelände* to fence off; *fig* to delimit (**gegen, von** from)

Abgrenzung f *von Gelände* fencing off; *fig* delimitation

Abgrund m precipice; (≈ *Schlucht*), *a. fig* abyss; **sich am Rande eines ~es befinden** *fig* to be on the brink (of disaster)

abgründig A *adj Humor, Ironie* cryptic **B** *adv* lächeln cryptically

abgrundtief A *adj Hass, Verachtung* profound **B** *adv hassen, verachten* profoundly

abgucken *v/t & v/i* to copy; **j-m etw ~** to copy

abhaben *umg v/t* **1** (≈ *abgenommen haben*) *Brille, Hut* to have off **2** (≈ *abbekommen*) to have

abhacken *v/t* to hack off; → abgehackt

abhaken *v/t* (≈ *markieren*) to tick off *Br*, to check off *bes US*; *fig* to cross off

abhalten *v/t* **1** (≈ *hindern*) to stop, to prevent (**von** from); (≈ *fernhalten*) to keep off; **lass dich nicht ~!** don't let me/us *etc* stop you **2** (≈ *veranstalten*) to hold

abhandeln *v/t* **1** *Thema* to treat, to deal with **2** (≈ *abkaufen*) **j-m etw ~** to do *od* strike a deal with sb for sth

abhandenkommen *v/i* to get lost; **j-m ist etw abhandengekommen** sb has lost sth

Abhandlung *f* treatise, discourse (**über** +*akk* upon)

Abhang *m* slope

abhängen **A** *v/t* **1** *Bild* to take down; (**gut**) **abgehangen** *Fleisch* well-hung **2** *umg* (≈ *hinter sich lassen*) *j-n* to shake off *umg* **B** *v/i* **1** **von etw ~** to depend (up)on sth; **das hängt ganz davon ab** it all depends **2** *umg* (≈ *sich aufhalten*) to hang out

abhängig *adj* **1** (≈ *bedingt durch*) dependent; **etw von etw ~ machen** to make sth conditional (up)on sth **2** (≈ *angewiesen auf*) dependent (**von** on); **~ Beschäftigte(r)** employee **3** (≈ *süchtig*) addicted, hooked *umg* **4** GRAM *Satz* subordinate; *Rede* indirect

Abhängigkeit *f* **1** (≈ *Bedingtheit*) dependency *kein pl* (**von** on) **2** *euph* (≈ *Sucht*) addiction, dependence (**von** on)

abhärten **A** *v/t* to toughen up **B** *v/r* **sich gegen etw ~** to toughen oneself against sth; → abgehärtet

abhauen **A** *v/i umg* to clear out, to get away; **hau ab!** get lost! *umg* **B** *v/t* to chop *od* cut off

abheben **A** *v/t* **1** (≈ *anheben*) to lift (up), to raise; (≈ *abnehmen*) to take off; *Telefonhörer* to pick up; *Geld* to withdraw **B** *v/i* **1** *Flugzeug* to take off; *Rakete* to lift off **2** (≈ *ans Telefon gehen*) to answer **3** KART to cut **C** *v/r* **sich gegen j-n/etw ~** to stand out against sb/sth

Abhebung *f von Geld* withdrawal

abheften *v/t Rechnungen* to file away

abhelfen *v/i* to remedy

abhetzen *v/r* to wear *od* tire oneself out

Abhilfe *f* remedy, cure; **~ schaffen** to find a solution, to take remedial action

abholen *v/t* to collect (**bei** from), to come for; *j-n* to pick up; *Fundsache* to claim (**bei** from); **etw ~ lassen** to have sth collected

abholzen *v/t Wald* to clear; *Baumreihe* to fell, to cut down

abhorchen *v/t* to sound, to listen to; *Brust a., Patienten* to auscultate *form*

abhören *v/t* **1** (≈ *überwachen*) *Raum, Gespräch* to bug; (≈ *mithören*) to listen in on; *Telefon* to tap; **abgehört werden** *umg* to be bugged **2** MED to sound **3** SCHULE (≈ *abfragen*) **kannst du mir mal Vokabeln ~?** can you test my vocabulary?

Abhörgerät *n* bugging device

abhörsicher *adj Raum* bug-proof; *Telefon* tap-proof

Abi *n* (= Abitur) SCHULE *umg* → Abitur

Abistreich *m umg* trick played on teachers by pupils after their school-leaving exams

Abitur *n school-leaving exam and university entrance qualification* ≈ A levels *pl Br*, ≈ Highers *pl schott*, ≈ high-school diploma *US*; **das ~ machen** to do one's A levels

Abiturient(in) *m(f)* person who is doing/has done the Abitur

Abiturklasse *f* ≈ sixth form *Br*, senior grade *US*

Abiturzeugnis *n* certificate for having passed the Abitur; ≈ A level certificate *Br*, ≈ Highers certificate *schott*, ≈ high-school diploma *US*

Abk. *abk* (= Abkürzung) abbreviation, abbr

abkapseln *fig v/r* to shut *od* cut oneself off

abkaufen *v/t* **j-m etw ~** to buy sth from sb *od* off sb *umg*; *umg* (≈ *glauben*) to buy sth *umg*

abkehren **A** *v/t geh* (≈ *abwenden*) *Blick, Gesicht* to turn away **B** *v/r fig* to turn away (**von** from); *von einer Politik* to give up

abklappern *umg v/t Läden, Gegend, Straße* to scour, to comb (**nach** for)

abklären *v/t Angelegenheit* to clear up, to clarify; → abgeklärt

Abklatsch *fig pej m* poor imitation *od* copy

abklingen *v/i* **1** (≈ *leiser werden*) to die *od* fade away **2** (≈ *nachlassen*) to abate

abknallen *umg v/t* to shoot down *umg*

abknicken **A** *v/t* (≈ *abbrechen*) to break *od* snap off; (≈ *einknicken*) to break **B** *v/i* (≈ *abzweigen*) to fork *od* branch off; **~de Vorfahrt** priority for traffic turning left/right

abknöpfen *v/t* **1** (≈ *abnehmen*) to unbutton **2** *umg* (≈ *ablisten*) **j-m etw ~** to get sth off sb

abknutschen *umg v/t* to canoodle with *Br umg*, to cuddle with

abkochen *v/t* to boil; (≈ *keimfrei machen*) to sterilize (by boiling)

abkommandieren *v/t* MIL *zu anderer Einheit* to post; *zu bestimmtem Dienst* to detail (**zu** for)

abkommen *v/i* **1** **von etw ~** (≈ *abweichen*) to leave sth; (≈ *abirren*) to wander off sth; **vom Kurs ~** to deviate from one's course; (**vom Thema**) **~** to digress **2** (≈ *aufgeben*) **von etw ~** to give sth up; **von einer Meinung ~** to revise one's opinion

Abkommen *n a.* POL agreement; **ein ~ treffen**

to make a deal

abkömmlich *adj* available; **nicht ~ sein** to be unavailable

abkönnen *v/t umg* (≈ *mögen*) **das kann ich überhaupt nicht ab** I can't stand *od* abide it; **ich kann ihn einfach nicht ab** I just can't stand *od* abide him

abkoppeln *v/t* BAHN to uncouple; *Raumfähre* to undock

abkratzen **A** *v/t Schmutz etc* to scratch off; *mit einem Werkzeug* to scrape off **B** *v/i umg* (≈ *sterben*) to kick the bucket *umg*

abkühlen **A** *v/i* to cool down; *fig Freundschaft etc* to cool off **B** *v/r* to cool down *od* off; *Wetter* to become cool(er); *fig* to cool

Abkühlung *f* cooling

abkupfern *umg v/t* to crib *umg*

abkürzen *v/t* (≈ *verkürzen*) to cut short; *Verfahren* to shorten; (≈ *verkürzt schreiben*) *Namen* to abbreviate; **den Weg ~** to take a short cut

Abkürzung *f* **1** *Weg* short cut **2** *von Wort* abbreviation

Abkürzungsverzeichnis *n* list of abbreviations

abladen *v/t Last, Wagen* to unload; *Schutt* to dump; *fig umg Kummer, Ärger* to vent (**bei j-m** on sb)

Abladeplatz *m* unloading area; *für Schrott, Müll etc* dump

Ablage *f* **1** (≈ *Gestell*) place to put sth; (≈ *Ablagekorb*) filing tray **2** (≈ *Aktenordnung*) filing **3** *schweiz* → Annahmestelle; → Zweigstelle

ablagern **A** *v/t* **1** (≈ *anhäufen*) to deposit **2** (≈ *deponieren*) to leave, to store; **abgelagert** *Wein* mature; *Holz, Tabak* seasoned **B** *v/r* to be deposited

ablassen *v/t* **1** *Wasser, Luft* to let out; *Dampf* to let off **2** *Teich, Schwimmbecken* to drain, to empty **3** (≈ *ermäßigen*) to knock off *umg*

Ablauf *m* **1** (≈ *Abfluss*) drain; (≈ *Ablaufstelle*) outlet **2** (≈ *Verlauf*) course; *von Empfang, Staatsbesuch* order of events (*+gen* in) **3** *von Frist etc* expiry **4** *von Zeitraum* passing; **nach ~ von 4 Stunden** after 4 hours (have/had gone by *od* passed)

ablaufen **A** *v/i* **1** (≈ *abnützen*) *Schuhsohlen, Schuhe* to wear out; *Absätze* to wear down **2** (≈ *entlanglaufen*) *Strecke* to go *od* walk over; *Stadt, Straßen, Geschäfte* to comb, to scour **B** *v/i* **1** *Flüssigkeit* to drain *od* run away *od* off **2** (≈ *vonstattengehen*) to go off; **wie ist das bei der Prüfung abgelaufen?** how did the exam go (off)? **3** *Pass, Visum, Frist etc* to expire; *Zeit* to run out

ablecken *v/t* to lick; *Blut, Marmelade* to lick off

ablegen **A** *v/t* **1** (≈ *niederlegen*) to put down; ZOOL *Eier* to lay **2** (≈ *abheften*) to file (away); IT *Daten* to store **3** (≈ *ausziehen*) to take off **4** (≈ *aufgeben*) to lose; *schlechte Gewohnheit* to give up **5** (≈ *ableisten, machen*) *Schwur, Eid* to swear; *Gelübde, Geständnis* to make; *Prüfung* to take, to sit; *erfolgreich* to pass **6** KART to discard **B** *v/i* **1** (≈ *abfahren*) *Schiff* to cast off **2** (≈ *Garderobe ablegen*) to take one's things off

Ableger *m von Pflanze* shoot

ablehnen **A** *v/t* to decline, to refuse; *Angebot, Bewerber, Stelle* to turn down, to reject; PARL *Gesetzentwurf* to throw out; **jede Form von Gewalt ~** to be against any form of violence **B** *v/i* to decline, to refuse; **eine ~de Antwort** a negative answer

Ablehnung *f* **1** refusal; *von Antrag, Bewerber etc* rejection **2** (≈ *Missbilligung*) disapproval

ableiten *v/t* **1** (≈ *herleiten*) to derive; (≈ *logisch folgern*) to deduce (**aus** from) **2** *Bach, Fluss* to divert

Ableitung *f* **1** (≈ *das Herleiten*) derivation; (≈ *Folgerung*) deduction **2** (≈ *Wort*), *a.* MATH derivative

ablenken **A** *v/t* **1** (≈ *ab-, weglenken*), *a.* PHYS to deflect; *Katastrophe* to avert **2** (≈ *zerstreuen*) to distract **3** (≈ *abbringen*) to divert; *Verdacht* to avert **B** *v/i* **1** (≈ *ausweichen*) (**vom Thema**) **~** to change the subject **2** (≈ *zerstreuen*) to create a distraction **C** *v/r* to take one's mind off things

Ablenkung *f* (≈ *Zerstreuung*) diversion; (≈ *Störung*) distraction

Ablenkungsmanöver *n* diversionary tactic

ablesen *v/t* **1** to read; *Barometerstand* to take **2** (≈ *erkennen*) to see; **das konnte man ihr vom Gesicht ~** it was written all over her face; **j-m jeden Wunsch an** *od* **von den Augen ~** to anticipate sb's every wish

abliefern *v/t bei einer Person* to hand over (**bei** to); *bei einer Dienststelle* to hand in (**bei** to); *j-n* to drop off

Ablöse *f* (≈ *Ablösesumme*) transfer fee

ablösen **A** *v/t* **1** (≈ *abmachen*) to take off; (≈ *tilgen*) *Schuld, Hypothek* to pay off, to redeem **2** (≈ *ersetzen*) *Wache* to relieve; *Kollegen* to take over from **B** *v/r* **1** (≈ *abgehen*) to come off **2** *a.* **einander ~** to take turns

Ablösesumme *f* SPORT transfer fee

Ablösung *f* **1** *von Hypothek, Schuld* paying off, redemption **2** (≈ *Wache*) relief; (≈ *Entlassung*) replacement; **er kam als ~** he came as a replacement

ABM *abk* (= Arbeitsbeschaffungsmaßnahme) job creation scheme

abmachen *v/t* **1** *umg* (≈ *entfernen*) to take off **2** (≈ *vereinbaren*) to agree (on); **wir haben abgemacht, dass wir uns um drei Uhr treffen** we arranged to meet at three o'clock; → abgemacht

Abmachung *f* agreement, deal; **eine ~ treffen**

to make a deal
abmagern v/i to get thinner, to lose weight
Abmagerungskur f diet; **eine ~ machen** to be on a diet
abmahnen form v/t to caution
Abmahnung form f caution
abmalen v/t (≈ abzeichnen) to paint; (≈ kopieren) to copy
Abmarsch m departure
abmarschbereit adj ready to move off
abmarschieren v/i to move off
abmelden **A** v/t **1** Zeitungen etc to cancel; Telefon to have disconnected; **sein Auto ~** to take one's car off the road **2** umg **abgemeldet sein** SPORT to be out of the game; **er/sie ist bei mir abgemeldet** I don't want anything to do with him/her **B** v/r **sich bei j-m ~** to tell sb that one is leaving; **sich bei einem Verein ~** to cancel one's membership of a club
Abmeldung f von Zeitungen etc cancellation; von Telefon disconnection; beim Einwohnermeldeamt cancellation of one's registration
abmessen v/t to measure
Abmessung f measurement; (≈ Ausmaß) dimension
abmontieren v/t Räder, Teile to take off (**von etw** sth)
abmühen v/r to struggle (away)
abmurksen v/t umg **j-n ~** to do sb in umg
abnabeln **A** v/t **ein Kind ~** to cut a baby's umbilical cord **B** v/r to cut oneself loose
abnagen v/t to gnaw off; Knochen to gnaw
Abnäher m dart
Abnahme f **1** (≈ Wegnahme) removal **2** (≈ Verringerung) decrease (+gen in) **3** von Neubau, Fahrzeug etc inspection **4** HANDEL purchase; **gute ~ finden** to sell well
abnehmbar adj removable, detachable
abnehmen **A** v/t **1** (≈ herunternehmen) to take off, to remove; Hut to take off; Hörer to pick up; Vorhang, Bild, Wäsche to take down; Bart to take od shave off; (≈ amputieren) to amputate; KART Karte to take from the pile **2** (≈ an sich nehmen) **j-m etw ~** to take sth from sb; fig Arbeit, Sorgen to relieve sb of sth; **j-m den Ball ~** to steal the ball from sb; **j-m die Beichte ~** to hear confession from sb **3** (≈ wegnehmen) to take away (**j-m** from sb); (≈ rauben, abgewinnen) to take (**j-m** from sb) **4** (≈ abhalten) Prüfung to hold **5** (≈ abkaufen) to buy (+dat from, off) **6** Fingerabdrücke to take **7** fig umg (≈ glauben) to buy umg; **dieses Märchen nimmt dir keiner ab!** umg nobody will buy that tale! umg **B** v/i **1** (≈ sich verringern) to decrease; Aufmerksamkeit to flag; Mond to wane; **(an Gewicht) ~** to lose weight **2** TEL to answer

Abnehmer(in) m(f) HANDEL buyer, customer; **viele/wenige ~ finden** to sell well/badly
Abneigung f dislike (**gegen** of); (≈ Widerstreben) aversion (**gegen** to)
abnicken umg v/t **etw ~** to nod sth through, to rubber-stamp sth
abnorm, abnormal **A** adj abnormal **B** adv abnormally
abnutzen, abnützen bes österr, schweiz, südd v/t & v/r to wear out; → abgenutzt
Abnutzung f, **Abnützung** bes österr, schweiz, südd f wear (and tear)
Abo n abk umg → Abonnement
Abonnement n subscription; THEAT season ticket
Abonnent(in) m(f) subscriber; THEAT season-ticket holder
abonnieren v/t to subscribe to; THEAT to have a season ticket for
abordnen v/t to delegate
Abordnung f delegation
Aborigine m/f Aborigine; **der ~s** Aboriginal
abpacken v/t to pack
abpassen v/t **1** (≈ abwarten) Gelegenheit, Zeitpunkt to wait for; (≈ ergreifen) to seize **2** (≈ auf j-n warten) to catch; (≈ j-m auflauern) to waylay
abpfeifen v/t SPORT **das Spiel ~** to blow the whistle for the end of the game
Abpfiff m SPORT final whistle
abprallen v/i Ball to bounce off; Kugel to ricochet (off); **an j-m ~** fig to make no impression on sb; Beleidigungen to bounce off sb
abputzen v/t to clean; **sich** (dat) **die Nase/den Mund/die Hände ~** to wipe one's nose/mouth/hands
abrasieren v/t to shave off
abraten v/t & v/i **j-m (von) etw ~** to advise sb against sth
abräumen **A** v/t Geschirr, Frühstück to clear up od away; **den Tisch ~** to clear the table; **etw von etw ~** to get sth off sth **B** v/i **1** (≈ den Tisch abräumen) to clear up **2** umg (≈ sich bereichern, erfolgreich sein) to clean up
abreagieren **A** v/t Spannung, Wut to work off **B** v/r to work it off
abrechnen **A** v/i **1** (≈ Kasse machen) to cash up **2** **mit j-m ~** to settle up with sb; fig to settle the score with sb **B** v/t (≈ abziehen) to deduct
Abrechnung f **1** (≈ Aufstellung) statement (**über** +akk for); (≈ Rechnung) bill, invoice; fig (≈ Rache) revenge **2** (≈ Abzug) deduction
Abrechnungszeitraum m accounting period
abregen v/r umg **reg dich ab!** cool it! umg, take it easy! umg
abreiben v/t Schmutz to rub off; trocken reiben to rub down; Schuhe to wipe

Abreise f departure (**nach** for); **bei der ~** on departure

abreisen v/i to leave (**nach** for)

Abreisetag m day of departure

abreißen A v/t to tear od rip off; *Plakat* to tear od rip down; *Gebäude* to pull down B v/i to tear od come off; *fig* (≈ *unterbrochen werden*) to break off

abriegeln v/t *Tür* to bolt; *Straße, Gebiet* to seal od cordon off

Abriss m 1 (≈ *Abbruch*) demolition 2 (≈ *Übersicht*) outline, summary

Abruf m **sich auf ~ bereithalten** to be on call, to be ready to be called (for); **etw auf ~ bestellen/kaufen** HANDEL to order/buy sth (to be delivered) on call

abrufbar adj 1 IT *Daten* retrievable 2 FIN ready on call 3 *fig* accessible

abrufen v/t 1 HANDEL to request delivery of 2 *Daten, Informationen* to call up, to retrieve

abrunden *wörtl, fig* v/t to round off; **eine Zahl nach oben/unten ~** to round a number up/down

abrupt A adj abrupt B adv abruptly

abrüsten v/t & v/i MIL, POL to disarm

Abrüstung f MIL, POL disarmament

Abrüstungsgespräche pl disarmament talks pl

abrutschen v/i (≈ *abgleiten*) to slip; *nach unten* to slip down; *Wagen* to skid; *Leistungen* to go downhill

ABS n *abk* (= *Antiblockiersystem*) AUTO ABS

Abs.¹ *abk* (= *Absatz*) paragraph

Abs.² *abk* (= *Absenderin*) sender

Absacker *umg* m *vor dem Nachhauseweg* one for the road *umg*; (≈ *Schlummertrunk*) nightcap

Absage f refusal; **j-m/einer Sache eine ~ erteilen** to reject sb/sth

absagen A v/t *Veranstaltung, Besuch* to cancel B v/i to cry off *Br*, to cancel; **j-m ~** to tell sb that one can't come

absägen v/t 1 (≈ *abtrennen*) to saw off 2 *fig umg* to chuck od sling out *umg*

absahnen *fig umg* A v/t *Geld* to rake in B v/i *in Bezug auf Geld* to clean up *umg*

Absatz m 1 (≈ *Abschnitt*) paragraph; JUR section 2 (≈ *Schuhabsatz*) heel 3 (≈ *Verkauf*) sales pl; (≈ *Umsatz*) turnover

Absatzgebiet n sales area

Absatzlage f sales situation

Absatzmarkt m market

Absatzrückgang m decline od decrease in sales

Absatzsteigerung f increase in sales

absaugen v/t to suck out od off; *Teppich, Sofa* to hoover® *Br*, to vacuum

abscannen v/t *Kode etc* to scan

abschaben v/t to scrape off

abschaffen v/t 1 *Gesetz, Regelung* to abolish 2 (≈ *nicht länger halten*) to get rid of; *Auto etc* to give up

Abschaffung f *von Gesetz, Regelung* abolition

abschalten A v/t to switch od turn off B v/i to unwind

abschätzen v/t to assess

abschätzig A adj disparaging B adv disparagingly; **sich ~ über j-n äußern** to make disparaging remarks about sb

Abschaum m scum

Abscheu m repulsion (**vor** +*dat* at); **vor j-m/etw ~ haben** od **empfinden** to loathe od detest sb/sth

abscheulich A adj atrocious, loathsome; *umg* awful, terrible *umg* B adv *behandeln, zurichten* atrociously; **das tut ~ weh** it hurts terribly

abschicken v/t to send; *Brief* to post

Abschiebehaft f detention prior to deportation

abschieben v/t 1 (≈ *ausweisen*) to deport 2 *fig Verantwortung, Schuld* to push od shift (**auf** +*akk* onto)

Abschiebung f (≈ *Ausweisung*) deportation

Abschied m farewell, parting; **von j-m/etw ~ nehmen** to say goodbye to sb/sth; **beim ~ meinte er, ...** as he was leaving he said ...

Abschiedsbrief m farewell letter

Abschiedsfeier f farewell party

Abschiedsgeschenk n *für Kollegen etc* leaving present; *für Freund* going-away present

Abschiedskuss m goodbye kiss

Abschiedsparty f farewell party

abschießen v/t to fire; *Pfeil* to shoot (off); *Rakete* to launch; *Flugzeug, Pilot* to shoot down

Abschirmdienst m MIL counterespionage service

abschirmen A v/t to shield B v/r to shield oneself (**gegen** from)

abschlachten v/t to slaughter

abschlaffen *umg* v/i to flag; → abgeschlafft

Abschlag m 1 (≈ *Preisnachlass*) reduction; (≈ *Abzug*) deduction 2 (≈ *Zahlung*) part payment (**auf** +*akk* of) 3 *beim Golf* tee-off

abschlagen v/t 1 *mit Hammer etc* to knock off; (≈ *herunterschlagen*) to knock down 2 (≈ *ablehnen*) to refuse; **j-m etw ~** to refuse sb sth 3 *beim Golf* to tee off

abschlägig A adj negative; **~er Bescheid** rejection; *bei Sozialamt, Kredit etc* refusal B adv **j-n/etw ~ bescheiden** *form* to turn sb/sth down

Abschlag(s)zahlung f part payment

Abschleppdienst m breakdown od recovery service

abschleppen v/t **1** *Fahrzeug, Schiff* to tow; *Behörde* to tow away **2** *umg Menschen* to drag along; (≈ *aufgabeln*) to pick up *umg*
Abschleppseil n towrope
Abschleppstange f tow bar
Abschleppwagen m breakdown lorry *od* truck *Br*, wrecker (truck) *US*
abschließbar adj (≈ *verschließbar*) lockable
abschließen **A** v/t **1** (≈ *zuschließen*) to lock **2** (≈ *beenden*) to bring to a close; *Kurs* to complete; **sein Studium ~** to graduate **3** (≈ *vereinbaren*) *Geschäft, Vertrag* to conclude; *Versicherung* to take out; *Wette* to place **4** HANDEL (≈ *abrechnen*) *Bücher* to balance; *Konto* to settle; → **abgeschlossen B** v/i **1** (≈ *zuschließen*) to lock up **2** (≈ *Schluss machen*) to finish, to end; **mit der Vergangenheit ~** to break with the past
abschließend A adj concluding **B** adv in conclusion
Abschluss m **1** (≈ *Beendigung*) end, closing; *einer Geschichte, eines Films* ending; UNIV degree; *schulisch, der Ausbildung* qualification; **zum ~ möchte ich ...** finally *od* to conclude I would like ...; **etw zum ~ bringen** to finish sth **2** (≈ *Vereinbarung*) conclusion; *von Wette* placing; *von Versicherung* taking out **3** HANDEL *der Bücher* balancing; *von Konto* settlement
Abschlussball m *von Tanzkurs* final ball
Abschlussfeier f *in der Schule* prize *od* speech day *Br*, commencement *US*
Abschlussprüfung f SCHULE, UNIV final exam; **die ~ bestehen** to graduate
Abschlusszeugnis n SCHULE leaving certificate *Br*, diploma *US*
abschmecken v/t (≈ *kosten*) to taste; (≈ *würzen*) to season
abschmieren v/t TECH *Auto* to lubricate
abschminken **A** v/t **1** *Gesicht, Haut* to remove the make-up from **2** *umg* (≈ *aufgeben*) **sich** (dat) **etw ~** to get sth out of one's head **B** v/r to take off *od* remove one's make-up
abschnallen v/i sl (≈ *nicht mehr folgen können*) to give up
abschneiden A v/t wörtl, fig to cut off; **j-m die Rede** od **das Wort ~** to cut sb short **B** v/i **bei etw gut/schlecht ~** *umg* to come off well/badly in sth
Abschnitt m section; MATH segment; MIL sector, zone; (≈ *Zeitabschnitt*) period; (≈ *Stadium*) stage; (≈ *Kontrollabschnitt*) counterfoil; (≈ *Paragraf*) paragraph
abschnittweise adv section by section
abschöpfen v/t to skim off; *fig Kaufkraft* to absorb; **den Gewinn ~** to siphon off the profits
abschotten v/r **sich gegen etw ~** *fig* to cut oneself off from sth
abschrauben v/t to unscrew
abschrecken A v/t **1** (≈ *fernhalten*) to deter, to put off; (≈ *verjagen*) to scare off, to frighten away; (≈ *entmutigen*) to discourage **2** GASTR to rinse with cold water **B** v/i *Strafe* to act as a deterrent
abschreckend adj (≈ *warnend*) deterrent; **ein ~es Beispiel** a warning
Abschreckung f deterrent; MIL deterrence
Abschreckungsmittel n deterrent
Abschreckungswaffe f deterrent weapon
abschreiben A v/t **1** (≈ *kopieren*) to copy out; (≈ *plagiieren*), *a.* SCHULE to copy (**bei, von** from) **2** HANDEL to deduct; (≈ *im Wert mindern*) to depreciate **3** (≈ *verloren geben*) to write off; **er ist bei mir abgeschrieben** I'm through *od* finished with him **B** v/i SCHULE to copy
Abschreibung f HANDEL deduction; (≈ *Wertverminderung*) depreciation
Abschrift f copy
abschürfen v/t to graze
Abschürfung f (≈ *Wunde*) graze
Abschuss m firing; *von Pfeil* shooting; *von Rakete* launch(ing); **j-n zum ~ freigeben** *fig* to throw sb to the wolves
abschüssig adj sloping
Abschussliste *umg* f **j-n auf die ~ setzen** to put sb on the hit list *umg*
Abschussrampe f launch(ing) pad
abschütteln v/t *a. fig* to shake off
abschwächen A v/t to weaken; *Behauptung, Formulierung, Kontrast* to tone down; *Stoß, Eindruck* to soften **B** v/r to drop *od* fall off; METEO *Hoch, Tief* to disperse; BÖRSE *Kurse* to weaken
Abschwächung f weakening; *von Behauptung, Formulierung* toning down; *von Eindruck* softening; METEO *von Hoch, Tief* dispersal
abschweifen v/i to stray; **er schweifte vom Thema ab** he wandered off the subject
abschwellen v/i to go down; *Lärm* to die away
abschwören v/i to renounce (+dat sth); **dem Alkohol ~** *umg* to give up drinking
Abschwung m HANDEL downward trend
absegnen *umg* v/t *Vorschlag, Plan* to give one's blessing to
absehbar adj foreseeable; **in ~er/auf ~e Zeit** in/for the foreseeable future
absehen A v/t (≈ *voraussehen*) to foresee; **das Ende lässt sich noch nicht ~** the end is not yet in sight **B** v/i **davon ~, etw zu tun** to refrain from doing sth; → **abgesehen**
abseilen v/r *Bergsteiger* to abseil (down) *Br*, to rappel *US*; *fig umg* to skedaddle *umg*
abseits A adv to one side; SPORT offside **B** präp away from; **~ des Weges** off the beaten track
Abseits n SPORT offside; **im ~ stehen** to be off-

side; **ins politische ~ geraten** to end up on the political scrapheap
Abseitsfalle f offside trap
abseitshalten fig v/r to keep to oneself
abseitsliegen v/i to be out of the way
abseitsstehen fig v/i to stand apart; SPORT to be offside
Abseitstor n offside goal
absenden v/t to send
Absender(in) m(f) sender
Absenz f österr SCHULE absence
abservieren umg v/t **j-n ~** to get rid of sb; SPORT sl (≈ besiegen) to thrash sb umg
absetzbar adj Ware saleable; **steuerlich ~** tax-deductible
absetzen **A** v/t **1** (≈ abnehmen) to take off, to remove; (≈ hinstellen) to set od put down **2** (≈ aussteigen lassen) to drop **3** Theaterstück, Oper to take off; Versammlung, Termin to cancel **4** (≈ entlassen) to dismiss; König, Kaiser to depose **5** MED Medikament, Tabletten to come off; Behandlung to discontinue **6** HANDEL Waren to sell; **sich gut ~ lassen** to sell well **7** (≈ abziehen) to deduct; **das kann man (von der Steuer) ~** that is tax-deductible **B** v/r umg (≈ weggehen) to get od clear out umg (**aus** of); **sich nach Brasilien ~** to clear off to Brazil umg
Absetzung f **1** (≈ Entlassung) dismissal; von König deposition **2** von Theaterstück etc withdrawal; von Termin cancellation
absichern **A** v/t to safeguard; Bauplatz to make safe; (≈ schützen) to protect **B** v/r (≈ sich schützen) to protect oneself; (≈ sich versichern) to cover oneself
Absicht f (≈ Vorsatz) intention; (≈ Zweck) purpose; JUR intent; **die ~ haben, etw zu tun** to intend to do sth; **das war doch keine ~!** umg it wasn't deliberate od intentional
absichtlich **A** adj deliberate **B** adv deliberately
Absichtserklärung f declaration of intent
absitzen **A** v/t (≈ verbringen) Zeit to sit out; (≈ verbüßen) Strafe to serve **B** v/i (**vom Pferd**) **~** to dismount (from a horse)
absolut **A** adj absolute **B** adv absolutely; **ich sehe ~ nicht ein, warum ...** I just don't understand why ...
Absolvent(in) m(f) UNIV graduate; **die ~en eines Lehrgangs** the students who have completed a course
absolvieren v/t (≈ durchlaufen) Studium, Probezeit to complete; Schule to finish, to graduate from US; Prüfung to pass
absonderlich adj peculiar, strange
absondern **A** v/t **1** (≈ isolieren) to isolate **2** (≈ ausscheiden) to secrete; Gase etc to emit **B** v/r Mensch to cut oneself off

Absonderung f separation; (≈ Isolierung) isolation; (≈ Ausscheidung) secretion
absorbieren v/t to absorb
abspalten v/t & v/r to split off; CHEM to separate (off)
Abspann m TV, FILM final credits pl
absparen v/t **sich** (dat) **etw vom Munde ~** to scrimp and save for sth
abspecken umg **A** v/t to shed **B** v/i to lose weight
abspeichern v/t Daten to save, to store (away)
abspenstig adj **j-m j-n/etw ~ machen** to lure sb/sth away from sb; **j-m die Freundin ~ machen** to steal sb's girlfriend umg
absperren v/t **1** (≈ abriegeln) to block od close off **2** (≈ abdrehen) Wasser, Strom, Gas etc to turn od shut off **3** (≈ verschließen) to lock
Absperrung f (≈ Sperre) barrier; (≈ Kordon) cordon
abspielen **A** v/t to play; SPORT Ball to pass **B** v/r (≈ sich ereignen) to happen; (≈ stattfinden) to take place
Absprache f arrangement
absprechen **A** v/t **1** **j-m etw ~** Recht to deny od refuse sb sth; Begabung to deny od dispute sb's sth **2** (≈ verabreden) Termin to arrange **B** v/r **sich mit j-m ~** to make an arrangement with sb; **die beiden hatten sich vorher abgesprochen** they had agreed on what to do/say etc in advance
abspringen v/i **1** to jump down (**von** from); FLUG to jump (**von** from); bei Gefahr to bale out **2** (≈ sich lösen) to come off **3** fig umg (≈ sich zurückziehen) to get out
Absprung m a. FLUG jump
abspülen **A** v/t to rinse; Fett etc to rinse off **B** v/i to wash od do the dishes, to wash up
abstammen v/i to be descended (**von** from); LING to be derived (**von** from)
Abstammung f descent; LING origin, derivation
Abstammungslehre f theory of evolution
Abstand m distance; (≈ Zeitabstand) interval; (≈ Punkteabstand) gap; **mit ~** by far; **~ halten** to keep one's distance; **mit großem ~ führen/gewinnen** to lead/win by a wide margin; **davon ~ nehmen, etw zu tun** to refrain from doing sth
abstatten form v/t **j-m einen Besuch ~** to pay sb a visit
abstauben v/t & v/i **1** Möbel etc to dust **2** umg (≈ wegnehmen) to pick up
Abstecher m (≈ Ausflug) excursion, trip
abstehen v/i (≈ entfernt stehen) to stand away; **~de Ohren** ears that stick out; → abgestanden
Absteige umg f cheap hotel

absteigen v/i ■ (≈ *heruntersteigen*) to get off (**von etw** sth) ■ (≈ *abwärtsgehen*) to make one's way down; *bes Bergsteiger* to climb down; **auf dem ~den Ast sein** *umg* to be going downhill ■ SPORT *Mannschaft* to be relegated

Absteiger m SPORT relegated team

abstellen v/t ■ (≈ *hinstellen*) to put down ■ (≈ *unterbringen*) to put; AUTO (≈ *parken*) to park ■ (≈ *ausrichten auf*) **etw auf j-n/etw ~** to gear sth to sb/sth ■ (≈ *abdrehen*) to turn off; *Geräte, Licht* to switch *od* turn off; *Gas, Strom* to cut off; *Telefon* to disconnect ■ (≈ *unterbinden*) *Mangel, Unsitte etc* to bring to an end

Abstellgleis n siding; **j-n aufs ~ schieben** *fig* to push *od* cast sb aside

Abstellkammer f boxroom

Abstellplatz m *für Auto* parking space

Abstellraum m storeroom

abstempeln v/t to stamp; *Post* to postmark

absterben v/i to die; *fig Gefühle* to die; **mir sind die Zehen abgestorben** my toes have gone numb; → abgestorben

Abstieg m descent; (≈ *Niedergang*) decline; **vom ~ bedroht** SPORT threatened by relegation

abstimmen ■ v/i to take a vote, to vote; **über etw** (akk) **~ lassen** to put sth to the vote ■ v/t *Farben, Kleidung* to match (**auf** +akk with); *Termine* to coordinate (**auf** +akk with); **(aufeinander) abgestimmt** *Pläne, Strategien* mutually agreed ■ v/r **sich ~** to come to an agreement

Abstimmung f ■ (≈ *Stimmabgabe*) vote; **eine ~ durchführen** *od* **vornehmen** to take a vote ■ *von Terminen* coordination

abstinent adj teetotal

Abstinenz f abstinence

Abstoß m FUSSB goal kick

abstoßen ■ v/t ■ (≈ *wegstoßen*) *Boot* to push off *od* out; (≈ *abschlagen*) *Ecken* to knock off ■ (≈ *zurückstoßen*) to repel; HANDEL *Ware, Aktien* to sell off; MED *Organ* to reject; *fig* (≈ *anwidern*) to repulse, to repel; **dieser Stoff stößt Wasser ab** this material is water-repellent ■ v/i PHYS to repel; **die beiden Pole stoßen sich ab** the two poles repel each other

abstoßend adj repulsive; **~ aussehen/riechen** to look/smell repulsive

Abstoßung f PHYS repulsion; MED *von Organ* rejection

abstottern *umg* v/t to pay off

abstrahieren v/t & v/i to abstract (**aus** from)

abstrahlen v/t to emit

abstrakt adj abstract

Abstraktion f abstraction

abstreifen v/t *Schuhe, Füße* to wipe; *Schmutz* to wipe off; *Kleidung, Schmuck* to take off; *Haut* to cast, to shed; *fig Gewohnheit, Fehler* to get rid of

abstreiten v/t (≈ *leugnen*) to deny

Abstrich m ■ (≈ *Kürzung*) cutback; **~e machen** to cut back (**an** +dat on) ■ MED swab; (≈ *Gebärmutterabstrich*) smear

abstrus *geh* adj abstruse

abstufen v/t *Gelände* to terrace; *Farben* to shade; *Gehälter, Steuern, Preise* to grade

abstumpfen ■ v/i *fig Geschmack etc* to become dulled ■ v/t *Menschen, Sinne* to deaden; *Gewissen, Urteilsvermögen* to dull; → abgestumpft

Absturz m crash; *sozial* ruin; *von Politiker etc* downfall; IT crash

abstürzen v/i ■ *Flugzeug* to crash; *Bergsteiger* to fall ■ *umg sozial* to go to ruin ■ *sl* (≈ *betrunken werden*) to go on a bender *Br umg*, to go on a binge *umg* ■ IT to crash

abstützen ■ v/t *a. fig* to support ■ v/r to support oneself

absuchen v/t to search; (≈ *überfliegen*) *Text* to scan

absurd adj absurd

Absurdität f absurdity

Abt m abbot

abtasten v/t to feel; ELEK to scan

abtauchen v/i ■ *U-Boot* to dive ■ *umg* to go underground

abtauen ■ v/t to thaw out; *Kühlschrank* to defrost ■ v/i to thaw

Abtei f abbey

Abteil n compartment

abteilen v/t (≈ *einteilen*) to divide up

Abteilung f department; *in Krankenhaus* section; MIL unit, section

Abteilungsleiter(in) m(f) head of department

abtippen v/t to type up

Äbtissin f abbess

abtörnen *umg* v/t to turn off *umg*

abtragen v/t ■ *Geschirr, Speisen* to clear away ■ *Boden, Gelände* to level ■ *Kleider, Schuhe* to wear out; → abgetragen

abträglich adj *Bemerkung, Kritik etc* unfavourable *Br*, unfavorable *US*; **einer Sache** (dat) **~ sein** to be detrimental *od* harmful to sth

Abtransport m transportation

abtransportieren v/t *Waren* to transport; *Personen* to take away

abtreiben ■ v/t *Kind* to abort ■ v/i ■ **(vom Kurs) ~** to be carried off course ■ (≈ *Abort vornehmen lassen*) to have an abortion

Abtreibung f abortion

Abtreibungsbefürworter(in) m(f) pro-abortionist

Abtreibungsgegner(in) m(f) anti-abortionist, pro-lifer *umg*

Abtreibungsklinik f abortion clinic

abtrennen v/t **1** (≈ *lostrennen*) to detach; *Knöpfe, Besatz etc* to remove; *schneiden* to cut off; *Bein, Finger etc: durch Unfall* to sever **2** (≈ *abteilen*) to separate off

abtreten **A** v/t **1** (≈ *überlassen*) *Rechte, Summe* to transfer (**j-m** to sb) **2** *Teppich* to wear; **sich** (*dat*) **die Füße** *od* **Schuhe ~** to wipe one's feet **B** v/i THEAT to go off (stage); MIL to dismiss; *umg* (≈ *zurücktreten*) to resign

Abtretung f transfer (**an** +*akk* to)

abtrocknen v/t & v/i to dry

abtrünnig adj renegade; (≈ *rebellisch*) rebel

abtun v/t fig (≈ *beiseiteschieben*) to dismiss; **etw kurz ~** to brush sth aside; → **abgetan**

abtupfen v/t *Tränen, Blut* to dab away; *Wunde* to swab

abwägen v/t *Worte* to weigh

abwählen v/t to vote out (of office); SCHULE *Fach* to give up

abwandeln v/t to modify, to alter

abwandern v/i to move (away) (**aus** from); *Kapital* to be transferred (**aus** out of)

Abwärme f waste heat

Abwart(in) m(f) *schweiz* concierge, caretaker

abwarten **A** v/t to wait for; **das Gewitter ~** to wait till the storm is over; **das bleibt abzuwarten** that remains to be seen; **warts ab!** wait and see! **B** v/i to wait; **eine ~de Haltung einnehmen** to adopt a policy of wait-and-see

abwärts adv down; **den Fluss/Berg ~** down the river/mountain

abwärtsgehen fig v/i **mit ihm/dem Land geht es abwärts** he/the country is going downhill

Abwärtstrend m downwards trend

Abwasch m **den ~ machen** to wash the dishes; **... dann kannst du das auch machen, das ist (dann) ein ~** umg ... then you could do that as well and kill two birds with one stone

abwaschbar adj *Tapete* washable

abwaschen **A** v/t *Gesicht, Geschirr* to wash; *Farbe, Schmutz* to wash off; **das Geschirr ~** to do the dishes **B** v/i to wash the dishes, to wash up

Abwasser n sewage *kein pl*

Abwasseraufbereitung f sewage treatment

Abwasserkanal m sewer

abwechseln v/i & v/r to alternate; *turnusmäßig* to rotate; **sich mit j-m ~** to take turns with sb; **sich ~, etw zu tun** to take turns to do sth

abwechselnd adv alternately; **er war ~ fröhlich und traurig** he alternated between being happy and sad

Abwechslung f change; (≈ *Zerstreuung*) diversion; **zur ~** for a change

abwechslungsreich adj varied

Abweg m fig **auf ~e geraten** *od* **kommen** to go astray

abwegig adj absurd

Abwehr f **1** BIOL, PSYCH, MED, SPORT defence *Br*, defense *US*; **der ~ von etw dienen** to give protection against sth **2** (≈ *Spionageabwehr*) counterintelligence (service)

abwehren **A** v/t *Gegner* to fend off; *Angriff, Feind* to repulse; *Flugzeug, Rakete* to repel; *Ball* to clear; *Schlag* to parry; *Gefahr, Krise* to avert **B** v/i SPORT to clear; *Torwart* to save

Abwehrkräfte pl PHYSIOL (the body's) defences pl *Br*, (the body's) defenses pl *US*

Abwehrmechanismus m PSYCH defence mechanism *Br*, defense mechanism *US*

Abwehrrakete f anti-aircraft missile

Abwehrspieler(in) m(f) defender

abweichen v/i (≈ *sich unterscheiden*) to differ; **vom Kurs ~** to deviate *od* depart from one's course; **vom Thema ~** to digress

abweichend adj differing

Abweichler(in) m(f) deviant

Abweichung f *von Kurs etc* deviation; (≈ *Unterschied*) difference

abweisen v/t to turn down; (≈ *wegschicken*) to turn away; JUR *Klage* to dismiss

abweisend **A** adj *Ton, Blick, Mensch* cold **B** adv negatively

abwenden **A** v/t **1** (≈ *verhindern*) to avert **2** (≈ *zur Seite wenden*) to turn away **B** v/r to turn away

abwerben v/t to woo away (+*dat* from)

abwerfen **A** v/t to throw off; *Reiter* to throw; *Bomben, Flugblätter etc* to drop; *Geweih, Blätter, Nadeln* to shed; KART to throw away; SPORT *Ball, Speer* to throw; HANDEL *Gewinn, Zinsen* to yield **B** v/i FUSSB to throw

abwerten v/t to devalue; *Ideale, Sprache, Kultur* to debase

abwertend adj derogatory, pejorative

Abwertung f devaluation; fig debasement

abwesend adj absent; *Blick* absent-minded; **die Abwesenden** the absentees

Abwesenheit f absence; **durch ~ glänzen** iron to be conspicuous by one's absence

Abwesenheitsnotiz f *in E-Mail* out-of-office reply

abwickeln **A** v/t **1** (≈ *abspulen*) to unwind; *Verband* to take off **2** fig (≈ *erledigen*) to deal with; *Geschäft* to conclude; HANDEL (≈ *liquidieren*) to wind up **B** v/r to unwind

Abwicklung f (≈ *Erledigung*) completion, conclusion; HANDEL (≈ *Liquidation*) winding up

abwiegen v/t to weigh out

abwimmeln *umg* v/t *j-n* to get rid of *umg*

abwinken *umg* v/t *mit abwehrend* to wave it/him *etc* aside; fig (≈ *ablehnen*) to say no

abwirtschaften *umg* v/i to go downhill; → **ab-**

gewirtschaftet

abwischen *v/t* to wipe off *od* away; *Hände, Nase etc* to wipe; *Augen, Tränen* to dry

Abwrackprämie *f für Auto* scrappage allowance *Br*, CARS *US* (= *car allowance rebate scheme*) cash for clunkers *US umg*

Abwurf *m* throwing off; *von Bomben etc* dropping; **ein ~ vom Tor** a goal throw

abwürgen *umg v/t* to scotch; *Motor* to stall

abzahlen *v/t* to pay off

abzählen *v/t* to count off

Abzahlung *f* **1** repayment **2** (≈ *Ratenzahlung*) hire purchase *Br*, HP *Br*, installment plan *US*

Abzeichen *n* badge; MIL insignia *pl*

abzeichnen **A** *v/t* **1** (≈ *abmalen*) to draw; (≈ *kopieren*) to copy **2** (≈ *signieren*) to initial **B** *v/r* (≈ *sichtbar sein*) to stand out; *fig* (≈ *deutlich werden*) to emerge; (≈ *drohend bevorstehen*) to loom

Abziehbild *n* transfer

abziehen **A** *v/t* **1** *Tier* to skin; *Fell, Haut* to remove **2** *Bett* to strip; *Bettzeug* to strip off **3** *Schlüssel* to take out **4** (≈ *zurückziehen*) *Truppen, Kapital* to withdraw **5** (≈ *subtrahieren*) *Zahlen* to take away; *Steuern* to deduct; **10 Cent ~** to take 10 cents off; **2 Euro vom Preis ~** to take 2 euros off the price **6** TYPO (≈ *vervielfältigen*) to run off; FOTO *Bilder* to make prints of **B** *v/i* **1** *Rauch, Dampf* to escape; *Sturmtief etc* to move away **2** *Soldaten* to pull out (**aus** of); **zieh ab!** *umg* beat it! *umg*

abzielen *v/i* **auf etw** (*akk*) **~** *Mensch* to aim at sth; *in Rede* to get at sth

abzischen *v/i umg* (≈ *abhauen*) to beat it *umg*

Abzocke *f umg* **~ sein** to be a rip-off *umg*

abzocken *umg v/t* **j-n ~** to rip sb off *umg*

Abzug *m* **1** *von Truppen, Kapital etc* withdrawal **2** *vom Lohn etc* deduction; (≈ *Rabatt*) discount; **ohne ~** HANDEL net terms only **3** TYPO copy; (≈ *Korrekturfahne*) proof; FOTO print **4** *am Gewehr* trigger

abzüglich *präp* HANDEL minus, less

Abzugshaube *f* extractor hood

abzweigen **A** *v/i* to branch off **B** *v/t umg* to put on one side

Abzweigung *f* turn-off; (≈ *Gabelung*) fork

Account *m/n* INTERNET, IT account

Acerolakirsche *f* acerola (cherry)

ach *int* oh; **ach nein!** oh no!; *überrascht* no!, really!; **ach nein, ausgerechnet der!** well, well, him of all people; **ach so!** I see!, aha!; (≈ *ja richtig*) of course!; **ach was** *od* **wo!** of course not

Ach *n* **mit Ach und Krach** *umg* by the skin of one's teeth *umg*

Achillesferse *f* Achilles heel

Achillessehne *f* Achilles tendon

Achse *f* axis; TECH axle; **auf (der) ~ sein** *umg* to be out (and about)

Achsel *f* shoulder; **die ~n** *od* **mit den ~n zucken** to shrug (one's shoulders)

Achselhemd *n* vest *Br*, sleeveless undershirt *US*

Achselhöhle *f* armpit

Achselshirt *n umg* vest *Br*, sleeveless undershirt *US*

Achselzucken *n* shrug

achselzuckend *adv* **er stand ~ da** he stood there shrugging his shoulders

acht *num* eight; **in ~ Tagen** in a week('s time); **heute/morgen in ~ Tagen** a week today/tomorrow; **heute vor ~ Tagen war ich ...** a week ago today I was ...; → **vier**

Acht[1] *f* eight

Acht[2] *f* **sich in ~ nehmen** to be careful, to take care; (≈ *aufpassen*) to watch out; **sich vor j-m/etw in ~ nehmen** to beware of sb/sth; **etw außer ~ lassen** to leave sth out of consideration; → **geben** → **achtgeben**

achtbar *adj Gesinnung, Person* worthy; *Firma* reputable; *Platzierung* respectable

achteckig *adj* octagonal, eight-sided

Achtel *n* eighth; → **Viertel**[1]

Achtelfinale *n* round before the quarterfinal; **ein Platz im ~** a place in the last sixteen

Achtelnote *f* quaver

achten **A** *v/t* to respect **B** *v/i* **auf etw** (*akk*) **~** to pay attention to sth; *beim Zuhören* to listen for sth; **auf die Kinder ~** to keep an eye on the children, to watch the children; **darauf ~, dass ...** to be careful that ..., to make sure that ...

ächten *v/t* HIST to outlaw; *fig* to ostracize

achtens *adv* eighth(ly), in the eighth place

achtenswert *adj* worthy

Achter *m* Rudern eight

achte(r, s) *adj* eighth; → **vierter, s**

Achterbahn *f* roller coaster

achtfach **A** *adj* eightfold; **die ~e Menge** eight times the amount **B** *adv* eightfold, eight times

achtgeben *v/i* to take care (**auf** +*akk* of); (≈ *aufmerksam sein*) to pay attention (**auf** +*akk* to)

achthundert *num* eight hundred

achtjährig *adj* **1** *acht Jahre alt* eight-year-old *attr*; **ein ~es Kind** an eight-year-old child, a child of eight **2** *acht Jahre dauernd* eight-year *attr*; **~es Gymnasium** *high-school education at a Gymnasium lasting eight rather than the traditional nine years*

achtlos **A** *adj* careless, thoughtless **B** *adv durchblättern* casually; *wegwerfen* thoughtlessly; *sich verhalten* carelessly

Achtstundentag *m* eight-hour day

achttägig *adj* week-long

Achtung *f* **1** (≈ *Vorsicht*) **~!** watch *od* look out!; MIL *Befehl* attention!; **~, ~!** (your) attention

please!; **„Achtung Stufe!"** "mind the step"; **~, fertig, los!** ready, steady *od* get set, go! ▣ (≈ *Wertschätzung*) respect (**vor** +*dat* for); **sich** (*dat*) **~ verschaffen** to make oneself respected; **alle ~!** good for you/him *etc* !
Achtungserfolg *m* succès d'estime
achtzehn *num* eighteen
achtzehnte(r, s) *adj* eighteenth
achtzig *num* eighty; **auf ~ sein** *umg* to be livid; → vierzig
achtzigste(r, s) *adj* eightieth
ächzen *v/i* to groan (**vor** +*dat* with)
Acker *m* (≈ *Feld*) field; *umg sich verdrücken* **sich vom ~ machen** to make oneself scarce *umg*
Ackerbau *m* agriculture, arable farming; **~ betreiben** to farm the land; **~ und Viehzucht** farming
Ackergaul *pej m* farm horse, old nag *pej*
Ackerland *n* arable land
ackern *umg v/i* to slog away *umg*
a conto *adv* HANDEL on account
Acryl *n* acrylic
Acrylglas *n* acrylic glass
Act *m* ▣ *sl* MUS *Gruppe, Musik* act ▣ *umg großer Aufwand* palaver *umg*
Action *f* action
Actionfilm *m* action movie
Actionkamera *f* activity camera
a. D. *abk* (= *außer Dienst*) ret(d)
ad absurdum *adv* **~ führen** to reduce to absurdity
ADAC® *m abk* (= *Allgemeiner Deutscher Automobil-Club*) ≈ AA *Br*, ≈ AAA *US*
ad acta *adv* **etw ~ legen** *fig Frage, Problem* to consider sth closed
Adamsapfel *umg m* Adam's apple
Adapter *m* adapter, adaptor
adäquat ▣ *adj* adequate; *Stellung, Verhalten* suitable ▣ *adv* adequately
adden *v/t* INTERNET *umg* to add (**zu** to); **ich habe Felix geaddet** I added Felix
addieren *v/i* to add (**zu** to)
Addition *f* addition
Adel *m* nobility
adeln *v/t* to ennoble; (≈ *den Titel „Sir" verleihen*) to knight
Adelstitel *m* title
Ader *f* BOT, GEOL vein; PHYSIOL blood vessel; **eine/keine ~ für etw haben** to have feeling/no feeling for sth
Aderlass *m* blood-letting
ad hoc *geh adv* ad hoc
ADHS *abk* (= *Aufmerksamkeits-Defizit-Hyperaktivitäts-Syndrom*) ADHD (*attention-deficit hyperactivity disorder*)
Adjektiv *n* adjective

adjektivisch ▣ *adj* adjectival ▣ *adv* adjectivally
Adler *m* eagle
Adlerauge *fig n* eagle eye; **~n haben** to have eyes like a hawk
Adlernase *f* aquiline nose
adlig *adj* **~ sein** to be of noble birth
Adlige(r) *m/f(m)* nobleman/-woman
Administrator(in) *m(f)* IT administrator
Admiral(in) *m(f)* admiral
adoptieren *v/t* to adopt
Adoption *f* adoption; **zur ~ freigeben** to give up for adoption
Adoptiveltern *pl* adoptive parents *pl*
Adoptivkind *n* adopted child
Adr. *abk* (= *Adresse*) address
Adrenalin *n* adrenalin
Adrenalinschub *m* surge of adrenalin
Adrenalinstoß *m* surge of adrenalin
Adressanhänger *m* luggage label, baggage label, luggage tag, baggage tag
Adressat(in) *m(f)* addressee
Adressbuch *n* directory; *privat* address book
Adresse *f* address; **da sind Sie bei mir an der falschen ~** *umg* you've come to the wrong person
Adressenverwaltung *f* IT address filing system
Adressenverzeichnis *n* IT address list; *von Kunden* mailing list
adressieren *v/t* to address (**an** +*akk* to)
Adria *f* Adriatic (Sea)
ADS *abk* (= *Aufmerksamkeitsdefizit-Syndrom*) ADD
Advent *m* Advent; **erster/vierter ~** first/fourth Sunday in Advent; **im ~** at Advent
Adventskalender *m* Advent calendar
Adventskranz *m* Advent wreath
Adventszeit *f* Advent
Adverb *n* adverb
adverbial ▣ *adj* adverbial ▣ *adv* adverbially
Advokat(in) *m(f) schweiz* lawyer
Aerobic *n* aerobics *sg*
aerodynamisch ▣ *adj* aerodynamic ▣ *adv* aerodynamically
AfD *f abk* (= *Alternative für Deutschland*) POL AfD (*German anti-European political party*)
Affäre *f* affair; **sich aus der ~ ziehen** *umg* to get (oneself) out of it *umg*
Affe *m* ▣ monkey; (≈ *Menschenaffe*) ape ▣ *sl* (≈ *Kerl*) clown *umg*; **ein eingebildeter ~** a conceited ass *umg*
Affekt *m* emotion; **im ~ handeln** to act in the heat of the moment
Affekthandlung *f* act committed under the influence of emotion
affektiert *pej* ▣ *adj* affected ▣ *adv* affectedly

Affektiertheit f affectation
affenartig adj **mit ~er Geschwindigkeit** umg like greased lightning umg
Affenhitze umg f sweltering heat umg
Affenliebe f blind adoration (**zu** of)
Affentempo umg n breakneck speed Br umg, neck-breaking speed US umg
Affentheater umg n carry-on umg, fuss
Affenzahn umg m → Affentempo
affig umg adj (≈ eitel) stuck-up umg; (≈ geziert) affected; (≈ lächerlich) ridiculous
Äffin f female monkey; (≈ Menschenäffin) female ape
Afghane m, **Afghanin** f Afghan
afghanisch adj Afghan
Afghanistan n Afghanistan
Afrika n Africa
Afrikaner(in) m(f) African
afrikanisch adj African
Afroamerikaner(in) m(f) African American
afroamerikanisch adj African American
After form m anus
Aftershave n aftershave
AG f abk (= **Aktiengesellschaft**) ≈ plc Br, ≈ corp. US, ≈ inc. US, ≈ incorporated company US
Ägäis f Aegean (Sea)
ägäisch adj Aegean
Agave f agave
Agavensirup m agave nectar
Agenda f agenda; **~ 2000** Agenda 2000
Agent(in) m(f) agent; (≈ Spion) secret agent
Agentur f agency; **~ für Arbeit** job centre Br, employment office US
Agenturmeldung f (news) agency report
Aggregat n GEOL aggregate; TECH unit, set of machines
Aggregatzustand m state
Aggression f aggression (**gegen** towards)
aggressiv A adj aggressive B adv aggressively
Aggressivität f aggressivity
Aggressor(in) m(f) aggressor
agieren v/i to act
Agitation f POL agitation
agitatorisch adj POL agitational; Rede, Inhalt inflammatory; **sich ~ betätigen** to be an agitator
agitieren v/i to agitate
Agrarfabrik f agro industrial plant
Agrarmarkt m agricultural market
Agrarpolitik f agricultural policy
Agrikultur f agriculture
Ägypten n Egypt
Ägypter(in) m(f) Egyptian
ägyptisch adj Egyptian
aha int aha; verstehend a. I see
Aha-Effekt m aha effect
Aha-Erlebnis n light bulb moment; sudden insight
ahnden v/t Übertretung, Verstoß to punish
ähneln v/i to resemble; **sich ~, einander ~** geh to be alike, to be similar
ahnen v/t to foresee; Gefahr, Tod to have a premonition of; (≈ fühlen) to sense; (≈ vermuten) to suspect; (≈ erraten) to guess; **das kann ich doch nicht ~!** I couldn't be expected to know that!; **nichts Böses ~** to be unsuspecting; **(ach), du ahnst es nicht!** you would you believe it! umg
Ahnengalerie f ancestral portrait gallery
ähnlich A adj similar (+dat to); **~ wie er/sie** like him/her; **~ wie vor 10 Jahren** as 10 years ago; **sie sind sich ~** they are similar od alike; **(etwas) Ähnliches** something similar B adv **~ kompliziert/intelligent** just as complicated/intelligent; **ich denke ~** I feel the same way (about it); **j-m ~ sehen** to resemble sb C präp similar to, like
Ähnlichkeit f similarity (**mit** to)
ähnlichsehen v/i **das sieht ihm (ganz) ähnlich!** umg that's just like him!
Ahnung f 1 (≈ Vorgefühl) presentiment; düster premonition 2 (≈ Vorstellung, Wissen) idea; (≈ Vermutung) suspicion, hunch; **eine ~ von etw vermitteln** to give an idea of sth; **keine ~!** umg no idea! umg; **hast du eine ~, wo er sein könnte?** have you any idea where he could be?
ahnungslos A adj (≈ nichts ahnend) unsuspecting; (≈ unwissend) clueless umg B adv unsuspectingly
Ahorn m maple
Ähre f (≈ Getreideähre) ear
Aids n Aids
Aidshilfe f Aids centre Br, Aids center US
aidsinfiziert adj Aids-infected, infected with Aids
aidskrank adj suffering from Aids
Aidskranke(r) m/f(m) Aids sufferer
Aidstest m Aids test
Aidstote(r) m/f(m) person/man/woman who died of Aids; **2000 ~ pro Jahr** 2000 Aids deaths per year
Aikido n aikido
Airbag m AUTO airbag
Airboard n aufblasbarer Schlitten airboard
Akademie f academy; (≈ Fachschule) college, school
Akademiker(in) m(f) (≈ Hochschulabsolvent) (university) graduate; (≈ Universitätslehrkraft) academic
akademisch adj academic; **die ~e Jugend** (the) students pl; **~ gebildet sein** to have (had) a university education
Akazie f acacia
akklimatisieren v/r to become acclimatized (**in**

+*dat* to)
Akkord *m* **1** MUS chord **2** (≈ *Stücklohn*) piece rate; **im ~ arbeiten** to do piecework
Akkordarbeit *f* piecework
Akkordarbeiter(in) *m(f)* pieceworker
Akkordeon *n* accordion
Akkordlohn *m* piece wages *pl*, piece rate
akkreditieren *v/t Botschafter, Journalisten* to accredit (**bei** to, at)
Akkreditiv *n* FIN letter of credit
Akku *m abk umg* → Akkumulator
Akkubohrer *m* battery-operated drill, cordless drill
Akkulaufzeit *f* battery life
Akkumulator *m* accumulator
akkumulieren *v/t & v/i & v/r* to accumulate
akkurat **A** *adj* precise, accurate **B** *adv* precisely, exactly
Akkusativ *m* accusative
Akkusativobjekt *n* accusative object
Akne *f* acne
Akontozahlung *f* payment on account
Akribie *f* meticulousness
akribisch *geh* **A** *adj* meticulous, precise **B** *adv* meticulously
Akrobat(in) *m(f)* acrobat
akrobatisch *adj* acrobatic
Akronym *n* acronym
Akt *m* **1** act; (≈ *Zeremonie*) ceremony **2** KUNST (≈ *Aktbild*) nude **3** (≈ *Geschlechtsakt*) sexual act
Akte *f* file, record; **etw zu den ~n legen** to file sth away; *fig Fall etc* to drop sth
Aktendeckel *m* folder
Aktenkoffer *m* attaché case
aktenkundig *adj* on record; **~ werden** to be put on record
Aktenmappe *f* (≈ *Tasche*) briefcase, portfolio; (≈ *Umschlag*) folder, file
Aktennotiz *f* memo(randum)
Aktenordner *m* file
Aktenschrank *m* filing cabinet
Aktentasche *f* briefcase
Aktenvernichter *m* shredder
Aktenzeichen *n* reference
Aktfoto *n* nude (photograph)
Aktie *f* share; **die ~n fallen/steigen** share prices are falling/rising; **wie stehen die ~n?** *hum umg* how are things?
Aktienfonds *m* equity fund
Aktiengesellschaft *f* ≈ public limited company *Br*, ≈ corporation *US*
Aktienindex *m* FIN share index
Aktienkapital *n* share capital
Aktienkurs *m* share price
Aktienmarkt *m* stock market
Aktion *f* action; (≈ *Kampagne*) campaign; (≈ *Werbeaktion*) promotion; **in ~ treten** to go into action
Aktionär(in) *m(f)* shareholder, stockholder *bes US*
Aktionismus *m pej übertriebener Betätigungsdrang* **blinder ~** doing things for the sake of it; **in blinden ~ verfallen** to start doing things for the sake of it
Aktionsprogramm *n* POL programme of action *Br*, program of action *US*
Aktionsradius *m* FLUG, SCHIFF range, radius; *fig* (≈ *Wirkungsbereich*) scope (for action)
aktiv **A** *adj* active; (≈ *tatkräftig*) energetic; WIRTSCH *Bilanz* positive **B** *adv* actively; **sich ~ an etw** (*dat*) **beteiligen** to take an active part in sth
Aktiv *n* GRAM active
Aktiva *pl* assets *pl*
aktivieren *v/t* to activate; *fig Mitarbeiter* to get moving
Aktivist(in) *m(f)* activist
Aktivität *f* activity
Aktivitätsarmband *n* activity tracker
Aktivposten *wörtl, fig m* asset
Aktivurlaub *m* activity holiday *Br*, activity vacation *US*
Aktmodell *n* nude model
aktualisieren **A** *v/t* to make topical; *Lehrwerk* to update **B** *v/r* **sich (selbst) ~** IT to update automatically
Aktualisierung *f* update
Aktualität *f* topicality
aktuell *adj Thema* topical; *Problem, Theorie* current; *Mode, Stil* latest *attr*; (≈ *gegenwärtig*) present; **von ~er Bedeutung** of relevance to the present situation; **eine ~e Sendung** a current affairs programme *Br*, a current affairs program *US*
Akupressur *f* acupressure
akupunktieren *v/t* to acupuncture
Akupunktur *f* acupuncture
Akustik *f von Gebäude etc* acoustics *pl*
akustisch **A** *adj* acoustic **B** *adv* acoustically; **ich habe dich rein ~ nicht verstanden** I simply didn't catch what you said (properly)
akut **A** *adj* MED, *a. fig* acute **B** *adv* acutely
AKW *n abk* (= Atomkraftwerk) nuclear power station
Akzent *m* accent; (≈ *Betonung*), *a. fig* stress; **den ~ auf etw** (*akk*) **legen** to stress sth
akzentfrei *adj & adv* without any *od* an accent
akzeptabel *adj* acceptable
Akzeptanz *f* acceptance
akzeptieren *v/t* to accept
Alabaster *m* alabaster
Alarm *m* alarm; (≈ *Alarmsignal*) alert; **~ schlagen** to give *od* raise *od* sound the alarm

Alarmanlage f alarm system
Alarmbereitschaft f alert; **in ~ sein** od **stehen** to be on the alert
alarmieren v/t Polizei etc to alert; fig (≈ beunruhigen) to alarm; **~d** fig alarming
Alarmstufe f alert stage
Alarmzustand m alert; **im ~ sein** to be on the alert
Alaska n Alaska
Albaner(in) m(f) Albanian
Albanien n Albania
albanisch adj Albanian
Albatros m albatross
albern **A** adj silly, stupid; **~es Zeug** (silly) nonsense **B** adv klingen silly; **sich ~ benehmen** to act silly **C** v/i to fool around
Albernheit f **1** (≈ albernes Wesen) silliness **2** (≈ Tat) silly prank; (≈ Bemerkung) inanity
Albino m albino
Albtraum m nightmare
Album n album
Alevit(in) m(f) Alevi
alevitisch adj Alevi
Alge f alga
Algebra f algebra
algebraisch adj algebraic(al)
Algensalat m seaweed salad
Algenteppich m algae slick
Algerien n Algeria
Algerier(in) m(f) Algerian
algerisch adj Algerian
alias adv alias, also od otherwise known as
Alibi n JUR, a. fig alibi
Alibifrau f token woman
Alibifunktion f **~ haben** fig to be used as an alibi
Alimente pl maintenance sg
alkalisch adj alkaline
Alki s/ m alkie umg
Alkohol m alcohol; **unter ~ stehen** to be under the influence (of alcohol od drink)
alkoholabhängig adj alcohol-dependent; **~ sein** to be an alcoholic
Alkoholeinfluss m influence of alcohol od drink; **unter ~** under the influence of alcohol
alkoholfrei adj nonalcoholic; **~es Getränk** soft drink
Alkoholgehalt m alcohol(ic) content
Alkoholgenuss m consumption of alcohol
alkoholhaltig adj alcoholic
Alkoholiker(in) m(f) alcoholic
alkoholisch adj alcoholic
alkoholisiert adj (≈ betrunken) inebriated
Alkoholismus m alcoholism
Alkoholkonsum m consumption of alcohol
Alkoholkontrolle f roadside breath test
alkoholkrank adj alcoholic; **~ sein** to be an alcoholic
Alkoholmissbrauch m alcohol abuse
Alkoholproblem n **er hat ein ~** he's got a drink problem, he has got a drinking problem US
Alkoholspiegel m **j-s ~** the level of alcohol in sb's blood
alkoholsüchtig adj addicted to alcohol
Alkoholsünder(in) umg m(f) drunk(en) driver
Alkoholtest m breath test
Alkoholverbot n ban on alcohol
Alkoholvergiftung f alcohol(ic) poisoning
Alkomat m breath alcohol tester, Breathalyzer®
Alkopop m alcopop
All n Naturwissenschaft, a. RAUMF space
allabendlich adj (which takes place) every evening; **der ~e Spaziergang** the regular evening walk
Allah m Allah
alle **A** pron → **aller**, s **B** adv umg all gone; **die Milch ist ~** there's no milk left; **etw/j-n ~ machen** umg to finish sth/sb off
alledem pron **trotz ~** in spite of all that
Allee f avenue
Allegorie f LIT allegory
allein **A** adj alone; (≈ einsam) lonely; **ganz ~, für sich ~** on one's own; **~ auskommen** to fend for oneself; **von ~** by oneself/itself; **auf sich** (akk) **~ angewiesen sein** to be left to cope on one's own **B** adv (≈ nur) alone; ohne andere on one's own; **es ~ schaffen** to go it alone; **~ schon der Gedanke** the very od mere thought ...; → **alleinerziehend**; → **alleinstehend**
Allein- zssgn solo
Alleinerbe m, **Alleinerbin** f sole heir
alleinerziehend adj Mutter, Vater single
Alleinerziehende(r) m/f(m), **Alleinerzieher(in)** österr m(f) single parent
Alleingang m **etw im ~ machen** to do sth on one's own; **einen ~ starten** to go it alone
alleinig adj sole, only
Alleinsein n being on one's own, solitude; (≈ Einsamkeit) loneliness
alleinstehend adj living alone od on one's own; (≈ unverheiratet) single
Alleinstehende(r) m/f(m) single person
Alleinunterhalter(in) m(f) solo entertainer
Alleinverdiener(in) m(f) sole (wage) earner
allemal adv every od each time; (≈ ohne Schwierigkeit) without any problem; → **Mal**²
allenfalls adv (≈ nötigenfalls) if need be; (≈ höchstens) at most; (≈ bestenfalls) at best
aller- zssgn zur Verstärkung by far

alle(r, s) **A** *indef pr* **1** all; **~ Anwesenden/Beteiligten/Betroffenen** all those present/taking part/affected; **~ Schüler müssen mindestens neun Jahre in die Schule gehen** all schoolchildren have to go to school for at least nine years; **~ Schüler unserer Schule** all the pupils at our school; **ich habe ~ Schallplatten verschenkt** I've given away all my records; **trotz ~r Mühe** in spite of every effort; **ohne ~n Grund** for no reason at all **2** **~s** *sg* everything; *in Fragen, Verneinung* anything; **das ~s** all that; **~s Schöne** everything beautiful; **(ich wünsche dir) ~s Gute** (I wish you) all the best; **~s, was wir jetzt (noch) tun müssen** all we have to do now; **~s in ~m** all in all; **trotz ~m** in spite of everything; **über ~s** above all else; (≈ *mehr als alles andere*) more than anything else; **vor ~m** above all; **das ist ~s** that's all, that's it *umg*; **das ist ~s andere als …** that's anything but …; **was soll das ~s?** what's all this supposed to mean?; **was er (nicht) ~s weiß/kann!** the things he knows/can do!; **~s klar** all right **3** **~** *pl* all; (≈ *alle Menschen*) everybody, everyone; **die haben mir ~ nicht gefallen** I didn't like any of them; **~ beide** both of them, the two of them; **sie kamen ~** all of them came; **~ fünf Minuten** every five minutes **B** *adv* → **alle**

allerbeste(r, s) *adj* very best; **der/die/das Allerbeste** the best of all

allerdings *adv einschränkend* though; **~!** (most) certainly!

allererste(r, s) *adj* very first

Allergen *n* MED allergen

Allergie *f* MED allergy; *fig* aversion (**gegen** to); **eine ~ gegen etw haben** *a. fig hum* to be allergic to sth

Allergiepass *m* allergy ID

Allergietest *m* allergy test

Allergiker(in) *m(f)* person suffering from an allergy

allergisch **A** *adj* MED, *a. fig* allergic (**gegen** to) **B** *adv* **auf etw** (*akk*) **~ reagieren** to have an allergic reaction to sth

allerhand *adj* all kinds of things; **das ist ~!** *zustimmend* that's quite something!; **das ist ja** *od* **doch ~!** *empört* that's too much!

Allerheiligen *n* All Saints' Day

allerhöchstens *adv* at the very most

allerlei *adj* all sorts *od* kinds of

allerletzte(r, s) *adj* very last; (≈ *allerneueste*) very latest; **der/das ist (ja) das Allerletzte** *umg* he's/it's the absolute end! *umg*

allerliebste(r, s) *adj* (≈ *Lieblings-*) most favourite *attr Br*, most favorite *attr US*

allermeiste(r, s) *adj* most … of all

allernächste(r, s) *adj* very next; **in ~r Zeit** in the very near future

allerneueste(r, s) *adj* very latest

Allerseelen *n* All Souls' Day

allerseits *adv* on all sides; **guten Abend ~!** good evening everybody

Allerwelts- *zssgn* (≈ *Durchschnitts-*) ordinary; (≈ *nichtssagend*) general

allerwenigste(r, s) *adj* least … of all; *pl* fewest of all, fewest … of

alles *indef pr* → **aller, s**

allesamt *adv* all (of them/us *etc*), to a man

Alleskleber *m* all-purpose adhesive *od* glue

Allesschneider *m* food-slicer

allg. *abk* (= *allgemein*) general(ly)

allgemein **A** *adj* general; *Feiertag* public; *Regelungen, Wahlrecht* universal; *insgesamt* overall; *Wehrpflicht* compulsory; **im Allgemeinen** in general, generally; **im ~en Interesse** in the common interest; **von ~em Interesse** of general interest **B** *adv* generally; (≈ *ausnahmslos von allen*) universally; **es ist ~ bekannt** it's common knowledge; **~ verständlich** generally intelligible; **~ verbreitet** widespread; **~ zugänglich** open to all; → **allgemeinbildend**

Allgemeinarzt *m*, **Allgemeinärztin** *f* ≈ general practitioner, family practitioner *US*

Allgemeinbefinden *n* general condition

allgemeinbildend *adj* providing (a) general education

Allgemeinbildung *f* general education

Allgemeingut *fig n* common property

Allgemeinheit *f* (≈ *Öffentlichkeit*) general public

Allgemeinmedizin *f* general medicine

Allgemeinmediziner(in) *m(f)* MED ≈ general practitioner, ≈ GP, ≈ family practitioner *US*

allgemeinverständlich *adj* → **allgemein**

Allgemeinwissen *n* general knowledge

Allgemeinwohl *n* public welfare

Allheilmittel *n* cure-all

Allianz *f* **1** alliance **2** (≈ *NATO*) Alliance

Alligator *m* alligator

alliiert *adj* allied; *im 2. Weltkrieg* Allied

Alliierte(r) *m/f(m)* ally

All-inclusive-Urlaub *m* all-inclusive holiday *Br*, all-inclusive vacation *US*

Alliteration *f* LIT alliteration

alljährlich **A** *adj* annual, yearly **B** *adv* annually, yearly

Allmacht *f bes von Gott* omnipotence

allmächtig *adj* all-powerful; *Gott a.* almighty

allmählich **A** *adj* gradual **B** *adv* gradually; **es wird ~ Zeit** *umg* it's about time

allmonatlich *adj & adv* monthly

Allradantrieb *m* AUTO four-wheel drive

Allround- *zssgn* all-round *Br*, all-around *US*

allseitig adj (≈ allgemein) general; (≈ ausnahmslos) universal

allseits adv (≈ überall) everywhere; (≈ in jeder Beziehung) in every respect; **~ beliebt/unbeliebt** universally popular/unpopular

Alltag fig m **im ~** in everyday life

alltäglich adj daily; (≈ üblich) ordinary, everyday; **es ist ganz ~** it's nothing unusual

Alltags- zssgn everyday

Alltagsleben n everyday life, daily life

Allüren pl (≈ geziertes Verhalten) affectations pl; eines Stars etc airs and graces pl

allwissend adj omniscient; **~er Erzähler** LIT third-person narrator, omniscient narrator

allwöchentlich **A** adj weekly **B** adv every week

allzu adv all too; **~ viele Fehler** far too many mistakes; **~ früh** far too early; **~ sehr** too much; mögen all too much; sich ärgern, enttäuscht sein too; **~ viel** too much; **~ viel ist ungesund** sprichw you can have too much of a good thing sprichw

Allzweckreiniger m multipurpose cleaner

Alm f alpine pasture

Almosen n **1** geh (≈ Spende) alms pl obs **2** (≈ geringer Lohn) pittance

Alp f (≈ Alm) alpine pasture

Alpen pl Alps pl

Alpenland n alpine country

Alpenrose f Alpine rose od rhododendron

Alpenveilchen n cyclamen

Alpenvorland n foothills pl of the Alps

Alphabet n alphabet

alphabetisch **A** adj alphabetical **B** adv alphabetically

Alphabetisierung f literacy

alphanumerisch adj alphanumeric

alpin adj a. SKI alpine

Alpinist(in) m(f) alpinist

Alptraum m → Albtraum

als konj **1** than; **ich kam später als er** I came later than he (did) od him **2** bei Vergleichen **so ... als** as ... as ...; **so viel/so weit als möglich** as much/far as possible; **eher od lieber ... als** rather ... than; **alles andere als** anything but **3** **als ob ich das nicht wüsste!** as if I didn't know! **4** zeitlich when; **damals, als** (in the days) when; **gerade, als** just as **5** **als Beweis** as proof; **als Antwort/Warnung** as an answer/a warning; **als Kind/Mädchen** etc as a child/girl etc

also **A** konj (≈ folglich) so, therefore **B** adv so; **~ doch** so ... after all; **du machst es ~?** so you'll do it then? **C** int well; **~ doch!** so he/they etc did!; **na ~!** there you are!, you see?; **~ gut** od **schön** well all right then; **~ so was!** well (I never)!

Alsterwasser nordd n shandy Br, radler US, beer and lemonade

alt adj **1** old; Mythos, Griechen ancient; Sprachen classical; **das alte Rom** ancient Rome; **Alt und Jung** (everybody) old and young; **ein drei Jahre altes Kind** a three-year-old child; **wie alt bist du?** how old are you?; **hier werde ich nicht alt** umg this isn't my scene umg; **in alter Freundschaft, Dein ...** yours as ever ...; **alt aussehen** umg (≈ dumm dastehen) to look stupid **2** (≈ dieselbe, gewohnt) same old

Alt¹ m MUS alto

Alt² n (≈ Bier) top-fermented German dark beer

Altar m altar

altbacken adj **1** stale **2** fig old-fashioned

Altbau m old building

Altbauwohnung f flat in an old building Br, apartment in an old building

Altbundeskanzler(in) m(f) former German/Austrian Chancellor

altdeutsch adj old German

Alte f (≈ alte Frau) old woman; umg (≈ Vorgesetzte) boss

Alteisen n scrap metal

altenglisch adj old English

Altenheim n old people's home, retirement home

Altenhilfe f old people's welfare

Altenpfleger(in) m(f) old people's nurse

Alte(r) m (≈ alter Mann) old man; umg (≈ Vorgesetzter) boss; **die ~n** (≈ Eltern) the folk(s) pl umg

Alter n age; **das ~, in dem man legal Sex haben darf** the age of consent; **im ~** in one's old age; **im ~ von** aged, at the age of; **im ~ von 18 Jahren** at the age of 18; **in deinem ~** at your age; **er ist in deinem ~** he's your age

älter adj older; (≈ nicht ganz jung) elderly; **die ~en Herrschaften** the older members of the party

altern v/i to age; Wein to mature; **~d** ageing

alternativ adj alternative

Alternative f alternative; **~ für Deutschland** POL AfD (German anti-European political party)

Alternativenergie f alternative energy

alternativlos adv with no alternative; **~ sein** to be the only alternative; **diese Politik ist nicht ~** there are alternatives to this policy

Alternativmedizin f alternative medicine

Altersarmut f poverty in old age

altersbedingt adj age-related

Altersbeschwerden pl complaints pl of old age

altersdement adj MED suffering from senile dementia

Altersdemenz f senile dementia

Altersdiskriminierung f ageism

Alterserscheinung f sign of old age
Altersgenosse m, **Altersgenossin** f contemporary
Altersgrenze f age limit; (≈ Rentenalter) retirement age
Altersgründe pl **aus ~n** for reasons of age
Altersgruppe f age group
Altersheim n old people's home
Altersrente f old age pension
altersschwach adj Mensch old and infirm; Auto, Möbel etc decrepit
Altersschwäche f von Mensch infirmity
Altersteilzeit f semi-retirement
Altersunterschied m age difference
Altersversorgung f provision for (one's) old age; **betriebliche ~** ≈ company pension scheme
Altersvorsorge f old-age provision; **private ~** personal pension plan
Altertum n antiquity
altertümlich adj (≈ aus dem Altertum) ancient; (≈ veraltet) antiquated
Ältestenrat m council of elders
älteste(r, s) adj oldest
Altglas n glass for recycling
Altglascontainer m bottle bank
altgriechisch adj ancient Greek
althergebracht adj traditional; Tradition long-established
althochdeutsch adj Old High German
Altistin f MUS alto
altjüngferlich adj old-maidish, spinsterish
Altkanzler(in) m(f) former chancellor
Altkleidersammlung f collection of old clothes; **etw in die ~ geben** to put sth in the old clothes collection
altklug adj precocious
Altlast f Ökologie dangerous waste (accumulated over the years); (≈ Fläche) contaminated area; fig legacy (of the past), inherited problem
Altlastensanierung f redevelopment od clean-up of contaminated sites
Altmaterial n scrap
Altmetall n scrap metal
altmodisch adj old-fashioned, outdated; (≈ unattraktiv) frumpy
Altöl n used oil
Altpapier n wastepaper
Altpapiercontainer m paper bank
Altsein n being old
altsprachlich adj classical; **~e Abteilung** classics department
Altstadt f old town
Altstimme f MUS alto
Alt-Taste f COMPUT Alt key
Altweibersommer m Indian summer

Aludose f aluminium can Br, aluminum can US, tin can
Alufolie f tin od kitchen foil
Aluminium n aluminium Br, aluminum US
Alzheimerkrankheit f Alzheimer's (disease)
am präp **1** **er war am tapfersten** he was (the) bravest; **am besten/liebsten/meisten** best; **am seltsamsten war ...** the strangest thing was ... **2** als Zeitangabe on; **am letzten Sonntag** last Sunday; **am 8. Mai** on 8(th) May, on May 8(th); **am Morgen/Abend** in the morning/evening; **am nächsten Morgen/Tag** the next morning/day; **am Wochenende** at the weekend **3** **am Ende (von)** at the end (of); **am Bahnhof** at the station; **am Telefon** on the phone
Amateur(in) m(f) amateur
amateurhaft adj amateurish
Ambiente geh n ambience
Ambition f ambition; **~en auf etw** (akk) **haben** to have ambitions of getting sth
ambivalent adj ambivalent
Amboss m anvil
ambulant **A** adj MED outpatient attr; **~e Patienten** outpatients **B** adv **~ behandelt werden** Patient to be treated as an outpatient
Ambulanz f **1** (≈ Klinikstation) outpatient department **2** (≈ Krankenwagen) ambulance
Ameise f ant
Ameisenbär m anteater; größer giant anteater
Ameisenhaufen m anthill
amen int amen
Amen n amen; **das ist so sicher wie das ~ in der Kirche** od **im Gebet** österr sprichw you can bet your bottom dollar on that umg
Amerika n America
Amerikaner(in) m(f) American
amerikanisch adj American; **~e Ureinwohner** Native Americans
Amerikanismus m Americanism
Ami umg m Yank umg
Aminosäure f amino acid
amisch adj Amish; **die Amischen** the Amish
Ammann m schweiz mayor
Ammenmärchen n fairy tale od story
Amnestie f amnesty
amnestieren v/t to grant an amnesty to
Amöbe f amoeba
Amok m **~ laufen** to run amok bes Br, to run amuck; **~ fahren** to drive like a madman od lunatic
Amokfahrt f mad od crazy ride
Amokschütze m crazed gunman
amortisieren v/r to pay for itself
Ampel f (≈ Verkehrsampel) (traffic) lights pl
Ampelanlage f (set of) traffic lights pl
Ampelphase f traffic light sequence

Amphetamin *n* amphetamine
Amphibie *f* ZOOL amphibian
Amphibienfahrzeug *n* amphibious vehicle
Ampulle *f* (≈ *Behälter*) ampoule
Amputation *f* amputation
amputieren *v/t* to amputate
Amputierte(r) *m/f(m)* amputee
Amsel *f* blackbird
Amt *n* **1** (≈ *Stelle*) post *Br*, position; öffentlich office; **von Amts wegen** (≈ *aufgrund von j-s Beruf*) because of one's job **2** (≈ *Aufgabe*) duty, task **3** (≈ *Behörde*) office; **zum zuständigen Amt gehen** to go to the relevant authority; **von Amts wegen** (≈ *auf behördliche Anordnung hin*) officially
amtieren *v/i* to be in office; **~d** incumbent; **der ~de Weltmeister** the reigning world champion; **er amtiert als Bürgermeister** he is acting mayor
amtlich *adj* official; **~es Kennzeichen** registration (number), license number *US*
Amtsantritt *m* assumption of office
Amtsdauer *f* term of office
Amtsgeheimnis *n* (≈ *geheime Sache*) official secret; (≈ *Schweigepflicht*) official secrecy
Amtsgericht *n* ≈ county court *Br*, district court *US*
Amtshandlung *f* official duty; **seine erste ~ bestand darin, ...** the first thing he did in office was ...
Amtshilfe *f* cooperation between authorities
Amtsmissbrauch *m* abuse of one's position
Amtsperiode *f* term of office
Amtsperson *f* official
Amtsrichter(in) *m(f)* ≈ county court judge *Br*, district court judge *US*
Amtsschimmel *hum m* officialdom
Amtssprache *f* official language
Amtsweg *m* official channels *pl*; **den ~ beschreiten** to go through the official channels
Amtszeichen *n* TEL dialling tone *Br*, dial tone *US*
Amtszeit *f* period of office
Amulett *n* amulet, charm
amüsant **A** *adj* amusing **B** *adv* amusingly
amüsieren **A** *v/t* to amuse; **was amüsiert dich denn so?** what do you find so amusing *od* funny? **B** *v/r* to enjoy oneself, to have a good time, to have fun; **sich über etw** (*akk*) **~** to find sth funny; *unfreundlich* to make fun of sth; **amüsiert euch gut** have fun
Amüsierviertel *n* nightclub district
an **A** *präp* **1** *räumlich: wo?* at; (≈ *an etw dran*) on; **an der Tür/Wand** on the door/wall; **an dem Tisch** (**dort**) at that table; **an der Tafel** on the board; **am Himmel** in the sky; **an der Spitze** at the top; **am oberen Ende** (**von**) at the top (of); **Frankfurt an der Oder** Frankfurt on (the) Oder; **zu nahe an etw stehen** to be too near to sth; **unten am Fluss** down by the river; **an der See** by the sea; **Haus an Haus** one house after the other; **an etw vorbeigehen** to go past sth **2** *zeitlich* on; **am Abend** in the evening; **an diesem Abend** (on) that evening; **am Tag zuvor** the day before, the previous day; → **am 3** *fig* **was haben Sie an Weinen da?** what wines do you have?; **unübertroffen an Qualität** unsurpassed in quality; **das Beste an ...** the best thing about; **es ist an ihm, etwas zu tun** it's up to him to do something **B** *präp* **1** *räumlich: wohin?* to; **etw an die Wand/Tafel schreiben** to write sth on the wall/blackboard; **an den Tisch** (**dort**) at that table; **er ging ans Fenster** he went (over) to the window; **an j-n schreiben** to write to sb; **bis an mein Lebensende** to the end of my days **2** *fig* **ich habe eine Bitte/Frage an Sie** I have a request to make of you/a question to ask you; **an** (**und für**) **sich** actually **C** *adv* **1** (≈ *ungefähr*) **an** (**die**) **hundert** about a hundred **2** *Ankunftszeit* **Frankfurt an: 18.30 Uhr** arriving Frankfurt 18.30 **3** **von heute an** from today onwards **4** *umg* (≈ *angeschaltet, angezogen*) on; **Licht an!** lights on!; **ohne etwas an** with nothing on
Anabolikum *n* anabolic steroid
anal *adj* PSYCH, ANAT anal
analog **A** *adj* **1** analogous (+*dat od* **zu** to) **2** TEL analogue *Br*, analog *US* **3** IT analog **B** *adv* TEL, IT in analogue format *Br*, in analog format *US*
Analogie *f* LIT analogy
Analphabet(in) *m(f)* illiterate (person)
Analphabetismus *m* illiteracy
Analverkehr *m* anal intercourse
Analyse *f a.* PSYCH analysis
analysieren *v/t* to analyze
Analyst(in) *m(f)* BÖRSE investment analyst
Analytiker(in) *m(f)* analyst; (≈ *analytisch Denkender*) analytical thinker
analytisch *adj* analytical
Anämie *f* anaemia *Br*, anemia *US*
Ananas *f* pineapple
Anapher *f* LIT anaphora
Anarchie *f* anarchy
Anarchismus *m* anarchism
Anarchist(in) *m(f)* anarchist
anarchistisch *adj* anarchistic
Anästhesie *f* anaesthesia *Br*, anesthesia *US*
Anästhesist(in) *m(f)* anaesthetist *Br*, anesthesiologist *US*
Anatomie *f* anatomy
anatomisch *adj* anatomical
anbaggern *umg v/t* to chat up *Br umg*, to hit on *US umg*
anbahnen **A** *v/t* to initiate **B** *v/r* (≈ *sich andeuten*)

to be in the offing; *Unangenehmes* to be looming

Anbau[1] *m* (≈ *Anpflanzung*) cultivation; **ökologischer ~** organic cultivation; **Tomaten aus ökologischem ~** organic tomatoes

Anbau[2] *m* (≈ *Nebengebäude*) extension

anbauen *v/t* **1** to cultivate; (≈ *anpflanzen*) to plant, to grow **2** *Hoch- und Tiefbau* to add, to build on

Anbaufläche *f* (area of) cultivable land; (≈ *bebaute Ackerfläche*) area under cultivation

Anbaugebiet *n* cultivable area

anbehalten *v/t* to keep on

anbei *form adv* enclosed; **~ schicken wir Ihnen ...** please find enclosed ...

anbeißen **A** *v/i Fisch* to bite; *fig* to take the bait **B** *v/t Apfel etc* to bite into; **ein angebissener Apfel** a half-eaten apple; **sie sieht zum Anbeißen aus** *umg* she looks good enough to eat

anbeten *v/t* to worship

Anbetracht *m* **in ~** (+*gen*) in consideration *od* view of

Anbetung *f* worship

anbiedern *pej v/r* **sich (bei j-m) ~** to try to get pally (with sb) *umg*

anbieten **A** *v/t* to offer **B** *v/r Mensch* to offer one's services; *Gelegenheit* to present itself

Anbieter(in) *m(f)* supplier; IT provider

anbinden *v/t* (≈ *festbinden*) to tie (up) (**an** +*dat od akk* to); **j-n ~** *fig* to tie sb down; → **angebunden**

Anblick *m* sight; **beim ersten ~** at first sight; **beim ~ des Hundes** when he *etc* saw the dog

anblicken *v/t* to look at

anblinzeln *v/t* **1** (≈ *blinzelnd ansehen*) to squint at **2** (≈ *zublinzeln*) to wink at

anbraten *v/t* to brown; *Steak etc* to sear

anbrechen **A** *v/t Packung, Flasche etc* to open; *Vorrat* to broach; *Ersparnisse* to break into **B** *v/i Epoche etc* to dawn; *Nacht* to fall; *Jahreszeit* to begin

anbrennen *v/i Essen* to get burned; *Stoff* to get scorched; **nichts ~ lassen** (≈ *sich nichts entgehen lassen*) not to miss out on anything; *umg* (≈ *keine Zeit verschwenden*) to be quick; SPORT to be in control throughout the match; → **angebrannt**

anbringen *v/t* **1** (≈ *befestigen*) to fix, to fasten (**an** +*dat* onto); (≈ *anheften*) to attach; (≈ *aufstellen, aufhängen*) to put up **2** (≈ *äußern*) to make (**bei** to); *Kenntnisse, Wissen* to display; *Argument* to use; → **angebracht** **3** (≈ *hierherbringen*) to bring (with one)

Anbruch *m geh* (≈ *Anfang*) beginning; *von Zeitalter, Epoche* dawn(ing)

anbrüllen *v/t umg Mensch* to shout *od* bellow at

Andacht *f* (≈ *Gottesdienst*) prayers *pl*

andächtig **A** *adj* **1** *im Gebet* in prayer **2** (≈ *versunken*) rapt **B** *adv* (≈ *inbrünstig*) raptly

andauern *v/i* to continue, to go on; (≈ *anhalten*) to last

andauernd **A** *adj* (≈ *ständig*) continuous; (≈ *anhaltend*) continual **B** *adv* constantly

Anden *pl* Andes *pl*

andenken *v/t* to consider

Andenken *n* **1** memory; **zum ~ an j-n** in memory of sb **2** (≈ *Reiseandenken*) souvenir (**an** +*akk* of); (≈ *Erinnerungsstück*) memento (**an** +*akk* from)

anderenfalls *adv* otherwise

andere(r, s) *indef pr* **1** different; (≈ *weiterer*) other; **das machen wir ein ~s Mal** we'll do that another time; **~r Meinung sein (als)** to disagree (with); **er ist ein ~r Mensch geworden** he is a changed *od* different man **2** (≈ *folgend*) next, following **3** (≈ *Ding*) **ein ~r** a different one; (≈ *noch einer*) another one; **etwas ~s** something else; *jedes, in Fragen* anything else; **alle ~n** all the others; **ja, das ist etwas ~s** yes, that's a different matter; **das ist etwas ganz ~s** that's something quite different; **nichts ~s** nothing else; **nichts ~s als ...** nothing but ...; **es blieb mir nichts ~s übrig, als selbst hinzugehen** I had no alternative but to go myself; **alles ~** (≈ *alle anderen Dinge*) everything else; **alles ~ als zufrieden** anything but pleased; **unter ~m** among other things; **von einem Tag zum ~n** overnight; **eines besser als das ~** each one better than the next **4** (≈ *Person*) **ein ~r/eine ~** a different person; (≈ *noch einer*) another person; **es war kein ~r als ...** it was none other than ...; **niemand ~s** no-one else; **jemand ~s** *südd* somebody else; *in Fragen* anybody else; **die ~n** the others; **jeder ~, alle ~n** everyone else; **einer nach dem ~n** one after the other

andererseits *adv* on the other hand, then again

andermal *adv* **ein ~** some other time

ändern **A** *v/t* to change; *Kleidungsstück* to alter; **das ist nicht zu ~** nothing can be done about it; **das ändert nichts an der Tatsache, dass ...** that doesn't alter the fact that ... **B** *v/r* to change; **wenn sich das nicht ändert ...** if things don't improve ...; **sich immer** *od* **stetig ~d** ever-changing

anders *adv* **1** (≈ *sonst*) else; **jemand ~** somebody else; *in Fragen* anybody else; **niemand ~** nobody else **2** (≈ *verschieden*) differently; (≈ *andersartig*) different (**als** to); **~ denkend** → **andersdenkend**; **~ als** unlike; **~ als j-d aussehen** to look different from sb; **~ ausgedrückt** in other words; **etw ~ ausdrücken** to paraphrase sth; **sie ist ~ geworden** she has changed; **es geht nicht ~** there's no other way; **ich kann nicht ~** (≈ *kann es nicht lassen*) I can't help it; (≈ *muss lei-*

andersartig *adj* different
andersdenkend *adj* of a different opinion
Andersdenkende(r) *m/f(m)* person of a different opinion; (≈ *Dissident*) dissident, dissenter
andersgeartet *adj* ~ **sein als j-d** to be different from *od* to sb
andersgläubig *adj* ~ **sein** to have a different faith
andersherum *adv* the other way (a)round
anderslautend *adj* contrary
andersrum *adv* the other way round
anderswo *adv* elsewhere, in other places
anderswohin *adv* elsewhere
anderthalb *num* one and a half; ~ **Stunden** an hour and a half
Änderung *f* change; *an Kleidungsstück, Gebäude* alteration (**an** +*dat* to)
Änderungsschneiderei *f* alterations shop
Änderungsvorschlag *m* **einen ~ machen** to suggest a change *od* an alteration
anderweitig **A** *adj* other **B** *adv* (≈ *anders*) otherwise; (≈ *an anderer Stelle*) elsewhere; ~ **vergeben/besetzt werden** to be given to/filled by someone else
andeuten **A** *v/t* (≈ *zu verstehen geben*) to hint, to intimate (**j-m etw** sth to sb); (≈ *kurz erwähnen*) *Problem* to mention briefly **B** *v/r* to be indicated; *Gewitter* to be looming
Andeutung *f* (≈ *Anspielung, Anzeichen*) hint; (≈ *flüchtiger Hinweis*) brief mention; **eine ~ machen** to drop a hint
andeutungsweise *adv* by way of a hint; **j-m ~ zu verstehen geben, dass …** to hint to sb that …
Andorra *n* Andorra
Andrang *m* (≈ *Gedränge*) crowd, crush; *von Blut* rush
andrehen *v/t* **1** (≈ *anstellen*) to turn on **2** *umg* **j-m etw ~** to palm sth off on sb
androgyn *adj* androgynous
androhen *v/t* to threaten (**j-m etw** sb with sth)
Androhung *f* threat; **unter ~** JUR under penalty (**von** *od* +*gen* of)
anecken *umg v/i* (**bei j-m/allen**) **~** to rub sb/everyone up the wrong way *umg*
aneignen *v/t* **sich** (*dat*) **etw ~** (≈ *etw erwerben*) to acquire sth; (≈ *etw wegnehmen*) to appropriate sth; (≈ *sich mit etw vertraut machen*) to learn sth
aneinander *adv* ~ **denken** to think of each other; **sich ~ gewöhnen** to get used to each other; ~ **vorbeigehen** to go past each other; **die Häuser stehen zu dicht ~** the houses are built too close together
aneinandergeraten *v/i* to come to blows (**mit** with); (≈ *streiten*) to have words (**mit** with)
aneinandergrenzen *v/i* to border on each other
aneinanderreihen *v/t* to string together
Anekdote *f* anecdote
anekeln *v/t* to disgust; → **angeekelt**
Anemone *f* anemone
anerkannt *adj* recognized; *Experte* acknowledged
anerkennen *v/t Staat, König, Rekord* to recognize; *Vaterschaft* to acknowledge; *Leistung, Bemühung* to appreciate; *Meinung* to respect; (≈ *gutheißen*) to approve; (≈ *loben*) to praise
anerkennend *adj* **~e Worte** words of praise
anerkennenswert *adj* commendable
Anerkennung *f* recognition; *von Vaterschaft* acknowledgement; (≈ *Würdigung*) appreciation; *von Meinung* respect; (≈ *Lob*) praise
anfahren **A** *v/i* (≈ *losfahren*) to start (up) **B** *v/t* **1** (≈ *ansteuern*) *Ort, Hafen* to stop *od* call at **2** *Passanten, Baum etc* to hit; *fig* (≈ *ausschelten*) to shout at
Anfahrt *f* (≈ *Weg, Zeit*) journey; (≈ *Zufahrt*) approach; (≈ *Einfahrt*) drive
Anfall *m* attack; (≈ *Wutanfall, epileptischer Anfall*) fit; **einen ~ haben/bekommen** to have a fit
anfallen **A** *v/t* (≈ *überfallen*) to attack **B** *v/i* (≈ *sich ergeben*) to arise; *Zinsen* to accrue; (≈ *sich anhäufen*) to accumulate
anfällig *adj* delicate; *Motor, Maschine* temperamental; **für etw ~ sein** to be susceptible to sth
Anfang *m* (≈ *Beginn*) beginning, start; (≈ *Ursprung*) beginnings *pl*, origin; **am ~** at the beginning; **zu** *od* **am ~** to start with; (≈ *anfänglich*) at first; **~ fünfzig** in one's early fifties; **~ Juni/2018** *etc* at the beginning of June/1998 *etc*; **von ~ an** (right) from the beginning *od* start; **von ~ bis Ende** from start to finish; **den ~ machen** to start *od* begin; (≈ *den ersten Schritt tun*) to make the first move
anfangen **A** *v/t* **1** (≈ *beginnen*) to start **2** (≈ *anstellen, machen*) to do; **damit kann ich nichts ~** (≈ *nützt mir nichts*) that's no good to me; (≈ *verstehe ich nicht*) it doesn't mean a thing to me; **mit dir ist heute (aber) gar nichts anzufangen!** you're no fun at all today! **B** *v/i* to begin, to start; **wer fängt an?** who's going to start *od* begin?; **du hast angefangen!** you started it!; **es fing zu regnen an** it started raining *od* to rain; **mit etw ~** to start sth
Anfänger(in) *m(f)* beginner; AUTO learner; *umg* (≈ *Nichtskönner*) amateur *pej*
Anfängerkurs *m* beginners' course
anfänglich **A** *adj* initial **B** *adv* at first, initially
anfangs *adv* at first, initially

Anfangs- zssgn initial
Anfangsbuchstabe m first letter; **kleine/große ~n** small/large od capital initials
Anfangsgehalt n initial od starting salary
Anfangsstadium n initial stage
Anfangszeit f starting time
anfassen Ⓐ v/t ❶ (≈ berühren) to touch ❷ (≈ bei der Hand nehmen) **j-n ~** to take sb's hand; **angefasst gehen** to walk holding hands ❸ fig (≈ anpacken) Problem to tackle; (≈ behandeln) Menschen to treat Ⓑ v/i ❶ (≈ berühren) to feel; **nicht ~!** don't touch! ❷ (≈ mithelfen) **mit ~** to lend a hand ❸ fig **zum Anfassen** accessible
anfechtbar adj contestable; moralisch questionable form
anfechten v/t (≈ nicht anerkennen) to contest; Urteil, Entscheidung to appeal against
Anfechtung f ❶ (≈ das Nichtanerkennen) contesting; von Urteil, Entscheidung appeal (+gen against) ❷ (≈ Versuchung) temptation
anfeinden v/t to treat with hostility
Anfeindung f hostility
anfertigen v/t to make; Schriftstück to draw up; Hausaufgaben, Protokoll to do
Anfertigung f making; von Schriftstück drawing up; von Protokoll, Hausaufgaben doing
anfeuern v/t fig (≈ ermutigen) to spur on; Team to cheer
anflehen v/t to implore (**um** for)
anfliegen Ⓐ v/i (a. **angeflogen kommen**) Flugzeug to come in to land; Vogel, Geschoss to come flying up Ⓑ v/t Flugzeug to approach; **diese Fluggesellschaft fliegt Bali an** this airline flies to Bali
Anflug m ❶ (≈ das Heranfliegen) approach; **wir befinden uns im ~ auf Paris** we are now approaching Paris ❷ (≈ Spur) trace
anfordern v/t to request, to ask for, to require
Anforderung f ❶ (≈ Anspruch) requirement; (≈ Belastung) demand; **hohe/zu hohe ~en stellen** to demand a lot/too much (**an** +akk of) ❷ (≈ das Anfordern) request (+gen od **von** for)
Anfrage f a. IT inquiry; PARL question; (≈ Bitte) request
anfragen v/i to ask (**bei j-m** sb)
anfreunden v/r to become friends; **sich mit j-m ~** to make friends with sb; **sich mit etw ~** fig to get to like sth
anfügen v/t to add; an Datei to attach
anfühlen v/t & v/r to feel; **es fühlt sich weich an** it feels soft
anführen v/t ❶ (≈ vorangehen, befehligen) to lead ❷ (≈ an der Spitze stehen) to top ❸ (≈ zitieren) to quote; Einzelheiten, Grund, Beweis to give; Umstand to cite ❹ **j-n ~** umg to have sb on umg
Anführer(in) m(f) (≈ Führer) leader; pej (≈ Anstifter) ringleader
Anführungsstrich m, **Anführungszeichen** n quotation mark, inverted comma
Angabe f ❶ (≈ Aussage) statement; (≈ Zahl, Detail) detail; **~n über etw** (akk) **machen** to give details about sth; **persönliche ~n** data; **laut ~n** (+gen) according to; **nach Ihren eigenen ~n** by your own account; **nach ~n des Zeugen** according to (the testimony of) the witness ❷ (≈ Nennung) giving; **wir bitten um ~ der Einzelheiten/Preise** please give details/prices ❸ umg (≈ Prahlerei) showing off ❹ SPORT (≈ Aufschlag) service, serve
angaffen pej v/t to gape at
angeben Ⓐ v/t ❶ (≈ nennen) to give; (≈ erklären) to explain; beim Zoll to declare; (≈ anzeigen) Preis, Temperatur etc to indicate; (≈ aussagen) to state; (≈ behaupten) to maintain ❷ (≈ bestimmen) Tempo, Kurs to set Ⓑ v/i (≈ prahlen) to show off, to boast
Angeber(in) m(f) (≈ Prahler) show-off
Angeberei umg f ❶ (≈ Prahlerei) showing off (**mit** about) ❷ (≈ Äußerung) boast
angeberisch adj Reden boastful; Aussehen, Benehmen, Tonfall pretentious
angeblich Ⓐ adj alleged Ⓑ adv supposedly, allegedly; **er ist ~ Musiker** he says he's a musician
angeboren adj innate, MED, a. fig umg congenital (**bei** to)
Angebot n offer; (≈ Handel) deal; HANDEL, FIN supply (**an** +dat od **von** of); (≈ Sortiment) range; **im ~** preisgünstig on special offer; **~ und Nachfrage** supply and demand
angebracht adj appropriate; (≈ sinnvoll) reasonable; → anbringen
angebrannt adj burned; → anbrennen
angebunden adj **kurz ~ sein** umg to be abrupt od curt; → anbinden
angeekelt adv in disgust, disgusted; → anekeln
angegossen adv **wie ~ sitzen** od **passen** to fit like a glove
angegraut adj grey Br, gray US
angegriffen adj Gesundheit weakened; Mensch, Aussehen frail; (≈ erschöpft) exhausted; → angreifen
angehaucht adj **links/rechts ~ sein** to have od show left-wing/right-wing tendencies; → anhauchen
angeheitert adj tipsy
angehen Ⓐ v/i ❶ umg (≈ beginnen) to start; Feuer to start burning; Radio, Licht to come on, to go on ❷ (≈ entgegentreten) **gegen j-n/etw ~** to fight sb/sth Ⓑ v/t ❶ (≈ anpacken) to tackle; Gegner to attack; **etw ~** to go for sth ❷ (≈ betreffen) to concern; **was mich angeht** for my part; **was geht das ihn an?** umg what's that got to do with

him? **C** *v/i* **das geht nicht an** that's not on
angehend *adj Musiker etc* budding; *Lehrer, Vater* prospective
angehören *v/i* to belong to
Angehörige(r) *m/f(m)* **1** (≈ *Mitglied*) member **2** (≈ *Familienangehörige*) relative; **der nächste ~** the next of kin
Angeklagte(r) *m/f(m)* accused, defendant
Angel *f* **1** (≈ *Türangel*) hinge; **die Welt aus den ~n heben** *fig* to turn the world upside down **2** (≈ *Fischfanggerät*) (fishing) rod and line *Br*, fishing pole *US*
Angelegenheit *f* matter; *politisch, persönlich* affair; **sich um seine eigenen ~en kümmern** to mind one's own business; **in einer dienstlichen ~** on official business; **er möchte dich in dieser ~ sprechen** he would like to talk to you about this matter
angelernt *adj Arbeiter* semiskilled; → **anlernen**
Angelhaken *m* fish-hook
angeln A *v/i* to fish **B** *v/t Fisch* to fish for; (≈ *fangen*) to catch; **sich** (*dat*) **einen Mann ~** *umg* to catch (oneself) a man *umg*
Angeln *n* fishing
Angelpunkt *m* crucial *od* central point; (≈ *Frage*) key *od* central issue
Angelrute *f* fishing rod
Angelsachse *m*, **Angelsächsin** *f* Anglo-Saxon
angelsächsisch *adj* Anglo-Saxon
Angelschein *m* fishing permit
Angelschnur *f* fishing line
angemessen A *adj* appropriate (+*dat* to, for); (≈ *adäquat*) adequate (+*dat* for); *Preis* reasonable **B** *adv* appropriately
angenehm *adj* pleasant, nice, agreeable; **~e Reise!** have a pleasant journey; **(sehr) ~!** *form* delighted (to meet you)
angenommen A *adj* assumed; *Kind* adopted **B** *konj* assuming; → **annehmen**
angeregt A *adj* animated **B** *adv* **sie unterhielten sich ~** they had an animated conversation; → **anregen**
angesagt *adj sl* trendy
angeschlagen *umg adj* shattered *umg*; *Gesundheit* poor *umg*; *Ruf* tarnished; → **anschlagen**
angesehen *adj* respected; → **ansehen**
angesichts *präp* in the face of; (≈ *im Hinblick auf*) in view of
angespannt A *adj Nerven* strained; *Aufmerksamkeit* close; *politische Lage* tense **B** *adv* zuhören attentively; → **anspannen**
angestellt *adj* **~ sein** to be an employee (**bei** of); → **anstellen**
Angestelltenverhältnis *n* **im ~** in non-tenured employment

Angestellte(r) *m/f(m)* (salaried) employee
angestrengt A *adj Gesicht* strained **B** *adv* diskutieren carefully; *nachdenken* a. hard; → **anstrengen**
angetan *adj* **von j-m/etw ~ sein** to be taken with sb/sth; **es j-m ~ haben** to have made quite an impression on sb; → **antun**
angetrunken *adj* inebriated; → **antrinken**
angewidert *adj* disgusted
angewiesen *adj* **auf j-n/etw ~ sein** to be dependent on sb/sth; **auf sich selbst ~ sein** to have to fend for oneself; → **anweisen**
angewöhnen *v/t* **j-m etw ~** to get sb used to sth; **sich** (*dat*) **etw ~** to get into the habit of sth
Angewohnheit *f* habit
Angina *f* MED tonsillitis; **~ Pectoris** angina (pectoris)
angleichen A *v/t* to bring into line (+*dat od* **an** +*akk* with) **B** *v/r* to grow closer together
Angler(in) *m(f)* angler *bes Br*, fisherman
Anglikaner(in) *m(f)* Anglican
anglikanisch *adj* Anglican
Anglist(in) *m(f)* (≈ *Student*) student of English
Anglistik *f* (≈ *Studienfach*) English (language and literature)
Anglizismus *m* anglicism
anglotzen *umg v/t* to gawk at *umg*
Angola *n* Angola
angreifbar *adj* open to attack
angreifen A *v/t* **1** to attack; *im Sport* to tackle; **j-n ~ zu Pferd** to charge at sb **2** (≈ *schwächen*) *Organismus* to weaken; *Gesundheit* to affect; (≈ *ermüden, anstrengen*) to strain; → **angegriffen** **3** *österr* (≈ *anfassen*) to touch **B** *v/i* MIL, SPORT, *a. fig* to attack
Angreifer(in) *m(f) a.* SPORT *fig* attacker
angrenzen *v/i* **an etw** (*akk*) **~** to border on sth
angrenzend *adj* adjacent (**an** +*akk* to)
Angriff *m* attack (**gegen, auf** +*akk* on); **auf den ballführenden Spieler** tackle; **etw in ~ nehmen** to tackle sth
Angriffsfläche *f* target; **eine ~ bieten** to present a target
Angriffskrieg *m* war of aggression
angriffslustig *adj* aggressive
angrinsen *v/t* to grin at
angst *adj* **ihr wurde ~ (und bange)** she became worried *od* anxious
Angst *f* (≈ *innere Unruhe*) anxiety (**um** about); (≈ *Sorge*) worry (**um** about); (≈ *Furcht*) fear (**um** for *od* **vor** +*dat* of); **(vor j-m/etw) ~ haben** to be afraid *od* scared *od* frightened (of sb/sth); **schreckliche ~ haben vor** to be terrified of; **die ~ vor der Arbeitslosigkeit** the fear of unemployment; **~ um j-n/etw haben** to be worried *od* anxious about sb/sth; **~ bekommen** *od*

kriegen to get scared; (≈ *erschrecken*) to take fright; **das machte ihm ~** that worried od scared him; **aus ~, etw zu tun** for fear of doing sth; **keine ~!** don't be afraid; **j-m ~ machen** to scare sb; **j-n in ~ und Schrecken versetzen** to terrify sb; **in tausend Ängsten schweben** to be terribly worried od anxious

Angsthase umg m scaredy-cat umg

ängstigen **A** v/t to frighten, to worry **B** v/r to be afraid; (≈ *sich sorgen*) to worry

ängstlich **A** adj (≈ *verängstigt*) anxious; (≈ *schüchtern*) timid **B** adv **~ darauf bedacht sein, etw zu tun** to be at pains to do sth

Ängstlichkeit f anxiety; (≈ *Schüchternheit*) timidity

Angstschrei m cry of fear

Angstschweiß m **mir brach der ~ aus** I broke out in a cold sweat

Angstzustand m state of panic; **Angstzustände bekommen** to get into a state of panic

angucken umg v/t to look at

Anh. abk (= **Anhang**) appendix; von E-Mail attachment

anhaben v/t **1** (≈ *angezogen haben*) to have on, to wear **2** (≈ *zuleide tun*) **j-m etwas ~ wollen** to want to harm sb; **die Kälte kann mir nichts ~** the cold doesn't bother me

anhalten **A** v/i **1** (≈ *stehen bleiben*) to stop **2** (≈ *fortdauern*) to last **3** (≈ *werben*) **um die Hand eines Mädchens ~** to ask for a girl's hand in marriage **B** v/t **1** (≈ *stoppen*) to stop; **den Atem ~** to hold one's breath **2** (≈ *anleiten*) to urge, to encourage

anhaltend adj continuous

Anhalter(in) m(f) hitchhiker; **per ~ fahren** to hitchhike

Anhaltspunkt m (≈ *Vermutung*) clue (**für** about); für Verdacht grounds pl

anhand, an Hand präp **~ eines Beispiels** with an example; **~ dieses Berichts** from this report

Anhang m **1** (≈ *Nachtrag*) appendix **2** von E-Mail attachment; **im ~ finden Sie ...** please find attached ... **3** (≈ *Gefolgschaft*) following; (≈ *Angehörige*) family

anhängen **A** v/t **1** (≈ *ankuppeln*) to attach (**an** +akk to); BAHN to couple on (**an** +akk to); fig (≈ *anfügen*) to add (+dat od **an** +akk to); an E-Mail to attach **2** umg **j-m etw ~** (≈ *nachsagen, anlasten*) to blame sth on sb; Verdacht, Schuld to pin sth on sb **B** v/r fig to tag along (+dat), (**an** +akk with)

Anhänger m **1** (≈ *Wagen*) trailer **2** (≈ *Schmuckstück*) pendant **3** (≈ *Kofferanhänger etc*) label

Anhänger(in) m(f) supporter

Anhängerkupplung f tow hitch Br, trailer hitch US

anhänglich adj mein Sohn/Hund ist sehr ~ my son/dog is very attached to me

Anhängsel n (≈ *Überflüssiges, Mensch*) appendage (**an** +dat to)

anhauchen v/t to breathe on; → angehaucht

anhäufen **A** v/t to accumulate; Vorräte, Geld to hoard **B** v/r to accumulate

anheben v/t (≈ *erhöhen*) to raise; (≈ *hochheben*) to lift

anheizen v/t **1** Ofen to light **2** fig umg Wirtschaft to stimulate; Inflation to fuel

anheuern v/t & v/i SCHIFF, a. fig to sign on od up

Anhieb m **auf ~** umg straight od right away; **das kann ich nicht auf ~ sagen** I can't say offhand

anhimmeln umg v/t to worship

Anhöhe f hill

anhören **A** v/t to hear; Konzert to listen to; **sich** (dat) **etw ~** to listen to sth; **ich kann das nicht mehr mit ~** I can't listen to that any longer; **das hört man ihm aber nicht an!** you can't tell that from hearing him speak **B** v/r (≈ *klingen*) to sound; **das hört sich ja gut an** umg that sounds good

Anhörung f hearing; **~ des Europäischen Parlaments** consultation of the European Parliament

animalisch adj animal; pej a. bestial

Animateur(in) m(f) entertainments officer

Animation f FILM animation

Animationsfilm m animated film

Animierdame f nightclub hostess

animieren v/t (≈ *anregen*) to encourage

animiert adj animated; **~er Manga** animé

Animosität f hostility (**gegen** towards)

Anis m (≈ *Gewürz*) aniseed

Ank. abk (= **Ankunft**) arr.

ankämpfen v/i **gegen etw ~** to fight sth; **gegen j-n ~** to fight (against) sb

Ankauf m purchase

Anker m anchor; **vor ~ gehen** to drop anchor; **vor ~ liegen** to lie at anchor

ankern v/i (≈ *Anker werfen*) to anchor; (≈ *vor Anker liegen*) to be anchored

Anklage f **1** JUR charge; (≈ *Anklagevertretung*) prosecution; **gegen j-n ~ erheben** to bring od prefer charges against sb; **(wegen etw) unter ~ stehen** to have been charged (with sth) **2** fig (≈ *Beschuldigung*) accusation

Anklagebank f dock; **auf der ~ (sitzen)** (to be) in the dock

anklagen v/t **1** JUR to charge; **j-n wegen etw ~** to charge sb with sth **2** fig **j-n ~, etw getan zu haben** to accuse sb of having done sth

anklagend **A** adj Ton accusing **B** adv reproachfully

Anklagepunkt m charge

Ankläger(in) m(f) JUR prosecutor

Anklageschrift f indictment
Anklagevertreter(in) m(f) counsel for the prosecution
Anklang m (≈ *Beifall*) approval; **~ (bei j-m) finden** to meet with (sb's) approval; **keinen ~ finden** to be badly received
ankleben v/t to stick up (**an** +akk od dat on)
Ankleidekabine f changing cubicle
anklicken v/t IT to click on
anklopfen v/i to knock (**an** +akk od dat at, on); **fest ~** to bang; **Anklopfen** TEL call waiting
anknabbern umg v/t to nibble (at)
anknacksen umg v/t **1** *Knochen* to crack; *Fuß, Gelenk etc* to crack a bone in **2** *fig Gesundheit* to affect
anknüpfen A v/t to tie on (**an** +akk od dat -to); *Beziehungen* to establish; *Gespräch* to start up **B** v/i **an etw** (akk) **~** to take sth up
ankommen A v/i **1** (≈ *eintreffen*) to arrive; *an bestimmten Ort* to get (**in** +dat to) **2** (≈ *Anklang finden*) to go down well; *Mode* to catch on; **mit deinem dummen Gerede kommst du bei ihm nicht an!** you won't get anywhere with him with your stupid talk! **3** (≈ *sich durchsetzen*) **gegen etw ~** gegen *Gewohnheit, Sucht etc* to be able to fight sth; **gegen j-n ~** to be able to cope with sb **B** v/i **1 es kommt darauf an, dass wir ...** what matters is that we ...; **auf eine halbe Stunde kommt es jetzt nicht mehr an** it doesn't matter about the odd half-hour; **darauf soll es mir nicht ~** that's not the problem; **es kommt darauf an** it (all) depends; **es käme auf einen Versuch an** we'd have to give it a try **2** umg **es darauf ~ lassen** to take a chance; **lassen wirs darauf ~** let's chance it
ankotzen v/t sl (≈ *anwidern*) to make sick umg
ankreiden fig v/t **j-m etw ~** to hold sth against sb
ankreuzen v/t *Stelle, Fehler, Antwort* to put a cross beside
ankündigen v/t to announce; *in Zeitung etc* to advertise
Ankündigung f announcement
Ankunft f arrival; *auf Anzeigetafel* arrivals pl
Ankunftshalle f arrivals lounge
Ankunftszeit f time of arrival
ankurbeln v/t *Maschine* to wind up; *fig Konjunktur* to reflate
Anl. abk (= *Anlage*) encl.
anlächeln v/t to smile at
anlachen v/t to smile at; **sich** (dat) **j-n ~** umg to pick sb up umg
Anlage f **1** (≈ *Fabrikanlage*) plant **2** (≈ *Parkanlage*) (public) park **3** (≈ *Einrichtung*) installation(s) (pl); (≈ *sanitäre Anlagen*) sanitary installations pl form; (≈ *Sportanlage etc*) facilities pl **4** umg (≈ *Stereoanlage*) (stereo) system od equipment; (≈ *EDV-Anlage*) system **5** (≈ *Veranlagung*) talent (**zu** for); (≈ *Neigung*) tendency (**zu** to) **6** (≈ *Kapitalanlage*) investment **7** (≈ *Beilage zu einem Schreiben*) enclosure; **in der ~ erhalten Sie ...** please find enclosed ...
Anlageberater(in) m(f) investment advisor
Anlagekapital n investment capital
Anlagengeschäft n *Branche* investment banking; *einzelnes* investment deal
Anlagevermögen n fixed assets pl
Anlass m **1** (≈ *Veranlassung*) (immediate) cause (**zu** for); **welchen ~ hatte er, das zu tun?** what prompted him to do that?; **es besteht ~ zur Hoffnung** there is reason for hope; **etw zum ~ nehmen, zu ...** to use sth as an opportunity to ...; **beim geringsten ~** for the slightest reason; **bei jedem ~** at every opportunity **2** (≈ *Gelegenheit*) occasion; **aus gegebenem ~** in view of the occasion
anlassen A v/t **1** *Motor, Wagen* to start (up) **2** umg *Schuhe, Mantel* to keep on; *Licht* to leave on **B** v/r **sich gut/schlecht ~** to get off to a good/bad start
Anlasser m AUTO starter
anlässlich präp on the occasion of
anlasten v/t **j-m etw ~** to blame sb for sth
Anlauf m **1** SPORT run-up; **mit ~** with a run-up; **ohne ~** from standing; **~ nehmen** to take a run-up **2** fig (≈ *Versuch*) attempt, try
anlaufen A v/i **1** (≈ *beginnen*) to begin, to start; *Film* to open **2** *Brille, Spiegel etc* to mist up; *Metall* to tarnish; **rot/blau ~** to turn od go red/blue **B** v/t SCHIFF *Hafen etc* to put into
Anlaufphase f initial stage
Anlaufstelle f shelter, refuge
anlegen A v/t **1** *Leiter* to put up (**an** +akk against); *Lineal* to position; **das Gewehr ~** to raise the gun to one's shoulder **2** *Kartei, Akte* to start; *Vorräte* to lay in; *Garten, Bericht* to lay out; *Liste, Plan* to draw up **3** *Geld, Kapital* to invest **4 es darauf ~, dass ...** to be determined that ... **B** v/i SCHIFF to berth, to dock **C** v/r **sich mit j-m ~** to pick a fight with sb
Anlegeplatz m berth
Anleger(in) m(f) FIN investor
Anlegestelle f mooring
anlehnen A v/t to lean od rest (**an** +akk against); **angelehnt sein** *Tür, Fenster* to be ajar **B** v/r wörtl to lean (**an** +akk against); **sich an etw** (akk) **~** fig to follow sth
Anlehnung f (≈ *Imitation*) **in ~ an j-n/etw** following sb/sth
anleiern umg v/t to get going
Anleihe f FIN loan
anleinen v/t **den Hund ~** to put the dog on the

lead *bes Br*, to put the dog on a leash
anleiten *v/t* to teach; **j-n zu etw ~** to teach sb sth
Anleitung *f* instructions *pl*, direction; **unter der ~ seines Vaters** under his father's guidance
anlernen *v/t* to train; → angelernt
anliefern *v/t* to deliver
anliegen *v/i* **1** (≈ *anstehen*) to be on **2** *Kleidung* to fit tightly (**an etw** *dat* sth)
Anliegen *n* (≈ *Bitte*) request; *Angelegenheit* concern
Anlieger(in) *m(f)* neighbour *Br*, neighbor *US*; (≈ *Anwohner*) (local) resident; **~ frei** residents only
Anliegerstaat *m* **die ~en des Schwarzen Meers** the countries bordering (on) the Black Sea
Anliegerverkehr *m* (local) residents' vehicles *pl*
anlocken *v/t* to attract
anlügen *v/t* to lie to
Anmache *f* **1** *umg* pick-up line *umg*, chat-up line *Br umg* **2** *Belästigung* harassment; **was soll die ~? Ich habe Ihnen doch nichts getan** *umg* why are you getting at me? I haven't done anything to you
anmachen *v/t* **1** *umg* (≈ *befestigen*) to put up (**an** +*akk od dat* on) **2** *Salat* to dress **3** *Radio, Licht etc* to put *od* turn on; *am Schalter* to switch on; *Feuer* to light **4** *umg* (≈ *reizen, verlocken*) to tempt **5** *umg* (≈ *ansprechen*) to chat up *Br umg*, to put the moves on *US umg*; (≈ *scharfmachen*) to turn on *umg*; *sl* (≈ *belästigen*) to harass; **mach mich nicht an** leave me alone
anmailen *v/t* to e-mail
anmalen **A** *v/t* to paint **B** *v/r pej* (≈ *schminken*) to paint one's face
anmaßen *v/t* **sich** (*dat*) **etw ~** *Recht* to claim sth (for oneself); *Macht* to assume sth; **sich** (*dat*) **~, etw zu tun** to presume to do sth
anmaßend *adj* presumptuous
Anmaßung *f* **es ist eine ~ zu meinen, …** it is presumptuous to maintain that …
Anm. d. Red. *abk* (= **Anmerkung der Redaktion**) editor's note
Anmeldeformular *n* application *od* entry form; *zu Kurs* registration form
Anmeldefrist *f* registration period
Anmeldegebühr *f* registration fee
anmelden **A** *v/t* **1** *Besuch* to announce **2** *bei Schule, Kurs etc* to enrol *Br*, to enroll *US* (**bei** at *od* **zu** for) **3** *Patent* to apply for; *Wohnsitz, Auto* to register (**bei** at); *Fernseher* to get a licence for *Br*, to get an license for *US* **4** (≈ *vormerken lassen*) to make an appointment for **5** *Ansprüche* to declare; *Zweifel* to register; *Wünsche* to make known **B** *v/r* **1** *Besucher* to announce one's arrival; **sich bei j-m ~** to tell sb one is coming **2** *an Schule, zu Kurs etc* to enrol (oneself) *Br*, to enroll (oneself) *US* (**an** +*dat* at *od* **zu** for) **3** (≈ *sich bewerben*) to apply (**zu** for) **4** *beim Einwohnermeldeamt* to register **5** IT to log on
Anmeldeschluss *m* deadline *od* closing date for registration(s)
Anmeldung *f* **1** *von Besuch* announcement; *an Schule, zu Kurs etc* enrolment *Br*, enrollment *US* (**an** +*dat* at, **zu** for); *bei Einwohnermeldeamt* registration; **nur nach vorheriger ~** by appointment only **2** *von Patent* application (**von** *od* +*gen* for); *von Auto* registration
anmerken *v/t* (≈ *sagen*) to say; (≈ *anstreichen*) to mark; *als Fußnote* to note; **j-m seine Verlegenheit** *etc* **~** to notice sb's embarrassment *etc*; **sich** (*dat*) **etw ~ lassen** to let sth show; **man merkt ihm nicht an, dass …** you can't tell that he …
Anmerkung *f* (≈ *Erläuterung*) note; (≈ *Fußnote*) (foot)note; (≈ *Bemerkung*) remark; **~der Redaktion** editor's comment
Anmut *f* grace; (≈ *Schönheit*) beauty
anmuten *v/i* **es mutet sonderbar an** it seems curious
anmutig *geh adj* graceful; (≈ *hübsch*) lovely
annähen *v/t* to sew on (**an** +*akk od dat* -to)
annähern **A** *v/t* to bring closer (+*dat od* **an** +*akk* to) **B** *v/r* (≈ *sich angleichen*) to come closer (+*dat od* **an** +*akk* to)
annähernd **A** *adj* (≈ *ungefähr*) approximate, rough **B** *adv* (≈ *etwa*) roughly; (≈ *fast*) almost; **nicht ~ so viel** not nearly *od* nothing like as much
Annäherung *f von Standpunkten* convergence (+*dat od* **an** +*akk* with)
Annäherungsversuch *m* overtures *pl*
Annahme *f* **1** (≈ *Vermutung*) assumption; **in der ~, dass …** on the assumption that …; **gehe ich recht in der ~, dass …?** am I right in assuming that …? **2** (≈ *das Annehmen*) acceptance; *von Arbeit* acceptance; *von Angebot* taking up; (≈ *Billigung*) approval; *von Gesetz* passing; *von Resolution* adoption
Annahmeschluss *m* closing date
Annahmestelle *f für Pakete* counter; *für Wetten, Lotto, Toto etc* place where bets *etc* are accepted
Annalen *pl* annals *pl*; **in die ~ eingehen** *fig* to go down in the annals *od* in history
annehmbar *adj* acceptable; (≈ *nicht schlecht*) reasonable
annehmen **A** *v/t* **1** (≈ *entgegennehmen, akzeptieren*) to accept **2** *Arbeit* to take on **2** (≈ *billigen*) to approve; *Gesetz* to pass; *Resolution* to adopt **3** (≈ *sich aneignen*) to adopt; *Gestalt, Namen* to take

Annehmlichkeit – Ansage

on; **ein angenommener Name** an assumed name; **j-n an Kindes statt ~** to adopt sb [4] (≈ *voraussetzen*) to assume; **wir wollen ~, dass ...** let us assume that ...; → angenommen [5] (≈ *vermuten*) to suppose [6] SPORT to take [B] *v/r* **sich j-s ~** to look after sb; **sich einer Sache** (*gen*) **~** to see to a matter

Annehmlichkeit *f* (≈ *Bequemlichkeit*) convenience; **~en** *pl* comforts *pl*

annektieren *v/t* to annex

anno *adv* in (the year); **~ dazumal** in those days

Annonce *f* advertisement

annoncieren *v/t & v/i* to advertise

annullieren *v/t* JUR to annul

Anode *f* anode

anöden *umg v/t* to bore stiff *umg*

Anomalie *f* anomaly

anonym *adj* anonymous

Anonymität *f* anonymity

Anorak *m* anorak

anordnen *v/t* [1] (≈ *befehlen*) to order [2] (≈ *aufstellen*) to arrange [3] *nach Wichtigkeit* to rank

Anordnung *f* [1] (≈ *Befehl*) order; **auf ~ des Arztes** on doctor's orders [2] (≈ *Aufstellung*) arrangement

Anorexie *f* anorexia (nervosa)

anorganisch *adj* CHEM inorganic

anpacken *umg* [A] *v/t* [1] (≈ *anfassen*) to grab (hold of) [2] *Problem, Thema* to tackle [B] *v/i* (≈ *helfen*) to lend a hand

anpassen [A] *v/t* (≈ *angleichen*) **etw einer Sache** (*dat*) **~** to bring sth into line with sth [B] *v/r* to adapt (oneself) (+*dat* to); *gesellschaftlich* to conform

Anpassung *f* adaptation (**an** +*akk* to); *an Gesellschaft* conformity (**an** +*akk* to)

anpassungsfähig *adj* adaptable; flexible

Anpassungsfähigkeit *f* adaptability; flexibility

Anpassungsschwierigkeiten *pl* difficulties *pl* in adapting

anpfeifen *v/t* SPORT **das Spiel ~** to start the game (by blowing one's whistle)

Anpfiff *m* [1] SPORT (starting) whistle; FUSSB (≈ *Spielbeginn*) kickoff [2] *umg* bawling out *umg*

anpflanzen *v/t* to plant; (≈ *anbauen*) to grow

anpinnen *v/t umg* **etw (an etw** *akk*) **~** to pin sth (on sth)

anpöbeln *umg v/t* to be rude to

anprangern *v/t* to denounce

anpreisen *v/t* to extol (**j-m etw** sth to sb)

Anprobe *f* fitting

anprobieren [A] *v/t* to try on [B] *v/i* **kann ich mal ~?** can I try this/it *etc* on?

anpumpen *umg v/t* **j-n um 50 Euro ~** to borrow 50 euros from sb

Anrainer(in) *bes österr m(f)* (local) resident; **ausgenommen ~** except for access

anrechnen *v/t* (≈ *in Rechnung stellen*) to charge for (**j-m** sb); **j-m etw hoch ~** to think highly of sb for sth; **j-m etw als Fehler ~** *Lehrer* to count sth as a mistake for sb; *fig* to consider sth as a fault on sb's part; **ich rechne es ihr als Verdienst an, dass ...** I think it is greatly to her credit that ...

Anrecht *n* (≈ *Anspruch*) right; **ein ~ auf etw** (*akk*) **haben** *od* **besitzen** to be entitled to sth

Anrede *f* form of address

anreden *v/t* to address

anregen *v/t* [1] (≈ *ermuntern*) to prompt (**zu** to) [2] (≈ *vorschlagen*) *Verbesserung* to propose [3] (≈ *beleben*) to stimulate; (≈ *inspirieren*) to inspire; (≈ *motivieren*) to motivate; *Appetit* to sharpen; → angeregt

anregend *adj* stimulating; **ein ~es Mittel** a stimulant; **~ wirken** to have a stimulating effect

Anregung *f* [1] (≈ *Vorschlag*) idea; **auf ~ von** *od* +*gen* at *od* on the suggestion of [2] (≈ *Belebung*) stimulation

anreichern *v/t* to enrich; (≈ *vergrößern*) *Sammlung* to increase; **hoch angereichertes Uran** high enriched uranium

Anreise *f* (≈ *Anfahrt*) journey there/here

anreisen *v/i* (≈ *eintreffen*) to come

Anreisetag *m* day of arrival

Anreiz *m* incentive

anrempeln *v/t absichtlich* to jostle

Anrichte *f* (≈ *Schrank*) dresser; (≈ *Büfett*) sideboard

anrichten *v/t* [1] *Speisen* to prepare; *Salat* to dress; **es ist angerichtet** *form* dinner *etc* is served *form* [2] *fig Schaden, Unheil* to bring about

anrüchig *adj Geschäfte, Lokal* disreputable

anrücken *v/i Truppen* to advance; *Polizei etc* to move in

Anruf *m* TEL (phone) call; **der ~ ist für dich** it's for you

Anrufbeantworter *m* answering machine, answerphone

anrufen [A] *v/t* [1] TEL to phone, to call; **ich habe sie von meinem Handy aus angerufen** I called her on my mobile *Br*, I called her on my cell (-phone) *US* [2] *fig* (≈ *appellieren an*) to appeal to [B] *v/i* (≈ *telefonieren*) to phone; **bei j-m ~** to phone sb; **ins Ausland ~** to phone abroad

Anrufer(in) *m(f)* caller

Anruferkennung *f* caller ID

anrühren *v/t* [1] to touch; *fig Thema* to touch upon [2] (≈ *mischen*) *Farben* to mix; *Sauce* to blend

ans *präp mit art* (= **an das**) → an

Ansage *f* announcement; KART bid; **eine ~ auf**

ansagen – anschreien

dem Anrufbeantworter an answerphone message

ansagen v/t **1** (≈ *ankündigen*) to announce; **j-m den Kampf ~** to declare war on sb **2** KART to bid **3** *umg* **angesagt sein** (≈ *beliebt sein*) to be in; (≈ *modisch sein*) to be all the rage; (≈ *erforderlich sein*) to be called for; (≈ *auf dem Programm stehen*) to be the order of the day

Ansager(in) m(f) RADIO *etc* announcer

ansammeln **A** v/t (≈ *anhäufen*) to accumulate; *Reichtümer* to amass; *Vorräte* to build up **B** v/r **1** (≈ *sich versammeln*) to gather **2** (≈ *sich aufhäufen*) to accumulate; *Staub* to collect; *fig Wut* to build up

Ansammlung f (≈ *Auflauf*) gathering

ansässig *form adj* resident; *Firma* based; **sich in London ~ machen** to settle in London

Ansatz m **1** *von Hals etc* base **2** (≈ *Anzeichen*) first sign(s) (*pl*); (≈ *Versuch*) attempt (**zu etw** at sth); **Ansätze zeigen, etw zu tun** to show signs of doing sth; **die ersten Ansätze** the initial stages; **im ~** basically

Ansatzpunkt m starting point

ansatzweise *adv* to some extent; **etw nicht mal ~ verstehen** to not even begin to understand sth

anschaffen **A** v/t (**sich** *dat*) **etw ~** to get oneself sth; (≈ *kaufen*) to buy sth; **sich** (*dat*) **Kinder ~** *umg* to have children **B** v/i **~ gehen** *sl durch Prostitution* to be on the game *umg*

Anschaffung f acquisition; *gekaufter Gegenstand* purchase, buy

Anschaffungskosten *pl* cost *sg* of purchase

Anschaffungspreis m purchase price

anschalten v/t to switch on

anschauen v/t → ansehen

anschaulich **A** *adj* clear; (≈ *lebendig*) vivid; *Beispiel* concrete **B** *adv* clearly; (≈ *lebendig*) vividly

Anschauung f (≈ *Meinung*) opinion

Anschauungsmaterial n illustrative material

Anschein m appearance; (≈ *Eindruck*) impression; **dem ~ nach** apparently; **den ~ erwecken, als …** to give the impression that …; **es hat den ~, als ob …** it appears that …

anscheinend **A** *adv* apparently **B** *adj* apparent

anschieben v/t *Fahrzeug* to push

anschießen v/t (≈ *verletzen*) to shoot (and wound)

Anschiss *umg* m bollocking *Br sl*, ass-kicking *US sl*

Anschlag m **1** (≈ *Plakat*) poster; (≈ *Notiz*) notice **2** (≈ *Überfall*) attack (**auf** +*akk* on); (≈ *Attentat*) attempt on sb's life; **einen ~ auf j-n verüben** to make an attempt on sb's life; **zum Opfer fallen** to be assassinated **3** (≈ *Kostenanschlag*) estimate; *bei Dateneingabe* touch;

200 Anschläge in der Minute ≈ 40 words per minute **4** TECH stop; **etw bis zum ~ drehen** to turn sth as far as it will go

anschlagen **A** v/t **1** (≈ *befestigen*) to fix on (**an** +*akk* to); *Plakat* to put up (**an** +*akk* on) **2** *Taste* to strike; **eine schnellere Gangart ~** *fig* to speed up **3** (≈ *beschädigen*) *Geschirr* to chip; **sich** (*dat*) **den Kopf** *etc* **~** to knock one's head *etc*; → angeschlagen **B** v/i **1** *Welle* to beat (**an** +*akk* against) **2** *beim Schwimmen* to touch **3** *Hund* to give a bark **4** (≈ *wirken*) *Arznei etc* to take effect **5** *umg* (≈ *dick machen*) **bei j-m ~** to make sb put on weight

Anschlagtafel f bulletin board *US*, notice board

anschleichen v/r **sich an j-n/etw ~** to creep up on sb/sth

anschleppen *umg* v/t (≈ *mitbringen*) to bring along

anschließen **A** v/t **1** (≈ *verbinden*) to connect; *in Steckdose* to plug in **2** *fig* (≈ *hinzufügen*) to add; **angeschlossen** *Organisation etc* associated (+*dat* with) **B** v/r **sich j-m** *od* **an j-n ~** (≈ *folgen*) to follow sb; (≈ *zugesellen*) to join sb; (≈ *beipflichten*) to side with sb; **an den Vortrag schloss sich ein Film an** the lecture was followed by a film **C** v/i **an etw** (*akk*) **~** to follow sth

anschließend **A** *adv* afterwards **B** *adj* following

Anschluss m **1** (≈ *Verbindung*) connection; **den ~ verpassen** BAHN *etc* to miss one's connection; *fig* to miss the boat *od* bus; **~ bekommen** TEL to get through; **kein ~ unter dieser Nummer** TEL number unobtainable *Br*, this number is not in service *US* **2** **im ~ an** (+*akk*) (≈ *nach*) subsequent to, following **3** *fig* (≈ *Kontakt*) contact (**an** +*akk* with); **~ finden** to make friends (**an** +*akk* with); **er sucht ~** he wants to make friends

Anschlussflug m connecting flight

Anschlusszug m BAHN connection

anschmiegsam *adj Wesen* affectionate; *Material* smooth

anschnallen **A** v/r AUTO, FLUG to fasten one's seat belt; **bitte ~!** fasten your seat belts, please! **B** v/t *Skier* to clip on

Anschnallpflicht f mandatory wearing of seat belts

anschnauzen *umg* v/t to yell *od* snap at

anschneiden v/t **1** *Brot etc* to (start to) cut **2** *fig Thema* to touch on **3** AUTO *Kurve* to cut; SPORT *Ball* to cut

anschreiben **A** v/t **1** *Behörde etc* to write to **2** *umg* (≈ *in Rechnung stellen*) to chalk up *umg* **B** v/i *umg* **sie lässt immer ~** she always buys on tick *Br umg*, she always buys on credit

anschreien v/t to shout *od* yell at

Anschrift f address
Anschriftenliste f list of addresses
Anschubfinanzierung f WIRTSCH start-up funds pl
Anschuldigung f accusation
anschwärzen fig umg v/t **j-n ~** to blacken sb's name (**bei** with); (≈ *denunzieren*) to run sb down (**bei** to)
anschweigen v/t **sich gegenseitig ~** to say nothing to each other
anschwellen v/i to swell (up); *Lärm* to rise
anschwemmen v/t to wash up
anschwindeln umg v/t **j-n ~** to tell sb fibs umg
ansehen v/t **1** (≈ *betrachten*) to look at; **sieh mal einer an!** umg well, I never! umg **2** fig to regard (**als, für** as); **ich sehe es als meine Pflicht an** I consider it to be my duty; → **angesehen 3** (**sich** dat) **etw ~** (≈ *besichtigen*) to (have a) look at sth; *Fernsehsendung* to watch sth; *Film, Stück, Sportveranstaltung* to see sth; **sich** (dat) **etw genauer ~** to have a closer look at sth **4 das sieht man ihm an** he looks it; **das sieht man ihm nicht an** he doesn't look it; **man sieht ihm sein Alter nicht an** he doesn't look his age; **jeder konnte ihm sein Glück ~** everyone could see that he was happy **5 etw (mit) ~** to watch sth; **ich kann das nicht länger mit ~** I can't stand it anymore
Ansehen n (≈ *guter Ruf*) (good) reputation; **großes ~ genießen** to enjoy a good reputation; **an ~ verlieren** to lose credit od standing
ansehnlich adj (≈ *beträchtlich*) considerable; *Leistung* impressive
ansetzen A v/t **1** (≈ *anfügen*) to attach (**an** +akk to) **2** (≈ *in Stellung bringen*) to place in position; **das Glas ~** to raise the glass to one's lips; **an welcher Stelle muss man den Wagenheber ~?** where should the jack be put? **3** (≈ *festlegen*) *Kosten, Termin* to fix; (≈ *veranschlagen*) *Zeitspanne* to estimate **4** (≈ *einsetzen*) **j-n auf j-n/etw ~** to put sb on(to) sb/sth; **Hunde (auf j-n/j-s Spur) ~** to put dogs on sb/sb's trail **5 Fett ~** to put on weight; **Rost ~** to get rusty **6** GASTR (≈ *vorbereiten*) to prepare **B** v/i (≈ *beginnen*) to start, to begin; **zur Landung ~** FLUG to come in to land; **zum Sprung/Start ~** to get ready to jump/start
Ansicht f **1** view **2** (≈ *das Prüfen*) inspection; **zur ~** HANDEL for (your/our *etc*) inspection **3** (≈ *Meinung*) opinion, view; **meiner ~ nach** in my opinion *od* view; **ich bin der ~, dass …** I am of the opinion that …; **ich bin ganz Ihrer ~** I entirely agree with you
Ansichtskarte f (picture) postcard
Ansichtssache f **das ist ~** that is a matter of opinion
ansiedeln A v/t to settle; *Tierart* to introduce; *Industrie* to establish **B** v/r to settle; *Industrie etc* to get established
ansonsten adv otherwise
anspannen v/t **1** (≈ *straffer spannen*) to tighten; *Muskeln* to tense **2** (≈ *anstrengen*) to strain, to tax; **alle seine Kräfte ~** to exert all one's energy; → **angespannt**
Anspannung fig f strain; *nervöse* tension
Anspiel n SPORT start of play
anspielen A v/t SPORT to play the ball *etc* to; *Spieler* to pass to **B** v/i **1** (≈ *Spiel beginnen*) to start; FUSSB to kick off; KART to lead; *Schach* to open **2 auf j-n/etw ~** to allude to sb/sth
Anspielung f a. LIT allusion (**auf** +akk to); *böse* insinuation (**auf** +akk regarding)
anspitzen v/t *Bleistift etc* to sharpen
Anspitzer m (pencil) sharpener
Ansporn m incentive
anspornen v/t to spur (on)
Ansprache f address, speech; **eine ~ halten** to give an address
ansprechbar adj approachable; (≈ *gut gelaunt*) amenable; *Patient* responsive; **er ist zurzeit nicht ~** no-one can talk to him just now
ansprechen A v/t **1** (≈ *anreden*) to speak to; (≈ *mit Titel, Vornamen etc*) to address; **damit sind Sie alle angesprochen** this is directed at all of you **2** (≈ *gefallen*) to appeal to **3** (≈ *erwähnen*) to mention **B** v/i **1** (≈ *reagieren*) to respond (**auf** +akk to) **2** (≈ *Anklang finden*) to go down well
ansprechend adj (≈ *reizvoll*) attractive; (≈ *angenehm*) pleasant
Ansprechpartner(in) m(f) contact
anspringen A v/t (≈ *anfallen*) to jump; *Raubtier* to pounce (up)on; *Hund* to jump up at **B** v/i *Motor* to start
Anspruch m **1** claim; (≈ *Recht*) right (**auf** +akk to); **~ auf etw** (akk) **haben** to be entitled to sth; **~ auf Schadenersatz erheben** to make a claim for damages; **hohe Ansprüche stellen** to be very demanding **2 etw in ~ nehmen** *Recht* to claim sth; *j-s Hilfe, Dienste* to enlist sth; *Zeit, Kräfte* to take up sth; **j-n völlig in ~ nehmen** to take up all of sb's time; **den/j-s Ansprüchen (voll/nicht) gerecht werden** to (fully/not) meet the/sb's requirements
anspruchslos adj undemanding; *geistig* lowbrow; **~ leben** to lead a modest life
anspruchsvoll adj demanding; (≈ *wählerisch*) discriminating; *Geschmack* highbrow; (≈ *kultiviert*) sophisticated
anspucken v/t to spit at *od* on
anstacheln v/t to spur (on)
Anstalt f **~en/keine ~en machen, etw zu tun** to make a/no move to do sth
Anstand m (≈ *Schicklichkeit*) decency, propriety;

(≈ *Manieren*) (good) manners *pl*
anständig **A** *adj* decent; (≈ *ehrbar*) respectable; *umg* (≈ *beträchtlich*) sizeable; **eine ~e Tracht Prügel** *umg* a good hiding **B** *adv* decently; **sich ~ benehmen** to behave oneself; **j-n ~ bezahlen** *umg* to pay sb well; **~ essen/ausschlafen** *umg* to have a decent meal/sleep
Anstandsbesuch *m* formal call; *aus Pflichtgefühl* duty visit
anstandshalber *adv* out of politeness
anstandslos *adv* without difficulty
Anstandswauwau *m umg* chaperon
anstarren *v/t* to stare at
anstatt **A** *präp* instead of **B** *konj* **~ zu arbeiten** instead of working, rather than work
anstecken **A** *v/t* **1** (≈ *befestigen*) to pin on; *Ring* to put on **2** (≈ *anzünden*) to light **3** MED, *a. fig* to infect; **ich will dich nicht ~** I don't want to give it to you **B** *v/r* **sich (mit etw) ~** to catch sth (**bei** from); **C** *v/i* MED, *a. fig* to be infectious
ansteckend *adj* MED, *a. fig* infectious
Ansteckung *f* MED infection
Ansteckungsgefahr *f* risk of infection
anstehen *v/i* **1** *in Schlange* to queue (up) *Br*, to stand in line (**nach** for) **2** *Verhandlungspunkt* to be on the agenda; **~de Probleme** problems facing us/them *etc*
ansteigen *v/i* to rise; (≈ *zunehmen*) to increase
anstelle *präp* instead of, in place of
anstellen **A** *v/t* **1** (≈ *anlehnen*) to lean (**an** +*akk* against) **2** (≈ *beschäftigen*) to employ; (≈ *einstellen*) to hire; → **angestellt 3** (≈ *anmachen*) to turn on; (≈ *in Gang setzen*) to start **4** *Vermutung, Vergleich* to make **5** (≈ *machen*) to do **6** *umg* (≈ *Unfug treiben*) to get up to; **was hast du da wieder angestellt?** what have you been up to now? **B** *v/r* **1** (≈ *Schlange stehen*) to queue (up) *Br*, to stand in line **2** *umg* **sich dumm/ungeschickt ~** to be stupid/clumsy; **stell dich nicht so an!** don't make such a fuss!; (≈ *sich dumm anstellen*) don't act so stupid!
Anstellung *f* employment
Anstellungsverhältnis *n* **im ~ sein** to be under contract
Anstieg *m* (≈ *Aufstieg*) ascent; *von Temperatur, Kosten* rise (+*gen* in); (≈ *Zunahme*) increase
anstiften *v/t* (≈ *anzetteln*) to instigate; **j-n zu etw ~** to incite sb to (do) sth
Anstifter(in) *m(f)* instigator (+*gen od* **zu** of); (≈ *Anführer*) ringleader
anstimmen *v/t* **1** *singen* to begin singing; *Kapelle* to strike up **2** *fig* **ein Geschrei/Proteste** *etc* **~ to** start crying/protesting *etc*
anstinken *umg v/i* **gegen etw nicht ~ können** not to be able to compete with sth
Anstoß *m* **1 den (ersten) ~ zu etw geben** to initiate sth; **j-m den ~ geben, etw zu tun** to induce sb to do sth **2** SPORT kickoff **3** (≈ *Ärgernis*) annoyance (**für** to); **~ erregen** to cause offence *Br od* offense *US* (**bei** to); **ein Stein des ~es** a bone of contention
anstoßen **A** *v/i* **1 an etw** (*akk*) **~** to bump into sth **2** (**mit den Gläsern**) **~** to clink glasses; **auf j-n/etw ~** to drink to sb/sth **3** SPORT to kick off **B** *v/t j-n* to knock (into); (≈ *in Bewegung setzen*) to give a push; **sich** (*dat*) **den Kopf/Fuß** *etc* **~** to bang one's head/foot *etc*
Anstößer(in) *m(f)* (≈ *Anwohner*) (local) resident
anstößig **A** *adj* offensive; *Kleidung* indecent **B** *adv* offensively; *gekleidet* shockingly
anstrahlen *v/t* to floodlight; *im Theater* to spotlight; (≈ *strahlend ansehen*) to beam at
anstreben *v/t* to strive for
anstreichen *v/t* **1** *mit Farbe etc* to paint **2** (≈ *markieren*) to mark; **(j-m) etw als Fehler ~** to mark sth wrong (for sb)
Anstreicher(in) *m(f)* (house) painter
anstrengen **A** *v/t* **1** *Augen* to strain; *Muskel, Gehirn* to exert; *j-n* to tire out; → **angestrengt 2** JUR **eine Klage/einen Prozess ~** to institute proceedings **B** *v/r* to make an effort; (≈ *kämpfen*) to struggle; **du könntest dich ruhig etwas mehr ~** you could make a bit more of an effort
anstrengend *adj körperlich* strenuous; *geistig* demanding; (≈ *erschöpfend*) exhausting; (≈ *aufreibend*) stressful
Anstrengung *f* effort; (≈ *Kampf*) struggle; (≈ *Strapaze*) strain; **große ~en machen** to make every effort; **mit äußerster/letzter ~** with very great/one last effort
Anstrich *m* painting; **ein zweiter ~** a second coat of paint
Ansturm *m* onslaught; (≈ *Andrang*) rush
Antagonismus *m* antagonism
antanzen *fig umg v/i* to turn up *umg*
Antarktis *f* Antarctic
antarktisch *adj* antarctic
antasten *v/t* **1** *Ehre, Würde* to offend; *Rechte* to infringe **2** (≈ *berühren*) to touch
Anteil *m* **1** *a.* FIN share **2** (≈ *Beteiligung*) **~ an etw** (*dat*) **haben** (≈ *beitragen*) to make a contribution to sth **3** (≈ *Teilnahme*) sympathy (**an** +*dat* with); **an etw** (*dat*) **~ nehmen** *an Leid etc* to be deeply sympathetic over sth; *an Freude etc* to share in sth **4** (≈ *Interesse*) interest (**an** +*dat* in); **regen ~ an etw** (*dat*) **nehmen** to take a lively interest in sth
anteilig, anteilmäßig *adv* proportionately
Anteilnahme *f* (≈ *Beileid*) sympathy (**an** +*dat* with)
Anteilseigner(in) *m(f)* FIN shareholder
Antenne *f* RADIO aerial *Br*, antenna; ZOOL feeler

Anthropologe m, **Anthropologin** f anthropologist
Anti- zssgn, **anti-** zssgn anti-
Antialkoholiker(in) m(f) teetota(l)ler
antiautoritär adj anti-authoritarian
Antibabypille umg f contraceptive pill
antibakteriell adj **A** adj antibacterial **B** adv antibacterially; **~ wirken** to work as an antibacterial agent
Antibiotikum n antibiotic
Antiblockier(brems)system n AUTO antilock braking system
Antidepressivum n antidepressant
Antifaltencreme f anti-wrinkle cream
Antifaschismus m antifascism
Antifaschist(in) m(f) antifascist
antifaschistisch adj antifascist
Antiglobalisierungsbewegung f anti-globalization movement
Antihistamin n antihistamine
antik adj **1** HIST ancient **2** HANDEL umg antique
Antike f antiquity; **die Kunst der ~** the art of the ancient world
Antiklimax m LIT anticlimax
Antikörper m MED antibody
Antillen pl **die ~** the Antilles
Antilope f antelope
Antipathie f antipathy (**gegen** to)
Antipode m antipodean
antippen v/t to touch
Antiquar(in) m(f) antiquarian bookseller; von moderneren Büchern second-hand bookseller
Antiquariat n (≈ Laden) antiquarian bookshop; modernerer Bücher second-hand bookshop; **modernes ~** remainder bookshop
antiquarisch adj antiquarian; von moderneren Büchern second-hand
antiquiert pej adj antiquated
Antiquität f antique
Antiquitätenhändler(in) m(f) antique dealer
Antiquitätenladen m antique shop
Antisemit(in) m(f) antisemite
antisemitisch adj anti-Semitic
Antisemitismus m antisemitism
antiseptisch adj antiseptic
antistatisch adj antistatic
Antistressball m anti-stress ball
Antiterror- zssgn antiterrorist
Antithese f LIT antithesis
Antivirenprogramm n IT anti-virus program, virus checker
Antonym n antonym
antörnen sl **A** v/t to turn on umg **B** v/i **das törnt an** it turns you on umg
Antrag m **1** application; (≈ Gesuch) request; **einen ~ auf etw** (akk) **stellen** to make an application for sth; **auf ~** +gen at the request of **2** JUR petition; (≈ Forderung bei Gericht) claim; **einen ~ auf etw** (akk) **stellen** to file a petition/claim for sth **3** PARL motion **4** (≈ Heiratsantrag) **j-m einen ~ machen** to propose (marriage) to sb
Antragsformular n application form
Antragsteller(in) m(f) claimant, applicant
antreffen v/t to find
antreiben v/t to drive; fig to urge
antreten **A** v/t Reise, Strafe to begin; Stellung to take up; Erbe to come into; **den Beweis ~, dass ...** to prove that ...; **seine Amtszeit ~** to take office **B** v/i **1** (≈ sich aufstellen) to line up **2** (≈ erscheinen) to assemble; zum Dienst to report **3** zum Wettkampf to compete; **gegen j-n ~** to take sb on
Antrieb m **1** impetus kein pl; innerer drive; **j-m ~ geben, etw zu tun** to give sb the impetus to do sth; **aus eigenem ~** on one's own initiative **2** (≈ Triebkraft) drive; **Auto mit elektrischem ~** electrically powered car
Antriebsaggregat n TECH drive unit
Antriebsschwäche f MED lack of drive
Antriebswelle f drive shaft
antrinken umg v/t to start drinking; **sich** (dat) **einen ~** to get (oneself) drunk; **sich** (dat) **Mut ~** to give oneself Dutch courage; → angetrunken
Antritt m (≈ Beginn) beginning; **bei ~ der Reise** when beginning one's journey; **nach ~ der Stellung/des Amtes** after taking up the position/assuming office
Antrittsbesuch m bes POL (formal) first visit
antun v/t **j-m etw ~** (≈ erweisen) to do sth for sb; (≈ zufügen) to do sth to sb; **sich** (dat) **etwas ~** euph to do away with oneself; **tu mir das nicht an!** don't do this to me!; → angetan
Antwort f **1** answer (**auf** +akk to); (≈ Erwiderung) reply; **etw zur ~ bekommen** to receive sth as a response **2** (≈ Reaktion) response; **als ~ auf etw** (akk) in response to sth
antworten v/i **1** to answer, to reply; **auf etw** (akk) **~** to answer sth, to reply to sth; **j-m auf eine Frage ~** to reply to od answer sb's question; **mit Ja/Nein ~** to answer yes/no **2** (≈ reagieren) to respond
anvertrauen **A** v/t **j-m etw ~** to entrust sth to sb; (≈ vertraulich erzählen) to confide sth to sb **B** v/r **sich j-m ~** to confide in sb; (≈ sich mitteilen) to confide in sb; (≈ sich in j-s Schutz begeben) to entrust oneself to sb
anwachsen v/i **1** (≈ festwachsen) to grow on; Pflanze etc to take root **2** (≈ zunehmen) to increase (**auf** +akk to)
Anwalt m, **Anwältin** f **1** → Rechtsanwalt **2** fig (≈ Fürsprecher) advocate

Anwaltskammer f professional association of lawyers ≈ Law Society Br
Anwaltskanzlei f lawyer's office, solicitor's office Br
Anwaltskosten pl legal expenses pl
Anwaltspraxis f legal practice
Anwandlung f (≈ Laune) mood; **aus einer ~ heraus** on (an) impulse; **in einer ~ von Freigebigkeit** etc in a fit of generosity etc
Anwärter(in) m(f) (≈ Kandidat) candidate (**auf** +akk for); SPORT contender (**auf** +akk for)
Anwartschaft f candidature; SPORT contention
anweisen v/t ■ (≈ befehlen) to instruct ☑ (≈ zeigen) to direct ☒ (≈ zuweisen) to allocate; **j-m einen Platz ~** to show sb to a seat ☒ Geld to transfer; → angewiesen
Anweisung f ■ FIN payment; auf Konto etc transfer ☑ (≈ Anordnung) instruction, order; (≈ Instruktion) direction; **~ haben, etw zu tun** to have instructions to do sth; **~en befolgen** to follow instructions ☒ (≈ Zuweisung) allocation
anwendbar adj Theorie, Regel applicable (**auf** +akk to); **das ist in der Praxis nicht ~** that is not practicable
anwenden v/t Methode, Gewalt to use (**auf** +akk on); Theorie, Regel to apply (**auf** +akk to)
Anwender(in) m(f) IT user
Anwendersoftware f user software
Anwendung f ■ (≈ Gebrauch) use (**auf** +akk on) ☑ von Theorie, Regel application (**auf** +akk to) ☒ IT application
Anwendungsbeispiel n example
anwerben v/t to recruit (**für** to)
Anwesen geh n estate
anwesend adj present
Anwesende(r) m/f(m) **die ~n** those present; **alle ~n** all those present; **~ ausgenommen** present company excepted
Anwesenheit f presence; (≈ Teilnahme) attendance; an einem Ort stay; **in ~** +gen od **von** in the presence of
Anwesenheitskontrolle f (≈ Namensaufruf) roll call
Anwesenheitsliste f attendance list
anwidern v/t **j-n ~** to make sb feel sick
Anwohner(in) m(f) resident
Anzahl f number
anzahlen v/t **100 Euro ~** to pay 100 euros as a deposit
Anzahlung f deposit (**für, auf** +akk on); **eine ~ machen** to pay a deposit
anzapfen v/t Fass to broach; Telefon, elektrische Leitung to tap
Anzeichen n sign; **alle ~ deuten darauf hin, dass ...** all the signs are that ...
Anzeige f ■ bei Behörde report (**wegen** of); gegen j-n ~ **erstatten** to report sb to the authorities; **das hatte eine ~ zur Folge** that resulted in him etc. being taken to court ☑ in Zeitung notice; (≈ Reklame) advert(isement), ad
anzeigen v/t ■ (≈ angeben) to show ☑ (≈ bekannt geben) to announce; Richtung to indicate ☒ IT to display ☒ **j-n ~** bei der Polizei to report sb (to the police)
Anzeigenblatt n advertiser, freesheet
Anzeigenteil m advertisement section
Anzeiger m TECH indicator
Anzeigetafel f indicator board; SPORT scoreboard
anzetteln v/t to instigate
anziehen Ⓐ v/t ■ Kleidung to put on; **sich** (dat) **etw ~** to put sth on; **angezogen** dressed ☑ (≈ straffen) to pull (tight); Bremse to put on; Schraube to tighten ☒ Magnet, a. fig to attract; **sich von etw angezogen fühlen** to feel drawn by sth Ⓑ v/i (≈ beschleunigen) to accelerate; FIN Preise, Aktien to rise Ⓒ v/r ■ (≈ sich kleiden) to get dressed, to dress ☑ fig Gegensätze to attract
anziehend adj (≈ ansprechend) attractive
Anziehung f attraction
Anziehungskraft f PHYS force of attraction; fig attraction
Anziehungspunkt m (≈ Attraktion) centre of attraction Br, center of attraction US
Anzug m ■ (≈ Herrenanzug) suit ☑ **im ~ sein** to be coming; MIL to be advancing; fig Gewitter, Gefahr to be imminent
anzüglich adj suggestive; **~ werden** to start making suggestive remarks
anzünden v/t Feuer to light; **das Haus** etc **~** to set fire to the house, to set the house on fire etc
Anzünder m lighter
anzweifeln v/t to question
Aorta f aorta
apart Ⓐ adj distinctive Ⓑ adv (≈ chic) stylishly
Apartheid f apartheid
Apartment n flat Br, apartment
Apartmenthaus n block of flats Br, apartment house bes US
Apartmentwohnung f flat Br, apartment
Apathie f apathy; von Patienten listlessness
apathisch Ⓐ adj apathetic Ⓑ adv apathetically
aper adj österr, schweiz, südd snowless, snow-free
Aperitif m aperitif
Apfel m apple; **in den sauren ~ beißen** fig umg to bite the bullet
Apfelbaum m apple tree
Apfelkuchen m apple cake; **gedeckter ~** apple pie
Apfelmus n apple purée; als Beilage apple sauce
Apfelsaft m apple juice

Apfelschorle f apple spritzer (*drink made from apple juice and sparkling mineral water*)
Apfelsine f orange
Apfelstrudel m apple strudel
Apfeltasche f apple turnover
Apfelwein m cider
Aphorismus m aphorism
Apokalypse f apocalypse
Apostel m apostle
Apostroph m apostrophe
Apotheke f (dispensing) chemist's *Br*, pharmacy
apothekenpflichtig adj available only at a chemist's shop *Br*, available only at a pharmacy
Apotheker(in) m(f) pharmacist, (dispensing) chemist *Br*; **beim ~** at the chemist's
App f IT *kurz für Applikation bzw. engl. application* app
App. *abk* (= *Apparat*) (≈ *Anschluss*) ext.
Apparat m ◼ apparatus *kein pl*, appliance; (≈ *Gerät*) gadget; machine ◼ (≈ *Radio*) radio; (≈ *Fernseher*) set; (≈ *Rasierapparat*) razor; (≈ *Fotoapparat*) camera ◼ (≈ *Telefon*) (tele)phone; (≈ *Anschluss*) extension; **am ~** on the phone; *als Antwort speaking*; **bleiben Sie am ~!** hold the line; **wer ist am ~?** (can I ask) who's calling *od* speaking, please?
Apparatur f apparatus *kein pl*
Appartement n ◼ (≈ *Wohnung*) flat *Br*, apartment ◼ (≈ *Zimmerflucht*) suite
Appell m ◼ (≈ *Aufruf*) appeal (**an** +*akk* to *od* **zu** for) ◼ MIL roll call
appellieren v/i to appeal (**an** +*akk* to)
App-Entwickler(in) m(f) IT app developer
Appenzell n Appenzell; **~-Ausserrhoden** Appenzell Outer Rhodes; **~-Innerrhoden** Appenzell Inner Rhodes
Appetit m appetite; **~ auf etw** (*akk*) **haben** to feel like sth; **guten ~!** enjoy your meal; **j-m den ~ verderben** to spoil sb's appetite; **mir ist der ~ vergangen** I've lost my appetite
appetitanregend adj *Speise etc* appetizing; **~ wirken** to stimulate the appetite
appetitlich adj (≈ *lecker*) appetizing; *fig Mädchen, Anblick* attractive
Appetitlosigkeit f lack of appetite
Appetitzügler m appetite suppressant
applaudieren v/i to applaud
Applaus m applause
apportieren v/t & v/i to retrieve
Approbation f *von Arzt* certificate (*enabling a doctor to practise*)
approbiert adj *Arzt* registered
Après-Ski n après-ski
Aprikose f apricot

April m April; **~, ~!** April fool!; **j-n in den ~ schicken** to make an April fool of sb; → **März**
Aprilscherz m April fool's trick
Aprilwetter n April weather
apropos *adv* by the way; **~ Afrika** talking about Africa
Aquabiking n aquacycling
Aquädukt m aqueduct
Aquajogging n aquajogging
Aquamarin n aquamarine
Aquanudel f aqua noodle, swimming noodle, water noodle, water log
Aquaplaning n AUTO aquaplaning
Aquarell n watercolour (painting) *Br*, watercolor (painting) *US*
Aquarellfarbe f watercolour *Br*, watercolor *US*
Aquarium n aquarium
Äquator m equator
Äquivalent n equivalent
Ära f era
Araber m (≈ *Pferd*) Arab
Araber(in) m(f) Arab
Arabien n Arabia
arabisch adj Arab; *Ziffer, Sprache* Arabic; **Arabische Emirate** Arabian Emirates; **Arabischer Frühling** POL *Oppositionsbewegung in arabischen Ländern* Arab spring
Arabisch n Arabic; → **Deutsch**
Arbeit f ◼ work; POL, WIRTSCH labour *Br*, labor *US*; **Tag der ~** Labo(u)r Day; **bei der ~** at work; **bei der ~ mit Kindern** when working with children; **~ als Freiwilliger** volunteer work; **~ sparend** labour-saving *Br*, labor-saving *US*; **viel ~ machen** to be a lot of work (**j-m** for sb); **gute ~ leisten** to do a good job; **an od bei der ~ sein** to be working / at work; **sich an die ~ machen** to get down to work; **etw ist in ~** work on sth is in progress ◼ (≈ *Mühe*) trouble; **j-m ~ machen** to put sb to trouble ◼ (≈ *Berufstätigkeit*) work; (≈ *Arbeitsverhältnis*) employment; (≈ *Position*) job; **ohne ~ sein** to be out of work; **zur ~ gehen** *umg* to go to work ◼ (≈ *Produkt*) work; *Prüfungsarbeit, wissenschaftlich* paper; SCHULE (≈ *Klassenarbeit*) test; (≈ *Aufgabe*) assignment; **eine ~ schreiben** to sit *od* take a test; **~en korrigieren** to mark test papers *Br*, to grade test papers *US*
arbeiten Ⓐ v/i to work (**an** +*dat* on); **er arbeitet für zwei** *umg* he does the work of two; **die Anlage arbeitet elektrisch/mit Kohle** the plant runs *od* operates on electricity/coal; **~ gehen** (≈ *zur Arbeit gehen*) to go to work Ⓑ v/r **sich krank/müde ~** to make oneself ill/tire oneself out with work; **sich zu Tode ~** to work oneself to death; **sich an die Spitze ~** *fig* to work one's way (up) to the top
Arbeiter(in) m(f) worker; *im Gegensatz zum Ange-*

stellten blue-collar worker; *auf Bau, Bauernhof* labourer *Br*, laborer *US*
Arbeiterbewegung *f* labour movement *Br*, labor movement *US*
Arbeiterkammer *österr f* Chamber of Labour
Arbeiterklasse *f* working class(es) (*pl*)
Arbeiterschaft *f* workforce
Arbeiterviertel *n* working-class area
Arbeitgeber(in) *m(f)* employer
Arbeitgeberanteil *m* employer's contribution
Arbeitgeberverband *m* employers' federation
Arbeitnehmer(in) *m(f)* employee
Arbeitnehmeranteil *m* employee's contribution
Arbeitnehmerschaft *f* employees *pl*
Arbeitnehmervertreter(in) *m(f)* employees' representative
Arbeitnehmervertretung *f* empoyee representatives *pl*
Arbeitsablauf *m* work routine; *von Fabrik* production
Arbeitsagentur *f* (State) Department of Employment, job centre *Br*, unemployment office *US*
arbeitsam *adj* industrious
Arbeitsamt *n* , *österr* job centre *Br*, unemployment office *US*; → Arbeitsagentur
Arbeitsaufwand *m* **mit geringem/großem ~** with little/a lot of work
Arbeitsbedingungen *pl* working conditions *pl*
Arbeitsbeginn *m* start of work
Arbeitsbeschaffungsmaßnahme *f* ADMIN job creation scheme
Arbeitsbeschaffungsprogramm *n* job creation scheme, job creation program *US*
Arbeitsbescheinigung *f* certificate of employment
Arbeitsblatt *n* worksheet
Arbeitsbuch *n* workbook
Arbeitseifer *m* enthusiasm for one's work
Arbeitseinstellung *f* (≈ *Arbeitsauffassung*) attitude to work
Arbeitserlaubnis *f* (≈ *Bescheinigung*) work permit; *für ein Land* working visa
Arbeitsessen *n mittags* working lunch; *abends* working dinner
arbeitsfähig *adj Person* able to work; (≈ *gesund*) fit for work; *Regierung etc* viable
Arbeitsfläche *f* work surface
Arbeitsgang *m* (≈ *Arbeitsablauf*) work routine; *von Fabrik* production
Arbeitsgebiet *n* field of work
Arbeitsgemeinschaft *f* team; SCHULE, UNIV study group, club; *in Namen* association

Arbeitsgericht *n* industrial tribunal *Br*, labor court *US*
Arbeitsgruppe *f* team, work group; POL working party
arbeitsintensiv *adj* labour-intensive *Br*, labor-intensive *US*
Arbeitskampf *m* industrial action
Arbeitskleidung *f* working clothes *pl*
Arbeitsklima *n* work(ing) atmosphere
Arbeitskollege *m*, **Arbeitskollegin** *f* colleague
Arbeitskraft *f* **1** capacity for work **2** (≈ *Arbeiter*) worker
Arbeitskräfte *pl* workforce
Arbeitskräftemangel *m* labor shortage *US*, labour shortage *Br*
Arbeitskreis *m* team; SCHULE, UNIV study group
Arbeitslager *n* labor camp *US*, labour camp *Br*
Arbeitsleistung *f quantitativ* output, performance; *qualitativ* performance
Arbeitslohn *m* wages *pl*, earnings *pl*
arbeitslos *adj Mensch* unemployed; **~ sein** to be out of a job *od* out of work
Arbeitslosengeld *n* earnings-related unemployment benefit; **~ I** *earnings-related unemployment benefit paid for first year of unemployment*; **~ II** *welfare benefit for longer-term unemployed*
Arbeitslosenhilfe *obs f* unemployment benefit
Arbeitslosenquote *f* rate of unemployment
Arbeitslosenunterstützung *obs f* unemployment benefit, dole (money) *Br umg*
Arbeitslosenversicherung *f* ≈ National Insurance *Br*, ≈ social insurance *US*
Arbeitslosenzahl *f* unemployment figures *pl*, number of unemployed
Arbeitslose(r) *m/f(m)* unemployed person/man/woman *etc*; **die ~n** the unemployed
Arbeitslosigkeit *f* unemployment
Arbeitsmangel *m* lack of work
Arbeitsmappe *f* IT folder
Arbeitsmarkt *m* labour market *Br*, labor market *US*
Arbeitsmoral *f* work ethic
Arbeitsniederlegung *f* walkout
arbeitsparend *adj* → Arbeit
Arbeitsplatz *m* **1** (≈ *Arbeitsstätte*) workplace; **am ~** at work **2** *in Fabrik* work station; *in Büro* workspace; *in Großraumbüro* cubicle **3** (≈ *Stelle*) job; **freie Arbeitsplätze** vacancies
Arbeitsplatzabbau *m* job cuts *pl*
Arbeitsplatzsicherung *f* safeguarding of jobs
Arbeitsplatzteilung *f* job sharing
Arbeitsplatzverlust *m* job loss
Arbeitsproduktivität *f* labour efficiency *Br*, la-

bor efficiency US
Arbeitsprozess m work process
Arbeitsraum m workroom; *für geistige Arbeit* study
Arbeitsrecht n industrial law
arbeitsreich *adj* busy
arbeitsscheu *adj* workshy
Arbeitssicherheit f safety at work
Arbeitssitzung f working session
Arbeitsspeicher m COMPUT main memory
Arbeitssprache f *bes EU* working language
Arbeitsstätte f workplace
Arbeitsstelle f **1** place of work **2** (≈ *Stellung*) job
Arbeitssuche f **auf ~ sein** to be looking for work *od* a job
arbeitssuchend *adj* looking for work *präd*
Arbeitstag m working day
Arbeitsteilung f division of labour Br, division of labor US
Arbeitstempo n rate of work
Arbeitstier *fig umg* n workaholic *umg*
Arbeitsuchende(r) m/f(m) person/man/woman *etc* looking for work *od* a job
Arbeits- und Lerntechniken pl study skills pl
arbeitsunfähig *adj* unable to work; (≈ *krank*) unfit for work
Arbeitsunfall m workplace accident, accident at work
Arbeitsverbot n prohibition from employment; **er wurde mit ~ belegt** he has been banned from working
Arbeitsverhältnis n **1** employee-employer relationship; **ein ~ eingehen** to enter employment **2** **~se** working conditions pl
Arbeitsvermittler m **privater ~** employment agent
Arbeitsvermittlung f (≈ *Amt*) employment exchange; *privat* employment agency
Arbeitsvertrag m contract of employment
Arbeitsweise f (≈ *Praxis*) working method; *von Maschine* mode of operation
Arbeitszeit f working hours pl; **eine wöchentliche ~ von 35 Stunden** a working week of 35 hours
Arbeitszeitmodell n working hours model *od* scheme
Arbeitszeitverkürzung f reduction in working hours
Arbeitszeugnis n reference from one's employer
Arbeitszimmer n study
Archäologe m, **Archäologin** f archaeologist Br, archeologist US
Archäologie f archaeology Br, archeology US
archäologisch *adj* archaeological Br, archeological US
Arche f **die ~ Noah** Noah's Ark
Archipel m archipelago
Architekt(in) m(f) architect
architektonisch *adj* architectural
Architektur f architecture
Archiv n archives pl
Archivbild n photo from the archives
archivieren v/t to archive
Areal n area
Arena f arena; (≈ *Zirkusarena, Stierkampfarena*) ring
arg **A** *adj* (≈ *schlimm*) bad; *Verlust* terrible; *Enttäuschung* bitter; **sein ärgster Feind** his worst enemy; **etw liegt im Argen** sth is at sixes and sevens **B** *adv* (≈ *schlimm*) badly; **es zu arg treiben** to go too far
Argentinien n Argentina
Argentinier(in) m(f) Argentine, Argentinian
argentinisch *adj* Argentine, Argentinian
Ärger m **1** annoyance; *stärker* anger; **zu j-s ~** to sb's annoyance **2** (≈ *Unannehmlichkeiten*) trouble; (≈ *Sorgen*) worry; **j-m ~ machen** *od* **bereiten** to cause sb a lot of trouble; **~ bekommen** *od* **kriegen** *umg* to get into trouble; **es gibt ~** *umg* there'll be trouble
ärgerlich *adj* **1** (≈ *verärgert*) annoyed; *Tonfall* angry; **über j-n/etw ~ werden** to get annoyed with sb/about sth **2** (≈ *unangenehm*) annoying
ärgern **A** v/t (≈ *ärgerlich machen*) to annoy; *stärker* to make angry; (≈ *kränken*) to upset; (≈ *herumhacken auf*) to pick on **B** v/r (≈ *ärgerlich sein/werden*) to be/get annoyed; *stärker* to be/get angry (**über j-n/etw** with sb/about sth)
Ärgernis n (≈ *Anstoß*) offence Br, offense US; **~ erregen** to cause offence Br, to cause offense US; **wegen Erregung öffentlichen ~ses angeklagt werden** to be charged with offending public decency
arglistig **A** *adj* cunning, crafty; (≈ *böswillig*) malicious; **~e Täuschung** fraud **B** *adv* cunningly, craftily; (≈ *böswillig*) maliciously
Argument n argument
Argumentation f reasoning
argumentieren v/i to argue
Argwohn m suspicion
argwöhnisch **A** *adj* suspicious **B** *adv* suspiciously
Arie f MUS aria
Aristokrat(in) m(f) aristocrat
Aristokratie f aristocracy
aristokratisch *adj* aristocratic
Arithmetik f arithmetic
arithmetisch *adj* arithmetic
Arktis f Arctic
arktisch *adj* arctic
arm *adj* poor; **die Armen** the poor pl; **arm an**

etw (*dat*) **sein** to be somewhat lacking in sth; **arm an Vitaminen** low in vitamins; **um 10 Euro ärmer sein** to be 10 euros poorer; **arm dran sein** *umg* to have a hard time of it

Arm *m* ANAT, TECH, *a. fig* arm; *von Fluss, Baum* branch; (≈ *Ärmel*) sleeve; **j-n in die Arme nehmen** to take sb in one's arms; **sich in den Armen liegen** to lie in each other's arms; **j-n auf den Arm nehmen** *fig umg* to pull sb's leg *umg*; **j-m unter die Arme greifen** *fig* to help sb out; **mit offenen Armen** with open arms

Armaturenbrett *n* instrument panel; AUTO dashboard

Armaturenbrettkamera *f* dashboard camera

Armband *n* bracelet; *von Uhr* (watch)strap

Armbanduhr *f* (wrist)watch

Armbinde *f* armband; MED sling

Armee *f* MIL, *a. fig* army; (≈ *Gesamtheit der Streitkräfte*) (armed) forces *pl*

Ärmel *m* sleeve; **etw aus dem ~ schütteln** to produce sth just like that

Ärmelkanal *m* (English) Channel

ärmellos *adj* sleeveless

Armenien *n* Armenia

Armenviertel *n* poor district

Armgelenk *n* elbow joint

Armlehne *f* armrest

Armleuchter *m* **1** chandelier **2** *pej umg* twerp *umg*

ärmlich A *adj* poor; *Kleidung* shabby; **aus ~en Verhältnissen** from a poor family **B** *adv* poorly; **~ leben** to live in poor conditions

Armreif *m* bangle

armselig *adj* miserable; (≈ *jämmerlich*) pathetic; **für ~e zwei Euro** for two paltry euros

Armut *f* poverty

Armutsgrenze *f* poverty line

Armutsrisiko *n* poverty risk

Armutszeugnis *fig n* **j-m/sich (selbst) ein ~ ausstellen** to show sb's/one's (own) shortcomings

Armvoll *m* armful; **zwei ~ Holz** two armfuls of wood

Aroma *n* **1** (≈ *Geruch*) aroma **2** (≈ *Geschmack*) flavour *Br*, flavor *US*

Aromatherapie *f* MED aromatherapy

aromatisch *adj* **1** (≈ *wohlriechend*) aromatic **2** (≈ *wohlschmeckend*) savoury *Br*, savory *US*

Arrangement *n* arrangement

arrangieren A *v/t & v/i* to arrange (j-m for sb); **arrangierte Hochzeit** arranged marriage **B** *v/r* **sich mit j-m ~** to come to an arrangement with sb

Arrest *m* detention

arrogant A *adj* arrogant **B** *adv* arrogantly

Arroganz *f* arrogance

Arsch *m* **1** *vulg* arse *Br sl*, ass *US sl*; **j-m od j-n in den ~ treten** to give sb a kick up the arse *Br sl*, to give sb a kick up the ass *US sl*; **leck mich am ~!** (≈ *lass mich in Ruhe*) fuck off! *vulg*; (≈ *verdammt noch mal*) bugger! *Br sl*, fuck it! *vulg*; *sl überrascht* fuck me! *vulg*; **j-m in den ~ kriechen** *umg* to lick sb's arse *Br sl*, to lick sb's ass *US sl*; **am ~ der Welt** *umg* in the back of beyond; **im** *od* **am ~ sein** *sl* to be screwed up *sl* **2** *sl* (≈ *Mensch*) bastard *sl*

Arschbombe *umg f Sprung ins Wasser* dive-bomb

Arschgeweih *umg n* butt antlers *pl umg*

arschkalt *umg adj* bloody cold *Br umg*, damn cold *umg*

Arschkarte *f sl* **die ~ ziehen** *Unangenehmes tun müssen* to get the short straw *umg*; *etwas ausbaden müssen* to take the rap *umg*

Arschkriecher(in) *vulg m(f)* ass-kisser *sl*

Arschloch *vulg n* **1** arsehole *Br vulg*, asshole *US vulg* **2** → *Arsch 2*

Arsen *n* arsenic

Arsenal *wörtl, fig n* arsenal

Art *f* **1** kind, sort; **diese Art Leute/Buch** that kind *od* sort of person/book; **aus der Art schlagen** not to take after anyone in the family **2** BIOL species **3** (≈ *Methode*) way; **auf diese Art und Weise** in this way **4** (≈ *Wesen*) nature; **auf die eine oder andere Art** either way; **das ist eigentlich nicht seine Art** it's not like him; **nach bayrischer Art** Bavarian style **5** (≈ *Benehmen*) behaviour *Br*, behavior *US*; **das ist doch keine Art!** that's no way to behave!

Artenreichtum *m* BIOL diversity of species

Artenschutz *m* protection of species

Arterie *f* artery

Arteriosklerose *f* arteriosclerosis

Artgenosse *m*, **Artgenossin** *f* (≈ *Tier/Pflanze*) animal/plant of the same species; (≈ *Mensch*) person of the same type

artgerecht *adj* appropriate to the species

Arthritis *f* arthritis

Arthrose *f* arthrosis

artig *adj Kind, Hund etc* good; **sei schön ~** be good!

Artikel *m* article; (≈ *Gegenstand*) item

artikulieren A *v/t & v/i* to articulate **B** *v/r* to express oneself

Artillerie *f* artillery

Artischocke *f* (globe) artichoke

Artist(in) *m(f)* (circus) performer; *im Varieté* variety performer

artistisch *adj* **eine ~e Glanzleistung** *in Zirkus* a miraculous feat of circus artistry

artverwandt *adj* of the same type; BIOL species-

Arznei – Atem • 819

related
Arznei f medicine
Arzneimittel n drug
Arzneimittelmissbrauch m drug abuse
Arzt m, **Ärztin** f doctor; (≈ *Facharzt*) specialist; **praktischer ~** general practitioner, GP; **Ärzte ohne Grenzen** *internationale Hilfsorganisation* Doctors Without Borders; **beim/zum ~** at/to the doctor's; **zum ~ gehen** to go to the doctor's *Br*, to see a doctor
Ärzteschaft f medical profession
Arzthelfer(in) m(f) *am Empfang* (doctor's) receptionist; *mit medizinischen Aufgaben betraut* medical assistant
Ärztin f → Arzt
Arztkosten pl doctor's *od* medical fees pl
ärztlich A *adj* medical B *adv beraten, untersuchen* medically; **er ließ sich ~ behandeln** he went to a doctor for treatment
Arztpraxis f doctor's practice
Arzttermin m doctor's appointment
Arztwahl f choice of doctor
As n → Ass
Asbest n asbestos
asbestfrei *adj* free from *od* of asbestos, asbestos-free
asbesthaltig *adj* containing asbestos *präd*
Asbestose f asbestosis
Asche f ashes pl; *von Zigarette, Vulkan* ash; **glimmende ~** embers pl
Aschenbahn f cinder track
Aschenbecher m ashtray
Aschenplatz m FUSSB cinder pitch; *Tennis* clay court
Aschenputtel n Cinderella
Aschermittwoch m Ash Wednesday
ASCII-Code m ASCII code
ASCII-Datei f ASCII file
aseptisch A *adj* aseptic B *adv* aseptically
Aserbaidschan n Azerbaijan
Asiat(in) m(f) Asian
asiatisch *adj* Asian, Asiatic
Asien n Asia
Asket(in) m(f) ascetic
asketisch A *adj* ascetic B *adv* ascetically
Askorbinsäure f ascorbic acid
asozial A *adj* asocial B *adv* asocially
Asoziale(r) *pej* m/f(m) antisocial person/man/woman *etc*
Aspekt m aspect
Asphalt m asphalt
asphaltieren v/t to asphalt
Aspik *österr* m/n aspic
Aspirin® n aspirin®
Ass n ace
Assessment-Center n *Auswahlgremium für Bewerber* assessment centre *Br*, assessment center *US*
Assessor(in) m(f) *graduate civil servant who has completed his/her traineeship*
Assistent m assistant; IT wizard
Assistentin f assistant
Assistenzarzt m, **Assistenzärztin** f junior doctor *Br*, intern *US*
Assistenzhund m assistance dog
assistieren v/i to assist (**j-m** sb)
Assonanz f LIT assonance
Assoziation f association
assoziieren *geh* v/t to associate
assoziiert *adj* associated; *Mitglied, Mitgliedschaft, Partner* associate
Assoziierung f association
Ast m branch
AStA *abk* (= **Allgemeiner Studierendenausschuss**) general students' committee
Aster f aster
Astgabel f fork (of a branch)
Ästhet(in) m(f) aesthete
ästhetisch *adj* aesthetic, esthetic *US*
Asthma n asthma
Asthmaanfall m asthma attack
Asthmatiker(in) m(f) asthmatic
asthmatisch *adj* asthmatic
astrein *adj* 1 *fig umg* (≈ *moralisch einwandfrei*) above board; (≈ *echt*) genuine 2 *obs sl* (≈ *prima*) fantastic *umg*
Astrologe m, **Astrologin** f astrologer
Astrologie f astrology
astrologisch *adj* astrological
Astronaut(in) m(f) astronaut
Astronomie f astronomy
astronomisch *adj* astronomical
Astrophysik f astrophysics sg
ASU f *abk* (= **Abgassonderuntersuchung**) emissions test
Asyl n (≈ *politisches Asyl*) (political) asylum; **j-m ~ gewähren** to grant sb (political) asylum
Asylant(in) *oft neg!* m(f) asylum seeker
Asylantenwohnheim *oft neg!* n hostel for asylum seekers
Asylantrag m application for asylum; **einen ~ stellen** to apply for asylum
Asylbewerber(in) m(f) asylum seeker
Asylpolitik f policy on asylum
Asylrecht n POL right of (political) asylum
Asylsuchende(r) m/f(m) asylum seeker
asymmetrisch *adj* asymmetric(al)
Atelier n studio
Atem m (≈ *Atemluft*) breath; **~ holen** *wörtl* to take a breath; *fig* to get one's breath back; **den ~ anhalten** to hold one's breath; **außer ~ sein** to be out of breath; **wieder zu ~ kommen** to get

one's breath back; **j-n in ~ halten** to keep sb in suspense; **das verschlug mir den ~** that took my breath away

atemberaubend A *adj* breathtaking; (≈ *großartig*) spectacular B *adv* breathtakingly
Atembeschwerden *pl* trouble *sg* in breathing
Atemgerät *n* breathing apparatus; MED respirator
atemlos *wörtl, fig adj* breathless
Atemnot *f* difficulty in breathing
Atempause *fig f* breathing space
Atemschutzmaske *f* breathing mask
Atemstillstand *m* respiratory standstill, apnoea *Br*, apnea *US*
Atemübung *f* MED breathing exercise
Atemwege *pl* ANAT respiratory tracts *pl*
Atemzug *m* breath; **in einem/im selben ~** *fig* in one/the same breath
Atheismus *m* atheism
Atheist(in) *m(f)* atheist
atheistisch *adj* atheist(ic)
Athen *n* Athens
Äther *m* ether; RADIO air
ätherisch *adj* CHEM essential
Äthiopien *n* Ethiopia
äthiopisch *adj* Ethiopian
Athlet(in) *m(f)* athlete
Athletik *f* athletics *sg*
athletisch *adj* athletic
Atlantik *m* Atlantic
atlantisch *adj* Atlantic; **der Atlantische Ozean** the Atlantic Ocean
Atlas *m* atlas
atmen *v/t & v/i* to breathe
Atmosphäre *f* PHYS, *a. fig* atmosphere
atmosphärisch *adj* atmospheric; **~e Störungen** atmospherics *pl*
Atmung *f* breathing; MED respiration
atmungsaktiv *adj Material, Stoff* breathable
Atmungsorgane *pl* respiratory organs *pl*
Ätna *m* GEOG Mount Etna
Atoll *n* atoll
Atom *n* atom
Atom- *zssgn Reaktor, Waffen etc* nuclear
Atomantrieb *m* **ein U-Boot mit ~** a nuclear-powered submarine
atomar A *adj* atomic; *Drohung* nuclear B *adv* **~ angetrieben** nuclear-powered
Atomausstieg *m* abandonment of nuclear energy
atombetrieben *adj* nuclear-powered
Atombombe *f* atomic bomb, atom bomb *bes Br*
atombombensicher *adj* nuclear blast-proof
Atombunker *m* nuclear blast-proof bunker
Atomenergie *f* nuclear energy
Atomgegner(in) *m(f)* anti-nuclear protester
atomgetrieben *adj* nuclear-powered
Atomgewicht *n* atomic weight
atomisieren *v/t* to atomize
Atomkern *m* atomic nucleus
Atomkraft *f* nuclear power *od* energy
Atomkraftgegner(in) *m(f)* anti-nuclear (power) protester
Atomkraftwerk *n* nuclear power station
Atomkrieg *m* nuclear war
Atommacht *f* nuclear power
Atommüll *m* nuclear waste
Atommülltransport *m* transport of nuclear *od* radioactive waste
Atomphysik *f* nuclear physics *sg*
Atomreaktor *m* nuclear reactor
Atomspaltung *f* nuclear fission
Atomsperrvertrag *m* nuclear weapons non-proliferation treaty
Atomsprengkopf *m* nuclear warhead
Atomstopp *m* nuclear ban
Atomstrom *umg m* electricity generated by nuclear power
Atomtest *m* nuclear test
Atomteststoppabkommen *n* nuclear test ban treaty
Atom-U-Boot *n* nuclear submarine
Atomversuch *m* nuclear test
Atomwaffe *f* nuclear weapon
atomwaffenfrei *adj* nuclear-free
Atomwaffensperrvertrag *m* nuclear weapons nonproliferation treaty
Atomwende *f* POL, ÖKOL nuclear U-turn, U-turn on nuclear power
Atrium *n* ARCH, ANAT atrium
ätsch *umg int* ha-ha
Attachment *n* IT attachment
Attacke *f* attack
attackieren *v/t* to attack
Attentat *n* assassination; (≈ *Attentatsversuch*) assassination attempt; **ein ~ auf j-n verüben** to assassinate sb; *bei gescheitertem Versuch* to make an attempt on sb's life
Attentäter(in) *m(f)* assassin
Attest *n* certificate
attestieren *form v/t* to certify
Attraktion *f* attraction
attraktiv *adj* attractive; *Vorstellung* appealing
Attraktivität *f* attractiveness
Attrappe *f* dummy
Attribut *n* attribute
attributiv *adj* GRAM attributive
atypisch *geh adj* atypical
At-Zeichen *n* @ at sign
ätzen *v/t & v/i Säure* to corrode
ätzend *adj* 1 *wörtl Säure* corrosive; MED caustic 2

Geruch pungent; *Rauch* choking; *Spott, Kritik* caustic 3 *umg* (≈ *furchtbar*) lousy *umg*

au *int* ow, ouch

AU *f abk* (= Abgasuntersuchung) emissions test

Aubergine *f* aubergine *Br*, eggplant *US*

auch *adv* 1 (≈ *gleichfalls*) also, too; (≈ *ebenso*) as well; **das ist ~ möglich** that's also possible; **ja, das ~** yes, that too; **~ gut** that's OK too; **du ~?** you too?; **~ nicht** not ... either; **das ist ~ nicht richtig** that's not right either; **ich/wir ~** same here; **er kommt — ich ~** he's coming — so am I *od* me too; **er kommt nicht — ich ~ nicht** he's not coming — nor *od* neither am I; **~ aus Bristol** from Bristol too; **~ das noch!** that's all I needed!; **du siehst müde aus — das bin ich ~** you look tired — (so) I am 2 (≈ *sogar*) even; **ohne ~ nur zu fragen** without even asking; **~ wenn** even though 3 *emph* **so was Ärgerliches aber ~!** it's really too annoying!; **wozu ~?** whatever for? 4 (≈ *a. immer*) **wie dem ~ sei** be that as it may; **was er ~ sagen mag** whatever he might say

Audienz *f* audience

Audio-CD *f* audio disc *od* CD

Audiodatei *f* audio file

Audioguide *m* audio guide

Audiokassette *f* audio cassette

audiovisuell A *adj* audiovisual B *adv* audiovisually; **gestalten** using audiovisual aids

Auditor(in) *m(f)* FIN auditor

Auditorium *n* 1 (≈ *Hörsaal*) lecture hall; **~ maximum** UNIV main lecture hall 2 (≈ *Zuhörerschaft*) audience

Auerhahn *m* capercaillie

auf A *präp* on; **auf einem Stuhl sitzen** to sit on a chair; **auf dem Bild/Foto** in the picture/photo; **auf den Orkneyinseln** in the Orkney Islands; **auf See** at sea; **auf der Bank** at the bank; **mein Geld ist auf der Bank** my money is in the bank; **auf dem Land** in the country; **auf der Straße** on *od* in the street; **auf dem Feld** in the field; **auf dem Hof** in the yard; **auf welcher Seite sind wir?** what page are we on?; **auf Englisch** in English; **etw auf dem Klavier spielen** to play sth on the piano; **auf einem Ohr taub sein** to be deaf in one ear; **auf dem Weg (zu/nach)** on the way (to); **auf der Welt** in the world; **auf der ganzen Welt** all over the world; **auf der damit auf sich?** what does it mean? B *präp* 1 *Ort* on; **etw auf etw stellen** to put sth on(to) sth; **auf ... zu** towards; **er ist auf die Orkneyinseln gefahren** he has gone to the Orkney Islands; **auf sein Zimmer/die Post gehen** to go to one's room/the post office; **auf eine Party/eine Hochzeit gehen** to go to a party/wedding 2 *Zeit* **auf drei Tage** for three days; **auf mor-** **gen/bald!** see you tomorrow/soon! 3 (≈ *für*) **auf 10 km** for 10 km; **auf eine Tasse Kaffee** for a cup of coffee 4 (≈ *pro*) **auf jeden kamen zwei Flaschen Bier** there were two bottles of beer (for) each 5 **auf ein glückliches Gelingen!** here's to a great success!; **auf deine Gesundheit!** (your very) good health!; **auf seinen Vorschlag/seine Bitte (hin)** at his suggestion/request C *adv* 1 (≈ *offen*) open; **Mund auf!** open your mouth 2 **Helm auf!** helmets on!; **auf nach Chicago!** let's go to Chicago; **auf geht's!** let's go!; **auf und ab** up and down; **sie ist auf und davon** she has disappeared; **auf einmal** at once, suddenly 3 → **auf sein**

Auf *n* **das Auf und Ab** the up and down; *fig* the ups and downs

aufarbeiten *v/t* 1 *Vergangenheit* to reappraise 2 (≈ *erledigen*) *Korrespondenz etc.* to catch up with 3 (≈ *erneuern*) to do up; *Möbel etc* to recondition 4 PHYS *Brennelemente* to reprocess

aufatmen *v/i* to breathe a sigh of relief; **ein Aufatmen** a sigh of relief

aufbacken *v/t* to crisp up

aufbahren *v/t Sarg* to lay on the bier; *Leiche* to lay out

Aufbau *m* 1 (≈ *das Aufbauen*) construction; *von Netzwerk, System* setting up; **der ~ Ost** the rebuilding of East Germany 2 (≈ *Aufgebautes*) top; *von Auto, Lkw* body 3 (≈ *Struktur*) structure

aufbauen A *v/t* 1 (≈ *errichten*) to put up; to set up 2 *fig* (≈ *gestalten*) *Geschäft* to build up; *Zerstörtes* to rebuild; *Plan* to construct; **sich** (*dat*) **eine (neue) Existenz ~** to build (up) a new life for oneself 3 *fig Star, Politiker* to promote; *Beziehung* to build; **j-n/etw zu etw ~** to build sb/sth up into sth 4 (≈ *strukturieren*) to construct; *Aufsatz, Rede, Organisation* to structure B *v/i* (≈ *sich gründen*) to be based *od* founded (**auf** +*dat od akk* on) C *v/r* 1 *umg* (≈ *sich postieren*) to take up position; **sich vor j-m drohend ~** to plant oneself in front of sb *umg* 2 (≈ *bestehen aus*) **sich aus etw ~** to be composed of sth

Aufbauhelfer(in) *m(f) bei Veranstaltung* set-up crew member; *in Entwicklungsland* development worker; *nach Katastrophe* reconstruction worker

Aufbauhilfe *f* development(al) aid *od* assistance

aufbäumen *v/r Tier* to rear; **sich gegen j-n/etw ~** *fig* to rebel *od* revolt against sb/sth

aufbauschen *v/t & v/r* to blow out; *fig* to blow up

Aufbaustudium *n* UNIV course of further study

aufbegehren *geh v/i* to revolt (**gegen** against)

aufbehalten *v/t Hut, Brille etc* to keep on

aufbekommen *umg v/t* 1 (≈ *öffnen*) to get open 2 *Aufgabe* to get as homework

aufbereiten v/t to process; *Daten* to edit; *Text etc* to work up

Aufbereitung f processing; *von chemischen Stoffen* treatment; *von Daten* editing; *von Texten* working up

aufbessern v/t to improve

aufbewahren v/t to keep

Aufbewahrung f (≈ *das Aufbewahren*) keeping; *von Lebensmitteln* storage; **j-m etw zur ~ übergeben** to give sth to sb for safekeeping

aufbieten v/t *Menschen, Mittel* to muster; *Kräfte, Fähigkeiten* to summon (up); *Militär, Polizei* to call in

Aufbietung f **unter** od **bei ~ aller Kräfte ...** summoning (up) all his/her etc strength ...

aufbinden v/t **1** (≈ *öffnen*) *Schuh etc* to undo **2 lass dir doch so etwas nicht ~** *fig* don't fall for that

aufblähen **A** v/t *fig* to inflate **B** v/r to blow out; MED to become swollen

aufblasbar *adj* inflatable

aufblasen **A** v/t *Ballon* to blow up **B** v/r *fig pej* to puff oneself up; → **aufgeblasen**

aufbleiben v/i **1** (≈ *nicht schlafen gehen*) to stay up **2** (≈ *geöffnet bleiben*) to stay open

aufblicken v/i to look up; **zu j-m/etw ~** to look up to sb/sth

aufblitzen v/i **1** *Licht, Augen* to flash **2** *fig Emotion* to flare up

aufblühen v/i **1** *Blume* to bloom **2** *fig Mensch* to blossom out; **das ließ die Stadt ~** it allowed the town to flourish

aufbocken v/t *Auto* to jack up

aufbrauchen v/t to use up

aufbrausen v/i **1** *Brandung etc* to surge; *fig Beifall, Jubel* to break out **2** *fig Mensch* to flare up

aufbrausend *adj* irascible

aufbrechen **A** v/t to break open; *Auto* to break into; *Asphalt, Oberfläche* to break up **B** v/i **1** (≈ *sich öffnen*) to break up; *Knospen, Wunde* to open **2** (≈ *sich auf den Weg machen*) to set off

aufbrezeln v/r *sl* to get dressed up; *Frau a.* to get dolled up *umg*; *Mann a.* to do oneself up *US*

aufbringen v/t **1** (≈ *beschaffen*) to find; *Geld* to raise **2** (≈ *erzürnen*) to make angry; **j-n gegen j-n/etw ~** to set sb against sb/sth; → **aufgebracht**

Aufbruch m departure; **das Zeichen zum ~ geben** to give the signal to set off

Aufbruch(s)stimmung f **hier herrscht schon ~ bei Party etc** it's (all) breaking up; **in ~ sein** to be* getting ready to go

aufbrühen v/t to brew up

aufbürden geh v/t **j-m etw ~** wörtl to load sth onto sb; *fig* to encumber sb with sth

aufdecken v/t to uncover; *Spielkarten* to show; *Verbrechen* to expose; *Schwäche* to lay bare

aufdonnern pej umg v/r to get tarted up *Br pej umg*, to deck oneself out *US umg*; → **aufgedonnert**

aufdrängen **A** v/t **j-m etw ~** to impose od force sth on sb **B** v/r to impose; **dieser Gedanke drängte sich mir auf** I couldn't help thinking that

aufdrehen **A** v/t *Wasser etc* to turn on; *Ventil* to open; *Lautstärke* to turn up **B** v/i umg (≈ *beschleunigen*) to put one's foot down hard; *fig* (≈ *loslegen*) to get going; → **aufgedreht**

aufdringlich *adj Mensch* pushy *umg*; *Farbe* loud; *Geruch* overpowering

Aufdruck m (≈ *Aufgedrucktes*) imprint

aufdrucken v/t **etw auf etw** (akk) **~** to print sth on sth

aufeinander *adv* on (top of) each other; **~ zufahren** to drive toward(s) each other

Aufeinanderfolge f sequence; **in schneller ~** in quick succession

aufeinanderfolgen v/i to follow each other; **~d** *zeitlich* successive

aufeinandertreffen v/i *Gruppen etc* to meet; *Meinungen* to clash

Aufenthalt m stay; *bes* BAHN stop; *bei Anschluss* wait; **der Zug hat 20 Minuten ~** the train stops for 20 minutes; **wie lange haben wir ~?** how long do we stop for?

Aufenthaltserlaubnis f, **Aufenthaltsgenehmigung** f residence permit

Aufenthaltsort m whereabouts, JUR abode, residence

Aufenthaltsraum m day room; *auf Flughafen* lounge

auferlegen geh v/t to impose (**j-m** on sb)

auferstehen v/i to rise from the dead; **Christus ist auferstanden** Christ is (a)risen

Auferstehung f resurrection

aufessen v/t to eat up

auffädeln v/t to thread od string (together)

auffahren **A** v/i **1** (≈ *aufprallen*) **auf j-n/etw ~** to run into sb/sth **2** (≈ *näher heranfahren*) to drive up; **zu dicht ~** to drive too close behind (the car in front) **3** (≈ *aufschrecken*) to start; **aus dem Schlaf ~** to awake with a start **B** v/t umg *Getränke etc* to serve up; *Speisen, Argumente* to dish up *umg*

Auffahrt f (≈ *Zufahrt*) approach (road); *bei Haus etc* drive; (≈ *Rampe*) ramp

Auffahrunfall m *von zwei Autos* collision; *von mehreren Autos* pile-up

auffallen v/i (≈ *sich abheben*) to stand out; (≈ *unangenehm auffallen*) to attract attention; **angenehm/unangenehm ~** to make a good/bad impression; **so etwas fällt doch nicht auf** that

auffallend – aufgeschmissen ▪ 823

will never be noticed; **das muss dir doch aufgefallen sein!** surely you must have noticed (it)!

auffallend 🅰 *adj* noticeable; *Ähnlichkeit, Kleider* striking 🅱 *adv* noticeably; *schön* strikingly; **stimmt ~!** hum too true!

auffällig 🅰 *adj* conspicuous; *Kleidung* striking 🅱 *adv* conspicuously; **sich ~ verhalten** to get oneself noticed

auffangen *v/t* to catch; *Aufprall etc* to cushion; *Verluste* to offset

Auffanglager *n* reception camp

auffassen 🅰 *v/t* (≈ *interpretieren*) to interpret; **etw falsch/richtig ~** to take sth the wrong way/in the right way 🅱 *v/i* to understand

Auffassung *f* (≈ *Meinung*) opinion; (≈ *Begriff*) conception; **nach meiner ~** in my opinion

Auffassungsgabe *f* **er hat eine leichte** *od* **schnelle ~** he is quick on the uptake

auffindbar *adj* **es ist nicht ~** it can't be found; **es ist schwer ~** it's hard to find

auffinden *v/t* to find

auffischen *v/t* to fish up; *umg Schiffbrüchige* to fish out

auffliegen *v/i* ◼ (≈ *hochfliegen*) to fly up; (≈ *sich öffnen*) to fly open ◼ *fig umg Rauschgiftring* to be busted *umg*; **eine Konferenz ~ lassen** to break up a meeting

auffordern *v/t* to ask, to invite; (≈ *zum Tanz bitten*) to ask to dance

Aufforderung *f* request; nachdrücklicher demand; (≈ *Einladung*) invitation

aufforsten *v/t Gebiet* to reafforest; *Wald* to retimber

auffressen *v/t* to eat up; **er wird dich deswegen nicht gleich ~** *umg* he's not going to eat you *umg*

auffrischen 🅰 *v/t* to freshen (up); *fig Erinnerungen* to refresh; *Kenntnisse* to polish up; *persönliche Beziehungen* to renew 🅱 *v/i Wind* to freshen

Auffrischungskurs *m* refresher course

aufführen 🅰 *v/t* ◼ *Drama, Oper* to stage; *Szene, Dialog* to act; *Musikwerk* to perform ◼ (≈ *auflisten*) to list; **einzeln ~** to itemize 🅱 *v/r* to behave

Aufführung *f von Drama, Oper* staging; (≈ *Vorstellung*) performance

auffüllen *v/t* ◼ (≈ *vollständig füllen*) to fill up; (≈ *nachfüllen*) to refill, to top up *Br*, to top off *US* ◼ (≈ *ergänzen*) *Vorräte* to replenish

Aufgabe *f* ◼ (≈ *Arbeit, Pflicht*) job, task, duty; (≈ *Auftrag*) task, mission; **sich** (*dat*) **etw zur ~ machen** to make sth one's business, to commit oneself to doing sth ◼ (≈ *Funktion*) purpose ◼ *bes* SCHULE *zur Übung* exercise; (≈ *Hausaufgabe*) *mst pl* homework *kein pl*; (≈ *Referat etc*) assignment; **hast du deine ~n schon gemacht?** have you done your homework yet? ◼ *von Koffer, Gepäck* registering; FLUG checking (in); *von Anzeige* placing *kein pl* ◼ MIL *etc* surrender ◼ *von Geschäft* giving up

aufgabeln *fig umg v/t j-n* to pick up *umg*

Aufgabenbereich *m* area of responsibility

Aufgang *m* ◼ *von Sonne, Mond* rising ◼ (≈ *Treppenaufgang*) stairs *pl*

aufgeben 🅰 *v/t* ◼ *Hausaufgaben* to give; *Problem* to pose (*j-m* for sb) ◼ *Koffer, Gepäck* to register; *Fluggepäck* to check in; *Brief, Paket* to post *Br*, to mail *bes US*; *Anzeige, Bestellung* to place ◼ *Kampf, Hoffnung etc* to give up 🅱 *v/i* (≈ *sich geschlagen geben*) to give up *od* in, to quit; MIL to surrender

aufgeblasen *fig adj* self-important; → **aufblasen**

Aufgebot *n* ◼ **das ~ bestellen** to give notice of one's intended marriage; KIRCHE to post the banns ◼ (≈ *Ansammlung von Menschen*) contingent; *von Material etc* array

aufgebracht *adj* outraged, worked up; (≈ *bestürzt*) upset (**wegen** about); → **aufbringen**

aufgedonnert *pej umg adj* tarted-up *Br pej umg*, decked-out *US umg*; → **aufdonnern**

aufgedreht *umg adj* in high spirits; → **aufdrehen**

aufgedunsen *adj* bloated

aufgehen *v/i* ◼ *Sonne, Mond* to come up ◼ (≈ *sich öffnen*) to open; *Knopf etc* to come undone ◼ GASTR to rise ◼ (≈ *klar werden*) **j-m geht etw auf** sth dawns on sb ◼ MATH *Rechnung etc* to work out ◼ (≈ *seine Erfüllung finden*) **in etw** (*dat*) **~** to be taken up with sth

aufgehoben *adj* (**bei j-m**) **gut/schlecht ~ sein** to be/not to be in good hands (with sb); → **aufheben**

aufgeilen *v/r umg* **sich an etw** (*dat*) **~** to be *od* get turned on by sth *umg*

aufgeklärt *adj* enlightened; **~ sein** *sexualkundlich* to know the facts of life; → **aufklären**

aufgekratzt *umg adj* in high spirits

aufgelegt *adj* **gut/schlecht** *etc* **~** in a good/bad *etc* mood; (**dazu**) **~ sein, etw zu tun** to feel like doing sth; → **auflegen**

aufgelöst *adj* (≈ *außer sich*) distraught; (≈ *bestürzt*) upset; **in Tränen ~** in tears; → **auflösen**

aufgeregt 🅰 *adj* (≈ *erregt*) excited; (≈ *nervös*) nervous; (≈ *aufgebracht*) worked up; **~ sein** (≈ *bestürzt*) to be upset 🅱 *adv* excitedly; → **aufregen**

aufgeschlossen *adj* (≈ *nicht engstirnig*) open-minded; *gegenüber anderen* outgoing; (≈ *empfänglich*) open (**für, gegenüber** to); → **aufschließen**

Aufgeschlossenheit *f* open-mindedness; (≈ *Empfänglichkeit*) openness (**für, gegenüber** to)

aufgeschmissen *umg adj* stuck *umg*

aufgeweckt adj bright; → **aufwecken**
aufgewühlt geh adj agitated; Wasser, Meer turbulent; → **aufwühlen**
aufgießen v/t Kaffee, Tee to make
aufgliedern **A** v/t to split up **B** v/r to break down (**in** +akk into)
aufgraben v/t to dig up
aufgreifen v/t **1** (≈ festnehmen) to pick up **2** Thema, Gedanken to take up
aufgrund präp on the basis of; **~ einer Verwechslung** because of a mistake
Aufguss m brew, infusion; fig pej rehash
Aufgussbeutel m (≈ Teebeutel) tea bag
aufhaben **A** v/t **1** Hut, Brille to have on **2** SCHULE als Hausaufgabe **etw ~** to have sth to do for homework; **was haben wir als Hausaufgabe auf?** what's for homework? **B** v/i Laden etc to be open
aufhalsen umg v/t **j-m/sich etw ~** to land sb/oneself with sth umg
aufhalten **A** v/t **1** to stop; (≈ verlangsamen) to hold up; (≈ verzögern) to delay; (≈ stören) to hold back (**bei** from); **ich will dich nicht länger ~** I don't want to hold you back any longer **2** umg (≈ offen halten) to keep open; **die Hand ~** to hold one's hand out **B** v/r **1** (≈ an einem Ort bleiben) to stay **2** bei der Arbeit etc to take a long time (**bei** over) **3** (≈ sich befassen) **sich bei etw ~** to dwell on sth
aufhängen **A** v/t **1** Kleidung, Bild to hang up; AUTO Rad to suspend **2** (≈ töten) to hang (**an** +dat from) **B** v/r (≈ sich töten) to hang oneself (**an** +dat from)
Aufhängung f TECH suspension
aufhäufen v/t & v/r to accumulate
aufheben **A** v/t **1** vom Boden to pick up **2** (≈ nicht wegwerfen) to keep; für später to save; → **aufgehoben 3** (≈ ungültig machen) to abolish; Vertrag to cancel; Urteil to quash; Verlobung to break off **4** (≈ beenden) Blockade to lift **5** (≈ ausgleichen) to offset **B** v/r (≈ sich ausgleichen) to offset each other
Aufheben n fuss; **viel ~(s) machen** to make a lot of fuss (**von, um** about)
Aufhebung f **1** (≈ Abschaffung) abolition; von Vertrag cancellation; von Urteil quashing; von Verlobung breaking off **2** (≈ Beendigung von Blockade etc) lifting
aufheitern **A** v/t j-n to cheer up **B** v/r Himmel to clear; Wetter to clear up
aufhellen **A** v/t to brighten (up); Haare to lighten; fig (≈ klären) to shed light upon **B** v/r to brighten (up), to clear up
aufhetzen v/t to stir up; **j-n zu etw ~** to incite sb to (do) sth
aufheulen v/i to howl (**vor** +dat with); Sirene to (start to) wail; Motor, Menge to (give a) roar
aufholen **A** v/t to make up; **Versäumtes ~** to make up for lost time **B** v/i to catch up
aufhorchen v/i to sit up (and take notice)
aufhören v/i to stop, to quit umg; bei Arbeitsstelle to finish; **hör doch endlich auf!** (will you) stop it!; **jetzt hör aber auf!** come on!; **mit etw ~** to stop sth; **sie hörte nicht auf zu reden** she wouldn't stop talking
aufkaufen v/t to buy up
aufklappen v/t to open up; Klappe to lift up; Verdeck to fold back
aufklaren v/i Wetter to brighten (up); Himmel to clear
aufklären **A** v/t **1** to clear up; Verbrechen, Rätsel to solve **2** j-n to enlighten; **Kinder ~** sexualkundlich to tell children the facts of life; **j-n über etw** (akk) **~** to inform sb about sth; → **aufgeklärt B** v/r Irrtum etc to resolve itself; Himmel to clear
Aufklärung f **1** Philosophie **die ~** the Enlightenment **2** von Missverständnis clearing up; von Verbrechen, Rätsel solution **3** (**sexuelle**) **~** in Schulen sex education **4** MIL reconnaissance
Aufklärungsfilm m sex education film
Aufklärungsflugzeug n reconnaissance plane; klein scout (plane)
Aufklärungsquote f in Kriminalstatistik percentage of cases solved
Aufklärungssatellit m spy satellite
aufkleben v/t to stick on
Aufkleber m sticker
aufknöpfen v/t (≈ öffnen) to unbutton, to undo; **aufgeknöpft** Hemd unbuttoned
aufkochen **A** v/t to bring to the boil Br, to bring to a boil US; (≈ erneut kochen lassen) to boil up again **B** v/i **etw ~ lassen** to bring sth to the boil Br, to bring sth to a boil US
aufkommen v/i **1** (≈ entstehen) to arise; Wind to get up; Mode etc to appear (on the scene); **etw ~ lassen** fig Zweifel, Kritik to give rise to sth **2** **~ für** (≈ Kosten tragen) to bear the costs of; (≈ Haftung tragen) to be liable for; **für den Schaden ~** to pay for the damage **3** (≈ auftreffen) to land (**auf** +dat on)
Aufkommen n **1** (≈ das Auftreten) appearance **2** von Steuern revenue (**aus** od +gen from)
aufkreuzen v/i umg (≈ erscheinen) to show up umg
aufkriegen umg v/t → **aufbekommen**
Aufl. abk (= **Auflage**) ed.
Aufladegerät n = **Ladegerät**
aufladen **A** v/t **1 etw (auf etw** akk) **~** to load sth on(to) sth; **j-m/sich etw ~** fig to saddle sb/oneself with sth **2** elektrisch to charge; (≈ neu aufladen) to recharge; Geldkarte to reload; Karte

von Prepaidhandy to top up **B** *v/r Batterie etc* to be charged; *neu* to be recharged

Aufladung *f* **elektrische ~** static (electricity)

Auflage *f* **1** (≈ *Ausgabe*) edition; *von Zeitung* circulation **2** (≈ *Bedingung*) condition; **j-m etw zur ~ machen** to impose sth on sb as a condition

Auflage(n)höhe *f von Buch* number of copies published; *von Zeitung* circulation

auflassen *v/t* **1** *umg* (≈ *offen lassen*) to leave open; (≈ *aufbehalten*) *Hut* to keep on; **das Kind länger ~** to let the child stay up (longer) **2** *österr* (≈ *schließen*) *Fabrik* to close down

auflauern *v/i* to lie in wait for

Auflauf *m* **1** (≈ *Menschenauflauf*) crowd **2** *GASTR* (baked) pudding

auflaufen *v/i* **1** *Schiff* to run aground; **j-n ~ lassen** to drop sb in it *umg* **2** (≈ *aufprallen*) **auf j-n/etw ~** to run into sb/sth

Auflaufform *f GASTR* ovenproof dish

aufleben *v/i* to revive; (≈ *munter werden*) to liven up; **Erinnerungen wieder ~ lassen** to revive memories

auflegen A *v/t* **1** *Tischdecke, CD* to put on; *Gedeck* to set; *Hörer* to replace **2** (≈ *herausgeben*) *Buch* to bring out **3** *FIN Aktien* to issue; *Fonds* to set up **4** → **aufgelegt B** *v/i* **1** (≈ *Telefonhörer auflegen*) to hang up **2** *als DJ in der Disco* to DJ

auflehnen *v/r* **sich gegen j-n/etw ~** to rebel against sb/sth

auflesen *v/t* to pick up

aufleuchten *v/i* to light up

aufliegen *v/i* (≈ *auf etw sein*) to lie on top; *Hörer* to be on

auflisten *v/t* to list

auflockern A *v/t* **1** *Boden* to loosen (up); **die Muskeln ~** to loosen up (one's muscles) **2** (≈ *abwechslungsreicher machen*) to make less monotonous **3** (≈ *entspannen*) *Verhältnis, Atmosphäre* to ease; **in aufgelockerter Stimmung** in a relaxed mood **B** *v/i* **1** *SPORT* to limber up **2** *Bewölkung* to disperse

auflösen A *v/t* **1** *in Flüssigkeit* to dissolve; → **aufgelöst 2** *Widerspruch* to clear up; *Rätsel* to solve **3** *Wolken, Versammlung* to disperse **4** (≈ *aufheben*), *a. PARL* to dissolve; *Einheit, Gruppe* to disband; *Firma* to wind up; *Verlobung* to break off; *Konto* to close; *Haushalt* to break up **B** *v/r* **1** *in Flüssigkeit* to dissolve **2** (≈ *sich zerstreuen*) to disperse **3** *Firma* to cease trading; *bes PARL* (≈ *sich formell auflösen*) to dissolve **4 sich in etw** (*akk*) **~** (≈ *verwandeln*) to turn into sth

Auflösung *f* **1** *in Bestandteile* resolution; *von Firma* winding up; *von Parlament* dissolution **2** (≈ *Lösung von Problem etc*) resolution; *von Rätsel* solution (+gen *od* **von** to) **3** *von Bildschirm, a. FOTO* resolution

aufmachen A *v/t* **1** (≈ *öffnen*) to open; (≈ *lösen*) to undo; *Haar* to loosen **2** (≈ *eröffnen, gründen*) to open (up) **3 der Prozess wurde groß aufgemacht** the trial was given a big spread **B** *v/i* (≈ *Tür öffnen*) to open up; **es hat niemand aufgemacht** nobody answered the door **C** *v/r* (≈ *aufbrechen*) to set out

Aufmacher *m Presse* lead

Aufmachung *f* **1** (≈ *Kleidung*) getup; **in großer ~** in full dress **2** (≈ *Gestaltung*) presentation; *von Seite, Zeitschrift* layout

aufmarschieren *v/i* (≈ *heranmarschieren*) to march up; (≈ *vorbeimarschieren*) to march past

aufmerksam A *adj* **1** *Zuhörer, Schüler* attentive; (≈ *scharf beobachtend*) observant; **j-n auf etw** (*akk*) **~ machen** to draw sb's attention to sth, to point sth out to sth; **auf j-n/etw ~ werden** to become aware of sb/sth **2** (≈ *zuvorkommend*) attentive; (≈ *rücksichtsvoll*) thoughtful, considerate; **(das ist) sehr ~ von Ihnen** (that's) most kind of you **B** *adv zusehen* carefully; *zuhören* attentively

Aufmerksamkeit *f* **1** attention; **das ist meiner ~ entgangen** that escaped my notice; **~ erregen** to attract attention **2** (≈ *Zuvorkommenheit*) attentiveness **3** (≈ *Geschenk*) **kleine ~en** little gifts

Aufmerksamkeitsdefizit-Syndrom *n* Attention Deficit Disorder

aufmischen *umg v/t* (≈ *in Unruhe versetzen*) to stir up; (≈ *verprügeln*) to beat up

aufmöbeln *umg v/t Gegenstand* to do up *umg*

aufmotzen *umg v/t Person* to doll up *umg*, to tart up *Br umg*; *Auto* to do up, to pimp *sl*; *Motor* to soup up *umg*

aufmuntern *v/t* (≈ *aufheitern*) to cheer up; (≈ *beleben*) to liven up; **ein ~des Lächeln** an encouraging smile

Aufmunterung *f* cheering up; (≈ *Belebung*) livening up

aufmüpfig *umg adj* rebellious

Aufnahme *f* **1** (≈ *Empfang*) reception; **die ~ in ein Krankenhaus** admission (in)to hospital **2** *in Verein* admission (**in** +akk to) **3** *von Kapital* raising **4** *von Protokoll* taking down **5** *von Gespräch etc* start; *von Tätigkeit* taking up; *von Beziehung* establishment **6** (≈ *das Filmen*) filming, shooting *umg*; (≈ *Bild*) shot; **Achtung, ~!** action! **7** *MUS, FILM* (≈ *Fotografie*) photo(graph); *auf Smartphone etc* recording

Aufnahmebedingungen *pl* terms *pl* of admission

aufnahmefähig *adj* **für etw ~ sein** to be able to take sth in

Aufnahmegebühr *f* enrolment fee *Br*, enrollment fee *US*; *in Verein* admission fee

Aufnahmeprüfung f entrance examination
aufnehmen v/t **1** vom Boden to pick up; (≈ heben) to lift up **2** (≈ empfangen) to receive **3** (≈ unterbringen) to take (in); (≈ fassen) to take **4** in Verein, Schule etc to admit (**in** +akk to) **5** in Liste to include. **6** (≈ absorbieren) to absorb; **etw in sich** (dat) **~** to take sth in **7** (≈ beginnen) to begin; Tätigkeit, Studium to take up; Beziehung to establish; **mit j-m Kontakt ~** to contact sb **8** Kapital to borrow; Kredit to take out **9** Protokoll to take down **10** MUS, FILM (≈ fotografieren) to take (a photo(graph) of); (≈ filmen) to film, to shoot umg; auf Smartphone etc to record; **es mit j-m/etw ~** to take sb/sth on; **es mit j-m nicht ~ können** to be no match for sb
aufnötigen v/t **j-m etw ~** to force sth on sb
aufopfern v/r to sacrifice oneself
aufopfernd adj Mensch self-sacrificing; Liebe, Arbeit devoted
aufpäppeln umg v/t mit Nahrung to feed up
aufpassen v/i **1** (≈ beaufsichtigen) **auf j-n/etw ~** to keep an eye on sb/sth, to look after sb/sth **2** (≈ achtgeben) to pay attention; **auf etw** (akk) **~** (≈ achten auf) to look out for sth; **pass auf!** look, watch; (≈ Vorsicht) watch out
Aufpasser(in) m(f) pej (≈ Spitzel) spy pej; für VIP etc minder; (≈ Wächter) guard
aufplatzen v/i to burst open; Wunde to open up
aufplustern v/r Vogel to puff itself up; Mensch to puff oneself up
aufpolieren v/t to polish up
aufpoppen v/i IT Popup-Fenster etc to pop up
Aufprall m impact, crash
aufprallen v/i **auf etw** (akk) **~** to strike sth; Fahrzeug to collide with sth
Aufpreis m extra charge; **gegen ~** for an extra charge
aufpumpen v/t Reifen, Ballon to inflate; Fahrrad to pump up the tyres of Br, to pump up the tires of US
aufputschen v/t **1** (≈ aufwiegeln) to rouse; Gefühle to stir up **2** durch Reizmittel to stimulate; **~de Mittel** stimulants
Aufputschmittel n stimulant
aufraffen v/r **sich zu etw ~** umg to rouse oneself to do sth
aufragen v/i to rise
aufräumen A v/t to tidy up; **sein Zimmer ~** to tidy one's room; **aufgeräumt** Zimmer tidy B v/i **mit etw ~** to do away with sth
aufrecht A adj upright B adv upright; **~ sitzen** to sit up(right)
aufrechterhalten v/t to maintain; Kontakte to keep up
Aufrechterhaltung f maintenance; von Kontakten keeping up

aufregen A v/t (≈ ärgerlich machen) to annoy; (≈ nervös machen) to make nervous; (≈ beunruhigen) to agitate; (≈ erregen) to excite B v/r **1** to get upset, to get worked up umg (**über** +akk about) **2** → aufgeregt
aufregend adj exciting
Aufreger m umg Skandal scandal; Sensation sensation
Aufregung f excitement kein pl; (≈ Aufheben) fuss; (≈ Beunruhigung) agitation kein pl; **nur keine ~!** don't get excited; **j-n in ~ versetzen** to get sb in a state umg
aufreiben v/t **1** (≈ wund reiben) Haut etc to chafe **2** fig (≈ zermürben) to wear down
aufreibend fig adj wearing; stärker stressful
aufreihen A v/t in Linie to line up; Perlen to string B v/r to line up
aufreißen A v/t **1** (≈ aufbrechen) to tear open; Straße to tear up **2** Tür, Fenster to fling open; Augen, Mund to open wide **3** umg Mädchen to pick up umg B v/i Naht to split; Wunde to tear open; Wolkendecke to break up
aufreizen v/t **1** (≈ herausfordern) to provoke **2** (≈ erregen) to excite
aufreizend adj provocative
aufrichten A v/t **1** Gegenstand to set upright; Oberkörper to raise (up) **2** fig moralisch to lift B v/r (≈ gerade stehen) to stand up (straight); aus liegender Position to lean up; **sich im Bett ~** to sit up in bed
aufrichtig A adj sincere (**zu, gegen** towards) B adv sincerely; hassen truly
Aufrichtigkeit f sincerity (**zu, gegen** towards)
aufrollen v/t **1** (≈ zusammenrollen) to roll up; Kabel to wind up **2** (≈ entrollen) to unroll; Fahne to unfurl; Kabel to unwind **3** fig **einen Fall/Prozess wieder ~** to reopen a case/trial
aufrücken v/i to move up; (≈ befördert werden) to be promoted
Aufruf m appeal (**an** +akk to); **einen ~ an j-n richten** to appeal to sb; **letzter ~ für Flug LH 1615** last call for flight LH 1615
aufrufen A v/t **1** to call **2** (≈ auffordern) **j-n ~, etw zu tun** to appeal to sb to do sth; **Arbeiter zum Streik ~** to call upon workers to strike **3** JUR Zeugen to summon B v/i **zum Streik ~** to call for a strike
Aufruhr m **1** (≈ Auflehnung) rebellion, riot **2** (≈ Erregung) turmoil; **j-n in ~ versetzen** to throw sb into turmoil
Aufrührer(in) m(f) rabble-rouser
aufrührerisch adj **1** (≈ aufwiegelnd) Rede rabble-rousing **2** (≈ in Aufruhr) rebellious; (≈ meuternd) mutinous
aufrunden v/t to round up (**auf** +akk to)
aufrüsten v/t **1** MIL to arm; **ein Land atomar ~**

to give a country nuclear arms; **wieder ~** to rearm **2** TECH *Gerät, Computer* to upgrade
Aufrüstung *f* MIL arming
aufrütteln *v/t* to rouse (**aus** from)
aufs *präp mit art* (= **auf das**) → **auf**
aufsagen *v/t Gedicht etc* to recite
aufsammeln *v/t* to pick up
aufsässig *adj* rebellious
Aufsatz *m* **1** essay **2** (≈ *oberer Teil*) top part
Aufsatzthema *n* essay topic, theme *US*
aufsaugen *v/t Flüssigkeit* to soak up; *fig* to absorb; **etw mit dem Staubsauger ~** to vacuum sth up
aufschauen *v/i* → **aufsehen**
aufschichten *v/t* to stack
aufschieben *v/t Fenster, Tür* to slide open; *fig* (≈ *verschieben*) to put off
Aufschlag *m* **1** (≈ *das Aufschlagen*) impact; (≈ *Geräusch*) crash **2** *Tennis etc* serve; **wer hat ~?** whose serve is it? **3** (≈ *Preisaufschlag*) surcharge **4** (≈ *Ärmelaufschlag*) cuff
aufschlagen **A** *v/i* **1** (≈ *auftreffen*) **auf etw** (dat) **~** to hit sth; **gegen etw ~** to crash into sth **2** *Preise* to go up (**um** by) **3** *Tennis etc* to serve **B** *v/t* **1** (≈ *öffnen*) to crack; *Eis* to crack a hole in; **j-m/sich den Kopf ~** to crack open sb's/one's head **2** (≈ *aufklappen*) to open; *Bett* to turn back; *Kragen etc* to turn up; **schlagt Seite 111 auf** open your books at page 111 **3** (≈ *aufbauen*) *Zeit* to pitch, to put up; *Nachtlager* to set up **4** HANDEL **10 % auf etw** (akk) **~** to put 10% on sth
aufschließen **A** *v/t* (≈ *öffnen*) to unlock **B** *v/i* **1** (≈ *öffnen*) (**j-m**) to unlock the door (for sb) **2** (≈ *heranrücken*) to close up; SPORT to catch up (**zu** with); → **aufgeschlossen**
aufschlitzen *v/t* to rip (open)
Aufschluss *m* (≈ *Aufklärung*) information *kein pl*; **~ über etw** (akk) **verlangen** to demand an explanation of sth
aufschlüsseln *v/t* to break down (**nach** into); (≈ *klassifizieren*) to classify (**nach** according to)
aufschlussreich *adj* informative
aufschnappen *v/t* to catch; *umg Wort etc* to pick up
aufschneiden **A** *v/t* **1** to cut open; *Braten* to carve; MED *Geschwür* to lance **2** (≈ *in Scheiben schneiden*) to slice **B** *v/i umg* (≈ *prahlen*) to boast
Aufschneider(in) *umg m(f)* boaster
Aufschnitt *m* (assorted) sliced cold meat, cold cuts *pl US*
aufschnüren *v/t* (≈ *lösen*) to untie
aufschrauben *v/t* to unscrew; *Flasche etc* to take the top off
aufschrecken **A** *v/t* to startle; **j-n aus dem Schlaf ~** to rouse sb from sleep **B** *v/i* to be startled; **aus dem Schlaf ~** to wake up with a start
Aufschrei *m* yell; *schriller Aufschrei* scream
aufschreiben *v/t* **etw ~** to write sth down; **sich** (dat) **etw ~** to make a note of sth
aufschreien *v/i* to yell out; *schrill* to scream out
Aufschrift *f* (≈ *Beschriftung*) inscription; (≈ *Etikett*) label
Aufschub *m* (≈ *Verzögerung*) delay; (≈ *Vertagung*) postponement
aufschürfen *v/t* **sich** (dat) **die Haut/das Knie ~** to graze oneself/one's knee
aufschwatzen *umg v/t* **j-m etw ~** to talk sb into taking sth
Aufschwung *m* **1** (≈ *Antrieb*) lift; *der Wirtschaft etc* upturn (+gen in); **das gab ihr (einen) neuen ~** that gave her a lift **2** *beim Turnen* swing-up
aufsehen *v/i* to look up
Aufsehen *n* **~ erregend** sensational; **großes ~ erregen** to cause a sensation; **ohne großes ~** without any fuss
aufsehenerregend *adj* sensational
Aufseher(in) *m(f)* supervisor; *von Tieren* keeper; *bei Prüfung* invigilator; (≈ *Gefängnisaufseher*) warder *Br*, guard *US*; *im Park* ranger
auf sein *v/i* **1** (≈ *aufgestanden*) to be up **2** (≈ *geöffnet*) to be open
aufseiten *präp* on the part of
aufsetzen **A** *v/t* **1** (≈ *auf etw setzen*) to put on; *Fuß* to put down; *fig Lächeln, Miene etc* to put on **2** (≈ *aufrichten*) *Kranken etc* to sit up **3** (≈ *verfassen*) to draft, to draw up **B** *v/r* to sit up **C** *v/i Flugzeug* to touch down
aufseufzen *v/i* **(tief/laut) ~** to heave a (deep/loud) sigh
Aufsicht *f* **1** (≈ *Überwachung*) supervision (**über** +akk of); (≈ *Obhut*) charge; **~ über j-n/etw führen** to be in charge of sb/sth; **bei einer Prüfung ~ führen** to invigilate an exam **2** (≈ *Aufseher*) supervisor
Aufsichtsbehörde *f* supervisory authority
Aufsichtsperson *f* supervisor
Aufsichtsrat[1] *m* (supervisory) board; **im ~ einer Firma sitzen** to be on the board of a firm
Aufsichtsrat[2] *m*, **Aufsichtsrätin** *f* member of the board
aufsitzen *v/i* **1** *auf Fahrzeug* to get on; **aufs Pferd ~** to mount the horse **2** *umg* (≈ *hereinfallen*) **j-m/einer Sache ~** to be taken in by sb/sth
aufspalten *v/t & v/r* to split
aufsparen *v/t* to save (up)
aufsperren *v/t* **1** *umg* (≈ *aufreißen*) *Tür, Schnabel* to open wide; **die Ohren ~** to prick up one's ears **2** *österr, südd* (≈ *aufschließen*) *Tür etc* to unlock
aufspielen *v/r umg* (≈ *sich wichtigtun*) to give oneself airs; **sich als Boss ~** to play the boss

aufspießen v/t to spear; *mit Hörnern* to gore; *Fleisch mit Spieß* to skewer; *mit Gabel* to prong

aufspringen v/i **1** to jump up; **auf etw** (akk) **~** to jump onto sth **2** (≈ *sich öffnen*) *Tür* to burst open; (≈ *platzen*) to burst; *Haut, Lippen etc* to crack

aufspüren v/t to track down, to trace

aufstacheln v/t to spur (on)

Aufstand m rebellion

Aufständische(r) m/f(m) rebel

aufstapeln v/t to stack up

aufstauen **A** v/t *Wasser* to dam; **etw in sich** (dat) **~** *fig* to bottle sth up inside (oneself) **B** v/r to accumulate; *fig Ärger* to become bottled up

aufstechen v/t to puncture; *Geschwür* to lance

aufstehen v/i **1** (≈ *sich erheben*) to get up, to stand up; *aus dem Bett* to get up, to get out of bed **2** *umg* (≈ *offen sein*) to be open

aufsteigen v/i **1** *auf Berg, Leiter* to climb (up); *Vogel* to soar (up); *Flugzeug* to climb; *Nebel, Gefühl* to rise; **auf ein Fahrrad/Motorrad ~** to get on(to) a bicycle/motorbike; **auf ein Pferd ~** to mount a horse **2** *fig im Rang etc* to rise (**zu** to); SPORT to be promoted (**in** +akk to)

Aufsteiger(in) m(f) SPORT *in höhere Liga* promoted team; **(sozialer) ~** social climber

aufstellen **A** v/t **1** (≈ *aufbauen*) to put up (**auf** +dat on); *Zelt* to pitch; *Maschine* to install; *Ausrüstung* to set up **2** *fig* (≈ *zusammenstellen*) *Truppe* to raise; SPORT *Mannschaft* to draw up **3** (≈ *benennen*) *Kandidaten* to nominate **4** (≈ *erzielen*) *Rekord* to set (up) **5** *Forderung* to put forward; *Liste* to make; **gut aufgestellt sein** *fig* (≈ *in guter Ausgangsposition, Lage sein*) to be in a good position, to be well set up **B** v/r to stand; *hintereinander* to line up; **sich im Karree/Kreis** *etc* **~** to form a square/circle *etc*

Aufstellung f **1** (≈ *das Aufstellen*) putting up; *von Zelt* pitching; *von Maschine* installation **2** *von Truppen* raising; *von Mannschaft* drawing up **3** *von Kandidaten* nominating; *von Rekord* setting **4** *von Forderung* putting forward; *von Liste* drawing up **5** (≈ *Liste*) list; (≈ *Tabelle*) table; (≈ *Inventar*) inventory **6** (≈ *Mannschaft*) line-up *umg*, team

Aufstieg m **1** *auf Berg, von Flugzeug* climb **2** *fig* rise; *beruflich, politisch, sozial* advancement; SPORT rise; *in höhere Liga* promotion (**in** +akk to) **3** (≈ *Weg*) way up ((**auf etw** akk *sth*)

Aufstiegschance f prospect of promotion

Aufstiegsrunde f SPORT qualifying round, round to decide promotion

aufstocken v/t *Haus* to build another storey onto *Br*, to build another story onto *US* **2** *Kapital* to increase (**um** by)

aufstoßen **A** v/t (≈ *öffnen*) to push open **B** v/i **1** **auf etw** (akk) **~** to hit (on *od* against) sth **2** (≈ *rülpsen*) to burp **3 Radieschen stoßen mir auf** radishes repeat on me

aufstrebend *fig adj Land, Volk* aspiring; *Volkswirtschaft* rising

Aufstrich m *auf Brot* spread

aufstützen **A** v/t *Kranken etc* to prop up **B** v/r to support oneself

aufsuchen v/t *Bekannten* to call on, to see; *Arzt, Ort, Toilette* to go to

auftakeln v/t SCHIFF to rig up; **sich ~** *pej umg* to tart oneself up *Br pej umg*, to do oneself up *US umg*

Auftakt m (≈ *Beginn*) start; **den ~ von** *od* **zu etw bilden** to mark the beginning of sth

auftanken v/t & v/i to fill up; FLUG to refuel

auftauchen v/i **1** *aus dem Wasser* to surface **2** *fig* to appear; *Zweifel, Problem* to arise **3** *sich zeigen* to turn up; **sie ist bei meiner Party aufgetaucht** she turned up at my party

auftauen v/t & v/i to thaw

aufteilen **A** v/t **1** (≈ *aufgliedern*) to divide up (**in** +akk into) **2** (≈ *verteilen*) to share out **B** v/r **sich ~** (**in**) to divide (into)

auftischen v/t to serve up; **j-m Lügen** *etc* **~** *umg* to tell sb a lot of lies *etc*

Auftrag m **1** (≈ *Anweisung*) orders pl; (≈ *zugeteilte Arbeit*) job; (≈ *Aufgabe*) mission, task; JUR brief; **j-m den ~ geben, etw zu tun** to instruct sb to do sth; **in j-s ~** (dat) (≈ *für j-n*) on sb's behalf; (≈ *auf j-s Anweisung*) on sb's instructions **2** HANDEL order (**über** +akk for); **etw in ~ geben** to order sth (**bei** from)

auftragen **A** v/t **1** (≈ *servieren*) to serve **2** *Farbe, Schminke* to apply (**auf** +akk to); *Make-up* to put on **3 j-m etw ~** to instruct sb to do sth **B** v/i (≈ *übertreiben*) **dick** *od* **stark ~** *umg* to lay it on thick *umg*

Auftraggeber(in) m(f) client; *von Firma* customer

Auftragnehmer(in) m(f) HANDEL firm accepting the order; *Hoch- und Tiefbau* contractor

Auftragsbestätigung f confirmation of order

Auftragsbuch n order book

Auftragseingang m **bei ~** on receipt of order

auftragsgemäß adj & adv as instructed; HANDEL as per order

Auftragslage f order situation

auftreffen v/i **auf etw** (dat od akk) **~** to hit sth

auftreiben *umg* v/t (≈ *beschaffen*) to get hold of; (≈ *ausfindig machen*) to find

auftrennen v/t to undo

auftreten **A** v/i **1** *wörtl* to tread **2** (≈ *erscheinen*) to appear; *als Schauspieler* to perform; **in einem Film ~** to star; **als Zeuge/Kläger ~** to appear as a witness/as plaintiff; **er tritt zum ersten Mal in Köln auf** he is appearing in Cologne for the

first time; gegen j-n/etw ~ to stand up against sb/sth **3** *fig* (*≈ eintreten*) to occur; *Schwierigkeiten etc* to arise **4** (*≈ sich benehmen*) to behave **5** (*≈ handeln*) to act; **als Vermittler ~** to act as (an) intermediary **B** *v/t Tür etc* to kick open

Auftreten *n* **1** (*≈ Erscheinen*) appearance **2** (*≈ Benehmen*) manner

Auftrieb *m* **1** PHYS buoyancy (force); FLUG lift **2** *fig* (*≈ Aufschwung*) impetus; **das wird ihm ~ geben** that will give him a lift

Auftritt *m* **1** (*≈ Erscheinen*) entrance **2** THEAT (*≈ Szene*) scene **3** (*≈ Konzert*) gig; **einen ~ haben** to do a gig

auftrumpfen *v/i* to be full of oneself *umg*; **~d sagte er ... ...**, he crowed

auftun A *v/t* **1** *umg* (*≈ ausfindig machen*) to find **2** (*≈ öffnen*) to open **3** *umg* (*≈ servieren*) **j-m etw ~** to help sb to sth **B** *v/r* to open up; *Möglichkeiten, Probleme* to arise

auftürmen A *v/t* to pile up **B** *v/r Gebirge etc* to tower up; *Schwierigkeiten* to mount up

aufwachen *v/i* to wake up

aufwachsen *v/i* to grow up

Aufwand *m* **1** *von Geld* expenditure (**an** +*dat* of); **ein großer ~ (an Zeit/Energie/Geld)** a lot of time/energy/money **2** (*≈ Luxus*) extravagance; **(großen) ~ treiben** to be (very) extravagant

aufwändig *adj & adv* → aufwendig

Aufwandsentschädigung *f* expense allowance

aufwärmen A *v/t* to heat *od* warm up; *umg* (*≈ wieder erwähnen*) to drag up *umg* **B** *v/r* to warm oneself up; SPORT to warm up

Aufwärmübung *f* warm-up exercise

aufwärts *adv* up, upward(s)

aufwärtsgehen *v/i* **mit seinen Leistungen geht es aufwärts** he's doing better

Aufwärtstrend *m* upward trend

Aufwasch *dial m* → Abwasch

aufwaschen *dial* **A** *v/t Geschirr* to wash **B** *v/i* to wash the dishes

aufwecken *v/t* to wake (up); *fig* to rouse; → aufgeweckt

aufweichen A *v/t* to make soft; *Doktrin, Gesetz* to water down **B** *v/i* to get soft

aufweisen *v/t* to show; **etw aufzuweisen haben** to have sth to show for oneself

aufwenden *v/t* to use; *Zeit, Energie* to expend; *Mühe* to take; *Geld* to spend

aufwendig A *adj* (*≈ teuer*) costly; (*≈ üppig*) lavish **B** *adv* extravagantly

Aufwendungen *pl* (*≈ Ausgaben*) expenditure

aufwerfen *v/t Frage, Verdacht* to raise

aufwerten *v/t* **1** *Währung* to revalue **2** *fig* to increase the value of

Aufwertung *f von Währung* revaluation; *fig* increase in value

aufwickeln *v/t* (*≈ aufrollen*) to roll up

auf Wiedersehen *int* goodbye

aufwiegeln *v/t* to stir up; **j-n zum Streik ~** to incite sb to strike

aufwiegen *fig v/t* to offset

Aufwind *m* FLUG upcurrent; METEO upwind; **einer Sache** (*dat*) **~ geben** *fig* to give sth impetus

aufwirbeln *v/t* to swirl up; *Staub a.* to raise; **(viel) Staub ~** *fig* to cause a (big) stir

aufwischen *v/t Wasser etc* to wipe up; *Fußboden* to wipe

aufwühlen *wörtl v/t Erde, Meer* to churn (up); *Leidenschaften* to rouse; → aufgewühlt

aufzählen *v/t* to list

Aufzählung *f* (*≈ das Aufzählen*) enumeration

aufzehren *v/t* to exhaust; *fig* to sap

aufzeichnen *v/t* **1** *Plan etc* to draw **2** (*≈ notieren*), *a.* RADIO, TV to record

Aufzeichnung *f* **1** (*≈ Notiz*) note; (*≈ Niederschrift*) record **2** (*≈ Filmaufzeichnung etc*) recording

aufzeigen A *v/t* to show **B** *v/i* österr (*≈ die Hand heben*) to put one's hand up

aufziehen A *v/t* **1** (*≈ hochziehen*) to pull up; *Flagge, Segel* to hoist **2** (*≈ öffnen*) *Reißverschluss* to undo; *Schublade* to (pull) open; *Gardinen* to draw (back) **3** (*≈ aufspannen*) *Foto etc* to mount; *Saite, Reifen* to fit **4** (*≈ spannen*) *Uhr etc* to wind up **5** *Kind* to bring up, to raise; *Tier* to rear **6** (*≈ verspotten*) **j-n ~** *umg* to tease sb (**mit** about) **B** *v/i dunkle Wolke* to come up; *Gewitter* to gather

Aufzucht *f* rearing

Aufzug *m* **1** (*≈ Fahrstuhl*) lift *Br*, elevator *US* **2** THEAT act **3** *pej umg* (*≈ Kleidung*) get-up *umg*

aufzwingen *v/t* **j-m etw ~** to force sth on sb

Augapfel *m* eyeball; **j-n/etw wie seinen ~ hüten** to cherish sb/sth like life itself

Auge *n* **1** eye; **auf einem ~ blind** blind in one eye; **gute/schlechte ~n haben** to have good/bad eyesight; **er hatte nur ~n für sie** he only had eyes for her; **ein ~ auf j-n/etw (geworfen) haben** to have one's eye on sb/sth; **da blieb kein ~ trocken** *hum vor Lachen* everyone laughed till they cried; **große ~n machen** to be wide-eyed; **j-m schöne** *od* **verliebte ~n machen** to make eyes at sb; **j-m die ~n öffnen** *fig* to open sb's eyes; **so weit das ~ reicht** as far as the eye can see; **ein ~ riskieren** *hum* to have a peep *umg*; **sie traute ihren ~n kaum** she couldn't believe her eyes; **die ~n vor etw** (*dat*) **verschließen** to close one's eyes to sth; **ein ~** *od* **beide ~n zudrücken** *umg* to turn a blind eye; **ich habe kein ~ zugetan** I didn't sleep a wink **2** *mit Präposition* **geh mir aus den ~n!** get out of my sight!; **sie ließen ihn nicht aus den ~n** they didn't let him out of their sight; **j-n im ~ behalten** (≈ *beobachten*) to keep an eye on sb; **~ in ~** face to face; **dem Tod ins ~ sehen** to look death in the eye; **etw ins ~ fassen** to contemplate sth; **das springt** *od* **fällt einem gleich ins ~** it strikes one immediately; **das kann leicht ins ~ gehen** *fig umg* it might easily go wrong; **in den ~n der Öffentlichkeit** in the eyes of the public; **etw mit eigenen ~n gesehen haben** to have seen sth with one's own eyes; **mit bloßem** *od* **nacktem ~** with the naked eye; **j-m etw vor ~n führen** *fig* to make sb aware of sth; **vor aller ~n** in front of everybody ▨ (≈ *Knospenansatz*) eye ▨ (≈ *Fettauge*) little globule of fat

Augenarzt *m*, **Augenärztin** *f* ophthalmologist

Augenbinde *f* (≈ *Augenklappe*) eye patch

Augenblick *m* moment; **alle ~e** constantly; **jeden ~** any minute; **einen ~, bitte** one moment please!; **im ~** at the moment; **in diesem ~** right now; **im selben ~ ...** at that moment ...; **im letzten ~** at the last moment; **im ersten ~** for a moment

augenblicklich ▨ *adj* ▨ (≈ *sofortig*) immediate ▨ (≈ *gegenwärtig*) present ▨ (≈ *vorübergehend*) temporary ▨ *adv* ▨ (≈ *sofort*) immediately ▨ (≈ *zurzeit*) at the moment

Augenbraue *f* eyebrow

Augenfarbe *f* colour of eyes *Br*, color of eyes *US*

Augenheilkunde *f* ophthalmology

Augenhöhe *f* **in ~** at eye level; **auf ~** *fig Gespräch, Partnerschaft* on an equal footing

Augenklappe *f* ▨ eye patch ▨ *für Pferde* blinker, blinder *US*

Augenleiden *n* eye complaint

Augenlicht *n* (eye)sight

Augenlid *n* eyelid

Augen-Make-up-Entferner *m* eye make-up remover

Augenmaß *n* eye; **ein ~ für etw haben** *fig* to have an eye for sth

Augenmerk *n* (≈ *Aufmerksamkeit*) attention; **sein ~ auf etw** (*akk*) **lenken** *od* **richten** to direct sb's/one's attention to sth

Augenschein *m* ▨ (≈ *Anschein*) appearance; **dem ~ nach** by all appearances ▨ **j-n/etw in ~ nehmen** to look closely at sb/sth

augenscheinlich *adv* obviously

Augentropfen *pl* eye drops *pl*

Augenweide *f* feast for the eyes

Augenwischerei *fig f* eyewash

Augenzeuge *m*, **Augenzeugin** *f* eyewitness (**bei** to)

Augenzeugenbericht *m* eyewitness account

Augenzwinkern *n* winking

augenzwinkernd *adv* with a wink

August *m* August; → März

Auktion *f* auction

Auktionator(in) *m(f)* auctioneer

Auktionshaus *n* auction house, auctioneers *pl*

auktorial *adj* **~er Erzähler** LIT intrusive narrator

Aula *f* SCHULE, UNIV *etc* (assembly) hall

Au-pair-Junge *m* male au pair

Au-pair-Mädchen *n* au pair (girl); **als ~ arbeiten** to work (as an) au pair

Au-pair-Stelle *f* au pair job

AU-Plakette *f* emissions-test badge

aus ▨ *präp* ▨ *Herkunft* from; **aus ... heraus** out of; **ich komme** *od* **bin aus** I'm from; **aus dem Zug/Bus aussteigen** to get off the train/bus; **aus guter Familie** from a good family ▨ *Ursache* out of; **aus Hass/Gehorsam/Mitleid** out of hatred/obedience/sympathy; **aus vielen Gründen** for lots of reasons; **aus Furcht vor/Liebe zu** for fear/love of; **aus Spaß** for a laugh *umg*; **aus Versehen** by mistake ▨ *zeitlich* from; **aus dem Barock** from the Baroque period ▨ (≈ *beschaffen aus*) (made out) of ▨ **einen anständigen Menschen aus j-m machen** to make sb into a decent person; **was ist aus ihm/dieser Sache geworden?** what has become of him/this?; **aus der Mode** out of fashion ▨ *adv* ▨ → **sein** ▨ SPORT out ▨ *umg* (≈ *zu Ende*) over; **aus jetzt!** that's enough! ▨ *an Geräten* off; **Licht aus!** lights out! ▨ **vom Fenster aus** from the window; **von München aus** from Munich; **von sich aus** of one's own accord; **von ihm aus** as far as he's concerned

Aus *n* ▨ **ins Aus gehen** to go out of play; **ins politische Aus geraten** to end up in the political wilderness ▨ (≈ *Ende*) end

ausarbeiten *v/t* to work out; (≈ *formulieren*) to formulate; *Vertrag* to draw up

ausarten *v/i Party etc* to get out of control; **~ in** (+*akk*) *od* **zu** to degenerate into

ausatmen *v/t & v/i* to breathe out, to exhale

ausbaden *fig umg v/t* to take the rap for *umg*

ausbalancieren *wörtl, fig v/t* to balance (out)

Ausbau *m* (≈ *das Ausbauen*) removal; (≈ *Erweiterung*) extension (**zu** into); (≈ *Umbau*) conversion (**zu** into); (≈ *Festigung: von Position*) consolidation

ausbauen *v/t* ▨ (≈ *herausmontieren*) to remove (**aus** from) ▨ (≈ *erweitern*) to extend (**zu** into); (≈ *umbauen*) to convert (**zu** into); (≈ *festigen*) *Position* to consolidate

ausbaufähig *adj Geschäft, Markt* expandable; *Beziehungen* that can be built up

Ausbaustrecke *f Verkehr* section of improved road; „**Ende der ~**" ≈ "road narrows"

ausbedingen *v/t* **sich** (*dat*) **etw ~** to make sth a condition; **sich** (*dat*) **das Recht ~, etw zu tun** to

ausbessern v/t to repair; *Fehler* to correct
ausbeulen v/t **ausgebeult** *Kleidung* baggy; *Hut* battered; TECH to beat out
Ausbeute f (≈ *Gewinn*) profit; (≈ *Ertrag einer Grube etc*) yield (**an** +*dat* in); *fig* result(s) (*pl*); (≈ *Einnahmen*) proceeds *pl*
ausbeuten v/t to exploit
Ausbeuter(in) m(f) exploiter
Ausbeuterbetrieb m *pej* sweatshop
Ausbeutung f exploitation
ausbezahlen v/t *Geld* to pay out; *Arbeitnehmer* to pay off; (≈ *abfinden*) *Erben etc* to buy out
ausbilden **A** v/t to train; *akademisch* to educate **B** v/r **sich in etw** (*dat*) **~ (lassen)** to train in sth; (≈ *studieren*) to study sth
Ausbilder(in) m(f), **Ausbildner(in)** *österr, schweiz* m(f) instructor
Ausbildung f training *kein pl*; *akademisch* education; (≈ *Lehre*) apprenticeship; **in der ~ sein** to be a trainee; **eine ~ als Maler machen** to be training to become a painter
Ausbildungsbeihilfe f (education) grant
Ausbildungsgang m training
Ausbildungsplan m training programme *Br*, training program *US*
Ausbildungsplatz m place to train; (≈ *Stelle*) training vacancy
Ausbildungsprogramm n training programme *Br*, training program *US*
Ausbildungszeit f period of training
ausblasen v/t to blow out
ausbleiben v/i (≈ *fortbleiben*) to stay out; *Schneefall* to fail to appear; *Erwartung* to fail to materialize; **es konnte nicht ~, dass ...** it was inevitable that ...
Ausbleiben n (≈ *Fehlen*) absence; (≈ *das Nichterscheinen*) nonappearance; **bei ~ der Periode** if your period doesn't come
Ausblick m **1** view (**auf** +*akk* of) **2** *fig* prospect, outlook (**auf** +*akk* for)
ausbooten *umg* v/t *j-n* to kick *od* boot out *umg*
ausborgen v/t **1** **sich** (*dat*) **etw ~** to borrow sth **2** **j-m etw ~** to lend sb sth, to lend sth (out) to sb
ausbrechen **A** v/i **1** *Krieg, Feuer* to break out; *Gewalt, Unruhen, Jubel* to erupt; **in Gelächter/Tränen ~** to burst out laughing/into tears; **in Schweiß ~** to break out in a sweat; **aus dem Gefängnis ~** to escape from prison **2** *Vulkan* to erupt **3** *Auto* to swerve **B** v/t to break off; **sich** (*dat*) **einen Zahn ~** to break a tooth
ausbreiten **A** v/t to spread; *Arme* to stretch out; (≈ *ausstellen*) to display **B** v/r (≈ *sich verbreiten*) to spread; (≈ *sich erstrecken*) to extend; *umg* (≈ *sich breitmachen*) to spread oneself out; **sich über etw** (*akk*) **~** *fig* to dwell on sth
Ausbreitung f spreading
ausbrennen v/i (≈ *zu Ende brennen*) to burn out; **ausgebrannt** *Brennstab* spent; → **ausgebrannt**
Ausbruch m **1** escape **2** (≈ *Beginn*) outbreak; *von Vulkan* eruption **3** *fig* outburst
ausbrüten v/t to hatch; *fig umg Plan etc* to cook up *umg*
ausbuddeln *umg* v/t to dig up *a. fig umg*
ausbügeln v/t to iron out
ausbürgern v/t to expatriate
Ausbürgerung f expatriation
ausbürsten v/t to brush out (**aus** of); *Anzug* to brush
auschecken v/i *Flug, Hotel etc* to check out (**aus** of)
Ausdauer f stamina; *im Ertragen* endurance; (≈ *Beharrlichkeit*) persistence
ausdauernd *adj Mensch* with stamina; *im Ertragen* with endurance; (≈ *beharrlich*) tenacious; (≈ *hartnäckig*) persistent
Ausdauertraining n endurance *od* stamina training
ausdehnen **A** v/t (≈ *vergrößern*) to expand; (≈ *dehnen*) to stretch **B** v/r **1** (≈ *größer werden*) to expand; *durch Dehnen* to stretch; (≈ *sich erstrecken*) to extend (**bis** as far as) **2** *fig* to extend (**über** +*akk* over); → **ausgedehnt**
Ausdehnung f **1** (≈ *das Vergrößern*) expansion; *fig zeitlich* extension **2** (≈ *Umfang*) expanse
ausdenken v/t **sich** (*dat*) **etw ~** (≈ *erfinden*) to think *od* make sth up; *Überraschung* to plan sth; (≈ *sich vorstellen*) to imagine sth; **ausgedacht** made-up; **das ist nicht auszudenken** (≈ *unvorstellbar*) it's inconceivable; (≈ *zu schrecklich etc*) it doesn't bear thinking about
ausdiskutieren v/t *Thema* to discuss fully
Ausdruck¹ m (≈ *Gesichtsausdruck, Wort*) expression; (≈ *Fachausdruck*) *a.* MATH term; (≈ *Wendung*) phrase; **etw zum ~ bringen** to express sth
Ausdruck² m *von Computer etc* printout
ausdrucken v/t IT to print out
ausdrücken **A** v/t **1** (≈ *zum Ausdruck bringen*) to express (**j-m** to sb); **anders ausgedrückt** in other words; **einfach ausgedrückt** put simply; **Sie wissen, wie man es ausdrückt** you know how to put it **2** *Frucht, Schwamm* to squeeze out; *Tube, Pickel* to squeeze; *Zigarette* to stub out **B** v/r *Mensch* to express oneself
ausdrücklich **A** *adj Wunsch* express **B** *adv* expressly; (≈ *besonders*) particularly
ausdruckslos *adj* expressionless
Ausdrucksvermögen n expressiveness; *Gewandtheit* articulateness
ausdrucksvoll *adj* expressive
Ausdrucksweise f way of expressing oneself;

(≈ *Formulierung*) wording
Ausdünstung *f* (≈ *Geruch*) fume; *von Tier* scent; *von Mensch* smell
auseinander *adv* apart; **weit ~** far apart; *Augen, Beine etc* wide apart; *Meinungen* very different; **wir sind ~** *umg* (≈ *getrennt*) we've split *od* broken up *umg*, we're no longer together
auseinanderbrechen *v/i* to break up
auseinanderfalten *v/t* to unfold
auseinandergehen *v/i* **1** (≈ *Menge*) to disperse; *Versammlung, Ehe etc* to break up **2** *fig Ansichten etc* to differ **3** *umg* (≈ *dick werden*) to get fat
auseinanderhalten *v/t* to keep apart; (≈ *unterscheiden*) to tell apart
auseinanderjagen *v/t* to scatter
auseinanderleben *v/r* to drift apart
auseinanderliegen *v/i* **1** *räumlich* **die beiden Dörfer liegen zwei Kilometer auseinander** the two villages are two kilometres apart **2** *zeitlich* **die Ereignisse lagen nur einige Monate auseinander** the events were only a few months apart
auseinandernehmen *v/t* to take apart; *kritisch* to tear to pieces
auseinanderschreiben *v/t* *Wörter* to write as two words
auseinandersetzen **A** *v/t* **1** **zwei Kinder ~** to separate two children; **sich ~** to sit apart **2** *fig* to explain (**j-m** to sb) **B** *v/r* **sich mit etw ~** (≈ *sich befassen*) to have a good look at sth; **sich kritisch mit etw ~** to have a critical look at sth
Auseinandersetzung *f* **1** (≈ *Diskussion*) discussion (**über** +*akk* about, on); (≈ *Streit*) argument; (≈ *Konfrontation*) confrontation; **eine ~ haben** to have an argument **2** (≈ *das Befassen*) examination (**mit** of)
auserwählen *geh v/t* to choose
auserwählt *geh adj* chosen; (≈ *ausgesucht*) select
ausfahrbar *adj* extendable; *Antenne, Fahrgestell, Klinge* retractable
ausfahren *v/t* **1** *im Kinderwagen, Rollstuhl* to take for a walk; *im Auto* to take for a drive **2** (≈ *ausliefern*) *Waren* to deliver **3** (≈ *abnutzen*) *Weg* to wear out **4** **ein Auto** *etc* (**voll**) **~** to drive a car *etc* at full speed **5** TECH to extend; *Fahrgestell etc* to lower
Ausfahrt *f* **1** (≈ *Spazierfahrt*) drive, ride **2** (≈ *Autobahnausfahrt*) exit; „**Ausfahrt frei halten**" "keep clear"
Ausfall *m* **1** (≈ *Verlust*), *a.* MIL loss; TECH, MED failure; *von Motor* breakdown; **bei ~ des Stroms ...** in case of a power failure ... **2** *von Sitzung etc* cancellation
ausfallen *v/i* **1** (≈ *herausfallen*) to fall out; **mir fallen die Haare aus** my hair is falling out **2** (≈ *nicht stattfinden*) to be cancelled *Br*, to be canceled *US* **3** (≈ *nicht funktionieren*) to fail; *Motor* to break down **4** **gut/schlecht** *etc* **~** to turn out well/badly *etc* **5** → ausgefallen
ausfallend *adj* abusive; **~ werden** to become abusive
ausfechten *fig v/t* to fight (out)
ausfertigen *v/t Dokument* to draw up; *Rechnung* to make out; *Pass* to issue
Ausfertigung *form f* **1** *von Dokument* drawing up; *von Rechnung* making out; *von Pass* issuing **2** (≈ *Abschrift*) copy; **in doppelter/dreifacher ~** in duplicate/triplicate
ausfindig *adj* **~ machen** to find, to trace
ausfliegen **A** *v/i aus Gebiet etc* to fly out (**aus** of); **ausgeflogen sein** *fig umg* to be out **B** *v/t* FLUG *Verwundete etc* to evacuate (by air) (**aus** from)
ausfließen *v/i* (≈ *herausfließen*) to flow out (**aus** of)
ausflippen *umg v/i* to go crazy, to freak out *umg*; → ausgeflippt
Ausflucht *f* excuse
Ausflug *m* trip, excursion; (≈ *Schulausflug*) outing; **einen ~ machen** to go on a trip
Ausflugsdampfer *m* pleasure steamer
Ausfluss *m* **1** (≈ *das Herausfließen*) outflow **2** (≈ *Ausflussstelle*) outlet **3** MED discharge
ausforschen *v/t* (≈ *erforschen*) to investigate
ausfragen *v/t* to question (**nach** about); *strenger* to interrogate
ausfransen *v/t & v/i* to fray
ausfressen *v/t umg* (≈ *anstellen*) **etwas ~** to do something wrong; **was hat er denn wieder ausgefressen?** what's he (gone and) done now? *umg*
Ausfuhr *f* (≈ *das Ausführen*) export; (≈ *Ausfuhrhandel*) exports *pl*
ausführbar *adj Plan* feasible; **schwer ~** difficult to carry out
Ausfuhrbestimmungen *pl* export regulations *pl*
ausführen *v/t* **1** *ins Theater etc* to take out; *Hund* to take for a walk **2** (≈ *durchführen*) to carry out; *Befehl* to execute; SPORT *Freistoß etc* to take **3** (≈ *erklären*) to explain **4** HANDEL *Waren* to export
Ausfuhrgenehmigung *f* HANDEL export licence *Br*, export license *US*
Ausfuhrgüter *pl* export goods *pl*
Ausfuhrhandel *m* export trade
Ausfuhrland *n* exporting country
ausführlich **A** *adj* detailed **B** *adv* in detail
Ausfuhrsperre *f* export ban
Ausführung *f* **1** (≈ *Durchführung*) carrying out; *von Freistoß* taking **2** (≈ *Erklärung*) explanation **3** *von Waren* design; (≈ *Qualität*) quality; (≈ *Modell*) model

ausfüllen v/t to fill; *Platz* to take up; *Formular* to fill in Br, to fill out; **j-n (voll** od **ganz) ~** (≈ *befriedigen*) to satisfy sb (completely); **ein ausgefülltes Leben** a full life

Ausgabe f **1** (≈ *Austeilung*) distribution; *von Dokumenten etc* issuing; *von Essen* serving **2** *von Buch, Zeitung, Sendung* edition; *von Aktien* issue **3** (≈ *Ausführung*) version **4** **~n** pl (≈ *Kosten*) expenses pl; *des Staates* spending

Ausgang m **1** (≈ *Weg nach draußen*) exit (+*gen* od **von** from); *FLUG* gate **2** **~ haben** to have the day off **3** (≈ *Ende*) end; *von Roman, Film* ending; (≈ *Ergebnis*) outcome; **ein Unfall mit tödlichem ~** a fatal accident

Ausgangsbasis f starting point
Ausgangsposition f initial position
Ausgangspunkt m starting point
Ausgangssperre f ban on going out; *bes bei Belagerungszustand* curfew

ausgeben v/t **1** (≈ *austeilen*) to distribute; (≈ *aushändigen*) to issue; *Essen* to serve **2** *Geld* to spend (**für** on); **eine Runde ~** to stand a round umg; **ich gebe heute Abend einen aus** umg it's my treat this evening **3** **sich als j-d/etw ~** to pass oneself off as sb/sth

ausgebildet adj trained, skilled; **gut ~** educated; **voll ~** fully qualified

ausgebrannt fig adj burned-out umg; → *ausbrennen*

ausgebucht adj booked up

ausgedehnt adj extensive; *räumlich* vast; *zeitlich* lengthy; *Spaziergang* long; → *ausdehnen*

ausgefallen adj (≈ *ungewöhnlich*) unusual; (≈ *übertrieben*) extravagant; (≈ *schockierend*) outrageous; → *ausfallen*

ausgeflippt umg adj freaky umg; → *ausflippen*
ausgefuchst umg adj clever; (≈ *listig*) crafty umg
ausgeglichen adj balanced; *Spiel, Klima* even; → *ausgleichen*

Ausgeglichenheit f balance

ausgehen A v/i **1** (≈ *weggehen*) to go out; (≈ *unter Leute kommen*) to socialize; **er geht selten aus** he doesn't go out much; **mit j-m ~** (≈ *befreundet sein*) to date sb **2** (≈ *herrühren*) to come (**von** from); **gehen wir einmal davon aus, dass ...** let us assume that ... **3** *bes SPORT* to end; (≈ *ausfallen*) to turn out; **gut/schlecht ~** to turn out well/badly; *Film etc* to end happily/unhappily; *Abend, Spiel* to end well/badly; **straffrei ~** to receive no punishment; **leer ~** umg to come away empty-handed **4** (≈ *zu Ende sein*) *Vorräte, Zeit etc* to run out; **mir ging die Geduld aus** I lost (my) patience; **mir ging das Geld aus** I ran out of money **B** v/r **sich ~** österr (≈ *gerade ausreichen*) to be enough; **das geht sich nicht aus** it's not enough

ausgehend adj **1** **im ~en Mittelalter** toward(s) the end of the Middle Ages; **das ~e 20. Jahrhundert** the end of the 20th century **2** **die ~e Post** the outgoing mail

ausgehungert adj starved

ausgekocht pej umg adj (≈ *durchtrieben*) cunning; → *auskochen*

ausgelassen A adj (≈ *heiter*) lively; *Stimmung* happy; (≈ *wild*) *Kinder* boisterous B adv wildly; → *auslassen*

ausgelastet adj *Mensch* fully occupied; *Maschine, Anlage* working to capacity; → *auslasten*

ausgemacht adj **1** (≈ *abgemacht*) agreed; **es ist eine ~e Sache, dass ...** it is agreed that ... **2** umg (≈ *vollkommen*) complete; → *ausmachen*

ausgenommen A konj except; **täglich ~ sonntags** daily except for Sundays B adj (≈ *befreit*) exempt; → *ausnehmen*

ausgepowert umg adj worn out umg
ausgeprägt adj distinctive; *Interesse* marked

ausgerechnet adv **~ du** you of all people; **~ heute** today of all days; → *ausrechnen*

ausgeschlossen adj (≈ *unmöglich*) impossible; (≈ *nicht infrage kommend*) out of the question; **es ist nicht ~, dass ...** it's just possible that ...; → *ausschließen*

ausgeschnitten adj *Bluse, Kleid* low-cut; → *ausschneiden*

ausgespielt adj **~ haben** to be finished; → *ausspielen*

ausgesprochen A adj *Schönheit, Qualität, Vorliebe* definite; *Ähnlichkeit* marked; **~es Pech haben** to be really unlucky B adv really; → *aussprechen*

ausgestorben adj *Tierart* extinct; **der Park war wie ~** the park was deserted; → *aussterben*

ausgesucht A adj (≈ *erlesen*) select B adv (≈ *überaus, sehr*) extremely; → *aussuchen*

ausgewachsen adj fully grown; *Skandal* huge
ausgewogen adj balanced; *Maß* equal
Ausgewogenheit f balance

ausgezeichnet A adj excellent B adv excellently; **es geht mir ~** I'm feeling marvellous Br, I'm feeling marvelous US; → *auszeichnen*

ausgiebig A adj *Mahlzeit etc* substantial; *Gebrauch* extensive B adv **~ frühstücken** to have a substantial breakfast; **~ schlafen** to have a (good) long sleep

ausgießen v/t *aus einem Behälter* to pour out; *Behälter* to empty

Ausgleich m (≈ *Gleichgewicht*) balance; *von Konto* balancing; *von Verlust* compensation; *SPORT* equalizer; **zum** od **als ~ für etw** in order to compensate for sth; **er treibt zum ~ Sport** he does sport for exercise

ausgleichen A v/t *Unterschiede* to even out;

Konto to balance; *Verlust, Fehler* to make good; *Mangel* to compensate for; **~de Gerechtigkeit** poetic justice; → ausgeglichen **B** *v/i* SPORT to equalize **C** *v/r* to balance out

Ausgleichssport *m* keep-fit activity; **als ~** to keep fit

Ausgleichstor *n*, **Ausgleichstreffer** *m* equalizer *Br*, tying goal *US*

ausgliedern *v/t Produktion etc* to outsource

ausgraben *v/t* to dig up; *Grube, Loch* to dig out; *Altertümer* to excavate

Ausgrabung *f* excavation

ausgrenzen *v/t* to exclude, to segregate

Ausgrenzung *f* exclusion

Ausguss *m* (≈ *Becken*) sink; (≈ *Abfluss*) drain

aushaben *umg v/t Buch, Essen etc* to have finished; (≈ *ausgezogen haben*) to have taken off

aushalten *v/t* **1** (≈ *ertragen können*) to bear; *Druck* to stand; (≈ *leiden*) to suffer; **hier lässt es sich ~** this is not a bad place; **das ist nicht auszuhalten** it's unbearable; **er hält viel aus** he can take a lot; **ich kann es nicht ~** I can't stand it; **ich halts aus, ich kanns ~** I can take it **2** *umg* **sich von j-m ~ lassen** to be kept by sb

aushandeln *v/t* to negotiate

aushändigen *v/t* **j-m etw ~** to hand sth over to sb

Aushang *m* notice

aushängen **A** *v/t* **1** (≈ *bekannt machen*) to put up **2** *Tür* to unhinge **B** *v/i* **am Schwarzen Brett ~** to be on the notice board *Br*, to be on the bulletin board *US*

Aushängeschild *n* sign; *fig* (≈ *Reklame*) advertisement

ausharren *geh v/i* to wait

aushebeln *v/t fig Gesetz etc* to annul, to cancel

ausheben *v/t* **1** *Tür etc* to take off its hinges **2** *Graben, Grab* to dig **3** *fig Diebesnest* to raid

aushecken *umg v/t Plan* to cook up *umg*

aushelfen *v/i* to help out (**j-m** sb)

Aushilfe *f* **1** help **2** *Mensch* temporary worker; *bes im Büro* temp *umg*

Aushilfsjob *m* temporary job; *im Büro* temping job

Aushilfskraft *f* temporary worker; *bes im Büro* temp *umg*

aushilfsweise *adv* on a temporary basis

aushöhlen *v/t* to hollow out; *Ufer, Steilküste* to erode

ausholen *v/i zum Schlag* to raise one's hand/arm etc; *zum Wurf* to reach back; **weit ~** *fig Redner* to go far afield; **zum Gegenschlag ~** to prepare for a counterattack

aushorchen *umg v/t* to sound out

aushungern *v/t* to starve

auskennen *v/r* **an einem Ort** to know one's way around; **auf einem Gebiet** to know a lot (**auf od in** +*dat* about)

auskippen *v/t* to dump, to tip

ausklammern *v/t Problem* to leave aside

ausklappbar *adj* folding

ausklappen *v/t* to open out

ausklingen *v/i Lied* to finish; *Abend, Feier etc* to end (**in** +*dat* with)

ausklopfen *v/t Teppich* to beat; *Pfeife* to knock out

auskochen *v/t* **1** GASTR *Knochen* to boil **2** MED *Instrumente* to sterilize (*in boiling water*); → ausgekocht

auskommen *v/i* **1** (≈ *genügend haben*) to get by (**mit** on); **ohne j-n/etw ~** to manage without sb/sth **2** **mit j-m (gut) ~** to get on (well) with sb

Auskommen *n* (≈ *Einkommen*) livelihood; **sein ~ haben/finden** to get by; **mit ihr ist kein ~** she's impossible to get on with

auskosten *v/t* (≈ *genießen*) to make the most of; *Leben* to enjoy to the full

auskratzen *v/t* to scrape out

auskugeln *v/t* **sich** (*dat*) **den Arm/die Schulter ~** to dislocate one's arm/shoulder

auskühlen *v/i* to cool down; *Körper, Menschen* to chill through

auskundschaften *v/t Weg, Lage* to find out; *Versteck* to spy out

Auskunft *f* **1** (≈ *Mitteilung*) information *kein pl*; **j-m eine ~ erteilen** to give sb some information **2** (≈ *Schalter*) information desk; TEL directory inquiries

Auskunftsbüro *n* enquiry *od* information office

Auskunftsschalter *m* information desk

auskurieren *umg v/t* to cure

auslachen *v/t j-n* to laugh at

ausladen *v/t* **1** *Ware, Ladung* to unload **2** *umg* **j-n ~** to tell sb not to come, to disinvite sb

ausladend *adj Dach* projecting; *Bewegung* sweeping

Auslage *f* **1** *von Waren* display; (≈ *Schaufenster*) (shop) window; (≈ *Schaukasten*) showcase **2** expense

auslagern *v/t Produktion* to outsource

Auslagerung *f von Produktion* outsourcing

Ausland *n* foreign countries *pl*; **ins/im ~** abroad; **aus dem** *od* **vom ~** from abroad; **Handel mit dem ~** foreign trade

Ausländer(in) *m(f)* foreigner; ADMIN, JUR alien

Ausländerbeauftragte(r) *m/f(m)* official with special responsibility for foreigners

Ausländerbehörde *f* ≈ immigration authority

ausländerfeindlich **A** *adj* xenophobic; *Anschlag* on foreigners **B** *adv* **~ motivierte Straf-**

taten crimes with a racist motive
Ausländerfeindlichkeit f xenophobia
ausländerfreundlich adj foreigner-friendly; **sie sind sehr ~** they are very friendly to foreigners
Ausländerpolitik f policy on immigrants
ausländisch adj foreign, alien
Auslandsaufenthalt m stay abroad
Auslandseinsatz m von Soldaten, Journalisten etc deployment abroad
Auslandsgespräch n international call
Auslandskorrespondent(in) m(f) foreign correspondent
Auslandskrankenschein m international health insurance document
Auslandsreise f journey od trip abroad
Auslandsschutzbrief m international travel cover
Auslandsvertretung f agency abroad; von Firma foreign branch
auslassen **A** v/t **1** (≈ weglassen) to leave out; (≈ versäumen) Chance to miss **2** (≈ abreagieren) to vent (**an** +dat on) **3** Butter, Fett to melt; Speck to render (down) **4** → ausgelassen **B** v/r to talk (**über** +akk about)
Auslassung f (≈ Weglassen) omission
Auslassungspunkte pl ellipsis sg
auslasten v/t **1** Maschine to make full use of **2** j-n to occupy fully; → ausgelastet
Auslastung f capacity utilization
Auslauf m (≈ Bewegung) exercise; für Kinder room to run about
auslaufen v/i **1** Flüssigkeit to run out (**aus** of); (≈ undicht sein) to leak **2** Schiff to sail **3** Modell, Serie to be discontinued **4** Farbe, Stoff to run
Ausläufer m **1** METEO von Hoch ridge; von Tief trough **2** (≈ Vorberge) foothill mst pl
Auslaufmodell n discontinued model
ausleben v/r Mensch to live it up
auslecken v/t to lick out
ausleeren v/t to empty
auslegen v/t **1** (≈ ausbreiten) to lay out; Waren etc to display; Kabel, Minen to lay **2** (≈ bedecken) to cover; (≈ auskleiden) to line; **den Boden (mit Teppichen) ~** to carpet the floor **3** (≈ deuten) to interpret **4** Geld to lend; **sie hat die 5 Euro ausgelegt** she paid the 5 euros
Ausleger m von Kran etc jib, boom
Auslegung f (≈ Deutung) interpretation
ausleiern v/i to wear out
ausleihen v/t (≈ verleihen) to lend (**j-m**, **an j-n** to sb); (≈ von j-m leihen) to borrow, to loan; **sich** (dat) **etw ~** to borrow sth (**bei**, **von** from)
auslernen v/i **man lernt nie aus** sprichw you live and learn sprichw
Auslese f **1** (≈ Auswahl) selection **2** (≈ Elite) **die ~** the elite **3** (≈ Wein) high-quality wine made from selected grapes
auslesen **A** v/t **1** (≈ auswählen) to select **2** Buch etc to finish reading **3** IT Daten, Informationen to extract **B** v/i (≈ zu Ende lesen) to finish reading
ausliefern v/t **1** Waren to deliver **2** j-n to hand over (**an** +akk to); an anderen Staat to extradite (**an** +akk to); **sich der Polizei ~** to give oneself up to the police; **j-m ausgeliefert sein** to be at sb's mercy
Auslieferung f **1** von Ware delivery **2** von Menschen handing over; von Gefangenen extradition
Auslieferungsantrag m JUR application for extradition
ausliegen v/i Waren to be displayed; Zeitschriften, Liste etc to be available (to the public)
auslöffeln v/t Teller to empty; **etw ~ müssen** umg to have to take the consequences of sth
ausloggen v/r IT to log out
auslöschen v/t Feuer, Licht to extinguish; Erinnerung to blot out
auslosen v/t to draw lots for; Gewinner to draw
auslösen v/t Alarm, Reaktion to trigger, to set off; Bombe to release; fig Wirkung to produce; Konflikt to spark; Begeisterung to arouse
Auslöser m trigger; für Bombe release button; FOTO shutter release
Auslosung f draw
ausloten fig v/t to plumb; **die Sache muss ich doch mal ~** umg I'll have to try to get to the bottom of the matter
ausmachen v/t **1** Feuer, Kerze to put out; Licht, Radio to turn off **2** (≈ sichten) to make out; **3** (≈ ausfindig machen) to locate **3** (≈ vereinbaren) to agree; **einen Termin ~** to agree (on) a time; → ausgemacht **4** (≈ betragen) to come to **5** (≈ bedeuten) **viel ~** to make a big difference; **das macht nichts aus** that doesn't matter **6** (≈ stören) to matter (**j-m** to); **macht es Ihnen etwas aus, wenn ...?** would you mind if ...?; **es macht mir nichts aus** I don't mind
ausmalen v/t **sich** (dat) **etw ~** to imagine sth
Ausmaß n von Fläche size; von Katastrophe, Liebe extent; **ein Verlust in diesem ~** a loss on this scale; **erschreckende ~e annehmen** to assume alarming proportions
ausmergeln v/t Körper etc to emaciate; Boden to exhaust
ausmerzen v/t to eradicate
ausmessen v/t to measure (out)
ausmisten v/t Stall to muck out Br, to clear US; fig umg Zimmer etc to clean out
ausmustern v/t Fahrzeug etc to take out of service; MIL (≈ entlassen) to discharge
Ausnahme f exception; **mit ~ von** od +gen with the exception of; **ohne ~** without exception

Ausnahmefall m exceptional case
Ausnahmezustand m POL **den ~ verhängen** to declare a state of emergency
ausnahmslos adv without exception
ausnahmsweise adv **darf ich das machen? — ~ may I do that? —** just this once
ausnehmen v/t **1** Fisch to gut; Geflügel to draw **2** (≈ ausschließen) j-n to make an exception of; (≈ befreien) to exempt; → ausgenommen **3** umg finanziell, j-n to fleece umg
ausnüchtern v/t & v/i & v/r to sober up
Ausnüchterungszelle f drying-out cell
ausnutzen v/t to use; (≈ zu seinem Vorteil nutzen) to take advantage of; (≈ ausbeuten) to exploit; Gelegenheit to make the most of; **er fühlt sich von anderen ausgenutzt** he feels put-upon
Ausnutzung f use; (≈ Ausbeutung) exploitation
auspacken **A** v/t & v/i Koffer to unpack; Geschenk to unwrap **B** v/i umg (≈ alles sagen) to talk umg
auspeitschen v/t to whip
auspfeifen v/t to boo at
ausplaudern v/t to let out
ausplündern v/t Dorf etc to pillage
ausposaunen umg v/t to broadcast umg
auspressen v/t Zitrone etc to squeeze
ausprobieren v/t to try out
Auspuff m exhaust
Auspuffgase pl exhaust fumes pl
Auspuffrohr n exhaust pipe
Auspufftopf m silencer; US muffler
auspumpen v/t (≈ leeren) to pump out
ausquartieren v/t to move out
ausquetschen v/t Saft etc to squeeze out; umg (≈ ausfragen) to grill umg
ausradieren v/t to rub out, to erase; fig (≈ vernichten) to wipe out
ausrangieren umg v/t Kleider to throw out; Maschine, Auto to scrap
ausrasten v/i hum (≈ zornig werden) to do one's nut Br umg
ausrauben v/t to rob
ausräuchern v/t Zimmer to fumigate; Tiere, Bande to smoke out
ausräumen v/t to clear out; Möbel to move out; fig Missverständnisse to clear up
ausrechnen v/t to work out, to figure out; **sich** (dat) **große Chancen ~** to reckon that one has a good chance; → ausgerechnet
Ausrede f excuse
ausreden **A** v/i to finish speaking **B** v/t **j-m etw ~** to talk sb out of sth
ausreichen v/i to be sufficient; für bestimmte Zeit to last
ausreichend **A** adj sufficient, enough; (≈ angemessen) adequate; SCHULE satisfactory **B** adv sufficiently

Ausreise f **bei der ~** on leaving the country
Ausreiseerlaubnis f exit permit
ausreisen v/i to leave (the country); **nach Frankreich ~** to go to France
Ausreisevisum n exit visa
ausreißen **A** v/t Haare, Blatt to tear out; Unkraut, Zahn to pull out **B** v/i umg (≈ davonlaufen) to run away
Ausreißer(in) umg m(f) runaway
ausreiten v/i to go for a ride
ausrenken v/t to dislocate; **sich/j-m den Arm ~** to dislocate one's/sb's arm
ausrichten v/t **1** (≈ aufstellen) to line up **2** (≈ veranstalten) to organize **3** (≈ erreichen) to achieve; **ich konnte bei ihr nichts ~** I couldn't get anywhere with her **4** (≈ übermitteln) to tell; **kann ich etwas ~?** can I give him/her etc a message?
Ausrichtung f direction
Ausritt m ride (out)
ausrollen v/t Teig, Teppich to roll out; Kabel to run out
ausrotten v/t to wipe out; (≈ ausmerzen) to eradicate; Ideen to stamp out
ausrücken v/i **1** MIL to move out; Polizei, Feuerwehr to turn out **2** umg (≈ ausreißen) to make off
Ausruf m cry
ausrufen v/t to exclaim; (≈ verkünden) to call out; Streik to call; **j-n zum** od **als König ~** to proclaim sb king; **j-n ~ (lassen)** über Lautsprecher etc to put out a call for sb; im Hotel to page sb
Ausrufezeichen n exclamation mark Br, exclamation point US
ausruhen v/i & v/r to rest; Mensch to have a rest
ausrüsten v/t to equip; Fahrzeug, Schiff to fit out; liefern to supply
Ausrüstung f equipment; (≈ bes Kleidung) outfit
ausrutschen v/i to slip
Ausrutscher umg m slip; (≈ schlechte Leistung) slip-up
Aussaat f **1** (≈ das Säen) sowing **2** (≈ Saat) seed
aussäen v/t to sow
Aussage f statement; eines Beschuldigten, Angeklagten statement, testimony; **hier steht ~ gegen ~** it's one person's word against another's; **nach ~ seines Chefs** according to his boss; **die ~ verweigern** JUR to refuse to give od make a statement; vor Gericht to refuse to give testimony od evidence
aussagen **A** v/t to say (**über** +akk about); (≈ behaupten) to state **B** v/i JUR to give evidence; **unter Eid ~** to give evidence under oath
Aussätzige(r) m/f(m) leper
aussaugen v/t to suck out
ausschaben v/t to scrape out; MED to curette
ausschaffen v/t form to deport
ausschalten v/t **1** (≈ abstellen) to switch off, to

turn off ② fig to eliminate

Ausschank m (≈ Schankraum) bar, pub Br; (≈ Schanktisch) bar

Ausschau f ~ **halten nach** to look out for

ausschauen v/i ① geh to look out (**nach** for) ② dial → aussehen

ausscheiden Ⓐ v/t (≈ aussondern) to take out; PHYSIOL to excrete Ⓑ v/i aus einem Amt to retire (**aus** from); aus Klub, Firma to leave (**aus etw** sth); SPORT to be eliminated; **das/er scheidet aus** that/he has to be ruled out

Ausscheidung f ① PHYSIOL excretion ② SPORT elimination

Ausscheidungskampf m SPORT preliminary (round)

ausschenken v/t & v/i to pour (out); am Ausschank to serve

ausscheren v/i to swerve; zum Überholen to pull out; fig to step out of line

ausschildern v/t to signpost

ausschimpfen v/t to tell off; **schimpf ihn nicht aus, weil er zu spät kommt** don't tell him off for being late

ausschlachten v/t ① Tier, Beute to dress ② fig Fahrzeuge, Maschinen etc to cannibalize ③ fig umg (≈ ausnutzen) to exploit

ausschlafen Ⓐ v/t Rausch etc to sleep off Ⓑ v/i & v/r to have a good sleep

Ausschlag m ① MED rash; **(einen) ~ bekommen** to come out in od get a rash ② von Zeiger etc swing; von Kompassnadel deflection; **den ~ geben** fig to be the decisive factor

ausschlagen Ⓐ v/t **j-m die Zähne ~** to knock sb's teeth out ② (≈ verkleiden) to line ③ (≈ ablehnen) to turn down Ⓑ v/i ① Baum, Strauch to start to bud ② Pferd to kick ③ Zeiger, Nadel to swing; Kompassnadel to be deflected

ausschlaggebend adj decisive

ausschließen v/t ① (≈ aussperren) to lock out ② (≈ entfernen) to exclude; aus Gemeinschaft to expel, to ban; SPORT to disqualify; **die Öffentlichkeit ~** JUR to exclude the public; → ausgeschlossen

ausschließlich Ⓐ adj exclusive; Rechte a. sole Ⓑ adv exclusively Ⓒ präp excluding

Ausschluss m (≈ Entfernung) exclusion; aus Gemeinschaft expulsion; SPORT disqualification; **unter der Öffentlichkeit stattfinden** to be closed to the public

ausschmücken v/t to decorate; fig Erzählung to embellish

ausschneiden v/t ① to cut out ② IT to cut; **~ und einfügen** to cut and paste; → ausgeschnitten

Ausschnitt m ① (≈ Zeitungsausschnitt) cutting ② (≈ Kleidausschnitt) neck; **ein tiefer ~** a low neckline ③ aus einem Bild detail; aus einem Film clip

ausschöpfen v/t ① Wasser etc to ladle out (**aus** of); aus Boot to bale out (**aus** of) ② fig to exhaust

ausschreiben v/t ① to write out; Rechnung etc to make out ② (≈ bekannt machen) to announce; Wahlen to call; Stellen to advertise; Projekt to invite tenders for

Ausschreitung f riot, rioting kein pl

Ausschuss m ① HANDEL rejects pl; fig umg trash ② (≈ Komitee) committee

Ausschusssitzung f committee meeting

Ausschussware f HANDEL rejects pl

ausschütteln v/t to shake out

ausschütten Ⓐ v/t ① (≈ auskippen) to tip out; Eimer to empty; **j-m sein Herz ~** fig to pour out one's heart to sb ② (≈ verschütten) to spill ③ FIN Dividende etc to pay Ⓑ v/r **sich (vor Lachen) ~** umg to split one's sides laughing

ausschweifend adj Leben dissipated; Fantasie wild

Ausschweifung f (≈ Maßlosigkeit) excess; in Lebensweise dissipation

ausschweigen v/r to remain silent

aussehen v/i to look; **gut ~** to look good; hübsch to be good looking; gesund to look well; **gleich ~** to look the same; **es sieht nach Regen aus** it looks like rain; **wie siehst du denn (bloß) aus?** just look at you!; **es soll nach etwas ~** it's got to look good; **es sieht so aus, als ob …** it looks as if …; **so siehst du (gerade) aus!** umg that's what you think!

Aussehen n appearance, look

aus sein Ⓐ umg v/i ① Schule to have finished; Krieg, Stück to have ended; Feuer, Ofen to be out; Radio, Fernseher etc to be off ② **auf etw** (akk) **~** to be (only) after sth; **auf j-n ~** to be after sb umg Ⓑ v/i **es ist aus (und vorbei) zwischen uns** it's (all) over between us; **es ist aus mit ihm** he is finished

außen adv outside; **von ~ sieht es gut aus** on the outside it looks good; **nach ~ hin** fig outwardly; **~ stehend** Beobachter etc outside attr

Außen- zssgn outdoor

Außenantenne f outdoor aerial Br, outdoor antenna

Außenaufnahme f outdoor shot

Außenbahn f outside lane

Außenbezirk m outlying district

Außenbordmotor m outboard motor

Außendienst m **im ~ sein** to be a rep, to be on the road

Außendienstmitarbeiter(in) m(f) field representative

Außengrenze f external border

Außenhandel m foreign trade

Außenkabine f SCHIFF outside cabin

Außenminister(in) *m(f)* foreign secretary *Br*, secretary of state *US*
Außenministerium *n* Foreign Office *Br*, State Department *US*
Außenpolitik *f Gebiet* foreign politics *sg*; *bestimmte* foreign policy
außenpolitisch *adj Debatte* on foreign affairs; **~e Angelegenheiten** foreign affairs
Außenseite *f* outside
Außenseiter(in) *m(f)* outsider
Außenspiegel *m* AUTO outside mirror
Außenstände *pl bes* HANDEL outstanding debts *pl*
außenstehend *adj* → außen
Außenstelle *f* branch
Außentemperatur *f* outside temperature
Außenübertragung *f* TV outside broadcast
Außenwand *f* outer wall
Außenwinkel *m* exterior angle
Außenwirtschaft *f* foreign trade
außer **A** *präp* **1** *räumlich* out of; **~ sich** *(dat)* **sein** to be beside oneself **2** (≈ *ausgenommen*) except (for); (≈ *abgesehen von*) apart from **3** (≈ *zusätzlich zu*) in addition to **B** *konj* except; **~ wenn ...** except when..., unless ...
außerdem *adv* besides; (≈ *dazu*) in addition; *des Weiteren* furthermore
äußere(r, s) *adj* outer; *Schein, Eindruck* outward; **die Äußeren Hebriden** the Outer Hebrides
Äußere(s) *n* exterior
außergerichtlich *adj & adv* out of court
außergewöhnlich **A** *adj* unusual, extraordinary **B** *adv* (≈ *sehr*) extremely
außerhalb **A** *präp* outside; **~ der Stadt** outside the town; **~ seines Zimmers** outside his room **B** *adv* (≈ *außen*) outside; (≈ *außerhalb der Stadt*) out of town; **von ~** from outside/out of town
außerirdisch *adj* extraterrestrial
Außerirdische(r) *m/f(m)* extraterrestrial, alien
äußerlich **A** *adj* **1** external; **„nur zur ~en Anwendung!"** for external use only **2** *fig* (≈ *oberflächlich*) superficial **B** *adv* externally; **rein ~ betrachtet** on the face of it
Äußerlichkeit *fig f* triviality; (≈ *Oberflächlichkeit*) superficiality
äußern **A** *v/t* (≈ *sagen*) to say; *Wunsch etc* to express; *Kritik* to voice; **seine Meinung ~** to give one's opinion **B** *v/r Mensch* to speak; (≈ *einen Kommentar abgeben*) to comment; *Krankheit* to show itself; **ich will mich dazu nicht ~** I don't want to say anything about that
außerordentlich **A** *adj* extraordinary; (≈ *ungewöhnlich*) remarkable; **Außerordentliches leisten** to achieve some remarkable things **B** *adv* (≈ *sehr*) exceptionally, extremely
außerparlamentarisch *adj* extraparliamentary
außerplanmäßig *adj* unscheduled; *Defizit* unplanned
außerschulisch *adj* extracurricular, private
außersinnlich *adj* **~e Wahrnehmung** extrasensory perception
äußerst *adv* extremely
außerstande *adv* (≈ *unfähig*) incapable; (≈ *nicht in der Lage*) unable
äußerste(r, s) *adj räumlich* furthest; *Schicht* outermost; *Norden etc* extreme; *zeitlich* latest possible; *fig* utmost; **mein ~s Angebot** my final offer; **im ~n Falle** if the worst comes to the worst; **mit ~r Kraft** with all one's strength; **von ~r Dringlichkeit** of (the) utmost urgency
Äußerste(s) *n* **bis zum ~n gehen** to go to extremes; **er hat sein ~s gegeben** he gave his all; **ich bin auf das ~ gefasst** I'm prepared for the worst
Äußerung *f* (≈ *Bemerkung*) remark; (≈ *Kommentar*) statement
aussetzen **A** *v/t* **1** *Kind, Haustier* to abandon; *Pflanzen* to plant out; SCHIFF *Boot* to lower **2** **j-m/einer Sache ausgesetzt sein** (≈ *ausgeliefert*) to be at the mercy of sb/sth **3** *Belohnung* to offer; **auf j-s Kopf** (*akk*) **1000 Dollar ~** to put 1,000 dollars on sb's head **4** (≈ *unterbrechen*) to interrupt; *Prozess* to adjourn; *Zahlung* to break off **5** **an j-m/etw etwas auszusetzen haben** to find fault with sb/sth; **daran ist nichts auszusetzen** there is nothing wrong with it **B** *v/i* (≈ *aufhören*) to stop; *bei Spiel* to sit out; (≈ *versagen*) to give out; **einmal ~** miss a turn; **mit etw ~** to stop sth
Aussetzer *m umg geistig* (mental) blank
Aussicht *f* **1** (≈ *Blick*) view (**auf** +*akk* of); **ein Zimmer mit ~ auf den Park** a room overlooking the park **2** *fig* prospect (**auf** +*akk* of); (≈ *Chance*) chance; **etw in ~ haben** to have good prospects of sth; **j-m etw in ~ stellen** to promise sb sth
aussichtslos *adj* hopeless; (≈ *zwecklos*) pointless; **eine ~e Sache** a lost cause
Aussichtsplattform *f* viewing *od* observation platform *od* deck; observatory
Aussichtspunkt *m* vantage point
aussichtsreich *adj* promising; *Stellung* with good prospects
Aussichtsturm *m* observation *od* lookout tower
Aussiedler(in) *m(f)* (≈ *Auswanderer*) emigrant
aussitzen *v/t Problem* to sit out
aussöhnen *v/r* **sich mit j-m/etw ~** to become reconciled with sb/to sth
Aussöhnung *f* reconciliation
aussondern *v/t* (≈ *auslesen*) to select; *Schlechtes*

aussortieren – Austernbank · 839

to pick out
aussortieren v/t to sort out
ausspannen **A** v/t **1** (≈ *ausschirren*) to unharness **2** *fig umg* **j-m die Freundin** *etc* **~** to steal sb's girlfriend *etc* **B** v/i (≈ *sich erholen*) to have a break
aussparen *fig* v/t to omit
aussperren v/t to lock out
Aussperrung f IND lockout
ausspielen **A** v/t **1** *Karte* to play; *am Spielanfang* to lead with **2** *fig* **j-n gegen j-n ~** to play sb off against sb **B** v/i KART to play a card; *als Erster* to lead; → *ausgespielt*
ausspionieren v/t to spy out; **j-n ~** to spy on sb
Aussprache f **1** pronunciation; (≈ *Akzent*) accent **2** (≈ *Meinungsaustausch*) discussion; (≈ *Gespräch*) talk
aussprechen **A** v/t *Wort, Urteil etc* to pronounce; *Scheidung* to grant **B** v/r **sich mit j-m (über etw** *akk*) **~** to have a talk with sb (about sth); **sich gegen etw ~** to declare oneself against sth **C** v/i (≈ *zu Ende sprechen*) to finish (speaking); → *ausgesprochen*
Ausspruch m remark; (≈ *geflügeltes Wort*) saying
ausspucken **A** v/t to spit out **B** v/i to spit
ausspülen v/t to rinse (out)
ausstaffieren *umg* v/t to equip; **j-n** to rig out
Ausstand m **1** (≈ *Streik*) strike; **im ~ sein** to be on strike; **in den ~ treten** to (go on) strike **2** **seinen ~ geben** to throw a leaving party
ausstatten v/t to equip; (≈ *versorgen*) to provide; (≈ *möblieren*) to furnish
Ausstattung f equipment; *von Zimmer etc* furnishings *pl*; THEAT décor and costumes *pl*
ausstechen v/t **1** *Pflanzen* to dig up; *Plätzchen* to cut out **2** *Augen: bes als Strafe* to gouge out **3** *fig* (≈ *übertreffen*) to outdo
ausstehen **A** v/t (≈ *ertragen*) to endure; *Angst* to go through; **ich kann ihn nicht ~** I can't bear him; **ich kann es nicht ~** I can't stand it, I hate it **B** v/i (≈ *fällig sein*) to be due; *Antwort* to be still to come; *Entscheidung* to be still to be taken
aussteigen v/i to get out (**aus** of); *fig aus Gesellschaft* to opt out; **aus etw ~** to get off sth; **an der nächsten Haltestelle ~** to get out at the next stop; **aus einem Projekt ~** to pull out of a project
Aussteiger(in) m(f) *aus Gesellschaft* person who opts out; *aus Terroristenszene, Sekte* dropout
ausstellen **A** v/t **1** (≈ *zur Schau stellen*) to display; *in Museum etc* to exhibit; **ausgestellt sein** to be on display **2** (≈ *behördlich ausgeben*) to issue; **eine Rechnung über 500 Euro ~** to make out a bill for 500 euros **3** (≈ *ausschalten*) to turn off **B** v/i to exhibit
Aussteller(in) m(f) **1** *auf Messe* exhibitor **2** *von Dokument* issuer
Ausstellung f **1** (≈ *Messe*) exhibition; (≈ *Blumenausstellung etc*) show **2** *von Rezept, Rechnung* making out; *behördlich* issuing
Ausstellungsdatum n date of issue
Ausstellungsgelände n exhibition site
Ausstellungshalle f exhibition hall
Ausstellungsraum m exhibition room; *von Autohändler* showroom
Ausstellungsstück n exhibit
aussterben v/i to die out; → *ausgestorben*
Aussterben n extinction; **im ~ begriffen** dying out
Aussteuer f dowry
Ausstieg m **1** *aus Bus, Zug etc* getting off; *fig aus Gesellschaft* opting out (**aus** of); **der ~ aus der Kernenergie** abandoning nuclear energy **2** (*a.* **~luke**) escape hatch
ausstopfen v/t to stuff
Ausstoß m **1** (≈ *Produktion*) output **2** *von Gas* emission
ausstoßen v/t **1** (≈ *äußern*) to utter; *Schrei* to give; *Seufzer* to heave **2** (≈ *ausschließen*) to expel (**aus** from); **j-n aus der Gesellschaft ~** to banish sb from society **3** (≈ *herausstoßen*) to eject; *Gas etc* to give off, to emit; (≈ *herstellen*) to turn out
ausstrahlen v/t to radiate; RADIO, TV to broadcast
Ausstrahlung f radiation; RADIO, TV broadcast(-ing); *von Mensch* charisma
ausstrecken **A** v/t to extend (**nach** towards); **die Hand ~** to reach out **B** v/r to stretch (oneself) out
ausstreichen v/t *Geschriebenes* to cross out
ausströmen v/i (≈ *herausfließen*) to stream out (**aus** of); (≈ *entweichen*) to escape (**aus** from)
aussuchen v/t (≈ *auswählen*) to choose; (≈ *herauspicken*) to pick out; **sich** (*dat*) **etw ~** to choose sth; → *ausgesucht*
Austausch m exchange; (≈ *Ersatz*) replacement; SPORT substitution; **im ~ für** *od* **gegen** in exchange for
austauschbar adj exchangeable
austauschen v/t to exchange (**gegen** for); (≈ *ersetzen*) to replace (**gegen** with); *Neuigkeiten* to share
Austauschmotor m replacement engine, reconditioned engine
Austauschschüler(in) m(f) exchange pupil *Br*, exchange student *US*
Austauschstudent(in) m(f) exchange student
austeilen v/t to distribute (**unter** +*dat od* **an** +*akk* among); (≈ *geben*) to hand out; *Spielkarten* to deal (out); *Prügel* to administer
Auster f oyster
Austernbank f oyster bed

Austernpilz m oyster mushroom
austesten v/t to test; IT Programm etc to debug
austoben v/r Mensch to let off steam; (≈ sich müde machen) to tire oneself out
austragen **A** v/t **1** Wettkampf etc to hold; **einen Streit mit j-m ~** to have it out with sb **2** Post etc to deliver **3** **ein Kind ~** to carry a child (through) to full term **B** v/r to sign out
Austragungsort m SPORT venue
Australien n Australia; **in ~** in Australia, down under
Australier(in) m(f) Australian
australisch adj Australian; **~e Ureinwohner** Aborigines
austreiben v/t (≈ vertreiben) to drive out; Teufel etc to exorcise
austreten **A** v/i **1** (≈ herauskommen) to come out (**aus** of); Gas etc to escape (**aus** from, through) **2** (≈ ausscheiden) to leave (**aus etw** sth) **3** (≈ zur Toilette gehen) to go to the toilet bes Br **B** v/t Spur, Feuer etc to tread out; Schuhe to wear out of shape
austricksen umg v/t to trick
austrinken v/t & v/i to finish
Austritt m **1** von Flüssigkeit outflow; (≈ das Entweichen) escape **2** (≈ das Ausscheiden) leaving (**aus etw** sth)
austrocknen **A** v/i to dry out; Fluss etc to dry up **B** v/t (≈ trockenlegen) Sumpf to drain
austüfteln umg v/t to work out
ausüben v/t **1** Beruf to practise Br, to practice US; Funktion to perform; Amt to hold **2** Druck, Einfluss to exert (**auf** +akk on); Macht to exercise; **einen Reiz auf j-n ~** to have an attraction for sb
ausufern fig v/i to get out of hand
Ausverkauf m (clearance) sale; **etw im ~ kaufen** to buy sth at the sale(s)
ausverkauft adj sold out; **vor ~em Haus spielen** to play to a full house
Auswahl f selection (**an** +dat of); (≈ Wahl) choice; (≈ Sortiment) range; SPORT representative team; **drei Bewerber stehen zur ~** there are three applicants to choose from; **eine ~ treffen** to make a selection
auswählen v/t to select, to choose (**unter** +dat from among); **sich** (dat) **etw ~** to select sth (for oneself)
Auswahlmöglichkeit f option
Auswahlverfahren n selection process; SPORT tryout US
Auswanderer m, **Auswanderin** f emigrant
auswandern v/i to emigrate (**nach, in** +akk to)
Auswanderung f emigration
auswärtig adj **1** (≈ nicht ansässig) nonlocal **2** POL foreign; **der ~e Dienst** the foreign service; **das Auswärtige Amt** the Foreign Office Br, the State Department US
auswärts adv **1** (≈ nach außen) outwards **2** (≈ außerhalb der Stadt) out of town; SPORT away; **~ essen** to eat out
Auswärtsniederlage f SPORT away defeat
Auswärtssieg m SPORT away win od victory
Auswärtsspiel n SPORT away (game)
Auswärtstor n away goal
auswechseln v/t to change; bes gegenseitig to exchange; (≈ ersetzen) to replace; SPORT to substitute (**gegen** for); **sie ist wie ausgewechselt** she's a different person
Auswechselspieler(in) m(f) substitute
Auswechs(e)lung f exchange; (≈ Ersatz) replacement; SPORT substitution
Ausweg m way out; **der letzte ~** a last resort
ausweglos fig adj hopeless
Ausweglosigkeit f hopelessness
ausweichen v/i to get out of the way (+dat of); (≈ Platz machen) to make way (+dat for); Auto to swerve; **einer Sache** (dat) **~** wörtl to avoid sth; fig to evade sth; **eine ~de Antwort** an evasive answer
Ausweichmanöver n evasive action od manoeuvre Br, evasive maneuver US
ausweinen **A** v/r to have a (good) cry; **sich bei j-m ~** to have a cry on sb's shoulder **B** v/t **sich** (dat) **die Augen ~** to cry one's eyes od heart out (**nach** over)
Ausweis m card; (≈ Personalausweis) identity card, identification; **~, bitte** your papers please
ausweisen **A** v/t aus dem Lande to expel **B** v/r mit Ausweis to identify oneself; **können Sie sich ~?** do you have any means of identification?
Ausweiskontrolle f identity check
Ausweispapiere pl identity papers pl
Ausweisung f expulsion
ausweiten **A** v/t to widen; fig to expand (**zu** into) **B** v/r to widen; fig to expand (**zu** into); (≈ sich verbreiten) to spread
auswendig adv by heart; **etw ~ können/lernen** to know/learn sth (off) by heart
auswerfen v/t Anker, Netz to cast; Lava, Asche to throw out
auswerten v/t (≈ bewerten) to evaluate; (≈ analysieren) to analyse
Auswertung f (≈ Bewertung) evaluation; (≈ Analyse) analysis
auswickeln v/t to unwrap
auswirken v/r to have an effect (**auf** +akk on); **sich auf etw ~** to affect sth; **sich günstig/negativ ~** to have a favourable/negative effect Br, to have a favorable/negative effect US
Auswirkung f (≈ Folge) consequence; (≈ Wirkung)

effect; (≈ *Bedeutung*) impact
auswischen v/t to wipe out; **j-m eins ~** umg aus Rache to get back at sb
Auswuchs m (out)growth; fig product
auswuchten v/t Räder to balance
auszahlen **A** v/t Geld etc to pay out; Gläubiger to pay off; Miterben to buy out **B** v/r (≈ *sich lohnen*) to pay (off)
auszählen v/t Stimmen to count (up); beim Boxen to count out
Auszahlung f von Geld paying out, payment; von Gläubiger paying off
Auszählung f von Stimmen etc counting (up)
auszeichnen **A** v/t **1** Waren to label **2** (≈ *ehren*) to honour Br, to honor US; **j-n mit einem Orden ~** to decorate sb (with a medal) **3** (≈ *hervorheben*) to distinguish **B** v/r to stand out (**durch** due to); → ausgezeichnet
Auszeichnung f **1** von Waren labelling Br, labeling US; mit Preisschild pricing **2** (≈ *Ehrung*) honour Br, honor US; (≈ *Orden*) decoration; (≈ *Preis*) award; **mit ~ bestehen** to pass with distinction
Auszeit f **1** SPORT time-out **2** beruflich break; **eine ~ nehmen** to take some time out; **sich für ein paar Monate eine ~ nehmen** take a few months off, take a break for a few months
ausziehen **A** v/t **1** Kleider, Schuhe to take off; j-n to undress; **sich** (dat) **etw ~** to take off sth **2** (≈ *herausziehen*) to pull out **B** v/r to undress, to get undressed **C** v/i aus einer Wohnung to move (**aus** out of); **auf Abenteuer ~** to set off in search of adventure
Auszubildende(r) m/f(m) trainee, apprentice; **minderjähriger ~r** young apprentice
Auszug m **1** (≈ *das Weggehen*) departure; zeremoniell procession; aus der Wohnung move **2** (≈ *Ausschnitt*) excerpt; aus Buch extract; (≈ *Kontoauszug*) statement
auszugsweise adv in extracts
autark adj self-sufficient; WIRTSCH autarkic
authentisch adj authentic
Autismus m autism
Autist(in) m(f) autistic child/person
autistisch **A** adj autistic **B** adv autistically
Auto n car; **~ fahren** selbst to drive (a car); **mit dem ~ fahren** to go by car
Auto- zssgn car
Autoabgase pl car emissions pl
Autoatlas m road atlas
Autobahn f motorway Br, interstate (highway od freeway) US; bes in Deutschland autobahn
Autobahnauffahrt f motorway etc access road, freeway on-ramp US
Autobahnausfahrt f motorway etc exit
Autobahndreieck n motorway etc merging point

Autobahngebühr f toll
Autobahnkreuz n motorway etc intersection
Autobahnraststätte f motorway service area Br, rest area US
Autobahnzubringer m feeder road
Autobiografie f autobiography
autobiografisch **A** adj autobiographical **B** adv autobiographically
Autobombe f car bomb
Autobus m bus; (≈ *Reiseomnibus*) coach Br, bus
Autodach n car roof
Autodidakt(in) m(f) self-educated person
autodidaktisch adj self-taught; **er hat die Kenntnisse ~ erworben** he is self-taught, he taught himself
Autodieb(in) m(f) car thief
Autodiebstahl m car theft
Autofähre f car ferry
Autofahren n driving (a car); als Mitfahrer driving in a car
Autofahrer(in) m(f) (car) driver
Autofahrt f drive
autofrei adj car-free
Autofriedhof umg m car dump
autogen adj autogenous; **~es Training** PSYCH autogenic training
Autogramm n autograph
Autogrammjäger(in) m(f) autograph hunter
Autohändler(in) m(f) car dealer, automobile dealer US
Autoimmunerkrankung f MED autoimmune disease
Autokarte f road map
Autokino n drive-in cinema Br, drive-in movie theater US
Autoknacker(in) m(f) umg car burglar
Autokolonne f line of cars, convoy
Automat m machine; (≈ *Verkaufsautomat*) vending machine; (≈ *Roboter*) robot; (≈ *Spielautomat*) slot machine
Automatik[1] m AUTO automatic
Automatik[2] f **1** automatic mechanism **2** (≈ *Gesamtanlage*) automatic system; AUTO automatic transmission
Automatikwagen m automatic
automatisch **A** adj automatic **B** adv automatically
automatisiert adj **~e Viehhaltung** factory farming
Automechaniker(in) m(f) car mechanic
Automobilausstellung f motor show
Automobilindustrie f automotive industry
autonom adj autonomous; **~es Fahren** autonomous driving
Autonome(r) m/f(m) POL independent
Autonomie f a. fig autonomy

Autonomiebewegung f independence movement
Autonummer f (car) number
Autopanne f breakdown
Autopilot m FLUG autopilot
Autopsie f MED autopsy
Autor m author
Autoradio n car radio
Autoreifen m car tyre Br, car tire US
Autoreisezug m motorail train
Autorennen n (motor) race
Autoreparaturwerkstatt f garage, car repair shop US
Autoreverse-Funktion f auto-reverse (function)
Autorin f author, authoress
autorisieren v/t to authorize
autoritär **A** adj authoritarian **B** adv in an authoritarian manner
Autorität f authority
Autoschlosser(in) m(f) panel beater
Autoschlüssel m car key
Autoskooter m bumper car
Autosport m motor sport
Autostopp m hitchhiking
Autostrich umg m *prostitution to car drivers*
Autostunde f hour's drive
Autounfall m car accident
Autoverkehr m road traffic
Autoverleih m, **Autovermietung** f car hire bes Br, car rental bes US; (≈ *Firma*) car hire firm bes Br, car rental firm bes US
Autovermietung f car hire company; US car rental firm
Autoversicherung f car insurance
Autowaschanlage f car wash
Autowerkstatt f garage, car repair shop US
Autowrack n wrecked car
autsch int ouch
Auwald m riverside woods pl od forest
auweia int oh no
Avantgarde geh f KUNST avant-garde; POL vanguard
avantgardistisch adj avant-garde
Avatar m avatar
Aversion f aversion (**gegen** to)
Avocado f avocado
Axt f axe Br, ax US
Ayatollah m ayatollah
Azalee f azalea
Azoren pl GEOG Azores pl
Azorenhoch n METEO high over the Azores
Azteke m, **Aztekin** f Aztec
Azubi m abk (= Auszubildender) trainee

B[1], **b** n B, b
B[2] abk (= Bundesstraße) Federal road
Baby n baby; **ein ~ bekommen** to have a baby
Babyausstattung f layette
Babyjahr n maternity leave (*for one year*)
Babyklappe f *anonymous drop-off point for unwanted babies*
Babynahrung f baby food
Babypause f *der Mutter* maternity leave; *des Vaters* paternity leave; **eine ~ einlegen** to take od go on maternity/paternity leave
Babyfon® n baby monitor
babysitten v/i to babysit
Babysitter(in) m(f) babysitter
Babytragetasche f carrycot Br, traveling baby bed US
Babywippe f (baby) bouncer Br, bouncy chair
Bach m stream; **den ~ heruntergehen** umg *Firma etc* to go down the tubes umg
Bachelor m UNIV bachelor's (degree)
Bachelorabschluss m UNIV bachelor's (degree)
Bachelorarbeit f bachelor's thesis, dissertation
Bachelorstudiengang m UNIV bachelor's (degree)
Backblech n baking tray Br, baking pan US
Backbord n SCHIFF port (side)
backbord(s) adv SCHIFF on the port side
Backe f **1** (≈ *Wange*) cheek **2** umg (≈ *Hinterbacke*) buttock
backen **A** v/t to bake; **gebackener Fisch** fried fish; *im Ofen* baked fish **B** v/i to bake
Backenzahn m molar
Bäcker(in) m(f) baker; **zum ~ gehen** to go to the baker's
Bäckerei f **1** (≈ *Bäckerladen*) baker's (shop); (≈ *Backstube*) bakery **2** (≈ *Gewerbe*) baking trade **3** österr (≈ *Kleingebäck*) (biscuits and) pastries pl
backfertig adj oven-ready
Backfett n cooking fat
Backform f baking tin Br, baking pan US
Backhähnchen n, **Backhendl** österr, südd n roast chicken
Backmischung f cake mix
Backobst n dried fruit
Backofen m oven
Backpflaume f prune
Backpulver n baking powder
Backrohr n österr (≈ *Backofen*) oven
Backslash m IT backslash

Backstein m brick
Backwaren pl bread, cakes and pastries pl
Bad n **1** bath; *im Meer etc* swim; **ein Bad nehmen** to have a bath **2** (≈ *Badezimmer*) bathroom; **Zimmer mit Bad** room with (private) bath **3** (≈ *Schwimmbad*) (swimming) pool **4** (≈ *Heilbad*) spa
Badeanzug m swimsuit, bathing suit *bes US*
Badehose f (swimming *od* bathing) trunks pl
Badekappe f swimming cap
Badelatschen pl umg flip-flops® pl Br, thongs pl US
Bademantel m bathrobe, dressing gown Br
Bademeister(in) m(f) *im Schwimmbad* (pool) attendant; (≈ *Rettungsschwimmer*) lifeguard
Bademütze f swimming cap
baden A v/i *in der Badewanne* to have *od* take a bath; *im Meer, Schwimmbad etc* to swim; **warm/kalt ~** to have a hot/cold bath; **~ gehen** to go swimming; *umg* to come a cropper *umg* **B** v/t **1** *Kind etc* to bath Br, to bathe US; **in Schweiß gebadet** bathed in sweat **2** *Augen, Wunde etc* to bathe
Baden-Württemberg n Baden-Württemberg
Badeort m (≈ *Kurort*) spa; (≈ *Seebad*) (seaside) resort
Badesachen pl swimming gear
Badesalz n bath salts pl
Badeschaum m bubble bath
Badeschlappen pl flip-flops® pl Br, thongs pl US
Badeschuhe pl *geschlossen* pool shoes pl; (≈ *Schlappen*) flip-flops pl Br, thongs pl US
Badetuch n bath towel
Badewanne f bath(tub)
Badewasser n bath water
Badezeug n swimming gear
Badezimmer n bathroom
Badminton n badminton
baff *umg adj* **~ sein** to be flabbergasted *umg*
BAföG n abk (= Bundesausbildungsförderungsgesetz) *student financial assistance scheme;* **er kriegt ~** he gets a grant
Bagatelle f trifle
Bagatellsache f JUR petty case
Bagatellschaden m minor damage
Bagel m bagel
Bagger m excavator
baggern A v/t & v/i *Graben* to excavate **B** v/i *sl* (≈ *anmachen*) to pick up *umg*
Baggersee m *artificial lake in quarry etc*
Baguette n baguette
Bahamas pl Bahamas pl
Bahn f **1** (≈ *Weg*) path; (≈ *Fahrbahn*) carriageway; **~ frei!** make way!; **die ~ ist frei** *fig* the way is clear; **von der rechten ~ abkommen** to stray from the straight and narrow; **j-n aus der ~ werfen** *fig* to shatter sb **2** (≈ *Eisenbahn*) railway Br, railroad US; (≈ *Zug*) train; (≈ *Straßenbahn*) tram Br, streetcar US; **mit der** *od* **per ~** by train *od* rail/tram Br, by train *od* rail/streetcar US; **Deutsche ~®** German Railways **3** SPORT track; *in Schwimmbecken* lane; (≈ *Kegelbahn*) (bowling) alley **4** PHYS, ASTRON orbit; (≈ *Geschossbahn*) trajectory **5** (≈ *Stoffbahn, Tapetenbahn*) length
Bahnarbeiter(in) m(f) rail worker, railroader US
bahnbrechend adj pioneering
BahnCard® f ≈ railcard
Bahndamm m railway embankment Br, railroad embankment US
bahnen v/t *Pfad* to clear; **j-m einen Weg ~ to** clear a way for sb; *fig* to pave the way for sb
Bahnfahrt f rail journey
Bahnfracht f rail freight
Bahnhof m (railway) station Br, (railroad) station US; **auf dem ~, am ~** at the station; **ich verstehe nur ~** hum umg it's as clear as mud (to me) Br umg
Bahnhofshalle f (station) concourse; **in der ~** in the station
Bahnhofsmission f *charitable organization for helping needy passengers*
Bahnhofsrestaurant n station restaurant
bahnlagernd adj & adv HANDEL **etw ~ schicken** to send sth to be picked up at the station *bes Br*
Bahnlinie f railway line Br, railroad line US
Bahnpolizei f railway police Br, railroad police US
Bahnstation f railway station Br, railroad station US
Bahnsteig m platform
Bahnübergang m level crossing Br, grade crossing US
Bahnverbindung f train service
Bahrain n Bahrain
Bahre f (≈ *Krankenbahre*) stretcher; (≈ *Totenbahre*) bier
bairisch adj *Dialekt* Bavarian
Baiser n meringue
Baisse f BÖRSE fall; *plötzliche* slump
Bakterie f germ; **~n** pl bacteria pl
bakteriologisch adj bacteriological; *Krieg* biological
Balance f balance
Balanceakt m balancing act
balancieren v/t & v/i to balance
bald adv **1** soon; **~ darauf** soon afterwards; **möglichst ~** as soon as possible; **bis ~!** see you (soon) **2** (≈ *fast*) almost
Baldachin m canopy
baldig adj quick; *Antwort* early
baldmöglichst adv as soon as possible
Baldrian m valerian

Balearen *pl* **die ~** the Balearic Islands *pl*
Balg[1] *m* (≈ *Tierhaut*) pelt
Balg[2] *m|n pej umg* (≈ *Kind*) brat *pej umg*
balgen *v|r* to scrap (**um** over)
Balgerei *f* scrap
Balkan *m* **der ~** the Balkans *pl*; **auf dem ~** in the Balkans
Balkanländer *pl* Balkan States
Balkanroute *f von Flüchtlingen* Balkans route
Balken *m* **1** beam; (≈ *Querbalken*) joist **2** (≈ *Strich*) bar **3** *an Waage* beam **4** *österr* (≈ *Fensterladen*) shutter
Balkendiagramm *n* bar chart
Balkon *m* balcony
Balkonien *n umg* **Urlaub auf ~** staycation
Balkontür *f* balcony door, French windows *pl*
Ball[1] *m* ball; **am ~ bleiben** *wörtl* to keep (possession of) the ball; *fig* to stay on the ball; **den ~ flach halten** not to make a big issue about things
Ball[2] *m* (≈ *Tanzfest*) ball
Ballabgabe *f* pass
Ballade *f* ballad
Ballast *m* ballast; *fig* burden
Ballaststoffe *pl MED* roughage *sg*
ballaststoffreich *adj* **~e Nahrung** high-fibre food *od* diet *Br*, high-fiber food *od* diet *US*
ballen **A** *v|t Faust* to clench; *Lehm etc* to press (into a ball); → **geballt** **B** *v|r Menschenmenge* to crowd; *Wolken* to gather; *Verkehr* to build up
Ballen *m* **1** bale **2** *ANAT* ball
Ballerina *f* ballerina
ballern *umg v|i* to shoot; **gegen die Tür ~** to hammer on the door
Ballett *n* ballet
Balletttänzer(in) *m(f)* ballet dancer
Ballistik *f* ballistics *sg*
ballistisch *adj* ballistic
Balljunge *m Tennis* ball boy
Ballkleid *n* ball dress
Ballkönigin *f* homecoming queen
Ballmädchen *n Tennis* ball girl
Ballon *m* balloon
Ballsaal *m* ballroom
Ballspiel *n* ball game
Ballungsgebiet *n*, **Ballungsraum** *m* conurbation
Ballwechsel *m SPORT* rally
Balsam *m* balsam; *fig* balm
Balsamico *m*, **Balsamicoessig** *m*, **Balsamessig** *m* balsamic vinegar
Baltikum *n* **das ~** the Baltic States *pl*
baltisch *adj* Baltic *attr*
Balz *f* courtship display; (≈ *Paarungszeit*) mating season
balzen *v|i* to perform the courtship display

Bambus *m* bamboo
Bambusrohr *n* bamboo cane
Bambussprossen *pl* bamboo shoots *pl*
Bammel *umg m* **(einen) ~ vor j-m/etw haben** to be scared of sb/sth
banal *adj* banal
Banalität *f* **1** banality **2** *Äußerung* platitude
Banane *f* banana
Bananenrepublik *f POL pej* banana republic
Bananenschale *f* banana skin
Banause *m*, **Banausin** *f pej* peasant *umg*
Bancomat® *m schweiz* cash machine *Br*, cash dispenser, ATM *US*
Band[1] *n* **1** (≈ *Seidenband etc*) ribbon; (≈ *Maßband, Zielband*) tape; (≈ *Haarband*) band **2** (≈ *Tonband*) tape; **etw auf ~ aufnehmen** to tape sth **3** (≈ *Fließband*) conveyor belt; (≈ *Montageband*) assembly line; **am laufenden ~** *fig* nonstop **4** *RADIO* wavelength **5** *ANAT* ligament
Band[2] *m* (≈ *Buchband*) volume; **das spricht Bände** that speaks volumes
Band[3] *f MUS* band
Bandage *f* bandage; **mit harten ~n kämpfen** *fig umg* to fight with no holds barred
bandagieren *v|t* to bandage (up)
Bandbreite *f* **1** *RADIO* waveband **2** *fig* range
Bande[1] *f* gang; *umg* (≈ *Gruppe*) bunch *umg*
Bande[2] *f SPORT* barrier; *Billard* cushion
Bänderriss *m* torn ligament
Bänderzerrung *f* pulled ligament
bändigen *v|t* (≈ *zähmen*) to tame; (≈ *niederhalten*) to subdue; (≈ *zügeln*) to control; *Naturgewalten* to harness
Bandit(in) *m(f)* bandit; **einarmiger ~** one-armed bandit
Bandmaß *n* tape measure
Bandnudeln *pl* ribbon noodles *pl*
Bandscheibe *f ANAT* (intervertebral) disc
Bandscheibenschaden *m* damaged disc
Bandscheibenvorfall *m* slipped disc
Bandwurm *m* tapeworm
bang(e) *adj* (≈ *ängstlich*) scared; *Augenblicke a.* anxious
Bange *bes nordd f* **j-m ~ machen** to scare sb; **nur keine ~!** *umg* don't worry
bangen *v|i* to worry (**um** about); **um j-s Leben ~** to fear for sb's life
Bangladesch *n* Bangladesh
Banjo *n* banjo; **~ spielen** to play the banjo
Bank[1] *f* (≈ *Sitzbank*) bench; (≈ *Kirchenbank*) pew; (≈ *Parlamentsbank*) bench; **(alle) durch die ~ (weg)** *umg* the whole lot (of them) *umg*; **etw auf die lange ~ schieben** *umg* to put sth off
Bank[2] *f FIN* bank; **Geld auf der ~ (liegen) haben** to have money in the bank; **die ~ sprengen** to break the bank

Bankangestellte(r) m/f(m) bank employee
Bankautomat m cash dispenser Br, ATM US
Bankdrücken n SPORT bench press
Bankeinzug m direct debit; **per ~ zahlen** to pay by direct debit
Bänkelsänger m ballad singer
Bankenaufsicht f banking regulatory authority, banking watchdog; *Kontrolle* banking regulation
Bankenkrise f banking crisis
Bankenrettungsfonds m bank bailout fund, bank rescue fund
Banker(in) m(f) banker
Bankett[1] n (≈ *Festessen*) banquet
Bankett[2] n, **Bankette** f an Straßen verge Br, shoulder US; an Autobahnen (hard) shoulder; **„Bankette nicht befahrbar"** "soft verges" Br, "soft shoulder" US
Bankfach n ▪ (≈ *Beruf*) banking ▪ (≈ *Schließfach*) safety-deposit box
Bankgebühr f bank charge
Bankgeheimnis n confidentiality in banking
Bankhalter(in) m(f) bei Glücksspielen banker
Bankier m banker
Bankkarte f bank card
Bankkauffrau f, **Bankkaufmann** m (qualified) bank clerk
Bankkonto n bank account
Bankleitzahl f (bank) sort code Br
Banknote f banknote, bill US
Bankomat® m österr cash machine, ATM US
Bankraub m bank robbery
Bankräuber(in) m(f) bank robber
bankrott adj bankrupt; *Mensch, Politik* discredited
Bankrott m bankruptcy; *fig* breakdown; **~ machen** to go bankrupt
bankrottgehen v/i to go bankrupt
Bankschließfach n safe-deposit od safety-deposit box
Banküberfall m bank raid
Bankverbindung f banking arrangements pl; **geben Sie bitte Ihre ~ an** please give your account details
Bankwesen n **das ~** banking
Bann m ▪ spell; **im ~ eines Menschen stehen** to be under sb's spell ▪ HIST (≈ *Kirchenbann*) excommunication, ban
bannen v/t ▪ geh (≈ *bezaubern*) to bewitch ▪ böse Geister to exorcize; Gefahr to avert
Banner n a. INTERNET banner
Bantamgewicht n bantamweight
Baptist(in) m(f) Baptist
bar adj ▪ cash; **bares Geld** cash; **(in) bar bezahlen** to pay (in) cash; **etw für bare Münze nehmen** fig to take sth at face value ▪ (≈ *rein*) Unsinn utter
Bar f ▪ (≈ *Nachtlokal*) nightclub ▪ (≈ *Theke*) bar
Bär m bear; **der Große/Kleine Bär** ASTRON Ursa Major/Minor, the Big/Little Dipper; **j-m einen Bären aufbinden** umg to have sb on Br umg, to put sb on US umg; **hier steppt der Bär** umg (≈ *ist was los*) this is where it's at umg
Baracke f shack
Barbar(in) pej m(f) barbarian
Barbarei pej f ▪ (≈ *Unmenschlichkeit*) barbarity ▪ (≈ *Kulturlosigkeit*) barbarism
barbarisch ▪ adj pej (≈ *unmenschlich*) barbarous; (≈ *ungebildet*) barbaric ▪ adv quälen brutally
Barbestand m HANDEL cash; *in Buchführung* cash in hand
Barbiturat n barbiturate
Barcode m barcode
Bardame f barmaid Br, bartender US
Bareinzahlung f cash deposit
Bärenhunger umg m **einen ~ haben** to be famished umg
bärenstark adj ▪ strapping ▪ umg terrific
barfuß adj & adv, **barfüßig** adj barefoot(ed)
Bargeld n cash
Bargeldautomat m cash dispenser Br, automated teller machine US, ATM
bargeldlos ▪ adj cashless; **~er Zahlungsverkehr** payment by money transfer ▪ adv without using cash
Barhocker m (bar) stool
bärig österr umg ▪ adj tremendous ▪ adv tremendously
Bärin f bear
Bariton m baritone
Barkeeper m barman Br, bartender US
Barkode m barcode
Bärlauch m BOT, GASTR bear's garlic
Barmann m barman
barmherzig adj merciful; (≈ *mitfühlend*) compassionate
Barmherzigkeit f mercy, mercifulness; (≈ *Mitgefühl*) compassion
Barmixer m barman Br, bartender US
barock adj baroque; *Einfälle* bizarre
Barock n/m baroque
Barometer n barometer
Barometerstand m barometer reading
Baron m baron
Baronin f baroness
Barren m ▪ (≈ *Metallbarren*) bar; (≈ *bes Goldbarren*) ingot ▪ SPORT parallel bars pl
Barriere f barrier
barrierefrei adj barrier-free, accessible
Barriereriff n **Großes ~** Great Barrier Reef
Barrikade f barricade; **auf die ~n gehen** to go to the barricades

barsch **A** *adj* brusque; *Worte* harsh **B** *adv* brusquely
Barsch *m* bass; (≈ *Flussbarsch*) perch
Barscheck *m* uncrossed cheque *Br*, open check *US*
Bart *m* **1** beard; *von Katze, Robbe etc* whiskers *pl*; **sich** (*dat*) **einen ~ wachsen** *od* **stehen lassen** to grow a beard **2** *fig umg* **j-m um den ~ gehen** to butter sb up *umg*; **der Witz hat einen ~** that's an old chestnut **3** (≈ *Schlüsselbart*) bit
bärtig *adj* bearded
Bartstoppeln *pl* stubble *sg*
Barverkauf *m* cash sales *pl*; **ein ~** a cash sale
Barvermögen *n* liquid assets *pl*
Barzahlung *f* payment in cash; **(Verkauf) nur gegen ~** cash (sales) only
Basar *m* bazaar; **auf dem ~** in the bazaar
Base *f* CHEM base
Baseball *m* baseball
Baseballmütze *f* baseball cap
Baseballschläger *m* baseball bat
Basejumper(in) *m(f)* SPORT basejumper
Basel *n* Basle, Basel; **~-Landschaft** Basel District; **~-Stadt** Basel City
basieren **A** *v/i* to be based (**auf** +*dat* on) **B** *v/t* to base (**auf** +*akk* on)
Basilika *f* basilica
Basilikum *n* basil
Basis *f* basis; **auf breiter ~** on a broad basis; **die ~** *umg* the grass roots (level)
Basisdemokratie *f* grass-roots democracy
Basislager *n* base camp
Basisstation *f* TEL base station
Baskenland *n* Basque region
Baskenmütze *f* beret
Basketball *m* basketball
baskisch *adj* Basque
Bass *m* bass; **~ spielen** to play the bass
Bassgitarre *f* bass guitar; **~ spielen** to play the bass guitar
Bassin *n* (≈ *Schwimmbassin*) pool
Bassist *m* (≈ *Sänger*) bass (singer)
Bassist(in) *m(f)* *im Orchester etc* bass player
Bassschlüssel *m* bass clef
Bassstimme *f* bass (voice); (≈ *Partie*) bass (part)
Bast *m* *zum Binden, Flechten* raffia; BOT bast
basta *int* (**und damit) ~!** (and) that's that
Bastard *m* **1** *pej* bastard **2** BIOL (≈ *Kreuzung, Pflanze*) hybrid; (≈ *Tier*) cross(breed)
Bastelei *umg f* handicraft
basteln **A** *v/i* **1** *als Hobby* to make things with one's hands; (≈ *Handwerksarbeiten herstellen*) to do handicrafts; **sie kann gut ~** she is good with her hands **2** **an etw** (*dat*) **~** to make sth; (≈ *herumbasteln*) to mess around with sth **B** *v/t* to make

Basteln *n* handicrafts *pl*
Bastion *f* bastion
Bastler(in) *m(f)* *von Möbeln etc* do-it-yourselfer; **ein guter ~ sein** to be good with one's hands
Bataillon *n* MIL, *a. fig* battalion
Batik *f* batik
Batist *m* batiste
Batterie *f* battery
batteriebetrieben *adj* battery-powered
Batterieladegerät *n* battery charger
Bau *m* **1** (≈ *das Bauen*) building; **sich im Bau befinden** to be under construction; **mit dem Bau beginnen** to begin building **2** (≈ *Aufbau*) structure **3** (≈ *Baustelle*) building site; **auf dem Bau arbeiten** to work on a building site **4** (≈ *Gebäude*) building; (≈ *Bauwerk*) construction **5** (≈ *Erdhöhle*) burrow; (≈ *Fuchsbau*) den; (≈ *Dachsbau*) set(t)
Bau- *zssgn* construction
Bauarbeiten *pl* building work *sg*; (≈ *Straßenbau*) roadworks *pl Br*, road construction *US*
Bauarbeiter(in) *m(f)* building worker *Br*, construction worker *US*
Baubranche *f* building trade
Bauch *m* **1** *von Mensch* stomach, tummy *umg*; ANAT abdomen; *von Tier* belly; (≈ *Fettbauch*) paunch; **ihm tat der ~ weh** he had stomachache; **sich** (*dat*) **den ~ vollschlagen** *umg* to stuff oneself *umg*; **ein voller ~ studiert nicht gern** *sprichw* you can't study on a full stomach; **einen dicken ~ haben** *sl* (≈ *schwanger sein*) to have a bun in the oven *umg*; **etw aus dem ~ heraus entscheiden** to decide sth according to (a gut) instinct; **mit etw auf den ~ fallen** *umg* to fall flat on one's face with sth *umg* **2** (≈ *Wölbung, Hohlraum*) belly
Bauchansatz *m* beginning(s) of a paunch
Bauchbinde *f* **1** *um Buch* belly band, jacket band, publisher's band **2** *für Schwangere* belly band, maternity band
Bauchfell *n* ANAT peritoneum
Bauchfellentzündung *f* peritonitis
bauchfrei *adj* **~es Shirt** *od* **Top** crop(ped) top
Bauchgrimmen *umg n* tummy ache *umg*
Bauchhöhle *f* abdominal cavity
Bauchhöhlenschwangerschaft *f* ectopic pregnancy
bauchig *adj Gefäß* bulbous
Bauchklatscher *m umg* belly flop
Bauchlandung *umg f* FLUG belly landing; *bei Sprung ins Wasser* belly flop *umg*
Bauchmuskel *m* stomach muscle
Bauchmuskulatur *f* stomach muscles *pl*
Bauchnabel *m* navel, bellybutton *umg*
Bauchpressen *pl* SPORT crunches *pl*
Bauchredner(in) *m(f)* ventriloquist

Bauchschmerzen pl stomachache; *fig* anguish; **j-m ~ bereiten** *fig* to cause sb major problems

Bauchspeicheldrüse f pancreas

Bauchtanz m belly dancing; *einzelner Tanz* belly dance

Bauchtänzerin f belly dancer

Bauchweh n stomachache

Baudenkmal n historical monument

Baud-Rate f IT baud rate

bauen A v/t **1** to build; **sich** (*dat*) **ein Haus ~** to build oneself a house; → **gebaut** **2** *umg* (≈ *verursachen*) *Unfall* to cause B v/i **1** to build; **wir haben neu gebaut** we built a new house; **hier wird viel gebaut** there is a lot of building going on around here **2** (≈ *vertrauen*) **auf j-n/etw ~** to rely on sb/sth

Bauen n building

Bauer[1] m **1** (≈ *Landwirt*) farmer; *pej* (country) bumpkin **2** *Schach* pawn; KART jack, knave

Bauer[2] n/ (≈ *Käfig*) (bird)cage

Bäuerin f **1** (≈ *Frau des Bauern*) farmer's wife **2** (≈ *Landwirtin*) farmer

bäuerlich adj rural; (≈ *ländlich*) country attr

Bauernbrot n coarse rye bread

Bauernfänger(in) *umg* m(f) con man/woman *umg*

Bauernhaus n farmhouse

Bauernhof m farm

Bauernregel f country saying

Bauersfrau f farmer's wife

Bauerwartungsland n potential development land

baufällig adj dilapidated; *Decke* unsound

Baufälligkeit f dilapidation

Baufirma f building contractor *Br*, construction company *US*

Baugenehmigung f planning and building permission

Baugerüst n scaffolding

Baugewerbe n building and construction trade

Bauherr(in) m(f) client (*for whom sth is being built*)

Bauholz n building timber

Bauindustrie f building and construction industry

Bauingenieur(in) m(f) civil engineer

Baujahr n year of construction; *von Auto* year of manufacture; **VW® ~ 98** 1998 VW

Baukasten m building kit

Baukastensystem n TECH modular construction system

Bauklotz m (building) brick

Baukosten pl building costs pl

Bauland n building land; *für Stadtplanung* development area

Bauleiter(in) m(f) (building) site manager *Br*, construction site manager *US*

baulich A adj structural; **in gutem/schlechtem ~em Zustand** structurally sound/unsound B adv structurally

Baulücke f empty site

Baum m tree; **auf dem ~** in the tree

Baumarkt m property market; (≈ *Geschäft für Heimwerker*) DIY superstore

Baumaterial n building material

Baumeister(in) m(f) builder

baumeln v/i to dangle (**an** +*dat* from)

Baumgrenze f tree line

baumhoch adj tree-high

Baumkrone f treetop

baumlos adj treeless

Baumschere f (tree) pruning shears pl

Baumschule f tree nursery

Baumstamm m tree trunk

Baumsterben n **1** tree die-back **2** (≈ *Waldsterben*) forest dieback

Baumwollanbau m cotton farming

Baumwolle f cotton; **ein Hemd aus ~** a cotton shirt

baumwollen adj cotton

Baumwollhemd n cotton shirt

Bauplan m building plan; BIOL *genetischer, biologischer etc* blueprint

Bauplatz m site (for building)

Baupolizei f building control department *Br*, Board of Works *US*

Bausatz m kit

Bausch m (≈ *Wattebausch*) ball; **in ~ und Bogen** lock, stock and barrel

bauschen A v/r **1** (≈ *sich aufblähen*) to billow (out) **2** *Kleidungsstück* to puff out B v/t *Segel, Vorhänge* to fill, to swell

bauschig adj *Rock, Vorhänge* full; *Watte* fluffy

bausparen v/i to save with a building society *Br*, to save with a building and loan association *US*

Bausparer(in) m(f) saver with a building society *Br*, saver with a building and loan association *US*

Bausparkasse f building society *Br*, building and loan association *US*

Bausparvertrag m savings contract with a building society *Br*, savings contract with a building and loan association *US*

Baustein m stone; *Spielzeug* brick; (≈ *elektronischer Baustein*) chip; *fig* (≈ *Bestandteil*) building block; TECH module

Baustelle f building site *Br*, construction site *US*; *bei Straßenbau* roadworks pl *Br*, road construction *US*; **das ist nicht meine ~** that's not my

problem
Baustil m architectural style
Baustoff m building material
Baustopp m **einen ~ verordnen** to impose a halt on building (projects)
Bausubstanz f fabric; **die ~ ist gut** the house is structurally sound
Bauteil n (≈ *Bauelement*) component
Bauten pl ▮ buildings pl ▮ FILM set
Bauunternehmer(in) m(f) building contractor
Bauweise f type of construction; (≈ *Stil*) style
Bauwerk n construction; (≈ *Gebäude a.*) edifice
Bauzaun m hoarding, fence
Bauzeichner(in) m(f) architectural draughtsman/draughtswoman *Br*, architectural draftsman/draftswoman *US*
Bayer(in) m(f) Bavarian
bay(e)risch adj Bavarian
Bayern n Bavaria
Bazi *österr umg* m rascal
Bazille f *umg* (≈ *Bazillus*) bacillus; (≈ *Krankheitserreger*) germ, bug
Bazillenträger(in) m(f) carrier
Bazillus m germ, bug
beabsichtigen v/t to intend; (≈ *abzielen auf*) to aim; **das hatte ich nicht beabsichtigt** I didn't mean it to happen; **die beabsichtigte Wirkung** the desired effect
Beachball m (≈ *Wasserball*) beach ball
beachten v/t ▮ (≈ *befolgen*) to heed; *Vorschrift, Verkehrszeichen* to comply with; *Regel* to follow ▮ (≈ *berücksichtigen*) **es ist zu ~, dass ...** it should be taken into consideration that ... ▮ (≈ *zur Kenntnis nehmen*) to take note of; **j-n nicht ~** to ignore sb; **von der Öffentlichkeit kaum beachtet** scarcely noticed by the public
beachtenswert adj remarkable
beachtlich adj considerable; *Erfolg* notable; *Talent* remarkable; *Ereignis* significant
Beachtung f ▮ *von Vorschrift, Verkehrszeichen* compliance (+gen with) ▮ (≈ *Berücksichtigung*) consideration ▮ **j-m/einer Sache ~ schenken** to pay attention to sb/sth; **j-m keine ~ schenken** to ignore sb
Beachvolleyball m beach volleyball
Beacon m *Funksender* beacon
Beamer m TECH, COMPUT digital *od* LCD projector
Beamtenapparat m bureaucracy
Beamtenschaft f civil servants pl
Beamtenverhältnis n **im ~ stehen** to be a civil servant
Beamte(r) m, **Beamtin** f official; (≈ *Staatsbeamte*) civil servant; (≈ *Zollbeamte*) official; (≈ *Polizeibeamte*) officer
beängstigen *geh* v/t to alarm, to scare
beängstigend adj alarming, frightening

beanspruchen v/t ▮ (≈ *fordern*) to claim ▮ (≈ *erfordern*) to take; *Aufmerksamkeit* to demand; (≈ *benötigen*) to need ▮ (≈ *ausnützen*) to use; *j-s Hilfe* to ask for ▮ **ihr Beruf beansprucht sie ganz** her job is extremely demanding
beanstanden v/t to query; **er hat an allem etwas zu ~** he has complaints about everything
Beanstandung f complaint (+gen about); **zu ~en Anlass geben** *form* to give cause for complaint
beantragen v/t to apply for (**bei** to); JUR *Strafe* to demand; (≈ *vorschlagen*) *in Debatte etc* to move
beantworten v/t to answer; **j-m eine Frage ~** to answer sb's question; **beantwortet die Fragen zum Text** answer the questions on the text
Beantwortung f answer (+gen to); *von Anfrage, Brief a.* reply (+gen to)
bearbeiten v/t ▮ (≈ *behandeln*) to work on; *Stein, Holz* to work ▮ (≈ *sich befassen mit*) to deal with; *Fall* to handle; *Antrag, Bewerbung* to process ▮ (≈ *redigieren*) to edit; (≈ *neu bearbeiten*) to revise; *Musikstück* to arrange ▮ *umg* (≈ *einreden auf*) *j-n* to work on
Bearbeitung f ▮ (≈ *Behandlung*) working (on); *von Stein, Holz* dressing ▮ *von Antrag etc* dealing with; *von Fall* handling ▮ (≈ *Redigieren*) editing; (≈ *Neubearbeitung*) revising; *von Musik* arrangement; (≈ *bearbeitete Ausgabe etc*) edition, revision, arrangement
Bearbeitungsgebühr f handling charge
Bearbeitungszeit f process(ing) time; **die ~ beträgt drei Wochen** processing will take three weeks, it takes three weeks to process
beatmen v/t **j-n künstlich ~** to keep sb breathing artificially
Beatmung f artificial respiration
beaufsichtigen v/t to supervise; *Kind* to look after
beauftragen v/t ▮ (≈ *heranziehen*) to engage; *Firma* to hire; *Architekten* to commission ▮ (≈ *anweisen*) **wir sind beauftragt, das zu tun** we have been instructed to do that
Beauftragte(r) m/f(m) representative
bebauen v/t ▮ *Grundstück* to develop ▮ AGR to cultivate; *Land* to farm
beben v/i to shake
Beben n (≈ *Zittern*) shaking; (≈ *Erdbeben*) earthquake
bebildern v/t to illustrate
Becher m cup; (≈ *bes aus Porzellan, mit Henkel*) mug; (≈ *Joghurtbecher etc*) carton; (≈ *Eisbecher*) tub
Becken n ▮ basin; (≈ *Abwaschbecken*) sink; (≈ *Schwimmbecken*) pool; (≈ *Fischbecken*) pond; (≈ *großes Wasserbecken*) tank ▮ ANAT pelvis; **ein breites ~** broad hips ▮ MUS cymbal

bedacht *adj* **1** (≈ *überlegt*) prudent **2 auf etw** (*akk*) **~ sein** to be concerned about sth; → **bedenken**

Bedacht *geh m* **mit ~** (≈ *vorsichtig*) prudently; (≈ *absichtlich*) deliberately

bedächtig *adj* deliberate; (≈ *besonnen*) thoughtful

bedanken *v/r* to say thank you; **sich bei j-m (für etw) ~** to thank sb (for sth); **ich bedanke mich herzlich** thank you very much; **dafür** *od* **für dergleichen wird er sich ~** *iron umg* he'll just love that *iron*

Bedarf *m* **1** (≈ *Bedürfnis*) need (**an** +*dat* for); **bei ~** as required; **alles für den häuslichen ~** all household requirements; **an etw** (*dat*) **~ haben** to need sth; **danke, kein ~** *iron umg* no thank you **2** HANDEL (≈ *Nachfrage*) demand (**an** +*dat* for); **(je) nach ~** according to demand

Bedarfsgüter *pl* consumer goods *pl*

Bedarfshaltestelle *f* request (bus) stop, flag stop *US*

bedauerlich *adj* regrettable, sad

bedauerlicherweise *adv* regrettably

bedauern *v/t* **1** to regret; **wir ~, Ihnen mitteilen zu müssen, …** we regret to have to inform you …; **(ich) bedau(e)re!** I am sorry **2** (≈ *bemitleiden*) to feel sorry for; **sie ist zu ~** one *od* you should feel sorry for her

Bedauern *n* regret; **(sehr) zu meinem ~** (much) to my regret; **mit ~ habe ich …** it is with regret that I …

bedauernswert *adj* Mensch pitiful; Zustand deplorable

bedecken **A** *v/t* (≈ *zudecken*) to cover **B** *v/r* Himmel to become overcast

bedeckt *adj* **1** (≈ *bewölkt*) overcast, cloudy **2 sich ~ halten** *fig* to keep a low profile

bedenken *v/t* **1** (≈ *überlegen*) to consider; **wenn man es recht bedenkt, …** if you think about it properly … **2** (≈ *in Betracht ziehen*) to take into consideration; **ich gebe zu ~, dass …** I would ask you to consider that … **3** *in Testament* to remember; → **bedacht**

Bedenken *n* **1** (≈ *Zweifel*) doubt; **~ haben** to have one's doubts (**bei** about); **ihm kommen ~** he is having second thoughts

bedenkenlos **A** *adj* (≈ *skrupellos*) heedless of others; (≈ *unüberlegt*) thoughtless **B** *adv* (≈ *ohne Zögern*) unhesitatingly; (≈ *skrupellos*) unscrupulously; **etw ~ tun** (≈ *unüberlegt*) to do sth without thinking

bedenkenswert *adj* worth thinking about

bedenklich **A** *adj* **1** (≈ *zweifelhaft*) dubious **2** (≈ *besorgniserregend*) alarming; Gesundheitszustand serious **3** (≈ *besorgt*) apprehensive **B** *adv* **~ zunehmen** to rise alarmingly; **j-n ~ stimmen** to make sb (feel) apprehensive

Bedenkzeit *f* **j-m zwei Tage ~ geben** to give sb two days to think about it

bedeuten *v/t* to mean; MATH, LING to stand for; **was soll das ~?** what does that mean?; **das hat nichts zu ~** it doesn't mean anything; (≈ *macht nichts aus*) it doesn't matter; **Geld bedeutet mir nichts** money means nothing to me

bedeutend **A** *adj* **1** (≈ *wichtig*) important **2** (≈ *groß*) Summe, Erfolg considerable **B** *adv* (≈ *beträchtlich*) considerably

bedeutsam *adj* **1** (≈ *wichtig*) important; (≈ *folgenschwer*) significant (**für** for) **2** (≈ *vielsagend*) meaningful

Bedeutung *f* **1** (≈ *Sinn*) meaning; wörtlich, übertragen sense **2** (≈ *Wichtigkeit*) importance; (≈ *Tragweite*) significance; **von ~ sein** to be important, to matter; **ohne ~** of no importance; **an ~ gewinnen/verlieren** to gain/lose in importance

bedeutungslos *adj* **1** (≈ *unwichtig*) insignificant **2** (≈ *nichts besagend*) meaningless

bedeutungsvoll *adj* → **bedeutsam**

bedienen **A** *v/t* **1** Verkäufer to serve; Kellner to wait on; **werden Sie schon bedient?** are you being served?; **damit sind Sie sehr gut bedient** that should serve you very well; **ich bin bedient!** *umg* I've had enough **2** (≈ *handhaben*) to operate; Telefon to answer **B** *v/i* in Geschäft, bei Tisch to serve **C** *v/r* bei Tisch **bitte ~ Sie sich** please help yourself

Bedienstete(r) *m/f(m)* servant

Bedientheke *f* service counter

Bedienung *f* in Restaurant etc service; (≈ *Kellner*) waiter; (≈ *Kellnerin*) waitress; von Maschinen operation; **kommt denn hier keine ~?** isn't anyone serving here?

Bedienungsanleitung *f* operating instructions *pl*

bedienungsfreundlich *adj* user-friendly

bedingen *v/t* (≈ *bewirken*) to cause; (≈ *notwendig machen*) to necessitate; PSYCH, PHYSIOL to condition; **sich gegenseitig ~** to be mutually dependent

bedingt **A** *adj* **1** (≈ *eingeschränkt*) limited **2** (≈ *an Bedingung geknüpft*) Straferlass conditional **B** *adv* (≈ *eingeschränkt*) partly; **~ tauglich** MIL fit for limited duties; **(nur) ~ gelten** to be (only) partly valid

Bedingung *f* **1** (≈ *Voraussetzung*) condition; **unter der ~, dass …** on condition that …; **unter keiner ~** under no circumstances; **etw zur ~ machen** to make sth a condition **2 zu günstigen ~en** HANDEL on favourable terms Br, on favorable terms US **3 ~en** *pl* (≈ *Umstände*) conditions *pl*

Bedingungsform f GRAM conditional
bedingungslos **A** adj Kapitulation unconditional; Gehorsam unquestioning **B** adv unconditionally
Bedingungssatz m conditional clause
bedrängen v/t Feind to attack; (≈ belästigen) to plague; Schuldner to press (for payment); Passanten, Mädchen to pester; (≈ bedrücken) Sorgen to beset; (≈ heimsuchen) to haunt
bedrohen v/t to threaten; (≈ gefährden) to endanger; **~d** threatening; **vom Aussterben bedroht** in danger of becoming extinct
bedrohlich **A** adj (≈ gefährlich) alarming; (≈ Unheil verkündend) menacing **B** adv dangerously; **sich ~ verschlechtern** to deteriorate alarmingly
bedroht adj threatened
Bedrohung f threat (+gen to)
bedrucken v/t to print on; **bedruckter Stoff** printed fabric
bedrücken v/t to depress; **was bedrückt dich?** what is (weighing) on your mind?
bedrückend adj Anblick, Nachrichten depressing; Not pressing
bedrückt adj depressed
bedürfen geh v/i to need; (≈ benötigen) to require; **das bedarf keiner weiteren Erklärung** there's no need for any further explanation
Bedürfnis n need; (≈ Bedarf a.) necessity; form (≈ Anliegen) wish; **es war ihm ein ~,** ... it was his wish to ...; **besondere ~se** special needs
bedürftig adj needy; **einer Sache** (gen) **~ sein** geh to be in need of sth
Beefsteak n steak
beeiden v/t Aussage to swear to
beeidigen v/t **1** (≈ beeiden) to swear to **2** JUR (≈ vereidigen) to swear in; **beeidigte Dolmetscherin** sworn interpreter
beeilen v/r to hurry (up); **beeil dich!** hurry up!
beeindrucken v/t to impress; **der Eiffelturm hat mich sehr beeindruckt** I was very impressed with the Eiffel Tower
beeindruckend adj impressive
beeindruckt adj impressed
beeinflussen v/t to influence; Ereignisse to affect; **er ist schwer zu ~** he is hard to influence
Beeinflussung f influencing; (≈ Einfluss) influence (**durch** of)
beeinträchtigen v/t **1** (≈ stören) Rundfunkempfang to interfere with **2** (≈ schädigen) to damage; Gesundheit to impair, to affect; Appetit, Wert to reduce **3** (≈ einschränken) Freiheit to restrict
Beeinträchtigung f **1** von Rundfunkempfang interference (+gen of), **2** von Appetit reduction (+gen of, in); von Gesundheit, Leistung impairment
beenden v/t to end; Arbeit etc to finish; (≈ aufhören mit) to stop; IT Anwendung to close; Studium to complete; **etw vorzeitig ~** to cut sth short
Beendigung f ending; (≈ Ende) end; (≈ Fertigstellung) completion; (≈ Schluss) conclusion
beengen wörtl v/t Bewegung to restrict; fig to stifle, to inhibit
beengt **A** adj cramped, confined **B** adv **~ wohnen** to live in cramped conditions
beerben v/t **j-n ~** to inherit sb's estate
beerdigen v/t to bury
Beerdigung f burial; (≈ Beerdigungsfeier) funeral
Beere f berry; (≈ Weinbeere) grape
Beerenauslese f (≈ Wein) wine made from specially selected grapes
Beet n (≈ Blumenbeet) bed; (≈ Gemüsebeet) patch
Befähigung f durch Ausbildung qualifications pl; (≈ Können, Eignung) capability
befahrbar adj Weg passable; Fluss navigable; **nicht ~ sein** Straße to be closed (to traffic)
befahren[1] v/t Straße to use; **diese Straße wird stark/wenig ~** this road is used a lot/isn't used much
befahren[2] adj **eine stark/wenig ~e Straße** etc a busy/quiet road etc
befallen v/t (≈ infizieren) to affect; Schädlinge to infest; Angst to grip
befangen adj **1** Mensch diffident; Stille awkward **2** bes JUR (≈ voreingenommen) prejudiced; **j-n als ~ ablehnen** JUR to object to sb on grounds of suspected bias
Befangenheit f **1** (≈ Verlegenheit) diffidence **2** (≈ Voreingenommenheit) bias, prejudice
befassen v/r **sich mit j-m/etw ~** to deal with sb/sth; **sich eingehend mit etw ~** to study sth
Befehl m **1** (≈ Anordnung) order (**an** +akk to od **von** from); IT command; **er gab (uns) den ~,** ... he ordered us to ...; **auf seinen ~ (hin)** on his orders; **~ ausgeführt!** mission accomplished; **~ ist ~** orders are orders; **dein Wunsch ist mir ~** hum your wish is my command **2** (≈ Befehlsgewalt) command
befehlen **A** v/t to order **B** v/i (≈ Befehle erteilen) to give orders
befehligen v/t MIL to command
Befehlsform f GRAM imperative
Befehlshaber(in) m(f) commander
Befehlston m peremptory tone
Befehlsverweigerung f MIL refusal to obey orders
befestigen v/t **1** (≈ anbringen) to fasten, to fix (**an** +dat to); **etw an der Wand/Tür ~** to attach sth to the wall/door **2** Böschung to reinforce; Straße to make up
Befestigung f **1** fastening **2** MIL fortification
befeuchten v/t to moisten
befinden **A** v/r (≈ sein) to be; (≈ seinen Standort ha-

ben) to be located *od* based; **sich auf Reisen ~** to be away **B** *v/t form* (≈ *erachten*) to deem *form*; **etw für nötig ~** to deem sth (to be) necessary; **j-n für schuldig ~** to find sb guilty **C** *v/i geh* (≈ *entscheiden*) to decide; **über etw** (*akk*) **~** to pass judgement on sth

Befinden *n* (state of) health; *eines Kranken* condition

befindlich *adj form* an einem Ort situated; *in Behälter* contained; **alle in der Bibliothek ~en Bücher** all the books in the library

beflecken *v/t* **1** *wörtl* to stain **2** *fig geh Ruf, Ehre* to cast a slur on

beflügeln *geh v/t* to inspire; **der Gedanke an Erfolg beflügelte ihn** the thought of success spurred him on

befolgen *v/t Befehl etc* to obey; *Regel* to follow; *Ratschlag* to take

Befolgung *f* compliance (+*gen* with); *von Regel* following; *von Ratschlag* taking; **~ der Vorschriften** obeying the rules

befördern *v/t* **1** *Waren* to transport; *Personen* to carry; *Post* to handle **2** *dienstlich* to promote; **er wurde zum Major befördert** he was promoted to (the rank of) major

Beförderung *f* **1** (≈ *Transport*) transportation; *von Personen* carriage; *von Post* handling **2** *beruflich* promotion

befrachten *v/t* to load

befragen *v/t* **1** to question (**über** +*akk od* **zu** *od*, **nach** about); to interview; **auf Befragen** when questioned **2** (≈ *um Stellungnahme bitten*) to consult (**über** +*akk od* **nach** about)

Befragung *f* **1** (≈ *das Befragen*) questioning **2** *von Fachmann* consultation (+*gen* with, of) **3** (≈ *Umfrage*) survey

befreien **A** *v/t* **1** to free; *Volk, Land* to liberate; *Gefangenen, Tier* to set free **2** *von Militärdienst, Steuern* to exempt **3** (≈ *erlösen*) *von Schmerz etc* to release **4** *von Ungeziefer etc* to rid (**von** of) **B** *v/r* to free oneself; (≈ *entkommen*) to escape (**von, aus** from)

Befreier(in) *m(f)* liberator

befreit *adv* **~ aufatmen** to breathe a sigh of relief

Befreiung *f* **1** freeing; *von Volk, Land* liberation; *von Gefangenen, Tieren* setting free **2** *von Militärdienst, Steuern* exemption

Befreiungsbewegung *f* liberation movement

Befreiungsfront *f* liberation front
Befreiungskampf *m* struggle for liberation
Befreiungskrieg *m* war of liberation
Befreiungsorganisation *f* liberation organization

befremden *v/t* to disconcert; **es befremdet mich, dass ...** I'm rather taken aback that ...

Befremden *n* disconcertment

befreunden *v/r* **1** (≈ *sich anfreunden*) to make *od* become friends **2** *fig* **sich mit etw ~** to get used to sth

befreundet *adj* **wir/sie sind schon lange (miteinander) ~** we/they have been friends for a long time; **gut** *od* **eng ~ sein** to be good *od* close friends; **ein uns ~er Staat** a friendly nation

befriedigen **A** *v/t* to satisfy; **er ist leicht/schwer zu ~** he's easily/not easily satisfied **B** *v/r* **sich (selbst) ~** to masturbate

befriedigend **A** *adj* satisfactory; *als Schulnote* fair **B** *adv* satisfactorily

befriedigt **A** *adj* satisfied **B** *adv* with satisfaction

Befriedigung *f* satisfaction; **zur ~ deiner Neugier ...** to satisfy your curiosity ...

befristen *v/t* to limit (**auf** +*akk* to); *Projekt* to put a time limit on

befristet *adj Genehmigung* restricted (**auf** +*akk* to); *Anstellung* temporary; **auf zwei Jahre ~ sein** *Visum etc* to be valid for two years

Befristung *f* limitation (**auf** +*akk* to)

befruchten *v/t* **1** *wörtl Eizelle* to fertilize; *Blüte* to pollinate; **künstlich ~** to inseminate artificially **2** *fig* (≈ *geistig anregen*) to stimulate

Befruchtung *f* fertilization; *von Blüte* pollination; **künstliche ~** artificial insemination

Befugnis *form f* authority *kein pl*; (≈ *Erlaubnis*) authorization *kein pl*

befugt *form adj* **~ sein(, etw zu tun)** to have the authority (to do sth)

Befund *m* results *pl*; **ohne ~** MED (results) negative

befürchten *v/t* to fear; **es ist** *od* **steht zu ~, dass ...** it is (to be) feared that ...

Befürchtung *f* fear *mst pl*

befürworten *v/t* to approve

Befürworter(in) *m(f)* supporter

begabt *adj* talented; **für etw ~ sein** to be talented at sth

Begabtenförderung *f* **1** *finanziell* educational grant **2** *Unterricht* extra *od* specialized tuition for gifted students

Begabung *f* (≈ *Anlage*) talent; *geistig, musisch* gift; (≈ *Fähigkeit*) ability; **er hat ~ zum Lehrer** he has a gift for teaching

begeben *v/r* **sich nach Hause ~** to make one's way home; **sich auf eine Reise ~** to undertake a journey; **sich an die Arbeit ~** to commence work; **sich in Gefahr ~** to expose oneself to danger

Begebenheit *f* occurrence, event

begegnen *v/i* **1** (≈ *treffen*) to meet; **sich ~, ein-**

ander ~ *geh* to meet **2** (≈ *stoßen auf*) **einer Sache** (*dat*) **~** to encounter sth **3** (≈ *widerfahren*) **j-m ist etw begegnet** sth has happened to sb

Begegnung *f* **1** (≈ *Treffen*) meeting **2** SPORT encounter, match

begehbar *adj* Weg passable; *Schrank, Skulptur* walk-in *attr*

begehen *v/t* **1** (≈ *verüben*) to commit; *Fehler* to make; **einen Mord an j-m ~** to murder sb; **eine Dummheit ~** to do something stupid **2** (≈ *entlanggehen*) *Weg* to use **3** *geh* (≈ *feiern*) to celebrate

begehren *geh v/t* to desire

begehrenswert *adj* desirable

begehrt *adj* much sought-after; *Ferienziel* popular

begeistern **A** *v/t j-n* to fill with enthusiasm; (≈ *inspirieren*) to inspire **B** *v/r* to be enthusiastic (**an** +*dat* or **für** about)

begeistert **A** *adj* enthusiastic (**von** about); (≈ *aufgeregt*) excited **B** *adv* enthusiastically

Begeisterung *f* enthusiasm (**über** +*akk* about od **für** for); **in ~ geraten** to become enthusiastic; **etw mit ~ tun** to be keen on doing sth

Begierde *geh f* desire (**nach** for); (≈ *Sehnsucht*) longing, yearning

begierig **A** *adj* (≈ *voll Verlangen*) greedy; (≈ *gespannt*) eager; **auf etw** (*akk*) **~ sein** to be eager for sth **B** *adv* (≈ *verlangend*) greedily; (≈ *gespannt*) eagerly

begießen *v/t* **1** *mit Wasser* to pour water on; *Blumen, Beet* to water **2** *fig umg Ereignis* to celebrate; **das muss begossen werden!** that calls for a drink!

Beginn *m* beginning, start; **zu ~** at the beginning

beginnen **A** *v/i* to start; **mit der Arbeit ~** to start work; **es beginnt zu regnen** it's starting to rain **B** *v/t* to start, to begin

beglaubigen *v/t* Testament, Unterschrift to witness; Zeugnisabschrift to authenticate; Echtheit to attest (to); **etw notariell ~ lassen** to have sth witnessed etc by a notary

Beglaubigung *f* von Testament, Unterschrift witnessing; von Zeugnisabschrift authentication; von Echtheit attestation

Beglaubigungsschreiben *n* credentials *pl*

begleichen *v/t* (≈ *bezahlen*) to settle; *fig Schuld* to pay (off)

Begleitbrief *m* covering letter *Br*, cover letter *US*

begleiten *v/t* to accompany

Begleiter(in) *m(f)* companion; *zum Schutz* escort; MUS accompanist

Begleiterscheinung *f* concomitant *form*; MED side effect

Begleitperson *f* escort; (≈ *Anstandswauwau*) chaperon

Begleitschreiben *n* covering letter *Br*, cover letter *US*

Begleitumstände *pl* attendant circumstances *pl*

Begleitung *f* **1** company; **in ~ seines Vaters** accompanied by his father; **ich bin in ~ hier** I'm with someone; **ohne ~** unaccompanied **2** MUS accompaniment

beglücken *v/t* **j-n ~** to make sb happy; **beglückt lächeln** to smile happily

beglückwünschen *v/t* to congratulate (**zu** on)

begnadigen *v/t* to reprieve; (≈ *Strafe erlassen*) to pardon

Begnadigung *f* reprieve; (≈ *Straferlass*) pardon

begnügen *v/r* **sich mit etw ~** to be content with sth

Begonie *f* begonia

begraben *v/t* **1** to bury **2** *Hoffnung* to abandon; *Streit* to end

Begräbnis *n* burial; (≈ *Begräbnisfeier*) funeral

begradigen *v/t* to straighten

begreifen **A** *v/t* **1** (≈ *verstehen*) to understand; **~, dass ...** (≈ *einsehen*) to realize that ...; **ich begreife das nicht** I don't get it; **hast du mich begriffen?** did you understand what I said?; **es ist kaum zu ~** it's almost incomprehensible **2** (≈ *auffassen*) to view, to see **B** *v/i* to understand; **leicht/schwer ~** to be quick/slow on the uptake; → **begriffen**

begreiflich *adj* understandable; **ich habe ihm das ~ gemacht** I've made it clear to him

begreiflicherweise *adv* understandably

begrenzen *v/t* to restrict, to limit (**auf** +*akk* to)

begrenzt **A** *adj* (≈ *beschränkt*) restricted; (≈ *geistig beschränkt*) limited; **eine genau ~e Aufgabe** a clearly defined task **B** *adv zeitlich* for a limited time

Begrenzung *f* **1** (≈ *das Begrenzen von Gebiet, Straße etc*) demarcation; *von Geschwindigkeit, Redezeit* restriction; *Grenzwert* limit **2** (≈ *Grenze*) boundary

Begriff *m* **1** (≈ *Bedeutungsgehalt*) concept; (≈ *Terminus*) term; **sein Name ist mir ein/kein ~** his name means something/doesn't mean anything to me **2** (≈ *Vorstellung*) idea; **sich** (*dat*) **einen ~ von etw machen** to imagine sth; **du machst dir keinen ~ (davon)** *umg* you've no idea (about it); **für meine ~e** in my opinion **3 im ~ sein, etw zu tun** to be on the point of doing sth *od* about to do sth **4 schwer/schnell von ~ sein** *umg* to be slow/quick on the uptake

begriffen *adj* **in etw** (*dat*) **~ sein** *form* to be in the process of doing sth; → **begreifen**

begriffsstutzig *umg adj* thick *umg*

begründen v/t **1** (≈ Gründe anführen für) to give reasons for; rechtfertigend to justify; Verdacht ~ substantiate **2** (≈ gründen) to establish

begründet adj well-founded; (≈ berechtigt) justified; **es besteht ~e Hoffnung, dass ...** there is reason to hope that ...

Begründung f **1** grounds pl (**für** od +gen for); (≈ Grund) reason; **etwas zur** od **als ~ sagen** to say something in explanation **2** (≈ Gründung) establishment **3** (≈ Veranlassung) motivation

begrünen v/t Hinterhöfe, Plätze to green up

begrüßen v/t **1** j-n to greet; **j-n herzlich ~** to give sb a hearty welcome **2** (≈ gut finden) to welcome

begrüßenswert adj welcome; **es wäre ~, wenn ...** it would be desirable if ...

Begrüßung f greeting; der Gäste welcoming; (≈ Zeremonie) welcome

begünstigen v/t to favour Br, to favor US, to benefit; Wachstum to encourage

Begünstigte(r) m/f(m) beneficiary

Begünstigung f **1** JUR aiding and abetting **2** (≈ Bevorzugung) preferential treatment **3** (≈ Förderung) favouring Br, favoring US; von Wachstum encouragement

begutachten v/t to give expert advice about; Kunstwerk, Stipendiaten to examine; Leistung to judge; **etw ~ lassen** to get expert advice about sth

behaart adj hairy

Behaarung f hairs pl

behäbig adj Mensch portly; fig Sprache, Ton complacent

behagen v/i **er behagt ihr nicht** she doesn't like him

Behagen n contentment; **mit sichtlichem ~** with obvious pleasure

behaglich **A** adj cosy Br, cozy US; (≈ bequem) comfortable; (≈ zufrieden) contented **B** adv (≈ gemütlich) comfortably; (≈ genussvoll) contentedly

Behaglichkeit f cosiness; (≈ Bequemlichkeit) comfort; (≈ Zufriedenheit) contentment

behalten v/t **1** to keep; **etw für sich ~** to keep sth to oneself; **etw/j-n bei sich ~** to keep sth/sb with one **2** (≈ nicht vergessen) to remember

Behälter m container; für Flüssigkeit tank

behandelbar adj MED treatable

behandeln v/t to treat; (≈ verfahren mit) to handle; Thema, Problem to deal with

Behandlung f treatment; MED therapy; von Angelegenheit handling; **bei wem sind Sie in ~?** who's treating you?

behängen v/t mit Stoffen etc to drape

beharren v/i (≈ hartnäckig sein) to insist (**auf** +dat on); (≈ nicht aufgeben) to persist (**bei** in)

beharrlich **A** adj (≈ hartnäckig) insistent; (≈ ausdauernd) persistent **B** adv (≈ hartnäckig) insistently; (≈ ausdauernd) persistently

Beharrlichkeit f (≈ Hartnäckigkeit) insistence; (≈ Ausdauer) persistence

behaupten **A** v/t **1** (≈ sagen) to claim; **steif und fest ~** to insist; **es wird behauptet, dass ...** it is said that ... **2** Recht to maintain; Meinung to assert **3** Tabellenplatz to maintain; **Schalke konnte seinen Tabellenplatz ~** Schalke were able to maintain their position in the table **B** v/r to assert oneself; bei Diskussion to hold one's own; **er kann sich bei seinen Schülern nicht ~** he can't assert his authority over his pupils

Behauptung f claim; (≈ bes unerwiesene Behauptung) assertion

Behausung f dwelling

beheben v/t (≈ beseitigen) to remove; Mängel to rectify; Schaden to repair; Störung to clear

beheizbar adj heatable; Heckscheibe heated

beheizen v/t to heat

Behelf m (≈ Ersatz) substitute; (≈ Notlösung) makeshift

behelfen v/r to manage; **er weiß sich allein nicht zu ~** he can't manage alone

behelfsmäßig **A** adj makeshift **B** adv temporarily; **etw ~ reparieren** to make makeshift repairs to sth

behelligen v/t to bother

beherbergen v/t to house; Gäste to accommodate

beherrschen **A** v/t **1** (≈ herrschen über) to rule **2** fig Stadtbild, Markt to dominate **3** (≈ zügeln) to control **4** (≈ gut können) to master **B** v/r to control oneself; **ich kann mich ~!** iron umg not likely! umg

beherrscht fig adj self-controlled

Beherrschung f control; (≈ Selbstbeherrschung) self-control; des Markts domination; **die ~ verlieren** to lose one's temper

beherzigen v/t to heed

behilflich adj helpful; **j-m (bei etw) ~ sein** to help sb (with sth)

behindern v/t to hinder; Sicht to impede; bei Sport, im Verkehr to obstruct

behindert adj disabled; **geistig/körperlich ~** mentally/physically handicapped

Behindertenausweis m disabled person card or ID

behindertengerecht adj suitable for disabled people; **~e Toiletten** disabled toilets; **~e Hotels** hotels with disabled facilities; **etw ~ gestalten** to design sth to fit the needs of the disabled

Behindertenolympiade f Paralympics pl

Behindertensport m disabled sport

Behinderte(r) m/f(m) disabled person; **die ~n**

disabled people

Behinderung f hindrance; *im Sport, Verkehr* obstruction; *körperlich* handicap, disability

Behörde f authority *mst pl*, agency; **die ~n** the authorities

behüten v/t to look after

behutsam **A** *adj* cautious; (≈ *zart*) gentle **B** *adv* carefully; *streicheln* gently

bei *präp* **1** *Nähe* near; **ich stand/saß bei ihm** I stood/sat beside him; **ich bleibe bei den Kindern** I'll stay with the children **2** *Aufenthalt* at; **ich war bei meiner Tante** I was at my aunt's; **er wohnt bei seinen Eltern** he lives with his parents; **bei Gillian (zu Hause)** at Gillian's; **bei Müller** *auf Briefen* care of *od* c/o Müller; **bei uns zu Hause** *im Haus* at our house; **bei den Shaws zu Hause** at the Shaws' house; **bei j-m arbeiten** to work for sb; **Englisch bei Mr Kingsley** English with Mr Kingsley; **er ist** *od* **arbeitet bei der Post** he works for the post office; **beim Friseur** at the hairdresser's; **hast du Geld bei dir?** have you any money with you? **3** *Teilnahme* at; **bei einer Hochzeit sein** to be at a wedding **4** *Zeit* **bei meiner Ankunft** on my arrival; **beim Erscheinen der Königin** when the queen appeared; **bei Nacht** by night; **bei der Arbeit** at work **5** *Umstand* **bei Kerzenlicht essen** to eat by candlelight; **bei offenem Fenster schlafen** to sleep with the window open; **bei zehn Grad unter null** when it's ten degrees below zero **6** *Bedingung* in case of; **bei Feuer Scheibe einschlagen** in case of fire break glass **7** *Grund* with; **bei seinem Talent** with his talent; **bei solcher Hitze** when it's as hot as this **8** *Einschränkung* in spite of, despite; **beim besten Willen** with the best will in the world **9** with; **da bin ich ganz bei Ihnen** (≈ *bin einverstanden*) I'm right with you there

beibehalten v/t to keep; *Richtung* to keep to; *Gewohnheit* to keep up; (≈ *aufrechterhalten*) to maintain

beibringen v/t **1** **j-m etw ~** (≈ *mitteilen*) to break sth to sb; (≈ *unterweisen in*) to teach sb sth; (≈ *zufügen*) to inflict sth on sb **2** (≈ *herbeischaffen*) to produce; *Beweis, Geld etc* to supply

Beichte f confession; **zur ~ gehen** to go to confession

beichten v/t & v/i to confess (**j-m etw** sth to sb)

Beichtgeheimnis n seal of confession *od* of the confessional

Beichtstuhl m confessional

beide *pron* both; **alle ~n Teller** both plates; **seine ~n Brüder** both his brothers; **ihr ~(n)** the two of you; **wer von uns ~n** which of us (two); **alle ~** both (of them); **die ~n** the two of them

beiderlei *adj* both

beiderseitig *adj* on both sides; (≈ *gegenseitig*) *Abkommen etc* bilateral; *Einverständnis etc* mutual

beiderseits **A** *adv* on both sides **B** *präp* on both sides of

beides *pron* both; **~ ist schön** both are nice; **ich mag ~ nicht** I don't like either of them

beidhändig *adj* (≈ *gleich geschickt*) ambidextrous; (≈ *mit beiden Händen zugleich*) two-handed

beidrehen v/i SCHIFF to heave to

beidseitig *adj* (≈ *auf beiden Seiten*) on both sides; (≈ *gegenseitig*) mutual

beieinander *adv* together

beieinanderbleiben v/i to stay together

beieinander sein *umg* v/i *gesundheitlich* to be in good shape *umg*; *geistig* to be all there *umg*

Beifahrer(in) m(f) AUTO (front-seat) passenger; SPORT co-driver

Beifahrerairbag m AUTO passenger airbag

Beifahrersitz m passenger seat

Beifall m (≈ *Zustimmung*) approval; (≈ *das Händeklatschen*) applause; **~ spenden** to applaud; **~ klatschen** to cheer

beifällig **A** *adj* approving; **~e Worte** words of approval **B** *adv* approvingly; **er nickte ~ mit dem Kopf** he nodded his head in approval

Beifallsruf m cheer

Beifallssturm m storm of applause

beifügen v/t (≈ *mitschicken*) to enclose (+*dat* with)

Beigabe f addition; (≈ *Beilage*) side dish; HANDEL (≈ *Zugabe*) free gift

beige *adj* beige

beigeben **A** v/t to add (+*dat* to) **B** v/i **klein ~** *umg* to give in

Beigeschmack m aftertaste; *fig von Worten* flavour *Br*, flavor *US*

Beiheft n **1** supplement **2** *zu einer CD* (accompanying) booklet

Beihilfe f **1** financial assistance; (≈ *Zuschuss*) allowance; (≈ *Studienbeihilfe*) grant; (≈ *Subvention*) subsidy **2** JUR abetment; **wegen ~ zum Mord** for acting as an accessory to the murder

Beijing n Beijing, Peking

beikommen v/i **j-m ~** (≈ *zu fassen bekommen*) to get hold of sb; **einer Sache** (*dat*) **~** (≈ *bewältigen*) to deal with sth

Beil n axe *Br*, ax *US*; *kleiner* hatchet

Beilage f **1** (≈ *Gedrucktes*) insert; (≈ *Beiheft*) supplement **2** GASTR side dish; (≈ *Gemüsebeilage*) vegetables *pl*; (≈ *Salatbeilage*) side salad

Beilagensalat m side salad

beiläufig **A** *adj* casual **B** *adv erwähnen* in passing

beilegen v/t **1** (≈ *hinzulegen*) to insert (+*dat* in); *einem Brief, Paket* to enclose (+*dat* with, in); (≈ *befestigen*) to attach **2** (≈ *schlichten*) to settle

Beilegung f settlement

beileibe *adv* ~ **nicht!** certainly not; ~ **kein ...** by no means a ...
Beileid *n* condolence(s), sympathy; **j-m sein ~ aussprechen** to offer sb one's condolences; **(mein) herzliches ~!** please accept my deepest condolences
Beileidsbekundung *f* expression of sympathy
Beileidskarte *f* condolence card
beiliegen *v/i* to be enclosed (+*dat* with, in); *einer Zeitschrift etc* to be inserted (+*dat* in)
beiliegend *adj & adv* enclosed; ~ **senden wir Ihnen ...** please find enclosed ...
beim *präp mit art* (= **bei dem**) → **bei**
beimengen *v/t* to add (+*dat* to)
beimessen *v/t* **j-m/einer Sache Bedeutung ~** to attach importance to sb/sth
Bein *n* leg; **sich kaum auf die ~en halten können** to be hardly able to stay on one's feet; **j-m ein ~ stellen** to trip sb up; **auf den ~en sein** (≈ *in Bewegung*) to be on one's feet; (≈ *unterwegs*) to be out and about; **j-m ~e machen** *umg* (≈ *antreiben*) to make sb get a move on *umg*; (≈ *wegjagen*) to make sb clear off *umg*; **mit einem ~ im Gefängnis stehen** to be likely to end up in jail; **auf eigenen ~en stehen** *fig* to be able to stand on one's own two feet; **wieder auf die ~e kommen** *fig* to get back on one's feet again; **etw auf die ~e stellen** *fig* to get sth off the ground
beinah(e) *adv* almost, nearly
Beinbruch *m* fracture of the leg; **das ist kein ~** *fig umg* it could be worse *umg*
Beinfreiheit *f* legroom
beinhalten *v/t* to comprise, to include; (≈ *umfassen, mit sich bringen*) to involve
Beinpresse *f* leg press
Beipackzettel *m* instruction leaflet
beipflichten *v/i* **j-m/einer Sache (in etw** (*dat*)) ~ to agree with sb/sth (on sth)
Beiried *n* *österr* GASTR ≈ steamed beef
beirren *v/t* to disconcert; **sich nicht in etw** (*dat*) ~ **lassen** not to let oneself be swayed in sth; **er lässt sich nicht ~** he won't be put off
beisammen *adv* together
beisammenbleiben *v/i* to stay *od* remain together
Beisammensein *n* get-together
Beischlaf *m* JUR sexual intercourse
Beisein *n* presence; **in j-s ~** in sb's presence; **ohne j-s ~** without sb being present
beiseite *adv* aside; **Spaß ~!** joking aside!
beiseitegehen *v/i* to step aside
beiseitelegen *v/t* to put aside; (≈ *weglegen*) to put away
beiseiteschaffen *v/t* **j-n/etw ~** to get rid of sb/ hide sth away
beiseiteschieben *v/t* **1** (≈ *verdrängen*) to suppress **2** (≈ *abtun*) to push aside; *Warnung* to dismiss
Beisel *österr umg n* bar
beisetzen *v/t* to bury
Beisetzung *f* funeral
Beispiel *n* example; (≈ *Fall*) instance; **ein ~ für etw** an example of sth; **zum ~** for example; **wie zum ~?** like what?; **j-m ein ~ geben** to set sb an example; **sich** (*dat*) **ein ~ an j-m nehmen** to take a leaf out of sb's book; **mit gutem ~ vorangehen** to set a good example
beispielhaft **A** *adj* exemplary **B** *adv* exemplarily
beispiellos *adj* unprecedented; (≈ *unerhört*) outrageous
Beispielsatz *m* example (sentence)
beispielsweise *adv* for example
beißen **A** *v/t & v/i* to bite; (≈ *brennen*) to sting; **er wird dich schon nicht ~** *fig* he won't bite you; **etwas zu ~** *umg* (≈ *essen*) something to eat; **an etw** (*dat*) **zu ~ haben** *fig* to have sth to chew over on **B** *v/r Farben* to clash
beißend *adj* biting; *Bemerkung* cutting; *Geruch* pungent; *Ironie* bitter
Beißzange *f* (pair of) pincers *pl*; *pej umg* shrew
Beistand *m* (≈ *Hilfe*) help, aid; (≈ *Unterstützung*) support; **j-m ~ leisten** to give sb help, to lend sb one's support
beistehen *v/i* **j-m ~** to stand by sb
Beistelltisch *m* occasional table
beisteuern *v/t* to contribute
Beitrag *m* contribution; (≈ *Wettbewerbseinsendung*) entry; (≈ *Versicherungsbeitrag*) premium; (≈ *Mitgliedsbeitrag*) fee *Br*, dues *pl*; **einen ~ zu etw leisten** to make a contribution to sth; **einen ~ verfassen** *im Internet* to post
beitragen *v/t & v/i* to contribute (**zu** to)
Beitragserhöhung *f* increase in contributions
beitragsfrei *adj* noncontributory; *Person* not liable to pay contributions
beitragspflichtig *adj* ~ **sein** *Mensch* to have to pay contributions
Beitragszahler(in) *m(f)* contributor
beitreten *v/i* to join; *einem Vertrag* to accede to
Beitritt *m* joining (**zu etw** sth); *zu einem Vertrag, zur EU* accession (**zu** to); **seinen ~ erklären** to become a member
Beitrittsbedingungen *pl zur EU* conditions *pl* of accession
Beitrittsdatum *n zur EU* date of accession
Beitrittskandidat(in) *m(f) zur EU* candidate country, accession *od* acceding country
Beitrittskriterien *pl* accession criteria *pl*
Beitrittsland *n* POL *zur EU etc* candidate country, accession *od* acceding country

Beitrittsverhandlungen pl accession negotiations pl
beitrittswillig adj zur EU **~e Staaten** candidate countries
Beize f (≈ Beizmittel) corrosive fluid; (≈ Holzbeize) stain; zum Gerben lye; GASTR marinade
beizeiten adv in good time
beizen v/t Holz to stain; Häute to bate; GASTR to marinate
bejahen v/t & v/i to answer in the affirmative; (≈ gutheißen) to approve of
bejahend A adj positive B adv affirmatively
bejubeln v/t to cheer; Ereignis to rejoice at
bekämpfen v/t to fight; Ungeziefer to control
Bekämpfung f fight (**von** of +gen against); von Ungeziefer controlling; **~ der Geldwäsche** measures pl to combat money laundering; **~ des Terrorismus** fight against terrorism; **zur ~ der Terroristen** to fight the terrorists
bekannt adj well-known (**wegen** for); (≈ vertraut) familiar; **die ~eren Spieler** the better-known players; **er ist ~ dafür, dass er seine Schulden nicht bezahlt** he is well-known for not paying his debts; **das ist mir ~** I know about that; **sie ist mir ~** I know her; **j-n mit j-m ~ machen** to introduce sb to sb; **j-n mit etw ~ machen** mit Aufgabe etc to show sb how to do sth; mit Gebiet, Fach etc to introduce sb to sth; **sich mit etw ~ machen** to familiarize oneself with sth; → bekennen
Bekanntenkreis m circle of acquaintances
Bekannte(r) m/f(m) friend; (≈ entfernter Bekannter) acquaintance
Bekanntgabe f announcement; in Zeitung etc publication
bekannt geben v/t to announce; in Zeitung etc to publish
bekanntlich adv **~ gibt es ...** it is known that there is/are ...
bekannt machen v/t to announce; (≈ der Allgemeinheit mitteilen) to publicize; → bekannt
Bekanntmachung f announcement; (≈ Veröffentlichung) publicizing
Bekanntschaft f acquaintance; **j-s ~ machen** to make sb's acquaintance; **mit etw ~ machen** to come into contact with sth; **bei näherer ~** on closer acquaintance; **meine ganze ~** all my acquaintances
bekannt werden v/i to become known; Geheimnis to leak out
bekehren v/t to convert (**zu** to)
Bekehrung f conversion
bekennen A v/t to confess; Wahrheit to admit B v/r **sich (als** od **für) schuldig ~** to admit od confess one's guilt; **sich zum Christentum ~** to profess Christianity; **sich zu j-m/etw ~** to declare one's support for sb/sth
Bekennerbrief m, **Bekennerschreiben** n letter claiming responsibility
Bekenntnis n 1 (≈ Geständnis) confession (**zu** of); **sein ~ zum Sozialismus** his declared belief in socialism 2 REL (≈ Konfession) denomination
beklagen A v/t to lament; Tod, Verlust to mourn; **Menschenleben sind nicht zu ~** there are no casualties B v/r to complain (**über** +akk od **wegen** about)
beklagenswert adj Mensch pitiful; Zustand lamentable; Vorfall regrettable
Beklagte(r) m/f(m) JUR defendant
beklauen umg v/t j-n to rob
bekleben v/t **etw (mit Plakaten** etc**) ~** to stick posters etc on(to) sth
bekriegen v/t to wage war on; fig to fight
bekleckern umg A v/t to stain B v/r **sich (mit Saft** etc**) ~** to spill juice etc all down od over oneself; **er hat sich nicht gerade mit Ruhm bekleckert** umg he didn't exactly cover himself with glory
bekleidet adj dressed (**mit** in)
Bekleidung f (≈ Kleider) clothes pl; (≈ Aufmachung) dress
beklemmen fig v/t to oppress
beklemmend adj (≈ beengend) constricting; (≈ beängstigend) oppressive
Beklemmung f feeling of oppressiveness; (≈ Gefühl der Angst) feeling of apprehension
beklommen adj apprehensive; Schweigen uneasy
bekloppt umg adj Mensch mad umg
beknackt sl adj Mensch, Idee stupid; **der ist wirklich ~** he's completely nuts umg; **das ist doch ~, oder?** it's stupid, isn't it?
beknien umg v/t j-n to beg
bekommen A v/t to get; (≈ erhalten) to receive; (≈ erlangen) to gain; ein Kind, Besuch to have; **ein Jahr Gefängnis ~** to be given one year in prison; **ich bekomme bitte ein Glas Wein** I'll have a glass of wine, please; **was ~ Sie dafür?** how much is that?; **was ~ Sie von mir?** how much do I owe you?; **j-n dazu ~, etw zu tun** to get sb to do sth; **Heimweh ~** to get homesick; **Hunger/Durst ~** to get hungry/thirsty; **Angst ~** to get afraid; **es mit j-m zu tun ~** to get into trouble with sb; **etw geschenkt ~** to be given sth (as a present); **Lust ~, etw zu tun** to feel like doing sth; **es mit der Angst/Wut ~** to become afraid/angry; **Ärger ~** to get into trouble B v/i (≈ zuträglich sein) **j-m (gut) ~** to do sb good; Essen to agree with sb; **j-m nicht** od **schlecht ~** not to do sb any good; Essen not to agree with sb; **wohl bekomms!** your health!
bekömmlich adj Speisen (easily) digestible; Luft,

Klima beneficial
bekräftigen *v/t* to confirm; *Vorschlag* to back up
bekreuzigen *v/r* to cross oneself, to make the sign of the cross
bekümmern *v/t* to worry
bekümmert *adj* worried (**über** +*akk* about)
bekunden *v/t* to show; JUR (≈ *bezeugen*) to testify to
belächeln *v/t* to smile at
beladen *v/t Schiff, Zug* to load (up); *fig mit Sorgen etc, j-n* to burden
Belag *m* coating; (≈ *Schicht*) layer; *auf Zahn* film; *auf Pizza, Brot* topping; *auf Tortenboden, zwischen zwei Brotscheiben* filling; (≈ *Zungenbelag*) fur; (≈ *Fußbodenbelag*) covering; (≈ *Straßenbelag*) surface
belagern *v/t* to besiege
Belagerung *f* siege
Belagerungszustand *m* state of siege
belämmert *adj* (≈ *betreten*) sheepish; (≈ *niedergeschlagen*) miserable
Belang *m* importance; **von/ohne ~ (für j-n/etw) sein** to be of importance/of no importance (to sb/for *od* to sth); **~e** interests
belangen *v/t* JUR to prosecute (**wegen** for); *wegen Beleidigung* to sue
belanglos *adj* inconsequential; **das ist für das Ergebnis ~** that is irrelevant to the result
Belanglosigkeit *f* triviality
belassen *v/t* to leave; **wir wollen es dabei ~** let's leave it at that
belastbar *adj* **1** **bis zu 50 Tonnen ~ sein** to have a load-bearing capacity of 50 tons; **weiter waren seine Nerven nicht ~** his nerves could take no more **2** (≈ *beanspruchbar*), *a.* MED resilient **3** **wie hoch ist mein Konto ~?** what is the limit on my account?; **der Etat ist nicht unbegrenzt ~** the budget is not unlimited
Belastbarkeit *f* **1** *von Brücke, Aufzug* load-bearing capacity **2** *von Menschen, Nerven* ability to cope with stress
belasten **A** *v/t* **1** *mit Gewicht* to put weight on; *mit Last* to load; **etw mit 50 Tonnen ~** to put a 50 ton load on sth **2** *fig* **j-n mit etw ~** *mit Arbeit* to load sb with sth; *mit Sorgen* to burden sb with sth; **j-n ~** (≈ *anstrengen*) to put a strain on sb; *nervlich* to stress sb; *Schuld etc* to weigh upon sb's mind; **j-s Gewissen ~** to weigh upon sb's conscience **3** (≈ *beanspruchen*) *Stromnetz etc* to put pressure on; *Atmosphäre* to pollute; MED to put a strain on; *Nerven* to strain; *Steuerzahler* to burden **4** JUR *Angeklagten* to incriminate; **~des Material** incriminating evidence **5** FIN *Konto* to charge; *steuerlich:* j-n to burden; **das Konto mit einem Betrag ~** to debit a sum from the account; **j-n mit den Kosten ~** to charge the costs to sb **B** *v/r* **1** **sich mit etw ~** *mit Arbeit* to take sth on; *mit Verantwortung* to take sth upon oneself; *mit Sorgen* to burden oneself with sth **2** JUR to incriminate oneself
belastet *adj* **1** *seelisch, physisch* under strain; **stark ~ mit** under great strain *od* pressure from **2** *Umwelt* polluted, contaminated
belästigen *v/t* to bother; (≈ *zudringlich werden*) to pester, to harass; *körperlich* to molest
Belästigung *f* annoyance; (≈ *Zudringlichkeit*) pestering; **etw als eine ~ empfinden** to find sth a nuisance; **sexuelle ~** sexual harassment
Belastung *f* **1** (≈ *Last, Gewicht*) weight; *in Fahrzeug, Fahrstuhl etc* load; **maximale ~ des Fahrstuhls** maximum load of the lift **2** *fig* (≈ *Anstrengung*) strain; (≈ *Last, Bürde*) burden **3** (≈ *Beeinträchtigung*) pressure (+*gen* on); *von Atmosphäre* pollution (+*gen* of); *von Kreislauf, Magen* strain (+*gen* on) **4** JUR incrimination **5** FIN *von Konto* charge (+*gen* on); *steuerlich* burden (+*gen* on); **außergewöhnliche ~en** *Steuer* extraordinary expenses
Belastungs-EKG *n* MED exercise ECG
Belastungsmaterial *n* JUR incriminating evidence
Belastungsprobe *f* endurance test
Belastungszeuge *m*, **Belastungszeugin** *f* JUR witness for the prosecution
belaufen *v/r* **sich auf etw** (*akk*) **~** to come to sth
belauschen *v/t* to eavesdrop on; *Gespräch* to overhear
beleben *v/t* **1** (≈ *anregen*) to liven up; *Absatz, Konjunktur* to stimulate **2** (≈ *lebendiger gestalten*) to brighten up
belebend *adj* invigorating
belebt *adj Straße, Stadt etc* busy
Beleg *m* **1** (≈ *Beweis*) piece of evidence; (≈ *Quellennachweis*) reference **2** (≈ *Quittung*) receipt, slip
belegen *v/t* **1** (≈ *bedecken*) to cover; *Brote, Tortenboden* to fill; **etw mit Fliesen/Teppich ~** to tile/carpet sth **2** (≈ *besetzen*) *Wohnung, Hotelbett* to occupy; UNIV *Fach* to take; *Vorlesung* to enrol for *Br*, to enroll for *US*; **den fünften Platz ~** to take fifth place **3** (≈ *beweisen*) to verify, to prove
Belegschaft *f* (≈ *Beschäftigte*) staff; *bes in Fabriken etc* workforce
belegt *adj Zunge* furred; *Stimme* hoarse; *Bett, Wohnung* occupied; **~e Brote** open sandwiches *Br*, open-faced sandwiches *US*
belehren *v/t* to teach; (≈ *aufklären*) to inform (**über** +*akk* of); **j-n eines anderen ~** to teach sb otherwise
Belehrung *f* explanation, lecture *umg*
beleidigen *v/t* j-n to insult; *Anblick etc* to offend;

JUR *mündlich* to slander; *schriftlich* to libel
beleidigend *adj* insulting; *Anblick etc* offending; JUR *mündlich* slanderous; *schriftlich* libellous Br, libelous US
beleidigt **A** *adj* insulted; (≈ *gekränkt*) offended; *Miene* hurt; **jetzt ist er ~** now he's in a huff *umg* **B** *adv* in a huff *umg*, offended
Beleidigung *f* insult; JUR *mündliche* slander; *schriftliche* libel
belesen *adj* well-read
beleuchten *v/t* to light up; *Straße, Bühne etc* to light; *fig* (≈ *betrachten*) to examine
Beleuchtung *f* **1** (≈ *das Beleuchten*) lighting; (≈ *das Bestrahlen*) illumination **2** (≈ *Licht*) light; (≈ *Lichter*) lights *pl*
Belgien *n* Belgium
Belgier(in) *m(f)* Belgian
belgisch *adj* Belgian
Belgrad *n* Belgrade
belichten *v/t* FOTO to expose
Belichtung *f* FOTO exposure
Belichtungsmesser *m* light meter
Belieben *n* **nach ~** any way you *etc* want (to); **das steht** *od* **liegt in Ihrem ~** that is up to you
beliebig **A** *adj* any; **(irgend)eine/jede ~e Zahl** any number at all *od* you like; **jeder Beliebige** anyone at all; **in ~er Reihenfolge** in any order whatever **B** *adv* as you *etc* like; **Sie können ~ lange bleiben** you can stay as long as you like
beliebt *adj* popular (**bei** with); **sich bei j-m ~ machen** to make oneself popular with sb
Beliebtheit *f* popularity
beliefern *v/t* to supply
bellen *v/i* to bark
Belletristik *f* fiction and poetry
belobigen *v/t* to commend
Belobigung *form f* commendation
belohnen *v/t* to reward
Belohnung *f* reward; **zur** *od* **als ~ (für)** as a reward (for)
belügen *v/t* to lie to; **sich selbst ~** to deceive oneself
belustigen **A** *v/t* to amuse **B** *v/r geh* **sich über j-n/etw ~** to make fun of sb/sth
belustigt **A** *adj* amused **B** *adv* in amusement
Belustigung *f* amusement; **zur allgemeinen ~** to everybody's amusement
bemächtigen *geh v/r* **sich eines Menschen/einer Sache ~** to seize hold of sb/sth
bemalen *v/t* to paint
Bemalung *f* painting
bemängeln *v/t* to find fault with
bemannen *v/t U-Boot, Raumschiff* to man
Bemannung *f* manning
bemerkbar *adj* noticeable; **sich ~ machen** (≈ *sich zeigen*) to become noticeable; (≈ *auf sich aufmerksam machen*) to draw attention to oneself
bemerken *v/t* **1** (≈ *wahrnehmen*) to notice **2** (≈ *äußern*) to remark (**zu** on); **er hatte einiges zu ~** he had quite a few comments to make
bemerkenswert **A** *adj* remarkable **B** *adv* remarkably
bemerkenswerterweise *adv* remarkably enough
Bemerkung *f* remark (**zu** on), comment
bemessen *v/t* (≈ *zuteilen*) to allocate; (≈ *einteilen*) to calculate; **reichlich ~** generous; **meine Zeit ist knapp ~** my time is limited
bemitleiden *v/t* to pity; **er ist zu ~** he is to be pitied
bemühen **A** *v/t* to bother; **j-n zu sich ~** to call in sb **B** *v/r* (≈ *sich Mühe geben*) to try hard; **sich um j-n ~** *um Kranken etc* to look after sb; *um j-s Gunst* to court sb; **bitte ~ Sie sich nicht** please don't trouble yourself; **sich zu j-m ~** to go to sb
bemüht *adj* **~ sein, etw zu tun** to try hard to do sth
Bemühung *f* effort
bemuttern *v/t* to mother
benachbart *adj* neighbouring *attr Br*, neighboring *attr US*
benachrichtigen *v/t* to inform (**von** of)
Benachrichtigung *f* (≈ *Nachricht*) notification; HANDEL advice note
benachteiligen *v/t* to put at a disadvantage; *wegen Rasse, Glauben etc* to discriminate against; **benachteiligt sein** to be at a disadvantage
Benachteiligung *f wegen Rasse, Glauben* discrimination (+*gen* against)
Benchmarking *n* benchmarking
benebeln *umg v/t* **j-n** *od* **j-s Sinne ~** to make sb's head swim; **benebelt sein** to be feeling dazed; *von Alkohol* to be feeling woozy *umg*
Benefizkonzert *n* charity concert *od* performance
Benefizvorstellung *f* charity performance
benehmen *v/r* to behave; **benimm dich!** behave yourself!; **sich schlecht ~** to misbehave; → **benommen**
Benehmen *n* behaviour *Br*, behavior *US*; **kein ~ haben** to have no manners
beneiden *v/t* to envy; **j-n um etw ~** to envy sb sth; **er ist nicht zu ~** I don't envy him
beneidenswert *adj* enviable
Beneluxländer *pl* Benelux countries *pl*
benennen *v/t* to name
Bengel *m* boy; (≈ *frecher Junge*) rascal
Benimm *umg m* manners *pl*
Benin *n* GEOG Benin
benommen *adj* dazed; → **benehmen**

Benommenheit f daze
benoten v/t to mark Br, to grade bes US; **benoteter Schein** SCHULE credit
benötigen v/t to need; (≈ bedürfen) to require
Benotung f mark Br, grade bes US; (≈ das Benoten) marking Br, grading bes US
benutzbar adj usable
benutzen v/t to use
Benutzer(in) m(f) user
benutzerfreundlich A adj user-friendly B adv **etw ~ gestalten** to make sth user-friendly
Benutzerfreundlichkeit f user-friendliness
Benutzerhandbuch n user's guide
Benutzerkonto n user account
Benutzername m user name, username
Benutzeroberfläche f IT user interface; **grafische ~** graphical user interface
Benutzerprofil n user profile
Benutzung f use
Benutzungsgebühr f charge; (≈ Leihgebühr) hire charge Br, rental fee US; in Büchereien lending fee; **die ~ für etw** the charge for using sth
Benzin n für Auto petrol Br, gas US; (≈ Reinigungsbenzin) benzine; (≈ Feuerzeugbenzin) lighter fuel
Benzinfeuerzeug n petrol lighter Br, gasoline lighter US
Benzinkanister m petrol can Br, gasoline can US
Benzinpreis m, **Benzinpreise** pl petrol prices pl Br, gas prices pl US
Benzinpumpe f AUTO fuel pump; an Tankstellen petrol pump Br, gasoline pump US
Benzinuhr f fuel gauge
Benzinverbrauch m fuel consumption
beobachten v/t to observe; (≈ zusehen) to watch; **etw an j-m ~** to notice sth in sb; **j-n ~ lassen** Polizei etc to put sb under surveillance
Beobachter(in) m(f) observer
Beobachterstatus m POL observer status
Beobachtung f observation; polizeilich surveillance
Beobachtungsgabe f talent for observation
bepflanzen v/t to plant
Bepflanzung f (≈ das Bepflanzen) planting; (≈ Pflanzen) plants pl
bequatschen umg v/t 1 etw to talk over 2 (≈ überreden) j-n to persuade
bequem A adj (≈ angenehm) comfortable; (≈ leicht, mühelos) easy; **es ~ haben** to have an easy time of it; **es sich** (dat) **~ machen** to make oneself comfortable B adv (≈ leicht) easily; (≈ angenehm) comfortably
Bequemlichkeit f (≈ Behaglichkeit) comfort
beraten A v/t **j-n ~** to advise sb; **j-n gut/schlecht ~** to give sb good/bad advice B v/r (≈ sich besprechen) to discuss, to debate; **sich mit j-m ~** to consult (with) sb (**über** +akk about)
beratend adj advisory; **~es Gespräch** consultation
Berater(in) m(f) consultant, adviser, counsellor Br, counselor US
Beratertätigkeit f consultancy work
Beratervertrag m consultancy contract
Beratung f 1 advice; bei Rechtsanwalt etc consultation; durch Ratgeber guidance 2 (≈ Besprechung) discussion
Beratungsgespräch n consultation
berauben v/t to rob; **j-n einer Sache** (gen) **~** to rob sb of sth; seiner Freiheit to deprive sb of sth
berauschen A v/t to intoxicate B v/r **sich an etw** (dat) **~** an Wein, Drogen to become intoxicated with sth; an Geschwindigkeit to be exhilarated by sth
berauschend adj intoxicating; **das war nicht sehr ~** iron that wasn't very enthralling
berechenbar adj Kosten calculable; Verhalten etc predictable
berechnen v/t 1 (≈ ausrechnen) to calculate; (≈ schätzen) to estimate 2 (≈ in Rechnung stellen) to charge; **das ~ wir Ihnen nicht** we will not charge you for it
berechnend pej adj calculating
Berechnung f 1 (≈ das Berechnen) calculation; (≈ Schätzung) estimation 2 pej **aus ~ handeln** to act in a calculating manner
berechtigen v/t & v/i to entitle; **(j-n) zu etw ~** to entitle sb to sth; **das berechtigt zu der Annahme, dass ...** this justifies the assumption that ...
berechtigt adj justifiable; Frage, Anspruch legitimate; **~ sein, etw zu tun** to be entitled to do sth
Berechtigung f (≈ Befugnis) entitlement; (≈ Recht) right
bereden A v/t 1 (≈ besprechen) to discuss 2 (≈ überreden) **j-n zu etw ~** to talk sb into sth B v/r **sich mit j-m über etw** (akk) **~** to talk sth over with sb
Bereich m 1 area 2 (≈ Einflussbereich) sphere; (≈ Sektor) sector, section; (≈ Zone) zone; **im ~ des Möglichen liegen** to be within the realms of possibility
bereichern A v/t to enrich; (≈ vergrößern) to enlarge B v/r to make a lot of money (**an** +dat out of)
Bereicherung f enrichment; (≈ Vergrößerung) enlargement
Bereifung f AUTO set of tyres Br, set of tires US
bereinigen v/t to clear up
bereinigt adj Statistik adjusted
bereisen v/t ein Land to travel around; HANDEL

bereit – **berücksichtigen**

Gebiet to cover

bereit *adj* **1** (≈ *fertig*) ready **2** (≈ *willens*) willing; **zu Verhandlungen ~ sein** to be prepared to negotiate; **~ sein, etw zu tun** to be willing to do sth; **sich ~ erklären, etw zu tun** to agree to do sth; (≈ *freiwillig machen*) to volunteer to do sth

bereiten *v/t* **1** (≈ *zubereiten*) to prepare **2** (≈ *verursachen*) to cause; *Freude, Kopfschmerzen* to give; **das bereitet mir Schwierigkeiten** it causes me difficulties

bereithaben *v/t* **eine Antwort/Ausrede ~** to have an answer/excuse ready

bereithalten **A** *v/t Fahrkarten etc* to have ready; *Überraschung* to have in store **B** *v/r* **sich ~** to be ready

bereitlegen *v/t* to lay out ready

bereitliegen *v/i* to be ready

bereit machen *v/t* to get ready

bereits *adv* already; **~ damals/damals, als …** even then/when …

Bereitschaft *f* readiness; **in ~ sein** to be ready; *Polizei, Soldaten etc* to be on stand-by; *Arzt* to be on call; *im Krankenhaus* to be on duty

Bereitschaftsdienst *m* emergency service; **~ haben** to be on call

Bereitschaftspolizei *f* riot police

bereitstehen *v/i* to be ready; *Truppen* to stand by

bereitstellen *v/t* to get ready; *Material, Fahrzeug* to supply, to provide

Bereitstellung *f* preparation; *von Auto, Material* supply

bereitwillig **A** *adj* willing; (≈ *eifrig*) eager **B** *adv* willingly

Bereitwilligkeit *f* willingness; (≈ *Eifer*) eagerness

bereuen *v/t* to regret; *Schuld, Sünden* to repent of; **das wirst du noch ~!** you will be sorry (for that)!

Berg *m* hill; *größer* mountain; **in die ~e fahren** to go to the mountains; **mit etw hinterm ~ halten** *fig* to keep sth to oneself; **über den ~ sein** *umg* to be out of the woods; **über alle ~e sein** *umg* to be long gone; **da stehen einem ja die Haare zu ~e** it's enough to make your hair stand on end

bergab *adv* downhill; **es geht mit ihm ~** *fig* he is going downhill

Bergarbeiter(in) *m(f)* miner

bergauf(wärts) *adv* uphill; **es geht wieder ~** *fig* things are looking up

Bergbahn *f* mountain railway *Br*, mountain railroad *US*; (≈ *Seilbahn*) funicular *od* cable railway *Br*, cablecar *US*

Bergbau *m* mining

bergen *v/t* **1** (≈ *retten*) *Menschen* to save; *Leichen* to recover; *Ladung, Fahrzeug* to salvage **2** *geh* (≈ *enthalten*) to hold; → **geborgen**

Bergführer(in) *m(f)* mountain guide

Berghütte *f* mountain hut

bergig *adj* hilly; (≈ *mit hohen Bergen*) mountainous

Bergkamm *m* mountain crest

Bergkette *f* mountain range

Bergmann *m* miner

Bergnot *f* **in ~ sein/geraten** to be in/get into difficulties while climbing

Bergrücken *m* mountain ridge

Bergrutsch *m* landslide

bergsteigen *v/i* to go mountaineering; **(das) Bergsteigen** mountaineering

Bergsteiger(in) *m(f)* mountaineer

Bergtour *f* trip round the mountains

Berg-und-Tal-Bahn *f* roller coaster

Bergung *f von Menschen* rescue; *von Leiche* recovery; *von Ladung, Fahrzeug* salvage

Bergungsarbeit *f* rescue work; *bei Schiffen, Gütern* salvage operation

Bergungstrupp *m* rescue team

Bergwacht *f* mountain rescue service

Bergwanderung *f* walk in the mountains

Bergwelt *f* mountains *pl*

Bergwerk *n* mine

Bericht *m* report (**über** +*akk* about, on); **der ~ eines Augenzeugen** an eyewitness account; **(über etw** *akk*) **~ erstatten** to report (on sth)

berichten *v/t & v/i* to report; **j-m über etw** (*akk*) **~** (≈ *erzählen*) to tell sb about sth; **gibt es Neues zu ~?** has anything new happened?; **sie hat bestimmt viel(es) zu ~** she is sure to have a lot to tell us; **~des Erzählen** LIT telling

Berichterstatter(in) *m(f)* reporter; (≈ *Korrespondent*) correspondent

Berichterstattung *f* reporting

berichtigen *v/t* to correct

Berichtigung *f* correction

beriechen *v/t* to sniff at, to smell

Beringstraße *f* Bering Strait(s) (*pl*)

Berlin *n* Berlin

Berliner[1] *adj* Berlin

Berliner[2] *m*, (*a.* **Berliner Pfannkuchen**) doughnut *Br*, donut *US*

Bermudadreieck *n* Bermuda triangle

Bermudainseln *pl* Bermuda

Bermudashorts *pl* Bermuda shorts *pl*

Bern *n* Bern(e)

Bernhardiner *m* Saint Bernard (dog)

Bernstein *m* amber

bersten *geh v/i* to crack; (≈ *zerbrechen*) to break; *fig vor Wut etc* to burst (**vor** +*dat* with)

berüchtigt *adj* notorious

berücksichtigen *v/t* to take into account; *An-*

trag, Bewerber to consider
Berücksichtigung *f* consideration; **unter ~ der Tatsache, dass ...** in view of the fact that ...
Beruf *m* (≈ *Tätigkeit*) occupation; *akademisch* profession; *handwerklicher* trade; (≈ *Stellung*) job; (≈ *Karriere*) career; **er ist Lehrer von ~** he's a teacher (by profession); **was sind Sie von ~?** what do you do for a living?; **einen ~ ausüben** to be in a line of work; **von ~s wegen** on account of one's job
berufen¹ **A** *v/t* **1** (≈ *ernennen*) to appoint; **j-n zum Vorsitzenden ~** to appoint sb chairman **2** *umg* **ich will es nicht ~, aber ...** I don't want to tempt fate, but ... **B** *v/r* **sich auf j-n/etw ~** to refer to sb/sth
berufen² *adj* **1** (≈ *befähigt*) *Kritiker* competent; **von ~er Seite** from an authoritative source **2** (≈ *ausersehen*) **zu etw ~ sein** to have a vocation for sth
beruflich **A** *adj* professional; **meine ~en Probleme** my problems at work; **~e Richtung** line of work **B** *adv* professionally; **er ist ~ viel unterwegs** he is away a lot on business; **was machen Sie ~?** what do you do for a living?
Berufsanfänger(in) *m(f)* first-time employee
Berufsausbildung *f* training *kein pl*; *für Handwerk* vocational training *kein pl*; **eine ~ machen** to do vocational training
Berufsaussichten *pl* job prospects *pl*
Berufsberater(in) *m(f)* careers adviser
Berufsberatung *f* careers guidance *od* advice
Berufsbildung *f* vocational training
Berufschancen *pl* job *od* career prospects *pl*
Berufserfahrung *f* (professional) experience, work experience
Berufsfachschule *f* training college (*attended full-time*)
Berufsfeuerwehr *f* fire service
Berufsgeheimnis *n* professional secret
Berufskolleg *n* vocational college (*offering two-year vocational courses for students on completing their 'mittlere Reife' exam or their tenth school year*)
Berufskrankheit *f* occupational disease
Berufsleben *n* working life; **im ~ stehen** to be working
Berufsperspektive *f* job *od* career prospects *pl*
Berufsrisiko *n* occupational hazard
Berufsschule *f* vocational school, ≈ technical college *Br*
Berufsschüler(in) *m(f)* student at a vocational school *od* technical college *Br*
Berufssoldat(in) *m(f)* professional soldier
Berufsspieler(in) *m(f)* professional player
berufstätig *adj* working; **~ sein** to be working, to have a job
Berufstätige(r) *m/f(m)* working person
Berufstätigkeit *f* occupation
berufsunfähig *adj* occupationally disabled
Berufsverbot *n* **j-m ~ erteilen** to ban sb from a profession
Berufsverkehr *m* commuter traffic
Berufung *f* **1** JUR appeal; **~ einlegen** to appeal (**bei** to) **2** *in ein Amt etc* appointment (**auf** *od* **an** +*akk* to) **3** (≈ *innerer Auftrag*) vocation **4** *form* **unter ~ auf etw** (*akk*) with reference to sth
beruhen *v/i* to be based (**auf** +*dat* on); **etw auf sich ~ lassen** to let sth rest
beruhigen **A** *v/t* to calm (down); (≈ *trösten*) to comfort; **~d** *körperlich* soothing; (≈ *tröstlich*) reassuring; **~d wirken** to have a calming effect **B** *v/r* to calm down; *Verkehr* to subside; *Meer* to become calm; *Sturm* to die down; **beruhige dich doch!** calm down!
Beruhigung *f* (≈ *das Beruhigen*) calming (down); (≈ *das Trösten*) comforting; **zu Ihrer ~ kann ich sagen ...** you'll be reassured to know that ...
Beruhigungsmittel *n* sedative
Beruhigungsspritze *f* sedative (injection)
Beruhigungstablette *f* tranquillizer *Br*, tranquilizer *US*, downer *umg*
berühmt *adj* famous; **~e Persönlichkeit** celebrity; **für etw ~ sein** to be famous for sth
berühmt-berüchtigt *adj* notorious
Berühmtheit *f* **1** fame; **~ erlangen** to become famous **2** (≈ *Mensch*) celebrity
berühren **A** *v/t* **1** to touch; *Thema, Punkt* to touch on; **Berühren verboten** do not touch **2** (≈ *seelisch bewegen*) to move; (≈ *auf j-n wirken*) to affect; (≈ *betreffen*) to concern; **das berührt mich gar nicht!** that's nothing to do with me **B** *v/r* to touch
berührend *adj* touching
Berührung *f* touch; (≈ *menschlicher Kontakt*) contact; (≈ *Erwähnung*) mention; **mit j-m/etw in ~ kommen** to come into contact with sb/sth
Berührungsangst *f* reservation (**mit** about)
berührungslos **A** *adj* PHYS, TECH *Messung, Sensor, Schalter* contactless, touchless, touchfree; *Bezahlung* contactless; *Technologie* touchless **B** *adv* without touching; **~ bezahlen** to pay using contactless payment
Berührungspunkt *m a. fig* point of contact
berührungssensitiv *adj* touch-sensitive
besagen *v/t* to say; (≈ *bedeuten*) to mean; **das besagt nichts** that does not mean anything
besagt *form adj* said *form*
besänftigen *v/t* to calm down; *Erregung* to soothe
Besänftigung *f* calming (down); *von Erregung* soothing

Besatzer m occupying forces pl
Besatzung f **1** (≈ *Mannschaft*) crew **2** (≈ *Besatzungsarmee*) occupying army
Besatzungsmacht f occupying power
besaufen *umg* v/r to get plastered *umg*; → besoffen
Besäufnis *umg* n booze-up *umg*
beschädigen v/t to damage
Beschädigung f damage (**von** to)
beschaffen¹ v/t to get (hold of); (≈ *liefern*) to supply; **j-m etw ~** to get (hold of) sth for sb; (**sich** *dat*) **etw ~** to get sth; *Geld* raise sth
beschaffen² *form* adj **mit j-m/damit ist es gut/ schlecht ~** sb/it is in a good/bad way; **so ~ sein wie ...** to be the same as ...
Beschaffenheit f composition; *körperlich* constitution; *seelisch* nature
Beschaffung f obtaining; **~ von Geldmitteln** fund-raising
beschäftigen **A** v/r **sich mit etw ~** to occupy oneself with sth; (≈ *sich befassen*) to deal with sth; **sich mit j-m ~** to devote one's attention to sb **B** v/t **1** (≈ *innerlich beschäftigen*) **j-n ~** to be on sb's mind **2** (≈ *anstellen*) to employ **3** (≈ *eine Tätigkeit geben*) to occupy; **j-n mit etw ~** to give sb sth to do
beschäftigt adj **1** busy; **mit seinen Problemen ~ sein** to be preoccupied with one's problems **2** (≈ *angestellt*) employed (**bei** by, at)
Beschäftigte(r) m/f(m) employee
Beschäftigung f **1** (≈ *berufliche Arbeit*) work, job; (≈ *Anstellung*) employment; **einer ~ nachgehen** *form* to be employed; **ohne ~ sein** to be unemployed **2** (≈ *Tätigkeit*) activity
beschäftigungslos adj unoccupied; (≈ *arbeitslos*) unemployed
Beschäftigungspolitik f employment policy
Beschäftigungstherapie f occupational therapy
beschämen v/t to shame; **es beschämt mich, zu sagen ...** I feel ashamed to have to say ...; **beschämt** ashamed
beschämend adj (≈ *schändlich*) shameful; (≈ *demütigend*) humiliating
Beschämung f shame
beschatten v/t (≈ *überwachen*) to tail; **j-n ~ lassen** to have sb tailed
Beschattung f tailing
beschaulich adj *Leben, Abend* quiet; *Charakter* pensive
Bescheid m **1** (≈ *Auskunft*) information; (≈ *Nachricht*) notification; (≈ *Entscheidung*) decision; **ich warte noch auf ~** I am still waiting to hear; **j-m ~ sagen** to let sb know; **j-m ordentlich ~ sagen** *umg* to tell sb where to get off *umg* **2** **~ wissen** to know (**über** *akk* about); **ich weiß**

hier nicht ~ I don't know about things around here; **er weiß gut ~** he is well informed
bescheiden **A** adj modest; **in ~en Verhältnissen leben** to live modestly **B** adv *leben* modestly
Bescheidenheit f modesty; **falsche ~** false modesty
bescheinigen v/t to certify; *Empfang* to confirm; **können Sie mir ~, dass ...** can you give me written confirmation that ...; **hiermit wird bescheinigt, dass ...** this is to certify that ...
Bescheinigung f certification; (≈ *Schriftstück*) certificate
bescheißen *umg* v/t & v/i to cheat; → beschissen
beschenken v/t **j-n** to give presents/a present to; **j-n mit etw ~** to give sb sth (as a present)
bescheren **A** v/t **1** (≈ *schenken*) **j-m etw ~** to give sb sth; **j-n mit etw ~** to give sb sth; **was hat dir das Christkind beschert?** what did Santa Claus bring you? **2** *fig* (≈ *zukommen lassen*) **j-m etw ~** to bring sb sth; *Positives* to bless sb with sth; **das hat uns viel Ärger beschert** this caused us a lot of trouble; **was uns wohl die Zukunft ~ wird?** what does the future hold? **B** v/i **wann wird bei euch beschert?** when do you open your (Christmas) presents?
Bescherung f **1** (≈ *Feier*) giving out of Christmas presents **2** *iron umg* **das ist ja eine schöne ~!** this is a nice mess; **da haben wir die ~!** what did I tell you!
bescheuert *umg* adj stupid
beschichten v/t TECH to coat; **PVC-beschichtet** PVC-coated
beschießen v/t to shoot at; *mit Geschützen* to bombard
beschildern v/t to put a sign *od* notice on; *mit Schildchen* to label; *mit Verkehrsschildern* to signpost
Beschilderung f *mit Schildchen* labelling *Br*, labeling *US*; *mit Verkehrsschildern* signposting; (≈ *Schildchen*) labels pl; (≈ *Verkehrsschilder*) signposts pl
beschimpfen v/t **j-n** to swear at, to abuse; **j-n ~ a.** to call sb names; **j-n als Nazi ~** to accuse sb of being a Nazi
Beschimpfung f (≈ *Schimpfwort*) insult
Beschiss *umg* m rip-off *umg*; **das ist ~** it's a swindle
beschissen *umg* **A** adj lousy *umg*, shitty *umg* **B** adv **das schmeckt ~** that tastes lousy *umg*; **mir geht's ~** I feel shitty *sl*; → bescheißen
Beschlag m **1** *an Koffer, Truhe* (ornamental) fitting; *an Tür, Möbelstück* (ornamental) mounting; *von Pferd* shoes pl **2** *auf Metall* tarnish; *auf Glas, Spiegel etc* condensation **3** **j-n/etw mit ~ bele-**

gen, j-n/etw in ~ nehmen to monopolize sb/sth
beschlagen[1] **A** v/t *Truhe, Möbel, Tür* to put (metal) fittings on; *Huftier* to shoe **B** v/i & v/r *Brille, Glas* to get steamed up; *Silber etc* to tarnish
beschlagen[2] *adj* (≈ *erfahren*) well-versed; **in etw** (*dat*) **(gut) ~ sein** to be well-versed in sth
beschlagnahmen v/t (≈ *konfiszieren*) to confiscate; *Vermögen, Drogen* to seize; *Kraftfahrzeug* to impound
beschleunigen v/t & v/i & v/r to accelerate
Beschleunigung f acceleration
beschließen **A** v/t **1** (≈ *Entschluss fassen*) to decide on; *Gesetz* to pass; **~, etw zu tun** to decide to do sth **2** (≈ *beenden*) to end **B** v/i **über etw** (*akk*) **~** to decide on sth
beschlossen *adj* decided; **das ist ~e Sache** that's settled
Beschluss m (≈ *Entschluss*) decision; **einen ~ fassen** to pass a resolution; **auf ~ des Gerichts** by order of the court
beschlussfähig *adj* **~ sein** to have a quorum
beschlussunfähig *adj* **~ sein** not to have a quorum
beschmieren **A** v/t **1 Brot mit Butter ~** to butter bread **2** *Kleidung, Wand* to smear **B** v/r to get (all) dirty
beschmutzen v/t to (make *od* get) dirty; *fig Ruf, Namen* to sully; *Ehre* to stain
beschneiden v/t **1** (≈ *stutzen*) to trim; *Bäume* to prune; *Flügel* to clip **2** MED, REL to circumcise **3** *fig* (≈ *beschränken*) to curtail
Beschneidung f MED, REL circumcision
beschnitten *adj Mann* circumcised, cut
beschnüffeln **A** v/t to sniff at; (≈ *bespitzeln*) to spy out **B** v/r *Hunde* to have a sniff at each other; *fig* to size each other up
beschnuppern v/t & v/r → beschnüffeln
beschönigen v/t to gloss over
beschränken **A** v/t to limit, to restrict (**auf** +*akk* to) **B** v/r (≈ *sich einschränken*) to restrict oneself
beschrankt *adj Bahnübergang* with gates
beschränkt **A** *adj* limited; **wir sind finanziell ~** we have only a limited amount of money **B** *adv* **~ leben** to live on a limited income; **~ wohnen** to live in cramped conditions
Beschränkung f restriction (**auf** +*akk* to); *Grenzwert* limit; **j-m ~en auferlegen** to impose restrictions on sb
beschreiben v/t **1** (≈ *darstellen*) to describe, (≈ *charakterisieren*) to characterize; **nicht zu ~** indescribable; **j-m den Weg ~** to tell sb the way **2** (≈ *vollschreiben*) to write on
Beschreibung f description
beschreiten *fig* v/t to follow
beschriften v/t to write on; *Grabstein* to inscribe; *mit Aufschrift* to label; *Umschlag* to address
Beschriftung f (≈ *Aufschrift*) writing; *auf Grabstein* inscription; (≈ *Etikett*) label
beschuldigen v/t to accuse; (≈ *die Schuld geben*) to blame
Beschuldigung f accusation; *bes* JUR charge
beschummeln *umg* v/t & v/i to cheat
Beschuss m MIL fire; **j-n/etw unter ~ nehmen** MIL to (start to) bombard *od* shell sb/sth; *fig* to attack sb/sth; **unter ~ geraten** MIL, *a. fig* to come under fire
beschützen v/t to protect (**vor** +*dat* from)
beschützend *adj* protective
Beschützer(in) m(f) protector
beschwatzen *umg* v/t **1** (≈ *überreden*) to talk over; **sich zu etw ~ lassen** to get talked into sth **2** (≈ *bereden*) to chat about
Beschwerde f **1** (≈ *Klage*) complaint; JUR appeal **2 ~n** pl (≈ *Leiden*) trouble; **das macht mir immer noch ~n** it's still giving me trouble
beschweren **A** v/t *mit Gewicht* to weigh(t) down; *fig* (≈ *belasten*) to weigh on **B** v/r (≈ *sich beklagen*) to complain
beschwerlich *adj* arduous
beschwichtigen v/t to appease
beschwindeln v/t *umg* (≈ *belügen*) **j-n ~** to tell sb a lie *od* a fib *umg*
beschwingt *adj* elated; *Musik* vibrant
beschwipst *umg adj* tipsy
beschwören v/t **1** (≈ *beeiden*) to swear to **2** (≈ *anflehen*) to implore, to beseech **3** (≈ *erscheinen lassen*) to conjure up; *Schlangen* to charm
besehen v/t *a.* **sich** *dat* **~** to take a look at
beseitigen v/t **1** (≈ *entfernen*) to remove; *Abfall, Schnee* to clear (away); *Atommüll* to dispose of; *Fehler* to eliminate; *Missstände* to do away with; (≈ *abschaffen*) to abolish **2** *euph* (≈ *umbringen*) to get rid of
Beseitigung f (≈ *das Entfernen*) removal; *von Abfall, Schnee* clearing (away); *von Atommüll* disposal; *von Fehlern* elimination; *von Missständen* doing away with
Besen m broom; **ich fresse einen ~, wenn das stimmt** *umg* if that's right, I'll eat my hat *umg*; **neue ~ kehren gut** *sprichw* a new broom sweeps clean *sprichw*
besenrein *adv* **eine Wohnung ~ verlassen** to leave an apartment in a clean and tidy condition (for the next tenant)
Besenschrank m broom cupboard
Besenstiel m broomstick
besessen *adj von bösen Geistern* possessed (**von** by); *von einer Idee etc* obsessed (**von** with); **wie ~** like a thing possessed; → besitzen
Besessenheit f *von Idee etc* obsession
besetzen v/t **1** (≈ *belegen*) to occupy; (≈ *reservie-*

ren) to reserve; (≈ *füllen*) *Plätze* to fill; **ist dieser Platz besetzt?** is this place taken? **2** THEAT *Rolle* to cast; **eine Stelle** *etc* **neu ~** to find a new person to fill a job **3** *bes* MIL to occupy; *Hausbesetzer* to squat in

besetzt *adj Telefon* engaged *Br*, busy *bes US*; *WC* occupied, engaged; *Abteil, Tisch* taken; *Gebiet* occupied; (≈ *voll*) *Bus etc* full (up)

Besetztzeichen *n* TEL engaged tone *Br*, busy tone *bes US*

Besetzung *f* **1** (≈ *das Besetzen von Stelle*) filling; *von Rolle* casting; THEAT (≈ *Schauspieler*) cast; SPORT (≈ *Mannschaft*) team, side; **zweite ~** THEAT understudy **2** *durch Hausbesetzer, a.* MIL occupation

besichtigen *v/t Kirche, Stadt* to visit; *Betrieb* to have a look (a)round; *zur Prüfung* to view

Besichtigung *f von Sehenswürdigkeiten* sightseeing tour; *von Museum, Kirche, Betrieb* tour; *zur Prüfung von Wohnung* viewing; **~en** sightseeing *sg*

besiedeln *v/t* (≈ *kolonisieren*) to colonize; **dicht/dünn besiedelt** densely/thinly populated

besiegen *v/t* (≈ *schlagen*) to defeat; SPORT to beat; (≈ *überwinden*) to overcome

besinnen *v/r* (≈ *überlegen*) to reflect; (≈ *erinnern*) to remember (**auf j-n/etw** sb/sth); **sich anders** *od* **eines anderen ~** to change one's mind; **ohne langes Besinnen** without a moment's thought; → besonnen

besinnlich *adj* contemplative; *Texte, Worte* reflective

Besinnlichkeit *f* reflection

Besinnung *f* **1** (≈ *Bewusstsein*) consciousness; **bei/ohne ~ sein** to be conscious/unconscious; **die ~ verlieren** to lose consciousness; **wieder zur ~ kommen** to regain consciousness; *fig* to come to one's senses; **j-n zur ~ bringen** to bring sb to his senses **2** (≈ *das Nachdenken*) reflection

besinnungslos *adj* unconscious; *fig Wut* blind

Besitz *m* **1** (≈ *das Besitzen*) possession; **im ~ von etw sein** to be in possession of sth; **etw in ~ nehmen** to take possession of sth; **von etw ~ ergreifen** to seize possession of sth **2** (≈ *Eigentum*) property; (≈ *Landgut*) estate

besitzanzeigend *adj* GRAM possessive

besitzen *v/t* to possess; *als Eigentum* to own; *Wertpapiere, grüne Augen* to have; → besessen

Besitzer(in) *m/f(m)* owner; *von Führerschein etc* holder; **den ~ wechseln** to change hands

besoffen *umg adj* smashed *umg*; → besaufen

Besoffene(r) *umg m/f(m)* drunk

besohlen *v/t* to sole; (≈ *neu besohlen*) to resole

Besoldung *f* pay

besondere(r, s) *adj* special; (≈ *bestimmt*) particular; (≈ *hervorragend*) exceptional; **ohne ~ Begeisterung** without any particular enthusiasm; **in diesem ~n Fall** in this particular case

Besondere(s) *n* **etwas/nichts ~s** something/nothing special; **er möchte etwas ~s sein** he thinks he's something special; **im ~n** (≈ *vor allem*) in particular

Besonderheit *f* unusual quality; (≈ *besondere Eigenschaft*) peculiarity; (≈ *Charaktereigenschaft*) characteristic

besonders *adv gut, teuer etc* particularly; (≈ *speziell anfertigen etc*) (e)specially; (≈ *im Speziellen*) in particular; **das Essen/der Film war nicht ~** *umg* the food/film was nothing special; **wie geht's dir? — nicht ~** *umg* how are you? — not too hot *umg*

besonnen **A** *adj* level-headed **B** *adv* in a careful and thoughtful manner; → besinnen

Besonnenheit *f* level-headedness

besorgen *v/t* **1** (≈ *beschaffen*) to get; **j-m/sich etw ~** to get sth for sb/oneself **2** (≈ *erledigen*) to see to

Besorgnis *f* anxiety, worry; **~ erregend** → besorgniserregend

besorgniserregend **A** *adj* alarming, worrying **B** *adv* alarmingly

besorgt **A** *adj* anxious, worried (**wegen** about); **um j-n/etw ~ sein** to be concerned about sb/sth **B** *adv* anxiously

Besorgung *f* **1** (≈ *das Kaufen*) purchase **2** (≈ *Einkauf*) errand; **~en machen** to do some shopping

bespaßen *umg v/t* to entertain, to keep amused; **am Nachmittag musste er seine Eltern ~** he had to entertain his parents for the afternoon

bespielen *v/t Tonband* to record on

bespitzeln *v/t* to spy on

besprechen *v/t* (≈ *über etw sprechen*) to discuss; (≈ *rezensieren*) to review; **wie besprochen** as arranged

Besprechung *f* **1** (≈ *Unterredung*) discussion; (≈ *Konferenz*) meeting **2** (≈ *Rezension*) review

Besprechungsraum *m* meeting room

bespritzen *v/t* to spray; (≈ *beschmutzen*) to splash

besprühen *v/t* to spray

besser **A** *adj* better; **er ist in Englisch ~ als ich** he's better at English than I am; **du willst wohl etwas Besseres sein!** *umg* I suppose you think you're better than other people; **~ werden** to improve; **das ist auch ~ so** it's better that way; **das wäre noch ~** *iron* no way; **j-n eines Besseren belehren** to teach sb otherwise **B** *adv* **1** better; **~ ist ~** (it is) better to be on the safe side; **umso ~!** *umg* so much the better!; **~ (gesagt)** or rather; **sie will immer alles ~ wissen** she always thinks she knows better; **es ~ wis-**

sen to know better; **es ~ haben** to have a better life ② (≈ *lieber*) **das solltest du ~ nicht tun** you had better not do that; **du tätest ~ daran ...** you would do better to ...

besser gehen v/i **es geht j-m besser** sb is feeling better

bessergestellt *adj* better-off

bessern Ⓐ v/t (≈ *besser machen*) to improve Ⓑ v/r ① to mend one's ways ② (≈ *sich verbessern*) to improve

Besserung f improvement; (≈ *Genesung*) recovery; (**ich wünsche dir**) **gute ~!** I hope you get better soon; **auf dem Wege der ~ sein** to be on the mend; *bei Krebs etc.* to be in remission

Besserverdienende(r) *m/f(m)* **die ~n** *pl* those earning more *od* on higher incomes

Besserwisser(in) *umg m(f)* know-all *Br umg*, know-it-all *US umg*

besserwisserisch *umg adj* know(-it)-all *attr umg*

Bestand *m* ① (≈ *Fortdauer*) continued existence; **von ~ sein, ~ haben** to be permanent ② (≈ *vorhandene Menge*) stock (**an** +*dat* of), supply; **~ aufnehmen** to take stock

beständig Ⓐ *adj* ① constant; *Wetter* settled ② (≈ *widerstandsfähig*) resistant (**gegen** to); (≈ *dauerhaft*) lasting Ⓑ *adv* ① (≈ *dauernd*) constantly ② (≈ *gleichbleibend*) consistently

Beständigkeit f ① (≈ *gleichbleibende Qualität*) constant standard; *von Wetter* settledness ② (≈ *Widerstandsfähigkeit*) resistance; (≈ *Dauerhaftigkeit*) durability

Bestandsaufnahme f stocktaking; *Situation abwägen* review of the situation

Bestandteil *m* component; (≈ *Zutat*) ingredient; *fig* integral part; **etw in seine ~e zerlegen** to take sth to pieces

bestärken v/t to confirm; **j-n in seinem Wunsch ~** to make sb's desire stronger

bestätigen Ⓐ v/t to confirm; JUR *Urteil* to uphold; HANDEL *Empfang, Brief* to acknowledge (receipt of); **hiermit wird bestätigt, dass ...** this is to certify that ... Ⓑ v/r to be confirmed, to be proved true

Bestätigung f confirmation; JUR *von Urteil* upholding; (≈ *Beurkundung*) certification

bestatten v/t to bury

Bestattung f burial; (≈ *Feuerbestattung*) cremation; (≈ *Feier*) funeral

Bestattungsunternehmen *n* undertaker's, mortician's *US*

bestäuben v/t to dust; BOT to pollinate

Bestäubung f dusting; BOT pollination

bestaunen v/t to gaze at in admiration

beste *adj* → bester, s

bestechen Ⓐ v/t ① *mit Geld etc* to bribe; **ich lasse mich nicht ~** I'm not open to bribery ② (≈ *beeindrucken*) to captivate Ⓑ v/i (≈ *Eindruck machen*) to be impressive (**durch** because of)

bestechend Ⓐ *adj Schönheit, Eindruck* captivating; *Angebot* tempting Ⓑ *adv* (≈ *beeindruckend*) impressively

bestechlich *adj* bribable, corruptible

Bestechlichkeit f corruptibility

Bestechung f bribery

Bestechungsgeld *n* bribe

Bestechungsversuch *m* attempted bribery

Besteck *n* ① (≈ *Essbesteck*) knives and forks *pl Br*, silverware *US*; **ein silbernes ~** a set of silver cutlery *Br*, a set of silver flatware *US* ② **chirurgisches ~** (set of) surgical instruments

bestehen Ⓐ v/t ① *Examen, Probe* to pass; **j-m zum bestandenen Prüfung gratulieren** to congratulate sb on passing his *od* her exam ② (≈ *durchstehen*) *Schicksalsschläge* to withstand; *Gefahr* to overcome Ⓑ v/i ① (≈ *existieren*) to exist; **~ bleiben** *Frage, Hoffnung etc* to remain; **es besteht die Aussicht, dass ...** there is a prospect that ... ② (≈ *Bestand haben*) to continue to exist ③ (≈ *sich zusammensetzen*) to consist (**aus** of); **aus etw ~** to be comprised of sth, to consist of sth; **in etw** (*dat*) **~** to consist in sth; *Aufgabe* to involve sth ④ **auf etw** (*dat*) **~** to insist on sth; **ich bestehe darauf** I insist

Bestehen *n* ① (≈ *Vorhandensein, Dauer*) existence; **seit ~ der Firma** ever since the firm came into existence ② (≈ *Beharren*) insistence (**auf** +*dat* on) ③ *von Prüfung* passing

bestehen bleiben v/i to last; *Hoffnung* to remain

bestehend *adj* existing; *Preise* current

bestehlen v/t to rob; **j-n um etw ~** to rob sb of sth

besteigen v/t *Berg, Turm, Leiter* to climb (up); *Fahrrad, Pferd* to get on(to); *Bus, Flugzeug* to board; *Flugzeug* to board; *Schiff* to go aboard; *Thron* to ascend

bestellen Ⓐ v/t ① (≈ *anfordern*) *in Restaurant* to order; **sich** (*dat*) **etw ~** to order sth ② (≈ *reservieren*) to book ③ (≈ *ausrichten*) **bestell ihm (von mir), dass ...** tell him (from me) that ...; **soll ich irgendetwas ~?** can I take a message?; **er hat nichts zu ~** he doesn't have any say here ④ (≈ *kommen lassen*) *j-n* to send for, to summon; **ich bin um** *od* **für 10 Uhr bestellt** I have an appointment for *od* at 10 o'clock ⑤ *fig* **es ist schlecht um ihn bestellt** he is in a bad way; **damit ist es schlecht bestellt** that's rather difficult Ⓑ v/i to order

Besteller(in) *m(f)* customer

Bestellformular *n* order form

Bestellkarte f order form

Bestellnummer f order number
Bestellschein m order form
Bestellung f **1** (≈ Anforderung) order **2** (≈ Nachricht) message
Bestellzettel m order form
bestenfalls adv at best
bestens adv (≈ sehr gut) very well; **sie lässt ~ grüßen** she sends her best regards
beste(r, s) A adj **1** best; **im ~n Fall** at (the) best; **im ~n Alter** in the prime of (one's) life; **mit (den) ~n Wünschen** with best wishes; **in ~n Händen** in the best of hands **2** **der/die/das Beste** the best; **ich will nur dein Bestes** I've your best interests at heart; **sein Bestes tun** to do one's best; **wir wollen das Beste hoffen** let's hope for the best; **das Beste wäre, wir …** the best thing would be for us to …; **es steht nicht zum Besten** it does not look too promising; **etw zum Besten geben** (≈ erzählen) to tell sth **B** adv **am ~n** best; **am ~n gehe ich jetzt** I'd best be going now
besteuern v/t to tax
Besteuerung f taxation; (≈ Steuersatz) tax; **~ von Zinserträgen** taxation of interest earnings
Bestform f bes SPORT top form
bestialisch A adj bestial; umg awful **B** adv umg terribly; stinken, zurichten dreadfully
Bestie f beast; fig animal
bestimmen A v/t **1** (≈ festsetzen) to determine; **sie will immer alles ~** she always wants to decide the way things are to be done **2** (≈ prägen) Landschaft to characterize; (≈ beeinflussen) Preis, Anzahl to determine **3** (≈ vorsehen) to intend, to mean (**für** for); **wir waren füreinander bestimmt** we were meant for each other **B** v/i **1** (≈ entscheiden) to decide (**über** +akk on); **du hast hier nicht zu ~** you don't make the decisions here **2** (≈ verfügen) **er kann über sein Geld allein ~** it is up to him what he does with his money
bestimmt A adj **1** (≈ gewiss) certain; (≈ speziell) particular, specific; Preis, Tag fixed; GRAM Artikel definite; **suchen Sie etwas Bestimmtes?** are you looking for anything in particular? **2** (≈ entschieden) firm, decisive **B** adv **1** (≈ sicher) definitely; (≈ gewiss) certainly; **ich weiß ganz ~, dass …** I know for sure that …; **er schafft es ~ nicht** he definitely won't manage it **2** (≈ wahrscheinlich) no doubt; **das hat er ~ verloren** he's bound to have lost it
Bestimmtheit f (≈ Sicherheit) certainty; **ich kann mit ~ sagen, dass …** I can say definitely that …
Bestimmung f **1** (≈ Vorschrift) regulation **2** (≈ Zweck) purpose **3** (≈ Schicksal) destiny
Bestimmungshafen m (port of) destination
Bestimmungsland n (country of) destination
Bestleistung f bes SPORT best performance; **seine persönliche ~** his personal best
bestmöglich adj best possible; **wir haben unser Bestmögliches getan** we did our best, we did our level best Br
Best.-Nr. abk (= Bestellnummer) ord. no.
bestrafen v/t to punish; JUR j-n to sentence (**mit** to); SPORT Spieler, Foul to penalize; **bestraft werden** Schüler to get it
Bestrafung f punishment; JUR sentencing; SPORT penalization
bestrahlen v/t to shine on; MED to give radiotherapy to; Lebensmittel to irradiate
Bestrahlung f MED radiotherapy, radiation treatment; (≈ von Lebensmitteln) irradiation
Bestreben n endeavour Br, endeavor US
bestrebt adj **~ sein, etw zu tun** to endeavour to do sth Br, to endeavor to do sth US
Bestrebung f endeavour Br, endeavor US, effort
bestreichen v/t mit Salbe, Flüssigkeit to spread; mit Butter to butter; mit Farbe to paint; **etw mit Butter/Salbe ~** to spread butter/ointment on sth
bestreiken v/t to boycott, to go out or be on strike against; **bestreikt** strikebound; **diese Fabrik wird bestreikt** there's a strike on at this factory
bestreiten v/t **1** (≈ abstreiten) to dispute; (≈ leugnen) to deny **2** (≈ finanzieren) to pay for; Kosten to carry
bestreuen v/t to cover (**mit** with); GASTR to sprinkle
Bestseller m bestseller
Bestsellerautor(in) m(f) bestselling author
Bestsellerliste f bestseller list
bestücken v/t to fit, to equip; MIL to arm; Lager to stock
bestürmen v/t to storm; mit Fragen, Bitten to bombard; mit Briefen, Anrufen to inundate
bestürzen v/t to shake
bestürzend A adj alarming **B** adv hoch, niedrig alarmingly
bestürzt A adj filled with consternation, upset **B** adv in consternation
Bestürzung f consternation
Bestzeit f bes SPORT best time
Besuch m **1** visit; von Schule, Veranstaltung attendance (+gen at); **ein ~ im Museum** a visit to the museum; **bei j-m auf** od **zu ~ sein** to be visiting sb; **j-m einen ~ abstatten** to pay sb a visit **2** (≈ Besucher) visitor, visitors pl; **er bekommt viel ~** he has a lot of visitors
besuchen v/t j-n to visit, to see; Schule, Gottesdienst to attend; Kino, Theater to go to; **die Schule ~** to go to school; **die Messe ~** to go to mass

Besucher(in) m(f) visitor; *von Kino, Theater* patron form
Besuchszeit f visiting hours pl, visiting time
besucht adj **gut/schlecht ~ sein** to be well/badly attended
Betablocker m MED beta-blocker
betagt geh adj aged
betanken v/t *Fahrzeug* to fill up; *Flugzeug* to refuel
betätigen A v/t *Muskeln, Gehirn* to activate; *Bremse* to apply; *Hebel* to operate; *Taste* to press; *Schalter* to turn on B v/r to busy oneself; *körperlich* to get some exercise; **sich politisch ~** to be active in politics; **sich sportlich ~** to do sport; **sich geistig und körperlich ~** to stay active in body and mind
Betätigung f ◼ (≈ *Tätigkeit*) activity ◼ (≈ *Aktivierung*) operation; *von Muskel, Gehirn* activation; *von Bremsen* applying; *von Knopf* pressing; *von Schalter* turning on
betatschen v/t umg to paw umg; *sexuell* to grope umg; **hör auf, den Bildschirm zu ~** get your dirty paws od mitts off the monitor umg
betäuben v/t *Körperteil* to (be)numb; *Nerv* to deaden; *Schmerzen* to kill; *durch Narkose* to anaesthetize; *durch Schlag* to stun; **ein ~der Duft** an overpowering smell
Betäubung f ◼ (≈ *das Betäuben*) (be)numbing; *von Nerv, Schmerz* deadening; *von Schmerzen* killing; *durch Narkose* an(a)esthetization ◼ (≈ *Narkose*) an(a)esthetic; **örtliche** od **lokale ~** local an(a)esthetic
Betäubungsmittel n anaesthetic; (≈ *Droge*) narcotic
Betäubungsmittelgesetz n law concerning drug abuse narcotics law US
Betaversion f IT beta release od version
Bete f beet; **Rote ~** beetroot
beteiligen A v/r to participate (**an** +dat in) B v/t to involve
beteiligt adj **an etw** (dat) **~ sein/werden** to be involved in sth; *finanziell* to have a share in sth; *am Gewinn* to have a slice of sth
Beteiligte(r) m/f(m) person involved; (≈ *Teilhaber*) partner; JUR party; **an alle ~n** to all concerned
Beteiligung f (≈ *Teilnahme*) participation (**an** +dat in); *finanziell* share; *an Unfall* involvement
beten v/i to pray
beteuern v/t to declare; *Unschuld* to protest
Beteuerung f declaration; *von Unschuld* protestation
betiteln v/t to entitle
Beton m concrete
betonen v/t ◼ (≈ *hervorheben*) to emphasize; → betont ◼ LING to stress
betonieren v/t to concrete

Betonklotz pej m concrete block
Betonmischmaschine f concrete mixer
betont A adj *Höflichkeit* emphatic; *Kühle, Sachlichkeit* pointed B adv *knapp, kühl* pointedly; **sich ~ einfach kleiden** to dress with marked simplicity; → betonen
Betonung f ◼ emphasis ◼ (≈ *Akzent*) stress
betören v/t to bewitch, to beguile
Betr. abk (= *Betreff*) re
betr. abk (= *betreffend*) *in Briefen* re
Betracht m **etw außer ~ lassen** to leave sth out of consideration; **in ~ kommen** to be considered; **nicht in ~ kommen** to be out of the question; **etw in ~ ziehen** to take sth into consideration od account
betrachten v/t to look at; **bei näherem Betrachten** on closer examination; **als j-n/etw ~** (≈ *halten für*) to regard as sb/sth
Betrachter(in) m(f) observer
beträchtlich A adj considerable B adv considerably
Betrachtung f (≈ *das Betrachten*) contemplation; **bei näherer ~** on closer examination
Betrag m amount
betragen A v/t to be B v/r to behave
Betragen n behaviour Br, behavior US
betrauen v/t **j-n mit etw ~** to entrust sb with sth
Betreff m *in E-Mails* subject; *form* **~: Ihr Schreiben vom ...** re your letter of ...
betreffen v/t (≈ *angehen*) to concern; (≈ *sich auswirken auf*) to affect; **was mich betrifft ...** as far as I'm concerned ...; **betrifft** re; → betroffen
betreffend adj (≈ *erwähnt*) in question; (≈ *zuständig*) relevant
Betreffende(r) m/f(m) person concerned; **die ~n** those concerned
Betreffzeile f *in E-Mail etc* subject line
betreiben v/t *Gewerbe* to carry on; *Geschäft* to conduct, to run; *Sport* to pursue; *Studium* to pursue; **auf j-s Betreiben** (akk) **hin** at sb's instigation; **betrieben werden mit** (≈ *fahren mit*) to run on
Betreiber(in) m(f) operating authority
betreten[1] v/t (≈ *hineingehen in*) to enter; *Rasen, Spielfeld etc* to walk on; **„Betreten verboten!"** "keep off"
betreten[2] A adj embarrassed B adv with embarrassment
betreuen v/t to look after; **betreutes Wohnen** assisted living
Betreuer(in) m(f) carer, caregiver US; person who is in charge of od looking after sb; (≈ *Kinderbetreuer*) child minder Br, babysitter US; *von alten Leuten, Kranken* nurse; *schulisch, akademisch* supervisor; (≈ *Lehrer*) instructor; (≈ *Berater*) counsellor Br, counselor US

Betreuung f looking after; *von Patienten etc* care
Betrieb m **1** (≈ *Firma*) business; (≈ *Fabrik*) factory, works **2** (≈ *Tätigkeit*) work; *von Maschine, Fabrik* operation; **außer ~** out of order; **die Maschinen sind in ~** the machines are running; **eine Maschine in ~ setzen** to start a machine up **3** (≈ *Betriebsamkeit*) bustle; **in den Geschäften herrscht großer ~** the shops *od* stores *US* are very busy
betrieblich *adj* **~e Altersversorgung** employee pension scheme; **~e Mitbestimmung** worker participation
betriebsam *adj* busy, bustling; **in der Stadt ging es ~ zu** it was busy in the town, the town was busy
Betriebsamkeit f bustle
Betriebsangehörige(r) m/f(m) employee
Betriebsanleitung f, **Betriebsanweisung** f operating instructions *pl*; (≈ *Handbuch*) operating *od* user's manual
Betriebsausflug m (annual) works outing *Br*, (annual) company outing *US*
betriebsbereit *adj* operational
betriebsblind *adj* blind to the shortcomings of one's (own) company
Betriebsergebnis n FIN trading result
Betriebsferien *pl* (annual) holiday *Br*, vacation close-down *US*
Betriebsgeheimnis n trade secret
Betriebsklima n atmosphere at work
Betriebskosten *pl von Firma etc* overheads *pl*; *von Maschine* running costs *pl*
Betriebskrankenkasse f *company healthe insurance scheme*
Betriebsleiter(in) m/f(f) (works *od* factory) manager
Betriebsleitung f management
Betriebsrat[1] m (≈ *Gremium*) works *od* factory council
Betriebsrat[2] m, **Betriebsrätin** f works *od* factory council member
Betriebsstörung f breakdown
Betriebssystem n IT operating system
Betriebsunfall m industrial accident; *hum umg* accident
Betriebsvereinbarung f agreement between works council and management
Betriebsversammlung f company meeting
Betriebswirt(in) m(f) management expert
Betriebswirtschaft f, **Betriebswirtschaftslehre** f business management
betrinken *v/r* to get drunk; → betrunken
betroffen A *adj* **1** affected (**von** by) **2** (≈ *bestürzt*) sad **B** *adv* (≈ *bestürzt*) in consternation; (≈ *betrübt*) in dismay; → betreffen
Betroffene(r) m/f(m) person affected

Betroffenheit f sadness
betrüben *v/t* to sadden, to distress
betrüblich A *adj* sad, distressing; *Zustände* deplorable **B** *adv* **die Lage sieht ~ aus** things look bad
betrübt *adj* saddened
Betrug m deceit, deception; JUR fraud
betrügen A *v/t* to deceive; *Freund, Ehepartner* to be unfaithful to; JUR to defraud; **j-n um etw ~** to cheat sb out of sth; JUR to defraud sb of sth; **sie betrügt mich mit meinem besten Freund** she is having an affair with my best friend **B** *v/r* to deceive oneself
Betrüger(in) m(f) *beim Spiel* cheat; *geschäftlich* swindler; JUR defrauder
betrügerisch *adj* deceitful; JUR fraudulent; **in ~er Absicht** with intent to defraud
Betrugsbekämpfung f fight against fraud
betrunken *adj* drunk, drunken *attr*; **~ Auto fahren** to drive while over the limit, to drive while under the influence of alcohol; → betrinken
Betrunkene(r) m/f(m) drunk
Betrunkenheit f drunkenness
Bett n bed; **das ~ machen** to make the bed; **im ~** *od* **zu ~ gehen** to go to bed; **j-n ins** *od* **zu ~ bringen** to put sb to bed
Bettbezug m duvet cover
Bettcouch f bed settee *Br*, pullout couch *US*
Bettdecke f blanket; *gesteppt* quilt
Bettelei f begging
betteln *v/i* to beg
Bettflasche f *österr, südd* hot-water bottle
Bettgestell n bedstead
bettlägerig *adj* bedridden
Bettlaken n sheet
Bettler(in) m(f) beggar
Bettnässer(in) m(f) bed-wetter
Bettruhe f confinement to bed, bed rest; **der Arzt hat ~ verordnet** the doctor ordered him *etc* to stay in bed
Betttuch n sheet
Bettvorleger m bedside rug
Bettwäsche f bed linen
Bettzeug n bedding
betucht *umg adj* well-to-do
betupfen *v/t* to dab; MED to swab
Beuge f bend
beugen A *v/t* **1** (≈ *krümmen*) to bend; **das Recht ~** to pervert the course of justice; **von Kummer gebeugt** bowed down with grief; → gebeugt **2** GRAM to decline; *Verb* to conjugate **B** *v/r* to bend; *fig* to submit (+*dat* to); **sich aus dem Fenster ~** to lean out of the window
Beule f *von Stoß etc* bump; (≈ *Delle*) dent
beunruhigen A *v/t* to worry **B** *v/r* to worry (oneself) (**über** +*akk od* **um** *od* **wegen** about)

beunruhigend *adj* unsettling, worrying, disconcerting; *Ereignisse etc* disturbing; *stärker* alarming; **es ist ~** it's worrying

beunruhigt *adj* concerned; **~ sein** to be worried (**wegen** about)

Beunruhigung *f* concern, disquiet

beurkunden *v/t* to certify; *Vertrag* to record

beurlauben *v/t* to give leave (of absence); **beurlaubt sein** to be on leave; (≈ *suspendiert sein*) to have been relieved of one's duties

Beurlaubung *f* leave (of absence); **seine ~ vom Dienst** (≈ *Suspendierung*) his being relieved of his duties

beurteilen *v/t* to judge (**nach** by, from); (≈ *bewerten*) to assess; **etw falsch ~** to misjudge sth; **du kannst das doch gar nicht ~** you are not in a position to judge

Beurteilung *f* (≈ *das Beurteilen*) judging; (≈ *Urteil*) assessment

Beute *f* (≈ *Kriegsbeute*) spoils *pl*; (≈ *Diebesbeute*) haul; *von Raubtieren etc* prey; (≈ *Jagdbeute*) bag

Beutekunst *f* work of art taken by the occupying forces during a war

Beutel *m* (≈ *Behälter*) bag; (≈ *Tragetasche*) carrier bag; ZOOL pouch

Beuteltier *n* marsupial

Beuteschema *n* prey scheme; **der ist total mein ~, der fällt total in mein ~** *umg* he's totally my kind of guy *umg*

bevölkern *v/t* (≈ *bewohnen*) to inhabit; (≈ *besiedeln*) to populate; **schwach/stark bevölkert** sparsely/densely populated

Bevölkerung *f* population

Bevölkerungsdichte *f* population density

Bevölkerungsexplosion *f* population explosion

Bevölkerungsrückgang *m* decline in population

Bevölkerungsschicht *f* social class

Bevölkerungszunahme *f* population growth, increase in population

bevollmächtigen *v/t* to authorize (**zu etw** to do sth)

Bevollmächtigte(r) *m/f(m)* authorized representative

bevor *konj* before; **~ Sie (nicht) die Rechnung bezahlt haben** until you pay the bill

bevormunden *v/t* **j-n ~** to make sb's decisions (for him/her)

bevorstehen *v/i* to be imminent; *Winter etc* to approach; **j-m ~** to be in store for sb

bevorstehend *adj* forthcoming; *Gefahr, Krise* imminent; *Winter* approaching

bevorzugen *v/t* to prefer; (≈ *begünstigen*) to favour *Br*, to favor *US*

bevorzugt **A** *adj* preferred; *Behandlung* preferential; (≈ *privilegiert*) privileged **B** *adv* **j-n ~ abfertigen/bedienen** *etc* to give sb preferential treatment

Bevorzugung *f* preference (+*gen* for); (≈ *vorrangige Behandlung*) preferential treatment (**bei** in)

bewachen *v/t* to guard

bewacht *adj* guarded; **~er Parkplatz** supervised car park *Br*, guarded parking lot *US*

Bewachung *f* guarding; (≈ *Wachmannschaft*) guard

bewaffnen **A** *v/t* to arm **B** *v/r* to arm oneself

bewaffnet *adj* armed (**mit** with)

Bewaffnete(r) *m* gunman

Bewaffnung *f* **1** (≈ *das Bewaffnen*) arming **2** (≈ *Waffen*) weapons *pl*

bewahren *v/t* **1** (≈ *beschützen*) to protect (**vor** +*dat* from) **2** **j-n/etw in guter Erinnerung ~** to have happy memories of sb/sth **3** (≈ *beibehalten*) to keep

bewähren *v/r Mensch* to prove oneself; *Gerät etc* to prove its worth; *Methode, Fleiß* to pay off

bewahrheiten *v/r* to prove (to be) well-founded; *Prophezeiung* to come true

bewährt *adj* proven; *Rezept* tried and tested; **seit Langem ~** well-established

Bewahrung *f* conservation

Bewährung *f* JUR probation; **eine Strafe zur ~ aussetzen** to impose a suspended sentence; **ein Jahr Gefängnis mit ~** a suspended sentence of one year; **ohne ~** unconditional; **er wurde zu zwei Jahren Gefängnis ohne ~ verurteilt** he was sentenced to two years in prison; **er hat noch ~** he is still on probation

Bewährungsfrist *f* JUR probation(ary) period

Bewährungshelfer(in) *m(f)* probation officer

Bewährungsprobe *f* test; **etw einer ~** (*dat*) **unterziehen** to put sth to the test

Bewährungsstrafe *f* JUR suspended sentence

bewaldet *adj* wooded, tree-covered

bewältigen *v/t Problem* to cope with; *Strecke* to manage; *Erlebnis etc* to get over, to come to terms with

bewandert *adj* experienced; **in etw** (*dat*) **~ sein** to be familiar with *od* well-versed in sth

Bewandtnis *f* reason; **damit hat es** *od* **das hat eine andere ~** there's another reason for that

bewässern *v/t* to irrigate; *mit Sprühanlage* to water

Bewässerung *f* irrigation

Bewässerungssystem *n* irrigation system

bewegen¹ **A** *v/t* **1** to move; **~d** moving **2** (≈ *bewirken, ändern*) to change **B** *v/r* **1** to move **2** (≈ *Bewegung haben*) to get some exercise **3** *fig* (≈ *variieren, schwanken*) to vary (**zwischen** +*dat* between) **4** (≈ *sich ändern*) to change

bewegen² *v/t* **j-n zu etw ~** to persuade sb to do

sth
Beweggrund m motive
beweglich adj movable; (≈ wendig) agile; Fahrzeug manoeuvrable Br, maneuverable US
bewegt adj **1** Wasser, See choppy; Zeiten, Leben eventful **2** Stimme, Worte emotional
Bewegung f **1** movement, motion; **keine ~!** freeze! umg; **in ~ sein** Fahrzeug to be moving; Menge to mill around; **sich in ~ setzen** to start moving; **etw in ~ setzen** od **bringen** to set sth in motion **2** (≈ körperliche Bewegung) exercise **3** (≈ Entwicklung) progress **4** (≈ Ergriffenheit) emotion **5** POL, KUNST etc movement
Bewegungsfreiheit f freedom of movement; fig freedom of action
bewegungslos **A** adj motionless **B** adv without moving; liegen, sitzen, stehen motionless
Bewegungsmelder m motion sensor
bewegungsunfähig adj unable to move
beweinen v/t to mourn (for)
Beweis m proof kein pl (**für** of); (≈ Zeugnis) evidence kein pl; **die Polizei hat noch keine ~e** the police still don't have any proof; **ein eindeutiger ~** clear evidence; **etw unter ~ stellen** to prove sth
Beweisaufnahme f JUR hearing of evidence
beweisbar adj provable
beweisen v/t **1** (≈ nachweisen) to prove **2** (≈ erkennen lassen) to show
Beweisführung f JUR presentation of one's case; (≈ Argumentation) line of argument
Beweislage f JUR body of evidence
Beweismaterial n (body of) evidence
Beweismittel n evidence; **ein ~** a piece of evidence
Beweisstück n exhibit
bewenden v/t **es bei** od **mit etw ~ lassen** to leave it at that
bewerben **A** v/r to apply (**um** for); **sich bei einer Firma ~** to apply to a firm (for a job) **B** v/t to promote, to advertise
Bewerber(in) m(f) applicant
Bewerbung f application
Bewerbungsanschreiben n cover letter
Bewerbungsformular n application form
Bewerbungsfrist f application deadline, deadline for applications
Bewerbungsgespräch n (job) interview
Bewerbungsmappe f application documents pl
Bewerbungsschreiben n (letter of) application
Bewerbungsunterlagen pl application documents pl
bewerfen v/t **j-n/etw mit etw ~** to throw sth at sb/sth
bewerkstelligen v/t to manage
bewerten v/t j-n to judge; Schularbeit to assess; Gegenstand to value; **etw zu hoch/niedrig ~** to overvalue/undervalue sth
Bewertung f judgement; von Schularbeit assessment; von Gegenstand valuation; (≈ Kritik, im Internet) review
bewilligen v/t to allow; Etat etc to approve; Stipendium to award
Bewilligung f allowing; von Etat approval; von Stipendium awarding
bewirken v/t (≈ verursachen) to cause; **~, dass etw passiert** to cause sth to happen
bewirten v/t **j-n ~** to feed sb; bei offiziellem Besuch etc to entertain sb
bewirtschaften v/t **1** Betrieb etc to manage **2** Land to farm
Bewirtschaftung f **1** von Betrieb management **2** von Land farming
Bewirtung f (≈ das Bewirten) hospitality; im Hotel (food and) service
bewohnbar adj habitable
bewohnen v/t to live in; Volk to inhabit
Bewohner(in) m(f) von Land, Gebiet inhabitant; (≈ Anlieger) resident; von Haus etc occupier
bewohnt adj inhabited
bewölken v/r to cloud over; **bewölkt** cloudy
Bewölkung f (≈ das Bewölken) clouding over; **wechselnde ~** METEO variable amounts of cloud
Bewunderer m, **Bewunderin** f admirer
bewundern v/t to admire (**wegen** for); **~d** admiring
bewundernswert **A** adj admirable **B** adv admirably
Bewunderung f admiration
bewusst **A** adj **1** conscious; **sich** (dat) **einer Sache** (gen) **~ sein/werden** to be/become aware of sth; **j-m etw ~ machen** to make sb aware of sth; **es wurde ihm allmählich ~, dass ...** he gradually realized (that) ... **2** (≈ willentlich) deliberate **3** (≈ besagt) in question **B** adv consciously; (≈ willentlich) deliberately
bewusstlos **A** adj unconscious **B** adv **j-n ~ schlagen** to beat sb unconscious od senseless
Bewusstlosigkeit f unconsciousness; **bis zur ~** umg ad nauseam
bewusst machen, **bewusstmachen** v/t **j-m etw ~** to make sb aware od conscious of sth, to make sb realize sth
Bewusstsein n consciousness; (≈ Wissen) awareness; **etw kommt j-m zu(m) ~** sb becomes aware of sth; **im ~, dass ...** in the knowledge that ...; **das ~ verlieren/wiedererlangen** to lose/regain consciousness; **bei ~ sein** to be conscious; **zu(m) ~ kommen** to regain con-

sciousness; **bei vollem ~** fully conscious
Bewusstseinsstrom *m* LIT stream of consciousness
bezahlen **A** *v/t* to pay; *Leistung, Schaden* to pay for; **er hat seinen Fehler mit dem Leben bezahlt** he paid for his mistake with his life **B** *v/i* to pay
Bezahlfernsehen *n* pay TV
Bezahlschranke *f* COMPUT, INTERNET pay wall
bezahlt *adj* paid; **sich ~ machen** to be worth it
Bezahlung *f* payment; (≈ *Lohn, Gehalt*) pay; **gegen ~** for payment
bezaubern *fig v/t* to charm
bezaubernd *adj* enchanting, charming
bezeichnen *v/t* (≈ *kennzeichnen*) to mark; (≈ *genau beschreiben*) to describe; **ich weiß nicht, wie man das bezeichnet** I don't know what that's called
bezeichnend *adj* characteristic (**für** of); (≈ *bedeutsam*) significant
Bezeichnung *f* **1** (≈ *Kennzeichnung*) marking; (≈ *Beschreibung*) description; (≈ *Titel*) title **2** (≈ *Ausdruck*) expression; (≈ *Begriff*) term
bezeugen *v/t* to testify to; **~, dass ...** to testify that ...
bezichtigen *v/t* to accuse; **j-n einer Sache** (*gen*) **~** to accuse sb of sth
beziehen **A** *v/t* **1** *Polster* to (re)cover; *Kissen* to put a cover on; **die Betten frisch ~** to change the beds **2** (≈ *einziehen*) *in Wohnung* to move into **3** *Posten, Stellung* to take up **4** (≈ *erhalten*) to get **5** (≈ *in Beziehung setzen*) **etw auf j-n/etw ~** to apply sth to sb/sth **B** *v/r* **1** *Himmel* to cloud over **2** (≈ *sich berufen*) **sich auf j-n/etw ~** to refer to sb/sth
Beziehung *f* **1** (≈ *Verhältnis*) relationship **2** (≈ *Kontakt*) relations *pl*; **diplomatische ~en** diplomatic relations; **menschliche ~en** human relations; **seine ~en spielen lassen** to pull strings; **~en haben** to have connections (**zu** with); (≈ *Zusammenhang*) connection (**zu** with); **etw zu etw in ~ setzen** to relate sth to sth; **in keiner ~ zueinander stehen** to have no connection **4** (≈ *Hinsicht*) **in einer/keiner ~** in one/no respect; **in jeder ~** in every respect
Beziehungskiste *umg f* relationship
beziehungsweise *konj* **1** (≈ *oder aber*) or **2** (≈ *im anderen Fall*) and ... respectively **3** (≈ *genauer gesagt*) or rather
beziffern **A** *v/t* (≈ *mit Ziffern versehen*) to number; (≈ *angeben*) to estimate (**auf** +*akk od* **mit** at) **B** *v/r* **sich ~ auf** (+*akk*) *Verluste, Gewinn* to amount to; *Teilnehmer* to number
Bezirk *m* (≈ *Gebiet*) district; *von Stadt* ≈ district, borough; *von Land* ≈ region
Bezug *m* **1** *für Kissen etc* cover; *für Kopfkissen* pillowcase **2** (≈ *Erwerb*) *von Waren etc* buying **3** **Bezüge** *pl* (≈ *Einkünfte*) income **4** (≈ *Zusammenhang*) → Beziehung 3 **5** *form* (≈ *Berufung*) reference; **~ nehmen auf** (+*akk*) to make reference to; **mit** *od* **unter ~ auf** (+*akk*) with reference to **6** (≈ *Hinsicht*) **in ~ auf** (+*akk*) regarding
bezüglich *form präp* regarding, concerning; HANDEL re
Bezugnahme *form f* reference; **unter ~ auf** (+*akk*) with reference to
bezugsfertig *adj Haus etc* ready to move into
Bezugsperson *f* **die wichtigste ~ des Kleinkindes** the person to whom the small child relates most closely
bezuschussen *v/t* to subsidize
bezwecken *v/t* to aim at; **etw mit etw ~** *Mensch* to intend sth by sth
bezweifeln *v/t* to doubt; **das ist nicht zu ~** that's beyond question
bezwingen *v/t* to conquer; SPORT to beat; *Strecke* to do
BfA *f abk* (= *Bundesagentur für Arbeit*) (State) Department of Employment
BGB *abk* (= *Bürgerliches Gesetzbuch*) Civil Code
BH *m abk* (= *Büstenhalter*) bra
Bhf. *abk* (= *Bahnhof*) station
Bhutan *n* GEOG Bhutan
Biathlon *n* SPORT biathlon
Bibel *wörtl f* Bible; *fig* bible
bibelfest *adj* well versed in the Bible
Bibeli *n schweiz* (≈ *Pickel*) pimple, spot *Br*; (≈ *Mitesser*) blackhead
Biber *m* beaver
Biberbetttuch *n* flannelette sheet *bes Br*
Bibliografie *f* bibliography
Bibliothek *f* library
Bibliothekar(in) *m(f)* librarian
biblisch *adj* biblical; **ein ~es Alter** a great age
Bidet *n* bidet
bieder *adj* **1** (≈ *rechtschaffen*) honest **2** *pej* conventional
biegen **A** *v/t* to bend; *Glieder* to flex; **auf Biegen und Brechen** *umg* by hook or by crook *umg*, come hell or high water *umg* **B** *v/i* *Wagen* to turn **C** *v/r* to bend; **sich vor Lachen ~** *fig* to double up with laughter
biegsam *adj* flexible; *Glieder, Körper* supple; *fig* pliable
Biegung *f* bend
Biene *f* bee
Bienenhonig *m* real honey
Bienenkönigin *f* queen bee
Bienenschwarm *m* swarm (of bees)
Bienenstich *m* GASTR cake coated with sugar and almonds and filled with custard or cream
Bienenstock *m* (bee)hive

Bienenvolk n bee colony
Bienenwachs n beeswax
Bier n beer; **zwei ~, bitte!** two beers, please; **dunkles/helles ~** dark/light beer; **~ vom Fass** draught beer Br, draft beer US; **das ist mein** etc **~** fig umg that's my etc business
Bierbauch umg m beer belly umg
Bierdeckel m beer mat Br, beer coaster US
Bierdose f beer can
Bierfass n keg
Bierflasche f beer bottle
Biergarten m beer garden
Bierglas n beer glass
Bierkeller m (≈ Lager) beer cellar; (≈ Gaststätte a.) bierkeller
Bierkrug m tankard bes Br; aus Steingut (beer) stein
Bierwurst f ham sausage
Bierzelt n beer tent
Biest pej umg n **1** (≈ Tier) creature; (≈ Insekt) bug **2** (≈ Mensch) (little) wretch; (≈ Frau) bitch sl
bieten **A** v/t **1** (≈ anbieten) to offer (**j-m etw** sb sth, sth to sb); **bei Auktion** to bid; **diese Stadt hat nichts zu ~** this town has nothing to offer **2** (≈ haben) to have; Problem to present **3** (≈ darbieten) Anblick, Bild to present; Film to show **4** (≈ zumuten) **sich** (dat) **etw ~ lassen** to stand for sth; → **geboten** **B** v/i KART to bid **C** v/r Gelegenheit, Anblick etc to present itself (**j-m** to sb)
Bieter(in) m(f) bidder
Bigamie f bigamy
Bike n (≈ Rad, Mountainbike, Motorrad) bike
Biker(in) umg m(f) biker
Bikini m bikini
Bikinihöschen n bikini bottom
Bikinihose f bikini bottoms pl
Bikinioberteil n bikini top
bikonvex adj biconvex
Bilanz f **1** HANDEL (≈ Lage) balance; (≈ Abrechnung) balance sheet; **eine ~ aufstellen** to draw up a balance sheet; **~ machen** fig umg to check one's finances **2** fig (≈ Ergebnis) end result; **(die) ~ ziehen** to take stock (**aus** of)
Bilanzbuchhalter(in) m(f) company accountant (who balances end-of-year accounts)
Bilanzgewinn m HANDEL, FIN declared profit
bilanzieren v/t & v/i to balance; fig to assess
Bilanzverlust m HANDEL, FIN accumulated loss
Bilanzwert m HANDEL, FIN book value
bilateral adj bilateral
Bild n **1** picture; (≈ Zeichnung) drawing; (≈ Gemälde) painting; **auf dem ~** in the picture; **ein ~ von Picasso** a picture by Picasso; **ein ~ vom Dom** a picture of the cathedral; **ein ~ machen** to take a photo; **~er machen** to take photos; **ein ~ des Elends** a picture of misery **2** (≈ Abbild) image **3** (≈ Erscheinungsbild) character; **das Äußere ~ der Stadt** the appearance of the town **4** fig (≈ Vorstellung) image, picture; **im ~e sein** to be in the picture (**über** +akk about); **j-n ins ~ setzen** to put sb in the picture (**über** +akk about); **sich** (dat) **von j-m/etw ein ~ machen** to get an idea of sb/sth **5** (≈ Metapher) image
Bildausfall m TV loss of vision
Bildband m illustrated book, coffee-table book
bilden **A** v/t **1** to form; Körper, Figur to shape; (≈ hervorbringen) to generate; **sich** (dat) **ein Urteil ~** to form a judg(e)ment **2** (≈ ausmachen) Gefahr etc to constitute; **die Teile ~ ein Ganzes** the parts make up a whole **3** (≈ erziehen) to educate **B** v/r **1** (≈ entstehen) to form **2** (≈ lernen) to educate oneself; → **gebildet** **C** v/i to be educational
bildend adj **die ~e Kunst** art; **die ~en Künste** the fine arts
Bilderbuch n picture book
Bilderbuch- fig zssgn perfect
Bilderrahmen m picture frame
Bilderrätsel n picture puzzle
Bilderstrecke f photo gallery
Bildfläche fig umg f **auf der ~ erscheinen** to appear on the scene; **von der ~ verschwinden** to disappear (from the scene)
bildhaft **A** adj pictorial; Beschreibung, Sprache vivid; **~e Figuren** LIT figurative images **B** adv vividly
Bildhauer(in) m(f) sculptor
Bildhauerei f sculpture
bildhübsch adj Mädchen (as) pretty as a picture; Kleid, Garten etc really lovely
bildlich **A** adj pictorial; Ausdruck etc metaphorical **B** adv pictorially; verwenden metaphorically
Bildmaterial n **1** (≈ Illustrationen) illustrations pl **2** (≈ Fotos) photos pl
Bildqualität f TV, FILM picture quality
Bildschärfe f definition, sharpness
Bildschirm m TV, COMPUT screen; ganzes Gerät monitor
Bildschirmarbeit f screen work
Bildschirmarbeitsplatz m workstation
Bildschirmschoner m IT screen saver
Bildschirmtext m Viewdata® sg, Prestel®
bildschön adj beautiful
Bildstörung f TV interference (on the picture)
Bildtelefon n videophone
Bildung f **1** (≈ Erziehung) education; (≈ Kultur) culture; **höhere ~** higher education; **politische ~** Fach social studies pl; **~ haben** to be educated; **zur ~ des Passivs** to form the passive **2** (≈ Entstehung) von Rost etc formation
Bildungs- zssgn Reform etc educational
Bildungschancen pl educational opportuni-

ties *pl*
bildungsfern *adj Milieu, Familie* educationally disadvantaged, educationally deprived; **~e Schichten** educationally disadvantaged classes
Bildungsgang *m* school (and university) career
Bildungsgrad *m* level of education
Bildungslücke *f* gap in one's education
Bildungspolitik *f* education policy
Bildungspolitiker(in) *m(f) politician with responsibility for education policy*
Bildungsreform *f* educational reform
Bildungsstufe *f* level of education
Bildungstechnologie *f* Ed Tech, educational technology
Bildungsurlaub *m* educational holiday *Br*, educational vacation *US*
Bildungsweg *m* **j-s ~** the course of sb's education; **auf dem zweiten ~** through night school
Bildungswesen *n* education system
Bildunterschrift *f* caption
bilingual *adj* bilingual
Billard *n* (≈ *Spiel*) billiards *sg*
Billardkugel *f* billiard ball
Billardtisch *m* billiard table
Billett *schweiz n* **1** (≈ *Fahrschein, Eintrittskarte*) ticket **2** → **Führerschein** **3** *österr* (≈ *Brief*) letter
Billiarde *f* quadrillion
billig *adj cheap; Preis* low; **~ abzugeben** going cheap; **~ davonkommen** *umg* to get off lightly
Billiganbieter(in) *m(f)* supplier of cheap goods
Billigangebot *n* cut-price offer
billigen *v/t* to approve
Billigflagge *f SCHIFF* flag of convenience
Billigflieger *m* low-cost airline
Billigflug *m* cheap flight
Billigjob *m* low-paid job
Billiglohnland *n* low-wage country
Billigmarke *f* cheap brand; *umg* cheapo
Billigung *f* approval; **j-s ~ finden** to meet with sb's approval
Billigware *f* cut-price goods *pl*
Billion *f* trillion
bimmeln *umg v/i* to ring
Bimsstein *m* pumice stone
binär *adj* binary
Binärcode *m* binary code
Binde *f* **1** MED bandage; (≈ *Schlinge*) sling **2** (≈ *Armbinde*) armband; (≈ *Augenbinde*) blindfold **3** (≈ *Monatsbinde*) (sanitary) towel, (sanitary) napkin *bes US*
Bindegewebe *n* ANAT connective tissue
Bindeglied *n* connecting link
Bindehaut *f* ANAT conjunctiva
Bindehautentzündung *f* conjunctivitis

binden **A** *v/t* **1** (≈ *zusammenbinden*) to tie; (≈ *festbinden*) to bind **2** *Strauß, Kranz* to make up; *Knoten etc* to tie **3** (≈ *zubinden*) *Schal* to tie; *Krawatte* to knot **4** *fig Menschen* to tie; *Geldmittel* to tie up; *Versprechen, Vertrag, Eid etc* to bind; **mir sind die Hände gebunden** *fig* my hands are tied; → **gebunden** **5** *Farbe, Soße* to bind **B** *v/i Mehl, Zement, Soße etc* to bind; *Klebstoff* to bond; *fig Erlebnisse* to create a bond **C** *v/r* (≈ *sich verpflichten*) to commit oneself (**an** +*akk* to)
bindend *adj* binding (**für** on); *Zusage* definite
Bindestrich *m* hyphen
Bindewort *n* GRAM conjunction, linking word
Bindfaden *m* string; **ein (Stück) ~** a piece of string; **es regnet Bindfäden** *umg* it's sheeting down *Br umg*, it's coming down in buckets *US umg*
Bindung *f* **1** (≈ *Beziehung*) relationship (**an** +*akk* with); (≈ *Verbundenheit*) tie, bond (**an** +*akk* with); (≈ *Verpflichtung*) commitment (**an** +*akk* to) **2** (≈ *Skibindung*) binding
Bindungsangst *f* fear of commitment *kein pl*
Bingo *n* bingo
binnen *präp form* within; **~ Kurzem** shortly
Binnengewässer *n* inland water
Binnenhafen *m* river port
Binnenhandel *m* domestic trade
Binnenmarkt *m* home market; **der europäische ~** the single European market
Binnennachfrage *f* domestic demand
Binnenschifffahrt *f* inland navigation
Binse *f* rush; **in die ~n gehen** *fig umg* (≈ *misslingen*) to be a washout *umg*
Binsenweisheit *f* truism
Bio *f* SCHULE *umg* biol *umg*, bio *bes US umg*
Bio- *zssgn* **1** (≈ *das Leben betreffend*) bio-, biological **2** *Bauer, Kost* organic
bio *umg adj Nahrungsmittel, Anbau* organic
Bioabfall *m* biological waste
bioaktiv *adj Waschmittel* biological
Biobauer *m*, **Biobäuerin** *f* organic farmer; **Gemüse vom ~n** organic vegetables *pl*
Biobrot *n* organic bread
Biochemie *f* biochemistry
biochemisch **A** *adj* biochemical **B** *adv* biochemically
Biodiesel *m* biodiesel
Biodiversität *f* biodiversity
biodynamisch **A** *adj* biodynamic **B** *adv* biodynamically
Bioei *n* organic egg
Biogas *n* methane gas
Biogasanlage *f* ÖKOL biogas plant
Biogemüse *n* organic vegetables *pl*
Biograf(in) *m(f)* biographer
Biografie *f* biography

biografisch **A** *adj* biographical **B** *adv* biographically
Biokost *f* organic food
Biokraftstoff *m* biofuel
Bioladen *m* wholefood shop, health food shop *od* store
Biologe *m*, **Biologin** *f* biologist
Biologie *f* biology
biologisch **A** *adj* biological; *Anbau* organic; **die ~e Uhr** the biological clock; **Gemüse aus kontrolliert ~em Anbau** certified organic vegetables *pl* **B** *adv* biologically; *anbauen* organically; **~ angebaut** organic
Biomasse *f* CHEM organic substances *pl*, biomass
biometrisch *adj* biometric
Biomimese *f* biomimicry
Biomimetik *f* biomimicry
Biomimikry *f* biomimicry
Biomüll *m* organic waste
Bionik *f* biomimicry
Biophysik *f* biophysics *sg*
Biopic *n* FILM, TV *Filmbiografie* biopic; **ein ~ über j-n** a biopic of sb
Bioprodukt *n* *Lebensmittel* organic product
Biopsie *f* MED biopsy
Biorhythmus *m* biorhythm
Biosiegel *n* seal certifying organic product or organic label
Biosphäre *f* biosphere
Biosphärenreservat *n* biosphere reserve
Biosprit *m* biofuel
Biosynthese *f* biosynthesis
Biotechnik *f* bioengineering
biotechnisch *adj* biotechnological
Biotechnologie *f* biotechnology
Biotonne *f* organic waste bin
Biotop *n* biotope
Biotreibstoff *m* biofuel
BIP *abk* (= *Bruttoinlandsprodukt*) GDP, gross domestic product
Birke *f* birch
Birma *n* Burma
birmanisch *adj* Burmese
Birnbaum *m* *Baum* pear tree; *Holz* pear wood
Birne *f* **1** pear **2** (≈ *Glühlampe*) (light) bulb
bis **A** *präp* **1** *zeitlich* until, till; (≈ *bis spätestens*) by; **bis zu diesem Zeitpunkt** up to this time; **Montag bis Freitag** Monday to Friday, Monday through Friday *US*; **bis einschließlich 5. Mai** up to and including 5th May; **bis bald/später/morgen!** see you soon/later/tomorrow!; **bis dann!** see you then!; **bis wann bleibt ihr hier?** how long are you staying here?; **bis wann ist das fertig?** when will it be finished?; **bis wann können Sie das machen?** when can you do it by?; **bis auf Weiteres** until further notice; **bis dahin** *od* **dann muss die Arbeit fertig sein** the work must be finished by then; **bis jetzt/hierher** so far; **von ... bis ...** from ... to ..., from ... through ... *US*; *mit Uhrzeiten* from ... till ...; (*spätestens*) **bis zum Ende des Lieds** by the end of the song **2** *räumlich* to; **bis an unsere Mauer** up to our wall; **bis wo/wohin?** how far?; **bis dort** *od* **dorthin** *od* **dahin** (to) there; **bis hierher** this far **3** **Kinder bis sechs Jahre** children up to the age of six **4** **es sind alle gekommen, bis auf Sandra** they all came, except Sandra **B** *konj* **1** to; **zehn bis zwanzig Stück** ten to twenty; **bewölkt bis bedeckt** cloudy or overcast **2** *zeitlich* until, till; **ich warte noch, bis es dunkel wird** I'll wait until it gets dark; **bis das einer merkt!** it'll be ages before anyone realizes *umg*
Bischof *m*, **Bischöfin** *f* bishop
bischöflich *adj* episcopal
bisexuell *adj* bisexual
bisher *adv* until now, so far; (≈ *und immer noch*) up to now; **~ nicht** not until now
bisherig *adj* (≈ *vorherig*) previous; (≈ *momentan*) present
Biskaya *f* **die ~** (the) Biscay; **Golf von ~** Bay of Biscay
Biskuit *n/m* (fatless) sponge
Biskuitgebäck *n* sponge cake/cakes
Biskuitteig *m* sponge mixture
bislang *adv* → bisher
Biss *m* bite; *fig* vigour *Br*, vigor *US*; **~ haben** *umg* to have punch
bisschen **A** *adj* **ein ~ Geld/Liebe** a bit of money/love; **kein ~ ...** not one (little) bit; **das ~ Geld** that little bit of money **B** *adv* **ein ~ a** bit, a little; **ein ~ wenig** not very much; **ein ~ viel** a bit much
Bissen *m* mouthful; (≈ *Imbiss*) bite (to eat)
bissfest *adj* firm; *Nudeln* al dente
bissig *adj* **1** vicious; „**Vorsicht, ~er Hund**" "beware of the dog" **2** (≈ *übellaunig*) waspish
Bisswunde *f* bite
Bistro *n* bistro
Bistum *n* diocese
Bit *n* IT bit
Bitcoin *f* *digitale Geldeinheit* bitcoin
bitte *int* **1** please; **~ nicht!** no, please!, please don't!; **ja ~?** yes?; **aber ~!** please do; **na ~!** there you are!; **~ schön** *od* **sehr!** *etwas überreichend* here you are! **2** *Dank erwidernd* **~ sehr** *od* **schön** you're welcome, not at all *Br* **3** *nachfragend* (**wie**) **~?** sorry?, (I beg your) pardon? *a. iron*
Bitte *f* request; *inständig* plea; **auf seine ~ hin** at his request; **ich habe eine große ~ an dich** I

have a (great) favour to ask you *Br*, I have a (great) favor to ask you *US*
bitten Ⓐ *v/t* **1** *j-n* to ask; *inständig* to beg; (≈ *auffordern*) to invite; **j-n um etw ~** to ask/beg sb for sth; **aber ich bitte dich!** not at all; **wenn ich ~ darf** *form* if you wouldn't mind; **ich muss doch (sehr) ~!** well I must say! **2** (≈ *bestellen*) **j-n zu sich ~** to ask sb to come and see one Ⓑ *v/i* **1** (≈ *eine Bitte äußern*) to ask; *inständig* to plead, to beg; **um etw ~** to ask (for) *od* request sth; *inständig* to plead for sth **2** (≈ *einladen*) **ich lasse ~** he/she can come in now
bitter Ⓐ *adj* bitter; *Schokolade* plain; *fig Wahrheit, Lehre, Verlust* painful; *Zeit, Schicksal* hard; *Unrecht* grievous; *Ernst, Feind* deadly; *Spott* cruel; **bis zum ~en Ende** to the bitter end Ⓑ *adv* (≈ *sehr bereuen*) bitterly; *bezahlen, büßen* dearly; **etw ~ nötig haben** to be in dire need of sth
bitterböse Ⓐ *adj* furious Ⓑ *adv* furiously
bitterernst *adj Situation etc* extremely serious
bitterkalt *adj* bitterly cold
Bitter Lemon *n* bitter lemon
Biwak *n* bivouac
bizarr Ⓐ *adj* bizarre Ⓑ *adv* bizarrely
Bizeps *m* biceps
BKK *f abk* (= **Betriebskrankenkasse**) *company health insurance scheme*
blabla *umg int* blah blah blah *umg*
Black-out *n/m* blackout
blähen Ⓐ *v/t & v/r* to swell; *Nüstern* to flare Ⓑ *v/i* to cause flatulence *od* wind
Blähung *f* MED wind *kein pl*
blamabel *adj* shameful
Blamage *f* disgrace
blamieren Ⓐ *v/t* to disgrace Ⓑ *v/r* to make a fool of oneself; *durch Benehmen* to disgrace oneself
blanchieren *v/t* GASTR to blanch
blank Ⓐ *adj* **1** shiny **2** (≈ *nackt*) bare; *umg* (≈ *ohne Geld*) broke **3** (≈ *rein*) pure; *Hohn* utter Ⓑ *adv scheuern, polieren* till it shines; **~ poliert** brightly polished
Blankoscheck *m* blank cheque *Br*, blank check *US*
Blankovollmacht *f* carte blanche
Blankvers *m* LIT blank verse
Bläschen *n* MED small blister
Blase *f* **1** (≈ *Seifenblase, Luftblase*) bubble; (≈ *Sprechblase*) balloon; **~n ziehen** *Farbe* to blister **2** MED blister **3** ANAT bladder **4** *wirtschaftlich* bubble
Blasebalg *m* (pair of) bellows
blasen Ⓐ *v/i* to blow Ⓑ *v/t Melodie, Posaune etc* to play
Blasenentzündung *f* cystitis
Blasenleiden *n* bladder trouble
Blasenschwäche *f* weakness of the bladder; **an ~ leiden** to suffer from a weak bladder
Bläser(in) *m(f)* MUS wind player; **die ~** the wind (section)
blasiert *pej geh adj* blasé
Blasiertheit *pej geh f* blasé attitude
Blasinstrument *n* wind instrument
Blaskapelle *f* brass band
Blasmusik *f* brass band music
blass *adj* **1** *Haut, Licht* pale; **~ vor Neid werden** to go green with envy **2** *fig* faint; **ich habe keinen ~n Schimmer** *umg* I haven't a clue *umg*
Blässe *f* paleness; *von Haut* pallor
Blatt *n* **1** BOT leaf **2** *Papier etc* sheet; **ein ~ Papier** a sheet *od* piece of paper **3** (≈ *Seite*) page; **das steht auf einem anderen ~** *fig* that's another story; **vom ~ singen/spielen** to sight-read **4** (≈ *Zeitung*) paper **5** *von Messer, Ruder* blade **6** KART hand; **das ~ hat sich gewendet** *fig* the tables have been turned
blättern *v/i* **in etw** (*dat*) **~** to leaf through sth; *schnell* to flick through sth
Blätterteig *m* puff pastry
Blattgemüse *n* greens *pl form*, leaf vegetables *pl*
Blattgold *n* gold leaf
Blattgrün *n* chlorophyll
Blattlaus *f* greenfly
Blattsalat *m* green salad
Blattspinat *m* leaf spinach
Blattwerk *n* foliage
blau *adj* **1** blue; **Forelle** *etc* **~** GASTR trout *etc* au bleu; **ein ~es Auge** *umg* a black eye; **mit einem ~en Auge davonkommen** *fig* to get off lightly; **ein ~er Brief** SCHULE *letter informing parents that their child must repeat a year*; *von Hauswirt* notice to quit; **ein ~er Fleck** a bruise **2** *umg* (≈ *betrunken*) drunk
Blau *n* blue
blauäugig *adj* blue-eyed; *fig* naïve
Blaubeere *f* bilberry, blueberry *bes US*
blaublütig *adj* blue-blooded
Blaue(s) *n* **1** **das ~ vom Himmel (herunter) lügen** *umg* to tell a pack of lies **2** *ohne Ziel* **ins ~ hinein** *umg* at random; **eine Fahrt ins ~** a mystery tour
blaugrün *adj* blue-green
Blauhelm(soldat) *m* UN soldier, blue helmet
Blaukraut *österr, südd n* red cabbage
bläulich *adj* bluish
Blaulicht *n von Polizei etc* flashing blue light; **mit ~** with its blue light flashing
blaumachen *umg* Ⓐ *v/i* to skip work Ⓑ *v/t* **den Freitag ~** to skip work on Friday
Blaumeise *f* bluetit
Blaupause *f* blueprint
Blausäure *f* prussic acid

Blauschimmelkäse m blue cheese
Blazer m, **Blazerjacke** f blazer
Blech n **1** (sheet) metal **2** (≈ *Blechstück*) metal plate **3** (≈ *Backblech*) baking sheet **4** *umg* (≈ *Unsinn*) nonsense
Blechblasinstrument n brass instrument
Blechdose f tin container; *bes für Konserven* tin *Br*, can
blechen *umg v/t & v/i* to cough up *umg*
Blechlawine f *umg* endless stream of traffic
Blechschaden m damage to the bodywork
Blechtrommel f tin drum
Blei n **1** lead **2** (≈ *Lot*) plumb
Bleibe f **eine/keine ~ haben** to have somewhere/nowhere to stay
bleiben *v/i* **1** to stay, to remain; **länger ~** to stay on; **in Verbindung ~** to keep in touch; **unbeantwortet ~** to be left unanswered; **ruhig/still ~** to keep calm/quiet; **wach ~** to stay awake; **sitzen ~** to remain seated; **wo bleibt er so lange?** *umg* where has he got to?; **das bleibt unter uns** that's (just) between ourselves **2** (≈ *übrig bleiben*) to be left; **es blieb keine andere Wahl** there was no other choice; **und wo bleibe ich?** and what about me?; **sieh zu, wo du bleibst!** you're on your own! *umg*
bleibend *adj Erinnerung etc* lasting; *Schaden* permanent
bleiben lassen *v/t umg* (≈ *unterlassen*) **etw ~** to give sth a miss *umg*; **das wirst du ganz schön ~** you'll do nothing of the sort!
bleich *adj* pale
bleichen *v/t* to bleach
Bleichgesicht n paleface
Bleichmittel n bleach
bleiern *adj* (≈ *aus Blei*) lead; *fig* leaden
bleifrei *adj Benzin etc* unleaded
bleihaltig *adj* containing lead; *Benzin etc* leaded
Bleikristall n lead crystal
Bleistift m pencil
Bleistiftabsatz m stiletto heel
Bleistift(an)spitzer m pencil sharpener
Bleivergiftung f lead poisoning
Blende f **1** (≈ *Lichtschutz*) shade, screen; AUTO (sun) visor; *an Fenster* blind **2** FOTO (≈ *Öffnung*) aperture
blenden A *v/t* to dazzle; (≈ *blind machen*) to blind **B** *v/i Licht* to be dazzling; **~d weiß** dazzling white
blendend A *adj* splendid; *Stimmung* sparkling **B** *adv* splendidly; **es geht mir ~** I feel wonderful
blendfrei *adj* dazzle-free *bes Br*
Blendschutz m (≈ *Vorrichtung*) antidazzle device *Br*, antiglare device *US*
Blick m **1** look; (≈ *flüchtiger Blick*) glance; **auf den ersten ~** at first glance; **Liebe auf den ersten ~** love at first sight; **mit einem ~** at a glance; **~e miteinander wechseln** to exchange glances; **einen ~ auf etw** (*akk*) **tun** *od* **werfen** to throw a glance at sth, to have a look at sth; **j-m einen vernichtenden ~ zuwerfen** to give sb a dirty look **2** (≈ *Ausblick*) view; **ein Zimmer mit ~ auf den Park** a room overlooking the park; **etw aus dem ~ verlieren** to lose sight of sth **3** (≈ *Verständnis*) **einen (guten) ~ für etw haben** to have an eye *od* a good eye for sth
blicken *v/i* **1** to look (**auf** +*akk* at); *flüchtig* to glance (**auf** +*akk* at); **sich ~ lassen** to put in an appearance; **lass dich hier ja nicht mehr ~!** don't show your face here again! **2** *etw* **~** *umg* (≈ *begreifen*) to get sth *umg*; **es ~** to get it
Blickfeld n horizon
Blickkontakt m eye contact
Blickpunkt m **im ~ der Öffentlichkeit stehen** to be in the public eye
Blickwinkel m angle of vision; *fig* viewpoint
blind A *adj* **1** blind (**für** to); *Alarm* false; **~ werden** to go blind; **~ für etw sein** *fig* to be blind to sth; **~ geboren** blind from birth; **ein ~er Passagier** a stowaway **2** (≈ *getrübt*) dull; *Spiegel* clouded **B** *adv* **1** (≈ *wahllos*) at random **2** (≈ *ohne zu überlegen*) blindly **3** (≈ *ohne zu sehen*) **~ landen** FLUG to make a blind landing
Blindbewerbung f unsolicited *od* speculative application
Blinddarm m appendix
Blinddarmentzündung f appendicitis
Blinddarmoperation f appendectomy
Blind Date n blind date
Blindenhund m guide dog
Blindenleitlinie f tactile path
Blindenschrift f braille
Blindenstock m white stick
Blinde(r) *m/f(m)* blind person/man/woman *etc*; **die ~n** the blind; **das sieht doch ein ~r** *hum umg* any fool can see that
Blindflug m blind flight
Blindgänger m MIL dud (shot)
Blindheit f blindness; **mit ~ geschlagen sein** *fig* to be blind
Blindlandung f blind landing
blindlings *adv* blindly
Blindschleiche f slowworm
blindwütig *adj* in a blind rage
blinken *v/i* (≈ *funkeln*) to gleam; *Leuchtturm* to flash; AUTO to indicate
Blinker m AUTO indicator *bes Br*, blinker *US*
Blinklicht n flashing light; *umg* (≈ *Blinkleuchte*) indicator *bes Br*, turn signal *US*
Blinkzeichen n signal

blinzeln v/i to blink; (≈ *zwinkern*) to wink; *geblendet* to squint

Blitz m ⓵ lightning *kein pl, kein unbest art*; (≈ *Blitzstrahl*) flash of lightning; **vom ~ getroffen werden** to be struck by lightning; **wie vom ~ getroffen** *fig* thunderstruck; **wie ein ~ aus heiterem Himmel** *fig* like a bolt from the blue; **wie der ~** *umg* like lightning ⓶ FOTO *umg* flash

Blitzableiter m lightning conductor

blitzartig Ⓐ *adj* lightning *attr* Ⓑ *adv reagieren* like lightning; *verschwinden* in a flash

blitzen Ⓐ v/i **es blitzt** there is lightning; *Radarfalle* **hier wird geblitzt** there's a speed trap here Ⓑ v/i (≈ *strahlen*) to flash; *Gold, Zähne* to sparkle; **vor Sauberkeit ~** to be sparkling clean Ⓒ v/t *umg* in *Radarfalle* to flash

Blitzer m *umg* (≈ *Radarfalle*) speed camera

Blitzgerät n FOTO (electronic) flash

Blitzkrieg m blitzkrieg

Blitzlicht n FOTO flash(light)

blitzsauber *adj* ⓵ spick and span ⓶ *österr, südd* (≈ *bildhübsch*) (as) pretty as a picture

Blitzschlag m flash of lightning; **vom ~ getroffen** struck by lightning

blitzschnell Ⓐ *adj* lightning *attr* Ⓑ *adv* like lightning; *verschwinden* in a flash

Blitzstrahl m flash of lightning

Block m ⓵ block ⓶ (≈ *Papierblock*) pad; *von Fahrkarten* book ⓷ POL (≈ *Staatenblock*) bloc

Blockade f (≈ *Absperrung*) blockade

Blockbuchstabe m block capital

Blockflöte f recorder; **~ spielen** to play the recorder

blockfrei *adj* nonaligned

Blockhaus n log cabin

Blockhütte f log cabin

blockieren Ⓐ v/t (≈ *sperren*) to block; *Verkehr* to obstruct; *Rad, Lenkung* to lock Ⓑ v/i to jam; *Bremsen, Rad etc* to lock

Blocksatz m justified setting

Blockschrift f block capitals *pl*

Blockstunde f SCHULE double period

blöd *umg* Ⓐ *adj* (≈ *dumm*) stupid; *Wetter* terrible Ⓑ *adv* (≈ *dumm*) stupidly; **~ fragen** to ask stupid questions

Blödelei *umg* f (≈ *Albernheit*) messing around *umg*; (≈ *dumme Streiche*) pranks *pl*

blödeln *umg* v/i to mess around *umg*; (≈ *Witze machen*) to make jokes

Blödheit f (≈ *Dummheit*) stupidity

Blödmann *umg* m stupid fool *umg*

Blödsinn m (≈ *Unsinn*) nonsense; (≈ *Unfug*) stupid tricks *pl*; **~ machen** to mess around

blödsinnig *adj* (≈ *dumm*) stupid, idiotic

Blog n/m INTERNET blog

Blogbeitrag m blog post

Blogeintrag m IT blog entry

bloggen v/i to blog

Blogger(in) m(f) blogger

Blogosphäre f blogosphere

blöken v/i *Schaf* to bleat

blond *adj Frau* blonde; *Mann* blond, fair(-haired)

blondieren v/t to bleach

Blondine f blonde

bloß Ⓐ *adj* ⓵ (≈ *unbedeckt*) bare; **mit ~en Füßen** barefoot ⓶ (≈ *alleinig*) mere; *Neid* sheer; *Gedanke, Anblick* very Ⓑ *adv* only; **wie kann so etwas ~ geschehen?** how on earth can something like that happen?; **geh mir ~ aus dem Weg** just get out of my way

Blöße *geh* f bareness; (≈ *Nacktheit*) nakedness; **sich** (*dat*) **eine ~ geben** *fig* to show one's ignorance

bloßstellen v/t *j-n* to show up; *Betrüger* to expose

Blouson m/n bomber jacket

Bluejeans f *od pl* (pair of) (blue) jeans *pl*

Blues m blues

Bluetoothtechnologie® f Bluetooth® technology

Bluff m bluff

bluffen v/t & v/i to bluff

blühen v/i *Blume* to (be in) bloom; *Bäume* to (be in) blossom; *fig* (≈ *gedeihen*) to flourish, to thrive; **das kann mir auch noch ~** *umg* that may happen to me too

blühend *adj* blossoming; *fig Aussehen* radiant; *Geschäft, Stadt* flourishing, thriving; *Fantasie* vivid; *Unsinn* absolute; **~e Landschaften** green pastures

Blume f ⓵ flower; **~n pflücken** to pick flowers ⓶ *von Wein* bouquet

Blumenbeet n flowerbed

Blumenerde f potting compost

Blumengeschäft n florist's

Blumenhändler(in) m(f) florist

Blumenkohl m cauliflower

blumenreich *fig adj Stil etc* flowery

Blumenstrauß m bouquet *od* bunch of flowers

Blumentopf m flowerpot

Blumenvase f vase

Blumenzwiebel f bulb

blumig *adj* flowery

Blu-ray-Disc® f *optisches Speichermedium* Blu-ray Disc®

Bluse f blouse

Blut n blood; **er kann kein ~ sehen** he can't stand the sight of blood; **böses ~** bad blood; **blaues ~ haben** (≈ *adelig sein*) to have blue blood; **etw im ~ haben** to have sth in one's blood; **(nur) ruhig ~** keep your shirt on *umg*; **j-n bis aufs ~ reizen** *umg* to make sb's blood

boil; **frisches ~** *fig* new blood; **~ und Wasser schwitzen** *umg* to sweat blood; **~ stillend** → blutstillend
Blutalkohol(gehalt) *m* blood alcohol level
blutarm *adj* anaemic *Br*, anemic *US*
Blutarmut *f* anaemia *Br*, anemia *US*
Blutbad *n* bloodbath
Blutbank *f* blood bank
Blutbild *n* blood count
Blutdruck *m* blood pressure
blutdrucksenkend *adj Mittel* antihypertensive
Blüte *f* **1** *von Blume* flower, bloom; *von Baum* blossom; **in (voller) ~ stehen** to be in (full) bloom; *Bäume* to be in (full) blossom; *Kultur, Geschäft* to be flourishing **2** *umg* (≈ *gefälschte Note*) dud *umg*
Blutegel *m* leech
bluten *v/i* to bleed (**an** *+dat* od **aus** from); **mir blutet das Herz** my heart bleeds
Blütenblatt *n* petal
Blütenstaub *m* pollen
Bluter *m* MED haemophiliac *Br*, hemophiliac *US*
Bluterguss *m* haematoma *Br fachspr*, hematoma *US fachspr*; (≈ *blauer Fleck*) bruise
Bluterkrankheit *f* haemophilia *Br*, hemophilia *US*
Blütezeit *fig f* heyday
Blutfleck *m* bloodstain
Blutgefäß *n* blood vessel
Blutgerinnsel *n* blood clot
Blutgruppe *f* blood group
Bluthochdruck *m* high blood pressure
blutig *adj* **1** bloody **2** *umg Anfänger* absolute; *Ernst* unrelenting
blutjung *adj* very young
Blutkonserve *f* unit of stored blood
Blutkörperchen *n* blood corpuscle
Blutkrebs *m* leukaemia *Br*, leukemia *US*
Blutkreislauf *m* blood circulation
Blutorange *f* blood orange
Blutplasma *n* blood plasma
Blutprobe *f* blood test; (≈ *entnommenes Blut*) blood sample
blutrünstig *adj* bloodthirsty
Blutsauger(in) *m(f)* bloodsucker
Blutsbruder *m* blood brother
Blutschande *f* incest
Blutsenkung *f* MED sedimentation of the blood
Blutspende *f* blood donation
Blutspender(in) *m(f)* blood donor
Blutspur *f* trail of blood; **~en** traces of blood
blutstillend **A** *adj* styptic **B** *adv* **~ wirken** to have a styptic effect
Blutstropfen *m* drop of blood
blutsverwandt *adj* related by blood
Blutsverwandte(r) *m/f(m)* blood relation
Bluttat *f* bloody deed
Bluttransfusion *f* blood transfusion
Blutung *f* bleeding *kein pl*; *starke* haemorrhage *Br*, hemorrhage *US*; *monatliche* period
blutunterlaufen *adj* suffused with blood; *Augen* bloodshot
Blutvergießen *n* bloodshed
Blutvergiftung *f* blood poisoning
Blutverlust *m* loss of blood
Blutwurst *f* blood sausage
Blutzucker *m* blood sugar *od* glucose
Blutzuckermessgerät *n* blood glucose *od* sugar monitor
Blutzuckerspiegel *m* blood glucose *od* sugar level
BLZ *f abk* (= *Bankleitzahl*) (bank) sort code *Br*
BMI *abk* (= *Body-Mass-Index*) BMI
BMX-Rad *n* BMX bike
BND *m abk* (= *Bundesnachrichtendienst*) Federal Intelligence Service
Bö *f* gust (of wind); *stärker, mit Regen* squall
boarden *v/i* **1** *sl* to go snowboarding **2** FLUG (≈ *an Bord gehen*) to board
Boarding *n* FLUG *Besteigen des Flugzeugs* boarding; **beim ~** when boarding
Bob *m* bob(sleigh) *Br*, bobsled
Bock¹ *m* **1** buck; (≈ *Schafsbock*) ram; (≈ *Ziegenbock*) billy goat; **sturer ~** *umg* stubborn old devil *umg* **2** (≈ *Gestell*) stand; (≈ *Sägebock*) sawhorse **3** *sl* (≈ *Lust, Spaß*) **null ~!** I don't feel like it; **~ auf etw** (*akk*) **haben** to fancy sth *bes Br umg*; **~ haben, etw zu tun** to fancy doing sth *bes Br umg*
Bock² *n/m* bock (beer) (*type of strong beer*)
bocken *v/i* **1** *Pferd* to refuse **2** *umg* (≈ *trotzen*) to act up *umg*
bockig *umg adj* awkward
Bockmist *umg m* (≈ *dummes Gerede*) bullshit *sl*; **~ machen** to make a big blunder *umg*
Bockshorn *n* **sich von j-m ins ~ jagen lassen** to let sb upset one
Bockspringen *n* leapfrog; SPORT vaulting
Bockwurst *f* bockwurst (*type of sausage*)
Boden *m* **1** (≈ *Erde*) ground; (≈ *Erdreich*) soil; (≈ *Fußboden*) floor; (≈ *Grundbesitz*) land; **auf spanischem ~** on Spanish soil; **festen ~ unter den Füßen haben** to be on firm ground; **am ~ zerstört sein** *umg* to be devastated; **(an) ~ gewinnen/verlieren** *fig* to gain/lose ground; **etw aus dem ~ stampfen** *fig* to conjure sth up out of nothing; **auf fruchtbaren ~ fallen** *fig* to fall on fertile ground; **auf dem ~ der Tatsachen bleiben** to stick to the facts **2** *von Behälter* bottom **3** (≈ *Dachboden*) loft
Bodenbelag *m* floor covering
Bodenfrost *m* ground frost
bodengestützt *adj Flugkörper* ground-launched
Bodenhaftung *f* AUTO road holding

Bodenhaltung f AGR „aus ~" "free-range"
Bodenkontrolle f RAUMF ground control
bodenlos adj bottomless; umg (≈ unerhört) incredible
Bodennebel m ground mist
Bodenpersonal n FLUG ground personnel pl
Bodenprobe f soil sample
Bodenschätze pl mineral resources pl
Bodensee m **der ~** Lake Constance
bodenständig adj (≈ lang ansässig) long-established; fig (≈ unkompliziert) down-to-earth
Bodenstation f **1** FLUG ground control **2** für Satellit etc tracking od earth station
Bodenturnen n floor exercises pl
Body m body
Bodybuilding n bodybuilding; **~ machen** to do bodybuilding exercises
Bodyguard m (≈ Leibwächter) bodyguard
Body-Mass-Index m body mass index
Bogen m **1** (≈ gekrümmte Linie) curve; (≈ Kurve) bend; MATH arc; SKI turn; **einen ~ machen** Fluss etc to curve; **einen großen ~ um j-n/etw machen** (≈ meiden) to keep well clear of sb/sth **2** ARCH arch **3** (≈ Waffe, Geigenbogen) bow; **den ~ überspannen** fig to go too far **4** (≈ Papierbogen) sheet (of paper)
Bogengang m ARCH arcade
Bogenschießen n archery
Bogenschütze m, **Bogenschützin** f archer
Bohle f (thick) board; BAHN sleeper
Böhmen n Bohemia
böhmisch adj Bohemian; **das sind für mich ~e Dörfer** umg that's all Greek to me umg
Bohne f bean; **dicke/grüne ~n** broad/green od French od runner beans; **weiße ~n** haricot beans Br, string od navy beans US; **nicht die ~** umg not one little bit
Bohneneintopf m bean stew
Bohnenkaffee m real coffee; **gemahlener ~** ground coffee
Bohnenstange f bean support; fig umg beanpole umg
bohren **A** v/t to bore; mit Bohrer to drill **B** v/i **1** to drill (**nach** for); **in der Nase ~** to pick one's nose **2** fig (≈ drängen) to keep on; Schmerz, Zweifel etc to gnaw **C** v/r **sich in/durch etw** (akk) **~** to bore its way into/through sth
bohrend fig adj Blick piercing; Schmerz, Zweifel gnawing; Frage probing
Bohrer m drill
Bohrinsel f drilling rig
Bohrloch n borehole; in Holz, Metall etc drill hole
Bohrmaschine f drill
Bohrturm m derrick
Bohrung f **1** (≈ das Bohren) boring; mit Bohrer drilling **2** (≈ Loch) bore(hole); in Holz, Metall etc drill hole
böig adj gusty; stärker, mit Regen squally
Boiler m (hot-water) tank
Boje f buoy
Bolivien n Bolivia
Bolzen m TECH pin; (≈ Geschoss) bolt
Bolzplatz m piece of ground where children play football
bombardieren v/t to bomb; fig to bombard
Bombardierung f bombing; fig bombardment
bombastisch **A** adj Sprache bombastic; Aufwand ostentatious **B** adv (≈ schwülstig) bombastically; (≈ pompös) ostentatiously
Bombe f bomb; **wie eine ~ einschlagen** to come as a (real) bombshell
Bombenalarm m bomb scare
Bombenangriff m bomb attack
Bombenanschlag m bomb attack
Bombenattentat n bomb attempt
Bombendrohung f bomb threat od scare
Bombenerfolg m umg smash hit umg
Bombengeschäft umg n **ein ~ machen** to do a roaring trade (**mit** in)
Bombenleger(in) m(f) bomber
bombensicher adj **1** MIL bombproof **2** umg dead certain umg
Bombenstimmung f umg terrific atmosphere
Bombentrichter m bomb crater
Bomber m bomber
Bomberjacke f bomber jacket
bombig adj umg terrific, great
Bon m voucher, coupon; (≈ Kassenzettel) receipt
Bonbon n/m sweet Br, candy US
Bond m FIN bond; **festverzinsliche ~s** pl fixed-income bonds pl
Bonus m bonus
Bonusheft n MED book recording regular check-ups which qualify patients for higher insurance payouts for certain dental treatments
Bonusmeile f FLUG bonus od air mile
Bonuspunkt m **1** (≈ Pluspunkt) plus point **2** bei Rabattsystem bonus point
Bonuszahlung f für Manager bonus (payment)
Bonze pej m bigwig umg
bookmarken v/t IT to bookmark
Boom m boom
boomen v/i to boom
Boot n boat; **~ fahren** to go boating; **wir sitzen alle in einem ~** fig we're all in the same boat
booten v/i IT to boot up
Boots pl Stiefel ankle boots pl
Bootsfahrt f boat trip
Bootsflüchtlinge pl boat people
Bootshaus n boathouse
Bootsverleih m boat hire Br, boat rental US
Bord¹ m **an ~** on board; **alle Mann an ~!** all

aboard!; **an ~ gehen** to go on board; **Mann über ~!** man overboard!; **über ~ werfen** to throw overboard

Bord² n (≈ *Wandbrett*) shelf

Bordbistro n BAHN buffet (car) Br, lounge od dinette car US

Bordbuch n log(book)

Bordcomputer m on-board computer

Bordell n brothel

Bordfunker(in) m(f) SCHIFF, FLUG radio operator

Bordkante f kerb Br, curb US

Bordkarte f boarding pass

Bordpersonal n FLUG flight crew; **das ~ wartet auf Anweisungen des Kapitäns** the flight crew are od (seltener) is waiting for instructions from the captain

Bordrestaurant n BAHN dining car Br, restaurant car

Bordstein m kerb Br, curb US

borgen v/t & v/i **1** (≈ *erhalten*) to borrow (**von** from) **2** (≈ *geben*) to lend (**j-m etw** sb sth, sth to sb)

Borke f bark

borniert adj bigoted

Borreliose f MED Lyme disease

Börse f (≈ *Wertpapierhandel*) stock market; Ort stock exchange; **an die ~ gehen** to be floated on the stock exchange

Börsenaufsicht f Behörde stock market regulator

Börsenbericht m stock market report

Börsengang m stock market flotation

Börsengeschäft n (≈ *Wertpapierhandel*) stockbroking; (≈ *Transaktion*) stock market transaction

Börsenkrach m stock market crash

Börsenkurs m stock market price

Börsenmakler(in) m(f) stockbroker

börsennotiert adj public listed

Börsenspekulation f speculation on the stock market

Börsentendenz f stock market trend

Börsenverkehr m stock market dealings pl

Börsianer(in) umg m(f) (≈ *Makler*) broker; (≈ *Spekulant*) speculator

Borste f bristle

borstig adj bristly; fig snappish

Borte f braid trimming

bösartig adj Mensch, Wesen malicious; Tier vicious; MED Geschwür malignant

Böschung f embankment; von Fluss bank

böse **A** adj **1** bad; (≈ *moralisch schlecht*) evil; umg (≈ *unartig*) naughty; Überraschung nasty; **das war keine ~ Absicht** there was no harm intended; **~ Folgen** dire consequences **2** (≈ *verärgert*) angry (+dat od **auf** +akk od **mit** with), mad; **j-m einen ~n Blick zuwerfen** to give sb a hard stare **B** adv nastily; *verprügeln* badly; **es sieht ~ aus** it looks bad

Böse(r) m/f(m) wicked od evil person; FILM, THEAT villain, baddy umg

Böse(s) n evil; (≈ *Schaden, Leid*) harm; **ich habe mir gar nichts ~s dabei gedacht** I didn't mean any harm

Bösewicht hum m villain

boshaft **A** adj malicious **B** adv grinsen maliciously

Bosheit f malice; von Bemerkung venom; Bemerkung malicious remark

Bosnien n Bosnia; **~ und Herzegowina** Bosnia-Herzegovina

Bosnier(in) m(f) Bosnian

bosnisch adj Bosnian

Bosporus m **der ~** the Bosporus

Boss umg m boss umg

böswillig **A** adj malicious; **in ~er Absicht** with malicious intent **B** adv maliciously

Botanik f botany

Botaniker(in) m(f) botanist

botanisch adj botanic

Bote m, **Botin** f messenger; (≈ *Kurier*) courier

Botschaft f **1** (≈ *Mitteilung*) message; (≈ *Neuigkeit*) (piece of) news **2** POL (≈ *Vertretung*) embassy

Botschafter(in) m(f) ambassador

Botsuana n Botswana

Böttcher m cooper

Bottich m tub

Botulismus m MED botulism

Bougainvillea f BOT bougainvillea

Bouillon f bouillon

Bouillonwürfel m bouillon cube

Bouldern n SPORT Klettern an Felsblöcken bouldering

Boulevard m boulevard, avenue

Boulevardblatt umg n a. pej tabloid

Boulevardpresse umg f popular press

Boulevardtheater n light theatre Br, light theater US

Boulevardzeitung f popular daily Br, tabloid a. pej

Boutique f boutique

Bowle f (≈ *Getränk*) punch

Bowling n (tenpin) bowling

Bowlingbahn f bowling alley

Bowlingkugel f bowling ball

Box f **1** (≈ *abgeteilter Raum*) compartment; für Pferde box; in Großgarage (partitioned-off) parking place; für Rennwagen pit **2** (≈ *Behälter*) box **3** (≈ *Lautsprecherbox*) speaker (unit)

boxen **A** v/i SPORT to box; **gegen j-n ~** to fight sb **B** v/t (≈ *schlagen*) to punch; **sich nach oben ~** fig umg to fight one's way up

Boxen n SPORT boxing
Boxenstopp m pit stop
Boxer m (≈ Hund) boxer
Boxer(in) m(f) (≈ Sportler) boxer
Boxershorts pl boxer shorts pl
Boxhandschuh m boxing glove
Boxkampf m fight, bout
Boxring m boxing ring
Boygroup f boy band, boy group bes US
Boykott m boycott
boykottieren v/t to boycott
BPOL f abk (= Bundespolizei) Federal Police
Brachland n fallow (land)
brachliegen v/i to lie fallow; fig to be left unexploited
brainstormen v/i to brainstorm
Brainstorming n brainstorming; Sitzung brainstorming session
Branche f (≈ Fach) field; (≈ Gewerbe) trade; (≈ Geschäftszweig) area of business; (≈ Wirtschaftszweig) (branch of) industry
Branchenbuch n classified directory, Yellow Pages® sg
Branchenführer(in) m(f) market leader
branchenübergreifend adj multisector; **~ einsetzbar** suitable for all sectors
Branchenverzeichnis n classified directory, Yellow Pages® sg
Brand m 1 (≈ Feuer) fire; **in ~ geraten** to catch fire; **etw in ~ setzen** od **stecken** to set fire to sth; **einen ~ legen** to set a fire 2 fig umg (≈ großer Durst) raging thirst
brand- zssgn brand
brandaktuell adj latest; **~e Themen** the latest topics
Brandanschlag m arson attack
Brandblase f (burn) blister
Brandbombe f firebomb, incendiary device
branden v/i a. fig to surge; **an** od **gegen etw** (akk) **~** to break against sth
Brandenburg n Brandenburg
Brandfleck m burn
Brandgefahr f danger of fire
Brandherd m source of the fire; fig source
brandmarken v/t to brand; fig to denounce
Brandnarbe f burn scar, scar from a burn
brandneu umg adj brand-new
Brandrodung f slash-and-burn clearance
Brandschutz m protection against fire
Brandstifter(in) m(f) fire raiser bes Br; bes JUR arsonist
Brandstiftung f arson
Brandung f surf
Brandursache f cause of (the) fire
Brandwunde f burn; durch Flüssigkeit scald
Brandzeichen n brand

Branntwein m spirits pl
Branntweinbrennerei f distillery
Branntweinsteuer f tax on spirits
Brasilianer(in) m(f) Brazilian
brasilianisch adj Brazilian
Brasilien n Brazil
Bratapfel m baked apple
braten A v/t & v/i to roast; im Ofen to bake; in der Pfanne to fry B v/i umg in der Sonne to roast umg
Braten m ≈ pot roast meat kein unbest art, kein pl; im Ofen gebraten joint Br, roast; **kalter ~** cold meat; **den ~ riechen** umg to smell a rat umg
Bratensoße f gravy
bratfertig adj oven-ready
Brathähnchen n, **Brathendl** österr, südd n roast chicken
Brathering m fried herring (sold cold)
Brathuhn n roast chicken; (≈ Huhn zum Braten) roasting chicken
Bratkartoffeln pl sauté potatoes pl
Bratofen m oven
Bratpfanne f frying pan
Bratröhre f oven
Bratrost m grill
Bratsche f viola; **~ spielen** to play the viola
Bratspieß m skewer; (≈ Teil des Grills) spit; (≈ Gericht) kebab
Bratwurst f, **Bratwürstchen** n (fried) sausage
Brauch m custom, tradition; **etw ist ~** sth is traditional
brauchbar adj (≈ benutzbar) us(e)able; Plan workable; (≈ nützlich) useful
brauchen A v/t 1 (≈ nötig haben) to need (**für, zu** for); (≈ erfordern) to require; **Zeit ~** to need time; **wie lange braucht man, um ...?** how long does it take to ...? 2 umg (≈ nützlich finden) **das könnte ich ~** I could do with that 3 (≈ benutzen), a. umg (≈ verbrauchen) to use; → gebraucht B v/aux to need; **du brauchst das nicht tun** you don't have od need to do that
Brauchtum n customs pl, traditions pl
Braue f (eye)brow
brauen v/t Bier to brew
Brauer(in) m(f) brewer
Brauerei f brewery
braun adj brown; **~ gebrannt** (sun)tanned
Bräune f (≈ braune Färbung) brown(ness); von Sonne (sun)tan
bräunen A v/t GASTR to brown; Sonne etc to tan B v/i **sich in der Sonne ~ lassen** to get a (sun)tan
braungebrannt adj → braun
braunhaarig adj brown-haired; Frau a. brunette
Braunkohle f brown coal
bräunlich adj brownish

Braunschweig n Brunswick
Brause f **1** (≈ Dusche) shower **2** an Gießkanne rose **3** (≈ Getränk) pop, soda US; (≈ Limonade) (fizzy) lemonade; (≈ Brausepulver) sherbet
brausen v/i **1** (≈ tosen) to roar; Beifall to thunder **2** (≈ rasen) to race **3** (≈ duschen) to (have a) shower
Brausepulver n sherbet
Brausetablette f effervescent tablet
Braut f **1** bride **2** sl (≈ Frau) bird bes Br umg, chick bes US umg
Bräutigam m (bride)groom
Brautjungfer f bridesmaid
Brautkleid n wedding dress
Brautpaar n bride and (bride)groom
brav **A** adj **1** (≈ gehorsam) good; **sei schön ~!** be a good boy/girl **2** (≈ bieder) plain **B** adv **~ seine Pflicht tun** to do one's duty without complaining
bravo int well done; für Künstler bravo
Bravoruf m cheer
BRD f abk (= Bundesrepublik Deutschland) FRG
Break n/m Tennis break
Breakdance m break dance; **~ tanzen** to break-dance
Brechbohnen pl French beans pl
Brecheisen n crowbar
brechen **A** v/t **1** to break; Widerstand to overcome; Licht to refract; **sich/j-m den Arm ~** to break one's/sb's arm **2** (≈ erbrechen) to bring up **B** v/i **1** to break; **mir bricht das Herz** it breaks my heart; **~d voll sein** to be full to bursting **2** **mit j-m/etw ~** to break with sb/sth **3** (≈ sich erbrechen) to be sick **C** v/r Wellen to break; Lichtstrahl to be refracted
Brechmittel n emetic; **er/das ist das reinste ~ (für mich)** he/it makes me feel sick
Brechreiz m nausea
Brechstange f crowbar
Brei m mush, paste; (≈ Haferbrei) porridge; (≈ Grießbrei) semolina; **j-n zu ~ schlagen** umg to beat sb to a pulp umg; **um den heißen ~ herumreden** umg to beat about the bush Br umg, to beat around the bush umg
breit **A** adj **1** broad; bei Maßangaben wide; Publikum, Angebot wide; **die ~e Masse** the masses pl; **die ~e Öffentlichkeit** the public at large **2** umg betrunken high **B** adv **~ gebaut** sturdily built; **ein ~ gefächertes Angebot** a wide range
Breitband- zssgn broadband
Breitbandanschluss m broadband (connection); **wir haben zu Hause ~** we have broadband at home
Breitbandkabel n broadband cable
Breitbandnetz n TEL broadband (communications) network
breitbeinig adv with one's legs apart
Breite f **1** breadth; bes bei Maßangaben width; von Angebot breadth; **in die ~ gehen** umg (≈ dick werden) to put on weight **2** GEOG latitude; **in südlichere ~n fahren** umg to travel to more southerly climes; **20° nördlicher ~** 20° north
breiten v/t & v/r to spread
Breitengrad m (degree of) latitude
Breitenkreis m parallel
Breitensport m popular sport
breitgefächert adj → breit
breitmachen v/r umg Mensch to make oneself at home; Gefühl etc to spread; **mach dich doch nicht so breit!** don't take up so much room
breitschlagen umg v/t **j-n (zu etw) ~** to talk sb round (to sth) Br, to talk sb around (to sth) US; **sich ~ lassen** to let oneself be talked round Br, to let oneself be talked around US
breitschult(e)rig adj broad-shouldered
Breitseite f SCHIFF, a. fig broadside
breitspurig **A** adj Bahn broad-gauge attr; Straße wide-laned **B** adv fig **~ reden** to speak in a showy manner
breittreten umg v/t to go on about umg
Breitwandfilm m wide-screen movie
Bremen n Bremen
Bremsbelag m brake lining
Bremse[1] f bei Fahrzeugen brake
Bremse[2] f (≈ Insekt) horsefly
bremsen **A** v/i **1** to brake **2** umg (≈ zurückstecken) **mit etw ~** to cut down (on) sth **B** v/t **1** Fahrzeug to brake **2** fig to restrict; Entwicklung to slow down; **er ist nicht zu ~** umg there's no stopping him
Bremsflüssigkeit f brake fluid
Bremskraft f braking power
Bremskraftverstärker m servo brake
Bremslicht n brake light
Bremspedal n brake pedal
Bremsscheibe f brake disc
Bremsspur f skid mark mst pl
Bremsung f braking
Bremsweg m braking distance
brennbar adj inflammable
Brennelement n fuel element
brennen **A** v/i to burn; Glühbirne etc to be on; Zigarette to be alight; Stich to sting; (≈ in Flammen stehen) to be on fire; **in den Augen ~** to sting the eyes; **das Licht ~ lassen** to leave the light on; **es brennt!** fire, fire!; **wo brennt's denn?** umg what's the panic?; **darauf ~, etw zu tun** to be dying to do sth **B** v/t to burn; Branntwein to distil Br, to distill US; Kaffee to roast; Ton to fire; **eine CD ~** to burn a CD
brennend **A** adj burning; Zigarette lighted **B** adv umg (≈ sehr) terribly; interessieren really

Brenner *m* TECH burner; *für CDs* CD burner
Brennerei *f* distillery
Brennholz *n* firewood
Brennmaterial *n* fuel
Brennnessel *f* stinging nettle
Brennofen *m* kiln
Brennpunkt *m* Optik, a. MATH focus; **im ~ des Interesses stehen** to be the focal point
Brennpunktschule *f* problem school
Brennspiritus *m* methylated spirits *sg*
Brennstab *m* fuel rod
Brennstoff *m* fuel; **fossiler ~** fossil fuel
Brennstoffzelle *f* fuel cell
brenzlig *umg adj* Situation precarious; **die Sache wurde ihm zu ~** things got too hot for him *umg*
Bretagne *f* **die ~** Brittany
Brett *n* **1** board; (≈ *Regalbrett*) shelf; **Schwarzes ~** notice board *Br*, bulletin board *US*; **ich habe heute ein ~ vor dem Kopf** *umg* I can't think straight today **2** **~er** *pl fig* (≈ *Bühne*) stage, boards *pl*; (≈ *Skier*) planks *pl umg*
brettern *umg v/i* to race (along)
Bretterzaun *m* wooden fence
Brettspiel *n* board game
Brexit *m Ausstieg Großbritanniens aus der EU* Brexit; **die Mehrheit hat für den ~ gestimmt** the majority voted for Brexit; **harter/weicher ~** hard/soft Brexit
Brezel *f* pretzel
Brie *m Käsesorte* brie
Brief *m* letter (**an** *akk* to); BIBEL epistle
Briefbogen *m* sheet of writing paper
Briefbombe *f* letter bomb
briefen *v/t* (≈ *informieren*) to brief
Brieffreund(in) *m(f)* pen friend; *im Internet* e-friend
Briefkasten *m am Haus* letter box *Br*, mailbox *US*; *der Post* postbox *Br*, mailbox *US*; **elektronischer ~** IT electronic mailbox
Briefkastenfirma *f umg* fictitious company
Briefkastentante *f* agony aunt
Briefkopf *m* letterhead
brieflich *adj & adv* by letter
Briefmarke *f* stamp
Briefmarkenalbum *n* stamp album
Briefmarkensammler(in) *m(f)* stamp collector
Briefmarkensammlung *f* stamp collection
Brieföffner *m* letter opener
Briefpapier *n* writing paper
Brieftasche *f* **1** wallet; *US auch* billfold, pocketbook **2** *österr* (≈ *Geldbörse*) wallet; *für Frauen* purse *Br*, wallet *US*
Brieftaube *f* carrier pigeon
Briefträger *m* postman *Br*, mail carrier *US*, mailman *US*
Briefträgerin *f* postwoman *Br*, mailwoman *US*, mail carrier *US*
Briefumschlag *m* envelope
Briefwaage *f* letter scales *pl*
Briefwahl *f* postal vote
Briefwechsel *m* correspondence
Brigade *f* MIL brigade
Brikett *n* briquette
brillant **A** *adj* brilliant **B** *adv* brilliantly
Brillant *m* diamond
Brillantring *m* diamond ring
Brille *f* **1** Optik glasses *pl*; (≈ *Schutzbrille*) goggles *pl*; **eine ~** a pair of glasses; **eine ~ tragen** to wear glasses **2** (≈ *Klosettbrille*) (toilet) seat
Brillenetui *n* glasses case
Brillenglas *n* lens
Brillenträger(in) *m(f)* **~ sein** to wear* glasses
bringen *v/t* **1** (≈ *herbringen*) to bring; **sich** (*dat*) **etw ~ lassen** to have sth brought to one; **j-m etw ~** to get sb sth; **was kann/darf ich euch/Ihnen ~?** what can I get you?; **etw an sich** (*akk*) **~** to acquire sth **2** (≈ *woanders hinbringen*) to take; **j-n nach Hause ~** to take sb home; **etw hinter sich** (*akk*) **~** to get sth over and done with **3** (≈ *einbringen*) *Gewinn* to bring in, to make; **(j-m) Glück/Unglück ~** to bring (sb) luck/bad luck; **das bringt nichts** *umg* it's pointless **4** **j-n zum Lachen/Weinen ~** to make sb laugh/cry; **j-n dazu ~, etw zu tun** to get sb to do sth, to make sb do sth **5** *Zeitung* to print; (≈ *senden*) *Bericht etc* to broadcast; (≈ *aufführen*) *Stück* to do **6** *sl* (≈ *schaffen, leisten*) **das bringt er nicht** he's not up to it; **das Auto bringt 220 km/h** *umg* the car can do 220 km/h; **der Motor bringts nicht mehr** the engine has had it *umg* **7** **es zu etwas/nichts ~** to get somewhere/nowhere; **es weit ~** to go far; **er hat es bis zum Direktor gebracht** he made it to director; **j-n um etw ~** to do sb out of sth; **das bringt mich noch um den Verstand** it's driving me crazy
Bringer *umg m Sache* the cat's whiskers *umg*; *Person* the bee's knees *umg*; **das ist auch nicht gerade der ~** it's not exactly brilliant; **er ist auch nicht der ~** he's hardly the bee's knees (himself)
brisant *adj* explosive
Brisanz *fig f* explosive nature; **ein Thema von äußerster ~** an extremely explosive subject
Brise *f* breeze
Brite *m*, **Britin** *f* Briton, Brit *umg*; **er ist ~** he is British; **die ~n** the British
Britenrabatt *m EU* British rebate
britisch *adj* British; **die Britischen Inseln** the British Isles; **Britisches Weltreich** British Em-

pire
bröckelig *adj* crumbly
bröckeln *v|i Haus, Fassade* to crumble; *Preise, Kurse* to tumble
Brocken *m* lump, chunk; *umg Person* lump *umg*; **ein paar ~ Spanisch** a smattering of Spanish; **ein harter ~** (≈ *Person*) a tough cookie *umg*; (≈ *Sache*) a tough nut to crack
brodeln *v|i* to bubble; *Dämpfe* to swirl; **es brodelt** *fig* there is seething unrest
Brokat *m* brocade
Broker(in) *m(f) BÖRSE* (stock)broker
Brokkoli *pl* broccoli *sg*
Brom *n* bromine
Brombeere *f* blackberry, bramble
Bronchialkatarrh *m* bronchial catarrh
Bronchie *f* bronchial tube
Bronchitis *f* bronchitis
Bronze *f* bronze
Bronzemedaille *f* bronze medal
Bronzezeit *f* Bronze Age
Brosche *f* brooch
Broschüre *f* brochure, booklet
Brösel *m* crumb
Brot *n* bread *kein pl*; (≈ *Laib*) loaf (of bread); (≈ *Scheibe*) slice (of bread); (≈ *Butterbrot*) (slice of) bread and butter *ohne art, kein pl*; (≈ *Stulle*) sandwich; **belegte ~e** open sandwiches *Br*, open-face sandwiches *US*
Brotaufstrich *m* spread
Brotbackautomat *m*, **Brotbackmaschine** *f* breadmaker, bread machine
Brotbelag *m* topping (*for bread*)
Brötchen *n* roll; **(sich** *dat*) **seine ~ verdienen** *umg* to earn one's living
Brotkorb *m* bread basket
Brotmesser *n* bread knife
Brotrinde *f* crust
Brotschneidemaschine *f* bread slicer
Brotzeit *f südd* (≈ *Pause*) tea break *Br*, snack break *US*
browsen *v|i IT* to browse
Browser *m IT* browser
Bruch *m* ◻ (≈ *Bruchstelle*) break; *in Porzellan etc* crack; **zu ~ gehen** to get broken ◻ *fig von Vertrag, Eid etc* breaking; *mit Vergangenheit, Partei* break; *des Vertrauens* breach; **in die Brüche gehen** *Ehe, Freundschaft* to break up ◻ *MED* fracture; (≈ *Eingeweidebruch*) hernia ◻ *MATH* fraction ◻ *sl* (≈ *Einbruch*) break-in
Bruchbude *pej f* hovel
brüchig *adj Material, Knochen* brittle; *Mauerwerk* crumbling; *fig Stimme* cracked
Bruchlandung *f* crash-landing; **eine ~ machen** to crash-land
bruchrechnen *v|i* to do fractions

Bruchrechnung *f* fractions
Bruchstelle *f* break
Bruchstrich *m MATH* line (of a fraction)
Bruchstück *n* fragment
bruchstückhaft ◻ *adj* fragmentary ◻ *adv* in a fragmentary way
Bruchteil *m* fraction; **im ~ einer Sekunde** in a split second
Bruchzahl *f* fraction
Brücke *f* ◻ bridge; **alle ~n hinter sich** (*dat*) **abbrechen** *fig* to burn one's bridges ◻ (≈ *Zahnbrücke*) bridge ◻ (≈ *Teppich*) rug
Brückenjahr *n* gap year
Brückenkopf *m* bridgehead
Brückenpfeiler *m* (bridge) pier
Brückentag *m* extra day off (*taken between two public holidays or a public holiday and a weekend*)
Bruder *m* ◻ brother; **unter Brüdern** *umg* between friends ◻ (≈ *Mönch*) friar, brother ◻ *umg* (≈ *Mann*) guy *umg*
brüderlich ◻ *adj* fraternal ◻ *adv* like brothers; **~ teilen** to share and share alike
Brüderschaft *f* (≈ *Freundschaft*) close friendship; **mit j-m ~ trinken** to agree over a drink to use the familiar "du"
Brühe *f* (≈ *Suppe*) (clear) soup; *als Suppengrundlage* stock; *pej* (≈ *schmutzige Flüssigkeit*) sludge; (≈ *Getränk*) muck *umg*
brühwarm *umg adv* **er hat das sofort ~ weitererzählt** he promptly went away and spread it around
Brühwürfel *m* stock cube
brüllen ◻ *v|i* to shout, to roar; *pej* (≈ *laut weinen*) to bawl; **er brüllte vor Schmerzen** he screamed with pain; **vor Lachen ~** to roar with laughter; **das ist zum Brüllen** *umg* it's a scream *umg* ◻ *v|t* to shout, to roar
Brüller *umg m* **ein ~ sein** *Witz, Film etc* to be a scream *umg*, to be a hoot *umg*; *Schlager* to be brilliant *od* wicked *Br sl*
brummen ◻ *v|i* ◻ *Insekt* to buzz; *Motor* to drone; **mir brummt der Kopf** my head is throbbing ◻ *Wirtschaft, Geschäft* to boom ◻ *v|t* (≈ *brummeln*) to mumble, to mutter
Brummer *m* (≈ *Schmeißfliege*) bluebottle
Brummi *m umg* (≈ *Lastwagen*) lorry *Br*, truck
brummig *adj* grumpy
Brummschädel *umg m* thick head *umg*
Brunch *m* brunch
brünett *adj* dark(-haired); **sie ist ~** she is (a) brunette
Brunft *f JAGD* rut
Brunftschrei *m* mating call
Brunnen *m* well; (≈ *Springbrunnen*) fountain; **Wasser am ~ holen** to fetch water from the

well
Brunnenkresse f watercress
Brunnenschacht m well shaft
brünstig adj männliches Tier rutting; weibliches Tier on heat Br, in heat bes US
brüsk A adj brusque, abrupt B adv brusquely, abruptly
brüskieren v/t to snub
Brüssel n Brussels
Brust f 1 (≈ Körperteil) chest; **sich** (dat) **j-n zur ~ nehmen** to have a word with sb; **schwach auf der ~ sein** umg to have a weak chest 2 (≈ weibliche Brust) breast; **einem Kind die ~ geben** to breast-feed a baby 3 GASTR breast
Brustbein n ANAT breastbone
Brustbeutel m neck pouch, neck wallet
brüsten v/r to boast (**mit** about)
Brustfell n ANAT pleura
Brustfellentzündung f pleurisy
Brustkasten umg m ANAT thorax
Brustkorb m chest; ANAT thorax
Brustkrebs m breast cancer
Brustschwimmen n breaststroke
Bruststück n GASTR breast
Brustton m **im ~ der Überzeugung** in a tone of utter conviction
Brustumfang m chest measurement; von Frau bust measurement
Brüstung f parapet; (≈ Fensterbrüstung) breast
Brustwarze f nipple
Brustweite f chest measurement; von Frau bust measurement
Brut f 1 (≈ das Brüten) incubating 2 (≈ die Jungen) brood; pej mob umg
brutal A adj brutal; (≈ gewalttätig) violent B adv zuschlagen brutally; behandeln cruelly
Brutalität f brutality; (≈ Gewalttat) act of brutality
brüten v/i to incubate; fig to ponder (**über** +dat over); **~de Hitze** stifling heat
Brüter m TECH breeder (reactor); **schneller ~** fast-breeder (reactor)
Brutkasten m MED incubator
Brutstätte f breeding ground (+gen for)
brutto adv gross
Bruttoeinkommen n gross income
Bruttogehalt n gross salary
Bruttogewicht n gross weight
Bruttoinlandsprodukt n gross domestic product
Bruttolohn m gross wage(s) pl
Bruttoregistertonne f register ton
Bruttosozialprodukt n gross national product, GNP
Bruttoverdienst m gross earnings pl
Brutzeit f incubation (period)
brutzeln umg v/i to sizzle (away)
BSE abk (= bovine spongiforme Enzephalopathie) BSE
BSE-Krise f BSE crisis
Bub m österr, schweiz, südd boy
Bube m KART jack
Buch n 1 book; **schlagt eure Bücher auf Seite 35 auf** open your books at page 35; **er redet wie ein ~** umg he never stops talking; **ein Tor, wie es im ~e steht** a textbook goal 2 HANDEL books pl; **über etw** (akk) **~ führen** to keep a record of sth
Buchbesprechung f book review
Buchdruck m letterpress (printing)
Buchdrucker(in) m(f) printer
Buchdruckerei f (≈ Betrieb) printing works; (≈ Handwerk) printing
Buche f (≈ Baum) beech (tree); (≈ Holz) beech (-wood)
buchen v/t 1 HANDEL to enter; **etw als Erfolg ~** to put sth down as a success 2 (≈ vorbestellen) to book
Bücherbrett n bookshelf
Bücherbus m mobile library Br, bookmobile US
Bücherei f (lending) library
Bücherregal n bookshelf
Bücherschrank m bookcase
Bücherwand f wall of book shelves; als Möbelstück (large) set of book shelves
Bücherwurm a. hum m bookworm
Buchfink m chaffinch
Buchführung f book-keeping, accounting
Buchhalter(in) m(f) book-keeper, accountant
Buchhaltung f 1 book-keeping, accounting 2 Abteilung einer Firma accounts department
Buchhandel m book trade; **im ~ erhältlich** available in bookshops
Buchhändler(in) m(f) bookseller
Buchhandlung f bookshop, bookstore US
Buchladen m bookshop, bookstore US
Buchmacher(in) m(f) bookmaker, bookie umg
Buchmesse f book fair
Buchprüfer(in) m(f) auditor
Buchprüfung f audit
Buchrücken m spine
Buchse f ELEK socket; TECH von Zylinder liner; von Lager bush
Büchse f 1 tin; (≈ Konservenbüchse) can; (≈ Sammelbüchse) collecting box 2 (≈ Gewehr) rifle, (shot)-gun
Büchsenfleisch n canned meat, tinned meat Br
Büchsenmilch f condensed milk
Büchsenöffner m can opener, tin opener Br
Buchstabe m letter; **kleiner ~** small letter; **großer ~** capital (letter)
buchstabieren v/t to spell

buchstäblich A *adj* literal B *adv* literally
Buchstütze *f* book end
Bucht *f im Meer* bay; *kleiner* cove
Buchtitel *m* (book) title
Buchumschlag *m* dust jacket
Buchung *f* HANDEL entry; (≈ *Reservierung*) booking
Buchungsbestätigung *f* confirmation (of booking)
Buchungssystem *n* booking system
Buchvorstellung *f* book presentation; (≈ *Markteinführung*) book launch
Buchweizen *m* BOT buckwheat
Buchweizenmehl *n* buckwheat flour
Buchwert *m* HANDEL book value
Buckel *m* **1** hump(back), hunchback; *umg* (≈ *Rücken*) back; **einen ~ machen** *Katze* to arch its back; *Mensch* to hunch one's shoulders; **seine 80 Jahre auf dem ~ haben** *umg* to be 80 (years old) **2** *von Skipiste* mogul
buckelig *adj* hunchbacked, humpbacked
Buckelpiste *f* mogul field
bücken *v/r* to bend (down); **sich nach etw ~** to bend down to pick sth up; → **gebückt**
bucklig *adj etc* → **buckelig**
Bucklige(r) *m/f(m)* hunchback
Bückling *m* GASTR smoked herring
buddeln *umg v/i* to dig
Buddhismus *m* Buddhism
Buddhist(in) *m(f)* Buddhist
buddhistisch *adj* Buddhist(ic)
Bude *f* **1** (≈ *Bretterbau*) hut; (≈ *Baubude*) (workmen's) hut; (≈ *Verkaufsbude*) stall; (≈ *Zeitungsbude*) kiosk **2** *pej umg* (≈ *Lokal etc*) dump *umg* **3** *umg* (≈ *Zimmer*); (≈ *Wohnung*) pad *umg*
Budget *n* budget
Bufdi *m/f* (= *Bundesfreiwilligendienstleistender*) person doing federal voluntary service
Büfett *n* **1** (≈ *Geschirrschrank*) sideboard **2** **kaltes ~** cold buffet
Büffel *m* buffalo
büffeln *umg* A *v/i* to cram *umg* B *v/t Lernstoff* to swot up *Br umg*, to bone up on *US umg*
Bug *m* IT (≈ *Fehler in Hard-/(Software*) bug; (≈ *Schiffsbug*) bow *mst pl*; (≈ *Flugzeugbug*) nose
Bügel *m* **1** (≈ *Kleiderbügel*) (coat) hanger **2** (≈ *Steigbügel*) stirrup **3** (≈ *Brillenbügel*) side piece
Bügel-BH *m* underwired bra
Bügelbrett *n* ironing board
Bügeleisen *n* iron
Bügelfalte *f* crease in one's trousers *Br*, crease in one's pants *US*
bügelfrei *adj* noniron
bügeln *v/t & v/i Wäsche* to iron; *Hose* to press
Buggy *m* buggy
bugsieren *umg v/t Möbelstück etc* to manoeuvre *Br*, to maneuver *US*; **j-n aus dem Zimmer ~** to steer sb out of the room
buh *int* boo
buhen *umg v/i* to boo
buhlen *pej v/i* **um j-n/j-s Gunst ~** to woo sb/sb's favour *Br*, to woo sb/sb's favor *US*
Buhmann *umg m* bogeyman *umg*
Bühne *f* **1** stage; **über die ~ gehen** *fig umg* to go off; **hinter der ~** behind the scenes **2** (≈ *Theater*) theatre *Br*, theater *US*
Bühnenanweisung *f* stage direction
Bühnenautor(in) *m(f)* playwright
Bühnenbearbeitung *f* stage adaptation
Bühnenbild *n* (stage) set
Bühnenbildner(in) *m(f)* set designer
bühnenreif *adj* ready for the stage
Buhruf *m* boo
Bulette *dial f* meatball; **ran an die ~n** *umg* go right ahead!
Bulgare *m*, **Bulgarin** *f* Bulgarian
Bulgarien *n* Bulgaria
bulgarisch *adj* Bulgarian
Bulgur *m* GASTR bulgur (wheat)
Bulimie *f* MED bulimia
Bullauge *n* SCHIFF porthole
Bulldogge *f* bulldog
Bulldozer *m* bulldozer
Bulle *m* **1** bull **2** *pej sl* (≈ *Polizist*) cop *umg*
Bulletin *n* bulletin
bullig *umg adj* beefy *umg*
Bumerang *wörtl, fig m* boomerang
bumm *int* crash
Bummel *m* stroll; *durch Lokale* tour (**durch** of); **einen ~ machen** to go for a stroll
Bummelant(in) *m(f)* **1** (≈ *Trödler*) dawdler **2** (≈ *Faulenzer*) loafer *umg*
bummeln *v/i* **1** (≈ *spazieren gehen*) to stroll **2** (≈ *trödeln*) to dawdle **3** (≈ *faulenzen*) to fritter one's time away
Bummelstreik *m* go-slow
Bummelzug *umg m* slow train
Bums *m umg* (≈ *Schlag*) bang, thump
bumsen A *v/i unpers umg* (≈ *dröhnen*) **..., dass es bumste** ... with a bang; **es hat gebumst** *von Fahrzeugen* there's been a crash B *v/i* **1** (≈ *schlagen*) to thump **2** (≈ *prallen, stoßen*) to bump, to bang **3** *umg* (≈ *koitieren*) to do it *umg* C *v/t* **j-n ~** to lay sb *sl*
Bund[1] *m* **1** (≈ *Vereinigung*) bond; (≈ *Bündnis*) alliance; **den ~ der Ehe eingehen** to enter (into) the bond of marriage; **den ~ fürs Leben schließen** to take the marriage vows **2** (≈ *Organisation*) association; (≈ *Staatenbund*) league, alliance **3** POL **~ und Länder** the Federal Government and the/its Länder **4** *umg* (≈ *Bundeswehr*) **der ~** the army **5** *an Kleidern* waistband

Bund² n bundle; *von Radieschen, Spargel etc* bunch
Bündel n bundle, sheaf; *von Banknoten* wad; *von Briefen* pile, bundle; *von Karotten etc* bunch
bündeln v/t *Zeitungen etc* to bundle up
Bundes- *zssgn* federal
Bundesagentur f ~ **für Arbeit** Federal Employment Agency
Bundesanstalt f ~ **für Arbeit** Federal Institute of Labour *Br*, Federal Institute of Labor *US*
Bundesausbildungsförderungsgesetz n law regarding grants for higher education
Bundesbahn f Federal Railways pl *Br*, Federal Railroad *US*; **Österreichische/Schweizer ~en** Austrian/Swiss Railways
Bundesbank D f Federal Bank
Bundesbehörde f Federal authority
Bundesbürger(in) D m(f) German, citizen of Germany
bundesdeutsch adj German
Bundesebene f **auf ~** at a national level
bundeseinheitlich **A** adj Federal, national **B** adv nationally; **etw ~ regeln** to regulate sth at national level
Bundesfreiwilligendienst m federal voluntary service
Bundesgebiet D n Federal territory
Bundesgenosse m, **Bundesgenossin** f ally
Bundesgerichtshof D m Federal Supreme Court
Bundesgeschäftsführer(in) m(f) *von Partei, Verein* general secretary
Bundesgrenzschutz D m Federal Border Guard
Bundeshauptstadt f Federal capital
Bundesheer n *österr* services pl, army
Bundeskanzler(in) m(f) **1** D, *österr* Chancellor **2** *schweiz* Head of the Federal Chancellery
Bundesland n state; **die neuen Bundesländer** the former East German states; **die alten Bundesländer** the former West German states
Bundesliga f D SPORT national league
Bundesminister(in) D, *österr* m(f) Federal Minister
Bundesministerium n ministry
Bundesmittel pl Federal funds pl
Bundesnachrichtendienst D m Federal Intelligence Service
Bundespolizei D f Federal Police; *Verfassungsschutz* federal agency for internal security
Bundespräsident(in) m(f) D, *österr* (Federal) President; *schweiz* President of the Federal Council
Bundesrat¹ D m Bundesrat (*upper house of the German Parliament*); *schweiz* Council of Ministers
Bundesrat² m, **Bundesrätin** *schweiz* f Minister of State
Bundesregierung f D, *österr* Federal Government
Bundesrepublik f Federal Republic; **~ Deutschland** Federal Republic of Germany
Bundesstaat m federal state
Bundesstraße f *etwa* A road; *US* state highway
Bundestag D m Bundestag (*lower house of the German Parliament*)
Bundestagsabgeordnete(r) m/f(m) member of the Bundestag
Bundestagsfraktion f group *od* faction in the Bundestag
Bundestagspräsident(in) m(f) President of the Bundestag
Bundestrainer(in) m(f) D SPORT national coach
Bundesverdienstkreuz D n order of the Federal Republic of Germany, ≈ OBE *Br*
Bundesverfassungsgericht D n Federal Constitutional Court
Bundesversammlung f **1** D, *österr* Federal Convention **2** *schweiz* Federal Assembly
Bundeswehr D f services pl, army
bundesweit adj & adv nationwide
Bundfaltenhose f pleated trousers pl *Br*, pleated pants pl *US*
bündig adj **1** (≈ *kurz, bestimmt*) succinct **2** (≈ *in gleicher Ebene*) flush präd, level
Bündnis n alliance; *von Staaten* league; (≈ *Nato*) (NATO) Alliance; **~ für Arbeit** informal alliance between employers and unions to help create jobs alliance for jobs; **~ 90/Die Grünen** Alliance '90/The Greens; **~ Zukunft Österreich** Alliance for the future of Austria
Bündnispartner m POL ally
Bundweite f waist measurement
Bungalow m bungalow
Bungee-Jumping n bungee jumping
Bunker m **1** MIL bunker; (≈ *Luftschutzbunker*) air-raid shelter **2** *beim Golf* bunker
Bunsenbrenner m Bunsen burner
bunt **A** adj **1** (≈ *farbig*) coloured *Br*, colored *US*; (≈ *mehrfarbig*) colo(u)rful; (≈ *vielfarbig*) multicolo(u)red **2** *fig* (≈ *abwechslungsreich*) varied; **ein ~er Abend** a social; RADIO, TV a variety programme *Br*, a variety program *US* **B** adv **1** (≈ *farbig*) colourfully *Br*, colorfully *US*; *bemalt* in bright colo(u)rs; **~ gemischt** *Programm* varied; *Team* diverse **2** (≈ *ungeordnet*) **es geht ~ durcheinander** it's all a complete mess **3** *umg* (≈ *wild*) **jetzt wird es mir zu ~** I've had enough of this; **es zu ~ treiben** to overstep the mark
Buntpapier n coloured paper *Br*, colored paper *US*
Buntstift m coloured pencil *Br*, colored pencil *US*, crayon

Buntwäsche f coloureds pl Br, coloreds pl US
Bürde geh f load, weight; fig burden
Burg f castle
Bürge m, **Bürgin** f guarantor
bürgen v/i **für etw ~** to guarantee sth; **für j-n ~** FIN to stand surety for sb; fig to vouch for sb
Burgenland n Burgenland
Burger m GASTR burger
Bürger(in) m(f) citizen; **die ~ von Ulm** the townsfolk of Ulm
Bürger- zssgn civil
Bürgerbeauftragte(r) m/f(m) **Europäischer ~r** European Ombudsman
Bürgerbüro n office for issuing identity cards, driving licences etc, and for registering businesses and changes of residence etc
bürgerfreundlich adj citizen-friendly
Bürgerinitiative f citizens' action group
Bürgerjournalismus m citizen journalism
Bürgerkrieg m civil war
bürgerkriegsähnlich adj **~e Zustände** civil war conditions
Bürgerkriegsflüchtling m refugee from a od the civil war
bürgerlich adj **1** Ehe, Recht etc civil; Pflicht civic; **Bürgerliches Gesetzbuch** Civil Code **2** (≈ dem Bürgerstand angehörend) middle-class
Bürgerliche(r) m/f(m) commoner
Bürgermeister(in) m(f) mayor
Bürgernähe f populism
Bürgerpflicht f civic duty
Bürgerrecht n civil rights pl; **j-m die ~e aberkennen** to strip sb of his/her civil rights
Bürgerrechtler(in) m(f) civil rights campaigner
Bürgerrechtsbewegung f civil rights movement
Bürgerschaft f citizens pl
Bürgersteig m pavement Br, sidewalk US
Bürgertum n HIST bourgeoisie
Bürgin f → Bürge
Bürgschaft f JUR gegenüber Gläubigern surety; (≈ Haftungssumme) penalty; **~ für j-n leisten** to act as guarantor for sb
Burgund n Burgundy
burgunderrot adj burgundy (red)
Burka f REL burqa
Burkina Faso n GEOG Burkina Faso
Burkini m (≈ Ganzkörperbadeanzug) burkini
Burma n Burma
burmesisch adj Burmese
Burn-out-Syndrom n burnout syndrome
Büro n office
Büroangestellte(r) m/f(m) office worker
Büroarbeit f office work
Büroartikel m item of office equipment; pl office supplies pl

Bürobedarf m office supplies pl
Bürogebäude n office building
Bürokauffrau f, **Bürokaufmann** m office administrator
Büroklammer f paper clip
Bürokraft f (office) clerk
Bürokrat(in) m(f) bureaucrat
Bürokratie f bureaucracy
bürokratisch **A** adj bureaucratic **B** adv bureaucratically
Büromaterial n office supplies pl; (≈ Schreibwaren) stationery kein pl
Büromöbel pl office furniture
Büroschluss m **nach ~** after office hours
Bürostunden pl office hours pl
Bürozeit f office hours pl
Bursche m umg (≈ Kerl) fellow; **ein übler ~** a shady character
Burschenschaft f student fraternity
burschikos adj **1** (≈ jungenhaft) (tom)boyish **2** (≈ unbekümmert) casual
Bürste f brush
bürsten v/t to brush
Bürsten(haar)schnitt m crew cut
Burundi n GEOG Burundi
Bus[1] m **1** (≈ Stadtbus) bus; **im Bus** on the bus; **mit dem Bus fahren** to go by bus, to take the bus; **Bus in Richtung Stadtzentrum** downtown bus US **2** (≈ Reisebus) coach Br, bus US
Bus[2] m COMPUT bus
Busbahnhof m bus station
Busch m bush; **etwas ist im ~** umg there's something up, there's something in the offing; **mit etw hinter dem ~ halten** umg to keep sth quiet
Buschbrand m wildfire
Büschel n von Gras, Haaren tuft; von Heu, Stroh bundle
Buschfeuer wörtl n bush fire; **sich wie ein ~ ausbreiten** to spread like wildfire
buschig adj bushy
Buschmann m bushman
Buschmesser n machete
Buschwerk n bushes pl
Busen m von Frau bust
Busenfreund(in) iron m(f) bosom friend
Busfahrer(in) m(f) bus driver
Busfahrt f bus ride; **eine ~ machen** to take a bus trip
Bushaltestelle f bus stop
Businessplan m WIRTSCH business plan
Buslinie f bus route
Busreise f coach trip od tour Br, bus trip od tour US
Bussard m buzzard
Buße f **1** REL (≈ Reue) repentance; (≈ Bußauflage)

penance; **~ tun** to do penance ▨ JUR (≈ *Schadenersatz*) damages *pl*; (≈ *Geldstrafe*) fine; **j-n zu einer ~ verurteilen** to fine sb
busseln, bussen *v/t & v/i österr, südd* to kiss
büßen ▨ *v/t* to pay for; *Sünden* to atone for; **das wirst du mir ~** I'll make you pay for that ▨ *v/i* **für etw ~** to atone for sth; *für Leichtsinn etc* to pay for sth
busserln *v/t & v/i österr* to kiss
Bußgeld *n* fine
Bußgeldbescheid *m* notice of payment due (*for traffic violation etc*)
Bußgeldverfahren *n* fining system
Bussi *südd umg n* kiss
Busspur *f* bus lane
Buß- und Bettag *m* day of prayer and repentance
Büste *f* bust; (≈ *Schneiderbüste*) tailor's dummy
Büstenhalter *m* bra
Bustier *n ohne Träger* bustier; *mit Trägern* camisole; (≈ *Top*) halter-top
Busverbindung *f* bus connection
Butan(gas) *n* butane (gas)
Butt *m* flounder, butt
Bütten(papier) *n* handmade paper (*with deckle edge*)
Butter *f* butter; **alles (ist) in ~** *umg* everything is hunky-dory *umg*
Butterberg *m* butter mountain
Butterblume *f* buttercup
Butterbrot *n* (slice of) bread and butter *ohne art, kein pl; umg* (≈ *Sandwich*) sandwich
Butterbrotpapier *n* greaseproof paper
Butterdose *f* butter dish
Butterfly(stil) *m* butterfly (stroke)
Butterkeks *m* ≈ rich tea biscuit *Br*, ≈ butter cookie *US*
Buttermilch *f* buttermilk
buttern *v/t* ▨ *Brot* to butter ▨ *umg* (≈ *investieren*) to put (**in** +*akk* into)
Butternusskürbis *m* butternut squash
butterweich ▨ *adj Frucht, Landung* beautifully soft; SPORT *umg* gentle ▨ *adv landen* softly
Button *m* badge, button *bes US*
b. w. *abk* (= **bitte wenden**) pto, PTO
BWL *f abk* (= **Betriebswirtschaftslehre**) business management
Bypass *m* MED bypass
Bypass-Operation *f* bypass operation
Byte *n* byte
bzgl. *abk* (= **bezüglich**) re
BZÖ *abk* (= **Bündnis Zukunft Österreich**) Alliance for the future of Austria
bzw. *abk* → **beziehungsweise**

C¹ *abk* (= Celsius) C, Celsius, centigrade
C², **c** *n* C, c; **das hohe C** top C
ca. *abk* (= circa) approx
Cabrio *n* AUTO *umg* convertible
Café *n* café
Cafeteria *f* cafeteria
Caffè Latte *m* (caffè) latte
Caffè macchiato *m* caffè macchiato
Caipi *umg m* caipirinha
Caipirinha *m* caipirinha
Callboy *m* male prostitute
Callcenter *n* call centre *Br*, call center *US*
Callgirl *n* call girl
Camcorder *m* camcorder
Camembert *m* Camembert
Camion *m schweiz* lorry *Br*, truck
Camp *n* camp
campen *v/i* to camp
Camper(in) *m(f)* camper
campieren *v/i* ▨ to camp (out) ▨ *österr, schweiz* to camp
Camping *n* camping
Campingartikel *pl* camping equipment *sg*
Campingausrüstung *f* camping gear
Campingbus *m* camper
Campinggas *n* camping gas
Campingplatz *m* camp site
Campus *m* UNIV campus
canceln *v/t Flug, Buchung* to cancel
Candystorm *umg m* IT *positive Unterstützung* overwhelming support
Cannabis *m* cannabis
Canyon *m* canyon
Cape *n* cape
Cappuccino *m* cappuccino
Caravan *m* caravan *Br*, trailer *US*
Cargo *m* cargo
Cargohose *f* cargo(e)s *pl*; **eine ~** a pair of cargo(e)s
Carport *m* carport
Carsharing *n* car sharing
Cartoon *m/n* cartoon
Cashewnuss *f* cashew (nut)
Casino *n* casino
Cäsium *n* caesium *Br*, cesium *US*
Casting *n für Filmrolle etc* casting session
Castingshow *f* talent show
Castor® *m* spent fuel rod container
catchen *v/i* to do catch wrestling, to do all-in wrestling *bes Br*

Catcher(in) *m(f)* catch(-as-catch-can) wrestler, all-in wrestler *bes Br*
Catering *n* catering
Cateringservice *m* caterer
Cayennepfeffer *m* cayenne (pepper)
CB-Funk *m* Citizens' Band, CB (radio)
CD *f abk* (= Compact Disc) CD
CD-Brenner *m* CD burner
CD-Laufwerk *n* CD drive
CD-Player *m* CD player
CD-Regal *n* CD shelves *pl*
CD-Rohling *m* blank CD
CD-ROM *f* CD-ROM
CD-ROM-Laufwerk *n* CD-ROM drive
CD-Spieler *m* CD player
CD-Ständer *m* CD rack; *Turm* CD tower
CDU *f abk* (= Christlich-Demokratische Union) Christian Democratic Union
C-Dur *n* MUS C major
Cellist(in) *m(f)* cellist
Cello *n* cello; **~ spielen** to play the cello
Cellophan® *n* cellophane®
Cellophanpapier *umg n* cellophane® (paper)
Cellulite *f*, **Cellulitis** *f* MED cellulite
Celsius *ohne Artikel* Celsius, centigrade
Cembalo *n* harpsichord; **~ spielen** to play the harpsichord
Cent *m* cent
Center *n* (= *Einkaufscenter*) shopping centre *Br*, shopping center *US*
Centmünze *f* cent
Centstück *n* cent; *in GB* p, penny, pence
Ceramid *n* CHEM ceramide
Chai Latte *m* chai latte
Chalet *n* chalet
Chamäleon *wörtl, fig n* chameleon
Champagner *m* champagne
Champignon *m* mushroom
Champion *m* champion
Champions League *f* FUSSBALL Champions League
Chance *f* ▌ chance; (= *Möglichkeit*) opportunity; *bei Wetten* odds *pl*; **keine ~ haben** not to stand a chance; **die ~n stehen nicht schlecht, dass ...** there's a good chance that ... ▐ **~n** *pl* (= *Aussichten*) prospects *pl*; **im Beruf ~n haben** to have good career prospects; **(bei j-m) ~n haben** *umg* to stand a chance (with sb)
Chancengleichheit *f* equal opportunities *pl*
chancenlos *adj* **die Mannschaft ist ~** the team's got no chance
Chanson *n* (political/satirical) song
Chansonnier *m* singer of political/satirical songs
Chaos *n* chaos; **ein einziges ~ sein** to be in utter chaos

Chaot(in) *m(f)* POL *pej* anarchist *pej*; (= *unordentlicher Mensch*) scatterbrain
chaotisch *adj* chaotic; (= *unordentlich*) messy; **~e Zustände** a state of (utter) chaos; **es geht ~ zu** there is utter chaos
Charakter *m* character; **er ist ein Mann von ~** he is a man of character; **der vertrauliche ~ dieses Gespräches** the confidential nature of this conversation; **~ haben** to have strength of character
Charakterdarsteller(in) *m(f)* character actor/actress
Charaktereigenschaft *f* character trait, characteristic
charakterfest *adj* of strong character; **~ sein** to have strength of character
charakterisieren *v/t* to characterize
Charakterisierung *f* characterization; **explizite/implizite ~** LIT explicit (direct)/implicit (indirect) characterization
Charakteristik *f* description; (= *typische Eigenschaften*) characteristics *pl*
charakteristisch *adj* characteristic (**für** of), typical; **~es Merkmal** characteristic
charakterlich ▌ *adj* **~e Stärke** strength of character; **~e Mängel** character defects ▐ *adv* in character; **sie hat sich ~ sehr verändert** her character has changed a lot
charakterlos *adj* ▌ (= *niederträchtig*) unprincipled ▐ (= *ohne Prägung*) characterless
Charakterschauspieler(in) *m(f)* character actor/actress
Charakterschwäche *f* weakness of character
Charakterschwein *umg n charakterloser Mensch* bastard *umg*
Charakterstärke *f* strength of character
Charakterzug *m* characteristic
Charge *f* ▌ MIL, *a. fig* (= *Dienstgrad, Person*) rank; **die unteren ~n** the lower ranks ▐ THEAT minor character part
Charisma *n* REL, *a. fig* charisma
charismatisch *adj* charismatic
charmant ▌ *adj* charming ▐ *adv* charmingly
Charme *m* charm
Charta *f* charter; **Magna ~** Magna Carta
Charterflug *m* charter flight
Chartergesellschaft *f* charter company
Chartermaschine *f* charter plane
chartern *v/t* to charter
Charts *pl umg* charts *pl*; **in die ~ kommen** to get into the charts
Chassis *n* chassis, frame
Chat *m* INTERNET *umg* chat
Chatforum *n* chat(room) forum
Chatgroup *f* IT chat group
Chatline *f* IT chat line

Chatpartner(in) *m(f)* INTERNET chat partner
Chatroom *m* chatroom
chatten *v/i* INTERNET *umg* to chat (**mit** to, with)
Chauffeur(in) *m(f)* chauffeur
Chauvi *umg m* male chauvinist pig *pej umg*
Chauvinismus *m* chauvinism; (≈ *männlicher Chauvinismus*) male chauvinism
Chauvinist *m* (≈ *männlicher Chauvinist*) male chauvinist (pig)
chauvinistisch *adj* ■ POL chauvinist(ic) ■ (≈ *männlich-chauvinistisch*) male chauvinist(ic)
checken *v/t* ■ (≈ *überprüfen*) to check ■ *umg* (≈ *verstehen*) to get *umg* ■ *umg* (≈ *merken*) to catch on to *umg*
Check-in *n* check-in
Checkliste *f* checklist
Check-up *m/n* MED checkup
Cheerleader *m* cheerleader
Chef *m* boss; *von Bande, Delegation etc* leader; *von Organisation* head; *der Polizei* chief
Chefarzt *m*, **Chefärztin** *f* senior consultant
Chefin *f* boss; *von Delegation etc* head
Chefkoch *m*, **Chefköchin** *f* chef
Chefredakteur(in) *m(f)* editor in chief; *einer Zeitung* editor
Chefsache *f* **das ist ~** it's a matter for the boss
Chefsekretär(in) *m(f)* personal assistant
Chemie *f* chemistry
Chemiefaser *f* synthetic fibre *Br*, synthetic fiber *US*
Chemikalie *f* chemical
Chemiker(in) *m(f)* chemist
Chemiekonzern *m* chemical manufacturer
chemisch ■ *adj* chemical ■ *adv* chemically; **etw ~ reinigen** to dry-clean sth
Chemo *umg f* MED chemo
Chemotherapie *f* chemotherapy
Chia *n* BOT, GASTR chia
Chiasmus *m* LIT chiasmus
chic *adj* smart; *Kleidung* chic, trendy; *umg* (≈ *prima*) great
Chic *m* style
Chicorée *f* chicory
Chiffre *f in Zeitung* box number
Chiffreanzeige *f* advertisement with a box number
chiffrieren *v/t & v/i* to encipher; **chiffriert** coded
Chile *n* Chile
Chilene *m*, **Chilenin** *f* Chilean
chilenisch *adj* Chilean
Chili *m* chilli (pepper) *Br*, chili (pepper) *US*
Chili con Carne *n* GASTR chilli con carne *Br*, chili con carne *US*
Chilisoße *f* chilli sauce *Br*, chili sauce *US*
chillen *v/i umg* to chill (out) *umg*; **nach der Schule erst mal ~** to chill out after school

Chimar *m Schleier muslimischer Frauen* khimar
China *n* China
Chinakohl *m* Chinese cabbage
Chinarestaurant *n* Chinese restaurant
Chinese *m*, **Chinesin** *f* Chinese
chinesisch *adj* Chinese; **die Chinesische Mauer** the Great Wall of China
Chinglisch *n* (≈ *Mischung aus Chinesisch und Englisch*) Chinglish
Chinin *n* quinine
Chip *m* ■ (≈ *Kartoffelchip*) (potato) crisp *Br*, potato chip *US* ■ COMPUT chip
Chipkarte *f* smart card
Chiropraktiker(in) *m(f)* chiropractor
Chirurg(in) *m(f)* surgeon
Chirurgie *f* surgery; **er liegt in der ~** he's in surgery
chirurgisch ■ *adj* surgical; **ein ~er Eingriff** surgery ■ *adv* surgically
Chlor *n* chlorine
chloren *v/t* to chlorinate
chlorfrei *adj* chlorine-free
Chloroform *n* chloroform
Chlorophyll *n* chlorophyll
Cholera *f* cholera
Choleriker(in) *m(f)* choleric person; *fig* irascible person
cholerisch *adj* choleric, short-tempered
Cholesterin *n* cholesterol
cholesterinfrei *adj Lebensmittel* cholesterol-free
cholesterinsenkend *adj* cholesterol-reducing, cholesterol-busting *umg*, cholesterol-lowering
Cholesterinspiegel *m* cholesterol level
Chor *m* ■ (≈ *Sängerchor*) choir; **im ~** in chorus ■ THEAT chorus ■ ARCH (≈ *Altarraum*) chancel
Choreograf(in) *m(f)*, **Choreograph(in)** *m(f)* choreographer
Choreografie *f*, **Choreographie** *f* choreography
Chorknabe *m* choirboy
Chorleiter *m* choir master
Chorleiterin *f* choir mistress
Christ(in) *m(f)* Christian
Christbaum *m* Christmas tree
Christbaumschmuck *m* Christmas tree decorations *pl*
Christdemokrat(in) *m(f)* Christian Democrat
Christentum *n* Christianity
Christkind *n* baby Jesus; *das Geschenke bringt* ≈ Father Christmas; **ans ~ glauben** to believe in Father Christmas
Christkindl *dial n* ■ → Christkind ■ *bes österr* (≈ *Geschenk*) Christmas present
christlich ■ *adj* Christian; **Christlicher Verein Junger Männer** Young Men's Christian Associ-

ation **B** *adv* like *od* as a Christian; **~ handeln** to act like a Christian
Christmesse *f*, **Christmette** *f* Christmas mass
Christus *m* Christ; **vor ~** BC; **vor Christi Geburt** before Christ, BC; **nach ~** AD; **nach Christi Geburt** AD, Anno Domini; **Christi Himmelfahrt** the Ascension of Christ; (≈ *Himmelfahrtstag*) Ascension Day
Chrom *n* chrome; CHEM chromium
Chromosom *n* chromosome
Chronik *f* chronicle
chronisch **A** *adj* chronic; **die Bronchitis ist bei ihm ~** he has a chronic case of bronchitis **B** *adv* chronically; **ein ~ kranker Mensch** a chronically ill person
Chronologie *f* (≈ *zeitliche Abfolge*) sequence; (≈ *Zeitrechnung*) chronology
chronologisch **A** *adj* chronological **B** *adv* chronologically
Chrysantheme *f* chrysanthemum
circa *adv* about, approximately
City *f* city centre *Br*, city center *US*
Citymaut *f* congestion charge
Clan *m* clan
clean *umg adj* clean *umg*
Clematis *f* BOT clematis
clever **A** *adj* clever; (≈ *gewieft*) streetwise; (≈ *raffiniert*) sharp; (≈ *gerissen*) crafty **B** *adv* (≈ *raffiniert*) sharply; (≈ *gerissen*) craftily
Cleverness *f* cleverness; (≈ *Raffiniertheit*) sharpness; (≈ *Gerissenheit*) craftiness
Clinch *m Boxen fig* clinch; **mit j-m im ~ liegen** *fig* to be at loggerheads with sb
Clip *m* (≈ *Videoclip*) video; (≈ *Ohrclip*) clip-on earring; (≈ *Klammer*) clip
Clique *f* **1** (≈ *Freundeskreis*) group, set; **Thomas und seine ~** Thomas and his mates **2** *pej* clique
Clou *m von Geschichte* (whole) point; *von Show* highlight; (≈ *Witz*) real laugh *umg*; (≈ *Pointe*) punch line
Cloud *f* IT cloud
Cloud-Computing *n* IT cloud computing
Clown(in) *m(f)* clown; **den ~ spielen** to play the clown
Club *m* club
Cluburlaub *m* club holiday *Br*, club vacation *US*
Clutch *f Handtasche* clutch bag
cm *abk* (= *Zentimeter*) cm
CMS *abk* (= Content-Management-System) IT content management system, CMS
Coach *m* **1** SPORT coach **2** *für Firmen* business consultant; *privat* career coach *od* consultant; *Lebensberater* life coach
Coaching *n*, **Coachen** *n* coaching
Coca *f* coca

Cockpit *n* cockpit
Cocktail *m* (≈ *Getränk*) *fig* cocktail; (≈ *Empfang*) reception
Cocktailbar *f* cocktail bar
Cocktailkleid *n* cocktail dress
Cocktailparty *f* cocktail party
Cocktailtomate *f* cherry tomato
Code *m* code
codieren *v/t* to (en)code
Codierung *f* (en)coding
Cognac *m* cognac
Coiffeur *m*, **Coiffeuse** *f schweiz* hairdresser
Cola *f/n umg* Coke® *umg*
Coladose *f* Coke® can
Collage *f* collage
College *n* college
Collier *n* necklace
Comeback *n* comeback; **ein ~ erleben/feiern** to stage *od* make a comeback
Comedy *f* comedy
Comedyshow *f* comedy
Comic *m* comic (strip)
Comicheft *n* comic
Coming-out *n*, **Comingout** *n* coming-out
committen *v/r* **sich ~, etw zu tun** *umg* to commit oneself to do sth
Commonwealth *n* Commonwealth
Compact Disc *f*, **Compact Disk** *f* compact disc
Computer *m* computer; **per ~** by computer
Computerarbeitsplatz *m* computer work station
Computerbefehl *m* computer command
Computerfreak *m* computer nerd, computer freak
computergeneriert *adj* computer-generated
computergesteuert *adj* controlled by computer
computergestützt *adj* computer-based; **~es Design** computer-aided design
Computergrafik *f* computer graphics *pl*
computerisieren *v/t* to computerize
Computerkriminalität *f* **1** computer crime **2** *im Netz* cybercrime
computerlesbar *adj* machine-readable
Computerprogramm *n* computer program
Computersatz *m* computer typesetting
Computersicherheit *f* IT security, computer security
Computerspiel *n* computer game
Computersprache *f* computer language
Computersystem *n* computer system
Computertechnik *f* computing, computer technology
Computertomografie *f*, **Computertomographie** *f* computer tomography

computerunterstützt *adj Fertigung, Kontrolle* computer-aided
Computerwissenschaft *f* computer science
Conférencier *m* compère
Container *m* container; (≈ *Bauschuttcontainer*) skip *Br*, Dumpster® *US*; (≈ *Wohncontainer*) prefabricated hut
Containerbahnhof *m* container depot
Containerhafen *m* container port
Containerschiff *n* container ship
Containerterminal *n* container terminal
Content-Management-System *n* IT content management system
Contergankind *umg neg! n* thalidomide victim; thalidomide child
Controller(in) *m(f)* WIRTSCH financial controller
Controlling *n* financial control
Cookie *n* IT cookie
cool *umg adj* cool *umg*; **die Party war ~** the party was (real) cool
COPD *n chronische Bronchitis* COPD
Copilot(in) *m(f)* co-pilot
Copyright *n* copyright
Copyshop *m* copy shop
Cord *m Textilien* cord, corduroy
Cordhose *f* corduroy trousers *pl Br*, corduroy pants *pl US*, cords *pl umg*
Cordjacke *f* cord(uroy) jacket
Cordjeans *f/pl* cord(uroy) jeans *pl*
Corner *m österr, schweiz* SPORT corner
Cornflakes *pl* cornflakes *pl*
Cornichon *n* gherkin
Cornwall *n* Cornwall; **aus ~** Cornish
Corps *n* → Korps
Costa Rica *n* Costa Rica
Côte d'Ivoire *f* Côte d'Ivoire; Ivory Coast
Couch *f* couch
Couchgarnitur *f* three-piece suite
Couchpotato *f* couch potato
couchsurfen *v/i* to couchsurf
Couchtisch *m* coffee table
Countdown *m* countdown
Countrymusik *f* country
Coup *m* coup; **einen ~ landen** to pull off a coup *umg*
Coupon *m* 1 (≈ *Zettel*) coupon 2 FIN (interest) coupon
couragiert A *adj* bold B *adv* boldly
Court *m* SPORT court
Cousin *m*, **Cousine** *f* cousin
Couvert *n bes* envelope
Cover *n* 1 *von CD etc.* cover *Br*, sleeve 2 (≈ *Titelseite*) cover, front page
Cowboy *m* cowboy
CO_2-Ausstoß *m* ÖKOL *eines Autos etc* CO^2 emission

CO_2-Bilanz *f* ÖKOL carbon footprint
CO_2-Fußabdruck *m* ÖKOL carbon footprint
CO_2-neutral *adj* ÖKOL carbon-neutral
Crack *n* 1 (≈ *Droge*) crack 2 (≈ *ausgezeichneter Spieler*) ace
Cracker *m* (≈ *Keks*) cracker
Cranberry *f* BOT, GASTR cranberry
Crash *m umg* (≈ *Unfall*), *a.* IT crash
Crashkurs *m* crash course
Crashtest *m* AUTO crash test
Creme *f* cream
Cremetorte *f* cream gateau
cremig A *adj* creamy B *adv* like cream; *rühren* until creamy
Creutzfeldt-Jakob-Krankheit *f* Creutzfeldt-Jakob disease
Crew *f* crew
Croissant *n* croissant
Cromargan® *n* stainless steel
Crossstepper *m* SPORT cross trainer
Crosstrainer *m* SPORT cross trainer
Croupier *m* croupier
Crowdfunding *n* FIN (≈ *Schwarmfinanzierung*) crowdfunding
Crowdworking *n Abwicklung von Aufträgen durch viele Mitarbeiter im Netz* crowdworking
Crux *f* → Krux
C-Schlüssel *m* alto clef
CSU *f abk* (= Christlich-Soziale Union) Christian Social Union
ct *abk* (= Cents) ct(s)
CT *n abk* (= Computertomografie) CT
Cup *m* SPORT cup
Cupfinale *n* cup final
Curry *m/n* curry
Currygericht *n* curry
Currypulver *n* curry powder
Currysoße *f* curry sauce
Currywurst *f* curried sausage
Cursor *m* IT cursor
Cursortaste *f* cursor key
Cutter(in) *m(f)* editor
CVJM *m abk* (= Christlicher Verein Junger Menschen) YMCA
CVP *f abk* (= Christlichdemokratische Volkspartei) Christian Democratic People's Party
Cyberbullying *n* cyberbullying
Cybercafé *n* cybercafé
Cyberkriminalität *f* IT cybercrime
Cybermobbing *n* cyberbullying
Cyberspace *m* cyberspace
Cyberstalking *n* cyberbullying
Cyberterrorist(in) *m(f)* cyber terrorist

D

D, d *n* D, d

da **A** *adv* **1** *örtlich* (≈ *dort*) there; (≈ *hier*) here; **hier und da, da und dort** here and there; **da drüben** over there; **die Frau da** that woman (over) there; **da ist/sind** there is/are; **da bin ich** here I am; **da bist du ja!** there you are!; **da kommt er ja** here he comes; **wir sind gleich da** we'll soon be there; **da hast du dein Geld!** (there you are,) there's your money; **da, nimm schon!** here, take it! **2** *zeitlich* (≈ *dann, damals*) then; **da siehst du, was du angerichtet hast** now see what you've done **3** *umg* (≈ *in diesem Fall*) there; **da haben wir aber Glück gehabt!** we were lucky there!; **was gibts denn da zu lachen?** what's funny about that?; **da kann man nur lachen** you can't help laughing; **da fragt man sich (doch), ob ...** it makes you wonder if ...; **da fällt mir gerade ein ...** it's just occurred to me ... **B** *konj* (≈ *weil*) as, since

DAAD *abk* (= *Deutscher Akademischer Austauschdienst*) German Academic Exchange Service

dabehalten *v/t* **1** *Unterlagen* to hold onto **2** *im Krankenhaus* **sie behielten ihn gleich da** they kept him in

dabei *adv* **1** *örtlich* with it; **ein Häuschen mit einem Garten ~** a little house with a garden (attached to it); **nahe ~** nearby **2** (≈ *gleichzeitig*) at the same time; **er aß weiter und blätterte ~ in dem Buch** he went on eating, leafing through the book at the same time **3** (≈ *außerdem*) as well; **sie ist schön und ~ auch noch klug** she's pretty, and clever as well **4** *während man etw tut* in the process; *ertappen* at it; **die ~ entstehenden Kosten** the expenses arising from this/that **5** **~ sein, etw zu tun** to be doing sth; **er war ~, sein Zimmer aufzuräumen** he was tidying his room **6** (≈ *in dieser Angelegenheit*) **das Schwierigste ~** the most difficult part of it; **wichtig ~ ist ...** the important thing here *od* about it is ...; **~ kann man viel Geld verdienen** there's a lot of money in that **7** (≈ *einräumend doch*) (and) yet; **er hat mich geschlagen, ~ hatte ich gar nichts gemacht** he hit me and I hadn't even done anything **8** **ich bleibe ~** I'm not changing my mind; **lassen wir es ~** let's leave it at that!; **was ist schon ~?** so what? *umg*, what of it? *umg*; **ich finde gar nichts ~** I don't see any harm in it; **was hast du dir denn ~ gedacht?** what were you thinking of?

dabeibleiben *v/i* to stay with it; → *dabei* 8

dabeihaben *umg v/t* to have with one

dabei sein *v/i* **1** (≈ *anwesend sein*) to be there (**bei** at); (≈ *mitmachen*) to be involved (**bei** in); **ich bin dabei!** count me in! **2** (≈ *im Begriff sein*) **~, etw zu tun** to be just doing sth

dabeisitzen *v/i* **bei einer Besprechung ~** to sit in on a discussion

dabeistehen *v/i* **er stand dabei und sagte nichts** he stood there and said nothing

dableiben *v/i* to stay (on)

Dach *n* **1** roof; **mit j-m unter einem ~ wohnen** to live under the same roof as sb; **unter ~ und Fach sein** (≈ *abgeschlossen*) to be all wrapped up **2** *fig umg* **j-m eins aufs ~ geben** (≈ *schlagen*) to smash sb on the head *umg*; (≈ *ausschimpfen*) to give sb a (good) talking-to

Dachboden *m* attic; *von Scheune* loft

Dachbox *f* AUTO roof box

Dachdecker(in) *m(f)* roofer

Dachfenster *n* skylight

Dachfirst *m* ridge of the roof

Dachgarten *m* roof garden

Dachgepäckträger *m* AUTO roof rack

Dachgeschoss *n*, **Dachgeschoß** *österr n* attic storey *Br*, attic story *US*, loft; (≈ *oberster Stock*) top floor

Dachgiebel *m* gable

Dachluke *f* skylight

Dachpappe *f* roofing paper

Dachrinne *f* gutter

Dachs *m* ZOOL badger

Dachschaden *umg m* **einen (kleinen) ~ haben** to have a slate loose *umg*

Dachterrasse *f* roof terrace

Dachverband *m* umbrella organization

Dachwohnung *f* attic apartment

Dachziegel *m* roofing tile

Dackel *m* dachshund

daddeln *sl v/i* to play the fruit machines; IT to play (computer games)

dadurch *adv* **1** *örtlich* through there **2** *kausal* (≈ *auf diese Weise*) in this/that way; **~, dass er das tat, hat er ...** (≈ *durch diesen Umstand, diese Tat*) by doing that he ...; (≈ *deswegen, weil*) because he did that he ...

dafür *adv* **1** for that/it; **der Grund ~ ist, dass ...** the reason for that is (that) ...; **~ stimmen** to vote for it **2** *als Ersatz* instead; *bei Tausch* in exchange; *als Gegenleistung* in return; **... ich mache dir ~ deine Hausaufgaben** ... and I'll do your homework in return; **~, dass er erst drei Jahre ist, ist er sehr klug** considering that he's only three he's very clever **3** **er interessiert sich nicht ~** he's not interested in that/it;

ein Beispiel ~ wäre ... an example of that would be ...
dafürkönnen v/t **er kann nichts dafür, dass es kaputtgegangen ist** it's not his fault that it broke
dag *österr abk* (= *Dekagramm*) decagram(me)
dagegen **A** *adv* **1** against it; ~ **sein** to be against it; **etwas ~ haben** to object; **ich habe nichts ~** I don't mind; ~ **lässt sich nichts machen** nothing can be done about it **2** (≈ *vergleichen damit*) in comparison **B** *konj* (≈ *im Gegensatz dazu*) on the other hand
dagegenhalten v/t (≈ *vergleichen*) to compare it/them with
dagegensprechen v/i to be against it; **was spricht dagegen?** what is there against it?
daheim *adv bes österr, schweiz, südd* at home; **bei uns ~** back home (where I/we come from)
Daheim *n bes österr, schweiz, südd* home
daher **A** *adv* **1** (≈ *von dort*) from there; **von ~ from there 2** (≈ *durch diesen Umstand*) that is why; ~ **weiß ich das** that's how *od* why I know that; ~ **kommt es, dass ...** that is (the reason) why ... **B** *konj* (≈ *deshalb*) that is why, so
dahergelaufen *adj* **jeder ~e Kerl** any Tom, Dick or Harry
daherreden **A** v/i **red doch nicht so (dumm) daher!** don't talk such nonsense! **B** v/t **was er alles daherredet** the things he comes out with! *umg*
dahin **A** *adv* **1** *räumlich* there; (≈ *hierhin*) here; **bis ~** as far as there, up to that point; **bis ~ dauert es noch zwei Stunden** it'll take us another two hours to get there **2** *fig* (≈ *so weit*) ~ **kommen** to come to that; **es ist ~ gekommen, dass ...** things have got to the stage where ... **3** (≈ *in dem Sinne*) **er äußerte sich ~ gehend, dass ...** he said something to the effect that ... **4** *zeitlich* then **B** *adj* ~ **sein** to have gone; **das Auto ist ~** *hum umg* the car has had it *umg*
dahingegen *adv* on the other hand
dahingestellt *adj* ~ **sein lassen, ob ...** to leave it open whether ...; **es bleibt** *od* **sei ~, ob ...** it is an open question whether ...
dahinten *adv* over there; *hinter Sprecher* back there
dahinter *adv* behind (it/that/him *etc*); **was sich wohl ~ verbirgt?** I wonder what's behind that?
dahinterklemmen *umg* v/r to get one's finger out *umg*
dahinterkommen *umg* v/i to find out; (≈ *langsam verstehen*) to get it *umg*
dahinterstecken *umg* v/i to be behind it/that
dahinvegetieren v/i to vegetate
Dahlie *f* dahlia

Dakapo *n* MUS encore
dalassen v/t to leave (here/there)
daliegen v/i to lie there
dalli *umg adv* ~, ~! on the double! *umg*
Dalmatiner *m Hund* dalmatian
damalig *adj* at that time
damals *adv* at that time; **seit ~** since then
Damast *m* damask
Dame *f* **1** lady; **meine ~n und Herren!** ladies and gentlemen!; **Sehr geehrte ~n und Herren** *Briefanrede* Dear Sir or Madam *Br*, To whom it may concern *US*; **„Damen"** (≈ *Toilette*) "Ladies", Ladies' room; **Hundertmeterstaffel der ~n** women's hundred metre relay *Br*, women's hundred meter relay *US* **2** *Spiel* draughts *sg Br*, checkers *sg US*; (≈ *Doppelstein*) king; *Schach, a.* KART queen
Damebrett *n* draughtboard *Br*, checkerboard *US*
Damenbart *m* facial hair
Damenbinde *f* sanitary towel *Br*, sanitary napkin *US*
Damendoppel *n Tennis etc* ladies' doubles *sg*
Dameneinzel *n Tennis etc* ladies' singles *sg*
damenhaft **A** *adj* ladylike **B** *adv* in a ladylike way
Damenmannschaft *f* SPORT women's team
Damenmode *f* ladies' fashions *pl*
Damenrasierer *m* Ladyshave®
Damenschneider(in) *m(f)* dressmaker
Damentoilette *f* (≈ *WC*) ladies' toilet *od* restroom *US*
Damenwahl *f* ladies' choice
Damespiel *n* draughts *sg Br*, checkers *sg US*
damit **A** *adv* **1** with it/that; **was will er ~?** what does he want with that?; **was soll ich ~?** what am I meant to do with that?; **ist Ihre Frage ~ beantwortet?** does that answer your question?; **weißt du, was er ~ meint?** do you know what he means by that?; **wie wäre es ~?** how about it?; **das/er hat gar nichts ~ zu tun** that/he has nothing to do with it; **was willst du ~ sagen?** what's that supposed to mean?; **weg ~!** away with it; **Schluss ~!** that's enough (of that)! **2** ~ **kommen wir zum Ende des Programms** that brings us to the end of our programmes *Br*, that brings us to the end of our programs *US* **B** *konj* so that; ~ **er nicht fällt** so that he does not fall
dämlich *umg* **A** *adj* stupid **B** *adv* stupidly; ~ **fragen** to ask dumb questions *umg*
Damm *m* **1** (≈ *Deich*) dyke *Br*, dike *bes US*; (≈ *Staudamm*) dam; (≈ *Uferdamm, Bahndamm*) embankment; *Verkehrsverbindung zu Insel* causeway; *fig* barrier **2** *fig umg* **wieder auf dem ~ sein** to be back to normal; **nicht recht auf dem ~ sein**

not to be up to the mark *umg*
dämmen *v/t* TECH *Wärme* to keep in; *Schall* to absorb; (≈ *isolieren*) to insulate
dämmerig *adj Licht* dim; *Zimmer* gloomy
Dämmerlicht *n* twilight; (≈ *Halbdunkel*) half-light
dämmern **A** *v/i* (≈ *im Halbschlaf sein*) to doze **B** *v/i* **es dämmert** *morgens* dawn is breaking; *abends* dusk is falling; **es dämmerte ihm, dass ...** *umg* he began to realize that ...
Dämmerung *f* twilight; (≈ *Halbdunkel*) half-light
Dämmung *f* insulation
Dämon *m* demon
dämonisch *adj* demonic
Dampf *m* vapour *Br*, vapor *US*; (≈ *Wasserdampf*) steam; **~ ablassen** to let off steam; **j-m ~ machen** *umg* to make sb get a move on *umg*
Dampfbad *n* steam bath
Dampfbügeleisen *n* steam iron
dampfen *v/i* **1** to steam **2** (≈ *E-Zigarette rauchen*) to vape
dämpfen *v/t* **1** (≈ *abschwächen*) to muffle; *Farbe* to mute; *Licht* to lower; *Stimmung* to dampen; *Aufprall* to deaden; → **gedämpft** **2** GASTR to steam
Dampfer *m* steamer; **auf dem falschen ~ sein** *od* **sitzen** *fig umg* to have got the wrong idea
Dämpfer *m* **einer Sache** (*dat*) **einen ~ aufsetzen** *umg* to put a damper on sth *umg*
Dampferfahrt *f* steamer trip
Dampfkochtopf *m* pressure cooker
Dampflok *umg f* steam engine
Dampfmaschine *f* steam(-driven) engine
Dampfreiniger *m für Teppiche etc* steam cleaner
Dampfschiff *n* steamship
Dampfwalze *f* steamroller
danach *adv* **1** *zeitlich* after that/it, afterwards; **zehn Minuten ~** ten minutes later **2** *örtlich* behind (that/it/him/them) *etc* **3** (≈ *dementsprechend*) accordingly; (≈ *laut diesem*) according to that; (≈ *im Einklang damit*) in accordance with that/it; **sie sieht nicht ~ aus** she doesn't look (like) it; **~ zu urteilen** judging by that; **mir war nicht ~** (*zumute*) I didn't feel like it **4** **sie sehnte sich ~** she longed for that/it; **~ kann man nicht gehen** you can't go by that
dancen *sl v/i* to dance, to boogie
Däne *m* Dane
daneben *adv* **1** *räumlich* next to him/her/that/it *etc*; **wir wohnen im Haus ~** we live in the house next door **2** (≈ *verglichen damit*) in comparison **3** (≈ *außerdem*) besides that; (≈ *gleichzeitig*) at the same time **4** **~ sein** *umg* to be off
danebenbenehmen *umg v/r* to make an exhibition of oneself
danebengehen *v/i* **1** *Schuss etc* to miss; **der Ball ging daneben** the ball went just wide **2** *umg* (≈ *scheitern*) to go wrong
danebengreifen *v/i* **1** *beim Fangen* to miss **2** *fig umg mit Schätzung etc* to be wide of the mark; **im Ton ~** to strike the wrong note; **im Ausdruck ~** to put things the wrong way
danebenhalten *v/t* **j-n/etw ~** to compare him/her/it *etc* with sb/sth
danebenliegen *v/i umg* (≈ *sich irren*) to be quite wrong
danebenschießen, **danebenschlagen** *v/i* to miss
daneben sein *v/i umg* (≈ *unpassend sein*) to be inappropriate
danebentreffen *v/i* to miss
Dänemark *n* Denmark
Dänin *f* Dane
dänisch *adj* Danish
dank *präp* thanks to
Dank *m ausgedrückt* thanks *pl*; (≈ *Gefühl der Dankbarkeit*) gratitude; **vielen ~** thank you very much, thanks a lot; **als ~ für seine Dienste** in grateful recognition of his service; **zum ~ (dafür)** as a way of saying thank you
dankbar *adj* **1** (≈ *dankerfüllt*) grateful; (≈ *erleichtert*) thankful; (≈ *froh*) glad; *Publikum* appreciative; **j-m ~ sein** to be grateful to sb (**für** for); **sich ~ zeigen** to show one's gratitude (**gegenüber** to); **ich wäre dir ~, wenn du ...** I would appreciate it if you ... **2** (≈ *lohnend Aufgabe, Rolle*) rewarding
Dankbarkeit *f* gratitude
danke *int* **1** thank you, thanks *umg*; *ablehnend* no thank you; **nein, ~** no thank you; **~ schön** *od* **sehr** thanks very much *umg*; **~ vielmals** many thanks; *iron* thanks a million *umg* **2** *umg* **mir geht's ~** I'm OK *umg*
danken **A** *v/i* **j-m ~** to thank sb (**für** for); *feierlich danksagen* to give thanks to sb; **nichts zu ~** don't mention it; **na, ich danke** *iron* no thank you; **etw ~d annehmen/ablehnen** to accept/decline sth with thanks **B** *v/t* (≈ *dankbar sein für*) **man wird es dir nicht ~** you won't be thanked for it
dankenswert *adj Bemühung* commendable; *Hilfe* kind; (≈ *lohnenswert Aufgabe*) rewarding
Dankeschön *n* thank you
Dankschreiben *n* letter of thanks
dann *adv* **1** then; **~ und wann** now and then; **gerade ~, wenn ...** just when ... **2** then; **wenn ..., ~ if ..., (then)**; **erst ~, wenn ...** only when ...; **~ eben nicht** well, in that case (there's no more to be said); **was ~?** then what?; **also ~ bis morgen** see you tomorrow then **3** (≈ *außerdem*) **~ ... noch** on top of that ...
daran *adv* **1** *räumlich* on it/that; *lehnen, stellen*

against it/that; **legen** next to it/that; *befestigen* to it/that; **nahe** *od* **dicht ~** right up against it; **nahe ~ sein, etw zu tun** to be on the point of doing sth; **~ vorbei** past it ❷ *zeitlich* **im Anschluss ~, ~ anschließend** following that/this ❸ **ich zweifle nicht ~** I don't doubt it; **wird sich etwas ~ ändern?** will that change at all?; **~ sieht man, wie ...** there you (can) see how ...; **das Beste** *etc* **~** the best *etc* thing about it; **es ist nichts ~** (≈ *ist nicht fundiert*) there's nothing in it; (≈ *ist nichts Besonderes*) it's nothing special; → dran

darangehen *v/i* **~, etw zu tun** to set about doing sth

daranmachen *umg v/r* **~** to get down to it; **sich ~, etw zu tun** to set about doing sth

daransetzen *v/t* **seine ganzen Kräfte ~, etw zu tun** to spare no effort to do sth

darauf *adv* ❶ *räumlich* on it/that/them *etc* ❷ *Reihenfolge* after that; **~ zu** towards; **~ folgte ...** that was followed by ...; **~ folgend** *Tag etc* following; *Wagen etc* behind *präd*; **am Tag ~** the next day ❸ (≈ *infolgedessen*) because of that; **~ antworten** to answer that; **eine Antwort ~ an** answer to that; **~ steht die Todesstrafe** that carries the death penalty; **~ freuen wir uns schon** we're looking forward to it already

darauffolgend *adj* → darauf 2

daraufhin *adv* ❶ (≈ *deshalb*) as a result (of that/this); (≈ *danach*) after that ❷ (≈ *im Hinblick darauf*) with regard to that/this

daraus *adv* ❶ *räumlich* out of that/it/them ❷ **~ kann man Wein herstellen** you can make wine from that; **~ ergibt sich/folgt, dass ...** it follows from that that ...

darbieten *geh v/t* ❶ (≈ *vorführen*) to perform ❷ (≈ *anbieten*) to offer; *Speisen* to serve

Darbietung *f* performance

darin *adv* ❶ *räumlich* in there ❷ (≈ *in dieser Beziehung*) in that respect; **~ ist er ganz groß** *umg* he's very good at that; **der Unterschied liegt ~, dass ...** the difference is that ...

Darknet *n illegaler Handel im Internet* darknet

darlegen *v/t* to explain (j-m to sb)

Darlegung *f* explanation

Darlehen *n* loan

Darlehensgeber(in) *m(f)* lender

Darlehensnehmer(in) *m(f)* borrower

Darm *m* intestine(s) (*pl*), bowel(s) (*pl*); *für Wurst* (sausage) skin; *für Saiten etc* gut

Darmausgang *m* anus

Darmflora *f* gut bacteria, gut flora

Darmgrippe *f* gastric flu

Darmkrebs *m* cancer of the intestine

Darmleiden *n* intestinal trouble

Darmsaite *f* gut string

Darmspiegelung *f* enteroscopy; *des Dickdarms* colonoscopy

darstellen Ⓐ *v/t* ❶ (≈ *abbilden*) to show; THEAT to portray; (≈ *beschreiben*) to describe; **die ~den Künste** (≈ *Theater*) the dramatic arts; (≈ *Malerei, Plastik*) the visual arts; **sie stellt nichts dar** *fig* she doesn't have much of an air about her ❷ (≈ *bedeuten*) to constitute Ⓑ *v/r* to pose

Darsteller *m* THEAT actor; **der ~ des Hamlet** the actor playing Hamlet

Darstellerin *f* THEAT actress

darstellerisch *adj* dramatic; **eine ~e Höchstleistung** a magnificent piece of acting

Darstellung *f* portrayal; *durch Diagramm etc* representation; (≈ *Beschreibung*) description; (≈ *Bericht*) account

darüber *adv* ❶ *räumlich* over that/it/them; **quer ~** across; **~ hinweg sein** *fig* to have got over it; **~ hinaus** apart from this/that, moreover ❷ (≈ *deswegen*) about that/it; **wir wollen nicht ~ streiten, ob ...** we don't want to argue about whether ... ❸ (≈ *mehr*) **21 Jahre und ~** 21 years and above; **~ hinaus** over and above that

darüberliegen *fig v/i* to be higher

darüberstehen *fig v/i* to be above such things

darum *adv* ❶ *räumlich* (a)round that/it/him/her/them ❷ **es geht ~, dass ...** the thing is that ...; **~ geht es gar nicht** that isn't the point; **~ geht es mir** that's my point; **~ geht es mir nicht** that's not the point for me ❸ (≈ *deshalb*) that's why, because ...; **ach ~!** so that's why!; **warum willst du nicht mitkommen? — ~!** *umg* why don't you want to come? — (just) 'cos! *umg*

darunter *adv* ❶ *räumlich* under that/it/them, below ❷ (≈ *weniger*) under that; **Leute im Alter von 35 Jahren und ~** people aged 35 and under ❸ (≈ *dabei*) among them ❹ **was verstehen Sie ~?** what do you understand by that/it?; → drunter

das *best art* → der

da sein *v/i* to be there; **ist Post für mich da?** is there any mail for me?; **war der Briefträger schon da?** has the postman been yet? *Br*, has the mailman been yet? *US*; **voll ~** *umg* to be all there *umg*; **so etwas ist noch nie da gewesen** it's quite unprecedented

Dasein *n* existence

Daseinsberechtigung *f* right to exist

Dashcam *f* (≈ *Armaturenbrettkamera*) dashboard camera, dashcam

dasitzen *v/i* to sit there; **ohne Hilfe ~** *umg* to be left without any help

dasjenige *dem pr* → derjenige

dass *konj* that; **er sagt, ~ ihm das gefällt** he says that he likes it; **das kommt daher, ~ ...** that comes because ...; **das liegt daran, ~ ...** that

is because ...
dasselbe *dem pr* → derselbe
dastehen *v/i* **1** (≈ *da sein*) to stand there; **steh nicht so dumm da!** don't just stand there looking stupid **2** *fig* **gut/schlecht ~** to be in a good/bad position; **allein ~** to be on one's own; **jetzt stehe ich ohne Mittel da** now I'm left with no money
Date *n umg* (≈ *Verabredung, Person*) date; **ein ~ haben** to go out on a date
Datei *f* IT file; **~ mit Informationen** fact file (**über** +*akk* on)
Dateianhang *m* IT file attachment
Dateiformat *n* file format
Dateimanager *m* file manager
Dateiname *m* file name
Dateiverwaltung *f* file management
Daten *pl* IT data *sg*; **~ eingeben** *od* **erfassen** to enter data
Datenabgleich *m* data comparison; (≈ *Synchronisation*) data synchronization
Datenaustausch *m* data exchange
Datenautobahn *f* information highway
Datenbank *f* database; (≈ *Zentralstelle*) data bank; **relationale/objektorientierte ~** relational/object oriented database
Datenbestand *m* database
Datendiebstahl *m* data theft
Dateneingabe *f* data input
Datenerfassung *f* data capture
Datenflut *f* information overload
datengesteuert *adj* data-driven
Datenhelm *m* head-mounted display
Datenjournalismus *m* data-driven journalism
Datenklau *m* WIRTSCH *umg* data theft
Datenkompressionsprogramm *n* data compression program
Datenlage *f* available data; **nach ~** according to the available data
Datenleitung *f* data line *or* link
Datenmissbrauch *m* misuse of data
Datennetz *n* data network
Datensatz *m* record
Datenschutz *m* data protection
Datenschutzbeauftragte(r) *m/f(m)* data protection official
Datenschützer(in) *m(f)* data protectionist
Datensicherheit *f* data security
Datenspionage *f* data spying
Datenträger *m* data carrier
Datentransfer *m* data transfer
Datentypistin *f* keyboarder, data typist
Datenübertragung *f* data transmission
Datenverarbeitung *f* data processing
Datenverkehr *m* data traffic
datieren *v/t & v/i* to date (**aus** from)
Dativ *m* GRAM dative (case)
Dativobjekt *n* GRAM indirect object
dato *adv* **bis ~** HANDEL, *a. umg* to date
Dattel *f* date
Datum *n* date; **was für ein ~ haben wir heute?** what is the date today?; **das heutige ~** today's date; **~ des Poststempels** date as postmark; **ein Nachschlagewerk neueren/älteren ~s** a recent/an old reference work
Datumsgrenze *f* dateline
Dauer *f* (≈ *das Andauern*) duration; (≈ *Zeitspanne*) period; (≈ *Länge*) *einer Sendung etc* length; **für die ~ eines Monats** for a period of one month; **von ~ sein** to be long-lasting; **keine ~ haben** to be short-lived; **von langer ~ sein** to last a long time; **auf die ~** in the long term; **auf ~** permanently
Dauerarbeitslose(r) *m/f(m)* **die ~n** the long-term unemployed
Dauerarbeitslosigkeit *f* long-term unemployment
Dauerauftrag *m* FIN standing order
Dauerbelastung *f* continual pressure; *von Maschine* constant load
Dauerbetrieb *m* continuous operation
Dauerbrenner *umg m* (≈ *Dauererfolg*) long runner; (≈ *Dauerthema*) long-running issue
Dauerfrost *m* freeze-up
Dauergast *m* permanent guest; (≈ *häufiger Gast*) regular visitor
dauerhaft **A** *adj Zustand* permanent; *Bündnis, Frieden* lasting *attr*, long-lasting **B** *adv* (≈ *für immer*) permanently
Dauerkarte *f* season ticket
Dauerlauf *m* SPORT jog; (≈ *das Laufen*) jogging
Dauerlutscher *m* lollipop
dauern *v/i* **1** (≈ *andauern*) to last **2** (≈ *Zeit benötigen*) to take (a while); **das dauert noch** *umg* it'll be a while yet; **das dauert mir zu lange** it takes too long for me; **das dauert nicht lang** it doesn't take long
dauernd **A** *adj Frieden, Regelung* lasting; *Wohnsitz* permanent; (≈ *fortwährend*) constant **B** *adv* **etw ~ tun** to keep doing sth
Dauerparker(in) *m(f)* long-stay parker *Br*, long-term parker *US*
Dauerregen *m* continuous rain
Dauerstellung *f* permanent position
Dauerstress *m* **im ~ sein** to be in a state of permanent stress
Dauerwelle *f* perm
Dauerwurst *f* German salami
Dauerzustand *m* permanent state of affairs
Daumen *m* thumb; **am ~ lutschen** to suck one's thumb; **j-m die ~ drücken** to keep one's fingers crossed for sb

Daumenlutscher(in) *m(f)* thumb-sucker
Daumennagel *m* thumbnail
Daumenregister *n* thumb index
Daune *f* down feather; **~n** down *sg*
Daunendecke *f* (down-filled) duvet *Br*, (down-filled) quilt
Daunenjacke *f* quilted jacket
davon *adv* **1** *räumlich* from there **2** *fig* **es unterscheidet sich ~** it differs from it; **... und ~ kommt das hohe Fieber** ... and that's where the high temperature comes from; **das kommt ~!** that's what you get; **~ stirbst du nicht** it won't kill you; **was habe ICH denn ~?** what do I get out of it? **3 ~ betroffen werden** *od* **sein** to be affected by that/it/them; **nehmen Sie doch noch etwas ~!** do have some more! **4** (≈ *darüber hören, sprechen*) about that/it/them; *verstehen, halten* of that/it/them; **genug ~!** enough of this!; **nichts ~ halten** not to think much of it; **ich halte viel ~** I think it is quite good
davonfahren *v/i Fahrer, Fahrzeug* to drive away; *Zug* to pull away
davonfliegen *v/i* to fly away
davonjagen *v/t* to chase off *od* away
davonkommen *v/i* (≈ *entkommen*) to get away; (= *nicht bestraft werden*) to get away with it; **mit dem Schrecken/dem Leben ~** to escape with no more than a shock/with one's life; **mit einer Geldstrafe ~** to get off with a fine
davonlassen *v/t* **die Hände** *od* **Finger ~** *umg* to leave it/them well alone
davonlaufen *v/i* (≈ *weglaufen*) to run away (**j-m/vor j-m** from sb); (≈ *verlassen*) to walk out (j-m on sb)
davonmachen *v/r* to make off
davontragen *v/t Sieg, Ruhm* to win; *Schaden, Verletzung* to suffer
davor *adv* **1** *räumlich* in front (of that/it/them) **2** *zeitlich* before that **3 ich habe Angst ~, das zu tun** I'm afraid of doing that; **ich warne Sie ~!** I warn you!
davorstehen *v/i* to stand in front of it/them
davorstellen *v/r* to stand in front of it/them
DAX®, Dax *m abk* (= Deutscher Aktienindex) DAX® index
dazu *adv* **1** (≈ *dabei, damit*) with it; **noch ~** as well, too **2** (≈ *dahin*) to that/it; **er ist auf dem besten Wege ~** he's well on the way to it; **wie konnte es nur ~ kommen?** how could that happen?; **wie komme ich ~?** *empört* why on earth should I?; **... aber ich bin nicht ~ gekommen** ... but I didn't get (a)round to it **3** (≈ *dafür, zu diesem Zweck*) for that/it; **ich habe ihm ~ geraten** I advised him to (do that); **~ bereit sein, etw zu tun** to be prepared to do sth; **~ gehört viel Geld** that takes a lot of money; **~ ist er da** that's what he's there for **4** (≈ *darüber, zum Thema*) about that/it; **was sagst du ~?** what do you say to that? **5 im Gegensatz ~** in contrast to that; **im Vergleich ~** in comparison with that
dazugehören *v/i* to belong (to it/us *etc*); (≈ *eingeschlossen sein*) to be included (in it/them); **das gehört mit dazu** it's all part of it; **es gehört schon einiges dazu** that takes a lot
dazugehörig *adj* which goes/go with it/them, concomitant
dazukommen *v/i* **1** *Person* to join them/us; **möchtest du nicht ~?** wouldn't you like to join us? **2** *Sache, Umstand* **dazu kommt noch, dass** ... on top of that ...
dazulernen *v/t* **viel/nichts ~** to learn a lot more/nothing new; **man kann immer was ~** there's always something to learn
dazusetzen *v/r* to join him/us *etc*
dazutun *umg v/t* to add
Dazutun *n* **ohne dein ~** without your doing/saying anything
dazuverdienen *v/t & v/i* to earn something extra
dazwischen *adv räumlich, zeitlich* in between
dazwischenkommen *v/i* (≈ *störend erscheinen*) to get in the way; **... wenn nichts dazwischenkommt!** ... if all goes well; **mir ist leider etwas dazwischengekommen** something has come up
dazwischenreden *v/i* (≈ *unterbrechen*) to interrupt (**j-m** sb)
DB® *abk* (= Deutsche Bahn AG) German Railways
DDR *f abk* (= Deutsche Demokratische Republik) HIST GDR
deaktivieren *v/t* IT to disable; *Kontrollkästchen* to uncheck
Deal *umg m* deal
dealen *umg* **A** *v/i* **mit etw ~** to deal in sth **B** *v/t* to deal in; *Drogen* to push
Dealer(in) *m(f)* (drug) dealer
Debakel *n* debacle
Debatte *f* debate; **etw zur ~ stellen** to put sth up for discussion; PARL to put sth up for debate; **das steht hier nicht zur ~** that's not the issue
debattieren *v/t & v/i* to debate; **über etw** (*akk*) **~** to discuss sth
Debet *n* FIN debits *pl*
Debetseite *f* FIN debit side
debil *adj* MED feeble-minded
debitieren *v/t* FIN to debit
Debüt *n* debut; **sein ~ als etw geben** to make one's debut as sth
dechiffrieren *v/t* to decode

Deck *n* deck; **alle Mann an ~!** all hands on deck!
Deckbett *n* feather quilt
Deckblatt *n einer Seminararbeit etc* cover page
Deckchen *n* mat; *auf Tablett* tray cloth; (≈ *Tortendeckchen*) doily
Decke *f* **1** cloth; (≈ *Wolldecke*) blanket; *kleiner* rug; (≈ *Steppdecke*) quilt; (≈ *Bettdecke*) cover; **mit j-m unter einer ~ stecken** *fig* to be in league with sb **2** (≈ *Zimmerdecke*) ceiling; **an die ~ gehen** *umg* to hit the roof *umg*; **mir fällt die ~ auf den Kopf** *fig umg* I don't like my own company
Deckel *m* lid; *von Flasche* top; **j-m eins auf den ~ geben** *umg* (≈ *schlagen*) to hit sb on the head; (≈ *ausschimpfen*) to give sb a (good) talking-to *umg*
decken **A** *v/t* **1** (≈ *zudecken*) to cover; **ein Dach mit Ziegeln ~** to roof a building with tiles; → **gedeckt 2** *Tisch, Tafel* to set; **den Tisch ~** to set *od* lay *Br* the table **3** (≈ *schützen*) to cover; FUSSB *Spieler* to mark; *Komplizen* to cover up for **4** *Kosten, Bedarf* to cover, to meet; **mein Bedarf ist gedeckt** *fig umg* I've had enough (to last me some time) **5** HANDEL, FIN (≈ *absichern*) *Scheck* to cover; *Defizit* to offset **B** *v/i* to cover; FUSSB (≈ *Spieler decken*) to mark **C** *v/r Interessen, Begriffe* to coincide; *Aussagen* to correspond; MATH *Figur* to be congruent
Deckenfluter *m* uplighter
Deckfarbe *f* opaque watercolour *Br*, opaque watercolor *US*
Deckmantel *fig m* mask; **unter dem ~ von ...** under the guise of ...
Deckname *m* assumed name; MIL code name
Deckung *f* **1** (≈ *Schutz*) cover; *Schach, a.* FUSSB defence *Br*, defense *US*; *beim Boxen, Fechten* guard; **in ~ gehen** to take cover; **j-m ~ geben** to cover sb **2** HANDEL, FIN *von Scheck* cover; *von Darlehen* security; **zur ~ seiner Schulden** to cover his debts; **eine ~ der Nachfrage ist unmöglich** demand cannot possibly be met **3** (≈ *Übereinstimmung*) congruence
deckungsgleich *adj* MATH congruent; **~ sein** *fig* to coincide; *Aussagen* to agree
Deckweiß *n* opaque white
Decoder *m* decoder
decodieren *v/t* to decode
de facto *adv* de facto
Defätismus *m* defeatism
defekt *adj Gerät etc* faulty; *gen* defective
Defekt *m* fault; (≈ *Mangel*) flaw; **geistiger ~** mental deficiency
defensiv **A** *adj* defensive; *Fahrweise* non-aggressive **B** *adv* defensively
Defensive *f* defensive; **in der ~ bleiben** to remain on the defensive

Defibrillator *m* MED defibrillator
definierbar *adj* definable; **schwer/leicht ~** hard/easy to define
definieren *v/t* to define
Definition *f* definition
definitiv **A** *adj* definite **B** *adv* (≈ *bestimmt*) definitely
Defizit *n* (≈ *Fehlbetrag*) deficit; (≈ *Mangel*) deficiency (**an** +*dat* of)
Defizitverfahren *n* EU excessive deficit procedure
Deflation *f* WIRTSCH deflation
Deformation *f* deformation; (≈ *Missbildung*) deformity
deformieren *v/t* to deform
Defroster *m* AUTO heated windscreen *Br*, defroster *US*
deftig *adj Mahlzeit* substantial; *Humor* ribald; *Lüge* huge; *Ohrfeige* cracking *umg*; *Preis* extortionate
Degen *m* rapier; SPORT épée
Degeneration *f* degeneration
degenerieren *v/i* to degenerate (**zu** into)
degeneriert *adj* degenerate
degradieren *v/t* MIL to demote (**zu** to); *fig* (≈ *herabwürdigen*) to degrade
Degradierung *f* MIL demotion (**zu** to); *fig* degradation
Degu *m* ZOOL degu
dehnbar *adj* elastic; *fig* flexible
dehnen *v/t & v/r* to stretch; *Laut* to lengthen
Dehnung *f* stretching; *von Laut* lengthening
dehydrieren *v/t* CHEM to dehydrate
Deich *m* dyke *Br*, dike *bes US*
Deichsel *f* shaft, whiffletree *US*
deichseln *v/t* to wangle *umg*
dein *poss pr* your; **herzliche Grüße, Deine Elke** with best wishes, yours, Elke; *herzlicher* love Elke
deiner *pers pr* of you; **wir werden ~ gedenken** we will remember you
deine(r, s) *poss pr substantivisch* yours; **der/die/das Deine** *geh* yours; **die Deinen** *geh* your family, your people; **das Deine** *geh* (≈ *Besitz*) what is yours
deinerseits *adv* (≈ *auf deiner Seite*) for your part; (≈ *von deiner Seite*) on your part
deinesgleichen *pron* people like you
deinetwegen *adv* (≈ *wegen dir*) because of you; (≈ *dir zuliebe*) for your sake
deinetwillen *adv* **um ~** for your sake
deinstallieren *v/t Programm* to uninstall
Deka *österr n* → **Dekagramm**
dekadent *adj* decadent
Dekadenz *f* decadence
Dekagramm *n* decagram(me)
Dekan(in) *m(f)* UNIV, KIRCHE dean

Dekanat n (≈ Amtssitz) UNIV office of the dean; KIRCHE deanery
Deklaration f declaration
deklarieren v/t to declare
Deklination f GRAM declension
deklinierbar adj GRAM declinable
deklinieren v/t GRAM to decline
Deko f abk (= Dekoration) umg decoration, deco umg; im Schaufenster window display; Einrichtung décor
dekodieren v/t to decode
Dekolleté n, **Dekolletee** n low-cut neckline
dekolletiert adj Kleid low-cut
Dekompression f decompression
dekomprimieren v/t IT to decompress
dekontaminieren v/t to decontaminate
Dekor m/n decoration; (≈ Muster) pattern
Dekorateur(in) m(f) (≈ Schaufensterdekorateur) window-dresser; von Innenräumen interior designer
Dekoration f **1** (≈ das Ausschmücken) decorating **2** (≈ Einrichtung) décor kein pl; (≈ Fensterdekoration) window-dressing; **zur ~ dienen** to be decorative
dekorativ A adj decorative B adv decoratively
dekorieren v/t to decorate; Schaufenster to dress
Dekostoff m furnishing fabric
Dekret n decree
Delegation f delegation
delegieren v/t to delegate (**an** +akk to)
Delegierte(r) m/f(m) delegate
Delfin[1] m ZOOL dolphin
Delfin[2] n (≈ Delfinschwimmen) butterfly (stroke)
delikat adj **1** (≈ wohlschmeckend) exquisite, delicious **2** (≈ behutsam, heikel) delicate
Delikatesse f (≈ Leckerbissen), a. fig delicacy
Delikatessengeschäft n delicatessen
Delikt n JUR offence Br, offense US
Delinquent(in) geh m(f) offender
Delirium n delirium; **im ~ sein** to be delirious; **~ tremens** the DT's
Delle umg f dent
Delphin m → Delfin[1]
Delta n GEOG delta
dem A best art to the; **wenn dem so ist** if that is the way it is; **wie dem auch sei** be that as it may B dem pr to that C rel pr to whom, that od who(m) ... to; von Sachen to which, which od that ... to
Demagoge m, **Demagogin** f demagogue
Demagogie f demagoguery
demagogisch adj Rede etc demagogic
demaskieren v/t to unmask, to expose; **j-n als etw ~** to expose sb as sth
Dementi n denial
dementieren A v/t to deny B v/i to deny it

dementsprechend A adv correspondingly; (≈ demnach) accordingly B adj appropriate; Gehalt commensurate
Demenz f MED dementia
demenzkrank adj suffering from dementia
Demenzkranke(r) m/f(m) dementia sufferer
demnach adv therefore; (≈ dementsprechend) accordingly
demnächst adv soon
Demo umg f demo umg
Demografie f demography
demografisch adj demographic
Demokrat(in) m(f) democrat; US POL Democrat
Demokratie f democracy
Demokratiedefizit n democratic deficit
demokratisch A adj democratic B adv democratically
demolieren v/t to wreck
Demonstrant(in) m(f) demonstrator; (≈ Gegner) protester
Demonstration f demonstration
Demonstrationsverbot n ban on demonstrations
demonstrativ A adj demonstrative; Beifall acclamatory; Protest pointed B adv pointedly; **~ Beifall spenden** to make a point of applauding
Demonstrativpronomen n demonstrative pronoun
demonstrieren v/t & v/i to demonstrate
Demontage f dismantling
demontieren v/t to dismantle; Räder to take off
demoralisieren v/t (≈ entmutigen) to demoralize
Demoskopie f (public) opinion research
demoskopisch adj Daten, Erkenntnisse opinion poll attr; **~es Institut** (public) opinion research institute; **eine ~e Untersuchung** a (public) opinion poll
demotivieren v/t to discourage
Demoversion f IT demo version
Demut f humility
demütig A adj humble B adv humbly
demütigen v/t to humiliate
Demütigung f humiliation; **j-m eine ~ zufügen** to humiliate sb
demzufolge adv therefore
Den Haag n The Hague
Denkanstoß m something to start one thinking; **j-m Denkanstöße geben** to give sb something to think about
Denkaufgabe f brain-teaser
denkbar A adj conceivable; **es ist durchaus ~, dass er kommt** it's very possible that he'll come B adv extremely; (≈ ziemlich) rather; **den ~ schlechtesten Eindruck machen** to make the worst possible impression
denken A v/i **1** to think; (≈ annehmen) to sup-

pose; (≈ *vermuten*) to guess; **das gibt einem zu ~** it makes you think; **solange ich ~ kann** (for) as long as I can remember; **wo ~ Sie hin!** what an idea!; **wie ~ Sie darüber?** what do you think about it?; **ich denke genauso** I think the same (way); **ich denke schon** I think so; **ich denke nicht** I don't think so **2** **~ an** (+*akk*) to think of *od* about; **das Erste, woran ich dachte** the first thing I thought of; **daran ist gar nicht zu ~** that's (quite) out of the question; **ich denke nicht daran!** no way! *umg*; **daran ~** (≈ *nicht vergessen*) to remember; **denk daran!** don't forget! **B** *v/t* to think; **sagen was man denkt** to say what one thinks; **was denkst du jetzt?** what are you thinking (about)?; **was denkst du über …?** what do you think about *od* of …?; **für j-n/etw gedacht sein** (≈ *vorgesehen*) to be intended for sb/sth; **so war das nicht gedacht** that wasn't what I/he *etc* had in mind; **wer hätte das (von ihr) gedacht!** who'd have thought it (of her)!; **ich habe mir nichts Böses dabei gedacht** I meant no harm (by it); **das kann ich mir ~** I can imagine; **das habe ich mir gleich gedacht** I thought that from the first; **das habe ich mir gedacht** I thought so; **ich denke mir mein Teil** I have my own thoughts on the matter; **sie denkt sich nichts dabei** she thinks nothing of it; → **gedacht**
Denken *n* (≈ *Gedankenwelt*) thought; (≈ *Denkweise*) thinking
Denker(in) *m(f)* thinker
Denkfähigkeit *f* ability to think
denkfaul *adj* (mentally) lazy; **sei nicht so ~!** get your brain working!
Denkfehler *m* flaw in the/one's reasoning
Denkmal *n* (≈ *Gedenkstätte*) monument (**für** to); (≈ *Standbild*) statue
denkmalgeschützt *adj* Gebäude, Monument listed; Baum *etc* protected; **das ist ein ~es Haus** this house is a listed building
Denkmal(s)pflege *f* preservation of historical monuments
Denkmal(s)schutz *m* **unter ~ stehen** to be listed, to be classified as a historical monument
Denkmodell *n* (≈ *Entwurf*) plan for further discussion
Denkpause *f* break, adjournment; **eine ~ einlegen** to have a break to think things over
Denkprozess *m* thought-process
Denkschrift *f* memo *umg*
Denkvermögen *n* capacity for thought
Denkweise *f* way of thinking
denkwürdig *adj* memorable
Denkzettel *umg m* warning; **j-m einen ~ verpassen** to give sb a warning

denn **A** *konj* **1** *kausal* because **2** *geh vergleichend* than; **schöner ~ je** more beautiful than ever **3** *konzessiv* **es sei ~, (dass)** unless **B** *adv verstärkend* **wann/wo ~?** when/where?; **warum ~ nicht?** why not?; **was soll das ~?** what's all this then?
dennoch *adv* nevertheless, still
Dental(laut) *m* LING dental
Denunziant(in) *pej m(f)* informer
denunzieren *v/t* to denounce
Deo *n abk* (= Deodorant) deodorant
Deodorant *n* deodorant
Deoroller *m* roll-on (deodorant)
Deospray *n/m* deodorant spray
Departement *n bes* department
deplatziert *adj* out of place
Deponie *f* dump
deponieren *geh v/t* to deposit
Deportation *f* deportation
deportieren *v/t* to deport
Deportierte(r) *m/f(m)* deportee
Depot *n* **1** depot; (≈ *Wertpapierdepot*) depository; (≈ *Schließfach*) safety deposit box **2** (≈ *Pfand*) deposit
Depp *pej m* twit *umg*
Depression *f* depression; **~en haben** to suffer from depression
depressiv *adj* depressive; WIRTSCH depressed
deprimieren *v/t* to depress
deprimierend *adj* depressing
deprimiert *adj* depressed; **~ sein** to feel low
der, die, das **A** *best art* the; **der/die Arme!** the poor man/woman *od* girl; **die Engländer** the English *pl*; **der Hans** *umg* Hans; **der Rhein** the Rhine; **er nimmt den Hut ab** he takes his hat off; **der und der Wissenschaftler** such and such a scientist **B** *best art Genitiv von die* of the; **der Hund der Nachbarin** the neighbour's dog *Br*, the neighbor's dog *US*; **die Eltern der Schüler** the pupils' parents **C** *best art Dativ von die* to the; **gib der Frau das Buch** give the book to the woman, give the woman the book; **sag der Frau, ich komme** tell the woman I'm coming **D** *dem pr substantivisch* he/she/it; *pl* those, them *umg*; **das bin ich** that's me; **der/die war es** it was him/her; **der/die mit der großen Nase** the one with the big nose, him/her with the big nose *umg*; **der und schwimmen?** him, swimming?; **hat dir der Film gefallen? - ja, der war gut** did you like the movie? - yes, it was good; **der/die da** *von Menschen* he/she, that man/woman *etc*; *von Gegenständen* that (one); **die hier/da** *pl* these/those; **der/die/das dort** that; *Plural* those; **der/die/das hier** this; *Plural* these; **die so etwas tun, …** those who do that sort of thing … **E** *rel pr Mensch* who, that; *Gegenstand, Tier* which, that

derart adv Art und Weise in such a way; **er hat sich ~ benommen, dass ...** he behaved so badly that ...; **ein ~ unzuverlässiger Mensch** such an unreliable person

derartig A adj such; **(etwas) Derartiges** something like that B adv → derart

derb adj 1 (≈kräftig) strong 2 (≈grob) coarse; Sprache crude

Derby n horse race for three-year-olds, derby US

deregulieren v/t WIRTSCH to deregulate

deren rel pr 1 sg whose 2 pl whose, of whom; von Sachen of which

derentwegen adv because of whom; von Sachen because of which

dergleichen dem pr 1 adjektivisch of that kind; ~ **Dinge** things of that kind 2 substantivisch that sort of thing; **nichts ~** nothing of that kind

Derivat n derivative

derjenige, diejenige, dasjenige dem pr substantivisch the one; pl those

dermaßen adv mit Adjektiv so; mit Verb so much; **ein ~ dummer Kerl** such a stupid fellow

Dermatologe m, **Dermatologin** f dermatologist

Dermatologie f dermatology

derselbe, dieselbe, dasselbe dem pr the same; **noch mal dasselbe, bitte!** umg same again, please; **ein und ~ Mensch** one and the same person

derzeit adv (≈jetzt) at present

derzeitig adj (≈jetzig) present, current

Desaster n disaster

Deserteur(in) m(f) deserter

desertieren v/i to desert

desgleichen adv (≈ebenso) likewise

deshalb adv & konj therefore, that's why; (≈aus diesem Grunde) because of that; **~ bin ich hergekommen** that is what I came here for; **~ also!** so that's why!; **~ frage ich ja** that's exactly why I'm asking

Design n design

designen v/t to design

Designer(in) m(f) designer

Designerbaby n umg designer baby

Designerdroge f designer drug

Designermöbel pl designer furniture sg

Designermode f designer fashion

designiert adj **der ~e Vorsitzende** the chairman elect

Desinfektion f disinfection

Desinfektionsmittel n disinfectant

desinfizieren v/t Zimmer, Bett etc to disinfect; Spritze, Gefäß etc to sterilize

Desinformation f POL disinformation kein pl

Desinteresse n lack of interest (**an** +dat in)

desinteressiert adj uninterested; Gesicht bored

deskriptiv adj descriptive

Desktop-Publishing n desktop publishing

desolat geh adj desolate; Zustand desperate

Despot(in) m(f) despot

despotisch adj despotic

dessen rel pr whose; von Sachen of which, which ... of

Dessert n dessert

Dessin n Textilien pattern

Dessous pl underwear kein pl; elegant lingerie kein pl

destabilisieren v/t to destabilize

Destabilisierung f destabilization

destillieren v/t to distil Br, to distill US

desto konj **~ mehr/besser** all the more/better; **~ schneller** all the faster; → je

destruktiv adj destructive

deswegen adv → deshalb

Detail n detail; **ins ~ gehen** to go into detail(s); **im ~** in detail; **bis ins kleinste ~** (right) down to the last detail

Detailfrage f question of detail

detailgenau, detailgetreu adj accurate in every detail

detailliert A adj detailed B adv in detail; **~er** in greater detail

Detektiv(in) m(f) private investigator, detective

Detektivroman m detective novel

Detektor m TECH detector

Detonation f explosion

detonieren v/i to explode

Deut m **um keinen ~** not one iota

deuten A v/t (≈auslegen) to interpret; **etw falsch ~** to misinterpret sth B v/i (**mit dem Finger) auf etw** (akk) **~** to point (one's finger) at sth; **alles deutet darauf, dass ...** all the indications are that ...

deutlich A adj clear; **~ werden** to make oneself clear; **das war ~!** (≈taktlos) that was clear enough; **muss ich ~er werden?** have I not made myself clear enough? B adv clearly; **~ zu sehen/hören** easy to see/hear; **j-m ~ zu verstehen geben, dass ...** to make it clear to sb that ...

Deutlichkeit f clarity; **etw mit aller ~ sagen** to make sth perfectly clear

deutsch adj German; **Deutsche Demokratische Republik** HIST German Democratic Republic; **Deutsche Mark** HIST German mark; **mit j-m ~ reden** fig umg deutlich to speak bluntly with sb

Deutsch n German; **~ sprechend** German-speaking; **sich auf ~ unterhalten** to speak (in) German; **wie sagt man das auf ~?** how do you say that in German?; **auf gut ~ (gesagt)** fig umg in plain English

deutsch-englisch *adj* POL Anglo-German; LING German-English
Deutsche(r) *m/f(m)* **er ist ~r** he is (a) German; **eine ~ wurde verletzt** a German woman was injured; **die ~n** the Germans
deutschfeindlich *adj* anti-German
deutschfreundlich *adj* pro-German
Deutschland *n* Germany; **warst du schon mal in ~?** have you ever been to Germany?
Deutschlehrer(in) *m(f)* German teacher
deutschsprachig *adj Bevölkerung, Gebiete* German-speaking; *Zeitung* German language; *Literatur, Ausgabe* German
Deutschstunde *f* German lesson
Deutschunterricht *m* German lessons *pl*; (≈ *das Unterrichten*) teaching German
Deutung *f* interpretation
Devise *f* **1** (≈ *Wahlspruch*) motto **2** FIN **~n** *pl* foreign exchange
Devisenbestimmungen *pl* foreign exchange control regulations *pl*
Devisenbörse *f* foreign exchange market
Devisengeschäft *n* foreign exchange dealing
Devisenhandel *m* foreign exchange dealings *pl*
Devisenhändler(in) *m(f)* foreign exchange dealer
Devisenkontrolle *f* (foreign) exchange control
Devisenkurs *m* exchange rate
Dezember *m* December; → **März**
dezent **A** *adj* discreet, unobtrusive; *Kleidung* subtle; *Einrichtung* refined **B** *adv andeuten* discreetly
dezentral **A** *adj* decentralized **B** *adv verwalten* decentrally
Dezentralisierung *f* decentralization
Dezernat *n* ADMIN department
Dezibel *n* decibel
Dezigramm *n* decigram(me)
Deziliter *m/n* decilitre *Br*, deciliter *US*
dezimal *adj* decimal
Dezimalbruch *m* decimal fraction
Dezimalrechnung *f* decimals *pl*
Dezimalstelle *f* decimal place
Dezimalsystem *n* decimal system
Dezimalzahl *f* decimal number
Dezimeter *m/n* decimetre *Br*, decimeter *US*
dezimieren *v/t* to decimate
DFB *m abk* (= *Deutscher Fußball-Bund*) German Football Association
DGB *m abk* (= *Deutscher Gewerkschaftsbund*) Federation of German Trade Unions
d. h. *abk* (= *das heißt*) i. e.
Dia *n* FOTO slide
Diabetes *m* diabetes
Diabetiker(in) *m(f)* diabetic
diabetisch *adj* diabetic
Diabolo *n Spiel* diabolo
Diagnose *f* diagnosis; **eine ~ stellen** to make a diagnosis
diagnostisch *adj* diagnostic
diagnostizieren *v/t & v/i* MED, *a. fig* to diagnose
diagonal **A** *adj* diagonal **B** *adv* diagonally
Diagonale *f* diagonal
Diagramm *n* diagram, chart
Dialekt *m* dialect
Dialektik *f Philosophie* dialectics
dialektisch *adj Philosophie* dialectic(al)
Dialog *m* dialogue *Br*, dialog *US*
Dialogmarketing *n* dialog(ue) marketing; **Kauffrau/Kaufmann für ~** (qualified) dialog(ue) marketing officer
Dialyse *f* MED dialysis
Dialysegerät *n* dialysis machine
Diamant *m* diamond
diamanten *adj* diamond; **~e Hochzeit** diamond wedding
diametral **A** *adj* diametral **B** *adv* **~ entgegengesetzt sein** to be diametrically opposite
Diaphragma *n* TECH, MED diaphragm
Diapositiv *n* slide
Diaprojektor *m* slide projector
Diarahmen *m* slide frame
Diät *f* MED diet; **~ kochen** to cook according to a diet; **~ halten** to keep to a diet; **eine ~ machen** to go on a diet; **j-n auf ~ setzen** *umg* to put sb on a diet
Diätassistent(in) *m(f)* dietician
Diäten *pl* PARL parliamentary allowance
Diätkost *f* dietary foods *pl*
Diavortrag *m* slide presentation
dich **A** *pers pr* you **B** *refl pr* yourself; **wie fühlst du ~?** how do you feel?
dicht **A** *adj* **1** *Haar, Hecke* thick; *Wald, Gewühl* dense; *Verkehr* heavy; *Gewebe* close; **in ~er Folge** in rapid succession **2** (≈ *wasserdicht*) watertight; (≈ *luftdicht*) airtight; **~ machen** to seal; **er ist nicht ganz ~** *umg* he's nuts *umg* **B** *adv* **1** (≈ *nahe*) closely; **(dicht an) ~ stehen** to stand close together **2** (≈ *sehr stark bevölkert*) densely; **~ behaart** very hairy; **~ bewölkt** heavily overcast; **~ gedrängt** closely packed; *Programm* packed **3** **~ an/bei** close to; **~ dahinter** right behind; **~ daneben** close beside it; **~ hintereinander** close(ly) behind one another
Dichte *f* **1** *von Haar, Hecke* thickness; *von Verkehr* heaviness **2** PHYS density
dichten **A** *v/t* to write **B** *v/i* to write poems/a poem
Dichter(in) *m(f)* poet; (≈ *Schriftsteller*) writer
dichterisch *adj* poetic; (≈ *schriftstellerisch*) literary; **~e Freiheit** poetic licence *Br*, poetic li-

cense *US*
dichtgedrängt *adj* → dicht
dichthalten *umg v/i* to keep one's mouth shut *umg*
Dichtkunst *f* art of poetry; (≈ *Schriftstellerei*) creative writing
dichtmachen *umg v/t & v/i Fabrik, Betrieb etc* to close down; (**den Laden**) **~** to shut up shop (and go home) *umg*
Dichtung¹ *f* **1** (≈ *Dichtkunst*) literature; *in Versform* poetry; **~ und Wahrheit** *fig* fact and fiction **2** (≈ *Dichtwerk*) poem, literary work
Dichtung² *f* TECH seal; *in Wasserhahn etc* washer
Dichtungsring *m* seal; *in Wasserhahn* washer
dick **A** *adj* **1** thick; *Mensch, Buch, Brieftasche* fat; **3 m ~e Wände** walls 3 metres thick *Br*, walls 3 meters thick *US*; **~ machen** *Speisen* to be fattening; **~ werden** *Mensch* (≈ *zunehmen*) to get fat; **durch ~ und dünn** through thick and thin **2** *umg Fehler* big; **das ist ein ein ~es Lob** that's high praise; **das ist ein ~er Hund** *umg* (≈ *unerhört*) that's a bit much *umg* **3** (≈ *geschwollen*) swollen **4** *umg* (≈ *herzlich*) *Freundschaft* close **B** *adv* **1** (≈ *reichlich*) thickly; **etw ~ mit Butter bestreichen** to spread butter thickly on sth; **er hat es ~(e)** *umg* (≈ *hat es satt*) he's had enough of it; (≈ *hat viel*) he's got enough and to spare **2** *umg* (≈ *eng*) **mit j-m ~ befreundet sein** to be thick with sb *umg*
dickbäuchig *adj Mensch* potbellied
Dickdarm *m* ANAT colon
Dicke *f* **1** (≈ *Stärke, Durchmesser*) thickness **2** *von Menschen, Körperteilen* fatness
Dicke(r) *umg m/f(m)* fatso *umg*
Dickerchen *umg n* chubby
dickfellig *umg adj* thick-skinned
dickflüssig *adj* thick; TECH viscous
Dickhäuter *m* pachyderm; *fig* thick-skinned person
Dickicht *n* (≈ *Gebüsch*) thicket; *fig* jungle
Dickkopf *m* **1** (≈ *Starrsinn*) obstinacy; **einen ~ haben** to be obstinate **2** (≈ *Mensch*) mule *umg*
dickköpfig *fig adj* stubborn
Dickköpfigkeit *f* stubbornness
dicklich *adj* plump
Dickmilch *f* GASTR sour milk
Dickschädel *umg m* → Dickkopf
Didaktik *f* didactics *sg form*, teaching methods *pl*
didaktisch **A** *adj* didactic **B** *adv* didactically
die *best art* → der
Dieb(in) *m(f)* thief; **haltet den ~!** stop thief!
Diebesbande *f* gang of thieves
Diebesgut *n* stolen property
diebisch *adj* **1** thieving *attr* **2** *umg Freude* mischievous

Diebstahl *m* theft; **bewaffneter ~** armed robbery; **geistiger ~** plagiarism
Diebstahlsicherung *f* AUTO antitheft device
Diebstahlversicherung *f* theft insurance
diejenige *dem pr* → derjenige
Diele *f* **1** (≈ *Fußbodenbrett*) floorboard **2** (≈ *Vorraum*) hall
dienen *v/i* to serve (*j-m/einer Sache* sb/sth); (≈ *Militärdienst leisten*) to do (one's) military service; **als/zu etw ~** to serve as/for sth; **es dient einem guten Zweck** it serves a useful purpose; **damit kann ich leider nicht ~** I'm afraid I can't help you there; **damit ist mir wenig gedient** that's no use to me
Diener *m* **1** (≈ *Mensch*) servant **2** *umg* (≈ *Verbeugung*) bow
Dienerin *f* maid, servant
dienlich *adj* useful; **j-m/einer Sache ~ sein** to be of use *od* help to sb/sth
Dienst *m* service; **diplomatischer/öffentlicher ~** diplomatic/civil service; **den ~ quittieren, aus dem ~ (aus)scheiden** to resign one's post; MIL to leave the service; **~ mit der Waffe** MIL armed service; **~ haben** *Arzt etc* to be on duty; *Apotheke* to be open; **~ habend** → diensthabend; **außer ~** (≈ *im Ruhestand*) retired; **außer ~ sein** (≈ *keinen Dienst haben*) to be off duty; **~ nach Vorschrift** work to rule; **sich in den ~ der Sache stellen** to embrace the cause; **j-m einen schlechten ~ erweisen** to do sb a bad turn; **j-m gute ~e leisten** to serve sb well; **~ am Kunden** customer service
Dienstag *m* Tuesday; **am ~** on Tuesday; **hast du ~ Zeit?** have you time on Tuesday?; **jeden ~** every Tuesday; **ab nächsten ~** from next Tuesday; **~ in einer Woche** a week on Tuesday; **~ vor einer Woche** a week (ago) last Tuesday
Dienstagabend *m* Tuesday evening; **am ~** on Tuesday evening
dienstagabends *adv* on Tuesday evenings
Dienstagmorgen *m* Tuesday morning; **am ~** on Tuesday morning
Dienstagnachmittag *m* Tuesday afternoon
Dienstagnacht *f* Tuesday night
dienstagnachts *adv* on Tuesday nights
dienstags *adv* (on) Tuesdays, on a Tuesday; **~ abends** (on) Tuesday evenings
Dienstalter *n* length of service
Dienstauto *n* company car
dienstbeflissen *adj* zealous
dienstbereit *adj Apotheke* open *präd*; *Arzt* on call *präd*
Dienstbote *m*, **Dienstbotin** *f* servant
dienstfrei *adj* free; **~er Tag** day off, free day; **~ haben** to have a day off
Dienstgeheimnis *n* official secret

Dienstgrad *m* MIL (≈ *Rangstufe*) rank
diensthabend *adj Arzt, Offizier etc* duty *attr*, on duty
Dienstleister *m* (≈ *Firma*) service company
Dienstleistung *f* service
Dienstleistungsbetrieb *m* service company
Dienstleistungsgesellschaft *f* service economy
Dienstleistungsgewerbe *n* services trade
Dienstleistungssektor *m* service sector
Dienstleistungsunternehmen *n* service enterprise
dienstlich **A** *adj Angelegenheiten* business *attr*; *Schreiben* official **B** *adv* on business
Dienstmädchen *n* maid
Dienstplan *m* duty roster
Dienstreise *f* business trip
Dienstschluss *m* end of work; **nach ~** after work
Dienststelle *f* ADMIN department
Dienststunden *pl* office hours *pl*
diensttauglich *adj* MIL fit for duty
diensttuend *adj Arzt* duty *attr*, on duty
Dienstwagen *m* company car
Dienstweg *m* **den ~ einhalten** to go through the proper channels *pl*
dies *dem pr* this; *pl* these; **~ sind** these are; **~ und das** this and that
diesbezüglich *form adj* regarding this
diese *dem pr* → **dieser**
Diesel *umg m* diesel
dieselbe *dem pr* → **derselbe**
Dieselmotor *m* diesel engine
Dieselöl *n* diesel oil
dieser, diese, dieses *dem pr* this; *pl* these; **diese(r, s) hier** this (one); **diese(r, s) da** that (one); **diese dort** those; **diese hier** these; **dieses und jenes** this and that; **~ und jener** this person and that; **am 5. dieses Monats** on the 5th of this month; **an diesem Abend** that evening; **(nur) dieses eine Mal** just this/that once
diesig *adj Wetter, Luft* hazy
diesjährig *adj* this year's
diesmal *adv* this time
diesseits *präp* on this side of
Dietrich *m* skeleton key
diffamieren *v/t* to defame
Diffamierung *f* (≈ *das Diffamieren*) defamation (of character); (≈ *Bemerkung etc*) defamatory statement
Differential *n* → **Differenzial**
Differenz *f* **1** difference **2** (≈ *Meinungsverschiedenheit*) difference (of opinion)
Differenzial *n* MATH, AUTO differential
differenzieren *v/i* to make distinctions (**bei** in); (≈ *den Unterschied verstehen*) to differentiate (**bei** in)
differenziert *adv gestalten* in a sophisticated manner; **ich sehe das etwas ~er** I think it's a bit more complex than that
differieren *v/i* to differ, to vary (**um** by)
diffus *adj Gedanken* confused; *Rechtslage* unclear
digital **A** *adj* digital; **~er Bilderrahmen** digital picture frame; **~er Fotorahmen** digital photo frame **B** *adv* digitally
Digitalanzeige *f* digital display
Digitalfernsehen *n* digital television
digitalisieren *v/t* to digitalize
Digitalisierung *f* digitalization
Digitalkamera *f* digital camera
Digitalreceiver *m*, **Digitaldecoder** *m*, **Digitalempfänger** *m* TV digital receiver
Digitalrechner *m* COMPUT digital calculator
Digitaltechnik *f* IT digital technology
Digitaluhr *f* digital clock; (≈ *Armbanduhr*) digital watch
Digitalzeitalter *n* digital age
Diktat *n* dictation; **ein ~ schreiben** SCHULE to do (a) dictation; **etw nach ~ schreiben** to write sth from dictation
Diktator(in) *m(f)* dictator
diktatorisch *adj* dictatorial
Diktatur *f* dictatorship
diktieren *v/t* to dictate
Dilemma *n* dilemma
Dilettant(in) *m(f)* amateur
dilettantisch **A** *adj* amateurish **B** *adv* amateurishly
Dill *m* BOT, GASTR dill
Dimension *f* dimension
Dimmer *m* dimmer (switch)
DIN® *f abk* (= *Deutsche Industrie-Norm*) German Industrial Standard; **DIN® A4** A4
Ding *n* **1** thing; **guter ~e sein** *geh* to be in good spirits; **berufliche ~e** professional matters; **so wie die ~e liegen** as things are; **vor allen ~en** above all (things) **2** *umg* **das ist ein ~!** now there's a thing! *umg*; **ein tolles ~!** *umg* great! *umg*; **das war vielleicht ein ~** *umg* that was quite something *umg*
Dingo *m* (≈ *australischer Wildhund*) dingo
Dings *n*, **Dingsbums** *umg n* (≈ *Sache*) whatsit *umg*
Dinkel *m* BOT spelt
Dinosaurier *m* dinosaur
Diode *f* diode
Dioxid *n* dioxide
Dioxin *n* dioxin
dioxinhaltig *adj* dioxinated
Diözese *f* diocese
Dip *m Sauce* dip
Diphtherie *f* diphtheria

Diphthong m diphthong
Diplom n diploma
Diplomarbeit f dissertation (*submitted for a diploma*)
Diplomat(in) m(f) diplomat
Diplomatie f diplomacy
diplomatisch **A** *adj* POL *fig* diplomatic **B** *adv* diplomatically; **sie hat sich nicht sehr ~ verhalten** she wasn't very diplomatic
diplomiert *adj* qualified
Diplom-Ingenieur(in) m(f) qualified engineer
Diplom-Kauffrau f, **Diplom-Kaufmann** m business school graduate
DIP-Schalter m COMPUT dip switch
dir *pers pr* to you; *reflexiv* yourself
direkt **A** *adj* **1** direct; **~e Rede** direct speech; **eine ~e Verbindung** *mit Zug* a through train; *mit Flugzeug* a direct flight **2** (≈ *genau*) Antwort, Auskunft clear **B** *adv* **1** (≈ *unmittelbar*) directly; **~ von/zu** straight from/to; **~ neben/unter** right next to/under; **~ hinter dir** right behind you; **~ übertragen** *od* **senden** to transmit live **2** (≈ *unverblümt*) bluntly; **j-m etw ~ ins Gesicht sagen** to tell sb sth (straight) to his face **3** *umg* (≈ *geradezu*) really; **nicht ~** not exactly
Direktflug m direct flight
Direktion f (≈ *Leitung*) management
Direktive *geh* f directive
Direktkandidat(in) m(f) POL candidate seeking a direct mandate
Direktmandat n POL direct mandate
Direktor(in) m(f) director; *von Schule* headmaster/headmistress *Br*, principal *US*
Direktorium n board of directors
Direktübertragung f RADIO, TV live transmission
Direktvertrieb m direct marketing
Direktwerbung f direct advertising
Dirigent(in) m(f) MUS conductor
dirigieren *v/t* **1** MUS to conduct **2** (≈ *leiten*) Verkehr *etc* to direct
Dirndl n **1** (*a.* **~kleid**) dirndl **2** *österr* (≈ *Mädchen*) girl
Dirne f prostitute
Discjockey m disc jockey
Disco f disco
Discounter m **1** WIRTSCH discount retailer, cut-price retailer, discounter **2** (≈ *Billigfluganbieter*) no-frills airline
Discountladen m discount shop
Diskette f disk, diskette, floppy (disk)
Diskettenlaufwerk n disk drive
Diskjockey m → Discjockey
Disko f → Disco
Diskont m FIN discount
diskontieren *v/t* FIN to discount
Diskontsatz m FIN discount rate *Br*, bank rate *US*
Diskothek f discotheque
diskreditieren *geh v/t* to discredit
Diskrepanz f discrepancy
diskret **A** *adj* discreet; (≈ *vertraulich*) confidential **B** *adv* discreetly
Diskretion f discretion; (≈ *vertrauliche Behandlung*) confidentiality; **~ üben** to be discreet
diskriminieren *v/t* to discriminate against
diskriminierend *adj* discriminatory
Diskriminierung f discrimination
Diskriminierungsverbot n non-discrimination principle, ban on discrimination
Diskurs *geh* m discourse
Diskus m discus
Diskussion f discussion; **zur ~ stehen** to be under discussion
Diskussionsbedarf m need for discussion
Diskussionsleiter(in) m(f) moderator
Diskussionsrunde f round of discussions; (≈ *Personen*) discussion group
Diskussionsteilnehmer(in) m(f) participant (in a discussion)
Diskussionsthema n discussion topic
Diskuswerfen n throwing the discus
Diskuswerfer(in) m(f) discus thrower
diskutabel *adj* worth discussing
diskutieren *v/t & v/i* to discuss; **über etw** (*akk*) **~** to discuss sth; **darüber lässt sich ~** that's debatable
Display n display
disponieren *geh v/i* **1** (≈ *verfügen*) **über j-n ~** to command sb's services *form*; **über etw ~ können** (≈ *zur Verfügung haben*) to have sth at one's disposal **2** (≈ *planen*) to make arrangements *od* plans
Disposition *geh* f **zur ~ stehen** to be up for consideration
Disput *geh* m dispute
Disqualifikation f disqualification
disqualifizieren *v/t* to disqualify
dissen *sl v/t* to slag off *Br umg*, to diss *bes US umg*
Dissertation f dissertation; (≈ *Doktorarbeit*) (doctoral) thesis
Dissident(in) m(f) dissident
Dissonanz f MUS dissonance; *fig* (note of) discord
Distanz f distance; (≈ *Zurückhaltung*) reserve; **~ halten** *od* **wahren** to keep one's distance; **auf ~ gehen** *fig* to distance oneself
distanzieren *v/r* **sich von j-m/etw ~** to distance oneself from sb/sth
distanziert **A** *adj* Verhalten distant **B** *adv* **~ wirken** to seem distant
Distel f thistle
Disziplin f discipline; **~ halten** *Klasse* to behave

in a disciplined manner
disziplinarisch **A** *adj* disciplinary **B** *adv* **j-n ~ bestrafen** to take disciplinary action against sb
Disziplinarstrafe *f* punishment
Disziplinarverfahren *n* disciplinary proceedings *pl*
disziplinieren *v/t* to discipline
diszipliniert **A** *adj* disciplined **B** *adv* in a disciplined manner
disziplinlos *adj* undisciplined
Disziplinlosigkeit *f* lack *kein pl* of discipline
dito *adv* HANDEL *hum* ditto
Diva *f* star
Divergenz *f* divergence
divergieren *v/i* to diverge
divers *adj* various; **"Diverses"** "miscellaneous"
diversifizieren *v/t & v/i* to diversify
Diversifizierung *f* diversification
Dividende *f* FIN dividend
dividieren *v/t & v/i* to divide (**durch** by)
Division *f* MATH, MIL division
DJ *m abk* (= Discjockey) DJ
DM *abk* (= Deutsche Mark) HIST German mark; **50 DM** 50 German marks, 50 Deutschmarks, 50 marks
DNS *f abk* (= Desoxyribonukleinsäure) DNA
DNS-Code *m* DNA code
doch **A** *konj* (≈ aber) but; **und ~ hat er es getan** but he still did it **B** *adv* **1** (≈ trotzdem) anyway; **du weißt es ja ~ besser** you always know better than I do anyway; **und ~, ...** and yet ...; **ja ~!** of course!; **nein ~!** of course not!; **also ~!** so it IS/so he DID! *etc* **2** *als bejahende Antwort* yes I do/it does *etc*; **hat es dir nicht gefallen? — (doch,) ~!** didn't you like it? — (oh) yes I did! **3 komm ~** do come; **lass ihn ~!** just leave him!; **nicht ~!** don't (do that)!; **du hast ~ nicht etwa ...?** you haven't ..., have you?; **hier ist es ~ ganz nett** it's actually quite nice here; **Sie wissen ~, wie das so ist** (well,) you know how it is, don't you?; **das müsstest du ~ wissen** you should know that
Docht *m* wick
Dock *n* dock
Dogge *f* mastiff; **Deutsche ~** Great Dane
Dogma *n* dogma
Dogmatiker(in) *m(f)* dogmatist
dogmatisch *adj* dogmatic
Dohle *f* ORN jackdaw
Dojo *n* SPORT dojo
Doktor(in) *m(f)* doctor; **sie ist ~** she has a doctorate; **seinen ~ machen** to do a doctorate
Doktorand(in) *m(f)* PhD student, graduate student studying for a doctorate
Doktorarbeit *f* doctoral *od* PhD thesis; **eine ~ aus etw machen** *fig sehr genau arbeiten* to be

writing a thesis on sth
Doktorprüfung *f* examination for a/one's doctorate
Doktortitel *m* doctorate
Doktorvater *m* UNIV supervisor
Doktrin *f* doctrine
Doku *f abk* (= Dokumentation, Dokumentarbericht, Dokumentarfilm) documentation; *Bericht, Film* documentary
Dokudrama *n* docudrama
Dokument *n* document; *fig* (≈ Zeugnis) record
Dokumentarfilm *m* documentary
dokumentarisch **A** *adj* documentary **B** *adv* **etw ~ festhalten** to document sth
Dokumentation *f* documentation
dokumentieren *v/t* to document
Dokumentvorlage *f* IT template
Doku-Soap *f* docusoap
Dolch *m* dagger
Dolchstoß *bes fig m* stab *a. fig*
Dole *f* (≈ Gully) drain
Dollar *m* dollar; **hundert ~** a hundred dollars
Dollarkurs *m* dollar rate
Dollarzeichen *n* dollar sign
dolmetschen *v/t & v/i* to interpret; **j-m** *od* **für j-n ~** to interpret for sb
Dolmetscher(in) *m(f)* interpreter
Dolomiten *pl* GEOG **die ~** the Dolomites *pl*
Dom *m* cathedral
Domain *f* INTERNET domain
Domäne *f* domain
dominant *adj* dominant
dominieren **A** *v/i* to be (pre)dominant; *Mensch* to dominate **B** *v/t* to dominate
dominierend *adj* dominating
dominikanisch *adj* GEOG **die Dominikanische Republik** the Dominican Republic
Domino *n* (≈ Spiel) dominoes *sg*
Dominoeffekt *m* domino effect
Dominospiel *n* dominoes *sg*
Dominostein *m* domino
Domizil *n* domicile *form*
Dompfaff *m* ORN bullfinch
Dompteur(in) *m(f)* trainer; *von Raubtieren* tamer
Donau *f* **die ~** the (river) Danube; **an der ~ liegen** to be on the river Danube
Döner *m* doner kebab
Dönerbude *f umg* doner kebab shop
Donner *m* thunder *kein unbest art, kein pl*; (≈ Donnerschlag) clap of thunder; **wie vom ~ gerührt** *fig umg* thunderstruck
donnern **A** *v/i* to thunder; **es donnerte in der Ferne** there was (the sound of) thunder in the distance **B** *v/i* to thunder; **gegen etw ~** (≈ prallen) to crash into sth
donnernd *fig adj* thunderous

Donnerschlag m clap of thunder
Donnerstag m Thursday; → Dienstag
donnerstags adv (on) Thursdays, on a Thursday; → dienstags
Donnerwetter n fig umg (≈ Schelte) row; **~!** umg anerkennend my word!; **(zum) ~!** umg zornig damn (it)! umg
doof umg adj dumb umg; **~ fragen** to ask a dumb question
Doofmann umg m blockhead umg
dopen **A** v/t SPORT to dope **B** v/i & v/r SPORT to take drugs; → gedopt
Doping n SPORT drug-taking; bei Pferden doping
Dopingkontrolle f SPORT drug(s) test
Dopingsperre f SPORT doping ban
Dopingtest m SPORT drug(s) test
Dopingverdacht m SPORT **bei ihm besteht ~** he is suspected of having taken drugs
Doppel n **1** (≈ Duplikat) duplicate (copy) **2** Tennis etc doubles sg
Doppel- zssgn Agent, Bett, Kinn etc double
Doppelagent(in) m(f) double agent
Doppelbett n double bed; (≈ zwei Betten) twin beds pl
Doppel-CD f double CD
Doppeldecker m **1** FLUG biplane **2** (a. **~bus**) double-decker (bus)
doppeldeutig adj ambiguous
Doppeldeutigkeit f a. LIT ambiguity
Doppelfehler m Tennis double fault
Doppelfenster n **~ haben** to have double glazing
Doppelfunktion f dual function
Doppelgänger(in) m(f) double
Doppelhaus n semi Br umg, duplex (house) US
Doppelhaushälfte f semidetached house Br, duplex (house) US
Doppelkinn n double chin
Doppelklick m IT double click **(auf** +akk on)
doppelklicken v/i IT to double-click **(auf** +akk on)
Doppelleben n double life
Doppelmoral f double (moral) standard(s) (pl)
Doppelmord m double murder
Doppelname m (≈ Nachname) double-barrelled name Br, double-barreled name US
Doppelpack m twin pack
Doppelpass m **1** FUSSB one-two **2** für doppelte Staatsbürgerschaft second passport
Doppelpunkt m colon
Doppelrolle f THEAT double role; fig dual capacity
doppelseitig adj two-sided; Lungenentzündung double; **~e Anzeige** double page spread; **~e Lähmung** diplegia
Doppelsieg m double victory

Doppelspiel n **1** Tennis (game of) doubles sg **2** fig double game
Doppelstecker m two-way adaptor
doppelstöckig adj Haus two-storey Br, two-story US; Bus double-decker attr; **ein ~es Bett** bunk beds pl
Doppelstunde f bes SCHULE double period
doppelt **A** adj double; Staatsbürgerschaft dual; **die ~e Freude** double the pleasure; **~er Boden** von Koffer false bottom; **~e Moral** double standards pl; **ein ~es Spiel spielen** od **treiben** to play a double game **B** adv double; (≈ zweimal) twice; **~ so viel/viele** twice as much/many; **~ so schön** twice as nice; **die Karte habe ich ~** I have two of these cards; **~ verglast** double-glazed; **~ gemoppelt** umg saying the same thing twice over; **~ und dreifach** sich entschuldigen profusely; prüfen thoroughly; **~ (genäht) hält besser** sprichw ≈ better safe than sorry sprichw
Doppelte(s) n double; **um das ~ größer** twice as large; **das ~ bezahlen** to pay twice as much
Doppelverdiener(in) m(f) person with two incomes; (≈ Paar) pl double-income couple
Doppelzentner m 100 kilos
Doppelzimmer n double room
Dorade f gilt-head (sea) bream
Dorf n village; **auf dem ~(e)** (≈ auf dem Land) in the country
Dorfbewohner(in) m(f) villager
Dörfchen n small village
dörflich adj village attr; (≈ ländlich) rural
Dorfplatz m village square
Dorftrottel umg m village idiot
Dorn m **1** BOT, a. fig thorn; **das ist mir ein ~ im Auge** fig that is a thorn in my side bes Br **2** (≈ Sporn) spike; von Schnalle tongue
dornig adj thorny
Dornröschen n Sleeping Beauty
Dornwarze f MED plantar wart, verruca
dörren v/t & v/i to dry
Dörrfleisch n dried meat
Dörrobst n dried fruit
Dorsch m (≈ Kabeljau) cod(fish)
dort adv there; **~ drinnen** in there; **~ drüben** over there; **~ unten** down there; **~ zu Lande** → dortzulande
dortbehalten v/t to keep there
dortbleiben v/i to stay there
dorther adv **von ~** from there
dorthin adv there
dorthinaus adv **frech bis ~** umg really cheeky Br umg, really fresh US umg
dortig adj there (nachgestellt)
dortzulande adv in that country
Dose f **1** (≈ Blechdose) tin; (≈ Konservendose, Bierdo-

se) can; *für Schmuck, aus Holz* box; **in ~n Konserven** canned ② ELEK socket
dösen *umg v/i* to doze
Dosenbier *n* canned beer
Dosencontainer *m* can bank
Dosenfutter *n für Tiere* tinned; *od US* canned pet food
Dosenmilch *f* canned milk, tinned milk *Br*, condensed milk
Dosenöffner *m* can-opener
Dosenpfand *n* deposit on drink cans
Dosieraerosol *n* metered dose inhaler
dosieren *v/t Arznei* to measure into doses; *Menge* to measure out
Dosierung *f* (≈ *Dosis*) dose
Dosis *f* dose; **in kleinen Dosen** in small doses
Dossier *n* dossier
Dotcom *f* HANDEL *sl* (≈ *Internetfirma*) dotcom
Dotcom-Unternehmen *n Internetfirma* dotcom company
dotieren *v/t Posten* to remunerate (**mit** with); *Preis* to endow (**mit** with); **eine gut dotierte Stellung** a remunerative position
Dotierung *f* endowment; *von Posten* remuneration
Dotter *m/n* yolk
dottergelb *adj* golden yellow
doubeln Ⓐ *v/t j-n* to stand in for; *Szene* to shoot with a stand-in Ⓑ *v/i* to stand in; (≈ *als Double arbeiten*) to work as a stand-in
Double *n* FILM *etc* stand-in
down *umg adj* **~ sein** to be (feeling) down
Download *n* INTERNET download
downloaden *v/t & v/i* INTERNET to download
Downloadshop *m* INTERNET download store
Downsyndrom *n* MED Down's syndrome; **ein Kind mit ~** a Down's (syndrome) child
Dozent(in) *m(f)* lecturer *US* (**für** in), (assistant) professor (**für** of)
Dr. *abk* (= *Doktor*) Dr *Br*, Dr. *US*
Drache *m Mythologie* dragon
Drachen *m* ❶ (≈ *Papierdrachen*) kite; SPORT (≈ *Fluggerät*) hang-glider; **einen ~ steigen lassen** to fly a kite ❷ *pej umg* dragon *umg*
Drachenfliegen *n* SPORT hang-gliding
Drachenflieger(in) *m(f)* SPORT hang-glider
Drachenfrucht *f* dragon fruit
Dragee *n*, **Dragée** *n* dragee; (≈ *Bonbon*) sugar-coated chocolate sweet
Draht *m* wire; **auf ~ sein** *umg* to be on the ball *umg*
Drahtbürste *f* wire brush
Drahtgitter *n* wire netting
Drahthaardackel *m* wire-haired dachshund
drahtig *adj Haar, Mensch* wiry
drahtlos *adj* wireless; *Telefon* cordless
Drahtschere *f* wire cutters *pl*
Drahtseil *n* wire cable; **Nerven wie ~e** *umg* nerves of steel
Drahtseilakt *m* balancing act
Drahtseilbahn *f* cable railway *Br*, cableway *US*
Drahtzaun *m* wire fence
Drahtzieher(in) *fig m(f)* wirepuller *bes US*
drakonisch *adj* Draconian
drall *adj Mädchen, Arme* strapping; *Busen* ample
Drall *m von Kugel, Ball* spin; **einen ~ nach links haben** *Auto* to pull to the left
Drama *n* drama
Dramatik *f* drama
Dramatiker(in) *m(f)* dramatist, playwright
dramatisch Ⓐ *adj* dramatic Ⓑ *adv* dramatically
dramatisieren *v/t* to dramatize
Dramaturg(in) *m(f)* literary manager
dramaturgisch *adj* dramatic
dran *umg adv* ❶ (≈ *an der Reihe*) **jetzt bist du ~** it's your turn now; **(wenn er erwischt wird,) dann ist er ~** (if he gets caught) he'll be for it *umg* ❷ **schlecht ~ sein** to be in a bad way; **gut ~ sein** to be well off; *gesundheitlich* to be well; **früh/spät ~ sein** to be early/late; **an den Gerüchten ist nichts ~** there's nothing in those rumours; → **daran**
dranbleiben *v/i umg am Apparat* to hang on; **an der Arbeit ~** to stick at one's work
Drang *m* (≈ *Antrieb*) urge, impulse; (≈ *Sehnsucht*) yearning (**nach** for)
drangeben *v/t umg* (≈ *opfern*) to give up
Drängelei *umg f* pushing; *im Verkehr* jostling; (≈ *Bettelei*) pestering
drängeln *umg* Ⓐ *v/i* to push; *im Verkehr* to jostle Ⓑ *v/t & v/i* (≈ *betteln*) to pester Ⓒ *v/r* **sich nach vorne** *etc* **~** to push one's way to the front *etc*
drängen Ⓐ *v/i* to press; **darauf ~, eine Antwort zu erhalten, auf Antwort ~** to press for an answer; **darauf ~, dass etw getan wird** to press for sth to be done; **die Zeit drängt** time is pressing; **es drängt nicht** it's not pressing Ⓑ *v/t* ❶ to push ❷ (≈ *auffordern*) to urge Ⓒ *v/r Menge* to throng; **sich nach vorn ~** to push one's way to the front; → **gedrängt**
Drängen *n* urging; (≈ *Bitten*) requests *pl*
drängend *adj* pressing
Drängler(in) *m(f)* AUTO tailgater
drangsalieren *v/t* (≈ *plagen*) to pester; (≈ *schikanieren*) to harass; *Mitschüler* to bully; (≈ *unterdrücken*) to oppress
dranhalten *v/r umg* (≈ *sich beeilen*) to get a move on *umg*
drankommen *v/i umg* (≈ *an die Reihe kommen*) to have one's turn
drankriegen *umg v/t* **j-n ~** to get sb *umg*
drannehmen *umg v/t Schüler* to ask

drapieren v/t to drape
drastisch **A** adj (≈ derb) drastic; (≈ deutlich) graphic **B** adv (≈ energisch) kürzen drastically; (≈ deutlich) explicitly; **~ vorgehen** to take drastic measures; **sich ~ ausdrücken** to use strong language
drauf umg adv **~ und dran sein, etw zu tun** to be on the verge of doing sth; → **darauf**; → **drauf sein**
Draufgänger(in) m(f) daredevil; (≈ Mann) bei Frauen predator
draufgängerisch adj daring; negativ reckless
draufgehen umg v/i (≈ sterben) to bite the dust umg; Geld to disappear
draufhaben umg v/t Sprüche to come out with; **zeigen, was man draufhat** to show what one is made of; **schwer was ~** sl to know one's stuff umg
draufkommen v/i **1** umg (≈ gelegt werden) **das kommt da (oben) drauf** that goes up there **2** umg (≈ sich erinnern) to remember; (≈ begreifen) to catch on; **ich bin einfach nicht draufgekommen** it didn't occur to me; (≈ konnte mich nicht erinnern) I just couldn't think of it; **ich komm nicht drauf** I can't think of it
draufkriegen umg v/t **eins ~** to be told off; (≈ geschlagen werden) to be given a smack; (≈ besiegt werden) to be given a thrashing umg
drauflegen umg **A** v/t **20 Euro ~** to lay out an extra 20 euros umg **B** v/i (≈ mehr bezahlen) to pay more
drauflos adv **(nur) immer feste** od **munter ~!** (just) keep at it!
drauflosgehen umg v/i auf ein Ziel to make straight for it; ohne Ziel to set off
drauflosreden umg v/i to talk away
drauflosschlagen umg v/i to hit out
draufmachen umg v/t **einen ~** to make a night of it umg
drauf sein umg v/i **schlecht/gut ~** to be in a bad/good mood
draufsetzen fig umg v/t **eins** od **einen ~** to go one step further
draufzahlen umg v/t & v/i → **drauflegen**
draußen adv outside; (≈ im Freien) outdoors; **~ bleiben** to stay out; **~ auf dem Lande/im Garten** out in the country/in the garden; **nach ~** outside
Dreadlocks pl dreadlocks
Drechselbank f wood(turning) lathe
drechseln v/t to turn (on a wood lathe)
Drechslerei f (≈ Werkstatt) (wood)turner's workshop
Dreck m dirt; bes ekelhaft filth; fig (≈ Schund) rubbish Br, garbage US; **mit ~ und Speck** (≈ ungewaschen) unwashed; **j-n wie den letzten ~ be-**

handeln umg to treat sb like dirt; **der letzte ~ sein** umg Mensch to be the lowest of the low; **~ am Stecken haben** fig to have a skeleton in the cupboard; **etw in den ~ ziehen** fig to drag sth through the mud; **sich einen ~ um j-n/etw kümmern** od **scheren** not to give a damn about sb/sth umg
Dreckarbeit umg f dirty work
Dreckfinger umg pl dirty fingers pl
dreckig **A** adj dirty; stärker filthy **B** adv umg **es geht mir ~** I'm in a bad way; finanziell I'm badly off
Dreckloch pej n hole umg, dump
Drecknest n pej umg dump pej umg, hole pej umg
Drecksack pej umg m dirty bastard sl
Drecksau vulg f filthy swine umg
Dreckschwein umg n dirty pig umg
Dreckskerl umg m dirty swine umg
Dreckspatz umg m (≈ Kind) grubby kid
Dreh m (≈ List) dodge; (≈ Kunstgriff) trick; **den ~ heraushaben, etw zu tun** to have got the knack of doing sth
Dreharbeiten pl FILM shooting sg
Drehbank f lathe
Drehbuch n FILM script
Drehbuchautor(in) m(f) scriptwriter
drehen **A** v/t to turn; Zigaretten to roll; Film to shoot; umg (≈ schaffen) to fix umg; **ein Ding ~** sl to play a prank; Verbrecher to pull a job umg; **wie man es auch dreht und wendet** no matter how you look at it **B** v/i to turn; Wind to change; **um die eigene Achse** to pivot; **an etw** (dat) **~** to turn sth; **daran ist nichts zu ~** fig there are no two ways about it **C** v/r **1** to turn (**um** about); sehr schnell: Kreisel to spin; Wind to change; **sich um etw ~** to revolve around sth; **mir dreht sich alles im Kopf** my head is spinning; **sich ~ und winden** fig to twist and turn **2** (≈ betreffen) **sich um etw ~** to concern sth; um zentrale Frage to centre on sth Br, to center on sth US; **es dreht sich darum, dass …** the point is that …
Dreher(in) m(f) lathe operator
Dreherlaubnis f FILM filming permission
Drehkreuz n turnstile
Drehmoment n torque
Drehorgel f barrel organ
Drehort m FILM location
Drehschalter m rotary switch
Drehscheibe f **1** BAHN turntable **2** (≈ Töpferscheibe) potter's wheel
Drehstrom m three-phase current
Drehstuhl m swivel chair
Drehtag m FILM day of shooting
Drehtür f revolving door
Drehung f turn; **eine ~ um 180°** a 180° turn

Drehzahl f number of revolutions; *pro Minute* revs *pl* per minute
Drehzahlmesser m rev counter
drei *num* three; **aller guten Dinge sind ~!** *sprichw* all good things come in threes!; *nach zwei missglückten Versuchen* third time lucky!; **sie sieht aus, als ob sie nicht bis ~ zählen könnte** *umg* she looks pretty empty-headed; → **vier**
Drei f three
dreibändig *adj* three-volume
dreibeinig *adj* three-legged
Dreibettzimmer n three-bed room
Drei-D- *zssgn* 3-D
Drei-D-Drucker m three-D printer
dreidimensional *adj* three-dimensional, 3D
Dreieck n triangle
dreieckig *adj* triangular
Dreiecksverhältnis n (eternal) triangle
dreieinhalb *num* three and a half
Dreieinigkeit f Trinity
Dreierkonferenz f TEL three-way calling
Dreierpack n three-pack
dreifach **A** *adj* triple; **die ~e Menge** three times the amount **B** *adv* three times; → **vierfach**
Dreifache(s) n **das ~** three times as much; **auf das ~ steigen** to treble
dreifarbig *adj* three-coloured *Br*, three-colored *US*
Dreifuß m tripod
Dreigangschaltung f three-speed gear
dreihundert *num* three hundred
Dreikampf m three-event competition
Dreikäsehoch *umg* m tiny tot *umg*
Dreiklang m MUS triad
Dreikönigsfest n (feast of) Epiphany
dreimal *adv* three times
Dreimeterbrett n three-metre board *Br*, three--meter board *US*
dreinblicken *v/i* **traurig** *etc* ~ to look sad *etc*
dreinreden *umg v/i* (≈ *dazwischenreden*) to interrupt
Dreirad n tricycle
Dreisatz m MATH rule of three
Dreisprung m triple jump
dreispurig *adj Fahrbahn* three-lane *attr*
dreißig *num* thirty; → **vierzig**
dreißigjährig *adj* (≈ *dreißig Jahre alt*) thirty years old, thirty-year-old *attr*
dreist *adj* brazen, bold
dreistellig *adj* three-digit *attr*, with three digits
Dreistigkeit f boldness
dreistufig *adj Rakete* three-stage *attr*, with three stages
Dreitagebart m designer stubble

dreitägig *adj* three-day *attr*, three-day-long
Dreiteiler m **1** *Anzug*, *Kostüm* three-piece suit **2** TV three-parter
dreiteilig *adj Kostüm etc* three-piece *attr*
drei viertel *adj & adv* → **viertel**; → **Viertel¹**
Dreiviertel n three-quarters
Dreivierteljahr n nine months *pl*
Dreiviertelstunde f three-quarters of an hour
Dreivierteltakt m three-four time
dreiwöchig *adj* three-week
dreizehn *num* thirteen; **jetzt schlägt's aber ~** *umg* that's a bit much; → **vierzehn**
dreizehnte(r, s) *adj* thirteenth
Dreizimmerwohnung f three-room flat *Br*, three-room apartment
Dresche *umg* f thrashing
dreschen *v/t* **1** *Korn* to thresh; *umg Phrasen* to bandy; **Skat ~** *umg* to play skat **2** *umg* (≈ *prügeln*) to thrash
Dress m SPORT (sports) kit; *für Fußball a.* strip
Dresscode m (≈ *Kleiderordnung*) dress code
dressieren *v/t* to train; **zu etw dressiert sein** to be trained to do sth
Dressing n GASTR dressing
Dressman m male model
Dressur f training; *für Dressurreiten* dressage
dribbeln *v/i* to dribble
driften *v/i* to drift
Drill m drill
Drillbohrer m drill
drillen *v/t & v/i* to drill; **auf etw** (*akk*) **gedrillt sein** *fig umg* to be practised at doing sth *Br*, to be practiced at doing sth *US*
Drilling m triplet
drin *adv* **1** *umg* → **darin** **2** (≈ *innen drin*) in it; **er/es ist da ~** he/it is in there **3** *umg* **bis jetzt ist noch alles ~** everything is still quite open; **das ist doch nicht ~** (≈ *geht nicht*) that's not on *umg*
dringen *v/i* **1** to penetrate; *fig Nachricht* to get through (**an od in** +*akk* to); **an od in die Öffentlichkeit ~** to leak out **2** **auf etw** (*akk*) **~** to insist on sth
dringend **A** *adj* (≈ *eilig*) urgent; (≈ *nachdrücklich*) strong; *Gründe* compelling **B** *adv* (≈ *unbedingt*) urgently; *warnen*, *empfehlen* strongly; (≈ *verzweifelt*) desperately; **~ notwendig** urgently needed; **~ verdächtig** strongly suspected
dringlich *adj* urgent
Dringlichkeit f urgency
Dringlichkeitsstufe f priority; **~ 1** top priority
Drink m drink
drinnen *adv* inside; (≈ *im Haus*) indoors; **hier/dort ~** in here/there
drinstecken *umg v/i* to be (contained); **da steckt eine Menge Geld/Arbeit** *etc* **drin** a lot

of money/work *etc* has gone into it; **er steckt bis über die Ohren drin** he's up to his ears in it

dritt *adv* **wir kommen zu ~** three of us are coming together

Drittel *n* third; → **Viertel**¹

dritteln *v/t* to divide into three (parts)

drittens *adv* third(ly), in the third place

Dritte(r) *m/f(m)* third person/man/woman *etc*; (≈ *Unbeteiligter*) third party

dritte(r, s) *adj* third; **Menschen ~r Klasse** third-class citizens; → **vierter, s**

Dritte Welt *f* **die ~** the Third World

Dritte-Welt- *zssgn* Third World

Dritte-Welt-Laden *m* Third World shop

drittgrößte(r, s) *adj* third-biggest

dritthöchste(r, s) *adj* third-highest

drittklassig *adj* third-rate *pej*, third-class

Drittländer *pl* POL third countries *pl*; *aus EU-Sicht* non-member countries *pl*

drittletzte(r, s) *adj* third from last

Drittmittel *pl* FIN external funds *pl*

drittrangig *adj* third-rate

Drittstaat *m* third country; *aus EU-Sicht* non-member state

Drittstaatsangehörige(r) *m/f(m)* third-country national; *aus EU-Sicht* national of a non-member state

DRK *abk* (= **Deutsches Rotes Kreuz**) German Red Cross

Droge *f* drug

drogenabhängig *adj* addicted to drugs; **er ist ~** he's a drug addict

Drogenabhängige(r) *m/f(m)* drug addict

Drogenabhängigkeit *f* drug addiction

Drogenbekämpfung *f* fight against drugs

Drogenberatung *f*, **Drogenberatungsstelle** *f* drugs advice centre *Br*, drugs advice center *US*

Drogenberatungsstelle *f* drugs advice centre; *od US* center

Drogenfahnder(in) *m(f)* drugs squad officer *Br*, narcotics officer *US*

Drogenhandel *m* drug trade *od* trafficking

Drogenhändler(in) *m(f)* drug trafficker *od* dealer

Drogenkonsum *m* drug consumption

Drogenmissbrauch *m* drug abuse

Drogenopfer *n* drug(s) victim

Drogensucht *f* drug addiction

drogensüchtig *adj* addicted to drugs; **er ist ~** he's a drug addict

Drogensüchtige(r) *m/f(m)* drug addict

Drogenszene *f* drugs scene

Drogentote(r) *m/f(m)* **200 ~ pro Jahr** 200 drug deaths per year

Drogerie *f nondispensing* chemist's (shop), drugstore *US*

Drogist(in) *m(f)* chemist, druggist *US*

Drohbrief *m* threatening letter

drohen *v/i* to threaten (**j-m** sb); *Streik, Krieg* to be looming; (**j-m**) **mit etw ~** to threaten (sb with) sth; **j-m droht etw** sb is being threatened by sth; **es droht Gefahr** there is the threat of danger; **das Schiff drohte zu sinken** the ship was in danger of sinking

drohend *adj* threatening; *Gefahr, Krieg* imminent

Drohne *f* **1** drone; *fig pej a.* parasite **2** MIL drone

dröhnen *v/i* **1** *Motor, Straßenlärm* to roar; *Donner* to rumble; *Lautsprecher, Stimme* to boom **2** *Raum etc* to resound; **mir dröhnt der Kopf** my head is ringing

dröhnend *adj Lärm, Applaus* resounding; *Stimme* booming

Drohung *f* threat

drollig *adj* **1** funny **2** (≈ *seltsam*) odd

Dromedar *n* dromedary

Drops *m/n* fruit drop

Drossel *f* ORN thrush

drosseln *v/t Motor* to throttle; *Heizung* to turn down; *Strom* to reduce; *Tempo, Produktion etc* to cut down

drüben *adv* over there; (≈ *auf der anderen Seite*) on the other side; **da** *od* **dort ~** over there; **nach ~** over there; **von ~** from over there

Druck¹ *m* pressure; (≈ *Belastung*) stress; **unter ~ stehen** to be under pressure; **j-n unter ~ setzen** *fig* to put pressure on sb; **~ machen** *umg* to put the pressure on *umg*; **durch einen ~ auf den Knopf** by pressing the button

Druck² *m* (≈ *das Drucken*) printing; (≈ *Schriftart, Kunstdruck*) print; **das Buch ist im ~** the book is being printed; **etw in ~ geben** to send sth to be printed

Druckabfall *m* drop in pressure

Druckanstieg *m* increase *od* rise in pressure

Druckausgleich *m* pressure balance

Druckbuchstabe *m* printed character; **in ~n schreiben** to print

Drückeberger(in) *pej umg m(f)* shirker; (≈ *Feigling*) coward

drucken *v/t & v/i* to print; → **gedruckt**

drücken **A** *v/t* **1** to press; *Obst* to squeeze; *schiebend* to push; **j-n ~** (≈ *umarmen*) to hug sb; **j-n zur Seite ~** to push sb aside **2** *Schuhe etc* to pinch; **j-n im Magen ~** *Essen* to lie heavily on sb's stomach **3** (≈ *verringern*) to force down; *Leistung, Niveau* to lower; *umg Stimmung* to dampen **B** *v/i* to press; *Schuhe etc* to pinch; **„bitte ~"** "push"; **auf die Stimmung ~** to dampen one's mood; → **gedrückt C** *v/r* (≈ *sich quetschen*) to squeeze; *Schutz suchend* to huddle; (≈ *kneifen*)

drückend – dumpf

to shirk; *vor Militärdienst* to dodge; **sich vor etw** (*dat*) ~ to shirk sth; **sich (um etw) ~** to get out of sth

drückend *adj Last, Steuern* heavy; *Probleme* serious; *Hitze, Atmosphäre* oppressive

Drucker *m* printer

Drücker *m* (≈ *Knopf*) (push) button; *von Klingel* push; **am ~ sein** *od* **sitzen** *fig umg* to be in a key position; **auf den letzten ~** *fig umg* at the last minute

Druckerei *f* printing works *pl*; (≈ *Firma*) printer's

Druckerpatrone *f* printer cartridge

Druckerschwärze *f* printer's ink

Druckertreiber *m* COMPUT printer driver

Druckfehler *m* misprint, typographical error

Druckkabine *f* pressurized cabin

Druckknopf *m* **1** *Handarbeiten* press stud **2** TECH push button

Druckluft *f* compressed air

Druckluftbremse *f* air brake

Druckmesser *m* pressure gauge

Druckmittel *fig n* means of exerting pressure

druckreif *adj* ready for printing, passed for press; *fig* polished

Drucksache *f Post* business letter; (≈ *Werbematerial*) circular; *als Portoklasse* printed matter

Druckschrift *f* **in ~ schreiben** to print

Druckstelle *f auf Pfirsich, Haut* bruise

Druckverband *m* MED pressure bandage

Druckverlust *m* TECH loss of pressure

Druckwasserreaktor *m* pressurized water reactor

Druckwelle *f* shock wave

drum *umg adv* (a)round; **~ (he)rum** all (a)round; **mit allem Drum und Dran** with all the bits and pieces *umg*; *Mahlzeit* with all the trimmings *pl*; → **darum**

drunter *adv* under(neath); **~ und drüber** upside down; **es ging alles ~ und drüber** everything was upside down; → **darunter**

Drüse *f* gland

Drüsenfieber *n* glandular fever

Dschihad *m* (≈ *heiliger Krieg*) jihad

Dschihadist(in) *m(f)* (≈ *Gotteskrieger*) jihadi, jihadist

dschihadistisch *adj* jihadist

Dschungel *m* jungle

Dschungelkrieg *m* jungle warfare

Dschunke *f* SCHIFF junk

DTP *n abk* (= Desktop-Publishing) DTP

du *pers pr* you; **mit j-m auf Du und Du stehen** to be pals with sb; **mit j-m per du sein** to be on familiar terms with sb; **du selbst** yourself; **du bist es** it's you; **du bist dran** it's your turn; **du Glücklicher!** lucky you; **du Idiot!** you idiot

dual *adj* dual

Dualsystem *n* MATH binary system

Dübel *m* Rawlplug®; (≈ *Holzdübel*) dowel

dubios *geh adj* dubious

Dublette *f* duplicate

ducken *v/r Kopf einziehen* to duck; *fig pej* to cringe

Duckmäuser(in) *m(f)* moral coward

Dudelsack *m* bagpipes *pl*; **~ spielen** to play the bagpipes

Duell *n* duel (**um** over); **j-n zum ~ (heraus)fordern** to challenge sb to a duel

Duellant(in) *m(f)* dueller

duellieren *v/r* to (fight a) duel

Duett *n* MUS, *a. fig* duet; **im ~ singen** to sing a duet

Duft *m* smell, odo(u)r

dufte *obs umg adj & adv* great *umg*

duften *v/i* to smell; **nach etw ~** to smell of sth; **das duftet!** it smells good

duftend *adj Parfüm, Blumen etc* fragrant

duftig *adj Kleid, Stoff* gossamery

Duftmarke *f* scent mark

Duftnote *f von Parfüm* scent; *von Mensch* smell

dulden *v/t* to tolerate; **ich dulde das nicht** I won't tolerate that; **etw stillschweigend ~** to connive at sth

duldsam **A** *adj* tolerant (**gegenüber** of); (≈ *geduldig*) forbearing **B** *adv* tolerantly; (≈ *geduldig*) with forbearance

Duldsamkeit *f* tolerance; (≈ *Geduld*) forbearance

Duldung *f* toleration

dumm **A** *adj* **1** stupid; (≈ *albern*) silly; (≈ *unintelligent*) thick; **~es Zeug (reden)** (to talk) nonsense; **j-n für ~ verkaufen** *umg* to think sb is stupid; **das ist gar nicht (so) ~** that's not a bad idea; **jetzt wirds mir zu ~** I've had enough **2** (≈ *ärgerlich*) annoying; **es ist zu ~, dass er nicht kommen kann** it's too bad that he can't come; **so etwas Dummes** what a nuisance **B** *adv* **sich ~ anstellen** to behave stupidly; **sich ~ stellen** to act stupid; **~ fragen** to ask a silly question; **sich ~ und dämlich reden** *umg* to talk till one is blue in the face *umg*; **j-m ~ kommen** to get funny with sb *umg*; **das ist ~ gelaufen** *umg* that hasn't gone to plan; **~ gelaufen!** *umg* that's life!

Dumme(r) *umg m/f(m)* fool; **der/die ~ sein** to be left to carry the can

dummerweise *adv* unfortunately; (≈ *aus Dummheit*) stupidly

Dummheit *f* **1** stupidity **2** (≈ *dumme Handlung*) stupid thing; **mach bloß keine ~en!** just don't do anything stupid

Dummkopf *umg m* idiot

Dummschwätzer(in) *m(f)* hot-air merchant, bullshitter *umg*; **ein ~ sein** to be full of hot air

dumpf *adj* **1** *Ton* muffled **2** *Geruch etc* musty **3**

Gefühl, Erinnerung vague; *Schmerz* dull; (≈ *bedrückend*) gloomy **4** (≈ *stumpfsinnig*) dull
Dumpfbacke *sl f* nerd *umg*
Dumpingpreis *m* giveaway price
Düne *f* (sand) dune
Dung *m* dung
Düngemittel *n* fertilizer
düngen *v/t* to fertilize
Dünger *m* fertilizer
dunkel **A** *adj* **1** dark; **im Dunkeln** in the dark; **im Dunkeln tappen** *fig* to grope (about) in the dark **2** (≈ *tief*) *Stimme, Ton* deep **3** *pej* (≈ *zwielichtig*) shady *umg* **4** PHYS **Dunkle Energie/Materie** dark energy/matter **B** *adv* (≈ *in dunklen Farben*) in dark colours *Br*, in dark colors *US*; **~ gefärbt sein** to be a dark colo(u)r; **sich ~ erinnern** to remember vaguely
Dunkel *n* darkness
Dünkel *pej geh m* conceit
dunkelblau *adj* dark blue
dunkelblond *adj* light brown
dunkelbraun *adj* dark brown
dunkelgrau *adj* dark grey *Br*, dark gray *US*
dunkelgrün *adj* dark green
dunkelhaarig *adj* dark-haired
dunkelhäutig *adj* dark-skinned
Dunkelheit *f* darkness; **bei Einbruch der ~** at nightfall; **nach Einbruch der ~** after dark
Dunkelkammer *f* FOTO darkroom
dunkelrot *adj* dark red
Dunkelziffer *f* estimated number of unreported/undetected cases
dünn **A** *adj* thin; *Kaffee, Tee* weak; *Strümpfe* fine; (≈ *mager*) skinny; **sich ~ machen** *hum* to breathe in; → **dünnmachen** **B** *adv* bevölkert sparsely; **~ gesät** *fig* few and far between
Dünndarm *m* small intestine
Dünne *f* thinness
dünnflüssig *adj* thin; *Honig* runny
dünnhäutig *adj* thin-skinned
dünnmachen *v/r umg* (≈ *weglaufen*) to make oneself scarce
Dünnpfiff *umg m* the runs *umg*
Dünnsäure *f* dilute acid
Dunst *m* (≈ *leichter Nebel*) haze; (≈ *Dampf*) steam; **j-m blauen ~ vormachen** *umg* to throw dust in sb's eyes
Dunstabzugshaube *f* extractor hood (*over a cooker*)
dünsten *v/t* to steam; *Obst* to stew
Dunstglocke *f*, **Dunsthaube** *f* (≈ *Nebel*) haze; (≈ *Smog*) pall of smog
dunstig *adj* hazy
Dunstkreis *m* atmosphere; *von Mensch* society
Dunstwolke *f* cloud of smog
Duo *n* duo

Duplikat *n* duplicate (copy)
duplizieren *geh v/t* to duplicate
Dur *n* MUS major; **in G-Dur** in G major
durch **A** *präp* **1** through; (≈ *in … umher*) around; **~ den Fluss waten** to wade across the river; **quer ~** across; **~ die Stadt** *umher* around the town; **~ die ganze Welt reisen** to travel all over the world **2** (≈ *mittels*) by; **Tod ~ Ertrinken** death by drowning; **Tod ~ Herzschlag** *etc* death from a heart attack *etc*; **neun (geteilt) ~ drei** nine divided by three; **~ Zufall** by chance **3** (≈ *aufgrund*) due to **B** *adv* **1** (≈ *hindurch*) through; **es ist 4 Uhr ~** it's gone 4 o'clock; **~ und ~** through and through; *überzeugt* completely; **~ und ~ nass** wet through **2** GASTR *umg Steak* well-done
durcharbeiten **A** *v/t Buch, Stoff etc* to work through **B** *v/i* to work through **C** *v/r* **sich durch etw ~** to work one's way through sth
durchatmen *v/i* to take deep breaths; *fig* to catch one's breath
durchaus *adv* **1** *bekräftigend* quite; *korrekt, möglich* perfectly; *passen* perfectly well; **ich hätte ~ Zeit** I would have time; **es ist ~ anzunehmen, dass sie kommt** it's highly likely that she'll be coming **2 ~ nicht** *als Verstärkung* by no means; *als Antwort* not at all; *stärker* absolutely not; **das ist ~ kein Witz** that's no joke at all
durchbeißen **A** *v/t in zwei Teile* to bite through **B** *v/r umg* to struggle through; **mit Erfolg** to win through
durchbekommen *umg v/t* to get through
durchblättern *v/t Buch etc* to leaf through
Durchblick *m* (≈ *Ausblick*) view (**auf** +akk of); *fig umg* (≈ *Überblick*) knowledge; **den ~ haben** *umg* to know what's what *umg*
durchblicken *v/i* **1** *wörtl* to look through **2** *fig* **etw ~ lassen** to hint at sth **3** *fig umg* (≈ *verstehen*) to understand; **blickst du da durch?** do you get it? *umg*
durchbluten *v/t* to supply with blood
Durchblutung *f* circulation (of the blood) (+*gen* to)
Durchblutungsstörung *f* circulatory disturbance
durchbohren *v/t Wand, Brett* to drill through; *Kugel* to go through; **j-n mit Blicken ~** *fig* to look piercingly at sb; *hasserfüllt* to look daggers at sb
durchbohrend *adj* piercing
durchboxen *fig umg v/r* to fight one's way through
durchbraten *v/t & v/i* to cook through; → **durchgebraten**
durchbrechen[1] **A** *v/t in zwei Teile* to break (in two) **B** *v/i in zwei Teile* to break (in two)

durchbrechen² v/t Schallmauer to break; Mauer etc to break through

durchbrennen v/i Sicherung, Glühbirne to blow; umg (≈ davonlaufen) to run away

durchbringen **A** v/t **1** durch Prüfung to get through; durch Krankheit to pull through; (≈ für Unterhalt sorgen) to provide for **2** Geld to get through **B** v/r to get by

Durchbruch m **1** von Blinddarm etc perforation; **zum ~ kommen** fig Gewohnheit etc to assert itself; Natur to reveal itself **2** fig breakthrough; **j-m zum ~ verhelfen** to help sb on the road to success **3** (≈ Öffnung) opening

durchchecken v/t **1** (≈ überprüfen) to check through **2** medizinisch **sich ~ lassen** to have a complete checkup

durchdacht adj **gut/schlecht ~** well/badly thought-out

durchdenken v/t to think through

durchdiskutieren v/t to talk through

durchdrehen **A** v/t Fleisch etc to mince **B** v/i umg nervlich to crack up umg; **ganz durchgedreht sein** umg to be really uptight umg

durchdringen¹ v/i **1** (≈ hindurchkommen) to penetrate; Sonne to come through; **bis zu j-m ~** fig to get as far as sb **2** (≈ sich durchsetzen) to get through; **zu j-m ~** to get through to sb

durchdringen² v/t Materie, Dunkelheit etc to penetrate; Gefühl, Idee to pervade; → durchdrungen

durchdringend adj piercing; Geruch pungent

durchdrücken v/t **1** fig Reformen etc to push through **2** Knie, Ellbogen etc to straighten

durchdrungen adj imbued (**von** with); → durchdringen²

durchdürfen v/i **1 sie durfte durch** she was allowed through **2 darf ich mal durch?** excuse me, please

durcheinander **A** adv mixed up **B** adj **~ sein** umg Mensch to be confused; (≈ aufgeregt) to be in a state umg; Zimmer, Papier to be in a mess

Durcheinander n (≈ Unordnung) mess; (≈ Wirrwarr) confusion, chaos

durcheinanderbringen v/t to muddle od mess up; (≈ verwirren) j-n to confuse; seelisch to upset; **alles ~** to make a mess

durcheinanderessen v/t **alles ~** to eat indiscriminately

durcheinandergeraten v/i to get mixed up

durcheinanderreden v/i to all speak at once

durcheinandertrinken v/t **alles ~** to drink indiscriminately

durcheinanderwerfen v/t fig umg (≈ verwechseln) to mix up

durchfahren¹ v/i **1** to go through **2** (≈ nicht anhalten) to go straight through; **die Nacht ~** to travel through the night

durchfahren² v/t to travel through; fig Schreck etc to shoot through

Durchfahrt f **1** (≈ Durchreise) way through; **auf der ~ sein** to be passing through **2** (≈ Passage) thoroughfare

Durchfall m MED diarrhoea Br, diarrhea US

durchfallen v/i **1** to fall through **2** umg (≈ nicht bestehen) to fail; **sie ist in der neunten Klasse durchgefallen** she failed the ninth year, she failed ninth grade US; **j-n ~ lassen** to fail sb; **beim Publikum ~** to be a flop with the public

Durchfallquote f SCHULE etc failure rate

durchfeiern v/i to stay up all night celebrating

durchfliegen¹ v/i **1** mit Flugzeug to fly through; ohne Landung to fly nonstop **2** umg durch Prüfung to fail (**durch etw, in etw** dat in sth)

durchfliegen² v/t Luft, Wolken to fly through; Strecke to cover; (≈ flüchtig lesen) to skim through

durchfließen v/i to flow through

durchfluten geh v/t Fluss to flow through; fig Licht, Sonne to flood; Wärme, Gefühl to flow od flood through

durchforschen v/t Gegend to search

durchforsten v/t Wald to thin out; fig Bücher to go through

durchfragen v/r to ask one's way

Durchfuhr f transit

durchführbar adj feasible

Durchführbarkeit f feasibility

durchführen **A** v/t **1** (≈ durchleiten) to lead through; **j-n durch ein Haus ~** to show sb (a)round a house **2** (≈ verwirklichen) to carry out; Plan, Befehl to execute; Gesetz to implement; Test, Kurs to run; Reise to undertake; Wahl, Prüfung to hold; (≈ Umfrage) to conduct; **ein Projekt ~** to do a project **B** v/i to lead through; **unter etw** (dat) **~** to go under sth

Durchführung f (≈ das Verwirklichen) carrying out; von Plan, Befehl execution; von Gesetz implementation; von Reise undertaking; von Kurs, Test running; von Wahl, Prüfung holding

durchfüttern umg v/t to feed

Durchgabe f announcement; telefonisch message

Durchgang m **1** (≈ Weg) way; schmal passage (-way); **~ verboten!** no right of way **2** bei Arbeit, a. PARL stage **3** von Wahl, Sport round; beim Rennen heat

durchgängig **A** adj universal **B** adv generally

Durchgangslager n transit camp

Durchgangsstraße f through road

Durchgangsverkehr m through traffic

durchgeben v/t **1** (≈ durchreichen) to pass through **2** RADIO, TV Nachricht to announce; **j-m etw telefonisch ~** to let sb know sth by

durchgebraten – durchringen ▪ **917**

telephone
durchgebraten *adj Fleisch etc* well-done *attr*, well done *präd*; → durchbraten
durchgefroren *adj Mensch* frozen stiff
durchgehen **A** *v/i* **1** to go through; **bitte ~!** *im Bus* move right down (the bus) please! **2** (≈ *toleriert werden*) to be tolerated; **j-m etw ~ lassen** to let sb get away with sth **3** *Pferd etc* to bolt; *umg* (≈ *sich davonmachen*) to run off; **seine Frau ist ihm durchgegangen** his wife has run off and left him **4 mit j-m ~** *Temperament, Nerven* to get the better of sb **B** *v/t* (≈ *durchsprechen etc*) to go through
durchgehend **A** *adj Straße* straight; *Zug* direct **B** *adv* throughout; (≈ *ohne Unterbrechung*) non-stop; **~ geöffnet** open 24 hours
durchgeknallt *adj sl* crazy *umg*, whacky *sl*
durchgeschwitzt *adj Mensch* bathed in sweat; *Kleidung* soaked in sweat
durchgreifen *fig v/i* to resort to drastic measures
durchgreifend *adj Maßnahme* drastic; (≈ *weitreichend*) *Änderung* far-reaching
durchhaben *v/t* **hast du das Buch schon durch?** have you finished the book?
durchhalten **A** *v/t* (≈ *durchstehen*) *Kampf etc* to survive; *Streik* to see through; *Belastung* to (with)stand; SPORT *Strecke* to stay; *Tempo* to keep up **B** *v/i* to stick it out *umg*; **eisern ~** to hold out grimly
Durchhalteparole *f* rallying call
Durchhaltevermögen *n* staying power
durchhängen *v/i* to sag; *fig umg* (≈ *deprimiert sein*) to be down (in the mouth) *umg*
Durchhänger *m umg* (≈ *schlechte Phase*) bad patch; *am Nachmittag etc* low
durchhauen *v/t* (≈ *spalten*) to split
durchkämmen *v/t* (≈ *absuchen*) to comb (through)
durchkommen *v/i* **1** to get through; *Sonne etc* to come through; *Charakterzug* to show through **2** (≈ *durchfahren*) to come through **3** (≈ *überleben*) to come through; **mit etw ~** *mit Forderungen etc* to succeed with sth; **damit kommt er bei mir nicht durch** he won't get away with that with me
durchkreuzen *fig v/t Pläne etc* to thwart
durchkriegen *umg v/t* **1 etw (durch etw) ~** to get sth through (sth) **2** *Kranken* **ich hoffe, wir kriegen ihn durch** I hope we can pull him through
durchladen *v/t & v/i Gewehr* to reload
Durchlass *m* (≈ *Durchgang*) passage; *für Wasser* duct
durchlassen *v/t* (≈ *passieren lassen*) to allow through; *Licht, Wasser etc* to let through
durchlässig *adj Material* permeable; (≈ *porös*) porous; *Grenze* open; **eine ~e Stelle** *fig* a leak
Durchlauf *m* **1** (≈ *das Durchlaufen*) flow **2** TV, IT run **3** SPORT heat
durchlaufen[1] **A** *v/t Sohlen* to wear through **B** *v/i Flüssigkeit* to run through
durchlaufen[2] *v/t Gebiet* to run through; *Strecke* to cover; *Lehrgang, Schule* to pass *od* go through; **es durchlief mich heiß** I felt hot all over
durchlaufend *adj* continuous
Durchlauferhitzer *m* continuous-flow water heater
durchleben *v/t* to go through
durchleiten *v/t* to lead through
durchlesen *v/t* to read through
durchleuchten *v/t Patienten* to X-ray; *fig Angelegenheit etc* to investigate
durchliegen *v/t Matratze, Bett* to wear down (in the middle)
durchlöchern *v/t* to make holes in; *fig* to undermine completely
durchlüften *v/t & v/i* to air thoroughly
durchmachen **A** *v/t* **1** (≈ *erdulden*) to go through; *Krankheit* to have; *Operation, Entwicklung* to undergo; **sie hat viel durchgemacht** she has been through a lot **2** *umg* **eine ganze Nacht ~** to make a night of it *umg* **B** *v/i umg* (≈ *durchfeiern*) to keep going all night
Durchmarsch *m* march(ing) through
durchmarschieren *v/i* to march through
Durchmesser *m* diameter; **im ~** across
durchmogeln *umg v/r* to wangle one's way through *umg*
durchmüssen *umg v/i* to have to go through
durchnässen *v/t* to soak; **völlig durchnässt** soaking wet
durchnehmen *v/t* SCHULE to do *umg*
durchnummerieren *v/t* to number consecutively
durchorganisiert *adj* well-organized
durchpeitschen *v/t* to flog; *fig* to rush through
durchqueren *v/t* to cross
durchrasseln *umg v/i* to flunk *umg*
durchrechnen *v/t* to calculate
durchregnen *v/i* **1** (≈ *durchkommen*) **hier regnet es durch** the rain is coming through here **2 es hat die Nacht durchgeregnet** it rained all night long
Durchreiche *f* (serving) hatch, pass-through *US*
Durchreise *f* journey through; **auf der ~ sein** to be passing through
durchreisen *v/t* to travel through
durchreißen *v/t & v/i* to tear in two
durchringen *v/r* **sich zu einem Entschluss ~** to force oneself to make a decision; **sich dazu ~, etw zu tun** to bring oneself to do sth

durchrosten v/i to rust through
durchrutschen v/i to slip through
Durchsage f message; *im Radio* announcement
durchsagen v/t RADIO, TV *Nachricht* to announce; **j-m etw telefonisch ~** to let sb know sth by telephone
durchsägen v/t to saw through
Durchsatz m IND, IT throughput
durchschaubar fig adj *Hintergründe, Plan* clear; **eine leicht ~e Lüge** a lie that is easy to see through; **schwer ~er Mensch** inscrutable person
durchschauen v/t *j-n, Spiel* to see through; *Sachlage* to see clearly; **du bist durchschaut!** I've/we've seen through you
durchscheinen v/i to shine through
durchscheinend adj transparent
durchscheuern v/t & v/r to wear through
durchschieben v/t to push through
durchschießen v/t *mit Kugeln* to shoot through; **ein Gedanke durchschoss mich** a thought flashed through my mind
durchschimmern v/i to shimmer through
durchschlafen v/i to sleep through
Durchschlag m **1** (≈ *Kopie*) carbon (copy) **2** (≈ *Küchengerät*) sieve
durchschlagen **A** v/t **etw ~** (≈ *entzweischlagen*) to chop through sth; GASTR to sieve sth **B** v/i **1** (≈ *durchkommen*) to come through; **bei ihm schlägt der Vater durch** you can see his father in him **2** (≈ *Wirkung haben*) to catch on; **auf etw** (akk) **~** to make one's/its mark on sth; **auf j-n ~** to rub off on sb **C** v/r to fight one's way through
durchschlagend adj *Sieg, Erfolg* sweeping; *Maßnahmen* effective; *Argument, Beweis* conclusive; **eine ~e Wirkung haben** to be totally effective
Durchschlagpapier n copy paper; (≈ *Kohlepapier*) carbon paper
Durchschlagskraft f *von Geschoss* penetration; *fig von Argument* decisiveness, conclusiveness
durchschleusen v/t (≈ *durchschmuggeln*) to smuggle through; **ein Schiff ~** to pass a ship through a lock
durchschlüpfen v/i to slip through
durchschmuggeln v/t to smuggle through
durchschneiden v/t to cut through; **etw mitten ~** to cut sth in two
Durchschnitt m average; **im ~** on average; **im ~ 100 km/h fahren** to average 100 kmph; **im ~ betragen** to average; **über/unter dem ~** above/below average
durchschnittlich **A** adj average **B** adv on (an) average; **~ begabt/groß** etc of average ability/height etc

Durchschnittsnote f average mark Br, average grade US
Durchschnittswert m average value
Durchschrift f (carbon) copy
durchschwimmen v/t to swim through; **Strecke** to swim
durchschwitzen v/t **ich habe mein Hemd durchgeschwitzt, mein Hemd ist durchgeschwitzt** my shirt's soaked with sweat
durchsehen **A** v/i (≈ *hindurchschauen*) to look through **B** v/t **1** (≈ *überprüfen*) **etw ~** to look sth through **2** *durch etw hindurch* to see through
durchsetzen¹ **A** v/t *Maßnahmen, Plan* to carry through; *Forderung* to push through; *Ziel* to achieve; **etw bei j-m ~** to get sb to agree to sth; **seinen Willen (bei j-m) ~** to get one's (own) way (with sb) **B** v/r **1** *Neuheit* to be (generally) accepted **2** *Mensch* to assert oneself; *Partei etc* to win through; **sich mit etw ~** to be successful with sth
durchsetzen² v/t **etw mit etw ~** to intersperse sth with sth
Durchsetzung f *von Maßnahmen, Plan* carrying through; *von Forderung* pushing through; *von Ziel* achievement
Durchsetzungsvermögen n ability to assert oneself
Durchseuchung f spread of infection
Durchsicht f examination; **bei ~ der Bücher** on checking the books
durchsichtig adj transparent; *Stoff, Kleid* see-through
durchsickern v/i to trickle through; *fig* to leak out; **Informationen ~ lassen** to leak information
durchspielen v/t *Szene* to play through; *Rolle* to act through; *fig* to go through
durchsprechen v/t *Problem* to talk over
durchstarten **A** v/i AUTO *beim Anfahren* to rev up **B** v/t *Motor, Auto* to rev (up)
durchstechen v/t *Ohren* to pierce
durchstecken v/t to put through
durchstehen v/t *Zeit, Prüfung* to get through; *Krankheit* to pull through; *Qualen* to (with)stand; *Situation* to get through, to survive
durchsteigen v/i **1** (≈ *hindurchsteigen*) to climb through (**durch etw** sth) **2** *umg* (≈ *verstehen*) to get *umg*; **da steigt doch kein Mensch durch** you couldn't expect anyone to get that
durchstellen v/t to put through
durchstöbern v/t to rummage through (**nach** for); *Bücher, Internet* to browse
durchstreichen v/t to cross out
durchstreifen geh v/t to roam *od* wander through

durchsuchen v/t to search (**nach** for); *Internet* to browse; **nach Details ~** to scan
Durchsuchung f search
Durchsuchungsbefehl m search warrant
durchtrainieren v/t to get fit; (**gut**) **durchtrainiert** *Sportler* completely fit
durchtrennen v/t *Stoff* to tear (through); (≈ *schneiden*) to cut (through); *Nerv, Sehne* to sever
durchtreten **A** v/t *Pedal* to step on **B** v/i AUTO (≈ *Gas geben*) to step on the accelerator *Br*, to step on the gas *US*; *Radfahrer* to pedal (hard)
durchtrieben adj cunning
durchwachsen adj **1** *Speck* streaky; *Schinken* with fat running through (it) **2** *hum umg* (≈ *mittelmäßig*) so-so *umg*
Durchwahl f TEL direct dialling
durchwählen v/i to dial direct; **nach London ~** to dial London direct
Durchwahlnummer f dialling code *Br*, dial code *US*; *in Firma* extension
durchweg adv (≈ *ausnahmslos*) without exception; (≈ *in jeder Hinsicht*) in every respect
durchweichen v/t *Kleidung, j-n* to soak; *Boden, Karton* to make soggy
durchwinken v/t to wave through
durchwühlen v/t to rummage through
durchzählen **A** v/i to count *od* number off **B** v/t to count through *od* up
durchziehen¹ **A** v/t **1** to pull through **2** *umg* (≈ *erledigen*) to get through **B** v/i (≈ *durchkommen*) to pass through; *Truppe* to march through **C** v/r to run through (**durch etw** sth)
durchziehen² v/t (≈ *durchwandern*) to pass through; *fig Thema* to run through; *Geruch* to fill
durchzucken v/t *Blitz* to flash across; *fig Gedanke* to flash through
Durchzug m (≈ *Luftzug*) draught *Br*, draft *US*; **~ machen** *zur Lüftung* to get the air moving
durchzwängen v/r to force one's way through
dürfen v/i & v/aux **1** **etw tun ~** to be allowed to do sth; **darf ich? — ja, Sie ~** may I? — yes, you may; **darf ich jetzt fernsehen?** can *od* may I watch TV now?; **nein, das darfst du nicht** no you can't *od* may not; **nicht ~** mustn't; **hier darf man nicht rauchen** smoking is prohibited here; **die Kinder ~ hier nicht spielen** the children aren't allowed to play here; **das darf doch nicht wahr sein!** that can't be true! **2** **darf ich Sie bitten, das zu tun?** could I ask you to do that?; **was darf es sein?** can I help you?; *vom Gastgeber gesagt* what can I get you?; **darf es noch etwas sein?** anything else?; **ich darf wohl sagen, dass ...** I think I can say that ...; **man darf doch wohl fragen** one can ask, surely?; **das dürfte Emil sein** that must be Emil; **das dürfte reichen** that should be enough
dürftig **A** adj **1** (≈ *ärmlich*) wretched; *Essen* meagre *Br*, meager *US* **2** *pej* (≈ *unzureichend*) *Kenntnisse* sketchy; *Ersatz* poor *attr*; *Bekleidung* skimpy **B** adv (≈ *kümmerlich beleuchtet*) poorly; *gekleidet* scantily
Durian f *Frucht* durian
dürr adj **1** (≈ *trocken*) dry; *Boden* arid **2** *pej* (≈ *mager*) scrawny **3** *fig* (≈ *knapp*) *Auskunft* meagre *Br*, meager *US*
Dürre f drought
Dürreperiode f (period of) drought; *fig* barren period
Durst m thirst (**nach** for); **~ haben** to be thirsty; **~ bekommen** to get thirsty; **das macht ~** that makes you thirsty; **ein Glas über den ~ getrunken haben** *umg* to have had one too many *umg*
dürsten *geh* v/t & v/i **es dürstet ihn nach ...** he thirsts for ...
durstig adj thirsty
durstlöschend adj thirst-quenching
Durststrecke f hard times *pl*
Durtonleiter f major scale
Dusche f shower; **unter der ~ sein** *od* **stehen** to be in the shower
duschen v/i & v/r to have *od* take a shower; (**sich**) **kalt ~** to have a cold shower
Duschgel n shower gel
Duschkabine f shower (cubicle)
Duschvorhang m shower curtain
Düse f nozzle
Dusel m *umg* (≈ *Glück*) luck; **~ haben** to be lucky
düsen *umg* v/i to dash; *mit Flugzeug* to jet
Düsenantrieb m jet propulsion
Düsenflugzeug n jet
Düsenjäger m MIL jet fighter
Düsentriebwerk n jet power-unit
Dussel *umg* m dope *umg*
duss(e)lig *umg* adj stupid; **sich ~ verdienen** to make a killing *umg*; **sich ~ arbeiten** to work like a horse
düster adj gloomy; *Miene, Stimmung* dark
Dutzend n dozen; **zwei/drei ~** two/three dozen; **~(e) Mal** dozens of times
dutzendfach adv in dozens of ways
Dutzendware *pej* f **~n** (cheap) mass-produced goods
dutzendweise adv by the dozen
duzen v/t to address with the familiar "du"-form; **wir ~ uns** we use "du" (to each other)
DV f *abk* (= Datenverarbeitung) DP, data processing
DVD f *abk* (= Digital Versatile Disc) DVD
DVD-Brenner m DVD recorder *od* writer

DVD-Laufwerk n DVD drive
DVD-Player m DVD player
DVD-Rekorder, DVD-Recorder m DVD recorder
DVD-Rohling m blank DVD
DVD-Spieler m DVD player
Dynamik f PHYS dynamics sg; fig dynamism
Dynamiker(in) m(f) go-getter
dynamisch A adj dynamic; (≈ voller Energie) energetic; Renten ≈ index-linked B adv (≈ schwungvoll) dynamically
Dynamit n dynamite
Dynamo m(f) dynamo
Dynastie f dynasty

E

E, e n E, e
Ebbe f low tide; **~ und Flut** the tides; **es ist ~** it's low tide, the tide is out; **in meinem Geldbeutel ist ~** my finances are at a pretty low ebb at the moment
eben A adj (≈ glatt) smooth; (≈ gleichmäßig) even; (≈ gleich hoch) level; (≈ flach) flat B adv 1 (≈ soeben) just; **ich gehe ~ zur Bank** I'll just pop to the bank Br umg, I'll just pop by the bank US umg 2 **(na) ~!** exactly!; **das ist es ja ~!** that's just it!; **nicht ~ billig/viel** etc not exactly cheap/a lot etc; **das reicht so ~ aus** it's only just enough 3 (≈ nun einmal, einfach) just; **dann bleibst du ~ zu Hause** then you'll just have to stay at home
Ebenbild n image; **dein ~** the image of you; **das genaue ~ seines Vaters** the spitting image of his father
ebenbürtig adj (≈ gleichwertig) equal; Gegner evenly matched; **j-m an Kraft ~ sein** to be sb's equal in strength; **wir sind einander ~** we are equal(s)
Ebene f (≈ Tiefebene) plain; (≈ Hochebene) plateau; MATH, PHYS plane; fig level; **auf höchster ~** fig at the highest level
ebenerdig adj at ground level
ebenfalls adv likewise; bei Verneinungen either; **danke, ~!** thank you, the same to you!
Ebenholz n ebony
ebenso adv (≈ genauso) just as, equally; (≈ auch, ebenfalls) as well, likewise; **ich mag sie ~ gern** I like her just as much; **~ ... wie** just as ... as; **~ gut** (just) as well; **~ oft** just as often; **~ sehr** just as much

Eber m boar
Eberesche f rowan
E-Bike n e-bike
ebnen v/t to level (off); **j-m den Weg ~** fig to smooth the way for sb
E-Board n Rollbrett ohne Lenkstange hoverboard
Ebola n MED ebola
Ebolaepidemie f MED ebola epidemic
Ebolaerreger m MED ebola virus
Ebolafieber n MED ebola fever
E-Book-Reader m Lesegerät für E-Books e-book reader
E-Business n Internethandel e-business
EC® m abk (= Eurocityzug) eurocity (train)
E-Card, e-card f 1 (≈ elektronische Grußkarte) e-card 2 österr (≈ Europäische Krankenversicherungskarte) electronic health insurance card which confirms that the holder has health insurance cover
Echo n echo; **ein lebhaftes ~ finden** fig to meet with a lively od positive response (**bei** from)
Echolot n SCHIFF echo sounder; FLUG sonic altimeter
Echse f ZOOL lizard
echt A adj & adv real; Unterschrift, Geldschein genuine; **das Gemälde war nicht ~** the painting was a forgery; **ein ~er Bayer** a real Bavarian B adv 1 (≈ typisch) typically 2 umg (≈ wirklich) really, truly; **der spinnt doch ~** he must be out of his mind; **~ spät** really late Br, real late US umg; **~ jetzt?** really?
echtgolden adj Ring real gold präd
Echtheit f genuineness
echtsilbern adj Ring real silver präd
Echtzeit f IT real time
EC-Karte, ec-Karte f abk (= Eurochequekarte) Eurocheque card
Eckball m SPORT corner; **einen ~ geben** to give a corner
Eckbank f corner seat
Eckdaten pl key figures pl
Ecke f 1 corner; (≈ Kante) edge; **Kantstraße ~ Goethestraße** at the corner of Kantstraße and Goethestraße; **er wohnt gleich um die ~** he lives just (a)round the corner; **an der ~** at the corner; **an allen ~n und Enden sparen** to pinch and scrape umg; **j-n um die ~ bringen** umg to bump sb off umg; **~n und Kanten** rough edges 2 umg (≈ Gegend) corner; von Stadt area; **eine ganze ~ entfernt** quite a (long) way away 3 (≈ Eckball) corner
Eckfahne f SPORT corner flag
eckig adj angular; Tisch, Klammer square; (≈ spitz) sharp
-eckig adj fünf- und mehreckig -cornered
Ecklohn m basic rate of pay

Eckpfeiler *m* corner pillar; *fig* cornerstone
Eckpfosten *m* corner post
Eckstoß *m* SPORT corner
Eckzahn *m* canine tooth
Eckzins *m* FIN base rate
E-Commerce *m* e-commerce
Economyklasse *f* economy class
Ecstasy *n* (≈ *Droge*) ecstasy
Ecuador *n* Ecuador
Edamer (Käse) *m* Edam (cheese)
edel *adj* noble; (≈ *hochwertig*) precious; *Speisen, Wein* fine
Edelgas *n* rare gas
Edelkitsch *iron m* pretentious nonsense
Edelmetall *n* precious metal
Edelstahl *m* high-grade steel
Edelstein *m* precious stone
Edelweiß *n* edelweiss
editieren *v/t* to edit
Editor *m* IT editor
Edutainment *n* edutainment
EDV *f abk* (= **elektronische Datenverarbeitung**) EDP
EDV-Anlage *f* EDP system
EEG *n abk* (= **Elektroenzephalogramm**) EEG
Efeu *m* ivy
Effeff *umg* **n etw aus dem ~ können** to be able to do sth standing on one's head *umg*; **etw aus dem ~ kennen** to know sth inside out
Effekt *m* effect
Effekten *pl* FIN stocks and bonds *pl*
Effektenbörse *f* stock exchange
Effektenhandel *m* stock dealing
Effektenmakler(in) *m(f)* stockbroker
Effektenmarkt *m* stock market
Effekthascherei *umg f* cheap showmanship
effektiv **A** *adj* effective; (≈ *tatsächlich*) actual **B** *adv* (≈ *bestimmt*) actually
Effektivität *f* effectiveness
Effektivlohn *m* actual wage
effektvoll *adj* effective
effizient **A** *adj* efficient **B** *adv* efficiently
Effizienz *f* efficiency
EG *f abk* (= **Europäische Gemeinschaft**) HIST EC
egal *adj & adv* **das ist ~** that doesn't matter; **das ist mir ganz ~** it's all the same to me, it makes no difference to me; (≈ *es kümmert mich nicht*) I don't care; **Geld ist mir ~** I don't care about money; **ist doch ~!** who cares?; **~ ob/wo/wie** no matter whether/where/how; **~ wann** whenever; **~ wer/wen/wem** whoever; **~ welche** whatever; **~ in welchem Film** whatever movie; **~ wo(hin)** wherever; **ihm ist alles ~** he doesn't care about anything
Egel *m* ZOOL leech
Egge *f* AGR harrow
Ego *n* PSYCH ego
Egoismus *m* ego(t)ism
Egoist(in) *m(f)* ego(t)ist
egoistisch **A** *adj* ego(t)istical, selfish **B** *adv* ego(t)istically
Egotrip *umg m* ego trip *umg*
egozentrisch *adj* egocentric
eh **A** *int* hey **B** *konj* → **ehe** **C** *adv* **1** (≈ *früher, damals*) **seit eh und je** for ages *umg*; **wie eh und je** just as before **2** (≈ *sowieso*) anyway
ehe *konj* (≈ *bevor*) before
Ehe *f* marriage; **er versprach ihr die Ehe** he promised to marry her; **eine glückliche Ehe führen** to have a happy marriage; **die Ehe brechen** *form* to commit adultery; **sie hat drei Kinder aus erster Ehe** she has three children from her first marriage; **Ehe ohne Trauschein** common-law marriage
eheähnlich *form adj* **in einer ~en Gemeinschaft leben** to cohabit *form*; **in einem ~en Verhältnis leben** to live together as man and wife
Eheberater(in) *m(f)* marriage guidance counsellor *Br*, marriage guidance counselor *US*
Eheberatung *f* (≈ *Stelle*) marriage guidance council
Ehebett *n* marital bed
ehebrechen *v/i* to commit adultery
Ehebrecher *m* adulterer
Ehebrecherin *f* adulteress
Ehebruch *m* adultery; **~ begehen** to commit adultery
Ehefrau *f* wife
Ehekrach *m* marital row
Ehekrise *f* marital crisis
Eheleute *form pl* married couple
ehelich *adj* marital; *Kind* legitimate
ehemalig *adj* former; **ein ~er Häftling** an ex--convict; **mein Ehemaliger/meine Ehemalige** *hum umg* my ex *umg*
ehemals *form adv* formerly
Ehemann *m* husband
Ehepaar *n* (married) couple
Ehepartner(in) *m(f)* (≈ *Ehemann*) husband; (≈ *Ehefrau*) wife; **beide ~** both partners (in the marriage)
eher *adv* **1** (≈ *früher*) earlier; **je ~, desto lieber** the sooner the better **2** (≈ *lieber*) rather; (≈ *wahrscheinlicher*) more likely; (≈ *leichter*) more easily; **alles ~ als das!** anything but that!; **umso ~, als** (all) the more because **3** (≈ *vielmehr*) more; **er ist ~ faul als dumm** he's more lazy than stupid
Ehering *m* wedding ring
Eheschließung *f* marriage ceremony
Ehestand *m* matrimony
eheste(r, s) *adv* **am ~n** (≈ *am liebsten*) best of all;

(≈ *am wahrscheinlichsten*) most likely; (≈ *am leichtesten*) the easiest; (≈ *zuerst*) first
Ehestreit *m* marital row
Ehevertrag *m* prenuptial agreement
ehrbar *adj* (≈ *achtenswert*) respectable; (≈ *ehrenhaft*) honourable *Br*, honorable *US*; *Beruf* reputable
Ehre *f* honour *Br*, honor *US*; **j-m ~ machen** to do sb credit; **sich** (*dat*) **etw zur ~ anrechnen** to count sth an hono(u)r; **mit wem habe ich die ~?** *iron, form* with whom do I have the pleasure of speaking? *form*; **es ist mir eine besondere ~, ...** *form* it is a great hono(u)r for me ...; **zu ~n** (+*gen*) in hono(u)r of
ehren *v/t* to honour *Br*, to honor *US*; **etw ehrt j-n** sth does sb credit; **Ihr Vertrauen ehrt mich** I am hono(u)red by your trust
Ehrenamt *n* honorary office
ehrenamtlich **A** *adj* honorary; *Helfer, Tätigkeit* voluntary; **~e Arbeit** volunteering; **~er Mitarbeiter** volunteer **B** *adv* in an honorary capacity
Ehrenbürger(in) *m(f)* honorary citizen; **er wurde zum ~ der Stadt ernannt** he was given the freedom of the city
Ehrendoktor(in) *m(f)* honorary doctor
Ehrengast *m* guest of honour *Br*, guest of honor *US*
ehrenhaft *adj* honourable *Br*, honorable *US*; *Geste* noble
Ehrenmal *n* memorial
Ehrenmann *m* man of honour *Br*, man of honor *US*
Ehrenmitglied *n* honorary member
Ehrenplatz *m* place of honour *Br*, place of honor *US*
Ehrenrettung *f* retrieval of one's honour *Br*, retrieval of one's honor *US*
Ehrenrunde *f* SPORT lap of honour *Br*, lap of honor *US*
Ehrensache *f* matter of honour *Br*, matter of honor *US*
Ehrentag *m* **1** (≈ *Geburtstag*) birthday **2** (≈ *großer Tag*) big *od* great day
ehrenwert *adj* honourable *Br*, honorable *US*
Ehrenwort *n* word of honour *Br*, word of honor *US*; **(großes) ~!** *umg* cross my heart (and hope to die)! *umg*
ehrerbietig *adj* respectful, deferential
Ehrfurcht *f* great respect (**vor** +*dat* for); (≈ *fromme Scheu*) reverence (**vor** +*dat* for); **vor j-m ~ haben** to respect/revere sb; **~ gebietend** awe-inspiring
ehrfürchtig *adj* reverent; *Distanz* respectful
Ehrgefühl *n* sense of honour *Br*, sense of honor *US*
Ehrgeiz *m* ambition
ehrgeizig *adj* ambitious
ehrlich **A** *adj* honest; *Absicht* sincere; **ein ~er Mensch** an honest person; **~ währt am längsten** *sprichw* honesty is the best policy *sprichw* **B** *adv* **1** **~ verdientes Geld** hard-earned money; **~ teilen** to share fairly; **~ gesagt ...** quite frankly ...; **er meint es ~ mit uns** he is being honest with us **2** (≈ *wirklich*) honestly; **ich bin ~ begeistert** I'm really thrilled; **~! honestly!**
Ehrlichkeit *f* honesty; *von Absicht* sincerity
ehrlos *adj* dishonourable *Br*, dishonorable *US*
Ehrung *f* honour *Br*, honor *US*
ehrwürdig *adj* venerable
Ei *n* **1** egg; **j-n wie ein rohes Ei behandeln** *fig* to handle sb with kid gloves; **wie auf Eiern gehen** *umg* to step gingerly; **sie gleichen sich wie ein Ei dem anderen** they are as alike as two peas (in a pod) **2** **Eier** *pl sl* (≈ *Hoden*) balls *pl sl*
Eibe *f* BOT yew
Eiche *f* oak
Eichel *f* **1** BOT acorn **2** ANAT glans
Eichelhäher *m* jay
eichen *v/t* to calibrate
Eichenholz *n* oak
Eichenlaub *n* oak leaves *pl*
Eichhörnchen *n* squirrel
Eichstrich *m* official calibration; *an Gläsern* line measure
Eichung *f* calibration
Eid *m* oath; **einen Eid ablegen** *od* **schwören** to take *od* swear an oath; **unter Eid** under oath
Eidechse *f* ZOOL lizard
eidesstattlich **A** *adj* **eine ~e Erklärung abgeben** to make a declaration in lieu of an oath **B** *adv* **etw ~ erklären** to declare sth in lieu of an oath
Eidgenosse *m*, **Eidgenossin** *f* confederate; (≈ *Schweizer Eidgenosse*) Swiss citizen
Eidgenossenschaft *f* confederation; **Schweizerische ~** Swiss Confederation
eidgenössisch *adj* confederate; (≈ *erisch*) Swiss
eidlich **A** *adj* **~e Erklärung** declaration under oath **B** *adv* under oath
Eidotter *m/n* egg yolk
Eierbecher *m* eggcup
Eierkocher *m* egg boiler
Eierkopf *m hum umg* (≈ *Intellektueller*) egghead *umg*, boffin *bes Br umg*
Eierkuchen *m* pancake
Eierlaufen *n* egg and spoon race
Eierlikör *m* advocaat
Eierlöffel *m* eggspoon
eiern *umg v/i* to wobble
Eierschale *f* eggshell
eierschalenfarben *adj* off-white

Eierschwamm *m*, **Eierschwammerl** *n österr, schweiz* (≈ *Pfifferling*) chanterelle
Eierspeise *f* **1** egg dish **2** *österr* scrambled eggs *pl*
Eierstich *m* GASTR garnish of pieces of cooked egg
Eierstock *m* ANAT ovary
Eieruhr *f* egg timer
Eifer *m* (≈ *Begeisterung*) enthusiasm; (≈ *Eifrigkeit*) eagerness; **mit ~** enthusiastically; **im ~ des Gefechts** *fig umg* in the heat of the moment
Eifersucht *f* jealousy (**auf** +*akk* of); **aus/vor ~** out of/for jealousy
eifersüchtig *adj* jealous (**auf** +*akk* of)
eiförmig *adj* egg-shaped
eifrig **A** *adj* eager; *Leser, Sammler* keen **B** *adv* üben religiously; *an die Arbeit gehen* enthusiastically; **~ bemüht sein** to make a sincere effort
Eigelb *n* egg yolk
eigen *adj* **1** own; (≈ *selbstständig*) separate; **Zimmer mit ~em Eingang** room with its own entrance; **ich hätte gern ein ~es Zimmer** I'd like a room of my own *od* my own room; **sich** (*dat*) **etw zu ~ machen** to adopt sth; (≈ *zur Gewohnheit machen*) to make a habit of sth **2** (≈ *typisch*) typical; **das ist ihm ~** that is typical of him **3** (≈ *seltsam*) strange **4** (≈ *übergenau*) fussy; **in Gelddingen ist er sehr ~** he is very particular about money matters
Eigenart *f* (≈ *Besonderheit*) peculiarity; (≈ *Eigenschaft*) characteristic
eigenartig **A** *adj* peculiar **B** *adv* peculiarly; **~ aussehen** to look strange
eigenartigerweise *adv* strangely *od* oddly enough
Eigenbedarf *m von Mensch* personal use; *von Staat* domestic requirements *pl*
Eigenbrötler(in) *umg m(f)* loner; (≈ *komischer Kauz*) queer fish *umg*
Eigendynamik *f* **das Projekt hat eine ~ entwickelt** the project developed a dynamic of its own, the project developed its own dynamic
Eigenfinanzierung *f* self-financing
Eigengewicht *n von Lkw etc* unladen weight; HANDEL net weight; *Naturwissenschaft* dead weight
eigenhändig **A** *adj Brief, Unterschrift etc* in one's own hand; *Übergabe* personal **B** *adv* oneself
Eigenheim *n* one's own home
Eigenheimbesitzer(in) *m(f)* homeowner
Eigenheit *f* → Eigenart
Eigeninitiative *f* initiative of one's own
Eigeninteresse *n* **aus ~** out of self-interest
Eigenkapital *n von Person* personal capital; *von Firma* company capital
Eigenleben *n* one's own life

Eigenlob *n* self-praise
eigenmächtig **A** *adj* (≈ *selbstherrlich*) high-handed; (≈ *eigenverantwortlich*) taken/done *etc* on one's own authority; (≈ *unbefugt*) unauthorized **B** *adv* high-handedly, (entirely) on one's own authority, without any authorization
Eigenmittel *pl* WIRTSCH own resources *or* funds *pl*
Eigenname *m* proper name
Eigennutz *m* self-interest
eigennützig *adj* selfish
eigens *adv* (e)specially
Eigenschaft *f* (≈ *Attribut*) quality; CHEM, PHYS *etc* property; (≈ *Merkmal*) characteristic, feature; (≈ *Charakterzug*) trait; (≈ *Funktion*) capacity
Eigenschaftswort *n* adjective
Eigensinn *m* stubbornness
eigensinnig *adj* stubborn
eigenständig *adj* original; (≈ *unabhängig*) independent
Eigenständigkeit *f* originality; (≈ *Unabhängigkeit*) independence
eigentlich **A** *adj* (≈ *wirklich, tatsächlich*) real; *Wert* true; **im ~en Sinne des Wortes ...** in the original meaning of the word ... **B** *adv* actually; (≈ *tatsächlich, wirklich*) really; **was willst du ~ hier?** what do you want here anyway?; **~ müsstest du das wissen** you should really know that
Eigentor *n* SPORT, *a. fig* own goal; **ein ~ schießen** to score an own goal
Eigentum *n* property
Eigentümer(in) *m(f)* owner
eigentümlich *adj* (≈ *sonderbar, seltsam*) strange
Eigentümlichkeit *f* **1** (≈ *Besonderheit*) characteristic **2** (≈ *Eigenheit*) peculiarity
Eigentumsdelikt *n* JUR offence against property
Eigentumsverhältnisse *pl* distribution *sg* of property
Eigentumswohnung *f* owner-occupied flat *Br*, ≈ condominium *US*
eigenverantwortlich **A** *adj* autonomous **B** *adv* on one's own authority
Eigenverantwortung *f* autonomy; **in ~ entscheiden etc** on one's own responsibility
eigenwillig *adj* with a mind of one's own; (≈ *eigensinnig*) self-willed; (≈ *unkonventionell*) unconventional
eignen *v/r* to be suitable (**für, zu** for *od* **als** as); (≈ *passen*) to fit; (≈ *befähigt sein*) to qualify; **er würde sich nicht zum Lehrer ~** he wouldn't make a good teacher; → geeignet
Eigner(in) *m(f)* owner
Eignung *f* suitability; (≈ *Befähigung*) aptitude; (≈ *Qualifikation*) qualification

Eignungstest *m* aptitude test
Eilauftrag *m* rush order
Eilbote *m*, **Eilbotin** *f* messenger; **per** *od* **durch ~n** express
Eilbrief *m* express letter
Eile *f* hurry; (≈ *Schnelligkeit*) speed; **in ~ sein** to be in a hurry; **damit hat es keine ~** it's not urgent; **in der ~** in the hurry; **nur keine ~!** don't rush!
Eileiter *m* ANAT Fallopian tube
eilen A *v/i* 1 to rush, to hurry; **eile mit Weile** *sprichw* more haste less speed *sprichw* 2 (≈ *dringlich sein*) to be urgent; **eilt!** *auf Briefen etc* urgent B *v/i* **es eilt** it's urgent
eilends *adv* hurriedly
eilig *adj* 1 (≈ *schnell*) hurried; **es ~ haben** to be in a hurry 2 (≈ *dringend*) urgent
Eilsendung *f* express delivery; **~en** *pl* express mail
Eiltempo *n* **etw im ~ machen** to do sth in a real rush
Eimer *m* bucket; (≈ *Mülleimer*) (rubbish) bin *Br*, garbage can *US*; **ein ~ (voll) Wasser** a bucket(-ful) of water; **im ~ sein** *umg* to be up the spout *Br umg*, to be down the drain *US umg*
eimerweise *adv* by the bucket(ful)
ein[1] *adv an Geräten* **Ein/Aus** on/off; **ein und aus gehen** to come and go; **ich weiß nicht mehr ein noch aus** I'm at my wits' end
ein[2], **eine**, **ein** A *num* one; **ein Uhr** one (o'clock); **ein für alle Mal** once and for all; **ein und derselbe** one and the same; **er ist ihr Ein und Alles** he means everything to her; → **eins** B *unbest art* a; *vor Vokallauten* an; **ein anderer, eine andere** another; **ein paar** some; → **einer, s**
Einakter *m* THEAT one-act play
einander *pron* one another, each other
einarbeiten A *v/r* to get used to the work B *v/t* 1 *j-n* to train 2 (≈ *einfügen*) to incorporate
Einarbeitungszeit *f* 1 *in der Ausbildung* training period 2 (≈ *Gewöhnungszeit*) settling-in period
einarmig *adj* one-armed
einäschern *v/t Leichnam* to cremate
Einäscherung *f von Leichnam* cremation
einatmen *v/t & v/i* to breathe in
einäugig *adj* one-eyed
Einbahnstraße *f* one-way street
einbalsamieren *v/t* to embalm
Einband *m* book cover
einbändig *adj* one-volume *attr*, in one volume
Einbau *m* (≈ *das Einbauen*) installation
einbauen *v/t* to install; *umg* (≈ *einfügen*) *Zitat etc* to work in; **eingebaut** built-in
Einbauküche *f* (fully-)fitted kitchen
Einbaumöbel *pl* fitted furniture
Einbauschrank *m* fitted cupboard
einbegriffen *adj* included
einbehalten *v/t* to keep back
einberufen *v/t Parlament* to summon; *Versammlung* to convene; MIL to call up, to draft *US*
Einberufung *f* 1 *einer Versammlung* convention; *des Parlaments* summoning 2 MIL conscription
Einberufungsbescheid *m*, **Einberufungsbefehl** *m* MIL call-up papers *pl*, draft papers *pl US*
einbetonieren *v/t* to cement in (**in** +*akk* -to)
einbetten *v/t* to embed (**in** +*akk* in)
Einbettzimmer *n* single room
einbeziehen *v/t* to include (**in** +*akk* in); (≈ *beteiligen*) to involve
einbiegen *v/i* to turn (off) (**in** +*akk* into); **du musst hier links ~** you have to turn (off to the) left here
einbilden *v/t* 1 (≈ *sich vorstellen*) **sich** (*dat*) **etw ~** to imagine sth; **das bildest du dir nur ein** that's just your imagination; **bilde dir (doch) nichts ein!** don't kid yourself! *umg*; **was bildest du dir eigentlich ein?** what's got into you? *Br*, what's gotten into you? *US* 2 (≈ *stolz sein*) **sich** (*dat*) **viel auf etw** (*akk*) **~** to be conceited about sth; **darauf können Sie sich etwas ~!** that's something to be proud of!; **darauf brauchst du dir nichts einzubilden!** that's nothing to be proud of; → **eingebildet**
Einbildung *f* 1 (≈ *Vorstellung*) imagination; (≈ *irrige Vorstellung*) illusion; **das ist alles nur ~** it's all in the mind 2 (≈ *Dünkel*) conceit
Einbildungskraft *f* (powers *pl* of) imagination
einbinden *v/t Buch* to bind; *fig* (≈ *einbeziehen*) to integrate
einbläuen *umg v/t* **j-m etw ~ durch Schläge** to beat sth into sb; (≈ *einschärfen*) to drum sth into sb
einblenden *v/t* FILM, TV, RADIO to insert; *allmählich* to fade in
Einblick *m fig* (≈ *Kenntnis*) insight; **~ in etw** (*akk*) **gewinnen** to gain an insight into sth
einbrechen A *v/t Tür, Wand etc* to break down B *v/i* 1 (≈ *einstürzen*) to fall in 2 (≈ *Einbruch verüben*) to break in; **bei mir ist eingebrochen worden** I've had a break-in 3 *Nacht* to fall; *Winter* to set in
Einbrecher(in) *m(f)* burglar
einbringen *v/t* 1 PARL *Gesetz* to introduce 2 (≈ *Ertrag bringen*) *Geld, Nutzen* to bring in; *Ruhm* to bring; *Zinsen* to earn; **das bringt nichts ein** *fig* it's not worth it 3 (≈ *beteiligen*) **sich in etw** (*akk*) **~** to play a part in sth; INTERNET **von den Benutzern eingebracht** user-generated
einbrocken *v/t* **j-m/sich etwas ~** *umg* to land

sb/oneself in it *umg*
Einbruch *m* **1** (≈ *Einbruchdiebstahl*) burglary (**in** +*akk* in); **der ~ in die Bank** the bank break-in **2** *von Wasser* penetration **3** **~ der Kurse/der Konjunktur** FIN stock exchange/economic crash **4** *der Nacht* fall; *des Winters* onset; **bei ~ der Nacht/Dämmerung** at nightfall/dusk
einbruchsicher *adj* burglar-proof
einbürgern **A** *v/t Person* to naturalize **B** *v/r Brauch, Fremdwort* to become established
Einbürgerung *f von Menschen* naturalization
Einbürgerungstest *m* citizenship test *Br*, naturalization test *US*
Einbuße *f* loss (**an** +*dat* to)
einbüßen **A** *v/t* to lose; *durch eigene Schuld* to forfeit **B** *v/i* **an Klarheit** (*dat*) **~** to lose some of its clarity
einchecken *v/t & v/i* to check in (**an** +*dat* at)
eincremen **A** *v/t* to put cream on **B** *v/r* **sich mit etw ~** to put sth on
eindämmen *v/t Fluss* to dam; *fig* (≈ *vermindern*) to check; (≈ *im Zaum halten*) to contain
eindecken **A** *v/r* **sich (mit etw) ~** to stock up (with sth) **B** *v/t umg* (≈ *überhäufen*) to inundate; **mit Arbeit eingedeckt sein** to be snowed under with work
eindeutig **A** *adj* clear; (≈ *nicht zweideutig*) unambiguous; *Witz* explicit **B** *adv* (≈ *klar*) clearly; (≈ *unmissverständlich*) unambiguously; (≈ *bestimmt*) definitely
Eindeutigkeit *f* clearness; (≈ *Unzweideutigkeit*) unambiguity
eindeutschen *v/t* to Germanize
eindimensional *adj* one-dimensional
eindösen *umg v/i* to doze off
eindringen *v/i* **1** (≈ *einbrechen*) **in etw** (*akk*) **~** to force one's way into sth **2** (≈ *hineindringen*) **in etw** (*akk*) **~** to go into sth **3** (≈ *bestürmen*) **auf j-n ~** to go for sb (**mit** with); *mit Fragen, Bitten etc* to besiege sb
eindringlich **A** *adj* (≈ *nachdrücklich*) insistent; *Schilderung* vivid **B** *adv warnen* urgently
Eindringling *m* intruder
Eindruck *m* impression; **den ~ erwecken, als ob** *od* **dass ...** to give the impression that ...; **ich habe den ~, dass ...** I have the impression that ...; **großen ~ auf j-n machen** to make a great impression on sb; **er will ~ (bei ihr) machen** he's out to impress (her)
eindrücken *v/t Fenster* to break; *Tür, Mauer* to push down; (≈ *einbeulen*) to dent
eindrucksvoll *adj* impressive, grand
eine → ein²; → einer, s
einebnen *v/t* to level
eineiig *adj Zwillinge* identical
eineinhalb *num* one and a half; → anderthalb
Eineltern(teil)familie *f* single-parent family
einengen *wörtl v/t* to constrict; *fig Begriff, Freiheit* to restrict; **j-n in seiner Freiheit ~** to curb sb's freedom
Einer *m* **1** MATH unit **2** (≈ *Ruderboot*) single scull
eine(r, s) *indef pr* **1** one; (≈ *jemand*) somebody; **und das soll ~r glauben!** *umg* and we're/you're meant to believe that! **2** **~s** (*a.* **eins**) one thing; **~s sag ich dir** I'll tell you one thing; **~s von beiden** either of these
einerlei *adj* (≈ *gleichgültig*) all the same; **das ist mir ganz ~** it's all the same to me
Einerlei *n* monotony
einerseits *adv* **~ ... andererseits ...** on the one hand ... on the other hand ...
Ein-Euro-Job *m* work for unemployed person paying low hourly wage on top of benefit payments
einfach **A** *adj* simple; *Fahrkarte, Fahrt* one-way, single *Br*; *Essen* plain; (≈ *leicht*) easy; **~e Vergangenheit** simple past; **das ist nicht so ~ zu verstehen** that is not so easy to understand **B** *adv* **1** (≈ *schlicht*) simply **2** (≈ *nicht doppelt*) once **3** *verstärkend* (≈ *geradezu*) simply **4** (≈ *ohne Weiteres*) just; **~ nur** just
Einfachheit *f* simplicity; **der ~ halber** for the sake of simplicity
einfädeln **A** *v/t* **1** *Nadel, Faden* to thread (**in** +*akk* through) **2** *umg Intrige, Plan etc* to set up *umg* **B** *v/r* **sich in eine Verkehrskolonne ~** to filter into a stream of traffic
einfahren **A** *v/i Zug, Schiff* to come in (**in** +*akk* -to) **B** *v/t* **1** *Fahrgestell* to retract **2** (≈ *gewöhnen*) to break in; *Wagen* to run in *Br*, to break in *US* **3** *Gewinne, Verluste* to make
Einfahrt *f* **1** (≈ *das Einfahren*) entry (**in** +*akk* to); **Vorsicht bei (der) ~ des Zuges!** stand well back, the train is arriving **2** (≈ *Eingang*) entrance; (≈ *Toreinfahrt*) entry; **„Einfahrt frei halten"** "keep clear"
Einfall *m* **1** (≈ *Gedanke*) idea **2** MIL invasion (**in** +*akk* of)
einfallen *v/i* **1** *Gedanke* **j-m ~** to occur to sb, to come to sb's mind; **jetzt fällt mir ein, wie/warum ...** I've just thought of how/why ...; **das fällt mir nicht im Traum ein!** I wouldn't dream of it!; **sich** (*dat*) **etw ~ lassen** to think of sth; **was fällt Ihnen ein!** what are you thinking of! **2** (≈ *in Erinnerung kommen*) **j-m ~** to come to sb; **es fällt mir jetzt nicht ein** I can't think of it at the moment **3** (≈ *einstürzen*) to collapse; → eingefallen **4** (≈ *eindringen*) **in ein Land ~** to invade a country **5** *Lichtstrahlen* to fall **6** (≈ *mitreden*) to join in
einfallslos *adj* unimaginative
Einfallslosigkeit *f* unimaginativeness

einfallsreich adj imaginative; creative
Einfallsreichtum m imaginativeness
Einfallswinkel m PHYS angle of incidence
einfältig adj (≈ arglos) simple; (≈ dumm) simple (-minded)
Einfaltspinsel umg m simpleton
Einfamilienhaus n single-family house
einfangen v/t to catch, to capture; **Einfangen der Rinder mit dem Lasso** roping
einfarbig adj all one colour Br, single colour Br, all one color US, single color US
einfassen v/t Beet, Grab to border; Kleid to trim
einfetten v/t to grease; Haut, Gesicht to rub cream into
einfinden v/r to come; (≈ eintreffen) to arrive
einflechten v/t fig ins Gespräch etc to introduce (**in** +akk in, into); **darf ich kurz ~, dass …** I would just like to say that …
einfliegen **A** v/t **1** Flugzeug to test-fly **2** Proviant, Truppen to fly in (**in** +akk -to) **B** v/i to fly in (**in** +akk -to)
einfließen v/i to flow in; **er ließ nebenbei ~, dass …** he let it drop that …
einflößen v/t **j-m etw ~** Medizin to give sb sth; Mut etc to instil sth into sb Br, to instill sth into sb US
Einflugschneise f FLUG approach path
Einfluss m influence; (≈ Auswirkung) impact; **unter dem ~ von j-m/etw** under the influence of sb/sth; **~ auf j-n ausüben** to exert an influence on sb; **seine Freunde haben einen schlechten ~ auf ihn** his friends are a bad influence on him; **darauf habe ich keinen ~** I can't influence that
Einflussbereich m sphere of influence
Einflussnahme f exertion of influence
einflussreich adj influential; (≈ bedeutend) important
einfordern v/t to claim
einförmig adj uniform; (≈ eintönig) monotonous
einfrieren **A** v/i to freeze; Wasserleitung to freeze up **B** v/t to freeze; POL Beziehungen to suspend
Einfügemodus m IT insert mode
einfügen **A** v/t to fit (**in** +akk into); IT to insert (**in** +akk in) **B** v/r to fit in (**in** +akk -to); (≈ sich anpassen) to adapt (**in** +akk to)
Einfügetaste f COMPUT insert key
einfühlen v/r **sich in j-n ~** to empathize with sb; **sich in etw** (akk) **~** to understand sth
einfühlsam **A** adj sensitive **B** adv sensitively
Einfühlungsvermögen n capacity for understanding, empathy
Einfuhr f import; (≈ das Einführen) importing
Einfuhrartikel m import
Einfuhrbeschränkung f import restriction

einführen v/t **1** (≈ hineinstecken) to insert (**in** +akk into) **2** (≈ bekannt machen) to introduce (**in** +akk into); HANDEL Firma, Artikel to establish; (≈ auf den Markt bringen) to launch; **j-n in sein Amt ~** to install sb (in office) **3** als Neuerung to introduce **4** HANDEL Waren to import
Einfuhrgenehmigung f import permit
Einfuhrland n importing country
Einfuhrstopp m import ban (**für** on)
Einführung f introduction (**in** +akk to); (≈ Markteinführung) launch
Einführungskurs m UNIV etc introductory course
Einführungspreis m introductory price
Einfuhrverbot n ban on imports
einfüllen v/t to pour in; **etw in Flaschen ~** to put sth into bottles, to bottle sth
Eingabe f **1** form (≈ Gesuch) petition (**an** +akk to) **2** IT input
Eingabedaten pl IT input data pl
Eingabefehler m IT input error
Eingabetaste f COMPUT enter key
Eingang m **1** entrance (**in** +akk to); (≈ Zutritt, Aufnahme) entry; **„kein ~!"** "no entrance" **2** HANDEL (≈ Wareneingang) delivery; (≈ Erhalt) receipt; **den ~ od die Eingänge bearbeiten** to deal with the incoming mail
eingängig adj Melodie, Spruch catchy
eingangs adv at the start
Eingangsdatum n date of receipt
Eingangshalle f entrance hall; von Hotel foyer, lobby bes US
Eingangsstempel m HANDEL date stamp
Eingangstür f entrance
eingeben v/t **1** (≈ verabreichen) to give **2** IT Text, Befehl to enter
eingebildet adj **1** (≈ hochmütig) conceited **2** (≈ imaginär) imaginary; → einbilden
eingeboren adj (≈ einheimisch) native, indigenous; in Australien Aboriginal
Eingeborene(r) m/f(m) neg! native
Eingebung f inspiration
eingefallen adj Wangen hollow; Augen deep-set; → einfallen
eingefleischt adj (≈ überzeugt) confirmed; (≈ unverbesserlich) dyed-in-the-wool; **~er Junggeselle** hum confirmed bachelor
eingehen **A** v/i **1** Briefe, Waren etc to arrive; Spenden, Bewerbungen to come in; **~de Post/Waren** incoming mail/goods; **eingegangene Post/Spenden** mail/donations received **2** (≈ sterben) Tiere, Pflanze to die (**an** +dat of); umg Firma etc to fold **3** **auf etw** (akk) **~** auf Frage, Punkt etc to go into sth; **auf j-n/etw ~** (≈ sich widmen) to give (one's) time and attention to sb/sth; **auf einen Vorschlag/Plan ~** (≈ zustimmen)

to agree to a suggestion/plan **B** v/t (≈ *abmachen*) **to enter into;** *Risiko* **to take;** *Wette* **to make**
eingehend **A** *adj* (≈ *ausführlich*) **detailed;** (≈ *gründlich*) **thorough;** *Untersuchungen* **in-depth** *attr* **B** *adv* (≈ *ausführlich*) **in detail;** (≈ *gründlich*) **thoroughly**
eingeklammert *adj* **in brackets, in parentheses** *bes US*; → **einklammern**
eingeklemmt *adj* **1** **stuck** **2** *Nerv* **trapped;** → **einklemmen**
eingelegt *adj in Essig* **pickled;** → **einlegen**
Eingemachte(s) *n* **bottled fruit/vegetables;** (≈ *Marmelade*) **preserves** *pl*; **ans ~ gehen** *fig umg* **to dig deep into one's reserves**
eingemeinden *v/t* **to incorporate (in** +*akk od* **nach** into)
eingenommen *adj* **für j-n/etw ~ sein to be taken with sb/sth; gegen j-n/etw ~ sein** **to be prejudiced against sb/sth;** → **einnehmen**
eingerahmt *adj* **1** *Bild* **framed** **2** *fig* **~ von framed by;** → **einrahmen**
eingerückt *adj Zeile* **indented;** → **einrücken**
eingeschaltet *adj* **(switched) on;** → **einschalten**
eingeschlossen *adj* **1** (≈ *umgeben*) *Grundstück, Haus etc* **enclosed** **2** (≈ *umzingelt*) **surrounded, encircled** **3 im Preis ~** **included in the price;** → **einschließen**
eingeschnappt *umg adj* **cross; ~ sein** **to be in a huff;** → **einschnappen**
eingeschränkt *adj* (≈ *eingeengt*) **restricted; in ~en Verhältnissen leben** **to live in straitened circumstances;** → **einschränken**
eingeschrieben *adj Brief* **registered;** → **einschreiben**
eingesessen *adj Familie etc* **old-established;** → **einsitzen**
eingespielt *adj* **aufeinander ~ sein** **to be used to one another;** → **einspielen**
Eingeständnis *n* **admission, confession**
eingestehen *v/t* **to admit**
eingestellt *adj* **links/rechts ~ sein** **to have leanings to the left/right; ich bin im Moment nicht auf Besuch ~** **I'm not prepared for visitors;** → **einstellen**
eingetragen *adj Warenzeichen, Verein* **registered;** → **eintragen**
Eingeweide *n* **entrails** *pl*
Eingeweidebruch *m MED* **hernia**
Eingeweihte(r) *m/f(m)* **insider**
eingewöhnen *v/r* **to settle down (in** +*dat* in)
eingießen *v/t* (≈ *einschenken*) **to pour (out)**
eingleisig **A** *adj* **single-track** **B** *adv* **er denkt sehr ~** **he's completely single-minded**
eingliedern **A** *v/t Firma, Gebiet* **to incorporate** (+*dat* into, with); *j-n* **to integrate (in** +*akk* into) **B** *v/r* **to fit in (in** +*akk* -to, in)

Eingliederung *f von Firma, Gebiet* **incorporation;** *von Behinderten, Straffälligen* **integration**
eingraben **A** *v/t Pfahl, Pflanze* **to dig in (in** +*akk* -to) **B** *v/r a.* MIL **to dig oneself in**
eingravieren *v/t* **to engrave (in** +*akk* on)
eingreifen *v/i* (≈ *einschreiten*), *a.* MIL **to intervene; in j-s Rechte** (*akk*) **~** **to intrude (up)on sb's rights; Eingreifen** **intervention**
Eingreiftruppe *f* **strike force; schnelle ~** **rapid response force**
eingrenzen *wörtl v/t* **to enclose;** *fig Problem* **to delimit**
Eingriff *m* **1** MED **operation** **2** (≈ *Übergriff*) **intervention**
einhaken **A** *v/t* **to hook (in** +*akk* into), fasten **B** *v/r* **sie hakte sich bei ihm ein** **she linked arms with him** **C** *v/i* **hier möchte ich mal ~** **if I could just take up that point**
Einhalt *m* **j-m/einer Sache ~ gebieten** **to stop sb/sth**
einhalten *v/t* (≈ *beachten*) **to keep;** *Spielregeln* **to follow;** *Diät, Vertrag* **to keep to;** *Verpflichtungen* **to carry out**
Einhaltung *f* (≈ *Beachtung*) **keeping** (+*gen* of); *von Spielregeln* **following** (+*gen* of); *von Diät, Vertrag* **keeping** (+*gen* to); *von Verpflichtungen* **carrying out** (+*gen* of)
einhandeln *v/t* **to trade (gegen, für** for); **sich** (*dat*) **etw ~** *umg* **to get sth**
einhändig *adj* **one-handed**
einhängen **A** *v/t Tür* **to hang;** *Telefon* **to hang up** **B** *v/r* **sich bei j-m ~** **to slip one's arm through sb's**
einheften *v/t Akten, Unterlagen* **to file**
einheimisch *adj Mensch, Tier, Pflanze* **native;** *Industrie* **local**
Einheimische(r) *m/f(m)* **local**
einheimsen *umg v/t* **to collect**
Einheit *f* **1** *von Land etc* **unity; eine geschlossene ~ bilden** **to form an integrated whole; die (deutsche) ~** **(German) unity** **2** *Naturwissenschaften, a.* MIL, TEL **unit;** SCHULE **session**
einheitlich **A** *adj* (≈ *gleich*) **the same** *präd*, **uniform;** (≈ *in sich geschlossen*) **unified** **B** *adv* **uniformly; ~ gekleidet** **dressed alike**
Einheitlichkeit *f* (≈ *Gleichheit*) **uniformity;** (≈ *innere Geschlossenheit*) **unity**
Einheitsbrei *pej umg m* **es ist so ein ~** **it's all so samey** *umg*
Einheitspreis *m* **standard price**
einheizen *v/i* **j-m (tüchtig) ~** *umg* (≈ *die Meinung sagen*) **to haul sb over the coals;** (≈ *zu schaffen machen*) **to make things hot for sb**
einhellig **A** *adj* **unanimous** **B** *adv* **unanimously**
einher- *präf* (≈ *entlang*) **along;** (≈ *hin und her*) **up and down**

einhergehen v/i **mit etw ~** fig to be accompanied by sth
einholen v/t **1** (≈ einziehen) Boot, Netz to pull in; Fahne, Segel to lower **2** Erlaubnis to obtain; **bei j-m Rat ~** to obtain advice from sb **3** (≈ erreichen) Laufenden to catch up (with); Vorsprung to make up **4** dial → einkaufen
Einhorn n unicorn
einhüllen v/t to wrap (up); **in Nebel eingehüllt** shrouded in mist
einhundert form num → hundert
einig adj **1** (≈ geeint) united **2** (≈ einer Meinung) agreed; **sich** (dat) **über etw** (akk) **~ werden** to agree on sth
einigen **A** v/t to unite **B** v/r to reach (an) agreement (**über** +akk about); **sich auf etw** (akk) **~** to agree on sth; **sich auf einen Kompromiss ~** to agree to a compromise
einige(r, s) indef pr **1** (≈ etwas) some; (≈ ziemlich viel) (quite) some; **nach ~r Zeit** after a while; **das wird ~s kosten** that will cost something; **dazu gehört schon ~r Mut** that takes some courage **2** some; (≈ mehrere) several; (≈ ein paar) a few, some; **Mal(e)** a few times, a couple of times; **an ~n Stellen** in some places; **in ~n Tagen** in a few days
einigermaßen adv (≈ ziemlich) rather; vor adj fairly; (≈ ungefähr) to some extent; **wie geht's dir? — ~** how are you? — all right
Einigkeit f (≈ Eintracht) unity; (≈ Übereinstimmung) agreement; **in diesem Punkt herrschte ~** there was agreement on this point
Einigung f **1** POL unification **2** (≈ Übereinstimmung) agreement; JUR (≈ Vergleich) settlement; **über etw** (akk) **~ erzielen** to come to an agreement on sth
einjagen v/t **j-m einen Schrecken ~** to give sb a fright
einjährig adj one-year-old; Pflanze annual; Amtszeit, Studium one-year attr
einkalkulieren v/t to reckon with; Kosten to include
Einkauf m **1** purchase; **Einkäufe machen** to go shopping; **sie packte ihre Einkäufe aus** she unpacked her shopping **2** HANDEL (≈ Abteilung) purchasing (department)
einkaufen **A** v/t to buy **B** v/i to shop; HANDEL to buy; **~ gehen** to go shopping, to do the shopping
Einkaufen n shopping
Einkäufer(in) m(f) HANDEL buyer
Einkaufsabteilung f purchasing department
Einkaufsbummel m **einen ~ machen** to go on a shopping trip
Einkaufskorb m shopping basket
Einkaufsliste f shopping list
Einkaufsmeile f shopping street
Einkaufspassage f shopping arcade Br, shopping mall US
Einkaufsstraße f shopping precinct
Einkaufstasche f shopping bag
Einkaufstüte f shopping bag; (≈ Plastiktüte) plastic bag
Einkaufsviertel n shopping precinct
Einkaufswagen m shopping trolley Br, shopping cart US
Einkaufszentrum n shopping centre Br, shopping center US, mall
Einkaufszettel m shopping list
einkehren v/i **1** in Gasthof to stop off (**in** +dat at) **2** Ruhe to come (**bei** to)
einkesseln v/t to encircle
einklagen v/t Schulden to sue for (the recovery of)
einklammern v/t to put in brackets
Einklang m **1** MUS unison **2** fig harmony; **in ~ bringen** to bring into line; **im ~ mit etw stehen** to be in accord with sth
einkleben v/t to stick in; **etw in etw** (akk) **~** to stick sth into sth
einkleiden v/t Soldaten to fit out (with a uniform); **sich neu ~** to buy oneself a new wardrobe
einklemmen v/t (≈ quetschen) to jam; Finger etc to catch
einkochen v/t Gemüse to preserve; Marmelade to make
Einkommen n income
Einkommensgrenze f income limit
Einkommensklasse f income bracket
einkommensschwach adj low-income attr
einkommensstark adj high-income attr
Einkommen(s)steuer f income tax
Einkommen(s)steuerbescheid m income tax assessment
Einkommen(s)steuererklärung f income tax return
Einkorn n Getreidesorte einkorn wheat
einkreisen v/t to surround; fig Problem to consider from all sides; POL to isolate
Einkünfte pl income sg
einladen v/t **1** Waren to load (**in** +akk into) **2** j-n to invite; **j-n zu einer Party ~** to invite sb to a party; **j-n ins Kino ~** to ask sb to the movies; **lass mal, ich lade dich ein** come on, this one's on me
einladend adj inviting; Speisen appetizing
Einladung f invitation (**zu** to)
Einlage f **1** (≈ Zahneinlage) temporary filling **2** (≈ Schuheinlage) insole; zum Stützen (arch) support **3** (≈ Zwischenspiel) interlude **4** FIN (≈ Kapitaleinlage) investment

einlagern v/t to store

Einlass m (≈ Zutritt) admission; **j-m ~ gewähren** to admit sb; **sich** (dat) **~ in etw** (akk) **verschaffen** to gain entry to sth

einlassen **A** v/t **1** (≈ eintreten lassen) to let in **2** (≈ einlaufen lassen) Wasser to run in (**in** +akk into) **B** v/r **sich auf etw** (akk) **~** to get involved in sth; **sich auf einen Kompromiss ~** to agree to a compromise; **darauf lasse ich mich nicht ein!** I don't want anything to do with it!; **da habe ich mich aber auf etwas eingelassen!** I've let myself in for something there!; **sich mit j-m ~** pej to get involved with sb

Einlauf m **1** SPORT am Ziel finish **2** MED enema

einlaufen **A** v/i **1** (≈ hineinlaufen) to come in (**in** +akk -to); durchs Ziel to finish **2** Wasser to run in (**in** +akk -to) **3** Stoff to shrink **B** v/t Schuhe to wear in **C** v/r SPORT to warm up

einläuten v/t to ring in; SPORT Runde to sound the bell for

einleben v/r to settle down (**in** od **an** +dat in od at)

einlegen v/t **1** in Holz etc to inlay **2** (≈ hineintun) to insert (**in** +akk in; Film to load (**in** +akk into) **3** AUTO Gang to engage **4** Protest to register; **ein gutes Wort für j-n ~** to put in a good word for sb (**bei** with) **5** GASTR Heringe, Gurken etc to pickle

Einlegesohle f insole

einleiten v/t **1** (≈ in Gang setzen) to initiate; Schritte to introduce; JUR Verfahren to institute; MED Geburt to induce **2** (≈ beginnen) to start **3** Abwässer etc to discharge (**in** +akk into)

einleitend **A** adj introductory **B** adv **er sagte ~, dass ...** he said by way of introduction that ...

Einleitung f **1** (≈ Vorwort) introduction **2** (≈ das Einleiten) initiation; von Schritten introduction; von Verfahren institution; von Geburt induction **3** von Abwässern discharge (**in** +akk into)

Einleitungs- zssgn introductory

einlenken v/i (≈ nachgeben) to yield

einlesen **A** v/r **sich in ein Gebiet** etc **~** to get into a subject etc **B** v/t Daten to read in (**in** +akk -to)

einleuchten v/i to be clear (**j-m** to sb); **das will mir nicht ~** I just don't understand that

einleuchtend adj reasonable

einliefern v/t Waren to deliver; **j-n ins Krankenhaus ~** to admit sb to hospital

Einlieferung f ins Krankenhaus admission (**in** +akk to); ins Gefängnis committal (**in** +akk to)

Einlieferungsschein m certificate of posting Br, certificate of mailing bes US

Einliegerwohnung f granny annexe Br, granny flat Br, in-law apartment US

einlochen v/t **1** beim Golf to putt **2** umg **j-n ~** to put sb away umg, to put sb in the slammer US umg

einloggen v/i/r IT to log in od on

einlösen v/t Pfand to redeem; Scheck to cash (in); fig Versprechen to keep

einmachen v/t Obst to preserve

Einmachglas n bottling jar

einmal adv **1** (≈ ein einziges Mal) once; (≈ erstens) first of all, for a start; **~ im** od **pro Jahr** once a year; **~ sagt er dies, ~ das** sometimes he says one thing, sometimes another; **auf ~** (≈ plötzlich) suddenly; (≈ zugleich) at once; **~ und nie wieder** once and never again; **noch ~** again; **noch ~ so groß wie** as big again as; **~ ist keinmal** sprichw once doesn't count **2** (≈ früher) once; (≈ in Zukunft) one day; **waren Sie schon ~ in Rom?** have you ever been to Rome?; **es war ~ ...** once upon a time there was ...; **besuchen Sie mich doch ~!** come (and) visit me some time! **3** **nicht ~** not even; **auch ~** also, too; **wieder ~** again; **die Frauen sind nun ~ so** so that's the way women are

Einmaleins n (multiplication) tables pl; fig ABC, basics pl; **das kleine/große ~** (multiplication) tables up to/over ten

Einmalhandtuch n disposable towel

einmalig adj **1** Gelegenheit unique **2** (≈ nur einmal erforderlich) single; Zahlung one-off attr **3** umg (≈ hervorragend) fantastic

Einmalzahlung f one-off payment

Einmarsch m in ein Land invasion (**in** +akk of)

einmarschieren v/i to march in (**in** +akk -to); **in ein Land ~** to invade a country

Einmeterbrett n one-metre (diving) board Br, one-meter (diving) board US

einmischen v/r to interfere (**in** +akk in)

Einmischung f interference (**in** +akk in)

einmotorig adj Flugzeug single-engine(d)

einmotten v/t to mothball

einmünden v/i Fluss to flow in (**in** +akk -to); Straße to run in (**in** +akk -to); **in etw** (akk) **~** fig to end up in sth

einmütig **A** adj unanimous **B** adv unanimously

Einmütigkeit f unanimity

Einnahme f **1** MIL seizure **2** (≈ Ertrag) receipt; **~n** pl income sg; (≈ Geschäftseinnahmen) takings pl; eines Staates revenue sg; **~n und Ausgaben** income and expenditure

Einnahmequelle f source of income; eines Staates source of revenue

einnehmen v/t **1** Geld to take; Freiberufler to earn; Steuern to collect **2** MIL (≈ erobern) to take **3** Platz etc to take (up) **4** Mahlzeit, Arznei to take **5** **j-n gegen sich ~** to set sb against oneself; → **eingenommen**

einnicken *umg v/i* to doze *od* nod off
einnisten *wörtl v/r* to nest; *fig* to park oneself (**bei** on)
einölen *v/t* to oil
einordnen **A** *v/t* **1** *Bücher etc* to (put in) order; *Akten* to file **2** (≈ *klassifizieren*) to classify **B** *v/r* **1** *in Gemeinschaft etc* to fit in (**in** +*akk* -to) **2** AUTO **sich links/rechts ~** to get into the left/right lane
einpacken **A** *v/t* **1** (≈ *einwickeln*) to wrap (up) (**in** +*akk* in) **2** (≈ *hineintun*) to pack (**in** +*akk* in) **B** *v/i* to pack; **dann können wir ~** *umg* in that case we may as well pack it all in *umg*
einparken *v/t & v/i* (**in eine Parklücke**) **~** to get into a parking space
Einparkhilfe *f* **elektronische ~** (electronic) parking sensor, park distance control system
einpassen *v/t* to fit in (**in** +*akk* -to)
Einpeitscher(in) *m(f)* POL whip *Br*, floor leader *US*
einpendeln *fig v/r* to settle down
Einpersonenhaushalt *m* single-person household
einpflanzen *v/t* to plant (**in** +*dat* in); MED to implant (**j-m** into sb)
einphasig *adj* single-phase
einplanen *v/t* to plan (on); *Verluste* to allow for
einpolig *adj* single-pole
einprägen **A** *v/t* *Inschrift* to stamp; **sich** (*dat*) **etw ~** to remember sth; (≈ *auswendig lernen*) to memorize sth **B** *v/r* **sich j-m ~** to make an impression on sb
einprägsam *adj* catchy
einprogrammieren *v/t Daten* to feed in
einprügeln *umg v/i* **auf j-n ~** to lay into sb *umg*
einquartieren **A** *v/t* to quarter **B** *v/r* to be quartered (**bei** with); *Gäste* to stay (**bei** with), to stop *umg* (**bei** with) *Br*
einquetschen *v/t* → einklemmen
Einrad *n* unicycle
Einradfahren *n* unicycling
einrahmen *v/t* to frame
einrasten *v/t & v/i* to engage
einräumen *v/t* **1** *Wäsche, Bücher etc* to put away; *Wohnung, Zimmer* to arrange; *Spülmaschine* to load **2** (≈ *zugestehen*) to concede; *Recht* to give
einrechnen *v/t* to include
einreden **A** *v/t* **j-m etw ~** to talk sb into believing sth; **er will mir ~, dass …** he wants me to believe that …; **das redest du dir nur ein!** you're only imagining it **B** *v/i* **auf j-n ~** to keep on and on at sb
einreiben *v/t* **er rieb sich** (*dat*) **das Gesicht mit Creme ein** he rubbed cream into his face
einreichen *v/t Antrag* to submit (**bei** to); (≈ *abgeben*) to hand in; JUR *Klage* to file
einreihen *v/r* **sich in etw** (*akk*) **~** to join sth
Einreiher *m* (≈ *Anzug*) single-breasted suit
Einreise *f* entry (**in** +*akk* into, to); **bei der ~ in die Schweiz** when entering Switzerland
Einreisebewilligung *f* visa
Einreisegenehmigung *f* entry permit
einreisen *v/i* to enter the country; **in ein Land ~** to enter a country
Einreisevisum *n* entry visa
einreißen **A** *v/t* **1** *Papier, Stoff* to tear **2** *Gebäude, Zaun* to tear *od* break down **B** *v/i Papier* to tear; *fig umg Unsitte etc* to catch on *umg*
einreiten *v/t Pferd* to break in
einrenken **A** *v/t Gelenk* to put back in place; *fig umg* to sort out **B** *fig umg* to sort itself out
einrichten **A** *v/t* **1** (≈ *möblieren*) to furnish; (≈ *ausstatten*) to fit out **2** (≈ *eröffnen*) to set up; *Konto* to open **3** *fig* (≈ *arrangieren*) to arrange; **das lässt sich ~** that can be arranged; **auf Tourismus eingerichtet sein** to be geared to tourism **B** *v/r* **1** (≈ *sich möblieren*) **sich ~** to furnish one's house/one's apartment *od* flat *Br* **2** (≈ *sich einstellen*) **sich auf etw** (*akk*) **~** to prepare oneself for sth
Einrichtung *f* **1** (≈ *Wohnungseinrichtung*) furnishings *pl*; (≈ *Geschäftseinrichtung etc*) fittings *pl*; (≈ *Laboreinrichtung etc*) equipment *kein pl* **2** (≈ *Eröffnung*) setting-up; *von Konto* opening **3** *behördlich* institution; (≈ *Schwimmbäder, Transportmittel etc*) facility
Einrichtungsgegenstand *m* item of furniture; (≈ *Geschäftseinrichtung*) fixture
einrosten *v/i* to rust up; *fig Glieder* to stiffen up
einrücken **A** *v/t Zeile* to indent **B** *v/i* **1** MIL **in ein Land** to move in (**in** +*akk* -to) **2** MIL (≈ *eingezogen werden*) to report for duty
eins *num* one; **~ zu ~** SPORT one all; **~ mit j-m sein** to be one with sb; (≈ *übereinstimmen*) to be in agreement with sb; **das ist doch alles ~** it's all one; **~ a** *umg* A 1 *umg*, first-rate *umg*; → ein²; → einer, s; → vier
Eins *f* one; SCHULE *a*. A; **eine ~ schreiben/bekommen** to get an A *od* a one
einsacken *v/t* **1** (≈ *in Säcke füllen*) to put in sacks **2** *umg* (≈ *erbeuten*) to grab *umg*; *Geld* to rake in *umg*
einsam **A** *adj* **1** (≈ *allein*) lonely; (≈ *einzeln*) solitary **2** (≈ *abgelegen*) *Haus, Insel* secluded **3** *umg* **~e Klasse** *od* **Spitze** absolutely fantastic *umg* **B** *adv* **1** (≈ *allein*) lonely **2** (≈ *abgelegen*) isolated; **~ liegen** to be secluded
Einsamkeit *f* (≈ *Verlassenheit*) loneliness; (≈ *das Einzelnsein*) solitariness; **er liebt die ~** he likes solitude
einsammeln *v/t* to collect (in)
Einsatz *m* **1** (≈ *Einsatzteil*) inset **2** (≈ *Spieleinsatz*)

stake; **den ~ erhöhen** to raise the stakes ❸ MUS entry ❹ (≈ *Verwendung*) use; *bes* MIL deployment; (≈ *Auftrag*) mission; **im ~** in use; **unter ~ aller Kräfte** by making a supreme effort ❺ (≈ *Aktion*) operation; **im ~** in action ❻ (≈ *Hingabe*) commitment; **etw unter ~ seines Lebens tun** to risk one's life to do sth

Einsatzbefehl *m* order to go into action
einsatzbereit *adj* ready for use; MIL ready for action; *Rakete etc* operational
Einsatzkommando *n* task force
Einsatzleiter(in) *m(f)* head of operations
Einsatzort *m* place of action; *der Polizei* location; *von Diplomat etc* posting
Einsatzwagen *m von Polizei* police car; *von Feuerwehr* fire engine
einscannen *v/t* to scan in
einschalten Ⓐ *v/t* ❶ *Licht, Radio, Gerät* to switch on; *Computer a.* to turn on; *Sender* to tune in to ❷ **j-n ~** to call sb in Ⓑ *v/r* to intervene; (≈ *teilnehmen*) to join in
Einschaltquote *f* RADIO, TV viewing figures *pl*
einschärfen *v/t* **j-m etw ~** to impress sth (up)on sb
einschätzen *v/t* to assess; **falsch ~** to misjudge; **j-n nach etw ~** to judge sb by sth; **wie ich die Lage einschätze** as I see the situation
Einschätzung *f* assessment; **nach meiner ~** in my estimation
einschenken *v/t* to pour (out)
einschicken *v/t* to send in (**an** +*akk* to)
einschieben *v/t* (≈ *einfügen*) to put in; **eine Pause ~** to have a break
einschießen Ⓐ *v/t* ❶ (≈ *zertrümmern*) *Fenster* to shoot in; *mit Ball etc* to smash (in) ❷ *Fußball* to kick in Ⓑ *v/i* SPORT to score; **er schoss zum 1:0 ein** he scored to make it 1-0
einschiffen *v/r* to embark
einschl. *abk* (= **einschließlich**) incl., including
einschlafen *v/i* to fall asleep; *Bein, Arm* to go to sleep; *euph* (≈ *sterben*) to pass away; *fig Gewohnheit* to peter out; **ich kann nicht ~** I can't get to sleep
einschläfern *v/t* ❶ (≈ *zum Schlafen bringen*) to send to sleep ❷ (≈ *narkotisieren*) to give a soporific ❸ (≈ *töten*) *Tier* to put down
einschläfernd *adj* soporific; (≈ *langweilig*) monotonous
Einschlag *m* ❶ *von Geschoss* impact; *von Blitz* striking ❷ AUTO *des Lenkrads* lock ❸ **einen südländischen ~ haben** to have more than a hint of the Mediterranean about it/him *etc*
einschlagen Ⓐ *v/t* ❶ *Nagel* to hammer in; *Pfahl* to drive in ❷ (≈ *zertrümmern*) to smash (in); *Tür* to smash down; *Zähne* to knock out; **mit eingeschlagenem Schädel** with one's head bashed in *umg* ❸ (≈ *einwickeln*) *Ware* to wrap up ❹ AUTO *Räder* to turn ❺ *Weg* to take; *Kurs wörtl* to follow; *fig* to pursue Ⓑ *v/i* (**in etw** *akk*) **~** *Geschoss, Blitz* to strike (sth); **auf j-n/etw ~** to hit out at sb/sth; **gut ~** *umg* to be a big hit *umg*
einschlägig Ⓐ *adj* appropriate Ⓑ *adv* **er ist ~ vorbestraft** JUR he has a previous conviction for a similar offence *Br*, he has a previous conviction for a similar offense *US*
einschleimen *v/r umg* **sich bei j-m ~** to suck up to sb *umg*
einschleusen *v/t* to smuggle in (**in** +*akk od* **nach** to)
einschließen *v/t* ❶ (≈ *wegschließen*) to lock up (**in** +*akk* in) ❷ (≈ *umgeben*) to surround ❸ *fig* (≈ *beinhalten*) to include; → **eingeschlossen**
einschließlich Ⓐ *präp* including Ⓑ *adv* **vom 1. bis ~ 31. Oktober** from 1st to 31st October inclusive *Br*, October 1st through 31st *US*
einschmeicheln *v/r* **sich bei j-m ~** to ingratiate oneself with sb; **~de Stimme** silky voice
einschmieren *v/t mit Fett* to grease; *mit Öl* to oil; *mit Creme* to put cream on
einschmuggeln *v/t* to smuggle in (**in** +*akk* -to)
einschnappen *v/i* ❶ *Schloss, Tür* to click shut ❷ *umg* (≈ *beleidigt sein*) to go into a huff *umg*; → **eingeschnappt**
einschneiden *v/t Stoff, Papier* to cut
einschneidend *fig adj* drastic; *Folgen* far-reaching
einschneien *v/i* **eingeschneit sein** to be snowed up
Einschnitt *m* cut; MED incision; (≈ *Zäsur*) break; *im Leben* decisive point
einschränken Ⓐ *v/t* to reduce; *Recht* to restrict; *Wünsche* to moderate; *Behauptung* to qualify; **~d möchte ich sagen, dass ...** I'd like to qualify that by saying ...; **das Rauchen ~** to cut down on smoking Ⓑ *v/r* (≈ *sparen*) to economize; → **eingeschränkt**
einschränkend *adj* limiting
Einschränkung *f* reduction; *von Recht* restriction; *von Behauptung* qualification; (≈ *Vorbehalt*) reservation
einschrauben *v/t* to fit
Einschreibebrief *m* registered letter
einschreiben *v/r in Verein etc* to enrol *Br*, to enroll *US*; *für Kurs* to sign up; UNIV to register; → **eingeschrieben**
Einschreiben *n* recorded letter/parcel *Br*, certified letter/parcel *US*; **etw per ~ schicken** to send sth recorded delivery *Br*, to send sth certified mail *US*
Einschreibung *f* enrolment *Br*, enrollment *US*; UNIV registration
einschreiten *v/i* to take action (**gegen** against);

(≈ *dazwischentreten*) to intervene
Einschreiten *n* intervention
Einschub *m* insertion
einschüchtern *v/t* to intimidate; *Mitschüler etc* to bully
Einschüchterung *f* intimidation
einschulen *v/t* **eingeschult werden** *Kind* to start school
Einschulung *f* first day at school
Einschuss *m* (≈ *Einschussstelle*) bullet hole
einschweißen *v/t* TECH to weld in (**in** +*akk* -to); *Buch* to shrink-wrap
einschwenken *v/i* **links ~** MIL to wheel left; **auf etw** (*akk*) **~** *fig* to fall in with sth
einschwören *v/t* **j-n auf etw** (*akk*) **~** to swear sb to sth
Einsegnung *f* 1 (≈ *Konfirmation*) confirmation 2 (≈ *Einweihung*) consecration
einsehbar *adj* (≈ *verständlich*) understandable
einsehen A *v/t* to see; **das sehe ich nicht ein** I don't see why; **es ist nicht einzusehen, warum ...** it is incomprehensible why ... B *v/i* 1 **in etw** (*akk*) **~** to see sth 2 (≈ *prüfen*) to look (**in** +*akk* at)
Einsehen *n* **ein ~ haben** to have some understanding (**mit, für** for); (≈ *Vernunft*) to see reason
einseifen *v/t* to soap; *umg* (≈ *betrügen*) to con *umg*
einseitig A *adj* 1 on one side; JUR, POL unilateral; **~e Lähmung** paralysis of one side of the body 2 *Zuneigung, Ausbildung* one-sided; *Bericht* biased; *Ernährung* unbalanced B *adv* 1 (≈ *auf einer Seite*) on one side 2 (≈ *unausgewogen*) **sich ~ ernähren** to have an unbalanced diet; **etw ~ schildern** to portray sth one-sidedly
einsenden *v/t* to send in (**an** +*akk* to)
Einsender(in) *m(f)* sender; *bei Preisausschreiben* competitor
Einsendeschluss *m* closing date
Einsendung *f* (≈ *das Einsenden*) submission; *zu einem Wettbewerb* entry
Einser *m* SCHULE *bes südd umg* A (grade), one
einsetzen A *v/t* 1 (≈ *einfügen*) to put in (**in** +*akk* -to); *in Text* to fill in 2 (≈ *ernennen*) to appoint; *Ausschuss* to set up; *Erben* to name 3 (≈ *verwenden*) to use; *Truppen, Polizei* to deploy; *Sonderzüge* to put on 4 *beim Glücksspiel* to stake B *v/i* (≈ *beginnen*) to start; (≈ *ausbrechen*) to set in; MUS to come in C *v/r* **sich (voll) ~** to show (complete) commitment (**in** +*dat* to); **sich für j-n ~** to fight for sb; *für Kandidaten* to campaign for sb; **sich für etw ~** to support sth
Einsicht *f* 1 *in Akten, Bücher* **~ in etw** (*akk*) **nehmen** to take a look at sth; **sie legte ihm die Akte zur ~ vor** she gave him the file to look at 2 (≈ *Vernunft*) sense; (≈ *Erkenntnis*) insight; (≈ *Verständnis*) understanding; **zur ~ kommen**

to come to one's senses; **j-n zur ~ bringen** to bring sb to his/her senses
einsichtig *adj* (≈ *vernünftig*) reasonable; (≈ *verständnisvoll*) understanding
Einsichtnahme *form f* inspection
Einsiedler(in) *m(f)* hermit
einsilbig *adj* 1 monosyllabic 2 *fig Mensch* uncommunicative
einsinken *v/i* to sink in (**in** +*akk od dat* -to); *Boden etc* to subside
einsitzen *form v/i* to serve a prison sentence
einspannen *v/t* 1 *in Schraubstock* to clamp in (**in** +*akk* -to) 2 *Pferde* to harness 3 *fig* (≈ *arbeiten lassen*) to rope in (**für etw** to do sth)
Einspänner *m* 1 one-horse carriage 2 *österr* black coffee served in a glass with whipped cream
einsparen *v/t* to save; *Posten* to dispense with; (≈ *einschränken*) to cut down on
Einsparung *f* economy; (≈ *das Einsparen*) saving (**von** of); *von Posten* elimination
einspeisen *v/t* to feed in (**in** +*akk* -to)
einsperren *v/t* to lock in (**in** +*akk od dat* -to); *ins Gefängnis* to lock up
einspielen A *v/r* MUS, SPORT to warm up; *Regelung* to work out; **sich aufeinander ~** to become attuned to one another; → **eingespielt** B *v/t* FILM, THEAT to bring in; *Kosten* to recover
Einsprache *schweiz f* = **Einspruch**
einsprachig *adj* monolingual, unilingual
einspringen *v/i umg* (≈ *aushelfen*) to stand in; *mit Geld etc* to help out
einspritzen *v/t* AUTO, MED to inject
Einspritzmotor *m* AUTO fuel injection engine
Einspruch *m a.* JUR objection; (≈ *Veto*) veto; **~ einlegen** ADMIN to file an objection; **gegen etw ~ erheben** to object to sth; **~ abgelehnt!** JUR objection overruled!
einspurig *adj* BAHN single-track; AUTO single-lane
einst *adv* 1 (≈ *früher*) once 2 *geh* (≈ *in Zukunft*) one day
einstampfen *v/t Papier* to pulp
Einstand *m* 1 **er hat seinen ~ gegeben** he celebrated starting his new job 2 *Tennis* deuce
einstecken *v/t* 1 (≈ *in etw stecken*) to put in (**in** +*akk* -to); *Gerät* to plug in 2 *in die Tasche etc* (**sich** *dat*) **etw ~** to take sth; **ich habe kein Geld eingesteckt** I haven't any money on me 3 *umg Kritik etc* to take; *Beleidigung* to swallow; *Geld, Profit* to pocket *umg*
einstehen *v/i* **für j-n ~** (≈ *sich verbürgen*) to vouch for sb; **für etw ~** (≈ *Ersatz leisten*) to make good sth
Einsteigekarte *f* FLUG boarding pass
einsteigen *v/i* 1 *in ein Fahrzeug etc* to get in (**in**

+akk to); in Bus to get on (in +akk -to); ~! BAHN etc all aboard! **2** in ein Haus etc to climb in (in +akk -to) **3** umg **in die Politik ~** to go into politics
Einsteiger(in) umg m(f) beginner; **ein Modell für PC-Einsteiger** an entry-level PC
einstellbar adj adjustable
einstellen **A** v/t **1** (≈ hineinstellen) to put in **2** (≈ anstellen) Arbeitskräfte to take on, to hire, to employ **3** (≈ beenden) to stop; Suche to call off; MIL Feuer to cease; JUR Verfahren to abandon; **die Arbeit ~** Kommission etc to stop work; (≈ in den Ausstand treten) to withdraw one's labour Br, to withdraw one's labor US **4** (≈ regulieren) to adjust (**auf** +akk to); Wecker to set (**auf** +akk for); Radio to tune (in) (**auf** +akk to) **5** SPORT Rekord to equal **B** v/r **1** Besucher etc, Folgen to appear; Fieber, Regen to set in **2 sich auf j-n/etw ~** (≈ sich richten nach) to adapt oneself to sb/sth; (≈ sich vorbereiten auf) to prepare oneself for sb/sth; → eingestellt
einstellig adj Zahl single-digit
Einstellknopf m control (knob)
Einstellplatz m parking space
Einstellung f **1** (≈ Anstellung) employment **2** (≈ Beendigung) stopping; MIL cessation; JUR abandonment **3** (≈ Regulierung) adjustment; von Wecker setting; von Radio tuning (in); FILM (≈ Szene) take **4** (≈ Gesinnung) attitude; politisch etc views pl; **das ist doch keine ~!** what kind of attitude is that!
Einstellungsgespräch n interview
Einstellungsstopp m halt in recruitment
Einstieg m **1** (≈ das Einsteigen) getting in; in Bus getting on **2** von Bahn, von Bus door
Einstiegsdroge f starter drug
einstig adj former
einstimmen v/i in ein Lied to join in; fig (≈ zustimmen) to agree (**in** +akk to)
einstimmig adj **1** Lied for one voice **2** (≈ einmütig) unanimous
Einstimmigkeit f unanimity
einstöckig adj Haus one-storey Br, one-story US
einstöpseln v/t ELEK to plug in (**in** +akk -to)
einstreichen umg v/t Geld, Gewinn to pocket umg
einstreuen v/t to sprinkle in (**in** +akk -to); fig Bemerkung etc to slip in (**in** +akk -to)
einströmen v/i to pour in (**in** +akk -to); **~de Kaltluft** a stream of cold air
einstudieren v/t Lied, Theaterstück to rehearse
einstufen v/t to classify, to rank
einstufig adj single-stage
Einstufung f classification; des Niveaus eines Schülers placement
Einstufungstest m SCHULE placement test, entry-level test
einstündig adj one-hour

einstürmen v/i **auf j-n ~** MIL to storm sb; fig to assail sb; **mit Fragen auf j-n ~** to bombard sb with questions
Einsturz m collapse
einstürzen v/i to collapse; **auf j-n ~** fig to overwhelm sb
Einsturzgefahr f danger of collapse
einstweilen adv in the meantime; (≈ vorläufig) temporarily
einstweilig adj temporary; **~e Verfügung** JUR temporary injunction
eintägig adj one-day
Eintagsfliege f ZOOL mayfly; fig nine-day wonder
eintauchen **A** v/t to dip (**in** +akk in, into); völlig to immerse (**in** +akk in) **B** v/i Schwimmer to dive in; U-Boot to dive
eintauschen v/t to exchange (**gegen, für** for); **etw für** od **gegen etw ~** to swap sth for sth
eintausend form num → tausend
einteilen v/t **1** (≈ aufteilen) to divide (up) (**in** +akk into); Zeit, Arbeit to plan (out); Geld to budget **2** (≈ dienstlich verpflichten) to detail (**zu** for)
einteilig adj Badeanzug one-piece attr
Einteilung f **1** (≈ das Aufteilen) division; von Zeit, Arbeit planning; von Geld budgeting **2** (≈ dienstliche Verpflichtung) assignment
eintippen v/t to type in (**in** +akk -to)
eintönig **A** adj monotonous **B** adv monotonously
Eintönigkeit f monotony
Eintopf m stew
Eintracht f harmony
einträchtig **A** adj peaceable **B** adv peaceably
Eintrag m schriftlich entry (**in** +akk in)
eintragen **A** v/t to enter; in Liste, Tabelle etc to fill in; (≈ amtlich registrieren) to register; **j-m Hass ~** to bring sb hatred; → eingetragen **B** v/r to sign; (≈ sich vormerken lassen) to put one's name down; sich registrieren lassen to register; **er trug sich ins Gästebuch ein** he signed the visitors' book
einträglich adj profitable
Eintragung f entry (**in** +akk in)
eintreffen v/i **1** (≈ ankommen) to arrive **2** fig (≈ Wirklichkeit werden) to come true
eintreiben v/t to collect; Schulden to recover
eintreten **A** v/i **1** ins Zimmer etc to go/come in (**in** +akk -to), to enter; in Verein etc to join (**in etw** akk sth); **in eine Firma ~** to join a firm; **in Verhandlungen ~** form to enter into negotiations; **bitte treten Sie ein!** form (please) do come in **2 auf j-n ~** to kick sb **3** (≈ sich ereignen) Tod to occur; Zeitpunkt to come; **bei Eintreten der Dunkelheit** at nightfall; **es ist eine Besserung eingetreten** there has been an improvement **4**

für j-n/etw ~ to stand up for sb/sth **B** *v/t* (≈ *zertrümmern*) to kick in
eintrichtern *umg v/t* **j-m etw ~** to drum sth into sb
Eintritt *m* **1** (≈ *das Eintreten*) entry (**in** +*akk* into), entrance; *in Verein etc* joining *kein pl* (**in** +*akk* of); **seit seinem ~ in die Armee** since joining the army **2** (≈ *Eintrittsgeld*) admission (**in** +*akk* to); **~ frei!** admission free; **„Eintritt verboten"** "no admittance", "keep out" **3** *von Winter* onset; **der ~ des Todes** the moment when death occurs
Eintrittsgeld *n* entrance money
Eintrittskarte *f* ticket (of admission)
Eintrittspreis *m* admission charge
eintrocknen *v/i* to dry up
eintrüben *v/r* METEO to cloud over
eintrudeln *umg v/i* to drift in *umg*
einüben *v/t* to practise *Br*, to practice *US*; *Rolle etc* to rehearse
einverleiben *v/t Gebiet, Land* to annex (+*dat* to)
Einvernahme *bes österr, schweiz f* → Vernehmung
einvernehmen *v/t bes österr, schweiz* JUR → vernehmen
Einvernehmen *n* (≈ *Eintracht*) harmony; **in beiderseitigem ~** by mutual agreement
einvernehmlich *form* **A** *adj Regelung, Lösung* consensual **B** *adv* consensually
einverstanden *adj* **~!** agreed!; **~ sein** to agree; **mit j-m/etw ~ sein** to agree to sb/sth; (≈ *übereinstimmen*) to agree with sb/sth
Einverständnis *n* agreement; (≈ *Zustimmung*) consent; **in gegenseitigem ~** by mutual consent
Einwahl *f* TEL *ins Internet* dial-up
einwählen *v/r* TEL to dial in (**in** +*akk* -to); **sich in ein Telefonnetz ~** to dial into a telephone network
Einwahlknoten *m* TEL, IT point of presence, POP
Einwand *m* objection; **einen ~ erheben** *form* to raise an objection
Einwanderer *m*, **Einwanderin** *f* immigrant
einwandern *v/i* to immigrate
Einwanderung *f* immigration (**nach, in** +*akk* to)
Einwanderungsland *n* immigration country
Einwanderungspolitik *f* immigration policy
einwandfrei **A** *adj* **1** (≈ *ohne Fehler*) perfect; *Benehmen* impeccable **2** (≈ *unzweifelhaft*) indisputable **B** *adv* **1** (≈ *fehlerlos*) perfectly; *sich verhalten* impeccably **2** **etw ~ beweisen** to prove sth beyond doubt; **es steht ~ fest, dass ...** it is quite indisputable that ...
einwärts *adv* inwards
einwechseln *v/t Geld* to change (**in** +*akk od* **gegen** into)
Einweckglas *n* preserving jar
Einweg- *zssgn Rasierer, Spritze* disposable
Einwegflasche *f* non-returnable bottle
Einwegpfand *n* deposit on drink cans and disposable bottles
Einwegrasierer *m* disposable razor
Einwegspritze *f* disposable syringe
Einwegverpackung *f* disposable packaging
einweichen *v/t* to soak
einweihen *v/t* **1** (≈ *eröffnen*) to open (officially); *fig* to christen **2** **j-n in etw** (*akk*) **~** to initiate sb into sth; **er ist eingeweiht** he knows all about it
Einweihung *f* (official) opening
Einweihungsfeier *f* **1** (≈ *Eröffnungsfeier*) opening ceremony **2** *für Haus* housewarming party
einweisen *v/t* **1** *in Krankenhaus etc* to admit (**in** +*akk* to) **2** (≈ *in Arbeit unterweisen*) **j-n ~** to introduce sb to his/her job **3** AUTO to guide in (**in** +*akk* -to)
Einweisung *f* **1** *in Krankenhaus etc* admission (**in** +*akk* in) **2** **die ~ der neuen Mitarbeiter** introducing new employees to their jobs
einwenden *v/t* **nichts gegen etw einzuwenden haben** to have no objection to sth; **dagegen lässt sich ~, dass ...** one objection to this is that ...
einwerfen *v/t* **1** *Fensterscheibe etc* to break **2** SPORT *Ball* to throw in **3** *Brief* to post *Br*, to mail *bes US*; *Münze* to insert **4** *fig Bemerkung* to make; **er warf ein, dass ...** he made the point that ...
einwickeln *v/t* **1** (≈ *einpacken*) to wrap (up) **2** *umg* (≈ *überlisten*) to fool *umg*; *durch Schmeicheleien* to butter up *umg*
einwilligen *v/i* to consent (**in** +*akk* to)
Einwilligung *f* consent (**in** +*akk* to)
einwirken *v/i* **auf j-n/etw ~** to have an effect on sb/sth; (≈ *beeinflussen*) to influence sb/sth; **etw ~ lassen** MED to let sth take effect
Einwirkung *f* influence; **unter (der) ~ von Drogen** *etc* under the influence of drugs *etc*
einwöchig *adj* one-week *attr*
Einwohner(in) *m(f)* inhabitant
Einwohnermeldeamt *n* residents' registration office; **sich beim ~ (an)melden** ≈ to register with the police
Einwohnerschaft *f* population
Einwohnerzahl *f* population
Einwurf *m* **1** *von Münze* insertion; *von Brief* posting *Br*, mailing *bes US* **2** SPORT throw-in **3** (≈ *Schlitz*) slot **4** *fig* interjection; (≈ *Einwand*) objection
Einzahl *f* singular
einzahlen *v/t* to pay in; **Geld auf ein Konto ~** to pay money into an account

Einzahlung f payment
Einzahlungsbeleg m pay-in od paying-in slip
Einzahlungsschein m schweiz giro transfer form
einzäunen v/t to fence in
einzeichnen v/t to draw in; **ist der Ort eingezeichnet?** is the place marked?
Einzel n beim Tennis singles sg
Einzelbeispiel n isolated od one-off example
Einzelbett n single bed
Einzelfahrkarte f single ticket Br; one-way ticket
Einzelfahrschein m single-trip ticket; one-way ticket
Einzelfall m individual case; (≈ Sonderfall) isolated case
Einzelgänger(in) m(f) loner
Einzelhaft f solitary confinement
Einzelhandel m retail trade
Einzelhandelsgeschäft n retail shop Br, retail store US
Einzelhandelspreis m retail price
Einzelhändler(in) m(f) retailer, retail trader
Einzelhaus n detached house Br, self-contained house US
Einzelheit f detail; **auf ~en eingehen** to go into detail(s); **etw in allen ~en schildern** to describe sth in great detail
Einzelkämpfer(in) m(f) **1** MIL, SPORT single od solo combatant **2** fig lone wolf, loner
Einzelkind n only child
Einzeller m BIOL single-cell(ed) od unicellular organism
einzellig adj single-cell(ed) attr
einzeln **A** adj **1** individual; (≈ getrennt) separate **2** (≈ alleinstehend) Haus single; **~ stehend** solitary **3** eines Paars odd; **ein ~er Strumpf** an odd sock **4** (≈ einige) some; METEO Schauer scattered **B** adv (≈ separat) separately; (≈ nicht zusammen) individually; **wir kamen ~** we came separately
Einzelne(r) m/f(m) **ein ~r** an individual
Einzelne(s) n **~s** some; **jedes ~** each one; **etw im ~n besprechen** to discuss sth in detail; **bis ins ~** right down to the last detail
Einzelperson f single person; (≈ Individuum) individual
Einzelpreis m price; HANDEL unit price
Einzelstück n **ein schönes ~** a beautiful piece; **~e verkaufen wir nicht** we don't sell them singly
Einzelteil n individual part; **etw in seine ~e zerlegen** to take sth to pieces
Einzeltherapie f individual therapy
Einzelunterricht m private lessons pl; **sie bekommt ~** she has private lessons
Einzelzelle f single cell
Einzelzimmer n single room
Einzelzimmerzuschlag m single-room supplement
einziehen **A** v/t **1** Gummiband to thread; Kopiergerät: Papier to take in **2** (≈ zurückziehen) Krallen, Antenne to retract; Bauch to pull in; Periskop to lower; **den Kopf ~** to duck (one's head); **die Luft ~** to sniff **3** MIL Personen to conscript, to draft US; Fahrzeuge etc to requisition **4** (≈ kassieren) Steuern to collect; fig Erkundigungen to make (**über** +akk about) **5** (≈ aus dem Verkehr ziehen) Banknoten to withdraw (from circulation); Führerschein to take away **B** v/i **1** in Wohnung, Haus to move in; **ins Parlament ~** Abgeordneter to take one's seat (in parliament) **2** (≈ einkehren) to come (**in** +dat to); **Ruhe und Ordnung zogen wieder ein** law and order returned
einzig **A** adj **1** only; **ich sehe nur eine ~e Möglichkeit** I can see only one (single) possibility; **kein ~es Mal** not once; **das Einzige** the only thing **2** (≈ einzigartig) unique; **es ist ~ in seiner Art** it is quite unique **B** adv (≈ allein) only; **die ~ mögliche Lösung** the only possible solution; **~ und allein** solely; **~ und allein deshalb hat er gewonnen** he owes his victory solely to that
einzigartig adj unique; **die Landschaft war ~ schön** the scenery was astoundingly beautiful
Einzige(r) m/f(m) **der/die ~** the only one; **kein ~r wusste es** not a single person knew
Einzimmerwohnung f one-room apartment od flat Br
Einzug m **1** in Haus etc move (**in** +akk into) **2** (≈ Einmarsch) entry (**in** +akk into) **3** von Steuern collection
Einzugsbereich m catchment area Br, service area US
Einzugsermächtigung f FIN direct debit instruction
Einzugsgebiet n einer Stadt hinterland; für Arbeitende commuter belt
Einzugsverfahren n FIN direct debit
Eis n **1** ice; (≈ Glatteis) black ice; **zu Eis gefrieren** to freeze; **das Eis brechen** fig to break the ice; **etw auf Eis legen** fig umg to put sth on ice **2** (≈ Speiseeis) ice (cream); **Eis am Stiel** ice(d) lolly Br, Popsicle® US; → eislaufen
Eisbahn f ice rink
Eisbär m polar bear
Eisbecher m sundae
Eisbein n GASTR knuckle of pork (boiled and served with sauerkraut)
Eisberg m iceberg
Eisbergsalat m iceberg lettuce
Eisbeutel m ice pack
Eisbombe f bombe glacée

Eiscafé n ice-cream parlour Br, ice-cream parlor US
Eischnee m GASTR beaten white of egg
Eiscreme f ice (cream)
Eisdiele f ice-cream parlour Br, ice-cream parlor US
Eisen n iron; **~ verarbeitend** iron-processing; **zum alten ~ gehören** fig to be on the scrap heap; **man muss das ~ schmieden, solange es heiß ist** sprichw one must strike while the iron is hot sprichw
Eisenbahn f railway Br, railroad US; umg (≈ Zug) train; **mit der ~ fahren** to go by train
Eisenbahner(in) m(f) railway employee Br, railroader US
Eisenbahnnetz n railway network Br, railroad network US
Eisenbahnstrecke f railway line Br, railroad US
Eisenbahnüberführung f (railway) footbridge Br, (railroad) footbridge US
Eisenbahnunterführung f railway underpass Br, railroad underpass US
Eisenbahnwagen m railway carriage Br, railroad car US
Eisenerz n iron ore
eisenhaltig adj **das Wasser ist ~** the water contains iron
Eisenhütte f ironworks
Eisenindustrie f iron industry
Eisenmangel m iron deficiency
Eisenoxid n ferric oxide
Eisenspäne pl iron filings pl
Eisenträger m iron girder
Eisenwaren pl hardware sg
Eisenwarenhandlung f hardware store
Eisenzeit f HIST Iron Age
eisern **A** adj **1** iron; **~e Gesundheit** iron constitution; **in etw** (dat) **~ sein/bleiben** to be/remain resolute about sth **2** (≈ unantastbar) Reserve emergency **B** adv resolutely; **er schwieg ~** he remained resolutely silent
Eiseskälte f icy cold
Eisfach n freezer compartment
eisfrei adj ice-free attr, free of ice präd
eisgekühlt adj chilled
Eisglätte f black ice
Eishockey n ice hockey, hockey US
eisig **A** adj Lächeln, Empfang frosty **B** adv (≈ abweisend) icily; **~ lächeln** to give a frosty smile
Eiskaffee m iced coffee
eiskalt **A** adj **1** icy-cold **2** fig icy; (≈ kalt und berechnend) cold-blooded; (≈ dreist) cool **B** adv **1** → eisig **2** (≈ kalt und berechnend) cold-blooded
Eiskappe f icecap
Eisklettern n SPORT ice climbing
Eiskrem f ice cream

Eiskunstlauf m figure skating
Eiskunstläufer(in) m(f) figure skater
Eislauf m ice-skating
eislaufen v/i to ice-skate
Eislaufen n ice-skating
Eisläufer(in) m(f) ice-skater
Eismeer n polar sea; **Nördliches/Südliches ~** Arctic/Antarctic Ocean
Eispickel m ice axe Br
Eisprung m PHYSIOL ovulation
Eisrevue f ice show
Eisriegel m ice-cream bar
Eissalat m iceberg lettuce
Eisschießen n curling
Eisschnelllauf m speed skating
Eisschnellläufer(in) m(f) speed skater
Eisscholle f ice floe
Eis(sport)stadion n ice rink
Eisstockschießen n curling
Eistanz m ice-dancing
Eistee m iced tea
Eisverkäufer(in) m(f) ice-cream seller; Mann a. ice-cream man umg
Eiswein m sweet wine made from grapes which have been exposed to frost
Eiswürfel m ice cube
Eiszapfen m icicle
Eiszeit f Ice Age
eitel adj Mensch vain
Eitelkeit f von Mensch vanity
Eiter m pus
Eiterbeule f boil; fig canker
eitrig adj Ausfluss purulent; Wunde festering
eitern v/i to fester
Eiweiß n (egg) white; CHEM protein
eiweißarm adj low in protein; **~e Kost** a low--protein diet
Eiweißbedarf m protein requirement
Eiweißmangel m protein deficiency
eiweißreich adj rich in protein; **~e Ernährung** high-protein diet
Eizelle f BIOL egg cell
Ejakulation f ejaculation
Ekel[1] m disgust; (≈ Übelkeit) nausea; **diese Heuchelei ist mir ein ~** I find this hypocrisy nauseating
Ekel[2] umg n obnoxious person
ekelerregend adj disgusting
ekelhaft, ekelig adj & adv disgusting; Essen, Anblick yucky
ekeln **A** v/t **es ekelt mich vor diesem Geruch** this smell is disgusting **B** v/r to be od feel disgusted; **sich vor etw** (dat) **~** to find sth disgusting
EKG n abk (= **Elektrokardiogramm**) ECG
Eklat geh m (≈ Aufsehen) sensation, stir; (≈ Zusam-

menstoß) row; **mit großem ~** causing a great stir *od* sensation
eklatant *adj Fall* sensational; *Verletzung* flagrant
Ekstase *f* ecstasy; **in ~ geraten** to go into ecstasies
Ekzem *n* MED eczema
Elan *m* zest
elastisch *adj* elastic; *Binde* elasticated
Elastizität *f* elasticity
Elbe *f* (river) Elbe; **an der ~ liegen** to be on the river Elbe
Elch *m* elk, moose *bes US*
Elchtest *umg m* AUTO high-speed swerve (*to test a car's roadholding*); *fig* (≈ *entscheidender Test*) make-or-break test
Eldorado *n* eldorado
Elefant *m* elephant; **wie ein ~ im Porzellanladen** *umg* like a bull in a china shop *sprichw*
Elefantenbaby *umg n a. fig hum* baby elephant
Elefantenhochzeit *f* HANDEL *umg* mega-merger *umg*
Elefantenrennen *hum n* sich überholende Lastwagen elephant racing
elegant A *adj* elegant B *adv* elegantly
Eleganz *f* elegance
elektrifizieren *v/t* to electrify
Elektrifizierung *f* electrification
Elektrik *f* (≈ *Anlagen*) electrical equipment
Elektriker(in) *m(f)* electrician
elektrisch A *adj* electric; *Entladung, Feld* electrical; **~e Geräte** electrical appliances; **~er Strom** electric current; **der ~e Stuhl** the electric chair; **~e Zigarette** electronic cigarette, e-cigarette B *adv* electrically; *kochen, heizen* with electricity; **~ betreiben** electric-powered
elektrisieren *v/t* to electrify
Elektrizität *f* electricity
Elektrizitätswerk *n* (electric) power station
Elektro- *zssgn* electric
Elektroantrieb *m* electric drive
Elektroartikel *m* electrical appliance
Elektroauto *n* electric car
Elektrobohrer *m* electric *od* power drill
Elektrode *f* electrode
Elektroenzephalogramm *n* MED electroencephalogram, EEG
Elektrofahrrad *n* electric bike, e-bike
Elektrogerät *n* electrical appliance
Elektrogeschäft *n* electrical shop *Br*, electrical store *US*
Elektroherd *m* electric cooker
Elektroingenieur(in) *m(f)* electrical engineer
Elektrokardiogramm *n* MED electrocardiogram, ECG
Elektrolyse *f* electrolysis
Elektromagnet *m* electromagnet
elektromagnetisch *adj* electromagnetic
Elektromobil *n* electric vehicle; *für Senioren, Gehbehinderte* mobility scooter
Elektromobilität *f* AUTO electromobility
Elektromotor *m* electric motor
Elektron *n* electron
Elektronenblitzgerät *n* FOTO electronic flash
Elektronenmikroskop *n* electron microscope
Elektronik *f* electronics *sg*; (≈ *elektronische Teile*) electronics *pl*
elektronisch A *adj* electronic; **~er Briefkasten** electronic mailbox; **~e Datenverarbeitung** electronic data processing; **~es Papier** electronic paper; **~e Tinte** electronic ink; **~e Zigarette** electronic cigarette, e-cigarette B *adv* **~ gesteuert** electronically controlled
Elektroofen *m* (≈ *Heizofen*) electric heater
Elektrorad *n* electric bike, e-bike
Elektrorasierer *m* electric shaver
Elektroschock *m* MED electric shock
Elektroschockbehandlung *f* electric shock treatment
Elektrosmog *m* electronic smog
elektrostatisch A *adj* electrostatic B *adv* electrostatically
Elektrotechnik *f* electrical engineering
Elektrotechniker(in) *m(f)* electrician; (≈ *Ingenieur*) electrical engineer
Elektrotherapie *f* MED electrotherapy
Element *n* element; ELEK cell, battery; *von Sonnenkollektor* panel; **kriminelle ~e** *pej* criminal elements; **in seinem ~ sein** to be in one's element
elementar *adj* elementary; (≈ *naturhaft*) *Trieb* elemental
Elementarteilchen *n* PHYS elementary particle
elend A *adj* (≈ *jämmerlich*), *a. pej* (≈ *gemein*) wretched; **mir ist ganz ~** I feel really awful *umg*; **mir wird ganz ~, wenn ich daran denke** I feel quite ill when I think about it B *adv* (≈ *schlecht*) wretchedly; **sich ~ fühlen** to feel awful *umg*
Elend *n* (≈ *Unglück, Not*) misery; (≈ *Armut*) poverty; **ein Bild des ~s** a picture of misery; **j-n/sich (selbst) ins ~ stürzen** to plunge sb/oneself into misery/poverty; **es ist ein ~ mit ihm** *umg* he makes you want to weep *umg*
elendig(lich) *geh adv* miserably; **~ zugrunde gehen** to come to a wretched end
Elendsviertel *n* slums *pl*
elf *num* eleven; → **vier**
Elf¹ *f* SPORT team, eleven
Elf² *m*, **Elfe** *f* elf
Elfenbein *n* ivory
elfenbeinern A *adj* ivory B *adv* ivory-like
elfenbeinfarben *adj* ivory-coloured *Br*, ivory-

colored US
Elfenbeinküste f Ivory Coast
Elfenbeinturm fig m ivory tower
Elfmeter m FUSSB penalty (kick); **einen ~ schießen** to take a penalty
Elfmeterschießen n FUSSB penalty shoot-out; **durch ~ entschieden** decided on penalties
elfte(r, s) adj eleventh; → vierter, s
eliminieren v/t to eliminate
elitär A adj elitist B adv in an elitist fashion
Elite f elite
Eliteeinheit f MIL crack troops pl, crack unit
Elixier n tonic
Ellbogen m → Ellenbogen
Ellbogengesellschaft f dog-eat-dog society
Elle f 1 ANAT ulna fachspr 2 Längenmaß yard (0,914 m)
Ellenbogen m elbow; **die ~ gebrauchen** fig to use one's elbows
Ellenbogenfreiheit fig f elbow room
Ellenbogenschützer m elbow pad
ellenlang fig umg adj incredibly long umg
Ellipse f MATH ellipse; LIT ellipsis
elliptisch adj MATH elliptic(al)
eloquent geh A adj eloquent B adv eloquently
El Salvador n El Salvador
Elsass n **das ~** Alsace
elsässisch adj Alsatian
Elsass-Lothringen n Alsace-Lorraine
Elster f magpie; **eine diebische ~ sein** fig to be a thief
elterlich adj parental
Eltern pl parents pl; **nicht von schlechten ~ sein** umg to be quite something umg
Elternabend m SCHULE parents' evening
Elternausschuss m ≈ PTA, parent teacher association
Elternbeirat m ≈ PTA, parent-teacher association
Elterngeld n parental allowance od benefit
Elternhaus n (parental) home; **aus gutem ~ stammen** to come from a good home
elternlos A adj orphaned B adv **~ aufwachsen** to grow up an orphan
Elternpflegschaft f ≈ PTA, parent-teacher association
Elternschaft f parents pl
Elternsprechtag m open day (for parents)
Elternteil m parent
Elternurlaub m parental leave
Elternvertretung f ≈ PTA, parent teacher association
Elternzeit f (extended) parental leave
Email n enamel
E-Mail f IT email, e-mail; **per ~** by email, by e-mail; **j-m eine ~ schicken** to send sb an email, to e-mail sb
E-Mail-Account m email od e-mail account
E-Mail-Adresse f IT email od e-mail address
Emanze mst pej f women's libber umg
Emanzipation f emancipation
emanzipatorisch adj emancipatory
emanzipieren A v/t to emancipate B v/r to emancipate oneself
emanzipiert adj emancipated
Embargo n embargo
Embolie f MED embolism
Embryo österr a. m/n embryo
embryonal adj BIOL, a. fig embryonic
emeritieren v/t UNIV **emeritierter Professor** emeritus professor
Emigrant(in) m(f) emigrant
Emigration f emigration; **in die ~ gehen** to emigrate
emigrieren v/i to emigrate
eminent geh A adj Person eminent; **von ~er Bedeutung** of the utmost significance B adv eminently; **~ wichtig** of the utmost importance
Emirat n emirate
Emission f 1 FIN issue 2 PHYS emission
emissionsarm adj low-emission, low in emissions
Emissionshandel m emissions trading
Emissionsrechte pl emission rights
Emissionsrechtehandel m emissions trading
Emissionswerte pl emission levels pl
Emmentaler m (≈ Käse) Emment(h)aler
Emmer m Getreidesorte emmer wheat, farro
Emoji n (≈ Emoticon) emoji
Emoticon n IT Zeichenkombination, die eine Gefühlsäußerung wiedergibt emoticon
Emotion f emotion
emotional A adj emotional; Ausdrucksweise emotive B adv emotionally
emotionalisieren v/t to emotionalize
Emotionalität f emotionality
emotionell adj → emotional
emotionsfrei adj & adv → emotionslos
emotionsgeladen adj emotionally charged
emotionslos A adj unemotional B adv unemotionally
Empathie f Mitgefühl empathy
Empfang m reception; von Brief, Ware etc receipt; **einen ~ geben** to give od hold a reception; **etw in ~ nehmen** to receive sth; HANDEL to take delivery of sth; **(zahlbar) nach/bei ~** (payable) on receipt (of)
empfangen v/t to receive; (≈ begrüßen) to greet; **herzlich** to welcome
Empfänger m RADIO receiver
Empfänger(in) m(f) recipient; (≈ Adressat) addressee

empfänglich *adj* (≈ *aufnahmebereit*) receptive (**für** to); (≈ *anfällig*) susceptible (**für** to)
Empfängnis *f* conception
empfängnisverhütend *adj* contraceptive; **~e Mittel** *pl* contraceptives *pl*
Empfängnisverhütung *f* contraception
Empfangsbereich *m* RADIO, TV reception area
Empfangsbescheinigung *f* (acknowledgment of) receipt
Empfangschef(in) *m(f) von Hotel* receptionist; *oberster* head porter
Empfangsdame *f* receptionist
Empfangshalle *f* reception hall
Empfangsmitarbeiter(in) *m(f)* receptionist
empfehlen A *v/t* to recommend; **(j-m) etw/j-n ~** to recommend sth/sb (to sb); → empfohlen B *v/r* **es empfiehlt sich, das zu tun** it is advisable to do that
empfehlenswert *adj* to be recommended *präd*, recommendable
Empfehlung *f* recommendation; (≈ *Referenz*) reference; **auf ~ von** on the recommendation of
Empfehlungsschreiben *n* letter of recommendation
empfinden *v/t* to feel; **etw als kränkend ~** to find sth insulting; **viel/nichts für j-n ~** to feel a lot/nothing for sb
Empfinden *n* feeling; **meinem ~ nach** to my mind
empfindlich A *adj* 1 sensitive; *Gesundheit, Stoff* delicate; *Magen* queasy; (≈ *leicht reizbar*) touchy *umg*; **~e Stelle** sensitive spot; **gegen etw ~ sein** to be sensitive to sth 2 (≈ *spürbar*) *Verlust, Strafe, Niederlage* severe B *adv* 1 (≈ *sensibel*) sensitively; **~ reagieren** to be sensitive (**auf** +*akk* to) 2 (≈ *spürbar*) severely; **deine Kritik hat ihn ~ getroffen** your criticism cut him to the quick *bes Br*, your criticism cut him to the bone *US*; **es ist ~ kalt** it is bitterly cold
Empfindlichkeit *f* sensitivity; *von Gesundheit, Stoff* delicateness; (≈ *leichte Reizbarkeit*) touchiness *umg*
empfindsam *adj Mensch, Seele, Musik* sensitive; (≈ *gefühlvoll*) sentimental
Empfindung *f* feeling
empfohlen *adj* recommended; → empfehlen
emphatisch *geh* A *adj* emphatic B *adv* emphatically
Empiriker(in) *m(f)* empiricist
empirisch *adj* empirical
Empore *f* ARCH gallery
empören A *v/t* to fill with indignation; *stärker* to incense; → empört B *v/r* to be indignant (**über** +*akk* at); *stärker* to be incensed (**über** +*akk* at)

empörend *adj* outrageous
emporkommen *geh v/i* to rise (up); *fig* (≈ *aufkommen*) to come to the fore
Emporkömmling *pej m* upstart
emporragen *geh v/i* to tower (**über** +*akk* above)
empört A *adj* outraged (**über** +*akk* at) B *adv* indignantly; → empören
Empörung *f* (≈ *Entrüstung*) indignation (**über** +*akk* at)
emsig A *adj* busy; (≈ *eifrig*) eager B *adv* busily; (≈ *eifrig*) eagerly
Emu *m* emu
Emulsion *f* emulsion
E-Musik *f* serious music
End- *zssgn* final
Endabnehmer(in) *m(f)* end buyer
Endabrechnung *f* final account
Endbenutzer(in) *m(f)* end user
Endbetrag *m* final amount
Ende *n* end; (≈ *Ausgang*) outcome; *eines Films etc* ending; **~ Mai/der Woche** at the end of May/the week; **~ der Zwanzigerjahre** in the late twenties; **er ist ~ vierzig** he is in his late forties; **am ~ von** at the end of; **oberes ~** top; **am oberen ~** at the top; **unteres ~** bottom; **am unteren ~ (von)** at the bottom (of); **das ~ vom Lied** the final outcome; **Probleme ohne ~** endless problems; **letzten ~s** when all is said and done; (≈ *am Ende*) in the end; **damit muss es jetzt ein ~ haben** this must stop now; **das nimmt gar kein ~** *umg* there's no end to it; **ein böses ~ nehmen** to come to a bad end; **... und kein ~** ... without end; **es ist noch ein gutes** *od* **ganzes ~** *umg* there's still quite a way to go (yet); **am ~** at the end; (≈ *schließlich*) in the end; *umg* (≈ *möglicherweise*) perhaps; **am ~ sein** *fig* to be at the end of one's tether *Br*, to be at the end of one's rope *US*; **mit etw am ~ sein** to have reached the end of sth; *Vorrat* to have run out of sth; **meine Geduld ist am ~** my patience is at an end; **zu ~** finished; **etw zu ~ bringen** *od* **führen** to finish (off) sth, to follow sth through, to complete sth; **zu ~ machen** to finish; **zu ~ gehen** to come to an end; *Vorräte* to run out; **zu ~ sein** to be over; **~ gut, alles gut** *sprichw* all's well that ends well *sprichw*
Endeffekt *m* **im ~** *umg* in the end
enden *v/i* to end, to finish; **es endete damit, dass ...** the outcome was that ...; **er endete im Gefängnis** he ended up in prison; **wie wird das noch mit ihm ~?** what will become of him?; **das wird böse ~!** no good will come of it!
Endergebnis *n* final result
Endgehalt *n* final salary
endgeil *adj sl* totally mint *Br sl*, totally awesome

US sl

Endgerät n TEL etc terminal
endgültig **A** adj final; Antwort definite **B** adv finally; **damit ist die Sache ~ entschieden** that settles the matter once and for all; **sie haben sich jetzt ~ getrennt** they've separated for good
Endgültigkeit f finality
Endhaltestelle f terminus, final stop US
Endivie f endive
Endkunde m end customer od consumer
Endlager n für Atommüll etc permanent (waste) disposal site
endlagern v/t Atommüll etc to dispose of permanently
Endlagerung f **~ von radioaktivem Material** final disposal of nuclear waste
endlich **A** adv finally; **na ~!** at (long) last!; **hör ~ damit auf!** will you stop that!; **~ kam er doch** he eventually came after all **B** adj MATH finite
endlos **A** adj endless **B** adv forever; **ich musste ~ lange warten** I had to wait for ages umg
endogen adj endogenous
Endoskop n MED endoscope
Endoskopie f MED endoscopy
Endphase f final stage(s) (pl)
Endprodukt n end product
Endrunde f SPORT finals pl
Endsilbe f final syllable
Endspiel n SPORT final; Schach end game
Endspurt m SPORT, a. fig final spurt
Endstadium n final stage; MED terminal stage
Endstand m SPORT final score
Endstation f BAHN etc terminus, terminal; fig end of the line
Endung f GRAM ending
Endverbraucher(in) m(f) end user
energetisch adj energy
Energie f energy; **~ sparend** energy-saving; **mit aller** od **ganzer ~** with all one's energy
Energieausweis m energy performance certificate
Energiebedarf m energy requirement
energiebewusst adj energy-conscious
Energieeffizienzklasse f HANDEL energy efficiency rating
Energieeinsparung f energy saving
energiegeladen adj full of energy, energetic
Energiekrise f energy crisis
energielos adj lacking in energy
Energielosigkeit f lack of energy
Energiemix m range of energy sources
Energiepass m energy performance certificate
Energiepolitik f energy policy
Energiequelle f energy source
Energiesparen n energy saving od conservation
energiesparend adj energy-saving
Energiesparlampe f energy-saving bulb
Energieverbrauch m energy consumption
Energieverschwendung f waste of energy
Energieversorgung f supply of energy
Energiewende f POL, ÖKOL BRD energy U-turn
Energiewirtschaft f (≈ Wirtschaftszweig) energy industry
energisch **A** adj (≈ voller Energie) energetic; Maßnahmen firm; Worte strong; (≈ aggressiv) aggressive; (≈ heftig) vigorous; **~ werden** to assert oneself **B** adv dementieren strongly; verteidigen vigorously; **~ durchgreifen** to take firm action
Energydrink m energy drink
eng **A** adj **1** narrow; Kleidung tight; **im engeren Sinne** in the narrow sense **2** (≈ nah, dicht) close; **eine Feier im engsten Kreise** a small party for close friends **B** adv **eng anliegend** tight (-fitting); **eng zusammengedrängt sein** to be crowded together; **eng beschrieben** closely written; **eng nebeneinander** close together; **eng befreundet sein** to be close friends; **das darfst du nicht so eng sehen** fig umg don't take it so seriously
Engagement n **1** THEAT engagement **2** (≈ politisches Engagement) commitment (**für** to)
engagieren **A** v/t to engage **B** v/r to be/become committed (**für** to); im Wahlkampf to campaign
engagiert adj committed, dedicated
enganliegend adj → eng
Enge f **1** von Straße etc narrowness; von Kleid etc tightness **2** (≈ Meerenge) strait; (≈ Engpass) pass; **j-n in die ~ treiben** fig to drive sb into a corner
Engel m angel
Engelsgeduld f **sie hat eine ~** she has the patience of a saint
Engelsstaub m Droge angel dust
England n England
Engländer m **1** Englishman, English boy; **die ~** pl the English, the Brits umg; **er ist ~** he's English **2** TECH monkey wrench
Engländerin f Englishwoman, English girl
englisch adj English; Steak rare; → deutsch
Englisch n English; **wie sagt man das auf ~?** how do you say that in English?; → Deutsch
Englischlehrer(in) m(f) English teacher
englischsprachig adj Gebiet, Person English-speaking; Zeitung English-language attr; Ausgabe English
Englischunterricht m **1** English lessons pl **2** das Unterrichten teaching of English; Privatunterricht English language tuition
engmaschig adj close-meshed; fig close
Engpass m (narrow) pass; fig bottleneck

en gros *adv* wholesale; *fig* en masse
engstirnig *adj* narrow-minded
Engstirnigkeit *f* narrow-mindedness
Enjambement *n* LIT enjambement
Enkel *m* grandson; *Junge oder Mädchen* grandchild; **seine ~** his grandchildren
Enkelin *f* granddaughter
Enkelkind *n* grandchild
Enkeltrick *m von Trickbetrüger* grandparent scam
Enklave *f* enclave
en masse *adv* en masse
enorm **A** *adj* (≈ *riesig*) enormous; *umg* (≈ *herrlich, kolossal*) tremendous *umg* **B** *adv* (≈ *riesig*) enormously; *umg* (≈ *herrlich, kolossal*) tremendously
en passant *adv* en passant
Ensemble *n* ensemble; (≈ *Besetzung*) cast
entarten *v/i* to degenerate (**zu** into)
entartet *adj* degenerate
entbehren *v/t* (≈ *vermissen*) to miss; (≈ *zur Verfügung stellen*) to spare; (≈ *verzichten*) to do without; **wir können ihn heute nicht ~** we cannot spare him/it today
entbehrlich *adj* dispensable
Entbehrung *f* privation
entbinden **A** *v/t* **1** *Frau* to deliver **2** (≈ *befreien*) to release (**von** from) **B** *v/i Frau* to give birth
Entbindung *f* delivery; *von Amt etc* release
Entbindungsklinik *f* maternity clinic
Entbindungsstation *f* maternity ward
entblöden *geh v/r* **sich nicht ~, etw zu tun** to have the effrontery to do sth
entblößen *form v/t Körperteil* to bare; *fig sein Innenleben* to lay bare
entdecken *v/t* (≈ *finden*) to discover; *in der Ferne, einer Menge* to spot
Entdecker(in) *m(f)* discoverer; (≈ *Forscher*) explorer
Entdeckung *f* discovery; (≈ *Ergebnis*) finding
Ente *f* duck; *Presse umg* canard
entehren *v/t* to dishonour *Br*, to dishonor *US*; (≈ *entwürdigen*) to degrade; **~d** degrading
enteignen *v/t* to expropriate; *Besitzer* to dispossess
Enteignung *f* expropriation; *von Besitzer* dispossession
enteisen *v/t* to de-ice; *Kühlschrank* to defrost
Entenbraten *m* roast duck
Entenei *n* duck's egg
Entente *f* POL entente
enterben *v/t* to disinherit
Enterich *m* drake
entern *v/t* (≈ *stürmen*) *Schiff, Haus* to storm
Entertainer(in) *m(f)* entertainer
Entertaste *f* COMPUT enter key
entfachen *v/t a. fig Begeisterung etc* to kindle; *Krieg, Streit* to spark off
entfallen *v/i* **1** *fig aus dem Gedächtnis* **j-m ~** to slip sb's mind **2** (≈ *wegfallen*) to be dropped **3** **auf j-n/etw ~** *Geld, Kosten* to be allotted to sb/sth
entfalten **A** *v/t* to unfold; *fig Kräfte, Begabung* to develop; *Plan* to set out **B** *v/r Blüte* to open; *fig* to develop; **hier kann ich mich nicht ~** I can't make full use of my abilities here
Entfaltung *f* unfolding; (≈ *Entwicklung*) development; *eines Planes* setting out; **zur ~ kommen** to develop
Entfaltungsmöglichkeiten *pl* opportunities *pl* for development
entfernen **A** *v/t* to remove (**von, aus** from); IT to delete; **j-n aus der Schule ~** to expel sb from school **B** *v/r* **1** **sich (von** *od* **aus etw) ~** to go away (from sth); **sich von seinem Posten ~** to leave one's post **2** *fig von j-m* to become estranged; *von Thema* to digress
entfernt **A** *adj Ort, Verwandter* distant; (≈ *abgelegen*) remote; (≈ *gering*) *Ähnlichkeit* vague; **10 km ~ von** 10 km (away) from; **das Haus liegt 2 km ~** the house is 2 km away **B** *adv* remotely; **~ verwandt** distantly related; **nicht im Entferntesten!** not in the slightest!
Entfernung *f* **1** distance; **aus kurzer ~ (schießen)** (to fire) at *od* from close range; **in einer ~ von zehn Kilometern** at a distance of ten kilometres *Br*, at a distance of ten kilometers *US*; **in acht Kilometern ~** eight kilometres away *Br*, eight kilometers away *US* **2** (≈ *das Entfernen*) removal
Entfernungsmesser *m* MIL, FOTO rangefinder
entfetten *v/t* to remove the grease from
entflammbar *adj* inflammable
entflammen **A** *v/t fig* to (a)rouse; *Begeisterung* to fire **B** *v/i* to burst into flames; *fig Zorn, Streit* to flare up
entflechten *v/t Konzern, Kartell etc* to break up
entfliehen *v/i* to escape (+*dat od* **aus** from)
entfolgen *v/i auf Twitter®* **j-m ~** to defollow sb, to unfollow sb
entfremden **A** *v/t* to alienate **B** *v/r* to become alienated (+*dat* from)
Entfremdung *f* estrangement; SOZIOL alienation
entfrosten *v/t* to defrost
Entfroster *m* defroster
entführen *v/t j-n* to kidnap; *Flugzeug* to hijack
Entführer(in) *m(f)* kidnapper; *von Flugzeug* hijacker
Entführung *f* kidnapping; *von Flugzeug* hijacking
entgegen **A** *präp* contrary to; **~ allen Erwartungen** contrary to all expectation(s) **B** *adv*

geh **neuen Abenteuern ~!** on to new adventures!
entgegenbringen v/t **j-m etw ~** fig Freundschaft etc to show sth for sb
entgegengehen v/i to go toward(s); **dem Ende ~** Leben, Krieg to draw to a close; **seinem Untergang ~** to be heading for disaster
entgegengesetzt adj opposite; **einander ~e Interessen/Meinungen** etc opposing interests/views etc; → entgegensetzen
entgegenhalten v/t **j-m etw ~** wörtl to hold sth out toward(s) sb; **einer Sache ~, dass …** fig to object to sth that …
entgegenkommen v/i to come toward(s); fig to accommodate; **j-m auf halbem Wege ~** to meet sb halfway; **das kommt unseren Plänen sehr entgegen** that fits in very well with our plans
Entgegenkommen n (≈ Gefälligkeit) kindness; (≈ Zugeständnis) concession
entgegenkommend adj **1** Fahrzeug oncoming **2** fig obliging; (≈ aufmerksam) considerate
entgegenlaufen v/i to run toward(s) od up to
entgegennehmen v/t (≈ empfangen) to receive; (≈ annehmen) to accept
entgegensehen fig v/i **einer Sache** (dat) **~** to await sth; freudig to look forward to sth; **einer Sache ~ müssen** to have to face sth
entgegensetzen v/t **etw einer Sache ~** to set sth against sth; **dem habe ich entgegenzusetzen, dass …** against that I'd like to say that …; → entgegengesetzt
entgegenstellen **A** v/t → entgegensetzen **B** v/r **sich j-m/einer Sache ~** to oppose sb/sth
entgegentreten v/i to step up to; einer Politik to oppose; Behauptungen to counter; einer Gefahr to take steps against
entgegenwirken v/i to counteract
entgegnen v/t & v/i to reply; kurz, barsch to retort (**auf** +akk to)
Entgegnung f reply
entgehen v/i **1** (≈ entkommen) Verfolgern to elude; dem Schicksal, der Gefahr, Strafe to escape **2** fig (≈ nicht bemerkt werden) **dieser Fehler ist mir entgangen** I failed to notice this mistake; **ihr entgeht nichts** she doesn't miss a thing; **sich** (dat) **etw ~ lassen** to miss sth
entgeistert adj thunderstruck
Entgelt form n **1** (≈ Bezahlung) remuneration form; (≈ Anerkennung) reward **2** (≈ Gebühr) fee
entgiften v/t to decontaminate; MED to detoxicate
entgleisen v/i **1** BAHN to be derailed **2** fig Mensch to make a slip od faux-pas
Entgleisung f derailment; fig faux pas
entgleiten v/i to slip; **j-m ~** to slip from sb's grasp; fig to slip away from sb
entgräten v/t Fisch to fillet
enthaaren v/t to remove unwanted hair from
Enthaarungsmittel n depilatory
enthalten **A** v/t to contain; **(mit) ~ sein in** (+dat) to be included in **B** v/r **sich einer Sache** (gen) **~** geh to abstain from sth; **sich (der Stimme) ~** to abstain
enthaltsam **A** adj abstemious; sexuell chaste **B** adv **~ leben** to be abstinent; (≈ sexuell) to be celibate
Enthaltsamkeit f abstinence; sexuell chastity
Enthaltung f abstinence; (≈ Stimmenthaltung) abstention
enthaupten v/t to decapitate
Enthauptung f decapitation
entheben v/t **j-n einer Sache** (gen) **~** to relieve sb of sth
enthemmen v/t & v/i **j-n ~** to make sb lose his inhibitions
enthüllen v/t to uncover; Denkmal to unveil; Geheimnis to reveal
Enthüllung f uncovering; von Denkmal unveiling
Enthüllungsjournalismus m investigative journalism
Enthüllungsplattform f whistleblowing platform
Enthusiasmus m enthusiasm
enthusiastisch **A** adj enthusiastic **B** adv enthusiastically
entjungfern v/t to deflower
entkalken v/t to decalcify
Entkalker m descaler
entkernen v/t Kernobst to core; Steinobst to stone
entkoffeiniert adj decaffeinated
entkommen v/i to escape (+dat od **aus** from)
Entkommen n escape
entkorken v/t Flasche to uncork
entkräften v/t to weaken; (≈ erschöpfen) to exhaust; fig (≈ widerlegen) to refute
Entkräftung f weakening; (≈ Erschöpfung) exhaustion; fig (≈ Widerlegung) refutation
entkrampfen fig v/t to relax; Lage to ease
entladen **A** v/t to unload; Batterie etc to discharge **B** v/r Gewitter to break; Schusswaffe to go off; Batterie etc to discharge; fig Emotion to vent itself
entlang **A** präp along; **den Fluss ~** along the river; **~ der Straße, die Straße ~** along the street **B** adv along; **hier ~** this way
entlanggehen v/t & v/i to walk along
entlarven fig v/t Spion to unmask; Betrug etc to uncover
entlassen v/t (≈ kündigen) to dismiss; aus dem Krankenhaus to discharge; aus dem Gefängnis to

release

Entlassung f dismissal; *aus dem Krankenhaus* discharge; *aus dem Gefängnis* release

entlasten v/t to relieve; *Verkehr* to ease; JUR *Angeklagten* to exonerate; HANDEL *Vorstand* to approve the activities of

Entlastung f relief; JUR exoneration; HANDEL *von Vorstand* approval; **zu seiner ~ führte der Angeklagte an, dass …** in his defence the defendant stated that … *Br*, in his defense the defendant stated that … *US*

Entlastungsmaterial n JUR evidence for the defence *Br*, evidence for the defense *US*

Entlastungszeuge m, **Entlastungszeugin** f JUR witness for the defence *Br*, witness for the defense *US*

Entlaubung f defoliation

Entlaubungsmittel n defoliant

entlaufen v/i to run away (+*dat od* **von** from); **ein ~es Kind** a runaway child; **ein ~er Sträfling** an escaped convict; „**Hund ~**" "dog missing"

entledigen form v/r **sich j-s/einer Sache ~** to rid oneself of sb/sth; **sich seiner Kleidung ~** to remove one's clothes

entleeren v/t to empty

Entleerung f emptying

entlegen adj out-of-the-way

entlehnen fig v/t to borrow (+*dat od* **von** from)

Entlein n duckling

entlieben v/r **sich (von j-m) ~** *umg* to fall out of love (with sb)

entlocken v/t **j-m/einer Sache etw ~** to elicit sth from sb/sth

entlohnen v/t to pay; fig to reward

Entlohnung f pay(ment); fig reward

entlüften v/t to ventilate; *Bremsen, Heizung* to bleed

Entlüftung f ventilation; *von Bremsen, Heizung* bleeding

entmachten v/t to deprive of power

Entmachtung f deprivation of power

entmilitarisieren v/t to demilitarize

Entmilitarisierung f demilitarization

entmündigen v/t JUR to (legally) incapacitate

Entmündigung f (legal) incapacitation

entmutigen v/t to discourage; **sich nicht ~ lassen** not to be discouraged

Entmutigung f discouragement

Entnahme form f removal; *von Blut* extraction; *von Geld* withdrawal

Entnazifizierung f denazification

entnehmen v/t to take (from); fig (≈ *erkennen*) to gather (from)

entnerven v/t to unnerve; **~d** unnerving; (≈ *nervtötend*) nerve-racking; **entnervt** enervated

entpolitisieren v/t to depoliticize

entpuppen v/r **sich als Betrüger** *etc* **~** to turn out to be a cheat *etc*

entrahmen v/t *Milch* to skim

enträtseln v/t to solve; *Sinn* to work out; *Schrift* to decipher

entreißen v/t **j-m etw ~** to snatch sth (away) from sb

entrichten form v/t to pay

entriegeln v/t to unbolt; IT *etc Tastatur* to unlock

entrinnen geh v/i to escape from; **es gibt kein Entrinnen** there is no escape

entrosten v/t to derust

Entroster m deruster

entrückt geh adj (≈ *verzückt*) enraptured; (≈ *versunken*) lost in reverie

entrümpeln v/t to clear out

entrüsten A v/t to outrage B v/r **sich ~ über** (+*akk*) to be outraged at

entrüstet A adj outraged B adv indignantly, outraged

Entrüstung f indignation

entsaften v/t to extract the juice from

Entsafter m juice extractor

entsalzen v/t to desalinate

entschädigen v/t to compensate (**für** for); *für Dienste etc* to reward; *bes mit Geld* to remunerate; (≈ *Kosten erstatten*) to reimburse

Entschädigung f compensation; *für Dienste* reward; *mit Geld* remuneration; (≈ *Kostenerstattung*) reimbursement

entschärfen v/t *Bombe, Krise* to defuse; *Argument* to neutralize

Entscheid schweiz form m → Entscheidung

entscheiden A v/t to decide; **das kannst/musst du (selbst) ~** that's up to you; **das Spiel ist entschieden** the game has been decided; **den Kampf für sich ~** to secure victory in the struggle; **es ist noch nichts entschieden** nothing has been decided (as) yet; → entschieden B v/i to decide (**über** +*akk* on); **darüber habe ich nicht zu ~** that is not for me to decide C v/r *Mensch* to decide, to make up one's mind; (≈ *wählen*) to choose (**für etw** sth); *Angelegenheit* to be decided; **sich für j-n/etw ~** to decide in favour of sb/sth *Br*, to decide in favor of sb/sth *US*; **sich gegen j-n/etw ~** to decide against sb/sth

entscheidend A adj decisive; (≈ *wichtig*) essential; (≈ *kritisch*) critical; **die ~e Stimme** *bei Wahlen etc* the deciding vote; **das Entscheidende** the decisive factor B adv *schlagen, schwächen* decisively

Entscheidung f decision

Entscheidungsfindung f decision-making

Entscheidungsfindungsprozess m decision-making process
Entscheidungsfreiheit f freedom to decide
Entscheidungskampf m decisive encounter; SPORT deciding round/game etc
Entscheidungsprozess m decision-making process
Entscheidungsspiel n SPORT deciding match, decider; *bei gleichem Rang* play-off
Entscheidungsträger(in) m(f) decision-maker
entschieden **A** adj **1** (≈ *entschlossen*) determined; *Befürworter* staunch; *Ablehnung* firm **2** (≈ *eindeutig*) decided **B** adv **1** (≈ *strikt ablehnen*) firmly; *bekämpfen* resolutely; *zurückweisen* staunchly **2** (≈ *eindeutig*) definitely; **das geht ~ zu weit** that's definitely going too far; → entscheiden
Entschiedenheit f (≈ *Entschlossenheit*) determination; **etw mit aller ~ dementieren** to deny sth categorically
entschlacken v/t *Metallurgie* to remove the slag from; MED *Körper* to purify
entschlossen **A** adj determined; **ich bin fest ~** I am absolutely determined **B** adv resolutely; **kurz ~** without further ado
Entschlossenheit f determination
Entschluss m (≈ *Entscheidung*) decision; **seinen ~ ändern** to change one's mind
entschlüsseln v/t to decipher
entschlussfreudig adj decisive
Entschlusskraft f decisiveness
entschuldbar adj excusable
entschulden v/t to free of debt
entschuldigen **A** v/t to excuse; **das lässt sich nicht ~!** that is inexcusable!; **einen Schüler ~ lassen** *od* **~** to ask for a pupil *od* student to be excused; **ich bitte mich zu ~** I ask to be excused **B** v/i **~ Sie (bitte)!** (do *od* please) excuse me!, sorry!; *bei Bitte, Frage etc* excuse me (please), pardon me US **C** v/r **sich ~** to say sorry; **sich bei j-m ~** (≈ *um Verzeihung bitten*) to apologize (to sb); (≈ *sich abmelden*) to excuse oneself
Entschuldigung f (≈ *Grund*) excuse; (≈ *Bitte um Entschuldigung*) apology; SCHULE (≈ *Brief*) note; **~!** excuse me!; **~, wie komme ich zum Flughafen?** excuse me, how do I get to the airport?; **~, dass ich zu spät komme** sorry I'm late; **~, könnten Sie das noch einmal sagen?** pardon, could you say that again?; **zu seiner ~ sagte er …** he said in his defence that … *Br*, he said in his defense that … *US*; **(j-n) um ~ bitten** to apologize (to sb)
Entschwefelungsanlage f desulphurization plant
entschwinden v/i to vanish (+*dat* from *od* **in** +*akk* into)

entsetzen **A** v/t to horrify **B** v/r **sich über j-n/etw ~** to be horrified at *od* by sb/sth; → entsetzt
Entsetzen n horror; (≈ *Erschrecken*) terror; **mit ~ sehen, dass …** to be horrified/terrified to see that …
Entsetzensschrei m cry of horror
entsetzlich **A** adj dreadful **B** adv **1** (≈ *schrecklich*) dreadfully **2** *umg* (≈ *sehr*) awfully
entsetzt **A** adj horrified (**über** +*akk* at, by), shocked **B** adv in horror; **j-n ~ anstarren** to give sb a horrified look; → entsetzen
entseuchen v/t to decontaminate
entsichern v/t **eine Pistole ~** to release the safety catch of a pistol
entsinnen v/r to remember (**einer Sache** *gen od* **an etw** *akk* sth); **wenn ich mich recht entsinne** if my memory serves me correctly
entsorgen v/t *Abfälle etc* to dispose of
Entsorgung f waste disposal
entspannen **A** v/t to relax; *fig Lage* to ease (up) **B** v/r to relax; (≈ *ausruhen*) to rest; *Lage etc* to ease
entspannend adj relaxing
entspannt adj relaxed
Entspannung f relaxation; *von Lage, a.* FIN *an der Börse* easing(-up); POL easing of tension (+*gen* in), détente
Entspannungspolitik f policy of détente
Entspannungsübungen pl MED *etc* relaxation exercises pl
entsperren v/t to unlock
entsprechen v/i to correspond to; *der Wahrheit* to be in accordance with; *Anforderungen* to fulfil *Br*, to fulfill *US*; *Erwartungen* to live up to; *einer Bitte etc* to meet
entsprechend **A** adj corresponding; (≈ *zuständig*) relevant; (≈ *angemessen*) appropriate **B** adv accordingly; (≈ *ähnlich, gleich*) correspondingly; **er wurde ~ bestraft** he was suitably punished **C** präp in accordance with; **er wird seiner Leistung ~ bezahlt** he is paid according to performance
Entsprechung f (≈ *Äquivalent*) equivalent; (≈ *Gegenstück*) counterpart
entspringen v/i *Fluss* to rise; (≈ *sich herleiten von*) to arise from
entstammen v/i to come from
entstehen v/i to come into being; (≈ *seinen Ursprung haben*) to originate; (≈ *sich bilden*) to form; (≈ *sich entwickeln*) to arise (**aus, durch** from); **hier entsteht eine neue Schule** a new school is being built here; **im Entstehen begriffen sein** to be emerging
Entstehen n, **Entstehung** f (≈ *das Werden*) genesis; (≈ *das Hervorkommen*) emergence; (≈ *Ur-*

sprung) origin
entsteinen v/t to stone
entstellen v/t (≈ *verunstalten*) *Gesicht* to disfigure; (≈ *verzerren*) to distort
entstellt adj **1** *Gesicht etc* disfigured **2** *Tatsachen, Wahrheit* distorted
entstören v/t *Radio, Telefon* to free from interference
entstört adj ELEK interference-free
enttarnen v/t *Spion* to blow the cover of *umg*; *fig* (≈ *entlarven*) to expose
Enttarnung f exposure
enttäuschen **A** v/t to disappoint; (≈ *nicht unterstützen*) to let down; **enttäuscht sein über** (+*akk*)/**von** to be disappointed at/by *od* in **B** v/i **unsere Mannschaft hat sehr enttäuscht** our team were very disappointing
enttäuschend adj disappointing
enttäuscht adj disappointed
Enttäuschung f disappointment
entthronen v/t to dethrone
entvölkern v/t to depopulate
entwaffnen v/t to disarm
entwaffnend *fig* adj disarming
entwarnen v/i to sound the all-clear
Entwarnung f sounding of the all-clear; (≈ *Signal*) all-clear
entwässern v/t *Keller* to drain; *Gewebe, Körper* to dehydrate
Entwässerung f drainage; CHEM dehydration
Entwässerungsanlage f drainage system
entweder konj **~ ... oder ...** either ... or ...; **~ oder!** yes or no
entweichen v/i to escape (+*dat od* **aus** from)
entwenden form v/t **j-m etw/etw aus etw ~** to steal sth from sb/sth
entwerfen v/t **1** (≈ *gestalten*) to sketch; *Modell etc* to design **2** (≈ *ausarbeiten*) *Gesetz* to draft; *Plan* to devise **3** *fig* (≈ *darstellen*) *Bild* to depict
entwerten v/t **1** (≈ *im Wert mindern*) to devalue **2** *Briefmarke, Fahrschein* to cancel
Entwerter m (ticket-)cancelling machine *Br*, (ticket-)canceling machine *US*
Entwertung f *des Geldes* devaluation
entwickeln **A** v/t to develop; (≈ *bilden*) to form; (≈ *entwerfen*) to design; *Mut, Energie* to show **B** v/r to develop (**zu** into); **sie hat sich ganz schön entwickelt** *umg* she's turned out really nicely
Entwickler m FOTO developer
Entwicklung f development; FOTO developing; (≈ *Trend*) trend; **das Flugzeug ist noch in der ~** the plane is still in the development stage
Entwicklungsdienst m voluntary service overseas, VSO *Br*, Peace Corps *US*
entwicklungsfähig adj capable of development

Entwicklungshelfer(in) m(f) VSO worker *Br*, Peace Corps worker *US*
Entwicklungshilfe f foreign aid
Entwicklungskosten pl development costs pl
Entwicklungsland n developing country
Entwicklungsstadium n, **Entwicklungsstufe** f stage of development; *der Menschheit etc* evolutionary stage
Entwicklungszeit f period of development; BIOL, PSYCH developmental period; FOTO developing time
entwirren v/t to untangle
entwischen *umg* v/i to get away (+*dat od* **aus** from)
entwöhnen v/t to wean (+*dat od* **von** from)
entwürdigen v/t to degrade
entwürdigend adj degrading
Entwürdigung f degradation
Entwurf m **1** (≈ *Skizze, Abriss*) outline; (≈ *Design*) design; ARCH, *a. fig* blueprint **2** *von Plan, Gesetz etc* draft (version); PARL (≈ *Gesetzentwurf*) bill
entwurzeln v/t to uproot
entziehen **A** v/t to withdraw (+*dat* from); CHEM to extract; **j-m die Rente** *etc* **~** to stop sb's pension *etc*; **dem Redner das Wort ~** to ask the speaker to stop **B** v/r **sich j-m/einer Sache ~** to evade sb/sth; **sich seiner Verantwortung ~** to shirk one's responsibilities; **sich den** *od* **j-s Blicken ~** to be hidden from sight
Entziehung f withdrawal
Entziehungskur f rehabilitation program(me), rehab *umg*
entziffern v/t to decipher; *Geheimschrift, DNS-Struktur* to decode
entzücken v/t to delight
Entzücken n delight; *schadenfroh* glee; **in ~ geraten** to go into raptures
entzückend adj delightful
entzückt adj delighted (**über, von** with)
Entzug m withdrawal; **er ist auf ~** MED *umg Drogenabhängiger* he is being treated for drug addiction; *Alkoholiker* he is being dried out *umg*
Entzugserscheinung f withdrawal symptom
entzünden **A** v/t *Feuer* to light; *fig Streit etc* to spark off; *Hass* to inflame **B** v/r **1** (≈ *zu brennen anfangen*) to catch fire; *bes* TECH to ignite; *fig Streit* to be sparked off; *Hass* to be inflamed **2** MED to become inflamed; **entzündet** inflamed
entzündlich adj *Gase* inflammable
Entzündung f MED inflammation
entzündungshemmend adj anti-inflammatory
Entzündungsherd m focus of inflammation
entzwei adj in two (pieces); (≈ *kaputt*) broken
entzweibrechen v/t & v/i to break in two

entzweien A v/t to turn against each other B v/r **sich (mit j-m)** ~ to fall out (with sb)
Enzephalogramm n MED encephalogram
Enzian m gentian
Enzyklopädie f encyclop(a)edia
enzyklopädisch adj encyclop(a)edic
Enzym n enzyme
E-Pass m biometric passport, e-passport
Epidemie f epidemic
Epidemiologe m, **Epidemiologin** f epidemiologist
epidemisch adj epidemic
Epik f epic poetry
Epiker(in) m(f) epic poet
Epilation f hair removal, epilation
Epilepsie f epilepsy
Epileptiker(in) m(f) epileptic
epileptisch adj epileptic
epilieren v/t to epilate
Epiliergerät n epilator, depilator
Epilog m epilogue
episch wörtl, fig adj epic
Episode f episode
Epizentrum n epicentre Br, epicenter US
epochal adj epochal
Epoche f epoch, era
epochemachend adj epoch-making
Epos n epic (poem)
E-Postbrief m digital letter, online letter
er pers pr he; von Dingen it; **er selbst** himself; **wenn ich er wäre** if I were him; **er ist es** it's him
erachten geh v/t **j-n/etw für** od **als etw** ~ to consider sb/sth (to be) sth
Erachten n **meines ~s** in my opinion
erarbeiten v/t Vermögen etc to work for; Wissen etc to acquire; (≈ entwickeln) to develop
Erarbeitung f von Wissen acquisition
Erbanlage f hereditary factor(s) (pl)
erbarmen A v/t **j-n** ~ to arouse sb's pity; **das ist zum Erbarmen** it's pitiful B v/r to have pity (on)
Erbarmen n (≈ Mitleid) pity (**mit** on); (≈ Gnade) mercy (**mit** on); **kein** ~ **kennen** to show no mercy
erbarmenswert adj pitiable
erbärmlich A adj wretched; (≈ schlecht) pathetic B adv sich verhalten abominably; umg (≈ furchtbar) frieren, wehtun terribly
erbarmungslos A adj pitiless B adv pitilessly
erbauen v/t 1 (≈ errichten) to build 2 fig (≈ seelisch bereichern) to uplift; **wir waren von der Nachricht nicht gerade erbaut** umg we weren't exactly delighted by the news
Erbauer(in) m(f) builder
Erbe[1] m heir; **j-n zum ~n einsetzen** to appoint sb as one's heir
Erbe[2] n inheritance; fig heritage
erben v/t to inherit (**von** from)
Erbengemeinschaft f community of heirs
erbetteln v/t to get by begging
erbeuten v/t Tier to carry off; Dieb to get away with; im Krieg to capture
Erbfaktor m BIOL (hereditary) factor
Erbfeind m sworn enemy
Erbfolge f (line of) succession
Erbgut n BIOL genetic make-up
Erbin f heiress; → Erbe[1]
erbitten v/t to ask for
erbittert A adj Widerstand, Gegner bitter B adv bitterly
Erbkrankheit f hereditary disease
erblassen v/i to (turn) pale
Erblasser(in) m(f) person who leaves an inheritance
Erblast f negative inheritance od heritage; (≈ Probleme) inherited problems pl
erblich adj hereditary; **etw ist ~ bedingt** sth is an inherited condition
erblicken geh v/t to see; (≈ erspähen) to spot
erblinden v/i to go blind
Erblindung f loss of sight
Erbmasse f estate; BIOL genetic make-up
Erbonkel umg m rich uncle
erbosen geh A v/t **erbost sein über** (+akk) to be infuriated at B v/r **sich ~ über** (+akk) to become furious od infuriated about
erbrechen v/t & v/i & v/r (**sich**) ~ MED to vomit, to be sick; **etw bis zum Erbrechen tun** fig to do sth ad nauseam
erbringen v/t to produce
Erbrochene(s) n vomit
Erbschaft f inheritance; **eine ~ machen** od **antreten** to come into an inheritance
Erbschaftssteuer f death duties pl, inheritance tax Br
Erbse f pea
Erbsensuppe f pea soup
Erbstück n heirloom
Erbtante umg f rich aunt
Erbteil n/m JUR (portion of an/the) inheritance
Erd- zssgn global
Erdachse f earth's axis
erdacht adj Geschichte made-up
Erdanziehung f gravitational pull of the earth
Erdanziehungskraft f (earth's) gravity
Erdapfel m bes österr potato
Erdatmosphäre f earth's atmosphere
Erdbahn f earth's orbit
Erdball m globe
Erdbeben n earthquake
Erdbebengebiet n earthquake area

erdbebensicher *adj Gebäude etc* earthquake--proof
Erdbeere *f* strawberry
Erdbeertorte *f* strawberry cake *od* gateau
Erdbestattung *f* burial
Erdbewohner(in) *m(f)* inhabitant of the earth
Erdboden *m* ground; **etw dem ~ gleichmachen** to raze sth to the ground, to flatten sth; **vom ~ verschwinden** to disappear off the face of the earth
Erde *f* **1** (≈ *Welt*) earth, world; **es gibt viel Armut auf der ~** there's a lot of poverty in the world; **auf der ganzen ~** all over the world; **die ~** (≈ *Planet*) the earth, (the) Earth **2** (≈ *Boden*) ground; **unter der ~** underground; **über der ~** above ground **3** (≈ *Erdreich*) soil, earth; CHEM earth **4** ELEK (≈ *Erdung*) earth, ground *US*
erden *v/t* ELEK to earth, to ground *US*
erdenklich *adj* conceivable; **alles Erdenkliche tun** to do everything conceivable
Erderwärmung *f* global warming
Erdgas *n* natural gas
Erdgeschichte *f* geological history
Erdgeschoss *n*, **Erdgeschoß** *österr n* ground floor *Br*, first floor *US*; **im ~ wohnen** to live on the ground floor *Br*, to live on the first floor *US*
erdichten *v/t* to invent
erdig *adj* earthy
Erdinnere(s) *n* bowels *pl* of the earth
Erdkreis *m* globe
Erdkrümmung *f* curvature of the earth
Erdkugel *f* globe
Erdkunde *f* geography
Erdleitung *f* ELEK earth (connection, ground (connection) *US*; (≈ *Kabel*) underground wire
Erdmittelpunkt *m* centre of the earth *Br*, center of the earth *US*
Erdnuss *f* peanut
Erdnussbutter *f* peanut butter
Erdoberfläche *f* surface of the earth
Erdöl *n* (mineral) oil; **~ exportierend** oil-exporting
erdolchen *v/t* to stab (to death)
Erdölleitung *f* oil pipeline
Erdreich *n* soil
erdreisten *v/r* **sich ~, etw zu tun** to have the audacity to do sth
erdrosseln *v/t* to strangle
erdrücken *v/t* to crush (to death); *fig* (≈ *überwältigen*) to overwhelm
Erdrutsch *m* landslide
Erdrutschsieg *m* landslide (victory)
Erdschicht *f* layer (of the earth)
Erdstoß *m* (seismic) shock
Erdteil *m* continent

erdulden *v/t* to suffer
Erdumdrehung *f* rotation of the earth
Erdumkreisung *f durch Satelliten* orbit(ing) of the earth
Erdumlaufbahn *f* earth orbit
Erdumrundung *f durch Satelliten* orbit(ing) of the earth
Erdung *f* ELEK earth(ing), ground(ing) *US*
Erdwärme *f* geothermal energy
ereifern *v/r* to get excited (**über** +*akk* about)
ereignen *v/r* to occur
Ereignis *n* event, occurrence; (≈ *Vorfall*) incident; *besonderes* occasion
ereignislos *adj* uneventful
ereignisreich *adj* eventful
Erektion *f* PHYSIOL erection
Eremit *m* hermit
erfahren¹ **A** *v/t* **1** *Nachricht etc* to find out; (≈ *hören*) to hear (**von** about, of); **etw über etw** (*akk*) **~** to learn sth about sth **2** (≈ *erleben*) to experience **B** *v/i* to hear (**von** about, of)
erfahren² *adj* experienced
Erfahrung *f* experience; **aus ~** from experience; **nach meiner ~** in my experience; **~en sammeln** to gain experience; **etw in ~ bringen** to learn sth; **ich habe die ~ gemacht, dass ...** I have found that ...; **mit dieser neuen Maschine haben wir nur gute ~en gemacht** we have found this new machine (to be) completely satisfactory; **durch ~ wird man klug** *sprichw* one learns by experience
Erfahrungsaustausch *m* POL exchange of experiences
erfahrungsgemäß *adv* **~ ist es ...** experience shows ...
erfassen *v/t* **1** (≈ *mitreißen*) *Auto, Strömung* to catch; **Angst erfasste sie** she was seized by fear **2** (≈ *begreifen*) to grasp **3** (≈ *registrieren*) to record, to register; *Daten* to capture
Erfassung *f* registration, recording; *von Daten* capture
erfinden *v/t* to invent; **das hat sie glatt erfunden** she made it all up
Erfinder(in) *m(f)* inventor
erfinderisch *adj* inventive
Erfindung *f* invention; (≈ *erfundene Geschichte*) fiction
erfindungsreich *adj* → erfinderisch
Erfindungsreichtum *m* ingenuity
Erfolg *m* success; (≈ *Ergebnis, Folge*) result; **mit ~** successfully; **ohne ~** unsuccessfully; **viel ~!** good luck!; **~ haben** to be successful, to succeed; **keinen ~ haben** to be unsuccessful; **~ versprechend** promising; **ein voller ~** a great success
erfolgen *v/i form* (≈ *sich ergeben*) to result; (≈ *statt-*

finden) to take place; **nach erfolgter Zahlung** after payment has been made

erfolglos A *adj* unsuccessful B *adv* unsuccessfully

Erfolglosigkeit *f* lack of success

erfolgreich A *adj* successful; **mit** *od* **bei etw ~ sein** to succeed in sth B *adv* successfully

Erfolgsaussicht *f* prospect of success

Erfolgserlebnis *n* feeling of success

Erfolgsgeheimnis *n* **ihr ~ ist ...** the secret behind her success is ...

Erfolgskurs *m* **auf ~ liegen** to be on course for success

Erfolgsrezept *n* recipe for success

Erfolgsstory *f* success story, tale of success

erfolgversprechend *adj* → Erfolg

erforderlich *adj* necessary; **unbedingt ~** (absolutely) essential

erfordern *v/t* to require

Erfordernis *n* requirement

erforschen *v/t* to explore; *Thema etc* to research

Erforscher(in) *m(f) eines Landes* explorer; *in der Wissenschaft* researcher

Erforschung *f von Thema* researching

erfragen *v/t Weg* to ask; *Einzelheiten etc* to obtain

erfreuen A *v/t* to please; **über j-n/etw erfreut sein** to be pleased about sb/sth B *v/r* **sich an etw** (*dat*) **~** to enjoy sth

erfreulich *adj* pleasant; *Besserung etc* welcome; (≈ *befriedigend*) gratifying

erfreulicherweise *adv* happily

erfreut *adj* pleased (**über** +*akk* at, about), delighted (**über** +*akk* with, at, about); **sehr ~!** pleased to meet you, how do you do?

erfrieren A *v/i* to freeze to death; *Pflanzen* to be killed by frost; **erfrorene Glieder** frostbitten limbs B *v/t* **sich** (*dat*) **die Füße ~** to suffer frostbite in one's feet

Erfrierung *f* frostbite *kein pl*

erfrischen A *v/t* to refresh B *v/i* to be refreshing C *v/r* to refresh oneself; (≈ *sich waschen*) to freshen up

erfrischend A *adj* refreshing B *adv* refreshingly

Erfrischung *f* refreshment

Erfrischungsgetränk *n* refreshment

Erfrischungsraum *m* cafeteria

Erfrischungstuch *n* refreshing towel

erfüllen A *v/t* 1 *Raum etc* to fill; **Hass erfüllte ihn** he was filled with hate; **ein erfülltes Leben** a full life 2 (≈ *einhalten*) to fulfil *Br*, to fulfill *US*; *Soll* to achieve; *Zweck* to serve B *v/r Wunsch* to be fulfilled

Erfüllung *f* fulfilment *Br*, fulfillment *US*; **in ~ gehen** to be fulfilled

Erfüllungsgehilfe *m* 1 JUR agent 2 *pej* (≈ *Handlanger*) henchman

erfunden *adj* fictitious, made-up; **das ist alles ~!** he's *etc* made it all up; → erfinden

ergänzen *v/t* to supplement; (≈ *vervollständigen*) to complete; (≈ *zufügen*) to add; **seine Sammlung ~** to add to one's collection; **einander** *od* **sich ~** to complement one another

Ergänzung *f* 1 (≈ *das Ergänzen*) supplementing; (≈ *Vervollständigung*) completion 2 (≈ *Zusatz*) *zu Buch etc* supplement

ergattern *umg v/t* to get hold of

ergeben[1] A *v/t* to yield; (≈ *zum Ergebnis haben*) to result in; *Betrag, Summe* to amount to B *v/r* 1 (≈ *kapitulieren*) to surrender (+*dat* to) 2 (≈ *sich hingeben*) **sich einer Sache** (*dat*) **~** to give oneself up to sth 3 (≈ *folgen*) to result (**aus** from) 4 (≈ *sich herausstellen*) to come to light

ergeben[2] *adj* (≈ *treu*) devoted; (≈ *demütig*) humble

Ergebnis *n* result; (≈ *Auswirkung*) outcome; (≈ *Fazit*) conclusion; **~se** *einer Untersuchung* findings; **zu einem ~ kommen** to come to a conclusion

ergebnislos A *adj* unsuccessful B *adv* **~ bleiben** to come to nothing

ergehen A *v/i* 1 *form* (≈ *erlassen werden*) to go out; *Einladung* to be sent 2 (≈ *erdulden*) **etw über sich** (*akk*) **~ lassen** to endure sth B *v/i* **es ist ihm schlecht/gut ergangen** he fared badly/well C *v/r fig* **sich in etw** (*dat*) **~** to indulge in sth

ergiebig *adj* productive; *Geschäft* lucrative; (≈ *sparsam im Verbrauch*) economical

ergo *konj* therefore

ergonomisch A *adj* ergonomic B *adv* ergonomically

Ergotherapeut(in) *m(f)* ergotherapist

ergötzen *v/r* **sich an etw** (*dat*) **~** to take delight in sth

ergreifen *v/t* 1 (≈ *packen*) to seize; *Verbrecher* to catch 2 *fig Gelegenheit, Macht* to seize; *Beruf* to take up; *Maßnahmen* to take; **von Furcht ergriffen werden** to be seized with fear

ergreifend *fig adj a. iron* touching

ergriffen *fig adj* moved

Ergriffenheit *f* emotion

ergründen *v/t Sinn etc* to fathom; *Ursache* to discover

Erguss *m* effusion; (≈ *Samenerguss*) ejaculation; *fig* outpouring

erhaben A *adj* 1 *Druck* embossed 2 *fig Stil* lofty; *Anblick* sublime 3 (≈ *überlegen*) superior; **über etw** (*akk*) **~ (sein)** (to be) above sth B *adv* **~ lächeln** to smile in a superior way

Erhalt *m* receipt

erhalten A *v/t* 1 (≈ *bekommen*) to get, to receive 2 (≈ *bewahren*) *Gebäude, Natur* to preserve; **j-n**

am Leben ~ to keep sb alive; **er hat sich** *(dat)* **seinen Optimismus ~** he kept up his optimism; **gut ~** *a. hum umg* well preserved **B** *v/r Brauch etc* to be preserved, to remain

erhältlich *adj* available; **schwer ~** hard to come by

Erhaltung *f* (≈ *Bewahrung*) preservation

erhängen *v/t* to hang

erhärten **A** *v/t* to harden **B** *v/r fig Verdacht* to harden

erhaschen *v/t* to catch

erheben **A** *v/t* **1** (≈ *hochheben*) to raise; **den Blick ~** to look up **2** *Gebühren* to charge **B** *v/r* to rise; *Wind etc* to arise; (≈ *sich auflehnen*) to rise (up) (in revolt); **sich über andere ~** to place oneself above others

erhebend *adj* elevating; (≈ *erbaulich*) edifying

erheblich **A** *adj* considerable; (≈ *relevant*) relevant **B** *adv* considerably; *verletzen* severely

Erhebung *f* **1** (≈ *Bodenerhebung*) elevation **2** (≈ *Aufstand*) uprising **3** *von Gebühren* levying **4** (≈ *Umfrage*) survey; **~en machen über** (+*akk*) to make inquiries about *od* into

erheitern *v/t* to cheer (up)

Erheiterung *f* amusement; **zur allgemeinen ~** to the general amusement

erhellen **A** *v/t* to light up; *Geheimnis* to shed light on **B** *v/r* to brighten

erhitzen **A** *v/t* to heat (up) (**auf** +*akk* to); **die Gemüter ~** to inflame passions **B** *v/r* to get hot; *fig* (≈ *sich erregen*) to become heated (**an** +*dat* over); **die Gemüter erhitzten sich** feelings were running high

erhoffen *v/t* to hope for; **sich** *(dat)* **etw ~** to hope for sth (**von** from)

erhöhen **A** *v/t* to raise; *Produktion* to increase; *Wirkung* to heighten; *Spannung* to increase; **erhöhte Temperatur haben** to have a temperature **B** *v/r* to rise, to increase

Erhöhung *f* **1** (≈ *das Erhöhen*) raising; *von Preis, Produktion* increase; *von Wirkung* heightening; *von Spannung* intensification **2** (≈ *Lohnerhöhung*) rise *Br*, raise *US*

erholen *v/r* to recover (**von** from); **du siehst sehr erholt aus** you look very rested

erholsam *adj* restful

Erholung *f* recovery; (≈ *Entspannung*) relaxation; *in der Freizeit* recreation; **sie braucht dringend ~** she badly needs a break

erholungsbedürftig *adj* in need of a rest

Erholungsgebiet *n* recreation area

Erholungsort *m* health resort

Erholungsurlaub *m* holiday *Br*, vacation *US*

erhören *v/t* to hear

erigiert *adj* erect

Erika *f* BOT heather

erinnern **A** *v/t* **j-n an etw** (*akk*) **~** to remind sb of sth **B** *v/r* **sich an j-n/etw ~** to remember sb/sth; **soviel ich mich ~ kann** as far as I remember **C** *v/i* **~ an** (+*akk*) to be reminiscent of

Erinnerung *f* memory; (≈ *Andenken*) memento; **zur ~ an** (+*akk*) in memory of; *an Ereignis* in commemoration of; **j-n in guter ~ behalten** to have pleasant memories of sb; **~en** *pl* LIT memoirs *pl*; **~en austauschen** to reminisce; **in ~en schwelgen** to reminisce

Erinnerungsstück *n* keepsake (**an** +*akk* from)

Eritrea *n* GEOG Eritrea

erkalten *v/i* to cool (down *od* off), to go cold

erkälten *v/r* to catch a cold

erkältet *adj* (**stark**) **~ sein** to have a (bad) cold

Erkältung *f* cold; **starke ~** bad cold; **eine ~ haben** to have a cold

Erkältungsmittel *n* cold remedy

erkämpfen *v/t* to win; **sich** *(dat)* **etw ~** to win sth; **hart erkämpft** hard-won

erkennbar *adj* recognizable; (≈ *sichtbar*) visible

erkennen **A** *v/t* to recognize (**an** +*dat* by); (≈ *merken*) to realise; (≈ *wahrnehmen*) to see; (≈ *identifizieren*) to identify; **j-n für schuldig ~** JUR to find sb guilty; **j-m zu ~ geben, dass ...** to give sb to understand that ...; **sich zu ~ geben** to reveal oneself (**als** to be); **~ lassen** to show **B** *v/i* **~ auf** (+*akk*) JUR *auf Freispruch* to grant; *auf Strafe* to impose; SPORT *auf Freistoß etc* to award

erkenntlich *adj* **sich (für etw) ~ zeigen** to show one's gratitude (for sth)

Erkenntnis *f* (≈ *Wissen*) knowledge *kein pl*; (≈ *das Erkennen*) recognition; (≈ *Einsicht*) insight; **zu der ~ gelangen, dass ...** to come to the realization that ...

Erkennung *f* recognition

Erkennungsdienst *m* police records department

erkennungsdienstlich *adv* **j-n ~ behandeln** to fingerprint and photograph sb

Erkennungszeichen *n* identification; MIL (≈ *Abzeichen*) badge

Erker *m* bay

Erkerfenster *n* bay window

erklärbar *adj* explicable, explainable; **schwer ~** hard to explain; **nicht ~** inexplicable

erklären **A** *v/t* **1** (≈ *erläutern*) to explain (**j-m etw** sth to sb); **ich kann mir nicht ~, warum ...** I can't understand why ... **2** (≈ *äußern*) to declare (**als** to be); *Rücktritt* to announce; **einem Staat den Krieg ~** to declare war on a country; **j-n für schuldig ~** to pronounce sb guilty **B** *v/r Sache* to be explained; **sich für/gegen j-n ~** to declare oneself for/against sb; → **erklärt**

erklärend *adj* explanatory

erklärlich *adj* **1** → **erklärbar** **2** (≈ *verständlich*) understandable

erklärt *adj* professed; → erklären

erklärtermaßen, erklärterweise *adv* avowedly

Erklärung *f* **1** explanation; *eines Worts* definition **2** (≈ *Mitteilung*) declaration; **eine ~ abgeben** to make a statement

erklärungsbedürftig *adj* in need of (an) explanation

Erklärungsversuch *m* attempted explanation

erklingen *geh v/i* to ring out

erkranken *v/i* (≈ *krank werden*) to be taken ill *Br*, to get sick *bes US* (**an** +*dat* with); *Organ, Pflanze, Tier* to become diseased (**an** with); **erkrankt sein** (≈ *krank sein*) to be ill

Erkrankung *f* illness; *von Organ, Pflanze, Tier* disease

erkunden *v/t bes* MIL to reconnoitre *Br*, to reconnoiter *US*, to explore; (≈ *feststellen*) to find out

erkundigen *v/r* **sich ~** to inquire; **sich nach j-m ~** to ask after sb *Br*, to ask about sb; **sich bei j-m (nach etw) ~** to ask sb (about sth); **ich werde mich ~** I'll find out

Erkundigung *f* inquiry

Erkundung *f* MIL reconnaissance

Erlagschein *m österr* giro transfer form

erlahmen *v/i* to tire; *fig Eifer* to flag

erlangen *v/t* to achieve; (≈ *erwerben*) to acquire; *Bedeutung, Eintritt* to gain

Erlass *m* **1** (≈ *Verfügung*) decree; *der Regierung* enactment **2** (≈ *das Erlassen*) remission

erlassen *v/t* **1** *Verfügung* to pass; *Gesetz* to enact **2** *Strafe, Schulden etc* to remit; *Gebühren* to waive; **j-m etw ~** *Schulden etc* to release sb from sth

erlauben *v/t* **1** (≈ *gestatten*) to allow; **j-m etw ~** to allow sb (to do) sth; **es ist mir nicht erlaubt** I am not allowed; **~ Sie?** *form* may I?; **~ Sie mal!** do you mind!; **soweit es meine Zeit erlaubt** *form* time permitting **2** **sich** (*dat*) **etw ~** (≈ *sich gönnen*) to allow oneself sth; (≈ *sich leisten*) to afford sth; **sich** (*dat*) **Frechheiten ~** to take liberties; **was ~ Sie sich (eigentlich)!** how dare you!

Erlaubnis *f* permission; (≈ *Schriftstück*) permit; (≈ *Lizenz*) licence

erläutern *v/t* to explain; **etw anhand von Beispielen ~** to illustrate sth with examples

Erläuterung *f* explanation

Erle *f* alder

erleben *v/t* to experience; *schwere Zeiten, Sturm* to go through; *Niederlage* to suffer; **wieder** *od* **noch einmal ~** to relive; **im Ausland habe ich viel erlebt** I had an eventful time abroad; **etwas Angenehmes** *etc* **~** to have a pleasant *etc* experience; **das werde ich nicht mehr ~** I won't live to see that; **sie möchte mal etwas ~** she wants to have a good time; **na, der kann was ~!** *umg* he's going to be (in) for it! *umg*

Erlebnis *n* experience; (≈ *Abenteuer*) adventure

Erlebnispädagoge *m*, **Erlebnispädagogin** *f* outdoor education teacher

Erlebnispädagogik *f* outdoor education

erlebnisreich *adj* eventful

erledigen 🅰 *v/t* **1** *Angelegenheit* to deal with; *Auftrag* to carry out; (≈ *beenden*) *Arbeit* to finish off; *Sache* to settle; **ich habe noch einiges zu ~** I've still got a few things to do; **er ist für mich erledigt** I'm finished with him; **das ist (damit) erledigt** that's settled; **schon erledigt!** I've already done it **2** *umg* (≈ *ermüden*) to wear out; (≈ *k.o. schlagen*) to knock out 🅱 *v/r* **das hat sich erledigt** that's all settled; **sich von selbst ~** to take care of itself

erledigt *umg adj* (≈ *erschöpft*) shattered *Br umg*, all in *umg*; (≈ *ruiniert*) finished

Erledigung *f einer Sache* settlement; **einige ~en in der Stadt** a few things to do in town; **die ~ meiner Korrespondenz** dealing with my correspondence

erlegen *v/t Wild* to shoot

erleichtern *v/t* to make easier; *fig* (≈ *beruhigen, lindern*) to relieve; *Gewissen* to unburden; **j-m etw ~** to make sth easier for sb; **j-n um etw ~** *hum* to relieve sb of sth; **erleichtert sein** to be relieved; **erleichtert aufatmen** to breathe a sigh of relief

erleichtert *adj* relieved

Erleichterung *f* (≈ *Beruhigung*) relief

erleiden *v/t* to suffer

erlernen *v/t* to learn

erlesen *adj* exquisite; **ein ~er Kreis** a select circle

erleuchten *v/t* to light (up), to illuminate; *fig* to enlighten; **hell erleuchtet** brightly lit

Erleuchtung *f* (≈ *Eingebung*) inspiration

erliegen *wörtl, fig v/i* to succumb to; *einem Irrtum* to be the victim of; **zum Erliegen kommen** to come to a standstill

erlogen *adj* not true *präd*; (≈ *erfunden*) made-up *attr*, made up *präd*; **das ist erstunken und ~** *umg* that's a rotten lie *umg*

Erlös *m* proceeds *pl*

erloschen *adj Vulkan* extinct

erlöschen *v/i Feuer* to go out; *Gefühle* to die; *Vulkan* to become extinct; *Garantie* to expire

erlösen *v/t* (≈ *retten*) to save (**aus, von** from); REL to redeem

Erlöser(in) *m(f)* **1** (≈ *Retter*) rescuer **2** (≈ *Befreier*) liberator **3** REL **der ~** the Redeemer

Erlösung *f* release; (≈ *Erleichterung*) relief; REL redemption

ermächtigen *v/t* to authorize

ermächtigt *adj* authorized
Ermächtigung *f* authorization
ermahnen *v/t* to admonish; *warnend* to warn; JUR to caution
Ermahnung *f* admonition; *warnend* warning; JUR caution
Ermangelung *geh f* **in ~** *+gen* because of the lack of
ermäßigen *v/t* to reduce
ermäßigt *adj* reduced; **zu ~en Preisen** at reduced prices
Ermäßigung *f* reduction
ermessen *v/t* (≈ *einschätzen*) to gauge; (≈ *begreifen können*) to appreciate
Ermessen *n* (≈ *Urteil*) judgement; (≈ *Gutdünken*) discretion; **nach meinem ~** in my estimation; **nach menschlichem ~** as far as anyone can judge
Ermessensfrage *f* matter of discretion
ermitteln **A** *v/t* to determine, to ascertain; *Person* to trace; *Tatsache* to establish **B** *v/i* to investigate; **gegen j-n ~** to investigate sb
Ermittler(in) *m(f)* investigator
Ermittlung *f bes* JUR investigation; **~en anstellen** to make inquiries (**über** *+akk* about)
Ermittlungsverfahren *n* JUR preliminary proceedings *pl*
ermöglichen *v/t* to facilitate; **j-m etw ~** to make sth possible for sb
ermorden *v/t* to murder; *bes aus politischen Gründen* to assassinate
Ermordete(r) *m/f(m)* (murder) victim
Ermordung *f* murder; *bes politisch* assassination
ermüden *v/t & v/i* to tire
ermüdend *adj* tiring
Ermüdung *f* fatigue
ermuntern *v/t* (≈ *ermutigen*) to encourage (**j-n zu etw** sb to do sth)
Ermunterung *f* **1** (≈ *Ermutigung*) encouragement **2** (≈ *Aufmunterung*) cheering up
ermutigen *v/t* (≈ *ermuntern*) to encourage
ermutigend *adj* encouraging
Ermutigung *f* encouragement
ernähren **A** *v/t* to feed; (≈ *unterhalten*) to support; **gut ernährt** well-nourished **B** *v/r* to eat; **sich gesund ~** to have a healthy diet; **sich von etw ~** to live on sth
Ernährer(in) *m(f)* breadwinner
Ernährung *f* (≈ *das Ernähren*) feeding; (≈ *Nahrung*) food; (≈ *Ernährungslehre*) nutrition; **falsche ~** the wrong diet
Ernährungs- *zssgn* nutritional
ernährungsbewusst *adj* nutrition-conscious
Ernährungslehre *f* nutrition, food technology
Ernährungspolitik *f* nutrition *od* food policy
Ernährungsweise *f* eating habits *pl*

ernennen *v/t* to appoint; **j-n zum Vorsitzenden ~** to appoint sb chairman
Ernennung *f* appointment (**zu** as)
erneuerbar *adj* renewable
erneuern *v/t* to renew; (≈ *auswechseln*) *Öl* to change; *Maschinenteile* to replace
Erneuerung *f* renewal; (≈ *Auswechslung von Öl*) changing; *von Maschinenteil* replacement
erneuerungsbedürftig *adj* in need of renewal; *Maschinenteil* in need of replacement
erneut **A** *adj* renewed **B** *adv* (once) again
erniedrigen *v/t* (≈ *demütigen*) to humiliate; (≈ *herabsetzen*) to degrade
Erniedrigung *f* humiliation; (≈ *Herabsetzung*) degradation; MUS flattening
ernst **A** *adj* serious; (≈ *ernsthaft*) *Mensch* earnest; (≈ *feierlich*) solemn; **~e Absichten haben** *umg* to have honourable intentions *Br*, to have honorable intentions *US*; **es ist nichts Ernstes** it's nothing serious **B** *adv* seriously; **es (mit etw) ~ meinen** to be serious (about sth); **~ gemeint** serious; **j-n/etw ~ nehmen** to take sb/sth seriously
Ernst *m* seriousness; (≈ *Ernsthaftigkeit*) earnestness; **im ~** seriously; **(ganz) im ~?** no kidding?; **allen ~es** quite seriously; **das kann doch nicht dein ~ sein!** you can't be serious!; **das ist doch nicht dein ~!** you're kidding!; **das meinst du doch nicht im ~!** you must be joking!; **mit etw ~ machen** to put sth into action; **damit wird es jetzt ~** now it's serious
Ernstfall *m* **im ~** in case of emergency
ernstgemeint *adj* → ernst
ernsthaft **A** *adj* serious **B** *adv* seriously
Ernsthaftigkeit *f* seriousness
ernstlich **A** *adj* serious **B** *adv* **~ besorgt um** seriously concerned about
Ernte *f* **1** (≈ *das Ernten*) harvest(ing) **2** (≈ *Ertrag*) harvest (**an** *+dat* of); *von Äpfeln, a. fig* crop
Ernte(dank)fest *n* harvest festival
ernten *v/t Getreide* to harvest; *Äpfel* to pick; *fig* to reap; *Undank, Spott* to get
Erntezeit *f* harvest (time)
ernüchtern *fig v/t* to bring down to earth; **~d** sobering
Ernüchterung *fig f* disillusionment
Eroberer *m*, **Eroberin** *f* conqueror
erobern *v/t* to conquer; *fig Sympathie etc* to win
Eroberung *f* conquest; **eine ~ machen** *fig umg* to make a conquest
Eroberungskrieg *m* war of conquest
eröffnen *v/t* **1** (≈ *beginnen*) to open; **eröffnet werden** to open **2** *hum* **j-m etw ~** to disclose sth to sb
Eröffnung *f* **1** (≈ *Beginn*) opening; *von Konkursverfahren* institution **2** *hum* disclosure; **j-m eine ~**

machen to disclose sth to sb
Eröffnungsfeier f opening ceremony
Eröffnungsrede f opening speech od address
erogen adj erogenous
erörtern v/t to discuss (in detail); (≈ besprechen) to debate
Erörterung f discussion
Erosion f erosion
Erotik f eroticism
erotisch adj erotic
erpicht adj **auf etw** (akk) **~ sein** to be keen on sth, to be keen to do sth
erpressbar adj **~ sein** to be susceptible to blackmail
erpressen v/t Geld etc to extort (**von** from); j-n to blackmail
Erpresser(in) m(f) blackmailer
Erpressung f von Geld extortion; eines Menschen blackmail
Erpressungstrojaner m IT ransomware
erproben v/t to test
erprobt adj tried and tested; (≈ erfahren) experienced
Erprobung f testing
Erprobungsstufe f SCHULE first two years in a Gymnasium during which pupils are assessed in order to establish whether they are suited to this type of school
erraten v/t to guess
errechnen v/t to work out, to calculate
erregbar adj excitable
erregen **A** v/t **1** to excite; (≈ erzürnen) to infuriate **2** (≈ hervorrufen) to arouse; Aufsehen, Heiterkeit to cause; Aufmerksamkeit to attract **B** v/r to get excited (**über** +akk about); (≈ sich ärgern) to get annoyed (**über** +akk at)
Erreger m MED cause; (≈ Bazillus etc) pathogene fachspr
erregt adj **1** excited **2** sexuell aroused **3** (≈ verärgert) annoyed; → erregen
Erregung f **1** (≈ Erzeugung) arousing; von Aufsehen, Heiterkeit causing **2** (≈ Zustand) excitement; (≈ Wut) rage; **in ~ geraten** to get excited/into a rage
erreichbar adj reachable; (≈ nicht weit) within reach; Ziel attainable; **zu Fuß ~** within walking distance; **sind Sie zu Hause ~?** can I get in touch with you at home?
erreichen v/t to reach; bestimmten Ort to get to; Zug to catch; Absicht to achieve; (≈ schaffen) to accomplish; (≈ einholen) to catch up with; **wann kann ich Sie morgen ~?** when can I get in touch with you tomorrow?; **wir haben nichts erreicht** we achieved nothing
errichten v/t to put up; fig (≈ gründen) to establish

erringen v/t to gain; **ein hart errungener Sieg** a hard-won victory
erröten v/i to flush; bes aus Verlegenheit to blush
Errungenschaft f achievement
Ersatz m substitute; für Altes replacement; **als ~ für j-n einspringen** to stand in for sb
Ersatzbank f SPORT substitutes' bench
Ersatzbrille f spare glasses pl
Ersatzdienst m MIL alternative service
Ersatzdroge f substitute drug
Ersatzkasse f state health insurance scheme
ersatzlos **A** adj **~e Streichung** von Stelle abolition **B** adv **etw ~ streichen** Stelle to abolish sth
Ersatzmann m replacement; SPORT substitute
Ersatzmine f für Kugelschreiber refill
Ersatzreifen m AUTO spare tyre Br, spare tire US
Ersatzspieler(in) m(f) SPORT substitute
Ersatzteil n spare (part)
ersaufen umg v/i (≈ ertrinken) to drown
ersäufen v/t to drown
erschaffen v/t to create
Erschaffung f creation
erscheinen v/i to appear; (≈ auftauchen) to turn up; Buch to come out; **es erscheint (mir) wünschenswert** it seems desirable (to me)
Erscheinen n appearance; von Buch publication
Erscheinung f **1** (≈ das Erscheinen) appearance; **in ~ treten** Merkmale to appear; Gefühle to show themselves **2** (≈ Alterserscheinung) symptom **3** (≈ Gestalt) figure; **seiner äußeren ~ nach** judging by his appearance **4** (≈ Geistererscheinung) apparition
Erscheinungsform f manifestation
erschießen **A** v/t to shoot (dead) **B** v/r to shoot oneself; → erschossen
Erschießung f shooting; JUR als Todesstrafe execution; **Tod durch ~** JUR death by firing squad
Erschießungskommando n firing squad
erschlaffen v/i (≈ ermüden) to tire; (≈ schlaff werden) to go limp; Interesse, Eifer to wane
erschlagen[1] v/t to kill; **vom Blitz ~ werden** to be struck (dead) by lightning
erschlagen[2] adj **~ sein** umg (≈ todmüde) to be worn out
erschließen v/t Gebiet, Absatzmarkt to develop
Erschließung f development; von Markt opening up
Erschließungskosten pl development costs pl
erschöpfen v/t to exhaust; **erschöpft** exhausted; **meine Geduld ist (endgültig) erschöpft** I've (finally) run out of patience
erschöpfend **A** adj **1** (≈ ermüdend) exhausting **2** (≈ ausführlich) exhaustive **B** adv exhaustively
Erschöpfung f exhaustion; **bis zur ~ arbeiten** to work to the point of exhaustion
Erschöpfungszustand m state of exhaustion

kein pl
erschossen *umg adj* (**völlig**) **~ sein** to be dead beat *Br umg*, to be beat *bes US umg*; → **erschießen**
erschrecken **A** *v/t* to frighten, to scare; (≈ *bestürzen*) to startle **B** *v/i & v/r* to be frightened (**vor** +*dat* by); (≈ *bestürzt sein*) to be startled
erschreckend *adj* alarming; **~ aussehen** to look dreadful
erschrocken *adj* frightened; (≈ *bestürzt*) startled; (≈ *verängstigt*) terrified
erschüttern *v/t Gebäude, Vertrauen etc* to shake; **j-n in seinem Glauben ~** to shake sb's faith; **über etw** (*akk*) **erschüttert sein** to be shattered by sth *umg*; **ihn kann nichts ~** he always keeps his cool *umg*
erschütternd *adj* shattering *umg*, upsetting
Erschütterung *f des Bodens etc* tremor; (≈ *seelische Ergriffenheit*) emotion
erschweren *v/t* to make more difficult; **es kommt noch ~d hinzu, dass ...** to compound matters, ...
erschwinglich *adj* **das Haus ist für uns nicht ~** the house is not within our means
ersehen *form v/t* **etw aus etw ~** to see sth from sth
ersehnt *adj* longed-for
ersetzbar *adj* replaceable
ersetzen *v/t* to replace; *durch Gleichwertiges* to substitute; **ersetzt das Substantiv durch ein Pronomen** replace the noun with a pronoun
ersichtlich *adj* obvious; **ohne ~en Grund** for no apparent reason
ersinnen *v/t* to devise; (≈ *erfinden*) to invent
ersparen *v/t Kosten, Zeit* to save; **j-m/sich etw ~** to spare sb/oneself sth; **ihr blieb auch nichts erspart** she was spared nothing; **das Ersparte** the savings *pl*
Ersparnis *f* **1** *an Zeit etc* saving (**an** +*dat* of) **2** savings *pl*
erst *adv* **1** first; (≈ *anfänglich*) at first; **mach ~ (ein)mal die Arbeit fertig** finish your work first **2** (≈ *bloß*) only; (≈ *nicht früher als*) not until; **eben** *od* **gerade ~** just; **~ gestern** only yesterday; **~ jetzt** only just; **~ morgen** not until *od* before tomorrow; **~ später** not until later; **~ wenn** only if *od* when, not until **3** **da fange ich gar nicht an** I simply won't (bother to) begin; **das macht es ~ recht schlimm** that makes it even worse
erstarren *v/i Finger* to grow stiff; *Flüssigkeit* to solidify; *Zement etc* to set; *Blut, Fett etc* to congeal; *fig Blut* to run cold; *Lächeln* to freeze; *vor Schrecken etc* to be paralyzed (**vor** +*dat* with)
erstatten *v/t* **1** *Unkosten* to refund **2** *form* (**Straf**)**anzeige gegen j-n ~** to report sb (to the police); **Bericht ~** to (give a) report (**über** +*akk* on)
Erstattung *f von Unkosten* refund
Erstaufführung *f THEAT* first performance, premiere
Erstaufnahmeeinrichtung *f*, **Erstaufnahmezentrum** *n für Flüchtlinge* reception centre *Br*, reception center *US*
erstaunen *v/t & v/i* to astonish
Erstaunen *n* astonishment
erstaunlich **A** *adj* astonishing, amazing **B** *adv* astonishingly
erstaunlicherweise *adv* astonishingly, much to my/his *etc* surprise
erstaunt **A** *adj* astonished (**über** +*akk* about), surprised **B** *adv* in astonishment
Erstausgabe *f* first edition
erstbeste(r, s) *adj* **er hat das ~ Auto gekauft** he bought the first car he saw
erstechen *v/t* to stab to death
erstehen *v/t umg* (≈ *kaufen*) to buy
Erste-Hilfe-Kurs *m* first-aid course
Erste-Hilfe-Leistung *f* administering of first aid; **in ~ ausgebildet sein** to be trained in first aid; **jede ~ muss schriftlich festgehalten werden** a written report must be made every time first aid is administered
ersteigen *v/t* to climb
ersteigern *v/t* to buy at an auction
erstellen *v/t* **1** (≈ *bauen*) to construct **2** *Liste etc* to draw up
erstens *adv* first(ly), in the first place
Erste(r) *m/f(m)* first; **der/die ~ sein** to be first; **die drei ~n** the first three; **der ~ des Monats** the first (day) of the month; **vom nächsten ~n an** as of the first of next month; **er kam als ~r** he was the first to come
erste(r, s) *adj* first; **der ~ Tag** the first day; **~r Stock**, **~ Etage** first floor, second floor *US*; **zum ~n Mal** for the first time; **~ Qualität** top quality; **Erste Hilfe** first aid; **die Ersten Nationen** (≈ *Indianer*) the First Nations; **an ~r Stelle** in the first place; **in ~r Linie** first and foremost; **~ vierter, s**
Erste(s) *n* **das ~** the first thing; **als ~s** first of all
ersticken **A** *v/t j-n* to suffocate; *Feuer* to smother; *Geräusche* to stifle; *Aufruhr etc* to suppress **B** *v/i* to suffocate; *Feuer* to die; **an einer Gräte ~** to choke (to death) on a fish bone; **in der Arbeit ~** *umg* to be up to one's neck in work *umg*
Erstickung *f* suffocation
erstklassig **A** *adj* first-class **B** *adv spielen* excellently; **~ schmecken** to taste excellent
Erstkläss(l)er(in) *m(f)* first-year pupil *Br*, first--grader *US*
erstmalig **A** *adj* first **B** *adv* for the first time
erstmals *adv* for the first time

erstrangig *adj* first-rate; *Problem* top-priority
erstreben *v/t* to strive for
erstrebenswert *adj* desirable
erstrecken *v/r* to extend (**auf, über** +*akk* over), to stretch
Erstschlag *m mit Atomwaffen* first strike
Erstsemester *n* first-year student
Erststimme *f* first vote
ersuchen *form v/t* to request (**j-n um etw** sth of sb)
ertappen *v/t* to catch; **ich habe ihn dabei ertappt** I caught him at it
erteilen *v/t* to give; *Lizenz* to issue; **Unterricht ~** to teach
ertönen *geh v/i* to sound, to ring out
Ertrag *m von Acker* yield; (≈ *Ernte*) harvest; (≈ *Einnahmen*) proceeds *pl*; **~ abwerfen** to bring in a return
ertragen *v/t* to bear; (≈ *erleiden*) to suffer; **ich kann es nicht ~** I can't stand it; **das ist nicht mehr zu ~** it's unbearable
erträglich *adj* bearable
Ertragslage *f* profit situation
ertränken *v/t* to drown
erträumen *v/t* to dream of; **sich** (*dat*) **etw ~** to dream of sth
ertrinken *v/i* to drown
Ertrinken *n* drowning
erübrigen **A** *v/t Zeit, Geld* to spare **B** *v/r* to be superfluous
eruieren *form v/t Sachverhalt* to investigate
erwachen *v/i* to awake; *aus Ohnmacht etc* to come to (**aus** from); *fig Gefühle* to be aroused; **ein böses Erwachen** *fig* a rude awakening
erwachsen¹ *v/i geh* to arise; *Vorteil, Kosten etc* to result
erwachsen² *adj* grown-up, adult; **~ werden** to grow up
Erwachsenenbildung *f* adult education
Erwachsene(r) *m/f(m)* adult, grown-up; **das Leben als ~r** adult life
erwägen *v/t* to consider
Erwägung *f* consideration; **etw in ~ ziehen** to consider sth
erwähnen *v/t* to mention; **erwähnt werden** to come up
erwähnenswert *adj* worth mentioning
Erwähnung *f* mention (+*gen* of)
erwärmen **A** *v/t* to warm, to heat **B** *v/r* to warm up; **sich für j-n/etw ~** *fig* to take to sb/sth
Erwärmung *f* warming; **globale ~, ~ der Erdatmosphäre** global warming
erwarten *v/t Gäste, Ereignis* to expect; **etw von j-m/etw ~** to expect sth from *od* of sb/sth; **~, dass j-d etw tut** to expect sb to do sth; **ein Kind ~** to be expecting a child; **das war zu ~** that was to be expected; **sie kann den Sommer kaum noch ~** she can hardly wait for the summer; **ich kann es kaum ~, ... zu sehen** I can't wait to see ...; **es steht zu ~, dass ... form** it is to be expected that ...
Erwartung *f* expectation; (≈ *Ungeduld*) anticipation; **den ~en gerecht werden** to come up to expectations; (≈ *Voraussetzung erfüllen*) to meet the requirements; **hinter den ~en zurückbleiben** not to come up to expectations
erwartungsgemäß *adv* as expected
Erwartungshaltung *f* expectations *pl*
erwartungsvoll *adj* expectant
erwecken *fig v/t Hoffnungen, Zweifel* to raise; *Erinnerungen* to bring back
erweichen *v/t* to soften; **j-s Herz ~** to touch sb's heart; **sich nicht ~ lassen** to be unmoved
erweisen **A** *v/t* **1** (≈ *nachweisen*) to prove; **eine erwiesene Tatsache** a proven fact **2** **j-m einen Dienst ~** to do sb a service **B** *v/r* **sich als etw ~** to prove to be sth; **es hat sich erwiesen, dass ...** it turned out that ...
erweitern *v/t & v/r* to widen; *Geschäft* to expand; MED to dilate; *fig Kenntnisse etc* to broaden
Erweiterung *f* widening; *von Geschäft* expansion; MED dilation; *fig von Kenntnissen etc* broadening
Erweiterungssteckkarte *f* COMPUT expansion *od* add-on board
Erwerb *m* acquisition; (≈ *Kauf*) purchase
erwerben *v/t* to acquire; *Vertrauen* to earn; *Achtung, Ehre* to gain; *Titel, Pokal* to win; *käuflich* to purchase; **er hat sich** (*dat*) **große Verdienste um die Firma erworben** he has done great service for the firm
erwerbsfähig *form adj* capable of gainful employment
Erwerbsleben *n* working life
erwerbslos *adj* → arbeitslos
erwerbstätig *adj* (gainfully) employed
Erwerbstätige(r) *m/f(m)* person in gainful employment
Erwerbstätigkeit *f* gainful employment
erwerbsunfähig *form adj* incapable of gainful employment
Erwerbszweig *m* line of business
Erwerbung *f* acquisition
erwidern *v/t* **1** (≈ *antworten*) to reply (**auf** +*akk* to); **auf meine Frage erwiderte sie, dass ...** in reply to my question, she said that ... **2** *Feuer, Besuch* to return
Erwiderung *f* (≈ *Antwort*) reply
erwirtschaften *v/t* **Gewinne ~** to make profits
erwischen *umg v/t* (≈ *erreichen, ertappen*) to catch; **j-n beim Stehlen ~** to catch sb stealing; **du**

darfst dich nicht ~ lassen you mustn't get caught; **erwischt werden** to get caught; **ihn hat's erwischt!** *verliebt* he's got it bad *umg*; *krank* he's got it; *gestorben* he's had it *umg*

erwünscht *adj Wirkung etc* desired; *Eigenschaft* desirable; **du bist hier nicht ~!** you're not welcome here!

erwürgen *v/t* to strangle

Erz *n* ore

erzählen **A** *v/t* **1** to tell; **j-m etw ~** to tell sth to sb; **nochmals ~** to retell; **man erzählt sich, dass ...** people say that ...; **erzähl mal, was/wie ...** tell me/us what/how ...; **das kannst du einem anderen ~** *umg* tell that to the marines *umg* **2** LIT to narrate; **~de Dichtung** narrative fiction; **erzählte Zeit** LIT narrated time **B** *v/i* **1** to tell (**von** about); **er kann gut ~** he's a good storyteller **2** LIT to narrate

Erzähler(in) *m(f)* (≈ *Geschichtenerzähler*) storyteller; (≈ *Schriftsteller*) narrative writer

Erzählerstandpunkt *m* LIT point of view

Erzähltechnik *f* LIT narrative technique

Erzählung *f* LIT story; (≈ *Schilderung*) account; LIT **berichtende ~** panoramic presentation

Erzählzeit *f* LIT narrative time

Erzbergwerk *n* ore mine

Erzbischof *m* archbishop

Erzengel *m* archangel

erzeugen *v/t* CHEM, ELEK, PHYS to generate; HANDEL *Produkt* to manufacture; *Wein etc* to produce; *fig* (≈ *bewirken*) to cause

Erzeuger(in) *m(f)* HANDEL manufacturer; *von Naturprodukten* producer

Erzeugerland *n* country of origin

Erzeugerpreis *m* manufacturer's price

Erzeugnis *n* product; AGR produce *kein unbest art, kein pl*

Erzeugung *f* CHEM, ELEK, PHYS generation

Erzfeind(in) *m(f)* arch-enemy

Erzherzog *m* archduke

erziehbar *adj Kind* educable; *Tier* trainable; **schwer ~** *Kind* difficult; *Hund* difficult to train

erziehen *v/t Kind* to bring up; *Tier* to train; (≈ *ausbilden*) to educate; **ein gut/schlecht erzogenes Kind** a well-brought-up/badly-brought-up child

Erzieher(in) *m(f)* educator; *in Kindergarten* nursery school teacher

erzieherisch *adj* educational

Erziehung *f* upbringing; (≈ *Ausbildung*) education; (≈ *das Erziehen*) bringing up; *von Tieren* training; (≈ *Manieren*) (good) breeding

Erziehungsberatung *f* educational guidance

erziehungsberechtigt *adj* having parental authority

Erziehungsberechtigte(r) *m/f(m)* parent or (legal) guardian

Erziehungsgeld *n* ≈ child benefit

Erziehungsurlaub *m* parental leave

Erziehungswissenschaft *f* education

erzielen *v/t Erfolg, Ergebnis* to achieve; *Einigung* to reach; *Gewinn* to make; *Preis* to fetch; SPORT *Tor, Punkte* to score; *Rekord* to set; **einen Treffer ~** to score a goal

erzkonservativ *adj* ultraconservative

erzürnen *geh v/t* to anger

erzwingen *v/t* to force; *gerichtlich* to enforce

es *pers pr* it; *auf männliches Wesen bezogen, im Nominativ* he; *im Akkusativ* him; *auf weibliches Wesen bezogen, im Nominativ* she; *im Akkusativ* her; **es selbst** itself; **es ist kalt/8 Uhr/Sonntag** it's cold/8 o'clock/Sunday; **ich hoffe es** I hope so; **es gefällt mir** I like it; **es klopft** somebody's knocking (at the door); **es regnet** it's raining; **es geschah ein Unglück** there was an accident; **es gibt viel Arbeit** there's a lot of work; **es kamen viele Leute** a lot of people came; **es sei denn, dass** unless

Escapetaste *f* COMPUT escape key

Esche *f* ash-tree; (≈ *Holz*) ash

Esel *m* donkey; *umg* (≈ *Dummkopf*) (silly) ass; **ich ~!** silly (old) me!; **störrisch wie ein ~** as stubborn as a mule

Eselsbrücke *f* (≈ *Gedächtnishilfe*) mnemonic

Eselsohr *fig n* dog-ear

E-Shisha *f* (≈ *elektrische Wasserpfeife*) e-shisha

Eskalation *f* escalation

eskalieren *v/t & v/i* to escalate

Eskapade *fig f* escapade

Eskimo *m* Eskimo

Eskorte *f* MIL escort

eskortieren *v/t* to escort

ESL-Milch *f abk* (= extended shelf life) ESL milk

Esoterik *f* esotericism

Esoteriker(in) *m(f)* esoteric

esoterisch *adj* esoteric

Espe *f* aspen

Espenlaub *n* **zittern wie ~** to shake like a leaf

Esperanto *n* Esperanto

Espresso *m* espresso

Esprit *m* wit; **ein Mann mit ~** a witty man

Essay *m/n* LIT essay

essbar *adj* edible; **nicht ~** inedible

Essbesteck *n* cutlery (set) *Br*, flatware *US*, knife, fork and spoon

Essecke *f* eating area

essen *v/t & v/i* to eat; **da isst es sich gut** the food is good there; **warm/kalt ~** to have a hot/cold meal; **sich satt ~** to eat one's fill; **zu viel ~** to overeat; **~ Sie gern Äpfel?** do you like apples?; **j-m zu ~ geben** to feed sb; **Toast zum Frühstück ~** to have toast for breakfast; **Abendbrot**

~ to have dinner; **beim Essen sein** to be in the middle of eating; ~ **gehen** *auswärts* to eat out; **das Thema ist schon lange gegessen** *fig umg* the subject is dead and buried
Essen *n* (≈ *Mahlzeit*) meal; (≈ *Nahrung*) food; (≈ *Küche*) cooking; (≈ *Mittagessen*) lunch; (≈ *Abendessen*) dinner; **das ~ kochen** *umg* to cook the meal; **j-n zum ~ einladen** to invite sb for a meal; **~ zum Mitnehmen** takeaway
Essen(s)marke *f* meal voucher *Br*, meal ticket *US*
Essensrest *m*, **Essensreste** *pl* leftovers *pl*
Essen(s)zeit *f* mealtime; *am Mittag* lunchtime; *am Abend* dinnertime
essentiell *adj* → essenziell
Essenz *f* essence
essenziell *adj* essential
Essgewohnheiten *pl* eating habits *pl*
Essig *m* vinegar
Essiggurke *f* (pickled) gherkin
Essigsäure *f* acetic acid
Esskastanie *f* sweet chestnut
Esslöffel *m für Suppe* soup spoon; *in Rezept* tablespoon
Essstäbchen *pl* chopsticks *pl*
Essstörung *f* eating disorder
Esstisch *m* dining table
Esszimmer *n* dining room
Establishment *n Presse, a.* SOZIOL establishment
Este *m*, **Estin** *f* Estonian
Estland *n* Estonia
estnisch *adj* Estonian
Estragon *m* tarragon
Estrich *m* **1** stone floor **2** *schweiz* (≈ *Dachboden*) attic
etablieren *v/r* to establish oneself
etabliert *adj* established
Etablissement *n* establishment
Etage *f* floor; **in od auf der 2. ~** on the 2nd floor, on the 3rd floor *US*
Etagenbett *n* bunk bed
Etagenheizung *f* heating system which covers one floor of a building
E-Tailer(in) *m(f)* IT e-tailer
Etappe *f* stage
Etappensieg *m* SPORT stage win
etappenweise *adv* stage by stage
Etat *m* budget
Etatjahr *n* financial year
etatmäßig *adj* ADMIN budgetary
Etatposten *m* item in the budget
et cetera *adv* etc.
etepetete *umg adj* fussy
Ethik *f* ethics *pl*; (≈ *Fach*) ethics *sg*
Ethikkommission *f* ethics committee
Ethikunterricht *m* SCHULE (teaching of) ethics
ethisch *adj* ethical
ethnisch *adj* ethnic; **~e Säuberung** *euph* ethnic cleansing
Ethnologe *m*, **Ethnologin** *f* ethnologist
Ethnologie *f* ethnology
Ethos *n* ethos; (≈ *Berufsethos*) professional ethics *pl*
E-Ticket *n* (≈ *elekronisches Ticket*) e-ticket
Etikett *n* label
Etikette *f* etiquette
etikettieren *v/t* to label
Etikettierung *f* labelling *Br*, labeling *US*
etliche(r, s) *indef pr* **1** quite a lot of; **~ Mal** quite a few times **2** ~ *pl* quite a few **3** **~s** *sg substantivisch* quite a lot
Etüde *f* MUS étude
Etui *n* case
etwa *adv* **1** (≈ *ungefähr*) about; **~ so** more or less like this **2** (≈ *zum Beispiel*) for instance; **wie ~** such as **3** *in Fragen* by any chance; **hast du das ~ vergessen?** you haven't forgotten that by any chance, have you?; **du bist doch nicht ~ krank?** surely you're not ill, are you? **4** *empört, vorwurfsvoll* **soll das ~ heißen, dass …?** is that supposed to mean …?; **willst du ~ schon gehen?** (surely) you don't want to go already!; **sind Sie ~ nicht einverstanden?** do you mean to say that you don't agree?; **ist das ~ wahr?** (surely) it's not true!; **war sie ~ da?** don't tell me she was there
etwaig *adj* possible; **bei ~en Beschwerden** in the event of (any) complaints
etwas *indef pr* **1** *substantivisch* something; *fragend, verneinend* anything; *Teil einer Menge* some, any; **kannst du mir ~ (davon) leihen?** can you lend me some (of it)?; **~ trinken** to have a drink; **~ anderes** something else; **aus ihm wird nie ~** *umg* he'll never become anything; **da ist ~ Wahres dran** there is some truth in that **2** *adjektivisch* some; **~ Salz?** some salt?; **~ Nettes** something nice
Etwas *n* something; **das gewisse ~** that certain something
Etymologie *f* etymology
etymologisch *adj* etymological
Et-Zeichen *n* ampersand
EU *f abk* (= *Europäische Union*) EU
EU-Außenbeauftragte(r) *m/f(m)* EU Representative for Foreign Affairs
EU-Außengrenze *f* external border of the EU
EU-Beitritt *m* EU accession, accession to the EU, entry into the EU
EU-Beitrittsland *n* EU accession country
EU-Bestimmung *f* EU regulation
euch *pers pr* you; *reflexiv* yourselves; **ein Freund von ~** a friend of yours; **setzt ~!** sit down, sit

yourselves down *umg*; **~ selbst** yourselves
Eucharistie *f* KIRCHE Eucharist
euer *poss pr* your; **viele Grüße, Euer Hans** best wishes, yours, Hans; **das sind eure Bücher** those are your books
euere(r, s) *poss pr* → eurer, s
EU-Erweiterung *f* EU expansion
EuK *f abk* (= Europäische Kommission) EC
Eukalyptus *m* (≈ *Baum*) eucalyptus (tree); (≈ *Öl*) eucalyptus oil
EU-Kommissar(in) *m(f)* EU commissioner
EU-Kommission *f* EU commission
EU-Land *n* EU country *od* member state
Eule *f* owl
EU-Mitglied *n* EU member (state)
Eunuch *m* eunuch
EU-Organ *n* EU institution
EU-Osterweiterung *f* EU expansion into Eastern Europe
euphemistisch A *adj* euphemistic B *adv* euphemistically
Euphorie *f* euphoria
euphorisch *adj* euphoric
EUR *abk* (= Euro) EUR, euro
EURATOM *abk* (= Europäische Atomgemeinschaft) EURATOM
eure(r, s) *poss pr* ❶ *substantivisch* yours; **der/die/das ~** *od* **Eure** *geh* yours; **tut ihr das ~** *od* **Eure** *geh* you do your bit *Br*, you do your part *US* ❷ *adjektivisch* → **euer**
eurerseits *adv* for your part
euresgleichen *pron* people like you
euretwegen *adv* (≈ *wegen euch*) because of you
euretwillen *adv* **um ~** for your sake
EU-Richtlinie *f* EU directive
Euro¹ *m* (≈ *Währung*) euro; **das kostet zehn ~** that's ten euros; **mit jedem ~ rechnen müssen** to have to count every penny
Euro² *f* (≈ *Europameisterschaft*) European championship
Eurocent *m* euro cent
Eurocityzug *m* European Inter-City train
Eurogruppe *f* Eurogroup, Euro group
Eurokorps *n* Eurocorps, European Corps
Eurokrat(in) *m(f)* Eurocrat
Euroland *n* ❶ *umg* (≈ *Eurozone*) Euroland *umg* ❷ (≈ *EWU-Mitgliedsstaat*) euro country
Euronorm *f* European standard
Europa *n* Europe
Europaabgeordnete(r) *m/f(m)* member of the European Parliament
Europacup *m* European cup
Europäer(in) *m(f)* European
europäisch *adj* European; **~e Schule** European school; **Europäische Gemeinschaft** HIST European Community; **Europäisches Parlament** European Parliament; **Europäische Union** European Union; **Europäisches Währungssystem** European Monetary System; **Europäische Währungsunion** European Monetary Union; **Europäische Zentralbank** European Central Bank
Europameister(in) *m(f)* SPORT European champion; (≈ *Team, Land*) European champions *pl*
Europameisterschaft *f* European championship
Europaminister(in) *m(f)* Minister for Europe *or* European Affairs, Europe Minister
Europaministerkonferenz *f* Conference of Ministers for European Affairs
Europaparlament *n* European Parliament
Europapokal *m* SPORT European cup
Europapolitik *f* policy toward(s) Europe
Europarat *m* Council of Europe
Europastraße *f* European route, E-route
Europatag *m* Europe Day
Europawahlen *pl* European elections *pl*
europaweit A *adj* Europe-wide B *adv* throughout Europe
Europol *f* Europol
Eurorettung *f* FIN rescue of the euro
Eurorettungsschirm *m* European stability mechanism
Euroskeptiker(in) *m(f)* Eurosceptic
Eurostar® *m* BAHN Eurostar®
Eurostat *ohne Artikel statistisches Amt der EU* Eurostat
Eurotunnel *m* Channel Tunnel
Eurovision *f* Eurovision; **~ Song Contest** Eurovision Song Contest
Eurowährung *f* eurocurrency
Eurozeichen *n* euro symbol
Eurozone *f* euro zone
Euter *n* udder
Euthanasie *f* euthanasia
EU-Verfassung *f* EU constitution
EU-Verordnung *f* EU regulation
EU-Vertrag *m* EU treaty
EU-weit *adj, adv* EU-wide, across the EU
evakuieren *v/t* to evacuate
Evakuierung *f* evacuation
evangelisch *adj* Protestant
Evangelist(in) *m(f)* evangelist
Evangelium *n* Gospel; *fig* gospel
Event *n* (≈ *Veranstaltung*) event
Eventagentur *f* event (marketing) agency
Eventmanager(in) *m(f)* event manager
Eventualität *f* eventuality
eventuell A *adj* possible B *adv* possibly; **~ rufe ich Sie später an** I may possibly call you later
Evolution *f* evolution
EWI *abk* (= Europäisches Währungsinstitut) EMI,

European Monetary Institute

ewig **A** *adj* eternal; *Eis, Schnee* perpetual; *umg Nörgelei etc* never-ending **B** *adv* forever, for ever *Br*; **auf ~** forever, for ever *Br*; **das dauert ja ~, bis …** it'll take ages until … *umg*

Ewigkeit *f* eternity; *umg* ages; **bis in alle ~** for ever; **es dauert eine ~, bis …** *umg* it'll take absolutely ages until …

EWR *abk* (= *Europäischer Wirtschaftsraum*) EEA, European Economic Area

EWS *abk* (= *Europäisches Währungssystem*) EMS

EWU *f abk* (= *Europäische Währungsunion*) EMU

ex *adv* **er trank ex** he emptied his glass in one go; **ex!** bottoms up!

Ex *umg m/f* ex *umg*

exakt **A** *adj* exact **B** *adv* exactly; (≈ *ganz genau*) **~ arbeiten** to work accurately

Exaktheit *f* exactness

Examen *n* exam; UNIV final examinations *pl*; **~ machen** to do one's exams *od* finals

Examensarbeit *f piece of written work submitted as part of an exam*

exekutieren *v/t* to execute

Exekution *f* execution

Exekutiv- *zssgn* executive

Exekutive *f*, **Exekutivgewalt** *f* executive

Exempel *geh n* **die Probe aufs ~ machen** to put it to the test

Exemplar *n* specimen; (≈ *Buchexemplar, Zeitschriftenexemplar*) copy

exemplarisch *adj* exemplary; **j-n ~ bestrafen** to punish sb as an example (to others)

exerzieren *v/t & v/i* to drill

Exfrau *f* ex-wife

Exfreund(in) *m(f)* ex-boyfriend/girlfriend

Exhibitionist(in) *m(f)* exhibitionist

Exil *n* exile; **im ~ leben** to live in exile

Exilregierung *f* government in exile

existent *geh adj* existing

Existenz *f* existence; (≈ *Auskommen*) livelihood; **eine gescheiterte ~** *umg* a failure; **sich** (*dat*) **eine (neue) ~ aufbauen** to make a (new) life for oneself

Existenzangst *f Philosophie* angst; *wirtschaftlich* fear for one's livelihood

Existenzberechtigung *f* right to exist

Existenzgründer(in) *m(f)* founder of a (new) business

Existenzgrundlage *f* basis of one's livelihood

Existenzgründung *f* **1** establishing one's livelihood; WIRTSCH founding of a new business **2** WIRTSCH (≈ *neu gegründete Firma*) start-up (business)

Existenzialismus *m* existentialism

Existenzialist(in) *m(f)* existentialist

existenziell *geh adj* existential; **von ~er Bedeutung** of vital significance

Existenzkampf *m* struggle for survival

Existenzminimum *n* subsistence level; (≈ *Lohn*) minimal living wage

existieren *v/i* to exist; **nicht mehr ~** to be no more

exklusiv *adj* exclusive

exklusive *präp* excluding

Exklusivität *f* exclusiveness

Exkrement *geh n* excrement *kein pl*

Exkursion *f* (study) trip

Exmann *m* ex-husband

Exmatrikulation *f* UNIV being taken off the university register

exmatrikulieren *v/t* UNIV to take off the university register

Exodus *m* BIBEL, *a. fig* exodus

Exorzist(in) *m(f)* exorcist

Exot(in) *m(f)* exotic animal/plant *etc*; *Mensch* exotic foreigner

exotisch *adj* exotic

Expander *m* SPORT chest expander

expandieren *v/i* to expand

Expansion *f* PHYS, POL expansion

Expedition *f* expedition

Experiment *n* experiment; **~e machen** to carry out experiments

Experimentalfilm *m* experimental movie

experimentell *adj* experimental

experimentieren *v/i* to experiment (**mit** with)

Experte *m*, **Expertin** *f* expert (**für** in)

Expertenkommission *f* think tank

Expertenmeinung *f* expert opinion

explizit *geh* **A** *adj* explicit **B** *adv* explicitly

explodieren *v/i* to explode; *Bombe* to go off

Explosion *f* explosion; **etw zur ~ bringen** to detonate sth

explosionsartig **A** *adj* explosive; *Wachstum* phenomenal **B** *adv* **das Gerücht verbreitete sich ~** the rumour spread like wildfire *Br*, the rumor spread like wildfire *US*

Explosionsgefahr *f* danger of explosion

explosiv *adj* explosive

Exponent *m* MATH exponent

exponieren *v/t* to expose

Export *m* export (**an** +*dat* of); (≈ *Exportwaren*) exports *pl*

Exportabteilung *f* export department

Exportartikel *m* export

Exporteur(in) *m(f)* exporter

Exportgeschäft *n* export business

Exporthandel *m* export business

exportieren *v/t & v/i* to export

Exportkauffrau *f*, **Exportkaufmann** *m* exporter

Exportland *n* exporting country

Exportüberschuss m export surplus
Exportware f export
Expressgut n express goods pl
Expressionismus m expressionism
Expressionist(in) m(f) expressionist
expressionistisch adj expressionist, expressionistic
expressiv adj expressive
extern adj external
Externgespräch n TEL external call
extra A adj umg extra B adv (e)specially; (≈ gesondert) separately; (≈ zusätzlich) extra; umg (≈ absichtlich) on purpose
Extra n extra
extrahieren v/t to extract
Extrakt m extract
Extratour fig umg f special favour Br, special favor US
extravagant A adj extravagant B adv extravagantly
Extravaganz f extravagance
extravertiert adj PSYCH extrovert
Extrawurst umg f **j-m eine ~ braten** to make an exception for sb
extrem A adj extreme B adv extremely; sich verbessern, sich verschlechtern radically
Extrem n extreme
Extremfall m extreme (case)
Extremismus m extremism
Extremist(in) m(f) extremist
extremistisch adj extremist
Extremität f extremity
Extremsituation f extreme situation
Extremsport m extreme sport
extrovertiert adj PSYCH extrovert
exzellent adj excellent
Exzellenz f Excellency
exzentrisch adj eccentric
Exzess m excess; **bis zum ~** excessively
exzessiv adj excessive
Eyeliner m eyeliner
EZB f abk (= Europäische Zentralbank) ECB
E-Zigarette f e-cigarette

F

F, f n F, f
Fabel f fable; LIT plot
fabelhaft A adj splendid, fabulous B adv splendidly
Fabeltier n mythical creature
Fabelwesen n mythical creature
Fabrik f factory
Fabrikanlage f factory premises pl
Fabrikant(in) m(f) (≈ Fabrikbesitzer) industrialist; (≈ Hersteller) manufacturer
Fabrikarbeiter(in) m(f) factory worker
Fabrikat n (≈ Marke) make; (≈ Produkt) product; (≈ Ausführung) model
Fabrikation f manufacture
Fabrikationsfehler m manufacturing fault
Fabrikbesitzer(in) m(f) factory owner
Fabrikgelände n factory site
Fabrikverkauf m (≈ Center) factory outlet
fabrizieren umg v/t to make; Alibi, Lügen to concoct
Facebook® n IT Facebook®; **bei/auf ~® sein** to be on Facebook®
Facette f facet
facettenartig adj facet(t)ed
Facettenauge n compound eye
Fach n 1 compartment; in Regal etc shelf; für Briefe etc pigeonhole 2 (≈ Sachgebiet) subject; (≈ Gebiet) field; (≈ Handwerk) trade; **ein Mann vom ~** an expert
Fach- zssgn specialist
Fachabitur n examination entitling the successful candidate to study at a Fachhochschule or certain subjects at a university
Facharbeit f SCHULE extended essay
Facharbeiter(in) m(f) skilled worker
Facharzt m, **Fachärztin** f specialist (**für** in)
fachärztlich adj specialist attr; Behandlung by a specialist
Fachausdruck m, **Fachbegriff** m technical term
Fachausschuss m committee of experts, technical committee
Fachbereich m (≈ Fachgebiet) (special) field; (≈ Abteilung) department; UNIV faculty
Fachbuch n reference book
Fachbuchhandlung f specialist bookshop
Fächer m fan; fig range
fächerförmig A adj fan-shaped B adv like a fan
fächern A v/t to fan (out); fig to diversify; **gefä-**

chert diverse **B** v/r to fan out
fächerübergreifend A adj interdisciplinary **B** adv across the disciplines
Fachfrau f expert
Fachgebiet n (special) field
fachgerecht A adj expert; Ausbildung specialist attr **B** adv expertly
Fachgeschäft n specialist shop, specialty store US
Fachhandel m specialist shops pl, specialty stores pl US
Fachhochschule f higher education institution
Fachidiot(in) umg m(f) person who can think of nothing but his/her subject
Fachjargon m technical jargon
Fachkenntnisse pl specialized knowledge
Fachkompetenz f hard skill
Fachkonferenz f SCHULE conference held twice a year in a school involving all the teachers of a particular subject along with parent and pupil representatives
Fachkraft f qualified employee
Fachkräftemangel m lack of qualified personnel
Fachkreise pl **in ~n** among experts
fachkundig A adj informed; (≈ fachmännisch) proficient **B** adv **j-n ~ beraten** to give sb informed advice
Fachlehrer(in) m(f) specialist subject teacher
fachlich adj technical; Ausbildung specialist attr; (≈ beruflich) professional
Fachliteratur f specialist literature
Fachmann m expert
fachmännisch A adj expert **B** adv expertly; **~ ausgeführt** expertly done
Fachoberschule f College of Further Education
Fachrichtung f subject area
Fachschule f technical college
Fachsimpelei f umg shop talk
fachsimpeln umg v/i to talk shop
Fachsprache f technical terminology
Fachwelt f experts pl
Fachwerkhaus n half-timbered house
Fachwissen n (specialized) knowledge of the/ one's subject
Fachwort n specialist term
Fachwörterbuch n specialist dictionary
Fachzeitschrift f specialist journal; für Berufe trade journal
Fackel f torch
fackeln umg v/i **nicht lange gefackelt!** no shilly-shallying! bes Br umg
Fackelzug m **einen ~ veranstalten** to hold a torchlight procession

fad bes österr, schweiz adj **1** → fade **2** (≈ langweilig) dull, boring
fade A adj **1** Geschmack insipid; Essen tasteless **2** fig (≈ langweilig) dull **B** adv **~ schmecken** to have not much of a taste
Faden m thread, yarn; an Marionetten string; MED stitch; **den ~ verlieren** fig to lose the thread; **er hält alle Fäden (fest) in der Hand** he holds the reins; **keinen guten ~ an j-m/etw lassen** umg to tear sb/sth to shreds umg
Fadenkreuz n crosshair
Fadennudeln pl vermicelli pl
fadenscheinig wörtl adj threadbare; fig Argument flimsy; Ausrede transparent
fadisieren österr v/r → langweilen
Fagott n bassoon; **~ spielen** to play the bassoon
fähig adj **1** (≈ tüchtig) capable **2** (**dazu**) **~ sein, etw zu tun** to be capable of doing sth, to be able to do sth; **zu allem ~ sein** to be capable of anything
Fähigkeit f (≈ Begabung) ability; (≈ praktisches Können) skill; **die ~ haben, etw zu tun** to be capable of doing sth
fahl adj pale
Fahlheit f paleness
fahnden v/i to search (**nach** for)
Fahnder(in) m(f) investigator
Fahndung f search
Fahndungsliste f **er steht auf der ~** he's wanted by the police
Fahne f **1** flag; **etw auf seine ~ schreiben** fig to take up the cause of sth; **mit fliegenden ~n untergehen** to go down with all flags flying **2** umg **eine ~ haben** to reek of alcohol **3** TYPO galley (proof)
Fahnenflucht f desertion
Fahnenmast m, **Fahnenstange** f flagpole
Fahrausweis m ticket
Fahrbahn f roadway; (≈ Fahrspur) lane
fahrbar adj mobile; **~er Untersatz** hum wheels pl hum
Fähre f ferry; **mit der ~ fahren** to go by ferry
Fahreigenschaft f handling characteristic; **der Wagen hat hervorragende ~en** the car handles excellently
fahren A v/i **1** (≈ sich fortbewegen) to go; Autofahrer to drive; Zweiradfahrer to ride; Schiff to sail; (≈ reisen) to travel; **mit dem Auto/Zug ~** to go by car/train; **mit dem Rad ~** to cycle; **mit dem Aufzug ~** to take the lift Br, to ride the elevator US; **links/rechts ~** to drive on the left/right; **zweiter Klasse ~** to travel second class; **gegen einen Baum ~** to drive into a tree; **der Wagen fährt sehr ruhig** the car is very quiet **2** (≈ verkehren) **~ da keine Züge?**

don't any trains go there?; **der Bus fährt alle fünf Minuten** there's a bus every five minutes **3 was ist (denn) in dich gefahren?** what's got (-ten) into you?; **(mit j-m) gut ~** to get on well (with sb); **(bei etw) gut/schlecht ~** to do well/badly (with sth) **4** (≈ *streichen*) **j-m/sich durchs Haar ~** to run one's fingers through sb's/one's hair; **mit dem Finger über etw** (*akk*) **~** to run a finger over sth **B** *v/t* **1** *Auto, Bus, Zug etc* to drive; *Fahrrad, Motorrad* to ride; **Ski ~** to ski; **Snowboard ~** to go snowboarding; **Rollschuh ~** to rollerskate; **Inliner/Skateboard ~** to skate; **Rad ~** to ride a bike **2** (≈ *benutzen*) *Straße, Strecke etc* to take; **ich fahre lieber Autobahn** I prefer (driving on) motorways *Br*, I prefer (driving on) freeways *US* **3** (≈ *befördern*) to take; (≈ *hierherfahren*) to bring; *Personen* to drive; **ich fahre dich nach Hause** I'll take you home **4** *Geschwindigkeit* to do; **in der Stadt darf man nur Tempo 50 ~** in town the speed limit is 50 km/h **C** *v/r* **mit diesem Wagen fährt es sich gut** it's good driving this car; **der neue Wagen fährt sich gut** the new car is nice to drive

fahrend *adj* itinerant; *Zug, Auto* in motion
Fahrenheit *ohne Artikel* Fahrenheit
Fahrer(in) *m(f)* driver
Fahrerei *f* driving
Fahrerflucht *f* hit-and-run driving; **~ begehen** to fail to stop after causing an accident
fahrerflüchtig *form adj* hit-and-run *attr*
Fahrerhaus *n* (driver's) cab
Fahrerlaubnis *form f* driving licence *Br*, driver's license *US*
fahrerlos **A** *adj* driverless **B** *adv* autonomously, without a driver
Fahrersitz *m* driver's seat
Fahrgast *m* passenger
Fahrgeld *n* fare
Fahrgemeinschaft *f* carpool
Fahrgestell *n* AUTO chassis; FLUG undercarriage *bes Br*
fahrig *adj* nervous; (≈ *unkonzentriert*) distracted
Fahrkarte *f* ticket
Fahrkartenautomat *m* ticket machine
Fahrkartenentwerter *m* ticket-cancelling machine *Br*, ticket-canceling machine *US*
Fahrkartenkontrolle *f* ticket inspection
Fahrkartenschalter *m* ticket office *od* counter
fahrlässig **A** *adj a.* JUR negligent **B** *adv* negligently; **~ handeln** to be guilty of negligence
Fahrlässigkeit *f a.* JUR negligence
Fahrlehrer(in) *m(f)* driving instructor
Fahrplan *m* timetable *bes Br*, schedule *US*; *fig* schedule
Fahrplanänderung *f* change in (the) timetable *bes Br*, change in (the) schedule *US*
fahrplanmäßig **A** *adj* scheduled *attr, präd* **B** *adv verkehren* on schedule; **es verlief alles ~** everything went according to schedule
Fahrpraxis *f* driving experience
Fahrpreis *m* fare
Fahrpreiserhöhung *f* fare increase, increase in fares
Fahrpreisermäßigung *f* fare reduction
Fahrprüfung *f* driving test
Fahrrad *n* bicycle, bike *umg*; **mit dem ~** by bike
Fahrradfahrer(in) *m(f)* cyclist
Fahrradhelm *m* cycle helmet
Fahrradkurier(in) *m(f)* cycle courier
Fahrradriksha *f* cycle rickshaw, trishaw, pedicab
Fahrradtaxi *n* cycle cab
Fahrradweg *m* cycle path
Fahrrinne *f* SCHIFF shipping channel
Fahrschein *m* ticket
Fahrscheinautomat *m* ticket machine
Fahrscheinentwerter *m* ticket-cancelling machine *Br*, ticket-canceling machine *US*
Fahrscheinheft *n* book of tickets
Fahrschule *f* driving school
Fahrschüler(in) *m(f) bei Fahrschule* learner (driver) *Br*, student (driver) *US*
Fahrschullehrer(in) *m(f)* driving instructor
Fahrspur *f*, **Fahrstreifen** *m* lane
Fahrstuhl *m* lift *Br*, elevator *US*
Fahrstunde *f* driving lesson
Fahrt *f* **1** journey; *mit dem Bus, Fahrrad a.* ride; **nach zwei Stunden ~** after travelling for two hours *Br*, after traveling for two hours *US*; **gute ~!** safe journey! **2** **j-n in ~ bringen** to get sb going; **in ~ kommen** to get going **3** (≈ *Ausflug*) trip; **eine ~ machen** to go on a trip **4** SCHIFF voyage; (≈ *Überfahrt*) crossing
Fahrtdauer *f* time for the journey
Fährte *f* tracks *pl*; (≈ *Witterung*) scent; (≈ *Spuren*) trail; **auf der richtigen/falschen ~ sein** *fig* to be on the right/wrong track
Fahrtenbuch *n* (≈ *Kontrollbuch*) driver's log
Fahrtenschreiber *m* tachograph *Br*, trip recorder
Fahrtkosten *pl* travelling expenses *pl Br*, travel expenses *pl US*
Fahrtrichtung *f* direction of travel; **entgegen der ~** facing backwards; **in ~** facing the front
Fahrtrichtungsanzeiger *m* AUTO indicator *Br*, turn signal *US*
fahrtüchtig *adj* fit to drive; *Wagen etc* roadworthy
Fahrtüchtigkeit *f* fitness to drive; *von Wagen etc* roadworthiness
Fahrtunterbrechung *f* break in the journey
Fahrtwind *m* airstream

Fahrverbot n driving ban; **j-n mit ~ belegen** to ban sb from driving

Fahrwasser n **1** SCHIFF shipping channel **2** fig **in ein gefährliches ~ geraten** to get onto dangerous ground

Fahrweise f **seine ~** his driving

Fahrwerk n FLUG undercarriage bes Br; AUTO chassis

Fahrzeit f → Fahrtdauer

Fahrzeug n vehicle; (≈ Luftfahrzeug) aircraft; (≈ Wasserfahrzeug) vessel

Fahrzeug- zssgn automotive

Fahrzeugbrief m registration document

Fahrzeughalter(in) m(f) keeper of the vehicle

Fahrzeugpapiere pl vehicle documents pl

Fahrzeugpark form m fleet

Fahrzeugschein m vehicle registration document

Faible geh n liking

fair **A** adj fair (**gegen** to); **~er Handel** fair trade; **das ist nicht ~!** that's not fair! **B** adv fairly

Fairness f fairness

Fäkalien pl faeces pl Br, feces pl US

Fakir m fakir

Fakt n/m fact

faktisch **A** adj actual **B** adv in actual fact

Faktor m factor

Fakultät f UNIV faculty

fakultativ adj optional

Falafel f frittiertes Bällchen falafel

Falke m falcon; fig hawk

Falklandinseln pl **die ~** the Falkland Islands

Fall[1] m (≈ das Fallen) fall; fig von Regierung downfall; **zu ~ kommen** wörtl geh to fall; **über die Affäre ist er zu ~ gekommen** fig the affair was his downfall; **zu ~ bringen** wörtl geh to trip up; fig Menschen to cause the downfall of; Regierung to bring down

Fall[2] m **1** (≈ Umstand) **gesetzt den ~** assuming (that); **für den ~, dass ich …** in case I …; **für alle Fälle** just in case; **auf jeden ~** at any rate; **auf keinen ~** on no account; **auf keinen ~!** no way!; **für alle Fälle** in any case; **für solche Fälle** for such occasions; **im günstigsten/schlimmsten ~(e)** at best/worst **2** (≈ Sachverhalt), a. JUR, MED, GRAM case; **klarer ~!** umg you bet! umg; **ein hoffnungsloser ~** a hopeless case; **der erste/zweite/dritte/vierte ~** the nominative/genitive/dative/accusative case; **welcher ~ steht nach „mit"?** which case does "mit" take?

Falle f **1** trap; **~n legen** od **stellen** to set traps; **j-m eine ~ stellen** to set a trap for sb; **j-m in die ~ gehen** to walk od fall into sb's trap; **in der ~ sitzen** to be trapped **2** umg (≈ Bett) bed

fallen v/i **1** (≈ hinabfallen, umfallen) to fall; Gegenstand to drop; **etw ~ lassen** to drop sth; **über etw** (akk) **~** to trip over sth; **durch eine Prüfung** etc **~** to fail an exam etc; → **fallen lassen 2** (≈ sinken) to drop; **im Kurs ~** to go down **3** to fall; **gefallen** killed in action **4** Weihnachten, Datum etc to fall (**auf** +akk on) **5** Entscheidung to be made; Urteil to be passed; Schuss to be fired; SPORT Tor to be scored **6** (≈ sein) **das fällt ihm leicht/schwer** he finds that easy/difficult

fällen v/t **1** (≈ umschlagen) to fell, to cut down **2** fig Entscheidung to make; Urteil to pass

fallen lassen v/t **1** (≈ aufgeben) Plan to drop **2** (≈ äußern) Bemerkung to let drop; → **fallen**

fällig adj due präd; **längst ~** long overdue; **~ werden** to become due

Fallobst n windfalls pl

Fallrückzieher m FUSSB overhead kick

falls konj (≈ wenn) if; (≈ für den Fall, dass) in case; **~ möglich** if possible

Fallschirm m parachute

Fallschirmjäger(in) m(f) MIL paratrooper

Fallschirmspringen n parachuting, skydiving

Fallschirmspringer(in) m(f) parachutist

Fallstrick fig m trap

Fallstudie f case study

Falltür f trapdoor

falsch **A** adj **1** wrong; **wahr oder ~?** true or false; **~er Alarm** false alarm; **in die ~e Richtung** the wrong way; **Sie sind hier ~** you're in the wrong place **2** (≈ unecht) Zähne etc false; Pass etc forged; Geld counterfeit **3** **eine ~e Schlange** umg a snake-in-the-grass; **ein ~es Spiel (mit j-m) treiben** to play (sb) false **B** adv (≈ nicht richtig) wrongly; **etw ~ machen** to get sth wrong; **alles ~ machen** to do everything wrong; **j-n ~ verstehen** to misunderstand sb; **j-n ~ informieren** to misinform sb; **die Uhr geht ~** the clock is wrong; **~ spielen** MUS to play off key; **~ verbunden sein** to have the wrong number; → **falschliegen**; → **falschspielen**

Falschaussage f JUR **(uneidliche) ~** false statement

fälschen v/t to forge; Dokument a. to doctor; HANDEL Bücher to falsify; **gefälscht** forged

Fälscher(in) m(f) forger

Falschfahrer(in) m(f) wrong-way driver, ghost-driver bes US umg

Falschgeld n counterfeit money

fälschlich **A** adj false **B** adv wrongly, falsely

fälschlicherweise adv wrongly, falsely

falschliegen umg v/i to be wrong (**bei, in** +dat about od **mit** in)

Falschmeldung f Presse false report

Falschparker(in) m(f) parking offender

falschspielen v/i KART etc to cheat

Falschspieler(in) *m(f)* KART cheat; *professionell* cardsharp(er)
Fälschung *f* forgery
fälschungssicher *adj* forgery-proof; *Fahrtenschreiber* tamper-proof
Faltblatt *n* leaflet
Faltboot *n* collapsible boat
Falte *f* **1** *in Stoff, Papier* fold; (≈ *Bügelfalte*) crease **2** *in Haut* wrinkle
falten *v/t & v/r* to fold
Faltenrock *m* pleated skirt
Falter *m* (≈ *Tagfalter*) butterfly; (≈ *Nachtfalter*) moth
faltig *adj* (≈ *zerknittert*) creased; *Gesicht, Stirn, Haut* wrinkled
Faltkarte *f* folding map
Falz *m* (≈ *Kniff, Faltlinie*) fold
familiär *adj* **1** family *attr* **2** (≈ *zwanglos*) informal; (≈ *freundschaftlich*) close
Familie *f* family; **~ Müller** the Müller family; **die ganze ~** all the family; **eine ~ gründen** to start a family; **~ haben** *umg* to have a family; **das liegt in der ~** it runs in the family; **zur ~ gehören** to be one of the family
Familienangehörige(r) *m/f(m)* family member
Familienangelegenheit *f* family matter; **dringende ~en** urgent family business *kein pl*
Familienausflug *m* family getaway, family outing
Familienbetrieb *m* family business
Familienfest *n* family party
Familienkalender *m* family caledar, family (activity) planner
Familienkreis *m* family circle
Familienleben *n* family life
Familienmensch *m* family man
Familienmitglied *n* member of the family
Familiennachzug *m* family reunification
Familienname *m* surname, family name *US*
Familienpackung *f* family(-size) pack
Familienplaner *m* family caledar, family (activity) planner
Familienplanung *f* family planning
Familienstand *m* marital status
Familienunternehmen *n* family business
Familienvater *m* father (of a family)
Familienverhältnisse *pl* family background *sg*
Familienzusammenführung *f* reuniting of families
Fan *m* fan; FUSSB *a.* supporter; **Fan einer Mannschaft sein** to support a team
Fanartikel *m* piece of fan merchandise; *pl* fan merchandise
Fanatiker(in) *m(f)* fanatic

fanatisch **A** *adj* fanatical **B** *adv* fanatically
Fanatismus *m* fanaticism
Fanclub *m* fan club
Fanfare *f* MUS fanfare
Fang *m* **1** (≈ *das Fangen*) hunting; (≈ *Fischen*) fishing **2** (≈ *Beute*) catch; **einen guten ~ machen** to make a good catch **3** JAGD (≈ *Kralle*) talon; (≈ *Reißzahn*) fang
Fangarm *m* ZOOL tentacle
Fangemeinde *f* fan club *od* community
fangen **A** *v/t* to catch **B** *v/i* to catch **C** *v/r* **1** *in einer Falle* to get caught **2** (≈ *das Gleichgewicht wiederfinden*) to steady oneself; *seelisch* to get on an even keel again
Fänger(in) *m(f)* SPORT catcher
Fangfrage *f* trick question
Fangquote *f* (fishing) quota
Fangschaltung *f* TEL interception circuit
Fanklub *m* fan club
Fanmeile *f* supporter area, fanzone
Fantasie *f* **1** (≈ *Einbildung*) imagination; **seiner ~ freien Lauf lassen** to give free rein to one's imagination **2** (≈ *Trugbild*) fantasy
fantasielos *adj* lacking in imagination
fantasiereich *adj & adv* → fantasievoll
fantasieren **A** *v/i* to fantasize (**von** about); MED to be delirious **B** *v/t Geschichte* to dream up
fantasievoll **A** *adj* highly imaginative **B** *adv* reden, antworten imaginatively
Fantast(in) *m(f)* dreamer, visionary
fantastisch **A** *adj* fantastic, fabulous **B** *adv* fantastically; **~ klingen** to sound fantastic
Fantasyfilm *m* fantasy movie
Farbaufnahme *f* colo(u)r photo(graph)
Farbband *n* (typewriter) ribbon
Farbbild *n* FOTO colo(u)r photo(graph)
Farbdruck *m* colo(u)r print
Farbdrucker *m* colo(u)r printer
Farbe *f* **1** colour *Br*, color *US*; **welche ~ hat euer Auto?** which colo(u)r is your car?; **in ~** in colo(u)r **2** (≈ *Malerfarbe*) paint; (≈ *Druckfarbe*) ink **3** KART suit; **~ bekennen** *fig* to nail one's colo(u)rs to the mast
farbecht *adj* colourfast *Br*, colorfast *US*
färben **A** *v/t* to colour *Br*, to color *US*; *Stoff, Haar* to dye; → **gefärbt B** *v/r* to change colo(u)r; **sich grün/blau** *etc* **~** to turn green/blue *etc*
farbenblind *adj* colo(u)r-blind
Farbenblindheit *f* colo(u)r-blindness
farbenfreudig *adj*, **farbenfroh** *adj* colourful *Br*, colorful *US*
farbenprächtig *adj* gloriously colo(u)rful
Farbfernsehen *n* colo(u)r television
Farbfernseher *umg m*, **Farbfernsehgerät** *n* colo(u)r television (set)
Farbfilm *m* colo(u)r film

Farbfoto n colo(u)r photo(graph)
farbig **A** adj coloured Br, colored US; fig Schilderung vivid **B** adv (≈ in Farbe) in a colo(u)r
Farbige(r) m/f(m) coloured man/woman/person etc Br, colored man/woman/person etc US; **die ~n** colo(u)red people pl
Farbkasten m paintbox
Farbkombination f colo(u)r combination; (≈ Farbzusammenstellung) colo(u)r scheme
Farbkopie f colo(u)r copy
Farbkopierer m colo(u)r copier
farblich adj colo(u)r attr
farblos adj colo(u)rless
Farbstift m colo(u)red pen; (≈ Buntstift) crayon, colo(u)red pencil
Farbstoff m (≈ Lebensmittelfarbstoff) (artificial) colo(u)ring; (≈ Hautfarbstoff) pigment; für Textilien etc dye
Farbton m shade, hue; (≈ Tönung) tint
Färbung f colouring Br, coloring US; (≈ Tönung) tinge; fig slant
Farce f **1** THEAT, a. fig farce **2** GASTR stuffing
Farm f farm; **große ~** station Aus
Farmer(in) m(f) farmer
Farn m, **Farnkraut** n fern
Fasan m pheasant
faschieren v/t österr GASTR to mince Br, to grind US; **Faschiertes** mince, minced meat Br, ground beef US
Fasching m carnival
Faschingszeit f carnival period
Faschismus m fascism
Faschist(in) m(f) fascist
faschistisch adj fascist
faseln pej v/i to drivel umg
Faser f fibre Br, fiber US
faserig adj fibrous; Fleisch, Spargel stringy pej
fasern v/i to fray
Faserschreiber m (≈ Stift) felt-tip pen
Fass n barrel; (≈ kleines Bierfass) keg; zum Gären, Einlegen vat; für Öl, Benzin, Chemikalien drum; **vom ~** Bier on draught Br, on draft US; **ein ~ ohne Boden** fig a bottomless pit; **das schlägt dem ~ den Boden aus** umg that beats everything; **ein ~ aufmachen** (≈ feiern) to have a fling (od a binge umg); (≈ ein Thema ansprechen) to start a big debate; (≈ ein Problem ansprechen) to open a can of worms
Fassade f façade
fassbar adj comprehensible; **das ist doch nicht ~!** that's incomprehensible!
Fassbier n draught beer Br, draft beer US
Fässchen n cask
fassen **A** v/t **1** (≈ ergreifen) to take hold of; kräftig to grab; (≈ festnehmen) Einbrecher etc to apprehend form; **j-n beim** od **am Arm ~** to take/grab sb by the arm; **fass!** seize! **2** fig Entschluss to make; Mut to take; **den Vorsatz ~, etw zu tun** to make a resolution to do sth **3** (≈ begreifen) to grasp; **es ist nicht zu ~** it's unbelievable **4** (≈ enthalten) to hold **5** (≈ einfassen) Edelsteine to set; Bild to frame; **in Worte ~** to put into words **B** v/i **1** (≈ nicht abrutschen) to grip; Zahnrad to bite **2** (≈ greifen) **an/in etw** (akk) **~** to feel sth; (≈ berühren) to touch sth **C** v/r (≈ sich beherrschen) to compose oneself; → gefasst
Fassette etc f → Facette
Fasson f von Kleidung style; von Frisur shape; **aus der ~ geraten** wörtl to go out of shape
Fassung f **1** von Juwelen setting; von Bild frame; ELEK holder **2** (≈ Bearbeitung, Wortlaut) version **3** (≈ Besonnenheit) composure; **die ~ bewahren** to maintain one's composure; **die ~ verlieren** to lose one's composure; **j-n aus der ~ bringen** to throw od upset sb umg
fassungslos **A** adj stunned **B** adv in bewilderment
Fassungsvermögen n capacity
fast adv almost, nearly; **~ nie** hardly ever; **~ nichts** hardly anything
fasten v/i to fast
Fastenzeit f period of fasting; KIRCHE Lent
Fast Food n fast food
Fastfood-Restaurant n burger bar
Fastnacht f (≈ Fasching) Shrovetide carnival
Fasttag m day of fasting
Faszination f fascination
faszinieren v/t & v/i to fascinate (**an** +dat about); **~d** fascinating; **fasziniert** fascinated
fatal geh adj (≈ verhängnisvoll) fatal; (≈ peinlich) embarrassing
Fata Morgana f mirage
Fatwa f muslimisches Rechtsgutachten fatwa
fauchen v/t & v/i to hiss; Katze to spit
faul adj **1** (≈ verfault) bad; Lebensmittel off präd Br, bad präd; Eier, Obst, Holz rotten; Geschmack, Geruch, Wasser foul **2** (≈ verdächtig) fishy umg, suspicious; Ausrede flimsy; Kompromiss uneasy; **hier ist etwas ~** umg there's something fishy here umg **3** (≈ träge) lazy
faulen v/i to rot; Zahn to decay; Lebensmittel to go bad
faulenzen v/i to laze around
Faulenzer(in) m(f) layabout
Faulheit f laziness
faulig adj going bad; Wasser stale; Geruch, Geschmack foul
Fäulnis f rot; von Zahn decay
fäulniserregend adj putrefactive
Faulpelz umg m lazybones sg umg
Faultier n sloth; umg (≈ Mensch) lazybones sg umg
Fauna f fauna

Faust f fist; **die (Hand zur) ~ ballen** to clench one's fist; **das passt wie die ~ aufs Auge** (≈ *passt nicht*) it's all wrong; (≈ *passt gut*) it's just the thing *umg*; **auf eigene ~** *fig* on one's own initiative; *reisen* under one's own steam

Fäustchen n **sich** (*dat*) **ins ~ lachen** to laugh up one's sleeve *Br*, to laugh in one's sleeve *US*

faustdick *umg* **A** *adj* **eine ~e Lüge** a whopping (great) lie *umg* **B** *adv* **er hat es ~ hinter den Ohren** he's a sly one *umg*; **~ auftragen to** lay it on thick *umg*

faustgroß *adj* the size of a fist

Fausthandschuh m mitt(en)

Faustregel f rule of thumb

Faustschlag m punch

Fauteuil n *österr* (≈ *Sessel*) armchair

favorisieren *v/t* to favour *Br*, to favor *US*

Favorit m *IT* bookmark; INTERNET **als ~en ablegen** to bookmark, to add to favo(u)rites

Favorit(in) *m(f)* favourite *Br*, favorite *US*

Fax n fax; **j-m ein Fax schicken** to send sb a fax, to fax sb; **etw per Fax bestellen** to order sth by fax

Faxabruf m fax polling

Faxanschluss m fax connection

faxen *v/t* to fax

Faxen *pl umg* (≈ *Albereien*) fooling around; **~ machen** to fool around

Faxgerät n fax machine

Faxnummer f fax number

Fazit n conclusion; **das ~ war …** on balance the result was …; **das ~ ziehen** to take stock

FC *abk* (= **Fußballclub**) football club

FCKW m *abk* (= **Fluorchlorkohlenwasserstoff**) CFC

FCKW-frei *adj* CFC-free

FDP[1] *abk* (= **Freie Demokratische Partei**) *D* Liberal Democratic Party

FDP[2] *abk* (= **Freisinnig-Demokratische Partei**) *schweiz* Liberal Democratic Party

Feber m *österr* February; → **März**

Februar m February; → **März**

fechten *v/i* SPORT to fence; *geh* (≈ *kämpfen*) to fight

Fechten n fencing

Fechter(in) *m(f)* fencer

Fechtsport m fencing

Feder f ▮ feather; (≈ *lange Hutfeder*) plume; **~n lassen müssen** *umg* not to escape unscathed; **raus aus den ~n!** *umg* rise and shine! *umg* ▮ TECH spring

Federball m (≈ *Ball*) shuttlecock; (≈ *Spiel*) badminton

Federballschläger m badminton racket

Federbett n continental quilt

federführend *adj Behörde etc* in overall charge (**für** of)

Federführung f **unter der ~ von** under the overall control of

Federgewicht n SPORT featherweight (class)

Federhalter m (dip) pen; (≈ *Füllfederhalter*) (fountain) pen

federleicht *adj* light as a feather

Federlesen n **nicht viel ~s mit j-m/etw machen** to make short work of sb/sth

Federmäppchen n pencil case

federn **A** *v/i* ▮ *Eigenschaft* to be springy ▮ (≈ *zurückfedern*) to spring back; *Springer, Turner* to bounce **B** *v/t* to spring; *Auto* to fit with suspension

Federung f springs *pl*; AUTO *a.* suspension

Federvieh n poultry

Federweiße(r) *dial* m new wine

Fee f fairy

Feedback n, **Feed-back** n feedback

Fegefeuer n **das ~** purgatory

fegen **A** *v/t* to sweep; (≈ *auffegen*) to sweep up **B** *v/i* ▮ (≈ *ausfegen*) to sweep (up) ▮ *umg* (≈ *jagen*) to sweep

fehl *adj* **~ am Platz(e)** out of place

Fehlanzeige *umg* f dead loss *umg*; **~!** wrong!

fehlbar *adj* fallible; *schweiz* guilty

Fehlbesetzung f miscasting

Fehlbetrag *form* m deficit

Fehldiagnose f wrong diagnosis

Fehleinschätzung f misjudgement

fehlen **A** *v/i* ▮ (≈ *mangeln*) to be lacking; (≈ *nicht vorhanden sein*) to be missing; *in der Schule etc* to be absent (**in** +*dat* from); **etwas fehlt** there's something missing; **j-m fehlt etw** sb lacks sth; (≈ *wird schmerzlich vermisst*) sb misses sth; **mir ~ 20 Cent am Fahrgeld** I'm 20 cents short for my fare; **mir ~ die Worte** words fail me; **der/das hat mir gerade noch gefehlt!** *umg* he/that was all I needed *iron* ▮ (≈ *los sein*) **fehlt dir (et)was?** is something the matter (with you?); **was fehlt dir?** *bei Krankheit* what's wrong with you? **B** *v/i* **es fehlt etw** *od* **an etw** (*dat*) there is a lack of sth; **völlig** there is no sth; **es fehlt j-m an etw** (*dat*) sb lacks sth; **wo fehlt es?** what's the trouble?; **es fehlte nicht viel, und ich hätte ihn verprügelt** I almost hit him **C** *v/t* **weit gefehlt!** *fig* you're way out! *umg*; **ganz im Gegenteil** far from it!

Fehlen n absence (**bei, in** +*dat* from); (≈ *Mangel*) lack (**von** of)

Fehlentscheidung f wrong decision

Fehlentwicklung f mistake; **~en vermeiden** to stop things taking a wrong turn

Fehler m ▮ mistake; SPORT fault; **einen ~ machen** to make a mistake ▮ TYPO, IT error ▮ (≈ *Defekt*), *a.* TECH fault; (≈ *Mangel*) flaw; **das ist**

nicht mein ~ that's not my fault
fehlerfrei *adj* perfect; *Rechnung* correct
fehlerhaft *adj* MECH, TECH faulty; *Ware* substandard; *Messung, Rechnung* incorrect
fehlerlos *adj* → fehlerfrei
Fehlermeldung *f* IT error message
Fehlerquelle *f* cause of the fault; *in Statistik* source of error
Fehlerquote *f* error rate
Fehlersuche *f* troubleshooting
Fehlgeburt *f* miscarriage
Fehlgriff *m* mistake; **einen ~ tun** to make a mistake
Fehlinvestition *f* bad investment
Fehlkonstruktion *f* bad design; **der Stuhl ist eine ~** this chair is badly designed
Fehlleistung *f* slip, mistake; **freudsche ~** Freudian slip
Fehlschlag *fig m* failure
fehlschlagen *v/i* to go wrong, to fail
Fehlschluss *m* false conclusion
Fehlstart *m* false start
Fehltritt *fig m* (≈ *Vergehen*) slip; (≈ *Affäre*) indiscretion
Fehlurteil *n* miscarriage of justice
Fehlverhalten *n* inappropriate behaviour *Br*, inappropriate behavior *US*
Fehlzeiten *pl* working hours *pl* lost
Fehlzündung *f* misfiring *kein pl*; **eine ~** a backfire
Feier *f* celebration; (≈ *Party*) party; (≈ *Zeremonie*) ceremony; **zur ~ des Tages** in honour of the occasion *Br*, in honor of the occasion *US*
Feierabend *m* (≈ *Arbeitsschluss*) finishing time; **~ machen** to finish work; **nach ~** after work; **schönen ~!** have a nice evening!
feierlich *adj* (≈ *ernsthaft*) solemn; (≈ *festlich*) festive; (≈ *förmlich*) ceremonial; **~ danksagen** to give thanks
Feierlichkeit *f* (≈ *Veranstaltungen*) celebrations *pl*
feiern **A** *v/t* **1** *Ereignis* to celebrate; *Party* to hold, to have; **das muss gefeiert werden!** that calls for a celebration **2** (≈ *umjubeln*) to fête; → **gefeiert B** *v/i* (≈ *eine Feier abhalten*) to celebrate
Feierstunde *f* ceremony
Feiertag *m* holiday; **schöne ~e!** enjoy the holidays!
feiertags *adv* **sonntags und ~** on Sundays and public holidays
feige *adj* cowardly
Feige *f* fig
Feigenbaum *m* fig tree
Feigenblatt *n* fig leaf
Feigheit *f* cowardice
Feigling *m* coward
Feile *f* file

feilen *v/t & v/i* to file
feilschen *pej v/i* to haggle (**um** over)
fein **A** *adj* **1** (≈ *nicht grob*) fine; *Humor* delicate; *Unterschied* subtle **2** (≈ *erlesen*) excellent; *Geschmack* delicate; (≈ *prima*) great *umg*; *iron* fine; **vom Feinsten sein** to be first-rate **3** (≈ *scharf*) *Gehör, Gefühl* acute **4** (≈ *vornehm*) refined; **dazu ist sie sich** (*dat*) **zu ~** that's beneath her **B** *adv* **1** (≈ *nicht grob*) finely **2** (≈ *gut*) **~ säuberlich** (nice and) neat **3** (≈ *elegant*) **sie hat sich ~ gemacht** she's all dolled up *umg*
Feind(in) *m(f)* enemy; **sich** (*dat*) **~e schaffen** to make enemies
Feindbild *n* concept of an/the enemy
feindlich **A** *adj* **1** MIL enemy **2** (≈ *feindselig*) hostile **B** *adv* **j-m ~ gegenüberstehen** to be hostile to sb
Feindschaft *f* hostility
feindselig *adj* hostile
Feindseligkeit *f* hostility
feinfühlig *adj* sensitive; (≈ *taktvoll*) tactful
Feingefühl *n* sensitivity; (≈ *Takt*) tact(fulness)
Feingold *n* refined gold
Feinheit *f* **1** (≈ *Zartheit*) fineness **2** (≈ *Erlesenheit*) excellence **3** (≈ *Schärfe*) keenness **4** (≈ *Vornehmheit*) refinement **5** **~en** *pl* niceties *pl*; (≈ *Nuancen*) subtleties *pl*
Feinkostgeschäft *n* delicatessen
Feinmechanik *f* precision engineering
Feinmotorik *f* fine motor skills *pl*
feinmotorisch *adj* fine motor skills; **~e Entwicklung** fine-motor development
Feinschmecker(in) *m(f)* gourmet; *fig* connoisseur
Feinsilber *n* refined silver
Feinstaub *m* particulate matter, fine dust, (fine) particulates
Feinstaubbelastung *f* particulate matter *or* particulates air pollution
Feinstaubplakette *f* emissions sticker
Feinwäsche *f* delicates *pl*
Feinwaschmittel *n* mild(-action) detergent
feist *adj* fat
feixen *v/i umg* to smirk
Feld *n* field; *auf Spielbrett* square; *an Zielscheibe* ring; **auf dem ~** in the field; **geh ein ~ vor/zurück** *bei Spiel* move on/back one space; **gegen j-n/etw zu ~e ziehen** *fig* to crusade against sb/sth; **das ~ räumen** *fig* to bow out
Feldarbeit *f* AGR work in the fields; *Naturwissenschaft, a.* SOZIOL fieldwork
Feldflasche *f* water bottle; MIL canteen
Feldforschung *f* field work *od* research
Feldfrucht *f* crop
Feldhase *m* European hare
Feldherr(in) *m(f)* commander

Feldmaus f field mouse
Feldsalat m lamb's lettuce
Feldstecher m (pair of) binoculars
Feldversuch m field test
Feld-Wald-und-Wiesen- umg zssgn run-of--the-mill
Feldwebel(in) m(f) sergeant
Feldweg m track across the fields
Feldzug m campaign
Felge f ◾️ TECH (wheel) rim ◾️ SPORT circle
Felgenbremse f calliper brake
Fell n ◾️ fur; von Schaf fleece; von toten Tieren skin ◾️ fig umg (≈ Menschenhaut) skin; **ein dickes ~ haben** to be thick-skinned; **j-m das ~ über die Ohren ziehen** to pull the wool over sb's eyes
Fels m rock; (≈ Klippe) cliff
Felsblock m boulder
Felsen m rock; (≈ Klippe) cliff
felsenfest ◾️ adj firm ◾️ adv **~ überzeugt sein** to be absolutely convinced
felsig adj rocky
Felsspalte f crevice
Felswand f rock face
feminin adj feminine
Feminismus m feminism
Feminist(in) m(f) feminist
feministisch adj feminist; **~ orientiert sein** to have feminist tendencies
Fenchel m fennel
Fenster n a. COMPUT window; **weg vom ~** umg out of the game umg, finished
Fensterbank f, **Fensterbrett** n windowsill, window ledge
Fensterglas n window glass
Fensterladen m shutter
Fensterleder n chamois od shammy (leather)
fensterln v/i österr, südd to climb through one's sweetheart's bedroom window
Fensterplatz m window seat
Fensterputzer(in) m(f) window cleaner
Fensterrahmen m window frame
Fensterscheibe f window pane
Fensterumschlag m window envelope
Ferien pl holidays pl Br, vacation US; UNIV vacation sg; (≈ Parlamentsferien), a. JUR recess sg; **die großen ~** the summer holidays Br, the long vacation US; UNIV the long vacation, the summer break; **~ auf dem Bauernhof** farmstay, farmhouse holiday Br, farmhouse vacation US; **~ haben** to be on holiday Br, to be on vacation US; **~ machen** to have od take a holiday Br, to have od take a vacation US; **in die ~ fahren** to go on holiday Br, to go on vacation US; **schöne ~!** have a nice holiday Br, have a nice vacation US
Ferienanlage f holiday resort Br, vacation resort US
Feriendorf n holiday village Br, vacation village US
Ferienhaus n holiday home Br, vacation house US
Ferienjob m holiday job Br, vacation job US
Ferienkurs m holiday course Br, vacation course US; **im Sommer** summer course
Ferienlager n holiday camp Br, vacation camp US
Ferienort m holiday resort Br, vacation resort US
Ferienwohnung f holiday flat Br, vacation apartment US
Ferienzeit f holiday period Br, vacation period US
Ferkel n piglet; fig unsauber pig, mucky pup Br umg; unanständig dirty pig umg
Fermentation f fermentation
fermentieren v/t to ferment
fern ◾️ adj ◾️ räumlich distant, faraway; (≈ entlegen) remote; **~ von hier** far away from here; **der Ferne Osten** the Far East ◾️ zeitlich entfernt far-off; **in nicht (all)zu ~er Zeit** in the not-too--distant future ◾️ präp far (away) from
fernab adv far away
Fernabfrage f TEL remote control facility
Fernbedienung f remote control
Fernbeziehung f long-distance relationship
fernbleiben v/i to stay away (+dat od **von** from)
Fernbleiben n absence (**von** from); (≈ Nichtteilnahme) non-attendance
Fernblick m good view
Fernbus m intercity bus
Ferne f ◾️ räumlich distance; **in der ~** in the distance; **aus der ~** from a distance ◾️ (≈ Zukunft) future; **in weiter ~ liegen** to be a long time off
ferner ◾️ adj further ◾️ adv further, moreover; **unter ~ liefen rangieren** umg to be among the also-rans
Fernfahrer(in) m(f) long-distance lorry driver Br, long-distance truck driver, trucker US
Fernflug m long-distance od long-haul flight
Ferngespräch n trunk call Br, long-distance call
ferngesteuert adj remote-controlled
Fernglas n (pair of) binoculars pl
fernhalten v/t & v/r to keep away
Fernheizung f municipal heating system, district heating
Fernkurs m, **Fernkursus** österr m correspondence course
Fernlaster m long-distance lorry Br, long-distance truck; (≈ Gigaliner) road train
Fernlastverkehr m long-distance goods traffic
Fernlicht n AUTO full beam, high beam bes US

fernliegen *fig v/i* (**j-m**) ~ to be far from sb's mind; **es liegt mir fern, das zu tun** far be it from me to do that
Fernmeldesatellit *m* communications satellite
Fernmeldetechnik *f* telecommunications engineering; (≈ *Telefontechnik*) telephone engineering
fernmündlich *form* **A** *adj* telephone *attr* **B** *adv* by telephone
Fernost *ohne Artikel* **aus/in/nach** ~ from/in/to the Far East
Fernreise *f* long-haul journey
Fernrohr *n* telescope
Fernschreiben *n* telex
Fernsehansager(in) *m(f)* television announcer
Fernsehansprache *f* television speech
Fernsehantenne *f* television *od* TV aerial *Br*, television *od* TV antenna *US*
Fernsehapparat *m* television *od* TV set
Fernsehduell *n* TV duel, TV debate
fernsehen *v/i* to watch television *od* TV
Fernsehen *n* television, TV, telly *Br umg*; **vom ~ übertragen werden** to be televised; **im ~** on television *etc*
Fernseher *m umg Gerät* television, TV, telly *Br umg*
Fernseher(in) *m(f) umg* (≈ *Zuschauer*) (television) viewer
Fernsehgebühr *f* television *od* TV licence fee *Br*
Fernsehgerät *n* television *od* TV set
Fernsehhandy *n* TV phone
Fernsehkamera *f* television *od* TV camera
Fernsehprogramm *n* **1** (≈ *Sendung*) programme *Br*, program *US* **2** (≈ *Fernsehzeitschrift*) (television) program(me) guide, TV guide
Fernsehpublikum *n* viewers *pl*, viewing public
Fernsehsatellit *m* TV satellite
Fernsehsender *m* television transmitter; (≈ *Anstalt*) station
Fernsehsendung *f* television programme *Br*, television program *US*
Fernsehspiel *n* television play, drama
Fernsehstudio *n* TV studio
Fernsehteilnehmer(in) *form m(f)* television viewer
Fernsehturm *m* television tower
Fernsehübertragung *f* television broadcast
Fernsehwerbung *f* television advertising; *einzelne* commercial
Fernsehzeitschrift *f* TV guide
Fernsehzuschauer(in) *m(f)* (television) viewer
Fernsicht *f* clear view
Fernsprechamt *n* telephone exchange
Fernsprechnetz *n* telephone system

Fernsprechverkehr *m* telephone traffic
fernstehen *v/i* **j-m/einer Sache** ~ to have no connection with sb/sth
Fernsteuerung *f* remote control
Fernstraße *f* trunk *od* major road, highway *US*
Fernstudium *n* correspondence degree course, ≈ Open University course *Br*
Ferntourismus *m* long-haul tourism
Fernüberwachung *f* remote monitoring
Fernverkehr *m* long-distance traffic
Fernwärme *f* district heating *fachspr*
Fernweh *n* wanderlust
Fernziel *n* long-term goal
Ferse *f* heel; **j-m (dicht) auf den ~n sein** to be hard *od* close on sb's heels
fertig **A** *adj* **1** (≈ *vollendet*) finished; (≈ *ausgebildet*) qualified; (≈ *reif*) *Mensch, Charakter* mature; **mit der Ausbildung ~ sein** to have completed one's training **2** (≈ *zu Ende*) finished; **mit etw ~ sein** to have finished sth; **mit j-m ~ sein** *fig* to be finished with sb; **mit j-m/etw ~ werden** to cope with sb/sth **3** (≈ *bereit*) ready **4** *umg* (≈ *erschöpft*) shattered *Br umg*, all in *umg*; (≈ *ruiniert*) finished; (≈ *erstaunt*) knocked for six *US umg*, knocked for a loop *Br umg*; **mit den Nerven ~ sein** to be at the end of one's tether *Br*, to be at the end of one's rope *US* **B** *adv* **etw ~ kaufen** to buy sth ready-made; *Essen* to buy sth ready-prepared; **~ ausgebildet** fully qualified
Fertigbau *m Hoch- und Tiefbau* prefabricated building, prefab
fertig bringen, fertigbringen *v/t* (≈ *vollenden*) to get done
fertigbringen *v/t* (≈ *imstande sein*) to manage; *iron* to be capable of
fertigen *form v/t* to manufacture
Fertiggericht *n* ready-to-serve meal, TV dinner *US*
Fertighaus *n* prefabricated house
Fertigkeit *f* skill
fertig kriegen, fertigkriegen *v/t* (≈ *beenden*) to finish off
fertigkriegen *v/t* **sie kriegt es fertig, ihn rauszuschmeißen** she's capable of throwing him out
fertig machen, fertigmachen *v/t* **1** (≈ *vollenden*) to finish **2** (≈ *bereit machen*) to get ready; **sich ~ (für)** to get ready (for)
fertigmachen *umg v/t* **j-n ~** (≈ *erledigen*) to do for sb *umg*; (≈ *ermüden*) to take it out of sb; (≈ *deprimieren*) to get sb down; (≈ *abkanzeln*) to lay into sb *umg*
Fertigprodukt *n* finished product
fertigstellen, fertig stellen *v/t* to complete; IT *Installation* to finish

Fertigstellung f completion
Fertigung f production; *von Waren a.* manufacturing
Fertigungskosten pl production costs pl
fesch adj **1** *bes österr umg* (≈ *modisch*) smart; (≈ *hübsch*) attractive **2** *österr* (≈ *nett*) nice; **sei ~!** (≈ *sei brav*) be good
Fessel f fetter, shackle; (≈ *Kette*) chain
fesseln v/t **1** to tie (up), to bind; *mit Handschellen* to handcuff; *mit Ketten* to chain (up); **j-n ans Bett ~** *fig* to confine sb to (his/her) bed **2** (≈ *faszinieren*) to grip
fesselnd adj gripping
fest **A** adj **1** (≈ *hart*) solid **2** (≈ *stabil*) solid; *Schuhe* tough, sturdy; HANDEL, FIN stable **3** (≈ *entschlossen*) firm; *Plan* firm, definite; **eine ~e Meinung von etw haben** to have definite views on sth **4** (≈ *nicht locker*) tight; *Griff* firm; *fig Schlaf* sound **5** (≈ *ständig*) regular; *Freundin* steady; *Stellung, Mitarbeiter* permanent **B** adv **1** (≈ *kräftig*) anpacken firmly; *drücken* tightly **2** (≈ *nicht locker*) anziehen, schließen tight; **die Handbremse ~ anziehen** to put the handbrake on firmly; **er hat schon ~ geschlafen** he was sound asleep **3** *versprechen* faithfully; *zusagen* definitely; **~ entschlossen sein** to be absolutely determined **4** (≈ *dauerhaft*) permanently; **~ befreundet sein** to be good friends; **~ angestellt** employed on a regular basis; **Geld ~ anlegen** to tie up money
Fest n **1** (≈ *Feier*) celebration; (≈ *Party*) party **2** *kirchlich* feast, festival; (≈ *Weihnachtsfest*) Christmas; **frohes ~!** Merry Christmas, Happy Christmas! *bes Br*
Festakt m ceremony
festangestellt adj → fest
Festbeleuchtung f festive lighting *od* lights pl; *umg im Haus* blazing lights pl
festbinden v/t to tie up; **j-n/etw an etw** (*dat*) **~** to tie sb/sth to sth
festbleiben v/i to remain firm
festdrehen v/t to tighten
Festessen n banquet
festfahren *fig* v/r to get bogged down
festfressen v/r to seize up
Festgeld n FIN time deposit
Festhalle f festival hall
festhalten **A** v/t **1** *mit den Händen* to hold on to **2** (≈ *inhaftieren*) to hold, to detain **3** **etw schriftlich ~** to put sth in writing **B** v/i **an etw** (*dat*) **~** to hold to sth, to stick to sth *umg* **C** v/r to hold on (**an** +*dat* to); **halt dich fest!** hold tight!
festhängen v/i to be stuck (**an** +*dat od* **in** +*dat* in)
festigen **A** v/t to strengthen; → **gefestigt** **B** v/r to become stronger
Festiger m setting lotion
Festigkeit f *von Material* strength; *fig* steadfastness
Festigung f strengthening
Festival n festival
festklammern **A** v/t to clip on (**an** +*dat* to) **B** v/r to cling (**an** +*dat* to), to hold on tight
festkleben v/t & v/i to stick (**an** +*dat* to)
festklemmen v/t to wedge fast; *mit Klammer* to clip
festkochend adj *Kartoffel* waxy
Festkörper m PHYS solid
Festland n *nicht Insel* mainland; *nicht Meer* dry land
festlegen **A** v/t **1** (≈ *festsetzen*) to fix (**auf** +*akk od* **bei** for); *Regelung, Arbeitszeiten* to lay down **2** **j-n auf etw** (*akk*) **~** to tie sb (down) to sth **B** v/r **1** (≈ *sich verpflichten*) to commit oneself (**auf** +*akk* to) **2** (≈ *sich entschließen*) to decide (**auf** +*akk* on)
festlich **A** adj festive; (≈ *feierlich*) solemn **B** adv *geschmückt* festively; **etw ~ begehen** to celebrate sth
Festlichkeiten pl festivities pl
festliegen v/i **1** (≈ *festgesetzt sein*) to have been fixed **2** (≈ *nicht weiterkönnen*) to be stuck
festmachen v/t **1** (≈ *befestigen*) to fix on (**an** +*dat* -to); (≈ *festbinden*) to fasten (**an** +*dat* onto); SCHIFF to moor **2** (≈ *vereinbaren*) to arrange
festnageln v/t **1** *Gegenstand* to nail (down/up/on) **2** *fig umg j-n* to tie down (**auf** +*akk* to)
Festnahme f arrest
festnehmen v/t to arrest; **vorläufig ~** to take into custody; **Sie sind festgenommen** you are under arrest
Festnetz n TEL fixed-line network; (*a.* **~anschluss**) landline; **ruf mich auf dem ~ an** call me on the landline
Festnetzanschluss m TEL landline
Festnetznummer f landline number
Festnetztelefon n landline (telephone)
Festplatte f COMPUT hard disk; **externe** *od* **mobile ~** portable hard drive
Festplattenlaufwerk n hard disk drive
Festpreis m HANDEL fixed price
Festrede f speech
Festredner(in) m(f) (main) speaker
Festsaal m hall; (≈ *Speisesaal*) banqueting hall; (≈ *Tanzsaal*) ballroom
festschrauben v/t to screw (in/on/down/up) tight
festsetzen **A** v/t **1** (≈ *bestimmen*) to fix (**bei, auf** +*akk* at) **2** (≈ *inhaftieren*) to detain **B** v/r *Staub, Schmutz* to collect; *Rost* to get a foothold
Festsetzung f **1** fixing; *von Frist* setting **2** (≈ *Inhaftierung*) detention

festsitzen v/i **1** (≈ *klemmen, haften*) to be stuck **2** umg (≈ *nicht wegkommen*) to be stuck

Festspeicher m COMPUT read-only memory, ROM

Festspiele pl festival sg

feststecken A v/i to be stuck **B** v/t **etw an etw** (*dat*) **~** to pin sth on(to) sth

feststehen v/i (≈ *sicher sein*) to be certain; (≈ *unveränderlich sein*) to be definite; **so viel steht fest** this od so much is certain

feststehend adj (≈ *bestimmt*) definite; *Redewendung* set; *Brauch* (well-)established

feststellen v/t **1** MECH to lock (fast) **2** (≈ *ermitteln*) to ascertain, to find out, to determine; *Personalien, Sachverhalt* to establish; *Schaden* to assess **3** (≈ *erkennen*) to tell (**an** +*dat* from); *Fehler, Unterschied* to find, to detect; (≈ *bemerken*) to discover **4** (≈ *aussprechen*) to stress, to emphasize

Feststelltaste f *von Tastatur* caps lock

Feststellung f **1** (≈ *Ermittlung*) ascertainment; *von Personalien, Sachverhalt* establishment; *von Schaden* assessment **2** (≈ *Erkenntnis*) conclusion **3** (≈ *Wahrnehmung*) observation; **die ~ machen, dass ...** to realize that ... **4** (≈ *Bemerkung*) remark, comment

Feststoffrakete f solid fuel rocket

Festtag m **1** (≈ *Ehrentag*) special od red-letter day **2** (≈ *Feiertag*) holiday; KIRCHE feast (day)

festtreten v/t to tread down; **das tritt sich fest** hum it's good for the carpet

Festung f fortress

Festungsanlagen pl fortifications pl

festverzinslich adj fixed-interest attr

Festwertspeicher m COMPUT read-only memory

Festwoche f festival week

Festzelt n carnival marquee

festziehen v/t to pull tight; *Schraube* to tighten (up)

Festzins m fixed interest

Festzug m carnival procession

Feta m *griechischer Käse* feta

Fete f party

Fetisch m fetish

Fetischismus m fetishism

Fetischist(in) m(f) fetishist

fett A adj **1** *Speisen* fatty **2** (≈ *dick*) fat; TYPO bold; **er ist ~ geworden** he's grown fat **3** (≈ *üppig*) *Beute, Gewinn* fat **B** adv **1** **~ essen** to eat fatty food **2** **~ gedruckt** TYPO in bold(face)

Fett n fat; *zum Schmieren* grease; **tierische/pflanzliche ~e** animal/vegetable fats; **~ ansetzen** to get fat; **sein ~ bekommen** umg to get what is coming to one umg

Fettabsaugung f MED liposuction

fettarm A adj *Speisen* low-fat **B** adv **~ essen** to eat foods which are low in fat

Fettauge n globule of fat

Fettbauch m paunch

Fettcreme f skin cream with oil

Fettdruck m TYPO bold type

fetten v/t to grease

Fettfilm m greasy film

Fettfleck m grease spot, greasy mark

fettfrei adj fat-free; *Milch* non-fat; *Kost* non-fatty

fettgedruckt adj → fett

Fettgehalt m fat content

fetthaltig adj fatty

fettig adj greasy

fettleibig geh adj obese, corpulent

Fettleibigkeit geh f obesity, corpulence

fettlos adj fat-free

Fettnäpfchen umg n **ins ~ treten** to put one's foot in it (**bei j-m** with sb)

Fettpolster hum umg n padding kein pl

fettreduziert adj fat-reduced

Fettsack umg m fatso umg

Fettschicht f layer of fat

Fettsteuer f fat tax

Fettstift m *für die Lippen* chapstick

Fettsucht f MED obesity

fettsüchtig adj MED obese

Fettwanst pej m potbelly; (≈ *Mensch*) fatso umg

Fettzelle f PHYSIOL fat cell, adipose cell fachspr

Fetzen m *abgerissen* shred; (≈ *Stofffetzen, Papierfetzen*) scrap; (≈ *Kleidung*) rag; **..., dass die ~ fliegen** umg ... like crazy umg

feucht adj damp; (≈ *schlüpfrig*) moist; (≈ *feuchtheiß*) *Klima* humid; *Hände* sweaty; *Tinte, Farbe* wet

Feuchtbiotop n wetland

feuchtfröhlich hum adj merry, convivial

feuchtheiß adj hot and damp, muggy

Feuchtigkeit f **1** dampness; *von Klima* humidity **2** (≈ *Flüssigkeit*) moisture; (≈ *Luftfeuchtigkeit*) humidity

Feuchtigkeitscreme f moisturizer, moisturizing cream

feudal adj **1** POL, HIST feudal **2** umg (≈ *prächtig*) plush umg; *Mahlzeit* lavish

Feudalherrschaft f feudalism

Feudalismus m feudalism

feudalistisch adj feudalistic

Feuer n **1** fire; **~!** fire!; **~ legen** to start a fire; **~ fangen** to catch fire; **ein ~ löschen** to put out a fire; **~ machen** to light a fire; **~ frei!** open fire!; **das ~ einstellen** to cease firing; **mit dem ~ spielen** fig to play with fire **2** (≈ *Funkfeuer*) beacon; *von Leuchtturm* light **3** *für Zigarette etc* light; **haben Sie ~?** do you have a light? **4** (≈ *Schwung*) passion; **~ und Flamme sein** umg to be very enthusiastic (**für** about)

Feueralarm m fire alarm

feuerbeständig *adj* fire-resistant
Feuerbestattung *f* cremation
Feuereifer *m* zeal; **mit ~ diskutieren** to discuss with zest
feuerfest *adj* fireproof; *Geschirr* heat-resistant
Feuergefahr *f* fire hazard *od* risk
feuergefährlich *adj* (highly) (in)flammable *od* combustible
Feuergefecht *n* gun fight, shoot-out *umg*
Feuerleiter *f am Haus* fire escape
Feuerlöscher *m* fire extinguisher
Feuermelder *m* fire alarm
feuern *v/t* ◼ *Ofen* to light ◼ *umg* (≈ *werfen*) to fling *umg*; FUSSB *Ball* to slam *umg* ◼ *umg* (≈ *entlassen*) to fire *umg*, to sack *umg*
Feuerpause *f* break in the firing; *vereinbart* ceasefire
Feuerprobe *fig f* ordeal; **die ~ bestehen** to pass the (acid) test; **das war seine ~** that was the acid test for him
Feuerqualle *f* lion's mane jellyfish
feuerrot *adj* fiery red
Feuerschutz *m* ◼ (≈ *Vorbeugung*) fire prevention ◼ MIL (≈ *Deckung*) covering fire
Feuerstein *m* flint
Feuerstelle *f* campfire site; (≈ *Herd*) fireplace
Feuertaufe *f* baptism of fire
Feuertreppe *f* fire escape
Feuertür *f* fire door
Feuerversicherung *f* fire insurance
Feuerwache *f* fire station
Feuerwaffe *f* firearm
Feuerwechsel *m* exchange of fire
Feuerwehr *f* fire brigade *Br*, fire department *US*; **bei der ~ sein** to be in the fire brigade *Br*, to be in the fire department *US*; **~ spielen** *fig* (≈ *Schlimmes verhindern*) to act as a troubleshooter
Feuerwehrauto *n* fire engine
Feuerwehrfrau *f* firefighter, firewoman
Feuerwehrleute *pl* firemen *pl*, firefighters *pl*
Feuerwehrmann *m* firefighter, fireman
Feuerwerk *n* fireworks *pl*; *fig* cavalcade
Feuerwerkskörper *m* firework
Feuerzange *f* fire tongs *pl*
Feuerzangenbowle *f* red wine punch
Feuerzeug *n* (cigarette) lighter
Feuilleton *n Presse* feature section
feurig *adj* fiery
FH *abk* (= **Fachhochschule**) higher education institution
Fiaker *österr m* ◼ (≈ *Kutsche*) cab ◼ (≈ *Kutscher*) coachman
Fiasko *umg n* fiasco
Fibel *f* SCHULE primer
Fiber *f* fibre *Br*, fiber *US*
Fichte *f* BOT spruce
Fichtenzapfen *m* spruce cone
ficken *vulg v/t & v/i* to fuck *vulg*; **mit j-m ~** to fuck sb *vulg*
fidel *adj* jolly, merry
Fidschiinseln *pl* **die ~** the Fiji Islands
Fieber *n* temperature; *sehr hoch* fever; **~ haben** to have a temperature, to be feverish; **(j-m) das ~ messen** to take sb's temperature
Fieberanfall *m* bout of fever
fieberfrei *adj* free of fever
fieberhaft ◼ *adj* feverish ◼ *adv* feverishly
Fieberkurve *f* temperature curve
Fiebermittel *n* anti-fever drug
fiebern *v/i* ◼ *Kranker* to have a temperature; *schwer* to be feverish ◼ *fig* **nach etw ~** to long feverishly for sth; **vor Erregung** (*dat*) **~** to be in a fever of excitement
fiebersenkend *adj* fever-reducing
Fieberthermometer *n* (clinical) thermometer
Fiedel *f* fiddle
fies *umg* ◼ *adj* nasty, horrible, mean ◼ *adv* (≈ *gemein*) in a nasty way; **~ aussehen** to look horrible
Fiesling *umg m* nasty piece of work; **so ein ~!** what a nasty piece of work
Fifa *f* (= Fédération Internationale de Football Association) *Weltfußballverband* FIFA
fifty-fifty *adv* **~ machen** to go fifty-fifty; **es steht ~** it's fifty-fifty
Figur *f* ◼ figure; *umg* (≈ *Mensch*) character; **auf seine ~ achten** to watch one's figure ◼ (≈ *Romanfigur etc*) character
figurativ ◼ *adj* figurative ◼ *adv* figuratively
figürlich *adj* figurative
Fiktion *f* fiction
fiktiv *adj* fictitious
Filet *n* GASTR fillet; (≈ *Rinderfilet*) fillet steak; **zum Braten** piece of sirloin *od* tenderloin *US*
filetieren *v/t* to fillet
Filetstück *n* GASTR piece of sirloin *od* tenderloin *US*
Filiale *f* branch
Filialfinder *m* INTERNET store locator, shop finder
Filialleiter(in) *m(f)* branch manager/manageress
Filialsuche *f* INTERNET store locating
Film *m in Kamera* film; (≈ *Spielfilm*) film *Br*, movie; **in einen ~ gehen** to go and see a movie *od* film *Br*; **zum ~ gehen** to go into movies *od* films *Br*; **in einem ~ auftreten** to star
Filmaufnahme *f Einzelszene* shot, take; **~n** *pl* shooting
Filmbericht *m* movie report, film report *Br*
Filmemacher(in) *m(f)* moviemaker, film-

-maker *Br*
filmen *v/t & v/i* to film; *beim Film a.* to shoot
Filmfestival *n*, **Filmfestspiele** *pl* movie festival, film festival *Br*
Filmgeschäft *n* movie industry, film industry *Br*
Filmindustrie *f* movie industry, film industry *Br*
filmisch **A** *adj* cinematic **B** *adv* cinematically
Filmkamera *f* movie camera, film camera *Br*
Filmkritik *f* (≈ *Artikel*) movie review, film review *Br*
Filmkunst *f* cinematic art
Filmmusik *f* movie soundtrack, film music *Br*
Filmpreis *m* movie award, film award *Br*
Filmproduzent(in) *m(f)* movie producer, film producer *Br*
Filmregisseur(in) *m(f)* movie director, film director *Br*
filmreif *adj* **die Situation war ~** the situation could have come straight out of a movie *od* film *Br*
Filmriss *fig umg m* mental blackout *umg*
Filmschauspieler *m* movie actor, film actor *Br*
Filmschauspielerin *f* movie actress, film actress *Br*
Filmstar *m* movie star, filmstar *Br*
Filmstudio *n* movie studio, film studio *Br*
Filmverleih *m* movie distributors *pl*, film distributors *pl Br*
Filter *n/m* filter; **eine Zigarette mit ~** a (filter-)tipped cigarette
Filterkaffee *m* filter coffee, drip coffee *US*
filtern *v/t & v/i* to filter
Filterpapier *n* filter paper
Filtertüte *f* filter bag
Filterung *f* filtering
Filterzigarette *f* tipped *od* filter(-tipped) cigarette
Filtrat *n* filtrate
filtrieren *v/t* to filter
Filz *m* **1** *Textilien* felt; **grüner ~** green baize **2** *umg* (≈ *Korruption*) corruption; POL *pej* sleaze *umg*
filzen **A** *v/i Textilien* to felt, to go felty **B** *v/t umg* (≈ *durchsuchen*) to search; (≈ *berauben*) to do over *umg*
Filzhut *m* felt hat
Filzokratie *f* POL *pej* web of patronage and nepotism, spoils system *US*
Filzpantoffel *m* (carpet) slipper
Filzschreiber felt-tip (pen)
Filzstift *m* felt-tip (pen)
Fimmel *umg m* **1** (≈ *Tick*) mania **2** (≈ *Spleen*) obsession (**mit** about)
Finale *n* MUS finale; SPORT final, finals *pl*
Finalgegner *m* SPORT opponent in the final
Finanz- *zssgn* finance

Finanzamt *n* tax office, taxman *umg*
Finanzausgleich *m* financial compensation; POL *zwischen Regionen* redistribution of revenue
Finanzbeamte(r) *m*, **Finanzbeamtin** *f* tax official
Finanzbehörde *f* tax authority
Finanzbuchhalter(in) *m(f)* financial accountant
Finanzdelikt *n* financial malpractice
Finanzdienste, **Finanzdienstleistungen** *pl* financial services *pl*
Finanzen *pl* finances *pl*
Finanzhilfe *f* financial assistance
finanziell **A** *adj* financial **B** *adv* financially
finanzierbar *adj* **es ist nicht ~** it cannot be funded
finanzieren *v/t* to finance, to fund
Finanzierung *f* financing
Finanzierungsgesellschaft *f* finance company
Finanzjahr *n* financial year
finanzkräftig *adj* financially strong
Finanzkrise *f* financial crisis
Finanzlage *f* financial situation
Finanzmärkte *pl* financial *od* finance markets *pl*
Finanzminister(in) *m(f)* ≈ Chancellor of the Exchequer *Br*, ≈ Secretary of the Treasury *US*, finance minister
Finanzministerium *n* Ministry of Finance, Treasury *Br*, Department of the Treasury *US*
Finanzpolitik *f* financial policy; (≈ *Wissenschaft, Disziplin*) politics of finance
finanzschwach *adj* financially weak
finanzstark *adj* financially strong
Finanztransaktionssteuer *f* financial transactions tax, tax on financial transactions
Finanzwelt *f* financial world
Finanzwesen *n* financial system, finance
finden **A** *v/t* **1** to find; **Freunde ~** to make friends; **es ließ sich niemand ~** there was nobody to be found; **etwas an j-m ~** to see something in sb; **nichts dabei ~** to think nothing of it; → **gefunden** **2** (≈ *betrachten*) to think; **es kalt ~** to find it cold; **etw gut ~** to think (that) sth is good; **das finde ich gut** I like that; **das finde ich nicht** I don't think so; **j-n nett ~** to think (that) sb is nice; **wie findest du das?** what do you think? **B** *v/i* **er findet nicht nach Hause** he can't find his *od* the way home; **zu sich selbst ~** to sort oneself out **C** *v/t & v/i* (≈ *meinen*) to think; **~ Sie (das)?** do you think so?; **ich finde (das) nicht** I don't think so; **ich finde, das ist Unsinn** I think *od* believe that's nonsense **D** *v/r* **1** (≈ *zum Vorschein kommen*) to be found; **das wird sich (alles) ~** it will (all) turn up; (≈ *sich he-*

rausstellen) it'll all come out *umg* **2** *Mensch* (≈ *zu sich finden*) to sort oneself out **3** (≈ *sich treffen*) *wörtl* to find each other; *fig* to meet
Finder(in) *m(f)* finder
Finderlohn *m* reward for the finder
findig *adj* resourceful
Finesse *f* (≈ *Feinheit*) refinement; (≈ *Kunstfertigkeit*) finesse; **mit allen ~n** with every refinement
Finger *m* finger; **mit ~n auf j-n zeigen** *fig* to look askance at sb; **j-m eins auf die ~ geben** to give sb a rap across the knuckles; **(nimm/lass die) ~ weg!** (get/keep your) hands off!; **er hat überall seine ~ drin** *umg* he has a finger in every pie *umg*; **die ~ von j-m/etw lassen** *umg* to keep away from sb/sth; **sich** (*dat*) **an etw** (*dat*) **die ~ verbrennen** to get one's fingers burned in sth; **j-m (scharf) auf die ~ sehen** to keep an eye *od* a close eye on sb; **sich** (*dat*) **etw aus den ~n saugen** to dream sth up; **keinen ~ krumm machen** *umg* not to lift a finger *umg*; **j-n um den kleinen ~ wickeln** to twist sb (a)round one's little finger
Fingerabdruck *m* fingerprint; **genetischer ~** genetic fingerprint
Fingerfertigkeit *f* dexterity
Fingerfood *n*, **Finger-Food** *n* finger food
Fingergelenk *n* finger joint
Fingerhakeln *n* finger-wrestling
Fingerhandschuh *m* glove
Fingerhut *m* **1** *Handarbeiten* thimble **2** BOT foxglove
Fingerkuppe *f* fingertip
fingern A *v/i* **an** *od* **mit etw** (*dat*) **~** to fiddle with sth; **nach etw ~** to fumble (around) for sth **B** *v/t* (≈ *manipulieren*) to fiddle *umg*
Fingernagel *m* fingernail
Fingerspitze *f* fingertip, tip of one's finger
Fingerspitzengefühl *n* (≈ *Einfühlungsgabe*) instinctive feel; *im Umgang mit Menschen* tact and sensitivity
Fingerzeig *m* hint; **etw als ~ Gottes/des Schicksals empfinden** to regard sth as a sign from God/as meant
fingieren *v/t* (≈ *vortäuschen*) to fake; (≈ *erdichten*) to fabricate
fingiert *adj* (≈ *vorgetäuscht*) bogus; (≈ *erfunden*) fictitious
Finish *n* **1** (≈ *Endverarbeitung*) finish **2** SPORT (≈ *Endspurt*) final spurt
finit *adj* GRAM finite
Fink *m* finch
Finne[1] *f* (≈ *Rückenflosse*) fin
Finne[2] *m* Finn, Finnish man/boy
Finnin *f* Finn, Finnish woman/girl
finnisch *adj* Finnish
Finnland *n* Finland
Finnwal *m* finback
finster A *adj* **1** dark; **im Finstern** in the dark **2** (≈ *dubios*) shady **3** (≈ *mürrisch, düster*) grim **4** (≈ *unheimlich*) sinister **B** *adv* (≈ *mürrisch*) grimly; **es sieht ~ aus** *fig* things look bleak
Finsternis *f* **1** darkness **2** ASTRON eclipse
Firewall *f* IT firewall
Firlefanz *umg m* **1** (≈ *Kram*) frippery **2** (≈ *Albernheit*) clowning *od* fooling around
firm *adj* **in einem Fachgebiet ~ sein** to have a sound knowledge of an area
Firma *f* company, firm; (≈ *Kleinbetrieb*) business
Firmament *liter n* heavens *pl liter*
Firmenchef(in) *m(f)* head of the company, (company) president *bes US*
Firmeninhaber(in) *m(f)* owner of the company
firmenintern A *adj* internal; *Kurs, Seminar a.* in--house **B** *adv* internally, within the company
Firmenleitung *f* (company) management
Firmenname *m* company name
Firmenregister *n* register of companies
Firmensitz *m* company headquarters *sg od pl*
Firmenstempel *m* company stamp
Firmenwagen *m* company car
Firmenzeichen *n* trademark; logo
firmieren *v/i* **als** *od* **mit … ~** HANDEL, *a. fig* to trade under the name of …
Firmung *f* REL confirmation
Firn *m* névé, firn
Firnis *m* (≈ *Ölfirnis*) oil; (≈ *Lackfirnis*) varnish
First *m* (≈ *Dachfirst*) (roof) ridge
Fis *n*, **fis** *n* MUS F sharp
Fisch *m* **1** fish; **~e/drei ~e fangen** to catch fish/three fish(es); **ein großer** *od* **dicker ~** *fig umg* a big fish; **ein kleiner ~** one of the small fry; **weder ~ noch Fleisch** neither fish nor fowl **2** ASTROL **~e** *pl* Pisces *pl*; **(ein) ~ sein** to be (a) Pisces
fischarm *adj* *Gewässer* low in fish
Fischbecken *n* fishpond
Fischbestand *m* fish population
fischen *v/t & v/i* to fish; **(auf) Heringe ~** to fish for herring; **mit dem Netz ~** to trawl
Fischen *n* fishing
Fischer(in) *m(f)* fisherman/-woman
Fischerboot *n* fishing boat
Fischerdorf *n* fishing village
Fischerei *f* **1** (≈ *das Fangen*) fishing **2** (≈ *Fischereigewerbe*) fishing industry
Fischereigrenze *f* fishing limit
Fischereihafen *m* fishing port
Fischereipolitik *f* fisheries policy
Fischernetz *n* fishing net
Fischfang *m* **vom ~ leben** to live by fishing
Fischfarm *f* fish farm

Fischfilet *n* fish fillet
Fischfrikadelle *f* fishcake
Fischfutter *n* fish food
Fischgeruch *m* fishy smell, smell of fish
Fischgeschäft *n* fishmonger's (shop) *Br*, fish shop *Br*, fish dealer *US*
Fischgräte *f* fish bone
Fischgrätenmuster *n* herringbone (pattern)
Fischhändler(in) *m(f)* fishmonger *Br*, fish dealer *US*
Fischkutter *m* fishing cutter
Fischmarkt *m* fish market
Fischmehl *n* fish meal
Fischotter *m* otter
fischreich *adj Gewässer* rich in fish
Fischreiher *m* heron
Fischschwarm *m* school
Fischstäbchen *n* fish finger *Br*, fish stick *US*
Fischsterben *n* death of fish
Fischsuppe *f* GASTR fish soup
Fischvergiftung *f* MED fish poisoning
Fischwirtschaft *f* fishing industry
Fischzucht *f* fish-farming
fiskalisch *adj* fiscal
Fiskalunion *f* POL, FIN fiscal union
Fiskus *m* *fig* (≈ *Staat*) Treasury
Fisolen *pl österr* green beans *pl*
Fistelstimme *f* falsetto (voice)
fit *adj* fit; **sich fit halten/machen** to keep/get fit; **in Englisch ist sie fit** she's good at English
Fitness *f* physical fitness
Fitnessarmband *n* fitness band, fitness tracker
Fitnesscenter *n* fitness centre *Br*, fitness center *US*
Fitnesslehrer(in) *m(f)* fitness instructor *od* trainer, personal trainer
Fitnessraum *m* fitness room, gym
Fitnessstudio *n* gym
Fitnesstrainer(in) *m(f)* fitness instructor *od* trainer, personal trainer
Fitnesstraining *n* **~ machen** to work out in the gym
Fittich *m* **j-n unter seine ~e nehmen** *hum* to take sb under one's wing *fig*
fix A *adj* **1** *umg* (≈ *flink*) quick; (≈ *intelligent*) bright, smart **2** *umg* **fix und fertig sein** (≈ *nervös*) to be at the end of one's tether *Br*, to be at the end of one's rope *US*; (≈ *erschöpft*) to be done in *umg*, to be all in *umg*; *emotional* to be shattered **3** (≈ *feststehend*) fixed; **fixe Idee** obsession, idée fixe **B** *adv umg* (≈ *schnell*) quickly; **das geht ganz fix** that won't take long at all
fixen *v/i umg* (≈ *Drogen spritzen*) to fix *umg*, to shoot (up) *umg*
Fixer(in) *umg m(f)* junkie *umg*
Fixerstube *umg f* junkies' centre *Br umg*, junkies' center *US umg*
fixieren *v/t* **1** (≈ *anstarren*) **j-n/etw (mit seinen Augen) ~** to fix one's eyes on sb/sth **2** (≈ *festlegen*) to specify, to define; *Gehälter etc* to set (**auf** +*akk* for); (≈ *schriftlich niederlegen*) to record; **er ist zu stark auf seine Mutter fixiert** PSYCH he has a mother fixation
Fixierung *f* PSYCH fixation
Fixing *n* FIN fixing
Fixkosten *pl* fixed costs *pl*
Fixpunkt *m* fixed point
Fixstern *m* fixed star
Fjord *m* fiord
FKK *abk* (= *Freikörperkultur*) **FKK-Anhänger(in) sein** to be a nudist *od* naturist
FKK-Strand *m* nudist beach
FKK-Urlaub *m* nudist holiday(s *pl*) *od US* vacation
flach A *adj* **1** flat; *Abhang* gentle; **auf dem ~en Land** in the middle of the country **2** (≈ *untief, oberflächlich*) shallow **B** *adv* **~ atmen** to take shallow breaths; **sich ~ hinlegen** to lie down
Flachbau *m* low building
Flachbildfernseher *m* flat-screen TV
Flachbildschirm *m* TV flat screen
flachbrüstig *adj* flat-chested
Flachdach *n* flat roof
Fläche *f* area; (≈ *Oberfläche*) surface; *in der Geometrie* plane surface
Flächenbrand *m* extensive fire
flächendeckend *adj* extensive
Flächeninhalt *m* area
Flächenmaß *n* unit of square measure
Flächenstilllegung *f* set-aside
flachfallen *umg v/i* not to come off; *Regelung* to end
Flachheit *f* flatness; (≈ *Oberflächlichkeit*) shallowness
Flachland *n* lowland; (≈ *Tiefland*) plains *pl*
flachliegen *v/i umg* **er liegt seit einer Woche flach** he's been laid up (in bed) for a week
Flachmann *umg m* hip flask
Flachpfirsich *m* flat peach
Flachs *m* **1** *Textilien*, *a*. BOT flax **2** *umg* (≈ *Witzelei*) kidding *umg*; (≈ *Bemerkung*) joke
flachsen *umg v/i* to kid around *umg*
flackern *v/i* to flicker
Flackern *n* flickering
Fladen *m* **1** GASTR round flat dough-cake **2** *umg* (≈ *Kuhfladen*) cowpat *Br*, cow dung
Fladenbrot *n* unleavened bread
Flädlisuppe *f schweiz* pancake soup
Flagge *f* flag
flaggen *v/i* to fly flags/a flag
Flaggschiff *n* flagship
Flair +*gen geh n/(selten) m* aura; *bes schweiz* (≈ *Gespür*)

flair

Flak f [1] anti-aircraft gun [2] (≈ *Einheit*) anti-aircraft unit

Flakon n/m bottle, flacon

flambieren v/t GASTR to flambé; **flambierte Bananen** bananas flambés, flambéed bananas

Flamingo m flamingo

flämisch adj Flemish

Flamme f flame; **in ~n aufgehen** to go up in flames; **in (hellen) ~n stehen** to be ablaze; **etw auf kleiner ~ kochen** to cook sth on a low flame

Flammenmeer n sea of flames

Flammenwerfer m flame-thrower

Flanell m flannel

Flanke f [1] flank; *von Bus etc* side [2] SPORT flank-vault; FUSSB cross

flanken v/i FUSSB to centre Br, to center US

flankieren v/t to flank; **~de Maßnahmen** supporting measures

Flansch m flange

flapsig umg adj *Benehmen* cheeky Br, fresh US; *Bemerkung* offhand

Fläschchen n bottle

Flasche f [1] bottle; **in ~n abgefüllt** bottled; **mit der ~ aufziehen** to bottle-feed; **eine ~ Wein/Bier** etc a bottle of wine/beer etc; **aus der ~ trinken** to drink (straight) out of *od* from the bottle [2] umg (≈ *Versager*) complete loser umg

Flaschenbier n bottled beer

flaschengrün adj bottle-green

Flaschenhals m neck of a bottle; *fig* bottleneck

Flaschenkind n bottle-fed baby

Flaschenöffner m bottle opener

Flaschenpfand n deposit on bottles

Flaschenpost f message in a/the bottle

Flaschenzug m block and tackle

Flashmob m *spontaner Menschenauflauf* flashmob

Flatrate f TEL flat rate

Flatrateparty, Flatrate-Party f umg all-you-can-drink party

Flatratesaufen, Flatrate-Saufen umg n, **Flatratetrinken, Flatrate-Trinken** n consumption of unlimited alcohol on payment of cover charge

flatterhaft adj fickle

flattern v/i to flutter; *Fahne, Segel* to flap; *Haar* to stream

Flattersatz m ragged right

flau adj [1] *Wind* slack [2] *Geschmack* insipid; *Stimmung* flat [3] (≈ *übel*) queasy; *vor Hunger* faint; **mir ist ~ (im Magen)** I feel queasy [4] HANDEL *Markt* slack

Flaum m (≈ *Flaumfedern*) *auf Obst* down

flauschig adj fleecy; (≈ *weich*) soft

Flausen umg pl (≈ *Unsinn*) nonsense; (≈ *Illusionen*) fancy ideas pl umg

Flaute f [1] METEO calm [2] HANDEL, *a. fig* lull, slack period

Flechte f BOT, MED lichen

flechten v/t *Haar* to plait Br, to braid bes US; *Kranz, Korb* to weave; *Seil* to make

Fleck m [1] (≈ *Schmutzfleck*) stain, mark [2] (≈ *Farbfleck*) splotch; *auf Obst* blemish [3] (≈ *Flicken*) patch [4] (≈ *Stelle*) spot, place; **sich nicht vom ~ rühren** not to move *od* budge umg; **nicht vom ~ kommen** not to get any further; **vom ~ weg** right away

Fleckchen n **ein schönes ~ (Erde)** a lovely little spot

fleckenlos adj spotless

Fleckentferner m stain-remover

fleckig adj marked; *Obst* blemished

Fledermaus f bat

Fleece n, **Fleecejacke** f fleece

Flegel m [1] (≈ *Lümmel*) lout, yob Br umg; (≈ *Kind*) brat umg [2] (≈ *Dreschflegel*) flail

Flegelalter n awkward adolescent phase

flegelhaft adj uncouth

Flegeljahre pl **er ist in den ~n** he's at an awkward age

flegeln v/r to loll, to sprawl

flehen geh v/i to plead (**um** for *od* **zu** with)

flehentlich [A] adj imploring, pleading [B] adv imploringly, pleadingly; **j-n ~ bitten** to plead with sb

Fleisch n [1] (≈ *Gewebe*) flesh; **sich** (dat od akk) **ins eigene ~ schneiden** to cut off one's nose to spite one's face; **sein eigen ~ und Blut** geh his own flesh and blood; **j-m in ~ und Blut übergehen** to become second nature to sb [2] (≈ *Nahrungsmittel*) meat; (≈ *Fruchtfleisch*) flesh; **~ fressend** → fleischfressend; **~ verarbeitend** meat-processing

Fleischbällchen n meatball

Fleischbrühe f (≈ *Gericht*) bouillon; (≈ *Fond*) meat stock

Fleischer(in) m(f) butcher

Fleischerei f butcher's (shop) Br, butcher (shop) US

fleischfarben adj flesh-coloured Br, flesh-colored US

fleischfressend adj carnivorous; **~e Tiere** carnivores, carnivorous animals

Fleischgericht n meat dish

Fleischhauer(in) m(f) österr butcher

Fleischhauerei österr f → Fleischerei

fleischig adj fleshy

Fleischkäse m meat loaf

Fleischkloß m meatball

Fleischklößchen n meatball

Fleischkonserven *pl* canned meat, tinned meat *Br*
Fleischküchle *südd n*, **Fleischlaiberl** *n österr* (≈ *Frikadelle*) meatball
fleischlich *adj Speisen, Kost* meat
fleischlos **A** *adj* (≈ *ohne Fleisch*) meatless; *Kost, Ernährung* vegetarian **B** *adv* ~ **essen** to eat no meat
Fleischpflanzerl *n südd* (≈ *Frikadelle*) meatball
Fleischsalat *m* diced meat salad with mayonnaise
Fleischtomate *f* beef tomato
Fleischvergiftung *f* food poisoning (*from meat*)
Fleischwaren *pl* meat products *pl*
Fleischwolf *m* mincer *Br*, meat grinder *bes US*; **j-n durch den ~ drehen** *umg* to put sb through the mill
Fleischwunde *f* flesh wound
Fleischwurst *f* pork sausage
Fleiß *m* diligence; (≈ *Beharrlichkeit*) application; *als Charaktereigenschaft* industriousness; **mit ~ kann es jeder zu etwas bringen** anybody can succeed if they work hard; **mit ~ bei der Sache sein** to work hard; **ohne ~ kein Preis** *sprichw* no pain, no gain
Fleißarbeit *f* hard work
fleißig **A** *adj* **1** (≈ *arbeitsam*) hard-working, industrious **2** (≈ *Fleiß zeigend*) diligent, painstaking **B** *adv* ~ **studieren/arbeiten** to study/work hard
flektieren *v/t* to inflect *form*; *Substantiv, Adjektiv* to decline; *Verb* to conjugate
flennen *pej umg v/i* to blub(ber) *umg*
fletschen *v/t* **die Zähne ~** to bare one's teeth
flexibel **A** *adj* flexible **B** *adv* flexibly
flexibilisieren *v/t Bestimmungen, Arbeitszeit* to make more flexible; **die Arbeitszeit ~** to change to (more) flexible working hours
Flexibilität *f* flexibility
Flexion *f* GRAM inflection
flicken *v/t* to mend; *mit Flicken* to patch
Flicken *m* patch
Flickenteppich *m* rag rug
Flickflack *m* SPORT backflip
Flickwerk *n* **die Reform war reinstes ~** the reform had been carried out piecemeal
Flickzeug *n Handarbeiten* sewing kit; *für Reifen* (puncture) repair kit
Flieder *m* lilac
Fliege *f* **1** fly; **wie die ~n** like flies; **er tut keiner ~ etwas zuleide** *fig* he wouldn't hurt a fly; **zwei ~n mit einer Klappe schlagen** *sprichw* to kill two birds with one stone *sprichw*; **die ~ machen** *sl* to beat it *umg* **2** (≈ *Schlips*) bow tie
fliegen **A** *v/i* **1** to fly; **die Zeit fliegt** time flies; **auf j-n/etw ~** *umg* to be crazy about sb/sth *umg* **2** *umg* **von der Leiter ~** to fall off the ladder; **durchs Examen ~** to fail one's exam, to flunk one's exam *umg*; **aus der Firma ~** to get the sack *umg*; **von der Schule ~** to be chucked out of school *umg* **3 geflogen kommen** to come flying; **in den Papierkorb ~** to go into the wastepaper basket **B** *v/t* to fly
Fliegen *n* flying
fliegend *adj* flying; **~er Händler** travelling hawker *Br*, traveling hawker *US*; **~er Teppich** flying carpet; **~e Hitze** hot flushes *pl Br*, hot flashes *pl US*
Fliegenfänger *m* (≈ *Klebestreifen*) flypaper
Fliegengewicht *n* flyweight
Fliegengitter *n* fly screen
Fliegenklatsche *f* fly swat
Fliegenpilz *m* fly agaric
Flieger *m* **1** (≈ *Pilot*) airman; MIL *Rang* aircraftman *Br*, airman basic *US* **2** *umg* (≈ *Flugzeug*) plane
Fliegeralarm *m* MIL air-raid warning
Fliegerangriff *m* MIL air raid
Fliegerin *f* (≈ *Pilotin*) airwoman
Fliegerjacke *f* bomber jacket
fliehen *v/i* to flee (**vor** +*dat* from); (≈ *entkommen*) to escape (**aus** from); **vor j-m ~** to flee from sb; **aus dem Lande ~** to flee the country
fliehend *adj Kinn* receding; *Stirn* sloping
Fliese *f* tile; **~n legen** to lay tiles
fliesen *v/t* to tile
Fliesenleger(in) *m(f)* tiler
Fließband *n* conveyor belt; *als Einrichtung* assembly *od* production line; **am ~ arbeiten** to work on the assembly *od* production line
Fließbandfertigung *f* assembly-line production
fließen *v/i* to flow; *Tränen* to run; **es ist genug Blut geflossen** enough blood has been shed
fließend **A** *adj* flowing; *Leitungswasser* running; *Verkehr* moving; *Rede, Sprache* fluent; *Grenze, Übergang* fluid **B** *adv sprechen* fluently
Fließheck *n* fastback
Fließtext *m* IT continuous text
flimmerfrei *adj Optik, a.* FOTO flicker-free
flimmern *v/i* to shimmer; FILM, TV to flicker
flink **A** *adj* (≈ *geschickt*) nimble; (≈ *schnell*) quick **B** *adv arbeiten* quickly; *springen* nimbly; **ein bisschen ~!** *umg* get a move on! *umg*
Flinte *f* (≈ *Schrotflinte*) shotgun; **die ~ ins Korn werfen** *fig* to throw in the towel
Flipchart, Flip Chart *f* flip chart
Flipflops, Flip-Flops® *pl* flip-flops *pl Br*, thongs *pl US*
Flipper *m* pinball machine
flippern *v/i* to play pinball
Flirt *m* (≈ *Flirten*) flirtation

flirten v/i to flirt
Flittchen pej umg n slut
Flitterwochen pl honeymoon sg; **in die ~ fahren/in den ~ sein** to go/be on one's honeymoon
flitzen umg v/i **1** (≈ sich schnell bewegen) to dash **2** (≈ nackt rennen) to streak; **(das) Flitzen** streaking
floaten v/t & v/i FIN to float; **~ (lassen)** to float
Flocke f flake; (≈ Schaumflocke) blob (of foam); (≈ Staubflocke) ball (of fluff)
flockig wörtl adj fluffy; fig lively
Floh m ZOOL flea; **j-m einen ~ ins Ohr setzen** umg to put an idea into sb's head; **die Flöhe husten hören** umg to imagine things
Flohmarkt m flea market
Flohzirkus m flea circus
Flop m flop umg
floppen v/i umg scheitern to be* a flop
Floppy f COMPUT floppy (disk)
Flora f flora
Florett n (≈ Waffe) foil
florieren v/i to flourish; **ein ~des Geschäft** a flourishing business
Florist(in) m(f) florist
Floskel f set od empty phrase
floskelhaft adj Stil, Rede cliché-ridden; Ausdrucksweise stereotyped
Floß n raft; **mit einem ~ fahren** to raft
Flosse f **1** (≈ Fischflosse) fin; (≈ Walflosse, Robbenflosse, Taucherflosse) flipper **2** FLUG, SCHIFF (≈ Leitwerk) fin
Floßfahrt f raft trip
Flöte f **1** pipe; (≈ Querflöte, Orgelflöte) flute; (≈ Blockflöte) recorder; **~ spielen** to play the flute/recorder **2** (≈ Kelchglas) flute glass
flöten **A** v/i MUS to play the flute; (≈ Blockflöte spielen) to play the recorder **B** v/t & v/i Vogel, a. fig umg to warble
flöten gehen umg v/i to go to the dogs umg
Flötenkessel m whistling kettle
Flötist(in) m(f) piper; von Querflöte flautist
flott **A** adj **1** (≈ zügig) Fahrt quick; Tempo brisk; Bedienung speedy umg; (≈ schwungvoll) Musik lively **2** (≈ chic) smart **3** **wieder ~ sein** Schiff to be afloat again; Mensch: finanziell to be in funds again; Unternehmen to be back on its feet **B** adv **1** (≈ zügig) quickly, speedily; **ich komme ~ voran** I'm making speedy progress **2** (≈ chic) stylishly
Flotte f SCHIFF, FLUG fleet
Flottenstützpunkt m naval base
flottmachen v/t **etwas ~** to get sth going
Flöz n Bergbau seam
Fluch m curse; **Flüche** bad language
fluchen v/i to curse (and swear); **auf** od **über j-n/etw ~** to curse sb/sth

Flucht f **1** flight (**vor** +dat from); (≈ Entkommen) escape; **die ~ ergreifen** to take flight; **auf der ~ sein** to be fleeing; Gesetzesbrecher to be on the run; **j-m zur ~ verhelfen** to help sb to escape **2** (≈ Häuserflucht) row; (≈ Fluchtlinie) alignment
fluchtartig **A** adj hasty, hurried **B** adv hastily, hurriedly
Fluchtauto n getaway car
flüchten v/i (≈ davonlaufen) to flee (**vor** +dat from); (≈ entkommen) to escape; **vor der Wirklichkeit ~** to escape reality; **sich in (den) Alkohol ~** to take refuge in alcohol; **sich in Ausreden ~** to resort to excuses
Fluchtfahrzeug n escape vehicle; von Gesetzesbrecher getaway vehicle
Fluchtgefahr f risk of escape, risk of an escape attempt
Fluchthelfer(in) m(f) escape helper
flüchtig **A** adj **1** (≈ geflüchtet) fugitive; **~ sein** to be still at large **2** (≈ kurz) fleeting, brief; Gruß brief **3** (≈ oberflächlich) cursory, sketchy **B** adv **1** (≈ kurz) fleetingly, briefly; **~ erwähnen** to mention in passing **2** (≈ oberflächlich) cursorily, superficially; **etw ~ lesen** to skim through sth; **j-n ~ kennen** to have met sb briefly
Flüchtigkeitsfehler m careless mistake
Flüchtling m refugee
Flüchtlingsboot n refugee boat, boat carrying refugees
Flüchtlingsdrama n refugee drama
Flüchtlingskrise f migrant crisis
Flüchtlingslager n refugee camp
Flüchtlingsstatus m refugee status
Flüchtlingsunterkunft f refugee hostel
Fluchtversuch m escape attempt od bid
Fluchtwagen m getaway car
Fluchtweg m escape route
Flug m flight; **im ~(e)** in the air; **wie im ~(e)** fig in a flash
Flugabwehr f air defence Br, air defense US
Flugabwehrrakete f anti-aircraft missile
Flugangst f fear of flying
Flugbahn f flight path; (≈ Kreisbahn) orbit
Flugbegleiter(in) m(f) flight attendant
flugbereit adj ready for takeoff
Flugblatt n leaflet, flyer
Flugdatenschreiber m flight recorder
Flugdauer f flying time
Flügel m **1** wing; von Hubschrauber, Ventilator blade; (≈ Fensterflügel) casement form, side; (≈ Lungenflügel) lung; (≈ Nasenflügel) nostril; **einem Vogel/j-m die ~ stutzen** to clip a bird's/sb's wings **2** (≈ Konzertflügel) grand piano, grand umg
Flügelhorn n MUS flugelhorn

Flügelkampf m POL factional dispute
Flügelspanne f wing span
Flügelspieler(in) m(f) SPORT winger
Flügelstürmer m SPORT wing forward
Flügeltür f leaved door form; **mit zwei Flügeln** double door
Flugente f GASTR muscovy duck
Fluggast m (airline) passenger
flügge adj fully-fledged; **~ werden** wörtl to be able to fly; fig to leave the nest
Fluggepäck n baggage
Fluggesellschaft f airline (company)
Flughafen m airport; **auf dem ~** at the airport
Flughafenbus m airport bus
Flughafengebäude n (air) terminal
Flughafensteuer f airport tax
Flughöhe f FLUG altitude
Flugkapitän(in) m(f) captain (of an/the aircraft)
Flugkörper m flying object
Fluglärm m aircraft noise
Fluglehrer(in) m(f) flying instructor
Fluglinie f (≈ Fluggesellschaft) airline (company)
Fluglotse m, **Fluglotsin** f air traffic od flight controller
Flugmeile f air mile; **~n sammeln** to collect air miles
Flugmodus m beim Handy etc flight mode
Flugnummer f flight number
Flugobjekt n **ein unbekanntes ~** an unidentified flying object
Flugpersonal n flight personnel pl
Flugplan m flight schedule
Flugplatz m airfield; größer airport
Flugpreis m air fare
Flugreise f flight
Flugrettungsdienst m air rescue service
Flugroute f air route
Flugschau f air show
Flugschein m [1] pilot's licence Br, pilot's license US [2] (≈ Flugticket) plane od air ticket
Flugschreiber m flight recorder
Flugschrift f pamphlet
Flugschüler(in) m(f) trainee pilot
Flugsicherheit f air safety
Flugsicherung f air traffic control
Flugsimulator m flight simulator
Flugsocke f flight sock
Flugsteig m gate
Flugstrecke f [1] (≈ Route) (air) route [2] zurückgelegte distance flown
Flugstunde f [1] flying hour; **zehn ~n entfernt** ten hours away by air [2] (≈ Unterricht) flying lesson
flugtauglich adj Pilot fit to fly; Flugzeug airworthy
Flugticket n plane od air ticket

flugtüchtig adj airworthy
Flugüberwachung f air traffic control
fluguntauglich adj Pilot unfit to fly; Flugzeug not airworthy
Flugunterbrechung f stop
fluguntüchtig adj not airworthy
Flugverbindung f air connection
Flugverbot n flying ban
Flugverkehr m air traffic
Flugzeit f flying time
Flugzeug n aircraft, (aero)plane Br, (air)plane US; **im ~** on the plane; **mit dem ~** by air od plane
Flugzeugabsturz m plane crash
Flugzeugbau m aircraft construction
Flugzeugbesatzung f air crew, plane crew
Flugzeugentführer(in) m(f) hijacker, skyjacker
Flugzeugentführung f hijacking, skyjacking
Flugzeughalle f (aircraft) hangar
Flugzeugindustrie f aircraft industry
Flugzeugkatastrophe f air(line) disaster
Flugzeugträger m aircraft carrier
Flugzeugunglück n plane crash
Flugziel n destination
Fluidum fig n aura; von Städten, Orten atmosphere
Fluktuation f fluctuation (+gen in)
fluktuieren v/i to fluctuate
Flunder f flounder
flunkern umg A v/i to tell stories umg B v/t to make up
Fluor n fluorine; (≈ Fluorverbindung) fluoride
Fluorchlorkohlenwasserstoff m chlorofluorocarbon
fluoreszieren v/i to be luminous
Flur m corridor; (≈ Hausflur) hall
Flurschaden m damage to an agricultural area; fig damage
Fluse f bit of fluff; (≈ Wollfluse) bobble
Fluss m [1] (≈ Gewässer) river; **am ~** by the river [2] (≈ Verlauf) flow; **etw kommt in ~** sth gets underway; **im ~ sein** (≈ sich verändern) to be in a state of flux
flussab(wärts) adv downstream, downriver
Flussarm m arm of a/the river
flussaufwärts adv upstream, upriver
Flussbett n riverbed
Flüsschen n little river
Flussdiagramm n flow chart od diagram
flüssig A adj [1] (≈ nicht fest) liquid; Honig, Lack runny; (≈ geschmolzen) Metall molten [2] (≈ fließend) Stil, Spiel fluid; Sprechen fluent [3] (≈ verfügbar) Geld available; **ich bin im Moment nicht ~** umg I'm out of funds at the moment B adv [1] **~ ernährt werden** to be fed on liquids [2] (≈ fließend) fluently; **~ lesen/schreiben** to read/write

fluently
Flüssiggas *n* liquid gas
Flüssigkeit *f* **1** (≈ *flüssiger Stoff*) liquid **2** *von Metall etc* liquidity; *von Geldern* availability; *von Stil* fluidity
Flüssigkeitsbehälter *m* tank
Flüssigkristall *m* liquid crystal
Flüssigkristallanzeige *f* liquid-crystal display
Flüssigkristallbildschirm *m* LCD *od* liquid crystal display screen
Flüssigseife *f* liquid soap
Flusskrebs *m* crayfish *Br*, crawfish *US*
Flusslauf *m* course of a/the river
Flussmündung *f* river mouth; *von Gezeitenfluss* estuary
Flusspferd *n* hippopotamus
Flussufer *n* riverbank; **am ~** on the riverbank
flüstern *v/t & v/i* to whisper
Flüsterpropaganda *f* underground rumours *pl Br*, underground rumors *pl US*
Flut *f* **1** (≈ *ansteigender Wasserstand*) incoming *od* flood tide; (≈ *angestiegener Wasserstand*) high tide; **es ist ~** the tide is in; **die ~ geht zurück** the tide has turned *od* started to go out **2** (≈ *Wassermasse*) waters *pl* **3** *fig* (≈ *Menge*) flood
flutartig *adj* **~e Überschwemmung** flash flood
fluten *v/t Schleuse, Tank* to flood
Flutkatastrophe *f* flood disaster
Flutlicht *n* floodlight
Flutopfer *n* flood victim
Flutwelle *f* tidal wave
Flyer *m* flyer
föderal *adj* federal
Föderalismus *m* federalism
föderalistisch *adj* federalist
Föderation *f* federation
föderativ *adj* federal
Fohlen *n* foal
Föhn *m* **1** (≈ *Wind*) foehn, föhn **2** (≈ *Haartrockner*) hairdryer
föhnen *v/t* to dry
Föhre *f* Scots pine (tree)
Fokus *m* focus
Folge *f* **1** (≈ *Reihenfolge*) order; (≈ *Aufeinanderfolge*) succession; MATH sequence; (≈ *Fortsetzung*) instalment *Br*, installment *US*; TV, RADIO episode; (≈ *Serie*) series **2** (≈ *Ergebnis*) consequence; (≈ *unmittelbare Folge*) result; (≈ *Auswirkung*) effect; **als ~ davon** as a result (of that); **etw zur ~ haben** to result in sth; **dies hatte zur ~, dass …** the consequence *od* result of this was that …; **an den ~n eines Unfalls sterben** to die as a result of an accident **3** *form* **einem Befehl ~ leisten** to comply with an order
Folgeerscheinung *f* result, consequence
Folgekosten *pl* subsequent costs *pl*

folgen *v/i* to follow; **auf etw** (*akk*) **~** to follow sth, to come after sth; **~ Sie mir (bitte)!** come with me please; **wie folgt** as follows; **können Sie mir ~?** (≈ *verstehen*) do you follow (me)?; **was folgt daraus für die Zukunft?** what are the consequences of this for the future?
folgend *adj* following; **Folgendes** the following; **im Folgenden** in the following; **es handelt sich um Folgendes** it's like this; *schriftlich* it concerns the following
folgendermaßen *adv* like this
folgenlos *adj* without consequences; (≈ *wirkungslos*) ineffective
folgenreich *adj* (≈ *bedeutsam*) momentous; (≈ *folgenschwer*) serious
folgenschwer *adj* serious
folgerichtig *adj* (logically) consistent
folgern *v/t* to conclude
Folgerung *f* conclusion
Folgeschaden *m* consequential damages
Folgezeit *f* following period, period following
folglich *adv & konj* consequently, therefore
folgsam *adj* obedient
Folie *f* (≈ *Plastikfolie*) film; *für Projektor* transparency; *in Power-Point®* slide; (≈ *Metallfolie*), *a.* GASTR foil
Folienkartoffel *f* GASTR jacket potato *Br* (*baked in foil*) baked potato
Folienschreiber *m* marker pen (*for overhead projector transparencies*)
Folklore *f* folklore; (≈ *Volksmusik*) traditional music
folkloristisch *adj* folkloric; **~e Musik** folk music
Folsäure *f* CHEM folic acid
Folter *f* torture; **j-n auf die ~ spannen** *fig* to keep sb on tenterhooks
Folterbank *f* rack
Folterer *m*, **Folterin** *f* torturer
Folterinstrument *n* instrument of torture
Folterkammer *f* torture chamber
foltern **A** *v/t* to torture **B** *v/i* to use torture
Folterung *f* torture
Folterwerkzeug *n* instrument of torture
Fon *n* phon
Fön® *m* hairdryer
Fond *m* **1** *geh* (≈ *Wagenfond*) back, rear **2** GASTR (≈ *Fleischsaft*) meat juices *pl*
Fonds *m* **1** (≈ *Geldreserve*) fund **2** FIN (≈ *Schuldverschreibung*) government bond
Fondsmanager(in) *m(f)* FIN fund manager
Fondue *n* fondue
fönen *v/t* → **föhnen**
Font *m* TYP font
Fontäne *f* jet; *geh* (≈ *Springbrunnen*) fountain
Football *m* American football
foppen *umg v/t* **j-n ~** to pull sb's leg *umg*

forcieren v/t to push; *Tempo* to force; *Produktion* to push od force up
Förderband n conveyor belt
Förderer m, **Förderin** f sponsor; (≈ *Gönner*) patron
Förderkorb m mine cage
Förderkurs m SCHULE special classes pl
förderlich adj beneficial (+dat to)
Fördermittel pl aid sg
fordern v/t **1** (≈ *verlangen*) to demand **2** fig (≈ *kosten*) *Opfer* to claim **3** (≈ *herausfordern*) to challenge
fördern v/t **1** (≈ *unterstützen*) to support; (≈ *propagieren*) to promote; finanziell: *Projekt* to sponsor; *j-s Talent* to encourage, to foster; *Verdauung* to aid; *Appetit* to stimulate **2** (≈ *steigern*) *Wachstum* to promote; *Umsatz* to boost, to increase **3** *Bodenschätze* to extract; *Kohle, Erz* to mine
Förderschule f special school
Förderschüler(in) m(f) special-needs pupil
Förderturm m *Bergbau* winding tower; *auf Bohrstelle* derrick
Forderung f **1** (≈ *Verlangen*) demand (nach for); **~en an j-n stellen** to make demands on sb **2** HANDEL (≈ *Anspruch*) claim (an +akk od gegen on, against) **3** (≈ *Herausforderung*) challenge
Förderung f **1** (≈ *Unterstützung*) support; finanziell sponsorship; *von Talent* fostering; *von Verdauung* aid (+gen to) **2** umg (≈ *Förderungsbetrag*) grant **3** (≈ *Gewinnung*) extraction
Förderunterricht m special instruction *bes US*, remedial classes pl, tutoring
Forelle f trout
forensisch adj forensic
Form f **1** form; (≈ *Gestalt, Umriss*) shape; **in ~ eines Dreiecks** in the shape of a triangle; **aus der ~ geraten** to lose its shape; **feste ~ annehmen** fig to take shape **2** ~en pl (≈ *Umgangsformen*) manners pl; **die ~ wahren** to observe the proprieties; **in aller ~** formally **3** (≈ *Kondition*) form; **in ~ bleiben** to keep (oneself) fit od in condition; *Sportler* to keep in form; **er war nicht in ~** he wasn't on form **4** (≈ *Gießform*) mould Br, mold US; (≈ *Kuchenform, Backform*) baking tin Br, baking pan US
formal A adj formal **B** adv formally
Formaldehyd m formaldehyde
Formalie f formality
formalistisch adj formalistic
Formalität f formality
Format n **1** size; *von Zeitung, Buch* format; **im ~ DIN A4** in A4 (format) **2** (≈ *Rang*) stature **3** fig (≈ *Niveau*) class umg, quality
formatieren v/t & v/i IT to format
Formatierung f IT formatting
Formation f formation; (≈ *Gruppe*) group

Formatvorlage f IT style (sheet)
Formblatt n form
Formel f formula; *von Eid etc* wording; (≈ *Floskel*) set phrase
Formel-1-Rennen n Formula-1 race
formell A adj formal **B** adv (≈ *offiziell*) formally, officially
formen v/t to form, to shape; *Eisen* to mould Br, to mold US
Formfehler m irregularity
formgerecht adj correct, proper
formieren v/r to form up
förmlich A adj **1** (≈ *formell*) formal **2** (≈ *regelrecht*) positive **B** adv **1** (≈ *formell*) formally **2** (≈ *regelrecht*) positively
Förmlichkeit f **1** *von Benehmen* formality **2** (≈ *Äußerlichkeit*) social convention
formlos adj **1** (≈ *ohne Form*) shapeless **2** (≈ *zwanglos*) informal, casual **3** ADMIN *Antrag* unaccompanied by a form/any forms
Formsache f matter of form
formschön adj elegant, elegantly proportioned
Formschwäche f poor form; **~n zeigen** to be on poor form
Formtief n loss of form; **sich in einem ~ befinden** to be badly off form
Formular n form
formulieren v/t to phrase, to formulate; **Sie wissen, wie man es formuliert** you know how to put it
Formulierung f wording, formulation
Formung f (≈ *Formen*) forming, shaping; *von Eisen* moulding Br, molding US
formvollendet adj perfect; *Gedicht* perfectly structured
forsch A adj brash **B** adv brashly
forschen v/i **1** (≈ *suchen*) to search (nach for) **2** (≈ *Forschung betreiben*) to research; **über etw** (akk) **~** to research into sth
forschend A adj *Blick* searching **B** adv searchingly; **j-n ~ ansehen** to give sb a searching look
Forscher(in) m(f) **1** researcher; *in Naturwissenschaften* research scientist **2** (≈ *Forschungsreisender*) explorer
Forschheit f brashness
Forschung f research *kein pl*; **~ und Lehre** research and teaching; **~ und Entwicklung** research and development, R&D
Forschungsauftrag m research assignment
Forschungsgebiet n field of research
Forschungsprojekt n research project
Forschungsreise f expedition
Forschungsreisende(r) m/f(m) explorer
Forschungssatellit m research satellite

Forschungszentrum n research centre Br, research center US
Forst m forest
Forstamt n forestry office
Förster(in) m(f) forest warden
Forsthaus n forester's lodge
Forstrevier n forestry district
Forstschaden m forest damage kein pl
Forstwirtschaft f forestry
Forsythie f forsythia
fort adv **1** (≈ weg) away; (≈ verschwunden) gone; **es war plötzlich ~** it suddenly disappeared; **er ist ~** he has left od gone; **von zu Hause ~** away from home **2** (≈ weiter) on; **und so ~** and so on, and so forth; **das ging immer so weiter und so ~ und so ~** umg that went on and on and on; **in einem ~** incessantly
Fort n fort
Fortbestand m continuance; von Institution continued existence; von Gattung etc survival
fortbestehen v/i to continue; Institution to continue in existence
fortbewegen **A** v/t to move away **B** v/r to move
Fortbewegung f locomotion
Fortbewegungsmittel n means sg of locomotion
fortbilden v/t **j-n/sich ~** to continue sb's/one's education
Fortbildung f further education; **berufliche ~** further vocational training
Fortbildungskurs m in-service training course
fortbleiben v/i to stay away
Fortbleiben n absence
Fortdauer f continuation
fortdauern v/i to continue
fortdauernd **A** adj continuing **B** adv constantly, continuously
fortfahren v/i **1** (≈ abfahren) to leave, to go **2** (≈ weitermachen) to continue; **~, etw zu tun** to continue doing sth od to do sth
fortfallen v/i to cease to exist, to be discontinued; (≈ abgeschafft werden) to be abolished
fortführen v/t (≈ fortsetzen) to continue, to carry on
Fortführung f continuation
Fortgang m (≈ Verlauf) progress; **seinen ~ nehmen** to progress
fortgehen v/i (≈ weggehen) to leave
fortgeschritten adj advanced
Fortgeschrittene(r) m/f(m) advanced student
Fortgeschrittenenkurs m advanced course
fortgesetzt adj continual, constant; Betrug repeated; → fortsetzen
fortjagen v/t Menschen to throw out (**aus, von** of); Tier, Kinder to chase out (**aus, von** of)

fortkommen v/i to get away; **mach, dass du fortkommst** get out of here
fortlaufen v/i to run away
fortlaufend **A** adj Handlung ongoing; Zahlungen regular; (≈ andauernd) continual **B** adv (≈ andauernd) continually; **~ nummeriert** Geldscheine serially numbered; Seiten consecutively numbered
fortmüssen v/i **ich muss fort** I've got to go, I must be off; **das muss fort** it's got to go
fortpflanzen v/r to reproduce; Schall, Wellen to travel; Gerücht to spread
Fortpflanzung f reproduction; von Pflanzen propagation
Fortpflanzungsorgan n reproductive organ
Fortpflanzungstrieb m reproductive instinct
fortrennen v/i to race off od away
Fortsatz m ANAT process
fortschaffen v/t to remove, to take off
fortschreiten v/i to progress; (≈ weitergehen) to continue
fortschreitend adj progressive; Alter advancing
Fortschritt m advance; bes POL progress kein pl; **gute ~e machen** to make good progress; **~e in der Medizin** advances in medicine; **dem ~ dienen** to further progress
fortschrittlich **A** adj progressive **B** adv progressively
fortschrittsfeindlich adj anti-progressive
fortsetzen **A** v/t to continue; → fortgesetzt **B** v/r zeitlich to continue; räumlich to extend
Fortsetzung f **1** (≈ das Fortsetzen) continuation **2** RADIO, TV episode; eines Romans instalment Br, installment US; **„Fortsetzung folgt"** "to be continued"
Fortsetzungsroman m serialized novel
fortwährend **A** adj constant, continual **B** adv constantly, continually
fortziehen v/i to move away
Forum n forum
fossil adj fossilized; Brennstoff fossil attr
Fossil n fossil
Foto n photo(graph); **auf dem ~** in the photo; **ein ~ machen** to take a photo(graph); **~s machen** to take pictures od photos
Fotoalbum n photograph album
Fotoapparat m camera
Fotoausrüstung f photographic equipment
Fotoautomat m für Passfotos photo booth
Fotobombe f photobomb
fotobomben v/t & v/i to photobomb
Fotobuch n photobook
Fotodrucker m photo printer
Fotofinish n SPORT photo finish
Fotogalerie f bes INTERNET photo gallery
fotogen adj photogenic

Fotograf(in) m(f) photographer
Fotografie f photography; (≈ Bild) photo(graph)
fotografieren A v/t to photograph B v/i to take photos od photographs od pictures
fotografisch A adj photographic B adv photographically
Fotohandy n camera phone
Fotokopie f photocopy
fotokopieren v/t to photocopy
Fotokopierer m photocopier
Fotolabor n photo lab
Fotomodell n photographic model
Fotomontage f photomontage
Fotoreportage f photo reportage
Fotosoftware f photographic od photography software
Fotosynthese f photosynthesis
Fototermin m photo call
Fötus m foetus Br, fetus US
fotzen v/t österr (≈ ohrfeigen) **j-n ~** to give sb a smack on the ear
Foul n SPORT foul
Foulelfmeter m FUSSB penalty (kick)
foulen v/t & v/i SPORT to foul
Foulspiel n SPORT foul play
Foyer n foyer
FPÖ f abk (= Freiheitliche Partei Österreichs) Freedom Party of Austria
Fracht f freight kein pl
Frachtbrief m consignment note, waybill
Frachter m freighter
Frachtflugzeug n cargo od freight plane
frachtfrei adj & adv carriage paid od free
Frachtgut n (ordinary) freight kein pl
Frachtkosten pl freight charges pl
Frachtraum m hold; (≈ Ladefähigkeit) cargo space
Frachtschiff n cargo ship, freighter
Frachtverkehr m goods traffic
Frack m tails pl, tail coat
Fracking n GEOL Verpressung von Wasser und Chemikalien zum Herauslösen von Erdöl und Erdgas fracking, underground coal gasification, UCG
Frage f question; (≈ Angelegenheit) matter, issue; **drei ~n zum Text** three questions on the text; **j-m eine ~ stellen** to ask sb a question; **~n stellen** to ask questions; **sind noch ~n?** are there any further questions?; **das steht außer ~** there's no question od doubt about it; **ohne ~** without question od doubt; **eine ~ des Geldes** a question od matter of money; **in ~ kommen/stellen** → infrage
Fragebogen m questionnaire; (≈ Formular) form
Fragefürwort n GRAM interrogative (pronoun)
fragen A v/t & v/i to ask; **nach j-m ~** to ask after sb; in Hotel etc to ask for sb; **nach etw ~** to ask about sth; **nach dem Weg ~** to ask the way; **er fragte nicht danach, ob ...** he didn't bother od care whether ...; **wegen etw ~** to ask about sth; **frag nicht so dumm!** don't ask silly questions; **du fragst zu viel** you ask too many questions; **da fragst du mich zu viel** umg I really couldn't say; **man wird ja wohl noch ~ dürfen** umg I was only asking umg; **wenn ich (mal) ~ darf** if I may od might ask; **ohne lange zu ~** without asking a lot of questions; → gefragt B v/r to wonder; **das frage ich mich** I wonder; **es fragt sich, ob ...** it's debatable od questionable whether od if ...; **ich frage mich, wie/wo ...** I'd like to know how/where ...
fragend A adj Blick questioning B adv **j-n ~ ansehen** to give sb a questioning look
Fragerei f questions pl
Fragesatz m GRAM interrogative sentence; (≈ Nebensatz) interrogative clause
Fragestellung f **das ist eine falsche ~** the question is wrongly formulated
Fragestunde f PARL question time Br
Fragewort n interrogative (particle)
Fragezeichen n question mark
fraglich adj ❶ (≈ zweifelhaft) uncertain; (≈ fragwürdig) doubtful, questionable ❷ (≈ betreffend) in question; Angelegenheit under discussion
fraglos adv undoubtedly, unquestionably
Fragment n fragment
fragmentarisch adj fragmentary
fragwürdig adj dubious
Fragwürdigkeit f dubious nature
Fraktion f ❶ POL ≈ parliamentary party, congressional party US; (≈ Sondergruppe) group, faction ❷ CHEM fraction
Fraktionsführer(in) m(f) party whip, floor leader US
fraktionslos adj Abgeordneter independent
Fraktionssitzung f party meeting
Fraktionsvorsitzende(r) m/f(m) party whip, floor leader US
Fraktionszwang m requirement to vote in accordance with party policy
Fraktur f ❶ TYPO Gothic print; **(mit j-m) ~ reden** umg to be blunt (with sb) ❷ MED fracture
Franchisegeber(in) m(f) franchisor
Franchisenehmer(in) m(f) franchisee
Franchising n Konzessionsverkauf) franchising
Franken[1] n Franconia
Franken[2] m **(Schweizer) ~** (Swiss) franc
frankieren v/t to stamp; mit Maschine to frank
franko adv HANDEL carriage paid
Frankreich n France
Franse f lose (loose) thread
fransen v/i to fray (out)
Franzose m Frenchman/French boy; **die ~n** the

French

Französin f Frenchwoman/French girl

französisch adj French; **die ~e Schweiz** French-speaking Switzerland; **~es Bett** double bed; → **deutsch**

Französisch n French

Fräse f (≈ Werkzeug) milling cutter; für Holz moulding cutter Br, molding cutter US

fräsen v/t to mill; Holz to mould Br, to mold US

Fraß m grub; (= ungesundes Essen) junk food; pej umg muck umg; **j-n den Kritikern zum ~ vorwerfen** to throw sb to the critics

Fratze f ❶ grotesque face ❷ (= Grimasse) grimace; umg (≈ Gesicht) face

Frau f ❶ woman ❷ (≈ Ehefrau) wife ❸ (≈ Anrede) madam; mit Namen Mrs Br, Mrs. US; für eine junge unverheiratete Frau Miss; für eine unverheiratete Frau Ms

Frauchen n von Hund mistress

Frauenarzt m, **Frauenärztin** f gynaecologist Br, gynecologist US

Frauenbeauftragte(r) m/f(m) women's representative

Frauenberuf m career for women

Frauenbewegung f feminist movement; a. HIST women's movement

Frauenfeind m misogynist

frauenfeindlich adj anti-women präd

Frauenfußball m women's football

Frauenhaus n women's refuge

Frauenheilkunde f gynaecology Br, gynecology US

Frauenheld m lady-killer

Frauenkrankheit f, **Frauenleiden** n gynaecological disorder Br, gynecological disorder US

Frauenquote f quota for women

Frauenrechtler(in) m(f) feminist

Frauenzeitschrift f women's magazine

Fräulein obs n ❶ young lady ❷ (≈ Anrede) Miss ❸ (≈ Verkäuferin) assistant; (≈ Kellnerin) waitress; **~!** Miss!

fraulich adj feminine; (≈ reif) womanly; **sie wirkt schon sehr ~** she already comes across like a grown woman

Freak umg m freak umg

freakig umg adj freaky umg

frech Ⓐ adj ❶ (= unverschämt) **cheeky** bes Br, **fresh** präd bes US; Lüge bare-faced ❷ (≈ herausfordernd) Kleidung, Texte etc saucy umg Ⓑ adv lachen impudently; anlügen brazenly

Frechdachs umg m cheeky monkey Br, smart aleck

Frechheit f impudence; **die ~ haben** od **besitzen, ... zu ...** to have the cheek to ... bes Br, to have the impudence to ...

Fregatte f frigate

frei Ⓐ adj ❶ free; **~ von etw** free of sth; **die Straße ~ machen** to clear the road; **ich bin so ~** form may I?; **j-m ~e Hand lassen** to give sb free rein; **~er Mann** HIST freeman; **aus ~en Stücken** of one's own free will; **~er Zutritt** unrestricted access ❷ **~er Beruf** independent profession; **~er Mitarbeiter** freelancer; **~e Stelle** vacancy; **die ~e Wirtschaft** private enterprise; **~e Zeit** free time; **Mittwoch ist ~** Wednesday is a holiday; **Eintritt ~** admission free ❸ (≈ unbesetzt) Zimmer, Toilette vacant; **ist dieser Platz noch ~?** is anyone sitting here?, is this seat free?; **„frei"** an Taxi "for hire"; an Toilettentür "vacant"; **„Zimmer ~"** "vacancies"; **haben Sie noch etwas ~?** in Hotel do you have any vacancies?; **einen Platz für j-n ~ lassen** to keep a seat for sb Ⓑ adv ❶ (≈ ungehindert) freely; sprechen openly; **~ beweglich** free-moving; **~ erfunden** purely fictional; **der Verbrecher läuft immer noch ~ herum** the criminal is still at large; **~ laufend** Hunde, Katzen feral; Huhn free-range; **Eier von ~ laufenden Hühnern** free-range eggs; **~ stehen** Haus to stand by itself; (≈ leer stehen) to stand empty; **ein ~ stehendes Gebäude** a free-standing building; **~ nach** based on ❷ (≈ ohne Hilfsmittel) unaided, without help; **~ sprechen** to speak without notes

Freibad n open-air (swimming) pool

freibekommen v/t ❶ (≈ befreien) **j-n ~** to get sb freed od released ❷ **einen Tag ~** to get a day off

Freiberufler(in) m/f(m) freelancer

freiberuflich Ⓐ adj freelance Ⓑ adv **~ arbeiten** to work freelance

Freibetrag m tax allowance

Freibier n free beer

Freiburg n in der Schweiz: Kanton, Stadt Fribourg

Freier m umg von Dirne (prostitute's) client, john US umg

Freie(s) n **im ~n** in the open (air), outdoors; **im ~n übernachten** to sleep out in the open

Freiexemplar n free copy

Freigabe f release; von Wechselkursen lifting of control (+gen on); von Straße, Strecke opening

Freigang m von Strafgefangenen day release

freigeben Ⓐ v/t to release (an +akk to); Wechselkurse to decontrol; Straße, Strecke, Flugbahn to open; Film to pass; **j-m den Weg ~** to let sb past od by; **j-m zwei Tage ~** to give sb two days off Ⓑ v/i **j-m ~** to give sb time off (work)

freigebig adj generous

Freigebigkeit f generosity

Freigepäck n baggage allowance, luggage allowance

Freigrenze f bei Steuer tax exemption limit

freihaben v|i to have a holiday Br, to be on vacation US; **ich habe heute frei** I have today off
Freihafen m free port
frei halten v|t **1** (≈ nicht besetzen) to keep free **2** (≈ reservieren) to keep
Freihandelsabkommen n **Zentraleuropäisches '~** Central European Free Trade Agreement
Freihandelszone f free trade area
freihändig adj & adv Zeichnung freehand; Radfahren (with) no hands
Freiheit f freedom kein pl; (≈ persönliche Freiheit als politisches Ideal) liberty; **in ~** (dat) **sein** to be free; **in ~ leben** Tier to live in the wild; **sich** (dat) **zu viele ~en erlauben** to take too many liberties
freiheitlich adj liberal; Demokratie free; **die ~-demokratische Grundordnung** the free democratic constitutional structure; **Freiheitliche Partei Österreichs** Austrian Freedom Party
Freiheitsberaubung f JUR wrongful deprivation of personal liberty
Freiheitsbewegung f liberation movement
Freiheitsentzug m imprisonment
Freiheitskampf m fight for freedom
Freiheitskämpfer(in) m(f) freedom fighter
Freiheitsstatue f Statue of Liberty
Freiheitsstrafe f prison sentence
freiheraus adv candidly, frankly
Freikarte f free od complimentary ticket
freikaufen v|t **j-n/sich ~** to buy sb's/one's freedom
Freiklettern n free climbing
freikommen v|i (≈ entkommen) to get out (**aus** of)
Freikörperkultur f nudism, naturism
Freilandhaltung f **Eier/Hühner aus ~** free-range eggs/chickens
freilassen v|t to set free, to free
Freilassung f release
freilegen v|t to expose; Ruinen to uncover; fig to lay bare
freilich adv **1** (≈ allerdings) admittedly **2** (≈ selbstverständlich) of course
Freilichtbühne f open-air theatre Br, open-air theater US
Freilichtmuseum n living-history museum
Freilos n **1** SPORT bye; **in der ersten Pokalrunde haben 10 Vereine ein ~** 10 teams have a bye in the first round of the cup **2** in der Lotterie free (lottery) ticket
Freiluft- zssgn outdoor
frei machen v|r **1** (≈ freie Zeit einplanen) to arrange to be free **2** (≈ sich entkleiden) to take one's clothes off
freimachen v|t Brief to stamp
Freimaurer m Mason, Freemason
Freimaurerloge f Masonic Lodge
Freimut m frankness
freimütig A adj frank **B** adv frankly
freinehmen v|t **einen Tag ~** to take a day off
Freiraum m fig freedom ohne art, kein pl (**zu** for)
freischaffend adj freelance
Freischaffende(r) m|f(m) freelancer
Freischaltcode m unlock(ing) code, connecting or enabling code
freischalten v|t TEL Leitung to clear; Handy to connect, to enable
Freischärler(in) m(f) guerrilla
freischwimmen v|r SPORT to pass a test by swimming for 15 minutes
freisetzen v|t to release, to set free; euph Arbeitskräfte to make redundant; vorübergehend to lay off
freispielen A v|r SPORT to get into space **B** v|t SPORT **j-n ~** to play sb clear, to create space for sb
Freisprechanlage f hands-free (headset); im Auto hands-free (car kit)
freisprechen v|t Angeklagten to acquit; **j-n von einer Schuld ~** JUR to find sb not guilty; **j-n von einem Verdacht ~** to clear sb of suspicion
Freispruch m acquittal
Freistaat m free state
freistehen v|i (≈ überlassen sein) **es steht j-m frei, etw zu tun** sb is free od at liberty to do sth; **das steht Ihnen völlig frei** that is completely up to you; → frei
freistellen v|t (≈ anheimstellen) **j-m etw ~** to leave sth (up) to sb
Freistellung f exemption
Freistil m freestyle
Freistoß m FUSSB free kick (**für** to, for)
Freistunde f free hour; SCHULE free period
Freitag m Friday; → Dienstag
freitags adv (on) Fridays, on a Friday; → dienstags
Freitod m suicide; **den ~ wählen** to decide to put an end to one's life
Freitreppe f (flight of) steps (+gen leading up to)
Freiumschlag m stamped addressed envelope, s.a.e.
Freiwild fig n fair game
freiwillig A adj voluntary; (≈ freigestellt) Unterricht optional **B** adv voluntarily; **sich ~ melden** to volunteer (**zu, für** for)
Freiwillige(r) m|f(m) volunteer; **Arbeit als ~r** volunteer work
Freiwilligkeit f voluntary nature, voluntariness
Freizeichen n TEL ringing tone
Freizeit f spare od leisure od free time, time off
Freizeit- zssgn leisure
Freizeitaktivitäten pl free-time activities pl,

recreation
Freizeitangebot n range of leisure activities
Freizeitausgleich m time off in lieu Br, time off instead of pay US
Freizeitbeschäftigung f leisure pursuit od activity
Freizeitdroge f recreational drug
Freizeiteinrichtungen pl leisure facilities pl
Freizeitgestaltung f organization of one's leisure time
Freizeitpark m amusement park; (≈ Themenpark) theme park
Freizeitverhalten n recreational behaviour Br, recreational behavior US, recreational patterns pl
Freizeitzentrum n leisure centre, leisure center US
freizügig A adj 1 (≈ reichlich) liberal 2 in moralischer Hinsicht permissive B adv 1 (≈ reichlich) freely, liberally 2 (≈ moralisch locker) ~ **gekleidet** provocatively dressed
Freizügigkeit f 1 (≈ Großzügigkeit) liberality 2 in moralischer Hinsicht permissiveness 3 (≈ Beweglichkeit) freedom of movement
fremd adj 1 (≈ andern gehörig) someone else's; Bank, Firma different; **ohne ~e Hilfe** without help from anyone else/outside; **~es Eigentum** someone else's property 2 (≈ fremdländisch) foreign; (≈ ausländisch a.) alien 3 (≈ andersartig, unvertraut) strange; **j-m ~ sein** (≈ unbekannt) to be unknown to sb; (≈ unverständlich) to be alien to sb; **ich bin hier ~** I'm a stranger here; **sich** od **einander** (dat) ~ **werden** to grow apart; **sich ~ fühlen** to feel like a stranger; ~ **tun** to be reserved
Fremdarbeiter(in) neg! m(f) foreign worker
fremdartig adj strange; (≈ exotisch) exotic
fremdenfeindlich adj hostile to strangers; (≈ ausländerfeindlich) hostile to foreigners, xenophobic
Fremdenfeindlichkeit f xenophobia
Fremdenführer(in) m(f) (tourist) guide
Fremdenhass m xenophobia
Fremdenlegion f Foreign Legion
Fremdenverkehr m tourism
Fremdenverkehrsamt n tourist office
Fremdenzimmer n ~ **(zu vermieten)** room(s) to let
Fremde(r) m/f(m) (≈ Unbekannter) stranger; (≈ Ausländer) foreigner; (≈ Tourist) visitor
Fremdfinanzierung f outside financing
fremdgehen umg v/i to be unfaithful
Fremdkörper m foreign body; fig alien element
fremdländisch adj exotic
fremdschämen v/r to feel embarrassed; **sich** **für j-n/etw ~** to feel embarrassed for sb/about sth; **für eine solche Äußerung muss man sich ~** you've got to feel embarrassed for him/her/them saying something like that
Fremdsprache f foreign language
Fremdsprachenkenntnisse pl a knowledge of foreign languages
Fremdsprachenkorrespondent(in) m(f), **Fremdsprachensekretär(in)** m(f) bilingual secretary
Fremdsprachensekretärin f bilingual secretary
Fremdsprachenunterricht m language teaching
fremdsprachig adj in a foreign language
fremdsprachlich adj foreign; **~er Unterricht** language teaching
Fremdwort n borrowed od foreign word
frenetisch A adj frenetic, frenzied; Beifall wild B adv wildly
frequentieren geh v/t to frequent
Frequenz f 1 (≈ Häufigkeit) frequency; MED (pulse) rate 2 (≈ Stärke) numbers pl; (≈ Verkehrsdichte) volume of traffic
Frequenzbereich m RADIO frequency range
Freske f, **Fresko** n fresco
Fressalien umg pl grub sg sl
Fresse vulg f (≈ Mund) trap umg, gob umg; (≈ Gesicht) mug umg; **die ~ halten** to shut one's trap umg
fressen A v/i to feed, to eat; sl Menschen to eat; gierig to guzzle umg B v/t 1 to eat; (≈ sich ernähren von) to feed od live on; sl (≈ gierig essen) to guzzle umg 2 **Kilometer ~** to burn up the kilometres Br, to burn up the kilometers US; **ich habe dich zum Fressen gern** umg you're good enough to eat umg; **j-n/etw gefressen haben** umg to have had one's fill of sb/sth 3 (≈ verbrauchen) to eat od gobble up; Zeit to take up C v/r (≈ sich bohren) to eat one's way (**in** +akk into od **durch** through)
Fressen n food; sl grub sl; sl (≈ Schmaus) blow-out umg
Fressnapf m feeding bowl
Fresssucht umg f gluttony; krankhaft craving for food
Frettchen n ferret
Freude f pleasure; innig joy (**über** +akk at); ~ **an etw** (dat) **haben** to get od derive pleasure from sth; ~ **am Leben haben** to enjoy life; **vor ~** with joy; **es ist mir eine ~, zu …** it's a real pleasure for me to …; **j-m ~ machen** to give sb pleasure; **j-m eine ~ machen** to make sb happy; **zu meiner großen ~** to my great delight; **aus ~ an der Sache** for the love of it
Freudenfest n celebration

Freudensprung *m* **einen ~ machen** to jump for joy

Freudentränen *pl* tears *pl* of joy

freudestrahlend *adj* & *adv* beaming with delight

freudig **A** *adj* **1** (≈ *froh gestimmt*) joyful; (≈ *begeistert*) enthusiastic **2** (≈ *beglückend*) happy; **eine ~e Nachricht** some good news; **ein ~es Ereignis** *euph* a happy event *euph* **B** *adv* happily, joyfully; **~ überrascht sein** to be pleasantly surprised

freuen **A** *v/r* **1** (≈ *froh sein*) to be glad *od* pleased (**über** +*akk* about); **er hat sich über die Ergebnisse gefreut** he was pleased about the results; **sie hat sich über das Geschenk/den Sieg gefreut** she was pleased with the present/the victory; **sich riesig ~** *umg* to be delighted (**über** +*akk* about); **sich für j-n ~** to be glad *od* pleased for sb **2** **sich ~ auf** (*akk*) to look forward to + *-ing*; **sich darauf ~, etw zu tun** to look forward to doing sth; **sich auf j-n/etw ~** to look forward to seeing sb/to sth **B** *v/t* to please; **es freut mich, dass ...** I'm pleased *od* glad that ...; **das freut mich** I'm really pleased; **freut mich, dich/euch/Sie kennenzulernen** pleased *od* nice to meet you

Freund *m* **1** friend; (≈ *Liebhaber*) boyfriend; (≈ *Kumpel*) mate; **~e finden** to make friends **2** *fig* (≈ *Anhänger*) lover; **ein ~ der Kunst** an art-lover; **ich bin kein ~ von so etwas** I'm not one for that sort of thing

Freundeskreis *m* circle of friends; **etw im engsten ~ feiern** to celebrate sth with one's closest friends

Freundin *f* **1** friend; (≈ *Liebhaberin*) girlfriend **2** *fig* (≈ *Anhängerin*) → Freund 2

freundlich **A** *adj* **1** (≈ *wohlgesinnt*) friendly; (≈ *liebenswürdig*) kind; **bitte recht ~!** say cheese! *umg*, smile please!; **mit ~en Grüßen** (with) best wishes, sincerely yours *US*, yours sincerely *Br*, yours truly *US* **2** (≈ *liebenswürdig*) kind (**zu** to); **würden Sie bitte so ~ sein und das tun?** would you be so kind *od* good as to do that? **3** (≈ *ansprechend*) *Aussehen, Wetter etc* pleasant; *Farben* cheerful **B** *adv* *bitten, fragen* nicely; **j-n ~ behandeln** to be friendly toward(s) sb

freundlicherweise *adv* kindly

Freundlichkeit *f* **1** (≈ *Wohlgesonnenheit*) friendliness; (≈ *Liebenswürdigkeit*) kindness **2** (≈ *Gefälligkeit*) kindness, favour *Br*, favor *US*; (≈ *freundliche Bemerkung*) kind remark

Freundschaft *f* friendship; **mit j-m ~ schließen** to make *od* become friends with sb; **~en schließen** to make friends; **da hört die ~ auf** *umg* friendship doesn't go that far

freundschaftlich **A** *adj* friendly **B** *adv* **j-m ~ verbunden sein** to be friends with sb; **j-m ~ gesinnt sein** to feel friendly toward(s) sb

Freundschaftsbesuch *m* POL goodwill visit

Freundschaftspreis *m* (special) price for a friend

Freundschaftsspiel *n* SPORT friendly game *od* match, friendly *umg*

Friede(n) *m* peace; **im ~n** in peacetime; **~n schließen** to make one's peace; POL to conclude peace *form*, to make peace; **sozialer ~n** social harmony; **j-n in ~n lassen** to leave sb in peace; **um des lieben ~ns willen** *umg* for the sake of peace and quiet

Friedensabkommen *n* peace agreement *od* accord

Friedensappell *m* call for peace

Friedensbewegung *f* peace movement

friedenserhaltend *adj* peacekeeping

Friedensforschung *f* peace research, peace studies *pl*

Friedensgespräche *pl* peace talks *pl*

Friedensinitiative *f* peace initiative

Friedenskonferenz *f* peace conference

Friedensnobelpreis *m* Nobel peace prize

Friedenspfeife *f* peace pipe; **die ~ rauchen** to smoke the pipe of peace

Friedensplan *m* POL peace plan; *in der Nachrichtensprache* roadmap

Friedenspolitik *f* policy of peace

Friedenstaube *f* dove of peace

Friedenstruppen *pl* peacekeeping forces *pl*

Friedensverhandlungen *pl* peace negotiations *pl*

Friedensvertrag *m* peace treaty

friedfertig *adj* *Mensch* peaceable

Friedhof *m* (≈ *Kirchhof*) graveyard; (≈ *Stadtfriedhof etc*) cemetery

friedlich **A** *adj* peaceful; (≈ *friedfertig*) *Mensch* peaceable **B** *adv* (≈ *in Frieden*) peacefully; **~ sterben** to die peacefully

friedliebend *adj* peace-loving

frieren **A** *v/i* **1** (≈ *sich kalt fühlen*) to be cold; **ich friere, mich friert** I'm cold **2** (≈ *gefrieren*) to freeze **B** *v/i* **heute Nacht hat es gefroren** it was below freezing last night

Fries *m Textilien, a.* ARCH frieze

friesisch *adj* Fri(e)sian; → deutsch

frigid, frigide *adj* frigid

Frigidität *f* frigidity

Frikadelle *f* GASTR rissole, meatball

Frikassee *n* GASTR fricassee

Frisbee® *n* Frisbee®; **~® spielen** to play Frisbee®

Frisbeescheibe® *f* Frisbee®

frisch **A** *adj* **1** (≈ *neu*) fresh; *Kleidung* clean; (≈ *feucht*) *Farbe* wet; **~es Obst** fresh fruit; **~e Eier**

new-laid eggs *Br*, freshly-laid eggs; **sich ~ machen** to freshen up; **mit ~en Kräften** with renewed vigour *Br*, with renewed vigor *US*; **~e Luft schöpfen** to get some fresh air ▪ (≈ *munter*) *Wesen, Art* bright, cheery; *Farbe* cheerful; *Gesichtsfarbe* fresh; **~ und munter sein** *umg* to be bright-eyed and bushy-tailed ▪ (≈ *kühl*) cool, chilly; **es weht ein ~er Wind** *wörtl* there's a fresh wind ▪ *adv* (≈ *neu*) freshly; **Bier ~ vom Fass** beer (straight) from the tap; **~ gestrichen** newly *od* freshly painted; *auf Schild* wet paint; **das Bett ~ beziehen** to change the bed

Frische *f von Wesen* brightness, cheeriness; *von Farbe* cheerfulness; (≈ *gesundes Aussehen*) freshness; **in alter ~** *umg* as always

Frischei *n* new-laid egg *Br*, freshly-laid egg
Frischfisch *m* fresh fish
Frischfleisch *n* fresh meat
frischgebacken *adj umg Ehepaar* newly-wed; *Diplom-Ingenieur etc* newly-qualified
Frischhaltebeutel *m* food bag
Frischhaltefolie *f* clingfilm *Br*, plastic wrap *US*
Frischhaltepackung *f* airtight pack
Frischkäse *m* cream cheese
Frischluft *f* fresh air
Frischmilch *f* fresh milk
Frischzelle *f MED* live cell
Frischzellentherapie *f MED* cellular *od* live-cell therapy
Friseur(in) *m(f)* hairdresser; (≈ *Geschäft*) hairdresser's; **beim ~** at the hairdresser's
Friseursalon *m* hairdressing salon
Friseuse *f* (female) hairdresser
frisieren ▪ *v/t* ▪ (≈ *kämmen*) **j-n ~** to do sb's hair ▪ *umg* (≈ *abändern*) *Abrechnung* to fiddle; *Bericht* to doctor *umg*; **die Bilanzen ~** to cook the books *umg* ▪ *umg Auto, Motor* to soup up *umg* ▪ *v/r* to do one's hair
Frisieren *n* hairdressing
Frist *f* ▪ (≈ *Zeitraum*) period; **innerhalb kürzester ~** without delay ▪ (≈ *Zeitpunkt*) deadline (**zu** for); *bei Rechnung* last date for payment ▪ (≈ *Aufschub*) extension, period of grace
fristen *v/t* **sein Leben** *od* **Dasein ~** to eke out an existence
fristgemäß, **fristgerecht** *adj & adv* within the period stipulated; **fristgerecht kündigen** to give proper notice
fristlos *adj & adv* without notice
Frisur *f* hairstyle
Frittatensuppe *f österr* pancake soup
Fritten *umg pl* chips *pl Br*, fries *pl bes US umg*
Frittenbude *umg f* chip shop *Br*, ≈ hotdog stand
Fritteuse *f* chip pan *Br*, deep-fat fryer
frittieren *v/t* to (deep-)fry
frittiert *adj* deep-fried

frivol *adj* (≈ *leichtfertig*) frivolous; (≈ *anzüglich*) *Witz, Bemerkung* suggestive
Frivolität *f* ▪ (≈ *Leichtfertigkeit*) frivolity ▪ (≈ *Bemerkung*) risqué remark
froh *adj* happy; (≈ *dankbar, erfreut*) glad, pleased; **(darüber) ~ sein, dass …** to be glad *od* pleased that …
fröhlich ▪ *adj* happy, cheerful ▪ *adv* (≈ *unbekümmert*) merrily
Fröhlichkeit *f* happiness; (≈ *gesellige Stimmung*) merriment
fromm *adj* (≈ *gläubig*) religious; (≈ *scheinheilig*) pious, sanctimonious; **das ist ja wohl nur ein ~er Wunsch** that's just a pipe dream
frönen *geh v/i* to indulge in
Fronleichnam *m, meist ohne Artikel* (the Feast of) Corpus Christi
Front *f* front; **~ gegen j-n/etw machen** to make a stand against sb/sth
frontal ▪ *adj Angriff* frontal; *Zusammenstoß* head-on ▪ *adv angreifen MIL* from the front; *fig* head-on; *zusammenstoßen* head-on
Frontalzusammenstoß *m* head-on collision
Frontantrieb *m AUTO* front-wheel drive
Frontlader *m* (≈ *Waschmaschine*) front loader
Frosch *m* frog; (≈ *Feuerwerkskörper*) (fire)cracker; **einen ~ in der Kehle haben** *umg* to have a frog in one's throat
Froschlaich *m* frogspawn
Froschmann *m* frogman
Froschperspektive *f* **etw aus der ~ sehen** to have a worm's eye view of sth
Froschschenkel *m* frog's leg
Frost *m* frost; **~ vertragen (können)** to be able to stand (the) frost
frostbeständig *adj* frost-resistant
Frostbeule *f* chilblain
frösteln ▪ *v/i* to shiver ▪ *v/t* **es fröstelte mich** I shivered
frostig ▪ *adj* frosty ▪ *adv* **j-n ~ empfangen** to give sb a frosty reception
Frostschaden *m* frost damage
Frostschutzmittel *n AUTO* antifreeze
Frottee *n/m* terry towelling *Br*, terry-cloth toweling *US*
Frotteehandtuch *n* (terry) towel *Br*, terry-cloth towel
frottieren *v/t Haut* to rub; *j-n, sich* to rub down
Frotzelei *f* teasing; **hör auf mit der ~** stop teasing
frotzeln *v/t* to tease, to make fun of
Frucht *f* fruit; (≈ *Getreide*) crops *pl*; **Früchte** (≈ *Obst*) fruit *sg*; **Früchte tragen** to bear fruit
fruchtbar *adj* ▪ fertile ▪ *fig* (≈ *viel schaffend*) prolific ▪ *fig* (≈ *nutzbringend*) fruitful
Fruchtbarkeit *f* ▪ fertility ▪ *fig* (≈ *Nutzen*) fruit-

fulness
Fruchtbecher *m* fruit sundae; BOT cupule *fachspr*, cup
Fruchtblase *f von Embryo* amniotic sac
fruchten *v|i* to bear fruit; **nichts ~** to be fruitless
Früchtetee *m* fruit tea
Fruchtfleisch *n* flesh, pulp
fruchtig *adj* fruity
Fruchtkapsel *f* BOT capsule
fruchtlos *fig adj* fruitless
Fruchtsaft *m* fruit juice
Fruchtsalat *m* fruit salad
Fruchtwasser *n* PHYSIOL amniotic fluid
Fruchtzucker *m* fructose
früh **A** *adj* early; **am ~en Morgen** early in the morning, in the early morning; **der ~e Goethe** the young Goethe **B** *adv* **1** early; (≈ *in jungen Jahren*) young; *in Entwicklung* early on; **von ~ auf** from an early age; **von ~ bis spät** from morning till night; **zu ~ starten** to start too soon **2 morgen ~** tomorrow morning; **heute ~** this morning
Frühaufsteher(in) *m(f)* early riser, early bird *umg*
Frühbucher(in) *m(f)* early booker
Frühbucherrabatt *m* early booking discount
Frühe *f* (early) morning; **in aller ~** early in the morning, first thing in the morning
früher **A** *adj* **1** earlier **2** (≈ *ehemalig*) former; (≈ *vorherig*) *Besitzer* previous **B** *adv* earlier; **~ oder später** sooner or later; **ich habe ihn ~ mal gekannt** I used to know him; **war alles besser** things were better in the old days; **genau wie ~** just as it/he *etc* used to be; **Erinnerungen an ~** memories of times gone by; **ich kenne ihn von ~** I've known him some time; **meine Freunde von ~** my old friends
Früherkennung *f* MED early diagnosis
frühestens *adv* at the earliest
früheste(r, s) *adj* earliest
Frühgeburt *f* premature birth; (≈ *Kind*) premature baby
Frühjahr *n* spring
Frühjahrsmüdigkeit *f* springtime lethargy
Frühjahrsputz *m* spring-cleaning
Frühling *m* spring; **im ~** in spring; **Arabischer ~** Arab spring
Frühlingsanfang *m* first day of spring
frühlingshaft *adj* springlike
Frühlingsrolle *f* GASTR spring roll
Frühlingswetter *n* spring weather
Frühlingszwiebel *f* spring onion *Br*, green onion *US*
frühmorgens *adv* early in the morning
Frühnebel *m* early morning mist

frühreif *adj* precocious
Frührentner(in) *m(f)* person who has retired early
Frühschicht *f* early shift
Frühschoppen *m* morning drinking; *mittags* lunchtime drinking
Frühsport *m* early morning exercise
Frühstück *n* breakfast; **was isst du zum ~?** what do you have for breakfast?
frühstücken **A** *v|i* to have breakfast, to breakfast **B** *v|t* to breakfast on
Frühstücksbüfett *n* breakfast buffet
Frühstücksfernsehen *n* breakfast television
Frühstückspause *f* morning *od* coffee break
Frühstückspension *f* bed and breakfast
Frühstücksraum *m* breakfast room
Frühstückszerealien *pl* cereal *sg*
Frühwarnsystem *n* early warning system
frühzeitig *adj & adv* early
Fruktose *f* fructose
fruktosefrei *adj* fructose-free
Fruktoseunverträglichkeit *f* fructose intolerance
Frust *umg m* frustration
Frustessen *umg n* comfort eating
Frustkauf *umg m* retail therapy *kein pl umg*
Frustration *f* frustration
frustrieren *v|t* to frustrate
frustriert *adj* frustrated
FU *f abk* (= **Freie Universität**) Free University
Fuchs *m* **1** (≈ *Tier*) fox; **er ist ein schlauer ~** *umg* he's a cunning old devil *umg*, he's a cunning old fox **2** (≈ *Pferd*) chestnut
Fuchsbau *m* fox's den
fuchsen *umg v|t* to annoy
Fuchsie *f* BOT fuchsia
fuchsig *adj umg* (≈ *wütend*) mad *umg*
Füchsin *f* vixen
Fuchsjagd *f* fox-hunting; (≈ *einzelne Jagd*) fox hunt
fuchsrot *adj Fell* red; *Pferd* chestnut; *Haar* ginger
Fuchsschwanz *m* **1** fox's tail **2** TECH (≈ *Säge*) handsaw
fuchsteufelswild *umg adj* hopping mad *umg*
Fuchtel *fig umg f* **unter j-s** (*dat*) **~** under sb's thumb
fuchteln *umg v|i* (**mit den Händen**) **~** to wave one's hands about *umg*
Fug *geh m* **mit Fug und Recht** with complete justification
Fuge *f* **1** joint; (≈ *Ritze*) gap, crack; **die Welt ist aus den ~n geraten** *geh* the world is out of joint *liter* **2** MUS fugue
fugen *v|t* to joint
fügen **A** *v|t* (≈ *einfügen*) to put, to place; **der Zufall fügte es, dass …** fate decreed that … **B** *v|r*

(≈ *sich unterordnen*) to be obedient, to obey; **sich dem Schicksal ~** to accept one's fate
fügsam *adj* obedient
Fügung *f* (≈ *Bestimmung*) chance, stroke of fate; **eine glückliche ~** a stroke of good fortune
fühlbar *adj* (≈ *spürbar*) perceptible; (≈ *beträchtlich*) marked
fühlen **A** *v/t & v/i* to feel; *Puls* to take **B** *v/r* to feel; **sich verantwortlich ~** to feel responsible; **wie ~ Sie sich?** how are you feeling?, how do you feel?
Fühler *m* ZOOL feeler, antenna; **seine ~ ausstrecken** *fig umg* to put out feelers (**nach** towards)
Fühlung *f* contact; **mit j-m in ~ bleiben** to remain *od* stay in contact *od* touch with sb
Fuhre *f* (≈ *Ladung*) load
führen **A** *v/t* **1** (≈ *geleiten*) to take; (≈ *vorangehen, -fahren*) to lead; **er führte uns durch das Schloss** he showed us (a)round the castle; **geführte Tour** guided tour **2** (≈ *leiten*) *Betrieb etc* to run; *Gruppe etc* to lead, to head **3** **was führt Sie zu mir?** *form* what brings you to me?; **ein Land ins Chaos ~** to reduce a country to chaos **4** *Kraftfahrzeug* to drive; *Flugzeug* to fly; *Kran* to operate **5** (≈ *transportieren*) to carry; (≈ *haben*) *Namen, Titel* to have **6** (≈ *im Angebot haben*) to stock; **ein Telefongespräch ~** to make a call **B** *v/i* **1** (≈ *in Führung liegen*) to lead; **die Mannschaft führt mit 10 Punkten Vorsprung** the team has a lead of *od* is leading by 10 points **2** (≈ *verlaufen*) *Straße* to go (**nach** to); *Kabel etc* to run; *Spur* to lead **3** (≈ *als Ergebnis haben*) **zu etw ~** to lead to sth, to result in sth; **das führt zu nichts** that will come to nothing
führend *adj* leading *attr*
Führer *m* (≈ *Buch*) guide
Führer(in) *m(f)* **1** (≈ *Leiter*) leader; (≈ *Oberhaupt*) head **2** (≈ *Fremdenführer*) guide **3** *form* (≈ *Lenker*) driver; *von Flugzeug* pilot; *von Kran* operator
Führerausweis *schweiz m* → Führerschein
Führerhaus *n* cab
Führerschein *m für Auto* driving licence *Br*, driver's license *US*; **den ~ machen** AUTO to learn to drive; (≈ *die Prüfung ablegen*) to take one's (driving) test; **j-m den ~ entziehen** to disqualify sb from driving
Fuhrpark *m* fleet (of vehicles)
Führung *f* **1** guidance, direction; *von Partei, Expedition etc* leadership; MIL command; *eines Unternehmens etc* management **2** (≈ *die Führer*) leaders *pl*, leadership *sg*; MIL commanders *pl*; *eines Unternehmens etc* directors *pl* **3** (≈ *Besichtigung*) guided tour (**durch** of) **4** (≈ *Vorsprung*) lead; **in ~ gehen/liegen** to go into/be in the lead **5** (≈ *Betragen*) conduct **6** MECH guide, guideway

Führungsaufgabe *f* executive duty
Führungskraft *f* executive
Führungsqualitäten *pl* leadership qualities *pl*
Führungsriege *f* leadership; *von Firma* management team
Führungsschwäche *f* weak leadership
Führungsspitze *f* *eines Unternehmens etc* top management
Führungsstärke *f* strong leadership
Führungsstil *m* style of leadership; HANDEL *a.* management style
Führungswechsel *m* change in leadership
Führungszeugnis *n* → polizeilich
Fuhrwerk *n* wagon; (≈ *Pferdefuhrwerk*) horse and cart
Fülle *f* **1** (≈ *Körpermasse*) portliness **2** (≈ *Stärke*) fullness; **eine ~ von Fragen** a whole host of questions; **in ~** in abundance
füllen **A** *v/t* to fill; GASTR to stuff; **etw in Flaschen ~** to bottle sth; **etw in Säcke ~** to put sth into sacks; → **gefüllt** **B** *v/r* to fill up
Füller *m*, **Füllfederhalter** *m* fountain pen
füllig *adj Mensch* portly; *Figur* generous
Füllung *f* filling; (≈ *Fleischfüllung etc*) stuffing; *von Pralinen* centre *Br*, center *US*
Füllwort *n* filler (word)
fummeln *umg v/i* to fiddle; (≈ *hantieren*) to fumble; *erotisch* to pet, to grope *umg*
Fund *m* find; (≈ *das Entdecken*) discovery; **einen ~ machen** to make a find
Fundament *n* foundation (*mst pl*)
fundamental **A** *adj* fundamental **B** *adv* fundamentally
Fundamentalismus *m* fundamentalism
Fundamentalist(in) *m(f)* fundamentalist
fundamentalistisch *adj* fundamentalist
Fundbüro *n* lost property office *Br*, lost and found *US*
Fundgrube *fig f* treasure trove
fundieren *fig v/t* to back up
fundiert *adj* sound; **schlecht ~** unsound
fündig *adj* **~ werden** *fig* to strike it lucky
Fundort *m* **der ~ von etw** (the place) where sth was found
Fundstelle *f* site of discovery; *in elektronischem Wörterbuch* hit; **die ~ von etw** the place where sth was found
Fundus *m* fund
fünf *num* five; **seine ~ Sinne beieinanderhaben** to have all one's wits about one; → **vier**
Fünf *f* five
fünfeckig *adj* pentagonal, five-cornered
fünffach *adj* fivefold; → **vierfach**
Fünfgangschaltung *f* five-speed gears *pl*
fünfhundert *num* five hundred
Fünfjahresplan *m* five-year plan

fünfjährig *adj Amtszeit etc* five-year; *Kind* five-year-old; → **vierjährig**
Fünfkampf *m* SPORT pentathlon
Fünfkämpfer(in) *m(f)* pentathlete
Fünfling *m* quintuplet
fünfmal *adv* five times
Fünfprozentklausel *f* five-percent rule
fünfstellig *adj* five-digit
Fünftagewoche *f* five-day (working) week
fünftägig *adj* five-day *attr*
fünftausend *num* five thousand
Fünftel *n* fifth; → **Viertel**[1]
fünftens *adv* fifth(ly), in the fifth place
fünfte(r, s) *adj* fifth; → **vierter, s**
fünfzehn *num* fifteen
fünfzehnte(r, s) *adj* fifteenth
fünfzig *num* fifty; → **vierzig**
Fünfziger *umg m* (≈ *Fünfzigeuroschein*) fifty-euro note *Br*, fifty-euro bill *US*; (≈ *Fünfzigcentstück*) fifty-cent piece
fünfzigjährig *adj Person* fifty-year-old *attr*
fungieren *v/i* to function (**als** as a/an)
Funk[1] *m* radio; **per ~** by radio
Funk[2] *m Musikrichtung* funk
Fünkchen *n* **ein ~ Wahrheit** a grain of truth
Funke *m* **1** spark; **~n sprühen** to spark, to emit sparks; **arbeiten, dass die ~n fliegen** *od* **sprühen** *umg* to work like crazy *umg* **2** *von Hoffnung* gleam, glimmer
funkeln *v/i* to sparkle; *Augen vor Freude* to twinkle; *vor Zorn* to glitter
funkelnagelneu *umg adj* brand-new
funken **A** *v/t Signal* to radio; **SOS ~** to send out an SOS **B** *v/i* **endlich hat es bei ihm gefunkt** *umg* it finally clicked (with him) *umg*
Funken *m* → **Funke**
Funker(in) *m(f)* radio *od* wireless operator
Funkfrequenzen *pl* radio frequencies *pl*
Funkgerät *n* (≈ *Sprechfunkgerät*) radio set, walkie-talkie
Funkhaus *n* broadcasting centre *Br*, broadcasting center *US*
Funkkontakt *m* radio contact
Funkloch *n* TEL dead spot
Funkruf *m* TEL (radio) paging
Funksprechgerät *n* radio telephone; *tragbar* walkie-talkie, two-way radio
Funksprechverkehr *m* radiotelephony
Funkspruch *m* (≈ *Mitteilung*) radio message
Funkstation *f* radio station
Funkstille *f* radio silence; *fig* silence
Funkstreife *f* police radio patrol
Funktelefon *n* radio telephone
Funktion *f* function; (≈ *Tätigkeit*) functioning; (≈ *Amt*) office; (≈ *Stellung*) position; **in ~ sein** to be in operation

Funktionär(in) *m(f)* functionary
funktionell *adj* functional; **~e Lebensmittel** functional food, nutraceuticals *pl*
funktionieren *v/i* to work
funktionsfähig *adj* able to work; *Maschine* in working order
Funktionskleidung *f* functional clothes *pl*, functional wear
Funktionsleiste *f* IT toolbar
Funktionsstörung *f* MED malfunction
Funktionstaste *f* COMPUT function key
Funkturm *m* radio tower
Funkuhr *f* radio-controlled clock
Funkverbindung *f* radio contact
Funkverkehr *m* radio communication *od* traffic
für *präp* for; **für mich** for me; (≈ *meiner Ansicht nach*) in my opinion *od* view; **für zwei arbeiten** *fig* to do the work of two people; **für einen Deutschen …** for a German …; **sich für etw entscheiden** to decide in favo(u)r of sth; **das hat was für sich** it's not a bad thing; **für j-n einspringen** to stand in for sb; **was für ein Auto?** what kind of car?; **Tag für Tag** day after day; **Schritt für Schritt** step by step; **etw für sich behalten** to keep sth to oneself
Für *n* **das Für und Wider** the pros and cons *pl*
Furche *f* furrow; (≈ *Wagenspur*) rut
Furcht *f* fear; **aus ~ vor j-m/etw** for fear of sb/sth; **~ vor j-m/etw haben** to fear sb/sth; **j-m ~ einflößen** to frighten *od* scare sb; **~ erregend** terrifying, frightening
furchtbar **A** *adj* terrible, awful, horrible; **ich habe einen ~en Hunger** I'm terribly hungry *umg* **B** *adv* terribly *umg*, awfully *umg*
fürchten **A** *v/t* **j-n/etw ~** to be afraid of sb/sth, to fear sb/sth; **das Schlimmste ~** to fear the worst; **~ gefürchtet** **B** *v/r* to be afraid (**vor** +*dat* of) **C** *v/i* **um j-s Leben ~** to fear for sb's life; **zum Fürchten aussehen** to look frightening *od* terrifying; **j-n das Fürchten lehren** to put the fear of God into sb
fürchterlich *adj & adv* → **furchtbar**
furchterregend *adj* terrifying
furchtlos *adj* fearless
Furchtlosigkeit *f* fearlessness
furchtsam *adj* timorous
füreinander *adv* for each other, for one another
Furie *f Mythologie* fury; *fig* hellcat *bes Br*, termagant
furios *adj* high-energy, dynamic
Furnier *n* veneer
Furore *f* sensation; **~ machen** *umg* to cause a sensation
Fürsorge *f* **1** (≈ *Betreuung*) care; (≈ *Sozialfürsorge*)

welfare 2 umg (≈ *Sozialamt*) welfare services *pl* 3 umg (≈ *Sozialunterstützung*) social security *Br*, social welfare *US*; **von der ~ leben** to live on social security *Br*, to live on social welfare *US*

fürsorglich *adj* caring; (≈ *aufmerksam*) thoughtful

Fürsprache *f* recommendation; **auf ~ von j-m** on sb's recommendation

Fürsprecher(in) *m(f)* advocate

Fürst *m* prince; (≈ *Herrscher*) ruler

Fürstentum *n* principality

fürstlich A *adj* princely B *adv* **j-n ~ bewirten** to entertain sb right royally; **j-n ~ belohnen** to reward sb handsomely; **~ leben** to live like a king *od* lord

Furunkel *n/m* boil

Fürwort *n* GRAM pronoun

Furz umg *m* fart umg

furzen umg *v/i* to fart umg

Fusel *pej m* rotgut umg, hooch *bes US* umg

Fusion *f* amalgamation; *von Unternehmen* merger; *von Atomkernen, Zellen* fusion

fusionieren *v/t & v/i* to amalgamate; *Unternehmen* to merge

Fuß *m* 1 foot; **zu Fuß** on *od* by foot; **er ist gut/ schlecht zu Fuß** he is steady/not so steady on his feet; **das Publikum lag ihr zu Füßen** she had the audience at her feet; **kalte Füße bekommen** to get cold feet; **bei Fuß!** heel!; **j-n mit Füßen treten** *fig* to walk all over sb; **etw mit Füßen treten** *fig* to treat sth with contempt; **(festen) Fuß fassen** to gain a foothold; (≈ *sich niederlassen*) to settle down; **auf eigenen Füßen stehen** *fig* to stand on one's own two feet; **j-n auf freien Fuß setzen** to release sb, to set sb free 2 *von Gegenstand* base; (≈ *Tisch-, Stuhlbein*) leg; **auf schwachen Füßen stehen** to be built on sand 3 *in der Dichtung* foot 4 *Längenmaß* foot; **12 Fuß lang** 12 foot *od* feet long

Fußabdruck *m* footprint; **digitaler ~** digital footprint; **ökologischer ~** *auf CO_2 bezogen* carbon footprint

Fußabstreifer *m* doormat

Fußangel *wörtl f* mantrap; *fig* catch, trap

Fußbad *n* foot bath

Fußball *m* 1 (≈ *Fußballspiel*) football *Br*, soccer 2 (≈ *Ball*) football *Br*, soccer ball

Fußballer(in) umg *m(f)* footballer *Br*, soccer player

Fußballfeld *n* football pitch

Fußball-Länderspiel *n* international football match *Br*, international soccer match

Fußballmannschaft *f* football team *Br*, soccer team

Fußballplatz *m* football pitch *Br*, soccer field *US*

Fußballschuhe *pl* football boots *pl*

Fußballspiel *n* soccer match, football match *Br*

Fußballspieler(in) *m(f)* football player *Br*, soccer player

Fußballstadion *n* football stadium *Br*, soccer stadium

Fußballstar *n* football star *Br*, soccer star

Fußballstiefel *pl* football boots *pl*

Fußballtrikot *n* football shirt

Fußballverein *m* football club *Br*, soccer club

Fußballweltmeister *m* World Cup holders *pl*

Fußballweltmeisterschaft *f* World Cup

Fußboden *m* floor

Fußbodenbelag *m* floor covering

Fußbodenheizung *f* (under)floor heating

Fußbremse *f* foot brake

Fussel *f* fluff *kein pl*; **ein(e) ~** a bit of fluff

fusselig *adj* covered in fluff, linty *US*; **sich** (*dat*) **den Mund ~ reden** to talk till one is blue in the face

fusseln *v/i* to give off fluff

fußen *v/i* to rest (**auf** +*dat* on)

Fußende *n von Bett* foot

Fußfessel *f* ~n *pl* shackles *pl*; **elektronische ~** electronic tag

Fußgänger(in) *m(f)* pedestrian

Fußgängerairbag *m* pedestrian airbag

Fußgängerampel *f* pedestrian lights *pl*

Fußgängerbrücke *f* footbridge

Fußgängerüberweg *m* pedestrian crossing *Br*, crosswalk *US*

Fußgängerunterführung *f* underpass, pedestrian subway *Br*

Fußgängerzone *f* pedestrian precinct *od* zone *Br*, pedestrian mall *US*

Fußgeher(in) *m(f)* österr pedestrian

Fußgelenk *n* ankle

Füßling *m* footliner, footsie

Fußmarsch *m* walk; MIL march

Fußmatte *f* doormat

Fußnagel *m* toenail

Fußnote *f* footnote

Fußpflege *f* chiropody

Fußpfleger(in) *m(f)* chiropodist

Fußpilz *m* MED athlete's foot

Fußsohle *f* sole of the foot

Fußspur *f* footprint

Fußstapfe *f*, **Fußstapfen** *m* footprint; **in j-s** (*akk*) **~n treten** *fig* to follow in sb's footsteps

Fußstütze *f* footrest

Fußtritt *m* footstep; (≈ *Stoß*) kick; **einen ~ bekommen** *fig* to be kicked out umg

Fußvolk *n fig* rank and file

Fußweg *m* 1 (≈ *Pfad*) footpath 2 (≈ *Entfernung*) **es sind nur 15 Minuten ~** it's only 15 minutes' walk

futsch *umg adj* **1** (≈ *kaputt*) broken **2** (≈ *zerschlagen*) smashed **3** (≈ *weg, verloren*) gone
Futter *n* **1** (animal) food *od* feed; *bes für Kühe, Pferde etc* fodder **2** (≈ *Kleiderfutter*) lining
Futteral *n* case
futtern *hum umg* **A** *v/i* to stuff oneself *umg* **B** *v/t* to scoff *Br umg*, to scarf *od* chow *US umg*
füttern *v/t* **1** to feed; „**Füttern verboten**" "do not feed the animals" **2** *Kleidungsstück* to line
Futternapf *m* bowl
Futterneid *fig m* green-eyed monster *hum*; jealousy
Fütterung *f* feeding
Fütterungszeit *f* feeding time
Futur *n* GRAM future (tense)
futuristisch *adj* (≈ *zukunftsweisend*) futuristic
Futurologie *f* futurology

G

G, g *n* G, g; **G 8** (≈ *Wirtschaftsgipfel*) G 8; SCHULE *high-school education at a Gymnasium lasting eight rather than the traditional nine years*; **G 9** SCHULE *high-school education at a Gymnasium lasting nine years*
g *abk* (= *Gramm*) gram(me)
Gabe *f* (≈ *Begabung*) gift
Gabel *f* fork; (≈ *Heugabel, Mistgabel*) pitchfork; TEL rest, cradle
Gabelflug *m* open-jaw flight
gabeln *v/r* to fork
Gabelstapler *m* fork-lift truck
Gabelung *f* fork
Gabentisch *m* table for Christmas or birthday presents
Gabun *n* Gabon
gackern *v/i* to cackle
gaffen *v/i* to gape (**nach** at), to rubberneck *umg* (**nach** at)
Gaffer(in) *m(f)* gaper, rubberneck(er)
Gag *m* (≈ *Filmgag*) gag; (≈ *Werbegag*) gimmick; (≈ *Witz*) joke; *umg* (≈ *Spaß*) laugh
Gage *f bes* THEAT fee; (≈ *regelmäßige Gage*) salary
gähnen *v/i* to yawn; **~de Leere** total emptiness; **ein ~des Loch** a gaping hole
GAL *abk* (= *Grüne Alternative Liste*) *association of ecology-oriented parties*
Gala *f* formal *od* evening *od* gala dress; MIL full *od* ceremonial *od* gala dress
Galaabend *m* gala evening
Galaempfang *m* formal reception

galaktisch *adj* galactic
galant *obs* **A** *adj* gallant **B** *adv* gallantly
Galauniform *f* MIL full dress uniform
Galavorstellung *f* THEAT gala performance
Galaxis *f* ASTRON galaxy; (≈ *Milchstraße*) Galaxy, Milky Way
Galeere *f* galley
Galerie *f* gallery; **auf der ~** in the gallery
Galgen *m* gallows *pl*, gibbet; FILM boom
Galgenfrist *umg f* reprieve
Galgenhumor *m* gallows humour *Br*, gallows humor *US*
Galgenmännchen *n Spiel* hangman
Galionsfigur *f* figurehead
gälisch *adj* Gaelic
Galle *f* ANAT (≈ *Organ*) gall bladder; (≈ *Flüssigkeit*) bile; *Tiermedizin, a.* BOT gall; *fig* (≈ *Bosheit*) virulence; **bitter wie ~** bitter as gall; **j-m kommt die ~ hoch** sb's blood begins to boil
Gallenblase *f* gall bladder
Gallenkolik *f* gallstone colic
Gallenstein *m* gallstone
Gallier(in) *m(f)* Gaul
gallisch *adj* Gallic
Gallone *f* gallon
Galopp *m* gallop; **im ~** *wörtl* at a gallop; *fig* at top speed; **langsamer ~** canter
galoppieren *v/i* to gallop; **~de Inflation** galloping inflation
Gamasche *f* gaiter; (≈ *Wickelgamasche*) puttee
Gambe *f* viola da gamba
Gambia *n* Gambia
Gameboy® *m tragbare Spielekonsole* Gameboy®
Gameshow *f* game show
Gammastrahlen *pl* gamma rays *pl*
Gammelfleisch *umg n* dodgy meat *umg*
gammelig *umg adj Lebensmittel* old; *Kleidung* tatty *umg*
gammeln *umg v/i* to loaf around *umg*
Gammler(in) *m(f)* long-haired layabout *Br*, long-haired bum *umg*
Gamsbart *m tuft of hair from a chamois worn as a hat decoration* shaving brush *hum umg*
Gamsbock *m* chamois buck
Gämse *f* chamois
gang *adj* **~ und gäbe sein** to be quite usual
Gang[1] *m* **1** (≈ *Gangart*) walk, gait **2** (≈ *Besorgung*) errand; (≈ *Spaziergang*) walk; **einen ~ zur Bank machen** to pay a visit to the bank **3** (≈ *Ablauf*) course; **der ~ der Ereignisse/der Dinge** the course of events/things; **seinen (gewohnten) ~ gehen** *fig* to run its usual course; **etw in ~ bringen** *od* **setzen** to get *od* set sth going; **etw in ~ halten** to keep sth going; **in ~ kommen** to get going; **in ~ sein** to be going; *fig* to be under way; **in vollem ~ sein** in full swing; **es ist**

etwas im ~(e) *umg* something's up *umg* **4** (≈ *Arbeitsgang*) operation; *eines Essens* course; **ein Essen mit vier Gängen** a four-course meal **5** (≈ *Verbindungsgang*) passage(way); *in Gebäuden* corridor; (≈ *Hausflur*) hallway; *zwischen Sitzreihen* aisle **6** MECH gear; **den ersten ~ einlegen** to engage first (gear); **in die Gänge kommen** *fig* to get started *od* going

Gang² *f* (≈ *Bande*) gang

Gangart *f* walk; *von Pferd* gait, pace; **eine harte ~** *fig* a tough stance *od* line

gangbar *wörtl adj* Weg, Brücke *etc* passable; *fig* Lösung, Weg practicable

gängeln *v/t* **j-n ~** to treat sb like a child; *Mutter* to keep sb tied to one's apron strings

gängig *adj* (≈ *üblich*) common; (≈ *aktuell*) current

Gangplatz *m* aisle seat

Gangschaltung *f* gears *pl*

Gangster(in) *m(f)* gangster

Gangsterbande *f* gang of criminals

Gangstermethoden *pl* strong-arm tactics *pl*

Gangway *f* SCHIFF gangway; FLUG steps *pl*

Ganove *umg m* crook; *hum* (≈ *listiger Kerl*) sly old fox

Gans *f* goose; **wie die Gänse schnattern** to cackle away

Gänseblümchen *n* daisy

Gänsebraten *m* roast goose

Gänsefüßchen *umg pl* inverted commas *pl Br*, quotation marks *pl*

Gänsehaut *fig f* goose pimples *pl Br od* flesh, goose bumps *pl*; **eine ~ bekommen** *od* **kriegen** *umg* to get goose pimples *etc*

Gänseleberpastete *f* pâté de foie gras, goose--liver pâté

Gänsemarsch *m* **im ~** in single *od* Indian file

Gänserich *m* gander

Gänseschmalz *n* goose fat

ganz **A** *adj* **1** whole, entire; (≈ *vollständig*) complete; **~ England/London** the whole of England/London *Br*, all (of) England/London; **aus der ~en Welt** from all over the world; **die ~e Zeit** all the time, the whole time; **den ~en Tag (lang)** all day; **das ~e Jahr 2018** the whole of 2009; **sein ~es Geld** all his money; **seine ~e Kraft** all his strength; **ein ~er Mann** a real man; **im (Großen und) Ganzen** on the whole **2** *umg* (≈ *unbeschädigt*) intact; **etw wieder ~ machen** to mend sth **B** *adv* (≈ *völlig*) quite, (≈ *vollständig*) completely; (≈ *ausschließlich*) entirely; (≈ *ziemlich*) quite; (≈ *sehr*) really; (≈ *genau*) exactly, just; **~ hinten/vorn** right at the back/front; **das ist ~ falsch** this is all wrong; **nicht ~** not quite; **~ schön** pretty; **~ gewiss!** most certainly, absolutely; **ein ~ billiger Trick** a really cheap trick; **~ allein** all alone; **~ wie Sie meinen** just as you think (best); **~ und gar** completely, utterly; **~ und gar nicht** not at all; **ein ~ klein wenig** just a little *od* tiny bit; **das mag ich ~ besonders gerne** I'm particularly *od* especially fond of that

Ganze(s) *n* whole; **etw als ~s sehen** to see sth as a whole; **das ~ kostet ...** altogether it costs ...; **aufs ~ gehen** *umg* to go all out; **es geht ums ~** everything's at stake

Ganzheit *f* (≈ *Einheit*) unity; (≈ *Vollständigkeit*) entirety; **in seiner ~** in its entirety

ganzheitlich *adj* (≈ *umfassend einheitlich*) integral; *Lernen* integrated; *Medizin* holistic

ganzjährig *adj & adv* all (the) year round

Ganzkörperscanner *m am Flughafen* full-body scanner

gänzlich *adv* completely, totally

ganzseitig *adj Anzeige etc* full-page

ganztägig *adj* all-day; *Arbeit, Stelle* full-time; **~ geöffnet** open all day

ganztags *adv arbeiten* full-time

Ganztags- *zssgn* full-time

Ganztagsbeschäftigung *f* full-time occupation

Ganztagsbetreuung *f* all-day care

Ganztagsschule *f* all-day school

gar **A** *adv* **gar keines** none at all *od* whatsoever; **gar nichts** nothing at all *od* whatsoever; **gar nicht schlecht** not bad at all **B** *adj Speise* done *präd*, cooked

Garage *f* garage

Garant(in) *m(f)* guarantor

Garantie *f* guarantee; *auf Auto* warranty; **die Uhr hat ein Jahr ~** the watch is guaranteed for a year; **unter ~** under guarantee

garantieren **A** *v/t* to guarantee (**j-m etw** sb sth) **B** *v/i* to give a guarantee; **für etw ~** to guarantee sth

garantiert *adv* guaranteed; *umg* I bet *umg*; **er kommt ~ nicht** I bet he won't come *umg*

Garantieschein *m* guarantee, certificate of guarantee *form*; *für Auto* warranty

Garbe *f* (≈ *Korngarbe*) sheaf

Garde *f* guard; **die alte/junge ~** *fig* the old/young guard

Garderobe *f* **1** (≈ *Kleiderbestand*) wardrobe **2** (≈ *Kleiderablage*) hall stand; *im Theater, Kino etc* cloakroom *Br*, checkroom *US* **3** THEAT (≈ *Umkleideraum*) dressing room

Garderobenfrau *f* cloakroom attendant *Br*, checkroom attendant *US*

Garderobenmarke *f* cloakroom ticket *Br*, checkroom ticket *US*

Garderobenständer *m* hat stand *Br*, hat tree *US*

Gardine *f* curtain *Br*, drape *US*; (≈ *Scheibengardine*)

net curtain *Br*, café curtain *US*
Gardinenpredigt *umg f* talking-to *umg*; **j-m eine ~ halten** to give sb a talking-to
Gardinenstange *f* curtain rail; **zum Ziehen** curtain rod
garen *v/t & v/i* GASTR to cook; *auf kleiner Flamme* to simmer
gären *v/i* to ferment; **in ihm gärt es** he is in a state of inner turmoil
Garn *n* thread, yarn; **ein ~ spinnen** *fig* to spin a yarn
Garnele *f* ZOOL prawn; (≈ *Granat*) shrimp
garnieren *v/t* to decorate; *Gericht Reden etc* to garnish
Garnison *f* MIL garrison
Garnitur *f* **1** (≈ *Satz*) set; **die erste ~** *fig* the pick of the bunch; **erste/zweite ~ sein** to be first-rate *od* first-class/second-rate **2** (≈ *Besatz*) trimming
garstig *adj* nasty
Garten *m* garden; (≈ *Obstgarten*) orchard; **botanischer ~** botanic(al) gardens *pl*
Gartenarbeit *f* gardening *kein pl*, yard work *US*
Gartenbau *m* horticulture
Gartengerät *n* gardening tool *od* implement
Gartengestaltung *f* gardening
Gartenhaus *n* summer house
Gartenlokal *n* beer garden; (≈ *Restaurant*) garden café
Gartenmöbel *pl* garden furniture
Gartenschere *f* secateurs *pl Br*, pruning shears *pl*; (≈ *Heckenschere*) shears *pl*
Gartenschlauch *m* garden hose
Gartenzaun *m* garden fence
Gartenzwerg *m* garden gnome
Gärtner(in) *m(f)* gardener
Gärtnerei *f* **1** market garden *Br*, truck farm *US* **2** (≈ *Gartenarbeit*) gardening
gärtnern *v/i* to garden
Gärtnern *n* gardening
Gärung *f* fermentation
Garzeit *f* cooking time
Gas *n* gas; AUTO (≈ *Gaspedal*) accelerator (pedal) *Br*, gas pedal *US*; **Gas geben** AUTO to accelerate, to step on the gas *US*; *auf höhere Touren bringen* to rev up
Gasbehälter *m* gas holder, gasometer
Gasexplosion *f* gas explosion
Gasfeuerzeug *n* gas lighter
Gasflasche *f* bottle of gas, gas canister
gasförmig *adj* gaseous, gasiform
Gashahn *m* gas tap
Gasheizung *f* gas (central) heating
Gasherd *m* gas cooker
Gaskammer *f* gas chamber
Gaskocher *m* camping stove
Gasleitung *f* (≈ *Rohr*) gas pipe; (≈ *Hauptrohr*) gas main
Gasmann *m* gasman
Gasmaske *f* gas mask
Gasofen *m* *Heizung* gas fire; *Backofen* gas oven
Gasometer *m* gasometer
Gaspedal *n* AUTO accelerator (pedal) *Br*, gas pedal *US*
Gasrohr *n* gas pipe; (≈ *Hauptrohr*) gas main
Gasse *f* lane; (≈ *Durchgang*) alley(way)
Gassenjunge *pej m* street urchin
Gassi *umg adv* **~ gehen** to go walkies *Br umg*, to go for a walk
Gast *m* guest; (≈ *Tourist*) visitor; *in einer Gaststätte* customer; **wir haben heute Abend Gäste** we're having company this evening; **bei j-m zu ~ sein** to be sb's guest(s)
Gastarbeiter(in) *neg! m(f)* immigrant *od* foreign worker
Gastdozent(in) *m(f)* visiting *od* guest lecturer
Gästebett *n* spare *od* guest bed
Gästebuch *n* visitors' book
Gästehandtuch *n* guest towel
Gästehaus *n* guest house
Gästeliste *f* guest list
Gäste-WC *n* guest toilet
Gästezimmer *n* guest *od* spare room
Gastfamilie *f* host family
gastfreundlich *adj* hospitable
Gastfreundlichkeit *f* hospitality
Gastfreundschaft *f* hospitality
gastgebend *adj Land, Theater* host *attr*; *Mannschaft* home *attr*
Gastgeber *m* host
Gastgeberin *f* hostess
Gastgeschenk *n* present (*given by a guest*)
Gasthaus *n*, **Gasthof** *m* inn, restaurant
Gasthörer(in) *m(f)* UNIV observer, auditor *US*
gastieren *v/i* to guest
Gastland *n* host country
gastlich *adj* hospitable
Gastlichkeit *f* hospitality
Gastmannschaft *f* visiting team
Gastrecht *n* right to hospitality
Gastritis *f* gastritis
Gastronom(in) *m(f)* (≈ *Gastwirt*) restaurateur; (≈ *Koch*) cuisinier, cordon bleu cook *bes Br*
Gastronomie *f form* (≈ *Gaststättengewerbe*) catering trade; *geh* (≈ *Kochkunst*) gastronomy
gastronomisch *adj* gastronomic
Gastspiel *n* THEAT guest performance; SPORT away match
Gaststätte *f* (≈ *Restaurant*) restaurant; (≈ *Trinklokal*) pub *Br*, bar
Gaststättengewerbe *n* catering trade
Gaststube *f* lounge

Gasturbine f gas turbine
Gastwirt m *Besitzer* restaurant owner *od* proprietor; *Pächter* restaurant manager; *von Kneipe* landlord *Br*, bar owner
Gastwirtin f *Besitzerin* restaurant owner *od* proprietress; *Pächterin* restaurant manageress; *von Kneipe* landlady *Br*, bar owner
Gastwirtschaft f → Gaststätte
Gasuhr f gas meter
Gasvergiftung f gas poisoning
Gasversorgung f (≈ *System*) gas supply (+*gen* to)
Gaswerk n gasworks
Gaszähler m gas meter
Gate n (≈ *Flugsteig*) gate
Gatte *form* m husband, spouse *form*
Gatter n (≈ *Tür*) gate; (≈ *Zaun*) fence; (≈ *Rost*) grating, grid
Gattin *form* f wife, spouse *form*
Gattung f BIOL genus; LIT, MUS, KUNST genre; *fig* (≈ *Sorte*) type, kind
Gattungsbegriff m generic concept
GAU m *abk* (= **größter anzunehmender Unfall**) MCA, maximum credible accident; *fig umg* worst-case scenario
Gaudi *umg* n fun
Gaukler(in) *liter* m(f) travelling entertainer *Br*, traveling entertainer *US*; *fig* storyteller
Gaul *pej* m nag, hack
Gaumen m palate
Gauner m rogue, scoundrel; (≈ *Betrüger*) crook; *umg* (≈ *gerissener Kerl*) cunning devil *umg*
Gaunerin f rascal; (≈ *Betrügerin*) crook
Gaunersprache f underworld jargon
Gazastreifen m Gaza Strip
Gaze f gauze
Gazelle f gazelle
GB[1] *abk* (= **Großbritannien**) GB
GB[2] *abk* (= **Gigabyte**) GB
geachtet *adj* respected; → achten
geartet *adj* **gutmütig ~ sein** to be good-natured; **freundlich ~ sein** to have a friendly nature
Geäst n branches *pl*
geb. *abk* (= geboren) born, b.
Gebäck n (≈ *Kekse*) biscuits *pl Br*, cookies *pl US*; (≈ *süße Teilchen*) pastries *pl*
Gebälk n timbers *pl*
geballt *adj* (≈ *konzentriert*) concentrated; **die Probleme treten jetzt ~ auf** the problems are piling up now; → ballen
gebannt *adj* (**wie**) **~** fascinated; → bannen
Gebärde f gesture
gebärden *v/r* to behave
Gebärdensprache f gestures *pl*; (≈ *Zeichensprache*) sign language
Gebaren n behaviour *Br*, behavior *US*; HANDEL (≈ *Geschäftsgebaren*) conduct
gebären **A** *v/t* to give birth to; **geboren werden** to be born; **wo sind Sie geboren?** where were you born?; → geboren **B** *v/i* to give birth
Gebärmutter f ANAT womb, uterus
Gebärmutterhals m cervix
Gebärmutterkrebs m cervical cancer
Gebäude n building; *fig* (≈ *Gefüge*) structure
Gebäudekomplex m building complex
gebaut *adj* built; **gut ~ sein** to be well-built; → bauen
Gebeine *pl* bones *pl*, (mortal) remains *pl*
Gebell n barking
geben A *v/t* **1** to give; (≈ *überreichen a.*) to hand; **was darf ich Ihnen ~?** what can I get you?; **~ Sie mir bitte zwei Flaschen Bier** I'd like two bottles of beer, please; **~ Sie mir bitte Herrn Lang** TEL can I speak to Mr Lang please?; **ich gäbe viel darum, zu …** I'd give a lot to …; **gibs ihm (tüchtig)!** *umg* let him have it! *umg*; **das Buch hat mir viel gegeben** I got a lot out of the book; → gegeben **2** (≈ *übergeben*) **ein Auto in Reparatur ~** to have a car repaired; **ein Kind in Pflege ~** to put a child in care **3** (≈ *veranstalten*) Konzert, Fest to give; **was wird heute im Theater gegeben?** what's on at the theatre today? *Br*, what's on at the theater today? *US* **4** (≈ *unterrichten*) to teach; **er gibt Nachhilfeunterricht** he does tutoring **5** **viel/nicht viel auf etw** (*akk*) **~** to set great/little store by sth; **ich gebe nicht viel auf seinen Rat** I don't think much of his advice; **etw von sich ~** Laut, Worte, Flüche to utter sth; Meinung to express sth **B** *v/i* **1** KART to deal; **wer gibt?** whose turn is it to deal? **2** SPORT (≈ *Aufschlag haben*) to serve **C** *v/i* **es gibt** there is; *mit Plural* there are; **gibt es einen Gott?** is there a God?; **es wird noch Ärger ~** there'll be trouble (yet); **was gibts zum Mittagessen?** what's for lunch?; **es gibt gleich Mittagessen!** it's nearly time for lunch!; **was gibts?** what's the matter?, what is it?; **das gibts doch nicht!** I don't believe it!; **das hat es ja noch nie gegeben!** it's unbelievable!; **so was gibts bei uns nicht!** *umg* that's just not on! *umg*; **gleich gibts was!** *umg* there's going to be trouble! **D** *v/r* **sich ~** (≈ *nachlassen*) Regen to ease off; Schmerzen to ease; Begeisterung to cool; freches Benehmen to lessen; (≈ *sich erledigen*) to sort itself out; (≈ *aufhören*) to stop; **das wird sich schon ~** it'll all work out; **nach außen gab er sich heiter** outwardly he seemed quite cheerful
Geber(in) m(f) giver; KART dealer
Gebet n prayer; **j-n ins ~ nehmen** *fig* to take sb to task; *iron bei Polizeiverhör etc* to put pressure on sb

Gebetbuch *n* prayer book
gebeugt *adj Haltung* stooped; *Kopf* bowed; → beugen
Gebiet *n* **1** area, region; (≈ *Staatsgebiet*) territory; (≈ *Bezirk*) district **2** *fig* (≈ *Fach*) field; (≈ *Teilgebiet*) branch; **auf diesem ~** in this field
gebieten *geh* **A** *v/t* (≈ *verlangen*) to demand; **j-m etw ~** to command sb to do sth **B** *v/i* **über etw** (*akk*) **~** *über Geld etc* to have sth at one's disposal; → geboten
Gebietsanspruch *m* territorial claim
Gebietskörperschaft *f* regional authority
gebietsweise *adv* in some areas
Gebilde *n* (≈ *Ding*) thing; (≈ *Gegenstand*) object; (≈ *Bauwerk*) construction
gebildet *adj* educated; (≈ *gelehrt*) learned; (≈ *kultiviert*) cultured; → bilden
Gebinde *n* (≈ *Blumengebinde*) arrangement; (≈ *Blumenkranz*) wreath
Gebirge *n* mountains *pl*, mountain range
gebirgig *adj* mountainous
Gebirgskette *f* mountain range
Gebirgszug *m* mountain range
Gebiss *n* (≈ *die Zähne*) (set of) teeth *pl*; (≈ *künstliches Gebiss*) dentures *pl*, false teeth *pl*
Gebläse *n* blower
geblümt *adj* flowered
Geblüt *geh n* (≈ *Abstammung*) descent; *fig* (≈ *Blut*) blood; **von edlem ~** of noble blood
gebogen *adj* bent; (≈ *geschwungen, rund*) curved; → biegen
gebongt *umg adj* **das ist ~** okey-doke *umg*
geboren *adj* born; **er ist blind ~** he was born blind; **~er Engländer sein** to be English by birth; **er ist der ~e Erfinder** he's a born inventor; **Hanna Schmidt ~e Müller** Hanna Schmidt, née Müller; → gebären
geborgen *adj* **sich ~ fühlen** to feel secure; → bergen
Geborgenheit *f* security
Gebot *n* **1** (≈ *Gesetz*) law; (≈ *Vorschrift*) rule; BIBEL commandment **2** *geh* (≈ *Erfordernis*) requirement; **das ~ der Stunde** the needs of the moment **3** HANDEL *bei Auktionen* bid
geboten *geh adj* (≈ *ratsam*) advisable; (≈ *notwendig*) necessary; (≈ *dringend geboten*) imperative; → bieten; → gebieten
Gebotsschild *n* sign giving orders
Gebr. *abk* (= Gebrüder) Bros.
gebrannt *adj* **~e Mandeln** *pl* burnt almonds *pl Br*, baked almonds *pl US*; **~er Ton** fired clay; **~es Kind scheut das Feuer** *sprichw* once bitten, twice shy *sprichw*; → brennen
Gebrauch *m* (≈ *Benutzung*) use; *eines Wortes* usage; (≈ *Anwendung*) application; (≈ *Brauch*) custom; **von etw ~ machen** to make use of sth; **in ~ sein** to be in use
gebrauchen *v/t* (≈ *benutzen*) to use; (≈ *anwenden*) to apply; **sich zu etw ~ lassen** to be useful for sth; (≈ *missbrauchen*) to be used as sth; **nicht mehr zu ~ sein** to be useless; **er/das ist zu nichts zu ~** he's/that's absolutely useless; **das kann ich gut ~** I can really use that; **ich könnte ein neues Kleid ~** I could use a new dress
gebräuchlich *adj* (≈ *verbreitet*) common; (≈ *gewöhnlich*) usual, customary
Gebrauchsanweisung *f für Arznei* directions *pl*; *für Geräte etc* instructions *pl* (for use)
Gebrauchsartikel *m* article for everyday use; *pl bes* HANDEL basic consumer goods *pl*
gebrauchsfertig *adj* ready for use
Gebrauchsgegenstand *m* commodity; (≈ *Werkzeug, Küchengerät*) utensil
Gebrauchsgut *n* consumer item
Gebrauchsmuster *n* registered pattern *od* design
gebraucht **A** *adj* second-hand; *Verpackung* used **B** *adv* **etw ~ kaufen** to buy sth second-hand; → brauchen
Gebrauchtwagen *m* used *od* second-hand car
Gebrauchtwagenhändler(in) *m(f)* used *od* second-hand car dealer
gebräunt *adj* (≈ *braun gebrannt*) (sun-)tanned; → bräunen
Gebrechen *geh n* affliction
gebrechlich *adj* frail; (≈ *altersschwach*) infirm
gebrochen **A** *adj* broken; **~e Zahl** MATH fraction; **mit ~em Herzen** broken-hearted **B** *adv* **~ Deutsch sprechen** to speak broken German; → brechen
Gebrüder *pl* HANDEL Brothers *pl*; **~ Müller** Müller Brothers
Gebrüll *n von Löwe* roar; *von Mensch* yelling
gebückt **A** *adj* **eine ~e Haltung** a stoop **B** *adv* **~ gehen** to stoop; → bücken
Gebühr *f* **1** charge; (≈ *Postgebühr*) postage *kein pl*; (≈ *Studiengebühr*) fees *pl*; (≈ *Vermittlungsgebühr*) commission; (≈ *Straßenbenutzungsgebühr*) toll; (≈ *Steuer*) tax; **~en erheben** to make a charge; **~ (be)zahlt Empfänger** postage to be paid by addressee **2** (≈ *Angemessenheit*) **nach ~** suitably, properly; **über ~** excessively
gebühren *geh* **A** *v/i* **das gebührt ihm** (≈ *steht ihm zu*) it is his (just) due; (≈ *gehört sich für ihn*) it befits him **B** *v/r* to be proper; **wie es sich gebührt** as is proper
gebührend **A** *adj* (≈ *verdient*) due; (≈ *angemessen*) suitable; (≈ *geziemend*) proper **B** *adv* duly, suitably; **etw ~ feiern** to celebrate sth in a fitting manner
Gebühreneinheit *f* TEL (tariff) unit

Gebührenerhöhung f increase in charges
gebührenfrei A adj free of charge; *Telefonnummer* Freefone® *Br*, toll-free *US* B adv free of charge
Gebührenordnung f scale of charges
gebührenpflichtig A adj subject to a charge; *Autobahnbenutzung* subject to a toll; **~e Verwarnung** JUR fine; **~e Autobahn** toll road *Br*, turnpike *US* B adv **j-n ~ verwarnen** to fine sb
gebunden adj tied (**an** +akk to); *durch Verpflichtungen etc* tied down; *Kapital* tied up; LING, PHYS, CHEM bound; *Buch* cased, hardback; *Wärme* latent; MUS legato; **vertraglich ~ sein** to be bound by contract; → **binden**
Geburt f birth; **von ~** by birth; **von ~ an** from birth; (≈ *gebürtig*) natural-born; **bei der ~ sterben** *Mutter* to die in childbirth; *Kind* to die at birth; **das war eine schwere ~!** *fig umg* that took some doing *umg*
Geburtendefizit n birth deficit
Geburtenkontrolle f, **Geburtenregelung** f birth control
Geburtenrate f birthrate
Geburtenrückgang m drop in the birthrate
geburtenschwach adj *Jahrgang* with a low birthrate
geburtenstark adj *Jahrgang* with a high birthrate
Geburtenüberschuss m excess of births over deaths
Geburtenziffer f birthrate
gebürtig adj natural-born, native; **ich bin ~er Londoner** I was born in London
Geburtsanzeige f birth announcement
Geburtsdatum n date of birth
Geburtshaus n **das ~ Kleists** the house where Kleist was born
Geburtshelfer(in) m(f) MED (≈ *Arzt*) obstetrician; (≈ *Hebamme*) midwife
Geburtsjahr n year of birth
Geburtsland n native country
Geburtsname m birth name; *von Frau a.* maiden name
Geburtsort m birthplace; *im Pass* place of birth
Geburtstag m birthday; *auf Formularen* date of birth; **j-m zum ~ gratulieren** to wish sb (a) happy birthday; **zu seinem ~** for his birthday; **ich habe im Mai/am 13. Juni ~** my birthday is in May/on 13th June; **heute habe ich ~** it's my birthday today; **wann hast du ~?** when's your birthday?; **herzlichen Glückwunsch zum ~, alles Gute zum ~!** happy birthday!
Geburtstagsfeier f birthday party
Geburtstagsgeschenk n birthday present
Geburtstagskind n birthday boy/girl
Geburtsurkunde f birth certificate

Gebüsch n bushes pl; (≈ *Unterholz*) undergrowth, brush
gedacht adj *Linie, Fall* imaginary; → **denken**
Gedächtnis n memory; **etw aus dem ~ hersagen** to recite sth from memory; **j-m im ~ bleiben** to stick in sb's mind; **etw im ~ behalten** to remember sth
Gedächtnislücke f gap in one's memory
Gedächtnisschwund m amnesia
Gedächtnistraining n memory training
gedämpft adj 1 (≈ *vermindert*) *Geräusch* muffled; *Farben, Stimmung* muted; *Optimismus* cautious; *Licht, Freude* subdued; **mit ~er Stimme** in a low voice 2 GASTR steamed; → **dämpfen**
Gedanke m thought (**über** +akk on, about); (≈ *Idee, Plan*) idea; (≈ *Konzept*) concept; **der bloße ~ an ...** the mere thought of ...; **in ~n vertieft sein** to be deep in thought; **j-n auf andere ~n bringen** to take sb's mind off things; **sich** (dat) **~n machen** (≈ *sich fragen*) to wonder; **sich** (dat) **über etw** (akk) **~n machen** to think about sth; (≈ *sich sorgen*) to worry about sth; **etw ganz in ~n** (dat) **tun** to do sth (quite) without thinking; **j-s ~n lesen** to read sb's mind *od* thoughts; **auf dumme ~n kommen** *umg* to get up to mischief; **mit dem ~n spielen, etw zu tun** to toy with the idea of doing sth
Gedankenaustausch m POL exchange of ideas
Gedankenfreiheit f freedom of thought
gedankenlos adj (≈ *unüberlegt*) unthinking; (≈ *zerstreut*) absent-minded; (≈ *rücksichtslos*) thoughtless
Gedankenlosigkeit f (≈ *Unüberlegtheit*) lack of thought; (≈ *Zerstreutheit*) absent-mindedness; (≈ *Rücksichtslosigkeit*) thoughtlessness
Gedankenspiel n intellectual game; *als psychologische Taktik* mind game
Gedankenstrich m dash
Gedankenübertragung f telepathy
gedanklich adj intellectual; (≈ *vorgestellt*) imaginary
Gedärme pl bowels pl, intestines pl
Gedeck n 1 (≈ *Tischgedeck*) cover; **ein ~ auflegen** to lay a place *Br*, to set a place 2 (≈ *Menü*) set meal, table d'hôte 3 *im Nachtklub* cover charge
gedeckt adj *Farben* muted; *Tisch* set for a meal, laid for a meal *Br*; → **decken**
Gedeih m **auf ~ und Verderb** for better or (for) worse
gedeihen v/i to thrive; *geh* (≈ *sich entwickeln*) to develop; *fig* (≈ *vorankommen*) to make progress
gedenken v/i 1 *geh* (≈ *denken an*) to remember 2 (≈ *feiern*) to commemorate
Gedenken n memory (**an** +akk of); **zum** *od* **im ~ an j-n** in memory of sb

Gedenkfeier f commemoration
Gedenkgottesdienst m memorial service
Gedenkminute f minute's silence
Gedenkmünze f commemorative coin
Gedenkstätte f memorial
Gedenkstunde f hour of commemoration
Gedenktafel f plaque
Gedenktag m commemoration day
Gedicht n poem; **der Nachtisch ist ein ~** umg the dessert is sheer poetry
Gedichtband m book of poems od poetry
Gedichtinterpretation f eines Gedichtes interpretation of a poem; von Dichtung interpretation of poetry
gediegen adj **1** Metall pure **2** von guter Qualität high-quality; (≈ geschmackvoll) tasteful; (≈ rechtschaffen) upright; Kenntnisse sound
gedopt adj **er war ~** he had taken drugs; → dopen
Gedränge n (≈ Menschenmenge) crowd, crush; (≈ Drängeln) jostling; beim Rugby scrum(mage); **ins ~ kommen** fig to get into a fix umg
Gedrängel umg n (≈ Drängeln) shoving umg
gedrängt **A** adj packed; fig Stil terse **B** adv **~ voll** packed full; **~ stehen** to be crowded together; → drängen
gedruckt adj printed; **lügen wie ~** umg to lie right, left and centre Br umg, to lie right, left and center US umg; → drucken
gedrückt adj Stimmung depressed; **~er Stimmung sein** to feel depressed; → drücken
gedrungen adj Gestalt stocky
Geduld f patience; **mit j-m/etw ~ haben** to be patient with sb/sth; **ich verliere die ~** my patience is wearing thin
gedulden v/r to be patient
geduldig **A** adj patient **B** adv patiently
Geduldspiel n fig test of patience
Geduldsprobe f **das war eine harte ~** it was enough to try anyone's patience
geehrt adj honoured Br, honored US; **sehr ~e Damen und Herren** Ladies and Gentlemen; in Briefen Dear Sir or Madam Br, To whom it may concern US; → ehren
geeignet adj (≈ passend) suitable; (≈ richtig) right; **er ist zu dieser Arbeit nicht ~** he's not suited to this work; **er wäre zum Lehrer gut ~** he would make a good teacher; → eignen
Gefahr f **1** danger (**für** to, for); (≈ Bedrohung) threat (**für** to, for); **in ~ sein** to be in danger; (≈ bedroht) to be threatened; **außer ~** out of danger; **sich einer ~ aussetzen** to put oneself in danger **2** (≈ Risiko) risk (**für** to, for); **auf eigene ~** at one's own risk; stärker at one's own peril; **auf die ~ hin, etw zu tun** at the risk of doing sth; **~ laufen, etw zu tun** to run the risk of doing sth
gefährden v/t to endanger; (≈ bedrohen) to threaten; (≈ aufs Spiel setzen) to put at risk; **gefährdet** threatened
Gefährder(in) m(f) dangerous militant; (≈ Terrorist a.) potential terrorist
gefährdet adj Tierart endangered; Ehe, Bevölkerungsgruppe, Gebiet at risk präd
Gefährdung f **1** (≈ das Gefährden) endangering; (≈ das Riskieren) risking **2** (≈ Gefahr) danger (+gen to)
Gefahrenherd m danger area
Gefahrenquelle f safety hazard
Gefahrenstelle f danger spot
Gefahrenzone f danger zone
Gefahrenzulage f danger money
gefährlich **A** adj dangerous; (≈ nicht sicher) unsafe **B** adv dangerously
Gefährlichkeit f dangerousness
gefahrlos **A** adj safe; (≈ harmlos) harmless **B** adv safely; (≈ harmlos) harmlessly
Gefährte m, **Gefährtin** geh f companion
Gefälle n von Fluss drop, fall; von Land, Straße slope; (≈ Neigungsgrad) gradient; **ein ~ von 10%** a gradient of 10% **2** fig (≈ Unterschied) difference; **das Nord-Süd-Gefälle** the north-south divide
gefallen v/i to please (**j-m** sb); **es gefällt mir (gut)** I like it (very much od a lot); **das gefällt mir gar nicht** I don't like it at all; **das gefällt mir schon besser** umg that's more like it umg; **er gefällt mir gar nicht** umg gesundheitlich I don't like the look of him umg; **sich** (dat) **etw ~ lassen** (≈ dulden) to put up with sth
Gefallen[1] geh n pleasure; **an etw** (dat) **~ finden** to get pleasure from sth
Gefallen[2] m favour Br, favor US; **j-n um einen ~ bitten** to ask sb a favo(u)r; **j-m einen ~ tun** to do sb a favo(u)r
Gefallene(r) m/f(m) soldier killed in action
gefällig adj **1** (≈ hilfsbereit) obliging; **j-m ~ sein** to oblige sb **2** (≈ ansprechend) pleasing; (≈ freundlich) pleasant **3** **Zigarette ~?** form would you care for a cigarette?
Gefälligkeit f **1** (≈ Gefallen) favour Br, favor US; **j-m eine ~ erweisen** to do sb a favo(u)r **2** **etw aus ~ tun** to do sth out of the kindness of one's heart
gefälligst umg adv kindly; **sei ~ still!** kindly keep your mouth shut! umg
gefangen adj captive; im Gefängnis imprisoned
Gefangene(r) m/f(m) captive; (≈ Sträfling), a. fig prisoner; (≈ Zuchthäusler) convict
Gefangenenlager n prison camp
gefangen halten v/t to hold prisoner; Geiseln to hold; Tiere to keep in captivity; fig to capti-

Gefangennahme f capture; (≈ *Verhaftung*) arrest
gefangen nehmen v/t to take captive; (≈ *verhaften*) to arrest; MIL to take prisoner; *fig* to captivate
Gefangenschaft f captivity; **in ~ geraten** to be taken prisoner
Gefängnis n prison, jail; (≈ *Gefängnisstrafe*) imprisonment; **im ~** in prison; **im ~ wegen Mordes** in prison for murder; **zwei Jahre ~ bekommen** to get two years in prison
Gefängnisstrafe f prison sentence; **eine ~ von zehn Jahren** ten years' imprisonment
Gefängniswärter(in) m(f) warder Br, prison officer *od* guard
Gefängniszelle f prison cell
gefärbt adj dyed; *Lebensmittel* artificially coloured Br, artificially colored US; **konservativ ~ sein** to have a conservative bias; → **färben**
Gefasel *pej* n drivel *umg*
Gefäß n a. ANAT, BOT vessel; (≈ *Behälter*) receptacle
gefasst **A** adj (≈ *ruhig*) composed, calm; *Stimme* calm; **sich auf etw** (akk) **~ machen** to prepare oneself for sth; **er kann sich auf etwas ~ machen** *umg* I'll give him something to think about *umg* **B** adv (≈ *beherrscht*) calmly; → **fassen**
Gefecht n battle; **j-n außer ~ setzen** to put sb out of action; **im Eifer des ~s** *fig* in the heat of the moment
gefechtsbereit adj ready for battle; (≈ *einsatzfähig*) (fully) operational
Gefechtskopf m warhead
gefeiert adj celebrated, acclaimed; → **feiern**
gefeit adj **gegen etw ~ sein** to be immune to sth
gefestigt adj established; *Charakter* steady; *Kenntnisse* grounded; → **festigen**
Gefieder n plumage
gefiedert adj feathered; *Blatt* pinnate
Geflecht n network; (≈ *Gewebe*) weave; (≈ *Rohrgeflecht*) wickerwork
gefleckt adj spotted; *Vogel* speckled; *Haut* blotchy
Geflügel n poultry *kein pl*
Geflügelfleisch n poultry
Geflügelpest f bird flu, avian influenza
Geflügelsalat m chicken salad
Geflügelschere f poultry shears *pl*
geflügelt adj winged; **~e Worte** standard quotations
Geflügelzucht f poultry farming
Geflüster n whispering
Gefolge n retinue, entourage; (≈ *Trauergefolge*) cortege; *fig* wake; **im ~** in the wake (+*gen* of)
Gefolgschaft f **1** (≈ *die Anhänger*) following **2**
(≈ *Treue*) allegiance
Gefolgsmann m follower
gefragt adj *Waren, Sänger etc* popular *attr*, in demand *präd*; → **fragen**
gefräßig adj gluttonous; *fig geh* voracious
Gefräßigkeit f gluttony; *fig geh* voracity
Gefreite(r) m/f(m) MIL private; FLUG aircraftman first class Br, airman first class US
gefreut adj *schweiz* (≈ *angenehm*) pleasant; → **freuen**
Gefrierbeutel m freezer bag
Gefrierbrand m freezer burn
gefrieren v/i to freeze
Gefrierfach n freezer compartment, icebox *bes* US
gefriergetrocknet adj freeze-dried
Gefrierkost f frozen food
Gefrierpunkt m freezing point; *von Thermometer* zero; **auf dem ~ stehen** to be at freezing point/zero
Gefrierschrank m (upright) freezer
Gefriertruhe f freezer
gefroren adj frozen; → **gefrieren**; → **frieren**
gefrustet *umg* adj frustrated; **ich bin total ~** I'm totally frustrated, I'm t my wits' end
Gefüge n structure
gefügig adj (≈ *willfährig*) submissive; (≈ *gehorsam*) obedient; **j-n ~ machen** to make sb bend to one's will
Gefühl n feeling; (≈ *Emotionalität*) sentiment; (≈ *Emotion*) emotion; (≈ *Gespür*) sense; **j-m das ~ geben, klein zu sein** to make sb feel small; **etw im ~ haben** to have a feel for sth; **ich habe das ~, dass …** I have the feeling that …; **j-s ~e verletzen** to hurt sb's feelings; **ein ~ für Gerechtigkeit** a sense of justice
gefühllos adj insensitive; (≈ *mitleidlos*) callous; *Glieder* numb
Gefühllosigkeit f insensitivity; (≈ *Mitleidlosigkeit*) callousness; *von Gliedern* numbness
gefühlsarm adj unemotional
Gefühlsausbruch m emotional outburst
gefühlsbedingt adj emotional
gefühlsbetont adj emotional
Gefühlsduselei *pej* f mawkishness
Gefühlslage f emotional state
Gefühlsleben n emotional life
gefühlsmäßig **A** adj instinctive **B** adv instinctively
Gefühlsmensch m emotional person
Gefühlssache f matter of feeling
gefühlvoll **A** adj **1** (≈ *empfindsam*) sensitive; (≈ *ausdrucksvoll*) expressive **2** (≈ *liebevoll*) loving **B** adv with feeling; (≈ *ausdrucksvoll*) expressively
gefüllt adj *Paprikaschoten etc* stuffed; *Brieftasche* full; **~e Pralinen** chocolates with soft centres

Br, candies with soft centers *US*; → **füllen**

gefunden *adj* **das war ein ~es Fressen für ihn** that was handing it to him on a plate; → **finden**

gefürchtet *adj* dreaded *mst attr*; → **fürchten**

gegeben *adj* given; **bei der ~en Situation** given this situation; **etw als ~ voraussetzen** to assume sth; **zu ~er Zeit** in due course; → **geben**

gegebenenfalls *adv* should the situation arise; (≈ *wenn nötig*) if need be; (≈ *eventuell*) possibly; ADMIN if applicable

Gegebenheit *f* (actual) fact; (≈ *Realität*) actuality; (≈ *Zustand*) condition; **sich mit den ~en abfinden** to come to terms with the facts as they are

gegen *präp* **1** (≈ *wider*) against; **X ~ Y** SPORT, JUR X versus Y; **haben Sie ein Mittel ~ Schnupfen?** do you have anything for colds?; **etwas/nichts ~ j-n/etw haben** to have something/nothing against sb/sth; **etwas ~ etw unternehmen** *od* **tun** to do something about sth **2** (≈ *in Richtung auf*) towards, toward *US*; (≈ *nach*) to; **~ einen Baum rennen** to run into a tree **3** (≈ *ungefähr*) round about, around; **~ 5 Uhr** around 5 o'clock **4** (≈ *gegenüber*) towards, to; **sie ist immer fair ~ mich gewesen** she's always been fair to me **5** (≈ *im Austausch für*) for; **~ bar** for cash; **~ Quittung** against a receipt **6** (≈ *verglichen mit*) compared with

gegen- *zssgn* anti

Gegenangebot *n* counteroffer

Gegenangriff *m* counterattack

Gegenanzeige *f* MED contraindication

Gegenargument *n* counterargument

Gegenbeispiel *n* counterexample

Gegenbewegung *f* countermovement

Gegenbeweis *m* counterevidence *kein unbest art, kein pl*; **den ~ zu etw antreten** to produce evidence to counter sth

Gegend *f* area; (≈ *geografisches Gebiet*) region; **hier in der ~** (a)round here

Gegendarstellung *f* reply

Gegendemonstration *f* counterdemonstration

gegeneinander *adv* against each other *od* one another

gegeneinanderprallen *v/i* to collide

gegeneinanderstellen *fig v/t* to compare

Gegenfahrbahn *f* oncoming lane

Gegenfrage *f* counterquestion

Gegengewicht *n* counterbalance

Gegengift *n* antidote (**gegen** to)

Gegenkandidat(in) *m(f)* rival candidate

Gegenleistung *f* service in return; **als ~ für etw** in return for sth

Gegenlicht *n* **bei ~ Auto fahren** to drive with the light in one's eyes; **etw bei** *od* **im ~ aufnehmen** FOTO to take a backlit photo(graph) of sth

Gegenliebe *f fig* (≈ *Zustimmung*) approval

Gegenmaßnahme *f* countermeasure

Gegenmittel *n* MED antidote (**gegen** to)

Gegenoffensive *f* counteroffensive

Gegenpol *m* counterpole; *fig* antithesis (**zu** of, to)

Gegenprobe *f* crosscheck

Gegenrichtung *f* opposite direction

Gegensatz *m* contrast; (≈ *Gegenteil*) opposite; (≈ *Unvereinbarkeit*) conflict; **Gegensätze** (≈ *Meinungsverschiedenheiten*) differences *pl*; **im ~ zu** unlike, in contrast to; **einen krassen ~ zu etw bilden** to contrast sharply with sth; **im ~ zu etw stehen** to conflict with sth

gegensätzlich A *adj* (≈ *konträr*) contrasting; (≈ *widersprüchlich*) opposing; (≈ *unterschiedlich*) different; (≈ *unvereinbar*) conflicting **B** *adv* **sie verhalten sich völlig ~** they behave in totally different ways

Gegenschlag *m* MIL reprisal; *fig* retaliation *kein pl*; **zum ~ ausholen** to prepare to retaliate

Gegenseite *f* other side

gegenseitig A *adj* mutual **B** *adv* each other, one another; **sich ~ ausschließen** to be mutually exclusive

Gegenseitigkeit *f* mutuality; **ein Vertrag auf ~** a reciprocal treaty; **das beruht auf ~** the feeling is mutual

Gegenspieler(in) *m(f)* opponent; LIT antagonist

Gegensprechanlage *f* (two-way) intercom

Gegenstand *m* (≈ *Ding*) object, thing; WIRTSCH (≈ *Artikel*) article; (≈ *Thema*) subject; **~ unseres Gesprächs war …** the subject of our conversation was …; **~ des Gespötts** object of ridicule

gegenständlich *adj* concrete; KUNST representational; (≈ *anschaulich*) graphic(al)

gegenstandslos *adj* (≈ *überflüssig*) redundant, unnecessary; (≈ *grundlos*) unfounded; (≈ *hinfällig*) irrelevant; KUNST abstract

gegensteuern *v/i* AUTO to steer in the opposite direction; *fig* to take countermeasures

Gegenstimme *f* PARL vote against; **der Antrag wurde ohne ~n angenommen** the motion was carried unanimously

Gegenstück *n* opposite; (≈ *passendes Gegenstück*) counterpart

Gegenteil *n* opposite (**von** of); **im ~!** on the contrary!; **ganz im ~** quite the reverse; **ins ~ umschlagen** to swing to the other extreme

gegenteilig A *adj* Ansicht, Wirkung opposite, contrary; **eine ~e Meinung** a contrary opinion **B** *adv* **sich ~ entscheiden** to come to a different decision

Gegentor n bes FUSSB, SPORT **ein ~ hinnehmen müssen** to concede a goal; **ein ~ erzielen** to score

gegenüber A präp **1** örtlich opposite; **er saß mir genau ~** he sat directly opposite me **2** (≈ zu) to; (≈ in Bezug auf) with regard to, as regards; (≈ angesichts, vor) in the face of; (≈ im Vergleich zu) compared with; **mir ~ hat er das nicht geäußert** he didn't say that to me **B** adv opposite; **der Park ~** the park opposite

Gegenüber n bei Kampf opponent; bei Diskussion opposite number; **mein ~ am Tisch** the person (sitting) opposite me at (the) table

gegenüberliegen v/i to be opposite, to face; **sich** (dat) **~** to face each other

gegenüberliegend adj opposite

gegenübersehen v/r **sich einer Aufgabe ~** to be faced with a task

gegenüberstehen v/i to be opposite, to face; j-m to stand opposite; **j-m feindlich ~** to have a hostile attitude toward(s) sb

gegenüberstellen v/t (≈ konfrontieren mit) to confront (+dat with); fig (≈ vergleichen) to compare (+dat with)

Gegenüberstellung f confrontation; fig (≈ Vergleich) comparison

gegenübertreten v/i **j-m ~** to face sb

Gegenverkehr m oncoming traffic

Gegenvorschlag m counterproposal

Gegenwart f **1** present; **die Literatur der ~** contemporary literature; **das Verb steht in der ~** the verb is in the present **2** (≈ Anwesenheit) presence; **in ~ +gen** in the presence of

gegenwärtig A adj **1** (≈ jetzig) present; **der ~e Preis** the current price **2** geh (≈ anwesend) present präd **B** adv (≈ augenblicklich) at present

Gegenwartsliteratur f contemporary literature

Gegenwehr f resistance

Gegenwert m equivalent

Gegenwind m headwind

gegenzeichnen v/t to countersign

Gegenzug m countermove; **im ~ zu etw** as a countermove to sth

gegliedert adj jointed; fig structured; (≈ organisiert) organized; → gliedern

Gegner(in) m(f) opponent; (≈ Rivale) rival; (≈ Feind) enemy; **ein ~ der Todesstrafe sein** to be against capital punishment

gegnerisch adj opposing; MIL (≈ feindlich) enemy attr

Gehabe umg n affected behaviour Br, affected behavior US

Gehackte(s) n mince Br, ground meat US

Gehalt[1] m **1** (≈ Anteil) content **2** fig (≈ Inhalt) content; (≈ Substanz) substance

Gehalt[2] österr n/m salary, pay

gehalten adj **~ sein, etw zu tun** form to be required to do sth; → halten

gehaltlos fig adj empty; (≈ oberflächlich) shallow

Gehaltsabrechnung f salary statement

Gehaltsanspruch m salary claim

Gehaltsempfänger(in) m(f) salary-earner; **~ sein** to receive a salary

Gehaltserhöhung f salary increase; regelmäßig increment

Gehaltsforderung f salary claim

Gehaltsfortzahlung f continued payment of salary

Gehaltsgruppe f pay od salary bracket

Gehaltskonto n current account, checking account US

Gehaltskürzung f pay cut

Gehaltsliste f payroll

Gehaltszettel umg m payslip

Gehaltszulage f (≈ Gehaltserhöhung) salary increase; (≈ Extrazulage) salary bonus

gehaltvoll adj Speise nourishing; fig rich in content

gehandicapt adj handicapped (**durch** by)

geharnischt adj Brief, Abfuhr etc strong; Antwort sharp, sharply-worded

gehässig A adj spiteful **B** adv spitefully

Gehässigkeit f spite(fulness); **j-m ~en sagen** to be spiteful to sb

gehäuft A adj Löffel heaped **B** adv in large numbers; → häufen

Gehäuse n **1** von Gerät case; (≈ Lautsprechergehäuse) box; (≈ Radiogehäuse) cabinet **2** (≈ Schneckengehäuse) shell **3** (≈ Obstgehäuse) core

gehbehindert adj unable to walk properly

Gehbehinderte(r) m/f(m) person who has difficulty walking

Gehbock m walking frame

Gehege n reserve; im Zoo enclosure; (≈ Wildgehege) preserve; **j-m ins ~ kommen** fig umg to get under sb's feet umg

geheim A adj secret; (≈ vertraulich) confidential; **seine ~sten Gedanken** his innermost thoughts; **streng ~** top secret; **Geheime Staatspolizei** HIST secret state police; **im Geheimen** in secret, secretly **B** adv secretly; **~ abstimmen** to vote by secret ballot

Geheimagent(in) m(f) secret agent

Geheimakte f classified document

Geheimdienst m secret service

Geheimfach n secret compartment; (≈ Schublade) secret drawer

geheim halten v/t **etw (vor j-m) ~** to keep sth a secret (from sb)

Geheimhaltung f secrecy

Geheimhaltungspflicht f obligation to maintain confidentiality

Geheimkonto n private od secret account

Geheimnis n secret; *rätselhaft* mystery; **ein offenes ~** an open secret

Geheimniskrämerei *umg* f secretiveness

Geheimnisträger(in) m(f) bearer of secrets

geheimnisvoll adj mysterious; **~ tun** to be mysterious

Geheimnummer f a. TEL secret number; (≈ PIN) PIN (number)

Geheimpolizei f secret police

Geheimratsecken pl receding hairline; **er hat ~** his hair is receding at the temples

Geheimtipp m (personal) tip

Geheimtür f secret door

Geheimzahl f PIN (number)

gehemmt adj *Mensch* inhibited; *Benehmen* self-conscious; → hemmen

gehen A v/i [1] to go; (≈ weggehen) to leave; **~ wir!** let's go; **schwimmen/tanzen/einkaufen ~** to go swimming/dancing/shopping; **schlafen ~, ins Bett ~** to go to bed; **nach Hause ~** to go home [2] (≈ zu Fuß gehen) to walk; **das Kind lernt ~** the baby is learning to walk; **am Stock ~** to walk with a stick; **er ging im Zimmer auf und ab** he walked up and down the room [3] *mit Präposition* **er ging an den Tisch** he went to the table; **sie gingen auf den Berg** they went up the mountain; **sie ging auf die Straße** she went out into the street; **das Fenster geht auf den Hof** the window overlooks the yard; **diese Tür geht auf den Balkon** this door leads onto the balcony; **das Bier geht auf mich** *umg* the beer's on me; **sie ging aus dem Zimmer** she went out of the room; **das geht gegen meine Überzeugung** it's against my principles; **geh mal in die Küche** go into the kitchen; **in die Industrie/Politik ~** to go into industry/politics; **in diesen Saal ~ 300 Leute** this hall holds 300 people; **in die Tausende ~** to run into (the) thousands; **in sich** (akk) **~** to stop and think; **mit j-m ~** to go with sb; (≈ befreundet sein) to go out with sb, to date sb; **er ging nach München** he went to Munich; **über die Straße ~** to cross the road; **nichts geht über** (+akk) **...** there's nothing to beat ...; **unter Menschen ~** to mix with people; **~ zu/nach** to go to; (≈ aufbrechen) to be off to; **er ging bis zur Straße** he went as far as the street; **zur Post ~** to go to the post office; **zur Schule ~** to go to school; **zum Militär ~** to join the army; **zum Theater ~** to go on the stage [4] (≈ funktionieren) to work; *Auto, Uhr* to go; **die Uhr geht falsch/richtig** the clock is wrong/right; **so geht das** this is the way to do it [5] (≈ florieren) *Geschäft* to do well; (≈ verkauft werden) to sell; **wie ~ die Geschäfte?** how's business? [6] (≈ dauern) to go on; **wie lange geht das denn noch?** how much longer is it going to go on? [7] (≈ aufgehen) *Hefeteig* to rise [8] (≈ betreffen) **das Buch ging um ...** the book was about ...; **die Wette geht um 100 Euro** the bet is for 100 euros [9] (≈ möglich, gut sein) to be all right, to be OK *umg*; **Montag geht** Monday's all right; **das geht doch nicht** that's not on *Br*, that's not OK *umg* [10] **was geht?** *sl* **wie geht's/was macht ihr so?** what's up?, what's happening? [B] v/t **er ging eine Meile** he walked a mile; **ich gehe immer diesen Weg** I always go this way [C] v/i [1] (≈ ergehen) **wie geht es Ihnen?** how are you?; *zu Patient* how are you feeling?; **wie geht's?** how are things?; *bei Arbeit etc* how's it going?; **danke, es geht** *umg* all right, thanks, not too bad, thanks *umg*; **es geht ihm gut/schlecht** he's fine/not well; **sonst geht's dir gut?** *iron* are you sure you're feeling all right? *iron*; **mir ist es genauso gegangen** it was just the same for me; **lass es dir gut ~** take care of yourself; **auf geht's!** let's go [2] (≈ möglich sein) **es geht** it is possible; (≈ funktioniert) it works; **geht es?** *ohne Hilfe* can you manage?; **es geht nicht** (≈ ist nicht möglich) it's impossible; (≈ kommt nicht infrage) it's not on; **so geht es nicht** that's not the way to do it; *entrüstet* it just won't do; **morgen geht es nicht** tomorrow's no good [3] **es geht das Gerücht** the rumour is going (a)round *Br*, the rumor is going (a)round *US*; **es geht auf 9 Uhr** it is approaching 9 o'clock; **worum geht's denn?** what's it about?; **es geht um Mr Green** this is about Mr Green; **es geht um Leben und Tod** it's a matter of life and death; **es geht um meinen Ruf** my reputation is at stake; **darum geht es mir nicht** (≈ das habe ich nicht gemeint) that's not my point; (≈ das spielt keine Rolle für mich) that doesn't matter to me; **wenn es nach mir ginge ...** if it were *od* was up to me ...

Gehen n walking

gehen lassen v/r (≈ sich nicht beherrschen) to lose control of oneself

Geher(in) m(f) SPORT walker

gehetzt adj harassed; → hetzen

geheuer adj **nicht ~** (≈ beängstigend) scary *umg*; (≈ spukhaft) eerie, creepy *umg*; (≈ verdächtig) dubious; (≈ unwohl) uneasy; **mir ist es hier nicht ~** this place gives me the creeps *umg*

Geheul n howling

Gehhilfe f *Gestell etc* walking aid

Gehilfe m, **Gehilfin** f [1] (≈ kaufmännischer Gehilfe) trainee [2] JUR accomplice

Gehirn n brain; (≈ Geist) mind

Gehirnblutung f brain haemorrhage *Br*, brain

hemorrhage US
Gehirnerschütterung f concussion
Gehirnhautentzündung f MED meningitis
Gehirnschlag m stroke
Gehirnschwund m atrophy of the brain
Gehirntod m MED brain death
Gehirntumor m MED brain tumour Br, brain tumor US
Gehirnwäsche f brainwashing kein pl; **j-n einer ~ unterziehen** to brainwash sb
gehoben adj Sprache elevated; (≈ anspruchsvoll) sophisticated; Stellung senior; Stimmung elated; **~er Dienst** professional and executive levels of the civil service; → heben
Gehöft n farm(stead)
Gehör n **1** (≈ Hörvermögen) hearing; MUS ear; **nach dem ~ singen/spielen** to sing/play by ear; **absolutes ~** perfect pitch **2** **j-m kein ~ schenken** not to listen to sb; **sich** (dat) **~ verschaffen** to obtain a hearing; (≈ Aufmerksamkeit) to gain attention
gehorchen v/i to obey (j-m sb); **j-m nicht ~** to disobey sb
gehören **A** v/i **1** **j-m ~** (≈ j-s Eigentum sein) to belong to sb, to be sb's; **das Haus gehört ihm** he owns the house; **das gehört nicht hierher** Gegenstand it doesn't go here; Vorschlag it is irrelevant here; **das gehört nicht zum Thema** that is off the point; **er gehört ins Bett** he should be in bed **2** **~ zu** (≈ zählen zu) to be amongst, to be one of; (≈ Bestandteil sein von) to be part of; (≈ Mitglied sein von) to belong to; (≈ passen zu) to go with; **zur Familie ~** to be one of the family; **dazu gehört Mut** that takes courage; **dazu gehört nicht viel** it doesn't take much **B** v/r to be (right and) proper; **das gehört sich einfach nicht** that's just not done
gehörig **A** adj **1** geh **j-m/zu etw ~** belonging to sb/sth **2** (≈ gebührend) proper; umg (≈ beträchtlich) good attr; **eine ~e Tracht Prügel** a good thrashing **B** adv umg (≈ ordentlich) ausschimpfen severely; **j-n ~ verprügeln** to give sb a good beating; **da hast du dich ~ getäuscht!** you're badly mistaken
gehörlos form adj deaf
Gehörlose(r) form m/f(m) deaf person
gehorsam **A** adj obedient **B** adv obediently
Gehorsam m obedience; **j-m den ~ verweigern** to refuse to obey sb
Gehörsinn m sense of hearing
Gehörsturz m (temporary) loss of hearing
Gehsteig m pavement Br, sidewalk US
Gehtnichtmehr n **bis zum ~** umg ad nauseam; erklären till you're blue in the face umg; anhören till you can't stand it any more; tanzen, trinken till you drop; **an j-m bis zum ~ festhalten** to cling on to sb till the bitter end; **banal bis zum ~** incredibly banal
Gehversuch m attempt at walking
Gehwagen m walking frame; mit Rädern rollator, wheeled walker
Gehweg m pavement Br, sidewalk US
Geier m vulture; **weiß der ~!** umg God knows!
geifern v/i **gegen j-n/etw ~** to revile sb/sth
Geige f violin, fiddle umg; **~ spielen** to play the violin; **die erste/zweite ~ spielen** wörtl to play first/second violin; fig to call the tune/play second fiddle
geigen **A** v/i to play the violin, to (play the) fiddle umg **B** v/t Lied to play on a/the violin od fiddle umg
Geigenbauer(in) m(f) violin-maker
Geigenbogen m violin bow
Geigenkasten m violin case
Geiger(in) m(f) violinist, fiddler umg
Geigerzähler m Geiger counter
geil **A** adj **1** horny; pej (≈ lüstern) lecherous; **auf j-n ~ sein** to be lusting after sb **2** sl (≈ prima) brilliant umg, wicked sl **B** adv sl (≈ prima) spielen, tanzen brilliantly; **~ aussehen** to look cool umg
Geisel f hostage; **j-n als ~ nehmen** to take sb hostage; **~n stellen** to produce hostages
Geiselbefreiung f freeing of (the) hostages
Geiseldrama n hostage crisis
Geiselhaft f captivity (as a hostage)
Geiselnahme f hostage-taking
Geiselnehmer(in) m(f) hostage-taker
Geiß f österr, schweiz, südd (≈ Ziege) (nanny-)goat
Geißbock m österr, schweiz, südd (≈ Ziegenbock) billy goat
Geißel f scourge; (≈ Peitsche) whip
geißeln v/t **1** (≈ peitschen) to whip **2** fig (≈ anprangern) to castigate
Geist m **1** REL (≈ Seele) spirit; (≈ Gespenst) ghost; **~ und Körper** mind and body; **seinen ~ aufgeben** to give up the ghost; **der Heilige ~** the Holy Ghost od Spirit; **gute/böse ~er** good/evil spirits; **von allen guten ~ern verlassen sein** umg to have taken leave of one's senses umg; **j-m auf den ~ gehen** umg to get on sb's nerves **2** (≈ Intellekt) intellect, mind; fig (≈ Denker, Genie) mind; **das geht über meinen ~** umg that's beyond me umg; **hier scheiden sich die ~er** this is the parting of the ways **3** (≈ Wesen, Sinn, Gesinnung) spirit; **in j-s** (dat) **~ handeln** to act in the spirit of sb **4** (≈ Vorstellung) mind; **etw im ~(e) vor sich** (dat) **sehen** to see sth in one's mind's eye; **im ~e bin ich bei euch** I am with you in spirit
Geisterbahn f ghost train
Geisterfahrer(in) umg m(f) wrong-way driver, ghost-driver US umg

geisterhaft *adj* ghostly; (≈ *übernatürlich*) supernatural; **es war ~ still** it was eerily quiet
Geisterhand *f* **wie von ~** as if by magic
Geisterhaus *n* (≈ *Spukhaus*) haunted house
Geisterstadt *f* ghost town
Geisterstunde *f* witching hour
geistesabwesend **A** *adj* absent-minded **B** *adv* absent-mindedly; **j-n ~ ansehen** to give sb an absent-minded look
Geistesabwesenheit *f* absent-mindedness
Geistesblitz *m* brainwave *Br*, brainstorm *US*
Geistesgegenwart *f* presence of mind
geistesgegenwärtig **A** *adj* quick-witted **B** *adv* quick-wittedly
geistesgestört *adj* mentally disturbed; *stärker* metally deranged
Geistesgestörte(r) *m/f(m)* mentally disturbed *od* deranged person
geisteskrank *adj* mentally ill
Geisteskranke(r) *m/f(m)* mentally ill person
Geisteskrankheit *f* mental illness; (≈ *Wahnsinn*) insanity
Geisteswissenschaft *f* arts subject; **die ~en** the arts; *als Studium* the humanities
Geisteswissenschaftler(in) *m(f)* arts scholar; (≈ *Student*) arts student
geisteswissenschaftlich *adj* Fach, Fakultät arts *attr*
Geisteszustand *m* mental condition; **j-n auf seinen ~ untersuchen** to give sb a psychiatric examination
geistig **A** *adj* **1** (≈ *unkörperlich*) spiritual **2** (≈ *intellektuell*) intellectual; PSYCH mental; **~er Diebstahl** plagiarism *kein pl*; **~es Eigentum** intellectual property **3** (≈ *imaginär*) **etw vor seinem ~en Auge sehen** to see sth in one's mind's eye **B** *adv* (≈ *intellektuell*) intellectually; MED mentally; **~ behindert/zurückgeblieben** *neg!* mentally handicapped/retarded
geistlich *adj* spiritual; (≈ *religiös*) religious; (≈ *kirchlich*) ecclesiastical
Geistliche *f* woman priest; *von Freikirchen* woman minister
Geistliche(r) *m* clergyman; (≈ *Priester*) priest; (≈ *Pastor*) *von Freikirchen* minister
Geistlichkeit *f* clergy; (≈ *Priester*) priesthood
geistlos *adj* (≈ *dumm*) stupid; (≈ *einfallslos*) unimaginative; (≈ *trivial*) inane
Geistlosigkeit *f* **1** (≈ *Dummheit*) stupidity; (≈ *Einfallslosigkeit*) unimaginativeness; (≈ *Trivialität*) inanity **2** (≈ *geistlose Äußerung*) inane remark
geistreich *adj* (≈ *witzig*) witty; (≈ *klug*) intelligent; (≈ *einfallsreich*) ingenious; (≈ *schlagfertig*) quick-witted
geisttötend *adj* soul-destroying
Geiz *m* meanness *bes Br*, stinginess *umg*
geizen *v/i* to be mean *bes Br*, to be stingy *umg*; *mit Worten, Zeit* to be sparing; **mit etw ~** to be mean *etc* with sth
Geizhals *m* miser
geizig *adj* mean *bes Br*, stingy *umg*
Geizkragen *umg m* skinflint *umg*
Gejammer *n* moaning (and groaning)
Gejohle *n umg* hooting, howling
Gekicher *n* giggling; *spöttisch* sniggering, snickering
Gekläff *n a. fig pej* yapping
Geklapper *n* clatter(ing)
Geklimper *n auf dem Klavier* tinkling
geknickt *umg adj* dejected; → **knicken**
gekocht *adj* boiled; → **kochen**
gekonnt **A** *adj* masterly **B** *adv* in a masterly fashion; → **können**
gekränkt *adj* hurt, offended; **sie war sehr ~** she was very hurt; **wegen etw ~** upset about; → **kränken**
Gekritzel *n* scribbling, scrawling
gekühlt **A** *adj* Getränke chilled **B** *adv* **etw ~ servieren** to serve sth chilled; → **kühlen**
gekünstelt **A** *adj* artificial **B** *adv* affectedly; **er spricht sehr ~** his speech is very affected
Gel *n* gel
Gelaber *umg n* jabbering *umg*, prattling *umg*
Gelächter *n* laughter; **in ~ ausbrechen** to burst into laughter
geladen *adj* **1** loaded; PHYS *fig Atmosphäre* charged; *umg* (≈ *wütend*) mad, hopping mad *umg*; **mit Spannung ~** charged with tension **2** → **laden**[1]
Gelage *n* feast, banquet; (≈ *Zechgelage*) carouse
gelagert *adj* **ähnlich ~** similar; **in anders ~en Fällen** in different cases; **anders ~ sein** to be different; → **lagern**
gelähmt *adj* paralysed; **er ist an beiden Beinen ~** he is paralysed in both legs; **vor Angst wie ~ sein** to be petrified; → **lähmen**
Gelände *n* **1** (≈ *Land*) open country; MIL (≈ *Terrain*) ground; **offenes ~** open country; **schwieriges ~** difficult terrain **2** (≈ *Gebiet*) area **3** (≈ *Schulgelände etc*) grounds *pl*; (≈ *Baugelände*) site
Geländefahrzeug *n* off-roader
geländegängig *adj* Fahrzeug off-road
Geländer *n* railing(s) (*pl*); (≈ *Treppengeländer*) banister(s) (*pl*)
Geländewagen *m* off-roader
gelangen *v/i* (≈ *hinkommen*) to get; **an/auf etw** (*akk*)**/zu etw ~** to reach sth; (≈ *erwerben*) to acquire sth; **zum Ziel ~** to reach one's goal; **in j-s Besitz** (*akk*) **~** to come into sb's possession; **in die falschen Hände ~** to fall into the wrong hands; **zu Ruhm ~** to acquire fame; **an die Macht ~** to come to power

gelangweilt **A** *adj* bored **B** *adv* **die Zuschauer saßen ~ da** the audience sat there looking bored; → **langweilen**
gelassen **A** *adj* calm **B** *adv* calmly
Gelassenheit *f* calmness
Gelatine *f* gelatine
geläufig *adj* (≈ *üblich*) common; (≈ *vertraut*) familiar; **das ist mir nicht ~** I'm not familiar with that
Geläufigkeit *f* (≈ *Häufigkeit*) frequency; (≈ *Leichtigkeit*) ease
gelaunt *adj* **gut/schlecht ~** in a good/bad mood; **wie ist er ~?** what sort of mood is he in?
gelb *adj* yellow; *bei Verkehrsampel* amber *Br*, yellow *US*; **Gelbe Karte** FUSSB yellow card; **die Gelben Seiten®** the Yellow Pages®; **~ vor Neid** green with envy
Gelb *n* yellow; *von Verkehrsampel* amber; **die Ampel stand auf ~** the lights were (at) amber
Gelbe(s) *n vom Ei* yolk; **das ist nicht gerade das ~ vom Ei** *umg* it's not exactly brilliant
gelblich *adj* yellowish; *Gesichtsfarbe* sallow
Gelbsucht *f* jaundice
gelbsüchtig *adj* jaundiced
Geld *n* **1** money; **bares ~** cash; **zu ~ machen** to sell off; *Aktien* to cash in; **~ ausgeben (für)** to spend money (on); **(mit etw) ~ machen** *umg* to make money (from sth); **um ~ spielen** to play for money; **~ sammeln für, ~ auftreiben für** to raise money for; **im ~ schwimmen** *umg* to be rolling in it *umg*; **~ verdienen** to make money; **er hat ~ wie Heu** *umg* he's got stacks of money *umg*; **mit ~ um sich werfen** *umg* to chuck one's money around *umg*; **sie/das ist nicht mit ~ zu bezahlen** *umg* she/that is priceless **2** **~er** *pl* (≈ *Geldsummen*) money; **öffentliche ~er** public funds *pl*
Geldangelegenheit *f* financial matter
Geldanlage *f* (financial) investment
Geldautomat *m* cash machine, ATM
Geldbetrag *m* amount *od* sum (of money)
Geldbeutel *m* wallet; *für Frauen* purse *Br*, wallet *US*
Geldbörse *f* wallet; *für Frauen* purse *Br*, wallet *US*
Geldbuße *f* JUR fine; **eine hohe ~** a heavy fine
Geldeinwurf *m* (≈ *Schlitz*) slot
Geldentwertung *f* (≈ *Inflation*) currency depreciation; (≈ *Abwertung*) currency devaluation
Geldgeber(in) *m(f)* financial backer; *bes* RADIO, TV sponsor
Geldgeschäft *n* financial transaction
Geldgeschenk *n* gift of money
Geldgier *f* avarice
geldgierig *adj* avaricious
Geldgürtel *m* money belt
Geldhahn *m* **j-m den ~ zudrehen** to cut off sb's money supply
Geldinstitut *n* financial institution
Geldkarte *f* pre-paid debit card which can be reloaded with amounts up to 200 euros
Geldmangel *m* lack of money
Geldmarkt *m* money market
Geldmenge *f* money supply
Geldmittel *pl* funds *pl*
Geldnot *f* (≈ *Geldmangel*) lack of money; (≈ *Geldschwierigkeiten*) financial difficulties *pl*
Geldpolitik *f* financial policy
Geldprämie *f* **1** bonus **2** (≈ *Belohnung*) reward
Geldquelle *f* source of income
Geldschein *m* banknote *bes Br*, bill *US*
Geldschrank *m* safe
Geldschwierigkeiten *pl* financial difficulties *pl*; **er hat ~** he's in financial difficulty *od* difficulties
Geldsorgen *pl* financial *od* money worries *pl*
Geldspende *f* donation
Geldspielautomat *m* slot machine
Geldstrafe *f* fine; **j-n zu einer ~ verurteilen** to fine sb
Geldstück *n* coin
Geldumtausch *m* currency exchange
Geldverlegenheit *f* financial embarrassment *kein pl*; **in ~ sein** to be short of money
Geldverschwendung *f* waste of money
Geldwaschanlage *f* money-laundering outfit
Geldwäsche *f* money laundering
Geldwechsel *m* exchange of money; **„Geldwechsel"** "bureau de change" *Br*, "exchange counter" *US*
Geldwert *m* cash value; FIN (≈ *Kaufkraft*) (currency) value
Gelee *m/n* jelly
gelegen **A** *adj* **1** (≈ *befindlich*) *Haus, Ort* situated; **~ sein** to be located **2** (≈ *passend*) opportune; **zu ~er Zeit** at a convenient time **3** (≈ *wichtig*) **mir ist viel daran ~** it matters a great deal to me **B** *adv* **es kommt mir sehr ~** it comes just at the right time; → **liegen**
Gelegenheit *f* **1** opportunity; (≈ *Chance*) chance; **bei passender ~** when the opportunity arises; **bei der ersten (besten) ~** at the first opportunity **2** (≈ *Anlass*) occasion; **bei dieser ~** on this occasion
Gelegenheitsarbeit *f* casual work *kein pl*
Gelegenheitsarbeiter(in) *m(f)* casual labourer *Br*, casual laborer *US*
Gelegenheitsjob *m* casual job
Gelegenheitskauf *m* bargain
gelegentlich **A** *adj* occasional **B** *adv* (≈ *manchmal*) occasionally; (≈ *bei Gelegenheit*) some time (or other)

gelehrig *adj* quick and eager to learn
gelehrt *adj Mensch* learned, erudite; → lehren
Gelehrte(r) *m/f(m)* scholar
Geleise *n geh österr* → Gleis
Geleit *n* MIL, SCHIFF escort; **freies** *od* **sicheres ~** safe-conduct; **j-m das ~ geben** to escort sb
Geleitschutz *m* escort
Gelenk *n* joint; (≈ *Kettengelenk*) link
Gelenkbus *m* articulated bus
Gelenkentzündung *f* arthritis
gelenkig *adj* agile; (≈ *geschmeidig*) supple
Gelenkigkeit *f* agility; (≈ *Geschmeidigkeit*) suppleness
gelernt *adj* trained; *Arbeiter* skilled; → lernen
geliebt *adj* dear; → lieben
Geliebte *f* sweetheart; (≈ *Mätresse*) mistress
Geliebte(r) *m* sweetheart; (≈ *Liebhaber*) lover
geliefert *adj* **~ sein** *umg* to have had it *umg*; **jetzt sind wir ~** that's the end *umg*; → liefern
gelieren *v/i* to gel
Geliermittel *n* gelling agent
Gelierzucker *m* preserving sugar
gelinde *adv* **~ gesagt** to put it mildly
gelingen *v/i* (≈ *glücken*) to succeed; (≈ *erfolgreich sein*) to be successful; **es gelang ihm, das zu tun** he succeeded in doing it; **es gelang ihm nicht, das zu tun** he failed to do it; **das Bild ist ihr gut gelungen** her picture turned out well; → gelungen
Gelingen *n* (≈ *Glück*) success
gellend *adj* piercing
geloben *geh v/t* to vow, to pledge; **das Gelobte Land** BIBEL the Promised Land
Gelöbnis *geh n* vow; **ein ~ ablegen** to take a vow
gelt *int österr, südd* right; **das ist schön, ~?** that's nice, isn't it?
gelten A *v/i* **1** (≈ *gültig sein*) to be valid; *Gesetz* to be in force; **die Wette gilt!** the bet's on!; **was ich sage, gilt!** what I say goes!; **das gilt nicht!** that doesn't count!; (≈ *ist nicht erlaubt*) that's not allowed! **2** (≈ *bestimmt sein für*) to be meant for **3** (≈ *zutreffen*) **das Gleiche gilt auch für ihn** the same goes for him too **4 ~ als** *selten* to be regarded as; **es gilt als sicher, dass …** it seems certain that …; **~ lassen** to accept; **das lasse ich ~!** I accept that! **B** *v/t & v/i geh* **es gilt, … zu …** it is necessary to … **C** *v/t* (≈ *wert sein*) to be worth
geltend *adj Preise, Tarife* current; *Gesetz* in force; *Meinung etc* prevailing; **~ machen** *form* to assert; **~es Recht sein** to be the law of the land
Geltung *f* (≈ *Gültigkeit*) validity; (≈ *Wert*) value, worth; (≈ *Einfluss*) influence; (≈ *Ansehen*) prestige; **an ~ verlieren** to lose prestige; **einer Sache** (*dat*) **~ verschaffen** to enforce sth; **zur ~ kommen** to show to advantage; *durch Kontrast* to be set off
Geltungsbedürfnis *n* need for admiration
geltungsbedürftig *adj* desperate for admiration
Geltungsdauer *f einer Fahrkarte etc* period of validity
Gelübde *n* vow
gelungen *adj* **1** (≈ *geglückt*) successful **2** *umg* (≈ *drollig*) priceless *umg*; → gelingen
Gelüst *n* desire; (≈ *Sucht*) craving (**auf** +*akk od* **nach** for)
gemächlich A *adj* leisurely; *Mensch* unhurried **B** *adv* leisurely
gemacht *adj* made; **für etw ~ sein** to be made for sth; **ein ~er Mann sein** to be made; → machen
Gemahl *form m* spouse *obs, form*, husband
gemahlen *adj Kaffee* ground; → mahlen
Gemahlin *form f* spouse *obs, form*, wife
Gemälde *n* painting
Gemäldegalerie *f* picture gallery
gemäß A *präp* in accordance with; (≈ *laut*) according to; **~ § 209** under § 209 **B** *adj* appropriate (+*dat* to)
gemäßigt *adj* moderate; *Klima* temperate; → mäßigen
Gemäuer *geh n* walls *pl*; (≈ *Ruine*) ruins *pl*
Gemecker *n*, **Geckere** *n* **1** *von Ziegen* bleating **2** (≈ *Lachen*) cackling **3** *umg* (≈ *Nörgelei*) moaning, whinge *Br umg*
gemein A *adj* **1** (≈ *gemeinsam*) **etw ~ mit j-m/etw haben** to have sth in common with sb/sth; **nichts mit j-m ~ haben wollen** to want nothing to do with sb; **das ist beiden ~** it is common to both of them **2** (≈ *üblich*) common; **das ~e Volk** the common people **3** (≈ *niederträchtig*) mean, nasty; *Lüge* contemptible; **das war ~ von dir!** that was mean of you **B** *adv behandeln* meanly; *betrügen* despicably; **das hat ~ wehgetan** it hurt terribly
Gemeinde *f* **1** (≈ *Kommune*) municipality; (≈ *Gemeindebewohner*) community **2** (≈ *Pfarrgemeinde*) parish; *beim Gottesdienst* congregation
Gemeindehalle *f* community hall
Gemeinderat[1] *m* local council
Gemeinderat[2] *m*, **Gemeinderätin** *f* local councillor *Br*, councilman/woman *US*
Gemeindesaal *m* community hall
Gemeindewahl *f* local election
gemeingefährlich *adj* dangerous to the public; **ein ~er Verbrecher** a dangerous criminal
Gemeingut *n* common property
Gemeinheit *f* **1** (≈ *Niedertracht*) nastiness **2** (≈ *Tat*) dirty trick; **das war eine ~** (≈ *Bemerkung*) that was a mean thing to say

gemeinhin adv generally
Gemeinkosten pl overheads pl
gemeinnützig adj of benefit to the public präd, public attr; (≈ nihct gewinnorientiert) non-profit; (≈ wohltätig) charitable
Gemeinplatz m commonplace
gemeinsam **A** adj common; Konto, Nutzung joint; Freund mutual; **sie haben vieles ~** they have a great deal in common; **der Gemeinsame Markt** the Common Market; **mit j-m ~e Sache machen** to make common cause with sb **B** adv together; **etw ~ haben** to have sth in common; **etw mit j-m ~ haben/nutzen** to share sth with sb
Gemeinsamkeit f (≈ gemeinsame Interessen etc) common ground kein pl
Gemeinschaft f community; (≈ Gruppe) group; **~ Unabhängiger Staaten** Commonwealth of Independent States; **in ~ mit** jointly od together with
gemeinschaftlich adj → gemeinsam
Gemeinschaftsantenne f block od party aerial Br, block od party antenna
Gemeinschaftsarbeit f teamwork
Gemeinschaftskunde f social studies pl
Gemeinschaftspraxis f joint practice
Gemeinschaftsproduktion f RADIO, TV, FILM co-production
Gemeinschaftsrecht n der EU Community law
Gemeinschaftssaal m community hall
Gemeinschaftswährung f common od single currency; in EU single European currency
Gemeinsinn m public spirit
Gemeinwesen n community; (≈ Staat) polity
Gemeinwohl n public welfare; **das dient dem ~** it is in the public interest
Gemenge n (≈ Gewühl) bustle
gemessen adj measured; → messen
Gemetzel n bloodbath
Gemisch n mixture (**aus** of); aus Flüssigkeiten a. cocktail
gemischt adj mixed; **mit ~en Gefühlen** with mixed feelings; **~es Doppel** SPORT mixed doubles pl; → mischen
gemischtrassig adj coloured
Gemse f → Gämse
Gemurmel n murmuring
Gemüse n vegetables pl; **ein ~** a vegetable
Gemüse(an)bau m vegetable-growing
Gemüsebanane f plantain
Gemüsebeilage f vegetables pl
Gemüsebrühe f vegetable broth; (≈ Brühwürfel) vegetable stock
Gemüseburger m veggie burger
Gemüseeintopf m vegetable stew
Gemüsegarten m vegetable od kitchen garden
Gemüsehändler(in) m(f) greengrocer bes Br, vegetable salesman/saleswoman US
Gemüseladen m greengrocer's bes Br, vegetable store US; **im ~** at the greengrocer's bes Br, at the vegetable store US
Gemüsesuppe f vegetable soup
Gemüsezwiebel f Spanish onion
gemustert adj patterned; → mustern
Gemüt n (≈ Geist) mind; (≈ Charakter) nature, disposition; (≈ Seele) soul; (≈ Gefühl) feeling; **sich** (dat) **etw zu ~e führen** hum umg Glas Wein, Speise, Buch etc to indulge in sth
gemütlich **A** adj **1** (≈ behaglich) comfortable; (≈ freundlich) friendly; (≈ zwanglos) informal; Beisammensein etc cosy Br, cozy US; **wir verbrachten einen ~en Abend** we spent a very pleasant evening **2** Mensch pleasant; (≈ gelassen) easy-going **3** (≈ gemächlich) leisurely **B** adv **1** (≈ behaglich) leisurely; einrichten comfortably; **es sich ~ machen** to make oneself comfortable **2** (≈ gemächlich) leisurely
Gemütlichkeit f **1** (≈ Behaglichkeit) comfort; (≈ Freundlichkeit) friendliness; (≈ Zwanglosigkeit) informality; (≈ Intimität) cosiness Br, coziness US **2** von Mensch pleasantness; (≈ Gelassenheit) easy-going nature **3** (≈ Gemächlichkeit) leisureliness; **in aller ~** at one's leisure
Gemütsart f disposition, nature
Gemütsbewegung f emotion
gemütskrank adj emotionally disturbed
Gemütskrankheit f emotional disorder
Gemütslage f mood; **je nach ~** as the mood takes me/him etc
Gemütsmensch m good-natured, phlegmatic person
Gemütsruhe f calmness; **in aller ~** umg (as) cool as a cucumber umg; (≈ gemächlich) at a leisurely pace; (≈ aufreizend langsam) as if there were all the time in the world
Gemütszustand m frame od state of mind
Gen n gene
Gen- zssgn genetic; (≈ genmanipuliert) genetically modified od engineered
genannt adj **~ werden** to be called; → nennen
genau **A** adj exact; (≈ bestimmt) specific; **Genaueres** further details pl; **man weiß nichts Genaues über ihn** no-one knows anything definite about him **B** adv **~!** umg exactly!, precisely!; **~ dasselbe** just od exactly the same; **~ in der Mitte** right in the middle; **~ hinter dir** right behind you; **~ in dem Moment** just then; **~ wie du** just like you; **etw ~ wissen** to know sth for certain; **etw ~ nehmen** to take sth seriously; **~ genommen** strictly speaking, in fact; **er nimmt es sehr ~** he's very particular (**mit**

1008 ▪ Genauigkeit – Gentest

etw about sth); **etw ~ anschauen** to look closely at sth; **sich** (*dat*) **j-n/etw ~er ansehen** to have a closer look at sb/sth; **~estens, aufs Genaueste** (right) down to the last (little) detail; **~ entgegengesetzt** diametrically opposed

Genauigkeit *f* (≈ *Exaktheit*) exactness; (≈ *Richtigkeit*) accuracy; (≈ *Präzision*) precision; (≈ *Sorgfalt*) meticulousness

genauso *adv vor Adjektiv* just as; *alleinstehend* just *od* exactly the same

Genbank *f* gene bank

Gendatei *f* DNA profile

genehm *geh adj* acceptable

genehmigen *v/t* to approve; (≈ *erlauben*) to sanction; *Aufenthalt* to authorize; (≈ *zugestehen*) to grant; **sich** (*dat*) **etw ~** to indulge in sth

Genehmigung *f* (≈ *Erlaubnis*) approval; (≈ *Lizenz*) licence *Br*, license *US*; (≈ *Berechtigungsschein*) permit; **mit freundlicher ~ von** by kind permission of

genehmigungspflichtig *adj* requiring official approval

geneigt *geh adj Publikum* willing; **~ sein, etw zu tun** to be inclined to do sth; → **neigen**

General(in) *m(f)* general

Generalamnestie *f* general amnesty

Generaldirektion *f* top management; *der EU* Directorate-General

Generaldirektor(in) *m(f)* chairman/-woman, president *US*, CEO, chief executive officer

Generalkonsulat *n* consulate general

Generalprobe *f* THEAT, *a. fig* dress rehearsal; MUS final rehearsal

Generalsekretär(in) *m(f)* secretary-general

Generalstab *m* general staff

generalstabsmäßig *adv planen* with military precision

Generalstreik *m* general strike

generalüberholen *v/t* **etw ~** to give sth a general overhaul

Generalvertretung *f* sole agency

Generation *f* generation

Generationenvertrag *m* WIRTSCH system whereby old people receive a pension from contributions being made by current working population

Generationskonflikt *m* generation gap

Generationsproblem *n* generation gap

Generator *m* generator

generell **A** *adj* general **B** *adv* in general, generally; (≈ *normalerweise*) normally

generieren *v/t* to generate

genesen *geh v/i* to convalesce

Genesung *f* convalescence, recovery

Genesungskarte *f* get-well card

Genetik *f* genetics *sg*

Genetiker(in) *m(f)* geneticist

genetisch **A** *adj* genetic; *Vater* biological **B** *adv* genetically

Genf *n* Geneva

Genfer *adj* Genevan; **der ~ See** Lake Geneva; **~ Konvention** Geneva Convention

Genfood *n* GM foods *pl*

Genforscher(in) *m(f)* genetic researcher

Genforschung *f* genetic research

genial *adj* brilliant; (≈ *erfinderisch*) ingenious; **ein ~es Werk** a work of genius; **das war eine ~e Idee** that idea was a stroke of genius

Genialität *f* genius; *von Idee, Lösung etc* brilliance; (≈ *Erfindungsreichtum*) ingenuity

Genick *n* neck; **sich** (*dat*) **das ~ brechen** to break one's neck; *fig* to kill oneself

Genickschuss *m* shot in the neck

Genie *n* genius

genieren **A** *v/r* to be embarrassed; **~ Sie sich nicht!** don't be shy!; **ich geniere mich, das zu sagen** I don't like to say it **B** *v/t* **j-n ~** (≈ *peinlich berühren*) to embarrass sb; **das geniert mich wenig!** that doesn't bother me

genießbar *adj* (≈ *essbar*) edible; (≈ *trinkbar*) drinkable

genießen *v/t* **1** (≈ *sich erfreuen an*) to enjoy; **er ist heute nicht zu ~** *umg* he is unbearable today **2** (≈ *essen*) to eat; (≈ *trinken*) to drink; **kaum zu ~** scarcely edible

Genießer(in) *m(f)* connoisseur; (≈ *Feinschmecker*) gourmet

Genitalbereich *m* genital area

Genitalien *pl* genitals *pl*, genitalia *pl form*

Genitiv *m* genitive; **im ~** in the genitive

Genmais *m* GM maize

Genmanipulation *f* genetic manipulation

genmanipuliert *adj* genetically engineered *od* modified

Genom *n* genome

Genosse *m*, **Genossin** *f* comrade; *pej* (≈ *Kumpan*) pal *umg*

Genossenschaft *f* cooperative

genossenschaftlich *adj* cooperative

genötigt *adj* **sich ~ sehen, etw zu tun** to feel (oneself) obliged to do sth

Genozid *geh m/n* genocide

Genre *n* genre

Gentechnik *f* genetic engineering

gentechnikfrei *adj Lebensmittel etc* GM-free

gentechnisch **A** *adj Fortschritte etc* in genetic engineering **B** *adv manipulieren* genetically; *produzieren* by means of genetic engineering; **~ veränderte Organismen** genetically manipulated organisms

Gentechnologie *f* genetic engineering

Gentest *m* DNA test

Gentherapie f gene therapy
gentrifizieren v/t *Gegend* to gentrify
Gentrifizierung f gentrification
genug adv enough; **~ davon** enough of that; **(von etw) ~ haben** to have enough (of sth); (≈ *einer Sache überdrüssig sein*) to have had enough (of sth), to be tired of sth
Genüge f **zur ~** enough
genügen v/i **1** (≈ *ausreichen*) to be enough *od* sufficient (+*dat* for); **das genügt (mir)** that's enough *od* sufficient (for me) **2** *den Anforderungen* to satisfy; *j-s Wünschen* to fulfil *Br*, to fulfill *US*
genügend **A** adj **1** (≈ *ausreichend*) enough, sufficient **2** (≈ *befriedigend*) satisfactory **B** adv (≈ *reichlich*) enough
genügsam **A** adj undemanding **B** adv *leben* modestly; **sich ~ ernähren** to have a simple diet
Genugtuung f satisfaction (**über** +*akk* at); **ich hörte mit ~, dass ...** it gave me great satisfaction to hear that ...
Genus n BIOL genus; GRAM gender
Genuss m **1** (≈ *das Zusichnehmen*) consumption; *von Drogen* use; *von Tabak* smoking; **nach dem ~ der Pilze** after eating the mushrooms **2** (≈ *Vergnügen*) pleasure; **etw mit ~ essen** to eat sth with relish **3** (≈ *Nutznießung*) **in den ~ von etw kommen** to enjoy sth; *von Rente etc* to be in receipt of sth
genüsslich adv with pleasure
Genussmittel n semi-luxury foods and tobacco
genusssüchtig adj pleasure-seeking
Geocaching n (≈ *GPS-Schnitzeljagd*) geocaching
Geodreieck® n set square *Br*, triangle *US*
geöffnet adj open; **wie lange haben Sie ~?** what time do you close?; → **öffnen**
Geografie, Geographie f geography
geografisch, geographisch adj geographic(al)
Geologe m, **Geologin** f geologist
Geologie f geology
geologisch adj geological
Geometrie f geometry
geometrisch adj geometric
Geophysik f geophysics *sg*
geopolitisch adj geopolitical
geordnet adj *Zustände* well-ordered; **in ~en Verhältnissen leben** to live a well-ordered life; → **ordnen**
Georgien n Georgia
Geothermie f, **Geothermik** f geothermy; (≈ *Erdwärme*) geothermal energy
geothermisch adj geothermal
Gepäck n luggage *kein pl*, baggage *kein pl*
Gepäckabfertigung f (≈ *Vorgang am Bahnhof*) luggage *etc* processing; *am Flughafen* check-ing-in of luggage *etc*; (≈ *Stelle am Bahnhof*) luggage *etc* office; *am Flughafen* luggage *etc* check-in
Gepäckablage f luggage *od* baggage rack
Gepäckanhänger m baggage label *od* tag, luggage label *od* tag
Gepäckannahme f (≈ *Vorgang*) checking-in of luggage *etc*; (a. **~stelle**) *am Bahnhof, zur Beförderung* luggage office, baggage office; *zur Aufbewahrung* left-luggage office *Br*, baggage checkroom *US*; *am Flughafen* luggage *etc* check-in
Gepäckaufbewahrung f, (a. **Gepäckaufbewahrungsstelle**) left-luggage office *Br*, baggage checkroom *US*
Gepäckaufgabe f check-in
Gepäckausgabe f, (a. **Gepäckausgabestelle**) *am Bahnhof* luggage *etc* office; *am Flughafen* luggage *etc* reclaim
Gepäckermittlung f baggage tracing
Gepäckfach n luggage compartment; *im Flugzeug* overhead compartment
Gepäckgurt m luggage strap
Gepäckkontrolle f luggage *etc* control *od* check
Gepäcknetz n luggage *etc* rack
Gepäckschein m luggage *etc* ticket
Gepäckschließfach n luggage locker, baggage locker
Gepäckstück n piece *od* item of luggage *etc*
Gepäckträger m *am Fahrrad* carrier
Gepäckträger(in) m(f) porter *Br*, baggage handler *Br*, baggage carrier
Gepäckwaage f luggage scales *pl*
Gepäckwagen m *für Reisende* trolley; *Waggon* luggage van *Br*, baggage car *US*
Gepard m cheetah
gepfeffert umg adj (≈ *hoch*) *Preise* steep; (≈ *schwierig*) *Fragen* tough; (≈ *hart*) *Kritik* biting; → **pfeffern**
gepflegt **A** adj **1** (≈ *nicht vernachlässigt*) well--looked-after; *Äußeres* well-groomed, neat; → **pflegen 2** (≈ *kultiviert*) civilized; *Atmosphäre* sophisticated; *Sprache, Stil* cultured; *Umgangsformen* refined; (≈ *angenehm*) *Abend* pleasant **3** (≈ *erstklassig*) *Speisen, Weine* excellent **B** adv (≈ *kultiviert*) **sich ~ unterhalten** to have a civilized conversation; **sehr ~ wohnen** to live in style
Gepflogenheit *geh* f (≈ *Gewohnheit*) habit; (≈ *Verfahrensweise*) practice; (≈ *Brauch*) custom, tradition
gepierced adj pierced; → **piercen**
Geplänkel n skirmish; *fig* squabble
Geplapper n babbling
Geplauder n chat
Gepolter n (≈ *Krach*) din; *an Tür etc* banging
gepunktet adj *Linie* dotted; *Stoff, Kleid* spotted; → **punkten**

gequält adj Lächeln forced; Miene pained; Stimme strained; → quälen
Gequassel pej umg n chattering
gerade **A** adj straight; Zahl even; (≈ aufrecht) Haltung upright **B** adv **1** just; **wo Sie ~ da sind** just while you're here; **er wollte ~ aufstehen** he was just about to get up; **~ dann** just then; **jetzt ~** right now; **~ erst** only just; **~ noch** only just; **~ noch zur rechten Zeit** just in time; **~ deshalb** that's just why; **das ist es ja ~!** that's just it! **2** (≈ speziell) especially; **~, weil ...** just because ...; **sie ist nicht ~ eine Schönheit** she's not exactly a beauty; **warum ~ das?** why that of all things?; **warum ~ heute?** why today of all days?; **warum ~ ich?** why me of all people?
Gerade f **1** MATH straight line **2** SPORT von Rennbahn straight; beim Boxen straight left/right
geradeaus adv straight ahead; **~ weiter** straight on
geradeheraus umg adv frankly; **~ gesagt** quite frankly
gerädert umg adj **sich wie ~ fühlen** to be od feel (absolutely) whacked umg
geradestehen v/i **für j-n/etw ~** fig to be answerable for sb/sth
geradewegs adv **er ging ~ auf sie zu** he went straight up to her
geradezu adv (≈ beinahe) virtually; (≈ wirklich) really; **das ist ja ~ lächerlich!** that is absolutely ridiculous!
geradlinig adj straight; Entwicklung etc linear
gerammelt adv **~ voll** umg chock-a-block umg; → rammeln
Gerangel n (≈ Balgerei) scrapping; fig (≈ zäher Kampf) wrangling
Geranie f geranium
Gerät n piece of equipment; (≈ Vorrichtung) device; (≈ Apparat) gadget; (≈ elektrisches Gerät) appliance; (≈ Maschine) machine; (≈ Radiogerät, Fernsehgerät, Telefon) set; (≈ Messgerät) instrument; (≈ Werkzeug) tool; (≈ Turngerät) piece of apparatus
geraten v/i **1 an j-n ~** to come across sb; **an etw** (akk) **~** to come by sth; **an den Richtigen/Falschen ~** to come to the right/wrong person; **in Bewegung ~** to begin to move; **ins Stocken ~** to come to a halt; **in Brand ~** to catch fire; **in Angst/Schwierigkeiten ~** to get scared/into difficulties; **aus der Form ~** to lose one's shape **2** (≈ sich entwickeln) to turn out; **ihm gerät einfach alles** everything he does turns out well; **nach j-m ~** to take after sb
Geräteschuppen m tool shed
Geräteturnen n apparatus gymnastics kein pl

Geratewohl n **aufs ~** on the off chance; auswählen etc at random
geraum adj **vor ~er Zeit** some time ago; **seit ~er Zeit** for some time
geräumig adj spacious, roomy
Geräusch n sound; bes unangenehm noise
geräuscharm adj quiet
geräuschlos **A** adj silent **B** adv silently, without a sound
Geräuschpegel m sound level
geräuschvoll **A** adj (≈ laut) loud; (≈ lärmend) noisy **B** adv (≈ laut) loudly; (≈ lärmend) noisily
gerben v/t to tan
Gerbera f BOT gerbera
gerecht **A** adj just, fair; **~ gegen j-n sein** to be fair od just to sb; **j-m/einer Sache ~ werden** to do justice to sb/sth **B** adv fairly; (≈ rechtgemäß) justly
gerechterweise adv to be fair
gerechtfertigt adj justified
Gerechtigkeit f justice; (≈ Unparteilichkeit) fairness
Gerede n talk; (≈ Klatsch) gossip(ing); **ins ~ kommen** to get oneself talked about
geregelt adj regular; Leben well-ordered; → regeln
gereizt adj (≈ verärgert) irritated; (≈ reizbar) irritable, touchy; (≈ nervös) edgy; → reizen
Gereiztheit f (≈ Verärgertheit) irritation; (≈ Reizbarkeit) irritability, touchiness; (≈ Nervosität) edginess
Geriatrie f geriatrics sg
Gericht[1] n (≈ Speise) dish
Gericht[2] n **1** (≈ Behörde) court (of justice); (≈ Gebäude) court(house), law courts pl; (≈ die Richter) court, bench; **vor ~ aussagen** to testify in court; **vor ~ stehen** to stand trial; **mit etw vor ~ gehen** to take legal action about sth **2 das Jüngste ~** the Last Judgement; **über j-n zu ~ sitzen** fig to sit in judgement on sb; **mit j-m (scharf) ins ~ gehen** fig to judge sb harshly
gerichtlich **A** adj judicial; **~e Schritte gegen j-n einleiten** to initiate legal proceedings against sb **B** adv **~ gegen j-n vorgehen** to take legal action against sb; **~ angeordnet** ordered by the courts
Gerichtsbarkeit f jurisdiction
Gerichtsbeschluss m court decision
Gerichtshof m court (of justice), law court; **Oberster ~** Supreme Court (of Justice)
Gerichtskosten pl court costs pl
Gerichtsmedizin f forensic medicine
Gerichtsmediziner(in) m(f) forensic doctor
Gerichtssaal m courtroom
Gerichtsschreiber(in) m(f) clerk of the court

Br, **registrar** *US*
Gerichtsstand *form m* place of jurisdiction
Gerichtsurteil *n* verdict
Gerichtsverfahren *n* court *od* legal proceedings *pl*; (≈ *Verhandlung*) trial
Gerichtsverhandlung *f* trial; *zivil* hearing
Gerichtsvollzieher(in) *m(f)* bailiff
Gerichtsweg *m* **auf dem ~** through the courts
gerieben *adj* GASTR grated; **~er Käse** grated cheese; **~e Zitronenschale** grated lemon peel *Br*, grated lemon zest *US*; **~e Orangenschale** grated orange peel *Br*, grated orange zest *US*; → **reiben**
gering **A** *adj* **1** (≈ *niedrig*) low; *Menge, Vorrat, Betrag, Entfernung* small; *Wert* little *attr*; (≈ *kurz*) *Zeit, Entfernung* short **2** (≈ *unerheblich*) slight; *Chance* slim; *Rolle* minor; **das ist meine ~ste Sorge** that's the least of my worries; **nicht das Geringste** nothing at all; **nicht im Geringsten** not in the least *od* slightest **3** (≈ *unzulänglich*) *Kenntnisse* poor **B** *adv* (≈ *abschätzig*) **~ von j-m sprechen** to speak badly of sb
geringfügig **A** *adj* (≈ *unwichtig*) insignificant; *Unterschied* slight; *Verletzung* minor; *Betrag* small; **~e Beschäftigung** part-time employment **B** *adv* slightly
gering schätzen *v/t* (≈ *verachten*) to think little of; *Erfolg, menschliches Leben* to place little value on; (≈ *missachten*) *Gefahr* to disregard
geringschätzig **A** *adj* contemptuous **B** *adv* contemptuously
Geringschätzung *f* (≈ *Ablehnung*) disdain; (≈ *schlechte Meinung*) low opinion (**für** *od* +*gen* of)
Geringverdiener(in) *m(f)* person on low-income, low-wage earner
gerinnen *v/i* to coagulate; *Blut* to clot; *Milch* to curdle
Gerinnsel *n* (≈ *Blutgerinnsel*) clot
Gerinnung *f* coagulation
Gerippe *n* skeleton
gerippt *adj* ribbed *kein adv*
gerissen *adj* cunning; → **reißen**
Gerissenheit *f* cunning
Germ *m/f österr* baker's yeast
Germane *m*, **Germanin** *f* Teuton
germanisch *adj* Germanic
Germanist(in) *m(f)* Germanist
Germanistik *f* German (studies *pl*)
Germknödel *m österr, südd* jam-filled dumpling
gern, gerne *adv* (≈ *freudig*) with pleasure; (≈ *bereitwillig*) with pleasure, willingly; (**aber**) **~!** of course!; **ja, ~!** (yes) please; **kommst du mit? — ja, ~** are you coming too? — oh yes, I'd like to; **~ geschehen!** you're welcome! *bes US*, not at all!; **etw ~ tun** to like doing sth *od* to do sth *bes US*; **ich schwimme/tanze ~** I like swimming/dancing; **~ mögen** to love; **etw ~ sehen** to like sth; **das wird nicht ~ gesehen** that's frowned (up)on; **ein ~ gesehener Gast** a welcome visitor; **das glaube ich ~** I can well believe it; **ich hätte** *od* **möchte ~ ...** I would like ...; **wie hätten Sies (denn) ~?** how would you like it?; **ich würde ~ gehen** I'd like to go; **ich würde nicht ~ gehen** I wouldn't like to go; → **gernhaben**
Gernegroß *hum m* **er war schon immer ein kleiner ~** he always did like to act big *umg*
gernhaben *v/t* to like; **er kann mich mal ~!** *umg* he can go to hell! *umg*, screw him *sl*
Geröll *n* detritus *kein pl*; **im Gebirge** scree *kein pl*; **größeres** boulders *pl*
Gerste *f* barley
Gerstenkorn *n* **1** barleycorn **2** MED stye
Gerte *f* switch
gertenschlank *adj* slim and willowy
Geruch *m* smell, odour *Br*, odor *US* (**nach** of); *unangenehm* stench (**nach** of); (≈ *Duft*) fragrance, perfume (**nach** of)
geruchlos *adj* odourless *Br*, odorless *US*
geruchsempfindlich *adj* sensitive to smell
Geruchsnerv *m* olfactory nerve
Geruchssinn *m* sense of smell
Gerücht *n* rumour *Br*, rumor *US*; **es geht das ~, dass ...** there's a rumo(u)r (going (a)round) that ...
gerührt *adj* touched, moved; **zu Tränen ~** moved to tears; → **rühren**
geruhsam **A** *adj* peaceful; *Spaziergang etc* leisurely **B** *adv* leisurely
Gerümpel *n* junk
Gerundium *n* gerund
Gerüst *n* scaffolding *kein pl*; (≈ *Gestell*) trestle; *fig* (≈ *Gerippe*) framework (**zu** of)
gerüttelt **A** *adj* **ein ~es Maß von** *od* **an etw** (*dat*) a fair amount of sth **B** *adv* **~ voll** jam--packed *umg*; → **rütteln**
gesalzen *fig umg adj Preis* steep; → **salzen**
gesammelt *adj Kraft* collective; *Werke* collected; → **sammeln**
gesamt *adj* whole, entire; **die ~en Kosten** the total costs; **aus dem ~en Vereinigten Königreich** from all over the United Kongdom
Gesamt- *zssgn Ergebnis, Gewicht etc* total
Gesamtausgabe *f* complete edition
Gesamtbetrag *m* total (amount)
Gesamteindruck *m* general impression
Gesamtergebnis *n* overall result
Gesamtgewicht *n* total weight
Gesamtgewinn *m* total profit
Gesamtheit *f* totality; **die ~ der ...** all the ...; (≈ *die Summe*) the totality of ...; **die ~ (der Bevölkerung)** the population (as a whole)

Gesamthochschule f ≈ polytechnic Br, ≈ college
Gesamtkosten pl total costs pl
Gesamtnote f SCHULE overall mark Br, overall grade US
Gesamtschule f comprehensive school Br
Gesamtsumme f total amount
Gesamtwerk n complete works pl
Gesamtwert m total value
Gesamtwertung f SPORT overall placings pl
Gesamtzahl f total number
Gesandte(r) m, **Gesandtin** f envoy, legate; (≈ Botschafter) ambassador
Gesandtschaft f legation
Gesang m **1** (≈ Lied) song **2** (≈ das Singen) singing
Gesangbuch n KIRCHE hymnbook
Gesangsunterricht m singing lessons pl, singing classes pl
Gesäß n seat, bottom
Gesäßbacke f buttock, cheek
Gesäßtasche f back pocket
Geschäft n **1** (≈ Gewerbe, Handel) business kein pl; (≈ Geschäftsabschluss) (business) deal od transaction; **~ ist ~** business is business; **wie geht das ~?** how's business?; **mit j-m ~e machen** to do business with sb; **ein gutes/schlechtes ~ machen** to make a good/bad deal; **dabei hat er ein ~ gemacht** he made a profit by it **2** (≈ Firma) business; (≈ Laden) shop Br, store; umg (≈ Büro) office; **im ~** at work, in the office; (≈ im Laden) in the shop
Geschäftemacher(in) pej m(f) profiteer
geschäftig adj (≈ betriebsam) busy; **~es Treiben** hustle and bustle
Geschäftigkeit f busyness; (≈ geschäftiges Treiben) (hustle and) bustle
geschäftlich **A** adj business attr **B** adv (≈ in Geschäften) on business; (≈ wegen Geschäften) because of business; **sie hat morgen ~ in Berlin zu tun** she has to be in Berlin on business tomorrow; **~ verreist** away on business
Geschäftsabschluss m business deal
Geschäftsadresse f business address
Geschäftsaufgabe f **Räumungsverkauf wegen ~** closing-down sale
Geschäftsbedingungen pl terms pl of business
Geschäftsbereich m PARL responsibilities pl; **Minister ohne ~** minister without portfolio
Geschäftsbericht m report; einer Gesellschaft company report
Geschäftsbeziehungen pl business connections pl (**zu** with)
Geschäftsbrief m business letter
Geschäftsessen n business lunch/dinner
geschäftsfähig adj JUR capable of contracting form, competent form
Geschäftsfähigkeit f JUR (legal) competence
Geschäftsfrau f businesswoman
Geschäftsfreund(in) m(f) business associate
geschäftsführend adj executive; (≈ stellvertretend) acting
Geschäftsführer(in) m(f) von Laden manager/manageress; von Unternehmen managing director, CEO; von Verein secretary; **leitender ~** chief executive officer, CEO
Geschäftsführung f management
Geschäftsidee f business idea
Geschäftsinhaber(in) m(f) owner (of a business); von Laden, Restaurant proprietor/proprietress
Geschäftsjahr n financial year; **das laufende ~** the current financial year
Geschäftskosten pl business expenses pl; **das geht alles auf ~** it's all on expenses
Geschäftslage f (≈ Wirtschaftslage) business situation
Geschäftsleitung f management
Geschäftsmann m businessman
geschäftsmäßig adj & adv businesslike
Geschäftsordnung f standing orders pl; **eine Frage zur ~** a question on a point of order
Geschäftspartner(in) m(f) business partner; (≈ Geschäftsfreund) business associate
Geschäftsplan m business plan
Geschäftsräume pl business premises pl
Geschäftsreise f business trip; **auf ~ sein** to be on a business trip
geschäftsschädigend adj bad for business
Geschäftsschädigung f conduct injurious to the interests of the company form
Geschäftsschluss m close of business; von Läden closing time; **nach ~** out of office od working hours/after closing time
Geschäftssitz m place of business
Geschäftsstelle f offices pl
Geschäftsstraße f shopping street
Geschäftsstunden pl office od working hours pl; von Läden opening hours pl
Geschäftsträger m POL chargé d'affaires
geschäftstüchtig adj business-minded, enterprising
Geschäftsverbindung f business connection
Geschäftsverkehr m business ohne art
Geschäftszeiten pl business hours pl; von Büros office hours pl
geschätzt adj **1** in etwa berechnet estimated **2** Mensch respected **3** Freund valued; → schätzen
geschehen v/i to happen (j-m to sb); **es wird ihm nichts ~** nothing will happen to him; **das geschieht ihm (ganz) recht** it serves him right; **er wusste nicht, wie ihm geschah**

he didn't know what was going on; **was soll mit ihm/damit ~?** what is to be done with him/it?; **es muss etwas ~** something must be done

Geschehen *selten n* events *pl*
Geschehnis *geh n* event
gescheit *adj* clever; *Mensch, Idee* bright; (≈ *vernünftig*) sensible
Geschenk *n* present, gift; **j-m ein ~ machen** to give sb a present; **j-m etw zum ~ machen** to give sb sth (as a present); **ein ~ seiner Mutter** a present from his mother
Geschenkartikel *m* gift
Geschenkgutschein *m* gift voucher
Geschenkpackung *f* gift pack *od* box
Geschenkpapier *n* wrapping paper; **etw in ~ einwickeln** to giftwrap sth
Geschichte *f* **1** (≈ *Historie*) history; **~ machen** to make history **2** (≈ *Erzählung*) story, tale; **~n erzählen** to tell stories **3** *umg* (≈ *Sache*) affair, business *kein pl*; **die ganze ~** the whole business; **eine schöne ~!** *iron* a fine how-do-you-do! *umg*
geschichtlich **A** *adj* (≈ *historisch*) historical; (≈ *bedeutungsvoll*) historic **B** *adv* historically
Geschichtsbuch *n* history book
Geschichtsforscher(in) *m(f)* historian
Geschichtskenntnis *f* knowledge of history *kein pl*
Geschichtslehrer(in) *m(f)* history teacher
Geschichtsschreibung *f* historiography
geschichtsträchtig *adj* *Ort, Stadt* steeped in history; *Ereignis* historic
Geschichtsunterricht *m* history lessons *pl*
Geschick[1] *geh n* (≈ *Schicksal*) fate
Geschick[2] *n* (≈ *Geschicklichkeit*) skill
Geschicklichkeit *f* skill, skilfulness *Br*, skillfulness *US*; (≈ *Beweglichkeit*) agility
geschickt **A** *adj* skilful *Br*, skillful *US*; (≈ *beweglich*) agile **B** *adv* (≈ *clever*) cleverly; **~ agieren** to be clever
Geschicktheit *f* → Geschicklichkeit
geschieden *adj* divorced; → scheiden
Geschiedene(r) *m/f(m)* **Mann** divorced man; **Frau** divorced woman
Geschirr *n* **1** crockery *Br*, tableware; (≈ *Küchengeschirr*) pots and pans *pl*, kitchenware; (≈ *Teller etc*) china; *zu einer Mahlzeit benutzt* dishes *pl*; **(das) ~ (ab)spülen** *od* **abwaschen** to wash up, to do the dishes **2** *von Zugtieren* harness
Geschirrschrank *m* china cupboard *Br*, china cabinet *US*
Geschirrspülen *n* washing-up
Geschirrspüler *m* dishwasher
Geschirrspülmaschine *f* dishwasher
Geschirrspülmittel *n* washing-up liquid *Br*, dishwashing liquid *US*
Geschirrtuch *n* tea towel *Br*, dishtowel *US*
Geschlecht *n* sex; GRAM gender; **das andere ~** the opposite sex
Geschlechterlücke *f* gender gap
geschlechtlich **A** *adj* sexual **B** *adv* **mit j-m ~ verkehren** to have sexual intercourse with sb
Geschlechtsakt *m* sex(ual) act
Geschlechtsgenosse *m*, **Geschlechtsgenossin** *f* person of the same sex; **j-s ~n** those *od* people of the same sex as sb
Geschlechtshormon *n* sex hormone
Geschlechtsidentität *f* gender identity
geschlechtskrank *adj* suffering from a sexually transmitted disease
Geschlechtskrankheit *f* sexually transmitted disease
Geschlechtsleben *n* sex life
geschlechtslos *adj* asexual, sexless; BIOL asexual
Geschlechtsmerkmal *n* sex(ual) characteristic
geschlechtsneutral *adj* gender-neutral
Geschlechtsorgan *n* sex(ual) organ
geschlechtsreif *adj* sexually mature
Geschlechtsteil *n* genitals *pl*
Geschlechtstrieb *m* sex(ual) drive
Geschlechtsumwandlung *f* sex change
Geschlechtsverkehr *m* sexual intercourse; **~ haben** to have sex
Geschlechtswort *n* GRAM article
geschliffen *adj* *Manieren, Ausdrucksweise* polished; → schleifen[2]
geschlossen **A** *adj* closed; (≈ *vereint*) united, unified; **in sich** (*dat*) **~** self-contained; *Systeme* closed; **ein ~es Ganzes** a unified whole; **~e Gesellschaft** closed society; (≈ *Fest*) private party **B** *adv* **~ für etw sein/stimmen** to be/vote unanimously in favour of sth *Br*, to be/vote unanimously in favor of sth *US*; **~ hinter j-m stehen** to stand solidly behind sb; → schließen
Geschlossenheit *f* unity
Geschmack *m* taste; (≈ *Geschmackssinn*) sense of taste; **je nach ~** to one's own taste; **an etw** (*dat*) **~ finden** to acquire a taste for sth; **auf den ~ kommen** to acquire a taste for it; **sie hat einen guten ~** *fig* she has good taste; **für meinen ~** for my taste; **das ist nicht nach meinem ~** that's not to my taste; **über ~ lässt sich (nicht) streiten** *sprichw* there's no accounting for taste(s) *sprichw*
geschmacklich *adj* as regards taste
geschmacklos *adj* tasteless; **~ sein** to be in bad taste
Geschmacklosigkeit *f* **1** tastelessness, lack of taste **2** (≈ *Bemerkung*) remark in bad taste; **das ist eine ~!** that is the most appalling bad

Geschmacksfrage f question of (good) taste
Geschmacksrichtung f flavour Br, flavor US
Geschmackssache f matter of taste; **das ist ~** it's (all) a matter of taste
Geschmackssinn m sense of taste
Geschmacksverirrung f **unter ~ leiden** iron to have no taste
Geschmacksverstärker m CHEM, GASTR flavour enhancer Br, flavor enhancer US
geschmackvoll A adj tasteful; **~ sein** to be in good taste B adv tastefully
geschmeidig adj Leder, Haut, Bewegung supple; (≈ weich) smooth; Fell sleek; Handtuch, Haar soft
Geschnatter wörtl n cackle, cackling; fig jabber, jabbering
geschockt adj shocked; → schocken
Geschöpf n (≈ Lebewesen) creature
Geschoss n, **Geschoß** österr n **1** projectile form; (≈ Rakete etc a.) missile; (≈ Kugel) bullet **2** (≈ Stockwerk) floor, storey Br, story US
Geschrei n shouts pl, shouting; von Babys, Popfans screams pl, screaming; **viel ~ um etw machen** to make a big fuss about sth
Geschütz n gun; **schweres ~** heavy artillery; **schweres ~ auffahren** fig to bring up one's big guns
geschützt adj Winkel, Ecke sheltered; Pflanze, Tier protected; → schützen
Geschwader n squadron
Geschwafel umg n waffle Br umg, blather umg
Geschwätz pej n prattle; (≈ Klatsch) gossip
geschwätzig adj garrulous; (≈ klatschsüchtig) gossipy
Geschwätzigkeit f garrulousness; (≈ Klatschsucht) constant gossiping
geschweige konj **~ (denn)** let alone, never mind
Geschwindigkeit f speed; **mit einer ~ von …** at a speed of …; **mit höchster ~** at top speed
Geschwindigkeitsbegrenzung f, **Geschwindigkeitsbeschränkung** f speed limit
Geschwindigkeitsüberschreitung f speeding
Geschwister pl brothers and sisters pl, siblings pl; **haben Sie noch ~?** do you have any brothers or sisters?
geschwisterlich A adj brotherly/sisterly B adv in a brotherly/sisterly way
Geschwisterpaar n brother and sister pl
geschwollen pej A adj pompous B adv pompously; → schwellen
Geschworenenbank f jury box; (≈ die Geschworenen) jury
Geschworenengericht n → Schwurgericht
Geschworene(r) m/f(m) juror; **die ~n** the jury
Geschwulst f growth
geschwungen adj curved; **~e Klammer** TYPO curly bracket; → schwingen
Geschwür n ulcer; (≈ Furunkel) boil
gesegnet geh adj **mit etw ~ sein** to be blessed with sth; → segnen
Geselchte(s) n österr, südd salted and smoked meat
Geselle m (≈ Handwerksgeselle) journeyman
gesellen v/r **sich zu j-m ~** to join sb
gesellig adj sociable; Tier gregarious; **~es Beisammensein** social gathering
Geselligkeit f sociability, conviviality; von Tieren gregariousness; **die ~ lieben** to be sociable
Gesellin f (≈ Handwerksgesellin) journeyman
Gesellschaft f **1** SOZIOL society; **die ~ verändern** to change society **2** (≈ Vereinigung) society; HANDEL company; **~ mit beschränkter Haftung** limited liability company **3** (≈ Abendgesellschaft) party; **eine erlesene ~** a select group of people **4** (≈ Begleitung) company; **da befindest du dich in guter ~** then you're in good company; **j-m ~ leisten** to keep sb company
Gesellschafter(in) m(f) HANDEL (≈ Teilhaber) shareholder, stockholder US; (≈ Partner) partner
gesellschaftlich adj social
Gesellschaftsanzug m formal dress
gesellschaftsfähig adj socially acceptable
Gesellschaftsform f social system
Gesellschaftsordnung f social system
Gesellschaftspolitik f social policy
gesellschaftspolitisch adj sociopolitical
Gesellschaftsrecht n company law, corporate law US
Gesellschaftsschicht f social stratum
Gesellschaftsspiel n party game
Gesellschaftssystem n social system
Gesellschaftstanz m ballroom dance
gesettelt adj sl (≈ sesshaft, etabliert) settled
Gesetz n law; (≈ Gesetzbuch) statute book; PARL (≈ Vorlage) bill; nach Verabschiedung act; **nach dem ~** under the law (**über** +akk on); **vor dem ~** in (the eyes of the) law; **ein ungeschriebenes ~** an unwritten rule
Gesetzblatt n law gazette
Gesetzbuch n statute book
Gesetzentwurf m (draft) bill
Gesetzesänderung f change in the law
Gesetzesbrecher(in) m(f) law-breaker
Gesetzeskraft f the force of law; **~ erlangen** to become law; **~ haben** to be law
Gesetzeslage f legal position
gesetzestreu adj Person law-abiding
gesetzgebend adj legislative; **die ~e Gewalt** the legislature

Gesetzgeber *m* legislative body
Gesetzgebung *f* legislation *kein pl*
gesetzlich **A** *adj Verpflichtung* legal; *Feiertag* statutory; **~es Mindestalter** legal age **B** *adv* legally
gesetzlos *adj* lawless
gesetzmäßig *adj* (≈ *gesetzlich*) legal; (≈ *rechtmäßig*) lawful
gesetzt **A** *adj* (≈ *reif*) sedate, sober; **ein Herr im ~en Alter** a man of mature years; → setzen **B** *konj* → **den Fall, ...** assuming (that) ...
gesetzwidrig **A** *adj* illegal; *unrechtmäßig* unlawful **B** *adv* illegally; (≈ *unrechtmäßig*) unlawfully
gesichert *adj Existenz* secure; *Fakten* definite; → sichern
Gesicht *n* face; **ein trauriges/wütendes ~ machen** to look sad/angry; **ein langes ~ machen** to make a long face; **j-m ins ~ sehen** to look sb in the face; **den Tatsachen ins ~ sehen** to face facts; **j-m etw ins ~ sagen** to tell sb sth to his face; **sein wahres ~ zeigen** to show (oneself in) one's true colours *Br*, to show (oneself in) one's true colors *US*; **j-m wie aus dem ~ geschnitten sein** to be the spitting image of sb; **das ~ verlieren** to lose face; **das ~ wahren** to save face; **das gibt der Sache ein neues ~** that puts a different complexion on the matter *od* on things; **etw aus dem ~ verlieren** to lose sight of sth; **j-n/etw zu ~ bekommen** to set eyes on sb/sth
Gesichtsausdruck *m* (facial) expression
Gesichtscreme *f* face cream
Gesichtserkennung *f* face recognition, facial recognition
Gesichtsfarbe *f* complexion
Gesichtskontrolle *f umg* face check
Gesichtskreis *m* ① *obs* (≈ *Umkreis*) field of vision; **j-n aus dem ~ verlieren** to lose sight of sb ② *fig* horizons *pl*, outlook
Gesichtsmaske *f* face mask
Gesichtsmuskel *m* facial muscle
Gesichtspackung *f* face pack
Gesichtspunkt *m* (≈ *Betrachtungsweise*) point of view, standpoint; (≈ *Einzelheit*) point, aspect
Gesichtsverlust *m* loss of face
Gesichtswasser *n* (cleansing) toner
Gesichtszüge *pl* features *pl*
Gesindel *pej n* riffraff *pl*
gesinnt *adj* **j-m freundlich/feindlich ~ sein** to be friendly/hostile to(wards) sb; **sozial ~ sein** to be socially minded
Gesinnung *f* (≈ *Charakter*) cast of mind; (≈ *Ansichten*) views *pl*, way of thinking; **eine liberale ~** liberal-mindedness; **seiner ~ treu bleiben** to remain loyal to one's basic convictions
Gesinnungsgenosse *m*, **Gesinnungsgenossin** *f* like-minded person

gesinnungslos *adj pej* unprincipled
Gesinnungswandel *m*, **Gesinnungswechsel** *m* conversion
gesittet *adj* ① (≈ *wohlerzogen*) well-mannered ② (≈ *kultiviert*) civilized
Gesöff *umg n* muck *umg*
gesondert **A** *adj* separate **B** *adv* separately
gesonnen *adj* **~ sein, etw zu tun** to be of a mind to do sth; → sinnen
gespalten *adj Bewusstsein* split; *Zunge* forked; *Gesellschaft* divided; **die Meinungen sind ~** opinions are divided; → spalten
Gespann *n* ① (≈ *Zugtiere*) team ② (≈ *Pferdegespann*) horse and cart; **ein gutes ~ abgeben** to make a good team
gespannt **A** *adj* ① *Seil* taut ② *fig* tense; (≈ *neugierig*) curious; **ich bin ~, wie er darauf reagiert** I wonder how he'll react to that; **da bin ich aber ~!** I'm looking forward to that; *iron* (oh really?) that I'd like to see! **B** *adv* intently; **~ zuhören/zusehen** to be engrossed with what's going on; → spannen
Gespanntheit *f* tension; (≈ *Neugierde*) eager anticipation
Gespenst *n* ghost; *fig* (≈ *Gefahr*) spectre *Br*, specter *US*
Gespenstergeschichte *f* ghost story
gespensterhaft *adj* ghostly; *fig* eerie, eery; **es war ~ still** it was eerily quiet
gespenstisch *adj & adv* ① → gespensterhaft ② *fig* (≈ *bizarr, unheimlich*) eerie, eery
gesperrt *adj* ① closed; **für den Verkehr ~** closed to traffic ② **einige Wörter sind ~ gedruckt** some of the words are spaced (out); → sperren
gespielt *adj* feigned; → spielen
Gespött *n* mockery; (≈ *Gegenstand des Spotts*) laughing stock; **zum ~ werden** to become a laughing stock
Gespräch *n* ① (≈ *Unterhaltung*) conversation; (≈ *Diskussion*) discussion; (≈ *Dialog*) dialogue *Br*, dialog *US*; **~e** POL talks; **das ~ auf etw** (*akk*) **bringen** to steer the conversation *etc* (a)round to sth; **im ~ sein** to be being talked about; **mit j-m ins ~ kommen** to get into conversation with sb; *fig* to establish a dialogue with sb *Br*, to establish a dialog with sb *US* ② TEL (≈ *Anruf*) (telephone) call; **ein ~ für dich** a call for you
gesprächig *adj* talkative; (≈ *mitteilsam*) communicative
gesprächsbereit *adj bes* POL ready to talk
Gesprächsbereitschaft *f bes* POL readiness to talk
Gesprächseinheit *f* TEL unit
Gesprächsgegenstand *m* topic
Gesprächsguthaben *n* TEL *von Prepaidhandy*

credit, (credit) minutes *pl*
Gesprächspartner(in) *m(f)* interlocutor *form*; **mein ~ bei den Verhandlungen** my opposite number at the talks; **wer war dein ~?** who did you talk with?
Gesprächsrunde *f* discussion(s) (*pl*); POL round of talks
Gesprächsstoff *m* topics *pl*
gespreizt *fig adj* affected; → **spreizen**
gesprenkelt *adj* speckled; → **sprenkeln**
Gespür *n* feel(ing)
gest. *abk* (= **gestorben**) died, d
Gestalt *f* **1** form; **in ~ von** *fig* in the form of; **(feste) ~ annehmen** to take shape **2** (≈ *Wuchs*) build **3** (≈ *Person*) figure; *pej* (≈ *Mensch*) character
gestalten **A** *v/t Text, Wohnung* to lay out; *Gegenstand* to design; *Programm, Abend* to arrange; *Freizeit* to organize; (≈ *schaffen*) to create; *Zukunft, Gesellschaft, Politik* to shape **B** *v/r* (≈ *werden*) to become; (≈ *sich entwickeln*) to turn (**zu** into); **sich schwierig ~** *Verhandlungen etc* to run into difficulties
gestalterisch *adj* creative
Gestaltung *f* (≈ *das Gestalten*) shaping, forming (**zu** into); (≈ *Design*) design; *von Wohnung* layout; *von Abend, Programm* arrangement; *von Freizeit* structuring
gestanden *adj Fachmann etc* experienced; **ein ~er Mann** a mature and experienced man; → **gestehen**; → **stehen**
geständig *adj* **~ sein** to have confessed
Geständnis *n* confession; **ein ~ ablegen** to make a confession; **j-m ein ~ machen** to make a confession to sb
Gestank *m* stink
Gestapo *f abk* (= **Geheime Staatspolizei**) HIST secret state police
gestatten **A** *v/t* to allow; **j-m etw ~** to allow sb sth **B** *v/i* **~ Sie, dass ich …?** may I …?, would you mind if I …?; **wenn Sie ~ …** with your permission …
Geste *f* gesture; **sich mit ~n verständigen** to communicate by gestures
Gesteck *n* flower arrangement
gestehen *v/t & v/i* to confess (**j-m etw** sth to sb); **offen gestanden …** to be frank …
Gestein *n* rock(s) (*pl*); (≈ *Schicht*) rock stratum
Gestell *n* stand; (≈ *Regal*) shelf; (≈ *Ablage*) rack; (≈ *Rahmen, Brillengestell*) frame; *auf Böcken* trestle
gestelzt *adj* stilted
gestern *adv* yesterday; **ich habe ihn ~ getroffen** I met him yesterday; **~ Abend** yesterday evening; *spät* last night; **~ Nacht** last night; **die Zeitung von ~** yesterday's paper; **er ist nicht von ~** *umg* he wasn't born yesterday
Gestik *f* gestures *pl*

gestikulieren *v/i* to gesticulate
gestimmt *adj* **froh ~** in a cheerful mood; → **stimmen**
Gestirn *n* heavenly body
Gestöber *n leicht* snow flurry; *stark* snowstorm
gestochen **A** *adj Handschrift* clear, neat **B** *adv* **~ scharfe Fotos** needle-sharp photographs; **wie ~ schreiben** to write clearly; → **stechen**
gestohlen *adj* **der/das kann mir ~ bleiben** *umg* he/it can go hang *umg*; → **stehlen**
gestört *adj* disturbed; **geistig ~ sein** *neg!* to be (mentally) disturbed; → **stören**
Gestotter *n* stuttering, stammering
gestrandet *adj* stranded; → **stranden**
gestreift *adj* striped; → **streifen**
gestrichen **A** *adj* **ein ~er Teelöffel voll** a level teaspoon(ful) **B** *adv* **~ voll** level; (≈ *sehr voll*) full to the brim; → **streichen**
gestrig *adj* yesterday's; **unser ~es Gespräch** our conversation (of) yesterday
Gestrüpp *n* undergrowth; *fig* jungle
gestuft *adj* (≈ *in Stufen*) terraced; *Haarschnitt* layered; *zeitlich* staggered; → **stufen**
Gestüt *n* stud
Gesuch *n* petition (**auf** +*akk* od **um** for); (≈ *Antrag*) application (**auf** +*akk* od **um** for)
gesucht *adj* (≈ *begehrt*) sought after; *Verbrecher* wanted; **sehr ~** (very) much sought after; → **suchen**
gesund **A** *adj* healthy; **~ werden** to get well; **wieder ~ werden** to get better; **Äpfel sind ~** apples are good for you; **bleib ~!** look after yourself **B** *adv* **~ leben** to have a healthy lifestyle; **sich ~ ernähren** to have a healthy diet; **~ essen** to eat healthily; **j-n ~ pflegen** to nurse sb back to health
Gesundheit *f* health; (≈ *Zuträglichkeit*) healthiness; **bei guter ~** in good health; **~!** bless you; **auf Ihre ~** (your very good) health
gesundheitlich **A** *adj* **~e Schäden** damage to one's health; **sein ~er Zustand** (the state of) his health; **aus ~en Gründen** for health reasons **B** *adv* **wie geht es Ihnen ~?** how is your health?
Gesundheitsamt *n* public health department
Gesundheitsapostel *iron m* health freak *umg*
gesundheitsbewusst *adj* health-conscious
Gesundheitsdienst *m* health service
Gesundheitsfarm *f* health farm
Gesundheitsfürsorge *f* health care
gesundheitshalber *adv* for health reasons
Gesundheitslehre *f* health
Gesundheitsminister(in) *m(f)* health minister, Health Secretary *Br*, Secretary of Health *US*
Gesundheitspolitik *f* health policy
Gesundheitsreform *f* reform of the health-

care system
gesundheitsschädlich adj harmful (to [your] health); (≈ ungesund) unhealthy
Gesundheitssystem n health (care) system
Gesundheitswesen n health service od care
Gesundheitszeugnis n certificate of health
Gesundheitszustand m state of health
gesundschreiben v/t **j-n ~** to certify sb (as) fit
gesundschrumpfen A v/t fig to streamline **B** v/r to be streamlined
gesundstoßen s/ v/r to line one's pockets umg
Gesundung f recovery; (≈ Genesung) convalescence, recuperation
getan adj **nach ~er Arbeit** when the day's work is done; → tun
getigert adj mit Streifen striped; **~e Katze** tabby (cat)
getönt adj Glas, Brille tinted; → tönen²
Getöse n din; von Auto, Beifall etc roar
Getränk n drink; **die ~e zahle ich** the drinks are on me
Getränkeautomat m drinks machine Br, beverage machine US
Getränkekarte f in Café list of beverages; in Restaurant wine list
Getränkemarkt m drinks cash-and-carry Br, beverage store US
getrauen v/r to dare; **getraust du dich das?** umg do you dare do that?
Getreide n grain; (≈ Korn) corn
Getreide(an)bau m cultivation of grain od cereals
Getreideflocke f cereal
Getreidesilo n/m silo
Getreidesorte f cereal
getrennt A adj separate; **voneinander ~** apart **B** adv **~ wohnen** not to live together; **~ leben** örtlich getrennt to live apart; **als Paar getrennt** to be separated; → trennen
getreu A adj (≈ entsprechend) faithful, true kein adv **B** präp true to
Getriebe n **1** TECH gears pl; (≈ Getriebekasten) gearbox **2** (≈ lebhaftes Treiben) bustle
Getriebeschaden m gearbox trouble
getrost adv confidently; **… kann man ~ vergessen** you can forget …; **~ behaupten, dass …** to safely say that …; **du kannst dich ~ auf ihn verlassen** you need have no fears about relying on him
getrübt adj **ein ~es Verhältnis zu j-m haben** to have an unhappy relationship with sb; → trüben
Getto n ghetto
Gettoblaster umg m ghetto blaster umg, boom box bes US umg
Getue pej n to-do umg

Getümmel n tumult; **sich ins ~ stürzen** to enter the fray
geübt adj Auge, Ohr practised Br, practiced US; Fahrer etc proficient; **~ sein** to be experienced; → üben
Gewächs n **1** (≈ Pflanze) plant **2** MED growth
gewachsen adj **1** (≈ von allein entstanden) evolved **2** **j-m ~ sein** to be a match for sb; **einer Sache** (dat) **~ sein** to be up to sth; → wachsen¹
Gewächshaus n greenhouse; (≈ Treibhaus) hothouse
gewachst adj Zahnseide waxed
gewagt adj **1** (≈ kühn) daring; (≈ gefährlich) risky **2** (≈ anzüglich) risqué; → wagen
gewählt A adj Sprache elegant **B** adv **sich ~ ausdrücken** to express oneself elegantly; → wählen
Gewähr f guarantee; **keine ~ für etw bieten** to offer no guarantee for sth; **die Angabe erfolgt ohne ~** this information is supplied without liability; **für etw ~ leisten** to guarantee sth
gewähren v/t to grant; Rabatt, Schutz to give; **j-n ~ lassen** geh not to stop sb
gewährleisten v/t (≈ sicherstellen) to ensure (j-m etw sb sth); (≈ garantieren) to guarantee (j-m etw sb sth)
Gewahrsam m **1** (≈ Verwahrung) safekeeping; **etw in ~ nehmen** to take sth into safekeeping **2** (≈ Haft) custody
Gewährung f granting; von Rabatt giving; von Schutz affording
Gewalt f **1** (≈ Macht) power; **die gesetzgebende/richterliche ~** the legislature/judiciary; **elterliche ~** parental authority; **j-n/etw in seine ~ bringen** to bring sb/sth under one's control; **j-n in seiner ~ haben** to have sb in one's power; **in j-s ~** (dat) **sein** od **stehen** to be in sb's power; **die ~ über etw** (akk) **verlieren** to lose control of sth **2** (≈ Zwang, Heftigkeit) force; (≈ Gewalttätigkeit) violence; **die ~ an Schulen nimmt zu** violence in schools is on the increase; **~ anwenden** to use force; **höhere ~** acts/an act of God; **mit ~** by force; **mit aller ~** umg for all one is worth
Gewaltakt m act of violence
Gewaltanwendung f use of force
gewaltbereit adj ready to use violence
Gewaltbereitschaft f propensity for violence
Gewaltenteilung f separation of powers
gewaltfrei adj & adv → gewaltlos
Gewaltherrschaft f tyranny
gewaltig A adj **1** (≈ heftig) Sturm etc violent **2** (≈ riesig) colossal; Anblick tremendous; Stimme powerful; Summe huge **B** adv umg (≈ sehr) enormously; **sich ~ irren** to be very much mistaken

gewaltlos **A** *adj* non-violent **B** *adv* (≈ *ohne Gewaltanwendung*) without violence
Gewaltlosigkeit *f* non-violence
gewaltsam **A** *adj* forcible; *Tod* violent **B** *adv* forcibly, by force
Gewalttat *f* act of violence
Gewalttäter(in) *m(f)* violent criminal
gewalttätig *adj* violent
Gewalttätigkeit *f* (≈ *Brutalität*) violence; (≈ *Handlung*) act of violence
Gewaltverbrechen *n* crime of violence
gewaltverherrlichend *adj* **ein ~er Film** a movie which glorifies violence
Gewaltverzicht *m* non-violence
Gewand *n* **1** *geh* (≈ *Kleidungsstück*) garment; *weites, langes* robe, gown **2** *österr* (≈ *Kleidung*) clothes *pl*
gewandt **A** *adj* skilful *Br*, skillful *US*; *körperlich* nimble; (≈ *geschickt*) deft; *Auftreten, Stil* elegant **B** *adv* elegantly
Gewäsch *n* *umg* twaddle *umg*
Gewässer *n* stretch of water
Gewässerschutz *m* prevention of water pollution
Gewebe *n* (≈ *Stoff*) fabric, material; (≈ *Gewebeart*) weave; BIOL tissue; *fig* web
Gewebeprobe *f* MED tissue sample
Gewehr *n* (≈ *Flinte*) rifle; (≈ *Schrotbüchse*) shotgun
Gewehrlauf *m von Flinte* rifle barrel; *von Schrotbüchse* barrel of a shotgun
Geweih *n* antlers *pl*; **das ~** the antlers
Gewerbe *n* trade; **ein ~ ausüben** to practise a trade *Br*, to practice a trade *US*
Gewerbeaufsicht *f* ≈ health and safety control
Gewerbebetrieb *m* commercial enterprise
Gewerbefreiheit *f* freedom of trade, freedom to conduct business
Gewerbegebiet *n* industrial area; *eigens angelegt* trading estate *bes Br*
Gewerbepark *m* industrial estate, business park *US*, trading estate
Gewerbeschein *m* trading licence *Br*, trading license *US*
Gewerbesteuer *f* trade tax
Gewerbetreibende(r) *m/f(m)* trader
gewerblich **A** *adj* commercial; *Genossenschaft* trade *attr*; (≈ *industriell*) industrial **B** *adv* **~ genutzt** used for commercial purposes
gewerbsmäßig **A** *adj* professional **B** *adv* professionally, for gain
Gewerkschaft *f* (trade *od* trades) union, labor union *US*
Gewerkschafter(in) *m(f)* trade *od* labor *US* unionist
gewerkschaftlich **A** *adj* (trade) union *attr*, (labor) union *US attr*; **~er Vertrauensmann** *im Betrieb* shop steward *bes Br* **B** *adv* **~ organisierter Arbeiter** union member; **~ tätig sein** to be active in the union
Gewerkschaftsbund *m* federation of trade unions, federation of labor unions *US*, ≈ Trades Union Congress *Br*, ≈ Federation of Labor *US*
Gewerkschaftsführer(in) *m(f)* trade union leader, labor union leader *US*
Gewicht *n* weight; **dieser Stein hat ein ~ von 100 kg** this rock weighs 100 kg; **spezifisches ~** specific gravity; **~ haben** *wörtl* to be heavy; *fig* to carry weight; **ins ~ fallen** to be crucial; **nicht ins ~ fallen** to be of no consequence; **auf etw** (*akk*) **~ legen** to set (great) store by sth
gewichten *v/t in der Statistik* to weight; *fig* to evaluate
Gewichtheben *n* SPORT weightlifting
Gewichtheber(in) *m(f)* weightlifter
gewichtig *fig adj* weighty
Gewichtsklasse *f* SPORT weight (category)
Gewichtsverlust *m* weight loss
Gewichtszunahme *f* increase in weight
gewieft *umg adj* crafty (**in** +*dat* at); *Jugendlicher* streetwise
gewillt *adj* **~ sein, etw zu tun** to be willing to do sth
Gewimmel *n* swarm; (≈ *Menge*) crush
Gewinde *n* TECH thread
Gewinn *m* **1** (≈ *Ertrag*) profit; **~ abwerfen** *od* **bringen** to make a profit; **~ bringend** → gewinnbringend; **etw mit ~ verkaufen** to sell sth at a profit **2** (≈ *Preis*) prize; *bei Wetten* winnings *pl* **3** *fig* (≈ *Vorteil*) gain
Gewinnanteil *m* HANDEL dividend
Gewinnausschüttung *f* prize draw
Gewinnbeteiligung *f* **1** IND profit-sharing **2** (≈ *Dividende*) dividend
gewinnbringend **A** *adj wörtl, fig* profitable **B** *adv* profitably; **~ wirtschaften** to make a profit
Gewinnchance *f* chance of winning; **~n** *beim Wetten* odds
Gewinneinbruch *m* slump in profits
gewinnen **A** *v/t* **1** to win; **j-n (für etw) ~** to win sb over (to sth); **j-n dafür ~, etw zu tun** to make sb do sth; **Zeit ~** to gain time; **was ist damit gewonnen?** what good is that? **2** (≈ *erzeugen*) to produce, to obtain; *Erze etc* to mine, to extract; *aus Altmaterial* to reclaim **B** *v/i* **1** (≈ *Sieger sein*) to win (**bei, in** +*dat* at) **2** (≈ *profitieren*) to gain; **an Bedeutung ~** to gain (in) importance; **an Geschwindigkeit ~** to pick up *od* gain speed
gewinnend *fig adj* winning, winsome
Gewinner(in) *m(f)* winner
Gewinnmaximierung *f* maximization of prof-

it(s)
Gewinnmitnahme f profit taking
Gewinnspanne f profit margin
Gewinnspiel n competition; TV game show
Gewinn-und-Verlust-Rechnung f profit and loss account
Gewinnung f von Kohle, Öl extraction; von Energie, Plutonium production
Gewinnwarnung f HANDEL profit warning
Gewinnzahl f winning number
Gewinnzone f **in der ~ sein** to be in profit; **in die ~ kommen** to move into profit
Gewirr n tangle; fig (≈ Durcheinander) jumble; von Straßen maze
gewiss A adj certain (+gen of); **ich bin dessen ~** geh I'm certain of it; **nichts Gewisses** nothing certain; **in ~em Maße** to some od a certain extent; **eins ist (ganz) ~** one thing is certain B adv geh certainly; **(ja) ~!** certainly, sure bes US; **(aber) ~ (doch)!** (but) of course
Gewissen n conscience; **ein schlechtes ~** a guilty conscience; **j-n/etw auf dem ~ haben** to have sb/sth on one's conscience; **j-m ins ~ reden** to have a serious talk with sb
gewissenhaft A adj conscientious B adv conscientiously
Gewissenhaftigkeit f conscientiousness
gewissenlos adj unscrupulous; (≈ verantwortungslos) irresponsible
Gewissenlosigkeit f unscrupulousness; (≈ Verantwortungslosigkeit) irresponsibility
Gewissensbisse pl pangs pl of conscience; **~ bekommen** to get a guilty conscience
Gewissensentscheidung f question of conscience
Gewissensfrage f matter of conscience
Gewissensfreiheit f freedom of conscience
Gewissensgründe pl **aus ~n** for reasons of conscience
Gewissenskonflikt m moral conflict
gewissermaßen adv (≈ sozusagen) so to speak
Gewissheit f certainty; **mit ~** with certainty
Gewitter n thunderstorm; fig storm
Gewitterfront f METEO storm front
gewittern v/i **es gewittert** it's thundering
Gewitterschauer m thundery shower
Gewitterwolke f thundercloud; fig umg storm cloud
gewittrig adj thundery
gewitzt adj crafty, cunning
gewogen geh adj well-disposed (+dat towards)
gewöhnen A v/t **j-n an etw** (akk) **~** to accustom sb to sth; **an j-n/etw gewöhnt sein** to be used to sb/sth; **daran gewöhnt sein, etw zu tun** to be used to doing sth; **das bin ich gewöhnt** I'm used to it B v/r **sich an j-n/etw ~** to get used to sb/sth
Gewohnheit f habit; **aus (lauter) ~** from (sheer) force of habit; **die ~ haben, etw zu tun** to have a habit of doing sth; **sich** (dat) **etw zur ~ machen** to make a habit of sth
gewohnheitsmäßig adj habitual
Gewohnheitsmensch m creature of habit
Gewohnheitsrecht n customary right; als Rechtssystem common law
Gewohnheitssache f question of habit
Gewohnheitstäter(in) m(f) habitual od persistent offender
Gewohnheitstier n **der Mensch ist ein ~** umg man is a creature of habit
gewöhnlich A adj ❶ (≈ üblich) usual; (≈ normal) normal; (≈ durchschnittlich) ordinary; (≈ alltäglich) everyday ❷ pej (≈ ordinär) common B adv normally, usually; **wie ~** as usual
gewohnt adj usual; **etw ~ sein** to be used to sth
Gewöhnung f (≈ das Sichgewöhnen) habituation (**an** +akk to); (≈ das Angewöhnen) training (**an** +akk in); (≈ Sucht) habit, addiction
gewöhnungsbedürftig adj **die neue Software ist ~** the new software takes some time to get used to
Gewölbe n vault
gewölbt adj Stirn domed; Decke vaulted; → wölben
gewollt adj ❶ (≈ gekünstelt) forced ❷ (≈ erwünscht) desired; → wollen²
Gewühl n (≈ Gedränge) crowd, throng; (≈ Verkehrsgewühl) chaos, snarl-up Br umg
gewunden adj Weg, Fluss etc winding; Erklärung tortuous; → winden
Gewürz n spice; (≈ Pfeffer, Salz) condiment
Gewürzbord n spice rack
Gewürzgurke f pickled gherkin
Gewürzkraut n herb
Gewürzmischung f mixed herbs pl; (≈ Gewürzsalz) herbal salt
Gewürznelke f clove
gewürzt adj **scharf ~** spicy; → würzen
Geysir m geyser
gezackt adj Fels jagged; → zacken
gezackt, gezähnt adj a. BOT serrated; TECH cogged; Briefmarke perforated
gezeichnet adj marked; **vom Tode ~ sein** to have the mark of death on one; → zeichnen
Gezeiten pl tides pl
Gezeitenenergie f tidal energy
Gezeitenkraftwerk n tidal power plant
Gezeitenwechsel m turn of the tide
gezielt A adj purposeful; Schuss well-aimed; Frage, Maßnahme etc specific; Indiskretion deliberate B adv vorgehen directly; planen specifically; **~**

schießen to shoot to kill; **er hat sehr ~ gefragt** he asked very specific questions; → zielen
geziert A *adj* affected B *adv* affectedly; → zieren
Gezwitscher *n* chirping, twittering
gezwungen A *adj* (≈ *nicht entspannt*) forced; *Atmosphäre* strained; *Stil, Benehmen* stiff B *adv* stiffly; **~ lachen** to give a forced *od* strained laugh; → zwingen
gezwungenermaßen *adv* of necessity; **etw ~ tun** to be forced to do sth
GFS *f* (= *gleichwertige Feststellung von Schülerleistungen*) solo presentation
Ghana *n* Ghana
Ghetto *n* ghetto
Gibraltar *n* GEOG Gibraltar
Gicht *f* MED, BOT gout
Giebel *m* gable
Giebeldach *n* gabled roof
Gier *f* greed (**nach** for)
gierig A *adj* greedy; *nach Geld* avaricious; **~ nach etw sein** to be greedy for sth B *adv* greedily
gießen A *v/t* 1 *Flüssigkeit* to pour; *Pflanzen* to water; **die Blumen ~** (≈ *Topfpflanzen*) to water the plants 2 *Glas* to found (**zu** into); *Metall* to cast (**zu** into) B *v/i* to pour; **es gießt in Strömen** it's pouring down
Gießerei *f* (≈ *Werkstatt*) foundry
Gießkanne *f* watering can
Gift *n* poison; (≈ *Bakteriengift*) toxin; *von Schlangen, Insekten* venom; *fig* (≈ *Bosheit*) venom; **darauf kannst du ~ nehmen** *umg* you can bet your life on that *umg*
Giftfass *n* toxic waste drum
giftfrei *adj* non-toxic
Giftgas *n* poison gas
Giftgaswolke *f* cloud of poison gas
giftgrün *adj* bilious green
giftig *adj* 1 (≈ *Gift enthaltend*) poisonous; *Chemikalien* toxic 2 *fig* (≈ *boshaft, hasserfüllt*) venomous
Giftmischer(in) *fig m(f)* troublemaker, stirrer *umg*; *hum* (≈ *Apotheker*) chemist
Giftmord *m* poisoning
Giftmüll *m* toxic waste
Giftpilz *m* poisonous toadstool
Giftschlange *f* poisonous snake
Giftstoff *m* poisonous substance
Giftzahn *m* fang
Gig *m umg* gig
Gigabyte *n* IT gigabyte
Gigant(in) *m(f)* giant
gigantisch *adj* gigantic
Gilde *f* guild
Gin *m* gin; **Gin Tonic** gin and tonic
Ginseng *m* BOT ginseng

Ginsengwurzel *f* BOT ginseng root
Ginster *m* BOT broom; (≈ *Stechginster*) gorse
Gipfel *m* 1 (≈ *Bergspitze*) peak 2 *fig* (≈ *Höhepunkt*) height; **das ist der ~!** *umg* that's the limit 3 (≈ *Gipfelkonferenz*) summit
Gipfelkonferenz *f* POL summit conference
gipfeln *v/i* to culminate (**in** +*dat* in)
Gipfelpunkt *wörtl m* zenith; *fig* high point
Gipfeltreffen *n* POL summit (meeting)
Gips *m* plaster
Gipsabdruck *m* plaster cast
Gipsbein *umg n* leg in a cast
gipsen *v/t* to plaster; *Arm, Bein* to put in plaster
Gipsverband *m* MED plaster cast
Giraffe *f* giraffe
Girlande *f* garland (**aus** of)
Girokonto *n* current account
Giroverkehr *m* giro system; (≈ *Girogeschäft*) giro transfer (business)
Gischt *m* spray
Gitarre *f* guitar; **~ spielen** to play the guitar
Gitarrist(in) *m(f)* guitarist
Gitter *n* bars *pl*; *vor Türen, Schaufenstern* grille; *für Gewächse etc* lattice, trellis; (≈ *feines Drahtgitter*) (wire-)mesh; ELEK, GEOG, IT grid; **hinter ~n** *fig umg* behind bars
Gitterfenster *n* barred window
Gitternetz *n* GEOG grid
Gitterrost *m* grid, grating
Gitterstab *m* bar
Glace *schweiz f* ice (cream)
Glacéhandschuh *m* kid glove; **j-n mit ~en anfassen** *fig* to handle sb with kid gloves
Gladiator *m* gladiator
Gladiole *f* BOT gladiolus
Glamour *m* glamour *Br*, glamor *US*
glamourös *adj* glamorous
Glanz *m* gleam; (≈ *Funkeln*) sparkle, glitter; *von Haaren, Seide* sheen; *von Farbe* gloss; *fig von Ruhm, Erfolg* glory; (≈ *Pracht*) splendour *Br*, splendor *US*
Glanzabzug *m* FOTO glossy print
glänzen *v/i* to shine; (≈ *glitzern*) to glisten; (≈ *funkeln*) to sparkle
glänzend A *adj* shining; (≈ *strahlend*) radiant; (≈ *blendend*) dazzling; (≈ *glitzernd*) glistening; (≈ *funkelnd*) sparkling, glittering; *Papier* glossy, shiny; *fig* brilliant; (≈ *erstklassig*) marvellous *Br*, marvelous *US* B *adv* (≈ *sehr gut*) brilliantly; **wir haben uns ~ amüsiert** we had a great time *umg*; **mir geht es ~** I'm just fine
Glanzlack *m* gloss (paint)
Glanzleistung *f* brilliant achievement
Glanzlicht *n* KUNST, *a. fig* highlight
glanzlos *adj* dull; *Lack, Oberfläche* matt
Glanznummer *f* big number, pièce de résist-

ance
Glanzpapier *n* glossy paper
Glanzstück *n* pièce de résistance
glanzvoll *fig adj* brilliant; (≈ *prachtvoll*) glittering
Glanzzeit *f* heyday
Glarus *n* Glarus
Glas *n* **1** glass; (≈ *Konservenglas*) jar; **ein ~ Wasser** a glass of water **2** (≈ *Brillenglas*) lens *sg*
Glasbläser(in) *m(f)* glass-blower
Glascontainer *m* bottle bank
Glaser(in) *m(f)* glazier
Glaserei *f* (≈ *Werkstatt*) glazier's workshop
gläsern *adj* glass; *fig* (≈ *durchschaubar*) transparent
Glasfaser *f* fibreglass *Br*, fiberglass *US*
Glasfaserkabel *n* optical fibre cable *Br*, optical fiber cable *US*
Glasfiber *f* glass fibre *Br*, glass fiber *US*
Glasfiberstab *m* SPORT glass fibre pole *Br*, glass fiber pole *US*
Glashaus *n* **wer (selbst) im ~ sitzt, soll nicht mit Steinen werfen** *sprichw* people who live in glass houses shouldn't throw stones *sprichw*
glasieren *v/t* to glaze; *Kuchen* to ice *Br*, to frost *bes US*
glasig *adj Blick* glassy; GASTR *Kartoffeln* waxy; *Speck, Zwiebeln* transparent
Glaskeramikkochfeld *n* glass hob
glasklar *adj wörtl* clear as glass; *fig* crystal-clear
Glasmalerei *f* glass painting
Glasnudel *f* glass noodle
Glasperle *f* glass bead
Glasreiniger *m* (≈ *Reinigungsmittel*) glass cleaner
Glasscheibe *f* sheet of glass; *von Fenster* pane of glass
Glasscherbe *f* fragment of glass; **~n** broken glass
Glassplitter *m* splinter of glass
Glasur *f* glaze; *Metallurgie* enamel; (≈ *Zuckerguss*) icing *Br*, frosting *bes US*
glatt **A** *adj* **1** (≈ *eben*) smooth; *Haar* straight; MED *Bruch* clean; *Stoff* (≈ *faltenlos*) uncreased **2** (≈ *schlüpfrig*) slippery **3** *fig Landung, Ablauf* smooth **B** *adv* **1** (≈ *eben*) bügeln, hobeln (**till**) smooth; *polieren* highly; **~ rasiert** *Mann, Kinn* clean-shaven **2** (≈ *problemlos*) smoothly **3** *umg* (≈ *einfach*) completely; *leugnen, ablehnen* flatly; *vergessen* clean; **das ist doch ~ gelogen** that's a downright lie
Glätte *f* **1** (≈ *Ebenheit*) smoothness **2** (≈ *Schlüpfrigkeit*) slipperiness
Glatteis *n* ice; **„Vorsicht ~!"** "danger, black ice"; **j-n aufs ~ führen** *fig* to take sb for a ride
Glatteisgefahr *f* danger of black ice
glätten **A** *v/t* (≈ *glatt machen*) to smooth out; *bes schweiz* (≈ *bügeln*) to iron; *fig* (≈ *stilistisch glätten*) to

polish up **B** *v/r* to smooth out; *Meer, a. fig* to subside
glattgehen *v/i* to go smoothly
glattweg *umg adv* simply, just like that *umg*
Glatze *f* bald head; **eine ~ bekommen/haben** to go/be bald
Glatzkopf *m* bald head; *umg* (≈ *Mann mit Glatze*) baldie *umg*
glatzköpfig *adj* bald(-headed)
Glaube *m* faith (**an** +*akk* in); (≈ *Überzeugung*) belief (**an** +*akk* in); (≈ *Religion*) religion; **in gutem ~n** in good faith; **den ~n an j-n/etw verlieren** to lose faith in sb/sth; **j-m ~n schenken** to believe sb
glauben *v/t & v/i* to believe (**an** +*akk* in); (≈ *meinen, vermuten*) to think; (≈ *spüren*) to feel; **j-m ~** to believe sb; **das glaube ich dir gerne/nicht** I quite/don't believe you; **das glaube ich nicht** I don't think so; **ich glaube nicht** I don't think so; **d(a)ran ~ müssen** (≈ *sterben*) to cop it *Br umg*, to bite the dust *US umg*; **glaubst du das wirklich?** do you really think so?; **das glaubst du doch selbst nicht!** you can't be serious; **wer's glaubt, wird selig** *iron* a likely story *iron*; **wer hätte das je geglaubt?** who would have thought it?; **es ist nicht** *od* **kaum zu ~** it's unbelievable; **ich glaube, ja** I think so; **ich glaube, nein** I don't think so
Glaubensbekenntnis *n* creed
Glaubensfreiheit *f* freedom of worship, religious freedom
Glaubensgemeinschaft *f* religious sect; *christliche a.* denomination
Glaubensrichtung *f* (religious) persuasion, religious orientation
glaubhaft **A** *adj* credible; (≈ *einleuchtend*) plausible; **(j-m) etw ~ machen** to substantiate sth (to sb) **B** *adv* credibly
gläubig *adj Katholik etc* devout, religious
Gläubige(r) *m/f(m)* believer; **die ~n** the faithful
Gläubiger(in) *m(f)* HANDEL creditor
glaubwürdig *adj* credible
Glaubwürdigkeit *f* credibility
gleich **A** *adj* **1** (≈ *identisch*) same; **der/die/das ~e ... wie** the same ... as; **der/die/das Gleiche** the same; **es ist genau das Gleiche** it's exactly the same; **j-m ist es ~** sb doesn't care; **es ist mir (alles** *od* **ganz) ~** it's all the same to me; **Gleiches mit Gleichem vergelten** to pay sb back in kind; **ganz ~ wer/was** *etc* no matter who/what *etc* **2** (≈ *gleichwertig*) equal; **~e Rechte** equal rights; **zu ~en Teilen** in equal parts; **zwei mal zwei (ist) ~ vier** two twos are four; **j-m (an etw** *dat*) **~ sein** to be sb's equal (in sth) **B** *adv* **1** (≈ *ohne Unterschied*) equally; (≈ *auf gleiche Weise*) alike, the same; **~ gekleidet** dressed alike; **sie ist ~ gut wie ich** she is just as good

as me; **sie sind ~ groß/alt** they are the same size/age; **~ aussehen** to look the same **2** *räumlich* right, just; **~ hinter dem Haus** just behind the house **3** *zeitlich* (≈ *sofort*) immediately, straightaway, right away; (≈ *bald*) in a minute; **ich komme ~** I'm just coming; **ich komme ~ wieder** I'll be right back; **es muss nicht ~ sein** there's no hurry; **es ist ~ drei Uhr** it's almost three o'clock; **~ danach** straight afterwards; **das habe ich mir ~ gedacht** I thought that straight away; **warum nicht ~ so?** why didn't you say/do that in the first place?; **wann machst du das? — ~!** when are you going to do it? — right away; **bis ~!** see you later

Gleich- *zssgn* equal

gleichaltrig *adj* (of) the same age

Gleichaltrige(r) *m/f(m)* peer

gleichartig **A** *adj* of the same kind (+*dat* as); (≈ *ähnlich*) similar (+*dat* to) **B** *adv* in the same way, similarly

gleichauf *adv bes* SPORT equal

gleichbedeutend *adj* synonymous (**mit** with); (≈ *so gut wie*) tantamount (**mit** to)

Gleichbehandlung *f* equal treatment

gleichberechtigt *adj* **~ sein** to have equal rights

Gleichberechtigung *f* equal rights, equality (+*gen* for)

gleich bleiben *v/i* to stay the same; **das bleibt sich gleich** it doesn't matter

gleichbleibend *adj Kurs* constant; *Temperatur* steady; **~ gute Qualität** consistent(ly) good quality

gleichen *v/i* **j-m/einer Sache ~** to be like sb/sth; **sich ~** to be alike; **j-m an Schönheit ~** to equal sb in beauty

gleichermaßen *adv* equally

gleichfalls *adv* (≈ *ebenfalls*) likewise; (≈ *auch*) also; **danke ~!** thank you, (and) the same to you; **viel Spaß! — danke ~!** enjoy yourself! — thanks, you too!

gleichfarbig *adj* (of) the same colour *Br*, (of) the same color *US*

gleichförmig *adj* uniform

Gleichförmigkeit *f* uniformity

gleichgeschlechtlich *adj* **1** (≈ *homosexuell*) same-sex; **~e Ehe** same-sex marriage **2** BIOL, ZOOL of the same sex, same-sex *attr*; BOT homomogamous

Gleichgewicht *n* balance; (≈ *seelisches Gleichgewicht*) equilibrium; **das ~ verlieren, aus dem ~ kommen** *a. fig* to lose one's balance *od* equilibrium; **j-n aus dem ~ bringen** to throw sb off balance; **das ~ der Kräfte** the balance of power

Gleichgewichtsstörung *f* impaired balance

gleichgültig *adj* indifferent (**gegen** to, towards); (≈ *uninteressiert*) apathetic (**gegenüber, gegen** towards); (≈ *unwesentlich*) unimportant; **~, was er tut** no matter what he does; **es ist mir ~, was er tut** I don't care what he does

Gleichgültigkeit *f* indifference (**gegen** to, towards)

Gleichheit *f* (≈ *gleiche Stellung*) equality; (≈ *Übereinstimmung*) correspondence

Gleichheitsgrundsatz *m*, **Gleichheitsprinzip** *n* principle of equality before the law

Gleichheitszeichen *n* MATH equals sign

gleichkommen *v/i* **1** (≈ *die gleiche Leistung etc erreichen*) to equal (**an** +*dat* for), to match (**an** +*dat* for, **in**) **2** (≈ *gleichbedeutend sein mit*) to amount to

gleichlautend *adj* identical

Gleichmacherei *f pej* egalitarianism

gleichmäßig **A** *adj* regular; *Proportionen* symmetrical; *Tempo* measured **B** *adv* **1** (≈ *regelmäßig*) regularly **2** (≈ *in gleicher Stärke*) evenly

Gleichmäßigkeit *f* regularity; *von Proportionen* symmetry

Gleichmut *m* equanimity, serenity, composure

gleichmütig *adj* serene, composed; *Stimme* calm

gleichnamig *adj* of the same name

Gleichnis *n* LIT simile; (≈ *Allegorie*) allegory; BIBEL parable

gleichrangig *adj Beamte etc* equal in rank (**mit** to); *Probleme etc* equally important

Gleichrichter *m* ELEK rectifier

gleichsam *geh adv* as it were

gleichschenklig *adj Dreieck* isosceles

Gleichschritt *m* MIL marching in step; **im ~, marsch!** forward march!

gleichsehen *v/i* **das sieht ihr gleich** that's just like her

gleichseitig *adj Dreieck* equilateral

gleichsetzen *v/t* (≈ *als dasselbe ansehen*) to equate (**mit** with); (≈ *als gleichwertig ansehen*) to treat as equivalent (**mit** to)

Gleichsetzung *f* **die ~ der Arbeiter mit den Angestellten** treating workers as equivalent to office employees

Gleichstand *m* SPORT **den ~ erzielen** to draw level

gleichstellen *v/t* **1** *rechtlich etc* to treat as equal **2** → gleichsetzen

Gleichstellung *f rechtlich etc* equality (+*gen* of, for), equal status (+*gen* of, for); **~ von Frauen und Männern** equal rights for men and women

Gleichstrom *m* ELEK direct current, DC

gleichtun *v/t* **es j-m ~** to equal sb

Gleichung *f* equation

gleichwertig *adj* of the same value; *Leistung, Qualität* equal (+*dat* to); *Gegner* evenly matched
gleichzeitig **A** *adj* simultaneous **B** *adv* at the same time
gleichziehen *umg v/i* to catch up (**mit** with)
Gleis *n* BAHN line, track, rails *pl*; (≈ *einzelne Schiene*) rail; (≈ *Bahnsteig*) platform; *fig* rut; **~ 6** platform 6, track 6 *US*; **aus dem ~ kommen** *fig* to go off the rails *Br umg*, to get off the track *US umg*
Gleitcreme *f* lubricant
gleiten *v/i* to glide; *Hand* to slide; **ein Lächeln glitt über ihr Gesicht** a smile flickered across her face; **sein Auge über etw** (*akk*) **~ lassen** to cast an eye over sth
gleitend *adj* **~e Löhne** *od* **Lohnskala** sliding wage scale; **~e Arbeitszeit** flex(i)time; **~er Übergang** gradual transition
Gleitflug *m* glide
Gleitflugzeug *n* glider
Gleitgel *n* lubricant
Gleitklausel *f* HANDEL escalator clause
Gleitkomma *n* floating point
Gleitmittel *n* MED lubricant
Gleitschirm *m* paraglider
Gleitschirmfliegen *n* paragliding
Gleitschirmflieger(in) *m(f)* paraglider
Gleitsegeln *n* hang-gliding
Gleitsegler *m Fluggerät* hang-glider
Gleitsegler(in) *m(f)* hang-glider
Gleitsichtbrille *f* varifocals *pl*, multifocals *pl*
Gleitsichtgläser *pl* varifocals *pl*, multifocals *pl*
Gleittag *m* flexiday
Gleitzeit *f* flex(i)time
Gletscher *m* glacier
Gletscherspalte *f* crevasse
Glied *n* **1** (≈ *Körperteil*) limb; (≈ *Fingerglied, Zehenglied*) joint; **an allen ~ern zittern** to be shaking all over **2** (≈ *Penis*) penis, organ **3** (≈ *Kettenglied*), *a. fig* link
gliedern **A** *v/t* **1** (≈ *ordnen*) to structure **2** (≈ *unterteilen*) to (sub)divide (**in** +*akk* into); → **gegliedert B** *v/r* (≈ *zerfallen in*) **sich ~ in** (+*akk*) to (sub)divide into; (≈ *bestehen aus*) to consist of
Gliederreißen *n* rheumatic pains *pl*
Gliederung *f* (≈ *Aufbau*) structure; *von Aufsatz* outline; (≈ *Unterteilung*) *von Organisation* subdivision
Gliedmaßen *pl* limbs *pl*
Gliedsatz *m* österr subordinate clause
Gliedstaat *m* member *od* constituent state
glimmen *v/i* to glow
Glimmer *m Mineral* mica
Glimmstängel *obs umg m* fag *Br umg*, cigarette, butt *US umg*
glimpflich **A** *adj* (≈ *mild*) mild, light; *Folgen* negligible **B** *adv bestrafen* mildly; **~ davonkommen** to get off lightly; **mit j-m ~ umgehen** to treat sb leniently; **~ ablaufen** to pass (off) without serious consequences
glitschig *umg adj* slippy *umg*
glitzern *v/i* to glitter; *Stern a.* to twinkle
global **A** *adj* **1** (≈ *weltweit*) global; **~e Erwärmung** global warming **2** (≈ *pauschal*) general **B** *adv* (≈ *weltweit*) world-wide
globalisieren *v/t* to globalize
Globalisierung *f* globalization
Globalisierungsgegner(in) *m(f)* anti-globalization protester, antiglobalist; *der sich für eine andere Globalisierung einsetzt* alter-globalization protester, alterglobalist
Globalisierungskritiker(in) *m(f)* anti-globalization protester, antiglobalist; *der/die sich für eine andere Globalisierung einsetzt* alter-globalization protester, alterglobalist
Globetrotter(in) *m(f)* globetrotter
Globuli *pl* MED globuli *pl*
Globus *m* globe
Glöckchen *n* (little) bell
Glocke *f* bell; **etw an die große ~ hängen** *umg* to shout sth from the rooftops
Glockenblume *f* bellflower, campanula
glockenförmig *adj* bell-shaped
Glockengeläut *n* (peal of) bells *pl*
Glockenrock *m* flared skirt
Glockenschlag *m* stroke (of a/the bell); **es ist mit dem ~ 6 Uhr** on the stroke it will be 6 o'clock; **auf den ~** on the stroke of eight/nine *etc*; (≈ *genau pünktlich*) on the dot
Glockenspiel *n in Turm* chimes *pl*; (≈ *Instrument*) glockenspiel
Glockenturm *m* bell tower
Glöckner(in) *m(f)* bell-ringer
Gloria *n* KIRCHE gloria, Gloria
glorifizieren *v/t* to glorify
glorios *adj* glorious
glorreich **A** *adj* glorious **B** *adv* **~ siegen** to have a glorious victory
Glossar *n* glossary
Glosse *f Presse etc* commentary; **~n** *pl umg* snide *od* sneering comments
Glotzauge *n umg* goggle eye *umg*; **~n machen** to gawp
Glotze *f umg* (≈ *Fernseher*) gogglebox *Br umg*, boob tube *US umg*
glotzen *pej umg v/i* to gawp (**auf** +*akk* at)
Glück *n* **1** luck; **~/kein ~ haben** to be lucky/unlucky; **auf gut ~** (≈ *aufs Geratewohl*) on the off chance; (≈ *unvorbereitet*) trusting to luck; (≈ *wahllos*) at random; **ein ~, dass ...** it is/was lucky that ...; **du hast ~ im Unglück gehabt** it could have been a great deal worse (for you); **viel ~ (bei ...)!** good luck (with ...)!; **~ bei Frauen ha-**

ben to be successful with women; **j-m zum Geburtstag ~ wünschen** to wish sb (a) happy birthday; **zum ~** luckily; **mehr ~ als Verstand haben** to have more luck than brains; **sein ~ machen** to make one's fortune; **sein ~ versuchen** to try one's luck; **er kann von ~ sagen, dass ...** he can count himself lucky that ... ▣ (≈ *Freude*) happiness

Glucke f (≈ *Bruthenne*) broody hen; *mit Jungen* mother hen

glucken v/i (≈ *brüten*) to brood; (≈ *brüten wollen*) to go broody; *fig umg* to sit around

glücken v/i to be a success; **ihm glückt alles/ nichts** everything/nothing he does is a success; **geglückt** successful; *Überraschung* real; **es wollte nicht ~** it wouldn't go right

gluckern v/i to glug

glücklich ▣ *adj* ▯ (≈ *erfolgreich*) lucky; **er kann sich ~ schätzen(, dass ...)** he can count himself lucky (that ...) ▣ (≈ *froh*) happy, glad; **~ machen** to bring happiness; **j-n ~ machen** to make sb happy ▣ *adv* ▯ (≈ *mit Glück*) by od through luck ▣ (≈ *froh*) happily

glücklicherweise *adv* luckily

glücklos *adj* hapless

Glücksbringer m lucky charm

glückselig *adj* blissfully happy, blissful

Glückseligkeit f bliss

Glücksfall m stroke of luck

Glücksfee *fig hum* f good fairy, fairy godmother

Glücksgefühl n feeling of happiness

Glücksgöttin f goddess of luck

Glückspilz m lucky devil *umg*

Glückssache f **das ist ~** it's a matter of luck

Glücksspiel n game of chance

Glücksspieler(in) m(f) gambler

Glückssträhne f lucky streak; **eine ~ haben** to be on a lucky streak

Glückstag m lucky day

glückstrahlend *adj* beaming with happiness

Glückstreffer m stroke of luck; *beim Schießen, a.* FUSSB fluke *umg*

Glückszahl f lucky number

Glückwunsch m congratulations *pl* (**zu** on); **herzlichen ~** congratulations; **herzlichen ~ zum Geburtstag!** happy birthday

Glückwunschkarte f greetings card

Glühbirne f (electric) light bulb

glühen v/i to glow

glühend ▣ *adj* glowing; (≈ *heiß glühend*) *Metall* red-hot; *Hitze* blazing; *fig* (≈ *leidenschaftlich*) ardent; *Hass* burning ▣ *adv* **~ heiß** scorching; **j-n ~ verehren** to worship sb

Glühlampe *form* f electric light bulb

Glühwein m mulled wine, glogg *US*

Glühwürmchen n glow-worm; *fliegend* firefly

Glukose f glucose

Glut f (≈ *glühende Masse, Kohle*) embers *pl*; (≈ *Tabaksglut*) burning ash; (≈ *Hitze*) heat

Gluten n CHEM gluten

glutenfrei *adj Lebensmittel* gluten-free

glutenhaltig *adj Lebensmittel* gluten-containing, containing gluten *präd*

Glutenintoleranz f, **Glutenunverträglichkeit** f gluten intolerance

Gluthitze f sweltering heat

Glyzerin n CHEM glycerin(e)

GmbH f *abk* (= *Gesellschaft mit beschränkter Haftung*) limited liability company

Gnade f mercy; (≈ *Gunst*) favour *Br*, favor *US*; (≈ *Verzeihung*) pardon; **um ~ bitten** to ask for mercy; **~ vor Recht ergehen lassen** to temper justice with mercy

Gnadenbrot n **j-m das ~ geben** to keep sb in his/her old age

Gnadenfrist f (temporary) reprieve; **eine ~ von 24 Stunden** a 24 hour(s') reprieve, 24 hours' grace

Gnadengesuch n plea for clemency

gnadenlos ▣ *adj* merciless ▣ *adv* mercilessly

Gnadenstoß m coup de grâce

gnädig ▣ *adj* (≈ *barmherzig*) merciful; (≈ *gunstvoll, herablassend*) gracious; *Strafe* lenient; **~e Frau** *form* madam, ma'am ▣ *adv* (≈ *milde urteilen*) leniently; (≈ *herablassend lächeln*) graciously; **es ~ machen** to be lenient

Gnom m gnome

Gnu n ZOOL gnu, wildebeest

Gobelin m tapestry, Gobelin

Gokart m go-cart

Golanhöhen *pl* Golan Heights *pl*

Gold n gold; **nicht mit ~ zu bezahlen sein** to be worth one's weight in gold; **es ist nicht alles ~, was glänzt** *sprichw* all that glitters is not gold *sprichw*

Goldader f vein of gold

Goldbarren m gold ingot

Goldbarsch m (≈ *Rotbarsch*) redfish

golden ▣ *adj* golden; (≈ *aus Gold*) gold; **die ~e Mitte wählen** to strike a happy medium; **~e Hochzeit** golden wedding (anniversary) ▣ *adv* like gold

Goldfisch m goldfish

goldgelb *adj* golden brown

Goldgräber(in) m(f) gold-digger

Goldgrube f gold mine

Goldhamster m (golden) hamster

goldig *fig umg adj* sweet

Goldklumpen m gold nugget

Goldküste f GEOG Gold Coast

Goldmedaille f gold medal

Goldmedaillengewinner(in) m(f) gold med-

allist *Br*, gold medalist *US*
Goldmine *f* gold mine
Goldmünze *f* gold coin
Goldpreis *m* gold price
Goldrand *m* gold edge
Goldrausch *m* gold fever
Goldregen *m* BOT laburnum
Goldreserve *f* FIN gold reserves *pl*
goldrichtig *umg* **A** *adj* absolutely right **B** *adv* exactly right; *sich verhalten* perfectly
Goldschmied(in) *m(f)* goldsmith
Goldschnitt *m* gilt edging
Goldstück *n* piece of gold; (≈ *Münze*) gold coin; *fig umg* treasure
Goldsucher(in) *m(f)* gold-hunter
Goldwaage *f* **jedes Wort auf die ~ legen** to weigh one's words
Goldwährung *f* gold standard
Goldzahn *m* gold tooth
Golf[1] *m* (≈ *Meerbusen*) gulf; **der (Persische) ~** the (Persian) Gulf
Golf[2] *n* SPORT golf
Golfer(in) *umg m(f)* golfer
Golfklub *m* golf club
Golfkrieg *m* Gulf War
Golfplatz *m* golf course
Golfschläger *m* golf club
Golfspiel *n* **das ~** golf
Golfspieler(in) *m(f)* golfer
Golfstaaten *pl* **die ~** the Gulf States *pl*
Golfstrom *m* GEOG Gulf Stream
Gondel *f* gondola
Gong *m* gong; *bei Boxkampf etc* bell
gongen **A** *v/i* **es hat gegongt** the gong has gone *od* sounded **B** *v/i* to ring *od* sound the gong
Gongschlag *m* stroke of the gong
gönnen *v/t* **j-m etw ~** not to (be)grudge sb sth; **j-m etw nicht ~** to (be)grudge sb sth; **sich** (*dat*) **etw ~** to allow oneself sth; **das sei ihm gegönnt** I don't (be)grudge him that
Gönner(in) *m(f)* patron
gönnerhaft *pej* **A** *adj* patronizing **B** *adv* patronizingly
Gönnermiene *pej f* patronizing air
Gonorrhö(e) *f* MED gonorrhoea *Br*, gonorrhea *US*
googeln® *v/i* to google®
Göre *f* (≈ *kleines Mädchen*) little miss
Gorgonzola *m* gorgonzola (cheese)
Gorilla *m* gorilla
Gosche *pej f* gob *sl*, mouth
Goschen *österr, südd pej f* → Gosche
Gosse *f* gutter; **in der ~ landen** to end up in the gutter
Gotik *f* KUNST Gothic (style); (≈ *Epoche*) Gothic period
gotisch *adj* Gothic
Gott *m* [1] god; *als Name* God; **der liebe ~** the good Lord; **er ist ihr ~** she worships him like a god; **ein Anblick** *od* **Bild für die Götter** *hum umg* a sight for sore eyes; **das wissen die Götter** *umg* God (only) knows; **er hat ~ weiß was erzählt** *umg* he said God knows what *umg*; **ich bin weiß ~ nicht prüde, aber ...** God knows I'm no prude but ...; **dann mach es eben in ~es Namen** just do it then; **leider ~es** unfortunately [2] *in Ausrufen* **grüß ~!** *bes österr, südd* hello, good morning/afternoon/evening; **ach (du lieber) ~!** *umg* oh Lord! *umg*; **mein ~!** (my) God!; **großer ~!** good Lord!; **um ~es willen!** for God's sake!; **~ sei Dank!** thank God *od* goodness!
Götterspeise *f* GASTR jelly *Br*, Jell-O® *US*
Gottesdienst *m* KIRCHE service
Gotteshaus *n* place of worship
Gotteskrieger(in) *m(f)* religious terrorist
Gotteslästerer *m*, **Gotteslästerin** *f* blasphemer
gotteslästerlich **A** *adj* blasphemous **B** *adv* blasphemously
Gotteslästerung *f* blasphemy
Gottesmutter *f* REL Mother of God
Gottheit *f* [1] (≈ *Göttlichkeit*) divinity [2] *bes heidnisch* deity
Göttin *f* goddess
göttlich *adj* divine
gottlob *int* thank God
gottlos *adj* godless; (≈ *verwerflich*) ungodly
Gottvater *m* God the Father
gottverdammt *umg adj* goddamn(ed) *umg*
gottverlassen *adj* godforsaken
Gottvertrauen *n* faith in God
Götze *m* idol
Götzenbild *n* idol; BIBEL graven image
Gouda *m* *Käse* gouda
Gourmet *m* gourmet
Gouverneur(in) *m(f)* governor
GPS[1] *abk* (= Global Positioning System) GPS
GPS[2] *abk* (= Grüne Partei der Schweiz) Green Party of Switzerland
Grab *n* grave; (≈ *Gruft*) tomb; **er würde sich im ~e umdrehen, wenn ...** he would turn in his grave if ...; **du bringst mich noch ins ~!** you'll be the death of me yet *umg*; **mit einem Bein im ~e stehen** *fig* to have one foot in the grave; **sich** (*dat*) **selbst sein eigenes ~ graben** *fig* to dig one's own grave
graben **A** *v/t* to dig **B** *v/i* to dig; **nach Gold/Erz ~** to dig for gold/ore **C** *v/r* **sich in etw** (*akk*) **~** *Zähne, Krallen* to sink into sth; **sich durch etw ~** to dig one's way through sth

Graben *m* ditch; MIL trench; (≈ *Burggraben*) moat
Grabenkrieg *m* MIL trench warfare *kein pl, kein unbest art*
Gräberfeld *n* cemetery
Grabgewölbe *n* vault; *von Kirche, Dom* crypt
Grabinschrift *f* epitaph
Grabkammer *f* burial chamber
Grabmal *n* monument; (≈ *Grabstein*) gravestone
Grabrede *f* funeral oration
Grabschändung *f* defilement of graves
grabschen *v|i* → grapschen
Grabstätte *f* grave; (≈ *Gruft*) tomb
Grabstein *m* gravestone
Grabung *f* *Archäologie* excavation
Gracht *f* canal
Grad *m* *Naturwissenschaft, a.* UNIV, *a. fig* degree; MIL rank; **4 ~ Kälte** 4 degrees below freezing; **20 ~ Celsius** 20 (degrees) centigrade; **heute waren es 30 ~** it was 30 degrees today; **ein Verwandter zweiten/dritten ~es** a relative once/twice removed; **Verbrennungen ersten/zweiten ~es** MED first-/second-degree burns; **bis zu einem gewissen ~** up to a certain point; **in hohem ~** to a great extent; **im höchsten ~** extremely
Gradeinteilung *f* calibration
Gradmesser *fig m* gauge (+*gen od* **für** *of*)
graduell **A** *adj* (≈ *allmählich*) gradual; (≈ *gering*) slight **B** *adv* (≈ *geringfügig*) slightly; (≈ *allmählich*) gradually
graduieren **A** *v|t* **1** (≈ *in Grade einteilen*) to calibrate **2** UNIV **graduierter Ingenieur** engineering graduate **B** *v|i* UNIV to graduate
Graduierte(r) *m|f(m)* graduate
Graf *m* count; *britischer Graf* earl
Graffiti *n* graffiti; *Malerei* mural
Graffitikünstler(in) *m(f)* graffer *umg*
Grafik *f* **1** KUNST graphic arts *pl od* design; (≈ *Technik*) graphics *sg* **2** KUNST (≈ *Darstellung*) graphic; (≈ *Druck*) print; (≈ *Schaubild*) illustration; (≈ *technisches Schaubild*) diagram; (≈ *Diagramm*) chart
Grafikdesign *n* graphic design
Grafiker(in) *m(f)* graphic artist; (≈ *Illustrator*) illustrator; (≈ *Gestalter*) (graphic) designer
grafikfähig *adj* IT **~ sein** to be able to do graphics
Grafikkarte *f* COMPUT graphics card
Grafikmodus *m* IT graphics mode
Grafiksoftware *f* graphics software
Gräfin *f* countess
grafisch *adj* graphic
Grafit *m* graphite
Grafschaft *f* earldom; ADMIN county
Gram *m geh* grief, sorrow
grämen *v|r* **sich über j-n/etw ~** to grieve over sb/sth
Gramm *n* gram(me); **100 ~ Mehl** 100 gram(me)s of flour
Grammatik *f* grammar; **die englische ~** English grammar
grammatikalisch, **grammatisch** **A** *adj* grammatical **B** *adv* grammatically
Grammel *österr, südd f* → Griebe
Grammofon *n* gramophone
Granatapfel *m* pomegranate
Granate *f* MIL (≈ *Geschoss*) shell; (≈ *Handgranate*) grenade
Granatsplitter *m* shell/grenade splinter
Granatwerfer *m* mortar
grandios *adj* magnificent; *hum* fantastic *umg*
Granit *m* granite
Grant *m österr, südd umg* **einen ~ haben** to be cross (**wegen** about *od* **auf j-n** at sb)
granteln *österr, südd umg v|i* **1** (≈ *schlechte Laune haben*) to be grumpy **2** (≈ *meckern*) to grumble
grantig *adj umg* grumpy
Grantler(in) *m(f) österr, südd umg* (old) grouch
Granulat *n* granules *pl*
Grapefruit *f* grapefruit
Grapefruitsaft *n* grapefruit juice
Graphik *etc* → Grafik
grapschen *v|i* **1** (≈ *zugreifen*) to grab (**nach** at) **2** (≈ *fummeln*) to grope
Gras *n* grass; **ins ~ beißen** *umg* to bite the dust *umg*; **das ~ wachsen hören** to be highly perceptive; (≈ *zu viel hineindeuten*) to read too much into things; **über etw** (*akk*) **~ wachsen lassen** *fig* to let the dust settle on sth
grasbedeckt *adj* grassy
Grasbüschel *n* tuft of grass
grasen *v|i* to graze
Grasfläche *f* grassland; (≈ *Rasen*) patch of grass
grasgrün *adj* grass-green
Grashalm *m* blade of grass
Grashüpfer *umg m* grasshopper
grasig *adj* grassy
Grasnarbe *f* turf
Grassamen *m* grass seed
grassieren *v|i* to be rife
grässlich **A** *adj* **1** hideous **2** (≈ *unangenehm*) dreadful, nasty; *Mensch* horrible **B** *adv* **1** (≈ *schrecklich*) horribly **2** *umg* (≈ *äußerst*) dreadfully
Grat *m* (≈ *Berggrat*) ridge; TECH burr; ARCH hip (*of roof*)
Gräte *f* (fish) bone
Gratifikation *f* bonus
gratinieren *v|t* GASTR to brown (the top of)
gratis *adv* free; HANDEL free (of charge)
Gratisprobe *f* free sample
Grätsche *f* SPORT straddle
grätschen **A** *v|i* to do a straddle (vault) **B** *v|t Beine* to straddle

Gratulant(in) m(f) well-wisher
Gratulation f congratulations pl
gratulieren v/i **j-m (zu etw)** ~ to congratulate sb (on sth); **j-m zum Geburtstag** ~ to wish sb many happy returns (of the day); **(ich) gratuliere!** congratulations!
Gratwanderung wörtl f ridge walk; fig tightrope walk
grau **A** adj grey Br, gray US; (≈ trostlos) gloomy; ~ **werden** umg to go grey Br, to go gray US; **er malte die Lage ~ in** ~ fig he painted a gloomy picture of the situation; **der ~e Alltag** the daily grind **B** adv anstreichen grey Br, gray US; sich kleiden in grey Br, in gray US; **~ meliert** Haar greying Br, graying US
Graubrot n bread made from more than one kind of flour
Graubünden n GEOG the Grisons
Gräuel m (≈ Abscheu) horror; (≈ Gräueltat) atrocity; **es ist mir ein ~** I loathe it; **es ist mir ein ~, das zu tun** I loathe doing that
Gräuelmärchen n horror story
Gräueltat f atrocity
grauen v/i **es graut mir vor etw** (dat) I dread sth; **mir graut vor ihm** I'm terrified of him
Grauen n horror (**vor** +dat of)
grauenerregend adj atrocious
grauenhaft, **grauenvoll** adj atrocious, horrible; Schmerz terrible
grauhaarig adj grey-haired Br, gray-haired US
gräulich¹ adj → grässlich
gräulich² adj (≈ Farbe) greyish Br, grayish US
Graupel f (small) hailstone
graupelig adj Schauer of soft hail
Graupen pl pearl barley sg
Graus m horror
grausam **A** adj **1** (≈ gefühllos) cruel (**gegen, zu** to) **2** umg terrible **B** adv **1** (≈ auf schreckliche Weise) cruelly; **sich ~ für etw rächen** to take (a) cruel revenge for sth **2** umg (≈ furchtbar) terribly
Grausamkeit f **1** cruelty **2** (≈ grausame Tat) (act of) cruelty; stärker atrocity
Grauschleier m von Wäsche grey(ness) Br, gray(-ness) US; fig veil
grausen v/i **mir graust vor der Prüfung** I am dreading the exam
grausig adj & adv → grauenhaft
Grauton m grey colour Br, gray color US
Grauwal m grey whale Br, gray whale US
Grauzone fig f grey area Br, gray area US
Graveur(in) m(f) engraver
gravieren v/t to engrave
gravierend adj serious
Gravierung f engraving
Gravitation f gravitational pull
Gravur f engraving
graziös **A** adj graceful; (≈ lieblich) charming **B** adv gracefully
Greencard f, **Green Card** f green card
greifbar adj (≈ konkret) tangible; (≈ erhältlich) available; **~ nahe** within reach
greifen **A** v/t (≈ packen) to take hold of; (≈ grapschen) to seize, to grab; **diese Zahl ist zu hoch/zu niedrig gegriffen** fig this figure is too high/low; **zum Greifen nahe sein** Sieg to be within reach; **aus dem Leben gegriffen** taken from life **B** v/i **1** (≈ fassen) **hinter sich** (akk) **~** to reach behind one; **um sich ~** fig to spread; **in etw** (akk) **~** to put one's hand into sth; **~ nach** to reach for; **zu etw ~** zu Pistole to reach for sth; zu Methoden to turn to sth **2** (≈ einrasten) to grip; fig (≈ wirksam werden) to take effect; (≈ zum Ziel/Erfolg führen) to achieve its ends; (≈ zutreffen) Gesetz to apply
Greifer m TECH grab
Greifvogel m bird of prey
Greifzange f (pair of) tongs pl
Greis m old man
Greisenalter n extreme old age
greisenhaft adj aged attr
Greisin f old lady
grell **A** adj Schrei, Ton shrill; Licht, Sonne dazzling; Farbe garish **B** adv (≈ sehr hell) scheinen brightly; (≈ schrill) shrilly; **~ erleuchtet** dazzlingly bright
Gremium n body; (≈ Ausschuss) committee
Grenada n GEOG Grenada
Grenzbereich m border zone; fig limits pl; **im ~ liegen** fig to lie at the limits
Grenzbewohner(in) m(f) inhabitant of the/a border zone
Grenze f border; zwischen Grundstücken boundary; (≈ Barriere) barrier; fig zwischen Begriffen dividing line; fig (≈ Schranke) limits pl; **die ~ zu Österreich** the Austrian border; **über die ~ gehen** to cross the border; **(bis) zur äußersten ~ gehen** fig to go as far as one can; **einer Sache** (dat) **~n setzen** to set a limit od limits to sth; **seine ~n kennen** to know one's limitations; **sich in ~n halten** fig to be limited; **die oberste/unterste ~** fig the upper/lower limit
grenzen v/i **an etw** (akk) **~** to border on sth
grenzenlos adj boundless
Grenzfall m borderline case
Grenzfluss m river forming a/the border od frontier
Grenzgänger(in) m(f) (≈ Arbeiter) international commuter (across a local border); (≈ heimlicher Grenzgänger) illegal border crosser
Grenzgebiet n border zone; fig border(ing) area
Grenzkonflikt m border dispute

Grenzkontrolle f border control
Grenzlinie f border; SPORT line
Grenzposten m border guard
Grenzschutz m **1** protection of the border(s) **2** (≈ *Truppen*) border guard(s)
Grenzsicherung f border security
Grenzstadt f border town
Grenzstein m boundary stone
Grenzübergang m (≈ *Stelle*) border crossing (-point)
grenzüberschreitend adj HANDEL, JUR cross--border
Grenzübertritt m crossing of the border
Grenzverkehr m border traffic
Grenzverlauf m boundary line (*between countries*)
Grenzwert m limit
grenzwertig umg adj dubious; **~ sein** *Bemerkung, Humor, Darbietung* to border on bad taste; (≈ *gefährlich*) *Sportanlage* to border on dangerous
Grenzzaun m border fence
Grenzzwischenfall m border incident
Greuel m → *Gräuel*
greulich adj & adv → *gräulich*¹
Grexit m *potenzieller Ausstieg Griechenlands aus der Eurozone* Grexit
Griebe f ≈ crackling *kein unbest art, kein pl Br*, ≈ cracklings *pl US*
Grieche m, **Griechin** f Greek; **zum ~n gehen** to go to a/the Greek restaurant
Griechenland n Greece
griechisch adj Greek; **~-römisch** Graeco-Roman, Greco-Roman *bes US*; → *deutsch*
Griesgram m grouch *umg*
griesgrämig adj grumpy
Grieß m semolina
Grießbrei m semolina
Grießklößchen n semolina dumpling
Grießnockerl n *österr, südd* GASTR semolina dumpling
Griff m **1 der ~ nach etw** reaching for sth; **der ~ nach der Macht** the bid for power **2** (≈ *Handgriff*) grip, grasp; *beim Ringen* hold; *beim Turnen* grip; **mit festem ~** firmly; **j-n/etw im ~ haben** *fig* to have sb/sth under control; **j-n/etw in den ~ bekommen** *fig* to gain control of sb/sth; *geistig* to get a grasp of sth; **einen guten ~ tun** to make a wise choice **3** (≈ *Stiel, Knauf*) handle; (≈ *Pistolengriff*) butt
griffbereit adj handy; **etw ~ halten** to keep sth handy
Griffel m slate pencil; BOT style
griffig adj *Boden, Fahrbahn etc* that has a good grip; *Rad, Sohle, Profil* that grips well; *fig Slogan* pithy

Grill m grill
Grillabend m barbecue *od* BBQ night
Grille f ZOOL cricket
grillen **A** v/t to grill **B** v/i to have a barbecue
Grillfest n barbecue party
Grillkohle f charcoal
Grillparty f barbecue; **eine ~ feiern** to have a barbecue
Grillstube f grillroom
Grimasse f grimace; **~n schneiden** to grimace
grimmig **A** adj **1** (≈ *zornig*) furious; *Gegner* fierce; *Miene, Humor* grim **2** (≈ *heftig*) *Kälte, Spott etc* severe **B** adv furiously, grimly; **~ lächeln** to smile grimly
grinsen v/i to grin
Grinsen n grin
grippal adj MED **~er Infekt** influenza infection
Grippe f flu; **die neue ~** swine flu; **die saisonale ~** seasonal flu
Grippeimpfung f flu vaccination, flu jab *Br*
grippekrank adj **sie ist ~** she's down with flu, she has the flu
Grippekranke(r) m/f(m) flu sufferer
Grippe(schutz)impfung f influenza vaccination, flu jab *Br umg*
Grippevirus n/m flu virus
Grippewelle f wave of flu
Grips *umg* m brains *pl umg*
grob **A** adj **1** (≈ *nicht fein*) coarse; *Arbeit* dirty *attr* **2** (≈ *ungefähr*) rough; **in ~en Umrissen** roughly **3** (≈ *schlimm, groß*), *a*. JUR gross; **ein ~er Fehler** a bad mistake; **wir sind aus dem Gröbsten heraus** we're out of the woods (now); **~e Fahrlässigkeit** gross negligence **4** (≈ *brutal, derb*) rough; *fig* (≈ *derb*) coarse; *Antwort* rude; (≈ *unhöflich*) ill-mannered; **~ gegen j-n werden** to become offensive (towards sb) **B** adv **1** (≈ *nicht fein*) coarsely **2** (≈ *ungefähr*) **~ geschätzt** approximately, roughly; **etw ~ umreißen** to give a rough idea of sth **3** (≈ *schlimm*) **~ fahrlässig handeln** to commit an act of gross negligence **4** (≈ *brutal*) roughly; (≈ *unhöflich*) rudely
Grobheit f **1** (≈ *Beschimpfung*) foul language *kein pl* **2** *von Material* coarseness
Grobian m brute
grobkörnig adj coarse-grained
grobmaschig adj large-meshed; (≈ *grob gestrickt*) loose-knit *attr*
grobschlächtig adj coarse; *Mensch* heavily built; *fig* unrefined
Grog m grog
groggy adj *umg* (≈ *erschöpft*) all-in *umg*
grölen *pej* v/t & v/i to bawl; **~de Menge** raucous crowd
Groll m (≈ *Zorn*) anger; (≈ *Erbitterung*) resentment
grollen *geh* v/i **1** (≈ *dröhnen*) to rumble **2** (≈ *böse*

sein) **(j-m) ~ to be annoyed (with sb)**
Grönland *n* Greenland
grooven *v/i* MUS *sl* **das groovt** it's grooving
Gros *n* (≈ *Mehrzahl*) major part
Groschen *m* **1** *österr* HIST groschen **2** *fig* penny, cent *US*; **der ~ ist gefallen** *hum umg* the penny has dropped *umg*
Groschenroman *pej m* cheap novel, dime-store novel *US*
groß **A** *adj* **1** big; *Fläche, Raum, Packung etc* large; TYPO *Buchstabe* capital; **die Wiese ist 10 Hektar ~** the field measures 10 hectares; **~es Geld** notes *pl Br*, bills *pl US*; **im Großen und Ganzen** by and large **2** (≈ *hochgewachsen*) tall; **wie ~ bist du?** how tall are you?; **du bist ~ geworden** you've grown; **größer werden** to grow **3** (≈ *älter*) *Bruder, Schwester* big; **mit etw ~ geworden sein** to have grown up with sth **4** (≈ *wichtig, bedeutend*) *great; Katastrophe* terrible; *Summe* large; *Geschwindigkeit* high; **er hat Großes geleistet** he has achieved great things; **~en Durst haben** to be very thirsty; **ich bin kein ~er Redner** *umg* I'm no great speaker; **j-s ~e Stunde** sb's big moment; **eine größere Summe** a biggish sum; **~e Worte** big words **5** *in Eigennamen* Great; **Friedrich der Große** Frederick the Great **B** *adv* **~ gewachsen** tall; **~ gemustert** with a large print; **~ daherreden** *umg* to talk big *umg*; **~ einkaufen gehen** to go on a spending spree; **~ feiern** to have a big celebration; **~ aufgemacht** elaborately dressed; **~ angelegt** large-scale; **~ und breit** *fig umg* at great length; **j-n ~ anblicken** to give sb a hard stare; **~ in Mode sein** to be all the rage *umg*; **ganz ~ rauskommen** *umg* to make the big time *umg*
Großabnehmer(in) *m(f)* HANDEL bulk purchaser
Großaktionär(in) *m(f)* major shareholder, stakeholder *US*
großartig **A** *adj* wonderful, fantastic, great; *Erfolg* tremendous **B** *adv* wonderfully
Großaufnahme *f* FOTO, FILM close-up
Großbaustelle *f* construction site
Großbetrieb *m* large concern
Großbildleinwand *f* big screen
Großbildschirm *m* large screen
Großbrand *m* major *od* big fire
Großbrief *m* large letter (*weighing up to 500 grams*)
Großbritannien *n* (Great) Britain
Großbuchstabe *m* capital (letter); TYPO upper case letter
Größe *f* **1** size; **er hat ~ 48** he takes *od* is size 48 **2** (≈ *Körpergröße*) height **3** MATH, PHYS quantity; **eine unbekannte ~** an unknown quantity **4** (≈ *Ausmaß*) extent; (≈ *Bedeutsamkeit*) significance **5** (≈ *bedeutender Mensch*) important figure
Großeinkauf *m* bulk purchase
Großeinsatz *m* **~ der Feuerwehr/Polizei** *etc* large-scale operation by the fire brigade/police *etc*
Großeltern *pl* grandparents *pl*
Großenkel *m* great-grandchild; (≈ *Junge*) great-grandson
Großenkelin *f* great-granddaughter
Größenordnung *f* scale; (≈ *Größe*) magnitude; MATH order (of magnitude); **in einer ~ von** in *od* on *US* the order of
großenteils *adv* mostly
Größenunterschied *m* difference in size; *im Wuchs* difference in height
Größenverhältnis *n* proportions *pl* (+*gen* between); (≈ *Maßstab*) scale; **im ~ 1:100** on the scale 1:100
Größenwahn(sinn) *m* megalomania
größenwahnsinnig *adj* megalomaniac(al)
Großfahndung *f* large-scale manhunt
Großfamilie *f* extended family
großflächig *adj* extensive; *Gemälde, Muster etc* covering a large area
Großformat *n* large size
großformatig *adj* large-size
großgewachsen *adj* tall
Großgrundbesitzer(in) *m(f)* big landowner
Großhandel *m* wholesale trade; **etw im ~ kaufen** to buy sth wholesale
Großhandelskaufmann *m* wholesaler
Großhandelspreis *m* wholesale price
Großhändler(in) *m(f)* wholesaler
Großhandlung *f* wholesale business
großherzig *adj* generous, magnanimous
Großherzog *m* grand duke
Großhirn *n* cerebrum
Grossist(in) *m(f)* wholesaler
Großkapitalist(in) *m(f)* big capitalist
Großkaufmann *m* wholesale merchant
großkotzig *pej umg adj* swanky *umg*
Großküche *f* canteen kitchen
Großkunde *m*, **Großkundin** *f* HANDEL major client
Großkundgebung *f* mass rally
Großmacht *f* POL great power
Großmarkt *m* hypermarket *Br*, large supermarket
Großmaul *pej umg n* bigmouth *umg*
Großmut *f* magnanimity
großmütig **A** *adj* magnanimous **B** *adv* magnanimously
Großmutter *f* grandmother
Großonkel *m* great-uncle
Großraum *m einer Stadt* **der ~ München** the

Munich area; **der ~ Manchester** Greater Manchester
Großraumbüro n open-plan office
Großraumflugzeug n large-capacity aircraft
großräumig A adj 1 (≈ *mit großen Räumen*) with large rooms; **~ sein** to have large rooms 2 (≈ *mit viel Platz, geräumig*) roomy 3 (≈ *über große Flächen*) extensive B adv **Ortskundige sollten den Bereich ~ umfahren** local drivers should find an alternative route well away from the area
Großraumwagen m BAHN open-plan carriage *Br*, open-plan car *US*
Großrechner m mainframe (computer)
Großreinemachen n ≈ spring-cleaning
groß schreiben v/t **groß geschrieben werden** *fig umg* to be stressed
großschreiben v/t **ein Wort ~** to write a word with a capital/in capitals
Großschreibung f capitalization
großsprecherisch *pej adj* boastful
großspurig *pej* A adj flashy *umg* B adv **~ reden** to speak flamboyantly; **sich ~ benehmen** to be flashy
Großstadt f city
Großstädter(in) m(f) city dweller
großstädtisch adj big-city *attr*
Großstadtmensch m city dweller
größt- *zssgn* capital
Großtante f great-aunt
Großtat f great feat; **eine medizinische ~** a great medical feat
Großteil m large part; **zum ~** in the main
größtenteils adv in the main, mostly
größte(r, s) → groß
größtmöglich adj greatest possible
großtun *pej* A v/i to show off B v/r **sich mit etw ~** to boast about sth
Großvater m grandfather
Großveranstaltung f big event; (≈ *Großkundgebung*) mass rally
Großverdiener(in) m(f) big earner
Großwetterlage f general weather situation; **die politische ~** the general political climate
Großwild n big game
großziehen v/t to raise, to bring up; *Tier* to rear
großzügig A adj generous; (≈ *weiträumig*) spacious B adv generously; (≈ *spendabel*) magnanimously; **~ gerechnet** at a generous estimate
Großzügigkeit f generosity; (≈ *Weiträumigkeit*) spaciousness
grotesk adj grotesque
Grotte f (≈ *Höhle*) grotto
Grübchen n dimple
Grube f pit; *klein* hole; *Bergbau* mine
Grübelei f brooding *kein pl*

grübeln v/i to brood (**über** +*akk* about, over)
Grubenunglück n mining accident *od* disaster
Grübler(in) m(f) brooder
grüblerisch adj pensive
grüezi *int schweiz* hello, hi *umg*
Gruft f tomb, vault; *in Kirchen* crypt
Grufti m 1 *umg* (≈ *älterer Mensch*) old fogey *umg* 2 *sl* (≈ *Okkultist*) ≈ goth
grün A adj green; **~er Salat** lettuce; **ein ~er Junge** *umg* a greenhorn *umg*; **~es Licht (für etw) geben/haben** *fig* to give/have got the green light (for sth); **im ~en Bereich** *fig* all clear; **vom ~en Tisch aus** from a bureaucratic ivory tower; **Grüne Alternative Liste** *association of ecology-oriented parties*; **~e Minna** *umg* Black Maria *Br umg*, paddy wagon *US umg*; **Grüner Punkt** *symbol for recyclable packaging*; **~er Tee** green tea; **die ~e Tonne** container for recyclable waste; **~e Welle** phased traffic lights; **auf keinen ~en Zweig kommen** *fig umg* to get nowhere; **die beiden sind sich gar nicht ~** *umg* there's no love lost between them B adv gekleidet (in) green; *streichen* green; **sich ~ und gelb ärgern** *umg* to be furious; **j-n ~ und blau schlagen** *umg* to beat sb black and blue
Grün n green; (≈ *Grünflächen*) green spaces *pl*; **die Ampel steht auf ~** the light is green, the light is at green *Br*; **das ist dasselbe in ~** *umg* it's (one and) the same (thing)
Grünanlage f green space
Grünbuch n POL Green Paper
Grund m 1 (≈ *Erdboden*) ground; **~ und Boden** land; **in ~ und Boden** *fig sich blamieren, schämen* utterly; *verdammen* outright 2 *von Gefäßen* bottom; (≈ *Meeresgrund*) (sea)bed 3 (≈ *Fundament*) foundation(s) (*pl*); **von ~ auf** completely; *ändern* fundamentally; *neu gebaut* from scratch; **den ~ zu etw legen** to lay the foundations of *od* for sth; **einer Sache** (*dat*) **auf den ~ gehen** *fig* to get to the bottom of sth; **im ~e seines Herzens** in one's heart of hearts; **im ~e (genommen)** basically 4 (≈ *Ursache*) reason; (≈ *Anlass*) cause; (≈ *Absicht*) purpose; **der ~, warum** the reason why; **das ist der ~, warum** that's why; **aus gesundheitlichen** *etc* **Gründen** for health *etc* reasons; **aus vielen Gründen** for lots of reasons; **einen ~ zum Feiern haben** to have good cause for (a) celebration; **der ~ unseres Besuchs** the purpose of our visit; **j-m ~ (zu etw) geben** to give sb good reason (for sth); **aus diesem ~** for this reason; **mit gutem ~**, **mit Gründen** +*gen* for reasons of; **auf ~** → aufgrund; **zu ~e** → zugrunde
Grund- *zssgn Regel, Wortschatz etc* basic
grundanständig adj thoroughly decent

Grundanstrich *m* first coat
Grundausbildung *f* MIL basic training
Grundausstattung *f* basic equipment
Grundbedeutung *f* LING primary *od* basic meaning
Grundbegriff *m* basic concept
Grundbesitz *m* land
Grundbesitzer(in) *m(f)* landowner
Grundbuch *n* land register
grundehrlich *adj* thoroughly honest
Grundeinkommen *n* basic income; **bedingungsloses ~** unconditional basic income
gründen **A** *v/t* to found; *Argument etc* to base (**auf** +*akk* on); *Geschäft* to set up; **gegründet 1857** founded in 1857; **eine Familie ~** to get married (and have a family) **B** *v/r* **sich auf etw** (*akk*) **~** to be based on sth
Gründer(in) *m(f)* founder
grundfalsch *adj* utterly wrong
Grundfarbe *f* primary colour *Br*, primary color *US*
Grundfläche *f* **1** *eines Zimmers* (floor) area **2** MATH base
Grundform *f* basic form
Grundfreiheiten *pl* EU fundamental freedoms *pl*
Grundgebühr *f* basic charge
Grundgedanke *m* basic idea
Grundgesetz *n* **das ~** the (German) Constitution
Grundidee *f* main idea
grundieren *v/t* to undercoat
Grundierfarbe *f* undercoat
Grundierung *f* (≈ *Farbe*) undercoat
Grundkapital *n* share capital; (≈ *Anfangskapital*) initial capital
Grundkenntnisse *pl* basic knowledge (**in** +*dat* of), basics *pl*
Grundkurs *m* SCHULE, UNIV basic course
Grundlage *f* basis; **auf der ~ von** *od* +*gen* on the basis of; **jeder ~ entbehren** to be completely unfounded
grundlegend **A** *adj* fundamental (**für** to); (≈ *wesentlich*) basic; *Textbuch* standard **B** *adv* fundamentally
gründlich **A** *adj* thorough; *Arbeit* painstaking; (≈ *sorgfältig*) careful **B** *adv* thoroughly; (≈ *sorgfältig*) carefully; **j-m ~ die Meinung sagen** to give sb a real piece of one's mind; **da haben Sie sich ~ getäuscht** you're completely mistaken there
Gründlichkeit *f* thoroughness
Grundlinie *f* MATH, SPORT baseline
Grundlohn *m* basic pay
grundlos **A** *adj fig* (≈ *unbegründet*) unfounded **B** *adv fig* without reason

Grundmauer *f* foundation wall
Grundnahrungsmittel *n* basic food(stuff)
Gründonnerstag *m* Maundy Thursday
Grundprinzip *n* basic principle
Grundrechenart *f* basic arithmetical operation
Grundrecht *n* basic *od* fundamental right
Grundrechtecharta *f* EU Charter of Fundamental Rights
Grundregel *f* basic rule; **fürs Leben etc** maxim
Grundriss *m* **von** *Gebäude* ground *od* floor plan; (≈ *Abriss*) outline, sketch
Grundsatz *m* principle
Grundsatzentscheidung *f* decision of general principle
grundsätzlich **A** *adj* fundamental; *Verbot* absolute; *Frage* of principle **B** *adv* (≈ *im Prinzip*) in principle; (≈ *aus Prinzip*) on principle; **das ist ~ verboten** it is absolutely forbidden
Grundschule *f* primary school *Br*, elementary school *US*
Grundschüler(in) *m(f)* primary(-school) pupil *Br*, elementary(-school) student *US*
Grundschullehrer(in) *m(f)* primary school teacher *Br*, elementary school teacher *US*
Grundsicherung *f* POL guaranteed minimum income, basic provision
Grundstein *m* foundation stone; **den ~ zu etw legen** *fig* to lay the foundations of *od* for sth
Grundsteuer *f* (local) property tax
Grundstock *m* basis, foundation
Grundstoff *m* basic material; (≈ *Rohstoff*) raw material; CHEM element
Grundstück *n* plot (of land); *bebaut* property; (≈ *Anwesen*) estate
Grundstückspreis *m* land price
Grundstudium *n* UNIV basic course
Grundstufe *f* first stage; SCHULE ≈ junior school *Br*, grade school *US*
Grundton *m* MUS *eines Akkords* root; *einer Tonleiter* tonic, keynote
Grundübel *n* basic *od* fundamental evil; (≈ *Nachteil*) basic problem
Gründung *f* founding; *von Geschäft* setting up; **die ~ einer Familie** getting married (and having a family)
grundverkehrt *adj* completely wrong
grundverschieden *adj* totally different
Grundwasser *n* ground water
Grundwasserspiegel *m* water table
Grundwehrdienst *m* national service *Br*, selective service *US*
Grundwissen *n* basic knowledge (**in** +*dat* of)
Grundwortschatz *m* basic vocabulary
Grundzahl *f* cardinal number
Grundzug *m* essential feature

Grüne(r) m/f(m) POL Green; **die ~n** The Greens
Grüne(s) n (≈ Farbe) green; (≈ Gemüse) greens pl; **ins ~ fahren** to go to the country
Grünfläche f green space
Grünfutter n green fodder
Grüngürtel m green belt
Grünkohl m (curly) kale
grünlich adj greenish
Grünschnabel umg m (little) whippersnapper umg; (≈ Neuling) greenhorn umg
Grünspan m verdigris
Grünspecht m green woodpecker
Grünstreifen m central reservation Br, median (strip) US, Aus; am Straßenrand grass verge
grunzen v/t & v/i to grunt
Grünzeug n greens pl
Gruppe f group; von Arbeitern party; (≈ Musikgruppe) band; **in ~n** in groups
Gruppenarbeit f teamwork
Gruppenbild n group portrait
Gruppenführer(in) m(f) group leader; MIL squad leader
Gruppenreise f group tour, group travel kein pl
Gruppensex m group sex
Gruppentherapie f group therapy
Gruppenunterricht m group learning
gruppenweise adv in groups
gruppieren A v/t to group B v/r to form a group/groups
Gruppierung f grouping; (≈ Gruppe) group; POL faction
Gruselfilm m horror movie
gruselig adj horrifying; Geschichte, Film spine-chilling, scary; Ort creepy
gruseln A v/t & v/i **mich** od **mir gruselt auf Friedhöfen** cemeteries give me the creeps B v/r **sie gruselt sich vor Schlangen** snakes give her the creeps
Gruß m 1 greeting; (≈ Grußgeste), a. MIL salute; **viele** od **beste Grüße** best wishes (**an** +akk to); **sag ihm einen schönen ~** say hello to him (from me) 2 als Briefformel **mit besten Grüßen** yours; **mit freundlichen Grüßen** bei Anrede Mr/Mrs/Miss X Yours sincerely, Yours truly bes US; bei Anrede Sirs/Madam Yours faithfully, Yours truly bes US; **liebe** od **herzliche Grüße** love
grüßen A v/t to greet; MIL to salute; **grüß dich!** umg hi! umg; **Otto lässt dich (schön) ~** Otto sends his regards; **ich soll Sie von ihm ~** he sends his regards etc; **grüß deine Mutter von mir!** give my regards to your mother; **grüß Thomas von mir** say hello to Thomas from me, say hi to Thomas for me B v/i to say hello; MIL to salute; **Otto lässt ~** Otto sends his regards; → Gott
Grußformel f form of greeting; am Briefanfang salutation; am Briefende complimentary close
Grußwort n greeting
Grütze f 1 (≈ Brei) gruel; **rote ~** type of red fruit jelly 2 umg (≈ Verstand) brains pl umg
gschamig adj österr umg bashful
Guacamole f (≈ Avocadocreme) guacamole
Guatemala n Guatemala
gucken A v/i (≈ sehen) to look (**zu** at); (≈ hervorschauen) to peep (**aus** out of); **lass mal ~!** let's have a look B v/t umg **Fernsehen ~** to watch television
Guckloch n peephole
Guerilla m (≈ Guerillakämpfer) guerilla
Guerillakämpfer(in) m(f) guerilla
Guerillakrieg m guerilla war
Gugelhupf österr, südd m, **Gugelhopf** schweiz m GASTR gugelhupf
Guillotine f guillotine
Guinea n GEOG Guinea
Gulasch n/m goulash
Gulaschsuppe f goulash soup
Gülle f schweiz, südd liquid manure
Gully m/n drain
gültig adj valid; **~ werden** to become valid; Gesetz, Vertrag to come into force
Gültigkeit f validity; von Gesetz legal force
Gummi n/m (≈ Material) rubber; (≈ Gummiarabikum) gum; (≈ Radiergummi) rubber Br, eraser; (≈ Gummiband) rubber band; in Kleidung elastic; umg (≈ Kondom) rubber bes US umg, Durex®
gummiartig A adj rubbery B adv like rubber
Gummiband n rubber band; in Kleidung elastic
Gummibärchen n gummi bear
Gummibaum m rubber plant
Gummiboot n rubber dinghy
Gummierung f (≈ gummierte Fläche) gum
Gummihandschuh m rubber glove
Gummiknüppel m rubber truncheon
Gummiparagraf, **Gummiparagraph** umg m ambiguous clause
Gummireifen m rubber tyre Br, rubber tire US
Gummisohle f rubber sole
Gummistiefel m rubber boot, wellington (boot) Br
Gummizelle f padded cell
Gummizug m (piece of) elastic
Gunst f favour Br, favor US; **zu meinen/deinen ~en in my/your favo(u)r; **zu ~en** → **zugunsten**
günstig A adj favourable Br, favorable US; zeitlich convenient; **bei ~er Witterung** weather permitting; **im ~sten Fall(e)** with luck B adv kaufen, verkaufen for a good price; **die Stadt liegt ~ (für)** the town is well situated (for)
günstigenfalls adv at best
günstigstenfalls adv at the very best
Günstling pej m favourite Br, favorite US

Gurgel f throat; (≈ *Schlund*) gullet; **j-m die ~ zuschnüren** to strangle sb
gurgeln v/i (≈ *den Rachen spülen*) to gargle
Gurke f cucumber; (≈ *Essiggurke*) gherkin; **saure ~n** pickled gherkins
Gurkensalat m cucumber salad
gurren v/i to coo
Gurt m belt; (≈ *Riemen*) strap
Gürtel m belt; (≈ *Absperrkette*) cordon; **den ~ enger schnallen** to tighten one's belt
Gürtellinie f waist; **ein Schlag unter die ~** *wörtl* a blow below the belt
Gürtelreifen m radial tyre *Br*, radial tire *US*
Gürtelrose f MED shingles
Gürtelschnalle f belt buckle
Gürteltasche f belt bag
Gürteltier n armadillo
Gurtpflicht f, **Gurtzwang** m **es besteht ~** the wearing of seat belts is compulsory
Guru m guru
GUS f abk (= **Gemeinschaft Unabhängiger Staaten**) CIS, Commonwealth of Independent States
Guss m ▮ (≈ *das Gießen*) casting; (≈ *Gussstück*) cast; **(wie) aus einem ~** *fig* a unified whole ▮ (≈ *Strahl*) stream; *umg* (≈ *Regenguss*) downpour
Gusseisen n cast iron
gusseisern adj cast-iron
Gussform f mould *Br*, mold *US*
gut △ adj good; **sie ist gut in Physik** she's good at physics; **das ist gut gegen Husten** it's good for coughs; **wozu ist das gut?** *umg* what's that for?; **würden Sie so gut sein und …** would you be good enough to …; **dafür ist er sich zu gut** he wouldn't stoop to that sort of thing; **sind die Bilder gut geworden?** did the pictures turn out all right?; **es wird alles wieder gut!** everything will be all right; **wie gut, dass …** it's good that …; **lass mal gut sein!** (≈ *ist genug*) that's enough; (≈ *ist erledigt*) just leave it; **jetzt ist aber gut!** *umg* that's enough; **guten Appetit!** enjoy your meal; **gute Besserung!** get well soon; **guten Morgen!** good morning; **guten Tag** hello; *nachmittags* good afternoon; *part* (≈ *okay*) OK; (≈ *in Ordnung*) all right; **schon gut!** (it's) all right; **du bist gut!** *umg* you're a fine one ▯ adv well; **gut schmecken/riechen** to taste/smell good; **gut mit … umgehen können** to be good with …; **etw gut können** to be good at sth; **du hast es gut!** you've got it made; **das kann gut sein** that may well be; **so gut wie nichts** next to nothing; **der Film dauert gut(e) drei Stunden** the film *od* movie lasts a good three hours; **gut aussehend** good-looking; **gut bezahlt** *Person, Job* well-paid; **gut gebaut** well-built; **gut gehend** flourishing; **gut gekleidet** well-dressed; **gut gelaunt** cheerful; **gut gemeint** well-meaning, well-meant; **gut verdienend** with a good salary; **gut und gern** easily; **mach's gut!** *umg* cheers!; *Br*, see you *US*; *stärker* take care; **gut gemacht!** well done
Gut n ▮ (≈ *Eigentum*) property; (≈ *Besitztum*) possession ▮ (≈ *Ware*) item; **Güter** goods ▮ (≈ *Landgut*) estate
Gutachten n report
Gutachter(in) m(f) expert; JUR *in Prozess* expert witness
gutartig adj *Kind, Hund etc* good-natured; *Geschwulst* benign
gutaussehend adj → **gut**
gutbürgerlich adj solid middle-class; *Küche* good plain
Gutdünken n discretion; **nach (eigenem) ~** as one sees fit
Güte f ▮ goodness; **ein Vorschlag zur ~** a suggestion; **ach du meine ~!** *umg* oh my goodness!; **du meine ~!** oh dear! ▮ *einer Ware* quality
Gute-Besserungs-Karte f get-well card
Güteklasse f HANDEL grade
Gutenachtkuss m goodnight kiss
Güterbahnhof m freight depot
Gütergemeinschaft f JUR community of property; **in ~ leben** to have joint property *od* community of property
Gütertrennung f JUR separation of property; **in ~ leben** to have separate property
Güterverkehr m freight traffic
Güterwagen m BAHN freight car
Güterzug m freight train
Gute(s) n **~s tun** to do good; **alles ~!** all the best!; **des ~n zu viel** too much of a good thing; **das ~ daran** the good thing about it; **das ~ im Menschen** the good in man; **im ~n sich trennen** amicably
Gütesiegel n HANDEL stamp of quality
Gütezeichen n mark of quality
gut gehen △ v/i **es geht ihm gut** he is doing well; (≈ *er ist gesund*) he is well; **es geht uns gut** we're OK; **lass es dir ~** take care of yourself ▯ v/i to go (off) well; **das ist noch einmal gut gegangen** it turned out all right; **das konnte ja nicht ~** it was bound to go wrong
gutgehend adj → **gut**
gutgläubig adj trusting
Gutgläubigkeit f trusting nature
guthaben v/t **du hast noch 10 Euro gut** I still owe you 10 euros; **du hast bei mir noch ein Essen gut** I still owe you a meal
Guthaben n FIN (≈ *Bankguthaben*) credit
gutheißen v/t to approve of; (≈ *genehmigen*) to approve

gutherzig *adj* kind-hearted
gütig *adj* kind; (≈ *edelmütig*) generous
gütlich A *adj* amicable B *adv* amicably; **sich ~ einigen** to come to an amicable agreement
gutmachen *v/t Fehler* to put right; *Schaden* to make good
gutmütig *adj* good-natured
Gutmütigkeit *f* good nature
Gutsbesitzer(in) *m(f)* lord/lady of the manor; *als Klasse* landowner
Gutschein *m* voucher
gutschreiben *v/t* to credit (+*dat* to)
Gutschrift *f* (≈ *Bescheinigung*) credit note; (≈ *Betrag*) credit
Gutsherr *m* squire
Gutsherrin *f* lady of the manor
Gutshof *m* estate
Gutsverwalter(in) *m(f)* steward
guttun *v/i* **j-m ~** to do sb good; **das tut gut** that's good
gutunterrichtet *adj* → unterrichtet
gutwillig *adj* willing; (≈ *entgegenkommend*) obliging; (≈ *wohlwollend*) well-meaning
Gutwilligkeit *f* willingness; (≈ *Entgegenkommen*) obliging ways *pl*; (≈ *Wohlwollen*) well-meaningness
Guyana *n* GEOG Guyana
GVO *abk* (= *genetisch veränderte Organismen*) GMO
Gy 8 *n* SCHULE → achtjährig
gymnasial *adj* **die ~e Oberstufe** ≈ the sixth form *Br*, ≈ the twelfth grade *US*
Gymnasiallehrer(in) *m(f)* teacher at a 'Gymnasium'
Gymnasiast(in) *m(f)* ≈ grammar school pupil *Br*, ≈ high school student *US*
Gymnasium *n* SCHULE ≈ grammar school *Br*, ≈ high school *US*
Gymnastik *f* keep-fit exercises *pl*; (≈ *Turnen*) gymnastics *sg*
Gymnastikanzug *m* leotard
Gymnastikball *m* exercise ball
Gymnastiklehrer(in) *m(f)* gymnastics teacher
gymnastisch *adj* gymnastic
Gynäkologe *m*, **Gynäkologin** *f* gynaecologist *Br*, gynecologist *US*
Gynäkologie *f* gynaecology *Br*, gynecology *US*
gynäkologisch *adj* gynaecological *Br*, gynecological *US*
Gyros *n* ≈ doner kebab

H, h *n* H, h
ha *int* ha
Haar *n* hair; **sich** (*dat*) **die ~e schneiden lassen** to get one's hair cut; **j-m kein ~ krümmen** not to harm a hair on sb's head; **darüber lass dir keine grauen ~e wachsen** don't worry your head about it; **sie gleichen sich** (*dat*) **aufs ~** they are the spitting image of each other; **das ist an den ~en herbeigezogen** that's rather far-fetched; **an j-m/etw kein gutes ~ lassen** to pull sb/sth to pieces; **sich** (*dat*) **in die ~e geraten** to quarrel; **um kein ~ besser** not a bit better; **um ein ~** very nearly
Haarausfall *m* hair loss
Haarbürste *f* hairbrush
haaren *v/i Tier* to moult *Br*, to molt *US*; *Pelz etc* to shed (hair)
Haaresbreite *f* (**nur**) **um ~** very nearly; *verfehlen* by a hair's breadth
Haareschneiden *n* haircut
Haarewaschen *n* shampoo, wash
Haarfarbe *f* hair colour *Br*, hair color *US*
Haarfestiger *m* (hair) setting lotion
Haargel *n* hair gel
haargenau A *adj* exact; *Übereinstimmung* total B *adv* exactly
Haargummi *n* hair band; *aus Stoff* scrunchie
haarig *adj* hairy
Haarklammer *f* (≈ *Klemme*) hairgrip *Br*, bobby pin *US*; (≈ *Spange*) hair slide *Br*, barrette *US*
haarklein *umg* A *adj Beschreibung* detailed B *adv* in great detail
Haarkur *f* conditioning treatment
Haarnadelkurve *f* hairpin bend
Haarpflege *f* hair care
Haarriss *m* hairline crack
haarscharf A *adj Beschreibung* exact; *Beobachtung* very close B *adv treffen* exactly; *folgern* precisely; **der Stein flog ~ an uns vorbei** the stone missed us by a whisker
Haarschleife *f* hair ribbon
Haarschnitt *m* haircut
Haarspalterei *f* splitting hairs *kein unbest art, kein pl*
Haarspange *f* hair slide *Br*, barrette *US*
Haarspliss *m* split ends *pl*
Haarspray *n/m* hairspray
Haarspülung *f* (hair) conditioner
haarsträubend *adj* hair-raising; (≈ *empörend*) shocking; *Frechheit* incredible

Haarteil n hairpiece
Haartönung f tinting
Haartrockner m hairdryer
Haarwäsche f washing one's hair
Haarwaschmittel n shampoo
Haarwasser n hair lotion
Haarwuchs m growth of hair
Hab n **Hab und Gut** possessions pl, worldly goods pl
Habe geh f belongings pl
haben A v/aux **ich habe / hatte gerufen** I have/ had called; **du hättest den Brief früher schreiben können** you could have written the letter earlier B v/t 1 to have (got); **wir ~ ein Haus/ Auto** we've got a house/car Br, we have a house/car US; **ich habe keinen Stuhl** I haven't got a chair; **sie hatte blaue Augen** she had blue eyes; **er hat eine große Nase** he's got a big nose; **etw ~ wollen** to want sth; **was möchten Sie ~?** what would you like?; **ich hätte gern ...** I would like ...; **da hast du 10 Euro** there's 10 euros; **wie hätten Sie es gern?** how would you like it?; **Schule/Unterricht ~** to have school/lessons; **heute ~ wir 10°** it's 10° today; **wie viel Uhr ~ wir?** what's the time?; **was für ein Datum ~ wir heute?** what's today's date?; **Zeit ~, etw zu tun** to have the time to do sth; **was hat er denn?** what's the matter with him?; **hast du was?** is something the matter?; **ich habe nichts** I'm all right; **ein Meter hat 100 cm** there are 100 cm in a metre Br, meter US 2 mit Präposition **das hat er/sie/es so an sich** (dat) that's just the way he/she/it is; **es am Herzen ~** umg to have heart trouble; **das hat etwas für sich** there's something to be said for that; **etwas gegen j-n/etw ~** to have something against sb/sth; **es in den Beinen ~** umg (≈ leiden) to have trouble with one's legs; **das hat es in sich** umg (≈ schwierig) that's a tough one; **etwas mit j-m ~** euph to have a thing with sb umg; **etwas von etw ~** umg to get something out of sth; **das hast du jetzt davon!** now see what's happened!; **das hat er von seinem Leichtsinn** that's what comes of his foolishness; **nichts von etw ~** to get nothing out of sth; **sie hat viel von ihrem Vater** she's very like her father 3 **es gut/bequem ~** to have it good/easy; **es schlecht ~** to have a bad time; **er hat es nicht leicht mit ihr** he has a hard time with her; **nichts mehr zu essen ~** to have nothing left to eat; **du hast zu gehorchen** you have to obey; **etw ist zu ~** (≈ erhältlich) sth is to be had; **j-d ist zu ~** (≈ nicht verheiratet) sb is single; sexuell sb is available; **für etw zu ~ sein** to be ready for sth; **ich hab's!** umg I've got it!; **wie gehabt** as before C v/unpers **damit hat es noch Zeit** it can wait; **und damit hat es sich** umg and that's that D v/r **sich ~** umg (≈ sich anstellen) to make a fuss
Haben n credit
Habenichts m have-not
Habenseite f credit side
Habenzinsen pl interest sg on deposits
Habgier f greed
habgierig adj greedy
Habicht m hawk
habilitieren v/r to qualify as a professor
Habitat n ZOOL habitat
Habseligkeiten pl belongings pl
Habsucht f greed, acquisitiveness
habsüchtig adj greedy, acquisitive
Hachse f GASTR leg (joint); südd umg (≈ Fuß) foot; (≈ Bein) leg
Hackbraten m meat loaf
Hacke¹ f MIL dial (≈ Absatz) heel; **die ~n zusammenschlagen** MIL to click one's heels
Hacke² f 1 (≈ Gartenhacke) hoe 2 (≈ Pickel) pickaxe Br, pickax US 3 österr (≈ Beil, Axt) axe Br, ax US
hacken A v/t 1 (≈ zerkleinern) to chop 2 Erdreich to hoe 3 mit spitzem Gegenstand: Loch to hack; Vogel to peck B v/i 1 mit dem Schnabel to peck; mit spitzem Gegenstand to hack; **nach j-m/etw ~** to peck at sth/sb 2 IT to hack (**in** +akk into)
Hacken m (≈ Ferse) heel
Hacker(in) m(f) IT hacker
Hackerangriff m hacker attack
Hackfleisch n mince Br, ground meat US; **aus j-m ~ machen** umg to make mincemeat of sb umg; (≈ verprügeln) to beat sb up
Hackordnung f pecking order
Hacksteak n beefburger, hamburger
Hafen m harbour Br, harbor US; (≈ Handelshafen) port; (≈ Jachthafen) marina; (≈ Hafenanlagen) docks pl
Hafenanlagen pl docks pl
Hafenarbeiter(in) m(f) dockworker
Hafengebühren pl harbo(u)r dues pl
Hafenpolizei f port police pl
Hafenrundfahrt f (boat-)trip round the harbo(u)r
Hafenstadt f port
Hafenviertel n docklands pl Br, waterfront US
Hafer m oats pl; **ihn sticht der ~** umg he's feeling his oats umg
Haferbrei m porridge
Haferflocken pl rolled oats pl
Haferl österr n, **Häferl** n 1 (≈ große Tasse) mug 2 (≈ Töpfchen für Kinder) potty
Haferschleim m gruel
Haft f vor dem Prozess custody; (≈ Haftstrafe) imprisonment; politisch detention; **sich in ~ befinden** to be in custody/prison/detention; **in ~**

nehmen to take into custody
Haftanstalt f detention centre Br, detention center US
haftbar adj für j-n legally responsible; für etw (legally) liable; **j-n für etw ~ machen** to make sb liable for sth
Haftbefehl m warrant; **einen ~ gegen j-n ausstellen** to issue a warrant for sb's arrest
Haftcreme f für Zahnprothesen denture fixative
haften[1] v/i JUR **für j-n ~** to be (legally) responsible for sb; **für etw ~** to be (legally) liable for sth; (≈ verantwortlich sein) to be responsible for sth
haften[2] v/i **1** (≈ kleben) to stick (**an** +dat to); **an j-m ~** fig Makel etc to stick to sb **2** Erinnerung to stick (in one's mind); Blick to become fixed
haften bleiben v/i to stick (**an, auf** +dat to)
Häftling m prisoner
Haftnotiz f Post-it®
Haftpflicht f (legal) liability
haftpflichtig adj liable
haftpflichtversichert adj **~ sein** to have personal liability insurance, to have public liability insurance US; Autofahrer ≈ to have third-party insurance
Haftpflichtversicherung f personal liability insurance kein unbest art, public liability insurance kein unbest art US; von Autofahrer ≈ third-party insurance
Haftstrafe f prison sentence; **lebenslängliche ~** life sentence
Haftung f **1** JUR (legal) liability; für Personen (legal) responsibility; **beschränkte ~** limited liability **2** TECH, PHYS von Reifen adhesion
Hafturlaub m parole
Hagebutte f rose hip
Hagel m hail; von Vorwürfen stream
Hagelkorn n hailstone
hageln v/i **es hagelt** it's hailing
Hagelschauer m hailstorm
hager adj gaunt
Häher m jay
Hahn m **1** (≈ Vogel) cock, rooster US; **~ im Korb sein** (≈ Mann unter Frauen) to be cock of the walk; **danach kräht kein ~ mehr** umg no one cares two hoots about that any more umg **2** TECH tap, faucet US **3** (≈ Abzug) trigger
Hähnchen n chicken
Hähnchenflügel m chicken wing
Hahnenfuß m BOT buttercup
Hai m, **Haifisch** m shark
Häkchen n **1** Handarbeiten (small) hook **2** (≈ Zeichen) tick Br, check US; auf Buchstaben accent
Häkelarbeit f crochet (work); (≈ Gegenstand) piece of crochet (work)
häkeln v/t & v/i to crochet
Häkelnadel f crochet hook
haken **A** v/i **es hakt** fig there are sticking points **B** v/t (≈ befestigen) to hook (**an** +akk to); **das kannst du ~!** umg das ist zu spät, das funktioniert jetzt nicht mehr, das kannst du vergessen you can forget it!
Haken m **1** hook; **~ und Öse** hook and eye **2** umg (≈ Schwierigkeit) snag; **die Sache hat einen ~** there's a snag
Hakenkreuz n swastika
Hakennase f hooked nose
halal adj vom Islam erlaubt halal
halb **A** adj **1** half; **ein ~er Meter** half a metre Br, half a meter US; **eine ~e Stunde** half an hour; **auf ~em Wege, auf ~er Strecke** wörtl halfway; fig halfway through; **zum ~en Preis** (at) half price **2** MUS **eine ~e Note** a minim Br, a half-note US; **ein ~er Ton** a semitone **3** **~ zehn** half past nine, half nine Br; **um fünf Minuten nach ~** at twenty-five to; **~ Deutschland/London** half of Germany/London **4** (≈ stückhaft) **~e Arbeit leisten** to do a bad job; **die ~e Wahrheit** part of the truth; **mit ~em Ohr** with half an ear; **keine ~en Sachen machen** not to do things by halves **5** umg (≈ großer Teil) **die ~e Stadt/Welt** half the town/world; **~ Deutschland** half of Germany **B** adv half; **~ links** SPORT (at) inside left; **~ rechts** SPORT (at) inside right; **~ voll** half-full; **~ verdaut** half-digested; **~ so gut** half as good; **das ist ~ so schlimm** it's not as bad as all that; Zukünftiges that won't be too bad; **~ fertig** half-finished; IND semi-finished; **~ nackt** half-naked; **~ tot** wörtl half dead; **~ lachend, ~ weinend** half laughing, half crying; **mit j-m ~e-halbe machen** umg to go 50/50 with sb
halbamtlich adj semi-official
halbautomatisch adj semi-automatic
halbbitter adj Schokolade semi-sweet
Halbblut n (≈ Mensch) half-caste; (≈ Tier) crossbreed
Halbblüter m crossbreed
Halbbruder m half-brother
Halbe bes südd f → Halber
Halbe(r) m half a litre (of beer) Br, half a liter (of beer) US
halbfertig adj → halb
halbfest adj Zustand, Materie semi-solid
halbfett adj **1** TYPO secondary bold **2** Lebensmittel medium-fat
Halbfinale n semi-final
Halbgott m demigod
halbherzig **A** adj half-hearted **B** adv half-heartedly
halbieren v/t to halve; (≈ in zwei schneiden) to cut in half; **eine Zahl ~** to divide a number by two

Halbinsel f peninsula
Halbjahr n half-year, six months; **im ersten/zweiten ~** in the first/last six months of the year
Halbjahresbilanz f half-yearly figures pl
Halbjahreszeugnis n SCHULE half-yearly report
halbjährig adj Kind six-month-old; Lehrgang etc six-month
halbjährlich adj half-yearly, six-monthly
Halbkreis m semicircle
Halbkugel f hemisphere
halblang adj Kleid, Rock mid-calf length; **nun mach mal ~!** umg now wait a minute!
Halbleiter m PHYS semiconductor
halbmast adv at half-mast; **~ flaggen** to fly flags/a flag at half-mast
Halbmesser m radius
Halbmond m half-moon; (≈ Symbol) crescent; **bei ~** when there is a half-moon
halbnackt adj → halb
Halbpension f half-board
Halbschlaf m light sleep; **im ~ sein** to be half asleep
Halbschuh m shoe
Halbschwester f half-sister
halbseiden wörtl adj fifty per cent silk Br, fifty percent silk US; fig Dame fast; (≈ zweifelhaft) dubious; **~es Milieu, ~e Kreise** demimonde
halbseitig **A** adj Anzeige etc half-page; **~e Lähmung** one-sided paralysis **B** adv **~ gelähmt** paralyzed on one side
Halbstarke(r) m young hooligan
halbstündig adj half-hour attr, lasting half an hour
halbstündlich **A** adj half-hourly **B** adv every half an hour, half-hourly
halbtags adv (≈ morgens) in the mornings; (≈ nachmittags) in the afternoons; in Bezug auf Angestellte part-time
Halbtagsbeschäftigung f half-day job
Halbtagskraft f worker employed for half-days only
Halbton m MUS semitone
halbtrocken adj Wein medium-dry
halbvoll adj → halb
halbwegs adv partly; gut reasonably; annehmbar halfway
Halbwelt f demimonde
Halbwert(s)zeit f PHYS half-life
Halbwissen pej n superficial knowledge
Halbzeit f SPORT (≈ Hälfte) half; (≈ Pause) half-time; **ein Tor in der zweiten ~** a second-half goal
Halbzeitpause f half-time
Halbzeitstand m half-time score
Halde f (≈ Abbauhalde) slag heap; fig mountain; **etw auf ~ legen** Ware, Vorräte to stockpile

sth; Pläne etc to shelve sth; **etw auf ~ produzieren** WIRTSCH to produce sth for stockpiling
Halfpipe f SPORT half-pipe
Hälfte f **1** half; **die ~ der Kinder** half the children; **Rentner zahlen die ~** pensioners od seniors pay half price; **um die ~ mehr** half as much again; **um die ~ steigen** to increase by half; **um die ~ größer** half as big again; **es ist zur ~ fertig** it is half finished; **ein Tor in der zweiten ~** a second-half goal; **meine bessere ~** hum umg my better half hum umg **2** (≈ Mitte) einer Fläche middle; **auf der ~ des Weges** halfway
Halfter[1] m/n für Tiere halter
Halfter[2] f (≈ Pistolenhalfter) holster
Hall m echo
Halle f hall; (≈ Hotelhalle) lobby; (≈ Sporthalle) (sports) hall, gym(nasium); (≈ Schwimmhalle) indoor swimming pool
halleluja int halleluja(h)
hallen v/i to echo
Hallenbad n indoor swimming pool
Hallenturnier n SPORT indoor tournament
hallo int hello, hi there
Halloumi m Käse halloumi
Halluzination f hallucination
halluzinieren v/i to hallucinate
Halm m stalk; (≈ Grashalm) blade of grass; (≈ Strohhalm) straw
Halogen n halogen
Halogen(glüh)lampe f halogen lamp
Halogenscheinwerfer m halogen headlamp
Hals m **1** neck; **j-m um den ~ fallen** to fling one's arms (a)round sb's neck; **sich j-m an den ~ werfen** fig umg to throw oneself at sb; **sich** (dat) **den ~ brechen** umg to break one's neck; **~ über Kopf** in a rush; **~ über Kopf verliebt** head over heels in love; **j-n am ~ haben** umg to be saddled with sb **2** (≈ Kehle) throat; **sie hat es am** od **im ~** umg she has a sore throat; **aus vollem ~(e)** at the top of one's voice; **aus vollem ~(e) lachen** to roar with laughter; **es hängt mir zum ~ heraus** umg I'm sick and tired of it; **sie hat es in den falschen ~ bekommen** umg (≈ falsch verstehen) she took it wrongly; **er kann den ~ nicht voll (genug) kriegen** fig umg he is never satisfied
Halsabschneider(in) pej umg m(f) shark umg
Halsband n (≈ Hundehalsband) collar; (≈ Schmuck) necklace
halsbrecherisch adj dangerous; Tempo breakneck
Halsentzündung f sore throat
Halskette f necklace
Hals-Nasen-Ohren-Arzt m, **Hals-Nasen--Ohren-Ärztin** f ear, nose and throat special-

ist
Halsschlagader *f* carotid (artery)
Halsschmerzen *pl* sore throat *sg*; ~ **haben** to have a sore throat
halsstarrig *adj* obstinate
Halstuch *n* scarf
Hals- und Beinbruch *int* good luck
Halsweh *n* sore throat
halt[1] *int* stop
halt[2] *dial adv* → eben B 3
Halt *m* **1** *für Festigkeit* hold; (≈ *Stütze*) support; **j-m/einer Sache ~ geben** to support sb/sth; **keinen ~ haben** to have no hold/support; **ohne inneren ~** insecure **2** *geh* (≈ *Anhalten*) stop; **~ machen** → **haltmachen**
haltbar *adj* **1** **~ sein** *Lebensmittel* to keep (well); **etw ~ machen** to preserve sth; **~ bis 6.11.** use by 6 Nov **2** (≈ *widerstandsfähig*) durable; *Stoff* hard-wearing; *Beziehung* long-lasting **3** *Behauptung* tenable; *Zustand, Lage* tolerable; **diese Position ist nicht mehr ~** this position can't be maintained any longer **4** SPORT stoppable
Haltbarkeit *f* **1** *von Lebensmitteln* **eine längere ~ haben** to keep longer **2** (≈ *Widerstandsfähigkeit*) durability **3** *von Behauptung* tenability
Haltbarkeitsdatum *n* best-before date, use-by date
Haltbarkeitsdauer *f* length of time for which food may be kept; **eine kurze/lange ~ haben** to be/not to be perishable
Haltbarmilch *f österr* (≈ *H-Milch*) long-life milk *Br*, shelf stable milk *US*
Haltebucht *f Verkehr* lay-by, rest stop *US*
Haltegriff *m* **1** handle; *in Bus* strap; *an Badewanne* handrail **2** SPORT hold
halten **A** *v/t* **1** (≈ *festhalten, abhalten*) to hold; **etw gegen das Licht ~** to hold sth up to the light **2** (≈ *tragen*) **die drei Pfeiler ~ die Brücke** the three piers support the bridge **3** (≈ *aufhalten*) to hold; SPORT to save; **die Wärme/Feuchtigkeit ~** to retain heat/moisture; **ich konnte es gerade noch ~** I just managed to grab hold of it; **haltet den Dieb!** stop thief!; **sie ist nicht zu ~** *fig* there's no holding her back; **es hält mich hier nichts mehr** there's nothing to keep me here any more **4** (≈ *innehaben*) *Rekord* to hold; *Position* to hold (on to) **5** (≈ *besitzen*) *Haustier* to keep; *Auto* to run; **sich** (*dat*) **eine Geliebte ~** to keep a mistress **6** (≈ *erfüllen*) *Wort* to keep; **ein Versprechen ~** to keep a promise **7** (≈ *aufrechterhalten*) *Niveau* to keep up; *Tempo, Temperatur* to maintain; *Kurs* to keep to; **das Gleichgewicht ~** to keep one's balance; **etw am Leben ~** to keep sth alive; **(mit j-m) Verbindung ~** to keep in touch (with sb); **Abstand ~!** keep your distance!; **etw sauber ~** to keep sth clean; **viel Sport hält schlank** doing a lot of sport keeps you slim; **etw kalt/warm/offen ~** to keep sth cold/warm/open **8** (≈ *handhaben*) **das kannst du (so) ~, wie du willst** that's entirely up to you; **wir ~ es mit den Abrechnungen anders** we deal with invoices in a different way **9** (≈ *veranstalten*) *Fest* to give; *Rede* to make; **Selbstgespräche ~** to talk to oneself; **Unterricht ~** to teach; **Mittagsschlaf ~** to have an afternoon nap **10** (≈ *einschätzen*) **j-n/etw für etw ~** to think sb/sth sth; (≈ *betrachten als*) to consider sb/sth sth; **etw für angebracht ~** to think sth appropriate; **wofür ~ Sie mich?** what do you take me for?; **das halte ich nicht für möglich** I don't think that is possible; **etw von j-m/etw ~** to think sth of sb/sth; **was hältst du von …?** what do you think about *od* of …?; **nicht viel von j-m/etw ~** not to think much of sb/sth; **ich halte nichts davon, das zu tun** I'm not in favour *Br od* favor *US* of (doing) that; **viel auf etw** (*akk*) **~** to consider sth very important **B** *v/i* **1** (≈ *festhalten*) to hold; (≈ *haften bleiben*) to stick; SPORT to make a save **2** (≈ *haltbar sein*) to last; *Konserven* to keep; *Frisur* to hold; *Stoff* to be hard-wearing; **Rosen ~ länger, wenn …** roses last longer if … **3** (≈ *anhalten*) to stop; **zum Halten bringen** to bring to a standstill; **auf sich** (*akk*) **~** (≈ *auf sein Äußeres achten*) to take a pride in oneself; (≈ *selbstbewusst sein*) to be self-confident; **an sich** (*akk*) **~** (≈ *sich beherrschen*) to control oneself; **zu j-m ~** (≈ *beistehen*) to stand by sb **C** *v/r* **1** (≈ *sich festhalten*) to hold on (**an** +*dat*) **2** **sich (nach) links ~** to keep (to) the left; **sich nach Westen ~** to keep going westwards; **sich an etw** (*akk*) **~** *an Regeln, Gesetz* to obey sth; **ich halte mich an die alte Methode** I'll stick to the old method; **sich an ein Versprechen ~** to keep a promise; **sich an die Tatsachen ~** to keep to the facts **3** (≈ *sich nicht verändern*) *Lebensmittel, Blumen* to keep; *Wetter* to last; *Geruch, Rauch* to linger; *Preise* to hold **4** (≈ *seine Position behaupten*) to hold on; *in Kampf* to hold out; **sich gut ~** *in Prüfung, Spiel etc* to do well **5** **sich an j-n ~** (≈ *sich richten nach*) to follow sb; **ich halte mich lieber an den Wein** I'd rather stick to wine; **er hält sich für besonders klug** he thinks he's very clever
Halter *m* **1** (≈ *Halterung*) holder **2** (≈ *Sockenhalter*) garter; (≈ *Strumpfhalter, Hüfthalter*) suspender belt *Br*, garter belt *US*
Halter(in) *m(f)* JUR owner
Halterung *f* mounting; *für Regal etc* support
Halteschild *n* stop sign
Haltestelle *f* stop
Halteverbot *n* (≈ *Stelle*) no-stopping zone; **hier ist ~** there's no stopping here

Halteverbot(s)schild n no-stopping sign

haltlos adj (≈ *schwach*) insecure; (≈ *hemmungslos*) unrestrained; (≈ *unbegründet*) groundless

haltmachen v/i to stop; **vor nichts ~** fig to stop at nothing; **vor niemandem ~** fig to spare no-one

Haltung f **1** (≈ *Körperhaltung*) posture; (≈ *Stellung*) position; **~ annehmen** bes MIL to stand to attention **2** fig (≈ *Einstellung*) attitude (**gegenüber** to, towards) **3** (≈ *Beherrschtheit*) composure; **~ bewahren** to keep one's composure **4** *von Tieren, Fahrzeugen* keeping

Halunke m scoundrel; *hum* rascal

Hämatom n haematoma Br, hematoma US

Hamburg n Hamburg

Hamburger m GASTR hamburger

hamburgisch adj Hamburg attr

hämisch **A** adj malicious **B** adv maliciously

Hammel m **1** ZOOL wether **2** GASTR mutton

Hammelfleisch n mutton

Hammelkeule f GASTR leg of mutton

Hammer m hammer; **unter den ~ kommen** to come under the hammer; **das ist (echt) der ~** umg (≈ *ist toll*) it's the business umg; (≈ *ist unmöglich*) it's unbelievable

hämmern **A** v/i to hammer; *mit den Fäusten etc* to pound **B** v/t to hammer; *Blech etc* to beat

Hammerwerfen n SPORT hammer(-throwing)

Hammerwerfer(in) m(f) SPORT hammer-thrower

Hammondorgel f electric organ

Hämoglobin n haemoglobin Br, hemoglobin US

Hämophilie f haemophilia Br, hemophilia US

Hämorrhoiden pl, **Hämorriden** pl piles pl, haemorrhoids pl Br, hemorrhoids pl US

Hampelmann m jumping jack; **j-n zu einem ~ machen** umg to walk all over sb

Hamster m hamster

Hamsterkauf m panic buying kein pl; **Hamsterkäufe machen** to buy in order to hoard; *bei Knappheit* to panic-buy

hamstern v/t & v/i (≈ *ansammeln*) to hoard

Hand f **1** hand; **j-m die ~ geben** to give sb one's hand; **die ~ ausstrecken** to reach out; **die ~ heben** to put one's hand up; **Hände hoch!** (put your) hands up!; **Hände weg!** hands off!; **~ aufs Herz** hand on heart; **~ breit** → Handbreit **2** SPORT umg (≈ *Handspiel*) handball **3** *mit Adjektiv* **ein Auto aus erster ~** a car which has had one previous owner; **etw aus erster ~ wissen** to have first-hand knowledge of sth; **aus zweiter ~** (≈ *gebraucht*) second-hand; **in festen Händen sein** fig to be spoken for; **bei etw eine glückliche ~ haben** to be lucky with sth; **in guten Händen sein** to be in good hands; **mit leeren Händen** empty-handed; **letzte ~ an etw** (akk) **legen** to put the finishing touches to sth; **linker ~, zur linken ~** on the left-hand side; **aus** od **von privater ~** privately; **das Geld mit vollen Händen ausgeben** to spend money hand over fist umg **4** *mit Präposition* **j-n an die** od **bei der ~ nehmen** to take sb by the hand; **an ~ von** od *+gen* → anhand; **das liegt auf der ~** umg that's obvious; **aus der ~ zeichnen** freehand; **j-m etw aus der ~ nehmen** to take sth from sb; **etw aus der ~ geben** to let sth out of one's hands; **mit etw schnell bei der ~ sein** umg to be ready with sth; **~ in ~** hand in hand; **etw in der ~ haben** to have sth; **etw gegen j-n in der ~ haben** to have sth on sb; **etw in die ~ nehmen** to pick sth up; fig to take sth in hand; **(bei etw) mit ~ anlegen** to lend a hand (with sth); **sich mit Händen und Füßen gegen etw wehren** to fight sth tooth and nail; **um j-s ~ bitten** od **anhalten** to ask for sb's hand (in marriage); **unter der ~** fig on the quiet; **von ~ geschrieben** handwritten; **die Arbeit ging ihr leicht von der ~** she found the work easy; **etw lässt sich nicht von der ~ weisen** sth is undeniable; **von der ~ in den Mund leben** to live from hand to mouth; **zur ~ sein** to be at hand; **etw zur ~ haben** to have sth to hand; **j-m zur ~ gehen** to lend sb a (helping) hand; **zu Händen von j-m** for the attention of sb **5** *mit Verb* **darauf gaben sie sich die ~** they shook hands on it; **sich die ~ geben** od **schütteln** to shake hands; **eine ~ wäscht die andere** you scratch my back, I'll scratch yours; **die Hände überm Kopf zusammenschlagen** to throw up one's hands in horror; **alle Hände voll zu tun haben** to have one's hands full; **~ und Fuß haben** to make sense; **die ~ für j-n ins Feuer legen** to vouch for sb

Handarbeit f **1** work done by hand; *Gegenstand* handmade article; **etw in ~ herstellen** to produce sth by hand **2** (≈ *Nähen, Sticken etc*) needlework kein pl; **diese Tischdecke ist ~** this tablecloth is handmade **3** *kunsthandwerklich* handicraft kein pl; **eine ~** a piece of handicraft work

Handball m (≈ *Spiel*) handball

Handballer(in) m(f) handball player

Handbetrieb m hand operation; **mit ~** hand-operated

Handbewegung f sweep of the hand; (≈ *Geste, Zeichen*) gesture

Handbohrer m gimlet

Handbohrmaschine f (hand) drill

Handbreit f **eine ~** six inches

Handbremse f handbrake Br, parking brake US

Handbuch n handbook; *technisch* manual

Händchen n **~ halten** umg to hold hands; **für**

etw ein ~ haben *umg* to be good at sth
Händedruck *m* handshake
Handel *m* **1** (≈ *das Handeln*) trade; *bes mit illegaler Ware* traffic; **~ mit etw** trade in sth **2** (≈ *Warenmarkt*) market; **im ~ sein** to be on the market; **etw aus dem ~ ziehen** to take sth off the market; **(mit j-m) ~ (be)treiben** to trade (with sb); **~ treibend** trading **3** (≈ *Abmachung*) deal
Handelfmeter *m* penalty for a handball
handeln **A** *v/i* **1** (≈ *Handel treiben*) to trade; **er handelt mit Gemüse** he's in the vegetable trade; **er handelt mit Drogen** he traffics in drugs **2** (≈ *feilschen*) to haggle (**um** over); **ich lasse schon mit mir ~** I'm open to persuasion; *in Bezug auf Preis* I'm open to offers **3** (≈ *tätig werden*) to act, to take action **4** (≈ *zum Thema haben*) **von etw ~, über etw** (*akk*) **~** to deal with sth, to be about sth **B** *v/r* **1** **es handelt sich hier um ein Verbrechen** it's a crime we are dealing with here; **bei dem Festgenommenen handelt es sich um X** the person arrested is X **2** (≈ *betreffen*) **sich um etw ~** to be about sth **C** *v/t* (≈ *verkaufen*) to sell (**für** at, for); *an der Börse* to quote (**mit** at)
Handeln *n* **1** (≈ *Feilschen*) bargaining, haggling **2** (≈ *das Handeltreiben*) trading **3** behaviour *Br*, behavior *US* **4** (≈ *das Tätigwerden*) action
Handelsabkommen *n* trade agreement
Handelsbank *f* merchant bank
Handelsbeziehungen *pl* trade relations *pl*
Handelsbilanz *f* balance of trade; **aktive/passive ~** balance of trade surplus/deficit
Handelsdefizit *n* trade deficit
handelseinig *adj* **~ werden/sein** to agree terms
Handelsflotte *f* merchant fleet
Handelsgesellschaft *f* commercial company; **offene ~** general partnership
Handelsgesetz *n* commercial law
Handelsgut *n* commodity
Handelshafen *m* trading port
Handelskammer *f* chamber of commerce
Handelsklasse *f* grade; **Heringe der ~ 1** grade 1 herring
Handelsmarine *f* merchant navy
Handelsmarke *f* trade name
Handelsname *m* trade name
Handelsniederlassung *f* branch (of a trading organization)
Handelspolitik *f* trade policy
Handelsrecht *n* commercial law *kein best art, kein pl*
Handelsregister *n* register of companies
Handelsreisende(r) *m/f(m)* commercial traveller *Br*, commercial traveler *US*
Handelsschiff *n* trading ship
Handelsschifffahrt *f* merchant shipping
Handelsschranke *f* trade barrier
Handelsschule *f* commercial school *od* college
Handelsschüler(in) *m(f)* student at a commercial school *od* college
Handelsspanne *f* profit margin
handelsüblich *adj* usual (in the trade *od* in commerce); *Ware* standard
Handelsvertreter(in) *m(f)* commercial traveller *Br*, commercial traveler *US*
Handelsvertretung *f* trade mission
Handelsware *f* commodity; **~n** *pl* merchandise *sg*, commodities *pl*; **„keine ~"** *Post* "no commercial value"
Handelszentrum *n* trading centre *Br*, trading center *US*
Handelszweig *m* branch
handeltreibend *adj* trading
händeringend *adv* wringing one's hands; *fig um etw bitten* imploringly
Händetrockner *m* hand drier
Handfeger *m* hand brush
handfest *adj* **1** *Essen* substantial **2** *fig Schlägerei* violent; *Skandal* huge; *Argument* well-founded; *Beweis* solid; *Lüge* flagrant, blatant
Handfeuerwaffe *f* handgun
Handfläche *f* palm (of the/one's hand)
Handfunkgerät *n* walkie-talkie
handgearbeitet *adj* handmade
Handgelenk *n* wrist; **aus dem ~** *fig umg* (≈ *ohne Mühe*) effortlessly; (≈ *improvisiert*) off the cuff
Handgelenkschützer *m* wrist guard
handgemacht *adj* handmade
Handgemenge *n* scuffle
Handgepäck *n* hand luggage *kein pl od* baggage *kein pl*; FLUG cabin luggage, carry-on (baggage) *US*
handgeschrieben *adj* handwritten
handgestrickt *adj* hand-knitted; *fig* homespun
Handgranate *f* hand grenade
handgreiflich *adj Streit* violent; **~ werden** to become violent
Handgreiflichkeit *f* violence *kein pl*
Handgriff *m* **1** (≈ *Bewegung*) movement; **keinen ~ tun** not to lift a finger; **mit einem ~** *öffnen* with one flick of the wrist; **mit ein paar ~en** in next to no time **2** (≈ *Gegenstand*) handle
Handhabe *fig f* **ich habe gegen ihn keine ~** I have no hold on him
handhaben *v/t* to handle; *Gesetz* to implement
Handhabung *f* handling; *von Gesetz* implementation
Handheld *n* **1** COMPUT handheld (computer) **2** FOTO handheld camera
Handheld-PC *m* handheld PC

Handicap, Handikap n handicap
Handkarren m handcart, trolley
Handkoffer m (small) suitcase
Handkuss m kiss on the hand; **mit ~** fig umg with pleasure
Handlanger(in) fig m(f) dogsbody Br umg, drudge US; pej (≈ Gehilfe) henchman
Händler(in) m(f) trader; (≈ Autohändler) dealer; (≈ Ladenbesitzer) shopkeeper Br, store owner US; (≈ Einzelhändler) retailer
Händlerrabatt m trade discount
handlich adj Gerät, Format handy; Gepäckstück manageable; Auto manoeuvrable Br, maneuverable US
Handlung f action; (≈ Tat, Akt) act; (≈ Handlungsablauf) plot; einer Geschichte storyline; **der Ort der ~** the scene of the action; **äußere/innere ~** LIT external/internal action; **fallende/steigende ~** LIT falling/rising action
Handlungsbedarf m need for action
Handlungsbevollmächtigte(r) m/f(m) authorized agent
handlungsfähig adj Regierung capable of acting; JUR authorized to act; **eine ~e Mehrheit** a working majority
Handlungsfähigkeit f von Regierung ability to act; JUR power to act
Handlungsspielraum m scope (of action)
handlungsunfähig adj Regierung incapable of acting; JUR without power to act
Handlungsvollmacht f proxy
Handlungsweise f conduct kein pl
Handlungszeit f LIT acting time
Handout, Hand-out n handout
Handpflege f care of one's hands
Handpuppe f glove puppet Br, hand puppet US
Handreichung f ◨ (≈ Hilfe) helping hand kein pl ◪ Gedrucktes handout
Handrücken m back of the/one's hand
Handschelle f handcuff; **j-m ~n anlegen** to handcuff sb
Handschlag m ◨ (≈ Händedruck) handshake; **per ~** with a handshake ◪ **keinen ~ tun** not to do a stroke (of work)
Handschmeichler m worry stone, palm stone; in Form einer Kette worry beads pl
Handschrift f ◨ handwriting; **etw trägt j-s ~** fig sth bears sb's (trade)mark ◪ (≈ Text) manuscript
handschriftlich ◭ adj handwritten ◮ adv korrigieren by hand
Handschuh m glove; (≈ Fausthandschuh) mitten, mitt umg
Handschuhfach n AUTO glove compartment
Handspiel n SPORT handball
Handstand m SPORT handstand
Handstreich m **in** od **durch einen ~** in a surprise coup
Handtasche f handbag Br, purse US
Handtuch n towel; **das ~ werfen** to throw in the towel
Handtuchautomat m towel dispenser
Handtuchhalter m towel rail Br, towel rack US
Handumdrehen fig n **im ~** in the twinkling of an eye
handverlesen adj Obst etc hand-graded; fig hand-picked
Handwagen m handcart
Handwaschbecken n wash-hand basin
Handwäsche f washing by hand; (≈ Wäschestücke) hand wash
Handwerk n trade; (≈ Kunsthandwerk) craft; **sein ~ verstehen** fig to know one's job; **j-m ins ~ pfuschen** fig to tread on sb's toes; **j-m das ~ legen** fig to put a stop to sb's game umg, to put a stop to sb
Handwerker(in) m(f) tradesman/-woman, (skilled) manual worker; für Reparaturen etc workman; (≈ Kunsthandwerker) craftsman/-woman
handwerklich adj Ausbildung as a manual worker/craftsman/craftswoman; technical; **~er Beruf** skilled trade; **~es Können** craftsmanship; **~e Fähigkeiten** manual skills
Handwerksberuf m skilled trade
Handwerksbetrieb m workshop
Handwerkskammer f trade corporation
Handwerksmeister(in) m(f) master craftsman/-woman
Handwerkszeug n tools pl; fig tools pl of the trade, equipment
Handwurzel f ANAT carpus
Handy n TEL mobile (phone) Br, cell (phone) US
Handy-App f mobile app
Handy-Geldbörse f mobile wallet
Handyhülle f mobile phone case od cover Br, cell phone case od cover US
Handynetz n mobile (phone) network Br, cell phone network US
Handynummer f TEL mobile (phone) number Br, cell phone number US
Handytasche f mobile phone case Br, cell phone case US
Handyticket n m-ticket
Handyverbot n mobile phone ban Br, cell phone ban US; **das ~ am Steuer wird ignoriert** people are ignoring the ban on using mobile phones od cell phones when driving
Handyvertrag m mobile phone contract Br, cell phone contract US
Handzeichen n signal; bei Abstimmung show of hands
Handzettel m handout, leaflet

hanebüchen *geh adj* outrageous
Hanf *m* hemp
Hang *m* **1** (≈ *Abhang*) slope **2** (≈ *Neigung*) tendency; **sie hat einen ~ zum Übertreiben** she has a tendency to exaggerate
Hängebauch *m* drooping belly *umg*
Hängebrücke *f* suspension bridge
Hängebrust *f*, **Hängebusen** *pej m* sagging breasts *pl*
Hängematte *f* hammock
hängen **A** *v/i* **1** to hang; **die Vorhänge ~ schief** the curtains don't hang straight; **ihre Haare ~ bis auf die Schultern** her hair comes down to her shoulders; **das Bild hängt an der Wand** the picture is hanging on the wall; **mit ~den Schultern** with drooping shoulders; **den Kopf ~ lassen** *fig* to be downcast; **eine Gefahr hängt über uns** danger is hanging over us **2** (≈ *festhängen*) to be caught (**an** +*dat* on); (≈ *kleben*) to be stuck (**an** +*dat* to); **ihre Blicke hingen an dem Sänger** her eyes were fixed on the singer **3** *umg* (≈ *sich aufhalten*) to hang around *umg*; **sie hängt ständig in Discos** she hangs around discos **4** *gefühlsmäßig* **an j-m/etw ~** (≈ *lieben*) to be attached to sb/sth; **ich hänge am Leben** I love life; **es hängt an ihm, ob ...** it depends on him whether ... **B** *v/t* (≈ *aufhängen*) to hang; **das Bild an die Wand ~** to hang the picture on the wall **C** *v/r* **sich an etw** (*akk*) **~** (≈ *sich festhalten*) to hang on to sth; (≈ *sich festsetzen*) to stick to sth; *gefühlsmäßig* to be fixated on sth; **sich an j-n ~** (≈ *anschließen*) to tag on to sb *umg*; *gefühlsmäßig* to become attached to sb; (≈ *verfolgen*) to go after sb
Hängen *n* **mit ~ und Würgen** *umg* by the skin of one's teeth
hängen bleiben *v/i* (≈ *sich verfangen*) to get caught (**an** +*dat* on); (≈ *nicht durch-, weiterkommen*) not to get through; (≈ *sich aufhalten*) to stay on; (≈ *haften bleiben*) to get stuck (**in, an** +*dat* on); **der Verdacht ist an ihm hängen geblieben** suspicion rested on him
hängen lassen **A** *v/t* **1** (≈ *vergessen*) to leave behind **2** *umg* (≈ *im Stich lassen*) to let down **B** *v/r* to let oneself go; **lass dich nicht so hängen!** don't let yourself go like this!
Hängeschrank *m* wall cupboard
Hansaplast® *n* (sticking) plaster
Hanse *f* HIST Hanseatic League
hanseatisch *adj* Hanseatic
hänseln *v/t* to tease; *böswillig* to pick on
Hansestadt *f* Hansa *od* Hanseatic town
Hanswurst *m* clown
Hantel *f* SPORT dumbbell
hantieren *v/i* **1** (≈ *arbeiten*) to be busy **2** (≈ *umgehen mit*) **mit etw ~** to handle sth **3** (≈ *herumhantieren*) to tinker about (**an** +*dat* with, on)
hapern *umg v/i* **es hapert an etw** (*dat*) (≈ *fehlt*) there is a shortage of sth; **es hapert bei j-m mit etw** (≈ *fehlt*) sb is short of sth
Häppchen *n* morsel; (≈ *Appetithappen*) titbit *Br*, tidbit *US*
häppchenweise *umg adv* bit by bit
Happen *umg m* mouthful; (≈ *kleine Mahlzeit*) bite
happig *umg adj* steep *umg*
Happy End *n*, **Happyend** *n* happy ending
Happy Hour *f* happy hour
Harass *m schweiz* (≈ *Kasten, Kiste*) crate
Härchen *n* little hair
Hardcover *n*, **Hard Cover** *n* hardcover
Hardliner(in) *m(f)* POL hardliner
Hardware *f* COMPUT hardware
Harem *m* harem
Harfe *f* harp; **~ spielen** to play the harp
Harfenist(in) *m(f)* harpist
Harke *f* rake; **j-m zeigen, was eine ~ ist** *fig umg* to show sb what's what *umg*
harken *v/t & v/i* to rake
harmlos *adj* harmless; *Kurve* easy
Harmlosigkeit *f* harmlessness
Harmonie *f* harmony
harmonieren *v/i* to harmonize
Harmonika *f* harmonica; (≈ *Ziehharmonika*) accordion
harmonisch *adj* MUS harmonic; (≈ *wohlklingend*) harmonious; **~ verlaufen** to be harmonious; **sie leben ~ zusammen** they live together in harmony
harmonisieren *v/t* to harmonize
Harmonisierung *f* harmonization
Harn *m* urine; **~ lassen** to urinate
Harnblase *f* bladder
Harnleiter *m* ureter
Harnröhre *f* urethra
Harpune *f* harpoon
harsch *adj* (≈ *barsch*) harsh
hart **A** *adj* **1** hard; *Ei* hard-boiled **2** (≈ *scharf*) *Konturen, Formen* sharp; *Klang, Ton* harsh **3** (≈ *rau*) *Spiel* rough; *fig Getränke* strong; *Droge* hard; *Porno* hard-core **4** (≈ *streng, robust*) tough; *Strafe, Kritik* severe; **~ bleiben** to stand firm; **es geht ~ auf ~** it's a tough fight **B** *adv* hard; **~ gefroren** frozen solid *präd*; **~ gekocht** *Ei* hard-boiled; **~ klingen** *Sprache* to sound hard; *Bemerkung* to sound harsh; **etw trifft j-n ~** sth hits sb hard; **~ spielen** SPORT to play rough; **~ durchgreifen** to take tough action; **j-n ~ anfassen** to be hard on sb; **das ist ~ an der Grenze der Legalität** that's on the very limits of legality; **~ am Wind (segeln)** SCHIFF (to sail) close to the wind
Härte *f* hardness; *von Aufprall* violence; (≈ *Härtegrad*) degree (of hardness); *von Konturen, Formen*

sharpness; *von Klang, Akzent* harshness; *von Spiel* roughness *kein pl; von Währung* stability; *von Strafe, Kritik* severity; **soziale ~n** social hardships; **das ist die ~** *sl (≈ Zumutung)* that's a bit much *umg*

Härtefall *m* case of hardship; *umg (≈ Mensch)* hardship case

härten *v/t* to harden; *Stahl* to temper

Härtetest *m* endurance test; *fig* acid test

Hartfaserplatte *f* hardboard, fiberboard *US*

Hartgummi *m/n* hard rubber

hartherzig *adj* hard-hearted

Hartherzigkeit *f* hard-heartedness

Hartholz *n* hardwood

Hartkäse *m* hard cheese

hartnäckig **A** *adj* stubborn; *Lügner, Husten* persistent **B** *adv (≈ beharrlich)* persistently; *(≈ stur)* stubbornly

Hartnäckigkeit *f* stubbornness; *(≈ Beharrlichkeit)* doggedness

Hartweizengrieß *m* semolina

Hartwurst *f* dry sausage

Hartz-IV-Empfänger(in) *m(f)* person receiving the long-term unemployment benefit; **die ~** the long-term unemployed

Harz¹ *n* resin; *Geigenharz* rosin

Harz² *m* GEOG Harz Mountains *pl*

harzig *adj Holz, Geschmack* resinous

Hasch *umg n* hash *umg*

Haschee *n* GASTR hash

Häschen *n* **1** young hare **2** *umg (≈ Kaninchen)* bunny *umg* **3** *(≈ Kosename)* sweetheart

haschen *v/i umg (≈ Haschisch rauchen)* to smoke pot *umg*

Hascherl *n österr umg* poor soul

Haschisch *n/m* hashish

Hase *m* hare; *(≈ Kaninchen)* rabbit; **falscher ~** GASTR meat loaf; **sehen, wie der ~ läuft** *fig umg* to see which way the wind blows; **alter ~** *fig umg* old hand; **da liegt der ~ im Pfeffer** *umg* that's the crux of the matter

Haselnuss *f* hazelnut

Hasenpfeffer *m* GASTR ≈ jugged hare

hasenrein *adj* **j-d/etw ist nicht (ganz) ~** *umg* sb/sth is not (quite) above board

Hasenscharte *f* MED harelip

Hashtag *m/n* IT *mit Doppelkreuz/Raute markiertes Schlagwort* hashtag

Häsin *f* female hare

Hass *m* hatred (**auf** +*akk od* **gegen** of); **Liebe und ~** love and hate; **einen ~ (auf j-n) haben** *umg* to be really sore (with sb) *umg*

hassen *v/t & v/i* to hate

hassenswert *adj* hateful

hässlich **A** *adj* **1** *(≈ scheußlich)* ugly **2** *(≈ gemein, unerfreulich)* nasty **B** *adv* **1** *(≈ gemein)* **sich ~ benehmen** to be nasty **2** *(≈ nicht schön)* hideously

Hässlichkeit *f* **1** *(≈ Scheußlichkeit)* ugliness **2** *(≈ Gemeinheit)* nastiness

Hassliebe *f* love-hate relationship (**für** with)

Hassprediger *m* hate preacher

Hast *f* haste

hasten *geh v/i* to hasten *form*

hastig **A** *adj* hasty **B** *adv* hastily; **nicht so ~!** not so fast!

hätscheln *v/t (≈ zu weich behandeln)* to pamper

hatschen *v/i österr umg (≈ mühsam gehen)* to trudge along; *(≈ hinken)* to hobble

hatschi *int* atishoo *Br*, achoo

hätte(n) had; **~(n) gern** would like

Hattrick *m* SPORT hat-trick; *fig* masterstroke

Haube *f* **1** *(≈ Kopfbedeckung)* bonnet; *von Krankenschwester etc* cap; **unter die ~ kommen** *hum* to get married **2** *allgemein (≈ Bedeckung)* cover; *(≈ Trockenhaube)* (hair) dryer, drying hood *US*; *(≈ Motorhaube)* bonnet *Br*, hood *US*

Hauch *m* **1** *geh (≈ Atem)* breath; *(≈ Luftzug)* breeze **2** *(≈ Andeutung)* hint

hauchdünn *adj* extremely thin; *Scheiben* wafer--thin; *fig Mehrheit* extremely narrow; *Sieg* extremely close

hauchen *v/t & v/i* to breathe

Haue *f* **1** *österr, südd (≈ Pickel)* pickaxe *Br*, pickax *US*; *(≈ Gartenhacke)* hoe **2** *umg (≈ Prügel)* **~ kriegen** to get a good hiding *umg*

hauen **A** *v/t* **1** *umg (≈ schlagen)* to hit **2** *(≈ meißeln)* *Statue* to carve **3** *dial (≈ zerhacken) Holz* to chop (up) **B** *v/i umg (≈ schlagen)* to hit; **j-m auf die Schulter ~** to slap sb on the shoulder **C** *v/r umg (≈ sich prügeln)* to scrap

Hauer *m* ZOOL tusk

Häufchen *n* small heap; **ein ~ Unglück** a picture of misery

Haufen *m* **1** heap; *(≈ Stapel)* pile; **j-n/ein Tier über den ~ fahren** *etc umg* to knock sb/an animal down; **j-n über den ~ schießen** *umg* to shoot sb down; **etw** (*akk*) **über den ~ werfen** *umg (≈ verwerfen)* to throw sth out, to chuck sth out *umg*; *(≈ durchkreuzen)* to mess sth up *umg*; **der Hund hat da einen ~ gemacht** the dog has made a mess there *umg* **2** *(≈ große Menge)* load *umg*; **ein ~ Unsinn** a load of (old) nonsense; **ein ~ Zeit** loads of time *umg*; **ich hab noch einen ~ zu tun** I still have loads to do *umg* **3** *(≈ Schar)* crowd

häufen **A** *v/t* to pile up; *(≈ sammeln)* to accumulate; → **gehäuft B** *v/r (≈ sich ansammeln)* to mount up; *(≈ zahlreicher werden)* to occur increasingly often

haufenweise *adv (≈ in Haufen)* in heaps; **etw ~ haben** to have heaps of sth *umg*

Haufenwolke *f* cumulus (cloud)

häufig **A** *adj* frequent; **ein ~er Fehler** a common mistake **B** *adv* often, frequently
Häufigkeit *f* frequency
Häufung *f* **1** *fig* (≈ *das Anhäufen*) accumulation **2** (≈ *das Sichhäufen*) increasing number
Haupt *n* head; **eine Reform an ~ und Gliedern** a total reform
Haupt- *zssgn* main
Hauptaktionär(in) *m(f)* main shareholder, stakeholder *US*
Hauptakzent *m* **1** LING primary accent *od* stress **2** *fig* main emphasis
hauptamtlich **A** *adj* full-time; **~e Tätigkeit** full-time office **B** *adv* (on a) full-time (basis); **~ tätig sein** to work full-time
Hauptanschluss *m* TEL main extension
Hauptarbeit *f* main (part of the) work
Hauptattraktion *f* main attraction
Hauptaufgabe *f* main *od* chief task
Hauptaugenmerk *f* **sein ~ auf etw** (*akk*) **richten** to focus one's attention on sth
Hauptausgang *m* main exit
Hauptbahnhof *m* main station
hauptberuflich **A** *adj* full-time; **~e Tätigkeit** main occupation **B** *adv* full-time; **~ tätig sein** to be employed full-time
Hauptbeschäftigung *f* main occupation
Hauptbetrieb *m* **1** (≈ *Zentralbetrieb*) headquarters **2** (≈ *geschäftigste Zeit*) peak period; (≈ *Hauptverkehrszeit*) rush hour
Hauptdarsteller *m* leading man
Hauptdarstellerin *f* leading woman *od* lady
Haupteingang *m* main entrance
Häuptelsalat *m* österr lettuce
Hauptfach *n* SCHULE, UNIV main subject, major *US*; **etw im ~ studieren** to study sth as one's main subject, to major in sth *US*
Hauptfeld *n bei Rennen* (main) pack
Hauptfigur *f* central figure
Hauptgang *m*, **Hauptgericht** *n* main course
Hauptgeschäftsstelle *f* head office, headquarters
Hauptgeschäftszeit *f* peak (shopping) period
Hauptgewicht *fig n* main emphasis
Hauptgewinn *m* first prize
Hauptgrund *m* main *od* principal reason
Haupthahn *m* mains cock, mains tap *Br*
Hauptlast *f* main load, major part of the load; *fig* main burden
Hauptleitung *f* mains *pl*
Häuptling *m* chief(tain); *fig umg* (≈ *Boss*) chief *umg*
Hauptmahlzeit *f* main meal
Hauptmann *m* MIL captain; FLUG flight lieutenant *Br*, captain *US*
Hauptmenü *n* IT main menu

Hauptmieter(in) *m(f)* main tenant
Hauptnahrungsmittel *n* staple food
Hauptperson *f* central figure; LIT protagonist
Hauptpostamt *n* main post office
Hauptquartier *n* headquarters
Hauptreisezeit *f* peak travelling *Br od* traveling *US*, time(s) (*pl*)
Hauptrolle *f* FILM, THEAT leading role, lead; **die ~ spielen** *fig* to be all-important; (≈ *wichtigste Person sein*) to play the main role
Hauptsache *f* main thing; **in der ~** in the main; **~, du bist glücklich** the main thing is that you're happy
hauptsächlich **A** *adv* mainly, mostly **B** *adj* main
Hauptsaison *f* peak season; **~ haben** to have its/their peak season
Hauptsatz *m* GRAM übergeordnet main clause
Hauptschlagader *f* aorta
Hauptschulabschluss *m* **den ~ haben** ≈ to have completed secondary school *od* junior high (school) *US*
Hauptschuldige(r) *m/f(m)* person mainly to blame *od* at fault; *bes* JUR main offender
Hauptschule *f* ≈ secondary school, ≈ junior high (school) *US*
Hauptschüler(in) *m(f)* ≈ secondary school pupil, junior high (school) pupil *US*
Hauptsendezeit *f* TV peak viewing time, prime time
Hauptsitz *m* headquarters *pl*
Hauptspeise *f* main dish
Hauptstadt *f* capital (city)
hauptstädtisch *adj* metropolitan
Hauptstraße *f* main road; *im Stadtzentrum etc* main street
Hauptstudium *n* UNIV main course (of studies)
Hauptteil *m* main part; *einer Präsentation a.* main body
Haupttreffer *m* top prize, jackpot *umg*
Hauptverkehrsstraße *f in Stadt* main street; (≈ *Durchgangsstraße*) main thoroughfare
Hauptverkehrszeit *f* peak traffic times *pl*; *in Stadt* rush hour
Hauptversammlung *f* general meeting
Hauptwäsche *f*, **Hauptwaschgang** *m* main wash
Hauptwohnsitz *m* main place of residence
Hauptwort *n* GRAM noun
Hauptzeuge *m*, **Hauptzeugin** *f* principal witness
hau ruck *int* heave-ho
Hauruckverfahren *n* **etw im ~ tun** to do sth in a great hurry
Haus *n* house; **mit j-m ~ an ~ wohnen** to live next door to sb; **~ und Hof verlieren** to lose

the roof over one's head; **aus dem ~ sein** to be away from home; **außer ~ essen** to eat out; **im ~e meiner Schwester** at my sister's (house); **im ~ der Shaws, bei den Shaws zu ~e** at the Shaws' house; **im ~ lebend** live-in; **ins ~ stehen** fig to be on the way; **nach ~e** home; **j-n nach ~e bringen** to take sb home; **zu ~e** at home; **bei j-m zu ~e** in sb's house od home; **bei uns zu ~e** at home; **sich wie zu ~e fühlen** to feel at home; **fühl dich wie zu ~e!** make yourself at home!; **er ist nicht im ~e** (≈ in der Firma) he's not in; **ein Freund des ~es** a friend of the family; **aus gutem/bürgerlichem ~(e)** from a good/middle-class family; **von ~e aus** (≈ ursprünglich) originally; (≈ von Natur aus) naturally; **das ~ Windsor** the House of Windsor; **vor vollem ~ spielen** THEAT to play to a full house; **Hohes ~!** PARL ≈ honourable members (of the House)! Br, ≈ honorable members (of the House)! US

Hausapotheke f medicine cupboard Br, medicine chest US

Hausarbeit f [1] housework kein unbest art, kein pl [2] SCHULE homework kein unbest art, kein pl, piece of homework, assignment bes US

Hausarrest m im Internat detention; JUR house arrest; **~ haben** to be in detention/under house arrest; Kind to be grounded

Hausarzt m, **Hausärztin** f GP, family doctor; von Hotel etc resident doctor

Hausaufgabe f SCHULE homework sg, kein unbest art; **seine ~n machen** to do one's homework; **was haben wir als ~ auf?** what's for homework?

Hausaufgabenheft n homework diary

hausbacken fig adj homespun, homely US

Hausbau m (≈ das Bauen) building of a/the house

Hausbesetzer(in) m(f) squatter

Hausbesetzung f squatting

Hausbesitzer(in) m(f) house-owner; (≈ Hauswirt) landlord/landlady

Hausbesuch m home visit

Hausbewohner(in) m(f) (house) occupant

Hausboot n houseboat

Häuschen fig umg n **ganz aus dem ~ sein vor ...** to be out of one's mind with ... umg; **ganz aus dem ~ geraten** to go berserk umg

Hausdetektiv(in) m(f) house detective; von Kaufhaus store detective

Hauseigentümer(in) m(f) homeowner

Hauseingang m (house) entrance

Häusel n österr umg (≈ Toilette) smallest room Br hum umg, bathroom US

hausen v/i [1] (≈ wohnen) to live [2] (≈ wüten) (**übel** od **schlimm**) **~** to wreak havoc

Häuserblock m block (of houses)

Häuserflucht f row of houses

Häuserreihe f row of houses; aneinandergebaut terrace

Hausflur m (entrance) hall, hallway

Hausfrau f housewife

Hausfriedensbruch m JUR trespass (in sb's house)

hausgemacht adj home-made; fig Problem etc of one's own making

Hausgemeinschaft f household (community)

Haushalt m [1] household; (≈ Haushaltsführung) housekeeping; **den ~ führen** to run the household; **j-m den ~ führen** to keep house for sb [2] (≈ Etat) budget

haushalten v/i **mit etw ~** mit Geld, Zeit to be economical with sth

Haushälter(in) m(f) housekeeper

Haushalts- zssgn household

Haushaltsartikel m household item

Haushaltsdebatte f PARL budget debate

Haushaltsdefizit n POL budget deficit

Haushaltsdisziplin f budgetary discipline

Haushaltsentwurf m POL draft budget, budget proposals pl

Haushaltsführung f housekeeping

Haushaltsgeld n housekeeping money

Haushaltsgerät n appliance

Haushaltshilfe f domestic od home help

Haushaltsjahr n POL, WIRTSCH financial year

Haushaltskonsolidierung f budgetary consolidation

Haushaltsloch n budget deficit

Haushaltswaren pl household goods pl

Haushaltungsvorstand form m head of the household

Hausherr m head of the household; (≈ Gastgeber), a. SPORT host

Hausherrin f lady of the house; (≈ Gastgeberin) hostess

haushoch △ adj (as) high as a house/houses; fig Sieg crushing; **der haushohe Favorit** the hot favourite Br umg, the hot favorite US umg ⓑ adv **~ gewinnen** to win hands down; **j-m ~ überlegen sein** to be head and shoulders above sb

hausieren v/i to hawk (**mit etw** sth); **mit etw ~ gehen** fig mit Plänen etc to hawk sth about

Hausierer(in) m(f) hawker, peddler

Hauskatze f domestic cat

Hauskauf m house-buying, house purchase

Häusl n → Häusel

häuslich △ adj domestic; Pflege home attr; (≈ das Zuhause liebend) home-loving; **~e Gewalt** domestic violence ⓑ adv **sich ~ niederlassen** to make oneself at home; **sich ~ einrichten**

to settle in
Häuslichkeit f domesticity
Hausmacherart f **Wurst** etc **nach ~** home-made-style sausage etc
Hausmacherkost f home cooking
Hausmann m househusband
Hausmannskost f plain cooking od fare; fig plain fare
Hausmeister(in) m(f) caretaker
Hausmittel n household remedy
Hausmüll m domestic refuse
Hausmusik f music at home, family music
Hausnotruf m für ältere Menschen emergency alarm
Hausnummer f house number; **eine ~ zu groß (für j-n) sein** (≈ zu ambitioniert) to be a step too far (for sb)
Hausordnung f house rules pl od regulations pl
Hausputz m house cleaning
Hausrat m household equipment
Hausratversicherung f (household) contents insurance
Hausschlüssel m front-door key
Hausschuh m slipper
Hausse f WIRTSCH boom (**an** +dat in)
Haussegen m **bei ihnen hängt der ~ schief** hum they're a bit short on domestic bliss umg
Hausstand m household; **einen ~ gründen** to set up house
Hausstauballergie f house dust allergy
Haussuchung f house search
Hausdurchsuchungsbefehl m search warrant
Haustier n pet
Haustierversicherung f pet insurance, animal health insurance
Haustür f front door
Hausverbot n **j-m ~ erteilen** to ban sb from the house
Hausverwalter(in) m(f) (house) supervisor
Hausverwaltung f property management
Hauswart(in) m(f) caretaker, janitor
Hauswirt m landlord
Hauswirtin f landlady
Hauswirtschaft f **1** (≈ Haushaltsführung) housekeeping **2** SCHULE home economics sg
Hauswurfsendung f (house-to-house) circular
Haut f skin; (≈ Schale von Obst etc) peel; **nass bis auf die ~** soaked to the skin; **nur ~ und Knochen sein** to be nothing but skin and bone(s); **mit ~ und Haar(en)** umg completely; **in seiner ~ möchte ich nicht stecken** I wouldn't like to be in his shoes; **ihm ist nicht wohl in seiner ~** umg he feels uneasy; **sich auf die faule ~ legen** umg to sit back and do nothing
Hautarzt m, **Hautärztin** f dermatologist
Hautausschlag m (skin) rash
Häutchen n auf Flüssigkeit skin; ANAT, BOT membrane; an Fingernägeln cuticle
Hautcreme f skin cream
häuten **A** v/t Tiere to skin **B** v/r Tier to shed its skin
hauteng adj skintight
Hautevolee f upper crust
Hautfarbe f skin colour Br, skin color US
hautfarben adj flesh-coloured Br, flesh-colored US
Hautkrankheit f skin disease
Hautkrebs m MED skin cancer
hautnah **A** adj **1** (≈ sehr eng), a. SPORT (very) close **2** fig umg Problem that affects us/him etc directly; Darstellung deeply affecting **B** adv **in Kontakt mit j-m/etw kommen** to come into (very) close contact with sb/sth; **etw ~ erleben** to experience sth at close quarters
Hautpflege f skin care
hautschonend adj kind to the skin
Hauttransplantation f skin graft
Havarie bes österr f (≈ Unfall) accident; (≈ Schaden) damage kein unbest art, kein pl
Hawaii n Hawaii
Hawaiianer(in) m(f) Hawaiian
hawaiianisch adj Hawaiian
hawaiisch adj Hawaiian
Haxe f → Hachse
Hbf. abk (= **Hauptbahnhof**) main station
H-Bombe f H-bomb
he int hey; fragend eh
Heavy Metal n heavy metal
Hebamme f midwife
Hebebühne f hydraulic ramp
Hebel m (≈ Griff) lever; fig leverage; **alle ~ in Bewegung setzen** umg to move heaven and earth; **am längeren ~ sitzen** umg to have the whip hand
heben **A** v/t **1** to lift, to raise; **er hebt gern einen** umg he likes a drink; → gehoben **2** (≈ verbessern) to heighten; Ertrag to increase; Stimmung to improve; **j-s Stimmung ~** to cheer sb up **B** v/r to rise; Nebel, Deckel to lift; **da hob sich seine Stimmung** that cheered him up **C** v/i SPORT to do weightlifting
Heber m TECH (hydraulic) jack
hebräisch adj Hebrew
Hebriden pl **die ~** the Hebrides pl; **die Äußeren/Inneren ~** the Outer/Inner Hebrides
Hebung f **1** von Schatz, Wrack etc recovery, raising **2** fig (≈ Verbesserung) improvement
hecheln v/i (≈ keuchen) to pant
Hecht m ZOOL pike; **er ist (wie) ein ~ im Karpfenteich** fig (≈ sorgt für Unruhe) he's a stirrer umg
hechten umg v/i to dive; beim Turnen to do a for-

ward dive
Heck n SCHIFF stern; FLUG tail; AUTO rear
Heckantrieb m rear-wheel drive
Hecke f hedge
Heckenrose f dog rose
Heckenschere f hedge clippers pl
Heckenschütze m, **Heckenschützin** f sniper
Heckklappe f AUTO tailgate
hecklastig adj tail-heavy
Heckmotor m rear engine
Heckscheibe f AUTO rear windscreen Br, rear windshield US
Heckscheibenheizung f rear windscreen heater Br, rear windshield heater US
Heckscheibenwischer m rear windscreen wiper Br, rear windshield wiper US
Hecktür f AUTO tailgate
Hedgefonds m FIN hedge fund
Heer n army, armed forces pl; (≈ Bodenstreitkräfte) ground forces
Hefe f yeast
Hefegebäck n yeast-risen pastry
Hefeteig m yeast dough
Heft[1] n **1** (≈ Schreibheft) exercise book **2** (≈ Zeitschrift) magazine; (≈ Comicheft) comic; (≈ Nummer) issue
Heft[2] n von Messer handle; von Schwert hilt; **das ~ in der Hand haben** fig to hold the reins; **das ~ aus der Hand geben** fig to hand over control
Heftchen n **1** pej (≈ Comicheftchen) rag pej umg **2** (≈ Briefmarkenheftchen) book of stamps
heften A v/t **1** (≈ nähen) Saum, Naht to tack (up); Buch to sew; (≈ klammern) to clip (**an** +akk to); mit Heftmaschine to staple (**an** +akk to) **2** (≈ befestigen) to pin, to fix **B** v/r **1** Blick, Augen **sich auf j-n/etw ~** to fix onto sb/sth **2** **sich an j-n ~** to latch on to sb; **sich an j-s Fersen ~** fig (≈ j-n verfolgen) to dog sb's heels
Hefter m **1** (loose-leaf) file **2** (≈ Heftapparat) stapler
heftig A adj (≈ stark) violent; Fieber, Frost, Erkältung severe; Schmerz, Abneigung, Sehnsucht intense; Widerstand vehement; Regen heavy; Wind, Ton fierce; Worte violent; **~ werden** to fly into a passion **B** adv regnen, zuschlagen hard; kritisieren severely; schütteln vigorously; schimpfen vehemently; verliebt passionately; **sich ~ streiten** to have a violent argument
Heftigkeit f (≈ Stärke) violence; von Frost severity; von Schmerz, Abneigung intensity; von Widerstand vehemence; von Wind ferocity; von Regen heaviness
Heftklammer f staple
Heftmaschine f stapler
Heftpflaster n (sticking) plaster
Heftzwecke f drawing pin Br, thumb tack US

Hegemonie f hegemony
hegen v/t **1** (≈ pflegen) to care for; **j-n ~ und pflegen** to lavish care and attention on sb **2** Hass, Verdacht to harbour Br, to harbor US; Misstrauen to feel; Zweifel to entertain; Wunsch to cherish; **ich hege den starken Verdacht, dass …** I have a strong suspicion that …
Hehl n/m **kein** od **keinen ~ aus etw machen** to make no secret of sth
Hehler(in) m(f) receiver (of stolen goods)
Hehlerei f receiving (stolen goods)
Heide[1] f moor; (≈ Heideland) moorland
Heide[2] m, **Heidin** f heathen
Heidekraut n heather
Heideland n moorland
Heidelbeere f blueberry, bilberry Br
Heidenangst f **eine ~ vor etw** (dat) **haben** umg to be scared stiff of sth umg
Heidenlärm umg m unholy din umg
Heidenspaß umg m terrific fun
heidnisch adj heathen
heikel adj **1** (≈ schwierig) tricky **2** dial in Bezug aufs Essen fussy
heil A adj **1** (≈ unverletzt) Mensch unhurt; Glieder unbroken; Haut undamaged; **wieder ~ werden** (≈ wieder gesund) to get better again; Wunde to heal up; Knochen to mend; **mit ~er Haut davonkommen** to escape unscathed **2** umg (≈ ganz) intact; **die ~e Welt** an ideal world **B** adv (≈ unverletzt) all in one piece
Heil A n **1** (≈ Wohlergehen) wellbeing **2** KIRCHE, a. fig salvation; **sein ~ in etw** (dat) **suchen** to seek one's salvation in sth **B** int **Ski ~!** good skiing!
Heiland m Saviour Br, Savior US
Heilanstalt f obs, neg! f nursing home; für Suchtkranke oder psychisch Gestörte home
heilbar adj curable
Heilbutt m halibut
heilen A v/i Wunde, Bruch to heal (up); Entzündung to clear up **B** v/t Kranke to cure; Wunde to heal; **j-n von etw ~** to cure sb of sth
heilfroh umg adj really glad
heilig adj **1** holy; **j-m ~ sein** to be sacred to sb; **der ~e Augustinus** Saint Augustine; **Heiliger Abend** Christmas Eve; **der Heilige Geist** the Holy Spirit; **das Heilige Land** the Holy Land; **die Heilige Schrift** the Holy Scriptures pl **2** fig (≈ ernst) Eid, Pflicht sacred; **~e Kuh** sacred cow
Heiligabend m Christmas Eve
Heiligenschein m halo; **wie von einem ~ umgeben** haloed
Heilige(r) m/f(m) saint
Heiligkeit f holiness
heiligsprechen v/t to canonize
Heiligtum n (≈ Stätte) shrine; (≈ Gegenstand) (holy) relic; **j-s ~ sein** umg to be sacrosanct to sb

Heilkraft f healing power
heilkräftig adj Pflanze, Tee medicinal
Heilkraut n medicinal herb
heillos adj unholy umg; Schreck terrible, frightful; **die Partei war ~ zerstritten** the party was hopelessly divided
Heilmethode f cure
Heilmittel n remedy; (≈ Medikament) medicine
Heilpflanze f medicinal plant
Heilpraktiker(in) m(f) non-medical practitioner
heilsam adj fig (≈ förderlich) salutary
Heilsarmee f Salvation Army
Heilung f healing; von Kranken curing; (≈ das Gesundwerden) cure
heim adv home
Heim n home; (≈ Obdachlosenheim) hostel, shelter; (≈ Studentenwohnheim) hall of residence, dormitory US
Heimarbeit f IND homework kein pl, kein unbest art, outwork kein pl, kein unbest art
Heimarbeiter(in) m(f) IND homeworker
Heimat f home
Heimatanschrift f home address
Heimatfilm m sentimental film in idealized regional setting
Heimathafen m home port
Heimatkunde f SCHULE local history
Heimatland n native country, home country; (≈ Geburtsland) homeland
heimatlich adj native; Bräuche local; Gefühle nostalgic; Klänge of home
heimatlos adj homeless
Heimatlose(r) m/f(m) homeless person; **die ~n** the homeless
Heimatmuseum n museum of local history
Heimatort m Stadt home town; Dorf home village
Heimatstadt f home town
Heimatvertriebene(r) m/f(m) displaced person, expellee
Heimbewohner(in) m(f) resident (of a/the home)
heimbringen v/t (≈ nach Hause bringen) to bring home; (≈ heimbegleiten) to take home
Heimchen n ZOOL house cricket; **~ (am Herd)** pej (≈ Hausfrau) housewife
heimelig adj cosy Br, cozy US
heimfahren v/t & v/i to drive home
Heimfahrt f journey home; SCHIFF voyage home
heimfinden v/i to find one's way home
heimgehen v/i **1** (≈ nach Hause gehen) to go home; **jetzt geht's heim** it's time to go home **2** euph (≈ sterben) to pass away
heimisch adj **1** (≈ einheimisch) indigenous (**in** +akk to); (≈ national) domestic; (≈ regional) regional **2** (≈ vertraut) familiar; **sich ~ fühlen** to feel at home; **~ werden** to settle in (**an, in** +dat to)
Heimkehr f homecoming
heimkehren v/i to return home (**aus** from)
heimkommen v/i to come home
Heimleiter(in) m(f) head of a/the home/hostel
heimlich **A** adj secret; Bewegungen furtive **B** adv secretly; lachen inwardly; **sich ~ entfernen** to steal away; **~, still und leise** umg quietly, on the quiet
Heimlichkeit f secrecy; (≈ Geheimnis) secret
Heimlichtuer(in) m(f) secretive person
Heimlichtuerei f secretiveness
Heimniederlage f SPORT home defeat
Heimreise f journey home; SCHIFF voyage home
heimreisen v/i to travel home
Heimservice m home delivery service
Heimsieg m SPORT home win od victory
Heimspiel n SPORT home match od game
heimsuchen v/t to strike; für längere Zeit to plague; Krankheit to afflict; Schicksal to overtake; umg (≈ besuchen) to descend on umg; **von Krieg heimgesucht** war-torn
Heimtrainer m exercise machine; (≈ Fahrrad) exercise bike
Heimtücke f insidiousness; (≈ Boshaftigkeit) maliciousness
heimtückisch **A** adj insidious; (≈ boshaft) malicious **B** adv überfallen, verraten treacherously
Heimvorteil m SPORT, a. fig home advantage
heimwärts adv (≈ nach Hause zu) home; **~ ziehen** to go homewards
Heimweg m way home; **sich auf den ~ machen** to set out for home
Heimweh n homesickness; **~ haben** to be od feel homesick (**nach** for)
Heimwerker(in) m(f) do-it-yourself od DIY enthusiast
Heimwerkermarkt m DIY store, home improvement center US
heimzahlen v/t **j-m etw ~** to pay sb back for sth
Heini umg m guy umg; (≈ Dummkopf) fool
Heirat f marriage
heiraten **A** v/t to marry **B** v/i to get married
Heiratsantrag m proposal (of marriage); **j-m einen ~ machen** to propose to sb
Heiratsanzeige f (≈ Bekanntgabe) announcement of a forthcoming marriage
Heiratsschwindler(in) m(f) person who makes a marriage proposal under false pretences
Heiratsurkunde f marriage certificate
heiser **A** adj hoarse **B** adv **sich ~ schreien/reden** to shout/talk oneself hoarse

Heiserkeit f hoarseness
heiß A *adj* **1** hot; **j-m ist/wird ~** sb is/is getting hot; **etw ~ machen** to heat sth up **2** (≈ *heftig*) heated; *Wunsch* burning **3** (≈ *aufreizend, gefährlich*) **j-n ~ machen** *umg* to turn sb on *umg*; **ein ~es Eisen** a hot potato **4** *umg* **~er Draht** hotline; **~e Spur** firm lead; **~ sein** (≈ *brünstig*) to be on heat B *adv* **1** **etw ~ trinken** to drink sth hot; **~ baden** to have a hot bath; **~ duschen** to take a hot shower; **~ laufen** *Motor* to overheat; *Telefonleitungen* to buzz **2** (≈ *heftig*) **~ ersehnt** much longed for; **~ geliebt** dearly beloved; **es ging ~ her** things got heated; **~ umkämpft** fiercely fought over; *Markt* fiercely contested; **~ umstritten** *Frage* hotly debated; *Künstler etc* highly controversial
heißen A *v/t* (≈ *nennen*) to call; **j-n willkommen ~** to bid sb welcome B *v/i* **1** to be called *Br*, to be named; **wie ~ Sie?** what are you called?, what's your name?; **ich heiße Müller** I'm called *od* my name is Müller; **er heißt Max** his name is Max, he's (called) Max; **wie heißt das?** what is that called? **2** (≈ *bestimmte Bedeutung haben*) to mean; **was heißt „gut" auf Englisch?** what is the English (word) for "gut"?; **ich weiß, was es heißt, allein zu sein** I know what it means to be alone **3** **das heißt** that is; (≈ *in anderen Worten*) that is to say C *v/i* **1** **es heißt, dass …** (≈ *es geht die Rede*) they say that … **2** (≈ *zu lesen sein*) **in der Bibel heißt es, dass …** the Bible says that …; **nun heißt es handeln** now it's time to act
heißgeliebt *adj* → heiß
Heißhunger m ravenous appetite; **etw mit ~ essen** to eat sth ravenously
heißlaufen *v/i* → heiß
Heißluft f hot air
Heißluftballon m hot-air balloon
Heißluftherd m fan-assisted oven
heißumkämpft *adj* → heiß
heiter *adj* (≈ *fröhlich*) cheerful; (≈ *amüsant*) amusing; (≈ *hell, klar*) bright; *Wetter* fine; METEO fair; **das kann ja ~ werden!** *iron* that sounds great *iron*; **aus ~em Himmel** *fig* out of the blue
Heiterkeit f (≈ *Fröhlichkeit*) cheerfulness; (≈ *heitere Stimmung*) merriment; **allgemeine ~ hervorrufen** to cause general amusement
heizen A *v/i* (≈ *die Heizung anhaben*) to have the/one's heating on; **mit Strom** *etc* **~** to use electricity *etc* for heating B *v/t* (≈ *warm machen*) to heat; (≈ *verbrennen*) to burn
Heizkessel m boiler
Heizkissen n electric heat pad
Heizkörper m (≈ *Gerät*) heater; *von Zentralheizung* radiator; (≈ *Element*) heating element
Heizkosten *pl* heating costs *pl*
Heizkraft f heating power
Heizlüfter m fan heater
Heizöl n fuel oil
Heizpilz m (outdoor) patio heater
Heizung f heating
Hektar n/m hectare
Hektik f (≈ *Hast*) hectic rush; *von Großstadt etc* hustle and bustle; *von Leben etc* hectic pace; **nur keine ~** take it easy
hektisch A *adj* hectic; *Arbeiten* frantic; *Tag* busy B *adv* hectically; **es geht ~ zu** things are hectic; **nur mal nicht so ~** take it easy
Hektoliter m/n hectolitre *Br*, hectoliter *US*
Held m hero
heldenhaft A *adj* heroic B *adv* heroically
Heldenmut m heroic courage
Heldentat f heroic deed
Heldentum n heroism
Heldin f heroine
helfen *v/i* to help (j-m sb); **j-m bei etw ~** to help sb with sth; **ihm ist nicht zu ~** he is beyond help; **dir ist nicht zu ~** you're hopeless; **ich kann mir nicht ~, ich muss es tun** I can't help doing it; **kann ich Ihnen ~?** can I help you?; **er weiß sich** (*dat*) **zu ~** he is very resourceful; **man muss sich** (*dat*) **nur zu ~ wissen** *sprichw* you just have to use your head; **er weiß sich** (*dat*) **nicht mehr zu ~** he is at his wits' end; **es hilft nichts** it's no use; **das hilft mir wenig** that's not much help to me; **was hilfts?** what's the use?; **diese Arznei hilft gegen Kopfweh** this medicine helps to relieve headaches
Helfer(in) m(f) helper; (≈ *Mitarbeiter*) assistant; *von Verbrecher* accomplice; **ein ~ in der Not** a friend in need
Helfershelfer(in) m(f) accomplice
Helgoland n Heligoland
Helikopter m helicopter
Helikoptereltern *umg pl* übervorsichtige Eltern helicopter parents *pl*
Helikoptermutter *umg* f übervorsichtige Mutter helicopter mum *Br umg*, helicopter mom *US umg*
Helikoptervater *umg* m übervorsichtiger Vater helicopter dad *umg*
Helium n helium
hell A *adj* **1** optisch light; *Licht* bright; *Kleidungsstück* light-coloured *Br*, light-colored *US*; *Haar, Teint* fair; **es wird ~** it's getting light; **~es Bier** ≈ lager *bes Br* **2** akustisch: *Ton* high(-pitched) **3** *umg* (≈ *klug*) *Junge* bright **4** (≈ *stark, groß*) great; *Verzweiflung, Unsinn* sheer, utter; *Neid* pure; **seine ~e Freude an etw** (*dat*) **haben** to find great joy in sth B *adv* **1** (≈ *licht*) brightly **2** **von etw ~ begeistert sein** to be very enthusiastic about sth

hellauf *adv* completely; **~ begeistert sein** to be wildly enthusiastic
hellblau *adj* light blue
hellblond *adj* very fair, blonde
helle *umg adj* bright
Heller *m* HIST heller; **das ist keinen ~ wert** that isn't worth a brass farthing *Br*, that's worth nothing; **auf ~ und Pfennig** (down) to the penny *bes Br*
Helle(s) *n* (≈ *Bier*) ≈ lager *bes Br*
hellgrün *adj* light green
hellhörig *adj* ARCH poorly soundproofed; **~ werden** *fig Mensch* to prick one's ears
Helligkeit *f* lightness; *von Licht* brightness; *von Haar, Teint* fairness
Helligkeitsregler *m* brightness control
helllicht *adj* **am ~en Tage** in broad daylight
hellrot *adj* bright red
hellsehen *v/i* **~ können** to be clairvoyant
Hellseher(in) *m(f)* clairvoyant
hellwach *wörtl adj* wide-awake; *fig* alert
Helm *m* helmet
Helmdisplay *n* head-mounted display
Helmkamera *f* activity camera
Hemd *n* (≈ *Oberhemd*) shirt; (≈ *Unterhemd*) vest *Br*, undershirt *US*; **j-n bis aufs ~ ausziehen** *fig umg* to fleece sb *umg*
Hemdsärmel *m* shirtsleeve; **in ~n** in one's shirtsleeves
hemdsärmelig *adj* shirt-sleeved; *fig umg* casual
Hemisphäre *f* hemisphere
hemmen *v/t Entwicklung* to hinder; (≈ *verlangsamen*) to slow down; *Wasserlauf* to stem; PSYCH to inhibit; **→ gehemmt**
Hemmnis *n* hindrance, impediment (**für** to)
Hemmschuh *m* brake shoe; *fig* hindrance (**für** to)
Hemmschwelle *f* inhibition level; **eine ~ überwinden** to overcome one's inhibitions
Hemmung *f* **1** PSYCH inhibition; (≈ *Bedenken*) scruple; **keine ~en kennen** to have no inhibitions; **nur keine ~en** don't feel inhibited **2** *von Entwicklung* hindering
hemmungslos **A** *adj* (≈ *rückhaltlos*) unrestrained; (≈ *skrupellos*) unscrupulous **B** *adv jubeln, weinen* without restraint; *sich hingeben* wantonly
Hemmungslosigkeit *f* (≈ *Rückhaltlosigkeit*) lack *kein pl* of restraint; (≈ *Skrupellosigkeit*) unscrupulousness *kein pl*
Hendl *n* *österr, südd* chicken
Hengst *m* stallion
Henkel *m* handle
Henker *m* hangman; (≈ *Scharfrichter*) executioner
Henna *f* henna

Henne *f* hen
Hepatitis *f* hepatitis; **~ A/B/C/D/E** hepatitis A/B/C/D/E
her *adv* **von der Kirche her** from the church; **her zu mir!** come here (to me); **von weit her** from a long way off *od* away; **her mit dem Geld!** hand over your money!; **her damit!** give me that; **von der Idee her** as for the idea; **vom finanziellen Standpunkt her** from the financial point of view; **ich kenne ihn von früher her** I know him from before
herab *adv* down; **die Treppe ~** down the stairs
herabblicken *v/i* to look down (**auf** +*akk* on)
herablassen **A** *v/t* to let down **B** *v/r* to lower oneself; **sich zu etw ~** to deign to do sth
herablassend **A** *adj* condescending **B** *adv* condescendingly
herabmindern *v/t* (≈ *schlechtmachen*) to belittle
herabsehen *v/i* to look down (**auf** +*akk* on)
herabsetzen *v/t* to reduce; *Niveau* to lower; *Fähigkeiten, j-n* to belittle; **zu stark herabgesetzten Preisen** at greatly reduced prices
Herabsetzung *f* reduction; *von Niveau* lowering; *von Fähigkeiten* belittling; (≈ *Kränkung*) slight
herabsteigen *v/i* to descend
herabwürdigen **A** *v/t* to belittle **B** *v/r* to degrade oneself
Herabwürdigung *f* belittling, disparagement
Heraldik *f* heraldry
heran *adv* **bis an etw** (*akk*) **~** close to sth, right by sth; *mit Bewegungsverb* right up to sth
heranbilden *v/t* to train (up)
heranführen *v/t j-n* to lead up; **j-n an etw** (*akk*) **~** to lead sb up to sth
herangehen *v/i* **an j-n ~** *wörtl* to go up to sb; *fig an Gegner* to set about sb; **an etw ~** *fig an Problem, Aufgabe* to tackle *od* approach sth
herankommen *v/i* **1** räumlich, zeitlich to approach (**an etw** *akk* sth) **2** (≈ *erreichen*) **an den Chef kommt man nicht heran** you can't get hold of the boss **3** (≈ *grenzen an*) **an etw** (*akk*) **~** to verge on sth
heranmachen *umg v/r* **sich an etw** (*akk*) **~** to get down to sth; **sich an j-n ~** to approach sb; *an Mädchen* to chat sb up *bes Br umg*, to flirt with sb
herannahen *geh v/i* to approach
heranpirschen *v/r* **sich an j-n/etw ~** to stalk up on sb/sth
heranreichen *v/i* **an j-n/etw ~** *wörtl Mensch* to reach sb/sth; *Weg, Gelände etc* to reach (up to) sth; *fig* (≈ *sich messen können mit*) to come near sb/sth
heranreifen *geh v/i Obst* to ripen; *fig Jugendliche* to mature; *Plan, Entschluss, Idee* to mature, to ripen

heranrücken v/i (≈ sich nähern) to approach (**an etw** akk sth); (≈ dicht aufrücken) to move nearer (**an** +akk to)

heranschleichen v/i & v/r to creep up (**an etw** akk to sth od **an j-n** on sb)

herantragen v/t **etw an j-n ~** fig to take sth to sb, to go to sb with sth

herantreten wörtl v/i to move up (**an** +akk to); **näher ~** to move nearer; **an j-n ~** fig to confront sb; **mit etw an j-n ~** (≈ sich wenden an) to approach sb with sth

heranwachsen geh v/i to grow; Kind to grow up

Heranwachsende(r) m/f(m) JUR adolescent

herauf **A** adv up; **von unten ~** up from below **B** präp up; **den Berg/die Treppe ~** up the mountain/stairs

heraufbeschwören v/t **1** (≈ wachrufen) to evoke **2** (≈ herbeiführen) to cause

heraufbringen v/t to bring up

heraufkommen v/i to come up

heraufsetzen v/t Preise etc to increase

heraufsteigen v/i (≈ heraufklettern) to climb up

heraufziehen **A** v/t to pull up **B** v/i Gewitter, Unheil etc to approach

heraus adv out; **~ ... aus** out of ...; **~ da!** umg get out of there!; **~ mit ihm** umg get him out!; **~ damit!** umg (≈ gib her) hand it over!; (≈ heraus mit der Sprache!) out with it! umg; **zum Fenster ~** out of the window

herausarbeiten v/t aus Stein, Holz to carve (**aus of**); fig to bring out; durch Nachdenken to work out

herausbekommen v/t **1** Fleck, Nagel etc to get out (**aus of**) **2** Ursache, Geheimnis to find out (**aus j-m** from sb) **3** Wechselgeld to get back

herausbringen v/t **1** → herausbekommen **2** auf den Markt bringen to bring out; CD, Film etc to release; **j-n/etw ganz groß ~** to launch sb/sth in a big way **3** (≈ hervorbringen) Worte to utter

herausfahren **A** v/i to come out (**aus of**); Zug to pull out **B** v/t SPORT **eine gute Zeit ~** to make good time

herausfallen v/i to fall out (**aus of**); fig aus Liste etc to drop out (**aus of**)

herausfinden **A** v/t to find out; (≈ entdecken) to discover; Lösung to work out; **etwas über etw** (akk) **~** to learn about sth **B** v/i & v/r to find one's way out (**aus of**)

Herausforderer m, **Herausforderin** f challenger

herausfordern **A** v/t to challenge (**zu** to); (≈ provozieren) to provoke (**zu etw** to do sth); Kritik, Protest to invite; Gefahr to court; **das Schicksal ~** to tempt fate **B** v/i **zu etw ~** (≈ provozieren) to invite sth

herausfordernd **A** adj provocative; Haltung, Blick challenging **B** adv (≈ aggressiv) provocatively; (≈ lockend) invitingly

Herausforderung f challenge; (≈ Provokation) provocation; **sich der ~ stellen** to meet the challenge

Herausgabe f **1** (≈ Rückgabe) return **2** von Buch etc publication

herausgeben **A** v/t **1** (≈ zurückgeben) to return, to hand back **2** (≈ veröffentlichen, erlassen) to issue; Buch, Zeitung to publish; (≈ bearbeiten) to edit **3** (≈ Wechselgeld geben) Betrag to give in od as change **B** v/i (≈ Wechselgeld geben) to give change (**auf** +akk for); **können Sie (mir) ~?** can you give me change?

Herausgeber(in) m(f) (≈ Verleger) publisher; (≈ Redakteur) editor

herausgehen v/i to go out (**aus of**); Fleck to come out; **aus sich ~** fig to come out of one's shell fig

heraushaben v/t umg (≈ begriffen haben) to have got umg; (≈ gelöst haben) to have solved

heraushalten **A** v/t (≈ nicht verwickeln) to keep out (**aus of**) **B** v/r to keep out of it; **sich aus etw ~** to keep out of sth

herausholen v/t **1** wörtl to get od take out (**aus of**) **2** Vorteil to gain; Vorsprung, Sieg to achieve; Gewinn to make; Herstellungskosten to recoup; **alles aus sich ~** to get the best from oneself **3** (≈ herauspauken) to get off the hook umg

heraushören v/t to hear; (≈ fühlen) to sense (**aus in**)

herauskommen v/i **1** to come out (**aus of**); **er kam aus dem Staunen nicht heraus** he couldn't get over his astonishment; **er kam aus dem Lachen nicht heraus** he couldn't stop laughing **2** aus bestimmter Lage to get out (**aus of**); **aus seinen Schwierigkeiten ~** to get over one's difficulties **3** (≈ auf den Markt kommen) to come out; Gesetz to come into force; **ganz groß ~** umg to make a big splash umg **4** (≈ Resultat haben) **bei etw ~** to come of sth; **und was soll dabei ~?** and what is that supposed to achieve?; **es kommt auf dasselbe heraus** it comes (down) to the same thing

herauskriegen umg v/t → herausbekommen

herauslassen v/t to let out (**aus of**)

herauslesen v/t (≈ erkennen) to gather (**aus from**)

herausnehmbar adj removable

herausnehmen v/t **1** (≈ entfernen) to take out (**aus of**); **sich** (dat) **die Mandeln ~ lassen** to have one's tonsils out **2** umg (≈ sich erlauben) **es sich** (dat) **~, etw zu tun** to have the nerve to do sth umg; **sich** (dat) **Freiheiten ~** to take liberties

herausputzen v/r to dress up

herausragen v/i → hervorragen
herausreden v/r to talk one's way out of it *umg*
herausreißen v/t **1** *wörtl* to tear out (**aus** of); **j-n aus etw ~** *aus Umgebung* to tear sb away from sth; *aus Schlaf* to startle sb out of sth **2** *umg aus Schwierigkeiten* **j-n ~** to get sb out of it *umg*
herausrücken **A** v/t *umg* (≈ *hergeben*) *Geld* to cough up *umg*; *Beute, Gegenstand* to hand over **B** *umg* v/i **1** (≈ *hergeben*) **mit etw ~** *mit Geld* to cough sth up *umg*; *mit Beute* to hand sth over **2** (≈ *aussprechen*) **mit etw ~** to come out with sth; **mit der Sprache ~** to come out with it
herausrutschen v/i to slip out (**aus** of); **das ist mir nur so herausgerutscht** it just slipped out somehow
herausschlagen v/t **1** *wörtl* to knock out (**aus** of) **2** *umg* (≈ *erreichen*) *Geld* to make; *Gewinn, Vorteil* to get; *Zeit* to gain
herausschneiden v/t to cut out (**aus** of)
herausschreien v/t to shout out
heraus sein *umg* v/i to be out; (≈ *bekannt sein*) to be known; **aus dem Schlimmsten ~** to have got past the worst (part); *bei Krise, Krankheit* to be over the worst
herausspringen v/i **1** *wörtl* to jump out (**aus** of) **2** (≈ *sich lösen*) to come out **3** *umg* **dabei springt nichts heraus** there's nothing to be got out of it
herausstellen **A** v/t **1** *wörtl* to put outside **2** *fig* (≈ *hervorheben*) to emphasize; *j-n* to give prominence to **B** v/r *Wahrheit* to come to light; **sich als falsch ~** to prove (to be) wrong; **es stellte sich heraus, dass …** it emerged *od* turned out that …
herausstrecken v/t *Zunge, Kopf* to stick out
heraussuchen v/t to pick out
herauswachsen v/i to grow out (**aus** of)
herauswagen v/r to dare to come out (**aus** of)
herauswinden *fig* v/r to wriggle out of it
herauswirtschaften v/t to make (**aus** out of)
herausziehen v/t to pull out (**aus** of)
herb *adj* **1** *Geruch, Geschmack* sharp; *Wein* dry **2** *Enttäuschung etc* bitter; *Wahrheit* cruel **3** (≈ *streng*) *Züge, Gesicht* severe, harsh; *Art, Charakter* dour **4** *Worte, Kritik* harsh
Herbarium *n* herbarium, herbary
herbei *geh adv* here
herbeieilen *geh* v/i to hurry *od* rush over
herbeiführen v/t (≈ *bewirken*) to bring about; (≈ *verursachen*) to cause
herbeischaffen v/t to bring; *Geld* to get; *Beweise* to produce
herbeisehnen v/t to long for
herbeiströmen *geh* v/i to come in (their) crowds
herbeiwünschen v/t (**sich** *dat*) **etw ~** to long for sth
herbekommen *umg* v/t to get
herbemühen *geh* **A** v/t **j-n ~** to trouble sb to come here **B** v/r to take the trouble to come here
Herberge *f* **1** (≈ *Unterkunft*) lodging **2** (≈ *Jugendherberge*) (youth) hostel
Herbergsmutter *f*, **Herbergsvater** *m* (youth hostel) warden
herbestellen v/t to ask to come
Herbheit *f* **1** *von Geruch, Geschmack* sharpness; *von Wein* dryness **2** *von Enttäuschung* bitterness **3** (≈ *Strenge von Gesicht, Zügen*) severity, harshness; *von Art, Charakter* dourness **4** *von Worten, Kritik* harshness
Herbizid *n* herbicide
herbringen v/t to bring (here); → hergebracht
Herbst *m* autumn, fall *US*; **im ~** in autumn, in the fall *US*
Herbstanfang *m* beginning of autumn *od* fall *US*
Herbstferien *pl* autumn holiday(s) (*pl*) *Br*, autumn vacation *US*
herbstlich **A** *adj* autumn *attr*, fall *US*; (≈ *wie im Herbst*) autumnal; **das Wetter wird schon ~** autumn is in the air, fall is in the air *US* **B** *adv* **~ kühles Wetter** cool autumn weather, cool fall weather *US*
Herbstzeitlose *f* meadow saffron
Herd *m* **1** (≈ *Küchenherd*) cooker, stove **2** *MED* focus; *GEOL von Erdbeben* epicentre *Br*, epicenter *US*
Herde *wörtl f* herd; *von Schafen, a. fig geh* (≈ *Gemeinde*) flock
Herdentier *n* gregarious animal
Herdentrieb *m* herd instinct
Herdplatte *f von Elektroherd* hotplate
herein *adv* in; **~!** come in!; **hier ~!** in here!; **von (dr)außen ~** from outside
hereinbekommen *umg* v/t *Waren* to get in; *Radiosender* to get; *Unkosten etc* to recover
hereinbitten v/t to ask (to come) in
hereinbrechen v/i *Wasser, Flut* to gush in; **über j-n/etw ~** to descend upon sb/sth
hereinbringen v/t **1** to bring in **2** *umg* (≈ *wettmachen*) to make good
hereinfahren v/t & v/i to drive in
hereinfallen *umg* v/i to fall for it *umg*; (≈ *betrogen werden*) to be had *umg*; **auf j-n/etw ~** to be taken in by sb/sth
hereinführen v/t to show in
hereinholen v/t to bring in (**in** *+akk* -to)
hereinkommen v/i to come in (**in** *+akk* -to)
hereinlassen v/t to let in (**in** *+akk* -to)
hereinlegen *umg* v/t **j-n ~** (≈ *betrügen*) to take sb for a ride *umg*; (≈ *anführen*) to take sb in
hereinplatzen *umg* v/i to burst in (**in** *+akk* -to)

hereinregnen v/i **es regnet herein** the rain is coming in

hereinschneien umg v/i to drop in umg

hereinströmen v/i to pour in (**in** +akk -to)

herfahren A v/i to come od get here; **hinter j-m ~** to drive (along) behind sb; mit Rad to ride (along) behind sb B v/t to drive here

Herfahrt f journey here; **auf der ~** on the way here

herfallen v/i **über j-n ~** to attack sb; (≈ kritisieren) to pull sb to pieces; **über etw** (akk) **~** über Essbares etc to pounce upon sth

herfinden v/i to find one's way here

herführen v/t **was führt Sie her?** what brings you here?

Hergang m course; **der ~ des Unfalls** the way the accident happened; **j-m den ~ schildern** to tell sb what happened

hergeben A v/t (≈ weggeben) to give away; (≈ aushändigen) to hand over; (≈ zurückgeben) to give back; **wenig ~** umg not to be much use; **seinen Namen für etw ~** to lend one's name to sth B v/r **sich zu** od **für etw ~** to be (a) party to sth

hergebracht adj (≈ traditionell) traditional; → herbringen

hergehen A v/i **neben j-m ~** to walk (along) beside sb B v/i umg (≈ zugehen) **es ging heiß her** things got heated umg; **hier geht es hoch her** there's plenty going on here

hergehören v/i to belong here

herhaben umg v/t **wo hat er das her?** where did he get that from?

herhalten v/i to suffer (for it); **für etw ~** to pay for sth; **als Entschuldigung für etw ~** to be used as an excuse for sth

herholen umg v/t to fetch; **weit hergeholt sein** fig to be far-fetched

herhören umg v/i to listen; **alle mal ~!** everybody listen (to me)

Hering m 1 herring 2 (≈ Zeltpflock) (tent) peg

herkommen v/i to come here; (≈ sich nähern) to come; (≈ herstammen) to come from; **komm her!** come here!; **von j-m/etw ~** (≈ stammen) to come from sb/sth

herkömmlich adj conventional; (≈ gewöhnlich) ordinary

Herkunft f origin; soziale background; (≈ Abstammung) descent; **er ist britischer ~** (gen) he is of British descent

Herkunftsbezeichnung f designation of origin

Herkunftsland n 1 HANDEL country of origin 2 von Flüchtlinge country of origin; **sicheres ~** safe country of origin

herlaufen v/i to come running; **hinter j-m ~** to run after sb

herleiten v/t (≈ folgern) to derive (**aus** from)

hermachen umg A v/r **sich über etw** (akk) **~** über Arbeit, Essen to get stuck into sth umg; über Eigentum to pounce (up)on sth; **sich über j-n ~** to lay into sb umg B v/t **viel ~** to look impressive

Hermelin[1] n ZOOL ermine

Hermelin[2] m (≈ Pelz) ermine

hermetisch A adj hermetic B adv **~ abgeriegelt** completely sealed off

hernehmen v/t (≈ beschaffen) to get; **wo soll ich das ~?** where am I supposed to get that from?

Heroin n heroin

heroinabhängig, heroinsüchtig adj addicted to heroin

Heroinabhängige(r), Heroinsüchtige(r) m/f(m) heroin addict

heroisch geh A adj heroic B adv heroically

Herpes m MED herpes

Herr m 1 (≈ Gebieter) lord, master; (≈ Herrscher) ruler (**über** +akk of); **sein eigener ~ sein** to be one's own master; **~ einer Sache** (gen) **werden** to get sth under control; **~ der Lage sein** to be master of the situation 2 (≈ Gott) Lord 3 (≈ Mann) gentleman; **4x100-m-Staffel der ~en** men's 4 x 100m relay; **„Herren"** (≈ Toilette) "gents" Br, "men's room" US 4 vor Eigennamen Mr Br, Mr. US; **(mein) ~!** sir!; **~ Professor Schmidt** Professor Schmidt; **~ Doktor** doctor; **~ Präsident** Mr President; **sehr geehrter ~ Bell** in Brief Dear Mr Bell; **sehr geehrte ~en** in Brief Dear Sirs Br, to whom it may concern US

Herrchen n umg von Hund master

Herreise f journey here

Herrenausstatter(in) m(f) gents' outfitter

Herrenbekleidung f menswear

Herrendoppel n beim Tennis etc men's doubles sg

Herreneinzel n beim Tennis etc men's singles sg

Herrenfahrrad n man's bicycle od bike umg

Herrenfriseur(in) m(f) men's hairdresser, barber

herrenlos adj abandoned; Hund etc stray

Herrenmode f men's fashion

Herrenschneider(in) m(f) gentlemen's tailor

Herrentoilette f men's toilet od restroom US, gents sg Br

Herrgott m **der ~** God, the Lord (God); **~ noch mal!** umg damn it all! umg

Herrgottsfrühe f **in aller ~** umg at the crack of dawn

herrichten v/t 1 (≈ vorbereiten) to get ready (+dat od **für** for); Tisch to set 2 (≈ ausbessern) to do up umg

herrisch adj imperious

herrlich *A adj* marvellous *Br*, marvelous *US*, superb; *Kleid* gorgeous, lovely; **das ist ja ~** *iron* that's great *B adv* **wir haben uns ~ amüsiert** we had a marvel(l)ous time; **~ schmecken** to taste absolutely delicious

Herrlichkeit *f* (≈ *Pracht*) magnificence

Herrschaft *f* **1** (≈ *Macht*) power; (≈ *Staatsgewalt*) rule; **unter der ~** under the rule (+*gen od* **von** of) **2** (≈ *Kontrolle*) control **3** *die ~en* (≈ *Damen und Herren*) the ladies and gentlemen; **(meine) ~en!** ladies and gentlemen!

herrschaftlich *adj* (≈ *vornehm*) grand

herrschen *A v/i* **1** (≈ *Macht haben*) to rule; *König* to reign; *fig Mensch* to dominate **2** (≈ *vorherrschen*) to prevail; *Betriebsamkeit* to be prevalent; *Nebel, Kälte* to be predominant; *Krankheit, Not* to be rampant; *Meinung* to predominate; **überall herrschte Freude** there was joy everywhere; **hier herrscht Ordnung** things are orderly (a)round here *B v/i* **es herrschte Schweigen** silence reigned; **es herrscht Ungewissheit darüber, ob ...** there is uncertainty about whether ...

herrschend *adj Partei, Klasse* ruling; *König* reigning; *Bedingungen* prevailing; *Mode* current

Herrscher(in) *m(f)* ruler, monarch

Herrschsucht *f* domineeringness

herrschsüchtig *adj* domineering

herrühren *v/i* **von etw ~** to be due to sth

hersagen *v/t* to recite

hersehen *v/i* (≈ *hierhersehen*) to look here; **hinter j-m ~** to follow sb with one's eyes

her sein *v/i* **1** *zeitlich* **das ist schon 5 Jahre her** that was 5 years ago **2** **hinter j-m/etw ~** to be after sb/sth

herstellen *v/t* **1** (≈ *erzeugen*) to produce; *bes industriell* to manufacture; **in Deutschland hergestellt** made in Germany **2** (≈ *zustande bringen*) to establish; TEL *Verbindung* to make

Hersteller(in) *m(f)* (≈ *Produzent*) producer; *bes industriell* manufacturer

Herstellung *f* **1** (≈ *Erzeugung*) production; *bes industriell* manufacture **2** (≈ *das Zustandebringen*) establishment

Herstellungskosten *pl* manufacturing costs *pl*

Herstellungsland *n* country of manufacture

Hertz *n* PHYS, RADIO hertz

herüber *adv* over here; *über Fluss, Grenze etc* across; **da ~** over/across there

herüberbringen *v/t* to bring over/across (**über etw** *akk* sth)

herüberkommen *v/i* to come over/across (**über etw** *akk* sth); *umg zu Nachbarn* to pop round *Br umg*, to call round

herübersehen *v/i* to look over (**über etw** *akk* sth); **zu j-m ~** to look over/across to sb

herum *adv* **1** **um ... ~** (a)round; **links/rechts ~** (a)round to the left/right; **oben/unten ~ fahren** to take the top/lower road **2** (≈ *ungefähr*) **um ... ~** *Mengenangabe* about, around; *Zeitangabe* (at) about *od* around; → herum sein

herumalbern *umg v/i* to fool *od* mess around

herumärgern *umg v/r* **sich mit j-m/etw ~** to keep struggling with sb/sth

herumballern *v/i* to fire in all directions *od* all over the place

herumbekommen *umg v/t* **j-n** to talk round *bes Br*, to talk around *bes US*

herumbringen *umg v/t Zeit* to get through

herumdrehen *A v/t Schlüssel* to turn; (≈ *wenden*) to turn (over) *B v/r* to turn (a)round; *im Liegen* to turn over

herumerzählen *v/t* **etw ~** to spread sth around; **er erzählte überall herum, dass ...** he went around telling everyone that ...; **erzähl das nicht herum** don't spread it around, don't tell anyone

herumfahren *v/i* **1** (≈ *umherfahren*) to go (a)round; *mit Auto* to drive (a)round; **in der Stadt ~** to go/drive (a)round the town **2** (≈ *um etw herumfahren*) to go (a)round; *mit Auto* to drive (a)round

herumführen *A v/t* to lead (a)round (**um etw** sth); *bei Besichtigung* to show (a)round; **j-n in einer Stadt ~** to show sb (a)round a town *B v/i* **um etw ~** to go (a)round sth

herumgeben *v/t* to pass round

herumgehen *umg v/i* **1** (≈ *um etw herumgehen*) to walk (a)round (**um etw** sth) **2** (≈ *ziellos umhergehen*) to wander (a)round (**in etw** *dat* sth); **es ging ihm im Kopf herum** it went round and round in his head **3** (≈ *herumgereicht werden*) to be passed (a)round; (≈ *weitererzählt werden*) to go (a)round (**in etw** *dat* sth); **etw ~ lassen** to circulate sth **4** (≈ *zeitlich vorbeigehen*) to pass

herumhacken *v/i* **auf j-m ~** to pick on sb

herumhängen *umg v/i* **1** (≈ *sich lümmeln*) to loll around **2** (≈ *ständig zu finden sein*) to hang out *umg*

herumirren *v/i* to wander (a)round

herumkommandieren *umg v/t* to order about

herumkommen *umg v/i* **1** *um eine Ecke etc* to come (a)round (**um etw** sth) **2** (≈ *herumfahren*) to get (a)round (**um etw** sth) **3** (≈ *vermeiden können*) **um etw ~** to get out of sth; **wir kommen um die Tatsache nicht herum, dass ...** we cannot get away from the fact that ... **4** (≈ *reisen*) to get (a)round (**in etw** *dat* sth)

herumkriegen *umg v/t* → herumbekommen

herumlaufen *umg v/i* to run (a)round (**um etw** sth); **so kannst du doch nicht ~** *fig umg* you

can't go (a)round (looking) like that
herumliegen *umg v/i* to lie (a)round (**um etw** sth)
herumlungern *umg v/i* to hang (a)round *umg*
herumreden *umg v/i* to talk away; **um etw** ~ *ausweichend* to talk around sth
herumreichen *v/t* (≈ *herumgeben*) to pass (a)round
herumreisen *v/i* to travel (a)round; *viel reisen* to go places
herumreiten *fig umg v/i* **auf etw** (*dat*) ~ to keep on about sth
herumrennen *v/i* to run around
herumschlagen *umg v/r* **sich mit j-m** ~ *wörtl* to fight with sb; *fig* to fight a running battle with sb; **sich mit etw** ~ *fig* to wrestle with sth
herumschreien *umg v/i* to shout out loud
herum sein *umg v/i* **1** (≈ *vorüber sein*) to be past **2** (≈ *in j-s Nähe sein*) **um j-n** ~ to be around sb
herumsitzen *v/i* to sit around; *untätig* to sit around doing nothing
herumsprechen *v/r* to get (a)round
herumstehen *v/i* **1** *Sachen* to be lying around **2** *Menschen* to stand (a)round (**um j-n/etw** sb/sth)
herumstöbern *v/i umg* (≈ *suchen*) to rummage around
herumstreiten *v/r* to squabble
herumtreiben *umg v/r* to hang (a)round *od* out *umg* (**in** +*dat* in)
Herumtreiber(in) *pej m(f)* tramp; (≈ *Streuner*) vagabond
herumzeigen *v/t* to show (a)round
herumzicken *umg v/i schwierig sein* to be a pain
herumziehen *v/i* (≈ *von Ort zu Ort ziehen*) to move around
herunter *adv* down; **~!** get down!; **da/hier** ~ down there/here; **vom Berg** ~ down the mountain; **bis ins Tal** ~ down into the valley
herunterbekommen *v/t* → herunterkriegen
herunterdrehen *v/t* to turn down
herunterdrücken *v/t Hebel, Pedal* to press down
herunterfahren **A** *v/i* to go down **B** *v/t* to bring down; *IT* to shut down
herunterfallen *v/i* to fall down *od* off; **von etw** ~ to fall off sth
heruntergehen *v/i* to go down; **von etw** ~ *umg* to get off sth; **auf etw** (*akk*) ~ *Preise* to go down to sth; *Geschwindigkeit* to slow down to sth; **mit den Preisen** ~ to lower one's prices
heruntergekommen *adj Haus* dilapidated; *Stadt* run-down; *Mensch* down-at-heel
herunterhandeln *umg v/t Preis* to beat down; **j-n** (**auf etw** *akk*) ~ to knock sb down (to sth)
herunterhauen *umg v/t* **j-m eine** ~ to slap sb on the side of the head
herunterholen *v/t* to fetch down; *umg Flugzeug* to bring down
herunterklappen *v/t* to turn down; *Sitz* to fold down
herunterkommen *v/i* **1** to come down; *umg* (≈ *herunterkönnen*) to get down **2** *fig umg* (≈ *verfallen*) *Stadt, Firma* to go downhill; *Wirtschaft* to go to rack and ruin; *gesundheitlich* to become run-down **3** *fig umg* (≈ *wegkommen*) **vom Alkohol** ~ to kick the habit *umg*
herunterkriegen *umg v/t* to get down; (≈ *abmachen können*) to get off
herunterladen *v/t* INTERNET to download (**auf** +*akk* onto)
Herunterladen *n* downloading
herunterleiern *umg v/t* to reel off
heruntermachen *umg v/t* **1** (≈ *schlechtmachen*) to run down **2** (≈ *zurechtweisen*) to tell off *umg*
herunterputzen *umg v/t* **j-n** ~ to give sb an earful *umg*
herunterreichen **A** *v/t* to pass down **B** *v/i* to reach down
herunterschrauben *fig v/t Ansprüche* to lower
heruntersehen *v/i* to look down; **auf j-n** ~ *fig* to look down on sb
herunter sein *umg v/i* to be down; **mit den Nerven** ~ *umg* to be at the end of one's tether *Br*, to be at the end of one's rope *US*
herunterspielen *v/t umg* (≈ *verharmlosen*) to play down
herunterwirtschaften *umg v/t* to bring to the brink of ruin
herunterziehen *v/t* (≈ *nach unten ziehen*) to pull down
hervor *adv* **aus etw** ~ out of sth; **hinter dem Tisch** ~ out from behind the table
hervorbringen *v/t* (≈ *entstehen lassen*) to produce; (≈ *erzeugen*) to generate; *Worte* to utter
hervorgehen *v/i* **1** (≈ *sich ergeben*) to follow; **daraus geht hervor, dass …** from this it follows that … **2** **als Sieger** ~ to emerge victorious; **aus etw** ~ to come out of sth
hervorheben *v/t* to emphasize
hervorholen *v/t* to bring out
hervorragen *v/i* **1** *Felsen, Stein etc* to jut out **2** *fig* (≈ *sich auszeichnen*) to stand out
hervorragend **A** *adj fig* (≈ *ausgezeichnet*) excellent **B** *adv* excellently; **etw** ~ **beschreiben** to give an excellent description of sth; **~ schmecken** to taste exquisite
hervorrufen *v/t* (≈ *bewirken*) to cause; *Bewunderung* to arouse; *Eindruck* to create; (≈ *wachrufen*) to evoke
hervorstechen *v/i* to stand out
hervortreten *v/i* **1** (≈ *heraustreten*) to step out,

to emerge; *Backenknochen* to protrude; *Adern* to bulge **2** (≈ *sichtbar werden*) to stand out; *fig* to become evident

hervortun *v/r* to distinguish oneself; *umg* (≈ *sich wichtigtun*) to show off (**mit etw** sth)

herwagen *v/r* to dare to come

Herweg *m* way here; **auf dem ~** on the way here

Herz *n* heart; (≈ *Spielkartenfarbe*) hearts *pl*; *einzelne Karte* heart; **sein ~ schlug höher** his heart leapt; **im ~en der Stadt** in the heart of the city; **im Grund meines ~ens** in my heart of hearts; **ein ~ und eine Seele sein** to be the best of friends; **mit ganzem ~en** wholeheartedly; **j-m von ganzem ~en danken** to thank sb with all one's heart; **ein gutes ~ haben** *fig* to have a good heart; **schweren ~ens** with a heavy heart; **aus tiefstem ~en** from the bottom of one's heart; **es liegt mir am ~en** I am very concerned about it; **Recycling liegt mir am ~en** I care about recycling; **dieser Hund ist mir ans ~ gewachsen** I have become attached to this dog; **ich lege es dir ans ~, das zu tun** I would ask you particularly to do that; **etw auf dem ~en haben** to have sth on one's mind; **j-n auf ~ und Nieren prüfen** to examine sb very thoroughly; **er hat sie in sein ~ geschlossen** he has grown fond of her; **ohne ~** heartless; **es wurde ihr leichter ums ~** she felt relieved; **von ~en** with all one's heart; **etw von ~en gern tun** to love doing sth; **j-n von ~en gernhaben** to love sb dearly; **sich** (*dat*) **etw vom ~en reden** to get sth off one's chest; **sich** (*dat*) **etw zu ~en nehmen** to take sth to heart; **alles, was das ~ begehrt** everything one's heart desires; **j-s ~ brechen** to break sb's heart; **hast du denn (gar) kein ~?** how can you be so heartless?

Herzanfall *m* heart attack
Herzass *n* ace of hearts
Herzbeschwerden *pl* heart trouble *sg*
Herzchirurg(in) *m(f)* heart surgeon
herzeigen *v/t* to show; **zeig (mal) her!** let's see
Herzensbrecher(in) *fig umg m(f)* heartbreaker
herzensgut *adj* good-hearted
Herzenslust *f* **nach ~** to one's heart's content
Herzenswunsch *m* dearest wish
herzerfrischend *adj* refreshing
herzergreifend *adj* heart-rending
herzerweichend *adj* heart-rending
Herzfehler *m* heart defect
Herzflattern *n* palpitations *pl* (of the heart)
Herzflimmern *n* heart flutter
herzförmig *adj* heart-shaped
Herzgegend *f* cardiac region
herzhaft *adj* **1** (≈ *kräftig*) hearty; *Geschmack* strong **2** (≈ *nahrhaft*) *Essen* substantial

herziehen **A** *v/t* **j-n/etw hinter sich** (*dat*) **~** to pull sb/sth (along) behind one **B** *v/i* **1** **vor j-m ~** to march along in front of sb **2** **über j-n/etw ~** *umg* to knock sb/sth *umg*

herzig *adj* sweet
Herzinfarkt *m* heart attack
Herzkammer *f* ventricle
Herzklappe *f* cardiac valve
Herzklappenfehler *m* valvular heart defect
Herzklopfen *n* **ich hatte/bekam ~** my heart was/started pounding; **mit ~** with a pounding heart

herzkrank *adj* **~ sein/werden** to have/get a heart condition

Herzkranzgefäß *n* coronary (blood) vessel
Herz-Kreislauf-Erkrankung *f* cardiovascular disease *od* condition

herzlich **A** *adj Empfang etc* warm; *Bitte* sincere; **mit ~en Grüßen** kind regards, love; **~en Dank!** many thanks; **~es Beileid!** you have my sincere sympathy; **~en Glückwunsch zum Geburtstag** happy birthday **B** *adv* (≈ *freundlich*) warmly; *sich bedanken* sincerely; **j-m ~ gratulieren** to congratulate and wish sb all the best; **~ schlecht** pretty awful; **~ wenig** precious little; **~ gern!** with the greatest of pleasure!

Herzlichkeit *f von Empfang* warmth
herzlos *adj* heartless
Herzlosigkeit *f* heartlessness *kein pl*
Herz-Lungen-Maschine *f* heart-lung machine
Herzmassage *f* heart massage
Herzmittel *n* cardiac drug
Herzog *m* duke
Herzogin *f* duchess
Herzogtum *n* duchy
Herzoperation *f* heart operation
Herzrhythmus *m* heart rhythm
Herzrhythmusstörung *f* palpitations *pl*
Herzschlag *m* **1** *einzelner* heartbeat **2** (≈ *Herzstillstand*) heart failure *kein unbest art, kein pl*
Herzschrittmacher *m* pacemaker
Herzschwäche *f* a weak heart
Herzstillstand *m* cardiac arrest
Herzstück *fig geh n* heart
Herztransplantation *f* heart transplant
Herzversagen *n* heart failure
herzzerreißend **A** *adj* heartbreaking **B** *adv* **~ weinen** to weep distressingly
Hesse *m*, **Hessin** *f* Hessian
Hessen *n* Hesse
hessisch *adj* Hessian
Hete *f sl* (≈ *Heterosexueller*) hetero *umg*; **er ist eine ~** he's straight *umg*
hetero *umg adj* hetero *umg*, straight *umg*

heterogen *geh adj* heterogeneous
Heterosexualität *f* heterosexuality
heterosexuell *adj* heterosexual
Heterosexuelle(r) *m/f(m)* heterosexual
Hetz *f österr umg* laugh *umg*; **aus** *od* **zur ~** for a laugh
Hetze *f* **1** (≈ *Hast*) (**mad**) **rush 2** *pej* (≈ *Aufreizung*) rabble-rousing propaganda
hetzen **A** *v/t* **1** (≈ *jagen*) to hound; **die Hunde auf j-n/etw ~** to set the dogs on(to) sb/sth **2** *umg* (≈ *antreiben*) to rush **B** *v/i* **1** (≈ *sich beeilen*) to rush, to hurry; **hetz nicht so** don't be in such a rush **2** *pej* (≈ *Hass schüren*) to agitate; **gegen j-n/etw ~** to stir up hatred against sb/sth; **→ gehetzt**
Hetzjagd *wörtl, fig f* hounding (**auf** +*akk* of)
Hetzkampagne *f* malicious campaign
Heu *n* hay
Heuchelei *f* hypocrisy
heucheln **A** *v/i* to be a hypocrite **B** *v/t Mitleid etc* to feign
Heuchler(in) *m(f)* hypocrite
heuchlerisch *adj* hypocritical
heuer *adv österr, schweiz, südd* this year
Heuer *f SCHIFF* pay
heuern *v/t* to hire
heulen *v/i* **1** *umg* (≈ *weinen*) to bawl *umg*, to wail; *vor Schmerz* to scream; *vor Wut* to howl; **es ist einfach zum Heulen** it's enough to make you weep **2** *Motor* to whine; *Tiere* to howl; *Sirene* to wail
Heulsuse *f* crybaby *umg*
heurig *adj österr, südd* this year's
Heurige(r) *bes österr m* **1** (≈ *neuer Wein*) new wine **2** *Lokal* Viennese wine tavern
Heuschnupfen *m* hay fever
Heuschrecke *f* **1** grasshopper; *in heißen Ländern* locust **2** *FIN* (≈ *gieriger Investor*) asset stripper
heute *adv* today; **~ Morgen** this morning; **~ Abend** this evening, tonight; **~ Nacht** tonight; **bis ~** (≈ *bisher*) to this day; **~ in einer Woche** a week today, today week; **~ vor acht Tagen** a week ago today; **die Zeitung von ~** today's paper; **von ~ auf morgen** overnight; **die Frau von ~** today's women; **die Jugend von ~** the young people of today
heutig *adj* today's; (≈ *gegenwärtig*) contemporary, present-day; **am ~en Abend** this evening; **unser ~es Schreiben** *HANDEL* our letter of today('s date); **bis zum ~en Tage** to date, to this day
heutzutage *adv* nowadays, these days
Hexe *f* witch; *umg* (≈ *altes Weib*) old hag
hexen *v/i* to practise witchcraft *Br*, to practice witchcraft *US*; **ich kann doch nicht ~** *umg* I can't work miracles
Hexenjagd *f* witch-hunt
Hexenkessel *fig m* pandemonium
Hexenmeister *m* sorcerer
Hexenprozess *m* witch trial
Hexenschuss *m MED* lumbago
Hexenverfolgung *f* witch-hunt
Hexerei *f* witchcraft *kein pl; von Zaubertricks* magic *kein pl*
hey *umg int* **1** *Aufmerksamkeit erregend, erstaunt, empört* hey **2** *Gruß* hey, hi
hi *int umg Gruß* hi
hibbelig *adj umg* (≈ *nervös*) nervy *Br*, antsy *US umg*
Hibiskus *m* hibiscus
Hickhack *m/n* squabbling *kein pl*
Hidschab *m Kopfschleier* hijab
Hieb *m* **1** blow; **auf einen ~** *umg* in one go **2** **~e** *pl obs* (≈ *Prügel*) hiding **3** *fig* dig, cutting remark
hiebfest *adj* **hieb- und stichfest** *fig* watertight
hier *adv räumlich* here; **das Haus ~** this house; **dieser ~** this one (here); **~ entlang** along here; **~ in der Gegend** round here; **~ steht ...**, **~ heißt es ...** it says here ...; **~ oben/unten** up/down here; **~ drinnen** in here; **~ spricht Dr. Müller** *TEL* this is Dr Müller (speaking); **~ bitte** here you are; **von ~ aus** from here; **~ und da** *zeitlich* (every) now and then; **das steht mir bis ~** *umg* I've had it up to here (with it) *umg*
hieran *adv* **wenn ich ~ denke** when I think of *od* about this; **~ erkenne ich es** I recognize it by this
Hierarchie *f* hierarchy
hierarchisch **A** *adj* hierarchic(al) **B** *adv* hierarchically
hierauf *adv* on this; (≈ *daraufhin*) hereupon
hieraus *adv* out of this, from here; **~ folgt, dass ...** from this it follows that ...
hierbehalten *v/t* **j-n/etw ~** to keep sb/sth here
hierbei *adv* **1** *wörtl* (≈ *währenddessen*) doing this **2** *fig* (≈ *bei dieser Gelegenheit*) on this occasion; (≈ *in diesem Zusammenhang*) in this connection
hierbleiben *v/i* to stay here
hierdurch *adv* **1** *wörtl* through here **2** *fig* through this
hierfür *adv* for this
hierher *adv* here; **(komm) ~!** come here; **bis ~** *örtlich* up to here; *zeitlich* up to now, so far
hierherbringen *v/t* to bring (over) here
hierher gehören *v/i* to belong here; *fig* (≈ *relevant sein*) to be relevant
hierhin *adv* here
hierin *adv* in this
hierlassen *v/t* to leave here
hiermit *adv* with this; **~ erkläre ich ...** *form* I hereby declare ...; *form*; **~ wird bescheinigt, dass ...** this is to certify that ...
Hieroglyphe *f* hieroglyphic

Hiersein n während meines ~s during my stay
hierüber adv **1** wörtl over this od here **2** fig about this; **~ ärgere ich mich** this makes me angry
hierum adv **1** wörtl (a)round this od here **2** fig about this
hierunter adv **1** wörtl under this od here **2** fig by this od that; **~ fallen auch die Sonntage** this includes Sundays
hiervon adv from this; **~ abgesehen** apart from this; **~ habe ich nichts gewusst** I knew nothing about this
hierzu adv **1** (≈ dafür) for this **2** (≈ außerdem) in addition to this; (≈ zu diesem Punkt) about this
hierzulande adv in these parts
hiesig adj local; **meine ~en Verwandten** my relatives here
Hiesige(r) m/f(m) **ein ~r** one of the locals
hieven v/t to heave
Hi-Fi-Anlage f hi-fi system
high umg adj high umg
Highlife n, **High Life** n high life; **~ machen** umg to live it up umg
Highlight n highlight
highlighten v/t IT Textpassagen etc to highlight
High Society f high society
Hightech n high tech
Hightechindustrie f high-tech industry
Hilfe f help; (≈ Unterstützung) support; finanzielle aid, assistance; für Notleidende relief; **um ~ rufen** to call for help; **(zu) ~!** help!; **j-m zu ~ kommen** to come to sb's aid; **j-m ~ leisten** to help sb; **~ suchend** Mensch seeking help; Blick imploring; **ohne ~** (≈ selbstständig) unaided; **etw zu ~ nehmen** to use sth; **mit ~ →** mithilfe
Hilfefunktion f IT help function
Hilfeleistung f assistance
Hilferuf m call for help
Hilfestellung f support
Hilfetaste f COMPUT help key
hilflos **A** adj helpless **B** adv helplessly
Hilflosigkeit f helplessness
hilfreich adj helpful, useful
Hilfsaktion f relief action
Hilfsarbeiter(in) m(f) labourer Br, laborer US; in Fabrik unskilled worker
hilfsbedürftig adj in need of help; (≈ Not leidend) needy, in need präd
hilfsbereit adj helpful, ready to help präd
Hilfsbereitschaft f helpfulness, readiness to help
Hilfsdienst m emergency service; bei Katastrophenfall (emergency) relief service
Hilfsfonds m relief fund
Hilfskraft f assistant; (≈ Aushilfe) temporary worker; **wissenschaftliche ~** research assistant
Hilfsmittel n aid
Hilfsorganisation f relief organization
Hilfsprogramm n **1** zur Hungerhilfe etc relief programme Br, relief program US **2** IT utility program
Hilfssheriff m deputy sheriff
Hilfsverb n auxiliary verb, helping verb US
Hilfswerk n relief organization
Himalaja m **der ~** the Himalayas pl
Himbeere f raspberry
Himbeergeist m (white) raspberry brandy
Himbeersaft m raspberry juice
Himmel m **1** sky; **am ~** in the sky; **j-n/etw in den ~ loben** to praise sb/sth to the skies **2** REL (≈ Himmelreich) heaven; **im ~** in heaven; **in den ~ kommen** to go to heaven; **der ~ auf Erden** heaven on earth; **(das) weiß der ~!** umg God (only) knows; **das schreit zum ~** it's a scandal; **es stinkt zum ~** umg it stinks to high heaven umg; **(ach) du lieber ~!** umg good Heavens!; **um(s) ~s willen** umg for Heaven's sake umg
Himmelbett n four-poster (bed)
himmelblau adj sky-blue
Himmelfahrt f **1** REL **Christi ~** the Ascension of Christ; **Mariä ~** the Assumption of the Virgin Mary **2** Feiertag Ascension Day
Himmelfahrtskommando n MIL umg suicide squad; Unternehmung suicide mission
Himmelreich n REL Kingdom of Heaven
himmelschreiend adj Unrecht scandalous; Verhältnisse appalling
Himmelskörper m heavenly body
Himmelsrichtung f direction; **die vier ~en** the four points of the compass
himmelweit fig umg **A** adj **ein ~er Unterschied** a world of difference **B** adv **~ voneinander entfernt** fig poles apart
himmlisch **A** adj heavenly **B** adv schmecken heavenly; bequem wonderfully; **~ schön** just heavenly
hin adv **1** räumlich **bis zum Haus hin** up to the house; **geh doch hin zu ihr!** go over to her; **nach außen hin** fig outwardly; **bis zu diesem Punkt hin** up to this point **2** **hin und her** to and fro; (≈ hin und zurück) there and back; **etw hin und her überlegen** to weigh sth up; **nach langem Hin und Her** after a lot of to-ing and fro-ing; **hin und zurück** there and back; **einmal London hin und zurück** a return ticket to London, a round trip ticket to London bes US; **hin und wieder** (every) now and then **3** zeitlich **noch weit hin** a long way off; **über die Jahre hin** over the years **4** fig **auf meine Bitte hin** at my request; **auf meinen Anruf hin** on account of my phone call; **auf**

hinab – hineinklettern ▪ **1059**

seinen Rat hin on his advice; **etw auf etw** (akk) **hin prüfen** to check sth for sth; → **hin sein**
hinab adv & präf → **hinunter**
hinarbeiten v/i **auf etw** (akk) ~ **auf ein Ziel** to work toward(s) sth
hinauf adv up; **auf ... ~** onto; **den Berg ~** up the mountain
hinaufarbeiten v/r to work one's way up
hinaufblicken v/i to look up
hinaufbringen v/t to take up
hinaufgehen v/i to go up; **zu Fuß** to walk up
hinaufklettern v/i to climb (**auf etw** akk sth)
hinaufkommen v/i **1** (≈ nach oben gehen, fahren) to come up; **die Treppe hoch** to come upstairs **2** können **ich komme nicht hinauf** I can't get up there
hinaufrennen v/t & v/i to run up; **die Treppe ~** to run upstairs
hinaufschauen v/i → **hinaufblicken**
hinaufsteigen v/i to climb up
hinaus adv **1** räumlich out; **~ (mit dir)!** (get) out!; **aus dem** od **zum Fenster ~** out of the window **2** zeitlich **auf Jahre ~** for years to come **3** fig **über** (+akk) **~** over and above; **darüber ~** over and above this; → **hinaus sein**
hinausbegleiten v/t to see out (**aus** of)
hinausbringen v/t to take out
hinausfliegen v/i **1** (≈ fortfliegen) to fly out (**aus** of) **2** (≈ hinausgeworfen werden) to get kicked out umg (**aus** of)
hinausgehen v/i **1** (≈ nach draußen gehen) to go out(side) **2 auf etw** (akk) **~** Tür, Zimmer to open onto sth **3** fig (≈ überschreiten) **über etw** (akk) **~** to go beyond sth, to exceed sth; **über seine Befugnisse ~** to overstep one's authority
hinauslaufen v/i **1** wörtl to run out (**aus** of) **2** fig **auf etw** (akk) **~** to amount to sth; **es läuft auf dasselbe hinaus** it comes to the same thing
hinauslehnen v/r to lean out (**aus** of); **sich zum Fenster ~** to lean out of the window
hinausrennen v/i to run out
hinausschieben v/t (≈ aufschieben) to put off, to postpone
hinausschmeißen umg v/t to kick out umg (**aus** of)
hinaus sein fig v/i **über etw** (akk) **~** to be past sth
hinaussteigen v/i to climb out (**aus** of)
hinausstellen v/t to put out
hinausstürmen v/i to storm out (**aus** of)
hinausstürzen v/i (≈ hinauseilen) to rush out (**aus** of)
hinauswachsen v/i **über etw** (akk) **~** fig to outgrow sth; **er wuchs über sich selbst hinaus** he surpassed himself
hinauswagen v/r to venture out (**aus** of)

hinauswerfen umg v/t (≈ entfernen) to chuck od throw out umg (**aus** of); **das ist hinausgeworfenes Geld** it's money down the drain
hinauswollen v/i to want to go od get out (**aus** of); **worauf willst du hinaus?** fig what are you getting at?; **hoch ~** to aim high
hinauszögern A v/t to delay **B** v/r to be delayed
hinbekommen umg v/t → **hinkriegen**
hinbiegen v/t fig umg (≈ in Ordnung bringen) to arrange; (≈ deichseln) to wangle umg; **das werden wir schon ~** we'll sort it out somehow
Hinblick m **im ~ auf** (+akk) (≈ angesichts) in view of; (≈ mit Bezug auf) with regard to
hinbringen v/t **1** j-n, etw to take there **2** → **hinkriegen**
hindenken v/i **wo denkst du hin?** whatever are you thinking of!
hinderlich adj **~ sein** to be in the way; **einer Sache** (dat) **~ sein** to be a hindrance to sth
hindern A v/t **1** Fortschritte to impede; j-n to hinder (**bei** in) **2** (≈ abhalten von) to prevent (**an** +dat from), to stop; **ich konnte ihn nicht daran ~, das zu tun** I couldn't prevent him from doing it **B** v/i (≈ stören) to be a hindrance (**bei** to)
Hindernis n **1** obstacle; (≈ Behinderung) hindrance; **eine Reise mit ~sen** a journey full of hitches **2** SPORT (≈ Hürde) hurdle
Hindernislauf m, **Hindernisrennen** n steeplechase
Hinderung f **1** (≈ Behinderung) hindrance **2** (≈ Störung) obstruction
Hinderungsgrund m obstacle
hindeuten v/i to point (**auf** +akk od **zu** at)
Hindi n Sprache Hindi
Hindu m Hindu
Hinduismus m Hinduism
hinduistisch adj Hindu
hindurch adv through; **dort ~** through there; **mitten ~** straight through; **das ganze Jahr ~** throughout the year, all year round; **den ganzen Oktober ~** throughout October; **den ganzen Tag ~** all day (long)
hinein adv in; **da ~** in there; **in etw** (akk) **~** into sth; **bis tief in die Nacht ~** far into the night
hineinbekommen umg v/t to get in (**in** +akk **-to**)
hineindenken v/r **sich in j-n ~** to put oneself in sb's position
hineingehen v/i (≈ hineinpassen) to go in (**in** +akk **-to**); (≈ betreten) to enter, to go in; **in den Bus gehen 50 Leute hinein** the bus holds 50 people
hineingeraten v/i **in etw** (akk) **~** to get into sth
hineingucken umg v/i to look in (**in** +akk **-to**)
hineinklettern v/i to climb in (**in** +akk **-to**)

hineinknien fig umg v/r **sich in etw** (akk) **~** to get into sth umg
hineinkommen v/i to get in
hineinkriegen umg v/t to get in (**in** +akk -to)
hineinlegen v/t to put in
hineinpassen **in etw** (akk) **~** to fit into sth; fig to fit in with sth
hineinplatzen fig umg v/i to burst in (**in** +akk -to)
hineinreden v/i wörtl (≈ unterbrechen) to interrupt (j-m sb); **j-m in seine Angelegenheiten ~** to meddle in sb's affairs
hineinrennen v/i **in j-n/etw ~** to run into sb/sth
hineinsetzen v/t to put in
hineinspielen v/i (≈ beeinflussen) to have a part to play (**in** +akk in)
hineinstecken v/t to put in (**in** +akk -to); **Geld/ Arbeit** etc **in etw** (akk) **~** to put money/some work etc into sth
hineinsteigern v/r to get worked up; **sich in seine Wut ~** to work oneself up into a rage
hineinstellen v/t to put in
hineinströmen v/i to flood in (**in** +akk -to)
hineinstürzen A v/i to plunge in (**in** +akk -to); (≈ hineineilen) to rush in (**in** +akk -to) B v/r **sich in die Arbeit ~** to throw oneself into one's work
hineinversetzen v/r **sich in j-n** od **in j-s Lage ~** to put oneself in sb's position
hineinziehen v/t to pull in (**in** +akk -to); **j-n in einen Streit ~** to drag sb into a quarrel
hinfahren A v/i to go there B v/t to drive there
Hinfahrt f journey there; BAHN outward journey
hinfallen v/i to fall (down); (≈ umfallen) to fall over
hinfällig adj 1 Mensch frail 2 fig (≈ ungültig) invalid
hinfinden umg v/i to find one's way there
hinfliegen v/i to fly there
Hinflug m outward flight
hinführen A v/t **j-n zu etw ~** fig to lead sb to sth B v/i to lead there; **wo soll das ~?** fig where is this leading to?
Hingabe fig f (≈ Begeisterung) dedication; (≈ Selbstlosigkeit) devotion; **mit ~ singen** to sing with abandon
hingeben A v/t to give up; Leben to sacrifice B v/r **sich einer Sache** (dat) **~ der Arbeit** to devote oneself to sth; **dem Laster, der Verzweiflung** to abandon oneself to sth; **sich einer Illusion ~** to labour under an illusion Br, to labor under an illusion US
hingebungsvoll A adj (≈ selbstlos) devoted; (≈ begeistert) abandoned B adv (≈ selbstlos) devotedly; (≈ begeistert) with abandon; lauschen raptly
hingegen geh konj however
hingehen v/i 1 (≈ dorthin gehen) to go (there); **wo gehst du hin?** where are you going?; **wo geht es hier hin?** where does this go? 2 Zeit to pass 3 fig (≈ tragbar sein) **das geht gerade noch hin** that will just about do
hingehören v/i to belong; **wo gehört das hin?** where does this belong?
hingerissen A adj enraptured; **hin- und hergerissen sein** to be torn (**zwischen** +dat between) B adv with rapt attention; → **hinreißen**
Hingucker umg m (≈ Mensch) looker umg; (≈ Sache) eye-catcher umg
hinhalten v/t 1 (≈ entgegenstrecken) to hold out (j-m to sb) 2 fig j-n to put off
Hinhaltetaktik f delaying tactics pl
hinhauen A v/t 1 (≈ nachlässig machen) to knock off umg 2 (≈ hinwerfen) to slam down B v/i 1 (≈ zuschlagen) to hit hard 2 (≈ gut gehen) **es hat hingehauen** I/we etc just managed it; **das wird schon ~** it will be OK umg 3 (≈ klappen) to work C v/r umg (≈ sich schlafen legen) to crash out umg
hinhören v/i to listen
hinken v/i 1 to limp 2 fig Beispiel to be inappropriate; Vergleich to be misleading
hinknien v/i & v/r to kneel (down)
hinkommen v/i 1 (≈ an einen Ort hinkommen) (**da**) **~** to get there; **wie komme ich zu dir hin?** how do I get to your place? 2 (≈ an bestimmten Platz gehören) to go; **wo kämen wir denn hin, wenn …** umg where would we be if … umg (≈ auskommen) to manage; **wir kommen (damit) hin** we will manage 4 umg (≈ stimmen) to be right
hinkriegen v/t umg (≈ fertigbringen) to manage; **das hast du gut hingekriegt** you've made a nice job of it
hinlangen v/i umg (≈ zupacken) to grab him/her/ it etc; (≈ zuschlagen) to take a (good) swipe umg; (≈ sich bedienen) to help oneself to a lot
hinlänglich A adj (≈ ausreichend) adequate B adv (≈ ausreichend) adequately; (≈ zu Genüge) sufficiently
hinlegen A v/t 1 (≈ hintun) to put down; Zettel to leave (j-m for sb); umg (≈ bezahlen müssen) to fork out umg 2 umg (≈ glänzend darbieten) to perform B v/r to lie down
hinnehmen v/t (≈ ertragen) to take, to accept; Beleidigung to swallow; **etw als selbstverständlich ~** to take sth for granted
hinreichend A adj (≈ ausreichend) adequate; (≈ genug) sufficient; (≈ reichlich) ample; **keine ~en Beweise** insufficient evidence B adv informieren adequately
Hinreise f outward journey
hinreißen fig v/t 1 (≈ begeistern) to thrill; → **hingerissen** 2 (≈ überwältigen) **j-n zu etw ~** to force sb into sth; **sich ~ lassen** to let oneself be car-

hinreißend *adj* fantastic; *Anblick* enchanting; *Schönheit* captivating; (≈ *wundervoll*) gorgeous
hinrichten *v/t* to execute
Hinrichtung *f* execution
hinschauen *dial v/i* → hinsehen
hinschmeißen *umg v/t* (≈ *hinwerfen*) to fling down *umg*; *fig* (≈ *aufgeben*) *Arbeit etc* to chuck in *umg*
hinschreiben *v/t* to write; (≈ *flüchtig niederschreiben*) to scribble down *umg*
hinsehen *v/i* to look; **bei genauerem Hinsehen** on looking more carefully
hin sein *umg v/i* **1** (≈ *kaputt sein*) to have had it **2** (≈ *erschöpft sein*) to be exhausted **3** (≈ *verloren sein*) to be lost **4** (≈ *begeistert sein*) **(von etw) hin (und weg) sein** to be mad about sth *umg*
hinsetzen A *v/t* to put *od* set down; *Kind* to sit down **B** *v/r* to sit down
Hinsicht *f* **in dieser ~** in this respect; **in gewisser ~** in some respects; **in finanzieller ~** financially
hinsichtlich *präp* (≈ *bezüglich*) with regard to; (≈ *in Anbetracht*) in view of
Hinspiel *n SPORT* first leg
hinstellen A *v/t* **1** (≈ *niederstellen*) to put down; *an bestimmte Stelle* to put **2** (≈ *auslegen*) **j-n/etw als j-n/etw ~** (≈ *bezeichnen*) to make sb/sth out to be sb/sth **B** *v/r* to park; *Fahrer* to park; **sich vor j-n** *od* **j-m ~** to stand in front of sb
hintanstellen *v/t* (≈ *zurückstellen*) to put last; (≈ *vernachlässigen*) to neglect
hinten *adv* **1** behind; **von ~** from the back; **~ im Buch** at the back of the book; **~ im Auto/Bus** in the back of the car/bus; **~ im Zimmer** at the back of the room; **sich ~ anstellen** to join the end of the queue *Br*, to join the end of the line *US*; **von ~ anfangen** to begin from the end; **ein Blick nach ~** a look behind; **nach ~ to the back**; *fallen, ziehen* backwards; **das Auto da ~** the car back there **2** *fig* **~ und vorn** *betrügen* left, right and centre *Br*, left, right and center *US*; **das stimmt ~ und vorn nicht** that is absolutely untrue; **das reicht ~ und vorn nicht** that's nowhere near enough
hintenherum *adv* (≈ *von der hinteren Seite*) from the back; (≈ *auf Umwegen*) in a roundabout way; (≈ *illegal*) under the counter
hinter *präp* **1** *räumlich* behind; **~ j-m/etw her** behind sb/sth; **~ etw** (*akk*) **kommen** *fig* (≈ *herausfinden*) to get to the bottom of sth; **sich ~ j-n stellen** *wörtl* to stand behind sb; *fig* to support sb; **j-n weit ~ sich** (*dat*) **lassen** to leave sb far behind **2** (≈ *nach*) after; **vier Kilometer ~ der Grenze** four kilometres beyond the border *Br*, four kilometers beyond the border *US* **3**

etw ~ sich (*dat*) **haben** (≈ *überstanden haben*) to have got sth over (and done) with; *Krankheit, Zeit* to have been through sth; **sie hat viel ~ sich** she has been through a lot; **das Schlimmste haben wir ~ uns** we are over the worst; **etw ~ sich** (*akk*) **bringen** to get sth over (and done) with
Hinter- *zssgn* back; *Eingang, Reifen* rear
Hinterachse *f* rear axle
Hinterausgang *m* back exit
Hinterbänkler(in) *m(f) POL pej* backbencher
Hinterbein *n* hind leg; **sich auf die ~e stellen** *od* **setzen** *fig umg* (≈ *sich anstrengen*) to pull one's socks up *umg*
Hinterbliebene(r) *m/f(m)* surviving dependent; **die ~n** the bereaved family
hintereinander *adv räumlich* one behind the other; (≈ *in Reihenfolge*) one after the other; **~ hereinkommen** to come in one by one; **zwei Tage ~** two days running; **dreimal ~** three times in a row
Hintereingang *m* rear entrance
hintere(r, s) *adj* back; *von Gebäude a.* rear; **die Hinteren** those at the back; **am ~n Ende** at the far end; **im ~n Teil des Zimmers** at the back of the room
hinterfragen *v/t* to question
Hintergedanke *m* ulterior motive
hintergehen *v/t* to deceive
Hintergrund *m* background; **im ~** in the background; **im ~ bleiben/stehen** to stay/be in the background; **in den ~ treten** *fig* to be pushed into the background
hintergründig *adj* cryptic
Hintergrundinformation *f* background information *kein pl* (**über** +*akk* about, on)
Hintergrundprogramm *n IT* background program
Hinterhalt *m* ambush; **j-n aus dem ~ überfallen** to ambush sb; **im ~ lauern** *od* **liegen** to lie in wait; *bes MIL* to lie in ambush
hinterhältig A *adj* devious **B** *adv* in an underhand way, deviously
hinterher *adv räumlich* behind; *zeitlich* afterwards
hinterherfahren *v/i* to drive behind (**j-m** sb)
hinterhergehen *v/i* to follow
hinterherjagen *v/i* **j-m ~** to chase sb
hinterherlaufen *v/i* to run behind (**j-m** sb); **j-m ~** *fig umg* to run after sb
hinterher sein *umg v/i wörtl* (≈ *verfolgen*) to be after (**j-m** sb); **~, dass ...** to see to it that ...
Hinterhof *m* back yard
Hinterkopf *m* back of one's head; **etw im ~ haben** *umg* to have sth in the back of one's mind

Hinterland n hinterland; **~ Australiens** outback
hinterlassen v/t to leave
Hinterlassenschaft f estate; fig legacy
hinterlegen v/t ▢ (≈ verwahren lassen) to deposit ▢ (≈ als Pfand hinterlegen) to leave
Hinterlegung f deposit
Hinterlist f ▢ (≈ Tücke) craftiness ▢ (≈ Trick, List) ruse
hinterlistig ▢ adj (≈ tückisch) crafty; (≈ betrügerisch) deceitful ▢ adv (≈ tückisch) cunningly; (≈ betrügerisch) deceitfully
Hintermann m person behind; (≈ Auto) car behind; **die Hintermänner des Skandals** the men behind the scandal
Hintern umg m backside umg; **sich auf den ~ setzen** (≈ eifrig arbeiten) to buckle down to work; **j-m in den ~ kriechen** to suck up to sb umg
Hinterrad n rear wheel
Hinterradantrieb m rear wheel drive
hinterrücks adv from behind; fig (≈ heimtückisch) behind sb's back
Hinterseite f back
hinterste(r, s) adj very back; (≈ entlegenste) remotest; **die Hintersten** those at the very back; **das ~ Ende** the very end; von Saal the very back
Hinterteil umg n backside umg
Hintertreffen n **im ~ sein** to be at a disadvantage; **ins ~ geraten** to fall behind
hintertreiben fig v/t to foil; Gesetz to block
Hintertreppe f back stairs pl
Hintertür f back door; fig umg (≈ Ausweg) loophole; **durch die ~** fig through the back door
hinterziehen v/t Steuern to evade
Hinterziehung f von Steuern evasion
hintreten v/i **vor j-n ~** to go up to sb
hintun umg v/t to put; **ich weiß nicht, wo ich ihn ~ soll** fig I can't (quite) place him
hinüber adv over; über Grenze, Fluss a. across; **zu/nach** over to; **quer ~** right across; → **hinüber sein**
hinüberführen v/i (≈ verlaufen) Straße, Brücke to go across (**über etw** akk sth)
hinübergehen v/i zu jdm to go across; to go over (**über etw** akk sth)
hinüberretten v/t to bring to safety; fig Tradition to keep alive
hinüber sein v/i umg (≈ verdorben sein) to be off; (≈ kaputt, tot sein) to have had it umg; (≈ ruiniert sein) to be done for umg
hinüberwechseln v/i to change over (**zu, in** +akk to)
hin- und hergehen v/i to walk up and down od to and fro; aufgeregt to pace up and down; Sache to go back and forth; **im Zimmer ~** to walk/pace up and down the room

hin- und hergerissen adj torn
Hin- und Rückfahrkarte f return (ticket)
Hin- und Rückfahrt f return journey
Hin- und Rückflug m return flight
Hin- und Rückweg m round trip
hinunter adv down; **die Treppe ~** downstairs; **ins Tal ~** down into the valley
hinunterfließen v/i to flow down
hinuntergehen v/i to go down
hinunterschlucken v/t to swallow (down)
hinunterstürzen ▢ v/i ▢ (≈ hinunterfallen) to tumble down ▢ (≈ eilig hinunterlaufen) to rush down ▢ v/t j-n to throw down ▢ v/r to throw oneself down
hinunterwerfen v/t to throw down
hinweg adv ▢ **über j-n/etw ~** over sb od sb's head/sth ▢ zeitlich **über eine Zeit ~** over a period of time
Hinweg m way there; **auf dem ~** on the way there
hinweggehen v/i **über etw** (akk) **~** to pass over sth
hinwegkommen fig v/i **über etw** (akk) **~** (≈ verwinden) to get over sth
hinwegsehen v/i **über j-n/etw ~** wörtl to see over sb od sb's head/sth; fig (≈ ignorieren) to ignore sb/sth; (≈ unbeachtet lassen) to overlook sb/sth
hinwegsetzen fig v/r **sich über etw** (akk) **~** (≈ nicht beachten) to disregard sth; (≈ überwinden) to overcome sth
hinwegtäuschen v/t **j-n über etw** (akk) **~** to mislead sb about sth; **darüber ~, dass ...** to hide the fact that ...
Hinweis m ▢ (≈ Rat) piece of advice; (≈ Bemerkung) comment; amtlich notice; **~e für den Benutzer** notes for the user ▢ (≈ Anhaltspunkt) indication; bes von Polizei clue
hinweisen ▢ v/t **j-n auf etw** (akk) **~** to point sth out to sb ▢ v/i **auf j-n/etw ~** to point to sb/sth; (≈ verweisen) to refer to sb/sth; **darauf ~, dass ...** to point out that ...
Hinweisschild n sign
hinwerfen v/t ▢ to throw down; (≈ fallen lassen) to drop; **j-m etw ~** to throw sth to sb; **eine hingeworfene Bemerkung** a casual remark ▢ umg (≈ aufgeben) Arbeit to give up
hinwirken v/i **auf etw** (akk) **~** to work toward(s) sth
hinwollen umg v/i to want to go
hinziehen ▢ v/t ▢ (≈ zu sich ziehen) to draw (**zu** towards) ▢ fig (≈ in die Länge ziehen) to draw out ▢ v/i to move (**über** +akk across od **zu** towards) ▢ v/r ▢ (≈ lange dauern) to drag on; (≈ sich verzögern) to be delayed ▢ (≈ sich erstrecken) to stretch

hinzielen v/i **auf etw** (akk) ~ to aim at sth; *Pläne etc* to be aimed at sth

hinzu adv ~ **kommt noch, dass ich ...** moreover I ...

hinzufügen v/t to add (+dat to); (≈ beilegen) to enclose

hinzukommen v/i **zu etw** ~ to be added to sth; **es kommt noch hinzu, dass ...** there is also the fact that ...

hinzutun umg v/t to add

hinzuzählen v/t to add

hinzuziehen v/t to consult

Hiobsbotschaft f bad tidings pl

hip adj sl hip sl

Hip-Hop m MUS hip-hop

Hip-Hopper(in) m(f) hip hopper

Hippie m hippie

Hipster m *Anhänger einer urbanen Subkultur* hipster

Hipsters pl (≈ Hüfthose) hipsters pl, hiphuggers pl US

Hirn n **1** ANAT brain **2** umg (≈ Kopf) head; (≈ Verstand) brains pl, mind; **sich** (dat) **das ~ zermartern** to rack one's brain(s) **3** GASTR brains pl

Hirngespinst n fantasy

Hirnhaut f ANAT meninges pl

Hirnhautentzündung f MED meningitis

hirnlos adj brainless

hirnrissig adj hare-brained

Hirntod m MED brain death

hirntot adj braindead

Hirntumor m brain tumour Br, brain tumor US

hirnverbrannt adj hare-brained

Hirsch m (≈ Rothirsch) red deer; *männlich* stag; GASTR venison

Hirschjagd f stag hunt

Hirschkalb n (male) fawn

Hirschkeule f haunch of venison

Hirschkuh f hind

Hirschleder n buckskin

Hirse f millet

Hirt m herdsman; (≈ Schafhirt) shepherd

Hirtin f herdswoman; (≈ Schafhirtin) shepherdess

hispanisch adj Hispanic

Hispano-Amerikaner(in) m(f) Hispanic

hissen v/t to hoist

Histamin n histamine

Historiker(in) m(f) historian

historisch **A** adj historical; *Gestalt, Ereignis* historic **B** adv historically; **das ist ~ belegt** there is historical evidence for this

Hit m MUS, IT fig umg hit

Hitliste f charts pl

Hitparade f hit parade; **in der ~** MUS in the charts

Hitze f **1** heat **2** fig passion; **in der ~ des Gefecht(e)s** fig in the heat of the moment

hitzebeständig adj heat-resistant

hitzeempfindlich adj sensitive to heat

Hitzefrei n ~ **haben** to have time off from school on account of excessively hot weather

Hitzeperiode f hot spell

Hitze(schutz)schild m heat shield

Hitzewelle f heat wave

hitzig adj (≈ aufbrausend) *Mensch* hot-headed; (≈ leidenschaftlich) passionate; **~ werden** *Debatte* to grow heated

Hitzschlag m MED heatstroke

HIV-negativ adj HIV-negative

HIV-positiv adj HIV-positive

HIV-Test m HIV test

HIV-Virus n HIV-virus

H-Milch f long-life milk Br, shelf stable milk US

HNO-Arzt m, **HNO-Ärztin** f ENT specialist

Hobby n hobby

Hobbyfotograf(in) m(f) amateur photographer

Hobbyraum m workroom

Hobel m TECH plane

Hobelbank f carpenter's od joiner's bench

hobeln v/t & v/i TECH to plane; **wo gehobelt wird, da fallen Späne** *sprichw* you can't make an omelette without breaking eggs *sprichw*

Hobelspan m shaving

hoch **A** adj high; *Baum, Mast* tall; *Summe* large; *Strafe* heavy; *Schaden* extensive; **hohe Verluste** heavy losses; **in hohem Maße verdächtig** highly suspicious; **in hohem Maße gefährdet** in grave danger; **mit hoher Wahrscheinlichkeit** in all probability; **das hohe C** MUS top C; **das ist mir zu ~** fig umg that's (well) above my head bes Br, that's (well) over my head; **ein hohes Tier** fig umg a big fish umg; **das Hohe Haus** PARL the House **B** adv **1** (≈ oben) high; **~ oben** high up; **zwei Treppen ~ wohnen** to live two floors up; **der Schnee lag 60 cm ~** the snow was 60 cm deep; **er sah zu uns ~** umg he looked up to us; MATH **7 ~ 3** 7 to the power of 3 **2** (≈ sehr angesehen, entwickelt) highly; *zufrieden, erfreut* very; **~ beglückt** → hochbeglückt **3** **~ begabt** → hochbegabt; **~ empfindlich** → hochempfindlich; **~ qualifiziert** highly qualified; **das rechne ich ihm ~ an** (I think) that is very much to his credit; **~ gewinnen** to win handsomely; **~ hinauswollen** to be ambitious; **wenn es ~ kommt** umg at (the) most; **~ schätzen** (≈ verehren) to respect highly; **~ verlieren** to lose heavily; **die Polizei rückte an, 50 Mann ~** umg the police arrived, 50 strong; **~!** cheers!; **~ und heilig versprechen** to promise faithfully

Hoch n **1** (≈ Ruf) **ein (dreifaches) ~ für** od **auf j-n ausbringen** to give three cheers for sb **2**

METEO, a. fig high

Hochachtung f deep respect; **bei aller ~ vor j-m/etw** with (the greatest) respect for sb/sth

hochachtungsvoll adv Briefschluss bei Anrede mit Sir/Madam yours faithfully Br, sincerely yours US; bei Anrede mit Namen yours sincerely Br, sincerely yours US

Hochadel m high nobility

hochaktuell adj highly topical

Hochaltar m high altar

hochanständig adj very decent

hocharbeiten v/r to work one's way up

hochauflösend adj IT, TV high-resolution

Hochbahn f elevated railway Br, elevated railroad US, el US umg

Hochbau m structural engineering

hochbegabt adj highly gifted od talented

Hochbegabte(r) m/f(m) gifted person od child

hochbeglückt adj highly delighted

hochbetagt adj attr, advanced in years

Hochbetrieb m in Geschäft etc peak period; (≈ Hochsaison) high season

hochbringen umg v/t 1 (≈ nach oben bringen) to bring od take up 2 umg (≈ hochheben können) to (manage to) get up

Hochburg fig f stronghold

hochdeutsch adj standard od High German

Hochdeutsch(e) n standard od High German

Hochdruck m METEO high pressure; MED high blood pressure; **mit ~ arbeiten** to work at full stretch

Hochdruckgebiet n METEO high-pressure area

Hochdruckreiniger m pressure washer

Hochebene f plateau

hochempfindlich adj TECH highly sensitive; Film fast; Stoff very delicate

hochfahren A v/i 1 (≈ nach oben fahren) to go up; in Auto to drive od go up 2 erschreckt to start (up) B v/t to take up; TECH to start up; Computer to boot up; fig Produktion to increase

Hochfinanz f high finance

hochfliegen v/i to fly up; (≈ in die Luft geschleudert werden) to be thrown up

hochfliegend adj Pläne ambitious

Hochform f top form

Hochformat n vertical format

Hochfrequenz f ELEK high frequency

Hochgebirge n high mountains pl

hochgehen v/i 1 (≈ hinaufgehen) to go up 2 umg (≈ explodieren) to blow up; Bombe to go off; **etw ~ lassen** to blow sth up 3 umg (≈ wütend werden) to go through the roof 4 umg (≈ gefasst werden) to get nabbed umg; **j-n ~ lassen** to bust sb umg

hochgeistig adj highly intellectual

Hochgenuss m special treat; (≈ großes Vergnügen) great pleasure

Hochgeschwindigkeitszug m high-speed train

hochgesteckt fig adj Ziele ambitious

hochgestellt adj Ziffer superscript, superior

hochgestochen pej umg adj highbrow; Stil pompous; (≈ eingebildet) stuck-up umg

hochgewachsen adj tall

hochgezüchtet mst pej adj Motor souped-up umg; Tiere, Pflanzen overbred

Hochglanz m high polish od shine; FOTO gloss

Hochglanzpapier n high gloss paper

hochgradig A adj extreme; umg Unsinn etc absolute, utter B adv extremely

hochhackig adj high-heeled

hochhalten v/t 1 (≈ in die Höhe halten) to hold up 2 (≈ in Ehren halten) to uphold

Hochhaus n high-rise building

hochheben v/t Hand, Arm to lift, to raise; Kind, Last to lift od pick up

hochinteressant adj very od most interesting

hochkant adv 1 wörtl on end; **~ stellen** to put on end 2 fig umg **~ od ~ig hinausfliegen** to be chucked out umg

hochkarätig adj 1 Gold high-carat 2 fig top-class

hochklappen v/t Tisch, Stuhl to fold up; Sitz to tip up; Deckel to lift (up)

hochkommen v/i to come up; (≈ aufstehen können) to (manage to) get up; umg beruflich to come up in the world

Hochkonjunktur f boom

hochkonzentriert adj Säure highly concentrated

hochkrempeln v/t to roll up

hochkriegen v/t umg to get up

hochladen v/t IT to upload

Hochland n highland

hochleben v/i **j-n ~ lassen** to give three cheers for sb; **er lebe hoch!** three cheers (for him)!

Hochleistung f first-class performance

Hochleistungssport m top-class sport

Hochleistungssportler(in) m(f) top athlete

hochmodern adj very modern

Hochmoor n moor

Hochmut m arrogance; (≈ Stolz) pride

hochmütig adj arrogant

hochnäsig umg adj snooty umg

hochnehmen v/t 1 (≈ heben) to lift; Kind, Hund to pick od lift up 2 umg (≈ necken) **j-n ~** to pull sb's leg 3 umg (≈ verhaften) to pick up umg

Hochofen m blast furnace

hochprozentig adj alkoholische Getränke high-proof

hochqualifiziert adj → hoch

hochrechnen A v/t to project B v/i to make a projection

Hochrechnung f projection
Hochruf m cheer
Hochsaison f high season
hochschlagen v/t Kragen to turn up
hochschnellen v/i to leap up
Hochschulabschluss m degree; **den ~ machen** to graduate
Hochschulabsolvent(in) m(f) graduate
Hochschul(aus)bildung f university education
Hochschule f college; academy; (≈ Universität) university; **Technische ~** technical college
Hochschüler(in) m(f) student
Hochschullehrer(in) m(f) college/university teacher, lecturer Br
Hochschulreife f university entrance qualification; **die allgemeine ~ erlangen** to get one's general university entrance qualification
hochschwanger adj well advanced in pregnancy
Hochsee f high sea
Hochseefischerei f deep-sea fishing
Hochseejacht f ocean yacht
Hochseeschifffahrt f deep-sea shipping
hochsehen v/i to look up
hochsensibel adj highly sensitive
Hochsicherheitstrakt m high-security wing
Hochsitz m JAGD (raised) hide
Hochsommer m midsummer
hochsommerlich adj very summery
Hochspannung f ELEK, a. fig high tension; „**Vorsicht ~**" "danger - high voltage"
Hochspannungsleitung f high-tension line
Hochspannungsmast m pylon
hochspielen fig v/t to play up; **etw (künstlich) ~** to blow sth (up) out of all proportion
Hochsprache f standard language
hochspringen v/i to jump up
Hochspringer(in) m(f) high jumper
Hochsprung m (≈ Disziplin) high jump
höchst adv (≈ überaus) extremely, most, highly
Höchstalter n maximum age
Hochstapelei f JUR fraud
Hochstapler(in) m(f) confidence trickster
Höchstbetrag m maximum amount
höchstenfalls adv at (the) most
höchstens adv not more than; (≈ bestenfalls) at the most, at best
höchste(r, s) **A** adj highest; Baum, Mast tallest; Summe largest; Strafe heaviest; Not, Gefahr, Wichtigkeit utmost, greatest; Instanz supreme; **im ~n Grade/Maße** extremely; **im ~n Fall(e)** at the most; **aufs ~ Zeit** od **Eisenbahn** umg high time; **aufs Höchste erfreut** etc highly od greatly pleased, tremendously pleased etc; **die ~ Instanz** the supreme court of appeal **B** adv **am ~n** highest; verehren most (of all); begabt most; besteuert (the) most heavily
Höchstfall m **im ~** (≈ nicht mehr als) not more than; (≈ bestenfalls) at the most, at best
Höchstform f SPORT top form
Höchstgebot n highest bid
Höchstgeschwindigkeit f top od maximum speed; **zulässige ~** speed limit
Höchstgrenze f upper limit
Höchstleistung f best performance; bei Produktion maximum output
Höchstmaß n maximum amount (**an** +dat of)
höchstpersönlich adv personally
Höchstpreis m top od maximum price
Höchststand m highest level
Höchststrafe f maximum penalty
Hochstuhl m highchair
höchstwahrscheinlich adv most probably od likely
Höchstwert m maximum value
höchstzulässig adj maximum (permissible)
Hochtechnologie f high technology
Hochtemperaturreaktor m high temperature reactor
Hochtour f **auf ~en arbeiten** Maschinen to run at full speed; Fabrik etc to work at full steam; **etw auf ~en bringen** Motor to rev sth up to full speed; Produktion, Kampagne to get sth into full swing
hochtourig **A** adj Motor high-revving **B** adv **~ fahren** to drive at high revs
hochtrabend pej adj pompous
hochtreiben v/t **1** (≈ hinauftreiben) to drive up **2** fig Preise, Kosten to force up
Hoch- und Tiefbau m structural and civil engineering
Hochverrat m high treason
hochverschuldet adj **~ sein** to be deeply in debt
Hochwasser n **1** (≈ von Flut) high tide **2** (≈ in Flüssen, Seen) high water; (≈ Überschwemmung) flood; **~ haben** Fluss to be in flood
Hochwasserschutz m flood protection od prevention
hochwerfen v/t to throw up
hochwertig adj high-quality; Nahrungsmittel highly nutritious
Hochwild n big game
Hochzahl f exponent
Hochzeit f wedding; (≈ Trauung) marriage; **etw zur ~ geschenkt bekommen** to get sth as a wedding present; **silberne ~** silver wedding (anniversary)
Hochzeitskleid n wedding dress
Hochzeitsnacht f wedding night
Hochzeitsreise f honeymoon

Hochzeitstag m wedding day; (≈ *Jahrestag*) wedding anniversary
hochziehen **A** v/t **1** *Gegenstand* to pull up; *Vorhang* to raise **2** *umg* (≈ *bauen*) to throw up *umg* **B** v/r to pull oneself up
Hocke f squatting position; (≈ *Übung*) squat; **in die ~ gehen** to squat (down)
hocken v/i to squat, to crouch; *umg* (≈ *sitzen*) to sit
Hocker m (≈ *Stuhl*) stool; **j-n vom ~ hauen** *fig umg* to bowl sb over *umg*
Höcker m hump; *auf Schnabel* knob
Hockey n hockey *Br*, field hockey *US*
Hockeyfeld n, **Hockeyplatz** m hockey pitch
Hockeyschläger m hockey stick, filed hockey stick *US*
Hockeyspieler(in) m(f) hockey player, field hockey player *US*
Hoden m testicle
Hodensack m scrotum
Hodscha m islamischer Geistlicher hodja
Hof m **1** (≈ *Platz*) yard; (≈ *Innenhof*) courtyard; (≈ *Schulhof*) playground; **auf dem Hof** in the yard **2** (≈ *Bauernhof*) farm **3** (≈ *Fürstenhof*) court; **Hof halten** to hold court **4** *um Sonne, Mond* halo
hoffen **A** v/i to hope; **auf j-n ~** to set one's hopes on sb; **auf etw** (*akk*) **~** to hope for sth; **ich will nicht ~, dass er das macht** I hope he doesn't do that **B** v/t to hope for; **~ wir das Beste!** let's hope for the best!; **ich hoffe es** I hope so; **das will ich (doch wohl) ~** I should hope so
hoffentlich *adv* hopefully; **~!** I hope so; **~ nicht** I/we hope not
Hoffnung f hope; **sich** (*dat*) **~en machen** to have hopes; **sich** (*dat*) **keine ~en machen** not to hold out any hopes; **mach dir keine ~(en)!** I wouldn't even think about it; **j-m ~en machen** to raise sb's hopes; **j-m auf etw** (*akk*) **~en machen** to lead sb to expect sth; **die ~ aufgeben** to abandon hope
hoffnungslos **A** *adj* hopeless; (≈ *verzweifelt*) desperate **B** *adv* hopelessly
Hoffnungslosigkeit f (≈ *Verzweiflung*) despair
Hoffnungsschimmer m glimmer of hope
Hoffnungsträger(in) m(f) person on whom hopes are pinned
hoffnungsvoll **A** *adj* hopeful; (≈ *vielversprechend*) promising **B** *adv* full of hope
Hofhund m watchdog
hofieren *obs* v/t to court
höflich **A** *adj* polite; (≈ *zuvorkommend*) courteous **B** *adv* politely
Höflichkeit f **1** politeness; (≈ *Zuvorkommenheit*) courteousness **2** (≈ *höfliche Bemerkung*) compliment
Höflichkeitsbesuch m courtesy visit
hohe *adj* → hoch
Höhe f **1** height; **an ~ gewinnen** FLUG to gain height, to climb; **in einer ~ von** at a height of; **in die ~ gehen** *fig Preise etc* to go up **2** (≈ *Anhöhe*) hill; (≈ *Gipfel*) top, summit; **sich nicht auf der ~ fühlen** *gesundheitlich* to feel below par; *leistungsfähig* not to be up to scratch; **das ist doch die ~!** *fig umg* that's the limit! **3** (≈ *Ausmaß, Größe*) level; *von Summe, Gewinn, Verlust* size, amount; *von Schaden* extent; **ein Betrag in ~ von** an amount of; **bis zu einer ~ von** up to a maximum of; **in die ~ treiben** to run up **4** MUS *von Stimme* pitch; RADIO treble *kein pl*
Hoheit f **1** (≈ *Staatshoheit*) sovereignty (**über** +*akk* over) **2** *als Anrede* Highness
hoheitlich *adj* sovereign
Hoheitsgebiet n sovereign territory
Hoheitsgewalt f (national) jurisdiction
Hoheitsgewässer pl territorial waters pl
Hoheitsrecht n sovereign jurisdiction *od* rights pl
Hoheitszeichen n national emblem
Höhenangst f fear of heights
Höhenflug m high-altitude flight; **geistiger ~** intellectual flight (of fancy)
Höhenkrankheit f MED altitude sickness
Höhenlage f altitude
Höhenmesser m FLUG altimeter
Höhenregler m treble control
Höhensonne® f (≈ *Lampe*) sunray lamp
Höhenunterschied m difference in altitude
Höhenzug m mountain range
Höhepunkt m highest point; *von Tag, Leben* high spot; *von Veranstaltung* highlight; *von Karriere etc* height, peak; *eines Stücks* (≈ *Orgasmus*) climax; **den ~ erreichen** to reach a *od* its/one's climax; *Krankheit* to reach *od* come to a crisis
höher **A** *adj* higher; (≈ *ranghöher*) senior; **~e Schule** secondary school, high school *bes US*; **~e Gewalt** an act of God; **in ~em Maße to** a greater extent **B** *adv* higher; **ihre Herzen schlugen ~** their hearts beat faster
hohe(r, s) *adj* → hoch
höhergestellt *adj* higher, more senior
höherschrauben *fig* v/t to increase; *Preise* to force *od* push up
höherstellen v/t to turn up
höherstufen v/t *Person* to upgrade
hohl *adj* hollow; **in der ~en Hand** in the hollow of one's hand
Höhle f cave; *fig* (≈ *schlechte Wohnung*) hovel
Höhlenbewohner(in) m(f) cave dweller, trog-

lodyte
Höhlenforscher(in) m(f) cave explorer
Höhlenforschung f speleology
Höhlenmensch m caveman
Hohlheit f hollowness
Hohlkörper m hollow body
Hohlkreuz n MED hollow back
Hohlmaß n measure of capacity
Hohlraum m hollow space; *Hoch- und Tiefbau* cavity
Höhlung f hollow
Hohn m scorn, derision; **nur ~ und Spott ernten** to get nothing but scorn and derision; **das ist der reine** *od* **reinste ~** it's an utter mockery
höhnen v/i to jeer, to sneer (**über** +*akk* at)
Hohngelächter n scornful *od* derisive laughter
höhnisch A *adj* scornful, sneering B *adv* scornfully; **~ grinsen** to sneer
Hokkaido m, **Hokkaidokürbis** m red kuri squash, uchiki kuri squash, onion squash Br
Hokuspokus m (≈ *Zauberformel*) hey presto; fig (≈ *Täuschung*) hocus-pocus umg
Holdinggesellschaft f HANDEL holding company
holen v/t 1 (≈ *holen gehen*) to fetch, to get; **j-n ~ lassen** to send for sb 2 (≈ *abholen*) to fetch, to pick up, to come for; *Gegenstand a.* to collect 3 (≈ *kaufen*) to get, to pick up umg 4 (≈ *sich zuziehen*) *Krankheit* to catch, to get; **sonst wirst du dir etwas ~** or you'll catch something; **sich** (*dat*) **eine Erkältung ~** to catch a cold 5 **sich** (*dat*) **etw ~** to get (oneself) sth; **bei ihm ist nichts zu ~** umg you *etc* won't get anything out of him
Holland n Holland, the Netherlands pl
Holländer m Dutchman, Dutch boy; **die ~** the Dutch (people)
Holländerin f Dutchwoman, Dutch girl
holländisch *adj* Dutch
Hölle f hell; **in der ~** in hell; **die ~ auf Erden** hell on earth; **zur ~ mit…** to hell with … umg; **in die ~ kommen** to go to hell; **ich werde ihm die ~ heiß machen** umg I'll give him hell umg; **er machte ihr das Leben zur ~** he made her life (a) hell umg; **das war die ~** it was hell; **dort ist die ~ los** all hell has broken loose
Höllenangst umg f terrible fear; **eine ~ haben** to be scared stiff umg
Höllenlärm m **ein ~** a hell of a noise
Holler *österr* m 1 (≈ *Holunder*) elder 2 (≈ *Holunderbeeren*) elderberries pl
höllisch A *adj* 1 (≈ *die Hölle betreffend*) infernal, of hell 2 umg (≈ *außerordentlich*) dreadful, hellish umg; **eine ~e Angst haben** to be scared stiff umg B *adv* umg like hell umg, hellishly umg
Holm m *von Barren* bar

Holocaust m holocaust
Holografie f holography
Hologramm n hologram
holperig *adj* 1 *Weg* bumpy 2 *Rede* stumbling
holpern v/i to bump, to jolt
Holunder m elder; (≈ *Früchte*) elderberries pl
Holunderbeere f elderberry
Holz n wood; *bes zum Bauen* timber, lumber *bes US*; **aus ~** made of wood, wooden; **~ fällen** to fell trees; **~ verarbeitend** wood-processing; **aus hartem** *od* **härterem ~ geschnitzt sein** fig to be made of stern *od* sterner stuff; **aus demselben ~ geschnitzt sein** fig to be cast in the same mould Br, to be cast in the same mold US
Holz- zssgn wooden
Holzbearbeitung f woodworking; *im Sägewerk* timber processing
Holzbein n wooden leg
Holzbläser(in) m(f) woodwind player
Holzboden m (≈ *Fußboden*) wooden floor
hölzern A *adj* wooden B *adv* fig woodenly, stiffly
Holzfäller(in) m(f) woodcutter, lumberjack *bes US*
Holzfaserplatte f (wood) fibreboard Br, (wood) fiberboard US
holzfrei *adj* *Papier* wood-free
Holzhacker(in) m(f) *bes österr* woodcutter, lumberjack *bes US*
Holzhammer m mallet; **j-m etw mit dem ~ beibringen** to hammer sth into sb umg
Holzhaus n wooden *od* timber house
holzig *adj* woody
Holzklasse f FLUG umg third class
Holzklotz m block of wood, log
Holzkohle f charcoal
Holzkopf fig umg m blockhead umg
Holzpellet n wood pellet
Holzscheit n piece of (fire)wood
Holzschnitt m wood engraving
Holzschnitzer(in) m(f) wood carver
Holzschuh m wooden shoe, clog
Holzschutzmittel n wood preservative
Holzstapel m pile of wood
Holzstich m wood engraving
Holzstoß m pile of wood
Holztäfelung f wood(en) panelling Br, wood(en) paneling US
Holzweg m **auf dem ~ sein** fig umg to be on the wrong track umg
Holzwolle f wood-wool
Holzwurm m woodworm
Homebanking n home banking
Homepage f IT *im Internet* home page
Homeshopping n home shopping

Hometrainer *m* → Heimtrainer
Homo *obs umg m* homo *obs umg*, queer *umg*
Homoehe *umg f* gay marriage
homogen *adj* homogeneous
homogenisieren *v/t* to homogenize
Homöopath(in) *m(f)* homoeopath
Homöopathie *f* homoeopathy
homöopathisch *adj* homoeopathic
Homosexualität *f* homosexuality
homosexuell *adj* homosexual
Homosexuelle(r) *m/f(m)* homosexual
Honduras *n* Honduras
Hongkong *n* Hong Kong
Honig *m* honey
Honigbiene *f* honeybee
Honigkraut *n* BOT stevia, sweetleaf
Honigkuchen *m* honey cake
Honigkuchenpferd *n* **grinsen wie ein ~** to grin like a Cheshire cat
Honiglecken *fig n* **das ist kein ~** it's no picnic
Honigmelone *f* honeydew melon
honigsüß *adj* as sweet as honey; *fig Worte, Ton* honeyed; *Lächeln* sickly sweet
Honorar *n* fee; (≈ *Autorenhonorar*) royalties *pl*
Honoratioren *pl* dignitaries *pl*
honorieren *v/t* **1** (≈ *bezahlen*) to pay; FIN *Wechsel, Scheck* to honour *Br*, to honor *US*, to meet **2** (≈ *belohnen*) *Bemühungen* to reward
honoris causa *adv* **Dr. ~** honorary doctor
Hooligan *m* hooligan
Hopfen *m* BOT hop; *beim Brauen* hops *pl*; **bei** *od* **an ihm ist ~ und Malz verloren** *umg* he's a hopeless case
hopp *int* quick; **mach mal ein bisschen ~!** *umg* chop, chop! *umg*
hoppeln *v/i Hase* to lollop
Hopper(in) *m(f)* hip-hopper
hoppla *int* whoops, oops
hops *umg adj* **~ sein** (≈ *verloren*) to be lost; *Geld* to be down the drain *umg*
hopsen *umg v/i* (≈ *hüpfen*) to hop; (≈ *springen*) to jump
hopsgehen *v/i umg* (≈ *verloren gehen*) to get lost; *umg* (≈ *sterben*) to croak *umg*
hopsnehmen *v/t* **j-n ~** *umg* (≈ *verhaften*) to nab sb *umg*
hörbar *adj* audible
hörbehindert *adj* partially deaf, with impaired hearing
Hörbuch *n* talking book
horchen *v/i* to listen (+*dat od* **auf** +*akk* to); *heimlich* to eavesdrop
Horcher(in) *m(f)* eavesdropper
Horde *f* horde
hören *v/t & v/i* **1** to hear; **ich höre dich nicht** I can't hear you; **schwer ~** to be hard of hearing; **du hörst wohl schwer!** *umg* you must be deaf!; **hört, hört!** *Zustimmung* hear! hear!; **das lässt sich ~** *fig* that doesn't sound bad; **na ~ Sie mal!** wait a minute!; **na hör mal** come on; **von etw/j-m ~** to hear of sth/from sb; **Sie werden noch von mir ~** *umg Drohung* you'll be hearing from me; **nie gehört!** *umg* never heard of him/it *etc*; **nichts von sich ~ lassen** not to get in touch; **ich lasse von mir ~** I'll be in touch **2** (≈ *sich nach etw richten*) to listen, to pay attention; (≈ *gehorchen*) to obey, to listen; (≈ *zuhören*) to listen; **Sie ~ gerade Radio Bristol** you're tuned to Radio Bristol; **auf j-n/etw ~** to listen to *od* heed sb/sth; **hör mal** listen
Hörensagen *n* **vom ~** from *od* by hearsay
Hörer *m* TEL receiver
Hörer(in) *m(f)* RADIO listener; UNIV student (attending lectures)
Hörerschaft *f* RADIO listeners *pl*, audience; UNIV number of students (attending a lecture)
Hörfehler *m* MED hearing defect; **das war ein ~** I/he *etc* misheard it
Hörgerät *n*, **Hörhilfe** *f* hearing aid
hörgeschädigt *adj* partially deaf, with impaired hearing
hörig *adj* dependent (+*dat* on); **j-m (sexuell) ~ sein** to be (sexually) dependent on sb
Hörigkeit *f* dependence; *sexuell* sexual dependence
Horizont *m* horizon; **am ~** on the horizon; **das geht über meinen ~** *fig* that is beyond me
horizontal **A** *adj* horizontal **B** *adv* horizontally
Horizontale *f* MATH horizontal (line)
Hormon *n* hormone
hormonal **A** *adj* hormone *attr*, hormonal **B** *adv behandeln* with hormones; *gesteuert* by hormones; **~ bedingt sein** to be caused by hormones
Hormonbehandlung *f* hormone treatment
Hormontherapie *f* hormone therapy *od* treatment
Hörmuschel *f* TEL earpiece
Horn *n* **1** horn; **~ spielen** to play the horn; **sich** (*dat*) **die Hörner abstoßen** *umg* to sow one's wild oats; **j-m Hörner aufsetzen** *umg* to cuckold sb **2** MUS horn; MIL bugle; **ins gleiche ~ blasen** to chime in
Hornbrille *f* horn-rimmed glasses *pl*
Hörnchen *n* **1** (≈ *Gebäck*) croissant **2** ZOOL squirrel
Hörnerv *m* auditory nerve
Hornhaut *f* callus; *des Auges* cornea
Hornhautverkrümmung *f* astigmatism
Hornisse *f* hornet
Hornist(in) *m(f)* horn player; MIL bugler
Horoskop *n* horoscope

Hörprobe f (audio) sample
horrend adj horrendous
Hörrohr n **1** ear trumpet **2** MED stethoscope
Horror m horror (**vor** +dat of)
Horrorfilm m horror movie
Horrorszenario n horror scenario
Horrortrip umg m horror trip umg
Hörsaal m UNIV lecture theatre Br, lecture theater US
Hörspiel n RADIO radio play
Horst m (≈ Nest) nest; (≈ Adlerhorst) eyrie
Hörsturz m hearing loss
Hort m **1** geh (≈ Zufluchtsstätte) refuge, shelter; **ein ~ der Freiheit** a stronghold of liberty **2** (≈ Kinderhort) ≈ after-school club Br, ≈ after-school daycare US
horten v/t to hoard; Rohstoffe etc to stockpile
Hortensie f hydrangea
Hörweite f hearing range; **in/außer ~** within/out of hearing od earshot
Höschen n (≈ Unterhose) (pair of) panties pl
Hose f trousers pl Br, pants pl US; **eine ~** a pair of trousers etc; **kurze ~** shorts pl; **die ~n anhaben** fig umg to wear the trousers Br umg, to wear the pants US umg; **sich** (dat) **in die ~n machen** wörtl to dirty oneself; fig umg to shit oneself sl; umg (≈ sich aufspielen) **einen auf dicke ~ machen** to act all macho umg; **in die ~ gehen** umg to be a complete flop umg; **tote ~** umg nothing doing umg
Hosenanzug m trouser suit Br, pantsuit US
Hosenbein n trouser leg Br, pant leg US
Hosenboden m seat (of trousers) Br, seat (of pants) US; **sich auf den ~ setzen** umg (≈ arbeiten) to get stuck in umg
Hosenbund m waistband
Hosenschlitz m flies pl Br, fly US
Hosentasche f trouser pocket Br, pants pocket US
Hosenträger pl (pair of) braces pl Br, (pair of) suspenders pl US
Hospiz n hospice
Host m IT host
Hostess f hostess
Hostie f KIRCHE host, consecrated wafer
Hotdog n/m, **Hot Dog** n/m GASTR hot dog
Hotel n hotel
Hotelboy m bellboy US, bellhop US
Hotelbuchung f hotel reservation
Hotelfach n hotel management
Hotelfachschule f college of hotel management
Hotelführer m hotel guide
Hotelgewerbe n hotel industry
Hotelier m hotelier
Hotelportier m hotel porter

Hotelreservierung f hotel reservation
Hotelsuite f hotel suite
Hotelvermittlung f hotel reservation service, hotel booking agency
Hotelverzeichnis n list of hotels
Hotelzimmer n hotel room
Hotkey m COMPUT hot key
Hotline f helpline, hotline
Hotspot m hotspot
Hub m **1** TECH (≈ Kolbenhub) (piston) stroke **2** TECH (≈ Leistung) lifting od hoisting capacity
Hubbel umg m bump
hüben adv **~ und drüben** on both sides
Hubraum m AUTO cubic capacity
hübsch **A** adj pretty, neat US; Geschenk lovely, delightful; umg (≈ nett) lovely, nice; (≈ angenehm) pleasant; **ein ~es Sümmchen** umg a tidy sum **B** adv **1** (≈ nett) einrichten, sich kleiden nicely; **~ aussehen** to look pretty **2** umg **~ artig** nice and good; **das wirst du ~ bleiben lassen!** don't you dare
Hubschrauber m helicopter
Hubschrauberlandeplatz m heliport
Hucke umg f **j-m die ~ vollhauen** to give sb a good thrashing umg; **j-m die ~ volllügen** to tell sb a pack of lies
huckepack adv piggy-back
Huckepackverkehr m BAHN piggy-back transport US, motorail service
hudeln v/i bes österr, südd umg to work sloppily
Huf m hoof
Hufeisen n horseshoe
hufeisenförmig adj horseshoe-shaped
Hüferl n GASTR österr von Rind haunch
Huflattich m BOT coltsfoot
Hufschmied(in) m(f) blacksmith
Hüftbein n hipbone
Hüfte f hip; von Tieren haunch
Hüftgelenk n hip joint
Hüftgurt m hip belt
Hüfthalter m girdle
hüfthoch adj Pflanzen etc waist-high; Wasser etc waist-deep; **wir standen ~ im Schlamm** we stood up to the waist in mud
Hüfthose f hip huggers pl US, hipsters pl Br
Huftier n hoofed animal
Hüftknochen m hipbone
Hüftleiden n hip trouble
Hügel m hill; (≈ Erdhaufen) mound
hügelig adj hilly
Huhn n **1** chicken; (≈ Henne) hen; **da lachen ja die Hühner** umg what a joke **2** fig umg **ein verrücktes ~** a strange od odd character; **ein dummes ~** a silly goose
Hühnchen n (young) chicken, pullet; (≈ Brathühnchen) (roast) chicken; **mit j-m ein ~ zu rup-**

fen haben *umg* to have a bone to pick with sb *umg*
Hühnerauge *n* MED corn
Hühnerbrühe *f* chicken stock; (≈ *Suppe*) chicken broth
Hühnerbrust *f* GASTR chicken breast
Hühnerei *n* hen's egg
Hühnerfarm *f* chicken farm
Hühnerfrikassee *n* chicken fricassee
Hühnerfutter *n* chicken feed
Hühnerhof *m* chicken run
Hühnerklein *n* GASTR chicken trimmings *pl*
Hühnerleiter *f* chicken ladder
Hühnerstall *m* henhouse, chicken coop
Hühnerzucht *f* chicken breeding *od* farming
hui *int* whoosh
huldigen *liter v/i* **1** *einem Künstler, Lehrmeister etc* to pay homage to **2** *einer Ansicht* to subscribe to; *einem Glauben etc* to embrace; *einem Laster* to indulge in
Huldigung *f liter* (≈ *Verehrung, Beifall*) homage; **j-m seine ~ darbringen** to pay homage to sb
Hülle *f* **1** cover; *für Ausweiskarten etc* holder, case; (≈ *Atomhülle*) shell; **die sterbliche ~** the mortal remains *pl* **2** **in ~ und Fülle** in abundance; **Whisky/Frauen** *etc* **in ~ und Fülle** whisky/women *etc* galore
hüllen *geh v/t* to wrap; **in Dunkel gehüllt** shrouded in darkness; **sich in Schweigen ~** to remain silent
Hülse *f* **1** (≈ *Schale*) hull, husk; (≈ *Schote*) pod **2** (≈ *Etui, Kapsel*) case; *von Geschoss* case
Hülsenfrucht *f* pulse
human **A** *adj* humane **B** *adv* humanely
Humanismus *m* humanism
Humanist(in) *m(f)* humanist; (≈ *Altsprachler*) classicist
humanistisch *adj* humanist(ic); (≈ *altsprachlich*) classical; **~e Bildung** classical education
humanitär *adj* humanitarian
Humanität *f* humaneness, humanity
Humankapital *n* WIRTSCH human resources *pl*, human capital
Humanmedizin *f* (human) medicine
Humanressourcen *pl* WIRTSCH human resources *pl*
Humbug *umg m* humbug *umg*
Hummel *f* bumblebee
Hummer *m* lobster
Humor *m* humour *Br*, humor *US*; **er hat keinen (Sinn für) ~** he has no sense of humo(u)r; **sie nahm die Bemerkung mit ~ auf** she took the remark in good humo(u)r
Humorist(in) *m(f)* humorist; (≈ *Komiker*) comedian
humoristisch *adj* humorous

humorlos *adj* humourless *Br*, humorless *US*
Humorlosigkeit *f* humourlessness *Br*, humorlessness *US*
humorvoll **A** *adj* humorous, amusing **B** *adv* humorously, amusingly
humpeln *v/i* to hobble
Humpen *m* tankard, mug; *aus Ton* stein
Humus *m* humus
Humusboden *m*, **Humuserde** *f* humus soil
Hund *m* dog; *bes Jagdhund* hound; **junger ~** puppy, pup; **mit dem ~ spazieren gehen, den ~ ausführen** to walk the dog; **wie ~ und Katze leben** to live like cat and dog; **er ist bekannt wie ein bunter ~** *umg* everybody knows him; **da liegt der ~ begraben** *umg* (so) that's what is/was behind it all; *Haken, Problem etc* that's the problem; **er ist ein armer ~** he's a poor soul; **auf den ~ kommen** *umg* to go to the dogs *umg*; **vor die ~e gehen** *umg* to go to the dogs *umg*; (≈ *sterben*) to die; **du gemeiner ~** *umg* you rotten bastard *sl*; **du gerissener ~** *umg* you crafty devil *umg*; **kein ~** *umg* not a soul, not a damn soul *umg*; **schlafende ~e soll man nicht wecken** *sprichw* let sleeping dogs lie *sprichw*
hundeelend *umg adj* **mir ist ~** I feel lousy *umg*
Hundeführer(in) *m(f)* dog handler
Hundefutter *n* dog food
Hundehalsband *n* dog collar
Hundehalter(in) *form m(f)* dog owner
Hundehütte *f* (dog) kennel
hundekalt *umg adj* freezing cold
Hundekuchen *m* dog biscuit
Hundeleine *f* dog lead *Br*, dog leash
Hundemarke *f* dog licence disc *Br*, dog license disc *US*, dog tag *US*
hundemüde *umg adj & adv* dog-tired
Hunderasse *f* breed (of dog)
hundert *num* a *od* one hundred
Hundert *n* hundred; **~e von Menschen** hundreds of people; **zu ~en** by the hundred
Hunderter *m* **1** *von Zahl* (the) hundred **2** (≈ *Geldschein*) hundred-euro/-pound/-dollar *etc* note *Br od* bill *US*
hundertfach **A** *adj* hundredfold **B** *adv* a hundred times
Hundertjahrfeier *f* centenary *Br*, centennial *US*
hundertjährig *adj* (one-)hundred-year-old
hundertmal *adv* a hundred times
Hundertmeterlauf *m* SPORT **der/ein ~** the/a 100 metres *Br od* meters *US sg*
hundertpro *umg adv* definitely; **bist du dir sicher? — ~** are you sure? — I'm positive
hundertprozentig **A** *adj* (a *od* one) hundred per cent *Br*, (a *od* one) hundred percent *US*; *Al-*

kohol pure **B** *adv* one hundred per cent *Br*, one hundred percent *US*; **Sie haben ~ recht** you're absolutely right; **das weiß ich ~** that's a fact
hundertstel *adj* hundredth; **eine ~ Sekunde** a hundredth of a second
Hundertstel *n* hundredth
Hundertstelsekunde *f* hundredth of a second
hundertste(r, s) *adj* hundredth
hunderttausend *num* a *od* one hundred thousand; **Hunderttausende** hundreds of thousands
Hundesalon *m* dog parlour *Br*, dog parlor *US*
Hundeschlitten *m* dog sled(ge) *od* sleigh
Hundeschnauze *f* nose, snout
Hundesitter(in) *m(f)* dog sitter, dog-sitter
Hundestaffel *f* dog branch
Hundesteuer *f* dog licence fee *Br*, dog license fee *US*
Hündin *f* bitch
hündisch *fig adj* sycophantic
hundsgemein *umg* **A** *adj* shabby; (≈ *schwierig*) fiendishly difficult **B** *adv* **es tut ~ weh** it hurts like hell *umg*
Hundstage *pl* dog days *pl*
Hüne *m* giant
Hunger *m* hunger (**nach** for); (≈ *Hungersnot*) famine; *nach Sonne etc* yearning; **~ bekommen/haben** *od* (*akk*) **haben** to get/be hungry; **~ auf etw** (*akk*) **haben** to feel like (eating) sth; **~ leiden** *geh* to go hungry, to starve; **ich sterbe vor ~** *umg* I'm starving *umg*
Hungerkur *f* starvation diet
Hungerlohn *m* pittance
Hungermodel *umg n* size zero model, stick insect model *umg*
hungern **A** *v/i* **1** (≈ *Hunger leiden*) to go hungry, to starve **2** (≈ *fasten*) to go without food **B** *v/r* **sich zu Tode ~** to starve oneself to death
hungernd *adj* hungry, starving
Hungersnot *f* famine
Hungerstreik *m* hunger strike
Hungertod *m* death from starvation; **den ~ sterben** to die of hunger *od* starvation
Hungertuch *n* **am ~ nagen** *fig* to be starving
hungrig *adj* hungry (**nach** for); **~ nach etw** *od* **auf etw** (*akk*) **sein** to feel like (eating) sth
Hupe *f* horn
hupen *v/i* to sound *od* hoot the horn
Hüpfburg *f* bouncy castle®
hüpfen *v/i* to hop; *Ball* to bounce
Hupton *m* sound of a horn
Hupverbot *n* ban on sounding one's horn; *Schild* no horn signals
Hupzeichen *n* AUTO hoot
Hürde *f* hurdle; (≈ *Barriere*) barrier; **eine ~ nehmen** to clear a hurdle
Hürdenlauf *m* (≈ *Sportart*) hurdling; (≈ *Wettkampf*) hurdles
Hürdenläufer(in) *m(f)* hurdler
Hure *f* whore
Hurenbock *vulg m* whoremonger
Hurensohn *vulg m* bastard *sl*, son of a bitch *sl*
hurra *int* hurray, hurrah, hooray
Hurraruf *m* cheer
Hurrikan *m* hurricane
husch *int* **1** *aufscheuchend* shoo **2** (≈ *schnell*) quick; **er macht seine Arbeit immer ~ ~** *umg* he always whizzes through his work *umg*
huschen *v/i* to dart; *Lächeln* to flash, to flit; *Licht* to flash
hüsteln *v/i* to cough slightly
husten **A** *v/i* to cough; **auf etw** (*akk*) **~** *umg* not to give a damn for sth *umg* **B** *v/t* to cough; *Blut* to cough (up); **denen werde ich was ~** *umg* I'll tell them where they can get off *umg*
Husten *m* cough; **~ haben** to have a cough
Hustenanfall *m* coughing fit
Hustenbonbon *m/n* cough sweet *Br*, cough drop
Hustenmittel *n* cough medicine
Hustenreiz *m* tickle in one's throat
Hustensaft *m* cough syrup *od* mixture
hustenstillend *adj* cough-relieving
Hustentropfen *pl* cough drops *pl*
Hut[1] *m* hat; *von Pilz* cap; **den Hut aufsetzen/abnehmen** to put on/take off one's hat; **Hut ab!** I take my hat off to him/you *etc*; **das kannst du dir an den Hut stecken!** *umg* you can keep it *umg*; **unter einen Hut bringen** to reconcile; *Termine* to fit in; **den** *od* **seinen Hut nehmen (müssen)** *umg* to (have to) go; **das ist doch ein alter Hut!** *umg* that's old hat! *umg*; **eins auf den Hut kriegen** *umg* to get an earful *umg*; **damit habe ich nichts am Hut** *umg* I don't want to have anything to do with that
Hut[2] *f* **1** *geh* **in meiner Hut** in my keeping; *Kinder* in my care **2** **auf der Hut sein** to be on one's guard (**vor** +*dat* against)
hüten **A** *v/t* to look after, to mind; **das Bett ~** to stay in bed **B** *v/r* to (be on one's) guard (**vor** +*dat* against); **ich werde mich ~!** not likely!; **ich werde mich ~, ihm das zu erzählen** there's no chance of me telling him that
Hüter(in) *m(f)* guardian, custodian; (≈ *Viehhüter*) herdsman; **die ~ der Ordnung** *hum* the custodians of the law
Hutgeschäft *n* hat shop, hatter's (shop); *für Damen a.* milliner's (shop)
Hutmacher(in) *m(f)* hat maker
Hutschachtel *f* hatbox
Hütte *f* **1** hut; *hum* (≈ *Haus*) humble abode;

(≈ *Holzhütte, Blockhütte*) cabin **2** TECH (≈ *Hüttenwerk*) iron and steel works
Hüttenindustrie *f* iron and steel industry
Hüttenkäse *m* cottage cheese
Hüttenschuhe *pl* slipper socks *pl*
hutzelig *adj Mensch* wizened
Hutzelmännchen *n* gnome
Hyaluronsäure *f* hyaluronic acid
Hyäne *f* hyena; *fig* wildcat
Hyazinthe *f* hyacinth
hybrid *adj* BIOL, LING hybrid
Hybridantrieb *m* hybrid powertrain, hybrid drive system
Hybride *f* BIOL hybrid
Hybridfahrzeug *n* hybrid vehicle
Hybridmotor *m* hybrid engine
Hydrant *m* hydrant
Hydrat *n* hydrate
Hydraulik *f* hydraulics *sg*; (≈ *Antrieb*) hydraulics *pl*
hydraulisch **A** *adj* hydraulic **B** *adv* hydraulically
Hydrokultur *f* BOT hydroponics *sg*
Hydrolyse *f* CHEM hydrolysis
Hydrotherapie *f* MED hydrotherapy
Hygiene *f* hygiene
hygienisch **A** *adj* hygienic **B** *adv* hygienically
Hymne *f* hymn; (≈ *Nationalhymne*) (national) anthem
Hype *m* (≈ *Werbung, Täuschung*) hype *kein pl*
hyperaktiv *adj* hyperactive
Hyperbel *f* MATH hyperbola; *rhetorisch* hyperbole
Hyperlink *m/n* IT hyperlink
hypermodern *umg adj* ultramodern
Hypertext *m* IT hypertext
Hypnose *f* hypnosis; **unter ~ stehen** to be under hypnosis
hypnotisch *adj* hypnotic
Hypnotiseur(in) *m(f)* hypnotist
hypnotisieren *v/t* to hypnotize
Hypochonder *m* hypochondriac
Hypotenuse *f* MATH hypotenuse
Hypothek *f* mortgage; **eine ~ aufnehmen** to raise a mortgage; **etw mit einer ~ belasten** to mortgage sth
Hypothekenbank *f* bank specializing in mortgages
Hypothekenbrief *m* mortgage deed *od* certificate
hypothekenfrei *adj* unmortgaged
Hypothekenschuld *f* mortgage debt
Hypothekenschuldner(in) *m(f)* mortgagor, mortgager
Hypothekenzinsen *pl* mortgage interest
Hypothese *f* hypothesis

hypothetisch **A** *adj* hypothetical **B** *adv* hypothetically
Hysterie *f* hysteria
hysterisch *adj* hysterical; **einen ~en Anfall bekommen** *fig* to go into *od* have hysterics

I, i *n* I, i
i *umg int* ugh *umg*
i. A. *abk* (= *im Auftrag*) p. p.
IBAN *f abk* (= International Bank Account Number) IBAN
iberisch *adj* Iberian
IC® *m abk* (= Intercityzug) intercity train
ICE® *m abk* (= Intercityexpresszug) intercity express (train)
ich *pers pr* I; **ich hätte gern …, ich nehme …** I'll have …; **ich auch** me too; **immer ich!** (it's) always me!; **warum ich?** why me?; **das bin ich** that's me; **ich Idiot!** what an idiot I am!; **wer hat den Schlüssel? — ich nicht!** who's got the key? — not me!; **ich selbst** I myself; **wer hat gerufen? — ich!** who called? — (it was) me, I did!; **ich bins!** it's me!
Ich *n* self; PSYCH ego; **mein anderes** *od* **zweites Ich** (≈ *selbst*) my other self; (≈ *andere Person*) my alter ego
Icherzähler(in) *m(f)* first person narrator
Ichform *f* first person
Icon *n* IT icon
ideal *adj* ideal
Ideal *n* ideal
idealerweise *adv* ideally
Idealfall *m* ideal case; **im ~** ideally
idealisieren *v/t* to idealize
Idealismus *m* idealism
Idealist(in) *m(f)* idealist
idealistisch *adj* idealistic
Idealvorstellung *f* ideal
Idee *f* **1** idea; **wie kommst du denn auf DIE ~?** whatever gave you that idea?; **ich kam auf die ~, sie zu fragen** I hit on the idea of asking her **2** (≈ *ein wenig*) shade, trifle; **eine ~ Salz** a hint of salt
ideell *adj Wert, Ziele* non-material; *Unterstützung* spiritual
ideenlos *adj* lacking in ideas, unimaginative
ideenreich *adj* (≈ *einfallsreich*) full of ideas; (≈ *fantasiereich*) imaginative, full of imagination
Identifikation *f* identification

Identifikationsnummer f **persönliche ~** personal identification number
identifizieren **A** v/t to identify **B** v/r **sich ~ mit** to identify (oneself) with
Identifizierung f identification
identisch adj identical (**mit** with)
Identität f identity
Identitätsklau umg m beim Betrug mit Kreditkarten identity theft
Identitätskrise f identity crisis
Identitätsnachweis m proof of identity
Identitätsraub m beim Betrug mit Kreditkarten identity theft
Ideologe m, **Ideologin** f ideologist
Ideologie f ideology
ideologisch **A** adj ideological **B** adv ideologically
Idiom n idiom
idiomatisch **A** adj idiomatic **B** adv idiomatically
Idiot(in) m(f) idiot
Idiotenhügel hum umg m nursery od beginners' slope
idiotensicher umg **A** adj foolproof **B** adv **~ gestaltet sein** to be designed to be foolproof
Idiotie f idiocy; umg lunacy
idiotisch adj idiotic
Idol n idol
Idyll n idyll; (≈ Gegend) idyllic place od spot
Idylle f idyll
idyllisch **A** adj idyllic **B** adv idyllically
Igel m ZOOL hedgehog
igitt(igitt) umg int ugh! umg; eklig yuk umg
Iglu m/n igloo
ignorant adj ignorant
Ignoranz f ignorance
ignorieren v/t to ignore
IHK f abk (= Industrie- und Handelskammer) chamber of commerce
ihm pers pr bei Personen to him; bei Tieren und Dingen to it; nach Präpositionen him/it; **ich gab es ihm** I gave it (to) him; **ich gab ihm den Brief** I gave him the letter, I gave the letter to him; **ein Freund von ihm** a friend of his, one of his friends
ihn pers pr him; bei Tieren und Dingen it
ihnen pers pr to them; nach Präpositionen them; → ihm
Ihnen pers pr to you; nach Präpositionen you; → ihm
ihr **A** pers pr **1** you **2** bei Personen to her; bei Tieren und Dingen to it; nach Präpositionen her/it; **hilf ihr** help her; → ihm **B** poss pr **1** einer Person her; eines Tiers, Dinges its **2** von mehreren their
Ihr poss pr your; **Ihr Franz Müller** Briefschluss yours, Franz Müller

ihrerseits adv bei einer Person for her part; bei mehreren for their part
Ihrerseits adv for your part
ihresgleichen pron von einer Person people like her; von mehreren people like them
Ihresgleichen pron people like you
ihretwegen, ihretwillen adv sg because of her; pl because of them
Ihretwegen, Ihretwillen adv because of you
Ikone a. fig f icon
illegal **A** adj illegal **B** adv illegally; **sich ~ betätigen** to engage in illegal activities
Illegalität f illegality
illegitim adj illegitimate
Illusion f illusion; **sich** (dat) **~en machen** to delude oneself; **darüber macht er sich keine ~en** he doesn't have any illusions about it
illusorisch adj illusory
Illustration f illustration; **zur ~ von etw** as an illustration of sth
illustrativ **A** adj (≈ anschaulich) illustrative **B** adv (≈ anschaulich) vividly
illustrieren v/t to illustrate (**j-m etw** sth for sb)
Illustrierte f magazine
Iltis m polecat
im präp in the; **im Bett** in bed; **im Zug** on the train; **im Fernsehen** on TV; **im Radio** on the radio; **im Mai** in May; **im letzten/nächsten Jahr** last/next year; **etw im Liegen tun** to do sth lying down
Image n image
Imagekampagne f image-building campaign
Imagepflege f image building
imaginär adj imaginary
Imbiss m snack
Imbisshalle f snack bar
Imbissstube f snack bar
Imitation f imitation
imitieren v/t to imitate
Imker(in) m(f) beekeeper
Imkerei f beekeeping
immateriell adj Vermögenswerte immaterial
Immatrikulation f matriculation form
immatrikulieren **A** v/r to matriculate form **B** v/t to register (at university)
immens **A** adj immense, huge **B** adv immensely
immer adv **1** always; **schon ~** always; **für ~** for ever, for always; **~ diese Probleme!** all these problems!; **~, wenn …** whenever …, every time (that) …; **~ geradeaus gehen** to keep going straight on; **~ (schön) mit der Ruhe** umg take it easy; **noch ~** still; **~ noch nicht** still not (yet); **~ wieder** again and again, over and over again; **etw ~ wieder tun** to keep on doing sth; **wie ~** as usual **2** **~ besser** better

and better; **~ häufiger** more and more often; **~ mehr** more and more ▌3▐ **wer (auch) ~** whoever; **wie (auch) ~** however; **wann (auch) ~** whenever; **wo (auch) ~** wherever; **was (auch) ~** whatever

immergrün *adj* evergreen
immerhin *adv* all the same, anyhow, at any rate; (≈ *wenigstens*) at least; (≈ *schließlich*) after all
Immigrant(in) *m(f)* immigrant
Immigration *f* immigration
immigrieren *v/i* to immigrate
Immission *f* (harmful effects *pl* of) noise, pollutants *pl etc*, immission
Immissionsschutz *m* protection from noise, pollutants *etc*
Immissionswert *m* pollution count
immobil *adj* immoveable
Immobilie *f* ▌1▐ **eine ~** a property ▌2▐ **~n** *pl* real estate *sg*; *in Zeitungsannoncen* property *sg*
Immobilienmakler(in) *m(f)* (real) estate agent *Br*, Realtor® *US*
Immobilienmarkt *m* property market
immun *adj* immune (**gegen** to)
immunisieren *form v/t* to immunize (**gegen** against)
Immunität *f* immunity
Immunologe *m*, **Immunologin** *f* immunologist
Immunschwäche *f* immunodeficiency
Immunschwächekrankheit *f* immune deficiency disease *od* syndrome
Immunsystem *n* immune system
Immuntherapie *f* MED immunotherapy
Imperativ *m* imperative
Imperator *m* emperor
Imperfekt *n* GRAM imperfect (tense)
Imperialismus *m* imperialism
imperialistisch *adj* imperialistic
Imperium *n* (≈ *Gebiet*) empire
impfen *v/t* to vaccinate
Impfpass *m* vaccination card
Impfschein *m* certificate of vaccination
Impfschutz *m* protection given by vaccination
Impfstoff *m* vaccine, serum
Impfung *f* vaccination
Implantat *n* implant
Implantation *f* MED implantation
implantieren *v/t* to implant
implementieren *geh v/t* to implement
Implikation *f* implication
implizieren *v/t* to imply
implizit *geh adv* by implication
implodieren *v/i* to implode
Implosion *f* implosion
imponieren *v/i* to impress (**j-m** sb)
imponierend *adj* impressive

Imponiergehabe *fig pej n* exhibitionism
Import *m* import
Importbeschränkung *f* import quota
Importeur(in) *m(f)* importer
importieren *v/t* to import
Importland *n* importing country
Importlizenz *f* import licence *Br*, import license *US*
Importzoll *m* import duty *od* tariff
imposant *adj* imposing; *Leistung etc.* impressive
impotent *adj* impotent
Impotenz *f* impotence
imprägnieren *v/t* to impregnate; (≈ *wasserdicht machen*) to (water)proof
Impression *f* impression (**über** +*akk* of)
Impressionismus *m* impressionism
Impressionist(in) *m(f)* impressionist
impressionistisch *adj* impressionistic
Impressum *n* imprint
Improvisation *f* improvisation
improvisieren *v/t & v/i* to improvise, to freestyle
Impuls *m* impulse; **etw aus einem ~ heraus tun** to do sth on impulse
impulsiv ▌A▐ *adj* impulsive ▌B▐ *adv* impulsively
imstande *adj* **~ sein, etw zu tun** (≈ *fähig*) to be capable of doing sth
in ▌A▐ *präp* ▌1▐ *räumlich wo? mit Dativ* in; *wohin? mit Akkusativ* in, into; **in … hinein** into; **in Australien** in Australia; **in der Schweiz** in Switzerland; **in die Schweiz** to Switzerland; **in die Schule/Kirche gehen** to go to school/church; **in den Zug/Bus einsteigen** to get on the train/bus; **ins Bett gehen** to go to bed; **in der …straße** in … Street; **in der Hamiltonstraße 7** at 7 Hamilton Street; **er ist in der Schule/Kirche** he's at *od* in school/church; **er ging ins Konzert** he went to the concert ▌2▐ *zeitlich: wann? mit Dativ* in; **in diesem Jahr** *laufendes Jahr* this year; **heute in zwei Wochen** two weeks today; **in der Nacht** at night ▌3▐ **das ist in Englisch** it's in English; **ins Englische übersetzen** to translate into English; **sie hat es in sich** (*dat*) *umg* she's quite a girl; → **im** ▌B▐ *adj umg* **in sein** to be in *umg*

inaktiv *adj* inactive; *Mitglied* non-active
inakzeptabel *adj* unacceptable
Inanspruchnahme *form f* ▌1▐ (≈ *Beanspruchung*) demands *pl*, claims *pl* (+*gen* on) ▌2▐ *von Einrichtungen etc* utilization
Inbegriff *m* perfect example, embodiment; **sie war der ~ der Schönheit** she was beauty personified
inbegriffen *adj* included; **die Mehrwertsteuer ist im Preis ~** the price is inclusive of VAT
Inbetriebnahme *f* commissioning; *von Gebäu-*

Inbrunst f fervour Br, fervor US
inbrünstig A adj fervent, ardent B adv fervently, ardently
Inbusschlüssel® m TECH Allen key®
indem konj 1 (≈ während) while 2 (≈ dadurch, dass) ~ **man etw macht** by doing sth
Independent m Musikrichtung independent
Inder(in) m(f) Indian; **zum ~ gehen** to go to a/the Indian restaurant
indessen adv 1 zeitlich meanwhile, (in the) meantime 2 adversativ however
Index m index
indexieren v/t & v/i to index
Indianer(in) m(f) American Indian, Native American; in Western (Red) Indian
Indianerzelt n tepee
indianisch adj American Indian, Native American; in Western (Red) Indian
Indie f Musikrichtung indie
Indien n India
Indikation f MED indication
Indikativ m GRAM indicative
Indikator m indicator
indirekt A adj indirect; **die ~e Rede** indirect od reported speech; **~e Frage** reported question B adv indirectly
indisch adj Indian; **der Indische Ozean** the Indian Ocean
indiskret adj indiscreet
Indiskretion f indiscretion
indiskutabel adj out of the question; Leistung hopeless, terrible
Individualismus m individualism
Individualist(in) m(f) individualist
Individualität f individuality
Individualtourismus m individual tourism
Individualverkehr m private transport
individuell A adj individual; (≈ einzeln) single B adv individually; **etw ~ gestalten** to give sth a personal note; **es ist ~ verschieden** it differs from person to person
Individuum n individual
Indiz n 1 JUR clue; **als Beweismittel** piece of circumstantial evidence 2 (≈ Anzeichen) sign (**für** of)
Indizienbeweis m circumstantial evidence kein pl
indizieren v/t MED to indicate; IT to index
Indochina n Indochina
Indonesien n Indonesia
Indonesier(in) m(f) Indonesian
indonesisch adj Indonesian
indossieren v/t HANDEL to endorse
Induktion f induction
Induktionsherd m induction hob, induction stove top
Induktionskochfeld n induction hob, induction stove top Br, induction cooktop US
industrialisieren v/t to industrialize
Industrialisierung f industrialization
Industrie f industry; **in der ~ arbeiten** to work in industry
Industrie- zssgn industrial
Industrieabfälle pl industrial waste
Industrieanlage f industrial plant od works pl
Industriegebiet n industrial area; (≈ Gewerbegebiet) industrial estate
Industriegelände n industrial site
Industriegewerkschaft f industrial union
Industriekauffrau f, **Industriekaufmann** m industrial clerk
Industrieland n industrialized country
industriell A adj industrial B adv industrially
Industrielle(r) m/f(m) industrialist
Industriemüll m industrial waste
Industriespionage f industrial espionage
Industriestaat m industrial nation
Industriestadt f industrial town
Industrie- und Handelskammer f chamber of commerce
Industriezweig m branch of industry
ineffektiv adj ineffective, ineffectual
ineinander adv sein, liegen etc in(side) one another od each other; **~ übergehen** to merge (into one another od each other); **sich ~ verlieben** to fall in love (with each other)
ineinanderfließen v/i to merge
ineinandergreifen v/i to interlock; fig Ereignisse etc to overlap
ineinanderschieben v/t & v/r to telescope
infam adj infamous
Infanterie f infantry
infantil adj infantile
Infarkt m MED infarct fachspr; (≈ Herzinfarkt) coronary (thrombosis)
Infektion f infection
Infektionsgefahr f danger of infection
Infektionsherd m focus of infection
Infektionskrankheit f infectious disease
Infektionsrisiko n risk of infection
infektiös adj infectious
Inferno n inferno
Infinitiv m infinitive
infizieren A v/t to infect; **mit einem Virus infiziert** virus-infected B v/r to get infected (**bei** by)
in flagranti adv in the act
Inflation f inflation
inflationär adj inflationary; fig over-extensive
inflationsbereinigt adj inflation-adjusted; after-inflation

Inflationsrate f rate of inflation
inflexibel adj inflexible
Info f umg (≈ Information) info umg
Infoblatt n handout
Infobrief m info letter
Infokasten m fact box
infolge präp as a result of
infolgedessen adv consequently, as a result
Infomaterial umg n info umg
Informant(in) m(f) (≈ Denunziant) informer
Informatik f computer science, informatics sg, IT; (≈ Schulfach) computer studies pl
Informatiker(in) m(f) computer od information scientist
Information f ◼ information kein pl (**über** +akk about, on); **eine ~** (a piece of) information; **~en weitergeben** to pass on information; **zu Ihrer ~** for your information ◼ (≈ Stelle) information desk
informationell adj informational, information-related; **Recht** n **auf ~e Selbstbestimmung** right to informational self-determination
Informationsaustausch m exchange of information
Informationsblatt n handout
Informationsbroschüre f information booklet; größer information brochure
Informationsgesellschaft f information society
Informationsmaterial n information
Informationsquelle f source of information
Informationsschalter m information desk
Informationssicherheit f information security, infosec umg
Informationsstand m ◼ information stand ◼ (≈ Wissensstand) level of information
Informationstechnik f, **Informationstechnologie** f information technology
Informationstechnologie f information technology
Informationszeitalter n information age
Informationszentrum n information centre Br, information center US
informativ adj informative
informell A adj informal B adv informally
informieren A v/t to inform (**über** +akk od **von** about, of); **da bist du falsch informiert** you've been misinformed B v/r to find out, to check out (**über** +akk about)
Infostand umg m information stand
Infotainment n infotainment
Infotelefon n information line
infrage, in Frage adv **~ kommen** to be possible; **~ kommend** possible; Bewerber worth considering; **das kommt (überhaupt) nicht ~!**

that's (quite) out of the question!; **etw ~ stellen** to question sth, to call sth into question
infrarot adj infrared
Infraschall m infrasonic waves pl
Infrastruktur f infrastructure
Infusion f infusion
Ingenieur(in) m(f) engineer
Ingwer m ginger
Inhaber(in) m(f) owner; von Konto, Rekord holder; von Scheck, Pass bearer
inhaftieren v/t to take into custody
Inhaftierung f (≈ das Inhaftieren) arrest; (≈ Haft) imprisonment
inhalieren v/t & v/i umg MED to inhale
Inhalt m ◼ contents pl ◼ MATH (≈ Flächeninhalt) area; (≈ Rauminhalt) volume
inhaltlich adj & adv as regards content
Inhaltsangabe f summary
inhaltslos adj empty; Buch, Vortrag lacking in content
Inhaltsverzeichnis n list od table of contents
inhuman adj inhuman; (≈ unbarmherzig) inhumane
Initiale geh f initial
initiativ adj **~ werden** to take the initiative
Initiativbewerbung f unsolicited job application
Initiative f initiative; **aus eigener ~** on one's own initiative; **die ~ ergreifen** to take the initiative; **auf j-s ~** (akk) **hin** on sb's initiative
Initiativrecht n POL right of initiative, right to introduce legislation
Initiator(in) geh m(f) initiator
initiieren geh v/t to initiate
Injektion f injection
Injektionsspritze f hypodermic (syringe)
injizieren form v/t to inject (**j-m etw** sb with sth)
Inkasso n FIN collection
Inklusion f Bildungswesen inclusion
inklusive präp inclusive of, including; **alles ~** all inclusive
Inklusivpreis m all-inclusive price
inkognito adv incognito
inkompatibel adj incompatible
inkompetent adj incompetent
Inkompetenz f incompetence
inkonsequent adj inconsistent
Inkonsequenz f inconsistency
inkontinent adj MED incontinent
Inkontinenz f MED incontinence
inkorrekt A adj incorrect B adv incorrectly; gekleidet inappropriately
Inkrafttreten n coming into force, taking effect
Inkubationszeit f incubation period
Inland n ◼ als Staatsgebiet home; **im In- und Aus-**

land at home and abroad [2] (≈ *Inneres eines Landes*) inland; **im ~** inland
Inlandflug *m* domestic *od* internal flight
inländisch *adj* domestic; GEOG inland
Inlandsflug *m* domestic *od* internal flight
Inlandsmarkt *m* home *od* domestic market
Inlandsporto *n* inland postage
Inliner *pl* → Inlineskates
inlinern, inlineskaten *v/i* to inline-skate
Inlineskater(in) *m(f)* in-line skater
Inlineskates *pl* in-line skates *pl*; **~ fahren** to skate
inmitten [A] *präp* in the middle *od* midst of [B] *adv* **~ von** among
innehaben *form v/t* to hold
innehalten *v/i* to pause
innen *adv* inside; *im Gebäude* indoors; **nach ~** inwards; **von ~** from (the) inside
Innen- *zssgn* inside; SPORT indoor
Innenansicht *f* interior view
Innenarchitekt(in) *m(f)* interior designer
Innenarchitektur *f* interior design
Innenaufnahme *f* indoor photo(graph); FILM indoor shot *od* take
Innenausstattung *f* interior décor *kein pl*
Innenbahn *f* SPORT inside lane
Innendienst *m* office duty; **im ~ sein** to work in the office
Inneneinrichtung *f* (interior) furnishings *pl*
Innenhof *m* inner courtyard
Innenleben *n* umg seelisch inner life
Innenminister(in) *m(f)* minister of the interior; *in GB* Home Secretary; *in den USA* Secretary of the Interior
Innenministerium *n* ministry of the interior; *in GB* Home Office; *in den USA* Department of the Interior
Innenpolitik *f* domestic policy; (≈ *innere Angelegenheiten*) home *od* domestic affairs *pl*
innenpolitisch *adj* domestic, internal; *Sprecher* on domestic policy
Innenraum *m* [1] **Innenräume** inner rooms *pl* [2] room inside; *von Wagen* interior
Innenseite *f* inside
Innenspiegel *m* AUTO interior mirror
Innenstadt *f* town centre *Br*, city center *US*; *einer Großstadt* city centre *Br*, city center *US*; *im Gegensatz zu Außenbezirken* inner city
Innenstadtmaut *f* congestion charge
Innentasche *f* inside pocket
Innentemperatur *f* inside temperature; *in einem Gebäude* indoor temperature
Innenwinkel *m* interior angle
innerbetrieblich *adj* in-house
Innereien *pl* innards *pl*
innere(r, s) *adj* inner; (≈ *im Körper befindlich, ländisch*) internal; **die ~n Angelegenheiten eines Landes** the home *od* domestic affairs of a country; **im innersten Herzen** in one's heart of hearts; **vor meinem ~n Auge** in my mind's eye
Innere(s) *n* inside; *von Kirche, Wagen* interior; (≈ *Mitte*) middle, centre *Br*, center *US*; **im ~n** inside; **ins ~ des Landes** into the heart of the country
innerhalb [A] *präp* [1] *örtlich* inside, within [2] *zeitlich* within [B] *adv* inside; *eines Landes* inland
innerlich [A] *adj* [1] (≈ *körperlich*) internal [2] (≈ *geistig, seelisch*) inward, inner [B] *adv* [1] (≈ *im Körper*) internally [2] (≈ *gemütsmäßig*) inwardly, inside; **~ lachen** to laugh inwardly *od* to oneself
innerparteilich *adj* within the party
Innerschweiz *f* Central Switzerland
innerstaatlich *adj* domestic, internal
innerstädtisch *adj* urban, inner-city *attr*
innerste(r, s) *adj* innermost, inmost
Innerste(s) *wörtl n* innermost part, heart; *fig* heart; **bis ins ~ getroffen** deeply hurt
innert *präp schweiz* within, inside (of)
innewohnen *v/i* to be inherent in
innig [A] *adj Grüße, Beileid* heartfelt; *Freundschaft* intimate; **mein ~ster Wunsch** my dearest wish [B] *adv* deeply, profoundly; **j-n ~ lieben** to love sb dearly
Innovation *f* innovation
Innovationsschub *m* surge of innovations; innovative impetus
innovativ [A] *adj* innovative [B] *adv* innovatively
Innung *f* (trade) guild
inoffiziell [A] *adj* unofficial, non-official [B] *adv* unofficially
inopportun *adj* inopportune
in petto → petto
in puncto → puncto
Input *m/n* input
Inquisition *f* Inquisition
ins *präp* → in
Insasse *m*, **Insassin** *f von Fahrzeug* passenger; *von Anstalt* inmate
insbesondere *adv* particularly, in particular
Inschrift *f* inscription
Insekt *n* insect
Insektenbekämpfungsmittel *n* insecticide
Insektenschutzmittel *n* insect repellent
Insektenspray *n* insect spray *od* repellent
Insektenstich *m* insect bite; *von Bienen, Wespen* (insect) sting
Insektenvernichtungsmittel *n* pesticide
Insektizid *form n* insecticide
Insel *f* island; **die Britischen ~n** the British Isles
Inselbewohner(in) *m(f)* islander
Inselgruppe *f* group of islands

Inselstaat m island state
Inselvolk n island nation od race od people
Inselwelt f island world
Inserat n advertisement
Inserent(in) m(f) advertiser
inserieren v/t & v/i to advertise
insgeheim adv secretly, in private
insgesamt adv altogether; (≈ im Großen und Ganzen) all in all; **ein Verdienst von ~ 2.000 Euro** earnings totalling 2,000 euros Br, earnings totaling 2,000 euros US
Insider(in) m(f) insider
Insidergeschäft n WIRTSCH insider deal
Insiderhandel m insider trading
Insiderinformation f inside information
Insidertipp m insider tip
Insiderwissen n inside knowledge
insofern adv in this respect; **~ als** insofar as
insolvent adj HANDEL insolvent
Insolvenz f HANDEL insolvency
Insolvenzverfahren n insolvency proceedings pl
Insolvenzverwalter(in) m(f) official receiver
insoweit adv & konj → insofern
in spe umg adj to be
Inspekteur(in) m(f) MIL Chief of Staff
Inspektion f inspection; AUTO service
Inspektor(in) m(f) inspector
Inspiration f inspiration
inspirieren v/t to inspire; **sich von etw ~ lassen** to get one's inspiration from sth
inspizieren v/t to inspect
instabil adj unstable
Instabilität f instability
Installateur(in) m(f) plumber; (≈ Elektroinstallateur) electrician; (≈ Gasinstallateur) gas fitter
Installation f installation
Installationsassistent m IT installation wizard od assistant
installieren A v/t to install B v/r to install oneself
instand adj **etw ~ halten** to maintain sth; **etw ~ setzen** to get sth into working order
Instandhaltung f maintenance
Instandsetzung f von Gerät overhaul; von Gebäude restoration; (≈ Reparatur) repair
Instanz f ① (≈ Behörde) authority ② JUR court; **Verhandlung in erster/letzter ~** first/final court case; **er ging durch alle ~en** he went through all the courts
Instinkt m instinct; **aus ~** instinctively
instinktiv A adj instinctive B adv instinctively
instinktlos adj Bemerkung insensitive
Institut n institute; college
Institution f institution
institutionell adj institutional; in der EU **~es Gleichgewicht** institutional balance
instruieren v/t to instruct; über Plan etc to brief
Instruktion f instruction
Instrument n instrument
instrumental adj MUS instrumental
Instrumentarium wörtl n equipment, instruments pl; MUS instruments pl; fig apparatus
Instrumentenbrett n instrument panel
Instrumententafel f control panel
Insuffizienz f insufficiency
Insulaner(in) mst hum m(f) islander
Insulin n insulin
inszenieren v/t ① THEAT to direct; RADIO, TV to produce ② fig to stage-manage; **einen Streit ~** to start an argument
Inszenierung f production
intakt adj intact
integer geh adj **~ sein** to be full of integrity
integral adj integral
Integral n integral
Integralrechnung f integral calculus
Integration f integration
Integrationsklasse f integrated class
Integrationskurs m German course for immigrants
Integrationsniveau n POL level of integration
Integrationspolitik f integration policy
integrationswillig adj **~ sein** to be willing to integrate
integrieren v/t to integrate; **integrierte Gesamtschule** ≈ comprehensive (school) Br, ≈ high school US
Integrität geh f integrity
Intellekt m intellect
intellektuell adj intellectual
Intellektuelle(r) m/f(m) intellectual
intelligent A adj intelligent B adv cleverly; sich verhalten intelligently
Intelligenz f intelligence; (≈ Personengruppe) intelligentsia pl; **künstliche ~** artificial intelligence
Intelligenzquotient m intelligence quotient, IQ
Intelligenztest m intelligence test
Intendant(in) m(f) director; THEAT theatre manager Br, theater manager US
Intensität f intensity
intensiv A adj intensive; Beziehungen deep, very close; Farbe, Geruch, Geschmack, Blick intense B adv **j-n ~ beobachten** to watch sb intently; **sich ~ bemühen** to try very hard; **~ nach etw schmecken** to taste strongly of sth
intensivieren v/t to intensify
Intensivierung f intensification
Intensivkurs m intensive course
Intensivstation f intensive care unit; **auf der ~**

liegen to be in intensive care
Intention f intention, intent
Interaktion f interaction
interaktiv A adj interactive B adv interactively; **~ gestaltet** designed for interactive use
Intercity(zug) m intercity (train)
Intercityexpresszug m intercity express (train)
interdental adj MED, LING interdental
Interdentalbürste f, **Interdentalzahnbürste** f zur Zahnpflege interdental (tooth)brush
interdisziplinär adj interdisciplinary
interessant A adj interesting; **zu diesem Preis ist das nicht ~ für uns** HANDEL we are not interested at that price B adv **~ klingen** to sound interesting; **~ erzählen** to tell interesting stories
interessanterweise adv interestingly enough
Interesse n interest; **~ an j-m/etw haben** to be interested in sb/sth; **kein ~ daran haben, etw zu tun** not to be interested in doing sth; **welche ~n hast du?** what are your interests?; **im ~** +gen in the interests of; **es liegt in Ihrem eigenen ~** it's in your own interest(s); **die ~n eines Staates wahrnehmen** to look after the interests of a state
interessehalber adv out of interest
interesselos adj indifferent
Interessengebiet n field of interest
Interessengemeinschaft f group of people sharing interests; WIRTSCH syndicate
Interessenkonflikt m conflict of interests
Interessent(in) m(f) interested person od party form; (≈ Bewerber) applicant
Interessenvertretung f representation of interests; (≈ Personen) group representing one's interests
interessieren A v/t to interest (**für, an** +dat in); **das interessiert mich (gar) nicht!** I'm not (the least od slightest bit) interested B v/r to be interested (**für** in)
interessiert A adj interested (**an** +dat in); **vielseitig ~ sein** to have a wide range of interests; **politisch ~ sein** a. to be into sth B adv with interest; **sich an etw** (dat) **~ zeigen** to show an interest in sth
Interface n COMPUT interface
Interimsregierung f caretaker od provisional government
Interjektion f interjection
interkontinental adj intercontinental
Interkontinentalrakete f intercontinental missile
interkulturell adj intercultural
Intermezzo n MUS intermezzo; fig interlude
intern A adj internal B adv internally

Internat n boarding school
international A adj international; **Internationales Olympisches Komitee** International Olympic Committee B adv internationally
Internationale f Internationale
internationalisieren v/t to internationalize
Internationalisierung f internationalization
Internatsschüler(in) m(f) boarder
Internet n IT Internet; **im ~** on the Internet; **das mobile ~** the mobile Internet; **etw ins ~ stellen** to post sth; **im ~ suchen** to search the Internet; **im ~ surfen** to surf the Internet; **Zugang zum ~ haben** to have access to the Internet, to have Internet access
Internetadresse f Internet address, web address
Internetanschluss m Internet connection
Internetauftritt m website
Internetauktion f online auction
internetbasiert adj Internet-based; **~e Anwendung** Internet-based application
Internetcafé n Internet café
Internetdating n Partnersuche im Internet Internet dating
internetfähig adj Handy, Computer Internet-ready, web-enabled, Internet-enabled
Internetfirma f dot-com (company)
Internetforum n web forum, Internet forum
Internethandel m Internet trading, e-commerce
Internethändler(in) m(f) online trader or dealer
Internethandy n TEL Internet-compatible mobile (phone) Br, Internet-compatible cell (phone) US, web-compatible cell (phone) US
Internetkriminalität f cybercrime
Internetnutzer(in) m(f) Internet user
Internetplattform f Internet platform
Internetportal n web portal
Internetprovider m Internet provider
Internetseite f web page
Internetserver m Internet od web server
Internetsicherheit f Internet security
Internetstick m INTERNET USB modem (stick), wireless USB modem, USB dongle, (USB) WiFi dongle
internetsüchtig adj Internet-addicted; **~ sein** to be addicted to the Internet
Internetsurfer(in) m(f) Internet od web surfer
Internettagebuch n blog
Internettelefonie f Internet telephony
Internetvideo n Internet video, web video
Internetzugang m, **Internetzugriff** m Internet access
internieren v/t to intern
Internierung f internment

Internierungslager *n* internment camp
Internist(in) *m(f)* internist
Interpol *f* Interpol
Interpret(in) *m(f)* interpreter (*of music, art etc*); **Lieder verschiedener ~en** songs by various singers
Interpretation *f* interpretation
interpretieren *v/t* to interpret
Interpunktion *f* punctuation
Interrail-Karte *f* inter-rail ticket
Interrogativpronomen *n* interrogative pronoun
Intervall *n a.* MUS interval
Intervallschaltung *f* interval switch
intervenieren *v/i* to intervene
Intervention *f* intervention
Interview *n* interview
interviewen *v/t* to interview (**j-n zu etw** sb about sth)
Interviewer(in) *m(f)* interviewer
intim *adj* intimate; **ein ~er Kenner von etw sein** to have an intimate knowledge of sth
Intimbereich *m* **1** ANAT genital area **2** *fig* → Intimsphäre
Intimität *f* intimacy; **~en austauschen** to kiss and pet
Intimpartner(in) *form m(f)* sexual partner
Intimrasur *f* bikini-area hair removal
Intimsphäre *f* private life; **j-s ~ verletzen** to invade sb's privacy
Intimverkehr *m* intimacy; **~ mit j-m haben** to be intimate with sb
intolerant *adj* intolerant
Intoleranz *f* intolerance
Intonation *f* intonation
Intranet *n* IT Intranet
intransitiv *adj* intransitive
intravenös *adj* intravenous
Intrigant(in) *m(f)* schemer
Intrige *f* scheme
intrigieren *v/i* to intrigue, to scheme
introvertiert *adj* introverted
Intuition *f* intuition
intuitiv **A** *adj* intuitive **B** *adv* intuitively
intus *umg adj* **etw ~ haben** (≈ *wissen*) to get sth into one's head *umg*, to have got sth into one's head *Br umg*; *Essen, Alkohol* to have sth down one *umg*, to have sth inside one *umg*
Inuit *m/f* Inuit
Inuktitut *n Sprache der Inuit* Inuktitut
Invalide *m*, **Invalidin** *f Behinderte(r)* disabled person; *Langzeitkranke(r)* invalid
Invalidenrente *f* disability pension
Invalidität *f* disability
Invasion *f* invasion
Inventar *n* **1** (≈ *Verzeichnis*) inventory; HANDEL assets and liabilities *pl*; **das ~ aufnehmen** to do the inventory **2** (≈ *Einrichtung*) fittings *pl Br*, equipment; (≈ *Maschinen*) equipment *kein pl*, plant *kein pl*; **er gehört schon zum ~** *fig* he's part of the furniture
Inventur *f* stocktaking; **~ machen** to stocktake
Inversion *f* GRAM, LIT inversion
investieren *v/t & v/i* to invest
Investition *f* investment
Investitionsfonds *m* **Europäischer ~ (EIF)** European Investment Fund (EIF)
Investitionsgut *n* item of capital expenditure; **Investitionsgüter** capital goods *pl*
Investment *n* investment
Investmentbank *f* investment bank
Investmentfonds *m* investment fund
Investmentgesellschaft *f* investment trust
Investor(in) *m(f)* investor
In-vitro-Fertilisation *f* in vitro fertilization
involvieren *geh v/t* to involve
inwendig *umg adv* **j-n/etw in- und auswendig kennen** to know sb/sth inside out
inwiefern, inwieweit *adv im Satz* to what extent; *alleinstehend* in what way
Inzest *m* incest *kein pl*
inzestuös *adj* incestuous
Inzucht *f* inbreeding
inzwischen *adv* (in the) meantime, meanwhile; **er hat sich ~ verändert** he's changed since (then)
IOK *abk* (= *Internationales Olympisches Komitee*) IOC
Ion *n* ion
iPad® *n* IT iPad®
IP-Adresse *f* IT IP address
iPhone® *n* IT, TECH iPhone®
iPod® *m* iPod®
i-Punkt *m* dot on the i
IQ *m abk* (= *Intelligenzquotient*) IQ
Irak *m* **(der) ~** Iraq
Iraker(in) *m(f)* Iraqi
irakisch *adj* Iraqi
Iran *m* **(der) ~** Iran
Iraner(in) *m(f)* Iranian
iranisch *adj* Iranian
irdisch *adj* earthly *kein adv*
Ire *m* Irishman, Irish boy; **die Iren** the Irish
irgend *adv* at all; **wenn ~ möglich** if it's at all possible; **~ so ein Tier** some animal
irgendein *indef pr* some; *fragend, verneinend* any; **ich will nicht ~ Buch** I don't want just any book, I don't want just any old book *umg*; **haben Sie noch ~en Wunsch?** is there anything else you would like?
irgendeine(r, s) *indef pr nominal bei Personen* somebody, someone; *bei Dingen* something;

fragend, verneinend anybody, anything
irgendetwas *indef pr* something; *fragend, verneinend* anything; **habt ihr ~ Besonderes gemacht?** did you do anything special?
irgendjemand *indef pr* somebody; *fragend, verneinend* anybody; **ich bin nicht ~** I'm not just anybody
irgendwann *adv* some time
irgendwas *umg indef pr* → irgendetwas
irgendwelche(r, s) *indef pr* some; *fragend, verneinend* any
irgendwer *umg indef pr* → irgendjemand
irgendwie *adv* somehow (or other); **ich mag ihn ~** I sort of like him; **~ unheimlich** kind of scary; **ist es ~ möglich?** is it at all possible?; **kannst du dir das ~ vorstellen?** can you possibly imagine it?
irgendwo *adv* somewhere (or other), someplace *bes US umg*; *fragend, verneinend* anywhere, any place *bes US umg*
irgendwoher *adv* from somewhere (or other), from someplace *bes US umg*; *fragend, verneinend* from anywhere *od* any place *bes US umg*
irgendwohin *adv* somewhere (or other), someplace *bes US umg*; *fragend, verneinend* anywhere, any place *bes US umg*
Irin *f* Irishwoman, Irish girl; **sie ist ~** she is Irish
Iris *f* iris
irisch *adj* Irish
Irisdiagnostik *f* iridology
Iris-Scanner *m* iris scanner
Irland *n* Ireland; (≈ *Republik Irland*) Eire
irländisch *adj* Irish
Ironie *f* irony
ironisch **A** *adj* ironic, ironical **B** *adv* ironically
irrational **A** *adj* irrational **B** *adv* irrationally
Irrationalität *f* irrationality
irre **A** *adj* **1** (≈ *geistesgestört*) mad; **~s Zeug reden** *fig* to say crazy things **2** (≈ *verwirrt*) confused **3** *obs umg Party, Hut umg* wild *umg* **B** *adv umg* (≈ *sehr*) incredibly *umg*; **~ gut** brilliant *umg*
Irre *f* **j-n in die ~ führen** to lead sb astray
irreal *adj* unreal
irreführen *v/t* to mislead; **sich ~ lassen** to be misled
irreführend *adj* misleading
irrelevant *adj* irrelevant (**für** for, to)
irremachen *v/t* to confuse, to muddle
irren **A** *v/i* **1** (≈ *sich täuschen*) to be mistaken *od* wrong; **Irren ist menschlich** *sprichw* to err is human *sprichw* **2** (≈ *umherschweifen*) to wander **B** *v/r* to be mistaken *od* wrong; **sich in j-m ~** to be mistaken *od* wrong about sb; **wenn ich mich nicht irre ...** if I'm not mistaken ...
Irrenhaus *n* **hier geht es zu wie im ~** it's like a madhouse here

irreparabel *adj* irreparable
Irre(r) *m/f(m)* lunatic
Irrfahrt *f* wandering
Irrgarten *m* maze, labyrinth
Irrglaube(n) *m* heresy; (≈ *irrige Ansicht*) mistaken belief
irrig *adj* incorrect
irrigerweise *adv* wrongly
Irritation *f* irritation
irritieren *v/t* (≈ *verwirren*) to confuse; (≈ *ärgern*) to irritate
irritierend *adj* exasperating, annoying
Irrsinn *m* madness
irrsinnig **A** *adj umg* (≈ *stark*) terrific; **wie ein Irrsinniger** like a madman **B** *adv* like crazy *umg*; **~ viel** a hell of a lot *umg*
Irrtum *m* mistake; **ein ~ von ihm** a mistake on his part; **im ~ sein** to be wrong; **~ vorbehalten!** HANDEL errors excepted
irrtümlich **A** *adj* erroneous **B** *adv* erroneously; (≈ *aus Versehen*) by mistake
irrtümlicherweise *adv* erroneously; (≈ *aus Versehen*) by mistake
Irrweg *fig m* **auf dem ~ sein** to be on the wrong track; **auf ~e geraten** to go astray
ISBN *f abk* (= internationale Standardbuchnummer) ISBN, international standard book number
Ischias *m/n* sciatica
Ischiasnerv *m* sciatic nerve
ISDN *abk* (= integrated services digital network) ISDN
ISDN-Anlage *f* TEL ISDN connection
ISDN-Anschluss *m* ISDN connection *od* access
ISDN-Netz *n* TEL ISDN network
Islam *m* Islam
islamfeindlich *adj* islamophobic
islamisch *adj* Islamic; **Islamischer Staat** Islamic State
Islamisierung *f* Islamization
Islamist(in) *m(f)* Islamist
islamistisch *adj* Islamist, Islamic fundamentalist
Islamophobie *f* islamophobia
Island *n* Iceland
Isländer(in) *m(f)* Icelander
isländisch *adj* Icelandic
Isolation *f* **1** isolation **2** ELEK *etc* insulation
Isolationshaft *f* solitary confinement
Isolierband *n* insulating tape, friction tape *US*
isolieren **A** *v/t* **1** to isolate; *Menschen von anderen* to segregate; **völlig isoliert leben** to live in complete isolation **2** *elektrische Leitungen, Fenster* to insulate **B** *v/r* to isolate oneself
Isolierkanne *f* Thermos® flask, vacuum flask
Isolierstation *f* isolation ward

Isoliertheit f isolatedness
Isolierung f → Isolation
Isomatte f foam mattress
Isotop n isotope
Israel n Israel
Israeli m/f Israeli
israelisch adj Israeli
Istbestand m (≈ Geld) cash in hand; (≈ Waren) actual stock
Istzustand m actual state od status
IT f abk (= Informationstechnologie) IT
Italien n Italy
Italiener(in) m(f) Italian; **zum ~ gehen** to go to an/the Italian restaurant
italienisch adj Italian
IT-Dienstleister m IT support company
i-Tüpfelchen n dot (on the/an i); **bis aufs ~** fig (right) down to the last (little) detail

J

J, j n J, j
ja adv yes; bei Trauung I do; **ich glaube ja** (yes,) I think so; **wenn ja** if so; **ich habe gekündigt — ja?** I've quit — really?; **ja, bitte?** yes?; **aber ja!** but of course; **ach ja!** oh yes; **sei ja vorsichtig!** be careful; **vergessen Sie es JA nicht!** don't forget, whatever you do!; **sie ist ja erst fünf** (after all) she's only five; **das ist ja richtig, aber …** that's (certainly) right, but …; **da kommt er ja** there he is; **das ist es ja** that's just it; **das sag ich ja!** that's just what I say; **Sie wissen ja, dass …** as you know …; **das ist ja fürchterlich** that's (just) terrible; **du rufst mich doch an, ja?** you'll give me a call, won't you?
Ja n yes; **mit Ja antworten/stimmen** to answer/vote yes
Jacht f yacht
Jacke f jacket, coat bes US; (≈ Wolljacke) cardigan; **das ist ~ wie Hose** umg it's six of one and half a dozen of the other umg
Jackentasche f pocket
Jacketkrone f jacket crown
Jackett n jacket, coat bes US
Jackpot m im Lotto etc rollover jackpot
Jade m/f jade
Jagd f hunt; (≈ das Jagen) hunting; fig chase (**nach** after); **auf die ~ (nach etw) gehen** to go hunting (for sth); **die ~ nach Geld** the pursuit of money
Jagdbomber m fighter bomber
Jagdflugzeug n fighter plane od aircraft
Jagdgebiet n hunting ground
Jagdgewehr n hunting rifle
Jagdhund m hunting dog, hound
Jagdhütte f hunting lodge
Jagdrevier n shoot
Jagdschein m hunting licence Br, hunting license US
Jagdverbot n ban on hunting
Jagdzeit f hunting od shooting season
jagen A v/t 1 (≈ hetzen, verfolgen) to chase; **j-n in die Flucht ~** to put sb to flight; **j-n aus dem Haus ~** to drive sb out of the house; **mit diesem Essen kannst du mich ~** umg I wouldn't eat this if you paid me B v/i 1 to hunt 2 (≈ rasen) to race; **nach etw ~** to chase after sth
Jagen n hunting
Jäger m 1 hunter, huntsman 2 (≈ Jagdflugzeug) fighter (plane)
Jägerei f hunting
Jägerin f huntress, huntswoman
Jägerschnitzel n veal or pork cutlet with mushrooms and peppers
Jaguar m jaguar
jäh A adj 1 (≈ plötzlich) sudden 2 (≈ steil) sheer B adv 1 (≈ plötzlich) suddenly; enden abruptly 2 (≈ steil) steeply
Jahr n year; **ein halbes ~** six months; **ein dreiviertel ~** nine months; **im ~(e) 1066** in (the year) 1066; **die sechziger ~e** the sixties; **alle ~e** every year; **(ein) gutes neues ~!** Happy New Year!; **alle ~e wieder** year after year; **pro ~** a year; **noch nach ~en** years later; **nach ~ und Tag** after (many) years; **mit den ~en** over the years; **zwischen den ~en** umg between Christmas and New Year; **er ist zehn ~e (alt)** he is ten years old; **Personen über 18 ~e** people over (the age of) 18; **in die ~e kommen** umg to be getting on (in years); **in den besten ~en sein** to be in the prime of one's life; **mit den ~en** as one gets older
jahraus adv **~, jahrein** year in, year out
Jahrbuch n yearbook; (≈ Kalender) almanac
jahrelang A adj long-term attr, years of präd B adv for years
jähren v/r **heute jährt sich der Tag, an dem …** it's a year ago today that …
Jahresabonnement n annual or yearly subscription
Jahresabschluss m HANDEL annual accounts pl
Jahresanfang m, **Jahresbeginn** m beginning of the year
Jahresbeitrag m annual subscription
Jahresbericht m annual report
Jahresbilanz f WIRTSCH annual balance sheet

Jahresdurchschnitt m annual od yearly average

Jahreseinkommen n annual income

Jahresende n end of the year

Jahreshauptversammlung f HANDEL annual general meeting, AGM

Jahreskarte f annual season ticket

Jahresring m eines Baumes annual ring

Jahresrückblick m review of the year's events

Jahrestag m anniversary

Jahreswechsel m new year

Jahreszahl f date, year

Jahreszeit f season

Jahrgang m **1** year; **er ist ~ 1980** he was born in 1980; **er ist mein ~** we were born in the same year **2** von Wein vintage

Jahrgangsstufe f year

Jahrhundert n century

jahrhundertealt adj centuries-old

jahrhundertelang **A** adj centuries of **B** adv for centuries

Jahrhundertwende f turn of the century

-jährig adj **ein dreijähriges Kind** a three-year-old child; **nach zweijähriger Abwesenheit** after a two-year absence

jährlich **A** adj annual, yearly **B** adv every year; HANDEL per annum, annually; **zweimal ~** twice a year

Jahrmarkt m (fun-)fair

Jahrtausend n millennium

Jahrtausendwende f millennium

Jahrzehnt n decade

jahrzehntelang **A** adj decades of; **eine ~e Entwicklung** a development lasting decades **B** adv for decades

Jähzorn m violent temper

jähzornig adj irascible; (≈ erregt) furious

Jakobsmuschel f scallop

Jalousie f venetian blind Br, jalousie US

Jalta n Yalta

Jamaika n Jamaica

Jamaikakoalition f, **Jamaika-Koalition** f POL Koalition von CDU/CSU, FDP und Grünen German government coalition comprising CDU/CSU, FDP and Green parties

Jammer m (≈ Elend) misery; **es wäre ein ~, wenn ...** umg it would be a crying shame if ... umg

Jammerlappen sl m wet umg, sissy umg

jämmerlich **A** adj pitiful; umg Entschuldigung etc pathetic umg; Feigling terrible **B** adv sterben etc pitifully; versagen miserably

jammern v/i (≈ wehklagen) to wail (**über** +akk over); (≈ lamentieren) to moan; (≈ nörgeln) to whinge Br

jammerschade adj **es ist ~** umg it's a terrible pity

Jamsession f jam

Janker m bes österr Tyrolean jacket; (≈ Strickjacke) cardigan

Jänner m österr, schweiz January; → März

Januar m January; → März

Japan n Japan

Japaner(in) m(f) Japanese (man/woman)

japanisch adj Japanese

Japanisch n Japanese

japsen umg v/i to pant

Jargon m jargon

Jasager m yes man

Jasagerin f yes woman

Jasmin m jasmine

Jastimme f vote in favour (of) Br, vote in favor (of) US

jäten v/t & v/i to weed

Jauche f liquid manure

Jauchegrube f cesspool; AGR liquid manure pit

jauchzen geh v/i to rejoice liter

jaulen v/i to howl; wörtl to yowl

Jause f österr break (for a snack); (≈ Proviant) snack; **eine ~ machen** to have a snack, to have a bite to eat

jausnen v/i österr to stop for a snack; **auf Arbeit** to have a tea break Br, to have a coffee break US

Java n Java

javanisch adj Javanese

jawohl adv yes; MIL yes, sir; SCHIFF aye, aye, sir

Jawort n **j-m das ~ geben** to say yes to sb; bei Trauung to say "I do"

Jazz m jazz

Jazzband f jazz band

Jazzkeller m jazz club

Jazzsänger(in) m(f) jazz singer

je **A** adv **1** (≈ jemals) ever **2** (≈ jeweils) every, each; **für je drei Stück zahlst du einen Euro** you pay one euro for (every) three; **ich gebe euch je zwei Äpfel** I'll give you two apples each **B** konj **1** **je eher, desto besser** the sooner the better; **je länger, je lieber** the longer the better **2** **je nach** according to, depending on; **je nachdem** it all depends

Jeans pl jeans pl

Jeanshose f → Jeans

Jeansjacke f denim jacket

Jeansstoff m denim

jedenfalls adv in any case; (≈ sowieso) anyway; (≈ zumindest) at least

jede(r, s) indef pr **1** (≈ einzeln) each; bes von zweien either; (≈ jeder von allen) every; (≈ jeder beliebige) any; **~s Mal** every time; **~s Mal, wenn** whenever; **~n Tag** daily **2** (≈ einzeln) each (one); (≈ jeder von allen) everyone, everybody; (≈ jeder Beliebige) anyone; **~r von uns** each (one)/every one/any one of us; **~r Zweite** every other od

second one; **~r für sich** everyone for himself; **das kann ~r** anyone can do that; **das kann nicht ~r** not everyone can do that
jedermann *indef pr* everyone, everybody; (≈ *jeder Beliebige a.*) anyone, anybody; **das ist nicht ~s Sache** it's not everyone's cup of tea *umg*
jederzeit *adv* at any time, anytime
jedoch *konj & adv* however
jegliche(r, s) *indef pr adjektivisch* any; *substantivisch* each (one)
jeher *adv* **von** *od* **seit ~** always
jein *hum adv* yes and no
jemals *adv* ever
jemand *indef pr* somebody, someone; *bei Fragen, Negation* anybody; **~ Neues** somebody new; **~ anders** somebody else
Jemen *m* **der ~** Yemen
jene(r, s) *geh dem pr* **1** *adjektivisch* that; *pl* those; **an ~m Tag** that day; **in ~r Zeit** at that time, in those times **2** *substantivisch* that one; *pl* those (ones)
jenseits **A** *präp* on the other side of; **2 km ~ der Grenze** 2 kms beyond the border **B** *adv* **~ von** on the other side of
Jenseits *n* hereafter, next world
Jesuit *m* Jesuit
Jesus *m* Jesus; **~ Christus** Jesus Christ
Jet *umg m* jet
Jetlag *m* jetlag
Jeton *m* chip
Jetset *umg m* jet set
jetten *umg v/i* to jet *umg*
jetzig *adj* present *attr*, current; **in der ~en Zeit** in present times
jetzt *adv* now; **bis ~** so far; **~ gleich** right now; **~ gerade, ~ sofort** right now; **~ noch?** (what,) now?; **~ oder nie!** (it's) now or never!
Jetzt *geh n* present
jeweilig *adj* respective; (≈ *vorherrschend*) prevailing; **die ~e Regierung** the government of the day
jeweils *adv* at a time, at any one time; (≈ *jedes Mal*) each time; **~ am Monatsletzten** on the last day of each month
JH *abk* (= *Jugendherberge*) Y.H.
jiddisch *adj* Yiddish
Job *umg m* job
jobben *umg v/i* to work
Jobbörse *f* job exchange
Jobcenter *n* job centre, employment office *US*
Jobkiller *umg m* job killer
Jobmaschine *f*, **Jobmotor** *m umg* job-creation machine
Jobsharing *n* job sharing
Jobsuche *f* job hunting; **auf ~ sein** to be looking for a job

Jobverlust *m* WIRTSCH redundancy, losing one's job; **~e** job losses
Joch *n* yoke
Jochbein *n* cheekbone
Jockey *m* jockey
Jod *n* iodine
jodeln *v/t & v/i* to yodel
jodiert *adj* **~es Speisesalz** iodized table salt
Jodsalz *n* iodized salt
Joga *m/n* yoga
joggen *v/i* to jog
Jogger(in) *m(f)* jogger
Jogging *n* jogging
Jogginganzug *m* jogging suit
Jogginghose *f* jogging pants *pl*, joggers *pl*, sweatpants *pl*
Joggingschuh *m* jogging shoe
Jog(h)urt *m/n* yog(h)urt
Jog(h)urtbereiter *m* yog(h)urt maker
Jog(h)urtdrink *m*, **Jog(h)urtgetränk** *n* yog(h)urt drink
Johannisbeere *f* **Rote ~** redcurrant; **Schwarze ~** blackcurrant
Johanniskraut *n* St. John's wort
johlen *v/i* to howl
Joint *umg m* joint *umg*
Joint Venture *n* HANDEL joint venture
Jo-Jo *n* yo-yo
Jo-Jo-Effekt *m* yo-yo effect
Joker *m* KART joker; IT wild card; *fig* trump card
Jongleur(in) *m(f)* juggler
jonglieren *wörtl, fig v/i* to juggle
Jordanien *n* Jordan
Jordanier(in) *m(f)* Jordanian (man/woman)
jordanisch *adj* Jordanian
Joule *n* joule
Journal *n* HANDEL daybook
Journalismus *m* journalism
Journalist(in) *m(f)* journalist
journalistisch **A** *adj* journalistic **B** *adv* **~ arbeiten** to work as a journalist; **etw ~ aufbereiten** to edit sth for journalistic purposes
jovial **A** *adj* jovial **B** *adv* jovially
Jovialität *f* joviality
Joystick *m* COMPUT joystick
Jubel *m* jubilation; (≈ *Jubelrufe*) cheering; **~, Trubel, Heiterkeit** laughter and merriment
jubeln *v/i* to cheer
Jubeln *n* cheer
Jubilar(in) *m(f)* person celebrating an anniversary
Jubiläum *n* jubilee; (≈ *Jahrestag*) anniversary
Jubiläumsfeier *f* jubilee/anniversary celebrations *pl*
jucken **A** *v/t & v/i* to itch; **es juckt mich am Rücken** my back itches; **es juckt mich, das zu tun**

umg I'm itching to do it *umg*; **das juckt mich doch nicht** *umg* I don't care **B** *v/r* (≈ *kratzen*) to scratch
Juckreiz *m* itching
Jude *m* Jew, Jewish man, Jewish boy; **er ist ~** he's Jewish; he is a Jew; **die ~n** the Jewish people; *historisch, politisch* the Jews *pej*
judenfeindlich *adj* anti-Semitic
Judentum *n* **1** (≈ *Judaismus*) Judaism **2** (≈ *Gesamtheit der Juden*) Jews *pl*
Judenverfolgung *f* persecution of (the) Jews
Jüdin *f* Jew, Jewish woman, Jewish girl; **sie ist ~** she's Jewish; she is a Jew *pej*
jüdisch *adj* Jewish
Judo *n* judo; **~ machen** to do judo
Jugend *f* youth; **von ~ an** *od* **auf** from one's youth; **die ~ von heute** young people *od* the youth of today
Jugend- *zssgn* SPORT junior
Jugendalter *n* adolescence
Jugendamt *n* youth welfare department
Jugendarbeit *f* (≈ *Jugendamt*) youth work
Jugendarbeitslosigkeit *f* youth unemployment
Jugendarrest *m* JUR detention
Jugendbande *f* gang of youths
Jugendbuch *n* book for young people
jugendfrei *adj* suitable for young people; *Film* U(-certificate) *Br*, G *US*
Jugendfreund(in) *m(f)* friend of one's youth
jugendgefährdend *adj* liable to corrupt the young
Jugendgericht *n* juvenile court
Jugendgruppe *f* youth group
Jugendherberge *f* youth hostel
Jugendherbergsausweis *m* youth hostelling card *Br*, youth hostel ID *US*
Jugendhilfe *f* ADMIN help for young people
Jugendjahre *pl* days *pl* of one's youth
Jugendklub *m* youth club
Jugendkriminalität *f* juvenile delinquency
jugendlich **A** *adj* (≈ *jung*) young; (≈ *jung wirkend*) youthful; *im Teenageralter* teenage; **ein ~er Täter** a young offender; **~er Leichtsinn** youthful frivolity **B** *adv* youthfully; **sich ~ geben** to appear youthful
Jugendliche(r) *m/f(m)* adolescent; *männlich a.* youth; teen(ager); *sehr jung* kid
Jugendlichkeit *f* youthfulness
Jugendliebe *f* **1** young love **2** (≈ *Geliebter*) love of one's youth
Jugendmannschaft *f* youth team
Jugendmeisterschaft *f* junior *od* youth championships *pl*
Jugendpflege *f* youth welfare
Jugendrecht *n* law relating to young persons
Jugendrichter(in) *m(f)* JUR magistrate (*in a juvenile court*)
Jugendschutz *m* protection of children and young people
Jugendstil *m* KUNST Art Nouveau
Jugendstrafanstalt *f* young people's detention centre; *US a.* reformatory
Jugendstrafe *f* detention in a young offenders' institution, detention in a juvenile correction institution *US*
Jugendsünde *f* youthful misdeed
Jugendtraum *m* youthful dream
Jugendtreffen *n* rally
Jugendwahn *m* *Gesellschaft* obsession with youth
Jugendzeit *f* youth, younger days *pl*
Jugendzentrum *n* youth centre *Br*, youth center *US*
Jugoslawien *n* HIST Yugoslavia
jugoslawisch *adj* HIST Yugoslav(ian)
juhu *int Jubel* yippee, hooray; *Zuruf* yoo-hoo
Juli *m* July; → *März*
Jumbo(jet) *m* jumbo (jet)
jung *adj* young; **~er Hund** puppy; **Jung und Alt** (both) young and old; **von ~ auf** from one's youth; **~ aussehen** to look young; **~ sterben** to die young
Junge *m* boy; **~, ~!** *umg* boy oh boy *umg*; **alter ~** *umg* my old pal *umg*
jungenhaft *adj* boyish
Jungenschule *f* boys' school
Jungenstreich *m* boyish prank
Junge(r) *umg m/f(m)* **die ~n** the young ones
jünger *adj* **1** younger; **der Jüngere** *im Geschäftsleben* junior; **Holbein der Jüngere** Holbein the Younger; **sie sieht ~ aus, als sie ist** she looks younger than she is, she doesn't look her age **2** *Geschichte etc* recent
Jünger *m* BIBEL, *a. fig* disciple
Jüngerin *fig f* disciple
Junge(s) *n* ZOOL young one; *von Hund* pup(py); *von Katze* kitten; *von Wolf, Löwe, Bär* cub; *von Vogel* young bird; **die ~n** the young
Jungfer *f* **eine alte ~** an old maid
Jungfernfahrt *f* maiden voyage
Jungfernflug *m* maiden flight
Jungfernhäutchen *n* ANAT hymen
Jungfrau *f* **1** virgin **2** ASTROL Virgo; **(eine) ~ sein** to be (a) Virgo
jungfräulich *adj* virgin
Jungfräulichkeit *f* virginity
Junggeselle *m* bachelor
Junggesellenbude *umg f* bachelor pad *umg*
Junggesellendasein *n* bachelor's life
Junggesellenzeit *f* bachelor days *pl*
Junggesellin *f* single woman, bachelorette *US*

Junglehrer(in) *m(f)* student teacher
Jüngling *liter, hum m* youth
jüngste(r, s) *adj* **1** youngest **2** *Werk, Ereignis* latest, (most) recent; *Zeit, Vergangenheit* recent; **in der ~n Zeit** recently; **das Jüngste Gericht** the Last Judgement; **der Jüngste Tag** Doomsday, the Day of Judgement; **sie ist auch nicht mehr die Jüngste** she's no (spring) chicken *umg*
Jungtier *n* young animal
Jungunternehmer(in) *m(f)* young entrepreneur, young businessman/-woman
Jungwähler(in) *m(f)* young voter
Juni *m* June; → **März**
junior *adj* **Franz Schulz ~** Franz Schulz, Junior
Junior *m* **1** junior **2** (*a.* **~chef**) boss's son, son of the boss
Juniorchef *m* boss's son, son of the boss
Junioren- *zssgn* junior
Juniorin *f* SPORT junior
Juniorpartner(in) *m(f)* HANDEL junior partner
Juniorpass *m* BAHN ≈ young person's railcard *Br*, ≈ youth railroad pass *US*
Juniorprofessor(in) *m(f)* assistant professor
Juniorprofessur *f* assistant professorship
Junkfood *umg n* junk food
Junkie *umg m* junkie *umg*
Junkmail *f* junk mail
Junta *f* POL junta
Jupe *m schweiz* skirt
Jupiter *m* ASTRON Jupiter
Jura[1] *ohne Artikel* UNIV law
Jura[2] *m* **der Kanton ~** the canton of Jura
jurassisch *adj* GEOL Jurassic
Jurist(in) *m(f)* jurist; (≈ *Student*) law student; (≈ *Anwalt*) lawyer
Juristendeutsch *n* legalese *pej*, legal jargon
juristisch **A** *adj* legal; **die ~e Fakultät** the Faculty of Law **B** *adv* legally; **etw ~ betrachten** to consider the legal aspects of sth
Juror(in) *m(f)* member of the jury
Jury *f* jury
Jus *bes österr, schweiz n* → **Jura**[1]
justieren *v/t* to adjust; TYPO, IT to justify
Justierung *f* adjustment; TYPO, IT justification
Justiz *f als Prinzip* justice; *als Institution* judiciary; (≈ *die Gerichte*) courts *pl*
Justizbeamte(r) *m*, **Justizbeamtin** *f* judicial officer
Justizbehörde *f* legal authority
Justizgebäude *n* law courts *pl*
justiziell *adj* judicial; **Europäisches Justizielles Netz für Strafsachen** European Judicial Network in Criminal Matters; **~e Zusammenarbeit** judicial cooperation
Justizirrtum *m* miscarriage of justice, judicial error *bes US*

Justizminister(in) *m(f)* minister of justice, justice minister
Justizministerium *n* ministry of justice, ≈ Department of Justice *US*
Jute *f* jute
Juwel *m/n* jewel; **~en** (≈ *Schmuck*) jewellery *Br*, jewelery *US*
Juwelier(in) *m(f)* jeweller *Br*, jeweler *US*; (≈ *Geschäft*) jewel(l)er's (shop)
Juweliergeschäft *n* jeweller's (shop) *Br*, jeweler's (shop) *US*
Jux *umg m* **etw aus Jux tun** to do sth as a joke; **sich** (*dat*) **einen Jux aus etw machen** to make a joke (out) of sth
juxen *umg v/i* to joke

K, k *n* K, k
Kabarett *n* cabaret; (≈ *Darbietung*) cabaret (show); **ein politisches ~** a satirical political revue
Kabarettist(in) *m(f)* cabaret artist
kabbeln *umg v/i & v/r* to bicker
Kabel *n* ELEK wire; (≈ *Telefonkabel*) cord; (≈ *Stromleitung*) cable
Kabelanschluss *m* TV cable connection
Kabelfernsehen *n* cable television
Kabeljau *m* cod
Kabelkanal *m* TV cable channel
kabellos *adj* TEL cordless; IT wireless
Kabine *f* (≈ *Umkleidekabine, Duschkabine*) cubicle; SCHIFF, FLUG cabin
Kabinenbahn *f* cable railway *Br*, aerial tramway *US*
Kabinentrolley *m* carry-on trolley case *Br*, carry-on roller *US*
Kabinett *n* **1** POL cabinet **2** *österr* (≈ *kleines Zimmer*) closet, small room
Kabinettsbeschluss *m* cabinet decision
Kabinettsumbildung *f* cabinet reshuffle
Kabis *schweiz m* → **Kohl**
Kabrio(lett) *n* AUTO convertible
Kachel *f* (glazed) tile; **etw mit ~n auslegen** to tile sth
kacheln *v/t* to tile
Kachelofen *m* tiled stove
Kacke *vulg f* crap *sl*, shit *sl*; **so 'ne ~** shit *sl*
kacken *vulg v/i* to crap *sl*
Kadaver *m* carcass
Kader *m* MIL, POL cadre; SPORT squad

Kadett(in) *m(f)* MIL cadet
Kadi *obs umg m* **j-n vor den ~ schleppen** to take sb to court
Kadmium *n* cadmium
Käfer *m* beetle; *allgemeiner* bug
Kaff *umg n* dump *umg*
Kaffee *m* coffee; **zwei ~, bitte!** two coffees, please; **~ zum Mitnehmen** coffee to go; **~ kochen** to make coffee; **das ist kalter ~** *umg* that's old hat *umg*; **~ und Kuchen** coffee and cakes, ≈ afternoon tea *Br*
Kaffeeautomat *m* coffee machine *od* dispenser
Kaffeebohne *f* coffee bean
Kaffeefahrt *f* cheap coach trip combined with a sales promotion
Kaffeefilter *m* coffee filter
Kaffeehaus *n* café
Kaffeekanne *f* coffeepot
Kaffeekapsel *f* coffee capsule, coffee pod
Kaffeeklatsch *umg m* coffee klatsch *US*, ≈ coffee morning *Br*
Kaffeelöffel *m* coffee spoon
Kaffeemaschine *f* coffee machine
Kaffeemühle *f* coffee grinder
Kaffeepad *n* coffee pod, coffee pad
Kaffeepause *f* coffee break
Kaffeesahne *f* (coffee) cream
Kaffeesatz *m* coffee grounds *pl*
Kaffeeservice *n* coffee set
Kaffeetasse *f* coffee cup
Käfig *m* cage; *für Kaninchen* hutch
kahl *adj* bald; (≈ *kahl geschoren*) shaved; *Wand, Raum, Baum* bare; *Landschaft* barren; **eine ~e Stelle** a bald patch; **~ werden** *Mensch* to go bald; *Baum* to lose its leaves
Kahlheit *f* baldness; *von Wand, Raum, Baum* bareness; *von Landschaft* barrenness
Kahlkopf *m* bald head; (≈ *Mensch*) bald person; **ein ~ sein** to be bald
kahlköpfig *adj* baldheaded
Kahlschlag *m* 1 deforestation 2 *umg* (≈ *Abriss*) demolition
Kahn *m* 1 (small) boat; (≈ *Stechkahn*) punt; **~ fahren** to go boating/punting 2 (≈ *Lastschiff*) barge
Kahnfahrt *f* row; *in Stechkahn* punt
Kai *m* quay
Kaimauer *f* quay wall
Kaiser *m* emperor; **der deutsche ~** the Kaiser
Kaiserin *f* empress
Kaiserkrone *f* imperial crown
kaiserlich *adj* imperial
Kaiserreich *n* empire
Kaiserschmarren *m*, **Kaiserschmarrn** *österr, südd m* sugared, cut-up pancake with raisins
Kaiserschnitt *m* Caesarean (section)

Kajak *m/n* kayak; **~ fahren** to go kayaking
Kajakfahren *n* kayaking
Kajalstift *m* kohl eye pencil
Kajüte *f* cabin
Kakadu *m* cockatoo
Kakao *m* cocoa; **j-n durch den ~ ziehen** *umg* (≈ *veralbern*) to make fun of sb
Kakaobohne *f* cocoa bean
Kakaopulver *n* cocoa powder
Kakerlak *m*, **Kakerlake** *f* cockroach
kaki *adj* khaki
Kaktee *f*, **Kaktus** *m* cactus
Kalauer *m* corny joke; (≈ *Wortspiel*) corny pun
Kalb *n* calf
kalben *v/i* to calve
Kalbfleisch *n* veal
Kalbsbraten *m* roast veal
Kalbsfell *n* (≈ *Fell*) calfskin
Kalbshaxe *f* GASTR knuckle of veal
Kalbsleder *n* calfskin
Kalbsschnitzel *n* veal cutlet
Kaleidoskop *n* kaleidoscope
Kalender *m* calendar; (≈ *Terminkalender*) diary
Kalenderjahr *n* calendar year
Kali *n* potash
Kaliber *n* calibre *Br*, caliber *US*
Kalifornien *n* California
Kalium *n* potassium
Kalk *m* lime; *zum Tünchen* whitewash; ANAT calcium; **gebrannter ~** quicklime
Kalkboden *m* chalky soil
kalken *v/t* (≈ *tünchen*) to whitewash
Kalkgrube *f* lime pit
kalkhaltig *adj Boden* chalky; *Wasser* hard
Kalkmangel *m* MED calcium deficiency
Kalkstein *m* limestone
Kalkulation *f* calculation
kalkulierbar *adj* calculable
kalkulieren *v/t* to calculate
Kalorie *f* calorie
kalorienarm A *adj* low-calorie B *adv* **sich ~ ernähren** to have a low-calorie diet; **~ essen** to eat low-calorie food
Kalorienbombe *umg f* **das ist eine richtige ~** it's got loads of calories *umg*
kalorienreich *adj* high-calorie; **sich ~ ernähren** to have a high-calorie diet
kalt A *adj* cold; **mir ist/wird ~** I am/I'm getting cold; **j-m die ~e Schulter zeigen** to give sb the cold shoulder; **~es Grausen überkam mich** my blood ran cold; **der Kalte Krieg** the Cold War B *adv* **~ duschen** to take a cold shower; **etw ~ stellen** to put sth to chill; **~ gepresst** *Öl* cold-pressed; **da kann ich nur ~ lächeln** *umg* that makes me laugh; **j-n ~ erwischen** to shock sb
kaltbleiben *fig v/i* to remain unmoved

Kaltblüter *m* ZOOL cold-blooded animal
kaltblütig **A** *adj fig* cold-blooded; (≈ *gelassen*) cool **B** *adv* cold-bloodedly
Kaltblütigkeit *fig f* cold-bloodedness; (≈ *Gelassenheit*) cool(ness)
Kälte *f* **1** *von Wetter etc* cold; (≈ *Kälteperiode*) cold spell; **fünf Grad ~** five degrees below freezing **2** *fig* coldness, coolness
kältebeständig *adj* cold-resistant
Kälteeinbruch *m* (sudden) cold spell; **für kurze Zeit** cold snap
kälteempfindlich *adj* sensitive to cold
Kältegefühl *n* feeling of cold(ness)
Kälteperiode *f* cold spell
Kältetechnik *f* refrigeration technology
Kältetod *m* **den ~ sterben** to freeze to death
kälteunempfindlich *adj* insensitive to cold
Kältewelle *f* cold spell
Kaltfront *f* METEO cold front
kaltgepresst *adj* → **kalt**
kaltherzig *adj* cold-hearted
Kaltherzigkeit *f* cold-heartedness
kaltlassen *fig v/t* **j-n ~** to leave sb cold
Kaltluft *f* METEO cold air
kaltmachen *sl v/t* to do in *umg*
Kaltmiete *f* rent exclusive of heating
kaltschnäuzig *umg* **A** *adj* (≈ *gefühllos*) callous; (≈ *unverschämt*) insolent **B** *adv* (≈ *gefühllos*) callously; (≈ *unverschämt*) insolently
Kaltstart *m* AUTO, IT cold start
Kalzium *n* calcium
Kambodscha *n* Cambodia
Kambodschaner(in) *m(f)* Cambodian (man/woman)
kambodschanisch *adj* Cambodian
Kamel *n* camel; **ich ~!** *umg* silly me!
Kamelle *umg f* **das sind doch alte** *od* **olle ~n** that's old hat *umg*
Kamera *f* camera
Kamerad(in) *m(f)* MIL *etc* comrade; (≈ *Gefährte*) companion; (≈ *Kumpel*) buddy, mate
Kameradschaft *f* camaraderie
kameradschaftlich *adj* comradely
Kamerafrau *f* camerawoman
Kameraführung *f* camera work
Kameramann *m* cameraman
Kameraüberwachung *f* closed circuit television, CCTV
Kamerawinkel *m* angle
Kamerun *n* the Cameroons *pl*
Kamikaze *m* kamikaze
Kamikazeflieger(in) *m(f)* kamikaze pilot
Kamille *f* camomile
Kamillentee *m* camomile tea
Kamin *dial m/n* **1** (≈ *Schornstein*) chimney; (≈ *Abzugsschacht*) flue **2** (≈ *Feuerstelle*) fireplace; **wir saßen am ~** we sat by *od* in front of the fire
Kaminfeuer *n* fire
Kaminsims *m/n* mantelpiece
Kamm *m* **1** comb; **alle/alles über einen ~ scheren** *fig* to lump everyone/everything together **2** (≈ *Gebirgskamm*) crest
kämmen **A** *v/t* to comb **B** *v/r* to comb one's hair
Kammer *f* **1** PARL chamber; (≈ *Ärztekammer etc*) professional association **2** (≈ *Zimmer*) (small) room
Kammerdiener *m* valet
Kammerjäger(in) *m(f)* (≈ *Schädlingsbekämpfer*) pest controller *Br*, exterminator *US*
Kammermusik *f* chamber music
Kammerorchester *n* chamber orchestra
Kammerzofe *f* chambermaid
Kammmuschel *f* scallop
Kampagne *f* campaign; **eine ~ starten** to launch a campaign
Kampf *m* fight (**um** for); MIL (≈ *Gefecht*) battle; (≈ *Boxkampf*) fight; **j-m/einer Sache den ~ ansagen** *fig* to declare war on sb/sth; **die Kämpfe einstellen** to stop fighting; **der ~ ums Dasein** the struggle for existence; **der ~ um die Macht** the battle for power; **ein ~ auf Leben und Tod** a fight to the death
Kampf- *zssgn* fighting
Kampfabstimmung *f* vote
Kampfansage *f* declaration of war
Kampfanzug *m* MIL *etc* battle dress, battle uniform
Kampfausbildung *f* MIL combat training
kampfbereit *adj* ready for battle
Kampfdrohne *f* MIL combat drone
kämpfen **A** *v/i* to fight (**um, für** for); *im Wettkampf* to compete; (≈ *sich abmühen*) to struggle; **gegen etw ~** to fight (against) sth; **mit dem Tode ~** to fight for one's life; **mit den Tränen ~** to fight back one's tears; **ich hatte mit schweren Problemen zu ~** I had difficult problems to contend with; **ich habe lange mit mir ~ müssen, ehe …** I had a long battle with myself before … **B** *v/t mst fig Kampf* to fight
Kampfer *m* camphor
Kämpfer(in) *m(f)* fighter
kämpferisch **A** *adj* aggressive **B** *adv* aggressively; **sich ~ einsetzen** to fight hard
Kampfflugzeug *n* fighter (plane)
Kampfgeist *m* fighting spirit
Kampfhandlung *f* clash *mst pl*
Kampfhubschrauber *m* helicopter gunship
Kampfhund *m* fighting dog
kampflos **A** *adj* peaceful; *Sieg* uncontested **B** *adv* peacefully, without a fight; **sich ~ ergeben** to surrender without a fight

kampflustig *adj* belligerent
Kampfrichter(in) *m(f)* SPORT referee, judge
Kampfsport *m* martial art
Kampfstoff *m* weapon
kampfunfähig *adj* MIL unfit for action; *Boxer* unfit to fight; **einen Panzer ~ machen** to put a tank out of action
kampieren *v/i* to camp (out)
Kanada *n* Canada
Kanadier *m* SPORT Canadian canoe
Kanadier(in) *m(f)* Canadian
kanadisch *adj* Canadian
Kanal *m* ◻1 (≈ *Schifffahrtsweg*) canal; (≈ *Wasserlauf*) channel; *für Abwässer* sewer ◻2 RADIO, TV, *a. fig* channel
Kanaldeckel *m* drain cover
Kanalinseln *pl* **die ~** *im Ärmelkanal* the Channel Islands *pl*
Kanalisation *f* ◻1 *für Abwässer* sewerage system ◻2 *von Flusslauf* canalization
kanalisieren *v/t Fluss* to canalize; *fig Energie* to channel; *Gebiet* to install sewers in
Kanaltunnel *m* Channel Tunnel
Kanarienvogel *m* canary
Kanarische Inseln *pl* Canary Islands *pl*
Kandare *f* (curb) bit; **j-n an die ~ nehmen** *fig* to take sb in hand
Kandidat(in) *m(f)* candidate
Kandidatur *f* candidacy
kandidieren *v/i* POL to stand, to run (**für** for); **für das Amt des Präsidenten ~** to run for president
kandiert *adj Frucht* candied; **~er Ingwer** stem ginger
Kandis(zucker) *m* rock candy
Känguru *n* kangaroo
Kaninchen *n* rabbit
Kaninchenstall *m* rabbit hutch
Kanister *m* can; (≈ *Blechkanister*) jerry can
Kännchen *n für Milch* jug; *für Kaffee* pot; **ein ~ Kaffee** a pot of coffee
Kanne *f* can; (≈ *Teekanne, Kaffeekanne*) pot; (≈ *Gießkanne*) watering can
Kannibale *m*, **Kannibalin** *f* cannibal
Kannibalismus *m* cannibalism
Kanon *m* canon
Kanone *f* ◻1 gun; HIST cannon; *sl* (≈ *Pistole*) piece *umg* ◻2 *fig* (≈ *Könner*) ace *umg* ◻3 *umg* **das ist unter aller ~** that defies description
Kantate *f* MUS cantata
Kante *f* edge; (≈ *Rand*) border; **Geld auf die hohe ~ legen** *umg* to put money away; **klare ~ zeigen** *entschlossen handeln* to take decisive action
kantig *adj Holz* edged; *Gesicht* angular
Kantine *f* canteen
Kantinenessen *n* canteen food

Kanton *m* canton
kantonal *adj* cantonal
Kantonalbank *f* Cantonal Bank
Kantonese *m*, **Kantonesin** *f* Cantonese
kantonesisch *adj* Cantonese
Kanu *n* canoe; **~ fahren** to canoe
Kanüle *f* MED cannula
Kanute *m*, **Kanutin** *f* canoeist
Kanzel *f* ◻1 pulpit ◻2 FLUG cockpit
Kanzlei *f* (≈ *Dienststelle*) office; (≈ *Büro eines Rechtsanwalts, Notars etc*) chambers *pl*
Kanzler(in) *m(f)* ◻1 (≈ *Regierungschef*) chancellor ◻2 UNIV vice chancellor
Kanzleramt *n* (≈ *Gebäude*) chancellery; (≈ *Posten*) chancellorship
Kanzlerkandidat(in) *m(f)* candidate for the position of chancellor
Kanzlerkandidatur *f* POL candidacy for the chancellorship
Kap *n* cape; **Kap der Guten Hoffnung** Cape of Good Hope; **Kap Hoorn** Cape Horn
Kapazität *f* capacity; *fig* (≈ *Experte*) expert
Kapazitätsauslastung *f* capacity utilization
Kapazitätserweiterung *f* increase in capacity
Kapelle *f* ◻1 (≈ *kleine Kirche etc*) chapel ◻2 MUS band
Kaper *f* BOT, GASTR caper
kapern *v/t* SCHIFF *Schiff* to seize; *Webseite* to hack into; (≈ *mit Beschlag belegen*) to collar *umg*
kapieren *umg* ◻A *v/t* to get *umg*; **das kapier ich nicht** I don't get it ◻B *v/i* to get it *umg*; **kapiert?** got it? *umg*
kapital *adj* ◻1 JAGD *Hirsch* royal ◻2 (≈ *grundlegend*) *Missverständnis etc* major
Kapital *n* ◻1 FIN capital *kein pl*; (≈ *angelegtes Kapital*) capital investments *pl*; **intellektuelles ~** intellectual capital ◻2 *fig* asset; **aus etw ~ schlagen** to capitalize on sth
Kapital- *zssgn* capital
Kapitalanlage *f* capital investment
Kapitalaufwand *m* capital expenditure
Kapitalertrag *m* capital yield
Kapitalertrag(s)steuer *f* capital gains tax
Kapitalflucht *f* flight of capital
Kapitalgesellschaft *f* joint-stock company, corporation US
Kapitalhilfe *f* financial aid
kapitalintensiv *adj* capital-intensive
kapitalisieren *v/t* to capitalize
Kapitalisierung *f* capitalization
Kapitalismus *m* capitalism
Kapitalist(in) *m(f)* capitalist
kapitalistisch *adj* capitalist
kapitalkräftig *adj* financially strong
Kapitalmarkt *m* capital market
Kapitalverbrechen *n* serious crime; *mit Todesstrafe* capital crime

Kapitän(in) *m(f)* captain
Kapitel *n* chapter; **das ist ein anderes ~** that's another story
Kapitell *n* capital
Kapitulation *f* capitulation (**vor** +*dat* to, in the face of)
kapitulieren *v/i* (≈ *sich ergeben*) to surrender; *fig* (≈ *aufgeben*) to give up (**vor** +*dat* in the face of)
Kaplan *m in Pfarrei* curate
Kappe *f* cap; **das geht auf meine ~** *umg* (≈ *ich bezahle*) that's on me; (≈ *ich übernehme die Verantwortung*) that's my responsibility
kappen *v/t* SCHIFF *Leine* to cut; *fig umg Finanzmittel* to cut (back)
Käppi *n* cap
Kapriole *f* capriole; *fig* caper
Kapsel *f* (≈ *Etui*) container; *Pharmazie, a.* BOT, RAUMF capsule
kaputt *adj* broken; (≈ *erschöpft*) *Mensch* shattered *Br umg; Ehe* broken; *Gesundheit* ruined; *Nerven* shattered; *Firma* bust *präd umg;* **mein ~es Bein** my bad leg; *gebrochen* my broken leg; **ein ~er Typ** a wreck *umg*
kaputt fahren *umg v/t* (≈ *überfahren*) to run over; *Auto* to run into the ground; *durch Unfall* to smash (up)
kaputtgehen *umg v/i* to break; *Ehe* to break up (**an** +*dat* because of); *Gesundheit, Nerven* to be ruined; *Firma* to go bust *umg; Kleidung* to come to pieces
kaputtkriegen *umg v/t* **das Auto ist nicht kaputtzukriegen** this car just goes on for ever
kaputtlachen *umg v/r* to die laughing *umg*
kaputt machen *v/t umg* to ruin; *Zerbrechliches* to break, to smash
kaputtmachen *umg* **A** *v/t* (≈ *erschöpfen*) *j-n* to wear out; *Gegenstand* to break **B** *v/r* **sich ~** *fig* to wear oneself out
Kapuze *f* hood; (≈ *Mönchskapuze*) cowl
Kapuzenjacke *f* hooded jacket
Kapuzenmantel *m* hooded coat
Kapuzenpulli *m* hooded jumper *od* sweater
Kapverden *pl* **die ~** the Cape Verde Islands *pl*
Karabiner *m* **1** (≈ *Gewehr*) carbine **2** (*a.* **~haken**) karabiner
Karacho *n* **mit ~** *umg* at full tilt
Karaffe *f* carafe; *mit Stöpsel* decanter
Karambolage *f* AUTO collision; *beim Billard* cannon
Karamell *m* caramel *kein pl*
Karamellbonbon *n od m* toffee, caramel
Karamelle *f* caramel (toffee)
Karaoke *n* karaoke
Karat *n* carat
Karate *n* karate
Karawane *f* caravan

Kardamom *n* cardamom
Kardanwelle *f* prop(eller) shaft
Kardinal *m* KIRCHE cardinal
Kardinalfehler *m* cardinal error
Kardinalfrage *geh f* cardinal *od* crucial question
Kardinalzahl *f* cardinal (number)
Kardiologe *m,* **Kardiologin** *f* cardiologist
kardiologisch *adj* cardiological
Karenztag *m* unpaid day of sick leave
Karenzzeit *f* waiting period
Karfiol *m österr* cauliflower
Karfreitag *m* Good Friday
karg **A** *adj* **1** (≈ *spärlich*) meagre *Br*, meager *US; Boden* barren **2** (≈ *geizig*) mean, sparing **B** *adv* (≈ *knapp*) **~ ausfallen/bemessen sein** to be meagre *Br*, to be meager *US;* **etw ~ bemessen** to be stingy with sth *umg*
Kargheit *f* meagreness *Br*, meagerness *US; von Boden* barrenness
kärglich *adj* meagre *Br*, meager *US*, sparse; *Mahl* frugal
Kargo *m* cargo
Karibik *f* **die ~** the Caribbean
karibisch *adj* Caribbean; **die Karibischen Inseln** the Caribbean Islands; **das Karibische Meer** the Caribbean Sea
kariert *adj Stoff, Muster* checked, checkered *bes US; Papier* squared
Karies *f* caries
Karikatur *f* caricature
Karikaturist(in) *m(f)* cartoonist
karikieren *v/t* to caricature
karitativ **A** *adj* charitable **B** *adv* **~ tätig sein** to do charitable work
Karma *n* karma
Karneval *m* carnival
Karnevalszug *m* carnival procession
Kärnten *n* Carinthia
Karo *n* **1** (≈ *Quadrat*) square; *Muster* check **2** (≈ *Spielkartenfarbe*) diamonds *pl; einzelne Karte* diamond
Karoass *n* ace of diamonds
Karomuster *n* checked pattern, checkered pattern *bes US*
Karosse *f fig* (≈ *großes Auto*) limousine
Karosserie *f* bodywork, body shell
Karotte *f* carrot
Karpaten *pl* Carpathians *pl*
Karpfen *m* carp
Karre *f* **1** → **Karren** **2** *umg* (≈ *klappriges Auto*) jalopy *umg*
Karree *n* **1** (≈ *Viereck*) rectangle; (≈ *Quadrat*) square **2** (≈ *Häuserblock*) block; **einmal ums ~ gehen** to walk round the block
karren *v/t* to cart

Karren m **1** (≈ *Wagen*) cart; *bes für Baustelle* (wheel)barrow; **ein ~ voll Obst** a cartload of fruit **2** *fig umg* **den ~ in den Dreck fahren** to get things in a mess; **den ~ wieder flottmachen** to get things sorted out

Karriere f (≈ *Laufbahn*) career; **~ machen** to make a career for oneself

Karrierefrau f career woman

Karriereleiter f career ladder; **die ~ erklimmen** to rise up the ladder

Karrieremacher(in) m(f) careerist

Karsamstag m Easter Saturday

Karte f card; (≈ *Fahrkarte, Eintrittskarte*) ticket; (≈ *Landkarte*) map; (≈ *Speisekarte*) menu; (≈ *Weinkarte*) wine list; (≈ *Spielkarte*) (playing) card; (≈ *Kreditkarte*) card; **die Gelbe/Rote/Gelb-Rote ~** the yellow/red/second yellow and the red card; **mit ~ bezahlen** to pay by card; **alles auf eine ~ setzen** *fig* to put all one's eggs in one basket *sprichw*; **gute ~n haben** to have a good hand; *fig* to be in a strong position

Kartei f card index

Karteikarte f index card

Karteikasten m file-card box

Kartell n **1** HANDEL cartel **2** (≈ *Interessenvereinigung*) alliance; *pej* cartel

Kartellamt n antitrust commission; *in Deutschland* Federal Cartel Office; *in GB* ≈ Monopolies and Mergers Commission *Br*, anti-trust commission *bes US*

Kartellgesetz n antitrust law

Kartellregeln pl antitrust rules pl

Kartenhaus n house of cards

Karteninhaber(in) m(f) cardholder

Kartenlesegerät n, **Kartenleser** m card reader

Kartenspiel n **1** (≈ *das Spielen*) card-playing; (≈ *ein Spiel*) card game **2** (≈ *Karten*) pack (of cards)

Kartenständer m map stand

Kartentelefon n cardphone

Kartenverkauf m sale of tickets; (≈ *Stelle*) box office

Kartenvorverkauf m advance sale of tickets; (≈ *Stelle*) advance booking office

Kartenzahlung f card payment

Kartoffel f potato; **j-n fallen lassen wie eine heiße ~** *umg* to drop sb like a hot potato

Kartoffelbrei m mashed potatoes pl

Kartoffelchips pl potato crisps pl *Br*, potato chips pl *US*

Kartoffelgratin n GASTR gratiné(e) potatoes pl

Kartoffelkäfer m Colorado beetle

Kartoffelkloß m, **Kartoffelknödel** *bes österr, südd* m GASTR potato dumpling

Kartoffelpuffer m fried grated potato cakes

Kartoffelpüree n mashed potatoes pl

Kartoffelsalat m potato salad

Kartoffelschalen pl *abgeschält* potato peel sg; GASTR potato skins pl

Kartoffelschäler m potato peeler

Kartoffelstock m *schweiz* GASTR mashed potatoes pl

Kartoffelsuppe f potato soup

Kartografie f cartography

Karton m **1** (≈ *Pappe*) cardboard *kein pl*; **ein ~** a piece of cardboard **2** (≈ *Schachtel*) cardboard box

kartonieren v/t *Bücher* to bind in board; **kartoniert** paperback

Karussell n merry-go-round, carousel; **~ fahren** to have a ride on the merry-go-round *etc*

Karwoche f KIRCHE Holy Week

karzinogen adj MED carcinogenic

Karzinom n MED carcinoma, malignant growth

Kasachstan n Kazakhstan

kaschieren v/t *fig* (≈ *überdecken*) to conceal

Kaschmir m *Textilien* cashmere

Käse m **1** cheese **2** *umg* (≈ *Unsinn*) twaddle *umg*

Käseauflauf m GASTR cheese soufflé

Käseblatt *umg* n local rag *umg*

Käsebrot n bread and cheese

Käsebrötchen n cheese roll

Käsegebäck n cheese savouries pl *Br*, cheese savories pl *US*

Käseglocke f cheese cover; *fig* dome

Käsekuchen m cheesecake

Kaserne f barracks pl

Käsestange f cheese straw *Br*, cheese stick *US*

käseweiß *umg* adj white (as a ghost)

käsig *fig umg* adj *Haut* pasty; *vor Schreck* pale

Kasino n **1** (≈ *Spielbank*) casino **2** (≈ *Offizierskasino*) (officers') mess

Kaskoversicherung f AUTO (≈ *Teilkaskoversicherung*) ≈ third party, fire and theft insurance; (≈ *Vollkaskoversicherung*) fully comprehensive insurance

Kasper m **1** *im Puppenspiel* Punch *bes Br* **2** *umg* clown *umg*

Kasperletheater n Punch and Judy (show) *bes Br*, puppet show

Kaspisches Meer n Caspian Sea

Kassa *österr* f → Kasse

Kassageschäft n HANDEL cash transaction; BÖRSE spot transaction

Kasse f **1** (≈ *Zahlstelle*) cash desk *Br*, cash point *US*, cash register; *für Eintrittskarten* ticket office; THEAT, FILM *etc* box office; *in Bank* bank counter; *in Supermarkt* checkout; *in Geschäft* **an der ~** at the desk *bes Br*, at the (checkout) counter *bes US* **2** (≈ *Geldkasten*) cash box; *in Läden* cash register; *bei Spielen* kitty; *in einer Spielbank* bank; **die ~n**

klingeln the money is really rolling in ■3 (≈ *Bargeld*) cash; **gegen ~** for cash; **bei ~ sein** *umg* to be in the money *umg*; **knapp bei ~ sein** *umg* to be short of cash; **j-n zur ~ bitten** to ask sb to pay up ■4 *umg* (≈ *Sparkasse*) (savings) bank ■5 → Krankenkasse
Kasseler *n* lightly smoked pork loin
Kassenarzt *m*, **Kassenärztin** *f* panel doctor, ≈ National Health general practitioner *Br*
Kassenbeleg *m* sales receipt *od* check *US*
Kassenbestand *m* cash balance, cash in hand
Kassenbon *m* sales slip
Kassenbrille *pej umg f* NHS specs *pl Br umg*, standard-issue glasses *pl*
Kassenpatient(in) *m(f)* ≈ National Health patient *Br*
Kassenprüfung *f* audit
Kassenschlager *umg m* THEAT *etc* box-office hit; *Ware* big seller
Kassensturz *m* **~ machen** to check one's finances; HANDEL to cash up *Br*, to count up the earnings *US*
Kassenwart(in) *m(f)* treasurer
Kassenzettel *m* sales slip
Kasserolle *f* saucepan; *mit Henkeln* casserole
Kassette *f* ■1 (≈ *Kästchen*) case ■2 *für Bücher* slipcase; (≈ *Tonbandkassette*) cassette
Kassettendeck *n* cassette deck
Kassettenrekorder *m* cassette recorder
kassieren ■A *v/t* ■1 *Gelder etc* to collect (up); *umg Abfindung, Finderlohn* to pick up *umg* ■2 *umg* (≈ *wegnehmen*) to take away ■3 *umg* (≈ *verhaften*) to nab *umg* ■B *v/i* **bei j-m ~** to collect money from sb; **darf ich ~, bitte?** would you like to pay now?
Kassierer(in) *m(f)* cashier; (≈ *Bankkassierer*) clerk
Kastagnette *f* castanet
Kastanie *f* chestnut
Kastanienbaum *m* chestnut tree
kastanienbraun *adj* maroon; *Pferd, Haar* chestnut
Kästchen *n* ■1 (≈ *kleiner Kasten*) small box; *für Schmuck* casket ■2 *auf kariertem Papier* square
Kaste *f* caste
Kasten *m* ■1 box; (≈ *Kiste*) crate; (≈ *Truhe*) chest; (≈ *Kästchen*) cabinet; *österr, schweiz* (≈ *Schrank*) cupboard; (≈ *Briefkasten*) postbox *Br*, letter box *Br*, mailbox *US* ■2 *umg* (≈ *alter Wagen*) crate *umg*; (≈ *Fernsehapparat etc*) box *umg* ■3 *umg* (≈ *hässliches Gebäude*) barn, box ■4 *Turngerät* box ■5 *umg* **sie hat viel auf dem ~** she's brainy *umg*
Kastilien *n* Castille
Kastration *f* castration
kastrieren *wörtl, fig v/t* to castrate
Kasus *m* GRAM case
Kat *m abk* (= Katalysator) AUTO cat
Katalog *m* catalogue *Br*, catalog *US*
Katalysator *m* catalyst; AUTO catalytic converter
Katalysatorauto *n* car fitted with a catalytic converter
Katamaran *m* catamaran
Katapult *n/m* catapult
katapultieren *v/t* to catapult
Katar *n* GEOG Qatar
Katarrh *m*, **Katarr** *m* catarrh
Katasteramt *n* land registry
katastrophal ■A *adj* disastrous ■B *adv* disastrously; **sich ~ auswirken** to have catastrophic effects
Katastrophe *f* disaster
Katastrophenabwehr *f* disaster prevention
Katastrophenalarm *m* emergency alert
Katastrophengebiet *n* disaster area
Katastrophenschutz *m* disaster control; *im Voraus* disaster prevention
Katechismus *m* catechism
Kategorie *f* category
kategorisch ■A *adj* categorical ■B *adv* categorically; **ich weigerte mich ~** I refused outright
kategorisieren *v/t* to categorize
Kater *m* ■1 tom(cat) ■2 *nach Alkoholgenuss* hangover
Katerstimmung *f* depression
Kathedrale *f* cathedral
Katheter *m* MED catheter
Kathode *f* PHYS cathode
Katholik(in) *m(f)* (Roman) Catholic
katholisch *adj* (Roman) Catholic
Katholizismus *m* (Roman) Catholicism
katzbuckeln *pej umg v/i* to grovel
Kätzchen *n* ■1 kitten ■2 BOT catkin
Katze *f* cat; **junge ~** kitten; **meine Arbeit war für die Katz** *fig* my work was a waste of time; **Katz und Maus mit j-m spielen** to play cat and mouse with sb; **wie die ~ um den heißen Brei herumschleichen** to beat about the bush; **die ~ im Sack kaufen** to buy a pig in a poke *sprichw*
Katzenjammer *umg m* ■1 (≈ *Kater*) hangover ■2 (≈ *jämmerliche Stimmung*) depression, the blues *pl umg*
Katzenklo *umg n* cat litter tray *Br*, cat litter box *US*
Katzensprung *umg m* stone's throw
Katzenstreu *f* cat litter
Katzentür *f* cat flap
Katz-und-Maus-Spiel *n* cat-and-mouse game
Kauderwelsch *pej n* (≈ *Fachsprache*) jargon; *unverständlich* gibberish
kauen ■A *v/t* to chew; *Nägel* to bite ■B *v/i* to chew; **an etw** (dat) **~** to chew (on) sth; **an den Nägeln ~** to bite one's nails

kauern v/i to crouch (down); *ängstlich* to cower
Kauf m (≈ *das Kaufen*) purchase; (≈ *das Gekaufte*) buy; **das war ein günstiger ~** that was a good buy; **etw zum ~ anbieten** to offer sth for sale; **etw in ~ nehmen** *fig* to accept sth
Kaufangebot n WIRTSCH bid
Kaufanreiz m incentive to buy
kaufen **A** v/t **1** **sich** (*dat*) **~** to buy; **dafür kann ich mir nichts ~** *iron* what use is that to me! **2** **sich** (*dat*) **j-n ~** *umg* to give sb a piece of one's mind *umg*; *tätlich* to fix sb *umg* **B** v/i to buy; (≈ *Einkäufe machen*) to shop
Käufer(in) m(f) buyer; (≈ *Kunde*) customer
Käuferverhalten n buying habits pl
Kauffrau f businesswoman
Kaufhaus n department store
Kaufhausdetektiv(in) m(f) store detective
Kaufkraft f *von Geld* purchasing power; *vom Käufer* spending power
kaufkräftig adj **~e Kunden** customers with money to spend
käuflich **A** adj **1** (≈ *zu kaufen*) for sale; **~e Liebe** *geh* prostitution; **Freundschaft ist nicht ~** friendship cannot be bought **2** *fig* (≈ *bestechlich*) venal; **ich bin nicht ~** you cannot buy me! **B** adv **etw ~ erwerben** *form* to purchase sth
Kaufmann m **1** (≈ *Geschäftsmann*) businessman; (≈ *Händler*) trader **2** (≈ *Einzelhandelskaufmann*) small shopkeeper, grocer; **zum ~ gehen** to go to the grocer's
kaufmännisch **A** adj commercial; **~er Angestellter** office worker **B** adv **sie ist ~ tätig** she is a businesswoman
Kaufpreis m purchase price
Kaufverhalten n consumer behaviour *Br*, consumer behavior *US*
Kaufvertrag m bill of sale
Kaufzwang m obligation to buy; **ohne ~** without obligation
Kaugummi m/n chewing gum *kein pl*; **zwei ~s** two pieces of chewing gum
Kaukasus m **der ~** (the) Caucasus
Kaulquappe f tadpole
kaum **A** adv **1** (≈ *noch nicht einmal*) hardly, scarcely; **~ jemand** hardly anyone; **es ist ~ zu glauben, wie …** it's hard to believe how …; **wohl ~, ich glaube ~** I hardly think so **2** (≈ *selten*) rarely **B** *konj* hardly, scarcely; **~ dass wir das Meer erreicht hatten …** no sooner had we reached the sea than …
kausal adj causal
Kausalität f causality
Kausalsatz m causal clause
Kausalzusammenhang m causal connection
Kaution f **1** JUR bail; **~ stellen** to stand bail; **gegen ~** on bail **2** HANDEL security **3** *für Miete* deposit; **zwei Monatsmieten ~** two months' deposit
Kautschuk m (India) rubber
Kauz m **1** screech owl **2** (≈ *Sonderling*) **ein komischer ~** an odd bird
kauzig adj odd
Kavalier m (≈ *galanter Mann*) gentleman
Kavaliersdelikt n trivial offence *Br*, trivial offense *US*
Kavallerie f MIL cavalry
Kaviar m caviar
KB *abk* (= *Kilobyte*) KB
Kebab m kebab
keck adj (≈ *frech*) cheeky *Br*, fresh *US*
Keckheit f (≈ *Frechheit*) cheekiness *Br*, impudence
Kefir m kefir (*milk product similar to yoghurt*)
Kegel m **1** (≈ *Spielfigur*) skittle; *bei Bowling* pin **2** *Geometrie* cone
Kegelbahn f skittle alley; *automatisch* bowling alley
kegelförmig **A** adj conical **B** adv conically
Kegelklub m skittles club; *für Bowling* bowling club
Kegelkugel f bowl
kegeln v/i to play skittles; *bei Bowling* to play bowls
Kegeln n skittles, ninepins, *Bowling* bowling
Kehle f (≈ *Gurgel*) throat; **er hat das in die falsche ~ bekommen** *fig* he took it the wrong way; **aus voller ~** at the top of one's voice
Kehlkopf m larynx
Kehlkopfentzündung f laryngitis
Kehlkopfkrebs m cancer of the throat
Kehllaut m guttural (sound)
Kehrbesen m broom
Kehrblech n *südd* shovel
Kehre f **1** (sharp) bend **2** (≈ *Turnübung*) rear vault **3** *beim Skifahren* turn
kehren[1] **A** v/t **1** (≈ *drehen*) to turn; **in sich gekehrt** (≈ *versunken*) pensive; (≈ *verschlossen*) introspective **2** (≈ *kümmern*) to bother; **was kehrt mich das?** what do I care about that? **B** v/r **1** (≈ *sich drehen*) to turn **2** (≈ *sich kümmern*) **er kehrt sich nicht daran, was die Leute sagen** he doesn't care what people say **C** v/i to turn (round); *Wind* to turn
kehren[2] v/t & v/i *bes südd* (≈ *fegen*) to sweep
Kehricht m/n **1** *obs, form* sweepings pl **2** *schweiz, südd* (≈ *Müll*) rubbish *Br*, trash *US*
Kehrmaschine f **1** *für Straße* road sweeper **2** *für Teppich* carpet sweeper
Kehrreim m chorus
Kehrschaufel f shovel
Kehrseite f *von Münze* reverse; *fig* (≈ *Nachteil*) drawback; *fig* (≈ *Schattenseite*) other side; **die ~**

der Medaille the other side of the coin
kehrtmachen v/i to turn round; (≈ zurückgehen) to turn back; MIL to about-turn
Kehrtwende f, **Kehrtwendung** f about-turn
keifen v/i to bicker
Keil m wedge
Keile umg pl thrashing; **~ bekommen** to get od to be given a thrashing
keilen v/r dial umg (≈ sich prügeln) to fight
Keiler m wild boar
Keilerei umg f punch-up umg
keilförmig **A** adj wedge-shaped **B** adv **sich ~ zuspitzen** to form a wedge
Keilriemen m drive belt; AUTO fan belt
Keim m **1** (≈ kleiner Trieb) shoot **2** (≈ Embryo), a. fig embryo, germ; (≈ Krankheitskeim) germ; **etw im ~ ersticken** to nip sth in the bud **3** fig seed mst pl; **den ~ zu etw legen** to sow the seeds of sth
keimen v/i **1** Saat to germinate; Pflanzen to put out shoots **2** Verdacht to be aroused
keimfrei adj germ-free, free of germs präd; MED sterile; **~ machen** to sterilize
Keimling m **1** (≈ Embryo) embryo **2** (≈ Keimpflanze) shoot
keimtötend adj germicidal; **~es Mittel** germicide
Keimzelle f germ cell; fig nucleus
kein, keine, kein indef pr **1** no, not ... any, not a; **ich habe ~en Stuhl** I haven't got a chair; **ich sehe da ~en Unterschied** I don't see any difference; **sie hatte ~e Chance** she didn't have a od any chance; **~e schlechte Idee** not a bad idea; **~e Musik mehr** no more music; **ich mag ~(e) ...** I don't like ...; **überhaupt ~ no ... at all; ~ bisschen** not a bit; **~ einziges Mal** not a single time; **in ~ster Weise** not in the least **2** (≈ nicht einmal) less than; **~e Stunde/drei Monate** less than an hour/three months; **~e 5 Euro** under 5 euros
keine(r, s) indef pr (≈ niemand) nobody, no-one; von Gegenstand none; **es war ~r da** there was nobody there; Gegenstand there wasn't one there; **ich habe ~s** I haven't got one; **~r von uns** none of us; **~s der (beiden) Kinder** neither of the children; **~s von beidem** not either of them
keinerlei adj no ... what(so)ever od at all; **dafür gibt es ~ Beweise** there is no proof of it what(so)ever
keinesfalls adv under no circumstances; **das bedeutet jedoch ~, dass ...** however, in no way does this mean that ...
keineswegs adv not at all; als Antwort not in the least
keinmal adv never once, not once
Keks m biscuit Br, cookie US; **j-m auf den ~ gehen** umg to get on sb's nerves
Keksdose f cookie jar
Kelch m **1** (≈ Trinkglas) goblet; KIRCHE chalice, cup **2** BOT calyx
Kelchglas n goblet
Kelle f **1** (≈ Suppenkelle etc) ladle **2** (≈ Maurerkelle) trowel **3** (≈ Signalstab) signalling disc Br, signaling disc US
Keller m cellar; (≈ Geschoss) basement; **im ~ sein** fig to be at rock-bottom
Kellerassel f woodlouse
Kellerei f (≈ Weinkellerei) wine producer's; (≈ Lagerraum) cellar(s) (pl)
Kellergeschoss n, **Kellergeschoß** österr n basement
Kellerlokal n cellar bar
Kellermeister(in) m(f) vintner; in Kloster cellarer
Kellerwohnung f basement apartment od flat Br
Kellner m waiter
Kellnerin f waitress
kellnern umg v/i to work as a waiter/waitress, to wait on tables US
Kelte m, **Keltin** f Celt
Kelter f winepress; (≈ Obstkelter) press
keltern v/t Trauben, Wein to press
keltisch adj Celtic
Kenia n Kenya
kennen v/t to know; **er kennt keine Müdigkeit** he never gets tired; **so was ~ wir hier nicht!** we don't have that sort of thing here; **~ Sie sich schon?** do you know each other (already)?; **das ~ wir (schon)** iron we know all about that; **kennst du mich noch?** do you remember me?; **wie ich ihn kenne ...** if I know him (at all) ...; **da kennt er gar nichts** umg (≈ hat keine Hemmungen) he has no scruples whatsoever; (≈ ihm ist alles egal) he doesn't give a damn umg
kennenlernen v/t, **kennen lernen** v/t to get to know; (≈ zum ersten Mal treffen) to meet; (≈ erleben) to experience; **als ich ihn kennenlernte** when I first met him; **sich ~** to get to know each other, to meet each other; **ich freue mich, Sie kennenzulernen** form (I am) pleased to meet you; **der soll mich noch ~** umg he'll have me to reckon with umg
Kenner(in) m(f) **1** (≈ Sachverständiger) expert (**von** od +gen on, in), authority (**von** od +gen on) **2** (≈ Weinkenner etc) connoisseur
Kennerblick m expert's eye
kennerhaft adj like a connoisseur; **mit ~em Blick** with the eye of an expert
Kennermiene f **mit ~ betrachtete er ...** he looked at ... like a connoisseur
kenntlich adj (≈ zu erkennen) recognizable (an

+dat by); (≈ deutlich) clear; **etw ~ machen** to identify sth (clearly)

Kenntnis f **1** (≈ Wissen) knowledge kein pl; **über ~se von etw verfügen** to know about sth; **ausreichende** od **brauchbare ~se** working knowledge **2** form **etw zur ~ nehmen** to note sth, to take note of sth; **j-n von etw in ~ setzen** to inform sb about sth; **das entzieht sich meiner ~** I have no knowledge of it

Kenntnisnahme form f **zur ~ an ...** for the attention of ...

Kennwort n (≈ Chiffre) codename; (≈ Losungswort) password, codeword

Kennzeichen n **1** AUTO number plate Br, license plate US; FLUG markings pl; **amtliches ~** registration number Br, license number US **2** (≈ Markierung) mark; **unveränderliche ~** distinguishing marks **3** (≈ Eigenart) (typical) characteristic (**für** od +gen of); **für Qualität** hallmark; (≈ Erkennungszeichen) mark, sign

kennzeichnen v/t **1** (≈ markieren) to mark; **durch Etikett** to label **2** (≈ charakterisieren) to characterize

kennzeichnend adj typical

Kennziffer f (code) number; HANDEL reference number; **bei Zeitungsinserat** box number

kentern v/i Schiff to capsize

Keramik f **1** KUNST ceramics pl; **als Gebrauchsgegenstände** pottery **2** (≈ Kunstgegenstand) ceramic; (≈ Gebrauchsgegenstand) piece of pottery

keramisch adj ceramic

Kerbe f notch; **kleiner** nick; **in dieselbe ~ hauen** fig umg to take the same line

Kerbel m chervil

kerben v/t Inschrift, Namen to carve

Kerbholz fig umg n **etwas auf dem ~ haben** to have done something wrong

Kerker m **1** HIST dungeon, prison; (≈ Strafe) imprisonment **2** österr → Zuchthaus

Kerl umg m guy umg, bloke umg Br; pej character; **du gemeiner ~!** you mean thing umg; **ein ganzer ~** a real man

Kern m von Obst pip; von Steinobst stone; von Traube a., von Birne seed; (≈ Nusskern) kernel; PHYS, BIOL nucleus; fig von Problem, Sache heart; von Gruppe core; **in ihr steckt ein guter ~** there's some good in her somewhere; **der harte ~** fig the hard core

Kernarbeitszeit f core time
Kernbrennstab m nuclear fuel rod
Kernbrennstoff m nuclear fuel
Kernenergie f nuclear energy
Kerneuropa n core Europe
Kernexplosion f nuclear explosion
Kernfach n SCHULE core subject
Kernfamilie f SOZIOL nuclear family
Kernforscher(in) m(f) nuclear scientist
Kernforschung f nuclear research
Kernfrage f central issue
Kernfusion f nuclear fusion
Kerngedanke m central idea
Kerngehäuse n core
Kerngeschäft n WIRTSCH core (business) activity
kerngesund adj completely fit; fig Firma, Land very healthy
kernig fig adj Ausspruch pithy; (≈ urwüchsig) earthy; (≈ kraftvoll) robust
Kernkompetenz f WIRTSCH, SCHULE core competency
Kernkompetenzfach n core subject
Kernkraft f nuclear power
Kernkraftgegner(in) m(f) opponent of nuclear power
Kernkraftwerk n nuclear power station
kernlos adj seedless
Kernobst n pomes pl fachspr
Kernphysik f nuclear physics sg
Kernphysiker(in) m(f) nuclear physicist
Kernpunkt m central point
Kernreaktor m nuclear reactor
Kernschmelze f meltdown
Kernseife f washing soap
Kernspaltung f nuclear fission
Kernspintomograf m MRI scanner
Kernspintomografie f magnetic resonance imaging
Kernstück fig n centrepiece Br, centerpiece US; von Theorie etc crucial part
Kerntechnik f nuclear technology
Kernwaffe f nuclear weapon
kernwaffenfrei adj nuclear-free
Kernwaffenversuch m nuclear (weapons) test
Kernzeit f core time
Kerosin n kerosene
Kerze f **1** candle **2** AUTO plug **3** SPORT shoulderstand
kerzengerade adj perfectly straight
Kerzenhalter m candlestick
Kerzenleuchter m candlestick
Kerzenlicht n candlelight
Kerzenständer m candlestick; für mehrere Kerzen candelabra
Kescher m fishing net; (≈ Hamen) landing net
kess adj (≈ flott) saucy; (≈ vorwitzig) cheeky Br, fresh US; (≈ frech) impudent
Kessel m **1** (≈ Teekessel) kettle; (≈ Kochkessel) pot; für offenes Feuer cauldron; (≈ Dampfkessel) boiler; für Flüssigkeiten tank **2** MIL encircled area
Kesselpauke f kettle drum
Kesselstein m scale
Kesseltreiben fig n witch-hunt
Ketchup m/n, **Ketschup** m/n ketchup

Kette f chain; (≈ *Halskette*) necklace; *fig* line; *von Unfällen etc* string; **eine ~ von Ereignissen** a chain of events
ketten v/t to chain (**an** +*akk* to); **sich an j-n/etw ~** *fig* to tie oneself to sb/sth
Kettenbrief m chain letter
Kettenfahrzeug n tracked vehicle
Kettenglied n (chain-)link
Kettenraucher(in) m(f) chain-smoker
Kettenreaktion f chain reaction
Ketzer(in) m(f) KIRCHE, *a. fig* heretic
Ketzerei f heresy
ketzerisch adj heretical
keuchen v/i (≈ *schwer atmen*) to pant; *Asthmatiker etc* to wheeze
Keuchhusten m whooping cough
Keule f club; SPORT (Indian) club; GASTR leg
keulen v/t *Tiere* cull
Keulung f cull(ing)
keusch adj chaste
Keuschheit f chastity
Keuschheitsgürtel m chastity belt
Keyboard n MUS keyboard
Keyboardspieler(in) m(f) MUS keyboards player
Kfz form n abk (= *Kraftfahrzeug*) motor vehicle
Kfz-Brief m, **Kfz-Schein** m vehicle registration document
Kfz-Kennzeichen n (vehicle) registration
Kfz-Steuer f motor vehicle tax, road tax *Br*
Kfz-Versicherung f car insurance
Kfz-Werkstatt f garage, car repair shop *US*
kg abk (= *Kilogramm*) kilogram(me)
khaki adj khaki
KI abk (= *künstliche Intelligenz*) AI
Kibbuz m kibbutz
Kiberer m *österr umg* (≈ *Polizist*) copper *umg*
Kichererbse f chickpea
kichern v/i to giggle
Kick m *fig umg* (≈ *Nervenkitzel*) kick *umg*
Kickboard® n micro-scooter
Kickboxen n kick boxing
kicken ▣ v/t FUSSB *umg* to kick ▣ v/i FUSSB *umg* to play football *Br*, to play soccer
Kicker(in) m(f) FUSSB *umg* player
Kid n *umg* (≈ *Jugendlicher*) kid *umg*
kidnappen v/t to kidnap
Kidnapper(in) m(f) kidnapper
Kidnapping n kidnapping
Kiebitz m ORN lapwing; KART *umg* kibitzer
Kiefer¹ f BOT pine (tree); (≈ *Holz*) pine(wood)
Kiefer² m jaw; (≈ *Kieferknochen*) jawbone
Kieferbruch m broken *od* fractured jaw
Kieferchirurg(in) m(f) oral surgeon
Kieferhöhle f ANAT maxillary sinus
Kiefernzapfen m pine cone

Kieferorthopäde m, **Kieferorthopädin** f orthodontist
Kieker m **j-n auf dem ~ haben** *umg* to have it in for sb *umg*
Kiel m (≈ *Schiffskiel*) keel
Kielwasser n wake; **in j-s ~** (*dat*) **segeln** *fig* to follow in sb's wake
Kieme f gill
Kies m gravel
Kiesel m pebble
Kieselerde f silica
Kieselsäure f CHEM silicic acid; (≈ *Siliziumdioxyd*) silica
Kieselstein m pebble
Kieselstrand m pebble beach
Kiesgrube f gravel pit
Kiez *dial* m ▮ (≈ *Stadtgegend*) district ▯ *umg* (≈ *Bordellgegend*) red-light district
kiffen *umg* v/i to smoke pot *umg*
Kiffer(in) *umg* m(f) pot-smoker *umg*
killen *sl* ▣ v/t to bump off *umg* ▣ v/i to kill
Killer(in) *umg* m(f) killer; *gedungener* hit man/woman
Killerspiel *umg* n killer game
Kilo n kilo
Kilobyte n kilobyte
Kilogramm n kilogram(me); **ein ~ Orangen** a kilogram of oranges; **ein 150 ~ schwerer Bär** a 150-kilogram bear
Kilohertz n kilohertz
Kilojoule n kilojoule
Kilokalorie f kilocalorie
Kilometer m kilometre *Br*, kilometer *US*; **eine Zehn-Kilometer-Wanderung** a ten-kilometre walk *Br*, a ten-kilometer walk *US*
Kilometerbegrenzung f *bei Mietwagen* mileage limit
Kilometergeld n mileage (allowance)
kilometerlang ▣ adj miles long ▣ adv for miles (and miles)
Kilometerpauschale f mileage allowance (against tax)
Kilometerstand m mileage
Kilometerzähler m mileage indicator
Kilowatt n kilowatt
Kilowattstunde f kilowatt hour
Kimme f *von Gewehr* back sight
Kimono m kimono
Kind n child, kid *umg*; (≈ *Kleinkind*) baby; **ein ~ erwarten** to be expecting a baby; **ein ~ bekommen** to have a baby; **von ~ an hat er … since he was a child he has …**; **sich freuen wie ein ~** to be as pleased as Punch; **das weiß doch jedes ~!** any five-year-old would tell you that!; **mit ~ und Kegel** *hum umg* with the whole family; **das ~ mit dem Bade ausschüt-**

ten *sprichw* to throw out the baby with the bathwater *sprichw*
Kinderarbeit f child labour Br, child labor US
Kinderarmut f child poverty
Kinderarzt m, **Kinderärztin** f paediatrician Br, pediatrician US
Kinderbeihilfe f österr *benefit paid for having children*
Kinderbekleidung f children's wear
Kinderbetreuung f childcare, childminding
Kinderbett n cot
Kinderbuch n children's book
Kinderchor m children's choir
Kinderdorf n children's village
Kinderei f childishness *kein pl*
Kinderermäßigung f reduction for children
Kindererziehung f bringing up of children; *durch Schule* education of children
Kinderfahrkarte f child's ticket
Kinderfahrrad n child's bicycle
kinderfeindlich adj anti-child; **eine ~e Gesellschaft** a society hostile to children
Kinderfernsehen n children's television
Kinderfest n children's party
Kinderfreibetrag m child allowance
kinderfreundlich adj *Mensch* fond of children; *Gesellschaft* child-orientated
Kindergarten m ≈ nursery school, ≈ kindergarten
Kindergärtner(in) m(f) ≈ nursery-school teacher
Kindergeld n child benefit
Kinderheilkunde f paediatrics *sg* Br, pediatrics *sg* US
Kinderheim n children's home
Kinderhort m day-nursery Br, daycare centre Br, daycare center US
Kinderkleidung f children's clothes *pl*
Kinderkram m umg kids' stuff umg
Kinderkrankheit f childhood illness; *fig* teething troubles *pl*
Kinderkrippe f → Kinderhort
Kinderlähmung f polio
kinderleicht A adj dead easy umg B adv easily
kinderlieb adj fond of children
Kinderlied n nursery rhyme
kinderlos adj childless
Kindermädchen n nanny
Kindermord m child murder; JUR infanticide
Kinderpfleger(in) m(f) paediatric nurse Br, pediatric nurse US
Kinderpornografie f child pornography
Kinderportion f children's portion
Kinderprostitution f child prostitution
kinderreich adj with many children; *Familie* large
Kinderreim m nursery rhyme
Kinderschänder(in) m(f) child molester
Kinderschar f swarm of children
Kinderschuh m child's shoe; **etw steckt noch in den ~en** *fig* sth is still in its infancy
Kinderschutz m protection of children
Kinderschutzbund m child protection agency, ≈ NSPCC Br
kindersicher A adj childproof B adv aufbewahren out of reach of children
Kindersicherung f AUTO child lock
Kindersitz m child's seat; *im Auto* child seat
Kindersoldat m child soldier
Kinderspiel n children's game; *fig* child's play
Kinderspielplatz m children's playground
Kinderspielzeug n (children's) toys *pl*
Kinderstation f children's ward
Kindersterblichkeit f infant mortality
Kinderstube *fig* f upbringing
Kindertagesstätte f day nursery Br, daycare centre Br, daycare center US
Kinderteller m *in Restaurant* children's portion
Kindervers m nursery rhyme
Kinderwagen m pram Br, baby carriage US; (≈ *Sportwagen*) pushchair Br, stroller US
Kinderzimmer n child's/children's room
Kindesalter n childhood
Kindesbeine *pl* **von ~n an** from childhood
Kindesmissbrauch m, **Kindesmisshandlung** f child abuse
Kindesmisshandlung f child abuse
Kindesunterhalt m child support
kindgemäß A adj suitable for children/a child B adv appropriately for children/a child
kindgerecht adj suitable for children/a child
Kindheit f childhood; (≈ *früheste Kindheit*) infancy
Kindheitstraum m childhood dream
kindisch *pej* A adj childish B adv childishly; **sich ~ über etw** (akk) **freuen** to be as pleased as Punch about sth
Kindle® m *E-Book-Reader* Kindle®
kindlich A adj childlike B adv like a child
Kindskopf umg m big kid umg
Kindstod m **plötzlicher ~** cot death Br, crib death US
Kinetik f kinetics *sg*
kinetisch adj kinetic
Kinkerlitzchen umg *pl* knick-knacks *pl* umg
Kinn n chin
Kinnhaken m hook to the chin
Kinnlade f jaw(-bone)
Kino n cinema Br, movie theater US; **ins ~ gehen** to go to the cinema Br, to go to the movies; **ganz großes ~** (≈ *großartig*) awesome umg
Kinobesucher(in) m(f) cinemagoer Br, moviegoer

Kinocenter *n* cinema complex *Br*, movie theater complex *US*
Kinofilm *m* film *Br*, movie
Kinogänger(in) *m(f)* cinemagoer *Br*, moviegoer
Kinohit *m* blockbuster
Kinokasse *f* box office
Kinoprogramm *n* film programme *Br*, movie program *US*; (≈ *Vorschau*) cinema guide *Br*, movie guide
Kinovorstellung *f* showing of a film *Br*; showing of a movie
Kiosk *m* kiosk
Kipferl *n* österr, südd croissant
Kippe *f* **1** SPORT spring **2** **auf der ~ stehen** *Gegenstand* to be balanced precariously; **es steht auf der ~, ob …** *fig* it's touch and go whether … **3** *umg* (≈ *Zigarettenstummel*) cigarette stub; (≈ *Zigarette*) fag *Br umg*, butt *US umg* **4** (≈ *Müllkippe*) tip
kippen A *v/t* **1** *Behälter* to tilt; *fig* (≈ *umstoßen*) *Urteil* to overturn; *Regierung* to topple **2** (≈ *schütten*) to tip **B** *v/i* to tip over; *Fahrzeug* to overturn
Kippfenster *n* tilt window
Kippschalter *m* toggle switch
Kirche *f* church; **zur ~ gehen, in die ~ gehen** to go to church; **die ~ im Dorf lassen** *fig* not to get carried away
Kirchenbank *f* (church) pew
Kirchenchor *m* church choir
Kirchendiener(in) *m(f)* sexton
Kirchenglocke *f* church bell
Kirchenlied *n* hymn
Kirchenmaus *f* **arm wie eine ~** poor as a church mouse
Kirchensteuer *f* church tax
Kirchentag *m* Church congress
Kirchgänger(in) *m(f)* churchgoer
Kirchhof *m* churchyard; (≈ *Friedhof*) graveyard
kirchlich *adj* church *attr*; *Zustimmung* by the church; *Gebot* ecclesiastical; **sich ~ trauen lassen** to get married in church
Kirchturm *m* church steeple
Kirchturmspitze *f* church spire
Kirchweih *f* fair
Kirgisien *n*, **Kirgisische Republik** *f*, **Kirgisistan** *n* Kirghizia, Kyrgysian Republic, Kyrgyzstan
Kiribati *n* GEOG Kiribati
Kirmes *dial f* fair
Kirschbaum *m* cherry tree; (≈ *Holz*) cherry (wood)
Kirsche *f* cherry; **mit ihm ist nicht gut ~n essen** *fig* it's best not to tangle with him
Kirschkern *m* cherry stone
Kirschkuchen *m* cherry cake
Kirschlikör *m* cherry brandy

kirschrot *adj* cherry(-red)
Kirschtomate *f* cherry tomato
Kirschtorte *f* cherry gateau *Br*, cherry cake *US*; **Schwarzwälder ~** Black Forest gateau *Br*, Black Forest cake *US*
Kirschwasser *n* kirsch
Kirtag *m* österr fair
Kissen *n* cushion; (≈ *Kopfkissen*) pillow
Kissenbezug *m* cushion cover; *von Kopfkissen* pillow case
Kissenschlacht *f* pillow fight
Kiste *f* **1** box; *für Wein etc* case; (≈ *Lattenkiste*) crate; (≈ *Truhe*) chest **2** *umg* (≈ *Auto*) crate *umg*; (≈ *Fernsehen*) box *umg*
Kita *f* → Kindertagesstätte
Kitaplatz *m* nursery place *Br*, daycare-center place *US*
Kitchenette *f* kitchenette
Kiteboard *n Brett zum Surfen mit Lenkdrachen* kiteboard
Kitsch *m* kitsch
kitschig *adj* kitschy
Kitt *m* (≈ *Fensterkitt*) putty; *für Porzellan etc* cement
Kittchen *umg n* clink *umg*
Kittel *m* **1** (≈ *Arbeitskittel*) overall; *von Arzt etc* (white) coat **2** österr (≈ *Damenrock*) skirt
kitten *v/t* to cement; *Fenster* to putty; *fig* to patch up
Kitz *n* (≈ *Rehkitz*) fawn; (≈ *Ziegenkitz*) kid
Kitzel *m* tickle; *fig* thrill
kitzelig *adj* ticklish
kitzeln A *v/t & v/i* to tickle **B** *v/t* to tickle; **es kitzelt mich, das zu tun** I'm itching to do it
Kitzler *m* ANAT clitoris
Kiwi[1] *f* (≈ *Frucht*) kiwi, kiwifruit *US*
Kiwi[2] *m* ORN kiwi
KKW *n abk* (= *Kernkraftwerk*) nuclear power station
Klacks *umg m* **1** *von Kartoffelbrei, Sahne etc* dollop *umg* **2** *fig* **das ist ein ~** (≈ *einfach*) that's a piece of cake *umg*; **500 Euro sind für ihn ein ~** 500 euros is peanuts to him *umg*
klaffen *v/i* to gape; **zwischen uns beiden klafft ein Abgrund** *fig* we are poles apart
kläffen *v/i* to yap
Klage *f* **1** (≈ *Beschwerde*) complaint; **über j-n/etw ~ führen** to lodge a complaint about sb/sth; **~n (über j-n/etw) vorbringen** to make complaints (about sb/sth) **2** (≈ *Äußerung von Trauer*) lament(ation) (**um, über** +*akk* for) **3** JUR action; (≈ *Klageschrift*) charge; **eine ~ gegen j-n erheben** to institute proceedings against sb; **eine ~ auf etw** (*akk*) an action for sth
Klagelaut *m* plaintive cry
Klagelied *n* lament
Klagemauer *f* **die ~** the Wailing Wall

klagen A v/i ▪1▪ (≈ *jammern*) to moan ▪2▪ (≈ *trauern*) to lament (**um j-n/etw** sb/sth), to wail ▪3▪ (≈ *sich beklagen*) to complain; **über etw** (*akk*) ~ to complain about sth; **ich kann nicht** ~ *umg* mustn't grumble *umg* ▪4▪ JUR to sue (**auf** +*akk* for) B v/t **j-m sein Leid** ~ to pour out one's sorrow to sb
Kläger(in) *m(f)* JUR plaintiff
Klageschrift *f* JUR charge; *bei Scheidung* petition
kläglich A *adj* pitiful; *Niederlage* pathetic; *Rest* miserable B *adv scheitern* miserably; *betteln* pitifully; ~ **versagen** to fail miserably
klaglos *adv* **etw** ~ **hinnehmen** to accept sth without complaint
Klamauk *umg m* (≈ *Alberei*) horseplay; ~ **machen** (≈ *albern*) to fool about
klamm *adj* ▪1▪ (≈ *steif vor Kälte*) numb ▪2▪ (≈ *feucht*) damp ▪3▪ (≈ *knapp bei Kasse*) broke *umg*
Klamm *f* gorge
Klammer *f* ▪1▪ (≈ *Wäscheklammer*) peg, clothes pin *US*; (≈ *Hosenklammer*) clip; (≈ *Büroklammer*) paperclip; (≈ *Heftklammer*) staple ▪2▪ (≈ *Zahnklammer*) brace ▪3▪ *in Text* bracket, parenthesis *bes US*; ~ **auf/zu** open/close brackets; **in** ~**n** in brackets; **runde/spitze** ~**n** round/pointed brackets; **eckige** ~**n** square brackets, brackets *US*; **geschweifte** ~**n** braces
Klammeraffe *m* TYPO *umg* at sign, "@"
klammern A v/t *Wäsche* to peg; *Papier etc* to staple; TECH to clamp B v/r **sich an j-n/etw** ~ to cling to sb/sth
klammheimlich *umg* A *adj* clandestine B *adv* on the quiet
Klamotte *f* ▪1▪ ~**n** *pl umg* (≈ *Kleider*) gear *sg umg* ▪2▪ *pej* (≈ *Theaterstück, Film*) rubbishy old play/movie etc
Klang *m* sound; (≈ *Tonqualität*) tone; **Klänge** *pl* (≈ *Musik*) sounds
Klangfarbe *f* tone colour *Br*, tone color *US*
klanglos *adj* toneless
klangtreu *adj Wiedergabe* faithful; *Ton* true
Klangtreue *f* fidelity
klangvoll *adj Stimme* sonorous; *Melodie* tuneful; *fig Name* fine-sounding
Klappbett *n* folding bed
Klappe *f* ▪1▪ flap; *an Lastwagen* tailgate; *seitlich* side-gate; (≈ *Klappdeckel*) (hinged) lid; *von Ofen* shutter; FILM clapperboard ▪2▪ (≈ *Hosenklappe*) *an Tasche* flap; (≈ *Augenklappe*) patch ▪3▪ (≈ *Fliegenklappe*) (fly) swat ▪4▪ (≈ *Herzklappe*) valve ▪5▪ *umg* (≈ *Mund*) trap *umg*; **die** ~ **halten** to shut one's trap *umg*; **eine große** ~ **haben** to have a big mouth *umg* ▪6▪ *österr* TEL (≈ *Durchwahl*) extension
klappen A v/t **etw nach oben/unten** ~ *Sitz, Bett* to fold sth up/down; *Kragen* to turn sth up/down; **etw nach vorn/hinten** ~ *Sitz* to tip sth forward/back B v/i *fig umg* (≈ *gelingen*) to work; (≈ *gut gehen*) to work (out); **wenn das mal klappt** if that works out; **hat es mit dem Job geklappt?** did you get the job OK? *umg*; **mit dem Flug hat alles geklappt** the flight went all right
Klappentext *m* TYPO blurb
Klapper *f* rattle
klappern v/i to clatter; *Fenster* to rattle; **er klapperte vor Angst mit den Zähnen** his teeth were chattering with fear
Klapperschlange *f* ZOOL rattlesnake; *fig* rattletrap
Klappfahrrad *n* folding bicycle
Klapphandy *n* clamshell phone, flip phone
Klappmesser *n* flick knife *Br*, switchblade *US*
Klapprad *n* folding bicycle *od* bike *umg*
klapprig *adj* rickety; *fig umg Mensch* shaky
Klappsitz *m* folding seat
Klappstuhl *m* folding chair
Klapptisch *m* folding table
Klaps *m* (≈ *Schlag*) smack
Klapsmühle *pej umg f* nut house *umg*
klar A *adj* clear; (≈ *fertig*) ready; ~ **zum Einsatz** MIL ready for action; **ein** ~**er Fall von …** *umg* a clear case of …; **das ist doch** ~! *umg* of course!; **aber** ~! you bet!; **na** ~! *umg* sure!, of course!; **alles** ~? everything all right *od* OK? *umg*; **jetzt ist** *od* **wird mir alles** ~! now I understand; **bei** ~**em Verstand sein** to be in full possession of one's faculties; **sich** (*dat*) **über etw** (*akk*) **im Klaren sein** to be aware of sth; **sich** (*dat*) **darüber im Klaren sein, dass …** to realize that … B *adv* clearly; ~ **denkend** clear-thinking; **j-m etw** ~ **und deutlich sagen** to tell sb sth straight *umg*; ~ **auf der Hand liegen** to be perfectly obvious
Kläranlage *f* sewage plant; *von Fabrik* purification plant
klären A v/t to clear; *Wasser* to purify; *Abwasser* to treat; *Sachlage* to clarify; *Frage* to settle; *Problem* to sort out, to solve B v/i SPORT to clear (the ball) C v/r *Wasser* to clear; *Wetter* to clear up; *Sachlage* to become clear; *Frage* to be settled
Klare(r) *umg m* schnapps
klargehen *umg* v/i to be OK *umg*
Klärgrube *f* cesspit
Klarheit *f* clarity; **sich** (*dat*) ~ **über etw** (*akk*) **verschaffen** to get clear about sth; *über Sachlage* to clarify sth
Klarinette *f* clarinet; ~ **spielen** to play the clarinet
Klarinettist(in) *m(f)* clarinettist
klarkommen *umg* v/i to manage, to get on; **mit j-m/etw** ~ to be able to cope with sb/sth
klarmachen v/t to make clear; *Schiff* to get

ready; *Flugzeug* to clear; **j-m etw ~** to make sth clear to sb
Klärschlamm *m* sludge
Klarsichtfolie *f* clear film
Klarsichtpackung *f* see-through pack
klarspülen *v/t & v/i* to rinse
klarstellen *v/t* (≈ *klären*) to clear up; (≈ *klarmachen*) to make clear
Klarstellung *f* clarification
Klartext *m* **im ~** *fig umg* in plain English; **mit j-m ~ reden** *fig umg* to give sb a piece of one's mind
Klärung *f* purification; *fig* clarification
klar werden *v/i* **j-m wird etw klar** sth becomes clear to sb; **sich** (*dat*) **(über etw** *akk*) **~** to get (sth) clear in one's mind, to realise sth
Klärwerk *n* sewage treatment works *pl*
klasse *umg* **A** *adj* great *umg*, neat *US umg* **B** *adv* brilliantly
Klasse *f* class; (≈ *Schulklasse*) class, grade *US*; *mit Zahl* year, form, grade *US*; (≈ *Spielklasse*) league; (≈ *Güteklasse*) grade; **ein Fahrschein zweiter ~** a second-class ticket; **das ist große ~!** *umg* that's great! *umg*
Klassenarbeit *f* (written) class test
Klassenbeste(r) *m/f(m)* best pupil (in the class)
Klassenbuch *n* (class-)register
Klassenelternbeirat *m* council representing the parents of pupils in a particular class at school
Klassenfahrt *f* SCHULE class trip
Klassengemeinschaft *f* class; (≈ *Klassengeist*) class spirit
Klassenkamerad(in) *m/f(m)* classmate
Klassenkampf *m* class struggle
Klassenkonferenz *f* SCHULE meeting attended by members of school staff and pupil representatives from a particular class held to discuss matters of discipline *etc*
Klassenlehrer(in) *m/f(m)* class teacher, form teacher
klassenlos *adj Gesellschaft* classless
Klassenpflegschaft *f* council made up of representatives of the parents of pupils in a particular class, pupil representatives and the class teacher
Klassensprecher(in) *m/f(m)* SCHULE class representative, ≈ form captain *Br*
Klassenstufe *f* grade
Klassentreffen *n* SCHULE class reunion
Klassenunterschied *m* class difference
Klassenzimmer *n* classroom
klassifizieren *v/t* to classify
Klassifizierung *f* classification
Klassik *f* classical period; *umg* (≈ *klassische Musik/Literatur*) classical music/literature

Klassiker(in) *m/f(m)* classic; **ein ~ des Jazz** a jazz classic
klassisch **A** *adj* **1** (≈ *die Klassik betreffend*) classical **2** (≈ *typisch, vorbildlich*) classic **B** *adv* classically
Klassizismus *m* classicism
klassizistisch *adj* classical
Klasslehrer(in) *österr, südd m/f(m)* → Klassenlehrerin
-klässler(in) *m/f(m) zssgn* grader
Klatsch *m* **1** *Geräusch* splash **2** *pej umg* (≈ *Tratsch*) gossip
Klatschbase *pej umg f* gossip
klatschen **A** *v/i* **1** (≈ *Geräusch machen*) to clap; **in die Hände ~** to clap one's hands **2** (≈ *aufschlagen*) to go smack; *Flüssigkeiten* to splash **3** *pej umg* (≈ *tratschen*) to gossip **B** *v/t* **1** (≈ *schlagen*) to clap; **j-m Beifall ~** to applaud sb **2** (≈ *knallen*) to smack; (≈ *werfen*) to throw
Klatschmohn *m* (corn) poppy
klatschnass *umg adj* sopping wet *umg*
Klatschspalte *f Presse umg* gossip column
Klaue *f* claw; (≈ *Hand*) talons *pl pej umg*; (≈ *Schrift*) scrawl *pej*; **in den ~n der Verbrecher** *etc* in the clutches of the criminals *etc*
klauen **A** *v/t* to pinch *umg* (**j-m etw** sth from sb) **B** *v/i* to steal
Klausel *f* clause; (≈ *Vorbehalt*) proviso
Klaustrophobie *f* PSYCH claustrophobia
Klausur *f* UNIV *a*. **~arbeit** exam
Klaviatur *f* keyboard
Klavier *n* piano; **~ spielen** to play the piano
Klavierbegleitung *f* piano accompaniment
Klavierkonzert *n* (≈ *Musik*) piano concerto; (≈ *Vorstellung*) piano recital
Klavierlehrer(in) *m/f(m)* piano teacher
Klavierspieler(in) *m/f(m)* pianist
Klavierstimmer(in) *m/f(m)* piano tuner
Klavierstunde *f* piano lesson
Klavierunterricht *m* piano lessons *pl*
Klebeband *n* adhesive tape
Klebefolie *f* adhesive film; *für Lebensmittel* clingfilm *Br*, plastic wrap *US*
kleben **A** *v/i* (≈ *festkleben*) to stick; **an etw** (*dat*) **~ wörtl** to stick to sth **B** *v/t* to stick, to glue; **j-m eine ~** *umg* to belt sb (one) *umg*
Kleber *m umg* (≈ *Klebstoff*) glue
Klebestift *m* glue stick
klebrig *adj* sticky; (≈ *klebfähig*) adhesive
Klebstoff *m* adhesive, glue
Klebstreifen *m* adhesive tape
kleckern **A** *v/t* to spill **B** *v/i* (≈ *Kleckse machen*) to make a mess; (≈ *tropfen*) to spill; **nicht ~, sondern klotzen** *umg* to do things in a big way *umg*
kleckerweise *adv* in dribs and drabs
Klecks *m* (≈ *Tintenklecks*) (ink)blot; (≈ *Farbklecks*)

blob; (≈ *Fleck*) stain
klecksen v/i to make blots/a blot
Klee m clover; **j-n über den grünen ~ loben** to praise sb to the skies
Kleeblatt n cloverleaf; **vierblättriges ~** four-leaf clover
Kleid n **1** (≈ *Damenkleid*) dress **2** **~er** pl (≈ *Kleidung*) clothes pl; bes HANDEL clothing sg; **~er machen Leute** sprichw fine feathers make fine birds sprichw
kleiden **A** v/r to dress; **gut gekleidet sein** to be well dressed **B** geh v/t **1** (≈ *mit Kleidern versehen*) to clothe, to dress; **etw in schöne Worte ~** to dress sth up in fancy words **2** (≈ *j-m stehen*) **j-n ~** to suit sb
Kleiderbügel m coat hanger
Kleiderbürste f clothes brush
Kleidergröße f size
Kleiderhaken m coat hook
Kleiderordnung f dress code
Kleidersack m suit bag
Kleiderschrank m wardrobe Br, closet US
Kleidung f clothes pl; bes HANDEL clothing
Kleidungsstück n garment
Kleie f bran
klein **A** adj small; Finger little; **die Kleinen Antillen** etc the lesser Antilles etc; **haben Sie es nicht ~er?** do you not have anything smaller?; **ein ~ bisschen** od **wenig** a little (bit); **ein ~es Bier** a small beer, ≈ half a pint Br; **~es Geld** small change; **mein ~er Bruder** my little brother; **als ich (noch) ~ war** when I was little; **ganz ~ werden** umg to look humiliated od deflated; **im Kleinen** in miniature; **bis ins Kleinste** right down to the smallest detail; **von ~ an** od **auf** (≈ *von Kindheit an*) from his childhood; **der ~e Mann** the man in the street; **ein ~er Ganove** a petty crook; **sein Vater war (ein) ~er Beamter** his father was a minor civil servant **B** adv small; **~ gedruckt** in small print; **~ gemustert** small-patterned; **~ kariert** Stoff finely checked; **~ anfangen** to start off in a small way; **~ beigeben** umg to give in; **etw ~ halten** Kosten to keep sth down
Kleinaktionär(in) m(f) small shareholder
Kleinanzeige f classified advertisement
Kleinarbeit f detailed work; **in mühseliger ~** with painstaking attention to detail
Kleinasien n Asia Minor
Kleinauto n small car
Kleinbetrieb m small business
Kleinbildkamera f 35mm camera
Kleinbuchstabe m small letter
Kleinbürger(in) m(f) petty bourgeois
kleinbürgerlich adj lower middle-class
Kleinbus m minibus

Kleine(r) m/f(m) little one od child; (≈ *Junge*) little boy; (≈ *Mädchen*) little girl; (≈ *Säugling*) baby; **unser ~r** (≈ *Jüngster*) our youngest (child); **die Katze mit ihren ~n** the cat with its kittens od babies umg
Kleinfamilie f SOZIOL nuclear family
Kleingedruckte(s) n small print
Kleingeist pej m small-minded person
Kleingeld n (small) change; **das nötige ~ haben** fig to have the necessary wherewithal umg
Kleingewerbe n small business
Kleinhirn n ANAT cerebellum
Kleinholz n firewood; **~ aus j-m machen** umg to make mincemeat out of sb umg
Kleinigkeit f little od small thing; (≈ *Bagatelle*) trifle; (≈ *Einzelheit*) minor detail; **eine ~ essen** to have a bite to eat; **j-m eine ~ schenken** to give sb a little something; **wegen jeder ~** for the slightest reason; **das wird eine ~ dauern** it will take a little while
kleinkariert fig adj small-time umg; **~ denken** to think small
Kleinkind n small child, toddler umg
Kleinkram umg m odds and ends pl; (≈ *Trivialitäten*) trivialities pl
kleinkriegen umg v/t (≈ *gefügig machen*) to bring into line umg; körperlich to tire out; **er ist einfach nicht kleinzukriegen** he just won't be beaten; **unser altes Auto ist einfach nicht kleinzukriegen** our old car just goes on for ever
Kleinkunst f cabaret
Kleinkunstbühne f cabaret
kleinlaut **A** adj subdued, meek **B** adv fragen meekly; **~ um Verzeihung bitten** to apologize rather sheepishly
kleinlich adj petty; (≈ *knauserig*) mean bes Br, stingy umg; (≈ *engstirnig*) narrow-minded
klein machen v/t (≈ *zerkleinern*) to chop up
kleinmachen **A** v/t umg (≈ *Geld wechseln*) to change **B** v/r (≈ *sich ducken*) to make oneself small
Kleinod n gem
klein schneiden v/t to cut up small
kleinschreiben v/t **ein Wort ~** to write a word without a capital
Kleinstaat m small state
Kleinstadt f small town
kleinstädtisch adj provincial pej
Kleinstbetrieb m micro-enterprise
kleinstmöglich adj smallest possible
Kleintier n small animal
Kleintierpraxis f small animal (veterinary) practice
Kleinunternehmen n small enterprise
Kleinvieh n **~ macht auch Mist** sprichw every

little helps
Kleinwagen m small car
kleinwüchsig adj small
Kleister m (≈ Klebstoff) paste
kleistern v/t (≈ kleben) to paste
Klementine f clementine
Klemmbrett n clipboard
Klemme f **1** *für Papiere, Haar etc* clip; ELEK crocodile clip **2** *fig umg* **in der ~ sitzen** *od* **sein** to be in a jam *umg*; **j-m aus der ~ helfen** to help sb out of a jam *umg*
klemmen **A** v/t *Draht etc* to clamp; **sich** (*dat*) **den Finger in etw** (*dat*) **~** to catch one's finger in sth; **sich** (*dat*) **etw unter den Arm ~** to stick sth under one's arm **B** v/r to catch oneself (**in** +*dat* in); **sich hinter etw** (*akk*) **~** *umg* to get stuck into sth *umg* **C** v/i *Tür, Schloss etc* to stick
Klemmlampe f clamp-on lamp
Klempner(in) m(f) plumber
Klempnerarbeit f plumbing
Klempnerei f (≈ Werkstatt) plumber's workshop
Kleptomane m, **Kleptomanin** f kleptomaniac
Klerus m clergy
Klette f BOT burdock; (≈ Blütenkopf) bur(r); **sich wie eine ~ an j-n hängen** to cling to sb like a limpet
Kletterer m, **Kletterin** f climber
Klettergarten m climbing garden
Klettergerüst n climbing frame
Kletterhalle f indoor climbing centre *Br*, indoor climbing center *US*
klettern v/i to climb; *mühsam* to clamber; **auf einen Baum ~** to climb a tree
Kletterpflanze f climbing plant
Kletterrose f climbing rose
Kletterschuh m climbing shoe
Kletterstange f climbing pole
Klettersteig m SPORT via ferrata
Kletterwand f climbing wall
Klettverschluss® m Velcro® fastener
Klick m IT click
klicken v/i to click; **auf etw** (*akk*) **~** to click on sth
Klient(in) m(f) client
Klientel f clients *pl*
Kliff n cliff
Klima n climate
Klimaanlage f air conditioning (system); **mit ~** air-conditioned
Klimaforscher(in) m(f) climatologist
Klimaforschung f climatology
klimafreundlich adj climate-friendly
Klimagipfel *umg* m climate conference *od* summit
Klimakatastrophe f climatic disaster
Klimakiller *umg* m **ein ~ sein** to cause serious damage to the climate
klimaneutral adj carbon *od* climate neutral
klimaschädlich adj harmful to the climate
Klimaschutz m climate protection
Klimaschutzabkommen n agreement on climate change
klimatisch adj climatic; **~ bedingt sein** *Wachstum* to be dependent on the climate; *Krankheit* to be caused by climatic conditions
klimatisieren v/t to air-condition
klimatisiert adj air-conditioned
Klimaveränderung f, **Klimawandel** m, **Klimawechsel** a. *fig* m climate change, change in the climate
Klimawandel m climate change, change in the climate
Klimax m LIT climax
Klimazone f climatic zone
Klimbim *umg* m odds and ends *pl*; (≈ Umstände) fuss (and bother)
Klimmzug m SPORT pull-up
klimpern v/i to tinkle; *Schlüssel, Geld* to jingle, to jangle; (≈ stümperhaft spielen) to plonk away *umg*
Klinge f blade
Klingel f bell
Klingelbeutel m collection bag
Klingelknopf m bell button *od* push
klingeln v/i to ring; *Pager, Wecker* go off; **es hat geklingelt** *Telefon* the phone just rang; *an Tür* somebody just rang the doorbell
Klingelton m TEL ringtone
klingen v/i to sound; *Glocke* to ring; *Glas* to clink; **nach etw ~** to sound like sth
Klinik f clinic
Klinikum n UNIV medical centre *Br*, medical center *US*
klinisch adj clinical; **~ tot** clinically dead
Klinke f (≈ Türklinke) (door) handle
Klinker m (≈ Ziegelstein) clinker brick
klipp adv **~ und klar** clearly, plainly; (≈ offen) frankly
Klippe f (≈ Felsklippe) cliff; *im Meer* rock; *fig* hurdle
Klippenküste f rocky coast
klippenreich adj rocky
klirren v/i to clink; *Fensterscheiben* to rattle; *brechendes Glas* to tinkle; *Waffen* to clash; *Ketten, Schlüsselbund* to jangle, to jingle; **~de Kälte** crisp cold
Klischee *fig* n a. LIT cliché; stereotype
klischeehaft **A** adj *fig* stereotyped **B** adv stereotypically
Klischeevorstellung f cliché, stereotype
Klitoris f clitoris
klitschnass *umg* adj drenched
klitzeklein *umg* adj tiny
Klo *umg* n loo *Br umg*, john *US umg*

Kloake f sewer; fig cesspool
klobig adj hefty umg, bulky; Schuhe clumpy; Benehmen boorish
Klobrille umg f toilet seat, loo seat Br umg
Klobürste umg f toilet brush
Klon m clone
klonen v/t & v/i to clone
klönen umg v/i to (have a) chat
Klonschaf n sheep clone, cloned sheep
Klopapier umg n toilet paper, loo paper Br
klopfen A v/t to knock; Fleisch, Teppich to beat B v/i to knock (**an** +akk on); Herz to beat; vor Aufregung to pound; Puls to throb; **fest ~** to bang; **es hat geklopft** there's someone knocking at the door
Klopfen n knock
Klopfer m (≈ Türklopfer) (door) knocker; (≈ Fleischklopfer) (meat) mallet; (≈ Teppichklopfer) carpet beater
Klöppel m (≈ Glockenklöppel) clapper; (≈ Spitzenklöppel) bobbin
klöppeln v/i to make (pillow) lace
Klops m GASTR meatball
Kloschüssel umg f loo bowl Br umg, toilet bowl
Klosett n toilet
Klosettbrille f toilet seat
Klosettpapier n toilet paper
Kloß m dumpling; (≈ Fleischkloß) meatball; (≈ Bulette) rissole; **einen ~ im Hals haben** fig to have a lump in one's throat
Kloster n (≈ Mönchskloster) monastery; (≈ Nonnenkloster) convent
Klotz m (≈ Holzklotz) block (of wood); pej (≈ Betonklotz) concrete block; **j-m ein ~ am Bein sein** to be a hindrance to sb
Klötzchen n (building) block
klotzen sl v/i (≈ hart arbeiten) to slog (away) umg
klotzig umg A adj huge B adv (≈ klobig) massively; **~ wirken** to seem bulky
Klub m club
Klubhaus n clubhouse
Klubjacke f blazer
Kluburlaub m club holiday Br, club vacation US
Kluft f 1 (≈ Erdspalte) cleft; (≈ Abgrund) chasm 2 fig gulf, gap 3 umg (≈ Kleidung) gear umg
klug adj clever, intelligent, smart; (≈ vernünftig) Rat wise, sound; Überlegung prudent; **ein ~er Kopf** a capable person; **ich werde daraus nicht ~** I cannot make head or tail of it Br, I cannot make heads or tails of it US; **aus ihm werde ich nicht ~** I can't make him out; **der Klügere gibt nach** sprichw discretion is the better part of valour Br sprichw, discretion is the better part of valor US sprichw
klugerweise adv (very) wisely
Klugheit f cleverness; (≈ Vernünftigkeit) von Rat wisdom, soundness
Klugscheißer(in) umg m(f) smart aleck umg, smart-ass bes US sl
klumpen v/i Sauce to go lumpy
Klumpen m lump; (≈ Erdklumpen) clump; (≈ Blutklumpen) clot; **~ bilden** Mehl etc to go lumpy; Blut to clot
Klumpfuß m club foot
klumpig adj lumpy
Klüngel m umg (≈ Clique) clique
Klüngelwirtschaft umg f nepotism kein pl
Klunker m umg bling bling umg
km abk (= Kilometer) km
km/h, km/st abk (= Kilometer je Stunde) kilometres per hour Br, kilometers per hour US, km/h, kph
KMU pl abk (= kleine und mittlere Unternehmen) SME
knabbern v/t & v/i to nibble; **daran wirst du noch zu ~ haben** fig it will really give you something to think about
Knabe liter m boy, lad bes Br umg
Knabenchor m boys' choir
knabenhaft adj boyish
Knackarsch sl m 1 pert bum Br umg, bubble butt US sl 2 Mann hottie umg; Frau hottie umg, babe umg
Knäckebrot n crispbread
knacken A v/t 1 Nüsse to crack 2 umg Auto to break into; Geldschrank, Rätsel, Code to crack; Tabu to break; **Software ~** to jailbreak software umg B v/i 1 (≈ brechen) to crack, to snap; Holz (≈ knistern) to crackle; brechendes Holz to snap; **an etw** (dat) **zu ~ haben** umg to have sth to think about 2 umg (≈ schlafen) to sleep
Knacker m 1 → Knackwurst 2 pej umg **alter ~** old fog(e)y umg
Knacki m umg (≈ Knastbruder) jailbird umg
knackig adj crisp; Salat, Gemüse crunchy; umg Mädchen tasty umg Br, hot US; Figur sexy
Knackpunkt umg m crunch umg
Knacks m 1 crack 2 umg **der Fernseher hat einen ~** there is something wrong with the television; **er hat einen ~ weg** he's a bit screwy umg
Knackwurst f type of frankfurter
Knall m bang; mit Peitsche crack; bei Tür slam; **~ auf Fall** umg all of a sudden; **einen ~ haben** umg to be crazy umg
Knallbonbon n (Christmas) cracker
knallbunt umg adj brightly coloured Br, brightly colored US
knallen A v/i 1 (≈ krachen) to bang; (≈ explodieren) to explode; Schuss to ring out; Peitsche to crack; Tür etc to slam; **die Korken ~ lassen** fig to pop a cork 2 umg Sonne to beat down B v/t to bang;

Tür to slam; *Peitsche* to crack; **j-m eine ~** *umg* to belt sb (one) *umg*
knalleng *umg adj* skintight
Knaller *umg m* **1** (≈ *Knallkörper*) banger *Br*, firecracker *bes US* **2** *fig* (≈ *Sensation*) sensation
Knallerbse *f* toy torpedo
knallgelb *umg adj* bright yellow
knallhart *umg* **A** *adj Film* brutal; *Job, Wettbewerb* really tough; *Schlag* really hard **B** *adv* brutally
knallig *umg* **A** *adj Farben* loud **B** *adv* **~ gelb** gaudy yellow; **~ bunt** gaudy
Knallkopf *umg m* fathead *umg*
Knallkörper *m* firecracker
knallrot *umg adj* bright red
knallvoll *umg adj* **1** (≈ *total überfüllt*) jam-packed *umg* **2** (≈ *völlig betrunken*) completely plastered *umg*, paralytic *Br umg*
knapp **A** *adj* **1** *Vorräte, Geld* scarce; *Gehalt* low **2** *Mehrheit, Sieg* narrow; *Kleidungsstück etc* (≈ *eng*) tight; *Bikini* scanty **3** (≈ *nicht ganz*) almost; **ein ~es Pfund Mehl** just under a pound of flour; **seit einem ~en Jahr** for almost a year **4** (≈ *kurz und präzis*) *Stil, Worte* concise **5** (≈ *gerade so eben*) just; **mit ~er Not** only just; **das war ~** that was close **B** *adv* **mein Geld/meine Zeit ist ~ bemessen** I am short of money/time; **wir haben ~ verloren/gewonnen** we only just lost/won; **aber nicht zu ~** *umg* and how!; **~ zwei Wochen** not quite two weeks
Knappheit *f* shortage
knapsen *umg v/i* to scrimp (**mit, an** +*dat* on); **an etw** (*dat*) **zu ~ haben** to have a rough time getting over sth
Knarre *f sl* (≈ *Gewehr*) shooter *umg*
knarren *v/i* to creak
Knast *umg m* clink *umg*, can *US sl*
knatschig *umg adj* (≈ *verärgert*) miffed *umg*; (≈ *schlecht gelaunt*) grumpy *umg*
knattern *v/i Motorrad* to roar; *Maschinengewehr* to rattle
Knäuel *m/n* ball; *wirres* tangle; *von Menschen* group
Knauf *m* (≈ *Türknauf*) knob; *von Schwert etc* pommel
Knauser(in) *umg m(f)* scrooge *umg*
Knauserei *umg f* meanness *bes Br*
knauserig *umg adj* mean, stingy *umg*
knausern *umg v/i* to be mean *bes Br* (**mit** with)
knautschen *umg v/t & v/i* to crumple (up)
Knautschzone *f* AUTO crumple zone
Knebel *m* gag
knebeln *v/t j-n, Presse* to gag
Knebelvertrag *m* oppressive contract
Knecht *m* servant; *beim Bauern* farm worker
Knechtschaft *f* slavery
kneifen **A** *v/t* to pinch; **j-n in den Arm ~** to pinch sb's arm **B** *v/i* **1** (≈ *zwicken*) to pinch **2** *umg* (≈ *ausweichen*) to back out (**vor** +*dat* of)
Kneifzange *f* pliers *pl*; *kleine* pincers *pl*; **eine ~** (a pair of) pliers/pincers
Kneipe *f umg* (≈ *Lokal*) pub *Br*, bar
Kneipenbummel *m* pub crawl *Br*, bar hop *US*
Knete *f obs sl* (≈ *Geld*) dough *umg*
kneten *v/t Teig* to knead; *Ton* to work; (≈ *formen*) to form
Knetgummi *m/n* Plasticine®
Knetmasse *f* modelling clay *Br*, modeling clay *US*
Knick *m* **1** (≈ *Falte*) crease; (≈ *Biegung*) (sharp) bend; **einen ~ machen** to bend sharply **2** *fig in Karriere etc* downturn
knicken **A** *v/i* to snap **B** *v/t* to snap; *Papier* to fold; **„nicht ~!"** "do not bend *od* fold"; **das kannst du ~!** *umg* (≈ *das kannst du vergessen*) you can forget it!; → **geknickt**
knickerig *umg adj* stingy *umg*
Knickerigkeit *umg f* stinginess *umg*
Knicks *m* bob; *tiefer* curts(e)y; **einen ~ machen** to curts(e)y (**vor** +*dat* to)
knicksen *v/i* to curts(e)y (**vor** +*dat* to)
Knie *n* **1** knee; **auf ~n** on one's knees; **j-n auf ~n bitten** to go down on bended knees to sb (and beg); **in die ~ gehen** to kneel; *fig* to be brought to one's knees; **j-n in die ~ zwingen** to bring sb to his/her knees; **j-n übers ~ legen** *umg* to put sb across one's knee; **etw übers ~ brechen** *fig* to rush (at) sth **2** (≈ *Flussknie*) sharp bend; TECH elbow
Knieairbag *m* knee airbag
Kniebeuge *f* SPORT knee bend; **in die ~ gehen** to bend one's knees
kniefrei *adj Rock* above the knee
Kniegelenk *n* knee joint
Kniekehle *f* back of the knee
knielang *adj* knee-length
knien **A** *v/i* to kneel; **im Knien** on one's knees, kneeling **B** *v/r* to kneel (down); **sich in die Arbeit ~** *fig* to get down to one's work
Kniescheibe *f* kneecap
Knieschoner *m*, **Knieschützer** *m* kneeguard
Kniestrumpf *m* knee sock
knietief *adj* knee-deep
Kniff *umg m* trick
knifflig *adj umg* tricky
knipsen **A** *v/t* **1** *Fahrschein* to punch **2** FOTO *umg* to snap **B** *v/i* FOTO *umg* to take pictures
Knirps *m* (≈ *Junge*) whippersnapper; *pej* squirt
knirschen *v/i* to crunch; *Getriebe* to grind; **mit den Zähnen ~** to grind one's teeth
knistern *v/i Feuer* to crackle; *Papier, Seide* to rustle
Knitterfalte *f* crease, wrinkle *bes US*
knitterfrei *adj Stoff, Kleid* non-crease

knittern v/t & v/i to crease
Knobelbecher m dice cup
knobeln v/i **1** (≈ würfeln) to play dice **2** (≈ nachdenken) to puzzle (**an** +dat over)
Knoblauch m garlic
Knoblauchbrot n garlic bread
Knoblauchbutter f garlic butter
Knoblauchpresse f garlic press
Knoblauchzehe f clove of garlic
Knöchel m (≈ Fußknöchel) ankle; (≈ Fingerknöchel) knuckle
Knochen m bone; **er ist bis auf die ~ abgemagert** he is just (a bag of) skin and bones; **ihr steckt die Angst in den ~** umg she's scared stiff umg; **der Schreck fuhr ihr in die ~** she was paralyzed with shock; **nass bis auf die ~** umg soaked to the skin
Knochenarbeit f hard graft umg
Knochenbau m bone structure
Knochenbruch m fracture
Knochengerüst n skeleton
knochenhart umg adj rock-hard; fig Job, Kerl really tough
Knochenmark n bone marrow
Knochenmehl n bone meal
knochentrocken umg adj bone-dry umg; fig Humor etc very dry
knöchern adj bone attr, of bone
knochig adj bony
Knödel m dumpling
Knöllchen n umg (≈ Strafzettel) (parking) ticket
Knolle f BOT nodule, tubercule; von Kartoffel tuber
Knollen m (≈ Klumpen) lump
Knopf m button; an Tür knob
Knopfdruck m **auf ~** at the touch of a button; fig at the flick of a switch
Knopfloch n buttonhole
Knopfzelle f round cell battery
Knorpel m ANAT, ZOOL cartilage; GASTR gristle
knorpelig adj ANAT cartilaginous; Fleisch gristly
Knorren m im Holz knot
knorrig adj Baum gnarled; Holz knotty
Knospe f bud; **~n treiben** to bud
knoten v/t Seil etc to (tie into a) knot
Knoten m **1** knot; MED (≈ Geschwulst) lump; PHYS, BOT node; fig (≈ Verwicklung) plot **2** SCHIFF knot **3** (≈ Haarknoten) bun **4** → Knotenpunkt
Knotenpunkt m Verkehr, a. BAHN junction; fig centre Br, center US
Knöterich m knotgrass
knotig adj knotty, full of knots; Äste, Hände gnarled
Know-how n know-how
Knubbel umg m lump
knuddelig adj umg (≈ niedlich) cuddly

knuddeln v/t dial to kiss and cuddle
knülle adj umg (≈ betrunken) plastered umg
knüllen v/t to crumple
Knüller umg m sensation; Presse scoop
knüpfen A v/t Knoten to tie; Band to knot, to tie (up); Teppich to knot; Netz to mesh; Freundschaft to form; **etw an etw** (akk) **~** wörtl to tie sth to sth; fig Bedingungen to attach sth to sth; Hoffnungen to pin sth on sth; **Kontakte ~ (zu** od **mit)** to establish contact (with) **B** v/r **sich an etw** (akk) **~** to be linked to sth
Knüppel m **1** (≈ Stock) stick; (≈ Waffe) cudgel, club; (≈ Polizeiknüppel) truncheon; **j-m (einen) ~ zwischen die Beine werfen** fig to put a spoke in sb's wheel Br **2** FLUG joystick; AUTO gear stick Br, gearshift US
knüppeln A v/i to use one's truncheon **B** v/t to club
knurren v/i Hund etc to growl; wütend to snarl; Magen to rumble; fig (≈ sich beklagen) to groan (**über** +akk about)
knurrig adj grumpy
knuspern v/t & v/i to crunch; **etwas zum Knuspern** something to nibble
knusprig adj crisp; **~ braun** Hähnchen crispy brown
knutschen umg **A** v/t to smooch with umg **B** v/i & v/r to smooch umg
Knutschfleck umg m lovebite umg
k. o. adj SPORT knocked out; fig umg whacked umg; **j-n ~ schlagen** to knock sb out
K. o. m knockout, K.O.; **Sieg durch ~** victory by a knockout
Koala(bär) m koala (bear)
koalieren v/i bes POL to form a coalition (**mit** with)
Koalition f bes POL coalition
Koalitionsgespräch n coalition talks pl
Koalitionspartner(in) m(f) coalition partner
Koalitionsregierung f coalition government
Koalitionsvereinbarung f coalition agreement
Kobalt n cobalt
kobaltblau adj cobalt blue
Kobold m goblin
Kobra f cobra
Koch m, **Köchin** f cook; von Restaurant etc chef; **viele Köche verderben den Brei** sprichw too many cooks spoil the broth sprichw
Kochanleitung f cooking instructions pl
Kochbeutel m **Reis im ~** boil-in-the-bag rice
Kochbuch n cookery book, cookbook US
kochecht adj Stoff, Farbe fast at 100°; Wäsche etc suitable for boiling
köcheln v/i to simmer
kochen A v/i **1** Flüssigkeit to boil; **etw zum Ko-**

chen bringen to bring sth to the boil; **er kochte vor Wut** *umg* he was boiling with rage **2** (≈ *Speisen zubereiten*) to cook; (≈ *als Koch fungieren*) to do the cooking; **er kocht gut** he's a good cook **B** *v/t* **1** *Flüssigkeit, Wäsche* to boil; **etw auf kleiner Flamme ~** to simmer sth over a low heat **2** (≈ *zubereiten*) *Essen* to cook; *Kaffee, Tee* to make **C** *v/i fig* to be boiling; **es kocht in ihr** she is boiling with rage

Kochen *n* cooking
kochend *adj* boiling; **~ heiß sein** to be boiling hot; *Suppe etc* to be piping hot
Kocher *m* (≈ *Herd*) cooker; (≈ *Campingkocher*) (Primus®) stove
Köcher *m für Pfeile* quiver
Kochfeld *n* ceramic hob
kochfest *adj* → kochecht
Kochgelegenheit *f* cooking facilities *pl*
Kochherd *m* cooker
Köchin *f* → Koch
Kochkunst *f* culinary art
Kochlöffel *m* cooking spoon
Kochnische *f* kitchenette
Kochplatte *f* (≈ *Herdplatte*) hotplate
Kochrezept *n* recipe
Kochsalz *n* CHEM sodium chloride; GASTR cooking salt
Kochtopf *m* (cooking) pot; *mit Stiel* saucepan
Kochwäsche *f* washing that can be boiled
Kode *m* code
Köder *m* bait
ködern *v/t* to lure; *fig* to tempt; **j-n für etw ~** to rope sb into sth *umg*; **sich von j-m/etw nicht ~ lassen** not to be tempted by sb/sth
Kodex *m* codex; *fig* (moral) code
kodieren *etc* → codieren
Koeffizient *m* coefficient
Koexistenz *f* coexistence
Koffein *n* caffeine
koffeinfrei *adj* decaffeinated
koffeinhaltig *adj* caffeinated, containing caffeine
Koffer *m* **1** (suit)case; (≈ *Schrankkoffer*) trunk; **die ~ packen** to pack one's bags **2** *österr umg* (≈ *Idiot*) *div Br umg*, jerk *umg*
Kofferanhänger *m* luggage label *od* tag, baggage label *od* tag
Kofferband *n*, **Koffergurt** *m* luggage strap
Kofferkuli *m* (luggage) trolley *Br*, cart *US*
Kofferradio *n* portable radio
Kofferraum *m* AUTO boot *Br*, trunk *US*; (≈ *Volumen*) luggage space
Kofferwaage *f* luggage scales *pl*
Kofferwort *n* (≈ *Portmanteauwort*) portmanteau word
Kognak *m* brandy

Kohl *m* **1** cabbage; **das macht den ~ auch nicht fett** *umg* that's not much help **2** *umg* (≈ *Unsinn*) nonsense
Kohldampf *umg m* **~ haben** to be starving
Kohle *f* **1** coal; **glühende ~n** *wörtl* (glowing) embers; **(wie) auf (heißen) ~n sitzen** to be like a cat on a hot tin roof; **die ~n aus dem Feuer holen** *fig* to pull the chestnuts out of the fire **2** (≈ *Verkohltes, Holzkohle*) charcoal **3** TECH carbon **4** *umg* (≈ *Geld*) dough *umg*
Kohlefilter *m* charcoal filter
Kohlehydrat *n* carbohydrate
Kohlekraftwerk *n* coal-fired power station
Kohlenbergwerk *n* coal mine
Kohlendioxid *n* carbon dioxide
Kohlenherd *m* range
Kohlenmonoxid *n* carbon monoxide
Kohlenpott *m umg* (≈ *Ruhrgebiet*) Ruhr (basin *od* valley)
Kohlenrevier *n* coal-mining area
Kohlensäure *f* **1** CHEM carbonic acid **2** *in Getränken* fizz *umg*; **mit ~** sparkling
kohlensäurehaltig *adj Getränke* carbonated
Kohlenstoff *m* carbon
Kohlenwasserstoff *m* hydrocarbon
Kohlepapier *n* carbon paper
Kohlestift *m* KUNST piece of charcoal
Kohletablette *f* MED charcoal tablet
Kohlezeichnung *f* charcoal drawing
Kohlkopf *m* cabbage
Kohlmeise *f* great tit
kohlrabenschwarz *adj Haar* jet black; *Nacht* pitch-black
Kohlrabi *m* kohlrabi
Kohlroulade *f* GASTR stuffed cabbage leaves *pl*
Kohlrübe *f* BOT swede *Br*, rutabaga *US*
Kohlsprosse *f* *österr* (Brussels) sprout
Kohlweißling *m* cabbage white (butterfly)
Koitus *m* coitus; **~ interruptus** coitus interruptus
Koje *f bes* SCHIFF bunk, berth; **sich in die ~ hauen** *umg* to hit the sack *umg*
Kojote *m* coyote
Kokain *n* cocaine
kokainsüchtig *adj* addicted to cocaine
kokett *adj* coquettish
Koketterie *f* coquetry
kokettieren *v/i* to flirt
Kokon *m* ZOOL cocoon
Kokosfett *n* coconut oil
Kokosflocken *pl* desiccated coconut
Kokosmilch *f* coconut milk
Kokosnuss *f* coconut
Kokospalme *f* coconut palm *od* tree
Kokosraspeln *pl* desiccated coconut
Koks[1] *m* coke

Koks² m/n umg (≈ Kokain) coke umg
Kolben m **1** (≈ Gewehrkolben) butt; TECH (≈ Pumpenkolben) piston; CHEM (≈ Destillierkolben) retort **2** (≈ Maiskolben) cob
Kolbenfresser umg m piston seizure
Kolbenhub m AUTO piston stroke
Kolibakterien pl E.coli pl
Kolibri m humming bird
Kolik f colic
kollabieren v/i to collapse
Kollaborateur(in) m(f) POL collaborator
Kollaboration f collaboration
kollaborieren v/i to collaborate
Kollagen n MED collagen
Kollaps m collapse; **einen ~ erleiden** to collapse
Kollateralschaden m collateral damage kein pl
Kolleg n **1** UNIV (≈ Vorlesung) lecture **2** SCHULE college
Kollege m, **Kollegin** f colleague
kollegial **A** adj **das war nicht sehr ~ von ihm** that wasn't what you would expect from a colleague **B** adv loyally; **sich ~ verhalten** to be a good colleague
Kollegium n (≈ Lehrerkollegium etc) staff; (≈ Ausschuss) working party
Kollegmappe f document case
Kollegstufe f final two years of education at a 'Gymnasium' in which pupils can select which subjects they wish to study
Kollegstufenbetreuer(in) m(f) teacher who looks after the needs of pupils throughout their time in the 'Kollegstufe'
Kollekte f KIRCHE collection
Kollektion f collection; a. Mode range
kollektiv **A** adj collective; **~e Verteidigung der EU** collective defence **B** adv collectively
Kollektiv n collective
Kollektivschuld f collective guilt
Kollektor m ELEK collector; (≈ Sonnenkollektor) solar collector
Koller umg m (≈ Anfall) funny mood; (≈ Wutanfall) rage; **einen ~ bekommen** to fly into a rage
kollidieren v/i geh Fahrzeuge to collide
Kollier n necklet
Kollision geh f (≈ Zusammenstoß) collision; (≈ Streit) conflict, clash
Kollisionskurs m SCHIFF, FLUG collision course; **auf ~ gehen** fig to be heading for trouble
Kollokation f LING collocation
Kolloquium n **1** colloqium **2** SCHULE oral exam (-ination)
Köln n Cologne
Kölner adj Cologne; **der ~ Dom** Cologne Cathedral
kölnisch adj Cologne attr; **er spricht Kölnisch** he speaks (the) Cologne dialect
Kölnischwasser n eau de Cologne
Kolonialherrschaft f colonial rule
Kolonialismus m colonialism
Kolonialmacht f colonial power
Kolonialzeit f colonial times pl
Kolonie f colony; (≈ Ferienkolonie) camp
Kolonisation f von Land colonization
kolonisieren v/t Land to colonize
Kolonist(in) m(f) colonist
Kolonne f column; bes MIL convoy; (≈ Arbeitskolonne) gang; **~ fahren** to drive in (a) convoy
Koloration f Haarfärbemittel hair dye
Koloratur f coloratura
kolorieren v/t to colour Br, to color US
Kolorit n KUNST colouring Br, coloring US; MUS (tone) colour Br, (tone) color US; LIT, a. fig atmosphere
Koloss m colossus
kolossal **A** adj colossal; Glück tremendous; Dummheit crass **B** adv umg tremendously, enormously
Kolosseum n **das ~** the Colosseum
kölsch adj → kölnisch
Kölsch n **1** (≈ Bier) ≈ (strong) lager **2** (≈ Dialekt) **er spricht ~** he speaks (the) Cologne dialect
kolumbianisch adj Colombian
Kolumbien n Colombia
Kolumne f Presse, a. TYPO column
Koma n MED coma; **im ~ liegen** to be in a coma, **ins ~ fallen** to fall into a coma
Komasaufen umg n extreme binge drinking
Kombi m AUTO estate (car) Br, station wagon bes US
Kombination f **1** combination; SPORT (≈ Zusammenspiel) concerted move, (piece of) teamwork; **nordische ~** SKI Nordic combination **2** (≈ Schlussfolgerung) deduction **3** (≈ Kleidung) suit, ensemble
Kombinationsgabe f powers pl of deduction
kombinieren **A** v/t to combine **B** v/i (≈ folgern) to deduce; **ich kombiniere: ...** I conclude: ...
Kombiwagen m estate (car) Br, station wagon bes US
Kombizange f combination pliers pl
Kombüse f SCHIFF galley
Komet m comet
kometenhaft fig adj Karriere meteoric; Aufschwung rapid
Komfort m von Hotel etc luxury; von Möbel etc comfort; von Wohnung amenities pl, mod cons pl Br umg; **ein Auto mit allem ~** a luxury car
komfortabel **A** adj (≈ mit Komfort ausgestattet) luxurious, luxury attr; Wohnung well-appointed; (≈ bequem) Sessel, Bett comfortable; (≈ praktisch) Bedienung convenient **B** adv (≈ bequem) com-

fortably; (≈ *mit viel Komfort*) luxuriously

Komik *f* (≈ *das Komische*) comic; (≈ *komische Wirkung*) comic effect

Komiker(in) *m(f)* comedian; *fig a.* joker *umg*; **Sie ~** you must be joking

komisch **A** *adj* funny; THEAT *Rolle, Oper* comic; (≈ *eigenartig*) weird; **das Komische daran** the funny thing about it; **mir ist/wird so ~** *umg* I feel funny; **er war so ~ zu mir** he acted so strangely towards me *Br*, he acted so strangely toward me *US* **B** *adv* strangely; *riechen, schmecken, sich fühlen* strange; **j-m ~ vorkommen** to seem strange to sb

komischerweise *adv* funnily enough

Komitee *n* committee

Komma *n* comma; MATH decimal point; **fünf ~ drei** five point three

Kommafehler *m* punctuation mistake

Kommandant(in) *m(f)* MIL commanding officer; SCHIFF captain

Kommandeur(in) *m(f)* commander

kommandieren **A** *v/t* **1** (≈ *befehligen*) to command **2** (≈ *befehlen*) **j-n an einen Ort ~** to order sb to a place; **sich von j-m ~ lassen** to let oneself be ordered about by sb **B** *v/i* **1** (≈ *Befehlsgewalt haben*) to be in command; **~der General** commanding general **2** (≈ *Befehle geben*) to command; **er kommandiert gern** he likes ordering people about

Kommanditgesellschaft *f* HANDEL ≈ limited partnership

Kommando *n* command; **der Hund gehorcht auf ~** the dog obeys on command; **das ~ führen** to be in *or od* have command (**über** +*akk* of)

Kommandobrücke *f* SCHIFF bridge

Kommandokapsel *f* RAUMF command module

Kommandoraum *m* control room

kommen **A** *v/i* **1** to come; **ich komme (schon)** I'm (just) coming; **er wird gleich ~** he'll be right here right away; **wann soll der Zug ~?** when's the train due?; **ich komme aus …** I'm from …; **wo kommst du her?** where are you from?; **komm!, kommt!, komm(t) jetzt!** come on!; **ach komm!** come on!; **na los, komm** come on; **da kann ja jeder ~ und sagen …** anybody could come along and say …; **das Baby kam zu früh** the baby arrived prematurely; **nach Hause ~** (≈ *ankommen*) to get home; (≈ *zurückkehren*) to come home; **von der Arbeit ~** to get home from work; **ins Gefängnis ~** to go to prison; **in die Schule ~** to start school; **zu spät ~** to be late **2** (≈ *hingehören*) to go; **das Buch kommt ins oberste Fach** the book goes on the top shelf; **das kommt unter „Sonstiges"** that comes under "miscellaneous"; **das Lied kommt als Nächstes** that song is next; **ich komme zuerst an die Reihe** I'm first; **jetzt muss bald die Grenze ~** we should soon be at the border; **das Schlimmste kommt noch** the worst is yet to come **3** (≈ *gelangen*) to get; *mit Hand etc* to reach; **wie komme ich am besten dahin?** what's the best way to get there?; **durch den Zoll ~** to get through customs; **in das Alter ~, wo …** to reach the age when … **4** TV, RADIO, THEAT *etc* to be on; **was kommt im Fernsehen?** what's on TV? **5** (≈ *geschehen, sich zutragen*) to happen; **egal, was kommt** whatever happens; **komme, was da wolle** come what may; **das musste ja so ~** it had to happen; **das kommt davon, dass …** that's because …; **das kommt davon!** see what happens? **6** (≈ *geraten*) **in Bewegung ~** to start moving; **zum Stillstand ~** to come to a halt *od* standstill **7** *umg* (≈ *einen Orgasmus haben*) to come *sl* **8** *mit Dativ* **ihm kamen Zweifel** he started to have doubts; **j-m ~ die Tränen** tears come to sb's eyes; **mir kommt eine Idee** I've just had a thought; **du kommst mir gerade recht** *iron* you're just what I need; **das kommt mir gerade recht** that's just fine; **j-m frech ~** to be cheeky to sb *Br*, to be fresh to sb *US* **9** *mit Verb* **da kommt ein Vogel geflogen** there's a bird; **j-n besuchen ~** to come and see sb; **j-n ~ sehen** to see sb coming; **ich habe es ja ~ sehen** I saw it coming; **j-n ~ lassen** to send for sb; **etw ~ lassen** *Taxi* to order sth **10** *mit Präposition* **auf etw** (*akk*) **~** (≈ *sich erinnern*) to think of sth; **auf eine Idee ~** to get an idea; **wie kommst du darauf?** what makes you think that?; **darauf bin ich nicht gekommen** I didn't think of that; **auf ihn lasse ich nichts ~** *umg* I won't hear a word against him; **hinter etw** (*akk*) **~** (≈ *herausfinden*) to find sth out, to find out sth; **mit einer Frage ~** to have a question; **damit kann ich ihm nicht ~** *mit Entschuldigung* I can't give him that; *mit Bitte* I can't ask him that; **um etw ~** (≈ *verlieren*) to lose sth; *um Essen, Schlaf* to go without sth; **unter die Leute ~** to socialize; **~ wegen** to come for; **zu etw ~** (≈ *Zeit finden für*) to get round to sth; (≈ *erhalten*) to come by sth; (≈ *erben*) to come into sth; **zu einem Entschluss ~** to come to a conclusion; **zu nichts ~** *zeitlich* not to get (a)round to anything; (≈ *erreichen*) to achieve nothing; **zu sich ~** (≈ *Bewusstsein wiedererlangen*) to come round; (≈ *aufwachen*) to come to one's senses **B** *v/i* **so weit kommt es (noch)** that'll be the day *umg*; **ich wusste, dass es so ~ würde** I knew that would happen; **wie kommt es, dass du …?** how come you …? *umg*; **es kam zum Streit** there was a quarrel; **und so kam es, dass …** and that is how it came about that …

Kommen n coming; **etw ist im ~** sth is on the way in; **j-d ist im ~** sb is on his/her way up
kommend adj coming; *Ereignisse* future; **(am) ~en Montag** next Monday; **in den ~en Jahren** in the years to come; **er ist der ~e Mann in der Partei** he is the rising star in the party
Kommentar m comment; *Presse* commentary; **kein ~!** no comment; **einen ~ abgeben** to comment
kommentarlos adv without comment
Kommentator(in) m(f) commentator
kommentieren v/t *Presse etc* to comment on
Kommerz *pej* m commercialism; **nur auf ~ aus sein** to have purely commercial interests, to be out for profit
kommerzialisieren v/t to commercialize
Kommerzialisierung f commercialization
kommerziell **A** adj commercial **B** adv commercially
Kommilitone m, **Kommilitonin** f fellow student
Kommissar(in) m(f) ADMIN commissioner; (≈ *Polizeikommissar*) inspector
kommissarisch **A** adj temporary **B** adv temporarily
Kommission f **1** (≈ *Ausschuss*) committee; *zur Untersuchung* commission; **Europäische ~** European Commission **2** HANDEL commission; **etw in ~ nehmen** to take sth on commission
Kommode f chest of drawers
kommunal adj local; (≈ *städtisch*) municipal
Kommunalabgaben pl local rates and taxes pl
Kommunalpolitik f local government politics
Kommunalpolitiker(in) m(f) local politician
Kommunalwahlen pl local (government) elections pl
Kommune f **1** local authority district **2** (≈ *Wohngemeinschaft*) commune
Kommunikation f communication
Kommunikationsfähigkeit f communication skills pl
Kommunikationsmittel n means sg of communication
Kommunikationsschwierigkeiten pl communication difficulties pl
Kommunikationssystem n communications system
Kommunikationswissenschaften pl communication studies pl
kommunikativ adj communicative
Kommunikee n communiqué
Kommunion f KIRCHE (Holy) Communion
Kommuniqué n communiqué
Kommunismus m communism
Kommunist(in) m(f) Communist

kommunistisch adj communist
kommunizieren v/i to communicate
Komödiant(in) m(f) **1** *obs* actor/actress **2** *fig* play-actor
Komödie f comedy; **~ spielen** *fig* to put on an act
Komoren pl **die ~** the Comoros
Kompagnon m HANDEL partner, associate; *iron* pal *umg*
kompakt adj compact
Kompaktbrief m standard letter (*weighing up to 50 grams*)
Kompaktkamera f compact camera
Kompanie f MIL company
Komparativ m GRAM comparative
Komparse m, **Komparsin** f FILM extra; THEAT supernumerary
Kompass m compass
Kompassnadel f compass needle
kompatibel adj compatible
Kompatibilität f compatibility
Kompensation f compensation
kompensieren v/t to compensate for
kompetent **A** adj competent **B** adv competently
Kompetenz f (area of) competence; **da hat er ganz eindeutig seine ~en überschritten** he has quite clearly exceeded his authority here; **soziale/emotionale ~** soft skills pl
Kompetenzbereich m area of competence
Kompetenzstreitigkeiten pl dispute over respective areas of responsibility
Kompetenzteam n team of experts
Kompetenzverteilung f distribution of powers
Kompetenzzentrum n centre *Br*, center *US*
komplementär adj complementary
Komplementärfarbe f complementary colour *Br*, complementary color *US*
komplett **A** adj complete **B** adv completely
komplettieren *geh* v/t to complete
komplex adj complex
Komplex m (≈ *Gebäudekomplex, a.* PSYCH complex; (≈ *Themenkomplex*) issues; **er hat ~e wegen seiner Figur** he has a complex about his figure
Komplexität f complexity
Komplikation f complication
Kompliment n compliment; **j-m ~e machen (wegen** on) to compliment sb
Komplize m, **Komplizin** f accomplice
komplizieren v/t to complicate
kompliziert adj complicated; (≈ *schwierig a.*) tricky; MED *Bruch* compound
Kompliziertheit f complexity
Komplott n plot, conspiracy; **ein ~ schmieden** to hatch a plot

Komponente f component
komponieren v/t & v/i to compose
Komponist(in) m(f) composer
Komposition f composition
Kompost m compost
kompostieren v/t to compost
Komposttonne f compost bin
Kompott n stewed fruit, compote
Kompresse f compress
Kompression f TECH compression
Kompressionsprogramm n IT compression program
Kompressionsstrumpf m compression sock
Kompressor m compressor
komprimieren v/t to compress; IT a. to pack, to zip; fig to condense
Kompromiss m compromise; **einen ~ schließen** to (make a) compromise
kompromissbereit adj willing to compromise
Kompromissbereitschaft f willingness to compromise
kompromissfähig adj able to compromise
kompromisslos adj uncompromising
Kompromissvorschlag m compromise proposal
kompromittieren **A** v/t to compromise **B** v/r to compromise oneself
Kondensat n condensate; fig distillation, condensation
Kondensation f condensation
Kondensator m AUTO, CHEM condenser; ELEK a. capacitor
kondensieren v/t & v/i to condense
Kondensmilch f evaporated milk
Kondensstreifen m FLUG vapour trail Br, vapor trail US
Kondenswasser n condensation
Kondition f condition; (≈ Durchhaltevermögen) stamina; **er hat überhaupt keine ~** he is completely unfit; fig he has absolutely no stamina
Konditionalsatz m conditional clause
konditionieren v/t to condition
Konditionsschwäche f lack kein pl of fitness
konditionsstark adj very fit
Konditionstraining n fitness training
Konditor(in) m(f) pastry cook Br, confectioner US
Konditorei f cake shop Br, confectioner's shop US; mit Café café
Kondolenzbuch n book of condolence
Kondolenzschreiben n (≈ Kondolenzbrief) letter of condolence
kondolieren v/i **(j-m) ~** to offer one's condolences (to sb)
Kondom m/n condom
Kondukteur m schweiz conductor

Kondukteurin f schweiz conductress
Konfekt n confectionery
Konfektion f (≈ Bekleidung) ready-to-wear clothes pl od clothing Br
Konfektionsgröße f (clothing) size
Konfektionsware f ready-to-wear clothing
Konferenz f conference; (≈ Besprechung) meeting
Konferenzdolmetscher(in) m(f) conference interpreter
Konferenzraum m conference room
Konferenzschaltung f RADIO, TV (television/radio) linkup
Konferenzteilnehmer(in) m(f) person attending a conference/meeting
konferieren v/i to confer (**über** +akk on, about), to have od hold a conference (**über** +akk on, about)
Konfession f (religious) denomination
konfessionell adj denominational
konfessionslos adj nondenominational
Konfessionsschule f denominational school
Konfetti n confetti
Konfiguration f configuration
konfigurieren v/t to configure
Konfirmand(in) m(f) KIRCHE confirmand
Konfirmation f KIRCHE confirmation
konfirmieren v/t KIRCHE to confirm
Konfiserie f schweiz (≈ Konfekt) confectionery
konfiszieren v/t to confiscate
Konfitüre f jam Br, jelly US
Konflikt m conflict; **mit etw in ~ geraten** to come into conflict with sth
konfliktgeladen adj conflict-ridden; Situation explosive
konfliktscheu adj **~ sein** to be afraid of conflict
Konfliktstoff m cause for conflict
konform **A** adj Ansichten etc concurring **B** adv **mit j-m/etw ~ gehen** to agree with sb/sth (**in** +dat about)
Konformismus m conformism
Konformist(in) m(f) pej conformist
konformistisch adj conformist, conforming
Konfrontation f confrontation
Konfrontationskurs m **auf ~ gehen** to be heading for a confrontation
konfrontieren v/t to confront (**mit** with); **konfrontiert werden mit** to face
konfus adj confused
Konfusion f confusion
Konglomerat n (≈ Ansammlung) conglomeration
Kongo m Congo
kongolesisch adj Congolese
Kongress m **1** POL congress; fachlich convention

2 in USA Congress
Kongresshalle f congress od conference hall
Kongressteilnehmer(in) m(f) person attending a congress od conference
Kongresszentrum n congress od conference centre Br, congress od conference center US
kongruent adj MATH congruent; geh Ansichten concurring
Kongruenz f MATH congruence; geh von Ansichten concurrence
Konifere f conifer
König m king
Königin f a. ZOOL queen
Königinmutter f queen mother
Königinpastete f vol-au-vent
königlich **A** adj royal; Gehalt princely; **Seine Königliche Hoheit** His Royal Highness **B** adv **1** umg **sich ~ amüsieren** to have the time of one's life umg **2** (≈ fürstlich) bewirten like royalty; belohnen richly
Königreich n kingdom; **Vereinigtes ~** United Kingdom, UK
Königshaus n royal dynasty
Königtum n **1** kingship **2** (≈ Reich) kingdom
Konjugation f conjugation
konjugieren v/t to conjugate
Konjunktion f conjunction
Konjunktiv m GRAM subjunctive
Konjunktivsatz m GRAM subjunctive clause
Konjunktur f economic situation, economy; (≈ Hochkonjunktur) boom
Konjunkturabschwächung f, **Konjunkturabschwung** m economic downturn
Konjunkturaufschwung m economic upturn
konjunkturbedingt adj influenced by od due to economic factors
Konjunkturbelebung f business revival; (≈ aktives Beleben der Konjunktur) stimulation of the economy
Konjunktureinbruch m (economic) slump
konjunkturell **A** adj economic **B** adv economically; **~ bedingt** caused by economic factors
Konjunkturklima n economic od business climate
Konjunkturpolitik f economic (stabilization) policy
Konjunkturrückgang m slowdown in the economy
Konjunkturschwäche f weakness in the economy
konkav adj concave
konkret adj concrete; **ich kann dir nichts Konkretes sagen** I can't tell you anything concrete; **drück dich etwas ~er aus** would you put that in rather more concrete terms

konkretisieren v/t to put in concrete form od terms
Konkubine f concubine
Konkurrent(in) m(f) rival; HANDEL a. competitor
Konkurrenz f (≈ Wettbewerb) competition; (≈ Konkurrenzbetrieb) competitors pl; (≈ Gesamtheit der Konkurrenten) competition; **j-m ~ machen** to compete with sb; **zur ~ (über)gehen** to go over to the competition
konkurrenzfähig adj competitive
Konkurrenzkampf m competition
konkurrenzlos adj without competition
konkurrieren v/i to compete
Konkurs m bankruptcy; **in ~ gehen** to go bankrupt; **~ machen** umg to go bust umg
Konkursmasse f bankrupt's estate
Konkursverfahren n bankruptcy proceedings pl
Konkursverwalter(in) m(f) receiver; von Gläubigern bevollmächtigt trustee
können v/t & v/i & v/aux **1** (≈ vermögen) to be able to; **ich kann das machen** I can do it, I am able to do it; **ich kann das nicht machen** I cannot od can't do it, I am not able to do it; **morgen kann ich nicht** I can't (manage) tomorrow; **das hättest du gleich sagen ~** you could have said that straight away; **könnte(n)** could; might; **kann** od **könnte vielleicht** may; **ich kann nicht mehr** I can't go on; ertragen I can't take any more; essen I can't manage any more; **so schnell er konnte** as fast as he could od was able to **2** (≈ beherrschen) Sprache to (be able to) speak; Schach to be able to play; lesen, schwimmen etc to be able to, to know how to; **was du alles kannst!** the things you can do!; **er kann gut Englisch** he speaks English well; **er kann nicht schwimmen** he can't swim; → **gekonnt 3** (≈ dürfen) to be allowed to; **kann ich jetzt gehen?** can I go now?; **könnte ich …?** could I …?; **er kann mich (mal)** umg he can go to hell umg **4 Sie könnten recht haben** you could od might od may be right; **er kann jeden Augenblick kommen** he could od might od may come any minute; **das kann nicht sein** that can't be true; **es kann sein, dass er dabei war** he could od might od may have been there; **kann sein** maybe, could be; **ich kann nichts dafür** it's not my fault
Können n ability, skill
Könner(in) m(f) expert
Konnotation f LIT connotation
Konrektor(in) m(f) deputy head
Konsekutivsatz m consecutive clause
Konsens m agreement
konsequent **A** adj consistent **B** adv befolgen strictly; ablehnen emphatically; eintreten für rig-

orously; *argumentieren* consistently; **~ handeln** to be consistent; **wir werden ~ durchgreifen** we will take rigorous action
konsequenterweise *adv* to be consistent
Konsequenz *f* consequence; **die ~en tragen** to take the consequences; **~en ziehen** to draw the conclusions; **(aus etw) die ~en ziehen** to take the necessary steps/measures
konservativ **A** *adj* conservative; *Br* POL Conservative, Tory **B** *adv* conservatively
Konservative(r) *m/f(m)* conservative; *Br* POL Conservative, Tory
Konservatorium *n* conservatory
Konserve *f* preserved food; *in Dosen* tinned food *Br*, canned food; (≈ *Konservendose*) tin *Br*, can; MED (≈ *Blutkonserve etc*) stored blood *etc*, blood bottle; (≈ *Tonkonserve*) recorded music
Konservenbüchse *f*, **Konservendose** *f* tin *Br*, can
konservieren *v/t* to preserve
Konservierung *f* preservation
Konservierungsmittel *n* preservative
Konservierungsstoff *m* preservative
konsistent **A** *adj* **1** *fest Masse* solid **2** *Politik* consistent **B** *adv* behaupten consistently
Konsistenz *f* consistency; *von Gewebe* texture
Konsole *f* (≈ *Spielekonsole*) console
konsolidieren *v/t & v/r* to consolidate
Konsolidierung *f* consolidation
Konsonant *m* consonant
Konsonanz *f* LIT consonance
Konsortium *n* HANDEL consortium
Konspiration *f* conspiracy, plot
konspirativ *adj* conspiratorial; **~e Wohnung** safe house
konstant **A** *adj* constant **B** *adv* gut, hoch consistently
Konstante *f* constant
Konstellation *f* constellation
konstituieren *v/t* to constitute, to set up; **~de Versammlung** constituent assembly
Konstituierung *f* (≈ *Gründung*) constitution
Konstitution *f* constitution
konstitutionell *adj* constitutional
konstruieren *v/t* to construct; **ein konstruierter Fall** a hypothetical case
Konstrukteur(in) *m(f)* designer
Konstruktion *f* construction
Konstruktionsfehler *m im Entwurf* design fault; *im Aufbau* structural defect
konstruktiv **A** *adj* constructive; POL **~e Enthaltung** constructive *od* positive abstention **B** *adv* constructively
Konsul(in) *m(f)* consul
Konsulat *n* consulate
Konsultation *form f* consultation
konsultieren *form v/t* to consult
Konsum *m* (≈ *Verbrauch*) consumption
Konsumartikel *m* consumer item
Konsument(in) *m(f)* consumer
konsumfreudig *adj* consumption-oriented, consumerist
Konsumgesellschaft *f* consumer society
Konsumgut *n* consumer item; **Konsumgüter** *pl* consumer goods *pl*
konsumieren *v/t* to consume
Konsumtempel *pej m* temple of consumerism
Konsumverhalten *n* consumer habits *pl*; **umweltfreundliches ~** green consumerism
Konsumverzicht *m* non-consumption
Kontakt *m* contact; **ich habe keinen ~ mehr zu ihr** I'm not in contact with her any more *od* anymore *US*; **~ halten, in ~ bleiben** to keep in touch; **mit j-m/etw in ~ kommen** to come into contact with sb/sth; **mit j-m ~ aufnehmen** *od* **in ~ treten** to get in contact *od* touch with sb; **den ~ wieder löschen** *im Internet* to unfriend
Kontaktadresse *f* **er hinterließ eine ~** he left behind an address where he could be contacted
Kontaktanzeige *f* personal ad
kontaktarm *adj* **er ist ~** he lacks contact with other people
Kontaktarmut *f* lack of human contact
Kontaktdaten *pl* contact details
Kontaktfrau *f* (≈ *Agentin*) contact
kontaktfreudig *adj* sociable, outgoing
kontaktieren *v/t* to contact
Kontaktlinse *f* contact lens
Kontaktlinsenmittel *n* contact lens solution
Kontaktmangel *m* lack of contact
Kontaktmann *m* (≈ *Agent*) contact
Kontaktperson *f* contact
kontaktscheu *adj* shy
Kontamination *f* contamination
kontaminieren *v/i* to contaminate
Konter *m Boxen* counter(punch); *Ballspiele* counterattack, break
Konterangriff *m* counterattack
Konterfei *obs, hum n* likeness, portrait
konterkarieren *v/t* to counteract; *Aussage* to contradict
kontern *v/t & v/i* to counter
Konterrevolution *f* counter-revolution
Kontext *m* context
Kontinent *m* continent
kontinental *adj* continental
Kontinentaleuropa *n* the Continent
Kontinentalklima *n* continental climate
Kontinentalplatte *f* GEOL continental plate
Kontingent *n* contingent; HANDEL quota, share

kontinuierlich A *adj* continuous B *adv* continuously
Kontinuität *f* continuity
Konto *n* account; **auf meinem ~** in my account; **das geht auf mein ~** *umg* (≈ *ich bin schuldig*) I am to blame for this
Kontoauszug *m* (bank) statement
Kontoauszugsdrucker *m* statement printer
Kontobewegung *f* transaction
kontoführend *adj Bank* where an account is held
Kontoführungsgebühr *f* bank charge
Kontoinhaber(in) *m(f)* account holder
Kontokorrent *n* current account, cheque account *Br*, checking account *US*
Kontonummer *f* account number
Kontostand *m* balance
kontra *präp* against; JUR versus
Kontra *n* KART double; **j-m ~ geben** *fig* to contradict sb
Kontrabass *m* double bass; **~ spielen** to play the double bass
Kontrahent(in) *m(f)* (≈ *Gegner*) adversary
Kontraindikation *f* MED contraindication
Kontraktion *f* MED contraction
kontraproduktiv *adj* counterproductive
Kontrapunkt *m* MUS counterpoint
konträr *geh adj Meinungen* contrary, opposite
Kontrast *m* contrast
kontrastarm *adj* **~ sein** to be lacking in contrast
Kontrastbrei *m* MED barium meal
kontrastieren *v/i* to contrast
Kontrastmittel *n* MED contrast medium
Kontrastprogramm *n* alternative programme *Br*, alternative program *US*
kontrastreich *adj* **~ sein** to be full of contrast
Kontrollabschnitt *m* HANDEL counterfoil, stub
Kontrolle *f* 1 control; **die ~ übernehmen** to take control; **über etw** (*akk*) **die ~ verlieren** to lose control of sth; **j-n unter ~ haben** to have sb under control; **der Brand geriet außer ~** the fire got out of control 2 (≈ *Nachprüfung*) check (+*gen* on); (≈ *Aufsicht*) supervision; **j-n/etw einer ~ unterziehen** to check sb/sth; **~n durchführen** to carry out checks 3 (≈ *Stelle*) checkpoint
Kontrolleur(in) *m(f)* inspector
Kontrollgang *m* (inspection) round
kontrollierbar *adj* controllable
kontrollieren *v/t* 1 to control 2 (≈ *nachprüfen*) to check; (≈ *Aufsicht haben über*) to supervise; **j-n/etw nach etw ~** to check sb/sth for sth; **Gemüse aus kontrolliert biologischem Anbau** organically grown vegetables; **staatlich kontrolliert** state-controlled

Kontrolllampe *f* pilot lamp; AUTO **für Ölstand** warning light
Kontrollliste *f* checklist
Kontrollpunkt *m* checkpoint
Kontrollturm *m* control tower
Kontrollzentrum *n* control centre *Br*, control center *US*
kontrovers A *adj* controversial B *adv* **(etw) ~ diskutieren** to have a controversial discussion (about sth)
Kontroverse *f* controversy
Kontur *f* outline, contour; **~en annehmen** to take shape
Konvent *m* 1 (≈ *Versammlung*) convention; **Europäischer ~** European Convention 2 (≈ *Kloster*) convent; (≈ *Mönchskonvent*) monastery
Konvention *f* convention
Konventionalstrafe *f* penalty (for breach of contract)
konventionell A *adj* conventional B *adv* conventionally
Konvergenz *f* convergence
Konvergenzkriterium *n* POL convergence criterion
Konversation *f* conversation
Konversationslexikon *n* encyclopaedia *Br*, encyclopedia *US*
Konversion *f* conversion
konvertieren *v/t* to convert (**in** +*akk* to)
konvex A *adj* convex B *adv* convexly
Konvoi *m* convoy
Konzentrat *n* concentrate
Konzentration *f* concentration (**auf** +*akk* on)
Konzentrationsfähigkeit *f* powers *pl* of concentration
Konzentrationslager *n* HIST concentration camp
Konzentrationsschwäche *f* weak *od* poor concentration
konzentrieren *v/t & v/r* to concentrate (**auf** +*akk* on)
konzentriert A *adj* concentrated B *adv* **arbeiten** intently; **nachdenken** intensely
konzentrisch A *adj* concentric; POL **~e Kreise** concentric circles B *adv* concentrically
Konzept *n* (≈ *Rohentwurf*) draft; (≈ *Plan, Programm* Plan) plan; (≈ *Vorstellung*) concept; **j-n aus dem ~ bringen** to put sb off *bes Br*; *umg aus dem Gleichgewicht* to upset sb; **aus dem ~ geraten** to lose one's thread; **j-m das ~ verderben** to spoil sb's plans
Konzeption *f* 1 MED conception 2 *geh* (≈ *Gedankengang*) idea
Konzeptpapier *n* rough paper
Konzern *m* combine, concern *US*
Konzernchef(in) *m(f)* CEO, chief executive of-

ficer

Konzert *n* concert; **~ im Freien** open-air concert

Konzerthalle *f* concert hall

konzertiert *adj* **~e Aktion** FIN, POL concerted action

Konzertsaal *m* concert hall, auditorium

Konzession *f* ◳ (≈ *Gewerbeerlaubnis*) concession, licence *Br*, license *US* ◳ (≈ *Zugeständnis*) concession (**an** +*akk* to)

Konzessivsatz *m* GRAM concessive clause

Konzil *n* council

konziliant ◳ *adj* (≈ *versöhnlich*) conciliatory; (≈ *entgegenkommend*) generous ◳ *adv* **sich ~ geben** to be conciliatory

konzipieren *v/t* to conceive

Kooperation *f* cooperation

Kooperationspartner(in) *m(f)* cooperative partner, joint venture partner

kooperativ ◳ *adj* cooperative ◳ *adv* cooperatively

Kooperative *f* WIRTSCH cooperative

kooperieren *v/i* to cooperate

Koordinate *f* MATH coordinate

Koordinatenkreuz *n*, **Koordinatensystem** *n* coordinate system

Koordination *f* coordination

Koordinator(in) *m(f)* coordinator

koordinieren *v/t* to coordinate

Koordinierung *f* coordination

Koordinierungskreis *m der EU* coordination group *od* committee

Koordinierungsmethode *f der EU* **offene ~** open method of coordination

Kopf *m* ◳ head; (≈ *Sinn*) head, mind; (≈ *Denker*) thinker; (≈ *leitende Persönlichkeit*) leader; (≈ *Bandenführer*) brains *sg*; **~ oder Zahl?** heads or tails?; **~ hoch!, lass den ~ nicht hängen!** chin up!, cheer up!; **von ~ bis Fuß** from head to foot; **ein kluger ~** an intelligent person; **die besten Köpfe** the best brains; **seinen eigenen ~ haben** *umg* to have a mind of one's own ◳ *mit Präposition* **~ an ~** SPORT neck and neck; **j-m Beleidigungen an den ~ werfen** *umg* to hurl insults at sb; **sich** (*dat*) **an den ~ fassen** verständnislos to be left speechless; **auf dem ~ stehen** to stand on one's head; **sie ist nicht auf den ~ gefallen** she's no fool; **etw auf den ~ stellen** to turn sth upside down; **j-m etw auf den ~ zusagen** to tell sb sth to his/her face; **der Gedanke will mir nicht aus dem ~** I can't get the thought out of my head; **sich** (*dat*) **etw aus dem ~ schlagen** to put sth out of one's mind; **j-m durch den ~ gehen** to go through sb's mind; **sich** (*dat*) **etw durch den ~ gehen lassen** to think about sth; **etw im ~ haben** to have sth in one's head; **nichts als Fußball im ~ haben** to think of nothing but football; **andere Dinge im ~ haben** to have other things on one's mind; **er ist nicht ganz richtig im ~** *umg* he is not quite right in the head *umg*; **das hältst du ja im ~ nicht aus!** *umg* it's absolutely incredible! *umg*; **es will mir nicht in den ~** I can't figure it out; **sie hat es sich** (*dat*) **in den ~ gesetzt, das zu tun** she's dead set on doing it; **mit dem ~ durch die Wand wollen** *umg* to be hell-bent on getting one's own way(, regardless); **es muss ja nicht immer alles nach deinem ~ gehen** you can't have things your own way all the time; **5 Euro pro ~** 5 euros each; **das Einkommen pro ~** the per capita income; **j-m über den ~ wachsen** *wörtl* to outgrow sb; *fig Sorgen etc* to be more than sb can cope with; **ich war wie vor den ~ geschlagen** I was dumbfounded; (j-m) **zu ~(e) steigen** to go to sb's head ◳ *mit Verb* **einen kühlen ~ behalten** to keep a cool head; **seinen ~ durchsetzen** to get one's own way; **den ~ hängen lassen** *fig* to be despondent; **den ~ für j-n/etw hinhalten** *umg* to take the rap for sb/sth; **für etw ~ und Kragen riskieren** to risk one's neck for sth; **ich weiß schon gar nicht mehr, wo mir der ~ steht** I don't know if I'm coming or going; **j-m den ~ verdrehen** to turn sb's head; **den ~ nicht verlieren** not to lose one's head; **j-m den ~ waschen** *fig umg* to give sb a telling-off; **sich** (*dat*) **über etw** (*akk*) **den ~ zerbrechen** to rack one's brains over sth

Kopf-an-Kopf-Rennen *n* neck-and-neck race

Kopfbahnhof *m* terminal (station)

Kopfball *m* FUSSB header

Kopfballtor *n* FUSSB headed goal

Kopfbedeckung *f* headgear

Köpfchen *n* **~ haben** to be brainy *umg*

köpfen *v/t* ◳ j-n to behead; *hum Flasche Wein* to crack (open); **ein Ei ~** to cut the top off an egg ◳ FUSSB to head

Kopfende *n* head

Kopfgeld *n* bounty (*on sb's head*)

Kopfgeldjäger *m* bounty hunter

kopfgesteuert *adj Person, Handeln etc* rational

Kopfhaut *f* scalp

Kopfhörer *m* headphone, earphone

Kopfjäger(in) *m(f)* head-hunter

Kopfkissen *n* pillow

Kopfkissenbezug *m* pillow case *od* slip

kopflastig *adj* top-heavy

Kopflaus *f* head louse

Köpfler *m österr* (≈ *Kopfsprung, Kopfball*) header; **einen ~ machen** to dive headfirst

kopflos ◳ *adj fig* in a panic; *wörtl* headless ◳ *adv*

~ handeln/reagieren to lose one's head
Kopfnote f SCHULE *marks or grades which take into account a pupil's behaviour and participation in class*
Kopfprämie f reward
Kopfrechnen n mental arithmetic
Kopfsalat m lettuce
kopfscheu adj timid, shy; **j-n ~ machen** to intimidate sb
Kopfschmerzen pl headache; **~ haben** to have a headache; **sich** (dat) **wegen etw ~ machen** fig to worry about sth
Kopfschmerztablette f headache tablet
Kopfschuss m shot in the head
Kopfschütteln n **mit einem ~** with a shake of one's head
kopfschüttelnd adj & adv shaking one's head
Kopfschutz m (≈ *Kopfschützer*) headguard
Kopfsprung m dive; **einen ~ machen** to dive (headfirst)
Kopfstand m headstand; **einen ~ machen** to stand on one's head
Kopfsteinpflaster n cobblestones pl
Kopfsteuer f poll tax
Kopfstütze f headrest; AUTO head restraint
Kopftuch n (head)scarf
kopfüber adv headfirst
Kopfverletzung f head injury
Kopfweh n headache; **~ haben** to have a headache
Kopfwunde f head wound
Kopfzerbrechen n **j-m ~ machen** to be a headache for sb umg
Kopie f copy; (≈ *Ablichtung*) photocopy; FOTO print; fig carbon copy
kopieren v/t to copy; (≈ *nachahmen*) to imitate; (≈ *ablichten*) to photocopy
Kopierer m copier
Kopiergerät n photocopier
Kopierschutz m IT copy protection; **mit ~** copy-protected
Kopierstift m indelible pencil
Kopilot(in) m(f) copilot
Koppel f ◫ (≈ *Weide*) paddock ◪ (≈ *Pferdekoppel*) string
koppeln v/t (≈ *verbinden*) to couple (**etw an etw** akk sth to sth); *Raumschiffe* to link up; *Ziele* to combine
Kopp(e)lung f (≈ *Verbindung*) coupling; *von Raumschiffen* linkup
Koproduktion f coproduction
Koproduzent(in) m(f) coproducer
Koralle f coral
Korallen- zssgn coral
Korallenriff n coral reef
korallenrot adj coral(-red)

Koran m Koran
Koranschule f Koranic school
Korb m ◫ basket; **ein ~ Äpfel** a basket of apples ◪ (≈ *Korbgeflecht*) wicker ◩ umg **einen ~ bekommen** to be turned down; **j-m einen ~ geben** to turn sb down
Korbball m basketball
Korbblütler m BOT composite (flower)
Körbchen n ◫ *von Hund* basket ◪ *von Büstenhalter* cup
Korbflasche f demijohn
Korbmacher(in) m(f) basket maker
Korbsessel m wicker(work) od basket(work) chair
Kord etc m → Cord
Kordel f cord, string
Kordhose f corduroy trousers pl Br, corduroy pants pl US, cords pl umg
Kordjacke f cord(uroy) jacket
Korea n Korea
Koreaner(in) m(f) Korean
koreanisch adj Korean
Korfu n Corfu
Koriander m coriander
Korinthe f currant
Kork m BOT cork
Korkeiche f cork oak od tree
Korken m cork; *aus Plastik* stopper
Korkenzieher m corkscrew
korkig adj corky
Kormoran m cormorant
Korn[1] m ◫ (≈ *Samenkorn*) seed, grain; (≈ *Pfefferkorn*) corn; (≈ *Salzkorn, Sandkorn*), a. TECH grain; (≈ *Hagelkorn*) stone ◪ (≈ *Getreide*) grain, cereals pl, corn Br
Korn[2] m (≈ *Kornbranntwein*) corn schnapps
Korn[3] n *am Gewehr* front sight, bead; **j-n aufs ~ nehmen** fig to start keeping tabs on sb
Kornblume f cornflower
Körnchen n small grain, granule; **ein ~ Wahrheit** a grain of truth
Körnerfresser(in) umg m(f) health food freak umg
Körnerfutter n grain (for animal feeding), corn (for animal feeding) Br
Kornfeld n cornfield Br, grain field
körnig adj granular, grainy
kornisch adj Cornish
Kornkammer f granary
Körper m body; *in der Geometrie* solid; **~ und Geist** mind and body; **am ganzen ~ zittern** to tremble all over
Körperbau m physique, build
körperbehindert adj physically handicapped, disabled
Körperbehinderte(r) m/f(m) physically handi-

capped person
Körperbehinderung f (physical) disability od handicap
Körperfett n body fat
Körpergeruch m body odour Br, body odor US, BO umg
Körpergewicht n weight
Körpergröße f height
Körperhaltung f posture, bearing
Körperkamera f body cam
Körperkontakt m physical od bodily contact
körperlich **A** adj physical; (≈ stofflich) material; **~e Arbeit** manual work **B** adv physically
Körperpflege f personal hygiene
Körperscanner m am Flughafen body scanner
Körperschaft f corporation, (corporate) body; **gesetzgebende ~** legislative body
Körperschaft(s)steuer f corporation tax
Körpersprache f body language
Körperteil m part of the body
Körpertemperatur f body temperature
Körperverletzung f JUR physical injury
Korps n MIL corps
korpulent adj corpulent
Korpus n LING corpus
korrekt **A** adj correct; **politisch ~** politically correct **B** adv correctly; gekleidet appropriately; darstellen accurately
Korrektheit f correctness; **politische ~** political correctness
Korrektor(in) m(f) TYPO proofreader
Korrektur f correction; TYPO proofreading; **~ lesen** to proofread (**bei etw** sth)
Korrekturband n correction tape
Korrekturfahne f galley (proof)
Korrekturflüssigkeit f correction fluid, White-Out® US
Korrekturzeichen n proofreader's mark
Korrespondent(in) m(f) correspondent
Korrespondenz f correspondence
korrespondieren v/i to correspond
Korridor m corridor; (≈ Flur) hall(way)
korrigieren v/t to correct; Meinung to change
korrodieren v/t & v/i to corrode
Korrosion f corrosion
korrosionsbeständig adj corrosion-resistant
Korrosionsschutz m corrosion prevention
korrumpieren v/t to corrupt
korrupt adj corrupt
Korruptheit f corruptness
Korruption f corruption
Korse m, **Korsin** f Corsican
Korsett n corset
Korsika n Corsica
korsisch adj Corsican
Korso m (≈ Umzug) parade, procession

Kortison n MED cortisone
Koryphäe f genius; auf einem Gebiet eminent authority
koscher adj kosher
Kosename m pet name
Kosewort n term of endearment
K.-o.-Sieg m knockout victory
Kosinus m MATH cosine
Kosmetik f beauty culture; (≈ Kosmetika), a. fig cosmetics pl
Kosmetiker(in) m(f) beautician, cosmetician
Kosmetikkoffer m vanity case
Kosmetiksalon m, **Kosmetikstudio** n beauty parlour Br, beauty parlor US
Kosmetiktasche f toiletry bag
Kosmetiktuch n paper tissue
kosmetisch **A** adj cosmetic **B** adv behandeln cosmetically
kosmisch adj cosmic
Kosmonaut(in) m(f) cosmonaut
kosmopolitisch adj cosmopolitan
Kosmos m cosmos
Kosovare m Kosovar
Kosovarin f Kosovar (woman/girl)
Kosovo m GEOG (**der**) od (**das**) **~** Kosovo
Kost f **1** (≈ Nahrung) fare; **vegetarische ~** vegetarian diet **2** **~ und Logis** board and lodging
kostbar adj (≈ wertvoll) valuable, precious; (≈ luxuriös) luxurious, sumptuous
Kostbarkeit f (≈ Gegenstand) precious object; (≈ Leckerbissen) delicacy
kosten[1] v/t **1** to cost; **er/sie/es kostet 1 Pfund** it's one pound; **sie ~ 35 Pence** they are 35 pence; **wie viel kostet/kosten ...?** how much is/are ...?; **was kostet das?** how much od what does it cost?; **koste es, was es wolle** whatever the cost; **j-n sein Leben/den Sieg ~** to cost sb his life/the victory **2** (≈ in Anspruch nehmen) Zeit, Geduld etc to take
kosten[2] v/t & v/i (≈ probieren) to taste; **von etw ~** to taste od try sth
Kosten pl cost(s) (pl); (≈ Unkosten) expenses pl; **die ~ tragen** to bear the cost(s) (pl); **auf ~ von** (od +gen) fig at the expense of; **auf seine ~ kommen** to cover one's expenses; fig to get one's money's worth; **die ~ senken** to cut costs
kostenbewusst adj cost-conscious
Kostenbewusstsein n cost-consciousness, cost-awareness
Kostendämpfung f curbing cost expansion
kostendeckend **A** adj **~e Preise** prices that cover one's costs **B** adv cost-effectively; **~ arbeiten** to cover one's costs
Kostendeckung f cost-effectiveness
Kostenerstattung f refund (of expenses)
Kostenexplosion f runaway costs pl

Kostenfaktor m cost factor
kostengünstig **A** adj economical **B** adv produzieren economically
kostenintensiv adj WIRTSCH cost-intensive
kostenlos adj & adv free (of charge)
Kosten-Nutzen-Analyse f cost-benefit analysis
kostenpflichtig adj liable to pay costs; **eine Klage ~ abweisen** to dismiss a case with costs
Kostenrechnung f calculation of costs
Kostensenkung f reduction in costs
kostensparend adj cost-saving
Kostensteigerung f increase in costs
Kostenstelle f cost centre Br, cost center US
Kostenträger(in) m(f) **(der) ~ sein** to bear the cost
Kostentreiber m WIRTSCH, FIN cost driver
Kostenvoranschlag m (costs) estimate
köstlich **A** adj **1** Wein, Speise exquisite **2** (≈ amüsant) priceless **B** adv **1** (≈ gut) schmecken delicious **2** sich ~ amüsieren to have a great time
Köstlichkeit f (≈ köstliche Sache) treat; **eine kulinarische ~** a culinary delicacy
Kostprobe f von Wein, Käse etc taste; fig sample
kostspielig adj costly
Kostüm n **1** THEAT costume **2** (≈ Verkleidung) fancy dress **3** (≈ Damenkostüm) suit
Kostümball m fancy-dress ball
Kostümbildner(in) m(f) costume designer
kostümieren v/r to dress up
Kostümprobe f THEAT dress rehearsal
Kot form m excrement
Kotelett n chop
Kotelette f sideburn
Köter pej m damn dog umg
Kotflügel m wing, fender US
kotzen sl v/i to throw up umg, to puke sl; **das ist zum Kotzen** it makes you sick
kotzübel umg adj **mir ist ~** I feel like throwing up umg
Krabbe f crab; umg (≈ Garnele) shrimp; größer prawn
Krabbeldecke f baby od nursery rug
krabbeln v/i to crawl
Krabbencocktail m prawn cocktail
krach int crash
Krach m **1** (≈ Lärm) noise, din; **~ machen** to make a noise od din **2** umg (≈ Streit) row umg (um about); **mit j-m ~ haben** to have a row with sb umg; **~ schlagen** to make a fuss
krachen **A** v/i **1** to crash; Holz to creak; Schuss to ring out; Tür beim Zufallen to bang, to slam; **gegen etw ~** to crash into sth; **gleich kracht's** umg there's going to be trouble; **es hat gekracht** umg Zusammenstoß there's been a crash **2** umg (≈ brechen) to break; Eis to crack **3** umg ausgelassen feiern **es ~ lassen** to let one's hair down **B** v/r umg to have a row umg
Kracher m banger Br, firecracker US
Kracherl n österr (≈ Limonade, Sprudel) (fizzy) pop
Krachmacher(in) umg: wörtl m(f) noisy person; fig troublemaker
krächzen v/i to croak
Kräcker m (≈ Keks) cracker
kraft form präp **~ meines Amtes** by virtue of my office
Kraft f **1** körperlich, sittlich strength kein pl; geistig powers pl; von Stimme power; (≈ Energie) energy, energies pl; **die Kräfte (mit j-m) messen** to try one's strength (against sb); fig to pit oneself against sb; **mit letzter ~** with one's last ounce of strength; **das geht über meine Kräfte** it's too much for me; **ich bin am Ende meiner ~** I can't take any more; **mit aller ~** with all one's might; **aus eigener ~** by oneself; **nach (besten) Kräften** to the best of one's ability; **neue Kräfte sammeln** to gather one's strength; **wieder zu Kräften kommen** to regain one's strength; **die treibende ~** fig the driving force; **volle ~ voraus!** SCHIFF full speed ahead **2** JUR (≈ Geltung) force; **in ~ sein/treten** to be in/come into force; **außer ~ sein** to be no longer in force **3** (≈ Arbeitskraft) employee, worker; (≈ Haushaltskraft) domestic help
Kraftakt m strongman act; fig show of strength
Kraftanstrengung f exertion
Kraftaufwand m effort
Kraftausdruck m swearword
Kraftbrühe f beef tea
Kräfteverhältnis n POL balance of power; von Mannschaften etc relative strength
Kraftfahrer(in) form m(f) driver
Kraftfahrzeug n form motor vehicle
Kraftfahrzeugbrief m (vehicle) registration document
Kraftfahrzeugkennzeichen n (vehicle) registration
Kraftfahrzeugmechaniker(in) m(f) motor mechanic
Kraftfahrzeugschein m (vehicle) registration document
Kraftfahrzeugsteuer f motor vehicle tax, road tax Br
Kraftfahrzeugversicherung f car insurance
Kraftfeld n PHYS force field
kräftig **A** adj strong; Pflanze healthy; Schlag hard; Händedruck firm; Essen nourishing; **eine ~e Tracht Prügel** a good beating **B** adv gebaut strongly, powerfully; zuschlagen, drücken hard; lachen heartily; fluchen violently; **etw ~ schütteln** to give sth a good shake; **j-n ~ verprügeln**

to give sb a thorough beating; **die Preise sind ~ gestiegen** prices have really gone up
kräftigen v/t to strengthen
kraftlos adj (≈ schwach) weak; (≈ machtlos) powerless
Kraftlosigkeit f weakness
Kraftprobe f test of strength
Kraftprotz umg m muscle man umg
Kraftstoff m fuel; (≈ Benzin) petrol Br, gas US
Kraftstoffverbrauch m fuel consumption
kraftstrotzend adj vigorous
Krafttraining n power training
kraftvoll **A** adj Stimme powerful **B** adv powerfully
Kraftwagen m motor vehicle
Kraftwerk n power station
Kragen m collar; **j-n beim ~ packen** to grab sb by the collar; fig umg to collar sb; **mir platzte der ~** umg I blew my top umg; **jetzt geht's ihm an den ~** umg he's (in) for it now umg
Kragenweite wörtl f collar size; **das ist nicht meine ~** fig umg that's not my cup of tea umg
Krähe f crow
krähen v/i to crow
Krähenfüße pl an den Augen crow's feet pl
Krake m octopus; Mythologie Kraken
krakeelen umg v/i to make a racket umg
Krakel umg m scrawl, scribble
Krakelei umg f scrawl, scribble
krak(e)lig adj scrawly
krakeln v/t & v/i to scrawl, to scribble
Kralle f claw; (≈ Parkkralle) wheel clamp Br, Denver boot US; **j-n/etw in seinen ~n haben** fig umg to have sb/sth in one's clutches
krallen v/r **sich an j-n/etw ~** to cling to sb/sth
Kram umg m (≈ Gerümpel) junk; (≈ Zeug) stuff umg; (≈ Angelegenheit) business; **das passt mir nicht in den ~** it's a confounded nuisance
kramen **A** v/i (≈ wühlen) to rummage about (**in** +dat in od **nach** for) **B** v/t **etw aus etw ~** to fish sth out of sth
Kramladen pej umg m junk shop
Krampf m ❶ (≈ Zustand) cramp; (≈ Zuckung) spasm; wiederholt convulsion(s) (pl); (≈ Anfall, Lachkrampf) fit ❷ umg (≈ Getue) palaver umg; (≈ Unsinn) nonsense
Krampfader f varicose vein
krampfartig **A** adj convulsive **B** adv convulsively
krampfhaft **A** adj Zuckung convulsive; umg (≈ verzweifelt) desperate; Lachen forced **B** adv **sich ~ bemühen** to try desperately hard; **sich ~ an etw** (dat) **festhalten** to cling desperately to sth
krampflösend adj antispasmodic fachspr
Krampus m österr companion of St Nicholas

Kran m ❶ crane ❷ dial (≈ Hahn) tap bes Br, faucet US
Kranführer(in) m(f) crane driver od operator
Kranich m ORN crane
krank adj (≈ nicht gesund), a. fig ill mst präd, sick; (≈ leidend) invalid; Organ diseased; Zahn, Bein bad; **~ werden** to fall ill od sick; **schwer ~** seriously ill; **du machst mich ~!** umg you get on my nerves! umg
Kranke(r) m/f(m) sick person; **die ~n** the sick
kränkeln v/i to be ailing
kranken v/i to suffer (**an** +dat from)
kränken v/t **j-n ~** to hurt sb('s feelings), to offend sb; (≈ aus der Fassung bringen) to upset sb; **sie war sehr gekränkt** she was very hurt
Krankenbesuch m visit (to a sick person); von Arzt (sick) call
Krankenbett n sickbed
Krankengeld n sickness benefit; von Firma sick pay
Krankengymnast(in) m(f) physiotherapist
Krankengymnastik f physiotherapy, physical therapy US
Krankenhaus n hospital; **im ~ sein** to be in hospital
Krankenhausaufenthalt m stay in hospital
Krankenhausinfektion f hospital od nosocomial infection, hospital bug umg
krankenhausreif adj **j-n ~ schlagen** to beat the hell out of sb umg
Krankenkasse f, **Krankenkassa** österr f medical insurance company
Krankenpflege f nursing
Krankenpfleger m orderly; mit Schwesternausbildung male nurse
Krankenschein m medical insurance record card
Krankenschwester f nurse
krankenversichert adj **~ sein** to have medical insurance
Krankenversichertenkarte f health insurance card
Krankenversicherung f medical insurance; **private ~** private medical insurance
Krankenversicherungskarte f → Krankenversichertenkarte
Krankenwagen m ambulance
krankfeiern umg v/i to take a sickie umg
krankhaft adj ❶ diseased; Aussehen sickly ❷ seelisch pathological
Krankheit f illness; von Pflanzen disease; **wegen ~** due to illness; **nach langer ~** after a long illness; **während/seit meiner ~** during/since my illness
Krankheitsbild n symptoms pl
Krankheitserreger m pathogen

kranklachen *umg v/r* to kill oneself (laughing) *umg*
kränklich *adj* sickly, unhealthy
krankmelden *v/r telefonisch* to phone in sick *Br*, to call in sick *US*; *bes* MIL to report sick
Krankmeldung *f* notification of illness, sick note
krankschreiben *v/t* **j-n ~** to sign sb off sick; *bes* MIL to put sb on the sick list
Kränkung *f* insult
Kranz *m* **1** wreath **2** (≈ *kreisförmig Angeordnetes*) ring, circle
Kränzchen *n fig* (≈ *Kaffeekränzchen*) coffee circle
Krapfen *m dial* GASTR ≈ doughnut *Br*, ≈ donut *US*
krass **A** *adj* **1** (≈ *auffallend*) glaring; *Unterschied, Fall* extreme; *Ungerechtigkeit, Lüge* blatant; *Außenseiter* rank **2** *sl* (≈ *toll*) wicked *sl*; **voll ~** (≈ *sehr gut*) totally wicked *sl*; (≈ *schlimm*) totally kronik *sl* **B** *adv sich ausdrücken* crudely; *schildern* garishly; *kontrastieren* sharply; **~ gesagt** to put it bluntly
Krater *m* crater
Kraterlandschaft *f* crater(ed) landscape
Kratzbürste *f* wire brush; *umg* prickly character
kratzbürstig *umg adj* prickly
Krätze *f* MED scabies
kratzen **A** *v/t* **1** to scratch; (≈ *abkratzen*) to scrape (**von** off) **2** *umg* (≈ *stören*) to bother; **das kratzt mich nicht** *umg* I couldn't care less (about that) **B** *v/i* to scratch; **es kratzt (mir) im Hals** my throat feels rough; **an etw** (*dat*) **~** *fig* to scratch away at sth **C** *v/r* to scratch oneself
Kratzer *m* (≈ *Schramme*) scratch
kratzfest *adj* non-scratch *attr*, scratchproof
kratzig *umg adj* scratchy *umg*
Kratzwunde *f* scratch
Kraul *n Schwimmen* crawl
kraulen[1] **A** *v/i* SPORT to do the crawl **B** *v/t* SPORT **er hat** *od* **ist 100 m gekrault** he did a 100m crawl
kraulen[2] *v/t* to fondle
kraus *adj* crinkly; *Haar* frizzy; *Stirn* wrinkled; *fig* (≈ *verworren*) muddled, confused
Krause *f* **1** (≈ *Halskrause*) ruff; *an Ärmeln etc* ruffle, frill **2** *umg* (≈ *Frisur*) frizzy hair
kräuseln **A** *v/t Haar* to make frizzy, to curl; *Handarbeiten* to gather; *Stoff* to crimp; *Stirn* to knit; *Nase* to screw up; *Wasseroberfläche* to ruffle **B** *v/r Haare* to go frizzy, to curl; *Stirn, Nase* to wrinkle up
Krauskopf *m* (≈ *Mensch*) curly-head
krausziehen *v/t* **die Stirn ~** to knit one's brow; *missbilligend* to frown
Kraut *n* **1** herb; **dagegen ist kein ~ gewachsen** *fig* there is no remedy for that; **wie ~ und Rüben durcheinanderliegen** *umg* to lie (around) all over the place *umg* **2** (≈ *Sauerkraut*) sauerkraut; *österr, südd* (≈ *Weißkohl*) cabbage
Kräuterbutter *f* herb butter
Kräuteressig *m* aromatic vinegar
Kräuterkäse *m* herb cheese
Kräuterlikör *m* herbal liqueur
Kräutertee *m* herb(al) tea
Krautkopf *m österr, südd* cabbage
Krautsalat *m* ≈ coleslaw
Krautwickel *m österr, südd* GASTR stuffed cabbage leaves *pl*
Krawall *m* (≈ *Aufruhr*) riot; *umg* (≈ *Lärm*) racket *umg*; **~ machen** *umg* to make a racket *umg*; **~ machen** *od* **schlagen** (≈ *sich beschweren*) to kick up a fuss
Krawallbruder *umg m* hooligan; (≈ *Krakeeler*) rowdy *umg*
Krawatte *f* tie, necktie *bes US*
kraxeln *v/i bes österr, südd* to clamber (up)
Kreatin *n* MED creatine
Kreation *f in der Mode etc* creation
kreativ **A** *adj* creative; (≈ *künstlerisch*) artistic **B** *adv* creatively; **~ begabt** creative
Kreativität *f* creativity
Kreatur *f* **1** creature **2** (≈ *alle Lebewesen*) **die ~** all creation
Krebs *m* **1** (≈ *Taschenkrebs*) crab; (≈ *Flusskrebs*) crayfish, crawfish *US*; **rot wie ein ~** red as a lobster **2** ASTROL Cancer; **(ein) ~ sein** to be (a) Cancer **3** MED cancer; **~ erregend** *od* **auslösend** carcinogenic
krebsen *v/i umg* (≈ *sich abmühen*) to struggle
krebserregend *adj* carcinogenic
krebsfördernd *adj* cancer-inducing; **~ wirken** to increase the risk of (getting) cancer
Krebsforschung *f* cancer research
Krebsgeschwür *n* MED cancerous ulcer; *fig* cancer
Krebsklinik *f* cancer clinic
krebskrank *adj* suffering from cancer; **~ sein** to have cancer
Krebskranke(r) *m/f(m)* cancer victim; (≈ *Patient*) cancer patient
krebsrot *adj* red as a lobster
Krebstiere *pl* crustaceans *pl*, crustacea *pl*
Krebsvorsorgeuntersuchung *f* cancer checkup
Kredit *m* credit *kein pl*, loan; **auf ~** on credit; **~ haben** *fig* to have standing
Kreditanstalt *f* credit institution
Kreditaufnahme *f* borrowing
Kreditbrief *m* letter of credit
kreditfähig *adj* creditworthy
Kreditgeber(in) *m(f)* creditor
Kreditgeschäft *n* credit transaction
Kredithai *umg m* loan shark *umg*

kreditieren v/t **j-m einen Betrag ~** to credit sb with an amount
Kreditinstitut n bank
Kreditkarte f credit card; **mit ~ zahlen** to pay by credit card
Kreditkartennummer f credit card number
Kreditkrise f WIRTSCH, FIN credit crunch, credit crisis
Kreditlimit n credit limit
Kreditnehmer(in) m(f) borrower
Kreditpolitik f lending policy
Kreditrahmen m credit range
Kreditwirtschaft f banking industry
kreditwürdig adj creditworthy
Kreditwürdigkeit f creditworthiness
Kreide f chalk; **bei j-m in der ~ stehen** to be in debt to sb
kreidebleich adj (as) white as a sheet
Kreidefelsen m chalk cliff
kreideweiß adj → kreidebleich
Kreidezeichnung f chalk drawing
kreieren v/t to create
Kreis m **1** circle; **(weite) ~e ziehen** fig to have (wide) repercussions; **sich im ~ bewegen** fig to go (a)round in circles; **der ~ schließt sich** fig we've etc come full circle; **weite ~e der Bevölkerung** wide sections of the population; **im ~e seiner Familie** with his family; **eine Feier im kleinen ~e** a celebration for a few close friends and relatives; **das kommt in den besten ~en vor** that happens even in the best of circles **2** ELEK (≈ Stromkreis) circuit **3** (≈ Stadtkreis, Landkreis) district
Kreisbahn f ASTRON, RAUMF orbit
Kreisbewegung f rotation, circular motion
kreischen v/i to screech, to scream
Kreisdiagramm n pie chart
Kreisel m (≈ Spielzeug) (spinning) top; umg im Verkehr roundabout Br, traffic circle US, rotary US
kreisen v/i to circle (**um** around od **über** +dat over); Satellit, Planet to orbit (**um etw** sth); fig Gedanken to revolve (**um** around); **die Arme ~ lassen** to swing one's arms around (in a circle)
kreisförmig **A** adj circular **B** adv **sich ~ bewegen** to move in a circle; **~ angelegt** arranged in a circle
Kreislauf m circulation; **der Natur** cycle
Kreislaufkollaps m circulatory collapse
Kreislaufstörungen pl circulatory trouble sg
Kreissäge f circular saw
Kreißsaal m delivery room
Kreisstadt f district town, ≈ county town Br
Kreisumfang m circumference (of a/the circle)
Kreisverkehr m roundabout Br, traffic circle US, rotary US
Krematorium n crematorium

Kreml m Kremlin
Krempe f (≈ Hutkrempe) brim
Krempel umg m (≈ Sachen) stuff umg; (≈ wertloses Zeug) junk
Kren m österr horseradish; **seinen ~ zu etw geben** to have one's say about sth
krepieren v/i **1** (≈ platzen) to explode **2** umg (≈ sterben) to croak (it) umg
Krepp m crepe
Krepppapier n crepe paper
Kreppsohle f crepe sole
Kresse f cress
Kreta n Crete
kretisch adj Cretan
kreuz adv **~ und quer** all over; **~ und quer durch die Gegend** all over the place
Kreuz n **1** cross; als Anhänger etc crucifix; **es ist ein ~ mit ihm/damit** he's/it's an awful problem **2** ANAT small of the back; **ich habe Schmerzen im ~** I've got (a) backache **3** MUS sharp **4** (≈ Autobahnkreuz) intersection **5** Spielkartenfarbe clubs pl; einzelne Karte club
Kreuzband n ANAT cruciate ligament
Kreuzbein n ANAT sacrum; von Tieren rump-bone
kreuzen **A** v/t to cross **B** v/r to cross; Interessen to clash; **die Briefe haben sich gekreuzt** the letters crossed in the mail od post Br
Kreuzer m SCHIFF cruiser
Kreuzfahrt f SCHIFF cruise; **eine ~ machen** to go on a cruise
Kreuzfahrtschiff n cruise ship
Kreuzfeuer n crossfire; **ins ~ (der Kritik) geraten** fig to come under fire (from all sides)
Kreuzgang m cloister
kreuzigen v/t to crucify
Kreuzigung f crucifixion
Kreuzkümmel m cumin
Kreuzotter f ZOOL adder, viper
Kreuzschlitzschraubenzieher m Phillips® screwdriver
Kreuzschlüssel m wheel brace
Kreuzschmerzen pl backache sg
Kreuzung f **1** (≈ Straßenkreuzung) crossroads sg **2** (≈ das Kreuzen) crossing **3** (≈ Rasse) hybrid; (≈ Tiere) cross, crossbreed
Kreuzverhör n cross-examination; **j-n ins ~ nehmen** to cross-examine sb
Kreuzweg m crossroads sg
kreuzweise adv crosswise; **du kannst mich ~!** umg (you can) get stuffed! Br umg, you can kiss my ass! US sl
Kreuzworträtsel n crossword puzzle
Kreuzzug m crusade
Krevette f shrimp
kribbelig umg adj edgy umg

kribbeln **A** v/t (≈ *kitzeln*) to tickle; (≈ *jucken*) to make itch **B** v/i (≈ *jucken*) to itch; (≈ *prickeln*) to tingle; **es kribbelt mir in den Fingern, etw zu tun** *umg* I'm itching to do sth
Kricket n cricket
Kricketspieler(in) m(f) cricketer
kriechen v/i to creep, to crawl; *fig Zeit* to creep by; *fig* (≈ *unterwürfig sein*) to grovel (**vor** +*dat* before), to crawl (**vor** +*dat* to); **auf allen vieren ~** to crawl on all fours
Kriecher(in) *umg* m(f) groveller *Br*, groveler *US*, crawler *Br umg*
kriecherisch *umg adj* grovelling *Br*, groveling *US*
Kriechspur f crawler lane
Kriechtier n ZOOL reptile
Krieg m war; **einer Partei** *etc* **den ~ erklären** *fig* to declare war on a party *etc*; **~ führen (mit** *od* **gegen)** to wage war (on); **~ führend** warring; **sich im ~ befinden (mit)** to be at war (with)
kriegen *umg* v/t to get; *Zug a.* to catch; **sie kriegt ein Kind** she's going to have a baby; **dann kriege ich zu viel** then it gets too much for me
Krieger(in) m(f) warrior
Kriegerdenkmal n war memorial
kriegerisch *adj* warlike; *Haltung* belligerent; **~e Auseinandersetzung** military conflict; **sie haben sich jahrelang ~ bekämpft** they've been fighting each other for years
kriegführend *adj* warring
Kriegführung f warfare
Kriegsausbruch m outbreak of war; **es kam zum ~** war broke out
kriegsbedingt *adj* caused by (the) war
Kriegsbeginn m start of the war
Kriegsbeil n tomahawk; **das ~ begraben** *fig* to bury the hatchet
Kriegsbemalung f war paint
Kriegsberichterstatter(in) m(f) war correspondent
Kriegsbeschädigte(r) m/f(m) war-disabled person
Kriegsdienst m military service
Kriegsdienstverweigerer m, **Kriegsdienstverweigerin** f conscientious objector
Kriegsende n end of the war
Kriegserklärung f declaration of war
Kriegsfall m (eventuality of a) war; **dann träte der ~ ein** then war would break out
Kriegsfilm m war movie
Kriegsfreiwillige(r) m/f(m) (wartime) volunteer
Kriegsfuß *umg* m **mit j-m auf ~ stehen** to be at odds with sb
Kriegsgebiet n war zone
Kriegsgefahr f danger of war
Kriegsgefangene(r) m/f(m) prisoner of war, P.O.W.
Kriegsgefangenschaft f captivity; **in ~ sein** to be a prisoner of war
Kriegsgegner(in) m(f) opponent of a/the war; (≈ *Pazifist*) pacifist
Kriegsgericht n (wartime) court martial; **j-n vor ein ~ stellen** to court-martial sb
Kriegsherr(in) m(f) warlord
Kriegskamerad(in) m(f) fellow soldier
Kriegsopfer n war victim
Kriegsrecht n conventions of war *pl*; MIL martial law
Kriegsschauplatz m theatre of war *Br*, theater of war *US*
Kriegsschiff n warship
Kriegsspiel n war game
Kriegsspielzeug n war toy
Kriegstreiber(in) *pej* m(f) warmonger
Kriegsverbrechen n war crime
Kriegsverbrecher(in) m(f) war criminal
Kriegsversehrte(r) m/f(m) war-disabled person
Kriegszeit f wartime; **in ~en** in times of war
Kriegszustand m state of war; **im ~** at war
Krim f **die ~** the Crimea
Krimi *umg* m (crime) thriller; *rätselhaft* whodunnit *umg*; *mit Detektiv* detective story
Kriminalbeamte(r) m, **Kriminalbeamtin** f detective
Kriminalfilm m crime movie; *rätselhaft* murder mystery
kriminalisieren v/t to criminalize
Kriminalist(in) m(f) criminologist
Kriminalistik f criminology
kriminalistisch *adj* criminological
Kriminalität f crime; (≈ *Ziffer*) crime rate; **organisierte ~** organized crime
Kriminalitätsrate f crime rate
Kriminalkommissar(in) m(f) detective superintendent
Kriminalpolizei f criminal investigation department
Kriminalpolizist(in) m(f) detective
Kriminalroman m (crime) thriller
kriminell *adj* criminal; **~ werden** to become a criminal; **~e Energie** criminal resolve
Kriminelle(r) m/f(m) criminal
Krimskrams *umg* m odds and ends *pl*
Kringel m *der Schrift* squiggle
kringelig *adj* crinkly
Kripo *umg* f **die ~** the cops *pl umg*
Krippe f **1** (≈ *Futterkrippe*) (hay)rack **2** (≈ *Weihnachtskrippe*) crib; BIBEL crib, manger **3** (≈ *Kinderhort*) crèche *Br*, daycare centre *Br*, daycare center *US*
Krippenspiel n nativity play
Krippentod m cot death *Br*, crib death *US*

Krise f crisis; **er hatte eine schwere ~** he was going through a difficult crisis; **die ~ kriegen** umg to go crazy umg
kriseln umg v/i **es kriselt** trouble is brewing
krisenanfällig adj crisis-prone
krisenfest adj stable
Krisengebiet n crisis area
Krisenherd m flash point, trouble spot
Kriseninterventionsteam n crisis intervention team
Krisenmanagement n crisis management
Krisenplan m contingency plan
Krisenreaktionszentrum n POL crisis centre Br, crisis center US
Krisenregion f trouble spot
krisensicher A adj crisis-proof B adv in a crisis-proof way
Krisensituation f crisis (situation)
Krisensitzung f emergency session
Krisenstab m crisis committee
Krisenstimmung f crisis mood, mood of crisis
Kristall[1] m crystal
Kristall[2] n (≈ Kristallglas) crystal (glass); (≈ Kristallwaren) crystalware
kristall- zssgn crystal
Kristallglas n crystal glass
kristallisieren v/i & v/r to crystallize
kristallklar adj crystal-clear
Kristallleuchter m crystal chandelier
Kriterium n criterion
Kritik f 1 criticism (**an** +dat of); **an j-m/etw ~ üben** to criticize sb/sth; **unter aller ~ sein** umg to be beneath contempt 2 (≈ Rezension) review
Kritiker(in) m(f) critic
kritikfähig adj 1 fähig, Kritik zu ertragen capable of taking criticism; **er ist nicht ~** he can't take criticism 2 fähig, Kritik zu üben able to criticize
kritiklos adj uncritical; **etw ~ hinnehmen** to accept sth without criticism
Kritikpunkt m point of criticism
kritisch A adj critical B adv sich äußern critically; **die Lage ~ beurteilen** to make a critical appraisal of the situation; **j-m ~ gegenüberstehen** to be critical of sb
kritisieren v/t & v/i to criticize
kritteln v/i to find fault (**an** +dat od **über** +akk with)
Kritzelei f scribble
kritzeln v/t & v/i to scribble, to scrawl
Kroate m, **Kroatin** f Croat, Croatian
Kroatien n Croatia
kroatisch adj Croat, Croatian
Krokant m GASTR cracknel
Krokette f GASTR croquette
Krokodil n crocodile

Krokodilstränen pl crocodile tears pl
Krokus m crocus
Krone f 1 crown; **die ~ der Schöpfung** the pride of creation; **das setzt doch allem die ~ auf** umg that beats everything; **einen in der ~ haben** umg to be tipsy 2 von Baum top 3 (≈ Währungseinheit) crown; in Dänemark, Norwegen krone; in Schweden, Island krona
krönen v/t to crown; **j-n zum König ~** to crown sb king; **von Erfolg gekrönt sein** to be crowned with success
Kronerbe m heir to the crown
Kronerbin f heiress to the crown
Kronjuwelen pl crown jewels pl
Kronkolonie f crown colony
Kronkorken m crown cap
Kronleuchter m chandelier
Kronprinz m crown prince; in Großbritannien a. Prince of Wales
Kronprinzessin f crown princess
Krönung f coronation; fig von Veranstaltung high point
Kronzeuge m, **Kronzeugin** f JUR **als ~ auftreten** to turn King's/Queen's evidence Br, to turn State's evidence US; (≈ Hauptzeuge sein) to appear as principal witness
Kropf m 1 von Vogel crop 2 MED goitre Br, goiter US
kross nordd A adj crisp B adv backen, braten until crisp
Kröte f ZOOL toad; **eine ~ schlucken müssen** Unangenehmes in Kauf nehmen to swallow a bitter pill
Krücke f crutch; **an ~n** (dat) **gehen** to walk on crutches
Krug m (≈ Milchkrug etc) jug; (≈ Bierkrug) (beer) mug; **ein ~ Orangensaft** a jug of orange juice
Krümel m (≈ Brotkrümel etc) crumb
krümelig adj crumbly
krümeln v/t & v/i to crumble
krumm A adj 1 crooked; Beine bandy; Rücken hunched; **etw ~ biegen** to bend sth; **sich ~ und schief lachen** umg to fall about laughing umg 2 umg (≈ unehrlich) **ein ~es Ding drehen** sl to do something crooked; **etw auf die ~e Tour versuchen** to try to wangle sth umg B adv **~ stehen/sitzen** to slouch; **~ gehen** to walk with a stoop; **~ gewachsen** crooked; **keinen Finger ~ machen** umg not to lift a finger
krümmen A v/t to bend; **gekrümmte Oberfläche** curved surface B v/r to bend; Fluss to wind; Straße to curve; **sich vor Schmerzen** (dat) **~** to double up with pain
krummlachen umg v/r to double up with laughter
krummnehmen umg v/t **(j-m) etw ~** to take

offence at sth Br, to take offense at sth US
Krümmung f von Weg, Fluss turn, bend; MATH, MED curvature; Optik curvature
Krüppel m neg! cripple; **j-n zum ~ machen** to cripple sb
Kruste f crust; von Schweinebraten crackling; von Braten crisped outside
Krustentier n crustacean
krustig adj crusty
Krux f (≈ Schwierigkeit) trouble, problem; **die ~ bei der Sache ist, ...** the trouble od problem (with that) is ...
Kruzifix n crucifix
kryptisch adj Bemerkung cryptic
Kryptogramm n cryptogram
KTU f (= kriminaltechnische Untersuchung) forensic investigation
Kuba n Cuba
Kubaner(in) m(f) Cuban
kubanisch adj Cuban
Kübel m bucket; für Pflanzen tub; **es regnet wie aus ~n** it's bucketing down Br, it's coming down in buckets US
Kübelpflanze f container plant
Kubik n AUTO umg (≈ Hubraum) cc
Kubikmeter m/n cubic metre Br, cubic meter US
Kubikwurzel f cube root
Kubikzahl f cube number
Kubikzentimeter m/n cubic centimetre Br, cubic centimeter US
kubisch adj cubic(al)
Kubismus m KUNST cubism
Küche f **1** kitchen; klein kitchenette **2** (≈ Kochkunst) **die chinesische ~** Chinese cooking **3** (≈ Speisen) dishes pl, food; **warme/kalte ~** hot/cold food
Kuchen m cake; gedeckt pie; mit Obst gedeckt (fruit) flan
Küchenchef(in) m(f) chef
Kuchenform f cake tin Br, cake pan US
Kuchengabel f pastry fork
Küchengerät n kitchen utensil; elektrisch kitchen appliance
Küchenhilfe f kitchen help
Küchenmaschine f food processor
Küchenmesser n kitchen knife
Küchenpersonal n kitchen staff
Küchenschabe f ZOOL cockroach
Küchenschrank m (kitchen) cupboard
Kuchenteig m cake mixture; (≈ Hefeteig) dough
Kuchenteller m cake plate
Küchentisch m kitchen table
Küchentuch n kitchen towel
Kuckuck m **1** cuckoo **2** umg (≈ Siegel des Gerichtsvollziehers) bailiff's seal (for distraint of goods) **3** umg **zum ~ (noch mal)!** hell's bells! umg; **(das) weiß der ~** heaven (only) knows umg
Kuckucksuhr f cuckoo clock
Kuddelmuddel umg m/n muddle
Kufe f von Schlitten etc runner; von Flugzeug skid
Küfer(in) m(f) cellarman/-woman; schweiz, südd (≈ Böttcher) cooper
Kugel f ball; geometrische Figur sphere; (≈ Erdkugel) globe; (≈ Kegelkugel) bowl; (≈ Gewehrkugel) bullet; für Luftgewehr pellet; (≈ Kanonenkugel) (cannon)ball; SPORT (≈ Stoßkugel) shot; **eine ruhige ~ schieben** umg to have a cushy number umg
Kugelblitz m METEO ball lightning
kugelförmig adj spherical
Kugelhagel m hail of bullets
Kugelkopf m golf ball
Kugellager n ball bearing
kugeln **A** v/i (≈ rollen, fallen) to roll **B** v/r to roll (around); **sich (vor Lachen) ~** umg to double up (laughing)
kugelrund adj as round as a ball
Kugelschreiber m ballpoint (pen), Biro® Br; **mit ~ schreiben** to write in ballpoint pen
kugelsicher adj bullet-proof
Kugelstoßen n shot-putting
Kugelstoßer(in) m(f) shot-putter
Kuh f cow; **heilige Kuh** sacred cow
Kuhdorf pej umg n one-horse town umg
Kuhfladen m cowpat
Kuhglocke f cowbell
Kuhhandel pej umg m horse-trading kein pl umg
Kuhhaut f cowhide; **das geht auf keine ~** umg that is absolutely staggering
kühl **A** adj cool; **mir wird etwas ~** I'm getting rather chilly; **einen ~en Kopf bewahren** to keep a cool head **B** adv etw **~ lagern** to store sth in a cool place; **„kühl servieren"** "serve chilled"
Kühlaggregat n refrigeration unit
Kühlanlage f refrigeration plant
Kühlbecken n für Brennelemente cooling pond
Kühlbox f cooler
Kuhle f nordd hollow; (≈ Grube) pit
Kühle f coolness
kühlen **A** v/t to cool; auf Eis to chill; → gekühlt **B** v/i to be cooling
Kühler m TECH cooler; AUTO radiator; umg (≈ Kühlerhaube) bonnet Br, hood US
Kühlerfigur f AUTO radiator mascot Br, hood ornament US
Kühlerhaube f AUTO bonnet Br, hood US
Kühlfach n freezer compartment Br, deep freeze
Kühlhaus n cold storage depot
Kühlmittel n TECH coolant
Kühlraum m cold storage room

Kühlschrank *m* fridge *Br*, refrigerator
Kühlschrankmagnet *m* fridge magnet *Br*
Kühltasche *f* cold bag
Kühltruhe *f* (chest) freezer
Kühlturm *m* TECH cooling tower
Kühlung *f* cooling; **zur ~ des Motors** to cool the engine
Kühlwasser *n* coolant; AUTO radiator water
Kuhmilch *f* cow's milk
Kuhmist *m* cow dung
kühn **A** *adj* bold **B** *adv* boldly
Kühnheit *f* boldness
Kuhstall *m* cowshed
k. u. k. *abk* (= **kaiserlich und königlich**) *österr* HIST imperial and royal
Küken *n* (≈ *Huhn*) chick; (≈ *Entenküken*) duckling; *umg* (≈ *jüngste Person*) baby
Kukuruz *m österr* maize, corn
kulant **A** *adj* accommodating; *Bedingungen* fair **B** *adv* accommodatingly
Kulanz *f* **aus ~** as a courtesy
Kuli *m* **1** (≈ *Lastträger*) coolie **2** *umg* (≈ *Kugelschreiber*) ballpoint (pen), Biro® *Br*; **mit ~ schreiben** to write in Biro
kulinarisch *adj* culinary
Kulisse *f* scenery *kein pl*; *an den Seiten* wing; (≈ *Hintergrund*) backdrop; **hinter den ~n** *fig* behind the scenes
kullern *umg v/t & v/i* to roll
Kult *m* cult; (≈ *Verehrung*) worship; **einen ~ mit j-m/etw treiben** to make a cult out of sb/sth
Kultfigur *f* cult figure
Kultfilm *m* cult film
kultig *sl adj* cult *attr sl*, culty
kultivieren *v/t* to cultivate
kultiviert **A** *adj* cultivated, refined **B** *adv speisen, sich einrichten* stylishly; *sich ausdrücken* in a refined manner
Kultstätte *f* place of worship
Kultstatus *m* cult status; **~ haben** *od* **genießen** to have* *od* to enjoy cult status
Kultur *f* **1** culture; **er hat keine ~** he is uncultured **2** (≈ *Lebensform*) civilization; **die abendländische ~** western civilization
Kulturangebot *n* programme of cultural events *Br*, program of cultural events *US*; **Münchens vielfältiges ~** Munich's rich and varied cultural life
Kulturaustausch *m* cultural exchange
Kulturbanause *m*, **Kulturbanausin** *umg f* philistine
Kulturbetrieb *umg m* culture industry
Kulturbeutel *m* sponge *od* toilet bag *Br*, washbag
kulturell **A** *adj* cultural **B** *adv* culturally
Kulturerbe *n* cultural heritage

Kulturgeschichte *f* history of civilization
kulturgeschichtlich *adj* historico-cultural
Kulturhauptstadt *f* cultural capital
Kulturhoheit *f* independence in matters of education and culture
Kulturkreis *m* culture group *od* area
Kulturkritik *f* critique of (our) culture
Kulturlandschaft *f* cultural landscape
kulturlos *adj* lacking culture
Kulturminister(in) *m(f)* minister of education and the arts
Kulturpflanze *f* cultivated plant
Kulturpolitik *f* cultural and educational policy
kulturpolitisch *adj* politico-cultural
Kulturprogramm *n* cultural programme *Br*, cultural program *US*
Kulturrevolution *f* cultural revolution
Kulturschock *m* culture shock
Kultursprache *f* language of the civilized world
Kulturstätte *f* place of cultural interest
Kulturtasche *f* toiletry bag
Kulturvolk *n* civilized people *sg*
Kulturzentrum *n* **1** (≈ *Stadt*) cultural centre *Br*, cultural center *US* **2** (≈ *Anlage*) arts centre *Br*, arts center *US*
Kultusminister(in) *m(f)* minister of education and the arts
Kultusministerium *n* ministry of education and the arts
Kümmel *m* **1** (≈ *Gewürz*) caraway (seed) **2** *umg* (≈ *Schnaps*) kümmel
Kummer *m* (≈ *Betrübtheit*) sorrow; (≈ *Ärger*) problems *pl*; (≈ *Problem*) worry; **j-m ~ machen** to cause sb worry; **wir sind (an) ~ gewöhnt** *umg* it happens all the time
Kummerkastenonkel *m*, **Kummerkastentante** *f* agony uncle/aunt
kümmerlich **A** *adj* **1** (≈ *armselig*) miserable; *Lohn, Mahlzeit* paltry **2** (≈ *schwächlich*) puny; *Vegetation* stunted **B** *adv sich entwickeln* poorly; **sich ~ ernähren** to live on a meagre diet *Br*, to live on a meager diet *US*
kümmern **A** *v/t* to concern; **was kümmert mich das?** what's that to me? **B** *v/r* **sich um j-n/etw ~** to look after sb/sth; **sich um j-n ~** (≈ *versorgen*) to care for sb, to take care of sb; **sich darum ~, dass ...** to see to it that ...; **kümmere dich um deine eigenen Angelegenheiten** mind your own business; **er kümmert sich nicht darum, was die Leute denken** he doesn't care (about) what people think; **kümmere dich nicht drum** never mind
Kumpan(in) *obs umg m(f)* pal *umg*
Kumpel *m* **1** (≈ *Bergmann*) miner **2** *umg* (≈ *Kamerad*) pal *umg*, buddy *umg*, mate *umg Br*

kumpelhaft *umg adj* pally *umg*
kündbar *adj Vertrag* terminable; *Anleihe* redeemable; **Beamte sind nicht ohne Weiteres ~** civil servants cannot be dismissed just like that
Kunde *m*, **Kundin** *f* customer
Kundenberatung *f* customer advisory service
Kundenbewertung *f* customer rating
Kundendienst *m*, **Kundenservice** *m* customer service, after-sales service; (≈ *Abteilung*) service department
Kundenfang *pej m* **auf ~ sein** to be touting for customers
kundenfreundlich Ⓐ *adj* customer-friendly Ⓑ *adv* **~ einkaufen** to shop in a customer-friendly environment; **telefonieren Sie ~** use our customer-friendly telephone service
Kundenkarte *f von Firma, Organisation* charge card; *von Kaufhaus etc* store card, department store card *US*; *von Bank* bank card
Kundenkreis *m* customers *pl*, clientele
kundenorientiert *adj* customer-oriented
Kundenservice *m* customer service
Kundgebung *f POL* rally
kundig *geh adj* knowledgeable; (≈ *sachkundig*) expert
kündigen Ⓐ *v/t Abonnement, Mitgliedschaft* to cancel; **j-m die Wohnung ~** to give sb notice to quit his/her flat *Br*, to give sb notice to vacate his/her apartment *US*; **die Stellung ~** to hand in one's notice; **j-m die Stellung ~** to give sb his/her notice; **j-m die Freundschaft ~** to break off a friendship with sb Ⓑ *v/i Arbeitnehmer* to hand *od* give in one's notice; *Mieter* to give in one's notice; **j-m ~** *Arbeitgeber* to give sb his/her notice; *Vermieter* to give sb notice to quit *Br*, to give sb notice to vacate his/her apartment *US*
Kündigung *f* (≈ *Mitteilung von Vermieter*) notice to quit *Br*, notice to vacate one's apartment *US*; *von Mieter, Stellung* notice; *von Vertrag* termination; *von Mitgliedschaft, Abonnement* (letter of) cancellation; **ich drohte (dem Chef) mit der ~** I threatened to hand in my notice (to my boss); **Vertrag mit vierteljährlicher ~** contract with three months' notice on either side
Kündigungsfrist *f* period of notice
Kündigungsgrund *m* grounds *pl* for giving notice
Kündigungsschreiben *n* written notice; *von Arbeitgeber* letter of dismissal
Kündigungsschutz *m* protection against wrongful dismissal
Kundin *f* → Kunde
Kundschaft *f* customers *pl*
kundschaften *v/i MIL* to reconnoitre *Br*, to reconnoiter *US*
Kundschafter(in) *m(f)* spy; *MIL* scout
kundtun *geh v/t* to make known
künftig Ⓐ *adj* future; **meine ~e Frau** my wife-to-be Ⓑ *adv* in future
Kungelei *umg f* scheming
Kunst *f* ❶ art; **die schönen Künste** fine art *sg*, the fine arts ❷ (≈ *Fertigkeit*) art, skill; **die ~ besteht darin, ...** the art is in ...; **ärztliche ~** medical skill; **das ist keine ~!** it's a piece of cake *umg*; **das ist die ganze ~** that's all there is to it ❸ *umg* **das ist eine brotlose ~** there's no money in that; **was macht die ~?** how are things?
Kunstakademie *f* art college
Kunstausstellung *f* art exhibition
Kunstbanause *m*, **Kunstbanausin** *pej f* philistine
Kunstdruck *m* art print
Kunstdünger *m* chemical fertilizer
Kunstfaser *f* synthetic fibre *Br*, synthetic fiber *US*
Kunstfehler *m* professional error; *weniger ernst* slip
kunstfertig *geh* Ⓐ *adj* skilful *Br*, skillful *US* Ⓑ *adv* skilfully *Br*, skillfully *US*
Kunstflug *m* aerobatics *sg*, stunt flying
Kunstfreund(in) *m(f)* art lover
Kunstgalerie *f* art gallery
Kunstgegenstand *m* objet d'art; *Gemälde* work of art
kunstgemäß, **kunstgerecht** Ⓐ *adj* (≈ *fachmännisch*) proficient Ⓑ *adv* proficiently
Kunstgeschichte *f* history of art, art history
Kunstgewerbe *n* arts and crafts *pl*
kunstgewerblich *adj* **~e Gegenstände** craft objects
Kunstgriff *m* trick
Kunsthandel *m* art trade
Kunsthändler(in) *m(f)* art dealer
Kunsthandwerk *n* craft industry
Kunstherz *n* artificial heart
Kunsthistoriker(in) *m(f)* art historian
Kunsthochschule *f* art college
Kunstleder *n* imitation leather, pleather *umg US*
Künstler(in) *m(f)* ❶ artist; (≈ *Unterhaltungskünstler*) artiste; **bildender ~** visual artist ❷ (≈ *Könner*) genius (**in** +*dat* at)
künstlerisch Ⓐ *adj* artistic Ⓑ *adv* artistically
Künstlername *m* pseudonym
Künstlerpech *umg n* hard luck
Künstlerviertel *n* artists' quarter
künstlich Ⓐ *adj* artificial; *Zähne, Fingernägel* false; *Faserstoffe* synthetic; **~e Intelligenz** artificial intelligence Ⓑ *adv* ❶ artificially ❷ **j-n ~ ernähren** *MED* to feed sb artificially

Kunstliebhaber(in) *m(f)* art lover
Kunstmaler(in) *m(f)* artist, painter
Kunstpause *f als Spannungsmoment* dramatic pause, pause for effect; *iron beim Stocken* awkward pause
Kunstrasen *m* artificial turf
Kunstraub *m* art theft
Kunstsammlung *f* art collection
Kunstschätze *pl* art treasures *pl*
Kunstseide *f* artificial silk
Kunstspringen *n* diving
Kunststoff *m* man-made material; plastic
Kunststoff- *zssgn* plastic
Kunststoffflasche *f* plastic bottle
Kunststück *n* trick; **das ist kein ~** *fig* there's nothing to it; (≈ *keine große Leistung*) that's nothing to write home about
Kunstturnen *n* gymnastics *sg*
kunstvoll **A** *adj* artistic; (≈ *kompliziert*) elaborate **B** *adv* elaborately
Kunstwerk *n* work of art
kunterbunt *adj Sammlung etc* motley *attr*; *Programm* varied; *Leben* chequered *Br*, checkered *US*; **~ durcheinander** all jumbled up
Kupfer *n* copper
Kupferdraht *m* copper wire
Kupfergeld *n* coppers *pl*
kupferrot *adj* copper-red; *Haare* ginger
Kupferstich *m* copperplate (engraving)
Kupon *m* → Coupon
Kuppe *f* (≈ *Bergkuppe*) (rounded) hilltop; (≈ *Fingerkuppe*) tip
Kuppel *f* dome
Kuppelei *f* JUR procuring
kuppeln **A** *v/t* → koppeln **B** *v/i* **1** AUTO to operate the clutch **2** *umg Paare* (≈ *zusammenführen*) to match-make
Kuppler(in) *m(f)* matchmaker (+gen for); JUR procurer/procuress
Kupplung *f* **1** TECH coupling; AUTO *etc* clutch **2** (≈ *das Koppeln*) coupling
Kupplungspedal *n* clutch pedal
Kur *f in Badeort* (health) cure; (≈ *Haarkur etc*) treatment *kein pl*; (≈ *Schlankheitskur*) diet; **in Kur fahren** to go to a spa; **eine Kur machen** to take a cure; (≈ *Schlankheitskur*) to diet
Kür *f* SPORT free section
Kuraufenthalt *m* stay at a spa
Kurbad *n* spa
Kurbel *f* crank; *an Rollläden etc* winder
Kurbelwelle *f* crankshaft
Kürbis *m* pumpkin, squash
Kurde *m*, **Kurdin** *f* Kurd
kurdisch *adj* Kurdish
Kurdistan *n* Kurdistan
Kurfürst *m* Elector, electoral prince

Kurgast *m Patient* patient at a spa; *Tourist* visitor to a spa
Kurie *f* KIRCHE Curia
Kurier(in) *m(f)* courier; HIST messenger; **etw per ~ schicken** to send sth by courier
Kurierdienst *m* courier service
kurieren *v/t* to cure (**von** of)
kurios *adj* (≈ *merkwürdig*) strange, curious
Kuriosität *f* **1** *Gegenstand* curio(sity) **2** (≈ *Eigenart*) peculiarity
Kurort *m* spa
Kurpark *m* spa gardens *pl*
Kurpfuscher(in) *pej umg m(f)* quack (doctor)
Kurs *m* **1** course; (≈ *Unterricht*) class; POL (≈ *Richtung*) line; *von Kompass* bearing; **~ nehmen auf** (+akk) to set course for; **den ~ ändern** to change (one's) course **2** FIN (≈ *Wechselkurs*) exchange rate; (≈ *Aktienkurs*) price; **zum ~ von** at the rate of; **hoch im ~ stehen** *Aktien* to be high; *fig* to be popular (**bei** with) **3** (≈ *Lehrgang*) course (**in** +dat od **für** in)
Kursabfall *m* fall in share prices
Kursänderung *f* change of course
Kursangebot *n* SCHULE courses *pl* offered
Kursanstieg *m* BÖRSE rise in (market) prices
Kursbuch *n* BAHN (railway *od* railroad *US*) timetable
Kürschner(in) *m(f)* furrier
Kurseinbruch *m* FIN sudden fall in prices
Kurseinbuße *f* decrease in value
Kursentwicklung *f* FIN price trend
Kurserholung *f* FIN rally in prices
Kursgewinn *m* profit (on the stock exchange market)
kursieren *v/i* to circulate
Kursindex *m* BÖRSE stock exchange index
kursiv **A** *adj* italic **B** *adv* in italics
Kursivbuchstaben *pl*, **Kursivschrift** *f* italics *pl*
Kurskorrektur *f* course correction
Kursleiter(in) *m(f)* course tutor *bes Br*
Kursnotierung *f* quotation
Kursrückgang *m* fall in prices
Kursschwankung *f* fluctuation in exchange rates; BÖRSE fluctuation in market rates
Kurssystem *n* SCHULE system employed in the final two years at school before university in which students select their own combination of courses
Kursteilnehmer(in) *m(f)* (course) participant
Kursverlust *m* FIN loss (on the stock exchange)
Kurswagen *m* BAHN through coach
Kurswechsel *m* change of direction
Kurtaxe *f* visitors' tax (at spa)
Kurve *f* curve; (≈ *Straßenkurve*) bend; *an Kreuzung* corner; **die Straße macht eine ~** the road

bends; **die ~ kratzen** umg (≈ schnell weggehen) to make tracks umg
kurven v/i to circle; **durch Italien ~** umg to drive around Italy
Kurvendiagramm n graph
kurvenreich adj Strecke winding; **„kurvenreiche Strecke"** "(series of) bends"
kurz **A** adj short; Blick, Folge quick; **~e Hose** shorts pl; **ich will es ~ machen** I'll make it brief; **den Kürzeren ziehen** fig umg to come off worst **B** adv **1** **eine Sache ~ abtun** to dismiss sth out of hand; **zu ~ kommen** to come off badly, to miss out; **~ entschlossen** without a moment's hesitation; **ich will es ~ machen** I'll make it brief; **~ gesagt** in a nutshell; **sich ~ fassen** to be brief; **~ gefasst** concise; **~ und bündig** concisely, tersely pej; **~ und gut** in a word; **~ und schmerzlos** umg short and sweet; **etw ~ und klein hauen** to smash sth to pieces **2** (≈ für eine kurze Zeit) briefly; **ich bleibe nur ~** I'll only stay for a short while; **ich muss mal ~ weg** I'll just have to go for a moment; **~ bevor/nachdem** shortly before/after; **über ~ oder lang** sooner or later; **(bis) vor Kurzem** (until) recently
Kurzarbeit f short time
kurzarbeiten v/i to be on short time
Kurzarbeiter(in) m(f) short-time worker
kurzärmelig adj short-sleeved
kurzatmig adj MED short of breath
Kurzbericht m brief report; (≈ Zusammenfassung) summary
Kurzbesuch m brief od flying visit
Kürze f shortness; fig (≈ Bündigkeit) brevity, conciseness; **in ~** (≈ bald) shortly; **in aller ~** very briefly; **in der ~ liegt die Würze** sprichw brevity is the soul of wit
Kürzel n (≈ stenografisches Zeichen) shorthand symbol; (≈ Abkürzung) abbreviation
kürzen v/t to shorten; Gehalt, Ausgaben to cut (back)
Kurze(r) umg m **1** (≈ Schnaps) short **2** (≈ Kurzschluss) short (circuit)
kurzerhand adv without further ado; entlassen on the spot; **etw ~ ablehnen** to reject sth out of hand
kurzfassen v/r to be brief
Kurzfassung f abridged version
Kurzfilm m short
kurzfristig **A** adj short-term; Wettervorhersage short-range **B** adv (≈ auf kurze Sicht) for the short term; (≈ für kurze Zeit) for a short time; **~ seine Pläne ändern** to change one's plans at short notice
Kurzgeschichte f short story
Kurzhaardackel m short-haired dachshund
kurzhaarig adj short-haired
kurzhalten v/t **j-n ~** to keep sb short
Kurzhantel f dumbbell
Kurzinformation f information summary kein pl; (≈ Blatt) information sheet
kurzlebig adj short-lived
kürzlich **A** adv recently; **erst ~** only od just recently **B** adj recent
Kurzmeldung f newsflash
Kurznachricht f **1** (≈ Information) **~en** pl the news headlines pl **2** (≈ SMS) text message
Kurzparker m **„nur für ~"** "short-stay parking only" Br, "short-term parking only"
Kurzparkzone f short-stay parking zone Br, short-term parking zone
kurzschließen **A** v/t to short-circuit **B** v/r (≈ in Verbindung treten) to get in contact (**mit** with)
Kurzschluss m **1** ELEK short circuit **2** a. **~handlung** rash action
Kurzschlussreaktion f knee-jerk reaction
kurzsichtig **A** adj short-sighted **B** adv short-sightedly
Kurzsichtigkeit f short-sightedness
Kurzstrecke f short distance; in Laufwettbewerb sprint distance
Kurzstreckenflugzeug n short-haul aircraft
Kurzstreckenrakete f short-range missile
Kurztrip umg m short trip
kurzum adv in short
Kürzung f shortening; von Gehältern etc cut (+gen in)
Kurzurlaub m short holiday Br, short vacation US; MIL short leave
Kurzwahl f TEL one-touch dialling Br, one-touch dialing US, speed dial
Kurzwahlspeicher m TEL speed-dial number memory
Kurzwahltaste f TEL speed- od quick-dial button
Kurzwaren pl haberdashery Br, notions pl US
kurzweilig adj entertaining
Kurzwelle f RADIO short wave
Kurzzeitgedächtnis n short-term memory
kurzzeitig **A** adj (≈ für kurze Zeit) short, brief **B** adv for a short time, briefly
Kurzzeitparkplatz m short-stay car park Br, short-term parking lot US
Kurzzeitspeicher m short-term memory
kuschelig umg adj cosy Br, cozy US
kuscheln **A** v/i to cuddle (**mit** with) **B** v/r **sich an j-n ~** to snuggle up to sb; **sich in etw** (akk) **~** to snuggle up in sth
Kuschelrock m MUS umg soft rock
Kuschelsex m loving sex
Kuscheltier n cuddly toy
kuschen v/i Hund etc to get down; fig to knuckle

under
Kusine *f* cousin
Kuss *m* kiss
Küsschen *n* little kiss, peck
küssen **A** *v/t & v/i* to kiss **B** *v/r* to kiss (each other)
Kusshand *f* **j-m eine ~ zuwerfen** to blow sb a kiss
Küste *f* coast; (≈ *Ufer*) shore
Küstengebiet *n* coastal area
Küstengewässer *pl* coastal waters *pl*
Küstenlinie *f* coastline
Küstenschifffahrt *f* coastal shipping
Küstenwache *f*, **Küstenwacht** *f* coastguard
Küster(in) *m(f)* sacristan
Kutsche *f* coach; *umg* (≈ *Auto*) jalopy *umg*
Kutscher(in) *m(f)* driver
kutschieren **A** *v/i* to drive **B** *v/t* to drive; **j-n im Auto durch die Gegend ~** to drive sb around
Kutte *f* habit
Kuttel *f österr, schweiz, südd* tripe
Kutter *m* SCHIFF cutter
Kuvert *n* (≈ *Briefkuvert*) envelope
Kuwait *n* Kuwait
kuwaitisch *adj* Kuwaiti
Kybernetik *f* cybernetics *sg*
kybernetisch *adj* cybernetic
kyrillisch *adj* Cyrillic
KZ *n abk* (= **Konzentrationslager**) HIST concentration camp
KZ-Häftling *m* HIST concentration camp prisoner

L

L, l *n* L, l
l *abk* (= **Liter**) litre *Br*, liter *US*
Label *n* label
labern *umg* **A** *v/i* to prattle (on *od* away) *umg* **B** *v/t* to talk
labil *adj* unstable; *Gesundheit* delicate; *Kreislauf* poor
Labilität *f* instability
Labor *n* lab(oratory)
Laborant(in) *m(f)* lab(oratory) technician
Labrador *m* ZOOL labrador
Labyrinth *n* labyrinth
Lachanfall *m* laughing fit
Lache[1] *f* (≈ *Pfütze*) puddle
Lache[2] *umg f* laugh
lächeln *v/i* to smile; **freundlich ~** to give a friendly smile
Lächeln *n* smile
lachen **A** *v/i* to laugh (**über** +*akk* at); **laut ~** to laugh out loud; **j-n zum Lachen bringen** to make sb laugh; **zum Lachen sein** (≈ *lustig*) to be hilarious; (≈ *lächerlich*) to be laughable; **mir ist nicht zum Lachen (zumute)** I'm in no laughing mood; **dass ich nicht lache!** *umg* don't make me laugh! *umg*; **du hast gut ~!** it's all right for you to laugh! *umg*; **wer zuletzt lacht, lacht am besten** *sprichw* he who laughs last, laughs longest *sprichw*; **ihm lachte das Glück** fortune smiled on him **B** *v/t* **da gibt es gar nichts zu ~** that's nothing to laugh about; **was gibt es denn da zu ~?** what's so funny about that?; **er hat bei seiner Frau nichts zu ~** *umg* he has a hard time of it with his wife; **das wäre doch gelacht** it would be ridiculous
Lachen *n* laughter; (≈ *Art des Lachens*) laugh
Lacher *m* ① **die ~ auf seiner Seite haben** to have the last laugh ② *umg* (≈ *Lache*) laugh
Lacherfolg *m* **ein ~ sein** to make everybody laugh
lächerlich *adj* ① ridiculous; (≈ *komisch*) comical; **j-n/etw ~ machen** to make sb/sth look silly; (≈ *verhöhnen*) to ridicule sb/sth; **j-n/sich ~ machen** to make a fool of sb/oneself; **etw ins Lächerliche ziehen** to make fun of sth ② (≈ *geringfügig*) *Anlass* trivial; *Preis* ridiculously low
Lächerlichkeit *f* ① absurdity; **j-n der ~ preisgeben** to make a laughing stock of sb ② (≈ *Geringfügigkeit*) triviality
Lachgas *n* laughing gas
lachhaft *adj* ridiculous
Lachkrampf *m* **einen ~ bekommen** to go (off) into fits of laughter
Lachs *m* salmon
lachsfarben *adj* salmon pink
Lachsforelle *f* salmon *od* sea trout
Lachsschinken *m* smoked, rolled fillet of ham
Lack *m* varnish; (≈ *Autolack*) paint; *für Lackarbeiten* lacquer
Lackarbeit *f* lacquerwork
Lackfarbe *f* gloss paint
lackieren *v/t & v/i Holz* to varnish; *Fingernägel a.* to paint; *Auto* to spray
Lackierer(in) *m(f)* varnisher, painter; *von Autos* sprayer
Lackiererei *f* (≈ *Autolackiererei*) paint shop
Lackierung *f von Auto* paintwork; (≈ *Holzlackierung*) varnish; *für Lackarbeiten* lacquer
Lackleder *n* patent leather
Lackmuspapier *n* litmus paper
ladbar *adj* IT loadable
Ladefläche *f* load area

Ladegerät *n* (battery) charger; *fürs Handy* (phone) charger

Ladehemmung *f* **das Gewehr hat ~** the gun is jammed

laden¹ **A** *v/t* to load; (≈ *wieder aufladen*) *Batterie, Akku* to recharge; PHYS to charge; **der Lkw hat zu viel geladen** the truck is overloaded; **Verantwortung auf sich** (*akk*) **~** to saddle oneself with responsibility; → **geladen** **B** *v/i* **1** to load (up) **2** PHYS to charge

laden² *v/t* **1** (≈ *einladen*) to invite; **nur für geladene Gäste** by invitation only **2** *form vor Gericht* to summon

Laden¹ *m* (≈ *Geschäft*) shop *bes Br*, store *US*; **der ~ läuft** *umg* business is good; **den ~ schmeißen** *umg* to run the show; **den (ganzen) ~ hinschmeißen** *umg* to chuck the whole thing in *umg*

Laden² *m* (≈ *Fensterladen*) shutter

Ladendieb(in) *m(f)* shoplifter

Ladendiebstahl *m* shoplifting

Ladenhüter *m* non-seller

Ladeninhaber(in) *m(f)* shopkeeper; *bes US* storekeeper

Ladenkette *f* chain of shops *bes Br*, chain of stores

Ladenöffnungszeit *f* shop opening hours *pl bes Br*, store opening hours *pl US*

Ladenpreis *m* shop price *bes Br*, store price *US*

Ladenschluss *m* **um acht Uhr ist ~** the shops shut at eight o'clock *bes Br*, the stores close at eight o'clock *US*

Ladenschlussgesetz *n* law regulating shop closing times

Ladenschlusszeit *f* (shop) closing time *bes Br*, (store) closing time *US*

Ladentisch *m* counter; **über den/unter dem ~** over/under the counter

Ladeplatz *m* loading bay

Laderampe *f* loading ramp

Laderaum *m* load room; FLUG, SCHIFF hold

Ladestation *f* *für Elektroautos etc* charging station, charging point

Ladezeit *f* *für Elektrofahrzeug* charging time

lädieren *v/t* to damage; *Körperteil* to injure; **sein lädiertes Image** his tarnished image

Ladung *f* **1** load; *von Sprengstoff* charge; **eine geballte ~ von Schimpfwörtern** a whole torrent of abuse **2** (*Vorladung*) summons *sg*

Lage *f* **1** (≈ *geografische Lage*) situation; (≈ *Standort*) location; **in günstiger ~** well-situated; **eine gute/ruhige ~ haben** to be in a good/quiet location **2** (≈ *Art des Liegens*) position **3** (≈ *Situation*) situation; **in der ~ sein, etw zu tun** *befähigt* sein to be able to do sth; **dazu bin ich nicht in der ~** I'm not in a position to do that; **nach der Dinge** as things stand **4** (≈ *Schicht*) layer **5** (≈ *Runde*) round

Lagebericht *m* report; MIL situation report

Lagenschwimmen *n* SPORT individual medley

Lageplan *m* ground plan

Lager *n* **1** (≈ *Unterkunft*) camp; **sein ~ aufschlagen** to set up camp **2** *fig* (≈ *Partei*) camp; **ins andere ~ überwechseln** to change camps **3** (≈ *Vorratsraum*) store(room); *von Laden* stockroom; (≈ *Lagerhalle*) warehouse; **am ~ sein** to be in stock; **etw auf ~ haben** to have sth in stock; *fig Witz etc* to have sth on tap *umg* **4** TECH bearing

Lagerbestand *m* stock

Lagerfeuer *n* campfire

Lagergebühr *f*, **Lagergeld** *n* storage charge

Lagerhalle *f* warehouse

Lagerhaltung *f* stockkeeping

Lagerhaltungskosten *pl* storage charges *pl od* costs *pl*

Lagerhaus *n* warehouse

Lagerleben *n* camp life

Lagerleiter(in) *m(f)* camp commander; *in Ferienlager etc* camp leader

lagern **A** *v/t* **1** (≈ *aufbewahren*) to store; **kühl ~!** keep in a cool place **2** (≈ *hinlegen*) *j-n* to lay down; *Bein etc* to rest; **das Bein hoch ~** to put one's leg up; → **gelagert** **B** *v/i* **1** *Waren etc* to be stored **2** *Truppen etc* to camp, to be encamped

Lagerraum *m* storeroom; *in Geschäft* stockroom

Lagerstätte *f* GEOL deposit

Lagerung *f* storage

Lagerverkauf *m* warehouse sale

Lagune *f* lagoon

lahm *adj* **1** (≈ *gelähmt*) lame; **er ist auf dem linken Bein ~** he is lame in his left leg **2** *umg* (≈ *langweilig*) dreary; *Ausrede* lame; *Geschäftsgang* slow

Lahmarsch *umg m* slowcoach *Br umg*, slowpoke *US umg*

lahmarschig *umg adj* bloody slow *Br umg*, damn slow *umg*

lahmen *v/i* to be lame (**auf** +*dat* in)

lähmen *v/t* to paralyze; (≈ *betäuben*) to stun; *Verhandlungen, Verkehr* to hold up; → **gelähmt**

lahmlegen *v/t Verkehr* to bring to a standstill; *Stromversorgung* to paralyze

Lähmung *f* paralysis; *fig* immobilization

Laib *m bes südd* loaf

Laibchen *n*, **Laiberl** *n österr* (≈ *Teiggebäck*) round loaf; (≈ *Fleischspeise*) ≈ (ham)burger

Laich *m* spawn

laichen *v/i* to spawn

Laie *m* layman

Laiendarsteller(in) *m(f)* amateur actor/actress

laienhaft Ⓐ *adj Arbeit* amateurish Ⓑ *adv spielen* amateurishly
Lakai *m* lackey
Lake *f* brine
Laken *n* sheet
lakonisch Ⓐ *adj* laconic Ⓑ *adv* laconically
Lakritz *dial m*, **Lakritze** *f* liquorice *Br*, licorice *US*
Laktose *f* lactose
laktosefrei *adj* dairy-free, lactose-free
Laktoseintoleranz *f*, **Laktoseunverträglichkeit** *f* lactose intolerance
lallen *v/t & v/i* to babble
Lama¹ *n* ZOOL llama
Lama² *m* REL lama
Lamelle *f* ❶ BIOL lamella ❷ *von Jalousien* slat
lamentieren *v/i* to moan, to complain
Lametta *n* lametta
Laminat *n* laminate
Lamm *n* lamb
Lammbraten *m* roast lamb
Lammfell *n* lambskin
Lammfleisch *n* lamb
lammfromm *adj Miene* innocent
Lampe *f* light; (≈ *Stehlampe, Tischlampe*) lamp; (≈ *Glühlampe*) bulb
Lampenfieber *n* stage fright
Lampenschirm *m* lampshade
Lampion *m* Chinese lantern
lancieren *v/t Produkt* to launch; *Nachricht* to put out
Land *n* ❶ (≈ *Gelände, Festland*) land; (≈ *Landschaft*) country, landscape; **an ~ gehen** to go ashore; **etw an ~ ziehen** to pull sth ashore; **einen Auftrag an ~ ziehen** *umg* to land an order; **~ in Sicht!** land ahoy!; **bei uns zu ~e** in our country ❷ (≈ *ländliches Gebiet*) country; **auf dem ~(e)** in the country ❸ (≈ *Staat*) country; (≈ *Bundesland in BRD*) Land, state; *in Österreich* province
Landammann *m schweiz* highest official in a Swiss canton
Landarbeiter(in) *m(f)* agricultural worker
Landarzt *m*, **Landärztin** *f* country doctor
Landbesitz *m* landholding
Landbesitzer(in) *m(f)* landowner
Landbevölkerung *f* rural population
Landeanflug *m* approach
Landebahn *f* runway
Landebrücke *f* jetty
Landeerlaubnis *f* permission to land
Landefähre *f* RAUMF landing module
landen Ⓐ *v/i* to land; *umg* (≈ *enden*) to land *od* end up; **weich ~** to make a soft landing Ⓑ *v/t* to land
Landenge *f* isthmus
Landepiste *f* landing strip
Landeplatz *m für Flugzeuge* landing strip; *für Schiffe* landing place
Ländereien *pl* estates *pl*
Ländereinstellungen *pl* IT regional settings
Länderkampf *m* SPORT international contest; (≈ *Länderspiel*) international (match)
Länderspiel *n* international (match)
Ländervorwahl *f* country code
Landesebene *f* **auf ~** at state level
Landesgrenze *f von Staat* national boundary; *von Bundesland* state boundary; *österr* provincial boundary
Landeshauptfrau *f*, **Landeshauptmann** *österr m* head of the government of a province
Landesinnere(s) *n* interior
Landeskunde *f* knowledge of the/a country
Landesregierung *f* government of a Land; *österr* provincial government
Landessprache *f* national language
Landesteil *m* region
landesüblich *adj* customary
Landesverrat *m* treason
Landeswährung *f* national *od* local currency
landesweit *adj* national
Landeverbot *n* **~ erhalten** to be refused permission to land
Landflucht *f* migration from the land
Landfriedensbruch *m* JUR breach of the peace
Landgang *m* shore leave
Landgericht *n* district court
landgestützt *adj Raketen* land-based
Landgut *n* estate
Landhaus *n* country house, villa
Landkarte *f* map
Landklima *n* continental climate
Landkreis *m* administrative district
landläufig Ⓐ *adj* popular; **entgegen der ~en Meinung** contrary to popular opinion Ⓑ *adv* commonly
Landleben *n* country life
ländlich *adj* rural; *Tanz* country *attr*, folk *attr*
Landluft *f* country air
Landmine *f* land mine
Landplage *f* plague; *fig umg* pest
Landrat¹ *m schweiz* cantonal parliament
Landrat² *m*, **Landrätin** D *f* head of the administration of a Landkreis
Landratte *hum f* landlubber
Landregen *m* steady rain
Landschaft *f* scenery *kein pl*; (≈ *ländliche Gegend*) countryside *kein pl*; *Gemälde, a. fig* landscape; **die politische ~** the political scene
landschaftlich *adj Schönheiten etc* scenic; *Besonderheiten* regional
Landschaftsbild *n* view; *Gemälde* landscape (painting); *Fotografie* landscape (photograph)

Landschaftsgärtner(in) *m(f)* landscape gardener
Landschaftspflege *f* land management
Landschaftsschutz *m* protection of the countryside
Landschaftsschutzgebiet *n* nature reserve
Landsitz *m* country seat
Landsmann *m*, **Landsmännin** *f* compatriot
Landstraße *f* country road
Landstreicher(in) *pej m(f)* tramp
Landstreitkräfte *pl* land forces *pl*
Landstrich *m* area
Landtag *m* Landtag (*state parliament*)
Landtagswahlen *pl* German regional elections *pl*
Landung *f* landing
Landungsbrücke *f* jetty
Landungssteg *m* pier; *beweglich* landing stage
Landvermessung *f* land surveying
Landweg *m* **auf dem ~** by land
Landwein *m* homegrown wine
Landwirt(in) *m(f)* farmer
Landwirtschaft *f* agriculture; *Betrieb* farm; **~ betreiben** to farm
landwirtschaftlich *adj* agricultural
Landzunge *f* spit (of land), promontory
lang **A** *adj* **1** long; **vor ~er Zeit** a long time ago **2** *umg* (≈ *groß*) *Mensch* tall **B** *adv* **der ~ erwartete Regen** the long-awaited rain; **~ gehegt** *Wunsch* long-cherished; **~ gestreckt** long; **zwei Stunden ~** for two hours; **drei Tage ~** for three days; **einen Moment ~** for a moment; **mein ganzes Leben ~** all my life
langärmelig *adj* long-sleeved
langatmig **A** *adj* long-winded **B** *adv* in a long-winded way
Langbogen *m* long bow
lange *adv* **1** *zeitlich* a long time; **wie ~ bist du schon hier?** how long have you been here (for)?; **es ist noch gar nicht ~ her, dass ...** it's not long since ...; **~ aufbleiben** to stay up late; **je länger, je lieber** the more the better; *zeitlich* the longer the better **2** *umg* (≈ *längst*) **noch ~ nicht** not by any means
Länge *f* **1** length; *umg von Mensch* height; **eine ~ von 10 Metern haben** to be 10 metres long *Br*, to be 10 meters long *US*; **der ~ nach hinfallen** to fall flat; **in die ~ schießen** to shoot up; **etw in die ~ ziehen** to drag sth out *umg*; **sich in die ~ ziehen** to go on and on; **(j-m) um ~n voraus sein** *fig* to be streets ahead (of sb) **2** GEOG longitude **3** *in Buch* long-drawn-out passage; *in Film* long-drawn-out scene
langen *dial umg* **A** *v/i* **1** (≈ *sich erstrecken, greifen*) to reach (**nach** for *od* **in** +*akk* in, into) **2** (≈ *fassen*) to touch (**an etw** *akk* sth) **3** (≈ *ausreichen*) to be enough; **mir langt es** I've had enough; **das Geld langt nicht** there isn't enough money **B** *v/t* (≈ *reichen*) **j-m etw ~** to give sb sth; **j-m eine ~** to give sb a clip on the ear *umg*
Längengrad, (*a.* **Längenkreis**) *m* degree of longitude
Längenmaß *n* measure of length
längerfristig **A** *adj* longer-term **B** *adv* in the longer term
Langeweile *f* boredom; **~ haben** to be bored
langfristig **A** *adj* long-term **B** *adv* in the long term *od* run
langgehen **A** *v/i* **1** *Weg etc* **wo geht's hier lang?** where does this (road *etc*) go? **2** **sie weiß, wo es langgeht** she knows what's what **B** *v/t* to go along
langgestreckt *adj* long
langhaarig *adj* long-haired
Langhantel *f* barbell
langjährig *adj Freundschaft, Gewohnheit* long-standing; *Erfahrung* many years of; *Mitarbeiter* of many years' standing
Langlauf *m* SKI cross-country (skiing)
Langläufer(in) *m(f)* SKI cross-country skier
langlebig *adj* long-lasting; *Gerücht* persistent; *Mensch, Tier* long-lived; WIRTSCH durable; **~e Gebrauchsgüter** (consumer) durables
länglich *adj* long(ish)
Langmut *f* forbearance
langmütig *adj* forbearing
längs **A** *adv* lengthways, lengthwise *US*; **~ gestreift** *Stoff* with lengthways stripes **B** *präp* along; **~ des Flusses** along the river
Längsachse *f* longitudinal axis
langsam **A** *adj* slow; **~er werden** to slow down **B** *adv* slowly; **~, aber sicher** slowly but surely; **es wird ~ Zeit, dass ...** it's high time that ...; **ich muss jetzt ~ gehen** I must be getting on my way; **~ reicht es mir** I've just about had enough
Langsamkeit *f* slowness
Langschläfer(in) *m(f)* late-riser
längsgestreift *adj* → **längs**
Langspielplatte *f* long-playing record
längst *adv* **1** (≈ *schon lange*) for a long time; (≈ *vor langer Zeit*) a long time ago; **als wir ankamen, war der Zug ~ weg** when we arrived the train had long since gone
längstens *adv* **1** (≈ *höchstens*) at the most **2** (≈ *spätestens*) at the latest
längste(r, s) → **lang**
Langstreckenflugzeug *n* long-range aircraft
Langstreckenlauf *m Disziplin* long-distance running; *Wettkampf* long-distance race
Langstreckenrakete *f* long-range missile
Languste *f* crayfish, crawfish *US*

langweilen **A** v/t to bore **B** v/r to be bored; **sich zu Tode ~** to be bored to death; → **gelangweilt**

Langweiler(in) m(f) bore; (≈ *langsamer Mensch*) slowcoach *Br umg*, slowpoke *US umg*

langweilig adj boring

Langwelle f long wave

langwierig **A** adj long **B** adv over a long period

langzeitarbeitslos adj long-term unemployed

Langzeitarbeitslose(r) m/f(m) *die ~n* the long-term unemployed

Langzeitarbeitslosigkeit f long-term unemployment

Langzeitgedächtnis n long-term memory

Langzeitparkplatz m long-stay car park *Br*, long-term parking lot *US*

Lanolin n lanolin

Lanze f (≈ *Waffe*) lance

La Ola f, **La-Ola-Welle** f SPORT Mexican wave

Laos n Laos

laotisch adj Laotian

lapidar **A** adj succinct **B** adv succinctly

Lappalie f trifle

Lappe m, **Lappin** f Lapp, Lapplander

Lappen m (≈ *Stück Stoff*) cloth; (≈ *Waschlappen*) face cloth *Br*, washcloth *US*; **j-m durch die ~ gehen** *umg* to slip through sb's fingers

läppern *umg* v/r **es läppert sich** it (all) mounts up

läppisch adj silly

Lappland n Lapland

Lapsus m mistake; *gesellschaftlich* faux pas

Laptop m COMPUT laptop

Laptoptasche f laptop case

Lärche f larch

Lärm m noise; (≈ *Aufsehen*) fuss; **~ schlagen** *fig* to kick up a fuss; **viel ~ um j-n/etw machen** to make a big fuss about sb/sth

Lärmbekämpfung f noise abatement

Lärmbelästigung f noise pollution

Lärmemission f noise emission; *stärker* noise pollution

lärmen v/i to make a noise; **~d** noisy

Lärmschutz m noise prevention

Lärmschutzwall m, **Lärmschutzwand** f sound barrier

Larve f (≈ *Tierlarve*) larva

Lasagne f lasagne *sg*

lasch *umg* **A** adj *Gesetz, Kontrolle, Eltern* lax; *Vorgehen* feeble **B** adv (≈ *nicht streng*) in a lax way; *vorgehen* feebly

Lasche f (≈ *Schlaufe*) loop; (≈ *Schuhlasche*) tongue; TECH splicing plate

Laser m laser

Laserchirurgie f laser surgery

Laserdrucker m TYPO laser (printer)

Lasermedizin f laser medicine

Laserpistole f laser gun; *bei Geschwindigkeitskontrollen* radar gun

Laserpointer m *für Präsentationen* laser pointer

Lasershow f laser show

Laserstrahl m laser beam

Lasertechnik f laser technology

Lasertherapie f laser therapy

Laserwaffe f laser weapon

lasieren v/t *Bild, Holz* to varnish; *Glas* to glaze

lassen **A** v/aux **1** (≈ *veranlassen*) **etw tun ~** to have sth done; **j-m mitteilen ~, dass ...** to let sb know that ...; **er lässt Ihnen mitteilen, dass ...** he wants you to know that ...; **j-n rufen** *od* **kommen ~** to send for sb **2** (≈ *zulassen*) to let; to leave; **j-n gehen ~** to let sb go; **warum hast du das Licht brennen ~?** why did you leave the light on?; **j-n warten ~** to keep sb waiting **3** (≈ *erlauben*) to let; **j-n etw sehen ~** to let sb see sth; **ich lasse mich nicht zwingen** I won't be coerced; **lass mich machen!** let me do it!; **lass das sein!** don't (do it)!; (≈ *hör auf*) stop it!; **das Fenster lässt sich leicht öffnen** the window opens easily; **das Wort lässt sich nicht übersetzen** the word can't be translated; **das lässt sich machen** that can be done; **daraus lässt sich schließen, dass ...** one can conclude from this that ... **4** *im Imperativ* **lass/lasst uns gehen!** let's go!; **lass es dir gut gehen!** take care of yourself!; **lass ihn nur kommen!** just let him come! **B** v/t **1** (≈ *unterlassen*) to stop; (≈ *momentan aufhören*) to leave; **lass das!** don't do it!; (≈ *hör auf*) stop that!; **~ wir das!** let's leave it!; (≈ *reden wir nicht mehr darüber*) enough of that; **er kann das Trinken/Lügen nicht ~** he can't stop drinking/lying; **ich kanns nicht ~** I can't help it **2** (≈ *belassen*) to leave; **j-n allein ~** to leave sb alone; **lass mich (los)!** let me go!; **lass mich (in Ruhe)!** leave me alone!; **das muss man ihr ~** (≈ *zugestehen*) you've got to give her that; **etw ~, wie es ist** to leave sth (just) as it is **3** (≈ *zulassen*) to let; *im Passiv oder unpersönlichen Konstruktionen* to be allowed to; **lass mich fahren** let me drive; **man ließ uns den Patienten nicht sehen** we weren't allowed to see the patient **4** (≈ *zurücklassen*) to leave; **etw zu Hause ~** to leave sth at home **5** (≈ *veranlassen*) to make; to have; **er lässt uns hart arbeiten** he makes us work hard; **ich werde es sie machen ~** I'll have her do it; **ich habe mir die Haare schneiden ~** I had my hair cut; **ich lasse das Auto waschen** I'll get the car washed **C** v/i **von j-m/etw ~** (≈ *ablassen*) to give sb/sth up; **lass mal, ich mach das schon** leave it, I'll do it

Lassi n (≈ *Joghurtgetränk*) lassi

lässig A *adj* (≈ *ungezwungen*) casual; (≈ *nachlässig*) careless; *umg* (≈ *gekonnt*) cool *umg* B *adv* (≈ *ungezwungen*) casually; *umg* (≈ *leicht*) easily

Lasso *m/n* lasso

Last *f* **1** load; (≈ *Gewicht*) weight **2** *fig* (≈ *Bürde*) burden; **j-m zur ~ fallen/werden** to be/become a burden on sb; **die ~ des Amtes** the weight of office; **j-m etw zur ~ legen** to accuse sb of sth; **das geht zu ~en der Sicherheit im Lande** that is detrimental to national security **3 ~en** *pl* (≈ *Kosten*) costs; *des Steuerzahlers* charges

Lastauto *n* → Lastwagen

lasten *v/i* to weigh heavily (**auf** +*dat* on); **auf ihm lastet die ganze Verantwortung** all the responsibility rests on him

Lastenaufzug *m* hoist

Laster[1] *m umg* (≈ *Lastwagen*) truck

Laster[2] *n* (≈ *Untugend*) vice

lasterhaft *adj* depraved

lästerlich *adj* malicious; (≈ *gotteslästerlich*) blasphemous

lästern *v/i* to bitch *umg*; **über j-n/etw ~** to bitch about sb/sth *umg*

lästig *adj* tiresome; *Husten etc* troublesome; **j-m ~ sein** to bother sb; **etw als ~ empfinden** to think sth is annoying

Lastkraftwagen *form m* heavy goods vehicle

Last-Minute-Angebot *n* last-minute offer

Last-Minute-Flug *m* last-minute flight, late-availability flight

Last-Minute-Reise *f* last-minute trip

Last-Minute-Urlaub *m* last-minute holiday *Br*, last-minute vacation *US*

Lastschiff *n* freighter

Lastschrift *f* debit; *Eintrag* debit entry

Lastschriftverfahren *n* direct debit

Lastwagen *m* truck, lorry *Br*

Lastwagenfahrer(in) *m(f)* truck driver, trucker

Lastzug *m* truck-trailer *US*, juggernaut *Br umg*

Lasur *f auf Holz* varnish; *auf Glas* glaze

Latein *n* Latin; **mit seinem ~ am Ende sein** to be stumped *umg*

Lateinamerika *n* Latin America

Lateinamerikaner(in) *m(f)* Latin American

lateinamerikanisch *adj* Latin-American; *in USA* Hispanic

lateinisch *adj* Latin

latent *adj* latent

Laterne *f* lantern; (≈ *Straßenlaterne*) streetlight

Laternenpfahl *m* lamppost

Latino *m* Latin American, Latino *bes US*

Latinomusik *f* Latino

Latinum *n* **kleines/großes ~** basic/advanced Latin exam

latschen *umg v/i* to wander

Latschen *umg m* (≈ *Hausschuh*) slipper; *pej* (≈ *Schuh*) worn-out shoe; **aus den ~ kippen** to black out

Latte *f* **1** (≈ *schmales Brett*) slat **2** SPORT bar; FUSSB (cross)bar **3** *umg* (≈ *Liste*) **eine (ganze) ~ von Vorstrafen** a whole string of previous convictions

Latte (macchiato) *m/f* latte (macchiato)

Lattenrost *m* duckboards *pl*; *in Bett* slatted frame

Lattenschuss *m* FUSSB shot against the bar

Lattenzaun *m* wooden fence

Latz *m* (≈ *Lätzchen*) bib; (≈ *Hosenlatz*) (front) flap; **j-m eins vor den ~ knallen** *umg* to sock sb one *umg*

Lätzchen *n* bib

Latzhose *f* (pair of) dungarees *pl Br*, (pair of) overalls *pl US*

lau A *adj* **1** (≈ *mild*) *Wind* mild **2** (≈ *lauwarm*) tepid; *fig* lukewarm B *adv* (≈ *mild wehen*) gently

Laub *n* leaves *pl*

Laubbaum *m* deciduous tree

Laube *f* **1** (≈ *Gartenhäuschen*) summerhouse **2** (≈ *Gang*) arbour *Br*, arbor *US*, pergola

Laubfrosch *m* (European) tree frog

Laubsäge *f* fret saw

Laubsauger *m* leaf vacuum, garden vacuum

Laubwald *m* deciduous wood; *größer* deciduous forest

Lauch *m bes südd* (≈ *Porree*) leek

Lauchzwiebeln *pl* spring onions *pl Br*, scallions *pl US*

Laudatio *f* eulogy

Lauer *f* **auf der ~ sein** *od* **liegen** to lie in wait

lauern *v/i* to lurk, to lie in wait (**auf** +*akk* for)

Lauf *m* **1** (≈ *schneller Schritt*) run; SPORT race **2** (≈ *Verlauf*) course; **im ~e der Zeit** in the course of time, over time; **seiner Fantasie freien ~ lassen** to give free rein to one's imagination; **den Dingen ihren ~ lassen** to let things take their course; **das ist der ~ der Dinge** that's the way things go **3** (≈ *Gang, Arbeit*) running, operation **4** (≈ *Flusslauf*) course **5** (≈ *Gewehrlauf*) barrel

Laufbahn *f* **1** career **2** SPORT running track

Laufband *n in Flughafen etc* travelator *Br*, moving sidewalk *US*; (≈ *Sportgerät*) treadmill

Laufbus *m* walking bus

laufen A *v/i* **1** (≈ *rennen*) to run; *umg* (≈ *gehen*) to go; (≈ *zu Fuß gehen*) to walk; **das Laufen lernen** to learn to walk; **~ gegen** to run into **2** (≈ *fließen*) to run **3** *Wasserhahn* to leak; *Wunde* to weep **4** (≈ *in Betrieb sein*) to run; *Uhr* to go; (≈ *funktionieren*) to work; **ein Programm ~ lassen** IT to run a program **5** (≈ *gezeigt werden*) *Film, Stück* to be on; **etw läuft gut/schlecht** sth is going well/badly; **die Sache ist gelaufen** *umg* it's in the bag *umg* **B** *v/t* **1** SPORT *Rekordzeit* to run; *Rekord* to set **2** (≈ *zu Fuß gehen*) to walk; *schnell* to run **C** *v/r* **sich warm ~** to warm up; **sich müde ~** to tire oneself out

Laufen *n* running

laufend **A** *adj* (≈ *ständig*) regular; (≈ *regelmäßig*) *Monat, Jahr* current; **~e Nummer** serial number; *von Konto* number; **j-n auf dem Laufenden** *od* **am Laufenden** *österr* **halten** to keep sb up-to-date *od* informed; **mit etw auf dem Laufenden** *od* **am Laufenden** *österr* **sein** to be up-to-date on sth **B** *adv* continually

laufen lassen *umg v/t* **j-n ~** to let sb go *od* off

Läufer *m* **1** *Schach* bishop **2** *Teppich* rug

Läufer(in) *m(f)* SPORT runner

Lauferei *umg f* running about *kein pl*

Lauffeuer *n* **sich wie ein ~ verbreiten** to spread like wildfire

läufig *adj* in heat

Laufkundschaft *f* occasional customers *pl*

Laufmasche *f* ladder *Br*, run

Laufpass *m* **j-m den ~ geben** *umg* to give sb his marching orders *umg*, to dump sb *umg*

Laufrad *n* **für Kinder** balance bike

Laufschritt *m* trot; **im ~** MIL at the double

Laufschuh *umg m* walking shoe; SPORT running shoe

Laufstall *m* playpen; *für Tiere* pen

Laufsteg *m* catwalk

Lauftechnik *f* SPORT running technique

Laufwerk *n* COMPUT drive

Laufzeit *f* **1** *von Vertrag* term; *von Kredit* period **2** *von Maschine, DVD* running time

Lauge *f* CHEM lye; (≈ *Seifenlauge*) soapy water

Laugenbrezel *f* salt pretzel

Lauheit *f von Wind, Abend* mildness

Laune *f* **1** (≈ *Stimmung*) mood; **(je) nach (Lust und) ~** just as the mood takes one; **gute/ schlechte ~ haben** to be in a good/bad mood **2** (≈ *Grille, Einfall*) whim; **etw aus einer ~ heraus tun** to do sth on a whim

launenhaft, **launisch** *adj* moody; (≈ *unberechenbar*) capricious; *Wetter* changeable

Laus *f* louse; **ihm ist (wohl) eine ~ über die Leber gelaufen** *umg* something's eating at him *umg*

Lausbub *m bes südd* young *od* little rascal

Lauschangriff *m* bugging operation (**gegen** on)

lauschen *v/i* **1** *geh* to listen (+*dat od* **auf** +*akk* to) **2** (≈ *heimlich zuhören*) to eavesdrop

lausen *v/t* to delouse; **ich glaub, mich laust der Affe!** *umg* well I'll be blowed! *Br umg*

lausig *umg* **A** *adj* lousy *umg*; *Kälte* freezing **B** *adv* awfully

laut¹ **A** *adj* loud; (≈ *lärmend*) noisy; **er wird immer gleich ~** he always gets obstreperous; **etw ~ werden lassen** (≈ *bekannt*) to make sth known **B** *adv* loudly; **~ (auf)lachen** to laugh out loud; **~ nachdenken** to think aloud; **~er sprechen** to speak up; **das kannst du aber ~ sagen** *fig umg* you can say that again

laut² *geh präp* according to

Laut *m* sound

lauten *v/i* to be; *Rede* to read; *Schriftstück* to read; **auf den Namen …~** *Pass* to be in the name of …; **es lautete …** it said …

läuten *v/t & v/i* to ring; *Wecker* to go (off); **es hat geläutet** the bell rang; **er hat davon (etwas) ~ hören** *umg* he has heard something about it

lauter¹ *adj* (≈ *nur*) nothing but; **~ Unsinn** pure nonsense; **vor ~ Rauch kann man nichts sehen** you can't see anything for all the smoke

lauter² *adj geh* (≈ *aufrichtig*) honourable *Br*, honorable *US*; **~er Wettbewerb** fair competition

lauthals *adv* at the top of one's voice

lautlos **A** *adj* silent **B** *adv* silently

Lautmalerei *f* onomatopoeia

lautmalerisch *adj* onomatopoeic

Lautschrift *f* phonetics *pl*

Lautsprecher *m* (loud)speaker

Lautsprecheranlage *f* **öffentliche ~** PA system

lautstark **A** *adj* loud; *Protest* vociferous **B** *adv* loudly; *protestieren a.* vociferously

Lautstärke *f* **1** loudness **2** RADIO, TV *etc* volume

Lautstärkeregler *m* RADIO, TV volume control

lauwarm *adj* slightly warm; *Flüssigkeit* lukewarm; *fig* lukewarm

Lava *f* lava

Lavabo *n schweiz* washbasin

Lavendel *m* lavender

Lawine *f* avalanche

lawinenartig *adj* like an avalanche; **~ anwachsen** to snowball

Lawinengefahr *f* danger of avalanches

lawinensicher *adv gebaut* to withstand avalanches

Lawinenwarnung *f* avalanche warning

lax **A** *adj* lax **B** *adv* laxly

Laxheit *f* laxity

Layout *n*, **Lay-out** *n* layout

Layouter(in) *m(f)* designer

Lazarett *n* MIL (≈ *Krankenhaus*) hospital

LCD-Anzeige *f* LCD display

Leadsänger(in) *m(f)* lead singer

leasen *v/t* HANDEL to lease

Leasing *n* HANDEL leasing

Leasingrate *f* leasing payment

Leasingvertrag *m* lease

leben **A** *v/i* to live; (≈ *am Leben sein*) to be alive; **er**

lebt noch he is still alive; **er lebt nicht mehr** he is no longer alive; **von etw ~ sein** to live on sth; **wie geht es dir?** — **man lebt (so)** *umg* how are you? — surviving; **genug zu ~ haben** to have enough to live on; **~ und ~ lassen** to live and let live; **allein ~** to live alone **B** *v/t* to live

Leben *n* life; **das ~** life; **am ~ bleiben/sein** to stay/be alive; **am ~ erhalten** to keep alive; **solange ich am ~ bin** as long as I live; **j-m das ~ retten** to save sb's life; **es geht um ~ und Tod** it's a matter of life and death; **mit dem ~ davonkommen** to escape with one's life; **etw ins ~ rufen** to bring sth into being, to start sth; **ums ~ kommen** to die; **sich** (*dat*) **das ~ nehmen** to take one's (own) life; **etw für sein ~ gern tun** to love doing sth; **ein ~ lang** one's whole life (long); **nie im ~!** never!; **ein Film nach dem ~** a film from real life; **das ~ geht weiter** life goes on; **~ in etw** (*akk*) **bringen** *umg* to liven sth up

lebend *adj* live *attr*, alive *präd*; *Sprache* living

Lebendgewicht *n* live weight

lebendig **A** *adj* **1** (≈ *nicht tot*) live *attr*, alive *präd*; *Wesen* living; **bei ~em Leibe** alive **2** *fig* (≈ *lebhaft*) lively *kein adv*; *Darstellung* vivid **B** *adv* (≈ *lebend*) alive; *fig* (≈ *lebhaft*) vividly

Lebendigkeit *f* liveliness

Lebens- *zssgn* vital

Lebensabend *m* old age

Lebensabschnitt *m* phase in *od* of one's life

Lebensalter *n* age

Lebensarbeitszeit *f* working life

Lebensart *f* **1** (≈ *Lebensweise*) way of life **2** (≈ *Manieren*) manners *pl*; (≈ *Stil*) (life)style

Lebensauffassung *f* attitude to life

Lebensaufgabe *f* life's work

Lebensbedingungen *pl* living conditions *pl*

lebensbedrohend, **lebensbedrohlich** *adj* life-threatening

Lebensberechtigung *f* right to exist

Lebensbereich *m* area of life

Lebensdauer *f* life(span); *von Maschine* life

Lebensende *n* end (of sb's/one's life); **bis an ihr ~** till the day she died

Lebenserfahrung *f* experience of life

lebenserhaltend *adj* life-preserving; *Geräte* life-support *attr*

Lebenserinnerungen *pl* memoirs *pl*

Lebenserwartung *f* life expectancy

lebensfähig *adj* viable

Lebensfähigkeit *f* viability

Lebensfreude *f* joie de vivre

lebensfroh *adj* merry

Lebensführung *f* lifestyle

Lebensgefahr *f* (mortal) danger; **„Lebensgefahr!"** "danger!"; **er schwebt in ~** his life is in danger; *Patient* he is in a critical condition; **außer ~ sein** to be out of danger

lebensgefährlich **A** *adj* highly dangerous; *Krankheit, Verletzung* critical **B** *adv verletzt* critically

Lebensgefährte *m*, **Lebensgefährtin** *f* partner

Lebensgefühl *n* awareness of life, feeling of being alive; **ein ganz neues ~ haben** to feel (like) a different person

Lebensgemeinschaft *f* long-term relationship; **eingetragene ~** registered partnership

Lebensgeschichte *f* life story, life history

lebensgroß *adj* & *adv* life-size

Lebensgröße *f* life-size; **etw in ~ malen** to paint sth life-size

Lebensgrundlage *f* (basis for one's) livelihood

Lebenshaltung *f* **1** (≈ *Unterhaltskosten*) cost of living **2** (≈ *Lebensführung*) lifestyle

Lebenshaltungsindex *m* cost-of-living index

Lebenshaltungskosten *pl* cost of living *sg*

Lebensjahr *n* year of (one's) life; **nach Vollendung des 18. ~es** on attaining the age of 18

Lebenskraft *f* vitality

Lebenslage *f* situation

lebenslang *adj Freundschaft* lifelong; *Haft* life *attr*, for life

lebenslänglich **A** *adj Rente, Strafe* for life; **sie hat ~ bekommen** she got life *umg* **B** *adv* for life

Lebenslauf *m* life; *bei Bewerbungen* curriculum vitae, CV *Br*, résumé *US*

Lebenslust *f* zest for life

lebenslustig *adj* in love with life

Lebensmittel *pl* food *sg*; **~** *pl* groceries *pl*

Lebensmittelabteilung *f* food department

Lebensmittelchemie *f* food chemistry

Lebensmittelgeschäft *n* grocer's (shop), grocery store *US*

Lebensmittelimitat *n* imitation food

Lebensmittelkette *f* food chain

Lebensmittelsicherheit *f* food safety

Lebensmittelskandal *m* food scandal

Lebensmittelvergiftung *f* food poisoning

lebensmüde *adj* weary of life; **ich bin doch nicht ~!** *umg* (≈ *verrückt*) I'm not completely mad! *umg*

lebensnotwendig *adj* essential

Lebenspartner(in) *m(f)* long-term partner, domestic partner *US*

Lebenspartnerschaft *f* long-term relationship; **eingetragene ~** civil partnership *Br*, civil union *US*

Lebensqualität *f* quality of life

Lebensraum *m* **1** *von Tieren, Pflanzen* habitat **2** *als Platzproblem* living space

Lebensretter(in) *m(f)* rescuer
Lebensstandard *m* standard of living
Lebensstellung *f* permanent position
Lebensstil *m* lifestyle
lebenstüchtig *adj* **er ist nicht sehr ~** he just can't cope with life
Lebensumstände *pl* circumstances *pl*
lebensunfähig *adj Lebewesen, System* nonviable
Lebensunterhalt *m* **seinen ~ verdienen** to earn one's living; **für j-s ~ sorgen** to support sb
lebensverlängernd *adj Maßnahme* life-prolonging
Lebensversicherung *f* life insurance; **eine ~ abschließen** to take out life insurance
Lebenswandel *m* way of life
Lebensweise *f* way of life
Lebenswerk *n* life's work
lebenswert *adj* worth living
lebenswichtig *adj* essential, vital; *Organ* vital
Lebenswille *m* will to live
Lebenszeichen *n* sign of life; MED vital signs *pl*
Lebenszeit *f* life(time); **auf ~** for life
Leber *f* liver; **frei** *od* **frisch von der ~ weg reden** *umg* to speak out
Leberfleck *m* mole
Leberkäse *m* ≈ meat loaf
Leberknödel *m* liver dumpling
Leberkrebs *m* cancer of the liver
Leberpastete *f* liver pâté
Lebertran *m* cod-liver oil
Leberwurst *f* liver sausage
Lebewesen *n* living thing, creature
Lebewohl *liter n* farewell *liter*; **j-m ~ sagen** to bid sb farewell
lebhaft **A** *adj* lively; *Gespräch* animated; HANDEL *Geschäfte, Nachfrage* brisk; *Erinnerung* vivid; *Farbe* bright **B** *adv reagieren* strongly; **~ diskutieren** to have a lively discussion; **das Geschäft geht ~** business is brisk; **ich kann mir ~ vorstellen, dass ...** I can (very) well imagine that ...
Lebhaftigkeit *f* liveliness; *von Erinnerung* vividness; *von Farbe* brightness
Lebkuchen *m* gingerbread
leblos *adj* lifeless; **~er Gegenstand** inanimate object
Lebzeiten *pl* **zu j-s ~** in sb's lifetime; (≈ *Zeit*) in sb's day
lechzen *v/i* to pant; **nach etw ~** to thirst for sth
leck *adj* leaky; **~ sein** to leak
Leck *n* leak
lecken¹ *v/i* (≈ *undicht sein*) to leak
lecken² *v/t & v/i* to lick; **an j-m/etw ~** to lick sb/sth
lecker **A** *adj Speisen* delicious, tasty, yummy *umg* **B** *adv zubereitet* deliciously; **~ schmecken** to taste delicious
Leckerbissen *m Speise* delicacy, titbit *Br*, tidbit *US*
Leckerei *f* **1** *Speise* delicacy, titbit *Br*, tidbit *US* **2** (≈ *Süßigkeit*) dainty
Leder *n* leather; **zäh wie ~** as tough as old boots *Br umg*, as tough as shoe leather *US*
Ledergarnitur *f* leather-upholstered suite
Lederhose *f* leather trousers *pl Br*, leather pants *pl US*; *kurz* lederhosen *pl*
Lederjacke *f* leather jacket
Ledermantel *m* leather coat
ledern *adj* **1** leather **2** (≈ *zäh*) leathery
Lederwaren *pl* leather goods *pl*
ledig *adj* (≈ *unverheiratet*) single
Ledige(r) *m/f(m)* single person
lediglich *adv* merely
LED-Lampe *f* LED (light) bulb
LED-Leuchte *f* LED light
leer **A** *adj* empty; *Blick* blank; **mit ~en Händen** *fig* empty-handed **B** *adv* **etw ~ machen** to empty sth; **(wie) ~ gefegt** *Straßen* deserted; **etw ~ trinken** to empty sth; **~ stehen** to stand empty; **~ stehend** empty
Leere *f* emptiness
leeren *v/t & v/r* to empty
Leergewicht *n* unladen weight; *von Behälter* empty weight
Leergut *n* empties *pl*
Leerlauf *m* AUTO neutral; *von Fahrrad* freewheel; **im ~ fahren** to coast
leerlaufen *v/i* **1** *Fass etc* to run dry **2** *Motor* to idle; *Maschine* to run idle
Leerstelle *f beim Tippen* space, blank
Leertaste *f* space-bar
Leerung *f* emptying; **nächste ~ 18 Uhr** *an Briefkasten* next collection 6 p.m. *Br*, next pickup 6 p.m. *US*
Leerzeichen *n* IT blank *od* space (character)
Leerzeile *f* TYPO blank line; **zwei ~n lassen** to leave two lines free *od* blank, to leave two empty lines
legal **A** *adj* legal **B** *adv* legally
legalisieren *v/t* to legalize
Legalisierung *f* legalization
Legalität *f* legality; **(etwas) außerhalb der ~** *euph* (slightly) outside the law
Legasthenie *f* dyslexia
Legastheniker(in) *m(f)* dyslexic
Legebatterie *f* hen battery
Legehenne *f* laying hen
legen **A** *v/t* **1** (≈ *hintun*) to put, to place **2** (≈ *lagern*) to lay down; *mit Adverb* to lay **3** (≈ *verlegen*) to lay; *Bomben* to plant; **Feuer ~** to start a fire **B** *v/t & v/i Huhn* to lay **C** *v/r* **1** (≈ *hinlegen*) to lie down (**auf** +*akk* on); **sich in die Sonne ~** to

lie in the sun; **sich auf die Seite ~** to lie on one's side **2** (≈ *abnehmen*) *Lärm* to die down; *Rauch, Nebel* to clear; *Zorn, Nervosität* to wear off
legendär *adj* legendary
Legende *f* legend
leger A *adj Kleidung, Ausdruck, Typ* casual; *Atmosphäre* relaxed **B** *adv* casually; *sich ausdrücken* informally
Leggin(g)s *pl* leggings *pl*
legieren *v/t Metall* to alloy
Legierung *f* alloy; *Verfahren* alloying
Legion *f* legion
Legionär *m* legionary, legionnaire
Legislative *f* legislature
Legislaturperiode *f* parliamentary term *Br*, legislative period *US*
legitim *adj* legitimate
Legitimation *f* identification; (≈ *Berechtigung*) authorization
legitimieren A *v/t* to legitimize; (≈ *berechtigen*) to entitle; (≈ *Erlaubnis geben*) to authorize **B** *v/r* (≈ *sich ausweisen*) to identify oneself
Legitimierung *f* legitimization; (≈ *Berechtigung*) justification
Legitimität *f* legitimacy
Leguan *m* iguana
Lehm *m* loam; (≈ *Ton*) clay
Lehmboden *m* clay soil
lehmig *adj* loamy; (≈ *tonartig*) claylike
Lehne *f* (≈ *Armlehne*) arm(rest); (≈ *Rückenlehne*) back (rest)
lehnen A *v/t & v/r* to lean (**an** +*akk* against) **B** *v/i* to be leaning (**an** +*dat* against)
Lehns- *zssgn* feudal
Lehnstuhl *m* easy chair
Lehnwort *n* LING loan word
Lehramt *n* **das ~** the teaching profession; (≈ *Lehrerposten*) teaching post *bes Br*, teaching position
Lehranstalt *f* academy
Lehrauftrag *m* UNIV **einen ~ für etw haben** to give lectures on sth
Lehrbeauftragte(r) *m/f(m)* UNIV **~ für etw sein** to give lectures on sth
Lehrbuch *n* textbook
Lehre *f* **1** (≈ *das Lehren*) teaching **2** *von Christus etc* teachings *pl*; (≈ *Lehrmeinung*) doctrine **3** (≈ *negative Erfahrung*) lesson; *einer Fabel* moral; **j-m eine ~ erteilen** to teach sb a lesson; **lass dir das eine ~ sein** let that be a lesson to you! **4** (≈ *Berufslehre*) apprenticeship; *in nicht handwerklichem Beruf* training; **eine ~ machen** to train; *in Handwerk* to do an apprenticeship
lehren *v/t & v/i* to teach; → **gelehrt**
Lehrer(in) *m/f(m)* teacher; (≈ *Fahrlehrer etc*) instructor/instructress
Lehrerausbildung *f* teacher training
Lehrerkollegium *n* (teaching) staff
Lehrerkonferenz *f* staff meeting *Br*, faculty meeting *US*
Lehrerrat *m committee made up of three to five teachers which advises and liaises with the head teacher*
Lehrerschaft *f* teaching staff
Lehrerzimmer *n* staff room *bes Br*, teachers' room
Lehrfach *n* subject
Lehrgang *m* course (**für** in)
Lehrgeld *n* **~ für etw zahlen müssen** *fig* to pay dearly for sth
Lehrjahr *n* year as an apprentice
Lehrkörper *form m* teaching staff
Lehrkraft *form f* teacher
Lehrling *m* apprentice; *in nicht handwerklichem Beruf* trainee
Lehrmeister(in) *m(f)* master
Lehrmethode *f* teaching method
Lehrmittel *n* teaching aid
Lehrpfad *m* trail
Lehrplan *m* (teaching) curriculum; *für ein Schuljahr* syllabus
lehrreich *adj* (≈ *informativ*) instructive; *Erfahrung* educational
Lehrsatz *m Philosophie, a.* MATH theorem; KIRCHE dogma
Lehrstelle *f* position as an apprentice/a trainee
Lehrstoff *m* subject; *eines Jahres* syllabus
Lehrstuhl *m* UNIV chair (**für** of)
Lehrtochter *f schweiz* apprentice
Lehrveranstaltung *f* UNIV (≈ *Vorlesung*) lecture; (≈ *Seminar*) seminar
Lehrzeit *f* apprenticeship
Leib *m* (≈ *Körper*) body; **mit ~ und Seele** heart and soul; *wünschen* with all one's heart; **mit ~ und Seele dabei sein** to put one's heart and soul into it; **etw am eigenen ~(e) erfahren** to experience sth for oneself; **am ganzen ~(e) zittern** to be shaking all over; **halt ihn mir vom ~** keep him away from me
Leibchen *österr, schweiz n*, **Leiberl** *österr n* (≈ *Unterhemd*) vest *Br*, undershirt *US*; (≈ *T-Shirt*) T-shirt; (≈ *Trikot*) shirt, jersey
Leibeigene(r) *m/f(m)* serf
Leibeskraft *f* **aus Leibeskräften schreien** *etc* to shout *etc* with all one's might (and main)
Leibesübung *obs f* **~en** *Schulfach* physical education *kein pl*
Leibgericht *n* favourite meal *Br*, favorite meal *US*
leibhaftig A *adj* personified; **die ~e Güte** *etc* goodness *etc* personified **B** *adv* in person
leiblich *adj* **1** (≈ *körperlich*) physical, bodily; **für**

das **~e Wohl sorgen** to take care of our/their etc bodily needs **2** *Mutter, Vater* natural; *Kind* by birth; *Bruder, Schwester* full

Leibschmerzen pl obs dial stomach pains pl

Leibwache f bodyguard

Leibwächter(in) m(f) bodyguard

Leiche f corpse; **er geht über ~n** umg he'd stop at nothing; **nur über meine ~!** umg over my dead body!

Leichenbestatter(in) m(f) undertaker, mortician US

leichenblass adj deathly pale

Leichenhalle f, **Leichenhaus** n mortuary

Leichenschau f postmortem (examination)

Leichenschauhaus n mortuary Br, morgue US

Leichenstarre f rigor mortis

Leichenwagen m hearse

Leichnam form m body

leicht **A** adj (≈ *nicht schwer*) light; *Koffer* lightweight; (≈ *geringfügig*) slight; JUR *Vergehen etc* petty; (≈ *einfach*) easy; **mit ~er Hand** fig effortlessly; **mit dem werden wir (ein) ~es Spiel haben** he'll be no problem **B** adv **1** (≈ *einfach*) easily; **es sich** (dat) **(bei etw) ~ machen** not to make much of an effort (with sth); **man hat's nicht ~** umg it's a hard life; **~ zu beantworten** easy to answer; **das ist ~er gesagt als getan** that's easier said than done; **du hast ~ reden** it's all very well for you; → *leicht machen* **2** (≈ *schnell*) easily; **er wird ~ böse** etc he is quick to get angry etc; **~ zerbrechlich** very fragile; **~ verderblich** highly perishable; **das ist ~ möglich** that's quite possible; **~ entzündlich** *Brennstoff etc* highly (in)flammable; **das passiert mir so ~ nicht wieder** I won't let that happen again in a hurry umg **3** (≈ *schwach regnen*) not hard; **~ bekleidet sein** to be scantily clad; **~ gekleidet sein** to be (dressed) in light clothes; **~ gewürzt/gesalzen** lightly seasoned/salted

Leichtathlet(in) m(f) (track and field) athlete

Leichtathletik f (track and field) athletics sg

leichtfallen v/i to be easy (j-m for sb)

leichtfertig **A** adj thoughtless **B** adv thoughtlessly; **~ handeln** to act without thinking

Leichtfertigkeit f thoughtlessness

Leichtgewicht n lightweight

leichtgläubig adj credulous; (≈ *leicht zu täuschen*) gullible

Leichtgläubigkeit f credulity; (≈ *Arglosigkeit*) gullibility

leichthin adv lightly

Leichtigkeit f **1** (≈ *Mühelosigkeit*) ease; **mit ~** with no trouble (at all) **2** (≈ *Unbekümmertheit*) light-heartedness

leichtlebig adj happy-go-lucky

leicht machen v/t, **leichtmachen** v/t (j-m) **etw ~** to make sth easy (for sb); **sich** (dat) **etw ~** to make things easy for oneself with sth; (≈ *nicht gewissenhaft sein*) to take it easy with sth

Leichtmetall n light metal

leichtnehmen v/t **etw ~** (≈ *nicht ernsthaft behandeln*) to take sth lightly; (≈ *sich keine Sorgen machen*) not to worry about sth

Leichtsinn m (≈ *unvorsichtige Haltung*) foolishness; (≈ *Sorglosigkeit*) thoughtlessness; **sträflicher ~** criminal negligence

leichtsinnig **A** adj foolish, (≈ *unüberlegt*) thoughtless **B** adv *handeln* thoughtlessly; **~ mit etw umgehen** to be careless with sth

Leichtverletzte(r) m/f(m) **die ~n** the slightly injured

Leichtwasserreaktor m light water reactor

leid adj (≈ *überdrüssig*) **j-n/etw ~ sein** to be tired of sb/sth

Leid n **1** (≈ *Kummer*) sorrow, grief; (≈ *Schaden*) harm; **viel ~ erfahren** to suffer a great deal; **j-m sein ~ klagen** to tell sb one's troubles; **zu ~e** → *zuleide* **2** schweiz (≈ *Begräbnis*) funeral **3** schweiz (≈ *Trauerkleidung*) mourning

leiden **A** v/t **1** (≈ *ertragen müssen*) to suffer **2** **j-n/etw ~ können** to like sb/sth **B** v/i to suffer (**an** +dat od **unter** +dat from)

Leiden n **1** suffering **2** (≈ *Krankheit*) illness

leidend adj (≈ *kränklich*) ailing; umg *Miene* long-suffering

Leidenschaft f passion; **ich koche mit großer ~** cooking is a great passion of mine

leidenschaftlich **A** adj passionate **B** adv passionately; **etw ~ gern tun** to be mad about doing sth umg

leidenschaftslos **A** adj dispassionate **B** adv dispassionately

Leidensgefährte m, **Leidensgefährtin** f fellow-sufferer

Leidensgeschichte f tale of woe; **die ~ (Christi)** BIBEL Christ's Passion

Leidensweg m life of suffering; **seinen ~ gehen** to bear one's cross

leider adv unfortunately, I'm afraid

leidgeprüft adj sorely afflicted

leidig adj tiresome

leidlich **A** adj reasonable **B** adv reasonably; **wie geht's? — danke, ~!** how are you? — not too bad, thanks

Leidtragende(r) m/f(m) **1** (≈ *Hinterbliebener*) **die ~n** the bereaved **2** (≈ *Benachteiligter*) **der/die ~** the one to suffer

leidtun v/i **etw tut j-m leid** sb is sorry about od for sth; **tut mir leid!** (I'm) sorry!; **es tut uns leid, Ihnen mitteilen zu müssen ...** we regret to have to inform you ...; **er/sie tut mir leid**

I'm sorry for him/her, I pity him/her; **das wird dir noch ~** you'll be sorry
Leierkasten *m* barrel organ
Leierkastenfrau *f*, **Leierkastenmann** *m* organ-grinder
Leiharbeit *f* subcontracted work
Leiharbeiter(in) *m(f)* subcontracted worker
Leihbibliothek *f*, **Leihbücherei** *f* lending library
leihen *v/t* to lend, to loan; (≈ *entleihen*) to borrow; (≈ *mieten*) to hire; **sich** (*dat*) **etw ~** to borrow sth
Leihgabe *f* loan
Leihgebühr *f* hire *od* rental charge; *für Buch* lending charge
Leihhaus *n* pawnshop
Leihmutter *f* surrogate mother
Leihwagen *m* hire(d) car *Br*, rental (car) *US*
leihweise *adv* on loan
Leim *m* glue; **j-m auf den ~ gehen** *od* **kriechen** *umg* to be taken in by sb; **aus dem ~ gehen** *umg Sache* to fall apart
leimen *v/t* (≈ *kleben*) to glue (together); **j-n ~** *umg* to take sb for a ride *umg*; **der Geleimte** *umg* the mug *umg*
Lein *m* flax
Leine *f* cord; (≈ *Schnur*) string; (≈ *Angelleine, Wäscheleine*) line; (≈ *Hundeleine*) leash
leinen *adj* linen; *grob* canvas; *Bucheinband* cloth
Leinen *n* linen; *grob* canvas; *als Bucheinband* cloth
Leinsamen *m* linseed
Leinwand *f* canvas; *im Kino* screen
leise **A** *adj* **1** *Stimme* soft; (≈ *still*) silent; **~ sein** to keep quiet; **... sagte er mit ~r Stimme** ... he said in a low voice **2** (≈ *gering*) slight; *Schlaf, Regen, Wind* light; **nicht die ~ste Ahnung haben** not to have the slightest idea **B** *adv* (≈ *nicht laut*) quietly; **das Radio (etwas) ~r stellen** to turn the radio down (slightly); **sprich doch ~r!** keep your voice down a bit
Leiste *f* (≈ *Holzleiste etc*) strip (of wood *etc*); (≈ *Zierleiste*) trim; (≈ *Umrandung*) border
leisten *v/t* **1** (≈ *erreichen*) to achieve; *Arbeit* to do; *Maschine* to manage; (≈ *ableisten*) *Wehrdienst etc* to complete; **etwas ~** *Mensch* (≈ *arbeiten*) to do something; (≈ *vollbringen*) to achieve something; *Maschine* to be quite good; *Auto, Motor etc* to be quite powerful; **gute Arbeit ~** to do a good job; **j-m Hilfe ~** to give sb some help; **j-m gute Dienste ~** *Gegenstand* to serve sb well; *Mensch* to be useful to sb **2** (≈ *sich erlauben*) **sich** (*dat*) **etw ~** to allow oneself sth; (≈ *sich gönnen*) to treat oneself to sth; **sich** (*dat*) **etw ~ können** *finanziell* to be able to afford sth; **er hat sich tolle Sachen geleistet** he got up to the craziest things
Leistenbruch *m* MED hernia
Leistengegend *f* groin
Leistung *f* **1** (≈ *Geleistetes*) performance; *großartige, gute* achievement; (≈ *Ergebnis*) result(s); (≈ *geleistete Arbeit*) work *kein pl*; **eine große ~ vollbringen** to achieve a great success; **das ist keine besondere ~** that's nothing special; **seine schulischen ~en haben nachgelassen** his school work has deteriorated; **schwache ~!** that's not very good **2** (≈ *Leistungsfähigkeit*) capacity; *von Motor* power **3** (≈ *Zahlung*) payment **4** (≈ *Dienstleistung*) service
leistungsbezogen *adj* performance-oriented
Leistungsbilanz *f* WIRTSCH balance on current account
Leistungsdruck *m* pressure (to do well)
Leistungsfach *n* special *od* main subject, advanced level subject
leistungsfähig *adj* (≈ *konkurrenzfähig*) competitive; (≈ *produktiv*) efficient; *Motor* powerful; *Maschine* productive; FIN solvent
Leistungsfähigkeit *f* (≈ *Konkurrenzfähigkeit*) competitiveness; (≈ *Produktivität*) efficiency; *von Motor* power(fulness); *von Maschine* capacity; FIN ability to pay, solvency; **das übersteigt meine ~** that's beyond my capabilities
leistungsgerecht *adj Bezahlung* performance-related
Leistungsgesellschaft *f* meritocracy, achievement-orientated society *pej*
Leistungsgrenze *f* upper limit
Leistungskontrolle *f* SCHULE, UNIV assessment; *in der Fabrik* productivity check
Leistungskurs *m* advanced course in specialist subjects
leistungsorientiert *adj Gesellschaft* competitive; *Lohn* performance-related
Leistungsprämie *f* productivity bonus
Leistungsprinzip *n* achievement principle
leistungsschwach *adj* (≈ *nicht konkurrenzfähig*) uncompetitive; (≈ *nicht produktiv*) inefficient, unproductive; *Motor* low-powered; *Maschine* low-performance
Leistungssport *m* competitive sport
leistungsstark *adj* (≈ *konkurrenzfähig*) highly competitive; (≈ *produktiv*) highly efficient *od* productive; *Motor* very powerful; *Maschine* highly productive
Leistungssteigerung *f* increase in performance
Leistungstest *m* SCHULE achievement test; TECH performance test
Leistungsträger(in) *m(f)* **1** SPORT *im Beruf, in der Politik* key player **2** *von Sozialleistungen etc* service provider

Leistungsvermögen n capabilities pl
Leistungszuschlag m productivity bonus
Leitartikel m leader Br, editorial
Leitartikler(in) m(f) leader writer Br, editorial writer
Leitbild n model
leiten v/t **1** to lead; fig Leser, Schüler etc to guide; Verkehr to route; Gas, Wasser to conduct; (≈ umleiten) to divert **2** (≈ verantwortlich sein für) to be in charge of; Partei, Diskussion to lead; als Vorsitzender to chair; Gruppe to direct; Theater, Orchester to run **3** PHYS Wärme, Licht to conduct
leitend adj leading; Idee central; Position managerial; PHYS conductive; **~e(r) Angestellte(r)** executive
Leiter f ladder; (≈ Stehleiter) steps pl
Leiter(in) m(f) leader; von Hotel, Geschäft manager/manageress; (≈ Abteilungsleiter) in Firma head; von Schule head bes Br, principal bes US; von Orchester, Chor etc director; **~ der Personalabteilung** personnel manager
Leiterplatte f COMPUT circuit board
Leiterwagen m handcart
Leitfaden m Fachbuch introduction; (≈ Gebrauchsanleitung) manual
leitfähig adj PHYS conductive
Leitfigur f (≈ Vorbild) (role) model
Leitgedanke m central idea
Leitidee f central idea
Leitlinien pl POL orientations pl
Leitmotiv n LIT, a. fig leitmotif
Leitplanke f crash barrier
Leitsatz m basic principle
Leitspruch m motto
Leitstelle f headquarters pl; (≈ Funkleitstelle) control centre Br, control center US
Leitung f **1** von Menschen, Organisationen running; von Partei, Regierung leadership; von Betrieb management; von Schule headship bes Br, principalship bes US; **unter der ~ von j-m** MUS conducted by sb **2** (≈ die Leitenden) leaders pl; eines Betriebes etc management sg od pl **3** für Gas, Wasser bis zum Haus main; im Haus pipe; (≈ Draht) wire; dicker cable; TEL (≈ Verbindung) line; **eine lange ~ haben** hum umg to be slow on the uptake
Leitungsrohr n pipe
Leitungswasser n tap water
Leitwährung f key currency
Leitwerk n FLUG tail unit
Leitzins m base rate Br, prime rate US
Lektion f lesson; im Schulbuch unit, theme; **j-m eine ~ erteilen** fig to teach sb a lesson
Lektor(in) m(f) UNIV foreign language assistant; (≈ Verlagslektor) editor
Lektüre f (≈ das Lesen) reading; (≈ Lesestoff) reading matter
Lemming m lemming
Lende f ANAT, GASTR loin
Lendengegend f lumbar region
Lendenschurz m loincloth
Lendenstück n piece of loin
Lendenwirbel m lumbar vertebra
lenkbar adj TECH steerable; Rakete guided
lenken **A** v/t **1** (≈ leiten) to direct; Sprache, Presse etc to influence **2** (≈ steuern) Auto etc to steer **3** fig Schritte, Gedanken, Blick to direct (**auf** +akk to); j-s Aufmerksamkeit, Blicke to draw (**auf** +akk to); Gespräch to steer **B** v/i (≈ steuern) to steer
Lenker m (≈ Fahrradlenker etc) handlebars pl
Lenkrad n (steering) wheel
Lenksäule f steering column
Lenkstange f von Fahrrad etc handlebars pl
Lenkung f TECH steering
Lenz m liter (≈ Frühling) spring(time)
Leopard m leopard
Lepra f leprosy
Lerche f lark
lernbar adj learnable
lernbehindert adj with learning difficulties
Lernbehinderte(r) m/f(m) child/person etc with learning difficulties
Lerneffekt m educational benefit
lernen **A** v/t to learn; **lesen/schwimmen** etc **~** to learn to read/swim etc; **j-n lieben/schätzen ~** to come to love/appreciate sb; **das will gelernt sein** it's a question of practice; → gelernt **B** v/i to learn; (≈ arbeiten) to study; **von ihm kannst du noch (was) ~!** he could teach you a thing or two
Lernen n studies pl
Lernende(r) m/f(m), **Lerner(in)** m(f) learner
Lernerfolg m learning success
lernfähig adj capable of learning
Lernmittel pl schoolbooks and equipment pl
Lernprogramm n IT für Software tutorial program; didaktisches Programm learning program
Lernprozess m learning process
Lernsoftware f educational software
Lern- und Arbeitstechniken pl study skills pl
lernwillig adj willing to learn
Lernziel n learning goal
Lesart f version
lesbar **A** adj (≈ leserlich) legible; IT readable **B** adv (≈ leserlich) legibly
Lesbe f lesbian
Lesbierin f lesbian
lesbisch adj lesbian
Lese f (≈ Ernte) harvest
Lesebrille f reading glasses pl
Lesebuch n reader
Lesekopf m COMPUT read head

Leselampe f reading lamp od light
lesen[1] v/t & v/i **A** to read; **die Schrift ist kaum zu ~** the writing is scarcely legible; **etw in j-s Augen** (dat) **~** to see sth in sb's eyes **B** UNIV to lecture
lesen[2] v/t Trauben, Beeren to pick; Ähren to glean; Erbsen etc to sort
Lesen n reading
lesenswert adj worth reading
Leser(in) m(f) reader
Leseratte umg f bookworm umg
Leserbrief m (reader's) letter; „Leserbriefe" "letters to the editor"
Lese-Rechtschreib-Schwäche f dyslexia
leserlich **A** adj legible **B** adv legibly
Leserschaft f readership
Lesesaal m reading room
Lesespeicher m COMPUT read-only memory, ROM
Lesestoff m reading matter
Leseverständnis n reading comprehension
Lesezeichen n bookmark(er)
Lesotho n GEOG Lesotho
Lesung f reading
Lethargie f lethargy
Lette m, **Lettin** f Lett, Latvian
lettisch adj Lettish, Latvian
Lettland n Latvia
Letzt f **zu guter ~** in the end
letztendlich adv at (long) last; (≈ letzten Endes) at the end of the day
letztens adv recently; **erst ~** just od only recently
Letzte(r) m/f(m) **der ~ des Monats** the last (day) of the month; **~(r) werden** to be last; **als ~(r) (an)kommen** to be the last to arrive; **er wäre der ~, dem ich …** he would be the last person I'd …
letzte(r, s) adj **A** last; in der Reihenfolge a. final; **auf dem ~n Platz liegen** to be (lying) last; **mein ~s Geld** the last of my money; **das ~ Mal** (the) last time; **zum ~n Mal** (for) the last time; **ein Schuss in der ~n Minute** a last-minute shot; **in ~r Zeit** recently, lately; **~n Endes** in the end; **der Letzte Wille** the last will and testament **B** (≈ neueste Mode etc) latest **C** (≈ schlechtester) **das ist der ~ Schund** od **Dreck** that's absolute trash; **j-n wie den ~n Dreck behandeln** to treat sb like dirt
Letzte(s) n last thing; **sein ~s (her)geben** to give one's all; **das ist ja das ~!** umg that really is the limit; **bis aufs ~** completely, totally; **bis ins ~** (right) down to the last detail
letztgenannt adj last-named
letztlich adv in the end; **das ist ~ egal** it comes down to the same thing in the end
letztmals adv for the last time
Leuchtanzeige f illuminated display
Leuchtdiode f light-emitting diode
Leuchte f light, lamp; umg Mensch genius
leuchten v/i Licht to shine; Feuer, Zifferblatt to glow; (≈ aufleuchten) to flash; **mit einer Lampe in/auf etw** (akk) **~** to shine a lamp into/onto sth
leuchtend **A** adj shining; Farbe bright; **etw in den ~sten Farben schildern** to paint sth in glowing colours Br, to paint sth in glowing colors US; **ein ~es Vorbild** a shining example **B** adv rot, gelb bright
Leuchter m (≈ Kerzenleuchter) candlestick; (≈ Kronleuchter) chandelier
Leuchtfarbe f fluorescent colour Br, fluorescent color US; (≈ Anstrichfarbe) fluorescent paint
Leuchtfeuer n navigational light; aus Leuchtpistole flare
Leuchtmarker m highlighter
Leuchtpistole f flare pistol
Leuchtrakete f signal rocket
Leuchtreklame f neon sign
Leuchtstift m highlighter
Leuchtturm m lighthouse
leugnen **A** v/t to deny; **~, etw getan zu haben** to deny having done sth; **es ist nicht zu ~, dass …** it cannot be denied that … **B** v/i to deny everything
Leukämie f leukaemia Br, leukemia US
Leumund m reputation, name
Leumundszeugnis n character reference
Leute pl people pl; Anrede folks, guys; **alle ~** everybody; **vor allen ~n** in front of everybody; **was sollen denn die ~ davon denken?** what will people think?; **etw unter die ~ bringen** umg Gerücht to spread sth around; Geld to spend sth; **unter die ~ kommen** to socialize; **dafür brauchen wir mehr ~** we need more people for that
Leutnant m second lieutenant; bei der Luftwaffe pilot officer Br, second lieutenant US; **~ zur See** acting sublieutenant Br, ensign US
Level m **A** (≈ Niveau) level; **Gespräche auf hohem ~** high-level talks **B** (≈ Schwierigkeitsgrad bei Computerspielen) level
Leviten pl **j-m die ~ lesen** umg to haul sb over the coals
lexikalisch adj lexical
Lexikograf(in) m(f) lexicographer
Lexikon n encyclopedia; (≈ Wörterbuch) dictionary, lexicon
Libanese m, **Libanesin** f Lebanese
libanesisch adj Lebanese
Libanon m **der ~** (the) Lebanon
Libelle f ZOOL dragonfly

liberal *adj* liberal
Liberale(r) *m/f(m)* POL Liberal
liberalisieren *v/t* to liberalize
Liberalisierung *f* liberalization
Liberia *n* GEOG Liberia
Libero *m* FUSSB sweeper
Libido *f* PSYCH libido
Libretto *n* libretto
Libyen *n* Libya
Libyer(in) *m(f)* Libyan
libysch *adj* Libyan
licht *adj* **1** (≈ *hell*) light **2** *Wald, Haar* sparse
Licht *n* light; **~ machen** (≈ *anschalten*) to switch od put on a light; **etw gegen das ~ halten** to hold sth up to the light; **bei ~e besehen** *fig* in the cold light of day; **das ~ der Welt erblicken** *geh* to (first) see the light of day; **etw ans ~ bringen** to bring sth out into the open; **ans ~ kommen** to come to light; **j-n hinters ~ führen** to pull the wool over sb's eyes; **ein schiefes/schlechtes ~ auf j-n/etw werfen** to show sb/sth in the wrong/a bad light
Lichtbild *n* (≈ *Dia*) slide; *form* (≈ *Foto*) photograph
Lichtbildervortrag *m* illustrated lecture
Lichtblick *fig* *m* ray of hope
Lichtblitz *m* flash
lichtdurchlässig *adj* pervious to light; *Stoff* that lets the light through
lichtecht *adj* non-fade
lichtempfindlich *adj* sensitive to light
Lichtempfindlichkeit *f* sensitivity to light; FOTO film speed
lichten¹ **A** *v/t Wald* to thin (out) **B** *v/r* to thin (out); *Nebel, Wolken* to lift; *Bestände* to go down
lichten² *v/t Anker* to weigh
Lichterkette *f an Weihnachtsbaum* fairy lights *pl*
lichterloh *adv* **~ brennen** *wörtl* to be ablaze
Lichtgeschwindigkeit *f* the speed of light
Lichthupe *f* AUTO flash (of the headlights)
Lichtjahr *n* light year
Lichtmangel *m* lack of light
Lichtmaschine *f für Gleichstrom* dynamo; *für Drehstrom* alternator
Lichtquelle *f* source of light
Lichtschalter *m* light switch
Lichtschein *m* gleam of light; *plötzlich aufleuchtend* flare
lichtscheu *adj* averse to light; *fig Gesindel* shady
Lichtschranke *f* photoelectric barrier
Lichtschutzfaktor *m* protection factor
Lichtstrahl *m* ray of light; *fig* ray of sunshine
lichtundurchlässig *adj* opaque
Lichtung *f* clearing
Lichtverhältnisse *pl* lighting conditions *pl*
Lid *n* eyelid
Lidschatten *m* eye shadow
Lidstrich *m* eyeliner
lieb **A** *adj* **1** (≈ *liebenswürdig, hilfsbereit*) kind; (≈ *nett, reizend*) nice; (≈ *niedlich*) sweet; (≈ *artig*) *Kind* good; **~e Grüße an deine Eltern** give my best wishes to your parents; **würdest du (bitte) so ~ sein und das Fenster aufmachen?** would you do me a favour and open the window? *Br*, would you do me a favor and open the window? *US*; **sich bei j-m ~ Kind machen** *pej* to suck up to sb *umg* **2** (≈ *angenehm*) **es wäre mir ~, wenn …** I'd like it if …; **es wäre ihm ~er** he would prefer it; → **lieber**; → **liebster**, s **3** (≈ *geliebt*) *in Briefanrede* dear; **~e Grüße** *Briefschluss* love; **der ~e Gott** the Good Lord; **~er Gott** *Anrede* dear God *od* Lord; **(mein) Liebes** (my) love; **alles Liebe** love; **er ist mir ~ und teuer** he's very dear to me; **~ geworden** well-loved; **den ~en langen Tag** *umg* the whole livelong day; **das ~e Geld!** the money, the money!; **(ach) du ~er Himmel!** *umg* good heavens *od* Lord! **4** **~ste(r, s)** favourite *Br*, favorite *US*; **sie ist mir die Liebste von allen** she is my favo(u)rite **B** *adv* **1** (≈ *liebenswürdig*) *danken, grüßen* sweetly, nicely; **j-m ~ schreiben** to write a sweet letter to sb; **sich ~ um j-n kümmern** to be very kind to sb **2** (≈ *artig*) nicely
liebäugeln *v/i* **mit etw ~** to have one's eye on sth
Liebe *f* **1** love (**zu j-m, für j-n** for sb, **of sb** *od* **zu etw** of sth); **aus ~ zu** for the love of; **etw mit viel ~ tun** to do sth with loving care; **bei aller ~** with the best will in the world; **~ macht blind** *sprichw* love is blind *sprichw* **2** (≈ *Sex*) sex; **eine Nacht der ~** a night of love **3** (≈ *Geliebter*) love, darling
Liebelei *umg* *f* flirtation, affair
lieben **A** *v/t* to love; *als Liebesakt* to make love (**j-n** to sb); **etw nicht ~** not to like sth; **sich ~** to love one another *od* each other; *euph* to make love; → **geliebt** **B** *v/i* to love
Liebende(r) *m/f(m)* lover
liebenswert *adj* lovable
liebenswürdig *adj* kind; (≈ *liebenswert*) charming
Liebenswürdigkeit *f* (≈ *Höflichkeit*) politeness; (≈ *Freundlichkeit*) kindness
lieber *adv* (≈ *vorzugsweise*) rather, sooner; **das tue ich ~** I would *od* I'd rather do that; **etw ~ mögen** to like sth better; **ich würde ~** I'd rather; **ich trinke ~ Wein als Bier** I prefer wine to beer; **bleibe ~ im Bett** you had *od* you'd better stay in bed; **sollen wir gehen? — ~ nicht!** should we go? — better not
Liebe(r) *m/f(m)* dear; **meine ~n** my dears
Liebesabenteuer *n* amorous adventure

Liebesbeziehung f (sexual) relationship
Liebesbrief m love letter
Liebeserklärung f declaration of love
Liebesfilm m romance
Liebesgeschichte f LIT love story
Liebesheirat f love match
Liebeskummer m lovesickness; **~ haben** to be lovesick
Liebesleben n love life
Liebeslied n love song
Liebespaar n lovers pl
Liebesroman m romantic novel
Liebesschloss n love lock
Liebesszene f love scene
liebevoll A adj loving; Umarmung affectionate B adv lovingly; umarmen affectionately
lieb gewinnen v/t to grow fond of
liebgeworden adj → lieb
lieb haben v/t, **liebhaben** to love; weniger stark to be (very) fond of
Liebhaber(in) m(f) 1 lover 2 (≈ Interessent) enthusiast; (≈ Sammler) collector; **ein ~ von etw** a lover of sth; **das ist ein Wein für ~** that is a wine for connoisseurs
Liebhaberei f fig (≈ Hobby) hobby
Liebhaberstück n collector's item
liebkosen liter v/t to caress, to fondle
Liebkosung liter f caress
lieblich adj lovely, delightful; Wein sweet
Liebling m darling; Anrede a. dear; (≈ bevorzugter Mensch) favourite Br, favorite US; des Lehrers pet
Lieblings- zssgn favourite Br, favorite US
Lieblingsschüler(in) m(f) teacher's pet
lieblos adj Eltern unloving; Behandlung unkind; Benehmen inconsiderate
Liebschaft f affair
Liebste(r) m/f(m) sweetheart
liebste(r, s) adv **am ~n** best; **am ~n hätte ich ...** what I'd like most would be (to have) ...; **am ~n gehe ich ins Kino** best of all I like going to the movies; **das würde ich am ~n tun** that's what I'd like to do best
Liechtenstein n Liechtenstein
Lied n song; **es ist immer das alte ~** umg it's always the same old story umg; **davon kann ich ein ~ singen** I could tell you a thing or two about that umg
Liederbuch n songbook
liederlich A adj (≈ schlampig) slovenly attr, präd; (≈ unmoralisch) dissolute B adv (≈ schlampig) sloppily
Liedermacher(in) m(f) singer-songwriter
Liedtext m lyrics pl
Lieferant(in) m(f) supplier, provider; (≈ Auslieferer) deliveryman/-woman; **~(in) für Speisen und Getränke** caterer

lieferbar adj (≈ vorrätig) available; **die Ware ist sofort ~** the article can be supplied/delivered at once
Lieferbedingungen pl delivery terms pl
Lieferfirma f supplier; (≈ Zusteller) delivery firm
Lieferfrist f delivery period
liefern A v/t 1 Waren to supply; (≈ zustellen) to deliver (an +akk to); **j-m etw ~** to provide sb with sth 2 Beweise, Informationen to provide; Ergebnis to produce; **j-m einen Vorwand ~** to give sb an excuse; → **geliefert** B v/i to supply; (≈ zustellen) to deliver
Lieferschein m delivery note
Lieferservice m delivery service
Liefertermin m delivery date
Lieferung f (≈ Versand) delivery; (≈ Versorgung) supply; **bei ~ zu bezahlen** payable on delivery; **~ nach Hause** home delivery
Liefervertrag m contract of sale
Lieferwagen m delivery van od truck; offen pick-up
Lieferzeit f delivery period; HANDEL lead time
Liege f couch; (≈ Campingliege) camp bed Br, cot US; für Garten lounger Br, lounge chair US
liegen v/i 1 to lie; (≈ ruhen) to rest; **im Bett/Krankenhaus ~** to be in bed/hospital; **die Stadt lag in dichtem Nebel** thick fog hung over the town; **der Schnee bleibt nicht ~** the snow isn't lying bes Br od sticking US; **etw ~ lassen** to leave sth (there) 2 (≈ sich befinden) to be; **die Preise ~ zwischen 60 und 80 Euro** the prices are between 60 and 80 euros; **so, wie die Dinge jetzt ~** as things stand at the moment; **damit liegst du (gold)richtig** umg you're right there, you're dead right there umg; **nach Süden ~** to face south; **in Führung ~** to be in the lead; **die Verantwortung/Schuld dafür liegt bei ihm** the responsibility/blame for that lies with him; **das liegt ganz bei dir** that is completely up to you 3 (≈ passen) **das liegt mir nicht** it doesn't suit me; Beruf it doesn't appeal to me 4 **es liegt mir viel daran** (≈ ist mir wichtig) that matters a lot to me; **es liegt mir wenig/nichts daran** that doesn't matter much/at all to me; **es liegt mir viel an ihm** he is very important to me; **woran liegt es?** why is that?; **das liegt daran, dass ...** that is because...; → **gelegen**
liegen bleiben v/i 1 (≈ nicht aufstehen) to remain lying (down); **(im Bett) ~** to stay in bed 2 (≈ vergessen werden) to get left behind 3 (≈ nicht ausgeführt werden) not to get done 4 Schnee to lie bes Br, to stick US
liegen lassen v/t (≈ nicht erledigen) to leave; (≈ vergessen) to leave (behind)
Liegerad n recumbent (bicycle)
Liegesitz m reclining seat; auf Boot couchette

Liegestuhl m mit Holzgestell deck chair; mit Metallgestell lounger Br, lounge chair US, sunbed
Liegestütz m SPORT press-up Br, push-up US
Liegewagen m BAHN couchette coach Br, couchette car bes US
Lift m (≈ Personenlift) lift Br, elevator US; (≈ Güterlift) lift Br, hoist
Liftboy m liftboy Br, elevator boy US
liften v/t to lift; **sich** (dat) **das Gesicht ~ lassen** to have a face-lift
Liga f league
light adj light; **Limo ~** diet lemonade, low-calorie lemonade
liken umg v/t IT to like
Likör m liqueur
lila adj purple
Lilie f lily
Liliputaner(in) m(f) midget
Limette f sweet lime
Limit n WIRTSCH limit
limitieren v/t to limit
limitierend adj limiting
Limo f umg fizzy drink Br, soda US
Limonade f lemonade
Limone f lime
Limousine f saloon Br, sedan US, limousine
Linde f (≈ Baum) linden od lime (tree); (≈ Holz) limewood
Lindenblütentee m lime blossom tea
lindern v/t to ease
Linderung f easing
lindgrün adj lime green
Lineal n ruler
linear adj linear
Linguist(in) m(f) linguist
Linguistik f linguistics sg
linguistisch adj linguistic
Linie f ◘ line; **sich in einer ~ aufstellen** to line up; **auf der gleichen ~** along the same lines; **auf der ganzen ~** fig all along the line; **in erster ~** mainly; **auf die (schlanke) ~ achten** to watch one's figure ◙ (≈ Verkehrsverbindung) route; **fahren Sie mit der ~ 2** take the (number) 2
Linienblatt n ruled od lined sheet (placed under writing paper)
Linienbus m public service bus
Liniendienst m regular service; FLUG scheduled service
Linienflug m scheduled flight
Linienmaschine f scheduled plane; **mit einer ~** on a scheduled flight
Linienrichter(in) m(f) linesman/-woman; Tennis line judge; → Schiedsrichterassistentin
linientreu adj **~ sein** to follow od toe the party line

linieren, liniieren v/t to rule bes Br, to draw lines on; Papier **lini(i)ert** lined
link umg adj Typ underhanded, double-crossing; Masche, Tour dirty; **ein ganz ~er Hund** pej a nasty piece of work pej umg
Link m INTERNET link
Linke f ◘ Hand left hand; Seite left(-hand) side; beim Boxen left; **zur ~n (des Königs) saß ...** to the left (of the king) sat ... ◙ POL **die ~** The Left
linken v/t umg (≈ hereinlegen) to con umg
Linke(r) m/f(m) POL left-winger
linke(r, s) adj left; Rand, Spur etc left(-hand); POL left-wing; **die ~ Seite** the left(-hand) side; von Stoff the wrong side; **auf der ~n Seite** on the left; **zwei ~ Hände haben** umg to have two left hands
linkisch ◘ adj clumsy ◙ adv clumsily
links ◘ adv ◘ on the left; abbiegen (to the) left; **nach ~** (to the) left; **von ~** from the left; **~ von etw** (to the od on the) left of sth; **~ von j-m** to od on sb's left; **weiter ~** further to the left; **j-n ~ liegen lassen** fig umg to ignore sb; **mit ~** umg just like that ◙ (≈ verkehrt tragen) inside out; **~ stricken** to purl ◙ präp on od to the left of
Linksabbieger m motorist/car etc turning left
Linksaußen m FUSSB outside left
linksbündig ◘ adj TYPO ranged left ◙ adv flush left
Linksextremismus m POL left-wing extremism
Linksextremist(in) m(f) left-wing extremist
Linkshänder(in) m(f) left-hander, left-handed person; **~ sein** to be left-handed
linkshändig adj & adv left-handed
Linkskurve f left-hand bend
linksradikal adj POL radically left-wing
linksrheinisch adj & adv to od on the left of the Rhine
Linkssteuerung f AUTO left-hand drive
Linksverkehr m driving on the left; **in Großbritannien ist ~** they drive on the left in Britain
Linoleum n linoleum, lino
Linolschnitt m KUNST linocut
Linse f ◘ BOT, GASTR lentil ◙ Optik lens
Lipgloss m lip gloss
Lippe f lip; **das bringe ich nicht über die ~n** I can't bring myself to say it; **er brachte kein Wort über die ~n** he couldn't say a word
Lippenbalsam m lip salve od balm
Lippenbekenntnis n lip service
Lippenpflegestift m lip balm
Lippenstift m lipstick
Liquid n für E-Zigaretten e-liquid, e-juice
Liquidation f ◘ liquidation ◙ (≈ Rechnung) account
liquide adj WIRTSCH Geld, Mittel liquid; Firma sol-

vent
liquidieren v/t ▪ Geschäft to put into liquidation; Betrag to charge ▪ Firma to liquidate; j-n to eliminate
Liquidität f liquidity
lispeln v/t & v/i to lisp; (≈ flüstern) to whisper
Lissabon n Lisbon
List f (≈ Täuschung) cunning; (≈ trickreicher Plan) ruse
Liste f list; (≈ Wählerliste) register; **auf der ~ stehen** to be on the list
Listenpreis m list price
listig A adj cunning B adv cunningly
Litauen n Lithuania
Litauer(in) m(f) Lithuanian
litauisch adj Lithuanian
Liter m/n litre Br, liter US
literarisch adj literary; **~ interessiert** interested in literature
Literatur f literature; **die moderne ~** modern literature
Literaturangabe f bibliographical reference; **~n** (≈ Bibliografie) bibliography
Literaturgeschichte f history of literature
Literaturkritik f literary criticism
Literaturkritiker(in) m(f) literary critic
Literaturverzeichnis n bibliography
Literaturwissenschaft f literary studies pl
Literaturwissenschaftler(in) m(f) literature specialist
Literflasche f litre bottle Br, liter bottle US
literweise wörtl adv by the litre Br, by the liter US
Litfaßsäule f advertisement pillar
Lithiumbatterie f lithium battery
Lithografie f ▪ Verfahren lithography ▪ Druck lithograph
Litschi f lychee, litchi
Liturgie f liturgy
Litze f braid; ELEK flex
live adv & adj RADIO, TV live
Livekonzert n live concert
Livemitschnitt m live recording
Livemusik f live music
Livesendung f live broadcast
Livestream m (≈ Echtzeitübertragung) livestream
Liveübertragung f live transmission
Lizenz f licence Br, license US; **etw in ~ herstellen** to manufacture sth under licence Br, to manufacture sth under license US
Lizenzausgabe f licensed edition
Lizenzgeber(in) m(f) licenser; Behörde licensing authority
Lizenzgebühr f licence fee Br, license fee US; im Verlagswesen royalty
Lizenzinhaber(in) m(f) licensee
Lizenznehmer(in) m(f) licensee

LK abk (= Leistungskurs) SCHULE advanced course in specialist subjects
Lkw m, **LKW** m → Lastkraftwagen
Lkw-Fahrer(in) m(f) lorry driver Br, truck driver
Lkw-Maut f lorry toll Br, truck toll
Lkw-Zug m road train
Lob n praise; **(viel) Lob für etw bekommen** to be (highly) praised for sth
Lobby f lobby
Lobbying n lobbying
Lobbyist(in) m(f) lobbyist
loben v/t to praise; **j-n/etw ~d erwähnen** to commend sb/sth; **das lob ich mir** that's what I like (to see/hear etc)
lobenswert adj laudable
löblich adj commendable
Loblied n song of praise; **ein ~ auf j-n/etw anstimmen** od **singen** fig to sing sb's praises/the praises of sth
Lobrede f eulogy; **eine ~ auf j-n halten** wörtl to make a speech in sb's honour Br, to make a speech in sb's honor US; fig to eulogize sb
Loch n hole; in Reifen puncture; fig umg (≈ elende Wohnung) dump umg; umg (≈ Gefängnis) clink umg; **j-m ein ~** od **Löcher in den Bauch fragen** umg to pester sb to death (with all one's questions) umg; **ein großes ~ in j-s (Geld)beutel** (akk) **reißen** umg to make a big hole in sb's pocket
lochen v/t to punch holes/a hole in; (≈ perforieren) to perforate; Fahrkarte to punch
Locher m (≈ Gerät) punch
löcherig adj full of holes
löchern umg v/t to pester (to death) with questions umg
Lochkarte f punch card
Lochung f punching; (≈ Perforation) perforation
Locke f Haar curl; **~n haben** to have curly hair
locken¹ v/t & v/r Haar to curl; **gelockt** Haar curly; Mensch curly-haired
locken² v/t ▪ Tier to lure ▪ j-n to tempt; **das Angebot lockt mich sehr** I'm very tempted by the offer
lockend adj tempting
Lockenkopf m curly hairstyle; Mensch curly--head
Lockenstab m (electric) curling tongs pl Br, (electric) curling iron US
Lockenwickler m (hair) curler
locker A adj loose; Kuchen light; (≈ nicht gespannt) slack; Haltung relaxed; umg (≈ unkompliziert) laid--back umg; **eine ~e Hand haben** fig (≈ schnell zuschlagen) to be quick to hit out B adv (≈ nicht stramm) loosely; **bei ihm sitzt das Messer ~** he'd pull a knife at the slightest excuse; **etw ~ sehen** to be relaxed about sth; **das mache**

1146 ▪ **lockerlassen — Lokalpatriotismus**

ich ganz ~ *umg* I can do it just like that *umg*
lockerlassen *umg v/i* **nicht ~** not to let up
lockermachen *umg* **A** *v/t Geld* to shell out *umg* **B** *v/r* (≈ *sich entspannen*) **sich ~** to chill *umg*
lockern **A** *v/t* **1** (≈ *locker machen*) to loosen; *Boden* to break up; *Griff* to relax; *Seil* to slacken **2** (≈ *entspannen*) *Muskeln* to loosen up; *fig Vorschriften, Atmosphäre* to relax **B** *v/r* to work itself loose; *Verkrampfung* to ease off; *Atmosphäre* to become more relaxed
Lockerung *f* **1** loosening; *von Griff* relaxation, loosening; *von Seil* slackening **2** *von Muskeln* loosening up; *von Atmosphäre* relaxation
Lockerungsübung *f* loosening-up exercise
lockig *adj Haar* curly
Lockmittel *n* lure
Lockruf *m* call
Lockung *f* lure; (≈ *Versuchung*) temptation
Lockvogel *m* decoy (bird); *fig* decoy
Lockvogelangebot *n* inducement
Lodenmantel *m* loden (coat)
lodern *v/i* to blaze, to flare
Löffel *m* spoon; *als Maßangabe* spoonful; **den ~ abgeben** *umg* to kick the bucket *umg*; **ein paar hinter die ~ kriegen** *umg* to get a clip (a)round the ear
Löffelbiskuit *m/n* sponge finger, ladyfinger *US*
löffeln *v/t* to spoon
löffelweise *adv* by the spoonful
Logarithmentafel *f* log table
Logarithmus *m* logarithm, log
Logbuch *n* log(book)
Loge *f* **1** THEAT box **2** (≈ *Freimaurerloge*) lodge
Logik *f* logic
logisch **A** *adj* logical; **gehst du auch hin? — ~** are you going too? — of course **B** *adv* logically; **~ denken** to think logically
logischerweise *adv* logically
Logistik *f* logistics *sg*
Logistikzentrum *n* logistics centre *Br*, logistics center *US*
logistisch *adj* logistic
Logo *n* (≈ *Firmenlogo*) logo
Logopäde *m*, **Logopädin** *f* speech therapist
Logopädie *f* speech therapy
Lohn *m* **1** wage(s) (*pl*), pay *kein pl, kein unbest art*; **2% mehr ~ verlangen** to demand a 2% pay rise *Br od* pay raise *US* **2** *fig* (≈ *Belohnung*) reward; (≈ *Strafe*) punishment; **als** *od* **zum ~ für …** as a reward/punishment for …
Lohnabhängige(r) *m/f(m)* wage earner
Lohnabschluss *m* wage *od* pay agreement
Lohnarbeit *f* labour *Br*, labor *US*
Lohnausgleich *m* **bei vollem ~** with full pay
Lohnbuchhalter(in) *m/f(m)* wages clerk *Br*, pay clerk

Lohnbuchhaltung *f* wages accounting; (≈ *Büro*) wages office *Br*, pay(roll) office
Lohnbüro *n* wages office *Br*, pay(roll) office
Lohndumping *n* wage dumping
Lohnempfänger(in) *m/f(m)* wage earner
lohnen **A** *v/i & v/r* to be worth it *od* worthwhile; **es lohnt (sich), etw zu tun** it is worth(while) doing sth; **die Mühe lohnt sich** it is worth the effort; **das lohnt sich nicht für mich** it's not worth my while **B** *v/t* **1** (≈ *es wert sein*) to be worth **2** (≈ *danken*) **j-m etw ~** to reward sb for sth
löhnen *umg v/t & v/i* to shell out *umg*
lohnend *adj* rewarding; (≈ *nutzbringend*) worthwhile; (≈ *einträglich*) profitable
lohnenswert *adj* worthwhile
Lohnerhöhung *f* (wage *od* pay) rise *Br*, (wage *od* pay) raise *US*
Lohnforderung *f* wage demand *od* claim
Lohnfortzahlung *f* continued payment of wages
Lohngefälle *n* wage *od* pay gap
Lohngruppe *f* wage group
lohnintensiv *adj* wage-intensive
Lohnkosten *pl* wage costs *pl Br*, labor costs *pl US*
Lohnkürzung *f* wage *od* pay cut
Lohnliste *f* payroll
Lohnnebenkosten *pl* additional wage costs *pl Br*, additional labor costs *pl US*
Lohnniveau *n* wage level
Lohnpolitik *f* pay policy
Lohn-Preis-Spirale *f* wage-price spiral
Lohnrunde *f* pay round
Lohnsteuer *f* income tax (*paid on earned income*)
Lohnsteuerjahresausgleich *m* annual adjustment of income tax
Lohnsteuerkarte *f* (income) tax card
Lohnstopp *m* wage freeze
Lohnstreifen *m* pay slip
Lohntüte *f* pay packet
Lohnverzicht *m* **~ üben** to take a cut in wages *od* pay
Loipe *f* cross-country ski run
Lok *f* engine
lokal *adj* (≈ *örtlich*) local
Lokal *n* (≈ *Gaststätte*) pub *Br*, bar; (≈ *Restaurant*) restaurant
Lokalfernsehen *n* local television
lokalisieren *v/t* **1** (≈ *Ort feststellen*) to locate **2** MED to localize
Lokalkolorit *n* local colour *Br*, local color *US*
Lokalmatador(in) *m/f(m)* local hero/heroine
Lokalnachrichten *pl* local news *sg*
Lokalpatriotismus *m* local patriotism

Lokalsender m local radio/TV station
Lokalteil m local section
Lokaltermin m JUR visit to the scene of the crime
Lokalverbot n ban; **~ haben** to be barred from a bar od pub Br
Lokalzeitung f local (news)paper
Lokführer(in) m(f) engine driver
Lokomotive f locomotive, engine
Lokomotivführer(in) m(f) engine driver
Lolli umg m lollipop, lolly bes Br
Lombard m/n FIN loan on security
Lombardsatz m rate for loans on security
London n London
Londoner adj London
Loopschal m (≈ Rundschal) infinity od loop scarf
Lorbeer m ⬛ wörtl Gewächs laurel; als Gewürz bay leaf ⬛ fig **sich auf seinen ~en ausruhen** umg to rest on one's laurels; **damit kannst du keine ~en ernten** that's no great achievement
Lorbeerblatt n bay leaf
Lorbeerkranz m laurel wreath
Lore f BAHN truck; (≈ Kipplore) tipper
los A adj ⬛ (≈ nicht befestigt) loose ⬛ (≈ frei) **j-n/etw los sein** umg to be rid of sb/sth; **ich bin mein ganzes Geld los** umg I'm cleaned out umg ⬛ umg **es ist nichts los** (≈ geschieht) there's nothing going on; **mit j-m ist nichts (mehr) los** umg sb isn't up to much (any more od anymore US); **was ist denn hier/da los?** what's going on here/there (then)?; **was ist los?** what's up?; **was ist denn los?** what's wrong?; **wo ist denn hier was los?** where's the action here? umg B adv ⬛ Aufforderung **los!** come on!; **los geht's!** let's go!; **nichts wie los!** let's get going ⬛ (≈ weg) **wir wollen früh los** we want to leave early
Los n ⬛ für Entscheidung lot; in der Lotterie, auf Jahrmarkt etc ticket; **das große Los gewinnen** od **ziehen** wörtl, fig to hit the jackpot; **etw durch das Los entscheiden** to decide sth by drawing lots ⬛ (≈ Schicksal) lot
lösbar adj soluble
losbinden v/t to untie (**von** from)
losbrechen A v/t to break off B v/i Gelächter etc to break out; Sturm, Gewitter to break
Löschblatt n sheet of blotting paper
löschen A v/t ⬛ Feuer, Kerze to put out; Licht to turn out od off; Durst to quench; Tonband etc to erase; IT Speicher to clear; Festplatte to wipe; Daten, Information, Text to delete ⬛ SCHIFF Ladung to unload B v/i Feuerwehr etc to put out a/the fire
Löschfahrzeug n fire engine
Löschmannschaft f team of firefighters
Löschpapier n (piece of) blotting paper
Löschtaste f COMPUT delete key

Löschung f ⬛ IT von Daten deletion ⬛ SCHIFF von Ladung unloading
lose adj loose; Seil slack; **etw ~ verkaufen** to sell sth loose
Loseblattsammlung f loose-leaf edition
Lösegeld n ransom (money)
loseisen umg A v/t to get od prise away (**bei** from) B v/r to get away (**bei** from); von Verpflichtung etc to get out (**von** of)
losen v/i to draw lots (**um** for)
lösen A v/t ⬛ (≈ abtrennen) to remove (**von** from); Knoten, Fesseln to undo; Handbremse to release; Husten, Krampf to ease; Muskeln to loosen up; (≈ lockern) to loosen ⬛ (≈ auflösen) to dissolve ⬛ (≈ klären) Aufgabe, Problem to solve; MATH to work out; Konflikt to resolve ⬛ (≈ annullieren) Vertrag to cancel; Verlobung to break off; Ehe to dissolve ⬛ (≈ kaufen) Karte to buy B v/r ⬛ (≈ sich losmachen) to detach oneself (**von** from); (≈ sich ablösen) to come off (**von etw** sth); Knoten to come undone; Schuss to go off; Husten, Krampf, Spannung to ease; Atmosphäre to relax; Muskeln to loosen up; (≈ sich lockern) to (be)come loose; **sich von j-m ~** a. SPORT to break away from sb ⬛ (≈ sich aufklären) to be solved ⬛ (≈ zergehen) to dissolve
Losentscheid m drawing (of) lots; **durch ~** by drawing lots
losfahren v/i (≈ abfahren) to set off; Auto to drive off
losgehen v/i ⬛ (≈ weggehen) to set off; Schuss, Bombe, Alarm etc to go off; (**mit dem Messer**) **auf j-n ~** to go for sb (with a knife) ⬛ umg (≈ anfangen) to start; **gleich geht's los** it's just about to start; **jetzt geht's los** here we go; Vorstellung it's starting; Rennen they're off
loshaben umg v/t **etwas/nichts ~** to be pretty clever/stupid umg
loskaufen v/t to buy out; Entführten to ransom
loskommen v/i to get away (**von** from); (≈ sich befreien) to free oneself; **von einer Sucht ~** to get free of an addiction
loslachen v/i to burst out laughing
loslassen v/t to let go of; **der Gedanke lässt mich nicht mehr los** I can't get the thought out of my mind; **die Hunde auf j-n ~** to put od set the dogs on(to) sb
loslegen umg v/i to get going
löslich adj soluble; **~er Kaffee** instant coffee
loslösen A v/t to remove (**von** from); (≈ lockern) to loosen B v/r to detach oneself (**von** from); **sich von j-m ~** to break away from sb
losmachen v/t (≈ befreien) to free; (≈ losbinden) to untie
losmüssen v/i umg **jetzt müssen wir aber los** we have to be off, we must be going

Losnummer f ticket number
losreißen v/r **sich (von etw) ~ Hund** etc to break loose (from sth); fig to tear oneself away (from sth)
lossagen v/r **sich von etw ~** to renounce sth; **sich von j-m ~** to dissociate oneself from od break with sb
losschießen v/i (≈ zu schießen anfangen) to open fire; **schieß los!** fig umg fire away! umg
losschlagen A v/i to hit out; MIL to (launch one's) attack; **aufeinander ~** to go for one another od each other B v/t umg (≈ verkaufen) to get rid of
Losung f 1 (≈ Devise) motto 2 (≈ Kennwort) password
Lösung f solution; eines Konfliktes resolving; einer Verlobung breaking off; einer Verbindung severance; einer Ehe dissolving
Lösungsmittel n solvent
Lösungswort n answer
loswerden v/t to get rid of; Geld beim Spiel etc to lose; (≈ ausgeben) to spend
losziehen v/i 1 (≈ aufbrechen) to set out od off (in +akk od **nach** for) 2 **gegen j-n/etw ~** umg to lay into sb/sth umg
Lot n (≈ Senkblei) plumb line; SCHIFF sounding line; MATH perpendicular; **die Sache ist wieder im Lot** things have been straightened out
löten v/t & v/i to solder
Lothringen n Lorraine
lothringisch adj of Lorraine, Lorrainese
Lotion f lotion
Lötkolben m soldering iron
Lötlampe f blowlamp
Lötmetall n solder
lotrecht adj perpendicular
Lotse m, **Lotsin** f SCHIFF pilot; (≈ Fluglotse) air-traffic od flight controller; fig guide
lotsen v/t to guide; **j-n irgendwohin ~** umg to drag sb somewhere umg
Lotsendienst m AUTO driver-guide service
Lotterie f lottery; (≈ Tombola) raffle
Lotteriegewinn m lottery/raffle prize; Geld lottery/raffle winnings pl
Lotterielos n lottery/raffle ticket
Lotto n lottery, ≈ National Lottery Br; **(im) ~ spielen** to do the lottery Br, to play the lottery
Lottogewinn m lottery win; Geld lottery winnings pl
Lottoschein m lottery coupon
Lottozahlen pl winning lottery numbers pl
Lotus m lotus
Lotuseffekt m lotus effect
Löwe m 1 lion 2 ASTROL Leo; **(ein) ~ sein** to be (a) Leo
Löwenanteil umg m lion's share
Löwenmähne fig f flowing mane
Löwenmaul n, **Löwenmäulchen** n snapdragon, antirrhinum
Löwenzahn m dandelion
Löwin f lioness
loyal A adj loyal B adv loyally; **sich j-m gegenüber ~ verhalten** to be loyal to(wards) sb
Loyalität f loyalty (**j-m gegenüber** to sb)
LP f abk (= Langspielplatte) LP
LRS abk (= Lese-Rechtschreib-Schwäche) dyslexia
Luchs m lynx; **Augen wie ein ~ haben** umg to have eyes like a hawk
Lücke f gap; auf Formularen etc space; **~n (im Wissen) haben** to have gaps in one's knowledge
Lückenbüßer(in) umg m(f) stopgap
lückenhaft A adj full of gaps; Versorgung deficient B adv sich erinnern vaguely; informieren sketchily
lückenlos A adj complete; Überwachung thorough; Kenntnisse perfect B adv completely
Lückentest m, **Lückentext** m SCHULE completion test Br, fill-in-the-gaps test
Luder umg n minx; **armes/dummes ~** poor/stupid creature
Luft f 1 air kein pl; **dicke ~** umg a bad atmosphere; **an** od **in die/der (frischen) ~** in the fresh air; **(frische) ~ schnappen** umg to get some fresh air; **die ~ ist rein** umg the coast is clear; **aus der ~** from the air; **durch die ~ schwebend** airborne; **die ~ ist raus** fig umg the fizz has gone; **j-n an die (frische) ~ setzen** umg to show sb the door; **etw in die ~ jagen** umg to blow sth up; **er geht gleich in die ~** fig he's about to blow his top; **es liegt etwas in der ~** there's something in the air; **in der ~ hängen** Sache to be (very much) up in the air; **die Behauptung ist aus der ~ gegriffen** this statement is (a) pure invention; **j-n wie ~ behandeln** to treat sb as though he/she just didn't exist; **er ist ~ für mich** I'm not speaking to him 2 (≈ Atem) breath; **nach ~ schnappen** to gasp for breath; **die ~ anhalten** wörtl to hold one's breath; **nun halt mal die ~ an!** umg (≈ rede nicht) hold your tongue!; (≈ übertreibe nicht) come on! umg; **keine ~ bekommen** to choke; **keine ~ mehr kriegen** not to be able to breathe; **tief ~ holen** to take a deep breath; **mir blieb vor Schreck/Schmerz die ~ weg** I was breathless with shock/pain; **seinem Herzen ~ machen** fig to get everything off one's chest; **seinem Zorn ~ machen** to give vent to one's anger 3 fig (≈ Spielraum, Platz) space, room
Luftabwehr f MIL anti-aircraft defence Br, anti-aircraft defense US

Luftabwehrrakete f anti-aircraft missile
Luftangriff m air raid (**auf** +akk on)
Luftaufnahme f aerial photo(graph)
Luftballon m balloon
Luftbild n aerial picture
Luftblase f air bubble
Luftbrücke f airlift
Lüftchen n breeze
luftdicht A adj airtight B adv **die Ware ist ~ verpackt** the article is in airtight packaging
Luftdruck m air pressure
lüften A v/t **1** to air; systematisch to ventilate **2** (≈ hochheben) to raise; **das Geheimnis war gelüftet** the secret was out B v/i (≈ Luft hereinlassen) to let some air in
Luftfahrt f aeronautics sg; mit Flugzeugen aviation
Luftfahrtgesellschaft f airline (company)
Luftfeuchtigkeit f (atmospheric) humidity
Luftfilter n/m air filter
Luftflotte f air fleet
Luftfracht f air freight
Luftfrachtbrief m air consignment note Br
luftgekühlt adj air-cooled
luftgestützt adj Flugkörper air-launched
luftgetrocknet adj air-dried
Luftgewehr n air rifle, air gun
Luftgitarre f air guitar
Lufthoheit f air sovereignty
luftig adj Zimmer airy; Kleidung light
Luftkampf m air battle
Luftkissenboot n, **Luftkissenfahrzeug** n hovercraft
Luftkrieg m aerial warfare
Luftkühlung f air-cooling
Luftkurort m (climatic) health resort
Luftlandetruppe f airborne troops pl
luftleer adj (völlig) **~ sein** to be a vacuum; **~er Raum** vacuum
Luftlinie f **200 km** etc **~ 200 km** etc as the crow flies
Luftloch n air hole; FLUG air pocket
Luftmatratze f air bed Br, Lilo® Br, air mattress
Luftpirat(in) m(f) (aircraft) hijacker, skyjacker bes US
Luftpolster n air cushion
Luftpost f airmail; **mit ~** by airmail
Luftpostbrief m airmail letter
Luftpumpe f pneumatic pump; für Fahrrad (bicycle) pump
Luftraum m airspace
Luftreinhaltung f air pollution control
Luftrettungsdienst m air rescue service
Luftröhre f ANAT windpipe, trachea
Luftschacht m ventilation shaft
Luftschiff n airship
Luftschlacht f air battle
Luftschlange f (paper) streamer
Luftschloss fig n castle in the air
Luftschutzbunker m, **Luftschutzkeller** m air-raid shelter
Luftspiegelung f mirage
Luftsprung m **vor Freude einen ~ machen** to jump for joy
Luftstreitkräfte pl air force sg
Luftstrom m stream of air
Luftstützpunkt m air base
Lufttemperatur f air temperature
luftübertragen adj airborne
Lüftung f airing; systematisch ventilation
Lüftungsschacht m ventilation shaft
Luftveränderung f change of air
Luftverkehr m air traffic
Luftverschmutzung f air pollution
Luftwaffe f MIL air force; **die (deutsche) ~** the Luftwaffe
Luftwaffenstützpunkt m air-force base
Luftweg m (≈ Flugweg) air route; (≈ Atemweg) respiratory tract; **etw auf dem ~ befördern** to transport sth by air
Luftzug m (mild) breeze; in Gebäude draught Br, draft US
Lüge f lie, falsehood; **das ist alles ~** that's all lies; **j-n/etw ~n strafen** to give the lie to sb/sth
lügen A v/i to lie; **wie gedruckt ~** umg to lie like mad umg B v/t **das ist gelogen!** that's a lie!
Lügendetektor m lie detector
Lügengeschichte f pack of lies
Lügenmärchen n tall story
Lügner(in) m(f) liar
lügnerisch adj Mensch, Worte untruthful
Luke f hatch; (≈ Dachluke) skylight
lukrativ adj lucrative
Lümmel pej m oaf; **du ~, du** you rogue you
lümmelhaft pej adj ill-mannered
lümmeln umg v/r to sprawl; (≈ sich hinlümmeln) to flop down
Lump pej m rogue
lumpen umg v/t **sich nicht ~ lassen** to splash out umg
Lumpen m rag
Lumpenpack pej umg n riffraff pl pej
Lumpensammler m (≈ Lumpenhändler) rag-and-bone man
lumpig adj **1** Kleidung ragged, tattered **2** Gesinnung, Tat shabby **3** umg (≈ geringfügig) measly umg
Lunchpaket n lunchbox, packed lunch
Lunge f lungs pl; (≈ Lungenflügel) lung; **sich** (dat) **die ~ aus dem Hals schreien** umg to yell till one is blue in the face umg
Lungenbraten m österr loin roast Br, porter-

house (steak)
Lungenentzündung f pneumonia
Lungenflügel m lung
lungenkrank adj ~ **sein** to have a lung disease
Lungenkrebs m lung cancer
Lungenzug m deep drag umg
Lunte f ~ **riechen** (≈ *Verdacht schöpfen*) to smell a rat umg
Lupe f magnifying glass; **j-n/etw unter die ~ nehmen** umg (≈ *prüfen*) to examine sb/sth closely
lupenrein adj flawless; *Englisch* perfect; **das Geschäft war nicht ganz ~** the deal wouldn't stand close scrutiny *od* wasn't quite all above board
Lupine f lupin
Lurch m amphibian
Lust f **1** (≈ *Freude*) pleasure, joy; **da kann einem die (ganze)** *od* **alle ~ vergehen, da vergeht einem die ganze ~** it puts you off; **die ~ an etw** (dat) **verlieren** to get tired of sth; **j-m die ~ an etw** (dat) **nehmen** to take all the fun out of sth for sb **2** (≈ *Neigung*) inclination; **zu etw ~ haben** to feel like sth; **ich habe ~, das zu tun** I'd like to do that; (≈ *bin dazu aufgelegt*) I feel like doing that; **ich habe jetzt keine ~** I'm not in the mood just now; **hast du ~?** how about it?; **auf etw** (akk) **~ haben** to feel like sth; **ganz** *od* **je nach ~ und Laune** umg just depending on how I/you *etc* feel **3** (≈ *sinnliche Begierde*) desire
lustbetont adj pleasure-orientated; *Beziehung, Mensch* sensual
Lüsterklemme f ELEK connector
lüstern adj *sexuell* lascivious; *pej* lecherous
Lustgewinn m pleasure
lustig adj (≈ *munter*) merry; (≈ *humorvoll*) funny, amusing; **~ sein** (≈ *Spaß machen*) to be fun; **das kann ja ~ werden!** *iron* that's going to be fun *iron*; **sich über j-n/etw ~ machen** to make fun of sb/sth
Lustigkeit f (≈ *Munterkeit*) merriness *obs*; *von Mensch* joviality; *von Geschichte* funniness
Lüstling m lecher
lustlos **A** adj unenthusiastic; FIN *Börse* slack **B** adv unenthusiastically
Lustmörder(in) m(f) sex killer
Lustobjekt n sex object
Lustprinzip n PSYCH pleasure principle
Lustspiel n comedy
lustvoll **A** adj full of relish **B** adv with relish
lutschen v/t & v/i to suck (**an etw** dat sth)
Lutscher m lollipop
Luxemburg n Luxembourg
Luxemburger(in) m(f) Luxembourger; **er ist ~** he's from Luxembourg; **sie ist ~in** she's from Luxembourg
luxemburgisch adj Luxembourgian, from Luxembourg
luxuriös **A** adj luxurious; **ein ~es Leben** a life of luxury **B** adv luxuriously
Luxus m luxury; *pej* (≈ *Überfluss*) extravagance; **den ~ lieben** to love luxury
Luxusartikel m luxury article; *pl* luxury goods *pl*
Luxusausführung f de luxe model
Luxusdampfer m luxury cruise ship
Luxushotel n luxury hotel
Luxusklasse f **der ~** de luxe *attr*, luxury *attr*
Luzern n Lucerne
Lychee f lychee, litchi
Lymphdrüse f lymph(atic) gland
Lymphe f lymph
Lymphknoten m lymph node
lynchen *wörtl* v/t to lynch; *fig* to kill
Lynchjustiz f lynch law
Lynchmord m lynching
Lyrik f lyric poetry *od* verse
Lyriker(in) m(f) lyric poet
lyrisch **A** adj lyrical; *Dichtung* lyric **B** adv lyrically

M

M, m n M, m
m abk (= **Meter**) metre *Br*, meter *US*
M.A. abk (= **Magister Artium**) UNIV MA, M.A. *US*
Machart f make; (≈ *Stil*) style
machbar adj feasible
Machbarkeitsstudie f feasibility study
Mache umg f **1** (≈ *Vortäuschung*) sham **2** **etw in der ~ haben** umg to be working on sth; **in der ~ sein** umg to be in the making
machen **A** v/t **1** (≈ *tun*) to do; **die Hausaufgaben ~** to do homework; **einen Ausflug/eine Reise ~** to go on a trip; **Judo ~** to do judo; **ich mache das schon** (≈ *bringe das in Ordnung*) I'll see to that; (≈ *erledige das*) I'll do that; **etw gerne ~** to be fond of doing sth; **er macht, was er will** he does what he likes; **das lässt sich ~** that can be done; (**da ist**) **nichts zu ~** (≈ *geht nicht*) (there's) nothing to be done; (≈ *kommt nicht infrage*) nothing doing; **das lässt er nicht mit sich ~** he won't stand for that; **was machst du da?** what are you doing (there)?; **was macht die Arbeit?** how's the work going?; **was macht dein Bruder (beruflich)?** what does your brother do (for a living)?; **was macht dein Bruder?** (≈ *wie geht es ihm?*)

how's your brother doing?; **mach's gut!** *umg* cheers!; *Br*, see you *US*; **stärker** take care; → **gemacht** [2] (≈ *anfertigen*) to make; **aus Holz gemacht** made of wood; **sich/j-m etw ~ lassen** to have sth made for oneself/sb [3] (≈ *verursachen*) **Schwierigkeiten** to make (j-m for sb); **Mühe, Schmerzen** to cause (j-m for sb); **j-m Angst ~** to make sb afraid; **j-m Hoffnung ~** to give sb hope; **mach, dass er gesund wird!** make him better!; **etw leer ~** to empty sth; **etw kürzer ~** to shorten sth; **j-n alt/jung ~** (≈ *aussehen lassen*) to make sb look old/young; **er macht es sich** (*dat*) **nicht leicht** he doesn't make it easy for himself [4] *umg* (≈ *ergeben*) to make; **Summe, Preis** to be; **drei und fünf macht acht** three and five makes eight; **was macht das (alles zusammen)?** how much is that altogether? [5] (≈ *ordnen, säubern*) to do; **die Küche muss mal wieder gemacht werden** (≈ *gereinigt, gestrichen*) the kitchen needs doing again; **das Bett ~** to make the bed [6] **etwas aus sich ~** to make something of oneself; **j-n/etw zu etw ~** (≈ *verwandeln in*) to turn sb/sth into sth; **j-n zum Wortführer ~** to make sb spokesman; **macht nichts!** it doesn't matter!; **der Regen macht mir nichts** I don't mind the rain; **die Kälte macht dem Motor nichts** the cold doesn't hurt the engine; **sich** (*dat*) **etwas aus etw ~** to care about sth; **sich** (*dat*) **viel aus j-m/etw ~** to like sb/sth; **sich** (*dat*) **wenig aus j-m/etw ~** not to be very keen on sb/sth *bes Br*, not to be thrilled with sb/sth *bes US*; **mach dir nichts draus!** don't let it bother you! **B** *v/i* [1] **lass ihn nur ~** (≈ *hindre ihn nicht*) just let him do it; (≈ *verlass dich auf ihn*) just leave it to him; **lass mich mal ~** let me do it; (≈ *ich bringe das in Ordnung*) let me see to that; **das Kleid macht dich schlank** that dress makes you look slim [2] *umg* (≈ *sich beeilen*) to get a move on *umg*; **mach(t) schon!** come on!; **ich mach ja schon!** I'm being as quick as I can!; **mach, dass du hier verschwindest!** (you just) get out of here! [3] *umg* **jetzt macht sie auf große Dame** she's playing the grand lady now; **sie macht auf gebildet** she's doing her cultured bit *umg*; **er macht in Politik** he's in politics **C** *v/r* [1] (≈ *sich entwickeln*) to come on [2] **sich an etw** (*akk*) **~** to get down to sth; **sich zum Fürsprecher ~** to make oneself spokesman; **sich bei j-m beliebt ~** *umg* to make oneself popular with sb

Machenschaften *pl* wheelings and dealings *pl*, machinations *pl*
Macher(in) *umg m(f)* man/woman of action
Machete *f* machete
Macho *m* macho *umg*
Macht *f* power; **die ~ der Gewohnheit** the force of habit; **alles, was in unserer ~ steht** everything (with)in our power; **mit aller ~** with all one's might; **die ~ ergreifen/erringen** to seize/gain power; **an die ~ kommen** to come to power; **j-n an die ~ bringen** to bring sb to power; **etw in seine ~ bringen** to take sth over; **an der ~ sein/bleiben** to be/remain in power; **die ~ übernehmen** to assume power
Machtapparat *m* POL machinery of power
Machtbereich *m* sphere of control
machtbesessen *adj* power-crazed
Machtergreifung *f* seizure of power
Machterhalt *m* retention of power
Machthaber(in) *m(f)* ruler; *pej* dictator
mächtig **A** *adj* (≈ *einflussreich*) powerful; (≈ *sehr groß*) mighty; *umg* (≈ *enorm*) **Hunger, Durst** terrific *umg*; **~e Angst haben** *umg* to be scared stiff *umg* **B** *adv umg* (≈ *sehr*) terrifically *umg*; **sich beeilen** like mad *umg*; **sich ~ anstrengen** to make a terrific effort *umg*; **darüber hat sie sich ~ geärgert** she got really angry about it
Machtkampf *m* power struggle
machtlos *adj* powerless; (≈ *hilflos*) helpless
Machtlosigkeit *f* powerlessness; (≈ *Hilflosigkeit*) helplessness
Machtmensch *m* power-seeker
Machtmissbrauch *m* abuse of power
Machtpolitik *f* power politics *pl*
Machtprobe *f* trial of strength
Machtübernahme *f* takeover (**durch** by)
Machtverhältnisse *pl* balance *sg* of power
Machtverlust *m* loss of power
machtvoll **A** *adj* powerful **B** *adv* powerfully; **eingreifen** decisively
Machtwechsel *m* changeover of power
Machtwort *n* **ein ~ sprechen** to exercise one's authority
Machwerk *pej n* sorry effort; **das ist ein ~ des Teufels** that is the work of the devil
Macke *umg f* [1] (≈ *Tick, Knall*) quirk; **eine ~ haben** *umg* to be cracked *umg* [2] (≈ *Fehler, Schadstelle*) fault
Macker *umg m* [1] (≈ *Freund, Typ*) guy *umg*, bloke *Br umg* [2] **er spielt den großen ~** he's acting the tough guy
Madagaskar *n* Madagascar
Mädchen *n* girl; **ein ~ für alles** *umg* a dogsbody *Br umg*, a gofer
mädchenhaft **A** *adj* girlish **B** *adv aussehen* like a (young) girl
Mädchenname *m* [1] *Vorname* girl's name [2] *von verheirateter Frau* maiden name
Made *f* maggot; **wie die ~ im Speck leben** *umg* to live in clover
Mädel *n dial* lass *dial*, girl
madig *adj* maggoty

madigmachen *umg v/t* **j-m etw madig machen** to put sb off sth
Madl *n österr lass dial*, girl; → Mädchen
Madonna *f* Madonna
Mafia *f* Mafia
Mafioso *m* mafioso
Magazin *n* **1** (≈ *Lager*) storeroom; (≈ *Bibliotheksmagazin*) stockroom **2** *am Gewehr* magazine **3** (≈ *Zeitschrift*) magazine
Magd *obs f* (≈ *Dienstmagd*) maid; (≈ *Landarbeiterin*) farm girl
Magen *m* stomach; **auf nüchternen ~** on an empty stomach; **etw liegt j-m (schwer) im ~** *umg* sth lies heavily on sb's stomach; *fig* sth preys on sb's mind; **sich** (*dat*) **den ~ verderben** to get an upset stomach
Magenbeschwerden *pl* stomach trouble *sg*, tummy trouble *sg umg*
Magenbitter *m* bitters *pl*
Magen-Darm-Grippe *f*, **Magen-Darm-Katarr** *m* gastroenteritis, gastric flu
Magengegend *f* stomach region
Magengeschwür *n* stomach ulcer
Magengrube *f* pit of the stomach
Magenkrampf *m* stomach cramp
Magenkrebs *m* cancer of the stomach
Magenleiden *n* stomach disorder
Magensäure *f* PHYSIOL gastric *od* stomach acid
Magenschleimhaut *f* stomach lining
Magenschleimhautentzündung *f* gastritis
Magenschmerzen *pl* stomachache *sg*
Magensonde *f* stomach probe
Magenverstimmung *f* upset stomach, stomach upset
mager **A** *adj* **1** (≈ *fettarm*) *Fleisch* lean; *Kost* low-fat **2** (≈ *dünn*) thin, skinny *umg*; (≈ *abgemagert*) emaciated; TYPO *Druck* roman **3** (≈ *dürftig*) meagre *Br*, meager *US*; *Ergebnis* poor **B** *adv* (≈ *fettarm*) **~ essen** to be on a low-fat diet; **~ kochen** to cook low-fat meals
Magermilch *f* skimmed milk *Br*, skim milk *US*
Magermodel *n* skinny model
Magerquark *m* low-fat cottage cheese *US*, low-fat curd cheese
Magersucht *f* MED anorexia
magersüchtig *adj* MED anorexic
Magersüchtige(r) *m/f(m)* anorexic
Magie *f* magic
Magier(in) *m(f)* magician
magisch *adj* magic(al); **von j-m/etw ~ angezogen werden** to be attracted to sb/sth as if by magic
Magister *m* **~ (Artium)** UNIV M.A., Master of Arts
Magistrat *m* municipal authorities *pl*
Magnesium *n* magnesium
Magnet *m* magnet
Magnetbahn *f* magnetic railway *Br*, magnetic railroad *US*
Magnetband *n* magnetic tape
magnetisch *adj* magnetic; **von etw ~ angezogen werden** *fig* to be drawn to sth like a magnet
Magnetismus *m* magnetism
Magnetkarte *f* magnetic card
Magnetnadel *f* magnetic needle
Magnetstreifen *m* magnetic strip
Magnolie *f* magnolia
Mahagoni *n* mahogany
Mähdrescher *m* combine (harvester)
mähen *v/t Gras* to cut; *Getreide* to reap; *Rasen* to mow
Mahl *liter n* meal, repast *form*; (≈ *Gastmahl*) banquet
mahlen *v/t & v/i* to grind
Mahlzeit *f* meal; **eine ~ zu sich nehmen** to have a meal; **(prost) ~!** *iron umg* that's just great *umg*
Mahnbescheid *m* JUR default summons
Mahnbrief *m* reminder
Mähne *f* mane
mahnen **A** *v/t* **1** (≈ *erinnern*) to remind (**wegen, an** +*akk* of); *warnend* to admonish (**wegen, an** +*akk* on account of) **2** (≈ *auffordern*) **j-n zur Eile/Geduld ~** to urge sb to hurry/be patient **B** *v/i* **1** *wegen Schulden etc* to send a reminder **2** **zur Eile/Geduld ~** to urge haste/patience
Mahngebühr *f* reminder fee
Mahnmal *n* memorial
Mahnschreiben *n* reminder
Mahnung *f* **1** (≈ *Ermahnung*) exhortation; *warnend* admonition **2** (≈ *warnende Erinnerung*, *Mahnbrief*) reminder
Mahnverfahren *n* collection proceedings *pl*
Mai *m* May; **der Erste Mai** May Day; → März
Maibaum *m* maypole
Maifeiertag *form m* May Day
Maiglöckchen *n* lily of the valley
Maikäfer *m* cockchafer
Mail *f/n* IT e-mail, email; **eine ~ an j-n schicken** to e-mail sb, to email sb
Mailbox *f* IT mailbox; **j-m auf die ~ sprechen** to leave sb a voicemail (message)
mailen *v/t & v/i* IT to e-mail, to email
Mailing *n* mailing
Mais *m* maize, (Indian) corn *bes US*
Maisflocken *pl* cornflakes *pl*
Maiskolben *m* corn cob; *Gericht* corn on the cob
Maismehl *n* maize meal, corn meal *bes US*
Maisonette(-Wohnung) *f* maisonette, duplex (apartment) *bes US*

Maisstärke f cornflour Br, cornstarch US
Majestät f Titel Majesty; **Seine/Ihre ~** His/Her Majesty
majestätisch A adj majestic B adv majestically
Majo f umg (≈ *Mayonnaise*) mayo umg
Majonäse f mayonnaise
Major(in) m(f) MIL major
Majoran m marjoram
Majorität f majority
makaber adj macabre; *Witz, Geschichte* sick
Makel m 1 (≈ *Schandfleck*) stigma 2 (≈ *Fehler*) blemish; *von Charakter, bei Waren* flaw
makellos A adj *Reinheit* spotless; *Charakter* unimpeachable; *Figur* perfect; *Kleidung, Haare* immaculate; (≈ *tadellos*) pristine; *Alibi* watertight; *Englisch, Deutsch* flawless B adv *rein* spotlessly; **~ gekleidet sein** to be impeccably dressed; **~ weiß** spotless white
mäkeln umg v/i (≈ *nörgeln*) to carp (**an** +dat at)
Make-up n make-up
Make-up-Entferner m make-up remover
Makkaroni pl macaroni sg
Makler(in) m(f) broker; (≈ *Grundstücksmakler*) estate agent Br, real-estate agent US
Maklergebühr f broker's fee
Makrele f mackerel
Makro n IT macro
makrobiotisch adj macrobiotic
Makrokosmos m macrocosm
mal[1] adv MATH times; **zwei mal zwei** MATH two times two
mal[2] umg adv → einmal
Mal[1] n 1 (≈ *Fleck*) mark 2 SPORT base; (≈ *Malfeld*) touch
Mal[2] n time; **nur das eine Mal** just (the) once; **das eine oder andere Mal** now and then od again; **kein einziges Mal** not once; **ein für alle Mal(e)** once and for all; **das vorige Mal** the time before; **beim ersten Mal(e)** the first time; **zum ersten/letzten** etc **Mal** for the first/last etc time; **zu wiederholten Malen** time and again; **von Mal zu Mal** each od every time; **für dieses Mal** for now; **mit einem Mal(e)** all at once
Malaise schweiz f/n malaise
Malaria f malaria
Malawi n GEOG Malawi
Malaysia n GEOG Malaysia
malaysisch adj Malaysian
Malbuch n colouring book Br, coloring book US
Malediven pl Maldives pl, Maldive Islands pl
malen v/t & v/i to paint; (≈ *zeichnen*) to draw; **etw rosig/schwarz** etc **~** fig to paint a rosy/black etc picture of sth
Maler(in) m(f) painter; (≈ *Kunstmaler a.*) artist
Malerei f 1 (≈ *Malkunst*) art 2 (≈ *Bild*) painting
Malerfarbe f paint

malerisch adj 1 *Talent* as a painter 2 (≈ *pittoresk*) picturesque
Malheur n mishap
Mali n GEOG Mali
Malkasten m paintbox
Mallorca n Majorca, Mallorca
malnehmen v/t & v/i to multiply (**mit** by)
Maloche umg f hard work
malochen umg v/i to work hard
Malstift m crayon
Malta n Malta
malträtieren v/t to ill-treat, to maltreat
Malve f BOT mallow; (≈ *Stockrose*) hollyhock
Malware f IT malware
Malz n malt
Malzbier n malt beer, ≈ stout Br
Malzbonbon n/m malt lozenge
Malzkaffee m coffee substitute made from barley malt
Mama umg f mum(my) Br umg, mom(my) US umg
Mammografie f mammography
Mammut n mammoth
Mammutbaum m sequoia, giant redwood
Mammutprogramm n huge programme Br, huge program US; *lange dauernd* marathon programme Br, marathon program US
Mammutprozess m marathon trial
mampfen umg v/t & v/i to munch
man indef pr 1 you, one; (≈ *ich*) one; (≈ *wir*) we; **man kann nie wissen** you od one can never tell; **das tut man nicht** that's not done 2 (≈ *jemand*) somebody, someone; **man hat mir erklärt, dass** ... it was explained to me that ... 3 (≈ *die Leute*) they pl, people pl; **man sagt,** ... they say ...; **früher glaubte man, dass** ... people used to believe that ...
Management n management
managen umg v/t to manage
Manager(in) m(f) manager
Managerkrankheit f stress-related illness
Managertyp m management od executive type
manch indef pr 1 many a; **~ eine(r)** many a person 2 **~e(r, s)** quite a few +pl, many a +sg; *im Plural* (≈ *einige*) some +pl; **~er, der** ... many a person who ... 3 **~e(r)** a good many people pl; *im Plural* (≈ *einige*) some (people); **~er lernt's nie** some people never learn; **in ~em hat er recht** he's right about a lot of/some things
mancherlei adj *adjektivisch* various, a number of; *substantivisch* various things pl, a number of things
manchmal adv sometimes
Mandant(in) m(f) JUR client
Mandarine f mandarin (orange), tangerine
Mandat n mandate; *von Anwalt* brief; PARL

(≈ *Abgeordnetensitz*) seat; **sein ~ niederlegen** PARL to resign one's seat

Mandatar(in) *m(f)* österr member of parliament, representative

Mandel *f* **1** almond **2** ANAT tonsil

Mandelbaum *m* almond tree

Mandelentzündung *f* tonsillitis

Mandoline *f* mandolin

Manege *f* ring, arena

Manga *m/n* (≈ *Comic*) manga

Mangan *n* manganese

Mangel¹ *f* mangle; (≈ *Heißmangel*) rotary iron; **durch die ~ drehen** *fig umg* to put through it *umg*; **j-n in die ~ nehmen** *fig umg* to give sb a going-over *umg*

Mangel² *m* **1** (≈ *Fehler*) fault; (≈ *Unzulänglichkeit*) shortcoming; (≈ *Charaktermangel*) flaw **2** (≈ *das Fehlen*) lack (**an** +*dat* of); (≈ *Knappheit*) shortage (**an** +*dat* of); MED deficiency (**an** +*dat* of); **wegen ~s an Beweisen** for lack of evidence; **~ an etw** (*dat*) **haben** to lack sth

Mangelberuf *m* understaffed occupation

Mangelerscheinung *f* MED deficiency symptom; **eine ~ sein** *fig* to be in short supply (**bei** with)

mangelhaft **A** *adj* (≈ *schlecht*) poor; *Informationen, Interesse* insufficient; (≈ *fehlerhaft*) *Sprachkenntnisse, Ware* faulty; *Schulnote* poor **B** *adv* poorly; **er spricht nur ~ Englisch** he doesn't speak English very well

Mängelhaftung *f* JUR liability for faults

mangeln¹ *v/t Wäsche* to (put through the) mangle; (≈ *heiß mangeln*) to iron

mangeln² **A** *v/i* **es mangelt an etw** (*dat*) there is a lack of sth; **es mangelt j-m an etw** (*dat*) sb lacks sth; **~des Selbstvertrauen** *etc* a lack of self-confidence *etc* **B** *v/i* **etw mangelt j-m/einer Sache** sb/sth lacks sth

Mängelrüge *f* JUR notice of defects

mangels *form präp* for lack of

Mangelware *f* scarce commodity; **~ sein** *fig* to be a rare thing; *Ärzte, gute Lehrer etc* not to grow on trees

Mango *f* mango

Manie *f* mania

Manier *f* **1** (≈ *Art und Weise*) manner; *eines Künstlers etc* style **2** **~en** *pl* (≈ *Umgangsformen*) manners; **was sind das für ~en?** *umg* that's no way to behave

manierlich *adj* **1** *Kind* well-mannered; *Benehmen* good **2** *umg* (≈ *einigermaßen gut*) reasonable

Manifest *n* manifesto

Maniküre *f* (≈ *Handpflege*) manicure

maniküren *v/t* to manicure

Maniküreset *n* manicure set

Manipulation *f* manipulation

manipulieren *v/t* to manipulate; *Spiel, Resultat* to fix

manisch *adj* manic; **~-depressiv** manic-depressive

Manko *n* **1** HANDEL (≈ *Fehlbetrag*) deficit; **~ machen** *umg bei Verkauf* to make a loss **2** *fig* (≈ *Nachteil*) shortcoming

Mann *m* **1** man; **etw an den ~ bringen** *umg* to get rid of sth; **seinen ~ stehen** to hold one's own; **pro ~** per head; **ein Gespräch von ~ zu ~** a man-to-man talk; **freier ~** HIST freeman **2** (≈ *Ehemann*) husband; **~ und Frau werden** to become man and wife **3** *umg als Interjektion* (my) God *umg*, cor *umg*; **mach schnell, ~!** hurry up, man!; **~, oh ~!** oh boy! *umg*

Männchen *n* **1** little man; (≈ *Zwerg*) man(n)ikin; **~ malen** ≈ to doodle **2** BIOL male; (≈ *Vogelmännchen*) male, cock **3** **~ machen** *Hund* to (sit up and) beg

Manndeckung *f* SPORT man-to-man marking, one-on-one defense *US*

Mannequin *n* (fashion) model

Männerberuf *m* male profession

Männerchor *m* male-voice choir

Männerfang *m* **auf ~ ausgehen** to go looking for a man

männerfeindlich *adj* anti-male, hostile towards men

Männerfreundschaft *f* friendship between men

Männergrippe *hum f* man flu *umg*

Männersache *f Angelegenheit* man's business; *Arbeit* job for a man; **Fußball war früher ~** football used to be a male preserve

Mannesalter *n* manhood; **im besten ~ sein** to be in one's prime

mannigfach *adj* manifold

mannigfaltig *adj* diverse, various

männlich *adj* male; *Wort, Auftreten* masculine; **~ dominiert** male-dominated

Männlichkeit *fig f* manliness; *von Auftreten* masculinity

Mannloch *n* TECH manhole

Mannschaft *f* team; SCHIFF, FLUG crew

Mannschaftsaufstellung *f* lineup

Mannschaftsführer(in) *m(f)* captain

Mannschaftsgeist *m* team spirit

Mannschaftskapitän *m* SPORT (team) captain, skipper *umg*

Mannschaftsraum *m* SPORT team quarters *pl*; SCHIFF crew's quarters *pl*

Mannschaftsspiel *n* team game

mannshoch *adj* as high as a man; **der Schnee liegt ~** the snow is six feet deep

mannstoll *adj* man-mad *bes Br umg*

Mannweib *pej n* mannish woman

Manometer n TECH pressure gauge; **~!** umg wow! umg
Manöver n manoeuvre Br, maneuver US
Manöverkritik fig f postmortem
manövrieren v/t & v/i to manoeuvre Br, to maneuver US
manövrierfähig adj manoeuvrable Br, maneuverable US; fig flexible
manövrierunfähig adj disabled
Mansarde f garret; Boden attic
Mansardenfenster n dormer window
Mansardenwohnung f attic flat Br, attic apartment
Manschette f **1** (≈ Ärmelaufschlag) cuff **2** **~n haben** umg to be scared stupid umg
Manschettenknopf m cufflink
Mantarochen m manta ray
Mantel m coat; (≈ Umhang) cloak
Manteltarif m WIRTSCH terms pl of the framework agreement on pay and conditions
Manteltarifvertrag m IND framework agreement on pay and conditions
Mantra n mantra
manuell **A** adj manual **B** adv manually
Manuskript n manuscript; RADIO, FILM, TV script
Mäppchen n (≈ Federmäppchen) pencil case
Mappe f (≈ Aktenhefter) folder; (≈ Aktenmappe) portfolio; (≈ Aktentasche) briefcase; (≈ Schultasche) (school) bag; (≈ Federmäppchen) pencil case; des Sprachenportfolios dossier
Maracuja f passion fruit
Marathonlauf m marathon
Marathonläufer(in) m(f) marathon runner
Märchen n fairy tale; umg tall story
Märchenbuch n book of fairy tales
Märchenerzähler(in) m(f) teller of fairy tales; fig storyteller
märchenhaft **A** adj fairy-tale attr, fabulous; fig fabulous **B** adv reich fabulously; singen beautifully; **~ schön** incredibly beautiful
Märchenprinz m Prince Charming
Märchenprinzessin f fairy-tale princess
Marder m marten
Margarine f margarine
Marge f HANDEL margin
Mariä Himmelfahrt f Assumption
Marienkäfer m ladybird Br, ladybug US
Marihuana n marijuana
Marille f österr apricot
Marinade f GASTR marinade
Marine f navy
marineblau adj navy-blue
Marineoffizier m naval officer
marinieren v/t Fisch, Fleisch to marinate
Marionette f marionette; fig puppet
Marionettenregierung f puppet government
Marionettenspieler(in) m(f) puppeteer
Marionettentheater n puppet theatre Br, puppet theater US
maritim adj maritime
Mark[1] n (≈ Knochenmark) marrow; (≈ Fruchtfleisch) purée; **bis ins ~** fig to the core; **es geht mir durch ~ und Bein** umg it goes right through me
Mark[2] f HIST mark; **Deutsche ~** Deutschmark
markant adj (≈ ausgeprägt) clear-cut; Schriftzüge clearly defined; Persönlichkeit striking
Marke f **1** bei Genussmitteln brand; bei Industriegütern make **2** (≈ Briefmarke) stamp; (≈ Essenmarke) voucher; (≈ Rabattmarke) (trading) stamp; (≈ Lebensmittelmarke) coupon **3** (≈ Markenzeichen) trademark **4** (≈ Rekordmarke) record; (≈ Wasserstandsmarke) watermark; (≈ Stand, Niveau) level
Markenartikel m branded od proprietary product
markenbewusst adj brand conscious
Markenbewusstsein n brand awareness
Markenbutter f nonblended butter, best quality butter
Markenerzeugnis n branded od proprietary product
Markenimage n brand image
Markenname m brand od proprietary name
Markenpiraterie f brand name piracy
Markenschutz m protection of trademarks
Markentreue f brand loyalty
Markenware f branded od proprietary goods pl
Markenzeichen n a. fig trademark
Marker m **1** (≈ Markierstift) marker pen **2** **molekularer ~** genetic marker
Markergen n genetic marker
Marketing n marketing
Marketingstrategie f marketing strategy
markieren v/t to mark; umg (≈ vortäuschen) to play; **den starken Mann ~** to play the strong man
Markierstift m marker pen
Markierung f marking; (≈ Zeichen) mark
markig adj Spruch, Worte pithy
Markise f awning
Markklößchen n GASTR bone marrow dumpling
Markknochen m GASTR marrowbone
Markstein m landmark
Markt m **1** market; (≈ Jahrmarkt) fair; (≈ Warenverkehr) trade; **auf dem** od **am ~** on the market; **auf den ~ bringen** CD, Film to release; **auf den ~ kommen** to come on the market **2** (≈ Marktplatz) marketplace
Marktanalyse f market analysis

Marktanteil *m* market share
marktbeherrschend *adj* ~ **sein** to control *od* dominate the market
Marktbude *f* market stall
Marktchance *f* sales opportunity
Markteinführung *f* launch
Marktforscher(in) *m(f)* market researcher
Marktforschung *f* market research
Marktfrau *f* (woman) stallholder
Marktführer(in) *m(f)* market leader
marktgerecht *adj* in line with *od* geared to market requirements
Markthalle *f* covered market
Marktlage *f* state of the market
Marktlücke *f* gap in the market; **in eine ~ stoßen** to fill a gap in the market
Marktnische *f* market niche; **eine ~ besetzen** to fill a gap in the market
Marktorganisation *f* **gemeinsame ~** Common Market Organization; **~ für Agrarerzeugnisse** organization of the market in agricultural products
marktorientiert *adj* market-oriented
Marktplatz *m* market square
Marktsegment *n* market segment *od* sector
Marktstudie *f* market survey
Markttag *m* market day
marktüblich *adj Preis* current; **zu ~en Konditionen** at usual market terms
Marktwert *m* market value
Marktwirtschaft *f* market economy
Marmelade *f* jam *Br*, jelly *US*; (≈ *Orangenmarmelade*) marmalade
Marmor *m* marble
marmorieren *v/t* to marble
Marmorkuchen *m* marble cake
marmorn *adj* marble
Marokkaner(in) *m(f)* Moroccan
marokkanisch *adj* Moroccan
Marokko *n* Morocco
Marone[1] *f*, **Maroni** *f* (sweet *od* Spanish) chestnut
Marone[2] *f* (≈ *Pilz*) chestnut boletus
Marotte *f* quirk
Mars *m* ASTRON Mars
marsch *int* **1** MIL march **2** ~ **ins Bett!** *umg* off to bed with you at the double! *umg*
Marsch *m* march; (≈ *Wanderung*) hike; **einen ~ machen** to go on a march/hike; **j-m den ~ blasen** *umg* to give sb a rocket *umg*
Marschbefehl *m* MIL marching orders *pl*
marschbereit *adj* ready to move
Marschflugkörper *m* cruise missile
Marschgepäck *n* pack
marschieren *v/i* to march; *fig* to march off
Marschkolonne *f* column

Marschmusik *f* military marches *pl*
Marschrichtung *f*, **Marschroute** *wörtl f* route of march; *fig* line of approach
Marschverpflegung *f* rations *pl*; MIL field rations *pl*
Marsmensch *m* Martian
martern *liter v/t* to torture, to torment
Marterpfahl *m* stake
Martinshorn *n* siren
Märtyrer(in) *m(f)* martyr
Marxismus *m* Marxism
Marxist(in) *m(f)* Marxist
marxistisch *adj* Marxist
März *m* March; **im ~** in March; **im Monat ~** in the month of March; **heute ist der zweite ~** today is March the second *od* March second *US*; *geschrieben* today is 2nd March *od* March 2nd; **Berlin, den 4. ~ 2018** *in Brief* Berlin, March 4th, 2013, Berlin, 4th March 2013; **am Mittwoch, dem** *od* **den 4. ~** on Wednesday the 4th of March; **im Laufe des ~** during March; **Anfang/Ende ~** at the beginning/end of March
Marzipan *n* marzipan
Mascarpone *m* GASTR mascarpone
Masche *f* **1** (≈ *Strickmasche*) stitch; **die ~n eines Netzes** the mesh *sg* of a net; **durch die ~n des Gesetzes schlüpfen** to slip through a loophole in the law **2** *umg* (≈ *Trick*) trick; (≈ *Eigenart*) fad; **die ~ raushaben** to know how to do it; **das ist seine neueste ~** that's his latest (fad *od* craze)
Maschendraht *m* wire netting
Maschine *f* machine; (≈ *Motor*) engine; (≈ *Flugzeug*) plane; (≈ *Schreibmaschine*) typewriter; *umg* (≈ *Motorrad*) bike; **etw in der ~ waschen** to machine-wash sth; **etw auf** *od* **mit der ~ schreiben** to type sth; **~ schreiben** to type
maschinell **A** *adj Herstellung* mechanical, machine *attr*; *Anlage, Übersetzung* machine *attr* **B** *adv* mechanically
Maschinenbau *m* mechanical engineering
Maschinenbauer(in) *m(f)*, **Maschinenbauingenieur(in)** *m(f)* mechanical engineer
Maschinenfabrik *f* engineering works
maschinengeschrieben *adj* typewritten
Maschinengewehr *n* machine gun
maschinenlesbar *adj* machine-readable
Maschinenöl *n* lubricating oil
Maschinenpark *m* plant
Maschinenpistole *f* submachine gun
Maschinenraum *m* plant room; SCHIFF engine room
Maschinenschaden *m* mechanical fault; FLUG *etc* engine fault
Maschinenschlosser(in) *m(f)* machine fitter
Maschinenstürmer *m* Luddite

Maser f vein
maserig adj grained
Masern pl measles sg; **die ~ haben** to have (the) measles
Maserung f grain
Maske f ◨1 mask; **die ~ fallen lassen** fig to throw off one's mask ◨2 THEAT (≈ Aufmachung) make-up
Maskenball m masked ball
Maskenbildner(in) m(f) make-up artist
Maskerade f costume
maskieren ◨A v/t ◨1 (≈ verkleiden) to dress up ◨2 (≈ verbergen) to disguise ◨B v/r to dress up; (≈ sich unkenntlich machen) to disguise oneself
maskiert adj masked
Maskierung f (≈ Verkleidung) fancy-dress costume; von Spion etc disguise
Maskottchen n (lucky) mascot
maskulin adj masculine
Maskulinum n masculine noun
Masochismus m masochism
Masochist(in) m(f) masochist
masochistisch adj masochistic
Maß[1] n ◨1 (≈ Maßeinheit) measure (**für** of); (≈ Zollstock) rule; (≈ Bandmaß) tape measure; **Maße und Gewichte** weights and measures; **das Maß aller Dinge** fig the measure of all things; **mit zweierlei Maß messen** fig to operate a double standard; **das Maß ist voll** fig enough's enough; **in reichem Maß(e)** abundantly ◨2 (≈ Abmessung) measurement; **sich** (dat) **etw nach Maß anfertigen lassen** to have sth made to measure; **bei j-m Maß nehmen** to take sb's measurements; **Hemden nach Maß** shirts made to measure, custom-made shirts ◨3 (≈ Ausmaß) extent; **ein gewisses Maß an ...** a certain degree of ...; **in hohem Maß(e)** to a high degree; **in vollem Maße** fully; **in höchstem Maße** extremely ◨4 (≈ Mäßigung) moderation; **Maß halten** → maßhalten; **in** od **mit Maßen** in moderation; **ohne Maß und Ziel** immoderately
Maß[2] f österr, südd litre (tankard) of beer Br, liter (tankard) of beer US
Massage f massage
Massageöl n massage oil
Massagesalon euph m massage parlour Br, massage parlor US
Massaker n massacre
massakrieren obs umg v/t to massacre
Maßangabe f measurement
Maßanzug m made-to-measure od custom-made suit
Maßarbeit umg f **das war ~** that was a neat bit of work
Maßband n tape measure
Masse f ◨1 (≈ Stoff) mass; GASTR mixture ◨2 (≈ große Menge) heaps pl umg; von Besuchern etc host; **die (breite) ~ der Bevölkerung** the bulk of the population; **eine ganze ~** umg a lot ◨3 (≈ Menschenmenge) crowd
Maßeinheit f unit of measurement
Massenabsatz m mass sale
Massenandrang m crush
Massenarbeitslosigkeit f mass unemployment
Massenartikel m mass-produced article
Massendemonstration f mass demonstration
Massenentlassung f mass redundancy
Massenfabrikation f, **Massenfertigung** f mass production
Massenflucht f mass exodus
Massengrab n mass grave
massenhaft adv on a huge scale; **kommen, austreten** in droves
Massenkarambolage f pile-up umg
Massenmedien pl mass media pl
Massenmord m mass murder
Massenmörder(in) m(f) mass murderer
Massenproduktion f mass production
Massentierhaltung f factory farming
Massenvernichtungswaffe f weapon of mass destruction
Massenware f mass-produced article
massenweise adv → massenhaft
Masseur m masseur
Masseurin f masseuse
Masseuse f masseuse
Maßgabe form f stipulation; **mit der ~, dass ...** with the proviso that ..., on (the) condition that ...; **nach ~** (+gen) according to
maßgebend adj Einfluss decisive; Meinung definitive; Fachmann authoritative; (≈ zuständig) competent
maßgeblich ◨A adj Einfluss decisive; Person leading; **~en Anteil an etw** (dat) **haben** to make a major contribution to sth ◨B adv decisively; **~ an etw** (dat) **beteiligt sein** to play a substantial role in sth
maßgeschneidert adj Anzug made-to-measure, custom-made; fig Lösung, Produkte tailor-made
Maßhalteappell m appeal for moderation
maßhalten v/i to be moderate
massieren[1] v/t Körper, Haut to massage; **j-n ~** to give sb a massage; **sich ~ lassen** to have a massage
massieren[2] v/t Truppen to mass
massig ◨A adj massive, huge ◨B adv umg **~ Arbeit/Geld** etc masses of work/money etc umg
mäßig ◨A adj (≈ bescheiden) moderate; Schulnote etc mediocre ◨B adv (≈ nicht viel) moderately;

~ essen to eat with moderation
mäßigen A v/t *Anforderungen* to moderate; *Zorn* to curb; → **gemäßigt** B v/r to restrain oneself; **sich im Ton ~** to moderate one's tone
Mäßigung f restraint
massiv A adj 1 (≈ *stabil*) solid 2 (≈ *heftig*) *Beleidigung* gross; *Drohung, Kritik* serious; *Anschuldigung* severe; *Protest* strong B adv *gebaut* massively; *protestieren* strongly; *verstärken* greatly; *behindern* severely; **sich ~ verschlechtern** to deteriorate sharply
Massiv n GEOL massif
Maßkrug m litre beer mug *Br*, liter beer mug *US*; (≈ *Steinkrug*) stein
maßlos A adj extreme; *im Essen etc* immoderate B adv (≈ *äußerst*) extremely; *übertreiben* grossly; **er raucht/trinkt ~** he smokes/drinks to excess
Maßlosigkeit f extremeness; *im Essen etc* lack of moderation
Maßnahme f measure; **~n gegen j-n/etw treffen** *od* **ergreifen** to take measures against sb/sth
Maßnahmenkatalog m catalog(ue) of measures
maßregeln v/t (≈ *zurechtweisen*) to reprimand, to rebuke; (≈ *bestrafen*) to discipline
Maßregelung f (≈ *Rüge*) reprimand, rebuke; *von Beamten* disciplinary action
Maßschneider(in) m(f) bespoke tailor, custom tailor *US*
Maßstab m 1 (≈ *Kartenmaßstab, Ausmaß*) scale; **im ~ 1:1000** on a scale of 1:1000; **Klimaverschiebungen im großen ~** large-scale climate changes 2 *fig* (≈ *Kriterium*) standard; **für j-n als ~ dienen** to serve as a model for sb
maßstab(s)gerecht adj & adv (true) to scale
maßvoll A adj moderate B adv moderately
Mast[1] m mast; (≈ *Stange*) pole; (≈ *Pfosten*) post; ELEK pylon
Mast[2] f (≈ *das Mästen*) fattening; (≈ *Futter*) feed
mästen A v/t to fatten B v/r *umg* to stuff oneself *umg*
Master m master's (degree)
Masterabschluss m master's (degree)
Masterarbeit f master's thesis
Masterstudiengang m master's (degree)
Masturbation f masturbation
masturbieren v/t & v/i to masturbate
Match *schweiz* n/m match
Matchball m *Tennis* match point
Material n material; (≈ *Baumaterial, Gerät*) materials *pl*
Materialfehler m material defect
Materialismus m materialism
Materialist(in) m(f) materialist
materialistisch adj materialistic

Materialkosten pl cost of materials *sg*
Materie f matter; (≈ *Stoff, Thema*) subject matter
materiell A adj material; (≈ *gewinnsüchtig*) materialistic B adv (≈ *finanziell*) financially; **~ eingestellt sein** *pej* to be materialistic
Mathe f SCHULE *umg* maths *sg Br umg*, math *US*
Mathematik f mathematics
Mathematiker(in) m(f) mathematician
mathematisch adj mathematical
Matinee f matinée
Matjeshering m matjes herring
Matratze f mattress
Matriarchat n matriarchy
Matrix f matrix
Matrose m, **Matrosin** f sailor; *als Rang* ordinary seaman
Matrosenanzug m sailor suit
Matsch *umg* m mush; (≈ *Schlamm*) mud; (≈ *Schneematsch*) slush
matschig *umg* adj *Obst* mushy; *Weg* muddy; *Schnee* slushy
matt A adj 1 (≈ *schwach*) *Kranker* weak; *Glieder* weary 2 (≈ *glanzlos*) *Metall, Farbe* dull; *Foto* mat(t); (≈ *trübe*) *Licht* dim; *Glühbirne* pearl 3 *Schach* (check)mate; **j-n ~ setzen** to checkmate sb B adv 1 (≈ *schwach*) weakly 2 **~ glänzend** dull
Matt n *Schach* (check)mate
Matte[1] f mat; **auf der ~ stehen** *umg* (≈ *bereit sein*) to be there and ready for action
Matte[2] f *schweiz* alpine meadow
Mattheit f (≈ *Schwäche*) weakness; *von Gliedern* weariness
Mattlack m dull *od* mat(t) lacquer
Mattscheibe f 1 *umg* (≈ *Fernseher*) telly *Br umg*, tube *US umg* 2 *umg* **eine ~ haben/kriegen** (≈ *nicht klar denken können*) to have/get a mental block
Matura *österr, schweiz* f → **Abitur**
Maturand(in) *schweiz* m(f), **Maturant(in)** *österr* m(f) → **Abiturientin**
maturieren v/i *österr* (≈ *Abitur machen*) to take one's school-leaving exam *Br*, to graduate (from high school) *US*
Mätzchen *umg* n antic; **~ machen** to fool around *umg*
Mauer f wall
mauern A v/i 1 (≈ *Maurerarbeit machen*) to build, to lay bricks 2 KART to hold back; *fig* to stonewall B v/t to build
Mauerwerk n (≈ *Steinmauer*) stonework; (≈ *Ziegelmauer*) brickwork
Maul n mouth; *umg von Menschen* gob *Br umg*, trap *bes US sl*; **ein großes ~ haben** *umg* to be a bigmouth *umg*; **den Leuten aufs ~ schauen** *umg* to listen to what people really say; **halts ~!** *vulg* shut your face *sl*

maulen *umg v/i* to moan
Maulesel *m* mule
maulfaul *umg adj* uncommunicative
Maulheld(in) *pej m(f)* show-off
Maulkorb *m* muzzle; **j-m einen ~ umhängen** to muzzle sb
Maultier *n* mule
Maultierkarawane *f* mule train
Maul- und Klauenseuche *f* foot-and-mouth disease *Br*, hoof-and-mouth disease *US*
Maulwurf *m* mole
Maulwurfshaufen *m* molehill
Maurer(in) *m(f)* bricklayer
Mauretanien *n* Mauritania
Mauritius *n* Mauritius
Maus *f a.* COMPUT mouse; **eine graue ~** *fig umg* a mouse *umg*
Mauschelei *f umg* (≈ *Korruption*) swindle
mauscheln *v/t & v/i* (≈ *manipulieren*) to fiddle *umg*
mäuschenstill *adj* dead quiet
Mausefalle *f* mousetrap
Mauseloch *n* mousehole
mausen *v/i* to catch mice
Mauser *f* ORN moult *Br*, molt *US*; **in der ~ sein** to be moulting *Br*, to be molting *US*
mausern *v/r* ORN to moult *Br*, to molt *US*
mausetot *umg adj* stone-dead
Mausklick *m* IT mouse click; **per ~** by clicking the mouse
Mausmatte *f*, **Mauspad** *n* COMPUT mouse mat *od* pad
Mauspad *n* mouse mat, mouse pad
Maustaste *f* COMPUT mouse button
Mauszeiger *m* mouse pointer
Maut *f* toll
Mautschranke *f* toll barrier *Br*, turnpike *US*
Mautstelle *f* toll gate
Mautstraße *f* toll road, turnpike *US*
Mautsystem *n* toll system
Maxibrief *m* large letter (*weighing up to 1 kilo*)
maximal **A** *adj* maximum **B** *adv* (≈ *höchstens*) at most
Maxime *f* Philosophie, *a.* LIT maxim
maximieren *v/t* to maximize
Maximierung *f* maximization
Maximum *n* maximum (**an** +*dat* of)
Mayonnaise *f* mayonnaise
Mazedonien *n* Macedonia
Mäzen(in) *m(f)* patron
MB *abk* (= Megabyte) MB
Mechanik *f* PHYS mechanics *sg*
Mechaniker(in) *m(f)* mechanic
mechanisch **A** *adj* mechanical **B** *adv* mechanically
Mechanismus *m* mechanism
Mechatronik *f* mechatronics *sg*

Mechatroniker(in) *m(f)* mechatronic engineer *od* technician; **für** *Autos* car technician
Meckerei *umg f* grumbling
Meckerer *m*, **Meckerin** *umg f* grumbler
meckern *v/i Ziege* to bleat; *umg Mensch* to moan; **über j-n/etw** (*akk*) **~** *umg* to moan about sb/sth
Mecklenburg-Vorpommern *n* Mecklenburg-West Pomerania
Medaille *f* medal
Medaillengewinner(in) *m(f)* medallist
Medaillon *n* **1** (≈ *Bildchen*) medallion; (≈ *Schmuckkapsel*) locket **2** GASTR médaillon
medial *adj* in den Medien (in the) media
Mediathek *f* multimedia centre *Br*, multimedia center *US*; für verpasste Sendungen catch-up service
Mediation *f* (≈ *Sprachmittlung*) mediation
Mediator(in) *m(f)* mediator
Medien *pl* media *pl*; **soziale ~** social media
Medienberater(in) *m(f)* press adviser
Medienbericht *m* media report, report in the media; **~en zufolge** according to media reports, according to reports in the media
Medienereignis *n* media event
Medienerziehung *f* media education
Mediengesellschaft *f* media society
Medienindustrie *f* media industry, media business
Medienkauffrau *f*, **Medienkaufmann** *m* media manager
Medienkompetenz *f* media literacy
Medienlandschaft *f* media landscape
Medienpädagogik *f* media education
Medienpolitik *f* (mass) media policy
Medienrummel *m* media hype
Medienspektakel *n* media spectacle
medienübergreifend *adj* cross-media
medienwirksam **A** *adj* **eine ~e Kampagne** a campaign geared toward(s) the media **B** *adv* **etw ~ präsentieren** to gear sth toward(s) the media
Medienwissenschaften *pl* media studies *sg*
Medikament *n* medicine, drug
medikamentenabhängig *adj* **~ sein** to be addicted to medical drugs
Medikamentenmissbrauch *m* drug abuse
medikamentös *adj & adv* with drugs
Mediothek *f* multimedia centre *Br*, multimedia center *US*
Meditation *f* meditation
meditieren *v/i* to meditate
Medium *n* medium
Medizin *f* medicine
Medizinball *m* SPORT medicine ball
Mediziner(in) *m(f)* doctor; UNIV medic *umg*
medizinisch **A** *adj* **1** (≈ *ärztlich*) medical; **~e Fa-**

kultät faculty of medicine; MED, AUTO **~-psychologische Untersuchung** medical and psychological examination (*for people convicted of speeding or drunk-driving*); **~-technische Assistentin**, **~-technischer Assistent** medical technician ◨ *Kräuter, Bäder* medicinal; *Shampoo* medicated ◧ *adv* medically; **j-n ~ behandeln** to treat sb (medically); **~ wirksame Kräuter** medicinal herbs
Medizinmann *m* medicine man
Medizintourismus *m* medical tourism
Meer *n* sea; (≈ *Weltmeer*) ocean; **am ~(e)** by the sea; **ans ~ fahren** to go to the sea(side)
Meerbusen *m* gulf, bay
Meerenge *f* straits *pl*, strait
Meeresboden *m* seabed
Meeresfisch *m* saltwater fish
Meeresfrüchte *pl* seafood *sg*
Meeresgrund *m* seabed, bottom of the sea
Meereshöhe *f* sea level; **10 Meter über ~** 10 metres above sea level *Br*, 10 meters above sea level *US*
Meeresklima *n* maritime climate
Meereskunde *f* oceanography
Meeresküste *f* seaside
Meeresschildkröte *f* turtle
Meeresspiegel *m* sea level; **über/unter dem ~** above/below sea level
Meeresufer *n* coast
Meerjungfrau *f* mermaid
Meerrettich *m* horseradish
Meersalz *n* sea salt
Meerschweinchen *n* guinea pig
Meerwasser *n* sea water
Meeting *n* meeting
Megabit *n* megabit
Megabyte *n* megabyte
Megafon *n* megaphone
Megahertz *n* megahertz
Megahit *m* huge hit, smash hit *umg*, megahit
Megaphon *n* → Megafon
Megatonne *f* megaton
Megawatt *n* megawatt
Mehl *n* flour; *gröber* meal; (≈ *Pulver*) powder
mehlig *adj* Äpfel, Kartoffeln mealy
Mehlschwitze *f* GASTR roux
Mehlspeise *f* ◨ (≈ *Gericht*) flummery ◨ *österr* (≈ *Nachspeise*) dessert; (≈ *Kuchen*) pastry
Mehltau *m* BOT mildew
mehr ◨ *indef pr* more; **~ als** more than; **~ als genug** plenty; **~ als ich** more than me; **viel ~** lots more ◧ *adv* more; **immer ~** more and more; **~ oder weniger** more or less ◨ **ich habe kein Geld ~** I haven't *od* I don't have any more money; **keine Musik ~** no more music; **du bist doch kein Kind ~!** you're no longer a child!; **es besteht keine Hoffnung ~** there's no hope left; **kein Wort ~!** not another word!; **es war niemand ~ da** there was no-one left; **nicht ~** not any longer, no longer, not any more *od* anymore *US*; **nicht ~ lange** not much longer; **nichts ~** nothing more; **nie ~** never again
mehr- *zssgn* multi
Mehrarbeit *f* extra work
Mehraufwand *m* additional expenditure
Mehrausgabe *f* additional expense(s) (*pl*)
mehrbändig *adj* in several volumes
Mehrbedarf *m* greater need (**an** +*dat* of, for); HANDEL increased demand (**an** +*dat* for)
Mehrbelastung *f* excess load; *fig* additional burden
Mehrbereichsöl *n* AUTO multigrade oil
Mehrbettzimmer *n* room with multiple beds
mehrdeutig ◨ *adj* ambiguous ◧ *adv* ambiguously
Mehrdeutigkeit *f* ambiguity
Mehreinnahme *f* additional revenue
mehrere *indef pr* several
mehrfach ◨ *adj* multiple; (≈ *wiederholt*) repeated; **ein ~er Millionär** a multimillionaire ◧ *adv* (≈ *öfter*) many times; (≈ *wiederholt*) repeatedly
Mehrfache(s) *n* das **~** *od* **ein ~s des Kostenvoranschlags** several times the estimated cost
Mehrfachsteckdose *f* ELEK multiple socket
Mehrfachstecker *m* ELEK multiple adaptor
Mehrfahrtenkarte *f* multi-journey ticket
Mehrfamilienhaus *n* house for several families
mehrfarbig *adj* multicoloured *Br*, multicolored *US*
Mehrheit *f* majority; **die absolute ~** an absolute majority; **die ~ haben/gewinnen** to have/win *od* gain a majority; **mit zwei Stimmen ~** with a majority of two (votes)
Mehrheiten- *zssgn* majority
mehrheitlich *adv* **wir sind ~ der Ansicht, dass …** the majority of us think(s) that …
Mehrheitsbeschluss *m* majority decision
mehrheitsfähig *adj* capable of winning a majority
Mehrheitswahlrecht *n* majority voting system, first-past-the-post system
mehrjährig *adj* of several years
Mehrkosten *pl* additional costs *pl*
mehrmalig *adj* repeated
mehrmals *adv* several times
Mehrparteiensystem *n* multiparty system
mehrsilbig *adj* polysyllabic
mehrsprachig *adj* Person, Wörterbuch multilingual; **~ aufwachsen** to grow up multilingual
mehrstellig *adj* Zahl, Betrag multidigit
mehrstimmig *adj* MUS for several voices; **~ sin-**

gen to sing in harmony
mehrstöckig *adj* multistorey *Br*, multistory *US*
mehrstufig *adj* multistage
mehrstündig *adj Verhandlungen* lasting several hours
mehrtägig *adj Konferenz* lasting several days; **nach ~er Abwesenheit** after several days' absence
Mehrverbrauch *m* additional consumption
Mehrwegflasche *f* returnable bottle
Mehrwegverpackung *f* reusable packaging
Mehrwert *m* WIRTSCH added value
Mehrwertsteuer *f* value added tax
mehrwöchig *adj* lasting several weeks; *Abwesenheit* of several weeks
Mehrzahl *f* **1** GRAM plural **2** (≈ *Mehrheit*) majority
Mehrzweckhalle *f* multipurpose room
meiden *v/t* to avoid
Meile *f* mile
Meilenstein *m* milestone
meilenweit *adv* for miles; **~ entfernt** miles away
Meiler *m* (≈ *Kohlenmeiler*) charcoal kiln; (≈ *Atommeiler*) (atomic) pile
mein *poss pr* my; **~ Herr** sir
Meineid *m* perjury; **einen ~ leisten** to perjure oneself
meinen **A** *v/i* (≈ *denken*) to think; **wie Sie ~!** as you wish; **wenn du meinst!** if you like; **meinst du wirklich?** do you really think so? **B** *v/t* **1** (≈ *der Ansicht sein*) to think; **was ~ Sie dazu?** what do you think *od* say?; **~ Sie das im Ernst?** are you serious about that?; **das will ich ~!** I quite agree! **2** (≈ *beabsichtigen, sagen wollen*) to mean; *umg* (≈ *sagen*) to say; **wie ~ Sie das?** what do you mean?; *drohend* (just) what do you mean by that?; **so war es nicht gemeint** it wasn't meant like that; **sie meint es gut** she means well
meine(r, s) *poss pr substantivisch* mine; **das Meine** *geh* mine; (≈ *Besitz*) what is mine; **die Meinen** *geh* (≈ *Familie*) my people, my family
meinerseits *adv* as far as I'm concerned; **ganz ~!** the pleasure's (all) mine
meinesgleichen *pron* (≈ *meiner Art*) people like me *od* myself; (≈ *gleichrangig*) my own kind
meinetwegen *adv* **1** (≈ *wegen mir*) because of me; (≈ *mir zuliebe*) for my sake **2** (≈ *von mir aus*) as far as I'm concerned; **~!** if you like
meinetwillen *adv* **um ~** (≈ *mir zuliebe*) for my sake; (≈ *wegen mir*) on my account
meins *poss pr* mine
Meinung *f* opinion; **nach meiner ~, meiner ~ nach** in my opinion; **ich bin der ~, dass ...** I'm of the opinion that ...; **eine hohe ~ von**

j-m/etw haben to think highly of sb/sth; **einer ~ sein** to share the same opinion, to agree; **anderer ~ sein (als)** to disagree (with); **ganz meine ~!** I completely agree!; **j-m die ~ sagen** *umg* to give sb a piece of one's mind *umg*
Meinungsaustausch *m* exchange of views (**über** +*akk* on, about)
Meinungsbildung *f* formation of opinion
Meinungsforscher(in) *m(f)* (opinion) pollster
Meinungsforschung *f* (public) opinion polling
Meinungsforschungsinstitut *n* polling institute
Meinungsfreiheit *f* freedom of speech
Meinungsumfrage *f* (public) opinion poll
Meinungsumschwung *m* swing of opinion
Meinungsverschiedenheit *f* difference of opinion
Meise *f* tit
Meisenknödel *m für Vögel* fat ball
Meißel *m* chisel
meißeln *v/t & v/i* to chisel
Meißener *adj* **~ Porzellan** Dresden *od* Meissen china
meist *adv* → meistens
Meistbegünstigungsklausel *f* WIRTSCH, POL most-favo(u)red-nation clause
meistbietend *adj* highest bidding; **~ versteigern** to sell to the highest bidder
Meistbietende(r) *m/f(m)* highest bidder
meisten **am ~** *adv* the most; **am ~ bekannt** best known
meistens *adv* mostly, usually
Meister *m* (≈ *Handwerksmeister*) master (craftsman); *in Fabrik* foreman; SPORT champion; *Mannschaft* champions *pl*; **seinen ~ machen** to take one's master craftsman's diploma
meiste(r, s) *indef pr* **1** *adjektivisch* **die ~n Leute** most people **2** *substantivisch* **die ~n** most people; **die ~n (von ihnen)** most (of them); **die ~n wissen das** most people know that; **die ~n hier haben einen Computer** most of the people here have a computer; **das ~** most of it; **am ~n habe ich mich über die CD gefreut** I was most pleased about the CD
Meisterbrief *m* master craftsman's diploma
meisterhaft **A** *adj* masterly **B** *adv* brilliantly
Meisterin *f* (≈ *Handwerksmeisterin*) master craftswoman; *in Fabrik* forewoman; SPORT champion
Meisterleistung *f* masterly performance; *iron* brilliant achievement
meistern *v/t* to master; *Schwierigkeiten* to overcome
Meisterprüfung *f* examination for master craftsman's diploma
Meisterschaft *f* **1** SPORT championship; *Veran-*

staltung championships *pl* **2** (≈ *Können*) mastery
Meisterstück *n von Handwerker* work done to qualify as master craftsman; *fig* masterpiece; (≈ *geniale Tat*) master stroke
Meisterwerk *n* masterpiece
Meistgebot *n* highest bid
meistgefragt *adj* most in demand
meistgekauft *adj* best-selling
Mekka *n* Mecca
Melancholie *f* melancholy
melancholisch *adj* melancholy
Melange *f österr* (≈ *Milchkaffee*) latte (*comprising 50% coffee and 50% milk*)
Melanom *n* MED melanoma
Melanzani *f österr* aubergine *Br*, eggplant *US*
Melasse *f* molasses
Meldeamt *n* registration office
Meldebehörde *f* registration authorities *pl*
Meldefrist *f* registration period
melden **A** *v/t* **1** (≈ *anzeigen, berichten*) **eine Geburt (der Behörde** *dat*) **~** to notify the authorities of a birth; **etw bei der Polizei ~** to report sth to the police; **wie soeben gemeldet wird** RADIO, TV according to reports just coming in; **(bei j-m) nichts zu ~ haben** *umg* to have no say **2** (≈ *ankündigen*) to announce; **wen darf ich ~?** who(m) shall I say (is here)? **B** *v/r* **1** (≈ *antreten*) to report (**zu** for); **sich zum Dienst ~** to report for work; **sich zu** *od* **für etw ~** *bes* MIL to volunteer for sth; *für Arbeitsplatz* to apply for sth; **sich freiwillig ~** to volunteer; **sich auf eine Anzeige ~** to answer an advertisement; **sich ~ bei** *als Rückmeldung* to get back to **2** *durch Handaufheben* to put one's hand up **3** *bes* TEL (≈ *antworten*) to answer; **es meldet sich niemand** there's no answer **4** (≈ *von sich hören lassen*) to get in touch (**bei** with); **melde dich wieder** keep in touch
Meldepflicht *f* **1** *beim Ordnungsamt* compulsory registration (*when moving house*); **polizeiliche ~** obligation to register with the police **2** **~ des Arztes** the doctor's obligation to notify the authorities (*of people with certain contagious diseases*)
meldepflichtig *adj* **1** subject to registration **2** *Krankheit* notifiable
Meldezettel *m* registration form
Meldung *f* **1** (≈ *Mitteilung*) announcement **2** *Presse, a.* RADIO, TV report (**über** +*akk* on, about); **eine ~ im Radio** an announcement on the radio; **~en vom Sport** sports news *sg* **3** *dienstlich, bei Polizei* report; **(eine) ~ machen** to make a report
meliert *adj Haar* greying *Br*, graying *US*
melken *v/t* **1** *Kuh, Ziege etc* to milk **2** *fig umg* to fleece *umg*

Melodie *f* melody, tune
melodiös *geh adj* melodious
melodisch *adj* melodic
melodramatisch *adj a. fig* melodramatic
Melone *f* **1** melon **2** *Hut* bowler *Br*, derby *US*
Membran(e) *f* **1** ANAT membrane **2** PHYS, TECH diaphragm
Memme *umg f* sissy *umg*
Memo *n* memo
Memoiren *pl* memoirs *pl*
Memorystick *m* COMPUT memory stick
Menagerie *f* menagerie
Menge *f* **1** (≈ *Quantum*) quantity, amount **2** *umg* **eine ~** a lot, lots *umg*; **eine ~ Zeit/Häuser** a lot of time/houses; **jede** *od* **eine ~** loads *pl umg*; **eine ganze ~** quite a lot **3** (≈ *Menschenmenge*) crowd; *pej* (≈ *Pöbel*) mob **4** MATH set
mengen **A** *v/t geh* to mix (**unter** +*akk* with) **B** *v/r* to mingle (**unter** +*akk* with)
Mengenangabe *f* quantity
Mengenlehre *f* MATH set theory
Mengenrabatt *m* bulk discount
Menora *f* REL menorah
Menorca *n* Minorca
Mensa *f* UNIV canteen, refectory *Br*
Mensch *m* **1** (≈ *Person*) person, man/woman; **es war kein ~ da** there was nobody there; **als ~** as a person; **das konnte kein ~ ahnen!** no-one (on earth) could have foreseen that!; (≈ *Leute*) **~en** people; **voller ~en** crowded **2** *als Gattung* **der ~** man; **die ~en** man *sg*, human beings *pl*; **~ bleiben** *umg* to stay human; **ich bin auch nur ein ~!** I'm only human **3** (≈ *die Menschheit*) **die ~en** mankind, man; **alle ~en** everyone **4** *umg als Interjektion* hey; **~, da habe ich mich aber getäuscht** boy, was I wrong! *umg*
Menschenaffe *m* ape
Menschenauflauf *m* crowd (of people)
menschenfeindlich *adj Mensch* misanthropic; *Landschaft etc* inhospitable; *Politik, Gesellschaft* inhumane
Menschenfresser(in) *umg m(f)* (≈ *Kannibale*) cannibal; (≈ *Raubtier*) man-eater
menschenfreundlich *adj Mensch* philanthropic, benevolent; *Gegend* hospitable; *Politik, Gesellschaft* humane
Menschenführung *f* leadership
Menschengedenken *n* **der kälteste Winter seit ~** the coldest winter in living memory
Menschenhand *f* human hand; **von ~ geschaffen** fashioned by the hand of man
Menschenhandel *m* slave trade; JUR trafficking (in human beings), human trafficking
Menschenjagd *f* **eine ~** a manhunt
Menschenkenner(in) *m(f)* judge of character
Menschenkenntnis *f* knowledge of human

nature
Menschenkette f human chain
Menschenleben n human life; **Verluste an ~** loss of human life
menschenleer adj deserted
Menschenmenge f crowd (of people)
menschenmöglich adj humanly possible; **das Menschenmögliche tun** to do all that is humanly possible
Menschenrechte pl human rights
Menschenrechtler(in) m(f) human rights activist
Menschenrechtskonvention f convention on human rights
Menschenrechtsverletzung f human rights violation, violation of human rights
menschenscheu adj afraid of people
Menschenseele f human soul; **keine ~** fig not a (living) soul
Menschenskind int heavens above
menschenunwürdig A adj beneath human dignity; *Behausung* unfit for human habitation B adv *behandeln* inhumanely; *hausen, unterbringen* under inhuman conditions
menschenverachtend adj inhuman
Menschenverstand m **gesunder ~** common sense
Menschenwürde f human dignity
menschenwürdig A adj *Behandlung* humane; *Lebensbedingungen* fit for human beings; *Unterkunft* fit for human habitation B adv *behandeln* humanely; *wohnen* in decent conditions
Menschheit f **die ~** mankind, humanity
menschlich A adj 1 human; **~es Wesen** human 2 (≈ *human*) *Behandlung etc* humane B adv 1 (≈ *human*) humanely 2 umg (≈ *zivilisiert*) decently
Menschlichkeit f humanity; **aus reiner ~** on purely humanitarian grounds; **Verbrechen gegen die ~** crimes against humanity
Menstruation f menstruation
menstruieren v/i to menstruate
Mentalität f mentality
Menthol n menthol
Mentor(in) m(f) 1 obs mentor 2 SCHULE ≈ tutor
Menü n 1 (≈ *Tagesmenü*) set meal, table d'hôte form 2 IT menu
Menübefehl m IT menu command
Menüführung f IT menu assistance
menügesteuert adj menu-driven
MENUK, MeNuK abk (= Mensch, Natur und Kultur) SCHULE school subject taught in some German states incorporating social studies, nature and the arts
Menüleiste f menu bar
Menüzeile f menu line

MEP m/f (= Mitglied des Europäischen Parlaments) MEP
Meridian m ASTRON, GEOG meridian
merkbar A adj (≈ *wahrnehmbar*) noticeable B adv noticeably
Merkblatt n leaflet
merken v/t 1 (≈ *wahrnehmen*) to notice; (≈ *spüren*) to feel; (≈ *erkennen*) to realize; **davon habe ich nichts gemerkt** I didn't notice anything; **du merkst auch alles!** iron nothing escapes you, does it? 2 (≈ *im Gedächtnis behalten*) to remember; **sich** (dat) **j-n/etw ~** to remember sb/sth; **das werde ich mir ~!** I won't forget that; **merk dir das!** mark my words!
merklich A adj noticeable B adv noticeably
Merkmal n characteristic; (≈ *Kennzeichen*) feature
Merkspruch m mnemonic form
Merkur m ASTRON Mercury
merkwürdig A adj strange B adv strangely; **~ riechen** to have a strange smell
merkwürdigerweise adv strangely enough
Merkwürdigkeit f 1 (≈ *Seltsamkeit*) strangeness 2 (≈ *Eigentümlichkeit*) peculiarity
Merkzettel m (reminder) note
messbar A adj measurable B adv measurably
Messbecher m GASTR measuring jug
Messdaten pl readings pl
Messe[1] f KIRCHE, MUS mass; **zur ~ gehen, die ~ besuchen** to go to mass
Messe[2] f (trade) fair
Messe[3] f SCHIFF, MIL mess
Messeausweis m fair pass
Messebesucher(in) m(f) visitor to the fair
Messegelände n exhibition centre Br, exhibition center US
Messehalle f exhibition hall
messen A v/t to measure; **j-s Blutdruck ~** to take sb's blood pressure; **er misst 1,90 m** he is 1.90 m tall; **seine Kräfte mit j-m ~** to match one's strength against sb's B v/i to measure C v/r **sich mit j-m ~** geh im Wettkampf to compete with sb; **sich mit j-m/etw nicht ~ können** to be no match for sb/sth
Messeneuheit f new product (launched at a trade fair)
Messer n knife; **unters ~ kommen** MED umg to go under the knife; **j-m das ~ an die Kehle setzen** to hold a knife to sb's throat; **damit würden wir ihn ans ~ liefern** fig that would be putting his head on the block; **ein Kampf bis aufs ~** fig a fight to the finish; **auf des ~s Schneide stehen** fig to be on a razor's edge
Messerblock m knife block od holder
messerscharf adj razor-sharp; *Folgerung* clear-cut
Messerstecherei f stabbing, knife fight

Messerstich m *Wunde* stab wound
Messestadt f trade fair city; **die ~ Leipzig** Leipzig, the city famous for its trade fairs
Messestand m stand
Messfühler m probe; METEO gauge
Messgerät n *für Öl, Druck etc* measuring instrument
Messias m Messiah
Messie umg m/f messy person
Messing n brass
Messingschild n brass plate
Messinstrument n gauge
Messlatte f measuring stick; *fig* (≈ *Maßstab*) threshold
Messstab m AUTO (≈ *Ölmessstab etc*) dipstick
Messtechnik f measurement technology
Messtischblatt n ordnance survey map
Messung f **1** (≈ *das Messen*) measuring **2** (≈ *Messergebnis*) measurement
Messwert m measurement
Metall n metal; **~ verarbeitend** metal-processing *attr*, metal-working *attr*
Metallarbeiter(in) m(f) metalworker
metallen **A** *adj* metal; *geh Klang, Stimme* metallic **B** *adv glänzen* metallically; **~ klingen** to sound tinny
metallhaltig *adj* metalliferous
metallic *adj* metallic
Metallindustrie f metal industry
Metallurgie f metallurgy
metallverarbeitend *adj* → Metall
Metallverarbeitung f metal processing
Metamorphose f metamorphosis
Metapher f LIT metaphor
Metaphorik f imagery
Metastase f metastasis
Meteor m/n meteor
Meteorit m meteorite
Meteorologe m, **Meteorologin** f meteorologist; *im Wetterdienst* weather forecaster
Meteorologie f meteorology
meteorologisch *adj* meteorological
Meter m/n metre *Br*, meter *US*
meterhoch *adj* metres high *Br*, meters high *US*
meterlang *adj* metres long *Br*, meters long *US*
Metermaß n (≈ *Bandmaß*) tape measure
Meterstab m metre rule *Br*, meter rule *US*
Meterware f *Stoffe* piece goods
meterweise *adv* by the metre *Br*, by the meter *US*
Methadon n methadone
Methangas n methane
Methode f **1** method; (≈ *Technik*) technique **2** **~n** *pl* (≈ *Sitten*) behaviour *Br*, behavior *US*
methodisch **A** *adj* methodical **B** *adv* methodically

Methodist(in) m(f) Methodist
Methylalkohol m methyl alcohol
Metier n job, profession; **sich auf sein ~ verstehen** to be good at one's job
Metrik f *Dichtung, a.* MUS metrics *sg*
metrisch *adj* metric
Metronom n MUS metronome
Metropole f metropolis; (≈ *Zentrum*) centre *Br*, center *US*
metrosexuell *adj* metrosexual
Metrum n LIT metre *Br*, meter *US*
Mettwurst f (smoked) pork/beef sausage
Metzelei f butchery
metzeln *v/t* to slaughter
Metzger(in) m(f) butcher
Metzgerei f butcher's (shop)
Meute f pack (of hounds); *fig pej* mob
Meuterei f mutiny
meutern *v/i* to mutiny
Mexikaner(in) m(f) Mexican
mexikanisch *adj* Mexican
Mexiko n Mexico
MEZ *abk* (= *mitteleuropäische Zeit*) CET, Central European Time
MG n *abk* (= *Maschinengewehr*) machine gun
miau *int* miaow *Br*, meow
miauen *v/i* to meow
mich **A** *pers pr* me **B** *refl pr* myself
mick(e)rig umg *adj* pathetic
Miederhöschen n panty girdle
Miederwaren *pl* corsetry *sg*
Mief umg m fug; *muffig* stale air; (≈ *Gestank*) stink
Miene f expression; **eine finstere ~ machen** to look grim
mies umg **A** *adj* rotten umg; *Qualität* poor **B** *adv* badly
Miesepeter umg m grouch umg
miesmachen umg *v/t* to run down
Miesmacher(in) m(f) killjoy
Miesmuschel f mussel
Miet- *zssgn* rental
Mietauto n hire(d) car
Miete f *für Wohnung* rent; *für Gegenstände* rental; **zur ~ wohnen** to live in rented accommodation
mieten *v/t* to rent; *Boot, Auto* to rent, to hire *bes Br*
Mieter(in) m(f) tenant; (≈ *Untermieter*) lodger
Mieterhöhung f rent increase
Mieterschaft f tenants *pl*
Mieterschutz m rent control
mietfrei *adj & adv* rent-free
Mietpreis m rent; *für Sachen* rental (fee), rental (rate) *US*
Mietrückstände *pl* rent arrears *pl*
Mietshaus n block of (rented) flats *Br*, apart-

ment house US
Mietverhältnis n tenancy
Mietvertrag m lease; *von Auto* rental agreement
Mietwagen m hire(d) car *Br*, rental (car) *US*
Mietwohnung f rented flat *Br*, rented apartment
Mieze f *umg* (≈ *Katze*) pussy(-cat) *umg*
Migräne f migraine
Migrant(in) m(f) migrant; *Soziologie* immigrant
Migration f migration
Migrationshintergrund m immigrant background; **mit ~** from an immigrant background
Mikro *umg* n mike *umg*
Mikrobe f microbe
Mikrochip m microchip
Mikroelektronik f microelectronics *sg*
Mikrofaser f microfibre *Br*, microfiber *US*
Mikrofon n microphone
Mikrokosmos m microcosm
Mikrokredit m WIRTSCH microcredit
Mikroorganismus m microorganism
Mikrophon n → Mikrofon
Mikroprozessor m microprocessor
Mikroskop n microscope
mikroskopisch A *adj* microscopic B *adv* **etw ~ untersuchen** to examine sth under the microscope; **~ klein** *fig* microscopically small
Mikrowelle f microwave
Mikrowellenherd m microwave (oven)
Milbe f mite
Milch f milk
Milchaufschäumer m (milk) frother
Milchdrüse f mammary gland
Milchflasche f milk bottle
milchfrei *adj Lebensmittel* dairy-free
Milchgeschäft n dairy
Milchglas n frosted glass
milchig *adj* milky; **~ trüb** opaque
Milchkaffee m milky coffee
Milchkanne f milk can; *größer* (milk) churn
Milchkuh f milk cow
Milchmädchenrechnung *umg* f naïve fallacy
Milchmann m milkman
Milchmixgetränk n milk shake
Milchprodukt n milk product, dairy food
Milchpulver n powdered milk
Milchreis m round-grain rice; *als Gericht* rice pudding
Milchsee m milk lake
Milchshake m milkshake, milk shake
Milchstraße f Milky Way
Milchtüte f milk carton
Milchzahn m milk tooth
Milchzuckerunverträglichkeit f lactose intolerance

mild, milde A *adj Wetter, Käse, Zigarette* mild; (≈ *nachsichtig*) lenient B *adv* mildly; (≈ *nachsichtig*) leniently; **~e gesagt** to put it mildly; **~ schmecken** to taste mild
Milde f mildness; (≈ *Nachsichtigkeit*) leniency; **~ walten lassen** to be lenient
mildern A *v/t geh Schmerz* to soothe; *Kälte* to alleviate; *Angst* to calm; *Strafe, Urteil* to mitigate; *Konflikt, Problem* to reduce; *Ausdrucksweise* to moderate; **~de Umstände** JUR mitigating circumstances B *v/r Wetter* to become milder; *Schmerz* to ease
Milderung f *von Schmerz* easing, soothing; *von Ausdruck, Strafe* moderation
Milieu n **1** (≈ *Umwelt*) environment; (≈ *Lokalkolorit*) atmosphere **2** *soziales Umfeld* social background
milieugeschädigt, milieugestört *adj* maladjusted (*due to adverse social factors*)
militant *adj* militant; **~er Umweltschützer** eco-warrior
Militanz f militancy
Militär n military *pl*; **beim ~ sein** *umg* to be in the forces; **zum ~ gehen** to join the army
Militärarzt m, **Militärärztin** f army doctor, (≈ *Offizier*) medical officer
Militärdienst m military service; **(seinen) ~ ableisten** to do national service
Militärdiktatur f military dictatorship
Militärgericht n military court
militärisch *adj* military
Militarismus m militarism
militaristisch *adj* militaristic
Militärregierung f military government
Military f SPORT three-day event
Militärzeit f army days *pl*
Miliz f militia
Milliardär(in) m(f) billionaire
Milliarde f billion; **fünf ~n** five billion
Milliardengrab *fig* n money burner, white elephant
Millibar n millibar
Milligramm n milligram(me)
Milliliter m millilitre *Br*, milliliter *US*
Millimeter m/n millimetre *Br*, millimeter *US*
Millimeterpapier n graph paper
Million f million; **zwei ~en Einwohner** two million inhabitants; **~en Mal** a million times
Millionär(in) m(f) millionaire
Millionärin f millionairess
millionenfach *adj* millionfold
Millionengeschäft n multi-million-pound/dollar *etc* industry
Millionenhöhe f **ein Schaden in ~** damage amounting to millions of euros *etc*
Millionenstadt f town with over a million in-

habitants
Millionstel *n* millionth part
Millisievert *n* NUKL *Maßeinheit* millisievert
Milz *f* spleen
Milzbrand *m Tiermedizin, a.* MED anthrax
mimen *v/t* **er mimt den Kranken** *umg* he's pretending to be sick
Mimose *f* mimosa; **empfindlich wie eine ~ sein** to be oversensitive
mimosenhaft *fig adj* oversensitive
Minarett *n* minaret
minder *adv* less; **mehr oder ~** more or less
minderbegabt *adj* less gifted
Mindereinnahmen *pl* decrease *sg* in receipts
mindere(r, s) *adj* lesser; *Güte, Qualität* inferior
Minderheit *f* minority
Minderheitsregierung *f* minority government
minderjährig *adj* who is (still) a minor
Minderjährige(r) *m/f(m)* minor
Minderjährigkeit *f* minority
mindern **A** *v/t Ansehen* to diminish; *Rechte* to erode; *Vergnügen* to lessen; *Risiko, Chancen* to reduce **B** *v/r Ansehen, Wert* to diminish; *Vergnügen* to lessen
Minderung *f* (≈ *Herabsetzung*) diminishing; *von Wert* reduction (+*gen* in); *von Vergnügen* lessening
minderwertig *adj* inferior
Minderwertigkeit *f* inferiority
Minderwertigkeitskomplex *m* inferiority complex
Minderzahl *f* minority; **in der ~ sein** to be in the minority
Mindest- *zssgn Lohn etc* minimum
Mindestalter *n* minimum age
mindestens *adv* at least
mindeste(r, s) *adj* least, slightest; **nicht die ~ Angst** not the slightest trace of fear; **das Mindeste** the (very) least; **nicht im Mindesten** not in the least
Mindestgebot *n bei Auktionen* reserve price
Mindesthaltbarkeitsdatum *n* best-before *od* use-by date *Br*, expiration date *US*
Mindestkapital *n* minimum (subscribed) capital
Mindestlohn *m* minimum wage
Mindestmaß *n* minimum
Mindestumtausch *m* minimum currency exchange
Mindmap *f Wortnetz, Gedächtniskarte* mindmap
Mine *f* **1** MIL *Bergbau* mine **2** (≈ *Bleistiftmine*) lead; (≈ *Kugelschreibermine*) refill
Minenfeld *n* MIL minefield
Minensuchboot *n* minesweeper
Mineral *n* **1** mineral **2** *österr, schweiz* mineral water

Mineral- *zssgn* mineral
Mineralbad *n* mineral bath; (≈ *Ort*) spa; (≈ *Schwimmbad*) *swimming pool fed from a mineral spring*
Mineralöl *n* (mineral) oil
Mineralölsteuer *f* mineral oil tax
Mineralquelle *f* mineral spring
Mineralstoff *m* mineral salt
Mineralwasser *n* mineral water
Minestrone *f* minestrone
Mini *m umg* (≈ *Minirock*) mini
Mini- *zssgn* mini
Miniatur *f* miniature
Minibar *f im Hotel etc* minibar
Minibus *m* minibus
Minidisc, Minidisk *f* (≈ *Tonträger*) Minidisc®; COMPUT minidisk
Minigolf *n* crazy golf *Br*, putt-putt golf *US*
Minijob *m* minijob
minimal **A** *adj* minimal; *Gewinn, Chance* very small; *Gehalt* very low; **mit ~er Anstrengung** with a minimum of effort **B** *adv* (≈ *wenigstens*) at least
minimieren *v/t* to minimize
Minimum *n* minimum (**an** +*dat* of)
Minirock *m* miniskirt
Minister(in) *m(f)* POL minister *Br* (**für** of), secretary (**für** for)
Ministerium *n* ministry *Br*, department
Ministerkonferenz *f* conference of ministers
Ministerpräsident(in) *m(f)* prime minister; *eines Bundeslandes* leader of a Federal German state
Ministerrat *m* council of ministers
Ministrant(in) *m(f)* KIRCHE server
Minnesang *m* minnesong
Minnesänger *m* minnesinger
MINT (= Mathematik, Informatik, Naturwissenschaft und Technik) STEM
minus **A** *präp* minus **B** *adv* minus; **~ 10 Grad** minus 10 degrees; **~ machen** *umg* to make a loss
Minus *n* (≈ *Fehlbetrag*) deficit; *auf Konto* overdraft; *fig* (≈ *Nachteil*) bad point
Minusbetrag *m* deficit
Minuspol *m* negative pole
Minuspunkt *m* minus point; **ein ~ für j-n sein** to count against sb
Minustemperatur *f* temperature below freezing
Minuszeichen *n* minus sign
Minute *f* minute; **auf die ~ (genau)** (right) on the dot; **in letzter ~** at the last minute
minutenlang **A** *adj* several minutes of **B** *adv* for several minutes
Minutenzeiger *m* minute hand

minütig *zssgn* **eine 30-minütige Fahrt** a 30-minute ride
minutiös, minuziös *geh* **A** *adj* meticulous; *Fragen* detailed **B** *adv* meticulously; *erklären* in great detail
Minze *f* BOT mint
Mio. *abk* (= **Millionen**) million
mir *pers pr* to me; *nach Präpositionen* me; *reflexiv* myself; **ein Freund von mir** a friend of mine; **von mir aus!** *umg* I don't mind; **du bist mir vielleicht einer!** *umg* you're a right one, you are! *umg*
Mirabelle *f* mirabelle
Mirakelfrucht *f* BOT miracle berry, miracle fruit
Mischbatterie *f* mixer tap
Mischehe *f* mixed marriage
mischen **A** *v/t* to mix; *Karten* to shuffle; → **gemischt** **B** *v/r* (≈ *sich vermengen*) to mix; **sich unter j-n/etw ~** to mix with sb/sth; **sich in etw** (*akk*) **~** to meddle in sth **C** *v/i* KART to shuffle
Mischgemüse *n* mixed vegetables *pl*
Mischling *m* **1** *Mensch* mixed race person **2** ZOOL half-breed
Mischmasch *umg m* mishmash (**aus** of)
Mischmaschine *f* cement-mixer
Mischpult *n* RADIO, TV mixing desk; *von Band* sound mixer
Mischung *f* **1** (≈ *das Mischen*) mixing **2** (≈ *Gemischtes*) mixture; *aus Flüssigkeiten* cocktail; *von Tee etc* blend
Mischungsverhältnis *n* ratio (of a mixture)
Mischwald *m* mixed (deciduous and coniferous) woodland
miserabel *umg* **A** *adj* lousy *umg*; *Gesundheit* miserable; *Gefühl* ghastly; *Benehmen* dreadful; *Qualität* poor **B** *adv* dreadfully; **~ schmecken** to taste lousy *umg*
Misere *f von Wirtschaft etc* plight; **j-n aus einer ~ herausholen** to get sb out of trouble
Miso *n* GASTR miso
Misosuppe *f* miso soup
Mispel *f* medlar (tree)
missachten *v/t* **1** (≈ *ignorieren*) *Warnung* to ignore; *Gesetz* to flout **2** (≈ *gering schätzen*) *j-n* to despise
Missachtung *f* **1** (≈ *Ignorieren*) disregard (+*gen* for); *von Gesetz* flouting (+*gen* of) **2** (≈ *Geringschätzung*) disrespect (+*gen* for)
Missbildung *f* deformity
missbilligen *v/t* to disapprove of
missbilligend **A** *adj* disapproving, critical **B** *adv* disapprovingly
Missbilligung *f* disapproval
Missbrauch *m* abuse; *von Notbremse, Kreditkarte* improper use
missbrauchen *v/t Vertrauen* to abuse; *geh* (≈ *vergewaltigen*) to assault; **j-n für** *od* **zu etw ~** to use sb for sth
missbräuchlich **A** *adj* incorrect **B** *adv* incorrectly
missdeuten *v/t* to misinterpret
missen *geh v/t* to do without; *Erfahrung* to miss
Misserfolg *m* failure
Missernte *f* crop failure
missfallen *v/i* to displease; **es missfällt mir, wie er …** I dislike the way he …
Missfallen *n* displeasure (**über** +*akk* at)
Missfallensäußerung *f* expression of disapproval
Missfallenskundgebung *f* demonstration of disapproval
missgebildet *adj* deformed
Missgeburt *f neg!* deformed person/animal; *fig umg* failure
Missgeschick *n* mishap; (≈ *Unglück*) misfortune
missglücken *v/i* to fail; **das ist ihr missglückt** she failed; **der Kuchen ist (mir) missglückt** the cake didn't turn out
missgönnen *v/t* **j-m etw ~** to (be)grudge sb sth
Missgriff *m* mistake
Missgunst *f* enviousness (**gegenüber** of)
missgünstig **A** *adj* envious (**auf** +*akk* of) **B** *adv* enviously
misshandeln *v/t* to ill-treat
Misshandlung *f* ill-treatment
Mission *f* mission; (≈ *Gruppe*) delegation
Missionar(in) *m(f)* missionary
missionarisch *adj* missionary
Missklang *m* discord
Misskredit *m* discredit; **j-n/etw in ~ bringen** to discredit sb/sth
misslich *geh adj Lage* awkward
missliebig *adj* unpopular
misslingen *v/i* → **missglücken**
Missmanagement *n* mismanagement
missmutig **A** *adj* sullen, morose; (≈ *unzufrieden*) discontented; *Äußerung* disgruntled **B** *adv* sullenly, morosely; (≈ *unzufrieden*) discontentedly; *sagen* disgruntledly
missraten[1] *v/i* to go wrong; *Kind* to become wayward; **der Kuchen ist (mir) ~** the cake didn't turn out
missraten[2] *adj Kind* wayward
Missstand *m* disgrace *kein pl*, deplorable state of affairs *kein pl*; (≈ *Ungerechtigkeit*) abuse
Missstimmung *f* **1** (≈ *Uneinigkeit*) discord **2** (≈ *Missmut*) ill feeling *kein unbest art*
misstrauen *v/i* to mistrust; (≈ *nicht glauben*) to doubt
Misstrauen *n* mistrust, distrust (**gegenüber** of); **einer Sache ~ entgegenbringen** to mistrust sth

Misstrauensantrag *m* PARL motion of no confidence

Misstrauensvotum *n* PARL vote of no confidence

misstrauisch **A** *adj* mistrustful; (≈ *argwöhnisch*) suspicious **B** *adv* sceptically *Br*, skeptically *US*

Missverhältnis *n* discrepancy

missverständlich **A** *adj* unclear; **~e Ausdrücke** expressions which could be misunderstood **B** *adv* unclearly; **ich habe mich ~ ausgedrückt** I didn't express myself clearly

Missverständnis *n* misunderstanding

missverstehen *v/t* to misunderstand; **Sie dürfen mich nicht ~** please do not misunderstand me

Misswahl *f* beauty contest

Misswirtschaft *f* mismanagement

Mist *m* **1** (≈ *Kuhmist etc*) dung; (≈ *Dünger*) manure; *umg* (≈ *Unsinn*) nonsense; **(so ein) ~!** blast! *umg*, what a bummer! *umg*; **da hat er ~ gebaut** he really messed that up *umg*; **mach keinen ~!** don't be a fool **2** *österr* rubbish *Br*, garbage, trash *US*

Mistel *f* mistletoe *kein pl*

Mistelzweig *m* (sprig of) mistletoe

Mistgabel *f* pitchfork (*used for shifting manure*)

Misthaufen *m* manure heap

Mistkäfer *m* dung beetle

Mistkerl *umg* m/d *od* rotten pig *umg*

Mistkübel *m österr* rubbish bin *Br*, garbage can *US*

Miststück *n*, **Mistvieh** *umg* n (≈ *Mann*) bastard *sl*; (≈ *Frau*) bitch *sl*

Mistwetter *umg* n lousy weather *umg*

mit **A** *präp* with; **mit der Bahn/dem Bus** by train/bus; **mit Bleistift schreiben** to write in pencil; **mit dem nächsten Bus kommen** to come on the next bus; **mit achtzehn Jahren** at (the age of) eighteen; **mit wem hat sie geredet?** who did she talk to?; **mit 1 Sekunde Vorsprung gewinnen** to win by 1 second; **mit 80 km/h** at 80 km/h; **mit 4:2 gewinnen** to win 4-2; **du mit deinen dummen Ideen** *umg* you and your stupid ideas **B** *adv* **war mit dabei** he went *od* came too; **er ist mit der Beste der Gruppe** he is one of the best in the group; **etw mit in Betracht ziehen** to consider sth as well

Mitarbeit *f* cooperation; **mündliche ~** SCHULE participation (**in**, **an** +*dat* in); **~ bei** *od* **an etw** (*dat*) work on sth; **unter ~ von** in collaboration with

mitarbeiten *v/i* to cooperate (**bei** on); *bei Projekt etc* to collaborate; **an** *od* **bei etw ~** to work on sth

Mitarbeiter(in) *m(f)* (≈ *Betriebsangehöriger*) employee; *Teil des Personals* member of staff *Br*, staff member *US*; (≈ *Kollege*) colleague; *an Projekt etc* collaborator; **freier ~** freelance; **~ pl** staff *sg*

Mitarbeitermotivierung *f* staff *od* employee motivation

Mitarbeiterstab *m* staff

mitbekommen *umg v/t* (≈ *verstehen*) to get *umg*; (≈ *bemerken*) to realize; **hast du das noch nicht ~?** (≈ *erfahren*) you mean you didn't know that?

mitbenutzen *v/t* to share (the use of)

Mitbesitzer(in) *m(f)* co-owner

mitbestimmen *v/i* to have a say (**bei** in)

Mitbestimmung *f* co-determination, participation (**bei** in); **~ am Arbeitsplatz** worker participation

Mitbestimmungsrecht *n im Betrieb* right of worker participation

Mitbewerber(in) *m(f)* (fellow) competitor; *für Stelle* (fellow) applicant

Mitbewohner(in) *m(f)* (fellow) occupant; *in WG* flatmate *Br*, roommate *US*

mitbringen *v/t* **1** *Geschenk etc* to bring; *Freund, Begleiter* to bring along; **j-m etw ~** to bring sth for sb; **j-m etw von** *od* **aus der Stadt ~** to bring sb sth back from town; **was sollen wir der Gastgeberin ~?** what should we take our hostess?; **etw in die Ehe ~** to have sth when one gets married **2** *fig Befähigung etc* to have

Mitbringsel *n Geschenk* small present; *Andenken* souvenir

Mitbürger(in) *m(f)* fellow citizen

mitdenken *v/i* (≈ *mitkommen*) to follow the argument; (≈ *mit Überlegung vorgehen*) to think things through

mitdürfen *v/i* **wir durften nicht mit** we weren't allowed to go along

Miteigentümer(in) *m(f)* joint owner

miteinander *adv* with each other; (≈ *gemeinsam*) together; **alle ~!** all together

Miteinander *n* cooperation

mitentscheidend *adj* **~ sein** to be a decisive factor, to be one of the decisive factors

miterleben *v/t* to experience; *im Fernsehen* to watch

Mitesser *m* blackhead

mitfahren *v/i* to go (with sb); **sie fährt mit** she is going too; **(mit j-m) ~** to go with sb; **kann ich (mit Ihnen) ~?** can you give me a lift *od* a ride *bes US*, ?

Mitfahrer(in) *m(f)* fellow passenger

Mitfahrgelegenheit *f* lift, ride

Mitfahrzentrale *f* car pool(ing) service

mitfiebern *v/i umg* **ich habe mitgefiebert** I got worked up as well

mitfühlen v/i **mit j-m ~** to feel for sb
mitfühlend **A** adj sympathetic **B** adv sympathetically
mitführen v/t *Papiere, Waffen etc* to carry (with one)
mitgeben v/t **j-m etw ~** to give sb sth to take with them
Mitgefühl n sympathy
mitgehen v/i **1** (≈ *mit anderen gehen*) to go too; **mit j-m ~** to go with sb; **gehen Sie mit?** are you going (too)? **2** fig *Publikum etc* to respond favourably Br od favorably US (**mit** to) **3** umg **etw ~ lassen** to steal sth
mitgenommen adj umg worn out, exhausted; *seelisch* upset (**wegen** about); **~ aussehen** to look the worse for wear umg; → mitnehmen
mitgerechnet adv included
Mitgift f dowry
Mitgiftjäger umg m dowry-hunter Br, fortune-hunter
Mitglied n member (+gen od **bei, in** +dat of); **~ des Europäischen Parlaments** Member of the European Parliament; **~ werden** to join
Mitgliederversammlung f general meeting
Mitgliedsausweis m membership card
Mitgliedsbeitrag m membership fee, membership dues pl
Mitgliedschaft f membership
Mitgliedsland n POL member country
Mitgliedsstaat m member state
mithaben v/t **ich habe den Ausweis nicht mit** I haven't got my ID (card) with me Br, I don't have my ID (card) with me US
mithalten v/i bei Tempo etc to keep up (**mit** with); *bei Versteigerung* to stay in the bidding
mithelfen v/i to help
mithilfe, **mit Hilfe** präp with the help (+gen of)
Mithilfe f assistance, aid
mithören v/t to listen to (too); *Gespräch* to overhear; *heimlich* to listen in on; **ich habe alles mitgehört** I heard everything
Mitinhaber(in) m(f) joint owner
mitkommen v/i **1** to come along (**mit** with); **kommst du auch mit?** are you coming too? **ich kann nicht ~** I can't come **2** umg (≈ *mithalten*) to keep up; (≈ *verstehen*) to follow; **da komme ich nicht mit** that's beyond me
mitkriegen umg v/t → mitbekommen
Mitläufer(in) m(f) POL pej fellow traveller Br od traveler US
Mitlaut m consonant
Mitleid n pity (**mit** for); (≈ *Mitgefühl*) sympathy (**mit** with, for); **~ mit j-m haben** to feel sorry for sb; **~ erregend** pitiful, pathetic
Mitleidenschaft f **j-n/etw in ~ ziehen** to affect sb/sth (detrimentally)

mitleiderregend adj pitiful
mitleidig adj pitying; (≈ *mitfühlend*) sympathetic
mitlesen v/i **ich spiele euch den Text vor, und ihr lest mit** I'll play the text to you, and you can read along with it
mitmachen v/t & v/i **1** (≈ *teilnehmen*) *Spiel* to join in; *Reise* to go on; *Kurs* to do; *Mode* to follow; *Wettbewerb* to take part in; **(bei) etw ~** to join in sth; **er macht alles mit** he always joins in (all the fun); **da mache ich nicht mit** (≈ *ohne mich*) count me out!; **das mache ich nicht mehr mit** umg I've had quite enough (of that) **2** (≈ *erleben*) to live through; (≈ *erleiden*) to go through; **sie hat viel mitgemacht** she has been through a lot in her time
Mitmensch m fellow man od creature
mitmischen umg v/i (≈ *sich beteiligen*) to be involved (**in** +dat od **bei** in)
mitnehmen v/t **1** to take (with one); (≈ *ausleihen*) to borrow; (≈ *kaufen*) to take; **j-n (im Auto) ~** to give sb a lift od ride bes US; **zum Mitnehmen** to go **2** (≈ *erschöpfen*) *j-n* to exhaust; **mitgenommen aussehen** to look the worse for wear **3** umg *Sehenswürdigkeit* to take in
mitreden **A** v/i (≈ *mitbestimmen*) to have a say (**bei** in); **da kann er nicht ~** he wouldn't know anything about that **B** v/t **Sie haben hier nichts mitzureden** this is none of your concern
Mitreisende(r) m/f(m) fellow passenger
mitreißen v/t *Fluss, Lawine* to sweep away; *Fahrzeug* to carry along; **sich ~ lassen** fig to allow oneself to be carried away
mitreißend adj *Rhythmus, Enthusiasmus* infectious; *Reden, Musik* rousing; *Film, Fußballspiel* thrilling
mitsamt präp together with
mitschicken v/t in Brief etc to enclose
mitschneiden v/t to record
Mitschnitt m recording
mitschreiben v/i to take notes
Mitschuld f **ihn trifft eine ~** a share of the blame falls on him; *an Verbrechen* he is implicated (**an** +dat in)
mitschuldig adj *an Verbrechen* implicated (**an** +dat in); *an Unfall* partly responsible (**an** +dat for)
Mitschuldige(r) m/f(m) accomplice; (≈ *Helfershelfer*) accessory
Mitschüler(in) m(f) school-friend; *in derselben Klasse* classmate, fellow student
mitsingen **A** v/t to join in (singing) **B** v/i to join in the singing, to sing along
mitspielen v/i **1** (≈ *a. spielen*) to play too; *in Mannschaft etc* to play (**bei** in); **in einem Film ~** to be in a movie **2** fig umg (≈ *mitmachen*) to play along umg; (≈ *sich beteiligen*) to be in-

volved in; **wenn das Wetter mitspielt** if the weather's OK *umg* **3** (≈ *Schaden zufügen*) **er hat ihr übel** *od* **hart mitgespielt** he has treated her badly

Mitspieler(in) *m(f)* SPORT player; THEAT member of the cast

Mitsprache *f* a say

Mitspracherecht *n* **j-m ein ~ einräumen** to allow *od* grant sb a say (**bei** in)

Mittag *m* **1** midday; (≈ *12 Uhr*) noon; **gestern/heute ~** at midday yesterday/today; **zu ~ essen** to have lunch *od* dinner **2** *umg Pause* lunch hour *od* lunch-break; **~ machen** to take one's lunch hour *od* lunch-break

Mittagessen *n* lunch, dinner; **zum ~** for lunch

mittags *adv* at lunchtime; **(um) 12 Uhr ~** at 12 noon, at 12 o'clock midday

Mittagsmenü *n* lunch menu

Mittagspause *f* lunch hour *od* break

Mittagsruhe *f* period of quiet (after lunch)

Mittagsschlaf *m* afternoon nap

Mittagszeit *f* lunchtime; **in der ~** at lunchtime

Mittäter(in) *m(f)* accomplice

Mittäterschaft *f* complicity

Mitte *f* **1** middle; *von Kreis, Stadt* centre *Br*, center *US*; **in der ~** in the middle (of); **~ August** in the middle of August; **er ist ~ vierzig** he's in his mid-forties **2** POL centre *Br*, center *US*; **rechts/links von der ~** right/left of centre *Br*, right/left of center *US* **3** *von Gruppe* **einer aus unserer ~** one of us; **in unserer ~** in our midst

mitteilen *v/t* **j-m etw ~** to tell sb sth; (≈ *bekannt geben*) to announce sth to sb

mitteilsam *adj* communicative

Mitteilung *f* (≈ *Bekanntgabe*) announcement; (≈ *Benachrichtigung*) notification; *an Mitarbeiter etc* memo; (≈ *Notiz*) note

Mitteilungsheft *n* SCHULE *notebook used for notifying parents about homework and other school-related issues*

Mittel *n* **1** (≈ *Durchschnitt*) average **2** (≈ *Mittel zum Zweck, Transportmittel etc*) means *sg*; (≈ *Methode*) way; **~ und Wege finden** to find ways and means; **ein ~ zum Zweck** a means to an end; **als letztes** *od* **äußerstes ~** as a last resort; **ihm ist jedes ~ recht** he will do anything (to achieve his ends); **etw mit allen ~n verhindern** to do one's utmost to prevent sth **3** (≈ *Geldmittel*) resources *pl*; **öffentliche ~** public funds *pl* **4** (≈ *Medizin*) medicine; (≈ *Putzmittel*) cleaning agent; **welches ~ nimmst du?** what do you use?; **das beste ~ gegen etw** the best cure for sth

mittel- *zssgn* medium

Mittel- *zssgn* middle, central

Mittelalter *n* Middle Ages *pl*

mittelalterlich *adj* medieval

Mittelamerika *n* Central America (and the Caribbean)

mittelamerikanisch *adj* Central American

mittelbar **A** *adj* indirect **B** *adv* indirectly

mitteldeutsch *adj* GEOG, LING Central German

Mittelding *n* (≈ *Mischung*) cross (**zwischen** +*dat od* **aus** between)

Mitteleuropa *n* Central Europe

Mitteleuropäer(in) *m(f)* Central European

mitteleuropäisch *adj* Central European; **~e Zeit** Central European Time

Mittelfeld *n* SPORT midfield

Mittelfeldspieler(in) *m(f)* midfielder

Mittelfinger *m* middle finger

mittelfristig **A** *adj Finanzplanung, Kredite* medium-term **B** *adv* in the medium term

Mittelgebirge *n* low mountain range

Mittelgewicht *n* middleweight

mittelgroß *adj* medium-sized

Mittelklasse *f* **1** HANDEL middle of the market; **ein Wagen der ~** a mid-range car **2** SOZIOL middle classes *pl*

Mittelklassewagen *m* mid-range car

Mittellinie *f* centre line *Br*, center line *US*

mittellos *adj* without means; (≈ *arm*) impoverished

Mittelmaß *n* mediocrity; **~ sein** to be average

mittelmäßig **A** *adj* mediocre **B** *adv begabt, gebildet* moderately; *ausgestattet* modestly

Mittelmäßigkeit *f* mediocrity

Mittelmeer *n* Mediterranean (Sea)

Mittelmeerländer *pl* Mediterranean countries *pl*

Mittelmeerraum *m* Mediterranean (region), Med *umg*

Mittelohrentzündung *f* inflammation of the middle ear

Mittelpunkt *m* centre *Br*, center *US*; *fig visuell* focal point; **er muss immer im ~ stehen** he always has to be the centre of attention *Br*, he always has to be the center of attention *US*

mittels *geh präp* by means of

Mittelschicht *f* SOZIOL middle class

Mittelschule *f schweiz* (≈ *Fachoberschule*) ≈ College of Further Education; **die (neue) ~** *in Deutschland* secondary school, junior high school *US*; *österr type of secondary school for pupils aged from 10-14 of mixed ability*

Mittelsmann *m* intermediary

Mittelstand *m* middle classes *pl*

mittelständisch *adj* middle-class; *Betrieb* medium-sized

Mittelstreckenrakete *f* intermediate-range *od* medium-range missile

Mittelstreifen *m* central reservation *Br*, medi-

an (strip) *US*
Mittelstufe *f* SCHULE middle school *Br*, junior high *US*
Mittelstürmer(in) *m(f)* SPORT centre-forward *Br*, center-forward *US*
Mittelweg *m* middle course; **der goldene ~** the happy medium; **einen ~ gehen** to steer a middle course
Mittelwelle *f* RADIO medium wave(band)
Mittelwert *m* mean (value)
Mittelwort *n* participle
mitten *adv* **~ an etw** (*dat*)/**in etw** (*dat*) (right) in the middle of sth; **~ am Tag** in the middle of the day; **~ in der Nacht** in the middle of the night; **~ in der Stadt** in the middle of the town; **~ durch etw** (right) through the middle of sth; **~ in der Luft** in mid-air; **~ im Leben** in the middle of life; **~ unter uns** (right) in our midst
mittendrin *adv* (right) in the middle of it
mittendurch *adv* (right) through the middle
Mitternacht *f* midnight
mitternächtlich *adj* midnight
mittlere(r, s) *adj* **1** middle; **der Mittlere Osten** the Middle East **2** (≈ *den Mittelwert bildend*) medium; (≈ *durchschnittlich*) average; MATH mean; (≈ *von mittlerer Größe*) *Betrieb* medium-sized; **~n Alters** middle-aged; **~ Reife** SCHULE *first public examination in secondary school* ≈ GCSEs *pl Br*
mittlerweile *adv* in the meantime, meanwhile
Mittsommer *m* midsummer
Mittsommernacht *f* Midsummer's Night
Mittwoch *m* Wednesday; → **Dienstag**
mittwochs *adv* (on) Wednesdays, on a Wednesday; → **dienstags**
Mittwochsziehung *f beim Lotto* Wednesday draw
mitunter *adv* from time to time
mitverantwortlich *adj* jointly responsible *präd*
Mitverantwortung *f* share of the responsibility
mitverdienen *v/i* to (go out to) work as well
mitwirken *v/i* to play a part (**an** +*dat od* **bei** in); (≈ *beteiligt sein*) to be involved (**an** +*dat od* **bei** in); *Schauspieler, Diskussionsteilnehmer* to take part (**an** +*dat od* **bei** in); *in Film* to appear (**an** +*dat* in)
Mitwirkende(r) *m/f(m)* participant (**an** +*dat od* **bei** in); (≈ *Mitspieler*) performer (**an** +*dat od* **bei** in); (≈ *Schauspieler*) actor (**an** +*dat od* **bei** in); **die ~n** THEAT the cast *pl*
Mitwirkung *f* (≈ *Beteiligung*) involvement (**an** +*dat od* **bei** in); *an Buch, Film* collaboration (**an** +*dat od* **bei** in); *an Projekt* participation (**an** +*dat od* **bei** in); *von Schauspieler* appearance (**an** +*dat od* **bei** in); **unter ~ von** with the assistance of

Mitwisser(in) *m(f)* JUR accessory (+*gen* to); **~ sein** to know about it
mitzählen *v/t & v/i* to count; *Betrag* to count in
Mix *m* mixture
Mixbecher *m* (cocktail) shaker
mixen *v/t* to mix
Mixer *m* (≈ *Küchenmixer*) blender; (≈ *Rührmaschine*) mixer
Mixer(in) *m(f)* **1** (≈ *Barmixer*) cocktail waiter/waitress **2** FILM, RADIO, TV mixer
Mixtur *f* mixture
M-Learning *n Lernen mit Mobilgeräten wie Smartphone* m-learning, mobile learning
mm *abk* (= **Millimeter**) mm
MMS *m abk* (= **Multimedia Messaging Service**) MMS, picture messaging
MMS-Handy *n* TEL MMS-enabled mobile *od* cell phone *US*
Mob *pej m* mob
mobben *v/t* to bully
Mobbing *n* bullying; *am Arbeitsplatz a.* bullying in the workplace
Möbel *n* (≈ *Möbelstück*) piece of furniture; **~** *pl* furniture *sg*
Möbelgeschäft *n* furniture store *od* shop *bes Br*
Möbelpacker(in) *m(f)* furniture packer
Möbelschreiner(in) *m(f)* cabinet-maker
Möbelspedition *f* removal firm *Br*, moving company *US*
Möbelstück *n* piece of furniture
Möbelwagen *m* removal van *Br*, moving van *US*
mobil *adj* **1** mobile; (≈ *mitnehmbar*) portable; IT **~es Internet** mobile Internet; **~ telefonieren** to make mobile calls *Br*, to make calls from one's cell (phone) *US* **2** *umg* (≈ *munter*) lively
Mobilfunk *m* mobile communications *pl Br*, cellular communications *pl US*
Mobilfunknetz *n* mobile network *Br*, cellular network *US*
Mobiliar *n* furnishings *pl*
mobilisieren *v/t* to mobilize; HANDEL *Kapital* to make liquid
Mobilität *f* mobility; **berufliche ~** occupational mobility
Mobilmachung *f* MIL mobilization
Mobilnetz *n* TEL mobile network, cellular network *US*
Mobiltelefon *n* mobile phone, cell phone *US*
möblieren *v/t* to furnish; **neu ~** to refurnish; **möbliert wohnen** to live in furnished accommodation
möchte(n) → **mögen**
Möchtegern- *iron zssgn* would-be
modal *adj* GRAM modal
Modalität *f von Vertrag etc* arrangement; *von Ver-*

fahren procedure
Modalverb *n* modal verb
Mode *f* fashion; **~ sein** to be fashionable; **in ~/aus der ~ kommen** to come into/go out of fashion
modebewusst *adj* fashion-conscious
Modedesigner(in) *m(f)* fashion designer
Modekrankheit *f* fashionable complaint
Model *n* model
Modell *n* model; **zu etw ~ stehen** to be the model for sth; **j-m ~ stehen/sitzen** to sit for sb
Modelleisenbahn *f* model railway *Br*, model railroad *US*; **als Spielzeug** train set
Modellflugzeug *n* model aeroplane *Br*, model airplane *US*
modellieren *v/t & v/i* to model
modeln *v/i bei Modeschau* to model
Modem *n* modem
Modemarke *f* fashion label
Modenschau *f* fashion show
moderat **A** *adj* moderate, reasonable **B** *adv* moderately
Moderation *f* RADIO, TV presentation
Moderator(in) *m(f)* presenter
moderieren *v/t & v/i* RADIO, TV to present
moderig *adj Geruch* musty
modern[1] *v/i* to rot
modern[2] **A** *adj* modern; (≈ *modisch*) fashionable; **~ werden** to come into fashion **B** *adv sich kleiden* fashionably; *denken* open-mindedly; **~ wohnen** to live in modern housing
Moderne *geh f* modern age
modernisieren *v/t* to modernize
Modernisierung *f* modernization
Modeschmuck *m* costume jewellery *Br*, costume jewelry *US*
Modeschöpfer(in) *m(f)* fashion designer
Modewort *n* in-word, buzz word
Modezeichner(in) *m(f)* fashion illustrator
Modezeitschrift *f* fashion magazine
Modifikation *f* modification
modifizieren *v/t* to modify
modisch **A** *adj* stylish, trendy **B** *adv* fashionably, stylishly
Modistin *f* milliner
Modul *n* COMPUT module
modular **A** *adj* modular **B** *adv* of modules
Modulation *f* modulation
Modus *m* **1** **Vivendi** *geh* modus vivendi **2** GRAM mood **3** IT mode
Mofa *n* small moped
mogeln *v/i* to cheat; **beim Kartenspielen ~** to cheat at card games
Mogelpackung *f* misleading packaging; *fig* sham
mögen **A** *v/t* to like; (≈ *sehr mögen*) to love; **etw ~** to be fond of sth; **sehr gern ~** to love; **am liebsten ~** to like best; **ich mag ...** I like ...; **ich mag ... nicht/kein(e) ...** I don't like ...; **sie mag das (gern)** she (really) likes that; **magst du ...?** do you like ...?; **ich mag Fußball lieber als Tennis** I prefer football to tennis; **möchtest du/möchten Sie ...?** would you like ...?; **was möchten Sie, bitte?** what would you like?; *Verkäufer* what can I do for you? **B** *v/i* (≈ *etw tun mögen*) to like to; **ich mag nicht mehr** I've had enough; (≈ *bin am Ende*) I can't take any more; **ich möchte lieber in die Stadt** I would prefer to go into town **C** *v/aux* **1** *Wunsch* to like to +*inf*; **ich möchte gern ... (haben)** I'd like; **möchten Sie etwas essen?** would you like something to eat?; **möchten Sie schon bestellen?** are you ready to order?; **wir möchten (gern) etwas trinken** we would like something to drink; **ich möchte dazu nichts sagen** I don't want to say anything about that; **ich möchte gehen** I'd like to go; **ich möchte nicht gehen** I wouldn't like to go **2** *einschränkend* **man möchte meinen, dass ...** you would think that ...; **ich möchte fast sagen ...** I would almost say ... **3** *geh Einräumung* **es mag wohl sein, dass er recht hat, aber ...** he may well be right, but ...; **mag kommen was da will** come what may **4** *Vermutung* **sie mag/mochte etwa zwanzig sein** she must be/have been about twenty
Mogler(in) *m(f)* cheat
möglich *adj* **1** possible; **alle ~en ...** all kinds of ...; **alles Mögliche** everything you can think of; **er tat sein Möglichstes** he did his utmost; **so bald wie ~** as soon as possible; **das ist doch nicht ~!** that's impossible **2** (≈ *eventuell*) *Kunden* potential, possible
möglicherweise *adv* possibly, maybe
Möglichkeit *f* **1** possibility; **es besteht die ~, dass ...** there is a possibility that ...; **ist denn das die ~?** *umg* it's impossible! **2** (≈ *Aussicht*) chance; (≈ *Gelegenheit*) opportunity; **das Land der unbegrenzten ~en** the land of unlimited opportunity **3** (≈ *Alternative*) option; **unsere einzige ~ war wegzulaufen** our only option was to run
möglichst *adv* **~ genau/schnell/oft** as accurately/quickly/often as possible
Mohammedaner(in) *obs, neg! m(f)* Mohammedan *obs*
mohammedanisch *obs, neg! adj* Mohammedan *obs*
Mohn *m* poppy; (≈ *Mohnsamen*) poppy seed
Mohnblume *f* poppy
Möhre *f*, **Mohrrübe** *f* carrot
mokieren *v/r* to sneer (**über** +*akk* at)

Mokka *m* mocha
Molch *m* salamander; (≈ *Wassermolch*) newt
Moldau *f* Moldova
Mole *f* pier
Molekül *n* molecule
molekular *adj* molecular
Molke *f dial* whey
Molkerei *f* dairy
Molkereiprodukt *n* dairy product
Moll *n* MUS minor (key); **a-Moll** A minor
mollig *umg adj* **1** cosy *Br*, cozy *US*; (≈ *warm, behaglich*) snug **2** (≈ *rundlich*) plump
Molltonleiter *f* minor scale
Molotowcocktail *m* Molotov cocktail
Moment[1] *m* moment; **jeden ~** any time *od* minute; **einen ~, bitte** one moment please; **~ mal!** just a minute!, hang on!; **im ~** at the moment; **genau in dem ~** just then
Moment[2] *n* **1** (≈ *Bestandteil*) element **2** (≈ *Umstand*) fact; (≈ *Faktor*) factor **3** PHYS momentum
momentan **A** *adj* **1** (≈ *vorübergehend*) momentary **2** (≈ *augenblicklich*) present *attr* **B** *adv* **1** (≈ *vorübergehend*) for a moment **2** (≈ *augenblicklich*) at the moment
Monaco *n* Monaco
Monarch(in) *m(f)* monarch
Monarchie *f* monarchy
Monat *m* month; **der ~ Mai** the month of May; **sie ist im sechsten ~ (schwanger)** she's five months pregnant; **was verdient er im ~?** how much does he earn a month?; **am 12. dieses ~s** on the 12th (of this month); **auf ~e hinaus** months ahead
monatelang **A** *adj Verhandlungen, Kämpfe* which go on for months; **nach ~em Warten** after waiting for months; **mit ~er Verspätung** months late **B** *adv* for months
monatlich **A** *adj* monthly **B** *adv* every month
Monatsanfang *m* beginning of the month
Monatsblutung *f* menstrual *od* monthly period
Monatseinkommen *n* monthly income
Monatsende *n* end of the month
Monatsfahrkarte *f* monthly season ticket; *der Londoner Verkehrsbetriebe* Travelcard
Monatsgehalt *n* monthly salary; **ein ~** one month's salary
Monatskarte *f* monthly season ticket
Monatsrate *f* monthly instalment *Br*, monthly installment *US*
Mönch *m* monk
Mond *m* moon; **auf dem ~ leben** *umg* to be behind the times
mondän *adj* chic
Mondaufgang *m* moonrise
Mondfinsternis *f* eclipse of the moon, lunar eclipse
mondhell *adj* moonlit
Mondlandefähre *f* RAUMF lunar module
Mondlandschaft *f* lunar landscape
Mondlandung *f* moon landing
Mondlicht *n* moonlight
Mondschein *m* moonlight
Mondsichel *f* crescent moon
Mondsonde *f* RAUMF lunar probe
Mondumlaufbahn *f* RAUMF lunar orbit
Monduntergang *m* moonset
monetär *adj* monetary
Monetarismus *m* WIRTSCH monetarism
Mongole *m*, **Mongolin** *f* Mongolian
Mongolei *f* **die ~** Mongolia; **die Innere/Äußere ~** Inner/Outer Mongolia
mongolisch *adj* Mongolian
Mongolismus *neg! m* mongolism
mongoloid *neg! adj* Mongol; MED mongoloid
monieren *v/t* to complain about
Monitor *m* monitor
Monitoring *n* monitoring
monochrom *adj* monochrome
monogam **A** *adj* monogamous **B** *adv leben* monogamously
Monogamie *f* monogamy
Monografie *f* monograph
Monogramm *n* monogram
Monolog *m* monologue; (≈ *Selbstgespräch*) soliloquy; **innerer ~** LIT interior monologue
Monopol *n* monopoly (**auf** +*akk od* **für** on)
monopolisieren *wörtl, fig v/t* to monopolize
Monopolstellung *f* monopoly
monoton **A** *adj* monotonous **B** *adv* monotonously
Monotonie *f* monotony
Monoxid *n* monoxide
Monster, **Monstrum** *n* (≈ *Ungeheuer*) monster; *umg* (≈ *schweres Möbel*) hulking great piece of furniture *umg*
Monsterwelle *umg f* (≈ *Tsunami*) monster wave
Monsun *m* monsoon
Monsunzeit *f* monsoon season
Montag *m* Monday; → **Dienstag**
Montage *f* **1** TECH (≈ *Aufstellung*) installation; *von Gerüst* erection; (≈ *Zusammenbau*) assembly; **auf ~** (*dat*) **sein** to be away on a job **2** KUNST montage; FILM editing
Montageband *n* assembly line
Montagehalle *f* assembly shop
montags *adv* (on) Mondays, on a Monday; → **dienstags**
Montenegriner(in) *m(f)* Montenegrin
montenegrinisch *adj* Montenegrin
Montenegro *n* GEOG Montenegro
Monteur(in) *m(f)* TECH fitter

montieren v/t TECH to install; (≈ *zusammenbauen*) to assemble; (≈ *befestigen*) *Bauteil* to fit (**auf** +*akk od* **an** +*akk* to); *Dachantenne* to put up
Monument n monument
monumental adj monumental
Moor n bog; (≈ *Hochmoor*) moor
Moorbad n mud bath
Moorboden m marshy soil
Moorhuhn n grouse
moorig adj boggy
Moos n moss
Moped n moped
Mopp m mop
Mops m **1** *Hund* pug (dog) **2** **Möpse** pl sl (≈ *Busen*) tits pl sl
Moral f **1** (≈ *Sittlichkeit*) morals pl; **die ~ sinkt** moral standards are declining; **eine doppelte ~** double standards pl; **~ predigen** to moralize (**j-m** to sb) **2** (≈ *Lehre*) moral; **und die ~ von der Geschicht':** ... and the moral of this story is ... **3** (≈ *Ethik*) ethics pl **4** (≈ *Disziplin*) morale
moralisch **A** adj moral; (≈ *ethisch*) ethical **B** adv morally
Moralist(in) m(f) moralist
Moralpredigt f sermon; **j-m eine ~ halten** to give sb a sermon
Moräne f GEOL moraine
Morast m mire
Moratorium n moratorium
Morchel f BOT morel
Mord m murder, homicide US (**an** +*dat* of); *an Politiker etc* assassination (**an**)
Mordanschlag m assassination attempt (**auf** +*akk* on); **einen ~ auf j-n verüben** to try to assassinate sb; *erfolgreich* to assassinate sb
Morddrohung f murder *od* death threat
morden liter v/t & v/i to murder, to kill
Mörder(in) m(f) killer; *a.* JUR murderer; (≈ *Attentäter*) assassin
mörderisch **A** adj wörtl *Anschlag* murderous; fig (≈ *schrecklich*) dreadful; *Konkurrenzkampf* cutthroat **B** adv umg (≈ *entsetzlich*) dreadfully; *stinken* like hell umg; *wehtun* like crazy umg
Mordfall m murder case, homicide (case) US
Mordinstrument n murder weapon
Mordkommission f murder squad, homicide squad US
Mordopfer umg n murder victim
Mordsärger umg m **das gibt einen ~** there's going to be hell to pay umg; **du bekommst einen ~ mit ihnen** you're going to get into massive trouble with them umg; **einen ~ im Büro haben** to be having massive problems at work umg
Mordsgeld umg n fantastic amount of money
Mordshunger umg m **ich habe einen ~** I could eat a horse umg
Mordskerl umg m hell of a guy umg
mordsmäßig umg adj incredible; **ich habe einen ~en Hunger** I could eat a horse umg
Mordswut umg f **eine ~ im Bauch haben** to be in a hell of a temper umg
Mordverdacht m suspicion of murder; **unter ~** (*dat*) **stehen** to be suspected of murder
Mordversuch m attempted murder
Mordwaffe f murder weapon
morgen adv tomorrow; **~ früh/Abend** tomorrow morning/evening; **~ in einer Woche** a week (from) tomorrow; **~ um diese** *od* **dieselbe Zeit** this time tomorrow; **bis ~!** see you tomorrow
Morgen[1] m morning; **am ~** in the morning; **am nächsten ~** the next morning; **gestern ~** yesterday morning; **heute ~** this morning; **guten ~!** good morning
Morgen[2] m *Land* ≈ acre
Morgenappell m assembly
Morgendämmerung f dawn, daybreak
morgendlich **A** adj morning attr; **die ~e Stille** the quiet of the early morning **B** adv **es war ~ kühl** it was cool as it often is in the morning
Morgenessen n schweiz (≈ *Frühstück*) breakfast
Morgengrauen n dawn
Morgenmantel m dressing gown
Morgenmuffel umg m **ich bin ein ~** I'm not a morning person
Morgenrock m dressing gown
Morgenrot n sunrise; fig dawn(ing)
morgens adv in the morning; *hinter Uhrzeit* am *Br*, a.m. US; (**um**) **drei Uhr ~** at three o'clock in the morning; **von ~ bis abends** from morning to night
Morgenstunde f morning hour; **bis in die frühen ~n** into the early hours
morgig adj tomorrow's; **der ~e Tag** tomorrow
Mormone m, **Mormonin** f Mormon
Morphium n morphine
morsch adj rotten; *Knochen* brittle
Morsealphabet n Morse (code); **im ~** in Morse (code)
morsen v/t & v/i to morse
Mörser m *a.* MIL mortar
Morsezeichen n Morse signal
Mörtel m *zum Mauern* mortar; (≈ *Putz*) stucco
Mosaik *wörtl*, fig n mosaic
Mosambik n GEOG Mozambique
Moschee f mosque
Moschus m musk
Mosel f GEOG Moselle
mosern umg v/i to gripe umg
Moskau n Moscow
Moskito m mosquito

Moskitonetz *n* mosquito net
Moslem(in) *m(f)* Moslem
Moslembruderschaft *f*, **Moslembrüder** *pl* POL, REL Muslim Brotherhood *sg*
moslemisch *adj* Moslem
Most *m* (unfermented) fruit juice; *für Wein* must
Motel *n* motel
Motiv *n* **1** motive; **aus welchem ~ heraus?** for what motive? **2** KUNST, LIT subject; (≈ *Leitmotiv*), *a.* MUS motif
Motivation *f* motivation
motivationsfördernd *adj* motivational; **~e Maßnahmen** incentives
Motivationsschreiben *n zur Bewerbung* motivation letter, personal statement
motivieren *v/t* **1** *Mitarbeiter* to motivate; **politisch motiviert** politically motivated **2** (≈ *begründen*) **etw (j-m gegenüber) ~** to give (sb) reasons for sth
Motor *m* motor; *von Fahrzeug* engine
Motor- *zssgn* motor
Motorboot *n* motorboat
Motorenöl *n* engine oil
Motorhaube *f* bonnet *Br*, hood *US*
motorisieren *v/t* to motorize
Motoröl *n* engine oil
Motorrad *n* motorbike
Motorradfahrer(in) *m(f)* motorcyclist
Motorroller *m* (motor) scooter
Motorsäge *f* power saw
Motorschaden *m* engine trouble *kein pl*
Motorsport *m* motor sport
Motte *f* moth
Mottenkugel *f* mothball
Motto *n* (≈ *Wahlspruch*) motto
motzen *umg v/i* to beef *umg*
Mountainbike *n* mountain bike
mountainbiken *v/i* to go mountain biking
Mousepad *n* COMPUT mouse mat, mouse pad
Möwe *f* seagull
Mozzarella *m Käse* mozzarella
MP *f abk* (= **Maschinenpistole**) submachine gun
MP3 *n abk* COMPUT MP3
MP3-Player *m*, **MP3-Spieler** *m* MP3 player
MPU *f abk* (= medizinisch-psychologische Untersuchung) ADMIN, AUTO medical and psychological examination (*for people convicted of speeding or drunk-driving*)
MS *f* (= **Multiple Sklerose**) MED MS
MTA *abk* (= medizinisch-technische(r) Assistentin) medical technician
Mucke *f umg für Musik* sounds *pl umg*; **geile ~** wicked sounds
Mücke *f* (≈ *Insekt*) mosquito, midge *Br*; **aus einer ~ einen Elefanten machen** *umg* to make a mountain out of a molehill

Mucken *umg pl* moods *pl*; **(seine) ~ haben** to be moody; *Sache* to be temperamental
Mückenstich *m* mosquito bite, midge bite *Br*
Mucks *umg m* sound; **keinen ~ sagen** not to make a sound; **ohne einen ~** (≈ *widerspruchslos*) without a murmur
mucksmäuschenstill *umg adj & adv* (as) quiet as a mouse
müde **A** *adj* tired; **~ machen** to be tiring; **einer Sache** (*gen*) **~ sein** to be tired of sth **B** *adv* **1** (≈ *erschöpft*) **sich ~ reden** to tire oneself out talking **2** (≈ *gelangweilt*) **~ lächeln** to give a weary smile
Müdigkeit *f* (≈ *Schlafbedürfnis*) tiredness; (≈ *Schläfrigkeit*) sleepiness; **nur keine ~ vorschützen!** *umg* don't (you) tell me you're tired
Muezzin *m muslimischer Ausrufer* muezzin
Muffe *f* TECH sleeve
Muffel *m umg* (≈ *Mensch*) grouch *umg*, griper *umg*
muffelig *umg adj* grumpy
Muffensausen *umg n* **~ kriegen/haben** to get/be scared stiff *umg*
muffig *adj* **1** *Geruch, Zimmer* musty **2** *umg Gesicht* grumpy
Mühe *f* trouble; (≈ *Anstrengung*) effort; **nur mit ~** only just; **mit Müh und Not** *umg* with great difficulty; **mit j-m/etw seine ~ haben** to have a great deal of trouble with sb/sth; **er hat sich** (*dat*) **große ~ gegeben** he took a lot of trouble; **gib dir keine ~!** (≈ *hör auf*) don't bother; **sich** (*dat*) **die ~ machen, etw zu tun** to take the trouble to do sth; **wenn es Ihnen keine ~ macht** if it isn't too much trouble; **verlorene ~** a waste of effort
mühelos **A** *adj* effortless **B** *adv* effortlessly
mühevoll **A** *adj* laborious; *Leben* arduous **B** *adv* with difficulty; **~ verdientes Geld** hard-earned money
Mühle *f* **1** mill **2** *fig* (≈ *Routine*) treadmill; **die ~n der Justiz** the wheels of justice **3** (≈ *Mühlespiel*) nine men's morris *bes Br*
Mühlrad *n* millwheel
Mühlstein *m* millstone
mühsam **A** *adj* arduous **B** *adv* with difficulty; **~ verdientes Geld** hard-earned money
mühselig *adj* arduous
Mulch *m* AGR mulch
Mulde *f* (≈ *Geländesenkung*) hollow
Mull *m* (≈ *Gewebe*) muslin; MED gauze
Müll *m* rubbish *Br*, garbage *US*, trash *US*; (≈ *Industriemüll*) waste; **den ~ hinausbringen** to take out the rubbish etc
Müllabfuhr *f* refuse collection, garbage collection *US*
Müllabladeplatz *m* dump
Müllbeutel *m* bin liner *Br*, garbage bag *US*

Mullbinde f gauze bandage
Müllcontainer m rubbish container Br, dumpster® US
Mülldeponie f waste disposal site form, landfill US form
Mülleimer m rubbish bin Br, garbage can US
Müllentsorgung f waste disposal
Müller m miller
Müllhalde f dump
Müllhaufen m rubbish; od US garbage heap
Müllkippe f rubbish dump Br, garbage dump US
Müllmann umg m dustbinman Br, garbage man US
Müllschlucker m refuse chute Br, waste disposal (unit) US
Mülltonne f dustbin Br, trash can US
Mülltrennung f waste separation
Mülltüte f bin liner Br, trash-can liner US
Müllverbrennungsanlage f incinerating plant
Müllverwertung f refuse utilization
Müllwagen m dustbin lorry Br, garbage truck US
mulmig adj umg (≈ bedenklich) uncomfortable; **mir war ~ zumute** wörtl I felt queasy; fig I had butterflies (in my tummy) umg
Multi umg m multinational (organization)
multi-, Multi- zssgn multi-
multifunktional adj multifunctional
multikulturell adj multicultural
Multikultigesellschaft umg f multicultural society
multilateral A adj multilateral B adv multilaterally
Multimedia pl multimedia pl
multimediafähig adj PC capable of multimedia
multimedial adj multimedia attr
Multimillionär(in) m(f) multimillionaire
multinational adj multinational
multipel adj multiple; **multiple Sklerose** multiple sclerosis
Multiplex-Kino n multiplex
Multiplikation f multiplication
Multiplikator m MATH multiplier
Multiplikator(in) fig m(f) disseminator
multiplizieren v/t to multiply (**mit** by)
Multivitaminsaft m multivitamin juice
Multivitamintablette f multivitamin tablet
Mumie f mummy
mumifizieren v/t to mummify
Mumm umg m 1 (≈ Kraft) strength 2 (≈ Mut) guts pl umg
Mumps umg m/f (the) mumps sg
München n Munich

Mund m mouth; **den ~ aufmachen** to open one's mouth; fig (≈ seine Meinung sagen) to speak up; **j-m den ~ verbieten** to order sb to be quiet; **halt den ~!** shut up! umg; **j-m den ~ stopfen** umg to shut sb up umg; **in aller ~e sein** to be on everyone's lips; **Sie nehmen mir das Wort aus dem ~(e)** you've taken the (very) words out of my mouth; **sie ist nicht auf den ~ gefallen** umg she's never at a loss for words; **den ~ (zu) voll nehmen** umg to talk (too) big umg
Mundart f dialect
mundartlich adj dialect(al)
Munddusche f water flosser, oral irrigator
Mündel n ward
mündelsicher A adj BÖRSE ≈ gilt-edged B adv BÖRSE **anlegen** in secure gilt-edged investments
münden v/i Fluss to flow (**in** +akk into); Straße, Gang to lead (**in** +akk od **auf** +akk into)
mundfaul umg adj too lazy to say much
Mundgeruch m bad breath
Mundharmonika f mouth organ; **~ spielen** to play the mouth organ
mündig adj of age; fig mature; **~ werden** to come of age
mündlich A adj verbal; Prüfung, Leistung oral; **~e Verhandlung** JUR hearing B adv **testen** orally; **besprechen** personally; **alles Weitere ~!** I'll tell you the rest when I see you
Mundpflege f oral hygiene
Mundpropaganda f verbal propaganda
Mundschutz m mask (over one's mouth)
Mundspülung f mouthwash
Mundstück n von Pfeife, Blasinstrument mouthpiece; von Zigarette tip
mundtot umg adj **j-n ~ machen** to silence sb
Mündung f von Fluss, Rohr mouth; (≈ Trichtermündung) estuary; (≈ Gewehrmündung) muzzle
Mundwasser n mouthwash
Mundwerk umg n **ein böses ~ haben** to have a vicious tongue (in one's head); **ein loses ~ haben** to have a big mouth umg; **ein großes ~ haben** to talk big umg
Mundwinkel m corner of one's mouth
Mund-zu-Mund-Beatmung f mouth-to-mouth (resuscitation)
Munition f ammunition
munkeln v/t & v/i **es wird gemunkelt, dass ...** it's rumoured that ... Br, it's rumored that ... US
Münster n minster, cathedral
munter A adj 1 (≈ lebhaft) lively; Farben bright; (≈ fröhlich) cheerful; **~ werden** to liven up 2 (≈ wach) awake B adv (≈ unbekümmert) blithely; **~ drauflosreden** to prattle away merrily
Munterkeit f (≈ Lebhaftigkeit) liveliness; (≈ Fröh-

lichkeit) cheerfulness
Muntermacher *m* MED *umg* pick-me-up *umg*
Münzanstalt *f* mint
Münzautomat *m* slot machine
Münze *f* **1** (≈ *Geldstück*) coin **2** (≈ *Münzanstalt*) mint
Münzeinwurf *m Schlitz* (coin) slot
münzen *v/t* to mint; **das war auf ihn gemünzt** *fig* that was aimed at him
Münzfernsprecher *form m* pay phone
Münzspielautomat *m* slot machine
Münztankstelle *f* coin-operated petrol station *Br*, coin-operated gas station *US*
Münztelefon *n* pay phone
Münzwechsler *m* change machine
mürbe *adj* crumbly; (≈ *zerbröckelnd*) crumbling; *Holz* rotten; **j-n ~ machen** to wear sb down
Mürbeteig *m* short(-crust) pastry
Murks *umg m* **~ machen** to bungle things *umg*; **das ist ~!** that's a botch-up *umg*
Murmel *f* marble
murmeln *v/t & v/i* to murmur; *undeutlich* to mumble; (≈ *brummen*) to mutter
Murmeltier *n* marmot
murren *v/i* to grumble (**über** +*akk* about)
mürrisch *adj* (≈ *abweisend*) sullen; (≈ *schlecht gelaunt*) grumpy
Mus *n/m* mush; (≈ *Apfelmus*) puree
Muschel *f* **1** *a.* GASTR mussel; *Schale* shell **2** TEL (≈ *Sprechmuschel*) mouthpiece; (≈ *Hörmuschel*) ear piece
Muscleshirt *n* muscle shirt
Museum *n* museum
Musical *n* musical
Musik *f* music; **die ~ lieben** to love music
Musikalbum *n* album
musikalisch **A** *adj* musical **B** *adv begabt* musically
Musikanlage *f* stereo (system)
Musikant(in) *m(f)* musician
Musikautomat *m* (≈ *Musikbox*) jukebox
Musikbegleitung *f* musical accompaniment
Musikbox *f* jukebox
Musiker(in) *m(f)* musician
Musikhochschule *f* college of music
Musikinstrument *n* musical instrument
Musikkapelle *f* band
Musikkassette *f* music cassette
Musikliebhaber(in) *m(f)* music-lover
Musikrichtung *f* kind of music, musical genre
Musiksaal *m* music room
Musikschule *f* music school
Musiksendung *f* music programme *Br*, music program *US*
Musikstück *n* piece of music
Musikstunde *f* music lesson
Musikunterricht *m* music lessons *pl*; SCHULE music
musisch **A** *adj Fächer* (fine) arts *attr*; *Begabung* for the arts; *Veranlagung* artistic **B** *adv* **~ begabt/interessiert** gifted/interested in the (fine) arts; **~ veranlagt** artistically inclined
musizieren *v/i* to play a musical instrument
Muskat *m* nutmeg
Muskatnuss *f* nutmeg
Muskel *m* muscle; **seine ~n spielen lassen** to flex one's muscles
Muskelfaser *f* muscle fibre *Br*, muscle fiber *US*
Muskelkater *m* aching muscles *pl*; **~ haben** to be stiff
Muskelkraft *f* physical strength
Muskelkrampf *m* muscle cramp
Muskelprotz *umg m* muscleman
Muskelriss *m* torn muscle
Muskelschwund *m* muscular atrophy
Muskelzerrung *f* pulled muscle
Muskulatur *f* muscular system
muskulös *adj* muscular; **~ gebaut sein** to have a muscular build
Müsli *n* muesli
Muslim *m* Moslem
Muslima *f* Moslem woman *od* girl
Muslimbruder *m* POL, REL Muslim Brother
Muslimbruderschaft *f* POL, REL Muslim Brotherhood
Muslime *f* Moslem
muslimisch *adj* Muslim
Muss *n* **es ist ein/kein ~** it's/it's not a must
Muße *f* leisure
Mussehe *umg f* shotgun wedding *umg*
müssen **A** *v/aux* **1** *Zwang* to have to; *Notwendigkeit* to need to; **muss er?** does he have to?; **ich muss jetzt gehen** I must be going now; **du musst nicht auf mich warten** you don't have to wait for me; **muss das (denn) sein?** is that (really) necessary?; **das musste (ja so) kommen** that had to happen **2** (≈ *sollen*) **das müsstest du eigentlich wissen** you ought to know that, you should know that **3** *Vermutung* **es muss geregnet haben** it must have rained; **er müsste schon da sein** he should be there by now; **so muss es gewesen sein** that's how it must have been **4** *Wunsch* **(viel) Geld müsste man haben!** if only I were rich! **B** *v/i umg* (≈ *austreten müssen*) **ich muss mal** I need to go to the loo *Br umg od* the bathroom *bes US*
Mußestunde *f* hour of leisure
müßig *adj* (≈ *untätig*) idle; *Leben* of leisure; (≈ *unnütz*) futile
Muster *n* **1** (≈ *Vorlage*) pattern; *für Brief, Bewerbung etc* specimen **2** (≈ *Probestück*) sample; **~ ohne Wert** sample of no commercial value **3** *fig*

(≈ *Vorbild*) model (**an** +*dat* of)
Musterbeispiel *n* classic example
Musterexemplar *n* fine specimen
mustergültig *adj* exemplary; **sich ~ benehmen** to be a model of good behaviour *Br*, to be a model of good behavior *US*
musterhaft A *adj* exemplary B *adv* exemplarily
Musterhaus *n* showhouse
Musterkollektion *f* WIRTSCH sample collection
mustern *v/t* 1 (≈ *betrachten*) to scrutinize; **j-n von oben bis unten ~** to look sb up and down 2 MIL *für Wehrdienst* **j-n ~** to give sb his/her medical 3 *Textilien* → gemustert
Musterpackung *f* sample pack
Musterprozess *m* test case
Musterschüler(in) *m(f)* model pupil; *fig* star pupil
Mustertext *m* model (text)
Musterung *f* 1 (≈ *Muster*) pattern 2 MIL *von Rekruten* medical examination for military service
Mut *m* courage (**zu** for); (≈ *Zuversicht*) heart; **Mut fassen** to pluck up courage; **nur Mut!** cheer up!; **den Mut verlieren** to lose heart; **wieder Mut bekommen** to take heart; **wieder guten Mutes sein** to cheer up; **j-m Mut machen** to encourage sb; **mit dem Mut der Verzweiflung** with the courage born of desperation; **zu Mute** → zumute
Mutation *f* mutation
mutieren *v/i* to mutate
mutig A *adj* courageous, brave B *adv* courageously
mutlos *adj* (≈ *niedergeschlagen*) discouraged, disheartened; (≈ *bedrückt*) despondent, dejected; **er ging ~ nach Hause** he went home feeling disheartened
Mutlosigkeit *f* (≈ *Niedergeschlagenheit*) discouragement; (≈ *Bedrücktheit*) despondency, dejection
mutmaßen *v/t & v/i* to conjecture
mutmaßlich *adj Vater* presumed; *Täter, Terrorist* suspected
Mutmaßung *f* conjecture
Mutprobe *f* test of courage
Mutter¹ *f* mother; **sie ist ~ von drei Kindern** she's a mother of three
Mutter² *f* TECH nut
Muttergesellschaft *f* HANDEL parent company
Muttergottes *f* Mother of God; *Abbild* Madonna
Mutterinstinkt *m* maternal instinct
Mutterkuchen *m* ANAT placenta
Mutterland *n* mother country
mütterlich A *adj* maternal; **die ~en Pflichten** one's duties as a mother B *adv* like a mother; **j-n ~ umsorgen** to mother sb
mütterlicherseits *adv* on his/her *etc* mother's side; **sein Großvater ~** his maternal grandfather
Mutterliebe *f* motherly love
Muttermal *n* birthmark
Muttermilch *f* mother's milk
Muttermund *m* ANAT cervix
Mutterschaft *f* motherhood; *nach Entbindung* maternity
Mutterschaftsgeld *n* maternity pay *bes Br*
Mutterschiff *n* RAUMF mother ship
Mutterschutz *m* legal protection of expectant and nursing mothers
mutterseelenallein *adj & adv* all alone
Muttersöhnchen *pej n* mummy's boy *Br*, mommy's boy *US*
Muttersprache *f* native language, mother tongue, first language
Muttersprachler(in) *m(f)* native speaker
Muttertag *m* Mother's Day
Mutterwitz *m* natural wit
Mutti *umg f* mum(my) *Br umg*, mom(my) *US umg*
mutwillig A *adj* (≈ *böswillig*) malicious B *adv* zerstören etc wilfully
Mütze *f* cap; (≈ *Pudelmütze*) hat
MwSt. *abk* (= **Mehrwertsteuer**) VAT
Myanmar *n* GEOG Myanmar
Myrrhe *f*, **Myrre** *f* myrrh
mysteriös A *adj* mysterious B *adv* mysteriously
Mystik *f* mysticism
mystisch *adj* mystic(al); *fig* (≈ *geheimnisvoll*) mysterious
mythisch *adj* mythical
Mythologie *f* mythology
mythologisch *adj* mythologic(al)
Mythos *m* myth

N

N, n *n* N, n; **n-te** nth
na *umg int* na, **kommst du mit?** well, are you coming?; **na du?** hey, you!; **na gut** all right; **na ja, na gut** oh well; **na also!, na eben!** (well,) there you are (then)!; **na, endlich!** about time!; **na (na)!** now, now!; **na warte!** just you wait!; **na so was!** well, I never!; **na und?, na wennschon!** so what?
Nabe *f* hub
Nabel *m* ANAT navel; **der ~ der Welt** *fig* the hub of the universe

nabelfrei A *adj* ~**es T-Shirt** crop top B *adv* ~ **gehen** to wear a crop top
Nabelschnur *f* ANAT umbilical cord
nach A *präp* 1 *örtlich* to; **ich nahm den Zug ~ Mailand** (≈ *bis*) I took the train to Milan; (≈ *in Richtung*) I took the Milan train; **er ist schon ~ London abgefahren** he has already left for London; **~ Osten** eastward(s), east; **~ draußen** outside; **~ drinnen** inside; **~ links/rechts** (to the) left/right; **~ hinten/vorn** to the back/front; **~ oben** up; *im Haus* upstairs; **~ unten** down; *im Haus* downstairs; **~ Hause** home 2 *zeitlich, Reihenfolge* after; **fünf (Minuten) ~ drei** five (minutes) past three, five (minutes) after three *US*; **~ zehn Minuten war sie wieder da** she was back ten minutes later; **die dritte Straße ~ dem Rathaus** the third road after the town hall; **(bitte) ~ Ihnen!** after you! 3 (≈ *laut, entsprechend*) according to; (≈ *im Einklang mit*) in accordance with; **~ Artikel 142c** under article 142c; **etw ~ Gewicht kaufen** to buy sth by weight; **die Uhr ~ dem Radio stellen** to put a clock right by the radio; **ihrer Sprache ~ (zu urteilen)** judging by her language; **~ allem, was ich gehört habe** from what I've heard B *adv zeitlich* **~ und ~** little by little; **~ wie vor** still
nachäffen *v/t* **j-n ~** to ape sb
nachahmen *v/t* to imitate; (≈ *kopieren*) to copy
Nachahmung *f* imitation; (≈ *Kopie*) copy
Nachbar(in) *m(f)* neighbour *Br*, neighbor *US*
Nachbarhaus *n* house next door
Nachbarland *n* neighbouring country *Br*, neighboring country *US*
nachbarlich *adj* (≈ *freundlich*) neighbourly *Br*, neighborly *US*; (≈ *benachbart*) neighbo(u)ring *kein adv*; **sie kommen ~ gut miteinander aus** they get on well as neighbo(u)rs
Nachbarschaft *f* (≈ *Gegend*) neighbourhood *Br*, neighborhood *US*; (≈ *Nachbarn*) neighbo(u)rs *pl*; (≈ *Nähe*) vicinity
Nachbarschaftspolitik *f* neighbourhood policy *Br*, neighborhood policy *US*
nachbauen *v/t Gebäude, Gerät* to copy
Nachbeben *n* aftershock
nachbehandeln *v/t* MED **j-n ~** to give sb follow-up treatment
Nachbehandlung *f* MED follow-up treatment
nachbessern A *v/t Lackierung* to retouch; *Gesetz* to amend; *Angebot* to improve B *v/i* to make improvements
Nachbesserung *f von Gesetz* amendment; **~en vornehmen** to make improvements
nachbestellen *v/t* to order some more; HANDEL to reorder
Nachbestellung *f* repeat order (+*gen* for)
nachbeten *umg v/t* to repeat parrot-fashion
nachbezahlen *v/t* to pay; *später* to pay later; **Steuern ~** to pay back-tax
Nachbildung *f* copy; *exakt* reproduction
nachdatieren *v/t* to postdate
nachdem *konj* 1 *zeitlich* after 2 *südd* (≈ *da, weil*) since
nachdenken *v/i* to think (**über** +*akk* about); **denk mal scharf nach!** think carefully!
Nachdenken *n* thought; **nach langem ~** after (giving the matter) considerable thought
nachdenklich *adj Mensch, Miene* thoughtful; *Worte* thought-provoking; **j-n ~ stimmen** *od* **machen** to set sb thinking
Nachdruck *m* 1 (≈ *Betonung*) stress; **einer Sache** (*dat*) **~ verleihen** to lend weight to sth; **mit ~** vigorously; **etw mit ~ sagen** to say sth emphatically 2 (≈ *das Nachgedruckte*) reprint
nachdrucken *v/t* to reprint
nachdrücklich A *adj* emphatic B *adv* firmly; **j-n ~ warnen** to give sb a firm warning
nacheifern *v/i* **j-m/einer Sache ~** to emulate sb/sth
nacheinander *adv* one after another; **zweimal ~** twice in a row; **kurz ~** shortly after each other
nachempfinden *v/t Stimmung* to feel; (≈ *nachvollziehen*) to understand; **das kann ich ihr ~** I can understand how she feels
nacherzählen *v/t* to retell
Nacherzählung *f* retelling; SCHULE (story) reproduction
Nachfahr(in) *liter m(f)* descendant
nachfahren *v/i* **j-m ~** to follow sb
nachfeiern *v/t & v/i* (≈ *später feiern*) to celebrate later
Nachfolge *f* succession; **j-s ~ antreten** to succeed sb
nachfolgen *v/i* **j-m ~** to follow sb; **j-m im Amt ~** to succeed sb in office
nachfolgend *adj* following
Nachfolgeorganisation *f* successor organization
Nachfolger(in) *m(f) im Amt etc* successor
nachforschen *v/i* to try to find out; *polizeilich etc* to investigate, to carry out an investigation (+*dat* into)
Nachforschung *f* enquiry; *polizeilich etc* investigation; **~en anstellen** to make inquiries
Nachfrage *f* 1 HANDEL demand (**nach, in** +*dat* for); **danach besteht keine ~** there is no demand for it 2 (≈ *Erkundigung*) inquiry; **danke der ~** *umg* nice of you to ask
nachfragen *v/i* to ask, to inquire
nachfühlen *v/t* → nachempfinden
nachfüllen *v/t leeres Glas etc* to refill; *halb leeres*

Glas to top up *Br*, to top off *US*
Nachfüllpack *m* refill (pack)
Nachfüllpackung *f* refill (pack)
nachgeben *v/i* **1** *Boden* to give way (+*dat* to); (≈ *federn*) to give; *fig Mensch* to give in (+*dat* to) **2** HANDEL *Preise, Kurse* to drop
Nachgebühr *f* excess (postage)
nachgehen *v/i* **1** (≈ *hinterhergehen*) to follow; *j-m* ~ to go after **2** *Uhr* to be slow **3** (≈ *ausüben*) *Beruf* to practise *Br*, to practice *US*; *Studium, Interesse etc* to pursue; *Geschäften* to go about; **seiner Arbeit** ~ to do one's job **4** (≈ *erforschen*) to investigate
nachgemacht *adj Gold, Leder etc* imitation; *Geld* counterfeit; → nachmachen
Nachgeschmack *m* aftertaste
nachgiebig *adj Material* pliable; *Boden, Mensch, Haltung* soft; (≈ *entgegenkommend*) accommodating; **sie behandelt die Kinder zu** ~ she's too soft with the children
Nachgiebigkeit *f von Material* pliability; *von Boden, Mensch, Haltung* softness; (≈ *Entgegenkommen*) compliance
nachgießen *v/i & v/t* to top up; **darf ich** ~? may I top up your glass?, may I fill up your glass? *US*, may I top you up?, may I fill you up? *US*
nachhaken *umg v/i* to dig deeper
nachhallen *v/i* to reverberate
nachhaltig **A** *adj* lasting; *Wachstum* sustained; ~**e Nutzung** *von Energie, Rohstoffen etc* sustainable use **B** *adv* **1** (≈ *mit langer Wirkung*) with lasting effect; **etw** ~ **beeinflussen** to have a profound effect on sth **2** (≈ *ökologisch bewusst*) with a view to sustainability
Nachhaltigkeit *f* sustainability
nach Hause, nachhause *adv* → Haus
Nachhauseweg *m* way home
nachhelfen *v/i* to help; **j-m** ~ to help sb; **sie hat ihrer Schönheit etwas nachgeholfen** she has given nature a helping hand; **j-s Gedächtnis** (*dat*) ~ to jog sb's memory
nachher *adv* (≈ *danach*) afterwards; (≈ *später*) later; **bis** ~ see you later!
Nachhilfe *f* SCHULE private coaching *od* tuition *od* tutoring *US*
Nachhilfelehrer(in) *m(f)* private tutor
Nachhilfestunde *f* private lesson
Nachhilfeunterricht *m* private tuition *od* tutoring *US*
Nachhinein *adv* **im** ~ afterwards; *rückblickend* in retrospect
Nachholbedarf *m* **einen** ~ **an etw** (*dat*) **haben** to have a lot to catch up on in the way of sth
nachholen *v/t* **1** (≈ *aufholen*) *Versäumtes* to make up; **den Schulabschluss** ~ to sit one's school exams as an adult **2** **j-n** ~ (≈ *nachkommen lassen*) to get sb to join one
nachkaufen *v/t* to buy later; **kann man diese Knöpfe auch** ~? is it possible to buy replacements for these buttons?
nachklingen *v/i Ton, Echo* to go on sounding; *Worte, Erinnerung* to linger
Nachkomme *m* descendant
nachkommen *v/i* **1** (≈ *später kommen*) to come (on) later; **j-m** ~ to follow sb; **wir kommen gleich nach** we'll follow in just a couple of minutes **2** (≈ *Schritt halten*) to keep up **3** (≈ *erfüllen*) *seiner Pflicht* to carry out; *einer Anordnung, einem Wunsch* to comply with
Nachkriegs- *zssgn Generation etc* postwar
Nachkriegsdeutschland *n* post-war Germany
nachladen *v/t & v/i* to reload
Nachlass *m* **1** (≈ *Preisnachlass*) discount (**auf** +*akk* on) **2** (≈ *Erbschaft*) estate
nachlassen **A** *v/t Preis, Summe* to reduce; **10% vom Preis** ~ to give a 10% discount **B** *v/i* to decrease; *Regen, Hitze* to ease off; *Leistung, Geschäfte* to drop off; *Preise* to fall; **nicht** ~! keep it up!; **er hat in letzter Zeit sehr nachgelassen** he hasn't been nearly as good recently; **sobald die Kälte nachlässt** as soon as it gets a bit warmer
nachlässig **A** *adj* careless; (≈ *unachtsam*) thoughtless **B** *adv* carelessly; (≈ *unachtsam*) thoughtlessly
Nachlässigkeit *f* carelessness; (≈ *Unachtsamkeit*) thoughtlessness
nachlaufen *v/i* **j-m/einer Sache** ~ to run after sb/sth
nachlesen *v/t in einem Buch* to read; (≈ *nachschlagen*) to look up; (≈ *nachprüfen*) to check up; **man kann das in der Bibel** ~ it says so in the Bible
nachliefern *v/t* (≈ *später liefern*) to deliver at a later date; *fig Begründung etc* to give later; **könnten Sie noch 25 Stück** ~? could you deliver another 25?
nachlösen **A** *v/i* to pay on the train; *zur Weiterfahrt* to pay the extra **B** *v/t Fahrkarte* to buy on the train
nachmachen *v/t* **1** (≈ *nachahmen*) to copy, to imitate; (≈ *nachäffen*) to mimic; **sie macht mir alles nach** she copies everything I do; **das soll erst mal einer** ~! I'd like to see anyone else do that! **2** (≈ *fälschen*) to forge; (≈ *imitieren*) to copy; → nachgemacht
nachmessen **A** *v/t* to measure again; (≈ *prüfen*) to check **B** *v/i* to check
Nachmieter(in) *m(f)* next tenant; **wir müssen einen** ~ **finden** we have to find someone to take over the apartment *etc*
Nachmittag *m* afternoon; **am** ~ in the after-

noon; **gestern/heute ~** yesterday/this afternoon; **den ganzen ~ lang** all afternoon
nachmittags *adv* in the afternoon; *hinter Uhrzeit* pm *Br*, p.m. *US*; **dienstags ~** every Tuesday afternoon
Nachmittagsbetreuung *f* after-school supervision
Nachmittagstee *m* afternoon tea
Nachmittagsvorstellung *f im Kino etc* matinée (performance)
Nachnahme *f* cash on delivery, collect on delivery *US*, COD; **etw per ~ schicken** to send sth COD
Nachnahmesendung *f* COD letter *od* parcel
Nachname *m* surname, last name *US*; **wie heißt du mit ~n?** what is your surname?
Nachos *pl* (≈ *Tortillachips*) nachos *pl*
Nachporto *n* excess (postage)
nachprüfbar *adj* verifiable
nachprüfen **A** *v/t Tatsachen* to verify **B** *v/i* to check
Nachprüfung *f* **1** *von Tatsachen* check (+*gen* on) **2** (≈ *nochmalige Prüfung*) re-examination; *Termin* resit
nachrechnen *v/t & v/i* to check
Nachrede *f* **üble ~** JUR defamation of character
nachreichen *v/t* to hand in later
nachreisen *v/i* **j-m ~** to follow sb
Nachricht *f* (≈ *Mitteilung*) message; (≈ *Meldung*) (piece of) news *sg*; **die ~en** the news *sg*; **neueste ~en** breaking news; **j-m eine ~ hinterlassen** to leave sb a message; **das sind aber schlechte ~en** that's bad news; **ich habe eine gute ~ für dich** I've got (some) good news for you; **~ erhalten, dass ...** to receive (the) news that ...; **wir geben Ihnen ~** we'll let you know
Nachrichtenagentur *f* news agency
Nachrichtendienst *m* **1** RADIO, TV news service **2** POL, MIL intelligence (service)
Nachrichtenmagazin *n* news magazine
Nachrichtensatellit *m* communications satellite
Nachrichtensender *m* news station; TV *a.* news channel
Nachrichtensendung *f* news *sg*
Nachrichtensperre *f* news blackout
Nachrichtensprecher(in) *m(f)* newsreader
Nachrichtentechnik *f* telecommunications *sg*
nachrücken *v/i* to move up; *auf Posten* to succeed (**auf** +*akk* to); MIL to advance
Nachrücker(in) *m(f)* successor
Nachruf *m* obituary
nachrufen *v/t & v/i* to shout after
nachrüsten **A** *v/i* MIL to deploy new arms; (≈ *modernisieren*) to modernize **B** *v/t Kraftwerk etc* to modernize
Nachrüstung *f* **1** MIL deployment of new arms **2** TECH modernization
nachsagen *v/t* **1** (≈ *wiederholen*) to repeat; **j-m alles ~** to repeat everything sb says **2** (≈ *behaupten*) **j-m etw ~** to attribute sth to sb; **man kann ihr nichts ~** you can't say anything against her; **ihm wird nachgesagt, dass ...** it's said that he ...
Nachsaison *f* off season
nachsalzen *v/i* to add more salt
Nachsatz *m* (≈ *Nachschrift*) postscript; (≈ *Nachtrag*) afterthought
nachschauen *bes dial v/t & v/i* → **nachsehen**
nachschenken *v/t & v/i* **j-m etw ~** to top sb up with sth *Br*, to top sb off with sth *US*
nachschicken *v/t* to forward
Nachschlag *umg m* second helping
nachschlagen **A** *v/t Zitat, Wort* to look up **B** *v/i in Lexikon* to look
Nachschlagewerk *n* reference book
Nachschlüssel *m* duplicate key; (≈ *Dietrich*) skeleton key
nachschreiben *v/t* **eine Arbeit (später) ~** to do *od* sit a test later
Nachschub *m* MIL supplies *pl* (**an** +*dat* of); *Material* reinforcements *pl*
Nachschulung *f* AUTO *bei bestimmten Verkehrsvergehen* driver awareness course
nachsehen **A** *v/i* **1** **j-m ~** to follow sb with one's eyes; (≈ *hinterherschauen*) to gaze after sb/sth **2** (≈ *gucken*) to look and see; (≈ *nachschlagen*) to (have a) look **B** *v/t* **1** to (have a) look at; (≈ *prüfen*) to check; (≈ *nachschlagen*) to look up **2** (≈ *verzeihen*) **j-m etw ~** to forgive sb (for) sth
Nachsehen *n* **das ~ haben** to be left standing; (≈ *nichts bekommen*) to be left empty-handed
Nachsendeantrag *m* forwarding request, application to redirect mail
nachsenden *v/t* to forward
Nachsicht *f* (≈ *Milde*) leniency; (≈ *Geduld*) forbearance; **er kennt keine ~** he knows no mercy; **~ üben** to be lenient; **mit j-m keine ~ haben** to make no allowances for sb
nachsichtig, nachsichtsvoll **A** *adj* (≈ *milde*) lenient; (≈ *geduldig*) forbearing (**gegen, mit** with) **B** *adv* leniently; **j-n ~ behandeln** to be lenient with sb
Nachsilbe *f* suffix
nachsitzen *v/i* SCHULE **~ (müssen)** to be kept in; **j-n ~ lassen** to keep sb in
Nachsommer *m* Indian summer
Nachsorge *f* MED aftercare
Nachspann *m* credits *pl*
Nachspeise *f* dessert, pudding *Br*; **als ~ for** dessert *od* pudding *Br*

Nachspiel *n* THEAT epilogue *Br*, epilog *US*; *fig* sequel; **das wird noch ein (unangenehmes) ~ haben** that will have (unpleasant) consequences; **ein gerichtliches ~ haben** to have legal repercussions

nachspielen **A** *v/t* to play, to act out **B** *v/i* SPORT to play stoppage time *Br*, to play overtime *US*; *wegen Verletzungen* to play injury time *Br*, to play injury overtime *US*; **der Schiedsrichter ließ ~** the referee allowed stoppage time/injury time *Br*, the referee allowed (injury) overtime *US*

Nachspielzeit *f* SPORT stoppage time; *wegen Verletzungen* injury time

nachspionieren *umg v/i* **j-m ~** to spy on sb

nachsprechen *v/t* to repeat; **j-m etw ~** to repeat sth after sb

nächstbeste(r, s) *adj* **der ~ Zug/Job** the first train/job that comes along

nachstehen *v/i* **keinem ~** to be second to none (**in** +*dat* in); **j-m in nichts ~** to be sb's equal in every way

nachstehend **A** *adj* following; **im Nachstehenden** below, in the following **B** *adv* (≈ *weiter unten*) below

nachstellen **A** *v/t* **1** TECH (≈ *neu einstellen*) to adjust **2** **eine Szene ~** to recreate a scene **B** *v/i* **j-m ~** to follow sb; (≈ *aufdringlich umwerben*) to pester sb

Nächstenliebe *f* brotherly love; (≈ *Barmherzigkeit*) compassion

nächstens *adv* (≈ *das nächste Mal*) (the) next time; (≈ *bald einmal*) some time soon

Nächste(r) *m/f(m)* **1** next one; **der ~, bitte** next please; **der ~ sein** to be next **2** *fig* (≈ *Mitmensch*) neighbour *Br*, neighbor *US*; **jeder ist sich selbst der ~** *sprichw* charity begins at home *sprichw*

nächste(r, s) *adj* **1** (≈ *nächstgelegen*) nearest; **in ~r Nähe** in the immediate vicinity; **aus ~r Nähe** from close by; *sehen, betrachten* at close quarters; *schießen* at close range **2** *zeitlich, räumlich in einer Reihe* next; **~s Mal** next time; **am ~n Morgen/Tag(e)** (the) next morning/day; **bei ~r Gelegenheit** at the earliest opportunity; **in den ~n Jahren** in the next few years; **in ~r Zeit** some time soon **3** *Angehörige* closest; **die ~n Verwandten** the immediate family; **der ~ Angehörige** the next of kin

Nächste(s) *n* **das ~** the next thing; (≈ *das Erste*) the first thing; **als ~s** next/first; **was haben wir als ~s?** what have we got next?

nächstgelegen *adj* nearest

nächstliegend *wörtl adj* nearest; *fig* most obvious; **das Nächstliegende** the most obvious thing (to do)

nachsuchen *v/i form* (≈ *beantragen*) **um etw ~** to request sth (**bei j-m** of sb)

Nacht *f* night; **heute ~** tonight; (≈ *letzte Nacht*) last night; **in der ~** at night; **in der ~ zum Dienstag** during Monday night; **über ~** overnight; **die ~ zum Tage machen** to stay up all night (working *etc*); **eines ~s** one night; **letzte ~** last night; **die ganze ~ (lang)** all night long; **gute ~!** good night!; **bei ~ und Nebel** *umg* at dead of night

Nachtarbeit *f* night-work

nachtblind *adj* nightblind

Nachtcreme *f* night cream

Nachtdienst *m von Person* night duty; *von Apotheke* all-night service

Nachteil *m* disadvantage; **im ~ sein** to be at a disadvantage (**j-m gegenüber** with sb); **er hat sich zu seinem ~ verändert** he has changed for the worse; **das soll nicht Ihr ~ sein** you won't lose by it; **zu j-s ~** to sb's disadvantage

nachteilig **A** *adj* (≈ *ungünstig*) disadvantageous; (≈ *schädlich*) detrimental **B** *adv behandeln* unfavourably *Br*, unfavorably *US*; **sich ~ auf etw** (*akk*) **auswirken** to have a detrimental effect on sth

nächtelang *adv* for nights (on end)

Nachtessen *n schweiz, südd* supper

Nachteule *fig umg f* night owl

Nachtfahrverbot *n* ban on nighttime driving

Nachtfalter *m* moth

Nachtflug *m* night flight

Nachtflugverbot *n* ban on nighttime flying

Nachtfrost *m* night frost

Nachthemd *n für Damen* nightdress; *für Herren* nightshirt

Nachtigall *f* nightingale

Nachtisch *m* dessert, pudding *Br*

Nachtklub *m* night club

Nachtleben *n* night life

nächtlich *adj* (≈ *jede Nacht*) nightly; **zu ~er Stunde** at a late hour

Nachtlokal *n* night club

Nachtmahl *n österr, südd* supper, dinner

Nachtmensch *m* night person

Nachtportier *m* night porter

Nachtquartier *n* **ein ~** a place to sleep

Nachtrag *m* postscript; (≈ *Zusatz*) addition; *zu einem Buch* supplement

nachtragen *v/t* **1** **j-m etw ~** *fig* to hold sth against sb **2** (≈ *hinzufügen*) to add

nachtragend *adj* unforgiving; **er war nicht ~** he didn't bear a grudge

nachträglich **A** *adj* (≈ *zusätzlich*) additional; (≈ *später*) later; (≈ *verspätet*) belated **B** *adv* (≈ *zusätzlich*) additionally; (≈ *später*) later; (≈ *verspätet*) belatedly

Nachtragshaushalt *m* POL supplementary

budget
nachtrauern v/i to mourn
Nachtruhe f night's rest
nachts adv at night; **dienstags ~** (on) Tuesday nights
Nachtschicht f night shift
nachtschlafend adj **bei** od **zu ~er Zeit** in the middle of the night
Nachtschwärmer(in) hum m(f) night owl
Nachtschwester f night nurse
Nachtspeicherofen m storage heater
nachtsüber adv by night
Nachttisch m bedside table
Nachttischlampe f bedside lamp
Nachttopf m chamber pot
Nachttresor m night safe Br, night depository US
Nacht-und-Nebel-Aktion f cloak-and-dagger operation
Nachtvogel m nocturnal bird
Nachtwache f night watch; im Krankenhaus night duty
Nachtwächter(in) m(f) in Betrieben etc night watchman
Nachtzeit f night-time
Nachtzug m night train
Nachuntersuchung f follow-up check
nachvollziehen v/t to understand
nachwachsen v/i to grow again; **die neue Generation, die jetzt nachwächst** the young generation who are now taking their place in society
nachwachsend adj **1** Rohstoffe renewable **2** Generation up-and-coming, younger
Nachwahl f POL ≈ by-election
Nachwehen pl after-pains pl; fig painful aftermath sg
Nachweis m (≈ Beweis) proof (+gen od **für, über** +akk of); (≈ Zeugnis) certificate; **als** od **zum ~** as proof; **den ~ für etw erbringen** to furnish proof of sth
nachweisbar adj (≈ beweisbar) provable; Fehler demonstrable; TECH, CHEM detectable
nachweisen v/t (≈ beweisen) to prove; TECH, MED to detect; **die Polizei konnte ihm nichts ~** the police could not prove anything against him
nachweislich **A** adj provable; Fehler demonstrable **B** adv falsch demonstrably; **er war ~ in London** it can be proved that he was in London Br, it can be proven that he was in London
Nachwelt f **die ~** posterity
nachwirken v/i to continue to have an effect
Nachwirkung f aftereffect; fig consequence
Nachwort n epilogue Br, epilog US
Nachwuchs m **1** fig (≈ junge Kräfte) young people pl; **es mangelt an ~** there's a lack of young blood; **der wissenschaftliche ~** the new generation of academics **2** hum (≈ Nachkommen) offspring pl
Nachwuchstalent n promising young talent
nachzahlen v/t & v/i to pay extra; (≈ später zahlen) to pay later
nachzählen v/t & v/i to check
Nachzahlung f additional payment
nachzeichnen v/t Linie, Umriss to go over
nachziehen **A** v/t **1** Linie, Umriss to go over; Lippen to paint in; Augenbrauen to pencil in **2** Schraube to tighten (up) **B** v/i **1** (≈ folgen) to follow **2** umg (≈ gleichtun) to follow suit
Nachzügler(in) m(f) latecomer, late arrival a. fig
Nackedei m umg nudie umg
Nacken m (nape of the) neck; **j-n im ~ haben** umg to have sb after one; **j-m im ~ sitzen** umg to breathe down sb's neck
Nackenkissen n neck pillow; zum Reisen travel pillow
Nackenrolle f bolster
Nackenstütze f headrest
nackt **A** adj naked; bes KUNST nude; Haut, Wand, Tatsachen, Zahlen bare **B** adv baden, schlafen in the nude
Nacktbaden n nude bathing
Nacktbadestrand m nudist beach
Nacktheit f nakedness; (≈ Kahlheit) bareness
Nacktkultur f nudism
Nacktscanner m umg an Flughäfen strip scanner umg
Nacktschnecke f slug
Nadel f needle; von Plattenspieler stylus; (≈ Stecknadel, Haarnadel) pin; **nach einer ~ im Heuhaufen suchen** fig to look for a needle in a haystack
Nadelbaum m conifer
Nadeldrucker m dot-matrix printer
nadeln v/i Baum to shed (its needles)
Nadelöhr n eye of a needle; fig narrow passage
Nadelstich m prick
Nadelstreifen pl pinstripes pl
Nadelstreifenanzug m pinstripe(d) suit
Nadelwald m coniferous forest
Nagel m nail; **sich** (dat) **etw unter den ~ reißen** umg to swipe sth umg; **etw an den ~ hängen** fig to chuck sth in umg; **den ~ auf den Kopf treffen** fig to hit the nail on the head; **Nägel mit Köpfen machen** umg to do the job properly
Nagelbürste f nailbrush
Nagelfeile f nailfile
Nagelfolie f nail wrap
Nagelhaut f cuticle
Nagellack m nail varnish kein pl
Nagellackentferner m nail varnish remover
nageln v/t to nail (**an** +akk od **auf** +akk onto)

nagelneu *umg adj* brand new
Nagelprobe *fig f* acid test
Nagelschere *f* (pair of) nail scissors *pl*
Nagelstudio *n* nail salon, nail bar
Nagelverlängerung *f* nail extension
nagen **A** *v/i* to gnaw (**an** +*dat* at); (≈ knabbern) to nibble (**an** +*dat* at) **B** *v/t* to gnaw
nagend *adj Hunger* gnawing; *Zweifel* nagging
Nager *m*, **Nagetier** *n* rodent
nah *adj & adv* → nahe
Nahaufnahme *f* FOTO close-up
Nahbereich *m* surrounding area; **der ~ von Ulm** the area around Ulm
nahe **A** *adj* **1** near *präd*, close *präd*, nearby; **in ~r Zukunft** in the near future; **der Nahe Osten** the Middle East; **von Nahem** at close quarters **2** (≈ eng) *Freund, Beziehung etc* close; **~ Verwandte** close relatives **B** *adv* **1** near, close; **~ an** near to; **~ bei** near; **~ beieinander** close together; **~ vor** right in front of; **von nah und fern** from near and far; **j-m nahe zu ~ treten** *fig* to offend sb; **~ bevorstehend** approaching **2** (≈ eng) closely; **~ verwandt** closely-related **3** *fig* → **naheliegend** **C** *präp* near (to), close to; **dem Wahnsinn ~ sein** to be on the verge of madness
Nähe *f* **1** *örtlich* nearness, closeness; (≈ Umgebung) vicinity, neighbourhood *Br*, neighborhood *US*; **in der ~** nearby; **in der ~ von** near; **in unmittelbarer ~** (+gen) right next to; **in der ~ des Parks** near the park; **aus der ~** from close to **2** *zeitlich, emotional etc* closeness
nahebringen *fig v/t* **j-m etw ~** to bring sth home to sb
nahegehen *fig v/i* to upset
nahekommen *fig v/i* **j-m/einer Sache ~** (≈ fast gleichen) to come close to sb/sth; **sich ~** to become close
nahelegen *fig v/t* **j-m etw ~** to suggest sth to sb; **j-m ~, etw zu tun** to advise sb to do sth
naheliegen *fig v/i* to suggest itself; **der Verdacht liegt nahe, dass ...** it seems reasonable to suspect that ...
naheliegend *adj Gedanke, Lösung* which suggests itself *präd*, obvious *attr*; *Vermutung* natural
nahen *liter v/i & v/r* to approach (**j-m/einer Sache** sb/sth)
nähen **A** *v/t* to sew; *Kleid* to make; *Wunde* to stitch (up) **B** *v/i* to sew
näher **A** *adj* **1** closer; **j-m/einer Sache ~** closer to sb/sth; **die ~e Umgebung** the immediate vicinity **2** (≈ genauer) *Einzelheiten* further *attr* **B** *adv* **1** closer; **bitte treten Sie ~** just step up! **2** (≈ genauer) more closely; **besprechen** in more detail; **j-n/etw ~ kennenlernen** to get to know sb/sth better; **ich kenne ihn nicht ~** I don't know him well
Nähere(s) *n* details *pl*; **~s erfahren Sie von ...** further details from ...
Naherholungsgebiet *n* recreational area (*close to a town*)
näherkommen *fig v/i* **j-m ~** to get closer to sb
nähern *v/r* **sich (j-m/einer Sache) ~** to approach (sb/sth); **von hinten** to come up behind sb
nahestehen *fig v/i* to be close to; POL to sympathize with; **sich ~** to be close
nahezu *adv* nearly
Nähgarn *n* (sewing) thread
Nahkampf *m* MIL close combat
Nähkästchen *n* sewing box; **aus dem ~ plaudern** *umg* to give away private details
Nähmaschine *f* sewing machine
Nähnadel *f* needle
Nahost *m* **in/aus ~** in/from the Middle East
nahöstlich *adj* Middle East(ern)
Nährboden *wörtl m* fertile soil; *fig* breeding-ground
nähren *geh* **A** *v/t* to feed; *fig* (≈ haben) *Hoffnungen, Zweifel* to nurture; **er sieht gut genährt aus** he looks well-fed **B** *v/r* to feed oneself; *Tiere* to feed
nahrhaft *adj Kost* nourishing
Nährstoff *m* nutrient
Nahrung *f* food; (≈ Ernährung) diet; **geistige ~** intellectual stimulation; **einer Sache** (*dat*) **(neue) ~ geben** to help to nourish sth
Nahrungsaufnahme *f* eating, ingestion (of food) *form*; **die ~ verweigern** to refuse food *od* sustenance
Nahrungsergänzung *f* food supplement; nutritional supplement
Nahrungskette *f* BIOL food chain
Nahrungsmittel *n* food(stuff)
Nährwert *m* nutritional value
Nähseide *f* silk thread
Naht *f* seam; MED stitches *pl*; **aus allen Nähten platzen** to be bursting at the seams
nahtlos *wörtl adj* seamless; *fig Übergang* smooth; **sich ~ in etw** (*akk*) **einfügen** to fit right in with sth
Nahverkehr *m* local traffic; **der öffentliche ~** local public transport
Nahverkehrsmittel *pl* means *pl* of local transport
Nahverkehrszug *m* local train
Nähzeug *n* sewing kit
naiv **A** *adj* naive **B** *adv* naively
Naivität *f* naivety
Name *m* name; **dem ~n nach** by name; **auf j-s ~n** (*akk*) in sb's name; **er nannte seinen ~n** he gave his name; **einen ~n haben** *fig* to have a name; **sich** (*dat*) **(mit etw) einen ~n machen** to

make a name for oneself (with sth); **die Sache beim ~n nennen** *fig* to call a spade a spade; **im ~n** (+*gen*) on behalf of; **im ~n des Volkes** in the name of the people

namens *adv* (≈ *mit Namen*) by the name of, called

Namensschild *n* nameplate
Namensschwester *f* namesake
Namenstag *m* Saint's day
Namensvetter *m* namesake
namentlich A *adj* by name; **~e Abstimmung** roll call vote B *adv* 1 (≈ *insbesondere*) (e)specially 2 (≈ *mit Namen*) by name
namhaft *adj* 1 (≈ *bekannt*) famous; **~ machen** *form* to identify 2 (≈ *beträchtlich*) considerable
Namibia *n* Namibia
Namibier(in) *m(f)* Namibian
namibisch *adj* Namibian
nämlich *adv* (≈ *und zwar*) namely; *geschrieben* viz; (≈ *genauer gesagt*) to be exact
Nanobot *m Roboter im Kleinstformat* nanobot
Nanopartikel *n* nanoparticle
Nanoroboter *m Roboter im Kleinstformat* nanobot
Nanoskala *f* PHYS nanoscale
Nanotechnologie *f* nanotechnology
nanu *int* well I never; **~, wer ist das denn?** hello (hello), who's this?
Napf *m* bowl
Nappa(leder) *n* nappa leather
Narbe *f* scar
narbig *adj* scarred
Nargile *f* (≈ *Wasserpfeife*) nargile
Narkose *f* anaesthesia *Br*, anesthesia *US*; **unter ~** under an(a)esthetic
Narkosearzt *m*, **Narkoseärztin** *f* anaesthetist *Br*, anesthesiologist *US*
narkotisch *adj* narcotic
narkotisieren *v/t* to drug
Narr *m*, **Närrin** *f* fool; (≈ *Teilnehmer am Karneval*) carnival reveller *Br*, carnival reveler *US*; **j-n zum ~en halten** to make a fool of sb
Narrenfreiheit *f* **hier hat er ~** here he can do just as he pleases
Narrenhaus *n* madhouse
narrensicher *adj & adv* foolproof
Narrheit *f* 1 folly 2 (≈ *dumme Tat*) stupid thing to do
närrisch *adj* foolish; (≈ *verrückt*) mad; **die ~en Tage** *Fasching and the period leading up to it*; **ganz ~ auf j-n/etw sein** *umg* to be crazy about sb/sth *umg*
Narzisse *f* narcissus
Narzissmus *m* narcissism
narzisstisch *adj* narcissistic
nasal *adj* nasal

Nasallaut *m* nasal (sound)
naschen A *v/i* to eat sweet things; **an etw** (*dat*) **~** to pinch a bit of sth *Br*, to snitch a bit of sth *bes US* B *v/t* to nibble; **hast du was zum Naschen?** have you got something for my sweet tooth?
naschhaft *adj* fond of sweet things
Naschkatze *umg f* guzzler *umg*
Nase *f* nose; **sich** (*dat*) **die ~ putzen** (≈ *sich schnäuzen*) to blow one's nose; **(immer) der ~ nachgehen** *umg* to follow one's nose; **eine gute ~ für etw haben** *umg* to have a good nose for sth; **j-m etw unter die ~ reiben** *umg* to rub sb's nose in sth *umg*; **die ~ rümpfen** to turn up one's nose (**über** +*akk* at); **j-m auf der ~ herumtanzen** *umg* to act up with sb *umg*; **ich sah es ihm an der ~ an** *umg* I could see it written all over his face *umg*; **der Zug fuhr ihm vor der ~ weg** *umg* he missed the train by seconds; **die ~ vollhaben** *umg* to be fed up *umg*; **j-n an der ~ herumführen** *umg* to give sb the runaround *umg*; *als Scherz* to pull sb's leg; **j-m etw auf die ~ binden** *umg* to tell sb all about sth
näseln *v/i* to speak through one's nose
näselnd *adj Stimme, Ton* nasal
Nasenbluten *n* **~ haben** to have a nosebleed
Nasenflügel *m* side of the nose
Nasenhöhle *f* nasal cavity
Nasenloch *n* nostril
Nasenring *m* nose ring
Nasenschleimhaut *f* mucous membrane (of the nose)
Nasenspitze *f* tip of the/sb's nose
Nasenspray *m/n* nasal spray
Nasentropfen *pl* nose drops *pl*
naseweis *adj* cheeky *Br*, fresh *US*; (≈ *vorlaut*) forward; (≈ *neugierig*) nosy *umg*
Nashi *f*, **Nashibirne** *f* nashi (pear), Asian pear
Nashorn *n* rhinoceros
nass *adj* wet; **etw ~ machen** to wet sth; **durch und durch ~** wet through
Nässe *f* wetness; **bei ~** in wet weather; „**vor ~ schützen**" "keep dry"; **vor ~ triefen** to be dripping wet
nässen *v/i Wunde* to weep
nasskalt *adj* cold and damp
Nassrasur *f* **eine ~** a wet shave
Nasszelle *f* wet cell
Nastuch *n bes schweiz* handkerchief
Natel® *n schweiz* mobile (phone)
Nation *f* nation
national *adj* national
National- *zssgn* national
Nationalelf *f* national (football) team
Nationalfeiertag *m* national holiday

Nationalflagge f national flag
Nationalgarde f National Guard
Nationalgericht n national dish
Nationalheld m national hero
Nationalheldin f national heroine
Nationalhymne f national anthem
Nationalismus m nationalism
Nationalist(in) m(f) nationalist
nationalistisch adj nationalist, nationalistic mst pej
Nationalität f nationality
Nationalitätskennzeichen n nationality sticker; aus Metall nationality plate
Nationalmannschaft f national team
Nationalpark m national park
Nationalrat[1] m Gremium schweiz National Council; österr National Assembly
Nationalrat[2] m, **Nationalrätin** f schweiz member of the National Council, ≈ MP; österr deputy of the National Assembly, ≈ MP
Nationalsozialismus m National Socialism
Nationalsozialist(in) m(f) National Socialist
nationalsozialistisch adj National Socialist; terroristische Vereinigung **Nationalsozialistischer Untergrund** National Socialist Underground
Nationalspieler(in) m(f) international (footballer etc)
NATO f, **Nato** f die ~ NATO
Natrium n sodium
Natron n bicarbonate of soda
Natter f adder; fig snake
Natur f nature; **die ~ lieben** to love nature; **in der freien ~** in the open countryside, outdoors; **sie sind von ~ so gewachsen** they grew that way naturally; **ich bin von ~ (aus) schüchtern** I am shy by nature; **sein Haar ist von ~ aus blond** his hair is naturally blond; **nach der ~ zeichnen/malen** to draw/paint from nature; **die menschliche ~** human nature; **es liegt in der ~ der Sache** it is in the nature of things; **das geht gegen meine ~** it goes against the grain
Natur- zssgn natural
Naturalien pl natural produce; **in ~ bezahlen** to pay in kind
naturalisieren v/t JUR to naturalize
Naturalismus m naturalism
naturalistisch adj naturalistic
naturbelassen adj Lebensmittel, Material natural
Naturell n temperament
Naturereignis n (impressive) natural phenomenon
Naturfaser f natural fibre Br, natural fiber US
Naturforscher(in) m(f) natural scientist
Naturfreund(in) m(f) nature-lover
naturgegeben adj natural

naturgemäß adv naturally
Naturgesetz n law of nature
naturgetreu adj Darstellung lifelike; (≈ in Lebensgröße) life-size; **etw ~ wiedergeben** to reproduce sth true to life
Naturgewalt f element
Naturheilkunde f nature healing
Naturheilverfahren n natural cure
Naturkatastrophe f natural disaster
Naturkost f health food(s) (pl)
Naturkostladen m health-food shop
Naturkundemuseum n natural history museum
Naturlandschaft f natural landscape
Naturlehrpfad m nature trail
natürlich **A** adj natural; **eines ~en Todes sterben** to die of natural causes **B** adv of course, naturally; **~!** naturally!, of course!
Natürlichkeit f naturalness
Naturmedizin f natural medicine
Naturpark m nature reserve
Naturprodukt n natural product; **~e** pl natural produce sg
naturrein adj natural
Naturschutz m conservation; **unter (strengem) ~ stehen** Pflanze, Tier to be a protected species
Naturschutzbund m Nature and Biodiversity Conservation Union (German nature conservation society)
Naturschützer(in) m(f) conservationist
Naturschutzgebiet n conservation area
Naturtalent n **sie ist ein ~** she is a natural
naturtrüb adj Saft (naturally) cloudy
naturverbunden adj nature-loving
Naturvolk n primitive people
Naturwissenschaft f natural sciences pl; Zweig natural science
Naturwissenschaftler(in) m(f) (natural) scientist
naturwissenschaftlich **A** adj scientific **B** adv scientifically
Naturwunder n miracle of nature
Naturzustand m natural state
Nauru n GEOG Nauru
nautisch adj navigational
Navelorange f navel orange
Navi umg n satnav Br, sat nav Br, GPS
Navigation f navigation
Navigationsgerät n navigation system
Navigationsleiste f IT, INTERNET navigation bar
Navigationssystem n navigation system
Navigator(in) m(f) FLUG navigator
navigieren v/t & v/i SCHIFF, INTERNET to navigate
Nazi m Nazi
Naziregime n Nazi regime

Nazismus *m pej* (≈ *Nationalsozialismus*) Nazism
nazistisch *pej adj* Nazi
Naziverbrechen *n* Nazi crime
n. Chr. *abk* (= nach Christus) AD
Neandertaler *m* Neanderthal man
Nebel *m* mist; *dichter* fog; *fig* mist, haze
Nebelbank *f* fog bank
nebelhaft *fig adj* vague
Nebelhorn *n* SCHIFF foghorn
nebelig *adj* misty; *bei dichterem Nebel* foggy
Nebelleuchte *f* AUTO rear fog light
Nebelscheinwerfer *m* AUTO fog lamp
Nebelschlussleuchte *f* AUTO rear fog light
neben *präp* **1** *örtlich* beside, next to; **er ging ~ ihr** he walked beside her **2** (≈ *außer*) apart from, aside from *bes US*; **~ anderen Dingen** along with *od* amongst other things **3** (≈ *verglichen mit*) compared with
nebenamtlich **A** *adj Tätigkeit* secondary **B** *adv* as a second job
nebenan *adv* next door
Nebenanschluss *m* TEL extension
Nebenausgabe *f* incidental expense; **~n** incidentals *pl*
Nebenausgang *m* side exit
nebenbei *adv* **1** (≈ *außerdem*) in addition **2** (≈ *beiläufig*) incidentally; **~ bemerkt** by the way
Nebenbemerkung *f* aside
Nebenberuf *m* second job, sideline
nebenberuflich **A** *adj* extra **B** *adv* as a second job
Nebenbeschäftigung *f* (≈ *Zweitberuf*) second job, sideline
Nebenbuhler(in) *m(f)* rival
Nebendarsteller(in) *m(f)* supporting actor/actress
Nebeneffekt *m* side effect
nebeneinander *adv* **1** *räumlich* side by side **2** *zeitlich* simultaneously
nebeneinandersitzen *v/i* to sit side by side
nebeneinanderstellen *v/t* to place *od* put side by side; *fig* (≈ *vergleichen*) to compare
Nebeneingang *m* side entrance
Nebeneinkünfte *pl*, **Nebeneinnahmen** *pl* additional income
Nebenfach *n* SCHULE, UNIV subsidiary (subject), minor *US*
Nebenfigur *f* minor character
Nebenfluss *m* tributary
Nebengebäude *n* (≈ *Zusatzgebäude*) annex, outbuilding; (≈ *Nachbargebäude*) neighbouring building *Br*, neighboring building *US*
Nebengeräusch *n* RADIO, TEL interference
Nebenhaus *n* house next door
nebenher *adv* **1** (≈ *zusätzlich*) in addition **2** (≈ *gleichzeitig*) at the same time

Nebenjob *umg m* second job, sideline
Nebenkosten *pl* additional costs *pl*
Nebenprodukt *n* by-product, spin-off
Nebenraum *m benachbart* adjoining room
Nebenrolle *f* supporting role; *fig* minor role
Nebensache *f* minor matter; **das ist (für mich) ~** that's not the point (as far as I'm concerned)
nebensächlich *adj* minor, trivial
Nebensaison *f* low season
Nebensatz *m* GRAM subordinate clause
Nebenstelle *f* TEL extension; HANDEL branch
Nebenstraße *f in der Stadt* side street; (≈ *Landstraße*) minor road
Nebentisch *m* next table; **am ~** at the next table
Nebenverdienst *m* secondary income
Nebenwirkung *f* side effect
Nebenzimmer *n* next room
neblig *adj* → nebelig
nebulös *adj* vague
Necessaire *n* (≈ *Kulturbeutel*) toilet bag *Br*, washbag *US*; *zur Nagelpflege* manicure case
necken *v/t* to tease
Neckholder-BH *m* neckholder bra, halterneck bra
neckisch *adj* (≈ *scherzhaft*) teasing; *Einfall* amusing; *Spielchen* mischievous
nee *umg adv* no, nope *umg*
Neffe *m* nephew
Negation *f* negation
negativ **A** *adj* negative **B** *adv* (≈ *ablehnend*) antworten negatively; **ich beurteile seine Arbeit sehr ~** I have a very negative view of his work; **die Untersuchung verlief ~** the examination proved negative; **sich ~ auf etw** (*akk*) **auswirken** to be detrimental to sth
Negativ *n* FOTO negative
Negativbeispiel *n* negative example
Negativliste *f* **1** black list **2** *Pharmazie* drug exclusion list
Neger *neg! m* Negro *pej*
Negerin *neg! f* Negro woman *pej*
Negerkuss *neg! m* chocolate marshmallow with biscuit base
negieren *v/t* (≈ *verneinen*) *Satz* to negate; (≈ *bestreiten*) *Tatsache* to deny
Negligé *n*, **Negligee** *n* negligee
nehmen *v/t & v/i* to take; *Schmerz* to take away; (≈ *versperren*) *Blick, Sicht* to block; (≈ *berechnen*) to charge; (≈ *auswählen*) *Essen* to have; **ich nehme es beim Einkaufen** I'll take it; **etw aus etw ~** to take sth out of sth; **etw an sich** (*akk*) **~** (≈ *aufbewahren*) to take care *od* charge of sth; (≈ *sich aneignen*) to take sth (for oneself); **j-m etw ~** to take sth (away) from sb; **er ließ es sich** (*dat*) **nicht ~, mich persönlich hinauszu-**

begleiten he insisted on showing me out himself; **diesen Erfolg lasse ich mir nicht ~** I won't be robbed of this success; **sie ~ sich** (dat) **nichts** umg one's as good as the other; **~ Sie sich doch bitte!** please help yourself; **man nehme ...** GASTR take ...; **sich** (dat) **einen Anwalt ~** to get a lawyer; **wie viel ~ Sie dafür?** how much will you take for it?; **j-n zu sich ~** to take sb in; **j-n ~, wie er ist** to take sb as he is; **etw auf sich** (akk) **~** to take sth upon oneself; **etw zu sich ~** to take od have sth; **wie mans nimmt** umg depending on your point of view

Neid m envy (**auf** +akk of); **aus ~** out of envy; **nur kein ~!** don't be envious!; **grün (und gelb) vor ~** umg green with envy; **das muss ihm der ~ lassen** umg you have to say that much for him; **vor ~ platzen** umg to die of envy

neiden v/t **j-m etw ~** to envy sb (for) sth

neiderfüllt adj Blick filled with envy

Neidhammel umg m envious person

neidisch A adj jealous, envious; **auf j-n/etw ~ sein** to be jealous of sb/sth B adv enviously

neidlos A adj ungrudging, without envy B adv graciously

Neige f geh (≈ Ende) **zur ~ gehen** to draw to an end

neigen A v/t (≈ beugen) Kopf, Körper to bend; zum Gruß to bow; (≈ kippen) Glas to tip B v/r to bend; Ebene to slope; Gebäude etc to lean; Schiff to list C v/i **zu etw ~** (≈ für etw anfällig sein) to be susceptible to sth; **zu der Ansicht ~, dass ...** to tend toward(s) the view that ...; → geneigt

Neigetechnik f BAHN tilting technology

Neigung f 1 (≈ Gefälle) incline; (≈ Schräglage) tilt; von Schiff list 2 (≈ Tendenz), a. MED (≈ Anfälligkeit) proneness, tendency; (≈ Veranlagung) leaning mst pl; (≈ Hang, Lust) inclination 3 (≈ Zuneigung) affection

Neigungsfach n SCHULE option(al course) Br, elective US

nein adv no; **da sage ich nicht Nein** I wouldn't say no to that; **~, so was!** well I never!

Nein n no; **bei seinem ~ bleiben** to stick to one's refusal

Neinstimme f no, nay US

Nektar m nectar

Nektarine f nectarine

Nelke f 1 pink; (≈ Zuchtnelke) carnation 2 Gewürz clove

nennen A v/t 1 (≈ bezeichnen) to call; **j-n nach j-m ~** to name sb after sb Br, to name sb for sb US; **das nennst du schön?** you call that beautiful?; **das nenne ich ...** that's what I call ... 2 (≈ angeben) to name; Beispiel, Grund to give; (≈ erwähnen) to mention B v/r to call oneself; **und so was nennt sich Liebe** umg and they call that love

nennenswert adj considerable, not inconsiderable; **nicht ~** not worth mentioning

Nenner m MATH denominator; **kleinster gemeinsamer ~** lowest common denominator; **etw auf einen (gemeinsamen) ~ bringen** to reduce sth to a common denominator

Nennung f (≈ das Nennen) naming

Nennwert m FIN nominal value; **zum ~** at par; **über/unter dem ~** above/below par

Neofaschismus m neo-fascism

Neon n neon

Neonazi m neo-Nazi

neonfarben adj neon

Neonleuchte f strip light

Neonlicht n neon light

Neonreklame f neon sign

Neonröhre f neon tube

Neopren® n neoprene®

Neoprenanzug® m wetsuit

Nepal n Nepal

Nepp m umg daylight robbery umg; **das ist der reinste ~** it's a complete rip-off umg

neppen umg v/t to rip off umg

Nepplokal umg n clip joint umg

Neptun m ASTRON Neptune

Nerv m nerve; (leicht) **die ~en verlieren** to lose one's nerve easily; **er hat trotz allem die ~en behalten** in spite of everything he kept his cool umg; **die ~en sind (mit) ihm durchgegangen** he lost his cool umg; **der hat (vielleicht) ~en!** umg he's got a nerve! umg; **er hat ~en wie Drahtseile** he has nerves of steel; **es geht** od **fällt mir auf die ~en** umg it gets on my nerves; **das kostet ~en** it's a strain on the nerves

nerven umg A v/t **j-n (mit etw) ~** to get on sb's nerves (with sth); **genervt sein** (≈ nervös sein) to be worked up; (≈ gereizt sein) to be irritated B v/i **das nervt** it gets on your nerves; **du nervst!** umg you're bugging me! umg

Nervenarzt m, **Nervenärztin** f neurologist

nervenaufreibend adj nerve-racking

Nervenbelastung f strain on the nerves

Nervenbündel fig umg n bag of nerves umg

Nervengas n MIL nerve gas

Nervengift n neurotoxin

Nervenheilanstalt f psychiatric hospital

Nervenheilkunde f neurology

Nervenkitzel fig m thrill

Nervenklinik f psychiatric clinic

nervenkrank adj geistig mentally ill; körperlich suffering from a nervous disease

Nervenkrankheit f geistig mental illness; körperlich nervous disease

Nervenkrieg *fig m* war of nerves
Nervenprobe *f* trial
Nervensache *umg f* question of nerves
Nervensäge *umg f* pain (in the neck) *umg*
nervenstark *adj Mensch* with strong nerves; **er ist ~** he has strong nerves
Nervenstärke *f* strong nerves *pl*
Nervensystem *n* nervous system
Nervenzentrum *a. fig n* nerve centre *Br*, nerve center *US*
Nervenzusammenbruch *m* nervous breakdown
nervig *adj umg* (≈ *irritierend*) irritating
nervlich *adj Belastung* nervous; **~ bedingt** nervous
nervös *adj* nervous; **j-n ~ machen** to make sb nervous; (≈ *ärgern*) to get on sb's nerves
Nervosität *f* nervousness
nervtötend *umg adj* nerve-racking; *Arbeit* soul-destroying
Nerz *m* mink
Nerzmantel *m* mink coat
Nessel *f* BOT nettle; **sich in die ~n setzen** *umg* to put oneself in a spot *umg*
Nessessär *n* → Necessaire
Nest *n* ▣ nest; **da hat er sich ins gemachte ~ gesetzt** *umg* he's got it made *umg* ▣ *fig umg* (≈ *Bett*) bed ▣ *pej umg* (≈ *Ort*) *schäbig* dump *umg*; *klein* little place
Nestbeschmutzer(in) *pej m(f)* denigrator of one's family/country
Nesthäkchen *n* baby of the family
Nestwärme *fig f* happy home life
Netbook *n* COMPUT netbook
Netiquette *f* INTERNET netiquette
nett ▣ *adj* nice; (≈ *freundlich a.*) friendly; (≈ *liebenswürdig a.*) kind; **sei so ~ und räum auf!** would you mind clearing up?; **~, dass Sie gekommen sind!** nice of you to come ▣ *adv* nicely, nice; **wir haben uns ~ unterhalten** we had a nice chat; **~ aussehen** to be nice-looking
netterweise *adv* kindly
Nettigkeit *f* ▣ (≈ *nette Art*) kindness ▣ **~en** *pl* (≈ *nette Worte*) kind words, nice things
netto *adv* HANDEL net
Nettoeinkommen *n* net income
Nettogehalt *n* net salary
Nettogewicht *n* net weight
Nettolohn *m* take-home pay
Nettopreis *m* net price
Nettoverdienst *m* net income *sg*
Nettozahler *m Land* net contributor
networken *v/i Kontakte pflegen* to network
Networking *n Aufbau und Pflege von Kontakten* networking
Netz *n* ▣ net; (≈ *Spinnennetz*) web; (≈ *Gepäcknetz*) (luggage) rack *Br*, (baggage) rack *US*; **ins ~ gehen** FUSSB to go into the (back of the) net; **j-m ins ~ gehen** *fig* to fall into sb's trap ▣ (≈ *System*) network; (≈ *Stromnetz*) mains; (≈ *Überlandnetz*) (national) grid; IT network; (≈ *Mobilfunknetz*) network; **ich habe kein ~** *mit Handy* I can't get a signal; **das soziale ~** the social security net; **ans ~ gehen** *Kraftwerk* to be connected to the grid ▣ (≈ *Internet*) **das ~** the Net, the web
Netzaktivist(in) *m(f)* IT, POL online *od* Internet activist
Netzanschluss *m* ELEK mains connection
Netzball *m Tennis etc* net ball
Netzbetreiber *m* TEL network operator
Netzgemeinde *f* INTERNET Internet community
Netzhaut *f* retina
Netzhautentzündung *f* retinitis
Netzhemd *n* string vest *Br*, mesh undershirt *US*
Netzkarte *f für Verkehrsmittel* runaround ticket *Br*, (unlimited) pass *US*
Netzroller *f Tennis, Volleyball etc* net cord
Netzspannung *f* mains voltage
Netzstecker *m* mains plug
Netzstrümpfe *pl* fishnet stockings *pl*
Netzteil *n* mains adaptor
Netzwerk *n* network; **soziales ~** *im Internet* social networking site
netzwerken *v/i* to network
Netzwerker(in) *gesellschaftlich* networker; IT network user
Netzwerkkarte *f* COMPUT network card
Netzwerktechniker(in) *m(f)* IT network technician
Netzzugang *m* IT, TEL network access
neu ▣ *adj* new; (≈ *frisch gewaschen*) clean; **die neu(e)ste Mode** the latest fashion; **die neuesten Nachrichten** the latest news; **die neueren Sprachen** modern languages; **neueste(r, s)** recent; **auf dem neuesten Stand** state-of-the-art; **ein ganz neuer Wagen** a brand-new car; **das ist mir neu!** that's new(s) to me; **seit Neu(e)stem** recently; **aufs Neue** *geh* afresh, anew; **der/die Neue** the newcomer; **weißt du schon das Neu(e)ste?** have you heard the latest (news)?; **was gibts Neues?** *umg* what's new?; **von Neuem** (≈ *von vorn*) afresh; (≈ *wieder*) again ▣ *adv* **neu anfangen** to start all over (again); **sich/j-n neu einkleiden** to buy oneself/sb a new set of clothes; **neu geschaffen** newly created; **Mitarbeiter neu einstellen** to hire new employees; **neu bearbeiten** to revise; **ein Zimmer neu einrichten** to refurnish a room; **neu ordnen** to reorganize; **die Rollen neu besetzen** to recast the roles; **neu starten** *Computer* to restart; **neu schreiben** to rewrite; **neu gewählt** newly elected; **neu eröffnet** newly-opened;

neu vermählt newly married
Neuanfang *m* new beginning
Neuankömmling *m* newcomer
neuartig *adj* new; **ein ~es Wörterbuch** a new type of dictionary
Neuauflage *f* reprint; *mit Verbesserungen* new edition
Neubau *m* new house/building
Neubaugebiet *n* development area
Neubausiedlung *f* new housing estate
Neubauwohnung *f* newly-built apartment
Neubearbeitung *f* revised edition; (≈ *das Neubearbeiten*) revision
Neubeginn *m* new beginning(s) (*pl*)
Neuenburg *n* Neuchâtel
Neuentdeckung *f* rediscovery
Neuentwicklung *f* new development
neuerdings *adv* recently
Neuerscheinung *f Buch* new *od* recent publication; *CD* new release
Neuerung *f* innovation; (≈ *Reform*) reform
neuestens *adv* lately
Neufassung *f* new *od* revised edition; *EU* **~ der Rechtsvorschriften** recasting of legislation
Neufundland *n* Newfoundland
neugeboren *adj* newborn; **sich wie ~ fühlen** to feel (like) a new man/woman
Neugeborene(s) *n* newborn child
neugeschaffen *adj* → **neu**
Neugier(de) *f* curiosity (**auf** +*akk* about)
neugierig *adj* curious (**auf** +*akk* about); *pej* nosy *umg*; (≈ *gespannt*) curious to know; *Blick* inquisitive; **j-n ~ machen** to excite *od* arouse sb's curiosity; **ich bin ~, ob** I wonder if
Neugierige *pl* inquisitive people *pl*; (≈ *Gaffer bei Unfall*) rubberneckers *pl*
neugriechisch *adj* Modern Greek
Neuguinea *n* New Guinea
Neuheit *f* **1** (≈ *das Neusein*) novelty **2** (≈ *neue Sache*) innovation, new thing/idea
Neuigkeit *f* **1** (piece of) news; **gibt es irgendwelche ~en?** is there any news?; **ich habe eine ~ für dich** I have some news for you **2** (≈ *das Neusein*) novelty
Neujahr *n* New Year
Neujahrstag *m* New Year's Day
Neuland *fig n* new ground; **~ betreten** to break new ground
neulich *adv* the other day, recently; **~ abends** the other evening
Neuling *m* newcomer
neumodisch *pej adj* new-fangled *pej*; **sich ~ ausdrücken** to use new-fangled words
Neumond *m* new moon
neun *num* nine; **alle ~(e)!** *beim Kegeln* strike!; → **vier**

Neun *f* nine
neunfach **A** *adj* ninefold; **die ~e Menge** nine times the amount **B** *adv* ninefold, nine times
neunhundert *num* nine hundred
neunmal *adv* nine times
Neuntel *n* ninth; → **Viertel**[1]
neuntens *adv* ninth(ly), in the ninth place
neunte(r, s) *adj* ninth; → **vierter, s**
neunzehn *num* nineteen
neunzehnte(r, s) *adj* nineteenth; → **vierter, s**
neunzig *num* ninety; → **vierzig**
Neunziger(in) *m(f) Mensch* ninety-year-old
Neuordnung *f* reorganization; (≈ *Reform*) reform
Neuphilologie *f* modern languages
Neuralgie *f* neuralgia
neuralgisch *adj* neuralgic; **ein ~er Punkt** a trouble area
Neuregelung *f* revision
neureich *adj* nouveau riche
Neureiche(r) *m/f(m)* nouveau riche
Neurochirurgie *f* neurosurgery
Neurodermitis *f* neurodermatitis
Neurologe *m*, **Neurologin** *f* neurologist
Neurologie *f* neurology
neurologisch *adj* neurological
Neurose *f* neurosis
Neurotiker(in) *m(f)* neurotic
neurotisch *adj* neurotic
Neuschnee *m* fresh snow
Neuseeland *n* New Zealand
Neuseeländer(in) *m(f)* New Zealander
neuseeländisch *adj* New Zealand
neusprachlich *adj* modern language *attr*; **~es Gymnasium** ≈ grammar school *Br*, ≈ high school *bes US, schott* (*stressing modern languages*)
Neustart *m IT* restart, reboot
neutral *adj* neutral
neutralisieren *v/t* to neutralize
Neutralität *f* neutrality
Neutron *n* neutron
Neutronenbombe *f* neutron bomb
Neutrum *n GRAM, a. fig* neuter
Neuverfilmung *f* remake
neuvermählt *adj* newly married
Neuwagen *m* new car
Neuwahl *f POL* new election; **es gab vorgezogene ~en** the elections were brought forward
Neuwert *m* value when new
neuwertig *adj* as new
Neuzeit *f* modern era, modern times *pl*
neuzeitlich *adj* modern
NGO *f abk* (= *Nichtregierungsorganisation*) NGO, non-governmental organizaton
Nicaragua *n* Nicaragua

nicht *adv* not; **auch ~** not ... either; **~ leitend** non-conducting; **~ rostend** rustproof; *Stahl* stainless; **~ amtlich** unofficial; **~ öffentlich** not open to the public, private; **er raucht ~** *augenblicklich* he isn't smoking; *gewöhnlich* he doesn't smoke; **~ (ein)mal** not even; **~ mehr** not any more *Br*, not anymore *US*; **noch ~** not ... yet; **~ berühren!** do not touch; **~ rauchen!** no smoking; **~!** don't!, no!; **~ doch!** stop it!, don't!; **bitte ~!** please don't; **er kommt, ~ (wahr)?** he's coming, isn't he *od* is he not *bes Br*, ?; **er kommt ~, ~ wahr?** he isn't coming, is he?; **du brauchst ein ..., ~ wahr?** you need a ..., right?; **was ich ~ alles durchmachen muss!** the things I have to go through!
nichtamtlich *adj* → nicht
Nichtangriffspakt *m* non-aggression pact
Nichtbeachtung *f* non-observance
Nichtbeteiligung *f* POL opting out
Nichte *f* niece
Nichteinhaltung *f* non-compliance (+*gen* with)
Nichteinmischung *f* POL non-intervention
Nichtgefallen *n* **bei ~ (zurück)** if not satisfied (return)
nichtig *adj* **1** JUR (≈ *ungültig*) invalid; **etw für ~ erklären** to declare sth invalid **2** (≈ *unbedeutend*) trifling; *Versuch* vain; *Drohung* empty
Nichtigerklärung *f* POL annulment
Nichtigkeit *f* JUR (≈ *Ungültigkeit*) invalidity
Nichtmitglied *n* non-member
nichtöffentlich *adj* → nicht
Nichtraucher(in) *m(f)* non-smoker; **ich bin ~** I don't smoke
Nichtraucher- *zssgn* non-smoking, no-smoking
Nichtraucherabteil *n* non-smoking compartment, non-smoker
Nichtrauchergesetz *n Gesetz* anti-smoking law; *Gesetzgebung* anti-smoking legislation
Nichtraucherschutz *m* protection against the dangers of passive smoking; **ein Gesetz zum ~** a law to protect against the dangers of passive smoking
Nichtraucherzone *f* no-smoking area
Nichtregierungsorganisation *f* non-governmental organisation
nichts *indef pr* nothing; **ich weiß ~** I know nothing, I don't know anything; **macht ~** never mind; **~ als** nothing but; **~ anderes als** nothing ... anything but *od* except; **~ ahnend** unsuspecting; **~ sagend** meaningless; **~ zu danken!** don't mention it, you're welcome; **~ wie ran!** go for it!; **das ist ~ für mich** that's not my thing *umg*; **~ zu machen** nothing doing *umg*; **ich weiß ~ Genaues** I don't know any details; **er ist zu ~ zu gebrauchen** he's useless

Nichts *n Philosophie* nothingness; (≈ *Leere*) emptiness; (≈ *Kleinigkeit*) trifle; **vor dem ~ stehen** to be left with nothing
nichtsahnend *adj* → nichts
Nichtschwimmer(in) *m(f)* non-swimmer
Nichtschwimmerbecken *n* pool for non--swimmers
nichtsdestotrotz *adv* nonetheless
nichtsdestoweniger *adv* nevertheless
Nichtsesshafte(r) *form m/f(m)* person of no fixed abode *form*
Nichtskönner(in) *m(f)* washout *umg*
Nichtsnutz *m* good-for-nothing
nichtsnutzig *adj* useless; (≈ *unartig*) good-for--nothing
nichtssagend *adj* meaningless
nichtstaatlich *adj* non-governmental
Nichtstuer(in) *m(f)* idler, loafer
Nichtstun *n* idleness; (≈ *Muße*) leisure
Nichtverbreitung *f von Kernwaffen etc* non-proliferation
Nichtvorhandensein *n* absence
Nichtwissen *n* ignorance (**um** about)
Nichtzutreffende(s) *n* **~s (bitte) streichen!** (please) delete as applicable
Nickel *n* nickel
Nickelbrille *f* metal-rimmed glasses *pl*
nicken *v/i* to nod; **mit dem Kopf ~** to nod one's head
Nickerchen *umg* *n* snooze *umg*
Nickituch *n* bandana (*worn round the neck*)
Nidel *m/f schweiz* (≈ *Sahne*) cream
Nidwalden *n* Nidwalden
nie *adv* never; **nie und nimmer** never ever; **nie wieder** never again
nieder **A** *adj* **1** *Instinkt, Motiv* low, base; *Arbeit* menial; *Kulturstufe* primitive **2** (≈ *weniger bedeutend*) lower; *Geburt, Herkunft* lowly **B** *adv* down; **auf und ~** up and down; **~ mit dem Kaiser!** down with the Kaiser!
niederbrennen *v/t & v/i* to burn down
niederdeutsch *adj* **1** GEOG North German **2** LING Low German
Niedergang *m fig* (≈ *Verfall*) decline, fall
niedergehen *v/i* to descend; *Bomben, Regen* to fall; *Gewitter* to break
niedergeschlagen *adj* dejected; **~ sein** to feel low; → niederschlagen
niederknien *v/i* to kneel down
Niederlage *f* defeat
Niederlande *pl* **die ~** the Netherlands
Niederländer *m* Dutchman, Dutch boy; **die ~** the Dutch
Niederländerin *f* Dutchwoman, Dutch girl
niederländisch *adj* Dutch, Netherlands
niederlassen *v/r* **1** (≈ *sich setzen*) to sit down;

(≈ *sich niederlegen*) to lie down; *Vögel* to land **2** (≈ *Wohnsitz nehmen*) to settle (down); **sich als Arzt/Rechtsanwalt ~** to set up (a practice) as a doctor/lawyer

Niederlassung *f* **1** (≈ *das Niederlassen*) settling, settlement; *eines Arztes etc* establishment **2** (≈ *Siedlung*) settlement **3** HANDEL registered office; (≈ *Zweigstelle*) branch

niederlegen A *v/t* **1** (≈ *hinlegen*) to lay *od* put down; *Blumen* to lay; *Waffen* to lay down **2** (≈ *aufgeben*) *Amt* to resign (from); **die Arbeit ~** (≈ *streiken*) to down tools **3** (≈ *schriftlich festlegen*) to write down **B** *v/r* to lie down

Niederlegung *f* **1** *von Waffen* laying down **2** *von Amt* resignation (from)

niedermachen *v/t* **1** (≈ *töten*) to massacre **2** *fig* (≈ *heftig kritisieren*) to run down

niedermetzeln *v/t* to slaughter

Niederösterreich *n* Lower Austria

niederreißen *v/t* to pull down; *fig Schranken* to tear down

Niederrhein *m* Lower Rhine

niederrheinisch *adj* lower Rhine

Niedersachsen *n* Lower Saxony

niedersächsisch *adj* of Lower Saxony

niederschießen *v/t* **jdn ~** to shoot sb down

Niederschlag *m* METEO precipitation *form*; CHEM precipitate; (≈ *Bodensatz*) sediment, dregs *pl*; **radioaktiver ~** (radioactive) fallout; **für morgen sind heftige Niederschläge gemeldet** tomorrow there will be heavy rain/hail/snow

niederschlagen A *v/t j-n* to knock down; *Aufstand* to suppress; *Augen, Blick* to lower; → niedergeschlagen **B** *v/r Flüssigkeit* to condense; CHEM to precipitate; **sich in etw** (*dat*) **~** *Erfahrungen etc* to find expression in sth

niederschlagsarm *adj Wetter* not very rainy/ snowy; **eine ~e Region** a region with low levels of precipitation

niederschlagsreich *adj Wetter* very rainy/ snowy; **eine ~e Region** a region with high levels of precipitation

niederschmettern *v/t* to smash down; *fig* to shatter

niederschmetternd *adj* shattering

niederschreiben *v/t* to write down

Niederschrift *f* notes *pl*; (≈ *Protokoll*) minutes *pl*; JUR record

Niederspannung *f* ELEK low voltage

niederstechen *v/t* to stab

Niedertracht *f* despicableness; *als Rache* malice; (≈ *niederträchtige Tat*) despicable act

niederträchtig *adj* despicable; (≈ *rachsüchtig*) malicious

Niederträchtigkeit *f* → Niedertracht

niederwerfen A *v/t* to throw down; *Aufstand* to suppress **B** *v/r* to throw oneself down

niedlich *adj* cute

niedrig A *adj* low; *Herkunft, Geburt* low(ly) **B** *adv* low; **etw ~er berechnen** to charge less for sth; **~er stellen** to turn down; **etw ~ einstufen** to give sth a low classification; **j-n ~ einschätzen** to have a low opinion of sb

Niedrigenergiehaus *n* low-energy house

Niedriglohn *m* low wages *pl*

Niedriglohnland *n* low-wage country

Niedriglohnsektor *m* low-wage sector

Niedrigwasser *n* SCHIFF low tide

niemals *adv* never

niemand *indef pr* nobody, no one, not anybody; **~ anders kam** nobody else came; **herein kam ~ anders als der Kanzler selbst** in came none other than the Chancellor himself; **er hat es ~(em) gesagt** he hasn't told anyone, he has told no-one

Niemand *m* **er ist ein ~** he's a nobody

Niemandsland *n* no-man's-land

Niere *f* kidney; **künstliche ~** kidney machine; **es geht mir an die ~n** *umg* it gets me down *umg*

Nierenbecken *n* pelvis of the kidney

Nierenentzündung *f* nephritis *fachspr*

nierenförmig *adj* kidney-shaped

nierenkrank *adj* **sie ist ~** she's got kidney trouble, she's got kidney disease

Nierenkrankheit *f*, **Nierenleiden** *n* kidney disease

Nierenschale *f* kidney dish

Nierenschützer *m* kidney belt

Nierenspender(in) *m(f)* kidney donor

Nierenstein *m* kidney stone

Nierentransplantation *f* kidney transplant

Niesanfall *m* sneezing fit

nieseln *v/i* to drizzle

Nieselregen *m* drizzle

niesen *v/i* to sneeze

Niespulver *n* sneezing powder

Niet *m*, **Niete** *f* rivet; *auf Kleidung* stud

Niete *f* (≈ *Los*) blank; *umg* (≈ *Mensch*) loser *umg*, dead loss *umg*

nieten *v/t* to rivet

Nietenhose *f* (pair of) studded jeans *pl*

niet- und nagelfest *umg adj* nailed *od* screwed down

nigelnagelneu *umg adj* brand spanking new *umg*

Niger *n* GEOG Niger

Nigeria *n* Nigeria

nigerianisch *adj* Nigerian

Nihilismus *m* nihilism

Nihilist(in) *m(f)* nihilist

nihilistisch *adj* nihilistic

Nikab *m Schleier muslimischer Frauen* niqab

Nikolaus *m* St Nicholas; (≈ *Nikolaustag*) St Nicholas' Day
Nikotin *n* nicotine
nikotinarm *adj* low-nicotine
nikotinfrei *adj* nicotine-free
Nikotinpflaster *n* nicotine patch
Nil *m* Nile
Nilpferd *n* hippopotamus
Nimbus *m* (≈ *Heiligenschein*) halo; *fig* aura
Nimmersatt *m* glutton; **ein ~ sein** to be insatiable
Nimmerwiedersehen *umg n* **auf ~!** I never want to see you again; **auf ~ verschwinden** to disappear never to be seen again
Nippel *m* **1** TECH nipple **2** *umg* (≈ *Brustwarze*) nipple
nippen *v/t & v/i* **am** *od* **vom Wein ~** to sip (at) the wine
Nippes *pl* ornaments *pl*, knick-knacks *pl*
nirgends, nirgendwo *adv* nowhere, not ... anywhere
nirgendwohin *adv* nowhere, not ... anywhere
Nische *f* niche; (≈ *Kochnische etc*) recess
Nischenmarkt *m* HANDEL niche market
nisten *v/i* to nest
Nistkasten *m* nest(ing) box
Nistplatz *m* nesting place
Nitrat *n* nitrate
Nitroglyzerin *n* nitroglycerine
Niveau *n* level; **diese Schule hat ein hohes ~** this school has high standards; **unter ~** below par; **unter meinem ~** beneath me; **~/kein ~ haben** to be of a high/low standard; *Mensch* to be cultured/not at all cultured; **ein Hotel mit ~** a hotel with class; **auf hohem ~ jammern/klagen** to moan when one has nothing to moan about
niveaulos *adj Film etc* mediocre; *Unterhaltung* mindless
Nixe *f* water nymph
Nizza *n* Nice
N.N. *abk* (= nomen nescio) N.N., name unknown
nobel **A** *adj* (≈ *edelmütig*) noble; *umg* (≈ *großzügig*) lavish; (≈ *elegant*) posh *umg* **B** *adv* (≈ *edelmütig*) nobly; (≈ *großzügig*) generously; **~ wohnen** to live in posh surroundings
Nobelherberge *umg f* posh hotel *umg*
Nobelpreis *m* Nobel prize; **der ~ für ...** the Nobel prize for ...
Nobelpreisträger(in) *m(f)* Nobel laureate, Nobel prize winner
Nobelviertel *umg, mst iron n* posh area *umg*, upmarket area *US*
noch **A** *adv* **1** still; **~ nicht** not yet; **~ nicht einmal** not even; **immer ~, ~ immer** still; **~ nie** never; **ich möchte gerne ~ bleiben** I'd like to stay on longer; **das kann ~ passieren** that might still happen; **er wird ~ kommen** he'll come (yet); **ich habe ihn ~ vor zwei Tagen gesehen** I saw him only two days ago; **er ist ~ am selben Tag gestorben** he died the very same day; **ich tue das ~ heute** *od* **heute ~** I'll do it today; **gerade ~** (only) just **2** (≈ *außerdem, zusätzlich*) **wer war ~ da?** who else was there?; **(gibt es) ~ etwas?** (is there) anything else?; **~ ein Fleisch** some more meat; **~ ein Bier** another beer; **~ einmal** *od* **mal** (once) again, once more **3** *bei Vergleichen* even, still; **das ist ~ viel wichtiger als ...** that is far more important still than ...; **und wenn du auch ~ so bittest ...** however much you ask ... **B** *konj* **weder ... noch ...** nor
nochmalig *adj* renewed
nochmals *adv* again
Nockenwelle *f* camshaft
Nockerl *n österr* GASTR dumpling; **Salzburger ~n** *type of sweet whipped pudding eaten hot*
No-Go *n unmöglich sein* **ein ~ sein** to be a no-go
nölen *umg v/i* to whine
Nomade *m*, **Nomadin** *f* nomad
Nomadenvolk *n* nomadic tribe *od* people
nomadisch *adj* nomadic
Nomen *n* GRAM noun
Nominallohn *m* nominal wages *pl*
Nominalwert *m* nominal *od* face value
Nominativ *m* nominative
nominell *adj & adv* in name only
nominieren *v/t* to nominate
Nominierung *f* nomination
No-Name-Produkt *n* WIRTSCH own-label product, house-brand product *US*
Nonne *f* nun
Nonnenkloster *n* convent
Non-Profit-Unternehmen *n* non-profit company
Nonsens *m* nonsense
nonstop *adv* non-stop
Nonstop-Flug *m*, **Nonstopflug** *m* non-stop flight
Noppe *f* (≈ *Gumminoppe*) nipple, knob
Nord- *zssgn* northern
Nordafrika *n* North Africa
Nordamerika *n* North America
nordamerikanisch *adj* North American
Nordatlantik *m* North Atlantic
Nordatlantikpakt *m* North Atlantic Treaty
norddeutsch *adj* North German
Norddeutsche(r) *m/f(m)* North(ern) German
Norddeutschland *n* North(ern) Germany
Norden *m* north; *von Land* North; **aus dem ~** from the north; **im ~ des Landes** in the north

of the country; **nach ~** north; **Richtung ~** northbound
Nordeuropa n Northern Europe
Nordfriesische Inseln pl **die Nordfriesischen Inseln** the North Frisians pl
Nordic Walking n Nordic Walking
nordirisch adj Northern Irish
Nordirland n Northern Ireland
nordisch adj Wälder northern; Völker, Sprache Nordic; SKI nordic; **~e Kombination** SKI nordic combined
Nordkap n North Cape
Nordkorea n North Korea
nördlich A adj northern; Wind, Richtung northerly B adv to the north; **~ von Köln (gelegen)** north of Cologne C präp (to the) north of
Nordlicht n northern lights pl, aurora borealis; fig hum (≈ Mensch) Northerner
Nordost- zssgn north-east
Nordosten m north-east; von Land North East; **nach ~** north-east
nordöstlich A adj Gegend northeastern; Wind northeast(erly) B adv (to the) north-east
Nord-Ostsee-Kanal m Kiel Canal
Nordpol m North Pole
Nordpolarmeer n Arctic Ocean
Nordrhein-Westfalen n North Rhine-Westphalia
Nordsee f North Sea
Nordstaaten pl der USA Northern States pl
Nord-Süd-Gefälle n north-south divide
Nordwand f von Berg north face
nordwärts adv north(wards)
Nordwesten m north-west; von Land North West; **nach ~** north-west
nordwestlich A adj Gegend north-western; Wind north-west(erly) B adv (to the) north-west
Nordwind m north wind
Nörgelei f moaning; (≈ Krittelei) nit-picking umg
nörgeln v/i to moan, to grumble; (≈ kritteln) to niggle (**an** +dat od **über** +akk about)
Nörgler(in) m(f) grumbler, moaner; (≈ Krittler) niggler, nit-picker umg
Norm f norm; **die ~ sein** to be (considered) normal
normal A adj normal; Format, Maß standard; (≈ üblich) regular; **bist du noch ~?** umg have you gone mad? B adv normally; **er ist ~ groß** his height is normal; **benimm dich ganz ~** act naturally
Normalbenzin n regular petrol Br od gas US
Normalbürger(in) m(f) average citizen
normalerweise adv normally, usually
Normalfall m **im ~** normally, usually
Normalgewicht n normal weight; genormt standard weight
normalisieren A v/t to normalize B v/r to get back to normal
Normalisierung f normalization
Normalität f normality
Normalsterbliche(r) m/f(m) lesser mortal
Normalverbraucher(in) m(f) average consumer; **Otto ~** umg the man in the street
Normalzustand m normal state
normen v/t to standardize
Normung f standardization
Norwegen n Norway
Norweger(in) m(f) Norwegian
norwegisch adj Norwegian
Nostalgie f nostalgia
nostalgisch adj nostalgic
Not f 1 (≈ Elend) need(iness), poverty; **aus Not** out of poverty; **in Not** in need; **Not leiden** to suffer deprivation; **Not leidend** needy; Bevölkerung, Land impoverished; Wirtschaft ailing; **Not macht erfinderisch** sprichw necessity is the mother of invention sprichw 2 (≈ Bedrängnis) distress kein pl, affliction; (≈ Problem) problem; **in seiner Not** in his hour of need; **in Not sein** to be in distress; **wenn Not am Mann ist** in an emergency; **in höchster Not sein** to be in dire straits 3 (≈ Sorge, Mühe) difficulty; **er hat seine liebe Not mit ihr** he really has problems with her 4 (≈ Notwendigkeit) necessity; **ohne Not** without good cause; **zur Not** if necessary; (≈ gerade noch) just about; **aus der Not eine Tugend machen** to make a virtue (out) of necessity
Not- zssgn emergency
Notar(in) m(f) notary public
Notariat n notary's office
notariell A adj JUR notarial B adv JUR **~ beglaubigt** legally certified
Notarzt m, **Notärztin** f emergency doctor
Notarztwagen m emergency doctor's car
Notaufnahme f casualty (unit) Br, emergency room US
Notausgang m emergency exit
Notbehelf m stopgap (measure)
Notbremse f emergency brake; **die ~ ziehen** wörtl to pull the emergency brake; fig to put the brakes on
Notbremsung f emergency stop
Notdienst m **~ haben** Apotheke to be open 24 hours; Arzt etc to be on call
notdürftig A adj (≈ behelfsmäßig) makeshift; Kleidung scanty B adv bekleidet scantily; reparieren in a makeshift way; versorgen poorly
Note f 1 MUS, POL note; **~n lesen** to read music 2 SCHULE mark, grade US; SPORT mark 3 (≈ Banknote) (bank)note, bill US 4 (≈ Eigenart) note; in Bezug auf Atmosphäre tone, character;

in Bezug auf Einrichtung, Kleidung touch
Notebook m/n notebook (computer)
Notebooktasche f notebook bag
Notenbank f issuing bank
Notenblatt n sheet of music
Notendurchschnitt m SCHULE average mark *od* grade *bes US*
Notenständer m music stand
Notepad n COMPUT notepad
Notfall m emergency; **im ~** if necessary; **bei einem ~** in case of emergency
Notfallbeleuchtung f emergency lighting
notfalls *adv* if necessary
notgedrungen *adv* of necessity; **ich muss mich ~ dazu bereit erklären** I'm forced to agree
notgeil *adj sl pej besonders sexuell* horny as hell *sl*
Notgroschen m nest egg
notieren A *v/t & v/i* **1** (≈ *Notizen machen*) to note down; **ich notiere (mir) den Namen** I'll make a note of the name **2** BÖRSE (≈ *festlegen*) to quote (**mit** at) B *v/i* BÖRSE (≈ *wert sein*) to be quoted (**auf** +*akk* at)
Notierung f BÖRSE quotation
nötig A *adj* necessary; **wenn ~** if necessary; **etw ~ haben** to need sth; **er hat das natürlich nicht ~** *iron* but, of course, he's different; **das habe ich nicht ~!** I don't need that; **das Nötigste** the (bare) necessities B *adv* (≈ *dringend*) **etwas ~ brauchen** to need something urgently
nötigen *v/t* (≈ *zwingen*) to force, to compel; JUR to coerce; (≈ *auffordern*) to urge; **sich ~ lassen** to need prompting
Nötigung f (≈ *Zwang*) compulsion; JUR coercion; AUTO *zu dicht auffahren* tailgating; **sexuelle ~** sexual assault
Notiz f **1** (≈ *Vermerk*) note; (≈ *Zeitungsnotiz*) item; **sich** (*dat*) **~en machen** to make *od* take notes **2 ~ nehmen von** to take notice of; **keine ~ nehmen von** to ignore
Notizblock m notepad, memo pad *bes US*
Notizbuch n notebook
Notlage f crisis; (≈ *Notfall*) emergency; (≈ *Elend*) plight
notlanden *v/i* to make an emergency landing
Notlandung f emergency landing
notleidend *adj* **1** → Not **2** *Kredit* unsecured; *Wechsel, Wertpapier* dishonoured *Br*, dishonored *US*
Notlösung f compromise solution; *provisorisch* temporary solution
Notlüge f white lie
Notoperation f emergency operation
notorisch *adj* **1** (≈ *gewohnheitsmäßig*) habitual **2** (≈ *allbekannt*) notorious

Notruf m TEL *Nummer* emergency number
Notrufnummer f emergency number
Notrufsäule f emergency telephone
Notrutsche f FLUG escape chute
notschlachten *v/t* to put down
Notsitz m foldaway *od* tip-up seat
Notstand m crisis; POL state of emergency; JUR emergency; **den ~ ausrufen** to declare a state of emergency
Notstandsgebiet n *wirtschaftlich* deprived area; *bei Katastrophen* disaster area
Notstandsgesetze *pl* POL emergency laws *pl*
Notstromaggregat n emergency power generator
Notunterkunft f emergency accommodation *od* shelter
Notwehr f self-defence *Br*, self-defense *US*; **in** *od* **aus ~** in self-defence *Br*, in self-defense *US*
notwendig *adj* necessary; **ich habe alles Notwendige erledigt** I've done everything (that's) necessary
notwendigerweise *adv* of necessity, necessarily
Notwendigkeit f necessity
Nougat m/n nougat
Novelle f **1** novella **2** POL amendment
November m November; → März
Novize m, **Novizin** f novice
Novum n novelty
NPD f *abk* (= Nationaldemokratische Partei Deutschlands) National Democratic Party of Germany
Nr. *abk* (= Nummer) No., no.
NRW *abk* (= Nordrhein-Westfalen) North Rhine-Westphalia
NSU m *abk* (= Nationalsozialistischer Untergrund) POL *BRD* NSU, National Socialist Underground
NS-Verbrechen n Nazi crime
Nu m **im Nu** in no time
Nuance f (≈ *kleiner Unterschied*) nuance; (≈ *Kleinigkeit*) shade; **um eine ~ zu laut** a shade too loud
Nubuk n, **Nubukleder** n nubuk
nüchtern A *adj* **1** *ohne Essen* **mit ~em/auf ~en Magen** with/on an empty stomach **2** (≈ *nicht betrunken*) sober; **wieder ~ werden** to sober up **3** (≈ *sachlich, vernünftig*) down-to-earth, rational; *Tatsachen* bare, plain B *adv* (≈ *sachlich*) unemotionally
nuckeln *v/i* to suck (**an** +*dat* at); **er nuckelt immer am Daumen** he's always sucking his thumb
Nudel f **1** *als Beilage* pasta *kein pl*; *als Suppeneinlage* noodle; **~n** pasta **2** *umg* (≈ *dicker Mensch*) dumpling *umg*; *komisch* character
Nudelsalat m pasta salad

Nudelsuppe f noodle soup
Nudist(in) m(f) nudist
Nugat m/n nougat
nuklear adj nuclear
Nuklearwaffe f nuclear weapon
null num zero; umg (≈ kein) zero umg; TEL O Br, zero; SPORT nil, zero US; Tennis love; **~ Komma eins** (nought) point one Br, zero point one US; **es steht ~ zu ~** there's no score; **das Spiel wurde ~ zu ~ beendet** the game was a goalless draw Br, the game was a no-score draw; **eins zu ~** one-nil; **~ und nichtig** JUR null and void; **Temperaturen unter ~** sub-zero temperatures; **in ~ Komma nichts** umg in less than no time
Null f ◾1 Zahl nought, naught US, zero ◾2 umg (≈ Mensch) loser umg, dead loss umg
nullachtfünfzehn umg adj run-of-the-mill umg
Nullchecker(in) m(f) sl dumbo umg, dumbass US sl
Nulldiät f starvation diet
Nullerjahr umg n jedes Jahr des ersten Jahrzehnts eines Jahrtausends, 00-09 noughtie Br umg, aught US
Nulllösung f POL zero option
Nullnummer f ◾1 von Zeitung etc pilot ◾2 umg fig Fehlschlag, sinnlose Aktion washout, waste of time; Person waste of space
Nullpunkt m zero; **auf den ~ sinken, den ~ erreichen** to hit rock-bottom
Nullrunde f **in diesem Jahr gab es eine ~ für Beamte** there has been no pay increase this year for civil servants
Nullsummenspiel n zero-sum game
Nulltarif m für Verkehrsmittel free travel; (≈ freier Eintritt) free admission; **zum ~** hum free of charge
Nullwachstum n POL zero growth
numerisch adj numeric(al)
Nummer f number; (≈ Größe) size; umg (≈ Mensch) character; umg (≈ Koitus) screw sl; **er hat od schiebt eine ruhige ~** umg he's onto a cushy number umg; **auf ~ sicher gehen** umg to play (it) safe; **dieses Geschäft ist eine ~ zu groß für ihn** this business is out of his league
nummerieren v/t to number
Nummerierung f numbering
Nummernblock m auf Tastatur numeric keypad
Nummerngirl n ring card girl
Nummernkonto n FIN numbered account
Nummernschild n AUTO number plate Br, license plate US
Nummernspeicher m TEL memory
nun adv ◾1 (≈ jetzt) now; **was nun?** what now?; **er will nun mal nicht** he simply doesn't want to; **das ist nun (ein)mal so** that's just the way things are; **nun ja** well yes; **nun gut** (well) all right; **nun erst recht!** just for that (I'll do it!). ◾2 Aufforderung come on ◾3 bei Fragen well; **nun?** well?
nur adv only; **alle, nur ich nicht** everyone except me; **nicht nur …, sondern auch** not only … but also; **alles, nur das nicht!** anything but that!; **ich hab das nur so gesagt** I was just talking; **nur zum Spaß** just for fun; **was hat er nur?** what on earth is the matter with him? umg; **wenn er nur (erst) käme** if only he would come; **geh nur!** just go; **nur zu!** go on; **Sie brauchen es nur zu sagen** just say (the word)
Nürnberg n Nuremberg
nuscheln umg v/t & v/i to mutter
Nuss f ◾1 nut; **eine harte ~ zu knacken haben** fig to have a tough nut to crack ◾2 umg (≈ Mensch) **eine doofe ~** a stupid clown umg
Nussbaum m Baum walnut tree; Holz walnut
nussig adj nutty
Nussknacker m nutcracker
Nussschale f nutshell; fig (≈ Boot) cockleshell
Nüster f nostril
Nut f, **Nute** f groove
Nutte umg f tart umg
nutzbar adj us(e)able; Boden productive; Bodenschätze exploitable; **~ machen** to make us(e)able; Sonnenenergie to harness; Bodenschätze to exploit
nutzbringend ⒶＡ adj profitable ⒷＢ adv profitably; **etw ~ anwenden** to use sth profitably
nütze adj **zu etw ~ sein** to be useful for sth; **zu nichts ~ sein** to be no use for anything
nutzen ⒶＡ v/i to be of use, to be useful (j-m zu etw to sb for sth); (≈ ausnutzen) to take advantage of; **es nutzt nichts** it's no use; **da nutzt alles nichts** there's nothing to be done; **das nutzt (mir/dir) nichts** that won't help (me/you) ⒷＢ v/t to make use of, to use; Gelegenheit to take advantage of; Bodenschätze, Energien to use; **etw gemeinsam mit j-m ~** to share sth with sb
Nutzen m ◾1 use; (≈ Nützlichkeit) usefulness; **j-m von ~ sein** to be useful to sb ◾2 (≈ Vorteil) advantage, benefit; (≈ Gewinn) profit; **aus etw ~ ziehen** to reap the benefits of sth
nützen v/t & v/i → nutzen
Nutzer(in) m(f) user
nutzergeneriert adj IT user-generated; von Webinhalten etc **~er Inhalt, ~er Content** user-generated content
Nutzfahrzeug n farm/military etc vehicle; HANDEL commercial vehicle
Nutzfläche f us(e)able floor space; **(landwirtschaftliche) ~** AGR (agriculturally) productive land
Nutzholz n (utilizable) timber

Nutzlast f payload
nützlich adj useful; (≈ hilfreich) helpful; (≈ praktisch) handy; **sich ~ machen** to make oneself useful
Nützlichkeit f usefulness
nutzlos adj [1] useless; (≈ vergeblich) futile attr, in vain präd [2] (≈ unnötig) needless
Nutzlosigkeit f uselessness; (≈ Vergeblichkeit) futility
Nutznießer(in) m(f) beneficiary; JUR usufructuary
Nutzung f use; (≈ das Ausnutzen) exploitation; **j-m etw zur ~ überlassen** to give sb the use of sth
Nutzungsbedingungen pl terms and conditions of use pl
Nylon® n nylon
Nymphe f Mythologie nymph; fig sylph
Nymphomanin f nymphomaniac

O, o n O, o
o int oh
Oase f oasis; fig haven
ob konj [1] indirekte Frage if, whether; **ich habe ihn gefragt, ob er mitkommen will** I asked him if he wanted to come; **ich frage mich, ob ich das tun soll** I wonder whether I should do it; **ob reich, ob arm** whether rich or poor; **ob er (wohl) morgen kommt?** I wonder if he'll come tomorrow? [2] **und ob** umg you bet umg; **als ob** as if; **(so) tun, als ob** umg to pretend
OB m abk (= Oberbürgermeister) Lord Mayor
Obacht f **~ geben auf** (+akk) (≈ aufmerken) to pay attention to; (≈ bewachen) to keep an eye on
ÖBB abk (= Österreichische Bundesbahnen) Austrian Railways
Obdach geh n shelter
obdachlos adj homeless; **~ werden** to be made homeless
Obdachlosenasyl n hostel for the homeless
Obdachlose(r) m/f(m) homeless person; **die ~n** the homeless
Obdachlosigkeit f homelessness
Obduktion f postmortem (examination)
obduzieren v/t to carry out a postmortem on
O-Beine umg pl bow legs pl
o-beinig adj bow-legged
Obelisk m obelisk
oben adv [1] (≈ am oberen Ende) at the top; im Haus upstairs; (≈ in der Höhe) up; **rechts ~ (in der Ecke)** in the top right-hand corner; **der ist ~ nicht ganz richtig** umg he's not quite right up top umg; **~ ohne gehen** umg to be topless; **ganz ~** right at the top; **hier/dort ~** up here/there; **hoch ~** high (up) above; **~ auf dem Berg** on top of the mountain; **~ am Himmel** up in the sky; **~ im Norden** up (in the) north; **nach ~** up, upwards; im Hause upstairs; **der Weg nach ~** fig the road to the top; **von ~ bis unten** from top to bottom; von Mensch from top to toe; **j-n von ~ bis unten mustern** to look sb up and down; **j-n von ~ herab behandeln** to be condescending to sb; **weiter ~** further up; **der Befehl kommt von ~** it's orders from above [2] (≈ vorher) above; **siehe ~** see above; **~ erwähnt** attr above-mentioned
Oben-ohne- zssgn topless
Ober m (≈ Kellner) waiter; **Herr ~!** waiter!
Oberarm m upper arm
Oberarzt m, **Oberärztin** f senior physician; (≈ Vertreter des Chefarztes) assistant medical director
Oberaufsicht f supervision; **die ~ führen** to be in od have overall control (**über** +akk of)
Oberbefehl m MIL supreme command
Oberbegriff m generic term; sprachlich group word
Oberbürgermeister m mayor, Lord Mayor
Oberbürgermeisterin f mayoress
obercool umg adj [1] (≈ äußerst gelassen) super cool umg; **~ sein** to be well cool [2] (≈ äußerst toll) totally cool umg
Oberdeck n upper deck
obere(r, s) adj upper; **~r Teil, ~s Ende** top; → **oberster, s**
Oberfläche f surface; TECH, MATH surface area; **an der ~ schwimmen** to float
oberflächlich [A] adj superficial; **~e Verletzung** surface wound; **bei ~er Betrachtung** at a quick glance; **nach ~er Schätzung** at a rough estimate [B] adv superficially; **etw (nur) ~ kennen** to have (only) a superficial knowledge of sth
Obergeschoss n, **Obergeschoß** österr n upper floor; bei zwei Stockwerken top floor
Obergrenze f upper limit
oberhalb [A] präp above [B] adv above; **~ von** over; **weiter ~** further up
Oberhand fig f upper hand; **die ~ über j-n/etw gewinnen** to gain the upper hand over sb/sth, to get the better of sb/sth
Oberhaupt n (≈ Repräsentant) head; (≈ Anführer) leader; (≈ Stammesoberhaupt) chief
Oberhaus n POL upper house; in GB House of Lords
Oberhemd n shirt

Oberin f **1** *im Krankenhaus* matron **2** KIRCHE Mother Superior
oberirdisch *adj & adv* above ground
Oberkellner(in) *m(f)* head waiter/waitress
Oberkiefer *m* upper jaw
Oberkommando *n* (≈ *Oberbefehl*) Supreme Command
Oberkörper *m* upper part of the body; **den ~ frei machen** to strip to the waist
Oberlauf *m* upper reaches *pl*
Oberleder *n* (leather) uppers *pl*
Oberleitung f **1** (≈ *Führung*) direction **2** ELEK overhead cable
Oberlippe f upper lip
Oberösterreich *n* Upper Austria
oberrheinisch *adj* upper Rhine
Obers *n* österr cream
Oberschenkel *m* thigh
Oberschenkelhalsbruch *m* femoral neck fracture
Oberschicht f top layer; SOZIOL upper strata (of society) *pl*
Oberschwester f senior nursing officer
Oberseite f top (side)
Oberst *m* **1** *Heer* colonel **2** *Luftwaffe* group captain *Br*, colonel *US*
Oberstaatsanwalt *m*, **Oberstaatsanwältin** f public prosecutor, procurator fiscal *schott*, district attorney *US*
oberste(r, s) *adj* **1** *Stockwerk, Schicht* uppermost, very top **2** *Gebot, Prinzip* supreme; *Dienstgrad* highest, most senior; **Oberster Gerichtshof** supreme court
Oberstufe f upper school; (≈ *oberste Klasse*) sixth form
Oberteil *n* top
Oberwasser *fig umg n* **~ haben** to feel better
Oberweite f bust measurement
obgleich *konj* although
Obhut *geh* f (≈ *Aufsicht*) care; (≈ *Verwahrung*) keeping; **j-n in ~ nehmen** to take care of sb; **unter j-s ~** (*dat*) **sein** to be in sb's care
obige(r, s) *adj* above
Objekt *n* object; HANDEL (≈ *Grundstück etc*) property; FOTO subject
objektiv **A** *adj* objective **B** *adv* objectively
Objektiv *n* (object) lens
Objektivität f objectivity
Objektschutz *m* protection of property
Objektträger *m* slide
Oblate f wafer; KIRCHE host
Obligation f obligation; FIN bond, debenture
obligatorisch *adj* obligatory; *Fächer* compulsory
Oboe f oboe; **~ spielen** to play the oboe
Oboist(in) *m(f)* oboist

Obrigkeit f authority; **die ~** the authorities *pl*
Observatorium *n* observatory
observieren *form v/t* to observe
obskur *adj* obscure; (≈ *verdächtig*) suspect
Obst *n* fruit; **~ pflücken** to pick fruit
Obstbau *m* fruit-growing
Obstbaum *m* fruit tree
Obstgarten *m* orchard
Obstkuchen *m* fruit flan; *gedeckt* fruit tart, pie
Obstler *m* dial fruit schnapps
Obstplantage f fruit plantation
Obstruktion f obstruction
Obstsaft *m* fruit juice
Obstsalat *m* fruit salad
Obsttorte f fruit flan; *gedeckt* fruit tart
Obst- und Gemüsehändler(in) *m* greengrocer; *US* vegetable seller
Obstwasser *n* fruit schnapps
obszön *adj* obscene
Obszönität f obscenity
Obwalden *n* Obwalden
obwohl *konj* although, even though
Occasion f *schweiz* (≈ *Gelegenheitskauf*) (second-hand) bargain; (≈ *Gebrauchtwagen*) second-hand car
Ochs *m*, **Ochse** *m* **1** ox **2** *umg* (≈ *Dummkopf*) dope *umg*
Ochsenschwanzsuppe f oxtail soup
Ocker *m/n* ochre *Br*, ocher *US*
Ode f ode
öde *adj* **1** (≈ *verlassen*) deserted; (≈ *unbewohnt*) desolate; (≈ *unbebaut*) waste **2** *fig* (≈ *fade*) dull; *Dasein* dreary; *umg* (≈ *langweilig*) grim *umg*
Ödem *n* oedema, edema
oder *konj* or; **~ so** *am Satzende* or something; **so war's doch, ~ (etwa) nicht?** that was what happened, wasn't it?; **lassen wir es so, ~?** let's leave it at that, OK?
Ödipuskomplex *m* Oedipus complex
OECD f *abk* (= Organization for Economic Co-operation and Development) Organisation für wirtschaftliche Zusammenarbeit und Entwicklung OECD
Ofen *m* **1** (≈ *Heizofen*) heater; (≈ *Kohleofen*) stove; **jetzt ist der ~ aus** *umg* that's it *umg* **2** (≈ *Herd, Backofen*) oven **3** TECH furnace; (≈ *Brennofen*) kiln
Ofenkartoffel f baked potato
Ofenrohr *n* stovepipe
offen **A** *adj* **1** open; *Flamme, Licht* naked; *Haare* loose; *Rechnung* outstanding; **~ haben** *Geschäft* to be open; **~er Wein** wine by the carafe/glass; **auf ~er Strecke** *Straße* on the open road; **Tag der ~en Tür** open day; **ein ~es Wort mit j-m reden** to have a frank talk with sb **2** (≈ *frei*) *Stelle* vacant; **~e Stellen** vacancies **B** *adv* openly; (≈ *freimütig*) candidly; (≈ *deutlich*) clearly; **~ ge-**

standen *od* **gesagt** quite honestly; **seine Meinung ~ sagen** to speak one's mind; **die Haare ~ tragen** to wear one's hair loose *od* down

offenbar **A** *adj* obvious; **~ werden** to become obvious **B** *adv* (≈ *vermutlich*) apparently; **da haben Sie sich ~ geirrt** you seem to have made a mistake

offenbaren **A** *v/t* to reveal **B** *v/r* (≈ *erweisen*) to show *od* reveal itself/oneself

Offenbarung *f* revelation

Offenbarungseid *m* JUR oath of disclosure; **den ~ leisten** *wörtl* to swear an oath of disclosure; *fig* to admit defeat

offen bleiben, offenbleiben *fig v/i* **alle offengebliebenen Probleme** all remaining problems

offen halten, offenhalten *fig v/t* to keep open

Offenheit *f* openness, candour *Br*, candor *US* (**gegenüber** about); **in aller** *od* **schöner ~** quite openly

offenkundig **A** *adj* obvious; *Beweise* clear **B** *adv* blatantly

offen lassen, offenlassen *v/t* to leave open

offenlegen *fig v/t* to disclose

offensichtlich **A** *adj* obvious **B** *adv* obviously

offensiv **A** *adj* offensive **B** *adv* offensively

Offensive *f* ❶ offensive; **in die ~ gehen** to take the offensive ❷ SPORT forward line; *beim Football* offense

offen stehen *v/i Tür, Fenster* to be open

offenstehen *fig v/i* ❶ HANDEL *Rechnung* to be outstanding ❷ **j-m ~** *fig* (≈ *zugänglich sein*) to be open to sb; **es steht ihr offen, sich uns anzuschließen** she's free to join us

öffentlich **A** *adj* public; **die ~e Meinung/Moral** public opinion/morality; **die ~e Ordnung** law and order; **~es Recht** JUR public law; **~e Schule** state school, public school *US*; **der ~e Dienst** the civil service; **~er Verkehr** public transport **B** *adv* publicly; **sich ~ äußern** to voice one's opinion in public; **etw ~ bekannt machen** to make sth public

Öffentlichkeit *f* (≈ *Allgemeinheit*) (general) public; **die ~ erfährt vieles nicht** the public don't *od* doesn't find out about a lot of things; **in der ~** in public; **in** *od* **vor aller ~** in public; **unter Ausschluss der ~** in secret *od* private; JUR in camera; **mit etw an die ~ treten** to bring sth to public attention; **im Licht der ~ stehen** to be in the public eye

Öffentlichkeitsarbeit *f* public relations work

Öffentlichkeitsdefizit *n* POL democratic deficit

öffentlich-rechtlich *adj* (under) public law; **~er Rundfunk** ≈ public-service broadcasting

Offerte *f* HANDEL offer

offiziell **A** *adj* official **B** *adv* officially

Offizier(in) *m(f)* officer

offiziös *adj* semiofficial

offline *adv* IT offline, off-line

Offlinebetrieb *m* IT off-line mode

öffnen **A** *v/t & v/i* to open **B** *v/r* to open; (≈ *weiter werden*) to open out; **sich j-m ~** to confide in sb

Öffner *m* opener

Öffnung *f* opening

Öffnungszeiten *pl* hours *pl* of business, opening times *pl*

Offsetdruck *m* offset (printing)

oft *adv* often; (≈ *in kurzen Abständen*) frequently; **des Öfteren** quite often

öfter(s) *adv* (every) once in a while; (≈ *wiederholt*) from time to time

OG *abk* (= Obergeschoss) upper floor

oh *int* oh

Ohm *n* ohm

ohne **A** *präp* without; **~ etw auskommen** to go without sth; **~ mich!** count me out!; **er ist nicht ~** *umg* he's not bad *umg*; **~ Mehrwertsteuer** excluding VAT; **ich hätte das ~ Weiteres getan** I'd have done it without a second thought; **er hat den Brief ~ Weiteres unterschrieben** he signed the letter just like that; **das lässt sich ~ Weiteres arrangieren** that can easily be arranged **B** *konj* **~ zu zögern** without hesitating

ohnegleichen *adj* unparalleled; **seine Frechheit ist ~** I've never known anybody have such a nerve

ohnehin *adv* anyway; **es ist ~ schon spät** it's late enough as it is

Ohnmacht *f* ❶ MED faint; **in ~ fallen** to faint ❷ (≈ *Machtlosigkeit*) powerlessness

ohnmächtig **A** *adj* ❶ (≈ *bewusstlos*) unconscious; **~ werden** to faint ❷ (≈ *machtlos*) powerless; **~e Wut** impotent rage **B** *adv* (≈ *hilflos*) helplessly; **~ zusehen** to look on helplessly

Ohr *n* ear; **gute Ohren haben** to have good hearing; **auf taube/offene Ohren stoßen** to fall on deaf/sympathetic ears; **ein offenes Ohr für j-n haben** to be ready to listen to sb; **mir klingen die Ohren** my ears are burning; **j-m die Ohren volljammern** *umg* to keep (going) on at sb; **ganz Ohr sein** *hum* to be all ears; **j-m eins hinter die Ohren legen** *od* **hauen** *umg* to turn in *umg*; **j-m die Ohren lang ziehen** *umg* to tweak sb's ear(s); **ein paar hinter die Ohren kriegen** *umg* to get a smack on the ear; **schreib es dir hinter die Ohren** *umg* has that sunk in? *umg*; **j-m (mit etw) in den Ohren liegen** to badger sb (about sth); **j-n übers Ohr hauen** to take sb for a ride *umg*; **bis über beide Ohren**

verliebt sein to be head over heels in love; **viel um die Ohren haben** *umg* to have a lot on (one's plate) *umg*; **es ist mir zu Ohren gekommen** it has come to my ears *form*
Öhr *n* eye
Ohrenarzt *m*, **Ohrenärztin** *f* ear specialist
ohrenbetäubend *fig adj* deafening
Ohrensausen *n* MED buzzing in one's ears
Ohrenschmalz *n* earwax
Ohrenschmerzen *pl* earache
Ohrenschützer *pl* earmuffs *pl*
Ohrenstöpsel *m* earplug
Ohrenzeuge *m*, **Ohrenzeugin** *f* earwitness
Ohrfeige *f* slap on the face, slap round the face *Br*; *als Strafe* smack on the ear; **eine ~ bekommen** to get a slap round the face *Br*, in the face *US*
ohrfeigen *v/t* **j-n ~** to slap *od* hit sb; *als Strafe* to give sb a smack on the ear
Ohrhörer *m* earphone, earbud
Ohrläppchen *n* (ear)lobe
Ohrlöffelchen *n*, **Ohrreiniger** *m* ear pick, ear scoop
Ohrmuschel *f* (outer) ear
Ohrring *m* earring
Ohrstecker *m* stud earring
Ohrstöpsel *m* earplug
Ohrwurm *m* ZOOL earwig; **der Schlager ist ein richtiger ~** *umg* that's a really catchy record *umg*
oje *int* oh dear
o. k., O. K. *int* OK
okay *int* OK
Okkupation *f* occupation
Öko- *zssgn* eco
Ökobauer *m*, **Ökobäuerin** *umg f* ecologically--minded farmer
Ökobewegung *f* ecological movement
Ökobilanz *f* life-cycle analysis
Ökoei *n* organic egg
Ökofonds *m* eco fund, green fund
Ökolabel *m* ecolabel
Ökoladen *m* wholefood shop
Ökologe *m*, **Ökologin** *f* ecologist
Ökologie *f* ecology
ökologisch **A** *adj* ecological, environmental; **Gemüse aus kontrolliert ~em Anbau** certified organic vegetables **B** *adv* ecologically; *anbauen* organically
Ökonom(in) *m(f)* economist
Ökonomie *f* **1** economy **2** (≈ *Wirtschaftswissenschaft*) economics *sg*
ökonomisch **A** *adj* **1** economic **2** (≈ *sparsam*) economic(al) **B** *adv* economically; **~ wirtschaften** to be economical
Ökopapier *n* recycled paper

Ökosiegel *n* eco-label
Ökosphäre *f* ecosphere
Ökosteuer *f* ecotax, green tax *umg*
Ökostrom *m* green electricity
Ökosystem *n* ecosystem
Ökotourismus *m* ecotourism
Ökotoxikologie *f* environmental toxicology, ecotoxicology
Oktaeder *n* octahedron
Oktanzahl *f* octane number
Oktave *f* octave
Oktober *m* October; → **März**
Oktoberfest *n* Munich beer festival
Oktopus *m* octopus
ökumenisch *adj* ecumenical
Öl *n* oil; **in Öl malen** to paint in oils; **Öl auf die Wogen gießen** *sprichw* to pour oil on troubled waters
Ölberg *m* Mount of Olives
Ölbild *n* oil painting
Oldie *m umg* (≈ *Schlager*) (golden) oldie *umg*
Oldtimer *m* (≈ *Auto*) veteran car, vintage car
Oleander *m* oleander
Ölembargo *n* oil embargo
ölen *v/t* to oil; **wie geölt** *umg* like clockwork *umg*
Ölexport *m* oil exports *pl*
Ölfarbe *f* oil-based paint; KUNST oil (paint), oil colour *Br od* color *US*
Ölfeld *n* oil field
Ölfilm *m* film of oil
Ölfilter *m od n* AUTO oil filter
Ölförderland *n* oil-producing country
Ölförderung *f* oil production
Ölgemälde *n* oil painting
Ölheizung *f* oil-fired central heating
ölig *adj* oily
oliv *adj* olive(-green)
Olive *f* olive
Olivenbaum *m* olive tree
Olivenhain *m* olive grove
Olivenöl *n* olive oil
olivgrün *adj* olive-green
Ölkanne *f*, **Ölkännchen** *n* oil can
Ölkrise *f* oil crisis
Öllampe *f* oil lamp
Ölleitung *f* oil pipeline
Öllieferant(in) *m(f)* oil producer
Ölmessstab *m* AUTO dipstick
Ölmühle *f* oil mill
Ölofen *m* oil heater
Ölpest *f* oil spill
Ölplattform *f* oil rig
Ölpreis *m* oil price
Ölquelle *f* oil well
Ölsardine *f* sardine
Ölschicht *f* layer of oil

Ölstand *m* oil level
Ölstandsanzeiger *m* oil pressure gauge
Öltanker *m* oil tanker
Ölteppich *m* oil slick
Ölverbrauch *m* oil consumption
Ölvorkommen *n* oil deposit
Ölwanne *f* AUTO sump *Br*, oil pan *US*
Ölwechsel *m* oil change
Olymp *m Berg* Mount Olympus
Olympiade *f* (≈ *Olympische Spiele*) Olympic Games *pl*
Olympiamannschaft *f* Olympic team
Olympiasieger(in) *m(f)* Olympic champion
Olympiastadion *n* Olympic stadium
Olympiateilnehmer(in) *m(f)* participant in the Olympic Games
olympisch *adj* **1** (≈ *den Olymp betreffend*) Olympian *a. fig* **2** (≈ *die Olympiade betreffend*) Olympic; **die Olympischen Spiele** the Olympic Games
Ölzeug *n* oilskins *pl*
Oma *umg f* grandma, granny *umg*
Oman *n* GEOG Oman
Ombudsfrau *f* ombudswoman
Ombudsmann *m* ombudsman
Omega *n griechischer Buchstabe* omega
Omega-3-Fettsäuren *pl* omega-3 fatty acids *pl*
Omelett *n* omelette
Omen *n* omen
Omi *umg f* grandma
ominös *geh* **A** *adj* ominous, sinister **B** *adv* ominously
Omnibus *m* **1** bus **2** (≈ *Reisebus*) bus, coach *Br*
Omnibusbahnhof *m* bus station; **zentraler Omnibusbahnhof** main bus station
onanieren *v/i* to masturbate
Onkel *m* uncle
Onkologe *m*, **Onkologin** *f* oncologist
Onkologie *f* MED oncology
online **A** *adj* IT online **B** *adv* IT online; **~ gehen** to go online; **ich habe das ~ gekauft** I bought it online
Online- *zssgn* online
Onlineanbieter *m* online (service) provider
Onlineangebot *n Warenangebot* online products *pl*; *Dienste* online services *pl*
Onlinearbeitsamt *n* online job centre *Br*, online employment service *US*
Onlineauktion *f* Internet auction
Onlinebanking *n* online *od* Internet banking
Onlinebetrieb *m* online mode
Online-Check-in *m* FLUG online check-in
Onlinedatenbank *f* online database
Onlinedating *n Partnersuche im Internet* online dating
Onlinedienst *m*, **Onlineservice** *m* online service

Onlinehilfe *f* IT online support
Onlinepublishing *n* online *od* web publishing
Online-Recherche *f* online research
Onlineshop *f* online shop *Br*, online store *US*
Onlineshopping *n* online *od* Internet shopping
Onlinespiel *n* IT online game
Onlineticket *n* e-ticket
Onomatopöie *f* LIT onomatopeia
OP *abk* (= Operationssaal) operating theatre *Br*, operating room *US*
Opa *umg m* grandad, grandpa *umg*; *fig pej* old grandpa *umg*
Opal *m* opal
Open Air *n*, **Open-Air-Festival** *n* open-air festival
Open-Air-Konzert *n* open-air concert
Oper *f* opera
Operation *f* operation
Operationssaal *m* operating theatre *Br*, operating room *US*
Operationsschwester *f* theatre sister *Br*, operating room nurse *US*
operativ **A** *adj* MED operative, surgical; MIL, WIRTSCH strategic, operational **B** *adv* MED surgically
Operator(in) *m(f)* (computer) operator
Operette *f* operetta
operieren **A** *v/t* to operate on; **j-n am Magen ~** to operate on sb's stomach; **sie muss operiert werden** she needs to have an operation **B** *v/i* to operate; **sich ~ lassen** to have an operation
Opernball *m* opera ball
Opernführer *m* (≈ *Buch*) opera guide
Opernglas *n* opera glasses *pl*
Opernhaus *n* opera house
Opernsänger(in) *m(f)* opera singer
Opfer *n* **1** (≈ *Opfergabe*) sacrifice; **j-m etw als ~ darbringen** to offer sth as a sacrifice to sb; **ein ~ bringen** to make a sacrifice **2** (≈ *Geschädigte*) victim; **j-m/einer Sache zum ~ fallen** to be (the) victim of sb/sth; **das Erdbeben forderte viele ~** the earthquake claimed many victims **3** *sl pej* (≈ *Verlierer*) loser
opferbereit *adj* ready *od* willing to make sacrifices
Opfergabe *f* offering
opfern **A** *v/t* **1** (≈ *als Opfer darbringen*) to sacrifice **2** *fig* (≈ *aufgeben*) to give up **B** *v/i* to make a sacrifice **C** *v/r* **sich** *od* **sein Leben für j-n/etw ~** to sacrifice oneself *od* one's life for sb/sth
Opferstock *m* offertory box
Opferung *f* (≈ *das Opfern*) sacrifice
Opi *umg m* grandpa
Opium *n* opium

Opiumhöhle f opium den
Opponent(in) m(f) opponent
opponieren v/i to oppose (**gegen** j-n/etw sb/sth)
opportun geh adj opportune
Opportunismus m opportunism
Opportunist(in) m(f) opportunist
opportunistisch adj opportunistic, opportunist
Opposition f opposition; **in die ~ gehen** POL to go into opposition
oppositionell adj oppositional
Oppositionsführer(in) m(f) POL opposition leader
Oppositionspartei f POL opposition, opposition party
optieren form v/i **~ für** to opt for
Optik f **1** PHYS optics **2** (≈ Linsensystem) lens system **3** (≈ Sehweise) point of view; **das ist eine Frage der ~** fig it depends on your point of view
Optiker(in) m(f) optician
optimal **A** adj optimal, optimum attr **B** adv perfectly; **etw ~ nutzen** to put sth to the best possible use; **etw ~ lösen** to solve sth in the best possible way
optimieren v/t to optimize
Optimismus m optimism
Optimist(in) m(f) optimist
optimistisch **A** adj optimistic; **da bin ich ~** I'm optimistic about it **B** adv optimistically; **etw ~ sehen** to be optimistic about sth
Optimum n optimum
Option f option
optional adj optional
Optionshandel m options trading
optisch **A** adj visual; **~e Täuschung** optical illusion **B** adv (≈ vom Eindruck her) optically, visually
opulent geh adj Kostüme, Geldsumme lavish; Mahl sumptuous
Opus n work; MUS opus; (≈ Gesamtwerk) (complete) works pl
Orakel n oracle
orakeln v/i über die Zukunft to prophesy
oral **A** adj oral **B** adv orally
Oralsex m oral sex
orange adj orange
Orange f Frucht orange
Orangeade f orangeade bes Br, orange juice
Orangeat n candied (orange) peel
Orangenhaut f MED orange-peel skin
Orangenmarmelade f marmalade
Orangennektar m orange nectar
Orangensaft m orange juice
Orang-Utan m orang-utan

Orchester n orchestra
Orchestergraben m orchestra pit
Orchidee f orchid
Orden m **1** Gemeinschaft (holy) order **2** (≈ Ehrenzeichen) decoration; MIL medal; **einen ~ bekommen** to be decorated
Ordensbruder m KIRCHE monk
Ordensschwester f nun; (≈ Krankenschwester) (nursing) sister
ordentlich **A** adj **1** Mensch, Zimmer tidy **2** (≈ ordnungsgemäß) **~es Gericht** court of law; **~es Mitglied** full member **3** (≈ anständig) respectable; **etwas Ordentliches lernen** to learn a proper trade **4** umg (≈ tüchtig) **ein ~es Frühstück** a proper breakfast, a decent breakfast; **eine ~e Tracht Prügel** a good thrashing, a proper hiding Br **5** (≈ annehmbar) Preis, Leistung reasonable **B** adv **1** (≈ geordnet) neatly **2** (≈ ordnungsgemäß) regeln correctly; (≈ anständig) sich benehmen appropriately; aufhängen properly **3** umg (≈ tüchtig) **~ essen** to eat (really) well; **j-n ~ verprügeln** to give sb a real beating; **es hat ~ geregnet** it really rained; **~ Geld verdienen** to make a pile of money umg
Order f order
ordern v/t HANDEL to order
Ordinalzahl f ordinal number
ordinär adj **1** (≈ gemein) vulgar **2** (≈ alltäglich) ordinary
Ordinariat n UNIV chair
Ordinarius m UNIV professor (**für** of)
Ordination f **1** KIRCHE ordination **2** österr (≈ Arztpraxis) (doctor's) practice; (≈ Sprechstunde) consultation (hour), surgery Br, office hours pl US
ordnen v/t Gedanken, Material to organize; Sammlung to sort out; Finanzen, Privatleben to put in order; (≈ sortieren) to order; **etw alphabetisch ~** to put sth into alphabetical order; → geordnet
Ordner m (≈ Aktenordner), a. IT folder; **~ mit Informationen (über)** fact file (on)
Ordner(in) m(f) steward
Ordnung f order; **~ halten** to keep things tidy; **~ machen** to tidy up; **für ~ sorgen** to put things in order; **etw in ~ halten** to keep sth in order; **etw in ~ bringen** (≈ reparieren) to fix sth; (≈ herrichten) to put sth in order; (≈ bereinigen) to clear sth up; **(das ist) in ~!** (that's) OK od all right!; umg, all right!; **in ~, aber ...** fair enough but ...; **geht in ~** umg sure umg; **der ist in ~** umg he's OK umg; **ist alles in ~?** are you all right?; **da ist etwas nicht in ~** there's something wrong there; **j-n zur ~ rufen** to call sb to order; **j-n zur ~ anhalten** to tell sb to be tidy; **~ muss sein!** we must have order!;

ich frage nur der ~ halber I'm only asking as a matter of form; **das war ein Skandal erster ~** *umg* that was a scandal of first order

Ordnungsamt *n* ≈ town clerk's office

ordnungsgemäß A *adj* according to the regulations, proper B *adv* correctly

ordnungshalber *adv* as a matter of form

Ordnungshüter(in) *hum m(f)* custodian of the law *hum*

ordnungsliebend *adj* tidy, tidy-minded

Ordnungsstrafe *f* fine; **j-n mit einer ~ belegen** to fine sb

ordnungswidrig A *adj* irregular; *Parken* illegal B *adv parken* illegally

Ordnungswidrigkeit *f* infringement

Ordnungszahl *f* MATH ordinal number

Oregano *m* BOT oregano

Organ *n* **1** organ; *umg* (≈ *Stimme*) voice **2** **die ausführenden ~e** the executors

Organbank *f* MED organ bank

Organempfänger(in) *m(f)* MED organ recipient

Organentnahme *f* MED organ removal

Organhandel *m* trade in transplant organs

Organigramm *n* diagram of the company's organisational structure

Organisation *f* organization

Organisationstalent *n* talent for organization; **er ist ein ~** he has a talent for organization

Organisator(in) *m(f)* organizer

organisatorisch *adj* organizational; **er ist ein ~es Talent** he has a talent for organization

organisch A *adj* organic; *Leiden* physical B *adv* MED organically, physically

organisieren A *v/t & v/i* to organize; **etw neu ~** to reorganize sth B *v/r* to organize

organisiert *adj* organized; *gewerkschaftlich a.* unionized; **~e Kriminalität** organized crime

Organismus *m* organism

Organist(in) *m(f)* MUS organist

Organizer *m* COMPUT organizer

Organspende *f* organ donation

Organspender(in) *m(f)* donor (*of an organ*)

Organspenderausweis *m* donor card

Organverpflanzung *f* transplant(ation) (*of organs*)

Orgasmus *m* orgasm

Orgel *f* MUS organ; **~ spielen** to play the organ

Orgelkonzert *n* organ recital; (≈ *Werk*) organ concerto

Orgelmusik *f* organ music

Orgie *f* orgy

Orient *m* **1** *liter* (≈ *der Osten*) Orient **2** (≈ *arabische Welt*) ≈ Middle East; **der Vordere ~** the Near East

orientalisch *adj* Middle Eastern

orientieren A *v/t* **1** (≈ *unterrichten*) **j-n ~ to** put sb in the picture (**über** +*akk* about) **2** (≈ *ausrichten*) to orientate (**nach, auf** +*akk* to, towards); **links orientiert sein** to tend to the left B *v/r* **1** (≈ *sich unterrichten*) to inform oneself (**über** +*akk* about, on) **2** (≈ *sich zurechtfinden*) to orientate oneself (**an** +*dat od* **nach** by) **3** (≈ *sich ausrichten*) to be orientated (**nach, an** +*dat* towards); **sich nach Norden ~** to bear north

Orientierung *f* **1** (≈ *Unterrichtung*) information; **zu Ihrer ~** for your information **2** (≈ *das Zurechtfinden, Ausrichtung*) orientation; **die ~ verlieren** to lose one's bearings; **sexuelle ~** PSYCH sexual orientation

orientierungslos *adj* disoriented; **~ herumirren** to wander around in a disoriented state; **~e Jugendliche** young people lacking in direction

Orientierungssinn *m* sense of direction

Orientierungsstufe *f* SCHULE *mixed ability class(es) intended to foster the particular talents of each pupil*

Orientteppich *m* Oriental carpet

Origano *m* BOT oregano

original *adj* original

Original *n* **1** original **2** *Mensch* character

Original- *zssgn Aufnahme etc* original

Originalfassung *f* original (version); **in der englischen ~** in the original English

originalgetreu *adj* true to the original

Originalität *f* **1** (≈ *Echtheit*) authenticity **2** (≈ *Urtümlichkeit*) originality

Originalton *m* **(im) ~ Merkel** *fig* in Merkel's own words

Originalübertragung *f* RADIO, TV live broadcast

Originalverpackung *f* original packaging

originell *adj Idee* original; (≈ *geistreich*) witty

Orkan *m* **1** hurricane **2** *fig* storm

orkanartig *adj Wind* gale-force

Orkanstärke *f* hurricane force

Orkantief *n* hurricane-force depression *od* cyclone *od* low

Orkneyinseln *pl* **die ~** the Orkney Islands

Ornament *n* decoration, ornament

ornamental *adj* ornamental

Ornithologe *m*, **Ornithologin** *f* ornithologist

Ort[1] *m* **1** (≈ *Stelle*), (≈ *Standort*) location; **an anderen Orten** in other places; **Ort der Handlung** THEAT scene of the action; **an Ort und Stelle** on the spot **2** (≈ *Ortschaft*) place; (≈ *Dorf*) village; (≈ *Stadt*) town, city *bes US*; **er ist im ganzen Ort bekannt** the whole village/town *etc* knows him; **am/vom Ort** local; **das beste Hotel am Ort** the best hotel in town

Ort² *m* *Bergbau* coal face; **vor Ort** at the (coal) face; *fig* on the spot
Örtchen *n* (≈ *kleiner Ort*) small place; **das (stille) ~** *umg* the smallest room *umg*
orten *v/t* to locate
orthodox **A** *adj* orthodox **B** *adv* (≈ *starr*) *denken* conventionally
Orthografie *f* orthography
orthografisch **A** *adj* orthographic(al) **B** *adv* orthographically; **er schreibt nicht immer ~ richtig** his spelling is not always correct
Orthopäde *m*, **Orthopädin** *f* orthopaedic specialist *Br*, orthopedic specialist *US*
Orthopädie *f* **1** (≈ *Wissenschaft*) orthopaedics *pl Br*, orthopedics *pl US* **2** *umg* (≈ *Abteilung*) orthopaedic department *Br*, orthopedic department *US*
orthopädisch *adj* orthopaedic *Br*, orthopedic *US*
örtlich **A** *adj* local **B** *adv* locally; **das ist ~ verschieden** it varies from place to place; **j-n ~ betäuben** to give sb a local anaesthetic *Br*, to give sb a local anesthetic *US*
Örtlichkeit *f* locality; **sich mit den ~en vertraut machen** to get to know the place
Ortsansässige(r) *m/f(m)* resident
Ortsausgang *m* way out of the village/town
Ortsbus *m* local bus
Ortschaft *f* village; *größer* town, city *bes US*; **geschlossene ~** built-up area
Ortseingang *m* way into the village/town
ortsfremd *adj* non-local; **ich bin hier ~** I'm a stranger here
ortsgebunden *adj* local; (≈ *stationär*) stationary; *Person* tied to the locality
Ortsgespräch *n* TEL local call
Ortskenntnis *f* **~ besitzen** know* a place
ortskundig *adj* **nehmen Sie sich einen ~en Führer** get a guide who knows his way around
Ortsname *m* place name
Ortsnetz *n* TEL local (telephone) exchange area
Ortsnetzkennzahl *f* TEL dialling code *Br*, area code *US*
Ortsschild *n* place name sign
ortsüblich *adj* local; **~e Mieten** standard local rents; **das ist hier ~** it is usual here
Ortsverkehr *m* local traffic
Ortszeit *f* local time
Ortung *f* locating
öS *abk* (= *österreichischer Schilling*) HIST Austrian schilling
O-Saft *umg m* orange juice, O-J *US umg*
Oscar *m* Oscar, Academy Award
Oscar-Verleihung *f* Academy Awards *pl*, Oscars *pl*
Öse *f* loop; *an Kleidung* eye

Oschi *umg m* etwas besonders Großes whopper *umg*
Ösi *umg m* (≈ *Österreicher*) Austrian
Osmose *f* osmosis
Ossi *umg m* East German
Ost- *zssgn* East
Ostalgie *umg f* nostalgia for the former GDR
Ostblock *m historisch neg!* Eastern bloc
ostdeutsch *adj* East German
Ostdeutsche(r) *m/f(m)* East German
Ostdeutschland *n* GEOG East(ern) Germany
Osten *m* east; *von Land* East; **der Ferne ~** the Far East; **der Nahe** *od* **Mittlere ~** the Middle East; **aus dem ~** from the east; **im ~ des Landes** in the east of the country; **nach ~** east; **Richtung ~** east-bound
Osteoporose *f* MED osteoporosis
Osterei *n* Easter egg
Osterferien *pl* Easter holidays *pl Br*, Easter vacation *US*
Osterfest *n* Easter
Osterglocke *f* daffodil
Osterhase *m* Easter bunny
österlich *adj* Easter
Ostermontag *m* Easter Monday
Ostern *n* Easter; **frohe** *od* **fröhliche ~!** Happy Easter!; **zu ~** at Easter
Österreich *n* Austria
Österreicher(in) *m(f)* Austrian
österreichisch *adj* Austrian; **Österreichische Volkspartei** Austrian People's Party
Ostersonntag *m* Easter Sunday
Osterweiterung *f* von NATO, EU eastward expansion
Osterwoche *f* Easter week
Osteuropa *n* East(ern) Europe
Osteuropäer(in) *m(f)* East(ern) European
osteuropäisch *adj* East(ern) European
Ostfriesische Inseln *pl* **die Ostfriesischen Inseln** the East Frisians *pl*
östlich **A** *adj* Richtung, Winde easterly; Gebiete eastern **B** *adv* **~ von Hamburg** (to the) east of Hamburg **C** *präp* (to the) east of
Ostpreußen *n* East Prussia
Östrogen *n* oestrogen *Br*, estrogen *US*
Ostschweiz *f* Eastern Switzerland
Ostsee *f* **die ~** the Baltic (Sea)
ostwärts *adv* east(wards)
Ostwind *m* east wind
Oszillograf *m* oscillograph
Otter¹ *m* otter
Otter² *f* viper
Outback *n* outback
outen *umg* **A** *v/t als Homosexuellen* to out *umg*; *als Trinker, Spitzel etc* to expose **B** *v/r als Homosexueller* to come out *umg*; **sich als etwas ~** *fig* to come out as sth

Outfit n outfit
outsourcen v/t & v/i to outsource
Outsourcing n outsourcing
Ouvertüre f overture
oval adj oval
Oval n oval
Ovation f ovation (**für j-n/etw** for sb/sth); **stehende ~en** standing ovations
Overall m ▮ *Kleidungsstück* jumpsuit ▯ (≈ *Arbeitsanzug*) overalls pl Br, overall US
Overheadfolie f transparency
Overheadprojektor m overhead projector
ÖVP f abk (= Österreichische Volkspartei) Austrian People's Party
Ovulation f ovulation
Oxid n, **Oxyd** n oxide
Oxidation f, **Oxydation** f oxidation
oxidieren, oxydieren v/t & v/i to oxidize
Oxymeron n LIT oxymoron
Ozean m ocean
Ozeandampfer m ocean liner
ozeanisch adj *Klima* oceanic
Ozeanografie f oceanography
Ozelot m ocelot
Ozon m umg n/m ozone
Ozonalarm m ozone warning
Ozonbelastung f ozone level; **eine hohe ~** high ozone levels pl
Ozongehalt m ozone content
ozonhaltig adj ozonic
Ozonhülle f ozone layer
Ozonkiller m ozone killer; **ein ~ sein** to be damaging to the ozone layer
Ozonkonzentration f ozone concentration
Ozonloch n hole in the ozone layer
Ozonschicht f ozone layer
Ozonschild m ozone shield
Ozonwert m ozone level

P

P, p n P, p
paar adj **ein ~** a few, some; (≈ *zwei oder drei a.*) a couple of Br, a couple (of) US; **ein ~ Mal(e)** a few times, a couple of times
Paar n pair; (≈ *Mann und Frau a.*) couple; **ein ~ Schuhe** a pair of shoes
Paarbeziehung f relationship, partnership
paaren v/r *Tiere* to mate; *fig* to be combined
Paarhufer m ZOOL cloven-hoofed animal
Paarlauf m pairs pl

paarmal adv **ein ~** a few times
Paartherapeut(in) m(f) couples therapist
Paartherapie f couples therapy
Paarung f (≈ *Kopulation*) mating
paarweise adv in pairs
Pacht f lease; *Entgelt* rent; **etw zur ~ haben** to have sth on lease
pachten v/t to lease; **du hast das Sofa doch nicht für dich gepachtet** umg don't hog the sofa umg
Pächter(in) m(f) tenant, leaseholder
Pachtvertrag m lease
Pack¹ m *von Zeitungen, Büchern* stack; *zusammengeschnürt* bundle
Pack² pej n rabble pl pej; umg **~ schlägt sich, ~ verträgt sich** that sort of rabble are at each other's throats one minute and the best of friends the next
Päckchen n package; (≈ *Geschenk*) parcel; *Postpäckchen* small parcel; (≈ *Packung*) packet, pack, package US; (≈ *Stapel*) pack; (≈ *Portionspackung, Tütchen*) sachet, packet US; **ein ~ Pfefferminzbonbons** a packet of mints
Packeis n pack ice
packen ▮ v/t ▮ *Koffer* to pack; *Paket* to make up; **Sachen in ein Paket ~** to make things up into a parcel ▯ (≈ *fassen*) to grab (hold of); *Gefühle* to grip; **von der Leidenschaft gepackt** in the grip of passion ▮ umg (≈ *schaffen*) to manage; **du packst das schon** you'll manage it OK ▯ v/i ▮ (≈ *den Koffer packen*) to pack ▯ *fig* (≈ *mitreißen*) to thrill ▮ v/r umg (≈ *abhauen*) to clear out umg
Packen m heap, stack; *zusammengeschnürt* bundle
packend ▮ adj (≈ *mitreißend*) gripping, riveting ▯ adv **der Roman ist ~ erzählt** the novel is od makes exciting reading
Packerl n österr (≈ *Schachtel, Paket*) packet; *für flüssige Lebensmittel* carton
Packesel m packmule; *fig* packhorse
Packmaterial n packaging
Packpapier n brown paper
Packstation f self-service parcel delivery and dispatch station
Packung f ▮ (≈ *Schachtel*) packet; *von Pralinen* box; **eine ~ Zigaretten** a packet of cigarettes, a pack of cigarettes bes US ▯ MED compress; *Kosmetik* face pack
Packungsbeilage f package insert; *bei Medikamenten* patient information leaflet
Pädagoge m, **Pädagogin** f educationalist
Pädagogik f educational theory, education
pädagogisch ▮ adj educational; **~e Hochschule** college of education; **seine ~en Fähigkeiten** his teaching ability ▯ adv educationally;

~ falsch wrong from an educational point of view
Paddel n paddle
Paddelboot n canoe
paddeln v/i to paddle; *als Sport* to canoe
Pädiatrie f paediatrics sg Br, pediatrics sg US
Pädophile(r) m/f(m) paedophile Br, pedophile US
paffen umg **A** v/i **1** (≈ heftig rauchen) to puff away **2** (≈ nicht inhalieren) to puff **B** v/t to puff (away) at
Page m (≈ Hotelpage) bellboy, bellhop US
Pagenkopf m page-boy (hairstyle od haircut)
Pager m für Nachrichten pager
Paket n (≈ Bündel) pile; zusammengeschnürt bundle; (≈ Packung) packet; Postpaket parcel; fig von Angeboten package
Paketannahme f parcels office; (≈ Schalter) parcels counter
Paketbombe f parcel bomb
Paketkarte f dispatch form
Paketpost f parcel post
Paketschalter m parcels counter
Paketschnur f parcel string, twine
Paketzusteller m parcel delivery service
Paketzustellung f parcel delivery
Pakistan n Pakistan
Pakistaner(in) m(f), **Pakistani** m Pakistani
pakistanisch adj Pakistani
Pakt m pact
Palais n palace
Palast m palace
Palästina n Palestine
Palästinenser(in) m(f) Palestinian
palästinensisch adj Palestinian
Palatschinke f österr stuffed pancake
Palaver n palaver umg
palavern umg v/i to palaver umg
Palette f **1** KUNST palette; fig range **2** (≈ Stapelplatte) pallet
paletti umg adv OK umg
Palisade f palisade
Palliativmedizin f palliative medicine
Palliativpflege f palliative care
Palme f palm; **j-n auf die ~ bringen** umg to make sb see red umg; **die Goldene ~** Filmpreis the Palme d'Or
Palmsonntag m Palm Sunday
Palmtop® m kleiner Computer, den man in einer Hand halten kann palmtop®
Pampe f paste; pej mush umg
Pampelmuse f grapefruit
Pampers® pl (disposable) nappies pl Br, (disposable) diapers pl US
Pamphlet n lampoon
pampig umg adj **1** (≈ breiig) gooey umg; Kartoffeln soggy **2** (≈ frech) stroppy Br umg, bad-tempered; **j-m ~ kommen** to be stroppy with sb Br umg, to be bad-tempered with sb
Panama n Panama
Panamakanal m Panama Canal
Panda m, **Pandabär** m panda
Pandemie f MED pandemic
pandemisch adj pandemic
Paneel form n einzeln panel; (≈ Täfelung) panelling Br, paneling US
Panflöte f panpipes pl, Pan's pipes pl
Pangasius m Speisefisch pangasius
Pangasiusfilet n pangasius filet
panieren v/t to bread
Paniermehl n breadcrumbs pl
Panik f panic; **(eine) ~ brach aus** panic broke out od spread; **in ~ geraten** to panic; **j-n in ~ versetzen** to throw sb into a state of panic; **nur keine ~!** don't panic!
Panikanfall m, **Panikattacke** f panic attack
Panikkäufe pl HANDEL panic buying sg
Panikmache umg f panicmongering Br, inciting panic
Panikstimmung f state of panic
panisch A adj panic-stricken; **~e Angst** terror; **sie hat ~e Angst vor Schlangen** she's terrified of snakes **B** adv in panic, frantically; **~ reagieren** to panic
Panne f **1** (≈ technische Störung) hitch umg, breakdown; (≈ Reifenpanne) puncture, flat (tyre) Br, flat (tire) US; **mein Auto hatte eine ~** my car broke down **2** fig umg slip (**bei etw** with sth); **mit j-m/etw eine ~ erleben** to have (a bit of) trouble with sb/sth; **uns ist eine ~ passiert** we've slipped up
Pannendienst m, **Pannenhilfe** f breakdown service
Panorama n panorama
panschen v/t to adulterate; (≈ verdünnen) to water down
Panther m, **Panter** m panther
Pantoffel m slipper; **unterm ~ stehen** umg to be henpecked umg
Pantomime[1] f mime
Pantomime[2] m, **Pantomimin** f mime
pantomimisch adj & adv in mime; **~ darstellen** to mime
pantschen v/t & v/i → panschen
Panzer m **1** MIL tank **2** HIST (≈ Rüstung) armour kein unbest art Br, armor US, suit of armo(u)r **3** von Schildkröte, Insekt shell **4** fig shield
Panzerabwehr f anti-tank defence Br, anti-tank defense US; Truppe anti-tank unit
Panzerfaust f bazooka
Panzerglas n bulletproof glass
panzern v/t to armour-plate Br, to armor-plate

US; **gepanzerte Fahrzeuge** armoured vehicles Br, armored vehicles US
Panzerschrank m safe
Papa umg m dad(dy) umg
Papagei m parrot
Papageienblume f bird of paradise (flower)
Papageientaucher m puffin
Papamobil umg n popemobile umg
Paparazzo umg m paparazzo
Papaya f papaya
Papier n **1** paper; **ein Blatt ~** a sheet of paper; **etw zu ~ bringen** to put sth down on paper **2** **~e** pl (identity) papers pl; (≈ Urkunden) documents pl; **er hatte keine ~e bei sich** he had no means of identification on him; **seine ~e bekommen** (≈ entlassen werden) to get one's cards **3** FIN (≈ Wertpapier) security
Papiereinzug m paper feed
Papierfabrik f paper mill
Papierflieger m paper plane
Papiergeld n paper money
Papierkorb m (waste)paper basket
Papierkram m umg (annoying) paperwork
Papierkrieg umg m **einen ~ (mit j-m) führen** to go through a lot of red tape (with sb)
Papierstau m paper jam
Papiertaschentuch n paper hankie Br, tissue
Papiertiger fig m paper tiger
Papiertonne f paper recycling bin
Papiertüte f paper bag
Papiervorschub m paper feed
Papierwaren pl stationery kein pl
Papierwarengeschäft n stationer's (shop)
Papierzufuhr f von Drucker paper tray
Pappbecher m paper cup
Pappdeckel m (thin) cardboard
Pappe f (≈ Pappdeckel) cardboard; **dieser linke Haken war nicht von ~** umg that was a mean left hook
Pappel f poplar
päppeln umg v/t to nourish
papperlapapp int nonsense, rubbish Br
pappig umg adj sticky; Brot doughy
Pappkarton m (≈ Schachtel) cardboard box
Pappmaschee n, **Pappmaché** n papier-mâché
Pappnase f false nose
pappsatt umg adj stuffed umg; **ich bin ~!** I'm stuffed!
Pappschachtel f cardboard box
Pappteller m paper plate
Paprika[1] m (≈ Gewürz) paprika
Paprika[2] m/f (≈ Paprikaschote) pepper
Paprikaschote f pepper; **gefüllte ~n** stuffed peppers
Papst m pope; **~ Benedikt** Pope Benedict

päpstlich adj papal
Papua m Papuan
Papua-Neuguinea n Papua New Guinea
Parabel f **1** LIT parable **2** MATH parabola
Parabolantenne f satellite dish
Parabolspiegel m parabolic reflector
Parade f parade
Paradebeispiel n prime example
Paradeiser m österr tomato
Paradies n paradise; **das ~ auf Erden** heaven on earth
paradiesisch fig adj heavenly
Paradiesvogelblume f bird of paradise (flower)
Paradigma n paradigm
Paradigmenwechsel m POL paradigm shift
paradox adj paradoxical
Paradox n paradox
paradoxerweise adv paradoxically
Paradoxon n LIT paradox
Paraffin n (≈ Paraffinöl) (liquid) paraffin
Paragliding n paragliding
Paragraf m JUR section; (≈ Abschnitt) paragraph
Paraguay n Paraguay
parallel adj parallel; **~ schalten** ELEK to connect in parallel
Parallele wörtl f parallel (line); fig parallel; (≈ Ähnlichkeit) similarity; **eine ~ zu etw ziehen** wörtl to draw a line parallel to sth; fig to draw a parallel to sth
Parallelgesellschaft f SOZIOL parallel society
Parallelismus m LIT parallelism
Parallelklasse f parallel class
Parallelogramm n parallelogram
Paralympics pl, **Paralympische Spiele** pl Paralympics pl
Paralytiker(in) m(f) MED paralytic
paralytisch adj paralytic
Parameter m parameter
paramilitärisch adj paramilitary
paranoid adj paranoid
Paranuss f BOT Brazil nut
paraphieren v/t POL to initial
Parapsychologie f parapsychology
Parasit m BIOL, a. fig parasite
parasitär, **parasitisch** adj parasitic(al)
parat adj Antwort, Beispiel etc ready; Werkzeug etc handy; **halte dich ~** be ready; **er hatte immer eine Ausrede ~** he always had an excuse ready
Pärchen n (courting) couple
pärchenweise adv in pairs
Parcours m beim Reiten showjumping course; Sportart showjumping; (≈ Rennstrecke) course
pardon int sorry
Pardon m/n **1** pardon; **j-n um ~ bitten** to ask

sb's pardon ▸2 *umg* **kein ~ kennen** to be ruthless
Parfüm *n* perfume
parfümieren *v/t* to perfume
parieren ▸A *v/t beim Fechten, a. fig* to parry ▸B *v/i* to obey; **aufs Wort ~** to jump to it
Pariser *m* ▸1 Parisian ▸2 *umg* (≈ *Kondom*) French letter *umg*
Pariserin *f* Parisienne
Parität *f* parity
paritätisch ▸A *adj* equal; **~e Mitbestimmung** equal representation ▸B *adv* equally
Park *m* park
Parka *m* parka
Parkanlage *f* park
Parkaufseher(in) *m(f)* (park) ranger
Parkausweis *m* parking permit
Parkbank *f* park bench
Parkbucht *f* parking bay
Parkdeck *n* parking level
parken *v/t & v/i* to park; **ein ~des Auto** a parked car; **„Parken verboten!"** "No Parking"
Parkett *n* ▸1 (≈ *Fußboden*) parquet (flooring); **ein Zimmer mit ~ auslegen** to lay parquet (flooring) in a room; **auf dem internationalen ~** in international circles ▸2 (≈ *Tanzfläche*) (dance) floor; **eine tolle Nummer aufs ~ legen** *umg* to put on a great show ▸3 THEAT stalls *pl Br*, orchestra *US*
Parkett(fuß)boden *m* parquet floor
Parketthandel *m Börse* floor trade
Parkgebühr *f* parking fee
Parkhaus *n* multi-storey car park *Br*, parking garage *US*
Parkhilfe *f* → Einparkhilfe
parkieren *schweiz v/t & v/i* → parken
parkinsonsche Krankheit *f* Parkinson's disease
Parkkralle *f* wheel clamp *Br*, Denver boot *US*
Parklicht *n* parking light
Parklücke *f* parking space
Parkmöglichkeit *f* place to park; **es besteht keine ~ mehr** there's nowhere to park anymore *od* any more *US*; **kostenlose ~** free parking
Parkplatz *m* car park *Br*, parking lot *US*; *für Einzelwagen* (parking) space
Parkscheibe *f* parking disc
Parkschein *m* car-parking ticket *Br*, parking slip *US*
Parkscheinautomat *m* ticket machine (*for parking*)
Parksünder(in) *m(f)* parking offender *Br*, illegal parker
Parkuhr *f* parking meter
Parkverbot *n* parking ban; **im ~ stehen** to be parked illegally
Parkwächter(in) *m(f) auf Parkplatz* car-park attendant *Br*, parking-lot attendant *US*; *von Anlagen* park keeper
Parlament *n* parliament
Parlamentarier(in) *m(f)* parliamentarian
parlamentarisch *adj* parliamentary; **~ vertreten sein** to be represented in parliament
Parlamentsausschuss *m* parliamentary committee
Parlamentsbeschluss *m* vote of parliament
Parlamentsferien *pl* recess
Parlamentsmitglied *n* member of parliament
Parlamentswahl *f* parliamentary election(s) (*pl*)
Parmaschinken *m* Parma ham
Parmesan(käse) *m* Parmesan (cheese)
Parodie *f* parody (**auf** *+akk* on *od* **zu** of)
parodieren *v/t* to parody
Parodontose *f* periodontosis *fachspr*
Parole *f* ▸1 MIL password ▸2 *fig* (≈ *Wahlspruch*) motto; POL slogan
Paroli *n* **j-m ~ bieten** *geh* to defy sb
Parsing *n* IT parsing
Partei *f* ▸1 POL, JUR party ▸2 *fig* **für j-n ~ ergreifen** to take sb's side; **gegen j-n ~ ergreifen** to take sides against sb ▸3 *im Mietshaus* tenant
Parteibasis *f* (party) rank and file, grassroots (members) *pl*
Parteibuch *n* party membership book
Parteichef(in) *m(f)* party leader
Parteiführer(in) *m(f)* party leader
Parteiführung *f* leadership of a party; *Vorstand* party leaders *pl*
Parteigenosse *m*, **Parteigenossin** *f* party member
parteiisch ▸A *adj* biased ▸B *adv* **~ urteilen** to be biased (in one's judgement *od* judgment *US*)
Parteilichkeit *f* partiality
Parteilinie *f* party line
parteilos *adj Abgeordneter* independent
Parteilose(r) *m/f(m)* independent
Parteimitglied *n* party member
Parteinahme *f* partisanship
parteipolitisch *adj* party political
Parteiprogramm *n* (party) manifesto, (party) program *US*
Parteitag *m* party conference *od* convention *bes US*
Parteivorsitzende(r) *m/f(m)* party leader
Parteivorstand *m* party executive
Parteizugehörigkeit *f* party membership
parterre *adv* on the ground floor *bes Br*, on the first floor *US*
Parterre *n von Gebäude* ground floor *bes Br*, first floor *US*

Partie f **1** (≈ *Teil*), *a.* THEAT, MUS part **2** SPORT game; **eine ~ Schach spielen** to play a game of chess; **eine gute/schlechte ~ liefern** to give a good/bad performance **3** HANDEL lot **4** *umg* **eine gute ~ (für j-n) sein** to be a good catch (for sb) *umg*; **eine gute ~ machen** to marry (into) money **5** **mit von der ~ sein** to be in on it; **da bin ich mit von der ~** count me in
partiell *adj* partial
Partikel f GRAM, PHYS particle
Partisan(in) m(f) partisan
Partitur f MUS score
Partizip n GRAM participle; **~ Präsens** present participle; **~ Perfekt** past participle
Partner(in) m(f) partner
Partnerbörse f INTERNET dating site
Partnerlook m matching clothes *pl*
Partnerschaft f partnership
partnerschaftlich **A** *adj* **~es Verhältnis** (relationship based on) partnership; **~e Zusammenarbeit** working together as partners **B** *adv* **~ zusammenarbeiten** to work in partnership
Partnerstadt f twin town *Br*, sister city *US*
Partnersuche f finding the right partner; **auf ~ sein** to be looking for a partner
Partnervermittlung f dating agency
Party f party; **auf einer ~** at a party; **auf eine ~ gehen** to go to a party; **eine ~ machen** *od* **feiern** to have a party
Partyluder *umg pej* n party girl
Partyraum m party room
Partyservice m party catering service
Partyzelt n party tent, marquee
Parzelle f plot
Pascha m pasha
Pass m **1** passport **2** *im Gebirge etc* pass **3** SPORT pass; **öffnender ~** through pass
passabel **A** *adj* passable **B** *adv* reasonably well; *schmecken* passable; **mir geht's ganz ~** I'm all right
Passage f passage; (≈ *Ladenstraße*) arcade
Passagier(in) m(f) passenger
Passagierdampfer m passenger steamer
Passagierflugzeug n passenger aircraft, airliner
Passagierliste f passenger list
Passamt n passport office
Passant(in) m(f) passer-by
Passat(wind) m trade wind
Passbild n passport photo(graph)
Passbildautomat m photo booth
passé, passee *adj* passé; **die Sache ist längst ~** that's all in the past
passen¹ *v/i* **1** to fit **2** (≈ *harmonieren*) **zu etw ~** to go with sth; *im Ton* to match sth; **zu j-m ~** *Mensch* to suit sb; **das Rot passt da nicht** the red is all wrong there; **ins Bild ~** to fit the picture **3** (≈ *genehm sein*) to suit; **er passt mir (einfach) nicht** I (just) don't like him; **Sonntag passt uns nicht/gut** Sunday is no good for us/suits us fine; **das passt mir gar nicht** (≈ *gefällt mir nicht*) I don't like that at all; **das könnte dir so ~!** *umg* you'd like that, wouldn't you?
passen² *v/i* KART, *a. fig* to pass; **(ich) passe!** (I) pass!
passend *adj* **1** *in Größe, Form* **gut/schlecht ~** well-/ill-fitting **2** *in Farbe, Stil* matching **3** (≈ *genehm*) *Zeit, Termin* convenient **4** (≈ *angemessen*) *Benehmen, Kleidung* suitable, appropriate; *Wort* right, proper; **das nicht passende ~e** the odd one out; **bei jeder ~en und unpassenden Gelegenheit** at every opportunity, whether appropriate or not **5** *Geld* exact; **haben Sie es ~?** have you got the right money?
Passepartout m/n passe-partout
Passform f fit
Passfoto n passport photo(graph)
passierbar *adj* Brücke passable; Fluss negotiable
passieren **A** *v/i* **1** (≈ *sich ereignen*) to happen (**mit** to); **was ist denn passiert?** what's the matter?; **es wird dir schon nichts ~** nothing is going to happen to you; **es ist ein Unfall passiert** there has been an accident; **so was ist mir noch nie passiert!** that's never happened to me before!; *empört* I've never known anything like it! **2** (≈ *durchgehen*) to pass; *Gesetz* to be passed **B** *v/t* **1** (≈ *vorbeigehen an*) to pass; **die Grenze ~** to cross (over) **2** GASTR to strain
Passierschein m pass
Passion f passion; *religiös* Passion
passioniert *adj* enthusiastic
Passionsfrucht f passion fruit
Passionsspiel n Passion play
passiv *adj* passive; **~es Mitglied** non-active member; **~es Rauchen** passive smoking
Passiv n GRAM passive (voice)
Passiva *pl*, **Passiven** *pl* HANDEL liabilities *pl*
Passivität f passivity
Passivposten m HANDEL debit entry
Passivrauchen n passive smoking
Passkontrolle f passport control; **~!** (your) passports please!
Passstraße f (mountain) pass
Passus m passage
Passwort n IT password
Passwortschutz m password protection
Paste f paste
Pastell n pastel
Pastellfarbe f pastel (crayon); *Farbton* pastel (shade)
Pastellstift m pastel (crayon)

Pastellton *m* pastel shade
Pastetchen *n* vol-au-vent
Pastete *f* **1** (≈ *Schüsselpastete*) pie **2** (≈ *Leberpastete etc*) pâté
pasteurisieren *v/t* to pasteurize
Pastille *f* pastille
Pastor(in) *m(f)* → Pfarrerin
Pastrami *f/n* GASTR pastrami
Patchworkfamilie *f* patchwork family
Pate *m* (≈ *Taufzeuge*) godfather; (≈ *Mafiaboss*) godfather; **bei etw ~ gestanden haben** *fig* to be the force behind sth
Patenkind *n* godchild
Patenonkel *m* godfather
Patenschaft *f* godparenthood
Patensohn *m* godson
Patenstadt *f* twin(ned) town *Br*, sister city *US*
patent *adj* ingenious; **ein ~er Kerl** a great guy/girl *umg*
Patent *n* patent (**für etw** for sth *od* **auf etw** +*akk* on sth); **etw zum ~ anmelden** to apply for a patent on *od* for sth
Patentamt *n* Patent Office
Patentante *f* godmother
patentgeschützt *adj* patented
patentieren *v/t* to patent; **sich** (*dat*) **etw ~ lassen** to have sth patented
Patentlösung *fig f* easy answer
Patentochter *f* goddaughter
Patentrezept *fig n* → Patentlösung
Patentschutz *m* protection by (letters) patent
Pater *m* KIRCHE Father
pathetisch **A** *adj* emotional **B** *adv* dramatically
Pathologe *m*, **Pathologin** *f* pathologist
Pathologie *f* pathology
pathologisch *adj* MED, *a. fig* pathological
Pathos *n* emotiveness; **mit viel ~ in der Stimme** in a voice charged with emotion
Patience *f* patience *kein pl*; **~n legen** to play patience
Patient(in) *m(f)* patient
Patiententestament *n*, **Patientenverfügung** *f* advance health care directive, living will; *bezüglich Wiederbelebung* do not rescuscitate *od* DNR order
Patin *f* godmother
Patina *f* patina
Patriarch *m* patriarch
patriarchalisch *adj* patriarchal
Patriarchat *n* patriarchy
Patriot(in) *m(f)* patriot
patriotisch **A** *adj* patriotic **B** *adv reden, denken* patriotically
Patriotismus *m* patriotism
Patron(in) *m(f)* patron

Patrone *f von Füller, von Drucker, a.* MIL cartridge
Patronenhülse *f* cartridge case
Patrouille *f* patrol; **(auf) ~ gehen** to patrol
patrouillieren *v/i* to patrol
Patsche *umg f* **in der ~ sitzen** *od* **stecken** to be in a jam *umg*; **j-m aus der ~ helfen** to get sb out of a jam *umg*
patschen *v/i mit Flüssigkeit* to splash
patschnass *umg adj* soaking wet
Patt *n* stalemate
patzen *umg v/i* to slip up
Patzer *m umg* (≈ *Fehler*) slip
patzig *umg adj* snotty *umg*
Pauke *f* MUS kettledrum; **mit ~n und Trompeten durchfallen** *umg* to fail miserably; **auf die ~ hauen** *umg* (≈ *angeben*) to brag; (≈ *feiern*) to paint the town red
pauken **A** *v/i umg* (≈ *lernen*) to swot *Br umg*, to cram *umg* **B** *v/t* to study up on
Paukenschlag *m* drum beat; **wie ein ~** *fig* like a thunderbolt
Pauker(in) *m(f)* **1** *umg* (≈ *Paukenspieler*) timpanist **2** SCHULE *umg* (≈ *Lehrer*) teacher
Paukerei *f* SCHULE *umg* swotting *Br umg*, cramming *umg*
Paukist(in) *m(f)* timpanist
pausbäckig *adj* chubby-cheeked
pauschal **A** *adj* **1** (≈ *einheitlich*) flat-rate *nur attr* **2** *fig Urteil* sweeping **B** *adv* **1** (≈ *nicht spezifiziert*) at a flat rate; **die Gebühren werden ~ bezahlt** the charges are paid in a lump sum **2** (≈ *nicht differenziert*) *abwerten* categorically
Pauschalangebot *n* all-inclusive offer
Pauschalbetrag *m* lump sum; (≈ *Preis*) inclusive price
Pauschale *f* (≈ *Einheitspreis*) flat rate; (≈ *vorläufig geschätzter Betrag*) estimated amount; (≈ *Pauschalbetrag*) lump sum
Pauschalgebühr *f* (≈ *Einheitspreis*) flat rate (charge)
Pauschalreise *f* package holiday *Br*, package tour
Pauschalsumme *f* lump sum
Pauschaltarif *m* flat rate
Pauschalurlaub *m* package holiday *Br*, package tour
Pauschalurteil *n* sweeping statement
Pauschbetrag *m* flat rate
Pause *f* (≈ *Unterbrechung*) break; (≈ *Rast*) rest; (≈ *das Innehalten*) pause; THEAT interval; SCHULE break, recess *US*; **in der ~** SCHULE during break *Br*, during recess *US*; SPORT at half-time; **(eine) ~ machen** (≈ *sich entspannen*) to have a break; (≈ *rasten*) to rest; (≈ *innehalten*) to pause; **ohne ~ arbeiten** to work nonstop; **die große ~** SCHULE (the) break *Br*, recess *US*; *in Grundschule* playtime

Pausenbrot *n* something to eat at break
Pausenclown *umg m* **ich bin doch hier nicht der ~!** I'm not going to play the clown
Pausenfüller *m* stopgap
pausenlos A *adj* nonstop B *adv* continuously; **er arbeitet ~** he works nonstop
pausieren *v|i* to (take a) break
Pavian *m* baboon
Pavillon *m* pavilion
Paybackkarte *f* loyalty card
Pay-TV *n* pay TV
Paywall *f Bezahlschranke im Web* paywall
Pazifik *m* Pacific
pazifisch *adj* Pacific; **der Pazifische Ozean** the Pacific (Ocean)
Pazifismus *m* pacifism
Pazifist(in) *m(f)* pacifist
pazifistisch *adj* pacifist
PC *m* PC
PC-Arbeitsplatz *m* computer workplace
PC-Benutzer(in) *m(f)* PC user
PDF *n abk* (= *Portable Document Format*) PDF, pdf
PDF-Datei *f* IT PDF file, pdf file
PDS *f abk* (= *Partei des Demokratischen Sozialismus*) HIST Party of Democratic Socialism
Pech *n* 1 *Stoff* pitch; **die beiden halten zusammen wie ~ und Schwefel** *umg* the two are as thick as thieves *Br*, the two are inseparable 2 *umg* (≈ *Missgeschick*) bad luck; **bei etw ~ haben** to be unlucky in *od* with sth; **~ gehabt!** tough! *umg*; **sie ist vom ~ verfolgt** bad luck follows her around
pech(raben)schwarz *umg adj* pitch-black; *Haar* jet-black
Pechsträhne *umg f* run of bad luck
Pechvogel *umg m* unlucky person
Pedal *n* pedal
Pedant(in) *m(f)* pedant
Pedanterie *f* pedantry
pedantisch A *adj* pedantic B *adv* pedantically
Peddigrohr *n* cane
Pedelec *n* (≈ *Elektrofahrrad*) pedelec, e-bike
Pediküre *f* 1 (≈ *Fußpflege*) pedicure 2 (≈ *Fußpflegerin*) chiropodist
Peeling *n* (≈ *Hautpflege*) exfoliation, peeling; (≈ *Mittel*) *für Gesicht* facial scrub, face scrub; *für Körper* body scrub
Peelingcreme *f* body scrub; *für Gesicht* face scrub
Peepshow *f* peep show
Pegel *m in Flüssen, Meer* water depth gauge; (≈ *Pegelstand*) level
Pegelstand *m* water level
Pegida *f* (= *Patriotische Europäer gegen die Islamisierung des Abendlandes*) Pegida (*German anti-Islamic movement*)
peilen *v|t* 1 *Wassertiefe* to sound; *U-Boot, Sender* to get a fix on; (≈ *entdecken*) to detect; **die Lage ~** *umg* to see how the land lies; **über den Daumen gepeilt** *umg* at a rough estimate 2 *umg* (≈ *verstehen*) **etw ~** to get sth *umg*; **es nicht ~** to be out of it *umg*
peinigen *v|t* to torture; *fig* to torment
peinlich A *adj* 1 (≈ *unangenehm*) (painfully) embarrassing; *Überraschung* nasty; **es war ihm ~(, dass ...)** he was embarrassed (because ...); **es ist mir sehr ~, aber ich muss es Ihnen einmal sagen** I don't know how to put it, but you really ought to know; **das ist mir ja so ~** I feel awful about it 2 (≈ *gewissenhaft*) meticulous; *Sparsamkeit* careful B *adv* 1 (≈ *unangenehm*) **~ berührt sein** *hum* to be profoundly shocked *iron*; **~ wirken** to be embarrassing 2 (≈ *gründlich*) painstakingly; *sauber* meticulously; **der Koffer wurde ~ genau untersucht** the case was gone through very thoroughly
Peinlichkeit *f* (≈ *Unangenehmheit*) awkwardness
Peitsche *f* whip
peitschen *v|t & v|i* to whip; *fig* to lash
Pekinese *m* pekinese
Peking *n* Peking
Pelargonie *f* BOT pelargonium
Pelikan *m* pelican
Pelle *umg f* skin; *abgeschält* peel; **er geht mir nicht von der ~** *umg* he won't stop pestering me
pellen *umg* A *v|t Kartoffeln, Wurst* to skin, to peel; *Ei* to take the shell off B *v|r Körperhaut* to peel
Pellkartoffeln *pl* potatoes *pl* boiled in their jackets
Pelz *m* fur
pelzig *adj* furry
Pelzmantel *m* fur coat
Pelzmütze *f* fur cap, fur hat
Pelztierzucht *f* fur farming
Pelzwaren *pl* furs *pl*
Penalty *m österr, schweiz* SPORT penalty
Pence *pl* pence
Pendant *n* counterpart
Pendel *n* pendulum
Pendelbus *m* shuttle bus
pendeln *v|i* 1 (≈ *schwingen*) to swing (to and fro) 2 *Zug, Fähre etc* to shuttle; *Mensch* to commute
Pendeltür *f* swing door
Pendelverkehr *m* shuttle service; (≈ *Berufsverkehr*) commuter traffic
Pendler(in) *m(f)* commuter
penetrant *adj* 1 *Gestank* penetrating, overpowering; **das schmeckt ~ nach Knoblauch** you can't taste anything for garlic 2 *fig* (≈ *aufdringlich*) insistent; **ein ~er Kerl** a nuisance

Penetranz f von Geruch pungency; fig (≈ Aufdringlichkeit) pushiness
Penetration f penetration
penetrieren v/t to penetrate
penibel adj (≈ gründlich, genau) precise
Penis m penis
Penizillin n penicillin
Pennbruder umg m tramp
Penne f SCHULE umg school
pennen v/i umg (≈ schlafen) to sleep
Penner(in) umg m(f) **1** tramp, bum umg **2** (≈ Blödmann) plonker umg
Penny m penny, p
Pension f **1** zum Übernachten guesthouse, B&B **2** (≈ Verpflegung) board; **halbe/volle ~** half/full board **3** (≈ Ruhegehalt) pension **4** (≈ Ruhestand) retirement; **in ~ gehen** to retire; **in ~ sein** to be retired
Pensionär(in) m(f) Pension beziehend pensioner; im Ruhestand befindliche Person, senior
pensionieren v/t to pension off; **sich ~ lassen** to retire; **pensioniert** in retirement, retired
Pensionierung f pensioning-off; (≈ Ruhestand) retirement
Pensionsalter n retirement age
Pensionsanspruch m right to a pension
pensionsberechtigt adj entitled to a pension
Pensionsgast m paying guest
Pensum n workload; **tägliches ~** daily quota
Pentium® m COMPUT Pentium® PC
Pep m (≈ Schwung) pep umg, oomph umg; **Pep haben** to be dynamic, to be full of zip umg; **ihm fehlt der Pep** he doesn't have any oomph umg
Peperoni pl chillies pl Br, chilies pl
peppig umg adj Musik, Show lively
per präp (≈ mittels, durch) by; **mit j-m per du sein** umg to be on first-name terms with sb
Percussion f MUS percussion
Perestroika f POL perestroika
perfekt **A** adj **1** (≈ vollkommen) perfect **2** (≈ abgemacht) settled; **etw ~ machen** to settle sth; **der Vertrag ist ~** the contract is all settled **B** adv (≈ sehr gut) perfectly; **~ Englisch sprechen** to speak perfect English
Perfekt n perfect (tense)
Perfektion f perfection; **etw (bis) zur ~ entwickeln** Ausreden etc to get sth down to a fine art
perfektionieren v/t to perfect
Perfektionist(in) m(f) perfectionist
perforieren v/t to perforate
Performance f WIRTSCH performance
Pergament n **1** parchment **2** (a. **~papier**) greaseproof paper
Pergola f arbour Br, arbor US
Periduralanästhesie f epidural od peridural anaesthesia Br, epidural od peridural anesthesia US
Periode f period; ELEK cycle; **0,33 ~** 0.33 recurring
periodisch **A** adj periodic(al); (≈ regelmäßig) regular **B** adv periodically
Peripherie f periphery; von Stadt outskirts pl
Peripheriegerät n peripheral
Periskop n periscope
Perle f pearl; (≈ Glasperle, Wasserperle, Schweißperle) bead
perlen v/i (≈ sprudeln) to bubble; Sekt to fizz; (≈ fallen, rollen) to trickle; **der Schweiß perlte ihm von der Stirn** beads of sweat were running down his forehead
Perlenkette f string of pearls
Perlenstickerei f beadwork
Perlentaucher(in) m(f) pearl diver
Perlhuhn n guinea fowl
Perlmutt n, **Perlmutter** f mother-of-pearl
Perlwein m sparkling wine
permanent **A** adj permanent **B** adv constantly
perplex adj dumbfounded
Perron m schweiz BAHN platform
Perser umg m (≈ Teppich) Persian carpet; (≈ Brücke) Persian rug
Perser(in) m(f) Persian
Persianer m Persian lamb
Persilschein hum umg m clean bill of health umg; **j-m einen ~ ausstellen** to absolve sb of all responsibility hum umg
persisch adj Persian; **Persischer Golf** Persian Gulf
Perso m umg (≈ Personalausweis) ID card
Person f persons pl, LIT, THEAT character; **~en** people; **pro ~** per person; **ich für meine ~ …** I for my part …; **j-n zur ~ vernehmen** JUR to question sb concerning his identity; **Angaben zur ~ machen** to give one's personal details; **sie ist die Geduld in ~** she's patience personified; **das Verb steht in der ersten ~ Plural** the verb is in the first person plural
personal adj **~er Erzähler** LIT third-person narrator
Personal n personnel, staff
Personalabbau m staff cuts pl
Personalabteilung f personnel (department), human resources pl
Personalakte f personnel file
Personalausweis m identity card
Personalberater(in) m(f) personnel consultant
Personalbestand m number of staff
Personalchef(in) m(f) personnel manager
Personal Computer m personal computer
Personalentwicklung f human resource development

Personalien *pl* particulars *pl*, personal data *pl*
Personalkosten *pl* personnel costs *pl*
Personalleiter(in) *m(f)* personnel manager
Personalmangel *m* shortage of staff; **an ~ leiden** to be understaffed
Personalplanung *f* staff planning
Personalpronomen *n* personal pronoun
personell **A** *adj* staff *attr*, personnel *attr*; *Konsequenzen* for staff **B** *adv* **die Abteilung wird ~ aufgestockt** more staff will be taken on in the department
Personenaufzug *m* (passenger) lift *Br*, (passenger) elevator *US*
Personenbeschreibung *f* (personal) description
personenbezogen *adj Daten* personal
Personengesellschaft *f* partnership
Personenkraftwagen *m* motorcar; *US* auto(-mobile)
Personenkreis *m* group of people
Personenkult *m* personality cult
Personenschaden *m* injury to persons; **es gab keine Personenschäden** no-one was injured
Personenschutz *m* personal security
Personenverkehr *m* passenger services *pl*
Personenwaage *f* scales *pl*
Personenwagen *m* AUTO car, automobile *US*
Personenzug *m Gegensatz: Schnellzug* slow train; *Gegensatz: Güterzug* passenger train
Personifikation *f* LIT personification
personifizieren *v/t* to personify
Personifizierung *f* personification
persönlich **A** *adj* personal; *Atmosphäre* friendly; **~es Fürwort** personal pronoun **B** *adv* personally; *auf Briefen* private (and confidential); **etw ~ nehmen** to take sth personally
Persönlichkeit *f* personality; **berühmte ~** celebrity; **~en des öffentlichen Lebens** public figures
Perspektive *f Optik, a.* KUNST perspective; (≈ *Blickpunkt*) angle; (≈ *Gesichtspunkt*) point of view; *fig* (≈ *Zukunftsausblick*) prospects *pl*; **das eröffnet ganz neue ~n für uns** that opens new horizons for us
perspektivisch *adj* perspective *attr*; **die Zeichnung ist nicht ~** the drawing is not in perspective
perspektivlos *adj* without prospects
Peru *n* Peru
Peruaner(in) *m(f)* Peruvian
peruanisch *adj* Peruvian
Perücke *f* wig
pervers *adj* perverted
Perversion *f* perversion
Perversität *f* perversion
pervertieren *v/t* to pervert

Peschmerga *pl kurdische Kämpfer* Peshmerga
Pessar *n* pessary; *zur Empfängnisverhütung* diaphragm
Pessimismus *m* pessimism
Pessimist(in) *m(f)* pessimist
pessimistisch *adj* pessimistic; **da bin ich ~** I'm pessimistic about it
Pest *f* plague; **j-n/etw wie die ~ hassen** *umg* to loathe (and detest) sb/sth; **j-n wie die ~ meiden** *umg* to avoid sb like the plague; **wie die ~ stinken** *umg* to stink to high heaven *umg*
Pestizid *n* pesticide
Pesto *n/m* GASTR pesto
Petersilie *f* parsley
PET-Flasche *f* PET bottle
Petition *f* petition
Petitionsausschuss *m* committee on petitions
Petitionsrecht *n* right of petition
Petrochemie *f* petrochemistry
petrochemisch *adj* petrochemical
Petrodollar *m* petrodollar
Petroleum *n* paraffin (oil) *Br*, kerosene *bes US*
Petroleumlampe *f* paraffin lamp *Br*, kerosene lamp *bes US*
Petting *n* petting
petto *adv* **etw in ~ haben** *umg* to have sth up one's sleeve *umg*
Petunie *f* petunia
Petze *umg f* sneak *umg*
petzen *umg* **A** *v/t* **der petzt alles** he always tells **B** *v/i* to tell (tales) (**bei** to)
Petzer(in) *m(f)* SCHULE *umg* snitch *umg*, sneak *umg*
Pfad *m a.* IT path; (≈ *Wanderweg*) trail
Pfadfinder *m* (Boy) Scout; **bei den ~n sein** to be in the Boy Scouts
Pfadfinderin *f* Girl Guide *Br*, Girl Scout *US*
Pfahl *m* post; (≈ *Brückenpfahl*) pile; (≈ *Marterpfahl*) stake
Pfahlbau *m Bauweise* building on stilts
Pfalz *f* **1** (≈ *Rheinpfalz*) Rhineland *od* Lower Palatinate **2** (≈ *Oberpfalz*) Upper Palatinate
pfälzisch *adj* Palatine
Pfand *n* security; *beim Pfänderspiel* forfeit; (≈ *Verpackungspfand*) deposit; **ich gebe mein Wort als ~** I pledge my word; **auf dem Glas ist ~** there's a deposit on the glass
pfändbar *adj* JUR distrainable *form*
Pfandbrief *m von Bank, Regierung* bond
pfänden *v/t* JUR to impound; *Konto, Gehalt* to seize; **j-n ~** to impound some of sb's possessions
Pfänderspiel *n* (game of) forfeits
Pfandflasche *f* returnable bottle
Pfandhaus *n* pawnshop, pawnbroker's (shop)

Pfandleihe f (≈ *Pfandhaus*) pawnshop
Pfandleiher(in) m(f) pawnbroker
Pfandschein m pawn ticket
Pfändung f seizure
Pfanne f GASTR pan; (≈ *Bratpfanne*) frying pan *Br*, skillet *US*; ANAT socket; **j-n in die ~ hauen** *umg* to do the dirty on sb *umg*; (≈ *vernichtend schlagen*) to wipe the floor with sb *umg*; **etwas auf der ~ haben** *umg geistig* to have it up there *umg*
Pfannengericht n GASTR fry-up
Pfannkuchen m (≈ *Eierpfannkuchen*) pancake; (≈ *Berliner*) (jam) doughnut *Br*, (jam) donut *US*
Pfarrei f (≈ *Gemeinde*) parish
Pfarrer(in) m(f) (parish) priest; *von Freikirchen* minister
Pfarrgemeinde f parish
Pfarrhaus n **1** *katholisch* presbytery **2** *bes evangelisch* rectory, vicarage **3** *in Schottland* manse **4** *andere Kirchen in USA* parsonage
Pfarrkirche f parish church
Pfau m peacock
Pfeffer m pepper
Pfeffergurke f gherkin
Pfefferkorn n peppercorn
Pfefferkuchen m gingerbread
Pfefferminz n, **Pfefferminzbonbon** n/m (pepper)mint
Pfefferminze f peppermint
Pfefferminztee m (pepper)mint tea
Pfeffermühle f pepper mill
pfeffern v/t **1** GASTR to season with pepper; *fig* to pepper; → **gepfeffert 2** *umg* **j-m eine ~ to** clout sb one *Br umg*
Pfefferstreuer m pepper pot
Pfeife f **1** whistle; (≈ *Orgelpfeife*) pipe; **nach j-s ~ tanzen** to dance to sb's tune **2** *zum Rauchen* pipe **3** *umg* (≈ *Versager*) wash-out *umg*
pfeifen **A** v/i to whistle; **ich pfeife auf seine Meinung** *umg* I couldn't care less about what he thinks **B** v/t to whistle; MUS to pipe; SPORT *umg Spiel* to ref *umg*; *Abseits, Foul* to give
Pfeifenraucher(in) m(f) pipe smoker
Pfeifer(in) m(f) piper
Pfeifkessel m whistling kettle
Pfeifkonzert n barrage *od* hail of catcalls *od* whistles
Pfeil m arrow; (≈ *Wurfpfeil*) dart; **~ und Bogen** bow and arrow
Pfeiler m pillar; *von Hängebrücke* pylon; (≈ *Stützpfeiler*) buttress
pfeilförmig *adj* V-shaped
pfeilgerade *adj* as straight as a die; **eine ~ Linie** a dead straight line
Pfeilspitze f arrowhead
Pfeiltaste f COMPUT arrow key

Pfennig m HIST pfennig (*one hundredth of a deutschmark*); **er hat keinen ~ (Geld)** he hasn't got a penny to his name; **es ist keinen ~ wert** *fig* it's not worth a thing *od* a red cent *US*; **mit dem** *od* **jedem ~ rechnen müssen** *fig* to have to watch every penny
Pfennigabsatz m stiletto heel
Pfennigfuchser(in) *umg* m(f) miser
Pferch m fold
pferchen v/t to cram
Pferd n horse; *Schach* knight; **zu ~(e)** on horseback; **aufs falsche ~ setzen** to back the wrong horse; **wie ein ~ arbeiten** *od* **schuften** *umg* to work like a Trojan; **keine zehn ~e brächten mich dahin** wild horses couldn't drag me there; **mit ihm kann man ~e stehlen** *umg* he's a great sport *umg*; **er ist unser bestes ~ im Stall** he's our best man
Pferdefliege f horsefly
Pferdefuhrwerk n horse and cart
Pferdegebiss n horsey teeth
Pferdekoppel f paddock
Pferderennbahn f race course
Pferderennen n *Sportart* (horse) racing; *einzelnes Rennen* (horse) race
Pferdeschwanz m horse's tail; *Frisur* ponytail
Pferdesport m equestrian sport
Pferdestall m stable
Pferdestärke f horse power *kein pl*, hp
Pferdezucht f horse breeding; (≈ *Gestüt*) stud farm
Pfiff m **1** whistle **2** (≈ *Reiz*) style; **der Soße fehlt noch der letzte ~** the sauce still needs that extra something; **eine Inneneinrichtung mit ~** a stylish interior
Pfifferling m chanterelle; **keinen ~ wert** *umg* not worth a thing
pfiffig **A** *adj* smart **B** *adv* cleverly
Pfingsten n Whitsun *Br*, Pentecost *US*
Pfingstferien *pl* Whit(sun) holiday *od* holidays *pl Br*, Pentecost holiday *od* holidays *pl US*
Pfingstmontag m Whit Monday *Br*, Pentecost Monday *US*
Pfingstrose f peony
Pfingstsonntag m Whit Sunday *Br*, Pentecost *US*
Pfingstwoche f Whit week *Br*, the week of the Pentecost holiday *US*
Pfirsich m peach
Pfirsichblüte f peach blossom
Pflanz m *österr umg* (≈ *Betrug*) con *umg*
Pflanze f **1** (≈ *Gewächs*) plant; **~n fressend** herbivorous **2** *umg* (≈ *Mensch*) **sie ist eine seltsame ~** she is a strange fish *umg*
pflanzen v/t **1** to plant **2** *österr umg* (≈ *auf den Arm nehmen*) **j-n ~** to take the mickey out of

sb Br umg, to put sb on US
Pflanzenfaser f plant fibre Br, plant fiber US
Pflanzenfett n vegetable fat
pflanzenfressend adj herbivorous
Pflanzenfresser m herbivore
Pflanzenkunde f, **Pflanzenlehre** f botany
Pflanzenmargarine f vegetable margarine
Pflanzenöl n vegetable oil
Pflanzenschutzmittel n pesticide
pflanzlich A adj Fette, Nahrung vegetable attr; Organismen plant attr B adv **sich rein ~ ernähren** to eat no animal products; Tier to be a herbivore
Pflanzung f (≈ Plantage) plantation
Pflaster n 1 (≈ Heftpflaster) (sticking) plaster Br, adhesive tape US 2 (≈ Straßenpflaster) (road) surface; **ein gefährliches ~** umg a dangerous place
pflastern v/t Straße, Hof to surface; mit Steinplatten to pave; **eine Straße neu ~** to resurface a road
Pflasterstein m paving stone
Pflaume f 1 plum; **getrocknete ~** prune 2 umg (≈ Mensch) dope umg
Pflaumenbaum m plum tree
Pflaumenkuchen m plum tart
Pflaumenmus n plum jam
Pflege f care; von Beziehungen cultivation; von Maschinen, Gebäuden maintenance; **j-n/etw in ~ nehmen** to look after sb/sth; **j-n/etw in ~ geben** to have sb/sth looked after; **ein Kind in ~ nehmen** to foster a child; **ein Kind in ~ geben** to have a child fostered; **der Garten braucht viel ~** the garden needs a lot of care and attention
pflegebedürftig adj in need of care (and attention)
Pflegeberuf m caring profession
Pflegedienst m home nursing service
Pflegeeltern pl foster parents pl
Pflegefall m **sie ist ein ~** she needs constant care
Pflegegeld n für Pflegekinder boarding-out allowance; für Kranke attendance allowance
Pflegeheim n nursing home
Pflegekind n foster child
Pflegekosten pl nursing fees pl
Pflegekostenversicherung f private nursing insurance
pflegeleicht adj easy-care; **er ist ~** he's easy to get along with
Pflegemutter f foster mother
pflegen A v/t to look after; Beziehungen to cultivate; Maschinen, Gebäude to maintain; → gepflegt B v/i (≈ gewöhnlich tun) to be in the habit (zu of); **sie pflegte zu sagen** she used to say;

wie man zu sagen pflegt as they say C v/r (≈ sein Äußeres pflegen) to care about one's appearance
Pflegepersonal n MED nursing staff
Pfleger m im Krankenhaus orderly; voll qualifiziert (male) nurse
Pflegerin f nurse
Pflegesohn m foster son
Pflegestation f nursing ward
Pflegetochter f foster daughter
Pflegevater m foster father
Pflegeversicherung f nursing care insurance
pfleglich A adj careful B adv behandeln carefully, with care
Pflicht f 1 (≈ Verpflichtung) duty (zu to); **Rechte und ~en** rights and responsibilities; **j-n in die ~ nehmen** to remind sb of his duty; **die ~ ruft** duty calls; **ich habe es mir zur ~ gemacht** I've taken it upon myself; **das ist ~** you have to do that, it's compulsory 2 SPORT compulsory section
pflichtbewusst adj conscientious
Pflichtbewusstsein n sense of duty
Pflichterfüllung f fulfilment of one's duty Br, fulfillment of one's duty US
Pflichtfach n compulsory subject
Pflichtgefühl n sense of duty
pflichtgemäß A adj dutiful B adv dutifully
Pflichtübung f compulsory exercise
Pflichtumtausch m compulsory exchange of currency
pflichtversichert adj compulsorily insured
Pflichtversicherte(r) m/f(m) compulsorily insured person
Pflichtversicherung f compulsory insurance
Pflock m peg; für Tiere stake
pflücken v/t to pick
Pflücker(in) m(f) picker
Pflug m plough Br, plow US
pflügen v/t & v/i to plough Br, to plow US
Pforte f (≈ Tor) gate
Pförtner(in) m(f) porter; von Fabrik gateman/woman; von Behörde doorman/woman
Pfosten m post; (≈ Fensterpfosten) (window) jamb; (≈ Türpfosten) doorpost; FUSSB (goal)post
Pfote f paw; **sich** (dat) **die ~n verbrennen** umg to burn one's fingers
Pfropf m (≈ Stöpsel) stopper; (≈ Kork) cork; von Fass bung; MED (≈ Blutpfropf) (blood) clot; verstopfend blockage
pfropfen v/t 1 Flasche to bung, to stop up 2 umg (≈ hineinzwängen) to cram; **gepfropft voll** jam-packed umg
Pfropfen m → Pfropf
pfui int Ekel ugh; zu Hunden oy; Buhruf boo; **~ Teufel** umg ugh

Pfund n ① (≈ *Gewicht*) pound; **drei ~ Äpfel** three pounds of apples; **ein halbes ~** half a pound ② (≈ *Währungseinheit*) pound; **es kostet 1 ~** it's 1 pound; **in ~** in pounds
Pfundskerl *umg* m great guy *umg*
pfundweise *adv* by the pound
Pfusch m ① *umg* → Pfuscherei ② *österr* (≈ *Schwarzarbeit*) moonlighting *umg*
pfuschen *v/i* ① (≈ *schlecht arbeiten*) to bungle; (≈ *einen Fehler machen*) to slip up ② SCHULE to cheat ③ *österr* (≈ *schwarzarbeiten*) to moonlight *umg*
Pfuscher(in) *umg* m(f) bungler
Pfuscherei f (≈ *das Pfuschen*) bungling *kein pl*; (≈ *gepfuschte Arbeit*) botch-up *umg*
Pfütze f puddle
PH *f abk* (= *Pädagogische Hochschule*) college of education
Phallus m phallus
Phallussymbol n phallic symbol
Phänomen n phenomenon
phänomenal Ⓐ *adj* phenomenal Ⓑ *adv* phenomenally (well)
Phantasie f → Fantasie
phantastisch *adj & adv* → fantastisch
Phantom n (≈ *Trugbild*) phantom
Phantombild n Identikit® (picture), Photofit® (picture)
Pharao m Pharaoh
Pharmaindustrie f pharmaceuticals industry
Pharmakologe m, **Pharmakologin** f pharmacologist
Pharmakologie f pharmacology
pharmakologisch *adj* pharmacological
Pharmaunternehmen n pharmaceuticals company
Pharmazeut(in) m(f) pharmacist, druggist *US*
pharmazeutisch *adj* pharmaceutical
Pharmazie f pharmacy, pharmaceutics *sg*
Phase f phase
Philatelie f philately
Philatelist(in) m(f) philatelist
Philharmonie f (≈ *Orchester*) philharmonic (orchestra); (≈ *Konzertsaal*) philharmonic hall
Philharmoniker(in) m(f) (≈ *Musiker*) member of a philharmonic orchestra
Philippinen *pl* Philippines *pl*
philippinisch *adj* Filipino
Philologe m, **Philologin** f philologist
Philologie f philology
philologisch *adj* philological
Philosoph(in) m(f) philosopher
Philosophie f philosophy
philosophieren *v/i* to philosophize (**über** +*akk* about)
philosophisch Ⓐ *adj* philosophical Ⓑ *adv* philosophically
Phishing n IT *Identitätsdiebstahl im Internet* phishing
Phlegma n apathy
Phlegmatiker(in) m(f) apathetic person
phlegmatisch Ⓐ *adj* apathetic Ⓑ *adv* apathetically
pH-neutral *adj* pH-balanced
Phobie f phobia (**vor** +*dat* about)
Phon n phon
Phonetik f phonetics *sg*
phonetisch *adj* phonetic; **~e Schrift** phonetic transcription
Phonotypist(in) m(f) audiotypist
Phonstärke f decibel
Phosphat n phosphate
phosphatfrei *adj* phosphate-free
phosphathaltig *adj* containing phosphates
Phosphor m phosphorus
phosphoreszieren *v/i* to phosphoresce
Photo *etc* n → Foto
Phrase f phrase; *pej* empty phrase; **abgedroschene ~** cliché, hackneyed phrase *Br*; **~n dreschen** *umg* to churn out one cliché after another
Phrasendrescher(in) *pej* m(f) windbag *umg*
phrasenhaft *adj* empty, hollow
pH-Wert m pH value
Physik f physics *sg*
physikalisch Ⓐ *adj* physical Ⓑ *adv* physically
Physiker(in) m(f) physicist
Physiksaal m physics lab
Physikum n UNIV preliminary examination in medicine
physiologisch Ⓐ *adj* physiological Ⓑ *adv* physiologically
Physiotape n MED, SPORT physio tape
Physiotherapeut(in) m(f) physiotherapist
Physiotherapie f physiotherapy
physisch Ⓐ *adj* physical Ⓑ *adv* physically
Pi n MATH pi; **die Zahl Pi** the number represented by pi
Pianist(in) m(f) pianist
Piano n piano
Piccolo m ① (*a.* **~flasche**) quarter bottle of champagne ② (*a.* **~flöte**) piccolo; **~ spielen** to play the piccolo
picheln *umg v/i* to booze *umg*
Pichelsteiner m, **Pichelsteiner Topf** m GASTR meat and vegetable stew
Pick m *österr* (≈ *Klebstoff*) glue
Pickel¹ m (≈ *Spitzhacke*) pick(axe) *Br*, pick(ax) *US*; (≈ *Eispickel*) ice axe *Br*, ice ax *US*
Pickel² m auf der Haut spot
pick(e)lig *adj* spotty
picken *v/t & v/i* ① to peck (**nach** at) ② *österr* (≈ *kle-*

ben) to stick
Pickerl *österr n* **1** (≈ *Aufkleber*) sticker **2** (≈ *Autobahnvignette*) motorway permit sticker *Br,* turnpike permit sticker *US*
Picknick *n* picnic; **~ machen** to have a picnic
picknicken *v/i* to (have a) picnic
Picknickkorb *m* picnic basket; *größer* picnic hamper
picobello *umg adv* **~ gekleidet** immaculately dressed; **~ sauber** absolutely spotless
Piefke *m österr pej* (≈ *Deutscher*) Kraut *pej*
pieken *umg v/t & v/i* to prick
piekfein *umg adj* posh *umg*; **~ eingerichtet sein** to have classy furnishings
piepen *v/i Vogel* to cheep; *Maus* to squeak; *Funkgerät etc* to bleep; **bei dir piept's wohl!** *umg* are you off your rocker? *umg*; **es war zum Piepen!** *umg* it was a scream! *umg*
piepsen *v/i Vogel* to cheep; *Funkgerät* to bleep
Piepser *m* TEL *umg* bleeper
Piepton *m* bleep
Pier *m* jetty, pier
piercen *v/t* to pierce; **sich** (*dat*) **die Zunge ~ lassen** to get one's tongue pierced; **gepierct sein** to have a piercing; *mehrfach* to have some piercings
Piercing *n* **1** (body) piercing **2** *Körperschmuck* piece of body jewellery *Br,* piece of body jewelry *US*
piesacken *v/t umg* (≈ *quälen*) to torment
Pietät *f* (≈ *Ehrfurcht*) reverence *kein pl*; (≈ *Achtung*) respect
pietätlos *adj* irreverent; (≈ *ohne Achtung*) lacking in respect
Pigment *n* pigment
Pik *n Spielkartenfarbe* spades *pl*; *einzelne Karte* spade
pikant *adj* piquant; **~ gewürzt** well-seasoned, spicy
Pike *f* pike; **etw von der ~ auf lernen** *fig* to learn sth starting from the bottom
pikiert *umg adj* put out; **sie machte ein ~es Gesicht** she looked put out
Pikkolo *m* → *Piccolo*
Piktogramm *n* pictogram
Pilates *n* pilates
Pilger(in) *m(f)* pilgrim
Pilgerfahrt *f* pilgrimage
pilgern *v/i* to make a pilgrimage; *umg* (≈ *gehen*) to make one's way
Pilgerväter *pl* HIST Pilgrims *pl*
Pille *f* pill; **sie nimmt die ~** she's on the pill; **die ~ danach** the morning-after pill; **das war eine bittere ~ für ihn** *fig* that was a bitter pill for him (to swallow)
Pillendose *f* pill box

Pilot(in) *m(f)* pilot
Pilotfilm *m* pilot movie
Pilotprojekt *n* pilot scheme
Pils *n,* **Pilsner** *n* Pils
Pilz *m* **1** fungus; *giftig* toadstool; *essbar* mushroom; **~e sammeln** to go mushroom-picking; **wie ~e aus dem Boden schießen** to spring up like mushrooms **2** (≈ *Hautpilz*) fungal skin infection
Pilzkrankheit *f* fungal disease
Pilzvergiftung *f* fungus poisoning
Piment *n/m* allspice, pimento
Pimmel *m umg* willy *Br umg,* weenie *US umg*
pimpen *v/t umg* (≈ *aufpeppen*) to pimp up *umg*
Pin *m von Stecker* pin
PIN *f abk* (= **persönliche Identifikationsnummer**), **PIN-Nummer** *f* PIN (number)
pingelig *umg adj* finicky *umg*
Pinguin *m* penguin
Pinie *f* pine
pink *adj* shocking pink
Pinkel *umg m* **ein feiner ~** a swell, His Highness *umg*
pinkeln *umg v/i* to pee *umg*
Pinnwand *f* (notice) board
Pinscher *m* pinscher
Pinsel *m* brush
pinseln *v/t & v/i umg* (≈ *streichen*), *a.* MED to paint; *pej* (≈ *malen*) to daub
Pinzette *f* (pair of) tweezers *pl*
Pionier(in) *m(f)* **1** MIL sapper **2** *fig* pioneer
Pionierarbeit *f* pioneering work
Pioniergeist *m* pioneering spirit
Pipeline *f* pipeline
Pipette *f* pipette
Pipi *kinderspr n/m* wee(-wee) *kinderspr;* **~ machen** to do a wee(-wee)
Pipifax *umg m* (≈ *Unsinn*) nonsense, rubbish *Br;* (≈ *Lappalie*) trivial stuff
Pirat(in) *m(f)* **1** pirate **2** *Mitglied der Piratenpartei* member of the Pirate Party
Piratenpartei *f* POL pirate party
Piratenschiff *n* pirate ship
Piratensender *m* pirate radio station
Piraterie *wörtl, fig f* piracy
Pirsch *f* stalk; **auf (die) ~ gehen** to go stalking
PISA-Studie *f* SCHULE PISA study
pissen *vulg v/i* to (take a) piss *sl; sl* (≈ *regnen*) to pour down *umg*
Pistazie *f* pistachio
Piste *f* SKI piste; (≈ *Rennbahn*) track; FLUG runway; **auf die ~ gehen** *umg* to go on a pub crawl *umg*
Pistole *f* pistol; **j-m die ~ auf die Brust setzen** *fig* to hold a pistol to sb's head; **wie aus der ~ geschossen** *fig* like a shot *umg*
Pit-Bull-Terrier *m* pit bull terrier

Pitcher(in) *m(f)* SPORT pitcher
pittoresk *adj* picturesque
Pixel *n* IT pixel
Pizza *f* pizza
Pizzabäcker(in) *m(f)* pizza chef
Pizzagewürz *n* pizza spice
Pizzaservice *m* pizza delivery service
Pizzeria *f* pizzeria
Pjöngjang *n* Pyongyang
Pkw *m* car
PKW-Maut *f* toll charge for cars
Placebo *n* placebo
Plackerei *umg f* grind *umg*
plädieren *v/i* to plead (**für, auf** +*akk* for)
Plädoyer *n* JUR summation *US*, summing up; *fig* plea
Plafond *m bes schweiz, südd, a. fig* ceiling
Plage *f* **1** plague **2** *fig* (≈ *Mühe*) nuisance; **sie hat ihre ~ mit ihm** he's a trial for her
plagen A *v/t* to plague; **ein geplagter Mann** a harassed man **B** *v/r* **1** (≈ *leiden*) to be troubled (**mit** by) **2** (≈ *sich abrackern*) to slave away *umg*
Plagiat *n* **1** (≈ *geistiger Diebstahl*) plagiarism **2** *Buch, Film etc* book/film *etc* resulting from plagiarism; **dieses Buch ist ein ~** this book is plagiarism
plagiieren *v/t & v/i* to plagiarize
Plakat *n an Litfaßsäulen etc* poster; *aus Pappe* placard
plakatieren *v/t* to placard; *fig* to broadcast
Plakatwerbung *f* poster advertising
Plakette *f* (≈ *Abzeichen*) badge
Plan[1] *m* **1** **~ B** *Alternativplan* plan B; **wir haben den ~, ...** we're planning to ...; **Pläne schmieden** to make plans; **es verlief alles nach ~** everything went according to plan **2** (≈ *Stadtplan*) (street) map; (≈ *Bauplan*) plan; (≈ *Zeittafel, Fahrplan*) schedule
Plan[2] *m* **auf den ~ treten** *fig* to arrive *od* come on the scene; **j-n auf den ~ rufen** *fig* to bring sb into the arena
planbar *adj* plannable
Plane *f* tarpaulin; (≈ *Schutzdach*) canopy
planen *v/t & v/i* to plan
Planen *n* planning
Planer(in) *m(f)* planner
Planet *m* planet
planetarisch *adj* planetary
Planetarium *n* planetarium
Planfeststellungsverfahren *n Hoch- und Tiefbau* planning permission hearings *pl*
planieren *v/t Boden* to level (off); *Werkstück* to planish
Planierraupe *f* bulldozer
Planke *f* plank; (≈ *Leitplanke*) crash barrier
Plänkelei *fig f* squabble
plänkeln *fig v/i* to squabble
Plankton *n* plankton
planlos A *adj* unmethodical; (≈ *ziellos*) random **B** *adv umherirren* aimlessly; *vorgehen* without any clear direction
Planlosigkeit *f* lack of planning
planmäßig A *adj* (≈ *wie geplant*) as planned; (≈ *pünktlich*) on schedule; **~e Ankunft/Abfahrt** scheduled time of arrival/departure **B** *adv* **1** (≈ *systematisch*) systematically **2** (≈ *fahrplanmäßig*) on schedule
Planschbecken *n* paddling pool *Br*, wading pool *US*
planschen *v/i* to splash around
Planspiel *n* experimental game; MIL map exercise
Planstelle *f* post
Plantage *f* plantation
Planung *f* planning; **diese Straße ist noch in ~** this road is still being planned
Planungssicherheit *f* planning security
Planwagen *m* covered wagon
Planwirtschaft *f* planned economy
Plappermaul *n* (≈ *Mund*) big mouth *umg*; (≈ *Schwätzer*) windbag *umg*
plappern *v/i* to chatter; (≈ *Geheimnis verraten*) to blab *umg*
Plaque *f auf Zähnen* dental plaque
plärren *v/t & v/i umg* (≈ *weinen*) to howl; *Radio* to blare (out); (≈ *schreien*) to yell
Plasma *n* plasma
Plastik[1] *n* (≈ *Kunststoff*) plastic
Plastik[2] *f* (≈ *Skulptur*) sculpture
Plastik- *zssgn Besteck, Tüte etc* plastic
Plastikbeutel *m* plastic bag
Plastikflasche *f* plastic bottle
Plastikflaschencontainer *m* plastic bottle bank
Plastikfolie *f* plastic film
Plastikgeld *umg n* plastic money
Plastiksack *m* (large) plastic bag
Plastiksprengstoff *m* plastic explosive
Plastiktüte *f* plastic bag
plastisch A *adj* **1** (≈ *dreidimensional*) three-dimensional, 3-D; *fig* (≈ *anschaulich*) vivid **2** KUNST plastic; **die ~e Kunst** plastic art **3** MED *Chirurgie* plastic **B** *adv* **1** *räumlich* three-dimensionally **2** *fig* (≈ *anschaulich*) **etw ~ schildern** to give a graphic description of sth; **das kann ich mir ~ vorstellen** I can just imagine it
Platane *f* plane tree
Plateau *n* **1** plateau **2** *von Schuh* platform
Plateausohle *f* platform sole
Platin *n* platinum
Platine *f* COMPUT circuit board
platonisch *adj* Platonic; (≈ *nicht sexuell*) platonic

platschen *umg v/i* to splash
plätschern *v/i Bach* to babble; *Brunnen* to splash; *Regen* to patter
platt **A** *adj* **1** (≈ *flach*) flat; **einen Platten haben** *umg* to have a flat tyre *Br*, to have a flat tire *US* **2** *umg* (≈ *verblüfft*) **~ sein** to be flabbergasted *umg* **B** *adv* walzen flat; **etw ~ drücken** to press sth flat
Platt *umg n* Low German, Plattdeutsch
plattdeutsch *adj* Low German
Platte *f* **1** (≈ *Holzplatte*) piece of wood, board; *zur Wandverkleidung* panel; (≈ *Glasplatte/Metallplatte/Plastikplatte*) piece of glass/metal/plastic; (≈ *Steinplatte*) slab; (≈ *Kachel, Fliese*) tile; (≈ *Grabplatte*) gravestone; (≈ *Herdplatte*) hotplate; (≈ *Tischplatte*) (table) top; FOTO plate; (≈ *Gedenktafel*) plaque; COMPUT disk **2** (≈ *Schallplatte*) record **3** GEOG **Eurasische ~** Eurasian Plate **4** *umg* (≈ *Glatze*) bald head
plätten *v/t dial* to iron
Plattenbau *m* plattenbau, large panel system building
Plattenfirma *f*, **Plattenlabel** *n* record label
Plattenlaufwerk *n* COMPUT disk drive
Plattensammlung *f* record collection
Plattensee *m* **der ~** Lake Balaton
Plattenspieler *m* record player
Plattenteller *m* turntable
Plattfisch *m* flatfish
Plattform *f* platform; *fig* (≈ *Grundlage*) basis
Plattfuß *m* **1** MED **Plattfüße haben** to have flat feet **2** *umg Reifenpanne* flat foot *umg*
Plattheit *f* **1** (≈ *Flachheit*) flatness **2** (≈ *Redensart etc*) platitude, cliché
Plättli *n schweiz* (≈ *Fliese, Kachel*) tile
plattmachen *umg v/t* to level; (≈ *töten*) to do in *umg*
Plattnektarine *f* flat nectarine
Plattpfirsich *m* flat peach
Platz *m* **1** (≈ *freier Raum*) room, space; (≈ *Leerraum*) space; **~ für j-n/etw schaffen** to make room for sb/sth; **~ einnehmen** to take up room; **~ raubend** → platzraubend; **~ sparend** → platzsparend; **j-m den (ganzen) ~ wegnehmen** to take up all the room; **j-m ~ machen** to make room for sb; (≈ *vorbeigehen lassen*) to make way for sb *a. fig*; **~ machen** to get out of the way *umg*; **mach mal ein bisschen ~** make a bit of room **2** (≈ *Sitzplatz*) seat; **~ nehmen** to take a seat; **ist hier noch ein ~ frei?** is it okay to sit here?; **dieser ~ ist belegt** *od* **besetzt** this seat's taken; **~!** *zum Hund* (lie) down! **3** (≈ *Stelle, Standort*) place; (≈ *Einsatzort*) location; **das Buch steht nicht an seinem ~** the book isn't in (its) place; **etw (wieder) an seinen ~ stellen** to put sth (back) in (its) place; **fehl** *od* **nicht am ~(e)** **sein** to be out of place; **auf die Plätze, fertig, los!** *beim Sport* on your marks, get set, go!; **den ersten ~ einnehmen** *fig* to take first place; **auf ~ zwei** in second place **4** (≈ *umbaute Fläche*) square; *rund* circle **5** (≈ *Sportplatz*) playing field; FUSSB pitch; (≈ *Tennisplatz*) court; (≈ *Golfplatz*) (golf) course; **einen Spieler vom ~ verweisen** to send a player off *Br*, to eject a player *US*; **auf gegnerischem ~** away; **auf eigenem ~** at home **6** (≈ *Ort*) town, place; **das erste Hotel am ~** the best hotel in town
Platzangst *f umg* (≈ *Beklemmung*) claustrophobia
Platzanweiser *m* usher
Platzanweiserin *f* usher(ette)
Plätzchen *n Gebäck* biscuit *Br*, cookie *US*
platzen *v/i* **1** (≈ *aufreißen*) to burst; *Naht, Haut* to split; (≈ *explodieren*) to explode; (≈ *einen Riss bekommen*) to crack; **mir ist unterwegs ein Reifen geplatzt** I had a blowout on the way *umg*; **ins Zimmer ~** *umg* to burst into the room; **j-m ins Haus ~** *umg* to descend on sb; **(vor Wut/Ungeduld) ~** *umg* to be bursting (with rage/impatience) **2** *umg* (≈ *scheitern*) *Plan, Vertrag* to fall through; *Freundschaft, Koalition* to break up; *Wechsel* to bounce *umg*; **die Verlobung ist geplatzt** the engagement is (all) off; **etw ~ lassen** *Plan, Vertrag* to make sth fall through; *Verlobung* to break sth off; *Koalition* to break sth up
Platzhalter *m* place marker
Platzhirsch *m* dominant male
platzieren **A** *v/t* **1** to put, to place; *Tennis* to seed **2** (≈ *zielen*) *Ball* to place; *Schlag* to land **B** *v/r* **1** *umg* (≈ *sich setzen etc*) to plant oneself *umg* **2** SPORT to be placed; **der Läufer konnte sich gut ~** the runner was well-placed
Platzierung *f bei Rennen* order; *Tennis* seeding; (≈ *Platz*) place
Platzkarte *f* BAHN seat reservation (ticket)
Platzmangel *m* shortage of space
Platzpatrone *f* blank (cartridge)
platzraubend *adj* space-consuming
Platzregen *m* cloudburst
Platzreservierung *f* seat reservation
platzsparend *adj* space-saving *attr*; *bauen, unterbringen* (in order) to save space
Platzverweis *m* sending-off *Br*, ejection *US*
Platzwahl *f* seat selection; **freie ~** no set seating
Platzwart(in) *m(f)* SPORT groundsman
Platzwunde *f* cut
Plauderei *f* chat
Plauderer *m*, **Plauderin** *f* conversationalist
plaudern *v/i* to chat (**über** +*akk od* **von** about); (≈ *verraten*) to talk
plausibel **A** *adj Erklärung* plausible **B** *adv* plausibly; **j-m etw ~ machen** to explain sth to sb

Play-back n, **Playback** n (≈ Band) bei Musikaufnahme backing track; **~ singen** to mime
Playboy m playboy
Playgirl n playgirl
Plazenta f placenta
plazieren v/t → platzieren
Plebiszit n plebiscite
pleite umg adj & adv Mensch broke umg
Pleite umg f bankruptcy; fig flop umg; **~ machen** to go bankrupt
pleitegehen umg v/i to go bust
Plenarsaal m chamber
Plenarsitzung f plenary session
Plenum n plenum
Pleuelstange f connecting rod
Plissee n pleats pl
Plisseerock m pleated skirt
plissieren v/t to pleat
PLO f abk (= palästinensische Befreiungsorganisation) PLO, Palestine Liberation Organization
Plombe f **1** (≈ Siegel) lead seal **2** (≈ Zahnplombe) filling
plombieren v/t **1** (≈ versiegeln) to seal **2** Zahn to fill
Plot m (≈ Handlung) plot
Plotter m IT plotter
plötzlich **A** adj sudden **B** adv suddenly; **aber ein bisschen ~!** umg (and) make it snappy! umg
Plötzlichkeit f suddenness
plump **A** adj Figur ungainly; Ausdruck clumsy; Benehmen crass; Lüge, Trick obvious **B** adv sich bewegen awkwardly; sich ausdrücken clumsily; **in der Kleidung sieht sie ~ aus** she looks ungainly dressed like that
Plumpheit f von Figur ungainliness; von Ausdruck clumsiness; von Benehmen crassness; von Lüge, Trick obviousness
plumps int bang; lauter crash
Plumps umg m (≈ Fall) fall; Geräusch bump
plumpsen umg v/i (≈ fallen) to tumble
plumpvertraulich adj overly chummy umg
Plunder m junk
Plünderer m, **Plünderin** f looter, plunderer
Plundergebäck n Danish (pastry)
plündern v/t & v/i to loot; (≈ ausrauben) to raid
Plünderung f looting
Plural m plural; **im ~ stehen** to be (in the) plural
Pluralismus m pluralism
pluralistisch adj pluralistic form
plus **A** präp plus **B** adv plus; **bei ~ 5 Grad** at 5 degrees (above freezing); **~ minus 10** plus or minus 10
Plus n **1** (≈ Pluszeichen) plus (sign) **2** bes HANDEL (≈ Zuwachs) increase; (≈ Gewinn) profit; (≈ Überschuss) surplus **3** fig (≈ Vorteil) advantage; **das ist ein ~ für dich** that's a point in your favour

Br, that's a point in your favor US
Plusbetrag m profit
Plüsch m plush
Plüschtier n ≈ soft toy
Pluspol m ELEK positive pole
Pluspunkt m SPORT point; fig advantage
Plusquamperfekt n pluperfect, past perfect
Pluszeichen n plus sign
Pluto m ASTRON Pluto
Plutonium n plutonium
PLZ abk (= Postleitzahl) post(al) code Br, zip code US
Pneu m bes schweiz tyre Br, tire US
pneumatisch **A** adj pneumatic **B** adv pneumatically
Po umg m bottom
Pöbel m rabble
pöbelhaft adj uncouth, vulgar
pöbeln v/i to swear
pochen v/i to knock; Herz to pound; **auf etw** (akk) **~** fig to insist on sth
Pocke f **1** pock **2 ~n** pl smallpox
Pockenimpfung f smallpox vaccination
Pockennarbe f pockmark
Pocken(schutz)impfung f smallpox vaccination
Podcast m IT podcast
podcasten v/i to podcast
Podest n/m pedestal; (≈ Podium) platform
Podium n platform; des Dirigenten podium
Podiumsdiskussion f panel discussion
Poesie f poetry
Poesiealbum n autograph book
Poet(in) m(f) poet
Poetik f poetics sg
poetisch **A** adj poetic **B** adv poetically
Poetry-Slam m poetry slam; **Teilnehmer(in) an einem ~** slamster
pogen v/i Pogo tanzen to pogo (dance)
Pogo m Tanz pogo
Pogrom n/m pogrom
Pointe f eines Witzes punch line, punchline; einer Geschichte point
pointiert **A** adj pithy **B** adv pithily
Pokal m zum Trinken goblet; SPORT cup
Pokalfinale n cup final
Pokalrunde f round (of the cup)
Pokalsieger(in) m(f) cup winners pl
Pokalspiel n cup tie
Pökelfleisch n salt meat
pökeln v/t Fleisch to salt
Poker n poker
pokern v/i to play poker; fig to gamble; **hoch ~** fig to take a big risk
Pol m pole; **der ruhende Pol** fig the calming influence

polar *adj* polar
Polareis *n* polar ice
polarisieren *v|t & v|r* to polarize
Polarisierung *f* polarization
Polarkreis *m* **nördlicher/südlicher ~** Arctic/Antarctic circle
Polarmeer *n* **Nördliches/Südliches ~** Arctic/Antarctic Ocean
Polaroidkamera® *f* Polaroid® camera
Polarstern *m* Pole Star
Pole *m* Pole
Polemik *f* polemics *sg* (**gegen** against)
Polemiker(in) *m(f)* controversialist, polemicist
polemisch *adj* polemic(al)
polemisieren *v|i* to polemicize; **~ gegen** to inveigh against
Polen *n* Poland
Polenta *f* GASTR polenta
Police *f* (insurance) policy
polieren *v|t* to polish
Poliklinik *f* clinic (*for outpatients only*)
Polin *f* Pole
Polio *f* polio
Politbüro *n* Politburo
Politesse *f* (woman) traffic warden
Politik *f* **1** politics *sg*; (≈ *politischer Standpunkt*) politics *pl*; **in die ~ gehen** to go into politics **2** (≈ *bestimmte Politik*) policy; **eine ~ verfolgen** to pursue a policy
Politiker(in) *m(f)* politician
politisch **A** *adj* political; **~e Linie** policy; **~e Bildung** Fach social studies *pl* **B** *adv* politically; **sich ~ betätigen** to be involved in politics; **~ interessiert sein** to be interested in politics
politisieren **A** *v|i* to politicize **B** *v|t* to politicize; *j-n* to make politically aware
Politologe *m*, **Politologin** *f* political scientist
Politologie *f* political science
Politur *f* polish
Polizei *f* police *pl*; **die ~ war sofort da** the police were there immediately; **zur ~ gehen** to go to the police; **er ist bei der ~** he's in the police (force)
Polizeiaufgebot *n* police presence
Polizeiauto *n* police car
Polizeibeamte(r) *m*, **Polizeibeamtin** *f* police official; (≈ *Polizist*) police officer
Polizeidienststelle *form f* police station
Polizeieinsatz *m* police action *od* intervention
Polizeifunk *m* police radio
Polizeikette *f* police cordon
Polizeiknüppel *m* truncheon
Polizeikontrolle *f* police check; (≈ *Kontrollpunkt*) police checkpoint
polizeilich **A** *adj* police *attr*; **~es Führungszeugnis** *certificate issued by the police, stating that the holder has no criminal record* **B** *adv* ermittelt werden by the police; **~ überwacht werden** to be under police surveillance; **sie wird ~ gesucht** the police are looking for her; **sich ~ melden** to register with the police
Polizeirevier *n* **1** (≈ *Polizeiwache*) police station **2** *Bezirk* (police) district, precinct *US*
Polizeischutz *m* police protection
Polizeistaat *m* police state
Polizeistreife *f* police patrol
Polizeistunde *f* closing time
Polizeiwache *f* police station
Polizist *m* policeman, police officer
Polizistin *f* policewoman, police officer, cop *umg*
Pollen *m* pollen
Pollenflug *m* pollen count
Pollenwarnung *f* pollen warning
polnisch *adj* Polish
Polo *n* polo
Polohemd *n*, **Poloshirt** *n* sports shirt
Polster *österr n|m* **1** cushion; (≈ *Polsterung*) upholstery *kein pl* **2** *fig* (≈ *Fettpolster*) flab *kein pl umg*; (≈ *Reserve*) reserve
Polsterauflage *f* cushion
Polstergarnitur *f* three-piece suite
Polstermöbel *pl* upholstered furniture *sg*
polstern *v|t* to upholster; *Kleidung* to pad; **sie ist gut gepolstert** she's well-padded
Polstersessel *m* armchair, easy chair
Polsterung *f* (≈ *Polster*) upholstery
Polterabend *m* *party on the eve of a wedding, at which old crockery is smashed to bring good luck*
Poltergeist *m* poltergeist
poltern *v|i* **1** (≈ *Krach machen*) to crash about; **es fiel ~d zu Boden** it crashed to the floor **2** *umg* (≈ *schimpfen*) to rant (and rave) **3** *umg* (≈ *Polterabend feiern*) *to celebrate on the eve of a wedding*
Polyacryl *n* **1** CHEM polyacrylics *sg* **2** *Textilien* acrylics *sg*
Polyamid® *n* polyamide
Polyester *m* polyester
polygam *adj* polygamous
Polygamie *f* polygamy
Polynesien *n* Polynesia
polynesisch *adj* Polynesian
Polyp *m* **1** ZOOL polyp **2** MED **~en** adenoids
Polytechnikum *n* polytechnic
Pomade *f* hair cream
Pomelo *f* *Frucht* pomelo
Pommern *n* Pomerania
Pommes *umg pl* chips *pl Br*, (French) fries *pl bes US*
Pommesbude *umg f* fast food stand

Pommes frites *pl* chips *pl Br*, French fries *pl bes US*
Pomp *m* pomp
Pompon *m bunte Quaste der Cheerleader* pompom
pompös A *adj* grandiose B *adv* grandiosely
Pontius *m* **von ~ zu Pilatus** from one place to another
Pony¹ *n Pferd* pony
Pony² *m Frisur* fringe *Br*, bangs *pl US*
Pool *m* ▮ (≈ *Swimmingpool*) pool ▮ WIRTSCH pool
Pool(billard) *n* pool
Pop *m* MUS pop; KUNST pop art
Popcorn *n* popcorn
Popcornmaschine *f* popcorn maker *od* machine, popcorn popper *US*
Popel *umg m* (≈ *Nasenpopel*) bogey *Br umg*, booger *US umg*
popelig *umg adj* ▮ (≈ *knauserig*) stingy *umg*; **~e zwei Euro** a lousy two euros *umg* ▮ (≈ *dürftig*) crummy *umg*
Popeline *f* poplin
popeln *umg v/i* **(in der Nase) ~** to pick one's nose
Popgruppe *f* pop group
Popkonzert *n* pop concert
Popmusik *f* pop music
Popo *umg m* bottom
poppig *umg adj Kleidung* loud and trendy; *Farben* bright and cheerful
Popsänger(in) *m(f)* pop singer
Popsender *m* pop station
Popstar *m* pop star
Popszene *f* pop scene
populär *adj* popular (**bei** with)
Popularität *f* popularity
Populist(in) *m(f)* populist
populistisch A *adj* populist B *adv* in a populist way
Pop-up-Fenster *n* pop-up window
Pop-up-Menü *n* pop-up menu
Pore *f* pore
Porno *umg m Pornofilm* porn movie *umg*; *Pornoroman* porn novel *umg*
Pornofilm *m* porn movie
Pornografie *f* pornography
pornografisch *adj* pornographic
Pornoheft *n* porn magazine
porös *adj* (≈ *durchlässig*) porous; (≈ *brüchig*) *Leder* perished
Porree *m* leek
Port *m* COMPUT port
Portal *n* portal
Portemonnaie *n* wallet; *für Frauen* purse *Br*, wallet *US*
Portfolio *n* ▮ FIN portfolio ▮ SCHULE portfolio
Portier *m* → Pförtnerin

Portion *f beim Essen* portion, helping; (≈ *Anteil*) share; **eine halbe ~** *fig umg* a half pint *umg*; **er besitzt eine gehörige ~ Mut** he's got a fair amount of courage
Portmanteauwort *n* (≈ *Kofferwort*) portmanteau word
Portmonee *n* purse *Br*, wallet *US*
Porto *n* postage *kein pl* (**für** on, for)
portofrei *adj & adv* postage paid
Portokasse *f* ≈ petty cash (*for postal expenses*)
Porträt *n* portrait
porträtieren *fig v/t* to portray; **j-n ~** to paint sb's portrait
Portugal *n* Portugal
Portugiese *m*, **Portugiesin** *f* Portuguese
portugiesisch *adj* Portuguese
Portwein *m* port
Porzellan *n* china
Posaune *f* trombone; *fig* trumpet; **~ spielen** to play the trombone
Posaunist(in) *m(f)* trombonist
Pose *f* pose
posieren *v/i* to pose
Position *f* position; HANDEL (≈ *Posten einer Liste*) item
positionieren *v/t* to position
Positionierung *f* positioning
positiv A *adj* positive; **eine ~e Antwort** an affirmative (answer) B *adv* positively; **~ denken** to think positively; **~ zu etw stehen** to be in favour of sth *Br*, to be in favor of sth *US*
Positur *f* posture; **sich in ~ setzen/stellen** to take up a posture
Posse *f* farce
possessiv *adj* possessive
Possessivpronomen *n* possessive pronoun
possierlich *adj* comical
Post *f* post *Br*, mail; **die ~®** the Post Office; **elektronische ~** electronic mail; **etw mit der ~ schicken** to send sth by mail; **mit gleicher ~** by the same post *Br*, in the same mail *US*; **mit getrennter ~** under separate cover
Post- *zssgn* postal
postalisch A *adj* postal B *adv* by mail, by post *Br*
Postamt *n* post office
Postanschrift *f* postal address
Postanweisung *f* ≈ money order *Br*
Postausgang *m* outgoing mail; INTERNET outmail
Postbank *f* Post Office Savings Bank
Postbeamte(r) *m*, **Postbeamtin** *f* post office official
Postbote *m* postman *Br*, mailman *US*
Postbotin *f* postwoman *Br*, mailwoman *US*
Postdienst *m* postal service, the mail

Posteingang *m* incoming mail
posten *v/t* IT *auf Blogs, im sozialen Netzwerk* to post; **ich habe das auf Facebook® gepostet** I posted this on Facebook®
Posten *m* **1** (≈ *Anstellung*) position **2** MIL (≈ *Wachmann*) guard; (≈ *Stelle*) post; **~ stehen** to stand guard **3** *fig* **auf dem ~ sein** (≈ *aufpassen*) to be awake; (≈ *gesund sein*) to be fit; **nicht ganz auf dem ~ sein** to be (a bit) under the weather **4** (≈ *Streikposten*) picket **5** HANDEL (≈ *Warenmenge*) quantity **6** HANDEL *im Etat* item
Poster *n* poster
Postfach *n* PO box
Postfachnummer *f* (PO *od* post office) box number
postfrisch *adj Briefmarke* mint
Postgeheimnis *n* secrecy of the post *Br*, secrecy of the mail
Postgirokonto *n* Post Office Giro account *Br*, state-owned bank account *US*
Posthorn *n* post horn
posthum *adj & adv* → postum
postieren **A** *v/t* to post, to station **B** *v/r* to position oneself
Postkarte *f* postcard
postlagernd *adj & adv* poste restante *Br*, general delivery *US*
Postleitzahl *f* post(al) code *Br*, zip code *US*
Postler(in) *m(f)*, **Pöstler(in)** *schweiz umg m(f)* post office worker
postmodern *adj* postmodern
Postomat *m schweiz* cash machine, ATM
Postskript *n* postscript, PS
Postsparbuch *n* Post Office savings book
Poststempel *m* postmark; **Datum des ~s** date as postmark
posttraumatisch *adj* post-traumatic; **~e Belastungsstörung** post-traumatic stress disorder
Postulat *n* (≈ *Annahme*) postulate
postulieren *v/t* to postulate
postum **A** *adj* posthumous **B** *adv* posthumously
postwendend *adv* by return mail; *fig* straight away
Postwertzeichen *form n* postage stamp *form*
Postwurfsendung *f* bulk mail consignment; *pl a.* bulk mail *sg*
Postzustellung *f* mail delivery
potent *adj* **1** *sexuell* potent **2** (≈ *stark*) *Gegner, Waffe* powerful **3** (≈ *zahlungskräftig*) financially powerful
Potential *n* → Potenzial
potentiell *adj & adv* → potenziell
Potenz *f* **1** MED potency; *fig* ability **2** MATH power; **zweite ~** square; **dritte ~** cube

Potenzial *n* potential
potenziell **A** *adj* potential **B** *adv* potentially
Potenzschwäche *f* potency problems *pl*
potenzsteigernd *adj* potency enhancing
Potpourri *n* potpourri (**aus** of)
Pott *umg m* pot; (≈ *Schiff*) ship
potthässlich *umg adj* ugly as sin
Pottwal *m* sperm whale
Poulet *n schweiz* chicken
Power *f umg* power; **ihm fehlt die richtige ~** he's got no oomph *umg*; **sie hat ~** she's dynamic, she's got oomph *umg*
Powerfrau *umg f* high-powered career woman
powern *v/i umg* to go hard at it *umg*
Powidl *m österr* (≈ *Pflaumenmus*) plum jam
Powwow *n indianische Versammlung* powwow
PR *f abk* (= Public Relations) PR
Präambel *f* preamble (+*gen* to)
Pracht *f* splendour *Br*, splendor *US*; **es ist eine wahre ~** it's (really) fantastic
Prachtbau *m* magnificent building
Prachtexemplar *n* prime specimen; *fig* (≈ *Mensch*) fine specimen
prächtig **A** *adj* (≈ *prunkvoll*) splendid; (≈ *großartig*) marvellous *bes Br*, marvelous *US* **B** *adv* **1** (≈ *prunkvoll*) magnificently **2** (≈ *großartig*) marvellously *bes Br*, marvelously *US*
Prachtkerl *umg m* great guy *umg*
Prachtstraße *f* boulevard
Prachtstück *n* → Prachtexemplar
prachtvoll *adj & adv* → prächtig
prädestinieren *v/t* to predestine (**für** for)
Prädikat *n* **1** GRAM predicate **2** (≈ *Bewertung*) **Wein mit ~** special quality wine
Prädikatswein *m* top quality wine
Präfix *n* prefix
Prag *n* Prague
prägen *v/t* **1** *Münzen* to mint; *Leder, Papier, Metall* to emboss; (≈ *erfinden*) *Wörter* to coin **2** *fig* (≈ *formen*) *Charakter* to shape; *Erfahrungen: j-n* to leave its/their mark on; **ein vom Leid geprägtes Gesicht** a face marked by suffering **3** (≈ *kennzeichnen*) to characterize
PR-Agentur *f* PR agency
Pragmatiker(in) *m(f)* pragmatist
pragmatisch **A** *adj* pragmatic **B** *adv* pragmatically
prägnant **A** *adj Worte* succinct; *Beispiel* striking **B** *adv* succinctly
Prägnanz *f* succinctness
Prägung *f* **1** *auf Münzen* strike; *auf Leder, Metall, Papier* embossing **2** (≈ *Eigenart*) character; **Kommunismus sowjetischer ~** soviet-style communism
prähistorisch *adj* prehistoric
prahlen *v/i* to boast (**mit** about), to show off

Prahlerei f (≈ *Großsprecherei*) boasting *kein pl*; (≈ *das Zurschaustellen*) showing-off; **~en** boasts
prahlerisch **A** *adj* (≈ *großsprecherisch*) boastful, bragging *attr*; (≈ *großtuerisch*) flashy *umg* **B** *adv* boastfully; **~ reden** to brag
Präimplantationsdiagnose f MED preimplantation genetic diagnosis
Praktik f (≈ *Methode*) procedure; *mst pl* (≈ *Kniff*) practice
praktikabel *adj* practicable
Praktikant(in) m(f) student doing a period of practical training; trainee *Br*, intern *US*
Praktiker(in) m(f) practical man; *Frau* practical woman
Praktikum n (period of) practical training, work experience, internship *US*
Praktikumsplatz m, **Praktikumsstelle** f placement *Br*, internship *US*
praktisch **A** *adj* practical; (≈ *nützlich*) handy, useful; **~er Arzt** general practitioner; **~es Beispiel** concrete example **B** *adv* (≈ *in der Praxis*) in practice; (≈ *so gut wie*) practically, virtually
praktizieren v/i to practise *Br*, to practice *US*; **sie praktiziert als Ärztin** she is a practising doctor *Br*, she is a practicing doctor *US*
Praline f chocolate, chocolate candy *US*
prall **A** *adj Sack, Brieftasche* bulging; *Segel* full; *Tomaten* firm; *Euter* swollen; *Brüste, Hintern* well-rounded; *Arme, Schenkel* big strong *attr*; *Sonne* blazing **B** *adv* **~ gefüllt** *Tasche, Kasse etc* full to bursting
Prall m collision (**gegen** with)
prallen v/i **gegen etw ~** to collide with sth; *Ball* to bounce against sth; **die Sonne prallte auf die Fenster** the sun beat down on the windows
prallvoll *adj* full to bursting; *Brieftasche* bulging
Prämie f premium; (≈ *Belohnung*) bonus; (≈ *Preis*) prize
prämienbegünstigt *adj* carrying a premium
prämieren v/t (≈ *auszeichnen*) to give an award; (≈ *belohnen*) to give a bonus; **der prämierte Film** the award-winning movie
Prämisse f premise
pränatal *adj Diagnostik* prenatal; *Untersuchung* antenatal, prenatal *bes US*
Pranger m stocks *pl*; **j-n/etw an den ~ stellen** *fig* to pillory sb/sth
Pranke f paw
Präparat n preparation; *für Mikroskop* slide preparation
präparieren v/t **1** (≈ *konservieren*) to preserve; *Tier* to prepare **2** MED (≈ *zerlegen*) to dissect **3** *geh* (≈ *vorbereiten*) to prepare
Präposition f preposition
präpositional *adj* prepositional

Prärie f prairie
Präsens n present (tense)
präsent *adj* (≈ *anwesend*) present; (≈ *geistig rege*) alert; **etw ~ haben** to have sth at hand
präsentabel *adj* presentable; **~ aussehen** to look presentable
Präsentation f presentation
präsentieren v/t to present; **j-m etw ~** to present sb with sth
Präsentkorb m gift basket; *mit Lebensmitteln* (food) hamper
Präsenz *geh* f presence
Präsenzdiener(in) m(f) *österr* conscript *Br*, draftee *US*
Präsenzdienst m *österr* military service
Präservativ n condom
Präsident(in) m(f) president
Präsidentschaft f presidency
Präsidentschaftskandidat(in) m(f) presidential candidate
Präsidentschaftswahl f presidential election
Präsidium n (≈ *Vorsitz*) presidency; (≈ *Führungsgruppe*) committee; (≈ *Polizeipräsidium*) (police) headquarters *pl*
prasseln v/i **1** to clatter; *Regen* to drum; *fig Vorwürfe* to rain down **2** *Feuer* to crackle
prassen v/i (≈ *schlemmen*) to feast; (≈ *in Luxus leben*) to live the high life
Präteritum n preterite
Prävention f prevention (**gegen** of)
präventiv **A** *adj* prevent(at)ive **B** *adv* prevent(at)ively; **etw ~ bekämpfen** to use prevent(at)ive measures against sth
Präventivkrieg m prevent(at)ive war
Präventivmedizin f prevent(at)ive medicine
Präventivschlag m MIL pre-emptive strike
Praxis f **1** practice; (≈ *Erfahrung*) experience; **in der ~** in practice; **etw in die ~ umsetzen** to put sth into practice; **ein Beispiel aus der ~** an example from real life **2** *eines Arztes, Rechtsanwalts* practice; (≈ *Behandlungsräume*) surgery *Br*, doctor's office *US*; (≈ *Anwaltsbüro*) office **3** (≈ *Sprechstunde*) consultation (hour), surgery *Br*
praxisorientiert *adj Ausbildung* practically orientated
Praxistest m AUTO test run
Präzedenzfall m precedent
präzis(e) **A** *adj* precise **B** *adv* precisely; **sie arbeitet sehr ~** her work is very precise
präzisieren v/t specify
Präzision f precision
predigen **A** v/t REL to preach **B** v/i to give a sermon
Prediger(in) m(f) preacher
Predigt f sermon
Preis m **1** price (**für** of); (≈ *Kosten*) cost; **etw unter**

~ verkaufen to sell sth off cheap; **zum halben ~** half-price; **um jeden ~** *fig* at all costs; **ich gehe um keinen ~ hier weg** *fig* I'm not leaving here at any price ② *bei Wettbewerben* prize; (≈ *Auszeichnung*) award ③ (≈ *Belohnung*) reward; **einen ~ auf j-s Kopf aussetzen** to put a price on sb's head

Preisabsprache *f* price-fixing *kein pl*
Preisänderung *f* price change
Preisanstieg *m* rise in prices
Preisausschreiben *n* competition
preisbewusst *adj* price-conscious; **~ einkaufen** to shop around
Preisbindung *f* price fixing
Preiselbeere *f* cranberry
Preisempfehlung *f* recommended price; **unverbindliche ~** recommended retail price
preisen *geh v/t* to extol, to praise; **sich glücklich ~** to consider *od* count oneself lucky
Preisentwicklung *f* price trend
Preiserhöhung *f* price increase
Preisermäßigung *f* price reduction
Preisfrage *f* ① question of price ② *beim Preisausschreiben* prize question; *umg* (≈ *schwierige Frage*) big question
preisgeben *geh v/t* ① (≈ *ausliefern*) to expose ② (≈ *aufgeben*) to abandon ③ (≈ *verraten*) to betray
Preisgefälle *n* price gap
Preisgefüge *n* price structure
preisgekrönt *adj* award-winning
Preisgericht *n* jury
preisgünstig *adj* inexpensive; **etw ~ bekommen** to get sth at a low price
Preisklasse *f* price range
Preiskrieg *m* price war
Preislage *f* price range; **in der mittleren ~** in the medium-priced range
Preis-Leistungs-Verhältnis *n* cost-effectiveness
preislich *adj* price *attr*, in price; **~ vergleichbar** similarly priced
Preisliste *f* price list
Preisnachlass *m* price reduction
Preisrätsel *n* competition
Preisrichter(in) *m(f)* judge (*in a competition*)
Preisschild *n* price tag
Preissenkung *f* price cut
Preisstabilität *f* price stability
Preissturz *m* sudden drop in prices
Preisträger(in) *m(f)* prizewinner
Preistreiberei *f* forcing up of prices; (≈ *Wucher*) profiteering
Preisvergleich *m* price comparison; **einen ~ machen** to shop around
Preisvergleichsportal *n* IT price comparison website
Preisverleihung *f* presentation (of prizes)
preiswert Ⓐ *adj präd*, cheap; **ein (sehr) ~es Angebot** a (real) bargain; **ein ~es Kleid** a dress which is good value (for money) Ⓑ *adv* inexpensively
prekär *adj* (≈ *peinlich*) awkward; (≈ *schwierig*) precarious
Prekariat *n* SOZIOL precariat
prellen Ⓐ *v/t* ① *Körperteil* to bruise; (≈ *anschlagen*) to hit ② *fig umg* (≈ *betrügen*) to swindle Ⓑ *v/r* to bruise oneself
Prellung *f* bruise
Premier *m* premier
Premiere *f* premiere
Premierminister(in) *m(f)* prime minister
Prepaidhandy *n* prepaid mobile (phone) *Br*, prepaid cell phone *US*
Prepaidkarte *f im Handy* prepaid card, pay-as-you-go card
preschen *umg v/i* to tear
Presse *f* ① (≈ *Druckmaschine*) press; **frisch aus der ~** hot from the press ② (≈ *Zeitungen*) press; **eine gute/schlechte ~ haben** to get a good/bad press; **von der ~ sein** to be (a member of the) press
Presseagentur *f* press agency
Presseausweis *m* press card
Pressebericht *m* press report
Presseerklärung *f* statement to the press; *schriftlich* press release
Pressefotograf(in) *m(f)* press photographer
Pressefreiheit *f* freedom of the press
Pressekonferenz *f* press conference
Pressemeldung *f* press report
Pressemitteilung *f* press release
pressen *v/t* to press; (≈ *quetschen*) to squash; *Obst, Saft* to squeeze; *fig* (≈ *zwingen*) to force (**in** +*akk od* **zu** into); **frisch gepresster Orangensaft** freshly squeezed orange juice
Pressesprecher(in) *m(f)* press officer
pressieren *österr, schweiz, südd* Ⓐ *v/i* to be in a hurry Ⓑ *v/i* **es pressiert** it's urgent
Pressluft *f* compressed air
Pressluftbohrer *m* pneumatic drill
Presslufthammer *m* pneumatic hammer
Prestige *n* prestige
Preuße *m*, **Preußin** *f* Prussian
Preußen *n* Prussia
preußisch *adj* Prussian
prickeln *v/i* (≈ *kribbeln*) to tingle; (≈ *kitzeln*) to tickle
prickelnd *adj* (≈ *kribbelnd*) tingling; (≈ *kitzelnd*) tickling; *fig* (≈ *erregend*) *Gefühl* tingling
Priester *m* priest
Priesterin *f* (woman) priest; HIST *heidnisch* priestess

Priesterschaft f priesthood
Priesterweihe f ordination (to the priesthood)
prima **A** adj **1** umg fantastic umg, great umg, brilliant **2** HANDEL first-class **B** adv umg (≈ sehr gut) fantastically
Primadonna f prima donna
Primar m, **Primarius** m, **Primaria** f österr (≈ Chefarzt) senior consultant Br, medical director US
primär **A** adj primary **B** adv primarily
Primararzt m, **Primarärztin** österr f → Primar
Primärenergie f primary energy
Primarschule f schweiz primary od junior school
Primat m ZOOL primate
Primel f (≈ Waldprimel) (wild) primrose; (≈ farbige Gartenprimel) primula
primitiv **A** adj primitive **B** adv primitively
Primitivität f primitiveness
Primzahl f prime (number)
Printmedium n printed medium
Prinz m prince
Prinzessin f princess
Prinzgemahl m prince consort
Prinzip n principle; **aus ~** on principle; **im ~** in principle; **er ist ein Mann mit ~ien** he is a man of principle
prinzipiell **A** adj (≈ im Prinzip) in principle; (≈ aus Prinzip) on principle **B** adv möglich theoretically; dafür/dagegen sein basically; **~ bin ich einverstanden** I agree in principle; **das tue ich ~ nicht** I won't do that on principle
Prinzipienfrage f matter of principle
Prinzipienreiter(in) pej m(f) stickler for one's principles
Priorität f priority; **~en setzen** to establish one's priorities
Prioritätsaktie f BÖRSE preference share
Prise f **1** (≈ kleine Menge) pinch; **eine ~ Salz** a pinch of salt; **eine ~ Humor** a touch of humour Br, a touch of humor US **2** SCHIFF prize
Prisma n prism
privat **A** adj private; **aus ~er Hand** from private individuals **B** adv privately; **~ ist der Chef sehr freundlich** the boss is very friendly out(side) of work; **~ ist er ganz anders** he's quite different socially; **ich sagte es ihm ganz ~** I told him in private; **~ versichert sein** to be privately insured; **~ behandelt werden** to have private treatment
Privatadresse f private od home address
Privatangelegenheit f private matter
Privatbesitz m private property; **viele Gemälde sind in ~** many paintings are privately owned
Privatdetektiv(in) m(f) private investigator

Privateigentum n private property
Privatfernsehen n commercial television
Privatgespräch n private conversation od talk; am Telefon private call
privatisieren v/t to privatize
Privatisierung f privatization
Privatleben n private life
Privatpatient(in) m(f) private patient
Privatsache f private matter; **das ist meine ~** that's my own business
Privatschule f private school, public school Br
Privatsphäre f privacy
Privatunterricht m private tuition
Privatversicherung f private insurance
Privatvorsorge f für das Alter private pension scheme; für die Gesundheit private health insurance scheme
Privatwirtschaft f private industry
Privileg n privilege
privilegieren v/t to favour Br, to favor US; **steuerlich privilegiert sein** to enjoy tax privileges
privilegiert adj privileged; **~e Partnerschaft** in der EU privileged partnership
pro präp per; **pro Tag/Stunde** a od per day/hour; **einmal/zweimal pro Woche** once/twice a week; **pro Jahr** a od per year; **pro Person** per person; **pro Stück** each
Pro n **(das) Pro und (das) Kontra** the pros and cons pl
proaktiv adj proactive; **~ handeln** to be proactive
Probe f **1** (≈ Prüfung) test; **er ist auf ~ angestellt** he's employed for a probationary period; **ein Auto ~ fahren** to test-drive a car; **j-n/etw auf die ~ stellen** to put sb/sth to the test; **zur ~** to try out **2** THEAT, MUS rehearsal **3** (≈ Teststück, Beispiel) sample
Probebohrung f test drill, probe
Probeexemplar n specimen (copy)
Probefahrt f test drive
probehalber adv for a test
Probejahr n probationary year
proben v/t & v/i to rehearse; (≈ üben) practise
Probenummer f trial copy
Probestück n sample, specimen
probeweise adv on a trial basis
Probezeit f probationary od trial period
probieren **A** v/t to try; **lass (es) mich mal ~!** let me have a try! Br **B** v/i **1** (≈ versuchen) to try; **Probieren geht über Studieren** sprichw the proof of the pudding is in the eating sprichw **2** (≈ kosten) to have a taste; **probier mal** try some
Problem n problem; **kein ~!** no problem!; **mit ~en belastet** troubled
Problematik f **1** (≈ Schwierigkeit) problem (+gen

problematisch – progressiv ▪ **1227**

with) **2** (≈ *Fragwürdigkeit*) problematic nature
problematisch *adj* problematic; (≈ *fragwürdig*) questionable
Problembewusstsein *n* appreciation of the difficulties
Problemkind *n* problem child
problemlos **A** *adj* trouble-free, problem-free **B** *adv* without any problems; **~ ablaufen** to go smoothly
Problemzone *f* problem area
Produkt *n* product; *landwirtschaftlich* produce; **landwirtschaftliche ~e** agricultural produce *kein pl;* **ein ~ seiner Fantasie** a figment of his imagination
Produktdesign *n* product design
Produktentwicklung *f* product development
Produktion *f* production
Produktionsanlagen *pl* production plant
Produktionsassistent(in) *m(f)* production assistant
Produktionsausfall *m* loss of production
Produktionskosten *pl* production costs *pl*
Produktionsmittel *pl* means of production *pl*
Produktionsrückgang *m* drop in production
Produktionsstätte *f* production centre, production center *US*
Produktionssteigerung *f* increase in production
produktiv *adj* productive; *Künstler* prolific
Produktivität *f* productivity
Produktmanager(in) *m(f)* product manager
Produktpalette *f* product spectrum
Produktvorstellung *f* HANDEL product presentation
Produzent(in) *m(f)* producer
produzieren **A** *v/t* **1** to produce; *maschinell* to manufacture **2** *umg* (≈ *hervorbringen*) *Lärm* to make; *Entschuldigung* to come up with *umg* **B** *v/r pej* to show off
profan *adj* (≈ *weltlich*) secular; (≈ *gewöhnlich*) mundane
Professionalität *f* professionalism
professionell **A** *adj* professional **B** *adv* professionally
Professor(in) *m(f)* **1** (≈ *Hochschulprofessor*) professor **2** *österr, südd* (≈ *Gymnasiallehrer*) teacher
Professur *f* chair (**für** in, of)
Profi *umg m* pro *umg*
Profil *n* **1** profile; *fig* (≈ *Ansehen*) image; **im ~** in profile; **~ haben** *fig* to have a (distinctive) image **2** *von Reifen* tread
Profilfach *n* SCHULE special *od* main subject, advanced level subject
Profilfoto *n* profile photo *od* picture
profilieren *v/r* (≈ *sich ein Image geben*) to create a distinctive image for oneself; (≈ *Besonderes leisten*) to distinguish oneself
profiliert *adj fig* (≈ *scharf umrissen*) clear-cut *kein adv; fig* (≈ *hervorstechend*) distinctive; **ein ~er Politiker** a politician who has made his mark
Profilneurose *hum f* image neurosis
Profilsohle *f* treaded sole
Profisport *m* professional sport *Br*, professional sports *pl US*
Profit *m* profit; **~ aus etw schlagen** *wörtl* to make a profit from sth; *fig* to profit from sth; **~ machen** to make a profit; **ohne/mit ~ arbeiten** to work unprofitably/profitably
profitabel *adj* profitable
profitieren *v/t & v/i* to profit (**von** from, by); **dabei kann ich nur ~** I only stand to gain from it
Profitmaximierung *f* maximization of profit(s)
pro forma *adv* as a matter of form
Pro-forma-Rechnung *f* pro forma invoice
profund *adj geh* profound, deep
Prognose *f* prognosis; (≈ *Wetterprognose*) forecast
prognostizieren *v/t* to predict, to prognosticate *form*
Programm *n* **1** programme *Br*, program *US*; (≈ *Tagesordnung*) agenda; TV (≈ *Sender*) channel; (≈ *Sendefolge*) program(me)s *pl;* (≈ *gedrucktes TV-Programm*) TV guide; (≈ *Sortiment*) range; **auf dem ~ stehen** to be on the program(me)/agenda; **ein volles ~ haben** to have a full schedule **2** IT program
programmatisch *adj* programmatic
Programmentwurf *m* POL draft programme *Br*, draft program *US*
Programmfehler *m* IT bug
programmgemäß *adj & adv* according to plan *od* programme *Br*, according to program *US*
Programmhinweis *m* RADIO, TV programme announcement *Br*, program announcement *US*
programmierbar *adj* programmable
programmieren *v/t* to programme *Br*, to program *US*; IT to program; *fig* **auf etw** (*akk*) **programmiert sein** *fig* to be conditioned to sth
Programmierer(in) *m(f)* programmer
Programmierfehler *m* bug
Programmiersprache *f* programming language
Programmierung *f* programming
Programmkino *n* art-house cinema *Br*, art-house movie theater *US*
Programmpunkt *m* item on the agenda
Programmzeitschrift *f* TV guide
Progression *f* progression; **kalte ~** *steuerlich* cold progression, bracket creep
progressiv **A** *adj* progressive **B** *adv* (≈ *fortschrittlich*) progressively

Progymnasium n schweiz secondary school (for pupils up to 16)
Projekt n project (**über** akk **zu** on, about); **ein ~ machen** od **durchführen** to do a project
projektieren v/t (≈ entwerfen, planen) to project
Projektion f projection
Projektleiter(in) m(f) project manager
Projektmanagement n project management
Projektor m projector
Projektwoche f in der Schule week of project work
Projektziel n project goal, goal (of the project)
projizieren v/t to project
Proklamation f proclamation
proklamieren v/t to proclaim
Pro-Kopf-Einkommen n per capita income
Pro-Kopf-Verbrauch m per capita consumption
Prokura form f procuration form
Prokurist(in) m(f) holder of a general power of attorney
Prolet(in) pej m(f) prole bes Br pej umg
Proletariat n proletariat
Proletarier(in) m(f) proletarian
proletarisch adj proletarian
proletenhaft pej adj plebeian pej
Prolog m prologue Br, prolog US
prolongieren v/t to prolong
Promenade f (≈ Spazierweg) promenade
Promenadenmischung f mongrel
Promi umg m celeb umg
Promille n umg (≈ Alkoholspiegel) alcohol level; **er hat zu viel ~ (im Blut)** he has too much alcohol in his blood
Promillegrenze f legal (alcohol) limit
prominent adj prominent
Prominente(r) m/f(m) prominent figure, VIP, celebrity
Prominenz f VIPs pl, prominent figures pl
promisk adj promiscuous
Promiskuität f promiscuity
Promotion f UNIV doctorate
promovieren v/i to do a doctorate (**über** +akk in)
prompt A adj prompt B adv promptly
Pronomen n pronoun
Propaganda f propaganda
Propagandafeldzug m propaganda campaign; (≈ Werbefeldzug) publicity campaign
propagandistisch adj propagandist(ic); **etw ~ ausnutzen** to use sth as propaganda
propagieren v/t to propagate
Propangas n propane gas
Propeller m propeller
Propellermaschine f propeller-driven plane
Prophet m prophet

Prophetin f prophetess
prophetisch adj prophetic
prophezeien v/t to prophesy
Prophezeiung f prophecy
prophylaktisch A adj preventative B adv as a preventative measure
Prophylaxe f prophylaxis
Proportion f proportion
proportional A adj proportional; **umgekehrt ~** MATH in inverse proportion B adv proportionally
Proportionalschrift f proportionally spaced font
proportioniert adj proportioned
Proporz m proportional representation
Prorektor(in) m(f) UNIV deputy vice chancellor
Prosa f prose
prosaisch A adj prosaic B adv (≈ nüchtern) prosaically
Prosaliteratur f fiction
prosit int your health; **~ Neujahr!** Happy New Year!
Prosit n toast; **auf j-n ein ~ ausbringen** to toast sb
Prospekt m (≈ Reklameschrift) brochure (+gen about); (≈ Werbezettel) leaflet; (≈ Verzeichnis) catalogue Br, catalog US
prost int cheers; **na denn ~!** iron umg that's just great umg; **~ Neujahr!** umg Happy New Year!
Prostata f prostate gland
prostituieren v/r to prostitute oneself
Prostituierte(r) m/f(m) prostitute
Prostitution f prostitution
Protagonist(in) m(f) protagonist
Protein n protein
Protektion f (≈ Schutz) protection; (≈ Begünstigung) patronage
Protektionismus m WIRTSCH protectionism
protektionistisch adj protectionist
Protektorat n (≈ Schirmherrschaft) patronage; (≈ Schutzgebiet) protectorate
Protest m protest; **(gegen etw) ~ einlegen** to register a protest (about sth); **unter ~** protesting; gezwungen under protest
Protestant(in) m(f) Protestant
protestantisch adj Protestant
protestieren v/i to protest (**gegen** against)
Protestierende(r) m/f(m) protester
Protestkundgebung f (protest) rally
Protestmarsch m protest march
Protestpartei f POL protest party
Protestwähler(in) m/f(in) protest voter
Prothese f artificial limb; Gelenk artificial joint; (≈ Gebiss) set of dentures
Protokoll n ▮ (≈ Niederschrift) record; (≈ Bericht) report; von Sitzung minutes pl; bei Polizei state-

ment; *bei Gericht* transcript; **(das) ~ führen** *bei Sitzung* to take the minutes; **etw zu ~ geben** to have sth put on record; *bei Polizei* to say sth in one's statement; **etw zu ~ nehmen** to take sth down **2** *diplomatisch* protocol **3** (≈ *Strafzettel*) ticket

protokollarisch *adj* **1** (≈ *protokolliert*) on record; *in Sitzung* minuted **2** (≈ *zeremoniell*) **~e Vorschriften** rules of protocol

Protokollführer(in) *m(f)* minute-taker; JUR clerk of the court

protokollieren **A** *v/i bei Sitzung* to take the minutes (down); *bei Polizei* to take a/the statement (down) **B** *v/t* to take down; *Sitzung* to minute; *Unfall, Verbrechen* to take (down) statements about; *Vorgang* to keep a record of

Proton *n* proton

Prototyp *m* prototype

protzen *umg v/i* to show off; **mit etw ~** to show sth off

protzig *umg adj* showy *umg*

Proviant *m* provisions *pl*; (≈ *Reiseproviant*) food for the journey

Provider *m* IT provider

Provinz *f* province; *im Gegensatz zur Stadt* provinces *pl a. pej*; **das ist finsterste ~** *pej* it's so provincial

provinziell *adj* provincial

Provinzler(in) *pej m(f)* provincial

Provinznest *pej umg n* provincial backwater, hick town *US umg*

Provision *f* commission; **auf ~** on commission

Provisionsbasis *f* commission basis

provisorisch **A** *adj* provisional; **~e Regierung** caretaker government; **Straßen mit ~em Belag** roads with a temporary surface **B** *adv* temporarily; **ich habe den Stuhl ~ repariert** I've fixed the chair up for the time being

Provisorium *n* stopgap; *für Zahn* temporary filling

provokant *adj* provocative

Provokateur(in) *m(f)* troublemaker; POL agent provocateur

Provokation *f* provocation

provokativ *adj* provocative

provozieren *v/t & v/i* to provoke

Prozedur *f* **1** (≈ *Vorgang*) procedure **2** *pej* carry-on *umg*; **die ~ beim Zahnarzt** the ordeal at the dentist's

Prozent *n nach Zahlenangaben* per cent *kein pl Br*, percent *kein pl US*; **wie viel ~?** what percentage?; **zu zehn ~** at ten per cent *Br*, at ten percent *US*; **zu hohen ~en** at a high percentage; **~e bekommen** (≈ *Rabatt*) to get a discount

Prozentpunkt *m* point

Prozentrechnung *f* percentage calculation

Prozentsatz *m* percentage

prozentual **A** *adj* percentage *attr*; **~er Anteil** percentage **B** *adv* **sich an einem Geschäft ~ beteiligen** to have a percentage (share) in a business; **~ gut abschneiden** to get a good percentage

Prozentzeichen *n* percent sign

Prozess *m* **1** (≈ *Strafprozess*) trial (**wegen** for *od* **um** in the matter of); **einen ~ gewinnen/verlieren** to win/lose a case; **gegen j-n einen ~ anstrengen** to institute legal proceedings against sb; **j-m den ~ machen** *umg* to take sb to court; **mit j-m/etw kurzen ~ machen** *fig umg* to make short work of sb/sth *umg* **2** (≈ *Vorgang, Verfahren*) process

prozessieren *v/i* to go to court; **gegen j-n ~** to bring an action against sb

Prozession *f* procession

Prozesskosten *pl* legal costs *pl*

Prozessor *m* COMPUT processor

prüde *adj* prudish

Prüderie *f* prudishness

prüfen *v/t* **1** SCHULE, UNIV to examine, to test; **j-n in etw** (*dat*) **~** to examine sb in sth; **schriftlich geprüft werden** to have a written examination; **ein staatlich geprüfter Dolmetscher** a state-certified interpreter **2** (≈ *überprüfen*) to check (**auf** +*akk* for); *Lebensmittel* to inspect; (≈ *testen*) to test; **wir werden die Beschwerde ~** we'll look into the complaint **3** (≈ *erwägen*) to consider; **etw nochmals ~** to reconsider sth **4** (≈ *mustern*) to scrutinize; **ein ~der Blick** a searching look

Prüfer(in) *m(f)* examiner; (≈ *Wirtschaftsprüfer*) inspector

Prüfexemplar *n* inspection copy

Prüfling *m* examinee

Prüfstand *m* test bed; **auf dem ~ stehen** to be being tested

Prüfstein *fig m* touchstone (**für** of, for)

Prüfung *f* **1** SCHULE, UNIV exam; (≈ *Test, Klassenarbeit*) test; **eine ~ machen** *od* **ablegen** to take *od* do an exam **2** (≈ *Überprüfung*) checking; (≈ *Untersuchung*) examination; *von Geschäftsbüchern* audit; *von Lebensmitteln, Wein* testing; **j-n/etw einer ~ unterziehen** to subject sb/sth to an examination; **nach ~ Ihrer Beschwerde** after looking into your complaint **3** (≈ *Erwägung*) consideration

Prüfungsangst *f* exam nerves *pl*

Prüfungsaufgabe *f* exam(ination) question

Prüfungsausschuss *m* board of examiners

Prüfungskommission *f* board of examiners

Prüfverfahren *n* test procedure

Prügel *m* **1** (≈ *Stock*) club **2** *umg* (≈ *Schläge*) beating; **~ bekommen** to get a beating

Prügelei *umg f* fight
Prügelknabe *fig m* whipping boy
prügeln **A** *v/t & v/i* to beat **B** *v/r* to fight; **sich mit j-m ~** to fight sb; **sich um etw** (*akk*) **~** to fight over sth
Prügelstrafe *f* corporal punishment
Prunk *m* (≈ *Pracht*) splendour *Br*, splendor *US*
Prunkstück *n* showpiece
prunkvoll *adj* splendid
prusten *umg v/i* to snort; **vor Lachen ~** to snort with laughter
PS¹ *abk* (= Pferdestärke) hp, horsepower
PS² *abk* (= Postskript) PS
Psalm *m* psalm
P-Seminar *n* SCHULE course taken by sixth-form pupils at Gymnasium schools in Bavaria designed to prepare them for entering the world of work or college
pseudo- *zssgn* pseudo
Pseudonym *n* pseudonym
pst *int* psst; (≈ *Ruhe!*) sh
Psyche *f* psyche
Psychiater(in) *m(f)* psychiatrist
Psychiatrie *f* psychiatry
psychiatrisch *adj* psychiatric; **~ behandelt werden** to be under psychiatric treatment
psychisch **A** *adj Belastung* emotional; *Phänomen, Erscheinung* psychic; *Vorgänge* psychological; **~e Erkrankung** mental illness **B** *adv abnorm* psychologically; *gestört* mentally; **~ belastet sein** to be under psychological pressure
Psychoanalyse *f* psychoanalysis
Psychoanalytiker(in) *m(f)* psychoanalyst
Psychodrama *n* psychodrama
Psychogramm *n a. fig* profile
Psychologe *m*, **Psychologin** *f* psychologist
Psychologie *f* psychology
psychologisch **A** *adj* psychological **B** *adv* psychologically
Psychopath(in) *m(f)* psychopath
Psychopharmakon *n* psychiatric drug
Psychose *f* psychosis
psychosomatisch **A** *adj* psychosomatic **B** *adv* psychosomatically
Psychoterror *m* psychological terror
Psychotherapeut(in) *m(f)* psychotherapist
Psychotherapie *f* psychotherapy
Psychothriller *m* psychological thriller
psychotisch *adj* psychotic
pubertär *adj* adolescent
Pubertät *f* puberty
pubertieren *v/i* to reach puberty
Publicity *f* publicity
Public Viewing *n* big-screen broadcast
publik *adj* **~ werden** to become public knowledge; **etw ~ machen** to make sth public

Publikation *f* publication
Publikum *n* public; (≈ *Zuschauer, Zuhörer*) audience; (≈ *Leser*) readers *pl*; SPORT crowd
Publikumserfolg *m* success with the public
Publikumsliebling *m* darling of the public
Publikumsmagnet *m* crowd puller
publikumswirksam **A** *adj* **~ sein** to have public appeal **B** *adv* **ein Stück ~ inszenieren** to produce a play with a view to public appeal
publizieren *v/t & v/i* **1** (≈ *veröffentlichen*) to publish **2** (≈ *publik machen*) to publicize
Publizist(in) *m(f)* publicist; (≈ *Journalist*) journalist
Publizistik *f* journalism
Pudding *m* thick custard-based dessert often flavoured with vanilla, chocolate etc
Puddingpulver *n* custard powder
Pudel *m* poodle
Pudelmütze *f* bobble cap
pudelwohl *umg adj* **sich ~ fühlen** to feel completely contented
Puder *umg m/n* powder
Puderdose *f für Gesichtspuder* (powder) compact
pudern **A** *v/t* to powder **B** *v/r* (≈ *Puder auftragen*) to powder oneself
Puderzucker *m* icing sugar
Puerto Rico *n* Puerto Rico
Puff¹ *m* **1** (≈ *Stoß*) thump; *in die Seite* prod; *in die Rippen* poke **2** *Geräusch* phut *umg*
Puff² *m/n umg Bordell* brothel
puffen *v/t* to hit; *in die Seite* to prod
Puffer *m* **1** BAHN, COMPUT buffer **2** *zeitlich* leeway **3** GASTR (≈ *Kartoffelpuffer*) potato fritter
Pufferstaat *m* buffer state
Pufferzone *f* buffer zone
Puffreis *m* puffed rice
Pull-down-Menü *n* pull-down menu
Pulle *umg f* bottle; **volle ~ fahren/arbeiten** *umg* to drive/work flat out *bes Br*
Pulli *umg m*, **Pullover** *m* jumper *Br*, sweater, pullover
Pullunder *m* tank top
Puls *m* pulse; **j-m den ~ fühlen** to feel sb's pulse; **j-m den ~ messen** to take sb's pulse
Pulsader *f* artery; **sich** (*dat*) **die ~(n) aufschneiden** to slash one's wrists
pulsieren *v/i* to pulsate
Pulsmessung *f* pulse taking
Pulsschlag *m* pulse beat; *fig* pulse; (≈ *das Pulsieren*) throbbing, pulsation
Pult *n* desk
Pulver *n* powder; **sein ~ verschossen haben** *fig* to have shot one's bolt
Pulverfass *n* powder keg; **(wie) auf einem ~ sitzen** *fig* to be sitting on (top of) a volcano
pulverig *adj* powdery

pulverisieren *v/t* to pulverize
Pulverkaffee *m* instant coffee
Pulverschnee *m* powder snow
Puma *m* puma, cougar
pummelig *umg adj* chubby
Pump *umg m* credit; **etw auf ~ kaufen** to buy sth on credit
Pumpe *f* **1** pump **2** *umg* (≈ *Herz*) ticker *umg*
pumpen *v/t* **1 mit Pumpe** to pump **2** *umg* (≈ *entleihen*) to borrow; (≈ *verleihen*) to lend
Pumpernickel *m* pumpernickel
Pumps *m* court shoe, pump *US*
Pumpspeicher(kraft)werk *n* pumped storage power station
puncto *präp* **in ~** with regard to
Punjabi *n Sprache* Punjabi
Punk *m* punk
Punker(in) *m(f)* punk
Punkmusik *f* punk
Punkt *m* **1** point; **~ 12 Uhr** at 12 o'clock on the dot; **bis zu einem gewissen ~** up to a certain point; **nach ~en siegen/führen** to win/lead on points; **einen ~ machen** SPORT to score; **in diesem ~** on this point; **etw auf den ~ bringen** to get to the heart of sth **2** (≈ *Satzzeichen*) full stop *Br*, period *bes US*; *auf dem i, von Punktlinie, a.* IT dot; **~e pro Zoll** IT dots per inch; **nun mach aber mal einen ~!** *umg* come off it! *umg* **3** AUTO *bei Verkehrsvergehen* penalty point; **er hat drei ~e in Flensburg bekommen** he was given three (penalty) points on his licence
Pünktchen *n* little dot
punkten *v/i* SPORT to score (points); *fig* (≈ *Erfolg haben*) to score a hit; → **gepunktet**
Punktestand *m* score
Punktgewinn *m* SPORT point *od* points won
punktgleich **A** *adj* SPORT level (**mit** with) **B** *adv* **die beiden Mannschaften liegen ~** the two teams are even; **der Boxkampf ging ~ aus** the fight ended in a draw *od* was a draw
punktieren *v/t* **1** MED to aspirate **2** (≈ *mit Punkten versehen*) to dot; **punktierte Linie** dotted line
Punktlandung *f* precision landing
pünktlich **A** *adj* punctual **B** *adv* on time
Pünktlichkeit *f* punctuality
Punktniederlage *f* defeat on points
Punktrichter(in) *m(f)* judge
Punktsieg *m* win on points
Punktspiel *n* league game, game decided on points
Punktstrahler *m* spot, spotlight
punktuell **A** *adj Streik* selective; *Zusammenarbeit* on certain points; **~e Verkehrskontrollen** spot checks on traffic **B** *adv kritisieren* in a few points
Punktzahl *f* number of points; *im Sport, Wettbewerb* score

Punsch *m* (hot) punch
Pupille *f* pupil
Puppe *f* **1** doll; (≈ *Marionette*) puppet; (≈ *Schaufensterpuppe*) dummy; *umg* (≈ *Mädchen*) doll *umg*; **die ~n tanzen lassen** *umg* to live it up *umg*; **bis in die ~n schlafen** *umg* to sleep to all hours **2** ZOOL pupa
Puppenhaus *n* doll's house *Br*, dollhouse *US*
Puppenspiel *n* puppet show
Puppenspieler(in) *m(f)* puppeteer
Puppenstube *f* doll's house *Br*, dollhouse *US*
Puppentheater *n* puppet theatre *Br*, puppet theater *US*
Puppenwagen *m* doll's pram *Br*, toy baby carriage *US*
pur **A** *adj* (≈ *rein*) pure; (≈ *unverdünnt*) neat; (≈ *bloß, völlig*) sheer; **purer Unsinn** absolute nonsense; **purer Zufall** sheer coincidence; **Whisky pur** straight whisky **B** *adv anwenden* pure; *trinken* straight
Püree *n* puree
pürieren *v/t* to puree
Pürierstab *m* masher
Puritaner(in) *m(f)* Puritan
puritanisch *adj* HIST Puritan; *pej* puritanical
Purpur *m* crimson
purpurrot *adj* crimson (red)
Purzelbaum *m* somersault; **einen ~ schlagen** to turn a somersault
purzeln *v/i* to tumble
puschen, pushen *umg v/t* to push
Push-up-BH *m* push-up bra
Pusselarbeit *umg f* fiddly *od* finicky work
pusseln *v/i umg* (≈ *herumbasteln*) to fiddle around (**an etw** *dat* with sth)
Puste *umg f* puff *umg*; **außer ~ geraten** to get out of breath; **außer ~ sein** to be out of puff *umg*
Pusteblume *umg f* dandelion clock
Pustekuchen *umg int* fiddlesticks *obs umg*; **(ja) ~!** no chance! *umg*
Pustel *f* (≈ *Pickel*) spot; MED pustule
pusten *umg v/i* to puff, to blow
Pute *f* turkey (hen); **dumme ~** *umg* silly goose *umg*
Putenschnitzel *n* GASTR turkey breast in breadcrumbs
Puter *m* turkey (cock)
puterrot *adj* scarlet, bright red; **~ werden** to go bright red
Putsch *m* putsch
putschen *v/i* to rebel
Putschist(in) *m(f)* rebel
Putschversuch *m* attempted coup (d'état)
Putte *f* KUNST cherub

Putz *m* **1** *von Haus* plaster; (≈ *Rauputz*) roughcast **2 auf den ~ hauen** *umg* (≈ *angeben*) to show off; (≈ *ausgelassen feiern*) to have a rave-up *umg*
Putzdienst *m* cleaning duty; (≈ *Dienstleistung*) cleaning service; **~ haben** to be on cleaning duty
putzen **A** *v/t* (≈ *säubern*) to clean; (≈ *polieren*) to polish; (≈ *wischen*) to wipe; **Fenster ~** to clean the windows; **sich** (*dat*) **die Nase ~** to blow one's nose; **die Zähne ~** to brush *od* clean one's teeth; **~ gehen** to work as a cleaner **B** *v/r* (≈ *sich säubern*) to wash oneself
Putzerstation *f* cleaning station
Putzfimmel *umg m* **einen ~ haben** to be a cleaning maniac
Putzfrau *f* cleaner
putzig *umg adj* (≈ *komisch*) funny; (≈ *niedlich*) cute *umg*
Putzkolonne *f* team of cleaners
Putzkraft *f* cleaner
Putzlappen *m* cloth
Putzmann *m* cleaner
Putzmittel *n zum Scheuern* cleanser; *zum Polieren* polish
putzmunter *umg adj* full of beans *Br umg*, lively
Putztuch *n* (≈ *Staubtuch*) duster; (≈ *Wischlappen*) cloth
Putzzeug *n* cleaning things *pl*
Puzzle *n* jigsaw (puzzle)
PVC *n* PVC
Pygmäe *m*, **Pygmäin** *f* Pygmy
Pyjama *m* pair of pyjamas *Br od* pajamas *US*
Pyramide *f* pyramid
pyramidenförmig *adj* pyramid-shaped; **etw ~ anordnen** to arrange sth in a pyramid
Pyrenäen *pl* **die ~** the Pyrenees *pl*
Pyrenäenhalbinsel *f* Iberian Peninsula
Pyromane *m*, **Pyromanin** *f* pyromaniac
Pyrotechnik *f* pyrotechnics *sg*
pyrotechnisch *adj* pyrotechnic
Python *m* python

Q, q *n* Q, q
Qigong *n* qigong
QR-Code® *m* (= Quick Response Code) IT *elektronisch lesbarer Code* QR code®
Quacksalber(in) *pej m(f)* quack (doctor)
Quacksalberei *f* quackery
Quad *n vierrädriges Motorrad* quad bike *Br*, four-wheeler *US*
Quadrat *n* **1** *Fläche* square; **drei Meter im ~** three metres square *Br*, three meters square *US* **2** *Potenz* square; **vier zum ~** four squared
Quadrat- *zssgn Meter, Wurzel* square
quadratisch *adj Form* square; MATH *Gleichung* quadratic
Quadratkilometer *m* square kilometre *Br*, square kilometer *US*
Quadratmeter *m/n* square metre *Br*, square meter *US*
Quadratmeterpreis *m* price per square metre; *od US* meter
Quadratur *f* quadrature; **die ~ des Kreises** the squaring of the circle
Quadratwurzel *f* square root
Quadratzahl *f* square number
quadrieren *v/t Zahl* to square
Quai *m/n* **1** quay **2** *schweiz an Fluss* riverside road; *an See* lakeside road
quaken *v/i Frosch* to croak; *Ente* to quack
quäken *umg v/t & v/i* to screech
Quäker(in) *m(f)* Quaker
Qual *f* (≈ *Pein*) agony; (≈ *qualvolles Erlebnis*) ordeal; (≈ *Quälerei*) struggle; **~en leiden** to suffer agonies; **unter großen ~en sterben** to die in agony; **die letzten Monate waren für mich eine (einzige) ~** the last few months have been sheer agony for me; **er machte ihr das Leben zur ~** he made her life a misery
quälen **A** *v/t* to torment; *mit Bitten etc* to pester; **j-n zu Tode ~** to torture sb to death; → **gequält** | **B** *v/r* **1** *seelisch* to torture oneself; (≈ *leiden*) to suffer **2** (≈ *sich abmühen*) to struggle
quälend *adj* agonizing
Quälerei *f* (≈ *Grausamkeit*) torture *kein pl*; (≈ *seelische Belastung*) agony; **das ist doch eine ~ für das Tier** that is cruel to the animal
Quälgeist *umg m* pest *umg*
Quali[1] *f abk* (= Qualifikation) SPORT *umg* qualification; (≈ *Runde*) qualifying round
Quali[2] *m abk* (= Qualifizierender Hauptschulabschluss) SCHULE **voluntary advanced school-**

leaving qualification aimed at pupils planning on taking vocational courses or going straight into employment

Qualifikation *f* qualification; (≈ *Ausscheidungswettkampf*) qualifying round

qualifizieren *v/r* to qualify

qualifiziert *adj* **1** *Arbeiter* qualified; *Arbeit* expert; **voll ~** fully qualified **2** POL *Mehrheit* requisite

Qualifizierung *f* **1** qualification **2** (≈ *Einordnung*) classification

Qualität *f* quality

qualitativ **A** *adj* qualitative **B** *adv* qualitatively; **~ hochwertige Produkte** high-quality products

Qualitätsarbeit *f* quality work

Qualitätserzeugnis *n* quality product

Qualitätskontrolle *f* quality control

Qualitätsmanagement *n* quality management

qualitätsorientiert *adj* quality-oriented

Qualitätssicherung *f* quality assurance

Qualitätsstandard *m* quality standard

Qualitätsware *f* quality goods *pl*

Qualitätswein *m* wine of certified origin and quality

Qualle *f* jellyfish

Quallenschutzanzug *m* stinger suit

Qualm *m* (thick *od* dense) smoke

qualmen *v/i* **1** *Feuer* to give off smoke; (≈ *schwelen*) to smoulder; **es qualmt aus dem Schornstein** clouds of smoke are coming from the chimney **2** *umg Mensch* to smoke

qualmig *adj* smoky

qualvoll **A** *adj* painful; *Gedanke* agonizing; *Anblick* harrowing **B** *adv* **~ sterben** to die an agonizing death

Quantenphysik *f* quantum physics *sg*

Quantensprung *m* quantum leap

Quantentheorie *f* quantum theory

quantifizieren *v/t* to quantify

Quantität *f* quantity

quantitativ **A** *adj* quantitative **B** *adv* quantitatively

Quantum *n* (≈ *Menge*) quantum; (≈ *Anteil*) quota (**an** +*dat* of)

Quarantäne *f* quarantine; **unter ~ stellen** to put in quarantine; **unter ~ stehen** to be in quarantine

Quark *m* **1** (≈ *Käse*) quark **2** *umg* (≈ *Unsinn*) rubbish *Br*, nonsense

Quartal *n* quarter

Quartal(s)säufer(in) *umg m(f)* periodic heavy drinker

quartal(s)weise **A** *adj* quarterly **B** *adv* quarterly

Quartett *n* **1** MUS quartet **2** KART (≈ *Spiel*) ≈ happy families; (≈ *Karten*) set of four cards

Quartier *n* **1** (≈ *Unterkunft*) accommodation *kein pl Br*, accommodations *pl US* **2** MIL quarters *pl*

Quarz *m* quartz

Quarzuhr *f* quartz clock; (≈ *Armbanduhr*) quartz watch

quasi **A** *adv* virtually **B** *präf* quasi

Quasselei *umg f* gabbing *umg*

quasseln *v/t* & *v/i umg* to blather *umg*

Quaste *f* (≈ *Troddel*) tassel; *von Pinsel* bristles *pl*

Quatsch *umg m* nonsense; **ohne ~!** (≈ *ehrlich*) no kidding! *umg*; **so ein ~!** what (a load of) nonsense *Br*; **lass den ~** cut it out! *umg*; **~ machen** to mess about *umg*; **mach damit keinen ~** don't do anything stupid with it

quatschen *umg* **A** *v/t* & *v/i* (≈ *dummes Zeug reden*) to gab (away) *umg*, to blather *umg* **B** *v/i* **1** (≈ *plaudern*) to blather *umg* **2** (≈ *etw ausplaudern*) to squeal *umg*

Quatschkopf *pej umg m* (≈ *Schwätzer*) windbag *umg*; (≈ *Dummkopf*) fool

Quecksilber *n* mercury

Quellcode *m* IT source code

Quelldatei *f* IT source file

Quelle *f* **1** spring; (≈ *Erdölquelle*) well **2** *fig* (≈ *Ursprung, Informant*) source; *für Waren* supplier; **die ~ allen Übels** the root of all evil; **eine ~ angeben** to give a source; **aus zuverlässiger ~** from a reliable source; **an der ~ sitzen** *fig* to be well-placed

quellen *v/i* **1** (≈ *herausfließen*) to pour (**aus** out of) **2** *Erbsen* to swell; **lassen Sie die Bohnen über Nacht ~** leave the beans to soak overnight

Quellenangabe *f* reference

Quellensteuer *f* WIRTSCH tax at source

Quellwasser *n* spring water

Quengelei *umg f* whining

quengelig *adj* whining

quengeln *umg v/i* to whine

quer *adv* (≈ *schräg*) crossways, diagonally; (≈ *rechtwinklig*) at right angles; **~ gestreift** horizontally striped; **er legte sich ~ aufs Bett** he lay down across the bed; **~ durch** across; **~ über etw** (*akk*) **gehen** to cross sth

Querdenker(in) *m(f)* open-minded thinker

Quere *f* **j-m in die ~ kommen** (≈ *begegnen*) to cross sb's path; *a. fig* (≈ *in den Weg geraten*) to get in sb's way

Querele *geh f* dispute

querfeldein *adv* across country

Querfeldeinrennen *n* cross-country; *Motorradrennen* motocross

Querflöte *f* (transverse) flute; **~ spielen** to play the flute

Querformat *n* landscape format

quergestreift *adj* → **quer**

Querlatte f crossbar
querlegen fig umg v/r to be awkward
Querpass m cross
Querschläger m ricochet (shot)
Querschnitt m cross section
querschnitt(s)gelähmt adj paraplegic
Querschnitt(s)gelähmte(r) m/f(m) paraplegic
Querschnitt(s)lähmung f paraplegia
querstellen fig umg v/r to be awkward
Querstraße f (≈ Nebenstraße) side street; (≈ Abzweigung) turning
Querstreifen m horizontal stripe
Quersumme f MATH sum of digits (of a number)
Quertreiber(in) umg m(f) troublemaker
Querulant(in) m(f) grumbler; stärker troublemaker
Querverweis m cross-reference
quetschen A v/t (≈ drücken) to squash; aus einer Tube to squeeze; **etw in etw** (akk) **~** to squeeze sth into sth B v/r (≈ sich zwängen) to squeeze (oneself)
Quetschung f, **Quetschwunde** f MED bruise
Quiche f GASTR quiche
quicklebendig umg adj lively
quieken v/i to squeal
quietschen v/i to squeak; Reifen, Mensch to squeal; Bremsen to screech; Holz to creak
quietschvergnügt umg adj happy as a sandboy
Quintett n quintet
Quirl m GASTR whisk, beater
quirlig adj Mensch, Stadt lively, exuberant
quitt adj **~ sein (mit j-m)** to be quits (with sb); **j-n/etw ~ sein** dial to be rid of sb/sth
Quitte f quince
quittieren A v/t **1** (≈ bestätigen) to give a receipt for; **lassen Sie sich** (dat) **die Rechnung ~** get a receipt for the bill Br od invoice **2** (≈ beantworten) to counter (**mit** with) **3** (≈ verlassen) Dienst to quit B v/i (≈ bestätigen) to sign
Quittung f **1** receipt; **gegen ~** on production of a receipt; **j-m eine ~ für etw ausstellen** to give sb a receipt for sth **2** fig **die ~ für etw bekommen** od **erhalten** to pay the penalty for sth
Quittungsblock m receipt book
Quiz n quiz
Quizfrage f quiz question
Quizmaster(in) m(f) quizmaster
Quizsendung f quiz show; mit Spielen gameshow
Quote f (≈ Anteilsziffer) proportion; (≈ Kontingent) quota; (≈ Rate) rate; TV etc ratings pl
Quotenhit m TV ratings hit
Quotenregelung f quota system

Quotient m quotient

R

R, r n R, r
Rabatt m discount (**auf** +akk on)
Rabattaktion n discount promotion
Rabauke umg m hooligan; (≈ Mobber) bully
Rabbi m rabbi
Rabbiner(in) m(f) rabbi
Rabe m raven
Rabeneltern umg pl bad parents pl
Rabenmutter umg f bad mother
rabenschwarz adj Nacht pitch-black; Haare jet-black; fig Humor black
Rabenvater umg m bad father
rabiat A adj Kerl violent; Umgangston aggressive; Methoden, Konkurrenz ruthless B adv (≈ rücksichtslos) roughly; vorgehen ruthlessly; (≈ aggressiv) violently
Rache f revenge; **~ schwören** to swear vengeance; (**an j-m**) **~ nehmen** od **üben** to take revenge (on od upon sb); **etw aus ~ tun** to do sth in revenge; **~ ist süß** sprichw revenge is sweet sprichw
Racheakt m act of revenge od vengeance
Rachen m throat; von großen Tieren jaws pl; fig jaws pl, abyss; **j-m etw in den ~ werfen** umg to shove sth down sb's throat umg
rächen A v/t j-n, Untat to avenge (**etw an j-m** sth on sb) B v/r Mensch to get one's revenge (**an j-m für etw** on sb for sth); **deine Faulheit wird sich ~** you'll pay for being so lazy
Rachitis f rickets
rachitisch adj Kind with rickets
Rachsucht f vindictiveness
rachsüchtig adj vindictive
Racker m umg (≈ Kind) rascal umg
rackern umg v/i & v/r to slave (away) umg
Rad n **1** wheel; **ein Rad schlagen** SPORT to do a cartwheel; **nur ein Rad im Getriebe sein** fig to be only a cog in the works; **unter die Räder kommen** umg to get into bad ways; **das fünfte Rad am Wagen sein** umg to be in the way **2** (≈ Fahrrad) bicycle, bike umg; **Rad fahren** to cycle, to ride a bike; pej umg (≈ kriechen) to suck up umg, to brownnose US sl pej
Radar m/n radar
Radarfalle f speed trap
Radarkontrolle f speed trap
Radarschirm m radar screen, radarscope

Radarstation f radar station
Radarüberwachung f radar monitoring
Radau umg m racket umg; **~ machen** to kick up a row; (≈ Unruhe stiften) to cause trouble; (≈ Lärm machen) to make a racket
Raddampfer m paddle steamer
radebrechen v/t **Englisch/Deutsch ~** to speak broken English/German
radeln umg v/i to cycle
Radeln n cycling
Rädelsführer(in) m(f) ringleader
radfahren v/i → Rad
Radfahren n cycling; **~ mit dem Mountainbike** mountain biking
Radfahrer(in) m(f) **1** cyclist **2** pej umg crawler Br umg, brown-noser bes US sl
Radfahrt f bike ride
Radfahrweg m cycleway; in der Stadt cycle lane
Radgabel f fork
Radhelm m cycle helmet
Radi m österr, südd white radish
radial **A** adj radial **B** adv radially
Radiator m radiator
radieren v/t & v/i **1** mit Radiergummi to erase **2** KUNST to etch
Radiergummi m rubber Br, eraser
Radierung f KUNST etching
Radieschen n radish
radikal **A** adj radical **B** adv radically; verneinen categorically; **etw ~ ablehnen** to refuse sth flatly; **~ gegen etw vorgehen** to take radical steps against sth
Radikale(r) m/f(m) radical
radikalisieren v/t to radicalize
Radikalisierung f radicalization
radikalislamisch adj radical Islamist
Radikalismus m POL radicalism
Radikalkur umg f drastic remedy
Radio schweiz, südd n/m radio; **~ hören** to listen to the radio; **im ~** on the radio
radioaktiv adj radioactive; **~er Niederschlag** (radioactive) fallout; **~ verseucht** contaminated with radioactivity
Radioaktivität f radioactivity
Radioapparat m radio (set)
Radiografie f radiography
Radiologe m, **Radiologin** f MED radiologist
Radiologie f MED radiology
radiologisch adj radiological
Radiorekorder m radio recorder
Radiosender m (≈ Rundfunkanstalt) radio station
Radiosendung f radio show
Radiotherapie f radiotherapy
Radiowecker m radio alarm (clock)
Radiowerbung f commercial
Radium n radium
Radius m radius
Radkappe f hubcap
Radkranz m rim
Radlager n wheel bearing
Radler(in) umg m(f) cyclist
Radlerhose f cycling shorts pl
Radprofi m professional (racing) cyclist
Radrennbahn f cycle (racing) track
Radrennen n cycle race
Radrennsport m cycle racing
Radsport m cycling
Radsportler(in) m(f) cyclist
Radtour f bike ride; länger cycling od bike tour; **eine ~ machen** to go on a cycling tour
Radwandern n cycling tours pl
Radwechsel m wheel change
Radweg m cycleway, cycle path
raffen v/t **1** **er will immer nur (Geld) ~** he's always after money; **etw an sich ~** (akk) to grab sth **2** Stoff to gather **3** zeitlich to shorten **4** sl (≈ verstehen) to get umg
Raffgier f greed, avarice
Raffinade f Zucker refined sugar
Raffinerie f refinery
Raffinesse f **1** (≈ Feinheit) refinement **2** (≈ Schlauheit) cunning kein pl
raffinieren v/t to refine
raffiniert adj **1** Zucker, Öl refined **2** Methoden sophisticated; umg Kleidung stylish **3** (≈ schlau) clever; (≈ durchtrieben) crafty; (≈ gewieft) streetwise
Rafting n SPORT (white-water) rafting
Rage f (≈ Wut) rage; **j-n in ~ bringen** to infuriate sb
ragen v/i to rise, to loom
Ragout n ragout
Rahm m österr, südd cream
rahmen v/t to frame; Dias to mount
Rahmen m **1** frame **2** fig framework; (≈ Atmosphäre) setting; (≈ Größe) scale; **den ~ für etw bilden** to provide a backdrop for sth; **im ~** within the framework (+gen of); **im ~ des Möglichen** within the bounds of possibility; **sich im ~ halten** to keep within the limits; **aus dem ~ fallen** to be strikingly different; **musst du denn immer aus dem ~ fallen?** do you always have to show yourself up?; **den ~ von etw sprengen** to go beyond the scope of sth; **in größerem/kleinerem ~** on a large/small scale
Rahmenbedingung f basic condition mst pl
Rahmenvertrag m IND general agreement
rahmig adj dial creamy
Rahmspinat m creamed spinach (with sour cream)
räkeln v/r → rekeln

Rakete f rocket; MIL a. missile
Raketenabschussbasis f MIL missile base; RAUMF launch site Br
Raketenabwehr f antimissile defence Br, antimissile defense US
Raketenstützpunkt m missile base
Raketenwerfer m rocket launcher
Rallye f rally
Rallyefahrer(in) m(f) rally driver
RAM n COMPUT RAM
Ramadan m Ramadan
rammeln A v/t → gerammelt B v/i JAGD to mate; sl to do it umg
rammen v/t to ram
Rampe f 1 ramp 2 THEAT forestage
Rampenlicht n THEAT footlights pl; fig limelight
ramponieren umg v/t to ruin; Möbel to bash about umg
Ramsch umg m junk
ran umg int come on umg; **ran an die Arbeit!** down to work; → heran
Ranch f ranch
Rand m 1 edge; von Gefäß, Tasse top, rim; von Abgrund brink; **voll bis zum ~** full to the brim; **am ~e erwähnen** in passing; interessieren marginally; miterleben from the sidelines; **am ~e des Wahnsinns** on the verge of madness; **am ~e eines Krieges** on the brink of war; **am ~e der Gesellschaft** on the fringes of society 2 (≈ Umrandung) border; (≈ Brillenrand) rim; von Hut brim; (≈ Buchrand) margin; **etw an den ~ schreiben** to write sth in the margin 3 (≈ Schmutzrand) ring; um Augen circle 4 fig **sie waren außer ~ und Band** they were going wild; **zu ~e** → zurande
Randale f rioting; **~ machen** to riot
randalieren v/i to rampage (about); **~de Studenten** rioting students
Randalierer(in) m(f) hooligan
R&B m R&B
Randbemerkung f schriftlich: auf Seite note in the margin; mündlich, fig (passing) comment
Randerscheinung f marginal matter
Randfigur f minor figure
Randgruppe f fringe group
randlos A adj Brille rimless B adv IT drucken without margins
Randstein m curb US, kerb Br
randvoll adj Glas full to the brim; Behälter full to the top; fig Programm packed
Rang m 1 MIL rank; in Firma, gesellschaftlich, in Wettbewerb place; **alles, was ~ und Namen hat** everybody who is anybody; **j-m den ~ streitig machen** fig to challenge sb's position; **j-m den ~ ablaufen** fig to outstrip sb; **ein Künstler/Wissenschaftler von ~** an artist/scientist of standing; **von hohem ~** high-class 2 THEAT circle; **erster/zweiter ~** dress/upper circle, first/second circle US 3 **Ränge** pl SPORT (≈ Tribünenränge) stands pl
rangehen umg v/i 1 to get stuck in umg; **geh ran!** go on! 2 umg ans Telefon to answer (the telephone)
Rangelei umg f → Gerangel
rangeln umg v/i to scrap; um Posten to wrangle (**um** for)
Ranger(in) m (park) ranger
Rangfolge f order of standing; bes MIL order of rank; in Sport, Wettbewerb order of placing; von Prioritäten etc order of importance
ranghoch adj senior; MIL high-ranking
ranghöher adj senior (**als j-d** to sb)
Rangierbahnhof m marshalling yard Br, marshaling yard US
rangieren A v/t BAHN to shunt Br, to switch US B v/i rang (≈ Rang einnehmen) to rank; **an erster/letzter Stelle ~** to come first/last
Rangliste f SPORT, a. fig (results) table
rangmäßig A adj according to rank B adv höher in rank
Rangordnung f hierarchy; MIL (order of) ranks
ranhalten umg v/r 1 (≈ sich beeilen) to get a move on umg 2 (≈ schnell zugreifen) to get stuck in umg
Ranke f tendril; von Erdbeeren stalk
ranken[1] v/r **sich um etw ~** to entwine itself around sth
ranken[2] v/t (≈ bewerten) to rank
ranklotzen v/i umg beim Arbeiten to work like mad umg
rankommen umg v/i **an etw** (akk) **~** to get at sth; → herankommen
ranlassen umg v/t **j-n ~** an Aufgabe etc to let sb have a try
rannehmen umg v/t 1 (≈ fordern) **j-n ~** to put sb through his/her paces 2 (≈ aufrufen) Schüler to pick on
Ransomware f IT (≈ Erpressungstrojaner) ransomware
Ranzen m (≈ Schulranzen) satchel
ranzig adj rancid
Rap m MUS rap
rapid(e) A adj rapid B adv rapidly
Rappe m black horse
Rappel m umg (≈ Fimmel) craze; **einen ~ kriegen** to go completely crazy; (≈ Wutanfall) to throw a fit
rappelvoll umg adj jam-packed umg
rappen v/i MUS to rap
Rappen m schweiz centime
Rapper(in) m(f) MUS rapper
Rapport m report; **sich zum ~ melden** to report

Raps m BOT rape
Rapsöl n rape(seed) oil
rar adj rare; **sich rar machen** → rarmachen
Rarität f rarity
rarmachen umg v/r to make oneself scarce
rasant **A** adj Tempo terrific, lightning attr umg; Auto fast; Karriere meteoric; Wachstum rapid **B** adv **1** (≈ sehr schnell) fast **2** (≈ stürmisch) dramatically
rasch **A** adj **1** (≈ schnell) quick, rapid; Tempo great **2** (≈ übereilt) rash **B** adv (≈ schnell) quickly; **~ machen** to hurry (up)
rascheln v/i to rustle
rasen v/i **1** (≈ wüten) to rave; Sturm to rage; **er raste vor Wut** he was mad with rage **2** (≈ sich schnell bewegen) to race; (≈ schnell fahren) to speed; **ras doch nicht so!** umg don't go so fast!
Rasen m lawn, grass kein unbest art, kein pl; von Sportplatz turf; **den ~ mähen** to cut the grass
rasend **A** adj **1** (≈ enorm) terrific; Beifall rapturous; Eifersucht burning; **~e Kopfschmerzen** a splitting headache **2** (≈ wütend) furious; **er macht mich noch ~** he'll drive me crazy umg **B** adv umg terrifically; schnell incredibly; wehtun like mad umg; verliebt sein madly umg
Rasenmäher m lawn mower
Rasenplatz m FUSSB etc field; Tennis grass court
Rasensprenger m (lawn) sprinkler
Raser(in) umg m(f) speed maniac bes Br umg, speed demon US umg
Raserei f **1** (≈ Wut) fury **2** umg (≈ schnelles Fahren, Gehen) mad rush
Rasierapparat m razor; elektrisch a. shaver
Rasiercreme f shaving cream
rasieren **A** v/t Haare to shave; **sich ~ lassen** to get a shave; **sie rasiert sich** (dat) **die Beine** she shaves her legs **B** v/r to (have a) shave
Rasierer umg m (electric) razor od shaver
Rasierklinge f razor blade
Rasiermesser n (open) razor
Rasierpinsel m shaving brush
Rasierschaum m shaving foam
Rasierseife f shaving soap
Rasierwasser n aftershave (lotion)
Rasierzeug n shaving things pl
Räson f **j-n zur ~ bringen** to make sb listen to reason; **zur ~ kommen** to see reason
Raspel f GASTR grater
raspeln v/t to grate; Holz to rasp
Rasse f (≈ Menschenrasse) race; (≈ Tierrasse) breed
Rassehund m pedigree dog
Rassel f rattle
rasseln v/i **1** (≈ Geräusch erzeugen) to rattle **2** umg **durch eine Prüfung ~** to flunk an exam umg
Rassen- zssgn Konflikt etc racial
Rassendiskriminierung f racial discrimination
Rassenhass m race hatred
Rassenkonflikt m racial conflict
Rassenkrawall m race riot
Rassenpolitik f racial policy
Rassenschranke f racial barrier; Farbige betreffend colour bar Br, color bar US
Rassentrennung f racial segregation
Rassenunruhen pl racial disturbances pl, race riots pl
rassig adj Pferd, Auto sleek; Gesichtszüge striking; Südländer fiery
rassisch adj racial
Rassismus m racism
Rassist(in) m(f) racist
rassistisch adj racist
Rast f rest; **~ machen** to stop (for a rest)
Rastalocken pl dreadlocks pl
Raste f notch
rasten v/i to rest
Raster n FOTO (≈ Gitter) screen; TV raster; fig framework
Rasterfahndung f computer search
Rasthaus n (travellers') inn Br, (travelers') inn US; an Autobahn a. **Rasthof** service area (including motel)
rastlos **A** adj (≈ unruhig) restless; (≈ unermüdlich) tireless **B** adv tirelessly
Rastplatz m resting place; an Autostraßen picnic area, rest area
Raststätte f Verkehr service area
Rasur f shave; (≈ das Rasieren) shaving
Rat¹ m **1** (≈ Empfehlung) advice kein pl; **j-m einen Rat geben** to give sb a piece of advice; **j-m den Rat geben, etw zu tun** to advise sb to do sth; **j-n um Rat fragen** to ask sb's advice; **sich Rat suchend an j-n wenden** to turn to sb for advice; **auf j-s Rat** (akk) **(hin)** on od following sb's advice; **zu Rate** → zurate **2** (≈ Abhilfe) **Rat (für etw) wissen** to know what to do (about sth); **sie wusste sich** (dat) **keinen Rat mehr** she was at her wits' end **3** (≈ Körperschaft) council
Rat² m, **Rätin** f (≈ Titel) Councillor Br, Councilor US
Rate f **1** (≈ Geldbetrag) instalment Br, installment US; **auf ~n kaufen** to buy on hire purchase Br, to buy on the installment plan US; **in ~n zahlen** to pay in instal(l)ments **2** (≈ Verhältnis) rate
raten v/t & v/i **1** (≈ Ratschläge geben) to advise; **j-m ~** to advise sb; **(j-m) zu etw ~** to recommend sth (to sb); **das würde ich dir nicht ~** I wouldn't advise it; **was** od **wozu ~ Sie mir?** what do you advise? **2** (≈ erraten) to guess, to have a guess; Kreuzworträtsel etc to solve; **rate mal!** (have a) guess, guess what!; **dreimal darfst du ~** a. iron I'll give you three guesses

Ratenkauf m (≈ *Kaufart*) HP Br umg, the installment plan US
ratenweise adv in instalments Br, in installments US
Ratenzahlung f payment by instalments Br, payment by installments US
Ratespiel n guessing game; TV quiz
Ratgeber m Buch etc guide
Rathaus n town hall Br, city hall US; einer Großstadt city hall Br
ratifizieren v/t to ratify
Ratifizierung f ratification
Ratingagentur f FIN rating agency
Ration f ration
rational **A** adj rational **B** adv rationally
rationalisieren v/t & v/i to rationalize
Rationalisierung f rationalization
Rationalisierungsmaßnahme f rationalization measure
rationell **A** adj Methode etc efficient **B** adv efficiently
rationieren v/t to ration
ratlos **A** adj helpless; **ich bin völlig ~(, was ich tun soll)** I just don't know what to do **B** adv helplessly; **einer Sache** (dat) **~ gegenüberstehen** to be at a loss when faced with sth
Ratlosigkeit f helplessness
rätoromanisch adj Rhaetian; Sprache Rhaeto-Romanic
ratsam adj advisable
Ratschlag m piece of advice; **Ratschläge** advice; **drei Ratschläge** three pieces of advice
Rätsel n riddle; (≈ *Kreuzworträtsel*) crossword (puzzle); (≈ *Silbenrätsel*, *Bilderrätsel etc*) puzzle; **vor einem ~ stehen** to be baffled; **j-n vor ein ~ stellen** to puzzle sb; **es ist mir ein ~, wie ...** it's a mystery to me how ...
rätselhaft adj mysterious; **auf ~e Weise** mysteriously
Rätselheft n puzzle book
rätseln v/i to puzzle (over sth)
Rätselraten n guessing game; (≈ *Rätseln*) guessing
Ratspräsidentschaft f EU presidency
Ratsvorsitz m EU presidency (of the Council); **den ~ übernehmen** to take over presidency (of the Council)
Ratte f rat
Rattenfänger(in) m(f) rat-catcher; **der ~ von Hameln** the Pied Piper of Hamelin
Rattengift n rat poison
rattern v/i to rattle; Maschinengewehr to chatter
ratzfatz adv umg (≈ *sehr schnell*) in no time, in a flash
rau adj **1** rough; Ton, Behandlung harsh, tough; **er ist rau, aber herzlich** he's a rough diamond **2** Hals, Kehle sore; Stimme husky; (≈ *heiser*) hoarse **3** (≈ *streng*) Wetter inclement; Wind, Luft raw; Meer, See rough; Klima, Winter harsh; **(die) raue Wirklichkeit** harsh reality **4** umg **in rauen Mengen** galore umg
Raub m **1** (≈ *das Rauben*) robbery; (≈ *Diebstahl*) theft **2** (≈ *Entführung*) abduction **3** (≈ *Beute*) booty, spoils pl
Raubbau m overexploitation (of natural resources); **~ an etw** (dat) **treiben** to overexploit sth; **mit seiner Gesundheit ~ treiben** to ruin one's health
Raubdruck m pirate(d) copy
rauben v/t (≈ *wegnehmen*) to steal; (≈ *entführen*) to abduct; **j-m etw ~** to rob sb of sth; **j-m den Schlaf ~** to rob sb of his/her sleep; **j-m den Atem ~** to take sb's breath away
Räuber(in) m(f) robber; (≈ *Wegelagerer*) highwayman
räuberisch adj rapacious; **~e Erpressung** JUR armed robbery; **in ~er Absicht** with intent to rob
Raubfisch m predatory fish
Raubkatze f (predatory) big cat
Raubkopie f pirate(d) copy
Raubmord m robbery with murder Br, robbery homicide US
Raubmörder(in) m(f) robber and murderer
Raubtier n predator, beast of prey
Raubüberfall m robbery
Raubvogel m bird of prey
Raubzug m series sg of robberies; (≈ *Plünderung*) raid (**auf** +akk on)
Rauch m smoke; **sich in ~ auflösen** fig to go up in smoke; **wo ~ ist, ist auch Feuer** sprichw there's no smoke without a fire sprichw
Rauchbombe f smoke bomb
rauchen v/t & v/i (≈ *schwelen*) to smoulder; **„Rauchen verboten"** "no smoking"; **sich** (dat) **das Rauchen abgewöhnen** to give up smoking; **viel** od **stark ~** to be a heavy smoker
Raucher(in) m(f) smoker
Raucherabteil n smoking compartment
Raucherecke f smokers' corner
Raucherhusten m smoker's cough
Räucherkerze f incense cone
Raucherkneipe f umg smoking pub Br, smoking bar US
Räucherlachs m smoked salmon
Raucherlokal n smoking pub Br, smoking bar US
Räuchermännchen n wooden figure containing an incense cone
räuchern v/t to smoke
Räucherschinken m smoked ham
Räucherstäbchen n joss stick

Raucherzone f smoking area
Rauchfahne f trail of smoke
Rauchfleisch n smoked meat
rauchfrei adj Zone smokeless
rauchig adj smoky
rauchlos adj smokeless
Rauchmelder m smoke alarm
Rauchschwaden pl drifts pl of smoke
Rauchsignal n smoke signal
Rauchverbot n smoking ban; **hier herrscht ~** smoking is not allowed here
Rauchvergiftung f fume poisoning
Rauchwaren[1] pl tobacco (products pl)
Rauchwaren[2] pl (≈ Pelze) furs pl
Rauchwolke f cloud of smoke
Rauchzeichen n smoke signal
Räude f Tiermedizin mange
räudig adj mangy
rauf umg adv → **herauf**; → **hinauf**
Raufasertapete f woodchip paper
Raufbold obs m ruffian, roughneck
raufen A v/t **sich** (dat) **die Haare ~** to tear (at) one's hair B v/i & v/r to scrap; **sich um etw ~** to fight over sth
Rauferei f scrap
rauh adj → **rau**
Rauhaardackel m wire-haired dachshund
rauhaarig adj coarse-haired
Rauheit f roughness; von Hals, Kehle soreness; von Stimme huskiness; (≈ Heiserkeit) hoarseness; von Wind, Luft rawness; von Klima, Winter harshness
Raum m 1 (≈ Platz) room, space; **~ sparend** space-saving attr; bauen to save space; **auf engstem ~ leben** to live in a very confined space 2 (≈ Spielraum) scope 3 (≈ Zimmer) room; (≈ Kammer) chamber 4 (≈ Gebiet, Bereich) area; größer region; fig sphere 5 PHYS, RAUMF space
Raumanzug m spacesuit
räumen v/t 1 (≈ verlassen) Gebäude, Posten to vacate; MIL Truppen to withdraw from 2 (≈ leeren) Gebäude, Straße to clear (**von** of) 3 (≈ woanders hinbringen) to shift; (≈ entfernen) Schnee, Schutt to clear (away); Minen to clear
Raumfähre f space shuttle
Raumfahrt f space travel ohne art od flight
Raumfahrttechnik f space technology
Raumfahrtzentrum n space centre od center US
Räumfahrzeug n bulldozer; für Schnee snow--clearer
Raumflug m space flight
Raumforschung f space research
Raumgestaltung f interior design
Rauminhalt m volume
Raumkapsel f space capsule

Raumklima n indoor climate, room temperature and air quality
Raumlabor n space lab
räumlich A adj 1 (≈ den Raum betreffend) spatial; **~e Verhältnisse** physical conditions; **~e Entfernung** physical distance 2 (≈ dreidimensional) three-dimensional B adv 1 (≈ platzmäßig) **~ beschränkt sein** to have very little room 2 (≈ dreidimensional) **~ sehen** to see in three dimensions
Räumlichkeit f (≈ Zimmer) room; **~en** pl premises pl
Raummaß n unit of volume
Raumpfleger(in) m(f) cleaner
Raumschiff n spaceship
Raumsonde f space probe
raumsparend adj → **Raum**
Raumstation f space station
Räumung f clearing; von Gebäude, Posten vacation; von Lager clearance
Räumungsklage f action for eviction
Räumungsverkauf m clearance sale
raunen liter v/t & v/i to whisper
raunzen v/i österr (≈ nörgeln) to moan
Raupe f caterpillar
Raupenfahrzeug n caterpillar® (vehicle)
Raupenkette f caterpillar® track
Rauputz m roughcast
Raureif m hoarfrost
raus umg adv **~ aus** off; **~!** (get) out!; → **heraus**; → **hinaus**
Rausch m (≈ Trunkenheit) intoxication; (≈ Drogenrausch) high umg; **sich** (dat) **einen ~ antrinken** to get drunk; **seinen ~ ausschlafen** to sleep it off
rauschen v/i Wasser to roar; sanft to murmur; Baum, Wald to rustle; Wind to murmur; Lautsprecher etc to hiss
rauschend adj Fest grand; Beifall, Erfolg resounding
Rauschgift n drug, narcotic; (≈ Drogen) drugs pl; **~ nehmen** to take drugs
Rauschgiftdezernat n narcotics od drug squad
Rauschgifthandel m drug trafficking
Rauschgifthändler(in) m(f) drug trafficker
rauschgiftsüchtig adj drug-addicted; **er ist ~** he's addicted to drugs
Rauschgiftsüchtige(r) m/f(m) drug addict
rausfliegen umg v/i to be chucked out umg
räuspern v/r to clear one's throat
rausreißen umg v/t **j-n ~** to save sb
rausschmeißen umg v/t to chuck out umg, to fire; Geld to chuck away umg
Rausschmeißer(in) umg m(f) bouncer
Rausschmiss umg m booting out umg

Raute *f* MATH rhombus
rautenförmig *adj* rhomboid
Ravioli *pl* ravioli *sg*
Razzia *f* raid (**gegen** on)
Re *n* KART redouble
Reagenzglas *n* CHEM test tube
reagieren *v/i* to react (**auf** +*akk* to *od* **mit** with)
Reaktion *f* reaction (**auf** +*akk* to)
reaktionär *adj* POL *pej* reactionary
Reaktionsfähigkeit *f* ability to react; CHEM, PHYSIOL reactivity
reaktionsschnell *adj* with fast reactions; **~ sein** to have fast reactions
Reaktionszeit *f* reaction time
reaktivieren *v/t* Naturwissenschaft to reactivate; *fig* to revive
Reaktor *m* reactor
Reaktorblock *m* reactor block
Reaktorkern *m* reactor core
Reaktorsicherheit *f* reactor safety
Reaktorunglück *n* nuclear disaster
real **A** *adj* real; (≈ *wirklichkeitsbezogen*) realistic **B** *adv* sinken, steigen actually
Realeinkommen *n* real income
realisierbar *adj* Idee, Projekt feasible
realisieren *v/t* **1** Pläne, Ideen to carry out **2** (≈ *erkennen*) to realize
Realismus *m* realism
Realist(in) *m(f)* realist
realistisch **A** *adj* realistic **B** *adv* realistically
Realität *f* reality; **erweiterte ~** IT augmented reality
Realitätssinn *m* sense of realism
Realityshow *f* reality show
Reality-TV *n* reality TV
Reallohn *m* real wages *pl*
Realpolitik *f* political realism, Realpolitik
realpolitisch *adj* pragmatic
Realsatire *f* real-life satire
Realschulabschluss *m* leaving certificate from a Realschule
Realschule *f* ≈ secondary school
Realschüler(in) *m(f)* secondary-school pupil
Realwirtschaft *f* real economy
reanimieren *v/t* MED to resuscitate
Rebe *f* (≈ *Ranke*) shoot; (≈ *Weinstock*) vine
Rebell(in) *m(f)* rebel
rebellieren *v/i* to rebel
Rebellion *f* rebellion
rebellisch *adj* rebellious
Rebhuhn *n* (common) partridge
Rebstock *m* vine
Rechaud *m*/*n* hotplate; *für Fondue* spirit burner *Br*, ethanol burner *US*
Rechen *m* (≈ *Harke*) rake
Rechenart *f* **die vier ~en** the four arithmetical operations
Rechenaufgabe *f* sum *bes Br*, (arithmetical) problem
Rechenfehler *m* miscalculation
Rechenmaschine *f* adding machine
Rechenschaft *f* account; **j-m über etw** (*akk*) **~ ablegen** to account to sb for sth; **j-m ~ schuldig sein** to have to account to sb; **j-n (für etw) zur ~ ziehen** to call sb to account (for *od* over sth)
Rechenschaftsbericht *m* report
Rechenschieber *m* slide rule
Rechenzentrum *n* computer centre *Br*, computer center *US*
Recherche *f* investigation; (≈ *Nachforschung*) research
Rechercheur(in) *m(f)* researcher
recherchieren *v/t & v/i* to investigate
rechnen **A** *v/t* **1** (≈ *addieren etc*) to work out; **rund gerechnet** in round figures **2** (≈ *einstufen*) to count; **j-n zu etw ~** to count sb among sth **3** (≈ *veranschlagen*) to estimate; **wir hatten nur drei Tage gerechnet** we were only reckoning on three days; **das ist zu hoch/niedrig gerechnet** that's too high/low (an estimate) **B** *v/i* **1** (≈ *addieren etc*) to do a calculation/calculations; *bes* SCHULE to do sums *bes Br*, to do adding; **falsch ~** to make a mistake (in one's calculations); **gut/schlecht ~ können** to be good/bad at arithmetic; *bes* SCHULE to be good/bad at sums *bes Br*, to be good/bad at adding; **mit Variablen/Zahlen ~** to do (the) calculations using variables/numbers **2** (≈ *sich verlassen*) **auf j-n/etw ~** to count on sb/sth **3** **mit j-m/etw ~** to reckon with sb/sth; **es wird damit gerechnet, dass …** it is reckoned that …; **damit hatte ich nicht gerechnet** I wasn't expecting that; **mit dem Schlimmsten ~** to be prepared for the worst **C** *v/r* to pay off; **etw rechnet sich nicht** sth is not economical
Rechnen *n* arithmetic
Rechner *m* (≈ *Elektronenrechner*) computer; (≈ *Taschenrechner*) calculator
rechnergesteuert *adj* computer-controlled
rechnergestützt *adj* computer-aided
rechnerisch *adj* arithmetical; POL Mehrheit numerical
Rechnung *f* **1** (≈ *Berechnung*) calculation; *als Aufgabe* sum; **die ~ geht nicht auf** *wörtl* the sum doesn't work out; *fig* it won't work (out) **2** (≈ *schriftliche Kostenforderung*) bill *Br*, check *US*; *bes von Firma* invoice; **das geht auf meine ~** this one's on me; **auf ~ kaufen** to buy on account; **auf eigene ~** on one's own account; **(j-m) etw in ~ stellen** to charge (sb) for sth; **die ~, bitte!** could we have the bill, please?; **aber er hatte**

die ~ ohne den Wirt gemacht umg but there was one thing he hadn't reckoned with
Rechnungsbetrag m (total) amount of a bill/an invoice/account Br, (total) amount of a check/an invoice/account US
Rechnungshof m Auditor General's office, audit division US; **Europäischer ~** European Court of Auditors
Rechnungsjahr n financial od fiscal year
Rechnungspreis m invoice price
Rechnungsprüfung f audit
recht **A** adj **1** (≈ richtig) right; **j-m ~ sein** to suit sb; **es soll mir ~ sein, mir soll's ~ sein** umg it's OK by me umg; **ganz ~!** quite right; **alles, was ~ ist** empört there is a limit; **hier geht es nicht mit ~en Dingen zu** there's something not right here; **nach dem Rechten sehen** to see that everything's OK umg **2** **~ haben** to be right; **er hat ~ bekommen** he was right; **~ behalten** to be right; **j-m ~ geben** to agree with sb, to admit that sb is right **B** adv **1** (≈ richtig) properly; (≈ wirklich) really; **verstehen Sie mich ~** don't get me wrong umg; **wenn ich Sie ~ verstehe** if I understand you rightly; **das geschieht ihm ~** it serves him right; **jetzt mache ich es erst ~** now I'm definitely going to do it; **gehe ich ~ in der Annahme, dass ...?** am I right in assuming that ...?; **man kann ihm nichts ~ machen** you can't do anything right for him; **~ daran tun, zu ...** to be right to ... **2** (≈ ziemlich, ganz) quite; **~ viel** quite a lot
Recht n **1** (≈ Rechtsordnung) law; (≈ Gerechtigkeit) justice; **~ sprechen** to administer justice; **nach geltendem ~** in law; **nach englischem ~** under od according to English law; **von ~s wegen** legally; umg (≈ eigentlich) by rights umg **2** (≈ Anspruch) right (**auf** +akk to od **zu** to); **zu seinem ~ kommen** wörtl to gain one's rights; fig to come into one's own; **gleiches ~ für alle!** equal rights for all!; **mit** od **zu ~** rightly; **im ~ sein** to be in the right; **das ist mein gutes ~** it's my right; **mit welchem ~?** by what right? **3** → recht A 2
Rechte f **1** Hand right hand; Seite right(-hand) side; beim Boxen right **2** POL **die ~** the Right
rechte(r, s) adj **1** right; **auf der ~n Seite** on the right-hand side **2** **ein ~r Winkel** a right angle **3** (≈ konservativ) right-wing, rightist
Rechteck n rectangle
rechteckig adj rectangular
Rechteckschema n grid
rechtfertigen **A** v/t to justify **B** v/r to justify oneself; → **gerechtfertigt**
Rechtfertigung f justification; **etw zur ~ vorbringen** to say sth to justify oneself
rechthaberisch adj know-all attr Br umg, know-it-all attr US umg

rechtlich **A** adj (≈ gesetzlich) legal **B** adv (≈ gesetzlich) legally; **~ zulässig** permissible in law; **j-n ~ belangen** to take legal action against sb
rechtlos adj **1** without rights **2** Zustand lawless
rechtmäßig **A** adj (≈ legitim) legitimate; (≈ dem Gesetz entsprechend) legal **B** adv legally; **j-m ~ zustehen** to belong to sb legally
Rechtmäßigkeit f (≈ Legitimität) legitimacy; (≈ Legalität) legality
rechts **A** adv on the right; **~ abbiegen** to turn right; **nach ~** (to the) right; **von ~** from the right; **~ von etw** (on od to the) right of sth; **~ von j-m** to sb's right; **~ stricken** to knit (plain) **B** präp on the right of
Rechts- zssgn POL right-wing; JUR legal
Rechtsabbieger(in) m(f) motorist/car etc turning right
Rechtsanspruch m legal right (**auf etw** akk to sth)
Rechtsanwalt m, **Rechtsanwältin** f lawyer, attorney US
Rechtsaußen m FUSSB outside-right; POL umg extreme right-winger
Rechtsbehelf m legal remedy
Rechtsbeistand m legal advice; Mensch legal adviser
Rechtsberater(in) m(f) legal adviser
Rechtsberatung f **1** legal advice **2** (a. **~sstelle**) ≈ citizens' advice bureau, ≈ ACLU US
Rechtsbeugung f perversion of the course of justice
Rechtsbrecher(in) m(f) lawbreaker
Rechtsbruch m breach od infringement of the law
rechtsbündig **A** adj TYPO right-aligned **B** adv TYPO aligned right
rechtschaffen adj (≈ ehrlich) honest
Rechtschaffenheit f honesty, uprightness
rechtschreiben v/i to spell
Rechtschreibfehler m spelling mistake
Rechtschreibkontrolle f, **Rechtschreibprüfung** f IT (≈ Programm) spellchecker
Rechtschreibprogramm n IT spellchecker
Rechtschreibreform f spelling reform
Rechtschreibung f spelling; **die deutsche ~** German spelling; **die ~ prüfen** to check the spelling; IT to spellcheck
Rechtsextremismus m right-wing extremism
Rechtsextremist(in) m(f) right-wing extremist
rechtsextremistisch adj right-wing extremist attr
Rechtsgeschäft n legal transaction
rechtsgültig adj legally valid, legal

Rechtshänder(in) m(f) right-handed person, right-hander; **~ sein** to be right-handed
rechtshändig adj & adv right-handed
rechtskräftig **A** adj having the force of law; *Urteil* final; *Vertrag* legally valid **B** adv **~ verurteilt sein** to be issued with a final sentence
Rechtskurve f right-hand bend
Rechtslage f legal position
Rechtsmittel n means sg of legal redress; **~ einlegen** to lodge an appeal
Rechtsordnung f **die ~** the law
Rechtspersönlichkeit f legal personality; **~ der Union** legal personality of the Union
Rechtspflege f administration of justice
Rechtsprechung f (≈ *Rechtspflege*) administration of justice; (≈ *Gerichtsbarkeit*) jurisdiction
rechtsradikal adj radical right-wing
Rechtsradikale(r) m/f(m) right-wing extremist
rechtsrheinisch adj on the right of the Rhine
Rechtssache f legal matter; (≈ *Fall*) case
Rechtsschutz m legal protection
Rechtsschutzversicherung f legal costs insurance
Rechtssicherheit f legal certainty; **~ schaffen** to create legal certainty
Rechtsspruch m verdict
Rechtsstaat m constitutional state, state under the rule of law
rechtsstaatlich adj of a constitutional state od state under the rule of law
Rechtsstaatlichkeit f rule of law
Rechtssteuerung f AUTO right-hand drive
Rechtsstreit m lawsuit
Rechtssystem n judicial system
Rechtsunsicherheit f legal uncertainty
rechtsverbindlich adj legally binding
Rechtsverkehr m driving on the right; **in Deutschland ist ~** in Germany they drive on the right
Rechtsweg m legal action; **den ~ beschreiten** to take legal action; **der ~ ist ausgeschlossen** ≈ the judges' decision is final
rechtswidrig **A** adj illegal **B** adv illegally
Rechtswidrigkeit f **1** illegality **2** *Handlung* illegal act
rechtwinklig adj right-angled; **~ auf etw** (akk) perpendicular to sth
rechtzeitig **A** adj (≈ *früh genug*) timely; (≈ *pünktlich*) punctual **B** adv (≈ *früh genug*) in (good) time; (≈ *pünktlich*) on time; **gerade noch ~** just in time
Reck n SPORT horizontal bar
recken **A** v/t **den Kopf** od **Hals ~** to crane one's neck; **die Arme in die Höhe ~** to raise one's arms in the air **B** v/r to stretch (oneself)
Recorder m → Rekorder

recycelbar, **recyclebar** adj recyclable
recyceln v/t to recycle
Recycling n recycling
Recyclingaktion f recycling campaign
Recyclinghof m transfer facility for recyclable waste
Recyclingpapier n recycled paper
Redakteur(in) m(f) editor
Redaktion f **1** (≈ *das Redigieren*) editing **2** (≈ *Personal*) editorial staff **3** (≈ *Büro*) editorial office(s)
redaktionell **A** adj editorial **B** adv **überarbeiten** editorially; **etw ~ bearbeiten** to edit sth
Rede f **1** speech; (≈ *Vortrag*) talk; (≈ *Ansprache*) address; **eine ~ halten** to make od deliver a speech, to give a talk; **die direkte/indirekte ~** direct/indirect speech od discourse US **2** (≈ *Äußerungen, Worte*) words pl, language kein pl; **große ~n führen** to talk big umg; **das ist nicht der ~ wert** it's not worth mentioning **3** (≈ *Gespräch*) conversation; **aber davon war doch nie die ~** but no-one was ever talking about that; **davon kann keine ~ sein** it's out of the question **4** (≈ *Rechenschaft*) **(j-m) ~ (und Antwort) stehen** to justify oneself (to sb); **j-n zur ~ stellen** to take sb to task
Redefreiheit f freedom of speech
redegewandt adj eloquent
Redegewandtheit f eloquence
reden **A** v/i (≈ *sprechen*) to talk, to speak; **wir haben gerade über dich geredet** we were just talking about you; **ich werde mit deinen Eltern ~** I'm going to speak to your parents; **so lasse ich nicht mit mir ~!** I won't be spoken to like that!; **mit j-m über j-n/etw ~** to talk to sb about sb/sth, to speak with sb about sb/sth US; **(viel) von sich ~ machen** to become (very much) a talking point; **du hast gut ~!** it's all very well for you (to talk); **ich habe mit Ihnen zu ~!** I would like a word with you; **darüber lässt sich ~** that's a possibility; **er lässt mit sich ~** (≈ *gesprächsbereit*) he's open to discussion; **schlecht von j-n ~** to speak ill of sb; **wovon redest du?** what are you talking about? **B** v/t (≈ *sagen*) to talk; *Worte* to say; **sich** (dat) **etw vom Herzen ~** to get sth off one's chest; **Schlechtes über j-n ~** to say bad things about sb **C** v/r **sich heiser ~** to talk oneself hoarse; **sich in Wut ~** to talk oneself into a fury
Redensart f (≈ *Phrase*) cliché; (≈ *Redewendung*) expression, idiom; (≈ *Sprichwort*) saying
Redeverbot n ban on speaking; **j-m ~ erteilen** to ban sb from speaking
Redewendung f idiom, phrase
redigieren v/t to edit
redlich **A** adj honest **B** adv (≈ *ehrlich*) honestly;

~ **(mit j-m) teilen** to share (things) equally (with sb)
Redlichkeit f honesty
Redner(in) m(f) speaker; (≈ *Rhetoriker*) orator
Rednerpult n lectern
redselig adj talkative
reduzieren A v/t to reduce (**auf** +akk to), to cut down; **reduziert sein** *Ware* to be on sale B v/r to decrease
Reduzierung f reduction
Reede f SCHIFF roads pl
Reeder(in) m(f) shipowner
Reederei f shipping company
reell adj 1 (≈ *ehrlich*) honest, on the level *umg*; HANDEL *Geschäft, Firma* sound; *Preis* fair 2 (≈ *echt*) *Chance* real
Reetdach n thatched roof
Referat n 1 UNIV seminar paper; SCHULE project; (≈ *Vortrag*) paper, talk 2 ADMIN (≈ *Ressort*) department
Referendar(in) m(f) trainee (in civil service); (≈ *Studienreferendar*) student teacher; (≈ *Gerichtsreferendar*) articled clerk *Br*, legal intern *US*
Referendariat n probationary training period
Referendum n referendum
Referent(in) m(f) (≈ *Sachbearbeiter*) expert; (≈ *Redner*) speaker
Referenz f reference; **j-n als ~ angeben** to give sb as a referee
Referenzkurs m WIRTSCH reference rate
referieren v/i to (give a) report (**über** +akk on)
reflektieren A v/t 1 *widerspiegeln* to reflect 2 *überdenken* to reflect on B v/i 1 PHYS to reflect 2 (≈ *nachdenken*) to reflect (**über** +akk upon)
Reflektor m reflector
Reflex m 1 PHYS reflection 2 PHYSIOL reflex
Reflexbewegung f reflex action
reflexiv adj GRAM reflexive
Reflexivpronomen n reflexive pronoun
Reflexzonenmassage f reflexology
Reform f reform
reformbedürftig adj in need of reform
Reformhaus n health-food shop
reformieren v/t to reform
reformiert adj KIRCHE Reformed; *schweiz* Protestant; **Reformierte Oberstufe** SCHULE *final two years of education at a 'gymnasium' in which pupils can select which subjects they wish to study*
Reformkost f health food(s pl)
Reformkurs m policy of reform
Reformstau m POL reform bottleneck
Refrain m MUS chorus, refrain
Regal n (≈ *Bord*) shelves pl
Regalbrett n shelf
Regalwand f wall unit; (≈ *Regale*) wall-to-wall shelving
Regatta f regatta
rege adj 1 (≈ *betriebsam*) busy; *Handel* flourishing; **ein ~s Treiben** a hustle and bustle 2 (≈ *lebhaft*) lively; *Fantasie* vivid
Regel f 1 (≈ *Norm*) rule; (≈ *Verordnung*) regulation; **nach allen ~n der Kunst** *fig* thoroughly 2 (≈ *Gewohnheit*) habit; **sich** (*dat*) **etw zur ~ machen** to make a habit of sth; **zur ~ werden** to become a habit 3 (≈ *Monatsblutung*) period
Regelarbeitszeit f core working hours pl
regelbar adj (≈ *steuerbar*) adjustable
Regelblutung f (monthly) period
Regelfall m rule; **im ~** as a rule
Regelleistung f bei Arbeitslosigkeit standard benefit
regelmäßig A adj regular B adv regularly; **das Herz schlägt ~** the heartbeat is normal; **~ spazieren gehen** to take regular walks; **er kommt ~ zu spät** he's always late
Regelmäßigkeit f regularity
regeln A v/t 1 (≈ *regulieren*) *Prozess, Temperatur* to regulate; *Verkehr* to control; → **geregelt** 2 (≈ *erledigen*) to see to; *Problem etc* to sort out; *Nachlass* to settle; *Finanzen* to put in order; **das werde ich schon ~** I'll see to it; **gesetzlich geregelt sein** to be laid down by law B v/r to sort itself out
regelrecht A adj real; *Betrug etc* downright B adv really; *unverschämt* downright; (≈ *buchstäblich*) literally
Regelung f 1 (≈ *Regulierung*) regulation 2 (≈ *Erledigung*) settling 3 (≈ *Abmachung*) arrangement; (≈ *Bestimmung*) ruling; **gesetzliche ~en** legal *od* statutory regulations
Regelwerk n rules (and regulations) pl, set of rules
regelwidrig adj against the rules; **~es Verhalten im Verkehr** breaking the traffic regulations
Regelwidrigkeit f irregularity
regen A v/t (≈ *bewegen*) to move; **keinen Finger (mehr) ~** *fig* not to lift a finger (any more) B v/r to stir; **er kann sich kaum ~** he is hardly able to move
Regen m rain; *fig von Schimpfwörtern etc* shower; **ein warmer ~** *fig* a windfall; **j-n im ~ stehen lassen** *fig* to leave sb out in the cold; **vom ~ in die Traufe kommen** *sprichw* to jump out of the frying pan into the fire *sprichw*
regenarm adj *Jahreszeit, Gegend* dry
Regenbogen m rainbow
Regenbogenfamilie f rainbow family
Regenbogenfarben pl colours pl of the rainbow *Br*, colors pl of the rainbow *US*
Regenbogenforelle f rainbow trout

Regenbogenpresse f trashy magazines pl umg
Regeneration f regeneration
regenerieren A v/r BIOL to regenerate; fig to revitalize oneself/itself B v/t to regenerate
Regenfall m (fall of) rain; **heftige Regenfälle** heavy rain
Regenguss m downpour; schwächer shower
Regenmantel m raincoat, mac Br umg
regenreich adj Jahreszeit, Region rainy, wet
Regenrinne f gutter
Regenschauer m shower (of rain)
Regenschirm m umbrella
Regensensor m AUTO rain sensor
Regent(in) m(f) sovereign; (≈ Stellvertreter) regent
Regentag m rainy day
Regentonne f rain barrel
Regentropfen m raindrop
Regenwald m GEOG rainforest
Regenwasser n rainwater
Regenwetter n rainy weather
Regenwolke f rain cloud
Regenwurm m earthworm
Regenzeit f rainy season
Reggae m reggae
Regie f 1 (≈ künstlerische Leitung) direction; THEAT, RADIO, TV production; **die ~ bei etw führen** to direct/produce sth; fig to be in charge of sth; **unter der ~ von** directed/produced by 2 (≈ Verwaltung) management; **unter j-s ~** (dat) under sb's control
Regieanweisung f (stage) direction
Regieassistent(in) m(f) assistant director; THEAT, RADIO, TV a. assistant producer
regieren A v/i (≈ herrschen) to rule; fig to reign B v/t Staat to rule (over); GRAM to govern; **SPD-regierte Länder** states governed by the SPD
Regierung f government; von Monarch reign; **an die ~ kommen** to come to power; **j-n an die ~ bringen** to put sb into power
Regierungsbezirk m ≈ region Br, ≈ county US
Regierungschef(in) m(f) head of a/the government
Regierungserklärung f inaugural speech; in GB King's/Queen's Speech
regierungsfeindlich adj anti-government; **~ eingestellt sein** to be anti-government
Regierungsform f form of government
Regierungskrise f government(al) crisis
Regierungssitz m seat of government
Regierungssprecher(in) m(f) government spokesperson
Regierungsumbildung f cabinet reshuffle
Regierungswechsel m change of government
Regime pej n regime
Regimegegner(in) m(f) opponent of the regime
Regimekritiker(in) m(f) critic of the regime
Regiment n MIL regiment
Region f region
regional A adj regional B adv regionally; **~ verschieden sein** to vary from one region to another
Regionalbahn f BAHN local railway Br, local railroad US
Regionalverkehr m regional transport od transportation bes US
Regionalzug m local train
Regisseur(in) m(f) director; THEAT, TV producer
Register n 1 (≈ amtliche Liste) register 2 (≈ Stichwortverzeichnis) index 3 MUS register; von Orgel stop; **alle ~ ziehen** fig to pull out all the stops
Registertonne f SCHIFF register ton
registrieren A v/t 1 (≈ erfassen) to register 2 (≈ feststellen) to note B v/r to register
Registrierkasse f cash register
Registrierung f registration
reglementieren v/t to regulate; **staatlich reglementiert** state-regulated
Regler m regulator; an Fernseher etc control; von Fernsteuerung control(ler)
reglos adj & adv motionless
regnen v/t & v/i to rain; **es regnet Proteste** protests are pouring in; **es regnete Vorwürfe** reproaches hailed down
regnerisch adj rainy; **bei ~em Wetter** in rainy weather
Regress m JUR recourse; **~ anmelden** to seek recourse
Regressanspruch m claim of recourse
regresspflichtig adj liable to recourse, liable for compensation
regsam adj active; **geistig ~** mentally active
regulär adj (≈ üblich) normal; (≈ vorschriftsmäßig) proper, regular; Arbeitszeit normal, regular; **die ~e Spielzeit** SPORT normal time
regulierbar adj regul(at)able, adjustable
regulieren v/t (≈ einstellen) to regulate; (≈ nachstellen) to adjust
Regulierung f regulation; (≈ Nachstellung) adjustment
Regulierungsbehörde f regulatory body
Regung f (≈ Bewegung) movement; des Gewissens etc stirring; **ohne jede ~** without a flicker (of emotion)
regungslos adj & adv motionless
Reh n deer; im Gegensatz zu Hirsch etc roe deer
Reha umg f rehab; **auf ~ sein** to be in rehab; **auf ~ gehen** to go into rehab
Rehabilitation f rehabilitation; von Ruf, Ehre vindication

Rehabilitationsklinik f rehabilitation clinic
rehabilitieren **A** v/t to rehabilitate **B** v/r to rehabilitate oneself
Rehaklinik f umg rehab clinic
Rehbock m roebuck
Rehbraten m roast venison
Rehkeule f GASTR haunch of venison
Rehrücken m GASTR saddle of venison
Reibach umg m **einen ~ machen** to make a killing umg
Reibe f GASTR grater
Reibekuchen m dial GASTR ≈ potato fritter
reiben **A** v/t **1** (≈ frottieren) to rub; **sich** (dat) **die Augen ~** to rub one's eyes **2** (≈ zerkleinern) to grate **B** v/i **1 an etw** (dat) **~** to rub sth **2** (≈ zerkleinern) to grate **C** v/r to rub oneself (**an** +dat on, against); (≈ sich verletzen) to scrape oneself (**an** +dat on)
Reiberei umg f friction kein pl; (**kleinere**) **~en** (short) periods of friction
Reibung f **1** (≈ das Reiben) rubbing; PHYS friction **2** fig friction kein pl
reibungslos **A** adj frictionless; fig umg trouble-free **B** adv (≈ problemlos) smoothly; **~ verlaufen** to go off smoothly
reich **A** adj rich; (≈ vielfältig) copious; Auswahl wide; **in ~em Maße vorhanden sein** to abound **B** adv **~ heiraten** umg to marry (into) money; **j-n ~ belohnen** to reward sb well; **~ illustriert** richly illustrated
Reich n **1** (≈ Imperium) empire; (≈ Königreich) realm; **das Dritte ~** the Third Reich **2** (≈ Gebiet) realm; **das ~ der Tiere** the animal kingdom; **das ist mein ~** fig that is my domain
Reiche(r) m/f(m) rich man; Frau rich woman; **die ~n** the rich pl
reichen **A** v/i **1** (≈ sich erstrecken) to reach (**bis zu etw** sth); **der Garten reicht bis ans Ufer** the garden stretches right down to the riverbank; **so weit ~ meine Fähigkeiten nicht** my skills are not that wide-ranging **2** (≈ langen) to be enough; für bestimmte Zeit to last; **der Zucker reicht nicht** there won't be enough sugar; **reicht das Licht zum Lesen?** is there enough light to read by?; **mir reicht's** umg (≈ ich habe die Nase voll) I've had enough umg; **jetzt reicht's (mir aber)!** that's the last straw **B** v/t (≈ entgegenhalten) to hand; (≈ weitergeben) to pass; (≈ anbieten) to serve; **j-m die Hand ~** to hold out one's hand to sb
reichhaltig adj extensive; Auswahl wide, large; Essen rich; Programm varied
reichlich **A** adj ample, large, abundant; Vorrat plentiful; Portion generous; Zeit, Geld, Platz plenty of; Belohnung ample **B** adv **1** belohnen amply; verdienen richly; **j-n ~ beschenken** to give sb

lots of presents; **~ Trinkgeld geben** to tip generously; **~ Zeit/Geld haben** to have plenty of od ample time/money; **~ vorhanden sein** to abound **2** umg (≈ ziemlich) pretty
Reichstag m Parliament
Reichtum m **1** wealth kein pl; (≈ Vermögen) fortune; (≈ Besitz) riches pl; **zu ~ kommen** to become rich **2** fig (≈ Fülle) wealth (**an** +dat of); **der ~ an Fischen** the abundance of fish
Reichweite f range; (≈ greifbare Nähe) reach; fig (≈ Einflussbereich) scope; **außer ~** out of range; fig out of reach
reif adj Früchte ripe; Mensch mature; **in ~(er)em Alter** in one's mature(r) years; **die Zeit ist ~** the time is ripe; **eine ~e Leistung** umg a brilliant achievement; **für etw ~ sein** umg to be ready for sth
Reif[1] m (≈ Raureif) hoarfrost
Reif[2] m (≈ Stirnreif) circlet; (≈ Armreif) bangle
Reife f (≈ das Reifen) ripening; (≈ das Reifsein) ripeness; fig maturity
reifen v/i Obst to ripen; Mensch to mature
Reifen m tyre Br, tire US; von Fass hoop
Reifendruck m tyre pressure Br, tire pressure US
Reifenpanne f puncture Br, flat umg; geplatzt a. blowout umg
Reifenwechsel m tyre change Br, tire change US
Reifeprüfung f SCHULE → Abitur
Reifezeugnis n SCHULE Abitur certificate ≈ A Level certificate Br, ≈ high school diploma US
Reifglätte f Verkehr slippery frost
reiflich **A** adj thorough; **nach ~er Überlegung** after careful consideration **B** adv **sich** (dat) **etw ~ überlegen** to consider sth carefully
Reigen m round dance; fig geh round; **den ~ eröffnen** fig geh to lead off; **ein bunter ~ von Melodien** a varied selection of melodies
Reihe f **1** row; wartender Menschen line US, queue Br; **sich in einer ~ aufstellen** to line up; **aus der ~ tanzen** fig umg to be different; (≈ gegen Konventionen verstoßen) to step out of line; **in den eigenen ~n** within our/their etc own ranks; **er ist an der ~** it's his turn; **der ~ nach** in order, in turn; **außer der ~** out of order; (≈ zusätzlich) out of the usual way of things **2** (≈ Serie) series sg **3** (≈ unbestimmte Anzahl) number; **eine ganze ~ (von)** a whole lot (of) **4** umg (≈ Ordnung) **aus der ~ kommen** (≈ in Unordnung geraten) to get out of order; **j-n aus der ~ bringen** to confuse sb; **in die ~ bringen** to put in order; **etw auf die ~ kriegen** umg to get sth sorted out; (≈ schaffen) to get sth done; **er kriegt nichts auf die ~** he's useless
reihen **A** v/t **Perlen auf eine Schnur ~** to string

beads (on a thread) **B** v/r **etw reiht sich an etw** (akk) sth follows (after) sth
Reihenfolge f order; (≈ notwendige Aufeinanderfolge) sequence; **alphabetische ~** alphabetical order
Reihenhaus n terraced house Br, row house bes US
Reihenuntersuchung f mass screening
reihenweise adv **1** (≈ in Reihen) in rows **2** fig (≈ in großer Anzahl) by the dozen
Reiher m heron
reihum adv round; **etw ~ gehen lassen** to pass sth round
Reim m rhyme; **sich** (dat) **einen ~ auf etw** (akk) **machen** umg to make sense of sth
reimen **A** v/t to rhyme (**auf** +akk od **mit** with) **B** v/i to make up rhymes **C** v/r to rhyme (**auf** +akk od **mit** with)
rein[1] umg adv → **herein**; → **hinein**
rein[2] **A** adj **1** pure; (≈ makellos) pristine; (≈ völlig) sheer; Wahrheit plain; Gewissen clear; **das ist die ~ste Freude/der ~ste Hohn** etc it's sheer joy/mockery etc; **er ist der ~ste Künstler** he's a real artist **2** (≈ sauber) clean; Haut clear; **etw ~ machen** to clean sth; **etw ins Reine schreiben** to write out a fair copy of sth; **etw ins Reine bringen** to clear sth up; **mit etw im Reinen sein** to have got sth straightened out **B** adv **1** (≈ ausschließlich) purely **2** umg (≈ völlig) absolutely; **~ gar nichts** absolutely nothing
Rein f österr, südd casserole (dish)
reinbeißen umg v/t to bite into (**in** +akk); **zum Reinbeißen aussehen** to look scrumptious
Reindl f österr, südd (small) casserole (dish)
Reineclaude f greengage
Reinemachefrau f cleaner
Reinerlös m net profit(s) (pl)
Reinfall m umg disaster
reinfeiern umg v/i **Vincent will in seinen Geburtstag ~** Vincent wants to see in his birthday with a party
Reingewicht n net(t) weight
Reingewinn m net profit
Reinhaltung f keeping clean
Reinheit f purity; (≈ Sauberkeit) cleanness; von Haut clearness
reinigen v/t to clean; **etw chemisch ~** to dry-clean sth; **ein ~des Gewitter** fig umg a row which clears the air
Reiniger m cleaner
Reinigung f **1** cleaning **2** (≈ chemische Reinigung, Anstalt) (dry) cleaner's
Reinigungsmilch f cleansing milk
Reinigungsmittel n cleansing agent
Reinkarnation f reincarnation
Reinkultur f BIOL pure culture; **Kitsch in ~** umg pure unadulterated kitsch
reinlegen umg v/t → **hereinlegen**
reinlich adj **1** cleanly **2** (≈ ordentlich) tidy
Reinlichkeit f cleanliness; (≈ Ordentlichkeit) tidiness
reinrassig adj pure-blooded; Tier thoroughbred
Reinschrift f Geschriebenes fair copy; **etw in ~ schreiben** to write out a fair copy of sth
reinseiden adj pure silk
reinziehen v/t sl **sich** dat **etw ~** Film, Musik etc to take* sth in
Reis m rice
Reise f journey, trip; (≈ Schiffsreise) RAUMF voyage; (≈ Geschäftsreise) trip; (≈ Forschungsreise) expedition; **eine ~ machen** to go on a journey od trip; **auf ~n sein** to be away (travelling) Br, to be traveling US; **er ist viel auf ~n** he does a lot of travelling Br od traveling US; **wohin geht die ~?** where are you off to?; **gute ~!** have a good journey!
Reiseandenken n souvenir
Reiseapotheke f first-aid kit
Reisebegleiter(in) m(f) travelling companion Br, traveling companion US; (≈ Reiseleiter) courier
Reisebekanntschaft f acquaintance made while travelling Br, acquaintance made while traveling US
Reisebericht m report od account of one's journey; Buch travel story; Film travelogue Br, travelog US
Reisebeschreibung f description of one's travels; FILM travelogue Br, travelog US
Reisebüro n travel agency
Reisebürokauffrau f, **Reisebürokaufmann** m travel agent
Reisebus m coach Br, bus US
reisefertig adj ready (to go od leave)
Reisefieber n travel nerves pl
Reiseführer m Buch guidebook
Reiseführer(in) m(f) tour guide
Reisegepäck n luggage kein pl Br, baggage kein pl
Reisegepäckversicherung f baggage insurance
Reisegeschwindigkeit f cruising speed
Reisegesellschaft f (tourist) party; umg (≈ Veranstalter) tour operator
Reisegruppe f party of tourists
Reisehinweis m travel information
Reisekosten pl travelling expenses pl Br, travel expenses pl US
Reisekrankheit f travel sickness
Reiseleiter(in) m(f) tour guide
Reiselektüre f reading matter (for a trip); **etw als ~ mitnehmen** to take* sth to read on the trip

Reiselust f wanderlust
reiselustig adj fond of travel od travelling Br, fond of traveling US
reisen v/i to travel; **in den Urlaub ~** to go away on holiday Br, to go away on vacation US
Reisen n travelling Br, traveling US, travel
Reisende(r) m/f(m) traveller Br, traveler US; (≈ Fahrgast) passenger
Reisepass m passport
Reiseprospekt m travel brochure
Reiseproviant m food for the journey
Reiseroute f route, itinerary
Reiserücktrittskostenversicherung f travel cancellation insurance
Reiserücktritt(s)versicherung f travel insurance
Reiseruf m personal message
Reisetasche f holdall
Reisethrombose f MED deep vein thrombosis, DVT; umg economy class syndrome
Reiseunterlagen pl travel documents pl
Reiseunternehmen n travel company
Reiseveranstalter(in) m(f) tour operator
Reiseverkehr m holiday traffic bes Br, vacation traffic US
Reiseversicherung f travel insurance
Reisewarnung f des Auswärtigen Amtes travel warning; **eine ~ herausgeben** to issue a travel warning
Reisewecker m travelling alarm clock Br, traveling alarm clock US
Reisewetterbericht m holiday weather forecast Br, travel weather forecast
Reisezeit f (≈ Saison) holiday season Br, vacation season US; (≈ Fahrzeit) travel time
Reiseziel n destination
Reisfeld n paddy field
Reisig n brushwood
Reiskocher m rice cooker od steamer
Reiskorn n grain of rice
Reispapier n KUNST, GASTR rice paper
Reißaus m **~ nehmen** umg to clear off od out umg
Reißbrett n drawing board
reißen A v/t **1** to tear, to rip; (≈ mitreißen, zerren) to pull, to drag; **j-n zu Boden ~** to pull od drag sb to the ground; **j-m etw aus der Hand ~** to snatch sth out of sb's hand; **j-n aus dem Schlaf/seinen Träumen ~** to wake sb from his sleep/dreams; **j-n in den Tod ~** to claim sb's life; Flutwelle, Lawine to sweep sb to his/ her death; **hin und her gerissen werden/sein** fig to be torn; **etw an sich** (akk) **~** to seize sth **2** SPORT Gewichtheben to snatch; Hochsprung to knock down **3** (≈ töten) to kill **4** → gerissen **B** v/i **1** to tear; (≈ Risse bekommen) to crack; **mir ist die Kette gerissen** my chain has broken; **da riss mir die Geduld** then my patience gave out; **wenn alle Stricke ~** fig umg if all else fails **2** (≈ zerren) to pull, to tug (**an** +dat at) **3** Hochsprung to knock the bar off **C** v/r umg **sich um j-n/etw ~** to scramble to get sb/sth
reißend adj Fluss raging; Schmerzen searing; Verkauf, Absatz massive
Reißer umg m Film, Buch, a. THEAT thriller; Ware big seller
reißerisch adj Bericht, Titel sensational
reißfest adj tear-proof
Reißleine f ripcord; fig eine schlechte Situation beenden **die ~ ziehen** to pull the plug
Reißnagel m drawing pin Br, thumbtack US
Reißverschluss m zip (fastener) Br, zipper US; **den ~ an etw** (dat) **zumachen** to zip sth up; **den ~ an etw** (dat) **aufmachen** to unzip sth
Reißwolf m shredder
Reißzahn m fang
Reißzwecke f drawing pin Br, thumbtack US
Reiswaffel f GASTR rice wafer od cake
reiten A v/i to ride; **~ gehen** to go riding; **auf etw** (dat) **~** to ride (on) sth **B** v/t to ride; **Schritt/ Trab/Galopp ~** to ride at a walk/trot/gallop
Reiten n (horseback) riding
Reiter(in) m(f) rider
Reiterhelm m riding hat
Reiterkappe f riding hat
Reithose f riding breeches pl; JAGD, SPORT jodhpurs pl
Reitkunst f horsemanship
Reitpeitsche f riding whip
Reitpferd n mount
Reitsattel m (riding) saddle
Reitschule f riding school
Reitsport m (horse-)riding
Reitstall m riding stable
Reitstiefel m riding boot
Reitturnier n horse show; Geländereiten point-to-point
Reitunterricht m riding lessons pl
Reitweg m bridle path
Reiz m **1** PHYSIOL stimulus; **ein ~ auf der Haut** irritation of the skin **2** (≈ Verlockung) attraction, appeal; (≈ Zauber) charm; (**auf j-n**) **einen ~ ausüben** to have great attraction (for sb); **diese Idee hat auch ihren ~** this idea also has its attractions; **den ~ verlieren** to lose all one's/its charm; **weibliche ~e** feminine charms
reizbar adj (≈ empfindlich) touchy umg; (≈ erregbar) irritable
Reizbarkeit f (≈ Empfindlichkeit) touchiness umg; (≈ Erregbarkeit) irritability
reizen A v/t **1** PHYSIOL to irritate; (≈ stimulieren) to

stimulate **2** (≈ *verlocken*) to appeal to; **es würde mich ja sehr ~, ...** I'd love to ...; **Ihr Angebot reizt mich sehr** I find your offer very tempting; **was reizt Sie daran?** what do you like about it? **3** (≈ *ärgern*) to annoy; *Tier* to tease; (≈ *herausfordern*) to provoke; **j-n bis aufs Blut ~** to push sb to breaking point; → **gereizt B** *v/i* **1** MED to irritate; (≈ *stimulieren*) to stimulate **2** KART to bid; **hoch ~** to make a high bid

reizend A *adj* charming; **das ist ja ~** *iron* (that's) charming **B** *adv einrichten* attractively; **~ aussehen** to look charming

Reizhusten *m* chesty cough *Br*, deep cough *US*; *nervös* nervous cough

Reizklima *n* bracing climate; *fig* charged atmosphere

reizlos *adj* dull, uninspiring

Reizschwelle *f* PHYSIOL stimulus *od* absolute threshold

Reizthema *n* controversial issue

Reizüberflutung *f* overstimulation

Reizung *f* MED stimulation; *krankhaft* irritation

reizvoll *adj* delightful; *Aufgabe* attractive

Reizwäsche *f* sexy underwear

Reizwort *n* emotive word

rekapitulieren *v/t* to recapitulate

rekeln *umg v/r* (≈ *sich herumlümmeln*) to loll around; (≈ *sich strecken*) to stretch

Reklamation *f* query; (≈ *Beschwerde*) complaint

Reklame *f* **1** advertising; **~ für j-n/etw machen** to advertise sb/sth **2** (≈ *Einzelwerbung*) advertisement; *bes* TV, RADIO commercial

Reklameschild *n* advertising sign

reklamieren A *v/i* (≈ *Einspruch erheben*) to complain; **bei j-m wegen etw ~** to complain to sb about sth **B** *v/t* **1** (≈ *bemängeln*) to complain about (**etw bei j-m** sth to sb) **2** (≈ *in Anspruch nehmen*) to claim; **j-n/etw für sich ~** to lay claim to sb/sth

rekonstruieren *v/t* to reconstruct

Rekonstruktion *f* reconstruction

Rekord *m* record; **einen ~ aufstellen** to set a record

Rekorder *m* (cassette) recorder

Rekordgewinn *m* HANDEL record profit

Rekordinhaber(in) *m(f)* record holder

Rekordverlust *m* HANDEL record losses *pl*

Rekordzeit *f* record time

Rekrut(in) *m(f)* MIL recruit

rekrutieren A *v/t* to recruit **B** *v/r fig* **sich ~ aus** to be recruited from

Rektor(in) *m(f)* SCHULE head teacher *Br*, principal *US*; UNIV vice chancellor *Br*, rector *US*; *von Fachhochschule* principal

Rektorat *n* SCHULE (≈ *Amt, Amtszeit*) headship *Br*, principalship *US*; (≈ *Zimmer*) head teacher's office *Br*, principal's room *US*; UNIV vice chancellorship *Br*, rectorship *US*; vice chancellor's office *Br*, rector's office *US*

Relais *n* ELEK relay

Relation *f* relation; **in einer/keiner ~ zu etw stehen** to bear some/no relation to sth

relational *adj* IT relational

relativ A *adj* relative **B** *adv* relatively

relativieren *geh v/t Behauptung etc* to qualify

Relativität *f* relativity

Relativitätstheorie *f* theory of relativity

Relativpronomen *n* relative pronoun

Relativsatz *m* relative clause

Relaunch *m od n* WIRTSCH relaunch

relaunchen *v/t* WIRTSCH to relaunch

relaxen *umg v/i* to take it easy *umg*

relaxt *umg adj* laid-back *umg*

relevant *adj* relevant

Relevanz *f* relevance

Relief *n* relief

Religion *f* religion; *Schulfach* religious instruction *od* education, RE *Br*

Religions- *zssgn* religious

Religionsfreiheit *f* freedom of worship *od* religion

Religionslehre *f* religious education

Religionsunterricht *m* religious education *od* instruction; SCHULE RE *od* RI lesson

Religionszugehörigkeit *f* religious affiliation, religion

religiös *adj* religious

Relikt *n* relic

Reling *f* SCHIFF (deck) rail

Reliquie *f* relic

Remake *n* remake

Reminiszenz *f geh* (≈ *Erinnerung*) memory (**an** +*akk* of)

remis *adj* drawn; **~ spielen** to draw

Remis *n* Schach, *a.* SPORT draw

Remittende *f* HANDEL return

Remmidemmi *umg n* (≈ *Krach*) rumpus *umg*; (≈ *Trubel*) to-do *umg*

Remoulade *f*, **Remouladensoße** *f* GASTR remoulade

rempeln *umg v/t* to barge (**j-n** into sb) *umg*; (≈ *foulen*) to push

Ren *n* reindeer

Renaissance *f* **1** HIST renaissance **2** *fig a.* revival

Rendezvous *n* rendezvous, date *umg*; RAUMF rendezvous

Rendite *f* FIN yield, return on capital

Reneklode *f* greengage

renitent *adj* defiant

Renitenz *f* defiance

Renn- *zssgn* racing

Rennbahn f (race)track
Rennboot n powerboat
rennen A v/i to run; **um die Wette ~** to have a race; **er rannte mit dem Kopf gegen …** he bumped his head against … B v/t SPORT to run; **j-n zu Boden ~** to knock sb over
Rennen n race; **totes ~** dead heat; **gut im ~ liegen** to be well-placed; **das ~ machen** to win (the race)
Renner m umg (≈ Verkaufsschlager) winner
Rennerei umg f running around; (≈ Hetze) mad chase umg
Rennfahrer(in) m(f) (≈ Radrennfahrer) racing cyclist; (≈ Motorradrennfahrer) racing motorcyclist; (≈ Autorennfahrer) racing driver
Rennpferd n racehorse
Rennrad n racing bicycle
Rennsport m racing
Rennstall m Tiere, Zucht stable
Rennstrecke f (≈ Rennbahn) (race)track; (≈ zu laufende Strecke) course, distance
Rennwagen m racing car
Renommee n reputation, name
renommiert adj famous (**wegen** for)
renovieren v/t to renovate; (≈ tapezieren etc) to redecorate
Renovierung f renovation
rentabel A adj profitable B adv profitably; **~ wirtschaften** to show a profit
Rentabilität f profitability
Rente f pension; aus Versicherung annuity; aus Vermögen income; **in ~ gehen** to retire, to go into retirement
Rentenalter n retirement age
Rentenanspruch m pension entitlement
Rentenbeitrag m pension contribution
Renteneintrittsalter n retirement age
Rentenempfänger(in) m(f) pensioner
Rentenfonds m fixed-income fund
Rentenmarkt m market in fixed-interest securities
Rentenreform f reform of pensions
Rentenversicherung f pension scheme Br, retirement plan US
Rentier n ZOOL reindeer
rentieren v/r to be worthwhile; **das rentiert sich nicht** it's not worth it
Rentner(in) m(f) pensioner; senior
Rentnerparadies n pensioners' paradise
Reorganisation f reorganization
reorganisieren v/t to reorganize
reparabel adj repairable
Reparatur f repair; **~en am Auto** car repairs; **in ~ sein** being repaired; **etw in ~ geben** to have sth repaired
reparaturanfällig adj prone to break down
Reparaturarbeiten pl repairs pl, repair work kein pl
reparaturbedürftig adj in need of repair
Reparaturkosten pl repair costs pl
Reparaturwerkstatt f workshop; (≈ Autowerkstatt) garage Br, auto repair shop US
reparieren v/t to repair, to fix
repatriieren v/t to repatriate
Repertoire n repertoire
Report m report
Reportage f report (**über** akk on)
Reporter(in) m(f) reporter
Repräsentant(in) m(f) representative
Repräsentantenhaus n US POL House of Representatives
Repräsentation f (≈ Vertretung) representation
repräsentativ A adj 1 (≈ typisch) representative (**für** of) 2 Haus, Auto prestigious; Erscheinung presentable B adv bauen prestigiously
repräsentieren v/t to represent
Repressalie f reprisal
Repression f repression
reprivatisieren v/t WIRTSCH to denationalize
Reproduktion f reproduction
reproduzieren v/t to reproduce
Reptil n reptile
Republik f republic; **die ~ Österreich** the Republic of Austria; **die ~ Irland** the Republic of Ireland
Republikaner(in) m(f) republican; POL Republican; **die ~** POL The Republican Party
republikanisch adj republican
Reputation f (good) reputation
Requiem n requiem
Requisit n equipment kein pl; **~en** THEAT props
resch adj österr (≈ knusprig) Brötchen etc crispy; fig (≈ lebhaft) Frau dynamic
Reservat n 1 (≈ Naturschutzgebiet) reserve 2 für Indianer, Ureinwohner etc reservation
Reserve f 1 (≈ Vorrat) reserve(s) (pl) (**an** +dat of); (≈ angespartes Geld) savings pl; MIL, SPORT reserves pl; (**noch**) **etw/j-n in ~ haben** to have sth/sb (still) in reserve 2 (≈ Zurückhaltung) reserve; (≈ Bedenken) reservation; **j-n aus der ~ locken** to bring sb out of his/her shell
Reservebank f SPORT substitutes od reserves bench
Reservefonds m reserve fund
Reservekanister m spare can
Reserverad n spare (wheel)
Reservespieler(in) m(f) SPORT reserve
reservieren A v/t to reserve; Platz, Tisch to book B v/i to make a reservation
reserviert adj Platz, Mensch reserved
Reservierung f reservation
Reservierungsnummer f reservation num-

ber
Reservierungsschalter *m* reservation desk
Reservist(in) *m(f)* reservist
Reservoir *n* reservoir
Reset-Taste *f* COMPUT reset key
Residenz *f* (≈ *Wohnung*) residence
residieren *v/i* to reside
Resignation *geh f* resignation
resignieren *v/i* to give up; **resigniert** resigned
resistent *adj* resistant (**gegen** to)
Resistenz *f* resistance (**gegen** to)
Reskription *f* treasury bond
resolut **A** *adj* resolute **B** *adv* resolutely
Resolution *f* POL (≈ *Beschluss*) resolution; (≈ *Bittschrift*) petition
Resonanz *f* **1** resonance **2** *fig* response (**auf** +*akk* to), reaction; **große ~ finden** to get a good response
Resort *n Hotelanlage* complex
resozialisieren *v/t* to rehabilitate
Resozialisierung *f* rehabilitation
Respekt *m* (≈ *Achtung*) respect; **j-m ~ einflößen** to command respect from sb; **bei allem ~** with all due respect; **vor j-m/etw ~ haben** *Achtung* to have respect for sb/sth; *Angst* to be afraid of sb/sth; **sich** (*dat*) **~ verschaffen** to make oneself respected
respektabel *adj* respectable
respektieren *v/t* to respect
respektlos *adj* disrespectful
Respektlosigkeit *f* disrespect
Respektsperson *f* figure of authority
respektvoll **A** *adj* respectful **B** *adv* respectfully
Ressentiment *n* resentment *kein pl* (**gegen** towards)
Ressort *n* department
Ressource *f* resource
Rest *m* **1** rest; **die ~e einer Kirche** the remains of a church; **der letzte ~** the last bit; **der ~ ist für Sie** *beim Bezahlen* keep the change; **j-m/einer Sache den ~ geben** *umg* to finish sb/sth off **2** **~e** *pl* (≈ *Essensreste*) leftovers *pl* **3** (≈ *Stoffrest*) remnant
Restalkohol *m* residual alcohol
Restaurant *n* restaurant; (≈ *Imbissstube, Café*) café; **~ mit Straßenverkauf** takeaway
restaurieren *v/t* to restore
Restaurierung *f* restoration
Restbestand *m* remaining stock; *fig* remnant
Restbetrag *m* balance
restlich *adj* remaining, rest of the ...; **die ~e Welt** the rest of the world
restlos **A** *adj* complete **B** *adv* completely; **ich war ~ begeistert** I was completely bowled over *umg*
Restmüll *m* non-recyclable waste
Restposten *m* HANDEL remaining stock
restriktiv *geh* **A** *adj* restrictive **B** *adv* restrictively
Restrisiko *n* residual risk
Resturlaub *m* unused holiday *Br od* vacation *US*
Resultat *n* result
resultieren *geh v/i* to result (**in** +*dat* in); **aus etw ~** to result from sth
Resümee *geh n* résumé
resümieren *geh v/t & v/i* to summarize
Retorte *f* CHEM retort; **aus der ~** *fig umg* synthetic
Retortenbaby *n* test-tube baby
Retoure *f* HANDEL return
Retourkutsche *umg f Worte* retort; *Handlung* retribution
retro *adj* retro
Retrospektive *f* retrospective
Retrovirus *n/m* retrovirus
retten **A** *v/t* to save; (≈ *befreien*) to rescue; **j-n vor** (*dat*) **etw ~** to save sb from sth; **j-m das Leben ~** to save sb's life; **ein ~der Gedanke** a bright idea that saved the situation; **bist du noch zu ~?** *umg* are you out of your mind? **B** *v/r* **sich vor j-m/etw ~** to escape (from) sb/sth; **sich vor etw nicht mehr ~ können** *fig* to be swamped with sth; **rette sich, wer kann!** (it's) every man for himself!
Retter(in) *m(f) aus Notlage* rescuer; **der ~ des Unternehmens** the saviour of the business *Br*, the savior of the business *US*
Rettich *m* radish
Rettung *f* **1** *aus Notlage* rescue; (≈ *Erhaltung*) saving; **das war meine ~** that saved me; **das war meine letzte ~** that was my last hope; (≈ *hat mich gerettet*) that was my salvation **2** *österr* (≈ *Rettungsdienst*) rescue service; (≈ *Krankenwagen*) ambulance
Rettungsaktion *f* rescue operation
Rettungsanker *m* sheet anchor; *fig* anchor
Rettungsboot *n* lifeboat
Rettungsdienst *m* rescue service
Rettungsfonds *m* rescue fund
Rettungshubschrauber *m* rescue helicopter
Rettungskraft *f* rescue worker
rettungslos **A** *adj* beyond saving; *Lage* irretrievable; *Verlust* irrecoverable **B** *adv verloren* irretrievably
Rettungsmannschaft *f* rescue party
Rettungspaket *n* POL *für Wirtschaft* rescue package, bail-out package
Rettungsring *m* life belt; *hum* (≈ *Bauch*) spare tyre *Br hum*, spare tire *US hum*
Rettungssanitäter(in) *m(f)* paramedic
Rettungsschirm *m* **1** POL rescue package **2** AVIAT emergency parachute

Rettungsschwimmer(in) m(f) lifesaver; *an Strand, Pool* lifeguard
Rettungswagen m ambulance
Rettungsweste f life vest
Return-Taste f COMPUT return key
Retusche f retouching
retuschieren v/t FOTO to retouch
Retuschieren n retouching
Reue f *a.* REL remorse (**über** +*akk* at, about), repentance (**über** +*akk* of)
reuevoll, reumütig A adj (≈ *voller Reue*) remorseful, repentant; *Sünder* contrite, penitent B adv *gestehen, bekennen* full of remorse
reumütig adj repentant, remorseful
Reuse f fish trap
Revanche f revenge (**für** for); (≈ *Revanchepartie*) return match *Br*, rematch *US*
revanchieren v/r 1 (≈ *sich rächen*) to get one's revenge (**bei j-m für etw** on sb for sth) 2 (≈ *sich erkenntlich zeigen*) to reciprocate; **sich bei j-m für eine Einladung ~** to return sb's invitation
Revanchismus m revanchism
Revanchist(in) m(f) revanchist
revanchistisch adj revanchist
Revers österr n/m *an Kleidung* lapel
revidieren v/t to revise
Revier n 1 (≈ *Polizeidienststelle*) (police) station; (≈ *Dienstbereich*) beat, district; *von Prostituierter* patch *umg* 2 ZOOL (≈ *Gebiet*) territory 3 JAGD (≈ *Jagdrevier*) hunting ground 4 (≈ *Kohlenrevier*) coalfields *pl*
Revision f 1 *von Meinung etc* revision 2 HANDEL (≈ *Prüfung*) audit 3 JUR (≈ *Urteilsanfechtung*) appeal (**an** +*akk* to); **~ einlegen** to lodge an appeal
revisionistisch adj POL revisionist
Revisor(in) m(f) HANDEL auditor
Revolte f revolt
revoltieren v/i to revolt, to rebel (**gegen** against); *fig Magen* to rebel
Revolution f revolution
revolutionär adj revolutionary
Revolutionär(in) m(f) revolutionary
revolutionieren v/t to revolutionize
Revoluzzer(in) *pej* m(f) would-be revolutionary
Revolver m revolver
Revolverheld(in) *pej* m(f) gunslinger
Revue f THEAT revue; **etw ~ passieren lassen** *fig* to let sth parade before one
Rezensent(in) m(f) reviewer
rezensieren v/t to review
Rezension f review
Rezept n 1 MED prescription; **auf ~** on prescription 2 GASTR, *a. fig* (≈ *Anleitung*) recipe (**zu** for)
rezeptfrei A adj available without prescription B adv without a prescription

Rezeptgebühr f prescription charge
Rezeption f *von Hotel*; (≈ *Empfang*) reception
Rezeptpflicht f **der ~ unterliegen** to be available only on prescription
rezeptpflichtig adj available only on prescription
Rezession f WIRTSCH recession
reziprok adj reciprocal
rezitieren v/t & v/i to recite
R-Gespräch n reverse charge call *Br*, collect call *US*
Rhabarber m rhubarb
Rhein m Rhine; **am ~ liegen** to be on the river Rhine
rheinab(wärts) adv down the Rhine
rheinauf(wärts) adv up the Rhine
rheinisch adj Rhenish
Rheinländer(in) m(f) Rhinelander
rheinländisch adj Rhineland
Rheinland-Pfalz n Rhineland-Palatinate
Rheinwein m Rhine wine; *weißer a.* hock
Rhesusaffe m rhesus monkey
Rhesusfaktor m MED rhesus *od* Rh factor
Rhetorik f rhetoric
rhetorisch adj rhetorical; **~e Frage** rhetorical question
Rheuma n rheumatism
rheumatisch adj rheumatic; **~ bedingte Schmerzen** rheumatic pains
Rheumatismus m rheumatism
Rhinozeros n rhinoceros, rhino *umg*
Rhododendron m/n rhododendron
Rhodos n GEOG Rhodes
Rhombus m rhombus
rhythmisch adj rhythmic(al)
Rhythmus m rhythm
Ribisel f österr (≈ *Rote Johannisbeere*) redcurrant; (≈ *Schwarze Johannisbeere*) blackcurrant
Ribonukleinsäure f ribonucleic acid
richten A v/t 1 (≈ *lenken*) to direct (**auf** +*akk* towards) 2 (≈ *ausrichten*) **etw nach j-m/etw ~** to suit *od* fit sth to sb/sth; *Verhalten* to orientate sth to sb/sth 3 (≈ *adressieren*) to address (**an** +*akk* to); *Kritik, Vorwurf* to direct (**gegen** at, against) 4 (≈ *reparieren*) to fix; (≈ *einstellen*) to set B v/r 1 (≈ *sich hinwenden*) to be directed (**auf** +*akk* towards *od* **gegen** at) 2 (≈ *sich wenden*) to consult (**an j-n** sb); *Vorwurf etc* to be directed (**gegen** at) 3 (≈ *zielen auf*) to aim (**an j-n** at sb) 4 (≈ *sich anpassen*) to follow (**nach j-m/etw** sb/sth); **sich nach den Vorschriften ~** to go by the rules; **sich nach j-s Wünschen ~** to comply with sb's wishes; **ich richte mich nach dir** I'll fit in with you; **sich nach der Wettervorhersage ~** to go by the weather forecast 5 (≈ *abhängen von*) to depend (**nach** on) 6 *bes südd* (≈ *sich zu-*

rechtmachen) to get ready **C** *v/i liter* (≈ *urteilen*) to pass judgement (**über** +*akk* on)
Richter(in) *m(f)* judge
richterlich *adj* judicial
Richterskala *f* GEOL Richter scale
Richterspruch *m* **1** JUR ≈ judgement **2** SPORT judges' decision
Richtfest *n* topping-out ceremony
Richtfunk *m* directional radio
Richtgeschwindigkeit *f* recommended speed
richtig A *adj* **1** right *kein komp*; (≈ *zutreffend*) correct, right; **nicht ganz ~ (im Kopf) sein** *umg* to be not quite right (in the head) *umg*; **bin ich hier ~ bei Müller?** *umg* is this right for the Müllers? **2** (≈ *wirklich, echt*) real; **der ~e Vater** the real father **B** *adv* (≈ *korrekt*) right; *passen, funktionieren* properly, correctly; **etw ~ machen** to get sth right; **~ gehend** *Uhr, Waage* accurate; **die Uhr geht ~** the clock is right *od* correct; **~ schreiben** to spell; **das ist doch Paul! — ach ja, ~** that's Paul — oh yes, so it is
Richtige(r) *m/f(m)* right person, right man/woman *etc*; **du bist mir der ~!** *iron* you're a fine one *umg*; **sechs ~ im Lotto** six right in the lottery
Richtige(s) *n* right thing; **das ist das ~** that's right; **ich habe nichts ~s gegessen** I haven't had a proper meal; **ich habe noch nicht das ~ gefunden** I haven't found anything suitable
richtiggehend *adj umg* (≈ *regelrecht*) real, proper; → *richtig*
Richtigkeit *f* correctness
richtigstellen *v/t* to correct
Richtigstellung *f* correction
Richtlinie *f* guideline
Richtpreis *m* (**unverbindlicher**) **~** recommended price
Richtung *f* **1** direction; **in diese ~** this way; **in ~ Hamburg** towards Hamburg *Br*, toward Hamburg *US*; **in ~ Süden** in a southerly direction, south-bound; **in die falsche ~** the wrong way; **in welche ~?** which way?; **der Zug ~ Hamburg** the Hamburg train; **eine neue ~ bekommen** to take a new turn; **ein Schritt in die richtige ~** a step in the right direction; **irgendetwas in dieser ~** something along those lines **2** (≈ *Tendenz*) trend; (≈ *die Vertreter einer Richtung*) movement; (≈ *Denkrichtung*) school of thought; **berufliche ~** line of work
Richtungskampf *m* POL factional dispute
richtungslos *adj* lacking a sense of direction
Richtungsstreit *m* POL factional dispute
Richtungswechsel *m* change of direction
richtung(s)weisend *adj* **~ sein** to point the way (ahead)

riechen A *v/t* to smell; **ich kann das nicht ~** *umg* I can't stand the smell of it; *fig* (≈ *nicht leiden*) I can't stand it; **j-n nicht ~ können** *umg* not to be able to stand sb; **das konnte ich doch nicht ~!** *umg* how was I (supposed) to know? **B** *v/i* **1** (≈ *Geruchssinn haben*) **Hunde können gut ~** dogs have a good sense of smell **2** (≈ *bestimmten Geruch haben*) to smell; **gut/schlecht ~** to smell good/bad; **nach etw ~** to smell of sth; **aus dem Mund ~** to have bad breath; **das riecht nach Betrug/Verrat** *fig umg* that smacks of deceit/treachery **3** (≈ *schnüffeln*) to sniff; **an j-m/etw ~** to sniff (at) sb/sth **C** *v/i* to smell; **es riecht nach Gas** there's a smell of gas
Riecher *umg m* **einen ~ (für etw) haben** to have a nose (for sth)
Ried *n* (≈ *Schilf*) reeds *pl*
Riege *f* team
Riegel *m* **1** (≈ *Verschluss*) bolt; **einer Sache** (*dat*) **einen ~ vorschieben** *fig* to put a stop to sth **2** (≈ *Schokoladenriegel, Seifenstück*) bar
Riemen[1] *m* (≈ *Treibriemen, Gürtel*) belt; *an Gepäck* strap; **den ~ enger schnallen** *fig* to tighten one's belt; **sich am ~ reißen** *fig umg* to get a grip on oneself
Riemen[2] *m* SPORT oar; **sich in die ~ legen** to put one's back into it
Riese *m* giant; *sl* (≈ *Geldschein*) big one *umg*
rieseln *v/i Wasser, Sand* to trickle; *Regen* to drizzle; *Schnee* to flutter down; *Staub* to fall down; **der Kalk rieselt von der Wand** lime is crumbling off the wall
Riesen- *zssgn* giant
Riesenärger *umg m* **das gibt einen ~** there's going to be hell to pay *umg*; **du bekommst einen ~ mit ihnen** you're going to get into massive trouble with them *umg*; **einen ~ im Büro haben** to be having massive problems at work *umg*
Riesenerfolg *m* gigantic success; THEAT, FILM smash hit
Riesengarnele *f* king prawn
Riesengebirge *n* GEOG Sudeten Mountains *pl*
riesengroß, riesenhaft *adj* → *riesig*
Riesenhunger *umg m* enormous appetite
Riesenrad *n* big wheel, Ferris wheel
Riesenschlange *f* boa
Riesenschritt *m* giant step
Riesenslalom *m* giant slalom
riesig A *adj* **1** enormous, huge, giant; *Spaß* tremendous **2** *umg* (≈ *toll*) fantastic *umg* **B** *adv umg* (≈ *sehr, überaus*) incredibly
Riff[1] *n* (≈ *Felsklippe*) reef
Riff[2] *m* MUS riff
rigoros A *adj* rigorous **B** *adv ablehnen* rigor-

ously; *kürzen* drastically
Rigorosum *n* UNIV (doctoral *od* PhD) viva *Br*, (doctoral *od* PhD) oral
Rikscha *f* rickshaw
Rille *f* groove; *in Säule* flute
Rind *n* **1** (≈ *Tier*) cow; (≈ *Bulle*) bull; **~er** cattle *pl* **2** *umg* (≈ *Rindfleisch*) beef
Rinde *f* (≈ *Baumrinde*) bark; (≈ *Brotrinde*) crust; (≈ *Käserinde*) rind
Rinder- *zssgn* cattle
Rinderbraten *m roh* joint of beef; *gebraten* roast beef
Rinderfarm *f* cattle station
Rinderfilet *n* fillet of beef
Rinderherde *f* herd of cattle
Rinderhirte *m* cowboy
Rinderlende *f* beef tenderloin
Rinderseuche *f* epidemic cattle disease; (≈ *BSE*) mad cow disease
Rindersteak *n* steak
Rinderwahn(sinn) *m* mad cow disease
Rinderzucht *f* cattle farming
Rindfleisch *n* beef
Rindsleder *n* cowhide
Rindsuppe *f österr* consommé
Rindvieh *n* **1** (≈ *Rinder*) cattle *pl* **2** *umg* (≈ *Idiot*) ass *umg*
Ring *m* ring; *von Menschen* circle; (≈ *Ringstraße*) ring road; **~e** *Turnen* rings
Ringbuch *n* ring binder
Ringbucheinlage *f* loose-leaf pad
Ringelblume *f* marigold
ringeln **A** *v/t Pflanze* to (en)twine **B** *v/r* to curl
Ringelnatter *f* grass snake
Ringelschwanz *umg m* curly tail
Ringelspiel *n österr* merry-go-round
ringen **A** *v/t* **die Hände ~** to wring one's hands **B** *v/i* **1** (≈ *kämpfen*) to wrestle (**mit** with); **mit den Tränen ~** to struggle to keep back one's tears **2** (≈ *streben*) **nach** *od* **um etw ~** to struggle for sth
Ringen *n* SPORT wrestling; *fig* struggle
Ringer(in) *m(f)* wrestler
Ringfahndung *f* dragnet
Ringfinger *m* ring finger
ringförmig **A** *adj* ring-like **B** *adv* in a ring *od* circle
Ringhefter *m* ring binder
Ringkampf *m* fight; SPORT wrestling match
Ringkämpfer(in) *m(f)* wrestler
Ringordner *m* ring binder
Ringrichter(in) *m(f)* SPORT referee
rings *adv* (all) around
ringsherum *adv* all (the way) around
Ringstraße *f* ring road
ringsum *adv* (all) around

ringsumher *adv* around
Rinne *f* (≈ *Rille*) groove; (≈ *Furche, Abflussrinne*) channel; (≈ *Dachrinne, Rinnstein*) gutter
rinnen *v/i* (≈ *fließen*) to run
Rinnsal *n* rivulet, trickle
Rinnstein *m* (≈ *Gosse*) gutter
Rippchen *n* GASTR slightly cured pork rib
Rippe *f* **1** rib; **er hat nichts auf den ~n** *umg* he's just skin and bone(s) **2** *von Heizkörper etc* fin
rippen *v/t umg Daten, Musik* to rip
Rippenbruch *m* broken *od* fractured rib
Rippenfell *n* pleura
Rippenfellentzündung *f* pleurisy
Rippenshirt *n* ribbed shirt
Rippenstück *n* GASTR joint of meat including ribs
Risiko *n* risk; **auf eigenes ~** at one's own risk; **die Sache ist ohne ~** there's no risk involved; **wir sollten kein ~ eingehen** we shouldn't take any risks
Risikoanalyse *f* analysis of risks
Risikobereitschaft *f* readiness to take risks
Risikofaktor *m* risk factor
risikofreudig *adj* prepared to take risks, adventurous
Risikogeburt *f* MED high-risk birth
Risikogruppe *f* (high-)risk group
Risikokapital *n* FIN risk *od* venture capital
Risikomanagement *n* risk management
risikoreich *adj* risky, high-risk *attr*
Risikoschwangerschaft *f* high-risk pregnancy
Risikostaat *m* state of concern
riskant *adj* risky
riskieren *v/t* to risk; (≈ *sich trauen*) to dare; **etwas/nichts ~** to take risks/no risks; **sein Geld ~** to put one's money at risk
Risotto *m/n* risotto
Rispe *f* BOT panicle
Riss *m* *in Stoff, Papier etc* tear, rip; *in Erde* fissure; (≈ *Sprung*) *in Wand, Behälter etc* crack; (≈ *Hautriss*) chap; *fig* (≈ *Kluft*) rift, split
rissig *adj Boden, Leder* cracked; *Haut, Hände, Lippen* chapped
Risswunde *f* laceration
Ritt *m* ride
Ritter *m im Mittelalter* knight; *fig hum* (≈ *Kämpfer*) champion; **j-n zum ~ schlagen** to knight sb
ritterlich *adj* chivalrous; HIST knightly *liter*
Ritterorden *m* order of knights
Ritterrüstung *f* knight's armour *Br*, knight's armor *US*
Rittersporn *m* BOT larkspur, delphinium
Ritterstand *m* knighthood
rittlings *adv* astride (**auf etw** *dat* sth)
Ritual *n* ritual

rituell *adj* ritual
Ritus *m* rite; *fig* ritual
Ritze *f* crack; (≈ *Fuge*) gap
Ritzel *n* TECH pinion
ritzen *v/t* to scratch
Rivale *m*, **Rivalin** *f* rival
rivalisieren *v/i* **mit j-m (um etw)** ~ to compete with sb (for sth)
rivalisierend *adj* rival
Rivalität *f* rivalry
Riviera *f* Riviera
Rizinus *m*, (*a.* **Rizinusöl**) castor oil
RNS *abk* (= Ribonukleinsäure) RNA
Roadmap *f* POL, TECH (≈ *Strategie*) roadmap
Roaming *n* TEL roaming
Roaminggebühren *pl* roaming charges *pl*
Robbe *f* seal
robben *v/i* MIL to crawl
Robbenjagd *f* sealing, seal hunting
Robe *f* ① (≈ *Abendkleid*) evening gown ② (≈ *Amtstracht*) robes *pl*
Roboter *m* robot
Robotertechnik *f* robotics
robust *adj* robust; *Material* tough
Robustheit *f* robustness; *von Material* toughness
röcheln *v/i* to groan; *Sterbender* to give the death rattle
Rochen *m* ray
Rock¹ *m* (≈ *Damenrock*) skirt; *schweiz* (≈ *Kleid*) dress
Rock² *m* MUS rock
Rockband *f* rock band
rocken Ⓐ *v/i* ① MUS to rock ② *umg klasse sein* to rock *umg* Ⓑ *umg v/t* ① (≈ *beeindrucken*) to blow away *umg* ② (≈ *schaffen*) to smash *umg*
rockig *adj Musik* which sounds like (hard) rock
Rockkonzert *n* rock concert
Rockmusik *f* rock music
Rockpoet(in) *m(f)* rock poet
Rocksaum *m* hem of a/the skirt
Rockstar *m* rock star
Rodel *m/f österr, südd* toboggan
Rodelbahn *f* toboggan run
rodeln *v/i* to toboggan
Rodelschlitten *m* toboggan
roden *v/t Wald, Land* to clear
Rodeo *n* rodeo
Rodler(in) *m(f)* tobogganer; *bes* SPORT tobogganist
Rodung *f* clearing
Rogen *m* roe
Roggen *m* rye
Roggenbrot *n* rye bread
roh Ⓐ *adj* ① (≈ *ungekocht*) raw ② (≈ *unbearbeitet*) *Bretter, Stein etc* rough; *Diamant* uncut; *Metall* crude ③ (≈ *brutal*) rough; **rohe Gewalt** brute force Ⓑ *adv* ① (≈ *ungekocht*) raw ② (≈ *grob*) roughly ③ (≈ *brutal*) brutally
Rohbau *m* shell (of a/the building)
Rohdiamant *m* rough *od* uncut diamond
Roheisen *n* pig iron
Rohentwurf *m* rough draft
Rohgewinn *m* gross profit
Rohheit *f* ① *Eigenschaft* roughness; (≈ *Brutalität*) brutality ② *Tat* brutality
Rohkost *f* raw fruit and vegetables *pl*
Rohleder *n* untanned leather, rawhide *US*
Rohling *m* ① (≈ *Grobian*) brute ② TECH blank; **CD-Rohling** blank CD
Rohmaterial *n* raw material
Rohmilch *f* untreated *od* unpasteurized milk
Rohmilchkäse *m* unpasteurized cheese
Rohöl *n* crude oil
Rohr *n* ① (≈ *Schilfrohr*) reed; *für Stühle etc* cane, wicker *kein pl* ② TECH pipe; (≈ *Geschützrohr*) (gun) barrel; **aus allen ~en feuern** *wörtl* to fire with all its guns; *fig* to use all one's fire power; **volles ~** *umg* flat out *Br*, at full speed ③ *österr, südd* (≈ *Backröhre*) oven
Rohrbruch *m* burst pipe
Röhrchen *n*; *umg zur Alkoholkontrolle* Breathalyzer®; **ins ~ blasen** *umg* to be breathalyzed
Röhre *f* ① (≈ *Backröhre*) oven; **in die ~ gucken** *umg* to be left out ② (≈ *Neonröhre*) (neon) tube; (≈ *Elektronenröhre*) valve *Br*, tube *US* ③ (≈ *Hohlkörper*) tube
röhren *v/i* JAGD to bell; *Motorrad* to roar
röhrenförmig *adj* tubular
Röhrenjeans *f* drainpipes *pl*; *unten ganz eng* skinny jeans *pl*
Rohrgeflecht *n* wickerwork, basketwork
Rohrleitung *f* conduit, pipe; *Gesamtheit der Rohre* plumbing
Rohrmöbel *pl* cane furniture *sg bes Br*, wicker furniture *sg*
Rohrpost *f* pneumatic dispatch system
Rohrstock *m* cane
Rohrzange *f* pipe wrench
Rohrzucker *m* cane sugar
Rohseide *f* wild silk
Rohstoff *m* raw material
rohstoffarm *adj Land* lacking in raw materials
rohstoffreich *adj Land* rich in raw materials
Rohzustand *m* natural state *od* condition
Rollator *m* rolling walker
Rollbahn *f* FLUG taxiway; (≈ *Start-, Landebahn*) runway
Rolle *f* ① (≈ *Zusammengerolltes*) roll; (≈ *Garnrolle*) reel; **eine ~ Toilettenpapier** a toilet roll ② (≈ *Walze*) roller; *an Möbeln* caster, castor; **von der ~ sein** *fig umg* to have lost it *umg* ③ SPORT roll ④ THEAT, FILM, *a. fig* role, part; SOZIOL role;

bei *od* **in etw** (*dat*) **eine ~ spielen** to play a part in sth; **es spielt keine ~, (ob) ...** it doesn't matter (whether) ...; **bei ihm spielt Geld keine ~** with him money is no object; **aus der ~ fallen** *fig* to do/say the wrong thing
rollen **A** *v/i* to roll; *Flugzeug* to taxi; **etw ins Rollen bringen** *fig* to set *od* start sth rolling **B** *v/t* to roll; *Teig* to roll out
Rollenbesetzung *f* THEAT, FILM casting
Rollenlager *n* roller bearings *pl*
Rollenspiel *n* role play
Rollentausch *m* exchange of roles
Roller *m* *Motorroller, Roller für Kinder* scooter
Rollfeld *n* runway
Rollgeld *n* freight charge
rollig *umg adj Katze* on heat *Br*, in heat
Rollkoffer *m* trolley case *Br*, rolling suitcase, roller *US*
Rollkommando *n* raiding party
Rollkragen *m* polo neck, turtleneck *US*
Rollkragenpullover *m* polo-neck sweater, turtleneck sweater *US*
Rollladen *m* an *Fenster, Tür etc* (roller) shutters *pl*
Rollmops *m* rollmops
Rollo *n* (roller) blind
Rollschuh *m* roller skate; **~ laufen** to roller--skate
Rollschuhlaufen *n* roller-skating
Rollschuhläufer(in) *m(f)* roller skater
Rollsplitt *m* loose chippings *pl*
Rollstuhl *m* wheelchair
Rollstuhlfahrer(in) *m(f)* wheelchair user
Rolltreppe *f* escalator
Rom *n* Rome
ROM *n* COMPUT ROM
Roma *pl* Romanies *pl*
Roman *m* novel
Romanheld *m* hero of a/the novel
Romanheldin *f* heroine of a/the novel
Romanik *f* ARCH, KUNST Romanesque period
romanisch *adj Volk, Sprache* Romance; KUNST, ARCH Romanesque
Romanist(in) *m(f)* UNIV student of Romance languages and literature; *Wissenschaftler* expert on Romance languages and literature
Romanistik *f* UNIV Romance languages and literature
Romantik *f* **1** LIT, KUNST, MUS Romanticism; *Epoche* Romantic period **2** *fig* romance
Romantiker(in) *m(f)* LIT, KUNST, MUS Romantic; *fig* romantic
romantisch **A** *adj* romantic; LIT *etc* Romantic **B** *adv* romantically
Romanze *f* romance
Römer(in) *m(f)* Roman
Römertopf® *m* GASTR earthenware casserole

römisch *adj* Roman
römisch-katholisch *adj* Roman Catholic
Rommé *n*, **Rommee** *n* rummy
röntgen *v/t* to X-ray
Röntgenaufnahme *f* X-ray
Röntgenbild *n* X-ray
Röntgenologe *m*, **Röntgenologin** *f* radiologist
Röntgenologie *f* radiology
Röntgenstrahlen *pl* X-rays *pl*
Röntgenuntersuchung *f* X-ray examination
rosa *adj* pink; **in ~(rotem) Licht** in a rosy light
Röschen *n* (little) rose; *von Brokkoli, Blumenkohl* floret; *von Rosenkohl* sprout
Rose *f Blume* rose
rosé *adj* pink
Rosé *m* rosé (wine)
Rosengarten *m* rose garden
Rosenholz *n* rosewood
Rosenkohl *m* Brussel(s) sprouts *pl*
Rosenkranz *m* KIRCHE rosary
Rosenmontag *m Monday preceding Ash Wednesday*
Rosenstrauch *m* rosebush
Rosette *f* rosette
Roséwein *m* rosé wine
rosig *adj* rosy
Rosine *f* raisin; **(große) ~n im Kopf haben** *umg* to have big ideas; **sich** (*dat*) **die ~n (aus dem Kuchen) herauspicken** *umg* to take the pick of the bunch
Rosmarin *m* rosemary
Ross *n* österr, schweiz, südd horse; **~ und Reiter nennen** *fig geh* to name names; **auf dem hohen ~ sitzen** *fig* to be on one's high horse
Rosshaar *n* horsehair
Rosskastanie *f* horse chestnut
Rosskur *f hum* kill-or-cure remedy
Rost¹ *m* rust; **~ ansetzen** to start to rust
Rost² *m* (≈ *Ofenrost*) grill; (≈ *Gitterrost*) grating, grille
Rostbraten *m* GASTR ≈ roast
Rostbratwurst *f* barbecue sausage
rostbraun *adj* russet; *Haar* auburn
rosten *v/i* to rust
rösten *v/t* to roast; *Brot* to toast
Rostfleck *m* patch of rust
rostfrei *adj Stahl* stainless
röstfrisch *adj Kaffee* freshly roasted
Rösti *pl fried grated potatoes*
rostig *adj* rusty
Röstkartoffeln *pl* sauté potatoes *pl*
Rostschutz *m* antirust protection
Rostschutzfarbe *f* antirust paint
Rostschutzmittel *n* rustproofer
rot **A** *adj* red; **Rote Karte** FUSSB red card; **das Ro-**

te Kreuz the Red Cross; **der Rote Halbmond** the Red Crescent; **die/eine rote Linie überschreiten** to cross the/a line; **das Rote Meer** the Red Sea; **rote Zahlen schreiben** to be in the red; **rot werden** to blush, to go red **B** *adv* **1** *anmalen* red; *anstreichen* in red; **sich** *(dat)* **etw rot (im Kalender) anstreichen** *umg* to make sth a red-letter day **2** *glühen, leuchten* a bright red; **rot glühend** *Metall* red-hot

Rot *n* red; **bei Rot** at red; **die Ampel stand auf Rot** the lights were (at) red

Rotation *f* rotation

Rotbarsch *m* rosefish

rotblond *adj Haar* sandy; *Mann* sandy-haired; *Frau* strawberry blonde

rotbraun *adj* reddish brown; *Haare* auburn

Röte *f* redness, red

Röteln *pl* German measles *sg*

röten **A** *v/t* to make red; **gerötete Augen** red eyes **B** *v/r* to turn *od* become red

rotglühend *adj* → **rot**

rotgrün *adj* red-green; **die ~e Koalition** the Red-Green coalition

rothaarig *adj* red-haired

Rothaarige(r) *m/f(m)* redhead

rotieren *v/i* to rotate; **am Rotieren sein** *umg* to be in a flap *umg*

Rotkäppchen *n* LIT Little Red Riding Hood

Rotkehlchen *n* robin

Rotkohl *m*, **Rotkraut** *österr, südd n* red cabbage

rötlich *adj* reddish; *Haare* ginger

Rotlicht *n* red light

Rotlichtviertel *n* red-light district

rotsehen *umg v/i* to see red *umg*

Rotstift *m* red pencil; **den ~ ansetzen** *fig* to cut back (drastically)

Rottanne *f* Norway spruce

Rottweiler *m* Rottweiler

Rötung *f* reddening

Rotwein *m* red wine

Rotwild *n* red deer

Rotz *umg m* snot *umg*

rotzfrech *umg adj* cocky *umg*

Rotznase *f* **1** *umg* snotty nose *umg* **2** *umg* (≈ *Kind*) snotty-nosed brat *umg*

Rouge *n* blusher

Roulade *f* GASTR ≈ beef olive

Rouleau *n* (roller) blind

Roulette *n*, **Roulett** *n* roulette

Route *f* route

Routenplaner *m* route planner

Routine *f* (≈ *Erfahrung*) experience; (≈ *Gewohnheit*) routine

Routineangelegenheit *f* routine matter

Routinecheck *m* routine check

Routinekontrolle *f* routine check

routinemäßig *adj* routine; **das wird ~ überprüft** it's checked as a matter of routine

Routinesache *f* routine matter

routiniert **A** *adj* experienced **B** *adv* expertly

Rowdy *m* hooligan; *zerstörerisch* vandal; *lärmend* rowdy (type)

Ruanda *n* GEOG Rwanda

Rubbelkarte *f*, **Rubbellos** *n* scratch card

rubbeln *v/t & v/i* to rub; *Los* to scratch

Rübe *f* **1** turnip; **Gelbe ~** carrot; **Rote ~** beetroot *Br*, beet *US* **2** *umg* (≈ *Kopf*) nut *umg*

Rübensaft *m*, **Rübenkraut** *n* sugar beet syrup

Rübenzucker *m* beet sugar

rüber- *umg zssgn* → **herüber-**; → **hinüber-**

rüberbringen *v/t* **1** *umg* **etw gut ~** to put* sth across well **2** *an bestimmten Ort* to bring round

Rubin *m* ruby

Rubrik *f* **1** (≈ *Kategorie*) category **2** (≈ *Zeitungsrubrik*) section

ruck, zuck *adv* in a flash; **das geht ~** it won't take a second

Ruck *m* jerk; POL swing; **auf einen** *od* **mit einem ~** in one go; **sich** *(dat)* **einen ~ geben** *umg* to make an effort

Rückantwort *f* reply, answer

Rückantwortkarte *f* reply-paid postcard

ruckartig **A** *adj* jerky **B** *adv* jerkily; **er stand ~ auf** he shot to his feet

Rückbank *f* back seat

rückbestätigen *v/t* to reconfirm

Rückblende *f* flashback

Rückblick *m* look back (**auf** +*akk* at); **im ~ auf etw** *(akk)* looking back on sth

rückblickend *adv* in retrospect

rückdatieren *v/t* to backdate

rücken **A** *v/i* to move; (≈ *Platz machen*) to move up; **zur Seite** *a.* to move over; **näher ~** to move closer; **an j-s Stelle** *(akk)* **~** to take sb's place; **in weite Ferne ~** to recede into the distance **B** *v/t* to move

Rücken *m* back; (≈ *Nasenrücken*) ridge; (≈ *Bergrücken*) crest; (≈ *Buchrücken*) spine; **mit dem ~ zur Wand stehen** *fig* to have one's back to the wall; **hinter j-s ~** *(dat) fig* behind sb's back; **j-m/einer Sache den ~ kehren** to turn one's back on sb/sth; **j-m in den ~ fallen** *fig* to stab sb in the back; **j-m den ~ decken** *fig umg* to back sb up *umg*; **j-m den ~ stärken** *fig umg* to give sb encouragement

Rückendeckung *fig f* backing

Rückenflosse *f* dorsal fin

rückenfrei *adj Kleid* backless, low-backed

Rückenlage *f* supine position; **er schläft in ~** he sleeps on his back

Rückenlehne *f* back (rest)

Rückenmark *n* spinal cord

Rückenschmerzen pl backache, back pain
rückenschwimmen v/i to swim on one's back
Rückenschwimmen n backstroke
Rückenwind m tailwind
Rückenwirbel m dorsal vertebra
rückerstatten v/t to refund; *Ausgaben* to reimburse
Rückerstattung f refund; *von Ausgaben* reimbursement
Rückfahrkamera f reversing camera
Rückfahrkarte f return ticket *Br*, round-trip ticket *US*
Rückfahrscheinwerfer m AUTO reversing light, backup light *US*
Rückfahrt f return journey; **auf der ~** on the way back
Rückfall m relapse; JUR repetition of an/the offence *Br*, repetition of an/the offense *US*
rückfällig adj **~ werden** MED to have a relapse; *fig* to relapse; JUR to lapse back into crime
Rückflug m return flight
Rückfrage f question; **auf ~ wurde uns erklärt ...** when we queried this, we were told ...
rückfragen v/i to check
Rückführung f *von Menschen* repatriation, return
Rückgabe f return
Rückgang m fall, drop (+*gen* in)
rückgängig adj **~ machen** (≈ *widerrufen*) to undo; *Bestellung, Termin* to cancel; *Entscheidung* to go back on; *Verlobung* to call off; *Prozess* to reverse
Rückgewinnung f recovery; *von Land, Gebiet* reclamation
Rückgrat n spine, backbone
Rückgriff m LIT flashback
Rückhalt m **1** (≈ *Unterstützung*) support **2** (≈ *Einschränkung*) **ohne ~** without reservation
rückhaltlos **A** adj complete **B** adv completely; **sich ~ zu etw bekennen** to proclaim one's total allegiance to sth
Rückhand f SPORT backhand
Rückkauf m repurchase
Rückkaufsrecht n right of repurchase
Rückkehr f return; **bei seiner ~** on his return
Rückkopplung f *a. fig* feedback
Rücklage f FIN (≈ *Reserve*) reserve, reserves pl
rückläufig adj declining; *Tendenz* downward
Rücklicht n tail-light, rear light
rücklings adv (≈ *rückwärts*) backwards; (≈ *von hinten*) from behind; (≈ *auf dem Rücken*) on one's back
Rückmeldung f UNIV re-registration; (≈ *Feedback*) feedback; *in E-Mail etc* **danke für die ~** thanks for getting back to me
Rücknahme f taking back

Rückporto n return postage
Rückreise f return journey
Rückreiseverkehr m homebound traffic
Rückreisewelle f surge of homebound traffic
Rückruf m **1** *am Telefon* **Herr X hat angerufen und bittet um ~** Mr X called and asked you to call (him) back **2** *von Botschafter, Waren* recall
Rucksack m rucksack
Rucksacktourismus m backpacking
Rucksacktourist(in) m(f) backpacker
Rückschau f **~ halten** to reminisce, to reflect
Rückschein m ≈ recorded delivery slip
Rückschlag *fig* m setback; *bei Patient* relapse
Rückschluss m conclusion; **Rückschlüsse ziehen** to draw one's own conclusions (**aus** from)
Rückschritt *fig* m step backwards
rückschrittlich adj reactionary; *Entwicklung* retrograde
Rückseite f back; *von Buchseite, Münze* reverse; *von Platte* flip side; *von Zeitung* back page; **siehe ~** see over(leaf)
Rücksendung f return
Rücksicht f (≈ *Nachsicht*) consideration; **aus** *od* **mit ~ auf j-n/etw** out of consideration for sb/sth; **ohne ~ auf j-n/etw** with no consideration for sb/sth; **ohne ~ auf Verluste** *umg* regardless; **auf j-n/etw ~ nehmen** to show consideration for sb/sth
Rücksichtnahme f consideration
rücksichtslos **A** adj **1** inconsiderate; *im Verkehr* reckless **2** (≈ *unbarmherzig*) ruthless **B** adv **1** (≈ *ohne Nachsicht*) inconsiderately **2** (≈ *schonungslos*) ruthlessly
Rücksichtslosigkeit f lack of consideration; (≈ *Unbarmherzigkeit*) ruthlessness
rücksichtsvoll **A** adj considerate, thoughtful (**gegenüber, gegen** towards) **B** adv considerately, thoughtfully
Rücksitz m *von Fahrrad, Motorrad* pillion; *von Auto* back seat
Rückspiegel m AUTO rear(-view) mirror; *außen* outside mirror
Rückspiel n SPORT return match *Br*, rematch *US*
Rücksprache f consultation; **nach ~ mit Herrn Müller ...** after consulting Mr Müller ...
Rückstand m **1** (≈ *Überrest*) remains pl; (≈ *Bodensatz*) residue **2** (≈ *Verzug*) delay; *bei Aufträgen* backlog; **im ~ sein** to be behind; **mit 0:2 (Toren) im ~ sein** to be 2-0 down; **seinen ~ aufholen** to catch up
rückständig adj **1** (≈ *überfällig*) *Betrag* overdue **2** (≈ *zurückgeblieben*) backward
Rückständigkeit f backwardness
Rückstau m *von Wasser* backwater; *von Autos* tailback
Rückstelltaste f backspace key

Rückstrahler m reflector
Rücktaste f an Tastatur backspace key
Rücktritt m **1** (≈ Amtsniederlegung) resignation; von König abdication **2** JUR von Vertrag withdrawal (**von** from)
Rücktrittbremse f backpedal brake
Rücktrittsangebot n offer of resignation
Rücktrittsdrohung f threat to resign; von König threat to abdicate
Rücktrittsrecht n right of withdrawal
rückübersetzen v/t to translate back into the original language
Rückumschlag m reply-paid envelope, business reply envelope US; **adressierter und frankierter ~** stamped addressed envelope
rückvergüten v/t to refund
Rückvergütung f refund
rückversichern **A** v/t & v/i to reinsure **B** v/r to check (up od back)
Rückversicherung f reinsurance
Rückwand f back wall; von Möbelstück etc back
rückwärtig adj back
rückwärts adv backwards; **Rolle ~** backward roll; **Salto ~** back somersault; **~ einparken** to reverse into a parking space
rückwärtsfahren v/i to reverse
Rückwärtsgang m AUTO reverse gear; **den ~ einlegen** to change into reverse Br, to shift into reverse US
Rückweg m way back; **den ~ antreten** to set off back
ruckweise adv jerkily
rückwirkend adj JUR retrospective; Lohnerhöhung backdated
Rückwirkung f repercussion
rückzahlbar adj repayable
Rückzahlung f repayment
Rückzieher umg m **einen ~ machen** to back down
Rückzug m MIL retreat; fig withdrawal
Rucola(salat) m rocket Br, arugula US
rüde **A** adj impolite; Antwort curt; Methoden crude **B** adv rudely
Rüde **A** m (≈ Männchen) male
Rudel n von Hunden, Wölfen pack; von Hirschen herd
Ruder n von Ruderboot oar; SCHIFF, FLUG (≈ Steuerruder) rudder; fig (≈ Führung) helm; **das ~ fest in der Hand haben** fig to be in control of the situation; **am ~ sein** to be at the helm; **ans ~ kommen** to take over (at) the helm; **das ~ herumreißen** fig to change tack
Ruderboot n rowing boat Br, rowboat US
Ruderer m oarsman
Rudergerät n Fitnessgerät rowing machine
Ruderin f oarswoman

rudern v/t & v/i to row
Rudern n rowing
Ruderregatta f rowing regatta
Rudersport m rowing
rudimentär adj rudimentary
Ruf m **1** call (**nach** for); lauter shout; (≈ Schrei) cry **2** (≈ Ansehen) reputation; **einen guten Ruf haben** to have a good reputation; **eine Firma von Ruf** a firm with a good reputation; **j-n/etw in schlechten Ruf bringen** to give sb/sth a bad name **3** UNIV (≈ Berufung) offer of a chair **4** (≈ Fernruf) telephone number; „**Ruf: 2785**" "Tel 2785"
rufen **A** v/i to call; (≈ laut rufen) to shout; Eule to hoot; **um Hilfe ~** to call for help; **die Arbeit ruft** my/your etc work is waiting; **nach j-m/etw ~** to call for sb/sth **B** v/t **1** (≈ laut sagen) to call; (≈ ausrufen) to cry; (≈ laut rufen) to shout; **rhythmisch ~** to chant; **sich** (dat) **etw in Erinnerung ~** to recall sth **2** (≈ kommen lassen) to send for; Arzt, Polizei, Taxi to call; **j-n zu sich ~** to send for sb; **j-n zu Hilfe ~** to call on sb to help; **du kommst wie gerufen** you're just the man/woman I wanted
Rüffel umg m telling-off umg
Rufmord m character assassination
Rufmordkampagne f smear campaign
Rufname m forename (by which one is generally known)
Rufnummer f telephone number
Rufnummernanzeige f TEL caller ID display
Rufnummernspeicher m von Telefon memory
Rufumleitung f TEL call diversion
Rufweite f **in ~** within earshot; **außer ~** out of earshot
Rufzeichen n **1** TEL call sign; von Telefon ringing tone **2** österr (≈ Ausrufezeichen) exclamation mark Br, exclamation point US
Rugby n rugby
Rugbyschuh m rugby boot
Rüge f (≈ Verweis) reprimand; **j-m eine ~ erteilen** to reprimand sb (**für, wegen** for)
rügen form v/t j-n to reprimand (**wegen, für** for); etw to reprehend
Ruhe f **1** (≈ Stille) quiet; **~!** quiet!, silence!; **sich** (dat) **~ verschaffen** to get quiet; **~ halten** to keep quiet; **~ und Frieden** peace and quiet; **die ~ vor dem Sturm** fig the calm before the storm **2** (≈ Frieden) peace; **in ~ und Frieden leben** to live a quiet life; **~ und Ordnung** law and order; **j-n in ~ lassen** to leave sb alone; **lass mich in ~!** leave me in peace; **j-m keine ~ lassen** od **gönnen** Mensch not to give sb any peace; **keine ~ geben** to keep on and on; **das lässt ihm keine ~** he can't stop thinking about it; **zur ~ kommen** to get some peace; (≈ solide

ruhelos *adj* restless
ruhen *v/i* **1** (≈ *ausruhen*) to rest; **nicht ~, bis ...** *fig* not to rest until ...; **2** (≈ *stillstehen*) to stop; *Maschinen* to stand idle; *Verkehr* to be at a standstill; (≈ *unterbrochen sein*) *Verfahren, Verhandlung* to be suspended; **3** (≈ *tot und begraben sein*) to be buried; **„hier ruht ..."** "here lies ..."; **„ruhe in Frieden!"** "Rest in Peace"
ruhend *adj* resting; *Kapital* dormant; *Verkehr* stationary
ruhen lassen *v/t Vergangenheit, Angelegenheit* to let rest
Ruhepause *f* break; **eine ~ einlegen** to take a break
Ruhestand *m* retirement; **im ~ sein** *od* **leben** to be retired; **in den ~ treten** to retire; **j-n in den ~ versetzen** to retire sb
Ruhestandsalter *n* retirement age
Ruhestätte *f* resting place
Ruhestörer(in) *m(f)* disturber of the peace
Ruhestörung *f* JUR disturbance of the peace
Ruhetag *m* day off; *von Geschäft etc* closing day; **„Mittwoch ~"** "closed (on) Wednesdays"
ruhig **A** *adj* (≈ *still*) quiet; *Wetter, Meer* calm; (≈ *leise, geruhsam*) quiet; (≈ *ohne Störung*) *Verlauf* smooth; (≈ *gelassen*) calm; (≈ *sicher*) *Hand* steady; **seid ~!** be quiet; **nur ~ (Blut)!** keep calm **B** *adv* **1** (≈ *still*) *sitzen, dastehen* still **2** *umg* **du kannst ~ hier bleiben** feel free to stay here; **ihr könnt ~ gehen, ich passe schon auf** you just go and I'll look after the child; **wir können ~ darüber sprechen** we can talk about it if you want **3** (≈ *beruhigt*) *schlafen* peacefully; **du kannst ~ ins Kino gehen** go ahead, go to the movies
Ruhm *m* glory; (≈ *Berühmtheit*) fame; (≈ *Lob*) praise
rühmen **A** *v/t* (≈ *preisen*) to praise **B** *v/r* **einer Sache** (*gen*) **~** (≈ *prahlen*) to boast about sth; (≈ *stolz sein*) to pride oneself on sth
rühmlich *adj* praiseworthy; *Ausnahme* notable
Ruhr *f Krankheit* dysentery
Rührei *n* scrambled egg
rühren **A** *v/i* **1** (≈ *umrühren*) to stir; **in der Suppe ~** to stir the soup **2 von etw ~** to stem from sth; **das rührt daher, dass ...** that is because ... **B** *v/t* **1** (≈ *umrühren*) to stir **2** (≈ *bewegen*) to move; **er rührte keinen Finger, um mir zu helfen** *umg* he didn't lift a finger to help me *umg*; **das kann mich nicht ~!** that leaves me cold; (≈ *stört mich nicht*) that doesn't bother me; **sie war äußerst gerührt** she was extremely moved **C** *v/r* (≈ *sich bewegen*) to stir; *Körperteil* to move; **kein Lüftchen rührte sich** the air was still
rührend **A** *adj* touching **B** *adv* **sie kümmert sich ~ um das Kind** it's touching how she looks after the child
Ruhrgebiet *n* Ruhr (area)
rührig *adj* active
Rührkuchen *m* stirred cake
Ruhrpott *umg m* Ruhr (Basin *od* Valley)
rührselig *pej adj* tear-jerking *pej*; *Person* weepy; *Stimmung* sentimental
Rührseligkeit *f* sentimentality
Rührteig *m* sponge mixture
Rührung *f* emotion
Ruin *m* ruin; **j-n in den ~ treiben** to ruin sb
Ruine *f* ruin
ruinieren *v/t* to ruin
rülpsen *v/i* to belch; **das Rülpsen** belching
Rülpser *umg m* belch
Rum *m* rum
Rumäne *m*, **Rumänin** *f* Romanian
Rumänien *n* Romania
rumänisch *adj* Romanian
rumhängen *umg v/i* to hang around *od* out *umg* (**in** +*dat* in)
rumkriegen *v/t* **j-n ~** to talk sb round; *sexuell* to get sb into bed; **die Zeit ~** to manage to pass the time
rummachen *umg v/i* **an etw** (*dat*) **~** to mess around with sth *umg*; **mit j-m ~** to mess around with sb *umg*
Rummel *m* **1** *umg* (≈ *Betrieb*) (hustle and) bustle; (≈ *Getöse*) racket *umg*; (≈ *Aufheben*) fuss *umg*; **großen ~ um j-n/etw machen** *od* **veranstalten** to make a great fuss about sb/sth *umg* **2** (≈ *Rummelplatz*) fair
Rummelplatz *umg m* fairground
rumoren **A** *v/i* to make a noise; *Magen* to rumble **B** *v/i* **es rumort in meinem Magen** *od* **Bauch** my stomach's rumbling
Rumpelkammer *umg f* junk room *umg*
rumpeln *v/i* (≈ *Geräusch machen*) to rumble
Rumpf *m* trunk; *von Statue* torso; *von Schiff* hull; *von Flugzeug* fuselage
rümpfen *v/t* **die Nase ~** to turn up one's nose (**über** +*akk* at)
Rumpsteak *n* rump steak
Rumtopf *m* rumpot (*soft fruit in rum*)
Run *m* run
rund **A** *adj* round; **~e 50 Jahre/500 Euro** a good 50 years/500 euros; **~er Tisch** round table; LIT **~e Figur** round character **B** *adv* **1** (≈ *herum*) (a)round; **~ um** right (a)round; **~ um die**

Uhr right (a)round the clock [2] (≈ *ungefähr*) (round) about; **~ gerechnet 200** call it 200
Rundblick m panorama
Rundbrief m circular
Runde f [1] (≈ *Gesellschaft*) company; *von Teilnehmern* circle [2] (≈ *Rundgang*) walk; *von Briefträger etc* round; **die/seine ~ machen** to do the/one's rounds; **das Gerücht machte die ~** the rumour went around *Br*, the rumor went around *US*; **eine ~ machen** to go for a walk [3] SPORT round; *bei Rennen* lap; **über die ~n kommen** to get through [4] *von Getränken* round; **eine ~ spendieren** *od* **schmeißen** *umg* to buy a round *Br*
runden [A] v/t *Lippen* to round; **nach oben/unten ~** MATH to round up/down [B] v/r *wörtl* (≈ *rund werden*) to become round; *fig* (≈ *konkrete Formen annehmen*) to take shape
runderneuern v/t to remould *Br*, to remold *US*; **runderneuerte Reifen** remo(u)lds
Rundfahrt f tour; **eine ~ machen** to go on a tour
Rundfrage f survey (**an** +*akk od* **unter** +*dat* of)
Rundfunk m broadcasting; (≈ *Hörfunk*) radio; **im ~** on the radio
Rundfunkanstalt *form* f broadcasting corporation
Rundfunkgebühr f radio licence fee *Br*, radio license fee *US*
Rundfunkgerät n radio
Rundfunksender m [1] (≈ *Sendeanlage*) radio transmitter [2] (≈ *Sendeanstalt*) radio station
Rundfunksendung f radio programme *Br*, radio program *US*
Rundfunksprecher(in) m(f) radio announcer
Rundgang m (≈ *Spaziergang*) walk; *zur Besichtigung* tour (**durch** of)
rundgehen *umg* v/i **jetzt geht's rund** this is where the fun starts *umg*; **es geht rund im Büro** there's a lot (going) on at the office
rundheraus adv straight out; **~ gesagt** frankly
rundherum adv all around; *fig umg* (≈ *völlig*) totally
rundlich adj *Mensch* plump; *Form* roundish
Rundmail f circular (e-mail)
Rundreise f tour (**durch** of)
Rundschreiben n circular
rundum adv all around; *fig* completely
Rundung f curve
rundweg adv → rundheraus
Rune f rune
runter *umg* adv → herunter; → hinunter
runterfahren v/t *Computer* to switch off
runterhauen v/t *umg* **j-m eine ~** to give sb a clip round the ear *Br*, to give sb a clip on the ear *US*
runterkommen v/i [1] *von oben nach unten kommen* to come down [2] *umg* **komm mal wieder runter** (≈ *beruhige dich*) just take it easy
runterladen v/t to download
runtermachen v/t *umg scharf kritisieren* to slag off *Br*, to bring down *US*; **j-n ~** to bring sb down
runterscrollen v/t IT to scroll down
Runzel f wrinkle; *auf Stirn a.* line
runzelig adj wrinkled
runzeln v/t *Stirn* to wrinkle; *Brauen* to knit
Rüpel m lout; (≈ *Mobber*) bully
rüpelhaft adj loutish
rupfen v/t *Geflügel* to pluck; *Unkraut* to pull up
ruppig [A] adj (≈ *grob*) rough; *Antwort* gruff [B] adv *behandeln* gruffly; **~ antworten** to give a gruff answer
Rüsche f ruche
Ruß m soot; *von Kerze* smoke
Russe m Russian
Rüssel m snout; *von Elefant* trunk
rußen v/i *Öllampe, Kerze* to smoke; *Ofen* to produce soot
Rußflocke f soot particle
rußig adj sooty
Russin f Russian
russisch adj Russian; **~es Roulette** Russian roulette; **~e Eier** GASTR egg(s) mayonnaise
Russland n Russia
Rußpartikelfilter m AUTO (diesel) particulate filter
rüsten [A] v/i MIL to arm; **zum Krieg/Kampf ~** to arm for war/battle; **gut/schlecht gerüstet sein** to be well/badly armed; *fig* to be well/badly prepared [B] v/r to prepare (**zu** for)
rüstig adj sprightly
rustikal adj *Möbel* rustic; *Speisen* country-style
Rüstung f [1] (≈ *das Rüsten*) armament; (≈ *Waffen*) arms *pl*, weapons *pl* [2] (≈ *Ritterrüstung*) (suit of) armour *Br*, armor *US*
Rüstungsausgaben *pl* defence spending *sg Br*, defense spending *sg US*
Rüstungsbegrenzung f arms limitation
Rüstungsindustrie f armaments industry
Rüstungskontrolle f arms control
Rüstzeug n [1] (≈ *Handwerkszeug*) tools *pl* [2] *fig* skills *pl*
Rute f [1] (≈ *Gerte*) switch; *zum Züchtigen* rod [2] (≈ *Wünschelrute*) divining rod; (≈ *Angelrute*) fishing rod
Rutsch m slip, fall; (≈ *Erdrutsch*) landslide; POL shift, swing; FIN slide, fall; **guten ~!** *umg* have a good New Year!; **in einem ~** in one go
Rutschbahn f, **Rutsche** f MECH chute; (≈ *Kinderrutschbahn*) slide
rutschen v/i [1] (≈ *gleiten*) to slide; (≈ *ausrutschen*) to slip; AUTO to skid; **ins Rutschen kommen** to start to slip [2] *umg* (≈ *rücken*) to move up *umg*

rutschfest *adj* nonslip
rutschig *adj* slippery
rütteln **A** *v/t* to shake; → **gerüttelt** **B** *v/i* to shake; *Fahrzeug* to jolt; **an etw** (*dat*) **~ an Tür, Fenster etc** to rattle (at) sth; *fig an Grundsätzen etc* to call sth into question; **daran ist nicht zu ~** *umg* there's no doubt about that

S

S, s *n* S, s
SA *f abk* (= **Sturmabteilung**) HIST storm troops *pl*, storm troopers *pl*
Saal *m* hall
Saar *f* Saar
Saarland *n* Saarland
saarländisch *adj* (of the) Saarland
Saat *f* **1** (≈ *das Säen*) sowing **2** (≈ *Samen*) seed(s) (*pl*)
Saatgut *n* seed(s) (*pl*)
Saatkartoffel *f* seed potato
Saatkorn *n* seed
Saatzeit *f* sowing time
Sabbat *m* Sabbath
sabbern *umg v/i* to slobber
Säbel *m* sabre *Br*, saber *US*
Säbelrasseln *n* sabre-rattling *Br*, saber-rattling *US*
Sabotage *f* sabotage (**an** +*dat* of)
Sabotageakt *m* act of sabotage
Saboteur(in) *m(f)* saboteur
sabotieren *v/t* to sabotage
Sa(c)charin *n* saccharin
Sach- *zssgn Literatur* non-fiction
Sachbearbeiter(in) *m(f)* specialist; (≈ *Beamter*) official in charge (**für** of)
Sachbereich *m* (specialist) area
Sachbeschädigung *f* damage to property, vandalism
sachbezogen *adj Fragen, Angaben* relevant
Sachbuch *n* nonfiction book
sachdienlich *adj Hinweise* relevant, pertinent
Sache *f* **1** thing; (≈ *Gegenstand*) object **2** ~**n** *pl umg* (≈ *Zeug*) things *pl*; JUR property; **seine ~n packen** to pack one's bags **3** (≈ *Angelegenheit*) matter; (≈ *Fall*) case; (≈ *Vorfall*) business; (≈ *Anliegen*) cause; (≈ *Aufgabe*) job; **es ist ~ der Polizei, das zu tun** it's up to the police to do that; **das ist eine ganz tolle ~** it's really fantastic; **ich habe mir die ~ anders vorgestellt** I had imagined things differently; **das ist meine/seine ~** that's my/his affair; **er macht seine ~ gut** he's doing very well; *beruflich* he's doing a good job; **das ist so eine ~** *umg* it's a bit tricky; **solche ~n liegen mir nicht** I don't like things like that; **mach keine ~n!** *umg* don't be silly!; **was machst du bloß für ~n!** *umg* the things you do!; **zur ~ kommen** to come to the point; **das tut nichts zur ~** that doesn't matter; **bei der ~ sein** to be on the ball *umg*; **sie war nicht bei der ~** her mind was elsewhere; **j-m sagen, was ~ ist** *umg* to tell sb what's what **4** (≈ *Tempo*) **mit 60/100 ~n** *umg* at 60/100
Sachgebiet *n* subject area
sachgemäß, sachgerecht **A** *adj* proper; **bei ~er Anwendung** if used properly **B** *adv* properly
Sachkenntnis *f in Bezug auf Wissensgebiet* knowledge of the/one's subject; *in Bezug auf Sachlage* knowledge of the facts
Sachkunde *f* expert knowledge; SCHULE general knowledge
sachkundig *adj* (well-)informed; *Beratung* expert
Sachlage *f* situation
sachlich **A** *adj* (≈ *faktisch*) factual; *Grund* practical; (≈ *sachbezogen*) *Frage, Wissen* relevant; (≈ *objektiv*) *Kritik* objective; (≈ *nüchtern*) matter-of-fact **B** *adv* (≈ *faktisch unzutreffend*) factually; (≈ *objektiv*) objectively
sächlich *adj* GRAM neuter
Sachliteratur *f* non-fiction
Sachregister *n* subject index
Sachschaden *m* damage (to property); **es entstand ~ in Höhe von …** there was damage amounting to …
Sachse *m*, **Sächsin** *f* Saxon
Sachsen *n* Saxony
Sachsen-Anhalt *n* Saxony-Anhalt
sächsisch *adj* Saxon
sacht(e) **A** *adj* (≈ *leise*) soft; (≈ *sanft*) gentle; (≈ *vorsichtig*) careful; (≈ *allmählich*) gentle **B** *adv* softly, gently; (≈ *vorsichtig*) carefully
Sachtext *m* factual text
Sachverhalt *m* facts *pl* (of the case)
Sachverstand *m* expertise
Sachverständige(r) *m/f(m)* expert; JUR expert witness
Sachwert *m* real *od* intrinsic value; **~e** *pl* material assets *pl*
Sachzwang *m* practical constraint
Sack *m* **1** sack; *aus Papier, Plastik* bag; **mit ~ und Pack** *umg* bag and baggage **2** österr (≈ *Hosentasche, Manteltasche*) pocket **3** österr (≈ *Tüte*) bag **4** *vulg* (≈ *Hoden*) balls *pl sl* **5** *umg* (≈ *Kerl, Bursche*) bastard *sl*; **alter ~** old codger; **blöder ~** stupid

jerk *umg*
Sackbahnhof *m* terminus
sacken *v/i* to sink; (≈ *durchhängen*) to sag
Sackgasse *f* dead end, cul-de-sac *bes Br*; *fig* dead end; **in einer ~ stecken** *fig* to be (stuck) up a blind alley; *mit Bemühungen etc* to have come to a dead end
Sackhüpfen *n* sack race
Sackkarre *f* barrow
Sadismus *m* sadism
Sadist(in) *m(f)* sadist
sadistisch **A** *adj* sadistic **B** *adv* sadistically
Sadomaso *umg m* sadomasochism
säen *v/t & v/i* to sow; **dünn gesät** *fig* thin on the ground
Safari *f* safari
Safaripark *m* safari park
Safe *m/n* safe
Safer Sex *m* safe sex
Safran *m* saffron
Saft *m* juice; (≈ *Pflanzensaft*) sap; (≈ *Flüssigkeit*) liquid; **ohne ~ und Kraft** *fig* wishy-washy *umg*
saftig *adj* **1** *Obst, Fleisch* juicy; *Wiese, Grün* lush **2** *umg Rechnung, Strafe, Ohrfeige* hefty *umg*
Saftladen *pej umg m* dump *pej umg*
Saftsack *umg m* stupid bastard *sl*
Saftschorle *f* fruit juice mixed with sparkling mineral water
Saga *f* saga
Sage *f* legend
Säge *f* **1** *Werkzeug* saw **2** *österr* (≈ *Sägewerk*) sawmill
Sägeblatt *n* saw blade
Sägefisch *m* sawfish
Sägemehl *n* sawdust
Sägemesser *n* serrated knife
sagen *v/t* **1** to say; (≈ *erzählen, berichten, ausrichten*) to tell; **er hat mir gesagt, dass er ein neues Auto hat** he told me he had a new car; **~ Sie ihm, ich möchte ihn sprechen** tell him I want to talk to him; **sagt mir eure Namen** tell me your names; **wie gesagt** as I say; **was ~ Sie dazu?** what do you think about it?; **was Sie nicht ~!** you don't say!; **das kann man wohl ~!** you can say that again!; **wie man so sagt** as the saying goes; **das ist nicht gesagt** that's by no means certain; **leichter gesagt als getan** easier said than done; **gesagt, getan** no sooner said than done; **j-m etw ~** to say sth to sb, to tell sb sth; **wem ~ Sie das!** you don't need to tell ME that! **2** (≈ *bedeuten*) to mean; **das hat nichts zu ~** that doesn't mean anything; **sagt dir der Name etwas?** does the name mean anything to you?; **ich will damit nicht ~, dass …** I don't mean to imply that …; **sein Gesicht sagte alles** it was written all over his face **3** (≈ *befehlen*) to tell; **j-m ~, er solle etw tun** to tell sb to do sth; **du hast hier (gar) nichts zu ~** you're not the boss; **hat er im Betrieb etwas zu ~?** does he have a say in the firm?; **das Sagen haben** to be the boss **4** **ich habe mir ~ lassen, …** (≈ *ausrichten lassen*) I've been told …; **lass dir von mir gesagt sein, …** let me tell you …; **er lässt sich** (*dat*) **nichts ~** he won't be told; **im Vertrauen gesagt** in confidence; **unter uns gesagt** between you and me; **genauer gesagt** to put it more precisely; **sag das nicht!** *umg* don't you be so sure!; **sage und schreibe 800 Euro** 800 euros, would you believe it; **sag mal, willst du nicht endlich Schluss machen?** come on, isn't it time to stop?
sägen *v/t & v/i* to saw
sagenhaft *adj* legendary; *Summe* fabulous; *umg* (≈ *hervorragend*) fantastic *umg*
Sägespäne *pl* wood shavings *pl*
Sägewerk *n* sawmill
Sahara *f* Sahara (Desert)
Sahne *f* cream; **(aller)erste ~ sein** *umg* to be top-notch *umg*
Sahnebonbon *m/n* toffee
Sahnequark *m* creamy quark
Sahnetorte *f* cream gateau
sahnig *adj* creamy; **etw ~ schlagen** to beat sth until creamy
Saison *f* season
saisonabhängig *adj* seasonal
Saisonarbeit *f* seasonal work
Saisonarbeiter(in) *m(f)* seasonal worker
saisonbedingt *adj* seasonal
saisonbereinigt *adj Zahlen etc* seasonally adjusted
Saite *f MUS* string; **andere ~n aufziehen** *umg* to get tough
Saiteninstrument *n* string(ed) instrument
Sakko *m/n* sports jacket *bes Br*, sport coat *US*
sakral *adj* sacred
Sakrament *n* sacrament
Sakrileg *geh n* sacrilege
Sakristei *f* sacristy
säkular *adj* (≈ *weltlich*) secular
Salafismus *m* Salafism
Salafist(in) *m(f)* Salafist
salafistisch *adj* Salafist
Salamander *m* salamander
Salami *f* salami
Salamitaktik *umg f* policy of small steps
Salär *n österr, schweiz* salary
Salat *m* **1** (≈ *Kopfsalat*) lettuce **2** (≈ *Gericht*) salad; **da haben wir den ~!** *umg* now we're in a fine mess
Salatbar *f* salad bar

Salatbesteck n salad servers pl
Salatbüfett n salad bar
Salatgurke f cucumber
Salatkopf m (head of) lettuce
Salatöl n salad oil
Salatplatte f salad
Salatschüssel f salad bowl
Salatsoße f salad dressing
Salattheke f salad bar
Salbe f ointment
Salbei m sage
salbungsvoll adj Worte, Ton unctuous pej
Saldo m FIN balance; **per saldo** on balance
Saldoübertrag m balance carried forward
Salmiak m/n sal ammoniac
Salmiakgeist m (liquid) ammonia
Salmonellen pl salmonellae pl
Salmonellenvergiftung f salmonella (poisoning)
Salon m ◨ (≈ Gesellschaftszimmer) drawing room; SCHIFF saloon ◪ (≈ Friseursalon, Modesalon etc) salon
salonfähig iron adj socially acceptable; Aussehen presentable
salopp Ⓐ adj ◨ (≈ nachlässig) sloppy, slovenly; Manieren slovenly; Sprache slangy ◪ (≈ ungezwungen) casual Ⓑ adv sich kleiden, sich ausdrücken casually
Salpeter m saltpetre Br, saltpeter US, nitre Br, niter US
Salpetersäure f nitric acid
Salsa f Musik, Tanz salsa
Salto m somersault
Salut m MIL salute; **~ schießen** to fire a salute
salutieren v/t & v/i MIL to salute
Salve f salvo, volley; (≈ Ehrensalve) salute
Salz n salt
salzarm Ⓐ adj GASTR low-salt; **~ sein** to be low in salt Ⓑ adv **~ essen** to eat low-salt food; **~ kochen** to use very little salt in one's cooking
Salzbergwerk n salt mine
Salzburg n Salzburg
salzen v/t to salt; → gesalzen
salzfrei adj salt-free
Salzgebäck n savoury biscuits pl Br, savory biscuits pl US
Salzgurke f pickled gherkin, pickle US
salzhaltig adj Luft, Wasser salty
Salzhering m salted herring
salzig adj Speise, Wasser salty
Salzkartoffeln pl boiled potatoes pl
Salzkorn n grain of salt
salzlos adj salt-free
Salzlösung f saline solution
Salzsäule f **zur ~ erstarren** fig to stand as though rooted to the spot

Salzsäure f hydrochloric acid
Salzsee m salt lake
Salzstange f pretzel stick
Salzstreuer m salt shaker, saltcellar bes Br
Salzwasser n salt water
Samariter m BIBEL Samaritan
Sambia n Zambia
sambisch adj Zambian
Samen m ◨ BOT, a. fig seed ◪ (≈ Menschensamen, Tiersamen) sperm
Samenbank f sperm bank
Samenerguss m ejaculation
Samenkorn n seed
Samenspender m sperm donor
sämig adj Soße thick
Sammelalbum n (collector's) album; für Erinnerungen scrapbook
Sammelband m anthology
Sammelbecken n collecting tank; fig melting pot (**von** for)
Sammelbestellung f joint order
Sammelbüchse f collecting tin
Sammelfahrschein m, **Sammelkarte** f für mehrere Fahrten multi-journey ticket; für mehrere Personen group ticket
Sammelmappe f folder
sammeln Ⓐ v/t to collect; Pilze etc to pick; Truppen to assemble Ⓑ v/r ◨ (≈ zusammenkommen) to gather; (≈ sich anhäufen) Wasser etc to accumulate ◪ (≈ sich konzentrieren) to collect oneself; → gesammelt Ⓒ v/i to collect (**für** for)
Sammelplatz m meeting place
Sammelsurium n conglomeration
Sammler(in) m(f) collector
Sammlung f ◨ collection ◪ fig (≈ Konzentration) composure
Samoa n GEOG Samoa
Samstag m Saturday; → Dienstag
samstags adv (on) Saturdays, on a Saturday; → dienstags
Samstagsziehung f beim Lotto Saturday draw
samt Ⓐ präp along od together with Ⓑ adv **~ und sonders** the whole lot (of them/us/you), the whole bunch umg
Samt m velvet
samtartig adj velvety
Samthandschuh m velvet glove; **j-n mit ~en anfassen** umg to handle sb with kid gloves umg
sämtlich Ⓐ adj (≈ alle) all; (≈ vollständig) complete; **Schillers ~e Werke** the complete works of Schiller; **~e Anwesenden** all those present Ⓑ adv all
Sanatorium n sanatorium Br, sanitarium US
Sand m sand; **das/die gibts wie ~ am Meer** umg there are heaps of them umg; **j-m ~ in die Augen streuen** fig to throw dust in sb's eyes Br, to

throw dirt in sb's eyes US; **im ~e verlaufen** umg to come to nothing; **etw in den ~ setzen** umg Projekt to blow sth umg; Geld to squander sth
Sandale f sandal
Sandbank f sandbank
Sanddorn m BOT sea buckthorn
Sandgrube f sandpit bes Br, sandbox US; beim Golf bunker
sandig adj sandy
Sandkasten m sandpit bes Br, sandbox US; MIL sand table
Sandkorn n grain of sand
Sandpapier n sandpaper
Sandplatz m Tennis clay court
Sandsack m sandbag; Boxen punchbag Br, punching bag US
Sandstein m sandstone
Sandstrahl m jet of sand
sandstrahlen v/t & v/i to sandblast
Sandstrahlgebläse n sandblasting equipment kein unbest art, kein pl
Sandstrand m sandy beach
Sandsturm m sandstorm
Sanduhr f hourglass; (≈ Eieruhr) egg timer
Sandwich n sandwich
sanft A adj gentle; Haut soft; Tod peaceful; **mit ~er Gewalt** gently but firmly; **mit ~er Hand** with a gentle hand B adv softly; hinweisen gently; **~ mit j-m umgehen** to be gentle with sb; **er ist ~ entschlafen** he passed away peacefully
Sanftheit f gentleness; von Haut softness
sanftmütig adj gentle
Sang m **mit ~ und Klang** fig iron durchfallen catastrophically
Sänger(in) m(f) singer
Sangria f sangria
sang- und klanglos umg adv without any ado; **sie ist ~ verschwunden** she just simply disappeared
sanieren A v/t 1 Gebäude to renovate; Stadtteil to redevelop; Fluss to clean up 2 WIRTSCH to put (back) on its feet, to rehabilitate; Haushalt to turn (a)round B v/r Industrie to turn itself (a)round
Sanierung f 1 von Gebäude renovation; von Stadtteil redevelopment; von Fluss cleaning-up 2 WIRTSCH rehabilitation
Sanierungsgebiet n redevelopment area
Sanierungskosten pl redevelopment costs pl
sanitär adj sanitary; **~e Anlagen** sanitation (facilities), sanitary facilities
Sanitärinstallateur(in) m(f) plumber
Sanitäter(in) m(f) first-aid attendant; MIL (medical) orderly; in Krankenwagen paramedic, ambulanceman/-woman
Sankt adj saint; REL St od Saint

Sankt Gallen n St Gall
Sanktion f sanction; **gegen einen Staat ~en verhängen** to impose sanctions on a state
sanktionieren v/t to sanction
San Marino n GEOG San Marino
Saphir m sapphire
Sardelle f anchovy
Sardine f sardine
Sardinenbüchse f sardine tin; **wie in einer ~** fig umg like sardines umg
Sardinien n Sardinia
Sarg m coffin, casket US
Sargdeckel m coffin lid, casket lid US
Sarin n CHEM sarin
Sarkasmus m sarcasm
sarkastisch A adj sarcastic B adv sarcastically
Sarkom n MED sarcoma
Sarkophag m sarcophagus
SARS n abk (= severe acute respiratory syndrome) SARS
Sashimi n GASTR sashimi
Satan m Satan
satanisch adj satanic
Satanismus m Satanism
Satellit m satellite
Satellitenantenne f TV satellite dish
Satellitenbild n TV satellite picture
Satellitenfernsehen n satellite television
Satellitenfoto n satellite picture
Satellitenfunk m satellite communications pl
satellitengestützt adj satellite-based
Satellitennavigationssystem n satellite radio navigation system
Satellitenschüssel f TV umg satellite dish
Satellitensender m satellite (TV) station
Satellitenstadt f satellite town
Satellitenübertragung f RADIO, TV satellite transmission
Satin m satin
Satire f satire (**auf** +akk on)
Satiriker(in) m(f) satirist
satirisch A adj satirical B adv satirically
Sat-Receiver m, **Satellitenreceiver** m TV satellite receiver
satt adj 1 (≈ gesättigt) Mensch full (up); **~ sein** to have had enough (to eat), to be full (up) umg; **~ werden** to have enough to eat; **sich (an etw** dat**) ~ essen** to eat one's fill (of sth) 2 (≈ kräftig, voll) Farben, Klang rich; umg Mehrheit comfortable 3 umg (≈ im Überfluss) ... **~** ... galore
Sattel m saddle; **fest im ~ sitzen** fig to be firmly in the saddle
Satteldach n saddle roof
sattelfest adj **~ sein** Reiter to have a good seat; **in etw** (dat) **~ sein** fig to have a firm grasp of sth

satteln v/t Pferd to saddle (up)
Sattelschlepper m articulated lorry Br, semitrailer US
Satteltasche f saddlebag
satthaben v/t **j-n/etw ~** to be fed up with sb/sth umg, to be tired of sb/sth
Sattheit f **1** Gefühl full feeling **2** von Farben, Klang richness
satthören v/r **sie konnte sich an der Musik nicht ~** she could not get enough of the music
sättigen **A** v/t **1** Hunger, Neugier to satisfy; j-n to make replete; (≈ ernähren) to feed **2** HANDEL, CHEM to saturate **B** v/i to be filling
sättigend adj Essen filling
Sättigung f **1** geh (≈ Sattsein) repletion **2** CHEM saturation
Sättigungsgrad m degree of saturation
Sättigungspunkt m saturation point
Sattler(in) m(f) saddler; (≈ Polsterer) upholsterer
sattsam adv amply; bekannt sufficiently
sattsehen v/r **er konnte sich an ihr nicht ~** he could not see enough of her
Saturn m ASTRON Saturn
Satz m **1** sentence; (≈ Teilsatz) clause; (≈ Lehrsatz) proposition; MATH theorem; (≈ Wendung) phrase; **mitten im ~** in mid-sentence; **~ um ~** sentence for sentence **2** TYPO (≈ das Setzen) setting; (≈ das Gesetzte) type kein pl; **in ~ gehen** to go for setting **3** MUS (≈ Abschnitt) movement **4** (≈ Bodensatz) dregs pl; (≈ Kaffeesatz) grounds pl; (≈ Teesatz) leaves pl **5** (≈ Zusammengehöriges) set; (≈ Tarifsatz) charge; (≈ Zinssatz) rate **6** (≈ Sprung) leap; **einen ~ machen** to leap
Satzball m SPORT set point
Satzbau m sentence construction
Satzgefüge n complex sentence
Satzgegenstand m object
Satzteil m part of a/the sentence
Satzung f constitution; von Verein rules pl; einer Gesellschaft charter
Satzzeichen n punctuation mark
Sau f **1** sow; umg (≈ Schwein) pig **2** umg **du Sau!** you dirty swine! umg; **dumme Sau** stupid cow umg; **die Sau rauslassen** to let it all hang out umg; **wie eine gesengte Sau** like a maniac umg; **j-n zur Sau machen** to bawl sb out umg; **unter aller Sau** bloody awful Br umg, goddamn awful umg
sauber **A** adj **1** clean; **~ sein** Hund etc to be house-trained; Kind to be (potty-)trained **2** (≈ ordentlich) neat, tidy **B** adv **1** (≈ rein) **etw ~ putzen** to clean sth **2** (≈ sorgfältig) very thoroughly
Sauberkeit f **1** (≈ Hygiene, Ordentlichkeit) cleanliness; (≈ Reinheit) von Wasser, Luft etc cleanness; von Tönen accuracy **2** (≈ Anständigkeit) honesty; im Sport fair play
säuberlich **A** adj neat and tidy **B** adv neatly; trennen clearly
sauber machen v/t to clean
Saubermann m fig umg in Politik etc squeaky-clean man umg; **die Saubermänner** the squeaky-clean brigade umg
säubern v/t **1** (≈ reinigen) to clean **2** fig euph Partei to purge (**von** of); MIL Gegend to clear (**von** of)
Säuberung f **1** (≈ Reinigung) cleaning **2** fig von Partei purging; von Gegend clearing; POL Aktion purge
saublöd umg adj bloody stupid Br umg, damn stupid umg
Saubohne f broad bean
Sauce f sauce; (≈ Bratensoße) gravy
Saudi m Saudi
Saudi-Arabien n Saudi Arabia
saudi-arabisch adj Saudi attr, Saudi Arabian
saudisch adj Saudi attr, Saudi Arabian
saudumm umg adj damn stupid umg
sauer **A** adj **1** (≈ nicht süß) sour; Wein acid(ic); Gurke, Hering pickled; Sahne soured **2** (≈ verdorben) off präd Br, bad; Milch sour; **~ werden** to go off Br, to go sour **3** CHEM acid(ic); **saurer Regen** acid rain **4** umg (≈ schlecht gelaunt) mad umg, cross; **eine saure Miene machen** to look annoyed **B** adv **1** (≈ mühselig) **das habe ich mir ~ erworben** I got that the hard way; **mein ~ erspartes Geld** money I had painstakingly saved **2** umg (≈ übel gelaunt) **~ reagieren** to get annoyed
Sauerampfer m sorrel
Sauerbraten m braised beef (marinaded in vinegar), sauerbraten US
Sauerei umg f **1** (≈ Gemeinheit) **das ist eine ~!, so eine ~!** it's a downright disgrace **2** (≈ Dreck, Unordnung) mess
Sauerkirsche f sour cherry
Sauerkraut n sauerkraut
säuerlich adj sour
Sauermilch f sour milk
Sauerrahm m thick sour(ed) cream
Sauerstoff m oxygen
Sauerstoffflasche f oxygen cylinder; kleiner oxygen bottle
Sauerstoffgerät n breathing apparatus; MED für künstliche Beatmung respirator; für Erste Hilfe resuscitator
Sauerstoffmangel m lack of oxygen; akut oxygen deficiency
Sauerstoffmaske f oxygen mask
Sauerstoffzelt n oxygen tent
Sauerteig m sour dough
saufen v/t & v/i **1** Tiere to drink **2** umg Mensch to booze umg

Säufer(in) umg m(f) boozer umg
Sauferei umg f **1** (≈ Trinkgelage) booze-up umg **2** (≈ Trunksucht) boozing umg
Saufgelage pej umg n drinking bout od binge, booze-up umg
saugen v/t & v/i to suck; **an etw** (dat) **~ to suck sth**
säugen v/t to suckle
Sauger m auf Flasche teat Br, nipple US
Säugetier n mammal
saugfähig adj absorbent
Säugling m baby, infant
Säuglingsalter n babyhood
Säuglingsnahrung f baby food(s) (pl)
Säuglingspflege f babycare
Säuglingsschwester f infant nurse
Säuglingsstation f neonatal care unit
Säuglingssterblichkeit f infant mortality
saugut umg adj damn good umg, bloody good Br umg
Sauhaufen umg m bunch of slobs umg
saukalt umg adj damn cold umg
Saukerl umg m bastard sl
Säule f column; fig (≈ Stütze) pillar
Säulendiagramm n bar chart, histogram
Säulengang m colonnade
Säulenhalle f columned hall
Saum m (≈ Stoffumschlag) hem; (≈ Naht) seam
saumäßig umg adj lousy umg; zur Verstärkung hell of a umg
säumen v/t Handarbeiten to hem; fig geh to line
säumig geh adj Schuldner defaulting
Sauna f sauna; **in die ~ gehen** to have a sauna
Säure f acid; (≈ saurer Geschmack) sourness; von Wein, Bonbons acidity
Saure-Gurken-Zeit f bad time; in den Medien silly season Br, off season US
säurehaltig adj acidic
Saurier m dinosaur
Saus m **in ~ und Braus leben** to live like a king
säuseln v/i Wind to murmur; Mensch to purr; **mit ~der Stimme** in a purring voice
sausen v/i **1** Ohren to buzz; Wind to whistle; Sturm to roar **2** Geschoss to whistle **3** umg Mensch to tear umg; Fahrzeug to roar; **durch eine Prüfung ~** to fail an exam, to flunk an exam umg
Saustall umg m unordentlich pigsty bes Br umg; chaotisch mess
Sauwetter umg n damn awful weather umg
sauwohl umg adj **ich fühle mich ~** I feel really good
Savanne f savanna(h)
Saxofon n saxophone, sax umg; **~ spielen** to play the saxophone
Saxofonist(in) m(f) saxophonist
S-Bahn® f abk (= Schnellbahn) suburban railway Br, city railroad US
S-Bahnhof m, **S-Bahn-Station** f suburban train station
SBB f abk (= Schweizerische Bundesbahnen) Swiss Railways
Scampi pl scampi pl
scannen v/t to scan
Scanner m scanner
Schabe f cockroach
schaben v/t to scrape
Schaber m scraper
Schabernack m practical joke
schäbig **A** adj **1** (≈ unansehnlich) shabby **2** (≈ niederträchtig) mean; (≈ geizig) stingy umg **B** adv **1** **~ aussehen** to look shabby **2** (≈ gemein) **j-n ~ behandeln** to treat sb shabbily
Schablone f stencil; (≈ Muster) template; **in ~n denken** to think in a stereotyped way
Schach n chess; (≈ Stellung im Spiel) check; **~ (und) matt** checkmate; **im ~ stehen** od **sein** to be in check; **j-n in ~ halten** fig to keep sb in check; mit Pistole etc to cover sb
Schachbrett n chessboard
schachbrettartig adj chequered Br, checkered US
Schachcomputer m chess computer
schachern pej v/i **um etw ~** to haggle over sth
Schachfigur f chesspiece; fig pawn
schachmatt wörtl adj (check)mated; fig (≈ erschöpft) exhausted; **j-n ~ setzen** wörtl to (check)mate sb; fig to snooker sb umg
Schachspiel n (≈ Spiel) game of chess; (≈ Brett und Figuren) chess set
Schachspieler(in) m(f) chess player
Schacht m shaft; (≈ Kanalisationsschacht) drain
Schachtel f **1** box; (≈ Zigarettenschachtel) packet Br, package US; **eine ~ Pralinen** a box of chocolates **2** umg (≈ Frau) **alte ~** old bag umg
schächten v/t to slaughter according to religious rites
Schachzug fig m move
schade adj (**das ist aber) ~!** what a pity od shame; **es ist ~ um j-n/etw** it's a pity od shame about sb/sth; **zu ~** too bad; **sich** (dat) **für etw zu ~ sein** to consider oneself too good for sth
Schädel m skull; **j-m den ~ einschlagen** to beat sb's skull in
Schädelbruch m fractured skull
schaden v/i to damage; einem Menschen to harm, to hurt; j-s Ruf to damage; **das/Rauchen schadet Ihrer Gesundheit/Ihnen** that/smoking is bad for your health/you; **das schadet nichts** it does no harm; (≈ macht nichts) that doesn't matter; **das kann nicht(s) ~** that won't do any harm
Schaden m **1** (≈ Beschädigung) damage (an +dat

to); (≈ *Personenschaden*) injury; (≈ *Verlust*) loss; (≈ *Unheil, Leid*) harm; **einen ~ verursachen** to cause damage; **zu ~ kommen** to suffer; *physisch* to be hurt *od* injured; **j-m ~ zufügen** to harm sb; **einer Sache** (*dat*) **~ zufügen** to damage sth ② (≈ *Defekt*) fault; (≈ *körperlicher Mangel*) defect; **Schäden aufweisen** to be defective; *Organ* to be damaged

Schadenersatz *m* → Schadensersatz
Schadenfreiheitsrabatt *m* no-claims bonus
Schadenfreude *f* gloating
schadenfroh Ⓐ *adj* gloating Ⓑ *adv* with malicious delight; *sagen* gloatingly
Schadensbemessung *f* damage assessment
Schadensersatz *m* damages *pl*, compensation; **j-n auf ~ verklagen** to sue sb for damages *etc*; **~ leisten** to pay damages *etc*
schadensersatzpflichtig *adj* liable for damages *etc*
Schadensfall *m* **im ~** in the event of damage
Schadensfeststellung *f* damage assessment
Schadensregulierung *f* claims settlement
schadhaft *adj* faulty, defective; (≈ *beschädigt*) damaged
schädigen *v/t* to damage; *j-n* to hurt, to harm
Schädigung *f* damage; *von Menschen* hurt, harm
schädlich *adj* harmful; *Wirkung* damaging; **~ für etw sein** to be damaging to sth
Schädlichkeit *f* harmfulness
Schädling *m* pest
Schädlingsbekämpfung *f* pest control
Schädlingsbekämpfungsmittel *n* pesticide
schadlos *adj* ① **sich an j-m/etw ~ halten** to take advantage of sb/sth ② **etw ~ überstehen** to survive sth unharmed
Schadsoftware *f* IT malicious software
Schadstoff *m* harmful substance
schadstoffarm *adj* **~ sein** to contain a low level of harmful substances; **ein ~es Auto** a clean-air car
Schadstoffausstoß *m* noxious emission; *von Auto* exhaust emission
schadstoffbelastet *adj* polluted
Schadstoffbelastung *f* *von Umwelt* pollution
schadstofffrei *adj* **~ sein** to contain no harmful substances
Schadstoffklasse *f* AUTO emissions class
Schadstoffplakette *f* AUTO emissions sticker
Schaf *n* sheep; *umg* (≈ *Dummkopf*) dope *umg*; **drei ~e** three sheep
Schafbock *m* ram
Schäfchen *n* lamb, little sheep; **sein ~ ins Trockene bringen** *sprichw* to look after number one *umg*
Schäfchenwolken *pl* cotton wool clouds *pl*

Schäfer *m* shepherd
Schäferhund *m* Alsatian (dog) *Br*, German shepherd (dog)
Schäferin *f* shepherdess
Schaffell *n* sheepskin
schaffen¹ *v/t* ① (≈ *hervorbringen*) to create; **dafür ist er wie geschaffen** he's just made for it ② (≈ *bewirken, bereiten*) cause; **Probleme ~** to create problems; **Klarheit ~** to provide clarification
schaffen² Ⓐ *v/t* ① (≈ *bewältigen*) *Aufgabe, Hürde, Portion etc* to manage; *Prüfung* to pass; **wir haben's geschafft** we've managed it; (≈ *Arbeit erledigt*) we've done it; (≈ *gut angekommen*) we've made it; **es allein ~** to go it alone ② *umg* (≈ *überwältigen*) *j-n* to see off *umg*; **das hat mich geschafft** it took it out of me; *nervlich* it got on top of me; **geschafft sein** to be exhausted ③ (≈ *bringen*) **etw in etw** (*akk*) **~** to put sth in sth; **wie sollen wir das in den Keller ~?** how will we manage to get that into the cellar *Br od* basement *US* ? Ⓑ *v/i* ① (≈ *tun*) to do; **sich** (*dat*) **an etw** (*dat*) **zu ~ machen** to fiddle around with sth ② (≈ *zusetzen*) **j-m (schwer) zu ~ machen** to cause sb (a lot of) trouble ③ *südd* (≈ *arbeiten*) to work
Schaffen *n* **sein künstlerisches ~** his artistic creations *pl*
Schaffenskraft *f* creativity
Schaffhausen *n* Schaffhausen
Schaffleisch *n* mutton
Schaffner(in) *m(f)* *im Bus* conductor/conductress; *im Zug* guard *Br*, conductor *US*; (≈ *Fahrkartenkontrolleur*) ticket inspector
Schaffung *f* creation
Schafherde *f* flock of sheep
Schafott *n* scaffold
Schafskäse *m* sheep's milk cheese
Schafsmilch *f* sheep's milk
Schaft *m* shaft; *von Stiefel* leg
Schaftstiefel *pl* high boots *pl*; MIL jackboots *pl*
Schafwolle *f* sheep's wool
Schafzucht *f* sheep breeding
Schakal *m* jackal
schäkern *v/i* to flirt; (≈ *necken*) to play around
schal *adj* *Getränk* flat; *Geschmack* stale
Schal *m* scarf; (≈ *Umschlagtuch*) shawl
Schale¹ *f* bowl; *flach, zum Servieren etc* dish; *von Waage* pan; **eine ~ Cornflakes** a bowl of cornflakes
Schale² *f* *von Obst* skin; *abgeschält* peel *kein pl*; *von Nuss, Ei, Muschel* shell; *von Getreide* husk, hull; **sich in ~ werfen** *umg* to get dressed up
schälen Ⓐ *v/t* (≈ *peelen*) *Tomate, Mandel* to skin; *Erbsen, Eier, Nüsse* to shell; *Getreide* to husk Ⓑ *v/r* to peel

Schalk m joker; **ihm sitzt der ~ im Nacken** he's in a devilish mood
Schall m sound
Schalldämmung f soundproofing
schalldämpfend adj Wirkung sound-muffling; Material soundproofing
Schalldämpfer m sound absorber; von Auto silencer Br, muffler US; von Gewehr etc silencer
schalldicht A adj soundproof B adv **~ abgeschlossen** fully soundproofed
schallen v/i to sound; Stimme, Glocke to ring (out); (≈ widerhallen) to resound
schallend adj Beifall, Ohrfeige resounding; Gelächter ringing; **~ lachen** to roar with laughter
Schallgeschwindigkeit f speed of sound
Schallgrenze f sound barrier
Schallmauer f sound barrier
Schallplatte f record
Schallwelle f sound wave
Schalotte f shallot
Schaltbild n circuit od wiring diagram
schalten A v/t 1 Gerät to switch, to turn; **etw auf „2" ~** to turn od switch sth to "2" 2 Anzeige to place B v/i 1 Gerät, Ampel to switch (**auf** +akk to); AUTO to change gear bes Br, to shift gear US; **in den 2. Gang ~** to change into 2nd gear bes Br, to shift into 2nd gear US 2 fig (≈ handeln) **~ und walten** to bustle around; **j-n frei ~ und walten lassen** to give sb a free hand 3 umg (≈ begreifen) to get it umg
Schalter m 1 ELEK etc switch 2 in Post, Bank, Amt counter, desk; im Bahnhof ticket window
Schalterdienst m counter duty
Schalterhalle f in Post hall; im Bahnhof ticket hall
Schalterschluss m closing time
Schalterstunden pl hours pl of business
Schaltfläche f IT button
Schaltgetriebe n manual transmission, stick shift US
Schalthebel m switch lever; AUTO gear lever Br, gear shift US; **an den ~n der Macht sitzen** to hold the reins of power
Schaltjahr n leap year
Schaltknüppel m AUTO gear lever Br, gear shift US; FLUG joystick
Schaltkreis m TECH (switching) circuit
Schaltplan m circuit od wiring diagram
Schaltpult n control desk
Schalttag m leap day
Schaltuhr f time switch
Schaltung f switching; ELEK wiring; AUTO gear change Br, gearshift US
Scham f shame; **aus falscher ~** from a false sense of shame; **ohne ~** unashamedly
schämen v/r to be ashamed; **du solltest dich ~!** you ought to be ashamed of yourself!; **sich einer Sache** (gen) od **für etw ~** to be ashamed of sth; **sich für j-n ~** to be ashamed for sb; **schäme dich!** shame on you!
Schamfrist f decent interval
Schamhaar n pubic hair
Schamlippen pl labia pl
schamlos adj shameless; Lüge brazen
Schamlosigkeit f shamelessness
Schamröte f flush of shame; **die ~ stieg ihr ins Gesicht** her face flushed with shame
Schande f disgrace; **das ist eine (wahre) ~!** this is a(n absolute) disgrace!; **j-m ~ machen** to be a disgrace to sb
schänden v/t to violate; Sabbat etc to desecrate; Ansehen to dishonour Br, to dishonor US
Schandfleck m blot (**in** +dat on)
schändlich A adj shameful B adv shamefully; behandeln disgracefully
Schandtat f scandalous deed; hum escapade; **zu jeder ~ bereit sein** umg to be always ready for mischief
Schändung f violation; von Sabbat desecration; von Ansehen dishonouring Br, dishonoring US
Schänke f inn
Schankkonzession f licence Br (of publican) excise license US
Schankstube f (public) bar bes Br, saloon US obs
Schanktisch m bar
Schanze f SPORT (ski) jump
Schar f crowd; von Vögeln flock; **die Fans verließen das Stadion in (hellen) ~en** the fans left the stadium in droves
scharen A v/t **Menschen um sich ~** to gather people around one B v/r **sich um j-n/etw ~** to gather around sb/sth
scharenweise adv in Bezug auf Menschen in droves
scharf A adj 1 sharp; Wind, Kälte biting; Luft, Frost keen; **ein Messer ~ machen** to sharpen a knife; **mit ~em Blick** fig with penetrating insight 2 (≈ stark gewürzt) hot, spicy; Geruch, Geschmack pungent; (≈ ätzend) Waschmittel, Lösung caustic 3 (≈ streng) Maßnahmen severe; umg Prüfung, Lehrer tough; Bewachung close; Hund fierce; Kritik harsh; Protest strong; Auseinandersetzung bitter 4 (≈ echt) Munition, Schuss live 5 umg (≈ geil) randy Br umg, horny umg; **auf jdn total ~ sein** umg to have the hots for sb umg, to fancy sb rotten Br umg B adv 1 (≈ intensiv) **~ nach etw riechen** to smell strongly of sth; **~ würzen** to season highly; **~ gewürzt** spicy 2 (≈ heftig) kritisieren sharply; ablehnen adamantly; protestieren emphatically 3 (≈ präzise) bewachen, zuhören closely; **~ beobachten** to be very observant; **~ aufpassen** to pay close attention; **~ nachdenken** to have a good think 4 (≈ genau) **etw ~**

einstellen *Bild etc* to bring sth into focus; *Sender* to tune sth in (properly); **~ sehen/hören** to have sharp eyes/ears **5** (≈ *abrupt*) **bremsen** hard **6** (≈ *hart*) **~ durchgreifen** to take decisive action; **etw ~ bekämpfen** to take strong measures against sth **7** MIL **~ schießen** to shoot with live ammunition

Scharfblick *fig m* keen insight

Schärfe *f* **1** sharpness; *von Wind, Frost* keenness **2** *von Essen* spiciness; *von Geruch, Geschmack* pungency **3** (≈ *Strenge*) severity; *von Kritik* harshness; *von Protest* strength; *von Auseinandersetzung* bitterness

schärfen *v/t* to sharpen

scharfmachen *umg v/t* (≈ *aufstacheln*) to stir up; (≈ *aufreizen*) to turn on *umg*

Scharfmacher(in) *umg m(f)* rabble-rouser

Scharfrichter *m* executioner

Scharfschütze *m* marksman

Scharfschützin *f* markswoman

Scharfsinn *m* astuteness

scharfsinnig **A** *adj* astute **B** *adv* astutely

Scharlach *m* **1** *Farbe* scarlet **2** (≈ *Scharlachfieber*) scarlet fever

scharlachrot *adj* scarlet (red)

Scharlatan *m* charlatan

Scharnier *n* hinge

Schärpe *f* sash

scharren *v/t & v/i* to scrape; *Pferd, Hund* to paw; *Huhn* to scratch; **mit den Füßen ~** to shuffle one's feet

Scharte *f* nick

Schaschlik *n* (shish) kebab

schassen *umg v/t* to chuck out *umg*

Schatten *m* shadow; (≈ *schattige Stelle*) shade; **40 Grad im ~** 40 degrees in the shade; *umg verrückt sein* **einen ~ haben** to be whacko *Br umg*, to be loco *US umg*; **in j-s ~** (*dat*) **stehen** *fig* to be in sb's shadow; **j-n/etw in den ~ stellen** *fig* to put sb/sth in the shade; **nur noch ein ~ (seiner selbst) sein** to be (only) a shadow of one's former self

Schattenboxen *n* shadow-boxing

Schattendasein *n* shadowy existence

schattenhaft **A** *adj* shadowy **B** *adv* **erkennen** vaguely; **sichtbar** barely

Schattenkabinett *n* POL shadow cabinet

Schattenmorelle *f* morello cherry

schattenreich *adj* shady

Schattenriss *m* silhouette

Schattenseite *f* shady side; *fig* (≈ *Nachteil*) drawback

Schattenwirtschaft *f* black economy

schattieren *v/t* to shade

Schattierung *f* shade; (≈ *das Schattieren*) shading; **in allen ~en** *fig* of every shade

schattig *adj* shady

Schatulle *f* casket

Schatz *m* **1** treasure; **du bist ein ~!** *umg* you're a (real) treasure *od* gem! **2** *Anrede* darling, dear **3** (≈ *Liebling*) sweetheart

Schatzamt *n* Treasury

schätzbar *adj* assessable; **schwer ~** difficult to estimate

Schätzchen *n* darling

schätzen *v/t* **1** (≈ *veranschlagen*) to estimate; *Gemälde etc* to value, to appraise; (≈ *annehmen*) to reckon; (≈ *erraten*) to guess, to have a guess; **wie alt ~ Sie mich denn?** how old do you reckon I am then? **2** (≈ *würdigen*) to value; **j-n ~** to think highly of sb; **etw zu ~ wissen** to appreciate sth; **sich glücklich ~** to consider oneself lucky

Schatzsuche *f* treasure hunt; **auf ~ gehen** to go on a treasure hunt

Schätzung *f* estimate; *von Wertgegenstand* valuation

schätzungsweise *adv* (≈ *ungefähr*) approximately; (≈ *so schätze ich*) I reckon

Schätzwert *m* estimated value

Schau *f* **1** (≈ *Vorführung*) show; (≈ *Ausstellung*) display, exhibition; **etw zur ~ stellen** (≈ *ausstellen*) to put sth on show; *fig* to make a show of sth; (≈ *protzen mit*) to show off sth **2** *umg* **eine ~ abziehen** to put on a display; **das ist nur ~** it's only show; **j-m die ~ stehlen** to steal the show from sb

Schaubild *n* diagram; (≈ *Kurve*) graph

Schauder *m* shudder

schauderhaft *adj* terrible

schaudern *v/i* to shudder; **mit Schaudern** with a shudder

schauen *v/i* to look; **auf etw** (*akk*) **~** to look at sth; **um sich ~** to look around (one); **da schaust du aber!** there, see!; **da schau her!** *südd umg* well, well!; **schau, dass du ... ~** see *od* mind (that) you ...

Schauer *m* **1** (≈ *Regenschauer*) shower **2** → Schauder

Schauergeschichte *f* horror story

schauerlich *adj* horrible; (≈ *gruselig*) eerie

schauern *v/i* (≈ *schaudern*) to shudder

Schaufel *f* shovel; *kleiner: für Mehl, Zucker* scoop; *von Wasserrad, Turbine* vane

schaufeln *v/t & v/i* to shovel; *Grab, Grube* to dig

Schaufenster *n* shop window

Schaufensterauslage *f* window display

Schaufensterbummel *m* window-shopping expedition; **einen ~ machen** to go window-shopping

Schaufensterdekoration *f* window dressing

Schaufensterpuppe *f* display dummy

Schaugeschäft n show business
Schaukampf m exhibition fight
Schaukasten m showcase
Schaukel f swing
schaukeln A v/i 1 mit Schaukel to swing; im Schaukelstuhl to rock 2 (≈ sich hin und her bewegen) to sway (back and forth); Schiff to pitch and toss B v/t to push back and forth; **wir werden die Sache schon ~** umg we'll manage it
Schaukelpferd n rocking horse
Schaukelstuhl m rocking chair
Schaulaufen n exhibition skating; Veranstaltung skating display
schaulustig adj curious
Schaulustige pl (curious) onlookers pl
Schaum m foam, froth; (≈ Seifenschaum) lather; zum Feuerlöschen foam; von Bier head, froth; **~ vor dem Mund haben** to foam at the mouth
Schaumbad n bubble od foam bath
schäumen v/i to foam, to froth; Seife, Waschmittel to lather (up); Limonade, Wein to bubble
Schaumfestiger m mousse
Schaumgummi n/m foam rubber
schaumig adj foamy, frothy; **ein Ei ~ schlagen** to beat an egg until frothy
Schaumkrone f whitecap
Schaumschläger(in) fig umg m(f) man/woman full of hot air umg
Schaumstoff m foam material
Schaumwein m sparkling wine
Schauplatz m scene; von Film, Roman setting; **am ~ sein** to be at the scene
Schauprozess m show trial
schaurig adj gruesome, spooky
Schauspiel n THEAT drama, play; fig spectacle
Schauspieler m actor; fig (play-)actor
Schauspielerei f acting, drama
Schauspielerin f actress; fig (play-)actress
schauspielerisch adj acting attr; Talent for acting
schauspielern v/i to act; fig to (play-)act
Schauspielhaus n playhouse
Schauspielkunst f acting
Schauspielschule f drama school
Schausteller(in) m(f) fairground worker, carny US
Scheck m cheque Br, check US; **mit (einem)** od **per ~ bezahlen** to pay by cheque etc
Scheckbetrug m cheque fraud Br, check fraud US
Scheckbetrüger(in) m(f) cheque fraudster Br, check fraudster US, cheque bouncer Br, check bouncer US
Scheckbuch n chequebook; US checkbook
Scheckheft n chequebook Br, checkbook US
scheckig adj spotted; Pferd dappled

Scheckkarte f cheque card Br, check card US
scheel A adj (≈ abschätzig) disparaging; **ein ~er Blick** a dirty look B adv **j-n ~ ansehen** to give sb a dirty look; (≈ abschätzig) to look askance at sb
Scheffel m **sein Licht unter den ~ stellen** umg to hide one's light under a bushel
scheffeln v/t Geld to rake in umg
Scheibe f 1 disc bes Br, disk; (≈ Schießscheibe) target; Eishockey puck; (≈ Wählscheibe) dial; (≈ Töpferscheibe) wheel 2 (≈ abgeschnittene Scheibe) slice; **etw in ~n schneiden** to slice sth (up) 3 (≈ Glasscheibe) (window)pane; (≈ Fenster) window
Scheibenbremse f disc brake bes Br, disk brake
Scheibenwaschanlage f windscreen washers pl Br, windshield washers pl US
Scheibenwischer m windscreen wiper Br, windshield wiper US
Scheich m sheik(h)
Scheichtum n sheik(h)dom
Scheide f sheath; (≈ Vagina) vagina
scheiden A v/t 1 (≈ auflösen) Ehe to dissolve; Eheleute to divorce; **sich ~ lassen** to get divorced; → geschieden 2 geh (≈ trennen) to separate B v/r Wege to divide; Meinungen to diverge
Scheideweg fig m **am ~ stehen** to be at a crossroads
Scheidung f 1 (≈ das Scheiden) separation 2 (≈ Ehescheidung) divorce; **in ~ leben** to be in the middle of divorce proceedings; **die ~ einreichen** to file (a petition) for divorce
Scheidungsgrund m grounds pl for divorce
Schein¹ m 1 (≈ Licht) light; matt glow 2 (≈ Anschein) appearances pl; **~ und Sein** appearance and reality; **der ~ trügt** appearances are deceptive; **den ~ wahren** to keep up appearances; **etw nur zum ~ tun** only to pretend to do sth
Schein² m (≈ Geldschein) note, bill US; (≈ Bescheinigung) certificate; (≈ Formular) form; (≈ Zettel) slip; **~e machen** UNIV to get credits
Scheinasylant(in) oft neg! m(f) bogus asylum-seeker
scheinbar A adj apparent, seeming attr B adv apparently, seemingly
Scheinehe f sham marriage
scheinen v/i 1 (≈ leuchten) to shine 2 (≈ den Anschein geben) to seem, to appear; **mir scheint, (dass) …** it seems to me that …
Scheinfirma f dummy company
Scheingefecht n sham fight
Scheingeschäft n fictitious od artificial transaction
scheinheilig adj hypocritical
Scheinheiligkeit f hypocrisy; (≈ vorgetäuschte Arglosigkeit) feigned innocence

scheintot adj seemingly dead; fig Mensch, Partei on one's/its last legs

Scheinwerfer m zum Beleuchten floodlight; im Theater spotlight; pl lights pl; (≈ Suchscheinwerfer) searchlight; AUTO (head)light

Scheinwerferlicht n floodlight(ing); im Theater spotlight; fig limelight

Scheiß sl m shit sl, crap sl; **~ machen** (≈ herumalbern) to mess around umg

Scheißdreck m vulg (≈ Kot) shit sl, crap sl; **wegen jedem ~** about every effing little thing sl, about every bloody little thing Br umg; **das geht dich einen ~ an** it's none of your effing business sl, it's none of your bloody business Br umg

Scheiße f vulg shit sl; **in der ~ sitzen** umg to be up shit creek sl; **~ bauen** umg to screw up sl

scheißegal umg adj **das ist mir doch ~!** I don't give a shit sl, I don't give a damn umg

scheißen vulg v/i to shit sl, to crap sl; **auf j-n/etw (akk) ~** fig sl not to give a shit about sb/sth sl

Scheißhaus sl n shithouse sl

Scheißkerl umg m bastard sl

Scheit m piece of wood

Scheitel m (≈ Haarscheitel) parting Br, part US; **vom ~ bis zur Sohle** fig through and through

scheiteln v/t to part

Scheitelpunkt m vertex

Scheiterhaufen m (funeral) pyre; HIST zur Hinrichtung stake

scheitern v/i to fail; Verhandlungen, Ehe to break down

Scheitern n failure; von Verhandlungen, Ehe breakdown; **zum ~ verurteilt** doomed to failure

Schelle f ⬛ bell ⬛ TECH clamp ⬛ (≈ Handschelle) handcuff

Schellfisch m haddock

schelmisch adj Blick, Lächeln mischievous

Schelte f scolding; (≈ Kritik) attack

schelten v/t to scold

Schema n scheme; (≈ Darstellung) diagram; (≈ Vorlage) plan; (≈ Muster) pattern; **nach ~ F** in the same (old) way

schematisch 🄰 adj schematic 🄱 adv **etw ~ darstellen** to show sth schematically; **~ vorgehen** to work methodically

Schemel m stool

schemenhaft adj shadowy; Erinnerungen hazy

Schengen-Abkommen, **Schengener Abkommen** n Schengen Agreement

Schengenraum m Schengen Area

Schenke f inn, tavern

Schenkel m ⬛ ANAT (≈ Oberschenkel) thigh; (≈ Unterschenkel) lower leg ⬛ MATH von Winkel side

Schenkelhalsbruch m fracture of the neck of the femur

schenken v/t ⬛ (≈ Geschenk geben) **j-m etw ~** to give sb sth od give sth to sb (as a present od gift); **etw geschenkt bekommen** to get sth as a present od gift; **das ist (fast) geschenkt!** umg (≈ billig) that's a giveaway umg; **j-m seine Aufmerksamkeit ~** to give sb one's attention ⬛ (≈ erlassen) **j-m etw ~** to let sb off sth; **deine Komplimente kannst du dir ~!** you can keep your compliments umg

Schenkung f JUR gift

Schenkungsurkunde f deed of gift

Scherbe f fragment; (≈ Glasscherbe) broken piece of glass; **in ~n gehen** to shatter; fig to go to pieces

Schere f ⬛ Werkzeug: klein scissors pl; groß shears pl; **eine ~** a pair of scissors/shears ⬛ ZOOL pincer

scheren[1] v/t to clip; Schaf to shear

scheren[2] v/t & v/r (≈ kümmern) **sich nicht um j-n/etw ~** not to care about sb/sth; **was schert mich das?** what do I care (about that)?

Scherenschnitt m silhouette

Schererei umg f trouble kein pl

Scherflein n **sein ~ (zu etw) beitragen** Geld to pay one's bit (towards sth); fig to do one's bit (for sth) umg

Schermaus f österr, schweiz (≈ Maulwurf) mole

Scherz m joke; **aus** od **zum ~** as a joke; **im ~** in jest; **ohne ~?** no kidding?; **mach keine ~e!** umg you're joking!; **~ beiseite!** joking aside

Scherzartikel m joke (article)

scherzen v/i to joke, to jest; **mit j-m/etw ist nicht zu ~** one can't trifle with sb/sth

Scherzfrage f riddle

scherzhaft adj jocular; Angelegenheit joking; **etw ~ meinen** to mean sth as a joke

scheu adj (≈ schüchtern) shy; (≈ zaghaft) Versuche cautious

Scheu f fear (**vor** +dat of); (≈ Schüchternheit) shyness; von Reh, Tier timidity; (≈ Hemmung) inhibition

scheuchen v/t to shoo (away); (≈ verscheuchen) to scare off

scheuen 🄰 v/t Kosten, Arbeit to shy away from; Menschen, Licht to shun; **weder Mühe noch Kosten ~** to spare neither trouble nor expense 🄱 v/r **sich vor etw** (dat) **~** (≈ Angst haben) to be afraid of sth; (≈ zurückschrecken) to shy away from sth 🄲 v/i Pferd etc to shy (**vor** +dat at)

Scheuerlappen m floorcloth

Scheuermittel n cremeförmig scouring cream; pulverförmig scouring powder

scheuern 🄰 v/t & v/i ⬛ (≈ putzen) to scour; mit Bürste to scrub ⬛ (≈ reiben) to chafe 🄱 v/t umg

j-m eine ~ to smack sb (one) *umg*
Scheuklappe *f* blinker *Br*, blinder *US*
Scheune *f* barn
Scheusal *n* monster
scheußlich *adj* dreadful, horrible; (≈ *ekelhaft*) nasty; (≈ *abstoßend hässlich*) hideous; **~ schmecken** to taste terrible
Schi *m* → Ski
Schicht *f* 1 (≈ *Lage*) layer; (≈ *dünne Schicht*) film; (≈ *Farbschicht*) coat; **breite ~en der Bevölkerung** large sections of the population 2 (≈ *Arbeitsabschnitt*) shift; **er muss ~ arbeiten** he has to work shifts; **in einer/meiner ~** on a/my shift; *umg das ist das Ende* **dann ist ~ im Schacht** that'll be it
Schichtarbeit *f* shiftwork
Schichtarbeiter(in) *m(f)* shiftworker
Schichtdienst *m* shift work
schichten *v/t* to layer; *Holz* to stack
Schichtwechsel *m* change of shifts
schick *adj & adv* → chic
Schick *m* style
schicken A *v/t & v/i* to send; **(j-m) etw ~** to send sth (to sb), to send (sb) sth B *v/r* (≈ *sich ziemen*) to be fitting
Schickeria *iron f* in-crowd *umg*
Schickimicki *m umg* trendy *umg*
Schicksal *n* fate; **(das ist) ~** *umg* that's life; **j-n seinem ~ überlassen** to abandon sb to his fate
schicksalhaft *adj* fateful
Schicksalsschlag *m* great misfortune
Schiebedach *n* sunroof
Schiebefenster *n* sliding window
schieben A *v/t* 1 (≈ *bewegen*) to push; **etw von sich ~** *fig Schuld* to reject sth; **etw vor sich her ~** *fig* to put sth off; **die Schuld auf j-n ~** to put the blame on sb; **die Verantwortung auf j-n ~** to place the responsibility at sb's door 2 *umg* (≈ *handeln mit*) to traffic in; *Drogen* to push *umg* B *v/i* 1 (≈ *schubsen*) to push 2 *umg* **mit etw ~** to traffic in sth; **mit Drogen ~** to push drugs *umg*
Schiebetür *f* sliding door
Schiebung *f* (≈ *Begünstigung*) string-pulling *kein pl*; SPORT rigging; **das war doch ~** that was a fix
schiech *adj österr* (≈ *hässlich*) ugly
Schiedsgericht *n* court of arbitration
Schiedsrichter(in) *m(f)* arbitrator, arbiter; *Fußball, Rugby, Basketball, Hockey, Ringen, Boxen* referee; *Tennis, Baseball, Volleyball, Badminton, Cricket* umpire; (≈ *Preisrichter*) judge
Schiedsrichterassistent(in) *m(f)* referee's assistant
schiedsrichtern *umg v/i* to arbitrate/referee/umpire/judge
Schiedsspruch *m* (arbitral) award
Schiedsstelle *f* arbitration service
Schieds- und Linienrichter *pl* match officials
Schiedsverfahren *n* JUR arbitration proceedings *pl*
schief A *adj* crooked, not straight *präd*; *Winkel* oblique; *Bild* distorted; **~e Ebene** PHYS inclined plane B *adv* (≈ *schräg*) halten, wachsen crooked; **das Bild hängt ~** the picture is crooked *od* isn't straight; **j-n ~ ansehen** *fig* to look askance at sb
Schiefer *m Gesteinsart* slate
Schieferdach *n* slate roof
schiefergrau *adj* slate-grey *Br*, slate-gray *US*
Schiefertafel *f* slate
schiefgehen *v/i* to go wrong
schiefgewickelt *umg adj* on the wrong track; **da bist du ~** you're in for a surprise there *umg*
schieflachen *umg v/r* to kill oneself (laughing) *umg*
schiefliegen *umg v/i* to be wrong
schielen *v/i* to squint, to be cross-eyed; **auf einem Auge ~** to have a squint in one eye; **nach j-m/etw ~** *umg* to look at sb/sth out of the corner of one's eye; *begehrlich* to look sb/sth up and down; *heimlich* to sneak a look at sb/sth
Schienbein *n* shin; (≈ *Schienbeinknochen*) shinbone
Schiene *f* 1 rail; MED splint 2 **~n** *pl* BAHN track *sg*, rails *pl*; **aus den ~n springen** to leave the rails
schienen *v/t* to splint
Schienenersatzverkehr *m* BAHN replacement bus service
Schienenfahrzeug *n* track vehicle
Schienennetz *n* BAHN rail network
Schienenverkehr *m* rail traffic
schier *adj* (≈ *rein*) pure; *fig* sheer
Schießbefehl *m* order to fire *od* shoot
Schießbude *f* shooting gallery
schießen A *v/t* to shoot; *Kugel, Rakete* to fire; FUSSB *etc* to kick; *Tor* to score B *v/i* 1 **mit Waffe, Ball** to shoot; **auf j-n/etw ~** to shoot at sb/sth; **aufs Tor ~** to shoot at goal; **das ist zum Schießen** *umg* that's a scream *umg* 2 (≈ *in die Höhe schießen*) to shoot up; *Flüssigkeit* to shoot; (≈ *spritzen*) to spurt; **er ist** *od* **kam um die Ecke geschossen** he shot (a)round the corner
Schießerei *f* shoot-out; (≈ *das Schießen*) shooting
Schießplatz *m* shooting *od* firing) range
Schießpulver *n* gunpowder
Schießscheibe *f* target
Schießspiel *n* IT shooting game
Schießstand *m* shooting range; (≈ *Schießbude*) shooting gallery
Schiff *n* 1 ship; boat; **auf dem ~** on board ship 2 ARCH (≈ *Mittelschiff*) nave; (≈ *Seitenschiff*) aisle

schiffbar *adj Gewässer* navigable
Schiffbau *m* shipbuilding
Schiffbruch *m* **~ erleiden** *wörtl* to be shipwrecked; *fig* to fail
schiffbrüchig *adj* shipwrecked
Schiffchen *n* ◨ little boat ◩ *MIL* forage cap
Schiffeversenken *n* (≈ *Spiel*) battleships *sg*
Schifffahrt *f* shipping; (≈ *Schifffahrtskunde*) navigation
Schifffahrtsgesellschaft *f* shipping company
Schifffahrtsstraße *f*, **Schifffahrtsweg** *m* (≈ *Kanal*) waterway; (≈ *Schifffahrtslinie*) shipping route
Schiffschaukel *f* swingboat
Schiffsjunge *m* ship's boy
Schiffsladung *f* shipload
Schiffsmannschaft *f* crew
Schiffsreise *f* voyage; *Vergnügungsreise* cruise
Schiffsrumpf *m* hull
Schiffsverkehr *m* shipping
Schiffswerft *f* shipyard
Schiit(in) *m(f)* Shiite
schiitisch *adj* Shiite
Schikane *f* ◨ harassment *kein pl; von Mitschülern* bullying *kein pl* ◩ **mit allen ~n** *umg* with all the trimmings
schikanieren *v/t* to harass; *Mitschüler* to bully
Schikanierung *f* harassment
Schikoree *f* chicory
Schild[1] *m* shield; *von Schildkröte* shell; **etwas im ~e führen** *fig* to be up to something
Schild[2] *n* sign; (≈ *Wegweiser*) signpost; (≈ *Namensschild*) nameplate; (≈ *Preisschild*) ticket; (≈ *Etikett*) label; (≈ *Plakette*) badge; (≈ *Plakat*) placard; *an Haus* plaque
Schildbürgerstreich *m* foolish act
Schilddrüse *f* thyroid gland
schildern *v/t Ereignisse* to describe; (≈ *skizzieren*) to outline
Schilderung *f* (≈ *Beschreibung*) description; (≈ *Bericht*) account
Schildkröte *f* (≈ *Landschildkröte*) tortoise; (≈ *Wasserschildkröte*) turtle
Schildkrötensuppe *f* turtle soup
Schildlaus *f* scale insect
Schilf *n* reed; (≈ *mit Schilf bewachsene Fläche*) reeds *pl*
schillern *v/i* to shimmer
schillernd *adj Farben* shimmering; *fig Charakter* enigmatic
Schilling *m* HIST *österr* schilling
Schimmel[1] *m* (≈ *Pferd*) grey *Br*, gray *US*
Schimmel[2] *m auf Nahrungsmitteln* mould *Br*, mold *US*; *auf Leder etc* mildew
schimmelig *adj Nahrungsmittel* mouldy *Br*, moldy *US*; *Leder etc* mildewy

Schimmelkäse *m* blue cheese
schimmeln *v/i Nahrungsmittel* to go mouldy *Br*, to go moldy *US*; *Leder etc* to go mildewy
Schimmelpilz *m* mould *Br*, mold *US*
Schimmer *m* glimmer; *von Metall* gleam; *im Haar* sheen; **keinen (blassen) ~ von etw haben** *umg* not to have the faintest idea about sth *umg*
schimmern *v/i* to glimmer; *Metall* to gleam
Schimpanse *m*, **Schimpansin** *f* chimpanzee, chimp *umg*
schimpfen *v/i* to get angry; (≈ *sich beklagen*) to moan; (≈ *fluchen*) to curse; **mit j-m ~** to tell sb off; **auf** *od* **über j-n/etw ~** to bitch (at *od* about) sb/sth
Schimpfwort *n* swearword; **Schimpfwörter** bad language; **Schimpfwörter benutzen** to use bad language; **j-m Schimpfwörter nachrufen** to call sb names
Schindel *f* shingle
schinden Ⓐ *v/t* ◨ (≈ *quälen*) to maltreat; (≈ *ausbeuten*) to overwork, to drive hard; **j-n zu Tode ~** to work sb to death ◩ *umg* (≈ *herausschlagen*) *Arbeitsstunden* to pile up; **Zeit ~** to play for time; **(bei j-m) Eindruck ~** to make a good impression (on sb) Ⓑ *v/r* (≈ *hart arbeiten*) to slave away; (≈ *sich quälen*) to strain
Schinderei *f* drudgery
Schindluder *umg n* **mit etw ~ treiben** to misuse sth; *mit Gesundheit* to abuse sth
Schinken *m* ◨ ham ◩ *pej umg* (≈ *großes Buch*) tome; (≈ *großes Bild*) great daub *pej umg*
Schinkenspeck *m* bacon
Schinkenwurst *f* ham sausage
Schippe *f* shovel; **j-n auf die ~ nehmen** *fig umg* to pull sb's leg *umg*
Schiri *m umg* ref *umg*
Schirm *m* ◨ (≈ *Regenschirm*) umbrella; (≈ *Sonnenschirm*) sunshade; *von Pilz* cap ◩ (≈ *Mützenschirm*) peak ◪ (≈ *Lampenschirm*) shade ◫ *Bildschirm, Radarschirm* screen; *umg* **etw auf dem ~ haben** to be on the case
Schirmherr(in) *m(f)* patron
Schirmherrschaft *f* patronage; **unter der ~ von etw** under the auspices of sth
Schirmmütze *f* peaked cap
Schirmständer *m* umbrella stand
Schiss *sl m* **(fürchterlichen) ~ haben** to be scared to death **(vor** +*dat* **of)** *umg*; **~ kriegen** to get scared
schizophren *adj* MED schizophrenic
Schizophrenie *f* MED schizophrenia
Schlacht *f* battle
schlachten *v/t* to slaughter
Schlachtenbummler(in) *m(f)* SPORT *umg* away supporter
Schlachter(in) *bes nordd m(f)*, **Schlächter(in)**

m(f) dial butcher
Schlachterei *bes nordd f* butcher's (shop)
Schlachtfeld *n* battlefield
Schlachtfest *n country feast to eat up meat from freshly slaughtered pigs*
Schlachthaus *n*, **Schlachthof** *m* slaughterhouse
Schlachthof *m* slaughterhouse
Schlachtplan *m* battle plan; *für Feldzug* campaign plan; *fig* plan of action
Schlachtvieh *n* animals *pl* for slaughter
Schlacke *f* (≈ *Verbrennungsrückstand*) clinker *kein pl*
schlackern *umg v/i* to tremble; *Kleidung* to hang loosely
Schlaf *m* sleep; **einen leichten/tiefen ~ haben** to be a light/deep sleeper; **j-n um seinen ~ bringen** to keep sb awake; **im ~ reden** to talk in one's sleep; **es fällt mir nicht im ~(e) ein, das zu tun** I wouldn't dream of doing that; **das kann er (wie) im ~** *fig umg* he can do that in his sleep
Schlafanzug *m* pyjamas *pl Br*, pajamas *pl US*
Schlafcouch *f* sofa bed
Schlafdefizit *n* sleep deficit
Schläfe *f* temple
schlafen *v/i* to sleep; (≈ *nicht wach sein*) to be asleep; *umg* (≈ *nicht aufpassen*) to sleep; **~ gehen** to go to bed; **schläfst du schon?** are you asleep?; **schlaf gut** sleep well; **bei j-m ~** to stay overnight with sb, to sleep at sb's; **mit j-m ~** to sleep with sb
Schläfenlocke *f* sidelock
Schlafenszeit *f* bedtime
Schläfer(in) *m(f)* **1** sleeper; *fig* dozy person *umg* **2** (≈ *Terrorist in Wartestellung*) sleeper
schlaff *adj* limp; (≈ *locker*) *Seil* slack; *Haut, Muskeln* flabby; (≈ *energielos*) listless
Schlafgelegenheit *f* place to sleep
Schlaflied *n* lullaby
schlaflos *adj* sleepless; **~ liegen** to lie awake
Schlaflosigkeit *f* sleeplessness, insomnia
Schlafmaske *f* eye mask
Schlafmittel *n* sleeping pill; *fig iron* soporific; *beim Arzt* **ich habe ihr ein ~ gegeben** I gave her sth to help her sleep
Schlafmütze *f umg* sleepyhead *umg*; (≈ *träger Mensch*) dope *umg*; **he, du ~!** hey, dopey! *umg*
Schlafparty *f* sleepover
Schlafplatz *m im Schlafwagen* berth
Schlafraum *m* dormitory, dorm *umg*
schläfrig *adj* sleepy
Schläfrigkeit *f* sleepiness
Schlafsaal *m* dormitory
Schlafsack *m* sleeping bag
Schlafstadt *f* dormitory town
Schlafstörung *f* sleeplessness, insomnia
Schlaftablette *f* sleeping pill
schlaftrunken *geh adj* drowsy
Schlafwagen *m* sleeping car
schlafwandeln *v/i* to sleepwalk
Schlafwandler(in) *m(f)* sleepwalker
Schlafzimmer *n* bedroom
Schlag *m* **1** blow (**gegen** against); *gegen etw* knock; *mit der Handfläche* smack, slap; (≈ *Handkantenschlag*) chop *umg*; (≈ *Ohrfeige*) cuff; (≈ *Glockenschlag*) chime; (≈ *Gehirnschlag, Schlaganfall*) stroke; (≈ *Herzschlag, Pulsschlag*) beat; (≈ *Donnerschlag*) clap; (≈ *Stromschlag*) shock; (≈ *Militärschlag*) strike; **zum entscheidenden ~ ausholen** *fig* to strike the decisive blow; **~ auf ~** *fig* one after the other; **j-m einen schweren ~ versetzen** *fig* to deal a severe blow to sb; **ein ~ ins Gesicht** a slap in the face; **ein ~ ins Wasser** *umg* a letdown *umg*; **auf einen ~** *umg* all at once; **wie vom ~ gerührt** *od* **getroffen sein** to be flabbergasted *umg* **2** *umg* (≈ *Wesensart*) type (of person *etc*); **vom alten ~** of the old school **3** *österr* (≈ *Schlagsahne*) cream **4** (≈ *Hosenschlag*) flare; **eine Hose mit ~** flares *pl umg*
Schlagabtausch *m Boxen* exchange of blows; *fig* (verbal) exchange
Schlagader *f* artery
Schlaganfall *m* stroke
schlagartig **A** *adj* sudden **B** *adv* suddenly
Schlagbaum *m* barrier
Schlagbohrer *m* hammer drill
schlagen **A** *v/t & v/i* **1** to hit; (≈ *hauen*) to beat; *heftig* to bang; *mit der flachen Hand* to slap, to smack; *mit der Faust* to punch; *mit Hammer, Pickel etc: Loch* to knock; **j-n bewusstlos ~** to knock sb out; *mit vielen Schlägen* to beat sb unconscious; **j-m ins Gesicht ~** to hit/slap/punch sb in the face; **na ja, ehe ich mich ~ lasse!** *hum umg* I suppose you could twist my arm *hum umg* **2** (≈ *läuten*) to chime; *Stunde* to strike; **eine geschlagene Stunde** a full hour **B** *v/t* **1** (≈ *besiegen*) to beat; **sich geschlagen geben** to admit defeat **2** GASTR to beat; *mit Schneebesen* to whisk; *Sahne* to whip **C** *v/i* **1** *Herz, Puls* to beat; *heftig* to pound **2** (≈ *auftreffen*) **mit dem Kopf auf/gegen etw** (*akk*) **~** to hit one's head on/against sth **3** *Regen* to beat; *Wellen* to pound; *Blitz* to strike (**in etw** *akk* sth) **4** *Flammen* to shoot out (**aus** of); *Rauch* to pour out (**aus** of) **5** *umg* (≈ *ähneln*) **er schlägt sehr nach seinem Vater** he takes after his father a lot **D** *v/r* (≈ *sich prügeln*) to fight; **sich um etw ~** to fight over sth; **sich auf j-s Seite** (*akk*) **~** to side with sb; (≈ *die Fronten wechseln*) to go over to sb
Schlager *m* **1** MUS pop song; *erfolgreich* hit

(song) **2** *umg* (≈ *Erfolg*) hit; (≈ *Verkaufsschlager*) bestseller

Schläger *m* (≈ *Tennisschläger, Federballschläger*) racquet *Br*, racket *US*; (≈ *Hockeyschläger, Eishockeyschläger*) stick; (≈ *Golfschläger*) club; (≈ *Baseballschläger, Tischtennisschläger*) bat

Schläger(in) *m(f)* (≈ *Raufbold*) thug

Schlägerei *f* brawl

Schlagermusik *f* pop music

Schlagersänger(in) *m(f)* pop singer

schlagfertig **A** *adj* Antwort quick and clever; **er ist ein ~er Mensch** he is always ready with a quick(-witted) reply **B** *adv* **~ antworten** to be quick with an answer

Schlagfertigkeit *f von Mensch* quick-wittedness; *von Antwort* cleverness

Schlagfrau *f* batter

Schlaghose *f* flares *pl umg*

Schlaginstrument *n* percussion instrument

schlagkräftig *adj* Boxer, Argumente powerful

Schlagloch *n* pothole

Schlagmann *m* Rudern stroke; Baseball batter

Schlagobers *n österr* (whipping) cream; *geschlagen* whipped cream

Schlagring *m* **1** knuckle-duster **2** MUS plectrum

Schlagsahne *f* (whipping) cream; *geschlagen* whipped cream

Schlagseite *f* SCHIFF list; **~ haben** SCHIFF to be listing; *hum umg* (≈ *betrunken sein*) to be three sheets to the wind *umg*

Schlagstock *form m* baton

Schlagwort *n* **1** (≈ *Stichwort*) headword **2** (≈ *Parole*) slogan

Schlagzeile *f* headline; **~n machen** *umg* to hit the headlines

Schlagzeug *n* drums *pl*; *in Orchester* percussion *kein pl*; **~ spielen** to play the drums/the percussion

Schlagzeuger(in) *m(f)* drummer; *in Orchester* percussionist

Schlamassel *umg m/n* (≈ *Durcheinander*) mix-up; (≈ *missliche Lage*) mess *umg*

Schlamm *m* mud

schlammig *adj* muddy

Schlammschlacht *umg f* mud bath

Schlampe *pej umg f* slut *umg*, tart *sl*

schlampen *umg v/i* to be sloppy (in one's work)

Schlamperei *umg f* sloppiness; (≈ *schlechte Arbeit*) sloppy work

schlampig **A** *adj* sloppy; (≈ *unordentlich*) untidy **B** *adv* (≈ *nachlässig*) carelessly; (≈ *ungepflegt*) slovenly

Schlange *f* **1** snake; **eine falsche ~** a snake in the grass **2** (≈ *Menschenschlange, Autoschlange*) queue *Br*, line *US*; **~ stehen** to queue (up) *Br*, to stand in line *US* **3** TECH coil

schlängeln *v/r Weg, Menschenmenge* to wind (its way); *Fluss a.* to meander; **eine geschlängelte Linie** a wavy line

Schlangenbiss *m* snakebite

Schlangengift *n* snake venom

Schlangenhaut *f* snake's skin; (≈ *Leder*) snakeskin

Schlangenleder *n* snakeskin

Schlangenlinie *f* wavy line; **(in) ~n fahren** to swerve about

schlank *adj* **1** slim; **~ werden** to slim; **ihr Kleid macht sie ~** her dress makes her look slim **2** *fig* (≈ *effektiv*) lean

Schlankheit *f* slimness

Schlankheitskur *f* diet; MED course of slimming treatment; **eine ~ machen** to be on a diet

schlapp *umg adj* (≈ *erschöpft*) worn-out; (≈ *energielos*) listless; *nach Krankheit etc* run-down

Schlappe *umg f* setback; *bes* SPORT defeat; **eine ~ einstecken (müssen)** to suffer a setback/defeat

schlappmachen *umg v/i* to wilt; (≈ *ohnmächtig werden*) to collapse

Schlappschwanz *pej umg m* wimp *umg*

schlau **A** *adj* smart, clever; (≈ *gerissen*) cunning; **ein ~er Bursche** a crafty devil *umg*; **ich werde nicht ~ aus ihm/dieser Sache** I can't figure him/it out **B** *adv* cleverly

Schlauch *m* hose; MED tube; (≈ *Fahrradschlauch, Autoschlauch*) (inner) tube; **auf dem ~ stehen** *umg* (≈ *nicht begreifen*) not to have a clue *umg*; (≈ *nicht weiterkommen*) to be stuck *umg*

Schlauchboot *n* rubber dinghy; raft; **mit einem ~ fahren** to raft

schlauchen *umg* **A** *v/t j-n: Reise, Arbeit etc* to wear out **B** *v/i umg* (≈ *Kraft kosten*) to take it out of you/one *etc umg*; **das schlaucht echt!** it really takes it out of you *umg*

Schlaufe *f* loop; (≈ *Aufhänger*) hanger

Schlauheit *f* **1** cleverness; *von Mensch, Idee a.* shrewdness; (≈ *Gerissenheit*) cunning **2** (≈ *Bemerkung*) clever remark

schlaumachen *umg v/r* **sich über etw** (akk) **~** to inform oneself about sth

Schlaumeier *m* smart aleck *umg*

schlecht **A** *adj* **1** bad; Gesundheit, Qualität poor; **~ in etw** (dat) **sein** to be bad at sth; **in Sport ist Julia ~er als ich** Julia is worse at sport than I am; **~este(r, s)** worst; **sich zum Schlechten wenden** to take a turn for the worse; **nur Schlechtes von j-m** *od* **über j-n sagen** not to have a good word to say for sb; **j-m ist (es) ~** sb feels ill *od* sick; **~ aussehen** to look bad; **mit j-m/etw sieht es ~ aus** sb/sth looks in a bad way **2** (≈ *ungenießbar*) off *präd Br*, bad; **~ werden** to go off *Br*, to go bad **B** *adv* badly; *lernen* with difficulty; **~ über j-n sprechen/von j-m denken** to speak/think ill of sb; **sich ~ fühlen** to feel bad; **~ gelaunt** bad-tempered; **heute geht es ~** today is not very convenient; **er ist ~ zu verstehen** he is hard to understand; **ich kann sie ~ sehen** I can't see her very well; **ich kann jetzt ~ absagen** I can hardly cancel now; **auf j-n/etw ~ zu sprechen sein** not to have a good word to say for sb/sth

schlechterdings *adv* (≈ *völlig*) absolutely; (≈ *nahezu*) virtually

schlecht gehen *v/i*, **schlechtgehen** *v/i* **es geht j-m schlecht** sb is in a bad way; *finanziell* sb is doing badly

schlechthin *adv* (≈ *vollkommen*) quite; (≈ *als solches, in seiner Gesamtheit*) per se

Schlechtigkeit *f* **1** badness **2** (≈ *schlechte Tat*) misdeed

schlechtmachen *v/t* (≈ *herabsetzen*) to denigrate

Schlechtwettergeld *n* bad-weather pay

Schlechtwetterperiode *f* spell of bad weather

schlecken *österr, südd v/t & v/i* → lecken²

Schlehe *f* sloe

schleichen A *v/i* to creep; *Fahrzeug, Zeit* to crawl **B** *v/r* **1** (≈ *leise gehen*) to creep; **sich in j-s Vertrauen** (*akk*) **~** to worm one's way into sb's confidence **2** *österr, südd* (≈ *weggehen*) to go away; **schleich dich!** get lost! *umg*

schleichend *adj* creeping; *Krankheit, Gift* insidious

Schleichweg *m* secret path; **auf ~en** *fig* on the quiet

Schleichwerbung *f* plug *umg*; **für etw ~ machen** to plug sth

Schleie *f ZOOL* tench

Schleier *m* veil

Schleiereule *f* barn owl

schleierhaft *umg adj* baffling; **es ist mir völlig ~** it's a complete mystery to me

Schleife *f* **1** loop; (≈ *Straßenschleife*) twisty bend **2** *von Band* bow; (≈ *Fliege*) bow tie; (≈ *Kranzschleife*) ribbon

schleifen¹ A *v/t* to drag; **j-n vor Gericht ~** *fig* to drag sb into court **B** *v/i* **1** to trail, to drag **2** (≈ *reiben*) to rub; **die Kupplung ~ lassen** AUTO to slip the clutch; **die Zügel ~ lassen** to slacken the reins

schleifen² *v/t Messer* to sharpen; *Werkstück, Linse* to grind; *Parkett* to sand; *Glas* to cut; → **geschliffen**

Schleifmaschine *f* grinding machine

Schleifpapier *n* abrasive paper

Schleifstein *m* grinding stone, grindstone

Schleim *m* **1** slime; MED mucus; *in Atemorganen* phlegm **2** GASTR gruel

Schleimer(in) *umg m(f)* crawler *umg*

Schleimhaut *f* mucous membrane

schleimig *adj* slimy; MED mucous

schleimlösend *adj* expectorant

schlemmen *v/i* (≈ *üppig essen*) to feast; (≈ *üppig leben*) to live it up

Schlemmer(in) *m(f)* bon vivant

schlendern *v/i* to stroll

Schlendrian *umg m* casualness; (≈ *Trott*) rut

schlenkern *v/t & v/i* to swing, to dangle; **mit den Armen ~** to swing *od* dangle one's arms

Schleppe *f von Kleid* train

schleppen A *v/t* (≈ *tragen*) *Gepäck* to lug; (≈ *zerren*) to drag; *Auto* to tow; *Flüchtlinge* to smuggle **B** *v/r* to drag oneself; *Verhandlungen etc* to drag on

schleppend *adj Gang* shuffling; *Bedienung, Geschäft* sluggish; **nur ~ vorankommen** to progress very slowly

Schlepper *m* AUTO tractor; SCHIFF tug(boat)

Schlepper(in) *m(f)* **1** *sl für Lokal* tout **2** (≈ *Fluchthelfer*) people smuggler

Schleppkahn *m* (canal) barge

Schlepplift *m* ski tow

Schleppnetz *n* trawl (net)

Schlepptau *n* SCHIFF tow rope; **j-n ins ~ nehmen** to take sb in tow

Schlesien *n* Silesia

Schlesier(in) *m(f)* Silesian

schlesisch *adj* Silesian

Schleswig-Holstein *n* Schleswig-Holstein

Schleuder *f* **1** *Waffe* sling; (≈ *Wurfmaschine*) catapult **2** (≈ *Zentrifuge*) centrifuge; *für Honig* extractor; (≈ *Wäscheschleuder*) spin-dryer

Schleudergefahr *f* risk of skidding; „**Achtung ~**" "slippery road ahead"

schleudern A *v/t & v/i* **1** (≈ *werfen*) to hurl **2** TECH to centrifuge; *Honig* to extract; *Wäsche* to spin-dry **B** *v/i* AUTO to skid; **ins Schleudern geraten** to go into a skid; *fig umg* to run into trouble

Schleuderpreis *m* giveaway price

Schleudersitz *m* FLUG ejector seat; *fig* hot seat

schleunigst *adv* straight away; **verschwinde, aber ~!** beat it, on the double!

Schleuse *f für Schiffe* lock; *zur Regulierung des Wasserlaufs* sluice; **die ~n öffnen** *fig* to open the floodgates

schleusen *v/t Schiffe* to pass through a lock; *Wasser* to channel; *langsam: Menschen* to filter; *Antrag* to channel; *fig heimlich, Flüchtlinge* to smuggle

Schleuser(in) *m(f)* people smuggler *od* trafficker

Schleusung f **die ~ von Migranten** the smuggling of migrants

Schlich m ruse; **j-m auf die ~e kommen** to catch on to sb

schlicht **A** adj simple; **~ und einfach** plain and simple **B** adv **1** (≈ einfach) simply **2** (≈ glattweg) erfunden simply; vergessen completely

schlichten **A** v/t Streit (≈ beilegen) to settle **B** v/i to mediate; bes IND to arbitrate

Schlichter(in) m(f) mediator; IND arbitrator

Schlichtheit f simplicity

Schlichtung f (≈ Vermittlung) mediation; bes IND arbitration; (≈ Beilegung) settlement

schlichtweg adv → schlechthin

Schlick m silt, ooze; (≈ Ölschlick) slick

Schliere f streak

Schließe f fastening

schließen **A** v/t **1** (≈ zumachen, beenden) to close; Betrieb (≈ einstellen) to close down **2** (≈ eingehen) Vertrag to conclude; Frieden to make; Bündnis to enter into; Freundschaft to form **B** v/r (≈ zugehen) to close **C** v/i **1** (≈ zugehen, enden) to close; (≈ Betrieb einstellen) to close down; **„geschlossen"** "closed" **2** (≈ schlussfolgern) to infer; **auf etw** (akk) **~ lassen** to indicate sth; → geschlossen

Schließfach n locker; (≈ Bankschließfach) safe-deposit box

schließlich adv (≈ endlich) in the end, eventually, at last; (≈ immerhin) after all

Schließung f (≈ das Schließen) closing; (≈ Betriebseinstellung) closure

Schliff m von Glas, Edelstein cut; fig (≈ Umgangsformen) polish; **j-m den letzten ~ geben** fig to perfect sb

schlimm **A** adj bad; Krankheit, Wunde nasty; (≈ entzündet) sore; Nachricht awful, upsetting; **es gibt Schlimmeres als ihn** there are worse than him; **das finde ich nicht ~** I don't find that so bad; **eine ~e Zeit** bad times pl; **das ist halb so ~!** that's not so bad!; **~er** worse; **wenn es nichts Schlimmeres ist!** if that's all it is!; **es gibt Schlimmeres** it could be worse; **~ste(r, s)** worst; **im ~sten Fall** if (the) worst comes to (the) worst **B** adv zurichten horribly; **wenn es ganz ~ kommt** if things get really bad; **es steht ~ (um ihn)** things aren't looking too good for him

schlimmstenfalls adv at (the) worst

Schlinge f loop; an Galgen noose; MED (≈ Armbinde) sling; (≈ Falle) snare

Schlingel m rascal

schlingen[1] geh **A** v/t (≈ binden) Knoten to tie; (≈ umbinden) Schal etc to wrap (**um** around) **B** v/r **sich um etw ~** to coil (itself) around sth

schlingen[2] v/i beim Essen to gobble

schlingern v/i Schiff to roll; **ins Schlingern geraten** AUTO etc to go into a skid

Schlips m tie, necktie US

schlitteln v/i schweiz to toboggan

Schlitten m **1** sledge, sled; (≈ Pferdeschlitten) sleigh; (≈ Rodelschlitten) toboggan; (≈ Rennschlitten) bobsleigh; **mit j-m ~ fahren** umg to bawl sb out umg **2** umg (≈ Auto) big car

Schlittenfahrt f sledge ride; mit Rodelschlitten toboggan ride; mit Pferdeschlitten etc sleigh ride

schlittern v/i (≈ ausrutschen) to slip; Wagen to skid; fig to slide, to stumble; **in den Konkurs ~** to slide into bankruptcy

Schlittschuh m (ice) skate; **~ laufen** to (ice-)skate

Schlittschuhbahn f ice rink

Schlittschuhlaufen n (ice-)skating

Schlittschuhläufer(in) m(f) (ice-)skater

Schlitz m slit; (≈ Einwurfschlitz) slot; (≈ Hosenschlitz) fly, flies pl Br

Schlitzauge n slant eye

schlitzäugig adj slant-eyed

schlitzen v/t to slit

Schlitzohr n fig sly fox

Schlögel m GASTR österr, südd (≈ Keule) leg

Schloss[1] n (≈ Gebäude) castle; (≈ Palast) palace; (≈ großes Herrschaftshaus) mansion

Schloss[2] n (≈ Türschloss etc) lock; (≈ Vorhängeschloss) padlock; **hinter ~ und Riegel sitzen/bringen** to be/put behind bars

Schlosser(in) m(f) locksmith; (≈ Maschinenschlosser) fitter

Schlot m (≈ Schornstein) chimney (stack); **rauchen wie ein ~** umg to smoke like a chimney umg

schlottern v/i **1** (≈ zittern) to shiver (**vor** +dat with); vor Angst to tremble (**vor** +dat with); **ihm schlotterten die Knie** his knees were knocking **2** Kleider to hang loose

Schlucht f gorge, canyon

schluchzen v/t & v/i to sob

Schluck m drink; (≈ ein bisschen) drop; (≈ das Schlucken) swallow; großer gulp; kleiner sip; **einen ~ aus der Flasche nehmen** to take a drink from the bottle

Schluckauf m hiccups pl; **einen ~ haben** to have (the) hiccups

schlucken **A** v/t **1** to swallow; **Pillen ~** sl to pop pills umg **2** HANDEL (≈ absorbieren) to swallow up; Benzin, Öl to guzzle **B** v/i to swallow; **daran hatte er schwer zu ~** fig he found that difficult to swallow

Schlucker umg m **armer ~** poor devil

Schluckimpfung f oral vaccination

schlud(e)rig umg **A** adj Arbeit sloppy **B** adv sloppily

schludern umg **A** v/t to skimp **B** v/i to do slop-

py work
Schludrigkeit umg f sloppiness
schlummern geh v/i to slumber liter
Schlund m ANAT pharynx; fig liter maw liter
schlüpfen v/i to slip; Küken to hatch (out)
Schlüpfer m panties pl Br, knickers pl
Schlupfloch n hole, gap; (≈ Versteck) hideout; fig loophole
schlüpfrig adj **1** slippery **2** fig Bemerkung suggestive; Geschichte juicy
schlurfen v/i to shuffle, to shamble
schlürfen v/t & v/i to slurp, to sip
Schluss m **1** (≈ Ende) end; einer Geschichte, eines Films ending; **~ damit!** stop it!; **nun ist aber ~!** that's enough now!; **zum ~** in the end; **bis zum ~ bleiben** to stay to the end; **~ machen** umg (≈ aufhören) to finish; (≈ zumachen) to close; (≈ Selbstmord begehen) to end it all; (≈ Freundschaft beenden) to break it off; **mit j-m ~ machen** to chuck od dump sb; **ich muss ~ machen** am Telefon I'll have to go now **2** (≈ Folgerung) conclusion; **zu dem ~ kommen, dass ...** to come to the conclusion that ...
Schlussabrechnung f final statement
Schlussakkord m final chord
Schlussakte f EU final act
Schlüssel m key (**zu** to); TECH spanner Br, wrench; (≈ Verteilungsschlüssel) ratio (of distribution); MUS clef
Schlüsselbein n collarbone
Schlüsselblume f cowslip
Schlüsselbund m/n bunch of keys
Schlüsseldienst m key cutting service
Schlüsselerlebnis n PSYCH crucial experience
Schlüsselfigur f key figure
Schlüsselkind umg n latchkey kid umg
Schlüsselloch n keyhole
Schlüsselposition f key position
Schlüsselqualifikation f key competency
Schlüsselring m key ring
Schlüsselwort n key word
schlussfolgern v/i to conclude
Schlussfolgerung f conclusion
Schlussformel f in Brief complimentary close
schlüssig **A** adj Beweis conclusive; Konzept logical **B** adv begründen conclusively
Schlusslicht n tail light; umg bei Rennen etc back marker; **~ der Tabelle sein** to be bottom of the table
Schlussnotierung f BÖRSE closing quotation
Schlusspfiff m final whistle
Schlussstrich fig m **einen ~ unter etw** (akk) **ziehen** to consider sth finished
Schlussverkauf m (end-of-season) sale Br, season close-out sale US
Schmach geh f disgrace

schmachten v/i geh (≈ leiden) to languish
schmächtig adj slight
schmackhaft adj (≈ wohlschmeckend) tasty; **j-m etw ~ machen** fig to make sth palatable to sb
schmähen geh v/t to abuse
schmählich geh **A** adj ignominious; (≈ demütigend) humiliating **B** adv shamefully; versagen miserably
schmal adj **1** narrow; (≈ schlank) slim; Hüfte, Taille slender, narrow; Lippen thin **2** fig (≈ karg) meagre Br, meager US
schmälern v/t to diminish
Schmalfilm m cine film Br, movie film US
Schmalspur f BAHN narrow gauge
Schmalspur- pej zssgn small-time
Schmalz[1] n **1** fat; (≈ Schweineschmalz) lard; (≈ Bratenschmalz) dripping Br, drippings pl US **2** (≈ Ohrenschmalz) earwax
Schmalz[2] pej umg m schmaltz umg
schmalzig pej umg adj schmaltzy umg
Schmankerl n österr, südd (≈ Speise) delicacy
schmarotzen v/i to sponge, to scrounge (**bei** off); BIOL to be parasitic (**bei** on)
Schmarotzer m BIOL auch fig parasite
Schmarotzer(in) fig m(f) sponger
Schmarr(e)n m **1** österr, südd GASTR pancake cut up into small pieces **2** umg (≈ Quatsch) nonsense **3** österr umg **das geht dich einen Schmarrn an** that's none of your business
schmatzen v/i beim Essen to eat noisily, to smack US
schmecken **A** v/i to taste (**nach** of); (≈ gut schmecken) to be good, to taste good; **ihm schmeckt es** (≈ gut finden) he likes it; (≈ Appetit haben) he likes his food; **das schmeckt ihm nicht** he doesn't like it; **Pizza schmeckt besser** pizza is tastier; **nach etw ~** fig to smack of sth; **das schmeckt nach nichts** it's tasteless; **schmeckt es (Ihnen)?** do you like it?; **wie hat es geschmeckt?** what was it like?; **es sich** (dat) **~ lassen** to tuck in; **sich** (dat) **etw ~ lassen** to tuck into sth **B** v/t to taste
Schmeichelei f flattery
schmeichelhaft adj flattering
schmeicheln v/i **1** **j-m ~** to flatter sb **2** (≈ verschönen) to flatter; **das Bild ist aber geschmeichelt!** the picture is very flattering
Schmeichler(in) m(f) flatterer; (≈ Kriecher) sycophant
schmeichlerisch adj flattering
schmeißen umg **A** v/t **1** (≈ werfen) to sling umg, to chuck umg **2** umg **eine Party ~** to throw a party; **den Laden ~** to run the (whole) show **3** (≈ aufgeben) to chuck in umg **B** v/i (≈ werfen) to throw; **mit Steinen ~** to throw stones
Schmeißfliege f bluebottle

Schmelze f ■ *Metallurgie, a.* GEOL melt ■ (≈ *Schmelzen*) melting ■ (≈ *Schmelzhütte*) smelting plant

schmelzen Ⓐ v/i to melt; *Reaktorkern* to melt down Ⓑ v/t to melt; *Erz* to smelt

Schmelzkäse m cheese spread

Schmelzofen m melting furnace; *für Erze* smelting furnace

Schmelzpunkt m melting point

Schmelztiegel m melting pot

Schmelzwasser n melted snow and ice; GEOG, PHYS meltwater

Schmerz m pain *pl selten*; (≈ *Kummer*) grief *kein pl*; **~en haben** to be in pain; **wo haben Sie ~en?** where does it hurt?; **schreien vor ~en** to cry in pain; **j-m ~en bereiten** to cause sb pain; **unter ~en** while in pain; *fig* regretfully

schmerzempfindlich *adj Mensch* sensitive to pain

schmerzen v/t & v/i to hurt, to ache; **es schmerzt** it hurts; **eine ~de Stelle** a painful spot

Schmerzensgeld n JUR damages *pl*

schmerzfrei *adj* free of pain; *Operation* painless

Schmerzgrenze f pain barrier

schmerzhaft *adj* painful, sore

schmerzlindernd *adj* pain-relieving, analgesic *fachspr*

schmerzlos *adj* painless

Schmerzmittel n painkiller

schmerzstillend *adj* pain-killing, analgesic *fachspr*; **~es Mittel** painkiller

Schmerztablette f painkiller

schmerzverzerrt *adj Gesicht* distorted with pain

schmerzvoll *adj* painful

Schmetterball m smash

Schmetterling m butterfly

schmettern v/t ■ (≈ *schleudern*) to smash ■ *Lied, Arie* to bellow out

Schmied(in) m(f) (black)smith

Schmiede f forge

Schmiedeeisen n wrought iron

schmiedeeisern *adj* wrought-iron

schmieden v/t to forge (**zu** into); (≈ *ersinnen*) *Plan, Komplott* to hatch

schmiegen v/r **sich an j-n ~** to cuddle up to sb

schmiegsam *adj Stoff* soft; *fig* (≈ *anpassungsfähig*) adaptable

Schmiere f ■ *umg* grease; (≈ *Salbe*) ointment ■ *umg* **~ stehen** to be the look-out

schmieren v/t ■ (≈ *streichen*) to smear; *Butter, Aufstrich* to spread; *Brot mit Butter* to butter; *Salbe* to rub in (**in** +*akk* -to); (≈ *einfetten*) to grease; TECH to lubricate; **sie schmierte sich ein Brot** she made herself a sandwich; **es geht** *od* **läuft wie geschmiert** it's going like clockwork; **j-m eine ~** *umg* to smack sb one *umg* ■ *pej* (≈ *schreiben*) to scrawl; (≈ *malen*) to daub ■ *umg* (≈ *bestechen*) **j-n ~** to grease sb's palm *umg*

Schmiererei *pej umg* f (≈ *Geschriebenes*) scrawl; (≈ *Parolen etc*) graffiti *pl*; (≈ *Malerei*) daubing

Schmierfett n (lubricating) grease

Schmierfink *pej* m ■ (≈ *Autor, Journalist*) hack; (≈ *Skandaljournalist*) muckraker *umg* ■ (≈ *Schüler*) messy writer

Schmiergeld n bribe

Schmierheft n notebook

schmierig *adj* greasy; *fig* (≈ *unanständig*) filthy; (≈ *schleimig*) smarmy *Br umg*

Schmiermittel n lubricant

Schmieröl n lubricating oil

Schmierpapier n jotting paper *Br*, scratch paper *US*

Schmierseife f soft soap

Schmierzettel m piece of scrap paper

Schminke f make-up

schminken Ⓐ v/t to make up; **sich** (*dat*) **die Lippen/Augen ~** to put on lipstick/eye make-up Ⓑ v/r to put on make-up; **sie schminkt sich nie** she never wears make-up

schmirgeln v/t & v/i to sand

Schmirgelpapier n sandpaper

Schmöker m book (*of light literature*); *dick* tome

schmökern *umg* v/i to bury oneself in a book/magazine *etc*

schmollen v/i to pout; (≈ *gekränkt sein*) to sulk

Schmollmund m pout; **einen ~ machen** to pout

Schmorbraten m pot roast

schmoren Ⓐ v/t to braise Ⓑ v/i GASTR to braise; *umg* (≈ *schwitzen*) to roast; **j-n (im eigenen Saft) ~ lassen** to leave sb to stew (in his/her own juice)

Schmuck m ■ (≈ *Schmuckstücke*) jewellery *Br kein pl*, jewelry *US kein pl* ■ (≈ *Verzierung*) decoration; *fig* embellishment

schmücken Ⓐ v/t to decorate; *Rede* to embellish Ⓑ v/r **sich mit etw ~** to adorn oneself with sth

schmucklos *adj* plain; *Einrichtung, Stil* simple

Schmuckstück n (≈ *Ring etc*) piece of jewellery; *fig* (≈ *Prachtstück*) gem

schmuddelig *adj* messy; (≈ *schmierig*) filthy

Schmuggel m smuggling; **~ treiben** to smuggle

Schmuggelei f smuggling *kein pl*

schmuggeln v/t *wörtl, fig* v/t & v/i to smuggle; **mit etw ~** to smuggle sth

Schmuggelware f smuggled goods *pl*

Schmuggler(in) m(f) smuggler

schmunzeln v/i to smile
Schmunzeln n smile
schmusen umg v/i (≈ zärtlich sein) to cuddle; **mit j-m ~** to cuddle sb
schmusig umg adj smoochy umg
Schmutz m **1** dirt **2** fig filth; **j-n/etw in den ~ ziehen** to drag sb/sth through the mud
schmutzen v/i to get dirty
Schmutzfink umg m (≈ unsauberer Mensch) dirty slob umg; (≈ Kind) mucky pup Br umg, messy thing bes US umg; fig (≈ Mann) dirty old man
Schmutzfleck m dirty mark
Schmutzfracht f dirty cargo
schmutzig adj dirty; **sich ~ machen** to get oneself dirty
Schnabel m **1** (≈ Vogelschnabel) beak, bill **2** von Kanne spout **3** umg (≈ Mund) mouth; **halt den ~!** shut your mouth! umg
Schnabeltier n duck-billed platypus
schnacken nordd v/i to chat
Schnake f **1** umg (≈ Stechmücke) gnat, midge Br **2** (≈ Weberknecht) daddy-longlegs
Schnalle f **1** (≈ Schuhschnalle, Gürtelschnalle) buckle **2** an Handtasche clasp **3** österr (≈ Türklinke) doorhandle **4** pej Schimpfwort für Frau bitch; **so eine ~!** what a bitch!
schnallen v/t **1** (≈ befestigen) to strap; Gürtel to fasten **2** umg (≈ begreifen) **etw ~** to catch on to sth
Schnäppchen n bargain; **ein ~ machen** to get a bargain
Schnäppchenpreis umg m bargain price
schnappen A v/i **nach j-m/etw ~** to snap at sb/sth; (≈ greifen) to snatch at sb/sth, to grab sb/sth; **die Tür schnappt ins Schloss** the door clicks shut **B** umg v/t **1** (≈ ergreifen) to grab; **sich** (dat) **j-n/etw ~** to grab sb/sth umg **2** (≈ fangen) to catch
Schnapperfisch m red snapper
Schnappschuss m (≈ Foto) snap(shot)
Schnaps m (≈ klarer Schnaps) schnapps; umg (≈ Branntwein) spirits pl
Schnapsbrennerei f Gebäude distillery
Schnapsglas n shot glass
Schnapsidee umg f crazy idea
schnarchen v/i to snore
schnattern v/i Gans to gabble; Ente to quack; umg (≈ schwatzen) to natter umg
schnauben v/i **1** Tier to snort **2** **vor Wut ~** to snort with rage
schnaufen v/i (≈ schwer atmen) to wheeze; (≈ keuchen) to puff
Schnauferl n hum (≈ Oldtimer) veteran car
Schnauz schweiz m, **Schnauzbart** m moustache Br, mustache US
Schnauze f **1** von Tier snout **2** umg (≈ Mund) gob Br umg, trap umg; **(halt die) ~!** shut your trap! umg; **j-m die ~ einschlagen** od **polieren** to smash sb's face in sl; **die ~ (gestrichen) vollhaben** to be fed up (to the back teeth) umg; **eine große ~ haben** to have a big mouth
schnäuzen v/t & v/r **sich ~, (sich) die Nase ~** to blow one's nose
Schnauzer m (≈ Hundeart) schnauzer
Schnecke f **1** ZOOL, a. fig snail; (≈ Nacktschnecke) slug; GASTR escargot; **j-n zur ~ machen** umg to bawl sb out umg **2** GASTR Gebäck ≈ Chelsea bun
Schneckenhaus n snail shell
Schneckenpost umg f snail mail umg
Schneckentempo umg n **im ~** at a snail's pace
Schnee m **1** snow; **das ist ~ von gestern** umg that's old hat **2** (≈ Eischnee) whisked egg white; **Eiweiß zu ~ schlagen** to whisk the egg white(s) till stiff **3** umg (≈ Heroin, Kokain) snow sl
Schneeball m snowball
Schneeballprinzip n snowball effect
Schneeballschlacht f snowball fight
Schneeballsystem n Ponzi scheme
schneebedeckt adj snow-covered
Schneebesen m GASTR whisk
schneeblind adj snow-blind
Schneebrille f snow goggles pl
Schneedecke f blanket od covering of snow
Schneefall m snowfall, fall of snow
Schneefallgrenze f snowline; **unter/über der ~** below/above the snowline
Schneeflocke f snowflake
Schneefräse f snowblower
schneefrei adj Gebiet free of snow
Schneegestöber n leicht snow flurry; stark snowstorm
Schneeglätte f hard-packed snow kein pl
Schneeglöckchen n snowdrop
Schneegrenze f snow line
Schneekette f AUTO snow chain
Schneemann m snowman
Schneematsch m slush
Schneepflug m TECH, SKI snowplough Br, snowplow US
Schneeregen m sleet
Schneeschaufel f snow shovel, snowpusher US
Schneeschmelze f thaw
Schneeschuh m snowshoe; obs SKI ski
schneesicher adj with snow guaranteed
Schneesturm m snowstorm; stärker blizzard
Schneetreiben n driving snow
Schneeverhältnisse pl snow conditions pl
Schneeverwehung f snowdrift
Schneewehe f snowdrift
schneeweiß adj snow-white; Hände lily-white
Schneewittchen n Snow White

Schneid *umg m* guts *pl umg*
Schneidbrenner *m* TECH cutting torch
Schneide *f* (sharp *od* cutting) edge; *von Messer* blade
schneiden **A** *v/i* to cut **B** *v/t* **1** to cut; (≈ *klein schneiden*) *Gemüse etc* to chop; SPORT *Ball* to slice; MATH to intersect with; *Weg* to cross; **j-n ~** *beim Überholen* to cut in on sb; (≈ *ignorieren*) to cut sb dead *Br*, to cut sb off **2** *Film, Tonband* to edit **3** *fig* (≈ *meiden*) to cut **C** *v/r* **1** *Mensch* to cut oneself; **sich in den Finger ~** to cut one's finger **2** *umg* (≈ *sich täuschen*) **da hat er sich aber geschnitten!** he's made a big mistake **3** *Linien, Straßen etc* to intersect
schneidend *adj* biting; *Ton* piercing
Schneider *m Gerät* cutter; **aus dem ~ sein** *fig* to be out of the woods
Schneider(in) *m(f)* tailor
Schneiderei *f* (≈ *Werkstatt*) tailor's
schneidern **A** *v/i beruflich* to be a tailor; *als Hobby* to do dressmaking **B** *v/t* to make
Schneidersitz *m* **im ~ sitzen** to sit cross-legged
Schneidezahn *m* incisor
schneidig *adj Mensch* dashing; *Musik, Rede* rousing; *Tempo* fast
schneien **A** *v/i* to snow **B** *v/t* **es schneite Konfetti** confetti rained down **C** *v/i fig* to rain down; **j-m ins Haus ~** *umg Besuch* to drop in on sb; *Rechnung, Brief* to arrive in the post
Schneise *f* break; (≈ *Waldschneise*) lane
schnell **A** *adj* quick; *Auto, Zug, Strecke* fast; *Hilfe* speedy **B** *adv* quickly; *arbeiten, handeln* fast; **nicht so ~!** not so fast!; **das geht ~ grundsätzlich** it doesn't take long; **das ging ~** that was quick; **mach ~/schneller!** hurry up!; **das ging alles viel zu ~** it all happened much too quickly *od* fast; **das werden wir ~ erledigt haben** we'll soon have that finished; **sie wird ~ böse** she loses her temper quickly; **das werde ich so ~ nicht wieder tun** I won't do that again in a hurry
Schnellbahn *f* suburban railway *Br*; city railroad *US*
Schnellboot *n* speedboat
Schnelle *f* **1** (≈ *Schnelligkeit*) speed; **etw auf die ~ machen** to do sth quickly *od* in a rush **2** (≈ *Stromschnelle*) rapids *pl*
schnellen *v/i* to shoot; **in die Höhe ~** to shoot up
Schnellgaststätte *f* fast-food restaurant
Schnellgericht *n* GASTR quick meal; *Fertiggericht* ready meal; **~e ungesund** junk food
Schnellhefter *m* spring folder
Schnelligkeit *f* speed; *von Hilfe* speediness
Schnellimbiss *m* **1** *Essen* (quick) snack **2** *Raum* snack bar

Schnellkochtopf *m* (≈ *Dampfkochtopf*) pressure cooker
Schnellkurs *m* crash course
schnelllebig *adj Zeit* fast-moving
Schnellreinigung *f* express cleaning service
schnellstens *adv* as quickly as possible
Schnellstraße *f* expressway
Schnellzug *m* fast train
Schnepfe *f* snipe; *pej umg* silly cow *umg*
schneuzen *v/t & v/r* → **schnäuzen**
Schnickschnack *m umg* frills *pl*
Schnippchen *umg n* **j-m ein ~ schlagen** to play a trick on sb
schnippen *v/i* **mit den Fingern ~** to snap one's fingers
schnippisch **A** *adj* saucy **B** *adv* saucily
Schnipsel *umg m/n* scrap; (≈ *Papierschnipsel*) scrap of paper
Schnitt *m* **1** cut; *von Gesicht* shape; MED incision; (≈ *Schnittmuster*) pattern **2** FILM editing *kein pl* **3** MATH (≈ *Schnittpunkt*) (point of) intersection; (≈ *Schnittfläche*) section; *umg* (≈ *Durchschnitt*) average; **im ~** on average
Schnittblumen *pl* cut flowers *pl*
Schnitte *f* slice; *belegt* open sandwich; *zusammengeklappt* sandwich
schnittig *adj* smart
Schnittkäse *m* cheese slices *pl*
Schnittlauch *m* chives *pl*, chive *US*
Schnittmengendiagramm *n* Venn diagram
Schnittmuster *n Handarbeiten* (paper) pattern
Schnittpunkt *m* intersection
Schnittstelle *f* cut; IT, *a. fig* interface
Schnittwinkel *m* angle of intersection
Schnittwunde *f* cut; *tief* gash
Schnitzel[1] *n/m* (≈ *Papierschnitzel*) bit of paper; (≈ *Holzschnitzel*) shaving
Schnitzel[2] *n* GASTR veal/pork cutlet; **Wiener ~** schnitzel
Schnitzeljagd *f* paper chase
schnitzeln *v/t Gemüse* to shred
schnitzen *v/t & v/i* to carve
Schnitzer *umg m in Benehmen* blunder; (≈ *Fehler*) howler *Br umg*, blooper *US umg*
Schnitzer(in) *m(f)* woodcarver
Schnitzerei *f* (wood)carving
schnodd(e)rig *umg adj Mensch, Bemerkung* brash
schnöde *adj* (≈ *niederträchtig*) despicable; *Ton* contemptuous; **~s Geld** filthy lucre
Schnorchel *m* snorkel
schnorcheln *v/i* to go snorkelling *Br*, to go snorkeling *US*
Schnörkel *m* flourish; *an Möbeln, Säulen* scroll; *fig* (≈ *Unterschrift*) squiggle *hum*
schnorren *v/t & v/i umg* to scrounge *umg* (**bei** from)

Schnorrer(in) *umg* m(f) scrounger *umg*
Schnösel *umg* m snotty(-nosed) little upstart *umg*
schnöselig *umg adj Benehmen* snotty *umg*
schnuckelig *adj umg* (≈ *gemütlich*) snug, cosy; (≈ *niedlich*) cute
Schnüffelei *umg* f snooping *umg*
schnüffeln **A** *v/i* **1** to sniff; **an etw** (*dat*) **~** to sniff (at) sth **2** *fig umg* (≈ *spionieren*) to snoop around **B** *v/t* to sniff
Schnüffler(in) *fig umg* m(f) snooper *umg*; (≈ *Detektiv*) private eye *umg*
Schnuller *umg* m dummy *Br*, pacifier *US*
Schnulze *umg* f schmaltzy movie/book/song *umg*
schnulzig *umg adj* slushy *umg*
Schnupfen m cold; **(einen) ~ bekommen** to catch a cold
Schnupftabak m snuff
schnuppe *umg adj* **j-m ~ sein** to be all the same to sb
Schnupperkurs *umg* m taster course
schnuppern **A** *v/i* to sniff; **an etw** (*dat*) **~** to sniff (at) sth **B** *v/t* to sniff; *fig Atmosphäre etc* to sample
Schnur f (≈ *Bindfaden*) string; (≈ *Kordel*) cord
Schnürchen n **es läuft alles wie am ~** everything's going like clockwork
schnüren *v/t Paket* to tie up; *Schuhe* to lace (up)
schnurgerade *adj* (dead) straight
Schnürl n *österr* (piece of) string
schnurlos *adj* cordless
Schnürlregen m *österr* pouring rain
Schnürlsamt m *österr* corduroy
Schnurrbart m moustache *Br*, mustache *US*
schnurren *v/i Katze* to purr; *Spinnrad etc* to hum
Schnürschuh m lace-up shoe
Schnürsenkel m shoelace
schnurstracks *adv* straight
Schnurtelefon n corded (tele)phone
schnurz(egal) *umg adj* **das ist ihm ~** he couldn't give a damn (about it) *umg*
Schoa f (≈ *Holocaust*) shoah
Schock m shock; **unter ~ stehen** to be in (a state of) shock
schocken *umg v/t* to shock
schockieren *v/t & v/i* to shock; *stärker* to scandalize; **~d** shocking; **schockiert sein** to be shocked (**über** +*akk* at)
schofel, schofelig *umg adj Behandlung* rotten *umg*; *Geschenk* miserable; **j-n ~ behandeln** to treat sb shabbily
Schöffe m, **Schöffin** f ≈ juror
Schöffengericht n court (*with jury*)
Schokobrunnen m *umg* chocolate fountain
Schokokuss m *chocolate marshmallow on a biscuit base*
Schokolade f chocolate
Schokoladenbrunnen m chocolate fountain
Schokoladenfondue n chocolate fondue
Schokoriegel m chocolate bar *Br*, candy bar *US*
Schokosoße f *umg* chocolate sauce, choccy sauce *Br umg*
Scholle[1] f *Fisch* plaice
Scholle[2] f (≈ *Eisscholle*) (ice) floe; (≈ *Erdscholle*) clod (of earth)
schon *adv* **1** already; **er ist ~ hier!** he's (already) here!; **es ist ~ 11 Uhr** it's (already) 11 o'clock; **das habe ich dir doch ~ hundertmal gesagt** I've told you that a hundred times; **~?** yet?; **~ damals** even then; **~ im 13. Jahrhundert** as early as the 13th century; **~ am nächsten Tag** the very next day; **ich bin ~ lange fertig** I've been ready for ages; **~ immer** always; **ich habe das ~ mal gehört** I've heard that before **2** (≈ *bereits*) ever; **warst du ~ dort?** have you been there (yet)?; (≈ *je*) have you (ever) been there?; **warst du ~ (ein)mal dort?** have you ever been there?; **ist er ~ hier?** is he here yet?; **musst du ~ gehen?** must you go so soon?; **wie lange wartest du ~?** how long have you been waiting? **3** (≈ *bloß*) just; **allein ~ der Gedanke, dass …** just the thought that …; **wenn ich das ~ sehe!** if I even see that! **4** (≈ *bestimmt*) all right; **du wirst ~ sehen** you'll see (all right); **das wirst du ~ noch lernen** you'll learn that one day **5** **das ist ~ möglich** that's quite possible; **hör ~ auf damit!** will you stop that!; **nun sag ~!** come on, tell me/us *etc* !, tell me already! *US*; **mach ~!** get a move on! *umg*; **ja ~, aber …** *umg* yes (well), but …; **was macht das ~, wenn …** what does it matter if …; **~ gut!** okay! *umg*; **ich verstehe ~** I understand; **ich weiß ~** I know
schön **A** *adj* **1** beautiful; *Mann* handsome **2** (≈ *nett, angenehm*) good; *Gelegenheit* great; (≈ *hübsch, wunderbar*) lovely; *umg* (≈ *gut*) nice; **die ~en Künste** the fine arts; **eines ~en Tages** one fine day; **~e Ferien!** have a good holiday *Br*, have a good vacation *US*; **zu ~, um wahr zu sein** *umg* too good to be true; **na ~** fine, okay; **~ und gut, aber …** that's all very well but … **3** *iron Unordnung* fine; *Überraschung* lovely; **du bist mir ein ~er Freund** a fine friend you are; **das wäre ja noch ~er** *umg* that's (just) too much! **4** (≈ *beträchtlich*) *Erfolg* great; *Gewinn* handsome; **eine ganz ~e Leistung** quite an achievement; **eine ganz ~e Menge** quite a lot **B** *adv* **1** (≈ *gut*) well; *schreiben* beautifully; **sich ~ anziehen** to get dressed up; **~ weich/warm/stark** nice and soft/warm/strong; **schlaf ~** sleep well; **erhole dich ~** have a good rest **2** *umg* (≈ *brav*,

lieb nicely; (≈ *sehr, ziemlich*) really; **sei ~ brav** be a good boy/girl; **~ ordentlich** neat and tidy; **ganz ~ teuer/kalt** pretty expensive/cold; **ganz ~ lange** quite a while

Schonbezug *m für Matratzen* mattress cover; *für Möbel* loose cover; *für Autositz* seat cover

Schöne *f liter, hum* (≈ *Mädchen*) beauty

schönen *v/t Zahlen* to dress up

schonen **A** *v/t Gesundheit* to look after; *Ressourcen* to conserve; *Umwelt* to protect; *j-s Nerven* to spare; *Gegner* to be easy on; *Bremsen, Batterie* to go easy on; **er muss den Arm noch ~** he still has to be careful with his arm **B** *v/r* to look after oneself; **er schont sich für das nächste Rennen** he's saving himself for the next race

schonend **A** *adj* gentle; (≈ *rücksichtsvoll*) considerate; *Waschmittel* mild **B** *adv* **j-m etw ~ beibringen** to break sth to sb gently; **etw ~ behandeln** to treat sth with care

Schönfärberei *fig f* glossing things over

Schöngeist *m* aesthete

schöngeistig *adj* aesthetic; **~e Literatur** belletristic literature

Schönheit *f* beauty

Schönheitschirurgie *f* cosmetic surgery

Schönheitsfarm *f* beauty farm

Schönheitsfehler *m* blemish; *von Gegenstand* flaw

Schönheitskönigin *f* beauty queen

Schönheitsoperation *f* cosmetic surgery

Schönheitspflege *f* beauty care

Schönheitswettbewerb *m* beauty contest

Schonkost *f* light diet; (≈ *Spezialdiät*) special diet

schön machen, schönmachen **A** *v/t Kind* to dress up; *Wohnung* to decorate **B** *v/r* to get dressed up; (≈ *sich schminken*) to make (oneself) up

Schönschrift *f* **in ~** in one's best (hand)writing

Schonung *f* **1** (≈ *Waldbestand*) (protected) forest plantation area **2** (≈ *das Schonen von Ressourcen*) saving; *von Umwelt* protection; **zur ~ meiner Gefühle** to spare my feelings **3** (≈ *Nachsicht*) mercy

schonungslos **A** *adj* ruthless; *Wahrheit* blunt; *Offenheit* brutal; *Kritik* savage **B** *adv* ruthlessly

Schönwetterperiode *f* period of fine weather

Schonzeit *f* close season; *fig* honeymoon period

Schopf *m* **1** (shock of) hair; **eine Gelegenheit beim ~ ergreifen** to seize an opportunity with both hands **2** *österr* (≈ *Schuppen*) shed

schöpfen *v/t* **1** *Wasser* to scoop (**aus** from); *Suppe* to ladle (**aus** from) **2** *Kraft* to summon up; *Hoffnung* to find; **Hoffnung** *etc* **aus etw ~** to draw hope *etc* from sth **3** (≈ *schaffen*) *Kunstwerk* to create; *neuen Ausdruck* to coin

Schöpfer(in) *m(f)* creator; (≈ *Gott*) Creator

schöpferisch **A** *adj* creative **B** *adv* creatively; **sie ist ~ veranlagt** she is creative; (≈ *künstlerisch*) she is artistic

Schöpfkelle *f*, **Schöpflöffel** *m* ladle

Schöpfung *f* creation

Schorf *m* crust; (≈ *Wundschorf*) scab

Schorle *f/n mit Wein* spritzer; *mit Saft* drink made from mineral water and fruit juice

Schornstein *m* chimney; *von Schiff, Lokomotive* funnel, (smoke)stack

Schornsteinfeger(in) *m(f)* chimney sweep

Schoß *m* **1** lap; **die Hände in den ~ legen** *fig* to sit back (and take it easy) **2** *liter* (≈ *Mutterleib*) womb; **im ~e der Familie** in the bosom of one's family

Schoßhund *m* lapdog

Schössling *m* BOT shoot

Schote *f* BOT pod

Schotte *m* Scot

Schottenmuster *n* tartan

Schottenrock *m* (≈ *Kilt*) kilt

Schotter *m* gravel; *im Straßenbau* (road) metal; BAHN ballast

Schottin *f* Scot

schottisch *adj* Scottish

Schottland *n* Scotland

schraffieren *v/t* to hatch

Schraffierung *f* hatching

schräg **A** *adj* **1** (≈ *schief, geneigt*) sloping; *Kante* bevelled *Br*, beveled *US*; (≈ *diagonal*) diagonal **2** *umg* (≈ *verdächtig*) fishy *umg* **B** *adv* (≈ *geneigt*) at an angle; (≈ *krumm*) slanting; *gestreift* diagonally; **~ gegenüber** diagonally opposite; **den Kopf ~ halten** to hold one's head at an angle; **j-n ~ ansehen** *fig* to look askance at sb

Schrägbank *f* SPORT incline bench

Schräge *f* (≈ *schräge Fläche*) slope; (≈ *schräge Kante*) bevel; *im Zimmer* sloping ceiling

Schrägkante *f* bevelled edge *Br*, beveled edge *US*

Schrägstrich *m* oblique, slash

Schramme *f* scratch

schrammen *v/t* to scratch

Schrank *m* cupboard; (≈ *Kleiderschrank*) wardrobe *Br*, closet *US*; (≈ *Besenschrank*) cupboard *Br*, closet; (≈ *Vitrine, Medizinschrank*) cabinet; (≈ *Spind*) locker

Schranke *f* barrier; *fig* (≈ *Grenze*) limit; **sich in ~n halten** to keep within reasonable limits

schrankenlos *fig adj* unbounded, boundless; *Forderungen* unrestrained

Schrankenwärter(in) *m(f)* attendant (*at level crossing*)

schrankfertig *adj Wäsche* washed and ironed

Schrankkoffer *m* clothes trunk

Schrankwand f wall unit
Schraubdeckel m screw(-on) lid
Schraube f screw; **bei ihr ist eine ~ locker** umg she's got a screw loose umg
schrauben v/t & v/i to screw; **etw in die Höhe ~** fig Preise to push sth up; Ansprüche to raise
Schraubendreher m screwdriver
Schraubenmutter f nut
Schraubenschlüssel m spanner Br, wrench US
Schraubenzieher m screwdriver
Schraubstock m vice Br, vise US
Schraubverschluss m screw top
Schrebergarten m allotment Br, garden plot
Schreck m fright; **vor ~** in fright; zittern with fright; **einen ~(en) bekommen** to get a fright; **mit dem ~(en) davonkommen** to get off with no more than a fright; **j-m einen ~en einjagen** to scare sb; **ach du ~!** umg blast! umg
schrecken **A** v/t (≈ ängstigen) to frighten; stärker to terrify; **j-n aus dem Schlaf ~** to startle sb out of his sleep **B** v/r österr to get a fright
Schrecken m **1** → Schreck **2** (≈ Entsetzen) terror; **j-n in Angst und ~ versetzen** to frighten and terrify sb
schreckensblass, schreckensbleich adj as white as a sheet
Schreckensnachricht f terrible news kein pl
Schreckgespenst n nightmare
schreckhaft adj easily startled
schrecklich **A** adj terrible, horrible; **~e Angst haben (vor)** to be terrified (of) **B** adv **1** (≈ entsetzlich) horribly; **~ schimpfen** to swear dreadfully **2** umg (≈ sehr) terribly; **~ viel** an awful lot (of); **~ wenig** very little
Schreckschuss m warning shot
Schrecksekunde f moment of shock
Schredder m shredder
Schrei m cry; brüllender yell; gellender scream; kreischender shriek; **ein ~ der Entrüstung** an (indignant) outcry; **der letzte ~** umg the latest thing
Schreibarbeit f desk work; bes pej paperwork
Schreibblock m (writing) pad
schreiben **A** v/t **1** to write; Klassenarbeit to do; **eine E-Mail ~** to e-mail, to email; **schwarze/rote Zahlen ~** HANDEL to be in the black/red; **wo steht das geschrieben?** where does it say that? **2** orthografisch to spell; **wie schreibt man das?** how do you spell that? **B** v/i to write; **j-m ~, an j-n ~** to write to sb, to write sb US; **an einem Roman** etc **~** to be working on od writing a novel etc **C** v/r **1** (≈ korrespondieren) to write (to each other) **2** (≈ geschrieben werden) to be spelt bes Br, to be spelled; **wie schreibt er sich?** how does he spell his name?
Schreiben n (≈ Mitteilung) communication form; (≈ Brief) letter
Schreiber m umg (≈ Schreibgerät) **keinen ~ haben** to have nothing to write with
Schreiber(in) m(f) writer; (≈ Gerichtsschreiber) clerk/clerkess; pej (≈ Schriftsteller) scribbler
schreibfaul adj lazy (about letter writing)
Schreibfehler m (spelling) mistake; aus Flüchtigkeit slip of the pen
schreibgeschützt adj IT write-protected
Schreibheft n exercise book
Schreibkraft f typist
Schreibmaschine f typewriter; **mit der ~ geschrieben** typewritten
Schreibmaschinenpapier n typing paper
Schreibpapier n writing paper
Schreibschrift f cursive (hand)writing; gedruckt cursive script
Schreibschutz m IT write protection
Schreibtisch m desk
Schreibtischjob m desk job
Schreibtischlampe f desk lamp
Schreibtischtäter(in) m(f) mastermind behind the scenes (of a/the crime)
Schreibung f spelling; **falsche ~** misspelling
Schreibwaren pl stationery sg
Schreibwarengeschäft n stationer's, stationery shop
Schreibwarenhändler(in) m(f) stationer
Schreibwarenhandlung f stationer's (shop)
Schreibweise f (≈ Stil) style; (≈ Rechtschreibung) spelling
schreien **A** v/i to shout, to cry; gellend to scream; kreischend to shriek; (≈ brüllen) to yell; (≈ weinen) Kind to cry; Eule to hoot; **es war zum Schreien** umg it was a scream umg **B** v/r **sich heiser ~** to shout oneself hoarse
Schreihals umg m (≈ Baby) bawler umg; (≈ Unruhestifter) noisy troublemaker
Schrein m shrine
Schreiner(in) m(f) bes südd carpenter
schreiten geh v/i (≈ schnell gehen) to stride; (≈ feierlich gehen) to walk; (≈ stolzieren) to strut; **zu etw ~** fig to get down to sth; **zur Abstimmung ~** to proceed to a vote
Schrift f **1** writing kein pl; TYPO type; **sie hat eine schöne ~** she has beautiful handwriting **2** (≈ Schriftstück) document **3** (≈ Broschüre) leaflet; (≈ kürzere Abhandlung) paper; **die (Heilige) ~** the (Holy) Scriptures pl
Schriftart f TYPO typeface, font
Schriftbild n script
Schriftdeutsch n written German; nicht Dialekt standard German
Schriftführer(in) m(f) secretary
Schriftgrad m type size
schriftlich **A** adj written; **in ~er Form** in writ-

ing; **die ~e Prüfung** the written exam **B** *adv* in writing; **etw ~ festhalten** to put sth down in writing; **das kann ich Ihnen ~ geben** *fig umg* I can tell you that for free *umg*

Schriftsatz *m* **1** JUR legal document **2** TYPO form(e)

Schriftsetzer(in) *m(f)* typesetter

Schriftsprache *f* written language; (≈ *nicht Dialekt*) standard language

Schriftsteller(in) *m(f)* writer, author

schriftstellerisch A *adj Arbeit, Talent* literary **B** *adv* **~ tätig sein** to write; **er ist ~ begabt** he has talent as a writer

Schriftstück *n* paper; JUR document

Schriftverkehr *m*, **Schriftwechsel** *m* correspondence

Schriftzeichen *n* character, letter

schrill A *adj Ton, Stimme* shrill; *Farbe, Outfit* garish **B** *adv* shrilly; *gekleidet* loudly

schrillen *v/i* to shrill

Schritt *m* **1** step (**zu** towards); *weit ausholend* stride; *hörbar* footstep; (≈ *Gang*) walk; (≈ *Tempo*) pace; **einen ~ machen** to take a step; **den ersten ~ tun** *fig* to make the first move; **~e gegen j-n/etw unternehmen** to take steps against sb/sth; **auf ~ und Tritt** wherever one goes; **~ für ~** step by step; **etw ~ für ~ tun** to take sth a step at a time; **~ halten** to keep up **2** (≈ *Schrittgeschwindigkeit*) walking pace; **„Schritt fahren"** "dead slow" *Br*, "slow" *US* **3** (≈ *Hosenschritt*) crotch

Schrittmacher *m* MED pacemaker

Schrittmacher(in) *m(f)* SPORT pacemaker *bes Br*, pacer

Schritttempo *n* walking speed

schrittweise A *adv* gradually; **~ einstellen** to phase out **B** *adj* gradual

schroff A *adj* (≈ *barsch*) curt, harsh; (≈ *krass*) abrupt; (≈ *steil, jäh*) precipitous **B** *adv* **1** (≈ *barsch*) curtly **2** (≈ *steil*) steeply

schröpfen *v/t* **j-n ~** *fig* to rip sb off *umg*

Schrot *m/n* **1** grain; (≈ *Weizenschrot*) ≈ wholemeal *Br*, ≈ whole-wheat *US*; **vom alten ~ und Korn** *fig* of the old school **2** JAGD shot

Schrotflinte *f* shotgun

Schrotkugel *f* pellet

Schrotladung *f* round of shot

Schrott *m* scrap metal; *fig* rubbish *Br*, garbage

schrotten *v/t umg* to wreck; **er hat ihr Auto geschrottet** he wrecked her car

Schrotthändler(in) *m(f)* scrap dealer *od* merchant

Schrotthaufen *m wörtl* scrap heap; *fig* (≈ *Auto*) pile of scrap

Schrottkiste *f umg* pile of junk *umg*

Schrottplatz *m* scrap yard

schrottreif *adj* ready for the scrap heap

Schrottwert *m* scrap value

schrubben *v/t & v/i* to scrub

Schrubber *m* (long-handled) scrubbing brush *Br*, (long-handled) scrub brush *US*

Schrulle *f* quirk

schrullig *adj* odd

schrump(e)lig *umg adj* wrinkled

schrumpfen *v/i* to shrink; *Leber, Niere* to atrophy; *Muskeln* to waste, to atrophy; *Exporte, Interesse* to dwindle; *Industriezweig* to decline

Schrumpfung *f* shrinking; (≈ *Raumverlust*) shrinkage; MED atrophy(ing); *von Exporten* dwindling, diminution; *von Industriezweig etc* decline

Schub *m* **1** (≈ *Stoß*) push, shove **2** PHYS thrust; *fig* (≈ *Impuls*) impetus **3** (≈ *Anzahl*) batch

Schubfach *n* drawer

Schubkarre *f* wheelbarrow

Schubkraft *f* PHYS thrust

Schublade *f* drawer; *fig* pigeonhole, compartment

Schubs *umg m* shove *umg*, push

schubsen *umg v/t & v/i* to shove *umg*, to push

schubweise *adv* in batches

schüchtern A *adj* shy **B** *adv* shyly

Schüchternheit *f* shyness

Schuft *m* heel *umg*

schuften *umg v/i* to slave away

Schufterei *umg f* graft *umg*

Schuh *m* shoe; **j-m etw in die ~e schieben** *umg* to put the blame for sth on sb; **den ~ ziehe ich mir nicht an** *umg* (≈ *ich fühle mich nicht verantwortlich*) it's not my fault

Schuhbeutel *m* shoe bag

Schuhbürste *f* shoe brush

Schuhcreme *f* shoe polish

Schuhabgänger(in) *m(f)* school-leaver; *mit Abschluss auch* high-school graduate *US*

Schuhgeschäft *n* shoe shop

Schuhgröße *f* shoe size

Schuhkarton *m* shoebox

Schuhlöffel *m* shoehorn

Schuhmacher(in) *m(f)* shoemaker; (≈ *Flickschuster*) cobbler

Schuhnummer *umg f* shoe size

Schuhputzer(in) *m(f)* bootblack, shoeshine boy/girl *US*

Schuhsohle *f* sole (of a/one's shoe)

Schuhwerk *n* footwear

Schulabbrecher(in) *(f)* school dropout

Schulabgänger(in) *m(f)* school-leaver; *mit Abschluss auch* high-school graduate *US*

Schulabschluss *m* school-leaving qualification, ≈ high school diploma *US*; **ohne ~** with no qualifications; **den ~ machen** to graduate

Schul-AG *f* club

Schulalter *n* school age; **im ~** of school age

Schulanfang *m* **1** *in der Grundschule* first day at

school ▢ *nach den Ferien* beginning of term ▣ *morgens* start of school; **~ ist um acht Uhr** school starts at eight o'clock

Schularbeit *f* ▯ schoolwork; *a.* **Schulaufgaben** homework *kein pl* ▢ *a.* **Schulaufgabe** *österr, südd* (≈ *Klassenarbeit*) (written) class test

Schulausbildung *f* schooling

Schulausflug *m* school trip, field trip *US*

Schulbank *f* school desk; **die ~ drücken** *umg* to go to school

Schulbeispiel *fig n* classic example (**für** of)

Schulbesuch *m* school attendance

Schulbildung *f* (school) education

Schulbuch *n* schoolbook, textbook

Schulbus *m* school bus

Schulchor *m* school choir

schuld *adj* **~ sein** to be to blame (**an** +*dat* for); **er war ~ an dem Streit** the argument was his fault; **du bist selbst ~** that's your own fault

Schuld *f* ▯ (≈ *Verantwortlichkeit*) **~ haben** to be to blame (**an** +*dat* for); **du hast selbst ~** that's your own fault; **die ~ auf sich** (*akk*) **nehmen** to take the blame; **j-m die ~ geben** to blame sb; **das ist meine/deine ~** that is my/your fault; **durch meine/deine ~** because of me/you; **j-m ~ geben** to blame sb ▢ (≈ *Schuldgefühl*) guilt; (≈ *Unrecht*) wrong; **ich bin mir keiner ~ bewusst** I'm not aware of having done anything wrong ▣ (≈ *Zahlungsverpflichtung*) debt; **~en machen** to run up debts, to get into debt; **~en haben** to be in debt

schuldbewusst *adj Mensch* feeling guilty; *Gesicht* guilty

schulden *v/t* to owe; **das schulde ich ihm** I owe it to him; **j-m Dank ~** to owe sb a debt of gratitude

Schuldenberg *m* mountain of debts

Schuldenbremse *f* FIN debt ceiling

Schuldenfalle *f* debt trap

schuldenfrei *adj* free of debt(s); *Besitz* unmortgaged

Schuldenkrise *f* debt crisis

Schuldenlast *f* debts *pl*

schuldfähig *adj* JUR criminally responsible

Schuldfähigkeit *f* criminal responsibility

Schuldfrage *f* question of guilt

Schuldgefühl *n* sense *kein pl od* feeling of guilt

schuldhaft 🅰 *adj* JUR culpable 🅱 *adv* JUR culpably

Schuldienst *m* (school)teaching; **im ~ (tätig) sein** to be a teacher

schuldig *adj* ▯ guilty; (≈ *verantwortlich*) to blame *präd* (**an** +*dat* for); **einer Sache** (*gen*) **~ sein** to be guilty of sth; **j-n ~ sprechen** to find sb guilty; **sich ~ bekennen** to admit one's guilt; JUR to plead guilty ▢ (≈ *verpflichtet*) **j-m etw** (*akk*) **~ sein** to owe sb sth; **was bin ich Ihnen ~?** how much do I owe you?

Schuldige(r) *m/f(m)* guilty person; *zivilrechtlich* guilty party

Schuldirektor(in) *m(f)* headteacher *Br*, principal

schuldlos *adj an Verbrechen* innocent (**an** +*dat* of); *an Unglück etc* blameless

Schuldner(in) *m(f)* debtor

Schuldschein *m* IOU

Schuldspruch *m* verdict of guilty

schuldunfähig *adj* JUR not criminally responsible

Schule *f* school; **in die** *od* **zur ~ gehen** to go to school; **in der ~** at school; **aus der ~** from school; **die ~ ist aus** school is over; **~, in der in einer Fremdsprache unterrichtet wird** immersion school; **~ machen** to become the accepted thing; **aus der ~ plaudern** to tell tales

Schulelternbeirat *m parents' council made up of the head of each Klassenelternbeirat and all members of the Jahrgangselternbeirat in a school which liaises with the headteacher*

Schulempfehlung *f recommendation by primary school regarding what type of secondary school a child should attend*

schulen *v/t* to train

Schulenglisch *n* **mein ~** the English I learned at school

Schüler(in) *m(f)* schoolboy/-girl, student *US*; *einer bestimmten Schule* pupil; (≈ *Jünger*) follower; **~ bekommen Ermäßigung** there is a reduction for schoolchildren

Schüleraustausch *m* school exchange

Schülerausweis *m* (school) student card

Schülerheim *n* (school) boarding house

Schülerhort *m* day home for schoolchildren

Schülerlotse *m,* **Schülerlotsin** *f* lollipop man/lady *Br umg,* crossing guard *US*

Schülermitverwaltung *f* ▯ (≈ *Schülerbeteiligung*) pupil participation in school administration ▢ (≈ *Gremium*) school council, student council *US*

Schülerparlament *n parliament whose elected members are all pupils of a particular school or schools in a particular area*

Schülerrat *m* pupils' council *bes Br,* student council *US*

Schülerschaft *f* pupils *pl*

Schülersprecher(in) *m(f)* → **Schulsprecherin**

Schülerstreik *m* pupils' strike *od* walkout *Br,* students' strike *US*

Schülervertretung *f* ▯ (≈ *Vertreten der Schüler*) pupils' representation *bes Br,* student representation *US* ▢ (≈ *Gremium*) pupils' representative

committee *bes Br*, **student representative committee** *US*
Schülerzahl *f* number of pupils *bes Br*, number of students *US*
Schulerzeitung *f* school magazine
Schulfach *n* school subject
Schulferien *pl* school holidays *pl Br* school vacation *US*
Schulfest *n* **1** (≈ *Schulfeier*) school function, school party **2** (≈ *offener Tag*) school open day
schulfrei *adj* **die Kinder haben morgen ~** the children don't have to go to school tomorrow
Schulfreund(in) *m(f)* schoolfriend
Schulgelände *n* school grounds *pl*
Schulgeld *n* school fees *pl*
Schulheft *n* exercise book, notebook *US*
Schulhof *m* school playground, schoolyard
schulisch *adj Leistungen* at school; *Bildung* school *attr*
Schuljahr *n* school year; (≈ *Klasse*) year
Schuljahresbeginn *m* beginning of the school year
Schuljahresende *n* end of the school year
Schuljunge *m* schoolboy
Schulkamerad(in) *m(f)* schoolfriend
Schulkenntnisse *pl* **~ in Französisch** school (-level) French
Schulkind *n* schoolchild
Schulklasse *f* (school) class
Schulkonferenz *f* meeting held between the staff, parents and pupils of a school
Schullandheim *n* hostel in countryside used as accommodation and educational facility for school visits
Schulleiter *m* headmaster *mst Br*, principal, head teacher
Schulleiterin *f* headmistress *mst Br*, principal, head teacher
Schulleitung *f* school management
Schulmädchen *n* schoolgirl
Schulmappe *f* schoolbag
Schulmedizin *f* orthodox medicine
Schulmeinung *f* received opinion
Schulnote *f* mark *Br*, grade *US*; **eine ~ nicht erreichen** to fail a grade
Schulorchester *n* school orchestra
Schulpartnerschaft *f* school twinning
Schulpflegschaft *f* advisory committee with representatives of the parents, teachers and educational authority
Schulpflicht *f* **es besteht ~** school attendance is compulsory
schulpflichtig *adj Kind* required to attend school; **im ~en Alter** of school age
Schulpolitik *f* education policy
Schulpraktikum *n* im Rahmen der Lehrerausbildung teaching practice
Schulpsychologe *m*, **Schulpsychologin** *f* educational psychologist
Schulranzen *m* (school) satchel, schoolbag
Schulrat *m*, **Schulrätin** *f* schools inspector *Br*, ≈ school board superintendent *US*
Schulsachen *pl* school things *pl*; **pack deine ~** get your things ready for school
Schulschiff *n* training ship
Schulschluss *m* end of school; *vor den Ferien* end of term; **kurz nach ~** just after school finishes
Schulschwänzer(in) *m(f)* truant
Schulspeisung *f* school meals *pl*
Schulsprecher(in) *m(f)* pupils' representative *bes Br*, student representative *US*
Schulstress *m* stress at school, pressures *pl* of school; **im ~ sein** to be under stress at school
Schulstunde *f* (school) period
Schulsystem *n* school system
Schultasche *f* schoolbag
Schulter *f* shoulder; **j-m auf die ~ klopfen** to give sb a slap on the back; *lobend* to pat sb on the back; **~ an ~** (≈ *dicht gedrängt*) shoulder to shoulder; (≈ *solidarisch*) side by side; **die** *od* **mit den ~n zucken** to shrug one's shoulders; **etw auf die leichte ~ nehmen** to take sth lightly
Schulterblatt *n* shoulder blade
Schultergelenk *n* shoulder joint
schulterlang *adj* shoulder-length
schultern *v/t* to shoulder
Schulterpolster *n* beim American Football pad
Schulterschluss *m* solidarity
Schulträger *m* authority responsible for the maintenance of a school; **~ ist der Staat** the school is supported *od* maintained by the State
Schultüte *f* cardboard cone filled with presents and sweets and given to children on their first day at school
Schultyp *m* type of school
Schultyrann *m* bully
Schulung *f* (≈ *Ausbildung*) training; POL political instruction
Schulungsprogramm *n* training programme *Br*, training program *US*
Schuluniform *f* school uniform
Schulunterricht *m* school lessons *pl*
Schulversager(in) *m(f)* failure at school
Schulweg *m* way to school
Schulwesen *n* school system
Schulzeit *f* (≈ *Schuljahre*) school days *pl*
Schulzeitung *f* school newspaper
Schulzentrum *n* school complex
Schulzeugnis *n* school report
schummeln *umg v/i* to cheat

schumm(e)rig *adj Beleuchtung* dim
Schund *pej m* rubbish *Br*, trash *US*
schunkeln *v/i* to link arms and sway from side to side
Schuppe *f* **1** scale; **es fiel mir wie ~n von den Augen** the scales fell from my eyes **2 ~n** *pl* (≈ *Kopfschuppen*) dandruff *sg*
schuppen **A** *v/t Fische* to scale **B** *v/r* to flake
Schuppen *m* **1** shed **2** *umg* (≈ *übles Lokal*) dive *umg*
Schur *f* (≈ *das Scheren*) shearing
schüren *v/t* **1** *Feuer, Glut* to rake **2** *fig* to stir up; *Zorn, Hass* to fan the flames of
schürfen **A** *v/i Bergbau* to prospect (**nach** for); **tief ~** *fig* to dig deep **B** *v/t Bodenschätze* to mine **C** *v/r* to graze oneself; **sich am Knie ~** to graze one's knee
Schürfwunde *f* graze
Schürhaken *m* poker
Schurke *m*, **Schurkin** *obs f* villain
Schurkenstaat *m POL* rogue state *od* nation
Schurwolle *f* virgin wool
Schürze *f* apron; (≈ *Kittelschürze*) overall
Schürzenjäger *umg m* philanderer
Schuss *m* **1** (gun)shot; (≈ *Schuss Munition*) round; **einen ~ auf j-n/etw abgeben** to fire a shot at sb/sth; **weit (ab) vom ~ sein** *fig umg* to be miles from where the action is *umg*; **der ~ ging nach hinten los** *FUSSB* kick; *bes zum Tor* shot **3** (≈ *Spritzer*) dash; *von Humor etc* touch **4** *umg mit Rauschgift* shot; **(sich** *dat*) **einen ~ setzen** to shoot up *umg* **5** *umg* **in ~ sein/kommen** to be in/get into (good) shape
Schussbereich *m* (firing) range
Schussel *umg m* dolt *umg*; *zerstreut* scatterbrain *umg*
Schüssel *f* bowl; (≈ *Satellitenschüssel*) dish; (≈ *Waschschüssel*) basin
schusselig *adj* (≈ *zerstreut*) scatterbrained *umg*
Schusslinie *f* firing line
Schussverletzung *f* bullet wound
Schusswaffe *f* firearm, gun
Schusswechsel *m* exchange of shots
Schussweite *f* range (of fire); **in/außer ~** within/out of range
Schusswunde *f* bullet wound
Schuster(in) *m(f)* shoemaker; (≈ *Flickschuster*) cobbler
Schutt *m* (≈ *Trümmer*) rubble; *GEOL* debris; **"Schutt abladen verboten"** "no tipping" *Br*, "no dumping" *US*; **in ~ und Asche liegen** to be in ruins
Schuttabladeplatz *m* dump
Schüttelfrost *m MED* shivering fit
schütteln **A** *v/t* to shake; (≈ *rütteln*) to shake about; **den Kopf ~** to shake one's head **B** *v/r vor Kälte* to shiver (**vor** +*dat* with); *vor Ekel* to shudder (**vor** +*dat* with, in)
Schütteltrauma *n MED* shaken baby syndrome
schütten **A** *v/t* to tip; *Flüssigkeiten* to pour; (≈ *verschütten*) to spill **B** *v/i umg* **es schüttet** it's pouring (with rain)
schütter *adj Haar* thin
Schutthaufen *m* pile of rubble
Schüttstein *m schweiz* (≈ *Spülbecken*) sink
Schutz *m* protection (**vor** +*dat od* **gegen** against, from); *bes MIL* (≈ *Deckung*) cover; **im ~(e) der Nacht** under cover of night; **j-n in ~ nehmen** *fig* to take sb's part
Schutz- *zssgn* protective
Schutzanzug *m* protective clothing *kein unbest art, kein pl*
schutzbedürftig *adj* in need of protection
Schutzblech *n* mudguard
Schutzbrief *m AUTO* travel insurance certificate
Schutzbrille *f* protective goggles *pl*
Schütze *m* **1** *SPORT* marksman; *MIL* rifleman; *FUSSB* (≈ *Torschütze*) scorer; (≈ *Bewaffneter*) gunman, shooter **2** *ASTROL* Sagittarius; **(ein) ~ sein** to be (a) Sagittarius
schützen **A** *v/t* to protect (**vor** +*dat od* **gegen** from, against); *bes MIL* (≈ *Deckung geben*) to cover; **vor Hitze/Sonnenlicht ~!** keep away from heat/sunlight; **vor Nässe ~!** keep dry; → **geschützt** **B** *v/r* to protect oneself (**vor** +*dat od* **gegen** from, against)
schützend **A** *adj* protective; **ein ~es Dach** *gegen Wetter* a shelter; **seine ~e Hand über j-n halten** to take sb under one's wing **B** *adv* protectively
Schutzengel *m* guardian angel
Schützenhilfe *fig f* support; **j-m ~ geben** to back sb up
Schützenverein *m* shooting club
Schützer *m* (≈ *Knieschützer etc*) pad
Schutzfilm *m* protective layer *od* coating
Schutzfolie *f* protective film
Schutzgebiet *n POL* protectorate
Schutzgebühr *f* (token) fee
Schutzgeld *n* protection money
Schutzgelderpressung *f* protection racket
Schutzhaft *f JUR* protective custody; *POL* preventive detention
Schutzheilige(r) *m/f(m)* patron saint
Schutzhelm *m* safety helmet *Br*, hard hat *US*
Schutzherr *m* patron
Schutzherrin *f* patron, patroness
Schutzhülle *f* protective cover; (≈ *Buchumschlag*) dust cover
Schutzimpfung *f* vaccination, inoculation
Schützin *f* markswoman; (≈ *Schießsportlerin*) riflewoman; (≈ *Torschützin*) scorer
Schutzkleidung *f* protective clothing

Schützling *m* protégé; *bes Kind* charge
schutzlos **A** *adj* (≈ *wehrlos*) defenceless *Br*, defenseless *US* **B** *adv* **j-m ~ ausgeliefert sein** to be at the mercy of sb
Schutzmacht *f POL* protecting power
Schutzmann *m* policeman
Schutzmaske *f* (protective) mask
Schutzmaßnahme *f* precaution; *vorbeugend* preventive measure
Schutzpatron(in) *m(f)* patron saint
Schutzraum *m* shelter
Schutzschicht *f* protective layer; (≈ *Überzug*) protective coating
Schutztruppe *f* protection force; *HIST* colonial army
Schutzumschlag *m* dust cover
Schutzwall *m* protective wall (**gegen** to keep out)
schwabbelig *umg adj Körperteil* flabby; *Gelee* wobbly
Schwabe *m*, **Schwäbin** *f* Swabian
Schwaben *n* Swabia
schwäbisch *adj* Swabian; **die Schwäbische Alb** the Swabian mountains *pl*
schwach **A** *adj* weak; *Gesundheit, Gehör* poor; *Hoffnung* faint; *Licht* dim; *Wind* light; *HANDEL Nachfrage* slack; **in Englisch ist er ~** he's quite poor at English; **das ist ein ~es Bild** *od* **eine ~e Leistung** *umg* that's a poor show *umg*; **ein ~er Trost** cold comfort; **auf ~en Beinen** *od* **Füßen stehen** *fig* to be on shaky ground; *Theorie* to be shaky; **~ werden** to go weak; **schwächer werden** to grow weaker; *Stimme* to grow fainter; *Licht* to (grow) dim; *Ton* to fade **B** *adv* weakly; (≈ *spärlich*) *besucht* poorly; **~ bevölkert** sparsely populated; **~ radioaktiv** with low-level radioactivity
Schwäche *f* weakness; *von Stimme* feebleness; *von Licht* dimness; *von Wind* lightness
Schwächeanfall *m* sudden feeling of weakness
schwächeln *umg v/i* to weaken slightly; **der Dollar schwächelt** the dollar is showing signs of weakness
schwächen *v/t* to weaken
Schwachkopf *umg m* dimwit *umg*
schwächlich *adj* weakly
Schwächling *m* weakling
schwachmachen *umg v/t* **j-n ~** to soften sb up; **mach mich nicht schwach!** don't say that!
Schwachpunkt *m* weak point
Schwachsinn *m MED* mental deficiency; *fig umg* (≈ *unsinnige Tat*) idiocy; (≈ *Quatsch*) rubbish *Br umg*, garbage
schwachsinnig *adj MED* mentally deficient; *fig umg* idiotic

Schwachstelle *f* weak point, down point
Schwachstrom *m ELEK* low-voltage current
Schwächung *f* weakening
Schwaden *m* (≈ *Dunst*) cloud
schwafeln *pej umg* **A** *v/i* to drivel (on) *umg*; *in einer Prüfung* to waffle *umg* **B** *v/t* **dummes Zeug ~** to talk drivel *umg*
Schwafler(in) *pej umg m(f)* windbag *umg*
Schwager *m* brother-in-law
Schwägerin *f* sister-in-law
Schwalbe *f* swallow; *FUSSB sl* to take a dive; **eine ~ macht noch keinen Sommer** *sprichw* one swallow doesn't make a summer *sprichw*
Schwall *m* flood
Schwamm *m* **1** sponge; **~ drüber!** *umg* (let's) forget it! **2** *dial* (≈ *Pilz*) fungus; *essbar* mushroom; *giftig* toadstool **3** (≈ *Hausschwamm*) dry rot
Schwammerl *n österr* (≈ *Pilz*) fungus; *essbar* mushroom; *giftig* toadstool
schwammig **A** *adj* **1** *wörtl* spongy **2** *fig Gesicht, Hände* puffy; (≈ *vage*) *Begriff* woolly **B** *adv* (≈ *vage*) vaguely
Schwan *m* swan; (≈ *junger Schwan*) cygnet
schwanen *v/i* **ihm schwante etwas** he sensed something might happen; **mir schwant nichts Gutes** I don't like it
Schwanengesang *fig m* swan song
schwanger *adj* pregnant; **sie ist im sechsten Monat ~** she is five months pregnant
Schwangere *f* pregnant woman
schwängern *v/t* to make pregnant
Schwangerschaft *f* pregnancy
Schwangerschaftsabbruch *m* termination of pregnancy
Schwangerschaftstest *m* pregnancy test
Schwank *m THEAT* farce; **ein ~ aus der Jugendzeit** *hum* a tale of one's youthful exploits
schwanken *v/i* **1** (≈ *wanken*) to sway; *Schiff auf und ab* to pitch; *seitwärts* to roll; *Angaben* to vary; *PHYS, MATH* to fluctuate; **ins Schwanken kommen** *Preise, Kurs, Temperatur etc* to start to fluctuate; *Überzeugung etc* to begin to waver **2** (≈ *wechseln*) to alternate; (≈ *zögern*) to hesitate; **~, ob** to hesitate as to whether
schwankend *adj* **1** (≈ *wankend*) swaying; *Gang* rolling; *Schritt* unsteady **2** (≈ *unschlüssig*) uncertain; (≈ *zögernd*) hesitant; (≈ *unbeständig*) unsteady
Schwankung *f von Preisen, Temperatur etc* fluctuation (+*gen* in); **seelische ~en** mental ups and downs *umg*
Schwankungsbereich *m* range
Schwanz *m* **1** tail; *umg von Zug* (tail) end; **das Pferd** *od* **den Gaul beim** *od* **am ~ aufzäumen**

to do things back to front **2** *sl* (≈ *Penis*) prick *sl*
schwänzen *umg* **A** *v/t Stunde, Vorlesung* to skip *umg*; *Schule* to play truant from *bes Br*, to play hooky from *bes US umg* **B** *v/i* to play truant *bes Br*, to play hooky *bes US umg*

Schwanzflosse *f* tail fin

schwappen *v/i* **1** *Flüssigkeit* to slosh around **2** (≈ *überschwappen*) to splash; *fig* to spill

Schwarm *m* **1** swarm **2** *umg* (≈ *Angebeteter*) idol; (≈ *Vorliebe*) passion

schwärmen¹ *v/i* **1** (≈ *begeistert reden*) to enthuse (**von** about); **für j-n/etw ~** to be crazy about sb/sth *umg*; **sie schwärmt total für David** she's got a crush on David *umg*, she's crushing on David *US umg*; **ins Schwärmen geraten** to go into raptures

schwärmen² *v/i Tiere, Menschen* to swarm

Schwärmer(in) *m(f)* (≈ *Begeisterter*) enthusiast; (≈ *Fantast*) dreamer

Schwärmerei *f* (≈ *Begeisterung*) enthusiasm; (≈ *Leidenschaft*) passion; (≈ *Verzückung*) rapture

schwärmerisch *adj* (≈ *begeistert*) enthusiastic; (≈ *verliebt*) infatuated

schwarmfinanzieren *v/t* to crowdfund

Schwarmintelligenz *f* swarm intelligence

Schwarte *f* **1** (≈ *Speckschwarte*) rind **2** *umg* (≈ *Buch*) tome *hum*; (≈ *Gemälde*) daub(ing) *pej*

schwarz **A** *adj* **1** black; **Schwarzes Brett** bulletin board; **~er Humor** black humour *Br*, black humor *US*; **~e Liste** blacklist; **~e Magie** black magic; **das Schwarze Meer** the Black Sea; **das ~e Schaf (in der Familie)** the black sheep (of the family); **~er Tee** black tea; **etw ~ auf weiß haben** to have sth in black and white; **in den ~en Zahlen sein, ~e Zahlen schreiben** HANDEL to be in the black; **da kannst du warten, bis du ~ wirst** *umg* you can wait till the cows come home *umg* **2** *umg* (≈ *ungesetzlich*) illicit; **der ~e Markt** the black market; **~es Konto** secret account **B** *adv* **1** black; *einrichten, sich kleiden* in black **2** (≈ *illegal*) *erwerben* illegally; **etw ~ verdienen** to earn sth on the side

Schwarz *n* black; **in ~ gehen** to wear black

Schwarzarbeit *f* illicit work; *nach Feierabend* moonlighting *umg*

schwarzarbeiten *v/i* to do illicit work; *nach Feierabend* to moonlight *umg*

Schwarzarbeiter(in) *m(f)* person doing illicit work; *nach Feierabend* moonlighter *umg*

schwarzärgern *v/r* to get extremely annoyed

schwarzbraun *adj* dark brown

Schwarzbrot *n braun* brown rye bread; *schwarz, wie Pumpernickel* black bread

Schwarze *f* black woman/girl

Schwärze *f* **1** (≈ *Dunkelheit*) blackness **2** (≈ *Druckerschwärze*) printer's ink

schwärzen *v/t & v/r* to blacken

Schwarze(r) *m* **1** black **2** *österr Kaffee* black mocha

Schwarze(s) *n* black; *auf Zielscheibe* bull's-eye; **das kleine ~** *umg* one's/a little black dress; **ins ~ treffen** to score a bull's-eye

schwarzfahren *v/i ohne zu zahlen* to travel without paying

Schwarzfahrer(in) *m(f)* fare dodger *umg*

schwarz-gelb, schwarzgelb *adj* POL **die ~e** *od* **schwarzgelbe Koalition** *German government coalition between the conservative CDU/CSU and the liberal FDP parties*

Schwarzgeld *n* illegal earnings *pl*

schwarzhaarig *adj* black-haired

Schwarzhandel *m* black market; (≈ *Tätigkeit*) black marketeering; **im ~** on the black market

Schwarzhändler(in) *m(f)* black marketeer

schwärzlich *adj* blackish; *Haut* dusky

schwarzmalen *v/i* to be pessimistic

Schwarzmalerei *f* pessimism

Schwarzmarkt *m* black market

Schwarzmarktpreis *m* black-market price

Schwarzpulver *n* black (gun)powder

schwarzsehen *v/i* **1** TV to watch TV without a licence *Br*, to watch TV without a license *US* **2** (≈ *pessimistisch sein*) to be pessimistic; **da sehe ich schwarz** that's not going to work

Schwarztee *m* black tea

Schwarzwald *m* Black Forest

Schwarzwälder *adj* Black Forest; **~ Kirschtorte** Black Forest gateau *Br*, Black Forest cake *US*

schwarz-weiß, schwarzweiß *adj* black and white

Schwarz-Weiß-Foto *n* black-and-white (photo)

Schwarzwild *n* wild boars *pl*

Schwarzwurzel *f* GASTR salsify

Schwatz *umg* *m* chat

schwatzen **A** *v/i* to talk; *pej unaufhörlich* to chatter; (≈ *klatschen*) to gossip **B** *v/t* to talk; **dummes Zeug ~** to talk a lot of garbage *umg*

schwätzen *österr, südd v/t & v/i* → schwatzen

Schwätzer(in) *pej m(f)* chatterbox *umg*; (≈ *Schwafler*) windbag *umg*; (≈ *Klatschmaul*) gossip

Schwätzerei *pej f* (≈ *Gerede*) chatter; (≈ *Klatsch*) gossip

schwatzhaft *adj* (≈ *geschwätzig*) talkative, garrulous; (≈ *klatschsüchtig*) gossipy

Schwebe *f* **in der ~ sein** *fig* to be in the balance; JUR to be pending

Schwebebahn *f* suspension railway, aerial monorail

Schwebebalken *m* SPORT beam

schweben *v/i* **1** *Nebel, Rauch* to hang; *Wolke* to float; **etw schwebt j-m vor Augen** *fig* sb has

sth in mind; **in großer Gefahr ~** to be in great danger ② (≈ durch die Luft gleiten) to float; (≈ hochschweben) to soar; (≈ niederschweben) to float down; (≈ sich leichtfüßig bewegen) to glide
schwebend adj TECH, CHEM suspended; fig Fragen etc unresolved; JUR Verfahren pending
Schwede m, **Schwedin** f Swede
Schweden n Sweden
schwedisch adj Swedish; **hinter ~en Gardinen** umg behind bars
Schwefel m sulphur Br, sulfur US
schwefelhaltig adj containing sulphur Br, containing sulfur US
Schwefelsäure f sulphuric acid Br, sulfuric acid US
schweflig adj sulphurous Br, sulfurous US
Schweif m a. ASTRON tail
schweifen v/i to roam; **seinen Blick ~ lassen** to let one's eyes wander (**über etw** akk over sth)
Schweigegeld n hush money
Schweigemarsch m silent march (of protest)
Schweigeminute f one minute('s) silence
schweigen v/i to be silent; **kannst du ~?** can you keep a secret?; **zu etw ~** to make no reply to sth; **ganz zu ~ von …** to say nothing of …
Schweigen n silence; **j-n zum ~ bringen** a. euph to silence sb
schweigend A adj silent B adv in silence; **~ über etw** (akk) **hinweggehen** to pass over sth in silence
Schweigepflicht f pledge of secrecy; **die ärztliche ~** medical confidentiality
schweigsam adj silent; als Charaktereigenschaft taciturn; (≈ verschwiegen) discreet
Schwein n ① pig, hog US; Fleisch pork ② umg (≈ Mensch) pig umg, swine; **ein armes/faules ~** a poor/lazy bastard sl; **kein ~** nobody ③ umg (≈ Glück) **~ haben** to be lucky
Schweinebauch m GASTR belly of pork
Schweinebraten m joint of pork; gekocht roast pork
Schweinefleisch n pork
Schweinegeld umg n **ein ~** a packet Br umg, a fistful US umg
Schweinegrippe f swine flu
Schweinehund m umg bastard sl
Schweinepest f Tiermedizin swine fever
Schweinerei f umg ① mess ② (≈ Skandal) scandal; (≈ Gemeinheit) dirty trick umg; (≈ unzüchtige Handlung) indecent act; **(so eine) ~!** what a dirty trick! umg; **~en machen** to do dirty things
Schweineschmalz n dripping
Schweinestall m pigsty, pigpen bes US
Schweinezucht f pig-breeding; Hof pig farm
schweinisch umg adj Benehmen piggish umg; Witz dirty

Schweinkram umg m dirt, filth
Schweinshaxe f südd GASTR knuckle of pork
Schweinsleder n pigskin
Schweiß m sweat
Schweißausbruch m sweating kein unbest art, kein pl
schweißbedeckt adj covered in sweat
Schweißbrenner m TECH welding torch
Schweißdrüse f ANAT sweat gland
schweißen v/t & v/i TECH to weld
Schweißer(in) m(f) TECH welder
Schweißfüße pl smelly feet pl
schweißgebadet adj bathed in sweat
Schweißgeruch m smell of sweat
schweißig adj sweaty
Schweißnaht f TECH weld
schweißnass adj sweaty
Schweißperle f bead of perspiration
Schweißstelle f weld
schweißtreibend adj Tätigkeit that makes one sweat
Schweißtropfen m drop of sweat
schweißüberströmt adj streaming with sweat
Schweiz f **die ~** Switzerland; **die deutsche/französische/italienische ~** German/French/Italian-speaking Switzerland
Schweizer adj Swiss; **~ Franken** Swiss franc; **~ Käse** Swiss cheese
Schweizer(in) m(f) Swiss
schweizerdeutsch adj Swiss-German
Schweizerdeutsch n Swiss German
schweizerisch adj Swiss
Schweizermesser n Swiss army knife
Schwelbrand m smouldering fire Br, smoldering fire US
schwelen v/i to smoulder Br, to smolder US
schwelgen v/i to indulge oneself (**in** +dat in); **in Erinnerungen ~** to indulge in reminiscences
Schwelle f ① threshold; **an der ~ des Todes** at death's door ② BAHN sleeper Br, cross-tie US
schwellen A v/i to swell; → geschwollen B v/t geh Segel to swell (out)
Schwellenangst f PSYCH fear of entering a place; fig fear of embarking on something new
Schwellenland n newly industrialized country, emerging economy
Schwellung f swelling
Schwemme f ① für Tiere watering place ② (≈ Überfluss) glut (**an** +dat of) ③ (≈ Kneipe) bar
schwemmen v/t (≈ treiben) Sand etc to wash; **etw an(s) Land ~** to wash sth ashore
Schwengel m (≈ Glockenschwengel) clapper; (≈ Pumpenschwengel) handle
Schwenk m (≈ Drehung) wheel; FILM pan; fig about-turn

Schwenkarm *m* swivel arm
schwenkbar *adj* swivelling *Br*, swiveling *US*
schwenken **A** *v/t* **1** (≈ *schwingen*) to wave; (≈ *herumfuchteln mit*) to brandish **2** *Lampe etc* to swivel; *Kran* to swing; *Kamera* to pan **3** GASTR *Kartoffeln, Nudeln* to toss **B** *v/i* to swing; *Kolonne von Soldaten, Autos etc* to wheel; *Geschütz* to traverse; *Kamera* to pan
Schwenkung *f* swing; MIL wheel; *von Kran* swing; *von Kamera* pan(ning)
schwer **A** *adj* **1** (≈ *massiv*) *Fahrzeug, Maschine* powerful; **ein 10 kg ~er Sack** a sack weighing 10 kgs **2** (≈ *ernst*) serious, grave; *Zeit, Schicksal* hard; *Leiden, Strafe* severe; **~e Verluste** heavy losses; **das war ein ~er Schlag für ihn** it was a hard blow for him **3** (≈ *anstrengend, schwierig*) hard; *Geburt* difficult **B** *adv* **1** *beladen, bewaffnet* heavily; **~ auf j-m/etw liegen/lasten** to lie/weigh heavily on sb/sth **2** *arbeiten* hard; *bestrafen* severely; **~ verdientes Geld** hard-earned money; **es mit j-m ~ haben** to have a hard time with sb **3** (≈ *ernstlich*) seriously; *behindert* severely; *kränken* deeply; **~ beschädigt** severely disabled; **~ erkältet sein** to have a bad cold; **~ verunglücken** to have a serious accident **4** (≈ *nicht einfach*) **~ zu sehen/sagen** hard to see/say; **~ hören** to be hard of hearing; **ein ~ erziehbares Kind** a maladjusted child; **~ verdaulich** indigestible; **~ verständlich** difficult to understand **5** *umg* (≈ *sehr*) really; **da musste ich ~ aufpassen** I really had to watch out
Schwerarbeit *f* heavy labour *Br*, heavy labor *US*
Schwerarbeiter(in) *m(f)* labourer *Br*, laborer *US*
Schwerathletik *f* weightlifting sports, boxing, wrestling etc
schwerbehindert *adj* severely disabled
Schwerbehinderte(r) *m/f(m)* severely disabled person
schwerbeschädigt *adj* severely disabled
Schwere *f* **1** heaviness; (≈ *Schwerkraft*) gravity **2** (≈ *Ernsthaftigkeit*) *von Krankheit* seriousness **3** (≈ *Schwierigkeit*) difficulty
schwerelos *adj* weightless
Schwerelosigkeit *f* weightlessness
schwererziehbar *adj* → schwer
schwerfallen *v/i* to be difficult (*j-m* for sb); **Englisch fällt ihm schwer** he finds English difficult
schwerfällig **A** *adj* (≈ *unbeholfen*) *Gang* heavy (in one's movements); (≈ *langsam*) *Verstand* slow; *Stil* ponderous **B** *adv* heavily; *sprechen* ponderously; *sich bewegen* with difficulty
Schwergewicht *n* **1** SPORT, *a. fig* heavyweight **2** (≈ *Nachdruck*) stress
schwerhörig *adj* hard of hearing
Schwerhörigkeit *f* hardness of hearing
Schwerindustrie *f* heavy industry
Schwerkraft *f* gravity
schwerlich *adv* hardly
schwer machen *v/t* **1** **j-m das Leben ~** to make life difficult for sb **2** **es j-m/sich ~** to make it *od* things difficult for sb/oneself
Schwermetall *n* heavy metal
Schwermut *f* melancholy
schwermütig *adj* melancholy
schwernehmen *v/t* **etw ~** to take sth hard
Schwerpunkt *m* PHYS centre of gravity *Br*, center of gravity *US*; *fig* (≈ *Zentrum*) centre *Br*, center *US*; (≈ *Hauptgewicht*) main emphasis *od* stress; **~e setzen** to set priorities
Schwerpunktstreik *m* WIRTSCH pinpoint strike
schwerreich *umg adj* stinking rich *umg*
Schwert *n* sword
Schwertfisch *m* swordfish
Schwertlilie *f* BOT iris
schwertun *umg v/r* **sich** (*dat*) **mit** *od* **bei etw ~** to have difficulties with sth
Schwerverbrecher(in) *m(f)* serious offender; *bes* JUR felon
schwerverdaulich *adj* → schwer
Schwerverkehr *m* heavy goods traffic
Schwerverletzte(r) *m/f(m)* serious casualty
schwerwiegend *fig adj Fehler, Mängel, Folgen* serious
Schwester *f* sister; (≈ *Krankenschwester*) nurse; (≈ *Ordensschwester*) nun
Schwesterfirma *f* sister company
schwesterlich *adj* sisterly
Schwesternheim *n* nurses' home
Schwesternhelfer(in) *m(f)* nursing auxiliary *Br*, nursing assistant *US*
Schwesterschiff *n* sister ship
Schwiegereltern *pl* parents-in-law *pl*
Schwiegermutter *f* mother-in-law
Schwiegersohn *m* son-in-law
Schwiegertochter *f* daughter-in-law
Schwiegervater *m* father-in-law
Schwiele *f* callus; (≈ *Vernarbung*) welt
schwielig *adj Hände* callused
schwierig **A** *adj* difficult **B** *adv* **~ zu übersetzen** difficult to translate
Schwierigkeit *f* difficulty; problem; **~en** trouble; **in ~en geraten** to get into difficulties; **j-m ~en machen** to make trouble for sb; **j-n in ~en** (*akk*) **bringen** to create difficulties for sb; **in ~en sein, ~en haben** to be in trouble
Schwierigkeitsgrad *m* degree of difficulty
Schwimmbad *n* swimming pool; (≈ *Hallenbad*) swimming baths *pl*
Schwimmbecken *n* (swimming) pool
schwimmen **A** *v/i* **1** to swim; **~ gehen** to go swimming; **in Fett** (*dat*) **~** to be swimming in

fat; **im Geld ~** to be rolling in it *umg* **2** *fig* (≈ *unsicher sein*) to be at sea **B** *v/t* SPORT to swim
Schwimmen *n* swimming; **ins ~ geraten** *fig* to begin to flounder
Schwimmer *m* Angeln, a. TECH float
Schwimmer(in) *m(f)* swimmer
Schwimmflosse *f* fin
Schwimmhaut *f* ORN web
Schwimmlehrer(in) *m(f)* swimming instructor
Schwimmnudel *f* aqua noodle, swim noodle, water noodle, water log
Schwimmreifen *m* rubber ring
Schwimmvogel *m* water bird
Schwimmweste *f* life jacket
Schwindel *m* **1** (≈ *Gleichgewichtsstörung*) dizziness; **~ erregend** → **schwindelerregend 2** (≈ *Lüge*) lie; (≈ *Betrug*) swindle, fraud **3** *umg* (≈ *Kram*) **der ganze ~** the whole (kit and) caboodle *umg*
Schwindelanfall *m* dizzy turn
Schwindelei *umg f* (≈ *leichte Lüge*) fib *umg*; (≈ *leichter Betrug*) swindle
schwindelerregend *adj* Höhe dizzy; Tempo dizzying; *umg* Preise astronomical
schwindelfrei *adj* **Wendy ist nicht ~** Wendy can't stand heights; **sie ist völlig ~** she has a good head for heights
schwindelig *adj* dizzy; **mir ist** *od* **ich bin ~** I feel dizzy
schwindeln **A** *v/i umg* (≈ *lügen*) to fib *umg* **B** *v/t umg* **das ist alles geschwindelt** it's all lies
schwinden *v/i* (≈ *abnehmen*) to dwindle; Schönheit to fade; Ton to fade (away); Erinnerung to fade away; Kräfte to fail; TECH to shrink; **sein Mut schwand** his courage failed him
Schwindler(in) *m(f)* swindler; (≈ *Hochstapler*) con man; (≈ *Lügner*) liar, fraud
schwindlerisch *adj* fraudulent
schwindlig *adj* → schwindelig
schwingen **A** *v/t* Schläger to swing; drohend: Stock etc to brandish; Fahne to wave; → geschwungen **B** *v/r* **sich auf etw** (akk) **~** to leap onto sth; **sich über etw** (akk) **~** to vault across sth **C** *v/i* to swing; (≈ *vibrieren*) Saite to vibrate
Schwingtür *f* swing door
Schwingung *f* vibration
Schwips *umg m* **einen (kleinen) ~ haben** to be (slightly) tipsy
schwirren *v/i* to whizz Br, to whiz; Fliegen etc to buzz; **mir schwirrt der Kopf** my head is buzzing
Schwitze *f* GASTR roux
schwitzen **A** *v/i* to sweat **B** *v/r* **sich nass ~** to get drenched in sweat
Schwitzen *n* sweating; **ins ~ kommen** to break out in a sweat; *fig* to get into a sweat

schwofen *umg v/i* to dance
schwören **A** *v/t* to swear; **ich hätte geschworen, dass ...** I could have sworn that ...; **j-m/sich etw ~** to swear sth to sb/oneself **B** *v/i* to swear; **auf j-n/etw ~** *fig* to swear by sb/sth
schwul *adj* gay
schwül *adj* Wetter, Tag etc sultry, muggy
Schwüle *f* sultriness
Schwule(r) *m/f(m)* gay
Schwulenbar *f* gay bar
schwulenfreundlich *adj* gay-friendly
Schwulenszene *f* gay scene
schwulen- und lesbenfreundlich *adj* gay-friendly
Schwulität *umg f* trouble, difficulty; **in ~en geraten** to get in a fix *umg*
Schwulst *pej m* bombast
schwülstig *pej adj* bombastic
Schwund *m* **1** (≈ *Abnahme*) decrease (+gen in) **2** von Material shrinkage **3** MED atrophy
Schwung *m* **1** swing; (≈ *Sprung*) leap **2** *wörtl* (≈ *Antrieb*) momentum; *fig* (≈ *Elan*) verve; **in ~ kommen** *wörtl* to gain momentum; *fig* to get going; **j-n/etw in ~ bringen** to get sb/sth going; **in ~ sein** *wörtl* to be going at full speed; *fig* to be in full swing **3** *umg* (≈ *Menge*) stack
schwunghaft **A** *adj* Handel flourishing **B** *adv* **sich ~ entwickeln** to grow hand over fist
schwungvoll **A** *adj* **1** Linie, Handschrift sweeping **2** (≈ *mitreißend*) Rede lively **B** *adv* (≈ *mit Schwung*) energetically; werfen powerfully
Schwur *m* (≈ *Eid*) oath; (≈ *Gelübde*) vow
Schwurgericht *n* court with a jury
Schwyz *n* Schwyz
Science-Fiction, Sciencefiction *f* science fiction, sci-fi *umg*
Screenshot *m* IT Bild vom Bildschirm screen shot, screenshot, screen dump *umg*
scrollen *v/t & v/i* IT to scroll
SE *abk* (= *Societas Europaea*) Europäische Gesellschaft SE
sechs *num* six; → vier
Sechseck *n* hexagon
sechseckig *adj* hexagonal
Sechserpack *m* six-pack
sechsfach **A** *adj* sixfold; **die ~e Menge** six times the amount **B** *adv* sixfold, six times
sechshundert *num* six hundred
sechsmal *adv* six times
Sechstagerennen *n* six-day (bicycle) race
sechstägig *adj* six-day
sechstausend *num* six thousand
Sechstel *n* sixth; → Viertel¹
sechste(r, s) *adj* sixth; **den ~n Sinn haben** to have a sixth sense (for sth); → vierter, s
sechstens *adv* sixth(ly), in the sixth place

sechzehn *num* sixteen
sechzig *num* sixty; → **vierzig**
Sechziger *pl*, **60er-Jahre** *pl* sixties *pl*
Secondhandladen *m* second-hand shop
See¹ *f* sea; **an der See** by the sea; **an die See fahren** to go to the sea(side); **auf hoher See** on the high seas; **auf See** at sea; **in See stechen** to put to sea; **zur See fahren** to be a sailor
See² *m* lake; *in Schottland a.* loch
Seeaal *m* ZOOL conger (eel)
Seebad *n* (≈ *Kurort*) seaside resort
Seebär *hum umg m* seadog *umg*
Seebeben *n* seaquake
See-Elefant *m* sea elephant
Seefahrer(in) *m(f)* seafarer
Seefahrt *f* **1** (≈ *Fahrt*) (sea) voyage; (≈ *Vergnügungsseefahrt*) cruise **2** (≈ *Schifffahrt*) seafaring
Seefisch *m* saltwater fish
Seefischerei *f* sea fishing
Seefrachtbrief *m* HANDEL bill of lading
Seegang *m* swell; **starker** *od* **hoher ~** heavy *od* rough seas
seegestützt *adj* MIL sea-based
Seehafen *m* seaport
Seehund *m* seal
Seeigel *m* sea urchin
seekrank *adj* seasick; **Paul wird leicht ~** Paul is a bad sailor
Seekrankheit *f* seasickness
Seekrieg *m* naval war
Seelachs *m* GASTR pollack
Seele *f* soul; (≈ *Herzstück*) life and soul; **von ganzer ~** with all one's heart (and soul); **j-m aus der ~ sprechen** to express exactly what sb feels; **das liegt mir auf der ~** it weighs heavily on my mind; **sich** (*dat*) **etw von der ~ reden** to get sth off one's chest; **das tut mir in der ~ weh** I am deeply distressed; **eine ~ von Mensch** an absolute dear
Seelenheil *n* spiritual salvation; *fig* spiritual welfare
Seelenleben *n* inner life
seelenlos *adj* soulless
Seelenruhe *f* calmness; **in aller ~** calmly; (≈ *kaltblütig*) as cool as ice
seelenruhig **A** *adj* calm; (≈ *kaltblütig*) as cool as ice **B** *adv* calmly; (≈ *kaltblütig*) callously
seelenverwandt *adj* congenial *liter*; **sie waren ~** they were kindred spirits
Seelenzustand *m* psychological state
Seelilie *f* sea lily
seelisch **A** *adj* REL spiritual; (≈ *geistig*) *Gleichgewicht* mental; *Schaden* psychological; *Erschütterung* emotional **B** *adv* psychologically; **~ krank** mentally ill

Seelöwe *m* sea lion
Seelsorge *f* spiritual welfare
Seelsorger(in) *m(f)* pastor
Seeluft *f* sea air
Seemacht *f* naval *od* maritime power
Seemann *m* sailor
seemännisch *adj* nautical
Seemannsgarn *umg n* sailor's yarn
Seemeile *f* sea mile
Seemöwe *f* seagull
Seengebiet *n* lakeland district
Seenot *f* distress; **in ~ geraten** to get into distress
Seeotter *m* sea otter
Seepferd(chen) *n* sea horse
Seeräuber(in) *m(f)* pirate
Seeräuberei *f* piracy
Seereise *f* (sea) voyage; (≈ *Kreuzfahrt*) cruise
Seerose *f* water lily
Seeschifffahrt *f* maritime shipping
Seeschlacht *f* sea battle
Seestern *m* ZOOL starfish
Seestreitkräfte *pl* naval forces *pl*
Seetang *m* BOT, GASTR seaweed
Seeteufel *m* ZOOL monkfish
seetüchtig *adj* seaworthy
seeuntüchtig *adj* unseaworthy
Seeverkehr *m* maritime traffic
Seevogel *m* sea bird
Seeweg *m* sea route; **auf dem ~ reisen** to go by sea
Seewespe *f* sea wasp
Seezunge *f* sole
Segel *n* sail; **die ~ setzen** to set the sails
Segelboot *n* sailing boat *Br*, sailboat *US*
segelfliegen *v/i* to glide
Segelfliegen *n* gliding
Segelflieger(in) *m(f)* glider pilot
Segelflug *m* (≈ *Segelfliegerei*) gliding; (≈ *Flug*) glider flight
Segelflugzeug *n* glider
Segeljacht *f* (sailing) yacht, sailboat *US*
Segelklub *m* sailing club
segeln **A** *v/t* & *v/i* to sail; **~ gehen** to go for a sail **B** *v/i umg* **durch eine Prüfung ~** to fail an exam
Segeln *n* sailing
Segelregatta *f* sailing *od* yachting regatta
Segelschiff *n* sailing ship
Segelsport *m* sailing
Segeltuch *n* canvas
Segen *m* blessing; **es ist ein ~, dass …** it is a blessing that …; **er hat meinen ~** he has my blessing; **~ bringend** beneficent
Segler(in) *m(f)* (≈ *Segelsportler*) yachtsman/-woman, sailor
Segment *n* segment

segnen v/t REL to bless; → gesegnet
Segnung f REL blessing
sehbehindert adj partially sighted
sehen **A** v/t to see; (≈ ansehen) to look at; **gut zu ~ sein** to be clearly visible; **schlecht zu ~ sein** to be difficult to see; **da gibt es nichts zu ~** there is nothing to see; **darf ich das mal ~?** can I have a look at that?; **j-n/etw zu ~ bekommen** to get to see sb/sth; **etw in j-m ~** to see sb as sth; **ich kann den Mantel nicht mehr ~** (≈ nicht mehr ertragen) I can't stand the sight of that coat any more; **sich ~ lassen** to put in an appearance; **er lässt sich kaum noch bei uns ~** he hardly ever comes to see us now; **also, wir ~ uns morgen** right, I'll see you tomorrow; **da sieht man es mal wieder!** that's typical!; **du siehst das/ihn nicht richtig** you've got it/him wrong; **rein menschlich gesehen** from a purely personal point of view **B** v/r **sich getäuscht ~** to see oneself deceived; **sich gezwungen ~, zu ...** to find oneself obliged to ... **C** v/i to see; **er sieht gut/schlecht** he can/cannot see very well; **siehe oben/unten** see above/below; **siehst du (wohl)!, siehste!** umg you see!; **lass mal ~ Sie mal!** look!; **lass mal ~** let me see, let me have a look; **Sie sind beschäftigt, wie ich sehe** I can see you're busy; **mal ~!** umg we'll see; **auf etw** (akk) **~** (≈ hinsehen) to look at sth; (≈ achten) to consider sth important; **darauf ~, dass ...** to make sure (that) ...; **nach j-m ~** (≈ betreuen) to look after sb; (≈ besuchen) to go to see sb; **nach der Post ~** to see if there are any letters
Sehen n seeing; (≈ Sehkraft) sight; **ich kenne ihn nur vom ~** I only know him by sight
sehenswert adj worth seeing
Sehenswürdigkeit f sight, attraction; **das Anschauen von ~en** sightseeing
Sehfehler m visual defect
Sehkraft f (eye)sight
Sehleistung f sight
Sehne f **1** ANAT tendon **2** (≈ Bogensehne) string
sehnen v/r **sich nach j-m/etw ~** to long for sb/sth
Sehnenzerrung f pulled tendon
Sehnerv m optic nerve
sehnlich **A** adj Wunsch ardent; Erwartung eager **B** adv hoffen, wünschen ardently
Sehnsucht f longing (**nach** for)
sehnsüchtig **A** adj longing, Wunsch etc ardent **B** adv hoffen ardently; **~ auf etw** (akk) **warten** to long for sth
sehr adv **1** mit Adjektiv/Adverb very; (≈ äußerst) highly; **er ist ~ dagegen** he is very much against it; **es geht ihm ~ viel besser** he is very much better **2** mit Verb very much, a lot; **er mag sie ~** he likes her a lot; **so ~** so much; **wie ~** how much; **sich ~ anstrengen** to try very hard; **regnet es ~?** is it raining a lot?; **freust du dich darauf? — ja, ~** are you looking forward to it? — yes, very much; **danke ~!** thanks very much!; **zu ~** too much
Sehschwäche f poor eyesight
Sehstörung f visual defect
Sehtest m eye test
Sehvermögen n powers pl of vision
seicht adj shallow
Seide f silk
seiden adj (≈ aus Seide) silk
Seidenpapier n tissue paper
Seidenraupe f silkworm
seidenweich adj soft as silk
seidig adj (≈ wie Seide) silky
Seife f soap
Seifenblase f soap bubble; fig bubble
Seifenlauge f (soap)suds pl
Seifenoper f umg f soap (opera)
Seifenpulver n soap powder
Seifenschale f soap dish
Seifenschaum m lather
seifig adj soapy
seihen v/t (≈ sieben) to sieve
Seil n rope; (≈ Hochseil) tightrope, high wire
Seilbahn f cable railway Br, cableway US
seilspringen v/i to skip
Seilspringen n skipping Br, jumping rope US
Seiltanz m tightrope act
Seiltänzer(in) m(f) tightrope walker
sein¹ **A** v/i **1** to be; **sei/seid so nett und ...** be so kind as to ...; **das wäre gut** that would be a good thing; **es wäre schön gewesen** it would have been nice; **er ist Lehrer** he is a teacher; **wenn ich Sie wäre** if I were od was you; **er war es nicht** it wasn't him; **das kann schon ~** that may well be; **ist da jemand?** is (there) anybody there?; **er ist aus Genf** he comes from Geneva; **wo warst du so lange?** where have you been all this time? **2** **was ist?** what's the matter?, what's up umg; **das kann nicht ~** that can't be (true); **wie wäre es mit ...?** how about ...?; **mir ist kalt** I'm cold **B** v/aux to have; **er ist geschlagen worden** he has been beaten
sein² poss pr adjektivisch, bei Männern his; bei Dingen, Abstrakta its; bei Mädchen her; bei Tieren its, his/her; bei Ländern, Städten its, her; auf „man" bezüglich one's, his US, your; **jeder hat ~e Probleme** everybody has their problems
Sein n being; (≈ Existenz a.) existence; **~ und Schein** appearance and reality
seine(r, s) poss pr substantivisch his; **er hat das Seine getan** geh he did his bit; **jedem das Seine** each to his own Br, to each his own; **die Seinen**

geh his family

seinerseits *adv* (≈ *von ihm*) on his part; (≈ *er selbst*) for his part

seinerzeit *adv* at that time

seinesgleichen *pron gleichgestellt* his equals *pl*; *auf „man" bezüglich* one's equals, his equals *US*; *gleichartig* his kind *pl*, of one's own kind; *pej* the likes of him *pl*

seinetwegen *adv* **1** (≈ *wegen ihm*) because of him; (≈ *ihm zuliebe*) for his sake; (≈ *für ihn*) on his behalf **2** (≈ *von ihm aus*) as far as he is concerned

seinetwillen *adv* **um ~** for his sake

sein lassen *v/t* **etw ~** (≈ *aufhören*) to stop sth/doing sth; (≈ *nicht tun*) to leave sth; **lass das sein!** stop that!

seismisch *adj* seismic

Seismograf *m* seismograph

Seismologe *m*, **Seismologin** *f* seismologist

seit A *präp* since; *in Bezug auf Zeitdauer* for, in *bes US*; **~ wann?** since when?; **~ September** since September; **~ Jahren** for years; **wir warten schon ~ zwei Stunden** we've been waiting (for) two hours; **~ etwa einer Woche** since about a week ago, for about a week **B** *konj* since

seitdem A *adv* since then **B** *konj* since

Seite *f* **1** side; **auf der linken/rechten ~** on the left/right; **~ an ~** side by side; **zur ~ gehen** *od* **treten** to step aside; **j-m zur ~ stehen** *fig* to stand by sb's side; **das Recht ist auf ihrer ~** she has right on her side; **etw auf die ~ legen** to put sth aside; **j-n zur ~ nehmen** to take sb aside; **auf der einen ~ ..., auf der anderen (Seite) ...** on the one hand ..., on the other (hand) ...; **sich von seiner besten ~ zeigen** to show oneself at one's best; **von allen ~n** from all sides; **auf ~n** +*gen* → **aufseiten**; **von ~n** +*gen* → **vonseiten 2** (≈ *Buchseite etc*) page; **auf welcher ~ sind wir?** what page are we on?

Seitenairbag *m* AUTO side-impact airbag

Seitenansicht *f* **1** side view; TECH side elevation **2** IT print view

Seitenaufprallschutz *m* AUTO side impact protection system

Seitenausgang *m* side exit

Seitenblick *m* sidelong glance; **mit einem ~ auf** (+*akk*) *fig* with one eye on

Seiteneingang *m* side entrance

Seitenflügel *m* side wing; *von Altar* wing

Seitenhieb *fig m* sideswipe

seitenlang *adj* several pages long

Seitenlinie *f* **1** BAHN branch line **2** FUSSB *etc* touchline *Br*, sideline

seitens *form präp* on the part of

Seitenspiegel *m* AUTO wing mirror

Seitensprung *m fig* bit on the side *kein pl umg*

Seitenstechen *n* stitch; **~ haben/bekommen** to have/get a stitch

Seitenstraße *f* side street

Seitenstreifen *m* verge; *der Autobahn* hard shoulder *Br*, shoulder *US*

Seitentür *f* side door

seitenverkehrt *adj & adv* the wrong way round

Seitenwechsel *m* SPORT changeover; **vor dem ~** in the first half; **nach dem ~** in the second half

Seitenwind *m* crosswind

Seitenzahl *f* **1** page number **2** (≈ *Gesamtzahl*) number of pages

seither *adv* since then

seitlich A *adj* side *attr*; *bes* TECH *Naturwissenschaft* lateral **B** *adv* at the side; (≈ *von der Seite*) from the side; **~ von** at the side of

Sekret *n* PHYSIOL secretion

Sekretär *m* (≈ *Schreibschrank*) bureau *Br*, secretary desk *US*

Sekretär(in) *m(f)* secretary

Sekretariat *n* office

Sekt *m* sparkling wine

Sekte *f* sect

Sektglas *n* champagne glass

Sektierer(in) *m(f)* sectarian

sektiererisch *adj* sectarian

Sektion *f* section; (≈ *Abteilung*) department

Sektor *m* sector; (≈ *Sachgebiet*) field

Sektschale *f* champagne glass

sekundär *adj* secondary

Sekundärliteratur *f* secondary literature

Sekundarschule *f schweiz* secondary school

Sekundarstufe *f* secondary school level, high school level *bes US*

Sekunde *f* second; **auf die ~ genau** to the second

Sekundenkleber *m* superglue®, instant glue

sekundenschnell *adj Reaktion, Entscheidung* split-second *attr*; *Antwort* quick-fire *attr*

Sekundenzeiger *m* second hand

selber *dem pr* → **selbst A**

Selbermachen *n* **Möbel zum ~** do-it-yourself furniture

selbst A *dem pr* **1 ich ~** I myself; **er ~** he himself; **sie ist die Güte/Tugend ~** she's kindness/virtue itself **2** (≈ *ohne Hilfe*) by oneself/himself/yourself *etc*; **das regelt sich alles von ~** it'll sort itself out (by itself); **er kam ganz von ~** he came of his own accord **B** *adv* **1** (≈ *eigen*) **~ ernannt** self-appointed; *in Bezug auf Titel* self-styled; **~ gebacken** home-baked, home-made; **~ gebaut** home-made; *Haus* self-built; **~ gemacht** home-made; **~ verdientes Geld** money one has earned oneself **2** (≈ *sogar*) even; **~ Gott**

even God (himself); **~ wenn** even if od though
Selbstachtung f self-respect, self-worth
selbständig etc adj & adv → selbstständig
Selbstanzeige f 1 steuerlich voluntary declaration 2 **~ erstatten** to come forward oneself
Selbstauslöser m FOTO self-timer
Selbstbedienung f self-service
Selbstbedienungsladen m self-service shop od store US
Selbstbedienungsrestaurant n self-service restaurant; (≈ Cafeteria) cafeteria
Selbstbefriedigung f masturbation
Selbstbeherrschung f self-control; **die ~ wahren/verlieren** to keep/lose one's self-control
Selbstbestätigung f self-affirmation
Selbstbestimmungsrecht n right of self-determination
Selbstbeteiligung f Versicherungswesen (percentage) excess
Selbstbetrug m self-deception
selbstbewusst A adj (≈ selbstsicher) self-assured, confident B adv self-confidently
Selbstbewusstsein n self-confidence
selbstbezogen adj self-centred
Selbstbildnis n self-portrait
Selbstbräuner m fake tan
Selbstdisziplin f self-discipline
Selbsterhaltungstrieb m survival instinct
Selbsterkenntnis f self-knowledge
selbstgebacken adj → selbst
selbstgefällig A adj self-satisfied B adv smugly
Selbstgefälligkeit f smugness, complacency
selbstgemacht adj home-made
selbstgerecht A adj self-righteous B adv self-righteously
Selbstgerechtigkeit f self-righteousness
Selbstgespräch n **~e führen** to talk to oneself
selbstherrlich pej A adj (≈ eigenwillig) high-handed; (≈ selbstgefällig) arrogant B adv (≈ eigenwillig) high-handedly; (≈ selbstgefällig) arrogantly
Selbsthilfe f self-help; **zur ~ greifen** to take matters into one's own hands
Selbsthilfegruppe f self-help group
selbstklebend adj self-adhesive
Selbstkosten pl WIRTSCH prime costs pl
Selbstkostenpreis m cost price; **zum ~** at cost
Selbstkritik f self-criticism
selbstkritisch A adj self-critical B adv self-critically
Selbstläufer m umg (≈ eigenständiger Erfolg) sure-fire success umg
Selbstlaut m vowel
selbstlos A adj selfless, unselfish B adv selflessly

Selbstlosigkeit f selflessness
Selbstmanagement n self-management
Selbstmitleid n self-pity
Selbstmord m suicide
Selbstmordanschlag m suicide attack
Selbstmordattentäter(in) m(f) suicide attacker od bomber
Selbstmörder(in) m(f) suicide
selbstmörderisch adj suicidal; **in ~er Absicht** intending to commit suicide
selbstmordgefährdet adj suicidal
Selbstmordversuch m attempted suicide
Selbstporträt n self-portrait
Selbstschutz m self-protection
selbstsicher A adj self-assured, confident B adv self-confidently
Selbstsicherheit f self-assurance
selbstständig adj A adj independent; **~ sein** beruflich to be self-employed; **sich ~ machen** beruflich to set up on one's own; hum to go off on its own B adv independently; (≈ ohne Hilfe) on one's own; **das entscheidet er ~** he decides that on his own
Selbstständige(r) m/f(m) self-employed person
Selbstständigkeit f independence; beruflich self-employment
Selbststudium n self-study
Selbstsucht f egoism
selbstsüchtig adj egoistic, selfish
selbsttätig A adj 1 (≈ automatisch) automatic 2 (≈ eigenständig) independent B adv (≈ automatisch) automatically
Selbsttäuschung f self-deception
Selbsttest m von Maschine self-test
selbstverdient adj → selbst
selbstvergessen adj absent-minded; Blick faraway
Selbstverpfleger(in) m(f) self-caterer
Selbstverpflegung f self-catering
selbstverschuldet adj Unfälle, Notlagen for which one is oneself responsible; **der Unfall war ~** the accident was his/her own fault
Selbstversorger(in) m(f) 1 **~ sein** to be self-sufficient 2 im Urlaub etc sb who is self-catering Br; **Appartements für ~** self-catering apartments Br, condominiums US
selbstverständlich A adj Freundlichkeit natural; Wahrheit self-evident; **das ist doch ~!** that goes without saying; **das ist keineswegs ~** it cannot be taken for granted B adv of course
Selbstverständlichkeit f **das war doch eine ~, dass wir ...** it was only natural that we ...; **etw für eine ~ halten** to take sth as a matter of course
Selbstverteidigung f self-defence Br, self-defense US

Selbstvertrauen n self-confidence
Selbstverwaltung f self-administration
Selbstwahrnehmung f self-perception
Selbstwertgefühl n self-esteem, self-worth
selbstzufrieden **A** adj self-satisfied **B** adv complacently, smugly
Selbstzweck m end in itself
selchen v/t & v/i österr, südd Fleisch to smoke
Selektion f selection
selektiv **A** adj selective **B** adv selectively
Selfie n (≈ Eigenfoto) selfie
Selfiestange f, **Selfiestick** m selfie stick
selig adj **1** REL blessed **2** (≈ überglücklich) overjoyed; Lächeln blissful
Seligkeit f **1** REL salvation **2** (≈ Glück) (supreme) happiness, bliss
Sellerie m celeriac; (≈ Stangensellerie) celery
selten **A** adj rare **B** adv (≈ nicht oft) rarely, seldom
Seltenheit f rarity
Seltenheitswert m rarity value
Selter(s)wasser n soda (water)
seltsam adj strange
seltsamerweise adv strangely enough
Semantik f semantics sg
semantisch adj semantic
Semester n UNIV semester, term (of a half-year's duration); **im 7./8. ~ sein** to be in one's 4th year
Semesterferien pl vacation sg
Semifinale n SPORT semifinal(s)
Semikolon n semicolon
Seminar n **1** UNIV department; (≈ Seminarübung) seminar **2** (≈ Priesterseminar) seminary **3** (≈ Lehrerseminar) teacher training college
Seminarraum m meeting room
Semit(in) m(f) Semite
semitisch adj Semitic
Semmel f dial roll
Semmelbrösel pl breadcrumbs pl
Semmelknödel m österr, südd bread dumpling
sempern v/i österr (≈ nörgeln) to moan
Senat m **1** POL, UNIV senate **2** JUR Supreme Court
Senator(in) m(f) senator
Sendebereich m transmission range
Sendefolge f **1** (≈ Sendung in Fortsetzungen) series sg **2** (≈ Programmfolge) programmes pl Br, programs pl US
Sendemast m radio od transmitter mast, broadcasting tower US
senden¹ **A** v/t to send (**an** +akk to) **B** v/i **nach j-m ~** to send for sb
senden² v/t & v/i RADIO, TV to broadcast; Signal etc to transmit
Sendepause f interval
Sender m transmitter; RADIO station; TV channel bes Br, station bes US
Senderaum m studio
Sendereihe f (radio/television) series
Sendernetz n RADIO, TV network
Sendersuchlauf m RADIO, TV channel search
Sendeschluss m RADIO, TV close-down
Sendezeit f broadcasting time; **in der besten ~** in prime time
Sendung f **1** (≈ das Senden) sending **2** (≈ Postsendung) letter; (≈ Paket) parcel; HANDEL consignment **3** TV programme Br, program US; show; RADIO broadcast; **auf ~ sein** to be on the air
Senegal n/m Senegal
Senegalese m, **Senegalesin** f Senegalese
Senf m mustard; **seinen ~ dazugeben** umg to have one's say
Senfgas n CHEM mustard gas
Senfgurke f gherkin pickled with mustard seeds
Senfkorn n mustard seed
sengen **A** v/t to singe **B** v/i to scorch
senil pej adj senile
Senilität f senility
Senior(in) m(f) **1** (a. **~chef(in)**) boss **2** SPORT senior player; **die ~en** the seniors **3** **~en** pl senior citizens pl
seniorengerecht adj (suitable) for the elderly; **~e Wohnungen** housing for the elderly
Seniorenheim n retirement home, old people's home Br
Seniorenpass m senior citizen's travel pass
Seniorenwohnheim n old people's home
Senkblei n plumb line; (≈ Gewicht) plummet
senken **A** v/t to lower; Kopf to bow; **den Blick ~** to lower one's gaze **B** v/r to sink; Haus, Boden to subside; Stimme to drop
senkrecht **A** adj vertical; MATH perpendicular; in Kreuzworträtseln down; (≈ aufrecht) upright **B** adv vertically, perpendicularly; aufsteigen straight up
Senkrechte f vertical; MATH perpendicular
Senkrechtstarter m FLUG vertical takeoff aircraft
Senkrechtstarter(in) fig umg m(f) whiz(z) kid umg
Senkung f **1** lowering **2** (≈ Vertiefung) hollow **3** MED → Blutsenkung
Sennerei f österr, südd Alpine dairy
Sensation f sensation
sensationell adj sensational
Sensationsblatt n sensational paper
Sensationslust f desire for sensation
sensationslüstern adj sensation-seeking
Sensationsnachricht f sensational news pl
Sensationspresse f sensational papers pl
Sense f **1** scythe **2** umg **jetzt/dann ist ~!** that's

the end!
sensibel A *adj* sensitive B *adv* sensitively
sensibilisieren *v/t* to sensitize
Sensibilität *f* sensitivity
Sensor *m* sensor
sentimental *adj* sentimental
Sentimentalität *f* sentimentality
separat A *adj* separate; *Wohnung* self-contained B *adv* separately
separieren *v/t* to separate
September *m* September; → März
Sequenz *f* sequence
Serbe *m*, **Serbin** *f* Serb, Serbian
Serbien *n* Serbia
serbisch *adj* Serb, Serbian
Serenade *f* serenade
Serie *f* series *sg*; (≈ *Fernsehserie mit Fortsetzungen*) serial; **13 Siege in ~** 13 wins in a row; **in ~ gehen** to go into production; **in ~ hergestellt werden** to be mass-produced
seriell *adj Herstellung* series *attr*; IT serial
Serienbrief *m* IT mail-merge letter
serienmäßig A *adj Autos* production *attr*; *Ausstattung* standard; *Herstellung* series *attr* B *adv herstellen* in series
Serienmörder(in) *m(f)* serial killer
Seriennummer *f* serial number
Serienwagen *m* AUTO standard-type car
serienweise *adv produzieren* in series; *umg* (≈ *in Mengen*) wholesale
seriös *adj* serious; (≈ *anständig*) respectable; *Firma* reputable; **~ auftreten** to appear respectable
Seriosität *f* seriousness; (≈ *Anständigkeit*) respectability; *von Firma* integrity
Serpentine *f* winding road, zigzag
Serum *n* serum
Server *m* INTERNET server
Service[1] *n* (≈ *Essgeschirr*) dinner service; (≈ *Kaffee-/Teeservice*) coffee/tea service; (≈ *Gläserservice*) set
Service[2] *m* HANDEL service; SPORT service, serve
Servicecenter *n* information centre *Br*, information center *US*, help desk
Serviceportal *n* IT online service portal
Servicewerkstatt *f* service centre *Br*, service center *US*
Servicewüste *f* service-free zone
servieren A *v/t* to serve; *umg* (≈ *anbieten*) to serve up *umg* (**j-m** for sb) B *v/i* to serve
Serviererin *f* waitress
Serviertochter *f schweiz* waitress
Serviette *f* napkin
Servobremse *f* power brake
Servolenkung *f* power steering
servus *int österr, südd beim Treffen* hello; *beim Abschied* cheerio *Br umg*, see ya *bes US umg*
Sesam *m* sesame
Sessel *m* easy chair; (≈ *Polstersessel*) armchair; *österr* (≈ *Stuhl*) chair
Sessellift *m* chairlift
sesshaft *adj* settled; (≈ *ansässig*) resident; **~ werden** to settle down
Set[1] *m/n* 1 SPORT (≈ *Satz*) set 2 (≈ *Deckchen*) place mat
Set[2] *m* TV, FILM set
Setter *m* setter
Setup *n* IT setup
Setupprogramm *n* IT setup program
setzen A *v/t* 1 (≈ *hintun*) to put, to set; (≈ *sitzen lassen*) to sit, to place, to put; **j-n an Land ~** to put sb ashore; **etw in die Zeitung ~** to put sth in the paper; **sich** (*dat*) **etw in den Kopf ~** *umg* to take sth into one's head; **seine Hoffnung in j-n/etw ~** to put one's hopes in sb/sth 2 SCHIFF *Segel* to set 3 TYPO to set 4 *Preis, Summe* to put (**auf** +*akk* on); **Geld auf ein Pferd ~** to put money on a horse 5 (≈ *schreiben*) *Komma, Punkt* to put 6 (≈ *bestimmen*) *Ziel, Preis etc* to set; **j-m eine Frist ~** to set sb a deadline 7 (≈ *einstufen*) *Sportler* to place; *Tennis* to seed; **der an Nummer eins gesetzte Spieler** *Tennis* the top seed 8 → **gesetzt** B *v/r* 1 (≈ *Platz nehmen*) to sit down; **sich ins Auto ~** to get into the car; **sich zu j-m ~** to sit with sb; **bitte ~ Sie sich** please take a seat 2 *Kaffee, Tee, Lösung* to settle C *v/i bei Wetten* to bet; **auf ein Pferd ~** to bet on a horse
Setzer(in) *m(f)* TYPO typesetter
Setzerei *f* (≈ *Firma*) typesetter's
Seuche *f* epidemic; *fig pej* scourge, plague
Seuchenbekämpfung *f* epidemic control
Seuchengebiet *n* epidemic area
Seuchengefahr *f* danger of epidemic
seufzen *v/t & v/i* to sigh
Seufzer *m* sigh
Sex *m* sex
Sex-Appeal *m* sex appeal
Sexbombe *umg f* sex bomb *umg*
Sexfilm *m* sex movie
Sexismus *m* sexism
Sexist(in) *m(f)* sexist
sexistisch *adj* sexist
Sexspielzeug *n* sex toy
Sextett *n* MUS sextet(te)
Sextourismus *m* sex tourism
Sexualerziehung *f* sex education
Sexualität *f* sexuality
Sexualkunde *f* SCHULE sex education
Sexualleben *n* sex life
Sexualpartner(in) *m(f)* sexual partner
Sexualstraftäter(in) *m(f)* sex offender
Sexualverbrechen *n* sex crime, sex(ual) offence *Br*, sex(ual) offense *US*
sexuell A *adj* sexual B *adv* sexually; **~ übertrag-**

bare Krankheit sexually transmitted disease
sexy *umg adj* sexy *umg*
Seychellen *pl* GEOG Seychelles *pl*
sezieren *wörtl, fig v/t & v/i* to dissect
s-förmig, S-förmig *adj* S-shaped
sfr *abk* (= *Schweizer Franken*) sfr
Shampoo *n* shampoo
Shareware *f* IT shareware
Sherry *m* sherry
Shetlandinseln *pl* Shetland Islands *pl*
Shift-Taste *f* COMPUT shift key
Shisha *f* (≈ *Wasserpfeife*) shisha
Shitstorm *umg m* INTERNET *massive Kritik im Internet* shitstorm
shoppen *umg v/i* to shop; **~ gehen** to go shopping
Shopping *n* shopping
Shoppingcenter *n* shopping centre *Br*, shopping center *US*
Shoppingmeile *f Einkaufsstraße* shopping street
Shoppingtour *f* shopping expedition; **auf ~ gehen** to go on a shopping expedition
Shorts *pl* (pair of) shorts *pl*
Show *f* show; **eine ~ abziehen** *umg* to put on a show *umg*
Showeinlage *f* entertainment section
Showgeschäft *n* show business
Showmaster(in) *m(f)* compère, emcee *US*
Shuttlebus *m* shuttle bus
siamesisch *adj* **~e Zwillinge** Siamese twins
Sibirien *n* Siberia
sibirisch *adj* Siberian
sich *refl pr* **1** *akk* oneself; *3. Person sg* himself, herself, itself; *Höflichkeitsform sg* yourself; *Höflichkeitsform pl* yourselves; *3. Person pl* themselves; **nur an ~** (*akk*) **denken** to think only of oneself **2** *dat* to oneself; *3. Person sg* to himself, to herself, to itself; *Höflichkeitsform sg* to yourself; *Höflichkeitsform pl* to yourselves; *3. Person pl* to themselves; **~ die Haare waschen** to wash one's hair **3** (≈ *einander*) each other
Sichel *f* sickle; (≈ *Mondsichel*) crescent
sicher **A** *adj* **1** (≈ *gewiss*) certain; **(sich** *dat*) **einer Sache** (*gen*) **~ sein** to be sure of sth **2** (≈ *gefahrlos*) safe; (≈ *geborgen*) secure; **vor j-m/etw ~ sein** to be safe from sb/sth; **sich ~ fühlen** to feel safe; **~ ist ~** you can't be too sure **3** (≈ *zuverlässig*) reliable; (≈ *fest*) *Gefühl, Zusage* definite; *Einkommen* steady; *Stellung* secure **4** (≈ *selbstbewusst*) (self-)confident **B** *adv* **1** *fahren, aufbewahren etc* safely **2** (≈ *selbstbewusst*) **~ auftreten** to give an impression of (self-)confidence **3** (≈ *natürlich*) of course; **~!** sure *bes US* **4** (≈ *bestimmt*) **das wolltest du ~ nicht sagen** surely you didn't mean that; **du hast dich ~ verrechnet** you must have counted wrong; **das ist ganz ~ das Beste** it's quite certainly the best; **das hat er ~ vergessen** I'm sure he's forgotten it
sichergehen *v/i* to be *od* make sure
Sicherheit *f* **1** (≈ *Gewissheit*) certainty; **das ist mit ~ richtig** that is definitely right; **das lässt sich nicht mit ~ sagen** that cannot be said with any degree of certainty **2** (≈ *Schutz*) safety; *als Aufgabe von Sicherheitsbeamten etc* security; **die öffentliche ~** public safety; **die innere ~** internal security; **j-n/etw in ~ bringen** to get sb/sth to safety; **~ im Straßenverkehr** road safety; **in ~ sein** to be safe **3** (≈ *Selbstsicherheit*) (self-)confidence **4** HANDEL, FIN security; (≈ *Pfand*) surety; **~ leisten** HANDEL, FIN to offer security; JUR to stand bail
Sicherheitsabstand *m* safe distance
Sicherheitsbeamte(r) *m*, **Sicherheitsbeamtin** *f* security officer
Sicherheitsbestimmungen *pl* safety regulations *pl*
Sicherheitsdienst *m* **1** *Dienstleistung* security **2** *Dienstleister* security company **3** *staatlich* security service
Sicherheitsglas *n* safety glass
Sicherheitsgurt *m* seat belt
sicherheitshalber *adv* to be on the safe side
Sicherheitshinweis *m auf Produkt* safety advice; *auf Gefahren in bestimmten Ländern* security advice
Sicherheitskontrolle *f* security check
Sicherheitskopie *f* IT backup copy
Sicherheitskräfte *pl* security forces *pl*
Sicherheitslücke *f* security gap
Sicherheitsmaßnahme *f* safety precaution; POL *etc* security measure
Sicherheitsnadel *f* safety pin
Sicherheitspolitik *f* security policy
Sicherheitsrat *m* security council
Sicherheitsrisiko *n* security risk
Sicherheitsschloss *n* safety *od* security lock
Sicherheitsstandard *m* standard of security
Sicherheitsstrategie *f* POL security strategy
sicherlich *adv* → **sicher**
sichern **A** *v/t* **1** to safeguard; (≈ *absichern*) to protect; (= *sicher machen*) *Wagen, Unfallstelle* to secure; IT *Daten* to save; **eine Feuerwaffe ~** to put the safety catch of a firearm on **2** **j-m/sich etw ~** to secure sth for sb/oneself **B** *v/r* to protect oneself
sicherstellen *v/t* **1** *Waffen, Drogen* to take possession of; *Beweismittel* to secure **2** (≈ *garantieren*) to guarantee, to assure
Sicherung *f* **1** (≈ *das Sichern*) safeguarding; (≈ *Absicherung*) protection **2** (≈ *Schutz*) safeguard **3** ELEK fuse; *von Waffe* safety catch

Sicherungsdiskette f back-up disk
Sicherungskasten m fuse box
Sicherungskopie f IT backup copy
Sicherungsverwahrung f JUR preventive detention
Sicht f **1** (≈ *Sehweite*) visibility; **in ~ sein/kommen** to be in/come into sight; **aus meiner ~ fig** as I see it, from my point of view; **aus heutiger ~** from today's perspective; **auf lange/kurze ~** fig in the long/short term **2** (≈ *Ausblick*) view **3** HANDEL **auf** od **bei ~** at sight
sichtbar **A** adj visible; **~ werden** fig to become apparent **B** adv altern visibly; *sich verändern* noticeably
sichten v/t **1** (≈ *erblicken*) to sight **2** (≈ *durchsehen*) to look through
Sichtgerät n monitor; COMPUT VDU
sichtlich **A** adj obvious **B** adv obviously; *beeindruckt* visibly
Sichtverhältnisse pl visibility sg
Sichtvermerk m endorsement; *im Pass* visa stamp
Sichtweite f visibility; **außer ~** out of sight
sickern v/i fig to leak out
sie pers pr **1** sg, nom she; akk her; *von Dingen* it; **sie ist es** it's her; **sie selbst** herself; **wer hat das gemacht? — sie** who did that? — she did od her!; **frag sie** ask her **2** nom they; akk them; **sie sind es** it's them; **sie selbst** themselves; **frag sie** ask them
Sie **A** pers pr you; **Sie selbst** yourself; yourselves **B** n polite od "Sie" form of address; **j-n mit Sie anreden** to use the polite form of address to sb
Sieb n sieve; (≈ *Teesieb*) strainer; (≈ *Gemüsesieb*) colander; **ein Gedächtnis wie ein ~ haben** to have a memory like a sieve
sieben¹ v/t to pass through a sieve; GASTR to sieve
sieben² num seven; → **vier**
Sieben f seven
siebenfach **A** adj sevenfold; **die ~e Menge** seven times the amount **B** adv sevenfold, seven times
siebenhundert num seven hundred
siebenjährig adj seven-year-old
Siebensachen umg pl belongings pl, things pl
siebentausend num seven thousand
Siebtel n seventh
siebte(r, s) adj seventh; → **vierter, s**
siebtens adv seventh(ly), in the seventh place
siebzehn num seventeen; **Siebzehn und Vierkart** pontoon
siebzig num seventy; → **vierzig**
Siechtum liter n infirmity; fig *von Wirtschaft etc* ailing state

siedeln v/i to settle
sieden v/t/i to boil; **~d heiß** boiling hot
Siedepunkt m PHYS, a. fig boiling point
Siedler(in) m(f) settler
Siedlung f **1** (≈ *Ansiedlung*) settlement **2** (≈ *Wohnsiedlung*) housing estate Br, housing development US
Sieg m victory (**über** +akk over); SPORT a. win
Siegel n **1** seal; **unter dem ~ der Verschwiegenheit** under the seal of secrecy **2** (≈ *Gütesiegel, Umweltsiegel*) label
Siegellack m sealing wax
Siegelring m signet ring
siegen v/i to be victorious; *in Wettkampf* to win; **über j-n/etw ~** fig to triumph over sb/sth; *in Wettkampf* to beat sb/sth
Sieger(in) m(f) victor; *in Wettkampf* winner; **als ~ hervorgehen** to emerge victorious
Siegerehrung f SPORT presentation ceremony
Siegermacht f POL victorious power
Siegerpodest n SPORT winners' podium od rostrum
siegesbewusst adj confident of victory
Siegesrede f *nach Wahl* victory speech
siegessicher **A** adj certain of victory **B** adv confidently
Siegeszug m triumphal march
siegreich adj triumphant; *in Wettkampf* winning attr, successful
Siegtreffer m SPORT winning goal
siehe int see; **~ oben/unten** see above/below
Sierra Leone n GEOG Sierra Leone
Sievert n NUKL *Maßeinheit* sievert
siezen v/t **j-n/sich ~** to address sb/each other as "Sie"
Siff sl m (≈ *Dreck*) filth; (≈ *Zustand*) mess
Sightseeing n sightseeing
Signal n signal
Signalanlage f signals pl
signalisieren v/t to signal
Signatur f **1** signature; **elektronische ~** electronic signature; **digitale ~** digital signature **2** (≈ *Bibliothekssignatur*) shelf mark
signieren v/t to sign
Silbe f syllable; **er hat es mit keiner ~ erwähnt** he didn't say a word about it
Silbentrennung f syllabification; TYPO, IT hyphenation
Silber n silver
Silberbesteck n silver(ware)
Silberblick umg m squint
Silberfischchen n silverfish
Silbergeld n silver
Silberhochzeit f silver wedding (anniversary)
Silbermedaille f silver medal
Silbermedaillengewinner(in) m(f) silver

medallist *Br*, silver medalist *US*
silbern *adj* silver; *liter Stimme, Haare* silvery *liter*; **~e Hochzeit** silver wedding (anniversary)
Silberstreifen *fig m* **es zeichnete sich ein Silberstreif(en) am Horizont ab** you/they *etc* could see light at the end of the tunnel
Silbertanne *f* noble fir
silbrig **A** *adj* silvery **B** *adv* **~ schimmern/glänzen** to shimmer/gleam like silver
Silhouette *f* silhouette
Silikon *n* silicone
Silizium *n* silicon
Silo *m* silo
Silvester *m/n* New Year's Eve, Hogmanay *bes schott*
Simbabwe *n* Zimbabwe
SIM-Karte *f* TEL SIM card
simpel *adj* simple; (≈ *vereinfacht*) simplistic
Sims *m/n* (≈ *Fenstersims*) (window)sill; (≈ *Gesims*) ledge; (≈ *Kaminsims*) mantlepiece
simsen *v/t & v/i* TEL *umg* to text
Simulant(in) *m(f)* malingerer
Simulation *f* simulation
Simulator *m Naturwissenschaft* simulator
simulieren **A** *v/i* (≈ *sich krank stellen*) to feign illness **B** *v/t* **1** *Naturwissenschaft, a.* TECH to simulate **2** (≈ *vorgeben*) *Krankheit* to feign
simultan **A** *adj* simultaneous **B** *adv* simultaneously
Simultandolmetscher(in) *m(f)* simultaneous translator
Sinfonie *f* symphony
Sinfonieorchester *n* symphony orchestra
sinfonisch *adj* symphonic
Singapur *n* Singapore
singen **A** *v/i* **1** *wörtl, fig* to sing **2** *umg* (≈ *gestehen*) to squeal *umg* **B** *v/t* to sing
Single[1] *f* (≈ *CD*) single
Single[2] *m* (≈ *Alleinlebender*) single
Singular *m* GRAM singular
Singvogel *m* songbird
sinken *v/i* **1** to sink; *beim Tauchen* to drop; **den Kopf ~ lassen** to let one's head drop **2** *Boden* to subside **3** *Wasserspiegel, Temperatur, Preise etc* to fall **4** (≈ *schwinden*) to diminish; *Einfluss* to decline; **den Mut ~ lassen** to lose courage; **in j-s Achtung** (*dat*) **~** to go down in sb's estimation
Sinkflug *m* FLUG descent
Sinn *m* **1** (≈ *Wahrnehmungsfähigkeit*) sense **2** **~e** *pl* (≈ *Bewusstsein*) senses *pl*; **er war von ~en** he was out of his mind; **wie von ~en** like one demented; **bist du noch bei ~en?** have you taken leave of your senses? **3** (≈ *Gedanken*) mind; **das will mir einfach nicht in den ~** I just can't understand it; **j-m durch den ~ gehen** to occur to sb; **etw im ~ haben** to have sth in mind; **mit etw nichts im ~ haben** to want nothing to do with sth **4** (≈ *Verständnis*) feeling; **~ für Gerechtigkeit** *etc* **haben** to have a sense of justice *etc*; **~ für Humor** sense of humour **5** (≈ *Geist*) spirit; **im ~e des Gesetzes** according to the spirit of the law; **das ist nicht in seinem ~e** that is not what he himself would have wished; **das wäre nicht im ~e unserer Kunden** it would not be in the interests of our customers **6** (≈ *Zweck*) point; **das ist nicht der ~ der Sache** that is not the point; **der ~ des Lebens** the meaning of life; **das hat keinen ~** there is no point in that **7** (≈ *Bedeutung*) meaning; **im übertragenen ~** in the figurative sense; **~ ergeben** to make sense; **das macht keinen/wenig ~** that makes no/little sense
Sinnbild *n* symbol
sinnbildlich *adj* symbolic(al)
sinnen *v/i* (≈ *planen*) **auf etw** (*akk*) **~** to think of sth; **auf Abhilfe ~** to think up a remedy; → **gesonnen**
sinnentstellend *adj* **~ sein** to distort the meaning
Sinnesorgan *n* sense organ
Sinnestäuschung *f* hallucination
Sinneswandel *m* change of mind
sinnfällig *adj Beispiel, Symbol* manifest, obvious
sinngemäß *adv* **etw ~ wiedergeben** to give the gist of sth
sinnieren *v/i* to brood (**über** +*akk* over)
sinnlich *adj* **1** *Empfindung, Eindrücke* sensory **2** (≈ *sinnenfroh*) sensuous; (≈ *erotisch*) sensual
Sinnlichkeit *f* (≈ *Erotik*) sensuality
sinnlos **A** *adj* **1** (≈ *unsinnig*) meaningless; *Verhalten, Töten* senseless **2** (≈ *zwecklos*) futile, useless; **das ist völlig ~** there's no sense in that **B** *adv* **1** *zerstören, morden* senselessly **2** (≈ *äußerst*) **~ betrunken** blind drunk
Sinnlosigkeit *f* (≈ *Unsinnigkeit*) meaninglessness; *von Verhalten* senselessness; (≈ *Zwecklosigkeit*) futility
sinnvoll **A** *adj* **1** *Satz* meaningful **2** *fig* (≈ *vernünftig*) sensible; (≈ *nützlich*) useful; **~ sein** to make sense **B** *adv* **sein Geld ~ anlegen** to invest one's money sensibly
Sintflut *f* BIBEL Flood
sintflutartig *adj* **~e Regenfälle** torrential rain
Sinto *m* Sinto (gypsy); **Sinti und Roma** Sinti and Romanies
Sinus *m* **1** MATH sine **2** ANAT sinus
Siphon *m* siphon
Sippe *f* (extended) family; *umg* (≈ *Verwandtschaft*) clan *umg*
Sippschaft *pej umg f* tribe *umg*
Sirene *f* siren
Sirup *m* syrup

Sitte f ◼1 (≈ *Brauch*) custom; (≈ *Mode*) practice; **~n und Gebräuche** customs and traditions ◼2 (≈ *gutes Benehmen*) manners *pl*; (≈ *Sittlichkeit*) morals *pl*
Sittenpolizei f vice squad
sittenwidrig *form adj* immoral
Sittich m parakeet
sittlich *adj* moral
Sittlichkeit f morality
Sittlichkeitsverbrechen *obs* n sex crime
Sittlichkeitsverbrecher(in) *obs m(f)* sex offender
Situation f situation
Situationskomik f situation comedy, sitcom *umg*
Situationskomödie f sitcom
situiert *adj* **gut ~** well-off
Sitz m ◼1 seat; (≈ *Wohnsitz*) residence; *von Firma* headquarters *pl* ◼2 *von Kleidungsstück* sit; **einen guten ~ haben** to sit well
Sitzbank f bench
Sitzblockade f sit-in
Sitzecke f corner seating unit
sitzen *v/i* ◼1 to sit; **hier sitzt man sehr bequem** it's very comfortable sitting here; **etw im Sitzen tun** to do sth sitting down; **beim Frühstück ~** to be having breakfast; **über einer Arbeit ~** to sit over a piece of work; **locker ~** to be loose; **deine Krawatte sitzt nicht richtig** your tie isn't straight; **in der Falle ~** to be trapped ◼2 (≈ *seinen Sitz haben*) to sit; *Firma* to have its headquarters ◼3 *umg* (≈ *im Gefängnis sitzen*) to do time *umg*, to be inside *umg* ◼4 (≈ *im Gedächtnis sitzen*) to have sunk in ◼5 *umg* (≈ *treffen*) to hit home; **das saß!** that hit home
sitzen bleiben *umg v/i* ◼1 (≈ *nicht aufstehen*) to remain seated ◼2 SCHULE to have to repeat a year ◼3 **auf einer Ware ~** to be left with a product
Sitzenbleiber(in) *m(f)* SCHULE *pupil required to repeat a school year*
sitzen lassen *umg v/t* **j-n ~** (≈ *im Stich lassen*) to leave sb in the lurch *umg*
Sitzgelegenheit f seats *pl*
Sitzheizung f AUTO seat heating
Sitzkissen n (floor) cushion
Sitzordnung f seating plan
Sitzplatz m seat
Sitzpolster n seat cushion
Sitzsack m beanbag
Sitzung f (≈ *Konferenz*) meeting; (≈ *Gerichtsverhandlung*) session; (≈ *Parlamentssitzung*) sitting; IT session; **eine ~ beenden** to end a session
Sitzungsperiode f PARL session
Sitzungsprotokoll n minutes *pl*
Sitzungssaal m conference hall

Sizilien n Sicily
Skala f scale
Skalpell n scalpel
skalpieren *v/t* to scalp
Skandal m scandal
skandalös *adj* scandalous
Skandinavien n Scandinavia
Skandinavier(in) *m(f)* Scandinavian
skandinavisch *adj* Scandinavian
Skateboard n skateboard; **~ fahren** to go skateboarding, to skate
Skateboarden n skateboarding
Skateboarder(in) *m(f)* skateboarder
skaten *v/i mit Inlineskates* to skate; (≈ *Skateboard fahren*) to skateboard
Skatepark m skatepark
Skater(in) *m(f) mit Inlineskates* skater; *mit Skateboard* skateboarder
Skate-Veranstaltung f skate
Skeleton n SPORT skeleton
Skelett n skeleton
Skepsis f scepticism *Br*, skepticism *US*
Skeptiker(in) *m(f)* sceptic *Br*, skeptic *US*
skeptisch ◼A *adj* sceptical *Br*, skeptical *US* ◼B *adv* sceptically *Br*, skeptically *US*
Sketch m KUNST, THEAT sketch
Ski m ski; **Ski fahren** *od* **laufen** to ski
Skianzug m ski suit
Skiausrüstung f skiing gear
Skibrille f ski goggles *pl*
Skifahren n skiing
Skifahrer(in) *m(f)* skier
Skigebiet n ski(ing) area
Skigymnastik f skiing exercises *pl*
Skihose f (pair of) ski pants *pl*
Skikurs m skiing course
Skilauf m skiing
Skilaufen n skiing
Skiläufer(in) *m(f)* skier
Skilehrer(in) *m(f)* ski instructor
Skilift m ski lift
Skin(head) m skinhead
Skipass m ski pass
Skipiste f ski run, slope
Skischanze f ski jump
Skischuh m ski boot
Skischule f ski school
Skisport m skiing
Skispringen n ski jumping
Skistiefel m ski boot
Skistock m ski pole
Skitour f ski tour
Skiurlaub m skiing holiday *Br*, skiing vacation *US*
Skizze f sketch; *fig* (≈ *Grundriss*) outline
skizzieren *v/t* to sketch; *fig Plan etc* to outline

Sklave m, **Sklavin** f slave
Sklavenhandel m slave trade
Sklaventreiber(in) m(f) slave-driver
Sklaverei f slavery
sklavisch A adj slavish B adv slavishly
Sklerose f sclerosis
Skonto n/m cash discount
Skorpion m 1 ZOOL scorpion 2 ASTROL Scorpio; **(ein) ~ sein** to be (a) Scorpio
Skript n script
Skrupel m scruple; **keine ~ kennen** to have no scruples
skrupellos A adj unscrupulous B adv unscrupulously
Skrupellosigkeit f unscrupulousness
Skulptur f sculpture
S-Kurve f S-bend
Skybeamer m skybeam, skytracker
skypen® v/i (≈ den Internetdienst Skype® nutzen) to skype®
Slackline f SPORT Gurtband zum Balancieren slackline
Slackliner(in) m(f) SPORT slackliner
Slacklining n SPORT Balancieren auf einem Gurtband slacklining
Slalom m slalom
Slang m slang
Slawe m, **Slawin** f Slav
slawisch adj Slavonic, Slavic
Slip m (pair of) briefs pl
Slipeinlage f panty liner
Slipper m slip-on shoe Br, loafer US
Slogan m slogan
Slowake m, **Slowakin** f Slovak
Slowakei f **die ~** Slovakia
slowakisch adj Slovakian, Slovak
Slowene m, **Slowenin** f Slovene
Slowenien n Slovenia
slowenisch adj Slovenian, Slovene
Slum m slum
Slumbewohner(in) m(f) slum dweller
Small Talk m small talk; **~ machen** to make small talk
Smaragd m emerald
Smartphone n IT internetfähiges Handy smartphone
Smartwatch f Armbanduhr mit Computerfunktionen smartwatch
Smiley m IT smiley
Smog m smog
Smogalarm m smog alert
Smoking m dinner jacket bes Br, tuxedo bes US
Smoothie m (≈ Mixgetränk) smoothie
SMS f abk (= Short Message Service) text (message); **j-m eine SMS schicken** to send sb a text message, to text sb

SMS-Nachricht f text message
SMS-Roman m text message novel
SMV abk (= Schülermitverwaltung) school council
Snack m snack (meal)
Sneakersöckchen pl, **Sneakersocken** pl trainer socks pl Br, sneaker socks pl US
Snob m snob
Snobismus m snobbishness
snobistisch adj snobbish
Snowboard n SPORT Gleitbrett snowboard; **~ fahren** to go snowboarding
Snowboarden n snowboarding
Snowboarder(in) m(f) snowboarder
so A adv 1 mit Adjektiv/Adverb so; mit Verb (≈ so sehr) so much; mit Adjektiv/Substantiv such; **so … wie …** as … as …; **so groß** etc so big etc; **nicht so schlimm** not that bad; **so groß** etc **wie …** as big etc as …; **so nette Leute** such nice people 2 (≈ auf diese Weise) like this/that, this/that way; **mach es nicht so, sondern so** don't do it like this but like that; **so ist sie nun einmal** that's the way she is; **sei doch nicht so** don't be like that; **so ist es nicht gewesen** that's not how it was; **so oder so** either way; **das habe ich nur so gesagt** I didn't really mean it; **so genannt → sogenannt** 3 umg (≈ umsonst) for nothing 4 **so mancher** quite a few people pl; **so ein Idiot!** what an idiot!; **na so was!** well I never!; **so einer wie ich/er** somebody like me/him B konj **so dass** so that C int so; (≈ wirklich) oh, really; abschließend well, right; **so, so!** well, well
sobald konj as soon as; **ich komme, ~ ich kann** I'll come as soon as I can
Socke f sock; **sich auf die ~n machen** umg to get going umg
Sockel m base; von Statue plinth, pedestal; ELEK socket
Soda f soda
sodass konj so that
Sodawasser n soda water
Sodbrennen n heartburn
soeben adv just (this moment); **~ erschienen** just published
Sofa n sofa, settee
sofern konj provided (that); **~ … nicht** if … not
sofort adv immediately, at once; (≈ auf der Stelle) at once, straightaway; **(ich) komme ~!** (I'm) just coming!; Kellner etc I'll be right with you
Sofortbildkamera f Polaroid® camera
sofortig adj immediate
Sofortmaßnahme f immediate measure
Softeis n soft ice cream
Softie umg m caring type
Software f IT software

Softwareentwickler(in) m(f) software developer
Softwarepaket n software package
Sog m suction; *von Strudel* vortex
sogar adv even
sogenannt adj (≈ *angeblich*) so-called
sogleich adv at once, immediately
Sohle f ▮ (≈ *Fußsohle etc*) sole; (≈ *Einlage*) insole ▮ (≈ *Boden*) bottom
sohlen v/t to sole
Sohn m son
Soja f soya *bes Br*, soy
Soja- zssgn soy
Sojabohne f BOT, GASTR soya bean *bes Br*, soybean
Sojabohnenkeime pl bean sprouts pl
Sojamilch f soya milk *Br*, soy milk *US*
Sojasoße f soya sauce *bes Br*, soy sauce
Sojasprossen pl bean sprouts pl
solange konj as *od* so long as
solar adj solar
Solar- zssgn solar
Solaranlage f (≈ *Kraftwerk*) solar power plant
Solardach n solar roof
Solardusche f solar shower
Solarenergie f solar energy
Solarium n solarium
Solarstrom m solar electricity
Solarzelle f solar cell
solch adj, **solche(r, s)** adj such; **~es Glück** such luck; **wir haben ~e Angst** we're so afraid; **~ nette Leute** such nice people; **~e Sprache** language like that; **mein Vater hat auch ein ~es Auto** my dad has a car like that too; **ich habe ~en Hunger** I am so hungry; **der Mensch als ~er** man as such
Sold m MIL pay
Soldat(in) m(f) soldier
Söldner(in) m(f) mercenary
Solei n pickled egg
Solidargemeinschaft f (mutually) supportive society; (≈ *Beitragszahler*) contributors pl
solidarisch ▮ adj showing solidarity; **sich mit j-m ~ erklären** to declare one's solidarity with sb ▮ adv **~ mit j-m handeln** to act in solidarity with sb
solidarisieren v/r **sich ~ mit** to show (one's) solidarity with
Solidarität f solidarity; **~ üben** to show solidarity
Solidaritätszuschlag m FIN solidarity surcharge on income tax (*for the reconstruction of eastern Germany*)
solide ▮ adj solid; *Arbeit, Wissen* sound; *Mensch, Leben* respectable; *Preise* reasonable ▮ adv ▮ (≈ *stabil*) **~ gebaut** solidly built ▮ (≈ *gründlich*) ar-

beiten thoroughly
Solist(in) m(f) MUS soloist
Soll n ▮ WIRTSCH (≈ *Schuld*) debit; **~ und Haben** debit and credit ▮ WIRTSCH (≈ *Ziel, Produktionsnorm*) target; **sein ~ erfüllen** to reach *od* meet one's target
sollen ▮ v/aux ▮ *Verpflichtung* **was soll ich/er tun?** what should I/he do?; **soll ich es ihm sagen?** shall I tell him?; **~ wir ...?** shall we ...?; **du weißt, dass du das nicht tun sollst** you know that you're not supposed to do that; **er weiß nicht, was er tun soll** he doesn't know what to do; **sie sagte ihm, er solle draußen warten** she told him (that he was) to wait outside; **es soll nicht wieder vorkommen** it won't happen again; **ich/er sollte ...** I/he should ...; **wir sollten einen Schirm kaufen** we ought to buy an umbrella; **er soll reinkommen** tell him to come in; **der sollte nur kommen!** just let him come!; **niemand soll sagen, dass ...** let no-one say that ...; **ich soll Ihnen sagen, dass ...** I've been asked to tell you that ... ▮ *konjunktivisch* **das hättest du nicht tun ~** you shouldn't have done that; **du hättest fragen ~** you should have asked ▮ *konditional* **sollte das passieren, ...** if that should happen ..., should that happen ... ▮ *Vermutung* to be supposed *od* meant to; **sie soll krank sein** apparently she's ill ▮ *mit bestimmtem Ziel, bestimmter Absicht* to be intended *od* meant to; **das soll das Lernen leichter machen** this is intended to make learning easier ▮ (≈ *können*) **so etwas soll es geben** these things happen; **man sollte glauben, dass ...** you would think that ... ▮ v/i **was soll das?** what's all this?; (≈ *warum denn das*) what's that for?; (≈ *welchen Sinn hat das*) what's the point?; **was solls!** *umg* what the hell! *umg*; **was soll ich dort?** what would I do there? ▮ v/t **das sollst/solltest du nicht** you shouldn't do that
Sollseite f FIN debit side
sollte(n) should
Sollzinsen pl WIRTSCH debtor interest sg
solo adv MUS solo; *fig umg* on one's own
Solo n solo
Solo- zssgn solo
Solotänzer(in) m(f) solo dancer; *im Ballett* principal dancer
Solothurn n Solothurn
solvent adj FIN solvent
Solvenz f solvency
Somalia n Somalia
somalisch adj Somali
somit adv consequently, therefore
Sommer m summer; **im ~** in (the) summer; **im nächsten ~** next summer

Sommeranfang *m* beginning of summer
Sommerfahrplan *m* summer timetable *Br*, summer schedule *US*
Sommerferien *pl* summer holidays *pl Br*, summer vacation *US*; JUR, PARL summer recess
Sommerfest *n* summer party *od* fair
Sommerkleid *n* **1** *Kleidungsstück* summer dress **2** (≈ *Sommerfell*) summer coat
Sommerkleidung *f* summer clothing; *bes* HANDEL summerwear
sommerlich **A** *adj* summery **B** *adv* **es ist ~ warm** it's as warm as it is in summer; **~ gekleidet sein** to be in summer clothes
Sommerloch *umg n* silly season *Br*, off season *US*
Sommerolympiade *f* Summer Olympics *pl*
Sommerpause *f* summer break; JUR, PARL summer recess
Sommerreifen *m* normal tyre *Br*, normal tire *US*
Sommerschlussverkauf *m* summer sale
Sommersemester *n* UNIV summer semester, ≈ summer term *Br*
Sommersonnenwende *f* summer solstice
Sommerspiele *pl* **die Olympischen ~** the Summer Olympics, the Summer Olympic Games
Sommersprosse *f* freckle
sommersprossig *adj* freckled
Sommerzeit *f* **1** *Jahreszeit* summertime; **zur ~** in (the) summertime **2** *Uhrzeit* summer time *Br*, daylight saving time *US*; **wann fängt die ~ an?** when does summer time begin? *Br*, when does daylight saving time begin? *US*
Sonate *f* sonata
Sonde *f* RAUMF, MED probe; METEO sonde
Sonderangebot *n* special offer; **im ~ sein** to be on special offer
Sonderausgabe *f* **1** special edition **2** **~n** *pl* FIN additional *od* extra expenses *pl*
sonderbar *adj* strange
sonderbarerweise *adv* strangely enough
Sonderbeauftragte(r) *m/f(m)* POL special emissary
Sonderfall *m* special case; (≈ *Ausnahme*) exception
sondergleichen *adj* **eine Geschmacklosigkeit ~** the height of bad taste; **mit einer Arroganz ~** with unparalleled arrogance
Sonderheft *n* special
sonderlich **A** *adj* particular, especial **B** *adv* particularly, especially
Sondermarke *f* special issue stamp
Sondermüll *m* hazardous waste
sondern *konj* but; **nimm nicht den roten Ball, ~ den gelben** don't take the red ball. Take the yellow one; **nicht nur ..., ~ auch** not only ... but also
Sonderpreis *m* special price
Sonderschicht *f* special shift; *zusätzlich* extra shift
Sonderschule *obs f* special school
Sondersendung *f* special
Sonderwünsche *pl* special requests *pl*
Sonderzeichen *n* IT special character
Sonderzug *m* special train
sondieren **A** *v/t* to sound out; **die Lage ~** to find out how the land lies **B** *v/i* **~, ob ...** to try to sound out whether ...
Sondierungsgespräch *n* exploratory talk
Sonett *n* sonnet
Song *m* song
Songtext *m* lyrics *pl*
Sonnabend *m* Saturday; → *Dienstag*
sonnabends *adv* on Saturdays, on a Saturday; → *dienstags*
Sonne *f* sun; **an** *od* **in die ~ gehen** to go out in the sun(shine)
sonnen *v/r* to sun oneself; **sich in etw** (*dat*) **~** *fig* to bask in sth
Sonnen- *zssgn* solar
Sonnenanbeter(in) *m(f)* sun worshipper
Sonnenaufgang *m* sunrise
Sonnenbad *n* sunbathing *kein pl*; **ein ~ nehmen** to sunbathe
sonnenbaden *v/i* to sunbathe
Sonnenbank *f* sun bed
Sonnenblume *f* sunflower
Sonnenblumenöl *n* sunflower oil
Sonnenbrand *m* sunburn
Sonnenbräune *f* suntan
Sonnenbrille *f* (pair of) sunglasses *pl*
Sonnencreme *f* suntan cream *od* lotion, sunscreen
Sonnenenergie *f* solar energy
Sonnenfinsternis *f* solar eclipse
sonnengebräunt *adj* **~ sein** to have a suntan
Sonnenhut *m* sunhat
Sonnenkollektor *m* solar panel
Sonnenkraftwerk *n* solar power station
Sonnenlicht *n* sunlight
Sonnenmilch *f* suntan lotion
Sonnenöl *n* suntan oil
Sonnenrollo *n* sun blind
Sonnenschein *m* sunshine; **bei ~** in the sunshine
Sonnenschirm *m* sunshade
Sonnenschutz *m* sun protection
Sonnenschutzfaktor *m* protection factor
Sonnenschutzmittel *n* sunscreen
Sonnenspray *n/m* sun spray
Sonnenstich *m* sunstroke
Sonnenstrahl *m* ray of sunshine, sunbeam; *bes*

ASTRON, PHYS sun ray

Sonnenstudio *n* tanning salon *bes US*, tanning studio

Sonnensystem *n* solar system

Sonnenuhr *f* sundial

Sonnenuntergang *m* sunset

Sonnenwende *f* solstice

sonnig *adj* sunny

Sonntag *m* Sunday; → Dienstag

sonntäglich *adj* Sunday *attr*

sonntags *adv* (on) Sundays, on a Sunday; → dienstags

Sonntagsarbeit *f* Sunday working

Sonntagsfahrer(in) *pej m(f)* Sunday driver

Sonntagszeitung *f* Sunday paper

sonn- und feiertags *adv* on Sundays and public holidays

sonst **A** *adv* **1** (≈ *außerdem*) else; *mit Substantiv* other; **~ noch Fragen?** any other questions?; **wer/wie** *etc* **(denn) ~?** who/how *etc* else?; **~ niemand** nobody else; **er und ~ keiner** nobody else but he; **~ wann** *umg* some other time; **er denkt, er ist ~ wer** *umg* he thinks he's somebody special; **~ noch etwas?** is that all?, anything else?; **~ wie** *umg* (in) some other way; **~ wo** *umg* somewhere else; **~ wohin** *umg* somewhere else **2** (≈ *andernfalls, im Übrigen*) otherwise; **wie geht's ~?** how are things otherwise? **3** (≈ *gewöhnlich*) usually; **genau wie ~** the same as usual; **alles war wie ~** everything was as it always used to be **B** *konj* otherwise, or (else)

sonstig *adj* other

sooft *konj* whenever

Sopran *m* soprano

Sopranistin *f* soprano

Sorbet *m/n* GASTR sorbet

Sorge *f* worry; (≈ *Ärger*) trouble; (≈ *Bedenken*) concern; **keine ~!** *umg* don't (you) worry!; **~n haben** to have problems; **deine ~n möchte ich haben!** *umg* you think you've got problems!; **j-m ~n machen** *od* **bereiten** (≈ *Kummer bereiten*) to cause sb a lot of worry; (≈ *beunruhigen*) to worry sb; **es macht mir ~n, dass ...** it worries me that ...; **sich** (*dat*) **~n machen (wegen)** to worry (about), to be concerned (about); **mach dir keine ~n** don't worry; **lassen Sie das meine ~ sein** let me worry about that; **das ist nicht meine ~** that's not my problem

Sorgeberechtigte(r) *m/f(m)* person having custody

sorgen **A** *v/r* to worry; **sich ~ um** to be worried about; **B** *v/i* **~ für** (≈ *sich kümmern um*) to take care of; (≈ *vorsorgen für*) to provide for; (≈ *herbeischaffen*) to provide; **für Aufsehen ~** to cause a sensation; **dafür ist gesorgt** that's taken care of

sorgenfrei *adj* carefree; **~ leben** to live a carefree life

Sorgenkind *umg n* problem child; *fig* biggest problem

Sorgerecht *n* JUR custody

Sorgfalt *f* care; **ohne ~ arbeiten** to work carelessly

sorgfältig **A** *adj* careful **B** *adv* carefully

sorglos **A** *adj* (≈ *unbekümmert*) carefree; (≈ *unbeschwert*) light-hearted; (≈ *nachlässig*) careless **B** *adv* in a carefree way, carelessly

Sorglosigkeit *f* (≈ *Unbekümmertheit*) carefreeness; (≈ *Leichtfertigkeit*) carelessness

sorgsam **A** *adj* careful **B** *adv* carefully

Sorte *f* **1** sort, type; (≈ *Klasse*) grade; (≈ *Marke*) brand; **diese ~ Äpfel** this sort of apple **2** FIN foreign currency

sortieren *v/t* to sort

Sortiment *n* **1** assortment; (≈ *Sammlung*) collection **2** (≈ *Buchhandel*) retail book trade

SOS *n* SOS; **SOS funken** to put out an SOS

sosehr *konj* however much

Soße *f* sauce; (≈ *Bratensoße*) gravy *kein pl*

Souffleur *m*, **Souffleuse** *f* THEAT prompter

soufflieren *v/t & v/i* THEAT to prompt

Soul *m*, **Soulmusik** *f* soul

Soundcheck *m* sound check

Soundkarte *f* COMPUT sound card

soundso *adv* **~ lange** for such and such a time; **~ groß** of such and such a size; **~ viele** so and so many

Soundtrack *umg m* soundtrack

Souschef(in) *m(f)* GASTR sous chef, assistant chef

Souvenir *n* souvenir

souverän **A** *adj* sovereign; (≈ *überlegen*) (most) superior; *Sieg* commanding **B** *adv* (≈ *überlegen*) *handhaben* supremely well; **etw ~ meistern** to resolve sth masterfully

Souveränität *f* sovereignty; *fig* (≈ *Überlegenheit*) superiority

soviel **A** *adv* → **viel** **B** *konj* as *od* so far as; **~ ich weiß, nicht!** not as *od* so far as I know

soweit **A** *adv* → **weit** **B** *konj* as *od* so far as; (≈ *insofern*) in so far as

sowenig *konj* however little; **~ ich auch ...** however little I ...

sowie *konj* **1** (≈ *sobald*) as soon as **2** (≈ *und auch*) as well as

sowieso *adv* anyway, anyhow

sowjetisch *adj* HIST Soviet

Sowjetunion *f* HIST Soviet Union

sowohl *konj* **~ ... als** *od* **wie (auch)** both ... and, ... as well as

sozial **A** *adj* social; **die ~en Berufe** the caring professions; **~e und emotionale Kompetenz**

1308 ▪ Sozialabbau – spannen

soft skill; **~er Wohnungsbau** ≈ council housing Br, public housing US; **~e Marktwirtschaft** social market economy; **~es Netzwerk** social network; **~es Netzwerken** social networking **B** adv **~ eingestellt sein** to be public-spirited; **~ denken** to be socially minded

Sozialabbau m cuts pl in social services
Sozialabgaben pl social security contributions pl Br, social welfare contributions pl US
Sozialamt n social security office Br, social welfare office US
Sozialarbeit f social work
Sozialarbeiter(in) m(f) social worker
Sozialdemokrat(in) m(f) social democrat
sozialdemokratisch adj social democratic
Sozialeinrichtungen pl social facilities pl
Sozialexperte m, **Sozialexpertin** f social affairs expert
Sozialfall m hardship case
Sozialhilfe f income support Br, welfare (aid) US
Sozialhilfeempfänger(in) m(f) person receiving income support Br, person receiving welfare (aid) US
sozialisieren v/t to socialize; POL (≈ verstaatlichen) to nationalize
Sozialismus m socialism
Sozialist(in) m(f) socialist
sozialistisch adj socialist
Sozialkompetenz f social skills pl
Sozialkunde f SCHULE social studies pl
Sozialleistungen pl employers' contribution (sometimes including pension scheme payments)
Sozialpädagoge m, **Sozialpädagogin** f social education worker
Sozialpartner pl unions and management pl
Sozialplan m redundancy payments scheme
Sozialpolitik f social policy
sozialpolitisch adj socio-political
Sozialprodukt n (gross) national product
Sozialschutz m social protection
Sozialstaat m welfare state
Sozialsystem n **1** social system **2** Sozialversicherung social security system
sozialversichert adj covered by social security
Sozialversicherung f national insurance Br, social security US
Sozialversicherungsnummer f social security number
Sozialwohnung f state-subsidized apartment, ≈ council flat Br
Soziologe m, **Soziologin** f sociologist
Soziologie f sociology
soziologisch adj sociological
Soziussitz m pillion (seat)
sozusagen adv so to speak

SP f abk (= Sozialdemokratische Partei der Schweiz) Social Democratic Party of Switzerland
Spa n/m Wellnessbad spa
Spachtel m Werkzeug spatula
spachteln **A** v/t Mauerfugen, Ritzen to fill (in), to smooth over **B** v/i umg (≈ essen) to tuck in umg, to dig in US umg
Spacko m pej sl dummer und unkontrollierter Mensch retard pej sl, spacko Br pej sl
Spagat wörtl m/n splits pl; fig balancing act; **~ machen** to do the splits
Spaghetti pl, **Spagetti** pl spaghetti sg
spähen v/i to peer; **nach j-m/etw ~** to look out for sb/sth
Spähsoftware f spyware
Spalier n **1** trellis **2** von Menschen row; zur Ehrenbezeigung guard of honour Br, honor guard US; **~ stehen** to form a guard of honour Br, to form a honor guard US
Spalt m **1** (≈ Öffnung) gap; (≈ Riss) crack **2** fig (≈ Kluft) split
spaltbar adj PHYS Material fissile
Spalte f **1** bes GEOL fissure; (≈ Felsspalte) crevice; (≈ Gletscherspalte) crevasse **2** Presse, a. TYPO column
spalten v/t to split; → gespalten
Spaltung f splitting; in Partei etc split; WIRTSCH demerger
Spam m IT spam
Spamfilter m spam filter
spammen v/i to spam
Spamming n spamming
Spamschutz m spam protection
Span m shaving; (≈ Metallspan) filing
Spanferkel n sucking pig
Spange f clasp; (≈ Haarspange) hair slide Br, barrette US; (≈ Schuhspange) strap; (≈ Schnalle) buckle; (≈ Armspange) bracelet
Spanglisch n (≈ Mischung aus Spanisch und Englisch) Spanglish
Spaniel m spaniel
Spanien n Spain
Spanier(in) m(f) Spaniard
spanisch adj Spanish; **~e Wand** (folding) screen; **das kommt mir ~ vor** umg that seems odd to me
Spanisch n Spanish
Spann m instep
Spannbetttuch n fitted sheet
Spanne f geh (≈ Zeitspanne) while; (≈ Verdienstspanne) margin; (≈ Bandbreite) range
spannen **A** v/t Saite, Seil to tighten; Bogen to draw; Muskeln to tense, to flex; Gewehr to cock; Werkstück to clamp; Wäscheleine to put up; Netz to stretch; → gespannt **B** v/r Haut to become

taut; *Muskeln* to tense; **sich über etw** (*akk*) **~ Brücke** to span sth **C** *v/i Kleidung* to be (too) tight; *Haut* to be taut

spannend *adj* exciting; *stärker* thrilling; **mach's nicht so ~!** *umg* don't keep me/us in suspense

Spanner *m umg* (≈ *Voyeur*) Peeping Tom

Spannkraft *f von Muskel* tone; *fig* vigour *Br*, vigor *US*

Spannung *f* **1** *von Seil, Muskel etc* tautness; MECH stress **2** ELEK voltage; *fig* excitement; (≈ *Spannungsgeladenheit*) suspense; **etw mit ~ erwarten** to await sth full of suspense **4** *nervlich* tension **5** (≈ *Feindseligkeit*) tension *kein pl*

Spannungsgebiet *n* POL flash point

Spannungsmesser *m* ELEK voltmeter

Spannungsprüfer *m* voltage detector

Spannweite *f* MATH range; ARCH span; *von Vogelflügeln, a.* FLUG (wing)span

Spanplatte *f* chipboard

Sparbuch *n* savings book

Spardose *f* piggy bank

Spareinlage *f* savings deposit

sparen **A** *v/t* to save; **keine Kosten/Mühe ~** to spare no expense/effort; **spar dir deine guten Ratschläge!** *umg* you can keep your advice! **B** *v/i* to save; (≈ *sparsam sein*) to economize; **an etw** (*dat*) **~** to be sparing with sth; (≈ *mit etw Haus halten*) to economize on sth; **bei etw ~** to save on sth; **auf etw** (*akk*) **~** to save up for sth

Sparer(in) *m(f) bei Bank etc* saver

Sparflamme *f auf ~ fig umg* just ticking over *Br umg*, just coming along *US*

Spargel *m* asparagus

Spargelcremesuppe *f* cream of asparagus soup

Sparguthaben *n* savings account

Sparkasse *f* savings bank

Sparkonto *n* savings account

Sparkurs *m* economy drive *Br*, budget *US*; **einen strikten ~ einhalten** to be on a strict economy drive *Br*, to be on a strict budget *US*

spärlich **A** *adj* sparse; *Einkünfte, Kenntnisse* sketchy; *Beleuchtung* poor; *Kleidung* scanty; *Mahl* meagre *Br*, meager *US* **B** *adv bevölkert, eingerichtet* sparsely; *beleuchtet* poorly; **~ bekleidet** scantily clad *od* dressed

Sparmaßnahme *f* economy measure *Br*, budgeting measure *US*

Sparpaket *n* savings package; POL package of austerity measures

Sparprämie *f* savings premium

Sparring *n Boxen* sparring

sparsam **A** *adj Mensch* thrifty; (≈ *wirtschaftlich*) *Motor, Verbrauch* economical **B** *adv leben, essen* economically; *verwenden* sparingly; **mit etw ~ umgehen** to be economical with sth

Sparsamkeit *f* thrift; (≈ *sparsames Haushalten*) economizing

Sparschwein *n* piggy bank

spartanisch *adj* spartan; **~ leben** to lead a spartan life

Sparte *f* (≈ *Branche*) line of business; (≈ *Teilgebiet*) area

Sparzins *m* WIRTSCH interest on savings

Spaß *m*, **Spass** *österr m* (≈ *Vergnügen*) fun; (≈ *Scherz*) joke; (≈ *Streich*) prank; **~ beiseite** joking apart; **viel ~!** have fun *a. iron*; **~ haben** to have fun; **an etw** (*dat*) **~ haben** to enjoy sth; **~ machen** to be fun; (≈ *Witze machen*) to be joking; **wenn's dir ~ macht** if it turns you on *umg*; **~/keinen ~ machen** to be fun/no fun; **(nur so,) aus ~, nur zum ~** (just) for fun; **etw im ~ sagen** to say sth as a joke; **da hört der ~ auf** that's going beyond a joke; **~ verstehen** to be able to take a joke; **er versteht keinen ~** he has no sense of humour *Br*, he has no sense of humor *US*; **da verstehe ich keinen ~!** I won't stand for any nonsense; **das war ein teurer ~** *umg* that was an expensive business *umg*

Spaßbad *n* leisure pool

Spaßbremse *f umg* party pooper *umg*, spoilsport *umg*, killjoy *umg*; **voll die ~ sein** to be a real party pooper *od* spoilsport; **du bist heute wieder voll die ~** you're being a real killjoy again today

spaßeshalber *adv* for fun

spaßhaft, **spaßig** *adj* funny

Spaßverderber(in) *m(f)* spoilsport

Spaßvogel *m* joker

Spastiker(in) *m(f) neg!* spastic

spastisch *adj* spastic; **~ gelähmt** suffering from spastic paralysis

spät **A** *adj* late; **am ~en Nachmittag** in the late afternoon **B** *adv* late; **~ in der Nacht** late at night; **wie ~ ist es?** what's the time?; **zu ~** too late; **sie kam fünf Minuten zu ~** she was five minutes late; **wir sind ~ dran** we're late

Spaten *m* spade

später **A** *adj* later; (≈ *zukünftig*) future **B** *adv* later (on); **~ als** later than; **an ~ denken** to think of the future; **bis ~!** see you later!

spätestens *adv* at the latest; **~ bis** by

Spätfolge *f* late effect

Spätherbst *m* late autumn, late fall *US*

Spätlese *f* late vintage

Spätschaden *m* long-term damage

Spätschicht *f* late shift

Spätsommer *m* late summer

Spätvorstellung f late-night performance
Spatz m sparrow
Spatzenhirn pej n birdbrain umg
spazieren v/i to stroll; **wir waren ~** we went for a stroll
spazieren fahren A v/i to go for a ride B v/t **j-n ~** to take sb for a drive
spazieren führen v/t to take for a walk
spazieren gehen v/i to go for a walk
Spazierfahrt f ride; **eine ~ machen** to go for a ride
Spaziergang m walk; **einen ~ machen** to go for a walk
Spaziergänger(in) m(f) stroller
Spazierstock m walking stick
SPD f abk (= Sozialdemokratische Partei Deutschlands) Social Democratic Party of Germany
Specht m woodpecker
Speck m bacon; umg bei Mensch flab umg; **mit ~ fängt man Mäuse** sprichw you have to use a sprat to catch a mackerel sprichw
speckig adj Kleidung, Haar greasy
Speckscheibe f (bacon) rasher
Speckschwarte f bacon rind
Spediteur(in) m(f) haulier Br, hauler US; (≈ Umzugsfirma) furniture remover
Spedition f (≈ Firma) haulier Br, hauler US; (≈ Umzugsfirma) furniture remover
Speeddating n speed dating
Speer m spear; SPORT javelin
Speerwerfen n SPORT **das ~** the javelin
Speiche f 1 spoke 2 ANAT radius
Speichel m saliva
Speicher m (≈ Lagerhaus) storehouse; im Haus loft, attic; (≈ Wasserspeicher) tank; COMPUT memory, store
Speicherchip m COMPUT memory chip
Speicherdichte f COMPUT storage density
Speicherkapazität f storage capacity; COMPUT memory capacity
Speicherkarte f COMPUT, TEL memory card
speichern v/t to store; (≈ abspeichern) to save
Speicherofen m storage heater
Speicherplatte f COMPUT storage disk
Speicherplatz m COMPUT storage space
Speicherung f storage
Speicherverwaltung f IT memory management
speien A v/t to spit; Lava, Feuer to spew (forth); Wasser to spout; (≈ erbrechen) to vomit B v/i (≈ sich übergeben) to vomit
Speise f (≈ Gericht) dish; **~n und Getränke** meals and beverages; **kalte und warme ~n** hot and cold meals
Speiseeis n ice cream
Speisekammer f pantry
Speisekarte f menu
speisen A v/i geh to eat B v/t 1 geh (≈ essen) to eat 2 TECH to feed
Speiseplan m menu plan; **auf dem ~ stehen** to be on the menu
Speiseröhre f ANAT gullet
Speisesaal m dining hall; in Hotel etc dining room
Speisewagen m BAHN obs dining od restaurant car
Spektakel umg m rumpus umg; (≈ Aufregung) palaver umg
spektakulär adj spectacular
Spektrum n spectrum
Spekulant(in) m(f) speculator
Spekulation f speculation; **~en anstellen** to speculate
Spekulationsgewinn m speculative profit
Spekulationsobjekt n object of speculation
Spekulatius m spiced biscuit Br, spiced cookie US
spekulativ adj speculative
spekulieren v/i to speculate; **auf etw** (akk) **~ umg** to have hopes of sth
Spelunke pej umg f dive umg
spendabel umg adj generous
Spende f donation; (≈ Beitrag) contribution; **~n sammeln** to fundraise
spenden v/t to donate, to give; (≈ beitragen) Geld to contribute; Schatten to offer; Trost to give
Spendenaffäre f donations scandal
Spendenaufruf m appeal (for donations)
Spendenbeschaffung f fund-raising
Spendenbescheinigung f donation receipt
Spendenkonto n donations account
Spendensammeln n fund-raising
Spender m (≈ Seifenspender etc) dispenser
Spender(in) m(f) donator; (≈ Beitragsleistender) contributor; MED donor
Spenderausweis m donor card
Spenderherz n donor heart
spendieren v/t to buy (**j-m etw** sb sth, sth for sb)
Spengler(in) m(f) österr, südd (≈ Klempner) plumber
Sperling m sparrow
Sperma n sperm
sperrangelweit umg adv **~ offen** wide open
Sperre f 1 barrier; (≈ Polizeisperre) roadblock; TECH locking device 2 (≈ Verbot) ban; (≈ Blockierung) blockade; HANDEL embargo 3 PSYCH mental block
sperren A v/t 1 (≈ schließen) to close; TECH to lock 2 HANDEL Konto, Gelder to block; Scheck, Kreditkarte to stop; IT Daten, Zugriff to lock; **j-m den Strom/das Telefon ~** to disconnect sb's elec-

tricity/telephone 3 SPORT (≈ *ausschließen*) to ban 4 (≈ *einschließen*) **j-n in etw** (*akk*) **~** to shut sb in sth 5 TYPO to space out B *v/r* **sich (gegen etw) ~ to ba(u)lk (at sth)**
Sperrfrist *f a.* JUR waiting period
Sperrgebiet *n* prohibited area *od* zone
Sperrholz *n* plywood
sperrig *adj* bulky; (≈ *unhandlich*) unwieldy
Sperrkonto *n* blocked account
Sperrmüll *m* bulky refuse *Br*, bulky garbage *US*
Sperrmüllabfuhr *f* removal of bulky refuse *Br od* garbage *US*
Sperrstunde *f* closing time
Sperrung *f* (≈ *Schließung*) closing; TECH locking; *von Konto* blocking
Spesen *pl* expenses *pl*; **auf ~ reisen** to travel on expenses
Spesenkonto *n* expense account
Spezi¹ *österr, südd umg m* pal *umg*
Spezi®² *n Getränk* cola and orangeade
Spezialausbildung *f* specialized training
Spezialeffekt *m* special effect
Spezialfall *m* special case
Spezialgebiet *n* special field
spezialisieren *v/r* **sich (auf etw** *akk*) **~** to specialize (in sth)
Spezialisierung *f* specialization
Spezialist(in) *m(f)* specialist (**für** in)
Spezialität *f* speciality *Br*, specialty *US*
speziell A *adj* special; (≈ *spezifisch*) specific B *adv* (e)specially
Spezies *f* species
Spezifikation *f* specification
spezifisch A *adj* specific B *adv* specifically
spezifizieren *v/t* to specify
Sphäre *wörtl, fig f* sphere
spicken A *v/t* GASTR *Braten* to baste; **mit Zitaten gespickt** peppered with quotations *bes Br* B *v/i* SCHULE *umg* to copy (**bei** off, from)
Spickzettel *m* crib *Br*, cheat sheet *US*
Spiegel *m* 1 mirror 2 (≈ *Wasserspiegel etc*) level
Spiegelbild *wörtl, fig n* reflection; (≈ *seitenverkehrtes Bild*) mirror image
Spiegelei *n* fried egg *Br*, fried egg, sunny side up *US*
spiegelfrei *adj Brille, Bildschirm etc* nonreflecting
spiegelglatt *adj Weg* slippery; *umg* **die Fahrbahn ist ~** the road's really icy, the road's as icy as hell *umg*
spiegeln A *v/i* (≈ *reflektieren*) to reflect (the light); (≈ *glitzern*) to shine B *v/t* to reflect C *v/r* to be reflected
Spiegelreflexkamera *f* reflex camera; **digitale ~** digital single-lens reflex camera, digital SLR, DSLR
Spiegelschrift *f* mirror writing
Spiegelung *f* reflection; (≈ *Luftspiegelung*) mirage
spiegelverkehrt *adj* back-to-front; **eine ~e Abbildung** a mirror image; **etw ~ abbilden** to reproduce sth as a mirror image
Spiel *n* 1 game; (≈ *Wettkampfspiel*) match; THEAT (≈ *Stück*) play; **ein ~ spielen** to play a game 2 KART deck, pack; *Satz* set 3 TECH (free) play; (≈ *Spielraum*) clearance 4 *fig* **leichtes ~ haben** to have an easy job of it; **das ~ ist aus** the game's up; **die Finger im ~ haben** to have a hand in it; **j-n/etw aus dem ~ lassen** to leave sb/sth out of it; **etw aufs ~ setzen** to put sth at stake; **auf dem ~(e) stehen** to be at stake; **sein ~ mit j-m treiben** to play games with sb
Spielautomat *m* gambling *od* gaming machine; *zum Geldgewinnen* fruit machine
Spielball *m Tennis* game point; *Billard* cue ball; *fig* plaything
Spielbank *f* casino
Spielbrett *n* board
Spieldecke *f* play blanket
Spielekonsole *f* game(s) *od* gaming console
spielen A *v/t* to play; THEAT to act; **Karten ~** to play cards; **Fußball/Tennis ~** to play football/tennis; **Klavier/Flöte ~** to play the piano/the flute; **den Beleidigten ~** to act all offended; **was wird hier gespielt?** *umg* what's going on here? B *v/i* to play; THEAT to act; *beim Glücksspiel* to gamble; **das Stück spielt in Venedig** the play is set in Venice; **seine Beziehungen ~ lassen** to bring one's connections into play; → gespielt
spielend A *adj* playing B *adv* easily
Spieler(in) *m(f)* player; (≈ *Glücksspieler*) gambler
Spielerei *f* (≈ *das Spielen*) playing; *beim Glücksspiel* gambling; (≈ *das Herumspielen*) playing around; (≈ *Kinderspiel*) child's play
spielerisch *adj* 1 (≈ *verspielt*) playful 2 SPORT playing; THEAT acting; **~es Können** playing/acting ability
Spielfeld *n* field, pitch *Br*; *Tennis, Basketball* court
Spielfigur *f* piece
Spielfilm *m* feature, feature film *Br*
Spielgeld *n* (≈ *unechtes Geld*) play money
Spielhalle *f* amusement arcade *Br*, arcade
Spielhölle *f* gambling den
Spielkamerad(in) *m(f)* playmate
Spielkarte *f* playing card
Spielkasino *n* (gambling) casino
Spielklasse *f* division
Spielkonsole *f* game(s) console
Spielleiter(in) *m(f)* (≈ *Regisseur*) director
Spielmacher(in) *m(f)* key player
Spielmarke *f* counter, chip
Spielplan *m* THEAT, FILM programme *Br*, program

Spielplatz m *für Kinder* playground
Spielraum m room to move; *fig* scope; *zeitlich* time; *bei Planung etc* leeway; TECH (free) play
Spielregel f rule of the game
Spielsachen pl toys pl
Spielschuld f gambling debt
Spielshow f game show
Spielstand m score
Spielstein m *für Brettspiele* counter
Spieltisch m games table; *beim Glücksspiel* gaming *od* gambling table
Spieluhr f music box
Spielverderber(in) m(f) spoilsport
Spielverlängerung f SPORT extra time *Br*, overtime *US*
Spielverlauf m play
Spielwaren pl toys pl
Spielwarengeschäft n, **Spielwarenhandlung** f toy shop *bes Br*, toy store *bes US*
Spielzeit f **1** (≈ *Saison*) season **2** (≈ *Spieldauer*) playing time
Spielzeug n toys pl; *einzelnes* toy
Spielzeugeisenbahn f (toy) train set
Spieß m (≈ *Stich- und Wurfwaffe*) spear; (≈ *Bratspieß*) spit; *kleiner* skewer; **den ~ umdrehen** *fig* to turn the tables
Spießbürger(in) m(f) (petit) bourgeois
spießbürgerlich *pej adj* (petit) bourgeois
spießen v/t *etw auf etw* (*akk*) ~ *auf Pfahl etc* to impale sth on sth; *auf Gabel etc* to skewer sth on sth; *auf Nadel* to pin sth on sth
Spießer(in) *pej* m(f) → Spießbürger(in)
spießig *pej adj & adv* → spießbürgerlich
Spießrute f **~n laufen** *fig* to run the gauntlet
Spikes pl spikes pl
Spinat m spinach
Spind m/n MIL, SPORT locker
Spindel f spindle
Spinne f spider
spinnen **A** v/t to spin **B** v/i *umg* (≈ *leicht verrückt sein*) to be crazy; (≈ *Unsinn reden*) to talk garbage *umg*; **spinnst du?** you must be crazy!
Spinnennetz n cobweb, spider's web
Spinner(in) m(f) **1** *Arbeiter* spinner **2** *umg* nutcase *umg*
Spinnerei f **1** (≈ *Spinnwerkstatt*) spinning mill **2** *umg* crazy behaviour *Br od* behavior *US kein pl*; (≈ *Unsinn*) garbage *umg*
Spinngewebe n cobweb, spider's web
Spinnrad n spinning wheel
Spinnwebe f cobweb
Spion *umg* m (≈ *Guckloch*) spyhole
Spion(in) m(f) spy
Spionage f spying, espionage
Spionageabwehr f counterintelligence *od* counterespionage (service)
Spionagesatellit m spy satellite
spionieren v/i to spy; *fig umg* (≈ *nachforschen*) to snoop around *umg*
Spirale f spiral; MED coil
Spiritismus m spiritualism
spiritistisch *adj* **~e Sitzung** seance
Spirituosen pl spirits pl
Spiritus m (≈ *Alkohol*) spirit
Spital n *österr, schweiz* (≈ *Krankenhaus*) hospital
spitz **A** *adj* **1** pointed; (≈ *nicht stumpf*) *Bleistift, Nadel etc* sharp; MATH *Winkel* acute; **~e Klammern** angle brackets **2** (≈ *gehässig*) barbed; *Zunge* sharp **B** *adv* (≈ *spitzzüngig*) kontern, antworten sharply
Spitz m *Hunderasse* spitz; (≈ *Zwergspitz*) pomeranian
Spitzbart m goatee
Spitze f **1** top; *von Kinn* point; (≈ *Schuhspitze*) toe; (≈ *Fingerspitze, Nasenspitze*) tip; (≈ *Haarspitze*) end; **an der ~ (von)** at the top (of); **etw auf die ~ treiben** to carry sth to extremes **2** (≈ *vorderes Ende*) front; (≈ *Tabellenspitze*) top; **an der ~ stehen** to be at the head; *auf Tabelle* to be (at the) top (of the table); **an der ~ liegen** SPORT, *a. fig* to be in the lead **3** *fig* (≈ *Stichelei*) dig *bes Br*, cut *US* **4** *Gewebe* lace **5** *umg* (≈ *prima*) great *umg*; **das war einsame ~!** that was really great! *umg*
Spitzel m (≈ *Informant*) informer; (≈ *Spion*) spy; (≈ *Schnüffler*) snooper; (≈ *Polizeispitzel*) police informer
spitzen v/t *Bleistift* to sharpen; *Lippen* to purse; *zum Küssen* to pucker (up); *Ohren* to prick up
Spitzen- *zssgn* top
Spitzengehalt n top salary
Spitzengeschwindigkeit f top speed
Spitzenhöschen n lace panties pl
Spitzenkandidat(in) m(f) top candidate
Spitzenklasse f top class; **ein Auto** *etc* **der ~** a top-class car *etc*
Spitzenleistung f top performance; *fig* (≈ *ausgezeichnete Leistung*) top-class performance
Spitzenlohn m top wage(s) (pl)
Spitzenpolitiker(in) m(f) leading *od* top politician
Spitzenposition f leading *od* top position
Spitzenreiter m number one; *Ware* top seller; *Film, Stück etc* hit
Spitzensportler(in) m(f) top(-class) sportsman/-woman
Spitzenstellung f leading position
Spitzentechnologie f state-of-the-art technology
Spitzenverdiener(in) m(f) top earner
Spitzenverkehrszeit f peak period
Spitzer *umg* m (pencil) sharpener

spitzfindig adj over(ly)-subtle
Spitzfindigkeit f over-subtlety; (≈ Haarspalterei) nit-picking kein pl umg
Spitzhacke f pickaxe Br, pickax US
Spitzkehre f ◼ (≈ Kurve) hairpin bend od turn US ◼ beim Skifahren kick turn
spitzkriegen v/t umg **~, dass …** to get wise to the fact that … umg
Spitzname m nickname
spitzwinklig adj MATH Dreieck acute-angled
Spleen umg m (≈ Idee) crazy idea umg; (≈ Fimmel) obsession
Spliss m ◼ dial (≈ Splitter) splinter ◼ (≈ gespaltene Haarspitzen) split ends pl
Splitt m stone chippings pl; (≈ Streumittel) grit
Splitter m splinter
Splittergruppe f POL splinter group
splitternackt adj, **splitterfasernackt** adj stark naked, stark-naked
SPÖ f abk (= Sozialdemokratische Partei Österreichs) Social Democratic Party of Austria
Spoiler m ◼ AUTO spoiler ◼ TV umg spoiler
sponsern v/t to sponsor
Sponsor(in) m(f) sponsor; **als ~ finanzieren** to sponsor
spontan ◼ adj spontaneous ◼ adv spontaneously
Spontaneität f spontaneity
sporadisch ◼ adj sporadic ◼ adv sporadically
Sport m sport; Schulfach physical education, PE; **treiben Sie ~?** do you do any sport?; **~ machen** to exercise
Sportart f (kind of) sport
Sportarzt m, **Sportärztin** f sports physician
Sportausrüstung f sports gear
sportbegeistert adj keen on sport, sports-mad Br umg, crazy about sports US umg
Sportcenter n sports centre Br od center US
Sportfest n sports festival; der Schule sports day
Sportgeschäft n sports shop, sports store US
Sporthalle f sports hall, gym
Sportkleidung f sportswear
Sportlehrer(in) m(f) ◼ in der Schule PE teacher ◼ im Verein sports instructor
Sportler m sportsman, athlete
Sportlerin f sportswoman, athlete
sportlich ◼ adj ◼ sporting; Mensch, Auto sporty; (≈ durchtrainiert) athletic ◼ Kleidung casual; (≈ sportlich-schick) smart but casual ◼ adv ◼ **sich ~ betätigen** to do sport ◼ (≈ leger) casually; **~ gekleidet** casually dressed
Sportmedizin f sports medicine
Sportnachrichten pl sports news sg
Sportplatz m sports field; in der Schule playing field(s) (pl)
Sportreporter(in) m(f) sports reporter
Sportsachen pl sports gear sg
Sportschuh m casual shoe
Sportsendung f sports programme Br, sports program US
Sportsfreund(in) fig umg m(f) pal umg
Sportskanone umg f sporting ace umg
Sportswear f MODE sportswaer
Sporttasche f sports bag
Sportunfall m sporting accident
Sportunterricht m sports lesson od lessons pl; SCHULE physical education, PE
Sportveranstaltung f sporting event
Sportverein m sports club
Sportwagen m sports car; für Kind pushchair Br, stroller US
Sportzeug umg n PE kit, sports gear
Spott m mockery; **seinen ~ mit j-m treiben** to make fun of sb
spottbillig umg adj dirt-cheap umg
Spöttelei f (≈ das Spotten) mocking; (≈ ironische Bemerkung) mocking remark
spötteln v/i to mock (**über j-n/etw** sb/sth)
spotten v/i (≈ sich lustig machen) to mock; **über j-n/etw ~** to mock sb/sth; **das spottet jeder Beschreibung** that simply defies description
Spötter(in) m(f) mocker; (≈ satirischer Mensch) satirist
spöttisch ◼ adj mocking ◼ adv mockingly
Spottpreis m ridiculously low price
sprachbegabt adj linguistically talented
Sprache f language; (≈ das Sprechen) speech; (≈ Fähigkeit, zu sprechen) power of speech; **in französischer** etc **~** in French etc; **mit der ~ herausrücken** to come out with it; **die ~ auf etw** (akk) **bringen** to bring the conversation (a)round to sth; **zur ~ kommen** to be brought up; **etw zur ~ bringen** to bring sth up; **mir blieb die ~ weg** I was speechless
Sprachebene f LIT register
Sprachenschule f language school
Spracherkennung f IT speech recognition
Sprachfehler m speech impediment
Sprachführer m phrase book
Sprachgebrauch m (linguistic) usage
Sprachgefühl n feeling for language
sprachgesteuert adj IT voice-activated
sprachgewandt adj articulate, fluent; (≈ wortgewandt) eloquent
Sprachkenntnisse pl knowledge sg of languages/the language/a language; **mit englischen ~n** with a knowledge of English
Sprachkompetenz f language skills pl
Sprachkurs m language course
Sprachlabor n language laboratory
Sprachlehre f grammar
sprachlich ◼ adj linguistic; Schwierigkeiten lan-

guage *attr*; *Fehler* grammatical **B** *adv* linguistically; **~ falsch/richtig** grammatically incorrect/correct
sprachlos *adj* speechless
Sprachlosigkeit *f* speechlessness
sprachmitteln *v/i* to mediate
Sprachmittlung *f* mediation
Sprachreise *f* language trip
Sprachrohr *fig n* mouthpiece
Sprachtelefondienst *m* voice telephony
Sprachunterricht *m* language teaching; *einzelne Stunde* language class; *einzelne Stunden* language classes
Sprachwissenschaft *f* linguistics *sg*; (≈ *Philologie*) philology; **vergleichende ~en** comparative linguistics/philology
Sprachwissenschaftler(in) *m(f)* linguist; (≈ *Philologe*) philologist
sprachwissenschaftlich **A** *adj* linguistic **B** *adv* linguistically
Spray *m/n* spray
Spraydose *f* aerosol (can)
sprayen *v/t & v/i* to spray
Sprayer(in) *m(f)* sprayer
Sprechanlage *f* intercom
Sprechblase *f* balloon, speech bubble
Sprechchor *m* **im ~ rufen** to chant
sprechen **A** *v/i* to speak; (≈ *reden, sich unterhalten*) to talk; **wir haben gerade von dir gesprochen** we were just talking about you; **kann ich dich mal ~?** can I have a word with you?; **viel ~** to talk a lot; **nicht gut auf j-n/etw zu ~ sein** not to have a good thing to say about sb/sth; **mit j-m ~** to speak *od* talk to sb; **mit wem spreche ich?** to whom am I speaking, please?; **hier spricht Isabel** *am Telefon* this is Isabel; **auf j-n/etw zu ~ kommen** to get to talking about sb/sth; **es spricht für j-n/etw(, dass …)** it says something for sb/sth (that …); **das spricht für sich (selbst)** that speaks for itself; **es spricht vieles dafür/dagegen** there's a lot to be said for/against it; **ganz allgemein gesprochen** generally speaking **B** *v/t* **1** *Sprache* to speak; (≈ *aufsagen*) *Gebet* to say; **~ Sie Japanisch?** do you speak Japanese? **2** *Urteil* to pronounce **3 kann ich bitte Herrn Kurz ~?** may I speak to Mr Kurz, please?; **er ist nicht zu ~** he can't see anybody; **kann ich Sie kurz ~?** can I have a quick word?; **wir ~ uns noch!** you haven't heard the last of this!
Sprechen *n* speech
sprechend *adj Augen, Gebärde* eloquent; **~er Name** LIT telling name
Sprecher(in) *m(f)* speaker; (≈ *Nachrichtensprecher*) newscaster; (≈ *Ansager*) announcer; (≈ *Wortführer*) spokesperson; (≈ *Vertreter*) representative
Sprechfunk *m* radiotelephone system
Sprechfunkgerät *n* radiotelephone; *tragbar a.* walkie-talkie
Sprechgesang *m* chant; **einen ~ anstimmen** to chant
Sprechstunde *f* consultation (hour); *von Arzt* surgery *Br*, consultation *US*
Sprechstundenhilfe *neg! f* (doctor's) receptionist
Sprechtaste *f* "talk" button
Sprechweise *f* way of speaking
Sprechzimmer *n* consulting room
spreizen **A** *v/t* to spread; → **gespreizt B** *v/r* (≈ *sich sträuben*) to kick up *umg*
Spreizfuß *m* splayfoot
sprengen *v/t* **1** *mit Sprengstoff* to blow up; *Fels* to blast; **etw in die Luft ~** to blow sth up **2** *Tresor* to break open; *Fesseln* to burst; *Versammlung* to break up; *Spielbank* to break **3** (≈ *besprützen*) to sprinkle; *Beete, Rasen* to water
Sprengkopf *m* warhead
Sprengkörper *m* explosive device
Sprengkraft *f* explosive force
Sprengladung *f* explosive charge
Sprengsatz *m* explosive device
Sprengstoff *m* explosive; *fig* dynamite
Sprengstoffanschlag *m* bomb attack
Sprengstoffgürtel *m* suicide belt
Sprengstoffweste *f* suicide vest
Sprengung *f* blowing-up; *von Felsen* blasting
sprenkeln *v/t Farbe* to sprinkle spots of; → **gesprenkelt**
Spreu *f* chaff; **die ~ vom Weizen trennen** *od* **sondern** *fig* to separate the wheat from the chaff
Sprichwort *n* proverb
sprichwörtlich *wörtl, fig adj* proverbial
sprießen *v/i aus der Erde* to come up; *Knospen, Blätter* to shoot
Springbrunnen *m* fountain
springen *v/i* **1** to jump; *bes mit Schwung* to leap; *beim Stabhochsprung* to vault **2** **etw ~ lassen** *umg* to fork out for sth *umg*; *Runde* to stand sth; *Geld* to fork out sth **3** *Glas, Porzellan* to break; (≈ *Risse bekommen*) to crack
springend *adj* **der ~e Punkt** the crucial point
Springer *m Schach* knight
Springer(in) *m(f)* **1** jumper; (≈ *Stabhochspringer*) vaulter **2** IND stand-in
Springerstiefel *pl* Doc Martens® (boots) *pl*
Springflut *f* spring tide
Springreiten *n* show jumping
Springrollo *n* roller blind
Springseil *n* skipping-rope *Br*, jump rope *US*
Sprinkler *m* sprinkler
Sprinkleranlage *f* sprinkler system

Sprint m sprint
sprinten v/t & v/i to sprint
Sprit m umg (≈ Benzin) gas umg, fuel
Spritze f syringe; (≈ Injektion) injection; **eine ~ bekommen** to have an injection
spritzen **A** v/t **1** to spray; (≈ verspritzen) Wasser etc to splash **2** (≈ injizieren) to inject; (≈ eine Injektion geben) to give injections/an injection; **sich** (dat) **Heroin ~** to inject (oneself with) heroin **B** v/i to spray; heißes Fett to spit
Spritzer m splash
Spritzfahrt umg f spin umg; **eine ~ machen** to go for a spin umg
spritzig adj Wein tangy; Auto, Aufführung lively; (≈ witzig) witty
Spritzpistole f spray gun
Spritztour f umg spin umg, jaunt; **eine ~ machen** to go for a spin umg, to take a ride
spröde adj brittle; Haut rough; (≈ abweisend) Mensch aloof; Worte offhand; Charme austere
Sprosse f rung
Sprossenfenster n lattice window
Sprossenwand f SPORT wall bars pl
Sprössling m shoot; fig hum offspring pl
Sprotte f sprat
Spruch m **1** saying; (≈ Wahlspruch) motto; **Sprüche klopfen** umg to talk posh umg; (≈ angeben) to talk big umg **2** (≈ Richterspruch) judgement; (≈ Schiedsspruch) ruling
Spruchband n banner
spruchreif umg adj **die Sache ist noch nicht ~** it's not definite yet so we'd better not talk about it
Sprudel m mineral water; (≈ süßer Sprudel) fizzy drink
Sprudelbad n whirlpool (bath)
sprudeln v/i to bubble; Sekt, Limonade to fizz
sprudelnd wörtl adj Getränke fizzy; Quelle bubbling; fig Witz bubbly
Sprühdose f spray (can)
sprühen **A** v/i **1** to spray; Funken to fly **2** fig vor Witz, Ideen etc to bubble over (**vor** +dat with); Augen vor Freude etc to sparkle (**vor** +dat with); vor Zorn etc to flash (**vor** +dat with) **B** v/t to spray
Sprühregen m fine rain
Sprung m **1** jump; schwungvoll leap; (≈ Satz) bound; von Raubtier pounce; (≈ Stabhochsprung) vault; Wassersport dive; **einen ~ machen** to jump; **damit kann man keine großen Sprünge machen** you can't exactly live it up on that umg; **j-m auf die Sprünge helfen** to give sb a (helping) hand **2** umg (≈ kurze Strecke) stone's throw umg; **auf einen ~ bei j-m vorbeikommen** to drop in to see sb umg **3** (≈ Riss) crack; **einen ~ haben** to be cracked
Sprungbrett wörtl, fig n springboard

Sprungfeder f spring
sprunghaft **A** adj **1** Mensch volatile **2** (≈ rapide) rapid **B** adv ansteigen by leaps and bounds
Sprungschanze f SKI ski jump
Sprungturm m diving platform
SPS, **SP Schweiz** f (= Sozialdemokratische Partei der Schweiz) Social Democratic Party of Switzerland
Spucke umg f spit; **da bleibt einem die ~ weg!** umg it's flabbergasting
spucken **A** v/t to spit; umg (≈ erbrechen) to throw up umg; Lava to spew (out) **B** v/i to spit; umg (≈ erbrechen) to be sick, to throw up umg; **in die Hände ~** wörtl to spit on one's hands; fig to roll up one's sleeves
spuken v/i to haunt; **hier spukt es** this place is haunted
Spülbecken n sink
Spule f spool; IND bobbin; ELEK coil
Spüle f sink
spulen v/t a. COMPUT to spool
spülen **A** v/t **1** (≈ ausspülen) Mund to rinse; Wunde to wash; Darm to irrigate; (≈ abwaschen) Geschirr to wash up **2** Wellen etc to wash; **etw an Land ~** to wash sth ashore **B** v/i Waschmaschine to rinse; (≈ Geschirr spülen) to wash up; auf der Toilette to flush; **du spülst und ich trockne ab** you wash and I'll dry
Spüllappen m dishcloth
Spülmaschine f (automatic) dishwasher; **die ~ einräumen** to load the dishwasher
spülmaschinenfest adj dishwasher-proof
Spülmittel n washing-up liquid
Spülschüssel f washing-up bowl
Spülung f rinsing; (≈ Wasserspülung) flush; (≈ Haarspülung) conditioner; MED (≈ Darmspülung) irrigation
Spund m stopper; Holztechnik tongue
Spur f **1** (≈ Abdruck im Boden etc) track; (≈ hinterlassenes Zeichen) trace; (≈ Bremsspur) skidmarks pl; (≈ Blutspur etc, Fährte) trail; **von den Tätern fehlt jede ~** there is no clue as to the whereabouts of the perpetrators; **auf der richtigen/falschen ~ sein** to be on the right/wrong track; **j-m auf die ~ kommen** to get onto sb; **~en hinterlassen** fig to leave one's/its mark **2** fig (≈ kleine Menge) trace; von Talent etc scrap; **von Anstand keine ~** umg no decency at all; **keine ~!** umg not at all **3** (≈ Fahrbahn) lane **4** COMPUT track
spürbar **A** adj noticeable, perceptible **B** adv noticeably, perceptibly
spuren umg v/i to obey; (≈ sich fügen) to toe the line
spüren v/t to feel; emotional to sense; **davon ist nichts zu ~** there is no sign of it; **etw zu ~**

bekommen *wörtl* to feel sth; *fig* to feel the (full) force of sth
Spurenelement *n* trace element
Spurensicherung *f* securing of evidence
Spürhund *m* tracker dog; *umg Mensch* sleuth
spurlos *adj & adv* without trace; **das ist nicht ~ an ihm vorübergegangen** it left its mark on him
Spurrille *f Verkehr* rut
Spürsinn *m* JAGD, *a. fig* nose; *fig* (≈ *Gefühl*) feel
Spurt *m* spurt; **zum ~ ansetzen** to make a final spurt
spurten *v/i* SPORT to spurt; *umg* (≈ *rennen*) to sprint, to dash
Spurwechsel *m Verkehr* lane change
Spurweite *f* BAHN gauge; AUTO track
Spyware *f* IT spyware
Square Dance *m* square dance
Squash *n* squash
Squashschläger *m* squash racket
Sri Lanka *n* Sri Lanka
Staat *m* **1** state; (≈ *Land*) country; **die ~en** *umg* the States *umg*; **von ~s wegen** on a governmental level **2** (≈ *Ameisenstaat etc*) colony **3** *fig* (≈ *Pracht*) pomp; (≈ *Kleidung, Schmuck*) finery; **~ machen (mit etw)** to make a show (of sth); **damit ist kein ~ zu machen** that's nothing to write home about *umg*
Staatenbund *m* confederation (of states)
Staatengemeinschaft *f* community of states
staatenlos *adj* stateless
Staatenlose(r) *m/f(m)* stateless person
staatlich **A** *adj* state *attr*; (≈ *staatlich geführt*) state-run; **~e Schule** public school *US* **B** *adv* by the state; **~ geprüft** state-certified
Staats- *zssgn* civil
Staatsakt *m* state occasion
Staatsaktion *f* major operation
Staatsangehörige(r) *m/f(m)* national; *einer Monarchie* subject
Staatsangehörigkeit *f* nationality; **doppelte ~** dual nationality; **welche ~ hat sie?** which nationality is she?
Staatsanleihe *f* government bond
Staatsanwalt *m*, **Staatsanwältin** *f* district attorney *US*, public prosecutor *bes Br*
Staatsausgaben *pl* public expenditure *sg*
Staatsbeamte(r) *m*, **Staatsbeamtin** *f* public servant
Staatsbegräbnis *n* state funeral
Staatsbesuch *m* state visit
Staatsbürger(in) *m/f(m)* citizen
staatsbürgerlich *adj Pflicht* civic; *Rechte* civil
Staatsbürgerschaft *f* nationality; **doppelte ~** dual nationality
Staatschef(in) *m/f(m)* head of state
Staatsdienst *m* civil service
staatseigen *adj* state-owned
Staatsempfang *m* state reception
Staatsexamen *n* university degree required for e.g. the teaching profession
Staatsfeind(in) *m/f(m)* enemy of the state
staatsfeindlich *adj* hostile to the state
Staatsform *f* type of state
Staatsgeheimnis *n* state secret
Staatsgrenze *f* state frontier *od* border
Staatshaushalt *m* national budget
Staatshoheit *f* sovereignty
Staatskosten *pl* public expenses *pl*; **auf ~** at the public expense
Staatsmann *m* statesman
staatsmännisch **A** *adj* statesmanlike **B** *adv* in a statesmanlike manner
Staatsoberhaupt *n* head of state
Staatspräsident(in) *m/f(m)* president
Staatsschuld *f* FIN national debt
Staatssekretär(in) *m/f(m)* (≈ *Beamter*) ≈ permanent secretary *Br*, ≈ undersecretary *US*
Staatsstreich *m* coup (d'état)
Staatstrauer *f* national mourning
Staatsverbrechen *n* political crime; *fig* major crime
Staatsverschuldung *f* national debt
Staatsvertrag *m* (international) treaty
Stab *m* **1** rod; (≈ *Gitterstab*) bar; *des Dirigenten, für Staffellauf etc* baton; *für Stabhochsprung* pole; (≈ *Zauberstab*) wand; **den ~ über j-n brechen** *fig* to condemn sb **2** (≈ *Mitarbeiterstab*), *a.* MIL staff; *von Experten* panel; MIL (≈ *Hauptquartier*) headquarters
Stäbchen *n* (≈ *Essstäbchen*) chopstick
Stabhochspringer(in) *m/f(m)* pole-vaulter
Stabhochsprung *m* pole vault
stabil *adj Möbel* sturdy; *Währung, Beziehung* stable; *Gesundheit* sound
stabilisieren *v/t & v/r* to stabilize
Stabilisierungsprozess *m* POL stabilisation process
Stabilität *f* stability
Stabilitätspolitik *f* policy of stability
Stabilitätsprogramm *n* stability programme *Br*, stability program *US*
Stablampe *f* (electric) torch *Br*, flashlight
Stachel *m von Rosen etc* thorn; *von Kakteen, Igel* spine; *auf Stacheldraht* barb; (≈ *Giftstachel*) *von Bienen etc* sting
Stachelbeere *f* gooseberry
Stacheldraht *m* barbed wire
Stacheldrahtzaun *m* barbed-wire fence
stachelig *adj Rosen etc* thorny; *Kaktus etc* spiny; (≈ *sich stachelig anfühlend*) prickly; *Kinn, Bart* bristly

Stachelschwein n porcupine
Stadel österr, schweiz, südd m barn
Stadion n stadium, arena
Stadium n stage
Stadt f **1** (≈ Großstadt) town; (≈ Großstadt) city; **die ~ Paris** the city of Paris; **in der ~** in town; **in die ~ gehen** to go into town **2** (≈ Stadtverwaltung) council
stadtauswärts adv out of town
Stadtautobahn f urban motorway Br, urban freeway US
Stadtbad n municipal swimming pool
Stadtbahn f suburban railway Br, city railroad US
Stadtbild n townscape, cityscape
Stadtbücherei f public library
Stadtbummel m stroll through town
Städtchen n small town
Städtebau m urban development
stadteinwärts adv into town
Städtepartnerschaft f town twinning Br, sister city agreement US
Städter(in) m(f) town resident Br; (≈ Großstädter) city resident Br, city resident US
Städtetour f, **Städtetrip** m city break; **deutsche ~** tour of German cities
Stadtführer m town guide Br; für Großstadt city guide Br, city guide US
städtisch adj municipal, town attr Br; (≈ einer Großstadt a.) city attr Br, city attr US; (≈ nach Art einer Stadt) urban
Stadtkern m town/city centre Br, town/city center US
Stadtmauer f city wall
Stadtmitte f town/city centre Br, town/city center US
Stadtplan m (street) map (of a/the town/city)
Stadtplaner(in) m(f) town planner
Stadtplanung f town planning
Stadtpolizei österr, schweiz f urban police (force)
Stadtpräsident(in) m(f) schweiz (≈ Bürgermeister) mayor/mayoress
Stadtrand m outskirts pl (of a/the town/city)
Stadtrat[1] m (town/city) council
Stadtrat[2] m, **Stadträtin** f (town/city) councillor Br, (city) councilor US
Stadtrundfahrt f **eine ~ machen** to go on a (sightseeing) tour of a/the town/city
Stadtstreicher(in) m(f) tramp
Stadtteil m district, borough
Stadtverwaltung f (town/city) council
Stadtviertel n district, part of town/city
Stadtzentrum n town/city centre Br, city center US, downtown US
Staffel f **1** (≈ Formation) echelon; FLUG (≈ Einheit) squadron **2** SPORT relay (race); (≈ Mannschaft) relay team; fig relay; **~ laufen** to run in a relay (race) **3** einer Fernsehserie season, series
Staffelei f easel
Staffellauf m relay (race)
staffeln v/t Gehälter, Tarife to grade; Anfangszeiten to stagger
Staffelung f von Gehältern, Tarifen grading; von Zeiten staggering
Stagflation f stagflation
Stagnation f stagnation
stagnieren v/i to stagnate
Stahl m steel; **Nerven wie ~** nerves of steel
Stahlbeton m reinforced concrete
stahlblau adj steel-blue
stählern adj steel; fig Wille of iron, iron attr; Nerven of steel; Blick steely
Stahlhelm m MIL steel helmet
Stahlrohr n tubular steel; Stück steel tube
Stahlträger m steel girder
Stahlwolle f steel wool
Stalagmit m stalagmite
Stalaktit m stalactite
stalinistisch adj Stalinist
Stalker(in) m(f) stalker
Stall m stable; (≈ Kuhstall) cowshed; (≈ Schweinestall) (pig)sty, (pig)pen US; für Kaninchen hutch
Stamm m **1** (≈ Baumstamm) trunk **2** LING stem **3** (≈ Volksstamm) tribe **4** (≈ Kunden) regular customers pl; von Mannschaft regular team members pl; (≈ Arbeiter) permanent workforce; (≈ Angestellte) permanent staff pl; **ein fester ~ von Kunden** regular customers
Stammaktie f BÖRSE ordinary share
Stammaktionär(in) m(f) ordinary shareholder, common stockholder US
Stammbaum m family tree; von Zuchttieren pedigree
Stammbuch n book recording family events with some legal documents
stammeln v/t & v/i to stammer
stammen v/i to come (**von**, **aus** from); zeitlich to date (**von**, **aus** from)
Stammes- zssgn tribal
Stammform f base form
Stammgast m regular
Stammhalter m son and heir
stämmig adj (≈ gedrungen) stocky; (≈ kräftig) sturdy, big-boned
Stammkapital n FIN ordinary share capital Br, common stock capital US
Stammkneipe umg f local Br umg, local bar
Stammkunde m, **Stammkundin** f regular (customer)
Stammkundschaft f regulars pl
Stammplatz m usual seat
Stammsitz m von Firma headquarters; von Geschlecht ancestral seat; im Theater etc regular

seat
Stammtisch m (≈ *Tisch in Gasthaus*) table reserved for the regulars; (≈ *Stammtischrunde*) group of regulars
Stammwähler(in) m(f) POL staunch supporter
Stammzelle f stem cell; **embryonale ~n** embryonic stem cells
Stammzellenforschung f stem-cell research
stampfen **A** v/i **1** (≈ *laut auftreten*) to stamp; **mit dem Fuß ~** to stamp one's foot **2** *Schiff* to pitch, to toss **B** v/t **1** (≈ *festtrampeln*) *Lehm, Sand* to stamp; *Trauben* to press **2** *mit Stampfer* to mash
Stand m **1** (≈ *das Stehen*) standing position; **aus dem ~** *im Stehen* from a standing position; *fig* off the cuff; **ein Sprung aus dem ~** a standing jump; **bei j-m einen schweren ~ haben** *fig* to have a hard time with sb **2** (≈ *Marktstand etc*) stand, stall; (≈ *Taxistand*) rank **3** (≈ *Lage*) state; (≈ *Zählerstand etc*) reading; (≈ *Kontostand*) balance; SPORT (≈ *Spielstand*) score; **beim jetzigen ~ der Dinge** the way things stand at the moment; **der neueste ~ der Forschung** the latest developments in research; **auf dem neuesten ~ der Technik sein** *Gerät* to be state-of-the-art technology; **außer ~e** → außerstande; **im ~e** → imstande; **in ~** → instand; **zu ~e** → zustande **4** (≈ *soziale Stellung*) status; (≈ *Klasse*) class; (≈ *Beruf*) profession **5** *österr* **auf j-n einen ~ haben** to like sb, to fancy sb *Br*
Standard m standard
Standardbrief m standard letter
standardisieren v/t to standardize
Standardisierung f standardization
Standardwerk n standard textbook
Standbesitzer(in) m(f) stall holder
Standbild n statue
Standby m standby; **auf ~** standby
Stand-by-Betrieb m IT stand-by
Stand-by-Ticket n FLUG stand-by ticket
Ständer m stand; *umg* (≈ *Erektion*) hard-on *sl*
Ständerat m *schweiz* PARL upper chamber
Standesamt n registry office
standesamtlich **A** *adj* **~e Trauung** civil wedding **B** *adv* **sich ~ trauen lassen** to get married in a registry office *Br*, to have a civil wedding
Standesbeamte(r) m, **Standesbeamtin** f registrar
standesgemäß **A** *adj* befitting one's rank **B** *adv* in a manner befitting one's rank
Standesunterschied m class difference
standfest *adj* stable; *fig* steadfast
Standfoto n still (picture)
standhaft **A** *adj* steadfast **B** *adv* firmly; **er weigerte sich ~** he steadfastly refused
Standhaftigkeit f steadfastness
standhalten v/i *Mensch* to stand firm; *Brücke etc* to hold; **j-m ~** to stand up to sb; **einer Prüfung ~** to stand up to close examination
Standheizung f AUTO stationary heating, (engine-)independent heating
ständig **A** *adj* **1** (≈ *dauernd*) permanent; **eine ~e Internetverbindung** an always-on Internet connection **2** (≈ *unaufhörlich*) constant **B** *adv* (≈ *andauernd*) constantly; **etw ~ tun** to keep (on) doing sth; **sie beklagt sich ~** she's always complaining; **sie ist ~ krank** she's always ill; IT **~ online** always-on
Standl n *österr* (≈ *Verkaufsstand*) stand
Standleitung f TEL direct line
Standlicht n sidelights *pl*; **mit ~ fahren** to drive on sidelights
Standort m location; *von Schiff etc* position; *von Industriebetrieb* site
Standpauke f **j-m eine ~ halten** to give sb a lecture
Standplatz m stand
Standpunkt m (≈ *Meinung*) point of view; **auf dem ~ stehen, dass ...** to take the view that ...; **von meinem ~ aus gesehen** from my point of view
Standspur f AUTO hard shoulder *Br*, shoulder *US*
Standuhr f grandfather clock
Stange f **1** pole; (≈ *Querstab*) bar; (≈ *Gardinenstange*) rod; (≈ *Vogelstange*) perch **2** **ein Anzug von der ~** a suit off the peg *Br*, a suit off the rack *US*; **j-n bei der ~ halten** *umg* to keep sb; **bei der ~ bleiben** *umg* to stick at it *umg*; **j-m die ~ halten** *umg* to stand up for sb; **eine (schöne) ~ Geld** *umg* a tidy sum *umg*
Stängel m stem
Stangenbohne f runner bean *Br*, pole bean *US*
Stangenbrot n French bread; (≈ *Laib*) French loaf
Stangensellerie m/f celery
stänkern v/i *umg* (≈ *Unfrieden stiften*) to stir things up *umg*
Stanniolpapier n silver paper
Stanze f *für Prägestempel* die; (≈ *Lochstanze*) punch
stanzen v/t to press; (≈ *prägen*) to stamp; *Löcher* to punch
Stapel m **1** (≈ *Haufen*) stack, pile **2** SCHIFF stocks *pl*; **vom ~ laufen** to be launched; **vom ~ lassen** to launch; *fig* to come out with *umg*
Stapelbox f stacking box
Stapellauf m SCHIFF launching
stapeln **A** v/t to stack; (≈ *lagern*) to store **B** v/r to pile up
Stapelverarbeitung f IT batch processing
stapelweise *adv* in piles
stapfen v/i to trudge
Star[1] m ORN starling

Star² *m* MED **grauer ~** cataract; **grüner ~** glaucoma

Star³ *m* FILM *etc* star

Starbesetzung *f* star cast

Starenkasten *m* AUTO *umg* (≈ *Überwachungsanlage*) police camera

Stargage *f* top fee

Stargast *m* star guest

stark **A** *adj* **1** strong; **sich für etw ~ machen** *umg* to stand up for sth; **das ist seine ~e Seite** that is his strong point; **das ist ~** *od* **ein ~es Stück!** *umg* that's a bit much! **2** (≈ *dick*) thick **3** (≈ *heftig*) *Schmerzen, Kälte* intense; *Frost* severe; *Regen, Verkehr, Raucher, Trinker* heavy; *Sturm* violent; *Erkältung* bad; *Wind, Eindruck* strong; *Beifall* loud; *Fieber* high **4** (≈ *leistungsfähig*) *Motor* powerful **5** (≈ *zahlreich*) *Nachfrage* great; **zehn Mann ~** ten strong; **300 Seiten ~** 300 pages long **6** *umg* (≈ *hervorragend*) *Leistung* great *umg* **B** *adv mit Verb* a lot; *mit Adjektiv/Partizip Perfekt* very; *applaudieren* loudly; *pressen* hard; *regnen* heavily; *vergrößert, verkleinert* greatly; *beschädigt, entzündet etc* badly; *bluten* profusely; **~ wirkend** *Medikament* potent; **~ gewürzt** highly spiced

Starkbier *n* strong beer

Stärke¹ *f* **1** strength **2** (≈ *Dicke*) thickness **3** (≈ *Heftigkeit*) *von Strömung, Wind* strength; *von Schmerzen* intensity; *von Regen, Verkehr* heaviness; *von Sturm* violence **4** (≈ *Leistungsfähigkeit*) *von Motor* power **5** (≈ *Anzahl*) size; *von Nachfrage* level

Stärke² *f* CHEM starch

Stärkemehl *n* GASTR ≈ cornflour *Br*, ≈ cornstarch *US*

stärken **A** *v/t* **1** (≈ *kräftigen*) to strengthen; *Gesundheit* to improve **2** *Wäsche* to starch **B** *v/i* to be fortifying; **~des Mittel** tonic **C** *v/r* to fortify oneself

Starkoch *m*, **Starköchin** *f* celebrity chef

Starkstrom *m* ELEK heavy current

Stärkung *f* **1** strengthening **2** (≈ *Erfrischung*) refreshment

Stärkungsmittel *n* MED tonic

starr **A** *adj* **1** stiff; (≈ *unbeweglich*) rigid; **~ vor Frost** stiff with frost **2** (≈ *unbewegt*) *Blick* fixed **3** (≈ *regungslos*) paralyzed; **~ vor Schrecken** paralyzed with fear **4** (≈ *nicht flexibel*) inflexible **B** *adv* **j-n ~ ansehen** to stare at sb; **~ an etw** (*dat*) **festhalten** to cling to sth

Starre *f* stiffness

starren *v/i* **1** (≈ *starr blicken*) to stare (**auf** +*akk* at); **vor sich** (*akk*) **hin ~** to stare straight ahead **2** **vor Dreck ~** to be covered with dirt; *Kleidung* to be stiff with dirt

Starrheit *f* **1** *von Gegenstand* rigidity **2** (≈ *Sturheit*) inflexibility

starrköpfig **A** *adj* stubborn **B** *adv* stubbornly

Starrsinn *m* stubbornness

starrsinnig **A** *adj* stubborn **B** *adv* stubbornly

Start *m* **1** start **2** (≈ *Startlinie*) start(ing line); *bei Autorennen* (starting) grid **3** FLUG takeoff; (≈ *Raketenstart*) launch

Startbahn *f* FLUG runway

startbereit *adj Flugzeug* ready for takeoff; **ich bin ~** I'm ready to go

Startblock *m* SPORT starting block

starten **A** *v/i* to start; FLUG to take off; (≈ *zum Start antreten*) to take part **B** *v/t* to start; *Satelliten, Rakete* to launch; **den Computer neu ~** to restart the computer

Starter *m* AUTO starter

Starterlaubnis *f* FLUG clearance for takeoff

Startformation *f* FUSSB starting eleven; **in der ~ stehen** to be in the starting eleven

Startguthaben *n bei Prepaidhandy* initial (free) credit

Starthilfe *fig f* initial aid; **j-m ~ geben** to help sb get off the ground

Starthilfekabel *n* jump leads *pl Br*, jumper cables *pl US*

Startkapital *n* starting capital

startklar *adj* FLUG clear(ed) for takeoff; SPORT, *a. fig* ready to start

Startlinie *f* starting line

Startpistole *f* starting pistol

Startschuss *m* SPORT starting signal; *fig* signal (**zu** for); **den ~ geben** to fire the (starting) pistol; *fig* to give the go-ahead

Startseite *f im Internet* start page

Start-up-Unternehmen *n* start-up

Startverbot *n* FLUG ban on takeoff; SPORT ban

Stasi *f* HIST (East German) secret police *pl*

Stasimitarbeiter(in) *m(f)* Stasi informer

Statik *f* **1** *Naturwissenschaft* statics *sg* **2** *Hoch- und Tiefbau* structural engineering

Statiker(in) *m(f)* TECH structural engineer

Station *f* **1** station; (≈ *Haltestelle*) stop; *fig von Leben* phase; **~ machen** to stop off **2** (≈ *Krankenstation*) ward

stationär **A** *adj* stationary; MED *Behandlung* inpatient *attr*; **~er Patient** inpatient **B** *adv* **j-n ~ behandeln** to treat sb in hospital *od* as an inpatient *Br*, to treat sb in the hospital *od* as an inpatient *US*

stationieren *v/t Truppen* to station; *Atomwaffen etc* to deploy

Stationierung *f von Truppen* stationing; *von Atomwaffen etc* deployment

Stationsarzt *m*, **Stationsärztin** *f* ward doctor

Stationsschwester *f* senior nurse (*in a ward*)

statisch **A** *adj* static **B** *adv* **meine Haare haben sich ~ aufgeladen** my hair is full of static elec-

tricity
Statist(in) m(f) FILM extra; fig cipher
Statistik f statistics sg
Statistiker(in) m(f) statistician
statistisch adj statistical; **~ gesehen** statistically
Stativ n tripod
statt **A** präp instead of; **an Kindes ~ annehmen** JUR to adopt **B** konj instead of
stattdessen adv instead
Stätte f place
stattfinden v/i to take place
stattgeben form v/i to grant
statthaft adj permitted
stattlich adj **1** (≈ ansehnlich) Gebäude, Anwesen magnificent; Bursche strapping; Erscheinung imposing **2** (≈ umfangreich) Sammlung impressive; Familie large; (≈ beträchtlich) handsome
Statue f statue
Statur f build
Status m status; **~ quo** status quo
Statusleiste f IT status bar
Statussymbol n status symbol
Statuszeile f IT status bar
Stau m (≈ Wasserstauung) build-up; (≈ Verkehrsstauung) traffic jam; **ein ~ von 3 km** a 3km tailback Br, a 3km backup (of traffic) US; **im ~ stecken** to be stuck in a traffic jam
Stauabgabe f congestion charge
Staub m dust; BOT pollen; **~ saugen** to vacuum, to hoover® Br; **~ wischen** to dust; **sich aus dem ~(e) machen** umg to clear off umg
Staubecken n reservoir
staubig adj dusty
Staublappen m duster
staubsaugen v/i to vacuum, to hoover® Br
Staubsauger m vacuum cleaner, Hoover® Br
Staubschicht f layer of dust
Staubtuch n duster
Staubwolke f cloud of dust
Staudamm m dam
Staude f Gartenbau herbaceous perennial (plant); (≈ Busch) shrub
stauen **A** v/t Wasser, Fluss to dam (up); Blut to stop the flow of **B** v/r (≈ sich anhäufen) to pile up; Verkehr, Wasser, a. fig to build up; Blut to accumulate
Staugebühr f congestion charge
staunen v/i to be amazed (**über** +akk at); **ich habe gestaunt, wie gut er Deutsch kann** I was amazed at how well he speaks German; **da kann man nur noch ~** it's just amazing; **da staunst du, was?** umg you didn't expect that, did you!
Staunen n astonishment (**über** +akk at); **j-n in ~ versetzen** to amaze sb
staunenswert adj astonishing

Stausee m reservoir
Stauung f **1** (≈ Stockung) pile-up; in Lieferungen, Post etc hold-up; von Menschen jam; von Verkehr tailback Br, backup US **2** von Wasser build-up (of water)
Stauwarnung f warning of traffic congestion
Steak n steak
stechen **A** v/i **1** Dorn, Stachel etc to prick; Wespe, Biene to sting; Mücken, Moskitos to bite; mit Messer etc to (make a) stab (**nach** at); Sonne to beat down; mit Stechkarte: bei Ankunft to clock in; bei Weggang to clock out **2** KART to trump **B** v/t **1** Dorn, Stachel etc to prick; Wespe, Biene to sting; Mücken, Moskitos to bite; mit Messer etc to stab; Löcher to pierce **2** KART to trump **3** Spargel, Torf, Rasen to cut **4** (≈ gravieren) to engrave; → gestochen **C** v/r to prick oneself (**an** +dat on od **mit** with); **sich** (akk od dat) **in den Finger ~** to prick one's finger
Stechen n **1** SPORT play-off; bei Springreiten jump-off **2** (≈ Schmerz) sharp pain
stechend adj piercing; Sonne scorching; Schmerz sharp; Geruch pungent
Stechkarte f clocking-in card
Stechmücke f gnat, midge Br
Stechpalme f holly
Stechuhr f time clock
Steckbrief m "wanted" poster; fig personal description, profile; SCHULE fact file
steckbrieflich adv **~ gesucht werden** to be wanted
Steckdose f ELEK (wall) socket
stecken **A** v/i **1** (≈ festsitzen) to be stuck; Nadel, Splitter etc to be (sticking); **der Stecker steckt in der Dose** the plug is in the socket; **der Schlüssel steckt** the key is in the lock **2** (≈ verborgen sein) to be (hiding); **wo steckst du?** where are you?; **darin steckt viel Mühe** a lot of work has gone into that; **zeigen, was in einem steckt** to show what one is made of **3** (≈ strotzen vor) **voll** od **voller Fehler/Nadeln ~** to be full of mistakes/pins **4** (≈ verwickelt sein in) **in Schwierigkeiten ~** to be in difficulties; **in einer Krise ~** to be in the throes of a crisis **B** v/t **1** (≈ hineinstecken) to put; **j-n ins Bett ~** umg to put sb to bed umg **2** Handarbeiten to pin **3** umg (≈ investieren) Geld, Mühe to put (**in** +akk into); Zeit to devote (**in** +akk to) **4** sl (≈ aufgeben) to jack in Br umg, to chuck umg **5** **j-m etw ~** umg to tell sb sth
Stecken m stick
stecken bleiben v/i to stick fast; Kugel to be lodged; in der Rede to falter
stecken lassen v/t to leave; **den Schlüssel ~** to leave the key in the lock
Steckenpferd n hobbyhorse

Stecker m ① ELEK plug ② (≈ *Ohrstecker*) stud
Steckkarte f COMPUT expansion card
Stecknadel f pin; **etw mit ~n befestigen** to pin sth (**an** +*dat* to); **eine ~ im Heuhaufen suchen** *fig* to look for a needle in a haystack
Steckplatz m COMPUT (expansion) slot
Steckrübe f swede *Br*, rutabaga *US*
Steckschloss n bicycle lock
Steelband f steel band
Steeldrum f steel drum
Steg m ① (≈ *Brücke*) footbridge; für Fußgänger walkway; (≈ *Landungssteg*) landing stage ② (≈ *Brillensteg*) bridge
Stegreif m **aus dem ~ spielen** THEAT to improvise; **eine Rede aus dem ~ halten** to make an impromptu speech
Stehaufmännchen n *Spielzeug* tumbler; **er ist ein richtiges ~** he always bounces back
stehen Ⓐ v/i ① (≈ *warten*) to wait; **fest/sicher ~** to stand firm(ly)/securely; *Mensch* to have a firm/safe foothold; **vor der Tür stand ein Fremder** there was a stranger (standing) at the door; **im Weg ~** to get in the way; **ich kann nicht mehr ~** I can't stay on my feet any longer; **mit j-m/etw ~ und fallen** to depend on sb/sth; **sein Hemd steht vor Dreck** *umg* his shirt is stiff with dirt ② (≈ *sich befinden*) to be; **die Vase steht auf dem Tisch** the vase is on the table; **meine alte Schule steht noch** my old school is still standing; **unter Schock ~** to be in a state of shock; **unter Drogen/Alkohol ~** to be under the influence of drugs/alcohol; **vor einer Entscheidung ~** to be faced with a decision; **ich tue, was in meinen Kräften steht** I'll do everything I can ③ (≈ *geschrieben, gedruckt sein*) to be; **hier steht …** it says here; **was steht da/in dem Brief?** what does it/the letter say?; **es stand im „Kurier"** it was in the "Courier" ④ (≈ *angehalten haben*) to have stopped; **meine Uhr steht** my watch has stopped; **der ganze Verkehr steht** traffic is at a complete standstill ⑤ (≈ *bewertet werden*) *Währung* to be (**auf** +*dat* at); **wie steht das Pfund?** what's the exchange rate for the pound?; **das Pfund steht auf EUR 1,27** the pound stands at EUR 1.27 ⑥ (≈ *in bestimmter Position sein*) *Rekord* to stand (**auf** +*dat* at); **der Zeiger steht auf 4 Uhr** the clock says 4 (o'clock); **wie steht das Spiel?** what's the score?; **es steht 2:1 für München** the score is *od* it is 2-1 to Munich ⑦ (≈ *passen zu*) **j-m ~** to suit sb ⑧ *grammatikalisch* **nach „in" steht der Akkusativ oder der Dativ** "in" takes the accusative or the dative ⑨ → **gestanden** ⑩ **die Sache steht** *umg* the whole business is settled; **es steht mir bis hier** *umg* I've had it up to here with it *umg*; **für etw ~** to stand for sth; **auf j-n/etw ~** *umg* to be into sb/sth *umg*; **zu j-m ~** to stand by sb; **zu seinem Versprechen ~** to stand by one's promise; **wie ~ Sie dazu?** what are your views on that? Ⓑ v/t **Posten ~** to stand guard; **Wache ~** to mount watch Ⓒ v/r **sich gut/schlecht ~** to be well/badly off; **sich mit j-m gut/schlecht ~** to get on well/badly with sb Ⓓ v/i **wie steht's?** how are *od* how's things?; **wie steht es damit?** how about it?; **es steht schlecht/gut um j-n** *gesundheitlich, finanziell* sb is doing badly/well
Stehen n ① standing; **etw im ~ tun** to do sth standing up ② (≈ *Halt*) stop, standstill; **zum ~ kommen** to stop
stehen bleiben v/i ① (≈ *anhalten*) to stop; (≈ *nicht weitergehen*) to stay; *Zeit* to stand still; (≈ *versagen*) to break down; **~!** stop!; MIL halt! ② (≈ *unverändert bleiben*) to be left (in); **soll das so ~?** should that stay as it is?
stehend *adj Fahrzeug* stationary; *Gewässer* stagnant; **~e Redensart** stock phrase
stehen lassen v/t to leave; **alles stehen und liegen lassen** to drop everything; *Flüchtlinge etc* to leave everything behind; **j-n einfach ~** to leave sb standing (there); **sich** (*dat*) **einen Bart ~** to grow a beard
Stehimbiss m stand-up snack bar
Stehkneipe f stand-up bar
Stehlampe f standard lamp
stehlen Ⓐ v/t & v/i to steal; (≈ *Ladendiebstahl begehen*) to shoplift; **j-m die Zeit ~** to waste sb's time Ⓑ v/r to steal; **sich aus der Verantwortung ~** to evade one's responsibility; → **gestohlen**
Stehpaddeln n paddleboarding
Stehparty f buffet party
Stehplatz m **ich bekam nur noch einen ~** I had to stand; **Stehplätze** standing room *sg*
Stehvermögen n staying power
Steiermark f Styria
steif Ⓐ *adj* ① stiff; *Penis* hard; **sich ~ (wie ein Brett) machen** to go rigid ② (≈ *förmlich*) stiff; *Empfang, Begrüßung, Abend* formal Ⓑ *adv* **das Eiweiß ~ schlagen** to beat the egg white until stiff; **sie behauptete ~ und fest, dass …** she insisted that …; **etw ~ und fest glauben** to be convinced of sth
steifen v/t to stiffen; *Wäsche* to starch
Steifheit f stiffness
Steigbügel m stirrup
Steigeisen n climbing iron *mst pl*; *Bergsteigen* crampon
steigen Ⓐ v/i ① (≈ *klettern*) to climb; **auf einen Berg ~** to climb (up) a mountain; **aufs Pferd ~** to get on(to) the/one's horse; **aus dem**

Zug/Bus ~ to get off the train/bus **2** (≈ *sich aufwärtsbewegen*) to rise; *Flugzeug, Straße* to climb; (≈ *sich erhöhen*) *Preis, Fieber* to go up; (≈ *zunehmen*) *Chancen etc* to increase; **Drachen ~ lassen** to fly kites; **in j-s Achtung** (*dat*) **~** to rise in sb's estimation **3** *österr* (≈ *treten*) to step **4** *umg* (≈ *stattfinden*) **steigt die Demo oder nicht?** is the demo on or not? **B** *v/t Treppen, Stufen* to climb (up)
steigend *adj* increasing
steigern A *v/t* **1** (≈ *erhöhen*) to increase (**auf** +*akk* to *od* **um** by); *Übel, Zorn* to aggravate; *Leistung* to improve **2** GRAM *Adjektiv* to compare **B** *v/i* to bid (**um** for) **C** *v/r* (≈ *sich erhöhen*) to increase; (≈ *sich verbessern*) to improve
Steigerung *f* **1** (≈ *das Steigern*) increase (+*gen* in); (≈ *Verbesserung*) improvement **2** GRAM comparative; (≈ *das Steigern*) comparison
steigerungsfähig *adj* improvable
Steigung *f* (≈ *Hang*) slope; *von Hang, Straße, a.* MATH gradient *Br*, grade *bes US*
steil A *adj* **1** *Abhang, Treppe, Anstieg* steep; **eine ~e Karriere** *fig* a rapid rise **2** SPORT **~e Vorlage, ~er Pass** through ball **B** *adv* steeply
Steilhang *m* steep slope
Steilheit *f* steepness
Steilküste *f* steep coast; (≈ *Klippen*) cliffs *pl*
Steilpass *m* SPORT through ball
Steilwand *f* steep face
Stein *m* stone; *großer* rock; *in Uhr* jewel; (≈ *Spielstein*) piece; (≈ *Ziegelstein*) brick; **mir fällt ein ~ vom Herzen!** *fig* that's a load off my mind!; **bei j-m einen ~ im Brett haben** *fig umg* to be well in with sb *umg*; **ein Herz aus ~** *fig* a heart of stone; **~ und Bein schwören** *fig umg* to swear to God *umg*
Steinadler *m* golden eagle
Steinbock *m* **1** ZOOL ibex **2** ASTROL Capricorn; (**ein**) **~ sein** to be (a) Capricorn
Steinbruch *m* quarry
steinern *adj* stone; *fig* stony
Steinfrucht *f* stone fruit
Steingarten *m* rockery
Steingut *n* stoneware
steinhart *adj* (as) hard as a rock
steinig *adj* stony
steinigen *v/t* to stone
Steinkohle *f* hard coal
Steinkrug *m* (≈ *Kanne*) stoneware jug
Steinmetz(in) *m(f)* stonemason
Steinobst *n* stone fruit
Steinpilz *m* boletus edulis *fachspr*
steinreich *umg adj* stinking rich *Br umg*
Steinschlag *m* rockfall; „**Achtung ~**" "danger falling stones"
Steinwurf *fig m* stone's throw

Steinzeit *f* Stone Age
steinzeitlich *adj* Stone Age *attr*
Steiß *m* ANAT coccyx; *hum umg* tail *umg*
Steißbein *n* ANAT coccyx
Steißlage *f* MED breech presentation
Stellage *f* (≈ *Gestell*) rack, frame
Stelle *f* **1** place; *kahl, brüchig etc* patch; *in Tabelle, Hierarchie* position; *in Text, Musikstück* passage; **an erster ~** in the first place; **eine schwache ~** a weak spot; **auf der ~ treten** *wörtl* to mark time; *fig* not to make any progress; **auf der ~** *fig* (≈ *sofort*) on the spot; *kommen, gehen* straight away; **nicht von der ~ kommen** not to make any progress; **sich nicht von der ~ rühren** *od* **bewegen** to refuse to budge *umg*; **zur ~ sein** to be on the spot; (≈ *am Ort*) to be on the scene; (≈ *bereit, etw zu tun*) to be at hand **2** (≈ *Zeitpunkt*) point; **an passender ~** at an appropriate moment **3** MATH figure; *hinter Komma* place **4** **an ~ von** in place of; **ich möchte jetzt nicht an seiner ~ sein** I wouldn't like to be in his position now; **an deiner ~ würde ich …** if I were you I would …; → **anstelle 5** (≈ *Posten*) job; (≈ *Praktikumsstelle*) placement; **eine freie** *od* **offene ~** a vacancy **6** (≈ *Dienststelle*) office; (≈ *Behörde*) authority; **da bist du bei mir/uns an der richtigen ~!** *umg* you've come to the right place
stellen A *v/t* **1** (≈ *hinstellen*) to put; (≈ *an bestimmten Platz legen*) to place; **auf sich** (*akk*) **selbst** *od* **allein gestellt sein** *fig* to have to fend for oneself **2** (≈ *anordnen, arrangieren*) to arrange; **gestellt** *Bild, Foto* posed; **die Szene war gestellt** they posed for the scene; **eine gestellte Pose** a pose; **auf den Kopf gestellt** upside down **3** (≈ *erstellen*) (**j-m**) **eine Diagnose ~** to make a diagnosis (for sb) **4** (≈ *einstellen*) to set (**auf** +*akk* at); **das Radio lauter/leiser ~** to turn the radio up/down **5** *finanziell* **gut/besser/schlecht gestellt sein** to be well/better/badly off **6** (≈ *erwischen*) to catch **7** *Aufgabe, Thema* to set (**j-m** sb); *Frage* to put (**j-m, an j-n** to sb); *Antrag, Forderung* to make; **Fragen ~** to ask questions; **j-n vor ein Problem/eine Aufgabe** *etc* **~** to confront sb with a problem/task *etc* **B** *v/r* **1** (≈ *sich hinstellen*) to (go and) stand (**an** +*akk* at, by); (≈ *sich aufstellen, sich einordnen*) to position oneself; (≈ *sich aufrecht hinstellen*) to stand up; **sich auf den Standpunkt ~, …** to take the view …; **sich gegen j-n/etw ~** *fig* to oppose sb/sth; **sich hinter j-n/etw ~** *fig* to support *od* back sb/sth **2** *fig* (≈ *sich verhalten*) **sich positiv/anders zu etw ~** to have a positive/different attitude toward(s) sth; **wie stellst du dich zu …?** what do you think of …?; **sich gut mit j-m ~** to put oneself on good terms with sb **3** *umg finanziell* **sich**

gut/schlecht ~ to be well/badly off 4 (≈ *sich ausliefern*) to give oneself up (**j-m** to sb); **sich den Fragen der Journalisten ~** to be prepared to answer reporters' questions; **sich einer Herausforderung ~** to take up a challenge 5 (≈ *sich verstellen*) **sich krank/schlafend etc ~** to pretend to be ill/asleep etc 6 *fig* (≈ *entstehen*) to arise (**für** for); **es stellt sich die Frage, ob** ... the question arises whether ...

Stellenabbau *m* job cuts *pl*; (≈ *Rationalisierung*) downsizing

Stellenangebot *n* job offer; **„Stellenangebote"** "vacancies"

Stellenanzeige *f*, **Stellenausschreibung** *f* job advertisement

Stellenbeschreibung *f* job description

Stelleneinsparung *f* job cut

Stellengesuch *n* advertisement seeking employment; **„Stellengesuche"** "situations wanted" *Br*, "employment wanted"

Stellenmarkt *m* job market; *in Zeitung* appointments section

Stellensuche *f* **auf ~ sein** to be looking for a job

Stellenvermittlung *f* employment bureau

stellenweise *adv* in places

Stellenwert *m* MATH place value; *fig* status; **einen hohen ~ haben** to play an important role

Stellplatz *m* *für Auto* parking space

Stellschraube *f* TECH adjusting screw

Stellung *f* position; **die ~ halten** MIL to hold one's position; *hum* to hold the fort; **~ beziehen** *fig* to declare one's position; **zu etw ~ nehmen** *od* **beziehen** to comment on sth; **gesellschaftliche ~** social status; **bei j-m in ~ sein** to be in sb's employment

Stellungnahme *f* statement (**zu** on); **eine ~ zu etw abgeben** to make a statement on sth

Stellungssuche *f* search for employment; **auf ~ sein** to be looking for employment

Stellungswechsel *m* change of job

stellvertretend A *adj* *von Amts wegen* deputy *attr*; (≈ *vorübergehend*) acting *attr* B *adv* **~ für j-n** for sb; *Rechtsanwalt* on behalf of sb; **~ für j-n handeln** to deputize for sb

Stellvertreter(in) *m(f)* (acting) representative; *von Amts wegen* deputy; *von Arzt* locum

Stellvertretung *f* (≈ *Stellvertreter*) representative; *von Amts wegen* deputy; *von Arzt* locum; **die ~ für j-n übernehmen** to represent sb; *von Amts wegen* to stand in for sb

Stellwerk *n* BAHN signal box *Br*, signal *od* switch tower *US*

Stelze *f* 1 stilt 2 ORN wagtail 3 *österr* GASTR pickled knuckle of pork

Stemmbogen *m* SKI stem turn

Stemmeisen *n* crowbar

stemmen A *v/t* 1 (≈ *stützen*) to press 2 (≈ *hochstemmen*) to lift (above one's head) 3 (≈ *bewältigen*) to manage B *v/r* **sich gegen etw ~** to brace oneself against sth; *fig* to oppose sth

Stempel *m* 1 stamp; (≈ *Poststempel*) postmark; (≈ *Viehstempel*) brand; *auf Silber, Gold* hallmark; **einer Sache** (*dat*) **seinen ~ aufdrücken** *fig* to make one's mark on sth 2 TECH (≈ *Prägestempel*) die 3 BOT pistil

Stempelkarte *f* punch card

Stempelkissen *n* ink pad

stempeln A *v/t* to stamp; *Brief* to postmark; *Briefmarke* to frank; **j-n zum Lügner/Verbrecher ~** *fig* to brand sb (as) a liar/criminal B *umg* *v/i* 1 **~ gehen** (≈ *arbeitslos sein*) to be on the dole *Br umg*, to be on welfare *US* 2 (≈ *Stempeluhr betätigen*) *beim Hereinkommen* to clock in; *beim Hinausgehen* to clock out

Stempeluhr *f* time clock

Stengel *m* → **Stängel**

Steno *umg* *f* shorthand

Stenografie *f* shorthand

stenografieren A *v/t* to take down in shorthand B *v/i* to take shorthand; **können Sie ~?** can you take shorthand?

Stenogramm *n* text in shorthand; **ein ~ aufnehmen** to take shorthand

Stenotypist(in) *m(f)* shorthand typist

Stent *m* MED stent

Steppdecke *f* quilt

Steppe *f* steppe

steppen[1] *v/t & v/i* to (machine-)stitch; *wattierten Stoff* to quilt

steppen[2] *v/i* to tap-dance

Stepper *m* SPORT step machine

Steppjacke *f* quilted jacket

Stepptanz *m* tap dance

Sterbebett *n* deathbed; **auf dem ~ liegen** to be on one's deathbed

Sterbefall *m* death

Sterbehilfe *f* (≈ *Euthanasie*) euthanasia

sterben *v/t & v/i* to die; **eines natürlichen/gewaltsamen Todes ~** to die a natural/violent death; **an einer Krankheit/Verletzung ~** to die of an illness/from an injury; **daran wirst du nicht ~!** *hum* it won't kill you!; **vor Angst/Durst/Hunger ~** to die of fright/thirst/hunger; **gestorben sein** to be dead; *fig Projekt* to be over and done with; **er ist für mich gestorben** *fig umg* he doesn't exist as far as I'm concerned

Sterben *n* death; **im ~ liegen** to be dying

sterbenskrank *adj* **ich fühle mich ~** I feel like death warmed up *Br*, I feel like death warmed

over US
Sterbeurkunde f death certificate
sterblich adj mortal; **j-s ~e Hülle** sb's mortal remains pl
Sterbliche(r) m/f(m) mortal
Sterblichkeit f mortality
Sterblichkeitsrate f mortality rate
stereo adv (in) stereo
Stereoanlage f stereo umg
Stereogerät n stereo unit
Stereoskop n stereoscope
Stereoturm m hi-fi stack
stereotyp fig adj stereotyped, stereotypical
Stereotyp n stereotype
steril adj sterile
Sterilisation f sterilization
sterilisieren v/t to sterilize
Stern m star; **in den ~en (geschrieben) stehen** fig to be (written) in the stars; **das steht (noch) in den ~en** fig it's in the lap of the gods; **unter einem guten** od **glücklichen ~ stehen** to be blessed with good fortune; **unter einem unglücklichen ~ stehen** to be ill-fated; **ein Hotel mit drei ~en** a three-star hotel
Sternbild n ASTRON constellation; ASTROL sign (of the zodiac)
Sternchen n **1** TYPO asterisk **2** FILM starlet
Sternenbanner n Stars and Stripes sg
sternenbedeckt adj starry
Sternenhimmel m starry sky
Sternfrucht f star fruit
sternhagelvoll umg adj roaring drunk umg
sternklar adj Himmel, Nacht starry attr, starlit
Sternkunde f astronomy
Sternmarsch m POL protest march with marchers converging on assembly point from different directions
Sternschnuppe f shooting star
Sternsinger pl carol singers pl
Sternstunde f great moment; **das war meine ~** that was a great moment in my life
Sternwarte f observatory
Sternzeichen n ASTROL sign of the zodiac; **im ~ der Jungfrau** under the sign of Virgo; **was hast du für ein ~?** what star sign are you?
Steroid n steroid
stet adj constant; **~er Tropfen höhlt den Stein** sprichw constant dripping wears away the stone
Stethoskop n stethoscope
stetig **A** adj steady; **~es Meckern** constant moaning **B** adv steadily
stets adv always
Steuer[1] n SCHIFF helm; AUTO (steering) wheel; FLUG controls pl; **am ~ sein** fig to be at the helm; **am ~ sitzen** od **sein** AUTO to be at the wheel, to drive; FLUG to be at the controls; **das ~ übernehmen** to take over; **das ~ fest in der Hand haben** fig to be firmly in control
Steuer[2] f (≈ Abgabe) tax; an Gemeinde council tax Br, local tax US; von Firmen rates pl Br, corporate property tax US; **~n zahlen** to pay tax; **Gewinn vor/nach ~n** pre-/after-tax profit
Steueraufkommen n tax yield
steuerbar adj (≈ versteuerbar) taxable
Steuerbeamte(r) m, **Steuerbeamtin** f tax officer
Steuerbefreiung f tax exemption
steuerbegünstigt adj tax-deductible; Waren taxed at a lower rate
Steuerbelastung f tax burden
Steuerberater(in) m(f) tax consultant
Steuerbescheid m tax assessment
Steuerbord n SCHIFF starboard
Steuereinnahmen pl revenue from taxation
Steuerentlastung f, **Steuerermäßigung** f tax relief
Steuererhöhung f tax increase
Steuererklärung f tax return
Steuerflucht f tax evasion (by leaving the country)
Steuerflüchtling m tax exile
Steuerfrau f Rudersport cox(swain)
steuerfrei adj tax-free
Steuerfreibetrag m tax-exempt income
Steuergelder pl taxes pl
Steuergerät n tuner-amplifier
Steuerharmonisierung f tax harmonisation
Steuerhinterziehung f tax evasion
Steuerjahr n tax year
Steuerklasse f tax bracket
Steuerknüppel m joystick, control lever od column
steuerlich **A** adj tax attr; **~e Belastung** tax burden **B** adv **es ist ~ günstiger ...** for tax purposes it is better ...; **~ abzugsfähig** tax-deductible
Steuermann m helmsman; als Rang (first) mate; Rudersport cox(swain); **Zweier mit/ohne ~** coxed/coxless pairs
Steuermarke f revenue stamp
steuermindernd **A** adj tax-reducing **B** adv **sich ~ auswirken** to have the effect of reducing tax
Steuermittel pl tax revenue(s) (pl)
steuern **A** v/t **1** to steer; Flugzeug to pilot; fig Wirtschaft, Politik to run; IT to control **2** (≈ regulieren) to control **B** v/i to head; AUTO to drive; SCHIFF to make for, to steer
Steueroase f, **Steuerparadies** n tax haven
Steuerpflicht f liability to tax; **der ~ unterliegen** to be liable to tax
steuerpflichtig adj taxable

Steuerpflichtige(r) m/f(m) taxpayer
Steuerpolitik f tax od taxation policy
Steuerprüfer(in) m(f) tax inspector, tax auditor bes US
Steuerrad n FLUG control wheel; AUTO (steering) wheel
Steuerreform f tax reform
Steuersatz m rate of taxation
Steuerschuld f tax(es pl) owing
Steuersenkung f tax cut
Steuersünder(in) m(f) tax evader
Steuerung f **1** (≈ das Steuern) steering; von Flugzeug piloting; fig von Politik, Wirtschaft running; IT control; (≈ Regulierung) regulation; (≈ Bekämpfung) control **2** (≈ Steuervorrichtung) FLUG controls pl; TECH steering apparatus; elektronisch control
Steuerungstaste f COMPUT control key
Steuerveranlagung f tax assessment
Steuervergünstigung f tax relief
Steuervorauszahlung f advance tax payment
Steuerzahler(in) m(f) taxpayer
Steuerzeichen n IT control character
Stevia f BOT stevia
Steward m SCHIFF, FLUG steward
Stewardess f stewardess
St. Gallen n St. Gall
stibitzen v/t umg to pinch umg
Stich m **1** (≈ Insektenstich) sting; (≈ Mückenstich) bite; (≈ Nadelstich) prick; (≈ Messerstich) stab **2** (≈ Stichwunde) von Messer etc stab wound **3** (≈ stechender Schmerz) stabbing pain; (≈ Seitenstich) stitch **4** Handarbeiten stitch **5** (≈ Kupferstich, Stahlstich) engraving **6** (≈ Schattierung) tinge (in +akk of); (≈ Tendenz) hint (in +akk of); **ein ~ ins Rote** a tinge of red **7** KART trick **8** j-n im **~ lassen** to let sb down; (≈ verlassen) to abandon sb; **etw im ~ lassen** to abandon sth
Stichel m KUNST gouge
Stichelei pej umg f snide remark umg, sneering remark
sticheln pej umg v/i to make snide remarks umg; **gegen j-n ~** to make digs at sb Br, to make pokes at sb US
Stichflamme f tongue of flame
stichhaltig **A** adj valid; Beweis conclusive; **sein Alibi ist nicht ~** his alibi doesn't hold water **B** adv conclusively
Stichling m ZOOL stickleback
Stichprobe f spot check; SOZIOL (random) sample survey; **~n machen** to carry out spot checks; SOZIOL to carry out a (random) sample survey
Stichsäge f fret saw
Stichtag m qualifying date
Stichwaffe f stabbing weapon
Stichwahl f POL final ballot, runoff US
Stichwort n **1** in Nachschlagewerken headword **2** (≈ Schlüsselwort) key word **3** THEAT, a. fig cue
Stichwortkatalog m classified catalogue Br, classified catalog US
Stichwortverzeichnis n index
Stichwunde f stab wound
Stick m (≈ USB-Stick) stick; **etw auf ~ speichern** to save sth to (od on) a stick
sticken v/t & v/i to embroider
Sticker m umg (≈ Aufkleber) sticker
Stickerei f embroidery
Stickgarn n embroidery thread
stickig adj Luft, Zimmer stuffy; Klima sticky; fig Atmosphäre oppressive
Sticknadel f embroidery needle
Stickoxid n nitrogen oxide
Stickstoff m nitrogen
Stiefbruder m stepbrother
Stiefel m boot
Stiefelette f (≈ Frauenstiefelette) bootee; (≈ Männerstiefelette) half-boot
Stiefelknecht m bootjack
Stiefeltern pl step-parents pl
Stiefkind n stepchild; fig poor cousin
Stiefmutter f stepmother
Stiefmütterchen n BOT pansy
stiefmütterlich fig adv **j-n/etw ~ behandeln** to pay little attention to sb/sth
Stiefschwester f stepsister
Stiefsohn m stepson
Stieftochter f stepdaughter
Stiefvater m stepfather
Stiege f bes österr (≈ Treppe) stairs pl
Stieglitz m goldfinch
Stiel m (≈ Griff) handle; (≈ Pfeifenstiel, Glasstiel, Blütenstiel) stem; (≈ Stängel) stalk; (≈ Blattstiel) leafstalk
Stielaugen fig umg pl **~ machen** to gawp
Stielglas n stemmed glass
stier **A** adj Blick vacant **B** adv starren vacantly
Stier m **1** bull; (≈ junger Stier) bullock; **den ~ bei den Hörnern packen** od **fassen** sprichw to take the bull by the horns sprichw **2** ASTROL Taurus; **(ein) ~ sein** to be (a) Taurus
stieren v/i to stare **(auf** +akk at)
Stierkampf m bullfight
Stierkampfarena f bullring
Stierkämpfer(in) m(f) bullfighter
Stift[1] m **1** (≈ Metallstift) pin; (≈ Holzstift) peg; (≈ Nagel) tack **2** zum Schreiben pen; (≈ Bleistift) pencil; (≈ Buntstift) crayon; (≈ Filzstift) felt-tipped pen; (≈ Kugelschreiber) ballpoint (pen) **3** umg (≈ Lehrling) apprentice (boy)
Stift[2] n (≈ Domstift) cathedral chapter; (≈ Theologie-

stift) seminary

stiften v/t **1** (≈ gründen) to found; (≈ spenden, spendieren) to donate; *Preis, Stipendium etc* to endow **2** *Verwirrung, Unfrieden, Unheil* to cause; *Frieden* to bring about

Stifter(in) m(f) (≈ Gründer) founder; (≈ Spender) donator

Stiftung f foundation; (≈ Schenkung) donation; *Stipendium etc* endowment

Stiftzahn m post crown

Stigma n stigma

Stil m style; (≈ Eigenart) way; **im großen ~** in a big way; **... alten ~s** old-style ...; **das ist schlechter ~** *fig* that is bad form

Stilblüte *hum* f stylistic howler *Br umg*, stylistic blooper *US umg*

Stilbruch m stylistic incongruity; *in Roman etc* abrupt change in style

Stilebene f style level

stilisieren v/t to stylize

Stilistik f *LIT* stylistics *sg*; (≈ Handbuch) guide to good style

stilistisch adj stylistic; **etw ~ ändern/verbessern** to change/improve the style of sth

still **A** adj **1** (≈ ruhig) quiet; *Gebet, Vorwurf, Beobachter* silent; **~ sein** to keep quiet; **~ werden** to go quiet; **um ihn/darum ist es ~ geworden** you don't hear anything about him/it any more; **in ~em Gedenken** in silent tribute; **im Stillen** without saying anything, secretly; **ich dachte mir im Stillen** I thought to myself; **sei doch ~!** be quiet **2** (≈ unbewegt) *Luft* still; *See* calm; (≈ ohne Kohlensäure) *Mineralwasser* still; **der Stille Ozean** the Pacific (Ocean); **~e Wasser sind tief** *sprichw* still waters run deep *sprichw* **3** (≈ heimlich) secret; **im Stillen** in secret **4** HANDEL *Teilhaber* sleeping *Br*, silent *US*; *Reserven, Rücklagen* secret **B** adv **1** (≈ leise) quietly; *leiden* in silence; *auseinandergehen, weggehen* silently; **~ lächeln** to give a quiet smile; **ganz ~ und leise** *erledigen* discreetly **2** (≈ unbewegt) still; **~ halten** to keep still; **~ sitzen** to sit still

Stille f **1** (≈ Ruhe) quiet(ness); (≈ Schweigen) silence; **in aller ~** quietly **2** (≈ Unbewegtheit) calm(ness); *der Luft* stillness **3** (≈ Heimlichkeit) secrecy; **in aller ~** secretly

stillen **A** v/t **1** (≈ zum Stillstand bringen) *Tränen* to stop; *Schmerzen* to ease; *Blutung* to staunch **2** (≈ befriedigen) to satisfy; *Durst* to quench **3** *Säugling* to breast-feed **B** v/i to breast-feed

Stillhalteabkommen n FIN, a. fig moratorium

stillhalten *fig* v/i to keep quiet

Stillleben n still life

stilllegen v/t to close down

Stilllegung f closure

stillos adj lacking in style; (≈ fehl am Platze) incongruous

Stillosigkeit f lack of style *kein pl*

stillschweigen v/i to remain silent

Stillschweigen n silence; **j-m ~ auferlegen** to swear sb to silence; **beide Seiten haben ~ vereinbart** both sides have agreed not to say anything

stillschweigend **A** adj silent; *Einverständnis* tacit **B** adv tacitly; **über etw** (akk) **~ hinweggehen** to pass over sth in silence; **etw ~ hinnehmen** to accept sth silently

stillsitzen v/i to sit still

Stillstand m standstill; *vorübergehend* interruption; *in Entwicklung* halt; **zum ~ kommen** to come to a standstill; *Maschine, Motor, Herz, Blutung* to stop; *Entwicklung* to come to a halt; **etw zum ~ bringen** to bring sth to a standstill; *Maschine, Motor, Blutung* to stop sth; *Entwicklung* to bring sth to a halt

stillstehen v/i **1** to be at a standstill; *Fabrik, Maschine* to be idle; *Herz* to have stopped **2** (≈ stehen bleiben) to stop; *Maschine* to stop working

Stilmittel n stylistic device

Stilmöbel pl period furniture *sg*

Stilrichtung f style

stilvoll **A** adj stylish **B** adv stylishly

Stilwörterbuch n dictionary of correct usage

Stimmabgabe f voting

Stimmband n vocal chord

stimmberechtigt adj entitled to vote

Stimmbruch m → Stimmwechsel

Stimmbürger(in) m(f) *schweiz* voter

Stimme f **1** *wörtl, fig* voice; MUS (≈ Part) part; **mit leiser/lauter ~** in a soft/loud voice; **die ~n mehren sich, die ...** there is a growing number of people calling for ...; **der ~ des Gewissens folgen** to act according to one's conscience **2** (≈ Wahlstimme) vote; **eine ~ haben** to have the vote; (≈ Mitspracherecht) to have a say; **keine ~ haben** not to be entitled to vote; (≈ Mitspracherecht) to have no say; **seine ~ abgeben** to cast one's vote

stimmen **A** v/i **1** (≈ richtig sein) to be right; **stimmt es, dass ...?** is it true that ...?; **das stimmt** that's right; **du brauchst ein Lineal, stimmts?** you need a ruler, right?; **das stimmt nicht** that's not right, that's wrong; **hier stimmt was nicht!** there's something wrong here; **stimmt so!** keep the change **2** (≈ zusammenpassen) to go (together) **3** (≈ wählen) to vote; **für/gegen j-n/etw ~** to vote for/against sb/sth **B** v/t *Instrument* to tune; **j-n froh/traurig ~** to make sb (feel) cheerful/sad; → gestimmt

Stimmenanteil m share of the vote; **ein ~ von 3%** three per cent of the votes

Stimmenfang *umg* m canvassing; **auf ~ sein/**

gehen to be/go canvassing
Stimmengewichtung *f* weighting of votes
Stimmengleichheit *f* tie
Stimmenmehrheit *f* majority (of votes)
Stimmenthaltung *f* abstention
Stimmgabel *f* tuning fork
stimmhaft **A** *adj* LING voiced **B** *adv* LING ~ **ausgesprochen werden** to be voiced
stimmig *adj Argumente* coherent
Stimmlage *f* MUS voice, register
stimmlos **A** *adj* LING voiceless **B** *adv* LING ~ **ausgesprochen werden** not to be voiced
Stimmrecht *n* right to vote
Stimmung *f* **1** mood; (≈ *Atmosphäre*) atmosphere; *unter den Arbeitern* morale; **in (guter) ~** in a good mood; **in schlechter ~** in a bad mood; **in ~ kommen** to liven up; **für ~ sorgen** to make sure there is a good atmosphere **2** (≈ *Meinung*) opinion; **~ gegen/für j-n/etw machen** to stir up (public) opinion against/in favour of sb/sth *Br*, to stir up (public) opinion against/in favor of sb/sth *US*
Stimmungskanone *f* **sie ist eine richtige ~** she's always the life and soul of the party
Stimmungsmache *pej f* cheap propaganda
stimmungsvoll *adj Bild* idyllic; *Atmosphäre* tremendous; *Beschreibung* atmospheric
Stimmungswandel *m* change of atmosphere; POL change in (public) opinion
Stimmwechsel *m* **er ist im ~** his voice is breaking
Stimmzettel *m* ballot paper
Stimulation *f* stimulation
stimulieren *v/t* to stimulate
stinkbesoffen *adj umg* plastered *umg*
Stinkbombe *f* stink bomb
Stinkefinger *umg m* **j-m den ~ zeigen** to give sb the finger *umg*, to give sb the bird *US umg*
stinken *v/i* **1** to stink, to smell (**nach** of); **wie die Pest ~** to stink to high heaven *umg* **2** *fig umg* **er stinkt nach Geld** he's stinking rich *umg*; **das stinkt zum Himmel** it's an absolute scandal; **an der Sache stinkt etwas** there's something fishy about it *umg*; **mir stinkts (gewaltig)!** *umg* I'm fed up to the back teeth (with it) *Br umg*, I'm fed up to the back of my throat (with it) *US umg*
stinkend *adj* stinking
stinkfaul *umg adj* bone idle *Br umg*
stinkig *umg adj* stinking *umg*; (≈ *verärgert*) pissed off *sl*
stinklangweilig *umg adj* deadly boring
stinknormal *umg adj* boringly normal
stinkreich *umg adj* stinking rich *Br umg*, rolling in it *umg*
stinksauer *sl adj* pissed off *sl*

Stinktier *n* skunk
stinkvornehm *adj umg* dead posh *umg*
Stinkwut *umg f* **eine ~ (auf j-n) haben** to be livid (with sb)
Stipendiat(in) *m(f)* scholarship holder
Stipendium *n als Auszeichnung etc erhalten* scholarship; *zur allgemeinen Unterstützung des Studiums* grant
Stippvisite *umg f* flying visit
Stirn *f* forehead; **die ~ runzeln** to wrinkle one's brow, to frown; **es steht ihm auf der ~ geschrieben** it is written all over his face; **die ~ haben, zu …** to have the effrontery to …; **j-m/einer Sache die ~ bieten** *geh* to defy sb/sth
Stirnband *n* headband
Stirnhöhle *f* frontal sinus
Stirnhöhlenkatarrh *m* sinusitis
Stirnrunzeln *n* frown
stöbern *v/i* to rummage (**in** +*dat* in *od* **durch** through); *nach Informationen* to trawl
stochern *v/i* to poke (**in** +*dat* at); *im Essen* to pick (**in** +*dat* at); **sich** (*dat*) **in den Zähnen ~** to pick one's teeth
Stock *m* **1** stick; (≈ *Rohrstock*) cane; (≈ *Taktstock*) baton; (≈ *Zeigestock*) pointer; (≈ *Billardstock*) cue; **am ~ gehen** to walk with (the aid of) a stick; *fig umg* to be in a bad way **2** *Pflanze* (≈ *Rebstock*) vine; (≈ *Blumenstock*) pot plant **3** (≈ *Stockwerk*) floor; **im ersten ~** on the first floor *Br*, on the second floor *US*; **im oberen ~** upstairs; **im unteren ~** downstairs
stockbesoffen *umg adj* dead drunk *umg*
Stockbett *n* bunk bed
stockdunkel *umg adj* pitch-dark
Stöckelschuh *m* high-heeled shoe
stocken *v/i Herz, Puls* to skip a beat; *Worte* to falter; (≈ *nicht vorangehen*) *Arbeit, Entwicklung* to make no progress; *Unterhaltung* to flag; *Verhandlungen* to grind to a halt; *Geschäfte* to stagnate; *Verkehr* to be held up; **ihm stockte der Atem** he caught his breath; **ihre Stimme stockte** she *od* her voice faltered
stockend *adj faltering; Verkehr* stop-go *Br*, stop-and-go *US*; **der Verkehr kam nur ~ voran** traffic was stop and go
Stockente *f* mallard
Stockerl *n österr* (≈ *Hocker*) stool
Stockfisch *m* dried cod; *pej Mensch* stick-in-the-mud *pej umg*
Stockholm *n* Stockholm
stockkonservativ *umg adj* archconservative
stocknüchtern *umg adj* stone-cold sober *umg*
stocksauer *umg adj* pissed off *sl*
Stockschirm *m* stick umbrella
stocktaub *umg adj* as deaf as a post

Stockung f **1** (≈ vorübergehender Stillstand) interruption (+gen od **in** +dat in); (≈ Verkehrsstockung) congestion **2** von Verhandlungen breakdown (+gen of, in); von Geschäften slackening off (+gen in)
Stockwerk n floor; **im 5. ~** on the 5th floor Br, on the 6th floor US
Stockzahn m österr, schweiz molar (tooth)
Stoff m **1** material; als Materialart cloth **2** (≈ Materie) matter **3** (≈ Substanz), a. CHEM substance; **tierische ~e** animal substance; **pflanzliche ~e** vegetable matter **4** (≈ Thema) subject (matter); (≈ Diskussionsstoff) topic; **~ für ein** od **zu einem Buch sammeln** to collect material for a book **5** umg (≈ Rauschgift) dope umg
Stoffbeutel m cloth bag
Stoffel pej umg m lout umg
stofflich adj **1** Philosophie, a. CHEM material **2** (≈ den Inhalt betreffend) as regards subject matter
Stoffpuppe f rag doll
Stoffrest m remnant
Stofftier n soft toy
Stoffwechsel m metabolism
Stoffwechselkrankheit f metabolic disease
stöhnen v/i to groan; (≈ klagen) to moan; **~d** with a groan
stoisch adj Philosophie Stoic; fig stoic(al)
Stollen m **1** Bergbau, a. MIL gallery **2** GASTR stollen **3** (≈ Schuhstollen) stud
Stollenschuh m studded shoe; für Rugby rugby boot
stolpern v/i to stumble (**über** +akk over); fig (≈ zu Fall kommen) to come unstuck bes Br umg; **j-n zum Stolpern bringen** wörtl to trip sb up; fig to be sb's downfall
Stolperstein fig m stumbling block
stolz **A** adj **1** proud (**auf** +akk of); **darauf kannst du ~ sein** that's something to be proud of **2** (≈ imposant) Bauwerk, Schiff majestic; iron (≈ stattlich) Preis princely **B** adv proudly
Stolz m pride; **sein Garten ist sein ganzer ~** his garden is his pride and joy
stolzieren v/i to strut; hochmütig to stalk
stopfen **A** v/t **1** (≈ ausstopfen, füllen) to stuff; Pfeife, Loch to fill; **j-m den Mund ~** umg to silence sb **2** (≈ ausbessern) to mend; fig Haushaltslöcher etc to plug **B** v/i **1** Speisen (≈ verstopfen) to cause constipation; (≈ sättigen) to be filling **2** (≈ flicken) to darn
Stopfgarn n darning cotton od thread
stopp int stop
Stopp m stop; (≈ Lohnstopp) freeze
Stoppel f stubble
Stoppelbart m stubbly beard
Stoppelfeld n stubble field
stopp(e)lig adj stubbly

stoppen **A** v/t **1** (≈ anhalten) to stop **2** (≈ Zeit abnehmen) to time **B** v/i (≈ anhalten) to stop
Stopper m am Rollschuh etc stopper
Stopplicht n AUTO brake light
Stoppschild n stop sign
Stoppstraße f road with stop signs stop street US
Stopptaste f stop button
Stoppuhr f stopwatch
Stöpsel m plug; (≈ Pfropfen) stopper; (≈ Korken) cork
Stör m ZOOL sturgeon
Störaktion f disruptive action kein pl
störanfällig adj Technik, Kraftwerk susceptible to faults; Gerät, Verkehrsmittel liable to break down; fig Verhältnis shaky
Storch m stork
stören **A** v/t **1** (≈ beeinträchtigen) to disturb; Verhältnis, Harmonie to spoil; Rundfunkempfang to interfere with; absichtlich to jam; **j-s Pläne ~** to interfere with sb's plans; → **gestört 2** Prozess, Feier to disrupt **3** (≈ unangenehm berühren) to disturb; **was mich an ihm/daran stört** what I don't like about him/it; **entschuldigen Sie, wenn ich Sie störe** I'm sorry if I'm disturbing you; **stört es Sie, wenn ich rauche?** do you mind if I smoke?; **das stört mich nicht** that doesn't bother me, I don't mind; **sie lässt sich durch nichts ~** she doesn't let anything bother her **B** v/r **sich an etw** (dat) **~** to be bothered about sth **C** v/i (≈ lästig sein) to get in the way; (≈ unterbrechen) to interrupt; (≈ Belästigung darstellen) to be disturbing; **bitte nicht ~!** please do not disturb!; **störe ich?** am I disturbing you?; **etw als ~d empfinden** to find sth bothersome; **eine ~de Begleiterscheinung** a troublesome side effect
Störenfried m, **Störer(in)** m(f) troublemaker
Störfaktor m source of friction, disruptive factor
Störfall m in Kernkraftwerk etc malfunction, accident
Störmanöver n disruptive action
stornieren v/t & v/i HANDEL Auftrag, Flug to cancel; Buchungsfehler to reverse
Stornierung f HANDEL von Auftrag cancellation; von Buchung reversal
Stornierungsgebühr f cancellation fee
Storno m/n HANDEL von Buchungsfehler reversal; von Auftrag cancellation
störrisch adj obstinate; Kind, Haare unmanageable; Pferd refractory; **sich ~ verhalten** to act stubborn
Störsender m RADIO jamming transmitter
Störung f **1** disturbance **2** von Ablauf, Verhandlungen etc disruption **3** (≈ Verkehrsstörung) hold-

up [4] TECH fault [5] RADIO interference; *absichtlich* jamming; **atmosphärische ~en** atmospherics *pl* [6] MED disorder

störungsfrei *adj* trouble-free; RADIO free from interference

Störungsstelle *f* TEL faults service

Story *f* story; (≈ *Handlungsverlauf*) storyline

Storyboard *n gezeichnete Version eines Drehbuchs* storyboard

Stoß *m* [1] push; *leicht* poke; *mit Faust* punch; *mit Fuß* kick; *mit Ellbogen* nudge; (≈ *Dolchstoß etc*) stab; *Fechten* thrust; (≈ *Schwimmstoß*) stroke; (≈ *Atemstoß*) gasp; **sich** (*dat*) **einen ~ geben** to pluck up courage [2] (≈ *Anprall*) impact; (≈ *Erdstoß*) tremor [3] (≈ *Stapel*) pile, stack

Stoßdämpfer *m* AUTO shock absorber

stoßen [A] *v/t* [1] (≈ *einen Stoß versetzen*) to push; *leicht* to poke; *mit Faust* to punch; *mit Fuß* to kick; *mit Ellbogen* to nudge; (≈ *stechen*) Dolch to thrust; **j-n von sich ~** to push sb away; *fig* to cast sb aside [2] (≈ *werfen*) to push; SPORT *Kugel* to put [3] (≈ *zerkleinern*) *Zimt, Pfeffer* to pound [B] *v/r* to bump *od* bang oneself; **sich an etw** (*dat*) **~** *wörtl* to bump on oneself; *fig* to take exception to sth [C] *v/i* [1] (≈ *treffen, prallen*) to run into *a. fig*; **gegen etw ~** to run into sth, to hit sth; **zu j-m ~** to meet up with sb; **auf j-n ~** to bump into sb; **auf etw** (*akk*) **~** *Straße* to lead into *od* onto sth; *Schiff* to hit sth; *fig* (≈ *entdecken*) to come upon sth; **auf Erdöl ~** to strike oil; **auf Widerstand ~** to meet with resistance [2] *Gewichtheben* to jerk

stoßfest *adj* shockproof

Stoßseufzer *m* deep sigh

Stoßstange *f* AUTO bumper

Stoßverkehr *m* rush-hour traffic

Stoßzahn *m* tusk

Stoßzeit *f im Verkehr* rush hour; *in Geschäft etc* peak period

Stotterer *m*, **Stotterin** *f* stutterer

stottern *v/t & v/i* to stutter; *Motor* to splutter; **ins Stottern kommen** to start stuttering

Stövchen *n* (teapot *etc*) warmer

Str. *abk* (= Straße) St.; Rd

Strafanstalt *f* prison

Strafantrag *m* action, legal proceedings *pl*; **~ stellen** to institute legal proceedings

Strafanzeige *f* **~ gegen j-n erstatten** to bring a charge against sb

Strafarbeit *f* SCHULE extra work *kein pl*; *schriftlich* lines *pl*

Strafbank *f* SPORT penalty bench

strafbar *adj Vergehen* punishable; **~e Handlung** punishable offence *Br*, punishable offense *US*; **sich ~ machen** to commit an offence *Br*, to commit an offense *US*

Strafbefehl *m* JUR order of summary punishment

Strafe *f* punishment; JUR, SPORT penalty; (≈ *Geldstrafe*) fine; (≈ *Gefängnisstrafe*) sentence; **es ist bei ~ verboten, …** it is a punishable offence … *Br*, it is a punishable offense … *US*; **unter ~ stehen** to be a punishable offence *Br*, to be a punishable offense *US*; **eine ~ von drei Jahren Gefängnis** a three-year prison sentence; **100 Dollar ~ zahlen** to pay a 100 dollar fine; **zur ~** as a punishment; **seine gerechte ~ bekommen** to get one's just deserts

strafen *v/t* to punish; **mit etw gestraft sein** to be cursed with sth

strafend *adj* punitive; *Blick, Worte* reproachful; **j-n ~ ansehen** to give sb a reproachful look

Straferlass *m* remission (of sentence); **allgemeiner ~** amnesty

straff [A] *adj Seil* taut; *Haut* smooth; *Busen* firm; (≈ *straff sitzend*) *Hose etc* tight; *fig* (≈ *streng*) *Disziplin, Politik* strict [B] *adv* (≈ *stramm*) tightly; (≈ *streng*) reglementieren strictly; **~ sitzen** to fit tightly

straffällig *adj* **~ werden** to commit a criminal offence *Br*, to commit a criminal offense *US*

Straffällige(r) *m/f(m)* offender

straffen [A] *v/t* to tighten; (≈ *raffen*) *Handlung, Darstellung* to tighten up; **die Zügel ~** *fig* to tighten the reins [B] *v/r* to tighten; *Haut* to become smooth

straffrei *adj & adv* not subject to prosecution; **~ bleiben** *od* **ausgehen** to go unpunished

Straffreiheit *f* immunity from prosecution

Strafgebühr *f* surcharge

Strafgefangene(r) *m/f(m)* detainee, prisoner

Strafgericht *n* criminal court; **ein ~ abhalten** to hold a trial

Strafgesetz *n* criminal law

Strafgesetzbuch *n* Penal Code

Strafkammer *f* division for criminal matters (of a court)

sträflich [A] *adj* criminal [B] *adv vernachlässigen etc* criminally

Sträfling *obs m* prisoner, convict

Strafmandat *n* ticket

Strafmaß *n* sentence

strafmildernd *adj* extenuating

Strafminute *f* SPORT **er erhielt zwei ~n** he was sent off for two minutes

Strafpredigt *f* **j-m eine ~ halten** to give sb a lecture

Strafprozess *m* criminal proceedings *pl*

Strafprozessordnung *f* code of criminal procedure

Strafpunkt *m* SPORT penalty point

Strafraum *m* SPORT penalty area; FUSSB *a.* penalty box

Strafrecht n criminal law
strafrechtlich A adj criminal B adv **j-n/etw ~ verfolgen** to prosecute sb/sth
Strafregister n police records pl; hum umg record; **er hat ein langes ~** he has a long (criminal) record
Strafsache f JUR criminal matter
Strafschuss m SPORT penalty (shot)
Strafstoß m FUSSB etc penalty (kick)
Straftat f criminal offence Br, criminal offense US
Straftäter(in) m(f) offender
Strafverfahren n criminal proceedings pl
strafversetzen v/t Beamte to transfer for disciplinary reasons
Strafverteidiger(in) m(f) defence counsel od lawyer Br, defense counsel od lawyer US
Strafvollzug m penal system; **offener ~** non-confinement
Strafvollzugsanstalt form f penal institution
Strafzettel m JUR ticket
Strahl m 1 ray; (≈ Sonnenstrahl) shaft of light; (≈ Radiostrahl, Laserstrahl etc) beam 2 (≈ Wasserstrahl) jet
Strahlemann m umg smiley
strahlen v/i 1 Sonne, Licht etc to shine; Sender to beam; (≈ glühen) to glow (**vor** +dat with); radioaktiv to give off radioactivity 2 (≈ leuchten) to gleam; fig Gesicht to beam; Augen to shine; **das ganze Haus strahlte vor Sauberkeit** the whole house was sparkling clean; **er strahlte vor Freude** he was beaming with happiness
Strahlenbehandlung f MED ray treatment
Strahlenbelastung f radiation
strahlend adj radiant; Wetter, Tag glorious; Sonnenschein bright; Farben brilliant; **mit ~em Gesicht** with a beaming face; **es war ein ~ schöner Tag** it was a glorious day
Strahlendosis f dose of radiation; **maximal zulässige ~** NUKL maximum permissible dose of radiation, maximum permissible exposure to radiation
strahlenförmig adj radial; **sich ~ ausbreiten** to radiate out
strahlengeschädigt adj suffering from radiation damage
Strahlenkrankheit f radiation sickness
Strahlenschäden pl radiation injuries pl
Strahlenschutz m radiation protection
Strahlentherapie f radiotherapy
Strahlentod m death through radiation
strahlenverseucht adj contaminated (with radiation)
Strahler m Lampe spotlight
Strahlung f radiation
strahlungsarm adj Monitor low-radiation

Strähnchen pl highlights pl
Strähne f (≈ Haarsträhne) strand
strähnig adj Haar straggly
stramm A adj (≈ straff) tight; Haltung erect; Mädchen, Junge strapping; Beine sturdy; Brust firm; umg Tempo brisk; (≈ überzeugt) staunch; **~e Haltung annehmen** to stand to attention B adv binden tightly; **~ sitzen** to be tight; **~ arbeiten** umg to work hard; **~ marschieren** umg to march hard; **~ konservativ** umg staunchly conservative
strammstehen v/i MIL umg to stand to attention
Strampelhöschen n rompers pl
strampeln v/i 1 mit Beinen to flail about; Baby to thrash about 2 umg (≈ Rad fahren) to pedal 3 umg (≈ sich abrackern) to (sweat and) slave
Strand m (≈ Meeresstrand) beach; (≈ Seeufer) shore; **am ~** (≈ am Meer) on the beach; (≈ am Seeufer) on the shore
Strandbad n (seawater) swimming pool; (≈ Badeort) bathing resort
stranden v/i to be stranded; fig to fail
Strandgut n wörtl, fig n flotsam and jetsam
Strandkorb m wicker beach chair with a hood
Strandlaken n beach towel
Strandläufer m ORN sandpiper
Strandmuschel f beach shelter
Strandnähe f **in ~** near the beach
Strandpromenade f promenade
Strandurlaub m beach holiday Br, beach vacation US
Strang m (≈ Nervenstrang, Muskelstrang) cord; (≈ DNA-Strang) strand; (≈ Wollstrang) hank; **der Tod durch den ~** death by hanging; **am gleichen ~ ziehen** fig to pull together; **über die Stränge schlagen** umg to run wild umg
strangulieren v/t to strangle
Strapaze f strain
strapazieren A v/t to be a strain on; Schuhe, Kleidung to be hard on; Nerven to strain; Geduld to try B v/r to tax oneself
strapazierfähig adj Schuhe, Kleidung, Material hard-wearing; fig umg Nerven strong
strapaziös adj exhausting
Straps m suspender belt Br, garter belt US
Straßburg n Strasbourg
Straße f 1 road; in Stadt, Dorf street; (≈ kleine Landstraße) lane; **auf der ~** in the street; **an der ~** by the roadside; **in seiner ~** in od on his street; **auf die ~ gehen** wörtl to go out on the street; als Demonstrant to take to the streets; als Prostituierte to go on the streets; **auf die ~ gesetzt werden** umg to be turned out (onto the streets); als Arbeiter to be sacked Br umg; **auf der ~ leben** to sleep rough; **über die ~ gehen**

to cross (the road/street); **etw über die ~ verkaufen** to sell sth to take away *Br od* to take out *US*; **das Geld liegt nicht auf der ~** money doesn't grow on trees; **der Mann auf der ~** *fig* the man in the street **2** (≈ *Meerenge*) strait(s) (*pl*); **die ~ von Dover** *etc* the Straits of Dover *etc* **3** TECH (≈ *Fertigungsstraße*) (production) line

Straßenarbeiten *pl* roadworks *pl Br*, roadwork *sg US*

Straßenarbeiter(in) *m(f)* roadworker

Straßenbahn *f* (≈ *Wagen*) tram *Br*, streetcar *US*; (≈ *Netz*) tramway(s) *Br*, streetcar system *US*; **mit der ~** by tram *Br*, by streetcar *US*

Straßenbahnhaltestelle *f* tram stop *Br*, streetcar stop *US*

Straßenbahnlinie *f* tramline *Br*, streetcar line *US*

Straßenbahnwagen *m* tram *Br*, streetcar *US*

Straßenbau *m* road construction

Straßenbauarbeiten *pl* roadworks *pl Br*, roadwork *sg US*

Straßenbelag *m* road surface

Straßenbeleuchtung *f* street lighting

Straßenbenutzungsgebühr *f* (road) toll

Straßencafé *n* pavement café *Br*, sidewalk café *US*

Straßenfeger(in) *m(f)* road sweeper

Straßenfest *n* street party *Br*, block party *US*

Straßenführung *f* route

Straßenglätte *f* slippery road surface

Straßengraben *m* ditch

Straßenjunge *pej m* street urchin

Straßenkampf *m* street fighting *kein pl*; **ein ~** a street fight *od* battle

Straßenkarte *f* road map

Straßenkehrer(in) *m(f)* road sweeper

Straßenkreuzer *umg m* limo *umg*

Straßenkreuzung *f* crossroads, intersection *US*

Straßenkünstler(in) *m(f)* street performer

Straßenlage *f* AUTO road holding

Straßenlaterne *f* streetlamp

Straßenmädchen *n* prostitute

Straßenmusikant(in) *m(f)* street musician, busker

Straßennetz *n* road network

Straßenrand *m* roadside

Straßenreinigung *f* street cleaning

Straßenschild *n* street sign

Straßenschlacht *f* street battle

Straßensperre *f* roadblock

Straßenstrich *umg m* walking the streets; *Gegend* red-light district

Straßentransport *m* road transport *od* haulage; **im ~** by road

Straßenverhältnisse *pl* road conditions *pl*

Straßenverkauf *m* street trading; (≈ *Außerhausverkauf*) takeaway sales *pl Br*, takeout sales *pl US*

Straßenverkehr *m* traffic

Straßenverkehrsordnung *f* ≈ Highway Code *Br*, traffic rules and regulations *pl*

Straßenverzeichnis *n* street directory

Straßenzustand *m* road conditions *pl*

Straßenzustandsbericht *m* road report

Stratege *m*, **Strategin** *f* strategist

Strategie *f* strategy

Strategiespiel *n* IT strategy game

strategisch **A** *adj* strategic **B** *adv* strategically

Stratosphäre *f* stratosphere

sträuben **A** *v/r* **1** *Haare, Fell* to stand on end; *Gefieder* to become ruffled; **da ~ sich einem die Haare** it's enough to make your hair stand on end **2** *fig* to resist (**gegen etw** sth) **B** *v/t Gefieder* to ruffle

Strauch *m* bush

Strauchtomate *f* vine-ripened tomato

Strauchwerk *n* (≈ *Gebüsch*) bushes *pl*; (≈ *Gestrüpp*) undergrowth

Strauß[1] *m* ostrich; **wie der Vogel ~** like an ostrich

Strauß[2] *m* bunch; (≈ *Blumenstrauß*) bunch of flowers

strawanzen *v/i österr* (≈ *sich herumtreiben*) to hang around *umg*

Streamer *m* COMPUT *Bandlaufwerk zur Datenspeicherung* streamer

Strebe *f* brace; (≈ *Deckenstrebe*) joist

streben *geh v/i* **1** (≈ *sich bemühen*) to strive (**nach, an** +*akk od* **zu** for); SCHULE *pej* to swot *umg*; **danach ~, etw zu tun** to strive to do sth; **in die Ferne ~** to be drawn to distant parts **2** (≈ *sich bewegen*) **nach** *od* **zu etw ~** to make one's way to sth

Streben *n* (≈ *Drängen*) striving (**nach** for); *nach Ruhm, Geld* aspiration (**nach** to); (≈ *Bemühen*) efforts *pl*

Strebepfeiler *m* buttress

Streber(in) *pej umg m(f)* eager beaver *umg*; SCHULE swot *Br umg*, grind *US umg*

strebsam *adj* assiduous

Strecke *f* **1** (≈ *Entfernung zwischen zwei Punkten*), *a.* SPORT distance; MATH line (*between two points*); **eine ~ zurücklegen** to cover a distance **2** (≈ *Abschnitt von Straße, Fluss*) stretch; *von Bahnlinie* section **3** (≈ *Weg, Route, Flugstrecke*) route; (≈ *Straße*) road; (≈ *Bahnlinie*) track; *fig* (≈ *Passage*) passage; **auf** *od* **an der ~ Paris-Brüssel** on the way from Paris to Brussels; **auf freier** *od* **offener ~** *bes* BAHN on the open line; **auf weite ~n (hin)** for long stretches; **auf der ~ bleiben** *bei Rennen* to drop out of the running; *in Konkurrenzkampf* to fall by the wayside **4** JAGD (≈ *Jagd-*

beute) kill; **zur ~ bringen** to kill; *fig Verbrecher* to hunt down

strecken A *v/t* 1 *Arme, Beine* to stretch; *Hals* to crane 2 *umg Vorräte, Geld* to eke out; *Arbeit* to drag out *umg*; *Essen, Suppe* to make go further, to eke out; (≈ *verdünnen*) to thin down, to dilute B *v/r* 1 (≈ *sich recken*) to stretch 2 (≈ *sich hinziehen*) to drag on

Streckenabschnitt *m* BAHN track section

Streckenführung *f* BAHN route

Streckennetz *n* rail network

streckenweise *adv* in parts

Streckverband *m* MED *bandage used in traction*

Streetball *m* streetball

Streetworker(in) *m(f)* outreach worker

Streich *m* (≈ *Schabernack*) prank, trick; **j-m einen ~ spielen** *wörtl* to play a trick on sb; *fig Gedächtnis etc* to play tricks on sb

Streicheleinheiten *pl* (≈ *Zärtlichkeit*) tender loving care *sg*

streicheln *v/t & v/i* to stroke; (≈ *liebkosen*) to caress

Streichelzoo *m* petting zoo

streichen A *v/t* 1 *mit der Hand* to stroke; **etw glatt ~** to smooth sth (out) 2 (≈ *auftragen*) *Butter, Marmelade etc* to spread; *Salbe, Farbe etc* to apply 3 (≈ *anstreichen*) *mit Farbe* to paint; **frisch gestrichen!** wet paint *Br*, fresh paint *US* 4 (≈ *tilgen*) *Zeile, Satz* to delete; *Auftrag, Plan etc* to cancel; *Schulden* to write off; *Zuschuss, Gelder, Arbeitsplätze etc* to cut; **j-n/etw von** *od* **aus der Liste ~** to take sb/sth off the list 5 SCHIFF *Segel, Flagge, Ruder* to strike 6 → **gestrichen** B *v/i* 1 (≈ *über etw hinfahren*) to stroke; **mit der Hand über etw** (*akk*) **~** to stroke sth (with one's hand); **mit dem Finger über etw** (*akk*) **~** to run a finger over sth 2 (≈ *streifen*) to brush past (**an** +*dat* sth); *Wind* to waft; **um/durch etw ~** (≈ *herumstreichen*) to prowl around/through sth 3 (≈ *malen*) to paint

Streicher *pl* MUS strings *pl*

Streichholz *n* match

Streichholzschachtel *f* matchbox

Streichinstrument *n* string(ed) instrument; **die ~e** the strings

Streichkäse *m* cheese spread

Streichorchester *n* string orchestra

Streichquartett *n* string quartet

Streichquintett *n* string quintet

Streichung *f von Zeile, Satz* deletion; (≈ *Kürzung*) cut; *von Auftrag, Plan etc* cancellation; *von Schulden* writing off; *von Zuschüssen, Arbeitsplätzen etc* cutting

Streichwurst *f* ≈ meat paste

Streife *f* (≈ *Patrouille*) patrol; **auf ~ gehen/sein** to go/be on patrol

streifen A *v/t* 1 (≈ *flüchtig berühren*) to touch, to brush (against); *Kugel* to graze; *Auto* to scrape; **j-n mit einem Blick ~** to glance fleetingly at sb 2 *fig* (≈ *flüchtig erwähnen*) to touch (up)on 3 **die Butter vom Messer ~** to scrape the butter off the knife; **den Ring vom Finger ~** to slip the ring off one's finger; **sich** (*dat*) **die Handschuhe über die Finger ~** to pull on one's gloves B *geh v/i* 1 (≈ *wandern*) to roam 2 **sie ließ ihren Blick über die Menge ~** she scanned the crowd

Streifen *m* 1 strip; (≈ *Speckstreifen*) rasher 2 (≈ *Strich*) stripe; (≈ *Farbstreifen*) streak; (≈ *Klebestreifen etc*) tape 3 FILM film

Streifendienst *m* patrol duty

Streifenpolizist(in) *m(f)* policeman *od* policewoman on patrol, patrolman *od* patrolwoman *US*

Streifenwagen *m* patrol car

Streifschuss *m* graze

Streifzug *m* raid; (≈ *Bummel*) expedition

Streik *m* strike; **zum ~ aufrufen** to call a strike; **in** (**den**) **~ treten** to go on strike

Streikaufruf *m* strike call

Streikbrecher(in) *m(f)* strikebreaker, scab *pej*

streiken *v/i* to strike; (≈ *sich im Streik befinden a.*) to be on strike; (≈ *in den Streik treten a.*) to go on strike; *hum umg* (≈ *nicht funktionieren*) to pack up *umg*; *Magen* to protest; *Gedächtnis* to fail; **da streike ich** *umg* I refuse!

Streikende(r) *m/f(m)* striker

Streikgeld *n* strike pay

Streikkasse *f* strike fund

Streikposten *m* picket

Streikrecht *n* right to strike

Streit *m* argument (**um, über** +*akk* about, over); *leichter* quarrel, squabble; (≈ *Auseinandersetzung*) dispute; **~ haben** to be arguing; **wegen einer Sache ~ bekommen** to get into an argument over sth

streitbar *adj* (≈ *streitlustig*) pugnacious

streiten A *v/i* (≈ *eine Auseinandersetzung haben*) to argue (**um, über** +*akk* about, over); *leichter* to quarrel, to fight; **darüber lässt sich ~** that's a debatable point B *v/r* to argue, to have an argument; *leichter* to quarrel; **wir wollen uns deswegen nicht ~!** don't let's fall out over that!

Streiterei *umg f* arguing *kein pl*; **eine ~** an argument

Streitfall *m* dispute, conflict; JUR case

Streitfrage *f* dispute; (≈ *Angelegenheit*) issue

Streitgespräch *n* debate

streitig *adj* **j-m das Recht auf etw** (*akk*) **~ machen** to dispute sb's right to sth

Streitigkeiten *pl* quarrels *pl*
Streitkräfte *pl* (armed) forces *pl*
Streitmacht *f* armed forces *pl*
Streitpunkt *m* contentious issue
streitsüchtig *adj* quarrelsome
Streitwert *m* JUR amount in dispute
Strelitzie *f* BOT bird of paradise (flower), strelizia
streng **A** *adj* **1** strict; *Maßnahmen* stringent; *Bestrafung, Richter* severe; *Anforderungen* rigorous; *Ausdruck, Blick, Gesicht* stern; *Stillschweigen* absolute; *Kritik, Urteil* harsh **2** *Geruch, Geschmack* pungent; *Frost, Winter* severe **3** *Katholik, Moslem etc* strict **B** *adv* **1** (≈ *unnachgiebig*) befolgen, einhalten strictly; tadeln, bestrafen severely; vertraulich strictly; **~ genommen** strictly speaking; (≈ *eigentlich*) actually; **~ gegen j-n/etw vorgehen** to deal severely with sb/sth; **~ geheim** top secret; **~(stens) verboten!** strictly prohibited **2** (≈ *intensiv*) **~ riechen/schmecken** to have a pungent smell/taste
Strenge *f* **1** strictness; *von Regel, Maßnahmen* stringency; *von Bestrafung, Richter* severity; *von Ausdruck, Blick* sternness; *von Kritik, Urteil* harshness **2** *von Geruch, Geschmack* pungency; *von Frost, Winter* severity
strenggenommen *adv* → streng
strenggläubig *adj* strict
Stress *m* stress; **(voll) im ~ sein** to be under (a lot of) stress
Stressball *m* stress ball
stressen *v/t* to put under stress; **gestresst sein** to be under stress, to be stressed
stressfrei *adj* stress-free
stressgeplagt *adj* under stress; **~e Manager** highly stressed executives
stressig *umg adj* stressful
Stresstest *m* stress test
Stretchhose *f* stretch trousers *pl*, stretch pants *pl US*
Stretchlimousine *f* stretch limousine
Streu *f* straw; *aus Sägespänen* sawdust
streuen **A** *v/t* to scatter; *Dünger, Sand* to spread; *Gewürze, Zucker etc* to sprinkle; *Straße etc mit Sand* to grit; *mit Salz* to salt **B** *v/i* (≈ *Streumittel anwenden*) to grit, to put down salt
Streuer *m* shaker; (≈ *Salzstreuer*) cellar; (≈ *Pfefferstreuer*) pot
Streufahrzeug *n* gritter
streunen *v/i* to roam about; *Hund, Katze* to stray; **durch etw/in etw** (*dat*) **~** to roam through/around sth
Streusalz *n* salt (*for icy roads*)
Streusand *m* sand; *für Straße* grit
Streuselkuchen *m* thin sponge cake with crumble topping
Strich *m* **1** line; (≈ *Querstrich*) dash; (≈ *Schrägstrich*) oblique; (≈ *Pinselstrich*) stroke; *von Land* stretch; **j-m einen ~ durch die Rechnung machen** to thwart sb's plans; **einen ~ (unter etw** *akk***) ziehen** *fig* to forget sth; **unterm ~** at the final count **2** *von Teppich, Samt* pile; *von Gewebe* nap; *von Fell, Haar* direction of growth; **es geht (mir) gegen den ~** *umg* it goes against the grain; **nach ~ und Faden** *umg* thoroughly **3** MUS (≈ *Bogenstrich*) stroke **4** *umg* (≈ *Prostitution*) prostitution; (≈ *Bordellgegend*) red-light district; **auf den ~ gehen** to be on the game *Br umg*, to turn tricks *US umg*, to be a prostitute
Strichcode *m* bar code, barcode
stricheln *v/t* to sketch in; (≈ *schraffieren*) to hatch; **eine gestrichelte Linie** a broken line
Strichjunge *umg m* rent boy *Br*, boy prostitute
Strichkode *m* → Strichcode
Strichliste *f* tally; **eine ~ führen** to keep a tally
Strichmädchen *umg n* hooker *bes US umg*
Strichmännchen *n* stick figure
Strichpunkt *m* semicolon
strichweise *adv a.* METEO here and there; **~ Regen** rain in places
Strick *m* rope; **j-m aus etw einen ~ drehen** to use sth against sb; **am gleichen** *od* **an einem ~ ziehen** *fig* to pull together
stricken *v/t & v/i* to knit; *fig* to construct; **an etw** (*dat*) **~** to work on sth
Strickjacke *f* cardigan
Strickkleid *n* knitted dress
Strickleiter *f* rope ladder
Strickmuster *wörtl n* knitting pattern; *fig* pattern
Stricknadel *f* knitting needle
Strickwaren *pl* knitwear *sg*
Strickzeug *n* knitting
striegeln *v/t Tier* to curry(comb)
Strieme *f*, **Striemen** *m* weal
strikt **A** *adj* strict; *Ablehnung* categorical **B** *adv* strictly; ablehnen categorically; **~ gegen etw sein** to be totally opposed to sth
String *m*, **Stringtanga** *m* G-string, thong
Strip *umg m* strip(tease)
Strippe *umg f* **1** (≈ *Bindfaden*) string; **die ~n ziehen** *fig* to pull the strings **2** (≈ *Telefonleitung*) phone; **an der ~ hängen** to be on the phone; **j-n an der ~ haben** to have sb on the line
strippen *v/i* to strip
Strippenzieher(in) *umg m(f)* **er war der ~** he was the one pulling the strings
Stripper(in) *umg m(f)* stripper
Striptease *m/n* striptease
Stripteasetänzer(in) *m(f)* stripper
strittig *adj* contentious; **noch ~** still in dispute
Stroboskoplampe *f* strobe light
Stroh *n* straw; (≈ *Dachstroh*) thatch

Strohballen m bale of straw
strohblond adj Mensch flaxen-haired; Haare flaxen
Strohblume f strawflower
Strohdach n thatched roof
strohdumm adj thick umg
Strohfeuer n **ein ~ sein** fig to be a passing fancy
Strohfrau fig f front woman
Strohhalm m straw; **sich an einen ~ klammern** to clutch at straws
Strohhut m straw hat
Strohmann fig m front man
Strohwitwe f grass widow
Strohwitwer m grass widower
Strolch obs m rascal
Strolchenfahrt f schweiz joyride
Strom m ① (large) river; (≈ Strömung) current; von Schweiß, Blut river; von Besuchern, Flüchen etc stream; **ein reißender ~** a raging torrent; **es regnet in Strömen** it's pouring (with rain); **der Wein floss in Strömen** the wine flowed like water; **mit dem/gegen den ~ schwimmen** fig to swim with/against the tide ② ELEK current; (≈ Elektrizität) electricity; **unter ~ stehen** wörtl to be live; fig to be high umg
stromabwärts adv downstream
Stromanschluss m **~ haben** to be connected to the electricity mains
stromauf(wärts) adv upstream
Stromausfall m power failure, power outage US
strömen v/i to stream; Gas to flow; Menschen to pour (**in** +akk into od **aus** out of); **bei ~dem Regen** in (the) pouring rain
Stromfresser m umg power guzzler umg, energy guzzler umg
Stromkabel n electric cable
Stromkreis m (electrical) circuit
Stromleitung f electric cables pl
stromlinienförmig adj streamlined
Strommix m power source mix
Stromnetz n electricity supply system
Strompreis m electricity price
Stromschnelle f rapids pl
Stromsperre f power cut
Stromstärke f strength of the/an electric current
Strömung f current; **gegen die ~** up current
Stromverbrauch m electricity consumption
Stromversorger(in) m(f) electricity supplier
Stromversorgung f electricity supply
Stromzähler m electricity meter
Strontium n strontium
Strophe f verse
strotzen v/i to be full (**von, vor** +dat of); von Kraft, Gesundheit to be bursting (**von** with); **von Schmutz ~** to be covered with dirt
Strudel m ① whirlpool ② GASTR strudel
Struktur f structure; von Stoff etc texture; (≈ Webart) weave
Strukturanalyse f structural analysis
strukturell Ⓐ adj structural Ⓑ adv **~ bedingt** structurally
Strukturfonds m POL structural fund
strukturieren v/t to structure
Strukturierung f structuring
Strukturkrise f structural crisis
strukturschwach adj lacking in infrastructure
Strukturschwäche f lack of infrastructure
Strukturwandel m structural change (+gen in)
Strumpf m sock; (≈ Damenstrumpf) stocking; **ein Paar Strümpfe** a pair of socks/stockings
Strumpfband n garter
Strumpfhalter m suspender Br, garter US
Strumpfhose f tights pl Br, pantyhose pl US; **eine ~** a pair of tights Br, a pair of pantyhose US
Strumpfmaske f stocking mask
Strumpfwaren pl hosiery sg
Strunk m stalk
struppig adj unkempt; Tier shaggy
Stube obs f room; dial (≈ Wohnzimmer) lounge; in Kaserne barrack room Br, quarters
Stubenfliege f (common) housefly
Stubenhocker(in) pej umg m(f) stay-at-home, couch potato
stubenrein adj Katze, Hund house-trained; hum Witz clean
Stuck m stucco; zur Zimmerverzierung moulding Br, molding US
Stück n ① piece; von Vieh, Wild head; von Zucker lump; (≈ Seifenstück) bar; (≈ abgegrenztes Land) plot; von Rasen patch; **ich nehme fünf ~** I'll take five; **drei Euro das ~** three euros each; **ein ~ Papier** a piece of paper; **im** od **am ~** in one piece; **aus einem ~** in one piece ② von Buch, Rede, Reise etc part; von Straße etc stretch; **~ für ~** (≈ einen Teil um den andern) bit by bit; **etw in ~e schlagen** to smash sth to pieces; **ich komme ~e auf etw** (des Weges) **mit** I'll come part of the way with you ③ **ein gutes ~ weiterkommen** to make considerable progress; **das ist (doch) ein starkes ~!** umg that's a bit much umg; **große ~e auf etw** (akk) **halten** to be very proud of sth; **aus freien ~en** of one's own free will ④ (≈ Bühnenstück) play; (≈ Musikstück) piece; **auf einer CD** track
Stückarbeit f piecework
Stückchen n bit
Stuckdecke f stucco(ed) ceiling
stückeln v/t to patch
Stückelung f (≈ Aufteilung) splitting up; von Geld,

Aktien denomination
Stückgut *n* **etw als ~ schicken** to send sth as a parcel *Br*, to send sth as a package
Stücklohn *m* piece(work) rate
Stückpreis *m* unit price
Stückwerk *n* unfinished work; **~ sein/bleiben** to be/remain unfinished
Stückzahl *f* number of pieces
Student *m* student; *österr* (≈ *Schüler*) schoolboy; *einer bestimmten Schule* pupil, student
Studentenausschuss *m* **Allgemeiner ~** students' committee
Studentenausweis *m* student (ID) card
Studentenfutter *n* nuts and raisins *pl*
Studentenheim *n* hall of residence *Br*, dormitory *US*
Studentenschaft *f* students *pl*
Studentenwerk *n* student administration
Studentenwohnheim *n* hall of residence *Br*, dormitory *US*
Studentin *f* student; *österr* (≈ *Schülerin*) schoolgirl; *einer bestimmten Schule* pupil, student
studentisch *adj* student *attr*; **~e Hilfskraft** student assistant
Studi *umg m* student
Studie *f* study (**über** +*akk* of); (≈ *Abhandlung*) essay (**über** +*akk* on)
Studienabbrecher(in) *m(f)* dropout
Studienabschluss *m* degree, graduation
Studienanfänger(in) *m(f)* first year (student), freshman *US*, fresher *Br*
Studienaufenthalt *m* study visit (**in** *dat* to)
Studienberatung *f* course guidance service
Studiendarlehen *n* student loan
Studienfach *n* subject
Studienfahrt *f* study trip; SCHULE educational trip
Studiengang *m* course of studies
Studiengebühren *pl* tuition fees *pl*
Studienjahr *n* academic year
Studienkredit *m* student loan
Studienplatz *m* university/college place
Studienrat *m*, **Studienrätin** *f* teacher at a secondary school
Studienreferendar(in) *m(f)* student teacher
Studienreise *f* study trip; SCHULE educational trip
Studienzeit *f* **1** student days *pl* **2** (≈ *Dauer*) duration of a/one's course of studies
studieren **A** *v/i* to study; (≈ *Student sein*) to be a student; **er studiert in München** he goes to university/college in Munich; **ich studiere an der Universität Bonn** I am (a student) at Bonn University; **wo haben Sie studiert?** what university/college did you go to? **B** *v/t* to study; (≈ *genau betrachten*) to scrutinize

Studieren *n* study
Studierende(r) *m/f(m)* student
Studio *n* studio
Studium *n* study; (≈ *Hochschulstudium*) studies *pl*; **das ~ hat fünf Jahre gedauert** the course (of study) lasted five years; **während seines ~s** while he is/was *etc* a student; **er ist noch im ~** he is still a student; **seine Studien zu etw machen** to study sth
Stufe *f* **1** step; *im Haar* layer; *von Rakete* stage **2** *fig* (≈ *Phase*) stage; (≈ *Niveau*) level; (≈ *Rang*) grade; GRAM (≈ *Steigerungsstufe*) degree; **eine ~ höher als ...** a step up from ...; **mit j-m auf gleicher ~ stehen** to be on a level with sb
stufen *v/t Schüler, Preise, Gehälter* to grade; *Haare* to layer; *Land etc* to terrace; → **gestuft**
Stufenbarren *m* asymmetric bar
stufenförmig **A** *adj wörtl* stepped; *Landschaft* terraced; *fig* gradual **B** *adv wörtl* in steps; *angelegt* in terraces; *fig* in stages
Stufenheck *n* **ein Auto mit ~** a saloon car
Stufenlehrer(in) *m(f)* teacher who teaches pupils in a particular year
Stufenleiter *fig f* ladder (+*gen* to)
stufenlos *adj Schaltung, Regelung* infinitely variable; *fig* (≈ *gleitend*) smooth
stufenweise **A** *adv* step by step **B** *adj* gradual
Stuhl *m* **1** chair; **zwischen zwei Stühlen sitzen** *fig* to fall between two stools; **ich wäre fast vom ~ gefallen** *umg* I nearly fell off my chair *umg*; **der Heilige** *od* **Päpstliche ~** the Holy *od* Papal See **2** (≈ *Stuhlgang*) bowel movement; (≈ *Kot*) stool
Stuhlgang *m* bowel movement; **regelmäßig ~ haben** to have regular bowels
Stuhlkreis *m* circle (of chairs); **alle sitzen im ~** everyone sits in a circle
Stuhllehne *f* back of a chair
Stulle *nordd f* slice of bread and butter; (≈ *Doppelstulle*) sandwich
stülpen *v/t* **etw auf/über etw** (*akk*) **~** to put sth on/over sth; **etw nach innen/außen ~** to turn sth to the inside/outside; **sich** (*dat*) **den Hut auf den Kopf ~** to put on one's hat
stumm **A** *adj* **1** dumb **2** (≈ *schweigend*) mute; *Anklage, Blick, Gebet* silent **3** GRAM mute; *Buchstabe* silent **B** *adv* (≈ *schweigend*) silently
Stummel *m* (≈ *Zigarettenstummel*) end; (≈ *Kerzenstummel*) stub; *von Gliedmaßen, Zahn* stump
Stummfilm *m* silent movie
Stümper(in) *pej m(f)* **1** amateur **2** (≈ *Pfuscher*) bungler
Stümperei *pej f* **1** amateur work **2** (≈ *Pfuscherei*) bungling; (≈ *stümperhafte Arbeit*) botched job *umg*
stümperhaft *pej* **A** *adj* (≈ *nicht fachmännisch*) am-

ateurish B *adv ausführen, malen* crudely; *arbeiten* poorly

stumpf A *adj* 1 *Messer* blunt 2 *fig Haar, Farbe, Mensch* dull; *Blick, Sinne* dulled 3 MATH *Winkel* obtuse; *Kegel etc* truncated B *adv ansehen* dully

Stumpf *m* stump; (≈ *Bleistiftstumpf*) stub; **etw mit ~ und Stiel ausrotten** to eradicate sth root and branch

Stumpfheit *f* bluntness, *fig* dullness

Stumpfsinn *m* mindlessness; (≈ *Langweiligkeit*) monotony

stumpfsinnig *adj* mindless; (≈ *langweilig*) monotonous

stumpfwinklig *adj* MATH obtuse(-angled)

Stunde *f* 1 hour; **eine halbe ~** half an hour; **eine ~ lang** for an hour; **von ~ zu ~** hourly; **130 Kilometer in der ~** 130 kilometres per *od* an hour *Br*, 130 kilometers per *od* an hour *US*; **ein Supermarkt, der 24 ~n geöffnet hat** a 24-hour supermarket 2 (≈ *Augenblick, Zeitpunkt*) time; **zu später ~** at a late hour; **zur ~** at present; **bis zur ~** as yet; **seine ~ hat geschlagen** *fig* his hour has come; **die ~ der Entscheidung/Wahrheit** the moment of decision/truth 3 (≈ *Unterricht*) lesson; (≈ *Sitzung*) session; **~n geben/nehmen** to give/have *od* take lessons

stunden *v/t* **j-m etw ~** to give sb time to pay sth

Stundengeschwindigkeit *f* speed per hour

Stundenkilometer *pl* kilometres *pl* per *od* an hour *Br*, kilometers *pl* per *od* an hour *US*

stundenlang A *adj* lasting several hours; **nach ~em Warten** after hours of waiting B *adv* for hours

Stundenlohn *m* hourly wage

Stundenplan *m* SCHULE timetable, curriculum, schedule *US*

stundenweise *adv* (≈ *pro Stunde*) by the hour; (≈ *stündlich*) every hour

Stundenzeiger *m* hour hand

-stündig *zssgn* **eine zweistündige Operation** a two-hour operation

stündlich A *adj* hourly B *adv* every hour

Stundung *f* deferment of payment

Stunk *umg m* stink *umg*; **~ machen** to kick up a stink *umg*

Stunt *m* stunt

Stuntgirl *n* stunt performer

Stuntman *m* stunt man, stunt performer

Stuntwoman *f* stunt woman, stunt performer

stupid, stupide *geh adj* mindless

Stups *m* nudge

stupsen *v/t* to nudge

Stupsnase *f* snub nose

stur A *adj* pig-headed, stubborn; **sich ~ stellen** *umg* to dig one's heels in B *adv* beharren, bestehen stubbornly; **er fuhr ~ geradeaus** he just carried straight on

Sturheit *f* pig-headedness

Sturm *m* 1 storm; **ein ~ im Wasserglas** *fig* a storm in a teacup *Br*, a tempest in a teapot *US*; **~ läuten** to keep one's finger on the doorbell; (≈ *Alarm schlagen*) to ring the alarm bell; **ein ~ der Begeisterung/Entrüstung** a wave of enthusiasm/indignation 2 (≈ *Angriff*) attack (**auf** +*akk* on); SPORT (≈ *Stürmerreihe*) forward line; **etw im ~ nehmen** to take sth by storm; **gegen etw ~ laufen** *fig* to be up in arms against sth

stürmen A *v/i* 1 *Meer* to rage; *Wind a.* to blow; MIL to attack (**gegen etw** sth) 2 SPORT (≈ *als Stürmer spielen*) to play forward; (≈ *angreifen*) to attack 3 (≈ *rennen*) to storm, to charge B *v/i* to be blowing a gale C *v/t* to storm; *Bank etc* to make a run on

Stürmer(in) *m(f)* SPORT forward; FUSSB *a.* striker

Sturmflut *f* storm tide

sturmfrei *adj* **heute Abend habe ich ~e Bude** I've got the place to myself tonight

stürmisch *adj* 1 *Meer, Überfahrt* rough; *Wetter, Tag* blustery; *mit Regen* stormy 2 *fig* tempestuous; (≈ *aufregend*) *Zeit* stormy; *Entwicklung* rapid; *Liebhaber* passionate; *Jubel, Beifall* tumultuous; **nicht so ~** take it easy

Sturmschaden *m* storm damage *kein pl*

Sturmtief *n* METEO deep depression

Sturmwarnung *f* gale warning, severe weather alerts *pl US*

Sturz *m* 1 fall 2 *in Temperatur, Preis* drop; *von Börsenkurs* slump 3 *von Regierung, Minister* fall; *durch Coup, von König* overthrow 4 ARCH lintel

stürzen A *v/i* 1 (≈ *fallen, abgesetzt werden*) to fall; **ins Wasser ~** to plunge into the water; **er ist schwer gestürzt** he had a heavy fall; **zu Tode ~** to fall to one's death 2 (≈ *rennen*) to rush; **sie kam ins Zimmer gestürzt** she burst into the room B *v/t* 1 (≈ *werfen*) to fling; **j-n ins Unglück ~** to bring disaster to sb; **j-n/etw in eine Krise ~** to plunge sb/sth into a crisis 2 (≈ *kippen*) to turn upside down; *Pudding* to turn out; **„nicht ~!"** "this side up" 3 (≈ *absetzen*) *Regierung, Minister* to bring down; *durch Coup* to overthrow; *König* to depose C *v/r* **sich auf j-n/etw ~** to pounce on sb/sth; *auf Essen* to fall on sth; *auf den Feind* to attack sb/sth; **sich ins Wasser ~** to fling oneself into the water; **sich in Schulden ~** to plunge into debt; **sich ins Unglück ~** to plunge headlong into disaster; **sich ins Vergnügen ~** to fling oneself into a round of pleasure; **sich in Unkosten ~** to go to great expense

Sturzflug *m* (nose) dive

Sturzhelm *m* crash helmet

Stuss *umg m* nonsense

Stute f mare
Stutz schweiz m **1** umg (≈ Franken) (Swiss) franc **2** (≈ Abhang) slope
Stützbalken m beam; in Decke joist; quer crossbeam
Stütze f **1** support; (≈ Pfeiler) pillar **2** fig (≈ Hilfe) help (für to); **die ~n der Gesellschaft** the pillars of society **3** umg (≈ Arbeitslosengeld) dole Br umg, welfare US; **~ bekommen** to be on the dole Br umg, to be on welfare US
stutzen[1] v/i (≈ zögern) to hesitate
stutzen[2] v/t to trim; Flügel, Ohren, Hecke to clip; Schwanz to dock
Stutzen m (≈ Rohrstück) connecting piece; (≈ Endstück) nozzle
stützen **A** v/t to support; Gebäude, Mauer to shore up; **einen Verdacht auf etw** (akk) **~** to found a suspicion on sth; **die Ellbogen auf den Tisch ~** to prop one's elbows on the table; **den Kopf in die Hände ~** to hold one's head in one's hands **B** v/r **sich auf j-n/etw ~** wörtl to lean on sb/sth; fig to count on sb/sth; Beweise, Theorie etc to be based on sb/sth
stutzig adj **~ werden** (≈ argwöhnisch) to become suspicious; (≈ verwundert) to begin to wonder; **j-n ~ machen** to make sb suspicious
Stützpunkt m base
stylen v/t Wagen, Wohnung to design; Frisur to style
Styling n styling
Styropor® n polystyrene
Subjekt n **1** subject **2** pej (≈ Mensch) customer umg
subjektiv **A** adj subjective **B** adv subjectively
Subjektivität f subjectivity
Subkontinent m subcontinent
Subkultur f subculture
suboptimal umg adj less than ideal; **das ist ~** it leaves something to be desired
subsidiär adj subsidiary; **~er Schutz von Flüchtlingen** sunsidiary protection; **~e Zuständigkeit** subsidiary powers
Subsidiarität f POL subsidiarity
Subsidiaritätsprinzip n POL subsidiarity principle
Subskription f subscription (+gen od auf +akk to)
Substantiv n noun
substantivieren v/t to nominalize
substantivisch **A** adj nominal **B** adv verwenden nominally
Substanz f **1** substance; (≈ Wesen) essence; **etw in seiner ~ treffen** to affect the substance of sth **2** FIN capital assets pl; **von der ~ zehren** to live on one's capital
substanziell **A** adj **1** (≈ bedeutsam) fundamental **2** (≈ nahrhaft) substantial, solid **B** adv (≈ wesentlich) substantially
subtil geh **A** adj subtle **B** adv subtly
subtrahieren v/t & v/i to subtract
Subtraktion f subtraction
Subtraktionszeichen n subtraction sign
Subtropen pl subtropics pl
subtropisch adj subtropical
Subunternehmer(in) m(f) subcontractor
Subvention f subsidy
subventionieren v/t to subsidize
subversiv **A** adj subversive **B** adv **sich ~ betätigen** to engage in subversive activities
Suchaktion f search operation
Suchanfrage f IT search enquiry
Suchbefehl m IT search command
Suchdauer f IT search time
Suche f search (**nach** for); **sich auf die ~ nach j-m/etw machen** to go in search of sb/sth; **auf der ~ nach etw sein** to be looking for sth
suchen **A** v/t **1** um zu finden to look for; stärker, intensiv, a. COMPUT to search for; **Verkäufer(in) gesucht** sales person wanted; **Streit/Ärger (mit j-m) ~** to be looking for trouble/a quarrel (with sb); **Schutz vor etw** (dat) **~** to seek shelter from sth; **Zuflucht ~ bei j-m** to seek refuge with sb; **du hast hier nichts zu ~** you have no business being here; → gesucht **2** (≈ streben nach) to seek; (≈ versuchen) to strive; **ein Gespräch ~** to try to have a talk **B** v/i to search; **nach etw ~** to look for sth; stärker to search for sth; **nach Worten ~** to search for words; (≈ sprachlos sein) to be at a loss for words; **Suchen und Ersetzen** IT search and replace
Sucher m FOTO viewfinder
Suchergebnis n IT search result
Suchfunktion f IT search function
Suchlauf m bei Hi-Fi-Geräten search
Suchmannschaft f search party
Suchmaschine f IT search engine
Suchrichtung f direction (of the search); **~ aufwärts/abwärts** search up/down
Suchscheinwerfer m searchlight
Suchstrategie f IT search strategy
Sucht f addiction (**nach** to); fig obsession (**nach** with); **~ erzeugend** addictive; **an einer ~ leiden** to be an addict
Suchtdroge f addictive drug
Suchtgefahr f danger of addiction
süchtig adj addicted (**nach** to), hooked umg (**nach** on); **von** od **nach etw ~ werden/sein** to get/be addicted to sth; **~ machen** Droge to be addictive
Süchtige(r) m/f(m) addict
Suchtkranke(r) m/f(m) addict
Suchtkrankheit f addictive illness
Suchtmittel n addictive drug

Suchtrupp m search party
Suchwort n search word
Süd- zssgn southern, south
Südafrika n South Africa
Südafrikaner(in) m(f) South African
südafrikanisch adj South African
Südamerika n South America
Südamerikaner(in) m(f) South American
südamerikanisch adj South American
Sudan m der ~ the Sudan
Sudanese m, **Sudanesin** f Sudanese
sudanesisch adj Sudanese
süddeutsch adj South German
Süddeutsche(r) m/f(m) South German
Süddeutschland n South(ern) Germany
Süden m south; von Land South; **aus dem ~** from the south; **im ~ des Landes** in the south of the country; **nach ~** south; **Richtung ~** south-bound
Südfrüchte pl citrus and tropical fruit(s) (pl)
Südkorea n South Korea
Südländer(in) m(f) southerner; (≈ Italiener, Spanier etc) Mediterranean type
südländisch adj southern; (≈ italienisch, spanisch etc) Mediterranean; Temperament Latin
südlich **A** adj **1** southern; Kurs, Wind, Richtung southerly **2** (≈ mediterran) Mediterranean; Temperament Latin **B** adv (to the) south; **~ von Wien (gelegen)** (to the) south of Vienna **C** präp (to the) south of
Südlicht n southern lights pl; fig hum (≈ Mensch) Southerner
Sudoku n sudoku
Südosten m southeast; von Land South East; **nach ~** southeast
südöstlich **A** adj Gegend southeastern; Wind southeast(erly) **B** adv (to the) southeast (**von** of)
Südpol m South Pole
Südpolarmeer n Antarctic Ocean
Südsee f South Pacific
Südstaaten pl der USA Southern States pl
Südtirol n South(ern) Tyrol
Südwand f von Berg south face
südwärts adv south(wards)
Südwesten m southwest; von Land South West; **nach ~** southwest
südwestlich **A** adj Gegend southwestern; Wind southwest(erly) **B** adv (to the) southwest (**von** of)
Südwind m south wind
Sueskanal m Suez Canal
Suff umg m **dem ~ verfallen sein** to be on the bottle umg; **im ~** while under the influence
süffig adj Wein drinkable
süffisant **A** adj smug **B** adv smugly
Suffix n suffix

suggerieren v/t to suggest; **j-m ~, dass ...** to get sb to believe that ...
Suggestion f suggestion
suggestiv **A** adj suggestive **B** adv suggestively
Suggestivfrage f leading question
suhlen v/r to wallow
Sühne f atonement
sühnen v/t Unrecht to atone for
Suite f suite; (≈ Gefolge) retinue
Suizid form m/n suicide
Sulfat n sulphate Br, sulfate US
Sultan m sultan
Sultanine f (≈ Rosine) sultana
Sülze f brawn
summarisch adj a. JUR summary
Summe f sum; (≈ Betrag) amount; fig sum total
summen **A** v/t Melodie etc to hum **B** v/i to buzz; Mensch, Motor to hum
Summer m buzzer
summieren **A** v/t to sum up **B** v/r to mount up; **das summiert sich** it (all) adds up
Sumpf m marsh; (≈ Morast) mud; in tropischen Ländern swamp; fig morass
sumpfig adj marshy
Sumpfpflanze f marsh plant
Sünde f sin
Sündenbock umg m scapegoat
Sündenregister fig n list of sins
Sünder(in) m(f) sinner
sündhaft **A** adj wörtl sinful; fig umg Preise wicked **B** adv umg **~ teuer** wickedly expensive
sündigen v/i to sin (**an** +dat against); hum to indulge
Sunnit(in) m(f) Sunni
sunnitisch adj Sunni
super umg adj super umg, great umg
Super n (≈ Benzin) ≈ four-star (petrol) Br, ≈ premium US
Superfrau f superwoman
Superlativ m superlative
Supermacht f superpower
Supermann m superman
Supermarkt m supermarket
Supermodel n supermodel
Superstar umg m superstar
Superzahl f Lotto additional number
SUP-Paddeln n (≈ Stehpaddeln) paddleboarding
Suppe f soup; **klare ~** consommé; **j-m ein schöne ~ einbrocken** fig umg to get sb into a pickle umg; **du musst die ~ auslöffeln, die du dir eingebrockt hast** umg you've made your bed, now you must lie on it sprichw
Suppengrün n herbs and vegetables pl for making soup
Suppenhuhn n boiling fowl
Suppenkelle f soup ladle

Suppenlöffel *m* soup spoon
Suppenschüssel *f* tureen
Suppenteller *m* soup plate
Suppenwürfel *m* stock cube
Surfbrett *n* surfboard
surfen *v/i* to surf; **~ gehen** to go surfing; **im Internet ~** to surf the Internet
Surfen *n* surfing
Surfer(in) *m(f)* surfer
Surfing *n* SPORT surfing
Surfstick *m* INTERNET USB modem (stick), wireless USB modem, USB dongle, (USB) WiFi dongle
Surimi *n* GASTR surimi
Suriname *n* GEOG Suriname
Surrealismus *m* surrealism
surrealistisch *adj* surrealist(ic)
surren *v/i* Projektor, Computer to hum; Ventilator, Kamera to whir(r); Insekt to buzz
Sushi *n* sushi
suspekt *adj* suspicious
suspendieren *v/t* to suspend
süß **A** *adj* sweet; (≈ niedlich) cute; **das süße Leben** the good life; **süßes, kohlensäurehaltiges Getränk** fizzy drink **B** *adv* **sagen** sweetly; **gern süß essen** to have a sweet tooth; **süß aussehen** to look sweet
Süße *f* sweetness
süßen *v/t* to sweeten; mit Zucker to sugar
Süßigkeit *f* **1** sweetness **2** **~en** *pl* sweets *pl Br*, candy *US*
Süßkartoffel *f* sweet potato
süßlich *adj* **1** (≈ leicht süß) slightly sweet; (≈ unangenehm süß) sickly (sweet) **2** *fig* Worte sweet; Lächeln sugary; (≈ kitschig) mawkish, tacky
süßsauer *adj* sweet-and-sour; Gurken etc pickled; *fig* Lächeln forced
Süßspeise *f* Nachtisch dessert, pudding *Br*
Süßstoff *m* sweetener
Süßwasser *n* fresh water
Süßwasser- *zssgn* freshwater
Süßwasserfisch *m* freshwater fish
SV *f abk* → Schülervertretung
SV-Lehrer(in) *m(f)* liaison teacher *between pupils and staff*
SVP¹ *f abk* (= Schweizerische Volkspartei) Swiss People's Party
SVP² *abk* (= Südtiroler Volkspartei) South Tyrolean People's Party
SV-Wahl *f* pupils' representative committee election *bes Br*, student representative committee election *US*
Swasiland *n* Swaziland
Sweatshirt *n* sweatshirt
Swimmingpool *m* swimming pool
Swing *m* MUS, FIN swing
Symbiose *f* symbiosis
Symbol *n* symbol
Symbolfigur *f* symbolic figure
Symbolik *f* symbolism
symbolisch **A** *adj* symbolic(al) (**für** of) **B** *adv* symbolically
symbolisieren *v/t* to symbolize
Symbolleiste *f* IT toolbar
symbolträchtig *adj* heavily symbolic
Symmetrie *f* symmetry
Symmetrieachse *f* axis of symmetry
symmetrisch **A** *adj* symmetric(al) **B** *adv* symmetrically
Sympathie *f* (≈ Zuneigung) liking; (≈ Mitgefühl) sympathy; **diese Maßnahmen haben meine volle ~** I sympathize completely with these measures; **~n gewinnen** to win favour *Br*, to win favor *US*
Sympathisant(in) *m(f)* sympathizer
sympathisch *adj* **1** nice; **er/es ist mir ~** I like him/it **2** ANAT, PHYSIOL sympathetic
sympathisieren *v/i* to sympathize
symphonisch *adj* → sinfonisch
Symptom *n* symptom
symptomatisch *adj* symptomatic (**für** of)
Synagoge *f* synagogue
synchron *adj* synchronous
Synchrongetriebe *n* AUTO synchromesh gearbox
Synchronisation *f* synchronization; (≈ Übersetzung) dubbing
synchronisieren *v/t* to synchronize; (≈ übersetzen) Film to dub
Synchronsprecher(in) *m(f)* dubber
Synchronstimme *f* dubbing voice
Syndrom *n* syndrome
Synergie *f* synergy
Synergieeffekt *m* CHEM, PHYS synergistic effect; *fig* synergy effect
Synode *f* KIRCHE synod
synonym *adj* synonymous
Synonym *n* synonym
syntaktisch **A** *adj* syntactic(al) **B** *adv* **das ist ~ falsch** the syntax (of this) is wrong
Syntax *f* syntax
Synthese *f* synthesis
Synthesizer *m* synthesizer
Synthetik *f* synthetic (fibre *Br*, synthetic (fiber) *US*
synthetisch **A** *adj* synthetic **B** *adv* **etw ~ herstellen** to make sth synthetically
Syphilis *f* syphilis
Syrer(in) *m(f)* Syrian
Syrien *n* Syria
Syrier(in) *m(f)* Syrian
syrisch *adj* Syrian
System *n* system; **etw mit ~ machen** to do sth

systematically; **hinter dieser Sache steckt ~** there's method behind it
Systemabsturz m IT system crash
Systemanalyse f systems analysis
Systemanalytiker(in) m(f) systems analyst
Systematik f system
systematisch A adj systematic B adv systematically
Systembau m Gebäude aus vorgefertigten Bauteilen prefabricated modular construction
systembedingt adj determined by the system
Systemfehler m IT system error
Systemkritiker(in) m(f) critic of the system
systemkritisch adj critical of the system
Systemsoftware f systems software
Systemsteuerung f IT control panel
Systemtechniker(in) m(f) IT systems engineer
Systemvoraussetzung f IT system requirement, systems requirement
Systemzwang m obligation to conform to the system
Szenario n scenario
Szene f scene; (≈ Bühnenausstattung) set; **etw in ~ setzen** to stage sth; **sich in ~ setzen** fig to play to the gallery; **j-m eine ~ machen** to make a scene in front of sb
Szenekneipe umg f hip bar umg
Szenenwechsel m scene change; fig change of scene
Szenerie f scenery
szenisch adj scenic; LIT **~e Erzählung** scenic presentation; **~es Erzählen** LIT showing
Szintigramm n scintigram

T

T, t n T, t
Tabak m tobacco
Tabakladen m tobacconist's
Tabaksteuer f duty on tobacco
Tabasco® m, **Tabascosoße** f tabasco®
tabellarisch A adj tabular B adv in tabular form
Tabelle f table; (≈ Diagramm) chart; gitterförmig grid; SPORT (league) table
Tabellenführer(in) m(f) SPORT league leaders pl; **~ sein** to be at the top of the (league) table
Tabellenkalkulation f IT spreadsheet
Tabellenletzte(r) m/f(m) **~r sein** to be bottom of the league
Tabellenplatz m SPORT position in the league
Tabellenstand m SPORT league situation
Tablet m IT **~-PC/Tablet-Computer** tablet (PC), tablet computer
Tablett n tray
Tablette f tablet
Tablettenmissbrauch m pill abuse
tablettensüchtig adj addicted to pills
tabu adj taboo
Tabu n taboo
tabuisieren v/t to make taboo
Tabulator m tabulator
Tabulatortaste f tab key
Tacho umg m speedo Br umg
Tachometer m/n speedometer
Tacker umg m stapler
Tadel m (≈ Verweis) reprimand; (≈ Vorwurf) reproach; (≈ Kritik) criticism
tadellos A adj perfect; umg splendid B adv perfectly; gekleidet immaculately
tadeln v/t j-n to rebuke; j-s Benehmen to criticize
Tadschikistan n Tajikistan
Tafel f 1 (≈ Platte) slab; (≈ Holztafel) panel; (≈ Tafel Schokolade etc) bar; (≈ Gedenktafel) plaque; (≈ Wandtafel) (black)board; (≈ Schiefertafel) slate; ELEK (≈ Schalttafel) control panel; (≈ Anzeigetafel) board; **eine ~ Schokolade** a bar of chocolate; **an der/die ~** on the board 2 (≈ Speisetisch) table; (≈ Festmahl) meal
Tafelgeschirr n tableware
Tafelladen m food bank
Tafelland n plateau
täfeln v/t Wand to wainscot; Decke, Raum to panel
Tafelobst n (dessert) fruit
Tafelsalz n table salt
Tafelsilber n silver
Täfelung f von Wand wainscoting; von Decke (wooden) panelling Br, (wooden) paneling US
Tafelwasser n mineral water
Tafelwein m table wine
Taft m taffeta
Tag m 1 day; **am Tag** during the day; **auf den Tag (genau)** to the day; **auf ein paar Tage** for a few days; **bei Tag und Nacht** night and day; **bis die Tage!** umg so long umg; **den ganzen Tag (lang)** all day long; **drei Tage (lang)** for three days; **eines Tages** one day; **jeden Tag** any day; **einen schönen Tag (noch)** have a nice day; **eines schönen Tages** one fine day; **Tag für Tag** day by day; **von Tag zu Tag** from day to day; **guten Tag!** hello umg; nachmittags good afternoon; bes bei Vorstellung how do you do Br; **Tag!** umg hi umg; **zweimal pro Tag** twice a day; **von einem Tag auf den anderen** overnight; **in den Tag hinein leben** to live from day to day; **bei Tag(e)** ankommen while it's light; arbeiten, reisen during the day; **es wird schon Tag** it's getting

light already; **an den Tag kommen** fig to come to light; **etw an den Tag bringen** to bring sth to light; **zu Tage** → zutage **2** umg (≈ *Menstruation*) **meine/ihre Tage** my/her period **3** *Bergbau* **über Tage arbeiten** to work above ground; **unter Tage arbeiten** to work underground
Tagebau m *Bergbau* opencast mining
Tagebuch n diary; (**über etw** akk) **~ führen** to keep a diary (of sth)
Tagegeld n daily allowance
tagein adv **~, tagaus** day in, day out
tagelang A adj lasting for days B adv for days
tagen v/i *Parlament, Gericht* to sit
Tagesablauf m day
Tagesanbruch m daybreak, dawn
Tagesausflug m day trip
Tagescreme f day cream
Tagesdecke f bedspread
Tagesfahrkarte f day travel card; *der Londoner Verkehrsbetriebe* Travelcard
Tagesfahrt f day trip
Tagesgeld n FIN instant access savings pl
Tagesgeldkonto n FIN instant access savings account
Tagesgericht n special
Tagesgeschehen n events pl of the day
Tageskarte f **1** (≈ *Speisekarte*) menu of the day Br, specialties pl of the day US **2** (≈ *Fahr-, Eintrittskarte*) day ticket
Tageskurs m BÖRSE current price; *von Devisen* current rate
Tageslicht n daylight; **ans ~ kommen** fig to come to light
Tageslichtprojektor m overhead projector
Tagesmutter f child minder Br, nanny
Tagesordnung f agenda; **auf der ~ stehen** to be on the agenda; **zur ~ übergehen** (≈ *wie üblich weitermachen*) to carry on as usual; **an der ~ sein** fig to be the order of the day
Tagesordnungspunkt m item on the agenda
Tagesrückfahrkarte f day return (ticket), one-day round-trip ticket US
Tagessatz m daily rate
Tagesschau f (television) news
Tageszeit f time (of day); **zu jeder Tages- und Nachtzeit** at all hours of the day and night
Tageszeitung f daily (paper)
tageweise adv for a few days at a time
taggen v/t IT to tag
taghell A adj (as) bright as day B adv **etw ~ erleuchten** to light sth up very brightly
täglich A adj daily; attr (≈ *gewöhnlich*) everyday B adv every day; **einmal ~** once a day
tags adv **~ zuvor** the day before; **~ darauf** the next day

Tagschicht f day shift; **~ haben** to be on day shift
tagsüber adv during the day
tagtäglich A adj daily B adv every (single) day
Tagtraum m daydream
tagträumen v/i to daydream
Tagung f conference, congress; *von Ausschuss* sitting
Tagungsort m conference venue
Tai-Chi n t'ai chi
Taifun m typhoon
Taille f waist; **auf seine ~ achten** to watch one's waistline
Taillenweite f waist measurement
tailliert adj waisted, fitted
Taiwan n Taiwan
taiwanesisch adj Taiwan(ese)
Takelage f SCHIFF rigging
Takt m **1** MUS bar; (≈ *Rhythmus*) time; rhythm; **im ~ singen/tanzen** to sing/dance in time (with the music); **den ~ angeben** wörtl to give the beat; fig to call the tune **2** AUTO stroke **3** IND phase **4** (≈ *Taktgefühl*) tact **5** (≈ *Taktverkehr*) **im ~ fahren** to go at regular intervals
takten v/t IT to clock
Taktgefühl n sense of tact
taktieren v/i (≈ *Taktiken anwenden*) to manoeuvre Br, to maneuver US
Taktik f tactics pl; **man muss mit ~ vorgehen** you have to use tactics
Taktiker(in) m(f) tactician
taktisch A adj tactical B adv tactically; **~ vorgehen** to take a tactical approach; **~ klug** good tactics
taktlos A adj tactless B adv tactlessly
Taktlosigkeit f tactlessness
Taktstock m baton
taktvoll A adj tactful B adv tactfully
Tal n valley
talab(wärts) adv down into the valley
talauf(wärts) adv up the valley
Talboden m valley floor
Talent n **1** (≈ *Begabung*) talent (**zu** for); **ein großes ~ haben** to be very talented **2** (≈ *begabter Mensch*) talented person; **junge ~e** young talent
talentiert adj talented
talentlos adj untalented
Talentsuche f search for talent
Talentsucher(in) m(f) scout
Talfahrt f descent
Talg m tallow; GASTR suet; (≈ *Hautabsonderung*) sebum
Talgdrüse f PHYSIOL sebaceous gland
Taliban m *afghanische Miliz* Taliban
Talisman m talisman; (≈ *Maskottchen*) mascot

talken *umg v/i* to talk
Talkgast *m* talk-show guest, guest on a talk show
Talkmaster(in) *m(f)* talk show host
Talkshow *f* TV talk show, chat show
Talsohle *f* bottom of a/the valley; *fig* rock bottom
Talsperre *f* dam
Tamburin *n* tambourine; **~ spielen** to play the tamourine
Tampon *m* tampon
tamponieren *v/t* to plug
Tamtam *umg n* (≈ *Wirbel*) fuss; (≈ *Lärm*) row
TAN *abk* (= Transaktionsnummer) TAN
Tandem *n* tandem
Tandler(in) *österr m(f)* (≈ *Trödler*) second-hand dealer
Tang *m* seaweed
Tanga *m* thong
Tangente *f* MATH tangent; (≈ *Straße*) ring road *Br*, expressway
tangieren *v/t* **1** MATH to be tangent to **2** (≈ *berühren*) Problem to touch on **3** (≈ *betreffen*) to affect
Tango *m* tango
Tank *m* tank
Tankdeckel *m* filler cap *Br*, gas cap *US*
Tanke *f umg* petrol staion *Br*, gas staion *US*
tanken *v/i* Autofahrer to get petrol *Br*, to get gas *US*; Rennfahrer, Flugzeug to refuel; **hier kann man billig ~** you can get cheap petrol here *Br*, you can get cheap gas here *US* **B** *v/t* Super, Diesel to get; **ich tanke bleifrei** I use unleaded; **er hat einiges getankt** *umg* he's had a few
Tanker *m* SCHIFF tanker
Tankfahrzeug *n* AUTO tanker
Tankini *m zweiteiliger Badeanzug* tankini
Tanklaster *m*, **Tanklastzug** *m* tanker
Tanksäule *f* petrol pump *Br*, gas(oline) pump *US*
Tankschiff *n* tanker
Tankstelle *f* petrol station *Br*, gas station *US*
Tankuhr *f* fuel gauge
Tankverschluss *m* petrol cap *Br*, gas cap *US*
Tankwagen *m* tanker; BAHN tank wagon
Tankwart(in) *m(f)* petrol pump attendant *Br*, gas station attendant *US*
Tanne *f* fir; *Holz* pine
Tannenbaum *m* **1** fir tree **2** (≈ *Weihnachtsbaum*) Christmas tree
Tannennadel *f* fir needle
Tannenzapfen *m* fir cone
Tansania *n* Tanzania
Tante *f* **1** *Verwandte* aunt **2** *kinderspr* **~ Monika** aunty Monika
Tante-Emma-Laden *umg m* corner shop
Tantieme *f* percentage (of the profits); *für Künstler* royalty
Tanz *m* dance
Tanzabend *m* dance
tanzen *v/i* to dance; **~ gehen** to go dancing **B** *v/t* to dance; **kannst du Walzer ~?** can you do the waltz?; **Breakdance ~** to break-dance
Tanzen *n* dancing
Tänzer(in) *m(f)* dancer
Tanzfläche *f* dance floor
Tanzkapelle *f* dance band
Tanzkurs *m* dancing course
Tanzlokal *n* café with dancing
Tanzmusik *f* dance music
Tanzorchester *n* dance orchestra
Tanzpartner(in) *m(f)* dancing partner
Tanzschule *f* dancing school
Tanzsport *m* competitive dancing
Tanzstunde *f* dancing lesson
Tanztheater *n* dance theatre *Br*, dance theater *US*
Tanztherapie *f* dance (movement) therapy
Tanzturnier *n* dancing *od* dance contest
Tanzunterricht *m* dancing lessons *pl*
Tape *n* MED tape
tapen *v/t* MED to tape (up)
Tapet *umg n* **etw aufs ~ bringen** to bring sth up
Tapete *f* wallpaper
Tapetenbordüre *f*, **Tapetenborte** *f* wallpaper border
Tapetenwechsel *umg m* change of scenery
Tapeverband *m* MED tape
tapezieren *v/t* to (wall)paper; **neu ~** to repaper
Tapezierer(in) *m(f)* paperhanger, decorator *Br*
Tapeziertisch *m* trestle table
tapfer *adj* brave *adv* bravely; **sich ~ schlagen** *umg* to put on a brave show
Tapferkeit *f* bravery
tappen *v/i* **1** (≈ *unsicher gehen*) to go hesitantly *od* falteringly; **durchs Zimmer ~** to feel one's way through the room; **in eine Falle ~** to walk (right) into a trap; → *dunkel* **2** *Füße* to pad
tapsen *umg v/i Kind* to toddle; *Kleintier* to waddle
tapsig *umg adj* awkward
Tara *f* WIRTSCH tare
Tarantel *f* tarantula; **wie von der ~ gestochen** as if stung by a bee
Tarif *m* rate; (≈ *Fahrpreis*) fare; **über/unter ~ bezahlen** to pay above/below the (union) rate(s)
Tarifabschluss *m* wage settlement
Tarifautonomie *f* (right to) free collective bargaining
Tarifgehalt *n* union rates *pl*
Tarifgruppe *f* grade
Tarifkonflikt *m* pay dispute
tariflich *adj Arbeitszeit* agreed *adv* **die Gehälter sind ~ festgelegt** there are fixed rates

for salaries
Tariflohn *m* standard wage
Tarifpartner(in) *m(f)* party to the wage agreement; *für Gehälter* party to the salary agreement; **die ~** union and management
Tarifrunde *f* pay round
Tarifverhandlungen *pl* negotiations *pl* on pay
Tarifvertrag *m* pay agreement
tarnen **A** *v/t* to camouflage; *fig Absichten etc* to disguise; **als Polizist getarnt** disguised as a policeman **B** *v/r Tier* to camouflage itself; *Mensch* to disguise oneself
Tarnfarbe *f* camouflage colour *Br*, camouflage color *US*
Tarnkappe *f* magic hat
Tarnung *f* camouflage; *von Agent etc* disguise
Tasche *f* **1** (≈ *Handtasche, Einkaufstasche*) bag *Br*, purse *US*; (≈ *Reisetasche etc*) bag; (≈ *Aktentasche*) case **2** *bei Kleidungsstücken* pocket; **etw in der ~ haben** *umg* to have sth in the bag *umg*; **j-m das Geld aus der ~ ziehen** to get sb to part with his money; **etw aus der eigenen ~ bezahlen** to pay for sth out of one's own pocket; **j-m auf der ~ liegen** *umg* to live off sb; **j-n in die ~ stecken** *umg* to put sb in the shade *umg*
Taschenausgabe *f* pocket edition
Taschenbuch *n* paperback (book)
Taschendieb(in) *m(f)* pickpocket
Taschendiebstahl *m* pickpocketing; **~ begehen** to pick pockets
Taschenformat *n* pocket size
Taschengeld *n* pocket money
Taschenlampe *f* torch *Br*, flashlight *US*
Taschenmesser *n* penknife, pocketknife
Taschenrechner *m* pocket calculator
Taschenschirm *m* compact umbrella
Taschentuch *n* handkerchief, hanky *umg*
Taschenuhr *f* pocket watch
Tasmanien *n* GEOG Tasmania
Tasse *f* cup; (≈ *Henkeltasse*) mug; **eine ~ Kaffee** a cup of coffee
Tastatur *f* keyboard
Taste *f* key; (≈ *Knopf*) button; „**Taste drücken**" "push button"
tasten **A** *v/i* to feel; **nach etw ~** to feel for sth; **~de Schritte** tentative steps **B** *v/r* to feel one's way
Tastenfeld *n* COMPUT keypad
Tasteninstrument *n* MUS keyboard instrument
Tastenkombination *f* COMPUT hot key
Tastentelefon *n* push-button telephone
Tastsinn *m* sense of touch
Tat *f* action; (≈ *Einzeltat a.*) act; (≈ *Leistung*) feat; (≈ *Verbrechen*) crime; **ein Mann der Tat** a man of action; **eine gute/böse Tat** a good/wicked deed; **etw in die Tat umsetzen** to put sth into action; **in der Tat** indeed
Tatar(beefsteak) *n* steak tartare
Tatbestand *m* JUR facts *pl* (of the case); (≈ *Sachlage*) facts *pl* (of the matter)
Tatendrang *m* thirst for action
tatenlos **A** *adj* idle **B** *adv* **wir mussten ~ zusehen** we could only stand and watch
Tatenlosigkeit *f* inaction
Täter(in) *m(f)* culprit; JUR perpetrator *form*; **jugendliche ~** young offenders
Täterschaft *f* guilt; **die ~ leugnen** to deny one's guilt
tätig *adj* **1** active; **in einer Sache ~ werden** *form* to take action in a matter **2** (≈ *arbeitend*) **als was sind Sie ~?** what do you do?; **er ist im Bankwesen ~** he's in banking
tätigen *v/t* HANDEL to conclude; *geh Einkäufe* to carry out
Tätigkeit *f* activity; (≈ *Beschäftigung*) occupation; (≈ *Arbeit*) work; (≈ *Beruf*) job
Tätigkeitsbereich *m* field of activity
Tatkraft *f* energy, drive
tatkräftig **A** *adj* energetic; *Hilfe* active **B** *adv* actively; **etw/j-n ~ unterstützen** to actively support sth/sb
tätlich **A** *adj* violent; **gegen j-n ~ werden** to assault sb **B** *adv* **j-n ~ angreifen** to attack sb physically
Tätlichkeit *f* act of violence; **~en** violence *sg*; **es kam zu ~en** there was violence
Tatmotiv *n* motive (for the crime)
Tatort *m* scene of the crime
tätowieren *v/t* to tattoo; **sich ~ lassen** to have oneself tattooed
Tätowierung *f* tattoo
Tatsache *f* fact; **das ist ~** *umg* that's a fact; **j-n vor vollendete ~n stellen** to present sb with a fait accompli
tatsächlich **A** *adj* real **B** *adv* actually, in fact; **~?** really?
tätscheln *v/t* to pat
Tattoo *m/n* (≈ *Tätowierung*) tattoo
Tatverdacht *m* suspicion (*of having committed a crime*); **unter ~ stehen** to be under suspicion
Tatverdächtige(r) *m/f(m)* suspect
Tatwaffe *f* weapon (used in the crime); (≈ *bei Mord*) murder weapon
Tatze *f* paw
Tau[1] *m Wasser* dew
Tau[2] *n* (≈ *Seil*) rope
taub *adj* deaf; *Glieder* numb; *Nuss* empty; **~ werden** to go deaf; **für etw ~ sein** *fig* to be deaf to sth
Taube *f* ZOOL pigeon; *fig* dove
Taubenschlag *m*, **Taubenkobel** österr *m* **1** pi-

geon loft **2** **hier geht es zu wie im ~** fig it's mobbed here fig, umg

Taube(r) m/f(m) deaf person od man/woman etc; **die ~n** the deaf

Taubheit f **1** deafness **2** von Körperteil numbness

taubstumm adj neg! deaf-mute

Taubstumme(r) m/f(m) neg! deaf-mute

Tauch- zssgn dive, diving

Tauchbegleiter(in) m(f) buddy umg

Tauchboot n submersible

tauchen **A** v/i to dive (**nach** for); (≈ kurz tauchen) to duck under; U-Boot to dive **B** v/t (≈ kurz tauchen) to dip; Menschen, Kopf to duck; (≈ eintauchen) to immerse

Tauchen n diving

Taucher(in) m(f) diver

Taucheranzug m diving suit Br, dive suit US, wetsuit

Taucherbrille f diving goggles pl Br, dive goggles pl US

Taucherflosse f (diving) flipper Br, (dive) flipper US

Taucherglocke f diving bell Br, dive bell US

Tauchgang m dive

Tauchsieder m immersion coil (for boiling water)

Tauchsport m (skin) diving

Tauchstation f **auf ~ gehen** U-Boot to dive; fig (≈ sich verstecken) to make oneself scarce

Tauchzentrum n dive centre Br od center US

tauen v/t & v/i v/i to melt, to thaw; **es taut** it is thawing

Taufbecken n font

Taufe f baptism; bes von Kindern christening; **etw aus der ~ heben** Firma to start sth up; Projekt to launch sth

taufen v/t to baptize; (≈ nennen) Kind, Schiff to christen; **sich ~ lassen** to be baptized

Täufling m child/person to be baptized

Taufpate m godfather

Taufpatin f godmother

taufrisch fig adj fresh

taugen v/i **1** (≈ geeignet sein) to be suitable (**zu, für** for); **er taugt zu gar nichts** he is useless **2** (≈ wert sein) **etwas ~** to be good od all right; **nicht viel ~** to be not much good od no good **3** österr (≈ gefallen) **das taugt mir** I like it; **wenn's dir nicht taugt** if you don't like it

Taugenichts m good-for-nothing

tauglich adj suitable (**zu** for); MIL fit (**zu** for)

Tauglichkeit f suitability; MIL fitness (for service)

taumeln v/i to stagger; zur Seite to sway

Tausch m exchange, swap; **im ~ gegen** od **für etw** in exchange for sth; **einen guten/schlechten ~ machen** to get a good/bad deal

Tauschbörse f barter exchange

tauschen **A** v/t to exchange; Güter to barter; Münzen etc to swap; Geld to change (**in** +akk into); umg (≈ umtauschen) Gekauftes to change; **die Rollen ~** to swap roles **B** v/i to swap; in Handel to barter; **wollen wir ~?** shall we swap?; **ich möchte nicht mit ihm ~** I wouldn't like to change places with him

täuschen **A** v/t to deceive; **wenn mich nicht alles täuscht** unless I'm completely mistaken; **sie lässt sich leicht ~** she is easily fooled (**durch** by) **B** v/r to be wrong (**in** +dat od **über** +akk about); **dann hast du dich getäuscht!** then you are mistaken **C** v/i (≈ irreführen) Aussehen etc to be deceptive; **der Eindruck täuscht** things are not what they seem

täuschend **A** adj Ähnlichkeit remarkable **B** adv **j-m ~ ähnlich sehen** to look remarkably like sb; **eine ~ echte Fälschung** a remarkably convincing fake

Tauschgeschäft n exchange; (≈ Handel) barter (deal)

Tauschhandel m barter

Täuschung f **1** (≈ das Täuschen) deception **2** (≈ Irrtum) mistake; (≈ Irreführung) deceit; (≈ falsche Wahrnehmung) illusion; (≈ Selbsttäuschung) delusion

tausend num a thousand; **~ Dank** a thousand thanks

Tausend f thousand; **~e von** thousands of; **zu ~en** by the thousand

Tausender m (≈ Geldschein) thousand (euro/dollar etc note od bill)

Tausendfüßler m centipede

tausendjährig adj thousand-year-old; (≈ tausend Jahre lang) thousand-year(-long)

tausendmal adv a thousand times

Tausendstel n thousandth

tausendste(r, s) adj thousandth

Tautropfen m dewdrop

Tauwetter n thaw

Tauziehen n tug-of-war

Taxameter m/n taximeter

Taxe f **1** (≈ Gebühr) charge; (≈ Kurtaxe etc) tax **2** dial → Taxi

Taxi n taxi

taxieren v/t **1** Preis, Wert to estimate (**auf** +akk at); Haus etc to value (**auf** +akk at) **2** geh (≈ einschätzen) Situation to assess

Taxifahrer(in) m(f) taxi od cab driver

Taxistand m taxi rank Br, taxi stand

TB abk (= Tuberkulose) TB, tuberculosis

Teakholz n teak

Team n team

Teamarbeit f teamwork

Teambildung f team building
Teamentwicklung f team building
Teamfähigkeit f ability to work in a team
Teamgeist m team spirit
Teamkollege m, **Teamkollegin** f, **Teammitglied** n teammate
Technik f **1** (≈ Technologie) technology; bes als Studienfach engineering **2** (≈ Verfahren) technique **3** von Auto, Motor etc mechanics pl
Techniker(in) m(f) engineer; (≈ Labortechniker) technician
technisch **A** adj technical; (≈ technologisch) technological; (≈ mechanisch) mechanical; **~e Hochschule** od **Universität** technological university; **~er Leiter** technical director; **~e Daten** specifications **B** adv technically; **er ist ~ begabt** he is technically minded
technisieren v/t to mechanize
Techno m MUS techno
Technokrat(in) m(f) technocrat
technokratisch adj technocratic
Technologie f technology
Technologiepark m technology od science park
Technologietransfer m technology transfer
technologisch **A** adj technological **B** adv technologically
Teddybär m teddy bear
Tee m tea; **Tee trinken** to have tea
Teebeutel m tea bag
Teeblatt n tea leaf
Tee-Ei n (tea) infuser bes Br, tea ball bes US
Teefilter m tea filter
Teeglas n tea glass
Teekanne f teapot
Teekessel m kettle
Teeküche f kitchenette
Teelicht n night-light
Teelöffel m teaspoon; Menge teaspoonful
Teenager m teen(ager)
Teenager- zssgn teen
Teenie m umg teeny (bopper), teenie umg
Teer m tar
teeren v/t to tar
Teeservice n tea set
Teesieb n tea strainer
Teestube f tearoom
Teetasse f teacup
Teewagen m tea trolley
Teflon® n Teflon®
Teheran n Teh(e)ran
Teich m pond
Teig m dough; (≈ Pfannkuchenteig) batter
Teigschaber m dough scraper; mit Handgriff spatula
Teigwaren pl (≈ Nudeln) pasta sg

Teil[1] m **1** part; eines Textes section; **im unteren ~** at the bottom; **im vorderen ~** at the front; **ein ~ davon** part of it; **zum größten ~** for the most part; **der dritte/vierte/fünfte** etc **~** a third/quarter/fifth etc (**von** of) **2** (≈ Anteil) share; **er hat sein(en) ~ dazu beigetragen** he did his bit; **sich** (dat) **sein(en) ~ denken** umg to draw one's own conclusions
Teil[2] n part; (≈ Bestandteil) component; **etw in seine ~e zerlegen** Motor, Möbel etc to take sth apart
teilbar adj divisible (**durch** by)
Teilbereich m part; in Abteilung section
Teilbetrag m part (of an amount); auf Rechnung item
Teilchen n particle; dial (≈ Gebäckstück) cake
teilen **A** v/t **1** (≈ zerlegen) to divide; **27 geteilt durch 9** 27 divided by 9; **darüber sind die Meinungen geteilt** opinions differ on that **2** (≈ aufteilen) to share (out); **etw mit j-m ~** to share sth with sb; **sich** (dat) **etw ~** to share sth; **sie teilten das Zimmer mit ihm** they shared the room with him **B** v/r **1** in Gruppen to split up **2** Straße, Fluss to fork; Vorhang to part; **in diesem Punkt ~ sich die Meinungen** opinion is divided on this
Teiler m MATH factor
Teilerfolg m partial success
Teilgebiet n area
teilhaben v/i geh (≈ mitwirken) to participate (**an** +dat in)
Teilhaber(in) m(f) HANDEL partner; finanziell shareholder
Teilkaskoversicherung f third party, fire and theft (insurance)
Teillieferung f partial delivery
Teilnahme f **1** (≈ Anwesenheit) attendance (**an** +dat at); (≈ Beteiligung) participation (**an** +dat in); **seine ~ absagen** to withdraw **2** (≈ Interesse) interest (**an** +dat in); (≈ Mitgefühl) sympathy
Teilnahmekarte f slip, voucher (for use in a competition)
teilnahmslos **A** adj (≈ gleichgültig) indifferent **B** adv indifferently; (≈ stumm leidend) listlessly
Teilnahmslosigkeit f indifference
teilnahmsvoll adj compassionate
teilnehmen v/i **an etw** (dat) **~** to take part in sth; (≈ anwesend sein) to attend sth; (≈ sich beteiligen) to participate in sth; an Wettkampf to compete in sth; **am Unterricht ~** to attend classes; **an einem Kurs ~** to do a course
Teilnehmer(in) m(f) **1** participant; bei Wettbewerb etc competitor, contestant; (≈ Kursteilnehmer) student; **alle ~ an dem Ausflug** all those going on the outing **2** TEL subscriber
teils adv partly; **~ ... ~ ...** partly ... partly ...; umg

(≈ sowohl ... als auch) both ... and ...; **~ heiter, ~ wolkig** cloudy with sunny periods
Teilsatz m clause
Teilung f division
teilweise **A** adv partly; **der Film war ~ gut** the movie was good in parts; **~ bewölkt** cloudy in parts **B** adj partial
Teilzahlung f hire-purchase Br, installment plan US; **auf ~** on hire-purchase Br, on (an) installment plan US
Teilzeit f part-time; **~ arbeiten** to work part-time, to do part-time work
Teilzeit- zssgn part-time
Teilzeitarbeit f part-time work
Teilzeitarbeitsplatz m part-time job
Teilzeitbasis f **auf ~ arbeiten** to work part-time
teilzeitbeschäftigt adj employed part time
Teilzeitbeschäftigte(r) m/f(m) part-time employee
Teilzeitbeschäftigung f part-time work
Teilzeitjob umg m part-time job
Teilzeitkraft f part-time worker
Teint m complexion
Tel. abk (= Telefon) tel., telephone
Telearbeit f telecommuting; **~ machen** to telecommute
Telearbeiter(in) m(f) telecommuter
Telearbeitsplatz m job for telecommuters
Telebanking n telebanking
Telefax n (≈ Kopie, Gerät) fax
telefaxen v/i & v/t to fax
Telefon n (tele)phone; **~ haben** to be on the phone; **am ~** on the phone; **ans ~ gehen** to answer the phone
Telefonanbieter m (tele)phone company
Telefonanruf m (tele)phone call
Telefonanschluss m (tele)phone connection
Telefonat n (tele)phone call
Telefonbanking n telephone banking
Telefonbuch n (tele)phone book
Telefongebühr f call charge; (≈ Grundgebühr) (tele)phone rental
Telefongesellschaft f (tele)phone company
Telefongespräch n (tele)phone call; (≈ Unterhaltung) (tele)phone conversation; **ein ~ führen** to make a call
Telefonhörer m (telephone) receiver
telefonieren v/i to make a (tele)phone call, to phone; **mit j-m ~** to speak to sb on the phone; **bei j-m ~** to use sb's phone; **ins Ausland ~** to make an international call; **er telefoniert den ganzen Tag** he is on the phone all day long
telefonisch **A** adj telephonic; **eine ~e Mitteilung** a (tele)phone message **B** adv **Auskunft geben** over the phone; **j-m etw ~ mitteilen** to tell sb sth over the phone; **ich bin ~ erreichbar** I can be contacted by phone
Telefonist(in) m(f) (switchboard) operator; Br a. telephonist
Telefonkabine schweiz f (tele)phone box Br, (tele)phone booth
Telefonkonferenz f telephone conference
Telefonleitung f (tele)phone line
Telefonnetz n (tele)phone network
Telefonnummer f (tele)phone number
Telefonrechnung f (tele)phone bill
Telefonseelsorge f ≈ Samaritans pl Br, ≈ advice hotline US
Telefonsex m telephone sex
Telefonstreich m prank call
Telefonterror m umg malicious phone calls pl
Telefonverbindung f (tele)phone line; zwischen Orten (tele)phone link
Telefonzelle f (tele)phone box Br, (tele)phone booth
Telefonzentrale f (telephone) switchboard
telegen adj telegenic
Telegramm n telegram
Telekom f **die ~** German telecommunications service
Telekommunikation f telecommunications pl od (als Fachgebiet) sg
Telekopie f fax
Telekopierer m fax machine
telemedizinisch adj telemedical
Telenovela f telenovela
Teleobjektiv n FOTO telephoto lens
Telepathie f telepathy
telepathisch adj telepathic
Teleshopping n teleshopping
Teleskop n telescope
Telex n telex
Teller m plate; **ein ~ Suppe** a plate of soup
Tellerwäscher(in) m(f) dishwasher
Tempel m temple
Temperament n **1** (≈ Wesensart) temperament; **ein hitziges ~ haben** to be hot-tempered **2** (≈ Lebhaftigkeit) vitality; **sein ~ ist mit ihm durchgegangen** he lost his temper
temperamentlos adj lifeless
Temperamentlosigkeit f lifelessness
temperamentvoll **A** adj lively, vivacious **B** adv exuberantly
Temperatur f temperature; **erhöhte ~ haben** to have a temperature; **bei ~en von bis zu 42 Grad Celsius** in temperatures of up to 42°C
Temperaturanstieg m rise in temperature
Temperaturregler m thermostat
Temperaturrückgang m fall in temperature
Temperaturschwankung f variation in temperature

Temperatursturz m sudden drop in temperature

Tempo n **1** speed; **~!** umg hurry up!; **bei j-m ~ machen** umg to make sb get a move on umg; **~ 100** speed limit (of) 100 km/h; **aufs ~ drücken** umg to step on the gas umg **2** MUS tempo; **das ~ angeben** to set the tempo; fig to set the pace

Tempolimit n speed limit

Tempomat m AUTO cruise control

temporär geh adj temporary

Temposünder(in) m(f) person caught for speeding

Tempus n GRAM tense

Tendenz f trend; (≈ Neigung) tendency; (≈ Absicht) intention; **die ~ haben, zu ...** to have a tendency to ...

tendenziös adj tendentious

tendieren v/i **1 dazu ~, etw zu tun** (≈ neigen) to tend to do sth; (≈ beabsichtigen) to be moving toward(s) doing sth **2** FIN, BÖRSE to tend; **fester/schwächer ~** to show a stronger/weaker tendency

Teneriffa n Tenerife

Tennis n tennis

Tennisball m tennis ball

Tennisplatz m tennis court

Tennisschläger m tennis racket

Tennisspieler(in) m(f) tennis player

Tenor¹ m tenor

Tenor² m MUS tenor

Teppich m carpet; **etw unter den ~ kehren** to sweep sth under the carpet; **bleib auf dem ~!** umg be reasonable!

Teppichboden m carpet(ing); **das Zimmer ist mit ~ ausgelegt** the room has a fitted carpet

Teppichklopfer m carpet-beater

Termin m date; für Fertigstellung deadline; bei Arzt, Besprechung etc appointment; SPORT fixture; JUR (≈ Verhandlung) hearing; **sich** (dat) **einen ~ geben lassen, einen ~ vereinbaren** to make an appointment

Terminabsprache f scheduling of a meeting

Terminal n/m terminal

Terminbestätigung f confirmation of a meeting

Terminbörse f futures market

Termingeld n fixed-term deposit

termingemäß, termingerecht adj & adv on schedule

Terminhandel m BÖRSE forward od futures trading

Terminkalender m (appointments) diary; **einen ~ führen** to keep a diary

terminlich adj **aus ~en Gründen absagen** to cancel because of problems with one's schedule

Terminmarkt m BÖRSE futures market

Terminologie f terminology

terminologisch **A** adj terminological **B** adv terminologically

Terminplan m (≈ Kalender) appointments list; (≈ Programm) agenda

Terminplaner m appointments calendar

Terminus m term; **~ technicus** technical term

Termite f termite

Terpentin österr n/m turpentine; umg (≈ Terpentinöl) turps umg

Terrain n terrain; fig territory; **das ~ sondieren** fig to see how the land lies

Terrarium n terrarium

Terrasse f **1** GEOG terrace **2** (≈ Veranda) patio; (≈ Dachterrasse) roof garden

terrassenartig, terrassenförmig **A** adj terraced **B** adv in terraces

terrestrisch adj terrestrial

Terrier m terrier

Territorium n territory

Terror m terror; (≈ Terrorismus) terrorism; (≈ Terrorherrschaft) reign of terror; **~ machen** umg to raise hell

Terrorakt m act of terrorism

Terrorangriff m terrorist raid

Terroranschlag m terrorist attack

terrorisieren v/t to terrorize

Terrorismus m terrorism

Terrorismusbekämpfung f counterterrorism

Terrorismusexperte m, **Terrorismusexpertin** f expert on terrorism

Terrorist(in) m(f) terrorist

terroristisch adj terrorist attr

Terrormiliz f terror militia

Terrornetz n, **Terrornetzwerk** n terror network, terrorist network

Terrorzelle f terror cell

tertiär adj tertiary

Terz f MUS third; Fechten tierce

Tesafilm® m adhesive tape, sticky tape Br

Tessin n **das ~** Ticino

Test m test

Testament n **1** JUR will; fig legacy; **das ~ eröffnen** to read the will; **sein ~ machen** to make one's will **2** BIBEL **Altes/Neues ~** Old/New Testament

testamentarisch **A** adj testamentary; **eine ~e Verfügung** an instruction in the will **B** adv in one's will; **etw ~ festlegen** to write sth in one's will

Testamentseröffnung f reading of the will

Testamentsvollstrecker(in) m(f) executor; Frau a. executrix

Testbesucher(in) *m(f)* mystery visitor
Testbild *n* TV test card
testen *v/t* to test (**auf** +*akk* for)
Tester(in) *m(f)* tester
Testlauf *m* TECH trial run
Testosteron *n Sexualhormon* testosterone
Testperson *f* subject (of a test)
Testpilot(in) *m(f)* test pilot
Testsieger *m* HANDEL top performer, best buy
Teststopp *m* test ban
Teststoppabkommen *n* test ban treaty
Tetanus *m* tetanus
teuer **A** *adj* expensive; *fig* dear; **teurer werden** to go up (in price) **B** *adv* expensively; **etw ~ kaufen/verkaufen** to buy/sell sth for a high price; **das wird ihn ~ zu stehen kommen** *fig* that will cost him dear; **etw ~ bezahlen** *fig* to pay a high price for sth
Teuerung *f* rise in prices
Teuerungsrate *f* rate of price increases
Teuerungszulage *f* cost of living bonus
Teufel *m* **1** devil **2** *umg* **scher dich zum ~** go to hell!; *umg*; **der ~ soll ihn holen!** to hell with him *umg*; **j-n zum ~ jagen** to send sb packing *umg*; **wer zum ~?** who the devil? *umg*; **zum ~ mit dem Ding!** to hell with the thing! *umg*; **den ~ an die Wand malen** to tempt fate; **wenn man vom ~ spricht** *sprichw* talk of the devil *Br*, speak of the devil; **dann kommst du in ~s Küche** then you'll be in a hell of a mess *umg*; **wie der ~** like hell; **auf ~ komm raus** like crazy *umg*; **da ist der ~ los** all hell's been let loose *umg*; **der ~ steckt im Detail** the devil is in the detail
Teufelsaustreibung *f* exorcism
Teufelskreis *m* vicious circle
teuflisch *adj* fiendish
Text *m* text; *eines Gesetzes* wording; *von Lied* words *pl*; *von Schlager* lyrics *pl*; *von Film* script; *unter Bild* caption; **weiter im ~** *umg* (let's) get on with it
Textauszug *m* excerpt
Textbaustein *m* IT template
texten *v/t & v/i* to write; *mit Handy* to text
Texter(in) *m(f) für Schlager* songwriter; *für Werbesprüche* copywriter
Texterfasser(in) *m(f)* keyboarder
textil *adj* textile
Textil- *zssgn* textile
Textilarbeiter(in) *m(f)* textile worker
Textilfabrik *f* textile factory
Textilien *pl* textiles *pl*
Textilindustrie *f* textile industry
Textmarker *m* highlighter
Textnachricht *f* TEL text message; **eine ~ schicken** to text
Textstelle *f* passage

Textverarbeitung *f* word processing
Textverarbeitungsprogramm *n* word processor, word processing program
Textverarbeitungssystem *n* word processor
TH *abk* (= *technische Hochschule*) technological university
Thai[1] *m/f(m)* Thai
Thai[2] *n Sprache* Thai
Thailand *n* Thailand
Thailänder(in) *m(f)* Thai
thailändisch *adj* Thai
Theater *n* **1** theatre *Br*, theater *bes US*; **zum ~ gehen** to go on the stage; **ins ~ gehen** to go to the theatre *Br*, to go to the theater *bes US*; **~ spielen** *wörtl* to act; *fig* to put on an act; **das ist doch alles nur ~** *fig* it's all just play-acting **2** *fig* to-do *umg*, fuss; **(ein) ~ machen** to make a (big) fuss
Theaterbesuch *m* visit to the theatre
Theaterbesucher(in) *m(f)* theatregoer *Br*, theatergoer *US*
Theaterfestival *n* drama festival
Theaterkarte *f* theatre ticket *Br*, theater ticket *bes US*
Theaterkasse *f* theatre box office *Br*, theater box office *bes US*
Theaterstück *n* (stage) play
theatralisch **A** *adj* theatrical **B** *adv* theatrically
Theke *f* (≈ *Schanktisch*) bar; (≈ *Ladentisch*) counter
Thema *n* (≈ *Gegenstand*) subject, topic; (≈ *Leitgedanke*), *a.* MUS theme; (≈ *Frage*) issue; **beim ~ bleiben** to stick to the subject; **das ~ wechseln** to change the subject; **kein ~ sein** not to be an issue; **j-n vom ~ abbringen** to get sb off the subject
Thematik *f* topic
thematisch *adj* thematic; **~ geordnet** arranged according to subject
Themenabend *m* TV *etc* theme evening
Themenbereich *m*, **Themenkreis** *m* topic
Themenpark *m* theme park
Themse *f* **die ~** the Thames; **an der ~ liegen** to be on the river Thames
Theologe *m*, **Theologin** *f* theologian
Theologie *f* theology
theologisch *adj* theological
Theoretiker(in) *m(f)* theoretician
theoretisch **A** *adj* theoretical **B** *adv* theoretically; **~ gesehen** theoretically
Theorie *f* theory
Theraband *n* MED, SPORT physio *od* kinesio(logy) tape
Therapeut(in) *m(f)* therapist
therapeutisch *adj* therapeutic(al)
Therapie *f* therapy; (≈ *Behandlungsmethode*) (method of) treatment (**gegen** for)

therapieren v/t to give therapy to
Thermalbad n thermal bath; *Gebäude* thermal baths pl; (≈ *Badeort*) spa
Thermalquelle f thermal spring
thermisch adj PHYS thermal
Thermodrucker m thermal printer
Thermodynamik f thermodynamics sg
thermodynamisch adj thermodynamic
Thermometer n thermometer
Thermopapier n thermal paper
Thermosflasche® f vacuum flask
Thermoskanne® f vacuum jug
Thermostat m thermostat
These f hypothesis; *umg* (≈ *Theorie*) theory
Thon m *schweiz* tuna
Thriller m thriller
Thrombose f thrombosis
Thron m throne
thronen *wörtl* v/i to sit enthroned; *fig* to sit in state
Thronfolge f line of succession; **die ~ antreten** to succeed to the throne
Thronfolger(in) m(f) heir to the throne
Thunfisch m tuna (fish)
Thurgau m Thurgau
Thüringen n Thuringia
Thymian m thyme
Tibet n Tibet
tibetanisch, tibetisch adj Tibetan
Tick m *umg* (≈ *Schrulle*) quirk *umg*; **einen ~ haben** *umg* to be crazy
ticken v/i to tick (away); **du tickst ja nicht richtig** *umg* you're off your rocker! *umg*
Ticket n ticket
Tiebreak m, **Tie-Break** m *Tennis* tie-break *bes Br*, tie-breaker
tief **A** adj deep; *Ton, Temperatur* low; **~er Teller** soup plate; **aus ~stem Herzen** from the bottom of one's heart; **im ~en Wald** deep in the forest; **im ~en Winter** in the depths of winter; **in der ~en Nacht** at dead of night; **im ~sten Innern** in one's heart of hearts **B** adv **1** deep; *sich bücken* low; *untersuchen* in depth; **3 m ~ fallen** to fall 3 metres *Br*, to fall 3 meters *US*; **~ sinken** *fig* to sink low; **bis ~ in etw** (*akk*) **hinein** *örtlich* a long way down/deep into sth; **~ ausgeschnitten** low-cut; **~ verschneit** deep with snow; **~ in Gedanken (versunken)** deep in thought; **j-m ~ in die Augen sehen** to look deep into sb's eyes **2** (≈ *sehr stark*) deeply; **~ greifend** *Veränderung* far-reaching; *sich verändern* significantly; *reformieren* thoroughly; **~ schürfend** profound **3** (≈ *niedrig*) low; **ein Stockwerk ~er** on the floor below; **~ liegend** *Gegend, Häuser* low-lying
Tief n METEO depression; *fig* low

Tiefbau m civil engineering
tiefblau adj deep blue
Tiefdruck m METEO low pressure
Tiefdruckgebiet n METEO area of low pressure, depression
Tiefe f **1** depth; **unten in der ~** far below **2** (≈ *Intensität*) deepness **3** (≈ *Tiefgründigkeit*) profundity **4** *von Ton* lowness
Tiefebene f lowland plain
Tiefenpsychologie f depth psychology
Tiefenschärfe f FOTO depth of field
Tiefflieger m low-flying aircraft
Tiefflug m low-altitude flight
Tiefgang m SCHIFF draught *Br*, draft *US*; *fig umg* depth
Tiefgarage f underground car park *Br*, underground parking garage *bes US*
tiefgefrieren v/t to (deep-)freeze
tiefgekühlt adj (≈ *gefroren*) frozen; (≈ *sehr kalt*) chilled
tiefgreifend adj → tief
tiefgründig adj profound; (≈ *durchdacht*) well-grounded
Tiefkühlfach n freezer compartment
Tiefkühlkost f frozen food
Tiefkühlschrank m upright freezer
Tiefkühltruhe f (chest) freezer
Tiefland n lowlands pl
tiefliegend adj → tief
Tiefpunkt m low
tiefrot adj deep red
Tiefschlag m *Boxen, a. fig* hit below the belt
Tiefschnee m deep (powder) snow
Tiefschneefahren n deep powder skiing, off-piste skiing
Tiefsee f deep sea
Tiefstand m low
Tiefstpreis m lowest price
Tiefsttemperatur f lowest temperature (**um** around)
tieftraurig adj very sad
Tiegel m *zum Kochen* (sauce)pan; *in der Chemie* crucible
Tier n animal; (≈ *Haustier*) pet; *umg* (≈ *Mensch*) brute; **hohes ~** *umg* big shot *umg*; **frei lebende ~e** wildlife
Tierarzt m, **Tierärztin** f vet
Tierfreund(in) m(f) animal lover
Tierfutter n animal food; *für Haustiere* pet food
Tiergarten m zoo
Tierhandlung f pet shop
Tierheim n animal shelter, animal rescue centre *Br*; animal home, rescue centre *Br*
tierisch **A** adj animal attr; *fig Grausamkeit* bestial; **~er Ernst** *umg* deadly seriousness **B** adv *umg* (≈ *ungeheuer*) horribly *umg*; *wehtun* like hell

umg; ernst deadly
Tierklinik *f* veterinary clinic
Tierkreis *m* zodiac
Tierkreiszeichen *n* sign of the zodiac
Tierkunde *f* zoology
tierlieb *adj* (very) fond of animals
Tiermedizin *f* veterinary medicine
Tierpark *m* zoo
Tierpfleger(in) *m(f)* zoo keeper
Tierquälerei *f* cruelty to animals
Tierschutz *m* protection of animals
Tierschützer(in) *m(f)* animal conservationist
Tierschutzverein *m* society for the prevention of cruelty to animals
Tierversicherung *f* animal health insurance; *für Haustier* pet insurance
Tierversuch *m* animal experiment
Tierwelt *f* wildlife; **Tier- und Pfanzenwelt** wildlife
Tiger *m* tiger
Tigerin *f* tigress
Tigerstaat *m* WIRTSCH tiger economy
Tilde *f* tilde
tilgen *geh v/t* **1** *Schulden* to pay off **2** (≈ *beseitigen*) *Unrecht, Spuren* to wipe out; *Erinnerung* to erase; *Strafe* to remove
Tilgung *f von Schulden* repayment
timen *v/t* to time
Timing *n* timing; **schlechtes ~** bad timing
Tinktur *f* tincture
Tinnitus *m* MED tinnitus
Tinte *f* ink; **mit roter ~ schreiben** to write in red ink; **in der ~ sitzen** *umg* to be in the soup *umg*
Tintenfisch *m* cuttlefish; (≈ *Kalmar*) squid; *achtarmig* octopus
Tintenkiller *m* correction pen
Tintenklecks *m* ink blot
Tintenpatrone *f von Füller, Drucker* ink cartridge
Tintenroller *m* rollerball pen
Tintenstrahldrucker *m* ink-jet (printer)
Tipp *m* tip; *an Polizei* tip-off
tippen **A** *v/t umg* (≈ *schreiben*) to type **B** *v/i* **1** (≈ *klopfen*) **an/auf etw** *(akk)* **~** to tap sth **2** *umg am Computer* to type **3** (≈ *wetten*) to fill in one's coupon; **im Lotto ~** to play the lottery **4** *umg* (≈ *raten*) to guess; **ich tippe darauf, dass ...** I bet (that) ...
Tippfehler *m* typing mistake
tipptopp *umg* **A** *adj* immaculate; (≈ *prima*) first--class **B** *adv* immaculately; (≈ *prima*) really well; **~ sauber** spotless
Tippzettel *m im Lotto* lottery coupon
Tipse *f umg* typist
Tirol *n* Tyrol
Tiroler(in) *m(f)* Tyrolese, Tyrolean
Tisch *m* table; (≈ *Schreibtisch*) desk; **bei ~** at (the) table; **den ~ decken** to set *od* lay *Br* the table; **etw auf den ~ bringen** *umg* to serve sth (up); **vom ~ sein** *fig* to be cleared out of the way; **j-n über den ~ ziehen** *fig umg* to take sb to the cleaners *umg*
Tischdecke *f* tablecloth
Tischfußball *m* table football *Br*, foosball *US*
Tischgebet *n* grace
Tischler(in) *m(f)* joiner *bes Br*, carpenter; (≈ *Möbeltischler*) cabinet-maker
Tischlerei *f* **1** *Werkstatt* carpenter's workshop; (≈ *Möbeltischlerei*) cabinet-maker's workshop **2** *umg* (≈ *Handwerk*) carpentry; *von Möbeltischler* cabinet-making
tischlern *umg v/i* to do woodwork
Tischplatte *f* tabletop
Tischrechner *m* desk calculator
Tischrede *f* after-dinner speech
Tischtennis *n* table tennis
Tischtennisschläger *m* table tennis bat *Br*, table tennis paddle *US*
Tischtuch *n* tablecloth
Titel *m* title; *auf einer CD* track
Titelbild *n* cover (picture)
Titelmelodie *f von Film* theme tune
Titelmusik *f* theme music
Titelrolle *f* title role
Titelseite *f* cover, front page
Titelsong *m* title song, title track
Titelstory *f* cover story
Titelverteidiger(in) *m(f)* title holder
Titte *sl f* tit *sl*
tja *int* well
Toast *m* **1** (≈ *Brot*) toast; **ein ~** a slice of toast **2** (≈ *Trinkspruch*) toast; **einen ~ auf j-n ausbringen** to propose a toast to sb
Toastbrot *n sliced white bread for toasting*
toasten *v/t Brot* to toast
Toaster *m* toaster
Tobel *f schweiz* (≈ *Schlucht*) gorge, ravine
toben *v/i* **1** (≈ *wüten*) to rage; *Mensch* to throw a fit **2** (≈ *ausgelassen spielen*) to rollick (about)
Tobsucht *f bei Tieren* madness; *bei Menschen* maniacal rage
tobsüchtig *adj* mad
Tobsuchtsanfall *umg m* fit of rage; **einen ~ bekommen** to blow one's top *umg*
Tochter *f* daughter; (≈ *Tochterfirma*) subsidiary
Tochterfirma *f* subsidiary (firm)
Tod *m* death; **eines natürlichen/gewaltsamen Todes sterben** to die of natural causes/a violent death; **sich** *(dat)* **den Tod holen** to catch one's death (of cold); **zu Tode kommen** to die; **j-n/etw auf den Tod nicht leiden können** *umg* to be unable to stand sb/sth; **sich zu Tod(e) langweilen** to be bored to death; **zu Tode be-**

trübt sein to be in the depths of despair; **zu Tode geängstigt** terrified
tod- zssgn umg deadly
todernst umg adj deadly serious
Todes- zssgn JUR capital
Todesangst f mortal agony; **Todesängste ausstehen** umg to be scared to death umg
Todesanzeige f als Brief letter announcing sb's death; (≈ Annonce) obituary (notice)
Todesfall m death
Todesgefahr f mortal danger
Todeskampf m death throes pl
Todesopfer n death, casualty
Todesstrafe f death penalty
Todestag m **j-s ~** the anniversary of sb's death
Todestrakt m death row
Todesursache f cause of death
Todesurteil n death sentence
Todesverachtung f disregard for death; **mit großer Überwindung mit ~** heroically
Todeszelle f death watch cell
Todfeind(in) m(f) deadly enemy
todgeweiht adj Mensch, Patient doomed
todkrank adj (≈ sterbenskrank) critically ill; (≈ unheilbar krank) terminally ill
todlangweilig adj umg deadly boring
tödlich **A** adj fatal; Gefahr mortal; Waffe, Dosis lethal; umg Langeweile deadly **B** adv **1** mit Todesfolge **~ verunglücken** to be killed in an accident **2** umg (≈ äußerst) horribly umg; **langweilen** to death
todmüde umg adj dead tired umg
To-do-Liste f Liste von zu Erledigendem to-do list
todschick umg **A** adj dead smart **B** adv gekleidet ravishingly; eingekleidet exquisitely
todsicher umg adj dead certain umg; Tipp sure-fire umg
Todsünde f mortal sin
todunglücklich umg adj desperately unhappy
Töff m schweiz (≈ Motorad) motorbike
Tofu n tofu
Togo n GEOG Togo
Toilette f toilet, lavatory, bathroom US, washroom US; öffentliche restroom US; **wo ist die ~?** where is the toilet etc ?; **auf die ~ gehen** to go to the toilet etc
Toilettenartikel m toiletry
Toilettenpapier n toilet paper
Toilettenpause f toilet break, comfort break bes US
toi, toi, toi umg int vor Prüfung etc good luck; **unberufen** touch wood Br, knock on wood US
Tokio n Tokyo
tolerant adj tolerant (**gegen** of)
Toleranz f tolerance (**gegen** of)
tolerieren v/t to tolerate

toll **A** adj **1 die (drei) ~en Tage** (the last three days of) Fasching **2** umg (≈ großartig) fantastic umg, great, brilliant Br umg; (≈ erstaunlich) amazing **B** adv umg (≈ großartig) fantastically; **schmecken** fantastic
Tollkirsche f deadly nightshade
tollkühn adj Person, Fahrt daredevil attr, daring
Tollpatsch umg m clumsy creature, klutz US
tollpatschig adj clumsy
Tollwut f rabies sg
tollwütig adj rabid
Tölpel umg m fool
Tomate f tomato
Tomatenmark n, **Tomatenpüree** n tomato puree
Tomatensaft m tomato juice
Tombola f tombola Br, raffle US
Tomograf m MED tomograph
Tomografie f tomography
Tomogramm n MED tomogram
Ton¹ m (≈ Erdart) clay
Ton² m **1** sound; MUS, LIT tone; (≈ Note) note; **formeller/informeller/witziger Ton** LIT formal/informal/jocular tone; **sachlich-nüchterner Ton** LIT matter-of-fact tone; **keinen Ton sagen** not to make a sound; **große Töne spucken** umg to talk big; **j-n in (den) höchsten Tönen loben** umg to praise sb to the skies **2** (≈ Betonung) stress; (≈ Tonfall) intonation **3** (≈ Redeweise) tone; **ich verbitte mir diesen Ton** I will not be spoken to like that; **der gute Ton** good form **4** (≈ Farbton) tone; (≈ Nuance) shade
Tonabnehmer m pick-up
tonangebend adj **~ sein** to set the tone
Tonarm m pick-up arm
Tonart f MUS key; fig (≈ Tonfall) tone
Tonband n tape
Tonbandgerät n tape recorder
Tondatei f sound file
tönen¹ v/i (≈ klingen) to sound; (≈ großspurig reden) to boast; → **getönt**
tönen² v/t to tint; **sich** (dat) **die Haare ~** to tint one's hair
Toner m toner
Tonerkassette f toner cartridge
tönern adj clay
Tonfall m tone of voice; (≈ Intonation) intonation
Tonfilm m sound film, talkie
tonhaltig adj clayey
Tonhöhe f pitch
Toningenieur(in) m(f) sound engineer
Tonlage f pitch (level); (≈ Tonumfang) register
Tonleiter f scale
tonlos adj toneless
Tonnage f SCHIFF tonnage
Tonne f **1** (≈ Behälter) barrel; aus Metall drum;

(≈ *Mülltonne*) bin *Br*, trash can *US* **2** (≈ *Gewicht*) metric ton(ne) **3** (≈ *Registertonne*) (register) ton
Tonprobe *f* sound check
Tonspur *f* soundtrack
Tonstörung *f* sound interference
Tonstudio *n* recording studio
Tontaube *f* clay pigeon
Tontaubenschießen *n* clay pigeon shooting
Tontechniker(in) *m(f)* sound technician
Tönung *f* (≈ *Haartönung*) hair colour *Br*, hair color *US*; (≈ *Farbton*) shade, tone
Top *n Kleidungsstück* top
topaktuell *adj* up-to-the-minute
Topas *m* topaz
Topbegriff *m* **~ bei Twitter® sein** to be trending on Twitter®
Topf *m* pot; (≈ *Kochtopf*) (sauce)pan; **alles in einen ~ werfen** *fig* to lump everything together
Topfen *m österr, südd* quark
Töpfer(in) *m(f)* potter
Töpferei *f* pottery
töpfern *v/i* to do pottery
Töpferscheibe *f* potter's wheel
topfit *adj* in top form; *gesundheitlich* as fit as a fiddle
Topflappen *m* oven cloth
Topfpflanze *f* potted plant
Topmodel *n* top model
Topografie *f* topography
topografisch *adj* topographic(al)
toppen *v/t* to top, to beat; **schwer zu ~** hard to top *od* beat
topsecret *adj* top secret
Topthema *n* trending topic
Tor *n* **1** gate; *fig* gateway; (≈ *Torbogen*) archway; *von Garage* door **2** SPORT goal; **ein Tor schießen** to score (a goal); **im Tor stehen** to be in goal
Torabstoß *m* FUSSB goal kick
Torbogen *m* arch
Torchance *f* chance to score
Toresschluss *m* → Torschluss
Torf *m* peat
torfig *adj* peaty
Torfmoor *n* peat bog; *trocken* peat moor
Torfmull *m* peat dust
Torfrau *f* goalkeeper
Torhüter(in) *m(f)* goalkeeper
töricht *adj geh* foolish; *Hoffnung* idle
Torjäger(in) *m(f)* (goal)scorer
torkeln *v/i* to stagger, to reel
Torlatte *f* crossbar
Torlinie *f* goal line
Torlinientechnik *f* goal-line technology
torlos *adj* **das Spiel endete ~** the game ended in a goalless draw
Tormann *m* goalkeeper

Tornado *m* tornado, twister
torpedieren *v/t* to torpedo
Torpedo *m* torpedo
Torpfosten *m* gatepost; SPORT goalpost
Torraum *m* box, goal area
Torschluss *fig m* **kurz vor ~** at the last minute
Torschlusspanik *umg f* last minute panic
Torschuss *m* shot (at goal)
Torschütze *m,* **Torschützin** *f* (goal)scorer
Torte *f* cake; (≈ *Sahnetorte*) gâteau; (≈ *Obsttorte*) flan
Tortenboden *m* flan case; *ohne Seiten* flan base
Tortendiagramm *n* pie chart
Tortengrafik *f* pie chart
Tortenguss *m* glaze
Tortenheber *m* cake slice
Tortilla *f* GASTR tortilla
Tortillachips *pl* tortilla chips
Tortur *f* torture; *fig* ordeal
Torverhältnis *n* score
Torwart(in) *m(f)* goalkeeper
tosen *v/i Wellen* to thunder; *Sturm* to rage; **~der Beifall** thunderous applause
tot *adj* dead; *umg* (≈ *erschöpft*) beat *umg*; *Stadt* deserted; **tot geboren** stillborn; **tot umfallen** to drop dead; **er war auf der Stelle tot** he died instantly; **ein toter Mann sein** *fig umg* to be a goner *umg*; **toter Winkel** blind spot; MIL dead angle; **das Tote Meer** the Dead Sea; **toter Punkt** (≈ *Stillstand*) standstill, halt; *in Verhandlungen* deadlock; (≈ *körperliche Ermüdung*) low point
total **A** *adj* total **B** *adv* totally
Totalausverkauf *m* clearance sale; *wegen Geschäftsaufgabe a.* closing-down sale
Totalisator *m* totalizator
totalitär **A** *adj* totalitarian **B** *adv* in a totalitarian way
Totaloperation *f von Gebärmutter* hysterectomy
Totalschaden *m* write-off *Br*; **er hatte einen ~** *US* he totaled the car
totarbeiten *umg v/r* to work oneself to death
totärgern *v/r umg* to be* totally hacked off *umg*
Totempfahl *m* totem pole
töten *v/t & v/i* to kill
Totenbett *n* deathbed
totenblass *adj* deathly pale
Totengräber(in) *m(f)* gravedigger
Totenkopf *m* skull; *auf Piratenfahne etc* skull and crossbones
Totenschein *m* death certificate
Totenstarre *f* rigor mortis
Totenstille *f* deathly silence
Tote(r) *m/f(m)* dead person; *bei Unfall, a.* MIL casualty; **die ~n** the dead; **es gab 3 ~** 3 people died *od* were killed
totgeboren *adj* → tot

Totgeburt f stillbirth
totkriegen umg v/t **nicht totzukriegen sein** to go on for ever
totlachen umg v/r to kill oneself (laughing) Br umg; **es ist zum Totlachen** it is hilarious
Toto österr, schweiz n/m/n (football) pools pl Br; **(im) ~ spielen** to do the pools Br
Totoschein m pools coupon Br
totschießen v/t to shoot* dead
Totschlag m JUR manslaughter
totschlagen v/t to kill; **du kannst mich ~, ich weiß es nicht** umg for the life of me I don't know
totschweigen v/t to hush up umg
tot stellen v/r to pretend to be dead
Tötung f killing
Touchpad n COMPUT touchpad
Touchscreen m touchscreen
tough adj umg tough
Toupet n toupée
toupieren v/t to backcomb
Tour f ◨ (≈ Fahrt) trip; (≈ Tournee, Fahrradtour) tour; (≈ Wanderung) walk; (≈ Bergtour) climb ◨ (≈ Umdrehung) revolution; **durch das Haus** tour of the house; **auf ~en kommen** Auto to reach top speed; fig umg to get into top gear; **j-n/etw auf ~en bringen** fig to get sb/sth going; **in einer ~** umg incessantly ◨ umg **auf die krumme ~** by dishonest means; **j-m die ~ vermasseln** umg to put paid to sb's plans
Tourenrad n tourer
Tourenwagen m touring car
Touri m umg (≈ Tourist) tourist
Tourismus m tourism
Tourismusindustrie f tourist industry
Tourist(in) m(f) tourist
Touristeninformation f tourist (information) office
Touristenklasse f tourist class
Touristik f tourism
touristisch adj tourist attr
Tournee f tour; **auf ~ sein** to be on tour
Tower m FLUG (control) tower
Toxikologe m, **Toxikologin** f toxicologist
toxikologisch adj toxicological
toxisch adj toxic
Trab m trot; **im ~** at a trot; **auf ~ sein** umg to be on the go umg; **j-n in ~ halten** umg to keep sb on the go umg
Trabant m satellite
Trabantenstadt f satellite town, satellite US
traben v/i to trot
Trabrennbahn f trotting course
Trabrennen n trotting race
Tracht f ◨ (≈ Kleidung) dress; (≈ Volkstracht etc) costume; (≈ Schwesterntracht) uniform ◨ **j-m eine ~ Prügel verabreichen** umg to give sb a beating
trachten geh v/i to strive (**nach** for, after); **j-m nach dem Leben ~** to be after sb's blood
trächtig adj Tier pregnant
Track m auf einer CD track
Trackball m COMPUT trackball
Tradition f tradition; **(bei j-m) ~ haben** to be a tradition (for sb)
traditionell ◨ adj traditional ◨ adv traditionally
traditionsbewusst adj tradition-conscious
traditionsgemäß adv traditionally
Trafik österr f tobacconist's (shop) Br, cigar store US
Trafikant(in) österr m(f) tobacconist
Trafo umg m transformer
Tragbahre f stretcher
tragbar adj ◨ Gerät portable ◨ (≈ annehmbar) acceptable (**für** to); (≈ erträglich) bearable
Trage f (≈ Bahre) stretcher
träge adj ◨ sluggish; Mensch lethargic; (≈ faul) lazy ◨ PHYS Masse inert
tragen ◨ v/t ◨ (≈ befördern) to carry; **den Brief zur Post ~** to take the letter to the post office ◨ (≈ am Körper tragen) to wear; **getragene Kleider** second-hand clothes ◨ (≈ stützen) to support ◨ (≈ hervorbringen) Zinsen, Ernte to yield; Früchte to bear ◨ (≈ trächtig sein) to be carrying ◨ (≈ ertragen) Schicksal to bear ◨ (≈ übernehmen) Verluste to defray; Kosten to bear, to carry; Risiko to take ◨ (≈ haben) Titel, Namen to bear ◨ v/i ◨ Eis to take one's weight ◨ **schwer an etw** (dat) **~** to have a job carrying sth; fig to find sth hard to bear; **zum Tragen kommen** to come to fruition; (≈ nützlich werden) to come in useful ◨ v/r Kleid, Stoff to wear
tragend adj ◨ (≈ stützend) Säule, Bauteil load-bearing ◨ THEAT Rolle major
Träger m ◨ an Kleidung strap; (≈ Hosenträger) braces pl Br, suspenders pl US ◨ Hoch- und Tiefbau (supporting) beam; (≈ Stahlträger, Eisenträger) girder ◨ (≈ Kostenträger) funding provider
Träger(in) m(f) von Lasten, Namen, Titel bearer; von Kleidung wearer; eines Preises winner; von Krankheit carrier
Trägerrakete f carrier rocket
Tragetasche f carrier bag
tragfähig adj able to take a weight; soziales System, Kompromiss viable; fig Konzept, Lösung viable, workable
Tragfläche f wing
Tragflächenboot n, **Tragflügelboot** n hydrofoil
Trägheit f sluggishness; von Mensch lethargy; (≈ Faulheit) laziness; PHYS inertia
Tragik f tragedy

Tragikomik f tragicomedy
tragikomisch adj tragicomical
Tragikomödie f tragicomedy
tragisch A adj tragic; **das ist nicht so ~** umg it's not the end of the world B adv tragically
Tragödie f LIT, a. fig tragedy
Tragweite f von Geschütz etc range; **von großer ~ sein** to have far-reaching consequences
Trainee m trainee
Trainer(in) m(f) trainer; von Tennisspieler coach; bei Fußball manager
trainieren A v/t to train; Übung, Sportart to practise Br, to practice US; Muskel to exercise B v/i Sportler to train; (≈ Übungen machen) to exercise; (≈ üben) to practise Br, to practice US
Training n training kein pl; (≈ Fitnesstraining) workout; von Spielern coaching; fig (≈ Übung) practice; **das ~ ist heute ausgefallen** training was cancelled today
Trainings- zssgn exercising
Trainingsanzug m tracksuit
Trainingseinheit f training session
Trainingshose f tracksuit trousers pl Br, tracksuit pants pl US
Trainingsjacke f tracksuit top Br, sweat-jacket US
Trainingsschuh m training shoe
Trainingsstunde f training session
Trakt m (≈ Gebäudeteil) section; (≈ Flügel) wing
traktieren umg v/t (≈ schlecht behandeln) to maltreat; (≈ quälen) to torment
Traktor m tractor
trällern v/t & v/i to warble
Tram südd f/nt schweiz, **Trambahn** südd f → Straßenbahn
Trampel m/n clumsy clot umg
trampeln A v/i (≈ mit den Füßen stampfen) to stamp B v/t **j-n zu Tode ~** to trample sb to death
Trampelpfad m track
trampen v/i to hitchhike
Tramper(in) m(f) hitchhiker
Trampolin n trampoline
Tran m ① von Fischen train oil ② umg **im ~** dop(e)y umg; (≈ leicht betrunken) tipsy
Trance f trance
tranchieren v/t to carve
Träne f tear; **ihm kamen die ~n** tears welled (up) in his eyes; **~n lachen** to laugh till one cries; **bittere ~n weinen** to shed bitter tears
tränen v/i to water
Tränendrüse f lachrymal gland
Tränengas n tear gas
Tränke f drinking trough
tränken v/t ① Tiere to water ② (≈ durchnässen) to soak

trans adj (≈ transsexuell) trans
Transaktion f WIRTSCH transaction
Transaktionsnummer f FIN transaction number
transatlantisch adj transatlantic
transeuropäisch adj trans-European; **~e Netze** TEL trans-European networks
Transfer m transfer
transferieren v/t to transfer
Transformation f transformation
Transformator m transformer
Transfrau f Mann, der sich als Frau fühlt trans woman
Transfusion f transfusion
transgen adj transgenic
Transistor m transistor
Transistorradio n transistor (radio)
Transit m transit
Transitabkommen n transit agreement
Transithalle f FLUG transit lounge
transitiv adj GRAM transitive
Transitpassagier(in) m(f), **Transitreisende(r)** m/f(m) transit passenger
Transitverkehr m transit traffic
Transitvisum n transit visa
Transmann m Frau, die sich als Mann fühlt trans man
transparent adj transparent
Transparent n banner; (≈ Reklameschild etc) neon sign; (≈ Durchscheinbild) transparency
Transparenz f transparency
Transplantat n Haut graft; Organ transplant
Transplantation f MED transplant; von Haut graft; Vorgang transplantation; von Haut grafting
transplantieren v/t & v/i MED Organ to transplant; Haut to graft
Transport m transport
transportabel adj Computer etc portable
Transportband n conveyor belt
Transporter m Schiff cargo ship; Flugzeug transport plane; Auto van
transportfähig adj Patient moveable
Transportflugzeug n transport plane
transportieren v/t to transport
Transportkosten pl carriage sg
Transportmittel n means sg of transport
Transportunternehmen n haulier Br, hauler US
Transportwesen n transport(ation)
transsexuell adj transsexual
Transsexuelle(r) m/f(m) transsexual
Transvestit m transvestite
Trapez n ① MATH trapezium ② von Artisten trapeze
Trapezakt m trapeze act

Trapezkünstler(in) *m(f)* trapeze artist
Trara *n fig umg* hullabaloo *umg* (**um** about)
Trasse *f Landvermessung* marked-out route
Tratsch *umg m* gossip
tratschen *umg v/i* to gossip
Tratte *f FIN* draft
Traualtar *m* altar
Traube *f einzelne Beere* grape; *ganze Frucht* bunch of grapes; (≈ *Menschentraube*) bunch
Traubensaft *m* grape juice
Traubenzucker *m* dextrose
trauen¹ **A** *v/i* to trust; **einer Sache** (*dat*) **nicht ~** to be wary of sth; **ich traute meinen Augen/Ohren nicht** I couldn't believe my eyes/ears **B** *v/r* to dare; **sich ~, etw zu tun** to dare (to) do sth; **ich trau mich nicht** I daren't; **sich auf die Straße ~** to dare to go out **C** *v/t* to marry
trauen² *v/t* to marry; **sich ~ lassen** to get married
Trauer *f* mourning; (≈ *Leid*) sorrow, grief
Trauerfall *m* bereavement
Trauerfeier *f* funeral service
trauern *v/i* to mourn (**um j-n** for sb *od* **um etw** sth)
Trauernde(r) *m/f(m)* mourner
Trauerspiel *n* tragedy; *fig umg* fiasco
Trauerweide *f* weeping willow
Traufe *f* eaves *pl*
träufeln *v/t* to dribble
Traum *wörtl, fig m* dream; **aus der ~!** it's all over
Trauma *n* trauma; *fig a.* nightmare
traumatisch *adj* traumatic
Traumberuf *m* dream job
träumen **A** *v/i* to dream; **von j-m/etw ~** to dream about sb/sth; (≈ *sich ausmalen*) to dream of sb/sth; **das hätte ich mir nicht ~ lassen** I'd never have thought it possible **B** *v/t* to dream; *Traum* to have; **etwas Schönes ~** to have a pleasant dream
Träumer(in) *m(f)* dreamer
Träumerei *f* **1** (≈ *das Träumen*) dreaming **2** (≈ *Vorstellung*) daydream
träumerisch *adj* dreamy; (≈ *schwärmerisch*) wistful
Traumfabrik *pej f* dream factory
Traumfrau *umg f* dream woman
traumhaft **A** *adj* (≈ *fantastisch*) fantastic; (≈ *wie im Traum*) dreamlike **B** *adv* (≈ *fantastisch*) fantastically; **~ schönes Wetter** fantastic weather
Traumhaus *n* dream house
Traummann *umg m* dream man
Traumpaar *n* perfect couple
Traumtänzer(in) *m(f)* dreamer
Traumwelt *f* dream world
traurig **A** *adj* sad; *Leistung, Rekord* pathetic; *Wetter* miserable; **die ~e Bilanz** the tragic toll **B** *adv* sadly; **um meine Zukunft sieht es ~ aus** my future doesn't look too bright
Traurigkeit *f* sadness
Trauring *m* wedding ring
Trauschein *m* marriage certificate
Trauung *f* wedding
Trauzeuge *m*, **Trauzeugin** *f* witness (*at marriage ceremony*)
Treck *m* trek; (≈ *Leute*) train; (≈ *Wagen etc*) wagon train
Trecking *n* trekking
Treff *umg m* (≈ *Treffen*) meeting; (≈ *Treffpunkt*) haunt, meeting place
treffen **A** *v/t* **1** *durch Schlag, Schuss etc* to hit (**an, in** +*dat* on); *Unglück* to strike; **tödlich getroffen** *von Schuss etc* fatally wounded; **auf dem Foto bist du gut getroffen** *umg* that's a good photo of you **2** *fig* (≈ *kränken*) to hurt **3** (≈ *betreffen*) **es trifft immer die Falschen** it's always the wrong people who are affected; **ihn trifft keine Schuld** he's not to blame **4** (≈ *j-m begegnen*) to meet **5** **es gut/schlecht ~** to be fortunate/unlucky (**mit** with) **6** *Vorbereitungen* to make; *Vereinbarung* to reach; *Entscheidung, Maßnahmen* to take **B** *v/i* **1** *Schlag, Schuss etc* to hit; **nicht ~** to miss **2** (≈ *stoßen*) **auf j-n/etw ~** to meet sb/sth **C** *v/r* (≈ *zusammentreffen*) to meet (up); **~ wir uns morgen?** *als Vorschlag* shall we meet (up) tomorrow?; **wenn man es nicht mehr weiß** are we meeting (up) tomorrow? **D** *v/r* **es trifft sich, dass ...** it (just) happens that ...; **das trifft sich gut/schlecht, dass ...** it is convenient/inconvenient that ...
Treffen *n* meeting; SPORT encounter
treffend *adj Beispiel* apt; **etw ~ darstellen** to describe sth perfectly
Treffer *m* hit; (≈ *Tor*) goal; **einen ~ landen** *od* **erzielen** *umg* to score a hit; FUSSB to score a goal
Treffpunkt *m* meeting place
treffsicher *adj Stürmer etc* accurate; *fig Bemerkung* apt
Treibeis *n* drift ice
treiben **A** *v/t* **1** to drive; (≈ *antreiben*) to push; **j-n in den Wahnsinn ~** to drive sb mad; **j-n zum Äußersten ~** to push sb too far; **die Preise (in die Höhe) ~** to push prices up; **die ~de Kraft bei etw sein** to be the driving force behind sth **2** *Handel, Sport* to do; *Studien* to pursue; *Gewerbe* to carry on; *Unfug* to be up to; **was treibst du?** what are you up to?; **es toll ~** to have a wild time; **es zu toll ~** to overdo it; **es zu weit ~** to go too far; **es mit j-m ~** *umg* to have sex with sb **3** *Blüten, Knospen* to sprout **B** *v/i* (≈ *sich fortbewegen*) to drift; **sich ~ lassen** to drift; **die Dinge ~ lassen** to let things go
Treiben *n* (≈ *Getriebe*) hustle and bustle

Treiber m COMPUT driver
Treiber(in) m(f) (≈ Viehtreiber) drover; JAGD beater
Treibgas n bei Sprühdosen propellant
Treibhaus n hothouse
Treibhauseffekt m METEO greenhouse effect
Treibhausgas n greenhouse gas
Treibjagd f battue fachspr
Treibsand m quicksand
Treibstoff m fuel
Trekking n trekking
Trekkingbike n trekking bike
Trekkingrad n trekking bike
Trekkingschuh m trekking boot od shoe
Trend m trend; **voll im ~ liegen** to follow the trend
Trendfarbe f Mode in colour Br, in color US
Trendforscher(in) m(f) trend spotter
trendig adj Kleidung, Kneipe trendy; Meldung bei Twitter® trending
Trendscout m trend scout od spotter
Trendthema n trending topic
Trendwende f reversal of the trend
trendy umg adj trendy
trennbar adj separable
trennen A v/t 1 to separate (**von** from); (≈ abmachen) to detach (**von** from); nach Rasse etc to segregate; **voneinander getrennt werden** to be separated; → getrennt 2 LING Wort to divide B v/r 1 (≈ auseinandergehen) to separate; Paar to split od break up; (≈ Abschied nehmen) to part; **sich von etw ~** to part with sth 2 (≈ sich teilen) Wege to divide C v/i zwischen Begriffen to draw a distinction
Trennschärfe f selectivity
Trennstrich m hyphen
Trennung f 1 (≈ Abschied) parting 2 (≈ Getrenntsein) separation; von Wort division; von Begriffen distinction; (≈ Rassentrennung etc) segregation; **in ~ leben** to be separated
Trennungszeichen n hyphen
Trennwand f partition (wall)
Treppchen n von Siegerpodest podium
Treppe f (≈ Aufgang) (flight of) stairs pl; im Freien (flight of) steps pl; **eine ~** a staircase; **die ~ hinaufrennen** to run upstairs; **~n steigen** to climb stairs
Treppenabsatz m half landing
Treppengeländer n banister
Treppenhaus n stairwell; **im ~** on the stairs
Treppenlift m stairlift
Treppenstufen pl stairs pl
Tresen m (≈ Theke) bar; (≈ Ladentisch) counter
Tresor m (≈ Raum) strongroom; (≈ Schrank) safe
Tretboot n pedal boat, pedalo Br
Treteimer m pedal bin
treten A v/i 1 mit Fuß to kick (**gegen etw** sth od **nach** out at) 2 mit Raumangabe to step (**auf** akk on); **in den Hintergrund ~** fig to recede into the background; **an j-s Stelle** (akk) **~** to take sb's place 3 (≈ betätigen) **in die Pedale ~** to pedal hard; **aufs Gas(pedal) ~** (≈ Pedal betätigen) to press the accelerator Br, to step on the gas US; (≈ schnell fahren) to step on it, to put one's foot down Br umg; **auf die Bremse ~** to brake 4 **der Schweiß trat ihm auf die Stirn** sweat appeared on his forehead; **Tränen traten ihr in die Augen** tears came to her eyes B v/t 1 (≈ Fußtritt geben) to kick; SPORT Ecke, Freistoß to take; **j-n mit dem Fuß ~** to kick sb 2 (≈ trampeln) Pfad, Weg to tread 3 fig **j-n ~** umg (≈ antreiben) to get at sb
Tretmine f MIL (antipersonnel) mine
Tretroller m scooter
treu A adj Freund, Kunde etc loyal; Hund, Gatte etc faithful; **j-m ~ sein/bleiben** to be/remain faithful to sb; **sich** (dat) **selbst ~ bleiben** to be true to oneself; **seinen Grundsätzen ~ bleiben** to stick to one's principles B adv faithfully; (≈ treuherzig) trustingly; ansehen innocently; **j-m ~ ergeben sein** to be loyally devoted to sb; **~ sorgend** devoted
Treue f von Freund, Kunde etc loyalty; von Hund faithfulness; (≈ eheliche Treue) fidelity; (≈ Bündnistreue) allegiance; **j-m die ~ halten** to keep faith with sb; Ehegatten etc to remain faithful to sb
treuergeben adj → treu
Treuhand f trust
Treuhänder(in) m(f) trustee
Treuhandgesellschaft f trust company
treuherzig A adj innocent, trusting B adv innocently, trustingly
treulos adj disloyal
Treulosigkeit f disloyalty
treusorgend adj devoted
Triangel österr m/f triangle
Triathlon m triathlon
Tribunal n tribunal
Tribüne f (≈ Rednertribüne) platform; (≈ Zuschauertribüne) stand; (≈ Haupttribüne) grandstand
Tribünenplatz m seat in the stand, stand seat
Trichine f trichina
Trichter m funnel; (≈ Bombentrichter) crater
trichterförmig adj funnel-shaped
Trick m trick; raffinierter ploy
Trickbetrüger(in) m(f), **Trickdieb(in)** m(f) confidence trickster
Trickfilm m (≈ Zeichentrickfilm) cartoon
Trickfilmzeichner(in) m(f) cartoonist
Trickkiste f box of tricks
trickreich umg A adj tricky; (≈ raffiniert) clever B adv erschwindeln through various tricks
tricksen A v/i SPORT swerve B v/t umg **das wer-**

den wir schon ~ we'll fix it somehow; **durch Mogeln we'll wangle it somehow** umg
Trickskilauf m freestyle skiing, hotdogging
Trieb m [1] (≈ Naturtrieb) drive; (≈ Drang) urge; (≈ Verlangen) desire; (≈ Neigung) inclination; (≈ Selbsterhaltungstrieb, Fortpflanzungstrieb) instinct [2] BOT shoot
Triebfeder fig f motivating force (+gen behind)
Triebkraft f MECH motive power; fig driving force
Triebrad n driving wheel Br, gear wheel
Triebtäter(in) m(f) sexual offender
Triebwagen m BAHN railcar
Triebwerk n Flugzeug engine; in Uhr mechanism
triefen v/i to be dripping wet; Nase to run; Auge to water; **~d nass** dripping wet
triftig adj convincing
Trigonometrie f trigonometry
trigonometrisch adj trigonometric(al)
Trikot n (≈ Hemd) shirt; **das Gelbe ~ bei Tour de France** the yellow jersey
trillern v/t & v/i to warble
Trillerpfeife f (pea) whistle
Trillion f quintillion
Trimester n term
Trimm-dich-Pfad m fitness trail
trimmen [A] v/t to trim; umg Mensch, Tier to teach, to train; **auf alt getrimmt** done up to look old [B] v/r to keep-fit (exercises)
trinkbar adj drinkable
trinken [A] v/t to drink; **schluckweise ~** to sip; **Milch zum Frühstück ~** to have milk for breakfast; **etwas ~** to have a drink; **(schnell) einen ~ gehen** umg to go for a (quick) drink [B] v/i to drink; **j-m zu ~ geben** to give sb something to drink; **auf j-s Wohl ~** to drink sb's health; **er trinkt** (≈ ist Alkoholiker) he's a drinker
Trinker(in) m(f) drinker; (≈ Alkoholiker) alcoholic
trinkfest adj **so ~ bin ich nicht** I can't hold my drink very well Br, I can't hold my liquor very well US
Trinkflasche f water bottle
Trinkgeld n tip; **j-m ~ geben** to tip sb
Trinkjog(h)urt m drinking yoghurt
Trinkwasser n drinking water
Trio n trio
Trip umg m trip
trippeln v/i to trip bes Br, to skip; Boxer to dance around; Pferd to prance
Tripper m gonorrhoea Br, gonorrhea US
trist adj dismal; Farbe dull
Tritt m [1] (≈ Schritt) step [2] (≈ Fußtritt) kick; **j-m einen ~ geben** to give sb a kick; umg (≈ antreiben) to give sb a kick in the pants umg
Trittbrett n step
Trittbrettfahrer(in) umg m(f) fig copycat umg

Trittleiter f stepladder
Triumph m triumph; **~e feiern** to be very successful
Triumphbogen m triumphal arch
triumphieren v/i (≈ frohlocken) to rejoice
triumphierend [A] adj triumphant [B] adv triumphantly
trivial adj trivial
Trivialliteratur pej f light fiction
Trizeps m triceps
trocken [A] adj dry; **~ werden** to dry; Brot to go od get dry; **auf dem Trockenen sitzen** umg to be in a tight spot umg [B] adv aufbewahren in a dry place
Trockenblume f dried flower
Trockendock n dry dock
Trockenfutter n dried food
Trockengebiet n arid region
Trockenhaube f (salon) hairdryer
Trockenheit f dryness; (≈ Trockenperiode) drought
trockenlegen v/t [1] Sumpf to drain [2] Baby to change
Trockenobst n dried fruit
Trockenrasierer m electric razor
Trockenzeit f (≈ Jahreszeit) dry season
trocknen v/t & v/i to dry
Trockner m (≈ Wäschetrockner) drier
Trödel umg m junk
Trödelei umg f dawdling
Trödelmarkt m flea market
trödeln v/i to dawdle
Trödelstand m white elephant stall
Trödler(in) m(f) [1] (≈ Händler) junk dealer [2] umg (≈ langsamer Mensch) slowcoach Br umg, slowpoke US umg
Trog m trough
Troika f POL troika
Trojaner umg m, **trojanisches Pferd** n IT Trojan (horse)
trollen umg v/r to push off umg
Trolley m Rollenkoffer trolley case Br, rolling od roller suitcase, roller US
Trommel f MUS, TECH drum; **~ spielen** to play the drum
Trommelbremse f drum brake
Trommelfell n eardrum
trommeln [A] v/t to drum; **gegen die Tür ~** to bang on the door [B] v/i Rhythmus to beat out
Trommelstock m drumstick
Trommler(in) m(f) drummer
Trompete f trumpet; **~ spielen** to play the trumpet
trompeten v/i to trumpet
Trompeter(in) m(f) trumpeter
Tropen[1] pl tropics pl

Tropen² *pl* LIT figurative images
Tropenanzug *m* tropical suit
Tropenhelm *m* pith helmet
Tropenkoller *m* tropical madness
Tropenkrankheit *f* tropical disease
Tropensturm *m* tropical storm
Tropf *m* (≈ *Infusion*) drip *umg*; **am ~ hängen** to be on a drip
tröpfchenweise *adv* in dribs and drabs
tröpfeln *v/t & v/i* to drip
tropfen *v/i* to drip
Tropfen *m* **1** drop; (≈ *einzelner Tropfen*) *an Kanne etc* drip; *von Farbe* blob; **ein edler ~** *umg* a good wine; **bis auf den letzten ~** to the last drop; **ein ~ auf den heißen Stein** *fig umg* a drop in the ocean **2** **~** *pl* (≈ *Medizin*) drops *pl*
tropfenweise *adv* drop by drop
tropfnass *adj* dripping wet
Tropfstein *m* dripstone; *an der Decke* stalactite; *am Boden* stalagmite
Tropfsteinhöhle *f* dripstone cave
Trophäe *f* trophy
tropisch *adj* tropical
Trost *m* consolation; **das ist ein schwacher ~** that's pretty cold comfort; **du bist wohl nicht ganz bei ~!** *umg* you must be out of your mind!
trösten *v/t* to comfort; **j-n/sich mit etw ~** to console sb/oneself with sth; **~ Sie sich!** never mind
tröstlich *adj* comforting
trostlos *adj* hopeless; *Verhältnisse* miserable; (≈ *verzweifelt*) inconsolable; (≈ *öde, trist*) dreary; (≈ *düster*) gloomy
Trostlosigkeit *f* misery; *von Gegend* desolation
Trostpflaster *n* consolation
Trostpreis *m* consolation prize
Trott *m* (slow) trot; *fig* routine
Trottel *umg m* idiot, jerk *umg*
trottelig *umg adj* stupid
trotten *v/i* to trot along, to shamble
Trottinett *n schweiz* scooter
Trottoir *n schweiz, südd* pavement
trotz *präp* in spite of, despite; **~ allem** in spite of everything, after all
Trotz *m* defiance; (≈ *trotziges Verhalten*) contrariness; **j-m/einer Sache zum ~** in defiance of sb/sth
trotzdem **A** *adv* nevertheless; **er ist ~ gegangen** he went there anyway; **ich denke ~ …** I still think; **(und) ich mache das ~!** I'll do it all the same **B** *konj* even though
trotzen *v/i* **1** to defy; *der Kälte, dem Klima etc* to withstand **2** (≈ *trotzig sein*) to be awkward
trotzig **A** *adj* defiant; *Kind etc* difficult; (≈ *widerspenstig*) contrary **B** *adv* defiantly

trotzköpfig *adj Kind* contrary
Trotzreaktion *f* act of defiance
trüb *adj* **1** *Flüssigkeit* cloudy; *Augen, Tag* dull; *Licht* dim; **im Trüben fischen** *umg* to fish in troubled waters **2** *fig* (≈ *bedrückend*) cheerless; *Zukunft* bleak; *Stimmung, Aussichten, Miene* gloomy
Trubel *m* hustle and bustle
trüben **A** *v/t* **1** *Flüssigkeit* to make cloudy; *Augen, Blick* to dull **2** *fig Glück* to spoil; *Beziehungen* to strain; *Laune* to dampen; *Bewusstsein* to dull; *Urteilsvermögen* to dim **B** *v/r Flüssigkeit* to go cloudy; *Augen* to dim; *Himmel* to cloud over; *fig Stimmung* to be dampened; *Verhältnis* to become strained; *Glück, Freude* to be marred; → **getrübt**
Trübsal *f* (≈ *Stimmung*) sorrow; **~ blasen** *umg* to mope
trübselig *adj* gloomy; *Gegend* bleak
Trübsinn *m* gloom
trübsinnig *adj* gloomy
Truck *m* truck *US*
Trucker(in) *m(f)* trucker *US*, truckie *Aus*
trudeln *v/i* FLUG to spin
Trüffel *f* (≈ *Pilz, Praline*) truffle
trügen **A** *v/t* to deceive; **wenn mich nicht alles trügt** unless I am very much mistaken **B** *v/i* to be deceptive
trügerisch *adj* deceptive
Trugschluss *m* fallacy, misapprehension
Truhe *f* chest
Trümmer *pl* rubble *sg*; (≈ *Ruinen*) ruins *pl*; (≈ *Schutt*) debris; *von Schiff, Flugzeug etc* wreckage *sg*; **in ~n liegen** to be in ruins
Trumpf *m* KART (≈ *Trumpfkarte*) trump (card); (≈ *Farbe*) trumps *pl*; *fig* trump card; **noch einen ~ in der Hand haben** *fig* to have an ace up one's sleeve
Trunkenheit *f* intoxication; **~ am Steuer** drunk driving, DUI *US* driving under the influence)
Trunksucht *f* alcoholism
trunksüchtig *adj* alcoholic
Trupp *m* (≈ *Einheit*) group; MIL squad
Truppe *f* **1** MIL army; (≈ *Panzertruppe etc*) corps *sg* **2** **~n** *pl* troops **3** (≈ *Künstlertruppe*) troupe
Truppenübungsplatz *m* military training area
Trust *m* trust
Truthahn *m* turkey (cock)
Truthenne *f* turkey (hen)
Tschad *m* **der ~** Chad
Tschador *m Ganzkörperschleier* chador
Tscheche *m*, **Tschechin** *f* Czech
Tschechien *n* the Czech Republic
tschechisch *adj* Czech; **die Tschechische Republik** the Czech Republic
Tschetschenien *n* Chechnya

tschüs(s) *umg int* bye *umg*, see you *umg*
T-Shirt *n* T-shirt
T-Shirt-BH *m* T-shirt bra
Tsunami *m* tsunami
Tube *f* tube
Tuberkulose *f* tuberculosis
Tuch *n* (≈ *Stück Stoff*) cloth; (≈ *Halstuch, Kopftuch*) scarf; (≈ *Schultertuch*) shawl; (≈ *Handtuch, Geschirrtuch*) towel
tüchtig **A** *adj* **1** (≈ *fähig*) capable (in +*dat* at); (≈ *fleißig*) efficient; *Arbeiter* good **2** *umg* (≈ *groß*) *Portion* big **B** *adv* **1** (≈ *fleißig, fest*) hard; *essen* heartily **2** *umg* (≈ *sehr*) **j-m ~ die Meinung sagen** to give sb a piece of one's mind; **~ zulangen** to tuck in *umg*
Tüchtigkeit *f* (≈ *Fähigkeit*) competence; *von Arbeiter etc* efficiency
Tücke *f* **1** (≈ *Bosheit*) malice **2** (≈ *Gefahr*) danger; **voller ~n stecken** to be difficult; (≈ *gefährlich*) to be dangerous; **seine ~n haben** *Maschine etc* to be temperamental
tückisch *adj* malicious; *Strom etc* treacherous; *Krankheit* pernicious
tüfteln *umg v/i* to puzzle; (≈ *basteln*) to fiddle about *umg*; **an etw** (*dat*) **~** to fiddle about with sth; *geistig* to puzzle over sth
Tugend *f* virtue
tugendhaft *adj* virtuous
Tugendhaftigkeit *f* virtuousness
Tüll *m* tulle; *für Gardinen* net
Tulpe *f* BOT tulip
Tulpenzwiebel *f* tulip bulb
tummeln *v/r Hunde, Kinder etc* to romp (about)
Tummelplatz *m* play area; *fig* hotbed
Tümmler *m* (bottlenose) dolphin
Tumor *m* tumour *Br*, tumor *US*
Tümpel *m* pond
Tumult *m* commotion; *der Gefühle* tumult
tun **A** *v/t* (≈ *machen*) to do; **tue, was ich tue** do what I do; **etw tun müssen** to have to do sth; **etw tun können** to be able to do sth; **etw tun wollen** to want to do sth; **so etwas tut man nicht!** that is just not done!; **was tun?** what can be done?; **was kann ich für Sie tun?** what can I do for you?; **etw aus Liebe/Bosheit etc tun** to do sth out of love/malice *etc*; **tu, was du nicht lassen kannst** well, if you have to; **j-m etwas tun** to do something to sb; *stärker* to hurt sb; **der Hund tut dir schon nichts** the dog won't hurt you; **das hat nichts damit zu tun** that's nothing to do with it; **mit ihm will ich nichts zu tun haben** I want nothing to do with him; **es mit j-m zu tun bekommen** to get into trouble with sb; → **getan** **B** *v/r* **es tut sich etwas/nichts** there is something/nothing happening; **hier hat sich einiges getan** there have been some changes here; **sich mit etw schwer tun** to have problems with sth **C** *v/i* (≈ *vorgeben*) **so tun, als ob …** to pretend that …; **tu doch nicht so** stop pretending; **sie tut nur so** she's only pretending; **zu tun haben** (≈ *beschäftigt sein*) to have things to do; **mit j-m zu tun haben** to have dealings with sb
Tünche *f* whitewash; *fig* veneer
tünchen *v/t* to whitewash
Tundra *f* tundra
Tuner *m* tuner
Tunesien *n* Tunisia
Tunesier(in) *m(f)* Tunisian
tunesisch *adj* Tunisian
Tunfisch *m* tuna (fish)
Tunika *f* MODE tunic
Tunke *f* sauce
tunken *v/t* to dip
tunlichst *adv* (≈ *möglichst*) if possible; **~ bald** as soon as possible
Tunnel *m* tunnel
Tunte *pej umg f* fairy *pej umg*
Tüpfelchen *n* dot
tupfen *v/t* to dab; **getupft** spotted
Tupfen *m* spot; *klein* dot
Tupfer *m* swab
Tür *f* door; **Tür an Tür mit j-m wohnen** to live next door to sb; **Weihnachten steht vor der Tür** Christmas is just (a)round the corner; **j-n vor die Tür setzen** *umg* to throw sb out; **mit der Tür ins Haus fallen** *umg* to blurt it out; **zwischen Tür und Angel** in passing; **einer Sache** (*dat*) **Tür und Tor öffnen** *fig* to open the way to sth
Turban *m* turban
Turbine *f* turbine
Turbolader *m* AUTO turbocharger
Turbomotor *m* turbo-engine
turbulent *adj* turbulent
Turbulenz *f* turbulence
Türfalle *f schweiz* (≈ *Klinke*) door handle
Türgriff *m* door handle
Türke *m* Turk, Turkish man/boy
Türkei *f* **die ~** Turkey
türken *umg v/t etw* to fiddle *umg*; **die Statistik ~** to massage the figures
Türkin *f* Turk, Turkish woman/girl
türkis *adj* turquoise
türkisch *adj* Turkish
Türklingel *f* doorbell
Türklinke *f* door handle
Turkmenistan *n* Turkmenistan
Turm *m* **1** tower; (≈ *spitzer Kirchturm*) spire; **im Schwimmbad** diving tower *Br*, dive tower *US* **2** *Schach* rook, castle
türmen **A** *v/t* to pile (up) **B** *v/r* to pile up; *Wellen*

to tower up C *v/i umg* (≈ *davonlaufen*) to run off
Turmfalke *m* kestrel
turmhoch *adj* towering
Turmspringen *n* high diving
Turmuhr *f von Kirche* church clock
Turnanzug *m* leotard
Turnbeutel *m* gym *od* PE bag
turnen *v/i an Geräten* to do gymnastics; **sie kann gut ~** she is good at gym
Turnen *n* gymnastics *sg*; *umg* (≈ *Leibeserziehung*) gym, PE *umg*
Turner(in) *m(f)* gymnast
Turngerät *n* (≈ *Reck, Barren etc*) (piece of) gymnastic apparatus
Turnhalle *f* gym(nasium)
Turnhemd *n* gym shirt
Turnhose *f* gym shorts *pl*
Turnier *n* tournament; (≈ *Tanzturnier*) competition; (≈ *Reitturnier*) show
Turnlehrer(in) *m(f)* gym teacher
Turnschuh *m* 1 *aus Leder* trainer *Br*, sneaker *US*, tennis shoe *US* 2 *aus Segeltuch* pump *Br*, sneaker *US*
Turnstunde *f* gym lesson; *im Verein* gymnastics lesson
Turnübung *f* gymnastic exercise
Turnus *m* rota *Br*, roster
Turnverein *m* gymnastics club
Turnzeug *n* gym kit *Br*, gym gear *US*
Türöffner *m* **elektrischer ~** buzzer (*for opening the door*)
Türrahmen *m* doorframe
Türschild *n* doorplate
Türschloss *n* door lock
Türschnalle *f österr* (≈ *Klinke*) door handle
Türsprechanlage *f* entryphone
Türsteher(in) *m(f)* bouncer
Türstopper *m* door stopper
turteln *v/i* to bill and coo
Tusche *f* (≈ *Ausziehtusche*) Indian ink; (≈ *Tuschfarbe*) watercolour *Br*, watercolor *US*; (≈ *Wimperntusche*) mascara
tuscheln *v/t & v/i* to whisper
Tuschkasten *m* paintbox
Tussi *umg f*, **Tuss** *pej sl f* female *umg*
Tüte *f* bag; (≈ *Eistüte*) cone; *von Suppenpulver etc* packet
tuten *v/i* to toot
Tütensuppe *f* instant soup
Tutor(in) *m(f)* tutor
TÜV *abk* (= *Technischer Überwachungs-Verein*) *Br etwa* MOT (test); *US* vehicle inspection; **durch/nicht durch den TÜV kommen** *Auto* to pass/to fail its MOT; *US* to pass/to fail its inspection
TÜV-Plakette *f* ≈ MOT certificate *Br*, ≈ inspection certificate *US*
TV-Handy *n* TV phone
TV-Programm *n* TV programmes *pl Br*, TV programs *pl US*
TVT *abk* (= *tiefe Venenthrombose*) DVT
Tweet *n/m* INTERNET *Nachricht über Twitter®* tweet
Twen *m person in his/her twenties*
Twitter® *m* INTERNET *Internetdienst zum Versand von Textnachrichten* Twitter®
twittern® *v/t & v/i* INTERNET to tweet
Twittertreffen *n* tweetup, tweet-up
Typ *m* 1 (≈ *Modell*) model 2 (≈ *Menschenart*) type 3 *umg* (≈ *Mensch*) person, character; *sl* (≈ *Mann, Freund*) guy *umg*
Typhus *m* typhoid (fever)
typisch A *adj* typical (**für** of) B *adv* **~ deutsch/Mann/Frau** typically German/male/female
typisieren *v/t* MED to type
typisiert *adj* **~e Figur** LIT flat character
Typografie *f* typography
typografisch *adj* typographic(al)
Tyrann(in) *m(f)* tyrant; (≈ *Mobber*) bully
Tyrannei *f* tyranny
tyrannisch *adj* tyrannical
tyrannisieren *v/t* to tyrannize; *Mitschüler* to bully

U

U, u *n* U, u
u. a.¹ *abk* (= *unter anderem*) among other things
u. a.² *abk* (= *und andere*) and others
U-Bahn *f* underground *Br*, subway *US*; **die Londoner ~** the tube; **mit der ~ fahren** to go on the underground *Br*, to go on the subway *US*
U-Bahnhof *m* underground station *Br*, subway station *US*; *in London* tube station
U-Bahn-Linie *f* line
U-Bahn-Netz *n* underground system *Br*, subway system *US*; *in London* tube system
übel A *adj* 1 (≈ *schlimm*) bad; **das ist gar nicht so ~** that's not so bad at all 2 (≈ *moralisch, charakterlich schlecht*) wicked; *Tat* evil 3 (≈ *eklig*) Geschmack, Geruch nasty; **j-m ist ~** sb feels sick; **mir wird ~** I feel ill *od* queasy B *adv* badly; **~ dran sein** to be in a bad way; **~ gelaunt** ill-humoured *Br*, ill-humored *US*; **~ riechend** foul-smelling; **das schmeckt gar nicht so ~** it doesn't taste so bad; **~ beleumdet** disreputable
Übel *n geh* (≈ *Krankheit*) illness; (≈ *Missstand*) evil;

ein notwendiges/das kleinere ~ a necessary/the lesser evil; **zu allem ~ ...** to make matters worse ...
Übelkeit f nausea; **~ erregen** to cause nausea; **~ verspüren** to feel sick
übel nehmen v/t to take badly; **j-m etw ~** to hold sth against sb
Übeltäter(in) geh m(f) wrongdoer
üben **A** v/t **1** (≈ *erlernen*) to practise Br, to practice US; MIL to drill; **Klavier ~** to practise the piano Br, to practice the piano US **2** (≈ *trainieren*) to exercise; → geübt **3 Kritik an etw** (dat) **~** to criticize sth; **Geduld ~** to be patient **B** v/i to practise Br, to practice US
über **A** präp **1** räumlich over; (≈ *quer über*) across **2** räumlich over, above; **zwei Grad ~ null** two degrees (above zero); **~ j-m stehen** od **sein** fig to be over sb **3** zeitlich over; **etw ~ einem Glas Wein besprechen** to discuss sth over a glass of wine; **~ Mittag geht er meist nach Hause** he usually goes home at lunch **4** (≈ *mehr als*) over **5** Thema about; **~ dich selbst** about yourself; **was wissen Sie ~ ihn?** what do you know about him?; **~ j-n/etw lachen** to laugh about od at sb/sth; **sich ~ etw freuen** to be pleased about sth **6** es **kam plötzlich ~ ihn** it suddenly came over him; **wir sind ~ die Autobahn gekommen** we came by the autobahn; **~ Weihnachten** over Christmas, over the holidays US; **den ganzen Sommer ~** all summer long; **die ganze Zeit ~** all the time; **das ganze Jahr ~** all through the year; **Kinder ~ 14 Jahre** children over 14 years **7** mittels **~ Funk** over the radio **B** adv **~ und ~** all over; **ich stecke ~ und ~ in Schulden** I am up to my ears in debt
überaktiv adj hyperactive, overactive
überall adv everywhere; **~ herumliegen** to be lying all over the place; **~ in/auf** all over; **~ in/im** throughout; **~ wo** wherever; **es ist ~ dasselbe** it's the same wherever you go
überallher adv from all over
überallhin adv everywhere
Überalterung f **das Problem der ~ der Bevölkerung** the problem of an ageing population
Überangebot n surplus (**an** +dat of)
überängstlich adj overanxious
überanstrengen **A** v/t to overstrain, to overexert; Augen to strain **B** v/r to overstrain oneself
Überanstrengung f overexertion
überarbeiten **A** v/t to rework; Text to revise **B** v/r to overwork
Überarbeitung f Vorgang reworking; Ergebnis revision
überaus adv extremely
überbacken v/t im Backofen to put in the oven; im Grill to put under the grill; **mit Käse ~** au gratin
überbelegen v/t to overcrowd; Kursus, Fach etc to oversubscribe
überbelichten v/t FOTO to overexpose
überbesetzt adj Behörde overstaffed
überbewerten v/t to overvalue
überbieten **A** v/t bei Auktion to outbid (**um** by); fig to outdo; Leistung, Rekord to beat **B** v/r **sich in etw** (dat) **(gegenseitig) ~** to vie with one another in sth
Überbleibsel n remnant; (≈ *Speiserest*) leftover mst pl
Überblick m **1** (≈ *freie Sicht*) view **2** (≈ *Einblick*) perspective, overview; **ihm fehlt der ~** he doesn't see od get the big picture; **den ~ verlieren** to lose track (of things)
überblicken v/t **1** Stadt to overlook **2** fig to see
überbringen v/t **j-m etw ~** to bring sb sth
Überbringer(in) m(f) bringer; von Scheck etc bearer
überbrücken fig v/t to bridge; Gegensätze to reconcile
Überbrückungskredit m bridging loan
überbuchen v/t to overbook
überdachen v/t to cover over; **überdachte Bushaltestelle** covered bus shelter
überdauern v/t to survive
überdenken v/t to think over; **etw noch einmal ~** to reconsider sth
überdeutlich adj all too obvious
überdies adv geh (≈ *außerdem*) moreover
Überdosis f overdose; **sich** (dat) **eine ~ Heroin spritzen** to overdose on heroin
Überdruck m TECH excess pressure kein pl
Überdruckventil n pressure relief valve
Überdruss m (≈ *Übersättigung*) surfeit (**an** +dat of); (≈ *Widerwille*) aversion (**an** +dat to); **bis zum ~** ad nauseam
überdrüssig adj **j-s/einer Sache ~ sein** to be weary of sb/sth; **einer Sache ~ werden** to get tired of sth
überdurchschnittlich **A** adj above-average **B** adv exceptionally; **sie verdient ~ gut** she earns more than the average
Übereifer m overzealousness; pej (≈ *Wichtigtuerei*) officiousness
übereifrig adj overzealous; pej (≈ *wichtigtuerisch*) officious
übereilen v/t to rush
übereilt adj overhasty
übereinander adv **1** räumlich on top of each other, one on top of the other **2** reden etc about each other
übereinanderlegen v/t to put one on top of the other

übereinanderschlagen v/t **die Beine ~** to cross one's legs
übereinkommen v/i to agree
Übereinkommen n agreement; (≈ *Abmachung*) deal
Übereinkunft f agreement; (≈ *Abmachung*) deal
übereinstimmen v/i to agree; *Meinungen* to tally; **mit j-m in etw** (dat) **~** to agree with sb on sth; **nicht ~ (mit)** to disagree (with)
übereinstimmend adj corresponding; *Meinungen* concurring; **nach ~en Angaben** according to all accounts; **wir sind ~ der Meinung, dass …** we unanimously agree that …; **~ mit** in agreement with
Übereinstimmung f **1** (≈ *Einklang*) correspondence; **zwei Dinge in ~ bringen** to bring two things into line **2** *von Meinung* agreement; **in ~ mit j-m** in agreement with sb; **in ~ mit etw** in accordance with sth
überempfindlich adj a. MED oversensitive, hypersensitive (**gegen** to)
Überempfindlichkeit f a. MED oversensitivity, hypersensitivity (**gegen** to)
übererfüllen v/t *Norm, Soll* to exceed (**um** by)
überessen v/r to overeat
überfahren v/t **1** *j-n, Tier* to run over **2** (≈ *übersehen*) *Ampel etc* to go through **3** *umg* (≈ *übertölpeln*) **j-n ~** to railroad sb into it
Überfahrt f crossing
Überfall m (≈ *Angriff*) attack (**auf** +akk on); *bes auf offener Straße* mugging (**auf** +akk of); *auf Bank etc* raid (**auf** +akk on); *auf Land* invasion (**auf** +akk of)
überfallartig adj sudden; *Angriff, Besuch a.* surprise; **etw ~ stürmen** to make a sudden attack on sth; **die Symptome kommen ~** the symptoms develop suddenly
überfallen v/t **1** (≈ *angreifen*) to attack; *bes auf offener Straße* to mug; *Bank etc* to raid, to hold up; *Land* to invade **2** *fig umg* (≈ *überraschend besuchen*) to descend (up)on; **j-n mit Fragen ~** to bombard sb with questions
überfällig adj overdue *mst präd*
überfliegen *wörtl* v/t to fly over; (≈ *flüchtig ansehen*) *Buch etc* to glance through; **einen Text ~** to skim (through) *od* to scan a text
Überflieger(in) m(f) high-flier, high flyer
überflügeln v/t to outdistance; *in Leistung* to outdo
Überfluss m **1** (super)abundance (**an** +dat of); (≈ *Luxus*) affluence; **im ~ leben** to live in luxury; **im ~ vorhanden sein** to be in plentiful supply **2** **zu allem ~** (≈ *obendrein*) into the bargain
Überflussgesellschaft f affluent society
überflüssig adj superfluous; (≈ *unnötig*) unnecessary; (≈ *zwecklos*) useless
überfluten v/i (≈ *überschwemmen*) to overflow; *Gegend* to flood; **überflutet** flooded
Überflutung *wörtl* f flood; (≈ *das Überfluten*), *a. fig* flooding *kein pl*
überfordern v/t to overtax; **damit ist er überfordert** that's asking too much of him
überfragt adj stumped (for an answer); **da bin ich ~** there you've got me
Überfremdung *neg!* f foreign infiltration
überfrieren v/i to freeze over
überführen v/t **1** to transfer; *Wagen* to drive **2** *Täter* to convict (+gen of)
Überführung f **1** transportation **2** JUR conviction **3** (≈ *Brücke*) bridge; (≈ *Fußgängerüberführung*) footbridge
überfüllt adj overcrowded; *Lager* overstocked
Überfunktion f hyperactivity
Übergabe f handing over *kein pl*; MIL surrender
Übergang m **1** crossing; (≈ *Bahnübergang*) level crossing *Br*, grade crossing *US* **2** (≈ *Grenzübergangsstelle*) checkpoint **3** *fig* (≈ *Wechsel*) transition
Übergangsfrist f transition period
übergangslos adj & adv without a transition
Übergangslösung f interim solution
Übergangsphase f transitional phase
Übergangsregierung f caretaker government
Übergangszeit f transitional period
übergeben **A** v/t (≈ *überreichen*) to hand over; *Dokument* to hand (**j-m sb**) **B** v/r (≈ *sich erbrechen*) to vomit, to throw up; **ich muss mich ~** I'm going to be sick
übergehen[1] v/i **1** **in etw** (akk) **~** in einen anderen Zustand to turn into sth; **in j-s Besitz** (akk) **~** to become sb's property; **in andere Hände ~** to pass into other hands **2** **auf j-n ~** (≈ *übernommen werden*) to pass to sb **3** **zu etw ~** to go over to sth
übergehen[2] v/t to pass over; **sich übergangen fühlen** to feel left out, to feel ignored
übergenau adj over-meticulous, pernickety *umg*
übergeordnet adj **1** *Behörde* higher **2** GRAM *Satz* superordinate **3** *fig* **von ~er Bedeutung sein** to be of overriding importance
Übergepäck n FLUG excess baggage
übergeschnappt *umg* adj crazy; → überschnappen
Übergewicht n overweight; **~ haben** *Paket, Mensch* to be overweight
übergewichtig adj overweight
überglücklich adj overjoyed
übergreifen v/i *Feuer, Streik etc* to spread (**auf** +akk to)
Übergriff m (≈ *Einmischung*) infringement (**auf** +akk of); MIL attack (**auf** +akk upon)

übergroß *adj* oversize(d)
Übergröße *f bei Kleidung etc* outsize, plus size
überhaben *umg v/t* **1** (≈ *satthaben*) to be sick (and tired) of *umg* **2** (≈ *übrig haben*) to have left (over)
überhandnehmen *v/i* to get out of hand
überhängen *v/t* **sich** (*dat*) **einen Mantel ~** to put a coat round one's shoulders
überhäufen *v/t j-n* to overwhelm; **j-n mit Geschenken ~** to heap presents (up)on sb; **ich bin völlig mit Arbeit überhäuft** I'm completely snowed under (with work)
überhaupt *adv* **1** (≈ *im Allgemeinen*) in general; (≈ *überdies*) anyway; **und ~, warum nicht?** and after all, why not? **2** *in Fragen, Verneinungen* at all; **~ nicht** not at all; **~ keine Menschen** no people at all; **~ nichts** nothing at all; **~ nie** never (ever); **~ kein Grund** no reason whatsoever **3** (≈ *eigentlich*) **wie ist das ~ möglich?** how is that possible?; **was wollen Sie ~ von mir?** *herausfordernd* what do you want from me?; **wer sind Sie ~?** who do you think you are?
überheblich *adj* arrogant
Überheblichkeit *f* arrogance
überheizen *v/t* to overheat
überhitzt *fig adj Konjunktur* overheated; *Gemüter* very heated *präd*
überhöht *adj Preise, Geschwindigkeit* excessive
überholen **A** *v/t* **1** *Fahrzeug* to overtake *bes Br*, to pass **2** TECH *Maschine etc* to overhaul **B** *v/i* to overtake
Überholmanöver *n* AUTO overtaking manoeuvre *Br*, passing maneuver *US*
Überholspur *f* AUTO overtaking lane *bes Br*, fast lane
überholt *adj* out-dated, out of date
Überholverbot *n* restriction on overtaking *bes Br*; *als Schild etc* no overtaking *bes Br*
überhören *v/t* not to hear; (≈ *nicht hören wollen*) to ignore; **das will ich überhört haben!** I didn't hear that!
überirdisch *adj* above ground
überkandidelt *adj* over the top, over-the-top *attr*
Überkapazität *f* overcapacity
überkleben *v/t* **etw mit Papier ~** to stick paper over sth
überkochen *v/i* to boil over
überkommen *v/t* (≈ *überfallen*) to come over; **Furcht** *etc* **überkam ihn** he was overcome with fear *etc*
überkreuzen **A** *v/t* **1** (≈ *überqueren*) to cross **2** **die Beine ~** to cross one's legs **B** *v/r Linien* to intersect, to cross
überladen[1] *v/t* to overload
überladen[2] *adj Wagen* overloaded; *fig Stil* over--ornate
überlagern **A** *v/t Thema, Problem etc* to eclipse **B** *v/r* (≈ *sich überschneiden*) to overlap
überlang *adj Oper etc* overlength
Überlänge *f* excessive length
überlappen *v/i & v/r* to overlap
überlappend *adj* IT *Fenster* cascading; **~ anordnen** to cascade
überlassen *v/t* **1** (≈ *haben lassen*) **j-m etw ~** to let sb have sth **2** (≈ *anheimstellen*) **es j-m ~, etw zu tun** to leave it (up) to sb to do sth; **das bleibt (ganz) Ihnen ~** that's (entirely) up to you **3** (≈ *in Obhut geben*) **j-m etw ~** to leave sth with sb; **sich** (*dat*) **selbst ~ sein** to be left to one's own devices; **j-n seinem Schicksal ~** to leave sb to his fate
überlasten *v/t j-n* to overtax; *Telefonnetz, Brücke* to overload; **überlastet sein** to be under too great a strain; (≈ *überfordert sein*) to be overtaxed; ELEK *etc* to be overloaded
Überlastung *f von Mensch* overtaxing; (≈ *Überlastetsein*) strain; *durch Gewicht, a.* ELEK overloading
überlaufen[1] *v/i* **1** *Gefäß* to overflow **2** MIL, *a. fig* (≈ *überwechseln*) to desert; **zum Feind ~** to go over to the enemy
überlaufen[2] *adj* overcrowded; *mit Touristen* overrun
Überläufer(in) *m(f)* turncoat
überleben *v/t & v/i* to survive
Überleben *n* survival
Überlebende(r) *m/f(m)* survivor
Überlebenschance *f* chance of survival
überlebensgroß *adj* larger-than-life
Überlebenstraining *n* survival training
überlegen[1] **A** *v/i* (≈ *nachdenken*) to think; **ohne zu ~** without thinking; (≈ *ohne zu zögern*) without thinking twice **B** *v/t* (≈ *durchdenken*) to think about, to consider; **das werde ich mir ~** I'll think about it; **ich habe es mir anders überlegt** I've changed my mind (about it); **das hätten Sie sich** (*dat*) **vorher ~ müssen** you should have thought about that before *od* sooner
überlegen[2] **A** *adj* superior; **j-m ~ sein** to be superior to sb **B** *adv* in a superior manner
Überlegenheit *f* superiority
überlegt *adj* (well-)considered
Überlegung *f* (≈ *Nachdenken*) consideration, thought; **bei näherer ~** on closer examination
überleiten *v/i* **zu etw ~** to lead up to sth
überliefern *v/t Tradition* to hand down; **etw der Nachwelt ~** to preserve sth for posterity
Überlieferung *f* tradition
überlisten *v/t* to outwit
Übermacht *f* superiority *kein pl*, superior strength; **in der ~ sein** to be superior, to have the greater strength

übermächtig *adj Stärke* superior; *Feind* (overwhelmingly) powerful; *fig Institution* all-powerful

Übermaß *n* excessive amount (**an** +*akk* of); **im ~ to** *od* **in excess**

übermäßig **A** *adj* excessive **B** *adv* excessively

übermenschlich *adj* superhuman

übermitteln *v/t* to convey (**j-m** to sb); *Daten, Meldung* to transmit

Übermittlung *f* conveyance; *von Meldung* transmission

übermorgen *adv* the day after tomorrow

übermüden *v/t* to overtire

übermüdet *adj* overtired

Übermüdung *f* overtiredness; *Erschöpfung a.* fatigue

Übermut *m* high spirits *pl*

übermütig **A** *adj* (≈ *ausgelassen*) boisterous **B** *adv* (≈ *ausgelassen*) boisterously

übernächste(r, s) *adj* next ... but one; **die ~ Woche** the week after next

übernachten *v/i* to sleep; *eine Nacht* to spend the night; (≈ *über Nacht bleiben*) to stay

übernächtigt, **übernächtig** *bes österr adj* bleary-eyed

Übernachtung *f* overnight stay; **~ und** *od* **mit Frühstück** bed and breakfast; **~ bei Freunden** sleepover

Übernachtungsmöglichkeit *f* overnight accommodation *kein pl*

Übernahme *f* **1** takeover; (≈ *das Übernehmen*) taking over; *von Ansicht* adoption; **freundliche/feindliche ~** HANDEL friendly/hostile takeover **2** *von Amt* assumption

Übernahmeangebot *n* takeover bid

übernatürlich *adj* supernatural

übernehmen **A** *v/t* **1** (≈ *annehmen*) to take; *Aufgabe, Verantwortung, Funktion* to take on; *Kosten* to agree to pay; **es ~, etw zu tun** to undertake to do sth **2** *ablösend* to take over (**von** from); *Ansicht* to adopt **B** *v/r* to take on too much; (≈ *sich überanstrengen*) to overdo it; **~ Sie sich nur nicht!** *iron* don't strain yourself! *iron*

überparteilich *adj* nonparty *attr*; (≈ *unvoreingenommen*) nonpartisan; PARL *Problem* all-party *attr*

Überproduktion *f* overproduction

überprüfbar *adj* checkable

überprüfen *v/t* to check; *Maschine, a.* FIN *Bücher* to inspect, to examine; *Lage, Frage* to review; *Ergebnisse etc* to scrutinize; POL *j-n* to screen

Überprüfung *f* **1** checking, check; *von Maschinen, a.* FIN *von Büchern* inspection, examination; POL screening **2** (≈ *Kontrolle*) inspection

überqualifiziert *adj* overqualified

überqueren *v/t* to cross

überragend *fig adj* outstanding

überraschen *v/t* to surprise; **j-n bei etw ~** to catch sb doing sth; **von einem Gewitter überrascht werden** to be caught in a storm

überraschend **A** *adj* surprising; *Besuch* surprise *attr*; *Tod* unexpected **B** *adv* unexpectedly

überrascht *adj* surprised (**über** +*akk* at)

Überraschung *f* surprise; **für eine ~ sorgen** to have a surprise in store

überreagieren *v/i* to overreact

Überreaktion *f* overreaction

überreden *v/t* to persuade; **j-n zu etw ~** to talk sb into sth

Überredungskunst *f* persuasiveness

überregional *adj* (≈ *national*) national

überreichen *v/t* (**j-m**) **etw ~** to hand sth over (**to** sb); *feierlich* to present sth (to sb)

Überreichung *f* presentation

Überrest *m* remains *pl*

überrumpeln *umg v/t* to take by surprise; (≈ *überwältigen*) to overpower

überrunden *v/t* SPORT to lap; *fig* to outstrip

übersättigen *v/t* to satiate; *Markt* to oversaturate

übersättigt *adj Markt* glutted; *Person* sated

Übersättigung *f* satiety; *des Marktes* oversaturation

Überschallflugzeug *n* supersonic aircraft, SST *bes US*

Überschallgeschwindigkeit *f* supersonic speed; **mit ~ fliegen** to fly supersonic

Überschallknall *m* sonic boom

überschatten *v/t* to overshadow

überschätzen **A** *v/t* to overestimate **B** *v/r* to overestimate oneself

überschaubar *adj Plan etc* easily understandable; *Zeitraum* reasonable; **die Folgen sind noch nicht ~** the consequences cannot yet be clearly seen

überschauen *v/t* → überblicken

überschäumen *v/i* to froth over; *fig* to bubble (over) (**vor** +*dat* with); *vor Wut* to seethe

überschlafen *v/t Problem etc* to sleep on

Überschlag *m* **1** (≈ *Berechnung*) (rough) estimate **2** (≈ *Drehung*), *a.* SPORT somersault

überschlagen[1] **A** *v/t* **1** (≈ *auslassen*) to skip **2** (≈ *berechnen*) *Kosten etc* to estimate (roughly) **B** *v/r Auto* to turn over; *fig Ereignisse* to come thick and fast; **sich vor Hilfsbereitschaft** (*dat*) **~** to fall over oneself to be helpful

überschlagen[2] *v/i Stimmung etc* **in etw** (*akk*) **~** to turn sth into sth

überschnappen *v/i Stimme* to crack; *umg Mensch* to crack up *umg*; → übergeschnappt

überschneiden *v/r Linien* to intersect; *fig Interessen, Ereignisse etc* to overlap; *völlig* to coincide; *unerwünscht* to clash

Überschreibemodus m IT overwrite od overstrike mode
überschreiben v/t ◨ (≈ betiteln) to head ◨ (≈ übertragen) **etw auf j-n ~** to sign sth over to sb ◨ IT Daten to overwrite; Text to type over
überschreiten v/t to cross; fig to exceed
Überschrift f heading; title; (≈ Schlagzeile) headline
Überschuss m surplus (**an** +dat of)
überschüssig adj surplus
überschütten v/t ◨ (≈ bedecken) **j-n/etw mit etw ~** to cover sb/sth with sth; mit Flüssigkeit to pour sth onto sb/sth ◨ (≈ überhäufen) **j-n mit etw ~** to heap sth on sb
überschwänglich ◨ adj effusive ◨ adv effusively
überschwappen v/i to splash over
überschwemmen v/t to flood
Überschwemmung f flood; fig inundation; **flutartige ~** flash flood
Überschwemmungsgefahr f danger of flooding
überschwenglich adj & adv → überschwänglich
Übersee ohne Artikel **in/nach ~** overseas; **aus/von ~** from overseas
übersehbar adj ◨ wörtl Gegend etc visible ◨ fig (≈ erkennbar) clear; (≈ abschätzbar) Kosten etc assessable; **der Schaden ist noch gar nicht ~** the damage cannot be assessed yet
übersehen v/t ◨ wörtl Gegend etc to have a view of ◨ (≈ erkennen) Folgen, Sachlage to see clearly; (≈ abschätzen) Kosten to assess ◨ (≈ nicht erkennen) to overlook; (≈ nicht bemerken) to miss; **~, dass ...** to overlook the fact that ...
übersenden v/t to send
übersetzen¹ v/t in andere Sprachen to translate (**aus ... in** akk from ... into); **etw falsch ~** to mistranslate sth; **sich schwer ~ lassen** to be hard to translate
übersetzen² ◨ v/t mit Fähre to ferry across ◨ v/i to cross (over)
Übersetzer(in) m(f) translator
Übersetzung f ◨ translation ◨ TECH (≈ Übertragung) transmission
Übersetzungsbüro n, **Übersetzungsdienst** m translation agency
Übersetzungsprogramm n IT translation program
Übersetzungssoftware f IT translation software
Übersicht f ◨ (≈ Überblick) overview, overall view; **die ~ verlieren** to lose track of things ◨ (≈ Tabelle) table
übersichtlich ◨ adj Gelände etc open; Darstellung etc clear ◨ adv clearly; **~ angelegt** clearly

laid out
Übersichtlichkeit f von Gelände etc openness; von Darstellung etc clarity
Übersichtskarte f general map
übersiedeln v/i to move (**von** from od **nach, in** +akk to)
überspannt adj Ideen extravagant; (≈ exaltiert) eccentric
überspielen v/t ◨ (≈ verbergen) to cover (up) ◨ (≈ übertragen) Aufnahme to transfer
überspitzt adj (≈ zu spitzfindig) over(ly) subtle, fiddly Br umg; (≈ übertrieben) exaggerated
überspringen¹ v/t ◨ Hindernis to clear ◨ (≈ auslassen) Klasse, Kapitel, Lektion to skip
überspringen² v/i (≈ sich übertragen) to jump (**auf** +akk to); Begeisterung to spread quickly (**auf** +akk to)
überstehen¹ v/t (≈ durchstehen) to get through; (≈ überleben) to survive; Krankheit to get over; **das Schlimmste ist jetzt überstanden** the worst is over now
überstehen² v/i (≈ hervorstehen) to jut od stick out
übersteigen v/t ◨ (≈ klettern über) to climb over ◨ (≈ hinausgehen über) to exceed
übersteigert adj excessive
überstimmen v/t to outvote
überstrapazieren v/r to wear oneself out
überstreichen v/t **eine Wand ~** to paint over a wall
Überstunde f hour of overtime; **~n** overtime sg; **zwei ~n machen** to do two hours overtime
Überstundenvergütung f overtime pay
Überstundenzuschlag m overtime premium
überstürzen ◨ v/t to rush into ◨ v/r Ereignisse etc to happen in a rush
überstürzt ◨ adj overhasty ◨ adv rashly
übertariflich adj & adv above the agreed rate
überteuert adj overexpensive; Preise inflated
Übertrag m amount carried forward bes Br, amount carried over bes US
übertragbar adj transferable; Krankheit communicable form (**auf** +akk to), infectious; durch Berührung contagious
übertragen¹ ◨ v/t ◨ (≈ übergeben) to transfer; Krankheit to pass on (**auf** +akk to); TECH Kraft to transmit ◨ (≈ kopieren) to copy (out); (≈ transkribieren) to transcribe ◨ TV, RADIO to transmit; **etw im Fernsehen ~** to televise sth ◨ (≈ übersetzen) Text to render (**in** +akk into) ◨ Methode to apply (**auf** +akk to) ◨ (≈ verleihen) Würde to confer (j-m on sb); Vollmacht, Amt to give (j-m sb) ◨ (≈ auftragen) Aufgabe to assign (j-m to sb) ◨ v/r Krankheit etc to be passed on (**auf** +akk to); TECH to be transmitted (**auf** +akk to); Heiterkeit etc to spread (**auf** +akk to)

übertragen² **A** *adj Bedeutung etc* figurative **B** *adv* (≈ *figurativ*) figuratively
Übertragung *f* **1** (≈ *Transport*) transfer; *von Krankheit* passing on **2** TV, RADIO transmission **3** (≈ *Übersetzung*) rendering **4** (≈ *Anwendung*) application
Übertragungsgeschwindigkeit *f* IT transfer rate
Übertragungsrate *f* IT transmission rate
übertreffen **A** *v/t* to surpass (**an** +*dat* in); *Rekord* to break; **er ist nicht zu ~** he is unsurpassable **B** *v/r* **sich selbst ~** to excel oneself
übertreiben *v/t* **1** (≈ *aufbauschen*) to exaggerate **2** (≈ *zu weit treiben*) to overdo; → **übertrieben**
Übertreibung *f a.* LIT exaggeration
übertreten¹ *v/t Grenze etc* to cross; *fig Gesetz, Verbot* to break
übertreten² *v/i* SPORT to overstep; *Fluss* to overflow; **~ zu** to go over to, to defect to; REL to convert to
Übertretung *f von Gesetz etc* violation
übertrieben **A** *adj* exaggerated; *Vorsicht* excessive **B** *adv* (≈ *übermäßig*) excessively; → **übertreiben**
Übertritt *m über Grenze* crossing (**über** +*akk* of); *zu anderem Glauben* conversion; *zu anderer Partei* defection
übervoll *adj* too full; *Glas* full to the brim
übervorsichtig *adj* overcautious
übervorteilen *v/t* to cheat, to do down *umg*
überwachen *v/t* (≈ *kontrollieren*) to supervise; (≈ *beobachten*) to observe; *Verdächtigen* to keep under surveillance; *mit Radar, a. fig* to monitor
Überwachung *f* supervision; (≈ *Beobachtung*) observation; *von Verdächtigen* surveillance; *mit Radar, a. fig* monitoring
Überwachungsanlage *f* closed-circuit television, CCTV
Überwachungskamera *f* surveillance *od* security camera
Überwachungsstaat *m* Big Brother state
überwältigen *v/t* to overpower; *zahlenmäßig* to overwhelm; (≈ *bezwingen*) to overcome
überwältigend *adj* overwhelming; *Schönheit* stunning; *Erfolg* phenomenal
überwechseln *v/i* to move (**in** +*akk* to); *zu Partei etc* to go over (**zu** to)
Überweg *m* **~ für Fußgänger** pedestrian crossing
überweisen *v/t Geld* to transfer (**an** +*akk od* **auf** +*akk* to); *Patienten* to refer (**an** +*akk* to)
Überweisung *f* (≈ *Geldüberweisung*) (credit) transfer; *von Patient* referral
Überweisungsformular *n* transfer form
Überweisungsschein *m* referral slip
überwerfen *v/r* (≈ *zerstreiten*) **sich (mit j-m) ~** to fall out (with sb)
überwiegen *v/i* to be predominant
überwiegend **A** *adj* predominant; *Mehrheit* vast; **der ~e Teil** (+*gen*) the majority (of) **B** *adv* predominantly, mostly
überwinden **A** *v/t* to overcome **B** *v/r* **sich ~, etw zu tun** to force oneself to do sth; **ich konnte mich nicht dazu ~** I couldn't bring myself to do it
Überwindung *f* overcoming; (≈ *Selbstüberwindung*) will power; **das hat mich viel ~ gekostet** that took me a lot of will power
überwintern *v/i* **1** to spend the winter (**in** +*dat* in, at) **2** *Tier* to hibernate
Überzahl *f* **in der ~ sein** to be in the majority
überzählig *adj* (≈ *überschüssig*) surplus; (≈ *überflüssig*) superfluous
überzeugen **A** *v/t* to convince; **überzeugt** convinced; (≈ *zuversichtlich*) confident; **ich bin davon überzeugt, dass …** I am convinced that … **B** *v/i* to be convincing **C** *v/r* **sich (selbst) ~** *mit eigenen Augen* to see for oneself; **~ Sie sich selbst!** see for yourself!
überzeugend **A** *adj* convincing **B** *adv* convincingly
Überzeugung *f* conviction; (≈ *Prinzipien*) convictions *pl*, beliefs *pl*; **aus ~** out of principle; **ich bin der festen ~, dass …** I am firmly convinced that …; **zu der ~ gelangen, dass …** to become convinced that …
Überzeugungskraft *f* persuasiveness
überziehen¹ **A** *v/t* **1** (≈ *bedecken*) to cover; *mit Schicht* to coat; **die Betten frisch ~** to change the beds **2** *Konto* to overdraw **3** *Redezeit etc* to overrun **4** (≈ *übertreiben*) to overdo; → **überzogen B** *v/i Redner* to overrun
überziehen² *v/t* (≈ *anziehen*) (**sich** *dat*) **etw ~** to put sth on
Überziehungskredit *m* overdraft provision
überzogen *adj* (≈ *übertrieben*) excessive; → **überziehen**¹
Überzug *m* cover
üblich *adj* usual; (≈ *herkömmlich*) customary; (≈ *normal*) normal; (≈ *gewöhnlich, weit verbreitet*) common; **wie ~** as usual; **das ist bei ihm so ~** that's usual for him; **allgemein ~ sein** to be common practice
üblicherweise *adv* normally
U-Boot *n* submarine, sub *umg*
übrig *adj* **1** (≈ *verbleibend*) (the) rest of, remaining; (≈ *andere*) other; **alle ~en Bücher** all the remaining *od* all the rest of the books **2** left (over); (*zu entbehren*) spare; **~ sein** to be left; **etw ~ haben** to have sth left (over)/to spare; → **übrighaben 3 das Übrige** the rest, the remainder; **im Übrigen** incidentally, by the way

übrig bleiben v/i to be left (over); **da wird ihm gar nichts anderes ~** he won't have any choice

übrigens adv incidentally, by the way, as a matter of fact

übrighaben v/i (≈ mögen) **für j-n/etw nichts ~** to have no time for sb/sth; **für j-n/etw viel ~** to be very fond of sb/sth

Übung f **1** practice; **aus der ~ kommen** to get out of practice; **in ~ bleiben** to keep in practice; **zur ~** as practice; **~ macht den Meister** sprichw practice makes perfect sprichw **2** MIL, SPORT, SCHULE exercise; **eine ~ machen** to do an exercise

Übungsbuch n book of exercises

Übungsheft n exercise book

Übungssache f **das ist reine ~** it's all a matter of practice

Ü-30-Fete f party for people over thirty

Ufer n (≈ Flussufer) bank; (≈ Seeufer) shore; **etw ans ~ spülen** to wash sth ashore; **der Fluss trat über die ~** the river burst its banks

uferlos adj (≈ endlos) endless; (≈ grenzenlos) boundless; **ins Uferlose gehen** Debatte etc to go on forever; Kosten to go up and up

UFO, Ufo n UFO, Ufo

UG abk (= Untergeschoss) basement

Uganda n Uganda

ugandisch adj Ugandan

U-Haft umg f custody

Uhr f **1** clock; (≈ Armbanduhr, Taschenuhr) watch; (≈ Wasseruhr, Gasuhr) meter; **jds biologische Uhr** sb's biological clock; **jds innere Uhr** sb's body clock; **nach meiner Uhr** by my watch; **rund um die Uhr** round the clock; **ein Rennen gegen die Uhr** a race against the clock **2** bei Zeitangaben **um drei Uhr** at three (o'clock); **um 15 Uhr** at 3 o'clock, at 3pm; **um 8 Uhr 45** at 8.45; **wie viel Uhr ist es?** what time is it?, what's the time?; **um wie viel Uhr?** (at) what time?

Uhr(arm)band n watch strap; aus Metall watch bracelet

Uhrmacher(in) m(f) clockmaker, watchmaker

Uhrwerk n clockwork mechanism; **wie ein ~** like clockwork

Uhrzeiger m (clock/watch) hand

Uhrzeigersinn m **im ~** clockwise; **entgegen dem ~** anticlockwise Br, counterclockwise US

Uhrzeit f time (of day)

Uhu m eagle owl

Ukraine f **die ~** the Ukraine

ukrainisch adj Ukrainian

UKW abk (= Ultrakurzwelle) RADIO ≈ FM

Ulk umg m lark Br umg, hoax US umg; (≈ Streich) trick; **Ulk machen** to clown od play around

ulkig umg adj funny

Ulme f elm

ultimativ adj **1** Forderung etc given as an ultimatum **2** umg (≈ beste) Film, Buch ultimate umg

Ultimatum n ultimatum; **j-m ein ~ stellen** to give sb an ultimatum

ultra- zssgn ultra

ultrahocherhitzt adj Milch long-life attr, UHT

ultramodern adj ultramodern

Ultraschall m PHYS ultrasound; **einen ~ machen** to do an ultrasound

Ultraschallgerät n ultrasound scanner

Ultraschalluntersuchung f scan Br, ultrasound

ultraviolett adj ultraviolet

um A präp **1 um ... (herum)** around; **um sich schauen** to look around one **2** zur Zeitangabe at; **(genau) um acht** at eight (sharp); **um Weihnachten** around Christmas **3** (≈ betreffend) about; **es geht um Mr Green** this is about Mr Green; **es geht um das Prinzip** it's a question of principles **4** (≈ für) **der Kampf um die Stadt** the battle for the town; **um Geld spielen** to play for money; **sich um etw sorgen** to worry about sth **5** bei Differenzangaben by; **um 10% teurer** 10% more expensive; **um vieles besser** far better; **um nichts besser** no better; **etw um 4 cm verkürzen** to shorten sth by 4 cm **B** präp **um ... willen** for the sake of **C** konj **um ... zu** (in order) to **D** adv (≈ ungefähr) **um (die) 30 Schüler** etc about od (a)round about 30 pupils etc

umändern v/t to alter

umarbeiten v/t to alter; Buch etc to rewrite, to rework

umarmen v/t to embrace, to hug

Umarmung f embrace a. euph, hug

Umbau m rebuilding, renovation; zu etwas anderem conversion (**zu** into); (≈ Umänderung) alterations pl; **das Gebäude befindet sich im ~** the building is being renovated

umbauen v/t to rebuild, to renovate; zu etwas anderem to convert (**zu** into); (≈ umändern) to alter

umbenennen v/t to rename (**in** +akk sth)

umbesetzen v/t THEAT to recast; Mannschaft to reorganize

umbiegen A v/t to bend **B** v/i im Auto to turn round

umbilden fig v/t to reorganize; POL Kabinett to reshuffle Br, to shake up US

Umbildung f reorganization; POL reshuffle Br, shake up US

umbinden v/t to put on; **sich** (dat) **einen Schal ~** to put a scarf on

umblättern v/t & v/i to turn over

umbringen Ⓐ v/t to kill Ⓑ v/r to kill oneself; **er bringt sich fast um vor Höflichkeit** *umg* he falls over himself to be polite
Umbruch *m* ❶ radical change ❷ TYPO make-up
umbuchen v/t ❶ *Flug, Termin* to alter one's booking for ❷ FIN *Betrag* to transfer
Umbuchung *f* change in booking
umdenken v/i to change one's ideas; **darin müssen wir ~** we'll have to rethink that
umdisponieren v/i to change one's plans
umdrehen Ⓐ v/t to turn over; *um die Achse* to turn (a)round; *Schlüssel* to turn Ⓑ v/r to turn (a)round (**nach** to look at); *im Bett etc* to turn over
Umdrehung *f* turn; PHYS revolution, rotation; AUTO revolution, rev
umeinander *adv* about each other *od* one another; *räumlich* (a)round each other
umfahren¹ v/t (≈ *überfahren*) to run over
umfahren² v/t (≈ *fahren um*) to go (a)round; *mit dem Auto* to drive (a)round; *auf Umgehungsstraße* to bypass
Umfahrung *österr f* (≈ *Umgehungsstraße*) bypass, beltway *US*; (≈ *Umleitung*) diversion *Br*, detour *US*
umfallen v/i to fall over; *Gegenstand* to fall (down); *umg* (≈ *ohnmächtig werden*) to pass out; *fig umg* (≈ *nachgeben*) to give in; **zum Umfallen müde sein** to be ready to drop; **wir arbeiteten bis zum Umfallen** we worked until we were ready to drop
Umfang *m* ❶ *von Kreis etc* circumference; (≈ *Bauchumfang*) girth ❷ *fig* (≈ *Ausmaß*) extent; (≈ *Reichweite*) range; *von Untersuchung etc* scope; *von Verkauf etc* volume; **in großem ~** on a large scale; **in vollem ~** fully, entirely
umfangreich *adj* extensive; (≈ *geräumig*) spacious
umfassen v/t ❶ to grasp; (≈ *umarmen*) to embrace ❷ *fig* (≈ *einschließen*) *Zeitperiode* to cover; (≈ *enthalten*) to contain
umfassend Ⓐ *adj* extensive; (≈ *vieles enthaltend*) comprehensive; *Geständnis* full, complete Ⓑ *adv* comprehensively
Umfeld *n* surroundings *pl; fig* sphere
umfliegen v/t (≈ *fliegen um*) to fly (a)round
umformen v/t ❶ to reshape (**in** *+akk* into) ❷ ELEK to convert
umformulieren v/t to reword, to rephrase
Umfrage *f* SOZIOL survey; *bes* POL (opinion) poll
Umfrageergebnis *n* survey/poll result(s) (*pl*)
umfüllen v/t to transfer into another bottle/container *etc*
umfunktionieren v/t to change the function of; **etw zu etw ~** to turn sth into sth
Umgang *m* ❶ (≈ *gesellschaftlicher Verkehr*) dealings *pl*; (≈ *Bekanntenkreis*) acquaintances *pl*; **schlech-**

ten ~ haben to keep bad company; **~ mit j-m pflegen** to associate with sb; **er ist kein ~ für dich** he's not fit company for you ❷ **im ~ mit Tieren muss man …** in dealing with animals one must …; **der ~ mit Kindern muss gelernt sein** you have to learn how to handle children
umgänglich *adj* affable
Umgangsformen *pl* manners *pl*
Umgangssprache *f* colloquial language
umgangssprachlich *adj* colloquial
umgeben Ⓐ v/t to surround; **~ sein von** to be surrounded by Ⓑ v/r **sich mit j-m/etw ~** to surround oneself with sb/sth
Umgebung *f* (≈ *Umwelt*) surroundings *pl*; (≈ *Nachbarschaft*) neighbourhood *Br*, neighborhood *US*; (≈ *gesellschaftlicher Hintergrund*) background; (≈ *Milieu*) environment
umgedreht *adv* upside down; → *umdrehen*
umgehen¹ v/i ❶ *Gerücht etc* to go (a)round; *Grippe* to be going round ❷ **mit j-m/etw ~** to deal with sb/sth; **mit j-m/etw können** to know how to handle sb/sth; **mit j-m grob/behutsam ~** to treat sb roughly/gently; **sorgsam mit etw ~** to be careful with sth
umgehen² *fig* v/t to avoid; *Gesetz* to get (a)round
umgehend Ⓐ *adj* immediate Ⓑ *adv* immediately
Umgehung *f* (≈ *Vermeidung*) avoidance; *von Gesetz* circumvention; *von Frage* evasion
Umgehungsstraße *f* bypass, beltway *US*
umgekehrt Ⓐ *adj Reihenfolge* reverse; (≈ *gegenteilig*) opposite, contrary; (≈ *andersherum*) the other way (a)round; **in die ~e Richtung fahren** to go in the opposite direction; **in ~er Form** in reverse; **genau ~!** quite the contrary!; → *umkehren* Ⓑ *adv* (≈ *andersherum*) the other way (a)round; **… und/oder ~** … and/or vice versa
umgestalten v/t to alter; (≈ *reorganisieren*) to reorganize; (≈ *umordnen*) to rearrange
Umgestaltung *f* alteration; (≈ *Reorganisation*) reorganization; (≈ *Umordnung*) rearrangement
umgewöhnen v/r to readapt
umgraben v/t to dig over; *Erde* to turn (over)
umgucken v/r *umg* → *umsehen*
umhaben *umg* v/t to have on
Umhang *m* cape; *länger* cloak; (≈ *Umhängetuch*) shawl
umhängen v/t ❶ *Rucksack etc* to put on; *Jacke, Schal etc* to drape (a)round; *Gewehr* to sling on; **sich** (*dat*) **etw ~** to put sth on, to drape sth (a)round one ❷ *Bild* to rehang
Umhängetasche *f* shoulder bag
umhauen v/t ❶ *Baum* to chop *od* cut down ❷ *umg* (≈ *umwerfen*) to knock over ❸ *umg* (≈ *erstaunen*) to bowl over *umg*

umher *adv* around, about *Br*; **in ... ~ round**
umhergehen *v/i* to walk around
umherlaufen *v/i* to walk around; (≈ *rennen*) to run around
umherrennen *v/i* to run around
umherspringen *v/i* to jump around
umherziehen *v/i* to move around (**in etw** *dat* sth)
umhinkönnen *v/i* **ich kann nicht umhin, das zu tun** I can't avoid doing it; *einem Zwang folgend* I can't help doing it
umhören *v/r* to ask around
umjubeln *v/t* to cheer
umkämpfen *v/t Stadt* to fight over; *Wahlkreis* to contest
Umkehr *f* ① *wörtl* turning back; **j-n zur ~ zwingen** to force sb to turn back ② *fig geh* (≈ *Änderung*) change
umkehrbar *adj* reversible
umkehren Ⓐ *v/i* to turn back Ⓑ *v/t Reihenfolge, Trend* to reverse; *Verhältnisse* to overturn; GRAM, MATH to invert; → umgekehrt Ⓒ *v/r Verhältnisse* to become reversed
umkippen Ⓐ *v/t* to tip over; *Auto* to overturn; *Vase* to knock over Ⓑ *v/i* ① to tip over; *Auto* to overturn ② *umg* (≈ *ohnmächtig werden*) to pass out ③ *umg* (≈ *aufgeben*) to back down ④ *Fluss, See* to become ecologically dead
umklappen *v/t* to fold down
Umkleide *umg f* fitting room
Umkleidekabine *f* changing cubicle *od* room
Umkleideraum *m* changing room
umknicken Ⓐ *v/t Ast, Mast* to snap; *Baum* to break; *Strohhalm* to bend over Ⓑ *v/i Ast* to snap; *Strohhalm* to get bent over; **mit dem Fuß ~** to twist one's ankle
umkommen *v/i* (≈ *sterben*) to be killed; **vor Langeweile ~** *umg* to be bored to death *umg*
Umkreis *m* (≈ *Umgebung*) surroundings *pl*; (≈ *Gebiet*) area; (≈ *Nähe*) vicinity; **im näheren ~** in the vicinity
umkreisen *v/t* to circle (around); RAUMF to orbit
umkrempeln *v/t* ① *Ärmel, Hosenbein* to turn up; *mehrmals* to roll up ② (≈ *umwenden*) to turn inside out; *umg Betrieb, System* to shake up *umg*
umlackieren *v/t Auto* to respray
umladen *v/t* to transfer
Umlage *f* **eine ~ machen** to split the cost
umlagern *v/t* (≈ *einkreisen*) to surround
Umland *n* surrounding area
Umlauf *m* (≈ *das Kursieren*) circulation *a. fig*; **im ~ sein** to be in circulation
Umlaufbahn *f* orbit
Umlaut *m* ① umlaut ② *Laut* vowel with umlaut
umlegen *v/t* ① (≈ *umhängen*) to put round ② (≈ *umklappen*) *Hebel* to turn ③ (≈ *verlegen*) *Kranke* to move; *Termin* to change (**auf** +*akk* to) ④ (≈ *verteilen*) **die 200 Euro wurden auf uns fünf umgelegt** we divided up the 200 euros costs among the five of us ⑤ *umg* (≈ *ermorden*) to bump off *umg*
umleiten *v/t* to divert
Umleitung *f* diversion; *Strecke a.* detour
umlernen *v/i* to retrain; *fig* to change one's ideas
umliegend *adj* surrounding
Umluftherd *m* fan-assisted oven
ummelden *v/r* to register one's change of address
Umnachtung *f* **geistige ~** mental derangement
umordnen *v/t* to rearrange
umorganisieren *v/t* to reorganize
umpflanzen *v/t* (≈ *woanders pflanzen*) to transplant; *Topfpflanze* to repot
umpflügen *v/t* to plough up *Br*, to plow up *US*
umquartieren *v/t* to move
umrahmen *v/t* to frame
umranden *v/t* to edge
umräumen Ⓐ *v/t* to rearrange; (≈ *an anderen Platz bringen*) to shift Ⓑ *v/i* to rearrange the furniture
umrechnen *v/t* to convert (**in** +*akk* into)
Umrechnung *f* conversion
Umrechnungskurs *m* exchange rate
Umrechnungstabelle *f* conversion table
umreißen¹ *v/t* (≈ *skizzieren*) to outline
umreißen² *v/t* (≈ *niederreißen*) to tear down; (≈ *umstoßen*) to knock down
umrennen *v/t* to (run into and) knock down
umringen *v/t* to surround
Umriss *m* outline; (≈ *Kontur*) contour(s) (*pl*); **etw in ~en zeichnen/erzählen** to outline sth
umrühren *v/t* to stir
umrüsten *v/t* TECH to adapt; **etw auf etw** (*akk*) **~** to convert sth to sth
umsatteln *umg v/i beruflich* to change jobs; **von etw auf etw** (*akk*) **~** to switch from sth to sth
Umsatz *m* HANDEL turnover
Umsatzbeteiligung *f* share of the turnover; (≈ *Provision*) sales commission
Umsatzplus *n* HANDEL increase in turnover
Umsatzrückgang *m* drop in turnover
Umsatzsteigerung *f* increase in turnover
Umsatzsteuer *f* VAT *Br*, sales tax *US*
umschalten *v/i* to flick the/a switch; RADIO to change stations; *auf anderen Sender* to turn over (**auf** +*akk* to); *Ampel* to change
Umschalttaste *f* COMPUT shift key
Umschau *f* **~ halten** to look around (**nach** for)
umschauen *bes dial v/r* → umsehen
umschiffen *v/t* to sail (a)round

Umschlag m **1** (≈ Hülle) cover; (≈ Briefumschlag) envelope; (≈ Buchumschlag) jacket **2** MED compress **3** (≈ Ärmelumschlag) cuff; (≈ Hosenumschlag) turn-up Br, cuff US

umschlagen A v/t **1** Ärmel, Hosenbein to turn up; Kragen to turn down **2** (≈ umladen) Güter to transship **B** v/i (≈ sich ändern) to change (suddenly); Wind to veer; **ins Gegenteil ~** to become the opposite

Umschlagplatz m trade centre Br, trade center US

umschließen v/t to surround

umschlungen adj **eng ~** with their etc arms tightly (a)round each other

umschmeißen v/t (≈ umwerfen) to knock over

umschreiben[1] v/t **1** Text etc to rewrite **2** Hypothek etc to transfer

umschreiben[2] v/t (≈ mit anderen Worten ausdrücken) to paraphrase; (≈ darlegen) to describe

Umschreibung f (≈ das Umschriebene) paraphrase; (≈ Darlegung) description

umschulden v/t HANDEL Kredit to convert, to fund

umschulen v/t **1** beruflich to retrain **2** auf andere Schule to transfer (to another school)

Umschulung f retraining; auf andere Schule transfer

umschwärmen v/t to swarm (a)round; (≈ verehren) to idolize

Umschweife pl **ohne ~** straight out

umschwenken v/i **1** Anhänger, Kran to swing out; fig to do an about-turn Br, to do an about-face US **2** Wind to veer

Umschwung fig m (≈ Veränderung) drastic change; **ins Gegenteil** about-turn Br, about-face US

umsegeln v/t to sail (a)round

umsehen v/i to look around (**nach** for); rückwärts to look back; **sich in der Stadt ~** to have a look (a)round the town; **ich möchte mich nur mal ~** in Geschäft I'm just looking

um sein v/i Frist, Zeit to be up

umseitig adj & adv overleaf

umsetzen v/t **1** Waren, Geld to turn over **2** **etw in die Tat ~** to translate sth into action

Umsetzung f Realisierung realization; eines Plans implementation; eines Gesetzes transposition; Umwandlung conversion (**in** akk into)

Umsicht f circumspection, prudence

umsichtig A adj circumspect, prudent **B** adv circumspectly, prudently

umsiedeln v/t & v/i to resettle

Umsiedlung f resettlement

umso konj (≈ desto) **~ besser/schlimmer!** so much the better/worse!; **~ mehr, als …** all the more considering od as

umsonst adv **1** (≈ unentgeltlich) free; bes HANDEL free of charge **2** (≈ vergebens) in vain; (≈ erfolglos) without success

umsorgen v/t to look after

umspringen v/i **mit j-m grob** etc **~** umg to treat sb roughly etc

Umstand m **1** circumstance; (≈ Tatsache) fact; **den Umständen entsprechend** much as one would expect (under the circumstances); **nähere Umstände** further details; **in anderen Umständen sein** to be expecting; **unter keinen Umständen** under no circumstances; **unter Umständen** possibly **2 Umstände** pl (≈ Mühe) bother sg; (≈ Förmlichkeit) fuss sg; **machen Sie bloß keine Umstände!** please don't go to any bother

umständehalber adv owing to circumstances

umständlich A adj Methode (awkward and) involved; Vorbereitung elaborate; Erklärung long-winded; Abfertigung laborious; **sei doch nicht so ~!** don't make everything twice as hard as it really is!; **das ist mir zu ~** that's too much bother **B** adv erklären in a roundabout way; vorgehen awkwardly

Umständlichkeit f von Methode involvedness; von Erklärung etc long-windedness

Umstandskleid n maternity dress

Umstandskleidung f maternity wear

Umstandskrämer(in) umg m(f) fusspot Br umg, fussbudget US

Umstandswort n adverb

umstehend A adj **1** (≈ in der Nähe stehend) standing nearby **2** (≈ umseitig) overleaf **B** adv overleaf

umsteigen v/i **1** in Bus, Zug etc to change (buses/trains etc) **2** fig umg to switch (over) (**auf** +akk to)

umstellen[1] **A** v/t to change (a)round; Hebel, Betrieb to switch over; Uhr to change; Währung to change over **B** v/i **auf etw** (akk) **~** Betrieb to switch over to sth **C** v/r **sich auf etw** (akk) **~** to adjust to sth

umstellen[2] v/t (≈ einkreisen) to surround

Umstellung f **1** changing (a)round **2** von Hebel, Betrieb switch-over; von Währung changeover; **~ auf Erdgas** conversion to natural gas **3** fig (≈ das Sichumstellen) adjustment (**auf** +akk to); **das wird eine große ~ für ihn sein** it will be a big change for him

umstimmen v/t **j-n ~** to change sb's mind; **er ließ sich nicht ~** he was not to be persuaded

umstoßen v/t Gegenstand to knock over; fig to change; Umstände etc: Plan, Berechnung to upset

umstritten adj controversial

umstrukturieren v/t to restructure

Umstrukturierung f restructuring

Umsturz *m* coup (d'état)
umstürzen A *v/t* to overturn; *fig Regierung* to overthrow B *v/i* to fall
umtaufen *v/t* to rebaptize; (≈ *umbenennen*) to rechristen
Umtausch *m* exchange; **diese Waren sind vom ~ ausgeschlossen** these goods cannot be exchanged
umtauschen *v/t* to (ex)change; *Geld* to change (**in** +*akk* into)
umtopfen *v/t Blumen etc* to repot
Umtriebe *pl* machinations *pl*; **umstürzlerische ~** subversive activities
Umtrunk *m* drink
umtun *umg v/r* to look around (**nach** for)
umverteilen *v/t* to redistribute
Umverteilung *f* redistribution
umwandeln *v/t* to change (**in** +*akk* into); *Naturwissenschaft, a.* HANDEL to convert (**in** +*akk* to); JUR *Strafe* to commute (**in** +*akk* to); *fig* to transform (**in** +*akk* into)
Umwandlung *f* change; *Naturwissenschaft, a.* HANDEL conversion; *fig* transformation
umwechseln *v/t Geld* to exchange (**in** +*akk* for), to change (**in** +*akk* into)
Umweg *m* detour; *fig* roundabout way; **wenn das für Sie kein ~ ist** if it doesn't take you out of your way; **etw auf ~en erfahren** *fig* to find sth out indirectly
Umwelt *f* environment; **die ~ betreffend** environmental
Umwelt- *zssgn* eco, environmental
umweltbedingt *adj* determined by the environment, environmental
Umweltbedingungen *pl* environmental conditions *pl*
Umweltbehörde *f* environmental authority
umweltbelastend *adj* causing environmental pollution
Umweltbelastung *f* (environmental) pollution
umweltbewusst *adj Person* environmentally aware; **~ werden** to go green
Umweltbewusstsein *n* environmental awareness
Umweltexperte *m*, **Umweltexpertin** *f* environmental expert
Umweltfahrstreifen *m für Fahrzeuge mit mindestens zwei Insassen* high-occupancy vehicle lane, HOV lane
Umweltforschung *f* ecology
umweltfreundlich *adj* environmentally friendly, eco-friendly
Umweltfreundlichkeit *f* environmental friendliness
umweltgefährdend *adj* harmful to the environment
Umweltgift *n* environmental pollutant
Umwelthaftung *f* environmental liability
Umweltkatastrophe *f* ecological disaster
Umweltkriminalität *f* environmental crimes *pl*
Umweltmanagement *n* environmental management
Umweltminister(in) *m(f)* environment minister, minister for the environment
Umweltpapier *n* recycled paper
Umweltpolitik *f* environmental policy
Umweltprämie *f* environmental premium; (≈ *Abwrackprämie*) scrappage allowance *Br*, car allowance rebate scheme *od* CARS voucher *US*, cash for clunkers voucher *umg*
Umweltschaden *m* damage to the environment
umweltschädlich *adj* harmful to the environment
umweltschonend *adj* environmentally friendly
Umweltschutz *m* conservation
Umweltschutzbeauftragte(r) *m/f(m)* environmental protection officer
Umweltschützer(in) *m(f)* conservationist, environmentalist
Umweltschutzorganisation *f* environmentalist group
Umweltsteuer *f* ecology tax
Umweltsünder(in) *umg m(f)* polluter
Umwelttoxikologie *f* environmental toxicology, ecotoxicology
Umweltverschmutzung *f* pollution (of the environment)
umweltverträglich *adj Produkte, Stoffe* not harmful to the environment
Umweltverträglichkeit *f* environmental friendliness
Umweltzerstörung *f* destruction of the environment
Umweltzone *f* low-emission zone
umwenden A *v/t* to turn over B *v/r* to turn ((a)round) (**nach** to)
umwerben *v/t* to court
umwerfen *v/t* ① *Gegenstand* to knock over; *Möbelstück etc* to overturn ② *fig* (≈ *ändern*) to upset; *Vorstellungen* to throw over ③ *fig umg* to stun
umwerfend *adj* fantastic
umwickeln *v/t* to wrap (a)round
umzäunen *v/t* to fence (a)round
umziehen A *v/i* to move; **nach Köln ~** to move to Cologne B *v/r* to change, to get changed
umzingeln *v/t* to surround, to encircle
Umzug *m* ① (≈ *Wohnungsumzug*) move, removal *bes Br* ② (≈ *Festzug*) procession; (≈ *Demonstrationszug*) parade

Umzugskarton m, **Umzugskiste** f (cardboard) removal box
UN f abk (= United Nations) UN
unabänderlich adj (≈ unwiderruflich) unalterable; *Entschluss* irrevocable; **~ feststehen** to be absolutely certain
unabdingbar adj indispensable; *Notwendigkeit* absolute
unabhängig adj independent (**von** of); **~ davon, was Sie meinen** irrespective of what you think
Unabhängigkeit f independence; (≈ *Freiheit*) freedom
Unabhängigkeitserklärung f declaration of independence
Unabhängigkeitspartei f independence party
Unabhängigkeitstag m *in USA* Independence Day, Fourth of July
unabkömmlich geh adj busy; (≈ *unverzichtbar*) indispensable
unablässig **A** adj continual **B** adv continually
unabsehbar fig adj *Folgen etc* unforeseeable; *Schaden* immeasurable; **auf ~e Zeit** for an indefinite period
unabsichtlich **A** adj unintentional **B** adv unintentionally
unabwendbar adj inevitable
unachtsam adj (≈ *unaufmerksam*) inattentive; (≈ *nicht sorgsam*) careless; (≈ *unbedacht*) thoughtless
Unachtsamkeit f carelessness
unähnlich adj dissimilar
unanfechtbar adj incontestable; *Beweis* irrefutable
unangebracht adj uncalled-for; *für Kinder etc* unsuitable; (≈ *unzweckmäßig*) *Maßnahmen* inappropriate
unangefochten adj unchallenged; *Urteil, Testament* uncontested
unangemeldet **A** adj unannounced; *Besucher* unexpected **B** adv unannounced; *besuchen* without letting sb know
unangemessen **A** adj (≈ *zu hoch*) unreasonable; (≈ *unzulänglich*) inadequate; **einer Sache** (dat) **~ sein** to be inappropriate to sth **B** adv *hoch, teuer* unreasonably; *sich verhalten* inappropriately
unangenehm adj unpleasant; *Frage* awkward; **er kann ~ werden** he can get quite nasty
unannehmbar adj unacceptable
Unannehmlichkeit f trouble *kein pl*; **~en bekommen** to get into trouble
unansehnlich adj unsightly; *Tapete, Möbel* shabby
unanständig adj **1** (≈ *unerzogen*) bad-mannered **2** (≈ *anstößig*) dirty; *Wörter* rude; *Kleidung* indecent
Unanständigkeit f **1** (≈ *Unerzogenheit*) bad manners pl **2** (≈ *Obszönität*) obscenity
unantastbar adj sacrosanct; *Rechte* inviolable
unappetitlich adj unappetizing
Unart f bad habit
unartig adj naughty
unattraktiv adj unattractive; (≈ *altmodisch*) frumpy
unaufdringlich adj unobtrusive
unauffällig adj inconspicuous; (≈ *schlicht*) unobtrusive
unauffindbar adj nowhere to be found; *vermisste Person* untraceable
unaufgefordert **A** adj *bes* HANDEL unsolicited **B** adv without being asked
unaufgeklärt adj unexplained; *Verbrechen* unsolved
unaufhaltsam adj unstoppable
unaufhörlich **A** adj incessant **B** adv incessantly
unaufmerksam adj inattentive
Unaufmerksamkeit f inattentiveness
unaufrichtig adj insincere
unausbleiblich adj inevitable
unausgefüllt adj *Leben, Mensch* unfulfilled
unausgeglichen adj unbalanced
Unausgeglichenheit f imbalance
unausgegoren adj immature; *fig Plan, Idee* half-baked
unausgesprochen adj unspoken
unausgewogen adj unbalanced
Unausgewogenheit f imbalance
unaussprechlich adj **1** *Wort* unpronounceable **2** *Leid etc* inexpressible
unausstehlich adj intolerable
unausweichlich adj unavoidable
unbändig adj **1** *Kind* boisterous **2** *Freude, Hass, Zorn* unrestrained; *Ehrgeiz* boundless; **sich ~ freuen** to be absolutely thrilled
unbarmherzig **A** adj merciless **B** adv mercilessly
unbeabsichtigt **A** adj unintentional **B** adv unintentionally
unbeachtet adj unnoticed; *Warnung* unheeded; **~ bleiben** to go unnoticed/unheeded; **j-n/etw ~ lassen** not to take any notice of sb/sth
unbeantwortet adj & adv unanswered
unbebaut adj *Land* undeveloped; *Grundstück* vacant; *Feld* uncultivated
unbedacht **A** adj (≈ *hastig*) rash; (≈ *unüberlegt*) thoughtless **B** adv rashly
unbedarft *umg* adj simple-minded
unbedenklich **A** adj (≈ *ungefährlich*) quite safe **B** adv (≈ *ungefährlich*) quite safely; (≈ *ohne zu zö-*

gern) without thinking, without thinking twice *umg*

unbedeutend *adj* insignificant, unimportant; (≈ *geringfügig*) *Änderung etc* minor

unbedingt **A** *adj* **1** absolute **2** *österr, schweiz Gefängnisstrafe* unconditional **B** *adv* **1** (≈ *auf jeden Fall*) really; *nötig* absolutely; **ich musste sie ~ sprechen** I really had to speak to her; **nicht ~** not necessarily **2** *österr* **er wurde zu zwei Jahren ~ verurteilt** he was sentenced to two years in prison

unbeeindruckt *adj & adv* unimpressed (**von** by)

unbefahrbar *adj Straße, Weg* impassable

unbefangen **A** *adj* **1** (≈ *unvoreingenommen*) impartial **2** (≈ *ungehemmt*) uninhibited **B** *adv* **1** (≈ *unvoreingenommen*) impartially **2** (≈ *ungehemmt*) without inhibition

Unbefangenheit *f* **1** (≈ *unparteiische Haltung*) impartiality **2** (≈ *Ungehemmtheit*) uninhibitedness

unbefriedigend *adj* unsatisfactory

unbefriedigt *adj* unsatisfied; (≈ *unzufrieden*) dissatisfied

unbefristet **A** *adj Arbeitsverhältnis* permanent; *Visum* permanent **B** *adv* for an indefinite period; **etw ~ verlängern** to extend sth indefinitely

unbefugt *adj* unauthorized; **Eintritt für Unbefugte verboten** no admittance to unauthorized persons

unbegabt *adj* untalented

unbegreiflich *adj* (≈ *unverständlich*) incomprehensible; *Dummheit* inconceivable

unbegrenzt **A** *adj* (≈ *unlimited*; *Frist* indefinite; **auf ~e Zeit** indefinitely; **in ~er Höhe** of an unlimited amount **B** *adv* indefinitely

unbegründet *adj* unfounded; **eine Klage als ~ abweisen** to dismiss a case

Unbehagen *n* uneasy feeling; (≈ *Unzufriedenheit*) discontent (**an** +*dat* with); *körperlich* discomfort

unbehaglich *adj* uncomfortable

unbehandelt *adj Wunde, Obst* untreated

unbehelligt **A** *adj* (≈ *unbelästigt*) unmolested; (≈ *unkontrolliert*) unchecked **B** *adv* (≈ *unkontrolliert*) unchecked; (≈ *ungestört*) in peace, without interruption

unbeherrscht *adj Reaktion* uncontrolled; *Mensch* lacking self-control

Unbeherrschtheit *f von Mensch* lack of self--control

unbeholfen **A** *adj* clumsy; (≈ *hilflos*) helpless **B** *adv* clumsily

Unbeholfenheit *f* clumsiness; (≈ *Hilflosigkeit*) helplessness

unbeirrbar, unbeirrt **A** *adj* unwavering **B** *adv festhalten* unwaveringly; *weitermachen* undeterred

unbekannt *adj* unknown; **das war mir ~** I didn't know that; **~e Größe** MATH, *a. fig* unknown quantity; **Strafanzeige gegen ~** charge against person or persons unknown

Unbekannte *f* MATH unknown

Unbekannte(r) *m/f(m)* stranger

unbekannterweise *adv* **grüß ihn von mir ~** say hello to him from me, even though we haven't met

unbekleidet *adj* bare; **sie war ~** she had nothing on

unbekümmert **A** *adj* **1** (≈ *unbesorgt*) unconcerned **2** (≈ *sorgenfrei*) carefree **B** *adv* (≈ *unbesorgt*) without worrying; (≈ *sorglos*) without a care in the world

unbelastet *adj* **1** (≈ *ohne Last*) unladen **2** (≈ *ohne Schulden*) unencumbered **3** (≈ *ohne Sorgen*) free from worries **4** (≈ *schadstofffrei*) unpolluted

unbelehrbar *adj* fixed in one's views; *Rassist etc* dyed-in-the-wool *attr*; **er ist ~** you can't tell him anything

unbeleuchtet *adj Straße, Weg* unlit

unbeliebt *adj* unpopular (**bei** with); **sich ~ machen** to make oneself unpopular

unbemannt *adj* unmanned; **~es Flugobjekt** *od* **Luftfahrzeug** unmanned aerial vehicle, UAV

unbemerkt *adj & adv* unnoticed; **~ bleiben** to go unnoticed

unbenommen *form adj* **es bleibt Ihnen ~, zu …** you are (quite) at liberty to …

unbenutzt *adj & adv* unused

unbeobachtet *adj* unnoticed

unbequem *adj* (≈ *ungemütlich*) uncomfortable; (≈ *lästig*) *Frage, Situation* awkward; (≈ *mühevoll*) difficult; **diese Schuhe sind mir zu ~** these shoes are too uncomfortable; **der Regierung ~ sein** to be an embarrassment to the government

Unbequemlichkeit *f* **1** (≈ *Ungemütlichkeit*) lack of comfort; *von Situation* awkwardness **2** inconvenience

unberechenbar *adj* unpredictable

unberechtigt *adj Sorge etc* unfounded; *Kritik* unjustified; (≈ *unbefugt*) unauthorized

unberührt *adj* **1** untouched; *fig Natur* unspoiled; **~ sein** *Mädchen* to be a virgin **2** (≈ *unbetroffen*) unaffected

unbeschädigt *adj & adv* undamaged; (≈ *unverletzt*) unharmed; *Siegel* unbroken

unbescheiden *adj Mensch, Plan* presumptuous

unbeschnitten *adj Mann* uncircumcised, uncut

unbescholten *geh adj* respectable; *Ruf* spotless; JUR with no previous convictions

unbeschrankt *adj* unguarded

unbeschränkt *adj* unrestricted; *Macht* abso-

lute; *Geldmittel, Zeit* unlimited
unbeschreiblich A *adj* indescribable; *Frechheit* enormous B *adv schön, gut etc* indescribably
unbeschwert A *adj* (≈ *sorgenfrei*) carefree; *Unterhaltung* light-hearted B *adv* (≈ *sorgenfrei*) carefree
unbesehen *adv* indiscriminately; (≈ *ohne es anzusehen*) without looking at it/them; **das glaube ich dir ~** I believe it if you say so
unbesetzt *adj* vacant; *Schalter* closed
unbesiegbar *adj* invincible
unbesiegt *adj* undefeated
unbesonnen A *adj* rash; (≈ *leichtsinnig*) reckless B *adv* rashly
Unbesonnenheit *f* rashness
unbesorgt A *adj* unconcerned; **Sie können ganz ~ sein** you can set your mind at rest B *adv* without worrying
unbeständig *adj Wetter* changeable; *Mensch* unsteady; *in Leistungen* erratic
Unbeständigkeit *f von Wetter* changeability; *von Mensch* unsteadiness; *in Leistungen* erratic behaviour *Br*, erratic behavior *US*
unbestechlich *adj* 1 *Mensch* incorruptible 2 *Urteil* unerring
unbestimmt *adj* 1 (≈ *ungewiss*) uncertain 2 (≈ *undeutlich*) *Gefühl etc* vague; **auf ~e Zeit** for an indefinite period 3 GRAM indefinite
unbestreitbar *adj Tatsache* indisputable; *Verdienste* unquestionable
unbestritten *adj* indisputable
unbeteiligt *adj* 1 (≈ *uninteressiert*) indifferent 2 (≈ *nicht teilnehmend*) uninvolved (**bei, an** +*dat* in)
unbetont *adj* unstressed
unbewacht *adj & adv* unguarded; *Parkplatz* unattended
unbewaffnet *adj* unarmed
unbeweglich A *adj* 1 (≈ *nicht zu bewegen*) immovable; (≈ *steif*) stiff; *geistig* rigid 2 (≈ *bewegungslos*) motionless B *adv dastehen* motionless
unbewegt *adj* still
unbewohnbar *adj* uninhabitable
unbewohnt *adj* uninhabited; *Haus* unoccupied
unbewusst A *adj* unconscious B *adv* unconsciously
unbezahlbar *adj* 1 (≈ *zu teuer*) prohibitively expensive 2 *fig* (≈ *nützlich*) invaluable; (≈ *komisch*) priceless
unbezahlt *adj* unpaid
unblutig *adj Sieg, Umsturz etc* bloodless
unbrauchbar *adj* (≈ *nutzlos*) useless; (≈ *nicht zu verwenden*) unusable
unbürokratisch *adj* unbureaucratic
unchristlich *adj* unchristian
uncool *umg adj* uncool *umg*; **das ist ja völlig ~** that's totally uncool
und *konj* and; **und auch nicht** nor; **und doch** *od* **trotzdem** yet; **und?** well?; **(na) und?** so (what)?; **..., und wenn ich selbst bezahlen muss ...** even if I have to pay myself
Undank *m* ingratitude; **~ ernten** to get little thanks
undankbar *adj Mensch* ungrateful
undatiert *adj* undated
undefinierbar *adj* indefinable
undemokratisch *adj* undemocratic
undenkbar *adj* inconceivable
undeutlich A *adj* indistinct; *Schrift* illegible; *Bild* blurred; *Erklärung* unclear B *adv* **~ sprechen** to speak indistinctly; **ich konnte es nur ~ verstehen** I couldn't understand it very clearly
undicht *adj* (≈ *luftdurchlässig*) not airtight; (≈ *wasserdurchlässig*) not watertight; *Dach* leaky, leaking; **das Rohr ist ~** the pipe leaks; **das Fenster ist ~** the window lets in a draught *Br*, the window lets in a draft *US*
Unding *n* absurdity; **es ist ein ~, zu ...** it is preposterous *od* absurd to ...
undiszipliniert A *adj* undisciplined B *adv* in an undisciplined way
undurchlässig *adj* impervious (**gegen** to); *Grenze* closed
undurchschaubar *adj* unfathomable
undurchsichtig *adj* 1 *Fenster, Stoff* opaque 2 *fig pej Mensch, Methoden* devious; *Motive* obscure
uneben *adj* uneven; *Gelände* rough
Unebenheit *f* unevenness; *von Gelände* roughness
unecht *adj* false; (≈ *vorgetäuscht*) fake; *Schmuck, Edelstein, Blumen etc* artificial
unehelich *adj* illegitimate; **~ geboren sein** to be illegitimate
unehrlich A *adj* dishonest B *adv* dishonestly
Unehrlichkeit *f* dishonesty
uneigennützig A *adj* unselfish B *adv* unselfishly
Uneigennützigkeit *f* unselfishness
uneingeschränkt A *adj* absolute, total; *Freiheit* unlimited; *Zustimmung* unqualified; *Vertrauen* absolute; *Lob* unreserved B *adv* absolutely, totally; *zustimmen* without qualification; *loben, vertrauen* unreservedly
uneingeweiht *adj* uninitiated
uneinheitlich *adj* nonuniform; *Arbeitszeiten* varied; *Qualität* inconsistent
uneinig *adj* 1 (≈ *verschiedener Meinung*) **über etw** (*akk*) **~ sein** to disagree about sth 2 (≈ *zerstritten*) divided
Uneinigkeit *f* disagreement (+*gen* between)
uneinnehmbar *adj* impregnable
uneins *adj* (≈ *zerstritten*) divided; (**mit j-m**) **~ sein**/

werden to disagree with sb
unempfänglich adj unsusceptible (**für** to); für Atmosphäre insensitive
unempfindlich adj insensitive (**gegen** to); gegen Krankheiten etc immune; Teppich hard-wearing and stain-resistant
Unempfindlichkeit f insensitivity (**gegen** to); gegen Krankheiten etc immunity
unendlich A adj infinite; zeitlich endless; (**bis**) **ins Unendliche** to infinity B adv infinitely; fig (≈ sehr) terribly; **~ lange diskutieren** to argue endlessly
Unendlichkeit f infinity; zeitlich endlessness; von Universum boundlessness
unentbehrlich adj indispensable
unentdeckt adj undiscovered
unentgeltlich adj & adv free of charge
unentschieden A adj undecided; (≈ entschlusslos) indecisive; SPORT drawn; **2:2 ~ 2 all**; **ein ~es Rennen** a dead heat B adv **~ enden** to end in a draw od tie; **sich ~ trennen** to draw, to tie
Unentschieden n SPORT draw
unentschlossen adj (≈ nicht entschieden) undecided; Mensch indecisive
unentschuldigt A adj unexcused; **~es Fehlen** absenteeism; SCHULE truancy B adv without an excuse
unentwegt A adj mit Ausdauer constant B adv constantly; **~ weitermachen** to continue unceasingly
unerbittlich A adj Kampf relentless; Härte unyielding; Mensch pitiless B adv (≈ hartnäckig) stubbornly; (≈ gnadenlos) ruthlessly
unerfahren adj inexperienced
Unerfahrenheit f inexperience
unerfindlich adj incomprehensible; **aus ~en Gründen** for some obscure reason
unerfreulich adj unpleasant
unerfüllbar adj unrealizable
unerfüllt adj unfulfilled
unergiebig adj Quelle, Thema unproductive; Ernte poor
unergründlich adj unfathomable
unerheblich adj insignificant
unerhört[1] A adj (≈ ungeheuer) enormous; (≈ empörend) outrageous; Frechheit incredible B adv sehr incredibly
unerhört[2] adj Bitte, Gebet unanswered
unerkannt A adj unrecognized B adv without being recognized
unerklärbar adj inexplicable; **das ist mir ~** I can't understand it
unerklärlich adj inexplicable; **es ist mir ~** it's a mystery to me
unerlässlich adj essential, vital
unerlaubt A adj forbidden; Parken unauthorized; (≈ ungesetzlich) illegal B adv betreten, verlassen without permission
unerlaubterweise adv without permission
unerledigt adj unfinished; Post unanswered; Rechnung outstanding; **etw ~ lassen** not to deal with sth
unermesslich A adj Reichtum, Leid immense; Weite, Ozean vast B adv reich, groß immensely
unermüdlich A adj tireless B adv tirelessly
unerreichbar adj unreachable; Ziel unattainable; Ort inaccessible
unerreicht adj unequalled, unequaled US
unersättlich adj insatiable
unerschöpflich adj inexhaustible
unerschrocken A adj courageous, brave B adv courageously
unerschütterlich adj unshakeable; Ruhe imperturbable
unerschwinglich adj prohibitive; **für j-n ~ sein** to be beyond sb's means
unersetzlich adj irreplaceable
unerträglich A adj unbearable B adv heiß, laut unbearably
unerwähnt adj unmentioned; **~ bleiben** not to be mentioned
unerwartet A adj unexpected B adv unexpectedly
unerwünscht adj Kind unwanted; Besuch, Effekt unwelcome; Eigenschaften undesirable; **du bist hier ~** you're not welcome here
unerzogen adj ill-mannered
unfachgemäß A adj unprofessional B adv unprofessionally
unfähig adj [1] incompetent, useless [2] **~ sein, etw zu tun** to be incapable of doing sth; vorübergehend to be unable to do sth
Unfähigkeit f [1] (≈ Untüchtigkeit) incompetence [2] (≈ Nichtkönnen) inability
unfair A adj unfair (**gegenüber** to) B adv unfairly
Unfall m accident; (≈ Zusammenstoß) crash
Unfallflucht f failure to stop after an accident; **~ begehen** to fail to stop after causing an accident
Unfallfolge f result of an/the accident
unfallfrei adj accident-free
Unfallopfer n casualty
Unfallort m scene of an/the accident
Unfallrisiko n accident risk
Unfallschaden m damages pl
Unfallstation f casualty (ward) Br, emergency room US, ER US
Unfallstelle f scene of an/the accident
Unfalltod m accidental death
Unfallursache f cause of an/the accident
Unfallverhütung f accident prevention

Unfallversicherung f accident insurance
Unfallwagen m car involved in an/the accident
Unfallzeuge m, **Unfallzeugin** f witness to an/the accident
unfassbar adj incomprehensible
unfehlbar A adj infallible B adv without fail
Unfehlbarkeit f infallibility
unfein A adj unrefined; **das ist ~** that's bad manners B adv sich ausdrücken in an unrefined way; sich benehmen in an ill-mannered way
unflätig adj offensive
unfolgsam adj disobedient
unformatiert adj IT unformatted
unförmig adj (≈ formlos) shapeless; (≈ groß) cumbersome; Füße, Gesicht unshapely
unfrankiert adj & adv unfranked
unfreiwillig adj 1 (≈ gezwungen) compulsory; **ich war ~er Zeuge** I was an unwilling witness 2 (≈ unbeabsichtigt) Witz, Fehler unintentional
unfreundlich A adj unfriendly (**zu, gegen** to); Wetter inclement; Landschaft cheerless B adv in an unfriendly way; **~ reagieren** to react in an unfriendly way
Unfreundlichkeit f unfriendliness; von Wetter inclemency
unfruchtbar adj infertile; fig sterile; **~ machen** to sterilize
Unfruchtbarkeit f infertility; fig sterility
Unfug m nonsense; (≈ Albernei) horseplay; **~ treiben** to get up to mischief; **grober ~** JUR public nuisance
Ungar(in) m(f) Hungarian
ungarisch adj Hungarian
Ungarn n Hungary
ungastlich adj inhospitable
ungeachtet präp in spite of, despite; **~ aller Ermahnungen** despite all warnings
ungeahnt adj undreamt-of
ungebeten adj uninvited
ungebildet adj uncultured; (≈ ohne Bildung) uneducated; (≈ unwissend) ignorant
ungeboren adj unborn
ungebräuchlich adj uncommon
ungebraucht adj & adv unused
ungebrochen fig adj Rekord, Wille unbroken
ungebunden adj (≈ unabhängig) Leben (fancy-)free; (≈ unverheiratet) unattached; **parteipolitisch ~** (politically) independent
ungedeckt adj 1 SPORT Tor undefended; Spieler unmarked; Scheck, Kredit uncovered 2 Tisch unlaid Br
Ungeduld f impatience; **vor ~** with impatience; **voller ~** impatiently
ungeduldig A adj impatient B adv impatiently
ungeeignet adj unsuitable

ungefähr A adj approximate, rough B adv roughly; bei Zahlenangaben about, around; **~ acht (Jahre/Uhr)** eightish; **das kommt nicht von ~** it's no accident; **so ~!** more or less; **~ (so) wie** a bit like; **dann weiß ich ~ Bescheid** then I've got a rough idea; **das hat sich ~ so abgespielt** it happened something like this
ungefährlich adj safe; Tier, Krankheit harmless
Ungefährlichkeit f safeness; von Tier, Krankheit harmlessness
ungefragt adv **sie tat es ~** she did it without being asked
ungehalten A adj indignant (**über** +akk about) B adv indignantly
ungehemmt adj unrestrained
ungeheuer A adj 1 → ungeheuerlich 2 (≈ riesig) enormous; in Bezug auf Länge, Weite vast 3 (≈ genial, kühn) tremendous B adv (≈ sehr) enormously; negativ terribly, awfully
Ungeheuer n monster
ungeheuerlich adj monstrous; Leichtsinn outrageous; Verdacht, Dummheit dreadful
Ungeheuerlichkeit f von Tat atrociousness; von Verleumdung outrageousness
ungehindert A adj unhindered B adv without hindrance
ungehobelt adj Benehmen boorish
ungehörig adj impertinent
ungehorsam adj disobedient
Ungehorsam m disobedience; MIL insubordination; **ziviler ~** civil disobedience
ungeklärt adj Frage, Verbrechen unsolved; Ursache unknown; **unter ~en Umständen** in mysterious circumstances
ungekündigt adj **in ~er Stellung** not under notice
ungekürzt A adj not shortened; Buch unabridged; Film uncut B adv veröffentlichen unabridged; Film uncut; **der Artikel wurde ~ abgedruckt** the article was printed in full
ungeladen adj Gäste etc uninvited
ungelegen A adj inconvenient B adv **komme ich (Ihnen) ~?** is this an inconvenient time for you?; **etw kommt j-m ~** sth is inconvenient for sb
Ungelegenheiten pl inconvenience sg; **j-m ~ bereiten** od **machen** to inconvenience sb
ungelernt adj unskilled
ungelogen adv honestly
ungemein adj tremendous; **das freut mich ~** I'm really really pleased
ungemütlich adj uncomfortable; Wohnung not very cosy; Mensch awkward; Wetter unpleasant; **mir wird es hier ~** I'm getting a bit uncomfortable; **er kann ~ werden** he can get nasty
ungenau A adj inaccurate; (≈ nicht wahrheitsge-

treu) inexact; (≈ *vage*) vague **B** *adv* inaccurately
Ungenauigkeit *f* inaccuracy
ungeniert **A** *adj* (≈ *ungehemmt*) unembarrassed; (≈ *taktlos*) uninhibited **B** *adv* openly; (≈ *taktlos*) without any inhibition
ungenießbar *adj* (≈ *nicht zu essen*) inedible; (≈ *nicht zu trinken*) undrinkable; *umg Mensch* unbearable
ungenügend **A** *adj* inadequate, insufficient; SCHULE unsatisfactory; failure **B** *adv* inadequately, insufficiently
ungenutzt *adj* unused; *Energien* unexploited; **eine Chance ~ lassen** to miss an opportunity
ungepflegt *adj Mensch* unkempt; *Rasen, Hände* neglected
ungeprüft **A** *adj* untested; *Vorwürfe* unchecked **B** *adv* without testing, without checking
ungerade *adj* odd
ungerecht **A** *adj* unjust, unfair **B** *adv* unjustly, unfairly
ungerechtfertigt *adj* unjustified
Ungerechtigkeit *f* injustice
ungeregelt *adj Zeiten* irregular; *Leben* disordered
Ungereimtheit *f* inconsistency
ungern *adv* reluctantly
ungerührt *adj & adv* unmoved
ungesagt *adj* unsaid
ungesalzen *adj* unsalted
ungeschehen *adj* **etw ~ machen** to undo sth
Ungeschicklichkeit *f* clumsiness
ungeschickt **A** *adj* clumsy; (≈ *unbedacht*) careless **B** *adv* clumsily
ungeschminkt *adj* without make-up; *fig Wahrheit* unvarnished
ungeschoren *adj* unshorn; **j-n ~ lassen** *umg* to spare sb; **~ davonkommen** *umg* to escape unscathed; *Verbrecher* to get off (scot-free)
ungeschrieben *adj* unwritten
ungeschützt *adj* unprotected
ungesellig *adj* unsociable
ungesetzlich *adj* unlawful, illegal
ungestört **A** *adj* undisturbed; **hier sind wir ~** we won't be disturbed here **B** *adv arbeiten, sprechen* without being interrupted
ungestraft *adv* with impunity
ungestüm **A** *adj* impetuous **B** *adv* impetuously
Ungestüm *n* impetuousness
ungesund *adj* unhealthy; (≈ *schädlich*) harmful; **~es Essen** junk food
ungesüßt *adj* unsweetened
ungeteilt *adj* undivided; *Beifall* universal
ungetrübt *adj* clear; *Glück* perfect
Ungetüm *n* monster
ungewachst *adj Zahnseide* unwaxed

ungewiss *adj* uncertain; (≈ *vage*) vague; **eine Reise ins Ungewisse** *fig* a journey into the unknown; **j-n (über etw** *akk*) **im Ungewissen lassen** to leave sb in the dark (about sth)
Ungewissheit *f* uncertainty
ungewöhnlich *adj* unusual
ungewohnt *adj* (≈ *fremdartig*) unfamiliar; (≈ *unüblich*) unusual
ungewollt **A** *adj* unintentional **B** *adv* unintentionally
Ungeziefer *n* pests *pl*
ungezogen *adj* ill-mannered
ungezwungen **A** *adj* casual; *Benehmen* natural **B** *adv* casually; *sich benehmen* naturally
ungläubig *adj* unbelieving; *Blick, Frage* incredulous; REL infidel; (≈ *zweifelnd*) doubting
Ungläubige(r) *m/f(m)* unbeliever
unglaublich *adj* unbelievable, incredible; (≈ *erstaunlich*) amazing
unglaubwürdig *adj* implausible; *Dokument* dubious; *Mensch* unreliable; **~er Erzähler** LIT unreliable narrator
ungleich **A** *adj* dissimilar, unalike *präd*; *Größe, Farbe* different; *Mittel, Kampf* unequal; MATH not equal **B** *adv* **1** *unterschiedlich* unequally **2** *vor Komparativ* much
Ungleichgewicht *fig n* imbalance
Ungleichheit *f* dissimilarity; *von Größe, Farbe* difference; *von Mitteln, Kampf* inequality
ungleichmäßig **A** *adj* uneven; *Gesichtszüge, Puls* irregular **B** *adv* unevenly
Unglück *n* (≈ *Unfall*) accident; (≈ *Schicksalsschlag*) disaster; (≈ *Unheil*) misfortune; (≈ *Pech*) bad luck; **in sein ~ rennen** to head for disaster; **das bringt ~** that brings bad luck; **zu allem ~** to make matters worse; **ein ~ kommt selten allein** *sprichw* it never rains but it pours *Br sprichw*, when it rains, it pours *US sprichw*
unglücklich **A** *adj* **1** (≈ *traurig*) unhappy; (≈ *elend*) miserable; *Liebe* unrequited **2** (≈ *bedauerlich*) unfortunate **B** *adv* **1** *traurig* unhappily; **~ verliebt sein** to be crossed in love **2** *ungünstig* unfortunately; **~ enden** to turn out badly **3** *stürzen, fallen* awkwardly
unglücklicherweise *adv* unfortunately
Unglücksfall *m* accident
Ungnade *f* disgrace; **bei j-m in ~ fallen** to fall out of favour with sb *Br*, to fall out of favor with sb *US*
ungnädig *adj* ungracious; *hum* unkind
ungrammatisch *adj* ungrammatical
ungültig *adj* invalid; (≈ *nichtig*) void; *Stimmzettel* spoiled; SPORT *Tor* disallowed
ungünstig *adj* unfavourable *Br*, unfavorable *US*; *Entwicklung* undesirable; *Termin* inconvenient; *Augenblick, Wetter* bad

ungut *adj* bad; **nichts für ~!** no offence *Br od* offense *US* !

unhaltbar *adj Zustand* intolerable; *Vorwurf etc* untenable; *Torschuss* unstoppable

unhandlich *adj* unwieldy

Unheil *n* disaster; **~ stiften** to do damage; **~ bringend** fateful

unheilbar *adj* incurable; **~ krank sein** to be terminally ill

unheimlich A *adj* 1 (≈ *angsterregend*) frightening; (≈ *gruselig*) scary, spooky, eerie; **das/er ist mir ~** it/he gives me the creeps *umg* 2 *umg* tremendous *umg* B *adv umg* (≈ *sehr*) incredibly *umg*; **~ viel Geld** a tremendous amount of money *umg*

unhöflich A *adj* impolite, rude B *adv* impolitely

Unhöflichkeit *f* impoliteness

unhygienisch *adj* unhygienic

uni *adj* self-coloured *Br*, self-colored *US*, plain

Uni *umg f* uni *umg*, U *US umg*

Uniform *f* uniform

uniformiert *adj* uniformed

Uniformierte(r) *m*/*f*(*m*) person/man/woman in uniform

Unikum *n* 1 unique thing *etc* 2 *umg* real character

unilateral A *adj* unilateral B *adv* unilaterally

unintelligent *adj* unintelligent

uninteressant *adj* uninteresting; **das ist doch völlig ~** that's of absolutely no interest

uninteressiert *adj* uninterested (**an** +*dat* in)

Union *f* union; **die ~** POL the CDU and CSU; **die Europäische ~** the European Union

universal A *adj* universal B *adv* universally

Universalgenie *n* universal genius

universell A *adj* universal B *adv* universally

Universität *f* university; **auf die ~ gehen** to go to university

Universitätsbibliothek *f* university library

Universitätsgelände *n* university campus

Universitätsklinik *f* university clinic

Universitätsstadt *f* university town

Universitätsstudium *n Ausbildung* university training

Universum *n* universe

unken *umg v/i* to foretell gloom

unkenntlich *adj* unrecognizable; *Inschrift etc* indecipherable

Unkenntlichkeit *f* **bis zur ~** beyond recognition

Unkenntnis *f* ignorance; **aus ~** out of ignorance

unklar A *adj* unclear; (≈ *undeutlich*) blurred; **es ist mir völlig ~, wie das geschehen konnte** I (just) can't understand how that could happen; **über etw** (*akk*) **völlig im Unklaren sein** to be completely in the dark about sth B *adv* unclearly

Unklarheit *f* lack of clarity; *über Tatsachen* uncertainty; **darüber herrscht noch ~** this is still uncertain *od* unclear

unklug A *adj* unwise B *adv* unwisely

unkompliziert *adj* uncomplicated

unkontrollierbar *adj* uncontrollable

unkontrolliert *adj & adv* unchecked

unkonventionell A *adj* unconventional B *adv* unconventionally

unkonzentriert *adj* **er ist ~** he lacks concentration

Unkosten *pl* costs *pl*; (≈ *Ausgaben*) expenses *pl*; **sich in ~ stürzen** *umg* to go to a lot of expense

Unkostenbeitrag *m* contribution toward(s) costs/expenses

Unkraut *n* weed; **Unkräuter** weeds; **~ vergeht nicht** *sprichw* it would take more than that to finish me/him *etc* off! *hum*

Unkrautbekämpfung *f* weed control

Unkrautbekämpfungsmittel *n* weed killer

unkritisch A *adj* uncritical B *adv* uncritically

unkündbar *adj Anstellung* permanent; *Vertrag* binding; **in ~er Stellung** in a permanent position

unkundig *adj* ignorant (+*gen* of)

unlauter *adj* dishonest; *Wettbewerb* unfair

unleserlich *adj* illegible

unliebsam *adj* unpleasant; *Konkurrent* irksome

unlogisch *adj* illogical

unlösbar *fig adj Problem etc* insoluble; *Widerspruch* irreconcilable

unlöslich *adj* CHEM insoluble

Unlust *f* 1 (≈ *Widerwille*) reluctance 2 (≈ *Lustlosigkeit*) listlessness

Unmasse *umg f* load *umg*; **~n von Büchern** loads *od* masses of books *umg*

unmaßgeblich A *adj* (≈ *nicht entscheidend*) *Urteil* not authoritative; (≈ *unwichtig*) *Äußerung* inconsequential; **nach meiner ~en Meinung** *hum* in my humble opinion *hum* B *adv* insignificantly

unmäßig A *adj* excessive B *adv essen, trinken* to excess; *rauchen* excessively

Unmenge *f* vast number; *bei unzählbaren Mengenbegriffen* vast amount; **~n essen** to eat an enormous amount

Unmensch *m* monster; **ich bin ja kein ~** I'm not an ogre

unmenschlich A *adj* 1 inhuman 2 *umg* (≈ *unerträglich*) terrible B *adv behandeln* in an inhuman way

Unmenschlichkeit *f* inhumanity; **~en** inhumanity

unmerklich A *adj* imperceptible B *adv* imper-

ceptibly
unmissverständlich A *adj* unequivocal B *adv* unequivocally; **j-m etw ~ zu verstehen geben** to tell sb sth in no uncertain terms
unmittelbar A *adj Nähe* immediate; (≈ *direkt*) direct; **aus ~er Nähe schießen** to fire at close range B *adv* immediately; (≈ *ohne Umweg*) directly; **~ vor** (+*dat*) *zeitlich* immediately before; *räumlich* right in front of
unmöbliert *adj Zimmer* unfurnished; **~ wohnen** to live in unfurnished accommodation
unmodern A *adj* old-fashioned B *adv* **gekleidet** in an old-fashioned way
unmöglich A *adj* impossible; **sich ~ machen** to make oneself look ridiculous B *adv* (≈ *keinesfalls*) not possibly; **ich kann es ~ tun** I cannot possibly do it; **~ aussehen** *umg* to look ridiculous
Unmöglichkeit *f* impossibility; **das ist ein Ding der ~!** that's quite impossible!
unmoralisch *adj* immoral
unmündig *adj* underage
Unmündigkeit *f* minority
unmusikalisch *adj* unmusical
unnachgiebig *adj* inflexible
unnachsichtig A *adj* severe; *stärker* merciless B *adv* **verfolgen** mercilessly; **bestrafen** severely
unnahbar *adj Mensch* unapproachable
unnatürlich *adj* unnatural; *Tod* violent
unnötig A *adj* unnecessary B *adv* unnecessarily
unnötigerweise *adv* unnecessarily
unnütz *adj* useless; (≈ *umsonst*) pointless
unökonomisch *adj* uneconomic; *Fahrweise* uneconomical
unordentlich *adj* untidy, messy; *Lebenswandel* disorderly
Unordnung *f* disorder; (≈ *Durcheinander*) mess; **etw in ~ bringen** to mess sth up; **alles in ~ bringen** to make a mess
unorganisch *adj* inorganic
unorthodox *adj* unorthodox
unparteiisch A *adj* impartial B *adv* impartially
Unparteiische(r) *m/f(m)* **der ~** SPORT the referee
unpassend *adj* inappropriate; *Augenblick* inconvenient
unpassierbar *adj* impassable
unpässlich *adj* **~ sein, sich ~ fühlen** to be* indisposed, to feel* unwell; **sie ist ~** *euph* it's that time of the month
unpersönlich *adj* impersonal
unpolitisch *adj* unpolitical
unpopulär *adj* unpopular
unpraktisch *adj Mensch* unpractical; *Lösung* impractical
unproblematisch *adj* unproblematic
unproduktiv *adj* unproductive
unpünktlich *adj Mensch* unpunctual; *Zug* not on time
Unpünktlichkeit *f* unpunctuality
unqualifiziert *adj Arbeitskraft* unqualified; *Arbeiten, Jobs* unskilled; *Äußerung* incompetent
unrasiert *adj* unshaven
unrealistisch *adj* unrealistic
unrecht *adj* wrong; **das ist mir gar nicht so ~** I don't really mind; **~ haben** to be wrong; **~ tun** to do wrong
Unrecht *n* wrong, injustice; **zu ~ verdächtigt** unjustly; **im ~ sein** to be wrong; **j-m ein ~ tun** to do sb an injustice
unrechtmäßig *adj* unlawful, illegal
Unrechtsregime *n* POL tyrannical regime
unregelmäßig A *adj* irregular B *adv* irregularly
Unregelmäßigkeit *f* irregularity
unreif *adj Obst* unripe; *Mensch, Verhalten* immature
unrein *adj* unclean
unrentabel *adj* unprofitable
unrichtig *adj* incorrect; *Vorwurf, Angaben etc* false
Unruhe *f* 1 restlessness; (≈ *Nervosität*) agitation; **in ~ sein** to be restless; (≈ *besorgt*) to be agitated 2 (≈ *Unfrieden*) unrest *kein pl*; **~ stiften** to create unrest 3 (**politische**) **~n** (political) disturbances; (≈ *Ausschreitungen*) riots
Unruheherd *m* troublespot
Unruhestifter(in) *m(f)* troublemaker
unruhig *adj* restless; (≈ *laut*) noisy; *Schlaf, Meer* troubled
unrühmlich *adj* inglorious
uns A *pers pr* us; *dat a.* to us; **bei uns** (≈ *zu Hause, im Betrieb etc*) at our place; (≈ *in unserem Land*) in our country; **bei uns zu Hause** at our house; **ein Freund von uns** a friend of ours; **das gehört uns** that is ours B *refl pr* ourselves; (≈ *einander*) each other; **uns selbst** ourselves
unsachgemäß A *adj* improper B *adv* improperly
unsachlich *adj* unobjective; **~ werden** to lose one's objectivity
unsanft *adj* rough; (≈ *unhöflich*) rude
unsauber *adj* 1 (≈ *schmutzig*) dirty 2 *Handschrift* untidy; *Schuss, Schnitt* inaccurate; *Ton* impure
unschädlich *adj* harmless; **eine Bombe ~ machen** (≈ *entschärfen*) to defuse a bomb; **j-n ~ machen** *umg* to take care of sb *umg*
unscharf *adj Erinnerung* hazy; **der Sender ist ~ eingestellt** the station is not tuned clearly
unschätzbar *adj Wert, Verlust* incalculable; **von ~em Wert** invaluable

unscheinbar *adj* inconspicuous; (≈ *unattraktiv*) *Aussehen* unprepossessing
unschlagbar *adj* unbeatable
unschlüssig *adj* undecided; (≈ *zögernd*) irresolute
unschön *adj* (≈ *hässlich*) unsightly; *stärker* ugly; (≈ *unangenehm*) unpleasant; *Szenen* ugly
Unschuld *f* **1** innocence **2** (≈ *Jungfräulichkeit*) virginity
unschuldig **A** *adj* **1** innocent; **an etw** (*dat*) **~ sein** not to be guilty of sth; **er war völlig ~ an dem Unfall** he was in no way responsible for the accident **2** (≈ *jungfräulich*) virginal **B** *adv* **1** JUR **j-n ~ verurteilen** to convict sb when he is innocent **2** (≈ *arglos*) *fragen* innocently
unselbstständig **A** *adj* lacking in independence; **eine ~e Tätigkeit ausüben** to work as an employee **B** *adv* (≈ *mit fremder Hilfe*) not independently
Unselbstständigkeit *f* lack of independence
unser *poss pr* our
unsereiner, unsereins *umg indef pr* the likes of us *umg*
unsere(r, s) *poss pr substantivisch* ours; **der/die/das Unsere** *geh* ours; **wir tun das Unsere** *geh* we are doing our bit; **die Unseren** *geh* our family
unsererseits *adv* (≈ *auf unserer Seite*) for our part; (≈ *von unserer Seite*) on our part
unseresgleichen *indef pr* people like us
unseriös *adj Mensch* slippery; *Auftreten, Bemerkung* frivolous; *Methoden, Firma* shady; *Angebot* not serious
unsertwegen *adv* (≈ *wegen uns*) because of us; (≈ *um uns*) about us; (≈ *für uns*) on our behalf
unsicher **A** *adj* **1** (≈ *gefährlich*) dangerous; **die Gegend ~ machen** *fig umg* to raise hell *umg* **2** (≈ *verunsichert*) insecure, unsure (of oneself) **3** (≈ *ungewiss*) unsure; (≈ *unstabil*) uncertain, unstable; *Kenntnisse* shaky **B** *adv* (≈ *schwankend*) unsteadily; (≈ *nicht selbstsicher*) uncertainly
Unsicherheit *f* (≈ *Gefahr*) danger; (≈ *mangelndes Selbstbewusstsein*) insecurity; (≈ *Ungewissheit*) uncertainty
UN-Sicherheitsrat *m* UN Security Council
unsichtbar *adj* invisible
Unsinn *m* nonsense, rubbish; **~ machen** to do silly things; **lass den ~!** stop fooling about!
unsinnig *adj* (≈ *sinnlos*) foolish; (≈ *ungerechtfertigt*) unreasonable; *stärker* absurd
Unsitte *f* bad habit
unsittlich **A** *adj* immoral; *in sexueller Hinsicht* indecent **B** *adv* indecently; **er hat sich ihr ~ genähert** he made indecent advances to her
unsolide *adj Mensch* free-living; (≈ *unredlich*) *Firma, Angebot* unreliable; **ein ~s Leben führen** to be free-living
unsozial *adj* antisocial
unsportlich *adj* **1** (≈ *ungelenkig*) unsporty **2** (≈ *unfair*) unsporting
unsterblich **A** *adj* immortal; *Liebe* undying; **j-n ~ machen** to immortalize sb **B** *adv umg* **sich ~ blamieren** to make a complete idiot of oneself; **~ verliebt sein** to be madly in love *umg*
unstimmig *adj Aussagen etc* at variance, differing *attr*
Unstimmigkeit *f* (≈ *Ungenauigkeit*) discrepancy; (≈ *Streit*) difference
Unsumme *f* vast sum
unsympathisch *adj* unpleasant; **er ist mir ~** I don't like him
unsystematisch **A** *adj* unsystematic **B** *adv* unsystematically
Untat *f* atrocity
untätig **A** *adj* (≈ *müßig*) idle; (≈ *nicht handelnd*) passive **B** *adv* idly; **sie sah ~ zu, wie er verblutete** she stood idly by as he bled to death
Untätigkeit *f* (≈ *Müßiggang*) idleness; (≈ *Passivität*) passivity
untauglich *adj* unsuitable (**zu, für** for); **für Wehrdienst** unfit
unteilbar *adj* indivisible
unten *adv* (≈ *am unteren Ende*) at the bottom; (≈ *tiefer, drunten*) (down) below; (≈ *an der Unterseite*) underneath; *in Gebäude* downstairs; **von ~** from below; **nach ~** down; *im Haus* downstairs; **dort ~** down there; **~ am Berg** at the bottom of the hill; **~ im Glas** at the bottom of the glass; **weiter ~** further down; **~ erwähnt, ~ genannt** mentioned below; **er ist bei mir ~ durch** *umg* I'm through with him *umg*; **~ stehend** following; *wörtl* standing below; **~ wohnen** to live downstairs
unter *präp* under; (≈ *drunter*) underneath, below; (≈ *zwischen, innerhalb*) among(st); **~ 18 Jahren** under 18 years (of age); **Temperaturen ~ 25 Grad** temperatures below 25 degrees; **~ $ 50** under *od* less than $50; **der Boden ~ ihren Füßen** the ground beneath her feet; **~ sich** (*dat*) **sein** to be by themselves; **~ etw leiden** to suffer from sth; **~ anderem** among other things
Unterarm *m* forearm
unterbelichtet *adj* FOTO underexposed
unterbesetzt *adj* understaffed
unterbewusst **A** *adj* subconscious; **das Unterbewusste** the subconscious **B** *adv* subconsciously
Unterbewusstsein *n* subconscious; **im ~** subconsciously
unterbezahlt *adj* underpaid
unterbieten *v/t Konkurrenten, Preis* to undercut;

unterbinden v/t to stop; MED Blutung to ligature
unterbleiben v/i ① (≈ aufhören) to cease ② (≈ nicht geschehen) not to happen
unterbrechen v/t to interrupt; Stille to break; Telefonverbindung to disconnect; Spiel to suspend; Schwangerschaft to terminate; **entschuldigen Sie bitte, wenn ich Sie unterbreche** forgive me for interrupting
Unterbrechung f interruption; von Stille break (+gen in); von Spiel stoppage; **ohne ~** without a break, non-stop
unterbreiten v/t Plan to present; **(j-m) ein Angebot ~** to make an offer (to sb)
unterbringen v/t ① (≈ verstauen) to put; in Heim etc to put; **etw bei j-m ~** to leave sth with sb ② (≈ Unterkunft geben) Menschen to accommodate; Sammlung to house; **untergebracht sein** to stay; **gut/schlecht untergebracht sein** to have good/bad accommodation; (≈ versorgt werden) to be well/badly looked after
Unterbringung f accommodation Br, accommodations pl US
unterbuttern v/t umg (≈ unterdrücken) to ride roughshod over; **lass dich nicht ~!** don't let them push you around
Unterdeck n SCHIFF lower deck
unterdessen adv meanwhile, in the meantime
unterdrücken v/t ① (≈ beherrschen) Volk to oppress; Freiheit, Meinung to suppress ② (≈ zurückhalten) Neugier, Gähnen, Gefühle to suppress; Tränen, Bemerkung to hold back
Unterdrücker(in) m(f) oppressor
Unterdrückung f ① von Volk oppression; von Freiheit suppression ② von Neugier, Gähnen, Gefühlen suppression; von Wünschen repression; von Tränen, Bemerkung holding back
unterdurchschnittlich adj below average
untereinander adv ① (≈ gegenseitig) each other; (≈ miteinander) among ourselves/themselves etc ② räumlich one below the other
unterentwickelt adj underdeveloped
untere(r, s) adj lower; **am ~n Ende (von)** at the bottom (of)
unterernährt adj undernourished
Unterernährung f malnutrition
Unterfangen geh n venture, undertaking
unterfordert adj **ich fühle mich ~** I'm not being challenged (enough)
Unterführung f underpass; tunnel
Untergang m ① von Schiff sinking ② von Gestirn setting ③ (≈ das Zugrundegehen) decline; von Individuum downfall; **dem ~ geweiht sein** to be doomed
untergeben adj subordinate
Untergebene(r) m/f(m) subordinate

untergehen v/i ① (≈ versinken) to go down; Schiff to sink; fig im Lärm etc to be submerged od drowned ② Gestirn to set ③ (≈ zugrunde gehen) to decline; Individuum to perish
untergeordnet adj subordinate; Bedeutung secondary; **j-m ~** senior to sb; → unterordnen
Untergeschoss n, **Untergeschoß** österr n basement
Untergewicht n underweight; **~ haben** to be underweight
untergliedern v/t to subdivide
untergraben v/t (≈ zerstören) to undermine
Untergrund m ① GEOL subsoil ② (≈ Farbschicht) undercoat; (≈ Hintergrund) background ③ POL etc underground
Untergrundbahn f underground Br, subway US, schott
unterhalb adv & präp below; **~ von** below
Unterhalt m ① (≈ Lebensunterhalt) alimony; bes Br JUR maintenance; **seinen ~ verdienen** to earn one's living ② (≈ Instandhaltung) upkeep
unterhalten A v/t ① (≈ versorgen) to support ② (≈ betreiben) Geschäft, Kfz to run ③ (≈ instand halten) Gebäude, Kontakte, Beziehungen to maintain ④ Gäste, Publikum to entertain B v/r ① (≈ sprechen) to talk (**mit** to, with, **über** akk about); (≈ plaudern) to chat; **sich mit j-m (über etw** akk**) ~** to (have a) talk od chat with sb (about sth) ② (≈ sich vergnügen) to have a good time
Unterhalter(in) m(f) entertainer
unterhaltsam adj entertaining
Unterhaltsanspruch m maintenance claim, claim for maintenance, claim for alimony US
Unterhaltsbeihilfe f maintenance grant
unterhaltsberechtigt adj entitled to maintenance Br, entitled to alimony
Unterhaltsgeld n maintenance Br, alimony
Unterhaltskosten pl von Gebäude maintenance (costs) Br; Kinder alimony (costs); von Kfz running costs pl
Unterhaltspflicht f obligation to pay maintenance Br, obligation to pay alimony
unterhaltspflichtig adj under obligation to pay maintenance Br, under obligation to pay alimony
Unterhaltszahlung f maintenance payment, alimony US
Unterhaltung f ① (≈ Gespräch) talk, conversation; (≈ Plauderei) chat ② (≈ Amüsement) entertainment; **wir wünschen gute ~** we hope you enjoy the programme Br, we hope you enjoy the program US
Unterhaltungselektronik f (≈ Industrie) consumer electronics sg; (≈ Geräte) audio systems pl
Unterhaltungsmusik f light music
Unterhändler(in) m(f) negotiator

Unterhaus n Lower House, House of Commons Br
unterheben v/t GASTR to stir in (lightly)
Unterhemd n vest Br, undershirt US
Unterholz n undergrowth
Unterhose f (≈ Herrenunterhose) (pair of) underpants pl, briefs pl; (≈ Damenunterhose) (pair of) pants pl Br, (pair of) panties pl US
unterirdisch adj & adv **1** underground **2** umg (≈ sehr schlecht) kronik umg; **~ spielen** to play crappily umg
unterjochen v/t to subjugate
unterjubeln v/t umg (≈ andrehen) **j-m etw ~ to** palm sth off on sb umg
Unterkiefer m lower jaw
unterkommen v/i (≈ Unterkunft finden) to find accommodation; umg (≈ Stelle finden) to find a job (**als** as od **bei** with, at); **bei j-m ~** to stay at sb's (place)
Unterkörper m lower part of the body
unterkriegen umg v/t to bring down; (≈ deprimieren) to get down; **lass dich von ihnen nicht ~ don't** let them get you down
unterkühlt adj Körper affected by hypothermia; fig Atmosphäre chilly
Unterkühlung f MED hypothermia
Unterkunft f accommodation kein pl Br, accommodations pl US, lodging; MIL quarters pl; **~ und Verpflegung** board and lodging
Unterlage f **1** für Teppich underlay; im Bett draw sheet **2** (≈ Beleg) document
unterlassen v/t (≈ nicht tun) to refrain from; (≈ nicht durchführen) not to carry out; **~ Sie das!** don't do that!; **er hat es ~, mich zu benachrichtigen** he failed to notify me; **~e Hilfeleistung** JUR failure to give assistance
Unterlauf m lower reaches pl (of a river)
unterlaufen **A** v/i Irrtum to occur; **mir ist ein Fehler ~** I made a mistake **B** v/t Bestimmungen to get (a)round; (≈ umgehen) to circumvent
unterlegen adj inferior; (≈ besiegt) defeated; **j-m ~ sein** to be inferior to sb
Unterlegenheit f inferiority
Unterlegscheibe f TECH washer
Unterleib m abdomen
Unterleibchen n österr (≈ Unterhemd) vest Br, undershirt US
Unterleibskrebs m cancer of the abdomen; bei Frau cancer of the womb
Unterleibsschmerzen pl abdominal pains pl
unterliegen v/i **1** (≈ besiegt werden) to be defeated (+dat by) **2** (≈ unterworfen sein) to be subject to; einer Steuer to be liable to; **es unterliegt keinem Zweifel, dass …** it is not open to any doubt that …
Unterlippe f bottom lip

untermauern v/t to underpin
Untermenü n IT submenu
Untermiete f subtenancy; **bei j-m zur ~ wohnen** to be sb's tenant
Untermieter(in) m(f) lodger bes Br, roomer US
unterminieren v/t to undermine
unternehmen v/t to do; Versuch, Reise to make; **Schritte ~** to take steps; **etwas ~** to take action
Unternehmen n **1** (≈ Firma) business, concern, enterprise; großes corporation; **kleine und mittlere ~** small and medium-sized enterprises **2** (≈ Aktion) undertaking, enterprise, venture; MIL operation
Unternehmensberater(in) m(f) management consultant
Unternehmensbereich m sector
Unternehmensgründung f founding of a od the company
Unternehmenspolitik f der EU enterprise policy
Unternehmensstrategie f business od corporate strategy
Unternehmenszusammenschluss m concentration
Unternehmer(in) m(f) Arbeitgeber employer; Selbstständiger entrepreneur; (≈ Industrieller) industrialist; **die ~** the employers
unternehmerisch adj entrepreneurial
Unternehmung f **1** → Unternehmen **2** (≈ Transaktion) undertaking **3** (≈ Aktivität) activity
unternehmungslustig adj enterprising
Unteroffizier(in) m(f) **1** (≈ Rang) noncommissioned officer **2** (≈ Dienstgrad bei der Armee) sergeant Br, corporal US; bei der Luftwaffe corporal Br, airman first class US
unterordnen **A** v/t to subordinate (+dat to); → untergeordnet **B** v/r to subordinate oneself (+dat to)
unterprivilegiert adj underprivileged
Unterredung f discussion
Unterricht m classes pl, lessons pl; **während des ~s** during class; **~ in Fremdsprachen** foreign language teaching; **(j-m) ~ geben** od **erteilen** to teach (sb) (**in etw** dat sth); **am ~ teilnehmen** to attend classes
unterrichten **A** v/t **1** (≈ Unterricht geben) Schüler, Fach to teach; **j-n in etw** (dat) **~** to teach sb sth **2** (≈ informieren) to inform (**von, über** +akk about) **B** v/i to teach **C** v/r **sich über etw** (akk) **~** to inform oneself about sth
unterrichtet adj informed; **gut ~e Kreise** well--informed circles
Unterrichtsfach n subject
unterrichtsfrei adj **~e Stunde** free period; **morgen haben wir ~** there are no lessons tomorrow

Unterrichtsstoff *m* subject matter
Unterrichtsstunde *f* lesson, period
Unterrichtszeit *f* teaching time
Unterrichtung *f* (≈ *Belehrung*) instruction; (≈ *Informierung*) information
Unterrock *m* underskirt
untersagen *v/t* to forbid; **(das) Rauchen (ist hier) strengstens untersagt** smoking (is) strictly prohibited (here)
Untersatz *m* mat; *für Gläser etc* coaster *bes Br*; *für Blumentöpfe etc* saucer
unterschätzen *v/t* to underestimate
unterscheiden **A** *v/t* to distinguish; **A nicht von B ~ können** to be unable to tell the difference between A and B; **zwei Personen (voneinander) ~** to tell two people apart **B** *v/i* to differentiate **C** *v/r* **sich von etw/j-m ~** to differ from sth/sb
Unterscheidung *f* differentiation; (≈ *Diskriminierung*) discrimination; (≈ *Unterschied*) difference
Unterschenkel *m* lower leg
Unterschicht *f* lower class, lower classes *pl*
unterschieben *fig v/t* **j-m etw ~** (≈ *anlasten*) to palm sth off on sb
Unterschied *m* difference; **es ist ein (großer) ~, ob …** it makes a (big) difference whether …; **einen ~ machen** to make a difference; **im ~ zu (j-m/etw)** in contrast to (sb/sth)
unterschiedlich **A** *adj* different; (≈ *veränderlich*) variable; (≈ *gemischt*) varied **B** *adv* differently; **~ gut/lang** of varying quality/length
unterschiedslos **A** *adj* indiscriminate **B** *adv* (≈ *undifferenziert*) indiscriminately; (≈ *gleichberechtigt*) equally
unterschlagen *v/t Geld* to embezzle; *Beweise etc* to withhold; *umg Neuigkeit etc* to keep quiet about
Unterschlagung *f von Geld* embezzlement; *von Beweisen etc* withholding
Unterschlupf *m* (≈ *Obdach, Schutz*) shelter; (≈ *Versteck*) hiding place
unterschlüpfen *umg v/i* (≈ *Obdach finden*) to take shelter; (≈ *Versteck finden*) to hide out *umg* (**bei j-m** at sb's)
unterschreiben *v/t* to sign
Unterschrift *f* **1** signature; **seine ~ unter etw** (*akk*) **setzen** to sign sth **2** (≈ *Bildunterschrift*) caption
Unterschriftenmappe *f* signature folder
Unterschriftensammlung *f* petition
unterschriftsberechtigt *adj* authorized to sign
Unterschriftsberechtigte(r) *m/f(m)* authorized signatory
unterschriftsreif *adj Vertrag* ready to be signed

unterschwellig **A** *adj* subliminal **B** *adv* subliminally
Unterseeboot *n* submarine
Unterseite *f* underside, bottom
Untersetzer *m* → Untersatz
untersetzt *adj* stocky
unterstehen **A** *v/i* (≈ *unterstellt sein*) to be under (the control of); *j-m* to be subordinate to; *in Firma* to report to **B** *v/r* (≈ *wagen*) to dare; **untersteh dich (ja nicht)!** (don't) you dare!
unterstellen¹ *v/t* **1** (≈ *unterordnen*) to (make) subordinate (+*dat* to); **j-m unterstellt sein** to be under sb; *in Firma* to report to sb **2** (≈ *annehmen*) to assume, to suppose **3** (≈ *unterschieben*) **j-m etw ~** to insinuate that sb has done/said sth
unterstellen² **A** *v/t* (≈ *unterbringen*) to keep; *Möbel* to store **B** *v/r* to take shelter
Unterstellung *f* (≈ *falsche Behauptung*) misrepresentation; (≈ *Andeutung*) insinuation
unterste(r, s) *adj* lowest; (≈ *letzte*) last
unterstreichen *v/t* to underline
Unterstufe *f* SCHULE lower school, lower grade *US*
unterstützen *v/t* to support; *Bitte, Antrag* to back up; (≈ *helfen*) to assist
unterstützend *adj* supportive
Unterstützung *f* **1** support **2** (≈ *Zuschuss*) assistance; **staatliche ~** state aid
untersuchen *v/t* **1** (≈ *prüfen*) to examine (**auf** +*akk* for), to check; (≈ *erforschen*) to look into, to explore; *chemisch, technisch etc* to test (**auf** +*akk* for); **sich ärztlich ~ lassen** to have a medical (examination) **2** (≈ *nachprüfen*) to check
Untersuchung *f* **1** (≈ *das Untersuchen*) examination (**auf** +*akk* for); (≈ *Erforschung*) investigation (+*gen od* **über** +*akk* into); (≈ *Umfrage*) survey (**über** *akk* on); (≈ *Studie*) study; *chemisch, technisch* test (**auf** +*akk* for); *ärztlich* examination **2** (≈ *Nachprüfung*) check
Untersuchungsausschuss *m* investigating committee; *nach Unfall etc* committee of inquiry
Untersuchungsergebnis *n* JUR findings *pl*; MED result of an/the examination; *Naturwissenschaft* test result
Untersuchungsgefangene(r) *m/f(m)* prisoner on remand
Untersuchungsgefängnis *n* prison (for people awaiting trial)
Untersuchungshaft *f* **in ~ sitzen** *umg* to be in prison awaiting trial
Untersuchungskommission *f* investigating committee; *nach schwerem Unfall etc* board of inquiry
Untersuchungsrichter(in) *m(f)* examining magistrate

untertags *adv* during the day
Untertan(in) *m(f) obs* (≈ *Staatsbürger*) subject; *pej* underling *pej*
Untertasse *f* saucer; **fliegende ~** flying saucer
untertauchen *v/i* to dive (under); *fig* to disappear
Unterteil *n* bottom part
unterteilen *v/t* to subdivide (**in** +*akk* into)
Unterteilung *f* subdivision (**in** +*akk* into)
Unterteller *m* saucer
Untertitel *m* subtitle; (≈ *untergeordneter Titel*) subhead; *für Bild* caption
untertitelt *adj* subtitled; *Fernsehprogramm für Hörgeschädigte* closed-captioned
Unterton *m* undertone
untertourig *adv* **~ fahren** to drive with low revs
untertreiben **A** *v/t* to understate **B** *v/i* to play things down
Untertreibung *f* understatement
untertunneln *v/t* to tunnel under
untervermieten *v/t & v/i* to sublet
Unterversorgung *f* inadequate provision
unterwandern *v/t* to infiltrate
Unterwäsche *f* underwear *kein pl*
Unterwasser- *zssgn* underwater
Unterwasserkamera *f* underwater camera
unterwegs *adv* on the *od* one's/its way (**nach, zu** to); (≈ *auf Reisen*) away *Br*, on the road *US*; **ich bin schon ~ (nach)** I'm on my way (to)
unterweisen *v/t* to instruct (**in** +*dat* in)
Unterweisung *f* instruction
Unterwelt *f* underworld
unterwerfen **A** *v/t* **1** *Volk, Land* to conquer **2** (≈ *unterziehen*) to subject (+*dat* to) **B** *v/r* **sich j-m/einer Sache ~** to submit to sb/sth
unterwürfig *pej adj* obsequious
unterzeichnen *form v/t* to sign
Unterzeichner(in) *m(f)* signatory
Unterzeichnete(r) *form m/f(m)* **der/die ~** the undersigned
unterziehen **A** *v/r* (≈ *unterwerfen*) **sich einer Sache** (*dat*) **~ (müssen)** to (have to) undergo sth; **sich einer Prüfung** (*dat*) **~** to take an examination **B** *v/t* to subject (+*dat* to)
Unterzucker *m umg* hypoglycaemia *Br*, hypoglycemia *US*, low blood sugar *od* glucose; **~ haben** to be hypoglyc(a)emic, to have low blood sugar *od* glucose (levels)
Untiefe *f* shallow
Untier *n* monster
untot *adj* undead; **die Untoten** the undead
untragbar *adj Zustände* intolerable; *Risiko* unacceptable
untrennbar **A** *adj* inseparable **B** *adv* **mit etw ~ verbunden sein** *fig* to be inextricably linked with sth
untreu *adj Liebhaber etc* unfaithful
Untreue *f von Liebhaber etc* unfaithfulness
untröstlich *adj* inconsolable
untrüglich *adj Gedächtnis, Gespür* infallible; *Zeichen* unmistakable
Untugend *f* (≈ *Laster*) vice; (≈ *schlechte Angewohnheit*) bad habit
untypisch *adj* untypical (**für** of); **das ist ~ für sie** that's not like her
unübel *adj* (**gar**) **nicht** (**so**) **~** not bad (at all)
unüberbietbar *adj Preis, Rekord etc* unbeatable; *Leistung* unsurpassable; *Frechheit* unparalleled
unüberlegt **A** *adj* rash **B** *adv* rashly
unübersehbar *adj Schaden, Folgen* incalculable; *Menge* vast
unübersetzbar *adj* untranslatable
unübersichtlich *adj* **1** *Gelände* broken; *Kurve, Stelle* blind **2** (≈ *durcheinander*) *System* confused
unübertrefflich *adj* unsurpassable
unübertroffen *adj* unsurpassed
unüblich *adj* not usual
unumgänglich *adj* essential; (≈ *unvermeidlich*) inevitable
unumschränkt *adj* unlimited; *Herrscher* absolute
unumstößlich **A** *adj Tatsache* irrefutable; *Entschluss* irrevocable **B** *adv* **~ feststehen** to be absolutely definite
unumstritten **A** *adj* indisputable **B** *adv* indisputably
unumwunden *adv* frankly
ununterbrochen *adj* uninterrupted; (≈ *ständig*) continuous; **es regnete ~** it wouldn't stop raining; **er redet ~** he never stops talking
unveränderlich *adj* (≈ *gleichbleibend*) unchanging; (≈ *unwandelbar*) unchangeable; **eine ~e Größe** MATH an invariable
unverändert **A** *adj* unchanged **B** *adv* always
unverantwortlich *adj* irresponsible
unveräußerlich *adj Rechte* inalienable
unverbesserlich *adj* incorrigible
unverbindlich *adj* **1** (≈ *nicht bindend*) *Angebot, Richtlinie* not binding; **~er Verkaufspreis** recommended retail price *Br*, manufacturer's suggested retail price *US* **2** (≈ *vage*) noncommittal; **sich** (*dat*) **etw ~ schicken lassen** to have sth sent without obligation
unverdächtig *adj* unsuspicious; **sich möglichst ~ benehmen** to arouse as little suspicion as possible
unverdaulich *adj* indigestible
unverdorben *adj* unspoilt
unverdrossen **A** *adj* (≈ *nicht entmutigt*) undeterred; (≈ *unermüdlich*) indefatigable; (≈ *unverzagt*) undaunted **B** *adv* (≈ *unverzagt*) undaunt-

edly
unverdünnt *adj* undiluted
unvereinbar *adj* incompatible
unverfänglich *adj* harmless
unverfroren *adj* brazen
unvergessen *adj* unforgotten
unvergesslich *adj* unforgettable; (≈ *denkwürdig*) memorable
unvergleichlich *adj* unique, incomparable
unverhältnismäßig *adv* disproportionately; (≈ *übermäßig*) excessively
unverheiratet *adj* unmarried
unverhofft A *adj* unexpected B *adv* unexpectedly; **~ Besuch bekommen** to get an unexpected visit
unverkäuflich *adj* unsaleable, unsellable *US*; **~es Muster** free sample
unverkennbar *adj* unmistak(e)able
unverletzlich *fig adj Rechte, Grenze* inviolable
unverletzt *adj* uninjured, unhurt, unharmed
unvermeidlich *adj* inevitable; (≈ *nicht zu umgehen*) unavoidable
unvermindert *adj & adv* undiminished
unvermittelt A *adj* (≈ *plötzlich*) sudden B *adv* suddenly
unvermutet A *adj* unexpected B *adv* unexpectedly
Unvernunft *f* (≈ *Uneinsichtigkeit*) unreasonableness
unvernünftig *adj* (≈ *uneinsichtig*) unreasonable
unveröffentlicht *adj* unpublished
unverrichtet *adj* **~er Dinge** without having achieved anything
unverschämt A *adj* outrageous; *Frage, Benehmen etc* impudent; (≈ *ungehörig*) rude; **~es Glück** unbelievable luck B *adv* **1** (≈ *dreist*) grinsen impudently; *lügen* blatantly **2** *umg* (≈ *unerhört*) teuer outrageously
Unverschämtheit *f* **1** outrageousness; *von Frage, Benehmen etc* impudence; **die ~ besitzen, etw zu tun** to have the impudence to do sth **2** *Bemerkung* impertinence; *Tat* outrageous thing
unverschuldet A *adj* **ein ~er Unfall** an accident which was not his/her *etc* fault B *adv* **in eine Notlage geraten** to get into difficulties through no fault of one's own
unversehens *adv* all of a sudden; (≈ *überraschend*) unexpectedly
unversehrt *adj Mensch* unscathed; (≈ *unbeschädigt*) intact *präd*
unversöhnlich *adj Standpunkte etc* irreconcilable
Unverstand *m* lack of judgement
unverständlich *adj* (≈ *nicht zu hören*) inaudible; (≈ *unbegreifbar*) incomprehensible

Unverständnis *n* lack of understanding
unversucht *adj* **nichts ~ lassen** to try everything
unverträglich *adj* (≈ *unverdaulich*) indigestible; *mit anderer Substanz etc* incompatible
unverwechselbar *adj* unmistak(e)able
unverwundbar *adj* invulnerable
unverwüstlich *adj* indestructible; *Humor, Mensch* irrepressible
unverzeihlich *adj* unforgivable
unverzichtbar *adj Recht* inalienable; *Bedingung, Bestandteil* indispensable
unverzinslich *adj* interest-free
unverzüglich A *adj* immediate B *adv* immediately
unvollendet *adj* unfinished
unvollkommen *adj* (≈ *unvollständig*) incomplete; (≈ *fehlerhaft*) imperfect
Unvollkommenheit *f* imperfection; *Unvollständigkeit* incompleteness
unvollständig *adj* incomplete
unvorbereitet *adj & adv* unprepared
unvoreingenommen A *adj* impartial; (≈ *offen*) open-minded B *adv* impartially
Unvoreingenommenheit *f* impartiality
unvorhergesehen *adj* unforeseen; *Besuch* unexpected
unvorhersehbar *adj* unforeseeable
unvorsichtig A *adj* careless; (≈ *voreilig*) rash B *adv* carelessly; (≈ *unbedacht*) rashly
unvorstellbar *adj* inconceivable
unvorteilhaft *adj* unfavourable *Br*, unfavorable *US*; *Kleid, Frisur etc* unbecoming
unwahr *adj* untrue
Unwahrheit *f von Äußerung* untruthfulness; **die ~ sagen** not to tell the truth
unwahrscheinlich A *adj* unlikely; (≈ *unglaubhaft*) implausible; *umg* (≈ *groß*) incredible *umg* B *adv umg* incredibly *umg*
Unwahrscheinlichkeit *f* unlikeliness
unwegsam *adj Gelände etc* rough
unweigerlich A *adj Folge* inevitable B *adv* inevitably
unweit *adv & präp* not far from
Unwesen *n* **sein ~ treiben** to be up to mischief; *Landstreicher etc* to make trouble
unwesentlich A *adj* irrelevant; (≈ *unwichtig*) unimportant B *adv erhöhen* insignificantly; *verändern* only slightly; *jünger, besser* just slightly
Unwetter *n* (thunder)storm
unwichtig *adj* unimportant; (≈ *belanglos*) irrelevant
unwiderruflich A *adj* irrevocable B *adv* definitely
unwiderstehlich *adj* irresistible
Unwille(n) *m* displeasure (**über** +*akk* at)

unwillkürlich A *adj* spontaneous; (≈ *instinktiv*) instinctive B *adv zusammenzucken* instinctively; **ich musste ~ lachen** I couldn't help laughing
unwirklich *adj* unreal
unwirksam *adj* ineffective; (≈ *nichtig*) null, void
unwirsch *adj Mensch, Benehmen* surly, gruff; *Bewegung* brusque
unwirtlich *adj* inhospitable
unwirtschaftlich *adj* uneconomic
Unwissen *n* ignorance
unwissend *adj* ignorant
Unwissenheit *f* ignorance
unwissentlich *adv* unwittingly
unwohl *adj* (≈ *unpässlich*) unwell; (≈ *unbehaglich*) uneasy; **ich fühle mich ~** I don't feel well
Unwohlsein *n* indisposition; (≈ *unangenehmes Gefühl*) unease
Unwort *n* taboo word, non-word
unwürdig *adj* unworthy (+*gen* of); (≈ *schmachvoll*) degrading
Unzahl *f* **eine ~ von** a host of
unzählbar *adj* 1 *sehr viele* countless 2 GRAM uncountable
unzählig *adj* innumerable; **~e Mal(e)** countless times; **viele Bücher** innumerable books
Unze *f* ounce
unzeitgemäß *adj* (≈ *altmodisch*) old-fashioned
unzerbrechlich *adj* unbreakable
unzertrennlich *adj* inseparable
Unzertrennliche(r) *m Vogel* lovebird
unzivilisiert *wörtl, fig adj* uncivilized
Unzucht *f bes* JUR sexual offence *Br*, sexual offense *US*; **~ treiben** to fornicate
unzüchtig *adj bes* JUR indecent; *Schriften* obscene
unzufrieden *adj* dissatisfied; (≈ *missmutig*) unhappy
Unzufriedenheit *f* dissatisfaction, discontent; (≈ *Missmut*) unhappiness
unzulänglich A *adj* (≈ *nicht ausreichend*) insufficient; (≈ *mangelhaft*) inadequate B *adv* inadequately
unzulässig *adj* inadmissible; *Gebrauch* improper
unzumutbar *adj Bedingungen* unreasonable
unzurechnungsfähig *adj* of unsound mind
Unzurechnungsfähigkeit *f* unsoundness of mind
unzureichend A *adj* insufficient B *adv ausgerüstet, geschützt etc* insufficiently
unzusammenhängend *adj* incoherent
unzustellbar *adj* **falls ~ bitte zurück an Absender** if undelivered please return to sender
unzutreffend *adj* inappropriate, inapplicable; (≈ *unwahr*) incorrect; **Unzutreffendes bitte streichen** delete as applicable
unzuverlässig *adj* unreliable

unzweckmäßig *adj* (≈ *nicht ratsam*) inexpedient; (≈ *ungeeignet*) unsuitable
unzweideutig *adj* unambiguous
unzweifelhaft A *adj* undoubted, unquestionable B *adv* without doubt, undoubtedly
Update *n* IT update
updaten *v/t & v/i* IT to update
Upgrade *n* IT, FLUG upgrade
upgraden *v/t* IT, FLUG to upgrade
üppig *adj Wachstum* luxuriant; *Haar* thick; *Mahl, Ausstattung* sumptuous; *Figur* voluptuous; *Fantasie* rich; **~ leben** to live in style
Urabstimmung *f* ballot
Ural *m Gebirge* **der ~** the Urals *pl*
uralt *adj* ancient
Uran *n* uranium
Uranus *m* ASTRON Uranus
uraufführen *v/t* to give the first performance (of), to play for the first time; *Film* to premiere *mst passiv*
Uraufführung *f* premiere
urban *adj* urban; **~er Mythos** urban legend
urbar *adj* **die Wüste ~ machen** to reclaim the desert; **Land ~ machen** to cultivate land
Urbevölkerung *f* natives *pl*; *in Australien* Aborigines *pl*
urchig *schweiz adj* → urwüchsig
Urdu *n Sprache* Urdu
ureigen *adj* very own; **es liegt in seinem ~sten Interesse** it's in his own best interests
Ureinwohner(in) *m(f)* native; *in Australien* Aborigine; **~ Amerikas** Native Americans; **~ Australiens** Aborigines
Urenkel *m* great-grandchild, great-grandson
Urenkelin *f* great-granddaughter
urgemütlich *umg adj* really cosy *Br*, really cozy *US*
Urgeschichte *f* prehistory
Urgewalt *f* elemental force
Urgroßeltern *pl* great-grandparents *pl*
Urgroßmutter *f* great-grandmother
Urgroßvater *m* great-grandfather
Urheber(in) *m(f)* originator; JUR (≈ *Verfasser*) author
Urheberrecht *n* copyright (**an** +*dat* on)
urheberrechtlich *adj & adv* on copyright *attr*; **~ geschützt** copyright(ed)
Urheberschaft *f* authorship
Urheberschutz *m* copyright protection
Uri *n* Uri
urig *umg adj Mensch* earthy; *Lokal etc* ethnic
Urin *m* urine
urinieren *v/i* to urinate
Urinprobe *f* urine sample
Urknall *m* ASTRON big bang
urkomisch *umg adj* screamingly funny *umg*

Urkunde f document; (≈ *Siegerurkunde, Bescheinigung etc*) certificate; (≈ *Gründungsurkunde*) charter

Urkundenfälschung f falsification of documents

URL-Adresse f IT URL address

Urlaub m (≈ *Ferien*) holiday(s) (pl) Br, vacation US; bes MIL leave (of absence), furlough US; **im ~ sein, ~ haben** to be on holiday Br od vacation US; **to be on leave; in ~ fahren** to go on holiday Br od vacation US; to go on leave; (**sich** dat) **einen Tag ~ nehmen** to take a day off; **bezahlter/unbezahlter ~** paid/unpaid leave; **~ auf dem Bauernhof** farmstay, farmhouse holiday Br, farmhouse vacation US; **~ zu Hause** staycation; **schönen ~!** have a nice holiday Br od vacation US

Urlauber(in) m(f) holiday-maker Br, vacationist US

Urlaubsanschrift f holiday address Br, vacation address US

Urlaubsfoto n holiday photo Br, vacation photo US

Urlaubsgeld n holiday pay od money Br, vacation pay od money US

Urlaubsort m holiday resort Br, vacation resort US

Urlaubspläne pl holiday plans pl Br, vacation plans pl US

urlaubsreif umg adj ready for a holiday Br, ready for a vacation US

Urlaubsreise f holiday trip Br, vacation trip US

Urlaubsresort n holiday resort od complex Br, vacation resort od complex US

Urlaubsstimmung f holiday mood Br

Urlaubstag m (one day of) holiday Br, (one day of) vacation US

Urlaubsvertretung f von extern temporary replacement; intern **ich mache ~ für …** I'm filling in for … while they're/ he's/she's on holiday Br od vacation US

Urlaubszeit f holiday period od season Br, vacation period od season US

Urne f urn; (≈ *Losurne*) box; (≈ *Wahlurne*) ballot box

Urologe m, **Urologin** f urologist

Urologie f urology

urologisch adj urological

urplötzlich umg **A** adj very sudden **B** adv all of a sudden

Ursache f cause; (≈ *Grund*) reason; (≈ *Anlass*) occasion; **~ und Wirkung** cause and effect; **keine ~!** auf Dank don't mention it!; auf Entschuldigung that's all right; **aus ungeklärter ~** for reasons unknown

Ursprung m origin; (≈ *Abstammung*) extraction; **seinen ~ in etw** (dat) **haben** to originate in sth

ursprünglich **A** adj original; (≈ *anfänglich*) initial **B** adv originally; (≈ *anfänglich*) initially

Ursprungsland n HANDEL country of origin

Ursprungszeugnis n certificate of origin

Urteil n **1** judg(e)ment; (≈ *Entscheidung*) decision; (≈ *Meinung*) opinion; **ein ~ über j-n/etw fällen** to pass judg(e)ment on sb/sth; **sich** (dat) **kein ~ über etw** (akk) **erlauben können** to be in no position to judge sth; **sich** (dat) **ein ~ über j-n/etw bilden** to form an opinion about sb/sth **2** JUR (≈ *Gerichtsurteil*) verdict; (≈ *Strafmaß*) sentence; **das ~ über j-n sprechen** JUR to pass judg(e)ment on sb

urteilen v/i to judge (**nach** by); **über etw** (akk) **~** to judge sth; (≈ *seine Meinung äußern*) to give one's opinion on sth; **nach seinem Aussehen zu ~** judging by his appearance

Urteilsbegründung f JUR opinion

Urteilskraft f power of judgement; (≈ *Umsichtigkeit*) discernment

Urteilsspruch m JUR judgement; von Geschworenen verdict; von Strafgericht sentence

Urteilsverkündung f JUR pronouncement of judgement

Urteilsvermögen n faculty of judgement

Uruguay n Uruguay

Urur- zssgn great-great-

Urvater m forefather

Urwald m primeval forest; in den Tropen jungle

urwüchsig adj (≈ *naturhaft*) natural; Natur unspoilt; (≈ *derb, kräftig*) sturdy; Mensch rugged; Humor earthy

Urzeit f primeval times pl; **seit ~en** since primeval times; umg for aeons Br umg, for eons US umg; **vor ~en** in primeval times; umg ages ago

urzeitlich adj primeval

Urzustand m original state

USA pl **die USA** the USA sg

US-Amerikaner(in) m(f) American

US-amerikanisch adj US

USB m abk (= universal serial bus) IT USB

USB-Anschluss m COMPUT am Kabel USB connector; am Computer USB port; Verbindung USB connection

Usbekistan n Uzbekistan

USB-Kabel n COMPUT USB cable

USB-Stick m COMPUT pen drive, USB stick

User(in) m(f) IT user

User-Account m IT user account

usw. abk (= und so weiter) etc., and so on

Utensil n utensil

Uterus m uterus

Utopie f utopia; (≈ *Wunschtraum*) utopian dream

utopisch adj utopian

utopistisch pej adj utopian

UV-Filter m UV filter

UV-Schutz *m* UV protection
UV-Strahlen *pl* ultraviolet rays *pl*

V, v *n* V, v
Vagabund(in) *m(f)* vagabond
vage A *adj* vague B *adv* vaguely; **etw ~ andeuten** to give a vague indication of sth
Vagina *f* vagina
Vakuum *n* vacuum
vakuumverpackt *adj* vacuum-packed
Valentinstag *m* (St) Valentine's Day
Valenz *f* valency
Valuta *f* (≈ *Währung*) foreign currency
Vamp *m* vamp
Vampir *m* vampire
Van *m* minibus, people carrier
Vandale *m*, **Vandalin** *f* vandal
Vandalismus *m* vandalism
Vanille *f* vanilla
Vanilleeis *n* vanilla ice cream
Vanilleextrakt *m/n* vanilla extract; *künstlich* vanilla essence
Vanillegeschmack *m* vanilla flavour *Br*, vanilla flavor *US*
Vanillesoße *f* custard
Vanillinzucker *m* vanilla sugar
variabel *adj* variable
Variable *f* variable
Variante *f* variant (**zu** on)
Variation *f* variation
Varieté *n*, **Varietee** *n* 1 variety (entertainment), vaudeville *bes US* 2 (≈ *Theater*) music hall *Br*, vaudeville theater *US*
variieren *v/t & v/i* to vary
Vase *f* vase
Vaseline® *f* Vaseline®
Vater *m* father; **~ von zwei Kindern sein** to be the father of two children; **er ist ganz der ~** he's very like his father; **~ Staat** *hum* the State
Vaterfigur *f* father figure
Vaterland *n* native country; *bes Deutschland* Fatherland
vaterländisch *adj* (≈ *national*) national; (≈ *patriotisch*) patriotic
Vaterlandsliebe *f* patriotism
väterlich A *adj* paternal B *adv* like a father
väterlicherseits *adv* on one's father's side; **meine Großeltern ~** my paternal grandparents

Vaterliebe *f* paternal love
Vätermonat *m* paternity leave (lasting one month)
Vaterschaft *f* fatherhood; *bes* JUR paternity
Vaterschaftsklage *f* paternity suit
Vaterschaftsnachweis *m* proof of paternity
Vaterschaftstest *m* paternity test
Vaterschaftsurlaub *m* paternity leave
Vatertag *m* Father's Day
Vaterunser *n* Lord's Prayer
Vati *umg m* dad(dy) *umg*
Vatikan *m* Vatican
Vatikanstadt *f* Vatican City
V-Ausschnitt *m* V-neck; **ein Pullover mit ~** a V--neck pullover
v. Chr. *abk* (= *vor Christus*) BC, before Christ
vegan *adj* vegan
Veganer(in) *m(f)* vegan
Veganismus *m* veganism
Vegetarier(in) *m(f)* vegetarian; **~ werden** to go vegetarian
vegetarisch A *adj* vegetarian B *adv* **~ leben** to be a vegetarian; **sich ~ ernähren** to live on a vegetarian diet
Vegetarismus *m* vegetarianism
Vegetation *f* vegetation
vegetativ *adj* vegetative; *Nervensystem* autonomic
vegetieren *v/i* to vegetate; (≈ *kärglich leben*) to eke out a bare existence
Veggieburger *m vegetarischer Burger* veggie burger
Veggietag *m vegetarischer Tag* veggie day
Vehikel *n* vehicle
Veilchen *n* violet
veilchenblau *adj* violet
Vektor *m* vector
Velo *n schweiz* bike *umg*
Velours *n*, (*a*. **Veloursleder**) suede
Vene *f* vein
Venedig *n* Venice
Venenentzündung *f* phlebitis
Venenthrombose *f* venous thrombosis; **tiefe ~** deep vein thrombosis
Venezianer(in) *m(f)* Venetian
venezianisch *adj* Venetian
Venezolaner(in) *m(f)* Venezuelan
venezolanisch *adj* Venezuelan
Venezuela *n* Venezuela
Ventil *n* valve; *fig* outlet
Ventilation *f* ventilation; *Anlage* ventilation system
Ventilator *m* ventilator
Venus *f* ASTRON Venus
verabreden A *v/t* to arrange; **zum verabredeten Zeitpunkt** at the agreed time; **schon ver-**

abredet sein to have something else on *umg*; **mit j-m verabredet sein** to have arranged to meet sb; *geschäftlich* to have an appointment with sb; *bes mit Freund/Freundin* to have a date with sb **B** *v/r* **sich mit j-m ~** to arrange to meet sb; *geschäftlich* to arrange an appointment with sb; *bes mit Freund/Freundin* to make a date with sb, to ask sb out

Verabredung *f* (≈ *Vereinbarung*) arrangement; (≈ *Treffen*) engagement *form*; *geschäftlich* appointment; *bes mit Freund/Freundin* date

verabreichen *v/t* to give; *Arznei a.* to administer *form* (**j-m** to sb)

verabscheuen *v/t* to detest

verabscheuenswert *adj* detestable

verabschieden **A** *v/t* to say goodbye to; (≈ *entlassen*) *Beamte* to discharge; POL *Haushaltsplan* to adopt; *Gesetz* to pass **B** *v/r* **sich (von j-m) ~** to say goodbye (to sb)

Verabschiedung *f von Beamten etc* discharge; POL *von Gesetz* passing; *von Haushaltsplan* adoption

verachten *v/t* to despise; **nicht zu ~** *umg* not to be sneezed at *umg*

verachtenswert *adj* despicable

verächtlich **A** *adj* contemptuous; (≈ *verachtenswert*) despicable **B** *adv* contemptuously

Verachtung *f* contempt (**von** for); (≈ *mangelnde Achtung*) disrespect; **j-n mit ~ strafen** to treat sb with contempt

veralbern *umg v/t* to make fun of

verallgemeinern *v/t & v/i* to generalize

Verallgemeinerung *f* generalization

veralten *v/i* to become obsolete; *Ansichten, Methoden* to become antiquated

veraltet *adj* obsolete; *Ansichten* antiquated

Veranda *f* veranda

veränderbar *adj* changeable

veränderlich *adj* variable; *Wetter* changeable

Veränderlichkeit *f* variability

verändern **A** *v/t* to change **B** *v/r* to change; (≈ *Stellung wechseln*) to change one's job; **sich zu seinem Vorteil/Nachteil ~** *im Aussehen* to look better/worse; *charakterlich* to change for the better/worse

Veränderung *f* change

verängstigen *v/t* (≈ *erschrecken*) to frighten; (≈ *einschüchtern*) to intimidate

verängstigt *adj* frightened, scared

veranlagen *v/t* to assess (**mit** at)

veranlagt *adj* **melancholisch ~ sein** to have a melancholy disposition; **praktisch ~ sein** to be practically minded; **künstlerisch ~ sein** to have an artistic bent

Veranlagung *f* **1** *körperlich* predisposition; *charakterlich* nature; (≈ *Hang*) tendency; (≈ *Talent*) bent **2** *von Steuern* assessment

veranlassen *v/t* **etw ~** (≈ *in die Wege leiten*) to arrange for sth; (≈ *befehlen*) to order sth; **wir werden alles Weitere ~** we will take care of everything else; **j-n ~, etw zu tun** to make sb do sth

Veranlassung *f* cause; **auf ~ von** *od* +*gen* at the instigation of; **~ zu etw geben** to give cause for sth

veranschaulichen *v/t* to illustrate

Veranschaulichung *f* illustration

veranschlagen *v/t* to estimate (**auf** +*akk* at); **etw zu hoch ~** to overestimate sth; **etw zu niedrig ~** to underestimate sth

veranstalten *v/t* to organize; *Wahlen, Wettbewerb* to hold; *Umfrage* to do; *Party etc* to hold

Veranstalter(in) *m(f)* organizer; *von Konzerten etc* promoter

Veranstaltung *f* **1** event (**von** organized by); *feierlich* function **2** (≈ *das Veranstalten*) organization

Veranstaltungskalender *m* calendar of events

Veranstaltungsort *m* venue

verantworten **A** *v/t* to accept (the) responsibility for; **wie könnte ich es denn ~, …?** it would be most irresponsible of me …; **ein weiterer Streik wäre nicht zu ~** another strike would be irresponsible **B** *v/r* **sich für** *od* **wegen etw ~** to justify sth (**vor** +*dat* to); *für Missetaten etc* to answer for sth (**vor** +*dat* before)

verantwortlich *adj* responsible (**für** for); (≈ *haftbar*) liable; **j-n für etw ~ machen** to hold sb responsible for sth; (≈ *vorwerfen*) to blame sb for sth

Verantwortliche(r) *m/f(m)* person responsible

Verantwortlichkeit *f* responsibility

Verantwortung *f* responsibility; **auf eigene ~** on one's own responsibility; **auf deine ~!** on your own head be it! *Br*, it's your ass! *US umg*; **die ~ (für etw) tragen** to take responsibility (for sth)

verantwortungsbewusst **A** *adj* responsible **B** *adv* responsibly

Verantwortungsbewusstsein *n* sense of responsibility

verantwortungslos **A** *adj* irresponsible **B** *adv* irresponsibly

verantwortungsvoll *adj* responsible

veräppeln *v/t umg* **j-n ~** to pull sb's leg; (≈ *verspotten*) to make fun of sb

verarbeiten *v/t* to use (**zu etw** to make sth); TECH, BIOL *etc* to process; *Daten* to process; (≈ *bewältigen*) to overcome; **~de Industrie** processing industries *pl*

Verarbeitung *f* **1** use, using; TECH, BIOL, IT processing; (≈ *Bewältigung*) overcoming **2** (≈ *Ausse-*

hen) finish
verärgern v/t **j-n ~** to annoy sb; *stärker* to anger sb
verärgert **A** *adj* annoyed; *stärker* angry **B** *adv reagieren* angrily
verarmen v/i to become impoverished
verarschen *umg* v/t to take the piss out of *Br sl*, to make fun of; (≈ *für dumm verkaufen*) to mess around *umg*
verarzten *umg* v/t to fix up *umg*; *mit Verband* to patch up *umg*
verausgaben v/r to overexert oneself
veräußern v/t *form* (≈ *verkaufen*) to dispose of; *Rechte, Land* to alienate *form*
Verb *n* verb
verbal **A** *adj* verbal **B** *adv* verbally
Verband *m* **1** MED dressing; *mit Binden* bandage **2** (≈ *Bund*) association
Verband(s)kasten *m* first-aid box
Verband(s)material *n* dressing material
Verband(s)zeug *n* dressing material
verbannen v/t to banish *a. fig*, to exile (**aus** from *od* **auf** +*akk* to), to ban
Verbannung *f* banishment
verbarrikadieren v/r to barricade oneself in (**in etw** *dat* sth)
verbauen v/t (≈ *versperren*) to obstruct
verbeißen **A** v/t *fig umg* **sich** (*dat*) **etw ~** *Bemerkung* to bite back sth; *Schmerz* to hide sth; **sich** (*dat*) **das Lachen ~** to keep a straight face **B** v/r **sich in etw** (*akk*) **~** *fig* to become fixed on sth; → verbissen
verbergen **A** v/t to hide; **j-m etw ~** (≈ *verheimlichen*) to keep sth from sb **B** v/r to hide (oneself); → verborgen
verbessern **A** v/t **1** (≈ *besser machen*) to improve; *Leistung, Bestzeit* to improve (up)on **2** (≈ *korrigieren*) to correct **B** v/r **1** to improve; *beruflich* to better oneself **2** (≈ *sich korrigieren*) to correct oneself
Verbesserung *f* **1** improvement (**von** in); (≈ *berufliche Verbesserung*) betterment **2** (≈ *Berichtigung*) correction
Verbesserungsvorschlag *m* suggestion for improvement
verbeugen v/r to bow (**vor** +*dat* to)
Verbeugung *f* bow
verbeulen v/t to dent
verbiegen **A** v/t to bend (out of shape); **verbogen** bent **B** v/r to bend; *Holz* to warp
verbieten v/t to forbid; *Zeitung, Partei etc* to ban; **j-m ~, etw zu tun** to forbid sb to do sth; → verboten
verbilligen v/t to reduce the cost of; *Preis* to reduce; **verbilligte Waren** reduced goods
verbinden **A** v/t **1** MED to dress; *mit Binden* to bandage; **j-m die Augen ~** to blindfold sb; **mit verbundenen Augen** blindfolded **2** (≈ *verknüpfen*) to connect, to link; *zwei Teile, Punkte* to join; **verbunden sein mit** to be connected with **3** TEL **(Sie sind hier leider) falsch verbunden!** (I'm sorry, you've got the) wrong number!; **mit wem bin ich verbunden?** who am I speaking to? **4** (≈ *gleichzeitig tun*) to combine **5** (≈ *assoziieren*) to associate **6** (≈ *mit sich bringen*) **mit etw verbunden sein** to involve sth **B** v/r (≈ *zusammenkommen*) to combine; (≈ *sich zusammentun*) to join forces
verbindlich **A** *adj* **1** obliging **2** (≈ *verpflichtend*) obligatory; *Zusage* binding **B** *adv* **1** (≈ *bindend*) **etw ~ vereinbart haben** to have a binding agreement (regarding sth); **~ zusagen** to accept definitely **2** (≈ *freundlich*) **~ lächeln** to give a friendly smile
Verbindlichkeit *f* **1** (≈ *Entgegenkommen*) obliging ways *pl* **2** *von Zusage* binding nature **3** **~en** *pl* HANDEL, JUR obligations *pl*
Verbindung *f* **1** connection, link; (≈ *Kontakt*) contact (**zu, mit** with); **in ~ mit** (≈ *zusammen mit*) in conjunction with; (≈ *im Zusammenhang mit*) in connection with; **j-n mit etw in ~ bringen** to connect sb with sth; (≈ *assoziieren*) to associate sb with sth; **~ mit j-m aufnehmen, sich mit j-m in ~ setzen** to contact sb; **mit j-m in ~ bleiben** to stay in touch with sb; **sich (mit j-m) in ~ setzen** to get in touch (with sb), to contact (sb); **in ~ stehen mit** to be connected with **2** TEL (≈ *Anschluss*) line **3** (≈ *Kombination*) combination **4** (≈ *Bündnis*) association; UNIV society
Verbindungsaufbau *m* TEL, INTERNET call set-up
verbissen **A** *adj Arbeiter* determined; *Kampf* dogged; *Miene* determined, grim **B** *adv* determinedly; *kämpfen* doggedly; → verbeißen
Verbissenheit *f von Kampf* doggedness; *von Miene* determination
verbitten v/t **sich** (*dat*) **etw ~** to refuse to tolerate sth; **das verbitte ich mir!** I won't have it!
verbittern v/t to embitter
verbittert *adj* embittered, bitter
verblassen v/i to fade
Verbleib *form m* whereabouts *pl*
verbleiben v/i to remain; **... verbleibe ich Ihr ...** *form* ... I remain, Yours sincerely ... *Br*, ... I remain, Sincerely (yours) ... *US*; **wir sind so verblieben, dass wir ...** we agreed to ...
verbleit *adj Benzin* leaded
verblöden *umg* v/i to become a zombi(e) *umg*
verblüffen v/t (≈ *erstaunen*) to stun; (≈ *verwirren*) to baffle
verblüffend *adj* amazing; **sie sind sich ~ ähnlich** they're amazingly alike
verblüfft **A** *adj* amazed; (≈ *überrascht*) startled **B**

adv aufsehen perplexed; *sich umdrehen* in surprise
Verblüffung *f* (≈ *Erstaunen*) amazement; (≈ *Verwirrung*) bafflement
verblühen *v/i a. fig* fade
verbluten *v/i* to bleed to death
verbohrt *adj* stubborn; *Meinung* inflexible
verborgen *adj* hidden; **etw ~ halten** to hide sth; **sich ~ halten** to hide; → **verbergen**
Verbot *n* ban (+*gen* on); **trotz des ärztlichen ~es** against doctor's orders
verboten *adj* forbidden; *amtlich* prohibited; (≈ *gesetzeswidrig*) *Handel* illegal; *Zeitung, Partei etc* banned; **Rauchen/Parken ~** no smoking/parking; **er sah ~ aus** *umg* he was a real sight *umg*; → **verbieten**
Verbotsschild *n* notice (*prohibiting something*); *im Verkehr* prohibition sign
Verbrauch *m* consumption (**von, an** +*dat* of); *von Geld* expenditure; **zum baldigen ~ bestimmt** to be used immediately
verbrauchen **A** *v/t* **1** to use; *Energie etc* to consume; *Vorräte* to use up **2** (≈ *abnützen*) *Kräfte etc* to exhaust **B** *v/r* to wear oneself out
Verbraucher(in) *m(f)* consumer
Verbraucherberatung *f* consumer advice centre *Br*, consumer advice center *US*
Verbraucherkredit *m* consumer credit
Verbrauchermarkt *m* large supermarket
Verbraucherschutz *m* consumer protection
Verbraucherzentrale® *f* consumer advice centre *Br*, consumer advice center *US*
Verbrauchsgüter *pl* consumer goods *pl*
verbrechen *v/t* **1** *Straftat* to commit **2** *umg* (≈ *anstellen*) **was habe ich denn jetzt schon wieder verbrochen?** what on earth have I done now?
Verbrechen *n* crime; **ein ~ begehen** to commit a crime
Verbrechensbekämpfung *f* combating crime
Verbrecher(in) *m(f)* criminal; gangster
verbrecherisch *adj* criminal; **in ~er Absicht** with criminal intent
Verbrechertum *n* criminality
verbreiten **A** *v/t* to spread; (≈ *ausstrahlen*) *Wärme, Ruhe* to radiate; **verbreitet** common, widespread; **eine (weit) verbreitete Ansicht** a widely held opinion **B** *v/r* (≈ *sich ausbreiten*) to spread
verbreitern **A** *v/t* to widen **B** *v/r* to get wider
Verbreitung *f* spreading
verbrennen **A** *v/t* to burn; (≈ *einäschern*) *Tote* to cremate; (≈ *versengen*) to scorch; *Haar* to singe; **sich** (*dat*) **die Zunge ~** to burn one's tongue; **sich** (*dat*) **den Mund ~** *fig* to open one's big mouth *umg* **B** *v/r* to burn oneself **C** *v/i* to burn; *Haus etc* to burn down; *durch Sonne, Hitze* to be scorched

Verbrennung *f* **1** (≈ *das Verbrennen*) burning; *von Leiche* cremation **2** (≈ *Brandwunde*) burn
Verbrennungsanlage *f* incinerator
Verbrennungsmotor *m* internal combustion engine
Verbrennungsofen *m* furnace; *für Müll* incinerator
Verbrennungsrückstände *pl* ashes *pl*
verbringen *v/t Zeit etc* to spend
verbrühen **A** *v/t* to scald **B** *v/r* to scald oneself
Verbrühung *f* scalding; (≈ *Wunde*) scald
verbuchen *v/t* to enter (up) (in a/the book); **einen Betrag auf ein Konto ~** to credit a sum to an account; **einen Erfolg (für sich) ~** to notch up a success *umg*
verbummeln *v/t umg* (≈ *verlieren*) to lose; (≈ *vertrödeln*) *Nachmittag* to waste
Verbund *m* WIRTSCH combine; **im ~ arbeiten** to cooperate
verbünden *v/r* to ally oneself (**mit** to); *Staaten* to form an alliance; **verbündet sein** to be allies
Verbundenheit *f* *mit Menschen, Natur* closeness (**mit** to); *mit Land, Tradition* attachment (**mit** to)
Verbündete(r) *m/f(m)* ally
Verbundglas *n* laminated glass
Verbundstoff *m* composite (material)
verbürgen **A** *v/r* **sich ~ für j-n/etw ~** to vouch for sb/sth **B** *v/t* **1** (≈ *gewährleisten*) *Recht* to guarantee **2** FIN *Kredit* to guarantee **3** (≈ *dokumentieren*) **historisch verbürgt sein** to be historically documented
verbüßen *v/t* to serve
verchromen *v/t* to chromium-plate
Verdacht *m* suspicion; **j-n in ~ haben** to suspect sb; **im ~ stehen, etw getan zu haben** to be suspected of having done sth; **(gegen j-n) ~ schöpfen** to become suspicious (of sb); **~ erregen** to arouse suspicion; **etw auf ~ tun** *umg* to do sth on spec *umg*
verdächtig *adj* suspicious; **sich ~ machen** to arouse suspicion; **die drei ~en Personen** the three suspects
verdächtigen *v/t* to suspect (+*gen* of); **er wird des Diebstahls verdächtigt** he is suspected of theft
Verdächtige(r) *m/f(m)* suspect
verdammen *v/t* (≈ *verfluchen*) to damn; (≈ *verurteilen*) to condemn
verdammt *umg* **A** *adj* damned *umg* **B** *adv* damn *umg*; **das tut ~ weh** that hurts like hell *umg*; **viel Geld** a hell of a lot of money *umg* **C** *int* **~!** damn (it) *umg*; **~ noch mal!** damn it all *umg*
verdampfen *v/t & v/i* to vaporize, to evaporate

verdanken v/t **j-m etw ~** to owe sth to sb; **das verdanke ich dir** iron I've got you to thank for that

verdattert adj & adv umg (≈ verwirrt) flabbergasted umg

verdauen v/t to digest

verdaulich adj digestible

Verdauung f digestion

Verdauungsbeschwerden pl digestive trouble sg

Verdauungsspaziergang m constitutional

Verdauungsstörung f indigestion kein pl

Verdeck n von Kinderwagen hood Br, canopy; von Auto soft top

verdecken v/t to hide; (≈ zudecken) to cover (up); Sicht to block; fig to conceal

verdeckt adj concealed; Ermittler, Einsatz undercover

verdenken v/t **j-m etw ~** to hold sth against sb; **ich kann es ihm nicht ~** I can't blame him

verderben A v/t to spoil; stärker to ruin; moralisch to corrupt; (≈ verwöhnen) to spoil; **j-m etw ~** to spoil sth for sb; **es (sich** dat**) mit j-m ~** to fall foul of sb B v/i Material to become spoiled/ruined; Nahrungsmittel to go off Br, to go bad; → verdorben

Verderben n (≈ Unglück) undoing; **in sein ~ rennen** to be heading for disaster

verderblich adj pernicious; Lebensmittel perishable

verdeutlichen v/t to show clearly; (≈ deutlicher machen) to clarify; (≈ erklären) to explain

ver.di abk (= Vereinigte Dienstleistungsgewerkschaft) German service sector union

verdichten A v/t PHYS to compress; fig (≈ komprimieren) to condense B v/r to thicken; Schneetreiben to worsen; fig (≈ häufen) to increase; Verdacht to deepen; **es ~ sich die Hinweise, dass ...** there is growing evidence that ...

verdienen A v/t 1 (≈ einnehmen) to earn; (≈ Gewinn machen) to make; **sich** (dat) **etw ~** to earn the money for sth 2 fig Lob, Strafe to deserve; **er verdient es nicht anders/besser** he doesn't deserve anything else/any better; → verdient B v/i to earn; (≈ Gewinn machen) to make (a profit) (**an** +dat on); **er verdient gut** he earns a lot; **er verdient schlecht** he doesn't earn much; **am Krieg ~** to profit from war

Verdiener(in) m(f) wage earner

Verdienst[1] m (≈ Einkommen) income; (≈ Profit) profit

Verdienst[2] n 1 merit; (≈ Dank) credit; **es ist sein ~(, dass ...)** it is thanks to him (that ...) 2 (≈ Leistung) contribution; **ihre ~e um die Wissenschaft** her services to science

Verdienstausfall m loss of earnings

Verdienstorden m order of merit

verdienstvoll adj commendable

verdient A adj 1 Lohn, Strafe rightful; Lob well-deserved 2 Künstler, Politiker of outstanding merit B adv gewinnen deservedly; → verdienen

verdientermaßen adv deservedly

verdonnern v/t umg zu Haft etc to sentence (**zu** to); **j-n zu etw ~** to order sb to do sth as a punishment

verdoppeln A v/t to double; fig Anstrengung etc to redouble B v/r to double

Verdopp(e)lung f doubling; von Anstrengung redoubling

verdorben adj 1 Lebensmittel bad; Magen upset 2 Stimmung spoiled 3 moralisch corrupt; (≈ verzogen) Kind spoiled; → verderben

verdorren v/i to wither

verdrahten v/t **fest ~** COMPUT to hardwire

verdrängen v/t j-n to drive out; (≈ ersetzen) to replace; PHYS Wasser, Luft to displace; fig Sorgen to dispel; PSYCH to repress; **j-n aus dem Amt ~** to oust sb (from office)

Verdrängung f driving out; (≈ Ersetzung) replacing; PHYS displacement; von Sorgen dispelling; PSYCH repression

verdrecken umg v/t & v/i to get dirty; **verdreckt** filthy (dirty)

verdrehen v/t to twist; (≈ verknacksen) to sprain; Hals to crick; Augen to roll; Tatsachen to distort

verdreifachen v/t & v/r to triple

verdreschen v/t umg to beat up

verdrießlich adj morose

verdrossen adj (≈ schlecht gelaunt) morose; (≈ unlustig) Gesicht unwilling

Verdrossenheit f 1 (≈ schlechte Laune) moroseness; (≈ Lustlosigkeit) unwillingness; über Politik etc dissatisfaction (**über** +akk with)

verdrücken A v/t umg Essen to polish off umg B v/r umg to beat it umg

Verdruss m frustration; **zu j-s ~** to sb's annoyance

verduften v/i 1 (≈ seinen Duft verlieren) to lose its smell; Tee, Kaffee to lose its aroma 2 umg (≈ verschwinden) to beat it umg

verdummen A v/t **j-n ~** (≈ dumm machen) to dull sb's mind B v/i to stultify

verdunkeln A v/t to darken; im Krieg to black out; fig Motive etc to obscure B v/r to darken

Verdunkelung f 1 darkening; im Krieg blacking out; fig obscuring 2 JUR suppression of evidence

Verdunkelungsgefahr f JUR danger of suppression of evidence

verdünnen v/t to thin (down); mit Wasser to wa-

ter down; *Lösung* to dilute
Verdünner *m* thinner
Verdünnung *f* thinning; *von Lösung* dilution; *mit Wasser* watering down
verdunsten *v/i* to evaporate
Verdunstung *f* evaporation
verdursten *v/i* to die of thirst
verdüstern *v/t & v/r* to darken
verdutzt *umg adj & adv* taken aback; (≈ *verwirrt*) baffled
veredeln *v/t Metalle, Erdöl* to refine; BOT to graft; *Geschmack* to improve; **beim Recycling ~** to upcycle
verehren *v/t* **1** (≈ *hoch achten*) to admire; *Gott, Heiligen* to honour *Br*, to honor *US*; (≈ *ehrerbietig lieben*) to worship, to adore **2** (≈ *schenken*) **j-m etw ~** to give sb sth
Verehrer(in) *m(f)* admirer
verehrt *adj in Anrede* **(sehr) ~e Anwesende/verehrtes Publikum** Ladies and Gentlemen
vereidigen *v/t* to swear in; **j-n ~** to swear sb in
Vereidigung *f* swearing in
Verein *m* organization; (≈ *Sportverein*) club; **ein wohltätiger ~** a charity
vereinbar *adj* compatible; *Aussagen* consistent; **nicht (miteinander) ~** incompatible; *Aussagen* inconsistent
vereinbaren *v/t* **1** to agree; *Zeit, Treffen, Tag* to arrange **2 mit etw zu ~ sein** to be compatible with sth; *Aussagen* to be consistent with sth; *Ziele, Ideale* to be reconcilable with sth
Vereinbarung *f* (≈ *Abmachung*) agreement; **laut ~** as agreed; **nach ~** by arrangement
vereinbarungsgemäß *adv* as agreed
vereinen A *v/t* to unite; → **vereint** B *v/r* to join together
vereinfachen *v/t* to simplify
vereinheitlichen *v/t* to standardize
Vereinheitlichung *f* standardization
vereinigen A *v/t* to unite; *Eigenschaften* to bring together; HANDEL *Firmen* to merge (**zu** into); **alle Stimmen auf sich** (*akk*) **~** to collect all the votes B *v/r* to unite; *Firmen* to merge
vereinigt *adj* united; **Vereinigtes Königreich** United Kingdom, UK; **Vereinigte Staaten (von Amerika)** United States (of America); **Vereinigte Arabische Emirate** United Arab Emirates
Vereinigung *f* **1** (≈ *das Vereinigen*) uniting; *von Eigenschaften* bringing together; *von Firmen* merging **2** (≈ *Organisation*) organization; (≈ *Union*) union
vereinsamen *v/i* to become lonely *od* isolated
Vereinsamung *f* loneliness
Vereinshaus *n* clubhouse
Vereinsmitglied *n* club member

vereint A *adj* united; **Vereinte Nationen** United Nations *sg* B *adv* together, in unison; → **vereinen**
vereinzelt A *adj* occasional B *adv* occasionally; **... ~ bewölkt** ... with cloudy patches
vereisen *v/i* to freeze; *Straße* to freeze over; *Fensterscheibe* to ice over
vereist *adj Straßen, Fenster* icy; *Bäche* frozen; *Piste* iced-up
vereiteln *v/t* to foil
vereitern *v/i* to go septic
verenden *v/i* to perish
verengen A *v/r* to narrow; *Gefäße, Pupille* to contract B *v/t* to make narrower
Verengung *f* **1** narrowing; *von Pupille, Gefäß* contraction **2** (≈ *verengte Stelle*) narrow part (**in** +*dat* of)
vererben A *v/t* **1** *Besitz* to leave, to bequeath (+*dat od* **an** +*akk* to; *hum* to hand on (**j-m** to sb)) **2** *Eigenschaften* to pass on (+*dat od* **auf** +*akk* to); *Krankheit* to transmit B *v/r* to be passed on/transmitted (**auf** +*akk* to)
vererblich *adj Krankheit* hereditary
Vererbungslehre *f* genetics *sg*
verewigen A *v/t* to immortalize B *v/r* to immortalize oneself
Verfahren *n* (≈ *Vorgehen*) actions *pl*; (≈ *Verfahrensweise*) procedure; TECH process; (≈ *Methode*) method; JUR proceedings *pl*; **ein ~ gegen j-n einleiten** to take *od* initiate legal proceedings against sb
verfahren[1] *v/i* (≈ *vorgehen*) to act; **mit j-m streng ~** to deal strictly with sb
verfahren[2] A *v/t* (≈ *verbrauchen*) *Geld, Zeit* to spend in travelling *Br*, to spend in traveling *US*; *Benzin* to use up B *v/r* (≈ *sich verirren*) to lose one's way
verfahren[3] *adj Situation* muddled, tricky
Verfahrenstechnik *f* process engineering
Verfahrensweise *f* procedure
Verfall *m* (≈ *Zerfall*) decay; *von Gebäude* dilapidation; *gesundheitlich, von Kultur etc* decline; *von Scheck, Karte* expiry
verfallen[1] *v/i* **1** (≈ *zerfallen*) to decay; *Bauwerk* to fall into disrepair; *körperlich* to deteriorate; *Kultur etc* to decline **2** (≈ *ungültig werden*) to become invalid; *Fahrkarte* to expire; *Termin, Anspruch* to lapse **3** (≈ *abhängig werden*) **einer Sache ~ sein** to be a slave to sth; *dem Alkohol etc* to be addicted to sth; **j-m völlig ~ sein** to be completely under sb's spell **4 auf etw** (*akk*) **~** to think of sth; **in etw** (*akk*) **~** to sink into sth; **in einen tiefen Schlaf ~** to fall into a deep sleep
verfallen[2] *adj Gebäude* dilapidated; (≈ *abgelaufen*) invalid; *Strafe* lapsed
Verfallsdatum *n* expiry date; *der Haltbarkeit*

best-before date
verfälschen v/t to distort; *Daten* to falsify; *Geschmack* to adulterate
verfänglich adj *Situation* awkward; *Beweismaterial* incriminating; (≈ *gefährlich*) dangerous; *Frage* tricky
verfärben **A** v/t to discolour *Br*, to discolor *US* **B** v/r to change colour *Br*, to change color *US*; *Metall, Stoff* to discolour *Br*, to discolor *US*; **sich grün/rot ~** to turn green/red
verfassen v/t to write; *Urkunde* to draw up
Verfasser(in) m(f) writer; *von Buch etc a.* author
Verfassung f **1** POL constitution **2** (≈ *Zustand*) state; *seelisch* state of mind; **sie ist in guter/schlechter ~** she is in good/bad shape
Verfassungsänderung f constitutional amendment
verfassungsfeindlich adj anticonstitutional
verfassungsmäßig adj constitutional
Verfassungsschutz m *Aufgabe* defence of the constitution *Br*, defense of the constitution *US*; *Organ, Amt* office responsible for defending the constitution
verfassungswidrig adj unconstitutional
verfaulen v/i to decay; *Körper, organische Stoffe* to decompose
verfault adj decayed; *Fleisch, Obst etc* rotten
verfechten v/t to defend; *Lehre* to advocate
Verfechter(in) m(f) advocate
verfehlen v/t (≈ *verpassen*) to miss; **den Zweck ~** not to achieve its purpose; **das Thema ~** to be completely off the subject
verfehlt adj (≈ *unangebracht*) inappropriate; (≈ *misslungen*) unsuccessful
Verfehlung f (≈ *Vergehen*) misdemeanour *Br*, misdemeanor *US*; (≈ *Sünde*) transgression
verfeindet adj hostile; **sie sind (miteinander) ~** they're enemies
verfeinern v/t & v/r to improve
verfeinert adj sophisticated
Verfeinerung f improvement
verfestigen v/t to harden; (≈ *verstärken*) to strengthen
Verfettung f MED *von Körper* obesity
verfilmen v/t *Buch* to make a movie of
Verfilmung f filming; (≈ *Film*) movie (version)
verfilzt adj felted; *Haare* matted
verfinstern **A** v/t to darken; *Sonne, Mond* to eclipse **B** v/r to darken
Verfinsterung f darkening; *von Sonne etc* eclipse
verflachen v/i to flatten out; *fig Diskussion* to become superficial
verflechten v/t to interweave; *Methoden* to combine
Verflechtung f interconnection (*+gen* between); POL, WIRTSCH integration
verfliegen v/i *Stimmung, Zorn etc* to blow over *umg*, to pass; *Kummer etc* to vanish; *Alkohol* to evaporate; *Zeit* to fly
verflixt *umg* **A** adj blessed *umg*, darned *umg*; (≈ *kompliziert*) tricky **B** int **~!** blow! *Br umg*, darn! *US umg*
verflossen adj **1** *Jahre, Tage* bygone **2** *umg* (≈ *ehemalig*) one-time *attr umg*; **ihr Verflossener** her ex *umg*
verfluchen v/t to curse
verflucht *umg* adj damn *umg*
verflüchtigen v/r *Alkohol etc* to evaporate; *fig Ärger* to be dispelled
verflüssigen v/t & v/r to liquefy
Verflüssigung f liquefaction
verfolgen v/t to pursue; (≈ *j-s Spuren folgen*) *j-n* to trail; *Tier* to track; (≈ *jagen*) to chase; *Entwicklung, Spur* to follow; *politisch, religiös* to persecute; *Gedanke etc*: *j-n* to haunt; **vom Unglück verfolgt werden** to be dogged by ill fortune; **j-n gerichtlich ~** to prosecute sb
Verfolger(in) m(f) **1** pursuer **2** *politisch etc* persecutor
Verfolgung f pursuit; (≈ *politische Verfolgung*) persecution *kein pl*; *strafrechtliche* prosecution; **die ~ aufnehmen** to take up the chase
Verfolgungsjagd f wild chase; *im Auto* car chase
Verfolgungswahn m persecution complex
verformen v/r to go out of shape
verfrachten v/t HANDEL to transport; *umg j-n* to bundle off *umg*
verfremden v/t *Thema, Stoff* to make unfamiliar
Verfremdung f defamiliarization; THEAT, LIT alienation
verfressen *umg* adj greedy
verfroren adj (≈ *durchgefroren*) frozen
verfrüht adj (≈ *zu früh*) premature; (≈ *früh*) early
verfügbar adj available; *Einkommen* disposable
Verfügbarkeit f availability
verfügen **A** v/i **über etw** (akk) **~** to have sth at one's disposal; (≈ *besitzen*) to have sth; **über etw** (akk) **frei ~ können** to be able to do as one wants with sth **B** v/t to order; *gesetzlich* to decree
Verfügung f **1 etw zur ~ stellen** (≈ *bereitstellen*) to provide sth; **j-m etw zur ~ stellen** to put sth at sb's disposal; (≈ *leihen*) to lend sb sth; **(j-m) zur ~ stehen** (≈ *verfügbar sein*) to be available (to sb); **etw zur ~ haben** to have sth at one's disposal **2** *behördlich* order; *von Gesetzgeber* decree; (≈ *Anweisung*) instruction
verführen v/t to tempt; *bes sexuell* to seduce; *das Volk etc* to lead astray; **j-n zu etw ~** to encourage sb to do sth

Verführer *m* seducer
Verführerin *f* seductress
verführerisch *adj* seductive; (≈ *verlockend*) tempting
Verführung *f* seduction; (≈ *Verlockung*) enticement
Verführungskunst *f* seductive manner; **Verführungskünste** seductive charms
verfüttern *v/t* to feed (**an** +*akk* to); **etw an die Vögel ~** to feed sth to the birds
Vergabe *f von Arbeiten* allocation; *von Auftrag etc* award
vergammeln *umg v/i* **1** (≈ *verderben*) to get spoiled; *Speisen* to go bad **2** (≈ *verlottern*) to go to the dogs *umg*; *Gebäude* to become run down; **vergammelt aussehen** to look scruffy *umg*
vergangen *adj* **1** (≈ *letzte*) last **2** *Jahre* past; *Zeiten* bygone; → **vergehen**
Vergangenheit *f* past; GRAM past (tense); **einfache ~** simple past; **der ~ angehören** to be a thing of the past
Vergangenheitsbewältigung *f* process of coming to terms with the past
Vergangenheitsform *f* past tense
vergänglich *adj* transitory
Vergänglichkeit *f* transitoriness
vergasen *v/t* TECH *in Motor* to carburet; *Kohle* to gasify; HIST *neg!* (≈ *durch Gas töten*) to gas
Vergaser *m* AUTO carburettor *Br*, carburetor *US*
Vergasung *f* TECH carburation; *von Kohle* gasification; HIST *neg!* (≈ *Tötung*) gassing
vergeben A *v/t* **1** (≈ *weggeben*) *Auftrag, Preis* to award (**an** +*akk* to); *Stellen* to allocate; *Kredit* to give out; *Arbeit* to assign; *fig Chance* to throw away; **er/sie ist schon ~** *umg* he/she is already spoken for *umg* **2** (≈ *verzeihen*) to forgive; **j-m etw ~** to forgive sb (for) sth B *v/r* KART to misdeal
vergebens *adv & adj* in vain
vergeblich A *adj* futile; **alle Versuche waren ~** all attempts were in vain B *adv* in vain
Vergeblichkeit *f* futility
Vergebung *f* forgiveness
vergehen A *v/i* **1** to pass; *Liebe* to die; *Schönheit* to fade; **wie doch die Zeit vergeht** how time flies; **mir ist die Lust dazu vergangen** I don't feel like it any more *Br od* anymore *US*; **mir ist der Appetit vergangen** I have lost my appetite; **es werden noch Monate ~, ehe ...** it will be months before ...; → **vergangen** **2 vor etw** (*dat*) **~** to be dying of sth; **vor Angst ~** to be scared to death B *v/r* **sich an j-m ~** to do sb wrong; *unsittlich* to assault sb indecently
Vergehen *n* (≈ *Verstoß*) offence *Br*, offense *US*
vergeigen *v/t* **etw ~** *umg* to mess sth up

vergelten *v/t* **j-m etw ~** to repay sb for sth
Vergeltung *f* (≈ *Rache*) retaliation; **~ üben** to take revenge (**an** *j-m* on sb)
Vergeltungsmaßnahme *f* reprisal
Vergeltungsschlag *m* act of reprisal
vergessen A *v/t* to forget; (≈ *liegen lassen*) to leave (behind); **das werde ich dir nie ~** I will never forget that; **das kannst du (voll) ~!** *umg* forget it! B *v/r Mensch* to forget oneself
Vergessenheit *f* oblivion; **in ~ geraten** to vanish into oblivion
vergesslich *adj* forgetful
Vergesslichkeit *f* forgetfulness
vergeuden *v/t* to waste
Vergeudung *f* wasting
vergewaltigen *v/t* to rape; *fig Sprache etc* to murder
Vergewaltiger *m* rapist
Vergewaltigung *f* rape
vergewissern *v/r* **sich einer Sache** (*gen*) **~** to make sure of sth
vergießen *v/t Kaffee, Wasser* to spill; *Tränen* to shed
vergiften A *v/t* to poison B *v/r* to poison oneself
Vergiftung *f* poisoning *kein pl*; *der Luft* pollution
Vergissmeinnicht *n* forget-me-not
verglasen *v/t* to glaze; **doppelt verglast** double-glazed
Vergleich *m* **1** comparison; **im ~ zu** in comparison with, compared with *od* to; **in keinem ~ zu etw stehen** to be out of all proportion to sth; *Leistungen* not to compare with sth **2** JUR settlement; **einen gütlichen ~ schließen** to reach an amicable settlement; **einen ~ anstellen** to make a comparison **3** *sprachlich* simile
vergleichbar *adj* comparable
vergleichen A *v/t* to compare; **verglichen mit** compared with; **sie sind nicht (miteinander) zu ~** they cannot be compared (to one another) B *v/r* **1 sich mit j-m ~** to compare oneself with sb **2** JUR to reach a settlement (**mit** with)
vergleichend *adj* comparative
vergleichsweise *adv* comparatively
verglühen *v/i Feuer* to die away; *Raumkapsel, Meteor etc* to burn up
vergnügen A *v/t* to amuse B *v/r* to enjoy oneself; **sich mit j-m/etw ~** to amuse oneself with sb/sth
Vergnügen *n* pleasure; (≈ *Spaß*) fun; (≈ *Erheiterung*) amusement; **sich** (*dat*) **ein ~ aus etw machen** to get pleasure from (doing) sth; **das war ein teures ~** *umg* that was an expensive bit of fun; **mit ~** with pleasure; **mit wem habe ich das ~?** *form* with whom do I have the pleasure of speaking? *form*

vergnügt A *adj Abend, Stunden* enjoyable; *Mensch, Stimmung* cheerful; **über etw** (*akk*) **~ sein** to be pleased about sth; **~(er) werden** to cheer up B *adv* happily
Vergnügen *f* pleasure; (≈ *Veranstaltung*) entertainment
Vergnügungsindustrie *f* entertainment industry
Vergnügungspark *m* amusement park
vergnügungssüchtig *adj* pleasure-loving
Vergnügungsviertel *n* entertainments district; *mit Bordellen* red-light district
vergolden *v/t Statue, Buchkante* to gild; *Schmuck* to gold-plate
vergoldet *adj Buchseiten* gilt; *Schmuck* gold-plated
vergöttern *v/t* to idolize
Vergötterung *f* adulation
vergraben A *v/t* to bury B *v/r* to bury oneself
vergraulen *umg v/t* to put off; (≈ *vertreiben*) to scare off
vergreifen *v/r* 1 (≈ *danebengreifen*) to make a mistake; **sich im Ton ~** *fig* to adopt the wrong tone; **sich im Ausdruck ~** *fig* to use the wrong expression; → vergriffen 2 **sich an etw** (*dat*) **~** *an fremdem Eigentum* to misappropriate sth; *euph* (≈ *stehlen*) to help oneself to sth *euph*; **sich an j-m ~** (≈ *missbrauchen*) to assault sb (sexually)
vergreisen *v/i Bevölkerung* to age; *Mensch* to become senile; **vergreist** *adj* aged, senile
Vergreisung *f von Bevölkerung* ageing; *von Mensch* senility
vergriffen *adj* unavailable; *Buch* out of print, sold out; → vergreifen
vergrößern A *v/t räumlich: Fläche, Gebiet* to extend; *Vorsprung, Produktion* to increase; *Maßstab, Foto* to enlarge; *Absatzmarkt* to expand; *Lupe, Brille* to magnify B *v/r* to increase; *räumlich* to be extended; *Absatzmarkt* to expand; *Pupille, Gefäße* to dilate; *Organ* to become enlarged; **wir wollen uns ~** *umg* we want to move to a bigger place
Vergrößerung *f* 1 *räumlich* extension; *umfangmäßig, zahlenmäßig* increase; *von Maßstab, Fotografie* enlargement; *von Absatzmarkt* expansion; *mit Lupe, Brille* magnification 2 (≈ *vergrößertes Bild*) enlargement
Vergrößerungsglas *n* magnifying glass
Vergünstigung *f* (≈ *Vorteil*) privilege
vergüten *v/t* **j-m etw ~** *Unkosten* to reimburse sb for sth; *Preis* to refund sb sth; *Arbeit* to pay sb for sth
Vergütung *f von Unkosten* reimbursement; *von Preis* refunding; *für Arbeit* payment
verhaften *v/t* to arrest; **Sie sind verhaftet!** you are under arrest!

Verhaftung *f* arrest
Verhalten *n* (≈ *Benehmen*) behaviour *Br*, behavior *US*; (≈ *Vorgehen*) conduct
verhalten[1] *v/r* (≈ *sich benehmen*) to behave; (≈ *handeln*) to act; **sich ruhig ~** to keep quiet; (≈ *sich nicht bewegen*) to keep still; **wie verhält sich die Sache?** how do things stand?; **wenn sich das so verhält, ...** if that is the case ...
verhalten[2] A *adj* restrained; *Stimme* muted; *Atem* bated; *Optimismus* guarded; *Tempo* measured B *adv sprechen* in a restrained manner; *sich äußern* with restraint
verhaltensauffällig *adj* PSYCH displaying behavioural problems *Br*, displaying behavioral problems *US*
Verhaltensforscher(in) *m(f)* behavioural scientist *Br*, behavioral scientist *US*
Verhaltensforschung *f* behavioural research *Br*, behavioral research *US*
verhaltensgestört *adj* disturbed
Verhaltensstörung *f* behavioural disturbance *Br*, behavioral disturbance *US*
Verhaltensweise *f* behaviour *Br*, behavior *US*
Verhältnis *n* 1 (≈ *Proportion*) proportion; MATH ratio; **im ~ zu** in relation to; **im ~ zu früher** (≈ *verglichen mit*) in comparison with earlier times; **in keinem ~ zu etw stehen** to be out of all proportion to sth 2 (≈ *Beziehung*) relationship; (≈ *Liebesverhältnis*) affair 3 **~se** *pl* (≈ *Umstände*) conditions *pl*; *finanzielle* circumstances *pl*; (≈ *Herkunft*) background; **unter** *od* **bei normalen ~sen** under normal circumstances; **über seine ~se leben** to live beyond one's means; **klare ~se schaffen** to get things straight
verhältnismäßig A *adj* 1 (≈ *proportional*) proportional; *bes* JUR (≈ *angemessen*) commensurate 2 (≈ *relativ*) comparative B *adv* 1 (≈ *proportional*) proportionally 2 (≈ *relativ*), *a. umg* (≈ *ziemlich*) relatively
Verhältnismäßigkeit *f* proportionality
Verhältniswahlrecht *n* (system of) proportional representation
verhandeln A *v/t* 1 (≈ *aushandeln*) to negotiate 2 JUR *Fall* to hear B *v/i* 1 to negotiate (**über** +*akk* about); *umg* (≈ *diskutieren*) to argue 2 JUR **in einem Fall ~** to hear a case
Verhandlung *f* 1 negotiations *pl*; (≈ *das Verhandeln*) negotiation; **(mit j-m) in ~(en) treten** to enter into negotiations (with sb) 2 JUR hearing; (≈ *Strafverhandlung*) trial
Verhandlungsbasis *f* basis for negotiation(s); **~ EUR 2.500** (price) EUR 2,500 or near(est) offer
Verhandlungspartner(in) *m(f)* negotiating party
verhandlungssicher *adj Sprachkenntnisse* busi-

ness fluent; **sein Englisch ist ~** his English is business fluent
verhängen v/t **1** *Strafe etc* to impose (**über** +*akk* on); *Notstand* to declare (**über** +*akk* in); *Sport: Elfmeter etc* to award **2** (≈ *zuhängen*) to cover (**mit** with)
Verhängnis n (≈ *Katastrophe*) disaster; **j-m zum ~ werden** to be sb's undoing
verhängnisvoll adj disastrous; *Tag* fateful
verharmlosen v/t to play down
verharren v/i to pause; *in einer bestimmten Stellung* to remain
verhärten v/t & v/r to harden
verhasst adj hated; **das ist ihm ~** he hates that
verhätscheln v/t to pamper
Verhau m (≈ *Käfig*) coop
verhauen *umg* **A** v/t **1** (≈ *verprügeln*) to beat up; *zur Strafe* to beat **2** *Prüfung etc* to make a mess of *umg* **B** v/r **1** (≈ *sich verprügeln*) to have a fight **2** (≈ *sich irren*) to slip up *umg*
verheddern *umg* v/r to get tangled up; *beim Sprechen* to get in a muddle
verheerend adj **1** *Sturm, Katastrophe* devastating; *Anblick* ghastly **2** *umg* (≈ *schrecklich*) ghastly *umg*
Verheerung f devastation *kein pl*
verhehlen v/t **j-m etw ~** to conceal sth from sb
verheilen v/i to heal
verheimlichen v/t to keep secret (**j-m** from sb); **ich habe nichts zu ~** I have nothing to hide
verheiraten A v/t to marry (**mit, an** +*akk* to) **B** v/r to get married
verheiratet adj married (**mit** to); **glücklich ~ sein** to be happily married
verheizen v/t to burn, to use as fuel; *fig umg Sportler* to burn out; *Minister, Untergebene* to crucify; **Soldaten im Kriege ~** *umg* to send soldiers to the slaughter
verhelfen v/i **j-m zu etw ~** to help sb to get sth
verherrlichen v/t to glorify; *Gott* to praise
Verherrlichung f glorification; *von Gott* praising
verheult adj *Augen* puffy, swollen from crying
verhexen v/t to bewitch; *umg Maschine etc* to put a jinx on *umg*; **heute ist alles wie verhext** *umg* there's a jinx on everything today *umg*
verhindern v/t to prevent; *Plan* to foil; **das lässt sich nicht ~** it can't be helped; **er war an diesem Abend verhindert** he was unable to come that evening
Verhinderung f prevention; *von Plan* foiling, stopping
verhöhnen v/t to mock, to deride
verhökern v/t *umg* to flog (off) *umg*
Verhör n questioning; *bei Gericht* examination
verhören A v/t to question, to interrogate; *bei Gericht* to examine; *umg* to quiz *umg* **B** v/r to mishear
verhüllen v/t to veil; *Körperteil* to cover; *fig* to mask
verhungern v/i to starve, to die of starvation; **ich bin am Verhungern** *umg* I'm starving *umg*
verhunzen *umg* v/t to ruin
verhüten v/t to prevent; **~de Maßnahmen** preventive measures
Verhütung f prevention; (≈ *Empfängnisverhütung*) contraception
Verhütungsmittel n contraceptive
verinnerlichen v/t to internalize
verirren v/r to get lost, to lose one's way; *fig* to go astray; *Tier, Kugel* to stray; **sich verirrt haben** to be lost
Verirrung f losing one's way; *fig* aberration
verjagen v/t to chase away
verjähren v/i to come under the statute of limitations; *Anspruch* to be in lapse; **verjährtes Verbrechen** statute-barred crime; **das ist schon längst verjährt** *umg* that's all over and done with
Verjährung f limitation; *von Anspruch* lapse
Verjährungsfrist f limitation period
verjüngen A v/t to rejuvenate; (≈ *jünger aussehen lassen*) to make look younger; **das Personal ~** to build up a younger staff **B** v/r **1** (≈ *jünger werden*) to become younger; *Haut* to become rejuvenated **2** (≈ *dünner werden*) to taper; *Rohr* to narrow
verkabeln v/t TEL to link up to the cable network
verkabelt adj **~ sein** TV to have cable TV
Verkabelung f TEL linking up to the cable network
verkacken sl v/t to fuck up vulg; **er hat die Englischprüfung total verkackt** he totally fucked up (on) the English test
verkalken v/i *Arterien* to harden; *Kessel etc* to fur up; *umg Mensch* to become senile
verkalkt *umg* adj senile
verkalkulieren v/r to miscalculate
Verkalkung f *von Arterien* hardening; *umg* senility
verkannt adj unrecognized; → verkennen
verkappt adj hidden
Verkauf m **1** sale; (≈ *das Verkaufen*) selling; **beim ~ des Hauses** when selling the house **2** (≈ *Abteilung*) sales
verkaufen A v/t & v/i to sell (**für, um** for); „**zu ~**" "for sale"; **etw an j-n ~** to sell sb sth, to sell sth to sb **B** v/r *Ware* to sell; *Mensch* to sell oneself
Verkäufer(in) m(f) seller; *in Geschäft* sales *od* shop assistant *Br*, sales clerk *US*; *im Außendienst* salesman/saleswoman/salesperson; JUR *von*

Grundbesitz etc vendor
verkäuflich *adj* sal(e)able; (≈ *zu verkaufen*) for sale; **leicht/schwer ~** easy/hard to sell
Verkaufsabteilung *f* sales department
Verkaufsförderung *f* sales promotion
Verkaufsgespräch *n* sales talk
verkaufsoffen *adj* open for business; **~er Sonntag** *Sunday on which the shops/stores are open*
Verkaufspreis *m* retail price
Verkaufsraum *m* salesroom
Verkaufsschlager *m* big seller
Verkaufsstand *m* stall
Verkaufswert *m* market value *od* price
Verkaufszahlen *pl* sales figures *pl*
Verkehr *m* **1** traffic; **dem ~ übergeben** *Straße etc* to open to traffic; **öffentlicher ~** public transport **2** (≈ *Verbindung*) contact; (≈ *Umgang*) company; (≈ *Geschlechtsverkehr*) intercourse **3** (≈ *Handelsverkehr*) trade; (≈ *Zahlungsverkehr*) business; (≈ *Umlauf*) circulation; **etw aus dem ~ ziehen** *Banknoten* to take sth out of circulation; *Produkte* to withdraw sth
verkehren **A** *v/i* **1** (≈ *fahren*) to run; *Flugzeug* to fly **2** (≈ *Kontakt pflegen*) **bei j-m ~** to frequent sb's house; **mit j-m ~** to associate with sb; **in einem Lokal ~** to frequent a pub; **in Künstlerkreisen ~** to move in artistic circles **B** *v/r* to turn (**in** +*akk* into); **sich ins Gegenteil ~** to become reversed
Verkehrsampel *f* traffic lights *pl Br*, traffic light *US*
Verkehrsanbindung *f* transport links *pl*
verkehrsarm *adj Zeit, Straße* quiet
Verkehrsaufkommen *n* volume of traffic
Verkehrsbehinderung *f* JUR obstruction (of traffic)
verkehrsberuhigt *adj* traffic-calmed
Verkehrsberuhigung *f* traffic calming
Verkehrsbetriebe *pl* transport services *pl*
Verkehrsbüro *n* tourist information office
Verkehrschaos *n* chaos on the roads
Verkehrsdelikt *n* traffic offence *Br*, traffic offense *US*
Verkehrsführung *f* traffic management system
Verkehrsfunk *m* radio traffic service
verkehrsgünstig *adj Lage* convenient
Verkehrshinweis *m* traffic announcement
Verkehrsinsel *f* traffic island
Verkehrskontrolle *f* vehicle spot-check
Verkehrslärm *m* traffic noise
Verkehrsleitsystem *n* traffic guidance system, active traffic management system
Verkehrsmanagementsysteme *pl* transport management systems *pl*
Verkehrsmeldung *f* traffic report
Verkehrsmittel *n* means *sg* of transport; **öffentliche ~** public transport *Br*, public transportation *US*
Verkehrsnetz *n* traffic network
Verkehrsopfer *n* road casualty
Verkehrsordnung *f* ≈ Highway Code *Br*, traffic rules and regulations *pl*
Verkehrspolizei *f* traffic police *pl*
Verkehrspolizist(in) *m(f)* traffic policeman/-woman
Verkehrsregel *f* traffic regulation
Verkehrsregelung *f* traffic control
verkehrsreich *adj Gegend* busy; **~e Zeit** peak (traffic) time
Verkehrsrowdy *m umg* road hog
Verkehrsschild *n* road sign
verkehrssicher *adj Fahrzeug* roadworthy
Verkehrssicherheit *f* road safety; *von Fahrzeug* roadworthiness
Verkehrssprache *f* lingua franca; *der EU* working language
Verkehrsstau *m*, **Verkehrsstauung** *f* traffic jam
Verkehrssünder(in) *umg m(f)* traffic offender *Br*, traffic violator *US*
Verkehrsteilnehmer(in) *m(f)* road user
Verkehrstote(r) *m/f(m)* road casualty
verkehrstüchtig *adj Fahrzeug* roadworthy; *Mensch* fit to drive
Verkehrsunfall *m* road accident
Verkehrsunterricht *m* traffic instruction
Verkehrsverbindung *f* link; (≈ *Anschluss*) connection
Verkehrsverbund *m* integrated transport system
Verkehrsverein *m local organization concerned with upkeep of tourist attractions, facilities etc*
Verkehrsverhältnisse *pl* traffic situation *sg*
Verkehrswacht *f* traffic patrol
Verkehrsweg *m* highway
verkehrswidrig *adj* contrary to road traffic regulations
Verkehrszeichen *n* road sign
verkehrt **A** *adj* wrong; **das Verkehrte** the wrong thing; **der/die Verkehrte** the wrong person **B** *adv* wrongly; **~ herum** upside down; **etw ~ (herum) anhaben** (≈ *linke Seite nach außen*) to have sth on inside out; (≈ *vorne nach hinten*) to have sth on back to front
verkennen *v/t* to misjudge; **es ist nicht zu ~, dass …** it is undeniable that …; → **verkannt**
Verkettung *fig f* interconnection
verklagen *v/t* to sue (**wegen** for); **j-n auf etw** (*akk*) **~** to take sb to court for sth

verklappen v/t Abfallstoffe to dump
Verklappung f dumping
verkleben v/i Wunde to close; Augen to get gummed up; **mit etw ~** to stick to sth
verkleiden **A** v/t **1** j-n to disguise; (≈ kostümieren) to dress up; **alle waren verkleidet** everyone was in fancy dress **2** Wand to line; (≈ vertäfeln) to panel; (≈ bedecken) to cover **B** v/r to disguise oneself; (≈ sich kostümieren) to dress (oneself) up
Verkleidung f (≈ Kostümierung) dressing up; (≈ Kleidung) disguise; (≈ Kostüm) fancy dress, costume
verkleinern **A** v/t to reduce; Raum, Firma to make smaller; Maßstab to scale down; Abstand to decrease **B** v/r to be reduced; Raum, Firma to become smaller; Abstand to decrease; Not to become less
Verkleinerung f reduction; von Firma making smaller; von Maßstab scaling down
Verkleinerungsform f diminutive form
verklemmt umg adj Mensch inhibited
Verklemmtheit umg f, **Verklemmung** f inhibitions pl
verklickern v/t umg **jdm etw ~** to put sb straight on sth
verklingen v/i to fade away; fig to fade
verknacksen v/t (**sich** dat) **den Knöchel** od **Fuß ~** to twist one's ankle
verknallen umg v/r **sich (in j-n) ~** to fall for sb umg, to go soft on sb; **sie ist in ihn verknallt** she's got a crush on him umg
verknappen v/t to cut back; Rationen to cut down (on)
verkneifen umg v/t **sich** (dat) **etw ~** Lächeln to keep back sth; Bemerkung to bite back sth; **ich konnte mir das Lachen nicht ~** I couldn't help laughing
verkniffen adj Miene strained; (≈ verbittert) pinched
verknoten v/t to tie, to knot
verknüpfen v/t **1** (≈ verknoten) to knot (together); IT to integrate **2** fig to combine; (≈ in Zusammenhang bringen) to link; **etw mit Bedingungen ~** to attach conditions to sth
Verknüpfung f link
verkochen v/i Flüssigkeit to boil away; Kartoffeln to overcook
verkohlen **A** v/i to become charred **B** v/t **1** Holz to char **2** umg **j-n ~** to pull sb's leg umg
verkohlt adj charred
verkommen¹ v/i **1** Mensch to go to pieces; moralisch to become dissolute **2** Gebäude to fall to pieces; Stadt to become run-down **3** (≈ nicht genutzt werden) Lebensmittel, Fähigkeiten etc to go to waste

verkommen² adj Mensch depraved; Gebäude dilapidated; Garten wild
verkomplizieren v/t **das verkompliziert die Sache nur** that just makes things more complicated
verkorksen umg v/t to screw up umg; **sich** (dat) **den Magen ~** to upset one's stomach
verkorkst umg adj Mensch screwed up umg
verkörpern v/t to embody; THEAT to play (the part of); versinnbildlichen to epitomize
verköstigen v/t to feed
verkrachen umg v/r **sich (mit j-m) ~** to fall out (with sb)
verkraften v/t to cope with; finanziell to afford
verkrampfen v/r to become cramped; Hände to clench up; **verkrampft** fig tense
verkriechen v/r to creep away; fig to hide (oneself away)
verkrümeln umg v/r to disappear
verkrümmen **A** v/t to bend **B** v/r to bend; Rückgrat to become curved; Holz to warp
verkrümmt adj bent; Wirbelsäule curved
Verkrümmung f bend (+gen in); bes TECH distortion; von Holz warp; **~ der Wirbelsäule** curvature of the spine
verkrüppeln **A** v/t to cripple **B** v/i to become crippled; Baum etc to grow stunted
verkrusten v/i & v/r to become encrusted
verkrustet adj Wunde scabby; Ansichten decrepit
verkühlen v/r umg to get a chill
verkümmern v/i Organ to atrophy; (≈ eingehen) Pflanze to die; Talent to go to waste; Mensch to waste away; **geistig ~** to become intellectually stunted
verkünden v/t to announce; (≈ erklären) to declare; Urteil to pronounce; neue Zeit to herald
verkupfern v/t to copper(-plate)
verkuppeln pej v/t to pair off; **j-n an j-n ~** Zuhälter to procure sb for sb
verkürzen v/t to shorten; Abstand to narrow; Aufenthalt to cut short; **sich** (dat) **die Zeit ~** to pass the time; **verkürzte Arbeitszeit** shorter working hours; **auf 3:2 ~** FUSSB to pull back to 3-2
Verkürzung f shortening; von Abstand narrowing
verladen v/t **1** Güter, Menschen to load **2** fig umg to con umg
Verlag m publishing house; **einen ~ finden** to find a publisher
verlagern v/t & v/r to shift
Verlagerung f shift
Verlagskauffrau f, **Verlagskaufmann** m publishing manager
Verlagsleiter(in) m(f) publishing director
Verlagsprogramm n list

verlangen **A** v/t **1** (≈ *fordern*) to demand; *Preis* to ask; *Erfahrung* to require; **das ist nicht zu viel verlangt** it's not asking too much **2** (≈ *fragen nach*) to ask for; **Sie werden am Telefon verlangt** you are wanted on the phone **B** v/i **~ nach** to ask for; (≈ *sich sehnen nach*) to long for

Verlangen n desire (**nach** for); (≈ *Sehnsucht*) yearning; (≈ *Begierde*) craving; **auf ~** on demand; **auf ~ der Eltern** at the request of the parents

verlängern A v/t to extend; *Leben, Schmerzen* to prolong; *Ärmel etc* to lengthen; *Pass etc* to renew; **ein verlängertes Wochenende** a long weekend **B** v/r to be extended; *Leiden etc* to be prolonged

Verlängerung f **1** extension; *von Pass etc* renewal **2** SPORT *von Spielzeit* extra time *Br*, over time *US*; (≈ *nachgespielte Zeit*) injury time *Br*, over time *US*; **das Spiel geht in die ~** they're going to play extra time *etc*

Verlängerungskabel n, **Verlängerungsschnur** f ELEK extension lead, extension cord *US*

verlangsamen v/t & v/r to slow down

Verlass m **auf j-n/etw ist kein ~** there is no relying on sb/sth

verlassen¹ A v/t to leave; *fig Mut, Hoffnung, j-n* to desert; IT *Programm* to exit **B** v/r **sich auf j-n/etw ~** to rely on sb/sth; **darauf können Sie sich ~** you can be sure of that

verlassen² adj deserted; (≈ *einsam*) lonely; *Auto* abandoned

verlässlich adj reliable

Verlässlichkeit f reliability

Verlauf m course; (≈ *Ausgang*) end; **im ~ der Jahre** over the (course of the) years; **einen guten/schlechten ~ nehmen** to go well/badly

verlaufen A v/i (≈ *ablaufen*) to go; *Feier* to go off; *Untersuchung* to proceed; (≈ *sich erstrecken*) to run; **die Spur verlief im Sand** the track disappeared in the sand **B** v/r (≈ *sich verirren*) to get lost; (≈ *verschwinden*) *Menschenmenge* to disperse

Verlaufsform f GRAM progressive form

verlautbaren v/t & v/i *form* to announce; **etw ~ lassen** to let sth be announced

Verlautbarung f announcement

verlauten A v/i **er hat ~ lassen, dass ...** he indicated that ... **B** v/i **es verlautet, dass ...** it is reported that ...

verleben v/t to spend; **eine schöne Zeit ~** to have a nice time

verlegen¹ A v/t **1** *an anderen Ort* to move, to transfer **2** (≈ *verschieben*) to postpone (**auf** +akk until); (≈ *vorverlegen*) to bring forward (**auf** +akk to) **3** (≈ *an falschen Platz legen*) to mislay **4** (≈ *anbringen*) *Kabel, Fliesen etc* to lay **5** (≈ *drucken lassen*) to publish **B** v/r **sich auf etw** (akk) **~** to resort to sth; **er hat sich neuerdings auf Golf verlegt** he has taken to golf recently

verlegen² A adj **1** embarrassed, confused **2 um eine Antwort ~ sein** to be lost for an answer **B** adv in embarrassment

Verlegenheit f **1** (≈ *Betretenheit*) embarrassment; **j-n in ~ bringen** to embarrass sb **2** (≈ *unangenehme Lage*) embarrassing situation; **wenn er in finanzieller ~ ist** when he's in financial difficulties

Verlegenheitslösung f stopgap

Verleger(in) m(f) publisher; (≈ *Händler*) distributor

Verlegung f **1** räumlich transfer **2** zeitlich postponement (**auf** +akk until); (≈ *Vorverlegung*) bringing forward (**auf** +akk to) **3** *von Kabeln etc* laying

Verleih m **1** (≈ *Unternehmen*) rental company; (≈ *Filmverleih*) distributor(s) (pl) **2** (≈ *das Verleihen*) renting (out), hiring (out) *Br*; (≈ *Filmverleih*) distribution

Verleih- zssgn rental

verleihen v/t **1** (≈ *ausleihen*) to lend, to loan (**an j-n** to sb); *gegen Gebühr* to rent (out), to hire (out) *Br* **2** (≈ *zuerkennen*) to award (**j-m** to sb); *Titel* to confer (**j-m** on sb) **3** (≈ *geben, verschaffen*) to give

Verleihung f **1** (≈ *das Ausleihen*) lending; *gegen Gebühr* renting, rental **2** *von Preis etc* award(ing); *von Titel* conferment

verleiten v/t (≈ *verlocken*) to tempt; (≈ *verführen*) to lead astray; **j-n zum Stehlen ~** to lead sb to steal

verlernen v/t to forget; **das Tanzen ~** to forget how to dance

verlesen A v/t **1** (≈ *vorlesen*) to read (out) **2** *Gemüse etc* to sort **B** v/r **ich habe mich wohl ~** I must have misread it

verletzbar adj vulnerable

verletzen A v/t **1** to injure; *in Kampf etc* to wound; *fig j-n, j-s Gefühle* to hurt **2** *Gesetz* to break; *Rechte* to violate **B** v/r to injure oneself

verletzend adj *Bemerkung* hurtful

verletzlich adj vulnerable

verletzt adj hurt; (≈ *verwundet*) injured

Verletzte(r) m/f(m) injured person; *bei Kampf* wounded man; **es gab drei ~** three people were injured

Verletzung f **1** (≈ *Wunde*) injury **2** (≈ *Verstoß*) violation

verleugnen v/t to deny; **es lässt sich nicht ~, dass ...** there is no denying that ...

verleumden v/t to slander; *schriftlich* to libel

Verleumder(in) m(f) slanderer; *durch Geschriebe-*

nes libeller *bes Br*, libeler *US*
verleumderisch *adj* slanderous; *in Schriftform* libellous *bes Br*, libelous *US*
Verleumdung *f* slandering; *schriftlich* libelling *bes Br*, libeling *US*; (≈ *Bemerkung*) slander; (≈ *Bericht*) libel
Verleumdungskampagne *f* smear campaign
verlieben *v/r* to fall in love (**in** +*akk* with)
verliebt **A** *adj Blicke, Worte* amorous; (**in j-n/etw**) **~ sein** to be in love (with sb/sth) **B** *adv ansehen* lovingly
verlieren **A** *v/t* to lose; **er hat hier nichts verloren** *umg* he has no business to be here; **die Lust an etw** (*dat*) **~** to get tired of sth **B** *v/i* to lose; **sie hat an Schönheit verloren** she has lost some of her beauty **C** *v/r* (≈ *verschwinden*) to disappear; → verloren
Verlierer(in) *m(f)* loser
Verlies *n* dungeon
verlinken *v/t* to hyperlink; **auf etwas ~** to hyperlink to sth
verloben *v/r* to get engaged (**mit** to)
Verlobte(r) *m/f(m)* **mein ~r** my fiancé; **meine ~** my fiancée
Verlobung *f* engagement
verlocken *v/t & v/i* to entice
verlockend *adj* tempting, attractive
Verlockung *f* enticement; (≈ *Reiz*) allure
verlogen *adj Mensch* lying; *Versprechungen* false; *Moral* hypocritical
Verlogenheit *f von Mensch* mendacity *form*; *von Versprechungen* falseness; *von Moral* hypocrisy
verloren *adj* lost; GASTR *Eier* poached; **j-n/etw ~ geben** to give sb/sth up for lost; **auf ~em Posten stehen** to be fighting a losing battle; → verlieren
verloren gehen *v/i* to get lost
verlosen *v/t* to raffle (off)
Verlosung *f* (≈ *Lotterie*) raffle; (≈ *Ziehung*) draw
Verlust *m* **1** loss; **~ bringend** lossmaking; **mit ~ verkaufen** to sell at a loss **2** **~e** *pl* losses *pl*; **schwere ~e haben** to sustain heavy losses
Verlustgeschäft *n* (≈ *Firma*) lossmaking business *Br*, business operating in the red
verlustreich *adj* **1** HANDEL *Firma* heavily lossmaking **2** MIL *Schlacht* involving heavy losses
vermachen *v/t* **j-m etw ~** to bequeath sth to sb
Vermächtnis *n* bequest; *fig* legacy
vermählen *form* **A** *v/t* to marry **B** *v/r* **sich (mit j-m) ~** to marry (sb)
Vermählung *form f* marriage
vermarkten *v/t* to market; *fig* to commercialize
Vermarktung *f* marketing; *fig* commercialization
vermasseln *umg v/t* to mess up *umg*; *Prüfung* to make a mess of
vermehren **A** *v/t* to increase **B** *v/r* to increase; (≈ *sich fortpflanzen*) to reproduce; *Bakterien* to multiply
Vermehrung *f* increase; (≈ *Fortpflanzung*) reproduction; *von Bakterien* multiplying
vermeidbar *adj* avoidable
vermeiden *v/t* to avoid; **es lässt sich nicht ~** it is inevitable *od* unavoidable
vermeidlich *adj* avoidable
vermeintlich *adj* supposed
vermengen *v/t* to mix; *fig umg Begriffe etc* to mix up
Vermerk *m* remark; (≈ *Stempel*) stamp
vermerken *v/t* (≈ *aufschreiben*) to note (down)
vermessen[1] *v/t* to measure; *Gelände* to survey
vermessen[2] *adj* (≈ *anmaßend*) presumptuous
Vermessenheit *f* (≈ *Anmaßung*) presumption
Vermessung *f* measurement; *von Gelände* survey
vermiesen *umg v/t* **j-m etw ~** to spoil sth for sb
vermieten *v/t* to rent (out), to lease; JUR to lease; **Zimmer zu ~** room for rent
Vermieter *m* lessor; *von Wohnung etc* landlord
Vermieterin *f* lessor; *von Wohnung etc* landlady
Vermietung *f* renting (out); *von Auto* rental, hiring (out) *Br*
vermindern **A** *v/t* to reduce; *Zorn* to lessen; **verminderte Zurechnungsfähigkeit** JUR diminished responsibility **B** *v/r* to decrease; *Zorn* to lessen; *Reaktionsfähigkeit* to diminish
Verminderung *f* reduction (+*gen* of); *von Reaktionsfähigkeit* diminishing
verminen *v/t* to mine
vermischen **A** *v/t* to mix; **„Vermischtes"** "miscellaneous" **B** *v/r* to mix
vermissen *v/t* to miss; **vermisst werden** to be missing; **etw an j-m/etw ~** to find sb/sth lacking in sth; **wir haben dich bei der Party vermisst** we didn't see you at the party; **etw ~ lassen** to be lacking in sth
vermisst *adj* missing; **j-n als ~ melden** to report sb missing
Vermisste(r) *m/f(m)* missing person
vermitteln **A** *v/t* to arrange (**j-m** for sb); *Stelle, Partner* to find (**j-m** for sb); *Gefühl, Einblick* to convey, to give (**j-m** to sb); *Wissen* to impart (**j-m** to sb); **wir ~ Geschäftsräume** we are agents for business premises **B** *v/i* to mediate; **~d eingreifen** to intervene
Vermittler(in) *m(f)* **1** mediator **2** HANDEL agent
Vermittlung *f* **1** arranging; *von Stelle, Partner* finding; *in Streitigkeiten* mediation; *von Gefühl, Einblick* conveying; *von Wissen* imparting **2** (≈ *Stelle, Agentur*) agency **3** TEL (≈ *Amt*) exchange; *in Firma etc* switchboard **4** (≈ *Sprachmittlung*) me-

diation
Vermittlungsausschuss m POL conciliation committee
Vermittlungsgebühr f commission
Vermittlungsversuch m attempt at mediation
vermöbeln umg v/t to beat up
vermodern v/i to moulder Br, to molder US
Vermögen n **1** (≈ Reichtum) fortune **2** (≈ Besitz) property
vermögend adj (≈ reich) wealthy
Vermögensberater(in) m(f) investment analyst
Vermögensberatung f investment consultancy
Vermögensbildung f creation of wealth
Vermögenssteuer f wealth tax
Vermögensverhältnisse pl financial circumstances pl
Vermögensverwaltung f asset management
vermögenswirksam adj **~e Leistungen** employer's contributions to tax-deductible savings scheme
vermummen v/r (≈ sich verkleiden) to disguise oneself; **vermummte Demonstranten** masked demonstrators
Vermummungsverbot n ban on wearing masks (at demonstrations)
vermuten v/t to suspect; (≈ annehmen) to suppose, to guess; **ich vermute es nur** that's only an assumption; **wir haben ihn dort nicht vermutet** we did not expect him to be there; **ich vermute … I** guess …
vermutlich **A** adj presumable; Täter suspected **B** adv presumably
Vermutung f (≈ Annahme) assumption; (≈ Mutmaßung) conjecture; (≈ Verdacht) hunch; **die ~ liegt nahe, dass …** there are grounds for the assumption that …
vernachlässigen v/t to neglect
vernarren umg v/r **sich in etw ~** to fall for sth; **in j-n vernarrt sein** to be crazy about sb umg
vernaschen umg v/t **1** **für Süßigkeiten ausgeben er vernascht sein ganzes Taschengeld** he spends all his pocket money on sweets Br, he spends all his allowance on candy US **2** Mädchen to lay umg
vernehmbar **A** adj (≈ hörbar) audible **B** adv audibly
vernehmen v/t **1** (≈ hören, erfahren) to hear **2** JUR Zeugen to examine; Polizei to question
vernehmlich **A** adj clear **B** adv audibly
Vernehmung f JUR von Zeugen examination; durch Polizei questioning
verneigen v/r to bow; **sich vor j-m/etw ~** wörtl to bow to sb/sth; fig to bow down before sb/sth

Verneigung f bow (**vor** +dat before)
verneinen v/t & v/i Frage to answer in the negative; (≈ leugnen) Tatsache to deny; These to dispute; GRAM to negate; **die verneinte Form** the negative (form)
verneinend adj negative
Verneinung f (≈ Leugnung) denial; von These etc disputing; GRAM negation; (≈ verneinte Form) negative
vernetzen v/t to link up; IT to network; **gut vernetzt sein** fig to have a lot of contacts
Vernetzung f linking-up; IT networking
vernichten v/t to destroy
vernichtend **A** adj devastating; Niederlage crushing **B** adv **j-n ~ schlagen** MIL, SPORT to annihilate sb
Vernichtung f destruction
Vernichtungsschlag m devastating blow; **zum ~ ausholen** to prepare to deliver the final blow
verniedlichen v/t to trivialize
vernieten v/t to rivet
Vernissage f opening (at art gallery)
Vernunft f reason; **zur ~ kommen** to come to one's senses; **~ annehmen** to see reason; **j-n zur ~ bringen** to make sb see sense
vernünftig **A** adj sensible; (≈ logisch denkend) rational; umg (≈ anständig) decent; (≈ annehmbar) reasonable **B** adv sensibly; (≈ logisch) rationally; umg (≈ anständig) decently; (≈ annehmbar) reasonably
veröden v/i to become desolate
veröffentlichen v/t & v/i to publish
Veröffentlichung f publication
verordnen v/t to prescribe (**j-m etw** sth for sb)
Verordnung f **1** MED prescription **2** form (≈ Verfügung) decree
verorten v/t to place
verpachten v/t to lease (**an** +akk to)
verpacken v/t to pack; (≈ einwickeln) to wrap
Verpackung f **1** (≈ Material) packaging kein pl **2** (≈ das Verpacken) packing; (≈ das Einwickeln) wrapping
Verpackungskosten pl packing od packaging costs pl
Verpackungsmaterial n packaging (material)
Verpackungsmüll m packaging waste
verpartnern v/r homosexuelles Paar to enter into a civil partnership
verpassen v/t **1** (≈ versäumen) to miss **2** umg (≈ zuteilen) **j-m etw ~** to give sb sth; (≈ aufzwingen) to make sb have sth; **j-m eins** od **eine Ohrfeige ~** to smack sb one umg
verpatzen umg v/t to spoil
verpeilen v/t umg (≈ vergessen) to forget

verpennen umg **A** v/t (≈ *verschlafen*) Termin, Zeit to miss by oversleeping; (≈ *verpassen*) Einsatz to miss **B** v/i & v/r to oversleep
verpesten v/t to pollute
verpetzen umg v/t to tell od sneak on umg (**bei** to)
verpfänden v/t to pawn
verpfeifen umg v/t to grass on (**bei** to) umg, to shop
verpflanzen v/t to transplant; Haut to graft
Verpflanzung f transplant; von Haut grafting
verpflegen **A** v/t to feed **B** v/r **sich (selbst)** ~ to feed oneself; (≈ *selbst kochen*) to cater for oneself
Verpflegung f **1** (≈ *das Verpflegen*) catering; MIL rationing **2** (≈ *Essen*) food; MIL provisions pl; **mit voller ~** (≈ *mit Vollpension*) with full board
verpflichten **A** v/t **1** to oblige; **sich verpflichtet fühlen, etw zu tun** to feel obliged to do sth; **j-m verpflichtet sein** to be under an obligation to sb **2** (≈ *binden*) to commit; vertraglich etc to bind; durch Gesetz to oblige; **~d** binding **3** (≈ *einstellen*) to engage; Sportler to sign on; MIL to enlist **B** v/i (≈ *bindend sein*) to be binding; **das verpflichtet zu nichts** there is no obligation involved **C** v/r **sich zu etw ~** to undertake to do sth; vertraglich to commit oneself to doing sth
Verpflichtung f **1** obligation (**zu etw** to do sth); finanziell commitment (**zu etw** to do sth); (≈ *Aufgabe*) duty **2** (≈ *Einstellung*) engaging; von Sportlern signing (on); MIL enlistment
verpfuschen umg v/t Arbeit etc to bungle; Leben, Erziehung to screw up sl, to ruin; (≈ *vermasseln*) to mess up
verpissen sl v/r to clear out umg
verplanen v/t Zeit to book up; Geld to budget
verplappern umg v/r to open one's mouth too wide umg
verplempern umg v/t to waste
verpönt adj frowned (up)on (**bei** by)
verprügeln v/t to beat up
verpulvern umg v/t to fritter away
Verputz m plaster; (≈ *Rauputz*) roughcast
verputzen v/t **1** Wand to plaster; mit Rauputz to roughcast **2** umg (≈ *aufessen*) to polish off umg
verrammeln v/t to barricade
verramschen v/t HANDEL to sell off cheap; umg a. to flog Br umg
Verrat m betrayal (**an** +dat of); JUR treason (**an** +dat against)
verraten **A** v/t Geheimnis, j-n to betray; (≈ *verpfeifen*) to shop; (≈ *ausplaudern*) to tell; fig (≈ *erkennen lassen*) to reveal; **nichts ~!** don't say a word! **B** v/r to give oneself away
Verräter(in) m(f) traitor (+gen to)

verräterisch adj treacherous; JUR treasonable; (≈ *verdächtig*) Blick, Lächeln etc telltale attr
verrauchen v/i fig Zorn, Enttäuschung to subside
verräuchern v/t to fill with smoke
verrechnen **A** v/t (≈ *begleichen*) to settle; Scheck to clear; Gutschein to redeem; **etw mit etw ~** (≈ *gegeneinander aufrechnen*) to balance sth with sth **B** v/r to miscalculate; **sich um zwei Euro ~** to be out by two euros
Verrechnung f settlement; von Scheck clearing; **„nur zur ~"** "A/C payee only"
Verrechnungsscheck m crossed cheque Br, voucher check US
verrecken vulg v/i to croak umg; sl (≈ *kaputtgehen*) to give up the ghost umg
verregnet adj rainy
verreisen v/i to go away (on a trip od journey); **er ist geschäftlich verreist** he's away on business Br, he's traveling on business US; **mit der Bahn ~** to go on a train journey
verreißen v/t (≈ *kritisieren*) to tear to pieces
verrenken v/t to dislocate; Hals to crick
Verrenkung f contortion; MED dislocation
verrichten v/t Arbeit to perform; Andacht to perform; Gebet to say
verriegeln v/t to bolt
verringern **A** v/t to reduce **B** v/r to decrease
Verringerung f (≈ *das Verringern*) reduction; (≈ *Abnahme*) decrease; von Abstand lessening
verrinnen v/i Wasser to trickle away (**in** +dat into); Zeit to elapse
Verriss m slating review
verrohen **A** v/t to brutalize **B** v/i to become brutalized; Sitten to coarsen
Verrohung f brutalization
verrosten v/i to rust; **verrostet** rusty
verrotten v/i to rot; (≈ *sich organisch zersetzen*) to decompose
verrücken v/t to move
verrückt adj **1** (≈ *geisteskrank*) mad **2** umg crazy; **~ auf** (+akk) od **nach** crazy about umg, nuts about umg; **wie ~** like crazy umg; **j-n ~ machen** to drive sb crazy od wild umg; **~ werden** to go crazy; **du bist wohl ~!** you must be crazy!
Verrückte(r) umg m/f(m) lunatic
Verrücktheit umg f madness, craziness; Handlung crazy thing
verrücktspielen umg v/i to play up
Verrücktwerden n **zum ~** enough to drive one mad od crazy
Verruf m **in ~ geraten** to fall into disrepute; **j-n/etw in ~ bringen** to bring sb/sth into disrepute
verrufen adj disreputable
verrühren v/t to mix
verrutschen v/i to slip

Vers m verse; (≈ *Zeile*) line
versagen **A** v/t **j-m/sich etw ~** to deny sb/oneself sth; **etw bleibt** od **ist j-m versagt** sb is denied sth **B** v/i to fail; *Maschine* to break down; **die Beine/Nerven versagten ihm** his legs gave way/he lost his nerve
Versagen n failure; *von Maschine* breakdown; **menschliches ~** human error
Versagensangst f fear of failure
Versager(in) m(f) failure
versalzen v/t to put too much salt in/on; *umg* (≈ *verderben*) to spoil; **~es Essen** oversalty food
versammeln **A** v/t to assemble; **Leute um sich ~** to gather people around one **B** v/r to assemble, to gather; *Ausschuss* to meet
Versammlung f (≈ *Veranstaltung*) meeting; (≈ *versammelte Menschen*) assembly
Versammlungsfreiheit f freedom of assembly
Versand m (≈ *das Versenden*) dispatch *bes Br*, shipment
Versandabteilung f shipping department
versandfertig adj ready for dispatch
Versandgeschäft n (≈ *Firma*) mail-order firm
Versandhandel m mail-order business
Versandhaus n mail-order firm
Versandhauskatalog m mail-order catalogue *Br*, mail-order catalog *US*
Versandkosten pl shipping costs pl
versauen *umg* v/t **1** (≈ *verschmutzen*) to make a mess of **2** (≈ *ruinieren*) to ruin
versaufen *umg* v/t *Geld* to spend on booze *umg*; → versoffen
versäumen v/t to miss; *Zeit* to lose; *Pflicht* to neglect; **(es) ~, etw zu tun** to fail to do sth
Versäumnis n (≈ *Nachlässigkeit*) failing; (≈ *Unterlassung*) omission
verschachtelt adj *Satz* complex; **ineinander ~** interlocking
verschaffen v/t **1 j-m etw ~** *Geld, Alibi* to provide sb with sth **2 sich** (*dat*) **etw ~** to obtain sth; *Kenntnisse* to acquire sth; *Ansehen, Vorteil* to gain sth; *Respekt* to get sth
verschandeln v/t to ruin
verschanzen v/r to entrench oneself (**hinter** +*dat* behind); (≈ *sich verbarrikadieren*) *in etw* to barricade oneself in (**in etw** *dat* sth)
verschärfen **A** v/t *Tempo* to increase; *Gegensätze* to intensify; *Lage* to aggravate; *Spannungen* to heighten; (≈ *strenger machen*) to tighten **B** v/r *Tempo* to increase; *Wettbewerb, Gegensätze* to intensify; *Lage* to become aggravated; *Spannungen* to heighten
verschärft **A** adj *Tempo, Wettbewerb* increased; *Lage* aggravated; *Spannungen* heightened; *Kontrollen* tightened **B** adv **~ aufpassen** to keep a closer watch; **~ kontrollieren** to keep a tighter control
verscharren v/t to bury
verschätzen v/r to misjudge, to miscalculate (**in etw** *dat* sth); **sich um zwei Monate ~** to be out by two months
verschenken v/t to give away
verscherzen v/t **sich** (*dat*) **etw ~** to lose sth; **es sich** (*dat*) **mit j-m ~** to spoil things (for oneself) with sb
verscheuchen v/t to scare away
verscheuern *umg* v/t to sell off
verschicken v/t **1** (≈ *versenden*) to send off **2** *zur Kur etc* to send away **3** (≈ *deportieren*) to deport
verschieben **A** v/t **1** (≈ *verrücken*) to move **2** (≈ *aufschieben*) to change; *auf später* to postpone (**um for**) **3** *umg Waren* to traffic in **B** v/r **1** (≈ *verrutschen*) to move out of place; *fig Schwerpunkt* to shift **2** *zeitlich* to be postponed
Verschiebung f **1** (≈ *das Verschieben*) moving **2** *von Termin* postponement
verschieden **A** adj **1** (≈ *unterschiedlich*) different; **das ist ganz ~** (≈ *wird verschieden gehandhabt*) that varies **2** (≈ *mehrere, einige*) several **3 Verschiedenes** different things; *in Zeitungen, Listen* miscellaneous **B** adv differently; **die Häuser sind ~ hoch** the houses vary in height
verschiedenartig adj different; (≈ *mannigfaltig*) diverse
Verschiedenartigkeit f variation
Verschiedenheit f difference (+*gen* of, in); (≈ *Vielfalt*) variety
verschiedentlich adv (≈ *mehrmals*) several times; (≈ *vereinzelt*) occasionally
verschießen **A** v/t **1** *Munition* to use up **2** *Sport* to miss **B** v/r *umg* **in j-n verschossen sein** to be crazy about sb *umg*
Verschiffung f shipment, shipping
verschimmeln v/i to go mouldy *Br*, to go moldy *US*; **verschimmelt** *wörtl* mouldy *Br*, moldy *US*
verschlafen[1] **A** v/i & v/r to oversleep **B** v/t *Termin* to miss by oversleeping; (≈ *schlafend verbringen*) *Tag, Morgen* to sleep through; (≈ *verpassen*) *Einsatz* to miss
verschlafen[2] adj sleepy
Verschlag m (≈ *abgetrennter Raum*) partitioned area; (≈ *Schuppen*) shed
verschlagen v/t **1 etw mit Brettern ~** to board sth up **2** (≈ *nehmen*) *Atem* to take away; **das hat mir die Sprache ~** it left me speechless **3** (≈ *geraten lassen*) to bring; **an einen Ort ~ werden** to end up somewhere
verschlampen v/t *umg* (≈ *verlieren*) to go and lose *umg*
verschlechtern **A** v/t to make worse; *Qualität*

to impair **B** v/r to get worse; **sich finanziell ~** to be worse off financially; **sich beruflich ~** to take a worse job

Verschlechterung f worsening; *von Leistung* decline; **eine finanzielle ~** a financial setback

verschleiern **A** v/t to veil; *Blick* to blur **B** v/r *Frau* to veil oneself

Verschleiß m wear and tear; (≈ *Verluste*) loss

verschleißen **A** v/t (≈ *kaputt machen*) to wear out; (≈ *verbrauchen*) to use up **B** v/i to wear out; → **verschlissen** **C** v/r *Menschen* to wear oneself out

Verschleißteil n wearing part

verschleppen v/t **1** (≈ *entführen*) j-n to abduct; *Gefangene, Kriegsopfer* to displace **2** (≈ *hinauszögern*) *Prozess* to draw out; POL to delay; *Krankheit* to protract

Verschleppte(r) m/f(m) displaced person

Verschleppung f **1** *von Menschen* abduction **2** (≈ *Verzögerung*) *von Krankheit* protraction; *von Gesetzesänderung* delay

Verschleppungstaktik f delaying tactics pl

verschleudern v/t HANDEL to dump; (≈ *vergeuden*) *Vermögen, Ressourcen* to squander

verschließbar adj *Dosen, Gläser etc* sealable; *Tür, Schublade* lockable

verschließen **A** v/t **1** (≈ *abschließen*) to lock (up); *fig* to close; (≈ *versperren*) to bar; *mit Riegel* to bolt; → **verschlossen** **2** (≈ *zumachen*) to close; *Brief* to seal; *mit Pfropfen: Flasche* to cork; **die Augen/Ohren (vor etw** *dat*) **~** to shut one's eyes/ears (to sth) **B** v/r *Mensch* (≈ *reserviert sein*) to shut oneself off (+*dat* from); **ich kann mich der Tatsache nicht ~, dass ...** I can't close my eyes to the fact that ...

verschlimmbessern hum v/t to make worse

verschlimmern **A** v/t to make worse **B** v/r to get worse

Verschlimmerung f worsening

verschlingen **A** v/t (≈ *gierig essen*) to devour; *fig Welle, Dunkelheit* to engulf; (≈ *verbrauchen*) *Geld, Strom etc* to eat up; **j-n mit Blicken ~** to devour sb with one's eyes **B** v/r to become intertwined

verschlissen adj worn (out); *fig Politiker etc* burned-out *umg*; → **verschleißen**

verschlossen adj closed; *mit Schlüssel* locked; *mit Riegel* bolted; *Briefumschlag* sealed; **hinter ~en Türen** behind closed doors; → **verschließen**

Verschlossenheit f *von Mensch* reserve

verschlucken **A** v/t to swallow **B** v/r to swallow the wrong way

Verschluss m **1** (≈ *Schloss*) lock; (≈ *Pfropfen*) stopper; *an Kleidung* fastener; *an Schmuck* catch; *an Tasche, Buch, Schuh* clasp; **etw unter ~ halten** to keep sth under lock and key **2** FOTO shutter

verschlüsseln v/t to (put into) code

Verschlüsselung f coding; code

Verschlüsselungsprogramm n IT encryption program

Verschlüsselungstrojaner m IT ransomware

verschmähen v/t to spurn

verschmelzen v/i to melt together; *Metalle* to fuse; *Farben* to blend; *fig* to blend (**zu** into)

Verschmelzung f **1** (≈ *Verbindung*) fusion; *von Farben* blending **2** HANDEL merger

verschmerzen v/t to get over

verschmieren **A** v/t **1** (≈ *verstreichen*) to spread (**in** +*dat* over) **2** *Gesicht* to smear; *Geschriebenes* to smudge **B** v/i to smudge

verschmiert adj *Gesicht* smeary

verschmitzt adj mischievous

verschmort adj charred

verschmutzen **A** v/t **1** to dirty; *Luft, Umwelt* to pollute; *mit Abfällen* to litter **B** v/i to get dirty; *Luft, Wasser, Umwelt* to become polluted

verschmutzt adj dirty, soiled; *Luft etc* polluted

Verschmutzung f **1** (≈ *das Verschmutzen*) dirtying; *von Luft, Umwelt* pollution; *von Fahrbahn* muddying **2** (≈ *das Verschmutztsein*) dirtiness *kein pl*; *von Luft etc* pollution

verschnaufen *umg* v/i & v/r to take a breather *umg*

Verschnaufpause f breather

verschneiden v/t *Wein, Rum* to blend

verschneit adj snow-covered, snowy

verschnupft *umg* adj **1** (≈ *erkältet*) *Mensch* with a cold **2** (≈ *beleidigt*) peeved *umg*

verschnüren v/t to tie up

verschollen adj *Flugzeug, Mensch etc* missing; **ein lange ~er Freund** a long-lost friend; **er ist ~** *im Krieg* he is missing, presumed dead

verschonen v/t to spare (**j-n von etw** sb sth); **verschone mich damit!** spare me that!; **von etw verschont bleiben** to escape sth

verschönern v/t to improve (the appearance of); *Wohnung* to brighten (up)

Verschönerung f improvement; *von Wohnung, Zimmer* brightening up

verschränken v/t to cross over; *Arme* to fold

verschrecken v/t to frighten off

verschreiben **A** v/t (≈ *verordnen*) to prescribe **B** v/r **1** (≈ *falsch schreiben*) to make a slip (of the pen) **2** **sich einer Sache** (*dat*) **~** to devote oneself to sth

verschreibungspflichtig adj only available on prescription

verschrie(e)n adj **als etw verschrieen** notorious for being sth

verschroben adj strange

verschrotten v/t to scrap

Verschrottungsprämie f scrapping premium
verschrumpeln v/i to shrivel
verschüchtern v/t to intimidate
verschulden Ⓐ v/t to be to blame for; *Unfall* to cause Ⓑ v/r to get into debt
Verschulden n fault; **ohne sein/mein ~** through no fault of his (own)/of my own *od* of mine
verschuldet *adj* **~ sein** to be* in debt
Verschuldung f debts *pl*
verschütten v/t ❶ *Flüssigkeit* to spill ❷ (≈ *begraben*) **verschüttet werden** *Mensch* to be buried (alive)
verschüttet *adj* buried (alive)
verschüttgehen *umg* v/i to get lost
verschweigen v/t to withhold (**j-m etw** sth from sb); → verschwiegen
verschwenden v/t to waste (**auf** +*akk* on)
Verschwender(in) m(f) spendthrift
verschwenderisch Ⓐ *adj* wasteful; *Leben* extravagant; (≈ *üppig*) lavish; *Fülle* lavish Ⓑ *adv* wastefully; **mit etw ~ umgehen** to be lavish with sth
Verschwendung f **~ von Geld/Zeit** waste of money/time
verschwiegen *adj Mensch* discreet; *Ort* secluded; → verschweigen
Verschwiegenheit f *von Mensch* discretion; **zur ~ verpflichtet** bound to secrecy
verschwimmen v/i to become blurred *od* indistinct; **ineinander ~** to melt *od* merge into one another; → verschwommen
verschwinden v/i to disappear, to vanish; **verschwinde!** clear out! *umg*; **(mal) ~ müssen** *euph umg* to have to go to the bathroom; → verschwunden
Verschwinden n disappearance
verschwindend *adv* **~ wenig** very, very few; **~ klein** *od* **gering** minute
verschwitzen v/t *umg* (≈ *vergessen*) to forget; **ich hab's total verschwitzt** I clean forgot
verschwitzt *adj Kleidungsstück* sweat-stained; (≈ *feucht*) sweaty
verschwommen Ⓐ *adj Foto* fuzzy; *Erinnerung* vague Ⓑ *adv sehen* blurred; *sich erinnern* vaguely; → verschwimmen
verschwören v/r ❶ (≈ *ein Komplott schmieden*) to plot (**mit** with *od* **gegen** against) ❷ (≈ *sich verschreiben*) **sich einer Sache** (*dat*) **~** to give oneself over to sth
Verschwörer(in) m(f) conspirator
Verschwörung f conspiracy, plot
verschwunden *adj* missing; → verschwinden
versehen Ⓐ v/t ❶ (≈ *ausüben*) *Amt etc* to occupy; *Pflichten* to perform; *Dienst* to provide ❷ (≈ *ausstatten*) **j-n mit etw ~** to provide sb with sth; **mit etw ~ sein** to have sth ❸ (≈ *geben*) to give Ⓑ v/r ❶ (≈ *sich irren*) to be mistaken ❷ **sich mit etw ~** (≈ *sich ausstatten*) to equip oneself with sth ❸ **ehe man sichs versieht** before you could turn (a)round
Versehen n (≈ *Irrtum*) mistake; (≈ *Unachtsamkeit*) oversight; **aus ~** by mistake
versehentlich Ⓐ *adj* inadvertent; (≈ *irrtümlich*) erroneous Ⓑ *adv* inadvertently, by mistake
Versehrte(r) m/f(m) disabled person/man/woman *etc*
versenden v/t to send
Versendung f sending
versengen v/t *Sonne, mit Bügeleisen* to scorch; *Feuer* to singe
versenken Ⓐ v/t to sink; *das eigene Schiff* to scuttle Ⓑ v/r **sich in etw** (*akk*) **~** to become immersed in sth
Versenkung f ❶ (≈ *das Versenken*) sinking; *von eigenem Schiff* scuttling ❷ *umg* **in der ~ verschwinden** to vanish; **aus der ~ auftauchen** to reappear
versessen *fig adj* **auf etw** (*akk*) **~ sein** to be very keen on sth
Versessenheit f keenness (**auf** +*akk* on)
versetzen Ⓐ v/t ❶ to move; SCHULE *in höhere Klasse* to move up ❷ *umg* (≈ *verkaufen*) to sell; (≈ *verpfänden*) to pawn ❸ *umg* (≈ *nicht erscheinen*) **j-n ~** to stand sb up *umg* ❹ **j-n in fröhliche Stimmung ~** to put sb in a cheerful mood; **j-n in die Lage ~, etw zu tun** to put sb in a position to do sth ❺ (≈ *geben*) *Stoß, Tritt etc* to give Ⓑ v/r **sich in j-s Lage ~** to put oneself in sb's place *od* position
Versetzung f *beruflich* transfer; SCHULE moving up
verseuchen v/t *mit Bakterien, Viren* to infect; *mit Giftstoffen, a. fig* to contaminate
verseucht *adj mit Bakterien, Viren* infected; *mit Gas, Giftstoffen* contaminated; **radioaktiv ~** contaminated by radiation *od* radioactivity
Verseuchung f *mit Bakterien, Viren* infection; *mit Giftstoffen, a. fig* contamination *kein pl*
Versicherer m insurer; *bei Schiffen* underwriter
versichern Ⓐ v/t ❶ (≈ *bestätigen*) to assure; (≈ *beteuern*) to protest; **j-m ~, dass …** to assure sb that … ❷ *Versicherungswesen* to insure; **gegen etw versichert sein** to be insured against sth Ⓑ v/r ❶ (≈ *Versicherung abschließen*) to insure oneself; **sich gegen Unfall ~** to take out accident insurance ❷ (≈ *sich vergewissern*) to make sure *od* certain
Versicherte(r) m/f(m) insured (party)
Versicherung f ❶ (≈ *Bestätigung*) assurance ❷ (≈ *Feuerversicherung etc*) insurance ❸ (≈ *Gesellschaft*) insurance company

Versicherungsbeitrag m *bei Haftpflichtversicherung etc* insurance premium
Versicherungsbetrug m insurance fraud
Versicherungsfall m **im ~** in the event of making a claim
Versicherungskarte f insurance card; **die grüne ~** AUTO the green card *Br (insurance document for driving abroad)*
Versicherungsmakler(in) m(f) insurance broker
Versicherungsnehmer(in) *form* m(f) policy holder
Versicherungspolice f insurance policy
Versicherungsschein m insurance policy
Versicherungsschutz m insurance cover
Versicherungssumme f sum insured
Versicherungsvertrag m insurance contract
versickern v/i to seep away; *fig Interesse* to peter out; *Geld* to trickle away
versiegeln v/t to seal
versiegen v/i *Fluss* to dry up; *Interesse* to peter out; *Kräfte* to fail
versiert *adj* **in etw** (*dat*) **~ sein** to be experienced in sth; **in Bezug auf Wissen** to be (well) versed in sth
versifft *sl adj* yucky *umg*
versilbern v/t (≈ *mit Silber überziehen*) to silver (-plate); *fig umg* (≈ *verkaufen*) to sell
versinken v/i to sink; **in etw** (*akk*) **~** *fig in Trauer, Chaos* to sink into sth; *in Anblick, Gedanken* to lose oneself in sth; → **versunken**
Version f version
versklaven *wörtl, fig* v/t to enslave
Versmaß n metre *Br*, meter *US*
versnobt *adj* snobby
versoffen *umg adj* boozy *umg*; → **versaufen**
versohlen *umg* v/t to belt *umg*
versöhnen A v/t to reconcile; **~de Worte** conciliatory words B v/r to be(come) reconciled; *Streitende* to make it up; **sich mit etw ~** to reconcile oneself to sth
versöhnlich *adj* conciliatory; (≈ *nicht nachtragend*) forgiving
Versöhnung f reconciliation
versonnen *adj Gesichtsausdruck* pensive; (≈ *träumerisch*) *Blick* dreamy
versorgen v/t (≈ *sich kümmern um*) to look after, to take care of; (≈ *beliefern*) to supply; (≈ *unterhalten*) *Familie* to provide for
Versorgung f (≈ *Pflege*) care; (≈ *Belieferung*) supply; **die ~ mit Strom** the supply of electricity; **die ~ im Alter** providing for one's old age
Versorgungsschwierigkeiten *pl* supply problems *pl*
Versorgungsstaat m all-providing state
verspannt *adj Muskeln* tense

verspäten v/r to be late
verspätet A *adj* late; *Zug, Flugzeug* delayed B *adv* late; *gratulieren* belatedly
Verspätung f delay; **(10 Minuten) ~ haben** to be (10 minutes) late; **mit ~ ankommen** to arrive late
verspekulieren A v/t to lose on the stock market B v/r to make a bad speculation; **wenn du Gnade erwartest, hast du dich verspekuliert** if you're expecting mercy, you're sorely mistaken
versperren v/t *Weg etc* to block
verspielen A v/t *Geld, Zukunft* to gamble away; *Vertrauen* to lose B v/i *fig* **er hatte bei ihr verspielt** he had had it as far as she was concerned *umg*
verspielt *adj* playful; *Verzierung* dainty
verspotten v/t to mock
versprechen v/t to promise (**j-m etw** sb sth); **das verspricht interessant zu werden** it promises to be interesting; **sich** (*dat*) **viel/wenig von etw ~** to have high hopes/no great hopes of sth; **was versprichst du dir davon?** what do you expect to achieve (by that)?
Versprechen n promise
Versprecher *umg* m slip (of the tongue)
Versprechung f promise
versprühen v/t to spray; *Charme* to exude
verspüren v/t to feel
verstaatlichen v/t to nationalize
Verstaatlichung f nationalization
Verstand m (≈ *Fähigkeit zu denken*) reason; (≈ *Intellekt*) mind; (≈ *Vernunft*) (common) sense; (≈ *Urteilskraft*) (powers *pl* of) judgement; **den ~ verlieren** to lose one's mind; **hast du denn den ~ verloren?** are you out of your mind? *umg*; **j-n um den ~ bringen** to drive sb out of his/her mind *umg*; **nicht ganz bei ~ sein** not to be in one's right mind; **das geht über meinen ~** it's beyond me
verständigen A v/t to notify (**von** of, about) B v/r to communicate (with each other); (≈ *sich einigen*) to come to an understanding
Verständigung f ▯ (≈ *Benachrichtigung*) notification ▯ (≈ *das Sichverständigen*) communication ▯ (≈ *Einigung*) understanding
Verständigungsschwierigkeiten *pl* difficulty communicating
verständlich A *adj* (≈ *begreiflich*) understandable; (≈ *intellektuell erfassbar*) comprehensible; (≈ *hörbar*) audible; (≈ *klar*) *Erklärung* intelligible; **j-m etw ~ machen** to get *od* to put sth across to sb; **sich ~ machen** to make oneself understood B *adv* clearly
verständlicherweise *adv* understandably (enough)

Verständnis *n* **1** (≈ *das Begreifen*) understanding (**für** of); (≈ *Mitgefühl*) sympathy (**für** for); **für so was habe ich kein ~** I have no time for that kind of thing; **dafür hast du mein vollstes ~** you have my fullest sympathy **2** (≈ *Kunstverständnis etc*) appreciation (**für** of)

verständnislos A *adj* uncomprehending; (≈ *ohne Mitgefühl*) unsympathetic; *für Kunst* unappreciative **B** *adv* uncomprehendingly; (≈ *ohne Mitgefühl*) unsympathetically; *gegenüber Kunst* unappreciatively

verständnisvoll *adj* understanding; *Blick* knowing *nur attr*

verstärken A *v/t* to reinforce; *Spannung* to intensify; *Signal, Musik* to amplify **B** *v/r fig* to intensify

Verstärker *m* RADIO, ELEK amplifier

Verstärkung *f* reinforcement; *von Spannung* intensification; ELEK, MUS amplification

verstauben *v/i* to get dusty; *fig* to gather dust; **verstaubt** covered in dust; *fig Ideen* fuddy-duddy *umg*

verstauchen *v/t* to sprain; **sich** (*dat*) **den Fuß** *etc* **~** to sprain one's foot *etc*

verstauen *v/t Gepäck* to load; SCHIFF to stow; *hum Menschen* to pile

Versteck *n* hiding place; *von Verbrechern* hide-out; **~ spielen** to play hide-and-seek *Br*, to play hide-and-go-seek *US*

verstecken A *v/t* to hide (**vor** +*dat* from) **B** *v/r* to hide; **sich vor j-m ~** to hide from sb; **sich hinter etw** (*dat*) **~** to hide behind sth; **Verstecken spielen** to play hide-and-seek *Br*, to play hide-and-go-seek *US*

Versteckspiel *n* hide-and-seek *Br*, hide-and-go-seek *US*

versteckt *adj* hidden; *Eingang* concealed; *Andeutung* veiled

verstehen A *v/t & v/i* to understand; **j-n falsch ~** to misunderstand sb; **das verstehe ich nicht** I don't get it; **ich verstehe** I see; **versteh mich recht** don't get me wrong; **wenn ich recht verstehe …** if I understand correctly …; **j-m zu ~ geben, dass …** to give sb to understand that … **B** *v/t* **1** (≈ *können*) to know; **es ~, etw zu tun** to know how to do sth; **etwas/nichts von etw ~** to know something/nothing about sth **2** (≈ *auslegen*) to understand, to see; **etw unter etw** (*dat*) **~** to understand sth by sth **C** *v/r* **1** (≈ *kommunizieren können*) to understand each other **2** (≈ *miteinander auskommen*) **sich mit j-m ~** to get on with sb *Br*, to get along with sb **3** (≈ *klar sein*) to go without saying; **versteht sich!** *umg* of course! **4 sich auf etw** (*akk*) **~** to be (an) expert at sth; **die Preise ~ sich einschließlich Lieferung** prices are inclusive of delivery

versteigern *v/t* to auction (off)

Versteigerung *f* (sale by) auction

versteinern A *v/i* GEOL to fossilize; *Holz* to petrify **B** *v/r fig Miene, Gesicht* to harden

versteinert *adj* fossil

Versteinerung *f Vorgang* fossilization; *von Holz* petrification; (≈ *versteinertes Tier etc*) fossil

verstellbar *adj* adjustable

verstellen **A** *v/t* **1** (≈ *anders einstellen*) to adjust; *Möbel* to move (out of position); (≈ *falsch einstellen*) to adjust wrongly; *Uhr* to set wrong **2** *Stimme* to disguise **3** (≈ *versperren*) to block **B** *v/r* **er kann sich gut ~** he's good at playing a part

versteuern *v/t* to pay tax on; **versteuerte Waren** taxed goods; **das zu ~de Einkommen** taxable income

verstimmen *v/t wörtl* to put out of tune; *fig* to put out

verstimmt *adj Klavier etc* out of tune; *fig* (≈ *verdorben*) *Magen* upset; (≈ *verärgert*) put out

Verstimmung *f* disgruntlement; *zwischen Parteien* ill will

verstohlen A *adj* furtive **B** *adv* furtively

verstopfen *v/t* to stop up; *Straße, Blutgefäß* to block

verstopft *adj* blocked; *Nase* stuffed up, blocked (up); *Mensch* constipated

Verstopfung *f* blockage; MED constipation

verstorben *adj* deceased; **mein ~er Mann** my late husband

Verstorbene(r) *m/f(m)* deceased

verstört *adj* disturbed; *vor Angst* distraught

Verstoß *m* violation (**gegen** of)

verstoßen A *v/t j-n* to disown; *aus einer Gemeinschaft ausschließen* to cast out, to cast away **B** *v/i* **gegen etw ~** to offend against sth; **gegen eine Regel ~** to break a rule

verstrahlt *adj* contaminated (by radiation)

Verstrahlung *f* radiation

verstreichen A *v/t Salbe, Farbe* to apply (**auf** +*dat* to) **B** *v/i Zeit* to elapse; *Frist* to expire

verstreuen *v/t* to scatter; *versehentlich* to spill

verstricken *fig* **A** *v/t* to involve, to embroil **B** *v/r* to become entangled, to get tangled up

verströmen *v/t* to exude

verstümmeln *v/t* to mutilate; *Nachricht* to garble

Verstümmelung *f* mutilation; *von Nachricht* garbling *kein pl*

verstummen *v/i Mensch* to go *od* fall silent; *Gespräch, Musik* to stop; (≈ *langsam verklingen*) to die away

Versuch *m* attempt (**zu tun** at doing, to do); *wissenschaftlich* experiment; (≈ *Test*) trial, test; **einen ~ machen** to make an attempt, to carry out an experiment/a trial; **das käme auf einen ~ an** we'll have to (have a) try

versuchen v/t **1** to try; **~, etw zu tun** to try to od and do sth; **es mit etw ~** to try sth; **es mit j-m ~** to give sb a try; **versuchter Diebstahl** attempted theft **2** (≈ in Versuchung führen) to tempt

Versuchsballon m **einen ~ steigen lassen** fig to fly a kite

Versuchskaninchen fig n guinea pig

Versuchsobjekt n test object; fig Mensch guinea pig

Versuchsperson f test od experimental subject

Versuchsstadium n experimental stage; **es ist noch im ~** it's still at the experimental stage

versuchsweise adv on a trial basis; einstellen on trial

Versuchung f temptation; **j-n in ~ führen** to lead sb into temptation; **in ~ kommen** to be tempted

versumpfen v/i **1** Gebiet to become marshy od boggy **2** fig umg (≈ lange zechen) to get involved in a booze-up umg

versunken adj sunken; fig engrossed; **in Gedanken ~** immersed in thought; → versinken

versüßen fig v/t to sweeten

vertagen v/t & v/i to adjourn; (≈ verschieben) to postpone (**auf** +akk until, till)

Vertagung f adjournment; (≈ Verschiebung) postponement

vertauschen v/t **1** (≈ austauschen) to exchange (**gegen, mit** for); **vertauschte Rollen** reversed roles **2** (≈ verwechseln) to mix up

verteidigen **A** v/t to defend **B** v/r to defend oneself

Verteidiger(in) m(f) defender; (≈ Anwalt) defence lawyer Br, defense lawyer US

Verteidigung f **1** defence Br, defense US **2** von Masterarbeit, Doktorarbeit viva

Verteidigungsfall m **wenn der ~ eintritt** if defence should be necessary

Verteidigungsminister(in) m(f) Minister of Defence Br, Secretary of Defense US

Verteidigungsministerium n Ministry of Defence Br, Department of Defense US

verteilen **A** v/t (≈ austeilen) to distribute; Süßigkeiten etc to share out; Essen to dish out; THEAT Rollen to allocate; Farbe to spread; (≈ verstreuen) to spread out, to scatter **B** v/r Bevölkerung, Farbe to spread (itself) out; Reichtum etc to be distributed; zeitlich to be spread (**über** +akk over)

Verteiler m **1** TECH distributor **2** (≈ Verteilerschlüssel) distribution list **3** für Post mailing list; **j-n in den ~ aufnehmen** od **zum ~ hinzufügen** to add sb to the mailing list; **„Verteiler:"** cc:, carbon copy for:

Verteilerliste f distribution list; für Mails, Briefe mailing list

Verteilernetz n ELEK distribution system; HANDEL distribution network

Verteilerschlüssel m distribution list

Verteilung f distribution; (≈ Zuteilung) allocation

vertelefonieren umg v/t Geld, Zeit to spend on the phone

verteuern **A** v/t to make more expensive **B** v/r to become more expensive

Verteuerung f increase in price

verteufeln v/t to condemn

vertiefen **A** v/t to deepen; Kontakte to strengthen **B** v/r to deepen; **in etw** (akk) **vertieft sein** fig to be engrossed in sth

Vertiefung f **1** (≈ das Vertiefen) deepening **2** in Oberfläche depression

vertikal **A** adj vertical **B** adv vertically

Vertikale f vertical line

vertilgen v/t **1** Unkraut etc to destroy **2** umg (≈ aufessen) to demolish umg

vertippen v/r umg beim Schreiben to make a typing error

vertonen v/t to set to music

vertrackt umg adj awkward, tricky; (≈ verwickelt) complicated, complex

Vertrag m contract; (≈ Abkommen) agreement; POL treaty

vertragen **A** v/t to take; (≈ aushalten) to stand; **Eier kann ich nicht ~** eggs don't agree with me; **Patienten, die kein Penizillin ~** patients who are allergic to penicillin; **so etwas kann ich nicht ~** I can't stand that kind of thing; **viel ~ können** umg Alkohol to be able to hold one's drink Br, to be able to hold one's liquor US; **j-d könnte etw ~** umg sb could do with sth **B** v/r **sich (mit j-m) ~** to get on (with sb) Br, to get along (with sb); **sich wieder mit j-m ~** to make it up with sb; **sich wieder ~** to be friends again; **sich mit etw ~** Farbe to go with sth; Verhalten to be consistent with sth

vertraglich **A** adj contractual **B** adv by contract; festgelegt in the/a contract

verträglich adj (≈ umgänglich) good-natured; Speise digestible; (≈ bekömmlich) wholesome; **ökologisch/sozial ~** ecologically/socially acceptable

Vertragsabschluss m conclusion of a/the contract

Vertragsbruch m breach of contract

vertragsbrüchig adj **~ werden** to be in breach of contract

Vertragsentwurf m draft contract

vertragsgemäß adj & adv as stipulated in the contract

vertragsschließend *adj* contracting
Vertragsspieler(in) *m(f)* player under contract
Vertragsstrafe *f* penalty for breach of contract
Vertragswerkstatt *f* authorized repairers *pl*
vertrauen *v/i* **j-m/einer Sache ~** to trust sb/sth; **auf j-n/etw ~** to trust in sb/sth; → vertraut
Vertrauen *n* trust, confidence (**zu, in** *+akk od* **auf** *+akk* in); **im ~ (gesagt)** strictly in confidence; **im ~ auf etw** *(akk)* trusting in sth; **j-n ins ~ ziehen** to take sb into one's confidence; **j-m das ~ aussprechen** PARL to pass a vote of confidence in sb
vertrauenerweckend *adj* **einen ~en Eindruck machen** to inspire confidence
vertrauensbildend *adj* confidence-building
Vertrauensfrage *f* question *od* matter of trust; **die ~ stellen** PARL to ask for a vote of confidence
Vertrauensfrau *f* intermediary agent; *in Gewerkschaft* (union) negotiator *od* representative
Vertrauenslehrer(in) *m(f)* liaison teacher (*between pupils and staff*) guidance teacher US
Vertrauensmann *m* intermediary agent; *in Gewerkschaft* (union) negotiator *od* representative
Vertrauenssache *f* confidential matter; (≈ *Frage des Vertrauens*) question *od* matter of trust
vertrauensvoll **A** *adj* trusting **B** *adv* trustingly
Vertrauensvotum *n* PARL vote of confidence
vertrauenswürdig *adj* trustworthy, reliable
vertraulich **A** *adj* **1** (≈ *geheim*) confidential; (≈ *privat*) private **2** (≈ *freundschaftlich*) friendly; (≈ *plumpvertraulich*) familiar **B** *adv* confidentially, in confidence
Vertraulichkeit *f* confidentiality; (≈ *Aufdringlichkeit*) familiarity
verträumt *adj* dreamy
vertraut *adj* intimate; *Umgebung* familiar; **sich mit etw ~ machen** to familiarize oneself with sth; **mit etw ~ sein** to be familiar with sth; → vertrauen
Vertraute(r) *m/f(m)* close friend
Vertrautheit *f* intimacy; *von Umgebung* familiarity
vertreiben *v/t* to drive away; *aus Land* to expel (**aus** from); *aus Amt* to oust; *Feind* to repulse; *fig Sorgen* to banish; HANDEL *Waren* to sell, to market; **sich** *(dat)* **die Zeit mit etw ~** to pass (away) the time with sth
Vertreibung *f* expulsion (**aus** from); *aus Amt etc* ousting
vertretbar *adj* justifiable; *Argument* tenable
vertreten *v/t* **1** (≈ *j-s Stelle übernehmen*) to replace, to stand in for **2** *j-s Interessen, Wahlkreis* to represent; **~ sein** to be represented **3** (≈ *verfechten*) *Standpunkt, Theorie* to support; *Meinung* to hold; (≈ *rechtfertigen*) to justify (**vor** *+dat* to) **4** **sich** *(dat)* **die Beine** *od* **Füße ~** *umg* to stretch one's legs
Vertreter(in) *m(f)* **1** representative; HANDEL agent **2** (≈ *Ersatz*) replacement; *im Amt* deputy **3** *von Doktrin* supporter; *von Meinung* holder
Vertretung *f* **1** *von Menschen* stand-in; **die ~ (für j-n) übernehmen** to stand in for sb; **in ~** *in Briefen* on behalf of **2** *von Interessen, Wahlkreis* representation; **die ~ meiner Interessen** representing my interests **3** (= *das Verfechten*) supporting; *von Meinung* holding **4** HANDEL (≈ *Firma*) agency **5** (≈ *Botschaft*) **diplomatische ~** embassy
Vertretungsstunde *f* lesson in which a teacher stands in for a colleague; **eine ~ haben** to be covering a lesson
Vertrieb *m* **1** sales *pl*; marketing **2** (≈ *Abteilung*) sales department
Vertriebene(r) *m/f(m)* exile
Vertriebsabteilung *f* sales department
Vertriebskosten *pl* marketing costs *pl*
Vertriebsleiter(in) *m(f)* sales manager
Vertriebssystem *n* distribution system
Vertriebsweg *m* channel of distribution
vertrocknen *v/i* to dry out; *Esswaren* to go dry; *Pflanzen* to wither, to shrivel; *Quelle* to dry up
vertrödeln *umg v/t* to fritter away, to squander
vertrösten *v/t* to put off; **j-n auf später ~** to put sb off
vertun **A** *v/t* to waste **B** *v/r umg* to slip up *umg*
vertuschen *v/t* to hush up
verübeln *v/t* **j-m etw ~** to take sth amiss; **das kann ich dir nicht ~** I can't blame you for that
verüben *v/t* to commit
verulken *umg v/t* to make fun of
verunglimpfen *v/t* to disparage
verunglücken *v/i* to have an accident; *fig umg* (≈ *misslingen*) to go wrong; **mit dem Auto ~** to be in a car crash
Verunglückte(r) *m/f(m)* casualty
verunreinigen *v/t Luft, Wasser* to pollute; (≈ *beschmutzen*) to dirty
Verunreinigung *f von Fluss, Wasser* pollution; (≈ *Beschmutzung*) dirtying
verunsichern *v/t* to make unsure (**in** *+dat* of); **verunsichert sein** to be uncertain
veruntreuen *v/t* to embezzle
Veruntreuung *f* embezzlement
verursachen *v/t* to cause
Verursacher(in) *m(f)* **der ~ kommt für den Schaden auf** the party responsible is liable for the damage
Verursacherprinzip *n* originator principle; *bei Umweltschäden a.* polluter pays principle
Verursachung *f* causing
verurteilen *v/t* to condemn; JUR to convict (**für**

of); *zu Strafe* to sentence; **j-n zu einer Gefängnisstrafe ~** to give sb a prison sentence
Verurteilte(r) *m/f(m)* convicted man/woman; JUR convict
Verurteilung *f* condemnation; (≈ *das Schuldigsprechen*) conviction; *zu einer Strafe* sentencing; (≈ *Urteil*) sentence
vervielfachen *v/t & v/r* to multiply
vervielfältigen *v/t* to copy; (≈ *fotokopieren*) to photocopy
Vervielfältigung *f* **1** (≈ *das Vervielfältigen*) duplication **2** (≈ *Abzug*) copy
vervierfachen *v/t & v/r* to quadruple
vervollständigen *v/t* to complete
Vervollständigung *f* completion
verwackeln *v/t* to blur
verwählen *v/r* to misdial
verwahren **A** *v/t* (≈ *aufbewahren*) to keep (safe) **B** *v/r* **sich gegen etw ~** to protest against sth
verwahrlosen *v/i* to go to seed; *Park* to become neglected
verwahrlost *adj* neglected
Verwahrlosung *f* neglect
Verwahrung *f von Geld etc* keeping; *von Täter* detention; **j-m etw in ~ geben** to give sth to sb for safekeeping; **j-n in ~ nehmen** to take sb into custody
verwalten *v/t* to manage; *Amt* to hold; POL *Provinz etc* to govern
Verwalter(in) *m(f)* administrator
Verwaltung *f* **1** (≈ *das Verwalten*) management; *von Amt* holding; *von Provinz* government **2** (≈ *Behörde*) administration; **städtische ~** municipal authorities *pl*
Verwaltungsbehörde *f* administration
Verwaltungsbezirk *m* administrative district, borough
Verwaltungsgebühr *f* administrative charge
Verwaltungskosten *pl* administrative costs *pl*
verwandeln **A** *v/t* (≈ *umformen*) to change, to transform; JUR *Strafe* to commute; **j-n/etw in etw** (*akk*) **~** to turn sb/sth into sth; **einen Strafstoß ~** to score (from) a penalty; **er ist wie verwandelt** he's a changed man **B** *v/i* SPORT *s/* **zum 1:0 ~** to make it 1-0 **C** *v/r* to change; **sich in etw** (*akk*) **~** to change *od* turn into sth
Verwandlung *f* change, transformation
verwandt *adj* related (**mit** to); *Denker, Geister* kindred *attr*; **~e Seelen** *fig* kindred spirits
Verwandte(r) *m/f(m)* relation, relative
Verwandtschaft *f* relationship; (≈ *die Verwandten*) relations *pl*, relatives *pl; fig* affinity
verwandtschaftlich *adj* family *attr*
Verwandtschaftsgrad *m* degree of relationship
verwanzt *adj Kleider* bug-infested; *umg mit Abhörgeräten* bugged
verwarnen *v/t* to caution
Verwarnung *f* caution
Verwarnungsgeld *n* exemplary fine
verwaschen *adj* faded (*in the wash*); (≈ *verwässert*) *Farbe* watery; *fig* wishy-washy *umg*
verwässern *v/t* to water down
verwechseln *v/t* to mix up; **j-n (mit j-m) ~** to confuse sb with sb; **zum Verwechseln ähnlich sein** to be the spitting image of each other
Verwechslung *f* confusion; (≈ *Irrtum*) mistake
verwegen *adj* daring, bold; (≈ *tollkühn*) foolhardy, rash; (≈ *keck*) cheeky *Br*, saucy
Verwehung *f* (≈ *Schneeverwehung*) (snow)drift; (≈ *Sandverwehung*) (sand)drift
verweichlichen *v/t* **j-n ~** to make sb soft; **ein verweichlichter Mensch** a weakling
Verweichlichung *f* softness
Verweigerer *m*, **Verweigerin** *f* refusenik *umg*; (≈ *Kriegsdienstverweigerer*) conscientious objector
verweigern *v/t* to refuse; *Befehl* to refuse to obey; *Kriegsdienst* to refuse to do; **j-m etw ~** to refuse *od* deny sb sth
Verweigerung *f* refusal
verweint *adj Augen* tear-swollen; *Gesicht* tear-stained
Verweis *m* **1** (≈ *Rüge*) reprimand, admonishment; **j-m einen ~ erteilen** to reprimand *od* admonish sb **2** (≈ *Hinweis*) reference (**auf** +*akk* to)
verweisen *v/t* **1** (≈ *hinweisen*) **j-n auf etw** (*akk*)/**an j-n ~** to refer sb to sth/sb **2** *von der Schule* to expel; **j-n vom Platz** *od* **des Spielfeldes ~** to send sb off **3** JUR *to refer* (**an** +*akk* to)
verwelken *v/i Blumen* to wilt; *fig* to fade
verwenden **A** *v/t* to use; **Mühe auf etw** (*akk*) **~** to put effort into sth; **Zeit auf etw** (*akk*) **~** to spend time on sth **B** *v/r* **sich (bei j-m) für j-n ~** to intercede (with sb) on sb's behalf
Verwendung *f* use; *von Zeit, Geld* expenditure (**auf** +*akk* on); **keine ~ für etw haben** to have no use for sth; **für j-n/etw ~ finden** to find a use for sb/sth
verwerfen *v/t* (≈ *ablehnen*) to reject; *Ansicht* to discard; JUR *Klage, Antrag* to dismiss; *Urteil* to quash
verwerflich *adj* reprehensible
Verwerfung *f* **1** (≈ *Ablehnung*) rejection; JUR dismissal; *von Urteil* quashing **2** GEOL fault
verwertbar *adj* usable
verwerten *v/t* (≈ *verwenden*) to make use of; *Reste* to use; *Kenntnisse* to utilize, to put to good use; *kommerziell* to exploit; *Körper: Nahrung* to process
Verwertung *f* utilization; *von Resten* using; *kommerziell* exploitation

verwesen v/i to decay; *Fleisch* to rot
Verwesung f decay
verwetten v/t to gamble away
verwickeln **A** v/t *Fäden etc* to tangle (up); **j-n in etw** (akk) **~** to involve sb in sth; **in etw** (akk) **verwickelt sein** to be involved in sth **B** v/r *Fäden etc* to become tangled; **sich in etw** (akk) **~** *fig in Widersprüche* to get oneself tangled up in sth; *in Skandal* to get mixed up in sth
verwickelt *fig umg adj* (≈ *schwierig*) complicated
Verwick(e)lung f involvement (**in** +akk in); (≈ *Komplikation*) complication
verwildern v/i *Garten* to become overgrown; *Haustier* to become wild
verwildert adj wild; *Garten* overgrown; *Aussehen* unkempt
verwinkelt adj *Straße, Gasse* winding
verwirklichen **A** v/t to realize **B** v/r to be realized
Verwirklichung f realization
verwirren **A** v/t **1** *Fäden etc* to tangle (up) **2** (≈ *durcheinanderbringen*) to confuse **B** v/r *Fäden etc* to become tangled (up); *fig* to become confused
verwirrend adj confusing
verwirrt adj *fig* confused; (≈ *perplex*) puzzled
Verwirrung f confusion
verwischen v/t to blur; *Spuren* to cover over
verwittern v/i to weather
verwitwet adj widowed
verwöhnen **A** v/t to spoil **B** v/r to spoil oneself
verwöhnt adj spoiled; *Geschmack* discriminating
verworren adj confused; (≈ *verwickelt*) intricate
verwundbar adj vulnerable
Verwundbarkeit f vulnerability
verwunden v/t to wound
verwunderlich adj surprising; *stärker* astonishing, amazing; (≈ *sonderbar*) strange, odd
verwundern v/t to astonish, to amaze
verwundert **A** adj astonished, amazed **B** adv in astonishment, in amazement
Verwunderung f astonishment, amazement
verwundet adj hurt, injured
Verwundete(r) m/f(m) casualty
Verwundung f wound
verwunschen adj enchanted
verwünschen v/t **1** (≈ *verfluchen*) to curse **2** *in Märchen* (≈ *verhexen*) to bewitch
Verwünschung f (≈ *Fluch*) curse
verwüsten v/t to devastate
Verwüstung f devastation *kein pl*; **~en anrichten** to inflict devastation
verzagen *geh v/i* to become disheartened; **nicht ~!** don't despair
verzagt **A** adj despondent **B** adv despondently
verzählen v/r to miscount

verzahnen v/t *Zahnräder* to cut teeth *od* cogs in, to gear *Br*; *fig* to (inter)link
verzapfen *umg v/t Unsinn* to come out with; *pej Artikel* to concoct
verzaubern v/t to put a spell on
verzehnfachen v/t & v/r to increase tenfold
Verzehr m consumption
verzehren v/t to consume
verzeichnen v/t (≈ *notieren*) to record; *bes in Liste* to enter; **Todesfälle waren nicht zu ~** there were no fatalities; **einen Erfolg zu ~ haben** to have scored a success
verzeichnet adj on record
Verzeichnis n index; (≈ *Tabelle*) table; *amtlich* register; IT directory
verzeihen v/t & v/i (≈ *vergeben*) to forgive; (≈ *entschuldigen*) to excuse; **j-m (etw) ~** to forgive sb (for sth); **das ist nicht zu ~** that's unforgivable; **~ Sie!** excuse me!; **~ Sie die Störung** excuse me for disturbing you
verzeihlich adj forgivable
Verzeihung f forgiveness; (≈ *Entschuldigung*) pardon; **~!** excuse me!; (≈ *tut mir leid*) sorry!; **(j-n) um ~ bitten** to apologize (to sb)
verzerren v/t to distort; *Gesicht etc* to contort
verzetteln **A** v/r to waste a lot of time; *bei Diskussion* to get bogged down **B** v/t (≈ *verschwenden*) to waste
Verzicht m renunciation (**auf** +akk of); *auf Anspruch* abandonment (**auf** +akk of); (≈ *Opfer*) sacrifice; *auf Recht, Amt* relinquishment (**auf** +akk of)
verzichten v/i to do without *Br*, to go without; **auf j-n/etw ~** (≈ *ohne auskommen müssen*) to do without sb/sth *Br*, to go without sb/sth; (≈ *aufgeben*) to give up sb/sth; *auf Erbschaft* to renounce sth; *auf Anspruch* to waive sth; *auf Recht* to relinquish sth; *von etw absehen: auf Kommentar* to abstain from sth; **auf j-n/etw ~ können** to be able to do without sb/sth *Br*, to go without sb/sth
verziehen **A** v/t **1** *Mund etc* to twist (**zu** into); **das Gesicht ~** to pull a face *Br*, to make a face **2** *Kinder* (≈ *verwöhnen*) to spoil; → *verzogen* **B** v/r **1** *Stoff* to go out of shape; *Holz* to warp **2** *Mund, Gesicht etc* to contort **3** (≈ *verschwinden*) to disappear; *Wolken* to disperse **C** v/i to move (**nach** to)
verzieren v/t to decorate
Verzierung f decoration
verzinsen v/t to pay interest on
verzinslich adj **nicht ~** free of interest
Verzinsung f payment of interest; *Zinssatz* interest rate
verzocken *umg v/t* to gamble away
verzogen adj *Kind* (≈ *verwöhnt*) spoiled; → *verziehen*

verzögern A v/t to delay; (≈ *verlangsamen*) to slow down B v/r to be delayed
verzögert *adj* delayed
Verzögerung f delay, hold-up
Verzögerungstaktik f delaying tactics *pl*
verzollen v/t to pay duty on; **haben Sie etwas zu ~?** have you anything to declare?
verzückt A *adj* enraptured, ecstatic B *adv ansehen* adoringly
Verzückung f rapture, ecstasy; **in ~ geraten** to go into raptures *od* ecstasies (**wegen** over)
Verzug m ▌ delay; **mit etw in ~ geraten** to fall behind with sth; *mit Zahlungen* to fall into arrears with sth *bes Br*, to fall behind with sth ▐ **es ist Gefahr im ~** there's danger ahead
Verzugszinsen *pl* interest *sg* payable, interest payable on arrears *bes Br*
verzweifeln v/i to despair (**an** +*dat* of); **es ist zum Verzweifeln!** it drives you to despair!
verzweifelt A *adj Stimme etc* despairing *attr*, full of despair; *Lage, Versuch* desperate; **ich bin (völlig) ~** I'm in (the depths of) despair; (≈ *ratlos*) I'm at my wits' end B *adv* desperately
Verzweiflung f despair; (≈ *Ratlosigkeit*) desperation; **etw aus ~ tun** to do sth in desperation
verzweigt *adj Baum, Familie* branched
verzwickt *umg adj* tricky
Veteran(in) m(f) veteran
Veterinärmedizin f veterinary medicine
Veto n veto
Vetorecht n power of veto
Vetter m cousin
Vetternwirtschaft f nepotism
V-förmig *adj* V-shaped
vgl. *abk* (= **vergleiche**) cf., compare
VHS *abk* (= **Volkshochschule**) adult education centre *Br*, adult education center *US*
via *adv* via
Viadukt m viaduct
Vibration f vibration
Vibrator m *a*. TEL vibrator
vibrieren v/i to vibrate; *Stimme* to quiver; *Ton* to vary
Video n video
Videoaufzeichnung f video recording
Videobewerbung f video application
Videoblog m *Webseite mit regelmäßigen neuen Videos* video blog
Videobotschaft f video message
Videoclip m video clip
Videofilm m video (film)
Videogalerie f video gallery
Videogerät n video (recorder)
Videointerview n video interview
Videokamera f video camera
Videokassette f video cassette
Videokonferenz f video conference
Videorekorder m video recorder
Videoschiedsrichter(in) m(f) third match official, TMO
Videospiel n video game
Videotelefonie f video conferencing
Videotext m Teletext®
Videothek f video (tape) library
videoüberwacht *adj* **~ sein** to have CCTV
Videoüberwachung f video surveillance; *Anlage* closed circuit TV, CCTV
Vieh n (≈ *Nutztiere*) livestock; (≈ *bes Rinder*) cattle *pl*
Viehbestand m livestock
Viehfutter n (animal) fodder *od* feed
viehisch *adj* brutish; *Benehmen* swinish; **~ wehtun** to be unbearably painful
Viehzucht f (live)stock breeding; (≈ *Rinderzucht a.*) cattle breeding
viel *indef pr & adj* ▌ *adjektivisch* a lot of, a great deal of; *substantivisch* a lot, a great deal; *bes fragend, verneint* much; **~es** a lot of things; **um ~es besser** *etc* a lot *od* much *od* a great deal better *etc*; **so ~** so much; **halb/doppelt so ~** half/twice as much; **so ~ (Arbeit** *etc*) so much *od* such a lot (of work *etc*); **~ Glück!** good luck!; **~ Spaß!** have fun!; **~en Dank!** thanks a lot!; **wie ~** how much; *bei Mehrzahl* how many; **zu ~** too much; **einer/zwei** *etc* **zu ~** one/two *etc* too many; **was zu ~ ist, ist zu ~** that's just too much; **ein bisschen ~ (Regen** *etc*) a bit too much (rain *etc*); **~ zu tun haben** to have a lot to do ▐ **~e** *pl adjektivisch* many, a lot of; *substantivisch* many, a lot; **wie ~e?** how many?; **seine ~en Fehler** his many mistakes; **~e glauben, ...** many (people) *od* a lot of people believe ... ▍ *adverbial* a lot, a great deal; *bes fragend, verneint* much; **er arbeitet ~** he works a lot; **er arbeitet nicht ~** he doesn't work much; **sich ~ einbilden** to think a lot of oneself; **~ größer** *etc* much *od* a lot bigger *etc*; **~ mehr** lots more; **~ beschäftigt** very busy; **~ diskutiert** much discussed; **~ geliebt** much-loved; **~ zu ~** much *od* far too much; **~ zu ~e** far too many
viel- *zssgn* multi-
vieldeutig *adj* ambiguous
Vieldeutigkeit f ambiguity
Vieleck n polygon
vielerlei *adj* ▌ various, all sorts of ▐ *substantivisch* all kinds *od* sorts of things
vielfach A *adj* multiple *attr*, manifold; **auf ~e Weise** in many ways; **auf ~en Wunsch** at the request of many people B *adv* many times; (≈ *in vielen Fällen*) in many cases
Vielfache(s) n MATH multiple; **um ein ~s besser** *etc* many times better *etc*

Vielfalt f (great) variety; **biologische ~** biodiversity
vielfältig adj varied, diverse
vielfarbig adj multicoloured Br, multicolored US
Vielflieger(in) m(f) frequent flier
Vielfraß fig m glutton
vielköpfig umg adj Familie large
vielleicht adv **1** perhaps; **hat er sich ~ verirrt?** maybe he has got lost; **du könntest ~ Hilfe brauchen** you might need help **2** (≈ wirklich) really; **willst du mir ~ erzählen, dass ...?!** do you really mean to tell me that ...?; **du bist ~ ein Idiot!** you really are an idiot!; **ich war ~ nervös!** was I nervous! **3** (≈ ungefähr) perhaps, about
vielmals adv **danke ~!** thank you very much!, many thanks!; **er lässt ~ grüßen** he sends his best regards
vielmehr adv rather; (≈ sondern, nur) just
vielsagend A adj meaningful B adv meaningfully
vielschichtig fig adj complex
vielseitig A adj Mensch, Gerät versatile; Interessen varied; **auf ~en Wunsch** by popular request B adv **~ interessiert sein** to have varied interests
Vielseitigkeit f von Mensch, Gerät versatility; von Interessen multiplicity
vielsprachig adj multilingual
vielverheißend adj promising
vielversprechend adj promising
Vielvölkerstaat m multinational od multiracial state
Vielzahl f multitude
Vielzweck- zssgn multipurpose
vier num **1** four; **sie ist ~ (Jahre)** she's four (years old); **mit ~ (Jahren)** at the age of four; **~ Millionen** four million; **es ist ~ (Uhr)** it's four (o'clock); **um/gegen ~ (Uhr)** od **~e** umg at/around four (o'clock); **halb ~** half past three; **zu ~t sein** to be a party of four; **wir waren ~** od **zu ~t** there were four of us; **sie kamen zu ~t** four of them came **2** **j-n unter ~ Augen sprechen** to speak to sb in private; **ein Gespräch unter ~ Augen** a private conversation; **auf allen ~en** umg on all fours
Vier f four
Vierbeiner hum m four-legged friend hum
vierbeinig adj four-legged
vierblätt(e)rig adj four-leaved
vierdimensional adj four-dimensional
Viereck n (≈ Rechteck) rectangle
viereckig adj square; (≈ rechteckig) rectangular
Vierer m Rudern etc four; österr, südd Ziffer four
Viererbob m four-man bob Br, four-man bobsled US
vierfach adj fourfold; bes MATH quadruple; **die ~e Menge** four times the amount
vierfüßig adj four-legged
vierhändig adj MUS four-handed; **~ spielen** to play something for four hands
vierhundert num four hundred
vierjährig adj (≈ 4 Jahre alt) four-year-old attr; (≈ 4 Jahre dauernd) four-year attr; **ein ~es Kind** a four-year-old child
Vierjährige(r) m/f(m) four-year-old
vierköpfig adj **eine ~e Familie** a family of four
Vierling m quadruplet, quad umg
viermal adv four times
viermalig adj Weltmeister etc four-times attr
Vierradantrieb m four-wheel drive
vierräd(e)rig adj four-wheeled
vierseitig adj four-sided; Brief, Broschüre four-page attr
Viersitzer m four-seater
vierspurig adj four-lane attr
vierstellig adj four-figure attr
vierstimmig A adj four-part attr, for four voices B adv **~ singen** to sing a song for four voices
vierstöckig adj Haus four-storeyed Br, four-storied US
vierstündig adj Reise, Vortrag four-hour
viert adj **zu ~** → vier
viertägig adj (≈ 4 Tage dauernd) four-day
viertäglich adj & adv every four days
Viertakter umg m, **Viertaktmotor** m four-stroke (engine)
viertausend num four thousand
vierte adj ~ vierter, s
vierteilig adj four-piece attr; Roman four-part attr, in four parts
viertel adj quarter; **eine ~ Stunde** a quarter of an hour; **ein ~ Liter** a quarter (of a) litre Br, a quarter (of a) liter US; **drei ~ voll** three-quarters full
Viertel[1] schweiz a. n/m **1** Bruchteil quarter; umg (≈ Viertelpfund) ≈ quarter; (≈ Viertelliter) quarter litre Br, quarter liter US; **drei ~ der Bevölkerung** three quarters of the population **2** Uhrzeit **(ein) ~ nach/vor sechs** (a) quarter past/to six
Viertel[2] n (≈ Stadtbezirk) quarter, district
Vierteldollar m quarter
Viertelfinale n quarterfinals pl
Vierteljahr n three months pl; HANDEL, FIN quarter
vierteljährig adj Frist three months'
vierteljährlich A adj quarterly; Kündigungsfrist three months' attr B adv quarterly
Viertelliter m/n quarter of a litre Br, quarter of a liter US
vierteln v/t (≈ in vier Teile teilen) to divide into four
Viertelnote f crotchet Br, quarter note US

Viertelpfund n ≈ quarter (of a pound)
Viertelstunde f quarter of an hour
viertelstündig adj Vortrag lasting quarter of an hour
viertelstündlich **A** adj Abstand quarter-hour **B** adv every quarter of an hour
Viertelton m quarter tone
viertens adv fourth(ly), in the fourth place
Vierte(r) m/f(m) fourth; **~r werden** to be od come fourth; **am ~n (des Monats)** on the fourth (of the month)
vierte(r, s) adj fourth; **der ~ Oktober** the fourth of October; **den 4. Oktober** October 4th, October the fourth; **am ~n Oktober** on the fourth of October; **der ~ Stock** the fourth floor Br, the fifth floor US; **im ~n Kapitel/Akt** in chapter/act four
viertürig adj four-door attr
Vierwaldstättersee m **der ~** Lake Lucerne
vierwöchig adj four-week attr, four weeks long
vierzehn num fourteen; **~ Tage** two weeks, a fortnight sg Br
vierzehntägig adj two-week attr, lasting a fortnight Br, lasting two weeks
vierzehnte(r, s) adj fourteenth
vierzig num forty; **(mit) ~ (km/h) fahren** to drive at forty (km/h); **etwa ~ (Jahre alt)** about forty (years old); Mensch a. fortyish umg; **mit ~ (Jahren)** at forty (years of age); **Mitte ~** in one's mid-forties; **über ~** over forty
Vierzig f forty
vierziger adj → Vierzigerjahre
Vierziger m **die ~** pl (≈ Vierzigerjahre) one's forties; **er ist in den ~n** he is in his forties; **er ist Mitte der ~** he is in his mid-forties
Vierziger(in) m(f) forty-year-old; **die ~** pl people in their forties
Vierzigerjahre pl **die ~** one's forties; (≈ Jahrzehnt) the forties
vierzigjährig adj (≈ 40 Jahre alt) forty-year-old; (≈ 40 Jahre dauernd) forty-year
Vierzigstundenwoche f forty-hour week
Vierzimmerwohnung f four-room apartment od flat Br
Vierzylindermotor m four-cylinder engine
Vietnam n Vietnam
Vietnamese m, **Vietnamesin** f Vietnamese
vietnamesisch adj Vietnamese
Vignette f vignette; AUTO motorway permit sticker Br, turnpike permit sticker US
Villa f villa
Villenviertel n exclusive residential area
Viola f MUS viola
violett adj purple; heller violet
Violine f violin; **~ spielen** to play the violin
Violoncello n violoncello; **~ spielen** to play the violoncello
VIP m abk (= very important person) VIP
Virenscanner m IT anti-virus scanner
Virenschutzprogramm n IT anti-virus program
virensicher adj virus-protected
Virensuchprogramm n IT virus checker Br, virus scanner
virtuell adj Realität etc virtual
virtuos **A** adj virtuoso attr **B** adv beherrschen like a virtuoso
Virtuose m, **Virtuosin** f virtuoso
Virus n/m virus; **sich wie ein ~ verbreiten** to go viral
Virusinfektion f viral od virus infection
Virusprogramm n IT virus (program)
Visage umg f face
Visagist(in) m(f) make-up artist
vis-à-vis, vis-a-vis **A** adv opposite (**von** to) **B** präp opposite
Visier n **1** am Helm visor **2** an Gewehren sight; **j-n/etw im ~ haben** fig to have sb/sth in one's sights
visieren schweiz v/t (≈ beglaubigen) to certify; (≈ abzeichnen) to sign
Vision f vision
Visite f MED im Krankenhaus round
Visitenkarte f, **Visitkarte** österr f visiting card, calling card US, business card
visualisieren v/t to visualize
visuell adj visual
Visum n **1** visa **2** schweiz (≈ Unterschrift) signature
vital adj vigorous; (≈ lebenswichtig) vital
Vitalität f vitality
Vitamin n vitamin
vitaminarm adj poor in vitamins
Vitaminbombe umg f **eine richtige ~ sein** to be chock-full of vitamins umg
vitaminhaltig adj containing vitamins
Vitaminmangel m vitamin deficiency
vitaminreich adj rich in vitamins
Vitamintablette f vitamin pill
Vitrine f (≈ Schrank) glass cabinet; (≈ Schaukasten) display case
Vize umg m number two umg
Vize- zssgn Präsident etc vice-
Vizemeister(in) m(f) runner-up
Vizepräsident(in) m(f) vice president
Vizeweltmeister(in) m(f) runner-up in the world championship
Vogel m bird; **ein seltsamer ~** umg a strange bird umg; **den ~ abschießen** umg to surpass everyone iron; **einen ~ haben** umg to be crazy umg
Vogelbauer n birdcage
Vogelbeere f, (a. **Vogelbeerbaum**) rowan

(tree); (≈ *Frucht*) rowan(berry)
Vogelbeobachter(in) *m(f)* bird-watcher
Vogelfutter *n* bird food; (≈ *Samen*) birdseed
Vogelgrippe *f* bird flu
Vogelhäuschen *n* (≈ *Futterhäuschen*) birdhouse
Vogelkäfig *m* birdcage
Vogelkunde *f* ornithology
vögeln *umg v/t & v/i* to screw *sl*
Vogelnest *n* bird's nest
Vogelperspektive *f* bird's-eye view
Vogelscheuche *f* scarecrow
Vogel-Strauß-Politik *f* head-in-the-sand policy
Vogerlsalat *österr m* corn salad
Vogesen *pl* Vosges *pl*
Voicemail *f* TEL voice mail
Vokabel *f* word; **~n** *pl* SCHULE vocabulary *sg*, vocab *sg umg*
Vokabelheft *n* vocabulary book
Vokabeltest *m* vocabulary test
Vokabelverzeichnis *n* vocabulary
Vokabular *n* vocabulary
Vokal *m* vowel
Vokallaut *m* vowel sound
Vokalmusik *f* vocal music
Volk *n* **1** people *pl*; (≈ *Nation*) nation; *pej* (≈ *Pack*) rabble *pl*; **etw unters ~ bringen** *Nachricht* to spread sth; *Geld* to spend sth **2** (≈ *ethnische Gemeinschaft*) people *sg*; **die Völker Afrikas** the peoples of Africa **3** ZOOL colony
Völkerkunde *f* ethnology
völkerkundlich *adj* ethnological
Völkermord *m* genocide
Völkerrecht *n* international law
völkerrechtlich **A** *adj* under international law; *Thema, Frage* of international law; *Anspruch, Haftung* international; **~er Vertrag** international treaty **B** *adv regeln, entscheiden* by international law; *klären* according to international law; *bindend sein* under international law
Völkerverständigung *f* international understanding
Völkerwanderung *f* HIST migration of the peoples; *hum* mass exodus
Volksabstimmung *f* plebiscite
Volksaufstand *m* national uprising
Volksbefragung *f* public opinion poll
Volksbegehren *n* petition for a referendum
Volksentscheid *m* referendum
Volksfest *n* public festival; (≈ *Jahrmarkt*) funfair *Br*, carnival *US*
Volksgruppe *f* ethnic group
Volksheld(in) *m(f)* popular hero/heroine
Volkshochschule *f* adult education centre *Br*, adult education center *US*
Volkslauf *m* SPORT open cross-country race
Volksleiden *n* common disease, endemic disease
Volkslied *n* folk song
Volksmund *m* vernacular
Volksmusik *f* folk music
volksnah *adj* popular, in touch with the people; POL grass-roots *attr*
Volksrepublik *f* people's republic
Volksschule *österr f* primary school *Br*, elementary *od* grade school *US*
Volksstamm *m* tribe
Volkstanz *m* folk dance
Volkstrauertag *m* national day of mourning, ≈ Remembrance Day *Br*, ≈ Veterans' Day *US*
volkstümlich *adj* folk *attr*, folksy; (≈ *traditionell*) traditional; (≈ *beliebt*) popular
Volksversammlung *f* people's assembly; (≈ *Kundgebung*) public gathering
Volksvertreter(in) *m(f)* representative of the people
Volksvertretung *f* representative body (of the people)
Volkswirt(in) *m(f)* economist
Volkswirtschaft *f* national economy; *Fach* economics *sg*, political economy
volkswirtschaftlich *adj Schaden, Nutzen* economic
Volkswirtschaftslehre *f* economics *sg*, political economy
Volkszählung *f* (national) census
voll **A** *adj* **1** full; *Erfolg* complete; *Jahr, Wahrheit* whole; *Haar* thick; **~er ... full of ...; ~er Menschen** crowded; **~ (von** *od* **mit) etw** full of sth; **j-n nicht für ~ nehmen** not to take sb seriously **2 ~ sein** *umg* (≈ *satt*) to be full, to be full up *Br*; (≈ *betrunken*) to be tight *Br umg*, to be wasted *US umg* **B** *adv* fully; (≈ *vollkommen a.*) completely; *sl* (≈ *total*) dead *Br umg*, real *US umg*; **~ süß** *sl* really cute *Br*, real cute *US*; **das war ~ die süße Karte** *sl* it was just the cutest card; **~ und ganz** completely, wholly; **~ hinter j-m/etw stehen** to be fully behind sb/sth; **~ zuschlagen** *umg* to hit out; **~ dabei sein** *umg* to be totally involved; **~ ausgebildet** *od* **qualifiziert** fully qualified
vollauf *adv* fully, completely; **das genügt ~** that's quite enough
vollautomatisch *adj* fully automatic
Vollbart *m* (full) beard
Vollbeschäftigung *f* full employment
Vollbesitz *m* **im ~** *+gen* in full possession of
Vollblut *n* thoroughbred
Vollbremsung *f* emergency stop
vollbringen *v/t* (≈ *ausführen*) to achieve; *Wunder* to work
vollbusig *adj* full-bosomed
Volldampf *m* SCHIFF full steam; **mit ~** at full

steam; *umg* flat out *bes Br*
vollenden *v|t* (≈ *abschließen*) to complete; (≈ *vervollkommnen*) to make complete
vollendet **A** *adj* completed; *Schönheit* perfect **B** *adv* perfectly
vollends *adv* (≈ *völlig*) completely
Vollendung *f* completion; (≈ *Vollkommenheit*) perfection
voller *adj* → voll
vollessen *umg v|r* to gorge oneself
Volleyball *m* volleyball
Vollgas *n* full throttle; ~ **geben** to open it right up; **mit** ~ *fig umg* full tilt
vollgießen *v|t* (≈ *auffüllen*) to fill (up)
Vollidiot(in) *umg m(f)* complete idiot
völlig **A** *adj* complete; **das ist mein ~er Ernst** I'm completely *od* absolutely serious **B** *adv* completely; **er hat ~ recht** he's absolutely *od* quite right
volljährig *adj* of age; ~ **werden/sein** to come/be of age
Volljährigkeit *f* majority
Vollkaskoversicherung *f* fully comprehensive insurance
Vollkoffer *österr umg m* (≈ *Vollidiot*) complete idiot, total *div Br umg*, total jerk *US umg*
vollkommen **A** *adj* perfect; (≈ *völlig*) complete, absolute **B** *adv* completely
Vollkommenheit *f* perfection; (≈ *Vollständigkeit*) completeness, absoluteness
Vollkornbrot *n* coarse wholemeal bread *Br*, wholegrain bread
vollkotzen *v|t umg* **etw** ~ to spew all over sth *umg*
volllabern *v|t umg* **j-n** ~ to bend sb's ear *umg*
volllaufen *v|i* to fill up; **etw** ~ **lassen** to fill sth (up); **sich** ~ **lassen** *umg* to get tanked up *umg*
vollmachen *v|t* **1** *Gefäß* to fill (up); *Dutzend* to make up; *Sammlung, Set* to complete **2** *umg Windeln* to fill *Br*, to dirty *US*
Vollmacht *f* (legal) power *od* authority *kein pl, kein unbest art*; *Urkunde* power of attorney; **j-m eine** ~ **erteilen** to grant sb power of attorney
Vollmilch *f* full-cream milk
Vollmilchschokolade *f* full-cream milk chocolate
Vollmond *m* full moon; **heute ist** ~ there's a full moon today
vollmundig *adj Wein* full-bodied
Vollnarkose *f* general anaesthetic *Br*, general anesthetic *US*
Vollpension *f* full board
Vollpfosten *umg m* (≈ *Vollidiot*) complete idiot, total *div Br umg*, total jerk *US umg*
vollquatschen *umg v|t* **j-n** ~ to bend sb's ear *umg*

vollschlagen *umg v|t* **sich** (*dat*) **den Bauch** ~ to stuff oneself (with food) *umg*
vollschlank *adj* plump, stout; **Mode für ~e Damen** fashion for ladies with a fuller figure
vollschreiben *v|t Heft, Seite* to fill (with writing)
vollständig **A** *adj* complete; *Adresse* full *attr*; **nicht** ~ incomplete **B** *adv* completely
Vollständigkeit *f* completeness
vollstopfen *v|t* to cram full
vollstrecken *v|t* to execute; *Urteil* to carry out
Vollstreckung *f* execution; *von Todesurteil* carrying out; ~ **einer Forderung** enforcement of a claim
Vollstreckungsbescheid *m* writ of execution
volltanken *v|t & v|i* to fill up
Volltext *m* IT full text
Volltextsuche *f* full text search
Volltreffer *m* bull's eye
volltrunken *adj* completely drunk
Vollversammlung *f* general assembly; *von Stadtrat etc* full meeting
Vollwaschmittel *n* detergent
vollwertig *adj Mitglied* full *attr*; *Ersatz* (fully) adequate
Vollwertkost *f* wholefoods *pl*
vollzählig **A** *adj Anzahl* complete; **um ~es Erscheinen wird gebeten** everyone is requested to attend **B** *adv* **sie sind** ~ **erschienen** everyone came
Vollzeit *f* full-time work *od* employment; **auf** ~ **gehen** to go full-time
Vollzeit- *zssgn* full-time
vollzeitbeschäftigt *adj* full-time
Vollzeitstelle *f* full-time position
vollziehen **A** *v|t* to carry out; *Trauung* to perform **B** *v|r* to take place
Vollzug *m* (≈ *Strafvollzug*) penal system
Vollzugsanstalt *form f* penal institution
Vollzugsbeamte(r) *m*, **Vollzugsbeamtin** *form f* warder
Volontär(in) *m(f)* trainee
Volontariat *n Zeit* practical training
volontieren *v|i* to be training (**bei** with)
Volt *n* volt
Voltmeter *n* voltmeter
Voltzahl *f* voltage
Volumen *n wörtl, fig* (≈ *Inhalt*) volume
vom *präp* **vom 1. bis zum 5. Mai** from 1st to 5th May; **das kommt vom vielen Arbeiten** that comes from working too much; **sie hat keine Ahnung vom Tanzen** she doesn't know the first thing about dancing; → von
von *präp* **1** from; **nördlich von** to the north of; **von heute ab** *od* **an** from today; **von dort aus** from there; **von weit her** far; **von … bis** from … to; **von morgens bis abends** from morning

till night **2** *Urheberschaft ausdrückend* by; **das Gedicht ist von Schiller** the poem is by Schiller; **das Kind ist von ihm** the child is his; **von etw begeistert** enthusiastic about sth **3 ein Riese von einem Mann** *umg* a giant of a man; **dieser Dummkopf von Gärtner!** *umg* that idiot of a gardener!; **im Alter von 50 Jahren** at the age of 50

voneinander *adv* of each other, of one another; **sich ~ trennen** to part *od* separate (from each other *od* one another); **~ getrennt** apart

vonseiten *präp* on the part of

vor A *präp* **1** *räumlich* in front of; (≈ *außerhalb von*) outside; *bei Reihenfolge* before; **die Stadt lag vor uns** the town lay before us; **vor allen Dingen, vor allem** above all; **vor dem Fernseher sitzen** to sit in front of the TV **2** *Richtung angebend* in front of **3** *zeitlich* before; *vor einem bestimmten Datum* prior to; **vor dem Abendessen** before dinner; **zwanzig (Minuten) vor drei** twenty (minutes) to three; **heute vor acht Tagen** a week ago today; **vor einer Minute** a minute ago; **vor einigen Tagen** a few days ago; **vor Hunger sterben** to die of hunger; **vor Kälte zittern** to tremble with cold **4 vor j-m/etw sicher sein** to be safe from sb/sth; **Achtung vor j-m/etw haben** to have respect for sb/sth **B** *adv* **vor und zurück** backwards and forwards

vorab *adv* to begin *od* start with

Vorabend *m* evening before; **das war am ~** that was the evening before

Vorahnung *f* presentiment, premonition; LIT foreshadowing

voran *adv* **1** (≈ *vorn*) first **2** (≈ *vorwärts*) forwards

voranbringen *v/t* to make progress with; *Entwicklung* to further

vorangehen *v/i* **1** (≈ *an der Spitze gehen*) to go first *od* in front; (≈ *anführen*) to lead the way **2** *einer Sache* (*dat*) ~ to precede sth **3** (≈ *Fortschritte machen*) to come along

vorankommen *v/i* to make progress; **beruflich ~** to get on in one's job; **wie komme ich voran?** how am I doing?

Voranmeldung *f* appointment; (≈ *Reservierung*) booking, reservation

Voranschlag *m* estimate

Vorarbeit *f* groundwork

vorarbeiten *v/t & v/i* to work in advance

Vorarbeiter *m* foreman

Vorarbeiterin *f* forewoman

Vorarlberg *n* Vorarlberg

voraus *adv* (≈ *voran*) in front (+*dat* of); *fig* ahead (+*dat* of); **im Voraus** in advance

vorausahnen *v/t* to anticipate

vorausfahren *v/i* to go in front (+*dat* of); *Fahrer* to drive in front (+*dat* of)

vorausgehen *v/i* → vorangehen

vorausgesetzt *adj* ~, (**dass**) ... provided (that) ...

voraushaben *v/t* **j-m etw ~** to have the advantage of sth over sb

Vorauskasse *f* WIRTSCH cash in advance

vorausplanen *v/t & v/i* to plan ahead

Voraussage *f* prediction; (≈ *Wettervoraussage*) forecast

voraussagen *v/t* to predict (**j-m für sb**); *Wetter* to forecast

vorausschicken *v/t* to send on ahead *od* in advance (+*dat* of); *fig* (≈ *vorher sagen*) to say in advance (+*dat* of)

voraussehen *v/t* to foresee; **das war vorauszusehen!** that was (only) to be expected!

voraussetzen *v/t* to presuppose; *Zustimmung, Verständnis* to take for granted; (≈ *erfordern*) to require; **wenn wir einmal ~, dass ...** let us assume that ...

Voraussetzung *f* prerequisite, precondition; (≈ *Erfordernis*) requirement; (≈ *Annahme*) assumption; **unter der ~, dass ...** on condition that ...

Voraussicht *f* foresight; **aller ~ nach** in all probability

voraussichtlich A *adj* expected **B** *adv* probably

Vorauszahlung *f* advance payment

Vorbehalt *m* reservation; **unter dem ~, dass ...** with the reservation that ...

vorbehalten *v/t* **sich** (*dat*) **etw ~** to reserve sth (for oneself); *Recht* to reserve sth; **alle Rechte ~** all rights reserved; **Änderungen (sind) ~** subject to alterations

vorbehaltlos A *adj* unconditional **B** *adv* without reservations

vorbei *adv* **1** *räumlich* past, by; **~ an** (+*dat*) past **2** *zeitlich* **~ sein** to be past; (≈ *beendet*) to be over; **es ist schon 8 Uhr ~** it's already past *od* after 8 o'clock; **damit ist es nun ~** that's all over now; **aus und ~** over and done

vorbeibringen *umg v/t* to drop by *od* in, to bring round

vorbeifahren *v/i* to go/drive past (**an j-m** sb); **an etw** (*dat*) ~ to pass sth; **bei j-m ~** *umg* to drop in on sb

vorbeigehen *v/i* **1** to pass, to go past *od* by (**an j-m/etw** sb/sth); **bei j-m ~** *umg* to drop in on sb; **im Vorbeigehen** in passing **2** (≈ *vergehen*) to pass

vorbeikommen *v/i* to pass, to go past (**an j-m/etw** sb/sth); *an einem Hindernis* to get past; **an einer Aufgabe nicht ~** to be unable to avoid a task

vorbeilassen *v/t* to let past (**an j-m/etw** sb/sth)

vorbeireden *v/i* **an etw** (*dat*) ~ to talk round

sth; **aneinander ~** to talk at cross purposes
vorbelastet *adj* handicapped
Vorbemerkung *f* introductory *od* preliminary remark
vorbereiten **A** *v/t* to prepare; **Dinge ~** to get things ready **B** *v/r* to prepare (oneself) (**auf** *+akk* for), to get ready (**auf** *+akk* for)
Vorbereitung *f* preparation; **~en treffen** to make preparations
vorbestellen *v/t* to order in advance
Vorbestellung *f* advance order; *von Zimmer* (advance) booking
vorbestraft *adj* previously convicted
vorbeugen **A** *v/i* to prevent (**einer Sache** *dat* sth) **B** *v/r* to bend forward *od* over
vorbeugend *adj* preventive
Vorbeugung *f* prevention (**gegen, von** of)
Vorbild *n* model; *Mensch* role model; (≈ *Beispiel*) example; **nach amerikanischem ~** following the American example; **sich** (*dat*) **j-n zum ~ nehmen** to model oneself on sb
vorbildlich **A** *adj* exemplary; ideal **B** *adv* exemplarily
Vorbote *m*, **Vorbotin** *f* harbinger, herald
vorbringen *v/t* **1** *umg* (≈ *nach vorn bringen*) to take up *od* forward **2** (≈ *äußern*) to say; *Wunsch, Forderung* to state; *Klage* to lodge; *Kritik* to make; *Bedenken* to express; *Argument* to produce
Vordach *n* canopy
vordatieren *v/t* to postdate; *Ereignis* to predate
Vordenker(in) *m(f)* mentor
Vorder- *zssgn Ansicht, Rad, Tür, Zahn* front
Vorderachse *f* front axle
Vorderansicht *f* front view
Vorderbein *n* foreleg
vordere(r, s) *adj* front; **im ~n Teil** at the front
Vordergrund *m* foreground; **im ~ stehen** *fig* to be to the fore; **etw in den ~ rücken** *od* **stellen** *fig* to give priority to sth; **in den ~ treten** *fig* to come to the fore
vordergründig *fig adj* (≈ *oberflächlich*) superficial
Vordermann *m* person in front; **sein ~** the person in front of him; **etw auf ~ bringen** *fig umg Kenntnisse* to brush sth up; (≈ *auf neuesten Stand bringen*) to bring sth up-to-date
Vorderrad *n* front wheel
Vorderradantrieb *m* front-wheel drive
Vorderseite *f* front
Vordersitz *m* front seat
vorderste(r, s) *adj* front(most)
Vorderteil *n* front part
Vordertür *f* front door
vordrängeln *v/r* **1** *nach vorn* to push (forward) **2** *in einer Schlange* to push in, to cut in line *US*
vordrängen *v/r* to push to the front

vordringen *v/i* to advance; **bis zu etw ~** to get as far as sth
vordringlich *adj* urgent
Vordruck *m* form
vorehelich *adj* premarital
voreilig *adj* rash; **~e Schlüsse ziehen** to jump to conclusions
voreinander *adv räumlich* in front of one another; **wir haben keine Geheimnisse ~** we have no secrets from each other
voreingenommen *adj* prejudiced, biased
Voreingenommenheit *f* prejudice, bias
voreingestellt *adj bes* IT preset
Voreinstellung *f bes* IT presetting
vorenthalten *v/t* **j-m etw ~** to withhold sth from sb
Vorentscheidung *f* preliminary decision; SPORT preliminary round *od* heat; SPORT **das war die ~** that more or less settles it
vorerst *adv* for the time being
Vorfahr *m*, **Vorfahre** *m*, **Vorfahrin** *f* ancestor
vorfahren *v/i* **1** (≈ *nach vorn fahren*) to drive *od* move forward **2** (≈ *ankommen*) to drive up **3** (≈ *früher fahren*) **wir fahren schon mal vor** we'll go on ahead
Vorfahrt *f* right of way; „**Vorfahrt (be)achten**" "give way" *Br*, "yield" *US*; **j-m die ~ nehmen** to ignore sb's right of way
Vorfahrtsschild *n* give way sign *Br*, yield sign *US*
Vorfahrtsstraße *f* major road
Vorfall *m* incident
vorfallen *v/i* (≈ *sich ereignen*) to happen
vorfeiern *v/t & v/i* to celebrate early
Vorfeld *fig m* run-up (+*gen* to); **im ~ der Wahlen** in the run-up to the elections
vorfinden *v/t* to find, to discover
Vorfreude *f* anticipation
vorfühlen *fig v/i* **bei j-m ~** to sound sb out, to feel sb out *US*
vorführen *v/t* **1** **den Gefangenen dem Haftrichter ~** to bring the prisoner up before the magistrate **2** (≈ *zeigen*) to present; *Kunststücke* to perform (+*dat* to); *Film* to show; *Gerät* to demonstrate (+*dat* to)
Vorführung *f* presentation; *von Filmen* showing; *von Geräten* demonstration; *von Kunststücken* performance
Vorgang *m* **1** (≈ *Ereignis*) event **2** TECH etc process
Vorgänger(in) *m(f)* predecessor
Vorgarten *m* front garden
vorgeben *v/t* **1** (≈ *vortäuschen*) to pretend; (≈ *fälschlich beteuern*) to profess **2** SPORT to give (a start of)
vorgefasst *adj Meinung* preconceived

vorgefertigt *adj* prefabricated; *Meinung* preconceived
Vorgefühl *n* anticipation; (≈ *böse Ahnung*) presentiment, foreboding
vorgehen *v|i* **1** (≈ *handeln*) to act; **gerichtlich gegen j-n ~** to take legal action against sb **2** (≈ *geschehen*) to go on **3** *Uhr* to be fast **4** (≈ *nach vorn gehen*) to go forward; (≈ *früher gehen*) to go on ahead **5** (≈ *den Vorrang haben*) to come first
Vorgehen *n* action
Vorgeschichte *f* **1** *eines Falles* past history **2** (≈ *Urgeschichte*) prehistoric times *pl*
vorgeschichtlich *adj* prehistoric
Vorgeschmack *m* foretaste
Vorgesetzte(r) *m|f(m)* superior; (≈ *Aufseher*) supervisor
vorgestern *adv* the day before yesterday; **von ~** *fig* antiquated
vorglühen *v|i umg Alkohol konsumieren* to pre-game *US*; **bevor sie in die Disko gehen, glühen die Jugendlichen ordentlich vor** the young people have plenty to drink before they go to the disco; **er kam schon gut vorgeglüht zur Party** he'd already had plenty to drink before he got to the party
vorgreifen *v|i* **j-m ~** to forestall sb; **einer Sache** (*dat*) **~** to anticipate sth
Vorgriff *m* anticipation (**auf** +*akk* of); **im ~ auf** (+*akk*) in anticipation of
vorhaben *v|t* to intend; (≈ *geplant haben*) to have planned; (≈ *im Schilde führen*) to be up to; **was haben Sie heute vor?** what are your plans for today?; **hast du heute Abend schon etwas vor?** have you already got something planned this evening?
Vorhaben *n* plan
vorhalten **A** *v|t* **1** → **vorwerfen** **2** *als Beispiel* **j-m j-n/etw ~** to hold sb/sth up to sb **3** (≈ *vor den Körper halten*) to hold up **B** *v|i* (≈ *anhalten*) to last
Vorhaltung *f* reproach; **j-m (wegen etw) ~en machen** to reproach sb (with *od* for sth)
Vorhand *f SPORT* forehand
vorhanden *adj* (≈ *verfügbar*) available; (≈ *existierend*) in existence; **davon ist genügend ~** there's plenty of that
Vorhandensein *adj* existence
Vorhang *m* curtain
Vorhängeschloss *n* padlock
Vorhaut *f* foreskin
vorher *adv* before; (≈ *im Voraus*) beforehand
vorherbestimmen *v|t Schicksal* to predetermine; *Gott* to preordain
vorhergehend *adj Tag, Ereignisse* preceding
vorherig *adj* previous; *Vereinbarung* prior
Vorherrschaft *f* predominance, supremacy; (≈ *Hegemonie*) hegemony
vorherrschen *v|i* to predominate
vorherrschend *adj* predominant; (≈ *weitverbreitet*) prevalent
Vorhersage *f* forecast
vorhersagen *v|t* → **voraussagen**
vorhersehbar *adj* foreseeable
vorhersehen *v|t* to foresee
vorhin *adv* just now
Vorhinein *adv* **im ~** in advance
Vorhut *f MIL* vanguard, advance guard
vorig *adj* (≈ *früher*) previous; (≈ *vergangen*) *Jahr etc* last
vorinstalliert *adj* pre-installed
Vorjahr *n* previous year
Vorkämpfer(in) *m(f)* pioneer (**für** of)
Vorkasse *f* **„Zahlung nur gegen ~"** "advance payment only"
vorkauen *v|t Nahrung* to chew; **j-m etw** (*akk*) **~** *fig umg* to spoon-feed sth to sb *umg*
Vorkaufsrecht *n* right of first refusal
Vorkehrung *f* precaution; **~en treffen** to take precautions
Vorkenntnis *f* previous knowledge *kein pl*
vorknöpfen *fig umg v|t* **sich** (*dat*) **j-n ~** to take sb to task
vorkommen *v|i* **1** (≈ *sich ereignen*) to happen; **so etwas ist mir noch nie vorgekommen** such a thing has never happened to me before **2** (≈ *vorhanden sein*) to occur; *Pflanzen, Tiere* to be found **3** (≈ *erscheinen*) to seem; **das kommt mir merkwürdig vor** that seems strange to me; **sich** (*dat*) **überflüssig ~** to feel superfluous **4** (≈ *nach vorn kommen*) to come forward
Vorkommnis *n* incident
Vorkriegs- *zssgn* prewar
Vorkriegszeit *f* prewar period
vorladen *v|t JUR* to summons
Vorladung *f* summons
Vorlage *f* **1** (≈ *das Vorlegen*) presentation; *von Beweismaterial* submission; **gegen ~ einer Sache** (*gen*) (up)on production *od* presentation of sth **2** (≈ *Muster*) pattern; (≈ *Entwurf*) draft
vorlassen *v|t* **1** *umg* **j-n ~** (≈ *vorbeigehen lassen*) to let sb pass; **ein Auto ~** (≈ *überholen lassen*) to let a car pass **2** (≈ *Empfang gewähren*) to allow in
Vorlauf *m SPORT* qualifying *od* preliminary heat
Vorläufer(in) *m(f)* forerunner
vorläufig **A** *adj* temporary; *Urteil* preliminary **B** *adv* (≈ *fürs Erste*) for the time being
vorlaut *adj* cheeky *Br*, impertinent
Vorleben *n* past (life)
vorlegen *v|t* **1** (≈ *präsentieren*) to present; *Pass* to show; *Beweismaterial* to submit **2** *Riegel* to put across; *Schloss* to put on **3** (≈ *vorstrecken*) *Geld*

to advance
Vorleger *m* mat
vorlehnen *v/r* to lean forward
Vorleistung *f* WIRTSCH (≈ *Vorausbezahlung*) advance (payment)
vorlesen *v/t & v/i* **j-m (etw) ~** to read (sth) to sb; **laut ~** to read out
Vorlesung *f* UNIV lecture; **über etw** (*akk*) **~en halten** to give (a course of) lectures on sth
Vorlesungsverzeichnis *n* lecture timetable
vorletzte(r, s) *adj* next to last, penultimate; **im ~n Jahr** the year before last
Vorliebe *f* preference; **~n** likes
vorliebnehmen *v/i* **mit j-m/etw ~** to make do with sb/sth
vorliegen **A** *v/i* (≈ *zur Verfügung stehen*) to be available; (≈ *vorhanden sein*) *Irrtum, Schuld etc* to be; *Gründe, Voraussetzungen* to exist; **j-m ~** *Unterlagen etc* to be with sb; **etw liegt gegen j-n vor** sth is against sb; *gegen Angeklagten* sb is charged with sth **B** *v/i* to be; **es muss ein Irrtum ~** there must be some mistake
vorlügen *v/t* **j-m etwas ~** to lie to sb
vormachen *v/t* **j-m etw ~** (≈ *zeigen*) to show sb how to do sth; *fig* (≈ *täuschen*) to fool sb; **ich lasse mir so leicht nichts ~** you/he *etc* can't fool me so easily; **sich** (*dat*) **(selbst) etwas ~** to fool oneself
Vormacht(stellung) *f* supremacy (**gegenüber** over)
Vormarsch *m* MIL advance; **im ~ sein** *fig* to be gaining ground
vormerken *v/t* to note down; *Plätze* to reserve; **ich werde Sie für Mittwoch ~** I'll put you down for Wednesday
Vormieter(in) *m(f)* previous tenant
Vormittag *m* morning; **am ~** in the morning; **heute ~** this morning
vormittags *adv* in the morning; (≈ *jeden Morgen*) in the morning(s); *hinter Uhrzeit* am *Br*, a.m. *US*
Vormund *m* guardian
Vormundschaft *f* guardianship
vorn *adv* **1** in front, at the front; **nach ~** (≈ *ganz nach vorn*) to the front; (≈ *weiter nach vorn*) forwards; **~ im Bild** in the front of the picture; **sie waren ziemlich weit ~** they were quite far ahead **2** (≈ *am Anfang*) **von ~** from the beginning; **von ~ anfangen** to begin at the beginning; *neues Leben* to start afresh **3** (≈ *am vorderen Ende*) at the front; **~ im Auto** in the front of the car; **er betrügt sie von ~ bis hinten** he deceives her right, left and centre *Br*, he deceives her right, left and center *US*
Vorname *m* first name
vornehm **A** *adj* **1** *kultiviert* distinguished; *Benehmen* genteel; **die ~e Gesellschaft** high society **2** (≈ *elegant*) *Wohngegend, Haus* posh *umg*; *Geschäft* exclusive; *Kleid* elegant; *Auto* smart; *Geschmack* refined **B** *adv* **wohnen** grandly; **~ tun** *pej umg* to act posh *umg*
vornehmen *v/t* (≈ *ausführen*) to carry out; *Änderungen* to do; *Messungen* to take; (**sich** *dat*) **etw ~** (≈ *in Angriff nehmen*) to get to work on sth; (≈ *planen*) to intend to do sth; **ich habe mir zu viel vorgenommen** I've taken on too much; **sich** (*dat*) **j-n ~** *umg* to have a word with sb
vornherein *adv* **von ~** from the start
vornüber *adv* forwards
Vorort *m* (≈ *Vorstadt*) suburb
Vorortzug *m* suburban train
Vorplatz *m* forecourt
Vorposten *m* MIL outpost
Vorprogramm *n* supporting bill, warm-up act *US*
vorprogrammieren *v/t* to preprogram
vorprogrammiert *adj Erfolg etc* inevitable; *Verhaltensweise* preprogrammed
Vorrang *m* **1** **~ haben** to have priority; **j-m den ~ geben** to give sb priority **2** *österr* (≈ *Vorfahrt*) right of way
vorrangig *adj* priority *attr*; **~ sein** to have (top) priority; **eine Angelegenheit ~ behandeln** to give a matter priority treatment
Vorrat *m* stock, supply; *bes* HANDEL stocks *pl*; (≈ *Geldvorrat*) reserves *pl*; *an Atomwaffen* stockpile; **solange der ~ reicht** HANDEL while stocks last
vorrätig *adj* in stock; (≈ *verfügbar*) available
Vorratsdatenspeicherung *f* POL BRD data retention
Vorratskammer *f* pantry
vorrechnen *v/t* **j-m etw ~** to calculate sth for sb; **j-m seine Fehler ~** *fig* to enumerate sb's mistakes
Vorrecht *n* prerogative; (≈ *Vergünstigung*) privilege
Vorredner(in) *m(f)* (≈ *vorheriger Redner*) previous speaker
Vorrichtung *f* device
vorrücken **A** *v/t* to move forward; *Schachfigur* to advance **B** *v/i* to move forward; MIL to advance; *im Beruf etc* to move up; **in vorgerücktem Alter** in later life; **zu vorgerückter Stunde** at a late hour
Vorruhestand *m* early retirement; **in den ~ gehen** *od* **treten** to take early retirement
Vorrunde *f* SPORT preliminary *od* qualifying round
vorsagen **A** *v/t* **j-m etw ~** *Antwort, Lösung* to tell sb sth **B** *v/i* SCHULE **j-m ~** to tell sb the answer
Vorsaison *f* low season
Vorsatz *m* (firm) intention; **mit ~** JUR with intent

vorsätzlich A *adj* deliberate; JUR *Mord* premeditated B *adv* deliberately
Vorschau *f* preview; *für Film* trailer
Vorschein *m* **zum ~ bringen** *wörtl* (≈ *zeigen*) to produce; *fig* (≈ *deutlich machen*) to bring to light; **zum ~ kommen** *wörtl* (≈ *sichtbar werden*) to appear; *fig* (≈ *entdeckt werden*) to come to light
vorschießen *v/t* **j-m Geld ~** to advance sb money
Vorschlag *m* suggestion; (≈ *Rat*) advice; (≈ *Angebot*) proposition; **auf ~ von** *od* +*gen* at *od* on the suggestion of
vorschlagen *v/t* to suggest; **j-n für ein Amt ~** to propose sb for a position
vorschnell *adj* & *adv* → voreilig
vorschreiben *v/t* (≈ *befehlen*) to stipulate; MED *Dosis* to prescribe; **j-m ~, wie/was …** to dictate to sb how/what …; **gesetzlich vorgeschrieben** stipulated by law
Vorschrift *f* (≈ *Bestimmung*) regulation, rule; (≈ *Anweisung*) instruction; **j-m ~en machen** to give sb orders; **sich an die ~en halten** to observe the regulations; **Arbeit nach ~** work to rule
vorschriftsmäßig A *adj* regulation *attr*; *Verhalten* correct, proper *attr* B *adv* (≈ *laut Anordnung*) according to (the) regulations
vorschriftswidrig *adj* & *adv* contrary to *od* against regulations
Vorschub *m* **j-m/einer Sache ~ leisten** to encourage sb/sth
Vorschule *f* nursery school; *für 5- bis 6-Jährige in den USA* kindergarten
Vorschuss *m* advance
Vorschusslorbeeren *pl* premature praise *sg*
vorschützen *v/t* to plead as an excuse; *Unwissenheit* to plead
vorschwärmen *v/i* **j-m von etw ~** to rave (on) about sth to sb
vorschweben *v/i* **j-m schwebt etw vor** sb has sth in mind
vorsehen A *v/t* (≈ *planen*) to plan; (≈ *einplanen*) *Kosten* to allow for; *Zeit* to allow; *im Gesetz* to provide for; **j-n für etw ~** (≈ *beabsichtigen*) to have sb in mind for sth B *v/r* (≈ *sich in Acht nehmen*) to watch out; **sich vor j-m/etw ~** to beware of sb/sth
Vorsehung *f* **die (göttliche) ~** (divine) Providence
vorsetzen *v/t* **1** *Fuß* to put forward **2** **j-m etw ~** (≈ *geben*) to give sb sth; (≈ *anbieten*) to offer sb sth
Vorsicht *f* care; *bei Gefahr* caution; **~ walten lassen** to be careful; *bei Gefahr* to exercise caution; (≈ *behutsam vorgehen*) to be wary; **zur ~ mahnen** to advise caution; **~!** watch out!; **„Vorsicht feuergefährlich"** "danger - inflammable"; **„Vorsicht Stufe"** "mind the step"; **mit ~** carefully; *bei Gefahr* cautiously; **was er sagt ist mit ~ zu genießen** *hum umg* you have to take what he says with a pinch of salt *umg*; **~ ist besser als Nachsicht** *sprichw* better safe than sorry
vorsichtig A *adj* careful; (≈ *besonnen*) cautious; (≈ *misstrauisch*) wary; *Schätzung* cautious; **sei ~, dass du nicht fällst** be careful you don't fall B *adv* **1** umsichtig carefully **2** zurückhaltend **sich ~ äußern** to be very careful what one says
vorsichtshalber *adv* as a precaution
Vorsichtsmaßnahme *f* precaution
Vorsilbe *f* prefix
vorsingen *v/t* & *v/i vor Zuhörern* **j-m (etw) ~** to sing (sth) to sb
Vorsingen *n* audition
vorsintflutlich *umg adj* antiquated
Vorsitz *m* chairmanship; **den ~ haben** to be chairman; **den ~ führen** to hold the chair; **den ~ übernehmen** to take the chair
Vorsitzende(r) *m/f(m)* chairman; *Frau a.* chairwoman; *von Verein* president
Vorsorge *f* (≈ *Vorsichtsmaßnahme*) precaution; (≈ *Vorbeugung*) prevention; **~ treffen** to take precautions; *fürs Alter* to make provision
vorsorgen *v/i* to make provision; **für etw ~** to provide for sth
Vorsorgeprinzip *n* precautionary principle
Vorsorgeuntersuchung *f* MED medical check-up
vorsorglich *adj* precautionary
Vorspann *m* FILM, TV *Titel und Namen* opening credits *pl*
Vorspeise *f* hors d'œuvre, starter *Br*
Vorspiegelung *f* pretence *Br*, pretense *US*; **das ist nur (eine) ~ falscher Tatsachen** *hum* it's all sham
Vorspiel *n* (≈ *Einleitung*) prelude; THEAT prologue *Br*, prolog *US*; *bei Geschlechtsverkehr* foreplay
vorspielen A *v/t* **j-m etw ~** MUS to play sth to sb; *pantomimisch darstellen* to mime sth; *fig* to act out a sham of sth in front of sb; **spiel mir doch nichts vor** don't try and pretend to me B *v/i vor Zuhörern* to play; **j-n ~ lassen** *bei Einstellung* to audition sb
vorsprechen A *v/t* (≈ *vortragen*) to recite B *v/i* **1** *form* (≈ *j-n aufsuchen*) to call (**bei j-m** on sb) **2** THEAT to audition
Vorsprechen *n* audition
vorspringen *v/i* to jump *od* leap forward; (≈ *herausragen*) to jut out, to project; *Nase, Kinn* to be prominent
Vorsprung *m* **1** ARCH projection; *von Küste* promontory **2** SPORT, *a. fig* (≈ *Abstand*) lead (**vor** +*dat* over); (≈ *Vorgabe*) start; **j-m 10 Minuten**

~ **geben** to give sb a 10-minute start; **einen ~ vor j-m haben** to be ahead of sb
vorspulen v/t to wind forward
Vorstadt f suburb
Vorstand m (≈ leitendes Gremium) board; von Verein committee; von Partei executive
Vorstandsetage f executive floor
Vorstandsvorsitzende(r) m/f(m) chairperson of the board of directors
vorstehen v/i [1] (≈ hervorragen) to jut out; Zähne to protrude; Kinn, Nase to be prominent [2] einer Sache ~ einer Firma, einer Partei to be the chairperson of sth; der Regierung to be the head of sth; einer Abteilung, einer Behörde to be in charge of sth
Vorsteherdrüse f prostate (gland)
vorstellbar adj conceivable
vorstellen [A] v/t [1] nach vorn to move forward; Uhr to put forward (**um** by) [2] (≈ darstellen) to represent; (≈ bedeuten) to mean; **etwas ~** fig (≈ Ansehen haben) to count for something [3] (≈ vorführen) to present (j-m to sb); **j-n j-m ~** to introduce sb to sb [4] **sich** (dat) **etw ~** to imagine sth; **das kann ich mir gut ~** I can imagine that (well); **sich** (dat) **etw unter etw** (dat) **~** Begriff, Wort to understand sth by sth; **darunter kann ich mir nichts ~** it doesn't mean anything to me; **was haben Sie sich (als Gehalt) vorgestellt?** what (salary) did you have in mind?; **stell dir das nicht so einfach vor** don't think it's so easy; **stell dir vor!, stellt euch vor!** guess what! [B] v/r (≈ sich bekannt machen) to introduce oneself (j-m to sb)
vorstellig adj **bei j-m ~ werden** to go to sb; wegen Beschwerde to complain to sb
Vorstellung f [1] (≈ Gedanke) idea; bildlich picture; (≈ Einbildung) illusion; (≈ Vorstellungskraft) imagination; **du hast falsche ~en** you are wrong (in your ideas); **das entspricht ganz meiner ~** that is just how I imagined it; **sich** (dat) **eine ~ von etw machen** to form an idea of sth; Bild to form a picture of sth [2] THEAT etc performance; (≈ Show) show [3] (≈ Präsentation) presentation [4] (≈ Einführung) introduction
Vorstellungsgespräch n (job) interview
Vorstellungskraft f imagination
Vorstellungsvermögen n powers pl of imagination
Vorsteuer f (≈ Mehrwertsteuer) input tax
Vorsteuerabzug m input tax deduction
Vorstopper(in) m(f) central defender
Vorstoß m (≈ Vordringen) venture; MIL advance; fig (≈ Versuch) attempt
vorstoßen [A] v/t to push forward [B] v/i to venture; SPORT to attack; MIL to advance; **ins Viertelfinale ~** to advance into the quarterfinal

Vorstrafe f previous conviction
Vorstrafenregister n criminal record
vorstrecken v/t to stretch forward; Arme, Hand to stretch out; Geld to advance (j-m sb)
Vorstufe f preliminary stage
Vortag m day before, eve; **am ~ der Konferenz** (on) the day before the conference
Vortanzen n audition
vortäuschen v/t Krankheit to feign; Straftat, Orgasmus to fake
Vorteil m advantage; (≈ Vorzug) asset; **die Vor- und Nachteile** the pros and cons; **(j-m gegenüber) im ~ sein** to have an advantage (over sb); **von ~ sein** to be advantageous; **„Vorteil Federer"** Tennis "advantage Federer"
vorteilhaft adj advantageous; Kleid, Frisur flattering; Geschäft lucrative; **~ aussehen** to look one's best
Vortrag m [1] (≈ Vorlesung) lecture; (≈ Bericht) talk; (≈ Präsentation) presentation; **einen ~ halten** to give a lecture/talk [2] (≈ Art des Vortragens) performance [3] FIN balance carried forward
vortragen v/t [1] (≈ berichten) to report; Fall, Forderungen to present; Bedenken, Wunsch to express [2] (≈ vorsprechen) Gedicht to recite; Rede to give; MUS to perform; Lied to sing [3] FIN to carry forward
vortrefflich adj excellent
vortreten v/i [1] wörtl to step forward [2] (≈ hervorragen) to project; Augen to protrude
Vortritt m precedence; schweiz (≈ Vorfahrt) right of way; **j-m den ~ lassen** to let sb go first
vorüber adv [1] **~ sein** to be past; Gewitter, Winter to be over; Schmerz to have gone [2] **~ an** (+dat) past
vorübergehen v/i [1] räumlich to go past (**an etw** dat sth); **an j-m/etw ~** fig (≈ ignorieren) to ignore sb/sth [2] zeitlich to pass; Gewitter to blow over
vorübergehend [A] adj (≈ flüchtig) passing attr; (≈ zeitweilig) temporary [B] adv temporarily
Vorurteil n prejudice (**gegenüber** against); **~e haben** to be prejudiced
vorurteilsfrei, vorurteilslos [A] adj unprejudiced [B] adv without prejudice
Vorvergangenheit f GRAM pluperfect, past perfect
Vorverkauf m THEAT, SPORT advance booking
Vorverkaufsstelle f advance booking office
vorverlegen v/t Termin to bring forward
Vorverurteilung f prejudgement
vorvorgestern umg adv three days ago
vorvorletzte(r, s) adj last but two
vorwagen v/r to venture forward
Vorwahl f [1] preliminary election; US primary [2] TEL dialling code Br, area code US
vorwählen v/t TEL to dial first

Vorwahlnummer f dialling code Br, area code US

Vorwand m pretext; **unter dem ~, dass …** under the pretext that …

vorwarnen v/t **j-n ~** to warn sb (in advance)

Vorwarnung f (prior od advance) warning

vorwärts adv forwards, forward; **~!** umg let's go umg; **~ und rückwärts** backwards and forwards

vorwärtskommen v/i to make progress (**in** +dat od **mit** with); beruflich to get on; **wir kamen nur langsam ~** we made slow progress

Vorwäsche f prewash

vorweg adv (≈ an der Spitze) at the front; (≈ vorher) before(hand); (≈ von vornherein) at the outset

Vorwegnahme f anticipation

vorwegnehmen v/t to anticipate

Vorweihnachtszeit f pre-Christmas period

vorweisen v/t to produce

vorwerfen fig v/t **j-m etw ~** (≈ anklagen) to reproach sb for sth; (≈ beschuldigen) to accuse sb of sth; **das wirft er mir heute noch vor** he still holds it against me; **ich habe mir nichts vorzuwerfen** my conscience is clear

vorwiegend **A** adj predominant **B** adv predominantly

vorwitzig adj cheeky

Vorwort n foreword; bes von Autor preface

Vorwurf m reproach; (≈ Beschuldigung) accusation; **j-m (wegen etw) Vorwürfe machen** to reproach sb (for sth), to blame sb (for sth)

vorwurfsvoll **A** adj reproachful **B** adv reproachfully

Vorzeichen n (≈ Omen) omen; MED early symptom; MATH sign; **unter umgekehrtem ~** fig under different circumstances

vorzeigbar adj presentable

vorzeigen v/t to show; Zeugnisse to produce

Vorzeit f **in der ~** in prehistoric times

vorzeitig **A** adj early; Altern etc premature **B** adv early, prematurely

vorziehen v/t **1** (≈ hervorziehen) to pull out; (≈ zuziehen) Vorhänge to draw **2** fig (≈ lieber mögen) to prefer; (≈ bevorzugen) j-n to favour Br, to favor US; **es ~, etw zu tun** to prefer to do sth **3** Wahlen, Termin to bring forward

Vorzimmer n anteroom; (≈ Büro) outer office; österr (≈ Diele) hall

Vorzug m preference; (≈ gute Eigenschaft) merit; (≈ Vorteil) asset, advantage; **einer Sache** (dat) **den ~ geben** form to give sth preference

vorzüglich adj excellent

Vorzugsaktie f BÖRSE preference share

Vorzugspreis m special discount price

vorzugsweise adv preferably; (≈ hauptsächlich) mainly

Votum geh n vote

Voucher m Touristik voucher

Voyeur(in) m(f) voyeur

vulgär adj vulgar; **drück dich nicht so ~ aus** don't be so vulgar

Vulgarität f vulgarity

Vulkan m volcano

Vulkanausbruch m volcanic eruption

vulkanisch adj volcanic

Vulkanwolke f nach Vulkanausbruch volcanic ash cloud, volcano cloud

W

W, w n W, w

Waadt f Vaud

Waage f **1** Gerät scales pl; **eine ~** a pair of scales; **sich** (dat) **die ~ halten** fig to balance one another **2** ASTROL Libra; **(eine) ~ sein** to be (a) Libra

waagerecht **A** adj horizontal; im Kreuzworträtsel across **B** adv levelly

Waagschale f scale; **jedes Wort auf die ~ legen** to weigh every word (carefully); **seinen Einfluss in die ~ werfen** fig to bring one's influence to bear

wabbelig adj Pudding wobbly

Wabe f honeycomb

wach adj awake präd; **in ~em Zustand** in the waking state; **sich ~ halten** to stay awake; **~ bleiben** (≈ nicht schlafen gehen) to stay up; **~ werden** to wake up; **~ liegen** to lie awake

Wache f **1** (≈ Wachdienst) guard (duty); (bei j-m) **~ halten** to keep guard (over sb); **~ stehen** to be on guard (duty) **2** MIL (≈ Wachposten) guard **3** (≈ Polizeiwache) (police) station

wachen v/i (≈ Wache halten) to keep watch; **bei j-m ~** to sit up with sb; **über etw** (akk) **~** to (keep) watch over sth

wach halten fig v/t Erinnerung to keep alive; Interesse to keep up

Wachhund m watchdog

Wachmann m watchman; österr policeman

Wacholder m **1** BOT juniper (tree) **2** → Wacholderschnaps

Wacholderbeere f juniper berry

Wacholderschnaps m alcohol made from juniper berries, ≈ gin

Wachposten m sentry, guard

wachrufen fig v/t Erinnerung etc to call to mind, to evoke

Wachs n wax
wachsam adj vigilant; (≈ vorsichtig) on one's guard
Wachsamkeit f vigilance
wachsen¹ v/i to grow; **sich** (dat) **einen Bart ~ lassen** to grow a beard; → gewachsen
wachsen² v/t mit Wachs to wax
wachsend adj increasing
Wachsfigur f wax figure
Wachsfigurenkabinett n waxworks pl
Wachsmalstift m wax crayon
Wachstuch n oilcloth
Wachstum n growth
Wachstumsbranche f growth industry
wachstumsfördernd adj growth-promoting
wachstumshemmend adj growth-inhibiting
Wachstumshormon n growth hormone
Wachstumsmarkt m growth market
Wachstumsrate f growth rate
wachsweich adj (as) soft as butter
Wachtel f quail
Wächter(in) m(f) guardian; (≈ Wache) guard; (≈ Nachtwächter) watchman; (≈ Museumswächter) attendant
Wach(t)turm m watchtower
Wachzimmer n österr von Polizei police station
wack(e)lig adj wobbly; fig Firma, Kompromiss shaky; **auf wackeligen Füßen stehen** fig to have no sound basis
Wackelkontakt m loose connection
wackeln v/i to wobble; (≈ zittern) to shake; Schraube to be loose; fig Position to be shaky
Wackelpeter umg m jelly Br, Jell-O® US
wacker **A** adj (≈ tapfer) brave **B** adv (≈ tapfer) bravely; **sich ~ schlagen** umg to put up a brave fight
Wade f calf
Wadenbein n fibula
Waffe f weapon; (≈ Schusswaffe) gun; **eine ~ auf j-n richten** to point a gun at sb; **~n** MIL arms; **die ~n strecken** to surrender
Waffel f waffle; (≈ Keks, Eiswaffel) wafer; umg verrückt sein **einen an der ~ haben** to be whacko Br umg, to be loco US umg
Waffeleisen n waffle iron
waffenfähig adj Uran weapons-grade
Waffengewalt f **mit ~** by force of arms
Waffenhandel m arms trade
Waffenhändler(in) m(f) arms dealer
Waffenlager n von Armee ordnance depot
Waffenruhe f ceasefire
Waffenschein m firearms licence Br, firearms license US
Waffenstillstand m armistice
wagemutig adj daring, bold
wagen **A** v/t to venture; (≈ riskieren) to risk; (≈ sich getrauen) to dare; **ich wags** I'll risk it; **wer nicht wagt, der nicht gewinnt** sprichw nothing ventured, nothing gained sprichw **B** v/r to dare; **sich ~, etw zu tun** to dare (to) do sth; **ich wage mich nicht daran** I dare not do it; → gewagt
Wagen m **1** (≈ Personenwagen) car; (≈ Lieferwagen) van; (≈ Planwagen) wagon; (≈ Handwagen) (hand)cart; (≈ schwerer Pferdewagen) cart **2** ASTRON **der Große ~** the Big Dipper
Wagenheber m jack
Wagenladung f von Lastwagen truckload; von Eisenbahn wagonload
Wagenpark m fleet of cars
Waggon m (goods) wagon
waghalsig adj daredevil attr, daring präd
Wagnis n hazardous business; (≈ Risiko) risk
Wagniskapital n venture capital
Wagon m → Waggon
Wähe schweiz f GASTR flan
Wahl f **1** (≈ Auswahl) choice; **die ~ fiel auf ihn** he was chosen; **wir hatten keine (andere) ~(, als)** we had no alternative (but); **drei Kandidaten stehen zur ~** there is a choice of three candidates; **seine ~ treffen** to make one's choice od selection; **du hast die ~** take your pick; **wer die ~ hat, hat die Qual** sprichw he is/you are etc spoiled for choice **2** POL etc election; (≈ Abstimmung) vote; geheim ballot; **landesweite ~** general election; **(die) ~en** (the) elections; **die ~ gewinnen** to win the election; **zur ~ gehen** to go to the polls; **sich zur ~ stellen** to stand (as a candidate) **3** (≈ Qualität) quality; **erste ~** top quality
Wahlalter n voting age
wählbar adj eligible (for office)
Wahlbeobachter(in) m(f) election observer
wahlberechtigt adj entitled to vote
Wahlberechtigte(r) m/f(m) person entitled to vote
Wahlbeteiligung f turnout; **eine hohe ~** a high turnout, a heavy poll Br; **eine niedrige/geringe ~** a low turnout
Wahlbezirk m ward
Wahlcomputer m electronic voting machine
wählen **A** v/t **1** to choose (**von** from, out of); (≈ auswählen) to select (**von** from, out of) **2** TEL Nummer to dial **3** (≈ durch Wahl ermitteln) Regierung etc to elect; (≈ sich entscheiden für) Partei, Kandidaten to vote for; **j-n zum Präsidenten ~** to elect sb president **4** → gewählt **B** v/i **1** (≈ auswählen) to choose **2** TEL to dial **3** (≈ Wahlen abhalten) to hold elections; (≈ Stimme abgeben) to vote; **~ gehen** to go to the polls
Wähler(in) m(f) POL voter; **die ~** the electorate
Wahlergebnis n election result
wählerisch adj particular; **sei nicht so ~!** don't

be so choosy
Wählerschaft f electorate
Wählerstimme f vote
wählerwirksam adj Politik, Parole vote-winning
Wahlfach n SCHULE option, elective US
wahlfrei adj SCHULE optional; **~er Zugriff** IT random access
Wahlgang m ballot
Wahlheimat f adopted country
Wahlhelfer(in) m(f) im Wahlkampf electoral assistant; bei der Wahl polling officer
Wahlkabine f polling booth
Wahlkampf m election campaign
Wahlkreis m constituency
Wahlkurs m SCHULE elective US
Wahlleiter(in) m(f) returning officer Br, chief election official US
Wahllokal n polling station
wahllos **A** adj indiscriminate **B** adv at random
Wahlmöglichkeit f choice
Wahlniederlage f election defeat
Wahlplakat n election poster
Wahlrecht n (right to) vote; **allgemeines ~** universal suffrage; **das aktive ~** the right to vote; **das passive ~** eligibility (for political office)
Wahlrede f election speech
Wählscheibe f TEL dial
Wahlsieg m election victory
Wahlspruch m (≈ Motto) motto
Wahlsystem n electoral system
Wahltag m election day
Wahlurne f ballot box
Wahlversprechungen pl election promises pl
Wahlvolk n **das ~** the electorate
wahlweise adv alternatively; **~ Kartoffeln oder Reis** (a) choice of potatoes or rice
Wahlwiederholung f TEL **(automatische) ~** (automatic) redial
Wahlzelle f polling booth
Wahn m **1** illusion, delusion **2** (≈ Manie) mania
wähnen geh v/r **sich sicher ~** to imagine oneself (to be) safe
Wahnidee f delusion
Wahnsinn m madness; **j-n in den ~ treiben** to drive sb mad; **einfach ~!** umg (≈ prima) way out umg, wicked! Br sl
wahnsinnig **A** adj mad, crazy; (≈ toll, super) brilliant umg; attr (≈ sehr groß, viel) terrible; **wie ~** umg like mad; **das macht mich ~** it's driving me crazy umg; **~ werden** to go crazy umg **B** adv umg incredibly umg; **~ viel** an incredible amount umg
Wahnsinnige(r) m/f(m) madman/-woman
Wahnsinnsidee f umg crazy idea umg
Wahnvorstellung f delusion
wahr adj true; attr (≈ wirklich) real; **im ~sten Sinne des Wortes** in the true sense of the word; **etw ~ machen** Pläne to make sth a reality; Drohung to carry sth out; **~ werden** to come true; **so ~ mir Gott helfe!** so help me God!; **so ~ ich hier stehe** as sure as I'm standing here; **das darf doch nicht ~ sein!** umg it can't be true!; **das ist nicht das Wahre** umg it's no great shakes umg
wahren v/t **1** (≈ wahrnehmen) Interessen to look after **2** (≈ erhalten) Ruf to preserve; Geheimnis to keep
während **A** präp during; **~ der ganzen Nacht** all night long **B** konj while, as; (≈ wohingegen) whereas
währenddessen adv meanwhile
wahrhaben v/t **etw nicht ~ wollen** not to want to admit sth, not to want to accept sth
wahrhaft **A** adj (≈ ehrlich) truthful; (≈ echt) Freund true; attr (≈ wirklich) real **B** adv really
wahrhaftig **A** adj geh (≈ aufrichtig) truthful **B** adv really
Wahrheit f truth; **in ~** in reality; **die ~ sagen** to tell the truth
wahrheitsgemäß, wahrheitsgetreu **A** adj Bericht truthful; Darstellung faithful **B** adv truthfully
Wahrheitsliebe f love of truth
wahrlich adv really, indeed
wahrnehmbar adj perceptible; **nicht ~** imperceptible
wahrnehmen v/t **1** to perceive; Veränderungen etc to be aware of; Geräusch to hear; Licht to see **2** Frist, Termin to observe; Gelegenheit to take; Interessen to look after
Wahrnehmung f **1** mit den Sinnen perception **2** von Interessen looking after
Wahrnehmungsvermögen n perceptive faculty
wahrsagen v/i to tell fortunes; **j-m ~** to tell sb's fortune
Wahrsager(in) m(f) fortune-teller
Wahrsagung f prediction
währschaft adj schweiz (≈ gediegen) Ware, Arbeit reliable; (≈ reichhaltig) Essen wholesome
wahrscheinlich **A** adj probable, likely **B** adv probably; **~ etw tun** to be likely to do sth
Wahrscheinlichkeit f probability; **mit großer ~, aller ~ nach** in all probability
Wahrung f **1** (≈ Wahrnehmung) safeguarding **2** (≈ Erhaltung) preservation; von Geheimnis keeping
Währung f currency
Währungsblock m monetary bloc
Währungseinheit f monetary unit
Währungsfonds m Monetary Fund; **Internationaler ~** International Monetary Fund

Währungspolitik f monetary policy
Währungsraum m currency area
Währungsreform f currency reform
Währungsreserve f currency reserve
Währungssystem n monetary system
Währungsunion f monetary union; **Europäische ~** European Monetary Union
Wahrzeichen n emblem; *Gebäude* landmark
Waise f orphan
Waisenhaus n orphanage
Waisenkind n orphan
Waisenknabe *liter* m orphan (boy); **gegen dich ist er ein ~** *umg* he's no match for you, you would run rings round him *umg*
Wal m whale
Wald m wood(s) *(pl)*; *großer* forest
Waldbestand m forest land
Waldbrand m forest fire, wildfire
Waldhorn n MUS French horn; **~ spielen** to play the French horn
waldig *adj* wooded
Waldland n woodland(s) *(pl)*
Waldgebiet n wooded area, woodland
Waldlehrpfad m nature trail
Waldmeister m BOT woodruff
Waldorfschule f ≈ Rudolf Steiner School
Waldrand m **am ~** *at od* on the edge of the forest
waldreich *adj* densely wooded
Waldschäden *pl* forest damage
Waldsterben n forest dieback (*due to pollution*)
Wald-und-Wiesen- *umg zssgn* common-or--garden *Br umg*, garden-variety *US umg*
Wales n Wales
Walfang m whaling
Walfisch *umg* m whale
Waliser m Welshman
Waliserin f Welshwoman
walisisch *adj* Welsh
Walisisch n Welsh
Walking n power walking
Walkman® m RADIO Walkman®
Wall m embankment; *fig* bulwark
Wallfahrer(in) m(f) pilgrim
Wallfahrt f pilgrimage
Wallfahrtsort m place of pilgrimage
Wallis n **das ~** Valais
Wallone m, **Wallonin** f Walloon
Wallung f **1** *geh* **in ~ geraten** *See, Meer* to begin to surge; *Mensch vor Leidenschaft* to be in a turmoil; *vor Wut* to fly into a rage **2** MED (hot) flush *Br od* flash *US mst pl*
Walnuss f walnut
Walross n walrus
walten *geh v/i* to prevail (**in** +*dat* over); (≈ *wirken*) to be at work; **Vorsicht/Milde ~ lassen** to exercise caution/leniency; **Gnade ~ lassen** to show mercy
Walze f roller
walzen *v/t* to roll
wälzen **A** *v/t* **1** (≈ *rollen*) to roll **2** *umg Akten, Bücher* to pore over; *Probleme* to turn over in one's mind; **die Schuld auf j-n ~** to shift the blame onto sb **B** *v/r* to roll; *schlaflos im Bett* to toss and turn
Walzer m waltz; **Wiener ~** Viennese waltz
Wälzer *umg* m heavy tome *hum*
Walzstraße f rolling train
Walzwerk n rolling mill
Wampe f *umg* paunch
Wand f wall; *von Behälter* side; (≈ *Felswand*) (rock) face; *fig* barrier; **in seinen vier Wänden** *fig* within one's own four walls; **mit dem Kopf gegen die ~ rennen** *fig* to bang one's head against a brick wall; **j-n an die ~ spielen** *fig* to outdo sb; THEAT to steal the show from sb; **die ~** *od* **Wände hochgehen** *umg* to go up the wall *umg*
Wandale m, **Wandalin** f → Vandale
Wandbrett n (wall) shelf
Wandel m change; **im ~ der Zeiten** throughout the ages
wandeln *v/t & v/r* (≈ *ändern*) to change, to alter; (≈ *umwandeln*) to convert
Wander- *zssgn* hiking
Wanderarbeiter(in) m(f) migrant worker
Wanderausstellung f touring exhibition
Wanderer m, **Wanderin** f hiker
Wanderkarte f map of walks
Wanderlust f wanderlust
wandern *v/i* **1** (≈ *gehen*) to wander **2** (≈ *sich bewegen*) to move; *Blick, Gedanken* to wander **3** *Vögel, Völker* to migrate **4** *zur Freizeitgestaltung* to hike **5** *umg* ins Bett, in den Papierkorb to go
Wandern n hiking
Wanderpokal m challenge cup
Wanderschaft f travels *pl*; **auf ~ gehen** to go off on one's travels
Wanderschuhe *pl* walking shoes *pl*
Wanderung f **1** (≈ *Ausflug*) walk; **eine ~ machen** to go on a walk *od* hike **2** *von Vögeln, Völkern* migration
Wanderurlaub m walking holiday *Br*, walking vacation *US*
Wanderverein m hiking club
Wanderweg m walk, (foot)path
Wandgemälde n mural
Wandkalender m wall calendar
Wandkarte f wall map
Wandlampe f wall lamp
Wandlung f change; (≈ *völlige Umwandlung*)

transformation
wandlungsfähig *adj* adaptable; *Schauspieler etc* versatile
Wandmalerei *f Bild* mural, wall painting
Wandschirm *m* screen
Wandschrank *m* wall cupboard
Wandtafel *f* (black)board
Wandteppich *m* tapestry
Wanduhr *f* wall clock
Wange *geh f* cheek
wanken *v/i* (≈ *schwanken*) to sway; *fig Regierung* to totter; (≈ *unsicher sein*) to waver; **ins Wanken geraten** *fig* to begin to totter/waver
wann *adv* when; **~ auch immer** whenever; **bis ~ ist das fertig?** when will that be ready (by)?; **bis ~ gilt der Ausweis?** until when is the pass valid?
Wanne *f* bath; (≈ *Badewanne a.*) (bath)tub
Wanze *f* bug
WAP *n abk* (= Wireless Application Protocol) IT WAP
WAP-Handy *n* WAP phone
Wappen *n* coat of arms
Wappenkunde *f* heraldry
wappnen *fig v/r* **sich (gegen etw) ~** to prepare (oneself) (for sth)
Ware *f* **1** product; *einzelne Ware* article **2** **~n** *pl* goods *pl*
Warenangebot *n* range of goods for sale
Warenaufzug *m* goods hoist
Warenbestand *m* stocks *pl* of goods
Warenhaus *n* (department) store
Warenlager *n* warehouse; (≈ *Bestand*) stocks *pl*
Warenprobe *f* trade sample
Warensendung *f* consignment of goods; *Post* trade sample
Warentest *m* product test
Warenwert *m* goods *od* commodity value
Warenzeichen *obs n* trademark
warm **A** *adj* warm; *Getränk, Speise* hot; **mir ist ~** I'm warm; **das hält ~** it keeps you warm; **das Essen ~ stellen** to keep the food hot; **~ werden** to warm up; *fig umg* to thaw out *umg*; **mit j-m ~ werden** *umg* to get close to sb **B** *adv* **sitzen** in a warm place; *schlafen* in a warm room; **sich ~ anziehen** to dress up warmly; **j-n wärmstens empfehlen** to recommend sb warmly
Warmblüter *m* ZOOL warm-blooded animal
warmblütig *adj* warm-blooded
Warmduscher *m sl* (≈ *Weichling*) wimp *umg*
Wärme *f* warmth; *von Wetter etc, a.* PHYS heat
wärmebeständig *adj* heat-resistant
Wärmebildkamera *f* FOTO thermal imaging camera
Wärmedämmung *f* (heat) insulation
Wärmeenergie *f* thermal energy
Wärmekraftwerk *n* thermal power station
wärmen **A** *v/t* to warm; *Essen* to warm up **B** *v/r* to warm oneself (up), to warm up
Wärmepumpe *f* heat pump
Wärmeschutz *m* heat shield
Wärmestube *f* heated room set aside by local authorities for homeless people
Wärmetechnik *f* heat technology
Wärmflasche *f* hot-water bottle
Warmhalteflasche *f* vaccum flask *Br*, vacuum bottle *US*
Warmhaltekanne *f* vacuum jug
Warmhalteplatte *f* hot plate
warmherzig *adj* warm-hearted
warm laufen *v/i & v/r* to warm up
Warmluft *f* warm air
Warmmiete *f* rent including heating
Warmstart *m* AUTO, IT warm start
Warmwasserbereiter *m* water heater
Warmwasserheizung *f* hot-water central heating
Warmwasserspeicher *m* hot-water tank
Warmwasserversorgung *f* hot-water supply
Warn- *zssgn* warning
Warnanlage *f* warning system
Warnblinkanlage *f* AUTO hazard warning lights *pl*
Warnblinklicht *n* flashing warning light; *an Auto* hazard warning light
Warndreieck *n* warning triangle
warnen *v/t & v/i* to warn (**vor** +*dat* of); **j-n (davor) ~, etw zu tun** to warn sb against doing sth
Warnhinweis *m* (≈ *Aufdruck*) warning
Warnschild *n* warning sign
Warnschuss *m* warning shot
Warnsignal *n* warning signal
Warnstreik *m* token strike
Warnung *f* warning
Warnweste *f* high-visibility vest
Warschau *n* Warsaw
Wartehalle *f* waiting room
Wartehäuschen *n* shelter; *für Bus* bus shelter
Warteliste *f* waiting list
warten[1] *v/i* to wait (**auf** +*akk* for); **warte mal!** hold on, hang on, wait a minute; **na warte!** *umg* just you wait!; **da(rauf) kannst du lange ~** *iron* you can wait till the cows come home; **mit dem Essen auf j-n ~** to wait for sb (to come) before eating; **lange auf sich ~ lassen** *Sache* to be a long time (in) coming; *Mensch* to take one's time
warten[2] *v/t Auto* to service
Wärter(in) *m(f)* attendant; (≈ *Tierwärter*) keeper; (≈ *Gefängniswärter*) warder *Br*, guard
Wartesaal *m* waiting room

Warteschlange f queue Br, line US; IT queue
Warteschleife f **1** FLUG holding pattern **2** am Telefon queue
Wartezeit f waiting period; an Grenze etc wait
Wartezimmer n waiting room
Wartung f von Auto servicing
wartungsfrei adj maintenance-free
warum adv why; **~ nicht?** why not?; **~ ich?** why me?
Warze f wart; (≈ Brustwarze) nipple
was **A** int pr what; (≈ wie viel) how much; **was kostet/kosten ...?** how much is/are ...?; **was ist (los)?** what is it?, what's up?; **was ist denn?** what's the matter?; **was ist, kommst du mit?** well, are you coming?; **was ist mit ...?** what about ...?; **was dann?** what then?; **was denn?** ungehalten what (is it)?; um Vorschlag bittend but what?; **was gibts?, was läuft?** what's on?; **das ist gut, was?** umg that's good, isn't it?; **was für ...** what sort od kind of ...; **was für ein schönes Haus!** what a lovely house! **B** rel pr auf ganzen Satz bezogen which; **das, was ...** that which ..., what ...; **was auch (immer)** whatever; **alles, was ...** everything (that) ...; **alles, was wir jetzt (noch) tun müssen** all we have to do now; **was man tun und was man nicht tun sollte** dos and don'ts **C** indef pr umg something; verneint anything; unbestimmter Teil einer Menge some, any; **(na,) so was!** well I never!; **ist (mit dir) was?** is something the matter (with you)?; → etwas
Wasabi n GASTR wasabi
Waschanlage f für Autos car wash
waschbar adj washable
Waschbär m raccoon
Waschbecken n washbasin, sink US
Waschbrett n washboard
Waschbrettbauch umg m washboard abs pl umg, sixpack umg
Wäsche f **1** washing; (≈ Schmutzwäsche) bei Wäscherei laundry; **in der ~ sein** to be in the wash **2** (≈ Bettwäsche, Tischwäsche) linen; (≈ Unterwäsche) underwear; **dumm aus der ~ gucken** umg to look stupid
waschecht adj fast; fig genuine
Wäschedienst m im Hotel laundry service
Wäscheklammer f clothes peg Br, clothes pin US
Wäschekorb m dirty clothes basket
Wäscheleine f (clothes)line
waschen **A** v/t to wash; fig umg Geld to launder; **(Wäsche) ~** to do the washing; **sich (dat) die Hände ~** to wash one's hands; **Waschen und Legen** beim Friseur shampoo and set **B** v/r to wash; **eine Geldbuße, die sich gewaschen hat** umg a really heavy fine

Wäschenetz n für die Waschmaschine net washing bag
Wäscherei f laundry
Wäscheschleuder f spin-drier
Wäscheständer m clotheshorse
Wäschetrockner m (≈ Trockenautomat) (tumble) drier
Waschgang m stage of the washing programme Br, stage of the washing program US
Waschgelegenheit f washing facilities pl
Waschküche f washroom, laundry
Waschlappen m flannel; umg (≈ Feigling) sissy umg
Waschmaschine f washing machine
Waschmittel n detergent
Waschpulver n washing powder
Waschraum m washroom
Waschsalon m laundrette Br, Laundromat® US
Waschstraße f zur Autowäsche car wash
Waschzettel m TYPO blurb
Waschzeug n toilet things pl
Wasser n water; **~ abstoßend** water-repellent; **das ist ~ auf seine Mühle** fig this is all grist for his mill; **dort wird auch nur mit ~ gekocht** fig they're no different from anybody else (there); **ihr kann er nicht das ~ reichen** fig he's not a patch on her Br; **~ lassen** MED to pass water; **unter ~ stehen** to be flooded; **ein Boot zu ~ lassen** to launch a boat; **ins ~ fallen** fig to fall through; **sich über ~ halten** fig to keep one's head above water; **er ist mit allen ~n gewaschen** he knows all the tricks; **dabei läuft mir das ~ im Mund(e) zusammen** it makes my mouth water
wasserabstoßend adj → Wasser
Wasseranschluss m mains water supply
wasserarm adj Gegend arid
Wasseraufbereitungsanlage f water treatment plant
Wasserball m Spiel water polo
Wasserbett n water bed
Wässerchen n **er sieht aus, als ob er kein ~ trüben könnte** he looks as if butter wouldn't melt in his mouth
Wasserdampf m steam
wasserdicht adj watertight; Uhr, Stoff etc waterproof
Wassereis n water ice
Wasserenthärter m water softener
Wasserfahrzeug n watercraft
Wasserfall m waterfall; **wie ein ~ reden** umg to talk nineteen to the dozen Br umg, to talk a blue streak US umg
Wasserfarbe f watercolour Br, watercolor US
wassergekühlt adj water-cooled
Wasserglas n (≈ Trinkglas) water glass, tumbler

Wassergraben *m* SPORT water jump; *um Burg* moat
Wasserhahn *m* water tap *bes Br*, faucet *US*
wässerig *adj* watery; CHEM aqueous; **j-m den Mund ~ machen** *umg* to make sb's mouth water
Wasserkessel *m* kettle; TECH boiler
Wasserkocher *m* electric kettle
Wasserkraft *f* water power
Wasserkraftwerk *n* hydroelectric power station
Wasserkühlung *f* AUTO water-cooling
Wasserlassen *n* MED passing water, urination
Wasserleitung *f* (≈ *Rohr*) water pipe
wasserlöslich *adj* water-soluble
Wassermangel *m* water shortage
Wassermann *m* ASTROL Aquarius; **(ein) ~ sein** to be (an) Aquarius
Wassermelone *f* watermelon
wassern *v/i* FLUG to land on water
wässern *v/t Erbsen etc* to soak; *Felder, Rasen* to water
Wassernudel *f* aqua noodle, swim noodle, water noodle, water log
Wasserpfeife *f* water pipe
Wasserpflanze *f* aquatic plant
Wasserpistole *f* water pistol
Wasserratte *f* water rat; *umg Kind* water baby
Wasserrohr *n* water pipe
Wasserrutschbahn *f*, **Wasserrutsche** *f* water slide
Wasserschaden *m* water damage
wasserscheu *adj* scared of water
Wasserschildkröte *f* turtle
Wasserski A *m* water-ski B *n* water-skiing
Wasserspender *m* water cooler *od* dispenser
Wasserspiegel *m* (≈ *Wasserstand*) water level
Wassersport *m* **der ~** water sports *pl*
Wasserspülung *f* flush
Wasserstand *m* water level
Wasserstoff *m* hydrogen
Wasserstoffbombe *f* hydrogen bomb
Wasserstrahl *m* jet of water
Wasserstraße *f* waterway
Wassertank *m* tank
Wassertier *n* aquatic animal
Wasserturm *m* water tower
Wasseruhr *f* (≈ *Wasserzähler*) water meter
Wasserung *f* water landing; RAUMF splashdown
Wasserversorgung *f* water supply
Wasservogel *m* waterfowl
Wasserwaage *f* spirit level *Br*, (water) level *US*
Wasserweg *m* waterway; **auf dem ~** by water
Wasserwerfer *m* water cannon
Wasserwerk *n* waterworks
Wasserzähler *m* water meter
Wasserzeichen *n* watermark
waten *v/i* to wade
Watsche *f österr, südd umg* → **Ohrfeige**
watscheln *v/i* to waddle
watschen *v/t österr, südd umg* → **ohrfeigen**
Watschen *f österr, südd umg* → **Ohrfeige**
Watt[1] *n* ELEK watt
Watt[2] *n* GEOG mud flats *pl*
Watte *f* cotton wool *Br*, cotton *US*
Wattebausch *m* cotton-wool ball *Br*, cotton ball *US*
Wattenmeer *n* mud flats *pl*
Wattestäbchen *n* cotton bud
wattieren *v/t* to pad; (≈ *füttern*) to line with padding; **wattierte Umschläge** padded envelopes
Wattierung *f* padding
Wattmeter *n* wattmeter
Wattzahl *f* wattage
WC *n* toilet, bathroom *US*, restroom *US*
Web *n* Web; **im Web** on the Web
Webadresse *f* website address
webbasiert *adj* web-based
Webcam *f Kamera, die Bilder übers Internet überträgt* webcam
Webdesigner(in) *m(f)* web designer
weben *v/t & v/i* to weave; *Spinnennetz* to spin
Weber(in) *m(f)* weaver
Weberei *f* (≈ *Betrieb*) weaving mill
Weberknecht *m* ZOOL harvestman
Webinar *n* IT webinar
Webkamera *f* web camera
Weblog *n/m* weblog, blog
Webmaster *m* webmaster
Webportal *n* web portal
Webseite *f* web page
Webserver *m* Internet server
Webshop *m* online *od* Web shop *Br*, online *od* Web store *US*
Website *f* website
Webstuhl *m* loom
Websurfer(in) *m(f)* web surfer
Wechsel *m* 1 (≈ *Änderung*) change; *abwechselnd* alternation; **im ~** (≈ *abwechselnd*) in turn 2 (≈ *Geldwechsel*) exchange 3 SPORT (≈ *Staffelwechsel*) (baton) change
Wechselbeziehung *f* correlation
Wechselgeld *n* change
wechselhaft *adj* changeable
Wechseljahre *pl* menopause *sg*; **in den ~n sein** to be suffering from the menopause
Wechselkurs *m* rate of exchange
wechseln A *v/t* to change (**in** +*akk* into); *Geld* to exchange; (≈ *austauschen*) to exchange; *Seiten* to switch; **den Platz mit j-m ~** to exchange one's seat with sb; **die Wohnung ~** to move B *v/i* to change; SPORT to change (over)

wechselnd adj changing; (≈ abwechselnd) alternating; Launen changeable; **mit ~em Erfolg** with varying (degrees of) success; **~ bewölkt** cloudy with sunny intervals
wechselseitig adj reciprocal
Wechselstrom m alternating current
Wechselstube f bureau de change Br, exchange
Wechselwähler(in) m(f) floating voter
wechselweise adv in turn, alternately
Wechselwirkung f interaction
Weckdienst m wake-up call service
wecken v/t to wake (up); fig to arouse; Bedarf to create; Erinnerungen to bring back
Wecken dial m 1 (≈ Brötchen) (bread) roll 2 österr (≈ längliches Brot) loaf 3 österr Gebäck Viennese roll
Wecker m alarm clock; **den ~ auf 7 Uhr stellen** to set the alarm clock for 7 o'clock; **j-m auf den ~ fallen** umg to get on sb's nerves
Weckglas® n preserving jar
Weckring® m rubber ring (for preserving jars)
Weckruf m im Hotel etc wake-up call; MIL reveille; fig clarion call, wake-up call
Wedel m (≈ Fächer) fan; (≈ Staubwedel) feather duster
wedeln A v/i 1 (**mit dem Schwanz**) **~** Hund to wag its tail 2 SKI to wedel **B** v/t to waft
weder konj **~ ... noch ...** neither ... nor ...
weg adv **weg sein** (≈ fortgegangen etc) to have gone; (≈ nicht hier) to be away; (≈ nicht zu Hause) to be out; umg (≈ geistesabwesend) to be not quite with it umg; (≈ begeistert) to be bowled over (**von** by); **weg von** off; **weit weg von hier** far (away) from here; **weg mit euch!** away with you!; **nichts wie weg von hier!** let's scram umg; **weg da!** (get) out of the way!; **Hände weg!** hands off!
Weg m 1 (≈ Pfad), a. fig path; (≈ Wanderweg) trail; (≈ Straße) road; **j-m in den Weg treten** to block sb's way; **j-m/einer Sache im Weg stehen** fig to stand in the way of sb/sth; **für etw den Weg ebnen** to pave the way for sth 2 (≈ Route) way; (≈ Entfernung) distance; (≈ Reise) journey; **zu Fuß** walk; **j-n nach dem Weg fragen** to ask sb the way od for directions; **den Weg beschreiben** to give directions; **auf dem Weg nach London** on the way to London; **sich auf den Weg machen** to set off; **j-m aus dem Weg gehen** wörtl to get out of sb's way; fig to avoid sb; **j-m über den Weg laufen** fig to run into sb; **etw in die Wege leiten** to arrange sth; **auf den besten Weg sein, etw zu tun** to be well on the way to doing sth; **auf diesem Wege** this way; **auf diplomatischem Wege** through diplomatic channels; **zu Wege** → zuwege 3 (≈ Mittel) means pl
wegbekommen v/t (≈ loswerden) to get rid of (**von** from); Fleck etc to remove (**von** from); von bestimmtem Ort to get away (**von** from)
Wegbereiter(in) m(f) pioneer
Wegbeschreibung f (written) directions pl
wegbleiben v/i to stay od keep away; nicht nach Hause kommen to stay out; (≈ nicht mehr kommen) to stop coming
wegbringen v/t to take away od off
wegdrücken v/t **einen Anruf ~** to reject a call
wegen präp because of; (≈ aufgrund von) due to; **j-n ~ einer Sache bestrafen** etc to punish etc sb for sth; **von ~!** umg you've got to be kidding! umg
wegfahren v/i (≈ abfahren) to leave; Fahrer to drive off; (≈ verreisen) to go away
Wegfahrsperre f AUTO (**elektronische**) **~** (electronic) immobilizer
wegfallen v/i to be discontinued; Bestimmung to cease to apply; **~ lassen** to discontinue; (≈ auslassen) to be omitted
wegfliegen v/i to fly away; mit Flugzeug to fly out
Weggang m departure
weggeben v/t (≈ verschenken) to give away
weggehen v/i to go, to leave; (≈ umziehen etc) to go away; (≈ ausgehen) to go out; umg Ware to sell; **über etw** (akk) **~** umg to ignore sth; **von zu Hause ~** to leave home
weghaben umg v/t **j-n/etw ~ wollen** umg to want to get rid of sb/sth; **du hast deine Strafe weg** you have had your punishment
weghören v/i not to listen
wegjagen v/t to chase away
wegklicken v/t IT to click to close
wegkommen umg v/i (≈ abhandenkommen) to disappear; (≈ weggehen können) to get away; **mach, dass du wegkommst!** hop it! umg; **ich komme nicht darüber weg, dass ...** umg I can't get over the fact that ...
weglasern v/t MED to remove by laser
weglassen v/t (≈ auslassen) to leave out; umg (≈ gehen lassen) to let go
weglaufen v/i to run away (**vor** +dat from)
weglegen v/t in Schublade etc to put away; **zur Seite** to put aside
wegmüssen v/i to have to go
wegnehmen v/t to take; (≈ entfernen) to take away; (≈ verdecken) Sonne to block out; Sicht to block; (≈ beanspruchen) Zeit, Platz to take up
Wegrand m wayside
wegräumen v/t to clear away; in Schrank to put away; **etw von etw ~** to get sth off sth
wegrennen umg v/i to run away
wegschaffen v/t (≈ beseitigen) to get rid of;

(≈ *wegräumen*) to clear away
wegschicken *v/t j-n* to send away
wegschließen *v/t* to lock away
wegschmeißen *umg v/t* to chuck away *umg*
wegschnappen *umg v/t* **j-m etw ~** to snatch sth (away) from sb
wegsehen *v/i* to look away
wegstecken *wörtl v/t* to put away; *umg Niederlage, Kritik* to take
wegtreten *v/i* **~!** MIL dismiss!, dismissed!; **er ist (geistig) weggetreten** *umg* (≈ *schwachsinnig*) he's not all there *umg*
wegtun *v/t* to put away; (≈ *wegwerfen*) to throw away
wegweisend *adj* pioneering *attr*, revolutionary
Wegweiser *m* sign; *fig Buch etc* guide
Wegwerf- *zssgn Geschirr, Rasierer* disposable; *Flasche* non-returnable
wegwerfen *v/t* to throw away
wegwerfend *adj* dismissive
Wegwerfflasche *f* non-returnable bottle
Wegwerfgesellschaft *f* throwaway society
Wegwerfkamera *f* disposable camera, single use camera
Wegwerfverpackung *f* disposable packaging
wegwischen *v/t* to wipe off
wegwollen *v/i* (≈ *verreisen*) to want to go away
wegziehen **A** *v/t* to pull away (**j-m** from sb) **B** *v/i* to move away
weh A *adj* (≈ *wund*) sore **B** *int* **o weh!** oh dear!
wehe *int* **~ (dir), wenn du das tust** you'll be sorry if you do that
Wehe *f* **1** (≈ *Schneewehe etc*) drift **2** **~n** *pl* (≈ *Geburtswehen*) (labour) pains *Br*, (labor) pains *US pl*; **in den ~n liegen** to be in labo(u)r; **die ~n setzten ein** the contractions started, she went into labour *Br od* labor *US*
wehen *v/i* **1** *Wind* to blow; *Fahne* to wave **2** *Duft* to waft
Wehklage *liter f* lament(ation)
wehleidig *adj* (≈ *jammernd*) whining *attr*; **~ sein** to be a whinger
Wehmut *f* melancholy; (≈ *Sehnsucht*) wistfulness; *nach Vergangenem* nostalgia
wehmütig *adj* melancholy; (≈ *sehnsuchtsvoll*) wistful; (≈ *nostalgisch*) nostalgic
Wehr[1] *f* **sich zur ~ setzen** to defend oneself
Wehr[2] *n Stauanlage* weir
Wehrbeauftragte(r) *m/f(m)* commissioner for the armed forces
Wehrdienst *m* military service; **seinen ~ (ab)leisten** to do one's military service
Wehrdienstverweigerer *m*, **Wehrdienstverweigerin** *f* conscientious objector
wehren *v/r* to defend oneself; (≈ *sich aktiv widersetzen*) to (put up a) fight; **sich gegen einen Plan** *etc* **~** to fight (against) a plan *etc*
Wehrersatzdienst *m* alternative national service
wehrlos *adj* defenceless *Br*, defenseless *US*; *fig* helpless; **j-m ~ ausgeliefert sein** to be at sb's mercy
Wehrlosigkeit *f* defencelessness *Br*, defenselessness *US*; *fig* helplessness
Wehrpflicht *f* (**allgemeine**) **~** (universal) conscription
wehrpflichtig *adj* liable for military service
Wehrpflichtige(r) *m/f(m)* person liable for military service; *Eingezogener* conscript *Br*, draftee *US*
Wehrsold *m* (military) pay
wehtun *v/t* to hurt; **mir tut der Rücken weh** my back hurts; **sich/j-m ~** to hurt oneself/sb
Weib *n oft pej* woman
Weibchen *n* ZOOL female
Weiberheld *pej m* lady-killer
weibisch *adj* effeminate
weiblich *adj* female; (≈ *fraulich*), *a.* GRAM feminine
Weib(s)stück *pej n* bitch *umg*
weich **A** *adj* soft; *Ei* soft-boiled; *Fleisch* tender; (≈ *geschmeidig*) smooth; (≈ *mitleidig*) soft-hearted; **~e Drogen** soft drugs; **~ werden** to soften; **~e Währung** soft currency **B** *adv* softly; **~ gekocht** *Ei* soft-boiled; **~ landen** to land softly
Weiche *f* BAHN points *pl Br*, switch *US*; **die ~n stellen** *fig* to set the course
Weichei *pej sl n* wimp *umg*, softy *umg*
weichen[1] *v/t & v/i* to soak
weichen[2] *v/i* (≈ *weggehen*) to move; (≈ *zurückweichen*) to retreat (+*dat od* **vor** +*dat* from); *fig* (≈ *nachgeben*) to give way (+*dat* to); **nicht von j-s Seite ~** not to leave sb's side
Weichheit *f* softness; *von Fleisch* tenderness
weichherzig *adj* soft-hearted
Weichkäse *m* soft cheese
weichlich *fig adj* weak; (≈ *verhätschelt*) soft
Weichling *pej m* weakling
weichmachen *fig v/t* to soften up
Weichmacher *m* CHEM softener
Weichselkirsche *schweiz, südd f* sour cherry
weich spülen, weichspülen *v/t* to condition; *Wäsche* to use (fabric) conditioner on
Weichspüler *m* conditioner
Weichteile *pl* soft parts *pl*; *umg* (≈ *Geschlechtsteile*) private parts *pl*
Weichtier *n* mollusc
Weide[1] *f* BOT willow
Weide[2] *f* AGR pasture; (≈ *Wiese*) meadow
Weideland *n* AGR pasture(land)
weiden **A** *v/i* to graze **B** *v/t* to (put out to) graze **C** *v/r* **sich an etw** (*dat*) **~** *fig* to revel in sth

Weidenkätzchen n pussy willow
Weidenkorb m wicker basket
weidmännisch A adj huntsman's attr B adv in a huntsman's manner
weigern v/r to refuse
Weigerung f refusal
Weihe f KIRCHE consecration; (≈ Priesterweihe) ordination; **höhere ~n** fig greater glory
weihen v/t 1 KIRCHE to consecrate; Priester to ordain 2 (≈ widmen) **dem Tod(e)/Untergang geweiht** doomed (to die/fall)
Weiher m pond
Weihnachten n Christmas; **fröhliche** od **frohe ~!** happy Christmas!, merry Christmas!; **(zu** od **an) ~** at Christmas; **etw zu ~ bekommen** to get sth for Christmas
weihnachtlich A adj Christmassy umg, festive B adv geschmückt festively
Weihnachtsabend m Christmas Eve
Weihnachtsbaum m Christmas tree
Weihnachtsfeiertag m erster Christmas Day; zweiter Boxing Day
Weihnachtsferien pl Christmas holidays pl Br, holidays pl US
Weihnachtsfest n Christmas
Weihnachtsgans f Christmas goose; **j-n ausnehmen wie eine ~** umg to fleece sb umg
Weihnachtsgeld n Christmas bonus
Weihnachtsgeschenk n Christmas present
Weihnachtskarte f Christmas card
Weihnachtslied n (Christmas) carol
Weihnachtsmann m Father Christmas Br, Santa Claus
Weihnachtsmarkt m Christmas fair
Weihnachtstag m → Weihnachtsfeiertag
Weihnachtstisch m table for Christmas presents
Weihnachtszeit f Christmas (time)
Weihrauch m incense
Weihwasser n holy water
weil konj because
Weilchen n **ein ~** a (little) while
Weile f while; **eine ~** (for) a while; **vor einer (ganzen) ~** quite a while ago
Wein m wine; (≈ Weinstöcke) vines pl; (≈ Weintrauben) grapes pl; **j-m reinen ~ einschenken** to tell sb the truth
Weinbau m wine growing
Weinbauer m, **Weinbäuerin** f wine grower
Weinbeere f grape
Weinberg m vineyard
Weinbergpfirsich m vineyard peach
Weinbergschnecke f snail; auf Speisekarte escargot
Weinbrand m brandy
weinen v/t & v/i to cry; **es ist zum Weinen!** it's enough to make you weep! bes Br
Weinen n cry
weinerlich adj whining; **~ reden** to whine
Weinernte f grape harvest
Weinessig m wine vinegar
Weinflasche f wine bottle
Weingegend f wine-growing area
Weinglas n wine glass
Weingummi n/m wine gum
Weingut n wine-growing estate
Weinhändler(in) m(f) wine dealer
Weinhandlung f wine shop bes Br, wine store
Weinhauer(in) bes österr m(f) wine grower
Weinkarte f wine list
Weinkeller m wine cellar, winery US; (≈ Lokal) wine bar
Weinkenner(in) m(f) connoisseur of wine
Weinkrampf m crying fit; MED uncontrollable fit of crying
Weinkraut n sauerkraut
Weinlese f grape harvest
Weinlokal n wine bar
Weinprobe f wine tasting
Weinrebe f (grape)vine
weinrot adj claret
Weinstein m tartar
Weinstock m vine
Weinstraße f wine trail, wine route
Weinstube f wine tavern
Weintraube f grape
weise adj wise
Weise f (≈ Verfahren etc) way; **auf diese ~** in this way; **in keiner ~** in no way
weisen geh A v/t **j-m etw ~** to show sb sth; **j-n vom Feld ~** SPORT to order sb off (the field); **etw von sich ~** fig to reject sth B v/i to point (**nach** towards od **auf** +akk at)
Weise(r) m/f(m) wise man/woman
Weisheit f 1 wisdom 2 (≈ weiser Spruch) wise saying, pearl of wisdom mst iron
Weisheitszahn m wisdom tooth
weismachen v/t **j-m etw ~** to make sb believe sth; **das kannst du mir nicht ~!** you can't expect me to believe that
weiß A adj white; **das Weiße Haus** the White House; **das Weiße vom Ei** egg white; **~er Tee** white tea B adv anstreichen white; sich kleiden in white; **~ glühend** white-hot
weissagen v/t to prophesy
Weissagung f prophecy
Weißbier n ≈ wheat beer (light, fizzy beer made using top-fermentation yeast)
Weißblech n tinplate
Weißbrot n white bread kein pl; (≈ Laib) loaf of white bread
Weißbuch n POL White Paper

weißen v/t to whiten; (≈ weiß tünchen) to whitewash

Weiße(r) m/f(m) white, white man/woman

Weißglut f white heat; **j-n zur ~ bringen** to make sb livid (with rage)

Weißgold n white gold

weißhaarig adj white-haired

Weißherbst m ≈ rosé

Weißkohl m, **Weißkraut** österr, südd n white cabbage

weißlich adj whitish

Weißmacher m in Waschmittel brightening agent; in Papier whitener

Weißrusse m, **Weißrussin** f White Russian

Weißrussland n White Russia

Weißwandtafel f whiteboard

Weißwein m white wine

Weißwurst f veal sausage

Weisung f directive; **auf ~** on instructions

weisungsberechtigt adj JUR authorized to issue directives

weit **A** adj **1** (≈ breit) wide; Meer open; Begriff broad; Unterschied big; **~e Kreise der Bevölkerung** large sections of the population **2** (≈ lang) Weg, Reise long; **in ~er Ferne** a long way away; **so ~ sein** (≈ bereit) to be ready; **es ist bald so ~** the time has nearly come **B** adv **1** Entfernung far; **~er** farther, further; **am ~esten** farthest, (the) furthest; **es ist noch ~ bis Bremen** it's still a long way to Bremen; **~ gereist** widely travelled Br, widely traveled US; **~ hergeholt** far-fetched; **~ und breit** for miles around; **~ ab** od **weg (von)** far away (from); **ziemlich ~ am Ende** fairly near the end; **von Weitem** from a long way away; **von ~ her** from a long way away; **~ blickend** far-sighted; **~ entfernt** a long way away; **~ entfernt** od **gefehlt!** far from it! **2** (≈ breit offen) wide; **10 cm ~** 10cm wide; **~ verbreitet** → weitverbreitet **3** in Entwicklung **~ fortgeschritten** far advanced; **wie ~ bist du?** how far have you got?; **so ~, so gut** so far so good; **sie sind nicht ~ gekommen** they didn't get far; **j-n so ~ bringen, dass ...** to bring sb to the point where ...; **er wird es ~ bringen, er wird ~ kommen** he will go far; **es so ~ bringen, dass ...** to bring it about that ... **4** zeitlich **(bis) ~ in die Nacht** (till) far into the night; **~ nach Mitternacht** well after midnight **5** (≈ erheblich) far; **~ über 60** well over 60 **6** **zu ~ gehen** to go too far; **das geht zu ~!** that's going too far!; **so ~** (≈ im Großen und Ganzen) by and large, (≈ bis jetzt) up to now; (≈ bis zu diesem Punkt) thus far; **so ~ wie möglich** as far as possible; **bei Weitem besser** etc **als** far better etc than; **bei Weitem der Beste** by far the best; **bei Weitem nicht so gut** etc **(wie...)** not nearly as good etc (as ...)

weitab adv **~ von** far (away) from

weitaus adv far

Weitblick fig m vision

weitblickend adj far-sighted

Weite¹ f (≈ Ferne) distance; (≈ Länge) length; (≈ Größe) expanse; (≈ Durchmesser, Breite) width

Weite² n distance; **das ~ suchen** to take to one's heels

weiten **A** v/t to widen **B** v/r to broaden

weiter **A** adj further; (≈ andere) other; **~e Auskünfte** further information; **ein ~er, eine ~e, ein ~es ...** one more ...; **~e 70 Meter** another 70 metres **B** adv (≈ noch hinzu) further; (≈ sonst) otherwise; **etw ~ tun** to keep doing sth; **nichts ~ als ...** nothing more than ..., nothing but ...; **ich brauche nichts ~ als ...** all I need is ...; **wenn es ~ nichts ist, ...** well, if that's all (it is), ...; **das hat ~ nichts zu sagen** that doesn't really matter; **immer ~** on and on; **und ~?** and then?; **und so ~** and so on; → Weiteres

weiter- zssgn mit Verben to ... on

weiterarbeiten v/i to carry on working

weiter bestehen v/i to continue to exist

weiterbilden v/r to continue one's education

Weiterbildung f continuation of one's education; an Hochschule further education

Weiterbildungskolleg n college of continuing education

weiterbringen v/t **das bringt uns auch nicht weiter** that doesn't get us any further

weiterempfehlen v/t to recommend (to one's friends etc)

weiterentwickeln v/t & v/r to develop

weitererzählen v/t Geheimnis etc to repeat, to pass on

Weitere(s) n further details pl; **das ~** the rest; **alles ~** everything else; **bis auf ~s** for the time being; **auf Schildern** etc until further notice; **ohne ~s** easily

weiterfahren v/i (≈ Fahrt fortsetzen) to go on; (≈ durchfahren) to drive on

Weiterfahrt f continuation of the/one's journey

Weiterflug m continuation of the/one's flight; **Passagiere zum ~ nach ...** passengers continuing their flight to ...

weiterführen v/t & v/i to continue; **das führt nicht weiter** fig that doesn't get us anywhere

weiterführend adj Schule secondary; Qualifikation higher

weitergeben v/t to pass on

weitergehen v/i **1** to go on, to continue; **so kann es nicht ~** fig things can't go on like this **2** zu Fuß to walk on

weiterhelfen v/i to help (along) (j-m sb)

weiterhin *adv* **etw ~ tun** to carry *od* keep on doing sth
weiterklicken *v/i* IT to click to move on
weiterkommen *v/i* to get further *od* on; *fig a.* to make progress; **nicht ~** *fig* to be stuck
weiterlaufen *v/i* to walk on
weiterleiten *v/t* to pass on (**an** +*akk* to); (≈ *weitersenden*) to forward
weiterlesen *v/i* to carry on reading; **lies weiter!** go on!
weitermachen *v/t* & *v/i* to carry *od* go on (**etw** with sth), to continue; **mit etw ~** to keep sth up; **~!** carry on!
weiterreden *v/i* to continue
Weiterreise *f* continuation of the/one's journey; **auf der ~ nach …** when I *etc* was travelling on to … *Br*, when I *etc* was traveling on to … *US*
weiters *österr adv* furthermore
weitersagen *v/t* to repeat; **nicht ~!** don't tell anyone!
weiterschlafen *v/i* ◪ **den Schlaf fortsetzen** to carry on sleeping; *nach Störung* to get back to sleep ◪ **schlaf weiter!** *fig du bist naiv* dream on!
weiterverarbeiten *v/t* to process
Weiterverarbeitung *f* reprocessing
Weiterverkauf *m* resale
weitgehend, **weit gehend** ◪ *adj Vollmachten etc* far-reaching; *Übereinstimmung etc* a large degree of ◪ *adv* **~** to a great extent
weitgereist *adj* → **weit**
weither *adv*, (*a.* **von weit her**) from a long way away
weithin *adv* for a long way; *fig bekannt* widely
weitläufig ◪ *adj* ◪ *Park, Gebäude* spacious; (≈ *verzweigt*) rambling ◪ *Verwandte* distant ◪ *adv* **sie sind ~ verwandt** they are distant relatives
weiträumig ◪ *adj* wide-ranging ◪ *adv* **die Unfallstelle ~ umfahren** to keep well away from the scene of the accident
weitreichend, **weit reichend** *fig adj* far-reaching
weitschweifig *adj* long-winded
Weitsicht *fig f* far-sightedness
weitsichtig *adj* MED long-sighted *Br*, far-sighted *bes US*; *fig* far-sighted
Weitsichtigkeit *f* MED long-sightedness *Br*, far-sightedness *bes US*
Weitspringen *n* SPORT long jump
Weitspringer(in) *m(f)* SPORT long jumper
Weitsprung *m* SPORT long jump
weitverbreitet, **weit verbreitet** *adj* widespread
Weitwinkelobjektiv *n* wide-angle lens
Weizen *m* wheat

Weizenbier *n* ≈ wheat beer (*light, fizzy beer made using top-fermentation yeast*)
Weizenmehl *n* wheat flour
welch *int pr* **~ (ein)** what
welche(r, s) ◪ *int pr* ◪ *adjektivisch* what; *bei Wahl aus einer begrenzten Menge* which; **auf ~r Seite sind wir?** what page are we on?; **~ Farbe hat …?** what colour is …? ◪ *substantivisch* which (one) ◪ *in Ausrufen* **~ Freude!** what joy! ◪ *indef pr* some; *verneint* any; **ich habe keine Äpfel, haben Sie ~?** I don't have any apples, do you have any?
welk *adj Blume* wilted; *Blatt* dead; *fig Schönheit* fading; *Haut* tired-looking; (≈ *schlaff*) flaccid
welken *v/i* to wilt; *Haut* to grow tired-looking
Wellblech *n* corrugated iron
Welle *f* ◪ wave; RADIO (≈ *Frequenz*) wavelength; **(hohe) ~n schlagen** *fig* to create (quite) a stir ◪ *fig* (≈ *Mode*) craze ◪ TECH shaft
wellen ◪ *v/t Haar* to wave; *Blech etc* to corrugate ◪ *v/r* to become wavy; **gewelltes Haar** wavy hair
Wellenbad *n* swimming pool with wave machine
Wellenbereich *m* PHYS, TEL frequency range; RADIO waveband
wellenförmig *adj* wave-like; *Linie* wavy
Wellengang *m* waves *pl*, swell
Wellenlänge *f* PHYS, TEL wavelength; *fig* **auf der gleichen ~ sein** *od* **liegen** *umg* to be on the same wavelength *umg*
Wellenlinie *f* wavy line
wellenreiten *v/i* to surf; **~ gehen** to go surfing
Wellenreiten *n* surfing
Wellensittich *m* budgerigar, budgie *umg*
wellig *adj Haar etc* wavy
Wellness *f* wellness
Wellnessbereich *m* wellness centre *Br*, wellness center *US*
Wellnesscenter *n* health spa, wellness centre *Br*, wellness center *US*
Wellnesshotel *n* spa *od* wellness hotel
Wellnessurlaub *m* spa holiday *Br*, spa vacation *US*; *kurz* spa break
Wellpappe *f* corrugated cardboard
Welpe *m* pup; *von Wolf, Fuchs* cub
Wels *m* catfish
welsch *adj* ◪ (≈ *welschsprachig*) Romance-speaking ◪ *schweiz* (Swiss-)French; **die ~e Schweiz** French Switzerland
Welt *f* world; **die Dritte ~** the Third World; **alle ~** everybody; **deswegen geht die ~ nicht unter** it isn't the end of the world; **das kostet doch nicht die ~** it won't cost a fortune; **uns/sie trennen ~en** *fig* we/they are worlds apart; **auf der ~** in the world; **auf der ganzen ~** all

over the world; **aus aller ~, aus der ganzen ~** from all over the world; **aus der ~ schaffen** to eliminate; **in aller ~** all over the world; **warum in aller ~ …?** why on earth …?; **um nichts in der ~, nicht um alles in der ~** not for all the tea in China *umg*; **ein Mann/eine Frau von ~** a man/woman of the world; **vor aller ~** in front of everybody; **zur ~ kommen** to come into the world

Weltall *n* universe, outer space
Weltanschauung *f* philosophy of life; *Philosophie, a.* POL world view
weltbekannt, weltberühmt *adj* world-famous
weltberühmt *adj* world-famous
weltbeste(r, s) *adj* world's best
Weltbevölkerung *f* world population
weltbewegend *adj* world-shattering
Weltbild *n* conception of the world
Weltenbummler(in) *m(f)* globetrotter
Welterfolg *m* global *od* worldwide success
Weltergewicht *n Boxen* welterweight
welterschütternd *adj* world-shattering
weltfremd *adj* unworldly
Weltgeltung *f* international standing, worldwide recognition
Weltgeschichte *f* world history
Weltgesundheitsorganisation *f* World Health Organization
weltgewandt *adj* sophisticated
Welthandel *m* world trade
Welthandelsorganisation *f* World Trade Organisation
Weltherrschaft *f* world domination
Weltkarte *f* map of the world
Weltklasse *f* **~ sein** to be world class; *umg* to be fantastic *umg*
Weltkrieg *m* world war; **der Erste/Zweite ~** the First/Second World War
Weltkulturerbe *n* world cultural heritage; (≈ *einzelnes Kulturgut*) World Heritage Site
weltläufig *adj* cosmopolitan
weltlich *adj* worldly; (≈ *nicht kirchlich*) secular
Weltliteratur *f* world literature
Weltmacht *f* world power
Weltmarkt *m* world market
Weltmeer *n* ocean; **die sieben ~e** the seven seas
Weltmeister(in) *m(f)* world champion
Weltmeisterschaft *f* world championship; FUSSB World Cup
Weltmusik *f* world music
Weltnaturerbe *n* World (Natural) Heritage Site
weltoffen *adj* cosmopolitan
Weltöffentlichkeit *f* general public
Weltrang *m* **von ~** world-famous

Weltrangliste *f* world rankings *pl*
Weltraum *m* (outer) space
Weltraumforschung *f* space research
weltraumgestützt *adj* space-based
Weltraumstation *f* space station
Weltreich *n* empire
Weltreise *f* world tour
Weltrekord *m* world record
Weltrekordhalter(in) *m(f)* world record holder, world's record holder *US*
Weltreligion *f* world religion
Weltschmerz *m* world-weariness
Weltsicherheitsrat *m* POL (United Nations) Security Council
Weltsprache *f* universal language
Weltstadt *f* cosmopolitan city
Weltuntergang *m* end of the world
Weltuntergangsstimmung *f* apocalyptic mood
weltweit *adj & adv* worldwide, global
Weltwirtschaft *f* world economy
Weltwirtschaftsforum *n* world economic forum
Weltwirtschaftskrise *f* world economic crisis
Weltwunder *n* **die sieben ~** the Seven Wonders of the World

wem **A** *int pr* who … to, to whom; **mit wem hat sie geredet?** who did she talk to?; **wem gehören diese?** whose are these? **B** *rel pr* (≈ *derjenige, dem*) the person (who …) to **C** *indef pr umg* (≈ *jemandem*) to somebody
wen **A** *int pr* who, whom **B** *rel pr* (≈ *derjenige, den*) the person (who) **C** *indef pr umg* (≈ *jemanden*) somebody
Wende *f* turn; (≈ *Veränderung*) change; (≈ *Wendepunkt*) turning point; POL (political) watershed
Wendehals *m* ORN wryneck; *fig umg* turncoat *pej*
Wendekreis *m* **1** tropic; **der nördliche ~** the Tropic of Cancer; **der südliche ~** the Tropic of Capricorn **2** AUTO turning circle
Wendeltreppe *f* spiral staircase
wenden **A** *v/t* (≈ *umdrehen*), *a. Schneiderhandwerk* to turn; GASTR *Eierpfannkuchen* to toss; *Schnitzel etc* to turn (over); **bitte ~!** please turn over **B** *v/r* **1** (≈ *sich umdrehen*) to turn (around); *Wetter, Glück* to change; **sich zu j-m/etw ~** to turn toward(s) sb/sth; **sich zum Guten ~** to take a turn for the better **2** **sich an j-n ~** um *Auskunft* to consult sb; *um Hilfe* to turn to sb; *Buch etc* to be directed at sb **C** *v/i* to turn; (≈ *umkehren*) to turn (a)round; „**wenden verboten**" "no U--turns"
Wendepunkt *m* turning point
wendig *adj* agile; *Auto* manoeuvrable *Br*, maneuverable *US*; *fig Politiker etc* agile

Wendigkeit f agility; *von Auto etc* manoeuvrability *Br*, maneuverability *US*; *fig von Politiker etc* agility

Wendung f **1** turn; **eine unerwartete ~ nehmen** *fig* to take an unexpected turn; **eine ~ zum Guten nehmen** to change for the better **2** (≈ *Redewendung*) expression, phrase

wenig **A** *adj & indef pr* **1** little; **das ist ~** that isn't much; **ich habe ~ Zeit** I don't have much time; **so ~ wie** *od* **als möglich** as little as possible; **mein ~es Geld** what little money I have; **sie hat zu ~ Geld** *etc* she doesn't have enough money *etc* **2** **~e** *pl* (≈ *ein paar*) a few; **in ~en Tagen** in (just) a few days; **einige ~e Leute** a few people **3** *a. adv* **ein ~** a little, a bit; **ein ~ Salz** a little salt **B** *adv* little; **~ besser** little better; **~ bekannt** little-known *attr*, little known *präd*; **~ erfreulich** not very pleasant; **zu ~** not enough; **einer/zwei** *etc* **zu ~** one/two *etc* too few

weniger **A** *adj & indef pr* less; *mit Plural* fewer; **~ werden** to get less and less; **~ Geld** less money; **~ Unfälle** fewer accidents **B** *adv* less; **das finde ich ~ schön!** that's not so nice! **C** *konj & präp* less; **sieben ~ drei ist vier** seven less three is four

wenigstens *adv* at least

wenigste(r, s) *adj & indef pr & adv* **er hat die ~n Fehler gemacht** he made the fewest mistakes; **sie hat das ~ Geld** she has the least money; **am ~n** least; *pl* fewest; **das ist noch das ~!** *umg* that's the least of it!; **das am ~n!** that least of all!

wenn *konj* **1** *konditional* if; **passt es dir, ~ ich morgen komme?** would it suit you if I came tomorrow?; **~ er nicht gewesen wäre, ...** if it had not been for him, ...; **selbst** *od* **und ~** even if; **~ ... auch ...** even though *od* if ...; **~ nicht** unless; **~ man bedenkt, dass ...** when you consider that ...; **~ ich doch** *od* **nur** *od* **bloß ...** if only I ...; **~ er nur da wäre!** if only he were here!; **außer ~** except if **2** *zeitlich* when; **jedes Mal** *od* **immer ~** whenever; **außer ~** except when

Wenn *n* **ohne ~ und Aber** without any ifs and buts

wennschon *umg adv* **(na** *od* **und) ~!** so what? *umg*; **~, dennschon!** in for a penny, in for a pound! *bes Br sprichw*

wer **A** *int pr* who; **wer von ...** which (one) of ... **B** *rel pr* (≈ *derjenige, der*) the person who **C** *indef pr umg* (≈ *jemand*) somebody

Werbe- *zssgn* advertising
Werbeabteilung f publicity department
Werbeagentur f advertising agency
Werbebanner n banner, INTERNET banner ad
Werbeblock m TV commercial break
Werbeblocker m ad blocker
Werbeclip m TV commercial, advert *Br*
Werbefachfrau f advertising woman
Werbefachmann m advertising man
Werbefernsehen n commercial television; *Sendung* TV advertisements *pl*
Werbefilm m advertising *od* promotional film
Werbefilter m ad blocker
Werbegag m publicity stunt
Werbegeschenk n (promotional) giveaway
Werbegrafiker(in) m(f) commercial artist
Werbekampagne f publicity campaign; *für Verbrauchsgüter* advertising campaign
Werbekosten *pl* advertising *od* promotional costs *pl*
Werbeleiter(in) m(f) advertising manager
werben **A** *v/t Mitglieder, Mitarbeiter* to recruit; *Kunden* to attract **B** *v/i* to advertise; **für etw ~** to advertise sth, to promote sth; **für j-n ~** POL to campaign for sb; **um etw ~** to solicit sth; **um Verständnis ~** to try to enlist understanding; **um ein Mädchen ~** to court a girl
Werbeslogan m publicity slogan; *für Verbrauchsgüter* advertising slogan
Werbespot m commercial, ad(vert)
Werbespruch m slogan
Werbetext m advertising copy *kein pl*
Werbetexter(in) m(f) (advertising) copywriter
Werbetrommel f **die ~ (für etw) rühren** *umg* to push sth *umg*
werbewirksam *adj* effective (for advertising purposes)
Werbung f *bes* HANDEL advertising; (≈ *Werbeaktionen*) promotion; POL (≈ *Propaganda*) pre-election publicity; *von Kunden, Stimmen* winning; *von Mitgliedern* recruitment; (≈ *Reklame*) advert; **~ für etw machen** to advertise sth
Werbungskosten *pl von Mensch* professional outlay *sg*; *von Firma* business expenses *pl*
Werdegang m development; *beruflich* career
werden **A** *v/aux* **1** *zur Bildung des Futurs* **ich werde es tun** I'll do it; **ich werde das nicht tun** I won't do that; **es wird gleich regnen** it's going to rain **2** *zur Bildung des Konjunktivs* **das würde ich gerne tun** I'd like to do that; **das würde ich nicht gerne tun** I wouldn't like to do that; **er würde kommen, wenn ...** he would come if ...; **würden Sie mir bitte das Buch geben?** would you give me the book, please? **3** *zur Bildung des Passivs* **geschlagen ~** to be beaten; **geboren ~** to be born; **mir wurde gesagt, dass ...** I was told that ... **4** *bei Vermutung* **sie wird wohl in der Küche sein** she'll probably be in the kitchen; **das wird etwa 20 Euro kosten** it will cost roughly 20 euros **B** *v/i* **1** *mit Adjektiv* to get; **mir wird kalt/warm** I'm getting cold/

warm; **blass/kalt ~** to go pale/cold; **wütend/heiß ~** to get angry/hot; **mir wird schlecht/besser** I feel bad/better; **die Fotos sind gut geworden** the photos have come out well **2** *mit Substantiv/Pronomen* to become; **Lehrer ~** to become a teacher; **was willst du einmal ~?** what do you want to be when you grow up?; **Präsident ~** to become president; **Erster ~** to come first; **das ist nichts geworden** it came to nothing **3** *bei Altersangaben* **er ist gerade 40 geworden** he has just turned 40 **4** **es wird Zeit, dass er kommt** it's time (that) he came; **es wird kalt/spät** it's getting cold/late; **es wird Winter** winter is coming; **was ist aus ihm geworden?** what has become of him?; **aus ihm wird noch einmal was!** he'll make something of himself yet!; **daraus wird nichts** nothing will come of that; (≈ *das kommt nicht infrage*) that's out of the question; **zu etw ~** to turn into sth; **was soll nun ~?** so what's going to happen now?

werdend *adj* nascent; **~e Mutter** expectant mother

werfen A *v/t* to throw (**nach** at); **Bomben ~** *von Flugzeug* to drop bombs; **eine Münze ~** to toss a coin; „**nicht ~**" "handle with care"; **etw auf den Boden ~** to throw sth to the ground; **j-n aus dem Haus ~** *etc* ~ to throw sb out (of the house *etc*) **B** *v/i* (≈ *schleudern*) to throw; **mit etw (auf j-n/etw) ~** to throw sth (at sb/sth) **C** *v/r* to throw oneself (**auf** +*akk* upon, at)

Werfer(in) *m(f)* thrower; *beim Baseball* pitcher

Werft f shipyard; *für Flugzeuge* hangar

Werftarbeiter(in) *m(f)* shipyard worker

Werk *n* **1** (≈ *Arbeit, Buch etc*) work; *geh* (≈ *Tat*) deed; (≈ *Gesamtwerk*) works *pl*; **das ist sein ~** this is his doing; **ans ~ gehen** to set to work; **am ~ sein** to be at work **2** (≈ *Betrieb*) works *Br*, factory; **ab ~** HANDEL ex works *Br*, ex factory **3** (≈ *Triebwerk*) mechanism

Werkbank f workbench

werken *v/i* to work; *handwerklich* to do handicrafts; **Werken** SCHULE handicrafts

Werkrealschule f type of German high school with emphasis on vocational subjects allowing pupils to leave school after 9 or 10 years of schooling

Werkschutz m factory security service

werkseigen *adj* company *attr*

Werksgelände n factory premises *pl*

Werksleitung f factory management

Werkstatt f, **Werkstätte** f workshop; *für Autoreparaturen* garage *Br*, repair shop *US*

Werkstoff m material

Werkstück n TECH workpiece

Werktag m working day

werktags *adv* on working days

Werkzeug n tool; *Gesamtheit* tools *pl*

Werkzeugkasten m toolbox

Wermut m (≈ *Wermutwein*) vermouth

Wermutstropfen *fig geh* m drop of bitterness

wert *adj* **1** **etw ~ sein** to be worth sth; **nichts ~ sein** to be worthless; (≈ *untauglich*) to be no good; **es ~ sein zu** to be worth + *Gerundium*; **Glasgow ist eine Reise ~** Glasgow is worth a visit; **einer Sache** (*gen*) **~ sein** *geh* to be worthy of sth **2** (≈ *nützlich*) useful

Wert m **1** value; *bes menschlicher* worth; **einen ~ von fünf Euro haben** to be worth five euros; **im ~(e) von** to the value of; **sie hat innere ~e** she has certain inner qualities; **~ auf etw** (*akk*) **legen** *fig* to set great store by sth *bes Br*; **das hat keinen ~** *umg* there's no point **2** *von Test, Analyse* result

Wertarbeit f craftsmanship

werten *v/t & v/i* (≈ *einstufen*) to rate (**als** as); *Klassenarbeit etc* to grade; (≈ *beurteilen*) to judge (**als** to be); **ein Tor nicht ~** FUSSB *etc* to disallow a goal

Wertesystem n system of values

wertfrei A *adj* neutral **B** *adv* in a neutral way

Wertgegenstand m object of value; **Wertgegenstände** *pl* valuables *pl*

Wertigkeit f **1** CHEM valency **2** (≈ *Wert*) importance

wertlos *adj* worthless

Wertlosigkeit f worthlessness

Wertminderung f reduction in value

Wertpapier n security; **~e** *pl* stocks and shares *pl*

Wertsache f object of value; **~n** valuables

Wertschätzung *liter* f esteem, high regard

Wertsteigerung f increase in value

Wertstoff m reusable material

Wertstoffhof m recycling centre *Br*, recycling center *US*

Wertung f **1** (≈ *Bewertung*) evaluation; (≈ *Punkte*) score **2** (≈ *das Werten*) rating; *von Klassenarbeit* grading; (≈ *das Beurteilen*) judging

Werturteil n value judgement

wertvoll *adj* valuable

Werwolf m werewolf

Wesen n **1** nature; (≈ *Wesentliches*) essence; **es liegt im ~ einer Sache** … it's in the nature of a thing … **2** (≈ *Geschöpf*) being; (≈ *tierisches Wesen*) creature; (≈ *Mensch*) person; **ein menschliches ~** a human being

Wesensart f nature, character

wesentlich A *adj* essential; (≈ *erheblich*) substantial; (≈ *wichtig*) important; **das Wesentliche** the essential part; *von dem, was gesagt wurde* the gist; **im Wesentlichen** basically; (≈ *im Großen und*

Ganzen) in the main **B** *adv* (≈ *grundlegend*) fundamentally; (≈ *erheblich*) considerably; **es ist mir ~ lieber, wenn wir ...** I would much rather we ...
weshalb A *adv interrogativ* why **B** *adv relativ* which is why; **der Grund, ~ ...** the reason why ...
Wespe *f* wasp
Wespennest *n* wasp's nest; **in ein ~ stechen** *fig* to stir up a hornets' nest
Wespenstich *m* wasp sting
wessen *pron* whose; *form* **~ hat man dich angeklagt?** *form* of what have you been accused?
Wessi *umg m* Westerner, West German
West- *zssgn* western, west
westdeutsch *adj* GEOG Western German; HIST West German
Westdeutsche(r) *m/f(m)* West German
Weste *f* waistcoat *Br*, vest *US*; **eine reine ~ haben** *fig* to have a clean slate
Westen *m* west; *von Land* West; **der ~** POL the West; **aus dem ~, von ~ (her)** from the west; **nach ~ (hin)** to the west; **im ~ der Stadt/des Landes** in the west of the town/country; **weiter im ~** further west; **im ~ Frankreichs** in the west of France; **nach ~** west; **Richtung ~** westbound
Westentasche *f* waistcoat pocket *Br*, vest pocket *US*; **etw wie seine ~ kennen** *umg* to know sth like the back of one's hand *umg*
Western *m* western
Westeuropa *n* Western Europe
westeuropäisch *adj* West(ern) European; **Westeuropäische Union** Western European Union
Westfale *m*, **Westfälin** *f* Westphalian
Westfalen *n* Westphalia
westfälisch *adj* Westphalian
westindisch *adj* **die Westindischen Inseln** the West Indies
Westjordanland *n* **das ~** the West Bank
Westküste *f* west coast
westlich A *adj* western; *Kurs, Wind, Richtung* westerly; POL Western **B** *adv* (to the) west; **~ von ...** (to the) west of ... **C** *präp* (to the) west of
Westmächte *pl* POL **die ~** the western powers *pl*
westöstlich *adj* west-to-east; **in ~er Richtung** from west to east
westwärts *adv* westward(s), west
Westwind *m* west wind
weswegen *adv* why
wett *adj* **~ sein** to be quits
Wettbewerb *m* competition; (≈ *Wettkampf, Schönheitswettbewerb*) contest; **einen ~ veranstalten** to hold a competition
Wettbewerber(in) *m(f)* competitor
Wettbewerbsbehörde *f* competition authority
wettbewerbsfähig *adj* competitive
Wettbewerbsnachteil *m* competitive disadvantage
wettbewerbswidrig *adj* anticompetitive; **~e Vereinbarungen** anticompetitive *od* concerted agreements; **~ handeln** to violate fair trade practices; *ungesetzlich* to violate competition lae *od* antitrust law *US*
Wettbüro *n* betting office
Wette *f* bet; **darauf gehe ich jede ~ ein** I'll bet you anything you like; **die ~ gilt!** done!; **mit j-m um die ~ laufen** *od* **rennen** to race sb
wetteifern *v/i* **mit j-m um etw ~** to compete with sb for sth
wetten *v/t & v/i* to bet; **auf etw** (*akk*) **~** to bet on sth; **mit j-m ~** to bet with sb; **ich wette 100 gegen 1(, dass ...)** I'll bet (you) 100 to 1 (that ...)
Wetter *n* **1** weather; **bei so einem ~** in such weather; **was haben wir heute für ~?** what's the weather like today? **2** (≈ *Unwetter*) storm **3** *Bergbau* air; **schlagende ~** *pl* firedamp *sg*
Wetter(in) *m(f)* better
Wetteraussichten *pl* weather outlook *sg*
Wetterbericht *m* weather report
wetterbeständig *adj* weatherproof
wetterempfindlich *adj* sensitive to (changes in) the weather
wetterfest *adj* weatherproof
Wetterfrosch *hum umg m* weatherman *umg*
wetterfühlig *adj* sensitive to (changes in) the weather
Wetterhahn *m* weathercock *bes Br*, weather vane
Wetterkarte *f* weather map
Wetterkunde *f* meteorology
Wetterlage *f* weather situation
Wetterleuchten *n* sheet lightning; *fig* storm clouds *pl*
wettern *v/i* to curse and swear; **gegen** *od* **auf etw** (*akk*) **~** to rail against sth
Wetterstation *f* weather station
Wettersturz *m* sudden fall in temperature and atmospheric pressure
Wetterumschwung *m* sudden change in the weather
Wettervorhersage *f* weather forecast
Wetterwarte *f* weather station
wetterwendisch *fig adj* changeable
Wettfahrt *f* race
Wettkampf *m* competition; match
Wettkämpfer(in) *m(f)* competitor

Wettlauf m race; **einen ~ machen** to run a race; **ein ~ gegen die Zeit** a race against time

wettmachen v/t to make up for; *Verlust etc* to make good; *Rückstand* to make up

Wettrennen n race

Wettrüsten n arms race

Wettschein m betting slip

Wettstreit m competition; **mit j-m im ~ liegen** to compete with sb

wetzen v/t to whet

Wetzstein m whetstone

WG f abk → Wohngemeinschaft

whatsappen v/i den Nachrichtendienst WhatsApp® benutzen to use WhatsApp®

Whirlpool m (≈ *Sprudelbad*) whirlpool bathtub

Whisky m whisky, whiskey US; *irischer* whiskey

Whistleblower(in) m(f) *Enthüller von Skandalen* whistleblower

Whiteboard n (≈ *Weißwandtafel*) whiteboard; **interaktives ~** interactive whiteboard, smartboard

wichsen v/i sl (≈ *onanieren*) to jerk off sl

Wichser sl m wanker Br sl, jerk-off US sl

Wicht m (≈ *Kobold*) goblin; fig (≈ *verachtenswerter Mensch*) scoundrel

wichtig A adj important; **das ist nicht ~** it doesn't matter; **alles Wichtige** everything of importance; **Wichtigeres zu tun haben** to have more important things to do; **das Wichtigste** the most important thing B adv **sich selbst/etw (zu) ~ nehmen** to take oneself/sth (too) seriously

Wichtigkeit f importance

wichtigmachen umg v/r to be full of one's own importance

Wichtigtuer(in) pej m(f) busybody

wichtigtun v/r umg (≈ *sich aufspielen*) to be full of one's own importance

Wicke f BOT vetch; (≈ *Gartenwicke*) sweet pea

Wickel m MED compress

wickeln A v/t 1 (≈ *schlingen*) to wind (**um** round); *Verband etc* to bind 2 (≈ *einwickeln*) to wrap (**in** +akk in); **einen Säugling ~** to change a baby's nappy Br, to change a baby's diaper US B v/r to wrap oneself (**in** +akk in)

Wickelraum m *in Kaufhaus etc* baby changing room

Wickelrock m wraparound skirt

Wickeltisch m baby's changing table

Widder m 1 ZOOL ram 2 ASTROL Aries; **(ein) ~ sein** to be (an) Aries

wider geh präp against; **~ Erwarten** contrary to expectations

widerfahren geh v/i to happen (**j-m** to sb)

Widerhaken m barb

Widerhall m echo; **keinen ~ finden** *Interesse* to meet with no response

widerhallen v/i to echo

widerlegen v/t *Behauptung etc* to refute; **j-n** to prove wrong

Widerlegung f refutation, disproving

widerlich A adj disgusting; *Mensch* repulsive B adv *sich benehmen* disgustingly; **~ riechen/schmecken** to smell/taste disgusting

Widerling umg m creep umg

widernatürlich adj unnatural

widerrechtlich A adj illegal B adv illegally; **sich** (dat) **etw ~ aneignen** to misappropriate sth

Widerrede f (≈ *Widerspruch*) contradiction; **keine ~!** don't argue!; **ohne ~** without protest

Widerruf m revocation; *von Aussage* retraction

widerrufen v/t *Erlaubnis, Anordnung etc* to revoke, to withdraw; *Aussage* to retract

Widersacher(in) m(f) adversary

widersetzen v/r **sich j-m/einer Sache ~** to oppose sb/sth; *der Festnahme* to resist sth; *einem Befehl* to refuse to comply with sth

widersinnig adj absurd

widerspenstig adj stubborn; *Kind, Haar* unruly

widerspiegeln A v/t to reflect B v/r to be reflected

widersprechen A v/i **j-m/einer Sache ~** to contradict sb/sth B v/r *einander* to contradict each other

Widerspruch m 1 contradiction; **ein ~ in sich selbst** a contradiction in terms; **in** od **im ~ zu** contrary to; **in** od **im ~ zu etw stehen** to be contrary to sth 2 (≈ *Protest*) protest; (≈ *Ablehnung*) opposition; JUR appeal; **kein ~!** don't argue!; **~ erheben** to protest; **~ einlegen** JUR to appeal

widersprüchlich adj contradictory; *Verhalten* inconsistent

Widerspruchsgeist m spirit of opposition

widerspruchslos A adj (≈ *unangefochten*) unopposed; (≈ *ohne Einwände*) without contradiction B adv (≈ *unangefochten*) without opposition; (≈ *ohne Einwände*) without contradiction

Widerstand m resistance; (≈ *Ablehnung*) opposition; ELEK *Bauelement* resistor; **gegen j-n/etw ~ leisten** to resist sb/sth

Widerstandsbewegung f resistance movement

widerstandsfähig adj robust; *Pflanze* hardy; MED, TECH etc resistant (**gegen** to)

Widerstandsfähigkeit f robustness; *von Pflanze* hardiness; MED, TECH etc resistance (**gegen** to)

Widerstandskämpfer(in) m(f) member of the resistance

widerstandslos adj & adv without resistance

widerstehen v/i (≈ *nicht nachgeben*) to resist;

(≈ *standhalten*) to withstand
widerstreben v/i **es widerstrebt mir, so etwas zu tun** it goes against the grain to do anything like that *Br*, it goes against my grain to do anything like that *US*
widerstrebend **A** *adj* (≈ *widerwillig*) reluctant **B** *adv widerwillig* unwillingly
widerwärtig **A** *adj* objectionable; (≈ *ekelhaft*) disgusting **B** *adv* **~ schmecken/stinken** to taste/smell disgusting
Widerwille *m* (≈ *Ekel*) disgust (**gegen** for); (≈ *Abneigung*) distaste (**gegen** for); (≈ *Widerstreben*) reluctance
widerwillig **A** *adj* reluctant **B** *adv* reluctantly
Widerworte *pl* **~ geben** to answer back; **ohne ~** without protest
Widescreen *m* widescreen
Widget *n* IT *grafisches Fenstersystem* widget
widmen **A** v/t **j-m etw ~** to dedicate sth to sb **B** v/r to devote oneself to; *den Gästen etc* to attend to; *einer Aufgabe* to apply oneself to
Widmung *f in Buch etc* dedication (**an** +*akk* to)
widrig *adj* adverse
wie **A** *adv* **1** *interrogativ* how; **wie viele?** how many?; **wie viel kosten ...?** how much are ...?; **wie wär's mit einem Whisky?** *umg* how about a whisky?; **wie alt bist du?** how old are you?; **wie geht es dir/Ihnen/euch?** how are you?; **wie geht's?** how are things? **2** (≈ *welcher Art*) **wie war's auf der Party?** what was the party like?; **wie war ...?** how was ...?; **wie ist er (denn)?** what's he like?; **wie spät ist es?** what's the time?; **3** (≈ *was*) **wie heißt er/das?** what's he/it called?; **wie?** what?; **wie bitte?** sorry? *Br*, excuse me? *US; entrüstet* I beg your pardon! **4** *in Ausrufen* how; **und wie!, aber wie!** and how! *umg*; **wie groß er ist!** how big he is; **das macht dir Spaß, wie?** you like that, don't you? **B** *adv relativ* **die Art, wie sie geht** the way (in which) she walks; **wie stark du auch sein magst** however strong you may be; **wie dem auch sei** whatever; **wie sehr ... auch** however much **C** *konj* **1** *vergleichend bezüglich Adjektiv oder Adverb* as; *vergleichend bezüglich Substantiv* like; **so ... wie** as ... as; **so lang wie breit** as long as it *etc* is wide; **weiß wie Schnee** (as) white as snow; **eine Nase wie eine Kartoffel** a nose like a potato; **wie gewöhnlich, wie immer** as usual, as always, as ever; **wie du weißt** as you know **2** (≈ *als*) **größer wie** bigger than; **nichts wie Ärger** *etc* nothing but trouble *etc* **3** *umg* **wie wenn** as if **4** *er sah, wie es geschah* he saw it happen; **sie spürte, wie es kalt wurde** she felt it getting cold
Wiedehopf *m* hoopoe
wieder *adv* again; **immer ~** again and again; **~ mal** (once) again; **~ ist ein Jahr vorbei** another year has passed; **wie, schon ~?** what, again?; **~ da** back (again)
Wiederaufbau *m* reconstruction
wiederaufbauen v/t & v/i to reconstruct, to rebuild
wiederaufbereiten v/t to recycle; *Atommüll, Abwasser* to reprocess
Wiederaufbereitung *f* recycling; *von Atommüll* reprocessing
Wiederaufbereitungsanlage *f* recycling plant; *für Atommüll* reprocessing plant
wieder aufleben v/i to revive
Wiederaufnahme *f* **1** *von Tätigkeit, Gespräch etc* resumption **2** *im Verein etc* readmittance
wiederaufnehmen v/t **1** (≈ *wieder beginnen*) to resume **2** *Vereinsmitglied* to readmit
Wiederbeginn *m* recommencement; *von Schule* reopening
wiederbekommen v/t to get back
wiederbeleben v/t to revive
Wiederbelebung *f* revival
Wiederbelebungsversuch *m* attempt at resuscitation; *fig* attempt at revival
wiederbringen v/t to bring back
wiedereinführen v/t to reintroduce; HANDEL *Waren* to reimport
Wiedereingliederung *f* reintegration
wiedereinstellen v/t to re-employ
Wiedereintritt *m* reentry (**in** +*akk* into)
wiederentdecken v/t to rediscover
Wiederentdeckung *f* rediscovery
wiedererkennen v/t to recognize; **das/er war nicht wiederzuerkennen** it/he was unrecognizable
wiedererlangen v/t to regain; *Eigentum* to recover
wiedereröffnen v/t & v/i to reopen
Wiedereröffnung *f* reopening
wiedererstatten v/t *Unkosten etc* to refund (**j-m etw** sb for sth)
Wiedererstattung *f* refund(ing)
wiederfinden v/t to find again; *fig Mut etc* to regain
Wiedergabe *f* **1** *von Rede, Ereignis* account **2** (≈ *Darbietung*) *von Stück etc* rendition **3** (≈ *Übersetzung*) translation **4** (≈ *Reproduktion*) reproduction **5** (≈ *Rückgabe*) return
wiedergeben v/t **1** to give back **2** (≈ *erzählen*) to give an account of **3** (≈ *übersetzen*) to translate **4** (≈ *reproduzieren*) to reproduce
wiedergeboren *adj* reborn
Wiedergeburt *f* rebirth
wiedergutmachen v/t *Schaden* to compensate for; *Fehler* to rectify; POL to make reparations for; **das ist nie wiedergutzumachen** that

can never be put right
Wiedergutmachung f compensation; POL reparations pl
wiederhaben umg v/t **etw ~ wollen** to want sth back
wiederherstellen v/t Gebäude, Ordnung, Gesundheit to restore; Beziehungen to re-establish
Wiederherstellung f restoration
wiederholen¹ **A** v/t & v/i to repeat; (≈ noch einmal abspielen) to replay; zusammenfassend to recapitulate; Lernstoff to revise, to review US; Prüfung, Elfmeter to retake **B** v/r Mensch to repeat oneself; Thema, Ereignis to recur
wiederholen² v/t (≈ zurückholen) to get back
wiederholt **A** adj repeated; **zum ~en Male** once again **B** adv repeatedly; **etw ~ tun** to keep doing sth
Wiederholung f a. LIT repetition; von Prüfung, Elfmeter retaking; von Sendung repeat; von Lernstoff revision
Wiederholungsspiel n SPORT replay
Wiederhören n **(auf) ~!** goodbye!
wiederkäuen **A** v/t to ruminate; fig umg to go over again and again **B** v/i to ruminate
Wiederkäuer m ruminant
Wiederkehr f (≈ Rückkehr) return; (≈ ständiges Vorkommen) recurrence
wiederkehren v/i (≈ zurückkehren) to return; (≈ sich wiederholen) to recur
wiederkehrend adj recurring
wiederkommen v/i to come back
wiedersehen v/t to see again; **wann sehen wir uns wieder?** when will we see each other again?
Wiedersehen n nach längerer Zeit reunion; **(auf) ~!** goodbye!
wiederum adv **1** (≈ andererseits) on the other hand; (≈ allerdings) though **2** geh (≈ nochmals) again
wiedervereinigen **A** v/t to reunite; Land to reunify **B** v/r to reunite
Wiedervereinigung f reunification
Wiederverkaufswert m resale value
wiederverschließbar adj resealable
wiederverwendbar adj reusable
wiederverwenden v/t to reuse
wiederverwertbar adj recyclable
wiederverwerten v/t to recycle
Wiederverwertung f recycling
Wiege f cradle
wiegen¹ **A** v/t **1** (≈ hin und her bewegen) to rock; Hüften to sway **2** (≈ zerkleinern) to chop up **B** v/r Boot etc to rock; Mensch, Äste etc to sway
wiegen² v/t & v/i (≈ abwiegen) to weigh; **wie viel wiegst du?** how heavy are you?; **schwer ~** fig to carry a lot of weight; → gewogen

Wiegenlied n lullaby
wiehern v/i to neigh
Wien n Vienna
Wiener adj Viennese; **~ Würstchen** frankfurter; **~ Schnitzel** Wiener schnitzel
wienerisch adj Viennese
wienern v/t to polish
Wiese f meadow; umg (≈ Rasen) grass
Wiesel n weasel
wieso adv why; **~ nicht** why not; **~ weißt du das?** how do you know that?
wie viel adv → viel
wievielmal adv how many times
Wievielte(r) m bei Datum **der ~ ist heute?** what's the date today?
wievielte(r, s) adj **das ~ Kind ist das jetzt?** how many children is that now?; **zum ~n Mal bist du schon in England?** how often have you been to England?; **am ~n September hast du Geburtstag?** what date in September is your birthday?
wieweit konj to what extent
Wikinger(in) m(f) Viking
wild **A** adj wild; Stamm savage; (≈ laut, ausgelassen) boisterous; (≈ ungesetzlich) Parken, Zelten etc illegal; Streik wildcat attr, unofficial; **seid nicht so ~!** calm down a bit!; **j-n ~ machen** to make sb furious, to drive sb crazy; **auf j-n/etw sein** umg to be mad about sb/sth umg; **das ist halb so ~** umg never mind **B** adv **1** (≈ unordentlich) **~ durcheinanderliegen** to be strewn all over the place **2** (≈ hemmungslos) like crazy; um sich schlagen wildly; **wie ~ arbeiten** etc to work like mad **3** (≈ in der freien Natur) **~ leben** to live in the wild; **~ lebende Tiere** wildlife; **~ wachsen** to grow wild
Wild n (≈ Tiere, Fleisch) game; (≈ Rotwild) deer; (≈ Fleisch von Rotwild) venison
Wildbach m torrent
Wildbahn f **auf** od **in freier ~** in the wild
Wildcard f IT wild card
Wilddieb(in) m(f) poacher
Wilde(r) m/f(m) savage; fig madman
Wilderei f poaching
Wilderer m, **Wilderin** f poacher
wildern v/i to poach
Wildfleisch n game; von Rotwild venison
wildfremd umg adj completely strange; **~e Leute** complete strangers
Wildgans f wild goose
Wildheit f wildness
Wildhüter(in) m(f) gamekeeper; in Nationalpark ranger
Wildkatze f wildcat
Wildleder n suede
wildledern adj suede

Wildnis f wilderness; **in der ~ leben** to live in the wild

Wildpark m game park; *für Rotwild* deer park

Wildsau f wild sow; *fig sl* pig *umg*

Wildschwein n wild boar

Wildwasser n whitewater

Wildwasserfahren n whitewater rafting

Wildwechsel m *bei Rotwild* deer path; „**Wildwechsel**" "wild animals"

Wildwestfilm m western

Wille m will; (≈ *Absicht*) intention; **wenn es nach ihrem ~n ginge** if she had her way; **er musste wider ~n** *od* **gegen seinen ~n lachen** he couldn't help laughing; **seinen ~n durchsetzen** to get one's (own) way; **j-m seinen ~n lassen** to let sb have his own way; **beim besten ~n nicht** not with the best will in the world; **wo ein ~ ist, ist auch ein Weg** *sprichw* where there's a will there's a way *sprichw*

willen *präp* **um j-s/einer Sache ~** for the sake of sb/sth, for sb's/sth's sake

willenlos A *adj* weak-willed B *adv* **j-m ~ ergeben sein** to be totally submissive to sb

willens *geh adj* **~ sein** to be willing

Willenskraft f willpower

willensschwach *adj* weak-willed

Willensschwäche f weak will

willensstark *adj* strong-willed

Willensstärke f willpower

willentlich A *adj* wilful B *adv* deliberately

willig A *adj* willing B *adv* willingly

willkommen *adj* welcome; **du bist (mir) immer ~** you are always welcome; **j-n ~ heißen** to welcome sb; **es ist mir ganz ~, dass ...** I quite welcome the fact that ...; **~ in ...** welcome to ...

Willkommensgruß m greeting

Willkommenskultur f welcoming culture

Willkür f *politisch* despotism; *bei Handlungen* arbitrariness; **ein Akt der ~** a despotic/an arbitrary act

willkürlich A *adj* arbitrary; *Herrscher* autocratic B *adv handeln* arbitrarily

wimmeln *v/i* **der See wimmelt von Fischen** the lake is teeming with fish; **hier wimmelt es von Fliegen** this place is swarming with flies; **dieses Buch wimmelt von Fehlern** this book is riddled with mistakes

Wimmerl n *österr* (≈ *Pickel*) pimple

wimmern *v/i* to whimper

Wimper f (eye)lash; **ohne mit der ~ zu zucken** *fig* without batting an eyelid *Br*, without batting an eyelash *US*

Wimperntusche f mascara

Wimpernzange f eyelash curlers *od* tongs *pl*

Wind m wind; **bei ~ und Wetter** in all weathers; **~ und Wetter ausgesetzt sein** to be exposed to the elements; **daher weht der ~!** *fig* so that's the way the wind is blowing; **viel ~ um etw machen** *umg* to make a lot of fuss about sth; **gegen den ~ segeln** *wörtl* to sail into the wind; *fig* to swim against the stream, to run against the wind *US*; **j-m den ~ aus den Segeln nehmen** *fig* to take the wind out of sb's sails; **etw in den ~ schlagen** *Warnungen, Rat* to turn a deaf ear to sth; *Vorsicht, Vernunft* to throw sth to the winds; **in alle (vier) ~e zerstreut sein** *fig* to be scattered to the four corners of the earth; **von etw ~ bekommen** *fig umg* to get wind of sth

Windbeutel m cream puff

Windbluse f windcheater

Windbö(e) f gust of wind

Winde[1] f TECH winch

Winde[2] f BOT bindweed

Windel f nappy *Br*, diaper *US*

Windeleinlage f nappy liner *Br*, diaper liner *US*

windelweich *adv* **j-n ~ schlagen** *od* **hauen** *umg* to beat sb black and blue

winden A *v/t* to wind; *Kranz* to bind; (≈ *hochwinden*) *Last* to winch B *v/r* to wind; *vor Schmerzen* to writhe (**vor** +*dat* with, in); *vor Verlegenheit* to squirm (**vor** +*dat* with, in); *fig* (≈ *ausweichen*) to try to wriggle out; → **gewunden**

Windenergie f wind energy

Windeseile f **etw in** *od* **mit ~ tun** to do sth in no time (at all); **sich in** *od* **mit ~ verbreiten** to spread like wildfire

Windfarm f wind farm

windgeschützt *adj* sheltered (from the wind)

Windhund m [1] greyhound; **australischer ~** dingo [2] *fig pej* rake

windig *adj* windy; *fig* dubious

Windjacke f windcheater *Br*, windproof jacket, anorak

Windkraft f wind power

Windkraftanlage f wind power station

Windlicht n lantern

Windmühle f windmill

Windpark m wind farm

Windpocken *pl* chickenpox *sg*

Windrad n *Maschine* wind turbine; *Spielzeug* windmill

Windrichtung f wind direction

Windrose f SCHIFF compass card; METEO wind rose

Windschatten m lee; *von Fahrzeugen* slipstream

windschief *adj* crooked

Windschutzscheibe f windscreen *Br*, windshield *US*

Windstärke f strength of the wind

windstill *adj* still; *Platz, Ecke etc* sheltered
Windstille *f* calm
Windstoß *m* gust of wind
Windsurfbrett *n* windsurfer
windsurfen *v/i* to windsurf; **~ gehen** to go windsurfing
Windsurfen *n* windsurfing
Windsurfer(in) *m(f)* windsurfer
Windturbine *f* wind turbine
Windung *f von Weg, Fluss etc* meander; *von Schraube* thread; TECH *von Spule* coil
Wink *m* (≈ *Zeichen*) sign; (≈ *Hinweis, Tipp*) hint
Winkel *m* **1** MATH angle **2** TECH square **3** *fig* (≈ *Stelle, Ecke*) corner; (≈ *Plätzchen*) spot
Winkeleisen *n* angle iron
winkelförmig A *adj* angled **B** *adv* **~ gebogen** bent at an angle
winkelig *adj* → winklig
Winkelmesser *m* protractor
winken A *v/i* to wave (**j-m** to sb); **dem Kellner ~** to signal to the waiter; **j-m winkt etw** *fig* (≈ *steht in Aussicht*) sb can expect sth; **dem Sieger winkt eine Reise nach Italien** the winner will receive a trip to Italy **B** *v/t* to wave; **j-n zu sich ~** to beckon sb over to one
winklig *adj Haus, Altstadt* full of nooks and crannies; *Gasse* twisty
winseln *v/i* to whine
Winter *m* winter; **im ~** in (the) winter
Winteranfang *m* beginning of winter
Winterdienst *m Verkehr* winter road treatment
Winterfahrplan *m* winter timetable *Br*, winter schedule *bes US*
Wintergarten *m* winter garden
Winterlandschaft *f* winter landscape
winterlich A *adj* wintry, winter *attr* **B** *adv* **es ist ~ kalt** it's as cold as it is in winter; **~ gekleidet** dressed for winter
Winterolympiade *f* Winter Olympics *pl*
Winterreifen *m* winter tyre *Br*, winter tire *US*
Winterschlaf *m* ZOOL hibernation; **(den) ~ halten** to hibernate
Winterschlussverkauf *m* winter (clearance) sale
Wintersemester *n* winter semester
Winterspiele *pl* **(Olympische) ~** Winter Olympics *pl*
Wintersport *m* winter sports *pl*; (≈ *Wintersportart*) winter sport
Winterurlaub *m* winter holidays *pl Br*, winter vacation *sg US*
Winterzeit *f* **1** *Jahreszeit* wintertime; **zur ~** in (the) wintertime **2** *Uhrzeit* winter time, standard time *US*; **wann fängt die ~ an?** when does winter time begin? *Br*, when does standard time begin? *US*

Win-win-Situation *f* win-win situation
Winzer(in) *m(f)* wine grower, winemaker
winzig *adj* tiny; **~ klein** minute, tiny little *attr*
Winzling *umg m* mite
Wipfel *m* treetop
Wippe *f zum Schaukeln* seesaw
wippen *v/i* (≈ *mit Wippe schaukeln*) to seesaw; **mit dem Fuß ~** to jiggle one's foot
wir *pers pr* we; **wir alle** all of us; **wir beide** both of us; **wir drei** the three of us; **wir selbst** ourselves; **wer war das? — wir nicht** who was that? — it wasn't us
Wirbel *m* **1** whirl; *in Fluss etc* whirlpool; (≈ *Aufsehen*) to-do, fuss; **(viel/großen) ~ machen/verursachen** to make/cause (a lot of/a big) commotion **2** (≈ *Haarwirbel*) crown **3** (≈ *Trommelwirbel*) (drum) roll **4** ANAT vertebra
wirbellos *adj* ZOOL invertebrate
wirbeln *v/i* to whirl; *Laub, Rauch* to swirl
Wirbelsäule *f* ANAT spinal column, spine
Wirbelsturm *m* whirlwind, cyclone
Wirbeltier *n* vertebrate
Wirbelwind *m* whirlwind
wirken *v/i* **1** (≈ *tätig sein*) *Mensch* to work; *Kräfte etc* to be at work; (≈ *Wirkung haben*) to have an effect; (≈ *erfolgreich sein*) to work; **als Katalysator ~** to act as a catalyst; **abführend ~** to have a laxative effect; **etw auf sich** (*akk*) **~ lassen** to take sth in **2** (≈ *erscheinen*) to seem
wirklich A *adj* real; (≈ *ehrlich*) truly; **im ~en Leben** in real life **B** *adv* really; **nicht ~** not really; **ich war das ~ nicht** it really was not me; **~?** *als Antwort* really?
Wirklichkeit *f* reality; **~ werden** to come true; **in ~** in reality
wirklichkeitsfremd *adj* unrealistic
wirklichkeitsgetreu A *adj* realistic **B** *adv* realistically
wirklichkeitsnah *adj* realistic
wirksam A *adj* effective; **am 1. Januar ~ werden** *form Gesetz* to take effect on January 1st **B** *adv* effectively; *verbessern* significantly
Wirksamkeit *f* effectiveness
Wirkstoff *m bes* PHYSIOL active substance
Wirkung *f* effect (**bei** on); **zur ~ kommen** to take effect; **mit ~ vom 1. Januar** *form* with effect from January 1st
Wirkungsgrad *m* (degree of) effectiveness
wirkungslos *adj* ineffective
wirkungsvoll A *adj* effective **B** *adv* effectively
Wirkungsweise *f von Medikament* action
wirr *adj* confused; *Blick* crazed; *Haare, Fäden* tangled; *Gedanken* weird; (≈ *unrealistisch*) wild; **~es Zeug reden** to talk gibberish
Wirren *pl* confusion *sg*
Wirrwarr *m* confusion; *von Verkehr* chaos

Wirsing m savoy cabbage
Wirt m (≈ *Vermieter*) landlord; *von Kneipe* landlord Br, bar owner; *selten* (≈ *Gastgeber*), *a.* BIOL host
Wirtin f (≈ *Vermieterin*) landlady; *von Kneipe* landlady Br, bar owner; (≈ *Gastgeberin*) hostess
Wirtschaft f ◼1 (≈ *Volkswirtschaft*) economy; (≈ *Handel*) industry and commerce ◼2 (≈ *Gastwirtschaft*) ≈ pub Br, ≈ bar US ◼3 *umg* (≈ *Zustände*) **eine schöne** *od* **saubere ~** *iron* a fine state of affairs
wirtschaften v/i ◼1 (*sparsam*) **~** to economize; **gut ~ können** to be economical ◼2 (≈ *den Haushalt führen*) to keep house
wirtschaftlich ◼A *adj* ◼1 economic ◼2 (≈ *sparsam*) economical ◼B *adv* (≈ *finanziell*) financially
Wirtschaftlichkeit f ◼1 (≈ *Rentabilität*) profitability ◼2 (≈ *ökonomischer Betrieb*) economy
Wirtschaftsasylant(in) *oft neg!* m(f) economic migrant
Wirtschaftsaufschwung m economic upturn
Wirtschaftsbeziehungen pl economic *od* trade relations pl
Wirtschaftsflüchtling *oft neg!* m economic refugee
Wirtschaftsführer(in) m(f) leading industrialist
Wirtschaftsgeld n housekeeping (money) Br, household allowance US
Wirtschaftsgemeinschaft f economic community
Wirtschaftsgipfel m economic summit
Wirtschaftsgüter pl economic goods pl
Wirtschaftsjahr n financial year, fiscal year
Wirtschaftskriminalität f white collar crime
Wirtschaftskrise f economic crisis
Wirtschaftslage f economic situation
Wirtschaftsminister(in) m(f) minister of trade and industry Br, secretary of commerce US
Wirtschaftsministerium n ministry of trade and industry Br, department of commerce US
Wirtschaftsplan m economic plan
Wirtschaftspolitik f economic policy
wirtschaftspolitisch *adj Maßnahmen etc* economic policy *attr*; **~er Sprecher** spokesman on economic policy
Wirtschaftsprüfer(in) m(f) accountant; *zum Überprüfen der Bücher* auditor
Wirtschaftsraum m WIRTSCH economic area
Wirtschaftsstandort m business location
Wirtschaftsteil m *einer Zeitung* business section
Wirtschafts- und Währungsunion f *der EU* Economic and Monetary Union
Wirtschaftsunion f economic union
Wirtschaftswachstum n economic growth
Wirtschaftsweise(r) m/f(m) **die fünf ~n** familiar name for The German Council of Economic Experts which advises the German government
Wirtschaftswissenschaft f economics sg
Wirtschaftswissenschaftler(in) m(f) economist
Wirtschaftswunder n economic miracle
Wirtshaus n ≈ pub Br, ≈ bar; *bes auf dem Land* inn
Wirtsleute pl landlord and landlady
Wirtsstube f lounge
Wisch *pej umg* m piece of paper
wischen ◼A v/t & v/i to wipe; *schweiz* (≈ *fegen*) to sweep; **Einwände (einfach) vom Tisch ~** *fig* to sweep aside objections ◼B v/t *umg* **j-m eine ~** to clout sb one Br *umg*, to clobber sb *umg*; **einen gewischt bekommen** ELEK to get a shock
Wischer m AUTO (windscreen) wiper Br, (windshield) wiper US
Wischerblatt n AUTO wiper blade
Wischtuch n cloth
Wisent m bison
wispern v/t & v/i to whisper
Wissbegier(de) f thirst for knowledge
wissbegierig *adj Kind* eager to learn
wissen v/t & v/i to know (**über** +*akk od* **von** about); **ich weiß (es) (schon)** I know; **ich weiß (es) nicht** I don't know; **... ~ Sie/weißt du ...** you know; **weißt du schon das Neueste?** have you heard the latest?; **weißt du was, Sophie?** you know what, Sophie?; **von j-m/etw nichts ~ wollen** not to be interested in sb/sth; **das musst du (selbst) ~** it's your decision; **das hättest du ja ~ müssen!** you ought to have realized that; **man kann nie ~** you never know; **weiß Gott** *umg* God knows *umg*; **(ja) wenn ich das wüsste!** goodness knows!; **nicht, dass ich wüsste** not as far as I know; **dass du es (nur) (gleich) weißt** just so you know; **weißt du noch, wie schön es damals war?** do you remember how great things were then?; **woher weißt du ...?** how do you know ...?; **j-n etw ~ lassen** to let sb know sth; **~ von etw** to know of *od* about sth; **~ wollen** (≈ *sich fragen*) to wonder; **er weiß von nichts** he doesn't know anything about it
Wissen n knowledge; **meines ~s** to my knowledge; **nach bestem ~ und Gewissen** to the best of one's knowledge and belief
wissend *adj Blick etc* knowing
Wissenschaft f science
Wissenschaftler(in) m(f) scientist; (≈ *Geisteswissenschaftler*) academic
wissenschaftlich ◼A *adj* scientific; (≈ *geisteswissenschaftlich*) academic ◼B *adv* scientifically
Wissensdrang m, **Wissensdurst** *geh* m thirst for knowledge
Wissensgebiet n field (of knowledge)
Wissenslücke f gap in one's knowledge
Wissensstand m state of knowledge

wissenswert *adj* worth knowing
wissentlich **A** *adj* deliberate **B** *adv* deliberately
Witterung *f* (≈ *Wetter*) weather; **bei guter ~** if the weather is good
Witterungsverhältnisse *pl* weather conditions *pl*
Witwe *f* widow
Witwer *m* widower
Witz *m* **1** (≈ *Geist*) wit **2** *Äußerung* joke (**über** +*akk* about); **einen ~ machen** to make a joke; **~e machen** to joke; **mach keine ~e!** don't be funny; **du machst ~e** you're kidding; **das ist doch wohl ein ~** he/you *etc* must be joking **3** **der ~ an der Sache ist, dass** ... the great thing about it is that ...
Witzbold *m* joker
witzeln *v/i* to joke (**über** +*akk* about)
witzig *adj* funny
witzlos *adj umg* (≈ *unsinnig*) pointless
WLAN *n abk* (= wireless local area network) IT WiFi, wireless network, wireless LAN
WLAN-Hotspot *m* IT WiFi hotspot, wireless hotspot
WM *f abk* → Weltmeisterschaft
wo **A** *adv* where; **wo kommst du her?** where are you from?; **überall, wo** wherever; **wo immer ...** wherever ...; **ach** *od* **i wo!** *umg* nonsense! **B** *konj* **wo möglich** where possible
woanders *adv* somewhere else
wobei *adv* **~ ist das passiert?** how did that happen?; **~ hast du ihn erwischt?** what did you catch him doing?; **~ mir gerade einfällt** which reminds me
Woche *f* week; **zweimal in der** *od* **pro ~** twice a week; **in dieser ~** this week
Wochenarbeitszeit *f* working week
Wochenend- *zssgn* weekend
Wochenendbeilage *f* weekend supplement
Wochenendbeziehung *f* long-distance relationship
Wochenende *n* weekend; **was machst du am ~?** what are you doing at the weekend?; **schönes ~!** have a nice weekend
Wochenendtrip *m* weekend trip
Wochenendurlaub *m* weekend holiday *Br*, weekend vacation *US*
Wochenfahrkarte *f* weekly season ticket; *der Londoner Verkehrsbetriebe* Travelcard
Wochenkarte *f* weekly season ticket
wochenlang *adj & adv* for weeks; **nach ~em Warten** after weeks of waiting
Wochenlohn *m* weekly wage
Wochenmarkt *m* weekly market
Wochentag *m* weekday (*including Saturday*); **die ~e** the days of the week
wochentags *adv* on weekdays
wöchentlich *adj* weekly
-wöchig *zssgn* **ein dreiwöchiger Urlaub** a three-week holiday
Wodka *m* vodka
wodurch *adv* **1** how; **~ unterscheiden sie sich?** what's the difference between them?; **~ hast du es gemerkt?** how did you notice? **2** *relativ* which
wofür *adv* **1** for what, what ... for; (≈ *warum*) why **2** for which, which ... for
Woge *f* wave; **wenn sich die ~n geglättet haben** *fig* when things have calmed down
wogegen *adv* **1** *in Fragen* against what, what ... against **2** *relativ* against which, which ... against
woher *adv* where ... from; **~ kommst du?** where are you from?; **~ weißt du das?** how do you (come to) know that?
wohin *adv* where; (≈ *in welche Richtung*) which way; **~ damit?** where shall I/we put it?; **~ man auch schaut** wherever you look; **~ auch immer** wherever
wohingegen *konj* whereas
wohl **A** *adv* **1** well; **sich ~ fühlen** → wohlfühlen; **bei dem Gedanken ist mir nicht ~** I'm not very happy at the thought; **~ oder übel** whether one likes it or not **2** (≈ *wahrscheinlich*) probably; *iron* (≈ *bestimmt*) surely; **es ist ~ anzunehmen, dass** ... it is to be expected that ...; **du bist ~ verrückt** you must be crazy!; **das ist doch ~ nicht dein Ernst!** you can't be serious! **3** (≈ *vielleicht*) perhaps; (≈ *etwa*) about; **ob ~ noch jemand kommt?** I wonder if anybody else is coming?; **das mag ~ sein** that may well be **B** *konj* (≈ *zwar*) **~, aber** ... that may well be, but ...
Wohl *n* welfare; **zum ~!** cheers!; **auf dein ~!** your health!; **auf j-s ~ trinken** to drink sb's health
wohlauf *adj* well, in good health
Wohlbefinden *n* wellbeing
Wohlbehagen *n* feeling of wellbeing
wohlbehalten *adv ankommen* safe and sound
wohlbekannt *adj* well-known
Wohlergehen *n* welfare
wohlerzogen *geh adj* well-bred; *Kind* well-mannered
Wohlfahrt *f* (≈ *Fürsorge*) welfare
Wohlfahrtsorganisation *f* charitable organization
Wohlfahrtsstaat *m* welfare state
wohlfühlen *v/r* to feel happy; *wie zu Hause* to feel at home; *bequem* to feel comfortable; *gesundheitlich* to feel well
Wohlfühlfaktor *m* feel-good factor

Wohlfühlgewicht *n* comfortable weight
wohlgeformt *adj* well-shaped; *Körperteil* shapely
Wohlgefühl *n* feeling of wellbeing
wohlgemerkt *adv* mind (you)
wohlgenährt *adj* well-fed
wohlgesinnt *geh adj* well-disposed (+*dat* towards)
wohlhabend *adj* well-to-do, prosperous
wohlig *adj* pleasant
Wohlklang *geh m* melodious sound
wohlmeinend *adj* well-meaning
wohlschmeckend *geh adj* palatable
Wohlsein *n* **zum ~!, auf Ihr ~!** your health!
Wohlstand *m* affluence, wealth
Wohlstandsgesellschaft *f* affluent society
Wohltat *f* **1** (≈ *Genuss*) relief **2** (≈ *gute Tat*) good deed
Wohltäter *m* benefactor
Wohltäterin *f* benefactress
wohltätig *adj* charitable; **~e Zwecke** charity
Wohltätigkeit *f* charity
Wohltätigkeits- *zssgn Konzert etc* charity; *zum Spendensammeln* fundraising
Wohltätigkeitsbasar *m* charity bazaar, jumble sale
Wohltätigkeitslauf *m* sponsored walk
Wohltätigkeitsorganisation *f* charity
Wohltätigkeitsveranstaltung *f* charity
Wohltätigkeitsverein *m* charity
wohltuend *adj* (most) agreeable
wohltun *v/i* (≈ *angenehm sein*) to do good (**j-m** sb); **das tut wohl** that's good
wohlüberlegt *adj* well-thought-out; **etw ~ machen** to do sth after careful consideration
wohlverdient *adj* well-deserved
wohlweislich *adv* very wisely
Wohlwollen *n* goodwill
wohlwollend **A** *adj* benevolent **B** *adv* favourably *Br*, favorably *US*; **einer Sache** (*dat*) **~ gegenüberstehen** to approve of sth
Wohn- *zssgn* residential
Wohnblock *m* block of flats *Br*, apartment house *US*
wohnen *v/i* to live; *vorübergehend* to stay (**bei** with); **wo ~ Sie?** where do you live/are you staying?
Wohnfläche *f* living space
Wohngebäude *n* residential building
Wohngebiet *n*, **Wohngegend** *f* residential area
Wohngeld *n* housing benefit *Br*, housing subsidy *US*
Wohngemeinschaft *f Menschen* people sharing a house/an apartment *od* a flat *Br*; **in einer ~ leben** to share a flat *etc*

wohnhaft *form adj* resident
Wohnhaus *n* residential building
Wohnheim *n bes für Arbeiter* hostel; *für Studenten* hall (of residence), dormitory *US*; *für alte Menschen* home
Wohnküche *f* kitchen-cum-living room *Br*, combined kitchen and living room *US*
wohnlich *adj* homely
Wohnmobil *n* camper, RV *US*
Wohnort *m* place of residence
Wohnraum *m* living room; (≈ *Wohnfläche*) living space
Wohnsitz *m* domicile; **ohne festen ~** of no fixed abode
Wohnung *f* flat *Br*, apartment; (≈ *Unterkunft*) lodging
Wohnungsbau *m* house building
Wohnungsinhaber(in) *m(f)* householder; (≈ *Eigentümer a.*) owner-occupier
wohnungslos *adj* homeless
Wohnungslose(r) *m|f(m)* homeless person
Wohnungsmakler(in) *m(f)* estate agent *Br*, real estate agent *US*
Wohnungsmarkt *m* housing market
Wohnungsnot *f* (serious) housing shortage
Wohnungsschlüssel *m* key (to the apartment *od* flat *Br*)
Wohnungssuche *f* **auf ~ sein** to be flat-hunting *Br*, to be apartment-hunting
Wohnungstür *f* door (to the flat) *Br*, door (to the apartment), front door
Wohnungswechsel *m* change of address
Wohnviertel *n* residential area
Wohnwagen *m* caravan *Br*, trailer *US*
Wohnzimmer *n* living room
Wok *m GASTR* wok
wölben **A** *v/t* to curve; *Blech etc* to bend **B** *v/r* to curve; *Asphalt* to bend; *Tapete* to bulge out; *Decke, Brücke* to arch; → **gewölbt**
Wölbung *f* curvature; *bogenförmig* arch
Wolf *m* **1** wolf; **ein ~ im Schafspelz** a wolf in sheep's clothing **2** TECH shredder; (≈ *Fleischwolf*) mincer *Br*, grinder *US*
Wölfin *f* she-wolf
Wolfram *n* tungsten
Wolfsmilch *f BOT* spurge
Wolga *f GEOG* Volga
Wolke *f* cloud; **aus allen ~n fallen** *fig* to be flabbergasted *umg*
Wolkenbruch *m* cloudburst
Wolkenkratzer *m* skyscraper
wolkenlos *adj* cloudless
wolkig *adj* cloudy; *fig* obscure
Wolldecke *f* (woollen) blanket *Br*, (woolen) blanket *US*
Wolle *f* wool; **sich mit j-m in der ~ haben** *fig*

umg to be at loggerheads with sb

wollen¹ *adj* woollen *Br*, woolen *US*

wollen² **A** *v/aux* to want; **ich will gehen** I want to go; **etw haben ~** to want (to have) sth; **etw gerade tun ~** to be going to do sth; **keiner wollte etwas gehört haben** nobody would admit to hearing anything; **~ wir uns nicht setzen?** why don't we sit down?; **na, ~ wir gehen?** well, shall we go?; **komme, was da wolle** come what may **B** *v/t* to want; **was ~ sie?** what do they want?; **ohne zu ~** without wanting to; **das wollte ich nicht** (≈ *war unbeabsichtigt*) I didn't mean to (do that); **was willst du (noch) mehr!** what more do you want!; **er hat gar nichts zu ~** he has no say at all; → gewollt **C** *v/i* **man muss nur ~** you just have to want to; **da ist nichts zu ~** there is nothing we/you can do (about it); **so Gott will** God willing; **~, dass j-d etw tut** to want sb to do sth; **ich wollte, ich wäre ...** I wish I were ...; **ob du willst oder nicht** whether you like it or not; **wenn du willst** if you like; **ich will nach Hause** I want to go home; **zu wem ~ Sie?** whom do you want to see?

Wolljacke *f* cardigan

Wollmütze *f* woolly hat *Br*, knit cap *US*

Wollsachen *pl* woollens *pl Br*, woolens *pl US*

wollüstig *adj geh* (≈ *lüstern*) sensual; lascivious; (≈ *verzückt, ekstatisch*) ecstatic

Wollwaren *pl* woollens *pl Br*, woolens *pl US*

womit *adv* **1** *in Fragen* with what, what ... with **2** *relativ* with which

womöglich *adv* possibly

wonach *adv* **1** *in Fragen* after what, what ... after; **~ riecht das?** what does it smell of? **2** *relativ* **das Land, ~ du dich sehnst** the land (which) you are longing for

Wonne *geh f* (≈ *Glückseligkeit*) bliss *kein pl*; (≈ *Vergnügen*) joy; **es ist eine wahre ~** it's a sheer delight

wonnig *adj* delightful; *Gefühl* blissful

Woofer *m Lautsprecher* woofer

woran *adv* **1** *in Fragen* **~ denkst du?** what are you thinking about?; **~ liegt das?** what's the reason for it?; **~ ist er gestorben?** what did he die of? **2** *relativ* **das, ~ ich mich gerne erinnere** what I like to recall; **..., ~ ich schon gedacht hatte** ... which I'd already thought of; **~ er auch immer gestorben ist** ... whatever he died of ...

worauf *adv* **1** *in Fragen, räumlich* on what, what ... on; **~ wartest du?** what are you waiting for? **2** *relativ, zeitlich* whereupon; **das ist etwas, ~ ich mich freue** that's something I'm looking forward to

woraufhin *adv* whereupon

woraus *adv* **1** *in Fragen* out of what, what ... out of **2** *relativ* out of which, which ... out of; **das Buch, ~ ich gestern vorgelesen habe** the book I was reading from yesterday

worin *adv* **1** *in Fragen* in what, what ... in **2** *relativ* in which, which ... in

Workshop *m* workshop

Workstation *f* COMPUT work station

Wort *n* **1** (≈ *Vokabel*) word; **~ für ~** word for word **2** (≈ *Äußerung*) word; **genug der ~e!** enough talk!; **das ist ein ~!** wonderful!; **mit einem ~** in a word; **mit anderen ~en** in other words; **kein ~ mehr** not another word; **keine ~e für etw finden** to find no words for sth; **ich verstehe kein ~!** I don't understand a word (of it); (≈ *kann nichts hören*) I can't hear a word (that's being said); **ein ernstes ~ mit j-m reden** to have a serious talk with sb; **ein ~ gab das andere** one thing led to another; **j-m aufs ~ glauben** to believe sb implicitly **3** (≈ *Rede*) **das ~ nehmen** to speak; **einer Sache** (*dat*) **das ~ reden** to put the case for sth; **j-m ins ~ fallen** to interrupt sb; **zu ~ kommen** to get a chance to speak; **sich zu ~ melden** to ask to speak; **j-m das ~ erteilen** to allow sb to speak **4** (≈ *Ausspruch*) saying; (≈ *Zitat*) quotation; (≈ *Text, Sprache*) words *pl*; **in ~en** in words; **das geschriebene/gesprochene ~** the written/spoken word; **j-m aufs ~ gehorchen** to obey sb's every word; **das letzte ~ haben** to have the last word **5** (≈ *Versprechen*) word; **auf mein ~** I give (you) my word; **j-n beim ~ nehmen** to take sb at his word; **sein ~ halten** to keep one's word

Wortart *f* GRAM part of speech

Wortbildung *f* word building

wortbrüchig *adj* **~ werden** to break one's word

Wörtchen *n* **mit ihm habe ich noch ein ~ zu reden** *umg* I want a word with him

Wörterbuch *n* dictionary

Wörterverzeichnis *n* vocabulary; *alphabetisch* dictionary

Wortfeld *n* word field, wordbank

Wortführer *m* spokesman

Wortführerin *f* spokeswoman

wortgetreu *adj & adv* verbatim

wortgewandt *adj* eloquent

wortkarg *adj* taciturn

Wortlaut *m* wording; **im ~** verbatim

wörtlich **A** *adj* literal; *Rede* direct **B** *adv wiedergeben, zitieren, abschreiben* verbatim; *übersetzen* literally; **das darf man nicht so ~ nehmen** you mustn't take it literally

wortlos **A** *adj* silent **B** *adv* without saying a word

Wortmeldung f request to speak
Wortnetz n mindmap, word web
Wortschatz m vocabulary
Wortschöpfung f neologism
Wortspiel n pun
Wortwahl f choice of words
Wortwechsel m exchange (of words); (≈ *Streit*) argument
wortwörtlich A *adj* word-for-word B *adv* word for word
worüber *adv* 1 *in Fragen* about what, what ... about; *örtlich* over what, what ... over 2 *relativ* about which, which ... about; *örtlich* over which, which ... over
worum *adv* 1 *in Fragen* about what, what ... about; **~ handelt es sich?** what's it about? 2 *relativ* about which, which ... about
worunter *adv* 1 *in Fragen* under what 2 *relativ* under which
wovon *adv* 1 *in Fragen* from what, what ... from; **~ redest du?** what are you talking about? 2 *relativ* from which, which ... from; **das ist ein Gebiet, ~ er viel versteht** that is a subject he knows a lot about
wovor *adv* 1 *in Fragen, örtlich* before what, what ... before; **~ fürchtest du dich?** what are you afraid of? 2 *relativ* before which, which ... before; **~ du dich auch fürchtest, ...** whatever you're afraid of ...
wozu *adv* 1 *in Fragen* to what, what ... to; (≈ *warum*) why; **~ soll das gut sein?** what's the point of that? 2 *relativ* to which, which ... to; **~ du dich auch entschließt, ...** whatever you decide (on) ...
Wrack n wreck
Wrap m/n wrap
wringen *v/t & v/i* to wring
W-Seminar n SCHULE course taken by sixth-form pupils in Gymnasium schools in Bavaria designed to prepare them for university and involving writing a paper and giving a presentation on an academic subject
Wucher m profiteering; *bei Geldverleih* usury
Wucherer m, **Wucherin** f profiteer; (≈ *Geldverleiher*) usurer
wuchern *v/i* 1 *Pflanzen* to grow rampant; *Geschwür* to grow rapidly 2 *Kaufmann etc* to profiteer; *Geldverleiher* to practise usury Br, to practice usury US
Wucherpreis m exorbitant price
Wucherung f MED growth
Wucherzins m exorbitant interest
Wuchs m (≈ *Wachstum*) growth; (≈ *Gestalt, Form*) stature; *von Mensch* build
Wucht f 1 force; **mit voller ~** with full force 2 *umg* **das ist eine ~!** that's smashing Br umg, that's a hit US umg; **sie ist eine ~** she's a stunner
wuchten *v/t Paket* to heave, to drag; *Gewicht* to heave
wühlen A *v/i* 1 to dig (**nach** for); *Maulwurf etc* to burrow (**nach** for); *Schwein* to root (**nach** for); **im Schmutz** *od* **Dreck ~** *fig* to wallow in the mire *od* mud 2 (≈ *suchen*) to rummage (**nach etw** for sth) B *v/r* **sich durch die Menge/die Akten ~** to burrow one's way through the crowd/the files
Wühlmaus f vole
Wühltisch *umg* m bargain counter
wund A *adj* sore; **ein ~er Punkt** a sore point B *adv* **etw ~ kratzen/scheuern** to scratch/chafe sth until it's raw; **sich** (*dat*) **die Füße ~ laufen** *wörtl* to walk until one's feet are raw; *fig* to walk one's legs off; **sich** (*dat*) **die Finger ~ schreiben** *fig* to write one's fingers to the bone; **eine ~ gelegene Stelle** a bedsore
Wundbrand m gangrene
Wunde f wound; **alte ~n wieder aufreißen** *fig* to open up old wounds
Wunder n miracle; **wie durch ein ~** as if by a miracle; **er glaubt, ~ wer zu sein** he thinks he's marvellous Br, he thinks he's marvelous US; **~ tun** *od* **wirken** to do wonders; **diese Medizin wirkt ~** this medicine works wonders; **kein ~** no wonder
wunderbar A *adj* 1 (≈ *schön*) wonderful 2 (≈ *übernatürlich*) miraculous B *adv* (≈ *herrlich*) wonderfully
Wunderkerze f sparkler
Wunderkind n child prodigy
wunderlich *adj* (≈ *merkwürdig*) strange
Wundermittel n miracle cure
wundern A *v/t* to surprise; **das wundert mich nicht** I'm not surprised B *v/r* to be surprised (**über** +*akk* at); **ich wundere mich immer wieder, wie viel er weiß** I'm always surprised at how much he knows; **du wirst dich ~!** you'll be amazed!; **da wirst du dich aber ~!** you're in for a surprise
wunderschön *adj* beautiful
wundervoll A *adj* wonderful B *adv* wonderfully
Wunderwerk n miracle
Wundheit f soreness
Wundpflaster n adhesive plaster
Wundsalbe f ointment
Wundstarrkrampf m tetanus
Wunsch m wish; (≈ *sehnliches Verlangen*) desire; (≈ *Bitte*) request; **nach ~** just as he/she *etc* wants/wanted; (≈ *wie geplant*) according to plan; (≈ *nach Bedarf*) as required; **alles geht nach ~** everything is going smoothly; **haben Sie (sonst) noch einen ~?** *beim Einkauf etc* is there

anything else you would like?; **auf j-s ~ hin** at sb's request; **auf allgemeinen ~ hin** by popular request

Wunschdenken *n* wishful thinking

Wünschelrute *f* divining rod

wünschen **A** *v/t* **1** **sich** (*dat*) **etw ~** to want sth; (≈ *den Wunsch äußern*) to ask for sth; (≈ *bitten um*) to request sth; **ich wünsche mir, dass du …** I would like you to …; **was wünschst du dir?** what do you want?; **du darfst dir etwas ~** you can make a wish; **j-m etw ~** to wish sb sth; **wir ~ dir gute Besserung/eine gute Reise** we hope you get well soon/have a pleasant journey **2** (≈ *ersehnen, hoffen*) to wish; **ich wünschte, ich hätte dich nie gesehen** I wish I'd never seen you; **ich wünschte, du wärst hier** wish you were here **3** (≈ *verlangen*) to want; **was ~ Sie?** *in Geschäft* can I help you?; *in Restaurant* what would you like? **B** *v/i* (≈ *begehren*) to wish; **ganz wie Sie ~** (just) as you wish; **zu ~/viel zu ~ übrig lassen** to leave something/a great deal to be desired

wünschenswert *adj* desirable

wunschgemäß *adv* as desired; (≈ *wie erbeten*) as requested; (≈ *wie geplant*) as planned

Wunschkind *n* planned child

Wunschkonzert *n* RADIO musical request programme *Br*, musical request program *US*

Wunschliste *f* wish list

wunschlos *adv* **~ glücklich** perfectly happy

Wunschtraum *m* dream; (≈ *Illusion*) illusion

Wunschzettel *m* wish list

wuppen *umg v/t* (≈ *schaffen*) to sort *umg*; *Prüfung, Deal* to nail *umg*; **es ~** to sort it *umg*

Würde *f* **1** dignity; **unter j-s ~ sein** to be beneath sb **2** (≈ *Auszeichnung*) honour *Br*, honor *US*; (≈ *Titel*) title; (≈ *Amt*) rank

würde(n) would

würdelos *adj* undignified

Würdenträger(in) *m(f)* dignitary

würdevoll *adj* dignified

würdig **A** *adj* **1** (≈ *würdevoll*) dignified **2** (≈ *wert*) worthy; **j-s/einer Sache ~/nicht ~ sein** to be worthy/unworthy of sb/sth **B** *adv sich verhalten* with dignity; *j-n behandeln* with respect; *vertreten* worthily

würdigen *v/t* (≈ *anerkennen*) to appreciate; (≈ *lobend erwähnen*) to acknowledge; (≈ *respektieren*) to respect; (≈ *ehren*) to pay tribute to; **etw zu ~ wissen** to appreciate sth

Wurf *m* **1** throw; *beim Kegeln etc* bowl; **mit dem Film ist ihm ein großer ~ gelungen** this movie is a great success for him **2** ZOOL litter

Würfel *m* **1** cube; **etw in ~ schneiden** to dice sth **2** (≈ *Spielwürfel*) dice; **die ~ sind gefallen** *fig* the die is cast

Würfelbecher *m* shaker

würfeln **A** *v/i* to throw; (≈ *Würfel spielen*) to play at dice; **um etw ~** to throw dice for sth; **würfle noch einmal** take another turn **B** *v/t* **1** *Zahl* to throw **2** (≈ *in Würfel schneiden*) to dice

Würfelzucker *m* cube sugar

Wurfgeschoss *n*, **Wurfgeschoß** *österr n* projectile

Wurfpfeil *m* dart

Wurfsendung *f* circular

würgen **A** *v/t j-n* to strangle **B** *v/i* (≈ *mühsam schlucken*) to choke; **an etw** (*dat*) **~** *wörtl* to choke on sth

Wurm *m* worm; **da ist der ~ drin** *fig umg* there's something wrong somewhere; (≈ *verdächtig*) there's something fishy about it *umg*

wurmen *umg v/t* to rankle with

Wurmfortsatz *m* ANAT vermiform appendix

Wurmkur *f* worming treatment

wurmstichig *adj Holz* full of wormholes

Wurst *f* sausage; **jetzt geht es um die ~** *fig umg* the moment of truth has come *umg*; **das ist mir (vollkommen) ~** *umg* it's all the same to me

Würstchen *n* **1** sausage; **heiße** *od* **warme ~** hot sausages; **Frankfurter/Wiener ~** frankfurters/wienies **2** *pej Mensch* squirt *umg*; **ein armes ~** *fig* a poor soul

Würstchenbude *f* ≈ hot-dog stand

wursteln *umg v/i* to muddle along; **sich durchs Leben ~** to muddle (one's way) through life

Wurstfinger *pej umg pl* pudgy fingers *pl*

Wurstsalat *m* sausage salad

Wurstwaren *pl* sausages *pl*

Würze *f* (≈ *Gewürz*) seasoning, spice; (≈ *Aroma*) aroma; *fig* (≈ *Reiz*) spice; *von Bier* wort

Wurzel *f* **1** root; **~n schlagen** *wörtl* to root; *fig* to put down roots **2** MATH root; **die ~ aus einer Zahl ziehen** to find the root of a number; **(die) ~ aus 4 ist 2** the square root of 4 is 2

Wurzelbehandlung *f von Zahn* root treatment

Wurzelzeichen *n* MATH radical sign

Wurzelziehen *n* MATH root extraction

würzen *v/t* to season; *fig* to add spice to

würzig **A** *adj Speise* tasty; (≈ *scharf*) spicy; *Geruch etc* aromatic; *Luft* fragrant **B** *adv* **~ schmecken** to be spicy; *Käse* to have a sharp taste; **~ riechen** to smell spicy

Wuschelkopf *m* (≈ *Haare*) mop of curly hair

Wust *umg m* (≈ *Durcheinander*) jumble; (≈ *Menge*) pile; (≈ *Kram, Gerümpel*) junk *umg*

wüst **A** *adj* **1** (≈ *öde*) desolate **2** (≈ *unordentlich*) chaotic; (≈ *ausschweifend*) wild **3** (≈ *rüde*) *Beschimpfung etc* vile; (≈ *arg*) terrible **B** *adv* **~ aussehen** to look a real mess; **j-n ~ beschimpfen** to use vile language to sb

Wüste f GEOG desert; fig waste(land); **j-n in die ~ schicken** fig to send sb packing umg
Wüstenklima n desert climate
Wüstensand m desert sand
Wut f **1** (≈ Zorn, Raserei) rage; **(auf j-n/etw) eine Wut haben** to be furious (with sb/sth); **j-n in Wut bringen** to infuriate sb **2** (≈ Verbissenheit) frenzy
Wutanfall m fit of rage; bes von Kind tantrum
Wutbürger(in) m(f) irate citizen
wüten v/i (≈ toben) to rage; (≈ zerstörerisch hausen) to cause havoc; verbal to storm (**gegen** at); Menge to riot
wütend adj furious; Proteste angry; Kampf raging; **auf j-n/etw** (akk) **~ sein** to be mad at sb/sth
wutentbrannt adj furious
wutverzerrt adj distorted with rage
WWW n abk (= World Wide Web) IT WWW

X, x n X, x; **Herr X** Mr X; **er lässt sich kein X für ein U vormachen** he's not easily fooled
x-Achse f x-axis
X-Beine pl knock-knees pl; **~ haben** to be knock-kneed
x-beinig adj knock-kneed
x-beliebig adj any old umg; **wir können uns an einem ~en Ort treffen** we can meet anywhere you like
X-Chromosom n X-chromosome
Xenonscheinwerfer m xenon headlight
x-fach **A** adj **die ~e Menge** MATH n times the amount **B** adv so many times
x-förmig, X-förmig adj X-shaped
x-mal umg adv umpteen times umg
x-te(r, s) adj MATH nth; umg nth umg, umpteenth umg; **zum ~n Mal(e)** for the umpteenth time umg
Xylofon n xylophone; **~ spielen** to play the xylophone

Y, y n Y, y
y-Achse f y-axis
Yacht f yacht
Yard n Längenmaß yard (0,91 m)
Y-Chromosom n Y-chromosome
Yen m yen
Yeti m yeti
Yoga m/n yoga
Yogi m yogi
youtuben v/i über YouTube® kommunizieren to go on YouTube®
Youtuber(in) m(f) jemand, der Beiträge über YouTube® verbreitet YouTuber
Ypsilon n the letter Y
Yucca f yucca
Yuppie m yuppie

Z, z n Z, z
zack umg int pow
Zack umg m **auf ~ bringen** to knock into shape umg; **auf ~ sein** to be on the ball umg
Zacke f, **Zacken** m point; von Gabel prong; von Kamm tooth
zacken v/t to serrate; Saum, Papier to pink; → gezackt
zackig adj **1** (≈ gezackt) jagged **2** umg Soldat smart; Tempo, Musik brisk
zaghaft **A** adj timid **B** adv timidly
Zaghaftigkeit f timidity
zäh **A** adj tough; (≈ dickflüssig) glutinous; (≈ schleppend) Verkehr etc slow-moving; (≈ ausdauernd) dogged **B** adv verhandeln tenaciously; sich widersetzen doggedly
zähflüssig adj thick; Verkehr slow-moving
Zähigkeit f toughness; (≈ Ausdauer) doggedness
Zahl f number; (≈ Ziffer) bei Geldmengen etc a. figure; **~en nennen** to give figures; **eine fünfstellige ~** a five-figure number; **in großer ~** in large numbers
zahlbar adj payable (**an** +akk to)
zählebig adj hardy; fig Gerücht persistent
zahlen v/t & v/i to pay; **Herr Ober, (bitte) ~!** waiter, the bill please bes Br, waiter, the check

please US; **wir möchten bitte ~** could we have the bill, please; **was habe ich (Ihnen) zu ~?** what do I owe you?

zählen A v/i **1** to count; **auf j-n/etw ~** to count on sb/sth **2** (≈ *gehören*) **er zählt zu den besten Schriftstellern unserer Zeit** he ranks as one of the best authors of our time **3** (≈ *wichtig sein*) to matter B v/t to count; **seine Tage sind gezählt** his days are numbered

Zahlenangabe f figure

zahlenmäßig A adj numerical B adv **1** **~ überlegen sein** to be greater in number; **~ stark** large in number **2** (≈ *in Zahlen*) in figures

Zahlenmaterial n figures pl

Zahlenschloss n combination lock

Zahlenverhältnis n (numerical) ratio

Zahler(in) m(f) payer

Zähler m **1** MATH numerator **2** (≈ *Messgerät*) meter

Zählerstand m meter reading

Zahlkarte f paying-in slip, deposit slip US

zahllos adj countless

zahlreich adj numerous

Zahltag m payday

Zahlung f payment; **in ~ nehmen** to take in part exchange; **in ~ geben** to trade in

Zählung f count; (≈ *Volkszählung*) census

Zahlungsart f payment method, method od mode of payment

Zahlungsaufforderung f request for payment

Zahlungsaufschub m extension (of credit)

Zahlungsbedingungen pl terms pl (of payment)

Zahlungsbefehl m default summons

Zahlungsempfänger(in) m(f) payee

zahlungsfähig adj able to pay; *Firma* solvent

Zahlungsfähigkeit f ability to pay; *von Firma* solvency

Zahlungsfrist f time allowed for payment

zahlungskräftig adj wealthy

Zahlungsmittel n means sg of payment; (≈ *Münzen, Banknoten*) currency; **gesetzliches ~** legal tender

Zahlungsschwierigkeiten pl financial difficulties pl

zahlungsunfähig adj unable to pay; *Firma* insolvent

Zahlungsunfähigkeit f inability to pay; *von Firma* insolvency

Zahlungsverkehr m payments pl; **elektronischer ~** electronic funds transfer, EFT

Zahlungsweise f method of payment

Zählwerk n counter

Zahlwort n numeral

zahm adj tame

zähmen v/t to tame; *fig* to control

Zähmung f taming

Zahn m **1** tooth; *von Briefmarke* perforation; (≈ *Radzahn*) cog; **ich putze mir die Zähne** I clean od brush my teeth; **Zähne bekommen** od **kriegen** umg to cut one's teeth; **der ~ der Zeit** the ravages pl of time; **ich muss mir einen ~ ziehen lassen** I've got to have a tooth out; **j-m auf den ~ fühlen** to sound sb out **2** umg (≈ *Geschwindigkeit*) **einen ~ draufhaben** to be going like the clappers umg

Zahnarzt m, **Zahnärztin** f dentist

Zahnarzthelfer(in) m(f) dental nurse

zahnärztlich adj dental; **sich ~ behandeln lassen** to go to the dentist

Zahnbehandlung f dental treatment

Zahnbelag m plaque

Zahnbürste f toothbrush

Zahncreme f toothpaste

zähneknirschend fig adj & adv gnashing one's teeth

zahnen v/i to teethe; → gezahnt

Zahnersatz m dentures pl

Zahnfäule f tooth decay

Zahnfleisch n gum(s) (pl); umg erschöpft sein **auf dem ~ daherkommen** to be wiped umg

Zahnfleischbluten n bleeding of the gums

Zahnfüllung f filling

Zahnklammer f brace

Zahnkranz m TECH gear rim

zahnlos adj toothless

Zahnlücke f gap between one's teeth

Zahnmedizin f dentistry

Zahnpasta f toothpaste

Zahnpflege f dental hygiene

Zahnprothese f false teeth

Zahnrad n cogwheel

Zahnradbahn f rack railway Br, rack railroad US

Zahnschmelz m (tooth) enamel

Zahnschmerzen m toothache kein pl

Zahnseide f dental floss

Zahnseidestick m dental floss pick, dental flosser

Zahnspange f brace Br, braces pl US

Zahnstein m tartar

Zahnstocher m toothpick

Zahntechniker(in) m(f) dental technician

Zahnweh n toothache

Zander m ZOOL pikeperch

Zange f (pair of) pliers pl; (≈ *Beißzange*) (pair of) pincers pl; (≈ *Greifzange, Zuckerzange*) (pair of) tongs pl; MED forceps pl; **ihn/das möchte ich nicht mit der ~ anfassen** umg I wouldn't touch him/it with a bargepole Br umg, I wouldn't touch him/it with a ten foot pole US umg

Zangengeburt f forceps delivery

Zankapfel *m* bone of contention
zanken *v/i & v/r* to quarrel, to argue; **(sich) um etw ~** to quarrel over sth
Zankerei *f* quarrelling *Br*, quarreling *US*
zänkisch *adj* quarrelsome
Zäpfchen *n* (≈ *Gaumenzäpfchen*) uvula; (≈ *Suppositorium*) suppository
zapfen *v/t* to tap
Zapfen *m* (≈ *Spund*) bung, spigot; (≈ *Pfropfen*) stopper; (≈ *Tannenzapfen etc*) cone; (≈ *Holzverbindung*) tenon
Zapfenstreich *m* MIL tattoo, last post *Br*, taps *sg US*
Zapfhahn *m* tap
Zapfpistole *f* AUTO nozzle
Zapfsäule *f* petrol pump *Br*, gas pump *US*
zappelig *adj* wriggly; (≈ *unruhig*) fidgety
zappeln *v/i* to wriggle; (≈ *unruhig sein*) to fidget; **j-n ~ lassen** *fig umg* to keep sb in suspense
Zappelphilipp *m* fidget(er)
zappen *v/i* TV *umg* to zap *umg*
zappenduster *umg adj* pitch-black
Zar *m* tsar
Zarin *f* tsarina
zart **A** *adj* (≈ *sanft*) soft; *Braten* tender; (≈ *fein*) delicate; **im ~en Alter von ...** at the tender age of ...; **das ~e Geschlecht** the gentle sex **B** *adv umgehen, berühren* gently
zartbesaitet *adj* highly sensitive
zartbitter *adj Schokolade* plain
Zartbitterschokolade *f* dark chocolate, plein chocolate *Br*
zartfühlend *adj* sensitive
Zartgefühl *n* sensitivity
zartgrün *adj* pale green
Zartheit *f von Haut* softness; *von Braten* tenderness; *von Farben, Teint* delicateness
zärtlich **A** *adj* tender, affectionate **B** *adv* tenderly
Zärtlichkeit *f* **1** affection **2** (≈ *Liebkosung*) caress; **~en** (≈ *Worte*) tender words
Zäsium *n* → **Cäsium**
Zauber *m* (≈ *Magie*) magic; (≈ *Zauberbann*) (magic) spell; *fig* (≈ *Reiz*) magic; **der ganze ~** *umg* the whole lot *umg*
Zauberei *f* (≈ *das Zaubern*) magic
Zauberer *m* magician; *in Märchen etc a.* sorcerer; *wohlwollender a.* wizard
zauberhaft *adj* enchanting
Zauberin *f* (female) magician; *in Märchen etc a.* sorceress
Zauberkünstler(in) *m(f)* conjurer
Zauberkunststück *n* conjuring trick; **~e machen** to do tricks
zaubern **A** *v/i* to do magic; (≈ *Kunststücke vorführen*) to do conjuring tricks **B** *v/t* **etw aus etw ~** to conjure sth out of sth
Zauberspruch *m* (magic) spell
Zauberstab *m* (magic) wand
Zaubertrank *m* magic potion
Zaubertrick *m* conjuring *od* magic trick
Zauberwort *n* magic word
zaudern *v/i* to hesitate
Zaum *m* bridle; **j-n/etw im ~(e) halten** *fig* to keep a tight rein on sb/sth
zäumen *v/t* to bridle
Zaumzeug *n* bridle
Zaun *m* fence
zaundürr *adj österr* thin as a rake
Zaunkönig *m* ORN wren
Zaunpfahl *m* (fencing) post; **j-m einen Wink mit dem ~ geben** to give sb a broad hint
Zaziki *n* GASTR tzatziki
z. B. *abk* (= *zum Beispiel*) eg *Br*, e. g. *US*
Zebra *n* zebra
Zebrastreifen *m* zebra crossing *Br*, crosswalk *US*
Zeche *f* **1** (≈ *Rechnung*) bill *bes Br*, check *US*; **die ~ zahlen** to foot the bill *etc* **2** (≈ *Bergwerk*) (coal) mine
zechen *v/i* to booze *umg*
Zechprellerei *f* leaving without paying the bill at a restaurant etc
Zecke *f* tick
Zeckenbiss *m*, **Zeckenstich** *m* tick bite
Zeckenschutzimpfung *f* tick-borne encephalitis vaccination
Zeder *f* cedar
Zeh *m*, **Zehe** *f* toe; (≈ *Knoblauchzehe*) clove; **auf (den) Zehen gehen** to tiptoe; **j-m auf die Zehen treten** *fig umg* to tread on sb's toes
Zehennagel *m* toenail
Zehenspitze *f* tip of the toe
zehn *num* ten; → **vier**
Zehn *f* ten
Zehncentstück *n* ten-cent piece; *amerikanisch* dime
Zehner *m* **1** MATH ten **2** *umg* (≈ *Münze*) ten; (≈ *Geldschein*) tenner *umg*
Zehnerkarte *f für Bus etc* 10-journey ticket; *für Schwimmbad etc* 10-visit ticket
Zehnerpackung *f* packet of ten
Zehneuroschein *m* ten-euro note *Br*, ten-euro bill *US*
zehnfach **A** *adj* tenfold; **die ~e Menge** ten times the amount **B** *adv* tenfold, ten times
Zehnfingersystem *n* touch-typing method
Zehnkampf *m* SPORT decathlon
Zehnkämpfer *m* decathlete
zehnmal *adv* ten times
zehntausend *num* ten thousand; **Zehntausende von Menschen** tens of thousands of people

Zehntel *n* tenth
zehntens *adv* tenth(ly), in the tenth place
zehnte(r, s) *adj* tenth; → **vierter, s**
zehren *v/i* **1 von etw ~** *wörtl* to live off sth; *fig* to feed on sth **2 an j-m/etw ~** to wear sb/sth out; *an Nerven* to ruin sth; *an Gesundheit* to undermine sth
Zeichen *n* sign; *Naturwissenschaft, auf Landkarte* symbol; IT icon; IT (≈ *Schriftzeichen*) character; (≈ *Hinweis, Signal*) signal; (≈ *Vermerk*) mark; *auf Briefköpfen* reference; **ein ~ setzen** to set an example; **als** *od* **zum ~** as a sign; **j-m ein ~ geben** to give sb a signal *od* sign; **unser/Ihr ~** *form* our/your reference; **er ist im ~** *od* **unter dem ~ des Widders geboren** he was born under the sign of Aries
Zeichenblock *m* sketch pad
Zeichenbrett *n* drawing board
Zeichendreieck *n* set square
Zeichenerklärung *f auf Fahrplänen etc* key (to the symbols); *auf Landkarte* legend
Zeichensetzung *f* punctuation
Zeichensprache *f* sign language
Zeichentrickfilm *m* (animated) cartoon
zeichnen *v/i* **1** to draw; *form* (≈ *unterzeichnen*) to sign **B** *v/t* **1** (≈ *abzeichnen*) to draw; (≈ *entwerfen*) *Plan, Grundriss* to draw up; to design; *fig* (≈ *porträtieren*) to portray **2** (≈ *kennzeichnen*) to mark; → **gezeichnet 3** FIN *Aktien* to subscribe (for); **gezeichnet** *Kapital* subscribed
Zeichner(in) *m(f)* **1** artist **2** FIN subscriber (**von** to)
zeichnerisch A *adj* graphic; **sein ~es Können** his drawing ability **B** *adv* **~ begabt sein** to have a talent for drawing; **etw ~ darstellen** to represent sth in a drawing
Zeichnung *f* **1** drawing; (≈ *Entwurf*) draft; *fig* (≈ *Schilderung*) portrayal **2** (≈ *Muster*) patterning; *von Gefieder, Fell* markings *pl* **3** FIN subscription
zeichnungsberechtigt *adj* authorized to sign
Zeigefinger *m* index finger
zeigen A *v/i* to point; **auf j-n/etw ~** to point at sb/sth **B** *v/t* to show; **j-m etw ~** to show sb sth; **dem werd ichs (aber) ~!** *umg* I'll show him! **C** *v/r* to appear; *Gefühle* to show; **das wird sich ~** we'll see; **es zeigt sich, dass …** it turns out that …; **es wird sich ~, wer recht hat** we shall see who's right
Zeiger *m* indicator; (≈ *Uhrzeiger*) hand; **der große/kleine ~** the big/little hand
Zeigestock *m* pointer
Zeile *f* line; **zwischen den ~n lesen** to read between the lines
Zeilenabstand *m* line spacing
Zeilenumbruch *f* (**automatischer**) **~** IT word-wrap

Zeilenvorschub *m* IT line feed
zeilenweise *adv* in lines; (≈ *nach Zeilen*) by the line
Zeisig *m* ORN siskin
zeit *präp* **~ meines/seines Lebens** in my/his lifetime
Zeit *f* time; (≈ *Epoche*) age; GRAM tense; **die gute alte ~** the good old days; **das waren noch ~en!** those were the days; **die ~en haben sich geändert** times have changed; **die ~ Goethes** the age of Goethe; **für alle ~en** for ever; **mit der ~ gehen** to move with the times; **~ haben** *für etw/j-n* to be free; **eine Stunde ~ haben** to have an hour (to spare); **sich** (*dat*) **für j-n/etw ~ nehmen** to devote time to sb/sth; **du hast dir aber reichlich ~ gelassen** you certainly took your time; **auf ~ spielen** to play for time; **~ verbringen** (**mit**) to spend time (on); **keine ~ verlieren** to lose no time; **damit hat es noch ~** there's plenty of time; **das hat ~ bis morgen** that can wait until tomorrow; **lass dir ~** take your time; **es wird höchste ~, dass er anruft** it's high time he rang; **du liebe ~!** good grief!; **in letzter ~** recently; **die ganze ~** all the time; **die ganze ~ über** the whole time; **eine ~ lang** (for) a while; **vor langer ~** a long time ago; **zur gleichen ~** at the same time; **zu jener ~** at the time; **mit der ~** gradually; **es wird langsam ~, dass …** it's about time that …; **in der ~ von 10 bis 12** between 10 and 12 (o'clock); **seit dieser ~** since then; **zu der ~, als …** (at the time) when …; **alles zu seiner ~** *sprichw* all in good time; **von ~ zu ~** from time to time; → **zurzeit**
Zeitabschnitt *m* period (of time)
Zeitalter *n* age, era; **in unserem ~** in this day and age
Zeitangabe *f* (≈ *Datum*) date; (≈ *Uhrzeit*) time (of day)
Zeitarbeit *f* temporary work
Zeitarbeiter(in) *m(f)* temporary worker
Zeitarbeitsfirma *f* temping agency
Zeitarbeitskraft *f* temp
Zeitaufwand *m* **mit großem ~ verbunden sein** to be extremely time-consuming
Zeitbombe *f* time bomb
Zeitdauer *f* period of time
Zeitdruck *m* pressure of time; **unter ~** under pressure
Zeiteinheit *f* time unit
Zeitenfolge *f* GRAM sequence of tenses
Zeitersparnis *f* saving of time
Zeitfenster *n* time slot
Zeitform *f* tense
Zeitfrage *f* question of time
Zeitgeist *m* Zeitgeist
zeitgemäß *adj* up-to-date

Zeitgenosse m, **Zeitgenossin** f contemporary
zeitgenössisch adj contemporary
Zeitgewinn m gain in time
zeitgleich adv at the same time (**mit** as)
zeitig adj & adv early
Zeitkarte f season ticket
Zeitlang f → Zeit
zeitlebens adv all one's life
zeitlich **A** adj temporal; *Verzögerungen* time-related; *Reihenfolge* chronological; **aus ~en Gründen** for reasons of time; **einen hohen ~en Aufwand erfordern** to require a great deal of time **B** adv timewise *umg*; **~ befristet sein** to have a time limit
zeitlos adj timeless
Zeitlupe f slow motion
Zeitlupentempo n **im ~** *wörtl* in slow motion; *fig* at a snail's pace
Zeitmanagement n time management
Zeitmangel m lack of time; **aus ~** for lack of time
Zeitmessung f timekeeping
zeitnah **A** adj **1** (≈ *baldig*) immediate, prompt, within a short period **2** (≈ *zeitgenössisch*) contemporary **B** adv (≈ *bald*) immediately, instantly; **~ reagieren** to react promptly *od* immediately; **die Ware wird ~ zum Versand bereitstehen** the goods will be ready for shipment when needed
Zeitnot f shortage of time; **in ~ sein** to be pressed for time
Zeitplan m schedule
Zeitpunkt m time; (≈ *Augenblick*) moment; **zu diesem ~** at that time
Zeitraffer m **einen Film im ~ zeigen** to show a time-lapse film
zeitraubend adj time-consuming
Zeitraum m period of time; **in einem ~ von ...** over a period of ...
Zeitrechnung f calendar; **nach christlicher ~** according to the Christian calendar
Zeitschaltuhr f timer
Zeitschrift f (≈ *Illustrierte*) magazine; *wissenschaftlich* periodical
Zeitschriftenhändler(in) m(f) newsagent
Zeitspanne f period of time
zeitsparend **A** adj time-saving **B** adv expeditiously; **möglichst ~ vorgehen** to save as much time as possible
Zeittafel f chronological table
Zeitumstellung f (≈ *Zeitänderung*) changing the clocks
Zeitung f (news)paper; **seriöse** *od* **angesehene ~** quality paper
Zeitungsabonnement n subscription to a newspaper
Zeitungsanzeige f newspaper advertisement
Zeitungsartikel m newspaper article
Zeitungsausschnitt m newspaper cutting
Zeitungsbericht m newspaper report
Zeitungshändler(in) m(f) newsagent, newsdealer *US*
Zeitungskiosk m newsstand
Zeitungsleser(in) m(f) newspaper reader
Zeitungspapier n newsprint; *als Altpapier* newspaper
Zeitungsredakteur(in) m(f) newspaper editor
Zeitunterschied m time difference
Zeitverschiebung f **1** time shift; (≈ *Zeitunterschied*) time difference; **unter der ~ leiden** to be jetlagged **2** *von Termin* rescheduling
Zeitverschwendung f waste of time
Zeitvertrag m temporary contract
Zeitvertreib m way of passing the time; (≈ *Hobby*) pastime; **zum ~** to pass the time
zeitweilig **A** adj temporary **B** adv for a while; (≈ *kurzzeitig*) temporarily
zeitweise adv at times
Zeitwert m WIRTSCH current value
Zeitwort n verb
Zeitzeichen n time signal
Zeitzeuge m, **Zeitzeugin** f contemporary witness
Zeitzone f time zone
Zeitzünder m time fuse
Zelle f cell; (≈ *Kabine*) cabin; (≈ *Telefonzelle*) (phone) booth
Zellgewebe n cell tissue
Zellkern m nucleus (of a/the cell)
Zellstoff m cellulose
Zellteilung f cell division
Zellulose f cellulose
Zelt n tent; (≈ *Zirkuszelt*) big top
Zeltbahn f strip of canvas
zelten v/i to camp; **Zelten verboten** no camping
Zelter(in) m(f) camper
Zelthering m tent peg
Zeltlager n camp
Zeltpflock m tent peg
Zeltplane f tarpaulin
Zeltplatz m campsite *Br*, campground *US*
Zement m cement
zementieren v/t to cement; (≈ *verputzen*) to cement over; *fig* to reinforce
Zement(misch)maschine f cement mixer
Zenit m zenith
zensieren v/t **1** (≈ *benoten*) to mark **2** *Bücher etc* to censor
Zensur f **1** (≈ *Kontrolle*) censorship; (≈ *Prüfstelle*) censors pl **2** (≈ *Note*) mark *Br*, grade *US*

Zentiliter m/n centilitre Br, centiliter US
Zentimeter m/n centimetre Br, centimeter US
Zentimetermaß n (metric) tape measure
Zentner m (metric) hundredweight, 50 kg; österr, schweiz 100 kg
zentral A adj central B adv centrally
Zentral- zssgn central
Zentralabitur n school-leaving qualification based on a centralized system within a federal state
Zentralafrikanische Republik f Central African Republic
Zentralbank f central bank; **Europäische ~** European Central Bank
Zentralbankpräsident(in) m(f) President of the Central Bank
Zentrale f von Firma etc head office; für Taxis, a. MIL headquarters; (≈ Schaltzentrale) central control (office); (≈ Telefonzentrale) exchange; von Firma etc switchboard
Zentraleinheit f COMPUT central processing unit
Zentralheizung f central heating
zentralisieren v/t to centralize
Zentralismus m centralism
zentralistisch adj centralist
Zentralnervensystem n central nervous system
Zentralrechner m COMPUT mainframe
Zentralschweiz f Central Switzerland
Zentralverriegelung f AUTO central (door) locking
zentrieren v/t to centre Br, to center US
Zentrifugalkraft f centrifugal force
Zentrifuge f centrifuge
Zentrum n centre Br, center US
Zeppelin® m zeppelin
Zepter n sceptre Br, scepter US
zerbeißen v/t to chew; Knochen, Keks etc to crunch
zerbeulen v/t to dent; **zerbeult** battered
zerbomben v/t to flatten with bombs; **zerbombt** Stadt, Gebäude bombed out
zerbrechen A v/t to break into pieces B v/i to break into pieces; Glas, Porzellan etc to smash; fig to be destroyed (an +dat by); Ehe to fall apart
zerbrechlich adj fragile; alter Mensch frail
Zerbrechlichkeit f fragility; von altem Menschen frailness
zerbröckeln v/t & v/i to crumble
zerbröseln v/i to flake
zerdrücken v/t to squash; (≈ platt machen) to flatten; Gemüse to mash; (≈ zerknittern) to crush, to crease
Zeremonie f ceremony
Zerfall m disintegration; von Atom decay; von Land, Kultur decline; von Gesundheit decline
zerfallen[1] v/i (≈ sich auflösen) to disintegrate; Gebäude to fall into ruin; Atomkern to decay; (≈ auseinanderfallen) to fall apart; Kultur to decline
zerfallen[2] adj Haus tumbledown; Gemäuer crumbling
Zerfallserscheinung f sign of decay
zerfetzen v/t to tear to pieces; Brief etc to rip up
zerfleischen v/t to tear to pieces; **einander ~** fig to tear each other apart
zerfließen v/i Tinte, Make-up etc to run; Eis etc, a. fig Reichtum etc to melt away; **in Tränen ~** to dissolve into tears; **vor Mitleid ~** to be overcome with pity
zergehen v/i to dissolve; (≈ schmelzen) to melt; **auf der Zunge ~** Gebäck etc to melt in the mouth
zerkauen v/t to chew
zerkleinern v/t to cut up; (≈ zerhacken) to chop (up); (≈ zermahlen) to crush
zerklüftet adj Tal etc rugged; Ufer indented
zerknautschen umg v/t to crease
zerknirscht adj remorseful
Zerknirschung f remorse
zerknittern v/t to crease
zerknüllen v/t to crumple up
zerkochen v/t & v/i to cook to a pulp
zerkratzen v/t to scratch
zerlassen v/t to melt
zerlaufen v/i to melt
zerlegbar adj **die Möbel waren leicht ~** the furniture could easily be taken apart
zerlegen v/t (≈ auseinandernehmen) to take apart; Argumente to break down; (≈ zerschneiden) to cut up; BIOL to dissect; CHEM to break down
Zerlegung f taking apart; MATH reduction; BIOL dissection
zerlesen adj Buch well-thumbed
zerlumpt adj ragged
zermahlen v/t to grind
zermalmen v/t to crush
zermartern v/t **sich** (dat) **den Kopf** od **das Hirn ~** to rack one's brains
zermürben fig v/t **j-n ~** to wear sb down
zermürbend adj wearing
zerpflücken v/t to pick to pieces
zerquetschen v/t to squash
Zerquetschte umg pl **zehn Euro und ein paar ~** ten euros something (or other)
Zerrbild n distorted picture
zerreden v/t to beat to death umg
zerreiben v/t to crumble; fig to crush
zerreißen A v/t 1 to tear; in Stücke to tear to pieces; Brief etc to tear up; Land to tear apart; → **zerrissen** 2 (≈ kritisieren) Stück, Film to tear

apart **B** v/i Stoff to tear
Zerreißprobe wörtl f pull test; fig real test
zerren A v/t to drag **B** v/r **sich einen Muskel/ eine Sehne ~** to pull a muscle/ a tendon **C** v/i **an etw** (dat) **~** to tug at sth; **an den Nerven ~** to be nerve-racking
zerrinnen v/i to melt (away); fig Träume, Pläne to fade away; Geld to disappear
zerrissen fig adj Volk, Partei strife-torn; Mensch (inwardly) torn; → zerreißen
Zerrissenheit fig f von Volk, Partei disunity kein pl; von Mensch (inner) conflict
Zerrung f von Sehne pulled ligament; von Muskel pulled muscle
zerrütten v/t to destroy; Nerven to shatter; **eine zerrüttete Ehe/Familie** a broken marriage/ home
Zerrüttung f destruction; von Ehe breakdown; von Nerven shattering
zersägen v/t to saw up
zerschlagen¹ A v/t **1** to smash (to pieces); Glas etc to shatter **2** fig Widerstand to crush; Hoffnungen, Pläne to shatter; Verbrecherring etc to break; Staat to smash **B** v/r (≈ nicht zustande kommen) to fall through; Hoffnung to be shattered
zerschlagen² adj washed out umg
zerschmettern v/t to shatter; Feind to crush
zerschneiden v/t to cut; in Stücke to cut up
zersetzen A v/t to decompose; Säure to corrode; fig to undermine **B** v/r to decompose; durch Säure to corrode; fig to become undermined od subverted
Zersetzung f CHEM decomposition; durch Säure corrosion; fig (≈ Untergrabung) undermining
Zersiedelung f overdevelopment
zersplittern A v/t to shatter; Holz to splinter; Gruppe, Partei to fragment **B** v/i to shatter; Holz, Knochen to splinter; fig to split up
zerspringen v/i to shatter; (≈ einen Sprung bekommen) to crack
zerstampfen v/t (≈ zertreten) to stamp on; (≈ zerkleinern) to crush; Kartoffeln etc to mash
zerstäuben v/t to spray
Zerstäuber m spray
zerstechen v/t **1** Mücken to bite (all over); Bienen etc to sting (all over) **2** Haut, Reifen to puncture
zerstörbar adj destructible; **nicht ~** indestructible
zerstören A v/t to destroy; Rowdys to vandalize; Gesundheit to wreck **B** v/i to destroy
zerstörerisch A adj destructive **B** adv destructively
Zerstörung f destruction; durch Rowdys vandalizing
Zerstörungstrieb m destructive urge
Zerstörungswut f destructive mania
zerstreiten v/r to fall out
zerstreuen A v/t **1** (≈ verstreuen) to scatter (**in** +dat over); Volksmenge etc to disperse; fig to dispel **2** (≈ ablenken) **j-n ~** to take sb's mind off things **B** v/r **1** (≈ sich verteilen) to scatter; Menge to disperse; fig to be dispelled **2** (≈ sich ablenken) to take one's mind off things; (≈ sich amüsieren) to amuse oneself
zerstreut fig adj Mensch absent-minded
Zerstreutheit f absent-mindedness
Zerstreuung f **1** (≈ Ablenkung) diversion; **zur ~** as a diversion **2** (≈ Zerstreutheit) absent-mindedness
zerstritten adj **~ sein** Paar, Geschäftspartner to have fallen out; Partei to be disunited
zerstückeln v/t to cut up; Leiche to dismember
Zertifikat n certificate
Zertifizierung f certification
zertreten v/t to crush (underfoot); Rasen to ruin
zertrümmern v/t to smash; Einrichtung to smash up; Hoffnungen to destroy
Zervelatwurst f cervelat
Zerwürfnis n row
zerzausen v/t to ruffle; Haar to tousle
zerzaust adj windswept
Zettel m piece of paper; (≈ Notizzettel) note; (≈ Anhängezettel) label; (≈ Handzettel) leaflet, handbill bes US, flyer; (≈ Formular) form
Zeug n **1** umg stuff kein unbest art, kein pl; (≈ Ausrüstung) gear umg; (≈ Kleidung) things pl umg **2** umg (≈ Unsinn) nonsense; **dummes ~ reden** to talk a lot of nonsense **3** (≈ Fähigkeit) **das ~ zu etw haben** to have (got) what it takes to be sth umg **4** umg **was das ~ hält** umg for all one is worth; laufen, fahren like mad; **sich für j-n ins ~ legen** umg to stand up for sb; **sich ins ~ legen** to go flat out bes Br, to go all out US
Zeuge m, **Zeugin** f JUR, a. fig witness (+gen to); **vor** od **unter ~n** in front of witnesses
zeugen¹ v/t Kind to father
zeugen² v/i **1** (≈ aussagen) to testify; bes vor Gericht to give evidence **2** **von etw ~** to show sth
Zeugenaussage f testimony
Zeugenbank f witness box Br, witness stand US
Zeugenstand m witness box Br, witness stand US
Zeugin f witness
Zeugnis n **1** (≈ Zeugenaussage, Beweis) evidence; **für/gegen j-n ~ ablegen** to testify for/against sb **2** (≈ Schulzeugnis) report **3** (≈ Bescheinigung) certificate; von Arbeitgeber reference
Zeugnisheft n SCHULE report card
Zeugnisverweigerungsrecht n right of a witness to refuse to give evidence
Zeugung f fathering
zeugungsfähig adj fertile

Zeugungsfähigkeit f fertility
zeugungsunfähig adj sterile
Zeugungsunfähigkeit f sterility
Zicke f **1** nanny goat **2** pej umg (≈ Frau) silly cow umg
Zicken umg pl **mach bloß keine ~!** no nonsense now!; **~ machen** to make trouble
Zickenalarm umg m bitch alert umg; **Vorsicht, ~!** warning! bitch approaching
Zickenkrieg umg m battle of the bitches umg; **da herrscht ~** it's handbags at dawn (time) Br umg
zickig umg adj **1** uptight; (≈ aggressiv) bitchy umg **2** (≈ prüde) prudish
Zickzack m zigzag; **im ~ laufen** to zigzag
Ziege f **1** goat; weiblich (nanny) goat **2** pej umg (≈ Frau) cow umg
Ziegel m (≈ Backstein) brick; (≈ Dachziegel) tile
Ziegelstein m brick
Ziegenbock m billy goat
Ziegenkäse m goat's milk cheese
Ziegenleder n kid (leather)
Ziegenmilch f goat's milk
Ziegenpeter m mumps sg
ziehen **A** v/t **1** to pull; (≈ schleifen) to drag; **etw durch etw ~** to pull sth through sth; **es zog ihn in die weite Welt** he felt drawn toward(s) the big wide world; **unangenehme Folgen nach sich ~** to have unpleasant consequences **2** (≈ herausziehen) to pull out (aus of); Zahn, Fäden to take out; Los to draw; **Zigaretten (aus dem Automaten) ~** to get cigarettes from the machine **3** (≈ zeichnen) Kreis, Linie to draw **4** (≈ verlegen) Graben to dig; Mauer to build; Zaun to put up; Grenze to draw **5** (≈ züchten) Blumen to grow; Tiere to breed **B** v/i **1** (≈ zerren) to pull; **an etw** (dat) **~** to pull (on od at) sth **2** (≈ umziehen) to move; **nach Bayern ~** to move to Bavaria **3** Soldaten, Volksmassen to march; (≈ durchstreifen) to wander; Wolken to drift; Vögel to fly; **durch die Stadt ~** to wander about the town; **in den Krieg ~** to go to war **4** (≈ Zug haben) Ofen to draw; **an der Pfeife/Zigarette ~** to take a drag on one's pipe/cigarette **5** umg (≈ Eindruck machen) **so was zieht beim Publikum/bei mir nicht** the public/I don't like that sort of thing; **so was zieht immer** that sort of thing always goes down well **6** (≈ sieden) Tee to draw **C** v/i **es zieht** there's a draught Br od draft US **D** v/r **1** **sich ~** (≈ sich erstrecken) to extend; **dieses Treffen zieht sich!** this meeting is dragging on! **2** (≈ sich dehnen) to stretch; Holz to warp
Ziehen n an Gegenstand tug
Ziehharmonika f concertina; mit Tastatur accordion
Ziehung f draw

Ziel n **1** (≈ Reiseziel) destination; (≈ Absicht) goal; (≈ Zweck) purpose; **mit dem ~ …** with the aim …; **etw zum ~ haben** to have sth as one's goal; **sich** (dat) **ein ~ setzen** to set oneself a goal; **ein ~ erreichen** to achieve an end; **am ~ sein** to be at one's destination; fig to have reached od achieved one's goal **2** SPORT finish; **durchs ~ gehen** to cross the finishing line **3** MIL, a. fig target; **über das ~ hinausschießen** fig to overshoot the mark
zielen v/i Mensch to aim (**auf** +akk od **nach** at); fig Kritik etc to be aimed (**auf** +akk at); → **gezielt**
Zielfernrohr n telescopic sight
Zielflughafen m destination airport
zielführend adj Maßnahme carefully targeted; (≈ Erfolg versprechend) productive; (≈ sinnvoll) useful; **die Diskussion ist nicht ~** the discussion is getting (us) nowhere
Zielgerade f home straight
Zielgruppe f target group
Ziellinie f SPORT finishing line
ziellos **A** adj aimless **B** adv aimlessly
Zielscheibe f target
Zielsetzung f target
zielsicher **A** adj unerring; Handeln purposeful **B** adv unerringly
zielstrebig adj determined
Zielstrebigkeit f determination
Zielvorgaben pl WIRTSCH objectives pl
ziemlich **A** adj Strecke considerable; Vermögen sizable; **das ist eine ~e Frechheit** that's a real cheek Br, that's real fresh US; **eine ~e Anstrengung** quite an effort; **mit ~er Sicherheit** fairly certainly **B** adv **1** quite, pretty, rather; sicher, genau reasonably; (≈ recht) fairly; **wir haben uns ~ beeilt** we hurried quite a bit; **~ lange** quite a long time; **~ viel** quite a lot; **~ gut/cool** pretty good/cool **2** umg (≈ beinahe) almost; **so ~ alles** just about everything; **so ~ dasselbe** pretty much the same
Zierde f ornament; (≈ Schmuckstück) adornment; **zur ~** for decoration
zieren **A** v/t to adorn; Speisen to garnish; Kuchen to decorate; fig (≈ auszeichnen) to grace **B** v/r (≈ sich bitten lassen) to make a fuss; **ohne sich zu ~** without having to be pressed; **zier dich nicht!** don't be shy; → **geziert**
Zierfisch m ornamental fish
Ziergarten m ornamental garden
Zierleiste f border; an Auto trim
zierlich adj dainty; Porzellanfigur etc delicate
Ziffer f **1** (≈ Zahlzeichen) digit; (≈ Zahl) figure, number; **römische/arabische ~n** roman/arabic numerals; **eine Zahl mit drei ~n** a three-figure number **2** eines Paragrafen clause
Zifferblatt n an Uhr dial; von Armbanduhr (watch)

face
zig *umg adj* umpteen *umg*
Zigarette *f* cigarette
Zigarettenanzünder *m in Auto* cigar lighter
Zigarettenautomat *m* cigarette machine
Zigarettenpapier *n* cigarette paper
Zigarettenpause *f* cigarette break
Zigarettenschachtel *f* cigarette packet *od* pack *bes US*
Zigarillo *m/n* cigarillo
Zigarre *f* 1 cigar 2 *umg* **j-m eine ~ verpassen** to give sb a dressing-down
Zigeuner(in) *neg! m(f)* gypsy
zigeunern *umg v/i* to rove
zigmal *umg adv* umpteen times *umg*
Zikavirus *n* MED Zika virus
Zimbabwe *n* Zimbabwe
Zimmer *n* room; **sie ist auf ihrem ~** she's in her room; **„Zimmer frei"** "vacancies"; **freies ~** vacancy
Zimmerantenne *f* indoor aerial *Br*, indoor antenna
Zimmerdecke *f* ceiling
Zimmerhandwerk *n* carpentry
Zimmerkellner *m* room waiter
Zimmerkellnerin *f* room waitress
Zimmerlautstärke *f* low volume
Zimmermädchen *n* chambermaid
Zimmermann *m* carpenter
zimmern A *v/t* to make from wood B *v/i* **an etw** (*dat*) **~** *wörtl* to make sth from wood; *fig* to work on sth
Zimmernachweis *m* hotel reservation service, hotel booking agency
Zimmernummer *f* room number
Zimmerpflanze *f* house plant
Zimmerservice *m* room service
Zimmersuche *f* **auf ~ sein** to be looking for rooms/a room
Zimmervermittlung *f* accommodation service *Br*, accommodations service *US*
zimperlich *adj* (≈ *überempfindlich*) soft (**gegen** about); *beim Anblick von Blut etc* squeamish; (≈ *prüde*) prissy; (≈ *wehleidig*) soft; **da darf man nicht so ~ sein** you can't afford to be soft; **sei nicht so ~** don't be such a sissie, don't be such a wuss
Zimt *m* cinnamon
Zink *n* zinc
Zinke *f von Gabel* prong; *von Kamm, Rechen* tooth
zinken *v/t Karten* to mark
Zinn *n* 1 tin 2 (≈ *Legierung, Zinnprodukte*) pewter
Zinnbecher *m* pewter tankard
zinnen *adj* pewter
Zinnfigur *f* pewter figure
zinnoberrot *adj* vermilion
Zinnsoldat *m* tin soldier
Zins[1] *m österr, schweiz, südd* (≈ *Mietzins*) rent
Zins[2] *m* (≈ *Geldzins*) interest *kein pl*; **~en bringen** to earn interest; **~en tragen** *wörtl* to earn interest; *fig* to pay dividends; **mit ~en** with interest
Zinsabschlagsteuer *f* tax on interest payments
Zinseinkünfte *pl* interest income *kein pl*
Zinseszins *m* compound interest
zinsfrei A *adj* 1 (≈ *frei von Abgaben*) tax-free; *österr, schweiz, südd* (≈ *mietfrei*) rent-free 2 *Darlehen* interest-free B *adv Geld leihen* interest-free
Zinsfuß *m* interest rate
zinslos *adj & adv* interest-free
Zinsniveau *n* level of interest rates
Zinssatz *m* interest rate; *bei Darlehen* lending rate
Zinssenkung *f* reduction in the interest rate
Zinssteuer *f* tax on interest
Zionismus *m* Zionism
zionistisch *adj* Zionist
Zipfel *m von Tuch, Decke* corner; *von Mütze* point; *von Hemd, Jacke* tail; *von Wurst* end; *von Land* tip
Zipfelmütze *f* pointed cap
Ziplining *n* SPORT *Seilrutschen* ziplining
Zipp *m österr* zip
zippen *v/t & v/i* IT to zip
Zippverschluss® *m österr* zip *Br*, zipper *US*
Zirbeldrüse *f* pineal body
Zirbelkiefer *f* Swiss *od* stone pine
zirka *adv* about, around
Zirkel *m* 1 (≈ *Gerät*) pair of compasses; (≈ *Stechzirkel*) pair of dividers 2 (≈ *Kreis*) circle
Zirkelschluss *m* circular argument
Zirkeltraining *n* SPORT circuit training
Zirkulation *f* circulation
zirkulieren *v/i* to circulate
Zirkumflex *m* LING circumflex
Zirkus *m* circus; (≈ *Getue*) fuss
Zirkuszelt *n* big top
Zirrhose *f* cirrhosis
Zirruswolke *f* cirrus (cloud)
zischeln *v/i* to whisper
zischen A *v/i* to hiss; *Limonade* to fizz; *Fett, Wasser* to sizzle B *v/t* (≈ *zischend sagen*) to hiss
Zisterne *f* well
Zitat *n* quotation
Zither *f* zither
zitieren *v/t* 1 *Textstelle* to quote; *Beispiel* to cite 2 (≈ *vorladen, rufen*) to summon (**vor** +*akk* before *od* **an** +*akk* *od* **zu** to)
Zitronat *n* candied lemon peel
Zitrone *f* lemon; **j-n wie eine ~ auspressen** to squeeze sb dry
Zitronen- *zssgn* lemon

zitronengelb adj lemon yellow
Zitronengras n lemon grass
Zitronenlimonade f lemonade
Zitronenpresse f lemon squeezer
Zitronensaft m lemon juice
Zitronensäure f citric acid
Zitronenschale f lemon peel
Zitrusfrucht f citrus fruit
zitt(e)rig adj shaky
zittern v/i to tremble; vor Kälte to shiver; (≈ erschüttert werden) to shake; **mir ~ die Knie** my knees are shaking; **vor Kälte ~** to shiver with cold; **vor j-m ~** to be terrified of sb
Zittern n **1** (≈ Beben) shaking; vor Kälte shivering; von Stimme quavering **2** (≈ Erschütterung) shaking
Zitterpappel f aspen (tree)
Zitterpartie fig f nail-biter umg
Zitze f teat
Zivi m umg (≈ Zivildienstleistender) person doing community service (instead of military service)
zivil adj **1** (≈ nicht militärisch) civilian; Schaden non-military; **im ~en Leben** in civilian life; **~er Ersatzdienst** community service (as alternative to military service) **2** umg (≈ anständig) civil; Preise reasonable
Zivil n nicht Uniform civilian clothes pl; **Polizist in ~** plain-clothes policeman
Zivilbevölkerung f civilian population
Zivilcourage f courage (to stand up for one's beliefs)
Zivildienst m community service (as alternative to military service); **~ leisten** to do civilian service
Zivildienstleistende(r) m/f(m) person doing community service (instead of military service)
Zivilfahnder(in) m(f) plain-clothes policeman/-woman
Zivilisation f civilization
Zivilisationskrankheit f illness caused by today's lifestyle
zivilisieren v/t to civilize
zivilisiert **A** adj civilized **B** adv **sich ~ benehmen** to behave in a civilized manner
Zivilist(in) m(f) civilian
Zivilperson f civilian
Zivilprozess m civil action
Zivilprozessordnung f JUR code of civil procedure
Zivilrecht n civil law
zivilrechtlich adj civil law attr, of civil law; Prozess civil attr; **j-n ~ verfolgen** to bring a civil action against sb
Zivilschutz m civil defence Br, civil defense US
Zivilstreife f unmarked police car
Znüni m schweiz morning break

ZOB abk (= zentraler Omnibusbahnhof) main bus station
zocken umg v/i to gamble; (≈ Computerspiele spielen) umg to play (computer games)
Zocker(in) umg m(f) gambler
Zoff m umg (≈ Ärger) trouble
zögerlich adj hesitant
zögern v/i to hesitate; **er zögerte lange mit der Antwort** he hesitated (for) a long time before replying
Zögern n hesitation
zögernd **A** adj hesitant **B** adv hesitantly
Zölibat n/m celibacy
Zoll¹ m (≈ Längenmaß) inch
Zoll² m **1** (≈ Warenzoll) customs duty; (≈ Straßenzoll) toll; **einem ~ unterliegen** to carry duty **2** (≈ Stelle) **der ~** customs pl; **durch den ~ kommen** to get through customs
Zollabfertigung f (≈ Vorgang) customs clearance
Zollamt n customs house
Zollbeamte(r) m, **Zollbeamtin** f customs officer
zollen v/t **j-m Anerkennung/Achtung/Beifall ~** to acknowledge/respect/applaud sb
Zollerklärung f customs declaration
Zollfahnder(in) m(f) customs investigator
Zollfahndung f customs investigation department
zollfrei adj & adv duty-free
Zollgebühr f (customs) duty
Zollkontrolle f customs check
Zolllager n bonded warehouse
Zöllner(in) m(f) umg (≈ Zollbeamter) customs officer
Zollpapiere pl customs documents pl
zollpflichtig adj dutiable
Zollschranke f customs barrier
Zollstock m ruler
Zolltarif m customs tariff
Zollunion f customs union
Zombie m zombie
Zone f zone; von Fahrkarte fare stage
Zoo m zoo
Zoohandlung f pet shop Br, pet store US
Zoologe m, **Zoologin** f zoologist
Zoologie f zoology
zoologisch adj zoological
Zoom n zoom shot; (≈ Objektiv) zoom lens
Zoomobjektiv n zoom lens
Zopf m **1** (≈ Haartracht) pigtail, plait; **Zöpfe tragen** to wear one's hair in pigtails; **ein alter ~** fig an antiquated custom **2** (≈ Gebäck) plaited loaf
Zorn m anger; **in ~ geraten** to fly into a rage; **im ~** in a rage; **einen ~ auf j-n haben** to be fu-

rious with sb

Zornausbruch m fit of anger

zornig A adj angry; **~ werden** to lose one's temper; **auf j-n ~ sein** to be angry with sb B adv angrily

Zote f dirty joke

zottelig umg adj Haar, Fell shaggy

zottig adj Fell, Tier shaggy

zu A präp **1** örtlich to; **zum Bahnhof** to the station; **bis zu** as far as; **zum Meer hin** toward(s) the sea; **sie sah zu ihm hin** she looked toward(s) him; **die Tür zum Keller** the door to the cellar; **zu Jenny** to Jenny's; **sich zu j-m setzen** to sit down next to sb; **setz dich doch zu uns** come and sit with us **2** zeitlich at; **zu Mittag** (≈ am Mittag) at midday; **die Zahlung ist zum 15. April fällig** the payment is due on 15th April; **zum 31. Mai kündigen** to give in Br od turn in US one's notice for 31st May **3** Zusatz **Wein zum Essen trinken** to drink wine with one's meal; **nehmen Sie Milch zum Kaffee?** do you take milk in your coffee?; **etw zu etw tragen** Kleidung to wear sth with sth **4** Zweck for; **Wasser zum Waschen** water for washing; **Papier zum Schreiben** paper to write on; **das Zeichen zum Aufbruch** the signal to leave; **zur Erklärung** by way of explanation **5** Anlass **etw zum Geburtstag bekommen** to get sth for one's birthday; **zu Ihrem 60. Geburtstag** on your 60th birthday; **j-n zu etw gratulieren** to congratulate sb on sth; **zum Frühstück/Mittagessen/Abendbrot** for breakfast/lunch/dinner; **j-n zum Essen einladen** to invite sb for a meal; **j-n zu etw vernehmen** to question sb about sth **6** Veränderung into; **zu etw werden** to turn into sth; **j-n/etw zu etw machen** to make sb/sth (into) sth; **j-n zum König wählen** to choose sb as king; **j-n zu etw ernennen** to nominate sb sth **7** Verhältnis **Liebe zu j-m** love for sb; **meine Beziehung zu ihm** my relationship with him; **im Vergleich zu** in comparison with; **im Verhältnis drei zu zwei** MATH in the ratio (of) three to two; **das Spiel steht 3:2** the score is 3-2 **8** bei Zahlenangaben **zu zwei Prozent** at two per cent Br od percent US; **fünf (Stück) zu 80 Cent** five for 80 cents; **zum halben Preis** at half price B adv **1** (≈ allzu) too; **zu viel** too much; **zu sehr** too much **2** (≈ geschlossen) shut; **auf/zu** an Hähnen etc on/off; **die Geschäfte haben jetzt zu** the shops are shut now **3** umg (≈ los, weiter) **immer** od **nur zu!** just keep on!; **mach zu!** get a move on! **4** örtlich toward(s); **nach hinten zu** toward(s) the back; **auf den Wald zu** toward(s) the forest C adj **1** umg (≈ geschlossen) shut, closed **2** → zu sein D konj to; **etw zu essen**

sth to eat; **er hat zu gehorchen** he has to do as he's told; **nicht mehr zu gebrauchen** no longer usable; **ich habe noch zu arbeiten** I still have some work to do; **ohne es zu wissen** without knowing it; **versuchen, etw zu tun** to try to od and do sth; **um zu** to; **um besser sehen zu können** in order to see better; **der zu prüfende Kandidat** the candidate to be examined

zuallererst adv first of all

zuallerletzt adv last of all

zubauen v/t Lücke to fill in; Platz, Gelände to build up; Blick to block with buildings/a building

Zubehör n/m equipment kein pl; (≈ Kleidung) accessories pl; **Küche mit allem ~** fully equipped kitchen

zubeißen v/i to bite

zubekommen umg v/t Kleidung to get done up; Tür, Fenster to get shut

zubereiten v/t to prepare; (≈ kochen) to cook

Zubereitung f preparation

zubilligen v/t **j-m etw ~** to grant sb sth

zubinden v/t to tie up; **j-m die Augen ~** to blindfold sb

zubleiben umg v/i to stay shut

zubringen v/t (≈ verbringen) to spend

Zubringer m **1** TECH conveyor **2** (≈ Straße) feeder road **3** (a. **~bus**) shuttle (bus)

Zubringerbus m shuttle (bus)

Zubringerdienst m shuttle service

Zubringerstraße f feeder road

Zubrot n extra income

Zucchini f courgette Br, zucchini US

Zucht f **1** (≈ Disziplin) **~ (und Ordnung)** discipline **2** von Tieren breeding; von Pflanzen growing; von Bakterien, Perlen culture; **die ~ von Pferden** horse breeding; **die ~ von Bienen** beekeeping

züchten v/t to breed; Bienen to keep; Pflanzen to grow; Perlen, Bakterien to cultivate

Züchter(in) m(f) von Tieren breeder; von Pflanzen grower; von Bienen keeper

Zuchthaus n Strafanstalt prison (for serious offenders) penitentiary US

Züchtigung f beating; **körperliche ~** corporal punishment

Zuchtperle f cultured pearl

Zuchttier n breeding animal

Züchtung f von Tieren breeding; von Bienen keeping; von Pflanzen growing

Zuchtvieh n breeding cattle

zuckeln umg v/i to jog

zucken v/i **1** nervös to twitch; vor Schreck to start; vor Schmerzen to flinch; **mit den Achseln ~** to shrug (one's shoulders) **2** Blitz to flash; Flammen to flare up

zücken v/t Messer, Pistole to pull out; umg Notiz-

buch, Brieftasche to pull out
Zucker *m* **1** sugar; **ein Stück ~** a lump of sugar **2** MED (≈ *Zuckergehalt*) sugar; (≈ *Krankheit*) diabetes *sg*; **~ haben** *umg* to be a diabetic
Zuckerdose *f* sugar bowl
Zuckererbse *f* mangetout (pea) *Br*, sweet pea *US*, snow pea *US*, sugar pea *US*
zuckerfrei *adj* sugar-free
Zuckergehalt *m* sugar content
Zuckerguss *m* icing, frosting *bes US*
zuckerkrank *adj* diabetic
Zuckerkranke(r) *m/f(m)* diabetic
Zuckerkrankheit *f* diabetes *sg*
Zuckerl *österr, südd n* **1** sweet *Br*, candy *US* **2** (≈ *zusätzlich Gebotenes*) goody
Zuckerlecken *n* **das ist kein ~** *umg* it's no picnic *umg*
Zuckermais *m* sweet corn
zuckern *v/t* to put sugar in
Zuckerrohr *n* sugar cane
Zuckerrübe *f* sugar beet
Zuckerspiegel *m* MED (blood) sugar level
zuckersüß *adj* as sweet as sugar
Zuckerwatte *f* candy floss *Br*, cotton candy *US*
Zuckerzange *f* sugar tongs *pl*
Zuckung *f* twitch; *stärker: krampfhaft* convulsion
zudecken *v/t* to cover; *im Bett* to tuck up *od* in
zudem *geh adv* moreover
zudrehen *v/t Wasserhahn etc* to turn off; (≈ *zuwenden*) to turn (+*dat* to)
zudringlich *adj Art* pushy *umg*; *Nachbarn* intrusive; **~ werden** *zu j-m* to make advances (**zu** to)
zueinander *adv* (≈ *gegenseitig*) to each other; *Vertrauen haben* in each other
zueinanderpassen *v/i* to go together; *Menschen* to suit each other
zuerkennen *v/t* to award (**j-m** to sb); *Recht* to grant (**j-m etw** sb sth)
zuerst *adv* **1** first; **ich kam ~ an** I was (the) first to arrive; **das muss ich morgen früh ~ machen** I must do that first thing tomorrow (morning) **2** (≈ *anfangs*) at first; **~ muss man …** first (of all) you have to …
zufahren *v/i* **auf j-n ~** *mit Kfz* to drive toward(s) sb; *mit Fahrrad* to ride toward(s) sb
Zufahrt *f* approach (road); (≈ *Einfahrt*) entrance; *zu einem Haus* drive(way)
Zufahrtsstraße *f* access road; *zur Autobahn* approach road
Zufall *m* chance, accident; (≈ *Zusammentreffen*) coincidence; **das ist ~** it's pure chance; **durch ~** (quite) by chance; **es ist kein ~, dass …** it's no accident that …; **es war ein glücklicher ~, dass …** it was lucky that …; **wie es der ~ so will** as chance would have it; **etw dem ~ überlassen** to leave sth to chance

zufallen *v/i* **1** (≈ *sich schließen*) *Fenster etc* to close; **ihm fielen beinahe die Augen zu** he could hardly keep his eyes open **2** **j-m ~** *Erbe* to pass to sb; *Preis etc* to go to sb; *Aufgabe* to fall to sb
zufällig **A** *adj* chance *attr*; **das war rein ~** it was pure chance; **es ist nicht ~, dass …** it's no accident that he … **B** *adv* by chance, by accident; *bes bei Zusammentreffen von Ereignissen* coincidentally; **er ging ~ vorüber** he happened to be passing
Zufallsgenerator *m* random generator; *für Zahlen* random-number generator
Zufallstreffer *m* fluke
zufassen *v/i* (≈ *zugreifen*) to take hold of it/them; *Hund* to make a grab; *fig* (≈ *schnell handeln*) to seize an/the opportunity
zufaxen *v/t* **j-m etw ~** to fax sb sth, to fax sth to sb
zufliegen *v/i* **1** **auf etw** (*akk*) **~** to fly toward(s) sth; *direkt* to fly into sth **2** to fly to; **der Vogel ist uns zugeflogen** the bird flew into our house; **ihm fliegt alles nur so zu** *fig* everything comes so easily to him
Zuflucht *f a. fig* refuge; shelter (**vor** +*dat* from); **~ suchen** to seek refuge; **zu etw ~ nehmen** *fig* to resort to sth; **du bist meine letzte ~** *fig* you are my last hope
Zufluss *m* influx, inflow; MECH (≈ *Zufuhr*) supply
zuflüstern *v/t* to whisper
zufolge *form präp* (≈ *gemäß*) according to
zufrieden **A** *adj* contented, content *präd*; **ein ~es Gesicht machen** to look pleased; **mit j-m/etw ~ sein** to be satisfied *od* pleased *od* happy with sb/sth; **er ist nie ~** he's never satisfied **B** *adv* contentedly; **~ lächeln** to smile contentedly
zufriedengeben *v/r* **sich mit etw ~** to be content with sth
Zufriedenheit *f* contentedness; (≈ *Befriedigtsein*) satisfaction
zufriedenlassen *v/t* to leave alone
zufriedenstellen *v/t* to satisfy, to please; **eine wenig ~de Antwort** a less than satisfactory answer
zufrieren *v/i* to freeze (over)
zufügen *v/t* **1** *Leid, Schmerz* to cause; *Niederlage* to inflict; **j-m Schaden ~** to harm sb **2** (≈ *hinzufügen*) to add
Zufuhr *f* (≈ *Versorgung*) supply (**in** +*akk od* **nach** to); METEO *von Luftstrom* influx
zuführen **A** *v/t* **1** (≈ *versorgen mit*) to supply; IT *Papier* to feed (+*dat* to) **2** (≈ *bringen*) to bring; **einem Geschäft Kunden ~** to bring customers to a business **B** *v/i* **auf etw** (*akk*) **~** to lead to sth
Zug[1] *m* **1** (≈ *Ziehen*) pull (**an** +*dat* on, at); (≈ *Zug-*

kraft, Spannung) tension **2** (≈ Luftzug) draught Br, draft US; (≈ Atemzug) breath; an Zigarette puff; (≈ Schluck) gulp; **das Glas in einem Zug leeren** to empty the glass with one gulp; **etw in vollen Zügen genießen** to enjoy sth to the full; **in den letzten Zügen liegen** umg to be on one's last legs umg **3** beim Schwimmen stroke; beim Rudern pull (**mit** at); bei Brettspiel move; **Zug um Zug** fig step by step; **nicht zum Zuge kommen** umg not to get a look-in umg; **du bist am Zug** it's your move; **etw in großen Zügen darstellen** to outline sth

Zug² m (≈ Eisenbahnzug) train; **im Zug** on the train; **mit dem Zug fahren** to go by train

Zug³ m (≈ Gesichtszug) feature; (≈ Charakterzug) characteristic; (≈ Anflug) touch; **das ist kein schöner Zug von ihm** that's not one of his nicer characteristics

Zug⁴ n Kanton und Stadt Zug
Zugabe f extra; MUS, THEAT encore
Zugabteil n train compartment
Zugang m **1** (≈ Eingang) entrance; (≈ Zutritt) admittance; fig access; „**kein ~**" "no entry" **2** von Patienten admission; von Waren receipt
zugänglich adj accessible; Mensch approachable; **der Öffentlichkeit ~** open to the public; **für etw nicht ~ sein** not to respond to sth
Zugangsberechtigung f IT access (authorization)
Zugangscode m IT access code
Zugangsdaten pl IT access data sg
Zuganschluss m connecting train, connection
Zugbegleiter(in) m(f) BAHN guard Br, conductor US
Zugbrücke f drawbridge
zugeben v/t **1** (≈ zusätzlich geben) **j-m etw ~** to give sb sth extra **2** GASTR to add **3** (≈ zugestehen) to admit; **j-m gegenüber etw ~** to confess sth to sb; **zugegeben** admittedly; **gib's zu!** admit it!
zugegebenermaßen adv admittedly
zugehen A v/i **1** Tür, Deckel to shut **2** **auf j-n/etw ~** to approach sb/sth, to walk up to sb/sth; **aufeinander ~** to approach one another; fig a. to compromise; **es geht nun auf den Winter zu** winter is drawing in; **er geht schon auf die siebzig zu** he's getting on for seventy; **dem Ende ~** to near its end **3** Nachricht, Brief etc to reach B v/i **1** **dort geht es ... zu** things are ... there; **es ging sehr lustig zu** umg we/they etc had a great time umg **2** (≈ geschehen) to happen
Zugehörigkeit f zu Land, Glauben affiliation; (≈ Mitgliedschaft) membership (**zu** of)
zugeknöpft fig umg adj Mensch reserved; → zuknöpfen
Zügel m rein; **die ~ fest in der Hand haben** fig to have things firmly in hand; **die ~ locker lassen** fig to give free rein (**bei** to)
zügeln A v/t Pferd to rein in; fig to curb B v/r to restrain oneself C v/i schweiz (≈ umziehen) to move (house)
Zugeständnis n concession (+dat od **an** +akk to)
zugestehen v/t (≈ einräumen) to concede; (≈ zugeben) to admit; **j-m etw ~** (≈ einräumen) to grant sb sth
zugetan adj **j-m/einer Sache ~ sein** to be fond of sb/sth
Zugezogene(r) m/f(m) newcomer
Zugfahrt f train ride
Zugführer(in) m(f) BAHN chief guard Br, chief conductor US
zugig adj draughty Br, drafty US
zügig A adj swift B adv quickly
zugleich adv at the same time
Zugluft f draught Br, draft US
Zugpersonal n BAHN train staff pl
Zugpferd n carthorse; fig crowd puller
zugreifen v/i **1** (≈ schnell nehmen) to grab it/them; fig to get in quickly umg; bei Tisch to help oneself; **greifen Sie bitte zu!** please help yourself! **2** IT **auf etw** (akk) **~** to access sth
Zugriff m **1** **durch raschen ~** by stepping in quickly; **sich dem ~ der Polizei/Gerichte entziehen** to evade justice **2** IT access (**auf** +akk to)
Zugriffsrechte pl IT access rights
Zugriffszeit f access time
zugrunde adv **1** **~ gehen** to perish; **j-n/etw ~ richten** to destroy sb/sth; finanziell to ruin sb/sth **2** **einer Sache** (dat) **~ liegen** to underlie sth; **~ liegend** underlying
Zugtelefon n train telephone
Zugtier n draught animal Br, draft animal US
zugucken v/i → zusehen 1
Zugunglück n train accident
zugunsten präp **~ (von)** in favour of Br, in favor of US
zugutehalten v/t **j-m etw ~** to grant sb sth
zugutekommen v/i **j-m ~** to be of benefit to sb; Geld, Erlös to benefit sb; **j-m etw ~ lassen** to let sb have sth
Zugverbindung f train connection
Zugvogel m migratory bird
Zugzwang m Schach zugzwang; fig tight spot; **die Gegenseite steht jetzt unter ~** the other side is now forced to move
zuhaben v/i umg Geschäft etc to be closed
zuhalten A v/t to hold shut; **sich** (dat) **die Nase ~** to hold one's nose; **sich** (dat) **die Augen/Ohren ~** to put one's hands over one's eyes/ears B v/i **auf etw** (akk) **~** to head straight for sth
Zuhälter(in) m(f) pimp
zu Hause, **zuhause** adv → Haus

Zuhause *n* home
zuheilen *v/i* to heal up
Zuhilfenahme *f* **unter ~ von** *od* **+gen** with the aid of
zuhören *v/i* to listen (+*dat* to); **hör mal zu!** *drohend* now (just) listen (to me)!
Zuhörer(in) *m(f)* listener; **die ~** (≈ *das Publikum*) the audience *sg*
zujubeln *v/i* **j-m ~** to cheer sb
zukleben *v/t Briefumschlag* to seal; *mit Klebstoff* to stick up
zuknallen *umg v/t & v/i* to slam
zuknöpfen *v/t* to button (up); → zugeknöpft
zukommen *v/i* **1** **auf j-n/etw ~** to come toward(s) sb/sth; *direkt* to come up to sb/sth; **die Aufgabe, die nun auf uns zukommt** the task which is now in store for us; **die Dinge auf sich** (*akk*) **~ lassen** to take things as they come **2** **j-m etw ~ lassen** *Brief etc* to send sb sth
Zukunft *f* **1** **die ~** the future; **in ~** in future; **ein Beruf mit ~** a career with prospects; **das hat keine ~** there's no future in it **2** GRAM future (tense)
zukünftig **A** *adj* future; **der ~e Präsident** the president elect **B** *adv* in future
Zukunftsangst *f* *vor der Zukunft* fear of the future; *um die Zukunft* fear for the future
Zukunftsaussichten *pl* future prospects *pl*
zukunftsfähig *adj* sustainable; *PC, Haushaltsgerät etc* future-proof
Zukunftsforscher(in) *m(f)* futurologist
Zukunftsforschung *f* futurology
Zukunftsindustrie *f* sunrise industry
Zukunftsmusik *fig umg f* pie in the sky *umg*
zukunftsorientiert *adj* forward-looking; **~ wirtschaften** to manage one's finances for the future
Zukunftspläne *pl* plans *pl* for the future
Zukunftsroman *m* science fiction novel
zukunftssicher *adj* futureproof
zukunftsträchtig *adj* with a promising future
zulächeln *v/i* **j-m ~** to smile at sb
Zulage *f* **1** (≈ *Geldzulage*) extra pay; (≈ *Sonderzulage*) bonus (payment) **2** (≈ *Gehaltserhöhung*) rise *Br*, raise *US*
zulangen *umg v/i* to help oneself; **kräftig ~ beim Essen** to tuck in *umg*
zulassen *v/t* **1** (≈ *Zugang gewähren*) to admit; *amtlich* to authorize; *Arzt* to register; *Arzneimittel* to approve; *Kraftfahrzeug* to license; *Prüfling* to admit; **amtlich zugelassen sein** to be authorized; **staatlich zugelassen sein** to be state-registered; **eine nicht zugelassene Partei** an illegal party **3** (≈ *gestatten*) to allow; **~, dass j-d etw tut** to let sb do sth **4** (≈ *geschlossen lassen*) to keep shut
zulässig *adj* permissible; *Beweis, Klage* admissible; (≈ *gültig*) valid; **~e Höchstgeschwindigkeit** (upper) speed limit
Zulassung *f* **1** (≈ *Gewährung von Zugang*) admittance, admission; *amtlich* authorization; *von Kfz* licensing; *als praktizierender Arzt* registration **2** *Dokument* papers *pl*; *bes von Kfz* vehicle registration document; (≈ *Lizenz*) licence *Br*, license *US*
Zulassungsausschuss *m* POL accreditation board
Zulassungsbehörde *f* accreditation office *od* board
Zulassungsbeschränkung *f bes* UNIV restriction on admissions
Zulassungsstelle *f* registration office
zulasten *adv* → Last
Zulauf *m* **großen ~ haben** to be very popular
zulaufen *v/i* **1** **auf j-n/etw ~** to run toward(s) sb/sth **2** *Wasser etc* to add; **lass noch etwas kaltes Wasser ~** add some more cold water **3** *Hund etc* **j-m ~** to stray into sb's house; **eine zugelaufene Katze** a stray (cat)
zulegen **A** *v/t* **1** (≈ *dazulegen*) to put on; *Geld* to add; *bei Verlustgeschäft* to lose; **etwas Tempo ~** *umg* to get a move on *umg* **2** *umg an Gewicht* to put on; **die SPD konnte 5 % ~** the SPD managed to gain 5% **3** (≈ *anschaffen*) **sich** (*dat*) **etw ~** *umg* to get oneself sth **B** *v/i umg an Gewicht* to put on weight; *Umsatz* to increase
zuleide *adv* **j-m etwas ~ tun** to do sb harm
zuletzt *adv* **1** (≈ *schließlich*) in the end; **~ kam sie doch** she came in the end; **ganz ~** right at the last moment **2** (≈ *an letzter Stelle*) last; **ich kam ~** I came last; **wann haben Sie ihn ~ gesehen?** when did you last see him?; **nicht ~** last but not least; **nicht ~ wegen** not least because of
zuliebe *adv* **etw j-m ~ tun** to do sth for sb's sake *od* for sb; **das geschah nur ihr ~** it was done just for her
Zulieferer *m*, **Zulieferin** *f* WIRTSCH supplier
Zulu *m/f* Zulu
zum **geht es hier zum Bahnhof?** is this the way to the station?; **zum Essen gehen** to go and eat; **es ist zum Weinen** it's enough to make you cry; → zu
zumachen **A** *v/t* (≈ *schließen*) to shut; *Flasche* to close; **die Augen ~** to close one's eyes **B** *umg v/i* **1** (≈ *den Laden zumachen*) to close (down) **2** *umg* (≈ *sich beeilen*) to get a move on *umg*
zumailen *v/t* to e-mail
zumal *konj* **~ (da)** particularly as *od* since
zumauern *v/t* to brick up
Zumba® *n* SPORT *Tanzfitnessprogramm* zumba®
zumeist *adv* mostly
zumindest *adv* at least

zumüllen v/t ① umg mit Junkmail, Spam to bombard umg ② **j-n mit etw ~** umg j-n mit etwas volllabern to bend sb's ear about sth umg

zumutbar adj reasonable; **j-m** od **für j-n ~ sein** to be reasonable for sb; **nicht ~ sein** to be unreasonable

Zumutbarkeit f reasonableness

zumute adv **wie ist Ihnen ~?** how do you feel?; **mir ist traurig ~** I feel sad; **mir war dabei gar nicht wohl ~** I felt uneasy about it

zumuten v/t **j-m etw ~** to expect sth of sb; **das können Sie niemandem ~** you can't expect that of anyone; **sich** (dat) **zu viel ~** to take on too much

Zumutung f unreasonable demand; (≈ Unverschämtheit) nerve umg; **das ist eine ~!** that's a bit much!

zunächst adv ① (≈ zuerst) first (of all); (≈ am Anfang) at first; **~ einmal** first of all ② (≈ vorläufig) for the time being

zunageln v/t Fenster etc to nail up; mit Brettern to board up; Kiste etc to nail down

zunähen v/t to sew up

Zunahme f increase (+gen od **an** +dat in)

Zuname m surname

zündeln v/i to play (about) with fire

zünden Ⓐ v/i to catch fire; Streichholz to light; Motor to fire; Sprengkörper to go off; fig to kindle enthusiasm Ⓑ v/t to ignite; Sprengkörper to set off; Feuerwerkskörper to let off

zündend fig adj stirring; Vorschlag exciting

Zünder m ① für Sprengstoff fuse; für Mine detonator ② **~** pl österr (≈ Streichhölzer) matches pl

Zündflamme f pilot light

Zündholz n match(stick)

Zündkerze f AUTO spark(ing) plug

Zündschlüssel m AUTO ignition key

Zündschnur f fuse

Zündstoff m (≈ Sprengstoff) explosives pl; fig explosive stuff

Zündung f ignition; **die ~ einstellen** AUTO to adjust the timing

zunehmen Ⓐ v/i to increase; an Erfahrung etc to gain (**an** +dat in); Mensch: an Gewicht to put on weight, to gain weight; Mond to wax Ⓑ v/t Mensch: an Gewicht to gain

zunehmend Ⓐ adj increasing; Mond crescent; **bei** od **mit ~em Alter** with advancing age; **in ~em Maße** to an increasing degree Ⓑ adv increasingly

Zuneigung f affection

zünftig adj (≈ regelrecht) proper; (≈ gut, prima) great

Zunge f tongue; von Waage pointer; **eine böse/spitze ~ haben** to have an evil/a sharp tongue; **böse ~n behaupten, ...** malicious gossip has it ...; **das Wort liegt mir auf der ~** the word is on the tip of my tongue; **sich** dat **auf die ~ beißen** to bite one's tongue

züngeln v/i Flamme, Feuer to lick

Zungenbrecher m tongue twister

Zungenkuss m French kiss

Zungenreiniger m tongue cleaner, tongue scraper

Zungenspitze f tip of the tongue

Zünglein n **das ~ an der Waage sein** fig to tip the scales

zunichtemachen v/t to ruin

zunicken v/i **j-m ~** to nod to sb

zunutze adv **sich** (dat) **etw ~ machen** (≈ ausnutzen) to capitalize on sth

zuoberst adv on od at the (very) top

zuordnen v/t to assign to; zwei Dinge to match; **j-n/etw j-m ~** to assign sb/sth to sb

zupacken umg v/i ① (≈ zugreifen) to make a grab for it etc ② (≈ helfen) **mit ~** to give me/them etc a hand

Zupfinstrument n MUS plucked string instrument

zuprosten v/i **j-m ~** to drink sb's health

zur zur Schule gehen to go to school; **zur Orientierung** for orientation; **zur Abschreckung** as a deterrent; → zu

zurande adv **mit etw/j-m ~ kommen** (to be able) to cope with sth/sb

zurate adv **j-n/etw ~ ziehen** to consult sb/sth

zuraten v/i **j-m ~, etw zu tun** to advise sb to do sth; **auf sein Zuraten (hin)** on his advice

zurechnungsfähig adj of sound mind

Zurechnungsfähigkeit f soundness of mind; **verminderte ~** diminished responsibility

zurechtbiegen v/t to bend into shape; fig to twist

zurechtfinden v/r to find one's way (**in** +dat around); **sich mit etw ~** to get the hang of sth umg; durch Gewöhnung to get used to sth

zurechtkommen v/i ① fig to get on; (≈ bewältigen) to cope; (≈ genug haben) to have enough; **mit etw ~** (≈ sich abfinden mit) to come to terms with sth; **kommen Sie ohne das zurecht?** umg can you manage without it? ② finanziell to manage

zurechtlegen v/t **sich** (dat) **etw ~** to lay sth out ready; fig to work sth out

zurechtmachen umg Ⓐ v/t Zimmer, Essen etc to prepare; Bett to make up Ⓑ v/r to get dressed; (≈ sich schminken) to put on one's make-up

zurechtweisen v/t to rebuke; Schüler etc to reprimand

Zurechtweisung f rebuke; von Schüler reprimand

zureden v/i **j-m ~** (≈ ermutigen) to encourage sb;

(≈ überreden) to persuade sb; **auf mein Zureden (hin)** with my encouragement; *Überreden* with my persuasion

zureiten **A** v/t *Pferd* to break in **B** v/i **auf j-n/etw ~** to ride toward(s) sb/sth

Zürich n Zurich

Zürichsee m **der ~** Lake Zurich

zurichten v/t (≈ *beschädigen*) to make a mess of; (≈ *verletzen*) to injure; **j-n übel ~** to beat sb up

zurück adv back (**nach** to); *mit Zahlungen* behind; *fig* (≈ *zurückgeblieben*) *von Kind* backward; **fünf Punkte ~** SPORT five points behind; **~!** get back!; **einmal München und ~** a return ticket to Munich *bes Br*, a round-trip ticket to Munich *US*; **ich bin in zehn Minuten wieder ~** I will be back (again) in 10 minutes

zurückbehalten v/t to keep (back); **er hat Schäden ~** he suffered lasting damage

zurückbekommen v/t (≈ *zurückerhalten*) to get back

zurückbilden v/r *Geschwür* to recede; BIOL to regress

zurückbleiben v/i **1** *an einem Ort* to stay behind **2** (≈ *übrig bleiben*) to be left; *Schaden, Behinderung* to remain **3** (≈ *nicht Schritt halten*) to fall behind; *in Entwicklung* to be retarded; → **zurückgeblieben**

zurückblicken v/i to look back (**auf** +*akk* at); *fig* to look back (**auf** +*akk* on)

zurückbringen v/t (≈ *wieder herbringen*) to bring back; (≈ *wieder wegbringen*) to take back

zurückdatieren v/t to backdate

zurückdenken v/i to think back (**an** +*akk* to); (≈ *in Erinnerungen schwelgen*) to reminisce

zurückdrehen v/t to turn back; **die Zeit ~** to put back the clock *Br*, to turn back the clock *US*

zurückerstatten v/t to refund; *Ausgaben* to reimburse

zurückerwarten v/t **j-n ~** to expect sb back

zurückfahren **A** v/i *an einen Ort* to go back; *bes als Fahrer* to drive back **B** v/t **1** *mit Fahrzeug* to drive back **2** (≈ *drosseln*) *Produktion* to cut back

zurückfinden v/i to find the way back

zurückfliegen v/t & v/i to fly back

zurückfordern v/t **etw ~** to demand sth back

zurückführen v/t **1** (≈ *zurückbringen*) to lead back **2** (≈ *ableiten aus*) to put down to; **das ist darauf zurückzuführen, dass ...** that can be put down to the fact that ...

zurückgeben v/t to give back; *Ball, Kompliment, Beleidigung* to return; (≈ *erwidern*) to retort

zurückgeblieben adj **geistig/körperlich ~** *neg!* mentally/physically retarded; → **zurückbleiben**

zurückgehen v/i **1** to go back (**nach, in** +*akk od* **auf** +*akk* to); (≈ *umkehren*) to turn back; **Waren/Essen** *etc* **~ lassen** to send back goods/food *etc* **2** *fig* (≈ *abnehmen*) to go down; (≈ *sinken*) to decline; *Geschäft, Produktion* to fall off; *Schmerz, Sturm* to die down

zurückgezogen **A** adj *Mensch* withdrawn, retiring; *Lebensweise* secluded **B** adv in seclusion; **er lebt sehr ~** he lives a very secluded life; → **zurückziehen**

zurückgreifen *fig* v/i to fall back (**auf** +*akk* upon)

zurückhalten **A** v/t to hold back; (≈ *aufhalten*) j-n to hold up; (≈ *nicht freigeben*) *Informationen* to withhold; *Ärger etc* to restrain; **j-n von etw** (*dat*) **~** to keep sb from sth **B** v/r (≈ *sich beherrschen*) to control oneself; (≈ *reserviert sein*) to be retiring; (≈ *im Hintergrund bleiben*) to keep in the background; **sich mit seiner Kritik ~** to be restrained in one's criticism; **ich musste mich schwer ~** I had to take a firm grip on myself **C** v/i **mit etw ~** (≈ *verheimlichen*) to hold sth back

zurückhaltend **A** adj (≈ *beherrscht*) restrained; (≈ *reserviert*) reserved; (≈ *vorsichtig*) cautious; **mit Kritik nicht ~ sein** to be unsparing in one's criticism **B** adv with restraint

zurückkehren v/i to return

zurückkommen v/i to come *od* get back; (≈ *Bezug nehmen*) to refer (**auf** +*akk* to)

zurückkönnen *umg* v/i to be able to go back; **ich kann nicht mehr zurück** *fig* there's no going back!

zurücklassen v/t (≈ *hinterlassen*) to leave; (≈ *liegen lassen*) to leave behind

zurücklegen **A** v/t **1** *an seinen Platz* to put back **2** (≈ *reservieren*) to put aside; (≈ *sparen*) to put away **3** *Strecke* to cover **B** v/r to lie back

zurücklehnen v/t & v/r to lean *od* sit back

zurückliegen v/i *örtlich* to be behind; **der Unfall liegt etwa eine Woche zurück** the accident was about a week ago

zurückmelden v/r to report back (**bei** to)

zurückmüssen *umg* v/i to have to go back

zurücknehmen v/t to take back; *Entscheidung* to reverse; *Angebot* to withdraw; **sein Wort ~** to break one's word

zurückreichen v/i *Tradition etc* to go back (**in** +*akk* to)

zurückreisen v/i to travel back

zurückrufen **A** v/t to call back; *Botschafter, Produkte* to recall; **j-m etw ins Gedächtnis ~** to conjure sth up for sb **B** v/i to call back

zurückscheuen v/i to shy away (**vor** +*dat* from)

zurückschicken v/t to send back

zurückschlagen **A** v/t *Ball* to return; *Angriff etc* to beat back **B** v/i to hit back; MIL to retaliate

zurückschrauben *fig umg* v/t *Erwartungen* to lower; *Subventionen* to cut back

zurückschrecken v/i to start back; *fig* to shy

away (**vor** +*dat* from); **vor nichts ~** to stop at nothing
zurücksehen *v/i* to look back
zurücksehnen *v/r* to long to return (**nach** to)
zurücksenden *v/t* to send back
zurücksetzen **A** *v/t* **1** *nach hinten* to move back; *Auto* to reverse **2** *an früheren Platz* to put back **B** *v/r* to sit back **C** *v/i mit Fahrzeug* to reverse
zurückspringen *v/i* to leap *od* jump back
zurückspulen *v/t* to rewind
zurückstecken *v/i* **1** (≈ *weniger Ansprüche stellen*) to lower one's expectations **2** (≈ *nachgeben*) to backtrack
zurückstehen *v/i* **hinter etw** (*dat*) **~** to take second place to sth
zurückstellen *v/t* **1** to put back; *nach hinten* to move back **2** *fig* (≈ *verschieben*) to defer; *Pläne* to postpone; *Bedenken etc* to put aside
zurückstufen *v/t* to downgrade
zurücktreten *v/i* **1** (≈ *zurückgehen*) to step back; **bitte ~!** stand back, please!; **einen Schritt ~** to take a step back **2** *von Amt* to resign **3** *von Vertrag etc* to withdraw (**von** from) **4** *fig* (≈ *im Hintergrund bleiben*) to come second (**hinter** **j-m/etw** to sb/sth)
zurücktun *umg v/t* to put back
zurückverfolgen *fig v/t* to trace back
zurückversetzen **A** *v/t in seinen alten Zustand* to restore (**in** +*akk* to); *in eine andere Zeit* to take back (**in** +*akk* to) **B** *v/r* to think oneself back (**in** +*akk* to)
zurückweichen *v/i erschrocken* to shrink back; *ehrfürchtig* to stand back; MIL to withdraw; *Hochwasser* to subside
zurückweisen *v/t* to reject; *Bittsteller* to turn away; *Vorwurf, Klage* to dismiss; *Angriff* to repel; *an der Grenze* to turn back
zurückwollen *umg v/i* to want to go back
zurückzahlen *v/t* to repay
zurückziehen **A** *v/t* to pull back; *Antrag, Klage etc* to withdraw **B** *v/r* to retire; MIL to withdraw; → **zurückgezogen** **C** *v/i* to move back
Zuruf *m* shout; *aufmunternd* cheer
zurufen *v/t & v/i* **j-m etw ~** to shout sth to sb
zurzeit *adv* at present, at the moment
Zusage *f* **1** (≈ *Zustimmung*) consent **2** (≈ *Annahme*) acceptance **3** (≈ *Versprechen*) promise
zusagen **A** *v/t* (≈ *versprechen*) to promise **B** *v/i* **1** (≈ *annehmen*) (**j-m**) **~** to accept **2** (≈ *gefallen*) **j-m ~** to appeal to sb
zusammen *adv* together; **~ mit** along with; **alle/alles ~** all together
Zusammenarbeit *f* co-operation; *mit dem Feind* collaboration; **in ~ mit** in co-operation with

zusammenarbeiten *v/i* to co-operate; *mit dem Feind* to collaborate
zusammenbauen *v/t* to assemble
zusammenbeißen *v/t* **die Zähne ~** *wörtl* to clench one's teeth; *fig* to grit one's teeth
zusammenbekommen *v/t* to get together; *Geld* to collect
zusammenbinden *v/t* to tie together
zusammenbleiben *v/i* to stay together
zusammenbrechen *v/i* to break down; *Gebäude* to cave in; *Wirtschaft* to collapse; *Verkehr etc* to come to a standstill
zusammenbringen *v/t* **1** to bring together; *Geld* to raise **2** *umg* (≈ *zustande bringen*) to manage; *Worte* to put together
Zusammenbruch *m* breakdown; *fig* collapse
zusammenfahren *v/i* **1** (≈ *zusammenstoßen*) to collide **2** (≈ *erschrecken*) to start
zusammenfallen *v/i* **1** (≈ *einstürzen*) to collapse **2** *durch Krankheit etc* to waste away **3** *Ereignisse* to coincide
zusammenfalten *v/t* **1** to fold up **2** *umg kritisieren, tadeln* **j-n ~** to give sb a telling-off *umg*
zusammenfassen **A** *v/t* **1** (≈ *verbinden*) to combine (**zu** in) **2** *Bericht etc* to summarize; **etw in einem Satz ~** to sum sth up in one sentence **B** *v/i* (≈ *das Fazit ziehen*) to summarize; **wenn ich kurz ~ darf** just to sum up
Zusammenfassung *f* **1** combination **2** (≈ *Überblick*) summary
Zusammenfluss *m* confluence
zusammenfügen *v/t* to join together; *Gleiches verbinden* to match; TECH to fit together
zusammengehören *v/i* to belong together; *als Paar* to form a pair
zusammengehörig *adj Kleidungsstücke etc* matching; (≈ *verwandt*) related
Zusammengehörigkeit *f* common bond
Zusammengehörigkeitsgefühl *n in Gemeinschaft* communal spirit; *bes* POL feeling of solidarity
zusammengesetzt *adj* **aus etw ~ sein** to consist of sth; **~es Wort/Verb** compound (word)/ verb
zusammengewürfelt *adj* motley; *Mannschaft* scratch *attr*
Zusammenhalt *m fig* hold in einer Gruppe cohesion; *bes* POL solidarity; *einer Mannschaft* team spirit; **wirtschaftlicher, sozialer und territorialer ~** *in der EU* economical, social and territorial cohesion
zusammenhalten **A** *v/t* (≈ *verbinden*) to hold together; *umg Geld etc* to hold on to **B** *v/i* to hold together; *fig Gruppe etc* to stick together
Zusammenhang *m* (≈ *Beziehung*) connection (**von, zwischen** +*dat* between); (≈ *Wechselbezie-*

hung) correlation (**von, zwischen** +*dat* between); *im Text* context; **j-n mit etw in ~ bringen** to connect sb with sth; **im** *od* **in ~ mit etw stehen** to be connected with sth; **in diesem ~** in this context

zusammenhängen v/i to be joined (together); *fig* to be connected; **~d** *Rede, Erzählung* coherent; **das hängt damit zusammen, dass …** that is connected with the fact that …

zusammenhang(s)los *adj* incoherent

zusammenklappen v/t *Messer, Tisch etc* to fold up; *Schirm* to shut

zusammenkneifen v/t *Lippen etc* to press together; *Augen* to screw up

zusammenknüllen v/t to crumple up

zusammenkommen v/i to meet (together), to come *od* get together; *Umstände* to combine; *fig Schulden etc* to mount up; *Geld bei einer Sammlung* to be collected; **er kommt viel mit Menschen zusammen** he meets a lot of people

Zusammenkunft f meeting; *zwanglos* get-together

zusammenläppern *umg* v/r to add up

zusammenlaufen v/i 1 (≈ *an eine Stelle laufen*) to gather; *Flüssigkeit* to collect 2 *Straßen* to converge

zusammenleben v/i to live together

Zusammenleben n living together

zusammenlegen A v/t 1 (≈ *falten*) to fold (up) 2 (≈ *vereinigen*) to combine; *Patienten* to put together; (≈ *zentralisieren*) to centralize B v/i (≈ *Geld gemeinsam aufbringen*) to club together *Br*, to pitch in together *US*

zusammennehmen A v/t to gather up; *Mut* to summon up B v/r (≈ *sich zusammenreißen*) to pull oneself together; (≈ *sich beherrschen*) to control oneself

zusammenpassen v/i *Menschen* to suit each other; *Farben, Stile* to go together, to match; **gut ~** to go well together

zusammenpferchen v/t to herd together; *fig* to pack together

zusammenprallen v/i to collide; *fig* to clash

zusammenraufen v/r to achieve a viable working relationship

zusammenrechnen v/t to add up

zusammenreimen A v/t *umg* **sich** (*dat*) **etw ~** to figure sth out (for oneself) B v/r to make sense

zusammenreißen v/r to pull oneself together

zusammenrollen A v/t to roll up B v/r to curl up

zusammenrücken v/t *Möbel etc* to move closer together

zusammenscheißen v/t *vulg* **j-n ~** to give sb a rocket *Br umg*, to chew sb's ass out *US vulg*

zusammenschlagen v/t 1 *Hände* to clap 2 (≈ *verprügeln*) to beat up

zusammenschließen v/r to join together; HANDEL to merge

Zusammenschluss m joining together; HANDEL merger; *von politischen Gruppen* amalgamation

zusammenschreiben v/t *Wörter* to write in one word

zusammenschrumpfen v/i to shrivel up; *fig* to dwindle (**auf** +*akk* to)

zusammen sein v/i **mit j-m ~** to be with sb; *umg* (≈ *befreundet*) to be going out with sb

Zusammensein n being together; *von Gruppe* get-together

zusammensetzen A v/t 1 *Gäste etc* to put together 2 *Gerät* to assemble (**zu** to make) B v/r 1 to sit together; **sich auf ein Glas Wein ~** to get together over a glass of wine 2 **sich ~ aus** to consist of

Zusammensetzung f (≈ *Struktur*) composition; (≈ *Mischung*) mixture (**aus** of)

zusammenstauchen *umg* v/t to give a dressing-down *umg*, to chew out *US umg*

zusammenstecken A v/t *Einzelteile* to fit together B v/i *umg* to be together

zusammenstellen v/t to put together; *nach einem Muster* to arrange; *Daten* to compile; *Liste, Fahrplan* to draw up; SPORT *Mannschaft* to pick

Zusammenstellung f (≈ *Kombination nach Muster*) arrangement; *von Daten* compilation; (≈ *Liste*) list; (≈ *Zusammensetzung*) composition; (≈ *Übersicht*) survey

Zusammenstoß m collision; *fig* (≈ *Streit*) clash

zusammenstoßen v/i (≈ *zusammenprallen*) to collide; *fig* (≈ *sich streiten*) to clash; **mit j-m ~** to collide with sb; *fig* to clash with sb

zusammenstreichen v/t to cut (down) (**auf** +*akk* to)

zusammensuchen v/t to collect (together)

zusammentragen v/t to collect

zusammentreffen v/i *Menschen* to meet; *Ereignisse* to coincide

Zusammentreffen n meeting; *bes zufällig* encounter; *zeitlich* coincidence

zusammentun A v/t *umg* to put together B v/r to get together

zusammenwachsen v/i to grow together; *fig* to grow close

zusammenzählen v/t to add up

zusammenziehen A v/t 1 *Muskel* to draw together; (≈ *verengen*) to narrow; *Schlinge* to tighten 2 *fig Truppen, Polizei* to assemble B v/r to contract; (≈ *enger werden*) to narrow; *Gewitter, Unheil* to be brewing C v/i to move in together; **mit j-m ~** to move in with sb

zusammenzucken v/i to start
Zusatz m addition; extra
Zusatzgerät n attachment; COMPUT add-on
Zusatzkosten pl additional costs pl
zusätzlich **A** adj additional, extra **B** adv in addition
Zusatzstoff m additive
Zusatzzahl f Lotto additional number, bonus number Br
zuschauen bes dial v/i → zusehen
Zuschauer(in) m(f) a. SPORT spectator; TV viewer; THEAT member of the audience; (≈ Beistehender) onlooker
Zuschauermenge f crowd
Zuschauerraum m auditorium
zuschicken v/t **j-m etw ~** to send sth to sb
zuschieben v/t **j-m etw ~** to push sth over to sb; heimlich to slip sb sth; **j-m die Verantwortung/Schuld ~** to put the responsibility/blame on sb
Zuschlag m **1** (≈ Erhöhung) extra charge; bes HANDEL, WIRTSCH surcharge; auf Fahrpreis supplement **2** bei Versteigerung acceptance of a bid; (≈ Auftragserteilung) acceptance of a/the tender; **er erhielt den ~** the lot went to him; nach Ausschreibung he was awarded the contract
zuschlagen **A** v/t **1** Tür, Fenster to slam (shut), to bang shut **2** bei Versteigerung **j-m etw ~** to knock sth down to sb **B** v/i **1** (≈ kräftig schlagen), a. fig to strike; (≈ losschlagen) to hit out **2** Tür to slam (shut) **3** fig umg (≈ zugreifen) bei Angebot to go for it; beim Essen to get stuck in umg; Polizei to pounce
zuschlag(s)pflichtig adj Zug, Service subject to a supplement
zuschließen v/t to lock; Laden to lock up
zuschnappen v/i **1** (≈ zubeißen) **der Hund schnappte zu** the dog snapped at me/him etc **2** fig Polizei to pounce **3** Schloss to snap shut
zuschneiden v/t to cut to size; Handarbeiten to cut out; **auf j-n/etw genau zugeschnitten sein** to be tailor-made for sb/sth
Zuschnitt m **1** (≈ Zuschneiden) cutting **2** (≈ Form) cut
zuschrauben v/t Deckel to screw on; Glas, Flasche to screw the top on
zuschreiben fig v/t to attribute (+dat to); **das hast du dir selbst zuzuschreiben** you've only got yourself to blame
Zuschrift f letter; auf Anzeige reply
zuschulden adv **sich** (dat) **etwas ~ kommen lassen** to do something wrong
Zuschuss m subsidy; nicht amtlich contribution
Zuschussbetrieb m loss-making business Br, losing concern US
zuschütten v/t to fill in

zusehen v/i **1** to watch; (≈ unbeteiligter Zuschauer sein) to look on; (≈ etw dulden) to sit back by (and watch); **j-m ~** to watch sb; **j-m bei der Arbeit ~** to watch sb working **2** (≈ dafür sorgen) **~, dass ...** to see to it that ..., to make sure (that) ...
zusehends adv visibly; (≈ rasch) rapidly
zu sein v/i to be shut; umg (≈ betrunken, high sein) to be stoned umg
zusenden v/t to send
zusetzen v/t **j-m ~** (≈ unter Druck setzen) to lean on sb umg; (≈ drängen) to pester sb; (≈ schwer treffen) to hit sb hard
zusichern v/t **j-m etw ~** to assure sb of sth
Zusicherung f assurance
zusperren v/t österr, schweiz, südd to lock
zuspielen v/t **j-m etw ~** fig to pass sth on to sb; der Presse to leak sth to sb
zuspitzen v/r to be pointed; fig Lage, Konflikt to intensify
zusprechen **A** v/t Gewinn etc to award; **das Kind wurde dem Vater zugesprochen** the father was granted custody (of the child); **j-m Mut ~** fig to encourage sb **B** v/i **j-m (gut) ~** to talk od speak (nicely) to sb
Zuspruch m (≈ Anklang) **(großen) ~ finden** to be (very) popular; Stück, Film to meet with general acclaim
Zustand m state; von Haus, Auto, a. MED condition; (≈ Lage) state of affairs; **in gutem/schlechtem ~** in good/poor condition; **in angetrunkenem ~** under the influence of alcohol; **Zustände kriegen** umg to have a fit umg; **das sind ja schöne Zustände!** iron that's a fine state of affairs! iron
zustande adv **1** **~ bringen** to manage; Arbeit to get done; (≈ erreichen) to achieve **2** **~ kommen** (≈ erreicht werden) to be achieved; (≈ geschehen) to come about; (≈ stattfinden) to take place
zuständig adj (≈ verantwortlich) responsible; Amt etc appropriate; **dafür ist er ~** that's his responsibility; **~ sein** JUR to have jurisdiction
Zuständigkeit f (≈ Kompetenz) competence; JUR jurisdiction; (≈ Verantwortlichkeit) responsibility
Zuständigkeitsbereich m area of responsibility; JUR jurisdiction
zustecken v/t **j-m etw ~** to slip sb sth
zustehen v/i **etw steht j-m zu** sb is entitled to sth; **es steht ihr nicht zu, das zu tun** it's not for her to do that
Zustellbett n extra bed
zustellen v/t **1** Brief, Paket etc to deliver; JUR to serve (**j-m etw** sb with sth) **2** Tür etc to block
Zusteller(in) m(f) deliverer; (≈ Briefträger) postman/woman Br, mailman/-woman US
Zustellgebühr f delivery charge
Zustellung f delivery; JUR service (of a writ)

zustimmen v/i (**einer Sache** dat) ~ to agree (to sth); (≈ *einwilligen*) to consent (to sth); **j-m** ~ to agree with sb; **eine ~de Antwort** an affirmative answer

Zustimmung f (≈ *Einverständnis*) agreement; (≈ *Einwilligung*) consent; (≈ *Beifall*) approval; **allgemeine ~ finden** to meet with general approval; **mit ~** (+gen) with the agreement of

zustoßen **A** v/t Tür etc to push shut **B** v/i **1** mit Messer etc to plunge a/the knife etc in **2** (≈ *passieren*) **j-m ~** to happen to sb

zutage adv **etw ~ bringen** fig to bring sth to light; **~ kommen** to come to light

Zutaten pl GASTR ingredients pl

zuteilen v/t to allocate (**j-m** to sb); Arbeitskraft to assign

zutexten v/t **j-n ~** umg (≈ *volllabern*) to chatter away to sb; um mit j-m anzubandeln oder j-m etwas zu verkaufen to chat sb up umg

zutiefst adv deeply

zutrauen v/t **j-m etw ~** to think sb (is) capable of (doing) sth; **sich** (dat) **zu viel ~** to overrate one's own abilities; (≈ *sich übernehmen*) to take on too much; **ich traue ihnen alles zu** Negatives I wouldn't put anything past them; **das ist ihm zuzutrauen!** iron I wouldn't put it past him!

zutraulich adj Kind trusting; Tier friendly

zutreffen v/i (≈ *gelten*) to apply (**auf** +akk od **für** to); (≈ *richtig sein*) to be accurate; (≈ *wahr sein*) to be true; **seine Beschreibung traf überhaupt nicht zu** his description was completely inaccurate

zutreffend **A** adj (≈ *richtig*) accurate; (≈ *auf etw zutreffend*) applicable; **Zutreffendes bitte unterstreichen** underline where applicable **B** adv accurately

Zutritt m (≈ *Einlass*) entry; (≈ *Zugang*) access; **kein ~, ~ verboten** no entry

Zutun n assistance; **es geschah ohne mein ~** I did not have a hand in the matter

zuunterst adv right at the bottom

zuverlässig adj reliable; Mensch a. dependable; **aus ~er Quelle** from a reliable source

Zuverlässigkeit f reliability

Zuversicht f confidence; **in der festen ~, dass …** confident that …

zuversichtlich adj confident, optimistic

zuviel adj & adv → **viel**

zuvor adv before; (≈ *zuerst*) beforehand; **am Tage ~** the day before

zuvorkommen v/i to anticipate; **j-m ~** to beat sb to it

zuvorkommend **A** adj obliging (**zu** towards) **B** adv obligingly

Zuwachs m **1** (≈ *Wachstum*) growth (**an** +dat of) **2** (≈ *Höhe des Wachstums*) increase (**an** +dat in)

zuwachsen v/i Loch to grow over; Garten etc to become overgrown; Wunde to heal

Zuwanderer m, **Zuwanderin** f aus dem Ausland immigrant; aus anderer Gegend incomer Br, in-migrant US

Zuwanderung f immigration

zuwege adv **etw ~ bringen** to manage sth; (≈ *erreichen*) to achieve sth; **gut/schlecht ~ sein** umg to be in good/poor health

zuweisen v/t **1** to assign (**j-m etw** sth to sb) **2** IT Tastenkombination, Speicheradresse to assign

zuwenden **A** v/t **1** to turn (+dat to, towards); **j-m das Gesicht ~** to turn to face sb **2** **j-m Geld** etc **~** to give sb money etc **B** v/r **sich j-m/einer Sache ~** to turn to sb/sth; (≈ *sich widmen*) to devote oneself to sb/sth

Zuwendung f **1** (≈ *Liebe*) care **2** (≈ *Geldsumme*) sum (of money); (≈ *Schenkung*) donation

zuwenig adj & adv → **wenig**

zuwerfen v/t **1** (≈ *schließen*) Tür to slam (shut) **2** **j-m etw ~** to throw sth to sb; **j-m einen Blick ~** to cast a glance at sb

zuwider adv **er/das ist mir ~** I detest od loathe him/that

zuwinken v/i **j-m ~** to wave to sb

zuzahlen **A** v/t **zehn Euro ~** to pay an additional ten euros **B** v/i to pay extra

zuzeln v/i österr (≈ *lutschen*) to suck; (≈ *langsam trinken*) to sip away (**an** +dat at)

zuziehen v/t **1** Vorhang to draw; Tür to pull shut; Schlinge to pull tight **2** **sich** (dat) **eine Verletzung ~** form to sustain an injury

Zuzug m (≈ *Zustrom*) influx; von Familie etc arrival (**nach** in), move (**nach** to)

Zuzüger(in) m(f) schweiz (≈ *Neuling*) newcomer; (≈ *Zuwanderer*) immigrant

zuzüglich präp plus

zuzwinkern v/i **j-m ~** to wink at sb

Zvieri m/n schweiz afternoon snack

Zwang m (≈ *Notwendigkeit*) compulsion; (≈ *Gewalt*) force; (≈ *Verpflichtung*) obligation; **gesellschaftliche Zwänge** social constraints; **tu dir keinen ~ an** iron don't force yourself

zwängen v/t to force; **sich in/durch etw** (akk) **~** to squeeze into/through sth

zwanghaft **A** adj PSYCH compulsive

zwanglos **A** adj (≈ *ohne Förmlichkeit*) informal; (≈ *locker*) casual **B** adv informally; **da geht es recht ~ zu** things are very informal there

Zwanglosigkeit f informality; (≈ *Lockerheit*) casualness

Zwangsabgabe f WIRTSCH compulsory levy

Zwangsarbeit f hard labour Br, hard labor US; von Kriegsgefangenen forced labo(u)r

Zwangsarbeiter(in) m(f) forced labourer Br,

forced laborer *US*
Zwangsehe *f* forced marriage
zwangsernähren *v/t* to force-feed
Zwangsernährung *f* force-feeding
Zwangsheirat *m* forced marriage
Zwangsjacke *f* straitjacket
Zwangslage *f* predicament
zwangsläufig A *adj* inevitable B *adv* inevitably
Zwangspause *f beruflich* **eine ~ machen müssen** to have to stop work temporarily
Zwangsverheiratung *f* forced marriage
Zwangsversteigerung *f* compulsory auction
Zwangsvollstreckung *f* compulsory execution
Zwangsvorstellung *f* PSYCH obsession
zwangsweise A *adv* compulsorily B *adj* compulsory
zwanzig *num* twenty; → vierzig
Zwanzig *f* twenty
Zwanziger *m umg* (≈ *Geldschein*) twenty-euro *etc* note *Br*, twenty-euro *etc* bill *US*
Zwanzigeuroschein *m* twenty-euro note *Br*, twenty-euro bill *US*
zwanzigste(r, s) *adj* twentieth
zwar *adv* 1 (≈ *wohl*) **sie ist ~ sehr schön, aber ...** it's true she's very beautiful but ...; **ich weiß ~, dass es schädlich ist, aber ...** I do know it's harmful but ... 2 *erklärend* **und ~** in fact, actually; **ich werde ihm schreiben, und ~ noch heute** I'll write to him and I'll do it today
Zweck *m* 1 (≈ *Ziel*) purpose; **einem guten ~ dienen** to be for a good cause; **seinen ~ erfüllen** to serve its/one's purpose 2 (≈ *Sinn*) point; **das hat keinen ~** it's pointless 3 (≈ *Absicht*) aim; **zu diesem ~** to this end
Zweckbau *m* functional building
zweckdienlich *adj* appropriate; **~e Hinweise** (any) relevant information
Zwecke *f* tack; (≈ *Reißzwecke*) drawing pin *Br*, thumbtack *US*
zweckgebunden *adj Steuern etc* for a specific purpose
zwecklos *adj* pointless, useless; *Versuch* futile
Zwecklosigkeit *f* pointlessness; *von Versuch* futility
zweckmäßig *adj* (≈ *nützlich*) useful; *Kleidung etc* suitable
Zweckmäßigkeit *f* (≈ *Nützlichkeit*) usefulness; *von Kleidung etc* suitability
Zweckoptimismus *m* calculated optimism
zwecks *form präp* for the purpose of
zwei *num* two; **wir ~** the two of us; → vier
Zwei *f* two
Zweibeiner(in) *hum umg m(f)* human being
zweibeinig *adj* two-legged
Zweibettzimmer *n* twin room
zweideutig A *adj* ambiguous; (≈ *schlüpfrig*) suggestive B *adv* ambiguously
Zweideutigkeit *f* 1 ambiguity; (≈ *Schlüpfrigkeit*) suggestiveness 2 (≈ *Bemerkung*) ambiguous remark; (≈ *Witz*) risqué joke
zweidimensional *adj* two-dimensional
Zweidrittelmehrheit *f* PARL two-thirds majority
zweieiig *adj Zwillinge* nonidentical
Zweierbeziehung *f* relationship
Zweierkabine *f auf Schiff* double cabin
zweierlei *adj* two kinds of; **auf ~ Art** in two different ways; **~ Meinung sein** to be of (two) different opinions
zweifach *adj* double; (≈ *zweimal*) twice; **in ~er Ausfertigung** in duplicate
Zweifamilienhaus *n* two-family house
zweifarbig *adj* two-colour *Br*, two-color *US*
Zweifel *m* doubt; **im ~** in doubt; **ohne ~** without doubt; **außer ~ stehen** to be beyond doubt; **es besteht kein ~, dass ...** there is no doubt that ...; **etw in ~ ziehen** to call sth into question
zweifelhaft *adj* doubtful
zweifellos *adv* undoubtedly, certainly
zweifeln *v/i* to doubt; **an etw/j-m ~** to doubt sth/sb; **daran ist nicht zu ~** there's no doubt about it
Zweifelsfall *m* borderline case; **im ~** when in doubt
zweifelsfrei A *adj* unequivocal B *adv* beyond (all) doubt
zweifelsohne *adv* undoubtedly
Zweig *m* branch; *dünner, kleiner* twig
Zweiggeschäft *n* branch
zweigleisig *adj* double-tracked, double-track *attr*; **~ argumentieren** to argue along two different lines
Zweigniederlassung *f* subsidiary
Zweigstelle *f* branch (office)
zweihändig A *adj* with two hands, two-handed B *adv* MUS *spielen* two-handed
zweihundert *num* two hundred
zweijährig *adj* 1 *Kind etc* two-year-old *attr*, two years old; *Dauer* two-year *attr*, of two years; **mit ~er Verspätung** two years late 2 BOT *Pflanze* biennial
Zweikampf *m* (≈ *Duell*) duel
zweimal *adv* twice; **~ täglich** twice daily *od* a day; **sich** (*dat*) **etw ~ überlegen** to think twice about sth; **das lasse ich mir nicht ~ sagen** I don't have to be told twice
zweimalig *adj* twice repeated; *Weltmeister etc* two-times *attr*
zweimonatig *adj* 1 *Dauer* two-month *attr*, of

two months ☑ *Säugling etc* two-month-old *attr*
zweimonatlich *adj & adv bes* HANDEL, ADMIN bimonthly
zweimotorig *adj* twin-engined
Zweiparteiensystem *n* two-party system
zweiräd(e)rig *adj* two-wheeled
Zweireiher *m* double-breasted suit *etc*
zweireihig *adj* double-row *attr*, in two rows; *Anzug* double-breasted
zweischneidig *adj* double-edged; **das ist ein ~es Schwert** *fig* it cuts both ways
zweiseitig *adj Brief, Erklärung etc* two-page *attr*; *Vertrag etc* bilateral
Zweisitzer *m* AUTO, FLUG two-seater
zweispaltig *adj* double-columned
zweisprachig Ⓐ *adj* bilingual; *Dokument* in two languages Ⓑ *adv* in two languages; **~ aufwachsen** to grow up bilingual
Zweisprachigkeit *f* bilingualism
zweispurig *adj* double-tracked, double-track *attr; Autobahn* two-laned, two-lane *attr*
zweistellig *adj Zahl* two-digit *attr*, with two digits
zweistöckig Ⓐ *adj* two-storey *attr Br*, two-story *attr US* Ⓑ *adv* **~ bauen** to build buildings with two storeys *Br*, to build buildings with two stories *US*
zweistündig *adj* two-hour *attr*, of two hours
zweistündlich *adj & adv* every two hours
zweit *adv* **zu ~** (≈ *in Paaren*) in twos; **wir gingen zu ~ spazieren** the two of us went for a walk; **das Leben zu ~** living with someone; → **vier**
zweitägig *adj* two-day *attr*, of two days
Zweitaktmotor *m* two-stroke engine
zweitälteste(r, s) *adj* second oldest
zweitausend *num* two thousand
Zweitauto *n* second car
zweitbeste(r, s) *adj* second best
Zweiteiler *m* ☐ TV two-parter *umg* ☑ *Kostüm, Hosenanzug* two-piece suit; *Badeanzug, Kleid* two-piece
zweiteilig *adj Roman, Fernsehfilm* two-part *attr*, in two parts; *Kleidungsstück* two-piece
zweitens *adv* second(ly), in the second place
Zweite(r) *m/f(m)* second; SPORT *etc* runner-up; **wie kein ~r** like nobody else
zweite(r, s) *adj* second; **ein(e) ~(r, s)** another; **aus ~r Hand** second-hand; **~r Klasse fahren** to travel second (class); **jeden ~n Tag** every other day; **in ~r Linie** secondly; → **vierter, s**
zweitgrößte(r, s) *adj* second largest
zweithöchste(r, s) *adj* second highest
zweitklassig *adj* second-class
zweitletzte(r, s) *adj* last but one *attr, präd*
zweitrangig *adj* → **zweitklassig**
Zweitschlüssel *m* duplicate key

Zweitstimme *f* second vote
Zweitstudium *n* second course of studies
zweitürig *adj* AUTO two-door
zweiwöchig *adj* two-week *attr*, of two weeks
zweizeilig *adj* two-line *attr*; TYPO *Abstand* double-spaced
Zweizimmerwohnung *f* two-room(ed) apartment
Zweizylindermotor *m* two-cylinder engine
Zwerchfell *n* ANAT diaphragm
Zwerg(in) *m(f)* dwarf; (≈ *Gartenzwerg*) gnome; *fig* (≈ *Knirps*) midget
Zwergpudel *m* toy poodle
Zwergstaat *m* miniature state
Zwergwuchs *m* dwarfism
Zwetschge *f*, **Zwetschke** *österr f* plum
zwicken *v/i* ☐ *österr, a. umg* (≈ *kneifen*) to pinch ☑ *österr* (≈ *Fahrschein entwerten*) to cancel
Zwickmühle *f* **in der ~ sitzen** *fig* to be in a catch-22 situation *umg*
Zwieback *m* rusk
Zwiebel *f* onion; (≈ *Blumenzwiebel*) bulb
zwiebelförmig *adj* onion-shaped
Zwiebelkuchen *m* onion tart
Zwiebelring *m* onion ring
Zwiebelschale *f* onion skin
Zwiebelsuppe *f* onion soup
Zwiebelturm *m* onion dome
Zwielicht *n* twilight; **ins ~ geraten sein** *fig* to appear in an unfavourable light *Br*, to appear in an unfavorable light *US*
zwielichtig *fig adj* shady
zwiespältig *adj Gefühle* mixed
Zwietracht *f* discord
Zwilling *m* ☐ twin ☑ ASTROL **~e** *pl* Gemini; **(ein) ~ sein** to be (a) Gemini
Zwillings- *zssgn* twin
Zwillingsbruder *m* twin brother
Zwillingspaar *n* twins *pl*
Zwillingsschwester *f* twin sister
Zwinge *f* TECH (screw) clamp
zwingen Ⓐ *v/t* to force; **j-n zu etw ~** to force sb to do sth; **ich lasse mich nicht (dazu) ~** I won't be forced (to do it *od* into it); **j-n zum Handeln ~** to force sb into action; → **gezwungen** Ⓑ *v/r* to force oneself
zwingend Ⓐ *adj Notwendigkeit* urgent; *Beweis* conclusive; *Argument* cogent; *Gründe* compelling; (≈ *obligatorisch*) compulsory Ⓑ *adv* **etw ist ~ vorgeschrieben** sth is mandatory
Zwinger *m* (≈ *Käfig*) cage; (≈ *Hundezwinger*) kennels *pl; von Burg* (outer) ward
zwinkern *v/i* to blink; **um j-m etw zu bedeuten** to wink
Zwirn *m* (strong) thread
zwischen *präp* between; *in Bezug auf mehrere a.*

among; **mitten ~** right in the middle of
Zwischenablage f IT clipboard
Zwischenaufenthalt m stopover
Zwischenbemerkung f interjection
Zwischenbericht m interim report
Zwischenbilanz f HANDEL interim balance; fig provisional appraisal
Zwischending n cross (between the two)
zwischendurch adv zeitlich in between times; (≈ inzwischen) (in the) meantime; **das mache ich so ~** I'll do that on the side; **Schokolade für ~** chocolate for between meals
Zwischenergebnis n interim result; SPORT latest score
Zwischenfall m incident; **ohne ~** without incident
Zwischenfrage f question
Zwischenhandel m intermediate trade
Zwischenhändler(in) m(f) middleman
Zwischenlager n temporary store
zwischenlagern v/t to store (temporarily)
Zwischenlagerung f temporary storage
zwischenlanden v/i FLUG to stop over
Zwischenlandung f FLUG stopover
Zwischenmahlzeit f snack (between meals)
zwischenmenschlich adj interpersonal; **~e Beziehungen** interpersonal relations
Zwischenprüfung f intermediate examination
Zwischenraum m gap; (≈ Zeilenabstand) space; zeitlich interval
Zwischenruf m interruption; **~e** heckling
Zwischenspeicher m IT cache (memory)
zwischenstaatlich adj international; zwischen Bundesstaaten interstate
Zwischenstadium n intermediate stage
Zwischenstation f (intermediate) stop; **in London machten wir ~** we stopped off in London
Zwischenstecker m ELEK adapter
Zwischenstufe fig f intermediate stage
Zwischenüberschrift f sub-heading
Zwischenwand f dividing wall; (≈ Stellwand) partition
Zwischenzeit f (≈ Zeitraum) interval; **in der ~** (in the) meantime, meanwhile
Zwischenzeugnis n SCHULE end of term report
Zwist geh m discord; (≈ Fehde, Streit) dispute
zwitschern v/t & v/i Lerche to warble; **einen ~** umg to have a drink
Zwitter m hermaphrodite; fig cross (**aus** between)
zwölf num twelve; **~ Uhr mittags/nachts** (12 o'clock) midday/midnight; **fünf Minuten vor ~** fig at the eleventh hour; → vier
Zwölffingerdarm m duodenum
zwölfte(r, s) adj twelfth; → vierter, s
Zyankali n CHEM potassium cyanide
zyklisch A adj cyclic(al) B adv cyclically
Zyklon m cyclone
Zyklus m cycle
Zylinder m ◼ MATH, TECH cylinder ◼ (≈ Hut) top hat
zylinderförmig adj → zylindrisch
Zylinderkopf m AUTO cylinder head
Zylinderkopfdichtung f cylinder head gasket
zylindrisch adj cylindrical
Zyniker(in) m(f) cynic
zynisch A adj cynical B adv cynically
Zynismus m cynicism
Zypern n Cyprus
Zypresse f BOT cypress
Zypriot(in) m(f) Cypriot
zyprisch adj Cypriot
Zyste f cyst

- Bürger – citizen
  - Bildung – education
  - Arbeitsrecht – industrial law
  - Arbeitskraft – capacity for work
  - Arbeitsmangel – lack of work
  - obligatorisch – compulsory
    - Zwangs-
  - Asylbewerber – asylum seeker
  - Vielfalt – diversity

Main body
- how the prob stated
- who is affected
- how serious it is
- what has been done
- when can be expected its resolution

Extras

Unregelmäßige englische Verben … 1476
Abkürzungen und Symbole … 1483

Unregelmäßige englische Verben

infinitive	simple past	past participle	Deutsch
arise	arose	arisen	sich ergeben; aufkommen
awake	awoke	awoken, awaked	erwachen; wecken
baby-sit	baby-sat	baby-sat	babysitten
be	was, were	been	sein
bear	bore	born(e)	(er)tragen; gebären
beat	beat	beaten	schlagen
become	became	become	werden
begin	began	begun	beginnen, anfangen
behold	beheld	beheld	erblicken
bend	bent	bent	(sich) biegen; (sich) beugen
beset	beset	beset	heimsuchen
bet	bet, betted	bet, betted	wetten
bid	bad(e)	bidden	bitten, sagen
bid	bid	bid	bieten (*Auktion*); reizen (*Karten*)
bind	bound	bound	binden; verbinden
bite	bit	bitten	beißen; stechen (*Insekt*)
bleed	bled	bled	bluten
blow	blew	blown	blasen; wehen (*Wind*)
break	broke	broken	(zer)brechen; kaputt machen
breed	bred	bred	brüten; züchten
bring	brought	brought	bringen
broadcast	broadcast, broadcasted	broadcast, broadcasted	senden (*Radio, TV*); übertragen; verbreiten
browbeat	browbeat	browbeaten	unter (moralischen) Druck setzen
build	built	built	bauen
burn	burnt, burned	burnt, burned	brennen; verbrennen; anbrennen
burst	burst	burst	platzen; sprengen (*Rohr*)
bust	bust	bust	kaputt machen; kaputtgehen
buy	bought	bought	kaufen
can	could	(been able)	können
cast	cast	cast	werfen
catch	caught	caught	fangen; erwischen
choose	chose	chosen	(aus)wählen
cling	clung	clung	sich festklammern; sich anschmiegen (*Kleidung*)

infinitive	simple past	past participle	Deutsch
clothe	clothed, clad	clothed, clad	bekleiden
come	came	come	kommen
cost	cost	cost	kosten
cost	costed	costed	veranschlagen
creep	crept	crept	kriechen, schleichen
cut	cut	cut	schneiden
deal	dealt	dealt	geben (*Karten*); dealen
dig	dug	dug	graben; bohren
dive	dived, *US* dove	dived	tauchen
do	did	done	machen, tun
draw	drew	drawn	zeichnen; ziehen
dream	dreamed, dreamt *Br*	dreamed, dreamt *Br*	träumen
drink	drank	drunk	trinken
drive	drove	driven	fahren; treiben
dwell	dwelt	dwelt	weilen
eat	ate	eaten	essen
fall	fell	fallen	fallen
feed	fed	fed	füttern; ernähren
feel	felt	felt	(sich) fühlen
fight	fought	fought	kämpfen
find	found	found	finden
flee	fled	fled	fliehen
fling	flung	flung	schleudern; werfen
fly	flew	flown	fliegen
forbid	forbad(e)	forbidden	verbieten
forego	forewent	foregone	verzichten auf
foresee	foresaw	foreseen	vorhersehen
foretell	foretold	foretold	vorhersagen
forget	forgot	forgotten	vergessen
forgive	forgave	forgiven	verzeihen
forgo	forwent	forgone	verzichten auf
forsake	forsook	forsaken	verlassen
forswear	forswore	forsworn	abschwören
freeze	froze	frozen	(ge)frieren; erstarren
get	got	got, gotten *US*	bekommen
give	gave	given	geben
go	went	gone	gehen, fahren
grind	ground	ground	mahlen; schleifen (*Messer*)

Unregelmäßige Verben

infinitive	simple past	past participle	Deutsch
grow	grew	grown	wachsen
hang	hung	hung	hängen
hang	hanged	hanged	(er)hängen
have	had	had	haben
hear	heard	heard	hören
hew	hewed	hewn, hewed	hauen
hide	hid	hid, hidden	verbergen, verstecken
hit	hit	hit	schlagen; treffen
hold	held	held	halten
hurt	hurt	hurt	verletzen, wehtun
keep	kept	kept	(be)halten
kneel	knelt, kneeled	knelt, kneeled	knien
knit	knitted, knit	knitted, knit	stricken
know	knew	known	wissen; kennen
lay	laid	laid	legen
lead	led	led	(an)führen
lean	leant *Br*, leaned	leant *Br*, leaned	lehnen; sich neigen
leap	leapt *Br*, leaped	leapt *Br*, leaped	springen
learn	learnt *Br*, learned	learnt *Br*, learned	lernen; erfahren
leave	left	left	(ver)lassen
lend	lent	lent	(ver)leihen
let	let	let	(zu)lassen
lie	lay	lain	liegen
light	lit, lighted	lit, lighted	(be)leuchten; anzünden
lose	lost	lost	verlieren
make	made	made	machen
mean	meant	meant	bedeuten, meinen
meet	met	met	treffen; kennenlernen
mishear	misheard	misheard	sich verhören
mislay	mislaid	mislaid	verlegen
mislead	misled	misled	irreführen
misread	misread	misread	falsch lesen / verstehen
misspell	misspelt, misspelled	misspelt, misspelled	falsch schreiben
mistake	mistook	mistaken	falsch verstehen; sich irren
misunderstand	misunderstood	misunderstood	missverstehen

infinitive	simple past	past participle	Deutsch
mow	mowed	mown, mowed	mähen
offset	offset	offset	ausgleichen
outbid	outbid	outbid	überbieten
outdo	outdid	outdone	übertreffen
outgrow	outgrew	outgrown	herauswachsen; entwachsen
outrun	outran	outrun	davonlaufen
outshine	outshone	outshone	in den Schatten stellen
overcome	overcame	overcome	überwinden; überwältigen
overdo	overdid	overdone	übertreiben
overdraw	overdrew	overdrawn	überziehen (*Konto*)
overeat	overate	overeaten	sich überessen
overfeed	overfed	overfed	überfüttern
overhang	overhung	overhung	hängen über; hinausragen über
overhear	overheard	overheard	zufällig mit anhören
overlay	overlaid	overlaid	überziehen
overpay	overpaid	overpaid	überbezahlen
override	overrode	overridden	aufheben
overrun	overran	overrun	einfallen in (*Truppen*); überziehen (*Zeit*)
oversee	oversaw	overseen	beaufsichtigen
overshoot	overshot	overshot	hinausschießen über
oversleep	overslept	overslept	verschlafen
overspend	overspent	overspent	zu viel ausgeben
overtake	overtook	overtaken	einholen; überholen
overthrow	overthrew	overthrown	stürzen (*Diktator*)
overwrite	overwrote	overwritten	IT überschreiben
pay	paid	paid	(be)zahlen
plead	pleaded, *schott* / *US* pled	pleaded, *schott* / *US* pled	bitten; sich berufen auf
prove	proved	proved, proven	beweisen
put	put	put	setzen, stellen, legen
quit	quit, quitted	quit, quitted	aufgeben; aufhören mit; verlassen
read	read	read	lesen
remake	remade	remade	neu machen
repay	repaid	repaid	zurückzahlen
reread	reread	reread	nochmals lesen
rerun	reran	rerun	wiederholen (*Programm*)
reset	reset	reset	rücksetzen; neu stellen

infinitive	simple past	past participle	Deutsch
resit	resat	resat	wiederholen (*Prüfung*)
retake	retook	retaken	wiederholen (*Prüfung*)
retell	retold	retold	wiederholen
rethink	rethought	rethought	überdenken
rewind	rewound	rewound	zurückspulen
rewrite	rewrote	rewritten	neu schreiben; umschreiben
rid	rid, ridded	rid, ridded	befreien; loswerden
ride	rode	ridden	reiten; fahren (*Fahrrad*)
ring	rang	rung	klingeln; läuten
rise	rose	risen	steigen; aufstehen
run	ran	run	laufen, rennen; führen (*Geschäft*)
saw	sawed	sawed, sawn	sägen
say	said	said	sagen
see	saw	seen	sehen
seek	sought	sought	suchen; streben nach
sell	sold	sold	verkaufen
send	sent	sent	schicken; senden
set	set	set	setzen, stellen, legen
sew	sewed	sewn	nähen
shake	shook	shaken	schütteln; wackeln; zittern
shave	shaved	shaved, shaven	rasieren
shear	sheared	shorn, sheared	scheren
shed	shed	shed	verlieren (*Haare*); vergießen (*Tränen*); verbreiten (*Licht*)
shine	shone, shined	shone, shined	leuchten; scheinen
shit	shit, shat	shit, shat	scheißen
shoe	shoed, shod	shoed, shod	beschlagen (*Pferd*)
shoot	shot	shot	schießen
show	showed	shown	zeigen
shrink	shrank	shrunk	schrumpfen; einlaufen (*Kleidung*)
shut	shut	shut	schließen
sing	sang	sung	singen
sink	sank	sunk	(ver)senken; (ver)sinken (*Sonne*)
sit	sat	sat	sitzen
slay	slew	slain	erschlagen
sleep	slept	slept	schlafen

Unregelmäßige Verben

infinitive	simple past	past participle	Deutsch
slide	slid	slid	rutschen
sling	slung	slung	schleudern
slink	slunk	slunk	schleichen
slit	slit	slit	(auf)schlitzen
smell	smelt, *bes Br* smelled	smelt, *bes Br* smelled	riechen
sow	sowed	sown, sowed	säen
speak	spoke	spoken	sprechen
speed	sped	sped	flitzen
speed	speeded	speeded	die Geschwindigkeitsbegrenzung überschreiten
spell	spelt, *bes Br* spelled	spelt, *bes Br* spelled	schreiben; buchstabieren
spend	spent	spent	ausgeben (*Geld*); verbringen (*Zeit*)
spill	spilt, *bes Br* spilled	spilt, *bes Br* spilled	verschütten
spin	spun; *obs* span	spun	spinnen; drehen, wirbeln
spit	spat	spat	spucken
split	split	split	(zer)teilen
spoil	spoilt, *Br* spoiled	spoilt, *Br* spoiled	verderben
spread	spread	spread	ausbreiten; verteilen
spring	sprang, *US* sprung	sprung	springen; entstehen
stand	stood	stood	stehen
steal	stole	stolen	stehlen
stick	stuck	stuck	kleben; stecken
sting	stung	stung	stechen; brennen
stink	stank	stunk	stinken
strew	strewed	strewed, strewn	verstreuen; bestreuen
stride	strode	stridden	schreiten
strike	struck	struck	schlagen; stoßen; treffen
string	strung	strung	bespannen (*Geige*)
strive	strove	striven	bemüht sein; nach etw streben
sublet	sublet	sublet	untervermieten
swear	swore	sworn	schwören; fluchen
sweep	swept	swept	fegen; kehren
swell	swelled	swollen, swelled	blähen; (an)schwellen
swim	swam	swum	schwimmen
swing	swung	swung	schwingen; schaukeln
take	took	taken	nehmen
teach	taught	taught	lehren, unterrichten
tear	tore	torn	(zer)reißen

infinitive	simple past	past participle	Deutsch
tell	told	told	erzählen, sagen
think	thought	thought	denken; glauben; meinen
throw	threw	thrown	werfen
thrust	thrust	thrust	stoßen
tread	trod	trodden	treten, gehen
typecast	typecast	typecast	auf eine Rolle festlegen
undercut	undercut	undercut	unterbieten (*Preis*)
undergo	underwent	undergone	durchmachen (*Entwicklung*)
underlie	underlay	underlain	zugrunde liegen
underpay	underpaid	underpaid	unterbezahlen
understand	understood	understood	verstehen
undertake	undertook	undertaken	übernehmen (*Aufgabe*)
underwrite	underwrote	underwritten	bürgen für; versichern
undo	undid	undone	öffnen; rückgängig machen
unwind	unwound	unwound	abwickeln; abschalten
uphold	upheld	upheld	wahren (*Tradition*); hüten (*Gesetz*)
upset	upset	upset	umstoßen; ärgern
wake	woke, waked	woken, waked	(auf)wecken; aufwachen
waylay	waylaid	waylaid	abfangen
wear	wore	worn	tragen (*Kleidung*)
weave	wove	woven	weben
wed	wedded, wed	wedded, wed	heiraten
weep	wept	wept	weinen
wet	wetted, wet	wetted, wet	nass machen; befeuchten
win	won	won	gewinnen
wind	wound	wound	wickeln; kurbeln
withdraw	withdrew	withdrawn	zurückziehen; abheben (*Geld*)
withhold	withheld	withheld	verweigern, vorenthalten
withstand	withstood	withstood	standhalten
wring	wrung	wrung	auswringen
write	wrote	written	schreiben

Abkürzungen und Symbole

a.	auch
abk	Abkürzung
adj	Adjektiv, Eigenschaftswort
ADMIN	Administration, Verwaltung
adv	Adverb, Umstandswort
AGR	Agrarwirtschaft, Landwirtschaft
akk	Akkusativ, 4. Fall
ANAT	Anatomie
ARCH	Architektur
art	Artikel, Geschlechtswort
ASTROL	Astrologie
ASTRON	Astronomie
attr	attributiv, beifügend
Aus	Australien, australisches Englisch
AUTO	Auto, Verkehr
BAHN	Eisenbahn
BAU	Bauwesen
BERGB	Bergbau
bes	besonders
best art	bestimmter Artikel
BIBEL	Bibel, biblisch
BIOL	Biologie
BÖRSE	Börse
BOT	Botanik, Pflanzenkunde
Br	(nur) britisches Englisch
Can	Canada/Kanada, kanadisches Englisch
CHEM	Chemie
COMPUT	Computer
D	Deutschland
dat	Dativ, 3. Fall
dat obj	Dativobjekt, Satzergänzung im 3. Fall
dem adj	demonstratives Adjektiv
dem adv	demonstratives Adverb
dem pr	Demonstrativpronomen
dial	Dialekt, dialektal

ELEK	Elektrotechnik und Elektrizität
emph	emphatisch, betont
etc	etc., und so weiter
etw	etwas
euph	euphemistisch, beschönigend
f	Femininum, weiblich
fachspr	fachsprachlich, Fachwortschatz
fig	figurativ, in übertragenem Sinn
FILM	Film, Kino
FIN	Finanzen, Bankwesen
FISCH	Fischerei, Fischkunde
FLUG	Luftfahrt
form	formell, förmlich
FOTO	Fotografie
FUSSB	Fußball
GARTEN	Gartenbau, Hortikultur
GASTR	Kochkunst und Gastronomie
geh	gehobener Sprachgebrauch, Schriftsprache
gen	Genitiv, 2. Fall
GEOG	Geografie
GEOL	Geologie
GRAM	Grammatik
HANDEL	Handel
HIST	historisch, Geschichte
hum	humorvoll, scherzhaft
indef pr	Indefinitpronomen, unbestimmtes Fürwort
IND	Industrie
inf	Infinitiv, Nennform
int	Interjektion, Ausruf
INTERNET	Internet
interrog adj	interrogatives Adjektiv, Frageadjektiv
interrog adv	interrogatives Adverb, Frageadverb
int pr	Interrogativpronomen, Fragefürwort
inv	invariabel, unveränderlich
Ir	Irland, irisches Englisch
iron	ironisch
irr	irregulär, unregelmäßig

IT	Informatik, Computer und Informationstechnologie
JAGD	Jagd
j-d	jemand
j-m	jemandem
j-n	jemanden
j-s	jemandes
JUR	Rechtswesen
KART	Kartenspiel
kinderspr	Kindersprache, kindersprachlicher Gebrauch
KIRCHE	Kirche, kirchlich
komp	Komparativ, Höherstufe, erste Steigerungsstufe
konj	Konjunktion, Bindewort
KUNST	Kunst, Kunstgeschichte
LING	Linguistik, Sprachwissenschaft
LIT	Literatur
liter	literarisch
m	Maskulinum, männlich
MATH	Mathematik
MECH	Mechanik
MED	Medizin
METALL	Metallurgie
METEO	Meteorologie
m/f	Maskulinum und Femininum
m(f)	Maskulinum mit Femininendung in Klammern
m/f(m)	Maskulinum und Femininum mit zusätzlicher Maskulinendung in Klammern
MIL	Militär, militärisch
MODE	Mode
mst	meist, gewöhnlich
MUS	Musik
MYTH	Mythologie
n	Neutrum, sächlich
NAT	Naturwissenschaften
neg!	wird oft als beleidigend empfunden
nordd	norddeutsch
NUKL	Kernphysik, Nuklearphysik, Nukleartechnik
num	Numerale, Zahlwort

obj	Objekt, Satzergänzung
obs	obsolet, begrifflich veraltet
od	oder
ÖKOL	Ökologie, Umweltschutz
OPT	Optik
ORN	Ornithologie, Vogelkunde
österr	Österreich, österreichisch, österreichische Variante
PARL	Parlament, parlamentarischer Ausdruck
pej	pejorativ, abwertend
pers pr	Personalpronomen, persönliches Fürwort
PHARM	Pharmazie
PHIL	Philosophie
PHON	Phonetik
PHYS	Physik
PHYSIOL	Physiologie
pl	Plural
poet	poetisch, dichterisch
POL	Politik
poss adj	possessives Adjektiv, attributives Possessivpronomen
poss pr	Possessivpronomen, besitzanzeigendes Fürwort
pperf	Partizip Perfekt
ppr	Partizip Präsens
präd	prädikativ, aussagend
präf	Präfix, Vorsilbe
präp	Präposition, Verhältniswort
präs	Präsens, Gegenwart
prät	Präteritum, Vergangenheit
pron	Pronomen, Fürwort
PSYCH	Psychologie
®	eingetragene Marke
RADIO	Radio, Rundfunk
RAUMF	Raumfahrt
refl pr	Reflexivpronomen, rückbezügliches Fürwort
REL	Religion
rel adv	Relativadverb, bezügliches Adverb
rel pr	Relativpronomen, bezügliches Fürwort
s	Substantiv, Hauptwort

sb	somebody – jemand, jemandem, jemanden
SCHIFF	Nautik, Schifffahrt, Seefahrt
schott	Schottland, schottisches Englisch
SCHULE	Schulwesen
schweiz	Schweiz, schweizerisch, schweizerische Variante
sg	Singular, Einzahl
SKI	Skisport
sl	Slang, saloppe Umgangssprache, Jargon
SOZIOL	Soziologie
SPORT	Sport
sprichw	Sprichwort, sprichwörtlich
sth	something – etwas
südd	süddeutsch
suf	Suffix, Nachsilbe
sup	Superlativ, Höchststufe, zweite Steigerungsstufe
TECH	Technik
TEL	Telefon, Nachrichtentechnik, Telekommunikation
TEX	Textilindustrie
THEAT	Theater
trennb	trennbar, veränderbare Folge
TV	Fernsehen
TYPO	Typografie, Buchdruck
u.	und
umg	umgangssprachlich
unbest art	unbestimmter Artikel
unbest pron	unbestimmtes Pronomen
UNIV	Universität, Hochschulwesen
unpers	unpersönlich
untrennb	untrennbar
US	amerikanisches Englisch, (nord)amerikanisch
v	Verb, Zeitwort
v/aux	Hilfsverb, Hilfszeitwort
v/i	intransitives Verb/Zeitwort
v/r	reflexives Verb, rückbezügliches Zeitwort
v/t	transitives Verb/Zeitwort
v/t & vi	transitives und intransitives Verb/Zeitwort
v/t, v/i, v/r	transitives, intransitives und reflexives Verb/Zeitwort

v/t & v/r	transitives und reflexives Verb/Zeitwort
vulg	vulgär
WIRTSCH	Wirtschaft
wörtl	wörtlich
ZOOL	Zoologie
zssgn	in Zusammensetzungen
~	Tilde, Platzhalter für vorausgehendes Stichwort
≈	etwa, ist in etwa gleich
=	(ist) gleich
→	siehe
+	plus, und, mit

Tipps für die Benutzung

Jedes Stichwort in Blau auf einer neuen Zeile	**Handy** *n* TEL mobile (phone) *Br*, cell (phone) *US* **Handy-App** *f* mobile app
Aussprache in internationaler Lautschrift: [θæŋks]	**thanks** [θæŋks] **A** *pl* Dank *m*; **to accept sth with ~** etw dankend *od* mit Dank annehmen; **and**
Wendungen und mehrgliedrige Ausdrücke in **fetter** Schrift: **a piece of cake, to sell like hot cakes, you can't have your cake and eat it**	**cake** [keɪk] **A** *s* Kuchen *m*, Torte *f*, Gebäckstück *n*; **a piece of ~** *fig umg* ein Kinderspiel *n*; **to sell like hot ~s** weggehen wie warme Semmeln *umg*; **you can't have your ~ and eat it** *sprichw* beides auf einmal geht nicht **B** *v/t* **my shoes**
Die Tilde ~ ersetzt das vorausgehende Stichwort, hier text: **to send sb a text, to text sb**	**text** [tekst] **A** *s* **1** Text *m* **2** Textnachricht *f*, SMS *f*; **to send sb a ~** j-m eine Textnachricht *od* eine SMS schicken **B** *v/t* **to ~ sb** j-m eine Textnachricht *od* eine SMS schicken
Übersetzungen in Normalschrift: as desired, as requested, as planned	**wunschgemäß** *adv* as desired; (≈ *wie erbeten*) as requested; (≈ *wie geplant*) as planned
Wortartangaben bei Stichwörtern: *s* (= Substantiv), *adj* (= Adjektiv)	**cinnamon** ['sɪnəmən] **A** *s* Zimt *m* **B** *adj* ⟨*attr*⟩ Zimt-
Genus- und Pluralangaben bei Übersetzungen: *m* (= Maskulinum), *n* (= Neutrum), *f* (= Femininum), *kein pl* (= kein Plural)	**WiFi hotspot** *s* (WLAN-)Hotspot *m*, (Wi-Fi-)Hotspot *m* **mountaineering** [ˌmaʊntɪˈnɪərɪŋ] *s* Bergsteigen *n* **mountain hike** *s* Bergtour *f*, Bergwanderung *f* **Information** *f* **1** information *kein pl* (**über** +*akk* about, on); **eine ~** (a piece of) information;
Der graue Kasten markiert englische phrasal verbs, die direkt hinter dem Grundverb stehen: crush on, feel for, feel up to	**phrasal verbs mit crush:** **crush on** *US umg v/t* **to crush on sb** für j-n schwärmen, in j-n verliebt/verknallt sein; **she's crushing on Steve** sie schwärmt total für Steve, sie ist in Steve verliebt/verknallt **phrasal verbs mit feel:** **feel for** *v/i* ⟨+*obj*⟩ **1** Mitgefühl haben mit; **I feel for you** Sie tun mir leid **2** (≈ *suchend*) tasten nach; *in Tasche etc* kramen nach **feel up to** *v/i* ⟨+*obj*⟩ sich gewachsen fühlen (+*dat*); **I don't feel up to it** mir ist nicht so wohl, ich gehe da nicht hin